E 11-01-05 04/2

HENGELER MUELLER

Partnerschaft von Rechtsanwälten mbB
Behrenstraße 42 · 10117 Berlin
Telefon +49 30 20374-0 · Telefax +49 30 20374-333
www.hengeler.com

NomosKommentar

Dr. Josef Berchtold | Prof. Dr. Stefan Huster | Prof. Dr. Martin Rehborn [Hrsg.]

Gesundheitsrecht

SGB V | SGB XI

2. Auflage

Zitiervorschlag:
NK-GesundhR/*Bearbeiter* [SGB V oder SGB XI] § ... Rn. ...

Die Deutsche Nationalbibliothek verzeichnet diese Publikation in der Deutschen Nationalbibliografie; detaillierte bibliografische Daten sind im Internet über http://dnb.d-nb.de abrufbar.

ISBN 978-3-8487-3496-2

2. Auflage 2018
© Nomos Verlagsgesellschaft, Baden-Baden 2018. Gedruckt in Deutschland. Alle Rechte, auch die des Nachdrucks von Auszügen, der fotomechanischen Wiedergabe und der Übersetzung, vorbehalten. Gedruckt auf alterungsbeständigem Papier.

Vorwort zur 2. Auflage

Gesetzliche Krankenversicherung und Soziale Pflegeversicherung sind historisch und institutionell eng verbunden, haben weitgehend identische Versicherungsgemeinschaften und vermitteln komplementäre Leistungsansprüche. Verlag und Herausgeber sehen sich deshalb unverändert dem Projekt einer gemeinsamen und abgestimmten Kommentierung des Fünften und des Elften Buches Sozialgesetzbuch verpflichtet. Beide Rechtsgebiete bleiben hochgradig dynamisch und haben seit der ersten Auflage dieses Kommentars bereits wiederum zahlreiche Änderungen erfahren. Die vorliegende Zweitauflage ist grundsätzlich auf dem Stand von Mai 2017, berücksichtigt aber auch bereits die Änderungen durch das Bundesteilhabe-, das Heil- und Hilfsmittelversorgungs- und das GKV-Arzneimittelversorgungsstärkungsgesetz, die erst zu einem späteren Zeitpunkt in Kraft treten werden. Auf diese Änderungen gehen die Autorinnen und Autoren in der Regel in der letzten Randnummer Ihrer Kommentierung ein. In gleicher Weise wurden auch bereits die Reformgesetze zur Neuregelung des Mutterschutzrechts, zur Fortschreibung der Vorschriften für Blut- und Gewebezubereitungen sowie das Pflegeberufereformgesetz berücksichtigt, so dass es sich bei diesem Werk um einen klassischen Legislaturabschlussband handelt.

Die Herausgeber danken den Autorinnen und Autoren wiederum für ihre Mitarbeit, insbesondere aber auch für ihre Geduld und die Bereitschaft, ihre Kommentierungen immer wieder an die Rechtsänderungen anzupassen, die den Entstehungsprozess dieses Buchs begleitet haben. Danken wollen wir ferner Herrn Dr. Marco Ganzhorn für die engagierte und umsichtige Lektorierung des Projekts. Die Herausgeber wurden schließlich von den wissenschaftlichen Mitarbeiterinnen Frau Friederike Lange und Frau Jennifer Reimann (Ruhr-Universität Bochum) unterstützt; auch ihnen gebührt unser Dank.

Bochum/Dortmund/Kassel, im November 2017

Josef Berchtold　　　　　　　　　*Stefan Huster*　　　　　　　　　*Martin Rehborn*

Inhaltsverzeichnis

Vorwort zur 2. Auflage		5
Bearbeiterverzeichnis		35
Abkürzungsverzeichnis		41
Allgemeines Literaturverzeichnis		61

Sozialgesetzbuch (SGB) Fünftes Buch (V)
– Gesetzliche Krankenversicherung –

Erstes Kapitel
Allgemeine Vorschriften

§ 1	Solidarität und Eigenverantwortung	67
§ 2	Leistungen	70
§ 2 a	Leistungen an behinderte und chronisch kranke Menschen	81
§ 2 b	Geschlechtsspezifische Besonderheiten	83
§ 3	Solidarische Finanzierung	83
§ 4	Krankenkassen	87
§ 4 a	Sonderregelungen zum Verwaltungsverfahren	96

Zweites Kapitel
Versicherter Personenkreis

Erster Abschnitt
Versicherung kraft Gesetzes

§ 5	Versicherungspflicht	97
§ 6	Versicherungsfreiheit	134
§ 7	Versicherungsfreiheit bei geringfügiger Beschäftigung	151
§ 8	Befreiung von der Versicherungspflicht	156

Zweiter Abschnitt
Versicherungsberechtigung

§ 9	Freiwillige Versicherung	169

Dritter Abschnitt
Versicherung der Familienangehörigen

§ 10	Familienversicherung	178

Drittes Kapitel
Leistungen der Krankenversicherung

Erster Abschnitt
Übersicht über die Leistungen

§ 11	Leistungsarten	191

Zweiter Abschnitt
Gemeinsame Vorschriften

§ 12	Wirtschaftlichkeitsgebot	210
§ 13	Kostenerstattung	218
§ 14	Teilkostenerstattung	232
§ 15	Ärztliche Behandlung, elektronische Gesundheitskarte	236
§ 16	Ruhen des Anspruchs	251
§ 17	Leistungen bei Beschäftigung im Ausland	262
§ 18	Kostenübernahme bei Behandlung außerhalb des Geltungsbereichs des Vertrages zur Gründung der Europäischen Gemeinschaft und des Abkommens über den Europäischen Wirtschaftsraum	265
§ 19	Erlöschen des Leistungsanspruchs	270

Dritter Abschnitt
Leistungen zur Verhütung von Krankheiten, betriebliche Gesundheitsförderung und Prävention arbeitsbedingter Gesundheitsgefahren, Förderung der Selbsthilfe sowie Leistungen bei Schwangerschaft und Mutterschaft

§ 20	Primäre Prävention und Gesundheitsförderung	274
§ 20 a	Leistungen zur Gesundheitsförderung und Prävention in Lebenswelten	278
§ 20 b	Betriebliche Gesundheitsförderung	280
§ 20 c	Prävention arbeitsbedingter Gesundheitsgefahren	283
§ 20 d	Nationale Präventionsstrategie	284
§ 20 e	Nationale Präventionskonferenz	286
§ 20 f	Landesrahmenvereinbarungen zur Umsetzung der nationalen Präventionsstrategie	287
§ 20 g	Modellvorhaben	288
§ 20 h	Förderung der Selbsthilfe	289
§ 20 i	Primäre Prävention durch Schutzimpfungen	291
§ 21	Verhütung von Zahnerkrankungen (Gruppenprophylaxe)	294
§ 22	Verhütung von Zahnerkrankungen (Individualprophylaxe)	296
§ 22 a	Verhütung von Zahnerkrankungen bei Pflegebedürftigen und Menschen mit Behinderungen	297
§ 23	Medizinische Vorsorgeleistungen	298
§ 24	Medizinische Vorsorge für Mütter und Väter	302
§ 24 a	Empfängnisverhütung	304
§ 24 b	Schwangerschaftsabbruch und Sterilisation	305
§ 24 c	Leistungen bei Schwangerschaft und Mutterschaft	307
§ 24 d	Ärztliche Betreuung und Hebammenhilfe	312
§ 24 e	Versorgung mit Arznei-, Verband-, Heil- und Hilfsmitteln	314
§ 24 f	Entbindung	316
§ 24 g	Häusliche Pflege	317
§ 24 h	Haushaltshilfe	319
§ 24 i	Mutterschaftsgeld	321

Vierter Abschnitt
Leistungen zur Erfassung von gesundheitlichen Risiken und Früherkennung von Krankheiten

§ 25	Gesundheitsuntersuchungen	330
§ 25 a	Organisierte Früherkennungsprogramme	332
§ 26	Gesundheitsuntersuchungen für Kinder und Jugendliche	334

Fünfter Abschnitt
Leistungen bei Krankheit

Erster Titel
Krankenbehandlung

§ 27	Krankenbehandlung	337
§ 27 a	Künstliche Befruchtung	363
§ 27 b	Zweitmeinung	377
§ 28	Ärztliche und zahnärztliche Behandlung	381
§ 29	Kieferorthopädische Behandlung	392
§§ 30, 30 a	(aufgehoben)	399
§ 31	Arznei- und Verbandmittel, Verordnungsermächtigung	399
§ 31 a	Medikationsplan	407
§ 32	Heilmittel	411
§ 33	Hilfsmittel	422
§ 33 a	(aufgehoben)	427
§ 34	Ausgeschlossene Arznei-, Heil- und Hilfsmittel	427
§ 34 a	(aufgehoben)	429
§ 35	Festbeträge für Arznei- und Verbandmittel	429
§ 35 a	Bewertung des Nutzens von Arzneimitteln mit neuen Wirkstoffen	444
§ 35 b	Kosten-Nutzen-Bewertung von Arzneimitteln	457
§ 35 c	Zulassungsüberschreitende Anwendung von Arzneimitteln	463
§ 36	Festbeträge für Hilfsmittel	473
§ 37	Häusliche Krankenpflege	473
§ 37 a	Soziotherapie	492
§ 37 b	Spezialisierte ambulante Palliativversorgung	501
§ 38	Haushaltshilfe	505
§ 39	Krankenhausbehandlung	515
§ 39 a	Stationäre und ambulante Hospizleistungen	531
§ 39 b	Hospiz- und Palliativberatung durch die Krankenkassen	537
§ 39 c	Kurzzeitpflege bei fehlender Pflegebedürftigkeit	538
§ 40	Leistungen zur medizinischen Rehabilitation	540
§ 41	Medizinische Rehabilitation für Mütter und Väter	553
§ 42	Belastungserprobung und Arbeitstherapie	560
§ 43	Ergänzende Leistungen zur Rehabilitation	564
§ 43 a	Nichtärztliche sozialpädiatrische Leistungen	574
§ 43 b	Nichtärztliche Leistungen für Erwachsene mit geistiger Behinderung oder schweren Mehrfachbehinderungen	576
§ 43 c	Zahlungsweg	578

Zweiter Titel
Krankengeld

§ 44	Krankengeld	582
§ 44 a	Krankengeld bei Spende von Organen, Geweben oder Blut zur Separation von Blutstammzellen oder anderen Blutbestandteilen	598
§ 45	Krankengeld bei Erkrankung des Kindes	603
§ 46	Entstehen des Anspruchs auf Krankengeld	613
§ 47	Höhe und Berechnung des Krankengeldes	618
§ 47 a	Beitragszahlungen der Krankenkassen an berufsständische Versorgungseinrichtungen	623
§ 47 b	Höhe und Berechnung des Krankengeldes bei Beziehern von Arbeitslosengeld, Unterhaltsgeld oder Kurzarbeitergeld	625
§ 48	Dauer des Krankengeldes	628
§ 49	Ruhen des Krankengeldes	633
§ 50	Ausschluß und Kürzung des Krankengeldes	642
§ 51	Wegfall des Krankengeldes, Antrag auf Leistungen zur Teilhabe	647

Dritter Titel
Leistungsbeschränkungen

§ 52	Leistungsbeschränkung bei Selbstverschulden	651
§ 52 a	Leistungsausschluss	660

Sechster Abschnitt
Selbstbehalt, Beitragsrückzahlung

§ 53	Wahltarife	663
§ 54	(aufgehoben)	676

Siebter Abschnitt
Zahnersatz

§ 55	Leistungsanspruch	677
§ 56	Festsetzung der Regelversorgungen	684
§ 57	Beziehungen zu Zahnärzten und Zahntechnikern	687
§§ 58, 59	(aufgehoben)	689

Achter Abschnitt
Fahrkosten

§ 60	Fahrkosten	690

Neunter Abschnitt
Zuzahlungen, Belastungsgrenze

§ 61	Zuzahlungen	697
§ 62	Belastungsgrenze	699
§ 62 a	(aufgehoben)	707

Zehnter Abschnitt
Weiterentwicklung der Versorgung

§ 63	Grundsätze	707
§ 64	Vereinbarungen mit Leistungserbringern	719
§ 64 a	Modellvorhaben zur Arzneimittelversorgung	723
§ 64 b	Modellvorhaben zur Versorgung psychisch kranker Menschen	726
§ 64 c	Modellvorhaben zum Screening auf 4MRGN	728
§ 64 d	Modellvorhaben zur Heilmittelversorgung	730
§ 65	Auswertung der Modellvorhaben	732
§ 65 a	Bonus für gesundheitsbewusstes Verhalten	733
§ 65 b	Förderung von Einrichtungen zur Verbraucher- und Patientenberatung	736
§ 65 c	Klinische Krebsregister	739
§ 65 d	Förderung besonderer Therapieeinrichtungen	745
§ 66	Unterstützung der Versicherten bei Behandlungsfehlern	747
§ 67	Elektronische Kommunikation	751
§ 68	Finanzierung einer persönlichen elektronischen Gesundheitsakte	752

Viertes Kapitel
Beziehungen der Krankenkassen zu den Leistungserbringern

Erster Abschnitt
Allgemeine Grundsätze

§ 69	Anwendungsbereich	754
§ 70	Qualität, Humanität und Wirtschaftlichkeit	771
§ 71	Beitragssatzstabilität	772

Zweiter Abschnitt
Beziehungen zu Ärzten, Zahnärzten und Psychotherapeuten

Erster Titel
Sicherstellung der vertragsärztlichen und vertragszahnärztlichen Versorgung

§ 72	Sicherstellung der vertragsärztlichen und vertragszahnärztlichen Versorgung	776
§ 72 a	Übergang des Sicherstellungsauftrags auf die Krankenkassen	779
§ 73	Kassenärztliche Versorgung, Verordnungsermächtigung	785
§ 73 a	(aufgehoben)	796
§ 73 b	Hausarztzentrierte Versorgung	796
§§ 73 c, 73 d	(aufgehoben)	812
§ 74	Stufenweise Wiedereingliederung	812
§ 75	Inhalt und Umfang der Sicherstellung	816
§ 75 a	Förderung der Weiterbildung	838
§ 76	Freie Arztwahl	849

Zweiter Titel
Kassenärztliche und Kassenzahnärztliche Vereinigungen

§ 77	Kassenärztliche Vereinigungen und Bundesvereinigungen	854
§ 77 a	Dienstleistungsgesellschaften	857
§ 77 b	Besondere Regelungen zu Einrichtungen und Arbeitsgemeinschaften der Kassenärztlichen Bundesvereinigungen	858

§ 78	Aufsicht, Haushalts- und Rechnungswesen, Vermögen, Statistiken	860
§ 78 a	Aufsichtsmittel in besonderen Fällen bei den Kassenärztlichen Bundesvereinigungen	863
§ 78 b	Entsandte Personen für besondere Angelegenheiten bei den Kassenärztlichen Bundesvereinigungen	864
§ 78 c	Berichtspflicht des Bundesministeriums für Gesundheit	866
§ 79	Organe	866
§ 79 a	Verhinderung von Organen; Bestellung eines Beauftragten	873
§ 79 b	Beratender Fachausschuß für Psychotherapie	875
§ 79 c	Beratender Fachausschuss für hausärztliche Versorgung; weitere beratende Fachausschüsse	877
§ 80	Wahl und Abberufung	878
§ 81	Satzung	883
§ 81 a	Stellen zur Bekämpfung von Fehlverhalten im Gesundheitswesen	889

Dritter Titel
Verträge auf Bundes- und Landesebene

§ 82	Grundsätze	892
§ 83	Gesamtverträge	897
§ 84	Arznei- und Heilmittelvereinbarung	900
§ 85	Gesamtvergütung	913
§§ 85 a bis 86	(aufgehoben)	923
§ 87	Bundesmantelvertrag, einheitlicher Bewertungsmaßstab, bundeseinheitliche Orientierungswerte	923
§ 87 a	Regionale Euro-Gebührenordnung, Morbiditätsbedingte Gesamtvergütung, Behandlungsbedarf der Versicherten	952
§ 87 b	Vergütung der Ärzte (Honorarverteilung)	964
§ 87 c	Transparenz der Vergütung vertragsärztlicher Leistungen	976
§ 87 d	Vergütung vertragsärztlicher Leistungen im Jahr 2012	976
§ 87 e	Zahlungsanspruch bei Mehrkosten	977

Vierter Titel
Zahntechnische Leistungen

§ 88	Bundesleistungsverzeichnis, Vergütungen	978

Fünfter Titel
Schiedswesen

§ 89	Schiedsamt	980

Sechster Titel
Landesausschüsse und Gemeinsamer Bundesausschuss

§ 90	Landesausschüsse	994
§ 90 a	Gemeinsames Landesgremium	998
§ 91	Gemeinsamer Bundesausschuss	1000
§ 91 a	Aufsicht über den Gemeinsamen Bundesausschuss, Haushalts- und Rechnungswesen, Vermögen	1023
§ 92	Richtlinien des Gemeinsamen Bundesausschusses	1027

92 a	Innovationsfonds, Grundlagen der Förderung von neuen Versorgungsformen zur Weiterentwicklung der Versorgung und von Versorgungsforschung durch den Gemeinsamen Bundesausschuss	1047
§ 92 b	Durchführung der Förderung von neuen Versorgungsformen zur Weiterentwicklung der Versorgung und von Versorgungsforschung durch den Gemeinsamen Bundesausschuss...	1053
§ 93	Übersicht über ausgeschlossene Arzneimittel	1058
§ 94	Wirksamwerden der Richtlinien	1059

Siebter Titel
Voraussetzungen und Formen der Teilnahme von Ärzten und Zahnärzten an der Versorgung

§ 95	Teilnahme an der vertragsärztlichen Versorgung	1063
§ 95 a	Voraussetzung für die Eintragung in das Arztregister für Vertragsärzte	1122
§ 95 b	Kollektiver Verzicht auf die Zulassung	1127
§ 95 c	Voraussetzung für die Eintragung von Psychotherapeuten in das Arztregister....	1133
§ 95 d	Pflicht zur fachlichen Fortbildung	1136
§ 96	Zulassungsausschüsse	1144
§ 97	Berufungsausschüsse	1154
§ 98	Zulassungsverordnungen	1160

Achter Titel
Bedarfsplanung, Unterversorgung, Überversorgung

§ 99	Bedarfsplan	1173
§ 100	Unterversorgung	1179
§ 101	Überversorgung	1185
§ 102	(aufgehoben)..	1220
§ 103	Zulassungsbeschränkungen	1220
§ 104	Verfahren bei Zulassungsbeschränkungen	1246
§ 105	Förderung der vertragsärztlichen Versorgung...	1247

Neunter Titel
Wirtschaftlichkeits- und Abrechnungsprüfung

Vorbemerkungen zu §§ 106 bis 106 d		1252
§ 106	Wirtschaftlichkeitsprüfung	1254
§ 106 a	Wirtschaftlichkeitsprüfung ärztlicher Leistungen	1269
§ 106 b	Wirtschaftlichkeitsprüfung ärztlich verordneter Leistungen	1275
§ 106 c	Prüfungsstelle und Beschwerdeausschuss bei Wirtschaftlichkeitsprüfungen........	1284
§ 106 d	Abrechnungsprüfung in der vertragsärztlichen Versorgung.......................	1296

Dritter Abschnitt
Beziehungen zu Krankenhäusern und anderen Einrichtungen

§ 107	Krankenhäuser, Vorsorge- oder Rehabilitationseinrichtungen	1316
§ 108	Zugelassene Krankenhäuser	1321
§ 108 a	Krankenhausgesellschaften	1323
§ 109	Abschluß von Versorgungsverträgen mit Krankenhäusern	1324
§ 110	Kündigung von Versorgungsverträgen mit Krankenhäusern	1330
§ 110 a	Qualitätsverträge..	1333

§ 111	Versorgungsverträge mit Vorsorge- oder Rehabilitationseinrichtungen	1334
§ 111 a	Versorgungsverträge mit Einrichtungen des Müttergenesungswerks oder gleichartigen Einrichtungen	1339
§ 111 b	Landesschiedsstelle für Vergütungsvereinbarungen zwischen Krankenkassen und Trägern von Vorsorge- oder Rehabilitationseinrichtungen	1339
§ 111 c	Versorgungsverträge mit Rehabilitationseinrichtungen	1342
§ 112	Zweiseitige Verträge und Rahmenempfehlungen über Krankenhausbehandlung	1345
§ 113	Qualitäts- und Wirtschaftlichkeitsprüfung der Krankenhausbehandlung	1349
§ 114	Landesschiedsstelle	1352

Vierter Abschnitt
Beziehungen zu Krankenhäusern und Vertragsärzten

§ 115	Dreiseitige Verträge und Rahmenempfehlungen zwischen Krankenkassen, Krankenhäusern und Vertragsärzten	1355
§ 115 a	Vor- und nachstationäre Behandlung im Krankenhaus	1360
§ 115 b	Ambulantes Operieren im Krankenhaus	1366
§ 115 c	Fortsetzung der Arzneimitteltherapie nach Krankenhausbehandlung	1370
§ 115 d	Stationsäquivalente psychiatrische Behandlung	1373
§ 116	Ambulante Behandlung durch Krankenhausärzte	1376
§ 116 a	Ambulante Behandlung durch Krankenhäuser bei Unterversorgung	1383
§ 116 b	Ambulante spezialfachärztliche Versorgung	1385
§ 117	Hochschulambulanzen	1420
§ 118	Psychiatrische Institutsambulanzen	1428
§ 118 a	Geriatrische Institutsambulanzen	1433
§ 119	Sozialpädiatrische Zentren	1441
§ 119 a	Ambulante Behandlung in Einrichtungen der Behindertenhilfe	1449
§ 119 b	Ambulante Behandlung in stationären Pflegeeinrichtungen	1451
§ 119 c	Medizinische Behandlungszentren	1457
§ 120	Vergütung ambulanter Krankenhausleistungen	1459
§ 121	Belegärztliche Leistungen	1471
§ 121 a	Genehmigung zur Durchführung künstlicher Befruchtungen	1479
§ 122	Behandlung in Praxiskliniken	1487
§ 123	(aufgehoben)	1492

Fünfter Abschnitt
Beziehungen zu Leistungserbringern von Heilmitteln

§ 124	Zulassung	1492
§ 125	Rahmenempfehlungen und Verträge	1494

Sechster Abschnitt
Beziehungen zu Leistungserbringern von Hilfsmitteln

§ 126	Versorgung durch Vertragspartner	1497
§ 127	Verträge	1500
§ 128	Unzulässige Zusammenarbeit zwischen Leistungserbringern und Vertragsärzten	1505

Siebter Abschnitt
Beziehungen zu Apotheken und pharmazeutischen Unternehmern

§ 129	Rahmenvertrag über die Arzneimittelversorgung	1516
§ 129 a	Krankenhausapotheken	1527
§ 130	Rabatt	1528
§ 130 a	Rabatte der pharmazeutischen Unternehmer	1529
§ 130 b	Vereinbarungen zwischen dem Spitzenverband Bund der Krankenkassen und pharmazeutischen Unternehmern über Erstattungsbeträge für Arzneimittel, Verordnungsermächtigung	1541
§ 130 c	Verträge von Krankenkassen mit pharmazeutischen Unternehmern	1560
§ 131	Rahmenverträge mit pharmazeutischen Unternehmern	1563

Achter Abschnitt
Beziehungen zu sonstigen Leistungserbringern

§ 132	Versorgung mit Haushaltshilfe	1566
§ 132 a	Versorgung mit häuslicher Krankenpflege	1572
§ 132 b	Versorgung mit Soziotherapie	1586
§ 132 c	Versorgung mit sozialmedizinischen Nachsorgemaßnahmen	1591
§ 132 d	Spezialisierte ambulante Palliativversorgung	1595
§ 132 e	Versorgung mit Schutzimpfungen	1597
§ 132 f	Versorgung durch Betriebsärzte	1600
§ 132 g	Gesundheitliche Versorgungsplanung für die letzte Lebensphase	1601
§ 132 h	Versorgungsverträge mit Kurzzeitpflegeeinrichtungen	1607
§ 133	Versorgung mit Krankentransportleistungen	1609
§ 134	(aufgehoben)	1612
§ 134 a	Versorgung mit Hebammenhilfe	1612

Neunter Abschnitt
Sicherung der Qualität der Leistungserbringung

§ 135	Bewertung von Untersuchungs- und Behandlungsmethoden	1622
§ 135 a	Verpflichtung der Leistungserbringer zur Qualitätssicherung	1632
§ 135 b	Förderung der Qualität durch die Kassenärztlichen Vereinigungen	1638
§ 135 c	Förderung der Qualität durch die Deutsche Krankenhausgesellschaft	1640
§ 136	Richtlinien des Gemeinsamen Bundesausschusses zur Qualitätssicherung	1642
§ 136 a	Richtlinien des Gemeinsamen Bundesausschusses zur Qualitätssicherung in ausgewählten Bereichen	1647
§ 136 b	Beschlüsse des Gemeinsamen Bundesausschusses zur Qualitätssicherung im Krankenhaus	1652
§ 136 c	Beschlüsse des Gemeinsamen Bundesausschusses zu Qualitätssicherung und Krankenhausplanung	1661
§ 136 d	Evaluation und Weiterentwicklung der Qualitätssicherung durch den Gemeinsamen Bundesausschuss	1666
§ 137	Durchsetzung und Kontrolle der Qualitätsanforderungen des Gemeinsamen Bundesausschusses	1668
§ 137 a	Institut für Qualitätssicherung und Transparenz im Gesundheitswesen	1671
§ 137 b	Aufträge des Gemeinsamen Bundesausschusses an das Institut nach § 137 a	1679
§ 137 c	Bewertung von Untersuchungs- und Behandlungsmethoden im Krankenhaus	1680

§ 137 d	Qualitätssicherung bei der ambulanten und stationären Vorsorge oder Rehabilitation	1687
§ 137 e	Erprobung von Untersuchungs- und Behandlungsmethoden	1690
§ 137 f	Strukturierte Behandlungsprogramme bei chronischen Krankheiten	1697
§ 137 g	Zulassung strukturierter Behandlungsprogramme	1700
§ 137 h	Bewertung neuer Untersuchungs- und Behandlungsmethoden mit Medizinprodukten hoher Risikoklasse	1702
§ 138	Neue Heilmittel	1711
§ 139	Hilfsmittelverzeichnis, Qualitätssicherung bei Hilfsmitteln	1711
§ 139 a	Institut für Qualität und Wirtschaftlichkeit im Gesundheitswesen	1715
§ 139 b	Aufgabendurchführung	1723
§ 139 c	Finanzierung	1728
§ 139 d	Erprobung von Leistungen und Maßnahmen zur Krankenbehandlung	1729

Zehnter Abschnitt
Eigeneinrichtungen der Krankenkassen

§ 140	Eigeneinrichtungen	1730

Elfter Abschnitt
Sonstige Beziehungen zu den Leistungserbringern

§ 140 a	Besondere Versorgung	1733
§§ 140 b bis 140 d	(nicht mehr belegt)	1743

Zwölfter Abschnitt
Beziehungen zu Leistungserbringern europäischer Staaten

§ 140 e	Verträge mit Leistungserbringern europäischer Staaten	1743

Dreizehnter Abschnitt
Beteiligung von Patientinnen und Patienten, Beauftragte oder Beauftragter der Bundesregierung für die Belange der Patientinnen und Patienten

§ 140 f	Beteiligung von Interessenvertretungen der Patientinnen und Patienten	1746
§ 140 g	Verordnungsermächtigung	1756
§ 140 h	Amt, Aufgabe und Befugnisse der oder des Beauftragten der Bundesregierung für die Belange der Patientinnen und Patienten	1757

Fünftes Kapitel
Sachverständigenrat zur Begutachtung der Entwicklung im Gesundheitswesen

§ 141	(aufgehoben)	1759
§ 142	Unterstützung der Konzertierten Aktion; Sachverständigenrat	1759

Sechstes Kapitel
Organisation der Krankenkassen

Erster Abschnitt
Arten der Krankenkassen

Erster Titel
Ortskrankenkassen

§ 143	Bezirk der Ortskrankenkassen	1761
§ 144	Freiwillige Vereinigung	1763
§ 145	Vereinigung innerhalb eines Landes auf Antrag	1765
§ 146	Verfahren bei Vereinigung innerhalb eines Landes auf Antrag	1767
§ 146 a	Schließung	1768

Zweiter Titel
Betriebskrankenkassen

§ 147	Errichtung	1770
§ 148	Verfahren bei Errichtung	1773
§ 149	Ausdehnung auf weitere Betriebe	1774
§ 150	Freiwillige Vereinigung	1775
§ 151	Ausscheiden von Betrieben	1777
§ 152	Auflösung	1778
§ 153	Schließung	1779
§ 154	(aufgehoben)	1780
§ 155	Abwicklung der Geschäfte, Haftung für Verpflichtungen	1780
§ 156	Betriebskrankenkassen öffentlicher Verwaltungen	1784

Dritter Titel
Innungskrankenkassen

§ 157	Errichtung	1784
§ 158	Verfahren bei Errichtung	1785
§ 159	Ausdehnung auf weitere Handwerksinnungen	1786
§ 160	Vereinigung von Innungskrankenkassen	1787
§ 161	Ausscheiden einer Handwerksinnung	1788
§ 162	Auflösung	1788
§ 163	Schließung	1789
§ 164	Auseinandersetzung, Abwicklung der Geschäfte, Haftung bei Verpflichtungen, Dienstordnungsangestellte	1789

Vierter Titel
(aufgehoben)

§ 165	(aufgehoben)	1791

Fünfter Titel
Landwirtschaftliche Krankenkasse

§ 166	Landwirtschaftliche Krankenkasse	1791

Sechster Titel
Deutsche Rentenversicherung Knappschaft-Bahn-See

§ 167	Deutsche Rentenversicherung Knappschaft-Bahn-See	1792

Siebter Titel
Ersatzkassen

§ 168	Ersatzkassen	1793
§ 168 a	Vereinigung von Ersatzkassen	1794
§ 169	(aufgehoben)	1797
§ 170	Schließung	1797
§ 171	Auseinandersetzung, Abwicklung der Geschäfte, Haftung für Verpflichtungen	1798

Achter Titel
Kassenartenübergreifende Regelungen

§ 171 a	Kassenartenübergreifende Vereinigung von Krankenkassen	1800
§ 171 b	Insolvenz von Krankenkassen	1805
§ 171 c	Aufhebung der Haftung nach § 12 Abs. 2 der Insolvenzordnung	1814
§ 171 d	Haftung im Insolvenzfall	1814
§ 171 e	Deckungskapital für Altersversorgungsverpflichtungen	1822
§ 171 f	Insolvenzfähigkeit von Krankenkassenverbänden	1826
§ 172	Vermeidung der Schließung oder Insolvenz von Krankenkassen	1827
§ 172 a	Zusammenschlusskontrolle bei Vereinigungen von Krankenkassen	1834

Zweiter Abschnitt
Wahlrechte der Mitglieder

§ 173	Allgemeine Wahlrechte	1838
§ 174	Besondere Wahlrechte	1845
§ 175	Ausübung des Wahlrechts	1846
§§ 176 bis 185 (aufgehoben)		1857

Dritter Abschnitt
Mitgliedschaft und Verfassung

Erster Titel
Mitgliedschaft

§ 186	Beginn der Mitgliedschaft Versicherungspflichtiger	1857
§ 187	Beginn der Mitgliedschaft bei einer neu errichteten Krankenkasse	1866
§ 188	Beginn der freiwilligen Mitgliedschaft	1867
§ 189	Mitgliedschaft von Rentenantragstellern	1871
§ 190	Ende der Mitgliedschaft Versicherungspflichtiger	1874
§ 191	Ende der freiwilligen Mitgliedschaft	1881
§ 192	Fortbestehen der Mitgliedschaft Versicherungspflichtiger	1883
§ 193	Fortbestehen der Mitgliedschaft bei Wehrdienst oder Zivildienst	1889

Zweiter Titel
Satzung, Organe

§ 194	Satzung der Krankenkassen	1892

§ 195	Genehmigung der Satzung	1899
§ 196	Einsichtnahme in die Satzung	1902
§ 197	Verwaltungsrat	1904
§ 197 a	Stellen zur Bekämpfung von Fehlverhalten im Gesundheitswesen	1908
§ 197 b	Aufgabenerledigung durch Dritte	1913

Vierter Abschnitt
Meldungen

Vorbemerkungen zu §§ 198 bis 206		1915
§ 198	Meldepflicht des Arbeitgebers für versicherungspflichtig Beschäftigte	1916
§ 199	Meldepflichten bei unständiger Beschäftigung	1922
§ 200	Meldepflichten bei sonstigen versicherungspflichtigen Personen	1923
§ 201	Meldepflichten bei Rentenantragstellung und Rentenbezug	1925
§ 202	Meldepflichten bei Versorgungsbezügen	1928
§ 203	Meldepflichten bei Bezug von Erziehungsgeld oder Elterngeld	1930
§ 203 a	Meldepflicht bei Bezug von Arbeitslosengeld, Arbeitslosengeld II oder Unterhaltsgeld	1931
§ 204	Meldepflichten bei Einberufung zum Wehrdienst oder Zivildienst	1931
§ 205	Meldepflichten bestimmter Versicherungspflichtiger	1933
§ 206	Auskunfts- und Mitteilungspflichten der Versicherten	1934

Siebtes Kapitel
Verbände der Krankenkassen

§ 207	Bildung und Vereinigung von Landesverbänden	1937
§ 208	Aufsicht, Haushalts- und Rechnungswesen, Vermögen, Statistiken	1942
§ 209	Verwaltungsrat der Landesverbände	1943
§ 209 a	Vorstand bei den Landesverbänden	1944
§ 210	Satzung der Landesverbände	1945
§ 211	Aufgaben der Landesverbände	1947
§ 211 a	Entscheidungen auf Landesebene	1950
§ 212	Bundesverbände, Deutsche Rentenversicherung Knappschaft-Bahn-See, Verbände der Ersatzkassen	1951
§ 213	Rechtsnachfolge, Vermögensübergang, Arbeitsverhältnisse	1955
§ 214	Aufgaben	1959
§§ 215 bis 217 (aufgehoben)		1960
§ 217 a	Errichtung des Spitzenverbandes Bund der Krankenkassen	1960
§ 217 b	Organe	1961
§ 217 c	Wahl des Verwaltungsrates und des Vorsitzenden der Mitgliederversammlung	1967
§ 217 d	Aufsicht, Haushalts- und Rechnungswesen, Vermögen, Statistiken	1972
§ 217 e	Satzung	1974
§ 217 f	Aufgaben des Spitzenverbandes Bund der Krankenkassen	1977
§ 217 g	Aufsichtsmittel in besonderen Fällen bei dem Spitzenverband Bund der Krankenkassen	1982
§ 217 h	Entsandte Person für besondere Angelegenheiten bei dem Spitzenverband Bund der Krankenkassen	1984
§ 217 i	Verhinderung von Organen, Bestellung eines Beauftragten	1987
§ 217 j	Berichtspflicht des Bundesministeriums für Gesundheit	1988
§ 218	Regionale Kassenverbände	1989

§ 219	Besondere Regelungen zu Einrichtungen und Arbeitsgemeinschaften des Spitzenverbandes Bund der Krankenkassen	1990
§ 219a	Deutsche Verbindungsstelle Krankenversicherung – Ausland	1994
§ 219b	Datenaustausch im automatisierten Verfahren zwischen den Trägern der sozialen Sicherheit und der Deutschen Verbindungsstelle Krankenversicherung – Ausland...	1998
§ 219c	Dateien bei der Deutschen Verbindungsstelle Krankenversicherung – Ausland...	2000
§ 219d	Nationale Kontaktstelle	2001

Achtes Kapitel
Finanzierung

Erster Abschnitt
Beiträge

Erster Titel
Aufbringung der Mittel

Vorbemerkungen zu §§ 220 bis 248		2006
§ 220	Grundsatz	2011
§ 221	Beteiligung des Bundes an Aufwendungen	2018
§§ 221a bis 222	(aufgehoben)	2021
§ 223	Beitragspflicht, beitragspflichtige Einnahmen, Beitragsbemessungsgrenze	2021
§ 224	Beitragsfreiheit bei Krankengeld, Mutterschaftsgeld oder Erziehungsgeld oder Elterngeld	2023
§ 225	Beitragsfreiheit bestimmter Rentenantragsteller	2024

Zweiter Titel
Beitragspflichtige Einnahmen der Mitglieder

§ 226	Beitragspflichtige Einnahmen versicherungspflichtig Beschäftigter	2024
§ 227	Beitragspflichtige Einnahmen versicherungspflichtiger Rückkehrer in die gesetzliche Krankenversicherung und bisher nicht Versicherter	2028
§ 228	Rente als beitragspflichtige Einnahmen	2030
§ 229	Versorgungsbezüge als beitragspflichtige Einnahmen	2031
§ 230	Rangfolge der Einnahmearten versicherungspflichtig Beschäftigter	2033
§ 231	Erstattung von Beiträgen	2034
§ 232	Beitragspflichtige Einnahmen unständig Beschäftigter...............................	2034
§ 232a	Beitragspflichtige Einnahmen der Bezieher von Arbeitslosengeld, Unterhaltsgeld oder Kurzarbeitergeld	2035
§ 232b	Beitragspflichtige Einnahmen der Bezieher von Pflegeunterstützungsgeld	2036
§ 233	Beitragspflichtige Einnahmen der Seeleute	2037
§ 234	Beitragspflichtige Einnahmen der Künstler und Publizisten	2037
§ 235	Beitragspflichtige Einnahmen von Rehabilitanden, Jugendlichen und Behinderten in Einrichtungen	2038
§ 236	Beitragspflichtige Einnahmen der Studenten und Praktikanten	2039
§ 237	Beitragspflichtige Einnahmen versicherungspflichtiger Rentner	2040
§ 238	Rangfolge der Einnahmearten versicherungspflichtiger Rentner	2043
§ 238a	Rangfolge der Einnahmearten freiwillig versicherter Rentner	2043
§ 239	Beitragsbemessung bei Rentenantragstellern	2043
§ 240	Beitragspflichtige Einnahmen freiwilliger Mitglieder	2044

Dritter Titel
Beitragssätze, Zusatzbeitrag

§ 241	Allgemeiner Beitragssatz	2054
§ 241a	(aufgehoben)	2055
§ 242	Zusatzbeitrag	2055
§ 242a	Durchschnittlicher Zusatzbeitragsatz	2059
§ 242b	(aufgehoben)	2060
§ 243	Ermäßigter Beitragssatz	2060
§ 244	Ermäßigter Beitrag für Wehrdienstleistende und Zivildienstleistende	2060
§ 245	Beitragssatz für Studenten und Praktikanten	2061
§ 246	Beitragssatz für Bezieher von Arbeitslosengeld II	2062
§ 247	Beitragssatz aus der Rente	2062
§ 248	Beitragssatz aus Versorgungsbezügen und Arbeitseinkommen	2063

Vierter Titel
Tragung der Beiträge

§ 249	Tragung der Beiträge bei versicherungspflichtiger Beschäftigung	2064
§ 249a	Tragung der Beiträge bei Versicherungspflichtigen mit Rentenbezug	2068
§ 249b	Beitrag des Arbeitgebers bei geringfügiger Beschäftigung	2070
§ 249c	Tragung der Beiträge bei Bezug von Pflegeunterstützungsgeld	2072
§ 250	Tragung der Beiträge durch das Mitglied	2073
§ 251	Tragung der Beiträge durch Dritte	2074

Fünfter Titel
Zahlung der Beiträge

§ 252	Beitragszahlung	2079
§ 253	Beitragszahlung aus dem Arbeitsentgelt	2083
§ 254	Beitragszahlung der Studenten	2084
§ 255	Beitragszahlung aus der Rente	2086
§ 256	Beitragszahlung aus Versorgungsbezügen	2088
§ 256a	Ermäßigung und Erlass von Beitragsschulden und Säumniszuschlägen	2092

Zweiter Abschnitt
Beitragszuschüsse

§ 257	Beitragszuschüsse für Beschäftigte	2094
§ 258	Beitragszuschüsse für andere Personen	2106

Dritter Abschnitt
Verwendung und Verwaltung der Mittel

§ 259	Mittel der Krankenkasse	2107
§ 260	Betriebsmittel	2108
§ 261	Rücklage	2111
§ 262	Gesamtrücklage	2114
§ 263	Verwaltungsvermögen	2114
§ 263a	(aufgehoben)	2115
§ 264	Übernahme der Krankenbehandlung für nicht Versicherungspflichtige gegen Kostenerstattung	2115

Vierter Abschnitt
Finanzausgleiche und Zuweisungen aus dem Gesundheitsfonds

Vorbemerkungen zu §§ 265 bis 273		2118
§ 265	Finanzausgleich für aufwendige Leistungsfälle	2122
§ 265 a	Finanzielle Hilfen zur Vermeidung der Schließung oder Insolvenz einer Krankenkasse	2127
§ 265 b	Freiwillige finanzielle Hilfen	2135
§ 266	Zuweisungen aus dem Gesundheitsfonds (Risikostrukturausgleich)	2140
§ 267	Datenerhebungen zum Risikostrukturausgleich	2153
§ 268	Weiterentwicklung des Risikostrukturausgleichs	2157
§ 269	Sonderregelungen für Krankengeld und Auslandsversicherte	2162
§ 270	Zuweisungen aus dem Gesundheitsfonds für sonstige Ausgaben	2172
§ 270 a	Einkommensausgleich	2174
§ 271	Gesundheitsfonds	2177
§ 271 a	Sicherstellung der Einnahmen des Gesundheitsfonds	2187
§ 272	(aufgehoben)	2192
§ 273	Sicherung der Datengrundlagen für den Risikostrukturausgleich	2192

Fünfter Abschnitt
Prüfung der Krankenkassen und ihrer Verbände

§ 274	Prüfung der Geschäfts-, Rechnungs- und Betriebsführung	2201

Neuntes Kapitel
Medizinischer Dienst der Krankenversicherung

Erster Abschnitt
Aufgaben

Vorbemerkungen zu §§ 275 bis 283		2203
§ 275	Begutachtung und Beratung	2207
§ 275 a	Durchführung und Umfang von Qualitätskontrollen in Krankenhäusern durch den Medizinischen Dienst	2228
§ 275 b	Durchführung und Umfang von Qualitäts- und Abrechnungsprüfungen bei Leistungen der häuslichen Krankenpflege durch den Medizinischen Dienst	2231
§ 276	Zusammenarbeit	2235
§ 277	Mitteilungspflichten	2244

Zweiter Abschnitt
Organisation

§ 278	Arbeitsgemeinschaft	2247
§ 279	Verwaltungsrat und Geschäftsführer; Beirat	2251
§ 280	Aufgaben des Verwaltungsrats	2256
§ 281	Finanzierung und Aufsicht	2258
§ 282	Medizinischer Dienst des Spitzenverbandes Bund der Krankenkassen	2262
§ 283	Ausnahmen	2268

Zehntes Kapitel
Versicherungs- und Leistungsdaten, Datenschutz, Datentransparenz

Erster Abschnitt
Informationsgrundlagen

Erster Titel
Grundsätze der Datenverwendung

Vorbemerkungen zu §§ 284 bis 305 b		2269
§ 284	Sozialdaten bei den Krankenkassen	2278
§ 285	Personenbezogene Daten bei den Kassenärztlichen Vereinigungen	2287
§ 286	Datenübersicht	2293
§ 287	Forschungsvorhaben	2295

Zweiter Titel
Informationsgrundlagen der Krankenkassen

§ 288	Versichertenverzeichnis	2298
§ 289	Nachweispflicht bei Familienversicherung	2299
§ 290	Krankenversichertennummer	2302
§ 291	Krankenversichertenkarte	2305
§ 291 a	Elektronische Gesundheitskarte und Telematikinfrastruktur	2312
§ 291 b	Gesellschaft für Telematik	2331
§ 291 c	Schlichtungsstelle der Gesellschaft für Telematik	2344
§ 291 d	Integration offener Schnittstellen in informationstechnische Systeme	2346
§ 291 e	Interoperabilitätsverzeichnis	2347
§ 291 f	Übermittlung elektronischer Briefe in der vertragsärztlichen Versorgung	2350
§ 291 g	Vereinbarung über technische Verfahren zur konsiliarischen Befundbeurteilung und zur Videosprechstunde	2352
§ 292	Angaben über Leistungsvoraussetzungen	2353
§ 293	Kennzeichen für Leistungsträger und Leistungserbringer	2354

Zweiter Abschnitt
Übermittlung und Aufbereitung von Leistungsdaten, Datentransparenz

Erster Titel
Übermittlung von Leistungsdaten

§ 294	Pflichten der Leistungserbringer	2362
§ 294 a	Mitteilung von Krankheitsursachen und drittverursachten Gesundheitsschäden	2364
§ 295	Abrechnung ärztlicher Leistungen	2370
§ 295 a	Abrechnung der im Rahmen von Verträgen nach § 73 b und § 140 a sowie vom Krankenhaus im Notfall erbrachten Leistungen	2378
§ 296	Datenübermittlung für Wirtschaftlichkeitsprüfungen	2384
§ 297	Weitere Regelungen zur Datenübermittlung für Wirtschaftlichkeitsprüfungen	2387
§ 298	Übermittlung versichertenbezogener Daten	2390
§ 299	Datenerhebung, -verarbeitung und -nutzung für Zwecke der Qualitätssicherung	2391
§ 300	Abrechnung der Apotheken und weiterer Stellen	2401
§ 301	Krankenhäuser	2406

§ 301a	Abrechnung der Hebammen und der von ihnen geleiteten Einrichtungen	2412
§ 302	Abrechnung der sonstigen Leistungserbringer	2414
§ 303	Ergänzende Regelungen	2419

Zweiter Titel
Datentransparenz

§ 303a	Wahrnehmung der Aufgaben der Datentransparenz	2423
§ 303b	Datenübermittlung	2425
§ 303c	Vertrauensstelle	2427
§ 303d	Datenaufbereitungsstelle	2429
§ 303e	Datenverarbeitung und -nutzung, Verordnungsermächtigung	2431
§ 303f	(aufgehoben)	2434

Dritter Abschnitt
Datenlöschung, Auskunftspflicht

§ 304	Aufbewahrung von Daten bei Krankenkassen, Kassenärztlichen Vereinigungen und Geschäftsstellen der Prüfungsausschüsse	2434
§ 305	Auskünfte an Versicherte	2439
§ 305a	Beratung der Vertragsärzte	2445
§ 305b	Veröffentlichung der Jahresrechnungsergebnisse	2448

Elftes Kapitel
Straf- und Bußgeldvorschriften

§ 306	Zusammenarbeit zur Verfolgung und Ahndung von Ordnungswidrigkeiten	2449
§ 307	Bußgeldvorschriften	2452
§ 307a	Strafvorschriften	2456
§ 307b	Strafvorschriften	2458

Zwölftes Kapitel
Überleitungsregelungen aus Anlaß der Herstellung der Einheit Deutschlands

§ 308	(aufgehoben)	2461
§ 309	Versicherter Personenkreis	2461
§ 310	Leistungen	2463
§ 311	Beziehungen der Krankenkassen zu den Leistungserbringern	2463
§§ 311a bis 313a	(aufgehoben)	2466

Dreizehntes Kapitel
Weitere Übergangsvorschriften

§ 314	Beitragszuschüsse für Beschäftigte	2466
§ 315	Standardtarif für Personen ohne Versicherungsschutz	2467
§ 316	Übergangsregelung zur enteralen Ernährung	2468
§ 317	Psychotherapeuten	2468
§ 318	Übergangsregelung für die knappschaftliche Krankenversicherung	2469
§ 319	Übergangsregelung zum Krankengeldwahltarif	2473
§ 320	Übergangsregelung zur befristeten Weiteranwendung aufgehobener Vorschriften	2474
§ 321	Übergangsregelung für die Anforderungen an die strukturierten Behandlungsprogramme nach § 137g Absatz 1	2475

| § 322 | Übergangsregelung zur Beitragsbemessung aus Renten und aus Versorgungsbezügen | 2476 |

Sozialgesetzbuch (SGB) Elftes Buch (XI)
– Soziale Pflegeversicherung –

Erstes Kapitel
Allgemeine Vorschriften

§ 1	Soziale Pflegeversicherung	2479
§ 2	Selbstbestimmung	2483
§ 3	Vorrang der häuslichen Pflege	2488
§ 4	Art und Umfang der Leistungen	2490
§ 5	Prävention in Pflegeeinrichtungen, Vorrang von Prävention und medizinischer Rehabilitation	2493
§ 6	Eigenverantwortung	2498
§ 7	Aufklärung, Auskunft	2500
§ 7 a	Pflegeberatung	2504
§ 7 b	Beratungsgutscheine	2515
§ 7 c	Pflegestützpunkte, Verordnungsermächtigung	2518
§ 8	Gemeinsame Verantwortung	2529
§ 8 a	Gemeinsame Empfehlungen zur pflegerischen Versorgung	2533
§ 9	Aufgaben der Länder	2537
§ 10	Berichtspflichten des Bundes und der Länder	2539
§ 11	Rechte und Pflichten der Pflegeeinrichtungen	2540
§ 12	Aufgaben der Pflegekassen	2542
§ 13	Verhältnis der Leistungen der Pflegeversicherung zu anderen Sozialleistungen	2544

Zweites Kapitel
Leistungsberechtigter Personenkreis

§ 14	Begriff der Pflegebedürftigkeit	2551
§ 15	Ermittlung des Grades der Pflegebedürftigkeit, Begutachtungsinstrument	2561
§ 16	Verordnungsermächtigung	2575
§ 17	Richtlinien der Pflegekassen	2577
§ 17 a	(aufgehoben)	2580
§ 18	Verfahren zur Feststellung der Pflegebedürftigkeit	2580
§ 18 a	Weiterleitung der Rehabilitationsempfehlung, Berichtspflichten	2591
§ 18 b	Dienstleistungsorientierung im Begutachtungsverfahren	2593
§ 18 c	Fachliche und wissenschaftliche Begleitung der Umstellung des Verfahrens zur Feststellung der Pflegebedürftigkeit	2595
§ 19	Begriff der Pflegepersonen	2596

Drittes Kapitel
Versicherungspflichtiger Personenkreis

§ 20	Versicherungspflicht in der sozialen Pflegeversicherung für Mitglieder der gesetzlichen Krankenversicherung	2604
§ 21	Versicherungspflicht in der sozialen Pflegeversicherung für sonstige Personen	2612
§ 22	Befreiung von der Versicherungspflicht	2615

§ 23	Versicherungspflicht für Versicherte der privaten Krankenversicherungsunternehmen	2618
§ 24	Versicherungspflicht der Abgeordneten	2622
§ 25	Familienversicherung	2623
§ 26	Weiterversicherung	2633
§ 26 a	Beitrittsrecht	2637
§ 27	Kündigung eines privaten Pflegeversicherungsvertrages	2641

Viertes Kapitel
Leistungen der Pflegeversicherung

Erster Abschnitt
Übersicht über die Leistungen

§ 28	Leistungsarten, Grundsätze	2643
§ 28 a	Leistungen bei Pflegegrad 1	2652

Zweiter Abschnitt
Gemeinsame Vorschriften

§ 29	Wirtschaftlichkeitsgebot	2653
§ 30	Dynamisierung, Verordnungsermächtigung	2656
§ 31	Vorrang der Rehabilitation vor Pflege	2660
§ 32	Vorläufige Leistungen zur medizinischen Rehabilitation	2663
§ 33	Leistungsvoraussetzungen	2665
§ 33 a	Leistungsausschluss	2669
§ 34	Ruhen der Leistungsansprüche	2670
§ 35	Erlöschen der Leistungsansprüche	2677
§ 35 a	Teilnahme an einem trägerübergreifenden Persönlichen Budget nach § 17 Abs. 2 bis 4 des Neunten Buches	2678

Dritter Abschnitt
Leistungen

Erster Titel
Leistungen bei häuslicher Pflege

§ 36	Pflegesachleistung	2680
§ 37	Pflegegeld für selbst beschaffte Pflegehilfen	2688
§ 38	Kombination von Geldleistung und Sachleistung (Kombinationsleistung)	2696
§ 38 a	Zusätzliche Leistungen für Pflegebedürftige in ambulant betreuten Wohngruppen	2699
§ 39	Häusliche Pflege bei Verhinderung der Pflegeperson	2704
§ 40	Pflegehilfsmittel und wohnumfeldverbessernde Maßnahmen	2709

Zweiter Titel
Teilstationäre Pflege und Kurzzeitpflege

§ 41	Tagespflege und Nachtpflege	2720
§ 42	Kurzzeitpflege	2724

Dritter Titel
Vollstationäre Pflege

| § 43 | Inhalt der Leistung | 2728 |

Vierter Titel
Pflege in vollstationären Einrichtungen der Hilfe für behinderte Menschen

| § 43 a | Inhalt der Leistung | 2732 |

Fünfter Titel
Zusätzliche Betreuung und Aktivierung in stationären Einrichtungen

| § 43 b | Inhalt der Leistung | 2735 |

Vierter Abschnitt
Leistungen für Pflegepersonen

§ 44	Leistungen zur sozialen Sicherung der Pflegepersonen	2737
§ 44 a	Zusätzliche Leistungen bei Pflegezeit und kurzzeitiger Arbeitsverhinderung	2744
§ 45	Pflegekurse für Angehörige und ehrenamtliche Pflegepersonen	2752

Fünfter Abschnitt
Angebote zur Unterstützung im Alltag, Entlastungsbetrag, Förderung der Weiterentwicklung der Versorgungsstrukturen und des Ehrenamts sowie der Selbsthilfe

§ 45 a	Angebote zur Unterstützung im Alltag, Umwandlung des ambulanten Sachleistungsbetrags (Umwandlungsanspruch), Verordnungsermächtigung	2754
§ 45 b	Entlastungsbetrag	2769
§ 45 c	Förderung der Weiterentwicklung der Versorgungsstrukturen und des Ehrenamts, Verordnungsermächtigung	2780
§ 45 d	Förderung der Selbsthilfe, Verordnungsermächtigung	2791

Sechster Abschnitt
Initiativprogramm zur Förderung neuer Wohnformen

| § 45 e | Anschubfinanzierung zur Gründung von ambulant betreuten Wohngruppen | 2795 |
| § 45 f | Weiterentwicklung neuer Wohnformen | 2800 |

Fünftes Kapitel
Organisation

Erster Abschnitt
Träger der Pflegeversicherung

§ 46	Pflegekassen	2803
§ 47	Satzung	2806
§ 47 a	Stellen zur Bekämpfung von Fehlverhalten im Gesundheitswesen	2808

Zweiter Abschnitt
Zuständigkeit, Mitgliedschaft

| § 48 | Zuständigkeit für Versicherte einer Krankenkasse und sonstige Versicherte | 2809 |
| § 49 | Mitgliedschaft | 2812 |

Dritter Abschnitt
Meldungen

§ 50	Melde- und Auskunftspflichten bei Mitgliedern der sozialen Pflegeversicherung	2815
§ 51	Meldungen bei Mitgliedern der privaten Pflegeversicherung	2819

Vierter Abschnitt
Wahrnehmung der Verbandsaufgaben

§ 52	Aufgaben auf Landesebene	2821
§ 53	Aufgaben auf Bundesebene	2823
§ 53 a	Zusammenarbeit der Medizinischen Dienste	2826
§ 53 b	Beauftragung von anderen unabhängigen Gutachtern durch die Pflegekassen im Verfahren zur Feststellung der Pflegebedürftigkeit	2830
§ 53 c	Richtlinien zur Qualifikation und zu den Aufgaben zusätzlicher Betreuungskräfte	2832

Sechstes Kapitel
Finanzierung

Erster Abschnitt
Beiträge

§ 54	Grundsatz	2833
§ 55	Beitragssatz, Beitragsbemessungsgrenze	2834
§ 56	Beitragsfreiheit	2836
§ 57	Beitragspflichtige Einnahmen	2838
§ 58	Tragung der Beiträge bei versicherungspflichtig Beschäftigten	2848
§ 59	Beitragstragung bei anderen Mitgliedern	2852
§ 60	Beitragszahlung	2856

Zweiter Abschnitt
Beitragszuschüsse

§ 61	Beitragszuschüsse für freiwillige Mitglieder der gesetzlichen Krankenversicherung und Privatversicherte	2862

Dritter Abschnitt
Verwendung und Verwaltung der Mittel

§ 62	Mittel der Pflegekasse	2866
§ 63	Betriebsmittel	2866
§ 64	Rücklage	2866

Vierter Abschnitt
Ausgleichsfonds, Finanzausgleich

§ 65	Ausgleichsfonds	2868
§ 66	Finanzausgleich	2873
§ 67	Monatlicher Ausgleich	2876
§ 68	Jahresausgleich	2880

Siebtes Kapitel
Beziehungen der Pflegekassen zu den Leistungserbringern

Erster Abschnitt
Allgemeine Grundsätze

§ 69	Sicherstellungsauftrag	2882
§ 70	Beitragssatzstabilität	2884

Zweiter Abschnitt
Beziehungen zu den Pflegeeinrichtungen

§ 71	Pflegeeinrichtungen	2886
§ 72	Zulassung zur Pflege durch Versorgungsvertrag	2891
§ 73	Abschluss von Versorgungsverträgen	2897
§ 74	Kündigung von Versorgungsverträgen	2898
§ 75	Rahmenverträge, Bundesempfehlungen und -vereinbarungen über die pflegerische Versorgung	2901
§ 76	Schiedsstelle	2908

Dritter Abschnitt
Beziehungen zu sonstigen Leistungserbringern

§ 77	Häusliche Pflege durch Einzelpersonen	2914
§ 78	Verträge über Pflegehilfsmittel	2930

Vierter Abschnitt
Wirtschaftlichkeitsprüfungen

§ 79	Wirtschaftlichkeits- und Abrechnungsprüfungen	2951
§§ 80, 80 a	(aufgehoben)	2956
§ 81	Verfahrensregelungen	2957

Achtes Kapitel
Pflegevergütung

Erster Abschnitt
Allgemeine Vorschriften

Vorbemerkungen zu §§ 82 bis 92 f		2959
§ 82	Finanzierung der Pflegeeinrichtungen	2965
§ 82 a	Ausbildungsvergütung	2977
§ 82 b	Ehrenamtliche Unterstützung	2983
§ 83	Verordnung zur Regelung der Pflegevergütung	2986

Zweiter Abschnitt
Vergütung der stationären Pflegeleistungen

§ 84	Bemessungsgrundsätze	2989
§ 85	Pflegesatzverfahren	3005
§ 86	Pflegesatzkommission	3016
§ 87	Unterkunft und Verpflegung	3018
§ 87 a	Berechnung und Zahlung des Heimentgelts	3020
§ 87 b	(aufgehoben)	3026
§ 88	Zusatzleistungen	3026

Dritter Abschnitt
Vergütung der ambulanten Pflegeleistungen

§ 89	Grundsätze für die Vergütungsregelung	3028
§ 90	Gebührenordnung für ambulante Pflegeleistungen	3032

Vierter Abschnitt
Kostenerstattung, Pflegeheimvergleich

§ 91	Kostenerstattung	3033
§ 92	(aufgehoben)	3036
§ 92 a	Pflegeheimvergleich	3036

Fünfter Abschnitt
Integrierte Versorgung

§ 92 b	Integrierte Versorgung	3040

Sechster Abschnitt
Übergangsregelung für die stationäre Pflege (aufgehoben)

§ 92 c	Neuverhandlung der Pflegesätze (aufgehoben)	3042
§ 92 d	Alternative Überleitung der Pflegesätze (aufgehoben)	3044
§ 92 e	Verfahren für die Umrechnung (aufgehoben)	3045
§ 92 f	Pflichten der Beteiligten (aufgeboben)	3048

Neuntes Kapitel
Datenschutz und Statistik

Erster Abschnitt
Informationsgrundlagen

Erster Titel
Grundsätze der Datenverwendung

§ 93	Anzuwendende Vorschriften	3049
§ 94	Personenbezogene Daten bei den Pflegekassen	3051
§ 95	Personenbezogene Daten bei den Verbänden der Pflegekassen	3053
§ 96	Gemeinsame Verarbeitung und Nutzung personenbezogener Daten	3054
§ 97	Personenbezogene Daten beim Medizinischen Dienst	3055
§ 97 a	Qualitätssicherung durch Sachverständige	3058
§ 97 b	Personenbezogene Daten bei den nach heimrechtlichen Vorschriften zuständigen Aufsichtsbehörden und den Trägern der Sozialhilfe	3060

§ 97 c	Qualitätssicherung durch den Prüfdienst des Verbandes der privaten Krankenversicherung e.V.	3060
§ 97 d	Begutachtung durch unabhängige Gutachter	3062
§ 98	Forschungsvorhaben	3063

Zweiter Titel
Informationsgrundlagen der Pflegekassen

§ 99	Versichertenverzeichnis	3065
§ 100	Nachweispflicht bei Familienversicherung	3066
§ 101	Pflegeversichertennummer	3067
§ 102	Angaben über Leistungsvoraussetzungen	3068
§ 103	Kennzeichen für Leistungsträger und Leistungserbringer	3068

Zweiter Abschnitt
Übermittlung von Leistungsdaten

§ 104	Pflichten der Leistungserbringer	3070
§ 105	Abrechnung pflegerischer Leistungen	3072
§ 106	Abweichende Vereinbarungen	3073
§ 106 a	Mitteilungspflichten	3073

Dritter Abschnitt
Datenlöschung, Auskunftspflicht

§ 107	Löschen von Daten	3075
§ 108	Auskünfte an Versicherte	3076

Vierter Abschnitt
Statistik

§ 109	Pflegestatistiken	3077

Zehntes Kapitel
Private Pflegeversicherung

§ 110	Regelungen für die private Pflegeversicherung	3079
§ 111	Risikoausgleich	3082

Elftes Kapitel
Qualitätssicherung, Sonstige Regelungen zum Schutz der Pflegebedürftigen

§ 112	Qualitätsverantwortung	3083
§ 113	Maßstäbe und Grundsätze zur Sicherung und Weiterentwicklung der Pflegequalität	3087
§ 113 a	Expertenstandards zur Sicherung und Weiterentwicklung der Qualität in der Pflege ...	3098
§ 113 b	Qualitätsausschuss	3105
§ 113 c	Personalbemessung in Pflegeeinrichtungen	3118
§ 114	Qualitätsprüfungen	3121
§ 114 a	Durchführung der Qualitätsprüfungen	3130
§ 115	Ergebnisse von Qualitätsprüfungen, Qualitätsdarstellung	3144
§ 115 a	Übergangsregelung für Pflege-Transparenzvereinbarungen und Qualitätsprüfungs-Richtlinien	3161

§ 116	Kostenregelungen	3163
§ 117	Zusammenarbeit mit den nach heimrechtlichen Vorschriften zuständigen Aufsichtsbehörden	3165
§ 118	Beteiligung von Interessenvertretungen, Verordnungsermächtigung	3170
§ 119	Verträge mit Pflegeheimen außerhalb des Anwendungsbereichs des Wohn- und Betreuungsvertragsgesetzes	3173
§ 120	Pflegevertrag bei häuslicher Pflege	3173

Zwölftes Kapitel
Bußgeldvorschrift

§ 121	Bußgeldvorschrift	3177
§ 122	(aufgehoben)	3179

Dreizehntes Kapitel
Befristete Modellvorhaben

§ 123	Durchführung der Modellvorhaben zur kommunalen Beratung Pflegebedürftiger und ihrer Angehöriger, Verordnungsermächtigung	3179
§ 124	Befristung, Widerruf und Begleitung der Modellvorhaben zur kommunalen Beratung; Beirat	3181
§ 125	Modellvorhaben zur Erprobung von Leistungen der häuslichen Betreuung durch Betreuungsdienste	3184

Vierzehntes Kapitel
Zulagenförderung der privaten Pflegevorsorge

§ 126	Zulageberechtigte	3186
§ 127	Pflegevorsorgezulage; Fördervoraussetzungen	3188
§ 128	Verfahren; Haftung des Versicherungsunternehmens	3192
§ 129	Wartezeit bei förderfähigen Pflege-Zusatzversicherungen	3195
§ 130	Verordnungsermächtigung	3196

Fünfzehntes Kapitel
Bildung eines Pflegevorsorgefonds

Vorbemerkungen zu §§ 131 bis 139		3197
§ 131	Pflegevorsorgefonds	3203
§ 132	Zweck des Vorsorgefonds	3206
§ 133	Rechtsform	3209
§ 134	Verwaltung und Anlage der Mittel	3210
§ 135	Zuführung der Mittel	3215
§ 136	Verwendung des Sondervermögens	3216
§ 137	Vermögenstrennung	3218
§ 138	Jahresrechnung	3218
§ 139	Auflösung	3219

Sechszehntes Kapitel
Überleitungs- und Übergangsrecht

Erster Abschnitt
Regelungen zur Rechtsanwendung im Übergangszeitraum, zur Überleitung in die Pflegegrade, zum Besitzstandsschutz für Leistungen der Pflegeversicherung sowie Übergangsregelungen im Begutachtungsverfahren im Rahmen der Einführung des neuen Pflegebedürftigkeitsbegriffs

§ 140	Anzuwendendes Recht und Überleitung in die Pflegegrade	3220
§ 141	Besitzstandsschutz und Übergangsrecht zur sozialen Sicherung von Pflegepersonen	3225
§ 142	Übergangsregelungen im Begutachtungsverfahren	3236
§ 143	Sonderanpassungsrecht für die Allgemeinen Versicherungsbedingungen und die technischen Berechnungsgrundlagen privater Pflegeversicherungsverträge	3238

Zweiter Abschnitt
Sonstige Überleitungs-, Übergangs- und Besitzstandsschutzregelungen

§ 144	Überleitungs- und Übergangsregelungen, Verordnungsermächtigung	3238
§ 145	Besitzstandsschutz für pflegebedürftige Menschen mit Behinderungen in häuslicher Pflege	3243

Stichwortverzeichnis 3245

Bearbeiterverzeichnis

Dr. Melanie Arndt
Rechtsanwältin, Berlin

§ 132 h SGB V
§ 113 c SGB XI

Dr. Horst Bartels
Rechtsanwalt, Justitiar der Kassenärztlichen Vereinigung Nordrhein, Düsseldorf

§§ 77 bis 81 a SGB V (zs. mit Nebel)

Jonas Baumeister, M.Sc.
Steuerassistent, Balingen

Vor §§ 82 ff., §§ 82 bis 92 f SGB XI
(zs. mit P. Baumeister)

Prof. Dr. Peter Baumeister
SRH Hochschule Heidelberg und Rechtsanwalt, Heidelberg

§§ 14 bis 19 SGB XI
Vor §§ 82 ff., §§ 82 bis 92 f SGB XI
(zs. mit J. Baumeister)
§§ 140, 142 SGB XI

Dr. Josef Berchtold
Vorsitzender Richter am Bundessozialgericht, Kassel

§§ 1 bis 4, 16 bis 19, 61, 62, 74 SGB V
§§ 1 bis 13 SGB XI

André Bohmeier
Rechtsanwalt, Bochum, Lehrbeauftragter an der SRH Fachhochschule für Gesundheit Gera

§§ 137 f, 137 g, 321 SGB V

Jun.-Prof. Dr. Judith Brockmann, Maître en Droit
Universität Hamburg, Juniorprofessur für Arbeitsrecht mit sozialrechtlichen Bezügen und rechtswissenschaftliche Fachdidaktik

§§ 40 bis 43 SGB V

Prof. Dr. Frauke Brosius-Gersdorf, LL.M.
Leibniz Universität Hannover, Lehrstuhl für Öffentliches Recht, insb. Sozialrecht, Öffentliches Wirtschaftsrecht und Verwaltungswissenschaft

§§ 27 a, 37 SGB V

Prof. Dr. Benedikt Buchner, LL.M. (UCLA)
Universität Bremen, Institut für Informations-, Gesundheits- und Medizinrecht (IGMR)

§§ 67, 68 SGB V

Laura Buhr
Universität Trier, Wissenschaftliche Mitarbeiterin an der Professur für Öffentliches Recht, Sozialrecht und Verwaltungswissenschaft Prof. Dr. Timo Hebeler

§§ 52, 52 a SGB V
(zs. mit Höfling/Engels)

Dr. Alfred G. Debus
Referent, Innenministerium Baden-Württemberg, Stuttgart

§§ 168 bis 172, 173 bis 175, 194 bis 197 b SGB V

Dr. Ulrich Denzel, LL.M.
Rechtsanwalt, Stuttgart

§ 172 a SGB V (zs. mit König)

Martin Ebach
Rechtsanwalt, Justitiar, Caritasverband für die Diözese Limburg e.V., Limburg/Lahn

§§ 29 bis 35 a SGB XI

Prof. em. Dr. Ingwer Ebsen
Johann Wolfgang Goethe-Universität Frankfurt, Professor für Öffentliches Recht, insbesondere Sozialrecht

§§ 69 bis 71 SGB V
§§ 69, 70 SGB XI

Bearbeiterverzeichnis

Karsten Engelke
Rechtsanwalt, Berlin

§ 35 SGB V

Priv.-Doz. Dr. Andreas Engels
Richter am Verwaltungsgericht Köln; Universität zu Köln, Institut für Staatsrecht

§§ 52, 52 a SGB V
(zs. mit Höfling/Buhr)
§ 130 a SGB V (zs. mit Frohn)
§ 142 SGB V (zs. mit Höfling/König)

Prof. Dr. Philipp S. Fischinger, LL.M. (Harvard)
Universität Mannheim, Professur für Bürgerliches Recht, Arbeitsrecht, Handels- und Wirtschaftsrecht

Vor §§ 198 ff., §§ 198 bis 206 SGB V
(zs. mit Werthmüller)
§§ 249 bis 256 a SGB V
(zs. mit Hofer)
§§ 44 bis 45, 50, 51 SGB XI
(zs. mit Werthmüller)
§§ 58 bis 60, 119, 120 SGB XI
(zs. mit Hofer)

Andreas Frohn, LL.M.
Rechtsanwalt, Köln, Lehrbeauftragter Hochschule Fresenius, Idstein

§ 130 a SGB V (zs. mit Engels)

Dr. Martin Greiff, Mag. rer. publ.
Rechtsanwalt, Fachanwalt für Medizinrecht, München, Lehrbeauftragter der Westfälischen Wilhelms-Universität Münster, Lehrbeauftragter der Hochschule Fresenius

§§ 37 b, 39 a bis 39 c, 60, 132 d bis 132 f, 133, 140 a SGB V

Prof. Dr. Stefan Greiner
Universität Bonn, Institut für Arbeitsrecht und Recht der sozialen Sicherheit

§§ 12, 44 bis 51, 319 SGB V

Heinrich Griep
Justitiar, Caritasverband für die Diözese Mainz e.V., Mainz

§§ 45 a bis 45 f, 141, 144 SGB XI

Jörn Grotjahn
Rechtsanwalt, Berlin

§§ 129 a, 130, 130 b, 130 c SGB V
§ 131 SGB V (zs. mit Stadelhoff)

Anke Harney
Rechtsanwältin und Fachanwältin für Medizinrecht, Münster, Wiss. Mitarbeiterin, Ruhr-Universität Bochum, Institut für Sozial- und Gesundheitsrecht

§§ 90 bis 94 SGB V

Prof. Dr. Timo Hebeler
Universität Trier, Professur für Öffentliches Recht, Sozialrecht und Verwaltungswissenschaft

§§ 143 bis 167 SGB V
§§ 46 bis 47 a SGB XI

Prof. Dr. Hans Michael Heinig
Georg-August-Universität Göttingen, Lehrstuhl für Öffentliches Recht, insb. Kirchenrecht und Staatskirchenrecht

§§ 13, 14, 140 e, 219 d SGB V

Jonas B. Hofer, LL.B.
Ass. iur., Akad. Mitarbeiter, Universität Mannheim, Lehrstuhl für Bürgerliches Recht, Arbeitsrecht, Handels- und Wirtschaftsrecht, Prof. Dr. Philipp S. Fischinger, LL.M. (Harvard)

§§ 249 bis 256 a SGB V
(zs. mit Fischinger)
§§ 58 bis 60, 119, 120 SGB XI
(zs. mit Fischinger)

Bearbeiterverzeichnis

Prof. Dr. Wolfram Höfling, MA
Universität zu Köln, Institut für Staatsrecht

§§ 52, 52 a SGB V
(zs. mit Engels/Buhr)
142 SGB V (zs. mit Engels/König)

Prof. Dr. Stefan Huster
Ruhr-Universität Bochum, Lehrstuhl für Öffentliches Recht, Sozial- und Gesundheitsrecht und Rechtsphilosophie

§§ 20 bis 24 b SGB V
(zs. mit Kießling)
§§ 25, 25 a, 26 SGB V

Sandra Isbarn
Ass. jur., Hamburg

§§ 72 a, 75 SGB V
(zs. mit Schuler-Harms)

Prof. Dr. Markus Kaltenborn
Ruhr-Universität Bochum, Professur für Öffentliches Recht, insbes. Finanzverfassungs- und Gesundheitsrecht

§§ 108 a bis 111 a SGB V

Dr. Andrea Kießling
Akademische Rätin a.Z., Ruhr-Universität Bochum, Lehrstuhl für Öffentliches Recht, Sozial- und Gesundheitsrecht und Rechtsphilosophie

§§ 20 bis 24 b SGB V (zs. mit Huster)

Prof. Dr. Thorsten Kingreen
Universität Regensburg, Lehrstuhl für Öffentliches Recht, Sozialrecht und Gesundheitsrecht

§§ 71 bis 76 SGB XI

Hartmut Kirch
Justitiar des Medizinischen Dienst der Krankenversicherung Nordrhein, Düsseldorf

§§ 93 bis 109 SGB XI
(zs. mit Ulatowski)

Peter Knüpper
Rechtsanwalt, Hauptgeschäftsführer der Bayerischen Landeszahnärztekammer, Geschäftsführer der Kassenzahnärztlichen Vereinigung Bayern (KZVB), Lehrbeauftragter der Ludwig-Maximilians-Universität, München

§§ 28, 29 SGB V

Prof. Dr. Christian Koch
Deutsche Universität für Verwaltungswissenschaften, Deutsches Forschungsinstitut für öffentliche Verwaltung, Speyer, Rechtsanwalt

Vor §§ 265 ff., §§ 265 bis 273 SGB V
§§ 65 bis 68, 77, 78, Vor §§ 131 ff., §§ 131 bis 139 SGB XI

Dr. Marco König
Rechtsanwalt, Stuttgart

§ 76 SGB V
142 SGB V (zs. mit Engels/Höfling)
§ 172 a SGB V (zs. mit Denzel)

Dr. Martin Krasney
Rechtsanwalt, Justitiar, GKV-Spitzenverband, Berlin

§§ 259 bis 263 SGB V
§§ 62 bis 64 SGB XI

Dr. med. Inken Kunze
Rechtsanwältin und Ärztin, Fachanwältin für Medizinrecht, Dortmund

§§ 39, 115 c SGB V

Claudia Mareck
Rechtsanwältin, Fachanwältin für Medizinrecht, Dortmund

§§ 116 b, 118 a, 122 SGB V

Hildegard Nebel
Stellv. Justitiarin der Kassenärztlichen Vereinigung Nordrhein, Düsseldorf

§§ 77 bis 81 a SGB V (zs. mit Bartels)

Bearbeiterverzeichnis

Dr. Michael Ossege, LL.M. Rechtsanwalt, Fachanwalt für Medizinrecht, Dortmund	§§ 43a bis 43c, 95, 95a, 95c bis 106d, 111b, 111c, 114, 115d bis 116a, 117, 118, 119 bis 121, Vor §§ 275 ff., §§ 275 bis 283, 309 bis 311, 317 SGB V §§ 53a, 53b SGB XI
Ulrich Paschek Abteilungsleiter Finanzen, Deutsche Rentenversicherung Knappschaft-Bahn-See, Bochum	§ 318 SGB V
Dr. Andreas Penner Rechtsanwalt, Düsseldorf, Lehrbeauftragter für Sozial- und Gesundheitsrecht der Juristischen Fakultät der Ruhr-Universität Bochum	§§ 73b, 75a SGB V
Dr. Annette Prehn Wiss. Mitarbeiterin, Universität Greifswald, Lehrstuhl für Öffentliches Recht, Sozial- und Gesundheitsrecht	§§ 11, 15, 27, 37a, 38, 53, 132 bis 132c SGB V §§ 112 bis 113b, 114 bis 118 SGB XI
Dr. Rudolf Ratzel Rechtsanwalt, Fachanwalt für Medizinrecht, München	§§ 31, 32 bis 34, 36, 121a, 124 bis 128, 138, 139, 316 SGB V
Prof. Dr. Martin Rehborn Rechtsanwalt, Fachanwalt für Medizinrecht, Dortmund, Honorarprofessor der Universität zu Köln	§§ 27b, 31a, 66, 89, 95b, 134a, 140 SGB V § 320 SGB V (zs. mit Schäfer)
Daniel Renger Rechtsanwalt, Fachanwalt für Arbeitsrecht, Dortmund	§§ 79, 81 SGB XI (zs. mit Wiedemann)
Dr. Heribert Renn Frankfurt a.M.	§§ 28, 28a, 36 bis 43b, 53c, 123 bis 125, 145 SGB XI
Dr. Benjamin Reuter Rechtsanwalt, Fachanwalt für Medizinrecht, Senior-Referent der Kassenärztlichen Bundesvereinigung, Berlin	§§ 85, 87a bis 87d, 88 SGB V
Viktor Rogalla, MLE Leibniz Universität Hannover, Lehrstuhl Prof. Dr. Brosius-Gersdorf	§§ 186 bis 193, 207 bis 219a SGB V §§ 48, 49, 52, 53 SGB XI
Prof. Dr. Anne Schäfer, M.A. Hochschule Fulda, Professur für Sozial- und Gesundheitsrecht	§§ 132g, 219b, 219c, Vor §§ 284 ff., §§ 284 bis 305b SGB V § 320 SGB V (zs. mit Rehborn)
Prof. Dr. Nils Schaks Universität Mannheim, Juniorprofessur für Öffentliches Recht	§§ 24c bis 24i SGB V
Prof. Dr. Bernd Schlüter Rechtsanwalt und o. Professor an der Katholischen Hochschule für Sozialwesen, Berlin, Mitglied im Europäischen Wirtschafts- und Sozialausschuss	Vor §§ 220 ff., §§ 220 bis 248, 264, 274, 322 SGB V §§ 54 bis 57 SGB XI

Prof. Dr. Margarete Schuler-Harms Helmut-Schmidt-Universität/Universität der Bundeswehr Hamburg, Professur für Öffentliches Recht, insbes. Öffentliches Wirtschafts- und Umweltrecht	§§ 35 b, 35 c, 72, 73, 135 bis 135 c, 137 a bis 137 e, 137 h, 139 a bis 139 d, 140 f bis 140 h SGB V §§ 72 a, 75 SGB V (zs. mit Isbarn)
Priv.-Doz. Dr. Jens Andreas Sickor Richter, Dortmund; Privatdozent an der Ruhr-Universität Bochum.	§§ 306 bis 307 b SGB V § 121 SGB XI
Joachim Simon Richter am Landessozialgericht für das Saarland, Saarbrücken	§§ 4 a bis 10 SGB V §§ 20 bis 22, 24 bis 26 a SGB XI
Dr. Stefan Stadelhoff Rechtsanwalt, Berlin	§ 35 a SGB V § 131 SGB V (zs. mit Grotjahn)
Dr. Frank Stollmann Ministerium für Arbeit, Gesundheit und Soziales des Landes Nordrhein-Westfalen, Düsseldorf	§§ 136 bis 137, 275 a SGB V
Dr. Heike Thomae Rechtsanwältin, Fachanwältin für Medizinrecht, Dortmund	§§ 107, 108, 112, 113, 115 bis 115 b SGB V
Volker Ulatowski Datenschutzbeauftragter des Medizinischen Dienstes der Krankenversicherung Nordrhein, Düsseldorf	§§ 93 bis 109 SGB XI (zs. mit Kirch)
Dr. Nils-David Ullrich Rechtsanwalt, CMS Hasche Sigle, Hamburg, Lehrbeauftragter für Gesundheitsrecht an der Universität Hamburg	§§ 63 bis 65 d SGB V
Dr. Tobias Volkwein Rechtsanwalt, Berlin	§ 129 SGB V
Prof. Dr. Astrid Wallrabenstein Johann Wolfgang Goethe-Universität Frankfurt, Professur für Öffentliches Recht mit einem Schwerpunkt im Sozialrecht	§§ 257, 258, 314, 315 SGB V §§ 23, 27, 61, 110, 111, 143 SGB XI
Dr. Sebastian Weber Rechtsanwalt, München, Lehrbeauftragter an der Katholischen Universität Eichstätt-Ingolstadt und der Hochschule München	§§ 126 bis 130 SGB XI
Dr. Christoph Weinrich Rechtsanwalt, Senior-Referent der Kassenärztlichen Bundesvereinigung, Berlin	§§ 82 bis 84, 87, 87 e SGB V
Dr. Christian Werthmüller Akad. Mitarbeiter, Universität Mannheim, Lehrstuhl für Bürgerliches Recht, Arbeitsrecht, Handels- und Wirtschaftsrecht, Prof. Dr. Philipp S. Fischinger, LL.M. (Harvard)	Vor §§ 198 ff., §§ 198 bis 206 SGB V (zs. mit Fischinger) §§ 44 bis 45, 50, 51 SGB XI (zs. mit Fischinger)
Lars Wiedemann Rechtsanwalt, Fachanwalt für Medizinrecht, Dortmund	§§ 79, 81 SGB XI (zs. mit Renger)
Dr. Karin Ziermann Direktorin, Kassenzahnärztliche Bundesvereinigung, Köln	§§ 55 bis 57 SGB V

Abkürzungsverzeichnis

A&R	Arzneimittel & Recht (Zeitschrift)
aA	anderer Ansicht
AAG	Aufwendungsausgleichsgesetz
aaO	am angegebenen Ort
AAÜG	Anspruchs- und Anwartschaftsüberführungsgesetz
AbgG	Abgeordnetengesetz
Abk.	Abkommen
AbkÄBg	Abkommen Ärzte-Berufsgenossenschaften
ABl.	Amtsblatt
abl.	ablehnend
ABl.EG	Amtsblatt der Europäischen Gemeinschaften
ABl.EU	Amtsblatt der Europäischen Union
Abs.	Absatz
Abschn.	Abschnitt
abw.	abweichend
abzgl.	abzüglich
AcP	Archiv für die civilistische Praxis (Zeitschrift)
Ad Legendum	Ausbildungszeitschrift aus Münsters Juridicum
Adgo	Allgemeine deutsche Gebührenordnung für Ärzte
aE	am Ende
AEKV	Arzt-Ersatzkassen-Vertrag
AEUV	Vertrag über die Arbeitsweise der Europäischen Union
AEV	Verband der Arbeiterersatzkassen eV
AEVO	Arbeitserlaubnis-Verordnung
aF	alte Fassung
AFG	Arbeitsförderungsgesetz
AFKG	Gesetz zur Konsolidierung der Arbeitsförderung
AG	Aktiengesellschaft, Amtsgericht
AHB	Arzneimittelhöchstbetrag
AiB	Arbeitsrecht im Betrieb (Zeitschrift)
ÄK	Ärztekammer
AKG	Allgemeines Kriegsfolgengesetz
AktG	Aktiengesetz
ALG	Gesetz über die Alterssicherung der Landwirte
Alg	Arbeitslosengeld
allg.	allgemein
allgA	allgemeine Ansicht
allgM	allgemeine Meinung
aM	anderer Meinung
AMG	Gesetz über den Verkehr mit Arzneimitteln (Arzneimittelgesetz)
AMNOG	Arzneimittelmarktneuordnungsgesetz
AMNutzenV	Verordnung über die Nutzenbewertung von Arzneimitteln nach § 35 a Absatz 1 SGB V für Erstattungsvereinbarungen nach § 130 b SGB V
AMPreisV	Arzneimittelpreisverordnung
AM-RL	Arzneimittel-Richtlinie (des G-BA)
AmtlMittLVA Rheinpr	Amtliche Mitteilungen der LVA Rheinprovinz
AMVSG	(GKV-)Arzneimittelversorgungsstärkungsgesetz
AN	Amtliche Nachrichten des Reichsversicherungsamts
ANBA	Amtliche Nachrichten der Bundesanstalt für Arbeit
ÄndG	Änderungsgesetz
Anh.	Anhang
Anm.	Anmerkung
AnV	Rentenversicherung der Angestellten
AnVNG	Angestelltenversicherungs-Neuregelungsgesetz
AnwBl	Anwaltsblatt (Zeitschrift)
AO	Abgabenordnung

AOK	Allgemeine Ortskrankenkasse(n)
AOP(-Vertrag)	Ambulantes Operieren und stationsersetzende Eingriffe im Krankenhaus
AöR	Archiv des öffentlichen Rechts (Zeitschrift)
AP	Arbeitsrechtliche Praxis, Nachschlagewerk des BAG
ApoG	Apothekengesetz
ApoR	Apotheke & Recht (Zeitschrift)
APR	Zeitschrift für das gesamte Apothekenrecht
AQS	Arbeitsgemeinschaft zur Förderung der Qualitätssicherung in der Medizin
ArbG	Arbeitsgericht
ArbGG	Arbeitsgerichtsgesetz
ArbRGgwart	Das Arbeitsrecht der Gegenwart (Jahrbuch)
ArbR-HdB	(siehe Literaturverzeichnis: Schaub)
ArbuR	Arbeit und Recht (Zeitschrift)
ArbuSozR	Arbeits- und Sozialrecht (Zeitschrift), mit Rechtsprechungsbeilage
ArbZRG	Arbeitszeitrechtsgesetz
ArchsozArb	Archiv für Wissenschaft und Praxis der sozialen Arbeit (Zeitschrift)
ArEV	Arbeitsentgeltverordnung
ARG	Altersruhegeld
ARS	Arbeitsrechts-Sammlung
ARSP	Archiv für Rechts- und Sozialphilosophie (Zeitschrift)
Art(t).	Artikel (Plural)
ArV	Rentenversicherung der Arbeiter
ArVNG	Arbeiterrentenversicherungs-Neuregelungsgesetz
Ärzte-ZV	Zulassungsverordnung für Vertragsärzte
ArztKH	Der Arzt im Krankenhaus und im Gesundheitswesen (Zeitschrift)
ArztR	ArztRecht (Zeitschrift)
ArztuR	Der Arzt/Zahnarzt und sein Recht (Zeitschrift)
AS RP-SL	Amtliche Sammlung von Entscheidungen der Oberverwaltungsgerichte Rheinland-Pfalz und Saarland
ASEG	Agrarsoziales Ergänzungsgesetz
ASiG	Gesetz über Betriebsärzte, Sicherheitsingenieure und andere Fachkräfte für Arbeitssicherheit
ASP	Arbeit und Sozialpolitik (Zeitschrift)
ASR	Anwalt/Anwältin im Sozialrecht (Zeitschrift)
ASRG 1995	Agrarsozialreformgesetz 1995
ASUMed	Arbeitsmedizin Sozialmedizin Umweltmedizin, Zeitschrift für medizinische Prävention
ASV	Ambulante spezialfachärztliche Versorgung
ASV-RL	Richtlinie ambulante spezialfachärztliche Versorgung nach § 116 b SGB V
AsylbLG	Asylbewerberleistungsgesetz
ATG	Altersteilzeitgesetz
AU	Arbeitsunfähigkeit
AuA	Arbeit und Arbeitsrecht (Zeitschrift)
AuB	Arbeit und Beruf (Zeitschrift)
AufenthG	Gesetz über den Aufenthalt, die Erwerbstätigkeit und die Integration von Ausländern im Bundesgebiet (Aufenthaltsgesetz)
Aufl.	Auflage
AÜG	Arbeitnehmerüberlassungsgesetz
AuR	Arbeit und Recht (Zeitschrift)
ausdr.	ausdrücklich
ausf.	ausführlich
Ausschussdr.	Ausschuss-Drucksache
AVAVG	Gesetz über Arbeitsvermittlung und Arbeitslosenversicherung
AVG	Angestelltenversicherungsgesetz
AvmG	Altersvermögensgesetz

Az.	Aktenzeichen
AZO	Arbeitszeitordnung
AZR	Arzt Zahnarzt Recht (Zeitschrift)
BABl.	Bundesarbeitsblatt
BaföG	Bundesausbildungsförderungsgesetz
Bafu	Bundesausführungsbehörde für Unfallversicherung
BAG	Bundesarbeitsgericht
BAGE	Entscheidungen des Bundesarbeitsgerichts
BAGUV RdSchr	Bundesverband der Unfallversicherungsträger der öffentlichen Hand. Rundschreiben
BÄK	Bundesärztekammer
Banz	Bundesanzeiger (mit Beilage)
BÄO	Bundesärzteordnung
BAT	Bundesangestelltentarifvertrag
BayBesG	Bayerisches Besoldungsgesetz
BayBG	Bayerisches Beamtengesetz
BayGO	Gemeindeordnung für den Freistaat Bayern
BayKommZG	(Bayerisches) Gesetz über die kommunale Zusammenarbeit
BayKrG	Bayerisches Krankenhausgesetz
BayObLGZ	Entscheidungen des Bayerischen Obersten Landesgerichts in Zivilsachen
BayVBl	Bayerische Verwaltungsblätter
BB	Der Betriebs-Berater (Zeitschrift)
BbesG	Bundesbesoldungsgesetz
BBG	Beitragsbemessungsgrenze, Bundesbeamtengesetz
BBhV	Bundesbeihilfeverordnung
BbiG	Berufsbildungsgesetz
Bd.	Band
BdB	Bundesverband der Betriebskrankenkassen
BdLBG RdSchr	Bundesverband der landwirtschaftlichen Berufsgenossenschaften, Rundschreiben
BdLKK RdSchr	Bundesverband der landwirtschaftlichen Krankenkassen. Rundschreiben
BdO	Bundesverband der Ortskrankenkassen
BDO	Bundesdisziplinarordnung
BDSG	Bundesdatenschutzgesetz
BE Ärztebl.	Berliner Ärzteblatt (Zeitschrift)
BeamtVG	Beamtenversorgungsgesetz
BeckOK SozR	Beck'scher Online-Kommentar Sozialrecht (*siehe Literaturverzeichnis*: Rolfs/Giesen/Kreikebohm/Udsching)
BedarfsplanungsRL-Z	Richtlinien des Gemeinsamen Bundesausschusses gem. § 91 Abs. 6 SGB V in der Besetzung für die vertragszahnärztliche Versorgung über die Bedarfsplanung in der vertragszahnärztlichen Versorgung (Bedarfsplanungs-Richtlinien Zahnärzte)
BEEG	Gesetz zum Elterngeld und zur Elternzeit (Bundeselterngeld- und Elternzeitgesetz)
BEG	Bundesentschädigungsgesetz
Begr.	Begründung
BeitrO	Beitreibungsordnung
Bek.	Bekanntmachung
Bema	Bewertungsmaßstab Zahnärzte
Bkrankenkasse	Betriebskrankenkasse
ber.	berichtigt
BerRehaG	Berufliches Rehabilitierungsgesetz
BerzGG	Gesetz zum Erziehungsgeld und zur Elternzeit (Bundeserziehungsgeldgesetz)
bes.	besonders
BeschFG	Beschäftigungsförderungsgesetz
Beschl.	Beschluss

bespr.	besprochen
bestr.	bestritten
BetrVG	Betriebsverfassungsgesetz
BewA	Bewertungsausschuss
bzgl.	bezüglich
BfA	Bundesversicherungsanstalt für Angestellte
BfAErrG	Gesetz über die Errichtung der BfA
BfArM	Bundesinstitut für Arzneimittel und Medizinprodukte
BFD	Bundesfreiwilligendienst
BFDG	Gesetz über den Bundesfreiwilligendienst
BfDI-Info	(Broschüren der Bundesbeauftragten für den Datenschutz und die Informationssicherheit)
BFH	Bundesfinanzhof
BFHE	Sammlung der Entscheidungen des Bundesfinanzhofs
BG	Die Berufsgenossenschaft (Zeitschrift)
BGB	Bürgerliches Gesetzbuch
BGBl. I, II, III	Bundesgesetzblatt, Teil I, II, III
BGG	Behindertengleichstellungsgesetz
BGH	Bundesgerichtshof
BGHSt	Entscheidungen des Bundesgerichtshofes in Strafsachen
BGHWarn	Rechtsprechung des Bundesgerichtshofs in Zivilsachen (Warneyer)
BGHZ	Entscheidungen des Bundesgerichtshofes in Zivilsachen
BHO	Bundeshaushaltsordnung
BillBG	Gesetz zur Bekämpfung der illegalen Beschäftigung
BkartA	Bundeskartellamt
BKGG	Bundeskindergeldgesetz; Berliner Kommentar zum Grundgesetz, Losebl., Stand: 2013
BKK	Die Betriebskrankenkasse (Zeitschrift)
BKVO	Berufskrankheitenverordnung
Bl.	Blatt
BlStSozArbR	Blätter für Steuerrecht, Sozialversicherung und Arbeitsrecht (Zeitschrift)
Blut- und Gewebegesetz	Gesetz zur Fortschreibung der Vorschriften für Blut- und Gewebezubereitungen und zur Änderung anderer Vorschriften
BLV	Bundeslaufbahnverordnung
BlWohlPfl	Blätter der Wohlfahrtspflege (Zeitschrift)
BMÄ	Bewertungsmaßstab für kassenärztliche Leistungen
BMGS	Bundesministerium für Gesundheit und Soziales
BMV	Bundesmantelvertrag
BMV-Ä	Bundesmantelvertrag – Ärzte
BMV-Ä/EKV-Ä	Bundesmantelvertrag – Ersatzkassenvertrag Ärzte
BMV-Z	Bundesmantelvertrag – Zahnärzte
BMV-Z/EKV-Z	Bundesmantelvertrag – Ersatzkassenvertrag Zahnärzte
BMZ	Bewertungsmaßstab für kassenzahnärztliche Leistungen
BOÄ	Berufsordnung für Ärzte
BOZ	Berufsordnung für Zahnärzte
BpersVG	Bundespersonalvertretungsgesetz
BPflV	Bundespflegesatzverordnung
BpolBG	Bundespolizeibeamtengesetz
BPUVZ	Zeitschrift für betriebliche Prävention und Unfallversicherung
BR	Bundesrat
BRAGO	Bundesrechtsanwaltsgebührenordnung
BRAO	Bundesrechtsanwaltsordnung
BR-Dr.	Bundesrats-Drucksache
Breg	Bundesregierung
Breith	Breithaupt, Sammlung von Entscheidungen aus dem Sozialrecht
BRi	Begutachtungsrichtlinien
BRKG	Bundesreisekostengesetz
BRRG	Beamtenrechtsrahmengesetz

BseuchG	Bundesseuchengesetz
BSG	Bundessozialgericht
BSGE	Entscheidungssammlung des Bundessozialgerichts
BSHG	Bundessozialhilfegesetz
BSI	Bundesamt für Sicherheit in der Informationstechnik
bspw.	beispielsweise
BStBl.	Bundessteuerblatt
BT-Dr.	Bundestags-Drucksache
BTHG	Bundesteilhabegesetz
Buchholz	Buchholz, Sammel- und Nachschlagewerk der Rspr. des BverwG
Buchst.	Buchstabe
BÜVO	Beitragsüberwachungsverordnung
BVA	Bundesversicherungsamt
BverfG	Bundesverfassungsgericht
BverfG (K)	BverfG, Kammerentscheidung
BverfGE	Entscheidungen des Bundesverfassungsgerichts
BverfGG	Gesetz über das Bundesverfassungsgericht
BverwG	Bundesverwaltungsgericht
BverwGE	Entscheidungen des Bundesverwaltungsgerichts
BVFG	Bundesvertriebenengesetz
BVG	Bundesversorgungsgesetz
BWGZ	Die Gemeinde (Verbandszeitschrift des Gemeindetags Baden-Württemberg)
BZB	Bayerisches Zahnärzteblatt
bzgl.	bezüglich
BZVO	Beitragszahlungsverordnung
bzw.	beziehungsweise
can.	canon
CIC	Codex Iuris Canonici
CR	Computer und Recht (Zeitschrift)
CT	Computertomografie
DÄ / DÄBl.	Deutsches Ärzteblatt (Zeitschrift)
DAG	Deutsche Angestelltengewerkschaft
DangVers	Die Angestelltenversicherung (Zeitschrift)
DAR	Deutsches Autorecht (Zeitschrift)
DAT	Deutsche Arzneitaxe
DaTraV	Verordnung zur Umsetzung der Vorschriften über die Datentransparenz (Datentransparenzverordnung)
DAVorm	Der Amtsvormund (Zeitschrift)
DB	Der Betrieb (Zeitschrift)
Dbuchst.	Doppelbuchstabe
DDA	Der deutsche Arzt. Ausgabe A (Zeitschrift)
ders.	derselbe
DEÜV	Verordnung über die Erfassung und Übermittlung von Daten für die Träger der Sozialversicherung (Datenerfassungs- und -übermittlungsverordnung)
DEVO	Datenerfassungsverordnung
DGB	Deutscher Gewerkschaftsbund
DGUV	Deutsche Gesetzliche Unfallversicherung, Spitzenverband der gewerblichen Berufsgenossenschaften und der Unfallversicherungsträger der öffentlichen Hand
DGZMK	Deutschen Gesellschaft für Zahn-, Mund- und Kieferheilkunde
dh	das heißt
Die Beiträge	Die Beiträge zur Sozial- und Arbeitslosenversicherung (Zeitschrift)
Die Leistungen	Die Leistungen der Krankenversicherung (Zeitschrift)
dies.	dieselbe
DIMDI	Deutsche Institut für medizinische Dokumentation und Information
DisziplOrd	Disziplinarordnung

djbZ	Zeitschrift des Deutschen Juristinnenbundes
DJZ	Deutsche Juristenzeitung
DKG	Deutsche Krankenhausgesellschaft
DKH	Das Krankenhaus (Zeitschrift)
DMP	Disease-Management-Programm
DMW	Deutsche Medizinische Wochenschrift
DÖD	Der Öffentliche Dienst (Zeitschrift)
DOI	Digital Object Identifier
DOK	Die Ortskrankenkasse (Zeitschriften)
Dok.	Dokument
DÖV	Die öffentliche Verwaltung (Zeitschrift)
DRG	Diagnosis Related Groups
DriG	Deutsches Richtergesetz
DRK	Deutsches Rotes Kreuz
DRV	Deutsche Rentenversicherung (auch Zeitschrift)
DSb	Der Sozialberater (Zeitschrift)
DSG-EKD	Datenschutzgesetz der Evangelischen Kirche in Deutschland
DStR	Deutsches Steuerrecht (Zeitschrift)
DStZ	Deutsche Steuer-Zeitung
DSVO-KH	Verordnung zum Schutz Patientendaten in kirchlichen Krankenhäusern, Vorsorge- und Rehabilitationseinrichtungen
DSWR	Datenverarbeitung in Steuer, Wirtschaft und Recht (Zeitschrift)
DtZ	Deutsch-Deutsche Rechtszeitschrift
DuD	Datenschutz und Datensicherheit (Zeitschrift)
DÜVO	Datenübermittlungsverordnung
DVBl.	Deutsches Verwaltungsblatt (Zeitschrift)
DVKA	Deutsche Verbindungsstelle Krankenversicherung – Ausland
DVR	Datenverarbeitung im Recht (Zeitschrift)
DVZ	Deutsche Versicherungszeitschrift
E.	Entwurf
eA	eingeschränkte Alltagskompetenz
E-Adgo	Ersatzkassen-Gebührenordnung
EAS	Europäisches Arbeits- und Sozialrecht
ebd.	ebenda
EBM	Einheitlicher Bewertungsmaßstab
EBM-Ä	Einheitlicher Bewertungsmaßstab für ärztliche Leistungen
EDV	Elektronische Datenverarbeitung
EEE	einrichtungseinheitlicher Eigenanteil
EFG	Entscheidungen der Finanzgerichte
EFZG	Entgeltfortzahlungsgesetz
EG	Europäische Gemeinschaften
EGBGB	Einführungsgesetz zum Bürgerlichen Gesetzbuche
EGInsO	Einführungsgesetz zur Insolvenzordnung
eGK	elektronische Gesundheitskarte
E-GO	Ersatzkassen-Gebührenordnung
EGStGB	Einführungsgesetz zum Strafgesetzbuch
EGV	EG-Vertrag
EheG	Ehegesetz
EhfG	Entwicklungshelfergesetz
EignÜG	Eignungsübungsgesetz
Einf.	Einführung
eingetr.	eingetragen
EinglHV	Eingliederungshilfe-Verordnung
EinglVO	Verordnung nach § 47 BSHG (Eingliederungshilfe-Verordnung)
Einl.	Einleitung
einschl.	einschließlich
einschr.	einschränkend
EKV	Ersatzkassenvertrag
EKV-Z	Ersatzkassenvertrag – Zahnärzte

eLA	Erweiterter Landesausschuss
EMA	European Medicines Agency
EMRK	Europäische Menschenrechtskonvention
Entsch.	Entscheidung
entspr.	entsprechend
E	Entwurf
ErfK	Erfurter Kommentar zum Arbeitsrecht
ergo	ergoscience (Zeitschrift)
Erkl.	Erklärung
Erl.	Erlass; Erläuterung
ErsK	Die Ersatzkasse (Zeitschrift)
EschG	Gesetz zum Schutz von Embryonen (Embryonenschutzgesetz)
EstDV	Einkommensteuer-Durchführungsverordnung
EstG	Einkommensteuergesetz
EstR	Einkommensteuerrichtlinien
ESVGH	Entscheidungssammlung des Hessischen Verwaltungsgerichtshofs und des Verwaltungsgerichtshofs Baden-Württemberg mit Entscheidungen der Staatsgerichtshöfe beider Länder
etc	et cetera
Ethik Med	Ethik in der Medizin (Zeitschrift)
EU	Europäische Union
EuG	Gericht der Europäischen Union
EuGH	Gerichtshof der Europäischen Union
EuGHE	Sammlung der Rechtsprechung des EuGH
EuGRZ	Europäische Grundrechte-Zeitschrift
EuM	Entscheidungen und Mitteilungen, herausgegeben von Mitgliedern des Reichsversicherungsamts
EuR	Europarecht (Zeitschrift)
EUV	EU-Vertrag
EuZW	Europäische Zeitschrift für Wirtschaftsrecht
eV	eingetragener Verein
evtl.	eventuell
EWG	Europäische Wirtschaftsgemeinschaft
EWG-VO	Verordnung des Rats (oder der Kommission der EWG)
EwiR	Entscheidungen zum Wirtschaftsrecht
EzA	Entscheidungssammlung zum Arbeitsrecht
EZTöD	Entscheidungssammlung zum Tarifrecht im öffentlichen Dienst
f.&w	führen und wirtschaften im Krankenhaus (Zeitschrift)
f., ff.	folgende, fortfolgende
FamRZ	Zeitschrift für das gesamte Familienrecht
FANG	Fremdrenten- und Auslandsrenten-Neuregelungsgesetz
FanwK MedR	(siehe Literaturverzeichnis: Prütting)
FD-SozVR	Fachdienst Sozialversicherungsrecht (beck-online)
FD-StrafR	Fachdienst Strafrecht (beck-online)
FDT	Deutsche Gesellschaft für Funktionsdiagnostik und -therapie
FELEG	Gesetz zur Förderung der Einstellung der landwirtschaftlichen Erwerbstätigkeit
FEVS	Fürsorgerechtliche Entscheidungen der Verwaltungs- und Sozialgerichte
FfG	Forum für Gesundheitspolitik (Zeitschrift)
FG	Finanzgericht
FGG	Gesetz über die Angelegenheiten der Freiwilligen Gerichtsbarkeit
FGO	Finanzgerichtsordnung
FHO	Finanzhilfenordnung (auf der Grundlage von § 265 a SGB V)
FinÄndG	Finanzänderungsgesetz
FlHG	Fleischhygienegesetz
Fn.	Fußnote

FÖJG	Gesetz zur Förderung eines freiwilligen ökologischen Jahres (FÖJ-Förderungsgesetz)
FPfZG	Gesetz über die Familienpflegezeit (Familienpflegezeitgesetz)
FraktE	Fraktionsentwurf
FRES	Entscheidungssammlung zum gesamten Bereich von Ehe und Familie
FRG	Fremdrentengesetz
Fs	Festschrift
FSJG	Gesetz zur Förderung eines freiwilligen sozialen Jahres (FÖJ-Förderungsgesetz)
FuR	Familie und Recht (Zeitschrift)
G+G	Gesundheit und Gesellschaft (Zeitschrift)
G+S	Gesundheits- und Sozialpolitik (Zeitschrift)
GAF(-Skala)	Global Assessment of Function Scale (die GAF-Skala gehört zu dem an die ICD-10 angelehnten Klassifikationssystem DSM-IV)
GAL	Gesetz über eine Altershilfe für Landwirte
GamSi	GKV-Arzneimittel-Schnellinformation
G-BA/GBA	Gemeinsamer Bundesausschuss
GBl.	Gesetzblatt
GCP-V	Verordnung über die Anwendung der Guten Klinischen Praxis bei der Durchführung von klinischen Prüfungen mit Arzneimitteln zur Anwendung am Menschen
GdB	Grad der Behinderung
G-DRG(-Pauschale)	German Diagnosis Related Groups
GdS	GdS Magazin, Zeitschrift der Gewerkschaft der Sozialversicherung
GDSG NW	Gesetz zum Schutz personenbezogener Daten im Gesundheitswesen (Gesundheitsdatenschutzgesetz), Nordrhein-Westfalen
GE	Grundsätzliche Entscheidung (des RVA)
geänd.	geändert
gem.	gemäß
GemSOGB	Gemeinsamer Senat der obersten Gerichtshöfe des Bundes
GenDG	Gendiagnostikgesetz
GesE	Gesetzentwurf
GesR	GesundheitsRecht (Zeitschrift)
GesundhWes	Zeitschrift für Evidenz, Fortbildung und Qualität im Gesundheitswesen
GewA / GewArch	Gewerbearchiv (Zeitschrift)
GewO	Gewerbeordnung
GG	Grundgesetz für die Bundesrepublik Deutschland
ggf.	gegebenenfalls
GGW	G+G Wissenschaft (Zeitschrift)
GIA	Geriatrische Institutsambulanz/en
GKAR	Gesetz über Änderungen von Vorschriften des Zweiten Buches der Reichsversicherungsordnung und zur Ergänzung des Sozialgerichtsgesetzes (Gesetz über Kassenarztrecht)
GKG	Gerichtskostengesetz
GK-SGB V	(*siehe Literaturverzeichnis*: von Maydell)
GKV	Gesetzliche Krankenversicherung
GKVdR	Gesetz über die Krankenversicherung der Rentner
GKV-FQWG	GKV-Finanzstruktur- und Qualitäts-Weiterentwicklungsgesetz
GKV-Komm	(*siehe Literaturverzeichnis*: Möwisch/Wasem/Heberlein/Behr/von Schwanenflügel [SGB XI] bzw. Orlowski/Rau/Wasem/Zipperer [SGB V])
GKV-Selbstverwaltungsstärkungsgesetz	Gesetz zur Verbesserung der Handlungsfähigkeit der Selbstverwaltung der Spitzenorganisation in der gesetzlichen Krankenversicherung sowie zur Stärkung der über sie geführten Aufsicht
GKV-SolG	Gesetz zur Stärkung der Solidarität in der gesetzlichen Krankenversicherung

GKV-SSG	Gesetz zur Verbesserung der Handlungsfähigkeit der Selbstverwaltung der Spitzenorganisation in der gesetzlichen Krankenversicherung sowie zur Stärkung der über sie geführten Aufsicht
GKV-VStG	Gesetz zur Verbesserung der Versorgungsstrukturen in der gesetzlichen Krankenversicherung
GKV-WSG	GKV-Wettbewerbsstärkungsgesetz
GmbH	Gesellschaft mit beschränkter Haftung
GMBl.	Gemeinsames Ministerialblatt
GMG	GKV-Modernisierungsgesetz
GO	Geschäftsordnung
GO BT	Geschäftsordnung des Deutschen Bundestages
GOÄ	Gebührenordnung für Ärzte
GOP	Gebührenordnung für Psychologische Psychotherapeuten und Kinder- und Jugendlichenpsychotherapeuten
GOZ	Gebührenordnung für Zahnärzte
GRCh	Charta der Grundrechte der Europäischen Union
grds.	grundsätzlich
GRG	Gesundheits-Reformgesetz
GRUR	Gewerblicher Rechtsschutz und Urheberrecht (Zeitschrift)
GS	Großer Senat
GSG	Gesundheitsstruktur-Gesetz
GSP	Gesundheits- und Sozialpolitik (Zeitschrift)
GuP	Gesundheit und Pflege (Zeitschrift)
GuS	Gesundheits- und Sozialpolitik (Zeitschrift)
GUV	Die Gemeindeunfallversicherung (Zeitschrift), Gemeindeunfallversicherungsverband
GVG	Gerichtsverfassungsgesetz
GVLAK	Gesamtverband der landwirtschaftlichen Alterskassen
GWB	Gesetz gegen Wettbewerbsbeschränkungen
GWR	Gesellschafts-und Wirtschaftsrecht (Zeitschrift)
hA	herrschende Auffassung
HAG	Heimarbeitsgesetz
HansOLG	Hanseatisches Oberlandesgericht
HbeglG	Haushaltsbegleitgesetz
HdB	Handbuch
HdB KrV	(*siehe Literaturverzeichnis*: Peters)
HdB ArztR	(*siehe Literaturverzeichnis*: Laufs/Kern)
HdB KrVersR	(*siehe Literaturverzeichnis*: Sodan)
HebG	Hebammengesetz
HebGV	Hebammenhilfe-Gebührenverordnung
HeilM-RL	Heilmittel-Richtlinie
HEZG	Hinterbliebenen- und Erziehungszeiten-Gesetz
HGB	Handelsgesetzbuch
HGrG	Gesetz über die Grundsätze des Haushaltsrechts des Bundes und der Länder (Haushaltsgrundsätzegesetz)
HHG	Häftlingshilfegesetz
HHVG	Heil- und Hilfsmittelversorgungsgesetz
HK-AKM	(*siehe Literaturverzeichnis*: Rieger/Dahm/Katzenmeier/Steinhilper)
HKG	Heimkehrergesetz, Hilfskassengesetz
hL	herrschende Lehre
hM	herrschende Meinung
HMV	Hilfsmittelverzeichnis
HPflG	Haftpflichtgesetz
HRG	Hochschulrahmengesetz
Hrsg.	Herausgeber
hrsg.	herausgegeben
Hs.	Halbsatz
HS-KV, HS-PV	(*siehe Literaturverzeichnis*: Schulin)
HstruktG	Gesetz zur Verbesserung der Haushaltsstruktur

HVBG-Info	Hauptverband der gewerblichen Berufsgenossenschaften, Aktueller Informationsdienst für die berufsgenossenschaftliche Sachbearbeitung
HVGBG RdSchr	Hauptverband der gewerblichen Berufsgenossenschaften. Rundschreiben (früher HVGBG AID)
HVM	Honorarverteilungsmaßstab der Kassenärztlichen Vereinigungen bzw. Kassenzahnärztlichen Vereinigungen
HwO	Handwerksordnung
HwVG	Handwerkerversicherungsgesetz
HzV	Hausarztzentrierte Versorgung
iA	im Auftrag
IAO	Internationale Arbeitsorganisation
ICD-10-GM	Internationale statistische Klassifikation der Krankheiten und verwandter Gesundheitsprobleme, 10. Revision, German Modification
ICSI	Intracytoplasmatische Spermieninjektion
idF	in der Fassung
idR	in der Regel
idS	in diesem Sinne
iE	im Ergebnis
ieS	im engeren Sinne
IfSG	Gesetz zur Verhütung und Bekämpfung von Infektionskrankheiten beim Menschen (Infektionsschutzgesetz)
iHv	in Höhe von
IKK	Innungskrankenkasse(n)
IKrankenkasse	Innungskrankenkasse
InEK	Institut für das Entgeltsystem im Krankenhaus
InfAuslR	Informationsbrief Ausländerrecht
info also	Informationen zum Arbeitslosenrecht und Sozialhilferecht (Zeitschrift)
inkl.	inklusive
insbes.	insbesondere
InsbürO	Zeitschrift für das Insolvenzbüro
insg.	insgesamt
InsO	Insolvenzordnung
IPRax	Praxis des Internationalen Privat- und Verfahrensrechts
IPRspr.	Die deutsche Rechtsprechung auf dem Gebiet des Internationalen Privatrechts im Jahre ...
IQWiG	Institut für Qualität und Wirtschaftlichkeit im Gesundheitswesen
IR	InfrastrukturRecht (Zeitschrift)
iS	im Sinne
iSd	im Sinne des
iSv	im Sinne von
iÜ	im Übrigen
IV	Integrierte Versorgung
IvF	In-vitro-Fertilisation
iVm	in Verbindung mit
iwS	im weiteren Sinne
JAE	Jahresarbeitszeitentgelt
JAmt	Das Jugendamt (Zeitschrift)
Jb	Jahrbuch
JbSozRGegenwart	Jahrbuch des Sozialrechts der Gegenwart
JGG	Jugendgerichtsgesetz
JMBl	Justizministerialblatt
JÖR	Jahrbuch des Öffentlichen Rechts der Gegenwart
JR	Juristische Rundschau (Zeitschrift)
jurisPK-SGB V	(*siehe Literaturverzeichnis*: Schlegel/Voelzke, SGB V)
jurisPK-SGB XI	(*siehe Literaturverzeichnis*: Schlegel/Voelzke, SGB XI)
jurisPR	juris PraxisReport

JuS	Juristische Schulung (Zeitschrift)
JVBl	Justizverwaltungsblatt
JVKostO	Verordnung über Kosten im Bereich der Justizverwaltung
JWG	Gesetz für Jugendwohlfahrt
JZ	Juristen-Zeitung
KAL	Knappschaftsausgleichsleistung
Kap.	Kapitel
KassKomm	(*siehe Literaturverzeichnis*: Kasseler Kommentar Sozialversicherungsrecht)
KÄV	Kassenärztliche Vereinigung/en
KBV	Kassenärztliche Bundesvereinigung
KDO-DVO	Verordnung zur Durchführung der Anordnung über den kirchlichen Datenschutz
KDVG	Kriegsdienstverweigerungsgesetz
KfzHV	Kraftfahrzeughilfe-Verordnung
KG	Kommanditgesellschaft, Kammergericht (Berlin)
Kh	Krankenhaus
KH	Das Krankenhaus (Zeitschrift)
KHA	Der Krankenhausarzt (Zeitschrift)
KHEntgG	Krankenhausentgeltgesetz
KHFinG	Krankenhausfinanzierungsgesetz
KHG	Gesetz zur wirtschaftlichen Sicherung der Krankenhäuser und zur Regelung der Krankenhauspflegesätze (Krankenhausfinanzierungsgesetz)
KHKG	Krankenhaus-Kostendämpfungsgesetz
KHNG	Gesetz zur Neuordnung der Krankenhausfinanzierung
KIG	Kieferorthopädische Indikationsgruppen
KJ	Kritische Justiz (Zeitschrift)
KJHG	Kinder- und Jugendhilfegesetz
KK	Krankenkasse/n
KLG	Kindererziehungsleistungs-Gesetz
Klinikarzt	(Medizin im Krankenhaus, Zeitschrift)
KLVG	Gesetz zur Verbesserung von Leistungen in der gesetzlichen Krankenversicherung (Leistungsverbesserungsgesetz)
KO	Konkursordnung
Kompass/BKn	(Zeitschrift der Bundesknappschaft)
KostO	Kostenordnung
KOV	Kriegsopferversorgung; die Kriegsopferversorgung (Zeitschrift)
Krg	Krankengeld
KRINKO	Kommission für Krankenhaushygiene und Infektionsprävention
krit.	kritisch
KritV	Kritische Vierteljahresschrift für Gesetzgebung und Rechtswissenschaft (Zeitschrift)
KRS	Krankenhaus-Rechtsprechung
KrV	Kranken- und Pflegeversicherung (Zeitschrift)
KSchG	Kündigungsschutzgesetz
KSVG	Gesetz über die Sozialversicherung der selbstständigen Künstler und Publizisten (Künstlersozialversicherungsgesetz)
KV	Kassenärztliche Vereinigung, Krankenversicherung; Die Krankenversicherung (Zeitschrift)
KVÄG	Krankenversicherungsänderungsgesetz
KVdA	Krankenversicherung der Arbeitslosen
KVdL	Krankenversicherung der Landwirte
KVdR	Krankenversicherung der Rentner
KVdS	Krankenversicherung der Studenten
KVEG	Kostendämpfungs-Ergänzungsgesetz
KVG	Krankenversicherungsgesetz
KVKG	Krankenversicherungs-Kostendämpfungsgesetz
KVLG	Krankenversicherung der Landwirte

KVMG	Gesetz über die Verwaltung der Mittel der Träger der Krankenversicherung
KVNG	Krankenversicherungs-Neuregelungsgesetz
KVNO	Kassenärztliche Vereinigung Nordrhein
KVRS	Die Krankenversicherung in Rechtsprechung und Schrifttum
KVSG	Gesetz über die Krankenversicherung der Studenten
KVSMV	Meldeverordnung für die Krankenversicherung der Studenten
KZBV	Kassenzahnärztliche Bundesvereinigung
KZV	Kassenzahnärztliche Vereinigung
LAG	Gesetz über den Lastenausgleich (Lastenausgleichsgesetz); Landesarbeitsgericht
LAK	Landwirtschaftliche Alterskasse
LAV	Lohnabzugsverordnung
LBesG	Landesbesoldungsgesetz
LbV	(Bayerische) Laufbahnverordnung
LFZG	Lohnfortzahlungsgesetz
LG	Landgericht
lit.	littera (Buchstabe)
Lit.	Literatur
LKK	Landwirtschaftliche Krankenkasse(n)
LM	Lindenmaier-Möhring, Nachschlagewerk des Bundesgerichtshofes
LPK-SGB I	Krahmer/Trenk-Hinterberger, Sozialgesetzbuch I, Allgemeiner Teil, Lehr- und Praxiskommentar
LPK-SGB V	(*siehe Literaturverzeichnis*: Hänlein/Kruse/Schuler)
LPK-SGB XI	(*siehe Literaturverzeichnis*: Klie/Krahmer/Plantholz)
LReg	Landesregierung
Ls.	Leitsatz
LSchA	Landesschiedsamt
LSG	Landessozialgericht
LStDV	Lohnsteuer-Durchführungsverordnung
LStR	Lohnsteuerrichtlinien
LVA	Landesversicherungsanstalt(en)
MAH SozR	(*siehe Literaturverzeichnis*: Plagemann)
mAnm	mit Anmerkung
MaRisk	Mindestanforderungen an das Risikomanagement
MB/PPV	Allgemeine Versicherungsbedingungen für die private Pflegepflichtversicherung – Bedingungsteil
MBl.	Ministerialblatt
MBO	Musterberufsordnung
MBO-Ä	(Muster-)Berufsordnung für die in Deutschland tätigen Ärztinnen und Ärzte
MBO-Z	Musterberufsordnung der Bundeszahnärztekammer
MdE	Minderung der Erwerbsfähigkeit
MDK	Medizinische/r Dienst/e der Krankenversicherung
MDK-T	Tarifvertrag für die Beschäftigten der MDK
MDR	Monatsschrift für Deutsches Recht (Zeitschrift)
MDS	Medizinischer Dienst der Spitzenverbände der Krankenkassen
mE	meines Erachtens
MedizinR	Medizinrecht
MedR	Medizinrecht (Zeitschrift)
MEDSACH	Der Medizinische Sachverständige. Mit Beilage: REHA (Zeitschrift)
Meso	Medizin im Sozialrecht (Zeitschrift)
mind.	mindestens
Mio.	Million(en)
Mitt.	Mitteilung(en)
MittAB	Mitteilungen aus der Arbeitsmarkt- und Berufsforschung
MittLVA BE	Mitteilungen der Landesversicherungsanstalt Berlin. Mit Beilage
MittLVA Oberfr.	Mitteilungen der LVA Oberfranken und Mittelfranken

MittLVA Württ.	Landesversicherungsanstalt Württemberg, Mitteilungen
MMR	MulitMedia und Recht (Zeitschrift)
Mm-R	Mindestmengenregelungen
mN	mit Nachweisen
Morbi-RSA	Morbiditätsorientierter Risikostrukturausgleich
MPG	Medizinproduktegesetz
MPR	Medizin Produkte Recht (Zeitschrift)
Mrd.	Milliarde/n
MRSA	Methicillin-resistenter Staphylococcus aureus
MRT	Magnetresonanztomografie
MSchrUnfallheilk	Monatsschrift für Unfallheilkunde
MTB	Manteltarifvertrag für Arbeiter des Bundes
MüKo	Münchener Kommentar
MuSchG	Mutterschutzgesetz
MVP	Mecklenburg-Vorpommern
MVZ	Medizinisches Versorgungszentrum
MWBO-Ä	(Muster-)Weiterbildungsordnung der Bundesärztekammer
mwN	mit weiteren Nachweisen
mWv	mit Wirkung vom
mzN	mit zahlreichen Nachweisen
NachrLVA HE	Nachrichten der Landesversicherungsanstalt Hessen
Nachw.	Nachweise
NBA	Neues Begutachtungsassessment
Nbl LVA Ba	Nachrichtenblatt, Zeitschrift der Landesversicherungsanstalt Baden
NDV	Nachrichtendienst (Zeitschrift, Deutscher Verein für öffentliche und private Fürsorge eV)
nF	neue Fassung
NFDO	Notfalldienstordnung
NJ	Neue Justiz (Zeitschrift)
NJOZ	Neue Juristische Online-Zeitschrift
NJW	Neue Juristische Wochenschrift (Zeitschrift)
NJW-RR	NJW-Rechtsprechungsreport
NK-MedR	(*siehe Literaturverzeichnis*: Bergmann/Pauge/Steinmeyer)
Nov.	Novelle
NPOR / npoR	Zeitschrift für das Recht der Non Profit Organisationen
Nr.	Nummer
nrkr	nicht rechtskräftig
NTS-AG	Gesetz zum Nato-Truppenstatut
NUB	Neue Untersuchungs- und Behandlungsmethoden
nv	nicht veröffentlicht
NVwZ	Neue Zeitschrift für Verwaltungsrecht
NVwZ-RR	NVwZ-Rechtsprechungs-Report Verwaltungsrecht
NW / NRW	Nordrhein-Westfalen
NZA	Neue Zeitschrift für Arbeitsrecht
NZBau	Neue Zeitschrift für Baurecht und Vergaberecht
NZS	Neue Zeitschrift für Sozialrecht
NZV	Neue Zeitschrift für Verkehrsrecht
NZWiSt	Neue Zeitschrift zum Wirtschaftstrafrecht, Steuerstrafrecht und Unternehmensstrafrecht
o.a.	oben angegeben, angeführt
oÄ	oder Ähnliches
OEG	Gesetz über die Entschädigung für Opfer von Gewalttaten
OFD	Oberfinanzdirektion
og	oben genannt
OGA	Entscheidungen des Obersten Gerichts der DDR in Arbeitssachen
OHG	Offene Handelsgesellschaft
OKK	Ortskrankenkasse(n)
OLG	Oberlandesgericht

OLGZ	Entscheidungen der Oberlandesgerichte in Zivilsachen
OrthV	Verordnung über die Versorgung mit Hilfsmitteln und über Ersatzleistungen nach dem Bundesversorgungsgesetz (Orthopädieverordnung)
OTC	Over the counter
OVA, OVÄ	Oberversicherungsamt, Oberversicherungsämter
ÖVD	Öffentliche Verwaltung und Datenverarbeitung (Zeitschrift)
OVG	Oberverwaltungsgericht
OWiG	Gesetz über Ordnungswidrigkeiten
PartGG	Partnerschaftsgesellschaftsgesetz
PBV	Pflege-Buchführungs-Verordnung
PD	Pflegedienst/e
PDCA(-Zyklus)	Plan – Do – Check – Act (Problemlösungsprozess, auch zur Qualitätssicherung)
PersF	Personalführung (Zeitschrift)
PersV	Die Personalvertretung (Zeitschrift)
PflegeVG	Pflegeversicherungsgesetz
PflegeZG	Gesetz über die Pflegezeit (Pflegezeitgesetz)
PflR	PflegeRecht (Zeitschrift)
PflRi	Richtlinien der Spitzenverbände der Pflegekassen über die Abgrenzung der Merkmale der Pflegebedürftigkeit und der Pflegestufen sowie zum Verfahren der Feststellung der Pflegebedürftigkeit (Pflegebedürftigkeits-Richtlinien)
PflvDV	Pflegevorsorgezulage-Durchführungsverordnung
PfWG	Pflege-Weiterentwicklungsgesetz
PharmInd	die pharmazeutische industrie (Zeitschrift)
PharmR	Pharma Recht (Zeitschrift)
PIA	Psychiatrische Institutsambulanz/en
PID	Präimplantationsdiagnostik
PK	private Krankenkasse/n; Pflegekasse/n
PKR	Pflege- & Krankenhausrecht (Zeitschrift)
PKV	private Krankenversicherung
PKV-publik	(Zeitschrift des Verbandes der Privaten Krankenversicherung)
pPV	private Pflegeversicherung
PQsG	Pflegequalitätssicherungsgesetz
PrävG	Gesetz zur Stärkung der Gesundheitsförderung und Prävention
ProdHG	Produkthaftungsgesetz
Prot.	Protokoll
PSG	Pflegestärkungsgesetz
PStV	Personenstandsverordnung
Psych-PV	Verordnung über Maßstäbe und Grundsätze für den Personalbedarf in der stationären Psychiatrie (Psychiatrie-Personalverordnung)
PsychR	Psychotherapie und Recht (Zeitschrift, bis 2/2002)
PsychVVG	Gesetz zur Weiterentwicklung der Versorgung und der Vergütung für psychiatrische und psychosomatische Leistungen
PTV-A	Pflege-Transparenzvereinbarung ambulant – Vereinbarung nach § 115 Abs. 1 a Satz 6 SGB XI über die Kriterien der Veröffentlichung sowie die Bewertungssystematik der Qualitätsprüfungen der Medizinischen Dienste der Krankenversicherung sowie gleichwertiger Prüfergebnisse von ambulanten Pflegediensten
PTV-S	Pflege-Transparenzvereinbarung stationär – Vereinbarung nach § 115 Abs. 1 a Satz 6 SGB XI über die Kriterien der Veröffentlichung sowie die Bewertungssystematik der Qualitätsprüfungen nach § 114 Abs. 1 SGB XI sowie gleichwertiger Prüfergebnisse in der stationären Pflege
P.u.R.	Psychotherapie und Recht (Zeitschrift, bis 2/2002)
PV	Pflegeversicherung
QPR	Qualitätsprüfungs-Richtlinien

RABl.	Reichsarbeitsblatt (Zeitschrift)
RAG	Reichsarbeitsgericht, Rentenanpassungsgesetz
RdA	Recht der Arbeit (Zeitschrift)
RdErl.	Runderlass
RDG	Rechtsdepesche für das Gesundheitswesen (Zeitschrift)
RdL	Recht der Landwirtschaft (Zeitschrift)
RdLH	Rechtsdienst der Lebenshilfe (Zeitschrift)
RdSchr.	Rundschreiben
RDV	Recht der Datenverarbeitung (Zeitschrift)
RegE	Regierungsentwurf
Reha	Rehabilitation
RehaAnglG	Gesetz über die Anpassung der Leistungen zur Rehabilitation
Rehabilitation	Die Rehabilitation (Zeitschrift)
RErlG	Gesetz zur Erleichterung des Übergangs vom Arbeitsleben in den Ruhestand
resp.	respektive
RG	Reichsgericht
RGBl.	Reichsgesetzblatt, Teil I, II
RhlPf	Rheinland-Pfalz
RKG	Reichsknappschaftsgesetz
RL	Richtlinie
Rn.	Randnummer
RöV	Verordnung über den Schutz vor Schäden durch Röntgenstrahlen
Rpfleger	Der Deutsche Rechtspfleger (Zeitschrift)
RPG	Recht und Politik im Gesundheitswesen (Zeitschrift)
Rs	Rechtssache
RSA	Risikostrukturausgleich
RSAV	Verordnung über das Verfahren zum Risikostrukturausgleich in der gesetzlichen Krankenversicherung (Risikostruktur-Ausgleichsverordnung)
RsDE	Beiträge zum Recht der sozialen Dienste und Einrichtungen (Zeitschrift)
Rspr.	Rechtsprechung
RTV	Rahmentarifvertrag
Rü-ErgG	Rentenüberleitungs-Ergänzungsgesetz
RÜG	Gesetz zur Herstellung der Rechtseinheit in der gesetzlichen Renten- und Unfallversicherung (Renten-Überleitungsgesetz)
RuP	Recht und Politik (Zeitschrift)
RuS	Recht und Schaden (Zeitschrift)
RV	Die Rentenversicherung (Zeitschrift)
RVA	Reichsversicherungsamt
RV-BEVO	Verordnung über das Entrichten von Beiträgen zur ArV und AnV
RV-BZV	Verordnung über die Zahlung von Beiträgen zur gesetzlichen Rentenversicherung
RVO	Reichsversicherungsordnung
RzW	Rechtsprechung zum Wiedergutmachungsrecht
S.	Satz/Seite
s.	siehe
sa	siehe auch
SAE	Sammlung arbeitsrechtlicher Entscheidungen
SAPV-RL	Spezialisierte Ambulante Palliativversorgungs-Richtlinie
SchAVO	Schiedsamtsverordnung
SchKG	Schwangerschaftskonfliktgesetz
SchwarzArbG	Schwarzarbeitsgesetz
SchwbAV	Schwerbehinderten-Ausgleichsabgabeverordnung
SchwbG	Schwerbehindertengesetz
SdL	Soziale Sicherheit in der Landwirtschaft (Zeitschrift)
SdO	Selbstverwaltung der Ortskrankenkassen (Zeitschrift)
SDSRV	Schriftenreihe des Deutschen Sozialrechtsverbandes eV

SeeArbG	Seearbeitsgesetz
SeeKK	Seekrankenkasse
SeemG	Seemannsgesetz
SF	Sozialer Fortschritt (Zeitschrift)
SF-Medien	Zeitschrift für berufliche Fortbildung in der Krankenversicherung
SG	Sozialgericht
SGb	Die Sozialgerichtsbarkeit (Zeitschrift)
SGB	Sozialgesetzbuch (mit römischen Zahlen für die einzelnen Bücher)
SGG	Sozialgerichtsgesetz
SigG	Gesetz über Rahmenbedingungen für elektronische Signaturen
sj	steuer-journal.de (online und Zeitschrift, 2004–2009)
Slg	Sammlung der Rechtsprechung des Gerichtshofes und des Gerichts erster Instanz der Europäischen Gemeinschaften = EuGHE
SMD	Sozialmedizinischer Dienst
SMG	Schuldrechtsmodernisierungsgesetz
s. o.	siehe oben
sog	sogenannt
SozArb	Soziale Arbeit (Zeitschrift)
SozEntsch.	Sozialrechtliche Entscheidungssammlung
SozR	Sozialrecht, Entscheidungssammlung, bearbeitet von den Richtern des Bundessozialgerichts – Zitierweise: 1. Folge (1955–1973): BSG SozR Nr. 1 zu § 165 RVO; 2. Folge (1974–1989): BSG SozR 2200 § 165 Nr. 1; 3. Folge (1990–2002): BSG SozR 3-2200 § 165 Nr. 1; 4. Folge (ab 2003): BSG SozR 4-2500 § 10 Nr. 1
SozSich	Soziale Sicherheit (Zeitschrift)
SozSVw	Soziale Selbstverwaltung (Zeitschrift)
SozVers	Die Sozialversicherung (Zeitschrift)
SozversGeg	Die Sozialversicherung der Gegenwart (Zeitschrift)
Spektrum	Spektrum der Wissenschaft (Zeitschrift)
SpiBuKK	Spitzenverband Bund der Krankenkassen
SpuRt	Zeitschrift für Sport und Recht
sPV	soziale Pflegeversicherung
SPZ	Sozialpädiatrische Zentren
SRa	Sozialrecht aktuell (Zeitschrift)
SRVwV	Allgemeine Verwaltungsvorschrift über das Rechnungswesen in der Sozialversicherung
SsE	Sammlung sozialhilferechtlicher Entscheidungen
st. Rspr.	ständige Rechtsprechung
StädteT	Der Städtetag (Zeitschrift)
StAnz	Staatsanzeiger
StGB	Strafgesetzbuch
StPO	Strafprozeßordnung
str.	streitig/strittig
StREG	Strafrechtsreform-Ergänzungsgesetz
StrlSchV	Strahlenschutzverordnung
StVG	Straßenverkehrsgesetz
StVollzG	Gesetz über den Vollzug der Freiheitsstrafe und der freiheitsentziehenden Maßregeln der Besserung und Sicherung (Strafvollzugsgesetz)
StVZO	Straßenverkehrszulassungsordnung
s. u.	siehe unten
SuP	Sozialrecht + Praxis (Zeitschrift)
SVAG	Sozialversicherungs-Anpassungsgesetz
SVAuswG	Gesetz zur Einführung eines Sozialversicherungsausweises
SVBG	Gesetz über die Sozialversicherung Behinderter
SvEV	Verordnung über die sozialversicherungsrechtliche Beurteilung von Zuwendungen des Arbeitgebers als Arbeitsentgelt (Sozialversicherungsentgeltverordnung)

SVFAng	Der Sozialversicherungsfachangestellte (Zeitschrift)
SVG	Soldatenversorgungsgesetz
SVHV	Verordnung über das Haushaltswesen in der Sozialversicherung
SVRV	Verordnung über den Zahlungsverkehr, die Buchführung und die Rechnungslegung in der Sozialversicherung (Sozialversicherungs-Rechnungsverordnung)
SVwG	Selbstverwaltungsgesetz
SVWO	Wahlordnung für die Sozialversicherung
TAG	Tagesbetreuungsgesetz
TFG	Gesetz zur Regelung des Transfusionswesens (Transfusionsgesetz)
TPG	Gesetz über die Spende, Entnahme und Übertragung von Organen und Geweben (Transplantationsgesetz)
TuP	Theorie und Praxis der Sozialen Arbeit (Zeitschrift)
TVG	Tarifvertragsgesetz
TVöD-AT	Tarifvertrag für den öffentlichen Dienst, Allgemeiner Teil
TzBfG	Teilzeit- und Befristungsgesetz
ua	unter anderem
uam	und anderes mehr
uä	und ähnlich
uÄ	und Ähnliches
ÜberlG	Überleitungsgesetz
uE	unseres Erachtens
umstr.	umstritten
unstr.	unstreitig
UPD	Unabhängige Patientenberatung Deutschland
Urt.	Urteil
USG	Unterhaltssicherungsgesetz
USK	Urteilssammlung für die gesetzliche Krankenversicherung
usw	und so weiter
uU	unter Umständen
UVgO	Unterschwellenverordnung
uVm	und Vieles mehr
UVNG	Unfallversicherungs-Neuregelungsgesetz
UVR	Unfallrecht Aktuell, hrsg. von der DGUV, zit. nach Ausgabe, Jahr und Seite
UVTr	Unfallversicherungsträger
v.	von/vom
VA	Verwaltungsakt
VäD	Vertrauensärztlicher Dienst
VAG	Gesetz über die Beaufsichtigung der privaten Versicherungsunternehmungen und Bausparkassen
VAHRG	Gesetz zur Regelung von Härten im Versorgungsausgleich
VAÜG	Versorgungsausgleichs-Überleitungsgesetz
VBG	Vorschriftenwerk der Berufsgenossenschaften
VdAK	Verband der Angestelltenkrankenkassen
VdEK	Verband der Ersatzkassen
VDR	Verband Deutscher Rentenversicherungsträger
VerfGH	Verfassungsgerichtshof
VergabeR	Zeitschrift für das gesamte Vergaberecht
VerglO	Vergleichsordnung
VergO	Vergabeordnung
VermBG	Vermögensbildungsgesetz
VerschG	Verschollenheitsgesetz
Versicherungswirtschaft	Die Versicherungswirtschaft (Zeitschrift)
VersMed	Versicherungsmedizin (Zeitschrift)
VersR	Versicherungsrecht (Zeitschrift)
Verw	Die Verwaltung (Zeitschrift)
VerwArch	Verwaltungsarchiv (Zeitschrift)
Vfg	Verfügung

VG	Verwaltungsgericht
VGH	Verwaltungsgerichtshof
vgl.	vergleiche
VgV	Verordnung über die Vergabe öffentlicher Aufträge (Vergabeverordnung)
VO	Verordnung
VOL/A	Vergabe- und Vertragsordnung für Leistungen, Teil A
vorl.	vorläufig
VRG	Gesetz zur Förderung von Vorruhestandsleistungen (Vorruhestandsgesetz)
VRS	Verkehrsrechts-Sammlung
VSSR	Vierteljahresschrift für Sozialrecht
VST	Vertrauensstelle Krankenversichertennummer
VuR	Verbraucher und Recht (Zeitschrift)
VV	Vertreterversammlung
VVG	Gesetz über den Versicherungsvertrag (Versicherungsvertragsgesetz)
VW	Die Versicherungswirtschaft (Zeitschrift)
VwGO	Verwaltungsgerichtsordnung
VwVfG	Verwaltungsverfahrensgesetz
VwVG	Verwaltungsvollstreckungsgesetz
VwZG	Verwaltungszustellungsgesetz
WBVG	Gesetz zur Regelung von Verträgen über Wohnraum mit Pflege- oder Betreuungsleistungen (Wohn- und Betreuungsvertragsgesetz)
WGSVG	Gesetz zur Regelung der Wiedergutmachung nationalsozialistischen Unrechts in der Sozialversicherung
WIdO-monitor	(jährliche Veröffentlichung der Ergebnisse einer Versichertenbefragung des Wissenschaftlichen Instituts der AOK)
WiVerw	Wirtschaft und Verwaltung, Vierteljahresbeilage zum Gewerbearchiv (Zeitschrift)
wN	weitere Nachweise
WPflG	Wehrpflichtgesetz
WRP	Wettbewerb in Recht und Praxis (Zeitschrift)
WRV	Weimarer Reichsverfassung
WuW	Wirtschaft und Wettbewerb (Zeitschrift)
WVO	Werkstättenverordnung
WzS	Wege zur Sozialversicherung (Zeitschrift)
ZaeFQ	Zeitschrift für ärztliche Fortbildung und Qualität im Gesundheitswesen
Zahnärzte-ZV	Zulassungsverordnung für Kassenzahnärzte
ZAR	Zeitschrift für Ausländerrecht und Ausländerpolitik
ZArbwiss	Zeitschrift für Arbeitswissenschaft
zB	zum Beispiel
ZblJugR	Zentralblatt für Jugendrecht und Jugendwohlfahrt
ZBR	Zeitschrift für Beamtenrecht
ZD	Zeitschrift für Datenschutz
ZDG	Zivildienstgesetz
ZEFQ	Zeitschrift für Evidenz, Fortbildung und Qualität im Gesundheitswesen
ZESAR	Zeitschrift für europäisches Sozial- und Arbeitsrecht
ZfF	Zeitschrift für das Fürsorgewesen
ZfJ	Zentralblatt für Jugendrecht
ZfL	Zeitschrift für Lebensrecht
ZfS	Zeitschrift für Soziologie; Zentralblatt für Sozialversicherung
ZfSch / zfs	Zeitschrift für Schadensrecht
ZfSH	Zeitschrift für Sozialhilfe
ZfSH/SGB	Zeitschrift für die sozialrechtliche Praxis
ZfV	Zeitschrift für Versicherungswesen
ZHG	Gesetz über die Ausübung der Zahnheilkunde

Ziff.	Ziffer
ZInsO	Zeitschrift für das gesamte Insolvenzrecht
ZIP	Zeitschrift für Wirtschaftsrecht und Insolvenzpraxis, ab 1983: Zeitschrift für Wirtschaftsrecht
zit.	zitiert
ZM	Zahnärztliche Mitteilungen (Zeitschrift)
ZMGR	Zeitschrift für das gesamte Medizin- und Gesundheitsrecht
ZPO	Zivilprozessordnung
ZRP	Zeitschrift für Rechtspolitik
zs.	zusammen
ZSEG	Gesetz über die Entschädigung von Zeugen und Sachverständigen
ZSR	Zeitschrift für Sozialreform
zT	zum Teil
ZTR	Zeitschrift für Tarifrecht
ZulG	Zulassungsgesetz
ZulO	Zulassungsordnung
ZulVO	(*siehe Literaturverzeichnis*: Schallen)
zust.	zustimmend
zutr.	zutreffend
ZuzV	Vereinbarung zur Umsetzung der Kostenerstattung nach § 43 b Absatz 3 Satz 9 SGB V (Zuzahlungsvereinbarung
ZVALG	Gesetz über die Errichtung einer Zusatzversorgung für Arbeitnehmer in der Land- und Forstwirtschaft
ZVersWiss	Zeitschrift für die gesamte Versicherungswissenschaft
ZVG	Gesetz über die Zwangsversteigerung und Zwangsverwaltung
ZVI	Zeitschrift für Verbraucher- und Privatinsolvenzrecht
zVv	zur Veröffentlichung vorgesehen
zw.	zweifelhaft
zzgl.	zuzüglich
ZZP	Zeitschrift für Zivilprozess
zZt	zurzeit

Allgemeines Literaturverzeichnis

Becker/Kingreen (Hrsg.), SGB V – Gesetzliche Krankenversicherung, Kommentar, 5. Auflage 2017	Bearbeiter in: Becker/Kingreen
Behr u.a., SGB V-Kommentar/SGB XI-Kommentar Gesetzliche Krankenversicherung und Pflegeversicherung, Loseblattkommentar (Stand: 2015)	Bearbeiter in: Behr u.a., SGB V/SGB XI
Berchtold/Richter (Hrsg.), Prozesse in Sozialsachen, 2. Auflage 2016	Bearbeiter in: Berchtold/Richter
Bergmann/Pauge/Steinmeyer, Gesamtes Medizinrecht, 2. Auflage 2014	Bearbeiter in: Bergmann/Pauge/Steinmeyer
Bley/Kreikebohm/Marschner, Sozialrecht, 9. Auflage 2007	Bley/Kreikebohm/Marschner
Brand, SGB III – Sozialgesetzbuch, Arbeitsförderung, Kommentar, 7. Auflage 2015	Bearbeiter in: Brand
Dalichau (Hrsg.), SGB XI – Pflegeversicherung, Kommentar und Rechtssammlung, Loseblattkommentar (Stand: 2015)	Bearbeiter in: Dalichau, SGB XI
Dalichau, Gesetzliche Krankenversicherung – Sozialgesetzbuch (SGB) Fünftes Buch (V), Loseblattkommentar (Stand: 2015)	Dalichau, SGB V
Dettling/Gerlach, Krankenhausrecht, 2014	Bearbeiter in: Dettling/Gerlach
Deutsch/Spickhoff, Medizinrecht, Arztrecht, Arzneimittelrecht, Medizinprodukterecht und Transfusionsrecht, 7. Auflage 2014	Deutsch/Spickhoff
Deutscher Beamtenwirtschaftsring e.V. (Hrsg.), Die Beihilfe, 2015	Bearbeiter in: Deutscher Beamtenwirtschaftsring e.V.
Dieners/Reese (Hrsg.), Handbuch des Pharmarechts, 2010	Bearbeiter in: Dieners/Reese
Eichenhofer/Wenner (Hrsg.), SGB V, Gesetzliche Krankenversicherung, Kommentar zum Sozialgesetzbuch V, 2. Auflage 2015	Bearbeiter in: Eichenhofer/Wenner
Eicher/Schlegel, SGB III – Arbeitsförderungsrecht, Kommentar mit Nebenrecht, Loseblattkommentar (Stand: 10/2015)	Eicher/Schlegel
Erman, Bürgerliches Gesetzbuch, Kommentar, 14. Auflage 2014	Bearbeiter in: Erman
Fasselt/Schellhorn (Hrsg.), Handbuch Sozialrechtsberatung, HSRB, 4. Auflage 2012	Bearbeiter in: Fasselt/Schellhorn
Gagel (Hrsg.), Sozialgesetzbuch II/III – Arbeitsförderung: SGB III, Loseblatt-Kommentar (Stand: 12/2015)	Bearbeiter in: Gagel
Griep/Renn, Das Recht der Freien Wohlfahrtspflege, 2011	Griep/Renn, Freie Wohlfahrtspflege
Griep/Renn, Pflegesozialrecht, 5. Auflage 2013	Griep/Renn, Pflegesozialrecht
Halbe/Orlowski/Preusker/Schiller/Wasem, Versorgungsstrukturgesetz (GKV-VStG), 2012	Bearbeiter in: Halbe/Orlowski/Preusker/Schiller/Wasem
Hänlein/ Schuler (Hrsg.), SGB V, Gesetzliche Krankenversicherung, Lehr- und Praxiskommentar, 5. Auflage 2016	Bearbeiter in: Hänlein/ Schuler
Hassel/Gurgel/Otto, Handbuch des Fachanwalts Sozialrecht, 5. Auflage 2015	Bearbeiter in: Hassel/Gurgel/Otto
Hauck/Noftz, Sozialgesetzbuch, SGB V: Gesetzliche Krankenversicherung, Loseblattkommentar (Stand: 3/2016)	Bearbeiter in: Hauck/Noftz, SGB V
Hauck/Noftz, Sozialgesetzbuch, SGB XI – Soziale Pflegeversicherung, Loseblattkommentar (Stand: 12/2015)	Bearbeiter in: Hauck/Noftz, SGB XI
Huster/Kaltenborn (Hrsg.), Krankenhausrecht, Praxishandbuch zum Recht des Krankenhauswesens, 2010	Bearbeiter in: Huster/Kaltenborn
Igl/Welti, Sozialrecht, 8. Auflage 2007	Bearbeiter in: Igl/Welti
Jahn, Sozialgesetzbuch für die Praxis – SGB (SGB V und SGB XI hrsg. von Sommer), Loseblattkommentar (Stand: 10/2015)	Bearbeiter in: Jahn u.a.

Allgemeines Literaturverzeichnis

Kasseler Kommentar, Sozialversicherungsrecht, hrsg. von Leitherer, Loseblattkommentar (Stand: 91. EL 2016) — Bearbeiter in: KassKomm, SGB V bzw. SGB XI

Kittner/Reinhard, Sozialgesetzbuch I, IV, X, Allgemeiner Teil, Gemeinsame Vorschriften, Verwaltungsverfahren, Basiskommentar zum Sozialgesetzbuch, 1997 — Bearbeiter in: Kittner/Reinhard

Klie/Krahmer/Plantholz (Hrsg.), SGB XI, Soziale Pflegeversicherung, Lehr- und Praxiskommentar, 4. Auflage 2013 — Bearbeiter in: Klie/Krahmer/Plantholz

Knickrehm (Hrsg.), Gesamtes Soziales Entschädigungsrecht, Handkommentar, 2012 — Bearbeiter in: Knickrehm

Krause/von Mutius/Schnapp/Siewert, Gemeinschaftskommentar zum Sozialgesetzbuch X – Verwaltungsverfahren, 1991 — Bearbeiter in: Krause/von Mutius/Schnapp/Siewert

Krauskopf (Hrsg.), Soziale Krankenversicherung, Pflegeversicherung, Loseblattkommentar (Stand: 03/2016) — Bearbeiter in: Krauskopf, SGB V bzw. SGB XI

Knickrehm/Kreikebohm/ Waltermann (Hrsg.), Kommentar zum Sozialrecht, 4. Auflage 2015 — Bearbeiter in: Knickrehm/Kreikebohm/Waltermann

Kruse/Lüdtke/Reinhard/Winkler/Zamponi, SGB III, Lehr- und Praxiskommentar, 2. Auflage 2015 — Bearbeiter in: Kruse/Lüdtke/Reinhard/Winkler/Zamponi

Kunkel/Kepert/Pattar, SGB VIII, Kinder- und Jugendhilfe, Lehr- und Praxiskommentar, 6. Auflage 2016 — Bearbeiter in: Kunkel/Kepert/Pattar

Laufs/Kern (Hrsg.), Handbuch des Arztrechts, 4. Auflage 2010 — Bearbeiter in: Laufs/Kern, Hdb ArztR

Liebold/Zalewski (Hrsg.), Kassenarztrecht, Loseblattkommentar (Stand: August 2016) — Bearbeiter in: Liebold/Zalewski

Löwisch/ Caspers/Klumpp, Arbeitsrecht, 10. Auflage 2014 — Bearbeiter in: Löwisch/Caspers/Klumpp

v. Maydell (Hrsg.), Gemeinschaftskommentar zum Sozialgesetzbuch V – Gesetzliche Krankenversicherung, Loseblattkommentar (Stand: 2001) — Bearbeiter in: GK-SGB V

v. Maydell/Ruland/Becker (Hrsg.), Sozialrechtshandbuch (SRH), 5. Auflage 2012 — Bearbeiter in: v. Maydell/Ruland/Becker

Meyer-Ladewig/Keller/Leitherer, Sozialgerichtsgesetz, Kommentar, 11. Auflage 2014 — Bearbeiter in: Meyer-Ladewig/Keller/Leitherer, SGG

Möwisch/Wasem/Heberlein/Behr/von Schwanenflügel (Hrsg.), SGB XI-Kommentar – Pflegeversicherung, Loseblattkommentar (Stand: 11/2015) — GKV-Komm/Bearbeiter, SGB XI

Münder (Hrsg.), SGB II, Grundsicherung für Arbeitsuchende, Lehr- und Praxiskommentar, 5. Auflage 2013 — Bearbeiter in: Münder

Narr, Ärztliches Berufsrecht – Ausbildung, Weiterbildung, Berufsausübung, Loseblattwerkkommentar (Stand: 06/2015) — Bearbeiter in: Narr

Neumann/Pahlen/Majerski-Pahlen, Sozialgesetzbuch IX, Kommentar, 12. Auflage 2010 — Bearbeiter, in: Neumann/Pahlen/Majerski-Pahlen

Orlowski/Rau/Wasem/Zipperer (Hrsg.), SGB V-Kommentar – Gesetzliche Krankenversicherung – GKV, Loseblattkommentar (Stand: 11/2015) — GKV-Komm/Bearbeiter, SGB V

Palandt, Bürgerliches Gesetzbuch, Kommentar, 75. Auflage 2016 — Bearbeiter in: Palandt

Peters, Handbuch der Krankenversicherung – Teil 2: Kommentar zum 5. Buch des SGB (Krankenversicherung) und zu weiteren die Krankenversicherung betreffenden Gesetzen, Loseblattkommentar (Stand: 2016) — Bearbeiter in: Peters, Hdb KrV

Plagemann (Hrsg.), Münchner Anwalts-Handbuch Sozialrecht, 4. Auflage 2013 — Bearbeiter in: Plagemann, MAH SozR

Prütting (Hrsg.), Medizinrecht, Kommentar, 4. Auflage 2016 — Bearbeiter in: Prütting, MedR

Quaas/Zuck, Medizinrecht, Öffentliches Medizinrecht, Pflegeversicherungsrecht, Arzthaftpflichtrecht, Arztstrafrecht, 3. Auflage 2014 — Quaas/Zuck

Ratzel/Luxenburger (Hrsg.), Handbuch Medizinrecht, 3. Auflage 2015 — Bearbeiter in: Ratzel/Luxenburger

Renn/Schoch, Grundsicherung im Alter und bei Erwerbsminderung, 2. Auflage 2008 — Renn/Schoch

Renn/Schoch/Löcher, Grundsicherung für Arbeitsuchende, 3. Auflage 2012 — Renn/Schoch/Löcher

Richter (Hrsg.), Rehabilitationsrecht, 2008 — Richter, Rehabilitationsrecht

Rieger/Dahm/Katzenmeier/Steinhilper (Hrsg.), Heidelberger Kommentar Arztrecht Krankenhausrecht Medizinrecht – HK-AKM, Loseblattkommentar (Stand: 2016) — Bearbeiter in: HK-AKM

Rolfs/Giesen/Kreikebohm/Udsching (Hrsg.), Beck'scher Online Kommentar Sozialrecht, 2016 — Bearbeiter in: BeckOK SozR, SGB V *bzw.* SGB XI

Rothkegel (Hrsg.), Sozialhilferecht, 2005 — Bearbeiter in: Rothkegel

Schallen, Zulassungsverordnung, 9. Auflage 2017 — Schallen, ZulVO

Schaub, Arbeitsrechts-Handbuch, 16. Auflage 2015 — Bearbeiter in: Schaub, ArbR-Hdb.

Schellhorn/Hohm/Schneider (Hrsg.), SGB XII, Kommentar zum Zwölften Buch Sozialgesetzbuch, 19. Auflage 2015 — Bearbeiter in: Schellhorn/Hohm/Schneider

Schlegel/Voelzke (Ges.-Hrsg.), SGB V – Gesetzliche Krankenversicherung (Band hrsg. v. Engelmann/Schlegel), juris PraxisKommentar, 3. Auflage 2016 — Bearbeiter in: jurisPK-SGB V

Schlegel/Voelzke (Ges.-Hrsg.), SGB XI – Soziale Pflegeversicherung, juris PraxisKommentar, 2014 — Bearbeiter in: jurisPK-SGB XI

Schmitt, SGB VII, Gesetzliche Unfallversicherung, Kommentar, 4. Auflage 2009 — Bearbeiter in: Schmitt

Schnapp/Wigge (Hrsg.), Handbuch des Vertragsarztrechts, 2. Auflage 2006 — Bearbeiter in: Schnapp/Wigge

Schulin (Hrsg.), Handbuch des Sozialversicherungsrechts, Bd. 1, Krankenversicherungsrecht, 1994 — Schulin, HS-KV

Schulin (Hrsg.), Handbuch des Sozialversicherungsrechts, Bd. 4, Pflegeversicherungsrecht, 1997 — Schulin, HS-PV

Sodan (Hrsg.), Handbuch des Krankenversicherungsrechts, 2. Auflage 2014 — Bearbeiter in: Sodan, Hdb. KrVersR

Spickhoff, Medizinrecht, Kommentar, 2. Auflage 2014 — Bearbeiter in: Spickhoff, Medizinrecht

Sommer (Hrsg.), SGB V, in: Haufe, SGB Office Professional, Elektronischer Gesamtkommentar zu allen Sozialgesetzbüchern, — Bearbeiter in: Sommer

Trenk-Hinterberger, Die Rechte behinderter Menschen und ihrer Angehörigen, 37. Auflage 2010 — Trenk-Hinterberger

Udsching (Hrsg.), SGB XI, Soziale Pflegeversicherung, Kommentar, 4. Auflage 2015 — Bearbeiter in: Udsching

Vogel (Hrsg.), Pflegeversicherung und Heimrecht, Handwörterbuch, 2005 — Bearbeiter in: Vogel

Wannagat (Begr.), Sozialgesetzbuch, Loseblattkommentar (Stand: 112. EL 2009). — Bearbeiter in: Wannagat

Wenzel (Hrsg.), Handbuch des Fachanwalts Medizinrecht, 3. Auflage 2013 — Bearbeiter in: Wenzel

Wiesner, SGB VIII, Kinder- und Jugendhilfe, Kommentar, 5. Auflage 2015 — Bearbeiter in: Wiesner

Wigge/von Leoprechting (Hrsg.), Handbuch Medizinische Versorgungszentren, 2011 — Bearbeiter in: Wigge/von Leoprechting

Zmarzlik/Zipperer/Viethen/Vieß, Mutterschutzgesetz, Mutterschaftsleistungen, Kommentar, 9. Auflage 2005 — Bearbeiter in: Zmarzlik/Zipperer/Viethen/Vieß

SGB V

Sozialgesetzbuch (SGB) Fünftes Buch (V)
– Gesetzliche Krankenversicherung –[1, 2]

Vom 20. Dezember 1988 (BGBl. I S. 2477)
(FNA 860-5)
zuletzt geändert durch Art. 5, Art. 7 G zur Neuregelung des Mutterschutzrechts vom 23. Mai 2017
(BGBl. I S. 1228)

Erstes Kapitel
Allgemeine Vorschriften

§ 1 Solidarität und Eigenverantwortung

[1]Die Krankenversicherung als Solidargemeinschaft hat die Aufgabe, die Gesundheit der Versicherten zu erhalten, wiederherzustellen oder ihren Gesundheitszustand zu bessern. [2]Das umfasst auch die Förderung der gesundheitlichen Eigenkompetenz und Eigenverantwortung der Versicherten. [3]Die Versicherten sind für ihre Gesundheit mit verantwortlich; sie sollen durch eine gesundheitsbewußte Lebensführung, durch frühzeitige Beteiligung an gesundheitlichen Vorsorgemaßnahmen sowie durch aktive Mitwirkung an Krankenbehandlung und Rehabilitation dazu beitragen, den Eintritt von Krankheit und Behinderung zu vermeiden oder ihre Folgen zu überwinden. [4]Die Krankenkassen haben den Versicherten dabei durch Aufklärung, Beratung und Leistungen zu helfen und auf gesunde Lebensverhältnisse hinzuwirken.

Literatur:

Albers/Appel ua, Personalisierte Medizin und Recht, 2016; *Berheide/Osterloh*, Solidargedanke in Gefahr?, DÄ 2016, A 907; *Bieback*, Solidarität und Sozialversicherung, SGb 2012, 1; *Böcken/Altenhöner*, Solidarität in der Krankenversicherung, Sozialer Fortschritt 2011, 7; *Dannecker/Bülte*, Fehlverhalten im Gesundheitswesen, NZWiSt 2012, 1; *Diederich/Schreier*, Zur Akzeptanz von Eigenverantwortung als Posteriorisierungskriterium, Bundesgesundheitsblatt 2010, 896; *Huster*, Eigenverantwortung und Gesundheitsrecht, Ethik Med (2010) DOI 10.1007/s00481-010-0076-x; *Kretschmer*, Der langsame Abschied von der solidarischen Sozialversicherung?, SGb 2015, 357; *Kluth/Bauer*, Grundlagen und Grenzen von Mitwirkungssystemen der Versicherten und Anreizsystemen für Prävention in der Gesetzlichen Krankenversicherung, VSSR 2010, 341; Marburger, Auswirkungen des Präventionsgesetzes auf das Leistungswesen der gesetzlichen Krankenversicherung, Die Leistungen 2015, 617; *Prehn*, Des Menschen Wille ist sein Himmelreich – aber auch auf Kosten der Solidarversicherung? NZS 2011, 260; *Stegers*, Mitwirkung, Mitverschulden, Schadensminderung – Der Patient in der Pflicht?, ZMGR 2010, 129; *Comte-Sponville*, Kann Kapitalismus moralisch sein?, 2009; *Kruse/Kruse*, Bedeutung der Eigenverantwortung für die Weiterentwicklung der Sozialversicherung, WzS 2012, 67; *Odunku*, Rationierung und Priorisierung – das Gesundheitswesen im Spannungsfeld zwischen Medizin, Ökonomie, Ethik und Recht, MedR 2012, 359; *Süß*, Die Eigenverantwortung gesetzlich Krankenversicherter unter besonderer Berücksichtigung der Risiken wunscherfüllender Medizin, Dissertation, 2014.

I. Entstehungsgeschichte

§ 1 ist zum 1.1.1989 in Kraft getreten (Art. 1, 79 Abs. 1 GRG). Nach der Begründung der Entwurfsverfasser[1] hat die Norm Signalcharakter für die Zielvorstellungen der Strukturreform und verweist auf Solidarität und Eigenverantwortung als gemeinsam tragende und einer neuen Balance bedürftigen Prinzipien der gesetzlichen Krankenversicherung. MWv 25.7.2015 ist durch Art. 1 Nr. 1 des Präventionsgesetzes (PrävG) v. 17.7.2015 (BGBl. I 1368) S. 2 in Kraft getreten. Die bisherigen S. 2 und 3 sind in der Folge nunmehr S. 3 und 4 geworden

1

---

1 Verkündet als Art. 1 Gesetz zur Strukturreform im Gesundheitswesen (Gesundheits-Reformgesetz – GRG) v. 20.12.1988 (BGBl. I S. 2477); Inkrafttreten gem. Art. 79 Abs. 1 dieses G am 1.1.1989, mit Ausnahme der in Abs. 2 bis 5 dieses Artikels genannten Abweichungen.
2 Für das Gebiet der ehem. DDR beachte die Überleitungsregelungen der §§ 309 bis 311.
1 BT-Dr. 11/2237, 157.

II. Normzweck und europarechtlicher Kontext

2 S. 1 beschränkt sich letztlich auf eine leistungsrechtliche Aufgabenzuweisung an das System. Auch hinsichtlich dieses begrenzten Bereichs enthält S. 2 nur die selbstverständliche Andeutung fehlender Allzuständigkeit und den überwiegend undeutlichen Hinweis auf einen koexistierenden Bereich der Eigenverantwortung der Versicherten. S. 3 nimmt schließlich auch die letzte Hoffnung auf Klärung, indem er den Kassen Aufgaben (Aufklärung, Beratung und Leistungen) insgesamt („dabei") auch für den Bereich der Eigenverantwortung zuweist. Tragende Systemkonstanten bleiben daneben gänzlich unerwähnt. So fehlen Hinweise auf die Bildung des in öffentlich-rechtlichen Körperschaften verfestigten Zusammenschlusses ebenso wie Andeutungen der Finanzierung oder der Leistungserbringung. Demzufolge ist notwendig auch die Kennzeichnung als „Solidargemeinschaft" eher dürftig und inhaltsleer. Insbesondere fehlt jede Erklärung, warum der Aspekt des „moral hazard" auf die Versicherten[2] beschränkt bleibt bzw. die Verteilung des weit überwiegenden Teils des Beitragsaufkommens unter die Leistungserbringer ungeachtet bereits einer das SGB V überwuchernden einschlägigen Normmasse weiterhin unbeachtet bleibt. Die zentrale Einweisungsnorm in einen Versicherungszweig sollte mehr gesetzgeberischem Impetus erkennen lassen.

3 Das Europarecht überlässt den Mitgliedsstaaten die Ausgestaltung ihrer sozialen Sicherungssysteme und beschränkt sich auf deren Koordination bei grenzüberschreitenden Sachverhalten. Der deutsche Gesetzgeber ist daher auch durch das Gemeinschaftsrecht nicht zu einer bestimmten Ausgestaltung der gesetzlichen Krankenversicherung verpflichtet.

III. Krankenversicherung

4 Der Schutz des einzelnen in Fällen von Krankheit ist in der sozialstaatlichen Ordnung des Grundgesetzes eine **Grundaufgabe des Staates**. Er ist damit zwar gehindert, die Aufgabe dem Bereich bloßer „Großzügigkeit" zu überlassen,[3] im Übrigen aber nicht gezwungen, ihr gerade durch die Errichtung einer gesetzlichen Krankenversicherung genügen.[4] Auch hinsichtlich der organisatorischen Ausgestaltung ist der Bund grundsätzlich frei. Das GG enthält weder ein Änderungsverbot noch ein Gestaltungsgebot.[5] S. 1 umschreibt die Aufgabe der zu diesem Zweck als klassischer Zweig der Sozialversicherung (Art. 74 Abs. 1 Nr. 12 GG) fortgeführten (gesetzlichen) Krankenversicherung (§ 4 Abs. 2 S. 1 SGB I, § 1 Abs. 1 S 1 SGB IV). Zum weiten verfassungsrechtlichen Gattungsbegriff der Sozialversicherung gehört jedenfalls die gemeinsame Deckung eines möglichen, in seiner Gesamtheit schätzbaren Bedarfs durch Verteilung auf eine organisierte Vielheit und neben dem sozialen Bedürfnis nach Ausgleich besonderer Lasten die organisatorische Bewältigung der Aufgabe durch selbstständige Anstalten oder Körperschaften des öffentlichen Rechts, die ihre Mittel durch Beiträge der „Beteiligten aufbringen.[6] Der Gesetzgeber hat dementsprechend die Aufgabe der gesetzlichen Krankenversicherung den Krankenkassen (§ 4) als Personalkörperschaften des öffentlichen Rechts übertragen. Sie sind in ihrer Gesamtheit die „gesetzliche Krankenversicherung" im organisationsrechtlichen Sinne und insofern zur Herstellung notwendig gleichwertiger bundeseinheitlicher Lebensverhältnisse unter anderem hinsichtlich des abgestimmten Leistungsrechts[7] und durch § 4 Abs. 3 zur umfassenden Zusammenarbeit berufen. Dies zeigt neben der Wortwahl von S. 1 etwa auch der Umstand, dass die Versicherungspflicht unabhängig von der Mitgliedschaft besteht (§ 5), das Gesetz eine „Mitgliedschaft" Versicherungspflichtiger (§ 186) auch kennt, bevor diese (rückwirkend) bei einer bestimmten Kasse begründet wird (§ 175 Abs. 3 S. 2 u. 3) und die Mitglieder einer Kasse nicht nur deren Aufgaben, sondern übergreifend auch diejenigen anderer Kassen zu finanzieren haben.[8]

5 S. 1 spricht die gesetzliche Krankenversicherung in ihrer systemischen-organisatorischen Gesamtheit „als **Solidargemeinschaft**" an. Er betrifft die dem System gemeinsam gegenüber den (allen) dort Versi-

---

2 Vgl. Bieback, S. 4.
3 Comte-Sponville, S. 141.
4 BVerfG, 18.7.2005, 2 BvF 2/01, Rn. 136.
5 BVerfG, 18.7.2005, 2 BvF 2/01, Rn. 136.
6 BVerfG, 10.5.1960, 1 BvR 190/58 ua, BVerfGE 11, 105 ff. und BVerfG, 8.4.1987, 2 BvR 909/82 ua, BVerfGE 75, 108 ff. Bei zu „Unternehmen" mutierten Kassen ist das nicht mehr allgemein bekannt: „Wir sind keine Behörde" (Stellenanzeige der signal-iduna-ikk in der SZ, 27./28.6.2009).
7 BVerfG, 18.7.2005, 2 BvF 2/01, Rn. 90, 91.
8 Vgl. bereits BVerfG, 18.7.2005, 2 BvF 2/01, BVerfGE 113, 167 ff., Rn. 84 noch zum alten Risikostrukturausgleich.

cherten[9] zugeordnete leistungsrechtliche Aufgabe, die gemäß S. 2 in einem komplementären Verhältnis zur Eigenverantwortung der Begünstigten steht. Thematisch nicht erfasst ist die hiervon jeweils zu unterscheidenden Fragestellung, wer im Einzelnen als Mitglied des staatlichen Verbandes Solidarität zu üben hat, welchen Beitrag das einzelne Mitglied aus dem Gesichtspunkt der Solidarität zur Bewältigung der gemeinsamen Aufgabe zu leisten hat[10] und auch nicht, welche konkreten Leistungen in welchem Umfang zur Erfüllung der Aufgabe zu erbringen sind.[11] Dem liegt unzweifelhaft eine Verwendung des Begriffs der **Solidarität** in dem spezifisch rechtlichen Sinne zugrunde, den er in der gesetzlichen Krankenversicherung gefunden hat. Adressat der gesetzlichen Aufgabenzuweisung ist daher die zur Gesetzlichen Krankenversicherung verbundene Gesamtheit öffentlich-rechtlicher Verbände, denen durch das Gesetz oder aufgrund eines Gesetzes Mitglieder zugewiesen sind. Ein methodisches Vorgehen, das ausgehend von sonstigen Verwendungskontexten und den sich hieraus jeweils ergebenden inhaltlichen Festlegungen letztlich beliebig Rückschlüsse auf den Bedeutungsgehalt von S. 1 und des Rechtsbegriffs der Solidarität ziehen will, verbietet sich demgemäß ungeachtet der grundsätzlichen Zulässigkeit des Rückgriff auf den allgemeinen Sprachgebrauch bei fehlender gesetzlicher Umschreibung. Weder die Heterogenität der Versichertengemeinschaft[12] noch die überwiegend fehlende Freiwilligkeit bei der Begründung der Mitgliedschaft[13] können daher der gesetzlichen Verwendung des Begriffs entgegen gehalten werden.

Die mit S. 1 programmatisch der Krankenversicherung zugewiesene Aufgabe ist die **Gesundheit** der ihr als Versicherte Zugewiesenen zu erhalten, wiederherzustellen oder ihren Gesundheitszustand zu verbessern. Eine nähere Umschreibung des damit **versicherten Gutes** „Gesundheit" fehlt – nach dem Bekunden der Entwurfsverfasser bewusst.[14] Es bleibt damit mehr platonische Idee denn Rechtsbegriff.[15] Die versicherte Gefahr „Krankheit" wird erst aus dem Kontext der nachfolgenden Normen, insbesondere § 11, erkennbar. Auch insofern verzichtet das Gesetz auf eine nähere Begriffsbestimmung und verweist die im Gesetzgebungsverfahren gegebene Begründung[16] auf „Rechtsprechung und Praxis". Die aus den Zeiten des Reichsversicherungsamts hergebrachte Definition des Versicherungsfalls, der zufolge Krankheit im Sinn der gesetzlichen Krankenversicherung zunächst einen – vom Leitbild des gesunden Menschen ausgehend – regelwidrigen Körper- oder Geisteszustand voraussetzt, ist damit im Ausgang notwendig auf die Entwicklung in der Medizin verwiesen. Schon der der Aufgabenbereich des Systems ist insofern kontinuierlich fremdbestimmt und mit der „Wissensrezeption" gleichzeitig offen für die sich hieraus ergebenden vielfältigen Unwägbarkeiten.[17] 6

Durch die Untergliederung der Aufgaben verdeutlicht S. 1 immerhin, dass der **Aufgabenbereich der Krankenversicherung** bereits vor Eintritt des Versicherungsfalls eröffnet ist, die Behandlung bei seinem Eintritt selbstverständlich umfasst und auch dort besteht, wo eine *restitutio ad integrum* ausscheidet und es „nur" um die Verhütung einer Verschlimmerung geht. Umgekehrt ist damit eine Behandlung in der deutschen gesetzlichen Krankenversicherung allenfalls dann geschuldet, wenn sie sich nach Maßgabe der Erfordernisse des Einzelfalls[18] günstig auf den Gesundheitszustand der Versicherten auswirken kann und soll. Besteht eine Behandlung aus mehreren Elementen, muss auch deren Zusammenwirken untersucht und bewertet werden.[19] 7

Der neue S. 2 verklammert seit dem 25.7.2015 die Gedanken von Solidarität und Eigenverantwortung, indem die Förderung der Eigenverantwortung durch die GKV nunmehr ausdrücklich als Bestandteil von deren Kernaufgaben genannt wird.[20] Eine Konkretisierung des Leistungsspektrums erfolgt auch insofern nicht. 8

---

9 Rechtspolitisch präferierte Systemaufgaben wie die „Sicherung des Pharma-Standortes" sind dagegen allenfalls Aufgabe der Wirtschaftspolitik.
10 Vgl. BVerfG, 6.12.1988, 2 BvL 18/84, SozR 2200 § 180 Nr. 46 und zum Gesichtspunkt der (kassenübergreifenden) Beitragssolidarität s. BVerfG, 18.7.2005, 2 BvF 2/01, Rn. 131 ff.
11 Zweifelnd zum Regelungsgehalt Bieback, S. 4.
12 Siehe zu diesem Aspekt Bieback, S. 1.
13 Bieback, S. 2.
14 BT-Dr. 11/2237, 157.
15 Zum versicherten Gut in der Krankengeldversicherung s. Berchtold, Krankengeld, 2004, Rn. 346 ff.
16 Berchtold, aaO.
17 Nie wurden mit einem Federstrich mehr Menschen gesund als in dem Augenblick, als in der 3. Auflage des Diagnostisch-statistischen Handbuchs in Amerika die Homosexualität von der Liste der seelischen Erkrankungen gestrichen wurde. Siehe auch Werner Bartens, Krank zu sein bedarf es wenig, SZ 16./17.7.2001.
18 BSG, 23.11.1995, 1 RK 5/95, SozR 3-2500 § 18 Nr. 1.
19 BSG, 16.9.1997, 1 RK 28/95, BSGE 81, 54 ff., 66 f.
20 Vgl. BT-Dr 18/4282 S. 9.

9 S. 2 Hs. 1 und der Aufforderung zur „gesunden Lebensführung" bzw. zur Vermeidung des „Eintritts von Krankheit oder Behinderung" in Hs. 2 kann wegen der grundsätzlichen Unbeachtlichkeit der Krankheitsursache[21] (s. aber § 11 Abs. 4, § 52 Abs. 1, 2, § 62 Abs. 1 S. 3, § 55 Abs. 1, § 294a Abs. 2) nicht viel mehr als der philosophisch-ethische **Appell** entnommen, werden, dass Versicherte trotz der grundsätzlich zwangsweisen Unterstellung unter das Regime des Systems für ihre Gesundheit „mit" verantwortlich sind, der gesetzlichen Krankenversicherung dem gemäß hinsichtlich des versicherten Gutes und des **versicherten Wagnisses** jedenfalls keine Allzuständigkeit zukommt und S. 1 von vornherein selbstverständlich einer entsprechenden Begrenzung unterliegt. Ebenfalls primär im Sinn eines Appells, immerhin partiell aber auch deklaratorisch auf die Mitwirkungspflichten der §§ 60 ff. SGB I verweisend, gibt S. 2 Hs. 2 dem Versicherten im Übrigen auf, sich frühzeitig an gesundheitlichen Vorsorgemaßnahmen zu beteiligen bzw. die Folgen von Krankheit oder Behinderung zu überwinden. S. 3 weist den Krankenkassen, die zusätzliche Aufgabe, zu die Versicherten „dabei" durch Aufklärung, Beratungen und Leistungen zu helfen und auf gesunde Lebensführung hinzuwirken. Die allgemeinen Verpflichtungen aus § 13 SGB I (Aufklärung) und § 14 SGB I (Beratung) erhalten damit ohne nähere Durchführungsregelungen einen spezialgesetzlichen Anwendungsbereich. In Betracht kommende „Leistungen" ergeben sich insbesondere aus §§ 20ff. Abgesehen davon, dass es sich bei § 20 Abs. 1 eher um ein Leistungserfindungsrecht handeln dürfte, zeigt schon S. 3 („dabei"), dass die Zuständigkeit der Solidargemeinschaft der Eigenverantwortung der Versicherten nicht etwa diametral gegenübersteht, sondern sich gerade auch hierauf bezieht.

§ 2 Leistungen

(1) ¹Die Krankenkassen stellen den Versicherten die im Dritten Kapitel genannten Leistungen unter Beachtung des Wirtschaftlichkeitsgebots (§ 12) zur Verfügung, soweit diese Leistungen nicht der Eigenverantwortung der Versicherten zugerechnet werden. ²Behandlungsmethoden, Arznei- und Heilmittel der besonderen Therapierichtungen sind nicht ausgeschlossen. ³Qualität und Wirksamkeit der Leistungen haben dem allgemein anerkannten Stand der medizinischen Erkenntnisse zu entsprechen und den medizinischen Fortschritt zu berücksichtigen.
(1a) ¹Versicherte mit einer lebensbedrohlichen oder regelmäßig tödlichen Erkrankung oder mit einer zumindest wertungsmäßig vergleichbaren Erkrankung, für die eine allgemein anerkannte, dem medizinischen Standard entsprechende Leistung nicht zur Verfügung steht, können auch eine von Absatz 1 Satz 3 abweichende Leistung beanspruchen, wenn eine nicht ganz entfernt liegende Aussicht auf Heilung oder auf eine spürbare positive Einwirkung auf den Krankheitsverlauf besteht. ²Die Krankenkasse erteilt für Leistungen nach Satz 1 vor Beginn der Behandlung eine Kostenübernahmeerklärung, wenn Versicherte oder behandelnde Leistungserbringer dies beantragen. ³Mit der Kostenübernahmeerklärung wird die Abrechnungsmöglichkeit der Leistung nach Satz 1 festgestellt.
(2) ¹Die Versicherten erhalten die Leistungen als Sach- und Dienstleistungen, soweit dieses oder das Neunte Buch nichts Abweichendes vorsehen. ²Die Leistungen können auf Antrag auch als Teil eines trägerübergreifenden Persönlichen Budgets erbracht werden; § 17 Abs. 2 bis 4 des Neunten Buches in Verbindung mit der Budgetverordnung und § 159 des Neunten Buches finden Anwendung. ³Über die Erbringung der Sach- und Dienstleistungen schließen die Krankenkassen nach den Vorschriften des Vierten Kapitels Verträge mit den Leistungserbringern.
(3) ¹Bei der Auswahl der Leistungserbringer ist ihre Vielfalt zu beachten. ²Den religiösen Bedürfnissen der Versicherten ist Rechnung zu tragen.
(4) Krankenkassen, Leistungserbringer und Versicherte haben darauf zu achten, daß die Leistungen wirksam und wirtschaftlich erbracht und nur im notwendigen Umfang in Anspruch genommen werden.

Literatur:
Apeltauer, Zusatznutzen von Arzneimitteln, Dissertation, Nomos Verlagsgesellschaft, 2016; *Berchtold*, Der räumliche Geltungs- und Anwendungsbereich der Vorschriften über die gesetzliche Krankenversicherung, 1987; *ders*., Begrenztes Kostenrisiko des Versicherungsträgers bei unerwarteter Krankenhausbehandlung in einem anderen Mitgliedsstaat, Anm. zu EuGH v. 15.6.2010 – C-211/08, GesR 2010, 667; *Gottwald*, Die

---
21 Huster, Eigenverantwortung und Gesundheitsrecht, Ethik Med (2010), S. 292.

rechtliche Regulierung medizinischer Innovationen in der Gesetzlichen Krankenversicherung, Dissertation, 2016; *v. Hardenberg/Wien*, Companion Diagnostics – Sozialrechtlicher Reformdruck vor dem Hintergrund aktueller medizinischer Entwicklungen, GuP 2017, 9; *Henke/Reimers*, Zum Einfluss von Demographie und medizinisch-technischem Fortschritt auf die Gesundheitsausgaben, Diskussionspapiere – Technische Universität Berlin, Fakultät Wirtschaft und Management, No. 2006/8; *Qualitätssicherung im Sozialrecht*, Schriftenreihe des Deutschen Sozialrechtsverbandes e.V., Band 61, Berlin 2012; *Heyers*, Möglichkeiten und Grenzen einer Ökonomisierung des Sozialrechts am Beispiel der Priorisierung in der Gesetzlichen Krankenversicherung, MedR 2016, 857; *Huster*, Eigenverantwortung und Gesundheitsrecht, Ethik Med (2010) DOI 10.1007/s00481-010-0076-x; *ders.*, Knappheit und Verteilungsgerechtigkeit im Gesundheitswesen, DVBl 2010, 1069; *Kingreen*, Der Gemeinsame Bundesausschuss vor dem BVerfG – Das Tor liegt in der Luft!, MedR 2017, 8; *Nitz*, Verfassungsunmittelbare Leistungsansprüche und demokratische Legitimation des G-BA, MedR 2016, 941ff; *Penner/Büscher/Niemer/Reimer*, Freirechtsschule in der BSG-Rechtsprechung – eine grobe Verkennung rechtsstaatlicher Grundsätze?, GuP 2017, 15; *Quaas/Zuck*, Medizinrecht, 2. Aufl. 2008.

I. Entstehungsgeschichte ... 1	VI. Das Naturalleistungsprinzip (Abs. 2 S. 1) ... 21
II. Normzweck und europarechtlicher Kontext ... 2	VII. Leistungserbringer (Abs. 2 S. 3, Abs. 4) ... 23
III. Zurverfügungstellung von Leistungen (Abs. 1 S. 1) ... 10	VIII. Trägerübergreifendes Persönliches Budget (Abs. 2 S. 1, 2) ... 25
IV. Umschreibung des Leistungsprogramms der Art nach (Abs. 1 S. 1, 2, Abs. 2 S. 1, 2) ... 11	IX. Qualität und Wirksamkeit, Wirtschaftlichkeit allgemein anerkannter Standard, medizinischer Fortschritt ... 26
V. Standardabweichungen bei schwersten Erkrankungen (Abs. 1 a) ... 17	X. Anpassung durch das Bundesteilhabegesetz ... 33

I. Entstehungsgeschichte

§ 2 geht hinsichtlich seiner Struktur – und größten Teils auch des Wortlauts – noch immer auf die zum 1.1.1989 in Kraft getretene Ursprungsfassung (Art. 1, 79 Abs. 1 GRG) zurück. Abs. 1 S. 2 war im Verlauf des Gesetzgebungsverfahrens durch den BT-Ausschuss für A u S eingefügt worden,[1] während es im Übrigen beim Wortlaut der (wortgleichen) Gesetzesentwürfe in BT-Dr. 11/2237 (FraktE) und 11/2493 (RegE) verblieb. Eine derartige Instrumentalisierung der ersten Gewalt durch die zweite dient regelmäßig dazu, die bei Gesetzesvorlagen der BR an sich vorgeschriebene Beteiligung des BR (Art. 76 Abs. 2 S. 1 GG) zu umgehen Um den Anwendungsbereich der Entscheidung des BVerfG vom 6.12.2005[2] („Nikolaus-Beschluss") „klarzustellen", wurde durch Art. 1 Nr. 1 des GKV-VStG v. 22.12.2011[3] mit Wirkung vom 1.1.2012 Abs. 1 a eingefügt. Abs. 2 S. 1 wurde durch Art. 5 Nr. 1, Art. 67 des SGB IX v. 19.6.2001[4] mit Wirkung vom 1.7.2001 an dessen Sprachgebrauch angepasst. Abs. 2 S. 2 (trägerübergreifendes Persönliches Budget) wurde durch Art. 4 Nr. 1 des Gesetzes zur Einordnung des Sozialhilferechts in das Sozialgesetzbuch vom 27.12.2003[5] zum 1.7.2004 eingefügt. Dadurch wurde gleichzeitig der bisherige Satz 2 (Vertragsschluss mit Leistungserbringern) nunmehr Satz 3.

1

II. Normzweck und europarechtlicher Kontext

§ 2 gehört zu den „Allgemeinen Vorschriften" am Beginn des Ersten Kapitels des SGB V, die durch Benennung von Grundprinzipien des Versicherungszweiges das „Wesen" der sozialen Krankenversicherung bestimmen sollen.[6] Er verweist einleitend und übergreifend auf das Dritte und Vierte Kapitel und betrifft thematisch das Leistungsrecht der Versicherung in seiner Gesamtheit. Insofern unterscheidet er sachlich zutreffend die Beziehungen der Kassen zu den Versicherten (Deckungsverhältnis/Leistungsrecht im engeren Sinne, §§ 11 ff.) von deren Beziehungen zu den Erbringern von Leistungen (Leistungserbringerrecht, §§ 69 ff.). Beide stehen indessen – ohne Vorrang des Leistungsrechts im engeren Sinne – hinsichtlich des Inhalts von Leistungen in einem engen sachlichen[7] und – wo es etwa um Gewinnerwartungen der Leistungserbringer geht – auch unmittelbaren tatsächlichen Zusammenhang.

2

---

1 BT-Dr. 11/3320 zu Art. 1 § 2 (1).
2 1 BvR 347/98, SozR 4-2500 § 27 Nr. 5 = BVerfGE 115, 25 ff.
3 BGBl. I, 2983.
4 BGBl. I, 1046.
5 BGBl. I, 3022.
6 Vgl. BT-Dr. 11/2237, 157.
7 Vgl. etwa zu § 135 BSG, 16.9.1997, 1 RK 28/95, BSGE 81, 54 ff., 59, 60.

3 Die heterogenen Regelungen der Norm beschränken sich überwiegend auf eine **Einweisung**, verlautbaren partiell aber auch verbindliche Grundsätze. Sie generell als konstitutive Definition des Leistungsspektrums der KV, der Leistungserbringung und der jeweiligen Verantwortung der im Prozess der Leistungserbringung Beteiligten zu verstehen,[8] ist aufgrund des Wortlauts sowie in Ermangelung auch nur eines einzigen vollständigen Rechtssatzes und erst recht der Umschreibung von Voraussetzungen eines Anspruchs im rechtlich maßgeblichen Sinn des § 194 Abs. 1 BGB schlechthin ausgeschlossen. Auch soweit – wie insbesondere in Abs. 3 – verbindliche Anordnungen verlautbart werden, kommt diesen nicht etwa ein absoluter Vorrang zu; vielmehr gelten vorbehaltlich spezialgesetzlicher Abweichungen auch sie nur subsidiär. In prozessualer Hinsicht ist § 2 damit schon deshalb unergiebig, weil er allenfalls zur näheren Konkretisierung von Rechten und Ansprüchen bzw. von Beziehungen zu den Leistungserbringern beiträgt, selbst aber keine konkrete Rechtsfolge im Einzelfall verlautbart.

4 Gemäß Abs. 1 S. 1 besteht die **Leistungsbeziehung** im engeren Sinne **zwischen Kassen und Versicherten**. Die Kassen stellen die Leistungen grundsätzlich nicht selbst zur Verfügung, sondern schließen hierzu Verträge mit Leistungserbringern (Abs. 2 S. 2), wobei hinsichtlich deren Auswahl die Vielfalt der Vertragspartner zu berücksichtigen (Abs. 3 S. 1) und den religiösen Bedürfnissen der Versicherten Rechnung zu tragen ist (Abs. 3 S. 2). Nach Abs. 2 S. 1 erhalten die Versicherten die Leistungen vorbehaltlich abweichender Regelungen im SGB V als Dienst und Sachleistungen (**Naturalleistungsprinzip**). Leistungen sind ihrer Art nach sowie nach dem mit ihnen gewährleisteten Sicherungsniveau stets begrenzt. Insofern begründet zunächst der Vorbehalt in Abs. 1 S. 2 („soweit") ein komplementäres Verhältnis von Leistungen der Kassen und solchen, die – vollständig, also auch außerhalb des von § 1 S. 2 und 3 der gemeinsamen Verantwortung zugewiesenen Bereichs – der „Eigenverantwortung der Versicherten" zugeordnet werden. Behandlungsmethoden, Arznei- und Heilmittel der besonderen Therapierichtungen sind nicht von vornherein (Abs. 1 S. 2), wohl aber weitgehend mittelbar (vgl. § 34 Abs. 1 S. 1) ausgeschlossen. Marker für Qualität und Wirksamkeit der Leistungen sind nach der zwingenden normativen Anordnung in Abs. 1 S. 3 der „allgemeine Stand der medizinischen Erkenntnisse" und der „medizinische Fortschritt". Gemeinsame Aufgabe aller an der Leistungserbringung Beteiligten ist gemäß Abs. 4 die Einhaltung des Wirtschaftlichkeitsgebots bei Erbringung und Inanspruchnahme.

5 Der unmittelbare **Aussagegehalt von § 2** beschränkt sich auf Teilaspekte des Leistungserfolges und seiner Herbeiführung. Hinsichtlich essentieller weiterer Aspekte des Leistungsrechts bleibt die Norm dagegen stumm. So geht das Gesetz bereits nicht auf den gleichermaßen den (selbstverwalteten!) Kassen wie den Versicherten weitgehend entzogenen Vorgang der inhaltlichen Bestimmung des Leistungsprogramms (zB §§ 92, 135) ein. Ebenso bleibt die nur durch unbestimmte Gesetzesbegriffe determinierte Konkretisierung von Leistungsverpflichtungen im Einzelfall insbesondere durch die Vertragsärzte (§§ 82 ff., 87, 125, 127, 131, 15 Abs. 1 S. 1, 95) unberücksichtigt.[9] Die entsprechenden voluminösen Regelungen beanspruchen indessen den übergroßen Teil des SGB V und machen schon dadurch deutlich, in welchem Umfang sich der Gesetzgeber mittlerweile von seiner Gewährleistungsfunktion zurückgezogen hat und auf eigene Entscheidungen[10] sowie auf eine Verankerung aufsichtsrechtlicher Regelungen zur wirkungsvollen Durchsetzung öffentlich-rechtlicher Standards verzichtet hat.[11] Stattdessen finden sich immer neue – begrifflich weitgehend offene – Verfahrensregelungen für Leistungserbringer und deren spezifische Dienstleister. So ist es mittlerweile unter anderem den Repräsentanten der „**Gesundheitsökonomie**" gelungen, „sich ins Gesetz hineinzuschreiben" (§ 35 a Abs. 1 S. 7 Nr. 2 Hs. 2, § 35 b Abs. 1 S. 5, § 139 a Abs. 4 S. 1).

6 Ebenso wenig unternimmt das Gesetz auch nur den Versuch, die Ergebnisse des rechtspolitischen Erkenntnisprozesses unter Verwendung der eingeführten Terminologie nachvollziehbar in die vorgefundene Rechtsordnung zu integrieren. Hierzu hätte es insbesondere einer Verbindung mit den rechtlichen Grundprinzipien des SGB I bedurft. Die damit **im Wesentlichen sozialpolitische Sprechweise** bleibt insbesondere mit ihrer steten Rede von „Leistungen" ihrem faktischen Ausgang beim Ausgleich wahrgenommener Bedürfnislagen verhaftet und verfehlt so deutlich unterhalb des erforderlichen Abstrakti-

---

[8] Siehe aber Plagemann in: jurisPK-SGB V, § 2 Rn. 1.
[9] Zu den hiermit verbundenen Gefahren vgl. exemplarisch: „Weiterer Erfolg der Pharmalobby", Der Spiegel 39/2010 (zur Änderung von § 92 Abs. 2 S. 12 auf der Grundlage eines vom Verband forschender Pharmaunternehmen in Auftrag gegebenen Gutachtens einer Anwaltskanzlei; Korruption im Gesundheitswesen wirksam bekämpfen, BT-Dr. 17/3685; Teurer heißt nicht besser, ZS v. 5.2.2010; Betrug auf Rezept, FrankfurterRundschau v. 23.2.2012.
[10] Huster, Knappheit und Verteilungsgerechtigkeit, S. 1070.
[11] Schnapp, Krankenhausaufsicht praeter constitutionem?, NZS 2011, 561 ff.

onsniveaus die rechtliche Problemlage. Diese betrifft auch im Sozialrecht nur und erst das Untergehen von **Ansprüchen** durch (das regelmäßig tatsächliche) Bewirken der Leistung, so wie sie geschuldet ist (§ 362 Abs. 1 BGB), während dieser Vorgang seine maßgebliche rechtliche Grundlage stets in einem schuldrechtlichen Unterbau findet.[12] Dieser wird entsprechend dem Abstraktionsprinzip des bürgerlichen Rechts auch vom SGB I vorausgesetzt (vgl. §§ 38 ff.) und etwa in § 11 Abs. 1, 2, 4 S. 1, § 12 Abs. 1 S. 2, Abs. 2 SGB V ausdrücklich (<kein> Anspruch, <nicht> beanspruchen, Leistungspflicht) rezipiert. Insofern kommt es vorliegend nicht darauf an, dass es sich bei den im Gesetz genannten Ansprüchen um vielfältiger Konkretisierung auf genereller und individueller Ebene bedürftiger „**Rahmen-Rechte**" auf Behandlung oder Versorgung handelt.[13] Auch diese Rahmen-Rechte, deren Entstehung wesentlich nur von der Zugehörigkeit zur Versichertengemeinschaft und dem Eintritt des Versicherungsfalls abhängen, sind nämlich ihrerseits bereits eine hinreichende Konkretisierung der versicherungsrechtlich versprochenen Naturalleistung und können daher auch mit der Klage verfolgt werden.[14] Erst recht gilt dies für Ansprüche, die durch die hierzu berufenen Leistungserbringer bereits näher bestimmt wurden.[15]

Die **untechnische Vorgehensweise** setzt sich in weiteren Normen des SGB V mit der Folge fort, dass in 7 deren rechtlichen Gehalt von vornherein nur wenig Vertrauen gesetzt werden darf. Es muss daher jeweils sorgfältig unterschieden werden, ob von „Leistungen" – soweit sie überhaupt in einem rechtlichen Kontext angesprochen sind – im erfüllungsrechtlichen Sinn der bewussten und zweckgerichteten Mehrung fremden Vermögens die Rede ist oder ob es in Wahrheit um Entstehen, Fortbestand und Inhalt zugrundeliegender Rechte und Ansprüche geht.[16] Die kontinuierliche Fortschreibung des Gesetzes im Blick auf seine (scheinbare) ökonomische Lesbarkeit hat das Problem der fehlenden Erfassbarkeit von Äußerungen eines seinerseits nicht rechtlich denkenden Gesetzgebers weiter vertieft.

Aus der Sicht des Verfassungsrechts wird mit § 2 die notwendige **Einlösung von Leistungsversprechen** 8 **als Kompensation des Grundrechtseingriffs**[17] in Angriff genommen, der mit der grundsätzlich zwangsweisen Einbeziehung (§§ 5 ff.) in das System verbundenen ist. Ein solcher Eingriff bedarf vor Art. 2 Abs. 1 GG und dem grundgesetzlichen Sozialstaatsprinzip der Rechtfertigung durch eine entsprechende Ausgestaltung der ausreichenden solidarischen Versorgung, die den Versicherten für deren Beitrag im Rahmen des Sicherungszwecks des Systems zu erbringen ist.[18] Hinsichtlich der ohne eigene Mitgliedschaft mittelbar im Rahmen der Familienversicherung (§ 10) Versicherten, deren Aufwand von der Versichertengemeinschaft kassenübergreifend in ihrer Gesamtheit getragen wird (§ 3 S. 3) gilt nichts anderes.[19] Umgekehrt muss sich auch die einseitige Ausgestaltung der Rechte und Pflichten der am Versicherungsverhältnis Beteiligten durch Gesetz (§ 31 SGB I) und durch die auf ihm beruhenden konkretisierenden Rechtsakte stets ihrerseits in dem Sinne an den Vorgaben der Verfassung messen lassen, dass Leistungsausschlüsse und Begrenzungen insbesondere vor Art. 2 Abs. 1 GG gerechtfertigt sein müssen. Allerdings ergibt sich allein hieraus weder ein verfassungsrechtlicher Anspruch auf eine bestimmte Leistung,[20] noch kann aus der Verfassung ein durchgehendes Prinzip der Äquivalenz oder gar kein synallagmatisches Verhältnis von Beitrag und Leistung abgeleitet werden.

Die **Systematik** des § 2 Abs. 1 S. 3 (Verträge mit den Leistungserbringern) iVm § 16 Abs. 1 Nr. 1 und 9 § 30 Abs. 1, § 37 S. 1 SGB I bindet das Leistungsverhältnis ungeachtet der fehlenden Existenz eines allgemeinen „**Territorialitätsprinzips**"[21] rechtlich grundsätzlich und faktisch in der Regel an das Inland. Den genannten Bestimmungen gehen jedoch Regelungen des inter- und supranationalen Rechts vor (§ 30 Abs. 2 SGB I). Leistungserbringer aus dem europäischen Ausland können sich im Inland insbesondere unter Berufung auf die Garantie des freien Warenverkehrs (Art. 3 Buchst. a, c, Art. 23 ff. EG) und ihre Dienstleistungs- (Art. 49 EG) und Niederlassungsfreiheit (Art. 43 EG) betätigen.[22] Art. 49 EG gewährleistet zudem grundsätzlich die Möglichkeit grenzüberschreitender Dienstleistungen der Ge-

---

12 Vgl. exemplarisch BVerfG, 29.11.2007, 1 BvR 2496/07.
13 BSG, 16.9.1997, 1 RK 28/95, BSGE 81, 54 ff., Rn. 28.
14 Vgl. BVerfG, 29.11.2007, 1 BvR 2496/07, SozR 4-2500 § 27 Nr. 17, Rn. 21.
15 BSG, 16.9.1997, 1 RK 28/95, BSGE 81, 54 ff., Rn. 17 ff. mwN.
16 Vgl. insgesamt Berchtold, Krankengeld, 2004, Rn. 143 ff., 217 ff.
17 Berchtold in: Kreikebohm/Spellbrink/Waltermann, § 5 SGB V Rn. 4 ff.
18 BVerfG, 6.12.2005, 1 BvR 347/98, SozR 4-2500 § 27 Nr. 5 = BVerfGE 115, 25 ff. jeweils Rn. 49 ff. und BVerfG, 29.11.2007, 1 BvR 2496/07, SozR 4-2500 § 27 Nr. 17.
19 Vgl. BVerfG, 6.12.2005, 1 BvR 347/98, SozR 4-2500 § 27 Nr. 5 = BVerfGE 115, 25 ff., Rn. 55.
20 BVerfG, 6.12.2005, 1 BvR 347/98, SozR 4-2500 § 27 Nr. 5 = BVerfGE 115, 25 ff., Rn. 52.
21 Berchtold, Der räumliche Geltungs- und Anwendungsbereich, S. 19 ff.
22 Quaas/Zuck, § 3 Rn. 42 ff.

sundheitsversorgung[23] und die Freiheit Versicherter, als Leistungsempfänger von einem Leistungserbringer mit Sitz in einem anderen Mitgliedstaat angebotene Dienstleistungen dort zu empfangen oder in Anspruch zu nehmen, ohne durch Beschränkungen beeinträchtigt zu werden (sog passive Dienstleistungs- und Warenfreiheit).[24] Die entsprechenden (modifizierenden) Bestimmungen des sekundären Gemeinschaftsrechts enthalten die Art. 17 ff. der VO (EG) 883/2004, die Ergänzungen des nationalen Rechts im Blick auf die Rechtsprechung des EuGH findet sich in § 13 Abs. 4 bis 6. Der Versicherte, bei dem der Versicherungsfall bereits im Inland eingetreten war und der einen entsprechenden Primärleistungsanspruch auf die Naturalleistung in Deutschland hat,[25] ist dabei, weil ausländische Leistungserbringer typischerweise nicht in das deutsche Leistungserbringersystem integriert sind, unter Verzicht auf die Unmittelbarkeit und grundsätzlich auch die Vollständigkeit auf Kostenerstattung verwiesen. Ist der Versicherungsfall erst im EG-Ausland eingetreten, besteht grundsätzlich ein Naturalleistungsanspruch gegen den deutschen Träger der gesetzlichen Krankenversicherung nach Maßgabe des für den aushelfenden ausländischen Träger maßgeblichen Rechts.[26]

III. Zurverfügungstellung von Leistungen (Abs. 1 S. 1)

10 Der Aussage, dass die Kassen Leistungen „zur Verfügung stellen," kann – bestätigt durch das in Abs. 2 S. 1 verankerte Naturalleistungsprinzip – rechtlich unmittelbar nur entnommen werden, dass die Kassen die abschließende Verantwortung auch für den Vorgang der leistungsrechtlichen Erfüllung tragen. Da es hierzu grundsätzlich nur auf der Grundlage gegen die Kassen (als Versicherungsträger) gerichteter Ansprüche gerade der bei ihr Versicherten kommt, bleiben die Kassen zur Leistung ungeachtet der Beteiligung der Leistungserbringer (zB § 72 Abs. 1 S. 1) auch dann verpflichtet, wenn die Leistungskonkretisierung und -erbringung innerhalb des Systems scheitert (§ 13). Die Kassen bleiben auch dann einziger Schuldner – sowie richtiger Beklagter im Prozess – und haben dafür Sorge zu tragen, dass jeder Berechtigte die ihm zustehenden Sozialleistungen in zeitgemäßer Weise, umfassend und vollständig erhält (§ 17 Abs. 1 Nr. 1 SGB I).

IV. Umschreibung des Leistungsprogramms der Art nach (Abs. 1 S. 1, 2, Abs. 2 S. 1, 2)

11 Dem Charakter der gesetzlichen Zwangsversicherung entspricht es, dass auch Leistungen grundsätzlich einseitig durch Gesetz bzw. aufgrund eines Gesetzes (§ 31 SGB I) bestimmt werden. Die gesetzlichen Krankenkassen sind auch nicht von Verfassung wegen gehalten, alles zu leisten, was an Mitteln zur Erhaltung oder Wiederherstellung der Gesundheit verfügbar ist.[27] Grundsätzlich obliegt daher die **Ausgestaltung des Leistungsprogramms dem Gesetzgeber**, der seinerseits Art. 2 Abs. 1 iVm dem Sozialstaatsprinzip und sonstige Grundrechte zu beachten hat. Ist eine Behandlungsmaßnahme hiervon nicht erfasst, ist der Versicherte auf eigene Vertragsschlüsse nach bürgerlichem Recht und die eigene Tragung von Kosten verwiesen. Seit BVerfG v. 6.12.2006[28] ist allerdings zu beachten, dass sich der Leistungskatalog der gesetzlichen Krankenversicherung wie die hierzu ergehenden konkretisierenden Rechtsakte ausnahmsweise einer verfassungsrechtlichen Überprüfung (Erweiterung) vor Art. 2 Abs. 1 GG und dem Sozialstaatsprinzip ausgesetzt sehen können.

12 Wie bei jeder Versicherung erfasst auch das **Leistungsprogramm** der gesetzlichen Krankenversicherung nur einen begrenzten Ausschnitt aus der Lebenswirklichkeit. Auch soweit daher die „Gesundheit Versicherter" (§ 1) betroffen ist, verbleibt notwendig ein weiter Bereich, für den eine leistungsrechtliche Zuständigkeit der Solidargemeinschaft vornherein nicht oder nur begrenzt in Betracht kommt und für den gleichzeitig umgekehrt jede Verantwortung der Finanzierungsgemeinschaft entfällt. Das Gesetz bestimmt die Leistungsverantwortung der Versichertengemeinschaft zunächst positiv durch Umschreibung der ihrer Art nach in Betracht kommenden Rechte und Ansprüche.[29] Diese werden nachfolgend auf einer zweiten Stufe durch weitere Anforderungen wie Wirtschaftlichkeit, Qualität, Wirksamkeit, Notwendigkeit etc näher bestimmt. Schließlich wird auch die Erbringung nach Art und Qualität dem Leistungsprogramm zuzuordnender (Dienst- und Sach-)Leistungen abermals dadurch begrenzt, dass Versicherten zulasten der mit der Naturalleistung grundsätzlich gewährleisteten Vollständigkeit und

---

23 EuGH, 2.10.1999, C-55/98, Slg 1999, I7641 Rn. 19.
24 EuGH, aaO, Rn. 48 mwN.
25 BSG, 30.6.2009, B 1 KR 19/08 R, SozR 4-2500 § 13 Nr. 21 Rn. 9.
26 Vgl. etwa BSG, 30.6.2009, B 1 KR 22/08 R, BSGE 104, 1 ff. Rn. 16.
27 BVerfG, 6.12.2005, 1 BvR 347/98, SozR 4-2500 § 27 Nr. 5 = BVerfGE 115, 25 ff., Rn. 59 mwN.
28 AaO.
29 Vgl. zum grundsätzlichen Ausschluss von Lebensmitteln etwa BSG, 8.11.2011, B 1 KR 2010, juris, Rn. 36.

zugunsten der Finanzierbarkeit des Systems durch Stärkung des Kostenbewusstseins eine finanzielle Beteiligung auferlegt wird. Erst innerhalb des so abstrakt-generell umschriebenen Leistungsprogramms kommen **Wahlrechte** der Versicherten hinsichtlich des konkreten Leistungserbringers und der anzuwendenden Therapie in Betracht.[30] Käme es tatsächlich zur Abschaffung der privaten Krankenversicherung, wäre das in § 2 Abs. 1 S. 1 umschriebene Leistungsprogramm identisch mit dem grundsätzlichen Inhalt von Krankenversicherung überhaupt.

Der Bereich der „**Eigenverantwortung**" tritt in **Abs. 1 S. 1** komplementär neben den Leistungskatalog der gesetzlichen Krankenversicherung und begrenzt diesen zugleich objektiv-rechtlich. Das Gesetz belässt es hinsichtlich der in diesem Sinne verstandenen Eigenverantwortung bei der Benennung ihrer Funktion und bestimmt nicht etwa umgekehrt auch selbst positiv ihren Inhalt. Für die so vorgenommene abstrakt-generelle (mittelbare) Bestimmung der solidarischen Leistungsverantwortung des Systems kommt es auf die subjektive „Einsichts- und Leistungsfähigkeit" des jeweiligen Versicherten evident nicht an.[31] Der Begriff der „Eigenverantwortung" im Sinn von Abs. 1 S. 1 unterscheidet sich fundamental von dem im Schwerpunkt philosophisch-ethischen des § 1 S. 2 und steht vorliegend allein für eine objektivrechtliche Zuweisung von Verantwortung durch die Umschreibung des Leistungsbereichs als Systemgröße. In ihrer objektiv-rechtlichen Funktion – ungeachtet ihrer subjektiven Tatbestandsmerkmale und unabhängig von ihrer Anwendbarkeit im Einzelfall also – gehören daher auch Normen wie §§ 66 SGB I, 52 f, 53 SGB V zur Legaldefinition des Leistungsbereichs. 13

Aus der **verfassungsrechtlichen Legitimität** der einseitigen gesetzlichen Leistungsbestimmung überhaupt ergibt sich gleichzeitig die Rechtfertigung der im 3. Kapitel einfachgesetzlich vorgenommenen Konkretisierung und Beschränkung des Leistungsprogramms.[32] Die Erbringung von durch § 11 schon ihrer Art nach nicht erfassten Behandlungsmaßnahmen zulasten der gesetzlichen Krankenversicherung ist damit a priori ausgeschlossen. Dasselbe gilt für nicht systemimmanent konkretisierte Leistungen. 14

Die Welt ist vieldeutig. Was in ihr „wahr"-genommen wird, ist ebenso von vielfältigen theoretischen Vorbedingungen abhängig, wie es einer vorweg getroffenen Vereinbarung darüber bedarf, was jeweils unter dem „Erfolg" einer Handlung verstanden werden soll.[33] Das Verbot des Ausschlusses von Methoden der **besonderen Therapierichtungen** a priori ist Ausdruck der staatlichen Neutralität gegenüber den unterschiedlichen wissenschaftlichen Ansätzen; an die Stelle der damit ausgeschlossenen normativen Entscheidung über ihre „Richtigkeit" tritt die Frage nach dem tatsächlichen Verbreitungsgrad.[34] Allein daraus, dass das Gesetz in spezifischen Kontexten den Begriff der evidenzbasierten Medizin verwendet, kann daher ein normatives Primat des zugrunde liegenden Wissenschaftsverständnisses nicht abgeleitet werden,[35] mag auch insbesondere mit dem grundsätzlichen Ausschluss nicht verschreibungspflichtiger Arzneimittel aus dem Leistungsprogramm der gesetzlichen Krankenversicherung (vgl. aber § 11 Abs. 6 S. 1, § 53 Abs. 5) eine weitgehende Beschränkung des Anwendungsbereichs der besonderen Therapierichtungen verbunden sein. 15

Der Begriff der „**besonderen Therapierichtung**" (s. auch § 34 Abs. 3 S. 2, § 35 Abs. 2 S. 1 Hs. 2, § 53 Abs. 5, § 73 Abs. 1 Nr. 1 und § 92 Abs. 3 a S 1) setzt ein umfassendes, zur Behandlung verschiedenster Erkrankungen bestimmtes therapeutisches Konzept voraus, das auf der Grundlage eines sich von der „Schulmedizin" abgrenzenden, weltanschaulichen Denkansatzes größere Teile der Ärzteschaft und weite Bevölkerungskreise für sich eingenommen hat.[36] Eine einzelne Behandlungsmethode genügt diesen Erfordernissen nicht. Die insofern in Betracht kommenden besonderen Therapierichtungen sind insbesondere[37] die **Homöopathie** (§ 4 Abs. 26 AMG) und die **anthroposophische Medizin** (§ 4 Abs. 33 AMG), während sich die **Phytotherapie** mittlerweile der Allopathie angenähert hat.[38] Sie unterscheiden sich vom wissenschaftstheoretischen Ansatz der konventionellen Medizin mit dem grundsätzlichen Erfordernis der – idealiter – beobachterunabhängigen Reproduzierbarkeit immer gleicher Ergeb- 16

---

30 Gaßner/Strömer, Der medizinische Fortschritt im Recht der Gesetzlichen Krankenversicherung, SGb 2011, 421 ff., 423.
31 Anders Plagemann in: jurisPK-SGB V, § 2 Rn. 31 ff.
32 BVerfG, 6.12.2005, 1 BvR 347/98, SozR 4-2500 § 27 Nr. 5 = BVerfGE 115, 25 ff., Rn. 58.
33 Exemplarisch Arthur C. Danto, Wege zur Welt, München 1999, S. 144 und Berchtold, Auslegung sozialrechtlicher Normen und eindeutiger Wortlaut, FS 50 Jahre Bundessozialgericht, 97 ff., 102 f.
34 BSG, 16.9.1997, 1 RK 28/95, BSGE 81, 54 ff., Rn. 42 ff.
35 So aber wohl Gaßner/Strömer, Der medizinische Fortschritt im Recht der Gesetzlichen Krankenversicherung, SGb 2011, 421 Fn. 5.
36 BSG, 16.9.1997, 1 RK 28/95, BSGE 81, 54 ff., Rn. 42.
37 BSG v. 16.7.1996, 1 RS 1/94, BSGE 79, 42 ff., 47.
38 BSG, 11.5.2011, B 6 KA 25/10 R, BSGE 108, 183 ff. Rn. 4.

nisse unter gleichen Bedingungen – durch die Vorstellung, dass ärztliche Behandlungen nicht diagnosebezogen an Erkrankungen orientiert standardisiert, sondern ausschließlich patientenindividuell möglich sei, so dass für verschiedene Patienten mit der gleichen Erkrankung unterschiedliche Arzneimittel in Betracht kommen und umgekehrt dasselbe Arzneimittel bei unterschiedlichsten Erkrankungen und Zuständen helfen könne.[39] Die einzelne Behandlungsmethode unterliegt insofern jeweils der (Binnen-)Prüfung (s. ausdrücklich § 34 Abs. 1 S. 3, § 135 Abs. 1 S. 1 Nr. 1), ob der besondere Denkansatz über nachprüfbare Kriterien verfügt, die es erlauben, eine „kunstgerechte Anwendung von einem Behandlungsfehler zu unterscheiden.[40] Die Überprüfung von Methoden einer Therapierichtung nach Maßgabe wissenschaftstheoretischer Anforderungen einer anderen würde die normativ gewährleistete Eigenständigkeit des Denkansatzes gefährden.[41] Die Behandlungsmaßnahmen nach allen Therapierichtungen werden daher gleichbehandelt. Umgekehrt gibt es keinen Anspruch auf Privilegierung im Sinne einer Befreiung von Maßnahmen einer einzelnen Therapierichtung von generell für Leistungen der in Frage stehenden Art geltenden Beschränkungen.[42]

V. Standardabweichungen bei schwersten Erkrankungen (Abs. 1 a)

17 Mit dem sog **Nikolaus-Beschluss** v. 6.12.2005[43] hat das BVerfG entschieden, dass es mit Art. 2 Abs. 1 GG iVm dem Sozialstaatsprinzip nicht vereinbar ist, einen **lebensbedrohlich** oder an einer **regelmäßig tödlich verlaufenden Krankheit** erkrankten Versicherten nur deshalb von der Leistung einer von ihm gewählten, ärztlich angewandten Behandlungsmethode auszuschließen, weil eine allgemein anerkannte, medizinischem Standard entsprechende Behandlung nicht zur Verfügung steht, wenn eine nicht ganz entfernt liegende Aussicht auf Heilung oder auf eine spürbar positive Einwirkung auf den Krankheitsverlauf besteht. Unter diesen Voraussetzungen gehöre die Vorsorge zum Kernbereich der Leistungspflicht und der von Art. 2 Abs. 2 S. 1 GG geforderten Mindestversorgung. Es genüge dann, wenn es für die vom Arzt nach gewissenhafter fachlicher Einschätzung vorgenommene oder von ihm beabsichtigte Behandlung ernsthafte Hinweise auf einen nicht ganz entfernt liegenden Erfolg der Heilung oder auch nur auf eine spürbar positive Entwicklung auf den Krankheitsverlauf im konkreten Einzelfall gebe.

18 Seit dem 1.1.2012 unternimmt es Abs. 1 a, die Aussagen des Nikolaus-Beschlusses in das einfache Gesetzesrecht zu überführen. Die Neuregelung übernimmt im Wesentlichen den vom BVerfG vorgegebenen Tatbestand (erweitert um eine „zumindest wertungsmäßig vergleichbare Erkrankung") und dispensiert insofern auf der Rechtsfolgenseite von den Anforderungen des Abs. 1 S. 3. Dass damit ein Mehr an Klarheit gewonnen ist, darf bezweifelt werden. Hinsichtlich der im Gesetzestext nicht angesprochenen Leistungskonkretisierung durch den Gemeinsamen Bundesausschuss gehen die Entwurfsverfasser[44] offensichtlich davon aus, dass es „unter den Voraussetzungen des Nikolaus-Beschlusses" dem Gremium selbst obliegt, von den rechtlichen Wirkungen einer von ihm getroffenen Ausschlussentscheidung zu dispensieren. Das wäre eine Befugnis zur autonomen Reduktion der in § 91 Abs. 6 angeordneten unbedingten Verbindlichkeit einer Entscheidung, die dem Gremium durch § 92 Abs. 1 S. 1 Teils. 3 nur inhaltlich übertragen ist. Die verfassungsrechtlich offene Frage der demokratischen Legitimation[45] kann jedenfalls auf diese Weise nicht gelöst werden. Zutreffend dürfte demgegenüber die Auffassung der Entwurfsverfasser[46] sein, dass die vom BVerfG gebilligte[47] Rechtsprechung des BSG zum grundsätzlichen Ausschluss einer Versorgung mit nicht bzw. nicht in der betreffenden Indikation zugelassenen Medikamenten für Fälle der vorliegenden Art aufgrund von Abs. 1 S. 1 keine Anwendung findet.

---

39 BSG, 11.5.2011, aaO.
40 BSG, 16.9.1997, 1 RK 28/95, BSGE 81, 54 ff., Rn. 49, und BSG, 11.5.2011, B 6 KA 25/10 R, BSGE 108, 183 ff. Rn. 39 mwN.
41 Zur fehlenden Klärung des Prüfungsmaßstabes insofern BSG, 22.3.2005, B 1 A 1/03 R, BSGE 94, 230 ff.
42 BSG, 11.5.2011, B 6 KA 25/10 R, BSGE 108, 183 ff. Rn. 41 und zuletzt BSG, 14.12.2011, B 6 KA 29/10 R, Terminbericht Nr. 65/11.
43 BVerfG, 6.12.2005, 1 BvR 347/98, BVerfGE 115, 25 ff.
44 BR-Dr. 456/11, 73.
45 Offen gelassen in BVerfG, 6.12.2005, 1 BvR 347/98, SozR 4-2500 § 27 Nr. 5 = BVerfGE 115, 25 ff., Rn. 61, ohne nähere Erörterung der Sache nach verneint in BVerfG, Beschluss der 3. Kammer des 1. Senats, 29.11.2007, 1 BvR 2496/07, ausdrücklich entgegen BSG, 7.11.2006, B 1 KR 24/06 R, NJW 2007, 1385 f.
46 BR-Dr. 456/11, 74.
47 Beschluss der 2. Kammer des 1. Senats vom 30.6.2008, 1 BvR 1665/07, SozR 4-2500 § 31 Nr. 17.

Abs. 1 a S. 2, 3 ermächtigen spezialgesetzlich zum Erlass von **Verwaltungsakten** (§ 31 S. 1 SGB X) über den Naturalleistungsanspruch des Versicherten in Fällen der fraglichen Art. Da dieser Anspruch selbst mit der Klage verfolgt werden kann (→ Rn. 6) dürfte mit dem Verwaltungsakt entgegen dem von S. 2, 3 erweckten Eindruck in Wahrheit nicht dessen Anerkennung – und nicht nur Feststellung der sich hieraus mittelbar ergebende Abrechnungsmöglichkeit zulasten der gesetzlichen Krankenversicherung – verlautbart werden. Betroffene Leistungserbringer können diesen Anspruch in gesetzlicher Prozess- und Verfahrensstandschaft verfolgen. Ist die Leistungsablehnung zu Unrecht erfolgt, kann der Versicherte unter den Voraussetzungen des § 13 Abs. 3 die Erstattung der für eine selbst beschaffte Leistung entstandenen Kosten begehren.

Das BSG[48] hat die Vorgaben des BVerfG dahingehend konkretisiert, dass die Leistungsverweigerung der Krankenkasse unter Berufung darauf, eine bestimmte neue ärztliche Behandlungsmethode sei im Rahmen der GKV ausgeschlossen, weil der zuständige GBA diese noch nicht anerkannt oder sie sich zumindest in der Praxis und in der medizinischen Fachdiskussion noch nicht durchgesetzt habe, gegen das Grundgesetz verstößt, wenn folgende drei Voraussetzungen kumulativ erfüllt sind: Es liegt (1.) eine lebensbedrohliche oder regelmäßig tödlich verlaufende Erkrankung vor.[49] Für diese Krankheit steht (2.) eine allgemein anerkannte, medizinischem Standard entsprechende Behandlung nicht zur Verfügung. Beim Versicherten besteht (3.) hinsichtlich der ärztlich angewandten (neuen, nicht allgemein anerkannten) Behandlungsmethode eine auf Indizien gestützte nicht ganz fern liegende Aussicht auf Heilung oder wenigstens auf eine spürbare positive Einwirkung auf den Krankheitsverlauf.[50] Es muss eine durch nahe Lebensgefahr gekennzeichnete individuelle Notlage gegeben sein,[51] wobei das BVerfG es in einer speziellen Situation (Apharesebehandlung in einem besonderen Fall) hat ausreichen lassen, dass die Erkrankung voraussichtlich erst in einigen Jahren zum Tod führt.[52]

VI. Das Naturalleistungsprinzip (Abs. 2 S. 1)

Gemäß Abs. 2 S. 1 erhalten die Versicherten die Leistungen grundsätzlich als Sach- und Dienstleistungen, soweit das SGB V oder das SGB IX keine Ausnahme vorsehen. Notwendig bereits der zugrunde liegende Anspruch ist daher auf die Erbringung aller Sach- und Dienstleistungen in Natura anstelle der die Privatversicherung kennzeichnenden Erstattung des Geldwerts gerichtet (Naturalleistungsprinzip). Das Naturalleistungsprinzip gewährleistet entsprechend dem Schutzzweck der Zwangsversicherung traditionell die **unmittelbare, gleiche und vollständige Versorgung der Versicherten** ohne diese selbst mit dem Vertragsschluss zu belasten und sie als Schuldner Forderungen der Leistungserbringer auszusetzen.[53] Zugleich gewährleistet die Ordnungsfunktion des Naturalleistungsgrundsatzes eine Versorgung nach Maßgabe der systemimmanenten Kriterien und vermeidet eine Überforderung der Solidargemeinschaft. Dafür, dass dem Begriff „Dienstleistungen" gleichzeitig entnommen werden könne, dass im Rahmen der gesetzlichen Krankenversicherung nur die Erbringung von Diensten als solche geschuldet sein könne (§§ 611 ff. BGB), eine Haftung für den Erfolg dagegen auch dort ausgeschlossen sein könnte, wo dieser – etwa bei der Durchführung von Operationen – nach bürgerlichem Recht geschuldet ist (§§ 635 ff. BGB), fehlt es an jeglicher Grundlage.

Aus Abs. 2 ist die **Zielvorstellung eines lückenlosen Naturalleistungssystems** ersichtlich.[54] Die Umsetzung des Grundsatzes („... soweit ... nicht ...") ist mittlerweile indessen brüchig geworden. Neben § 13 Abs. 3, der die notwendige Kompensation für die Fälle des Systemversagens darstellt, enthalten heute insbesondere § 13 Abs. 2 (Wahl der Kostenerstattung), § 13 Abs. 4 (Inanspruchnahme von Leistungserbringern im Europäischen Ausland), § 14 (Teilkostenerstattung) und § 53 Abs. 4 (Wahltarif Kostenerstattung) die Möglichkeit, auch für eine Kostenerstattung und damit eine der privaten Krankenversicherung entsprechende Versorgung zu optieren. Versicherte werden auf diese Weise selbst Ver-

---

48 Etwa v. 7.11.2006, B 1 KR 24/06 R und v. 4.4.2006, B 1 KR 7/05 R, jeweils juris.
49 Etwa v. 16.12.2008, B 1 KN 3/07 KR R und v. 5.5.2009, B 1 KR 15/08 R, jeweils juris. Dazu, dass die Erstreckung auf wertungsmäßig mit lebensbedrohlichen oder regelmäßig tödlich verlaufenden Erkrankungen vergleichbare Erkrankungen den Ausnahmecharakter der Regelung sprengen würde, vgl. BSG v. 13.12.2016, B 1 KR 1/16 R, juris (BSGE und SozR vorgesehen) mwN.
50 Vgl. zum Ausschluss, wenn die vorgesehene Behandlung aufgrund des geschwächten Gesundheitszustandes des Versicherten nicht mehr durchgeführt werden kann, LSG Hmb v. 15.12.2016, L 1 KR 86/15, juris.
51 Vgl. auch BVerfG, 10.11.2015, 1 BvR 2056/12 und 26.3.2014, 1 BvR 2415/13, jeweils juris.
52 BVerfG, 6.2.2007, 1 BvR 3101/06, juris; vgl. zuletzt auch LSG BW, 22.2.2017, L 5 KR 1653/15 und 22.3.2017, L 5 KR 1036/16, jeweils juris.
53 Berchtold, Der räumliche Geltungs- und Anwendungsbereich, S. 82 ff., 90 f.
54 BSG, 16.9.1997, 1 RK 28/95, BSGE 81, 54 ff.

tragspartner der Leistungserbringer/Schuldner des Entgelts und nehmen dafür in jedem Fall durch einen Verlust der Unmittelbarkeit der Leistungserbringung und regelmäßig auch an Vollständigkeit eine Minderung des Schutzniveaus in Kauf. Im Blick auf das Deckungsverhältnis wird unter diesen Umständen zudem zweifelhaft, warum es des gesetzlichen Eingriffs in die Vorsorgefreiheit bedarf bzw. nicht auch insofern die Pflicht zum Vertragsschluss genügen sollte.

VII. Leistungserbringer (Abs. 2 S. 3, Abs. 4)

23 Die (rechtlich vorrangige und zeitlich vorgängige) Konkretisierung von Rahmenrechten der Versicherten und die – ausdrücklich allein angesprochene – „Erbringung" der entsprechenden Dienst- und Sachleistungen auf der Grundlage des Naturalleistungsprinzips (Abs. 2 S. 3) erfolgen grundsätzlich nicht durch die Kassen selbst (vgl. zu Errichtung und Fortführung von Eigeneinrichtungen etwa § 140), sondern durch **Verträge mit den Leistungserbringern** nach den Vorschriften des 4. Kapitels (Grundsatz der Fremderbringung). Die innere funktionale und sachliche Verbindung von Leistungsanspruch Leistungserbringerrecht erfordert notwendig eine Deckung auch der rechtlichen Grundlagen beider Bereiche, die grundsätzlich nicht ohne einander gedacht werden können.

Die Kassen genügen durch den Abschluss von Verträgen mit den Leistungserbringern grundsätzlich ihrem **Sicherstellungsauftrag** aus §§ 70 Abs. 1, 2 Abs. 1, bleiben aber gegenüber dem Versicherten Schuldner des Rahmenrechts und daher etwa auch des Anspruchs auf Erstattung der Kosten für vom Versicherten unter den Voraussetzungen von § 13 Abs. 3 S. 1 ersatzweise beschaffter Leistungen. Die genannten Verträge sind hinsichtlich der Beziehungen zu den Vertrags(zahn)ärzten öffentlich-rechtlicher Natur, im Übrigen unterliegen sie dem Privatrecht.

24 Das SGB V erlaubt **grundsätzlich keine Begrenzung der Zulassung auf spezielle Leistungserbringer** unter Zugrundelegung einer globalen Wirtschaftlichkeitsbetrachtung. § 2 Abs. 3 S. 1 verpflichtet im Gegenteil die Krankenkassen, „bei der Auswahl" der Leistungserbringer ihre Vielfalt zu beachten. Damit bleibt grundsätzlich nur eine individuelle Wirtschaftlichkeitsbetrachtung auf der Grundlage der bestehenden gesetzlichen Regelungen erlaubt und wird der grundrechtlich geschützten Berufsausübungsfreiheit und dem Gleichbehandlungsanspruch der Betroffenen Rechnung getragen. Spezieller Aspekt der „Vielfalt" ist gemäß Abs. 3 S. 2 die Berücksichtigung des religiösen Bekenntnisses (Art. 4 Abs. 1, 2 GG, Art. 140 GG iVm 141 WRV). Die Vorschrift verdeutlicht zudem über den Aspekt des religiösen Bekenntnisses hinaus, dass das Gebot, die Vielfalt der Leistungserbringer zu beachten, seinerseits unverzichtbare Grundlage jeder Auswahlfreiheit der Versicherten ist. Mit dieser Zielrichtung lässt sich ein Monopolisierungsbestreben grundsätzlich nicht vereinbaren.[55] Soweit Auswahlspielräume eröffnet sind (zB § 109 Abs. 2 S. 2, § 121 a Abs. 3 S. 2, § 132 Abs. 2) verweist Abs. 3 deklaratorisch auf eines der dort jeweils spezialgesetzlich aufgenommenen Auswahlkriterien. Die Vorschrift wird verdrängt, wo dem Versicherten gemäß § 33 Abs. 6 S. 2 iVm § 127 Abs. 1 ein Vertragspartner der Kasse zu benennen ist.

VIII. Trägerübergreifendes Persönliches Budget (Abs. 2 S. 1, 2)

25 Die gesetzlichen Krankenkassen sind gemäß § 6 Abs. 1 Nr. 1 SGB IX Rehabilitationsträger für Leistungen zur medizinischen Rehabilitation (§ 5 Nr. 1, §§ 26 ff. SGB IX) sowie für unterhaltssichernde und andere ergänzende Leistungen (§ 5 Nr. 3, §§ 44 ff. SGB IX) nach näherer Bestimmung des für sie geltenden Leistungsrechts (§ 7 S. 2 SGB IX). Auch diese sind grundsätzlich als Naturalleistungen zu erbringen (Abs. 2 S. 1). Abs. 2 S. 2 iVm § 159 SGB IX enthält für die Träger der gesetzlichen Krankenversicherung die spezialgesetzliche Anordnung, dass die Leistungen (zur Teilhabe) auf Antrag als Teil eines trägerübergreifenden Persönlichen Budgets zu erbringen sind (Hs. 1). Insofern finden § 17 Abs. 2 bis 4 SGB IX in Verbindung mit der Budgetverordnung und § 159 SGB IX Anwendung (Hs. 2). Der Anspruch ist dann – die als „Teil" in seine Bemessung eingegangenen Leistungen der Krankenversicherung wie diejenigen der anderen Rehabilitationsträger ersetzend – grundsätzlich auf eine einheitliche monatliche Geldleistung durch einen einzigen Träger und auf der Grundlage einer einheitlichen Entscheidung gerichtet.[56] Dem Betroffenen sollen diese Geldzahlungen eigene Vertragsschlüsse mit Leistungserbringern und auf dieser Grundlage ein selbstbestimmtes Leben in eigener Verantwortung er-

---

55 BSG, 29.11.1995, 3 RK 32/94, BSGE 77, 119 ff.
56 Insgesamt BSG, 11.5.2011, B 5 R 54/10 R, ZFSH/SGB 2012, 150 ff.

möglichen. Adressat des Anspruchs ist im Außenverhältnis allein der sich nach § 14 SGB IX ergebende.[57]

IX. Qualität und Wirksamkeit, Wirtschaftlichkeit allgemein anerkannter Standard, medizinischer Fortschritt

Die näheren Anforderungen an die ihrer Art möglicher Leistungen der gesetzlichen Krankenversicherung in Abs. 1 S. 1 (Wirtschaftlichkeitsgebot), Abs. 1 S. 3 (Qualität, Wirksamkeit und Fortschritt), Abs. 4 („wirksam, wirtschaftlich und notwendig") und § 12 Abs. 1 SGB V („notwendig, ausreichend, zweckmäßig") enthalten eine **generelle Inhaltsbestimmung** für alle gegen die Versicherungsträger der gesetzlichen Krankenversicherung gerichteten Rechte und Ansprüche sowie die Beziehungen zu den Leistungserbringern.[58] Auch die hierdurch eintretende Begrenzung des solidarisch zu verantwortenden (§ 1) Leistungsspektrums ist verfassungsrechtlich grundsätzlich nicht zu beanstanden.[59] Weder die sich aus Art. 2 Abs. 2 S. 1 GG ergebende objektiv-rechtliche Pflicht des Staates sich schützend und fördernd vor das Rechtsgut der Norm zu stellen, noch die hierdurch ebenfalls gewährleistete freie Selbstbestimmung des Patienten über ärztliche Heileingriffe begründen jeweils einen verfassungsrechtlichen Anspruch auf Bereitstellung medizinischer Versorgung oder Gewährung finanzieller Leistungen hierfür.[60] Allerdings weckt § 2 zu Unrecht die Hoffnung, hieraus könne ein übergeordneter Bedeutungsgehalt gewonnen werden. Der Gesetzgeber vermeidet ungeachtet eines nahezu inflationären Gebrauchs insbesondere vom neoliberalen Sprachgebrauch präferierter Worthülsen jeweils Umschreibungen iS einer rechtlich brauchbaren Definition. Das Verständnis der semantisch durchgehend offenen Begriffe, die sich zudem vielfältig überlagern und teilweise unterschiedlichen Lebensbereichen angehören, kann daher nur jeweils anwendungs- und grundsätzlich verfahrensbezogen näher konkretisiert werden.

Das **Wirtschaftlichkeitsgebot** des Abs. 1 S. 1 erfasst ausweislich Abs. 4 das gesamte Leistungsrecht und betrifft (im weiten Sinne) jeweils die Herstellung eines möglichst günstigen Verhältnisses von Aufwand und Ertrag im Rahmen einer Zweck-Mittel-Relation. In diesem Sinne umfasst er als Oberbegriff[61] bereits analytisch die in § 12 Abs. 1 gesondert aufgeführten Kriterien „zweckmäßig" im Sinn der Fähigkeit eines eingesetzten Mittels dem angestrebten Zustand überhaupt näher zu kommen, „ausreichend" als Kennzeichnung des Potenzials, das Ziel allein hierdurch zu erreichen, und „notwendig" (s. auch Abs. 4) im Sinn des Ausschlusses überschießender und damit Ressourcen verschwendender Mittel. Von den gebräuchlichen Spielarten des ökonomischen Prinzips, insbesondere dem Maximum-, dem Minimum- und dem generellen Extremumprinzip,[62] ist damit im vorliegenden Zusammenhang nur das Minimumprinzip einschlägig, und verkörpert im Kontext von Abs. 1 S. 1 ein zwingendes Gebot zur Wahl der kostengünstigsten Variante unter Ausgrenzung verzichtbarer Alternativen, wenn zur Erreichung eines angestrebten Heilerfolges mehrere Mittel zur Verfügung stehen (Rationalisierung). Abs. 4 verwendet das Adjektiv im selben Sinn und überantwortet seine Umsetzung (gleichwertig neben den Gesichtspunkten der Wirksamkeit und der Notwendigkeit) der Gesamtheit von Kassen, Leistungserbringern und Versicherten als gemeinsame Aufgabe. Als unbestimmter Rechtsbegriff unterliegt er insofern grundsätzlich uneingeschränkter gerichtlicher Überprüfung.

Das Gesetz verwendet insbesondere den (Rechts-)Begriff „**Qualität**" mittlerweile inflationär, ohne an auch nur einer Stelle einen eigenen Beitrag zu seiner inhaltlichen Bestimmung zu leisten. In Abs. 1 S. 1 implementiert es – ebenfalls ohne nähere Erläuterung – für den gesamten Leistungsbereich den „allgemein anerkannten Standard der medizinischen Erkenntnisse" (vgl. exemplarisch §§ 135 a Abs. 1 S. 1, 136 Abs. 1 S. 1) und verzichtet damit zunächst sachgerecht und im Einklang mit Art. 5 Abs. 3 GG auf eine normative Konkretisierung medizinischer Leistungsinhalte durch Behörden und Gerichte. Innerhalb des damit maßgeblichen Bezugsrahmens sind die Elemente Strukturqualität (vorgehaltene Ressourcen), Prozessqualität (Organisation und Koordination der Abläufe), Ergebnisqualität (Kundenzufriedenheit) sowie interne/externe Qualitätssicherung anerkannt.[63] Sie bestimmen insofern aufgrund

---

57 BSG, 11.5.2011, B 6 KA 25/10 R, BSGE 108, 183 ff., Rn. 30 ff.
58 BSG, 16.9.1997, 1 RK 28/95, BSGE 81, 54 ff.
59 BVerfG, 6.12.2005, 1 BvR 347/98, SozR 4-2500 § 27 Nr. 5 = BVerfGE 115, 25 ff., Rn. 58 f.
60 BVerfG, 1. Senat 2. Kammer, 5.3.1997, 1 BvR 1071/95, NJW 1997, 3085.
61 Siehe etwa BSG, 7.12.1966, 6 RKa 6/64, BSGE 26, 16 mwN.
62 Berchtold, NZS 2011, 401 ff.
63 Quaas/Zuck, § 26 Rn. 121 f.

29 Entgegen dem vordergründigen Wortlaut kann es allerdings weder Qualität „an sich" noch einen (einzigen) derartigen Standard geben. Der Begriff der Qualität ist in allen gebräuchlichen Sichtweisen geprägt durch Eigenschaften, die ihm nicht bereits selbst innewohnen, um deren Vorhandensein es aber bei der jeweiligen Prüfung seines Vorliegens geht. Schon im Blick auf die rechtlich vorausgesetzte, wenn auch faktisch begrenzte, Parallelität der Therapierichtungen kann es auch nicht um nur eine einzige Sichtweise gehen, mit der der Begriff der Qualität aufgefüllt wird. Die Medizin als empirische Wissenschaft macht ihre Erfahrungen auf der Basis in der jeweiligen Therapierichtung anerkannter theoretischer Vor-Festlegungen und verfügt daher innerhalb ihrer selbst über eine Pluralität von Erfahrungen, die jeweils auch rechtlich maßstabsbildend wirken.[65] Das erfordert, sollen nicht doch die besonderen Therapierichtungen faktisch generell ausgeschlossen sein, weil sie sich fremden Kriterien stellen müssen, auch eine Pluralität des Verständnisses davon, was jeweils als „evidenzbasiert" angesehen werden kann (s. ausdrücklich etwa § 35 b Abs. 1 S. 5: „... auf der Grundlage der in den jeweiligen Fachkreisen anerkannten internationalen Standards der evidenzbasierten Medizin ...").[66] Das Ergebnis des für die gesetzliche Krankenversicherung verbindlichen medizinischen Erkenntnisprozesses findet regelmäßig Ausdruck in normativ ausgestalteten und gerichtlicher Überprüfung nur eingeschränkt zugänglichen Verfahren.

30 Die für sich richtungslose äußere Beschaffenheit (Qualität) einer Leistung gewinnt inhaltliche Bestimmtheit erst und unter anderem im Zusammenwirken mit dem weiteren Begriff der **Wirksamkeit**. Diese bestimmt sich nach der aus medizinischer Erfahrung gewonnenen Eignung einer Therapiemaßnahme, ein konkretes Behandlungsziel zu erreichen[67] und unterscheidet sich vom Nutzen, der sich erst aus dem Vergleich einer Mehrheit von Methoden und in Abwägung mit den Risiken ergibt, die der Einsatz der jeweiligen Methode voraussichtlich mit sich bringt. Der Nachweis der Wirksamkeit ergibt sich bei hergebrachten Untersuchungs- und Behandlungsmethoden aus ihrer Verbreitung, bei neuen Untersuchungs- und Behandlungsmethoden grundsätzlich aus dem aus dem Verfahren nach § 135,[68] bei Arzneimitteln grundsätzlich aus dem entsprechenden Zulassungsverfahren.[69]

31 Mit der Bezugnahme auf den (jeweiligen) „Stand" der maßgeblichen medizinisch-wissenschaftlichen Erkenntnisse und den „medizinischen Fortschritt" nimmt das Gesetz schließlich das der Medizin als Wissenschaft innewohnende Konzept eines wachsenden Wissens über die Außenwelt und einer Dynamik ihrer Handlungsmöglichkeiten auf. Der Rückgriff auf ein metaphysisches Allgemeingut der Neuzeit ist nur scheinbar selbsterklärend. Schon im Blick auf seine imposante Inhaltsleere in der (Gesundheits-)Ökonomie[70] wie insbesondere das Fehlen einer übergreifenden Begriffsbestimmung in der Medizin bedarf das dem „Fortschritt" stets innewohnende Element des Neuen im Vergleich zu einem hergebrachten Alten vielmehr stets einer jeweils anwendungsbezogenen Operationalisierung und Qualifizierung im Blick auf darüber hinaus gehende Kriterien wie Qualität, Wirtschaftlichkeit, Wirksamkeit etc nach dem Maßstab der jeweiligen Therapierichtung. Die in Abs. 1 S. 3 unbedingt zwingend formulierte Verpflichtung, den jeweiligen Standard in den Vorgang der Leistungserbringung zu übernehmen, ist daher notwendig systemimmanent-normativ vielfach relativiert. Dies ist sachlich zudem deshalb unabdingbar, weil das System selbst anderenfalls in der realistischen Gefahr stünde, allein durch seine eigene Existenz übermäßige ökonomische Anreize zu kostenverursachenden Innovationen zu liefern.[71]

---

64 BSG, 16.9.1997, 1 RK 28/95, BSGE 81, 54, 60.
65 Für einen die bloße Binnensicht einer Therapierichtung überschreitenden generellen Qualitätsbegriff dem gegenüber ausdrücklich BSG, 15.12.2015, B 1 KR 30/15 R, BSGE 120, 170 ff. = SozR 4-2500 § 34 Nr. 18, jeweils Rn. 33.
66 Vgl. demgegenüber BSG, 21.3.2013, B 3 KR 2/12 R und 17.12.2013, B 1 KR 70/12 R, jeweils juris, das sich grundsätzlich daran orientieren will, dass „innerhalb der praktisch erzielbaren Möglichkeiten tatsächlich erzielbarer Evidenz" die große Mehrheit der einschlägigen Fachleute (Ärzte, Wissenschaftler) die in Frage stehende Behandlungsmethode in ihrer Gesamtheit befürworten und von einzelnen, nicht ins Gewicht fallenden Gegenstimmen abgesehen, über die Zweckmäßigkeit Konsens besteht.
67 BSG, 7.11.2006, B 1 KR 24/06 R, BSGE 97, 190 ff., Rn. 31.
68 Vgl. zum sog Seltenheitsfall und den Fällen des sog Systemversagens BSG, 7.11.2006, B 1 KR 24/06 R, Rn. 16, 17 ff. mwN.
69 BSG, 19.10.2004, B 1 KR 27/02 R, BSGE 93, 236 ff., Rn. 20 ff. mwN.
70 Henke/Reimers, S. 14.
71 Henke/Reimers, S. 13.

Keine Leistung gehört daher nur deshalb zum Leistungsprogramm der gesetzlichen Krankenversicherung, weil sie neu ist. „Fortschritt" ist nur derjenige **Fortschritt**, der als solcher festgestellt ist, entweder faktisch durch die Verbreitung und allgemeine Anerkennung seines Gebrauchs, oder formalisiert, indem sich die nähere Bestimmung von (jeweiligem) Stand und (qualifiziertem) Fortschritt innerhalb einer dynamischen Wissenschaft dialektisch und letztendlich wieder innerhalb vereinbarter Verfahren wie etwa der Formulierung von Leitlinien vollzieht. Zu weiten Teilen wird die Feststellung des erforderlichen medizinischen Entwicklungsstandes ihrerseits normativ geregelt. So darf der Gesetzgeber von Verfassung wegen die Anwendung einer neuen Untersuchungs- und Behandlungsmethode zulasten der gesetzlichen Krankenversicherung insbesondere von einem vorgeschalteten sachverständigen Prüfungsverfahren abhängig machen.[72] Bis zu dessen Abschluss durch eine entsprechende Empfehlung des G-BA (§ 135 Abs. 1 S. 1, § 92 Abs. 1 S. 2 Nr. 5) ist die Leistungspflicht der gesetzlichen Krankenkassen grundsätzlich ausgeschlossen.[73] Hinsichtlich der Zulassung von Fertigarzneimitteln bestimmt richterrechtlich die Arzneimittelrechtliche Zulassung auch die Verwendungsfähigkeit zulasten der gesetzlichen Krankenversicherung.[74]

X. Anpassung durch das Bundesteilhabegesetz

Durch das Bundesteilhabegesetz vom 23.12.2016 (BGBl. I, 3234) wird Abs. 2 S. 2 mWv 1.1.2018 wie folgt gefasst:
„Die Leistungen werden auf Antrag durch ein persönliches Budget erbracht; § 29 des Neunten Buches gilt entsprechend."

§ 2 a Leistungen an behinderte und chronisch kranke Menschen

Den besonderen Belangen behinderter und chronisch kranker Menschen ist Rechnung zu tragen.

Literatur:
Bastians-Osthaus, Menschen mit Behinderungen im Krankenhaus, StädteT 2010, Nr. 2, 28; *Kreutz*, Zur rechtswidrigen Vernachlässigung der Gebärdensprache im Bereich der allgemeinen Krankenhausleistungen, ZFSH/SGB 2011, 629; *Nitschke/Katschke*, Zahnmedizinische Betreuung von Pflegebedürftigen und Menschen mit Behinderungen, Bundesgesundhbl 2011, 1073; *Ungerer*, Versicherungspflicht in der gesetzlichen Krankenversicherung, SuP 2012, 518; *Welti*, Keine Einschränkung des Anspruchs auf Rehabilitationssport bei Selbsthilfekompetenz, jurisRR 16-2012 Anm. 3.

I. Entstehungsgeschichte

§ 2 a wurde durch Art. 1 Nr. 1 des GKV-Modernisierungsgesetzes vom 14.11.2004[1] zum 1.1.2004 in das SGB V eingefügt. Nach der Begründung der Entwurfsverfasser gilt folgendes:" Die Vorschrift knüpft an die übergreifenden Zielsetzungen des Neunten Buches an und soll integrationsorientierend wirken. Es gilt die Belange chronisch kranker und behinderter Menschen im Sinne von mehr Teilhabe zu berücksichtigen, ihnen Selbstbestimmung zu ermöglichen und durch Behinderungen bzw. chronische Krankheit bedingte Nachteile auszugleichen."

II. Normzweck und europarechtlicher Kontext

§ 2 a betrifft allein das Leistungsrecht. Die „amtliche" Überschrift beschränkt in diesem Sinne als Teil des Gesetzestextes die sachlich scheinbar weitere Aussage der eigentlichen Norm, ohne dass es für diese Erkenntnis der Auflösung einer „Divergenz bedürfte.[2] Da eine Änderung/Modifizierung von Grundlagen des Leistungsrechts (vgl. § 2 und die Anmerkungen hierzu) nicht angeordnet wird, kann es bei § 2 a nur darum gehen, eine Anweisung für darüber hinaus eröffnete Entscheidungsspielräume von

---

[72] BVerfG, 6.12.2005, 1 BvR 347/98, SozR 4-2500 § 27 Nr. 5 = BVerfGE 115, 25 ff., Rn. 60, wobei offen bleibt, ob es sich bei dem in § 135 SGB V um ein verfassungsrechtlichen Anforderungen genügendes derartiges Verfahren handelt, Rn. 61.
[73] BSG, 16.9.1997, 1 RK 28/95, BGE 81, 54 ff.
[74] Siehe im Einzelnen Gaßner/Strömer, Der medizinische Fortschritt im Recht der Gesetzlichen Krankenversicherung, SGb 2011, 425 ff.
[1] BGBl. I 2004, 2190.
[2] So aber Noftz in: Hauck/Noftz, SGB V, K § 2 a, Stand: 02/11, Rn. 2.

Kassen und Leistungserbringern sowie die Berücksichtigung von Gestaltungsrechten der Versicherten zu erteilen. § 2 a benennt damit hinsichtlich der besonderen Bedürfnisse Behinderter und chronisch Kranker einen speziellen Aspekt des **Individualisierungsgebots** und ist in dieser Funktion mit § 2 Abs. 3 S. 2 vergleichbar. Eine Integration in den Regelungszusammenhang des § 2 hätte daher nahegelegen. Die Begründung der Entwurfsverfasser verlautbart entsprechend der geringen rechtlichen Durchdringung des SGB IX primär die Gesinnungsethik ihrer Verfasser und trägt zum Normverständnis nichts zusätzlich bei.

3 Gegenüber dem allgemeinen Individualisierungsgebot des § 33 SGB I ist § 2 a für seinen Anwendungsbereich grundsätzlich *lex specialis*. Soweit die Krankenkassen (hinsichtlich medizinischer sowie unterhaltssichernder und anderer ergänzender Leistungen zur Teilhabe iS von § 5 Nr. 3 SGB IX) Rehabilitationsträger sind (§ 6 Abs. 1 Nr. 1 SGB IX), verdrängen insbesondere

- teilweise (s. ausdrücklich § 9 Abs. 1 S. 2 Hs. 2 SGB IX) § 9 Abs. 1 S. 1 SGB IX (Berücksichtigung der berechtigten Wünsche des Leistungsberechtigten bei der Entscheidung über Leistungen und bei der Ausführung der Leistungen zur Teilhabe),
- § 9 S. 2 Hs. 1 SGB IX (Rücksichtnahme insbesondere auf die persönliche Lebenssituation, das Alter, das Geschlecht, die Familie sowie die religiösen und weltanschaulichen Bedürfnisse des Leistungsberechtigten),
- § 9 S. 3 SGB IX (Berücksichtigung der besonderen Bedürfnisse behinderter Mütter und Väter bei der Erfüllung ihres Erziehungsauftrages sowie der besonderen Bedürfnisse behinderter Kinder),
- § 10 Abs. 3 SGB IX (Berücksichtigung der besonderen Bedürfnisse seelisch behinderter oder von einer solchen Behinderung bedrohte Menschen im Rahmen der Koordinierung von Leistungen),
- § 19 Abs. 2 SGB IX (Berücksichtigung der persönlichen Umstände hinsichtlich der Auswahl unter mehreren Leistungen mit gleicher Wirksamkeit),
- § 19 Abs. 3 SGB IX (Ziel einer gemeinsamen Betreuung behinderter und nichtbehinderter Kinder bei Leistungen an behinderte oder von einer Behinderung bedrohte Kinder) und
- § 19 Abs. 4 S. 1 Hs. 2 SGB IX (Auswahl unter freien oder gemeinnützigen Rehabilitationsdiensten oder -einrichtungen unter anderem entsprechend ihrer Bedeutung für die Rehabilitation und Teilhabe behinderter Menschen)

hinsichtlich ihres jeweiligen Anwendungsbereichs mit unmittelbarer Wirkung auch für die Krankenkassen (§ 7 S. 1 SGB IX) die allgemeine Regelung des § 33 SGB I. Da die genannten Normen behinderte Menschen nur in besonderen Kontexten ansprechen und chronisch kranke Menschen überhaupt nicht ausdrücklich erwähnen, ergänzt im Bereich der Rehabilitationsleistungen § 2 a die sich aus dem Zusammenwirken von § 33 SGB I mit den Regelungen des SGB IX ergebende Rechtslage, bleibt also auch insofern nicht etwa funktionslos.

III. Behinderte Menschen

4 § 2 a gebietet neben der Berücksichtigung gerade von Wünschen, die der einzelne Versicherte als Zugehöriger einer begünstigten Gruppe äußert, die Beachtung der besonderen objektiven Umstände, die sich für den Einzelnen gerade aus seiner Gruppenzugehörigkeit ergeben („Belange"). Behindert im Sinne der Norm sind Menschen schon aufgrund des entstehungsgeschichtlichen Zusammenhangs mit dem SGB IX, wenn sie die Voraussetzungen von dessen § 2 Abs. 1 S. 1 erfüllen. Behindert sind hiernach Menschen, wenn ihre körperliche Funktion, ihre geistige Fähigkeit oder seelische Gesundheit mit hoher Wahrscheinlichkeit länger als sechs Monate von dem für das Lebensalter typischen abweichen und daher ihre Teilhabe am Leben in der Gesellschaft beeinträchtigt ist.

IV. Chronisch kranke Menschen

5 Der Begriff der **chronischen Erkrankung** bzw. des chronisch kranken Menschen ist gesetzlich nicht näher umschrieben. Einen Hinweis, gibt § 62 Abs. 1 S. 2 Hs. 2, dem zufolge für chronisch Kranke, die wegen derselben schwerwiegenden Krankheit in Dauerbehandlung sind, eine besondere Belastungsgrenze gilt. Hieraus kann in Übereinstimmung mit dem allgemeinen Sprachgebrauch immerhin entnommen werden, dass sich die chronische von der akuten Erkrankung unterscheidet und entsprechend dem spezifischen Krankheitsbegriff der gesetzlichen Krankenversicherung über das dauerhafte Vorliegen eines regelwidrigen Körper- oder Geisteszustandes hinaus für einen längeren Zeitraum Krankenbehandlung erfordert.

V. Rechtsfolge

Wie – der jedenfalls in seiner Normstruktur vergleichbare – § 27 Abs. 1 S 3[3] verlautbart auch § 2a keine bestimmte Rechtsfolge und gibt dem Versicherten keinen Anspruch auf eine bestimmte Leistung.[4] Dennoch ist den Worten „Ist Rechnung zu tragen" die zwingende – wenn auch für sich unvollständige – Anordnung zu entnehmen, die besonderen objektiven Bedürfnissen des betroffenen Personenkreises wie ihre subjektiven Wünschen gleichermaßen auf allen Stufen der Konkretisierung von Ansprüchen wie bei der Erbringung von Leistungen zu berücksichtigen. Das gilt insbesondere für die Ausübung von (**Entschließungs- und/oder Gestaltungs-)Ermessen**. Der sachliche Zusammenhang mit dem auf Konkretisierung angelegten Leistungserbringungssystem des SGB V und mit den sonstigen Regelungen über die Individualisierung belegt andererseits die Kontextabhängigkeit der Belange behinderter und chronisch Kranker. Auch sie genießen keinen absoluten Vorrang, sondern sind nur zu berücksichtigen, wenn nicht bereits abschließende gesetzliche Regelungen vorgehen und soweit nicht in Abwägung mit anderen Gesichtspunkten Rechnung zu tragen ist. Unter Verletzung derartiger Abwägungsgebote, unabhängig von den Verhältnissen des Einzelfalls allein generalisierend und pauschalierend getroffene Entscheidungen, sind mit den zwingenden Vorgaben des Gesetzes unvereinbar und damit rechtswidrig.

Entsprechend ihrem umfassenden Geltungsanspruch betrifft die „Rechtsfolge" des § 2a das gesamte Leistungsverhältnis der Versicherung. Den besonderen Belangen ist daher schon bei der Konkretisierung der allgemeinen tatbestandlichen Anforderungen für den Anspruch auf Dienst- und Sachleistungen wie „zweckmäßig", „notwendig", „ausreichend", „wirtschaftlich", „wirksam" etc Rechnung zu tragen. Aufgrund der Doppelrelevanz unter anderem der genannten Voraussetzungen sind sie ebenso auf der Rechtsfolgenseite zu beachten. Erst recht kommt ihnen eine besondere Bedeutung dort zu, wenn dort – wie etwa in § 40 Abs. 1 S. 3 – ein zusätzliches (Auswahl-)Ermessen eingeräumt ist. Schließlich erfasst § 2a auch die Ausführung der Leistungen, also die Modalitäten der Leistungserbringung (Erfüllung konkretisierter Leistungsansprüche). Adressat der zwingenden gesetzlichen Verpflichtung ist grundsätzlich der konkretisierende Leistungserbringer, bei eigenen Entscheidungen der Kasse diese.

§ 2b Geschlechtsspezifische Besonderheiten

Bei den Leistungen der Krankenkassen ist geschlechtsspezifischen Besonderheiten Rechnung zu tragen.

Literatur:

Jahn, Geschlechtergerechte Gesundheitsforschung – Aktuelle Vorgaben der National Institutes of Health in den USA können neuen Schwung auch nach Deutschland bringen, GesundhWes 2016, 469; *Marburger,* Auswirkungen des Präventionsgesetzes auf das Leistungswesen der gesetzlichen Krankenversicherung, Die Leistungen 2015, 617.

§ 2a ist durch Art. 1 Nr. 2 iVm Art. 13 des Präventionsgesetzes (PrävG) v. 17.7.2015 (BGBl. I, 1368) mWv 25.7.2015 eingeführt worden. Die Begründung der Entwurfsverfasser[1] vermerkt hierzu: „Mit dem neuen § 2b wird ausdrücklich bestimmt, dass bei Leistungen der Krankenkassen geschlechtsspezifischen Besonderheiten Rechnung zu tragen ist, die sich aus der Frauen- und Männergesundheitsforschung insbesondere für die gesundheitliche Versorgung und aus der Etablierung entsprechender medizinischer Behandlungsleitlinien ergeben. Dies bedeutet, dass geschlechtsspezifische Besonderheiten insbesondere bei der Prävention und der Krankenbehandlung zu beachten sind."

§ 3 Solidarische Finanzierung

¹Die Leistungen und sonstigen Ausgaben der Krankenkassen werden durch Beiträge finanziert. ²Dazu entrichten die Mitglieder und die Arbeitgeber Beiträge, die sich in der Regel nach den beitragspflichti-

---

3 Hierzu BSG, 20.1.2005, B 3 KR 9/03 R, BSGE 4-2500 § 112 Nr. 4.
4 SG Aachen, 12.5.2009, S 13 KR 164/08.
1 BT-Dr. 18/4282, 9.

gen Einnahmen der Mitglieder richten. ³Für versicherte Familienangehörige werden Beiträge nicht erhoben.

Literatur:
Böcken, Solidarität in der Krankenversicherung, Sozialer Fortschritt 2011, 87; *Pimpertz,* Solidarische Finanzierung in der gesetzlichen Krankenversicherung, 2003; *Reuther,* Nomos und Ethos 2002, 435; *Schlegel,* Solidarität, in: FS Renate Jäger, S. 331; *Schlegel,* Solidarität – ein Rechtsbegriff?, SGb 2008, 565; *Schmidthenner,* Vorrang für Solidarität – Vorsicht beim Wettbewerb in der GKV, BKK 2001, 484; *Ullrich,* Solidarität im Sozialversicherungsstaat, 2000.

I. Entstehungsgeschichte	1	IV. Solidarische Finanzierung (S. 2)	8
II. Normzweck und europarechtlicher Kontext	2	V. Finanzierung der Familienversicherung (S. 3)	17
III. Finanzierung durch Beiträge (S. 1)	6		

I. Entstehungsgeschichte

1 § 3 wurde mit Art. 1 des GRG vom 20.12.1988 (BGBl. I, 1988) zum 1.1.1989 eingeführt. Die Vorschrift entspricht der Fassung des Regierungsentwurfs[1] und führt in der Sache das Recht der §§ 380 ff. RVO fort. Änderungen sind bisher nicht vorgenommen worden.

II. Normzweck und europarechtlicher Kontext

2 § 3 gehört zu den „Allgemeinen Vorschriften" am Beginn des Ersten Kapitels des SGB V. Er befasst sich typisierend und ohne Anspruch auf Vollständigkeit mit den Finanzierungsgrundlagen für „die Leistungen und sonstigen Ausgaben der Krankenkassen". Ohne den Begriff selbst im Text nochmals aufzunehmen, benennt die Norm insofern 1 S. 1 teilweise konkretisiert bereichsspezifische Aspekte der **„solidarischen Finanzierung"**. Die nähere Ausgestaltung des Prinzips bleibt in personeller Hinsicht den Bestimmungen über den Mitgliederkreis (§§ 5 ff.), in sachlicher den Regelungen zum Beitragsrecht (§§ 220 ff.), vorbehalten. Methodisch kommt ein Rückgriff auf die allgemeinen Vorgaben von § 3 im Rahmen der Auslegung einzelner Bestimmungen des SGB V allenfalls insofern Betracht, als es für deren Verständnis auf den systematischen Kontext ankommt.

3 Von ihrem rechtlichen Gehalt her ist die Vorschrift im Wesentlichen **Programmnorm**, ohne selbst jeweils einen konkreten Regelungsgehalt zu verlautbaren. Insofern ergibt sich aus S. 1, dass die Mittel zur Finanzierung des Systems (grundsätzlich) durch „Beiträge", das heißt durch die „Beteiligten"[2] selbst aufgebracht werden. S. 2 benennt als Teilmenge der **Finanzierungsgemeinschaft** exemplarisch und typisierend „Mitglieder" und „Arbeitgeber". Die regelmäßige Bemessung der Beiträge nach den „beitragspflichtigen Einnahmen der Mitglieder" lässt erkennen, dass einerseits individualisierende Aspekte, wie etwa Geschlecht, Alter und Gesundheitszustand, zugunsten der wirtschaftlichen Leistungsfähigkeit unberücksichtigt bleiben, andererseits aber diese Leistungsfähigkeit nur in einem systemspezifisch begrenzten Sinne verstanden werden soll. Lediglich Satz 3 ordnet die Familienversicherung bereits abschließend der Finanzierungsgemeinschaft in ihrer Gesamtheit zu. Das ausdrückliche Verbot, Beiträge für versicherte Familienmitglieder zu erheben, entlastet umgekehrt das einzelne Mitglied von Beiträgen, deren Bemessung sich an Vorhandensein und Zahl versicherter Familienmitglieder orientiert.

4 Die **Ausgaben der gesetzlichen Krankenversicherung** beliefen sich im Jahre 2013 auf insgesamt 195,45 Mrd. EUR.[3] Nach Abzug von (Netto-)Verwaltungskosten (9,88 Mrd. EUR) und Krankengeld (9,75 Mrd. EUR) ergibt sich damit ein Betrag von 175.82 EUR, der nicht abstrakt für „Gesundheit" ausgegeben wird, sondern ganz überwiegend konkret auf die Entgelte von Leistungserbringern entfällt. Allerdings erfahren die Mitglieder in Ermangelung einer Bilanzierungspflicht (und ungeachtet kontinuierlich an sie gerichteter „Sparappelle") nach derzeitiger Rechtslage nicht, wofür die einzelne Kasse die ihr aus Zwangsbeiträgen zugeflossenen Mittel ausgibt.

5 Europarechtlich ist die **solidarische Finanzierung** ein entscheidendes Kriterium für die wettbewerbsrechtliche Unterscheidung von Sozialversicherungsträgern von sonstigen Unternehmen (aber → § 4 Rn. 3 ff., 11 ff., 15 ff.). Träger der gesetzlichen Krankenversicherung sind zwar grundsätzlich Unter-

---
1 BT-Dr. 11/2237, 158.
2 BVerfG, 8.4.1987, 2 BvR 909/82 ua, BVerfGE 75, 108 ff., 146 = SozR 5425 § 1 Nr. 1 S. 4.
3 Vgl. Bundesministerium für Gesundheit, Kennzahlen und Faustformeln, vorläufiger Stand April 2014, www.bundesgesundheitsministerium.de/krankenversicherung.

nehmen im Sinn des Europäischen Wettbewerbsrechts. Nach der (bisherigen) ständigen Rechtsprechung des EuGH sind jedoch im Versicherungsbereich diejenigen Einrichtungen ausgenommen, die obligatorische, auf dem Grundsatz der Solidarität beruhende Einrichtungen der sozialen Sicherheit verwalten, weil das Gemeinschaftsrecht die Befugnis der Staaten unberührt lässt, ihre Systeme der sozialen Sicherheit auszugestalten.[4] Hieran hat sich durch die Einführung von Wahltarifen nichts geändert.[5] Unverändert unterscheiden sich Sozialversicherungsträger wie die Krankenkassen gerade dadurch von privaten Versicherungsträgern, dass sie als öffentliche Träger in einem System der sozialen Sicherheit durch das Fehlen von Gewinnstreben und den Solidaritätsgedankens geprägt sind.[6]

III. Finanzierung durch Beiträge (S. 1)

Zum Begriff der **Sozialversicherung** im Sinne der Kompetenznorm des Art. 74 Abs. 1 Nr. 12 GG gehört neben der Deckung eines möglichen, in seiner Gesamtheit schätzbaren Bedarfs durch Verteilung auf eine organisierte Vielheit die Bewältigung dieser Aufgabe gerade durch selbstständige Anstalten oder Körperschaften des öffentlichen Rechts. Diese bringen ihre Mittel grundsätzlich durch **Beiträge** eines begrenzten Kreises Beteiligter auf. Die Wahl der Organisationsform präjudiziert daher die Finanzierung der Aufgabe.[7] Umgekehrt ist eine Verwendung von Sozialversicherungsabgaben, die ihren Grund und ihre Grenze in der Finanzierung der Sozialversicherung finden, für die Finanzierung allgemeiner Staatsaufgaben (rechtlich, nicht faktisch) ausgeschlossen.[8] Art. 74 Abs. 1 Nr. 12 GG ist folglich bereits aus sich heraus auch auf die Regelung der Finanzierung der Sozialversicherung, mithin die Erhebung von Sozialversicherungsabgaben, gerichtet.[9]

6

S. 1 beschränkt sich darauf, aus der Ausgestaltung der gesetzlichen Krankenversicherung als Teil der Sozialversicherung (vgl. insbesondere § 1 Abs. 1 S. 1, § 29 Abs. 1, § 20 Abs. 1 SGB IV, § 220 Abs. 1 S. 1) einleitend und typisierend die Schlussfolgerung für die Finanzierung des Systems zu ziehen. Dass Leistungen (§§ 2, 11) und sonstige Ausgaben der Krankenkassen nicht allein aus Beiträgen finanziert (§ 220 Abs. 1) werden, ist insofern unerheblich. Dennoch wäre aus Gründen der Richtigkeit und Vollständigkeit eine Anpassung an die allgemeine Einweisungsnorm des § 20 SGB IV wünschenswert. Dort werden als Finanzquellen die „Beiträge der Versicherten, der Arbeitgeber und Dritter" sowie staatliche Zuschüsse und sonstige Einnahmen benannt. Insbesondere leistet etwa der Bund als Abgeltung der „versicherungsfremden Leistungen"[10] jährliche Zahlungen an den Gesundheitsfonds (§ 221 Abs. 1, § 221a S. 1).

7

IV. Solidarische Finanzierung (S. 2)

Die Finanzierung des Systems erfolgt in der Zusammenschau von S. 1 und 2 durch **Beiträge**, die von Mitgliedern und Arbeitgebern auf der Grundlage der beitragspflichtigen Einnahmen der Mitglieder erbracht werden. Das ist zumindest nicht ganz vollständig. Weder sind nämlich alle Mitglieder selbst (als Schuldner) mit Beiträgen belastet (§§ 225, 251) noch ist erst recht die Finanzierungsgemeinschaft auf die genannten Personenkreise beschränkt (§§ 251, 251 Abs. 1).

8

Da Rechte und Ansprüche aus der Versicherung regelmäßig unabhängig vom Rechtsgrund der Versicherung und von der Höhe der Beiträge entstehen, bedingt die so vorgegebene Art der Finanzierung gleichzeitig einen **sozialen Ausgleich** innerhalb der Versichertengemeinschaft. Dieser umfasst insbesondere den Ausgleich zwischen alten und jungen sowie zwischen gesunden und kranken Versicherten, vor allem aber zwischen Versicherten mit niedrigem Einkommen und solchen mit höherem Einkommen sowie zwischen Alleinstehenden und Personen mit unterhaltsberechtigten Familienangehörigen.[11] Ein derartiger sozialer Ausgleich findet im Rahmen des Risikostrukturausgleichs bzw. der Mittelzuweisung aus dem Gesundheitsfonds mittlerweile über die einzelne Kasse hinaus bundesweit statt.

9

Verfassungsrechtlich ist der Gesetzgeber nicht gehalten, die Gesundheitsversorgung der Bevölkerung gerade im Wege der Sozialversicherung sicherzustellen. Auch ist die „solidarische" Finanzierung kein

10

---

4 BSG, 24.1.2003, B 12 KR 19/01 R, BSGE 90, 231 ff. = SozR 4-2500 § 266 Nr. 1 mwN.
5 BSG, 22.6.2010, B 1 A 1/09 R, BSGE 106, 199 ff. = SozR 4-2500 § 53 Nr. 1.
6 BSG aaO. Siehe allerdings zuletzt EuGH, 3.10.2013, C 59/12, NZS 2013, 896 f. und hierzu die Anm. bei § 4.
7 BVerfG, 10.5.1960, 1 BvR 190/58 ua, BVerfGE 11, 105 = SozR Nr. 1 zu Art. 74 GG.
8 BVerfG, aaO.
9 BVerfG, 8.4.1987, 2 BvR 909/82 ua, BVerfGE 75, 108 ff. = SozR 5425 § 1 Nr. 1.
10 Vgl. zur fehlenden Zweckbindung dieser Zahlungen BVerfG, 14.6.2011, 1 BvR 429/11, FamRZ 2011, 1284 ff.
11 Vgl. BVerfG, Kammerbeschluss, 4.2.2004, 1 BvR 1103/03, SozR 4-2500 § 5 Nr. 1.

konstituierendes Merkmal des **Gattungsbegriffs der Sozialversicherung** in Art. 74 Abs. 1 Nr. 12 GG.[12] Schließlich müssen Funktionsfähigkeit und Finanzierbarkeit der gesetzlichen Krankenversicherung nicht etwa von vornherein im Wege eines internen solidarischen Ausgleichs sichergestellt werden. Vielmehr hat der Gesetzgeber einen großen Spielraum, wie er die Finanzierung der Sozialversicherung ausgestaltet.[13]

11 Wählt der Gesetzgeber allerdings den Weg der Sozialversicherung, um die Gesundheitsversorgung der Bevölkerung sicherzustellen, stellt die **Finanzierbarkeit des Systems ein besonders wichtiges Gemeinschaftsgut dar**.[14] Hiervon darf sich der Gesetzgeber daher im Rahmen der weiteren Ausgestaltung des Systems leiten lassen, wenn es um die Bildung einer leistungsfähigen Versicherten- bzw. Finanzierungsgemeinschaft[15] und die Bemessung von Beiträgen geht. Er ist daher im Rahmen des materiellen Verfassungsrechts auch ermächtigt, gesetzlich „Solidarität" erzwingen, ohne dass die Belastung des einzelnen mit den Folgen des sozialen Ausgleichs – auch kassenübergreifend – als Fremdlast, versicherungsfremde Leistung oder fremdnützige Beitragslast zu begreifen ist.[16] Der Gesichtspunkt der Vorteilsgewährung an die Mitglieder legitimiert dabei die beitragsrechtliche Heranziehung der Beteiligten unter grundsätzlicher Verschonung der Steuerpflichtigen.[17]

12 Auch die **Ausgestaltung der Solidarität** im Einzelnen obliegt dem Gesetzgeber. Es liegt daher zwar sachlich und historisch nahe – und ist im Beitragsrecht des SGB V auch im Wesentlichen durchgehalten (§ 223 Abs. 1) –, dass zur Finanzierung des Systems primär die Mitglieder (eines Trägers) der gesetzlichen Krankenversicherung herangezogen werden. Diese kommen aufgrund ihres Status unmittelbar in den Genuss von Versicherungsschutz für sich und ihre unterhaltsberechtigten Familienmitglieder (eigennütziger Sozialversicherungsbeitrag). Insofern bedarf daher auch umgekehrt ihre Belastung vor Art. 3 Abs. 1 GG keiner besonderen Rechtfertigung. Innerhalb der Mitglieder darf der Gesetzgeber, insbesondere hinsichtlich der **unterschiedlichen beitragsrechtlichen Belastung** von pflichtversicherten und freiwilligen Mitgliedern, deren unterschiedliche Schutzbedürftigkeit berücksichtigen.[18] Von Verfassung wegen von vornherein zwingend ist eine derartige Ausgestaltung indessen nicht. So käme ausgehend von dem Umstand, dass der Arbeitgeberbeitrag eigentumsrechtlich dem versicherten Beschäftigten zuzuordnen ist,[19] im Rahmen der Beschäftigtenversicherung auch die (endgültige) Belastung allein der Arbeitgeber mit Beiträgen in Betracht.[20] Ohnehin steht es jedem Arbeitgeber schon jetzt frei, ob er im Innenverhältnis zu diesem den Beitragsanteil des Arbeitnehmers durch Erhebung eines entsprechenden Erfüllungseinwandes überhaupt geltend macht (§ 28 g SGB IV).

13 Dass die **Finanzierungsgemeinschaft** des Systems nicht auf dessen versicherte Mitglieder begrenzt ist, zeigt sich exemplarisch in der Benennung der **Arbeitgeber**. Das Gesetz beschränkt sich insofern typisierend auf denjenigen Personenkreis, der im Rahmen der klassischen Beschäftigtenversicherung trotz fehlender eigener Versicherung mit Beiträgen belastet wird. Den Arbeitgebern stehen im Zuge der sukzessiven Erweiterung der gesetzlichen Krankenversicherung zur – begrenzten – Volksversicherung (§ 5 Abs. 1 Nr. 13) weitere Beitragsbelastete gleich, die sich an den Beiträgen beteiligen oder sie an Stelle des Mitglieds vollständig zu tragen haben.

14 **Kompetenzrechtlich** (Art. 74 Abs. 1 Nr. 12 GG) gehört zum verfassungsrechtlichen **Gattungsbegriff der Sozialversicherung** nur, dass für die Heranziehung der nicht selbst Versicherten ein sachorientierter Anknüpfungspunkt in den Beziehungen zwischen Versicherten und Beitragspflichtigen besteht, „der diese Heranziehung nicht außerhalb der Vorstellungen liegend erscheinen lässt, von denen die Sozialversicherung in ihrem sachlichen Gehalt bestimmt wird." Das wird herkömmlich hinsichtlich der Beteiligung der Arbeitgeber an den Beiträgen der Arbeitnehmer angenommen. Ihre Heranziehung wird – ohne Bindung an das einzelne Arbeitsverhältnis[21] – als Ausdruck eines Fürsorgeprinzips gesehen, von

---

12 Vgl. BVerfG, 8.4.1987, 2 BvR 909/82 ua, BVerfGE 75, 108 ff. = SozR 5425 § 1 Nr. 1.
13 Vgl. BVerfG, Kammerbeschluss, 28.2.2008, 1 BvR 2137/06, SozR 4-2500 § 248 Nr. 3.
14 Vgl. BVerfG, Kammerbeschluss, 4.2.2004, 1 BvR 1103/03, SozR 4-2500 § 5 Nr. 1.
15 BVerfG, 18.7.2005, 2 BvF 2/01, BVerfGE 113, 167 ff. = SozR 4-2500 § 266 Nr. 8.
16 BVerfG, 18.7.2005, 2 BvF 2/01, BVerfGE 113, 167 ff. = SozR 4-2500 § 266 Nr. 8.
17 BVerfG, 18.7.2005, 2 BvF 2/01, BVerfGE 113, 167 ff. = SozR 4-2500 § 266 Nr. 8.
18 Vgl. BSG, 6.11.1997, 12 RP 3/96, SozR 3-3300 § 57 Nr. 1.
19 BVerfG, 25.3.1986, 1 BvL 5/80 ua, BVerfGE 69, 272 = SozR 2200 § 165 Nr. 81.
20 Vgl. BVerfG, 10.5.1960, 1 BvR 190/58 ua, BVerfGE 11, 105 = SozR Nr. 1 zu Art. 74 GG.
21 So ausdrücklich BVerfG, 16.10.1962, 2 BvL 27/60, BVerfGE 14, 312 = SozR Nr. 1 zu Art. 108 GG. Arbeitgeber können daher zu Beiträgen ggf. auch dann zu Beiträgen herangezogen werden, wenn der Arbeitnehmer überhaupt nicht oder, wie etwa im Fall des § 249 b, jedenfalls nicht aufgrund der bei ihnen ausgeübten Beschäftigung versichert ist.

dem das moderne Arbeitsverhältnis geprägt ist. Insofern ist auch keine besondere Verantwortlichkeit des Arbeitgebers für das versicherte Risiko erforderlich.[22]

Ob und in welchem Umfang es zulässig ist, die **Arbeitgeber** zu beteiligen ist demgegenüber eine Frage des materiellen Verfassungsrechts.[23] Dieses kennt hinsichtlich der Verteilung der Beitragslast keine einheitlichen, das Bild der klassischen Sozialversicherung prägenden Grundsätze.[24] Es kann daher keineswegs stets – und ungeachtet des § 3 S. 2 – nur bei entsprechender Ausgestaltung des Gesetzes von einer Beteiligung der Arbeitgeber und sonstiger Dritter ausgegangen werden. Von Verfassungs wegen bedarf es hierfür einer besonderen Rechtfertigung. Die von der Steuerpflicht unabhängige Belastung nicht selbst zugleich versicherter Privater mit einer fremdnützigen Abgabe, die sozialen Ausgleich und Umverteilung zum Ziel hat, erfordert daher im Blick auf die Belastungsgleichheit vor Art. 3 Abs. 1 GG einen sachlich einleuchtenden Grund.[25]

15

In den Grenzen der Beitragsbemessungsgrenze findet die **wirtschaftliche Leistungsfähigkeit der Mitglieder** ihren Ausdruck in den beitragspflichtigen Einnahmen. Diese bestehen in der Beschäftigtenversicherung im Wesentlichen in den Einnahmen aus einer gegenwärtigen bzw. früher ausgeübten Beschäftigung (§ 226 Abs. 1). Für sonstige Gruppen von Versicherten, insbesondere für freiwillig Versicherte (§ 240), bedarf es jeweils der systemspezifischen Bestimmung der beitragspflichtigen Einnahmen. Sie repräsentieren für alle Gruppen von Versicherten das der Beitragsbemessung zugrunde liegende Einkommen. Die sich hieraus ergebenden unterschiedlichen Beiträge verwirklichen das **Solidaritätsprinzip** in dem Sinne, dass die besser verdienenden Versicherten für den Versicherungsschutz der weniger gut verdienenden mit aufkommen und damit für jeweils bedürfnisgerecht gewährte Leistungen im Interesse der sozialen Gerechtigkeit ein Beitrag entsprechend der wirtschaftlichen Leistungsfähigkeit gezahlt wird.[26]

16

V. Finanzierung der Familienversicherung (S. 3)

Ohne verfassungsrechtlich gerade hierzu verpflichtet zu sein, erfüllt der Staat seine allgemeine Pflicht zum Familienlastenausgleich (Art. 6 Abs. 1 GG) unter anderem durch die beitragsfreie Mitversicherung von Familienangehörigen und in deren Rahmen (§ 10).[27] Insofern wird das Mitglied von seiner bürgerlich-rechtlichen Unterhaltspflicht befreit bzw. der Familienangehörige vor einer eigenen Belastung bewahrt und umgekehrt die Finanzierungsgemeinschaft der gesetzlichen Krankenversicherung in ihrer Gesamtheit mit den Kosten belastet. Gesetzlich erzwungene Solidarität besteht daher auch hinsichtlich des Familienlastenausgleichs in der gesetzlichen Krankenversicherung.

17

§ 4 Krankenkassen

(1) Die Krankenkassen sind rechtsfähige Körperschaften des öffentlichen Rechts mit Selbstverwaltung.
(2) Die Krankenversicherung ist in folgende Kassenarten gegliedert:
    Allgemeine Ortskrankenkassen,
    Betriebskrankenkassen,
    Innungskrankenkassen,
    Sozialversicherung für Landwirtschaft, Forsten und Gartenbau als Träger der Krankenversicherung der Landwirte,
    die Deutsche Rentenversicherung Knappschaft-Bahn-See als Träger der Krankenversicherung (Deutsche Rentenversicherung Knappschaft-Bahn-See),
    Ersatzkassen.
(3) [1]Im Interesse der Leistungsfähigkeit und Wirtschaftlichkeit der gesetzlichen Krankenversicherung arbeiten die Krankenkassen und ihre Verbände sowohl innerhalb einer Kassenart als auch kassenartenübergreifend miteinander und mit allen anderen Einrichtungen des Gesundheitswesens eng zusammen.

---

22 Vgl. insgesamt die Nachweis bei BSG, 27.1.2000, B 12 KR 29/98 R, BSGE 85, 250 ff.
23 Vgl. BSG, aaO.
24 Vgl. BSG, aaO mwN, und BSG, 3.9.1998, B 12 P 4/97 R, SozR 3-3300 § 55 Nr. 3.
25 BVerfG, 18.7.2005, 2 BvF 2/01, BVerfGE 113, 167 ff. = SozR 4-2500 § 266 Nr. 8.
26 Vgl. BVerfG, 6.12.1988, 2 BvL 18/84, BVerfGE 79, 223 ff. = SozR 2200 § 180 Nr. 46.
27 BVerfG, 12.2.2003, 1 BvR 624/01, BVerfGE 107, 205 ff. = SozR 4-2500 § 10 Nr. 1.

²Krankenkassen können die Unterlassung unzulässiger Werbemaßnahmen von anderen Krankenkassen verlangen; § 12 Absatz 1 bis 3 des Gesetzes gegen den unlauteren Wettbewerb gilt entsprechend.
(4) ¹Die Krankenkassen haben bei der Durchführung ihrer Aufgaben und in ihren Verwaltungsangelegenheiten sparsam und wirtschaftlich zu verfahren und dabei ihre Ausgaben so auszurichten, dass Beitragserhöhungen ausgeschlossen werden, es sei denn, die notwendige medizinische Versorgung ist auch nach Ausschöpfung von Wirtschaftlichkeitsreserven nicht zu gewährleisten. ²Die Verwaltungsausgaben der einzelnen Krankenkasse dürfen sich in den Jahren 2011 und 2012 gegenüber dem Jahr 2010 nicht erhöhen. ³Zu den Verwaltungsausgaben zählen auch die Kosten der Krankenkasse für die Durchführung ihrer Verwaltungsaufgaben durch Dritte. ⁴Abweichend von Satz 2 sind
1. Veränderungen der für die Zuweisung nach § 270 Absatz 1 Satz 1 Buchstabe c maßgeblichen Bestimmungsgrößen sowie
2. Erhöhungen der Verwaltungsausgaben, die auf der Durchführung der Sozialversicherungswahlen beruhen, es sei denn, dass das Wahlverfahren nach § 46 Absatz 2 des Vierten Buches durchgeführt wird,

zu berücksichtigen. ⁵In Fällen unabweisbaren personellen Mehrbedarfs durch gesetzlich neu zugewiesene Aufgaben kann die Aufsichtsbehörde eine Ausnahme von Satz 2 zulassen, soweit die Krankenkasse nachweist, dass der Mehrbedarf nicht durch Ausschöpfung von Wirtschaftlichkeitsreserven gedeckt werden kann. ⁶Die Sätze 2 und 3, Satz 4 Nummer 2 und Satz 5 gelten für die Verbände der Krankenkassen entsprechend.
(5) In den Verwaltungsvorschriften nach § 78 Satz 1 und § 77 Absatz 1 a des Vierten Buches ist sicherzustellen, dass Verwaltungsausgaben, die der Werbung neuer Mitglieder dienen, nach für alle Krankenkassen gleichen Grundsätzen gebucht werden.
(6) ¹Bei Krankenkassen, die bis zum 31. Dezember 2011 nicht an mindestens 10 Prozent ihrer Versicherten elektronische Gesundheitskarten nach § 291 a ausgegeben haben, reduzieren sich abweichend von Absatz 4 Satz 2 die Verwaltungsausgaben im Jahr 2012 gegenüber dem Jahr 2010 um 2 Prozent. ²Bei Krankenkassen, die bis zum 31. Dezember 2012 nicht an mindestens 70 Prozent ihrer Versicherten elektronische Gesundheitskarten nach § 291 a ausgegeben haben, dürfen sich die Verwaltungsausgaben im Jahr 2013 gegenüber dem Jahr 2012 nicht erhöhen. ³Absatz 4 Satz 4 Nummer 1 und Satz 5 sowie § 291 a Absatz 7 Satz 7 gelten entsprechend. ⁴Für die Bestimmung des Versichertenanteils ist die Zahl der Versicherten am 1. Juli 2011 maßgeblich.

Literatur:

Keßler, Die gesetzliche Krankenversicherung im Spiegel der normativen Wettbewerbsordnung – Weiterungen und Restriktionen, WRP 2007, 1030; *Kingreen*, Soziale und private Krankenversicherung: Gemeinschaftsrechtliche Implikationen eines Annäherungsprozesses, ZESAR 2007, 139; *Kluckert*, Ausschluss und entsprechende Geltung des deutschen Kartellrechts aufgrund Öffentlichen Rechts im Bereich der gesetzlichen Krankenversicherung, NZS 2012, 808; *H. Plagemann/F. Plagemann*, (Mehr) Wettbewerb im Gesundheitswesen?, NJW 2012, 2613; *Säcker*, Gesetzliche Krankenkassen als Unternehmen i.S. des Wettbewerbsrechts, SGb 2012, 61; *Soziale Sicherheit und Wettbewerb*, Schriftenreihe des Deutschen Sozialrechtsverbandes Bd. 48, 2001; *Wallrabenstein*, Wettbewerb im Gesundheitswesen, JZ 2012, 818.

I. Entstehungsgeschichte 1	V. Zusammenarbeit und Unterlassung von Werbemaßnahmen (Abs. 3) 16
II. Normzweck und europarechtlicher Kontext 2	VI. Grundsatz der Sparsamkeit und Wirtschaftlichkeit, Verwaltungsausgaben (Abs. 4 bis 6) 21
III. Rechtsfähige Körperschaften des öffentlichen Rechts mit Selbstverwaltung (Abs. 1) 7	
IV. Kassenarten (Abs. 2) 15	

I. Entstehungsgeschichte

1 § 4 ist durch das Gesundheitsreformgesetz vom 20.12.1988 (BGBl. I 1988) zum 1.1.1989 eingeführt worden. Abs. 1 gilt seither unverändert. In Abs. 2 wurde mWv 1. 10. 2005 durch Art. 6 Nr. 1 und 86 Abs. 4 RVOrgG[1] die „Bundesknappschaft" durch die „Deutsche Rentenversicherung Knappschaft-Bahn-See" ersetzt. Mit Wirkung v. 1.4.2007 wurde in Abs. 2 das Wort „knappschaftlichen" im Zusammenhang mit der Deutschen Rentenversicherung Knappschaft-Bahn-See gestrichen (Art. 1 Nr. 1 Buchst. a iVm Art. 46 Abs. 1 GKV-WSG).[2] Durch Art. 5 Nr. 1 iVm Art. 21 Abs. 12 des Gesetzes zur

---

1 BGBl. I 2004, 2042.
2 BGBl. I 2007, 378.

Änderung des Vierten Buches Sozialgesetzbuch und anderer Gesetze v. 19. 12. 2007[3] und der Bekanntmachung über das Inkrafttreten der Folgeänderungen zur Auflösung der See-Krankenkasse und der See-Pflegekasse und zur Eingliederung in die Deutsche Rentenversicherung Knappschaft-Bahn-See nach § 165 Abs. 4 S. 1 des Fünften Buches Sozialgesetzbuch v. 28.12.2007[4] mWv 28.12.2007 die Wörter „die See-Krankenkasse" gestrichen. Schließlich werden durch Art. 8 Nr. 1 des LSV-Neuordnungsgesetzes v. 12.4.2012[5] mWv 1.1.2013 die Wörter „Landwirtschaftliche Krankenkassen" durch die Wörter „Sozialversicherung für Landwirtschaft, Forsten und Gartenbau als Träger der Krankenversicherung der Landwirte" ersetzt. MWv 30.6.2013 wurde durch Art. 3 Nr. 1 des Achten Gesetzes gegen Wettbewerbsbeschränkungen v. 26.6.2013 (BGBl. I, 1738) Abs. 3 um S. 2 erweitert. Abs. 4 S. 1 wurde mWv 1.1.2000 durch Art. 1 Nr. 1 und 22 Abs. 5 GKV-GRG 2000[6] um einen Satzteil 2 („und dabei ...") erweitert. Die Sätze 2 und 3 aF wurden mWv 1.1.2003 (rückwirkend) durch Art. 1 Nr. und 3 Abs. 2 des 12. SGB V-ÄndG[7] und die Sätze 4 bis 9 aF mWv 1.1.2004 durch Art. 1 Nr. 2 und 37 Abs. 1 GMG[8] angefügt. MWv 1.10.2005 wurde S. 8 aF durch Art. 2 Nr. 3 und 4 S. 1 des Gesetz über den Ausgleich von Arbeitgeberaufwendungen und zur Änderung weiterer Gesetz v. 22.12.2005[9] um die zweite Alternative („oder im Jahr 2005 darauf beruhen,") ergänzt. MWv 1.1.2009 wurden in S. 1 durch Art. 1 Nr. 1 Buchst. b iVm Art. 46 Abs. 10 GKV-WSG[10] das Wort „Beitragssatzerhöhungen" durch das Wort „Beitragserhöhungen" ersetzt und die Wörter „ohne Beitragssatzerhöhungen" (nach dem Wort „Wirtschaftlichkeitsreserven") gestrichen. Durch Art. 1 Nr. 1 Buchst. a iVm Art. 15 Abs. 1 GKV-FinG[11] wurden die bisherigen S. 2–9 mWv 1.1.2011 durch die heutigen S. 2–6 ersetzt. Die Abs. 5 und 6 wurden, ebenfalls mWv 1.1.2011, durch Art. Nr. 1 Buchst. b iVm Art. 15 Abs. 1 GKV-FinG angefügt.

II. Normzweck und europarechtlicher Kontext

Abs. 1 wiederholt für das SGB V § 29 Abs. 1 SGB IV und weist damit allgemein in die organisatorische Grundstruktur ein. Abs. 2 zählt enumerativ die herkömmlichen Kassenarten auf. Nach der Auffassung der Entwurfsverfasser soll damit die Abkehr von einer Einheitskrankenversicherung und einem staatlichen Gesundheitsdienst dokumentiert werden.[12] Abs. 3 betont den hergebrachten Grundsatz der umfassenden Zusammenarbeit iS der gemeinsamen Aufgabe des Versicherungszweiges (§ 1 Abs. 1). Der mWv 30.6.2013 durch das 8. GWB-Änderungsgesetz eingefügte S. 2 positiviert spezialgesetzlich den besonderen sozialrechtlichen Unterlassungsanspruch, den die Rechtsprechung schon vorher anerkannt hatte. Wie bei jeder Handlungspflicht korrespondiert hiernach nämlich eine Pflicht zur Unterlassung von Tätigkeiten, die dem vorgegebenen Handlungsziel zuwiderlaufen. Wird deshalb bei der Werbung die Pflicht zur sachbezogenen Information und zur Rücksichtnahme auf die Belange der anderen Krankenversicherungsträger nicht beachtet, kann sich daraus im Umkehrschluss ein Anspruch des beeinträchtigten Trägers auf Unterlassung der unzulässigen Werbemaßnahmen ergeben.[13] Die Absätze 4 bis 6 enthalten spezialgesetzliche Ausgestaltungen eines krankenversicherungsrechtlichen Wirtschaftlichkeitsprinzips.

Das Gesetz erweckt mit § 4 zu Unrecht den Eindruck, es handele sich bei den Kassen um bestandsgeschützte Untergliederungen des Staates, die allein dessen Sonderrecht unterworfen seien. **Rechtsfähigkeit und Selbstverwaltung** bestehen ohnehin nur in den (engen) Grenzen der abschließenden Ausgestaltung (§ 30 Abs. 1 SGB IV) durch das einfache Recht. Beiden Normen kann daher weder eine dauerhafte Gewährleistung der Existenz des Systems, einer einzelnen Kasse oder einer Kassenart noch eine veränderungsfeste Zuweisung bestimmter Rechte und Pflichten oder der Selbstverwaltung entnommen werden. Eine Selbstverwaltung der Kassen ist weder durch die Verfassung geboten noch einfachgesetzlich (und erst recht im praktischen Vollzug) so stark ausgestaltet, dass hierdurch die für eine Grundrechtsträgerschaft der Kassen erforderliche Staatsferne vermittelt werden könnte. Hinzu kommt ein

---

3 BGBl. I, 3024.
4 BGBl. I, 3305.
5 BGBl. I, 579.
6 BGBl. I 1999, 2626.
7 Vom 12.6.2003, BGBl. I, 844.
8 Vom 14.11.2003, BGBl. I 2003, 2190.
9 BGBl. I, 3686.
10 Vom 26.3.2007, BGBl. I, 378.
11 Vom 22.10.2010, BGBl. I, 2309.
12 BT-Dr. 11/2237, 158.
13 BSG, 31.3.1998, B 1 KR 9/95, BSGE 82, 78ff = SozR 3-2500 § 4 Nr. 1 Rn. 12.

Prozess schleichender **Privatisierung**. Gleichermaßen das Europarecht wie der autonome nationale Gesetzgeber rücken die Kassen zunehmend in die Nähe von Unternehmen und begründen insbesondere eine (derzeit noch vereinzelte) Anwendbarkeit des für diese geltenden Wettbewerbsrechts. Mag auch die aktuelle Bedeutung „wettbewerblicher Elemente" noch hinter tradierten zentralen Aspekten wie der Verwirklichung des Sozialstaatsgebots, der Umsetzung des staatlichen Krankenversicherungsrechts im Sinne der übergreifenden Zusammenarbeit der Träger (Abs. 3 S. 1) und der Solidarität des Gesamtsystems (vgl. § 1 S. 1) zurücktreten und der Annahme entgegenstehen, es könne sich schwerpunktmäßig um „Wirtschaftsunternehmen" handeln.[14] Jedenfalls ist ein dauerhafter Bestand dieser Sichtweise – und damit des bisherigen Systems überhaupt – keineswegs gewährleistet. Zumindest einzelne Akteure scheinen diese Entwicklung durchaus aktiv zu befördern.

4 Die **organisatorische Ausgestaltung** von Systemen der sozialen Sicherheit bleibt als Teil der entsprechenden nationalen Befugnisse grundsätzlich dem bundesdeutschen Gesetzgeber vorbehalten. Allein hierdurch ist ein einheitliches Verständnis dessen, was die Träger der gesetzlichen Krankenversicherung rechtlich „sind", jedoch nicht mehr gewährleistet. Weder sind die einschlägigen nationalen Regelungen generell „europarechtsfest", noch erlaubt das supranationale und das nationale Recht jeweils für sich oder im Zusammenwirken eine unzweideutige Zuordnung. In beiden Bereichen zeigen sich mittlerweile kaum auflösbare Spannungen zwischen einer (tradierten) Erfassung der Krankenkassen als eigenständige Funktionsträger außerhalb des wettbewerbsrechtlichen Unternehmensbegriffs und diametral entgegengesetzten Vorgehensweisen, die sich rechtspolitisch nicht zuletzt aus der neoliberalen Überzeugung von der normativen Wirkung von Marktgeschehen und Wettbewerb speisen. Die Position des EuGH zur Unternehmenseigenschaft[15] der Krankenkassen iS des **europäischen Wettbewerbsrechts** ist ebenso wenig eindeutig wie das Handeln des nationalen Gesetzgebers, der zuletzt mit dem Achten Gesetz zur Änderung des Gesetzes gegen Wettbewerbsbeschränkungen[16] den weiteren Ausbau der Zwitterstellung vorangetrieben hat. Unterschiedliche Rechtswegzuweisungen nach wechselnden rechtspolitischen Vorgaben[17] (§§ 51 Abs. 1 Nr. 2, Abs. 3, 29 Abs. 3 Nr. 4 SGG, § 13 GVG) tun ein Übriges. Vielfältige Brüche auf allen Ebenen sind in dieser Umbruchsphase die Folge. Zuordnungen können allenfalls noch rechtlich situativ (je nach dem konkreten Sachzusammenhang) in Betracht kommen.

5 Der EuGH geht in stRspr. davon aus, dass das Wettbewerbsrecht des Primärrechts keine Anwendung auf deutsche Krankenkassen findet.[18] Deren Funktion als Vermittler von Leistungen unabhängig von der Beitragshöhe und als nur eingeschränkt zu eigener Gestaltung berufener Teil einer nationalen Solidargemeinschaft stehe der Annahme entgegen, es handele sich bei ihnen um Unternehmen im Sinne des Europäischen Wettbewerbsrechts (Art. 101 AEUV).[19] Hieran ändere auch die Einräumung von Spielräumen bei der Festsetzung des Beitragssatzes nichts.[20] Mittlerweile hat der Gerichtshof allerdings mit Urteil vom 3.10.2013[21] ohne jede Auseinandersetzung mit seiner eigenen Rechtsprechung entschieden, dass den Kassen im Rahmen des Verbraucherschutzes durch das UWG die Eigenschaft als

---

14 So auch die Auffassung des BVerfG, vgl. BVerfG, 2. Senat, 3. Kammer, 9.6.2004, 2 BvR 1249/03, SozR 4-2500 § 266 Nr. 7.
15 Zuletzt ohne jede Auseinandersetzung mit der bisherigen eigenen Rechtsprechung EuGH, 3.10.2013, C-59/12, NZS 2013, 896 f.
16 Vom 26.6.2013, BGBl. I, 1738.
17 Vgl. einerseits das behauptete Bestreben nach einer einheitlichen Rechtsprechungszuständigkeit für das im Rahmen des § 69 Abs. 2 S. 1 „entsprechend" anwendbare GWB bei Änderung des § 51 Abs. 3 SGG durch das Arzneimittelmarktneuordnungsgesetz – AMNOG v. 22.12.2010 mWv 1.1.2011 (BGBl. I, 2262) in BT-Dr. 17/2413, 33 und andererseits zur ebenfalls „entsprechenden" Anwendung des UWG im Rahmen von § 172 a nunmehr § 29 Abs. 3 Nr. 4, § 202 SGG, jeweils in der auf den Vorschlag des Vermittlungsausschusses (BT-Dr. 17/13720, 3 zurückgehenden Fassung durch Art. 5 des Achten Gesetzes zur Änderung des Gesetzes gegen Wettbewerbsbeschränkungen v. 26.6.2013 (BGBl. I, 1738). Allerdings hatte der Gesetzentwurf der Bundesregierung (BT-Dr. 17/9852, 16, 38) noch eine einheitliche Zuständigkeit der Zivilgerichtsbarkeit angestrebt, ist insofern jedoch am Widerstand des BR gescheitert (BR-Dr. 17/9852, 40 ff., 47 f.).
18 Vgl. zur fehlenden Unternehmenseigenschaft von Trägern der gesetzlichen Unfallversicherung EuGH, 23.4.1991, C-218/00, Slg 2002, I-691, und EuGH, 5.3.2009, C-350/07, Slg 2009, I-1513 ff., der Träger der Kranken- und Rentenversicherung EuGH, 17.2.1993, C-159/91 und C-160/91, Slg 1993, I-637, der Zusammenschlüsse von Trägern der Krankenversicherung bei Festsetzung der Festbeträge EuGH, 16.3.2004, C-264/01, Slg 2004 S. I-02493.
19 HessLSG, 15.9.2011, L 1 KR 89/10 KL, SGb 2012, 115 ff. und BSG, 22.6.2010, B 1 A 1/09 R, BSGE 106, 199 ff.
20 EuGH, 16.3.2004, C-264/01 ua, SozR 4-6035 Art. 81 Nr. 1, Rn. 56.
21 C-59/12, NZS 2013, 896 f.

Unternehmen zukomme. Damit tritt neben den sozialrechtlichen Anspruch aus § 4 Abs. 3 S. 2, der mit Art. 3 Nr. 1 des Achten Gesetzes zur Änderung des Gesetzes gegen Wettbewerbsbeschränkungen v. 26.6.2013 zum 30.6.2013 eingeführt wurde,[22] ein eigenständiger wettbewerbsrechtlicher (lauterkeitsrechtlicher) Anspruch – auch anderer Kassen als Wettbewerber (§ 8 Abs. 3 Nr. 1 UWG) – aus dem UWG mit Rechtsweg zu den ordentlichen Gerichten.[23] Insofern hat sich die von der Bundesregierung im Entwurf des 8. GWB-Änderungsgesetzes verlautbarte umfassende Regelungsabsicht, „das Kartellverbot und die Missbrauchsaufsicht ... auf das Verhältnis der Krankenkassen untereinander und zu den Versicherten für entsprechend anwendbar ..." zu erklären, auf dem Umweg über das Europarecht durchgesetzt. Das Verhältnis der nunmehr parallel bestehenden Ansprüche zueinander ist ungeklärt.[24] Die Zeiten einer einheitlichen Qualifizierung innerhalb des supranationalen Rechts dürften damit beendet sein.

Der „Wettbewerb" von Trägern der sozialen Sicherheit um Mitglieder zur Optimierung der effizienten und kostengünstigen Versorgung aller durch die kassenübergreifende Solidargemeinschaft hat nach dem grundsätzlichen Verständnis der nationalen Rechtsordnung mit demjenigen auf ihren individuellen Vorteil und auf Verdrängung des Konkurrenten bedachten Wettbewerb von Wirtschaftsunternehmen nichts zu tun. Die oberstgerichtliche Rechtsprechung hat daher ein Bedürfnis nach einer analogen Anwendung wettbewerbsrechtlicher Regelungen im Blick auf die gemeinsamen öffentlichen Aufgabe der gesundheitlichen Daseinsvorsorge stets verneint.[25] Dies gilt erst recht, seit (und solange) den Kassen nach Schwächung der Selbstverwaltung durch die Einführung des Gesundheitsfonds in Gestalt des Zusatzbeitrages und der Einführung von Wahltarifen (§ 53) nur rudimentäre eigene Gestaltungsmöglichkeiten verblieben.[26] Allerdings hat der nationale Gesetzgeber bereits die Beziehungen der Krankenkassen und ihrer Verbände zu Leistungsbeziehern der Anwendung des GWB (§ 69 Abs. 2) unterstellt und ordnet unter ausdrücklicher Berufung hierauf seit dem 30.6.2013 die Anwendung dieses Gesetzes auch für den freiwilligen Zusammenschluss von Krankenkassen an (§ 172 a). Der Vorschlag der Bundesregierung zum 8. GWB-Änderungsgesetz[27] verdeutlicht zudem eine nachhaltige rechtspolitische Tendenz zur umfassenden Unterstellung der Träger unter die Regeln des Wettbewerbsrechts auch dort, wo (vermeintlich) ein europarechtlicher Zwang hierzu nicht besteht. Ungeachtet der eher vordergründig angeordneten „entsprechenden" Anwendungen derartiger Regelungen ist absehbar, dass der EuGH hieraus auf Dauer Schlussfolgerungen für die Ausgestaltung des nationalen Systems ziehen und seine derzeit uneinheitliche Haltung zugunsten einer einheitlichen Unternehmenseigenschaft der Krankenkassen aufgeben wird. Der nationale Gesetzgeber wird seine Unschuld an dieser Entwicklung beteuern. Über das Vehikel eines „Wettbewerbs light" (um die Versicherten und deren Zugehörigkeit innerhalb des Systems) würde dann eine neue wettbewerbliche Gesamtordnung alle Widersprüche des bisherigen Systems hierzu (Steuerbefreiungen, Festbeträge, Pflicht zur Aufnahme von Mitgliedern, Haftungsgemeinschaft im Fall der Insolvenz usw) schleifen.[28]

III. Rechtsfähige Körperschaften des öffentlichen Rechts mit Selbstverwaltung (Abs. 1)

Abs. 1 ist zunächst die Konsequenz daraus, dass der Gesetzgeber von seiner Kompetenz aus § 74 Abs. 1 Nr. 12 GG Gebrauch gemacht hat. Der **Schutz des Einzelnen in Fällen von Krankheit** ist in der sozialstaatlichen Ordnung des Grundgesetzes eine Grundaufgabe des Staates. Er ist damit zwar gehindert, die Aufgabe dem Bereich bloßer „Großzügigkeit" zu überlassen,[29] im Übrigen aber nicht gezwungen, ihr gerade durch die Errichtung einer gesetzlichen Krankenversicherung genügen.[30] Auch das Sozialstaatsgebot gibt dem Einzelnen nicht etwa einen Anspruch auf ein in bestimmter Weise ausgestaltetes System der sozialen Sicherung.[31] Sofern der Gesetzgeber von der Gesetzgebungskompetenz nach Art. 74 Abs. 1 Nr. 12 GG Gebrauch macht, gehört zum weiten verfassungsrechtlichen Gattungs-Begriff der Sozialversicherung in dessen Sinne jedenfalls die gemeinsame Deckung eines möglichen, in seiner Gesamtheit schätzbaren Bedarfs durch Verteilung auf eine organisierte Vielheit und neben dem

---

22 BGBl. I, 1739.
23 Vgl. vorher bereits BGH, 9.1.2006, I ZB 28/06, NJW 2007, 1819 f.
24 Kaeding, Anm. zum Urteil des EuGH, ZESAR 2014, 88 f.
25 Vgl. nur BSG, 31.3.1998, B 1 KR 9/95 R, BSGE 82, 78 ff = SozR 3-2500 § 4 Nr. 1, Rn. 11.
26 BSG, 22.6.2010, B 1 A 1/09 R, BSGE 106, 199 ff. Rn. 24, und HessLSG, 15.9.2011, L 1 KR 89/10 KL.
27 BT-Dr. 17/9852, 36.
28 Vgl. Niedernhöfer, Quo vadis, Krankenkassen?, Handelsblatt v. 27.11.2012.
29 Comte-Sponville, S. 141.
30 BSG, 22.5.1985, 12 RK 15/83, BSGE 58, 134 ff.
31 BVerfG, 8.2.1994, 1 BvR 1237/85, BVerfGE 89, 365 ff.

sozialen Bedürfnis nach Ausgleich besonderer Lasten die organisatorische Bewältigung der Aufgabe durch selbstständige Anstalten oder Körperschaften des öffentlichen Rechts, die ihre Mittel durch Beiträge der „Beteiligten" aufbringen.[32]

8 Hinsichtlich der **organisatorischen Ausgestaltung** im Übrigen ist der Bund grundsätzlich frei. Das BVerfG betont in ständiger Rechtsprechung, dass es in der Kompetenz des Bundesgesetzgebers stehe, sämtliche Träger eines Zweiges der Sozialversicherung zu einer bundesunmittelbaren Körperschaft zusammenzufassen.[33] Auch bei Art. 87 Abs. 2 GG handelt es sich um eine bloße Organisationsregelung und Kompetenznorm für die Abgrenzung von Verwaltungszuständigkeiten.[34] Das GG enthält weder ein Änderungsverbot noch ein Gestaltungsgebot.[35] Eine Verfassungsgarantie des bestehenden Systems der Sozialversicherung gibt es nicht.[36] Der Gesetzgeber hat dementsprechend die Aufgabe der als klassischer Zweig der Sozialversicherung fortgeführten gesetzlichen Krankenversicherung den Krankenkassen als Personalkörperschaften des öffentlichen Rechts als Zusammenschluss ihrer Mitglieder übertragen (Abs. 1). Sie werden durch oder aufgrund eines Gesetzes geschaffen (vgl. §§ 143 ff.) und sind in ihrer Gesamtheit (!) die „gesetzliche Krankenversicherung" im organisationsrechtlichen Sinne. Sie sind insofern zur Herstellung notwendig gleichwertiger bundeseinheitlicher Lebensverhältnisse unter anderem hinsichtlich des abgestimmten Leistungsrechts[37] und durch Abs. 3 zur umfassenden Zusammenarbeit berufen.

9 Krankenkassen besitzen **Rechtsfähigkeit**, sind also fähig, Träger von Rechten und Pflichten zu sein (Abs. 1, § 29 Abs. 1 SGB IV), und damit grundsätzlich auch vor Gericht partei- (§ 50 ZPO) bzw. beteiligtenfähig (§ 70 SGG). Soweit einfachgesetzlich entsprechende Regelungen getroffen sind, steht damit auch den Kassen der Weg zu den staatlichen Gerichten offen (Art. 19 Abs. 4 GG).[38] Allerdings üben sie als nur organisatorisch verselbstständigte Teile der einheitlichen Staatsgewalt eine Sache nach mittelbare Staatsverwaltung aus und sind daher **nicht auch grundrechtsfähig**.[39] Zwar enthält Art. 19 Abs. 3 GG eine derartige Einschränkung nicht ausdrücklich, doch kann der Staat grundsätzlich nicht zugleich Adressat und Berechtigter der Grundrechte sein.[40] Den Kassen kommt auch nicht etwa aufgrund ihrer – ohnehin nur im Rahmen der Gesetze gewährleisteten (§ 29 Abs. 3 SGB IV), insofern aber auch verteidigungsfähigen[41] – Selbstverwaltung eine Stellung zu, die sie bevorzugt als Organisationsform ihrer Mitglieder erscheinen und die staatliche Aufsicht in den Hintergrund treten ließe. Dennoch hat die Aufsichtsbehörde die Grundsätze der Verhältnismäßigkeit und der maßvollen Ausübung der Rechtsaufsicht zu beachten und dabei in Rechnung zu stellen, dass der beaufsichtigten Behörde ein gewisser, von der Aufsicht zu beachtender Bewertungsspielraum zusteht, sofern sich ihr Handeln oder Unterlassen im Bereich des rechtlich noch Vertretbaren bewegt.[42] Ungeachtet ihrer verbandsmäßigen Struktur und eines begrenzten Raumes eigenverantwortlichen Handelns sind die Kassen im Übrigen gleichsam nach Art einer übertragenen Aufgabe im Wesentlichen zum Vollzug der detaillierten Sozialgesetzgebung berufen. Die sich ständig wandelnden Verhältnisse auf dem Gebiet der gesetzlichen Krankenversicherung erfordern es im Gegenteil, dem Gesetzgeber möglichst viel Freiheit zu belassen.[43] Das BVerfG hat daher im Selbstverwaltungsgrundsatz „lediglich eine innerstaatliche Organisationsform der Dezentralisation" erblickt.[44]

10 Unverändert ist die **staatliche Regelungsdichte** derart hoch, dass den Sozialversicherungsträgern die eigenverantwortliche Gestaltung des Satzungs-, Organisations-, Beitrags- und Leistungsrechts weitge-

---

32 BVerfG, 10.5.1960, 1 BvR 190/58 ua, BVerfGE 11, 105 ff. und BVerfG, 8.4.1987, 2 BvR 909/82 ua, BVerfGE 75, 108 ff. Bei zu „Unternehmen" mutierten Kassen ist das nicht mehr allgemein bekannt: „Wir sind keine Behörde" (Stellenanzeige der signal-iduna-ikk in der SZ, 27./28.6.2009).
33 BVerfG, 8.2.1994, 1 BvR 1237/85 mwN.
34 BVerfG, 2.5.1967, 1 BvR 578/63, BVerfGE 21, 362.
35 BVerfG, 18.7.2005, 2 BvF 2/01, BVerfGE 113, 167 ff. = SozR 4-2500 § 266 Nr. 8, Rn. 95.
36 BVerfG, 5.3.1974, 1 BvL 17/72, BVerfGE 36, 383 ff. und BVerfG, 9.4.1975, 2 BvR 879/73, BVerfGE 39, 302 ff.
37 BVerfG, 18.7.2005, 2 BvF 2/01, BVerfGE 113, 167 ff. = SozR 4-2500 § 266 Nr. 8, Rn. 90, 91.
38 Vgl. Zur Durchsetzung des Rechts auf kompetenzgerechte Aufsicht BSG, 28.9.2010, B 1 SF 1/10 R, SozR 4-1500 § 51 Nr. 9 Rn. 16.
39 BVerfG, 2. Senat 3. Kammer, 9.6.2004, 2 BvR 1249/03, SozR 4-2500 § 266 Nr. 7.
40 BVerfG, 2.5.1997, 1 BvR 578/63, BVerfGE 21, 362 und BVerfG, 9.4.1975, 2 BvR 879/73, BVerfGE 39, 302 ff.
41 BSG, 28.9.2010, B 1 SF 1/10 R, SozR 4-1500 § 51 Nr. 9 Rn. 18.
42 BSG, 31.5.2016, B 1 A 2/15 R, BSGE (vorgesehen), SozR 4-2500 § 194 Nr. 1, jeweils Rn. 17 mwN.
43 Insgesamt BVerfG, 9.4.1975, 2 BvR 879/73, BVerfGE 39, 302 ff.
44 BVerfG 2. Senat 3. Kammer, 9.6.2004, 2 BvR 1249/03, SozR 4-2500 § 266 Nr. 7.

hend verwehrt ist.⁴⁵ § 46 Abs. 2 SGB IV vermittelt im Übrigen eine von vornherein nur geringe demokratische Legitimation. Da es dem Gesetzgeber auch in der gesetzlichen Krankenversicherung und auf der Grundlage seiner Gesetzgebungskompetenz aus Art. 74 Abs. 1 Nr. 12 GG jederzeit freistünde, die Durchführung des Versicherungszweiges anstelle einer Mehrzahl koexistierender Träger einer einzigen bundesunmittelbaren Körperschaft des öffentlichen Rechts zu übertragen⁴⁶ und die einzelnen Träger auch innerhalb eines herkömmlich gegliederten Systems in der umfassender Solidarität⁴⁷ einer gesamtdeutschen Solidarverbandes⁴⁸ einer gemeinsamen Aufgabenerfüllung verpflichtet sind, kommt ihnen von vorneherein eine nur begrenzte Autonomie zu. Die nur einfachgesetzlich gewährleistete Selbstverwaltung beschränkt sich daher im Wesentlichen auf Fragen der internen Organisation und der Verwaltung.

De lege lata ist das System bei begrenzter Autonomie der Kassen auf deren enges Zusammenwirken (§§ 13 ff., 43 SGB I, § 86 SGB X, §§ 207 bis 219 d, 265 ff. SGB V) zur gleichwertigen Gesundheitsversorgung der gesamten Bevölkerung angelegt. Auch „wettbewerbliches Handeln" im Rahmen der Mitgliederwerbung hat sich hieran zu orientieren. Dieses dient, wie der 1. Senat des BSG bereits in seinem Urteil vom 31.3.1998⁴⁹ ausgeführt hat, allein der **Zusammenarbeit** der Kassen, um eine zweckmäßige, wirtschaftliche und qualitativ hochwertige medizinische Versorgung aller Versicherten zu den gesetzlich festgelegten Bedingungen zu gewährleisten. Der Gesetzgeber erwartet davon positive Auswirkungen im Sinne von mehr Effektivität und Flexibilität des Verwaltungshandelns, besserer Kundenorientierung, eines permanenten Ansporns zur Innovation und eines Drucks auf Preise und Beiträge. Dagegen soll verhindert werden, dass durch "Wettbewerb" Zugangsprobleme zur sozialen Krankenversicherung entstehen, dass es zu einer Risikoselektion kommt oder dass unnötige Leistungen erbracht werden. So gesehen steht nicht die Marktposition der einzelnen Kasse oder Kassenart im Vordergrund, sondern die Funktionsfähigkeit des Systems als Ganzes.⁵⁰

Da der Staat gleichermaßen das zur Verfügung stehende Finanzvolumen wie die zu erreichenden Ziele und die zur Verfügung stehenden Mittel im Wesentlichen selbst vorgibt, scheidet erst recht ein darüber hinausgehender „**Wettbewerb**" als Erkenntnisverfahren zur Ermittlung dessen, was an Gesundheitsleistungen wo, wie und für wen verfügbar sein soll, aus.⁵¹ Die vielfältigen Angriffe gegen dieses Ergebnis beruhen im Wesentlichen auf der Ausgangshypothese eines neben seiner vorgegebenen faktischen Geltung auch normativ vorrangig wirksamen Marktgeschehens, das seinerseits allenfalls einer modifizierenden wettbewerbsrechtlichen Begleitung bedarf. Die Vertreter dieser Auffassung erkennen hiervon ausgehend im positiven Recht der gesetzlichen Krankenversicherung allenfalls einen Systembruch innerhalb eines allumfassenden wettbewerbsrechtlichen Kosmos und ein Beharren auf überkommenen Positionen, um die „hier agierenden Körperschaften dem kompetitiven Einfluss des Marktgeschehens zu entziehen".⁵²

Die für eine **Selbstverwaltung** eigentlich zentrale Dispositionsbefugnis des einzelnen Trägers über seine **Finanzmittel** ist entsprechend der Logik der dem Gesamtsystem übertragenen Aufgabe sukzessive in den Hintergrund getreten. Das im Wesentlichen vereinheitlichte Leistungsspektrum führte zunächst zu einer Verpflichtung des Gesetzgebers, bei gleichzeitig weitgehender Abschaffung von Regelungsbefugnissen der Kassen, auch die Beitragssatzunterschiede zu begrenzen⁵³ und mündete seit dem 1.1.2009 im Wesentlichen in einem einheitlichen Beitragssatz (§ 241). Aus dem auf dieser Grundlage erzielten Gesamtbeitragsaufkommen erhalten die Kassen seit der Einführung einer zentralen Mittelverwaltung in Gestalt des Gesundheitsfonds als Sondervermögen durch das Bundesversicherungsamt (§ 271) zum 1.1.2009 Zuweisungen zur Deckung ihrer Aufwendungen (§ 270 Abs. 1 SGB V). Reichen diese nicht aus (was bereits strukturell vorgegeben ist!), bleibt als Rest finanzieller „Eigenständigkeit" auf der

---

45 BVerfG 2. Senat 3. Kammer, aaO.
46 Vgl. zur gesetzlichen Unfallversicherung BVerfG, 5.3.1974, 1 BvL 17/72, BVerfGE 36, 383 ff.
47 BVerfG 2. Senat 3. Kammer, 9.6.2004, 2 BvR 1249/03, SozR 4-2500 § 266 Nr. 7.
48 BVerfG, 18.7.2005, 2 BvF 2/01, BVerfGE 113, 167 ff.
49 B 1 KR 9/95 R, BSGE 82, 78, 81 f. = SozR 3-2500 § 4 Nr. 1 S. 5.
50 BSG, 24.1.2003, B 12 KR 19/01 R, BSGE 90, 231 ff. = SozR 4-2500 § 266 Nr. 1 Rn. 109.
51 Wörtlich: Wallrabenstein, JZ 2012, 821; wie im Übrigen zwingende identische Vorgaben für die Akteure wenig überraschend zu einem „abgestimmten" äußeren Verhalten führt, zeigen exemplarisch die Vorgänge um die Erhebung kassenindividueller Zusatzbeiträge, vgl. Plagemann/Plagemann, NJW 2012, 2614.
52 Exemplarisch Keßler, S. 1031, und Säcker, S. 61.
53 BVerfG, 8.2.1994, 1 BvR 1237/85, BVerfGE 89, 365 ff.

Einnahmeseite die Erhebung eines Zusatzbeitrages (§ 242 Abs. 1 S. 1).[54] Ergeben sich aus den Zuweisungen aus dem Fonds Überschüsse, kann satzungsdispositiv – und nicht etwa kraft ministerieller Anweisung – bestimmt werden, dass Prämien an die Mitglieder ausgezahlt werden (§ 242 Abs. 2 S. 1).[55]

14 Ab dem 1.1.2015 sind die Kassen grundsätzlich und in aller Regel zur Erhebung des – nunmehr einkommensabhängigen – Zusatzbeitrages gezwungen. Durch das Gesetz zur Weiterentwicklung der Finanzstruktur und der Qualität in der gesetzlichen Krankenversicherung (**GKV-Finanzstruktur- und Qualitäts-Weiterentwicklungsgesetz – GKV-FQWG**) vom 21.7.2014[56] wird zu diesem Zeitpunkt der bisher vom Versicherten zu tragende Beitragsanteil in Höhe von 0,9 % der beitragspflichtigen Einnahmen[57] (§ 249) abgeschafft. Die daraus resultierende Unterdeckung von jährlich rund 11 Mrd. EUR soll zur Stärkung des (Qualitäts-)Wettbewerbs in der gesetzlichen Krankenversicherung durch einen kassenindividuellen einkommensabhängigen Zusatzbeitrag gedeckt werden.[58] Dieser Zusatzbeitrag ist nach einem kassenindividuellen Zusatzbeitragssatz zu erheben, der – ausgehend von den voraussichtlichen beitragspflichtigen Einnahmen aller(!) Krankenkassen nach § 220 Abs. 2 S. 2 nF – grundsätzlich so zu bemessen ist, dass die Einnahmen aus dem Zusatzbeitrag die Deckungslücke zwischen Finanzbedarf und Zuweisungen aus dem Gesundheitsfonds decken (§ 242 Abs. 1, 2 nF). Mit dieser Konstruktion wird insbesondere erreicht, dass dieselbe Deckungslücke stets demselben kassenindividuellen Beitragssatz entspricht, der damit zur Kenngröße der einzelnen Kasse wird und deren Vergleichbarkeit sicherstellt. Inwiefern durch derart strikte Vorgaben die „Beitragsautonomie der Krankenkassen weiter gestärkt" werden sollte, wie dies die Entwurfsverfasser anstreben,[59] bleibt allerdings offen.

IV. Kassenarten (Abs. 2)

15 Die gesetzliche Krankenversicherung ist anknüpfend an vorgefundene lokale Institutionen von Anfang an durch eine **organisatorische Vielfalt** mit einem gegliederten, dezentralen Aufbau gekennzeichnet (§§ 143 ff.).[60] Die ursprüngliche regionale oder auf der Zugehörigkeit zu Wirtschaftsbereichen beruhende Zuständigkeit mit im Wesentlichen zwingender gesetzlicher Zuweisung der Versicherten ist mittlerweile einer weitgehenden Durchlässigkeit des Systems gewichen. Mit der weitgehenden Einebnung kassenartspezifischer Unterschiede und von Wahlrechten der Versicherten hat die überkommene Gliederung ihre Bedeutung weitgehend verloren. Die Einführung des Gesundheitsfonds entspricht auf der Deckungsseite des Systems der übergreifenden Aufgabe des Versicherungszweiges (§ 1 S. 1). § 171a erlaubt seit dem 1.4.2007 den freiwilligen kassenartübergreifenden Zusammenschluss von Krankenkassen, ohne dass hierin die Konsequenzen eines „Marktgeschehens" ihren Ausdruck fänden. Ohnehin wäre der Gesetzgeber nicht gehindert, die Durchführung der Krankenversicherung einer einzelnen bundesunmittelbaren Körperschaft zu übertragen.

V. Zusammenarbeit und Unterlassung von Werbemaßnahmen (Abs. 3)

16 Die gemeinsame Aufgabe des Versicherungszweiges (§ 1 Abs. 1) wird in Abs. 3 S. 1 durch eine umfassendes Gebot der Zusammenarbeit iS der – ebenfalls system- und nicht etwa kassenbezogenen verstandenen – Leistungsfähigkeit und Wirtschaftlichkeit ergänzt. Die Vorschrift ist *lex specialis* zu § 15 SGB I, § 86 SGB X und wird innerhalb des SGB V durch eine Vielzahl einzelner Verpflichtungen konkretisiert.

17 Hinsichtlich derart sich auch gegenseitig zur Wahrung eines Gesamtinteresses verpflichteter Institutionen ist die umfassende Übernahme neoliberaler Marktmetaphern und für gewinnorientierte Unternehmen geltender Regeln grundsätzlich sinnfrei.[61] Die Rechtsentwicklung nimmt dessen ungeachtet einen anderen Weg und eröffnet auf dem Weg der Unterstellung unter das **Wettbewerbsrecht** die Anwend-

---

54 Sofern die Vereinbarungen aus dem Koalitionsvertrag umgesetzt werden, wird der allgemeine Beitragssatz künftig auf 14,6 % festgesetzt und der vom Arbeitgeber zu tragende Anteil auf 7,3 % festgeschrieben. Der bisher vom Versicherten allein zu tragende Anteil in Höhe von 0,9 % seiner beitragspflichtigen Einnahmen geht in einem neuen prozentualen Zusatzbeitrag auf, der kassenindividuell variiert.
55 Zu Versuchen einer politischen Einflussnahme insofern vgl. exemplarisch „Bahr: Notfalls Prämien der Kassen erzwingen", FAZ v. 27.5.2012.
56 BGBl. I, 1133.
57 Entgegen BT-Dr. 18/1307, 3 nicht „Beitragssatzanteil".
58 BT-Dr. 18/1307, 3.
59 BT-Dr. 18/1307, 3.
60 Vgl. zur Entwicklung BSG, 22.5.1985, 12 RK 15/83, BSGE 58, 134 ff. und BVerfG, 8.2.1994, 1 BvR 1237/85, BVerfGE 89, 365 ff.
61 Anders etwa Säcker, S. 61.

barkeit der für Unternehmen geltenden Regelungen. Mittlerweile haben beide Bereiche des Wettbewerbsrechts, das Kartell- und das sog Lauterkeitsrecht Eingang in das Verhältnis der Träger untereinander gefunden. Nach § 172a gilt seit dem 30.6.2014 hinsichtlich ihrer freiwilligen Zusammenschlüsse partiell Kartellrecht. Nach dem Scheitern des ursprünglich geplanten § 4 Abs. 2 S. 2 idF des Entwurfs der Bundesregierung[62] sind die lauterkeitsrechtlichen Regelungen des UWG jedenfalls auf dem Umweg über das Europarecht relevant und regeln, soweit sie den Verbraucherschutz betreffen, auch das Verhältnis der Kassen untereinander. Für das Verhältnis zu den privaten Krankenkassen und für die Ansprüche nach § 8 Abs. 3 Nr. 2 bis 4 UWG klagebefugter Einrichtungen galt schon vorher das UWG und war der Rechtsweg zu den ordentlichen Gerichten eröffnet.[63] Die Zeit eindeutiger Charakterisierungen und bruchloser rechtlicher Wertungen dürfte damit beendet sein. Dies gilt insbesondere für den absoluten Geltungsanspruch von Abs. 3 S. 1.

Aus dem ursprünglichen Gesetzesvorschlag der Bundesregierung zum 8. GWB-Änderungsgesetz ist allein § 4 Abs. 3 S. 5 idF des Entwurfs[64] Gesetz geworden. Mit Wirkung vom 30.6.2013 ist daher Abs. 3 durch Art. 3 Nr. 1 des Achten Gesetzes zur Änderung des Gesetzes gegen Wettbewerbsbeschränkungen vom 26.6.2013[65] um einen S. 2 ergänzt worden. Nach dem Entwurf der Bundesregierung[66] sollte § 4 Abs. 3 dagegen um folgende Sätze erweitert werden.

„Für das Verhältnis der Krankenkassen und ihrer Verbände untereinander und zu den Versicherten gelten die §§ 1 bis 3, 19 bis 21, 32 bis 34a, 48 bis 80 und 81 Absatz 2 Nummer 1, 2a und 6, Absatz 3 Nummer 1 und 2, Absatz 4 bis 10 sowie die §§ 82 bis 95 des Gesetzes gegen Wettbewerbsbeschränkungen entsprechend. Satz 2 gilt nicht für Verträge, sonstige Vereinbarungen, Beschlüsse, Empfehlungen, Richtlinien oder sonstige Entscheidungen von Krankenkassen oder deren Verbänden, zu deren Abschluss die Krankenkassen oder deren Verbände gesetzlich verpflichtet sind, sowie für Beschlüsse, Empfehlungen, Richtlinien oder sonstige Entscheidungen des Gemeinsamen Bundesausschusses, zu denen er gesetzlich verpflichtet ist. Krankenkassen können die Unterlassung unzulässiger Werbemaßnahmen von anderen Krankenkassen verlangen; § 12 Absatz 1 bis 3 des Gesetzes gegen den unlauteren Wettbewerb gilt entsprechend."

Kartellverbot und Missbrauchsaufsicht sollten damit über § 69 hinaus auch für die Beziehungen der Krankenkassen zu Versicherten sowie für Abreden und Vereinbarungen zwischen den Krankenkassen, etwa für das abgestimmte Verhalten von Krankenkassen bei der Erhebung von Zusatzbeiträgen, gelten.[67] Der Bundesrat lehnte dies „nachdrücklich" ab und führte zur Begründung insbesondere aus, dass für die beabsichtigten Regelungen bereits kein Bedarf bestehe und im Übrigen zu befürchten sei, dass jede weitere Ausdehnung der Anwendbarkeit des Wettbewerbsrechts eine Einstufung der Krankenkassen als Unternehmen nach Europäischem Recht zu befürchten sei. Die vorgesehene Ergänzung führe zudem zu unauflösbaren Widersprüchen gegenüber dem Gedanken der Solidarität und der hierdurch gebotenen Zusammenarbeit der Krankenkassen. Schließlich könne die Regelung der „Zusammenschlusskontrolle" dem Prinzip der Selbstverwaltungsautonomie widersprechen.[68] Der Ausschuss für Wirtschaft und Technologie (9. Ausschuss) schlug mehrere Änderungen von Art. 3 „zur Klarstellung" vor.[69] Der Deutsche Bundestag nahm in seiner Sitzung am 18.10.2012 den Entwurf eines 8. GWB-ÄndG mit diesen Änderungen an.[70] Der Bundesrat rief daraufhin auf Vorschlag der beteiligten Ausschüsse[71] den Vermittlungsausschuss an.[72] Dieser schlug dann die schließlich Gesetz gewordene Fassung vor.[73]

Im Text des § 4 findet sich damit materiellrechtlich letztlich nur eine Positivierung derjenigen sozialrechtlichen Regelungen, die die Rechtsprechung ohnehin bisher angewandt hatte.[74] Hiernach entspricht den sozialrechtlichen Beschränkungen hinsichtlich Form und Inhalt von Maßnahmen der Mit-

---

62 BT-Dr. 17/9852, 15.
63 BGH, 9.11.2006, I ZB 28/06, NJW 2007, 1819 f.
64 BT-Dr. 17/9852, 15.
65 BGBl. I, 1738.
66 BR-Dr. 176/12, 15 und BT-Dr. 17/9852, 15.
67 BT-Dr. 17/9852, 36.
68 BR-Dr. 176/12, 20 f.; BT-Dr. 17/9852, 40 ff., 47 f.
69 BT-Dr. 17/11053, 19 f.
70 BR-Dr. 641/12, 5.
71 BR-Dr. 641/1/12.
72 BR-Dr. 641/12, 3 ff., BR-Dr. 17/11636, 2 ff.
73 BT-Dr. 17/13720, 2.
74 Vgl. BSG, 31.3.1998, B 1 KR 9/95 R, BSGE 82, 78 ff. = SozR 3-2500 § 4 Nr. 1.

gliederwerbung aus der Pflicht der Kassen zur Aufklärung, Beratung und Information der Versicherten (§§ 13 bis 15 SGB I) sowie dem Gebot, bei der Erfüllung dieser und anderer gesetzlicher Aufgaben mit den übrigen Sozialversicherungsträgern zusammenzuarbeiten (§ 15 Abs. 3 SGB I; § 86 SGB X) ein genuin sozialrechtlicher Unterlassungsanspruch. Ein derartiges – vor den Gerichten der Sozialgerichtsbarkeit durchsetzbares – Abwehrrecht ist ohne Weiteres auch mit Abs. 3 S. 1 kompatibel, sodass Abs. 3 bei vordergründiger Betrachtung auch nach dem 29.6.2013 zumindest in sich stimmige gesetzliche Anordnungen verlautbart. Dagegen hatte der 1. Senat des BSG bereits damals darauf hingewiesen, dass in Ermangelung eines analogiefähigen Tatbestandes *de lege lata* eine Rechtsfortbildung durch Schaffung eigener wettbewerbsrechtlicher „Ausgleichsansprüche" der Krankenkassen in Analogie zu den entsprechenden Instituten des privaten Wettbewerbsrechts nicht in Betracht kommen kann.

20 Verfahrensrechtlich ordnet das seit dem 30.6.2013 geltende Recht eine entsprechende Anwendung von § 12 Abs. 2 bis 4 UWG an. Neben den sozialrechtlichen Unterlassungsanspruch aus Abs. 3 S. 2 Hs. 1 tritt ausweislich des Urteils des EuGH v. 3.10.2013[75] der lauterkeitsrechtliche nach § 8 UWG, wenn die Regelungen der §§ 3, 7 UWG verletzt sind und das unlautere Verhalten (auch) die Interessen der Verbraucher beeinträchtigt. Sozialrechtlicher und lauterkeitsrechtlicher Anspruch koexistieren mit materiellrechtlich ungeklärtem Verhältnis und unterschiedlicher Rechtswegzuständigkeit.

VI. Grundsatz der Sparsamkeit und Wirtschaftlichkeit, Verwaltungsausgaben (Abs. 4 bis 6)

21 Das Gebot der Sparsamkeit und Wirtschaftlichkeit (**Abs. 4 S. 1**) wiederholt mit zunächst umfassendem Geltungsanspruch für die gesamte Tätigkeit der Kassen den allgemeinen Grundsatz der § 6 HGrG § 7 BHO und § 69 Abs. 2 SGB IV. Allerdings kann über das „Ob" einer Tätigkeit auf diesem Wege nur ausnahmsweise entschieden werden. Der Grundsatz ist gegenüber allen in sonstigen Rechtsvorschriften enthaltenen Zweck- und Mittelfestsetzungen bzw. Wertentscheidungen nachrangig.[76] Insbesondere gesetzlich vorgegebene Leistungen, für deren Konkretisierung § 2 Abs. 1, 4 vorrangige eigenständige Anordnungen zur Beachtung des Wirtschaftlichkeitsprinzips verkörpern, und die Erfüllung gesetzlich vorgegebener Aufgaben wie der Feststellung der Versicherungspflicht oder der Beitragseinzug können daher nicht bereits dem Grunde nach vom Vorhandensein von Haushaltsmitteln abhängig gemacht werden. Jeweils im Rahmen der Durchführung einer (Verwaltungs-)Aufgabe kann daher neben weiteren Gesichtspunkten einer Zweck-Mittel-Relation nach den verschiedenen Ausprägungen des ökonomischen Prinzips[77] Bedeutung zukommen. Die Ausschöpfung von Wirtschaftlichkeitsreserven durch die Kassen und ihre Verbände (Abs. S. 6) hat insofern zwingend Vorrang vor der Erhebung eines Zusatzbeitrags. **Abs. 4 S. 2 und 3** frieren – als weiterer Eingriff in die Selbstverwaltung – die Verwaltungsausgaben von Kassen und Kassenverbänden für 2011 und 2012 grundsätzlich ein. S. 4 bis 6 enthalten Modifikationen dieses Gebotes.

22 **Abs. 5** will ausweislich der Erläuterungen der Entwurfsverfasser insbesondere dem Detailproblem der unterschiedlichen Verbuchung der Kosten für die Anwerbung neuer Mitglieder durch eigene Mitarbeiter oder private Dienstleister begegnen.[78] **Abs. 6** enthält einen mittelbaren Zwang, den Vorgaben zur Einführung der elektronischen Gesundheitskarte zu genügen (§ 291 a). Hierzu werden die Verwaltungsausgaben gegenüber den Vorgaben von Abs. 4 S. 2 abgestuft gekürzt und wird ggf. das Verbot der Verwaltungskostensteigerung auf das Kalenderjahr 2013 erweitert.

§ 4 a Sonderregelungen zum Verwaltungsverfahren

Abweichungen von den Regelungen des Verwaltungsverfahrens gemäß den §§ 266, 267 und 269 durch Landesrecht sind ausgeschlossen.

---

75 C-59/12, NZS 2013, 896 f.
76 Grupp, DÖV 1983, 661, 663.
77 Siehe hierzu im Einzelnen Berchtold, Schleswig-Holsteinische Anzeigen 2010, 341, 342.
78 BT-Dr. 17/3696, 43 ff.

I. Entstehungsgeschichte

§ 4 a wurde durch Art. 1 Nr. 1 a des Gesetzes zur Stärkung des Wettbewerbs in der gesetzlichen Krankenversicherung (GKV-WSG) vom 26.3.2007[1] eingefügt und ist am 1.4.2007 in Kraft getreten (Art. 46 Abs. 1 GKV-WSG). Eine Vorgängervorschrift gibt es nicht.

II. Kontext und Inhalt der Regelung

Sachlicher Hintergrund der Regelung ist nach den Gesetzgebungsmaterialien, dass die in den §§ 266, 267 und 269 enthaltenen Regelungen ebenso wie die auf der Grundlage der Verordnungsermächtigungen in den § 266 Abs. 7 und § 269 Abs. 4 ergangenen Verfahrensvorschriften der Risikostruktur-Ausgleichsverordnung sowohl auf bundes- als auch auf landesunmittelbare Krankenkassen einheitlich Anwendung finden müssen. Abweichungen könnten das Verfahren der Durchführung des Risikostrukturausgleichs und des Risikopools durch das Bundesversicherungsamt erschweren und auch Auswirkungen auf die Höhe der Ausgleichsansprüche und -verpflichtungen der Krankenkassen haben. Für die Durchführung des Risikostrukturausgleichs und des Risikopools sei es deshalb zwingend erforderlich, dass die erforderlichen Daten von allen Krankenkassen zum gleichen Zeitpunkt, in der gleichen Qualität und in der gleichen technischen Aufbereitung dem Bundesversicherungsamt übermittelt würden. Abweichungen von den Verfahrensregelungen durch Landesrecht sollten deshalb ausgeschlossen werden.[2]

Das Erfordernis einer einheitlichen bundesgesetzlichen Regelung erschließt sich vor diesem Hintergrund bei Betrachtung des **verfassungsrechtlichen Kontexts**. Nach Art. 83 GG führen die Länder die Bundesgesetze als eigene Angelegenheiten aus, soweit das Grundgesetz nichts anderes bestimmt oder zulässt. Im Hinblick auf die Krankenkassen bestimmt das Grundgesetz etwas anderes nur im Hinblick auf die bundesunmittelbaren Kassen (vgl. Art. 86, Art. 87 Abs. 2 GG). In Angelegenheiten der landesunmittelbaren Kassen (vgl. Art. 87 Abs. 2 S. 2 GG) werden die Länder deshalb in eigener Angelegenheit tätig und regeln dementsprechend auch selbst die Einrichtung der Behörden und das Verwaltungsverfahren (Art. 84 Abs. 1 S. 1 GG). In Ausnahmefällen kann allerdings der Bund wegen eines besonderen Bedürfnisses nach bundeseinheitlicher Regelung das Verwaltungsverfahren ohne Abweichungsmöglichkeit für die Länder regeln (Art. 84 Abs. 1 S. 5 GG). Wie in der Gesetzesbegründung dargelegt (→ Rn. 2) hat der Bundesgesetzgeber im vorliegenden Fall das besondere Bedürfnis einer bundeseinheitlichen Regelung für alle Kassen angenommen und deshalb mit § 4 a Abweichungen von den in der Norm genannten Vorschriften durch Landesrecht ausgeschlossen.[3]

Zweites Kapitel
Versicherter Personenkreis

Erster Abschnitt
Versicherung kraft Gesetzes

§ 5 Versicherungspflicht

(1) Versicherungspflichtig sind
1. Arbeiter, Angestellte und zu ihrer Berufsausbildung Beschäftigte, die gegen Arbeitsentgelt beschäftigt sind,
2. Personen in der Zeit, für die sie Arbeitslosengeld oder Unterhaltsgeld nach dem Dritten Buch beziehen oder nur deshalb nicht beziehen, weil der Anspruch ab Beginn des zweiten Monats bis zur zwölften Woche einer Sperrzeit (§ 159 des Dritten Buches) oder ab Beginn des zweiten Monats wegen einer Urlaubsabgeltung (§ 157 Absatz 2 des Dritten Buches) ruht; dies gilt auch, wenn die Entscheidung, die zum Bezug der Leistung geführt hat, rückwirkend aufgehoben oder die Leistung zurückgefordert oder zurückgezahlt worden ist,
2a. Personen in der Zeit, für die sie Arbeitslosengeld II nach dem Zweiten Buch beziehen, es sei denn, dass diese Leistung nur darlehensweise gewährt wird oder nur Leistungen nach § 24 Ab-

---

[1] BGBl. I 2007, 378.
[2] Vgl. BT-Dr. 16/3100, 93.
[3] Vgl. A. Becker in: jurisPK-SGB V, § 4 a Rn. 2 ff.

satz 3 Satz 1 des Zweiten Buches bezogen werden; dies gilt auch, wenn die Entscheidung, die zum Bezug der Leistung geführt hat, rückwirkend aufgehoben oder die Leistung zurückgefordert oder zurückgezahlt worden ist.
3. Landwirte, ihre mitarbeitenden Familienangehörigen und Altenteiler nach näherer Bestimmung des Zweiten Gesetzes über die Krankenversicherung der Landwirte,
4. Künstler und Publizisten nach näherer Bestimmung des Künstlersozialversicherungsgesetzes,
5. Personen, die in Einrichtungen der Jugendhilfe für eine Erwerbstätigkeit befähigt werden sollen,
6. Teilnehmer an Leistungen zur Teilhabe am Arbeitsleben sowie an Abklärungen der beruflichen Eignung oder Arbeitserprobung, es sei denn, die Maßnahmen werden nach den Vorschriften des Bundesversorgungsgesetzes erbracht,
7. behinderte Menschen, die in anerkannten Werkstätten für behinderte Menschen oder in Blindenwerkstätten im Sinne des § 143 des Neunten Buches oder für diese Einrichtungen in Heimarbeit tätig sind,
8. behinderte Menschen, die in Anstalten, Heimen oder gleichartigen Einrichtungen in gewisser Regelmäßigkeit eine Leistung erbringen, die einem Fünftel der Leistung eines voll erwerbsfähigen Beschäftigten in gleichartiger Beschäftigung entspricht; hierzu zählen auch Dienstleistungen für den Träger der Einrichtung,
9. Studenten, die an staatlichen oder staatlich anerkannten Hochschulen eingeschrieben sind, unabhängig davon, ob sie ihren Wohnsitz oder gewöhnlichen Aufenthalt im Inland haben, wenn für sie auf Grund über- oder zwischenstaatlichen Rechts kein Anspruch auf Sachleistungen besteht, bis zum Abschluß des vierzehnten Fachsemesters, längstens bis zur Vollendung des dreißigsten Lebensjahres; Studenten nach Abschluß des vierzehnten Fachsemesters oder nach Vollendung des dreißigsten Lebensjahres sind nur versicherungspflichtig, wenn die Art der Ausbildung oder familiäre sowie persönliche Gründe, insbesondere der Erwerb der Zugangsvoraussetzungen in einer Ausbildungsstätte des Zweiten Bildungswegs, die Überschreitung der Altersgrenze oder eine längere Fachstudienzeit rechtfertigen,
10. Personen, die eine in Studien- oder Prüfungsordnungen vorgeschriebene berufspraktische Tätigkeit ohne Arbeitsentgelt verrichten, sowie zu ihrer Berufsausbildung ohne Arbeitsentgelt Beschäftigte; Auszubildende des Zweiten Bildungswegs, die sich in einem förderungsfähigen Teil eines Ausbildungsabschnitts nach dem Bundesausbildungsförderungsgesetz befinden, sind Praktikanten gleichgestellt,
11. Personen, die die Voraussetzungen für den Anspruch auf eine Rente aus der gesetzlichen Rentenversicherung erfüllen und diese Rente beantragt haben, wenn sie seit der erstmaligen Aufnahme einer Erwerbstätigkeit bis zur Stellung des Rentenantrags mindestens neun Zehntel der zweiten Hälfte des Zeitraums Mitglied oder nach § 10 versichert waren,
11a. Personen, die eine selbständige künstlerische oder publizistische Tätigkeit vor dem 1. Januar 1983 aufgenommen haben, die Voraussetzungen für den Anspruch auf eine Rente aus der Rentenversicherung erfüllen und diese Rente beantragt haben, wenn sie mindestens neun Zehntel des Zeitraums zwischen dem 1. Januar 1985 und der Stellung des Rentenantrags nach dem Künstlersozialversicherungsgesetz in der gesetzlichen Krankenversicherung versichert waren; für Personen, die am 3. Oktober 1990 ihren Wohnsitz im Beitrittsgebiet hatten, ist anstelle des 1. Januar 1985 der 1. Januar 1992 maßgebend,
11b. Personen, die die Voraussetzungen für den Anspruch
 a) auf eine Waisenrente nach § 48 des Sechsten Buches oder
 b) auf eine entsprechende Leistung einer berufsständischen Versorgungseinrichtung, wenn der verstorbene Elternteil zuletzt als Beschäftigter von der Versicherungspflicht in der gesetzlichen Rentenversicherung wegen einer Pflichtmitgliedschaft in einer berufsständischen Versorgungseinrichtung nach § 6 Absatz 1 Satz 1 Nummer 1 des Sechsten Buches befreit war,
 erfüllen und diese beantragt haben; dies gilt nicht für Personen, die zuletzt vor der Stellung des Rentenantrags privat krankenversichert waren, es sei denn, sie erfüllen die Voraussetzungen für eine Familienversicherung mit Ausnahme des § 10 Absatz 1 Satz 1 Nummer 2 oder die Voraussetzungen der Nummer 11,
12. Personen, die die Voraussetzungen für den Anspruch auf eine Rente aus der gesetzlichen Rentenversicherung erfüllen und diese Rente beantragt haben, wenn sie zu den in § 1 oder § 17a des Fremdrentengesetzes oder zu den in § 20 des Gesetzes zur Wiedergutmachung nationalsozialistischen Unrechts in der Sozialversicherung genannten Personen gehören und ihren Wohnsitz innerhalb der letzten 10 Jahre vor der Stellung des Rentenantrags in das Inland verlegt haben,

13. Personen, die keinen anderweitigen Anspruch auf Absicherung im Krankheitsfall haben und
    a) zuletzt gesetzlich krankenversichert waren oder
    b) bisher nicht gesetzlich oder privat krankenversichert waren, es sei denn, dass sie zu den in Absatz 5 oder den in § 6 Abs. 1 oder 2 genannten Personen gehören oder bei Ausübung ihrer beruflichen Tätigkeit im Inland gehört hätten.

(2) ¹Der nach Absatz 1 Nr. 11 erforderlichen Mitgliedszeit steht bis zum 31. Dezember 1988 die Zeit der Ehe mit einem Mitglied gleich, wenn die mit dem Mitglied verheiratete Person nicht mehr als nur geringfügig beschäftigt oder geringfügig selbständig tätig war. ²Bei Personen, die ihren Rentenanspruch aus der Versicherung einer anderen Person ableiten, gelten die Voraussetzungen des Absatzes 1 Nr. 11 oder 12 als erfüllt, wenn die andere Person diese Voraussetzungen erfüllt hatte.

(3) Als gegen Arbeitsentgelt beschäftigte Arbeiter und Angestellte im Sinne des Absatzes 1 Nr. 1 gelten Bezieher von Vorruhestandsgeld, wenn sie unmittelbar vor Bezug des Vorruhestandsgeldes versicherungspflichtig waren und das Vorruhestandsgeld mindestens in Höhe von 65 vom Hundert des Bruttoarbeitsentgelts im Sinne des § 3 Abs. 2 des Vorruhestandsgesetzes gezahlt wird.

(4) Als Bezieher von Vorruhestandsgeld ist nicht versicherungspflichtig, wer im Ausland seinen Wohnsitz oder gewöhnlichen Aufenthalt in einem Staat hat, mit dem für Arbeitnehmer mit Wohnsitz oder gewöhnlichem Aufenthalt in diesem Staat keine über- oder zwischenstaatlichen Regelungen über Sachleistungen bei Krankheit bestehen.

(4 a) ¹Auszubildende, die im Rahmen eines Berufsausbildungsvertrages nach dem Berufsbildungsgesetz in einer außerbetrieblichen Einrichtung ausgebildet werden, stehen den Beschäftigten zur Berufsausbildung im Sinne des Absatzes 1 Nr. 1 gleich. ²Teilnehmer an dualen Studiengängen stehen den Beschäftigten zur Berufsausbildung im Sinne des Absatzes 1 Nummer 1 gleich. ³Als zu ihrer Berufsausbildung Beschäftigte im Sinne des Absatzes 1 Nr. 1 gelten Personen, die als nicht satzungsmäßige Mitglieder geistlicher Genossenschaften oder ähnlicher religiöser Gemeinschaften für den Dienst in einer solchen Genossenschaft oder ähnlichen religiösen Gemeinschaft außerschulisch ausgebildet werden.

(5) ¹Nach Absatz 1 Nr. 1 oder 5 bis 12 ist nicht versicherungspflichtig, wer hauptberuflich selbständig erwerbstätig ist. ²Bei Personen, die im Zusammenhang mit ihrer selbständigen Erwerbstätigkeit regelmäßig mindestens einen Arbeitnehmer mehr als geringfügig beschäftigen, wird vermutet, dass sie hauptberuflich selbständig erwerbstätig sind; als Arbeitnehmer gelten für Gesellschafter auch die Arbeitnehmer der Gesellschaft.

(5 a) ¹Nach Absatz 1 Nr. 2 a ist nicht versicherungspflichtig, wer zuletzt vor dem Bezug von Arbeitslosengeld II privat krankenversichert war oder weder gesetzlich noch privat krankenversichert war und zu den in Absatz 5 oder den in § 6 Abs. 1 oder 2 genannten Personen gehört oder bei Ausübung seiner beruflichen Tätigkeit im Inland gehört hätte. ²Satz 1 gilt nicht für Personen, die am 31. Dezember 2008 nach § 5 Abs. 1 Nr. 2 a versicherungspflichtig waren, für die Dauer ihrer Hilfebedürftigkeit. ³Personen nach Satz 1 sind nicht nach § 10 versichert. ⁴Personen nach Satz 1, die am 31. Dezember 2015 die Voraussetzungen des § 10 erfüllt haben, sind ab dem 1. Januar 2016 versicherungspflichtig nach Absatz 1 Nummer 2 a, solange sie diese Voraussetzungen erfüllen.

(6) ¹Nach Absatz 1 Nr. 5 bis 7 oder 8 ist nicht versicherungspflichtig, wer nach Absatz 1 Nr. 1 versicherungspflichtig ist. ²Trifft eine Versicherungspflicht nach Absatz 1 Nr. 6 mit einer Versicherungspflicht nach Absatz 1 Nr. 7 oder 8 zusammen, geht die Versicherungspflicht vor, nach der die höheren Beiträge zu zahlen sind.

(7) ¹Nach Absatz 1 Nr. 9 oder 10 ist nicht versicherungspflichtig, wer nach Absatz 1 Nr. 1 bis 8, 11 bis 12 versicherungspflichtig oder nach § 10 versichert ist, es sei denn, der Ehegatte, der Lebenspartner oder das Kind des Studenten oder Praktikanten ist nicht versichert oder die Versicherungspflicht nach Absatz 1 Nummer 11 b besteht über die Altersgrenze des § 10 Absatz 2 Nummer 3 hinaus. ²Die Versicherungspflicht nach Absatz 1 Nr. 9 geht der Versicherungspflicht nach Absatz 1 Nr. 10 vor.

(8) ¹Nach Absatz 1 Nr. 11 bis 12 ist nicht versicherungspflichtig, wer nach Absatz 1 Nr. 1 bis 7 oder 8 versicherungspflichtig ist. ²Satz 1 gilt für die in § 190 Abs. 11 a genannten Personen entsprechend. ³Bei Beziehern einer Rente der gesetzlichen Rentenversicherung, die nach dem 31. März 2002 nach § 5 Abs. 1 Nr. 11 versicherungspflichtig geworden sind, deren Anspruch auf Rente schon an diesem Tag bestand und die bis zu diesem Zeitpunkt nach § 10 oder nach § 7 des Zweiten Gesetzes über die Krankenversicherung der Landwirte versichert waren, aber nicht die Vorversicherungszeit des § 5 Abs. 1 Nr. 11 in der seit dem 1. Januar 1993 geltenden Fassung erfüllt hatten und deren Versicherung nach § 10 oder nach § 7 des Zweiten Gesetzes über die Krankenversicherung der Landwirte nicht von einer der in § 9 Abs. 1 Nr. 6 genannten Personen abgeleitet worden ist, geht die Versicherung nach § 10 oder §

nach § 7 des Zweiten Gesetzes über die Krankenversicherung der Landwirte der Versicherung nach § 5 Abs. 1 Nr. 11 vor.

(8 a) ¹Nach Absatz 1 Nr. 13 ist nicht versicherungspflichtig, wer nach Absatz 1 Nr. 1 bis 12 versicherungspflichtig, freiwilliges Mitglied oder nach § 10 versichert ist. ²Satz 1 gilt entsprechend für Empfänger laufender Leistungen nach dem Dritten, Vierten, Sechsten und Siebten Kapitel des Zwölften Buches und für Empfänger laufender Leistungen nach § 2 des Asylbewerberleistungsgesetzes. ³Satz 2 gilt auch, wenn der Anspruch auf diese Leistungen für weniger als einen Monat unterbrochen wird. ⁴Der Anspruch auf Leistungen nach § 19 Abs. 2 gilt nicht als Absicherung im Krankheitsfall im Sinne von Absatz 1 Nr. 13, sofern im Anschluss daran kein anderweitiger Anspruch auf Absicherung im Krankheitsfall besteht.

(9) ¹Kommt eine Versicherung nach den §§ 5, 9 oder 10 nach Kündigung des Versicherungsvertrages nicht zu Stande oder endet eine Versicherung nach den §§ 5 oder 10 vor Erfüllung der Vorversicherungszeit nach § 9, ist das private Krankenversicherungsunternehmen zum erneuten Abschluss eines Versicherungsvertrages verpflichtet, wenn der vorherige Vertrag für mindestens fünf Jahre vor seiner Kündigung ununterbrochen bestanden hat. ²Der Abschluss erfolgt ohne Risikoprüfung zu gleichen Tarifbedingungen, die zum Zeitpunkt der Kündigung bestanden haben; die bis zum Ausscheiden erworbenen Alterungsrückstellungen sind dem Vertrag zuzuschreiben. ³Wird eine gesetzliche Krankenversicherung nach Satz 1 nicht begründet, tritt der neue Versicherungsvertrag am Tag nach der Beendigung des vorhergehenden Versicherungsvertrages in Kraft. ⁴Endet die gesetzliche Krankenversicherung nach Satz 1 vor Erfüllung der Vorversicherungszeit, tritt der neue Versicherungsvertrag am Tag nach Beendigung der gesetzlichen Krankenversicherung in Kraft. ⁵Die Verpflichtung nach Satz 1 endet drei Monate nach der Beendigung des Versicherungsvertrages, wenn eine Versicherung nach den §§ 5, 9 oder 10 nicht begründet wurde. ⁶Bei Beendigung der Versicherung nach den §§ 5 oder 10 vor Erfüllung der Vorversicherungszeiten nach § 9 endet die Verpflichtung nach Satz 1 längstens zwölf Monate nach der Beendigung des privaten Versicherungsvertrages. ⁷Die vorstehenden Regelungen zum Versicherungsvertrag sind auf eine Anwartschaftsversicherung in der privaten Krankenversicherung entsprechend anzuwenden.

(10) (nicht belegt)

(11) ¹Ausländer, die nicht Angehörige eines Mitgliedstaates der Europäischen Union, Angehörige eines Vertragsstaates des Abkommens über den Europäischen Wirtschaftsraum oder Staatsangehörige der Schweiz sind, werden von der Versicherungspflicht nach Absatz 1 Nr. 13 erfasst, wenn sie eine Niederlassungserlaubnis oder eine Aufenthaltserlaubnis mit einer Befristung auf mehr als zwölf Monate nach dem Aufenthaltsgesetz besitzen und für die Erteilung dieser Aufenthaltstitel keine Verpflichtung zur Sicherung des Lebensunterhalts nach § 5 Abs. 1 Nr. 1 des Aufenthaltsgesetzes besteht. ²Angehörige eines anderen Mitgliedstaates der Europäischen Union, Angehörige eines anderen Vertragsstaates des Abkommens über den Europäischen Wirtschaftsraum oder Staatsangehörige der Schweiz werden von der Versicherungspflicht nach Absatz 1 Nr. 13 nicht erfasst, wenn die Voraussetzung für die Wohnortnahme in Deutschland die Existenz eines Krankenversicherungsschutzes nach § 4 des Freizügigkeitsgesetzes/EU ist. ³Bei Leistungsberechtigten nach dem Asylbewerberleistungsgesetz liegt eine Absicherung im Krankheitsfall bereits dann vor, wenn ein Anspruch auf Leistungen bei Krankheit, Schwangerschaft und Geburt nach § 4 des Asylbewerberleistungsgesetzes dem Grunde nach besteht.

Literatur:

Both, Die Versicherungspflicht in der privaten Krankenversicherung, Die Beiträge 2011, 302; *Braun*, Rechtsprobleme bei stationärer Behandlung von Patienten mit unklarem Versichertenstatus im Rahmen der Auffangpflichtversicherung des § 5 Abs. 1 Nr. 13a SGB V, GesR 2016, 755; *Burkard-Pötter/Sura*, Das Praktikum im neuen Gewand – Praxiseinblicke zwischen Mindestlohn und prekärem Beschäftigungsverhältnis, NJW 2015, 517; *Büser*, Der Weg zurück in die Kasse, DÄ 2012, A 162; *Dankelmann*, Sozialversicherungspflicht bei Auszubildenden mit Ausbildungsvergütung unter der Geringfügigkeitsgrenze bzw. in der Gleitzone, jurisPR-SozR 9/2010 Anm. 3; *Dreher*, Krankenversorgung der Bundesbahnbeamten steht in Bezug auf die Auffangpflichtversicherung einer privaten Versicherung nicht gleich, jurisPR-SozR 21/2011 Anm. 2; *Felix*, Das Gesetz zur Beseitigung sozialer Überforderung bei Beitragsschulden in der Krankenversicherung – ein gelungener Weg aus der „Schuldenfalle" in der GKV?, NZS 2013, 921; *Forst*, Unterliegen die Organwalter einer Societas Europaea mit Sitz in Deutschland der Sozialversicherungspflicht?, NZS 2012, 801; *Hammel*, Die Krankenversicherungspflicht nach § 5 Abs. 1 Nr. 13 SGB V bei haftentlassenen Personen, SGb 2012, 265; *Hedermann*, Arbeitnehmerbeschäftigung als Kriterium zur Beurteilung der „Hauptberuflichkeit" einer selbstständigen Tätigkeit nach dem neuen § 5 Abs. 5 S. 2 SGB V, NZS 2016, 8; *Heinert/Wendt-*

land, Die Pflichtversicherung in der GKV nach § 5 Abs. 1 Nr. 13 im gemeinschaftlichen Kontext, ZESAR 2015, 414; *Kingreen*, Die Entwicklung des Gesundheitsrechts 2013/2014, NJW 2014, 3345; *ders.*, Die Entwicklung des Gesundheitsrechts 2014/2015, NJW 2015, 3413; *Koch-Rust/Rosentreter*, Wiedereinführung der Sozialversicherungspflicht für Studierende in praxisintegrierten dualen Studiengängen?, NJW 2011, 2852; *Kostorz*, Krankenversicherung im Studium, NZS 2012, 161; *Lanzinner/Nath*, Beitragsrechtliche Folgen der verdeckten Überlassung von Scheinselbstständigen – Teil I, NZS 2015, 201; *Luik*, Altersgrenze bei der Krankenversicherung von Studenten, jM 2015, 288; *Marburger*, Ausschluss der Auffang-Versicherungspflicht durch laufende Leistungen der Sozialhilfe, jurisPR-SozR 6/2011 Anm. 3; *Marburger*, Tätigkeit in einer Behindertenwerkstätte und Sozialversicherungspflicht, Die Beiträge 2011, 449; *Pabst*, Absicherung des Krankheitsrisikos für nichtversicherte Hilfeempfänger im Zeichen der Versicherungspflicht, NZS 2012, 772; *Peters*, Zum Ende der Rahmenfrist für die Erfüllung der Vorversicherungszeit in der Krankenversicherung der Rentner, NZS 2011, 612; *Reinert*, Die Grenzen der studentischen Pflichtversicherung – Zur ungeklärten Versicherungslage von Promotionsstudenten, NZS 2015, 609; *Rogler*, Frist für Kündigung einer Krankheitskostenversicherung wegen Eintritts einer gesetzlichen Krankenversicherungspflicht, jurisPR-VersR 1/2012 Anm. 3; *Rolfs/Witschen*, Keine Beschäftigung ohne Arbeit?, NZA 2011, 881; *Schade*, Der Student im Pflichtpraktikum – ein rechtloses Wesen?, NJW 2013, 1039; *Schäfer*, Innerfamiliäres Scheinarbeitsverhältnis zwecks Krankenversicherungsschutz, FuR 2012, 215; *Schlegel*, Gesetz zur Beseitigung sozialer Überforderung bei Beitragsschulden in der Krankenversicherung, ASR 2013, 229; *Schumacher*, Zum Verhältnis von gesetzlicher Krankenversicherung und Grundsicherung im Alter und bei Erwerbsminderung, RdLH 2012, 19; *Tiedemann*, Neuere Rechtsprechung zur europäischen Koordinierung der Systeme zur sozialen Sicherheit, Teil 1, ZFSH/SGB 2015, 645.

I. Entstehungsgeschichte 1	11. Praktikanten und vergleichbare Personen (Abs. 1 Nr. 10) 56
II. Regelungsgehalt und systematische Zusammenhänge 5	12. Rentner (Abs. 1 Nr. 11, Abs. 2) 60
III. Versicherungspflicht 7	13. Krankenversicherung der Rentner für Künstler und Publizisten (Abs. 1 Nr. 11 a) 69
IV. Einzelne Tatbestände 10	
1. Beschäftigte und gleichgestellte Personen (Abs. 1 Nr. 1, Abs. 3, 4 und 4 a) 10	14. Krankenversicherung bei Anspruch auf Waisenrenten oder entsprechende Leistungen berufsständischer Versorgungseinrichtungen (Abs. 1 Nr. 11 b) 70
2. Bezieher von Arbeitslosengeld oder Unterhaltsgeld (Abs. 1 Nr. 2) 22	
3. Bezieher von Arbeitslosengeld II (Abs. 1 Nr. 2 a, Abs. 5 a) 28	15. Krankenversicherung für Fremdrentner (Abs. 1 Nr. 12) 73
4. Landwirtschaftliche Krankenversicherung (Abs. 1 Nr. 3) 35	16. Auffangversicherungspflicht für Personen ohne sonstige Absicherung im Krankheitsfall (Abs. 1 Nr. 13, Abs. 8a und Abs. 11) ... 74
5. Künstler und Publizisten (Abs. 1 Nr. 4) .. 37	
6. Personen in Einrichtungen der Jugendhilfe (Abs. 1 Nr. 5) 39	
7. Teilnehmer an Leistungen zur Teilhabe am Arbeitsleben (Abs. 1 Nr. 6) 41	V. Ausschluss bei hauptberuflich selbstständiger Erwerbstätigkeit (Abs. 5) 83
8. In Werkstätten für behinderte Menschen tätige Personen (Abs. 1 Nr. 7) 44	VI. Das Verhältnis von GKV und PKV (Abs. 9) 86
	VII. Konkurrenzen (Abs. 6 bis 8) 93
9. Behinderte Menschen in Anstalten, Heimen oder gleichartigen Einrichtungen (Abs. 1 Nr. 8) 48	XIII. Anpassung durch das Heil- und Hilfsmittelversorgungsgesetz 100
10. Studenten (Abs. 1 Nr. 9) 49	XIV. Anpassung durch das Bundesteilhabegesetz 101

I. Entstehungsgeschichte

§ 5 geht zurück auf das **Gesetz zur Strukturreform im Gesundheitswesen (GRG)** vom 20.12.1988.[1] 1
Die Versicherungspflichttatbestände wurden erstmals in einer zentralen Norm zusammengefasst; in der RVO waren die einzelnen Tatbestände in verschiedenen Einzelvorschriften geregelt, was zu einer unübersichtlichen Situation geführt hatte. Mit der Zusammenfassung der Versicherungspflichttatbestände sollte keine grundlegende inhaltliche Neuausrichtung erfolgen; im Detail gab es aber doch zahlreiche Änderungen.[2] Der Regierungsentwurf wurde im Laufe des Gesetzgebungsverfahrens nur geringfügig in Abs. 1 Nr. 3, 10 und 11 geändert.[3] § 5 ist am 1.1.1989 in Kraft getreten.[4] Mit Art. 4 Nr. 1 des

---
1 BGBl I 1988, 2477.
2 Vgl. hierzu den Gesetzentwurf der Fraktionen der CDU/CSU und FDP, BT-Dr. 11/2237, 159.
3 BT-Dr. 11/3320, 3 f., zur Begr. der Änderungen BT-Dr. 11/3480, 49.
4 Art. 79 Abs. 1 GRG.

Gesetzes zur Reform der gesetzlichen Rentenversicherung (RRG) vom 18.12.1989[5] wurde mWv 1.1.1992[6] in Abs. 1 Nr. 6 auf Vorschlag des Ausschusses für Arbeit und Sozialordnung[7] die Wendung „sowie an Berufsfindungen oder Arbeitserprobung" eingefügt.[8] Durch Art. 6 des Gesetzes zur Herstellung der Rechtseinheit in der gesetzlichen Renten- und Unfallversicherung vom 25.7.1991[9] wurde Abs. 1 Nr. 12 neu gefasst; mit der Neufassung sollte eine seit Einführung des § 17a des Fremdrentengesetzes bestehende Regelungslücke im Bereich der gesetzlichen Krankenversicherung beseitigt werden.[10] Das Zweite Gesetz zur Änderung des Fünften Buches Sozialgesetzbuch vom 20.12.1991[11] brachte mWv 1.1.1992[12] in Abs. 1 und 2 Änderungen im Hinblick auf die Herstellung der deutschen Einheit.[13] Abs. 6 S. 2, der das Verhältnis der Versicherungspflichttatbestände in Abs. 1 Nr. 7 und 8 regelt, wurde neu gefasst; durch eine rechtliche Klarstellung sollte eine Anpassung an den zuvor durch das RÜG geänderten § 3 SGB VI erreicht werden.[14] Art. 1 Nr. 1 des Gesetzes zur Sicherung und Strukturverbesserung der gesetzlichen Krankenversicherung vom 21.12.1992[15] änderte zum 1.1.1993[16] § 5 Abs. 1 Nr. 11. Die Vorsicherungszeit in der Krankenversicherung der Rentner musste fortan auf Zeiten einer Pflichtversicherung beruhen;[17] als Zeiten der Pflichtversicherung sollten auch Zeiten gelten, in denen wegen des Bezugs von Anpassungsgeld für entlassene Arbeitnehmer im Bergbau eine freiwillige Versicherung bestanden hatte.[18] Art. 33 § 14 und Art. 56 enthielten Übergangsregelungen. Nachdem schon im Gesetzgebungsverfahren auf verfassungsrechtliche Bedenken im Hinblick auf die Einengung des versicherungspflichtigen Personenkreises hingewiesen worden war,[19] verwarf das Bundesverfassungsgericht die Neuregelung als verfassungswidrig.[20] Seit dem Dritten Gesetz zur Änderung des Fünften Buches Sozialgesetzbuch vom 10.5.1995[21] wurden in Abs. 1 Nr. 11 als Zeiten der Pflichtversicherung auch Zeiten anerkannt, in denen wegen des Bezugs von Überbrückungsgeld aus der Seemannskasse (§ 891a RVO) eine freiwillige Versicherung bestanden hatte;[22] die am 1.1.1993 in Kraft getretene Regelung (Art. 8 Abs. 3 des Gesetzes) hat wegen der Beanstandung des Abs. 1 Nr. 11 durch das Bundesverfassungsgericht zeitlich nur eine begrenzte Bedeutung erlangt. Das Gesetz zur Einordnung der gesetzlichen Unfallversicherung in das Sozialgesetzbuch (Unfallversicherungs-Einordnungsgesetz – UVEG) vom 7.8.1996[23] brachte in Art. 4 Nr. 1 eine redaktionelle Anpassung des § 5 Abs. 1 Nr. 11.[24] Mit Art. 5 Nr. 1 des Gesetzes zur Reform der Arbeitsförderung vom 24.3.1996[25] wurde Abs. 1 Nr. 2 neu gefasst. Die zuvor im AFG geregelten Pflichtversicherungstatbestände für Bezieher von Arbeitslosengeld, Arbeitslosenhilfe oder Unterhaltsgeld wurden unter Anpassung an den einmonatigen Nachversicherungszeitraum des § 19 Abs. 2 mWv 1.1.1998[26] in die allgemeinen Regelungen des SGB V überführt.[27] Mit Art. 1 Nr. 2 des Gesetzes zur Reform der gesetzlichen Krankenversicherung aus dem Jahr 2000 (GKV-Gesundheitsreformgesetz 2000) vom 22.12.1999[28] wurden in Abs. 1 Nr. 10 die Wörter „ohne Arbeitsentgelt" eingefügt. Ein neuer Abs. 4a enthielt Klarstellungen zur Versicherungspflicht von Postulanten und Novizen.[29] Der angefügte Abs. 10 sollte den im neuen § 6 Abs. 3a genannten

---

5 BGBl. I 1989, 2261.
6 Art. 85 Abs. 1 RRG.
7 BT-Dr. 11/5490, 206.
8 Zur Begr. BT-Dr. 11/5530, 60.
9 BGBl. I 1991, 1606.
10 Näher BT-Dr. 12/826, 24.
11 BGBl. I 1991, 2325.
12 Art. 12 Abs. 1 des Zweiten Gesetzes zur Änderung des Fünften Buches Sozialgesetzbuch.
13 BT-Dr. 12/1392, 4; BT-Dr. 12/1387, 4.
14 BT-Dr. 12/1392, 4; BT-Dr. 12/1387, 4.
15 BGBl. I 1992, 2266.
16 Art. 35 Gesundheitsstrukturgesetz.
17 Zur Begr. BT-Dr. 12/3608, 75.
18 Zur Begr. BT-Dr. 12/3937, 22.
19 BT-Dr. 12/3608, 75.
20 BVerfG, 15.3.2000, 1 BvL 16/96, 1 BvL 17/96, 1 BvL 18/96, 1 BvL 19/96, 1 BvL 20/96, 1 BvL 18/97.
21 BGBl. I 1995, 678.
22 Zur Begr. BT-Dr. 13/340, 8 f.
23 BGBl. I 1996, 1254.
24 BT-Dr. 13/4754, 145, BT-Dr. 13/4853, 25.
25 BGBl. I 1996, 594.
26 Art. 83 AFRG.
27 BT-Dr. 13/4941, 233.
28 BGBl. I 1999, 2626.
29 Zur Begr. BT-Dr. 14/1245, 59.

Personenkreises durch Schaffung eines Rechts auf Neuabschluss einer gekündigten privaten Krankenversicherung vor einer unfreiwilligen Nichtversicherung schützen.[30] Die Regelungen sind am 1.1.2000 in Kraft getreten.[31] Mit Art. 2 Nr. 1 des **Zweiten Gesetzes zur Änderung des Künstlersozialversicherungsgesetzes und anderer Gesetze** vom 13.6.2001[32] wurde zwecks Erleichterung des Zugangs zur KVdR § 5 Abs. 1 Nr. 11a eingefügt.[33] Über Abs. 1 Nr. 4 (Versicherungspflicht der Künstler und Publizisten nach näherer Bestimmung des Künstlersozialversicherungsgesetzes) wirkten sich auch Änderungen des KSVG (Art. 1) auf die Versicherungspflicht in der GKV aus (am 1.7.2001 in Kraft getreten).[34] Mit Art. 3 § 52 Nr. 1 des **Gesetzes zur Beendigung der Diskriminierung gleichgeschlechtlicher Gemeinschaften** vom 16.2.2001[35] wurde § 5 Abs. 7 S. 1 mWv 1.8.2001[36] auf Lebenspartner erstreckt.[37] Das **Sozialgesetzbuch – Neuntes Buch – (SGB IX) Rehabilitation und Teilhabe behinderter Menschen** vom 19.6.2001[38] brachte zum 1.7.2001[39] mit Art. 5 Nr. 2 mehrere Änderungen, bei denen es sich durchgängig um redaktionelle Anpassungen an den Sprachgebrauch des SGB IX handelte.[40] Mit dem **Gesetz zur Reform der arbeitsmarktpolitischen Instrumente (Job-AQTIV-Gesetz)** vom 10.12.2001[41] sollten mWv 1.1.2002[42] durch Änderung des Abs. 1 Nr. 2 beim Ruhen des Anspruchs auf Arbeitslosengeld wegen einer Urlaubsabgeltung eine Anpassung der Versicherungspflicht an den Ablauf der allgemeinen krankenversicherungsrechtlichen Nachwirkung von einem Monat erreicht und durch Ergänzung des Abs. 4a außerbetrieblich Ausgebildete ausdrücklich in die Versicherungspflicht einbezogen werden; Letzteres hatte zuvor in Frage gestanden.[43] Mit dem **Zehnten Gesetz zur Änderung des Fünften Buches Sozialgesetzbuch** vom 23.3.2002[44] wurden an Abs. 8 die Sätze 2 und 3 angefügt. Mit S. 2 sollte klargestellt werden, dass Rentenbezieher, die das Beitrittsrecht zur freiwilligen Versicherung nach § 9 Abs. 1 Nr. 6 ausgeübt haben, nicht als Rentner versicherungspflichtig werden.[45] Durch das **Gesetz zur Gleichstellung behinderter Menschen und zur Änderung anderer Gesetze** vom 27.4.2002[46] wurde in § 5 Abs. 1 Nr. 7 zum 1.5.2002[47] eine redaktionelle Anpassung vorgenommen. Mit dem **Vierten Gesetz für moderne Dienstleistungen am Arbeitsmarkt** vom 24.12.2003[48] wurde in Abs. 1 Nr. 2 das Wort „Arbeitslosenhilfe" gestrichen; mit Abs. 2a wurde ein neuer Versicherungspflichttatbestand bei Bezug von Arbeitslosengeld II eingeführt.[49]

Eine Zäsur (auch) bei der Versicherungspflicht brachte das **Gesetz zur Stärkung des Wettbewerbs in der gesetzlichen Krankenversicherung** vom 26.3.2007.[50] Eine wesentliche Neuerung (Art. 1 Nr. 2) war die Schaffung eines neuen Auffangversicherungspflichttatbestands für Personen, die zuvor nicht krankenversichert waren;[51] die neuen Absätze 8a und 11 enthielten hierzu flankierende Regelungen.[52] § 5 Abs. 1 Nr. 11 wurde redaktionell an den nach der Entscheidung des BVerfG[53] gegebenen tatsächlichen Rechtszustand angepasst.[54] Ein neu eingefügter Abs. 5a brachte Einschränkungen bei der Versiche-

---

30 BT-Dr. 14/1245, 59.
31 Art. 22 Abs. 5 GKV-Gesundheitsreformgesetz 2000.
32 BGBl. I 2001, 1027.
33 BT-Dr. 14/5066, 15.
34 Art. 12 Abs. 1.
35 BGBl. I 2001, 266.
36 Art. 1.
37 Zur Begr. BT-Dr. 14/3751, 68 f.
38 BGBl. I 2001, 1046.
39 Art. 68.
40 BT-Dr. 14/5074, 117.
41 BGBl. I 2001, 3443.
42 Art. 10 Abs. 1.
43 BT-Dr. 14/6944, 52 mit Hinweis auf BSG, 12.10.2000, B 12 KR 7/00 R.
44 BGBl. I 2002, 1169.
45 BT-Dr. 14/8384, 8.
46 BGBl. I 2002, 1467.
47 Art. 56.
48 BGBl. I 2003, 2954.
49 BT-Dr. 15/1516, 72.
50 BGBl. I 2007, 378.
51 Zur Begr. BT-Dr. 16/3100, 94.
52 Zur Begr. BT-Dr. 16/3100, 95.
53 BVerfG, 15.3.2000, 1 BvL 16/96, 1 BvL 17/96, 1 BvL 18/96, 1 BvL 19/96, 1 BvL 20/96, 1 BvL 18/97.
54 Zur Begr. im Einzelnen BT-Dr. 16/3100, 93 f.

rungspflicht für Arbeitslosengeld II-Bezieher.⁵⁵ Abs. 5 a ist am 1.1.2009 in Kraft getreten; ansonsten gelten die Regelungen ab dem 1.4.2007.⁵⁶

3 Mit Art. 28 Abs. 4 des Zweiten Gesetzes zum Abbau bürokratischer Hemmnisse insbesondere in der mittelständischen Wirtschaft vom 7.9.2007⁵⁷ wurden in Abs. 1 Nr. 7 mWv 14.9.2007⁵⁸ redaktionelle Änderungen im Hinblick auf die Aufhebung des BliwaG und der DVO BliwaG sowie die Neufassung des § 143 SGB IX vorgenommen.⁵⁹ Durch Art. 9 Abs. 21 des **Gesetzes zur Reform des Versicherungsvertragsrechts** vom 23.11.2007⁶⁰ wurde § 5 Abs. 9 aufgehoben und dem neuen Abs. 9 (dem früheren Abs. 10) der Satz „Die vorstehenden Regelungen über den Versicherungsvertrag sind auf eine Anwartschaftsversicherung in der privaten Krankenversicherung entsprechend anzuwenden." angefügt. Der Inhalt des bis dahin geltenden Abs. 9 wurde in § 205 Abs. 2 VVG übernommen.⁶¹ Durch Art. 12 Abs. 3 Nr. 1 des **Gesetzes zur Ermittlung von Regelbedarfen und zur Änderung des Zweiten und Zwölften Buches Sozialgesetzbuch** vom 24.3.2011⁶² wurde in § 5 Abs. 1 Nr. 2 a eine redaktionelle Anpassung an eine Änderung im SGB II vorgenommen („§ 23 Abs. 3 Satz 1" wurde durch „§ 24 Abs. 3 Satz 1" ersetzt).⁶³ Art. 8 Nr. 1 des **Gesetzes zur Verbesserung der Wiedereingliederungschancen am Arbeitsmarkt** vom 20.12.2011⁶⁴ brachte in § 5 Abs. 1 Nr. 2 redaktionelle Anpassungen an Änderungen des SGB III.⁶⁵ Mit Art. 3 des **Gesetzes zur Änderung des Vierten Buches Sozialgesetzbuch und anderer Gesetze** vom 22.12.2011⁶⁶ wurde – in Reaktion auf eine Entscheidung des BSG⁶⁷ – an Abs. 4 a der Satz „Teilnehmer an dualen Studiengängen stehen den Beschäftigten zur Berufsausbildung im Sinne des Absatzes 1 Nummer 1 gleich." angefügt; die Änderung ist am 1.1.2012 in Kraft getreten.⁶⁸ Mit Art. 1 Nr. 1 a) aa) des **GKV-Finanzstruktur- und Qualitäts-Weiterentwicklungsgesetzes (GKV-FQWG)** vom 21.7.2014⁶⁹ wurden in Abs. 1 Nr. 2 a die Wörter „soweit sie nicht familienversichert sind" gestrichen; mit Art. 1 Nr. 1 b) wurde in Abs. 5 a S. 1 „unmittelbar" durch „zuletzt" ersetzt; eine redaktionelle Änderung enthält Art. 1 Nr. 1 a) bb);⁷⁰ die Änderungen treten zu unterschiedlichen Zeitpunkten in Kraft.⁷¹

4 An Abs. 5 wurde mit Art. 1 Nr. 1 des **Gesetzes zur Stärkung der Versorgung in der gesetzlichen Krankenversicherung (GKV-Versorgungsstärkungsgesetz – GKV-VSG)** vom 16.7.2015⁷² mit Wirkung vom 23.7.2015⁷³ ein zweiter Satz mit einer Vermutung für die Hauptberuflichkeit einer selbstständigen Tätigkeit bei regelmäßiger Beschäftigung eines Arbeitnehmers in mehr als geringfügigem Umfang angefügt.⁷⁴ Mit Art. 1 Nr. 0 des **Gesetzes für sichere digitale Kommunikation und Anwendungen im Gesundheitswesen sowie zur Änderung weiterer Gesetze** vom 21.12.2015⁷⁵ wurde mit Wirkung zum 1.1.2016⁷⁶ im Anschluss an die Änderung des Abs. 1 Nr. 2 a durch das GKV-FQWG für den Personenkreis des Abs. 5 a S. 1 durch Anfügung von Abs. 5 a S. 3 die Familienversicherung ausgeschlossen; der weiter angefügte Abs. 5 a S. 4 enthält eine Übergangsregelung für Personen, die am 31.12.2015 die Voraussetzungen des § 10 SGB V erfüllt hatten; sie unterliegen ab dem 1.1.2016 der Versicherungspflicht nach Abs. 1 Nr. 2 a;⁷⁷ mit Art. 1 a Nr. 1 wurden durch Einfügung von Abs. 1 Nr. 11 b und Ände-

---

55 Zur Begr. BT-Dr. 16/3100, 94 f.
56 Art. 46 Abs. 10 und Abs. 1.
57 BGBl. I 2007, 2246.
58 Art. 30 Abs. 2.
59 BR-Dr. 68/07, 109.
60 BGBl. I 2007, 2631.
61 Zur Begr. im Einzelnen BR-Dr. 707/06, 308 f.
62 BGBl. I 2011, 453.
63 Zur Begr. BT-Dr. 17/3404, 138.
64 BGBl. I 2011, 2854.
65 BT-Dr. 17/6277, 118.
66 BGBl. I 2011, 3057.
67 BR-Dr. 315/11, 28 mit Hinweis auf BSG, 1.12.2009, B 12 R 4/08 R.
68 Art. 23 Abs. 1.
69 BGBl. I, 1133.
70 Zur Begr. BT-Dr. 18/1307, 32 und BT-Dr. 18/1657, 66, 78.
71 Art. 17.
72 BGBl. I, 1211.
73 Art. 20 Abs. 1.
74 Zur Begr. BT-Dr. 641/14, 81 f.
75 BGBl. I, 2408.
76 Art. 4 Abs. 2.
77 Zur Begr. BT-Dr. 18/6905, 62 f.

rung von Abs. 7 und 8 mit Wirkung zum 1.1.2017[78] ein Versicherungspflichttatbestand für Fälle des § 48 SGB VI bzw. entsprechender Leistungen aus einer berufsständischen Versorgungseinrichtung bei Befreiung des verstorbenen Elternteils von der Versicherungspflicht in der gesetzlichen Rentenversicherung nach § 6 Abs. 1 S. 1 Nr. 1 SGB VI sowie Vor- und Nachrangregelungen gegenüber anderen Versicherungspflichttatbeständen eingeführt; die Vor- und Nachrangregelungen erstrecken sich auch auf Nr. 11 a.[79]

II. Regelungsgehalt und systematische Zusammenhänge

§ 5 bestimmt im Zusammenhang mit den §§ 6 bis 10 den Kreis der zur gesetzlichen Krankenversicherung zugehörigen Personen. Die §§ 5 bis 10 verfolgen ein Konzept der Gruppenbildung nach einer typisierten Schutzbedürftigkeit.[80] § 5 definiert dabei im Wesentlichen die Gruppe der Personen, die grundsätzlich durch Versicherungspflicht in die gesetzliche Krankenversicherung einbezogen werden sollen. Die §§ 6, 7 bestimmen Personengruppen, für die – abweichend von § 5 – ein generelles Bedürfnis für die Einbeziehung in der Versicherungspflicht nicht gesehen wird und die deshalb – trotz Vorliegens der Voraussetzungen des § 5 – versicherungsfrei sind. Den in den §§ 8, 9 bezeichneten Gruppen wird in begrenztem Umfang ein Wahlrecht – entweder zur Befreiung von der Versicherung oder zum Beitritt zu der Versicherung – eingeräumt. § 10 schließlich eröffnet bestimmten Familienangehörigen eine beitragsfreie Mitversicherung, ohne dass damit eine eigene Mitgliedschaft in der gesetzlichen Krankenversicherung begründet wird. Ob eine Pflichtversicherung besteht, kann demnach regelmäßig nicht isoliert nach § 5, sondern nur im Zusammenhang der §§ 5 bis 9 bestimmt werden.

Bei Versicherungspflichtigen und Versicherungsberechtigten wird der Versicherungsschutz in der Regel durch eine eigene **Mitgliedschaft** vermittelt; für Beginn und Ende der Mitgliedschaft gibt es spezielle Regelungen (§§ 186, 190 für Versicherungspflichtige); sie können unmittelbar für Leistungsansprüche von Bedeutung sein; sie können aber auch bei der Erfüllung von Vorversicherungszeiten bei Versicherungspflichttatbeständen oder Beitrittsrechten eine Rolle spielen (zB § 5 Abs. 1 Nr. 11, § 9 Abs. 1 S. 1 Nr. 1).

III. Versicherungspflicht

Eine **Legaldefinition** für den Begriff Versicherungspflicht enthält § 2 Abs. 1 SGB IV; danach besteht Versicherungspflicht für Personen, die **kraft Gesetzes oder Satzung** in der Sozialversicherung versichert sind; die Definition gilt für alle Zweige der Sozialversicherung (§ 1 Abs. 1 S. 1 SGB IV). Die Pflichtversicherung entsteht grundsätzlich bei Vorliegen der gesetzlichen Tatbestandsvoraussetzungen. Eines Vertragsschlusses bedarf es nicht, auch keines Beitritts und keiner Anmeldung; der Eintritt der Versicherung hängt auch nicht von Beitragszahlungen ab.[81] Die Ausgestaltung der Versicherungspflicht in der gesetzlichen Krankenversicherung unterscheidet sich so nach wie vor grundlegend **von der privaten Krankenversicherung**. Zwar hat der Gesetzgeber mit dem GKV-WSG[82] mittlerweile auch für die private Krankenversicherung eine Versicherungspflicht eingeführt (§ 193 VVG), um – korrespondierend zu § 5 Abs. 1 Nr. 13 – eine möglichst weitgehende Einbeziehung der Bevölkerung in den Schutz entweder der öffentlich-rechtlich oder der privatrechtlich organisierten Gesundheitsfürsorge zu erreichen. Auch haben mit der Einführung des Basistarifs (§ 12 VAG) durch das GKV-WSG Elemente des sozialen Ausgleichs auch in die private Krankenversicherung Eingang gefunden. Grundlegende Unterschiede der vor allem bei der Beitragsbemessung als **Solidargemeinschaft**[83] ausgestalteten gesetzlichen Krankenversicherung und der stärker am individuellen Risiko orientierten privaten Krankenversicherung bestehen aber fort.

Für die Bestimmung der **örtlichen Reichweite** der Versicherungspflicht sind im nationalen Recht die § 30 SGB I und §§ 3 ff. SGB IV zu beachten, wobei sowohl § 30 SGB I als auch § 6 SGB IV jeweils einen Vorbehalt für Normen des überstaatlichen Rechts festlegen. § 30 SGB I begrenzt die örtliche Reichweite der Regelungen des Sozialgesetzbuchs auf Personen, die ihren Wohnsitz oder gewöhnlichen Aufenthalt in seinem Geltungsbereich haben. Nach der bei Ausübung einer Beschäftigung oder Tätig-

---

78 Art. 4 Abs. 3.
79 Zur Begr. BT-Dr. 18/6905, 74 ff.
80 Berchtold in: Kreikebohm/Spellbrink/Waltermann, § 5 SGB V Rn. 1.
81 Felix in: jurisPK-SGB V, § 5 Rn. 13.
82 Gesetz zur Stärkung des Wettbewerbs in der gesetzlichen Krankenversicherung (GKV-WSG) vom 26.3.2007, BGBl. I 2007, 378.
83 Vgl. Felix in: jurisPK-SGB V, § 5 Rn. 15.

keit spezielleren (§ 37 SGB I) Regelung des § 3 SGB IV besteht eine an eine Beschäftigung oder Tätigkeit anknüpfende Versicherungspflicht bei Ausübung der Beschäftigung oder Tätigkeit im Geltungsbereich des Sozialgesetzbuchs; Ausnahmen regeln §§ 4 und 5 SGB IV (Aus- und Einstrahlung). Das so grundsätzlich geltende **Territorialitätsprinzip** erfährt Durchbrechungen vor allem durch das europäische Recht; so bleiben etwa Rentner, die in einen EU-Mitgliedstaat übersiedeln, Mitglied in der KVdR.[84]

9 Das Konzept der Pflichtversicherung als solches und die Einbeziehung aufgrund eines anhand von Typisierungen unterstellten Schutzbedürfnisses unterliegen grundsätzlich **keinen verfassungsrechtlichen Bedenken**. Die Einbeziehung typisiert Schutzbedürftiger in ein System der Sozialversicherung ist mit Art. 2 GG vereinbar.[85] Es liegt in der Gestaltungsfreiheit des Gesetzgebers, den Mitgliederkreis der gesetzlichen Krankenversicherung einerseits danach abzugrenzen, welcher Personenkreis zur Bildung einer leistungsfähigen Solidargemeinschaft erforderlich ist, und andererseits danach, welche Personen deren Schutz benötigen; bei der Sicherung der finanziellen Stabilität und damit der Funktionsfähigkeit der gesetzlichen Krankenversicherung handelt es sich um einen überragend wichtigen Gemeinwohlbelang.[86] Bei der Behandlung der unterschiedlichen Versichertengruppen hat der Gesetzgeber einen Gestaltungsspielraum; sie muss allerdings in Ansehung der zugrunde liegenden Typisierung sachgerecht sein.[87]

IV. Einzelne Tatbestände

10 **1. Beschäftigte und gleichgestellte Personen (Abs. 1 Nr. 1, Abs. 3, 4 und 4 a).** Der zentrale Pflichtversicherungstatbestand in der gesetzlichen Krankenversicherung ist die **Versicherungspflicht für Beschäftigte (Abs. 1 Nr. 1)**. Der Begriff der **Beschäftigung** ist in § 7 SGB IV definiert. Beschäftigung ist nach § 7 Abs. 1 S. 1 SGB IV die nicht selbstständige Arbeit, insbesondere in einem Arbeitsverhältnis. Anhaltspunkte für eine Beschäftigung sind eine Tätigkeit nach Weisungen und eine Eingliederung in die Arbeitsorganisation des Weisungsgebers (§ 7 Abs. 1 S. 2 SGB IV). Der Gesetzgeber bedient sich bei der Definition nicht eines scharf konturierten Begriffs, sondern der Rechtsfigur eines vorausgesetzten Typus.[88] Diese Gesetzestechnik ermöglicht es, dass trotz sozialen Wandels der Schutzzweck der Einbeziehung der idealtypisch erfassten Personengruppe erreicht werden kann, ohne dass ausufernde Detailregelungen erforderlich sind; erforderlich für die Feststellung einer Beschäftigung ist auch nicht, dass in jedem Einzelfall alle idealtypischen Merkmale erfüllt sein müssen, entscheidend ist vielmehr das Gesamtbild;[89] Kehrseite dieser Gesetzgebungstechnik ist eine Unsicherheit bei der Rechtsanwendung in „Randbereichen".

11 Umfangreiche Rechtsprechung gibt es vor diesem Hintergrund vor allem zu der **Abgrenzung des Begriffs der Beschäftigung von dem der selbstständigen Tätigkeit**. Nach der ständigen Rechtsprechung des BSG setzt eine Beschäftigung voraus, dass der Arbeitnehmer[90] vom Arbeitgeber persönlich abhängig ist. Bei einer Beschäftigung in einem fremden Betrieb ist dies der Fall, wenn der Beschäftigte in den Betrieb eingegliedert ist und er dabei einem Zeit, Dauer, Ort und Art der Ausführung umfassenden Weisungsrecht des Arbeitgebers unterliegt. Demgegenüber ist eine selbstständige Tätigkeit vornehmlich durch das eigene Unternehmerrisiko, das Vorhandensein einer eigenen Betriebsstätte, die Verfügungsmöglichkeit über die eigene Arbeitskraft und die im Wesentlichen frei gestaltete Tätigkeit und Arbeitszeit gekennzeichnet. Ob jemand abhängig beschäftigt oder selbstständig tätig ist, hängt davon ab, welche Merkmale überwiegen. Maßgebend ist stets das Gesamtbild der Arbeitsleistung. Dieses bestimmt sich nach den tatsächlichen Verhältnissen, zu denen die rechtlich relevanten Umstände gehö-

---

84 BSG, 5.7.2005, B 1 KR 4/04 R, SozR 4-2400 § 3 Nr. 2.
85 BVerfG, 9.12.2003, 1 BvR 558/99.
86 BVerfG, 4.2.2004, 1 BvR 1103/03.
87 Vgl. BVerfG, 15.3.2000, 1 BvL 16/96.
88 Sommer in: Peters, HdB KrV, 61. Lfg., Juli 2006, § 5 Rn. 30.
89 Sommer in: Peters, HdB KrV, 61. Lfg., Juli 2006, § 5 Rn. 30 mit Hinweis auf BVerfG, 20.5.1996, 1 BvR 21/96.
90 Der Arbeitsvertrags- bzw. Arbeitnehmerbegriff wird zukünftig in § 611 a BGB gesetzlich definiert sein (Art. 2 des Entwurfs eines Gesetzes zur Änderung des Arbeitnehmerüberlassungsgesetzes und anderer Gesetze vom 20.7.2016, BT-Dr. 18/9232, und Beschlussempfehlung und Bericht des Ausschusses für Arbeit und Soziales vom 19.10.2016, BT-Dr. 18/10064; eine wesentliche Änderung der Rechtslage dürfte dies nicht mit sich bringen; die Formulierung knüpft an höchstrichterliche Rspr. an, BT-Dr. 18/9232, 31 f., BT-Dr. 18/10064, 16.).

ren, die im Einzelfall eine wertende Zuordnung zum Typus der abhängigen Beschäftigung erlauben. Weichen die Vereinbarungen von den tatsächlichen Verhältnissen ab, geben Letztere den Ausschlag.[91]

Neben dem Beschäftigungsbegriff des § 7 SGB IV verwendet das Gesetz auch den Begriff des **Beschäftigungsverhältnisses** (zB § 186 Abs. 1, § 193 Abs. 1 S. 1). Während der Beschäftigungsbegriff wohl ursprünglich mehr an die **tatsächliche Ausübung** einer Tätigkeit anknüpfte, soll der Begriff des Beschäftigungsverhältnisses das mehrseitige öffentlich-rechtliche **Rechtsverhältnis** zwischen Arbeitgeber, Arbeitnehmer und der Sozialversicherung beschreiben.[92] Der Sprachgebrauch scheint zwischen den beiden Begriffen nicht mehr konsequent zu unterscheiden:[93] in der Rechtsprechung wird zuweilen für das Vorliegen einer Versicherungspflicht nach § 5 Abs. 1 Nr. 1 unmittelbar an den Begriff des Beschäftigungsverhältnisses angeknüpft;[94] die Versicherungspflicht Beschäftigter endet nach der Rechtsprechung des BSG grundsätzlich mit dem Ende des Beschäftigungsverhältnisses.[95] Die Überschneidung der jeweiligen Bedeutungen ist im Gesetz wohl auch angelegt. So ist für den **Beginn der Mitgliedschaft** versicherungspflichtig Beschäftigter nach § 186 Abs. 1 der Tag des Eintritts in das Beschäftigungsverhältnis maßgebend, der nicht mit dem Tag der tatsächlichen Arbeitsaufnahme zusammenfallen muss;[96] der Beginn der Beschäftigtenversicherung setzt entweder eine tatsächliche Arbeitsaufnahme oder zumindest das Entstehen eines Anspruchs auf Arbeitsentgelt voraus;[97] ein die Versicherungspflicht nach § 5 Abs. 1 Nr. 1 begründendes Beschäftigungsverhältnis entsteht aber nicht, wenn die Beschäftigung wegen Arbeitsunfähigkeit nicht aufgenommen wird und der Arbeitnehmer zu erkennen gibt, dass er den Dienst nicht aufnehmen will.[98] Bei **Unterbrechungen der tatsächlichen Beschäftigung** können das Beschäftigungsverhältnis und damit die Versicherungspflicht fortbestehen. Ruhepausen und beschäftigungsfreie Tage an Wochenenden unterbrechen das Beschäftigungsverhältnis nicht; auch Zeiten, in denen arbeitsrechtlich das Arbeitsverhältnis weiter besteht und die Bezüge weiter gezahlt werden wie bei bezahltem Urlaub, führen nicht zu einer Unterbrechung.[99] In Fällen, in denen ein Arbeitsverhältnis ohne die Zahlung von Arbeitsentgelt fortdauert, sind die speziellen Regelungen des § 7 Abs. 3 SGB IV und der §§ 192, 193 SGB V zu beachten. Nach § 7 Abs. 3 S. 1 SGB IV gilt eine Beschäftigung gegen Arbeitsentgelt insbesondere als fortbestehend, solange das Arbeitsverhältnis ohne Anspruch auf Arbeitsentgelt fortdauert, jedoch nicht länger als für einen Monat; Ausnahmen gelten nach § 7 Abs. 3 S. 3 SGB IV wiederum beim Bezug von Krankengeld, Krankentagegeld, Verletztengeld, Versorgungskrankengeld, Übergangsgeld, Mutterschaftsgeld, Erziehungsgeld, Elterngeld, bei Inanspruchnahme von Elternzeit und bei Ableistung von Wehr- und Ersatzdienst. § 192 regelt das Fortbestehen der Mitgliedschaft Versicherungspflichtiger ua in Fällen, in denen Anspruch auf Krankengeld oder Mutterschaftsgeld besteht oder bezogen wird, in denen Erziehungsgeld oder Elterngeld bezogen wird oder Elternzeit in Anspruch genommen wird und in denen von einem Rehabilitationsträger während einer Leistung zur medizinischen Rehabilitation Verletztengeld, Versorgungskrankengeld oder Übergangsgeld gezahlt wird. Die Versicherungspflicht **endet** nach der Rechtsprechung des BSG grundsätzlich mit dem Ende des Beschäftigungsverhältnisses. Eine die Versicherungspflicht in der gesetzlichen Rentenversicherung und in der Arbeitslosenversicherung begründende Beschäftigung kann auch noch vorliegen, wenn bei fortlaufender Zahlung des Arbeitsentgelts der Arbeitnehmer einvernehmlich und unwiderruflich bis zum Ende des Arbeitsverhältnisses von der Arbeitsleistung freigestellt ist[100] (vgl. § 190

---

91 BSG, 1.12.1977, 12/3/12 RK 39/74; 4.6.1998, B 12 KR 5/97 R (Ausbeiner); BSG, 18.12.2001, B 12 KR 10/01 R (Fremdgeschäftsführer einer GmbH); BSG, 22.6.2005, B 12 KR 28/03 R (Transportfahrer); BSG, 24.1.2007, B 12 KR 31/06 R (stiller Gesellschafter einer Steuerberatungs-GmbH); BSG, 27.2.2008, B 12 KR 23/06 R (Vorstandsmitglieder einer irischen private limited company bzw. einer deutschen AG); BSG, 28.5.2008, B 12 KR 13/07 R (Flugzeugführer); BSG, 11.3.2009, B 12 KR 21/07 R (Transportfahrer); BSG, 29.8.2012, B 12 R 14/10 R, B 12 KR 25/10 R (Geschäftsführer einer GmbH als Familienbetrieb); BSG, 11.11.2015, B 12 KR 10/14 R und B 12 KR 2/14 R (Minderheitsgesellschafter einer GmbH); BSG, 11.11.2015, B 12 KR 13/14 R (stiller Gesellschafter einer Steuerberatungs-GmbH).
92 So Sommer in: Peters, HdB KrV, 41. Lfg., November 2000, § 5 Rn. 85.
93 Vgl. hierzu auch Berchtold, Illegale Ausländerbeschäftigung nach der Neufassung des § 7 SGB IV, NZS 2012, 481, 483; Berchtold, Neuere Entwicklungen im Beitragsrecht der Sozialversicherung, ASR 2013, 255.
94 BSG, 11.3.2009, B 12 KR 20/07 R.
95 BSG, 24.9.2008, B 12 KR 22/07 R, SozR 4-2400 § 7 Nr. 9.
96 Hierzu BR-Dr. 1000/97, 23.
97 BSG, 4.3.2014, B 1 KR 64/12 R.
98 LSG Hmb, 22.7.2010, L 1 KR 33/07; zur Situation bei Eintritt von Arbeitsunfähigkeit kurz nach Beginn der Beschäftigungsaufnahme SG Leipzig, 15.7.2008, S 8 KR 113/08 ER.
99 Gerlach in: Hauck/Noftz, SGB V, Stand 3/2014, § 5 Rn. 157.
100 BSG, 24.9.2008, B 12 KR 22/07 R, SozR 4-2400 § 7 Nr. 9.

Abs. 2). Ein zur Versicherungspflicht führendes Beschäftigungsverhältnis kann (noch) während einer Freistellung im Rahmen einer flexiblen Arbeitszeitregelung vorliegen (§ 7 Abs. 1 a, § 7 b SGB IV).[101]

13 Im Arbeitsförderungsrecht wird zwischen **Beschäftigung im beitragsrechtlichen und leistungsrechtlichen Sinn** unterschieden;[102] bei der Beschäftigung im leistungsrechtlichen Sinn handelt es sich dabei um eine speziell auf die §§ 137 ff. SGB III zugeschnittene Begriffsbildung, die zur näheren Definition des Versicherungsfalls Arbeitslosigkeit und insbesondere der Tatbestandsvoraussetzung Beschäftigungslosigkeit herangezogen wird. Die Beschäftigung im leistungsrechtlichen Sinn ist daher unabhängig vom (Fort-)bestehen eines Arbeitsverhältnisses im Sinne des Arbeitsrechts durch die tatsächliche Nichtbeschäftigung des Versicherten, dh die fehlende Arbeitsleistung gekennzeichnet. Eine Beschäftigungslosigkeit im leistungsrechtlichen Sinne – zB während einer einvernehmlichen und unwiderruflichen Freistellung bis zum Ende des Arbeitsverhältnisses bei Fortzahlung des Entgelts – schließt das Vorliegen eines Beschäftigungsverhältnisses im hier maßgeblichen beitragsrechtlichen Sinne nicht aus.[103]

14 Die im Wortlaut des Abs. 1 Nr. 1 noch angelegte Unterscheidung zwischen **Arbeitern und Angestellten** hat heute keine Bedeutung mehr, weil die in § 6 Abs. 1 Nr. 1 genannte Jahresarbeitsentgeltsgrenze einheitlich für beide Gruppen gilt.[104]

15 Zum Kreis der nach Abs. 1 Nr. 1 Versicherungspflichtigen können auch zur **Berufsausbildung Beschäftigte** gehören. Abs. 1 Nr. 1 korrespondiert insoweit mit § 7 Abs. 2 SGB IV, wonach eine Beschäftigung auch beim Erwerb beruflicher Kenntnisse, Fertigkeiten oder Erfahrungen im Rahmen **betrieblicher Berufsbildung** vorliegt; bei § 7 Abs. 2 SGB IV handelt es sich um eine Klarstellung, dass auch die genannten Tätigkeiten dem Beschäftigungsbegriff unterfallen, obwohl nicht die Erbringung einer Arbeitsleistung, sondern der Ausbildungszweck im Vordergrund der Tätigkeit steht; die allgemeinen Voraussetzungen einer Beschäftigung müssen ansonsten aber vorliegen.[105] Mit betrieblicher Berufsbildung gemeint sind in erster Linie die im Berufsbildungsgesetz (BBiG) geregelten Formen der beruflichen Bildung (Berufsausbildungsvorbereitung, Berufsausbildung, berufliche Fortbildung und berufliche Umschulung). Der sachliche Anwendungsbereich des § 7 Abs. 2 SGB IV geht jedoch darüber hinaus; gemeint sein können auch öffentlich-rechtliche Dienstverhältnisse wie auch ausbildungsähnliche Verhältnisse.[106] Auf **Praktika** (vgl. hierzu auch Abs. 1 Nr. 10) können Vorschriften des Berufsbildungsgesetzes anwendbar sein,[107] so dass eine angemessene Vergütung zu zahlen sein (§§ 17, 26 BBiG) und es sich um (versicherungspflichtige) Beschäftigungen gegen Entgelt im Sinne des § 7 SGB IV handeln kann; dabei kann auch das Mindestlohngesetz (MiLoG)[108] zur Anwendung kommen, das eine Legaldefinition des Praktikantenbegriffs enthält (§ 22 Abs. 1 S. 3 MiLoG) und Praktikanten – bis auf die in § 22 MiLoG aufgeführten Ausnahmen – in den Anwendungsbereich des Gesetzes einbezieht;[109] stellen sich berufspraktische Phasen infolge organisatorischer und/oder curricularer Verzahnung mit der theoretischen Hochschulausbildung als Bestandteil des Studiums dar, so begründen sie nach der Rechtsprechung des BSG keine Versicherungspflicht als Beschäftigung;[110] seit dem 1.1.2012 ist aber Abs. 4 a S. 2 zu beachten, wonach Teilnehmer dualer Studiengänge Beschäftigten nach Abs. 1 Nr. 1 gleichstehen; die für die Beurteilung der Versicherungspflicht während berufspraktischer Ausbildungszeiten im Rahmen eines Hochschulstudiums geltenden Grundsätze finden sinngemäß auch bei Ausbildungsgängen in nichtakademischen Berufen Anwendung (zB Fahrlehrerausbildung).[111]

---

101 Zu Zweifelsfragen bzgl. der Rechtslage ab dem 1.1.2009: Rolfs/Witschen, NZA 2011, 881.
102 Vgl. hierzu etwa BSG, 24.9.2008, B 12 KR 22/07 R, SozR 4-2400 § 7 Nr. 9.
103 BSG, 24.9.2008, B 12 KR 22/07 R, SozR 4-2400 § 7 Nr. 9.
104 Berchtold in: Kreikebohm/Spellbrink/Waltermann, § 5 SGB V Rn. 7.
105 Vgl. hierzu Scheer in: jurisPK-SGB IV, § 7 Abs. 2, 2. Aufl. 2011, Rn. 2 mit Hinweis auf BT-Dr. 7/4122, 31.
106 Scheer in: jurisPK-SGB IV, § 7 Abs. 2, 2. Aufl. 2011, Rn. 26.
107 HessLAG, 25.1.2001, 3 Sa 1818/99.
108 Art. 1 des Gesetzes zur Stärkung der Tarifautonomie (Tarifautonomiestärkungsgesetz) vom 11.8.2014, BGBl. I, 1348.
109 Hierzu Burkard-Pötter/Sura, Das Praktikum im neuen Gewand – Praxiseinblicke zwischen Mindestlohn und prekärem Beschäftigungsverhältnis, NJW 2015, 517.
110 Vgl. BSG, 1.12.2009, B 12 R 4/08 R; vgl. hierzu auch BAG, 19.6.1974, 4 AZR 436/73; BAG, 18.11.2008, 3 AZR 192/07; BSG, 3.2.1994, 12 RK 78/92.
111 BSG, 27.7.2011, B 12 R 16/09 R, BSGE 109, 22.

Die **Nichtigkeit** des der Beschäftigung zugrunde liegenden Arbeitsvertrags oder Rechtsverhältnisses muss dem Bestehen eines Beschäftigungsverhältnisses nicht entgegenstehen.[112] § 7 Abs. 1 SGB IV unterscheidet zwischen dem Arbeits- und Beschäftigungsverhältnis; für die Begründung eines Beschäftigungsverhältnisses muss es demnach nicht darauf ankommen, ob ein wirksamer Arbeitsvertrag geschlossen worden ist. Ein Beschäftigungsverhältnis liegt jedenfalls auch dann vor, wenn bei Nichtigkeit des Arbeitsvertrages ein faktisches Arbeitsverhältnis besteht. Dies kann etwa in Fällen der Geschäftsunfähigkeit eines Vertragspartners, bei Anfechtung wegen Irrtums oder Formmangels oder bei Verstößen gegen ein gesetzliches Verbot oder gegen die guten Sitten der Fall sein, wenn die Rechtsordnung den Leistungsaustausch nicht schlechthin missbilligt.[113] Begründen Vertragsparteien ein Arbeitsverhältnis übereinstimmend allein mit Blick auf den fehlenden Krankenversicherungsschutz und in Kenntnis der schweren Erkrankung der Arbeitnehmerin ohne die ernstliche Absicht einer tatsächlichen Vertragsdurchführung, handelt es sich auch bei kurzzeitiger tatsächlicher Arbeitsaufnahme um eine missbräuchliche Rechtsgestaltung, die keine Krankenversicherungspflicht begründet.[114]

16

Versicherungspflicht nach Abs. 1 Nr. 1 besteht nur bei **Beschäftigungen gegen Arbeitsentgelt**. § 14 SGB IV enthält eine Legaldefinition; nach § 14 Abs. 1 S. 1 SGB IV sind Arbeitsentgelt im Grundsatz alle laufenden oder einmaligen Einnahmen aus einer Beschäftigung, gleichgültig, ob ein Rechtsanspruch auf die Einnahmen besteht, unter welcher Bezeichnung oder in welcher Form sie geleistet werden und ob sie unmittelbar aus der Beschäftigung oder im Zusammenhang mit ihr erzielt werden. Hiervon ausgehend kann Versicherungspflicht auch dann entstehen, wenn Entgelt zwar gezahlt, aber nicht geschuldet ist, zB in den Fällen der Nichtigkeit des Arbeitsvertrags (→ Rn. 16). Ausreichend für das Entstehen der Versicherungspflicht ist andererseits grundsätzlich auch schon ein Anspruch auf Arbeitsentgelt, auch wenn es (noch) nicht gezahlt ist (Entstehungsprinzip).[115] Abs. 1 Nr. 1 unterscheidet sich vom für die Sozialversicherung insgesamt vorgegebenen Leitbild des § 2 Abs. 2 Nr. 1 SGB IV dadurch, dass Versicherungspflicht auch für zur Berufsausbildung Beschäftigte nur bei Entgeltlichkeit besteht; die dadurch entstehende Schutzlücke wird aber in § 5 Abs. 1 Nr. 10 geschlossen (Versicherungspflicht auch für Personen, die ohne Arbeitsentgelt zu ihrer Berufsausbildung beschäftigt sind).

17

Nach **Abs. 3 und 4** gelten unter bestimmten Voraussetzungen auch **Bezieher von Vorruhestandsgeld** als gegen Arbeitsentgelt beschäftigte Arbeiter oder Angestellte. Für die Gleichstellung verlangt **Abs. 3**, dass Versicherungspflicht unmittelbar vor dem Bezug des Vorruhestandsgeldes bestanden hat und das Vorruhestandsgeld mindestens in Höhe von 65 vom Hundert des Bruttoarbeitsentgelts im Sinne des § 3 Abs. 2 des Vorruhestandsgesetzes (VRG) bezahlt wird; nach **Abs. 4** ist nicht versicherungspflichtig, wer im Ausland seinen Wohnsitz oder gewöhnlichen Aufenthalt in einem Staat hat, mit dem für Arbeitnehmer mit Wohnsitz oder gewöhnlichem Aufenthalt in diesem Staat keine über- oder zwischenstaatlichen Regelungen über Sachleistungen bei Krankheit bestehen. Die Vorschriften gehen zurück auf § 165 Abs. 2 S. 2–4 RVO, die – wie das VRG – Teil des Gesetzes zur Erleichterung des Übergangs vom Arbeitsleben in den Ruhestand[116] waren. Die Regelungen des VRG, auf dessen Grundlage von der (damaligen) Bundesanstalt für Arbeit Zuschüsse zu den Aufwendungen des Arbeitgebers für Vorruhestandsleistungen gewährt werden konnten, waren von Anfang an befristet; für die Zeit ab dem 1.1.1989 war das Gesetz nur noch anzuwenden, wenn die Voraussetzungen für den Anspruch (auf Zuschüsse) erstmals vor diesem Zeitpunkt vorgelegen hatten (§ 14 VRG). Die flankierenden Regelungen zur Einbeziehung in die Sozialversicherung bei Gewährung von Vorruhestandsgeld durch den (früheren) Arbeitgeber sind aber nicht entfallen.[117] Für die Einstufung einer Leistung als **Vorruhestandsgeld** ist notwendig und hinreichend, dass sie durch den früheren Arbeitgeber im Anschluss an die Beendigung der bei ihm bestehenden Beschäftigung aufgrund eines Tarifvertrags oder einer individuellen Vereinbarung gezahlt wird und der Sicherstellung des Lebensunterhalts während eines Zeitraums dient, in der der frühere Beschäftigte nach dem konkreten Inhalt der Parteivereinbarung bereits endgültig aus dem Erwerbsleben ausgeschieden ist.[118] Ein später abweichender Wille eines Vertragsbeteiligten – etwa

18

---

112 Vgl. hierzu auch Berchtold, Illegale Ausländerbeschäftigung nach der Neufassung des § 7 SGB IV, NZS 2012, 481 ff.
113 Vgl. BSG, 10.18.2000, B 12 KR 21/98 R: Honorarkräfte, die über Bildschirmtext Dialoge sexuellen Inhalts führen.
114 LSG LSA, 19.5.2011, L 10 KR 52/07.
115 Vgl. Berchtold in: Kreikebohm/Spellbrink/Waltermann, § 5 SGB V Rn. 9.
116 BGBl. I 1984, 610.
117 BSG, 24.9.2008, B 12 R 10/07 R, SozR 4-2600 § 3 Nr. 4.
118 Vgl. BSG, 24.9.2008, B 12 R 10/07 R; zur Abgrenzung von einer versicherungspflichtigen Beschäftigung bei Freistellung des Arbeitnehmers BSG, 24.9.2008, B 12 R 27/07 R.

durch erneute Arbeitsaufnahme des Vorruhestandsgeldbeziehers – dürfte daran nichts mehr ändern.[119] Versicherungspflicht **unmittelbar vor dem Bezug des Vorruhestandsgelds** besteht nur dann, wenn der Zahlungsempfänger zuletzt in dem Arbeitsverhältnis, aufgrund dessen Vorruhestandsgeld gezahlt wird, krankenversicherungspflichtig war; bestand im Zeitpunkt der Beendigung dieses Beschäftigungsverhältnisses keine Versicherungspflicht, trat diese aber später aufgrund eines anderen Sachverhalts vor Beginn des tatsächlichen Bezugs von Vorruhestandsgeld ein, reicht dies nicht aus.[120] Die Versicherungspflicht tritt nur ein, wenn das Vorruhestandsgeld mindestens in Höhe von 65 vom Hundert des Bruttoarbeitsentgelts im Sinne des § 3 Abs. 2 VRG bezahlt wird; § 3 Abs. 2 VRG knüpft für die Bestimmung des maßgeblichen Bruttoarbeitsentgelts an die letzten abgerechneten, insgesamt sechs Monate umfassenden Lohnabrechnungszeiträume an. Für die **Feststellung der Versicherungspflicht** ist die **Krankenkasse als Einzugsstelle** nach den §§ 28 i, 28 h Abs. 2 SGB IV zuständig.[121]

19 Nach **Abs. 4 a S. 1** stehen **Auszubildende**, die im Rahmen eines Berufsausbildungsvertrags nach dem Berufsbildungsgesetz in einer **außerbetrieblichen Einrichtung** ausgebildet werden, den Beschäftigten zur Berufsausbildung im Sinne des Abs. 1 Nr. 1 gleich. Die Regelung wurde mit dem Job-AQTIV-Gesetz[122] eingefügt; der genannte Personenkreis sollte ausdrücklich in die Versicherungspflicht einbezogen werden, nachdem dies zuvor nach einer Entscheidung des BSG in Frage gestanden hatte.[123] Nach der Formulierung der Gesetzesbegründung sollte es sich um eine Klarstellung handeln, tatsächlich dürfte aber eine Gesetzesänderung vorliegen; das BSG hatte Versicherungspflicht für Auszubildende in außerbetrieblichen Einrichtungen mangels Beschäftigung gerade verneint. Korrespondierende Regelungen wurden in der Kranken-, Renten- und Arbeitslosenversicherung geschaffen (§ 5 Abs. 4 a SGB V, § 1 S. 1 Nr. 3 a SGB VI, § 25 Abs. 1 S. 2 SGB III). Mit einer **Ausbildung im Rahmen eines Berufsausbildungsvertrags nach dem Berufsbildungsgesetz** ist in erster Linie eine Ausbildung im Sinne des § 1 Abs. 3 BBiG (nF) gemeint. Die Berufsausbildung hat nach § 1 Abs. 3 BBiG (nF) die für die Ausübung einer qualifizierten beruflichen Tätigkeit in einer sich wandelnden Arbeitswelt notwendigen beruflichen Fertigkeiten, Kenntnisse und Fähigkeiten (berufliche Handlungsfähigkeit) in einem geordneten Ausbildungsgang zu vermitteln; sie hat ferner den Erwerb der erforderlichen Berufserfahrungen zu ermöglichen (vgl. zuvor § 1 Abs. 2 BBiG aF). Angesichts des Wortlauts („Berufsausbildungsvertrags") und der Bezugnahme auf das Berufsbildungsgesetz ist unklar, ob auch Umschulungen (§ 1 Abs. 5 BBiG nF) den Tatbestand erfüllen;[124] dagegen spricht, dass nach der Gesetzesbegründung zur Einfügung des § 25 Abs. 1 S. 2 SGB III Weiterbildungen, zu denen in der Terminologie des SGB III auch Umschulungen gehören, wohl nicht von den Neuregelungen umfasst sein sollen.[125] Das nach § 5 Abs. 1 Nr. 1 weiter erforderliche Merkmal der Entgeltlichkeit hat für Abs. 4 a S. 1 in der Regel keine eigenständige Bedeutung; im Rahmen eines Berufsausbildungsverhältnisses muss ein angemessenes Entgelt gezahlt werden (§ 17 Abs. 1 BBiG), was für die Entstehung der Versicherungspflicht ausreicht (→ Rn. 17).

20 Nach **Abs. 4 a S. 2** stehen **Teilnehmer an dualen Studiengängen** den Beschäftigten zur Berufsausbildung im Sinne des Abs. 1 Nr. 1 gleich. Die Regelung soll sicherstellen, dass Teilnehmer an dualen Studiengängen künftig wieder einheitlich in der Kranken-, Pflege-, Rentenversicherung- und der Arbeitsförderung als Beschäftigte versicherungspflichtig sind. Es handelt sich um eine Reaktion des Gesetzgebers auf das Urteil des BSG vom 1.12.2009 (Az. B 12 R 4/08 R), welches die Versicherungspflicht wegen einer Beschäftigung verneint hatte, wenn sich im Rahmen eines sogenannten praxisintegrierten dualen Studiums die berufspraktischen Phasen infolge organisatorischer und/oder curricularer Verzahnung mit der theoretischen Hochschulausbildung als Bestandteil des Studiums darstellen.[126] In der Gesetzesbegründung ist zwar von einer Klarstellung die Rede, tatsächlich dürfte es sich aber um eine Gesetzesänderung handeln.

21 Nach **Abs. 4 a S. 3** gelten als zu ihrer Berufsausbildung Beschäftigte im Sinne von Abs. 1 Nr. 1 auch Personen, die als nicht satzungsmäßige Mitglieder geistlicher Genossenschaften oder ähnlicher religiöser Gemeinschaften für den Dienst in einer solchen Genossenschaft oder ähnlichen religiösen Gemeinschaft außerschulisch ausgebildet werden. Auch diese Regelung war eine Reaktion des Gesetzgebers

---

119 So wohl BSG, 24.9.2008, B 12 R 10/07 R; aA wohl Baier in: Krauskopf, Stand 1/2014, § 5 SGB V Rn. 84.
120 BSG, 2.9.2009, B 12 KR 13/08 R, SozR 4-2500 § 5 Nr. 9.
121 BSG, 2.9.2009, B 12 KR 13/08 R, SozR 4-2500 § 5 Nr. 9.
122 Gesetz vom 10.12.2001, BGBl. I, 3443.
123 BT-Dr. 14/6944, 52 mit Hinweis auf BSG, 12.10.2000, B 12 KR 7/00 R.
124 So Baier in: Krauskopf, Stand 1/2014, § 5 SGB V Rn. 88; möglicherweise auch Schlegel in: Eicher/Schlegel, 108. EL, § 25 Rn. 145 ff.
125 BT-Dr. 14/6944, 30.
126 BR-Dr. 315/11, 28.

auf eine Entscheidung des BSG,[127] wonach Postulanten und Novizen in einem kontemplativen Orden mangels Beschäftigung nicht versicherungspflichtig waren; die Vorschrift sollte klarstellen, dass Versicherungspflicht in der gesetzlichen Krankenversicherung bestehe.[128]

2. Bezieher von Arbeitslosengeld oder Unterhaltsgeld (Abs. 1 Nr. 2). Versicherungspflicht nach Abs. 1 Nr. 2 kann bei Bezug von **Arbeitslosengeld und Unterhaltsgeld nach dem SGB III** bestehen.

Die Versicherungspflicht tritt nach dem Wortlaut der Norm heute nur noch bei Bezug von Arbeitslosengeld und Unterhaltsgeld ein. Die Arbeitslosenhilfe ist seit dem 1.1.2005 abgeschafft. Das Unterhaltsgeld ist seit dem 1.1.2005 durch das Arbeitslosengeld bei beruflicher Weiterbildung (§ 136 Abs. 1 Nr. 2, § 144 SGB III) ersetzt worden; aufgrund der (mittlerweile gestrichenen) Übergangsregelung des § 434j Abs. 8 SGB III, wonach Ansprüche auf Unterhaltsgeld, die vor dem 1.1.2005 zuerkannt worden waren, für die Zeiten ab dem 1.1.2005 ohne Neuberechnung als Ansprüche auf Arbeitslosengeld bei beruflicher Weiterbildung erfüllt wurden, hat damit auch die Benennung des **Unterhaltsgelds ab dem 1.1.2005 keine Bedeutung** mehr.

Sonstige Leistungen nach dem SGB III lösen keine Versicherungspflicht nach Abs. 1 Nr. 2 aus; allerdings können bei der Erbringung von Teilhabeleistungen andere Versicherungspflichttatbestände einschlägig sein (Abs. 1 Nr. 6). Keine Versicherungspflicht lösen insbesondere Leistungen der freien Förderung nach § 10 SGB III bzw. – nach dem Wegfall der freien Förderung – Leistungen nach § 135 SGB III (§ 421h aF) aus.[129] Nicht einheitlich beantwortet wird die Frage, ob auch Teilarbeitslosengeld Versicherungspflicht nach Abs. 1 Nr. 2 begründet. Teilweise wird dies angenommen, weil für das Teilarbeitslosengeld die Vorschriften über das Arbeitslosengeld anzuwenden seien.[130] Angesichts des Umstands, dass das Teilarbeitslosengeld in Abs. 1 Nr. 2 nicht genannt ist und es sich um eine eigenständige Leistungsart handelt,[131] stellt sich allerdings die Frage, ob der Wortlaut des Abs. 1 Nr. 2 eine solche Auslegung zulässt und ob überhaupt ein Bedürfnis für eine Versicherungspflicht aufgrund des Bezugs von Teilarbeitslosengeld besteht; Teilarbeitslosengeld wird regelmäßig neben der Ausübung einer ohnehin versicherungspflichtigen Beschäftigung bezogen.

Die Versicherungspflicht knüpft an den **Bezug** der genannten Leistungen an. Nach der Rechtsprechung des BSG ist unter dem „Bezug" von Leistungen zunächst der tatsächliche – auch rechtswidrige – Erhalt von Arbeitslosengeld zu verstehen. Abs. 1 Nr. 2 und § 190 Abs. 12 machen deutlich, dass Beginn und Ende der Versicherungsverhältnisses nicht durch den Zahlungszeitpunkt, sondern durch die von der Arbeitsverwaltung getroffene Bestimmung über den Bewilligungszeitraum („für") bestimmt werden. Mit dem Erlass eines entsprechenden Verwaltungsakts steht für den gesamten Bewilligungszeitraum fest, dass auch die Krankenversicherung des Arbeitslosen besteht. Auf die Erfüllung hierdurch anerkannter Ansprüche und im Zusammenhang mit ihr getroffene Bestimmungen kommt es in derartigen Fällen nicht mehr zusätzlich an. Ebenso wenig ist von Belang, ob die materiellrechtlichen Anspruchsvoraussetzungen des Arbeitslosengeld-Bezugs tatsächlich vorlagen.[132] Das bloße Bestehen eines fälligen materiellrechtlichen Anspruchs kann Krankenversicherungsschutz begründen; es wäre nicht gerechtfertigt, den Krankenversicherungsschutz bei verzögerter Bearbeitung und Leistung von der erstmaligen tatsächlichen Zahlung abhängig zu machen.[133] Ein „Bezug" liegt auch vor, wenn das Arbeitslosengeld **wegen Aufrechnung, Übertragung, Verpfändung oder Pfändung** nicht ausgezahlt wird;[134] aufgrund der Pfändungsschutzvorschriften dürfte ohnehin in den seltensten Fällen eine Auszahlung vollständig unterbleiben. Keine Rolle spielt, ob Arbeitslosengeld **vorläufig** ausgezahlt wird (etwa nach § 328 SGB III, §§ 42, 43 SGB I).[135] Aus dem Wortlaut der Vorschrift geht unmittelbar hervor, dass die Krankenversicherung nicht nachträglich entfällt, wenn **rückwirkende Aufhebungsentscheidungen** getroffen und Leistungen zurückgefordert werden. Abs. 1 Nr. 2 wird flankiert durch § 335 SGB III, der eine Erstattungspflicht im Hinblick auf die von der Bundesagentur geleisteten Beiträge durch den Leis-

---

127 BSG, 17.12.1996, 12 RK 2/96, BSGE 79, 307 ff.
128 BT-Dr. 14/1245, 59.
129 Vgl. Just in: Becker/Kingreen, § 5 Rn. 15; Simon in: Eicher/Schlegel, SGB III nF, Stand 2/2014, § 135 Rn. 31; jeweils mit Hinweis auf BSG, 26.5.2004, B 12 AL 4/03 R.
130 Just in: Becker/Kingreen, § 5 Rn. 16.
131 Henke in: Eicher/Schlegel, 56. EL 06/2005, § 150 Rn. 26.
132 BSG, 26.5.2004, B 12 KR 20/02 R.
133 BSG, 23.11.1983, 8 RK 35/82, SozR 4100 § 159 Nr. 5.
134 Just in: Becker/Kingreen, § 5 Rn. 17.
135 Felix in: jurisPK-SGB V, § 5 Rn. 31; Berchtold in: Kreikebohm/Spellbrink/Waltermann, § 5 SGB V Rn. 14.

tungsempfänger oder – bei Bestehen eines anderweitigen Versicherungspflichtverhältnisses – durch die Krankenkasse vorsieht.

26 Die Pflichtversicherung besteht trotz fehlenden Bezugs von Arbeitslosengeld auch in Fällen, in denen der **Anspruch auf Arbeitslosengeld ab Beginn des zweiten Monats einer Sperrzeit** (§ 159 SGB III) oder **ab Beginn des zweiten Monats wegen einer Urlaubsabgeltung** (§ 158 SGB III) ruht. Die Regelung bezüglich der Urlaubsabgeltung wurde mit dem Job-AQTIV-Gesetz[136] eingefügt. Zuvor bestand in Fällen, in denen während des Ruhenszeitraums nach § 158 SGB III (§ 143 SGB III aF) bei Zahlung einer Urlaubsabgeltung eine Arbeitsunfähigkeit nach Ablauf der allgemeinen krankenversicherungsrechtlichen Nachwirkung von einem Monat (§ 19 Abs. 2) eintrat, kein Krankenversicherungsschutz kraft Gesetzes und damit auch kein Anspruch auf Krankengeld. Die Betroffenen mussten sich selber gegen das Risiko der Krankheit versichern und hierfür Beiträge entrichten. Dies sollte durch Abs. 1 Nr. 2 (nF) geändert werden.[137] Eine Schutzlücke dürfte allerdings nach wie vor in Fällen bestehen, in denen eine zur Arbeitsunfähigkeit führende Erkrankung vor Beginn des zweiten Monats auftritt und bei Beginn des zweiten Monats andauert. Es wird die Auffassung vertreten, dass in solchen Fällen ab dem zweiten Monat Versicherungspflicht nach Abs. 1 Nr. 2 eintrete;[138] dies dürfte allerdings mit dem Wortlaut der Norm kaum in Einklang zu bringen sein; auch eine analoge Anwendung erscheint aufgrund des abschließenden Charakters der Versicherungspflichttatbestände problematisch.[139] Die neuere Rechtsprechung tritt dementsprechend einer erweiternden Auslegung von Abs. 1 Nr. 2 entgegen und verneint Versicherungspflicht, wenn wegen fehlender Vermittlungsfähigkeit aufgrund von Arbeitsunfähigkeit kein Anspruch auf Arbeitslosengeld besteht.[140]

27 Eine Entscheidung über die Versicherungspflicht ist erforderlichenfalls **vom Krankenversicherungsträger** durch Verwaltungsakt zu treffen; erst dieser ist dann einer gerichtlichen Überprüfung zugänglich.[141] Die Bundesagentur für Arbeit hat insoweit keine Feststellungsbefugnis, sie ist im Verfahren aber beizuladen.[142]

28 **3. Bezieher von Arbeitslosengeld II (Abs. 1 Nr. 2 a, Abs. 5 a).** Versicherungspflichtig sind auch Personen, die **Arbeitslosengeld II beziehen**. Nr. 2 a wurde zum 1.1.2005 eingefügt und ersetzt die frühere Versicherungspflicht für Bezieher der mit dem 31.12.2004 abgeschafften Arbeitslosenhilfe.

29 Für den Begriff des „Bezugs" der Leistung gelten die Ausführungen für das Arbeitslosengeld nach dem SGB III (Nr. 2) entsprechend. Um einem Bezug in diesem Sinne kann es sich auch bei Sachleistungen handeln, etwa in Fällen der Kürzung der Geldleistungen aufgrund von Sanktionen (§§ 31 ff. SGB II); kommt es aufgrund einer Sanktion zum vollständigen Wegfall der Leistungen, kann bei Fehlen anderweitiger Absicherung für den Krankheitsfall eine freiwillige Mitgliedschaft nach § 188 Abs. 4 in Betracht kommen.[143]

30 Versicherungspflicht nach Abs. 1 Nr. 2 a besteht nicht in Fällen, in denen **Arbeitslosengeld II nur darlehensweise** gewährt wird, zB in den Fällen des § 24 Abs. 5 SGB II iVm § 9 Abs. 4 SGB II (in den ab dem 1.4.2011 geltenden Fassungen), in denen Vermögen (§ 12 SGB II) der zuschussweisen Erbringung von Leistungen entgegensteht. In solchen Fällen werden ggf. vom SGB II-Leistungsträger darlehensweise auch die Beiträge für eine freiwillige Versicherung übernommen.

31 Versicherungspflicht bestand bis zum **31.12.2015** nicht in Fällen, in denen eine **Familienversicherung** (§ 10) bestand; wegen des subsidiären Charakters der Leistungen nach dem SGB II wurde in solchen Fällen kein Bedarf für eine eigenständige Versicherungspflicht gesehen.[144] Im Ergebnis bedeutete die Regelung vor allem eine Beitragsentlastung für den Bund, der die Beiträge für Bezieher von SGB II-Leistungen zu tragen hatte.[145] Bezogen Partner in einer Bedarfsgemeinschaft (§ 7 SGB II) Arbeitslosengeld II, so sollte – falls nicht aus anderen Gründen eine Pflichtversicherung bestand – nur ein Partner

---

136 Gesetz vom 10.12.2001, BGBl. I 2001, 3443.
137 Vgl. BT-Dr. 6944, 52.
138 LSG NRW, 25.9.2008, L 16 KR 37/08.
139 Berchtold in: Kreikebohm/Spellbrink/Waltermann, § 5 SGB V Rn. 16.
140 LSG Nds-Brem, 27.11.2012, L 4 KR 427/11, im Nachgang BSG, 4.3.2014, B 1 KR 68/12 R.
141 Simon in: Eicher/Schlegel, SGB III nF, Stand 2/2014, § 135 Rn. 31 mit Hinweis auf BSG, 26.5.2004, B 12 AL 4/03 R; BSG, 13.8.1996, 12 RK 15/96.
142 BSG, 13.8.1996, 12 RK 15/96, SozR 3-4100 § 155 Nr. 4.
143 Vgl. BT-Dr. 18/946, 43.
144 BT-Dr. 15/1516, 72.
145 Felix in: jurisPK-SGB V, § 5 Rn. 35.

nach Abs. 1 Nr. 2 a pflichtversichert sein, während der andere Partner familienversichert war;[146] welcher Partner dies war, war Abs. 1 Nr. 2 a nicht unmittelbar zu entnehmen; meist war wohl in solchen Fällen ein Partner schon vor dem Arbeitslosengeld II-Bezug familienversichert gewesen, so dass dieser Status beibehalten werden konnte.[147] Mit dem **GKV-FQWG**[148] ist mittlerweile mit Wirkung vom **1.1.2016**[149] die Wendung „soweit sie nicht familienversichert sind" gestrichen worden. Seither besteht damit unabhängig von einer Familienversicherung beim Bezug von Arbeitslosengeld II Versicherungspflicht (unter Beachtung der Ausnahmen nach Abs. 5 a). Hintergrund der Neuregelung waren der Aufwand und die Fehleranfälligkeit der Prüfung der Vorrangigkeit einer Familienversicherung.[150] Es kann sich so insbesondere nicht mehr die Frage stellen, welcher von beiden Partnern einer Bedarfsgemeinschaft versicherungspflichtig und welcher familienversichert wird, wenn – wie wegen § 9 Abs. 2 S. 3 SGB II regelmäßig – beide Partner Arbeitslosengeld II beziehen.

Versicherungspflicht besteht nicht bei Bezug nur von Leistungen nach **§ 24 Abs. 3 S. 1 SGB II** (Erstausstattungen und Sonderbedarfe); werden nur solche Leistungen bezogen, stehen für den Lebensunterhalt anderweitig Mittel zur Verfügung, was in aller Regel auch mit einem Krankenversicherungsschutz verbunden sein wird. Auch der Bezug von **Sozialgeld** (§§ 19, 23 SGB II) begründet keine Versicherungspflicht; bei Arbeitslosengeld II und Sozialgeld handelt es sich um unterschiedliche Leistungen (vgl. § 19 S. 1 und 2 SGB II).

Mit Art. 1 Nr. 2 GKV-WSG[151] wurde mWv 1.1.2009 durch **§ 5 Abs. 5 a S. 1** der Kreis der nach Abs. 1 Nr. 2 a Versicherungspflichtigen eingeschränkt; nicht mehr versicherungspflichtig war nach Abs. 5 a S. 1 seither, wer „unmittelbar" vor dem Bezug von Arbeitslosengeld II privat krankenversichert war oder weder gesetzlich noch privat krankenversichert war und zu den in Abs. 5 oder den in § 6 Abs. 1 oder 2 genannten Personen gehört oder bei Ausübung seiner beruflichen Tätigkeit im Inland gehört hätte; § 5 Abs. 5 a S. 2 enthält eine Bestandsschutzregelung. Bei Abs. 5 a handelt es sich in der Sache um eine Folgeänderung zum in der privaten Krankenversicherung eingeführten Basistarif (§ 12 VAG); für den in Abs. 5 a näher bezeichneten Personenkreis erschien eine Einbeziehung in die Versicherungspflicht in der gesetzlichen Krankenversicherung aufgrund der Möglichkeit einer privaten Versicherung nicht mehr erforderlich.[152] Schwierigkeiten hatten sich zunächst dadurch ergeben, dass der in Abs. 5 a von der Versicherungspflicht ausgeschlossenen Personengruppe der Zugang zur gesetzlichen Krankenversicherung in der Regel ganz verwehrt war, vom Träger der Leistungen der Grundsicherung für Arbeitsuchende aber ausgehend von Wortlaut des § 26 SGB II nicht die vollständigen Kosten für die erforderliche private Krankenversicherung übernommen wurden. Das BSG hatte entschieden, dass § 26 Abs. 2 S. 1 Nr. 1 SGB II insoweit eine planwidrige Lücke enthalte, die durch analoge Anwendung des damaligen § 26 Abs. 2 S. 1 Nr. 2 Hs. 2 SGB II zu schließen sei.[153] „Unmittelbarkeit" im Sinne von § 5 Abs. 5 a S. 1 erforderte einen direkten zeitlichen Zusammenhang zwischen dem Bezug von Alg II und dem Zeitpunkt des Bestehens eines privaten Krankenversicherungsschutzes;[154] sie bezog sich auch auf die zweite Tatbestandsvariante des Abs. 5 a.[155] Der Umstand, dass ein ehemals Selbstständiger, der die selbstständige Tätigkeit nicht mehr unmittelbar vor dem Bezug von Arbeitslosengeld II ausgeübt hatte, der Verpflichtung nach § 193 Abs. 3 VVG zum Abschluss einer privaten Krankenversicherung nicht nachgekommen war, konnte im Rahmen richterlicher Rechtsfortbildung bewirken, dass die Rechtsfolge des § 5 Abs. 1 Nr. 2 a in solchen Fällen nicht eintrat.[156] Ob ein aufgrund einer Anfechtung von Anfang an nichtiger privater Krankenversicherungsvertrag den Versicherungsschutz nach Abs. 1

---

146 So wohl: GKV-Spitzenverband, Bundesagentur für Arbeit, Deutscher Landkreistag, Deutscher Städtetag, Versicherungs-, Beitrags- und Melderecht der Bezieher von Arbeitslosengeld II, www.arbeitsagentur.de/zentraler-Content/A07-Geldleistung/A071-Arbeitslosigkeit/Publikation/pdf/KV-Rundschreiben-AlgII.pdf, S. 47 f.
147 Die Abschaffung des Vorrangs der Familienversicherung ist derzeit beabsichtigt, vgl. Entwurf eines Gesetzes zur Weiterentwicklung der Finanzstruktur und der Qualität in der gesetzlichen Krankenversicherung (GKV-Finanzstruktur- und Qualitäts-Weiterentwicklungsgesetzt – GKV-FQWG), BR-Dr. 151/14.
148 BGBl. I 2014, 1133.
149 Art. 17 Abs. 2 GKV-FQWG.
150 BT-Dr. 18/1307, 32.
151 Gesetz vom 26.3.2007, BGBl. I 2007, 378.
152 Vgl. BT-Dr. 16/3100, 94 f.
153 BSG, 18.1.2011, B 4 AS 108/10 R, BSGE 107, 217 ff.
154 LSG Bln-Bbg, 11.3.2011, L 1 KR 326/10; in diesem Sinne mittlerweile wohl auch BSG, 3.7.2013, B 12 KR 11/11 R: Das Merkmal „unmittelbar" kann nicht ohne zeitliche Betrachtung ausgelegt werden.
155 LSG Bln-Bbg, 23.12.2010, L 1 KR 368/10 B ER; wohl auch BSG, 3.7.2013, B 12 KR 11/11 R.
156 BSG, 3.7.2013, B 12 KR 11/11 R; aA LSG NRW, 30.4.2012, L 16 KR 134/12 B ER.

Nr. 2 a ausschließen konnte, war umstritten;[157] Klarheit dürften insoweit auch nicht die nachfolgend dargestellten Änderungen gebracht haben.

34 Mit dem GKV-FQWG[158] ist das Wort „unmittelbar" durch „zuletzt" ersetzt worden. Die Regelung ist nach Art. 17 Abs. 4 GKV-FQWG[159] nach dem Tag der Verkündung des Gesetzes, also am **25.7.2014**, in Kraft getreten. Die Änderung war eine Reaktion des Gesetzgebers auf die dargestellte Rechtsprechung des Bundessozialgerichts,[160] nach der das Merkmal „unmittelbar" nicht ohne zeitliche Begrenzung hatte ausgelegt werden können. Der neue Wortlaut soll nach den Gesetzgebungsmaterialien eindeutig zum Ausdruck bringen, dass für die Zuordnung während des Alg II-Bezugs maßgeblich auf die „letzte" Versicherung des Betroffenen entweder in der gesetzlichen oder in der privaten Krankenversicherung abzustellen sei, unabhängig davon, wie lange die Versicherung zurückliege. Damit werde im Übrigen eine Konformität zu der Regelung des § 5 Abs. 1 Nr. 13 a) hergestellt, die ebenfalls auf das Merkmal „zuletzt" abstelle. Gleichzeitig komme der Gesetzeszweck der Vorschrift wieder klar zur Geltung, eine konsequente Abgrenzung der Versicherungspflicht und somit einen gerechten Ausgleich zwischen den beiden Versicherungssystemen zu realisieren. Konkrete Anknüpfungskonstellationen für die Neuregelungen waren etwa Personen, die zwar unmittelbar vor dem Bezug von Alg II nicht privat krankenversichert gewesen waren, aber nach der gesetzlichen Abgrenzung der Krankenversicherungssysteme (§ 193 Abs. 3 VVG iVm Abs. 1 Nr. 13) der Pflicht zur Versicherung in der privaten Krankenversicherung unterlegen hatten und dieser Verpflichtung nicht nachgekommen waren, außerdem Personen, die unmittelbar vor dem Bezug von Alg II weder gesetzlich noch privat krankenversichert gewesen waren, weil sie sich in einem sog Sondersystem befunden hatten (Beispiel: Inhaftierte mit Anspruch auf Gesundheitsfürsorge nach dem Strafvollzugsgesetz), wenn deren „letzte" Versicherung vor der Absicherung in einem Sondersystem bei einem privaten Krankenversicherungsunternehmen bestanden hatte.[161]

Mit dem **Gesetz für sichere digitale Kommunikation und Anwendungen im Gesundheitswesen sowie zur Änderung weiterer Gesetze**[162] wurde mit Wirkung zum **1.1.2016**[163] im Anschluss an die Änderung des Abs. 2 Nr. 2 a durch das GKV-FQWG für den Personenkreis des Abs. 5 a S. 1 durch Abs. 5 a S. 3 die **Familienversicherung ganz ausgeschlossen**. Sinn der Regelung soll sein, die Jobcenter für Bezieher von Alg II vollständig von der Prüfung und Meldung der Familienversicherung zu entlasten.[164] Die Verortung der Regelung in Abs. 5 a überrascht; sachlich geht es um eine tatbestandliche Einschränkung der in § 10 geregelten Familienversicherung, auch wenn der Ausschluss an den Bezug von Alg II anknüpft. Abs. 5 a S. 4 enthält eine Übergangsregelung für Personen, die am 31.12.2015 die Voraussetzungen des § 10 erfüllt hatten; sie unterliegen ab dem 1.1.2016 der Versicherungspflicht nach Abs. 1 Nr. 2 a, weil eine Familienversicherung für Bezieher von Alg II nicht mehr durchzuführen ist.[165]

35 **4. Landwirtschaftliche Krankenversicherung (Abs. 1 Nr. 3).** Versicherungspflichtig sind **Landwirte, ihre mitarbeitenden Familienangehörigen und Altenteiler** nach näherer Bestimmung des Zweiten Gesetzes über die **Krankenversicherung der Landwirte (KVLG 1989)**.[166] Wie die Formulierung „nach näherer Bestimmung" deutlich macht, enthält die Vorschrift keine eigenständige Regelung; die Pflichtversicherung des betroffenen Personenkreises ist vielmehr in § 2 KLVG 1989 im Detail geregelt; dort finden sich auch Legaldefinitionen für die einschlägigen Begriffsbildungen. Zudem gibt es im KLVG 1989 Konkurrenzregelungen für die Versicherungspflichttatbestände nach dem KLVG 1989 untereinander sowie für das Verhältnis zu den Versicherungspflichttatbeständen des SGB V. Grundsätzlich gehen nach § 3 Abs. 1 Nr. 1 KLVG 1989 sonstige Versicherungspflichttatbestände den Versicherungspflichttatbeständen nach dem KLVG 1989 vor.

---

157 Bejahend LSG NRW, 3.9.2012, L 5 KR 258/12 B ER; ThürLSG, 30.7.2012, L 6 KR 462/12 B ER; ablehnend LSG Bln-Bbg, 10.4.2013, L 1 KR 1/13 B ER.
158 BGBl. I 2014, 1133.
159 BGBl. I 2014, 1133.
160 BSG, 3.7.2013, B 12 KR 11/11 R.
161 BT-Dr. 18/1657, 66, 67.
162 BGBl. I 2016, 2408.
163 Art. 4 Abs. 2.
164 BT-Dr. 18/6905, 63.
165 BT-Dr. 18/6905, 63.
166 Art. 8 des GRG vom 20.12.1988, BGBl. I 1988, 2477.

Die Krankenversicherung der Landwirte ist Teil der gesetzlichen Krankenversicherung; sie wird von der **Sozialversicherung für Landwirtschaft, Forsten und Gartenbau** als Trägerin durchgeführt (§ 17 Abs. 1 KLVG 1989).[167]

5. Künstler und Publizisten (Abs. 1 Nr. 4). Versicherungspflichtig sind **Künstler und Publizisten** nach näherer Bestimmung des **Künstlersozialversicherungsgesetzes (KSVG)**.[168] Wie Nr. 3 enthält auch Nr. 4 keine eigenständigen Regelungen („nach näherer Bestimmung"); vielmehr sind die einzelnen Versicherungspflichttatbestände im KSVG geregelt. Dort finden sich Legaldefinitionen für die Begriffe „Künstler" und „Publizist" (§ 2 KSVG), außerdem Konkurrenzregelungen für die verschiedenen Versicherungspflichttatbestände. Die Pflichtversicherung erfasst nur **selbstständig tätige** Künstler und Publizisten (§ 1 KSVG). Künstler und Publizisten, die abhängig beschäftigt sind, sind über § 5 Abs. 1 Nr. 1 pflichtversichert.

Organisatorisch wird die Künstlerkrankenversicherung von den nach dem SGB V gebildeten Krankenkassen durchgeführt. Die Künstlersozialkasse ist selbst keine Krankenkasse.

6. Personen in Einrichtungen der Jugendhilfe (Abs. 1 Nr. 5). Pflichtversichert sind Personen, die in **Einrichtungen der Jugendhilfe für eine Erwerbstätigkeit befähigt** werden sollen. Die Vorschrift geht zurück auf § 165 Abs. 1 Nr. 2 a RVO; es fehlen allerdings die Worte „durch Beschäftigung". Aus dieser Änderung wird zu folgern sein, dass eine Beschäftigung für die Versicherungspflicht nicht mehr erforderlich ist;[169] die für den Beschäftigungsbegriff erforderliche Eingliederung in betriebliche Abläufe wird in Einrichtungen der Jugendhilfe auch nicht regelmäßig vorliegen können; für die Entbehrlichkeit einer Beschäftigung spricht zudem der thematisch nahestehende § 5 Abs. 4 a. Nicht erforderlich ist die Zahlung von Entgelt.[170]

Als **Rechtsgrundlage für Maßnahmen der Jugendhilfe** ist vor allem § 13 Abs. 2 SGB VIII zu nennen; danach können im Rahmen der Jugendsozialarbeit (§ 2 Abs. 1 Nr. 1 SGB VIII) geeignete sozialpädagogisch begleitete Ausbildungs- und Beschäftigungsmaßnahmen angeboten werden, die den Fähigkeiten und dem Entwicklungsstand dieser jungen Menschen Rechnung tragen, soweit die Ausbildung nicht durch Maßnahmen und Programme anderer Träger und Organisationen sichergestellt wird. Zielgruppe solcher Maßnahmen sind vor allem Jugendliche, die wegen erheblicher Störungen im Leistungs- und Sozialverhalten in sonstigen Berufsausbildungsmaßnahmen nicht gefördert werden können.[171]

7. Teilnehmer an Leistungen zur Teilhabe am Arbeitsleben (Abs. 1 Nr. 6). Für das Einsetzen der Versicherungspflicht wird nicht mehr der Bezug von Übergangsgeld verlangt;[172] es muss vielmehr tatsächlich eine Teilnahme an einer der genannten Maßnahmen stattfinden.

Gemeint sind **Leistungen im Sinne des § 33 SGB IX**, die von den in § 6 SGB IX genannten Rehabilitationsträgern getragen werden (ohne die ausdrücklich ausgeschlossenen Träger der Leistungen nach dem BVG). Ausdrücklich klargestellt ist, dass die Versicherungspflicht auch bei Teilnahme an Abklärungen der beruflichen Eignung oder Arbeitserprobungen (§ 33 Abs. 4 S. 2 SGB IX) eintritt. Nach dem Gesetzeswortlaut ist unerheblich, ob die Teilhabeleistungen zu Recht erbracht werden.[173] Weil entscheidend die tatsächliche Teilnahme ist, haben rückwirkende Aufhebungsentscheidungen auf die Versicherungspflicht keine Auswirkungen. Nicht nur Sachleistungen, sondern auch reine Geldleistungen können Leistungen im Sinne des § 33 SGB IX sein.[174]

Beginn und Ende der Versicherungspflicht werden durch Beginn und Ende der tatsächlichen Teilnahme an der Maßnahme bestimmt (vgl. § 186 Abs. 4, § 190 Abs. 7); bei Bezug von Übergangsgeld besteht die Mitgliedschaft aber bis zum Ablauf des Tages, bis zu dem Übergangsgeld gezahlt wird (§ 190 Abs. 7). Die Versicherungspflicht kann rückwirkend eintreten, wenn vom zuständigen Träger erst nachträglich über die Fördervoraussetzungen entschieden wurde.[175] Die Versicherungspflicht endet bei

---

167 Zur Organisation der landwirtschaftl. KV ab 2013: LSV-NOG vom 12.4.2012, BGBl. I 2012, 579.
168 Gesetz vom 27.7.1981, BGBl. I 1981, 705.
169 Just in: Becker/Kingreen, § 5 Rn. 29; aA Sommer in: Peters, HdB KrV, 44. Lfg., Oktober 2001, § 5 Rn. 169.
170 Berchtold in: Kreikebohm/Spellbrink/Waltermann, § 5 SGB V Rn. 21.
171 Struck in: Wiesner, SGB VIII, 3. Aufl., § 13 Rn. 32.
172 Berchtold in: Kreikebohm/Spellbrink/Waltermann, § 5 SGB V Rn. 22; Felix in: jurisPK-SGB V, § 5 Rn. 49; Just in: Becker/Kingreen, § 5 Rn. 31; Gerlach in: Hauck/Noftz, SGB V, Stand 3/2014, § 5 300.
173 Felix in: jurisPK-SGB V, § 5 Rn. 49.
174 BSG, 25.5.2011, B 12 KR 8/09 R.
175 Gerlach in: Hauck/Noftz, SGB V, Stand 3/2014, § 5 Rn. 314.

einem Abbruch der Maßnahme; Unterbrechungen wirken sich ansonsten jedenfalls dann nicht aus, wenn Krankengeld gewährt wird und die Mitgliedschaft deshalb fortbesteht.[176]

44 **8. In Werkstätten für behinderte Menschen tätige Personen (Abs. 1 Nr. 7).** Die Vorschrift schließt für den betroffenen Personenkreis eine Lücke, die bei Anwendung nur des **Abs. 1 Nr. 1** verbleiben würde. Die Tätigkeit in Werkstätten für behinderte Menschen ist strukturell gegliedert in ein Eingangsverfahren, einen Berufsbildungsbereich und einen Arbeitsbereich (§§ 3 bis 5 WVO). Bei der Tätigkeit im Eingangsbereich und im Berufsbildungsbereich fehlt es – anders im Arbeitsbereich (vgl. § 138 Abs. 2 SGB IX) – an einer Beschäftigung gegen Entgelt (vgl. § 138 Abs. 4 iVm § 38 SGB IX), so dass § 5 Abs. 1 Nr. 1 SGB V nur auf Tätigkeiten im Arbeitsbereich anwendbar wäre (zur Konkurrenz von Nr. 1 und Nr. 6 vgl. Abs. 6 S. 1). Eine sachliche Überschneidung besteht mit **Abs. 1 Nr. 6** (zur Konkurrenz Abs. 6 S. 2). Abs. 1 Nr. 6 soll nach der Rechtsprechung des BSG für Tätigkeiten in den genannten Werkstätten sonstigen Versicherungspflichttatbeständen – auch Abs. 1 Nr. 1 – als **Spezialregelung** vorgehen; eine Differenzierung nach den Tätigkeiten in der Werkstatt sei nicht veranlasst;[177] unklar erscheint bei dieser Sichtweise allerdings die Rolle der Konkurrenzregelungen des Abs. 6; der vom BSG aufgezeigte Anwendungsbereich[178] dürfte äußerst eng sein.

45 Der behinderte Mensch muss in der Werkstatt tätig sein. Bei der Tätigkeit muss es sich zwar nicht um eine Beschäftigung im Sinne des Abs. 1 Nr. 1 handeln, die Aufnahme des behinderten Menschen in die Werkstatt muss aber **zum Zwecke der dauerhaften Eingliederung in das Erwerbsleben** erfolgen; Leistungen, die allein die medizinische Rehabilitation betreffen, begründen keine Versicherungspflicht.[179] **Keine Versicherungspflicht** besteht mithin auch für behinderte Menschen, die in sog **angegliederte Einrichtungen** (§ 136 Abs. 3 SGB IX) aufgenommen werden;[180] bei diesem Personenkreis steht die dauerhafte Eingliederung in das Erwerbsleben nicht im Vordergrund.

46 Der Begriff der **Behinderung** ist in § 2 Abs. 1 S. 1 SGB IX definiert.

47 Die Versicherungspflicht besteht nur bei der Tätigkeit in „**anerkannten**" Werkstätten und Blindenwerkstätten im Sinne des § 143 SGB IX. Das Anerkennungsverfahren ist in § 141 SGB IX, §§ 17f. WVO geregelt. Die Versicherungspflicht erstreckt sich auch auf Personen, die für die genannten Einrichtungen in **Heimarbeit** tätig sind.

48 **9. Behinderte Menschen in Anstalten, Heimen oder gleichartigen Einrichtungen (Abs. 1 Nr. 8).** Der Versicherungspflichttatbestand für behinderte Menschen steht in thematischem Zusammenhang mit Abs. 1 Nr. 7. Einerseits wird der Kreis der in Betracht kommenden **Einrichtungen** aber weiter gezogen; auch ist eine förmliche Anerkennung nicht erforderlich. Gemeint sind Anstalten, Heime und gleichartige Einrichtungen, die ihrer Art nach (institutionell) dazu bestimmt und geeignet sind, behinderte Menschen zu deren Betreuung aufzunehmen;[181] ein Allgemeinkrankenhaus ist keine Einrichtung in diesem Sinne,[182] in Betracht kommen zB Alten- und Pflegeheime, Heime für geistig behinderte Menschen, psychisch Kranke oder Suchtkranke.[183] Andererseits sind die Voraussetzungen für die Versicherungspflicht auslösende **Tätigkeit** enger gefasst. Erforderlich ist, dass die Tätigkeit mit gewisser Regelmäßigkeit und mit einem gewissen Mindestumfang ausgeübt wird; der behinderte Mensch muss eine Leistung erbringen, die einem Fünftel der Leistung eines voll erwerbsfähigen Beschäftigten in gleichartiger Beschäftigung entspricht. Entgeltlichkeit wird wie in Abs. 1 Nr. 7 nicht vorausgesetzt.[184]

49 **10. Studenten (Abs. 1 Nr. 9).** Abs. 1 Nr. 9 normiert eine Pflichtversicherung für Studenten (**Krankenversicherung der Studenten – KVdS**). Die Vorschrift ergänzt sich zum einen mit Abs. 1 Nr. 10, der eine Versicherungspflicht für Personen vorsieht, die eine in Studien- oder Prüfungsordnungen vorgeschriebene Tätigkeit ohne Arbeitsentgelt (Praktikum) verrichten. Zum anderen muss sie im Zusammenhang mit dem „Werkstudentenprivileg" des § 6 Abs. 1 Nr. 3 gesehen werden (siehe Kommentierung dort). Zu beachten ist ferner die Konkurrenzregelung des § 5 Abs. 7, wonach die Versicherungspflicht als

---

176 Gerlach in: Hauck/Noftz, SGB V, Stand 3/2014, § 5 Rn. 314 mit Hinweis auf § 192 Abs. 1 Nr. 2 SGB V.
177 Vgl. BSG, 14.2.2001, B 1 KR 1/00 R; auch Berchtold in: Kreikebohm/Spellbrink/Waltermann, § 5 SGB V Rn. 24.
178 BSG, 14.2.2001, B 1 KR 1/00 R, SozR 3-2500 § 44 Nr. 8.
179 BSG, 14.12.1994, 4 RK 1/93, SozR 3-2500 § 5 Nr. 19.
180 BSG, 10.9.1987, 12 RK 42/86, BSGE 62, 149 ff.
181 Berchtold in: Kreikebohm/Spellbrink/Waltermann, § 5 SGB V Rn. 26 mit Hinweis auf BSG, 28.10.1981, 12 RK 29/80.
182 BSG, 28.10.1981, 12 RK 29/80.
183 Sommer in: Peters, HdB KrV, 44. Lfg., Oktober 2001, § 5 Rn. 188.
184 Felix in: jurisPK-SGB V, § 5 Rn. 59.

Student in den Fällen des Abs. 1 Nr. 1–8, 11 oder 12 und des § 10 (Familienversicherung) regelmäßig entfällt. Auch bei einer hauptberuflichen selbstständigen Tätigkeit besteht keine Versicherungspflicht in der KVdS (Abs. 5).

Student ist, wer sich an einer Hochschule einer wissenschaftlichen Bildung oder Ausbildung widmet.[185] Die Versicherungspflicht setzt die **Immatrikulation als Student** voraus und ist insofern notwendige Bedingung für den Eintritt der Versicherungspflicht; regelmäßig nicht entscheidend ist, ob ein Studium ernsthaft betrieben wird;[186] Wortlaut der Norm sowie das Bedürfnis nach eindeutiger und mit vertretbarem Aufwand zu erreichender Statusklärung legen diese Auslegung nahe. Nicht jede Einschreibung an einer Hochschule kann indes den Status einer „Immatrikulation als Student" im Sinne des Abs. 1 Nr. 9 begründen. Nach der Rechtsprechung des BSG muss es sich vielmehr um „Studenten im engeren Sinne" handeln;[187] versicherungspflichtig sind damit weder Teilnehmer an einem studienvorbereitenden Sprachkurs[188] noch Teilnehmer an einem Studienkolleg.[189] Auch Doktoranden sind nicht versicherungspflichtig.[190] Dasselbe gilt für Gasthörer und Besucher von Ferienkursen.[191] Versicherungspflicht kann für ein Aufbau- oder Erweiterungsstudium bestehen; der erste berufsqualifizierende Abschluss beendet nicht notwendigerweise die Versicherungspflicht.[192] Deshalb kann auch nicht angenommen werden, dass die Versicherungspflicht in gestuften Bachelor-/Masterstudiengängen mit dem Abschluss eines Bachelor-Studiums endet.[193] Die Immatrikulation muss an einer staatlich oder staatlich anerkannten Hochschule bestehen. Infrage kommen staatlich anerkannte Hochschulen oder Fachhochschulen (§ 1 HRG) sowie durch Landesrecht gleichgestellte Einrichtungen; die Bezeichnung „Hochschule" ist nicht entscheidend.[194] Das Bedürfnis nach eindeutigen Statusentscheidungen spricht für einen generellen Wegfall der Versicherungspflicht bei Beurlaubungen vom Studium;[195] denkbar ist aber auch eine Differenzierung nach dem Grund der Beurlaubung.[196]

50

Versicherungspflicht kann unabhängig davon bestehen, ob der Student seinen Wohnsitz oder gewöhnlichen Aufenthalt im Inland hat; der Territorialitätsgrundsatz des § 3 SGB IV wird insoweit durchbrochen.[197]

51

Seit dem Jahr 1989 besteht die Versicherungspflicht regelmäßig nur **bis zum Abschluss des 14. Fachsemesters**, längstens bis zur Vollendung des dreißigsten Lebensjahres. Ausnahmen hiervon sind in Halbsatz 2 geregelt; Studenten nach Abschluss des vierzehnten Fachsemesters oder nach Vollendung des 30. Lebensjahres sind nur versicherungspflichtig, wenn die **Art der Ausbildung oder familiäre sowie persönliche Gründe**, insbesondere der Erwerb der Zugangsvoraussetzungen in einer Ausbildungsstätte des Zweiten Bildungsweges, die Überschreitung der Altersgrenze oder eine längere Fachstudienzeit rechtfertigen.

52

Ziel der zeitlichen Begrenzung der Versicherungspflicht war zum einen die **Vermeidung von Missbrauch**, zum anderen wurde auch eine gewisse **Steuerungswirkung** im Hinblick auf eine unerwünschte Tendenz zur Verlängerung des Studiums erwartet.[198] Die Regelung ist **nicht verfassungswidrig**.[199]

53

Ausgehend von der Formulierung („Fachsemestern") wird die Regelung so verstanden werden müssen, dass die **Versicherungspflicht erst bei Überschreiten der Grenze von 14 Semestern in einem Studienfach entfällt**. Bei Abbruch eines Studiums und Aufnahme eines neuen Studiums im Anschluss oder

54

---

185 Peters in: KassKomm, Stand 12/2013, § 5 SGB V Rn. 88.
186 Felix in: jurisPK-SGB V, § 5 Rn. 62; Just in: Becker/Kingreen, § 5 Rn. 37.
187 BSG, 23.3.1992, 12 RK 45/92, SozR 3-2500 § 5 Nr. 10.
188 BSG, 29.9.1992, 12 RK 15/92, SozR 3-2500 § 5 Nr. 2.
189 BSG, 19.9.1992, 12 RK 16/92, SozR 3-2500 § 5 Nr. 3.
190 BSG, 23.3.1993, 12 RK 45/92, SozR 3-2500 § 5 Nr. 10; LSG BW, 24.4.2015, L 4 KR 2691/14 (Revision anhängig unter B 12 KR 15/16 R); LSG Berlin-Potsdam, 12.7.2016, L 9 KR 4/16 (Revision anhängig unter B 12 KR 1/17 R); vgl. auch LSG Bln-Bbg, 4.4.2014, L 1 KR 400/12 zu möglichen Ausnahmen; kritisch zur Rspr. des BSG: Reinert, Die Grenzen der studentischen Pflichtversicherung – Zur ungeklärten Versicherungslage von Promotionsstudenten, NZS 2015, 609.
191 Peters in: KassKomm, Stand 12/2013, § 5 SGB V Rn. 88.
192 Vgl. BSG, 29.9.1992, 12 RK 31/91, BSGE 71, 144.
193 Vgl. Rundschreiben der GKV-Spitzenverbände vom 21.6.2006, S. 19; SG Stralsund, 20.1.2017, S 3 KR 11/15.
194 Vgl. Peters in: KassKomm, Stand 12/2013, § 5 SGB V Rn. 89.
195 Felix in: jurisPK-SGB V, § 5 Rn. 62.
196 Peters in: KassKomm, Stand 12/2013, § 5 SGB V Rn. 88.
197 BSG, 26.8.2008, B 12 KR 22/08 B.
198 BT-Dr. 11/2237, 159.
199 BSG, 30.9.1992, 12 RK 35/91, SozR 3-2500 § 5 Nr. 5.

bei Aufnahme eines Zweitstudiums erfolgt daher keine Zusammenrechnung der Semester; die Zählung beginnt vielmehr von vorn; Versicherungspflicht besteht erneut bis zum Abschluss des 14. Fachsemesters, sofern nicht zuvor bereits die weitere Grenze (Vollendung des 30. Lebensjahres) überschritten wird.[200] Für das Ende der Mitgliedschaft in der KVdS soll in den Fällen der Vollendung des 30. Lebensjahres § 190 Abs. 9 analog anwendbar sein (Ende der Mitgliedschaft einen Monat nach Ende des Semesters, in dem die Altersgrenze überschritten wurde); dies ergebe sich aus der zentralen Bedeutung des Semesters als Zeiteinheit in der KVdS.[201]

55 Bei den Lebensalters- und Semesterhöchstgrenzen gibt es nach näherer Maßgabe von **Abs. 1 Nr. 9 Hs. 2** Ausnahmen; als Ausnahmetatbestand ist die Regelunge eng auszulegen.[202] Im Einzelfall soll nach nicht mehr unumstrittener Ansicht eine Versicherungspflicht auch noch dann eintreten können, wenn ein Studium erst nach Vollendung des 30. Lebensjahres begonnen wird;[203] die Vollendung des 37. Lebensjahres soll die absolute Höchstgrenze für die Versicherungspflicht als Student markieren.[204] Studenten mit Studienbeginn nach Vollendung des dreißigsten Lebensjahres sind nur dann versicherungspflichtig, wenn bei ihnen in der Zeit zwischen etwa der Vollendung des zwanzigsten Lebensjahres und dem Beginn des Zweiten Bildungsweges sowie zwischen dem Abitur im Zweiten Bildungsweg und dem Studienbeginn im wesentlichen durchgehend Hinderungsgründe vorgelegen haben.[205] Hinderungszeiten, die nach Vollendung des 30. Lebensjahres eintreten, bewirken keine Verlängerung der Versicherungspflicht, da sie die Überschreitung der Altersgrenze nicht gerechtfertigt haben können.[206] Die **Art der Ausbildung** kann vor allem bei der Einhaltung der Grenze von 14 Fachsemestern eine Rolle spielen. Eine Überschreitung der Studienhöchstdauer von 14 Semestern kann insbesondere unschädlich sein, wenn die Ausbildung besondere Anforderungen stellt, die eine Überschreitung der Regelfrist rechtfertigen. Einen Anhaltspunkt kann hierbei die Förderhöchstdauer nach dem BAföG bieten.[207] Eine Überschreitung der Altersgrenze ist nicht gerechtfertigt, wenn ein Studium erst kurz vor Ablauf der Lebensaltersgrenze begonnen wurde, weil es den Studiengang zuvor nicht gab.[208] Als **persönliche oder familiäre Gründe** für ein Überschreiten der Lebensalters- und Semesterhöchstgrenzen kommen Erkrankung, Behinderung, Schwangerschaft, Nichtzulassung zur gewählten Ausbildung im Auswahlverfahren oder Betreuung von behinderten oder aus anderen Gründen auf Hilfe angewiesenen Kindern in Betracht.[209] Es ist ausreichend, wenn entweder persönliche oder familiäre Grunde vorliegen; die Gründe müssen jedoch von solcher Art und solchen Gewicht sein, dass sie nicht nur aus der Sicht des Einzelnen, sondern auch bei objektiver Betrachtungsweise die Aufnahme des Studiums oder seinen Abschluss verhindern oder als unzumutbar erscheinen lassen.[210] Die in Betracht kommenden Gründe können nur berücksichtigt werden, soweit sie für die Überschreitung der Grenzen ursächlich sind.[211] Danach rechtfertigt die Ausübung einer Berufstätigkeit zwischen Abitur und Aufnahme eines Studiums, um Berufserfahrung zu sammeln und die späteren Chancen auf dem Arbeitsmarkt zu verbessern, das Überschreiten der Altersgrenze nicht,[212] ebenso nicht die einmalige Nichtzulassung zum Studium, der eine zweijährige Berufsausbildung und eine weitere fünfjährige Berufsausübung folgen[213] und auch nicht Zeiten der Berufsausübung und gleichzeitiger Kinderbetreuung.[214]

---

200 Felix in: jurisPK-SGB V, § 5 Rn. 66; wohl auch Peters in: KassKomm, Stand 12/2013, § 5 SGB V Rn. 94.
201 Peters in: KassKomm, Stand 12/2013, § 5 SGB V Rn. 102; in diesem Sinne wohl auch SG Wiesbaden, 28.10.2013, S 2 KR 151/11; Michels in: Becker/Kingreen, § 190 Rn. 12; aA Baier in: Krauskopf, Stand 1/2014, § 190 SGB V Rn. 27.
202 BT-Dr. 11/2237, 159.
203 BSG, 30.9.1992, 12 RK 3/91; kritisch Peters in: KassKomm, Stand 12/2013, § 5 SGB V Rn. 101; offen gelassen – vor allem im Hinblick auf den Wortlaut „Überschreitung" – von BSG, 15.10.2014, B 12 KR 17/12 R, vgl. auch Anmerkung von Schäfer-Kuczynski, SGb 2015, 701.
204 BSG, 15.10.2014, B 12 KR 17/12 R; vgl. auch Entscheidungsbesprechung von Luik, jM 2015, 288.
205 BSG, 23.6.1994, 12 RK 71/93; aA SG Marburg, 9.2.2011, S 6 KR 96/09.
206 LSG für das Saarland, 21.11.2012, L 2 KR 31/12, im Anschluss BSG, 15.10.2014, B 12 KR 1/13 R; auch BSG, 15.10.2014, B 12 KR 17/12 R.
207 Peters in: KassKomm, Stand 12/2013, § 5 SGB V Rn. 96.
208 BSG, 30.1.1997, 12 RK 39/96, SozR 3-2500 § 5 Nr. 32.
209 BT-Dr. 11/2237, 159; zur Frage der Kinderbetreuung allgemein SG Stralsund, 20.1.2017, S 3 KR 11/15.
210 BSG, 30.9.1992, 12 RK 40/91, BSGE 71, 150.
211 Vgl. BSG 30.9.1992, 12 RK 50/91, SozR 3-2500 § 5 Nr. 6.
212 BSG, 30.9.1992, 12 RK 40/91, BSGE 71, 150.
213 BSG, 30.9.1992, 12 RK 50/91, SozR 3-2500 § 5 Nr. 6.
214 BSG, 30.6.1993, 12 RK 6/93, SozR 3-2500 § 5 Nr. 13.

11. Praktikanten und vergleichbare Personen (Abs. 1 Nr. 10). Mit Abs. 1 Nr. 10 werden drei Personengruppen in die Versicherungspflicht einbezogen: „Praktikanten", Auszubildende ohne Entgeltansprüche sowie bestimmte Auszubildende des Zweiten Bildungswegs. Gemeinsam ist allen Gruppen, dass eine unentgeltliche Tätigkeit vorliegen muss;[215] mit der Einfügung der Wörter „ohne Arbeitsentgelt" zum 1.1.2000[216] sollte – auf dem Hintergrund der abweichenden Rechtsprechung des BSG zur tatbestandlichen Abgrenzung von Abs. 1 Nr. 1 und Abs. 1 Nr. 10[217] – klargestellt werden, dass Personen, die ein in Studien- oder Prüfungsordnungen vorgeschriebenes Praktikum gegen Entgelt verrichten, und die in dieser Zeit nicht als Studenten eingeschrieben sind, als Arbeitnehmer versicherungspflichtig sind.[218] Die Regelung soll eine Lücke zwischen der Versicherungspflicht wegen entgeltlicher Beschäftigung und der Versicherungspflicht als Student füllen; das Ziel wird allerdings bei Überschreiten der Zeitgrenzen des Abs. 1 Nr. 9 nicht vollständig erreicht; die Zeitgrenzen des Abs. 1 Nr. 9 sind auf Nr. 10 nicht übertragbar.[219]

Praktikanten sind Personen, die sich in einem Unternehmen praktische Kenntnisse zur Vorbereitung, Unterstützung oder zur Vervollständigung ihrer Ausbildung für den Hauptberuf durch zeitlich begrenzte berufspraktische Tätigkeit aneignen wollen.[220] Praktika können im Zusammenhang mit einer Ausbildung oder einem Studium stehen, aber auch unabhängig davon durchgeführt werden.[221] Auf Praktika können Vorschriften des Berufsbildungsgesetzes anwendbar sein,[222] so dass eine angemessene Vergütung zu zahlen sein (§§ 17, 26 BBiG) und es sich um (versicherungspflichtige) Beschäftigungen gegen Entgelt im Sinne des § 7 SGB IV handeln kann; mittlerweile kann auch das Mindestlohngesetz (MiLoG)[223] zur Anwendung kommen, das eine Legaldefinition des Praktikantenbegriffs enthält (§ 22 Abs. 1 S. 3 MiLoG) und Praktikanten – bis auf die in § 22 MiLoG aufgeführten Ausnahmen – in den Anwendungsbereich des Gesetzes einbezieht; bei diesen entgeltlichen Praktika ist Abs. 1 Nr. 10 nicht einschlägig. Stellen sich berufspraktische Phasen infolge organisatorischer und/oder curricularer Verzahnung mit der theoretischen Hochschulausbildung als Bestandteil des Studiums dar, so begründen sie nach der Rechtsprechung des BSG keine Versicherungspflicht als Beschäftigung;[224] seit dem 1.1.2012 ist für duale Studiengänge aber die Gleichstellung des § 5 Abs. 4a S. 2 mit den Fällen des Abs. 1 Nr. 1 zu beachten, so dass auch in diesen Fällen – jedenfalls bei Entgeltzahlung – Abs. 1 Nr. 10 tatbestandlich nicht erfüllt ist. Praktika im Zusammenhang mit einem Studium können als Vorpraktikum, Zwischenpraktikum (Praxissemester) oder Nachpraktikum durchgeführt werden.[225] Insbesondere bei Vor- und Nachpraktika, für die eine Versicherungspflicht nach Abs. 1 Nr. 10 vor allem in Betracht kommt, ist zu beachten, dass das Praktikum von der **Studien- oder Prüfungsordnung** vorgeschrieben sein muss;[226] wird ein solches Praktikum aus eigenem Antrieb aus Nützlichkeitserwägungen durchgeführt, reicht dies für die Versicherungspflicht nach Abs. 1 Nr. 10 nicht aus;[227] bei Entgeltlichkeit kann aber eine Versicherungspflicht nach Abs. 1 Nr. 1 bestehen. Während des Studiums ist die Versicherungspflicht als Student (Abs. 1 Nr. 9) gegenüber Abs. 1 Nr. 10 vorrangig (**Abs. 7 S. 2**).

Zur Berufsausbildung ohne Arbeitsentgelt Beschäftigte sind ebenfalls nach Abs. 1 Nr. 10 versicherungspflichtig. Der Anwendungsbereich der Regelung dürfte eng sein. Zur Berufsausbildung Beschäftigte haben regelmäßig einen Anspruch auf angemessene Vergütung (§ 17 BBiG), so dass § 5 Abs. 1

---

215 Just in: Becker/Kingreen, § 5 Rn. 43.
216 BGBl. I 1999, 2626.
217 BSG, 3.2.1994, 12 RK 78/92; SozR 3-2500 § 5 Nr. 15.
218 BT-Dr. 14/1245, 59.
219 Peters in: KassKomm, Stand 12/2013, § 5 SGB V Rn. 107.
220 Sommer in: Peters, HdB KrV, 41. Lfg., November 2000, § 5 Rn. 209; vgl. auch LAG Düsseldorf, 17.8.2001, 18 Sa 774/01; zur Abgrenzung Praktikant – Lehrling (Auszubildender) BSG, 17.12.1980, 12 RK 20/79; zur arbeitsrechtlichen Abgrenzung Praktikantenverhältnis – Arbeitnehmerverhältnis vgl. LAG Düsseldorf, 17.8.2001, 18 Sa 774/01 und LAG RhPf 18.6.2009, 10 Sa 137/09; zur Rechtsstellung von Praktikanten: Schade, NJW 2013, 1039 ff.
221 Zu den verschiedenen Ausbildungsarten, in deren Zusammenhang Praktika absolviert werden, vgl. BSG 1.12.2009, B 12 R 4/08 R, BSGE 105, 56 ff.
222 HessLAG, 25.1.2001, 3 Sa 1818/99.
223 Art. 1 des Gesetzes zur Stärkung der Tarifautonomie (Tarifautonomiestärkungsgesetz) vom 11.8.2014, BGBl. I 1348.
224 Vgl. BSG, 1.12.2009, B 12 R 4/08 R; vgl. hierzu auch BAG, 19.6.1974, 4 AZR 436/73; BAG, 18.11.2008, 3 AZR 192/07; BSG, 3.2.1994, 12 RK 78/92.
225 Peters in: KassKomm, Stand 12/2013, § 5 SGB V Rn. 109.
226 Peters in: KassKomm, Stand 12/2013, § 5 SGB V Rn. 110.
227 Peters in: KassKomm, Stand 12/2013, § 5 SGB V Rn. 110.

Nr. 1 einschlägig ist. In Konstellationen, in denen ausnahmsweise kein Entgelt gezahlt werden muss, wird oft schon keine (betriebliche) Beschäftigung vorliegen[228] und damit Abs. 4 a S. 1 anwendbar sein.

59 Versicherungspflichtig sind auch **Auszubildende des zweiten Bildungswegs**, die sich in einem förderungsfähigen Teil eines Ausbildungsabschnitts nach dem BAföG befinden. In Betracht kommen Ausbildungen an einer Fachoberschule, einer Abendschule oder einer Kollegschule.[229] Besucher einer Berufsfachschule sind keine Auszubildenden des Zweiten Bildungswegs und daher nicht versicherungspflichtig nach Nr. 10, auch wenn sie sich in einem nach dem BAföG förderungsfähigen Ausbildungsabschnitt befinden.[230]

60 **12. Rentner (Abs. 1 Nr. 11, Abs. 2).** Die Krankenversicherung der Rentner wurde im Jahr 1956 durch eine Änderung des § 165 RVO eingeführt.[231] Die Voraussetzungen für den Eintritt der Versicherungspflicht – insbesondere im Hinblick auf die Vorversicherungszeit – haben seither **gravierende Änderungen** erfahren.[232] Voraussetzung für den Eintritt der Versicherungspflicht war anfangs die Erfüllung einer Vorversicherungszeit von 52 Wochen bei einem Träger der gesetzlichen Krankenversicherung vor Stellung des Rentenantrags. Nachdem die Vorversicherungszeit zunächst ganz abgeschafft und dann eine „Halbbelegung" eingeführt worden war, wurde mit dem GRG[233] bei der Vorversicherungszeit anstelle der bisherigen „Halbbelegung" eine Neun-Zehntel-Belegung der zweiten Hälfte des Erwerbslebens eingeführt; Art. 56 Abs. 1 bis 3 GRG enthielten Vertrauensschutzregelungen. Nach Art. 1 Nr. 1 Gesundheitsstrukturgesetz[234] musste ab dem 1.1.1993 die Vorsicherungszeit auf Zeiten einer Pflichtversicherung beruhen.[235] Für Rentner, die nach altem Recht am 31.12.1992 die Voraussetzungen für die Pflichtversicherung in der Krankenversicherung der Rentner erfüllt hatten, für die dies nach der Neuregelung aber nicht mehr galt, enthielt Art. 33 § 14 eine Übergangsregelung. Das Bundesverfassungsgericht hat diese Neuregelung als verfassungswidrig verworfen.[236] Mit Art. 1 Nr. 2 GKV-WSG[237] wurde § 5 Abs. 1 Nr. 11 wieder an den tatsächlichen Rechtszustand angepasst; da nach der Entscheidung des Bundesverfassungsgerichts eine Neuregelung durch den Gesetzgeber nicht erfolgt war, war für den Eintritt der Versicherungspflicht als Rentner seit dem 1. April 2002 wieder die bis zum Inkrafttreten des Gesundheitsstrukturgesetzes geltende Rechtslage maßgeblich gewesen.[238] Der im Wesentlichen durch die **Vorversicherungszeit** gesteuerte Zugang zur KVdR ist nach wie vor im Hinblick auf die **Beitragsbelastung für die Betroffenen** von nicht unerheblicher Bedeutung. Für versicherungspflichtige Rentner sind die zu verbeitragenden Einnahmearten durch § 237 gegenüber den bei freiwillig Versicherten heranzuziehenden Einnahmen (§ 240) begrenzt; § 240 gilt nach § 227 auch für die Auffangversicherung des § 5 Abs. 1 Nr. 13.[239] Für Rentner, die die Voraussetzungen für die Pflichtversicherung nicht erfüllten, bestand überdies bis zum 31.7.2013 ein Recht zum freiwilligen Beitritt zur gesetzlichen Krankenversicherung nur unter den allgemeinen Voraussetzungen des § 9; das frühere Beitrittsrecht für Rentner des § 176 Abs. 1 Nr. 9 RVO gab es nicht mehr; seit dem 1.8.2013 kann allerdings eine freiwillige Mitgliedschaft nach § 188 Abs. 4 (ohne die Voraussetzungen des § 9) entstehen. Dass versicherungs- und beitragspflichtige Kleinrentner nach den aktuellen Regelungen auch dann selbst in der gesetzlichen Krankenversicherung pflichtversichert sind, wenn ohne die Versicherungspflicht als Rentner für sie ein Anspruch auf Familienversicherung bestünde, ist **nicht verfassungswidrig**.[240] Verfassungsrechtliche Bedenken ergeben sich auch nicht daraus, dass es früher eine dem jetzigen § 192 Abs. 1 Nr. 2 entsprechende Vorschrift nicht gab, weil eine freiwillige Versicherung möglich war.[241]

---

228 Zu einer entsprechenden Konstellation BAG, 16.1.2003, 6 AZR 325/01.
229 Felix in: jurisPK-SGB V, § 5 Rn. 73.
230 BSG, 7.11.1995, 12 RK 38/94.
231 Gesetz über die Krankenversicherung der Rentner vom 12.6.1956, BGBl. I 1956, 500.
232 Ausführlich zur historischen Entwicklung BSG, Vorlagebeschluss v. 26.6.1996, 12 RK 41/94.
233 Gesetz vom 20.12.1988, BGBl. I 1988, 2477.
234 Gesetz vom 21.12.1991, BGBl. I 1992, 2266.
235 Zur Begr. BT-Dr. 12/3608, 75.
236 BVerfG, 15.3.2000, 1 BvL 16/96, 1 BvL 17/96, 1 BvL 18/96, 1 BvL 19/96, 1 BvL 20/96, 1 BvL 18/97.
237 Gesetz vom 26.3.2007, BGBl. I 2007, 378.
238 BSG, 4.9.2013, B 12 KR 13/11 R.
239 Peters in: KassKomm, Stand 12/2013, § 5 SGB V Rn. 125; die Auffangversicherung des Abs. 1 Nr. 13 dürfte im Hinblick auf § 188 Abs. 4 allerdings an Bedeutung verloren haben.
240 BSG, 4.9.2013, B 12 KR 11/11 R.
241 BayLSG, 29.9.2015, L 5 KR 412/13.

Die Versicherungspflicht tritt nur ein, wenn die **Voraussetzungen für den Anspruch auf eine Rente aus der gesetzlichen Rentenversicherung** erfüllt sind; ob tatsächlich eine Zahlung erfolgt, ist nicht entscheidend.[242] Unklar ist, was gilt, wenn ein Anspruch auf Rente zwar dem Grunde nach besteht, Zahlungen aber – etwa beim Zusammentreffen mit anderen Einkünften (vgl. §§ 89 ff. SGB VI) – tatsächlich nicht geleistet werden. Teilweise wird die Auffassung vertreten, dass auch bei Nichtleistung der Rente Versicherungspflicht bestehe;[243] der Umstand, dass ohne Zahlung der Rente eine Bemessungsgrundlage für die Beitragserhebung aus der Rente fehlt und unter Umständen auch für die die Rente verdrängende Einnahme keine Beitragspflicht angeordnet ist, dürfte indes gegen eine Versicherungspflicht in der KVdR sprechen.[244] Versicherungspflicht lösen nur Renten aus der inländischen gesetzlichen Rentenversicherung aus; für Renten aus ausländischen gesetzlichen Rentenversicherungen gilt dies nur dann, wenn über- oder zwischenstaatliches Recht entsprechende Bestimmungen trifft.[245] Die Art der Rente spielt keine Rolle; in Betracht kommen alle in § 33 SGB VI aufgezählten Rentenarten. Pflichtversicherter in der KVdR bleibt, wer als Bezieher ausschließlich deutscher Rente in einen anderen Mitgliedstaat der Europäischen Union (hier: Frankreich) umzieht; sein Anspruch auf Krankenversicherungsleistungen bei vorübergehendem Deutschlandaufenthalt richtet sich nach deutschem Recht.[246]

61

Weitere Voraussetzung für die Versicherungspflicht ist die **Stellung eines Rentenantrags** (§ 115 SGB VI). Weil mit der Stellung des Rentenantrags für den Krankenversicherungsträger noch nicht feststeht, ob letztlich eine Rente gewährt wird und die Entscheidung des Rentenversicherungsträgers über den Rentenanspruch für die Entscheidung über die Versicherungspflicht in der KVdR mangels eigener Entscheidungskompetenz des Krankenversicherungsträgers Tatbestandswirkung haben muss,[247] enthält § 189 eine spezielle Regelung über die (**Formal-)Mitgliedschaft von Rentenantragstellern**. Als Mitglieder gelten nach dieser Regelung Personen, die eine Rente der gesetzlichen Rentenversicherung beantragt haben und die Voraussetzungen nach § 5 Abs. 1 Nr. 11 und 12 und Abs. 2, jedoch nicht die Voraussetzungen für den Bezug der Rente erfüllen (§ 189 Abs. 1 S. 1). Die Mitgliedschaft beginnt mit dem Tag der Stellung des Rentenantrags (§ 189 Abs. 2 S. 1) und endet mit dem Tod oder mit dem Tag, an dem der Antrag zurückgenommen oder die Ablehnung des Antrags unanfechtbar wird (§ 189 Abs. 2 S. 2). Die Mitgliedschaft als Rentenantragsteller besteht nicht in Fällen der Versicherungsfreiheit nach § 6 Abs. 1 und ist gegenüber jeder anderen Versicherungspflicht nachrangig (§ 189 Abs. 1 S. 2).[248] Wird demnach vom Rentenversicherungsträger positiv über die Rente entschieden, besteht von Anfang an Versicherungspflicht und eine Mitgliedschaft als Rentner; ansonsten bleibt es bei der Mitgliedschaft als Rentenantragsteller bis zu deren Beendigung nach § 189 Abs. 2. Wird ein Rentenantrag zunächst bindend abgelehnt und nimmt der Rentenversicherungsträger den Ablehnungsbescheid später auf einen Überprüfungsantrag (§ 44 SGB X) hin zurück und bewilligt auf den ursprünglichen Antrag Rente, beginnt eine Mitgliedschaft in der KVdR aufgrund des Rentenbezugs erst mit der Bekanntgabe des Rücknahme- und Bewilligungsbescheids an den Versicherten, auch wenn die Rente rückwirkend bewilligt wird.[249]

62

Die Versicherungspflicht tritt nur ein bei **Erfüllung der Vorversicherungszeit**. Erforderlich ist, dass seit der erstmaligen Aufnahme einer Erwerbstätigkeit bis zur Stellung des Rentenantrags mindestens neun Zehntel der zweiten Hälfte des Zeitraums Mitgliedschaft oder Versicherung nach § 10 bestanden hat. Die Zeitspanne von der erstmaligen Aufnahme einer Erwerbstätigkeit bis zur Stellung des Rentenantrags wird allgemein als **Rahmenfrist** oder **Rahmenzeitraum** bezeichnet.[250]

63

Das **Ende der Rahmenfrist** ist mit der (wirksamen) **Beantragung der Rente**[251] in der Regel unproblematisch zu ermitteln. Die Rahmenfrist endet auch dann mit der Rentenantragstellung, wenn zwischen Rentenantragstellung und Rentenbeginn weitere geeignete Versicherungszeiten, etwa solche aufgrund

64

---

242 Berchtold in: Kreikebohm/Spellbrink/Waltermann, § 5 SGB V Rn. 33; Just in: Becker/Kingreen, § 5 Rn. 52.
243 So wohl Just in: Becker/Kingreen, § 5 Rn. 52.
244 Vgl. Peters in: KassKomm, Stand 12/2013, § 5 SGB V Rn. 131.
245 Felix in: jurisPK-SGB V, § 5 Rn. 78; Peters in: KassKomm, Stand 12/2013, § 5 SGB V Rn. 128.
246 BSG, 5.7.2005, B 1 KR 4/04 R; vgl. auch EuGH, 3.7.2003, C-156/01 und BSG, 16.1.2005, B 12 P 4/02 R, SozR 4-2400 § 3 Nr. 1.
247 Vgl. BSG, 27.1.2010, B 12 KR 20/08 R.
248 Berchtold in: Kreikebohm/Spellbrink/Waltermann, § 5 SGB V Rn. 33.
249 BSG, 25.2.1997, 12 RK 4/96; ob der Antrag nach § 44 SGB X eine Antragstellerversicherung begründen kann, wird in der Entscheidung nicht erörtert.
250 Berchtold in: Kreikebohm/Spellbrink/Waltermann, § 5 SGB V Rn. 35; Peters in: KassKomm, Stand 12/2013, § 5 SGB V Rn. 135; BSG 4.6.2009, B 12 KR 26/07 R.
251 Zur Erforderlichkeit eines „wirksamen" Rentenantrags vgl. BSG, 27.1.2010, B 12 KR 20/08 R.

einer Pflichtversicherung wegen abhängiger Beschäftigung, zurückgelegt werden; die Regelung verstößt insoweit nicht gegen Verfassungsrecht.[252] Soweit sich in Einzelfällen aus einer (verfrühten bzw. frühen) Rentenantragstellung für den Versicherten hinsichtlich seiner Krankenversicherung nachteilige Folgen ergeben, weil er infolgedessen die notwendige Vorversicherungszeit nach § 5 Abs. 1 Nr. 11 nicht erfüllt, ist ihm regelmäßig – gewissermaßen flankierend – die Möglichkeit der Beratung (vgl. § 14 SGB I) über die Voraussetzungen der Krankenversicherung eröffnet, auf deren Grundlage er einen bereits gestellten Rentenantrag ggf. zurücknehmen und später neu stellen kann;[253] eine frühzeitige Kenntnis der Krankenkasse soll durch die Meldepflicht bei Rentenantragstellung (§ 201) sichergestellt werden. Bei fortlaufendem Rentenbezug richtet sich die Versicherungspflicht in der Krankenversicherung auch bei einem **Wechsel der Rentenart** nach den Zugangsvorschriften im Zeitpunkt des ersten Antrags.[254] Die Rahmenfrist endet mit dem Zeitpunkt des Rentenbeginns, wenn der Rentenversicherungsträger wegen Geschäftsunfähigkeit und zunächst fehlender gesetzlicher Vertretung des Rentners einen früheren Zeitpunkt der Rentenantragstellung für den Rentenbeginn zugrunde legt; die Mitgliedschaft beginnt gleichwohl erst mit der tatsächlichen – wirksamen – Stellung des Rentenantrags, weil die Begründung von Versicherungspflicht für in der Vergangenheit liegende Zeiträume vermieden werden soll (§ 186 Abs. 9).[255]

65 Der **Beginn der Rahmenfrist** wird durch die erstmalige Aufnahme einer **Erwerbstätigkeit** bestimmt. Erforderlich für die Versicherungspflicht wird demnach regelmäßig sein, dass überhaupt jemals eine Erwerbstätigkeit ausgeübt worden ist und damit ein Bezug zum Erwerbsleben bestanden hat.[256] Für Hinterbliebenenrenten gibt es mit **Abs. 2 S. 2** eine Spezialregelung (→ Rn. 67).[257] Ob es sich bei der erstmalig aufgenommenen Erwerbstätigkeit um eine versicherungspflichtige oder versicherungsfreie Tätigkeit oder um eine selbstständige Tätigkeit handelt, ist nicht entscheidend;[258] geringfügige Tätigkeiten (§ 8 SGB IV) dürften indes für die Annahme der Aufnahme einer Erwerbstätigkeit im hier maßgeblichen Sinn nicht ausreichen, weil der Gesetzgeber die Teilnahme am Erwerbsleben für so geringfügig hält, dass er von einer Einbeziehung in die Sozialversicherung absieht.[259] Mit einer entgeltlichen Beschäftigung, die auf einer Dienstverpflichtung beruhte, wird jedenfalls dann erstmals eine Erwerbstätigkeit im Sinne der Zugangsvoraussetzungen der KVdR aufgenommen, wenn sie Versicherungspflicht begründete.[260] Auch in einer entgeltlichen Beschäftigung zur wissenschaftlichen Ausbildung für den zukünftigen Beruf (Praktikum) vor dem Studium kann die erstmalige Aufnahme einer Erwerbstätigkeit liegen, mit der die Rahmenfrist für die Versicherungszeit in der KVdR beginnt.[261] Ob die erstmalige Aufnahme einer Erwerbstätigkeit im Geltungsbereich des Sozialgesetzbuchs erfolgt, ist nicht entscheidend.[262]

66 Für die Erfüllung der **9/10-Belegung** innerhalb der zweiten Hälfte der Rahmenfrist können Zeiten der **eigenen Mitgliedschaft** in der GKV berücksichtigt werden, nach der aktuellen Rechtslage sowohl Zeiten einer Pflichtmitgliedschaft als auch Zeiten einer freiwilligen Mitgliedschaft. Zeiten einer privaten Krankenversicherung während des Entwicklungsdienstes stehen für den Zugang zur KVdR den Zeiten einer Pflichtversicherung in der gesetzlichen Krankenversicherung nicht gleich; insoweit verstößt § 5 Abs. 1 Nr. 11 nicht gegen den allgemeinen Gleichheitssatz des Art. 3 Abs. 1 GG.[263] Zeiten, für die Nachversicherungsbeiträge zur gesetzlichen Rentenversicherung entrichtet wurden, stehen Zeiten der Mitgliedschaft in der gesetzlichen Krankenversicherung im Sinne von Abs. 1 Nr. 11 gleich.[264] Zu berücksichtigen sind auch Zeiten der **Antragstellerversicherung** (§ 189) und Zeiten, in denen Versicherungspflicht allein deshalb bestand, weil Arbeitslosengeld II zu Unrecht bezogen wurde; dies ergibt

---

252 BSG, 4.6.2009, B 12 KR 26/07 R.
253 BSG, 4.6.2009, B 12 KR 26/07 R.
254 BSG, 24.6.2008, B 12 KR 28/07 R; kritisch wohl Peters in: KassKomm, Stand 12/2013, § 5 SGB V Rn. 137, 138.
255 BSG, 27.1.2010, B 12 KR 20/08 R.
256 Felix in: jurisPK-SGB V, § 5 Rn. 81; offen gelassen von Peters in: KassKomm, Stand 12/2013, § 5 SGB V Rn. 139.
257 So wohl Peters in: KassKomm, Stand 12/2013, § 5 SGB V Rn. 139; auch zu weiteren Konstellationen und mit Hinweis auf abweichende Handhabungen der Krankenversicherungen in der Praxis.
258 Felix in: jurisPK-SGB V, § 5 Rn. 77.
259 BSG, 22.2.1996, 12 RK 33/94.
260 BSG, 71.5.2001, B 12 KR 33/00 R.
261 BSG, 22.2.1996, 12 RK 33/94.
262 Vgl. BSG, 8.11.1983, 12 RK 26/82.
263 BSG, 3.9.1998, B 12 KR 21/97 R.
264 BSG, 5.7.2006, B 12 KR 15/05 R, SozR 4-2500 § 5 Nr. 4.

sich aus dem Vergleich mit § 9 Abs. 1 S. 1 Nr. 1, wo die entsprechenden Zeiten ausdrücklich ausgeschlossen sind.[265] Zu berücksichtigen sind auch Zeiten der erhaltenen Pflichtmitgliedschaft (§§ 192, 193).[266] **Der eigenen Mitgliedschaft gleichgestellt ist die Versicherung nach § 10 (Familienversicherung).** Unerheblich ist auch hier nach der aktuellen Gesetzeslage, ob die Familienversicherung sich aus einer Pflicht- oder einer freiwilligen Stammversicherung ableitet.[267] Für Zeiten vor dem 1.1.1989, in der es die Familienversicherung in der bisherigen Form nicht gab und Familienangehörigen Familienhilfe gewährt werden konnte (§ 205 RVO), regelt **Abs. 2 S. 1** die Berücksichtigung der entsprechenden Zeiten. Versicherungszeiten im Krankenversicherungssystem des Europäischen Laboratoriums für Molekularbiologie in Heidelberg können nicht aufgrund über- oder zwischenstaatlicher Vereinbarung bei der für eine Mitgliedschaft in der KVdR erforderlichen Vorversicherungszeit berücksichtigt werden.[268]

Abs. 2 S. 2 enthält eine spezielle Regelung für die Erfüllung der Vorversicherungszeit bei Hinterbliebenenrentnern. Bei Personen, die ihren Rentenanspruch aus der Versicherung einer anderen Person ableiten, gelten die Voraussetzungen des Abs. 1 Nr. 11 (oder Nr. 12) als erfüllt, wenn die andere Person diese Voraussetzungen erfüllt hatte. Mit Voraussetzungen in diesem Sinne kann nur die Vorversicherungszeit und nicht auch der Rentenanspruch gemeint sein, weil der Verstorbene noch nicht Rentner gewesen sein muss und Hinterbliebenenrenten erst in der Person des Hinterbliebenen entstehen; falls der Verstorbene noch keine Rente bezogen hat, wird es für das Ende der Rahmenfrist auf den Zeitpunkt des Ablebens ankommen.[269]

67

Regelungen zu **Konkurrenzen und Ausnahmen** von der Versicherungspflicht enthalten Abs. 5 und 8. Besondere Bedeutung für Rentner hat die Befreiungsmöglichkeit des § 8 Abs. 1 Nr. 4.

68

13. Krankenversicherung der Rentner für Künstler und Publizisten (Abs. 1 Nr. 11 a). Abs. 1 Nr. 11 a wurde mit Art. 2 Nr. 1 des **Zweiten Gesetzes zur Änderung des Künstlersozialversicherungsgesetzes und anderer Gesetze** vom 13.6.2001[270] zum 1.7.2001 eingefügt und sollte für den betroffenen Personenkreis den Zugang zur Krankenversicherung der Rentner erleichtern.[271] Die Regelung schließt eine Lücke in der sozialen Absicherung der betroffenen Personen, soweit sie ihre einschlägige Tätigkeit bereits vor Inkrafttreten des KVSG am 1.1.1983 begonnen hatten.[272] Es besteht Versicherungspflicht für Personen, die eine selbstständige künstlerische oder publizistische Tätigkeit vor dem 1.1.1983 aufgenommen haben, die Voraussetzungen für den Anspruch auf eine Rente aus der Rentenversicherung erfüllen und diese Rente beantragt haben, wenn sie mindestens neun Zehntel des Zeitraums zwischen dem 1.1.1985 und der Stellung des Rentenantrags nach dem Künstlersozialversicherungsgesetz in der gesetzlichen Krankenversicherung versichert waren; für Personen, die am 3.10.1990 ihren Wohnsitz im Beitrittsgebiet hatten, ist anstelle des 1. Januar 1985 der 1. Januar 1992 maßgebend. Da Abs. 1 Nr. 11 a gegenüber Nr. 11 durch eine Verkürzung der Rahmenfrist eine Zugangserleichterung bringen soll, schließen sich die beiden Regelungen nicht aus, sondern stehen ergänzend nebeneinander.[273] Angesichts des festen Beginns des jeweiligen Belegungszeitraums (1.1.1985 bzw. 1.1.1992) wird die Bedeutung der Regelung abnehmen.

69

14. Krankenversicherung bei Anspruch auf Waisenrenten oder entsprechende Leistungen berufsständischer Versorgungseinrichtungen (Abs. 1 Nr. 11 b). Mit Art. 1 a Nr. 1 des **Gesetzes für sichere digitale Kommunikation und Anwendungen im Gesundheitswesen sowie zur Änderung weiterer Gesetze** vom 21.12.2015[274] wurden durch Einfügung von Abs. 1 Nr. 11 b und Änderung von Abs. 7 und 8 mit Wirkung zum **1.1.2017**[275] ein Versicherungspflichttatbestand für Fälle des § 48 SGB VI bzw. entsprechender Leistungen aus einer berufsständischen Versorgungseinrichtung bei Befreiung des verstorbenen Elternteils von der Versicherungspflicht in der gesetzlichen Rentenversicherung bei einer Beschäftigung

70

---

265 Peters in: KassKomm, Stand 12/2013, § 5 SGB V Rn. 144.
266 Peters in: KassKomm, Stand 12/2013, § 5 SGB V Rn. 144.
267 Anders noch BSG, 6.11.1997, 12 RK 61/96; BSG, 17.6.1999, B 12 KR 26/98 R; jeweils zur Rechtslage vor dem 1.4.2002.
268 LSG Stuttgart, 17.12.2013, L 11 KR 4870/11.
269 Vgl. Peters in: KassKomm, Stand 12/2013, § 5 SGB V Rn. 147 vgl. hierzu auch LSG für das Saarland, 22.2.2017, L 2 KR 7/14.
270 BGBl. I 2001, 1027.
271 BT-Dr. 14/5066, 15.
272 Berchtold in: Kreikebohm/Spellbrink/Waltermann, § 5 SGB V Rn. 38.
273 Felix in: jurisPK-SGB V, § 5 Rn. 86.
274 BGBl. I, 2408.
275 Art. 4 Abs. 3.

nach § 6 Abs. 1 S. 1 Nr. 1 SGB VI sowie Vor- und Nachrangregelungen gegenüber anderen Versicherungspflichttatbeständen eingeführt. Der Gesetzgeber hält es in typisierender Betrachtung für gerechtfertigt, bisher gesetzlich versicherte Waisenrentner sowie Waisenrentner, die die Voraussetzungen für die Familienversicherung dem Grunde nach erfüllen, auch unabhängig von der Länge der Vorversicherungszeiten in die Solidargemeinschaft der gesetzlich Versicherten einzubeziehen; diese Waisen seien regelmäßig noch nicht erwerbstätig oder befänden sich in Schul- oder Berufsausbildung; in die Versicherungspflicht einbezogen werden sollen damit im Ergebnis alle Waisenrentner, die nach bisher geltendem Recht entweder bereits pflichtversichert nach Abs. 1 Nr. 11 waren, die Voraussetzungen für eine Familienversicherung erfüllten oder eine freiwillige Mitgliedschaft begründen mussten, außerdem Waisen, die über den überlebenden Elternteil, ihre Großeltern oder Pflegeeltern die Voraussetzungen für eine Familienversicherung erfüllen würden und somit auch nach dem bisher geltenden Recht in die Solidargemeinschaft der gesetzlich Versicherten einbezogen waren.[276] Damit die Versicherungspflicht – wie auch bei einer Familienversicherung – nicht mit einer Beitragsbelastung für die Versicherten verbunden ist, enthält § 237 eine entsprechende Privilegierung.

71 Voraussetzung für die Versicherungspflicht ist ein **Anspruch** auf eine **Waisenrente** nach § 48 SGB VI oder auf eine **entsprechende Leistung einer berufsständischen Versorgungseinrichtung**, wenn der verstorbene Elternteil zuletzt als **Beschäftigter** von der Versicherungspflicht in der gesetzlichen Rentenversicherung wegen einer Pflichtmitgliedschaft in einer berufsständischen Versorgungseinrichtung nach § 6 Abs. 1 S. 1 Nr. 1 SGB VI befreit war. Die Gleichstellung von entsprechenden Leistungen einer berufsständischen Versorgungseinrichtung in den genannten Fällen beruht auf einem als im Wesentlichen identisch angenommenen sozialen Schutzbedürfnis: Durch die Befreiung eines Beschäftigten von der Versicherungspflicht nach § 6 Abs. 1 S. 1 Nr. 1 SGB VI wird eine Doppelpflichtversicherung in der gesetzlichen Rentenversicherung und der Versorgungseinrichtung des entsprechenden Berufszweigs vermieden; die Doppelstrukturen haben vor allem traditionelle Gründe, ein unterschiedliches soziales Schutzbedürfnis lässt sich – gerade auch im Hinblick auf den Krankenversicherungsschutz – daraus nicht ableiten.[277] Zu den sonstigen Voraussetzungen für den Anspruch auf die Rente oder die entsprechende Versorgungsleistung muss ein **Antrag** hinzutreten. Die Mitgliedschaft beginnt nach § 186 Abs. 9 mit der Antragstellung (bzw. bei Antragstellung vor Inkrafttreten der Regelung mit dem Tag des Inkrafttretens des Gesetzes,[278] also am 1.1.2016).

72 **Ausgenommen** von der Versicherungspflicht sind Personen, die zuletzt vor Stellung des Rentenantrags privat krankenversichert waren, es sei denn, sie erfüllen die Voraussetzungen für eine **Familienversicherung** mit Ausnahme von § 10 Abs. 1 S. 1 Nr. 2 oder die Voraussetzungen von **Nr. 11**. Durch die Ausnahmen und Rückausnahmen soll sichergestellt werden, dass nur bei ausreichendem Bezug zur gesetzlichen Krankenversicherung Versicherungspflicht eintritt.[279]

73 **15. Krankenversicherung für Fremdrentner (Abs. 1 Nr. 12).** Nach Abs. 1 Nr. 12 besteht Versicherungspflicht für solche Personen, die die Voraussetzungen für den Anspruch auf eine Rente aus der gesetzlichen Rentenversicherung erfüllen und diese Rente beantragt haben, wenn sie zu den in § 1 oder § 17a des **Fremdrentengesetzes (FRG)**[280] oder zu den in § 20 des Gesetzes zur Wiedergutmachung nationalsozialistischen Unrechts in der Sozialversicherung **(WGSVG)**[281] genannten Personen gehören und ihren Wohnsitz innerhalb der letzten zehn Jahre vor der Stellung des Rentenantrags in das Inland verlegt haben. Nr. 12 bringt für den betroffenen Personenkreis eine Erleichterung durch den Verzicht auf das Tatbestandsmerkmal der Vorversicherungszeit; Nr. 11 bleibt neben Nr. 12 anwendbar, falls im Einzelfall die Voraussetzungen von Nr. 11, nicht aber von Nr. 12 erfüllt sein sollten.[282] Ein vertriebener Verfolgter (§ 20 WGSVG) ist nicht nach Abs. 1 Nr. 12 in der Krankenversicherung der Rentner versicherungspflichtig, wenn er seinen Wohnsitz erst nach Rentenantragstellung ins Inland verlegt hat.[283] § 1 Buchst. a FRG setzt die Anerkennung als Vertriebener oder Spätaussiedler voraus;[284] auch die Versi-

---

276 BT-Dr. 18/6905, 75 mit ausführlicher Begründung.
277 Vgl. BT-Dr. 18/6905, 75.
278 BT-Dr. 18/6905, 76.
279 BT-Dr. 18/6905, 76.
280 Art. 1 Fremdrenten- und Auslandsrenten-Neuregelungsgesetzes (FANG) vom 25.5.1960, BGBl. I 1960, 93.
281 Art. 1 Gesetz zur Änderung und Ergänzung der Vorschriften über die Wiedergutmachung nationalsozialistischen Unrechts in der Sozialversicherung vom 22.12.1970, BGBl. I 1970, 1846.
282 Vgl. BSG, 29.9.1994, 12 RK 86/92.
283 BSG, 29.9.1994, 12 RK 86/92, SozR 3-2500 § 5 Nr. 18.
284 BSG, 23.6.1999, B 5 RJ 44/98 R, SozR 3-5050 § 1 Nr. 4.

cherungspflicht verlangt demnach eine Anerkennung durch die nach dem BVFG zuständige Behörde.[285]

16. Auffangversicherungspflicht für Personen ohne sonstige Absicherung im Krankheitsfall (Abs. 1 Nr. 13, Abs. 8a und Abs. 11). Ziel des Abs. 1 Nr. 13 und der damit im Zusammenhang stehenden Regelungen war es zu erreichen, dass in Deutschland niemand ohne Schutz im Krankheitsfall sein sollte; aufgrund des Fehlens einer umfassenden Versicherungspflicht für alle Einwohner war nicht ausgeschlossen, dass Personen weder die Zugangsvoraussetzungen zur gesetzlichen Krankenversicherung erfüllten noch die Möglichkeit hatten, eine private Krankenversicherung abzuschließen, beziehungsweise den Versicherungsschutz in ihrem bisherigen System – etwa durch die Nichtzahlung der Beiträge oder Prämien – verloren hatten.[286] Abs. 1 Nr. 13 bezog vor diesem Hintergrund den bezeichneten Personenkreis (wieder) in die gesetzliche Krankenversicherung ein. Für die durch Abs. 1 Nr. 13 nicht dem System der gesetzlichen Krankenversicherung zugewiesenen Personen hat der Gesetzgeber eine Versicherungspflicht in der privaten Krankenversicherung geschaffen (§ 193 Abs. 3 VVG nF; § 178a VVG aF); mit der Versicherungspflicht korrespondiert ein Kontrahierungszwang für die privaten Versicherungsunternehmen (§ 193 Abs. 5 VVG) im Hinblick auf den von ihnen zwingend bereitzustellenden Basistarif (§ 12 Abs. 1a VAG; vgl. auch die Übergangsregelung des § 315). Das Bundesverfassungsgericht hat das Regelungskonzept im Hinblick auf die für die privaten Versicherungsunternehmen verpflichtende Einführung des Basistarifs gebilligt.[287] § 5 Abs. 1 Nr. 13 wird durch **Abs. 8a** ergänzt; **Abs. 11** enthält Sonderregelungen für Ausländer. Die Bedeutung der Auffangversicherungspflicht des Abs. 1 Nr. 13 hat nach Einfügung von **§ 188 Abs. 4** (Gesetz zur Beseitigung sozialer Überforderung bei Beitragsschulden in der Krankenversicherung)[288] wieder abgenommen.[289] Nach § 188 Abs. 4 setzt sich eine Mitgliedschaft aufgrund einer Pflicht- oder Familienversicherung nach deren Beendigung unter den in § 188 Abs. 4 näher genannten Voraussetzungen als freiwillige Mitgliedschaft fort; der Anwendungsbereich des Abs. 1 Nr. 13 dürfte dadurch **stark eingeschränkt** worden sein.

Die Versicherungspflicht besteht nur für Personen, die **keinen anderweitigen Anspruch auf Absicherung im Krankheitsfall** haben (Abs. 1 Nr. 13). Für eine die Versicherungspflicht ausschließende anderweitige Absicherung reicht jedenfalls eine dem Leistungsumfang der gesetzlichen Krankenversicherung entsprechende Absicherung aus; der Begriff der anderweitigen Absicherung umfasst nicht lediglich Absicherungen durch private oder öffentliche Versicherungen oder durch bestimmte öffentlich-rechtliche Träger; in Betracht kommen Ansprüche auf Leistungen bei Krankheit nach § 10 Abs. 2 BVG, nach § 1 OEG iVm § 10 BVG sowie nach § 141a BEG; die Begründung des Gesetzentwurfs nennt als anderweitige Absicherung die Hilfe bei Krankheit nach § 48 SGB XII, § 264 SGB V,[290] nach § 4 AsylbLG sowie nach § 40 SGB VIII.[291] Um einen anderweitigen Anspruch auf Absicherung im Krankheitsfall handelt es sich auch bei Ansprüchen auf Krankenbehandlung nach § 58 S. 1 StVollzG,[292] bei der Formalmitgliedschaft als **Rentenantragsteller** (§ 189) und der **erhaltenen Mitgliedschaft** nach den §§ 192, 193; **nicht ausreichend** ist eine **Teilabsicherung**.[293] Vom BSG bisher offen gelassen wurde die Frage, ob es sich auch bei einem Beitrittsrecht (zur GKV oder – im konkret entschiedenen Fall – zur Krankenversorgung der Bundesbahnbeamten) um einen anderweitigen Anspruch auf Absicherung im Sinne des § 5 Abs. 1 Nr. 13 handelt; Wortlaut und Zweck des Abs. 1 Nr. 13 legen dies nahe.[294] Die (wirksame) Anfechtung eines privaten Krankenversicherungsvertrages durch den Versicherer bzw. ein Rücktritt des Versicherers vom Vertrag haben nicht zur Folge, dass Versicherte nachträglich als unversichert gelten und rückwirkend der subsidiäre Versicherungspflichttatbestand des Abs. 1 Nr. 13 eingreift.[295] Übt

---

285 So wohl Just in: Becker/Kingreen, § 5 Rn. 57.
286 Vgl. BT-Dr. 16/3100, 94.
287 BVerfG, 10.6.2009, 1 BvR 706/08 ua.
288 BGBl. I 2013, 2423.
289 Hierzu Felix, Das Gesetz zur Beseitigung sozialer Überforderung bei Beitragsschulden in der Krankenversicherung – ein gelungener Weg aus der „Schuldenfalle" in der GKV?, NZS 2013, 921, 925 f.
290 Gegebenenfalls ist Abs. 8a S. 2 zu beachten.
291 BSG, 27.1.2010, B 12 KR 2/09 R zur Krankenhilfe nach § 40 SGB VIII und Hinweis auf BT-Dr. 16/3100, 94.
292 LSG NRW, 15.3.2011, L 20 SO 7/11 B ER.
293 Vgl. Just in: Becker/Kingreen, § 5 Rn. 62 für eine Teilabsicherung in der PKV.
294 So wohl Berchtold in: Kreikebohm/Spellbrink/Waltermann, § 5 SGB V Rn. 41 mit Hinweis auf BSG, 12.1.2011, B 12 KR 11/09 R und SchlHLSG, 15.11.2010, L 5 KR 201/10 B ER; vgl. auch BSG, 29.6.2016, B 12 KR 23/14 R: Anspruch gegen einen Träger der privaten Krankenversicherung auf Abschluss eines (neuen) Versicherungsvertrags.
295 SächsLSG, 14.6.2012, L 1 KR 71/12 B ER.

oder üben der oder die Stammversicherte(n) das Wahlrecht nach § 10 Abs. 5 nicht aus, soll anstelle der Familienversicherung die Versicherung nach § 5 Abs. 1 Nr. 13 in Betracht kommen.[296] Der Zugang zur Versicherung im Sinne der Begründung des Statusverhältnisses soll dem Grundsatz der Tatbestandsgleichstellung nach Art. 5 Buchst. b VO (EG) 883/2004 unterliegen; im Rahmen der Prüfung nach § 5 Abs. 1 Nr. 13, ob eine Person "zuletzt" gesetzlich krankenversichert oder "bisher" privat krankenversichert war, sollen hiernach Sachverhalte, die in anderen Mitgliedstaaten verwirklicht worden sind, so zu berücksichtigen sein, als ob sie im Gebiet der Bundesrepublik Deutschland eingetreten wären.[297] Bei in Deutschland lebenden Rentnern mit Renten aus Deutschland und der Schweiz führt ein in der Schweiz (möglicherweise) bestehender anderweitiger Anspruch auf Absicherung im Krankheitsfall wegen der EG-rechtlich festgelegten kollisionsrechtlichen Zuordnung der Leistungszuständigkeit zum Wohnsitzstaat nicht zum Ausschluss der Auffang-Versicherungspflicht.[298] Eine anderweitige Absicherung im Krankheitsfall kann ansonsten aber bei im Inland realisierbaren Leistungsansprüchen gegen ein ausländisches Sicherungssystem bestehen, das im Wesentlichen den Mindestanforderungen an eine Absicherung in der deutschen privaten Krankenversicherung entspricht; eine Absicherung auf dem Niveau des Basistarifs ist nicht erforderlich.[299]

76 **Abs. 8 a S. 1 und 2** schränken die Versicherungspflicht nach Abs. 1 Nr. 13 tatbestandlich ein; Abs. 8 a S. 1 und 2 konkretisieren hierbei das (negative) Tatbestandsmerkmal „keinen anderweitigen Anspruch auf Absicherung im Krankheitsfall" des Abs. 1 Nr. 13 bei Bestehen sonstiger Versicherungen und beim Empfang laufender Leistungen nach dem Dritten, Vierten, Sechsten und Siebten Kapitel des Zwölften Buches sowie laufender Leistungen nach § 2 AsylbLG.[300] Der Empfang von Hilfen zur Gesundheit nach dem SGB XII allein, also ohne gleichzeitigen Empfang von laufenden Leistungen, kann demnach einen eigenständigen Ausschlusstatbestand für den Eintritt der Versicherungspflicht nach Abs. 1 Nr. 13 nicht begründen.[301] Für den „Empfang" laufender Leistungen im Sinne von Abs. 8 a S. 2 kommt es auf den vom Sozialhilfeträger durch Verwaltungsakt (bestimmten) zuerkannten (Beginn des) Leistungsanspruch(s). an,[302] nicht auf den Zahlungszeitpunkt. Ein Unterbrechen des „Empfangs" von Grundsicherungsleistungen soll nicht vorliegen, wenn der SGB XII-Träger in rechtswidriger Weise rückwirkend für die Vergangenheit für einen Monat eine Beendigung des Leistungsbezugs herbeiführe, obwohl durchgehend ein Anspruch auf Grundsicherungsleistungen bestanden habe; dies ergebe sich zum einen daraus, dass eine rückwirkende Beurteilung des Versicherungsstatus nach Aufhebung der ursprünglichen Leistungsbewilligung generell nicht möglich und zum anderen eine rechtswidrige Aufhebungsentscheidung unbeachtlich sei.[303] Eine einmal begründete Mitgliedschaft aufgrund von Versicherungspflicht nach Abs. 1 Nr. 13 bleibt trotz (späteren) Empfangs von Sozialhilfeleistungen bestehen (vgl. § 190 Abs. 13 S. 2 SGB V, § 32 SGB XII); wer hingegen nicht versichert ist und laufende Sozialhilfeleistungen empfängt, ist im Sinne von Abs. 1 Nr. 13 iVm Abs. 8 a S. 2 im Krankheitsfall anderweitig abgesichert und nicht versicherungspflichtig.[304] Eine ergänzende Regelung enthält **Abs. 8 a S. 3**, wonach S. 2 auch dann gilt, wenn der Anspruch auf die dort genannten Sozialhilfeleistungen für weniger als einen Monat unterbrochen wird. Damit soll erreicht werden, dass der Vorrang der Leistungspflicht des Sozialhilfeträgers nach Abs. 8 a S. 2 nicht durch unverhältnismäßig kurze Unterbrechungen des Leistungsbezugs unterlaufen wird.[305] Ob die Regelung geeignet ist, Gestaltungsmöglichkeiten auszuschließen, erscheint zweifelhaft.[306] Eine Auffangversicherungspflicht soll nicht entstehen, wenn der Be-

---

296 SG Leipzig, 30.6.2015, S 8 KR 621/12; die Entscheidung ist nicht rechtskräftig; die Beurteilung dürfte wesentlich davon abhängen, welche Folgen die Nichtausübung oder eine widersprüchliche Ausübung des Wahlrechts nach § 10 Abs. 5 hat (siehe die Kommentierung dort).
297 HessLSG, 19.7.2011, L 1 KR 180/11 B ER.
298 BSG, 20.3.2013, B 12 KR 8/10 R; vgl. im Anschluss LSG RhPf, 29.7.2014, L 5 KR 109/14 B ER zu einer in Deutschland lebenden Person bei nach polnischen Recht in Betracht kommender Krankenversicherung.
299 BSG, 20.3.2013, B 12 KR 14/11 R zur US-amerikanischen Krankenversicherung TRICARE.
300 Vgl. BSG, 6.10.2010, B 12 KR 25/09 R, BSGE 107, 26 ff.
301 BSG, 6.10.2010, B 12 KR 25/09 R, BSGE 107, 26 ff.; LSG NRW, 18.4.2011, L 20 SO 78/10.
302 BSG, 6.10.2010, B 12 KR 25/09 R; vgl. auch LSG NRW, 19.4.2012, L 5 KR 361/10; im Anschluss an die genannte BSG-Entscheidung wird die Auffassung vertreten, dass laufende Leistungen der Grundsicherung im Alter nicht nur dann empfangen würden, wenn der Sozialhilfeträger dies bescheidmäßig festgestellt habe, sondern dass es auf die Erfüllung der materiell-rechtlichen Anspruchsvoraussetzungen einschließlich des Antrags ankomme: LSG BW, 7.5.2014, L 4 KR 4717/12; LSG NRW, 18.5.2011, L 12 SO 60/09.
303 Thüringer LSG, 26.1.2016, L 6 KR 1085/13.
304 BSG, 6.10.2010, B 12 KR 25/09 R, BSGE 107, 26 ff.
305 Vgl. BT-Dr. 16/4247, 29.
306 Hierzu SG Oldenburg, 8.9.2011, S 61 KR 151/11.

troffene nach dem Bezug höheren Wohngelds nicht mehr hilfebedürftig nach dem SGB XII ist, aufgrund der Beitragspflicht zur gesetzlichen Krankenversicherung aber umgehend wieder hilfebedürftig wird.[307] Nach **Abs. 8 a S. 4** gilt als anderweitiger Anspruch auf Absicherung im Krankheitsfall **nicht der nachgehende Krankenversicherungsschutz nach § 19 Abs. 2**, sofern im Anschluss daran kein anderweitiger Anspruch auf Absicherung im Krankheitsfall besteht. Zweck der Vorschrift ist die Vermeidung einer Benachteiligung Versicherungsberechtigter im Sinne des § 9 Abs. 1 S. 1 Nr. 2; in Fällen, in denen im Anschluss an den nachgehenden Krankenversicherungsschutz nach § 19 Abs. 2 kein anderweitiger Anspruch auf Absicherung besteht, soll deshalb die Pflichtversicherung nach § 5 Abs. 1 Nr. 13 sofort eintreten, weil dies auch in den Fällen des Beitritts nach § 9 Abs. 1 S. 1 Nr. 2 der Fall ist.[308] Ein nachwirkender Anspruch (insbesondere auf Krankengeld) nach dem Ende der Mitgliedschaft Versicherter verdrängt nur dann eine Auffangversicherung, wenn bei prognostischer Betrachtung am letzten Tag der Mitgliedschaft davon auszugehen ist, dass spätestens nach Ablauf eines Monats eine anderweitige Absicherung im Krankheitsfall erlangt wird.[309] Eine vergleichbare Regelung enthält mittlerweile § 188 Abs. 4 S. 3 für die dort geregelte Fortsetzung einer freiwilligen Mitgliedschaft.

Infrage kommende Personen müssen **zuletzt gesetzlich krankenversichert (Abs. 1 Nr. 13 Buchst. a)** gewesen oder **nach näherer Maßgabe des Abs. 1 Nr. 13 Buchst. b dem System der gesetzlichen Krankenversicherung zugewiesen** sein. 77

Die Voraussetzung „zuletzt gesetzlich krankenversichert" (**Abs. 1 Nr. 13 Buchst. a**) wird durch eine Pflicht- oder freiwillige Mitgliedschaft, aber auch durch eine Familienversicherung nach § 10 erfüllt,[310] nicht jedoch durch einen Anspruch auf Krankenbehandlung nach § 264;[311] unerheblich ist dabei, ob das Fehlen einer anderweitigen Krankenversicherung vom Betroffenen zu vertreten ist.[312] Zuletzt gesetzlich versichert war eine Person auch dann, wenn der Absicherung in der gesetzlichen Krankenversicherung der in Betracht kommenden Auffangversicherung nicht unmittelbar vorranging, sondern zwischenzeitlich eine anderweitige Absicherung gegen Krankheit außerhalb der privaten Krankenversicherung erfolgte,[313] bestand aber zuletzt eine Versicherung in der PKV, tritt die Auffangversicherungspflicht nach § 5 Abs. 1 Nr. 13 nicht ein; dabei reicht es bereits aus, dass die private Versicherung wesentliche Teile einer Vollversicherung und nicht nur Randbereiche der PKV umfasste.[314] Die „Krankenversicherung der Bundesbahnbeamten" ist im Sinne der Regelungen über die Auffangpflichtversicherung weder der gesetzlichen noch der privaten Krankenversicherung zuzurechnen.[315] Eine sich an eine gesetzliche Versicherung im Inland anschließende private Versicherung im EU-Ausland muss bei Rückkehr ins Inland dem Tatbestandsmerkmal „zuletzt gesetzlich krankenversichert" nicht entgegenstehen.[316] 78

Nach **Abs. 1 Nr. 13 Buchst. b** kommt Versicherungspflicht für Personen in Frage, die bisher nicht gesetzlich oder privat krankenversichert waren, es sei denn, dass sie zu den in Abs. 5 oder den in § 6 Abs. 1 oder 2 genannten Personen gehören oder bei Ausübung ihrer beruflichen Tätigkeit im Inland gehört hätten. In der Gesetzesbegründung heißt es hierzu, dass eine Einbeziehung in die gesetzliche Krankenversicherung erfolgen solle, wenn die Betroffenen zu dem Personenkreis gehörten, der seinem Status nach der gesetzlichen Krankenversicherung zuzuordnen sei; dies gelte daher insbesondere nicht für Beamte, beamtenähnlich abgesicherte Personen sowie für hauptberuflich selbstständig Erwerbstätige, die nach § 5 Abs. 5 bzw. § 6 Abs. 1 keinen Zugang zur Versicherungspflicht in der gesetzlichen Krankenversicherung hätten; diese Personen würden der privaten Krankenversicherung zugeordnet; bei Auslandsrückkehrern, insbesondere solchen im Rentenalter, richte sich die Zuordnung zur privaten oder zur gesetzlichen Krankenversicherung nach dem Status, den sie aufgrund ihrer zuletzt ausgeübten Berufstätigkeit im Ausland gehabt hätten.[317] Nach § 5 Abs. 1 Nr. 13 Buchst. b darf weder eine gesetzli- 79

---

307 BayLSG, 27.11.2012, L 5 KR 220/12; die Revision des Sozialhilfeträgers wurde als unzulässig verworfen, BSG 24.3.2016, B 12 KR 6/14 R.
308 Vgl. BT-Dr. 16/4247, 29.
309 BSG, 10.5.2012, B 1 KR 19/11 R; Thüringer LSG, 26.1.2016, L 6 KR 1085/13; aA LSG Saarl, 19.10.2011, L 2 KR 73/10.
310 Baier in: Krauskopf, Stand 1/2014, § 5 SGB V Rn. 80.
311 Felix in: jurisPK-SGB V, § 5 Rn. 97 mit Hinweis auf SG Aachen, 22.5.2009, S 15 KR 35/09.
312 Baier in: Krauskopf, Stand 1/2014, § 5 SGB V Rn. 80.
313 BSG, 12.1.2011, B 12 KR 11/09 R, BSGE 107, 177 ff.
314 Baier in: Krauskopf, Stand 1/2014, § 5 SGB V Rn. 80.
315 BSG, 12.1.2011, B 12 KR 11/09 R, BSGE 107, 177 ff.
316 LSG für das Saarland, 16.7.2014, L 2 KR 50/11; vgl. auch LSG Mainz, 3.11.2016, L 5 KR 213/16.
317 BT-Dr. 16/3100, 94.

che und noch eine private Krankenversicherung jemals bestanden haben;[318] diese Voraussetzung ist nicht mehr erfüllt, wenn eine private Krankenversicherung bestanden und zumindest wesentliche Teile einer Vollversicherung abgedeckt hat.[319] Überwiegend wird angenommen, dass eine Beendigung der privaten Versicherung durch Anfechtung oder durch rückwirkende Aufhebung nicht zu einer Versicherung nach Abs. 1 Nr. 13 führen könne;[320] es wird insoweit darauf hingewiesen, dass nach dem Willen des Gesetzgebers selbst im Fall einer wirksamen Anfechtung des privaten Versicherungsvertrags der Versicherte nicht nachträglich als unversichert gelten und rückwirkend der subsidiäre Versicherungspflichttatbestand des Abs. 1 Nr. 13 eingreifen solle; §§ 12 Abs. 1 b S. 4 VAG und 193 Abs. 5 VVG seien sonst letztlich ohne Anwendungsbereich und liefen ins Leere;[321] auch das BSG hat sich dieser Auffassung angeschlossen.[322] Die Aufzählung des Abs. 1 Nr. 13 Buchst. b erscheint nach ihrem Wortlaut abschließend; dennoch gibt es Gruppen, für die eine Zugehörigkeit zu den ausdrücklich genannten Fallgruppen nahe liegend erscheint, zB Selbstständige oder Arbeitnehmer, wenn sie Rentner geworden sind und dann nicht mehr unter § 5 Abs. 5 oder § 6 Abs. 1 fallen; es erscheint indes fraglich, ob § 5 Abs. 1 Nr. 13 Buchst. b über den Wortlaut hinaus auf weitere Personengruppen angewendet werden kann.[323] In diesem Zusammenhang wird vorgeschlagen, den Ausschluss des Abs. 1 Nr. 13 Buchst. b Alt. 1 („gehören") entgegen dem Wortlaut dahin gehend auszulegen, dass generell Personen von der Versicherungspflicht ausgeschlossen sind, die während ihres Erwerbslebens zu den Personenkreisen des Abs. 5 und des § 6 Abs. 1 oder 2 gehört haben, auch wenn dieser Status inzwischen beendet ist, weil sie aus dem Erwerbsleben ausgeschieden sind;[324] wenn es bei § 5 Abs. 1 Nr. 13 Buchst. b Alt. 1 nur auf eine aktuelle Zugehörigkeit zum Personenkreis des Abs. 5 oder des § 6 Abs. 1 oder 2 ankäme, stellte sich die Frage nach der Berechtigung der rein vergangenheitsbezogenen Regelung für zuvor im Ausland tätige Personen (Abs. 1 Nr. 13 Buchst. b Alt. 2: „gehört hätten").

80 **Abs. 11** enthält Sonderregelungen für Ausländer. S. 1 regelt eine Einschränkung des Versicherungsschutzes für Ausländer, die nicht Angehörige eines Mitgliedstaats der EU, Angehörige eines Vertragsstaates des Abkommens über den EWR oder Staatsangehörige der Schweiz sind. Sie werden von der Versicherungspflicht nach Abs. 1 Nr. 13 nur erfasst, wenn sie eine Niederlassungserlaubnis oder eine Aufenthaltserlaubnis mit einer Befristung auf mehr als zwölf Monate nach dem AufenthG besitzen und für die Erteilung dieser Aufenthaltstitel keine Verpflichtung zur Sicherung des Lebensunterhalts nach § 5 Abs. 1 Nr. 1 AufenthG besteht. Nach der Gesetzesbegründung soll es sich zwar um eine nach § 37 SGB I zulässige Abweichung von § 30 Abs. 3 SGB I (Definition des Wohnsitzes bzw. des ständigen Aufenthalts) handeln;[325] tatsächlich dürfte aber mit der Regelung gemeint sein, dass für Ausländer, die ihren Wohnsitz oder gewöhnlichen Aufenthalt (im Sinne des § 30 Abs. 3 SGB I) im Geltungsbereich des Sozialgesetzbuchs haben, die Voraussetzungen für die Pflichtversicherung nach § 5 Abs. 1 Nr. 13 weiter eingeschränkt werden sollen.[326] Die Aufenthaltserlaubnis (§ 7 S. 1 AufenthG) ist ein befristeter, die Niederlassungserlaubnis (§ 9 Abs. 1 S. 1 AufenthG) ein unbefristeter Aufenthaltstitel. Die Erteilung eines Aufenthaltstitels setzt nach § 5 Abs. 1 Nr. 1 AufenthG in der Regel (ua) voraus, dass der Lebensunterhalt gesichert ist; nach § 2 Abs. 3 S. 1 AufenthG ist der Lebensunterhalt eines Ausländers gesichert, wenn er ihn einschließlich ausreichenden Krankenversicherungsschutzes ohne Inanspruchnahme öffentlicher Mittel bestreiten kann. Ausnahmen von dem Erfordernis des § 5 Abs. 1 Nr. 1 AufenthG sind etwa nach den §§ 28 bis 30 AufenthG möglich; in den in § 5 Abs. 3 AufenthG genannten Fällen ist darüber hinaus von den Erfordernissen von § 5 Abs. 1 und 2 AufenthG abzusehen bzw. kann davon abgesehen werden; in den Fällen des § 5 Abs. 3 AufenthG wird teilweise die Erteilung einer Aufenthaltsgenehmigung von der Vorlage einer Erklärung nach § 68 AufenthG abhängig gemacht.[327] Vor diesem Hintergrund kommt eine Versicherungspflicht für Ausländer im Sinne des § 5 Abs. 11 S. 1

---

318 Berchtold in: Kreikebohm/Spellbrink/Waltermann, § 5 SGB V Rn. 44.
319 So wohl Peters in: KassKomm, Stand 12/2013, § 5 SGB V Rn. 168.
320 LSG BW, 18.5.2015, L 11 KR 4414/14 ER-B; LSG NRW, 3.9.2012, L 5 KR 258/12 B ER; Sächsisches LSG, 14.6.2012, L 1 KR 71/12 B ER; aA LSG Bln-Bbg, 13.2.2015, L 9 KR 2/15 B ER für den Fall einer Anfechtung, wenn aus dem Vertrag faktisch kein Versicherungsschutz in Anspruch genommen worden ist.
321 LSG BW, 18.5.2015, L 11 KR 4414/14 ER-B.
322 BSG, 29.6.2016, B 12 KR 23/14 R.
323 Peters in: KassKomm, Stand 12/2013, § 5 SGB V Rn. 171.
324 So wohl Baier in: Krauskopf, Stand 1/2014, § 5 SGB V Rn. 81.
325 BT-Dr. 16/3100, 95.
326 So wohl auch Baier in: Krauskopf, Stand 1/2014, § 5 SGB V Rn. 114; vgl. auch LSG NRW, 18.11.2009, L 5 KR 5144/08.
327 Vgl. ausführlicher hierzu HessLSG, 16.12.2010, L 8 KR 111/09; mittlerweile auch – allerdings abweichend für den konkret entschiedenen Fall – BSG, 3.7.2013, B 12 KR 2/11 R.

SGB V nur in den (Ausnahme-)Fällen in Betracht, in denen das Erfordernis des § 5 Abs. 1 Nr. 1 AufenthG nicht besteht bzw. davon abgesehen wird. Die Mitgliedschaft beginnt frühestens mit dem ersten Tag der Geltung der Niederlassungs- oder Aufenthaltserlaubnis (§ 186 Abs. 11 S. 2).[328] § 186 Abs. 11 S. 2 ist nicht nur eine Regelung über den Beginn der Mitgliedschaft und den in § 5 Abs. 1 Nr. 13 nicht genannten Zeitpunkt des Eintritts der Versicherungspflicht, sondern auch eine Antwort auf die Frage zu entnehmen, zu welchem Zeitpunkt die Voraussetzungen der Versicherungspflicht nach § 5 Abs. 1 Nr. 13 erfüllt sein müssen.[329]

Hintergrund der speziellen Regelung des **Abs. 11 S. 2** für Angehörige der EU-Staaten, des insoweit gleichgestellten EWR und der Schweiz ist der europarechtliche Rahmen über die Freizügigkeit im europäischen Raum, der nationalen Einschränkungen beim sozialen Schutz gegenüber EU-Bürgern und gleichgestellten Personen Grenzen setzt.[330] Ähnlich wie Abs. 11 S. 1 bringt auch diese Regelung für den betroffenen Personenkreis eine zusätzliche tatbestandliche Einschränkung zur Regelung des **Abs. 1 Nr. 13.** Der Begriff der **Wohnortnahme** ist im Hinblick auf den europarechtlichen Bezug in Anlehnung an Art. 1 Buchst. h VO (EWG) Nr. 1408/71 zu verstehen;[331] Wohnort ist danach der Ort des gewöhnlichen Aufenthalts.[332] Nach **§ 4 S. 1 Freizügigkeitsgesetz/EU** haben freizügigkeitsberechtigte nicht erwerbstätige Unionsbürger, ihre Familienangehörigen und ihre Lebenspartner, die den Unionsbürger begleiten oder ihm nachziehen, das Recht auf Einreise und Aufenthalt nach Maßgabe des Freizügigkeitsgesetzes/EU, wenn sie über ausreichenden Krankenversicherungsschutz und ausreichende Existenzmittel verfügen; für den genannten Personenkreis kann mithin eine Pflichtversicherung nach § 5 Abs. 1 Nr. 13 nicht einsetzen.

81

Abs. 11 S. 3 trifft für Bezieher von Leistungen nach dem Asylbewerberleistungsgesetz eine besondere Regelung im Hinblick auf das Tatbestandsmerkmal „keinen anderweitigen Anspruch auf Absicherung im Krankheitsfall"; eine Absicherung im Krankheitsfall liegt nach der Regelung bereits dann vor, wenn ein Anspruch auf Leistungen bei Krankheit, Schwangerschaft und Geburt nach § 4 AsylbLG dem Grunde nach besteht. In der Gesetzesbegründung ist ausgeführt, dass dies auch dann der Fall sei, wenn der Anspruch nach § 4 AsylbLG wegen eigenen Einkommens oder Vermögens nach § 7 AsylbLG ruhe.[333]

82

V. Ausschluss bei hauptberuflich selbstständiger Erwerbstätigkeit (Abs. 5)

Nach Abs. 5 ist **nicht versicherungspflichtig** nach Abs. 1 Nr. 1 oder Nr. 5–12, wer hauptberuflich selbstständig erwerbstätig ist. Die Regelung soll verhindern, dass ein versicherungsfreier Selbstständiger durch Aufnahme einer versicherungspflichtigen Nebentätigkeit versicherungspflichtig wird und damit den umfassenden Schutz der GKV erhält.[334] Insofern verfolgt die Regelung das Ziel einer **Missbrauchsabwehr**.[335] Es handelt sich um eine **tatbestandliche Reduktion** der Versicherungspflichttatbestände des Abs. 1.[336] Keine Rolle für die Anwendbarkeit spielt, ob – was in Ausnahmefällen in Betracht kommt – die selbstständige Tätigkeit selbst Versicherungspflicht außerhalb der Tatbestände der Abs. 1 Nr. 1 oder Nr. 5–12 begründet.[337]

83

Voraussetzung ist eine **hauptberufliche selbstständige** Erwerbstätigkeit. Für die **Abgrenzung von selbstständiger zu abhängiger Tätigkeit** gilt das oben im Zusammenhang mit Abs. 1 Nr. 1 Gesagte (→ Rn. 11). **Hauptberuflich** wird eine selbstständige Tätigkeit ausgeübt, wenn **sie von der wirtschaftlichen Bedeutung und dem zeitlichen Aufwand her die übrigen Erwerbstätigkeiten zusammen deutlich übersteigt und den Mittelpunkt der Erwerbstätigkeit darstellt**.[338] Der Begriff der hauptberuflichen selbstständigen Tätigkeit spielt auch in anderen Zusammenhängen eine Rolle (§ 10, § 240); inhaltlich dürfte Übereinstimmung bestehen. Im Hinblick auf die wirtschaftliche Bedeutung der Tätigkeiten kann auf das Arbeitsentgelt (§ 14 SGB IV) aus der abhängigen Beschäftigung einerseits und das Arbeitseinkom-

84

---

328 Zu einem solchen Fall vgl. BSG, 6.10.2010, B 12 KR 25/09 R, BSGE 107, 26 ff.
329 SG Trier, 1.12.2015, S 3 KR 31/15.
330 Zur Begr. des Gesetzentwurfs im Einzelnen: BT-Dr. 16/3100, 95.
331 Vgl. BT-Dr. 16/3100, 95.
332 Die Definition findet sich mittlerweile unverändert in Art. 1 j) VO Nr. 883/04.
333 BT-Dr. 16/3100, 95.
334 BT-Dr. 11/2237, 59.
335 BSG, 16.11.1995, 4 RK 2/94, BSGE 77, 93 ff.
336 Berchtold in: Kreikebohm/Spellbrink/Waltermann, § 5 SGB V Rn. 46.
337 Zu einem solchen Fall (landwirtschaftliche Krankenversicherung): BSG, 16.11.1995, 4 RK 2/94, BSGE 77, 93 ff.
338 BT-Dr. 11/2237, 159.

men (§ 15 SGB IV) aus der selbstständigen Tätigkeit andererseits zurückgegriffen werden.[339] Bei der Ermittlung des Arbeitseinkommens aus selbstständiger Tätigkeit ist zu beachten, dass nach den allgemeinen Gewinnermittlungsvorschriften ermittelte und vom Finanzamt festgestellte Gewinne nur dann Berücksichtigung finden können, wenn sie auf selbstständiger Tätigkeit im hier maßgeblichen Sinne beruhen;[340] § 15 SGB IV kann nicht entnommen werden, dass die steuerrechtliche Qualifizierung bestimmter Einkünfte als eine der sieben Einkunftsarten des § 2 EStG auch darüber entscheidet, ob im Sinne von § 15 SGB IV von einer selbstständigen Tätigkeit und hieraus resultierender Einkünfte als Arbeitseinkommen auszugehen ist;[341] der Anwendungsbereich von § 15 Abs. 1 S. 1 SGB IV ist vielmehr allein auf die relevanten Einkünfte aus typischerweise mit persönlichem Einsatz verbundenen Tätigkeiten beschränkt und umfasst nicht „jegliches" Einkommen aus nicht abhängiger Tätigkeit.[342] Für eine hauptberufliche selbstständige Erwerbstätigkeit genügt demnach nicht schon die gesellschaftsrechtliche Stellung als Alleingesellschafter und Mitgeschäftsführer ein GmbH[343] und auch nicht das Vermieten eigener Wohnungen, wenn die daraus erzielten Einkünfte steuerrechtlich nicht solchen aus einem Gewerbebetrieb zugeordnet werden können.[344] Eine strikte rechtliche Bindung an Entscheidungen der Finanzbehörden im Sinne einer Feststellungswirkung besteht bei der Ermittlung des Arbeitseinkommens nicht.[345] Wenn eine vollschichtige abhängige Beschäftigung ausgeübt wird, ist eine daneben ausgeübte selbstständige Erwerbstätigkeit nur dann als hauptberuflich anzusehen, wenn sie von der wirtschaftlichen Bedeutung und dem zeitlichen Umfang her die übrigen Tätigkeiten deutlich übersteigt.[346] Wird nur eine selbstständige Tätigkeit und nicht parallel eine abhängige Beschäftigung ausgeübt, liegt nicht ohne Weiteres eine hauptberufliche selbstständige Tätigkeit vor; Kriterien sind in einem solchen Fall die wirtschaftliche Bedeutung der Tätigkeit und der Zeitaufwand im Rahmen einer vorausblickenden Gesamtschau;[347] es spricht für Hauptberuflichkeit, wenn neben Bezug einer Rente eine selbstständige Tätigkeit mehr als halbtags ausgeübt wird.[348]

85 Mit dem GKV-VSG[349] wurde mit Wirkung vom 23.7.2015[350] Abs. 5 S. 2 mit einer Vermutung für die Hauptberuflichkeit einer selbstständigen Tätigkeit bei regelmäßiger Beschäftigung eines Arbeitnehmers in mehr als geringfügigem Umfang angefügt. Die Regelung knüpft an die Rechtsprechung des BSG an, wonach die Beschäftigung eines oder mehrerer Arbeitnehmer ein Indiz für den Umfang einer selbstständigen Tätigkeit sein könne, aber keinen unbedingten Rückschluss auf eine Hauptberuflichkeit zulasse.[351] Abs. 5 S. 2 soll den Krankenkassen eine verwaltungsvereinfachende Praxis ermöglichen, indem eine Hauptberuflichkeit anhand des genannten Kriteriums annehmen können; das Merkmal habe sich in der Vergangenheit als zuverlässiger Indikator für die Feststellung der Hauptberuflichkeit von selbstständigen Erwerbstätigen erwiesen; die Vermutung könne vom Selbstständigen widerlegt werden.[352] Die Vorschrift bringt so zwar keine Modifizierung des Begriffs der Hauptberuflichkeit, sie soll aber faktisch den Ermittlungsumfang für die Behörde begrenzen; es obliegt dann dem Selbstständigen, Umstände vorzubringen, die gegen eine Hauptberuflichkeit sprechen. Nach Abs. 5 S. 2 Hs. 2 gelten für Gesellschafter als Arbeitnehmer auch die Arbeitnehmer der Gesellschaft. Angesichts der widerlegbaren Vermutung, die an der materiellen Rechtslage nichts ändert, wird der Nutzen der Neuregelung in Zweifel gezogen; notwendige Ermittlungen können sich auf Rechtsbehelfsverfahren verlagern.[353]

---

339 Vgl. BSG, 29.4.1997, 10/4 RK 3/96, SozR 3-5420 § 3 Nr. 2.
340 BSG, 27.1.1999, B 4 RA 17/98 R, SozR 3-2400 § 15 Nr. 6.
341 BSG, 27.1.1999, B 4 RA 17/98 R, SozR 3-2400 § 15 Nr. 6.
342 Vgl. BSG, 4.6.2009, B 12 KR 3/08 R, SozR 4-2500 § 10 Nr. 9.
343 BSG, 4.6.2009, B 12 KR 3/08 R, SozR 4-2500 § 10 Nr. 9.
344 BSG, 30.3.2006, B 10 KR 2/04 R, SozR 4-5420 § 2 Nr. 1.
345 BSG, 29.7.2015, B 12 KR 4/13 R, SozR 4-2500 § 5 Nr. 26.
346 BSG, 29.4.1997, 10/4 RK 3/96, SozR 3-5420 § 3 Nr. 2.
347 BSG, 29.7.2015, B 12 KR 4/13 R.
348 BSG, 29.7.2015, B 12 KR 4/13 R.
349 BGBl. I, 2015, 1211.
350 Art. 20 Abs. 1.
351 BT-Dr. 641/14, 81 mit Hinweis auf BSG, 29.2.2012, B 12 KR 4/10 R; vgl. auch BSG, 29.7.2015, B 12 KR 4/13 R.
352 BT-Dr. 641/14, 81 f.
353 Vgl. Hedermann, Arbeitnehmerbeschäftigung als Kriterium zur Beurteilung der „Hauptberuflichkeit" einer selbstständigen Tätigkeit nach dem neuen § 5 Abs. 5 Satz 2 SGB V, NZS 2016, 8, 11.

VI. Das Verhältnis von GKV und PKV (Abs. 9)

Abs. 9 enthielt bis zum 31.12.2007 ein **Recht zur Kündigung einer privaten Krankenversicherung** bei Eintritt von Versicherungspflicht oder einer Familienversicherung; eine entsprechende (detailliertere) Regelung findet sich seit dem 1.1.2008 in § 205 Abs. 2 VVG (in den ab dem 1.1.2008 geltenden Fassungen). Mit der Regelung soll dem betroffenen Personenkreis ermöglicht werden, eine **Doppelversicherung** bei Eintritt der durch Gesetz angeordneten Versicherungspflicht zu **vermeiden**. Nach § 205 Abs. 2 S. 1 VVG kann der Versicherungsnehmer binnen drei Monaten nach Eintritt der Versicherungspflicht (ua) eine Krankheitskostenversicherung sowie eine für diese Versicherungen bestehende Anwartschaftsversicherung rückwirkend ab Eintritt der Versicherungspflicht kündigen, wenn eine versicherte Person kraft Gesetzes krankenversicherungspflichtig wird. Der Versicherungspflicht steht der gesetzliche Anspruch auf Familienversicherung oder der nicht nur vorübergehende Anspruch auf Heilfürsorge aus einem beamtenrechtlichen oder ähnlichen Dienstverhältnis gleich (§ 205 Abs. 2 S. 5 VVG). § 205 Abs. 2 S. 2–4 VVG enthalten flankierende Regelungen. 86

Abs. 9 ist mit Wirkung ab dem 1.1.2008 durch Art. 9 Abs. 21 Nr. 1 des Gesetzes zur Reform des Versicherungsvertragsrechts[354] durch den bis dahin geltenden Abs. 10 unter Anfügung eines Satzes 7 ersetzt worden und enthält seither ein **Rückkehrrecht** in die private Krankenversicherung in Fällen, in denen sich die Erwartung des Eintritts der Versicherungspflicht oder einer Familienversicherung nicht erfüllt hat oder die gesetzliche Versicherung vor Erfüllung der Vorversicherungszeit nach § 9 endet. Der bis zum 31.12.2007 geltende Abs. 10 ging zurück auf Art. 22 Abs. 5 GKV-Gesundheitsreformgesetz 2000.[355] Bei der Regelung sollte es sich um eine flankierende Maßnahme zum Schutz des in § 6 Abs. 3 a genannten Personenkreises vor einer unfreiwilligen Nichtversicherung handeln; aufgrund der Neuregelung in § 6 Abs. 3 a sowie darüber hinaus aufgrund der seit 1989 kontinuierlichen Einschränkung der Beitrittsmöglichkeiten zur gesetzlichen Krankenversicherung hielt man es für geboten, Personen, die eine private Krankenversicherung in der Annahme einer hinreichenden Versicherung in der gesetzlichen Krankenversicherung gekündigt hatten, ein Recht auf Neuabschluss des privaten Versicherungsvertrages zu geben.[356] Mit dem in **Abs. 9 S. 1** normierten **Rückkehrrecht** soll **Kontinuität** des Schutzes in der PKV für die geregelten Fälle sichergestellt werden;[357] der Vertragsabschluss erfolgt ohne Risikoprüfung zu gleichen Tarifbedingungen, die zum Zeitpunkt der Kündigung bestanden haben; die bis zum Ausscheiden erworbenen Alterungsrückstellungen sind dem Vertrag zuzuschreiben (Abs. 9 S. 2). 87

Das **Rückkehrrecht besteht nicht nur** in Fällen, in denen das (Sonder-)Kündigungsrecht nach § 205 Abs. 2 VVG in Anspruch genommen wurde, sondern in allen Fällen, in denen in Erwartung eines GKV-Versicherungsschutzes das private Versicherungsverhältnis gekündigt wurde; Voraussetzung ist jedoch, dass das Versicherungsverhältnis in der PKV der erwarteten GKV-Versicherung unmittelbar vorausging, der Versicherungsvertrag also mit Wirkung vom Zeitpunkt des erwarteten Eintritts in die GKV gekündigt wurde.[358] 88

Das **Rückkehrrecht** besteht zum einen dann, wenn eine **Versicherung nach den §§ 5, 9 oder 10 nicht zustande kommt**. Dies kann insbesondere der Fall sein, wenn eine Erwartung des Eintritts einer Versicherung aufgrund einer Änderung der tatsächlichen Lebensverhältnisse nicht erfüllt wird, zB wenn die geplante Aufnahme einer versicherungspflichtigen Beschäftigung scheitert; denkbar ist auch, dass eine Kündigung im Hinblick auf eine falsche Beurteilung der Voraussetzungen für den Eintritt einer Versicherung nach den §§ 5, 9 oder 10 erfolgt. Die Formulierung der Regelung lässt nicht erkennen, dass das Rückkehrrecht von fehlendem Verschulden abhängig wäre.[359] 89

Das **Rückkehrrecht** besteht zum anderen dann, wenn **eine Versicherung nach den §§ 5, 10 vor Eintritt der Vorversicherungszeit nach § 9 endet**. Gemeint sind Fälle, in denen eine gesetzliche Versicherung nach §§ 5, 10 zwar zustande gekommen ist, die Versicherung aber wieder endet, ohne dass die nach § 9 Abs. 1 S. 1 Nr. 1 und 2 erforderliche Vorversicherungszeit erreicht wird und deshalb eine Versiche- 90

---

354 Gesetz vom 23.11.2007, BGBl. I 2007, 2631.
355 Gesetz vom 22.12.1999, BGBl. I 1999, 2626.
356 BT-Dr. 14/1245, 59.
357 Vgl. Berchtold in: Kreikebohm/Spellbrink/Waltermann, § 5 SGB V Rn. 51.
358 Baier in: Krauskopf, Stand 1/2014, § 5 SGB V Rn. 108.
359 So Baier in: Krauskopf, Stand 1/2014, § 5 SGB V Rn. 109; vgl. aber Berchtold in: Kreikebohm/Spellbrink/Waltermann, § 5 SGB V Rn. 52: jedenfalls die Umstände, die das Scheitern oder die defizitäre Dauer der Versicherung in der GKV begründen, müssen hinsichtlich ihrer subjektiven Elemente jeweils nach der Kündigung liegen.

rungsberechtigung nicht entstanden ist. Der zum 1.8.2013 eingefügte § 188 Abs. 4 dürfte dem betroffenen Personenkreis ein Wahlrecht zwischen der Rückkehr in die PKV und einer freiwilligen Mitgliedschaft in der GKV eröffnen. Das Rückkehrrecht besteht regelmäßig nur bei der ersten Unterbrechung der gesetzlichen Versicherung ohne Erreichen der Vorversicherungszeit; tritt nach einer längeren Unterbrechung der gesetzlichen Versicherung (ohne privaten Krankenversicherungsschutz) erneut Versicherungspflicht ein, besteht bei einer erneuten Unterbrechung der gesetzlichen Versicherung kein Rückkehrrecht mehr.[360]

91 Das Rückkehrrecht in die PKV ist von einer **Vorversicherungszeit in der PKV** abhängig; der Vertrag muss vor seiner Kündigung **mindestens fünf Jahre ununterbrochen bestanden haben**.

92 Liegen die Voraussetzungen für ein Rückkehrrecht in die PKV vor, so besteht als **Rechtsfolge ein Kontrahierungszwang** für das Versicherungsunternehmen nach näherer Maßgabe von **Abs. 9 S. 2–6**. Nach **Abs. 9 S. 7** gelten die Sätze 1 bis 6 auch für die **Anwartschaftsversicherung** (§ 204 Abs. 4 VVG).[361]

VII. Konkurrenzen (Abs. 6 bis 8)

93 Die Konkurrenzregelungen der Abs. 6 bis 8 greifen ein, wenn bei dem Betroffenen **zwei zur Versicherungspflicht führende Tatbestände** erfüllt sind. Unterschiedlich wird beurteilt, ob Fälle gemeint sind, in denen derselbe Sachverhalt mehrere Versicherungspflichttatbestände im Sinne des Abs. 1 verwirklichen könnte, oder Fälle, in denen unterschiedliche Sachverhalte zum Zusammentreffen mehrerer Versicherungspflichttatbestände im Sinne des Abs. 1 führen könnten. Nach der Rechtsprechung des BSG kann ein und derselbe Sachverhalt nicht gleichzeitig mehrere der in Abs. 1 geregelten Versicherungspflichttatbestände erfüllen; diese sollen vielmehr so gegeneinander abgegrenzt sein, dass sie sich gegenseitig ausschließen.[362] Gegen eine Verallgemeinerung dieser im Hinblick auf das Verhältnis von Abs. 1 Nr. 6 und 7 entwickelten Auslegung spricht indes, dass § 235 Abs. 1 S. 3 voraussetzt, dass Versicherungspflicht wegen der Teilnahme an einer Rehabilitationsmaßnahme (Abs. 1 Nr. 6) einerseits und der Ausübung einer (anderweitigen) Beschäftigung gegen Entgelt (Abs. 1 Nr. 1) andererseits nebeneinander bestehen können;[363] dies wäre unverständlich, wenn Abs. 6 S. 1 gerade diesen Fall regeln – und ausschließen – sollte.[364]

94 Nach **Abs. 6 S. 1** ist nicht nach Abs. 1 Nr. 5–7 oder 8 nicht versicherungspflichtig, wer nach Abs. 1 Nr. 1 versicherungspflichtig ist. Nicht geregelt ist der Fall des Zusammentreffens einer Versicherungspflicht nach Abs. 1 Nr. 5–8 und Abs. 1 Nr. 2–4; in solchen Fällen werden die Versicherungspflichten Nr. 2, 2a und Nr. 5–8 nebeneinander bestehen.[365] Auch die Versicherungspflichten nach Abs. 1 Nr. 1, 2 einerseits und Abs. 1 Nr. 2a andererseits dürften nebeneinander bestehen, was die Regelung der Beitragsbemessungsgrundlage des § 232a Abs. 1 S. 1 Nr. 2 nahelegt.

95 Nach **Abs. 6 S. 2** geht die Versicherungspflicht vor, nach der die höheren Beiträge zu zahlen sind, wenn eine Versicherungspflicht nach Abs. 1 Nr. 6 mit einer Versicherungspflicht nach Abs. 1 Nr. 7 oder 8 zusammentrifft. Die Beitragshöhe ist jeweils in § 235 Abs. 1 und 3 geregelt; da die Beitragshöhe schwanken kann, kann sich auch der vorrangige Versicherungspflichttatbestand ändern.[366]

96 Nach **Abs. 7 S. 1** ist nicht nach Abs. 1 Nr. 9 oder Nr. 10 versicherungspflichtig, wer nach Abs. 1 Nr. 1 bis 8, 11 bis 12 versicherungspflichtig oder nach § 10 versichert ist, es sei denn, der Ehegatte, der Lebenspartner oder das Kind des Studenten oder Praktikanten ist nicht versichert oder die Versicherungspflicht nach Abs. 1 Nr. 11b besteht über die Altersgrenze des § 10 Abs. 2 Nr. 3 hinaus. Die Vorschrift regelt den Nachrang der KVdS und der Krankenversicherung der Praktikanten gegenüber den Versicherungspflichten der Nr. 1 bis 8, 11 bis 12 und der Familienversicherung. Der Nachrang gegenüber der Familienversicherung gilt nicht, wenn wegen der Nichtversicherung des Ehegatten, des Lebenspartners oder eines Kindes ein Bedürfnis für eine eigene Stammversicherung und eine daraus ver-

---

360 So wohl Baier in: Krauskopf, Stand 1/2014, § 5 SGB V Rn. 110.
361 Zur Begr. der Regelung: BT-Dr. 16/3945, 123.
362 BSG, 14.2.2001, B 1 KR 1/00 R; wohl auch Berchtold in: Kreikebohm/Spellbrink/Waltermann, § 5 SGB V Rn. 48.
363 So im Ergebnis wohl Peters in: KassKomm, Stand 12/2013, § 5 SGB V Rn. 196, wonach die Abs. 6 bis 8 a hauptsächlich gerade die Konkurrenzen unter den Versicherungspflichttatbeständen des Abs. 1 regeln sollen.
364 Nach Baier in: Krauskopf, Stand 1/2014, § 5 SGB V Rn. 95 soll § 5 Abs. 6 S. 1 SGB V sowohl das Zusammentreffen mehrerer Versicherungspflichten durch einen Tatbestand als auch durch mehrere Tatbestände regeln.
365 Peters in: KassKomm, Stand 12/2013, § 5 SGB V Rn. 202.
366 Baier in: Krauskopf, Stand 1/2014, § 5 SGB V Rn. 96.

mittelte Familienversicherung besteht. Abs. 7 S. 1 Hs. 2 kann dementsprechend insoweit nicht zur Anwendung kommen, wenn auch bei einer Versicherung nach Abs. 1 Nr. 9 oder Nr. 10 für den Partner oder das Kind wegen eines Ausschlusses nach § 10 Abs. 1 keine Familienversicherung eintreten würde.[367] Seit dem 1.1.2016 sind auch Abs. 1 Nr. 11a und 11b in die Rangregelung einbezogen; durch die (nachträgliche) Einbeziehung von Abs. 1 Nr. 11a sollte eine Regelungslücke geschlossen werden.[368] Mit Erreichen der Altersgrenze des § 10 Abs. 2 Nr. 3 wird die Versicherungspflicht für Studierende und Praktikanten vorrangig vor der Versicherungspflicht nach Abs. 1 Nr. 11b; damit soll eine Gleichbehandlung der in der GKV versicherten Studierenden während des Studiums gewährleistet werden.[369] Nach **Abs. 7 S. 2** geht die Pflichtversicherung in der KVdS der Versicherungspflicht als Praktikant vor.

Abs. 8 enthält Regelungen über die Nachrangigkeit der KVdR. Nach **Abs. 8 S. 1** ist nach Abs. 1 Nr. 11 bis Nr. 12 nicht versicherungspflichtig, wer nach Abs. 1 Nr. 1–7 oder Nr. 8 versicherungspflichtig ist. Die Regelung dürfte – entgegen dem Wortlaut – schon vor dem 1.1.2016 entsprechend auch auf Abs. 1 Nr. 11a anwendbar gewesen sein;[370] seit dem 1.1.2016 sind ohnehin die Nrn. 11a und 11b ausdrücklich in die Regelung einbezogen.

Nach **Abs. 8 S. 2** gilt S. 1 für die in § 190 Abs. 11a genannten Personen entsprechend. § 190 Abs. 11a geht – ebenso wie § 5 Abs. 8 S. 2 und 3 – auf das 10. SGB V-Änderungsgesetz[371] zurück. § 190 Abs. 11a betrifft Personen, die vom Beitrittsrecht des § 9 Abs. 1 Nr. 6 Gebrauch gemacht haben, sowie deren Familienangehörige, die nach dem 31.3.2002 nach § 5 Abs. 1 Nr. 11 versicherungspflichtig geworden sind, deren Anspruch auf Rente schon an diesem Tag bestand, die nicht die Vorversicherungszeit des Abs. 1 Nr. 11 in der seit dem 1.1.1993 geltenden Fassung erfüllt hatten und die bis zum 31.3.2002 nach § 10 oder nach § 7 des Zweiten Gesetzes über die KVdL versichert waren. § 9 Abs. 1 Nr. 6 begründet ein Beitrittsrecht innerhalb von sechs Monaten nach Eintritt der Versicherungspflicht für Bezieher einer Rente der gesetzlichen Rentenversicherung, die nach dem 31.3.2002 in der KVdR versicherungspflichtig geworden sind, deren Anspruch auf Rente schon an diesem Tag bestand, die aber nicht die Vorversicherungszeit nach § 5 Abs. 1 Nr. 11 in der seit dem 1.1.1993 geltenden Fassung erfüllt hatten und die deswegen bis zum 31.3.2002 freiwillige Mitglieder waren. Der gesamte Regelungskomplex steht im Zusammenhang mit der Verfassungswidrigkeit der am 1.1.1993 in Kraft getretenen Änderungen bei der Vorbelegungszeit des Abs. 1 Nr. 11[372] und der nach der Entscheidung des Bundesverfassungsgerichts ab dem 1.4.2002 wieder anwendbaren alten – vor dem 1.1.1993 geltenden – Fassung des Abs. 1 Nr. 11. Nach den Gesetzgebungsmaterialien sollte mit Abs. 8 S. 2 klargestellt werden, dass Rentenbezieher, die das Beitrittsrecht des § 9 Abs. 1 Nr. 6 ausgeübt hatten, nicht als Rentner versicherungspflichtig würden[373] und so ihren bisherigen Versichertenstatus erhalten konnten.[374] Die Verdrängung der Versicherungspflicht durch den Beitritt nach § 9 Abs. 1 Nr. 6 ist endgültig.[375] Auch der Bezug einer weiteren Rente, etwa einer Hinterbliebenenrente, führt nicht mehr zur Versicherungspflicht.[376]

Auch **Abs. 8 S. 3** steht im Zusammenhang damit, dass ab dem 1.4.2002 für den Zugang zur KVdR wieder die vor dem 1.1.1993 geltenden Regelungen anzuwenden waren. Der Sache nach handelt es sich um eine **Bestandsschutzregelung**. Die KVdR wird nur verdrängt, solange die Familienversicherung besteht.[377]

XIII. Anpassung durch das Heil- und Hilfsmittelversorgungsgesetz

Durch das Heil- und Hilfsmittelversorgungsgesetz vom 4.4.2017 (BGBl. I, 778) werden mWv 1.8.2017 in Abs. 1 Nr. 2 die Wörter „oder Unterhaltsgeld" gestrichen und werden die Wörter „ab Beginn des zweiten Monats bis zur zwölften Woche einer Sperrzeit (§ 159 des Dritten Buches) oder ab Beginn des zweiten Monats" durch die Wörter „wegen einer Sperrzeit (§ 159 des Dritten Buches) oder" ersetzt. Zudem wird dem Abs. 2 folgender Satz angefügt:

---

367 Baier in: Krauskopf, Stand 1/2014, § 5 SGB V Rn. 97.
368 BT-Dr. 18/6905, 76.
369 BT-Dr. 18/6905, 76.
370 Baier in: Krauskopf, Stand 1/2014, § 5 SGB V Rn. 98; vgl. auch BT-Dr. 18/6905, 76.
371 Gesetz vom 28.3.2002, BGBl. I 2002, 1169.
372 BVerfG, 15.3.2000, 1 BvL 16/96, 1 BvL 17/96, 1 BvL 18/96, 1 BvL 19/96, 1 BvL 20/96, 1 BvL 18/97.
373 BT-Dr. 14/8384, 8.
374 Zum Sinn dieses Beitrittsrechts vgl. BT-Dr. 14/8099, 3.
375 Zur Begr.: BT-Dr. 14/8384, 8.
376 BT-Dr. 14/8384, 8.
377 Baier in: Krauskopf, Stand 1/2014, § 5 SGB V Rn. 102.

„³Auf die nach Absatz 1 Nummer 11 erforderliche Mitgliedszeit wird für jedes Kind, Stiefkind oder Pflegekind (§ 56 Absatz 2 Nummer 2 des Ersten Buches) eine Zeit von drei Jahren angerechnet."

Das Unterhaltsgeld wurde zum 1.1.2005 durch das Arbeitslosengeld bei beruflicher Weiterbildung ersetzt; die Nennung in Abs. 1 Nr. 2 hat somit ihre Bedeutung verloren.[378]

Mit der weiteren Änderung des Abs. 1 Nr. 2 soll nach den Gesetzgebungsmaterialien erreicht werden, dass künftig grundsätzlich bereits **ab dem ersten Tag einer Sperrzeit oder einer Urlaubsabgeltung Versicherungspflicht** in der gesetzlichen Krankenversicherung und damit auch ein Anspruch auf Krankengeld besteht; diese Versicherungspflicht soll frühestens mit dem Tag beginnen, an dem Arbeitslosengeld allein aufgrund des Ruhens wegen einer Sperrzeit oder einer Urlaubsabgeltung nicht bezogen wird und somit die übrigen Anspruchsvoraussetzungen sowie der Antrag auf Arbeitslosengeld vorliegen.[379] Mit der Änderung soll eine Versorgungslücke beim Krankengeld zwischen dem Ende des Beschäftigungsverhältnisses und dem Bezug von Arbeitslosengeld geschlossen werden, die in bestimmten Fallkonstellationen[380] auftritt, wenn im Anschluss an ein Beschäftigungsverhältnis der Anspruch auf Arbeitslosengeld wegen einer Sperrzeit oder wegen einer Urlaubsabgeltung ruht und während des erstens Monats dieser Ruhenszeit Arbeitsunfähigkeit eintritt.[381]

Mit der Anfügung von Abs. 2 S. 3 werden pauschal drei Jahre für jedes Kind auf die Vorversicherungszeit der KVdR angerechnet. Zur Rechtfertigung für die Regelung wird in den Gesetzgebungsmaterialien ausgeführt, dass es Fälle geben könne, in denen wegen der Betreuung von Kindern die erforderliche Vorversicherungszeit nicht erfüllt werde, weil der betreuende Elternteil in dieser Zeit nicht gesetzlich krankenversichert gewesen sei. Dies sei insbesondere der Fall, wenn der Ehe- oder Lebenspartner des betreuenden Elternteils nicht Mitglied der GKV sei, weil er/sie zB Beamtin/Beamter und damit über seinen/ihren Beihilfeanspruch und eine ergänzende private Krankenversicherung abgesichert und deshalb eine beitragsfreie Familienversicherung für den betreuenden Elternteil ausgeschlossen sei.[382] Ob – auch angesichts der sich nur auf die zweite Hälfte des Erwerbslebens beziehenden 9/10-Belegung – mit der sehr stark pauschalierenden Neuregelung der verfolgte Regelungszweck zielgenau umgesetzt wird, erscheint offen; im Ergebnis bringt die Regelung jedenfalls Vorteile für Personen mit Kindern.

XIV. Anpassung durch das Bundesteilhabegesetz

101 Durch das Bundesteilhabegesetz vom 23.12.2016 (BGBl. I, 3234) wird mWv 1.1.2018 in Abs. 1 Nr. 7 die Angabe „143" durch die Angabe „226" ersetzt und werden nach dem Wort „Heimarbeit" die Wörter „oder bei einem anderen Leistungsanbieter nach § 60 des Neunten Buches" eingefügt.[383] Darüber hinaus werden mWv 1.1.2020 in Abs. 8 a S. 2 die Wörter „nach dem Dritten, Vierten, Sechsten und Siebten Kapitel des Zwölften Buches" durch die Wörter „nach dem Dritten, Vierten und Siebten Kapitel des Zwölften Buches, dem Teil 2 des Neunten Buches" ersetzt.[384]

§ 6 Versicherungsfreiheit

(1) Versicherungsfrei sind
1. Arbeiter und Angestellte, deren regelmäßiges Jahresarbeitsentgelt die Jahresarbeitsentgeltgrenze nach den Absätzen 6 oder 7 übersteigt; Zuschläge, die mit Rücksicht auf den Familienstand gezahlt werden, bleiben unberücksichtigt,
1a. nicht-deutsche Besatzungsmitglieder deutscher Seeschiffe, die ihren Wohnsitz oder gewöhnlichen Aufenthalt nicht in einem Mitgliedstaat der Europäischen Union, einem Vertragsstaat des Abkommens über den Europäischen Wirtschaftsraum oder der Schweiz haben,
2. Beamte, Richter, Soldaten auf Zeit sowie Berufssoldaten der Bundeswehr und sonstige Beschäftigte des Bundes, eines Landes, eines Gemeindeverbandes, einer Gemeinde, von öffentlich-rechtlichen Körperschaften, Anstalten, Stiftungen oder Verbänden öffentlich-rechtlicher Körperschaften oder

---

378 Vgl. BT-Dr. 18/11205, 59.
379 BT-Dr. 18/11205, 59.
380 Hierzu → Rn. 26, insbesondere die Entscheidung BSG, 4.3.2014, B 1 KR 68/12 R.
381 BT-Dr. 18/11205, 59.
382 BT-Dr. 18/11205, 60.
383 Zur Begründung BR-Dr. 428/16, 330.
384 Zur Begründung BT-Dr. 18/10523, 69.

deren Spitzenverbänden, wenn sie nach beamtenrechtlichen Vorschriften oder Grundsätzen bei Krankheit Anspruch auf Fortzahlung der Bezüge und auf Beihilfe oder Heilfürsorge haben,
3. Personen, die während der Dauer ihres Studiums als ordentliche Studierende einer Hochschule oder einer der fachlichen Ausbildung dienenden Schule gegen Arbeitsentgelt beschäftigt sind,
4. Geistliche der als öffentlich-rechtliche Körperschaften anerkannten Religionsgesellschaften, wenn sie nach beamtenrechtlichen Vorschriften oder Grundsätzen bei Krankheit Anspruch auf Fortzahlung der Bezüge und auf Beihilfe haben,
5. Lehrer, die an privaten genehmigten Ersatzschulen hauptamtlich beschäftigt sind, wenn sie nach beamtenrechtlichen Vorschriften oder Grundsätzen bei Krankheit Anspruch auf Fortzahlung der Bezüge und auf Beihilfe haben,
6. die in den Nummern 2, 4 und 5 genannten Personen, wenn ihnen ein Anspruch auf Ruhegehalt oder ähnliche Bezüge zuerkannt ist und sie Anspruch auf Beihilfe im Krankheitsfalle nach beamtenrechtlichen Vorschriften oder Grundsätzen haben,
7. satzungsmäßige Mitglieder geistlicher Genossenschaften, Diakonissen und ähnliche Personen, wenn sie sich aus überwiegend religiösen oder sittlichen Beweggründen mit Krankenpflege, Unterricht oder anderen gemeinnützigen Tätigkeiten beschäftigen und nicht mehr als freien Unterhalt oder ein geringes Entgelt beziehen, das nur zur Beschaffung der unmittelbaren Lebensbedürfnisse an Wohnung, Verpflegung, Kleidung und dergleichen ausreicht,
8. Personen, die nach dem Krankheitsfürsorgesystem der Europäischen Gemeinschaften bei Krankheit geschützt sind.

(2) Nach § 5 Abs. 1 Nr. 11 versicherungspflichtige Hinterbliebene der in Absatz 1 Nr. 2 und 4 bis 6 genannten Personen sind versicherungsfrei, wenn sie ihren Rentenanspruch nur aus der Versicherung dieser Personen ableiten und nach beamtenrechtlichen Vorschriften oder Grundsätzen bei Krankheit Anspruch auf Beihilfe haben.

(3) ¹Die nach Absatz 1 oder anderen gesetzlichen Vorschriften mit Ausnahme von Absatz 2 und § 7 versicherungsfreien oder von der Versicherungspflicht befreiten Personen bleiben auch dann versicherungsfrei, wenn sie eine der in § 5 Abs. 1 Nr. 1 oder Nr. 5 bis 13 genannten Voraussetzungen erfüllen. ²Dies gilt nicht für die in Absatz 1 Nr. 3 genannten Personen, solange sie während ihrer Beschäftigung versicherungsfrei sind.

(3 a) ¹Personen, die nach Vollendung des 55. Lebensjahres versicherungspflichtig werden, sind versicherungsfrei, wenn sie in den letzten fünf Jahren vor Eintritt der Versicherungspflicht nicht gesetzlich versichert waren. ²Weitere Voraussetzung ist, dass diese Personen mindestens die Hälfte dieser Zeit versicherungsfrei, von der Versicherungspflicht befreit oder nach § 5 Abs. 5 nicht versicherungspflichtig waren. ³Der Voraussetzung nach Satz 2 stehen die Ehe oder die Lebenspartnerschaft mit einer in Satz 2 genannten Person gleich. ⁴Satz 1 gilt nicht für Personen, die nach § 5 Abs. 1 Nr. 13 versicherungspflichtig sind.

(4) ¹Wird die Jahresarbeitsentgeltgrenze überschritten, endet die Versicherungspflicht mit Ablauf des Kalenderjahres, in dem sie überschritten wird. ²Dies gilt nicht, wenn das Entgelt die vom Beginn des nächsten Kalenderjahres an geltende Jahresarbeitsentgeltgrenze nicht übersteigt. ³Rückwirkende Erhöhungen des Entgelts werden dem Kalenderjahr zugerechnet, in dem der Anspruch auf das erhöhte Entgelt entstanden ist.

(5) (aufgehoben)

(6) ¹Die Jahresarbeitsentgeltgrenze nach Absatz 1 Nr. 1 beträgt im Jahr 2003 45 900 Euro.[1] ²Sie ändert sich zum 1. Januar eines jeden Jahres in dem Verhältnis, in dem die Bruttolöhne und -gehälter je Arbeitnehmer (§ 68 Abs. 2 Satz 1 des Sechsten Buches) im vergangenen Kalenderjahr zu den entsprechenden Bruttolöhnen und -gehältern im vorvergangenen Kalenderjahr stehen. ³Die veränderten Beträge werden nur für das Kalenderjahr, für das die Jahresarbeitsentgeltgrenze bestimmt wird, auf das nächsthöhere Vielfache von 450 aufgerundet. ⁴Die Bundesregierung setzt die Jahresarbeitsentgeltgrenze in der Rechtsverordnung nach § 160 des Sechsten Buches Sozialgesetzbuch fest.

(7) ¹Abweichend von Absatz 6 Satz 1 beträgt die Jahresarbeitsentgeltgrenze für Arbeiter und Angestellte, die am 31. Dezember 2002 wegen Überschreitens der an diesem Tag geltenden Jahresarbeitsentgeltgrenze versicherungsfrei und bei einem privaten Krankenversicherungsunternehmen in einer substi-

---

1 Gem. § 4 Abs. 1 Sozialversicherungs-Rechengrößenverordnung 2017 beträgt für das Jahr 2017 die Jahresarbeitsentgeltgrenze nach § 6 Abs. 6 57 600 Euro.

tutiven Krankenversicherung versichert waren, im Jahr 2003 41 400 Euro.[2] [2]Absatz 6 Satz 2 bis 4 gilt entsprechend.

(8) Der Ausgangswert für die Bestimmung der Jahresarbeitsentgeltgrenze für das Jahr 2004 beträgt für die in Absatz 6 genannten Arbeiter und Angestellten 45 594,05 Euro und für die in Absatz 7 genannten Arbeiter und Angestellten 41 034,64 Euro.

Literatur:

BKK Dachverband, Studenten, Praktikanten, Schüler – Versicherung und Beschäftigung, 2015; *Büser,* Der Weg zurück in die Kasse, DÄ 2012, A 162; *Kingreen,* Die Entwicklung des Gesundheitsrechts 2010/2011, NJW 2011, 3615; *Koch-Rust/Rosentreter,* Wiedereinführung der Sozialversicherungspflicht für Studierende in praxisintegrierten dualen Studiengängen?, NJW 2011, 2852; *Kostorz,* Krankenversicherung im Studium, NZS 2012, 161; *Marburger,* Nebentätigkeit von Beamten und Sozialversicherungspflicht, RiA 2015, 57; *ders.,* Versicherungspflicht von Beamten, Die Beiträge 2015, 169; *Plagemann,* Dreijährige Wartefrist – keine Besitzstandswahrung für ehemals Selbstständige, jurisPR-MedizinR 4/2010 Anm. 5.

I. Entstehungsgeschichte... 1	VI. Studenten, Fachschüler (Abs. 1 Nr. 3)... 26
II. Regelungsgehalt und systematische Zusammenhänge... 4	VII. Geistliche (Abs. 1 Nr. 4)... 35
	VIII. Lehrer an Ersatzschulen (Abs. 1 Nr. 5)... 38
III. Beschäftigte über der Jahresarbeitsentgeltgrenze (Abs. 1 Nr. 1, Abs. 4 bis 9)... 5	IX. Ruhegehaltsempfänger (Abs. 1 Nr. 6)... 39
	X. Mitglieder geistlicher Genossenschaften (Abs. 1 Nr. 7)... 42
1. Beschäftigte... 6	XI. Beschäftigte der EU (Abs. 1 Nr. 8)... 46
2. JAE-Grenze... 7	XII. Beihilfeberechtigte Hinterbliebenenrentner (Abs. 2)... 47
3. Regelmäßiges Jahresarbeitsentgelt... 10	
4. Beginn und Ende der Versicherungsfreiheit... 13	XIII. Eintritt von Versicherungspflicht nach Vollendung des 55. Lebensjahres (Abs. 3 a)... 49
5. Sonstige Rechtsfolgen... 17	XIV. Absolute Versicherungsfreiheit (Abs. 3)... 55
IV. Nicht-deutsche Besatzungsmitglieder deutscher Seeschiffe (Abs. 1 Nr. 1 a)... 19	
V. Beamte, Richter, Soldaten, öffentlicher Dienst (Abs. 1 Nr. 2)... 23	

I. Entstehungsgeschichte

1   § 6 geht zurück auf das **Gesetz zur Strukturreform im Gesundheitswesen (GRG)** vom 20.12.1988;[3] die zuvor in mehreren Vorschriften verteilten Regelungen (§§ 165, 169, 172, 173 RVO) wurden zusammengefasst. Die am 1.1.1989 in Kraft getretene Fassung[4] geht im Wesentlichen auf den Regierungsentwurf[5] und eine Ausschussempfehlung[6] zurück. Mit der Neuregelung waren nicht unerhebliche Änderungen verbunden, ua die Ausdehnung der Jahresarbeitsentgeltgrenze auf Arbeiter und die „absolute" Versicherungsfreit nach § 6 Abs. 3. Mit Art. 4 Nr. 2 des *Gesetzes zur Reform der gesetzlichen Rentenversicherung (RRG)* vom 18.12.1989[7] wurde § 6 Abs. 1 im Zusammenhang mit Änderungen bei der Rentenversicherung mit Wirkung zum 1.1.1992[8] redaktionell angepasst.[9] Mit Art. 1 Nr. 3 des *Gesetzes zur Reform der gesetzlichen Krankenversicherung aus dem Jahr 2000 (GKV-Gesundheitsreformgesetz) vom 22.12.1999*[10] wurde mit Wirkung vom 1.7.2000[11] Abs. 3 a eingefügt.[12] Zum 1.8.2001 wurde mit Art. 3 § 52 Nr. 2, Art. 5 des *Gesetzes zur Beendigung der Diskriminierung gleichgeschlechtlicher Gemeinschaften* vom 16.2.2001[13] in Abs. 3a der Begriff „Ehegatte" um den des „Lebenspartners" ergänzt.[14] Art. 1 Nr. 1, Art. 13 des *Gesetzes zur Sicherung der Beitragssätze in der gesetzlichen*

---

2   Gem. § 4 Abs. 2 Sozialversicherungs-Rechengrößenverordnung 2017 beträgt für das Jahr 2017 die Jahresarbeitsentgeltgrenze nach § 6 Abs. 7 52 200 Euro.
3   BGBl. I 1988, 2477.
4   Art. 79 Abs. 1 GRG.
5   BT-Dr. 11/2237, 160.
6   BT-Dr. 11/2493, 8.
7   BGBl. I 1989, 2261.
8   Art. 85 Abs. 1 RRG.
9   BT-Dr. 11/4124, 210.
10 BGBl. I 1999, 2626.
11 Art. 22 Abs. 1 GKV-Gesundheitsreformgesetz 2000.
12 Zur Begründung: BT-Dr. 14/1245, 59.
13 BGBl. I 2001, 266.
14 Zur Begründung: BT-Dr. 14/3751, 69.

Krankenversicherung und in der gesetzlichen Rentenversicherung vom 23.12.2002[15] brachte mit den Absätzen 6 bis 8 ab dem 1.1.2003 Neuregelungen zur Festlegung der Jahresarbeitsentgeltgrenze; in Abs. 1 und Abs. 5 gab es Anpassungen an die Neuregelungen; im Wesentlichen ging es um die Anhebung der Jahresarbeitsentgeltgrenze entsprechend der Neuregelung der Beitragsbemessungsgrenze in der gesetzlichen Rentenversicherung und die Schaffung einer Bestands- und Vertrauensschutzregelung für Personen, die bis dahin versicherungsfrei und privat versichert gewesen waren.[16] Mit Art. 4 Nr. 01 des **Dritten Gesetzes für moderne Dienstleistungen am Arbeitsmarkt** vom 23.12.2003[17] wurde auf eine Beschlussempfehlung des Ausschusses für Wirtschaft und Arbeit als Teil eines Maßnahmenpakets im Steuer- und Sozialversicherungsrecht[18] zum 1.1.2004[19] § 6 Abs. 1 Nr. 1a eingefügt.[20] Art. 6 Nr. 2 des **Gesetzes zur Organisationsreform in der gesetzlichen Rentenversicherung** vom 9.12.2004[21] brachte ab dem 1.10.2005[22] in § 6 Abs. 5 Folgeänderungen zur Fusion von Bundesknappschaft, Bahnversicherungsanstalt und Seekasse.[23] Ab dem 1.1.2005 wurden Bezieher von Arbeitslosengeld II von der Regelung des Abs. 3a ausgenommen (Art. 5 Nr. 1b, Art. 61 Abs. 1 des **Vierten Gesetzes für moderne Dienstleistungen am Arbeitsmarkt** vom 24.12.2003);[24] aus Gleichbehandlungsgründen hielt man eine Einbeziehung lebensälterer erwerbsfähiger Hilfebedürftiger in die gesetzliche Krankenversicherung für erforderlich.[25] Mit Art. 4 des **Gesetzes zur Änderung des Betriebsrentengesetzes und anderer Gesetze** vom 2.12.2006[26] wurde Abs. 6 S. 2 an die Einführung des neuen Begriffs „Bruttolöhne und -gehälter je Arbeitnehmer" in das Sechste Buch Sozialgesetzbuch angepasst[27] (am 12.12.2006 in Kraft getreten).[28]

Eine Zäsur im Bereich der Zugehörigkeitsregelungen zur GKV und PKV brachte das **GKV-WSG** vom 26.3.2007.[29] Mit Art. 1 Nr. 3 GKV-WSG wurden in § 6 Abs. 1 Nr. 1 die Wörter „und in drei aufeinander folgenden Kalenderjahren überstiegen hat" und in Abs. 3 a S. 4 die Wörter „und für Personen, die nach § 5 Abs. 1 Nr. 13 versicherungspflichtig sind" eingefügt. In Abs. 4 wurden die Sätze 1 und 3 neu gefasst und die Sätze 4 bis 6 wurden angefügt. Abs. 5 wurde aufgehoben und ein neuer Abs. 9 angefügt. Mit Art. 2 Nr. 01 wurden in § 6 Abs. 1 Nr. 1 die Wörter „dies gilt nicht für Seeleute;" und in Abs. 3 a S. 4 die Wörter „Bezieher von Arbeitslosengeld II und für" gestrichen. Die Änderungen waren nicht alle im ursprünglichen Gesetzentwurf der Regierungsfraktionen[30] enthalten; teilweise gehen sie auf Beschlussempfehlungen des Ausschusses für Gesundheit zurück.[31] Das Inkrafttreten der Regelungen ist in Art. 46 Abs. 1, 4 und 10 geregelt; im Hinblick auf das Inkrafttreten von Art. 2 Nr. 01 ist zu beachten, dass Art. 46 durch Art. 5b Nr. 2 des Gesetzes zur Änderung des Vierten Buches Sozialgesetzbuch und anderer Gesetze vom 19.12.2007[32] geändert wurde und auf der Grundlage von Art. 46 Abs. 10a eine Bekanntmachung über den Zeitpunkt des Inkrafttretens von Art. 2 Nr. 01 Buchstabe a erfolgt ist.[33] Die Änderungen des Abs. 1 Nr. 1 (und daran anschließend des Abs. 4 S. 1 und 3) sollten nach dem Inhalt der Gesetzgebungsmaterialien zwecks Stärkung des Solidarprinzips in der GKV zu einer Erschwerung des Wechsels von der gesetzlichen in die private Krankenversicherung führen. Die Neuformulierung des Abs. 3a S. 4 sei erforderlich, da andernfalls das Ziel, denjenigen, die ihren Krankenversicherungsschutz verloren hätten, wieder eine Absicherung im Krankheitsfall zu gewähren, für diesen Personenkreis nicht erreicht würde. Bei der Streichung des Abs. 5 handele es sich um eine Folgeänderung zur Öffnung der Deutschen Rentenversicherung Knappschaft-Bahn-See für Versicherte au-

---

15 BGBl. I 2002, 4637.
16 Vgl. BT-Dr. 15/28, 13 ff.
17 BGBl. I 2003, 2848.
18 BT-Dr. 15/1728, 101.
19 Art. 24 Abs. 1.
20 Zur Begründung BT-Dr. 15/1749, 26.
21 BGBl. I 2002, 3242.
22 Art. 85 Abs. 4.
23 BT-Dr. 15/3654, 86.
24 BGBl. I 2003, 2954.
25 BT-Dr. 15/1516, 72.
26 BGBl. I 2006, 2742.
27 BT-Dr. 16/3007, 20.
28 Art. 13 Abs. 1.
29 BGBl. I 2007, 378.
30 BT-Dr. 16/3100.
31 BT-Dr. 16/4200, 10 f.
32 BGBl. I 2007, 3024.
33 BGBl. I 2007, 3305.

ßerhalb des Bergbaus, bei Abs. 9 um eine Bestandsschutzregelung.[34] Die Änderungen des § 6 Abs. 1 Nr. 1 wurden schon mit dem GKV-FinG (→ Rn. 3) wieder rückgängig gemacht.

3 Mit Art. 6 Nr. 1, Art. 17 Abs. 1 des **Gesetzes zur strukturellen Weiterentwicklung der Pflegeversicherung** vom 28.5.2008[35] wurden zum 1.7.2008 in § 6 Abs. 4 S. 6 die Wörter „oder Pflegezeit" eingefügt und nach der Angabe „§ 8 Abs. 1 Nr. 1 a, 2" die Angabe „, 2 a" eingefügt.[36] Seit Inkrafttreten von Art. 1 Nr. 0 des **Gesetzes zur Weiterentwicklung der Organisationsstrukturen in der gesetzlichen Krankenversicherung**[37] vom 15.12.2008 verweist § 6 Abs. 3 S. 1 auch auf § 5 Abs. 1 Nr. 13. Wegen der ab dem 1.1.2009 bestehenden Versicherungspflicht in der privaten KV (§ 193 Abs. 3 VVG) wurde für den in Abs. 1 genannten Personenkreis der Schutz der nachrangigen Versicherung des § 5 Abs. 1 Nr. 13 fortan[38] nicht mehr für erforderlich gehalten.[39] Mit Art. 1 Nr. 2 GKV-FinG vom 22.12.2010[40] sollte im Hinblick auf § 6 Abs. 1 Nr. 1 die Rechtslage vor Inkrafttreten des GKV-WSG wieder hergestellt werden.[41] Mit Art. 4 Nr. 2 des **Gesetzes zur Koordinierung der Systeme der sozialen Sicherheit in Europa und zur Änderung anderer Gesetze** vom 22.6.2011[42] wurden zum 22.6.2011[43] in § 6 Abs. 1 Nr. 1 a die Wörter „abweichend von Nummer 1" gestrichen und die Wörter „im Geltungsbereich dieses Gesetzbuchs" durch die Wörter „in einem Mitgliedstaat der Europäischen Union, einem Vertragsstaat des Abkommens über den Europäischen Wirtschaftsraum oder der Schweiz" ersetzt. Nach der Begründung der Entwurfsverfasser sollte die Regelung der Rechtsklarstellung dienen.[44]

II. Regelungsgehalt und systematische Zusammenhänge

4 Die Vorschrift steht im Regelungskontext der §§ 5 bis 10, die die Zugehörigkeit zum System der gesetzlichen KV regeln, und regelt vor allem Ausnahmen von der in § 5 normierten Versicherungspflicht. Zur Feststellung, ob Versicherungspflicht besteht, müssen die §§ 5, 6 jeweils im Zusammenhang geprüft werden, ebenso die ebenfalls einschlägigen §§ 7, 8 (Versicherungsfreiheit bei geringfügiger Beschäftigung und Befreiung von der Versicherungspflicht). Eine Versicherungsfreiheit nach § 6 kann auch außerhalb des SGB V zur Versicherungsfreiheit führen (vgl. § 3 a Nr. 1 KVLG, § 5 Abs. 1 Nr. 4 KSVG). Die §§ 5, 6 verfolgen ein „gestuftes Schutzkonzept"; § 6 betrifft diejenigen, die zwar „dem Grunde nach versicherungspflichtig" sind, dennoch aber – insbesondere im Blick auf eine anderweitige Sicherung – nicht schutzbedürftig oder zur Abwehr eines vermuteten Missbrauchs als nicht schutzwürdig angesehen werden.[45] Die mit den einzelnen Regelungen verfolgten Zwecke sind unterschiedlich[46] (dazu später). Die Versicherungsfreiheit tritt kraft Gesetzes ein. Die Erfüllung eines der Versicherungsfreiheitstatbestände nach § 6 muss nicht in jedem Fall bedeuten, dass überhaupt keine Versicherungspflicht besteht; zu beachten ist aber die „absolute" Versicherungsfreiheit nach Abs. 3, die auch die Auffangversicherungspflicht nach § 5 Abs. 1 Nr. 13 umfasst.[47]

III. Beschäftigte über der Jahresarbeitsentgeltgrenze (Abs. 1 Nr. 1, Abs. 4 bis 9)

5 Nach Abs. 1 Nr. 1 sind versicherungsfrei Arbeiter und Angestellte, deren regelmäßiges Jahresarbeitsentgelt die Jahresarbeitsentgeltgrenze nach Abs. 6 oder 7 übersteigt.

6 **1. Beschäftigte.** Arbeiter und Angestellte werden zwar – wie auch in § 5 Abs. 1 Nr. 1 – getrennt benannt; einen Unterschied zwischen den Gruppen gibt es aber nicht mehr; gemeint sind abhängig Be-

---

34 BT-Dr. 16/3100, 95 f.
35 BGBl. I 2008, 874.
36 Zur Begründung BR-Dr. 718/07, 237.
37 BGBl. I 2008, 2426.
38 Die Regelung ist am 1.1.2009 in Kraft getreten.
39 BT-Dr. 16/10609.
40 BGBl. I 2010, 2309.
41 Zur Begründung BR-Dr. 581/10, 28.
42 BGBl. I 2011, 1202.
43 Art. 13.
44 Im Einzelnen: BT-Dr. 17/4978, 21.
45 Berchtold in: Kreikebohm/Spellbrink/Waltermann, § 6 SGB V Rn. 1.
46 Peters in: KassKomm, Stand 12/2013, § 6 SGB V Rn. 2.
47 Peters in: KassKomm, Stand 12/2013, § 6 SGB V Rn. 2.

schäftigte[48] im Sinne des § 5 Abs. 1. Die Regelung gilt auch für Personen, die den Beschäftigten gleichgestellt sind,[49] etwa den Beziehern von Vorruhestandsgeld (§ 5 Abs. 3).[50]

2. JAE-Grenze. Die Versicherungsfreiheit hängt vom Überschreiten der **Jahresarbeitsentgeltgrenze (JAE-Grenze)** nach Abs. 6 und 7 ab. Die JAE-Grenze ist von zentraler Bedeutung für die Systemabgrenzung zwischen gesetzlicher und der privater KV. Die gegen Entgelt Beschäftigten, die nicht versicherungsfrei sind und sich auch nicht befreien lassen können, gehören zwingend der gesetzlichen Versicherung an. Diejenigen, die die JAE-Grenze überschreiten und deshalb versicherungsfrei sind, können ggf. wählen: Bei Vorliegen der Voraussetzungen können sie sich in der gesetzlichen Versicherung freiwillig versichern (§ 9); ansonsten müssen sie sich privat krankenversichern (§ 193 VVG); die Möglichkeit, keine Krankenversicherung abzuschließen, gibt es nach Einführung der Versicherungspflicht auch in der privaten KV regelmäßig nicht mehr.

Die JAE-Grenze war seit den 1970er Jahren an die **Beitragsbemessungsgrenze in der gesetzlichen Rentenversicherung gekoppelt**, so dass die beiden Grenzen parallel angestiegen sind; die JAE-Grenze lag bei 75 % der Beitragsbemessungsgrenze. Zu einem deutlichen Anstieg ist es seit dem 1.1.2003 mit dem Gesetz zur Sicherung der Beitragssätze in der gesetzlichen Krankenversicherung und in der gesetzlichen Rentenversicherung vom 23.12.2002[51] gekommen, mit dem die Beitragsbemessungsgrenze in der gesetzlichen Rentenversicherung deutlich angehoben und die JAE-Grenze der gesetzlichen Krankenversicherung eigenständig – allerdings entsprechend den Regelungen zur Beitragsbemessungsgrenze in der gesetzlichen Rentenversicherung (§ 275 c SGB VI) – geregelt wurde;[52] der Verlauf der beiden Grenzen bleibt daher parallel, auch das Verhältnis ist unverändert. Das Bundesverfassungsgericht hat die Verschiebung der Grenze zwischen gesetzlicher und privater Krankenversicherung zulasten Letzterer nicht beanstandet.[53] Wegen der Erhöhung der JAE-Grenze wurde mit dem Gesetz zur Sicherung der Beitragssätze in der gesetzlichen Rentenversicherung und in der gesetzlichen Krankenversicherung mit § 6 Abs. 7 aus Vertrauensschutzgründen eine niedrigere JAE-Grenze für die Personen eingeführt, die bis dahin versicherungsfrei gewesen waren. Die **Beitragsbemessungsgrenze** in der gesetzlichen Krankenversicherung entspricht der (niedrigeren) JAE-Grenze des Abs. 7 (§ 223 Abs. 3); dies gilt auch für den Personenkreis, auf den die höhere JAE-Grenze des Abs. 6 Anwendung findet.

Das **Verfahren zur Bestimmung der JAE-Grenzen** wird durch Abs. 6 bis 8 vorgegeben. Die JAE-Grenze beträgt nach § 6 Abs. 1 S. 1 im Jahr 2003 45.900 EUR. Sie ändert sich nach Abs. 6 S. 2 zum 1. Januar eines jeden Jahres in dem Verhältnis, in dem die Bruttolöhne und -gehälter je Arbeitnehmer (§ 68 Abs. 2 S. 1 SGB VI) im vergangenen Kalenderjahr zu den entsprechenden Bruttolöhnen und -gehältern im vorvergangenen Kalenderjahr stehen. Die veränderten Beträge werden nach Abs. 6 S. 3 nur für das Kalenderjahr, für das die JAE-Grenze bestimmt wird, auf das nächsthöhere Vielfache von 450 aufgerundet. Die Bundesregierung setzt nach Abs. 6 S. 4 die JAE-Grenze in der Rechtsverordnung nach § 160 SGB VI fest. Für die Festsetzung im Jahr 2004 definiert § 6 Abs. 8 einen Ausgangswert. Abs. 7 enthält eine **Bestandsschutzregelung** für Beschäftigte, die am 31.12.2002 wegen Überschreitens der an diesem Tag geltenden JAE-Grenze versicherungsfrei und bei einem privaten Krankenversicherungsunternehmen in einer substitutiven Krankenversicherung versichert waren; die jeweiligen Werte sind gegenüber Abs. 6 niedriger festgesetzt; auch Abs. 8 enthält für diese Fälle einen niedrigeren Ausgangswert. Für den Begriff der **substitutiven** Krankenversicherung nimmt die Gesetzesbegründung Bezug auf die Definition des § 12 VAG.[54]

3. Regelmäßiges Jahresarbeitsentgelt. Entscheidend für das Überschreiten der JAE-Grenze ist nur **Arbeitsentgelt im Sinne des § 14 SGB IV**, soweit es zur Versicherungspflicht nach § 5 Abs. 1 Nr. 1 führen kann.[55] Nach § 14 Abs. 1 S. 1 SGB IV sind im Grundsatz Arbeitsentgelt alle laufenden oder einmaligen Einnahmen aus einer Beschäftigung, gleichgültig, ob ein Rechtsanspruch auf die Einnahmen besteht, unter welcher Bezeichnung oder in welcher Form sie geleistet werden und ob sie unmittelbar aus der

---

48 Berchtold in: Kreikebohm/Spellbrink/Waltermann, § 6 SGB V Rn. 4; Baier in: Krauskopf, Stand 1/2014, § 6 SGB V Rn. 5.
49 Berchtold in: Kreikebohm/Spellbrink/Waltermann, § 6 SGB V Rn. 3.
50 Peters in: KassKomm, Stand 12/2013, § 6 SGB V Rn. 7.
51 BGBl. I 2002, 4637.
52 BT-Dr. 15/28, 14.
53 BVerfG, Nichtannahmebeschluss v. 4.2.2004, 1 BvR 1103/03.
54 BT-Dr. 15/28, 14.
55 Peters in: KassKomm, Stand 12/2013, § 6 SGB V Rn. 14; Felix in: jurisPK-SGB V, § 6 Rn. 15; vgl. auch BSG, 14.7.2004, B 12 KR 1/04 R.

Beschäftigung oder im Zusammenhang mit ihr erzielt werden. Danach ist Entgelt zu berücksichtigen, das zwar **gezahlt, aber nicht geschuldet war**, etwa in den Fällen der Nichtigkeit des Arbeitsvertrags. Zu berücksichtigen ist – wie bei der Beurteilung des Eintritts der Versicherungspflicht – grundsätzlich aber auch schon geschuldetes Arbeitsentgelt, auch wenn es (noch) nicht gezahlt ist (**Entstehungsprinzip**),[56] auch bei untertariflicher Bezahlung.[57] Entgelte aus **mehreren versicherungspflichtigen Beschäftigungen sind zusammenzurechnen**.[58] Nach § 6 Abs. 1 Nr. 1 ist nur **regelmäßiges** Arbeitsentgelt zu berücksichtigen. **Einmalzahlungen** (Urlaubsgeld, Tantiemen, Weihnachtsgeld)[59] können zum regelmäßigen Arbeitsentgelt gehören, wenn sie mit hinreichender Sicherheit mindestens einmal jährlich zufließen.[60] Rückwirkende Entgelterhöhungen werden nach **Abs. 4 S. 3** dem Kalenderjahr zugerechnet, in dem der Anspruch auf das erhöhte Entgelt entstanden ist.[61] Bei schwankenden Einnahmen ist eine Schätzung vorzunehmen.[62] Bei **Nettolohnvereinbarungen** besteht Versicherungspflicht so lange, wie das entsprechende Bruttoarbeitsentgelt nach Abzug des Arbeitnehmeranteils am Krankenversicherungsbeitrag die Versicherungspflichtgrenze nicht übersteigt[63] (vgl. § 14 Abs. 2 SGB IV).

11 Nach den mit dem GKV-WSG[64] und dem Pflegeversicherungsweiterentwicklungsgesetz[65] eingefügten und geänderten und durch das GKV-FinG[66] zum 31.12.2010 wieder gestrichenen Abs. 4 S. 5 und 6 konnte in den dort genannten Zeiten ohne Entgeltbezug oder mit gemindertem Entgeltbezug auch **fiktives Arbeitsentgelt** berücksichtigt werden, insbesondere bei Fortbestand des Arbeitsverhältnisses bei Bezug von Entgeltersatzleistungen wegen Arbeitsunfähigkeit oder bei Bezug von Erziehungsgeld oder Elterngeld. Da die Einfügung der Sätze 5 und 6 im Zusammenhang mit der Änderung des Abs. 1 Nr. 1 durch das GKV-WSG stand und mit dem GKV-FinG die Rechtslage vor Inkrafttreten des GKV-WSG wieder hergestellt werden sollte,[67] fehlt es – wie vor Inkrafttreten des GKV-WSG – an ausdrücklichen Regelungen für diese Fälle.[68] Die Berücksichtigung fiktiver Entgelte dürfte daher grundsätzlich ausscheiden.[69]

12 Als regelmäßiges Arbeitsentgelt im Sinne des Abs. 1 Nr. 1 **nicht zu berücksichtigen** sind **Übergangsgebührnisse** nach dem SVG, auch wenn die Übergangsgebührnisse zusammen mit einem Entgelt aus einer abhängigen Beschäftigung die JAE überschreiten.[70] Weil es sich nicht um Arbeitsentgelt handelt, sind auch Zahlungen zur Abgeltung eines Anspruchs auf Zusatzversorgungsleistungen für Zeiten nach der Beendigung eines Beschäftigungsverhältnisses nicht zu berücksichtigen.[71] Zur Versicherungsfreiheit führt nicht der Bezug von **Versorgungsbezügen** einer verwitweten Angestellten, wenn ihr Gehalt nur zusammen mit den Versorgungsbezügen die JAE-Grenze überschreitet; dass die Versorgungsbezüge der Beitragspflicht unterliegen, ändert daran nichts;[72] dies gilt auch für **Renten** oder **Arbeitseinkommen aus selbstständiger Tätigkeit**.[73] Entgelte aus einer nach § 7 SGB V, § 8 Abs. 1 SGB IV versicherungsfreien **geringfügigen Beschäftigung** bleiben unberücksichtigt; anders ist es, wenn nach § 7 SGB V, § 8 Abs. 2 SGB IV eine Zusammenrechnung erfolgt.[74] Bei der Ermittlung des zu erwartenden (zukünftigen) regelmäßigen Jahresarbeitsentgelts kann eine **Urlaubsabgeltung** jedenfalls dann nicht berück-

---

56 Vgl. Berchtold in: Kreikebohm/Spellbrink/Waltermann, § 5 SGB V Rn. 9.
57 BSG, 14.7.2004, B 12 KR 1/04 R; BSG, 14.7.2004, B 12 KR 7/04 R.
58 Felix in: jurisPK-SGB V, § 6 Rn. 15.
59 BSG, 9.2.1993, 12 RK 26/90, SozR 3-2200 § 165 Nr. 9.
60 Baier in: Krauskopf, Stand 1/2014, § 6 SGB V Rn. 9, 10; anders für variable Entgeltbestandteile, deren Höhe von einer Steigerung des Unternehmensumsatzes abhängig ist (Tantiemen): LSG BW, 16.10.2012, L 11 KR 5514/11.
61 AA wohl Baier in: Krauskopf, Stand 1/2014, § 6 SGB V Rn. 9: eine rückwirkende Erhöhung des Arbeitsentgelts durch Tarifvertrag sei dem Kalenderjahr zuzurechnen, in dem das erhöhte Entgelt erzielt worden sei.
62 Felix in: jurisPK-SGB V, § 6 Rn. 16.
63 BSG, 19.12.1995, 12 RK 39/94, BSGE 77, 181 ff.
64 Gesetz vom 26.3.2007, BGBl. I 2007, 378.
65 Gesetz vom 28.5.2008, BGBl. I 2008, 874.
66 Gesetz vom 22.12.2010, BGBl. I 2010, 2309.
67 BT-Dr. 581/10, 28.
68 Vgl. zum Entfallen der Versicherungsfreiheit bei Fortbestehen eines Arbeitsverhältnisses während Erziehungsurlaub ohne Entgeltzahlung BSG, 29.6.1993, 12 RK 48/91.
69 Peters in: KassKomm, Stand 12/2013, § 6 SGB V Rn. 24, Ausnahmen sollen zur Vermeidung einer Diskriminierung von Frauen und Müttern in Betracht kommen.
70 BSG, 13.6.2007, B 12 KR 14/06 R, SozR 4-2500 § 6 Nr. 7.
71 BSG, 7.3.2007, B 12 KR 4/06 R, SozR 4-2400 § 14 Nr. 8.
72 BSG, 21.9.1993, 12 RK 39/91, SozR 3-2500 § 6 Nr. 6.
73 Baier in: Krauskopf, Stand 1/2014, § 6 SGB V Rn. 12.
74 Baier in: Krauskopf, Stand 1/2014, § 6 SGB V Rn. 12.

sichtigt werden, wenn nicht ausgeschlossen werden kann, dass der Urlaub vor seinen Verfall noch genommen wird.[75] Auch Zuschläge, die mit Rücksicht auf den Familienstand gezahlt werden, bleiben unberücksichtigt (**Abs. 1 Nr. 1 Hs. 3**). Bei **Reisekostenzuschüssen** handelt es sich nicht um Arbeitsentgelt im Sinne des § 14 SGB IV; nur Aufwandspauschalen, wie zB pauschalierte Reisekosten für Fahrten mit dem Kraftfahrzeug des Arbeitnehmers, sind Arbeitsentgelt.[76]

4. Beginn und Ende der Versicherungsfreiheit. Für die Ermittlung des **Beginns der Versicherungsfreiheit** und den maßgeblichen Beurteilungszeitpunkt ist bei bestehender **Versicherungspflicht**[77] **Abs. 4** heranzuziehen. Wird die JAE-Grenze überschritten, endet nach Abs. 4 S. 1 (in der seit dem 31.12.2010 geltenden Fassung des GKV-FinG vom 22.12.2010)[78] die Versicherungspflicht mit Ablauf des Kalenderjahrs, in dem die JAE-Grenze überschritten wird. Nach Abs. 4 S. 2 gilt dies nicht, wenn das Entgelt die vom Beginn des nächsten Kalenderjahres an geltende JAE-Grenze nicht übersteigt. Der Zusammenhang der beiden Sätze macht deutlich, dass für den Eintritt der Versicherungsfreiheit zwei tatbestandliche Komponenten erforderlich sind, nämlich zum einen ein (regelmäßig nach den tatsächlichen Verhältnissen zu beurteilendes) **Überschreiten der JAE-Grenze im aktuellen Kalenderjahr** und zum anderen eine **prognostische Überschreitung im folgenden Kalenderjahr**.[79] Eine Überschreitung der JAE-Grenze im aktuellen Kalenderjahr kann dabei schon dann vorliegen, wenn ab einem bestimmten Zeitpunkt die (anteilige) monatliche Grenze nachhaltig überschritten wird, ohne dass das Entgelt für das gesamte Kalenderjahr die JAE-Grenze übersteigt.[80] Die Formulierung des Abs. 4 S. 2 („gilt nicht") macht deutlich, dass nach Überschreitung der JAE-Grenze in einem Jahr bei der dann für das Folgejahr zu treffenden Prognose im Zweifel für die Versicherungsfreiheit zu entscheiden ist.[81] Bei der **erstmaligen Aufnahme** einer versicherungspflichtigen Beschäftigung im Inland und **nach Beschäftigungsaufnahme im Anschluss an eine Ausbildung** kommt Abs. 4 regelmäßig nicht zur Anwendung; dies verdeutlicht § 9 Abs. 1 S. 1 Nr. 3, der die Möglichkeit einer Versicherungsfreiheit nach § 6 Abs. 1 Nr. 1 schon ab Beginn der erstmaligen Aufnahme einer Beschäftigung und bei Beschäftigungsaufnahme im Anschluss an eine Ausbildung voraussetzt, was bei Anwendung von Abs. 4 S. 1 auf derartige Konstellationen nicht möglich wäre; Abs. 4 betrifft mithin nicht den in § 9 Abs. 1 S. 1 Nr. 3 genannten Personenkreis. Bei der erstmaligen Aufnahme einer Beschäftigung kommt es nur auf vorausschauende **Betrachtung** an, ebenso wie in den Fällen des Abs. 4 für das der (tatsächlichen) Überschreitung der JAE-Grenze folgende Jahr. Maßgeblicher **Beurteilungszeitpunkt für die Prognose** ist die erstmalige Beschäftigungsaufnahme (bzw. die Beschäftigungsaufnahme im Anschluss an eine Ausbildung), in den sonstigen Fällen das Ende des Kalenderjahres des Überschreitens der JAE-Grenze.[82]

Hiervon ausgehend endet wegen Abs. 4 S. 1 die Versicherungspflicht wegen Überschreitens der JAE-Grenze auch dann erst zum Jahresende, wenn ein versicherungspflichtig Beschäftigter Wehrdienst leistet und seine Beschäftigung anschließend beim selben Arbeitgeber, jedoch nunmehr zu einem Entgelt über der Grenze wieder aufnimmt; dies gilt auch, wenn die Jahresarbeitsentgeltgrenze deutlich überschritten und ab Wiederaufnahme der Beschäftigung eine qualifiziertere Arbeit als früher verrichtet wird.[83] Dies wird dementsprechend auch beim **Wechsel in eine neue Beschäftigung bei einem anderen Arbeitgeber** gelten müssen, wenn dadurch das Entgelt über die JAE-Grenze ansteigt.[84]

Die Rechtslage nach Inkrafttreten des GKV-FinG ab dem 31.12.2010 entspricht im Wesentlichen der Rechtslage vor dem Inkrafttreten des GKV-WSG vom 26.3.2007;[85] mit den Änderungen (ua) des § 6 durch das GKV-FinG sollte die Rechtslage vor Inkrafttreten des GKV-Wettbewerbsstärkungsgesetzes

---

75 BSG, 9.2.1993, 12 RK 26/90, SozR 3-2200 § 165 Nr. 9.
76 SG Karlsruhe, 29.7.2015, S 17 R 440/14.
77 Baier in: Krauskopf, Stand 1/2014, § 6 SGB V Rn. 58.
78 BGBl. I 2010, 2309.
79 Berchtold in: Kreikebohm/Spellbrink/Waltermann, § 6 SGB V Rn. 8; Felix in: jurisPK-SGB V, § 6 Rn. 17 f. mit Hinweis auf die Handhabung in der Praxis und auf LSG BW, 13.8.2010, L 4 R 3332/08, vgl. auch LSG BW, 27.1.2016, L 5 KR 2070/15 (Revision anhängig unter B 12 KR 8/16 R).
80 Vgl. zu einem solchen Fall BSG, 25.2.1997, 12 RK 51/96; auch LSG BW, 27.1.2016, L 5 KR 2070/15 (Revision anhängig unter B 12 KR 8/16 R); aA wohl Baier in: Krauskopf, Stand 1/2014, § 6 SGB V Rn. 13 f.
81 Vgl. Peters in: KassKomm, Stand 12/2013, § 6 SGB V Rn. 23.
82 Vgl. Peters in: KassKomm, Stand 12/2013, § 6 SGB V Rn. 20 ff.
83 BSG, 25.2.1997, 12 RK 51/96.
84 Felix in: jurisPK-SGB V, § 6 Rn. 27; Peters in: KassKomm, Stand 12/2013, § 6 SGB V Rn. 21; aA wohl Baier in: Krauskopf, Stand 1/2014, § 6 SGB V Rn. 60; Ulmer in: BeckOK SozR, SGB V, Stand: 9/2013, § 6 Rn. 17.
85 BGBl. I 2007, 378.

wieder hergestellt werden.[86] Nach den Neuregelungen des **GKV-WSG** musste für den Eintritt der Versicherungsfreiheit die JAE-Grenze in drei aufeinanderfolgenden Kalenderjahren überschritten worden sein und eine Überschreitung auch für das folgende Jahr prognostiziert werden können;[87] aus dem Umstand, dass die Möglichkeit der freiwilligen Versicherung nach § 9 Abs. 1 S. 1 Nr. 3 bei erstmaliger Aufnahme einer Beschäftigung mit dem GKV-WSG ganz gestrichen wurde, lässt sich folgern, dass auch bei erstmaliger Beschäftigungsaufnahme vor Eintritt von Versicherungsfreiheit eine dreijährige Frist durchlaufen werden musste, unabhängig davon, ob prognostisch von Anfang an ein dauerhaftes Überschreiten der JAE-Grenze erwartet werden konnte.[88] Im Hinblick auf die Ausweitung der Versicherungspflicht durch das GKV-WSG enthielt der mittlerweile wieder gestrichene **Abs. 9** Bestandsschutzregelungen.[89] Abs. 9 S. 1 galt für Fälle, in denen die Versicherungsfreiheit ohne die Regelung am 2.2.2007 infolge der ab diesem Tage wirkenden Änderung des Abs. 1 Nr. 1 (Drei-Jahres-Zeitraum) entfallen wäre; auf den Eintritt von Versicherungspflicht zu einem späteren Zeitpunkt aus anderen Gründen war Abs. 9 S. 1 von vornherein nicht anwendbar.[90]

16 Für die Bestimmung des **Endes der Versicherungsfreiheit** nach Abs. 1 Nr. 1 und dem damit regelmäßig verbundenen Wiedereintritt der Versicherungspflicht enthält das Gesetz **keine ausdrückliche Regelung**. Als Gründe für das Entfallen der Versicherungsfreiheit kommen eine Anhebung der JAE-Grenze, eine Absenkung des Arbeitsentgelts oder beides in Betracht. Mangels ausdrücklicher Regelung wird man davon ausgehen müssen, dass bei Eintritt der Änderung(en) **sofort** und nicht erst mit Ablauf des Kalenderjahres die Versicherungsfreiheit entfällt;[91] abzustellen ist auf die aufgrund einer Prognose zu erwartenden Entwicklung. Zu beachten ist, dass in bestimmten Fällen eine Befreiungsmöglichkeit nach § 8 in Betracht kommen kann, insbesondere bei Änderung der JAE-Grenze nach § 8 Abs. Nr. 1 und bei Änderungen des Entgelts in den Fällen der § 8 Abs. 1 Nr. 1 a–3.

17 **5. Sonstige Rechtsfolgen.** Liegen bei der **erstmaligen Aufnahme** einer Beschäftigung im Inland die Voraussetzungen für die Versicherungsfreiheit nach Abs. 1 Nr. 1 (in der seit dem 31.12.2010 geltenden Fassung) vor, so besteht **von Anfang an** keine Versicherungspflicht; in Betracht kommt aber eine freiwillige Versicherung nach § 9 Abs. 1 S. 1 Nr. 3. Die Reichweite der Versicherungsfreiheit ist in § 6 Abs. 3 geregelt. Sie erstreckt sich insbesondere auch auf die Auffangversicherung nach § 5 Abs. 1 Nr. 13; wird ein Beitritt zur freiwilligen Versicherung nicht erklärt, tritt demnach auch keine Auffangversicherung nach § 5 Abs. 1 Nr. 13 ein; in solchen Fällen besteht nach § 193 VVG aber eine Verpflichtung zur Begründung einer privaten Krankenversicherung.

18 Tritt bei bestehender Versicherungspflicht Versicherungsfreiheit nach Abs. 4 ein, so führt dies nicht ohne Weiteres zum Wegfall der Mitgliedschaft. Nach dem bis zum 31.7.2013 geltenden **§ 190 Abs. 3 S. 1** erlosch vielmehr die Mitgliedschaft nur dann, wenn das Mitglied innerhalb von zwei Wochen nach Hinweis der Krankenkasse über die Austrittsmöglichkeit seinen Austritt erklärte. Nach **§ 190 Abs. 3 S. 2** setzte sich die Mitgliedschaft als freiwillige Mitgliedschaft fort, wenn der Austritt nicht erklärt wurde, es sei denn, die Voraussetzungen der freiwilligen Versicherung nach § 9 Abs. 1 S. 1 Nr. 1 für den freiwilligen Beitritt waren nicht erfüllt. Wurde der Austritt erklärt, entfiel die Mitgliedschaft in der gesetzlichen Krankenversicherung und es trat nach § 6 Abs. 3 auch keine Auffangversicherungspflicht nach § 5 Abs. 1 Nr. 13 ein. Es bestand aber Versicherungspflicht nach § 193 VVG in der privaten Krankenversicherung.[92] Seit dem 1.8.2013 findet sich eine weitergehende Regelung über das Fortbestehen einer freiwilligen Mitgliedschaft in § 188 Abs. 4. Auf die Voraussetzungen für ein Beitrittsrecht nach § 9 Abs. 1 nimmt die Regelung nicht mehr Bezug. Ein Austritt kann erklärt werden, wird aber nur wirksam, wenn ein anderweitiger Anspruch auf Absicherung im Krankheitsfall nachgewiesen wird.

---

86 BT-Dr. 581/10, 28.
87 Die drei aufeinander folgenden Kalenderjahre, in denen die JAEG überschritten wurde, mussten der Beschäftigungsaufnahme unmittelbar vorgelagert sein, LSG Bln-Potsdam, 20.11.2013, L 9 KR 133/11.
88 So wohl Just in: Becker/Kingreen, 2. Aufl. 2010, § 6 Rn. 10.
89 Zur Begründung der Regelungen vgl. BT-Dr. 16/3100, 96.
90 BSG, 25.4.2012, B 12 KR 10/10 R; vgl. auch LSG NRW, 14.1.2015, L 8 R 103/14.
91 Peters in: KassKomm, Stand 12/2013, § 6 SGB V, Rn. 27; Baier in: Krauskopf, Stand 1/2014, § 6 SGB V Rn. 61; Just in: Becker/Kingreen, § 6 Rn. 15; vgl. auch BSG, 29.6.1993, 12 RK 48/91.
92 Peters in: KassKomm, Stand 12/2013, § 6 SGB V Rn. 26.

IV. Nicht-deutsche Besatzungsmitglieder deutscher Seeschiffe (Abs. 1 Nr. 1a)

Abs. 1 Nr. 1a ist mit dem **Dritten Gesetzes für moderne Dienstleistungen am Arbeitsmarkt**[93] eingefügt 19 worden und war Teil eines Maßnahmenpakets im Steuer- und Sozialversicherungsrecht mit dem Ziel, durch Senkung der Lohnnebenkosten die deutschen Reeder zu veranlassen, ihre Schiffe wieder verstärkt unter deutscher Flagge fahren zu lassen.[94] Ohne die Regelung wären nach dem Territorialitätsprinzip in Anknüpfung an den Beschäftigungsort (§ 3 Abs. 1 Nr. 1, § 10 Abs. 3 SGB IV) auch nichtdeutsche Besatzungsmitglieder in die Versicherungspflicht einbezogen. Stattdessen wird nun auf den Wohnsitz oder gewöhnlichen Aufenthalt abgestellt. Angesichts des Anspruchs auf Krankenfürsorge gegenüber dem Reeder nach den §§ 42 ff. SeemG dürfte durch die Versicherungsfreiheit für den betroffenen Personenkreis eine wesentliche Schutzlücke nicht entstehen.

Voraussetzung für die Versicherungsfreiheit ist, dass das **Besatzungsmitglied auf einem deutschen See-** 20 **schiff** (§ 13 Abs. 2 SGB IV) beschäftigt ist, **keine deutsche Staatsangehörigkeit** hat (vgl. § 2 Abs. 1a SGB IV) und seinen **Wohnsitz oder gewöhnlichen Aufenthalt** (§ 30 SGB I) nicht im Geltungsbereich des Sozialgesetzbuchs hat. Der Begriff des Besatzungsmitglieds dürfte bis zum 31.7.2013 weiter zu verstehen gewesen sein als in § 13 Abs. 1 S. 2 SGB IV; es war kein Grund ersichtlich, aus dem die in § 13 Abs. 1 S. 2 SGB IV neben den Besatzungsmitgliedern genannten sonstigen Arbeitnehmer nicht von der Regelung umfasst sein sollten;[95] der Begriff des Besatzungsmitglieds nach § 3 SeemG war ohnehin weiter gefasst als der des § 13 Abs. 1 S. 2 SGB IV. Mittlerweile dürfte sich der Begriff an § 3 Abs. 1 SeeArbG anlehnen (allerdings ohne die jetzt auch umfassten Selbstständigen).

Regelungen des **über- oder zwischenstaatlichen Rechts** bleiben unberührt (§ 6 SGB IV); soweit Vor- 21 schriften des über- oder zwischenstaatlichen Rechts ein Verbot der Benachteiligung ausländischer Seeleute enthalten, gilt die Versicherungsfreiheit daher für die hiervon erfassten Seeleute nicht; dies gilt etwa für Seeleute mit Wohnsitz oder gewöhnlichem Aufenthalt im Geltungsbereich der Verordnung (EWG) Nr. 1408/71 (bzw. mittlerweile 883/04) oder in Staaten, mit denen Deutschland ein Sozialversicherungsabkommen geschlossen hat, das im sachlichen Geltungsbereich die gesetzliche Krankenversicherung umfasst und die Erbringung von Sachleistungsaushilfe bei Aufenthalt im anderen Vertragsstaat vorsieht.[96]

Abs. 1 Nr. 1a steht neben der Regelung des Abs. 1 Nr. 1, die mittlerweile auf Seeleute ebenfalls an- 22 wendbar ist. Der früher in Abs. 1 Nr. 1 geregelte Ausschluss für Seeleute ist mit Art. 2 Nr. 01 des GKV-WSG[97] beseitigt worden.[98] Nach der Gesetzesbegründung sollte die Änderung eine Folgeregelung zur Öffnung der See-Krankenkasse für Versicherte außerhalb der Seeschifffahrt darstellen (vgl. § 173 Abs. 2 S. 1 Nr. 4a). Da die See-Krankenkasse für alle Versicherten geöffnet werden sollte und Seeleute fortan auch andere Krankenkassen wählen konnten, wurde die Beibehaltung der Versicherungspflicht für Seeleute mit einem regelmäßigen Jahresarbeitsentgelt oberhalb der Jahresarbeitsentgeltgrenze nach den Absätzen 6 oder 7 nicht mehr für sachgerecht gehalten.[99]

V. Beamte, Richter, Soldaten, öffentlicher Dienst (Abs. 1 Nr. 2)

Nach Abs. 1 Nr. 2 kommt Versicherungsfreiheit für bei **öffentlichen Arbeitgebern** tätige Personen in 23 Betracht. Wer **Beamter und Richter** im Sinne des Abs. 1 Nr. 2 ist, bestimmt sich ausschließlich nach Bundes- oder Landesrecht; eine Tätigkeit als Richter im Ausland ist nicht tatbestandlich.[100] Auch kommunale Zweckverbände, deren Mitglieder nur Gebietskörperschaften sind und die Aufgaben wahrnehmen, die sonst von ihren Mitgliedern zu erfüllen wären, sind Gemeindeverbände im Sinne des Abs. 1 Nr. 2.[101] Mit der ausdrücklichen Erwähnung der Beschäftigten bei **Spitzenverbänden** sollte zum

---

93 Gesetz vom 23.12.2003, BGBl. I 2003, 2848.
94 BT-Dr. 15/1749, 26.
95 Baier in: Krauskopf, Stand 1/2014, § 6 SGB V Rn. 18.
96 BT-Dr. 15/1749, 26.
97 Gesetz vom 26.3.2007, BGBl. I 2007, 378.
98 Art. 46 Abs. 10a GKV-WSG in der Fassung von Art. 5b Nr. 2 des Gesetzes zur Änderung des Vierten Buches Sozialgesetzbuch und anderer Gesetze vom 19.12.2007 (BGBl. I 2007, 3024), Bekanntmachung über das Inkrafttreten der Folgeänderungen zur Auflösung der See-Krankenkasse und der See-Pflegekasse und zu deren Eingliederung in die Deutsche Rentenversicherung Knappschaft-Bahn-See nach § 165 Abs. 4 Satz 1 des Fünften Buches Sozialgesetzbuch (BGBl. I 2007, 3305).
99 Vgl. BT-Dr. 16/3100, 177.
100 Vgl. BSG, 17.8.2000, B 10 KR 2/99 R, SozR 3-5420 § 2 Nr. 2.
101 Vgl. BSG, 15.12.1983, 12 RK 48/81, BSGE 56, 107 ff.

Ausdruck gebracht werden, dass Versicherungsfreiheit nicht ausschließlich bei als öffentlich-rechtliche Körperschaften organisierten Spitzenverbänden eintreten kann.[102] **Hinterbliebene von Beamten** sind nicht einbezogen; es handelt sich hierbei nicht um eine unbeabsichtigte Regelungslücke; die Ungleichbehandlung zwischen Beamten und Pensionären einerseits und Hinterbliebenen von Beamten andererseits hinsichtlich der Versicherungspflicht in einem Beschäftigungsverhältnis ist auch nicht verfassungswidrig.[103]

24 Voraussetzung für die Versicherungsfreiheit ist ein **Anspruch auf Fortzahlung der Bezüge und auf Beihilfe oder Heilfürsorge bei Krankheit nach beamtenrechtlichen Vorschriften**. Nach beamtenrechtlichen Regelungen bestehen regelmäßig Ansprüche auf unbefristete Fortzahlung der Bezüge im Krankheitsfall sowie Ansprüche auf Beihilfe. Letztere sind vom Familienstand abhängig; eine volle Übernahme der Krankheitskosten erfolgt regelmäßig nicht, die Quote liegt bei mindestens 50 Prozent. Soldaten der Bundeswehr haben Anspruch auf Heilfürsorge (§ 30 SG). Dass die Absicherung für den Krankheitsfall unmittelbar kraft Gesetzes besteht, ist nicht Voraussetzung für die Versicherungsfreiheit;[104] erforderlich ist aber, dass die Sicherung dem Niveau der Versorgung nach beamtenrechtlichen Grundsätzen im Wesentlichen entspricht. Dies ist verneint worden für Notarassessoren, die bei Krankheit keinen Anspruch auf Fortzahlung der Bezüge und auf Beihilfe nach beamtenrechtlichen Grundsätzen haben,[105] ebenso für Berufssoldaten, die zur Ausübung einer privatrechtlichen Erwerbstätigkeit in der Flugsicherung beurlaubt waren und bei Krankheit keinen Anspruch auf Fortzahlung der Bezüge und auf Beihilfe nach beamtenrechtlichen Grundsätzen hatten.[106] Nicht ausreichend sein soll eine befristete Fortzahlung der Bezüge bei Krankheit;[107] gegen diese Auffassung spricht allerdings, dass das BSG zur Rechtfertigung der Versicherungsfreiheit der Beamten darauf hingewiesen hat, dass die Absicherung der Beamten und der versicherungspflichtigen Arbeitnehmer vom Gesetzgeber als gleichwertig behandelt würden,[108] und das Krankengeld für versicherungspflichtige Arbeitnehmer nicht unbefristet gewährt wird. Zur vom Gesetzgeber angenommenen Gleichwertigkeit der Absicherungen für Beamte und versicherungspflichtige Arbeitnehmer hat das BSG ferner entschieden, dass eine mit einem gesetzlich Krankenversicherten verheiratete Beamtin auch dann versicherungsfrei und deshalb nicht familienversichert bleibt, wenn sie während eines Erziehungsurlaubs ohne Dienstbezüge beihilfeberechtigt ist; denn auch für gesetzlich Krankenversicherte ruht der Anspruch auf Krankengeld nach Maßgabe des § 49 Abs. 1 Nr. 2 während des Erziehungsurlaubs.[109] Dies gilt selbst dann, wenn eine (landesrechtliche) Regelung im Beamtenrecht vorsieht, dass der grundsätzlich gegebene Beihilfeanspruch bei Bestehen eines „Anspruchs auf Familienhilfe" entfällt; es ist mit den bundesgesetzlichen Vorgaben des SGB V unvereinbar, bei der Anwendung der krankenversicherungsrechtlichen Regelungen auf eine beamtenrechtliche Regelung Rücksicht zu nehmen, die den Nachrang der Familienversicherung gegenüber der eigenen beamtenrechtlichen Sicherung in einen Vorrang der Familienversicherung verkehren will.[110] Etwas anderes gilt aber für eine aus familiären Gründen ohne Dienstbezüge beurlaubte, mit einem gesetzlich Krankenversicherten verheiratete Beamtin; sie ist für die Dauer der Beurlaubung grundsätzlich nicht versicherungsfrei.[111]

25 Die **Reichweite der Versicherungsfreiheit** nach Abs. 1 Nr. 2 bestimmt sich nach Abs. 3. Die Versicherungsfreiheit erstreckt sich danach insbesondere auf eine Nebentätigkeit in einem Beschäftigungsverhältnis. Sie erstreckt sich auch auf die Auffangversicherung nach § 5 Abs. 1 Nr. 13; sofern – wie regelmäßig bei beihilfeberechtigten Beamten – die Beihilfe nur für einen Teil der Krankheitskosten aufkommt, besteht im Hinblick auf die **ungedeckten Kosten eine Versicherungspflicht in der privaten Krankenversicherung** (§ 193 VVG).

---

102 BT-Dr. 11/2237, 160.
103 BSG, 11.5.1993, 12 BK 78/91.
104 Baier in: Krauskopf, Stand 1/2014, § 6 SGB V Rn. 22.
105 BSG, 11.10.2001, B 12 KR 7/01 R, SozR 3-4100 § 169 Nr. 7.
106 BSG, 29.7.2003, B 12 KR 15/02 R, SozR 4-4100 § 169 Nr. 1.
107 So Peters in: KassKomm, Stand 12/2013, § 6 SGB V Rn. 33.
108 BSG, 19.6.1993, 12 RK 91/92, BSGE 72, 298 ff.
109 BSG, 19.6.1993, 12 RK 91/92, BSGE 72, 298 ff.
110 BSG, 18.3.1999, B 12 KR 13/98 R, SozR 3-2500 § 10 Nr. 14.
111 BSG, 23.10.1996, 4 RK 1/96 mit Hinweis auf die (bundesbeamtenrechtliche) Regelung des damaligen § 79 a Abs. 5 BBG (jetzt § 92 Abs. 5 BBG).

VI. Studenten, Fachschüler (Abs. 1 Nr. 3)

Abs. 1 Nr. 3 zielt auf „Werkstudenten", die neben ihrem Studium und meist zu dessen Finanzierung eine Beschäftigung ausüben, und normiert für diese Personengruppe das „Werkstudentenprivileg". 26

Studierende an Hochschulen sind Personen, die ein Studium an Universitäten, Technischen, Pädagogischen, Tierärztlichen und Landwirtschaftlichen Hochschulen, Wirtschaftshochschulen, Hochschulen für Musik oder für bildende Künste sowie Fachhochschulen betreiben.[112] Eine Übereinstimmung des Hochschulbegriffs im Sinne des § 6 Abs. 1 Nr. 3 und des § 5 Abs. 1 Nr. 9 besteht nicht; für die Versicherungsfreiheit nach § 6 Abs. 1 Nr. 3 muss kein Studium an einer staatlich anerkannten Hochschule betrieben werden;[113] generell ist ein Studierender im Sinne des Abs. 1 Nr. 3 nicht nur derjenige, der nach § 5 Abs. 1 Nr. 9 in der KVdS versicherungspflichtig ist und die zeitlichen Höchstgrenzen des § 5 Abs. 1 Nr. 9 nicht überschreitet; die Versicherungsfreiheit nach § 6 Abs. 1 Nr. 3 setzt vielmehr nicht Versicherungspflicht nach § 5 Abs. 1 Nr. 9 voraus;[114] ob die Versicherungsfreiheit dabei rechtlich einen Vor- oder Nachteil darstellt, ist nicht entscheidend.[115] 27

Versicherungsfreiheit tritt auch bei einem **Studium an einer der fachlichen Ausbildung dienenden Schule** ein. Gemeint sind Fachschulen oder ähnliche Einrichtungen; erforderlich ist, dass die Schule Bildungsgänge aus dem Bereich fachlicher Berufsbildung anbietet; es kann sich auch um Bildungsgänge handeln, die der Umschulung oder Fortbildung dienen; der Ausdruck „Studierende" hat demgegenüber keine wesentliche eigenständige Bedeutung; er bringt nur zum Ausdruck, dass es sich um Ausbildungsgänge handeln muss, die außerhalb allgemeinbildender Schulen in der Regel für Erwachsene eingerichtet sind, von einer längeren, jedenfalls nicht ganz kurzen Dauer sind und einen qualifizierenden Abschluss zum Ziel haben.[116] 28

Die Versicherungsfreiheit besteht nur **während der Dauer des Studiums als ordentlicher Studierender**. Demnach muss bei einem Studium an einer Hochschule zwar eine Immatrikulation erfolgt sein.[117] Dies allein ist jedoch nicht ausreichend.[118] Die Versicherungsfreiheit beschränkt sich vielmehr auf solche Studierenden, die ungeachtet der ausgeübten Beschäftigung ihrem Erscheinungsbild nach Student sind.[119] Das Studium muss Zeit und Arbeitskraft überwiegend in Anspruch nehmen.[120] Dies kann auch bei einem Fernstudium der Fall sein.[121] Die Beschäftigung des Studenten ist versicherungs- und beitragsfrei, wenn und solange sie „neben" dem Studium ausgeübt wird und ihm nach Zweck und Dauer untergeordnet ist.[122] Das Erscheinungsbild eines Studenten kann noch vorliegen, wenn ein Absolvent der ersten juristischen Staatsprüfung immatrikuliert bleibt, um das Examen zur **Notenverbesserung** zu wiederholen; dies muss aber nicht der Fall sein, etwa bei einer überwiegenden Beschäftigung als Arbeitnehmer, Aufnahme einer höher qualifizierten Beschäftigung auf der Grundlage der mit dem Ersten Staatsexamen erlangten Qualifikation oder bei Nichteinhaltung der für das Wiederholungsverfahren zur Notenverbesserung geltenden Verfahrensvorschriften.[123] Das Erscheinungsbild eines Studenten kann auch noch bestehen, wenn bereits ein Studium mit einer Prüfung abgeschlossen worden ist, etwa während eines **Zweitstudiums**; das Gleiche lässt sich auch für ein **Erweiterungsstudium** nicht ausschließen.[124] Anderes gilt für Promotionsstudiengänge.[125] Das Erscheinungsbild eines Studenten besteht nicht, wenn der Betroffene von der Hochschule für ein Semester Hausverbot erhalten hat und beurlaubt worden ist und er während dieses Semesters mehr als vier Monate vollschichtig beschäftigt gewesen ist.[126] Aus einer überlangen Studiendauer kann allein nicht abgeleitet werden, dass das Studium nicht mehr im Vordergrund steht; hinzukommen müssen sonstige Indizien;[127] wer allerdings neben 29

---

112 Baier in: Krauskopf, Stand 1/2014, § 6 SGB V Rn. 25.
113 Vgl. Just in: Becker/Kingreen, § 6 Rn. 23; vgl. auch BSG, 15.5.1984, 12 RK 46/81.
114 BSG, 23.9.1999, B 12 KR 1/99 R, SozR 3-2500 § 6 Nr. 17.
115 LSG Bln-Bbg, 17.12.2014, L 9 KR 442/12.
116 BSG, 15.5.1984, 12 RK 46/81 im Hinblick auf eine private Akademie für Fremdsprachen.
117 BSG, 11.11.2003, B 12 KR 26/03 R; Just in: Becker/Kingreen, § 6 Rn. 24.
118 BSG, 11.11.2003, B 12 KR 26/03 R; SozR 4-2500 § 6 Nr. 4.
119 BSG, 23.9.1999, B 12 KR 1/99 R, SozR 3-2500 § 6 Nr. 17.
120 BSG, 10.12.1998, B 12 KR 22/97 R, SozR 3-2500 § 6 Nr. 16.
121 BayLSG, 8.6.2016, L 16 R 397/14.
122 BSG, 10.12.1998, B 12 KR 22/97 R, SozR 3-2500 § 6 Nr. 16.
123 BSG, 11.11.2003, B 12 KR 26/03 R, SozR 4-2500 § 6 Nr. 4.
124 BSG, 29.9.1992, 12 RK 31/91, BSGE 71, 144.
125 BayLSG, 29.9.2009, L 5 R 715/08.
126 BSG, 29.9.1992, 12 RK 24/92, SozR 3-2500 § 6 Nr. 2.
127 Baier in: Krauskopf, Stand 1/2014, § 6 SGB V Rn. 30.

einer voll ausgeübten Beschäftigung das Studium nur in einem praktisch nicht ins Gewicht fallenden Umfang betreibt, ist nicht von der Versicherungspflicht befreit.[128]

30 In Fällen, in denen erst **während des Studiums eine Beschäftigung aufgenommen wurde,** hat das BSG im Wesentlichen darauf abgestellt, ob die Beschäftigung Zeit und Arbeitskraft des Studenten überwiegend in Anspruch nimmt und dies bei einer während des Semesters ausgeübten Beschäftigung bejaht, sofern deren zeitlicher Umfang wöchentlich zwanzig Stunden übersteigt.[129] Eine in den von Studienanforderungen freien Semesterferien ausgeübte Beschäftigung steht dem Erscheinungsbild auch dann nicht entgegen, wenn die 20-Stunden-Grenze überschritten wird.[130] Bei einem längeren Ausschöpfen der 20-Stunden-Grenze im Semester und einer vollschichtigen Beschäftigung in den Semesterferien wird allerdings das Erscheinungsbild eines Arbeitnehmers bestehen, weil dann insgesamt eine weit mehr als halbschichtige Beschäftigung ausgeübt wird.[131] Die 20-Stunden-Grenze ist nicht absolut, sie ist aber ein wesentliches Beweiszeichen, dem bei der Würdigung des Gesamtbildes besonderes Gewicht zukommt.[132] An der 20-Stunden-Grenze hat das BSG auch in Ansehung sich ändernder durchschnittlicher Wochenarbeitszeiten festgehalten.[133] Eine während der Semesterferien ausgeübte – durch Studien- oder Prüfungsordnungen vorgeschriebene – berufspraktische Tätigkeit wäre – soweit überhaupt ein Versicherungspflichttatbestand erfüllt wäre (s. u.) – versicherungsfrei.[134] Bei einem Vorpraktikum zu einem Studium (vor der Immatrikulation) besteht keine Versicherungsfreiheit. Für solche Praktika – sofern entgeltlich – besteht Versicherungspflicht nach § 5 Abs. 1 Nr. 1; für die Versicherungsfreiheit fehlt es vor Aufnahme des Studiums am Status des Studenten.[135]

31 In Fällen, in denen Studenten **eine vor Aufnahme des Studiums ausgeübte Beschäftigung auch während ihres Studiums fortsetzten,** hat das BSG zunächst meist Versicherungsfreiheit verneint, auch wenn die Arbeitszeit mit Rücksicht auf das Studium verringert worden war.[136] Entschieden wurden der Fall eines Abendstudiums an einer Bauschule neben einer Beschäftigung,[137] einer voll ausgeübten Beschäftigung bei gleichzeitigem Studium mit praktisch nicht ins Gewicht fallendem Umfang,[138] einer Beschäftigung mit Beurlaubung für Studienzeiten unter Zahlung einer Ausbildungsvergütung durch den Arbeitgeber,[139] einer Beschäftigung mit Sonderurlaub für ein Studium bei Zahlung einer Studienförderung[140] und eines nach Abschluss einer Ausbildung absolvierten beruflich weiterführenden „berufsintegrierten Studiums", wenn die Beschäftigung in dem erlernten Beruf während des Semesters als Teilzeitbeschäftigung und während der Semesterferien als Vollzeitbeschäftigung ausgeübt wird.[141] Das BSG hat dann aber darauf hingewiesen, dass in den früheren, die Versicherungspflicht bejahenden Entscheidungen jeweils zwischen der fortgeführten Berufstätigkeit und dem Studium ein enger innerer Zusammenhang bestanden habe, dem für die Feststellung des Erscheinungsbildes eine größere Bedeutung beigemessen worden sei als der zeitlichen Inanspruchnahme durch die Beschäftigung; aus den früheren Entscheidungen könne aber nicht geschlossen werden, dass Versicherungsfreiheit immer dann ausscheide, wenn eine vor Aufnahme des Studiums ausgeübte Beschäftigung fortgeführt werde, selbst wenn das Arbeitsverhältnis vom Umfang her den Erfordernissen des Studiums angepasst werde und der Studiengang mit der Beschäftigung nicht in einem Zusammenhang stehe; vielmehr komme es darauf an, ob die Beschäftigung „neben" dem Studium ausgeübt werde und ihm nach Zweck und Dauer untergeordnet sei oder ob das Studium von der weiterhin ausgeübten Beschäftigung geprägt sei; das Werkstudentenprivileg sei aus Gleichbehandlungsgründen auch dann anzuwenden, wenn Studenten zu Zwecken ihres Studiums eine bisher ausgeübte Beschäftigung verringerten und ihrem Erscheinungsbild nach Studenten würden.[142] Zuletzt hat das BSG entschieden, dass Versicherungspflicht bestehe, wenn

---

128 BSG, 25.11.1971, 5 RKn 70/69, BSGE 33, 229 ff.
129 BSG, 26.6.1975, 3/12 RK 14/73; Überblick in BSG, 11.11.2003, B 12 KR 24/03 R.
130 BSG, 21.7.1977, 7 RAr 132/75, BSGE 44, 164 ff.
131 BSG, 11.11.2003, B 12 KR 24/03 R, SozR 4-2500 § 6 Nr. 3.
132 BSG, 22.2.1980, 12 RK 34/79, BSGE 50, 25 ff.
133 BSG, 11.11.2003, B 12 KR 24/03 R, SozR 4-2500 § 6 Nr. 3.
134 BSG, 30.1.1980, 12 RK 45/78, SozR 2200 § 172 Nr. 12.
135 Vgl. BSG, 3.2.1994, 12 RK 78/92, SozR 3-2500 § 5 Nr. 15.
136 Überblick in BSG, 11.11.2003, B 12 KR 24/03 R, SozR 4-2500 § 6 Nr. 3.
137 BSG, 31.10.1967, 3 RK 77/64, BSGE 27, 192 ff.
138 BSG, 25.11.1971, 5 RKn 70/69, BSGE 33, 229 ff.
139 BSG, 18.4.1975, 3/12 RK 10/73, BSGE 39, 223 ff.
140 BSG, 21.5.1996, 12 RK 77/94, BSGE 78, 229 ff.
141 BSG, 10.12.1998, B 12 KR 22/97, SozR 3-2500 § 6 Nr. 16.
142 Vgl. BSG, 11.11.2003, B 12 KR 24/03 R: Studium der Rechtswissenschaften neben einer Beschäftigung einer Sparkasse aufgrund einer Ausbildung zum Bankkaufmann.

ein Arbeitnehmer eine beruflich weiterführende (berufsintegrierte), mit der Beschäftigung in einem prägenden oder engen inneren Zusammenhang stehende Ausbildung oder ein solches Studium absolviere, das Arbeitsverhältnis vom Umfang her den Erfordernissen der Ausbildung bzw. des Studiums angepasst werde, der Arbeitnehmer etwa während der Ausbildungszeiten vom Arbeitgeber von der Arbeitsleistung freigestellt werde, die Beschäftigung im erlernten Beruf während der vorlesungsfreien Zeit als Vollzeitbeschäftigung ausgeübt werde und der Arbeitnehmer während der Ausbildung bzw. des Studiums weiterhin Entgelt erhalte; die Auflösung des ursprünglichen Arbeitsverhältnisses und der Abschluss eines als „Ausbildungsdienstverhältnis" bezeichneten neuen Vertrags führten zu keiner anderen Beurteilung.[143]

Die Frage der Versicherungsfreiheit stellte sich bis zum 31.12.2011 von vornherein nicht, wenn im Rahmen eines sog **praxisintergierten dualen Studiums** die berufspraktischen Phasen infolge organisatorischer und/oder curricularer Verzahnung mit einer theoretischen Hochschulausbildung als Bestandteil eines Studiums (an einer Hochschule auf der Grundlage des Hochschulrahmengesetzes und der Hochschulgesetze der Länder) darstellten; es handelte sich dann nicht um eine betriebliche Berufsbildung im Sinne des BBiG und deshalb auch nicht um eine Beschäftigung zur Berufsausbildung im Sinne des § 7 Abs. 2 SGB IV; die berufspraktischen Phasen konnten deshalb keine Versicherungspflicht nach § 5 Abs. 1 Nr. 1 begründen;[144] es mussten aber jeweils die Verhältnisse des Einzelfalls in den Blick genommen werden.[145] Seit dem 1.1.2012 ist **§ 5 Abs. 4 a S. 2** zu beachten, der die Versicherungspflicht für duale Studiengänge regelt; für eine Anwendung des § 6 Abs. 1 Nr. 3 dürfte in diesen Fällen kein Raum sein.

Die Versicherungsfreiheit bezieht sich nur auf die Versicherungspflicht wegen der Beschäftigung; sonstige Versicherungspflichttatbestände bleiben unberührt (Abs. 3 S. 2). Abs. 1 Nr. 3 steht selbstständig neben sonstigen Versicherungsfreiheitstatbeständen, insbesondere neben der Versicherungsfreiheit nach § 7 SGB V, § 8 SGB IV. Liegen die Voraussetzungen für eine Mitgliedschaft in der KVdS nicht (mehr) vor und besteht Versicherungsfreiheit wegen § 6 Abs. 1 Nr. 3, wird nach Beendigung der Versicherungspflicht nach § 5 Abs. 1 Nr. 9 regelmäßig die Möglichkeit einer freiwilligen Mitgliedschaft (§ 9) bestehen bzw. – seit dem 1.8.2013 – eine freiwillige Mitgliedschaft nach § 188 Abs. 4 entstehen.

Im sozialgerichtlichen Verfahren ist beim Streit des betroffenen Studenten um die Versicherungsfreiheit der Arbeitgeber, beim Streit des Arbeitgebers gegen die Versicherungspflicht der Student **notwendig beizuladen** (§ 75 Abs. 2 SGG).[146]

VII. Geistliche (Abs. 1 Nr. 4)

Abs. 1 Nr. 4 regelt nach seinem Wortlaut nur die Versicherungsfreiheit von **Geistlichen**. Zur Vorgängervorschrift (§ 169 RVO) hatte das BSG entschieden, dass wegen einer planwidrigen Regelungslücke eine analoge Anwendung auch auf die übrigen Bediensteten der genannten Religionsgemeinschaften geboten sei.[147] Da der Gesetzgeber im SGB V die Regelung nicht auf sonstige Bedienstete erstreckt hat und sich die Regelung auch – was die sonstigen Voraussetzungen für die Versicherungsfreiheit angeht – von der vom BSG für die Annahme einer planwidrigen Lücke herangezogenen korrespondierenden rentenrechtlichen Regelung (vgl. § 5 Abs. 1 SGB VI) abgesetzt hat, erscheint es zweifelhaft, ob an der Rechtsprechung festgehalten werden kann; in Betracht kommt für den Personenkreis jedoch eine Anwendung von § 6 Abs. 1 Nr. 2.[148]

Die Regelung betrifft nur Geistliche der als **öffentlich-rechtliche Körperschaften anerkannten Religionsgemeinschaften**. Die Anerkennung von Religionsgemeinschaften als öffentlich-rechtliche Körperschaften beruht auf Art. 140 GG iVm Art. 137 WRV; das Anerkennungsverfahren ist in Art. 137 Abs. 5 WRV geregelt. Körperschaften des öffentlichen Rechts in diesem Sinne sind etwa die evangelischen Landeskirchen und die Bistümer der katholischen Kirche.

Versicherungsfreiheit tritt nur ein, wenn eine **anderweitige Absicherung** für den Krankheitsfall besteht. Nachdem im ursprünglichen Gesetzentwurf generell Versicherungsfreiheit für Geistliche vorgesehen

---

143 BSG, 11.3.2009, B 12 KR 20/07 R.
144 Vgl. BSG, 1.12.2009, B 12 R 4/08 R; offen gelassen noch in BSG, 30.1.1980, 12 RK 45/78.
145 Vgl. etwa Baier in: Krauskopf, Stand 1/2014, § 6 SGB V Rn. 29 zu praxisbezogenen Studiengängen an Berufs- oder Fachakademien, denen ein betriebliches Ausbildungsverhältnis zugrunde liegen kann.
146 Peters in: KassKomm, Stand 12/2013, § 6 SGB V Rn. 41.
147 BSG, 27.11.1984, 12 RK 10/84; im Anschluss BVerfG, 30.7.1985, 1 BvR 270/85.
148 Peters in: KassKomm, Stand 12/2013, § 6 SGB V Rn. 44; Ulmer in: BeckOK SozR, SGB V, Stand: 9/2013, § 6 Rn. 31.

gewesen war, wurde eine der Regelung in Abs. 1 Nr. 2 vergleichbare anderweitige Absicherung für den Krankheitsfall erst auf Beschlussempfehlung des Ausschusses für Arbeit und Sozialordnung eingefügt;[149] anders als in Abs. 1 Nr. 2 ist neben dem Anspruch auf Beihilfe – wohl mangels praktischer Relevanz – ein Anspruch auf Heilfürsorge nicht genannt.

VIII. Lehrer an Ersatzschulen (Abs. 1 Nr. 5)

38 Erforderlich ist eine Beschäftigung eines **Lehrers** an einer **privaten genehmigten Ersatzschule**. Die Genehmigungen sind landesrechtlich geregelt. Die Beschäftigung muss **hauptamtlich** sein. Erforderlich ist keine Vollzeittätigkeit; auch eine **Teilzeitbeschäftigung** kann jedenfalls dann hauptamtlich sein, wenn keine andere Berufstätigkeit ausgeübt wird.[150] Die Voraussetzungen im Hinblick auf **anderweitige Absicherung im Krankheitsfall** entsprechen im Wesentlichen denen in Nr. 2 und 4.

IX. Ruhegehaltsempfänger (Abs. 1 Nr. 6)

39 Die in Abs. 1 Nr. 6 genannten Ruhegehaltsempfänger sind als solche nicht versicherungspflichtig; Bedeutung erlangt die Regelung über Abs. 3 deshalb vor allem dann, wenn für diese Personen anderweitig Versicherungspflicht eintreten würde, etwa aufgrund einer Beschäftigung oder des Bezugs einer Rente; derartige – selbst sehr geringe – Bezüge könnten ansonsten Versicherungspflicht begründen.[151] Vor diesem Hintergrund ist auch die Gesetzesbegründung zu verstehen, nach der mit der Regelung die Versicherungsfreiheit im Ruhestand beibehalten werden soll, um einen nicht gerechtfertigten Wechsel zur GKV zu vermeiden.[152]

40 Voraussetzung für die Versicherungsfreiheit ist, dass einer der in den **Abs. 1 Nr. 2, 4 oder 5 genannten Personen** Anspruch auf **Ruhegehalt oder ähnliche Bezüge** zuerkannt ist. Übergangsgebührnisse nach dem Soldatenversorgungsgesetz sind kein Ruhegehalt in diesem Sinne; als dem Ruhegehalt ähnliche Bezüge können grundsätzlich nur solche Bezüge eines öffentlichen Dienstherrn angesehen werden, die auf Dauer, dh zeitlich unbegrenzt bis zum Lebensende oder bis zum Wegfall des Versorgungsfalls gewährt werden; wegen der vom Gesetz geforderten Ähnlichkeit zum Ruhegehalt kommen als Bezüge in diesem Sinne nur solche mit dem Zweck der Altersversorgung oder der Versorgung bei Dienstunfähigkeit, nicht aber auch andere, beim Ausscheiden aus dem Dienstverhältnis erbrachte wiederkehrende Zahlungen ohne diesen Zweck in Betracht.[153] Abs. 1 Nr. 6 meint nicht Hinterbliebene der in Nr. 2, 4 oder 5 genannten Personen; insoweit enthält Abs. 2 eine eigene Regelung.[154]

41 Die Anforderungen an die **anderweitige Absicherung im Krankheitsfall** entsprechen im Wesentlichen denen in Nr. 2, 4 und 5.

X. Mitglieder geistlicher Genossenschaften (Abs. 1 Nr. 7)

42 Als versicherungsfrei nach Abs. 1 Nr. 7 kommen satzungsmäßige Mitglieder geistlicher Genossenschaften, Diakonissen und ähnliche Personen in Betracht. Mit geistlichen Genossenschaften sind beispielsweise kirchliche Orden gemeint. „Satzungsmäßige" Mitglieder sind Personen, die sich dauerhaft oder zumindest langfristig an die Gemeinschaft gebunden haben;[155] durch die Aufnahme des Begriffs „satzungsmäßig" (anders als zuvor in § 172 RVO) sollte nach der Gesetzesbegründung insbesondere erreicht werden, dass Postulanten und Novizen nicht umfasst und damit Versicherungsschutz für diese Gruppe gewährleistet werden sollte.[156] Unklar ist nach wie vor, nach welcher Vorschrift für satzungsmäßige Mitglieder geistlicher Genossenschaften überhaupt Versicherungspflicht bestehen kann. Der Vorstellung, dass die Mitgliedschaft in einer solchen Gemeinschaft allein schon ausreiche, Versicherungspflicht zu begründen, war das BSG entgegen getreten und hatte Versicherungspflicht für Postulanten und Novizen in einem kontemplativen Orden deshalb verneint; das Gericht hatte im Übrigen offen gelassen, ob Versicherungspflicht nur aufgrund einer Beschäftigung außerhalb des Ordens oder auch aufgrund einer Tätigkeit im Orden für gemeinnützige Zwecke oder einer Ausbildung eintreten

---

149 BT-Dr. 11/3320, 5.
150 Ulmer in: BeckOK SozR, SGB V, Stand: 9/2013, § 6 Rn. 33; Peters in: KassKomm, Stand 12/2013, § 6 SGB V Rn. 45; Baier in: Krauskopf, Stand 1/2014, § 6 Rn. 34; Felix in: jurisPK-SGB V, § 6 Rn. 44.
151 Vgl. BSG, 10.3.1994, 12 RK 81/92, SozR 3-2500 § 257 Nr. 3.
152 BT-Dr. 11/2237, 160.
153 BSG, 13.6.2007, B 12 KR 14/06 R, SozR 4-2500 § 6 Nr. 7.
154 Vgl. BSG, 21.9.1993, 12 RK 39/91, SozR 3-2500 § 6 Nr. 6.
155 Peters in: KassKomm, Stand 12/2013, § 6 SGB V Rn. 49.
156 BT-Dr. 11/2237, 160.

könne.¹⁵⁷ Der Gesetzgeber hat in Reaktion auf diese Entscheidung mit Wirkung vom 1.1.2000 in § 5 Abs. 4a eine spezielle Regelung über die Versicherungspflicht von Postulanten und Novizen eingefügt. Eine Klärung im Hinblick auf die Grundlage einer Versicherungspflicht satzungsmäßiger Mitglieder hat diese Regelung nicht gebracht. Schwierigkeiten in der Rechtsanwendung dürften damit aber nur selten verbunden sein, weil jedenfalls satzungsmäßige Mitglieder rein kontemplativer Orden, für die die Versicherungsfreiheit nach § 6 Abs. 1 Nr. 7 in Betracht kommen kann (dazu sogleich), im Ergebnis nicht krankenversicherungspflichtig sind.¹⁵⁸

Die satzungsmäßigen Mitglieder müssen sich **mit Krankenpflege, Unterricht oder anderen gemeinnützigen Tätigkeiten beschäftigen**. Hinzukommen muss, dass sie dies aus überwiegend sittlichen oder religiösen Beweggründen tun. 43

Versicherungsfreiheit tritt nur ein, wenn die Mitglieder geistlicher Genossenschaften **nicht mehr als freien Unterhalt oder ein geringes Entgelt** beziehen, das nur zur Beschaffung der unmittelbaren Lebensbedürfnisse an Wohnung, Verpflegung, Kleidung und dergleichen ausreicht. Der Begriff „oder" muss nicht als „entweder – oder" verstanden werden; gemeint wird vielmehr sein, dass es der Versicherungsfreiheit auch dann nicht entgegensteht, wenn freier Unterhalt und ein geringes Taschengeld gewährt werden.¹⁵⁹ Von einem geringen Entgelt soll auszugehen sein, wenn es ein Einundzwanzigstel der monatlichen Bezugsgröße (§ 18 SGB IV) nicht übersteigt.¹⁶⁰ 44

Anderweitiger Krankenversicherungsschutz ist nicht Voraussetzung für die Versicherungsfreiheit. Der Gesetzgeber geht typisierend vom Vorliegen ausreichenden Schutzes innerhalb der betroffenen Gemeinschaften aus.¹⁶¹ 45

XI. Beschäftigte der EU (Abs. 1 Nr. 8)

Nach Abs. 1 Nr. 8 sind Personen, die nach dem **Krankenfürsorgesystem der Europäischen Gemeinschaften** bei Krankheit geschützt sind, versicherungsfrei. Die Regelung, die auf § 165 Abs. 9 RVO zurückgeht, trägt dem Umstand Rechnung, dass wegen des für Bedienstete der Europäischen Gemeinschaften und ihren Familienangehörigen bestehenden gemeinschaftsrechtlichen Krankenfürsorgesystems ausreichender Schutz für den Krankheitsfall besteht. Die Doppelbelastung durch die nationale Versicherungspflicht wurde daher als nicht gemeinschaftsrechtskonform angesehen.¹⁶² 46

XII. Beihilfeberechtigte Hinterbliebenenrentner (Abs. 2)

Die Vorschrift zielt auf **Hinterbliebene**, die sowohl ihren Rentenanspruch als auch ihren Beihilfeanspruch von in Abs. 1 Nr. 2 und 4 bis 6 genannten Personen ableiten. Nach der Gesetzesbegründung sind die in Nr. 2 und 4 bis 6 genannten Personen versicherungsfrei, weil sie im Krankheitsfall Anspruch auf Beihilfe nach beamtenrechtlichen Vorschriften oder Grundsätzen bzw. Anspruch auf Heilfürsorge haben; es ist konsequent, auch Hinterbliebene, die von diesen Personen einen Rentenanspruch ableiten, insoweit von der Krankenversicherung der Rentner freizustellen.¹⁶³ Dem Versorgungssystem wird in diesen Fällen ein gesetzlicher Vorrang vor der Zugehörigkeit zur gesetzlichen Krankenversicherung eingeräumt.¹⁶⁴ 47

Abs. 2 ist **von der absoluten Versicherungsfreiheit des Abs. 3 ausdrücklich ausgenommen**. Versicherungsfreiheit besteht deshalb nicht, soweit Versicherungspflicht aufgrund des Bezugs einer eigenen Rente besteht oder der Hinterbliebene eine versicherungspflichtige Beschäftigung ausübt.¹⁶⁵ 48

XIII. Eintritt von Versicherungspflicht nach Vollendung des 55. Lebensjahres (Abs. 3 a)

Nach der Gesetzesbegründung sollte die Neuregelung einer klareren Abgrenzung zwischen der gesetzlichen und privaten Krankenversicherung und dem Schutz der Solidargemeinschaft der gesetzlich Ver- 49

---

157 BSG, 17.12.1996, 12 RK 2/96, BSGE 79, 307 ff.
158 BSG, 17.12.1996, 12 RK 2/96, BSGE 79, 307 ff.
159 Hierzu Peters in: KassKomm, Stand 12/2013, § 6 SGB V Rn. 49; Baier in: Krauskopf, Stand 1/2014, § 6 SGB V Rn. 39; jeweils mit Hinweis auf die Praxis der Versicherungsträger.
160 Vgl. Peters in: KassKomm, Stand 12/2013, § 6 SGB V, Rn. 49.
161 Felix in: jurisPK-SGB V, § 6 Rn. 50.
162 BT-Dr. 10/6394, 12.
163 BT-Dr. 11/3480, 49.
164 Felix in: jurisPK-SGB V, § 6 Rn. 58.
165 Vgl. Peters in: KassKomm, Stand 12/2013, § 6 SGB V Rn. 54 mit Hinweis auf BSG, 21.9.1993, 12 RK 39/91; zur Verfassungsmäßigkeit BVerfG, 25.2.2004, 1 BvR 1564/94.

sicherten dienen; sie folge dem Grundsatz, dass versicherungsfreie Personen, die sich frühzeitig für eine Absicherung in der privaten Krankenversicherung entschieden hätten, diesem System auch im Alter angehören sollten; als flankierende Regelung wurde die Altersgrenze für den Zugang zum Standardtarif (§ 257 Abs. 2 a) von 65 Jahre auf 55 Jahre gesenkt.[166] Von der mit Wirkung zum 1.7.2000 eingefügten Regelung nicht erfasst sind Mitglieder, die zum Zeitpunkt des Inkrafttretens bereits 55 Jahre alt und versicherungspflichtig waren.[167] Die Regelung verstößt nicht gegen Art. 3 GG.[168]

50 Voraussetzung für die Versicherungsfreiheit ist der **Eintritt von Versicherungspflicht nach Vollendung des 55. Lebensjahres**. Das 55. Lebensjahr ist mit Ablauf des dem 55. Geburtstag vorausgehenden Tages vollendet (§ 26 Abs. 1 SGB X in Verbindung mit § 187 Abs. 2 S. 2 BGB). Welcher Versicherungspflichttatbestand nach Vollendung des 55. Lebensjahres eintritt, spielt keine Rolle.

51 In den letzten fünf Jahren vor Eintritt der Versicherungspflicht darf keine gesetzliche Versicherung bestand haben. Durch die Festsetzung des Fünfjahreszeitraums soll sichergestellt werden, dass die Versicherungspflicht von Rentnern und Rentenantragstellern, für die eine Vorversicherungszeit bereits gefordert ist (§ 5 Abs. 1 Nr. 11), grundsätzlich unberührt bleibt; wer in den letzten fünf Jahren nicht in der gesetzlichen Krankenversicherung als Mitglied oder Familienangehöriger versichert gewesen ist, kann auch regelmäßig nicht die Vorversicherungszeit in der Krankenversicherung der Rentner erfüllen.[169] Um welche Art von gesetzlicher Versicherung es sich handelt, ist unerheblich; es kann sich um eine freiwillige Versicherung, eine Pflichtversicherung oder eine Familienversicherung handeln.[170] Auch die Dauer der Versicherung ist nicht entscheidend; schon sehr kurze gesetzliche Versicherungen innerhalb der Rahmenfrist können den Eintritt der Versicherungsfreiheit verhindern, was Gestaltungsmöglichkeiten eröffnet. Die Fünfjahresfrist beginnt mit dem Tag, der dem Eintritt der Versicherungspflicht entspricht, und endet fünf Jahre später mit dem Tag vor Eintritt der Voraussetzungen für die Versicherungspflicht.[171]

52 Die betroffene Person muss mindestens in der Hälfte der Fünfjahresfrist versicherungsfrei, von der Versicherungspflicht befreit oder nach § 5 Abs. 5 nicht versicherungspflichtig gewesen sein. Ausreichend ist demnach nicht die bloße Nichtversicherung, sondern die Zuordnung zum System der PKV mindestens in der Hälfte der Rahmenfrist. Als Gegenbeispiele nennt die Gesetzesbegründung Langzeitarbeitslose, die nach dem Bezug von Sozialhilfe eine versicherungspflichtige Beschäftigung aufnehmen, Personen, die nach einem längeren Auslandsaufenthalt wieder eine versicherungspflichtige Beschäftigung im Inland aufnehmen (zB Entwicklungshelfer), und Ausländer, die nach Erreichung der Altersgrenze von 55 Jahren erstmals in der Bundesrepublik Deutschland versicherungspflichtig beschäftigt sind.[172]

53 Nach **Abs. 3 a S. 3** stehen den Voraussetzungen nach S. 2 die Ehe oder die Lebenspartnerschaft mit einer in S. 2 genannten Person gleich. Zu berücksichtigen sind so auch Zeiten, in denen der Ehe- oder Lebenspartner versicherungsfrei, von der Versicherungsfrist befreit oder nach § 5 Abs. 5 nicht versicherungspflichtig war. Zeiten nach S. 2 und S. 3 sind zusammenzurechnen.[173]

54 Nach **Abs. 3 a S. 4** gilt S. 1 nicht für Personen, die nach § 5 Abs. 1 Nr. 13 versicherungspflichtig sind. Satz 4 war zunächst durch das Vierte Gesetz für moderne Dienstleistungen am Arbeitsmarkt angefügt worden („Satz 1 gilt nicht für Bezieher von Arbeitslosengeld II"). Mit Art. 1 Nr. 3 GKV-WSG[174] wurden nach der Angabe „Arbeitslosengeld II" die Wörter „und für Personen, die nach § 5 Abs. 1 Nr. 13 versicherungspflichtig sind" eingefügt und mit Art. 2 Nr. 01 GKV-WSG wurden die Wörter „Bezieher von Arbeitslosengeld II und für" gestrichen. Der Ausschluss der nach § 5 Abs. 1 Nr. 13 versicherungspflichtigen Personen wurde nach der Gesetzesbegründung für erforderlich gehalten, weil andernfalls das Ziel, denjenigen, die ihren Krankenversicherungsschutz verloren hätten, wieder eine Absicherung im Krankheitsfall zu gewähren, für diesen Personenkreis nicht erreicht worden wäre.[175] Die Herausnahme von Beziehern von Arbeitslosengeld II aus der Regelung dürfte mit der Einschränkung der Versicherungspflicht für diesen Personenkreis durch das GKV-WSG zusammenhängen.

---

166 Ausführlich: BT-Dr. 14/1245, 59.
167 BT-Dr. 14/1245, 60.
168 LSG Saarl, 2.7.2014, L 2 KR 24/14.
169 BT-Dr. 14/1245, 60.
170 Felix in: jurisPK-SGB V, § 6 Rn. 61; Baier in: Krauskopf, Stand 1/2014, § 6 SGB V Rn. 54.
171 Vgl. Baier in: Krauskopf, Stand 1/2014, § 6 SGB V Rn. 53.
172 BT-Dr. 14/1245, 60.
173 Baier in: Krauskopf, Stand 1/2014, § 6 SGB V Rn. 55.
174 Gesetz vom 26.3.2007, BGBl. I 2007, 378.
175 BT-Dr. 16/3100, 95 f.

XIV. Absolute Versicherungsfreiheit (Abs. 3)

Abs. 3 S. 1 regelt die sog absolute Versicherungsfreiheit. Eine Sonderregelung für Studenten enthält Abs. 3 S. 2. Eine weitere Regelung über absolute Versicherungsfreiheit findet sich in § 5 Abs. 5 (hauptberuflich selbstständig Erwerbstätige). Die absolute Versicherungsfreiheit soll Missbräuche durch ungewollte Einbeziehung grundsätzlich nicht schutzbedürftiger Personengruppen in die GKV verhindern.[176]

Absolute Versicherungsfreiheit tritt grundsätzlich ein in den Fällen des **Abs. 1** oder bei Versicherungsfreiheit aufgrund von anderen gesetzlichen Vorschriften (zB § 5 Abs. 5). **Ausnahmen** gelten in den Fällen des § 6 Abs. 2 (Hinterbliebene), des § 7 (geringfügige Beschäftigung) und nach § 6 Abs. 3 S. 2 in den Fällen des Abs. 1 Nr. 3. In Abs. 2 und in Abs. 3 a ist die Reichweite der Versicherungsfreiheit jeweils eigenständig geregelt.

Die absolute Versicherungsfreiheit des Abs. 3 S. 1 tritt auch ein bei **von der Versicherungspflicht befreiten Personen** (§ 8). Bedenken im Hinblick auf diese Regelung werden geäußert, weil keine Rücksicht auf die Rangfolge der Versicherungspflichttatbestände genommen werde; nach dem Wortlaut des Abs. 3 S. 1 kann die Befreiung von einer nachrangigen Versicherungspflicht auch zur Versicherungsfreiheit im Hinblick auf eine andere vorrangige Versicherungspflicht führen; deshalb soll insoweit eine teleologische Reduktion in Betracht kommen.[177] Zwingend erscheinen diese Überlegungen nicht; § 8 ermöglicht es den Betroffenen, in den dort genannten Fällen, die gesetzliche Versicherung mangels Schutzbedürfnisses zu verlassen; an dem dem Befreiungstatbestand zugrunde liegenden typisierten eingeschränkten Schutzbedürfnis dürfte auch ein vorrangiger Versicherungspflichttatbestand nichts ändern.[178]

Die Versicherungsfreiheit erstreckt sich auf die in § 5 Abs. 1 Nr. 1 oder Nr. 5–13 genannten Versicherungspflichttatbestände. Nicht genannt sind § 5 Abs. 1 Nr. 3 und 4, für die es anderweitig Regelungen gibt (§ 3 a Nr. 1 KVLG 1989, § 5 Abs. 1 Nr. 4 KSVG). Aus welchem Grund § 5 Abs. 1 Nr. 2 und 2a ausgenommen sind, ist unklar; dass etwa ein Fall des Arbeitslosengeldbezugs und damit der Versicherungspflicht nach § 5 Abs. 1 Nr. 2 mit einem Versicherungsfreiheitstatbestand (§ 6 Abs. 1 Nr. 6) zusammentreffen kann, erscheint nicht ausgeschlossen.[179]

Die Versicherungsfreiheit besteht, solange der entsprechende Tatbestand erfüllt ist. Danach lebt eine eventuell noch bestehende Versicherungspflicht wieder auf.[180]

§ 7 Versicherungsfreiheit bei geringfügiger Beschäftigung

(1) ¹Wer eine geringfügige Beschäftigung nach §§ 8, 8 a des Vierten Buches ausübt, ist in dieser Beschäftigung versicherungsfrei; dies gilt nicht für eine Beschäftigung
1. im Rahmen betrieblicher Berufsbildung,
2. nach dem Jugendfreiwilligendienstegesetz,
3. nach dem Bundesfreiwilligendienstgesetz.
²§ 8 Abs. 2 des Vierten Buches ist mit der Maßgabe anzuwenden, daß eine Zusammenrechnung mit einer nicht geringfügigen Beschäftigung nur erfolgt, wenn diese Versicherungspflicht begründet.
(2) ¹Personen, die am 31. März 2003 nur in einer Beschäftigung versicherungspflichtig waren, die die Merkmale einer geringfügigen Beschäftigung nach den §§ 8, 8 a des Vierten Buches erfüllt, und die nach dem 31. März 2003 nicht die Voraussetzungen für eine Versicherung nach § 10 erfüllen, bleiben in dieser Beschäftigung versicherungspflichtig. ²Sie werden auf ihren Antrag von der Versicherungspflicht befreit. ³§ 8 Abs. 2 gilt entsprechend mit der Maßgabe, dass an die Stelle des Zeitpunkts des Beginns der Versicherungspflicht der 1. April 2003 tritt. ⁴Die Befreiung ist auf die jeweilige Beschäftigung beschränkt.
(3) ¹Personen, die am 31. Dezember 2012 in einer mehr als geringfügigen Beschäftigung versicherungspflichtig waren, die die Merkmale einer geringfügigen Beschäftigung in der ab dem 1. Januar 2013 geltenden Fassung der §§ 8 oder 8 a des Vierten Buches erfüllen, bleiben in dieser Beschäftigung

---

176 BT-Dr. 11/2237, 160.
177 So Peters in: KassKomm, Stand 12/2013, § 6 SGB V Rn. 68.
178 So im Ergebnis und mit Hinweis auf den Gesetzeswortlaut auch Felix in: jurisPK-SGB V, § 6 Rn. 66.
179 Näher hierzu Peters in: KassKomm, Stand 12/2013, § 6 SGB V Rn. 66.
180 Vgl. Felix in: jurisPK-SGB V, § 6 Rn. 69; vgl. ThürLSG, 16.12.2014, L 6 KR 1331/12.

längstens bis zum 31. Dezember 2014 versicherungspflichtig, sofern sie nicht die Voraussetzungen für eine Versicherung nach § 10 erfüllen und solange das Arbeitsentgelt 400,00 Euro monatlich übersteigt. ²Sie werden auf ihren Antrag von der Versicherungspflicht nach Satz 1 befreit. ³§ 8 Absatz 2 gilt entsprechend mit der Maßgabe, dass an die Stelle des Zeitpunkts des Beginns der Versicherungspflicht der 1. Januar 2013 tritt.

Literatur:

Abels, Geringfügige Beschäftigungsverhältnisse, 2014; *Buddemeier*, Geringfügige Beschäftigung in der Praxis, 4. Auflage 2013; *Eilts*, Minijobs in der Praxis, 2014; *Hotz*, Geringfügige Beschäftigung, 2009; *Knospe*, Die Attraktivität der geringfügigen Beschäftigung im zeitlichen Wandel politisch motivierter Reformen, SGb 2007, 8; *Lüdtke*, Die wichtigsten gesetzlichen Regelungen im Überblick – Minijobs, AuA 2008, 203; *Marburger*, Aushilfskräfte, 13. Auflage 2013; *Marburger*, Neue Rechtsentwicklungen im Zusammenhang mit geringfügigen Beschäftigungen, rv 2010, 25; *Popat/Müller*, Mini- und Midijobs – Bestandsschutz- und Übergangsregelungen fallen weg, Kompass/KBS 2014, Nr. 9/10, 14-15.

I. Entstehungsgeschichte 1	4. Bundesfreiwilligendienst (Abs. 1 S. 1 Hs. 2 Nr. 3) 12
II. Normzweck und Systematik 2	5. Eingeschränkte Zusammenrechnung (Abs. 1 S. 2) 13
III. Einzelne Regelungen 3	
1. Grundsatz Versicherungsfreiheit bei geringfügiger Beschäftigung (Abs. 1 S. 1 Hs. 1) 3	6. Übergangsvorschrift ab dem 1.4.2003 (Abs. 2) 14
2. Betriebliche Berufsbildung (Abs. 1 S. 1 Hs. 2 Nr. 1) 8	7. Übergangsvorschrift ab dem 1.1.2013 (Abs. 3) 17
3. Jugendfreiwilligendienste (Abs. 1 S. 1 Hs. 2 Nr. 2) 10	

I. Entstehungsgeschichte

1 § 7 geht zurück auf das **Gesetz zur Strukturreform im Gesundheitswesen (GRG)** vom 20.12.1988.[1] Die am 1.1.1989 in Kraft getretene Fassung[2] entsprach dem Regierungsentwurf;[3] mit § 7 sollte das geltende Recht (§ 168 RVO) übernommen und redaktionell angepasst werden.[4] Mit dem **Gesetz zur Förderung eines freiwilligen ökologischen Jahres (FÖJG)** vom 17.12.1993[5] wurde mit Wirkung vom 1.9.1993[6] Nr. 3 angefügt („oder an einem freiwilligen ökologischen Jahr").[7] Mit Art. 3 Nr. 1 des Gesetzes zur Neuregelung der geringfügigen Beschäftigungsverhältnisse vom 24.3.1999[8] wurde Satz 2 hinzugefügt (jetzt: Abs. 1 S. 2: Zusammenrechnung von geringfügigen Beschäftigungen); Ungleichbehandlungen bei der Beitragsbelastung sollten durch die Regelung vermieden werden.[9] Das **Zweite Gesetz für moderne Dienstleistungen am Arbeitsmarkt** vom 23.12.2002[10] brachte eine Änderung des Begriffs der geringfügigen Beschäftigung (§ 8 SGB IV); in diesem Zusammenhang wurde mit Art. 3 Nr. 1 a) auch § 7 geändert; die bis dahin geltenden Sätze 1 und 2 wurden zu Abs. 1; in Abs. 1 S. 1 wurde die Angabe „§ 8" durch „§§ 8, 8a" ersetzt; mit Abs. 2 wurde eine Bestandsschutzregelung angefügt. Die am 1.4.2003 in Kraft getretenen Änderungen[11] beruhen auf einer Beschlussempfehlung des Vermittlungsausschusses.[12] Mit Art. 2 Abs. 11 des Gesetzes zur Förderung von **Jugendfreiwilligendiensten** vom 16.5.2008[13] wurde zum 1.6.2008[14] eine redaktionelle Anpassung[15] des § 7 Abs. 1 S. 1 vorgenommen („nach dem Jugendfreiwilligendienstegesetz"; Nr. 3 wurde gestrichen). Mit Art. 9 Nr. 1

---

1 BGBl. I 1988, 2477.
2 Art. 79 Abs. 1 GRG.
3 BT-Dr. 11/2237.
4 BT-Dr. 11/2237, 160.
5 BGBl. I 1993, 2118.
6 Art. 6.
7 Zur Begründung: BR-Dr. 2/93, 36.
8 BGBl. I 1999, 388.
9 BT-Dr. 14/280, 13.
10 BGBl. I 2002, 4621.
11 Art. 17 Abs. 1 a.
12 BT-Dr. 15/202, 4.
13 BGBl. I 2008, 842.
14 Art. 3.
15 BT-Dr. 16/6519, 17.

des Gesetzes zur Einführung eines Bundesfreiwilligendienstes vom 28.4.2011[16] wurde zwecks sozialversicherungsrechtlicher Gleichstellung der Freiwilligen des Bundesfreiwilligendienstes und der Jugendfreiwilligendienste[17] mit Wirkung vom 29.4.2011[18] § 7 Abs. 1 S. 1 Nr. 3 eingefügt. Im Zusammenhang mit der Anhebung der Geringfügigkeitsgrenze wurde mit Art. 3 Nr. 1 des **Gesetzes zu Änderungen im Bereich der geringfügigen Beschäftigung** vom 5.12.2012[19] die Übergangsregelung des Abs. 3 angefügt.[20]

II. Normzweck und Systematik

§ 7 enthält neben § 6 und § 5 Abs. 5 einen **weiteren Tatbestand der Versicherungsfreiheit**, nämlich im Hinblick auf **geringfügige Beschäftigungen**. § 7 definiert dabei nicht selbst den Begriff der geringfügigen Beschäftigung, sondern nimmt auf die allgemein für das Sozialversicherungsrecht geltende Definition der §§ 8, 8a SGB IV Bezug und regelt die Rechtsfolgen der Geringfügigkeit; bis auf die in § 7 geregelten Ausnahmen sind geringfügige Beschäftigungen versicherungsfrei. Der **Sinn der Regelung** erschließt sich aus dem den §§ 5 ff. zugrunde liegen Konzept der typisierenden Bildung von Gruppen abgestufter sozialer Schutzbedürftigkeit. Die Versicherungspflicht aufgrund Beschäftigung gegen Entgelt (§ 5 Abs. 1 Nr. 1) beruht auf der typisierenden Vorstellung, dass der betroffene Personenkreis mit der Beschäftigung seinen Lebensunterhalt bestreitet und des Schutzes der gesetzlichen Krankenversicherung bedarf. Bei geringfügigen Beschäftigungen hat diese Typisierung angesichts der Höhe des Entgelts keine Grundlage;[21] es liegt nahe, dass der Lebensunterhalt im Wesentlichen anderweitig bestritten wird. Der Versicherungsfreiheit liegt so die Wertung zugrunde, dass (ua) entgeltgeringfügige Beschäftigungen mangels ausreichender wirtschaftlicher Bedeutung in aller Regel keinen ausreichenden Anlass für eine zwangsweise öffentlich-rechtliche Sicherung des Arbeitnehmers im Krankheitsfall oder für das Risiko der Arbeitslosigkeit und eine eigenständige Absicherung in der gesetzlichen Rentenversicherung darstellen.[22] Hinzu kommt, dass eine Einbeziehung dieser Personengruppe in die gesetzliche Krankenversicherung Versicherungsschutz bei sehr niedrigem Entgelt und dementsprechend sehr niedrigen Beiträgen ermöglichen würde.[23] Entsprechend dem Regelungszweck ist die Versicherungsfreiheit nicht absolut (§ 6 Abs. 3); sie erstreckt sich nur auf die jeweilige Beschäftigung. Eine Besonderheit gilt bei der Beitragstragung; für Versicherte, die in einer Beschäftigung im Sinne des § 8 Abs. 1 Nr. 1 SGB IV oder § 8a SGB IV versicherungsfrei sind, hat der Arbeitgeber Beiträge in der in § 249b[24] bezeichneten Höhe zu tragen. Der EuGH hat trotz der stärkeren Betroffenheit von Frauen eine Europarechtswidrigkeit der Versicherungsfreiheit (für die Rentenversicherung) verneint.[25]

III. Einzelne Regelungen

1. Grundsatz Versicherungsfreiheit bei geringfügiger Beschäftigung (Abs. 1 S. 1 Hs. 1). Eine Beschäftigung ist **versicherungsfrei**, wenn sie unter §§ 8, 8a SGB IV fällt und keine **Ausnahme** nach Abs. 1 S. 1 Hs. 2, S. 2 oder Abs. 2 vorliegt.

In den §§ 8, 8a SGB IV sind die geringfügigen Beschäftigungen definiert. Das Recht der **geringfügigen Beschäftigungen** war in der Vergangenheit vielfältigen Änderungen unterworfen. Wesentliche Veränderungen gab es zum 1.4.1999 und zum 1.4.2003. Mit dem Gesetz zur Neuregelung der geringfügigen Beschäftigungsverhältnisse vom 24.3.1999[26] wurde die Entgeltgrenze auf 630 DM festgesetzt (ab dem 1.1.2002 auf 325 EUR); daneben bestand noch eine Zeitgrenze von fünfzehn Stunden. Mit dem Zweiten Gesetz für moderne Dienstleistungen am Arbeitsmarkt vom 23.12.2002[27] wurde (ua) die Entgeltgrenze auf 400 EUR heraufgesetzt; die Zeitgeringfügigkeitsgrenze von fünfzehn Stunden entfiel; auch bei der Zusammenrechnung nach § 8 Abs. 2 SGB IV gab es Änderungen. Seit dem 1.1.2013 ist durch

---

16 BGBl. I 2011, 687.
17 BT-Dr. 17/4803, 20.
18 Art. 18 Abs. 1.
19 BGBl. I 2012, 2474.
20 Zur Begründung: BT-Dr. 17/10773, 12.
21 Vgl. Schlegel, in: jurisPK-SGB V, § 7 Rn. 22.
22 Vgl. BSG, 15.7.2009, B 12 KR 14/08 R; Berchtold in: Kreikebohm/Spellbrink/Waltermann, § 7 SGB V Rn. 2.
23 Vgl. Peters in: KassKomm, Stand 12/2013, § 7 SGB V Rn. 2; Schlegel, in: jurisPK-SGB V, § 7 Rn. 23.
24 Zur Verfassungsmäßigkeit dieser Regelung vgl. BSG, 25.1.2006, B 12 KR 27/04 R.
25 EuGH, 14.12.1995, C-317/93.
26 BGBl. I 1999, 388.
27 BGBl. I 2002, 4621.

das Gesetz zu Änderungen im Bereich der geringfügigen Beschäftigung vom 5.12.2012 die Entgeltgrenze auf 450 EUR heraufgesetzt.[28]

5 Die Versicherungsfreiheit wird sich nur auf die Versicherungspflicht aufgrund einer Beschäftigung nach § 5 Abs. 1 Nr. 1 beziehen können („in dieser Beschäftigung versicherungsfrei"); soweit auch bei anderen Versicherungspflichttatbeständen des § 5 Abs. 1 eine Beschäftigung vorliegen kann (vgl. etwa § 5 Abs. 1 Nr. 7), knüpft die Versicherungspflicht nicht an das Vorliegen der Beschäftigung, sondern an sonstige, eine besondere Schutzbedürftigkeit indizierende Umstände an.[29]

6 Für den **Beginn und das Ende** der Versicherungsfreiheit gibt es – anders als in den Fällen des § 6 Abs. 1 Nr. 1 bei Überschreiten der JAE-Grenze durch § 6 Abs. 4 – keine besondere Regelung. Die Versicherungsfreiheit **beginnt** demnach in dem Zeitpunkt, in dem aufgrund einer **Prognose** davon ausgegangen werden kann, dass künftig eine geringfügige Beschäftigung vorliegen wird; ob die Prognose im Zeitpunkt der Neuaufnahme einer Beschäftigung oder in einem laufenden Beschäftigungsverhältnis aufgrund einer Entgeltänderung gestellt wird, ist ohne Belang; die Versicherungsfreiheit **endet** in dem Zeitpunkt, in dem eine Prognose das Überschreiten der Geringfügigkeitsgrenzen erwarten lässt.[30]

7 Über die **Zusammenrechnung** geringfügiger Beschäftigungen enthält § 8 Abs. 2 SGB IV eine Sonderregelung, wozu wiederum § 7 Abs. 1 S. 2 eine Modifikation erhält (→ Rn. 13).

8 **2. Betriebliche Berufsbildung (Abs. 1 S. 1 Hs. 2 Nr. 1).** Von der Versicherungsfreiheit nach § 7 ausgenommen sind Beschäftigungen im Rahmen betrieblicher Berufsbildung. Die Einschätzung, dass entgeltgeringfügige Beschäftigungen mangels ausreichender wirtschaftlicher Bedeutung in aller Regel keinen ausreichenden Anlass für eine zwangsweise öffentlich-rechtliche Sicherung des Arbeitnehmers im Krankheitsfall darstellen, hat hier keine Grundlage; das **besondere Schutzbedürfnis** kommt bereits darin zum Ausdruck, dass im Rahmen von § 7 Abs. 2 SGB IV in begrenztem Umfang Bildungsvorstufen zur beruflichen Betätigung erst aufgrund besonderer gesetzlicher Regelung fiktiv der Beschäftigung im Sinne von § 7 Abs. 1 SGB IV gleichgestellt werden; zudem stehen die Betroffenen am Beginn einer typischerweise von weiteren entgeltlichen Beschäftigungen gefolgten Berufslaufbahn, wobei die Entgelte am Beginn der Berufsbiographie meist niedriger sind, ohne dass hierdurch zugleich ein Mangel an sozialer Schutzbedürftigkeit seinen Ausdruck findet.[31]

9 Nach dem Wortlaut des § 7 Abs. 1 S. 1 Hs. 2 Nr. 1 sind Beschäftigungen im Rahmen **betrieblicher Berufsbildung** ausgenommen. Die Formulierung unterscheidet sich in dreifacher Hinsicht von § 5 Abs. 1 Nr. 1; dort wird Versicherungspflicht für zu ihrer Berufs*ausbildung* Beschäftigte angeordnet, die gegen Entgelt beschäftigt sind. Dass in § 5 Abs. 1 Nr. 1 das Wort „betrieblich" fehlt und eine Beschäftigung gegen Entgelt verlangt wird, bedeutet keine fehlende Abstimmung mit § 7 Abs. 1 S. 1 Hs. 2 Nr. 1; auch mit § 5 Abs. 1 Nr. 1 Alt. 2 sind zunächst nur betriebliche Ausbildungsverhältnisse gemeint; außerbetriebliche Ausbildungen sind nur gleichgestellt (§ 5 Abs. 4 a); in diesen Fällen dürfte § 7 Abs. 1 S. 1 Hs. 1 von vornherein nicht anwendbar sein. In Abs. 1 S. 1 Hs. 2 Nr. 1 ist die Benennung des Tatbestandsmerkmals „entgeltlich" nicht erforderlich, weil die Regelung die Versicherungspflicht nach § 5 Abs. 1 Nr. 1 nur einschränkt. Dass schließlich in § 7 Abs. 1 S. 1 Hs. 2 Nr. 1 die Berufsbildung und nicht nur die Berufsausbildung genannt wird, macht die Bezugnahme auf den um die gesamte betriebliche Berufsbildung im Sinne des § 7 Abs. 2 SGB IV erweiterten Beschäftigungsbegriff deutlich, der auch dem § 5 Abs. 1 Nr. 1 zugrunde liegt. Der Begriff der (betrieblichen) Berufsbildung (§ 1 Abs. 5 BBiG aF)[32] ist weiter als der der (betrieblichen) Berufsausbildung (§ 1 Abs. 3 BBiG nF, § 1 Abs. 2 BBiG aF) und meint jede Berufsbildung in Betrieben der Wirtschaft, in vergleichbaren Einrichtungen außerhalb der Wirtschaft, insbesondere des öffentlichen Dienstes, der Angehörigen freier Berufe und in Haushalten. Obwohl in § 5 Abs. 1 Nr. 1 nur die Berufsausbildung ausdrücklich genannt ist, besteht die Versicherungspflicht auch bei sonstigen Beschäftigten in Berufsbildungsverhältnissen, zB Praktikanten. Die Ausnahme von der Versicherungsfreiheit nach § 7 Abs. 1 S. 1 Hs. 2 Nr. 1 gilt dementsprechend für die entgeltliche berufliche Bildung in Beschäftigungsverhältnissen insgesamt.[33]

---

28 BGBl. I 2012, 2474.
29 Vgl. Peters in: KassKomm, Stand 12/2013, § 7 Rn. 11; auch Baier in: Krauskopf, Stand 1/2014, § 7 SGB V Rn. 7.
30 Vgl. Peters in: KassKomm, Stand 12/2013, § 7 Rn. 9; Ulmer in: BeckOK SozR, SGB V, Stand: 9/2013, § 7 Rn. 2; vgl. auch BSG, 27.7.2011, B 12 R 15/09 R, SozR 4-2600, § 5 Nr. 6.
31 Vgl. BSG, 15.7.2009, B 12 KR 14/08 R, SozR 4-2500 § 7 Nr. 1.
32 Vgl. BT-Dr. 7/4122, 31.
33 Vgl. Schlegel in: jurisPK-SGB V, § 7 Rn. 29 ff.

3. Jugendfreiwilligendienste (Abs. 1 S. 1 Hs. 2 Nr. 2). Nach Abs. 1 S. 1 Hs. 2 Nr. 2 gilt Hs. 1 nicht für 10 eine Beschäftigung nach dem Jugendfreiwilligendienstegesetz.³⁴ Nr. 2 fasst seit Inkrafttreten des Jugendfreiwilligendienstegesetzes (JFDG) am 1.6.2008 der vorherigen Nr. 2 und 3 (freiwilliges soziales und freiwilliges ökologisches Jahr) zusammen. Der sachliche Hintergrund ist identisch mit dem von Abs. 1 S. 1 Hs. 2 Nr. 1; die Dienstleistenden sind von der Versicherungsfreiheit ausgeschlossen, weil für sie typisierend ein besonderes Schutzbedürfnis im Hinblick auf die Einbeziehung in die gesetzliche Krankenversicherung angenommen wird.

Der Regelung liegt die Vorstellung zugrunde, dass es sich bei Jugendfreiwilligendiensten um **Beschäftigungen gegen Entgelt** im Sinne des § 5 Abs. 1 handelt (und mithin die Geld- oder Sachzuwendungen des Trägers, § 2 Abs. 1 Nr. 3 JFDG, als Entgelte im Sinne des § 14 SGB IV anzusehen sind). 11

4. Bundesfreiwilligendienst (Abs. 1 S. 1 Hs. 2 Nr. 3). Nach Abs. 1 S. 1 Hs. 2 Nr. 3 gilt Hs. 1 auch nicht 12 für eine Beschäftigung nach dem Gesetz zur Einführung eines Bundesfreiwilligendienstes vom 28.4.2011.³⁵ Die Darlegungen zu Nr. 2 gelten entsprechend.

5. Eingeschränkte Zusammenrechnung (Abs. 1 S. 2). Nach Abs. 1 S. 2 ist § 8 Abs. 2 SGB IV mit der 13 Maßgabe anzuwenden, dass eine **Zusammenrechnung mit einer nicht geringfügigen Beschäftigung nur erfolgt, wenn diese Versicherungspflicht begründet.** Nach § 8 Abs. 2 SGB IV (in den ab dem 1.4.1999 geltenden Fassungen) erfolgt (ua) die Zusammenrechnung von geringfügigen mit nicht geringfügigen Beschäftigungen (allerdings mit den – in den ab dem 1.4.2003 geltenden Fassungen – genannten Einschränkungen).³⁶ § 7 Abs. 1 S. 2 schränkt diese Zusammenrechnung für den Bereich des SGB V weiter ein; die Zusammenrechnung erfolgt nur, wenn „diese", dh die nicht geringfügige Beschäftigung Versicherungspflicht begründet. Eine Zusammenrechnung erfolgt demnach nicht in Fällen, in denen bereits die nicht geringfügige Hauptbeschäftigung versicherungsfrei ist;³⁷ das mit der Zusammenrechnung verfolgte Ziel, Beschäftigte, die ihr Entgelt aus nur einer versicherungspflichtigen Beschäftigung erzielen, bei der Beitragsbemessung gegenüber Personen, die gleich hohes Entgelt aus mehreren Beschäftigungen erzielen, nicht zu benachteiligen, kann in solchen Fällen nicht erreicht werden.³⁸ Die Regelung des § 7 Abs. 1 S. 2 wird in ihrer praktischen Bedeutung dadurch gemindert, dass nach § 8 Abs. 2 S. 1 Alt. 2 SGB IV eine Zusammenrechnung einer nicht geringfügigen Beschäftigung mit nur einer entgeltgeringfügigen Beschäftigung ohnehin nicht (mehr) erfolgt.³⁹ Eine neben einer versicherungspflichtigen Beschäftigung ausgeübte geringfügige Beschäftigung ist im Übrigen von vornherein nicht versicherungsfrei, wenn die geringfügige Beschäftigung beim selben Arbeitgeber verrichtet wird.⁴⁰

6. Übergangsvorschrift ab dem 1.4.2003 (Abs. 2). Abs. 2 enthält eine **Übergangsvorschrift** im Hin- 14 blick auf die ab dem 1.4.2003 eingetretenen Änderungen im Recht der geringfügigen Beschäftigung.⁴¹ Im Wesentlichen wurde die Entgeltgrenze von 325 EUR und 400 EUR erhöht; die Zeitgrenze von 15 Stunden ist entfallen. Die 400 EUR-Grenze galt fortan auch in der Familienversicherung (§ 10 Abs. 1 S. 1 Nr. 5 Teilsatz 3).

Nach **Abs. 2 S. 1** bleiben Personen, die am 31.3.2003 nur in einer Beschäftigung versicherungspflichtig 15 waren, die die Merkmale einer geringfügigen Beschäftigung nach den §§ 8, 8a des Vierten Buches erfüllt, und die nach dem 31.3.2003 nicht die Voraussetzungen für eine Versicherung nach § 10 erfüllen, in dieser Beschäftigung versicherungspflichtig. Die Regelung bietet **Bestandsschutz** für bereits vor dem 1.4.2003 begonnene Beschäftigungen im Hinblick auf den geänderten Geringfügigkeitsbegriff. Trotz ihres Wortlauts (nur in „einer" Beschäftigung) dürfte die Vorschrift auch anwendbar sein, wenn vor dem 1.4.2003 Versicherungspflicht aufgrund der Zusammenrechnung mehrerer geringfügiger Beschäftigungen bestand und diese ab dem 1.4.2003 entfallen würde;⁴² ein sachlicher Grund für eine Nichteinbeziehung dieser Konstellation ist nicht erkennbar.

---

34 BGBl. I 2008, 842.
35 BGBl. I 2011, 687.
36 Zu den Schwierigkeiten bei der Auslegung des § 8 Abs. 2 SGB IV bei der Zusammenrechnung einer versicherungspflichtigen Haupt- und mehrerer entgeltgeringfügiger Nebenbeschäftigungen vgl. Schlegel in: jurisPK-SGB IV, § 8 Rn. 57ff.
37 So auch Schlegel, in: jurisPK-SGB V, § 7 Rn. 42.
38 Vgl. BT-Dr. 14/280, 13.
39 So auch Baier in: Krauskopf, Stand 1/2014, § 7 SGB V Rn. 5.
40 Vgl. BSG, 27.6.2012, B 12 KR 28/10 R zu § 5 Abs. 2 S. 1 SGB VI.
41 Zweites Gesetz für moderne Dienstleistungen am Arbeitsmarkt vom 23.12.2002, BGBl. I 2002, 4621.
42 Baier in: Krauskopf, Stand 1/2014, § 7 SGB V Rn. 10.

16 Nach **Abs. 2 S. 2** werden die nach Abs. 2 S. 1 weiterhin versicherungspflichtigen Personen auf Antrag von der Versicherungspflicht befreit. Für das Verfahren und die Wirkungen der Befreiung gelten nach **Abs. 2 S. 3** die Regelungen des § 8 Abs. 2 mit der Maßgabe, dass an die Stelle des Zeitpunkts des Beginns der Versicherungspflicht der 1.4.2003 tritt. Die Befreiung ist dabei nach **Abs. 2 S. 4** auf die jeweilige Beschäftigung beschränkt.

17 7. Übergangsvorschrift ab dem 1.1.2013 (Abs. 3). Abs. 3 ist eine Übergangsregelung zur Erhöhung der Entgeltgeringfügigkeitsgrenze auf 450 EUR zum 1.1.2013. Nach Abs. 3 S. 1 bleibt **Versicherungspflicht bis zum 31.1.2014** bestehen in Fällen, in denen am 31.12.2012 Versicherungspflicht bestand, nach der Neuregelung ab dem 1.1.2013 nicht mehr bestehen würde, sofern keine Familienversicherung besteht und solange das Arbeitsentgelt 400 EUR monatlich übersteigt. Die betroffenen Personen können sich von der Versicherungspflicht **befreien lassen;** § 8 Abs. 2 gilt entsprechend mit der Maßgabe, dass an die Stelle des Zeitpunkts des Beginns der Versicherungspflicht der 1.1.2013 tritt (Abs. 3 S. 2 und 3). Die Befreiung ist unwiderruflich, solange das Beschäftigungsverhältnis die Voraussetzungen des Abs. 3 S. 1 erfüllt.[43]

§ 8 Befreiung von der Versicherungspflicht

(1) Auf Antrag wird von der Versicherungspflicht befreit, wer versicherungspflichtig wird
1. wegen Änderung der Jahresarbeitsentgeltgrenze nach § 6 Abs. 6 Satz 2 oder Abs. 7,
1a. durch den Bezug von Arbeitslosengeld oder Unterhaltsgeld (§ 5 Abs. 1 Nr. 2) und in den letzten fünf Jahren vor dem Leistungsbezug nicht gesetzlich krankenversichert war, wenn er bei einem Krankenversicherungsunternehmen versichert ist und Vertragsleistungen erhält, die der Art und dem Umfang nach den Leistungen dieses Buches entsprechen,
2. durch Aufnahme einer nicht vollen Erwerbstätigkeit nach § 2 des Bundeserziehungsgeldgesetzes oder nach § 1 Abs. 6 des Bundeselterngeld- und Elternzeitgesetzes während der Elternzeit; die Befreiung erstreckt sich nur auf die Elternzeit,
2a. durch Herabsetzung der regelmäßigen Wochenarbeitszeit während einer Freistellung nach § 3 des Pflegezeitgesetzes oder der Familienpflegezeit nach § 2 des Familienpflegezeitgesetzes; die Befreiung erstreckt sich nur auf die Dauer einer Freistellung oder die Dauer der Familienpflegezeit,
3. weil seine Arbeitszeit auf die Hälfte oder weniger als die Hälfte der regelmäßigen Wochenarbeitszeit vergleichbarer Vollbeschäftigter des Betriebes herabgesetzt wird; dies gilt auch für Beschäftigte, die im Anschluß an ihr bisheriges Beschäftigungsverhältnis bei einem anderen Arbeitgeber ein Beschäftigungsverhältnis aufnehmen, das die Voraussetzungen des vorstehenden Halbsatzes erfüllt, sowie für Beschäftigte, die im Anschluss an die Zeiten des Bezugs von Elterngeld oder der Inanspruchnahme von Elternzeit oder einer Freistellung nach § 3 des Pflegezeitgesetzes oder § 2 des Familienpflegezeitgesetzes ein Beschäftigungsverhältnis im Sinne des ersten Teilsatzes aufnehmen, das bei Vollbeschäftigung zur Versicherungsfreiheit nach § 6 Absatz 1 Nummer 1 führen würde; Voraussetzung ist ferner, daß der Beschäftigte seit mindestens fünf Jahren wegen Überschreitens der Jahresarbeitsentgeltgrenze versicherungsfrei ist; Zeiten des Bezugs von Erziehungsgeld oder Elterngeld oder der Inanspruchnahme von Elternzeit oder einer Freistellung nach § 3 des Pflegezeitgesetzes oder § 2 des Familienpflegezeitgesetzes werden angerechnet,
4. durch den Antrag auf Rente oder den Bezug von Rente oder die Teilnahme an einer Leistung zur Teilhabe am Arbeitsleben (§ 5 Abs. 1 Nr. 6, 11 bis 12),
5. durch die Einschreibung als Student oder die berufspraktische Tätigkeit (§ 5 Abs. 1 Nr. 9 oder 10),
6. durch die Beschäftigung als Arzt im Praktikum,
7. durch die Tätigkeit in einer Einrichtung für behinderte Menschen (§ 5 Abs. 1 Nr. 7 oder 8).

(2) [1]Der Antrag ist innerhalb von drei Monaten nach Beginn der Versicherungspflicht bei der Krankenkasse zu stellen. [2]Die Befreiung wirkt vom Beginn der Versicherungspflicht an, wenn seit diesem Zeitpunkt noch keine Leistungen in Anspruch genommen wurden, sonst vom Beginn des Kalendermonats an, der auf die Antragstellung folgt. [3]Die Befreiung kann nicht widerrufen werden. [4]Die Befreiung wird nur wirksam, wenn das Mitglied das Bestehen eines anderweitigen Anspruchs auf Absicherung im Krankheitsfall nachweist.

---

[43] BT-Dr. 17/10773, 12.

(3) ¹Personen, die am 31. Dezember 2014 von der Versicherungspflicht nach Absatz 1 Nummer 2 a befreit waren, bleiben auch für die Dauer der Nachpflegephase nach § 3 Absatz 1 Nummer 1 Buchstabe c des Familienpflegezeitgesetzes in der am 31. Dezember 2014 geltenden Fassung befreit. ²Bei Anwendung des Absatzes 1 Nummer 3 steht der Freistellung nach § 2 des Familienpflegezeitgesetzes die Nachpflegephase nach § 3 Absatz 1 Nummer 1 Buchstabe c des Familienpflegezeitgesetzes in der am 31. Dezember 2014 geltenden Fassung gleich.

Literatur:

Bayer, Die Befreiung von der Versicherungspflicht in der Krankenversicherung der Rentner, Spektrum 2003, 74; *Langguth*, Krankenversicherung: Befreiung von der Versicherungspflicht, DStR 2000, 786; *Müller*, Die Befreiung von der Versicherungspflicht in der landwirtschaftlichen Krankenversicherung, WzS 2001, 200; *Peters*, Zum Recht auf Befreiung von der Versicherungspflicht in der Krankenversicherung der Rentner nach § 8 Abs. 1 Nr. 4 SGB V, NZS 2012, 326; *Wirges*, Einzelprobleme der Reichweite der Befreiung von der Versicherungspflicht gemäß § 8 SGB V, SGb 2005, 14.

I. Entstehungsgeschichte............................... 1	IX. Studenten und Praktikanten (Abs. 1 Nr. 5) 29
II. Regelungsgehalt und systematische Zusammenhänge... 2	X. Ärzte im Praktikum (Abs. 1 Nr. 6).......... 32
III. Versicherungspflicht wegen Änderung der JAE-Grenze (Abs. 1 Nr. 1).................... 3	XI. Behinderte Menschen in Einrichtungen (Abs. 1 Nr. 7).. 33
IV. Versicherungspflicht durch Bezug von Arbeitslosengeld oder Unterhaltsgeld (Abs. 1 Nr. 1 a).................................... 5	XII. Befreiungsverfahren, Wirkungen, kein Widerruf (Abs. 2)................................. 34
	1. Befreiungsverfahren........................ 34
V. Elternzeit (Abs. 1 Nr. 2)........................ 9	2. Wirkungen der Befreiung................ 39
VI. Freistellung nach § 3 PflegeZG, Familienpflegezeit (Abs. 1 Nr. 2 a)..................... 13	3. Kein Widerruf der Befreiung........... 43
	4. Anderweitige Absicherung im Krankheitsfall.. 44
VII. Verminderung der Arbeitszeit (Abs. 1 Nr. 3)....................................... 18	XIII. Übergangsregelungen nach dem Gesetz zur besseren Vereinbarkeit von Familie, Pflege und Beruf zu Abs. 1 Nr. 2 a, 3................ 45
VIII. Rentenantragsteller, Rentner, Rehabilitanden (Abs. 1 Nr. 4).................................. 24	

I. Entstehungsgeschichte

§ 8 geht zurück auf das **Gesetz zur Strukturreform im Gesundheitswesen (GRG)** vom 20.12.1988;¹ die zuvor über mehrere Vorschriften verteilten Regelungen (vgl. §§ 173a-f. RVO, § 7 des Gesetzes über die Sozialversicherung Behinderter) wurden in § 8 zusammengefasst. Die am 1.1.1989 in Kraft getretene Fassung² war bereits im Regierungsentwurf³ enthalten. Ein Änderungsvorschlag des Bundesrates⁴ wurde nicht berücksichtigt. Neu war der Wegfall des Erfordernisses eines Abschlusses einer privaten Krankenversicherung.⁵ Mit Art. 4 Nr. 1 des **Ersten Gesetzes zur Änderung des Dritten Buches Sozialgesetzbuch und anderer Gesetze (Erstes SGB III-Änderungsgesetz – 1. SGB III-ÄndG)** vom 16.12.1996⁶ wurde mit Abs. 1 Nr. 1 a ein Befreiungsrecht für Personen geschaffen, die durch den Bezug von Arbeitslosengeld, Arbeitslosenhilfe oder Unterhaltsgeld versicherungspflichtig wurden und in einer Vorfrist von fünf Jahren nicht gesetzlich versichert waren.⁷ Art. 1 Nr. 4, Art. 22 des **Gesetzes zur Reform der GKV aus dem Jahr 2000** vom 22.12.1999⁸ änderte zum 1.1.2000 Abs. 1 Nr. 1 a; fortan konnte eine Befreiung bei Bezug der genannten Lohnersatzleistungen nur noch bei Vorhandensein einer privaten Versicherung erfolgen, deren Leistungen nach Art und Umfang denen der gesetzlichen Versicherung entsprechen.⁹ Mit Art. 19 des **Gesetzes zur Änderung des Begriffs „Erziehungsurlaub"** vom 30.11.2000¹⁰ erfolgte eine terminologische Anpassung.¹¹ Art. 5 des **Sozialgesetzbuches – Neuntes**

---

1 BGBl. I 1988, 2477.
2 Art. 79 Abs. 1 GRG.
3 BT-Dr. 11/2237, 12 f.
4 BT-Dr. 11/2493, 9.
5 BT-Dr. 11/2237, 160.
6 BGBl. I 1997, 2970.
7 Zur Begr. BR-Dr. 604/97 und 28. BT-Dr. 13/8994, 68.
8 BGBl. I 1999, 2626.
9 Zur Begründung: BT-Dr. 14/1245, 60.
10 BGBl. I 2000, 1638.
11 BT-Dr. 14/4133, 12.

Buch – (SGB IX) Rehabilitation und Teilhabe behinderter Menschen vom 19.6.2001[12] brachte in Abs. 1 Nr. 4 und 7 zum 1.7.2001[13] Anpassungen an den Sprachgebrauch des SGB IX.[14] Mit Art. 1 Nr. 1 des Gesetzes zur Sicherung der Beitragssätze in der GKV und in der GRV vom 23.12.2002[15] wurde § 8 Abs. 1 Nr. 1 zum 1.1.2003[16] geändert („wegen Änderung der Jahresarbeitsentgeltgrenze nach § 6 Abs. 6 Satz 2 oder Abs. 7,"). Es sollte klargestellt werden, dass die Erhöhung der Jahresarbeitsentgeltgrenze aufgrund der Regelung in § 6 Abs. 6 S. 1 nicht zu einer Befreiung von der Versicherungspflicht in der gesetzlichen Krankenversicherung berechtigt.[17] Durch Art. 5 Nr. 3 des Vierten Gesetzes für moderne Dienstleistungen am Arbeitsmarkt vom 24.12.2003[18] wurde zum 1.1.2005[19] § 8 Abs. 1 Nr. 1 a an die Ersetzung der Arbeitslosenhilfe durch das Arbeitslosengeld II angepasst.[20] Art. 2 Abs. 19 Nr. 1 des Gesetzes zur Einführung des Elterngeldes vom 5.12.2006[21] brachte zum 1.1.2007[22] Anpassungen des § 8 Abs. 1 Nr. 2 aufgrund des Inkrafttretens des BEEG.[23] Mit Art. 1 Nr. 4 des Gesetzes zur Stärkung des Wettbewerbs in der gesetzlichen Krankenversicherung vom 26.3.2007[24] wurde in § 8 Abs. 1 Nr. 1 a zum 1.1.2009[25] die Angabe „oder Arbeitslosengeld II (§ 5 Abs. 1 Nr. 2 a)" gestrichen. Es handelte sich um eine Folgeregelung zur Einfügung des neuen § 5 Abs. 5 a. Die Befreiungsmöglichkeit für bisher privat krankenversicherte Arbeitslosengeld-II-Bezieher wurde fortan als entbehrlich angesehen.[26] Mit Art. 6 Nr. 2 des Gesetzes zur strukturellen Weiterentwicklung der Pflegeversicherung vom 28.5.2008[27] wurde zum 1.7.2008[28] § 8 Abs. 1 Nr. 2 a eingefügt, womit Arbeitnehmern, die während der Pflegezeit aufgrund ihres geringeren Arbeitsentgelts in der gesetzlichen Krankenversicherung versicherungspflichtig wurden, die Fortführung ihrer bisher bestehenden private Absicherung im Krankheitsfall ermöglicht werden sollte.[29] Art. 1 Nr. 2 a GKV-FinG vom 22.12.2010[30] änderte zum 1.1.2011[31] § 8 Abs. 1 Nr. 3; es soll auch Personen eine Befreiungsmöglichkeit eingeräumt werden, die im Anschluss an die Inanspruchnahme von Elternzeit oder Pflegezeit eine Teilzeitbeschäftigung aufnehmen, bei der die Arbeitszeit die Hälfte oder weniger als die Hälfte der regelmäßigen Wochenarbeitszeit vergleichbarer Vollbeschäftigter des Betriebes beträgt und die als Vollbeschäftigung den Eintritt von Versicherungsfreiheit nach § 6 Abs. 1 Nr. 1 zur Folge hätte.[32] Art. 1 Nr. 1 b des Gesetzes zur Verbesserung der Versorgungsstrukturen in der GKV vom 22.12.2011[33] brachte zum 1.1.2012[34] in § 8 Abs. 1 Nr. 2 a und 3 Anpassungen im Hinblick auf das Familienpflegezeitgesetz.[35] Mit Art. 1 Nr. 0 des Gesetzes zur Beseitigung sozialer Überforderung bei Beitragsschulden in der Krankenversicherung[36] wurde an Abs. 2 ein Satz 4 angefügt.[37] Mit Art. 5 Nr. 1 des Gesetzes zur besseren Vereinbarkeit von Familie, Pflege und Beruf vom 23.12.2014[38] wurden zum 1.1.2015[39] im Zusammenhang mit Änderungen des Pflegezeit- und Familienpflegezeitgesetzes § 8 Abs. 1 Nr. 2 a und 3 geändert und Abs. 3 angefügt (→

---

12 BGBl. I 2001, 1046.
13 Art. 68.
14 BT-Dr. 14/5074, 117.
15 BGBl. I 2002, 4637.
16 Art. 13.
17 BT-Dr. 15/28, 13 ff.
18 BGBl. I 2003, 2954.
19 Art. 61 Abs. 1.
20 BT-Dr. 15/1516, 72.
21 BGBl. I 2006, 2748.
22 Art. 3.
23 BT-Dr. 16/1889, 29.
24 BGBl. I 2007, 378.
25 Art. 46 Abs. 10.
26 Vgl. BT-Dr. 16/3100, 96.
27 BGBl. I 2008, 874.
28 Art. 17 Abs. 1.
29 BR-Dr. 718/07, 237.
30 BGBl. I 2010, 2309.
31 Art. 15 Abs. 1.
32 Näher: BT-Dr. 17/3696, 44.
33 BGBl. I 2011, 2983.
34 Art. 15.
35 Zur Begr. vgl. BT-Dr. 17/8005, 138.
36 BGBl. I 2013, 2423.
37 Zur Begr. vgl. BT-Dr. 17/13947, 36.
38 BGBl. I, 2462, 2468.
39 Art. 14.

Rn. 45).⁴⁰ Mit Art. 1a Nr. 2 des Gesetzes für sichere digitale Kommunikation und Anwendungen im Gesundheitswesen sowie zur Änderung weiterer Gesetze vom 21.12.2015⁴¹ wurde in Abs. 1 Nr. 4 im Anschluss an eine Änderung des § 5 mit Wirkung zum 1.1.2017⁴² die Angabe „11 oder 12" durch „11 bis 12" ersetzt.⁴³

II. Regelungsgehalt und systematische Zusammenhänge

Die Regelung normiert Ausnahmen zur Versicherungspflicht des § 5. Anders als die Versicherungsfreiheitstatbestände in § 5 Abs. 5, §§ 6, 7 befreit § 8 nicht ohne Weiteres kraft Gesetzes von der Versicherungspflicht. Es bleibt dem Betroffenen überlassen, durch Antragstellung auf den Schutz der gesetzlichen Krankenversicherung zu verzichten. Die Befreiungsmöglichkeit besteht nur dann, wenn der Betroffene versicherungspflichtig „wird", dh nicht schon zuvor aus anderen Gründen Versicherungspflicht bestand; beim Wechsel eines zur Versicherungspflicht führenden Tatbestandes kommt daher keine Befreiung in Betracht.⁴⁴ Außer in § 8 Abs. 1 Nr. 1a war bis zum Inkrafttreten des Gesetzes zur Beseitigung sozialer Überforderung bei Beitragsschulden in der Krankenversicherung – anders als noch in den Vorgängerregelungen der §§ 173a bis 173f – für die Befreiung der Nachweis eines anderweitigen (privaten) Krankenversicherungsschutzes nicht Voraussetzung; nach § 8 Abs. 2 S. 4 wird mittlerweile eine Befreiung – auf der Rechtsfolgenseite – aber nur noch wirksam, wenn das Mitglied das Bestehen eines anderweitigen Anspruchs auf Absicherung im Krankheitsfall nachweist. Im Zusammenhang mit § 8 steht § 6 Abs. 3, der die Reichweite der Versicherungsfreit, aber auch der Befreiung von der Versicherungspflicht regelt („absolute Versicherungsfreiheit"). Angesichts der mittlerweile bestehenden allgemeinen Versicherungspflicht (vgl. § 5 Abs. 1 Nr. 13 SGB V, § 193 VVG) reduziert sich die Bedeutung des § 8 im Wesentlichen auf eine Zuordnung zum System entweder der gesetzlichen oder der privaten Krankenversicherung, wobei der Betroffene ein Wahlrecht hat. Weitere Befreiungstatbestände außerhalb des SGB V gibt es in den §§ 4, 5 KVLG 1989 und in den §§ 5 – 7 KSVG.

III. Versicherungspflicht wegen Änderung der JAE-Grenze (Abs. 1 Nr. 1)

Mit Versicherungspflicht wegen Änderung der Jahresarbeitsentgeltgrenze nach § 6 Abs. 6 S. 2 oder Abs. 7 sind Situationen gemeint, in denen Versicherungspflicht aufgrund einer Änderung der JAE-Grenze nach dem jährlichen Anpassungsmechanismus des § 6 Abs. 6 S. 2 oder des § 6 Abs. 7 S. 2 eintritt. § 8 Abs. 1 Nr. 1 kommt damit nur zur Anwendung, wenn Versicherungspflicht allein wegen einer Erhöhung der maßgebenden JAE-Grenze eintritt,⁴⁵ nicht aber, wenn das jährliche Entgelt voraussichtlich sinkt und (auch) deshalb die JAE-Grenze unterschritten wird.

Im Grundsatz nicht umstritten ist, dass eine Befreiung nach Eintritt der Versicherungspflicht wegen Erhöhung der JAE-Grenze jedenfalls für die gesamte Dauer desselben Beschäftigungsverhältnisses wirkt, auch wenn die JAE-Grenze vorübergehend wieder überschritten worden ist.⁴⁶ Eine andere Auslegung würde Personen, die vorübergehend wegen Überschreitens der JAE-Grenze auch nach § 6 Abs. 1 Nr. 1 versicherungsfrei sind und deshalb als weniger schutzbedürftig erscheinen, gegenüber denjenigen begünstigen, die nach der Befreiung mit ihrem Arbeitsentgelt die JAE-Grenze dauerhaft nicht mehr überschreiten.⁴⁷ Umstritten ist hingegen, ob die Befreiung auch im Fall eines Arbeitgeberwechsels fortwirkt.⁴⁸ Beide Möglichkeiten können zu fragwürdigen Ergebnissen führen. Die Wertung, dass ein Arbeitgeberwechsel nicht zum Wegfall der Befreiung führe, weil von dem Beschäftigten, der seinen Arbeitgeber wechsele und an der Befreiungsentscheidung festgehalten werde, nichts wesentlich anderes verlangt werde als von dem Beschäftigten, der im Rahmen eines Beschäftigungsverhältnisses dauerhaft unterhalb der JAE-Grenze entlohnt werde und keine Möglichkeit zur Rückkehr in die gesetzliche Ver-

---

40 Zur Begr. BR-Dr. 463/14, 45 f.
41 BGBl. I, 2408.
42 Art. 4 Abs. 3.
43 Zur Begr. BT-Dr. 18/6905, 77.
44 Baier in: Krauskopf, Stand 1/2014, § 8 SGB V Rn. 3; Just in: Becker/Kingreen, § 8 Rn. 2.
45 Berchtold in: Kreikebohm/Spellbrink/Waltermann, § 8 SGB V Rn. 5.
46 BSG, 8.12.1999, B 12 KR 12/99 R; auch Hampel in: jurisPK-SGB V, § 8 Rn. 39; Peters in: KassKomm, Stand 12/2013, § 8 SGB V Rn. 10; einschränkend: Baier in: Krauskopf, Stand 1/2014, § 8 SGB V Rn. 18.
47 BSG, 8.12.1999, B 12 KR 12/99 R, BSGE 85, 208 ff.
48 Dafür: Hampel in: jurisPK-SGB V, § 8 Rn. 45; LSG NRW, 19.3.2009, L 5 KR 31/08; im Ergebnis wohl auch Peters in: KassKomm, Stand 12/2013, § 8 SGB V Rn. 12; in einem obiter dictum: BSG, 24.9.1981, 12 RK 77/79; dagegen: Baier in: Krauskopf, Stand 1/2014, § 8 SGB V Rn. 18; LSG BW, 12.7.2006, L 5 KR 4868/05.

sicherung bekomme,[49] erscheint aber problematisch; mit einem Arbeitgeberwechsel können gravierende Änderungen auch beim Entgelt verbunden sein, die im Ausmaß anders als meist bei einem fortdauernden Beschäftigungsverhältnis nicht einzuschätzen waren. Dafür, dass sich die Befreiung nur auf ein konkretes Beschäftigungsverhältnis bei einem bestimmten Arbeitgeber bezieht,[50] spricht zudem, dass man selbst bei einem kurzen Zwischenbezug von Arbeitslosengeld nicht mehr von einem einheitlichen Versicherungsverhältnis wird sprechen können, so dass man nach dem Grundsatz, dass Befreiungsentscheidungen nur auf das jeweilige Versicherungsverhältnis bezogen sind,[51] die Fortwirkung einer Befreiung wohl nicht mehr annehmen kann.

IV. Versicherungspflicht durch Bezug von Arbeitslosengeld oder Unterhaltsgeld (Abs. 1 Nr. 1a)

5 Die Vorschrift knüpft an den Bezug von **Arbeitslosengeld oder Unterhaltsgeld** an. Die bei Inkrafttreten der Regelung noch genannte Arbeitslosenhilfe ist seit dem 1.1.2005 abgeschafft und wurde deshalb gestrichen. Stattdessen war das an die Stelle der Arbeitslosenhilfe getretene Arbeitslosengeld II nach dem Zweiten Buch Sozialgesetzbuch genannt worden (bis zum 31.12.2008). Im Zuge der Änderungen des GKV-WSG und insbesondere der Einschränkung der Versicherungspflicht für Bezieher von Arbeitslosengeld II hat der Gesetzgeber die die Befreiungsmöglichkeit für entbehrlich gehalten und sie ab dem 1.1.2009 gestrichen.[52] Das immer noch genannte Unterhaltsgeld hat in der Praxis keine Bedeutung mehr; es ist seit dem 1.1.2005 durch das Arbeitslosengeld bei beruflicher Weiterbildung ersetzt worden (§ 144 SGB III) und fällt damit unter den Begriff des Arbeitslosengeldes (§§ 136 ff. SGB III).

6 Nach dem Wortlaut knüpft die Befreiungsmöglichkeit an den **Bezug** von Arbeitslosengeld. Der Eintritt der Versicherungspflicht und der Bezug des Arbeitslosengeldes müssen allerdings zeitlich nicht zusammenfallen, etwa bei Sperrzeiten (vgl. § 5 Abs. 1 Nr. 2 SGB V, § 157 SGB III); in solchen Fällen kann Versicherungspflicht bereits vor Beginn des Zeitraums bestehen, für den Arbeitslosengeld bewilligt wird. Trotz des Wortlauts des § 8 Abs. 1 Nr. 1a erscheint es naheliegend, dass die Befreiungsmöglichkeit mit dem Beginn der Versicherungspflicht besteht und auch die fünfjährige Vorfrist ohne gesetzliche Versicherung mit dem Beginn der Versicherungspflicht endet;[53] Konstellationen dieser Art dürften bei Einfügung der Regelung nicht bedacht worden sein.

7 Das Befreiungsrecht besteht nur für Personen, die in den letzten fünf Jahren vor dem Leistungsbezug **nicht gesetzlich krankenversichert** waren. Sinn dieser Einschränkung ist es, die Befreiungsmöglichkeit nur solchen Personen zu eröffnen, die nennenswerte Altersrückstellungen in der PKV aufgebaut haben.[54] Gesetzliche Versicherung kann eine Pflicht-, freiwillige oder Familienversicherung sein.[55]

8 Die **Vertragsleistungen** des Krankenversicherungsunternehmens müssen nach Art und Umfang den Leistungen des SGB V entsprechen. Mit diesem Tatbestandsmerkmal sollte eine Schutzlücke beseitigt werden. Nach dem zuvor geltenden Recht konnte eine Befreiung auch dann erfolgen, wenn kein ausreichender Schutz in der privaten Krankenversicherung bestand; nach Auslaufen der Fortzahlung der Arbeitslosengeldes im Krankheitsfall (§ 146 SGB III) war es so möglich, dass im Anschluss kein Anspruch auf Lohnersatzleistungen in der Krankenversicherung bestand.[56] Da die Regelung im Hinblick auf den erforderlichen Umfang der Vertragsleistungen an die früheren Regelungen der §§ 173a bis 173f RVO anknüpft, kann auf die Rechtsprechung hierzu zurückgegriffen werden.[57] Nach der Gesetzesbegründung[58] kommt es insbesondere darauf an, ob im Krankheitsfall ein Anspruch auf Entgeltersatzleistungen besteht. Da eine genaue Übereinstimmung der Leistungen in der privaten und gesetzlichen Versicherung in der Regel nicht vorliegen wird, wird es darauf ankommen, ob die Vertragsleistungen im Wesentlichen denen der GKV entsprechen.[59] Erforderlich wird auch sein, dass die Leistungen für die Angehörigen denen der GKV entsprechen, obwohl dies – anders als früher etwa in § 173a RVO – dem Gesetzestext nicht mehr unmittelbar zu entnehmen ist.[60] Schutzzwecküberlegungen dürf-

---

49 Hampel in: jurisPK-SGB V, § 8 Rn. 45.
50 Baier in: Krauskopf, Stand 1/2014, § 8 SGB V Rn. 18.
51 BSG, 8.12.1999, B 12 KR 12/99 R, BSGE 85, 208 ff.
52 Vgl. BT-Dr. 16/3100, 96.
53 Baier in: Krauskopf, Stand 1/2014, § 8 SGB V Rn. 5.
54 BT-Dr. 13/8994, 68.
55 Vgl. Peters in: KassKomm, Stand 12/2013, § 8 SGB V Rn. 16.
56 BT-Dr. 14/1245, 60.
57 Peters in: KassKomm, Stand 12/2013, § 8 SGB V Rn. 17.
58 BT-Dr. 14/1245, 60.
59 Baier in: Krauskopf, Stand 1/2014, § 6 SGB V Rn. 6.
60 Peters in: KassKomm, Stand 12/2013, § 8 SGB V Rn. 17.

ten auch dafür sprechen, dass eine Befreiungsmöglichkeit nur für denjenigen besteht, der selbst Versicherungsnehmer ist;[61] denn nur der Versicherungsnehmer hat maßgeblichen Einfluss auf den Fortbestand des Vertrags und damit den Anspruch auf die Vertragsleistungen.[62]

V. Elternzeit (Abs. 1 Nr. 2)

Voraussetzung für die Befreiungsmöglichkeit ist die Aufnahme einer **nicht vollen Erwerbstätigkeit** nach § 2 BErzGG oder nach § 1 Abs. 6 BEEG. Nach dem bis zum 31.12.2008 geltenden § 2 BErzGG wird eine volle Erwerbstätigkeit nicht ausgeübt, wenn die wöchentliche Arbeitszeit 30 Wochenstunden nicht übersteigt oder eine Beschäftigung zur Berufsbildung ausgeübt wird. Eine entsprechende Regelung enthält seit dem 1.1.2007 § 1 Abs. 6 BEEG.

Die Aufnahme der Tätigkeit muss **während der Elternzeit** erfolgen. Die Elternzeit war bis zum 31.12.2006 in den §§ 15, 16 BErzGG und ist seit dem 1.1.2007 in den §§ 15, 16 BEEG geregelt. Nach dem insoweit eindeutigen Gesetzeswortlaut ist die Aufnahme der Tätigkeit im Anschluss an die Elternzeit nicht tatbestandlich. Insoweit enthält seit dem 1.1.2011 aber § 8 Abs. 1 Nr. 3 eine Regelung (→ Rn. 18).

Voraussetzung ist auch, dass durch die Aufnahme der Tätigkeit Versicherungspflicht erst entstehen würde. Die Befreiung kommt deshalb vor allem für solche Personen in Betracht, die vor Beginn der Elternzeit bereits versicherungsfrei waren, etwa wegen Überschreitens der JAE-Grenze (§ 6).[63] Bestand hingegen zuvor Versicherungspflicht wegen einer Vollzeitbeschäftigung, so bleibt die Mitgliedschaft bei Inanspruchnahme der Elternzeit erhalten (§ 192 Abs. 1 Nr. 2).

Die Befreiung wird nicht unbefristet erteilt; sie erstreckt sich vielmehr nach der Formulierung in Nr. 2 nur auf die Elternzeit.[64] Dies entspricht auch der gesetzgeberischen Intention; mit der Befreiungsmöglichkeit solle erreicht werden, dass ein privater Versicherungsschutz nicht für eine verhältnismäßig kurze Zeit aufgegeben werden muss.[65] Wird die Beschäftigung nach Ende der Elternzeit fortgesetzt, tritt – bei Vorliegen der Voraussetzungen – ohne Weiteres Versicherungspflicht ein; die Befreiung hat sich erledigt (§ 39 Abs. 2 SGB X).

VI. Freistellung nach § 3 PflegeZG, Familienpflegezeit (Abs. 1 Nr. 2 a)

Abs. 1 Nr. 2 a ermöglicht eine Befreiung bei Eintritt von Versicherungspflicht durch Herabsetzung der regelmäßigen Wochenarbeitszeit während einer Freistellung nach § 3 des PflegeZG oder einer Familienpflegezeit nach § 2 FPfZG. Die Regelung ist weitgehend parallel zu § 8 Abs. 1 Nr. 2 ausgestaltet.

Die Befreiungsmöglichkeit besteht nur während einer **Herabsetzung der regelmäßigen Wochenarbeitszeit** im Sinne des § 3 PflegeZG oder des § 2 FPfZG. Sonstige Änderungen des Beschäftigungsverhältnisses, die mit Entgelteinbußen einhergehen, sind nicht ausreichend.[66]

Die Herabsetzung muss während der **Freistellung** nach § 3 PflegeZG oder der Familienpflegezeit nach § 2 FPfZG erfolgen. Nach § 3 Abs. 1 S. 1 PflegeZG sind Beschäftigte von der Arbeitsleistung vollständig oder teilweise freizustellen, wenn sie einen pflegebedürftigen nahen Angehörigen in häuslicher Umgebung pflegen (**Pflegezeit**); § 3 Abs. 5 und 6 PflegeZG enthalten weitere Freistellungstatbestände. Die Pflegezeit beträgt für jeden pflegebedürftigen nahen Angehörigen längstens sechs Monate (§ 4 Abs. 1 S. 1 PflegeZG); für die Fälle von § 3 Abs. 5 und 6 ist die Höchstdauer in § 4 Abs. 3 PflegeZG geregelt. Nach § 2 Abs. 1 S. 1 FPfZG sind Beschäftigte von der Arbeitsleistung für längstens 24 Monate (Höchstdauer) teilweise freizustellen, wenn sie einen pflegebedürftigen nahen Angehörigen in häuslicher Umgebung pflegen (**Familienpflegezeit**); § 2 Abs. 5 FPfZG enthält eine Regelung für Fälle der Pflege minderjähriger naher Angehöriger.

Voraussetzung ist, dass durch die Herabsetzung der regelmäßigen Wochenarbeitszeit Versicherungspflicht erst entstehen würde. Die Befreiung kommt deshalb vor allem für solche Personen in Betracht, die vor Beginn der Freistellung bzw. Familienpflegezeit bereits versicherungsfrei waren, insbesondere wegen Überschreitens der JAE-Grenze (§ 6).[67]

---

61 Peters in: KassKomm, Stand 12/2013, § 8 SGB V Rn. 17.
62 Vgl. BSG, 23.2.1977, 12 RK 26/76, SozR 2200 § 173 a Nr. 1.
63 Vgl. Hampel in: jurisPK-SGB V, § 8 Rn. 57.
64 Berchtold in: Kreikebohm/Spellbrink/Waltermann, § 8 SGB V Rn. 7.
65 BT-Dr. 10/3792, 22 zu § 173 e RVO.
66 Baier in: Krauskopf, Stand 1/2014, § 8 SGB V Rn. 7 a.
67 Vgl. BT-Dr. 16/7439, 95.

17 Die Befreiung erstreckt sich nur auf die Dauer der Freistellung oder der Familienpflegezeit. Dies entspricht den in den Gesetzgebungsmaterialien niedergelegten Motiven; den betroffenen Personen soll ermöglicht werden, während einer relativen kurzen Übergangszeit schon bestehenden privaten Versicherungsschutz beizubehalten.[68] Das Ende der Pflegezeit ist in § 4 PflegeZG geregelt. Nach § 4 Abs. 2 S. 1 PflegeZG kann die Pflegezeit für eine Übergangszeit von vier Wochen nach Beendigung der tatsächlichen Pflege fortbestehen; auch für diese Übergangszeit gilt die Befreiung fort.[69] Eine ähnliche Regelung enthält § 2 a Abs. 5 S. 1 FPfZG.

VII. Verminderung der Arbeitszeit (Abs. 1 Nr. 3)

18 Abs. 1 Nr. 3 geht zurück auf den mit dem Gesetz zur Änderung von wirtschafts-, verbraucher-, arbeits- und sozialrechtlicher Vorschriften vom 25.7.1986[70] eingefügten § 173 f RVO und ist zuletzt zum 1.1.2011, zum 1.1.2012 und zum 1.1.2015 geändert worden; seither enthält die Vorschrift spezielle Regelungen für Personen, die im Anschluss an den Bezug von Elterngeld, an die Inanspruchnahme von Elternzeit oder an eine Freistellung nach § 3 PflegeZG oder § 2 FPfZG eine Teilzeitbeschäftigung aufnehmen. Mit den Regelungen soll die Aufnahme von Teilzeitarbeit erleichtert und damit der Arbeitsmarkt entlastet werden.[71]

19 Voraussetzung für die Befreiung ist das **Entstehen von Versicherungspflicht** durch eine **Herabsetzung der Arbeitszeit auf die Hälfte oder weniger als die Hälfte der regelmäßigen Wochenarbeitszeit vergleichbarer Vollbeschäftigter des Betriebs**. Als Folge einer Herabsetzung der Arbeitszeit kann Versicherungspflicht nur eintreten, wenn bisher bei der nicht herabgesetzten höheren Arbeitszeit Versicherungsfreiheit nach § 6 Abs. 1 Nr. 1 bestanden hat und infolge der Herabsetzung der Arbeitszeit Versicherungspflicht nach § 5 Abs. 1 Nr. 1 eintritt, weil die JAE-Grenze des § 6 Abs. 1 Nr. 1 nicht mehr überschritten wird.[72] Das Recht, bei Herabsetzung der Arbeitszeit von der Versicherungspflicht befreit zu werden, besteht demnach nicht, wenn vorher wegen eines unbezahlten Sonderurlaubs die entgeltliche Beschäftigung für mehr als einen Monat unterbrochen war; bei unbezahltem Urlaub bis zu einem Monat gilt eine Beschäftigung gegen Arbeitsentgelt hingegen als fortbestehend (§ 7 Abs. 3 S. 1 SGB IV), so dass auch das Befreiungsrecht unberührt bleibt.[73]

20 Die Befreiungsmöglichkeit besteht auch für Beschäftigte, die im Anschluss an ihr bisheriges Beschäftigungsverhältnis **bei einem anderen Arbeitgeber** ein Beschäftigungsverhältnis aufnehmen, das die Voraussetzungen des Halbsatzes 1 erfüllt. Aus der Formulierung „im Anschluss" wird man folgern können, dass es eine wesentliche zeitliche Zäsur zwischen Beendigung und Neuaufnahme der Beschäftigung bei einem anderen Arbeitgeber nicht geben darf; unvermeidliche Überbrückungszeiten dürften allerdings unschädlich sein.

21 Befreien lassen können sich schließlich Personen, die im **Anschluss an Zeiten des Bezugs von Elterngeld oder an eine Freistellung nach § 3 PflegeZG oder § 2 FPfZG** ein Beschäftigungsverhältnis im Sinne des ersten Teilsatzes aufnehmen, das bei Vollzeitbeschäftigung zur Versicherungsfreiheit nach § 6 Abs. 1 Nr. 1 führen würde. Die Regelung ist nach der Gesetzesbegründung als Ergänzung der Nr. 2 und 2a zu verstehen, die jeweils eine Befreiung nur bis zum Ende der Eltern- bzw. Pflegezeit ermöglichen.[74] Trotz der unklaren Formulierung sind sowohl Konstellationen gemeint, in denen nach Elternzeit oder Freistellung nach § 3 PflegeZG oder § 2 FPfZG Beschäftigungen im Sinne des Teilsatzes 1 neu aufgenommen werden, als auch Konstellationen, in denen eine Beschäftigung im Sinne der Nr. 2 oder 2a fortgesetzt wird. Erforderlich ist aber, dass die Arbeitszeit die Hälfte oder weniger als die Hälfte der regelmäßigen Wochenarbeitszeit vergleichbarer Vollbeschäftigter des Betriebes beträgt.[75] Mit der Regelung wird so im Ergebnis für einen (nur) fiktiv vom persönlichen Anwendungsbereich des § 6 Abs. 1 Nr. 1 erfassten Personenkreis ein besonderes Befreiungsrecht geschaffen.[76] Ob der in der Gesetzesbegründung als Zweck genannte Gesichtspunkt einer Ergänzung zu den Nr. 2 und 2a stich-

---

68 Vgl. BT-Dr. 16/7439, 95.
69 Baier in: Krauskopf, Stand 1/2014, § 8 SGB V Rn. 7a.
70 BGBl. I 1986, 1169.
71 BT-Dr. 10/4741, 26.
72 BSG, 27.1.2000, B 12 KR 16/99 R, SozR 3-2500 § 8 Nr. 5.
73 Vgl. BSG, 27.1.2000, B 12 KR 16/99 R, SozR 3-2500 § 8 Nr. 5.
74 Vgl. BT-Dr. 17/3696, 44.
75 BT-Dr. 17/3696, 44.
76 Vgl. Berchtold in: Kreikebohm/Spellbrink/Waltermann, § 8 SGB V Rn. 11.

haltig ist, erscheint vor diesem Hintergrund fraglich; Aspekte der unmittelbaren Kontinuität dürften sich im Hinblick auf die unterschiedlichen Voraussetzungen eher in Ausnahmefällen finden lassen.[77]

Voraussetzung für die Befreiung in allen Varianten ist, dass die Arbeitszeit auf die **Hälfte oder weniger als die Hälfte der regelmäßigen Arbeitszeit vergleichbarer Vollzeitbeschäftigter** des Betriebs herabgesetzt wird (bzw. – ggf. in Fällen des Teilsatzes 2 Regelung 2 – von Anfang an herabgesetzt ist). Es kommt nicht darauf an, ob die bisherige Arbeitszeit auf die Hälfte oder weniger reduziert wird; entscheidend ist der Vergleich der neuen reduzierten Arbeitszeit mit der regelmäßigen Arbeitszeit Vollzeitbeschäftigter. Bei einem Wechsel des Arbeitgebers dürfte es auf den Vergleich mit der Arbeitszeit Vollzeitbeschäftigter im neuen Betrieb ankommen,[78] ebenso beim Wechsel in einen anderen Betrieb oder Betriebsteil desselben Arbeitgebers; bei einer Reduzierung der individuellen Arbeitszeit und gleichzeitiger Reduzierung der regelmäßigen Arbeitszeit Vollzeitbeschäftigter dürfte es auf einen Vergleich mit der aktuellen (neuen) regelmäßigen Arbeitszeit ankommen. Der Wortlaut ist allerdings insoweit nicht eindeutig; die in die Zukunft gerichtete Befreiungsentscheidung spricht jedoch eher für eine Orientierung an den aktuellen (neuen) Verhältnissen. 22

Der Beschäftigte muss **seit mindestens fünf Jahren wegen Überschreitens der Jahresarbeitsentgeltgrenze versicherungsfrei sein**; zeitlicher Bezugspunkt für die Fünfjahresfrist ist der Beginn der Beschäftigung mit herabgesetzter Arbeitszeit (ggf. bei einem neuen Arbeitgeber). Die Versicherungsfreiheit muss auf ein Überschreiten der JAE-Grenze zurückzuführen sein, Versicherungsfreiheit aus anderen Gründen genügt nicht. Sie muss ununterbrochen bestanden haben.[79] Seit dem 1.1.2011 werden Zeiten des Bezugs von Erziehungsgeld (§§ 1 ff. BErzGG) oder Elterngeld (§§ 1 ff. BEEG) oder der Inanspruchnahme von Elternzeit (§§ 15, 16 BEEG) oder Pflegezeit (§ 3 PflegeZG), seit dem 1.1.2012 auch Familienpflegezeit und Nachpflegephase (§ 2 FPfZG) bzw. seit dem 1.1.2015 Freistellungszeiten nach § 3 PflegeZG oder § 2 FPfZG angerechnet. Durch die Anrechnung sollen nach der Gesetzesbegründung auch Personen die Befreiungsmöglichkeit haben, die nach den entsprechenden Zeiten zunächst eine versicherungsfreie Beschäftigung aufgenommen haben und zu einem späteren Zeitpunkt ihre Arbeitszeit herabsetzen.[80] Eine einschränkende Auslegung, wonach solche Zeiten nur dann anzurechnen wären, wenn während der Zeiten eine Befreiung nach Nr. 2 oder 2a bestanden hat, erscheint nicht angezeigt;[81] weder Wortlaut noch Sinn und Zweck bieten dafür hinreichend klare Anhaltspunkte. 23

VIII. Rentenantragsteller, Rentner, Rehabilitanden (Abs. 1 Nr. 4)

Ein Recht auf Befreiung von der Versicherungspflicht haben Personen, die versicherungspflichtig werden durch den **Antrag auf Rente oder den Bezug von Rente oder die Teilnahme an einer Leistung zur Teilhabe am Arbeitsleben**. Vorgängervorschriften waren § 173a und § 173c RVO. Zweck der Regelung dürfte im Fall der Rentenantragstellung bzw. des Rentenbezugs sein, die – in der Regel – langjährig aufgebauten Altersrückstellungen in einer privaten Krankenversicherung nicht durch eine Versicherungspflicht zu entwerten; für die Teilnehmer an Leistungen zur Teilhabe am Arbeitsleben dürfte der Gesichtspunkt im Vordergrund stehen, nicht für eine verhältnismäßig kurze Zeit die Versicherung wechseln zu müssen. 24

Versicherungspflicht durch den **Bezug einer Rente** entsteht nach § 5 Abs. 1 Nr. 11, 11a, 11b und 12. § 8 Abs. 1 Nr. 4 war bei Einfügung von **§ 5 Abs. 1 Nr. 11a** zunächst nicht ergänzt worden; der Umstand, dass ein Grund für eine abweichende Behandlung gegenüber den Gruppen der Rentenbezieher nach § 5 Abs. 1 Nr. 11 und 12 nicht erkennbar war, sprach dafür, dass es sich dabei um ein Versehen gehandelt hatte;[82] seit dem 1.1.2017 ist dies im Anschluss an die Einfügung des § 5 Abs. 1 Nr. 11b ausdrücklich geregelt.[83] Nicht befreiungsberechtigt nach § 8 Abs. 1 Nr. 4 soll sein, wer unmittelbar vor dem Eintritt der KVdR schon der in der GKV versicherungspflichtig war;[84] kein Befreiungsrecht sollen insbesondere Personen haben, die vor dem Bezug der Rente schon aufgrund einer Beschäftigung versi- 25

---

77 Vgl. Berchtold in: Kreikebohm/Spellbrink/Waltermann, § 8 SGB V Rn. 11.
78 Peters in: KassKomm, Stand 12/2013, § 8 SGB V Rn. 26, wohl auch Berchtold in: Kreikebohm/Spellbrink/Waltermann, § 8 SGB V Rn. 10; aA Hampel in: jurisPK-SGB V, § 8 Rn. 76.
79 BSG, 27.1.2000, B 12 KR 16/99 R, SozR 3-2500 § 8 Nr. 5.
80 BT-Dr. 17/3696, 44.
81 In diesem Sinne wohl Berchtold in: Kreikebohm/Spellbrink/Waltermann, § 8 SGB V Rn. 11; aA Peters in: KassKomm, Stand 12/2013, § 8 SGB V Rn. 29.
82 So wohl auch Peters in: KassKomm, Stand 12/2013, § 8 SGB V Rn. 34; Hampel in: jurisPK-SGB V, § 8 Rn. 82.
83 Vgl. BT-Dr. 18/6905, 77.
84 So Peters, NZS 2012, 326, 328; Baier in: Krauskopf, Stand 1/2014, § 8 SGB V Rn. 3.

cherungspflichtig waren und nach Ende der Beschäftigung nahtlos – jetzt aufgrund des Rentenbezugs – versicherungspflichtig bleiben; die KVdR sei eine Fortsetzung der Beschäftigtenversicherung im Rentenalter;[85] fraglich bleibt, was bei einer – auch kurzen – Unterbrechung der Versicherungspflicht vor Bezug der Rente gilt. Eine Befreiung von der Pflichtmitgliedschaft in der KVdR zugunsten eines Beitritts zur freiwilligen Versicherung soll nicht möglich sein.[86] Das Befreiungsrecht entsteht nach der Rechtsprechung des BSG nicht erneut nach einem Verzicht auf eine Rente (§ 46 SGB I) und erneutem Bezug nach Widerruf des Verzichts. Das Hauptargument hierfür liefert § 190 Abs. 11 Nr. 1; danach endet die Mitgliedschaft versicherungspflichtiger Rentner mit Ablauf des Monats, in dem der Anspruch auf Rente wegfällt oder die Entscheidung über den Wegfall oder den Entzug der Rente unanfechtbar geworden ist, frühestens mit Ablauf des Monats, für den letztmalig Rente zu zahlen ist; die bloße Nichtzahlung der Rente führt danach nicht zur Beendigung der Versicherungspflicht oder der Mitgliedschaft bei der zuständigen Krankenkasse; wird die Rente für einzelne Kalendermonate aufgrund eines Verzichts nicht gezahlt, so lässt dies das Stammrecht nicht erlöschen und damit den Anknüpfungspunkt für die Versicherungspflicht in der KVdR nicht entfallen; mangels Entstehung eines neuen Rechts auf Rente liegt nach einem Verzicht kein erneuter Beginn der Versicherungspflicht vor.[87] Diese Rechtsprechung dürfte die Schlussfolgerung zulassen, dass auch bei der **Weiterbewilligung einer zuvor befristeten Rente wegen Erwerbsminderung** kein erneutes Befreiungsrecht eintritt. Auch bei einem Wechsel der Rentenart entsteht kein neues Befreiungsrecht; bei fortlaufendem Rentenbezug richtet sich vielmehr die Versicherungspflicht in der Krankenversicherung auch bei einem Wechsel der Rentenart nach den Zugangsvorschriften im Zeitpunkt des ersten Rentenantrags.[88] Zur Frage, ob ein **Befreiungsrecht bei Hinzutreten des Bezugs einer zweiten Rente** besteht – etwa bei Bezug einer Witwenrente und hinzukommender eigener Rente –, hat das BSG zum früheren Recht entschieden, dass bei Befreiung von der Versicherungspflicht aufgrund des Bezugs der ersten Rente bei Beantragung bzw. Bezug der zweiten Rente Versicherungspflicht eintrete;[89] dies würde ein neues Befreiungsrecht implizieren. Nach der aktuellen Rechtslage kann aufgrund des Bezugs einer zweiten Rente bei vorheriger Befreiung keine Versicherungspflicht mehr eintreten (§ 6 Abs. 3).[90] Wurde bei Bezug der ersten Rente ein Befreiungsantrag nicht gestellt und bestand deshalb Versicherungspflicht, kommt bei Hinzutreten der zweiten Rente eine Befreiung in Betracht.[91]

26 Ein Befreiungsrecht besteht auch bei einer Versicherungspflicht durch einen **Antrag auf Rente**. Eine „Versicherungspflicht" für Rentenantragsteller ist in § 5 nicht geregelt. Gemeint ist die Mitgliedschaft der Rentenantragsteller nach § 189. Aus der Formulierung des Gesetzes nicht eindeutig zu entnehmen ist die Antwort auf die Frage, ob eine Befreiung von der Antragstellerversicherung sich ohne Weiteres auch auf die Versicherungspflicht wegen Rentenbezugs erstreckt.[92]

27 Die Befreiungsmöglichkeit besteht bei **Teilnahme an einer Leistung zur Teilhabe am Arbeitsleben**; gemeint sind die in § 5 Abs. 1 Nr. 6, 11 oder 12 genannten Fälle.

28 Die Befreiung erstreckt sich auf die Versicherungspflicht wegen einer während des Rentenbezugs ausgeübten Beschäftigung (§ 6 Abs. 3).

IX. Studenten und Praktikanten (Abs. 1 Nr. 5)

29 Befreit werden können auf Antrag Personen, die durch die Einschreibung als **Student** oder **die berufspraktische Tätigkeit** (§ 5 Abs. 1 Nr. 9 oder 10) versicherungspflichtig werden. Vorgängervorschrift für die Befreiungsmöglichkeit für Studenten war § 173 d Abs. 1 RVO. Sinn und Zweck der Befreiungsmöglichkeit dürften in dem vorläufigen Charakter des Status als Student oder Praktikant zu sehen sein;

---

85 So Peters, NZS 2012, 326, 328, 329; ähnlich LSG Saarl, 22.6.2011, L 2 KR 80/10; mittlerweile auch – gestützt auf Systematik und Entstehungsgeschichte – BSG, 27.4.2016, B 12 KR 24/14 R.
86 SG Duisburg, 9.9.2011, S 31 KR 108/11; das Revisionsverfahren (B 12 KR 18/11 R) wurde durch Vergleich beendet.
87 BSG, 11.11.2003, B 12 KR 3/03 R, SozR 4-2500 § 8 Nr. 1.
88 BSG, 24.6.2008, B 12 KR 28/07 R, SozR 4-2500 § 8 Nr. 2.
89 BSG, 23.6.1972, 3 RK 43/70, BSGE 34, 205 ff.
90 Berchtold in: Kreikebohm/Spellbrink/Waltermann, § 8 SGB V Rn. 12.
91 Berchtold in: Kreikebohm/Spellbrink/Waltermann, § 8 SGB V Rn. 12; § 8 SGB V Rn. 29; Hampel in: jurisPK-SGB V, § 8 Rn. 75.
92 Dagegen: Hampel in: jurisPK-SGB V, § 8 Rn. 86 mit Darstellung der Rechtslage unter Geltung der RVO, wonach die Entscheidung über die Befreiung auf den Zeitpunkt der Entscheidung über den Rentenantrag hinausgeschoben werden konnte (§ 315 b RVO); aA Berchtold in: Kreikebohm/Spellbrink/Waltermann, § 8 SGB V Rn. 12; Peters in: KassKomm, Stand 12/2013, § 8 SGB V Rn. 35.

eine längerfristige Zuordnung zu dem System der gesetzlichen oder privaten Krankenversicherung ergibt sich regelmäßig erst im Anschluss an Studien- und Praktikumszeiten.[93]

Mit **Studenten** ist die in § 5 Abs. 1 Nr. 9 genannte versicherungspflichtige Gruppe gemeint. Die Befreiungsmöglichkeit besteht nur bei **Beginn des Studiums**; die Rückmeldung für ein weiteres Semester führt regelmäßig nicht zu einer erneuten Versicherungspflicht und damit auch nicht zu einer neuen Befreiungsmöglichkeit; dies erschließt sich vor allem aus der Systematik der §§ 186 Abs. 7, 190 Abs. 1, wonach die Mitgliedschaft versicherungspflichtiger Studenten mit dem Semester, frühestens mit dem Tag der Einschreibung oder der Rückmeldung beginnt und einen Monat nach Ablauf des Semesters endet, für das sie sich zuletzt eingeschrieben oder zurückgemeldet haben, spätestens mit der Exmatrikulation.[94] Bei Aufnahme eines Zweitstudiums entsteht ein neues Befreiungsrecht.[95] Die Befreiung von der Versicherungspflicht wirkt aber fort, wenn sich an ein erfolgreich abgeschlossenes Bachelorstudium ein Masterstudium unmittelbar anschließt.[96] Besteht zunächst eine vorrangige Familienversicherung (§ 5 Abs. 7 S. 1), entsteht das Befreiungsrecht erst mit dem Ende der Familienversicherung und dem Beginn der Versicherungspflicht.[97] Die Wirkung der Befreiung reicht nur bis zum Ende der Versicherungspflicht nach § 5 Abs. 1 Nr. 9; danach greifen bei Ausübung einer Beschäftigung die Regelungen über Versicherungsfreiheit (insbesondere § 6 Abs. 1 Nr. 3).[98]

Mit **Praktikanten** dürften alle in § 5 Abs. 1 Nr. 10 genannten Personengruppen gemeint sein. Zwar sind § 8 Abs. 1 Nr. 5 (berufspraktische Tätigkeit) und § 5 Abs. 1 Nr. 10 (berufspraktische Tätigkeit ohne Arbeitsentgelt, zur Berufsausbildung ohne Arbeitsentgelt Beschäftigte, Auszubildende des Zweiten Bildungswegs, die sich in einem förderungsfähigen Teil eines Ausbildungsabschnitts nach dem Bundesausbildungsförderungsgesetzes befinden) terminologisch nicht aufeinander abgestimmt. Der Umstand, dass § 8 Abs. 1 Nr. 5 pauschal auf § 5 Abs. 1 Nr. 10 verweist, dürfte allerdings die Schlussfolgerung zulassen, dass alle dort genannten Gruppen gemeint sind, auch wenn es in der RVO insoweit noch Unterschiede gegeben hatte;[99] die Gruppe der ohne Arbeitsentgelt zur Berufsausbildung Beschäftigten dürfte ohnehin eine eher geringe praktische Bedeutung haben (vgl. Kommentierung zu § 5).

X. Ärzte im Praktikum (Abs. 1 Nr. 6)

Nach Abs. 1 Nr. 6 konnte auf Antrag von der Versicherungspflicht befreit werden, wer durch eine Beschäftigung als **Arzt im Praktikum** versicherungspflichtig wurde. Die Vorschrift hat ihre Bedeutung seit dem 1.10.2004 verloren; seither gibt es Ärzte im Praktikum nicht mehr (vgl. Art. 10 des Gesetzes zur Änderung der Bundesärzteordnung und anderer Gesetze vom 21.7.2009).[100] Ärzte im Praktikum waren nach § 5 Abs. 1 Nr. 1 versicherungspflichtig. Grund für die Befreiungsmöglichkeit war die Annahme, dass der betroffene Personenkreis in der Regel anderweitig gegen Krankheitsrisiken abgesichert war und nach der Approbation nicht mehr versicherungspflichtig beschäftigt war.[101] Die Befreiung galt nur für die Beschäftigung als Arzt im Praktikum.[102]

XI. Behinderte Menschen in Einrichtungen (Abs. 1 Nr. 7)

Nach Abs. 1 Nr. 7 haben Personen, die durch die **Tätigkeit in einer Einrichtung für behinderte Menschen** versicherungspflichtig werden (§ 5 Abs. 1 Nr. 7 oder 8), ein Befreiungsrecht. Vorgängerregelung war § 7 SVBG. Die Befreiung erstreckt sich auf den Zeitraum, in dem die Tätigkeit ausgeübt wird. Ein Wechsel der Einrichtung ist unschädlich.[103] Nach einer Unterbrechung entsteht erneut Versicherungspflicht und damit korrespondierend ein Recht auf Befreiung.

---

93 Vgl. Hampel in: jurisPK-SGB V, § 8 Rn. 93.
94 BSG, 23.6.1994, 12 RK 25/93.
95 Berchtold in: Kreikebohm/Spellbrink/Waltermann, § 8 SGB V Rn. 13; aA Hampel in: jurisPK-SGB V, § 8 Rn. 95; möglicherweise auch SG Trier, 16.2.2011, S 5 KR 119/10.
96 LSG Bln-Bbg, 27.2.2013, L 1 KR 10/13 B ER.
97 Berchtold in: Kreikebohm/Spellbrink/Waltermann, § 8 SGB V Rn. 13.
98 BSG, 23.9.1999, B 12 KR 1/99 R, SozR 3-2500 § 6 Nr. 17.
99 Peters in: KassKomm, Stand 12/2013, § 8 SGB V Rn. 38.
100 BGBl. I 2004, 1776.
101 BSG, 13.8.1996, 12 RK 55/94, SozR 3-2500 § 8 Nr. 2.
102 Baier in: Krauskopf, Stand 1/2014, § 8 SGB V Rn. 12.
103 Baier in: Krauskopf, Stand 1/2014, § 8 SGB V Rn. 13; Hampel in: jurisPK-SGB V, § 8 Rn. 104.

XII. Befreiungsverfahren, Wirkungen, kein Widerruf (Abs. 2)

34 **1. Befreiungsverfahren.** Die Befreiung setzt einen **Antrag** voraus. Es handelt sich um eine empfangsbedürftige Willenserklärung; das Übermittlungsrisiko auf dem Postweg trägt nach § 130 BGB der Erklärende.[104] Eine bestimmte Form ist nicht vorgesehen; es gilt § 9 SGB X. § 36 SGB I gilt nicht, weil es nicht um die Beantragung von Sozialleistungen oder deren Entgegennahme geht; erforderlich ist daher Geschäftsfähigkeit des Antragstellers; bei Minderjährigen ist der Antrag vom gesetzlichen Vertreter zu stellen;[105] § 175 Abs. 1 S. 3 (Ausübung des Wahlrechts nach Vollendung des 15. Lebensjahres) ist angesichts der einschneidenderen Rechtsfolgen der Befreiung nicht analog anwendbar.[106] Der Antrag kann bis zur Entscheidung der Krankenkasse zurückgenommen werden.[107] Ein fehlender Antrag dürfte nicht ohne Weiteres zur Nichtigkeit einer Befreiungsentscheidung führen;[108] allerdings wird im Einzelfall zu prüfen sein, ob die Voraussetzungen des § 40 Abs. 1 SGB X vorliegen.[109]

35 Der Antrag ist innerhalb von drei Monaten nach Beginn der Versicherungspflicht zu stellen. **Die Frist beginnt mit dem Tag des Eintritts der Versicherungspflicht.** Für die Berechnung ist § 26 SGB X iVm §§ 187 Abs. 2, 188 Abs. 2 BGB maßgebend;[110] § 187 Abs. 1 BGB ist nicht einschlägig, weil die Versicherungspflicht bzw. Mitgliedschaft regelmäßig nicht mit einem Ereignis, das in einen Tag fällt, sondern mit einem Tag beginnt; für die Mitgliedschaft der Rentner und Rentenantragsteller ergibt sich dies aus § 186 Abs. 9, § 189 Abs. 2, für Studenten aus § 186 Abs. 7; in den Fällen der § 8 Abs. 1 Nr. 1, 2 und 3 beginnt die Versicherungspflicht mit dem Tag, ab dem eine Unterschreitung der JAE-Grenze vorliegt. Für Rentner wird die Auffassung vertreten, dass für den Beginn der Versicherungspflicht nicht die Antragstellung und eine daran uU anknüpfende Mitgliedschaft, sondern der Rentenbeginn maßgeblich sein soll, wenn der Rentenantrag vor Eintritt aller Voraussetzungen für die Rente gestellt wird;[111] dagegen spricht, dass in Abs. 1 Nr. 4 der Antrag auf Rente neben dem Bezug von Rente ausdrücklich genannt ist. Wird eine Versicherungspflicht, die zur Befreiung führen könnte, von einer anderen Versicherungspflicht verdrängt, die keine Befreiungsmöglichkeit eröffnet, entsteht das Befreiungsrecht erst mit dem Ende der vorrangigen Versicherungspflicht;[112] derartige Konstellationen sind denkbar bei Studenten oder bei Beziehern von Erwerbsminderungsrenten, die aufgrund einer Beschäftigung versicherungspflichtig sind; die Frist für die Befreiung beginnt dann erst mit Ende der vorrangigen Versicherungspflicht. Für die landwirtschaftliche Krankenversicherung hat das BSG entschieden, dass durch die rückwirkende Feststellung der Versicherungspflicht eines landwirtschaftlichen Unternehmers die bereits abgelaufene Frist für einen darauf bezogenen Befreiungsantrag nicht erneut eröffnet wird.[113] § 8 Abs. 2 S. 1 lässt sich nicht entnehmen, dass der Antrag auf Befreiung von der Versicherungspflicht erst wirksam gestellt werden kann, nachdem die Versicherungspflicht eingetreten ist; § 8 Abs. 2 S. 1 regelt nur, ab wann die Drei-Monats-Frist zu laufen beginnt, nach deren Ablauf eine Befreiung nicht mehr möglich ist.[114] **Die Frist endet mit dem Ablauf desjenigen Tages des letzten Monats, welcher dem Tag vorhergeht, der durch seine Zahl dem Anfangstag der Frist entspricht** (§ 188 Abs. 2 BGB).

36 Bei **Fristversäumung** wird mittlerweile eine Wiedereinsetzung in den vorigen Stand ganz überwiegend im Grundsatz für zulässig gehalten;[115] dem Gesetz ist jedenfalls nicht mit hinreichender Klarheit zu entnehmen, dass eine Wiedereinsetzung ausgeschlossen sein soll.[116] Ob die Voraussetzungen für eine

---

104 BSG, 25.10.1976, 12/3 RK 50/75.
105 Baier in: Krauskopf, Stand 1/2014, § 8 SGB V Rn. 14.
106 Vgl. Just in: Becker/Kingreen, § 8 Rn. 15; Peters in: KassKomm, Stand 12/2013, § 8 SGB V Rn. 45.
107 Hampel in: jurisPK-SGB V, § 8 Rn. 107; nach Peters in: KassKomm, Stand 12/2013, § 8 SGB V Rn. 57 soll der Antrag bis zum Eintritt der Bindungswirkung zurückgenommen werden können; so auch Berchtold in: Kreikebohm/Spellbrink/Waltermann, § 8 SGB V Rn. 2.
108 Hampel in: jurisPK-SGB V, § 8 Rn. 105; aA möglicherweise LSG Saarl, 15.3.2006, L 2 KR 28/03 R.
109 AA wohl Hampel in: jurisPK-SGB V, § 8 Rn. 105.
110 Hampel in: jurisPK-SGB V, § 8 Rn. 108; aA Baier in: Krauskopf, Stand 1/2014, § 8 SGB V Rn. 15.
111 Vgl. LSG Hmb, 3.9.2012, L 1 KR 69/10; anders wohl Berchtold in: Kreikebohm/Spellbrink/Waltermann, § 8 SGB V Rn. 12.
112 Hampel in: jurisPK-SGB V, § 8 Rn. 109; Peters in: KassKomm, Stand 12/2013, § 8 SGB V Rn. 49.
113 BSG, 9.11.2011, B 12 KR 21/09 R.
114 LSG Bln-Bbg, 10.12.2014, L 9 KR 255/13.
115 Hampel in: jurisPK-SGB V, § 8 Rn. 111; Peters in: KassKomm, Stand 12/2013, § 8 SGB V Rn. 51; Baier in: Krauskopf, Stand 1/2014, § 8 SGB V Rn. 15; Just in: Becker/Kingreen, § 8 Rn. 17; Ulmer in: BeckOK SozR, SGB V, § 16.
116 BSG, 25.10.1988, 12 RK 22/87 zur Beitrittsfrist des § 176 c RVO; für die Befreiungsfrist dürfte nichts anderes gelten.

Wiedereinsetzung vorliegen, muss im Einzelfall beurteilt werden.[117] Neben der Wiedereinsetzung kann auch ein sozialrechtlicher Herstellungsanspruch in Betracht kommen,[118] etwa wenn die Wiedereinsetzung wegen der Frist des § 27 Abs. 3 SGB X scheitert. Ist der Versicherte über die Möglichkeit der Befreiung von der Versicherungspflicht in dem Merkblatt zur KVdR rechtzeitig und umfassend informiert worden, so ist mangels einer Verletzung der Beratungspflicht des Versicherungsträgers ein sozialrechtlicher Herstellungsanspruch ausgeschlossen.[119] Eine Frist läuft nicht, solange der Betreffende geschäftsunfähig ist und keinen gesetzlichen Vertreter hat.[120]

Der Antrag ist **bei der Krankenkasse** zu stellen. Die Formulierung, die von einer bestimmten zuständigen Krankenkasse ausgeht, entspricht nicht mehr dem heute gegebenen Kassenwahlrecht. Gemeint ist jede Krankenkasse, die für den Versicherungspflichtigen nach § 173 Abs. 2 wählbar ist.[121] Anders ist es, wenn bei Eintritt der Versicherungspflicht bereits eine Krankenkasse gewählt worden war und die Befreiung erst später beantragt wird; die gewählte Kasse ist dann für die Befreiung zuständig.[122] Wird der Antrag bei einer unzuständigen Behörde gestellt, ist § 16 Abs. 1 SGB I, der sich nur auf Leistungsanträge bezieht, nicht unmittelbar anwendbar;[123] auch eine entsprechende Anwendung dürfte mangels Regelungslücke ausscheiden;[124] einen allgemeinen Grundsatz, dass Anträge fristwahrend auch bei unzuständigen Behörden gestellt werden können, gibt es nicht. In Betracht kann in solchen Fällen bei Fristversäumung dann allerdings eine Wiedereinsetzung oder ein sozialrechtlicher Herstellungsanspruch kommen, wenn die angegangene Behörde einen Hinweis an den Betroffenen unterlässt.

Ein Ermessensspielraum ist der Krankenkasse nicht eingeräumt.

2. Wirkungen der Befreiung. Die **Befreiung tritt nicht kraft Gesetzes** ein, sondern bedarf einer Entscheidung durch die Krankenkasse; dies geht auch aus der Formulierung des Abs. 1 hervor („wird befreit"). Es handelt es sich um einen Verwaltungsakt, auf den die Form-, Begründungs- und Bestimmtheitserfordernisse des SGB X anzuwenden sind. Die Bekanntgabe des Verwaltungsakts muss auch an Dritte erfolgen, die von ihm betroffen sind (§ 37 Abs. 1 S. 2 SGB X), insbesondere also an den Arbeitgeber, der ansonsten zur Beitragsentrichtung verpflichtet wäre; bei gerichtlichen Streitigkeiten über die Befreiungsentscheidung sind diese Personen notwendig beizuladen (§ 75 Abs. 2 SGG).[125]

Die Befreiung wirkt vom **Beginn der Versicherungspflicht** an. Wird die zur Befreiung führende Versicherungspflicht zunächst von einer anderen Versicherungspflicht verdrängt, beginnt die Befreiung mit dem Wegfall der vorrangigen Versicherungspflicht (s. o.). Etwas anderes gilt, wenn seit Beginn der Versicherungspflicht Leistungen in Anspruch genommen wurden; die Befreiung wirkt dann vom Beginn des Monats an, der auf die Antragstellung folgt. Maßgeblicher Endzeitpunkt für die „befreiungsschädliche" Inanspruchnahme von Leistungen dürfte die Antragstellung sein.[126]

Für den **Umfang der Befreiung** ist § 6 Abs. 3 zu beachten (absolute Versicherungsfreiheit); nach § 6 Abs. 3 S. 1 bleiben von der Versicherungspflicht befreite Personen auch dann versicherungsfrei, wenn sie eine der in § 5 Abs. 1 Nr. 1 oder Nr. 5–13 genannten Voraussetzungen erfüllen.

Die Befreiung von der Versicherungspflicht endet, sobald die Versicherungspflicht nicht mehr auf dem zur Befreiung führenden Tatbestand beruht. Die Befreiungsentscheidung hat sich dann erledigt (§ 39 Abs. 2 SGB X); aus Gründen der Rechtsklarheit sollte eine feststellende Entscheidung durch die Krankenkasse getroffen werden;[127] zwingend notwendig oder gar konstitutiv ist eine solche Entscheidung aber nicht. Eine Versicherungspflicht, auf die sich bis dahin wegen § 6 Abs. 3 S. 1 die Befreiung erstreckt hatte, lebt wieder auf.

---

117 Vgl. hierzu BSG, 11.5.1993, 12 RK 36/90: kein Verschulden bei Hinweispflicht der Behörde; BSG, 9.2.1993, 12 RK 28/92: mit der Verkündung gelten die Gesetze grundsätzlich allen Normadressaten als bekannt, ohne Rücksicht darauf, ob und wann sie von ihnen tatsächlich Kenntnis erlangt haben.
118 Zum Verhältnis von Wiedereinsetzung und Herstellungsanspruch BSG, 2.2.2006, B 10 EG 9/05 R, BSGE 96, 44 ff.; die Möglichkeit des sozialrechtlichen Herstellungsanspruchs grundsätzlich bejahend wohl auch LSG Bln-Bbg, 24.7.2015, L 1 KR 295/13.
119 LSG Bln-Bbg, 14.6.2013, L 1 KR 10/12.
120 Peters in: KassKomm, Stand 12/2013, § 8 SGB V Rn. 51.
121 BSG, 27.1.2000, B 12 KR 16/99 R, SozR 3-2500 § 8 Nr. 5.
122 Peters in: KassKomm, Stand 12/2013, § 8 SGB V Rn. 47.
123 Vgl. Peters in: KassKomm, Stand 12/2013, § 8 SGB V Rn. 48; wohl auch Baier in: Krauskopf, Stand 1/2014, § 8 SGB V Rn. 15.
124 AA möglicherweise Hampel in: jurisPK-SGB V, § 8 Rn. 116.
125 Vgl. BSG, 17.3.1981, 12 RK 33/80.
126 Berchtold in: Kreikebohm/Spellbrink/Waltermann, § 8 SGB V Rn. 4.
127 Hampel in: jurisPK-SGB V, § 8 Rn. 118.

43 3. **Kein Widerruf der Befreiung.** Nach **Abs. 2 S. 3** kann die Befreiung nicht widerrufen werden. Ein Widerruf nach den §§ 46, 47 SGB X ist damit ausgeschlossen. Ein Widerruf soll bereits ab Bescheidung über die Befreiung nicht mehr möglich sein, auf die Bestandskraft der Befreiung soll es nicht ankommen.[128] Der Ausschluss des Widerrufs schließt aber nicht eine Überprüfung der Befreiungsentscheidung nach den §§ 44 f. SGB X aus.[129] Eine Rücknahme für die Vergangenheit ist aber jedenfalls für die Zeit vor Geltendmachung einer Rechtswidrigkeit der Befreiungsentscheidung ausgeschlossen; dies folgt aus dem Grundsatz, dass die Beurteilung von Versicherungsverhältnissen rückwirkend grundsätzlich nicht geändert werden soll.[130] Eine Aufhebung wegen Änderung der Verhältnisse (§ 48 SGB X) ist ausgeschlossen,[131] jedenfalls soweit die Änderung nicht im Wegfall des zum Befreiungsrecht führenden Versicherungspflichttatbestands besteht.

44 4. **Anderweitige Absicherung im Krankheitsfall.** Seit Inkrafttreten des Gesetzes zur Beseitigung sozialer Überforderung bei Beitragsschulden in der Krankenversicherung wird nach **Abs. 2 S. 4** die Befreiung nur noch dann wirksam, wenn das Mitglied das Bestehen eines anderweitigen Anspruchs auf Absicherung im Krankheitsfall nachweist. Durch die Neuregelung soll nach den Gesetzgebungsmaterialien sichergestellt werden, dass Beitragsrückstände künftig nicht mehr entstehen können, wenn zuvor eine Befreiung von der Versicherungspflicht ausgeschlossen wurde; könne eine Person, die einen Antrag auf Befreiung von der Versicherungspflicht stelle, eine anderweitige Absicherung im Krankheitsfall nicht nachweisen, werde die Befreiung nicht wirksam, so dass der Versicherungsschutz in der GKV erhalten bleibe; weise die Person hingegen beispielsweise eine bestehende Absicherung in der PKV nach, sei die Befreiung auszusprechen. Ein lückenloser Versicherungsschutz sei damit gewährleistet und Beitragsrückstände wegen einer verspätet festgestellten Versicherung entstünden nicht.[132] Die in Abs. 1 Nr. 1a genannten besonderen Anforderungen an den anderweitigen Versicherungsschutz gelten für Abs. 2 S. 4 nicht.

XIII. Übergangsregelungen nach dem Gesetz zur besseren Vereinbarkeit von Familie, Pflege und Beruf zu Abs. 1 Nr. 2 a, 3

45 Mit Wirkung vom **1.1.2015** wurde durch Art. 5 des **Gesetzes zur besseren Vereinbarkeit von Familie, Pflege und Beruf**[133] Abs. 1 Nr. 2 a neu gefasst, Abs. 1 Nr. 3 wurde geändert. Abs. 3 enthält hierzu Übergangsregelungen.
Bei der Neufassung des **Abs. 1 Nr. 2 a** handelt es sich um Anpassungen an Änderungen des Pflegezeit- und Familienpflegezeitgesetzes. Beschäftigte haben nun einen Anspruch auf Freistellung von ihrer Arbeit auch zur Begleitung in der letzten Lebensphase und zur Betreuung pflegebedürftiger minderjähriger Kinder; der Regelungsgehalt von Abs. 1 Nr. 2 a wurde insoweit erweitert. Weggefallen ist nach der neuen gesetzlichen Konzeption zudem der Begriff der Nachpflegephase; auch daran wurde Abs. 1 Nr. 2 a angepasst.[134]
Auch bei der Änderung des **Abs. 1 Nr. 3** handelt es sich um eine Angleichung an die genannten Änderungen des Pflege- und Familienpflegezeitgesetzes. Der Regelungsgehalt wurde auf die neuen Freistellungstatbestände des § 3 Pflegezeitgesetzes erstreckt und der Begriff der Nachpflegephase wurde gestrichen. Eine Anpassung erfolgte insoweit auch bei der Fünfjahresfrist, innerhalb der Versicherungsfreiheit wegen Überschreitens der Jahresarbeitsentgeltgrenze bestanden haben muss.[135]
Abs. 3 S. 1 enthält eine Bestandsschutzregelung, die sicherstellen soll, dass Beschäftigte, die sich zum Zeitpunkt des Inkrafttretens der Änderungen in der Familienpflegezeit oder der Nachpflegephase (nach altem Recht) befunden haben, für die Dauer der Nachpflegephase weiter von der Versicherungspflicht befreit bleiben.[136] Mit **Abs. 3 S. 2** soll erreicht werden, dass weiterhin auch bei Aufnahme einer

---

128 So LSG Bln-Bbg, 7.1.2014, L 1 KR 485/12; die Entscheidung geht allerdings nicht näher auf das Spannungsverhältnis zu § 77 SGG ein.
129 Just in: Becker/Kingreen, § 8 Rn. 22.
130 BSG, 8.12.1999, B 12 KR 12/99 R, BSGE 85, 208 ff.
131 Baier in: Krauskopf, Stand 1/2014, § 8 SGB V Rn. 19.
132 BT-Dr. 17/13947, 36.
133 BGBl. I 2014, 2462, 2468.
134 Vgl. RegE, BR-Dr. 463/14, 45.
135 Vgl. RegE, BR-Dr. 463/14, 45.
136 Vgl. RegE, BR-Dr. 463/14, 46.

Beschäftigung im Anschluss an die Nachpflegephase ein Befreiungsrecht eröffnet und die Nachpflegephase auf die Fünfjahresfrist angerechnet wird.[137]

Zweiter Abschnitt
Versicherungsberechtigung

§ 9 Freiwillige Versicherung

(1) ¹Der Versicherung können beitreten
1. Personen, die als Mitglieder aus der Versicherungspflicht ausgeschieden sind und in den letzten fünf Jahren vor dem Ausscheiden mindestens vierundzwanzig Monate oder unmittelbar vor dem Ausscheiden ununterbrochen mindestens zwölf Monate versichert waren; Zeiten der Mitgliedschaft nach § 189 und Zeiten, in denen eine Versicherung allein deshalb bestanden hat, weil Arbeitslosengeld II zu Unrecht bezogen wurde, werden nicht berücksichtigt,
2. Personen, deren Versicherung nach § 10 erlischt oder nur deswegen nicht besteht, weil die Voraussetzungen des § 10 Abs. 3 vorliegen, wenn sie oder der Elternteil, aus dessen Versicherung die Familienversicherung abgeleitet wurde, die in Nummer 1 genannte Vorversicherungszeit erfüllen,
3. Personen, die erstmals eine Beschäftigung im Inland aufnehmen und nach § 6 Absatz 1 Nummer 1 versicherungsfrei sind; Beschäftigungen vor oder während der beruflichen Ausbildung bleiben unberücksichtigt,
4. schwerbehinderte Menschen im Sinne des Neunten Buches, wenn sie, ein Elternteil, ihr Ehegatte oder ihr Lebenspartner in den letzten fünf Jahren vor dem Beitritt mindestens drei Jahre versichert waren, es sei denn, sie konnten wegen ihrer Behinderung diese Voraussetzung nicht erfüllen; die Satzung kann das Recht zum Beitritt von einer Altersgrenze abhängig machen,
5. Arbeitnehmer, deren Mitgliedschaft durch Beschäftigung im Ausland oder bei einer zwischenstaatlichen oder überstaatlichen Organisation endete, wenn sie innerhalb von zwei Monaten nach Rückkehr in das Inland oder nach Beendigung ihrer Tätigkeit bei der zwischenstaatlichen oder überstaatlichen Organisation wieder eine Beschäftigung aufnehmen,
6. innerhalb von sechs Monaten nach dem Eintritt der Versicherungspflicht Bezieher einer Rente der gesetzlichen Rentenversicherung, die nach dem 31. März 2002 nach § 5 Abs. 1 Nr. 11 versicherungspflichtig geworden sind, deren Anspruch auf Rente schon an diesem Tag bestand, die aber nicht die Vorversicherungszeit nach § 5 Abs. 1 Nr. 11 in der seit dem 1. Januar 1993 geltenden Fassung erfüllt hatten und die deswegen bis zum 31. März 2002 freiwillige Mitglieder waren,
7. innerhalb von sechs Monaten nach ständiger Aufenthaltnahme im Inland oder innerhalb von drei Monaten nach Ende des Bezugs von Arbeitslosengeld II Spätaussiedler sowie deren gemäß § 7 Abs. 2 Satz 1 des Bundesvertriebenengesetzes leistungsberechtigte Ehegatten und Abkömmlinge, die bis zum Verlassen ihres früheren Versicherungsbereichs bei einem dortigen Träger der gesetzlichen Krankenversicherung versichert waren.

²Für die Berechnung der Vorversicherungszeiten nach Satz 1 Nr. 1 gelten 360 Tage eines Bezugs von Leistungen, die nach § 339 des Dritten Buches berechnet werden, als zwölf Monate.

(2) Der Beitritt ist der Krankenkasse innerhalb von drei Monaten anzuzeigen,
1. im Falle des Absatzes 1 Nr. 1 nach Beendigung der Mitgliedschaft,
2. im Falle des Absatzes 1 Nr. 2 nach Beendigung der Versicherung oder nach Geburt des Kindes,
3. im Falle des Absatzes 1 Satz 1 Nummer 3 nach Aufnahme der Beschäftigung,
4. im Falle des Absatzes 1 Nr. 4 nach Feststellung der Behinderung nach § 68 des Neunten Buches,
5. im Falle des Absatzes 1 Nummer 5 nach Rückkehr in das Inland oder nach Beendigung der Tätigkeit bei der zwischenstaatlichen oder überstaatlichen Organisation.

(3) Kann zum Zeitpunkt des Beitritts zur gesetzlichen Krankenversicherung nach Absatz 1 Nr. 7 eine Bescheinigung nach § 15 Abs. 1 oder 2 des Bundesvertriebenengesetzes nicht vorgelegt werden, reicht als vorläufiger Nachweis der vom Bundesverwaltungsamt im Verteilungsverfahren nach § 8 Abs. 1 des Bundesvertriebenengesetzes ausgestellte Registrierschein und die Bestätigung der für die Ausstellung einer Bescheinigung nach § 15 Abs. 1 oder 2 des Bundesvertriebenengesetzes zuständigen Behörde, dass die Ausstellung dieser Bescheinigung beantragt wurde.

---

137 Vgl. RegE, BR-Dr. 463/14, 46.

Literatur:
Behrend, Freiwillige Weiterversicherung in der gesetzlichen Krankenversicherung nach Beendigung des Arbeitslosengeld II-Bezugs wegen fehlender Erwerbsfähigkeit, jurisPR-SozR 23/2006 Anm. 2; *Breitkreuz,* Die Haftung des Betreuers nach gescheiterter freiwilliger Krankenversicherung – wie normativ darf ein Schaden sein? SGb 2015, 316; *Felix,* Das Gesetz zur Beseitigung sozialer Überforderung bei Beitragsschulden in der Krankenversicherung – ein gelungener Weg aus der „Schuldenfalle" in der GKV?, NZS 2013, 921; *Hohmann,* Krankenversicherung – Sozialhilfeempfänger – kein Beitrittsrecht zur freiwilligen Versicherung, SGb 2008, 179; *Kostorz,* Krankenversicherung im Studium, NZS 2012, 161; *Padé,* Beitrittsvoraussetzungen zur freiwilligen Krankenversicherung für schwerbehinderte Menschen, jurisPR-SozR 22/2008 Anm. 2; *Rieker,* Herstellungsanspruch – Beitritt zur freiwilligen Krankenversicherung, jurisPR-SozR 10/2011 Anm. 3; *Schlegel,* Gesetz zur Beseitigung sozialer Überforderung bei Beitragsschulden in der Krankenversicherung, ASR 2013, 229; *Volbers,* Vorversicherungszeiten zur freiwilligen Versicherung in der GKV, WzS 2005, 289.

I. Entstehungsgeschichte... 1	VI. Beitrittsrecht für schwerbehinderte Menschen (Abs. 1 S. 1 Nr. 4)... 17
II. Regelungsgehalt und systematische Zusammenhänge... 4	VII. Arbeitnehmer nach Rückkehr aus dem Ausland (Abs. 1 S. 1 Nr. 5)... 21
III. Weiterversicherung von aus der Versicherungspflicht ausgeschiedenen Mitgliedern (Abs. 1 S. 1 Nr. 1)... 7	VIII. Rentner (Abs. 1 S. 1 Nr. 6)... 23
	IX. Spätaussiedler (Abs. 1 S. 1 Nr. 7, Abs. 3)... 25
IV. Ehemalige Familienversicherte (Abs. 1 S. 1 Nr. 2)... 11	X. Bezieher von Sozialhilfe (Abs. 1 S. 1 Nr. 8) 29
	XI. Beitrittserklärung und Beitrittsfrist (Abs. 2) 33
V. Erstmalige Beschäftigungsaufnahme (Abs. 1 S. 1 Nr. 3)... 14	XII. Anpassung durch das Bundesteilhabegesetz 37

I. Entstehungsgeschichte

1 § 9 geht zurück auf das **Gesetz zur Strukturreform im Gesundheitswesen (GRG)** vom 20.12.1988;[1] die zuvor in den §§ 176 a–c, 313 RVO verteilten Regelungen zum Beitrittsrecht wurden mit inhaltlichen Modifikationen in § 9 zusammengefasst. Die am 1.1.1989 in Kraft getretene Fassung[2] geht im Wesentlichen auf den Regierungsentwurf[3] und eine Empfehlung des Ausschusses für Arbeit und Sozialordnung[4] zurück. Mit Art. 1 Nr. 2 des **Zweiten Gesetzes zur Änderung des Fünften Buches Sozialgesetzbuch** vom 20.12.1991[5] wurden mit Wirkung vom 1.1.1992[6] in § 9 Abs. 1 Nr. 5, Abs. 2 Nr. 5 im Zusammenhang mit der deutschen Einheit Formulierungen geändert.[7] Art. 1 Nr. 2 des **Gesetzes zur Sicherung und Strukturverbesserung der gesetzlichen Krankenversicherung (Gesundheitsstrukturgesetz)** vom 21.12.1992[8] brachte mit Wirkung zum 1.1.1993[9] eine Verdopplung der Fristen des § 9 Abs. 1 Nr. 1; der beitrittsberechtigte Personenkreis sollte noch stärker als zuvor beschränkt und das Solidaritätsprinzip gestärkt werden.[10] Mit Art. 1 Nr. 5 des **Gesetzes zur Reform der gesetzlichen Krankenversicherung aus dem Jahr 2000 (GKV-Gesundheitsreformgesetz 2000)** vom 22.12.1999[11] wurden zum 1.1.2000[12] an § 9 Abs. 1 Nr. 2 die Wörter „wenn sie oder der Elternteil, aus dessen Versicherung die Familienversicherung abgeleitet wurde, die in Nummer 1 genannte Vorversicherungszeit erfüllen," und in Abs. 1 S. 1 Nr. 3 der Halbsatz „Beschäftigungen vor oder während der beruflichen Ausbildung bleiben unberücksichtigt," angefügt.[13] Das **Sozialgesetzbuch – Neuntes Buch – (SGB IX) Rehabilitation und Teilhabe behinderter Menschen** vom 19.6.2001[14] brachte zum 1.7.2001[15] mit Art. 5 Nr. 4 Anpassungen an den Sprachgebrauch des SGB IX.[16] Art. 3 § 52 Nr. 3 des **Gesetzes zur Beendigung der Dis-**

---

1 BGBl. I 1988, 2477.
2 Art. 79 Abs. 1 GRG.
3 BT-Dr. 11/2237, 160, 161.
4 BT-Dr. 11/3320, 8.
5 BGBl. I 1991, 2325.
6 Art. 12 Abs. 1.
7 BT-Dr. 12/1392, 4.
8 BGBl. I 1992, 2266.
9 Art. 35 Gesundheitsstrukturgesetz.
10 Zur Begründung BT-Dr. 12/3608, 76.
11 BGBl. I 1999, 2626.
12 Art. 22 Abs. 5 GKV-Gesundheitsreformgesetz 2000.
13 BT-Dr. 14/1245, 60.
14 BGBl. I 2001, 1046.
15 Art. 68.
16 BT-Dr. 14/5074, 117.

kriminierung gleichgeschlechtlicher Gemeinschaften vom 16.2.2001[17] stellte in § 9 Abs. 1 Nr. 4 für den Zeitraum ab dem 1.8.2001 (Art. 5) Vorversicherungszeiten eines Lebenspartners denen eines Ehegatten gleich.[18] Mit Art. 1 Nr. 2 des Zehnten Gesetzes zur Änderung des Fünften Buches Sozialgesetzbuch (10. SGB V-Änderungsgesetz) vom 23.3.2002[19] wurde § 9 Abs. 1 Nr. 6 angefügt (Beitrittsmöglichkeit für Rentner,[20] am 29.3.2002 in Kraft getreten).[21] Mit Art. 4 Nr. 1 des Dritten Gesetzes für moderne Dienstleistungen am Arbeitsmarkt vom 23.12.2003[22] wurde zum 1.1.2004 (Art. 24 Abs. 1) in § 9 Abs. 1 Satz 2 angefügt; mit der Regelung soll sichergestellt werden, dass Personen, die zwölf Monate (360 Tage, § 339 SGB III) Arbeitslosengeld beziehen, im Anschluss ein Beitrittsrecht erhalten.[23] Aufgrund einer Beschlussempfehlung des Ausschusses für Wirtschaft und Arbeit[24] wurden durch Art. 5 Nr. 3 a des Vierten Gesetzes für moderne Dienstleistungen am Arbeitsmarkt vom 24.12.2003[25] zum 1.1.2005[26] § 9 Abs. 1 S. 1 Nr. 7 und 8 (Beitrittsrecht für Spätaussiedler sowie ehemaliger Bezieher von Leistungen nach dem BSHG) sowie die verfahrensrechtliche Regelung des § 9 Abs. 3 eingefügt.[27] Mit Art. 2 a des Fünften Gesetzes zur Änderung des Dritten Buches Sozialgesetzbuch und anderer Gesetze vom 22.12.2005[28] wurden aufgrund einer Beschlussempfehlung des Ausschusses für Arbeit und Soziales in § 9 Abs. 1 S. 1 Nr. 1 die Wörter „und Zeiten, in denen eine Versicherung allein deshalb bestanden hat, weil Arbeitslosengeld II zu Unrecht bezogen wurde," eingefügt;[29] die Änderungen sind am 31.12.2005 in Kraft getreten (Art. 6 Abs. 1).

Durch Art. 1 Nr. 5 des Gesetzes zur Stärkung des Wettbewerbs in der gesetzlichen Krankenversicherung vom 26.3.2007[30] wurden zum 1.4.2007[31] § 9 Abs. 1 S. 1 Nr. 3 und Abs. 2 Nr. 3 aufgehoben. Das Beitrittsrecht zur gesetzlichen Krankenversicherung als freiwilliges Mitglied für Berufsanfänger, die in ihrer ersten Beschäftigung ein Arbeitsentgelt oberhalb der Jahresarbeitsentgeltgrenze erzielen, wurde aufgrund der Neuregelung des § 6 Abs. 1 Nr. 1 zur Versicherungsfreiheit von Arbeitnehmern als obsolet angesehen. Da Berufsanfänger fortan ausnahmslos versicherungspflichtig sein sollten, bedurfte es dieses Beitrittsrechts nicht mehr; nach Ende der dreijährigen Versicherungspflicht waren in jedem Fall die Voraussetzungen für den Beitritt als freiwilliges Mitglied nach § 9 Abs. 1 S. 1 Nr. 1 erfüllt.[32] Mit Art. 1 Nr. 3 GKV-FinG vom 22.12.2010[33] wurden zum 1.1.2011[34] die vorgenannten Änderungen durch das GKV-WSG wieder rückgängig gemacht.[35]

Mit Art. 4 Nr. 2 des Gesetzes zur Koordinierung der Systeme der sozialen Sicherheit in Europa und zur Änderung anderer Gesetze vom 22.6.2011[36] wurden § 9 Abs. 1 S. 1 Nr. 5 und Abs. 2 Nr. 5 neu gefasst. Es handelte sich um Klarstellungen zum Status von Mitarbeitern in Deutschland ansässiger internationaler Organisationen nach Beendigung ihrer Arbeitsverhältnisse.[37] Die Neuregelungen sind am 29.6.2011 in Kraft getreten (Art. 13 Abs. 1). Mit Art. 1 Nr. 1 c des Gesetzes zur Verbesserung der Versorgungsstrukturen in der gesetzlichen Krankenversicherung vom 22.12.2011[38] wurde zum 1.1.2012[39] die durch Zeitablauf erledigte Regelung des § 9 Abs. 1 S. 1 Nr. 8 zwecks Rechtsbereinigung gestrichen.[40]

---

17 BGBl. I 2001, 266.
18 BT-Dr. 14/3751, 68 f.
19 BGBl. I 2002, 1169.
20 Zur Begründung BT-Dr. 14/8384, 8.
21 Art. 2.
22 BGBl. I 2003, 2848.
23 Ausführlich BT-Dr. 15/1515, 118.
24 BT-Dr. 15/1728, 208 f.
25 BGBl. I 2003, 2954.
26 Art. 61 Abs. 1.
27 Zur Begründung BT-Dr. 15/1749, 35 f.
28 BGBl. I 2005, 3676.
29 Zur Begründung BT-Dr. 16/245, 9.
30 BGBl. I 2007, 378.
31 Art. 46 Abs. 1.
32 BT-Dr. 16/3100, 96.
33 BGBl. I 2010, 2309.
34 Art. 15.
35 Zur Begründung BT-Dr. 17/3040, 22.
36 BGBl. I 2011, 1202.
37 BT-Dr. 17/5509, 5 f.
38 BGBl. I 2011, 2983.
39 Art. 15.
40 Zur Begründung vgl. BT-Dr. 17/8005, 138.

II. Regelungsgehalt und systematische Zusammenhänge

4 Die **freiwillige Versicherung** des § 9 ist die spezialgesetzliche Ausprägung der Versicherungsberechtigung (§ 2 Abs. 1 SGB IV) für den Bereich der gesetzlichen Krankenversicherung. Die in § 9 Abs. 1 genannten Fallgruppen betreffen überwiegend Personen, denen nach Ende einer Pflichtversicherung die Möglichkeit der Weiterversicherung eingeräumt werden soll, teilweise aber auch Fälle originärer Beitrittsrechte (insbes. Abs. 1 S. 1 Nr. 3). Die freiwillige Versicherung kann als Teil eines **abgestuften Schutzkonzepts** verstanden werden, das zwischen Personen unterscheidet, die kraft Gesetzes in die gesetzliche Krankenversicherung eingebunden werden, Personen, die des Schutzes der gesetzlichen Versicherung zwar nicht zwingend bedürfen, die aber den gesetzlich einbezogenen Personengruppen so nahe stehen, dass ihnen zumindest der Zugang zur gesetzlichen Versicherung ermöglicht werden soll, und Personen, denen mangels Schutzbedürfnis kein Zugang zur gesetzlichen Versicherung eröffnet wird.[41] Nach der weitgehenden Einbeziehung der gesamten Bevölkerung in die Systeme der gesetzlichen und privaten Krankenversicherung durch die Auffangversicherungspflicht in der GKV (§ 5 Abs. 1 Nr. 13) und die Versicherungspflicht in der PKV (§ 193 VVG) definieren die in § 9 Abs. 1 abschließend aufgezählten Fälle der Versicherungsberechtigung einen Bereich, in dem die betroffenen Personen im Hinblick auf die Systemzugehörigkeit ein Wahlrecht ausüben können. Der mit dem Gesetz zur Beseitigung sozialer Überforderung bei Beitragsschulden in der Krankenversicherung[42] eingefügte § 188 Abs. 4 schafft mittlerweile allerdings weitergehend eine eigenständige freiwillige Mitgliedschaft, die nicht mehr an die Tatbestände des § 9 Abs. 1 anknüpft (→ Rn. 7, 13); auch insoweit besteht für die Betroffenen ein Wahlrecht über die Systemzugehörigkeit, weil bei anderweitiger Absicherung für den Krankheitsfall der Austritt erklärt werden kann.

5 Die freiwillige Versicherung hat **öffentlich-rechtlichen** Charakter. Von einem privaten Versicherungsvertrag unterscheidet sie sich wesentlich. Für eine freiwillige Versicherung ist – bei Vorliegen der gesetzlichen Voraussetzungen – allein die Beitrittserklärung erforderlich. Nach dem Beitritt kann der Versicherte nicht erwarten, dass die gesetzlichen Vorschriften über die Leistungserbringung auf Dauer unverändert fortbestehen; die bei Versicherungsbeginn bestehenden Vorschriften sind nicht die "Geschäftsgrundlage" des Beitritts.[43] § 188 enthält Regelungen über den Beginn der freiwilligen Mitgliedschaft. Die Versicherung kann durch Kündigung beendet werden; für die Wirksamkeit der Kündigung muss anderweitiger Krankenversicherungsschutz nachgewiesen werden (§ 191 Nr. 3 iVm § 175 Abs. 4 S. 4).

6 Die Pflichtversicherung in der GKV geht grundsätzlich der freiwilligen Versicherung vor; eine freiwillige Mitgliedschaft endet mit dem Beginn einer Pflichtmitgliedschaft (§ 191 Nr. 2). Eine Ausnahme gilt in den Fällen des § 9 Abs. 1 Nr. 6 iVm § 5 Abs. 8 S. 2, 3. Ein Rangverhältnis der freiwilligen Versicherung zur Auffangversicherungspflicht des § 5 Abs. 1 Nr. 13 besteht nicht, weil bei freiwilliger Versicherung schon der Tatbestand des § 5 Abs. 1 Nr. 13 nicht erfüllt ist.[44]

III. Weiterversicherung von aus der Versicherungspflicht ausgeschiedenen Mitgliedern (Abs. 1 S. 1 Nr. 1)

7 Voraussetzung ist das **Ausscheiden aus einer Mitgliedschaft als Pflichtversicherter.** Erforderlich ist die Beendigung der Mitgliedschaft bei einer inländischen Krankenkasse.[45] Eine Sonderregelung gab es bis zum 31.7.2013 für Personen, deren Versicherungspflicht wegen Überschreitung der JAE-Grenze endete; erklärten diese ihren Austritt nicht, setzte sich die Mitgliedschaft kraft Gesetzes als freiwillige Mitgliedschaft fort; auch in diesem Fall mussten aber die Voraussetzungen des § 9 Abs. 1 S. 1 Nr. 1 vorliegen (§ 190 Abs. 3). Mit dem Gesetz zur Beseitigung sozialer Überforderung bei Beitragsschulden in der Krankenversicherung[46] ist § 190 Abs. 3 gestrichen worden und inhaltlich in der weitergehenden Regelung des § 188 Abs. 4 aufgegangen; nach § 188 Abs. 4 setzt sich eine Mitgliedschaft aufgrund einer Pflicht- oder Familienversicherung nach deren Beendigung unter den in § 188 Abs. 4 näher genannten Voraussetzungen als freiwillige Mitgliedschaft fort. Eine Vorversicherungszeit wird in § 188 Abs. 4

---

41 Vgl. Berchtold in: Kreikebohm/Spellbrink/Waltermann, § 9 SGB V Rn. 1.
42 BGBl. I 2013, 2423.
43 Vgl. BSG, 29.10.1985, 5 b RJ 6/84 zur gesetzlichen Rentenversicherung.
44 Vgl. Peters in: KassKomm, Stand 12/2013, § 9 SGB V Rn. 10.
45 BT-Dr. 11/2237, 161.
46 BGBl. I 2013, 2423.

wohl nicht vorausgesetzt,[47] so dass sich die Frage stellt, welchen eigenen Anwendungsbereich § 9 Abs. 1 Satz 1 Nr. 1 noch hat.[48]

Weitere Voraussetzung ist eine **Vorversicherungszeit**. Das Gesetz unterscheidet zwei Möglichkeiten. Ausreichend ist, wenn in den letzten fünf Jahren vor dem Ausscheiden mindestens 24 Monate oder unmittelbar vor dem letzten Ausscheiden ununterbrochen mindestens zwölf Monate eine Versicherung bestand; sowohl die Fünfjahres- als auch die Zwölfmonatsfrist berechnen sich nach § 26 Abs. 1 SGB X, § 187 Abs. 2 S. 1 BGB, § 188 Abs. 2 Alt. 2 BGB.[49] Wenn zwischen zwei Beschäftigungsverhältnissen arbeitsfreie Tage lagen, soll bei der 12-Monatsfrist eine Unterbrechung von einzelnen Tagen unschädlich sein.[50]

Eine **Sonderregelung für die Fristberechnung** gilt seit dem 1.1.2004 für Leistungen, die nach § 339 SGB III berechnet werden (**§ 9 Abs. 1 S. 2**); hier gelten 360 Tage eines Bezugs als zwölf Monate. Die Regelung geht zurück auf das Dritte Gesetz für moderne Dienstleistungen am Arbeitsmarkt vom 23.12.2003.[51] Mit der Regelung, die als Reaktion des Gesetzgebers auf die Rechtsprechung des Bundessozialgerichts[52] zu verstehen ist, soll sichergestellt werden, dass Personen, die zwölf Monate Leistungen beziehen (wegen der Berechnungsweise des § 339 SGB III entspricht dies einem Leistungsbezug von nur 360 Kalendertagen), im Anschluss ein Beitrittsrecht erhalten.[53]

Für die Erfüllung der Vorversicherung reicht **jede Art von Versicherung**. Ausgenommen sind nur Zeiten einer Mitgliedschaft nach § 189 (Formalmitgliedschaft als Rentenantragsteller) und Zeiten, in denen Arbeitslosengeld II zu Unrecht bezogen wurde. Liegen über den Bezug von Arbeitslosengeld II bestandskräftige Verwaltungsakte vor, hat die Krankenkasse kein eigenes Prüfungsrecht; zu Unrecht bezogen ist als Arbeitslosengeld II vielmehr nur dann, wenn die Verwaltungsakte aufgehoben sind.[54]

IV. Ehemalige Familienversicherte (Abs. 1 S. 1 Nr. 2)

Die erste Tatbestandsalternative setzt voraus, dass die Familienversicherung nach § 10 erlischt. Der Grund des Erlöschens spielt keine Rolle; es kommen insbesondere die in § 10 Abs. 1 Nr. 4 und Nr. 5 und Abs. 2 genannten Gründe für ein Erlöschen in Betracht. Nach dem Wortlaut muss es für das Beitrittsrecht auch ausreichen, wenn die Familienversicherung wegen Beendigung der Stammversicherung des Mitglieds endet, das die Familienversicherung vermittelt hatte;[55] falls der Gesetzgeber mit der Regelung die Absicht verfolgt haben sollte, nur dem aus der Familienversicherung ausscheidenden Mitglied bei fortbestehender Stammmitgliedschaft ein Beitrittsrecht einzuräumen, hätte dies in der Formulierung nicht hinreichend deutlich Ausdruck gefunden.[56]

Nach der zweiten Tatbestandsvariante besteht ein Beitrittsrecht auch dann, wenn die Familienversicherung nur deshalb nicht besteht, weil die Voraussetzungen des § 10 Abs. 3 vorliegen. § 10 Abs. 3 betrifft Kinder, die wegen des Einkommens des mit ihnen verwandten und selbst nicht versicherten Ehegatten oder Lebenspartners des Mitgliedes nicht familienversichert sind.

Als weiteres Tatbestandsmerkmal muss seit dem 1.1.2000 die **Vorversicherungszeit** nach Abs. 1 S. 1 Nr. 1 erfüllt sein. Mit der Neuregelung durch das GKV-Gesundheitsreformgesetz sollte vermieden werden, dass sich Personen freiwillig weiterversichern können, deren Familienversicherung nur für eine kurze Zeit bestanden hat.[57] Nach Einführung der Regelung des § 188 Abs. 4 mit dem Gesetz zur Beseitigung sozialer Überforderung bei Beitragsschulden in der Krankenversicherung[58] ist allerdings ein eigener Anwendungsbereich von Abs. 1 S. 1 Nr. 2 und insbesondere die dort geregelten Vorversiche-

---

47 BT-Dr. 17/13947, 37; Michels in: Becker/Kingreen, § 188 Rn. 3; Baier in: Krauskopf, § 188 SGB V Rn. 11.
48 Hierzu Felix, Das Gesetz zur Beseitigung sozialer Überforderung bei Beitragsschulden in der Krankenversicherung – ein gelungener Weg aus der „Schuldenfalle" in der GKV?, NZS 2013, 921, 925 f.
49 Berchtold in: Kreikebohm/Spellbrink/Waltermann, § 9 SGB V Rn. 5; BSG, 19.6.2001, B 12 KR 37/00 R; anders für die Berechnung der Fünfjahresfrist Baier in: Krauskopf, Stand 1/2014, § 9 SGB V Rn. 5.
50 Just in: Becker/Kingreen, § 9 Rn. 11; Baier in: Krauskopf, Stand 1/2014, § 9 SGB V Rn. 6.
51 BGBl. I 2003, 2848.
52 BSG, 19.6.2001, B 12 KR 37/00 R.
53 Ausführlich BT-Dr. 15/1515, 118.
54 BSG, 24.6.2008, B 12 KR 29/07.
55 Berchtold in: Kreikebohm/Spellbrink/Waltermann, § 9 SGB V Rn. 6; Baier in: Krauskopf, Stand 1/2014, § 9 SGB V Rn. 9; Peters in: KassKomm, Stand 12/2013, § 9 SGB V Rn. 23.
56 Vgl. Baier in: Krauskopf, Stand 1/2014, § 9 SGB V Rn. 9.
57 BT-Dr. 14/1245, 60.
58 BGBl. I 2013, 2423.

rungszeiten – ähnlich wie für Nr. 1 (→ Rn. 7) – kaum noch erkennbar;[59] nach § 188 Abs. 4 setzt sich eine Mitgliedschaft aufgrund einer Pflicht- oder Familienversicherung nach deren Beendigung unter den in § 188 Abs. 4 näher genannten Voraussetzungen als freiwillige Mitgliedschaft fort; eine Vorversicherungszeit wird in § 188 Abs. 4 wohl nicht vorausgesetzt.[60]

V. Erstmalige Beschäftigungsaufnahme (Abs. 1 S. 1 Nr. 3)

14 Das Beitrittsrecht bei erstmaliger Beschäftigungsaufnahme hängt mit der Regelung über die Versicherungsfreiheit wegen Überschreitens der JAE-Grenze nach § 6 Abs. 1 Nr. 1 zusammen. Bei beiden Regelungen sind in der jüngeren Vergangenheit Änderungen eingetreten. Zum 1.4.2007 war das Beitrittsrecht mit Einführung der dreijährigen Wartezeit für den Eintritt der Versicherungsfreiheit durch das GKV-WSG obsolet und deshalb gestrichen worden. Seit dem 1.1.2011 ist es – nach Streichung der dreijährigen Wartezeit durch das GKV-FinG – wieder eingeführt worden (zur historischen Entwicklung → Rn. 2).

15 Voraussetzung ist die **erstmalige Aufnahme einer Beschäftigung im Inland**. Für Rückkehrer aus dem Ausland gibt es mit Abs. 1 S. 1 Nr. 5 anderweitig eine Regelung. Die vorherige Ausübung einer selbstständigen Tätigkeit steht nach dem Wortlaut einem Beitrittsrecht nicht entgegen.[61]

16 Eine erstmalige Aufnahme einer Beschäftigung liegt nach Halbsatz 2 auch dann noch vor, wenn schon **vor oder während der Ausbildung** eine Beschäftigung ausgeübt wurde. Es stellt sich die Frage, ob mit Beschäftigungen vor oder während der Ausbildung nur Beschäftigungen **von kurzer Dauer** gemeint sind, die von vornherein nur vorübergehend angelegt waren, oder ob – dem Wortlaut folgend – auch Beschäftigungen vor einer Ausbildung unberücksichtigt bleiben, die längere Zeit ausgeübt wurden und keinen vorübergehenden Charakter haben sollten. Sinn und Zweck der Regelung, den Beitritt beim erstmaligen nachhaltigen Eintritt ins Berufsleben zu ermöglichen, sprechen wohl für eine den Wortlaut einschränkende Auslegung.[62] Erforderlich bei dieser einschränkenden Auslegung ist dann aber ein zeitliches Abgrenzungskriterium, ab welcher Dauer eine Beschäftigung vor einer nachfolgenden Ausbildung die spätere Befreiungsmöglichkeit ausschließt. Man wird sich hier etwa an die Dreijahresfrist des § 81 Abs. 2 Nr. 2 SGB III anlehnen können, die bei der Förderung beruflicher Bildung zur Abgrenzung von beruflicher Weiterbildung und Erstausbildung herangezogen wird. Angesichts des genannten Regelungszwecks wird auch bei einer Beschäftigungsaufnahme nach einer **Zweitausbildung** kein Befreiungsrecht mehr bestehen, wenn bereits zwischen Erst- und Zweitausbildung eine Zwischenbeschäftigung ausgeübt wurde.[63]

VI. Beitrittsrecht für schwerbehinderte Menschen (Abs. 1 S. 1 Nr. 4)

17 Schwerbehindert sind Menschen, wenn bei ihnen ein Grad der Behinderung von wenigstens 50 vorliegt und sie ihren Wohnsitz, ihren gewöhnlichen Aufenthalt oder ihre Beschäftigung auf einem Arbeitsplatz im Sinne des § 73 SGB IX rechtmäßig im Geltungsbereich des Sozialgesetzbuches haben. Nicht schwerbehindert im hier maßgeblichen Sinne sind gleichgestellte behinderte Menschen (§ 2 Abs. 3 SGB IX);[64] das Gesetz unterscheidet zwischen schwerbehinderten und gleichgestellten behinderten Menschen; in den Fällen, in denen diese Gruppen gleich behandelt werden sollen, wird dies angeordnet (vgl. § 68 Abs. 1 SGB IX); eine Anordnung gibt es in § 9 Abs. 1 S. 1 Nr. 4 nicht. Die Feststellung des GdB hat für die Krankenkasse **Tatbestandswirkung**, was sich aus Abs. 2 Nr. 4 ergibt.[65] Zur Vorgängerregelung des § 176 c RVO hatte das BSG entschieden, dass der Beitritt auch bereits vor der Feststellung des GdB erklärt werden könne, wenn das Vorliegen der Schwerbehinderung nachträglich und rückwirkend auf den Zeitpunkt des Beitritts festgestellt werde.[66] Die Argumentation der damali-

---

[59] Hierzu Felix, Das Gesetz zur Beseitigung sozialer Überforderung bei Beitragsschulden in der Krankenversicherung – ein gelungener Weg aus der „Schuldenfalle" in der GKV?, NZS 2013, 921, 925 f.
[60] BT-Dr. 17/13947, 37; Michels in: Becker/Kingreen, § 188 Rn. 3; Baier in: Krauskopf, Stand 1/2014, § 188 SGB V Rn. 11.
[61] Baier in: Krauskopf, Stand 1/2014, § 9 SGB V Rn. 12 a, der dies allerdings für rechtlich bedenklich hält.
[62] Baier in: Krauskopf, Stand 1/2014, § 9 SGB V Rn. 12.
[63] Peters in: KassKomm, Stand 12/2013, § 9 SGB V Rn. 27.
[64] AA Baier in: Krauskopf, Stand 1/2014, § 9 SGB V Rn. 13.
[65] Berchtold in: Kreikebohm/Spellbrink/Waltermann, § 9 SGB V Rn. 8; anders noch BSG, 30.4.1979, 8 b RK 1/78, BSGE 48, 167 ff., und 26.7.1979, 8 b RK 5/78, SozR 2200 § 176 c Nr. 3, jeweils zu § 176 c RVO.
[66] BSG, 22.9.1988, 12 RK 44/87, SozR 2200 § 176 c Nr. 9.

gen Entscheidung dürfte auch noch auf die heutige Rechtslage übertragbar sein.[67] Sie bringt zwar das Problem mit sich, dass ein jahrelanger Schwebezustand eintreten kann, in dem der Eintritt der Versicherung nicht endgültig geklärt ist; dieses Problem kann allerdings auch in anderen Konstellationen auftreten.[68]

Erforderlich ist die Erfüllung einer **Vorversicherungszeit**; der schwerbehinderte Mensch, ein Elternteil, der Ehegatte oder der Lebenspartner müssen in den letzten fünf Jahren vor dem Beitritt mindestens drei Jahre versichert gewesen sein. Für die Berechnung der Fünfjahresfrist dürften wie in Nr. 1 die Regelungen der § 26 Abs. 1 SGB X, § 187 Abs. 2 S. 1 BGB, § 188 Abs. 2 Alt. 2 BGB heranzuziehen sein.[69] Die Versicherungszeit von drei Jahren, die nicht zusammenhängend erfüllt werden muss, verlangt eine Dauer von insgesamt 3 * 365 Tagen;[70] anders als in Nr. 1 ist hier die Mindestversicherungszeit in Jahren und nicht in Monaten bestimmt. 18

Eine **Ausnahme vom Erfordernis der Vorversicherungszeit** besteht dann, wenn die Voraussetzung wegen der Behinderung nicht erfüllt werden kann. Das kann der Fall sein, wenn wegen einer Behinderung nicht die Möglichkeit der Aufnahme einer versicherungspflichtigen Beschäftigung bestanden hat; eine Ausnahme kommt nicht in Betracht, wenn die notwendige Vorversicherungszeit verfehlt wird, weil ein möglicher anderweitiger Beitritt zur gesetzlichen Krankenversicherung nicht genutzt wurde, insbesondere die Beitrittsmöglichkeit des Abs. 1 S. 1 Nr. 1.[71] Keine Ausnahme von der Vorversicherungszeit soll in Betracht kommen, wenn die Krankheit bzw. Behinderung erst zur Erteilung eines Aufenthaltstitels mit Gestattung einer Erwerbstätigkeit geführt hat; ohne die Behinderung hätte ein Bleiberecht mit der Möglichkeit, einer versicherungspflichtigen Tätigkeit nachzugehen, nicht erworben werden können.[72] 19

In der Satzung einer Krankenkasse kann das Beitrittsrecht von einer **Altersgrenze** abhängig gemacht werden (Abs. 1 S. 1 Nr. 4 Hs. 2). 20

VII. Arbeitnehmer nach Rückkehr aus dem Ausland (Abs. 1 S. 1 Nr. 5)

Die Mitgliedschaft muss durch **Beschäftigung im Ausland** oder bei einer der genannten Organisationen geendet haben. Zu einer Beendigung der Mitgliedschaft kommt es nicht, wenn sie wegen Ausstrahlung (§ 4 SGB IV, Art. 12 VO 883/04) fortbesteht. An einer Beendigung durch Beschäftigung fehlt es auch, wenn der Betroffene eine freiwillige Versicherung im Inland aufgibt,[73] ebenso dann, wenn die inländische Versicherung durch eine Anwartschaftsversicherung erhalten wird (vgl. § 240 Abs. 4 a).[74] 21

Das Beitrittsrecht entsteht nur dann, wenn innerhalb von zwei Monaten nach Rückkehr oder Beendigung wieder eine Beschäftigung aufgenommen wird. Wird die Frist nicht eingehalten, scheidet ein Beitritt aus; auf die Gründe für den Fristablauf soll es nicht ankommen.[75] 22

VIII. Rentner (Abs. 1 S. 1 Nr. 6)

Der Versicherung können **Rentner** unter den in Abs. 1 S. 1 Nr. 6 näher bezeichneten Voraussetzungen beitreten. Das mit Wirkung zum 29.3.2002 eingefügte Beitrittsrecht steht im Zusammenhang mit Art. 1 Nr. 1 des Gesetzes zur Sicherung und Strukturverbesserung der gesetzlichen Krankenversicherung (Gesundheitsstrukturgesetz) vom 21.12.1991,[76] wonach ab dem 1.1.1993 die Vorversicherungszeit auf Zeiten einer Pflichtversicherung beruhen musste.[77] Das Bundesverfassungsgericht verwarf diese Neuregelung auf Vorlagebeschlüsse des Bundessozialgerichts als verfassungswidrig.[78] Mit Art. 1 Nr. 2 des Gesetzes zur Stärkung des Wettbewerbs in der gesetzlichen Krankenversicherung vom 26.3.2007[79] 23

---

67 So wohl auch Peters in: KassKomm, Stand 12/2013, § 9 SGB V Rn. 32; anders wohl Berchtold in: Kreikebohm/Spellbrink/Waltermann, § 9 SGB V Rn. 8.
68 Vgl. BSG, 28.5.2008, B 12 KR 16/07 R, wo bei rechtzeitiger Beitrittserklärung eine langjährig rückwirkende Begründung einer freiwilligen Versicherung nach § 9 Abs. 1 S. 1 Nr. 1 in Betracht gekommen wäre.
69 Vgl. BSG, 19.6.2001, B 12 KR 37/00 R; aA Baier in: Krauskopf, Stand 1/2014, § 9 SGB V Rn. 13.
70 Baier in: Krauskopf, Stand 1/2014, § 9 SGB V Rn. 13.
71 BSG, 25.8.2008, B 12 KR 16/07 R, SozR 4-2500 § 9 Nr. 2.
72 LSG für das Saarland, 6.5.2015, L 2 KR 16/14.
73 Just in: Becker/Kingreen, § 9 Rn. 19.
74 Peters in: KassKomm, Stand 12/2013, § 9 SGB V Rn. 37.
75 Just in: Becker/Kingreen, § 9 Rn. 20.
76 BGBl. I 1992, 2266.
77 Zur Begründung BT-Dr. 12/3608, 75.
78 BVerfG, 15.3.2000, 1 BvL 16/96, 1 BvL 17/96, 1 BvL 18/96, 1 BvL 19/96, 1 BvL 20/96, 1 BvL 18/97.
79 BGBl. I 2007, 378.

wurde § 5 Abs. 1 Nr. 11 wieder an den tatsächlichen Rechtszustand angepasst; da nach der Entscheidung des Bundesverfassungsgerichts eine Neuregelung durch den Gesetzgeber zunächst nicht erfolgt war, war für den Eintritt der Versicherungspflicht als Rentner schon seit dem 1.4.2002 wieder die bis zum Inkrafttreten des Gesundheitsstrukturgesetzes geltende Rechtslage maßgeblich gewesen. Das Beitrittsrecht zielt vor diesem Hintergrund auf Personen, die nach dem Rechtszustand ab dem 1.4.2002 versicherungspflichtig wurden und es zuvor nicht gewesen und deshalb freiwillig versichert waren; ihnen wird die Fortsetzung der freiwilligen Versicherung ermöglicht. Faktisch handelt es sich um ein Wahlrecht zwischen gesetzlicher und freiwilliger Versicherung. Sinn der Regelung sollte vor allem sein, Rentnern durch die Wahlmöglichkeit die Beibehaltung der Beitragsbemessung nach dem ermäßigten Beitragssatz sowie der Kostenerstattung nach § 13 zu ermöglichen.[80] Die (neuerliche) freiwillige Mitgliedschaft begann nach § 188 Abs. 2 S. 2 (seit dem 1.8.2013: S. 3) mit dem Eintritt der Versicherungspflicht nach § 5 Abs. 1 Nr. 11; zu diesem Zeitpunkt endete auch die Mitgliedschaft aufgrund der ansonsten eintretenden Versicherungspflicht (§ 190 Abs. 11 a).

24 Anspruch auf Rente musste schon vor dem 1.4.2002 bestanden haben; ausreichend war eine nachträgliche Bewilligung.[81] Die Versicherungspflicht musste **vor dem 1.4.2002 an der Vorversicherungszeit gescheitert** sein und es musste **gerade deswegen** eine freiwillige Versicherung bestanden haben.[82] Die Vorschrift dürfte aufgrund Zeitablaufs kaum mehr Anlass zu Streitigkeiten bieten.

IX. Spätaussiedler (Abs. 1 S. 1 Nr. 7, Abs. 3)

25 Die Regelung für Spätaussiedler steht einerseits im Zusammenhang mit der **Aufhebung der Vorschriften über die Eingliederungshilfe** für Spätaussiedler und ihre Ehegatten und Abkömmlinge im Sinne des § 7 Abs. 2 BVFG; diese Personen waren zuvor für die Dauer der Eingliederungshilfe von bis zu sechs Monaten gesetzlich krankenversichert (§§ 418, 421 SGB III aF). Andererseits soll sie § 10 des Fremdrenten- und Auslandsrentengesetzes (FAG)[83] ersetzen. § 10 FAG sollte gemäß Artikel 7 § 3 Abs. 2 des Fremdrenten und Auslandsrenten-Neuregelungsgesetzes (FANG) vom 25. Februar 1960[84] bis zur Neuregelung des Rechts der gesetzlichen Krankenversicherung weitergelten. In der Rechtsprechung wurde hierzu die Auffassung vertreten, dass die Kodifizierung des Rechts der gesetzlichen Krankenversicherung als Fünftes Buch Sozialgesetzbuch mit Wirkung vom 1. Januar 1989 eine Neuregelung im Sinne von Artikel 7 § 3 Abs. 2 FANG sei, mit der Folge, dass die Vorschrift des § 10 FAG nicht mehr angewendet werden könne. Die Neuregelung der Nr. 7 sollte vor diesem Hintergrund den Inhalt des bisher in § 10 FAG geregelten Beitrittsrechts für Spätaussiedler zur gesetzlichen Krankenversicherung übernehmen.[85] Mit Einführung der Auffangversicherung des § 5 Abs. 1 Nr. 13 dürfte die Bedeutung des Beitrittsrechts gesunken sein.[86]

26 Zum begünstigten Personenkreis gehören Spätaussiedler und deren leistungsberechtigte Ehegatten oder Abkömmlinge im Sinne des § 7 BVFG. Der entsprechende Status wird durch Bescheinigungen nach § 15 BVFG nachgewiesen; diese sind für die Krankenkasse verbindlich.[87] Es muss im Herkunftsland eine Krankenversicherung bei einem Träger der **gesetzlichen Krankenversicherung** bestanden haben.

27 Liegt eine Bescheinigung nach § 15 BVFG noch nicht vor, kann der Beitritt auf der Grundlage der in **Abs. 3** genannten Unterlagen erklärt werden.[88] Wird später die Spätaussiedlereigenschaft abgelehnt, ist die Krankenkasse von der zuständigen Behörde zu informieren.[89] Die Mitgliedschaft ist dann für die Zukunft zu beenden.[90]

28 Der Beitritt muss **innerhalb von sechs Monaten** nach ständiger Aufenthaltnahme im Inland oder **innerhalb von drei Monaten** nach Ende des Bezugs von Arbeitslosengeld II erklärt werden.

---

80 BT-Dr. 14/8099, 3 f.
81 Vgl. BT-Dr. 14/8384, 8.
82 Vgl. BT-Dr. 14/8384, 8.
83 Fremdrenten- und Auslandsrentengesetz v. 7.8.1953, BGBl. I 1953, 848.
84 BGBl. I 1960, 93.
85 BT-Dr. 15/1749, 35 f.
86 So auch Berchtold in: Kreikebohm/Spellbrink/Waltermann, § 9 SGB V Rn. 11.
87 Baier in: Krauskopf, Stand 1/2014, § 9 SGB V Rn. 20.
88 Zur Begründung der Regelung BT-Dr. 15/1749, 36.
89 Vgl. BT-Dr. 15/1749, 36.
90 Baier in: Krauskopf, Stand 1/2014, § 9 SGB V Rn. 22; Peters in: KassKomm, Stand 12/2013, § 9 SGB V Rn. 45.

X. Bezieher von Sozialhilfe (Abs. 1 S. 1 Nr. 8)

Beitreten konnten innerhalb von sechs Monaten ab dem 1.1.2005 Personen, die in der Vergangenheit 29 laufende Leistungen zum Lebensunterhalt nach dem Bundessozialhilfegesetz bezogen hatten und davor zu keinen Zeitpunkt gesetzlich oder privat krankenversichert gewesen waren. Wegen des Zeitablaufs dürften Streitigkeiten aufgrund des Beitrittsrechts kaum noch zu erwarten sein. Von der Regelung betroffen war ohnehin wohl nur eine kleine Personengruppe, etwa Personen, die sich im Anschluss an den Bezug von Sozialhilfe selbstständig gemacht hatten oder aus sonstigen Gründen nicht mehr bedürftig waren; nur diesen Personen sollte ein Beitrittsrecht eröffnet werden[91] Die Regelung ist zum **1.1.2012** ganz entfallen; sie wurde als erledigt angesehen und deshalb zwecks Rechtsbereinigung gestrichen.[92]

Das Beitrittsrecht setzte voraus, dass **in der Vergangenheit** laufende Leistungen zum Lebensunterhalt 30 nach dem Bundessozialhilfegesetz bezogen worden waren; in der Zeit bis zum 30.6.2005 durften keine laufenden Leistungen zum Lebensunterhalt oder der Grundsicherung nach dem SGB XII mehr bezogen worden sein.[93]

Die Betroffenen durften vor dem Bezug der Leistungen **zu keinem Zeitpunkt gesetzlich oder privat** 31 **krankenversichert** gewesen sein. Maßgeblich für diese Einschränkung war die Erwägung, dass ein Beitrittsrecht dann nicht für erforderlich gehalten wurde, wenn vor dem Sozialhilfebezug gesetzliche oder private Versicherung bestanden hatte und während des Bezugs hätte fortgesetzt werden können.[94]

Der Beitritt musste in einer **Frist** von sechs Monaten ab dem 1.1.2005 erklärt werden. 32

XI. Beitrittserklärung und Beitrittsfrist (Abs. 2)

Die **Beitrittserklärung** ist eine öffentlich-rechtliche Willenserklärung.[95] Nach § 188 Abs. 3 muss sie 33 schriftlich abgegeben werden.[96] Wird sie nur mündlich abgegeben, klärt die Krankenkasse aber nicht über den Mangel auf (§ 14 SGB I), dürfte ein sozialrechtlicher Herstellungsanspruch in Betracht kommen.

Die Erklärung kann persönlich oder durch einen gesetzlichen oder gewillkürten Vertreter abgegeben 34 werden. Die persönliche Erklärung setzt Handlungsfähigkeit voraus; § 36 SGB I ist insoweit nicht unmittelbar anwendbar; naheliegender ist die Heranziehung der Regelung des § 175 Abs. 1 S. 3 über das Krankenkassenwahlrecht, das ab Vollendung des 15. Lebensjahres ausgeübt werden kann.[97] Ist ein Betreuer bestellt (§§ 1896 ff. BGB), kann dieser die Erklärung abgeben, wenn der Aufgabenkreis die Bereiche "Sorge für die Gesundheit" und "Vermögenssorge" umfasst.[98] Erklärt ein Dritter – etwa der Träger der Sozialhilfe – als Vertreter ohne Vertretungsmacht den Beitritt zur Krankenversicherung, so kann der Vertretene den Beitritt genehmigen; es dürfte allerdings erforderlich sein, dass die Genehmigung innerhalb der Beitrittsfrist erklärt wird.[99] Der Sozialhilfeträger kann nicht den Beitritt eines Sozialhilfeempfängers zur freiwilligen Krankenversicherung aufgrund des § 91a BSHG (jetzt: § 95 SGB XII) erklären.[100]

Die Beitrittserklärung wird mit Zugang (§ 130 Abs. 1, 3 BGB) bei der gewählten Krankenkasse wirk- 35 sam (§ 175 Abs. 1 S. 1). Die Krankenkasse kann den Beitritt bei Vorliegen der gesetzlichen Voraussetzungen nicht zurückweisen (§ 175 Abs. 1 S. 2). Die Beitrittserklärung zur gesetzlichen Krankenversicherung gilt nach § 50 Abs. 1 S. 3 SGB XI als Meldung zur sozialen Pflegeversicherung.[101]

Die **Beitrittsfrist** beträgt in den Fällen der Abs. 1 S. 1 Nr. 1–5 einheitlich **drei Monate**. Die Frist berech- 36 net sich nach § 26 Abs. 1 SGB X, § 187 Abs. 1 BGB, § 188 Abs. 2 BGB. Sie läuft nicht bei Geschäfts-

---

91 Vgl. hierzu und zum Sinn und Zweck der Regelung im historischen Kontext: BSG, 13.6.2007, B 12 KR 29/06 R; zu den Gesetzgebungsmotiven BT-Dr. 15/1749, 36.
92 Zur Begründung vgl. BT-Dr. 17/8005, 138.
93 BSG, 13.6.2007, B 12 KR 29/06 R, SozR 4-2500 § 9 Nr. 1.
94 BT-Dr. 15/1749, 36.
95 Berchtold in: Kreikebohm/Spellbrink/Waltermann, § 9 SGB V Rn. 3; Baier in: Krauskopf, Stand 1/2014, § 9 SGB V Rn. 26.
96 Thüringer LSG, 27.10.2015, L 6 KR 1407/12.
97 Berchtold in: Kreikebohm/Spellbrink/Waltermann, § 9 SGB V Rn. 3.
98 BSG, 14.5.2002, B 12 KR 14/01 R, SozR 3-2500 § 9 Nr. 4.
99 BSG, 11.6.1992, 12 RK 59/91, SozR 3-2200 § 313 Nr. 1.
100 BSG, 19.12.1991, 12 RK 24/90, BSGE 70, 72 ff.
101 Zur Anfechtung einer Beitrittserklärung Thüringer LSG, 27.10.2015, L 6 KR 1407/12.

unfähigkeit und fehlender Vertretung.[102] Wird sie versäumt, ist **Wiedereinsetzung** in den vorigen Stand möglich.[103] Bei einer Person, die unter Betreuung steht und Angelegenheiten der Krankenversicherung vom Aufgabenkreis des Betreuers umfasst sind, ist bei der Frage des Verschuldens auch auf den Betreuer abzustellen.[104] Eine Rechtsunkenntnis ist unverschuldet, wenn für die Krankenkasse eine Verpflichtung zu Hinweisen bestand.[105] Versicherte sind bei einem konkreten Anlass spontan auf klar zu Tage liegende Gestaltungsmöglichkeiten hinzuweisen, die sich offensichtlich als zweckmäßig aufdrängen und die von jedem verständigen Versicherten mutmaßlich genutzt werden.[106] Ob bei Beendigung der Versicherungspflicht eine generelle Pflicht der Krankenkassen zum Hinweis auf Beitrittsmöglichkeiten besteht, erscheint zweifelhaft.[107] In Betracht kommen kann auch ein sozialrechtlicher Herstellungsanspruch;[108] das richterrechtliche Institut des **sozialrechtlichen Herstellungsanspruchs** ist auch neben der gesetzlichen Wiedereinsetzungsregelung des § 27 SGB X anwendbar.[109]

XII. Anpassung durch das Bundesteilhabegesetz

37 Durch das Bundesteilhabegesetz vom 23.12.2016 (BGBl. I, 3234) wird in Abs. 2 Nr. 4 mWv 1.1.2018 die Angabe „68" durch die Angabe „151" ersetzt.[110]

Dritter Abschnitt
Versicherung der Familienangehörigen

§ 10 Familienversicherung

(1) ¹Versichert sind der Ehegatte, der Lebenspartner und die Kinder von Mitgliedern sowie die Kinder von familienversicherten Kindern, wenn diese Familienangehörigen
1. ihren Wohnsitz oder gewöhnlichen Aufenthalt im Inland haben,
2. nicht nach § 5 Abs. 1 Nr. 1, 2, 2 a, 3 bis 8, 11 bis 12 oder nicht freiwillig versichert sind,
3. nicht versicherungsfrei oder nicht von der Versicherungspflicht befreit sind; dabei bleibt die Versicherungsfreiheit nach § 7 außer Betracht,
4. nicht hauptberuflich selbständig erwerbstätig sind und
5. kein Gesamteinkommen haben, das regelmäßig im Monat ein Siebtel der monatlichen Bezugsgröße nach § 18 des Vierten Buches überschreitet; bei Renten wird der Zahlbetrag ohne den auf Entgeltpunkte für Kindererziehungszeiten entfallenden Teil berücksichtigt; für geringfügig Beschäftigte nach § 8 Abs. 1 Nr. 1, § 8 a des Vierten Buches beträgt das zulässige Gesamteinkommen 450 Euro.

²Eine hauptberufliche selbständige Tätigkeit im Sinne des Satzes 1 Nr. 4 ist nicht deshalb anzunehmen, weil eine Versicherung nach § 1 Abs. 3 des Gesetzes über die Alterssicherung der Landwirte vom 29. Juli 1994 (BGBl. I S. 1890, 1891) besteht. ³Das Gleiche gilt bis zum 31. Dezember 2018 für eine Tagespflegeperson, die bis zu fünf gleichzeitig anwesende, fremde Kinder in Tagespflege betreut. ⁴Ehegatten und Lebenspartner sind für die Dauer der Schutzfristen nach § 3 Abs. 2 und § 6 Abs. 1 des Mutterschutzgesetzes sowie der Elternzeit nicht versichert, wenn sie zuletzt vor diesen Zeiträumen nicht gesetzlich krankenversichert waren.

(2) Kinder sind versichert
1. bis zur Vollendung des achtzehnten Lebensjahres,
2. bis zur Vollendung des dreiundzwanzigsten Lebensjahres, wenn sie nicht erwerbstätig sind,
3. bis zur Vollendung des fünfundzwanzigsten Lebensjahres, wenn sie sich in Schul- oder Berufsausbildung befinden oder ein freiwilliges soziales Jahr oder ein freiwilliges ökologisches Jahr im Sinne des Jugendfreiwilligendienstegesetzes oder Bundesfreiwilligendienst nach dem Bundesfreiwilligendienstgesetz leisten; wird die Schul- oder Berufsausbildung durch Erfüllung einer gesetzlichen

---

102 BSG, 28.5.2008, B 12 KR 16/07 R, SozR 4-2500 § 9 Nr. 2.
103 BSG, 14.5.2002, B 12 KR 14/01 R und 11.5.1993, 12 RK 36/90.
104 Vgl. BSG, 14.5.2002, B 12 KR 14/01 R, SozR 3-2500 § 9 Nr. 4.
105 BSG, 11.5.1993, 12 RK 36/90, SozR 3-2200 § 176 b Nr. 1.
106 LSG Saarl, 18.2.2004, L 2 KR 27/02.
107 Vgl. Baier in: Krauskopf, Stand 1/2014, § 9 SGB V Rn. 24.
108 LSG RhPf, 3.3.2011, L 5 KR 108/10.
109 BSG, 6.5.2010, B 13 R 44/09 R, SozR 4-1200 § 14 Nr. 13.
110 Zur Begründung BR-Dr. 428/16, 330.

Dienstpflicht des Kindes unterbrochen oder verzögert, besteht die Versicherung auch für einen der Dauer dieses Dienstes entsprechenden Zeitraum über das fünfundzwanzigste Lebensjahr hinaus; dies gilt ab dem 1. Juli 2011 auch bei einer Unterbrechung oder Verzögerung durch den freiwilligen Wehrdienst nach § 58b des Soldatengesetzes, einen Freiwilligendienst nach dem Bundesfreiwilligendienstgesetz, dem Jugendfreiwilligendienstegesetz oder einen vergleichbaren anerkannten Freiwilligendienst oder durch eine Tätigkeit als Entwicklungshelfer im Sinne des § 1 Absatz 1 des Entwicklungshelfer-Gesetzes für die Dauer von höchstens zwölf Monaten,
4. ohne Altersgrenze, wenn sie als behinderte Menschen (§ 2 Abs. 1 Satz 1 des Neunten Buches) außerstande sind, sich selbst zu unterhalten; Voraussetzung ist, daß die Behinderung zu einem Zeitpunkt vorlag, in dem das Kind nach Nummer 1, 2 oder 3 versichert war.

(3) Kinder sind nicht versichert, wenn der mit den Kindern verwandte Ehegatte oder Lebenspartner des Mitglieds nicht Mitglied einer Krankenkasse ist und sein Gesamteinkommen regelmäßig im Monat ein Zwölftel der Jahresarbeitsentgeltgrenze übersteigt und regelmäßig höher als das Gesamteinkommen des Mitglieds ist; bei Renten wird der Zahlbetrag berücksichtigt.

(4) [1]Als Kinder im Sinne der Absätze 1 bis 3 gelten auch Stiefkinder und Enkel, die das Mitglied überwiegend unterhält, sowie Pflegekinder (§ 56 Abs. 2 Nr. 2 des Ersten Buches). [2]Kinder, die mit dem Ziel der Annahme als Kind in die Obhut des Annehmenden aufgenommen sind und für die die zur Annahme erforderliche Einwilligung der Eltern erteilt ist, gelten als Kinder des Annehmenden und nicht mehr als Kinder der leiblichen Eltern. [3]Stiefkinder im Sinne des Satzes 1 sind auch die Kinder des Lebenspartners eines Mitglieds.

(5) Sind die Voraussetzungen der Absätze 1 bis 4 mehrfach erfüllt, wählt das Mitglied die Krankenkasse.

(6) [1]Das Mitglied hat die nach den Absätzen 1 bis 4 Versicherten mit den für die Durchführung der Familienversicherung notwendigen Angaben sowie die Änderung dieser Angaben an die zuständige Krankenkasse zu melden. [2]Der Spitzenverband Bund der Krankenkassen legt für die Meldung nach Satz 1 ein einheitliches Verfahren und einheitliche Meldevordrucke fest.

Literatur:

Geiger, Neues zur Krankenversicherung der Arbeitslosen und Leistungsberechtigten nach dem SGB II, info also 2016, 162; *Gerlach,* Die Familienversicherung, 2008; *Knispel,* (Vorläufige) Fortführung der Familienversicherung bei Widerspruch und Klage gegen die Feststellung des Endes der Familienversicherung?, SGb 2011, 384; *Kostorz,* Krankenversicherung im Studium, NZS 2012, 161; *Krohn-Aicher,* Zum Nachweis einer Familienversicherung bei Suchterkrankungen, RdLH 2016, 123; *Kruse/Kruse,* Gesetzliche Krankenversicherung – Die Familienversicherung im Wandel, WzS 2009, 161; *Meißner,* Neuregelungen in der Sozialversicherung bei ALG-II-Bezug, SuP 2016, 41; *Mertens,* Kein Fall für die Familienversicherung, G+G 2011, Nr. 10, 42; *Schneider,* Familienversicherung – Ausgewählte Fragestellungen, SF-Medien, Nr. 177, 79 (2009); *Sinnigen,* Familienversicherung Teil 1, 2 und 3, SF-Medien, Nr. 185, 35, Nr. 186, 35 und Nr. 187, 55 (2011); *Winkel/Nakielski,* Krankenversicherung – Was sich 2016 ändert(e), SozSich 2016, 60.

I. Entstehungsgeschichte 1	6. Ausschluss für Ehegatten und Lebenspartner (Abs. 1 S. 4) 15
II. Regelungsgehalt und systematische Zusammenhänge 3	IV. Besondere persönliche Voraussetzungen (Abs. 2 bis 4) 16
III. Allgemeine Voraussetzungen (Abs. 1) 4	1. Ehegatten und Lebenspartner 16
1. Wohnsitz oder gewöhnlicher Aufenthalt (Abs. 1 Nr. 1) 5	2. Kinder, Enkel, Stiefkinder, Pflegekinder 17
2. Nachrang (Abs. 1 Nr. 2) 6	3. Altersgrenzen für Kinder 21
3. Keine Versicherungsfreiheit oder Befreiung (Abs. 1 Nr. 3) 7	4. Zuordnung zur GKV, wenn nur ein Elternteil Mitglied in der GKV ist 26
4. Keine hauptberufliche selbstständige Tätigkeit (Abs. 1 Nr. 4) 8	V. Verfahren 28
5. Einkommensgrenzen (Abs. 1 Nr. 5) 9	VI. Anpassung durch das Gesetz zur Neuregelung des Mutterschutzrechts 32

I. Entstehungsgeschichte

§ 10 geht zurück auf das **Gesetz zur Strukturreform im Gesundheitswesen (GRG)** vom 20.12.1988[1] und knüpft an § 205 RVO an (Familienhilfe). Die am 1.1.1989 in Kraft getretene Fassung[2] beruht im

---

1 BGBl. I 1988, 2477.
2 Art. 79 Abs. 1 GRG.

Wesentlichen auf dem Regierungsentwurf[3] und einer Empfehlung des Ausschusses für Arbeit und Sozialordnung.[4] Art. 1 Nr. 3 des **Zweiten Gesetzes zur Änderung des Fünften Buches Sozialgesetzbuch** vom 20.12.1991[5] brachte in Abs. 1 Nr. 1 zum 1.1.1992[6] Anpassungen beim örtlichen Geltungsbereich im Zusammenhang mit der Vereinigung Deutschlands.[7] Mit Art. 1 Nr. 2 des **Gesetzes zur Sicherung und Strukturverbesserung der gesetzlichen Krankenversicherung** vom 21.12.1992[8] wurde mit Wirkung zum 1.1.1993[9] Abs. 6 angefügt; Gegenstand sind Meldepflichten, die für die Durchführung der Versicherung des Risikostrukturausgleichs für erforderlich gehalten wurden.[10] Art. 3 Abs. 12 Nr. 3 des **Gesetzes zur Förderung eines freiwilligen ökologischen Jahres** vom 17.12.1993[11] brachte mit Wirkung zum 1.9.1993[12] in Abs. 2 Nr. 3 die Gleichstellung des freiwilligen ökologischen Jahrs mit dem freiwilligen sozialen Jahr.[13] An Abs. 2 wurde mit Art. 4 Nr. 1 des **Gesetzes zur Reform der agrarsozialen Sicherung** vom 29.7.1994[14] mit Wirkung vom 1.1.1995[15] Satz 2 angefügt.[16] Abs. 1 S. 1 Nr. 5 letzter Halbsatz wurde mit Art. 5 Nr. 1 des **Gesetzes zur Reform der gesetzlichen Rentenversicherung (Rentenreformgesetz 1999)** vom 16.12.1997[17] zum 1.7.1998[18] neu gefasst.[19] Mit Art. 1 Nr. 6 des **Gesetzes zur Reform der gesetzlichen Krankenversicherung aus dem Jahr 2000** vom 22.12.1999[20] wurde an Abs. 1 ein Satz 3 (der jetzige Satz 4) angefügt; die am 1.1.2000 in Kraft getretene Änderung[21] war eine Reaktion des Gesetzgebers auf eine Entscheidung des Bundessozialgerichts (Urteil v. 29.6.1993, 12 RK 9/92).[22] Mit Art. 19 Nr. 1 des **Gesetzes zur Änderung des Begriffs „Erziehungsurlaub"** vom 30.11.2000[23] wurden in Abs. 1 S. 3 mit Wirkung zum 2.1.2001[24] die Wörter „des Erziehungsurlaubs" durch die Wörter „der Elternzeit" ersetzt. Das **Sozialgesetzbuch – Neuntes Buch – (SGB IX) Rehabilitation und Teilhabe behinderter Menschen** vom 19.6.2001[25] brachte mit Art. 5 Nr. 5 terminologische Anpassungen an das SGB IX in Abs. 2 Nr. 4;[26] die Änderungen sind am 1.7.2001 in Kraft getreten.[27] Mit Art. 3 § 52 Nr. 4 des **Gesetzes zur Beendigung der Diskriminierung gleichgeschlechtlicher Gemeinschaften** vom 16.2.2001[28] wurden in Abs. 1 S. 1 und 3, Abs. 3 und Abs. 4 Ehegatten und Lebenspartner sowie Kinder und Stiefkinder von Ehegatten und Lebenspartnern gleichgestellt;[29] die Neuregelung gilt seit dem 1.8.2001 (Art. 5). Mit Art. 3 Nr. 2 des **Zweiten Gesetzes für moderne Dienstleistungen am Arbeitsmarkt** vom 23.12.2002[30] wurden zum 1.4.2003[31] in Abs. 1 S. 1 Nr. 5 Hs. 2 die Wörter „für geringfügig Beschäftigte nach § 8 Abs. 1 Nr. 1, § 8 a des Vierten Buches beträgt das zulässige Gesamteinkommen 400 Euro." eingefügt.[32] Mit Art. 5 Nr. 4 des **Vierten Gesetzes für moderne Dienstleistungen**

---

3 BT-Dr. 11/2237, 160, 161.
4 BT-Dr. 11/3320, 9; zur Begr. BT-Dr. 11/3480, 49.
5 BGBl. I 1991, 2325.
6 Art. 12 Abs. 1.
7 BT-Dr. 12/1392, 4.
8 BGBl. I 1992, 2266.
9 Art. 35 Gesundheitsstrukturgesetz.
10 Näher BT-Dr. 12/3608, 76.
11 BGBl. I 1993, 2118.
12 Art. 6 FÖJG.
13 Zur Begr. BT-Dr. 12/4716, 15.
14 BGBl. I 1994, 1890.
15 Art. 48 Abs. 1 ASRG 1995.
16 Zur Begr. BT-Dr. 12/5700, 92.
17 BGBl. I 1997, 2998.
18 Art. 33 Abs. 12 RRG 1999.
19 Zur Begr. BT-Dr. 13/8671, 120.
20 BGBl. I 1999, 2626.
21 Art. 22 Abs. 5 GKV-Gesundheitsreformgesetz 2000.
22 Näher BT-Dr. 14/1245, 61.
23 BGBl. I 2000, 1638.
24 Art. 37 des Gesetzes.
25 BGBl. I 2001, 1046.
26 BT-Dr. 14/5074, 117.
27 Art. 68.
28 BGBl. I 2001, 266.
29 Zur Begr. BT-Dr. 14/3751, 69.
30 BGBl. I 2002, 4621.
31 Art. 17 Abs. 1 a des Gesetzes.
32 Zur Begr. BT-Dr. 15/202, 4.

am Arbeitsmarkt vom 24.12.2003[33] wurde zum 1.1.2005[34] in Abs. 1 S. 1 Nr. 2 der Verweis auf § 5 Abs. 1 Nr. 1 um die Nrn. 2, 3 ergänzt; es sollte klargestellt werden, dass Angehörige von Pflichtversicherten auch im Fall des eigenständigen Bezugs von Arbeitslosengeld II familienversichert sind.[35] In Abs. 1 S. 1 wurden durch Art. 4 Nr. 01 des Gesetzes zur Vereinfachung des Verwaltungsverfahrens im Sozialrecht vom 21.3.2005[36] zum 30.3.2005[37] die Wörter „sowie die Kinder von familienversicherten Kindern" eingefügt.[38]

Art. 1 Nr. 6 des Gesetzes zur Stärkung des Wettbewerbs in der gesetzlichen Krankenversicherung (GKV-WSG) vom 26.3.2007[39] brachte eine Neufassung des Abs. 6 S. 2 zum 1.7.2008;[40] es handelt sich um eine Folgeänderung zur neuen Organisationsstruktur der Verbände der Krankenkassen.[41] Mit Art. 2 Abs. 11 b) des Gesetzes zur Förderung von Jugendfreiwilligendiensten vom 16.5.2008[42] wurden in Abs. 2 Nr. 3 redaktionelle Anpassungen an die Neuregelungen im Bereich der Jugendfreiwilligendienste vorgenommen[43] (am 1.6.2008 in Kraft getreten).[44] Mit Art. 4 Nr. 1 des Gesetzes zur Förderung von Kindern unter drei Jahren in Tageseinrichtungen und in Kindertagespflege vom 15.12.2008[45] wurde zum 16.12.2008[46] Abs. 1 S. 3 eingefügt; der bisherige Satz 3 wurde Satz 4.[47] Durch Änderung des Abs. 2 Nr. 3 wurden mit Art. 9 Nr. 2 des Gesetzes zur Einführung eines Bundesfreiwilligendienstes vom 3.5.2011[48] die Freiwilligen des Bundesfreiwilligendienstes und die Freiwilligen der Jugendfreiwilligendienste sozialversicherungsrechtlich gleichgestellt[49] (in Kraft seit dem 3.5.2011).[50] Mit Art. 1 Nr. 1 d des Gesetzes zur Verbesserung der Versorgungstrukturen in der gesetzlichen Krankenversicherung vom 22.12.2011[51] wurde an Abs. 2 Nr. 3 ein Halbsatz angefügt; damit soll die Gleichbehandlung aller gesetzlich geregelten Freiwilligendienste im Hinblick auf die Verlängerungstatbestände sichergestellt werden.[52] Im Zusammenhang mit der Anhebung der Geringfügigkeitsgrenze wurde mit Art. 3 Nr. 2 des Gesetzes zu Änderungen im Bereich der geringfügigen Beschäftigung vom 5.12.2012[53] in Abs. 1 S. 1 Nr. 1 Nr. 5 die Angabe 400 durch 450 ersetzt.[54] Mit Art. 4 des Gesetzes zur zusätzlichen Förderung von Kindern unter drei Jahren in Tageseinrichtungen und in Kindertagespflege vom 15.2.2013[55] wurde in Abs. 1 S. 3 die Jahresangabe 2013 durch 2015 ersetzt.[56] Mit Art. 2 Abs. 13 des Fünfzehnten Gesetzes zur Änderung des Soldatengesetzes vom 8.4.2013[57] wurde Abs. 2 Nr. 3 zum 13.4.2013[58] an Änderungen des Soldatengesetzes angepasst.[59] Mit Art. 1 Nr. 2 des GKV-Finanzstruktur- und Qualitäts-Weiterentwicklungsgesetzes (GKV-FQWG) vom 21.7.2014[60] wurde in Abs. 1 S. 1 Nr. 2 die Angabe „2a" eingefügt;[61] die Änderung tritt zum **1.1.2016** in Kraft.[62] Zum **1.1.2016**[63] wur-

---

33 BGBl. I 2003, 2954.
34 Art. 61.
35 BT-Dr. 15/1728, 208 f.
36 BGBl. I 2005, 818.
37 Art. 32 Abs. 1 des Gesetzes.
38 Zur Begr. BT-Dr. 15/4751, 45.
39 BGBl. I 2007, 378.
40 Art. 46 Abs. 9.
41 BT-Dr. 16/3100, 96.
42 BGBl. I 2008, 842.
43 BT-Dr. 16/6519, 17.
44 Art. 3 des Gesetzes.
45 BGBl. I 2008, 2403.
46 Art. 4 Abs. 1 des Gesetzes.
47 Zur Begr. BT-Dr. 16/10357, 25.
48 BGBl. I 2011, 687.
49 BR-Dr. 849/10, 36 f.
50 Art. 18 Abs. 1 des Gesetzes.
51 BGBl. I 2011, 2983.
52 Zur Begr. vgl. BT-Dr. 17/8005, 139.
53 BGBl. I 2012, 2474.
54 Zur Begr.: BT-Dr. 17/10773, 12.
55 BGBl. I 2013, 250.
56 Zur Begr.: BT-Dr. 17/12057, 12.
57 BGBl. I 2013, 730.
58 Art. 4 des Gesetzes.
59 Zur Begr.: BT-Dr. 17/12059, 8.
60 BGBl. I, 1133.
61 Zur Begr. BT-Dr. 18/1307, 33.
62 Art. 17 Abs. 2.
63 Art. 17 Abs. 2 GKV-FQWG.

de mit dem **GKV-Finanzstruktur- und Qualitäts-Weiterentwicklungsgesetz (GKV-FQWG)**[64] in Abs. 1 S. 1 Nr. 2 ein Verweis auf § 5 Abs. 1 Nr. 2 a eingefügt; es handelt sich um eine Folgeänderung zur Abschaffung des Vorrangs der Familienversicherung in § 5 Abs. 1 Nr. 2 a.[65] Art. 1 Nr. 1 a des Gesetzes zur Stärkung der Versorgung in der gesetzlichen Krankenversicherung (GKV-Versorgungsstärkungsgesetz – GKV-VSG) vom 16.7.2015[66] hat mit Wirkung vom 23.7.2015[67] in § 10 Abs. 1 S. 3 die Angabe „31. Dezember 2015" durch die Angabe „31. Dezember 2018" ersetzt.[68] Im Anschluss an entsprechende Änderungen des § 5 wurde mit Art. 1 a Nr. 3 des Gesetzes für sichere digitale Kommunikation und Anwendungen im Gesundheitswesen sowie zur Änderung weiterer Gesetze[69] vom 21.12.2015 mit Wirkung zum 1.1.2017[70] in § 10 Abs. 1 Satz 1 Nr. 2 die Angabe „11 oder 12" durch die Angabe „11 bis 12" ersetzt.[71]

II. Regelungsgehalt und systematische Zusammenhänge

3 Mit § 10 wurde die Familienversicherung in ihrer heute existierenden Ausgestaltung eingeführt. Es handelt sich um eine eigene Versicherung der in § 10 genannten Angehörigen von Mitgliedern mit eigenen Leistungsansprüchen;[72] vorher hatte im Rahmen der Familienhilfe nur das Mitglied eigene Leistungsansprüche für seine Angehörigen geltend machen können (vgl. § 205 RVO). Die Versicherung der Angehörigen nach § 10 ist akzessorisch zur Versicherung des Mitglieds,[73] ohne dass die Angehörigen selbst Mitgliedsstatus erlangen.[74] Die Familienversicherung ist beitragsfrei (§ 3 Abs. 3, § 243 Abs. 2 S. 2). Die Kosten werden aus dem Beitragsaufkommen finanziert und auf die Versichertengemeinschaft insgesamt verteilt (vgl. § 266 Abs. 1 S. 2); es handelt sich um einen Beitrag zum verfassungsrechtlich gebotenen **Familienlastenausgleich**.[75] Die Familienversicherung ist gegenüber einer eigenen Mitgliedschaft regelmäßig nachrangig (zB § 10 Abs. 1 S. 1 Nr. 2, § 5 Abs. 7 S. 2); dem nachgehenden Schutz aus § 19 geht sie aber vor (§ 19 Abs. 2 S. 2). Die eigene Versicherungsfreiheit oder Befreiung des Familienversicherten wirkt sich grundsätzlich auch auf die Familienversicherung aus (§ 10 Abs. 1 S. 1 Nr. 3). Entsprechend der systematischen Weiterentwicklung der Familienversicherung als eigene Versicherung der Angehörigen des Stammversicherten ist § 10 heute im Kontext der Regelungen über die Zugehörigkeit zur Versicherung (§§ 5 ff.) und nicht mehr im Leistungsrecht verortet.

III. Allgemeine Voraussetzungen (Abs. 1)

4 Als familienversichert kommen in Betracht der **Ehegatte, der Lebenspartner und die Kinder von Mitgliedern sowie die Kinder von familienversicherten Kindern**. Für den Eintritt der Familienversicherung müssen kumulativ die weiteren Voraussetzungen des Abs. 1 vorliegen. Für die Familienversicherung von Kindern enthält Abs. 4 erweiternde Begriffsdefinitionen für den begünstigten Personenkreis (ua Stiefkinder, Enkel und Pflegekinder); Abs. 2 und 3 enthalten ergänzend zu Abs. 1 weitere Voraussetzungen für das Bestehen einer Familienversicherung bei Kindern.

5 **1. Wohnsitz oder gewöhnlicher Aufenthalt (Abs. 1 Nr. 1).** Nach Abs. 1 Nr. 1 muss der Familienangehörige seinen **Wohnsitz oder gewöhnlichen Aufenthalt** im Inland haben. Modifikationen können sich aus über- oder zwischenstaatlichem Recht ergeben.[76] Für die Begriffe Wohnsitz und gewöhnlicher Aufenthalt enthält § 30 Abs. 3 SGB I Legaldefinitionen. Die Entscheidung, ob ein Ausländer seinen Wohnsitz oder gewöhnlichen Aufenthalt im Inland hat, ist regelmäßig vorausschauend nach den Verhältnissen verbindlich zu beurteilen, die im Zeitpunkt der Entscheidung bestehen.[77] Der gewöhnliche Aufent-

---

[64] BGBl. I 2014, 1133.
[65] BT-Dr. 18/1307, 33.
[66] BGBl. I, 1211.
[67] Art. 20.
[68] Zur Begr. BT-Dr. 18/5123, 114 f.
[69] BGBl. I, 2408.
[70] Art. 4 Abs. 3.
[71] Zur Begr. BT-Dr. 18/6905, 77.
[72] Vgl. BayLSG, 18.11.2014, L 5 KR 379/10.
[73] Vgl. hierzu BSG, 29.7.2003, B 12 KR 16/02 R, BSGE 91, 190 ff.
[74] Peters in: KassKomm, Stand 12/2013, § 10 SGB V Rn. 3.
[75] Berchtold in: Kreikebohm/Spellbrink/Waltermann, § 10 SGB V Rn. 1 mit Hinweis auf BVerfG, 12.2.2003, 1 BvR 624/01.
[76] Berchtold in: Kreikebohm/Spellbrink/Waltermann, § 10 SGB V Rn. 1; Baier in: Krauskopf, Stand 1/2014, § 10 Rn. 28.
[77] BSG, 30.4.1997, 12 RK 30/96, BSGE 80, 209 ff.

halt im Inland im Sinne des § 10 ist bei Ausländern jedenfalls dann gegeben, wenn der Aufenthalt der Familienversicherten und des Stammversicherten ausländerrechtlich gestattet ist.[78]

2. Nachrang (Abs. 1 Nr. 2). Nach Abs. 1 S. 1 Nr. 2 darf keine Versicherung nach **§ 5 Abs. 1 Nr. 1, 2, 2 a, 3 bis 8, 11 bis 12** oder **keine freiwillige Versicherung** bestehen. Die Vorschrift regelt den **Nachrang** der Familienversicherung nach den genannten eigenen Versicherungen der betroffenen Angehörigen. Dass versicherungs- und beitragspflichtige Kleinrentner auch dann selbst in der gesetzlichen Krankenversicherung pflichtversichert sind, wenn ohne die Versicherungspflicht als Rentner für sie ein Anspruch auf Familienversicherung bestünde, ist nicht verfassungswidrig.[79] Ein Nachrang galt früher auch gegenüber dem nachgehenden Versicherungsschutz des § 19 Abs. 2 S. 1,[80] seit dem 1.1.2004 nach dem neuen § 19 Abs. 2 S. 2 aber nicht mehr; diese Neuregelung verstößt nicht gegen Verfassungsrecht.[81] Die Familienversicherung ist gegenüber einer freiwilligen Versicherung nur dann nachrangig, wenn eine solche tatsächlich besteht; nicht entscheidend ist, ob sie begründet werden könnte;[82] eine freiwillige Versicherung kann vielmehr sogar beendet werden, um den Zugang zur Familienversicherung zu erlangen.[83] Die Familienversicherung wird durch eine Versicherung aufgrund einer versicherungspflichtigen Beschäftigung nur für deren Dauer überlagert und nicht endgültig beendet.[84] Ein **Vorrang** besteht gegenüber den Versicherungen nach § 5 Abs. 1 Nr. 9, 10 und 13, auch gegenüber der freiwilligen Mitgliedschaft nach § 188 Abs. 4. Die Versicherung der Studenten und Praktikanten nach § 5 Abs. 1 Nr. 9, 10 ist nicht nachrangig, wenn der Ehegatte, der Lebenspartner oder das Kind des Studenten oder Praktikanten nicht versichert ist (§ 5 Abs. 7 S. 1); zu beachten ist, dass mittlerweile nach § 10 Abs. 1 S. 1 auch das Kind des familienversicherten Studenten oder Praktikanten familienversichert sein kann und § 5 Abs. 7 S. 1 dann uU nicht einschlägig ist.[85] Die Auffangversicherung des § 5 Abs. 1 Nr. 13 ist bei Bestehen einer Familienversicherung schon tatbestandlich ausgeschlossen, weil ein anderweitiger Anspruch auf Absicherung im Krankheitsfall besteht; dies ist zudem in § 5 Abs. 8 a S. 1 nochmals klargestellt. Die freiwillige Mitgliedschaft nach § 188 Abs. 4 tritt nach § 188 Abs. 4 Satz 3 bei Vorliegen der Voraussetzungen für eine Familienversicherung nicht ein. Nach der bis zum 31.12.2015 geltenden Fassung des § 5 Abs. 1 Nr. 2 a trat die Pflichtversicherung beim Bezug von Alg II nur ein, soweit keine Familienversicherung bestand. Bezogen Partner in einer Bedarfsgemeinschaft (§ 7 SGB II) Alg II, so sollte – falls nicht aus anderen Gründen eine Pflichtversicherung bestand – nur ein Partner nach § 5 Abs. 1 Nr. 2 a SGB II pflichtversichert sein, während der andere Partner familienversichert war;[86] welcher Partner dies war, war § 5 Abs. 1 Nr. 2 a SGB II nicht unmittelbar zu entnehmen; meist wird in solchen Fällen aber ein Partner schon vor dem Alg II-Bezug familienversichert gewesen sein, so dass dieser Status beibehalten werden konnte. Seit der zum 1.1.2016 in Kraft getretenen Änderung[87] durch Einfügung eines Verweises auf § 5 Abs. 1 Nr. 2 a durch das GKV-FQWG[88] ist der Vorrang der Familienversicherung abgeschafft;[89] eine Vorrangprüfung entfällt und die Versicherungspflicht tritt unabhängig davon ein;[90] beide Partner sind versicherungspflichtig.

3. Keine Versicherungsfreiheit oder Befreiung (Abs. 1 Nr. 3). Die Familienversicherung tritt nach Abs. 1 S. 1 Nr. 3 nur ein, wenn die Familienangehörigen **nicht versicherungsfrei** oder **nicht von der Versicherungspflicht befreit** sind; die Versicherungsfreiheit nach § 7 bleibt dabei außer Betracht. Von der Familienversicherung sind damit Personen ausgeschlossen, die im Falle der Versicherungsfreiheit typisierend mangels Schutzbedürfnisses auch von der Versicherungspflicht ausgeschlossen sind (vgl. § 6), und Personen, die aufgrund eigenen Entschlusses nicht zum System der gesetzlichen Versicherung ge-

---

78 So wohl BSG, 30.4.1997, 12 RK 30/96, BSGE 80, 209 ff.
79 BSG, 4.9.2013, B 12 KR 13/11 R.
80 BSG, 7.5.2002, B 1 KR 24/01 R, BSGE 89, 254 ff.
81 LSG Stuttgart, 12.3.2012, L 11 KR 3638/11.
82 Vgl. BSG, 23.2.1988, 12 RK 33/87, BSGE 63, 51 ff., zur Familienhilfe.
83 BSG, 29.6.1993, 12 RK 48/91, BSGE 72, 292 ff.
84 Vgl. BSG, 18.5.2004, B 1 KR 24/02 R, SozR 4-2500 § 10 Nr. 4.
85 Just in: Becker/Kingreen, § 10 Rn. 9.
86 So wohl: GKV-Spitzenverband, Bundesagentur für Arbeit, Deutscher Landkreistag, Deutscher Städtetag, Versicherungs-, Beitrags- und Melderecht der Bezieher von Arbeitslosengeld II, abrufbar unter www.arbeitsagentur.de/zentraler-Content/A07-Geldleistung/A071-Arbeitslosigkeit/Publikation/pdf/KV-Rundschreiben-AlgII.pdf, S. 47 f. (zuletzt abgerufen am 1.3.2017).
87 Art. 17 Abs. 2 GKV-FQWG.
88 BGBl. I 2014, 1133.
89 BT-Dr. 18/1307, 33.
90 Vgl. BT-Dr. 18/1307, 32.

hören wollen und sich deshalb haben befreien lassen (§ 8).[91] Der Ausschluss von der Familienversicherung besteht nur, solange die Versicherungsfreiheit andauert, im Falle einer zur Versicherungsfreiheit führenden Beschäftigung im Sinne des § 6 Abs. 1 Nr. 1 für die Dauer der Beschäftigung.[92] Einer Familienversicherung steht nicht schon jedwede dem betroffenen Angehörigen des Versicherten in der Vergangenheit erteilte Befreiung von der Krankenversicherungspflicht entgegen, vielmehr sind Angehörige von der Familienversicherung wegen Befreiung von der Versicherungspflicht nur ausgeschlossen, wenn es ohne die Befreiung in dem zu beurteilenden Zeitraum konkret tatbestandsbezogen zu ihrer eigenen originären Versicherung gekommen wäre.[93] Der Anspruch auf Familienversicherung, wie er durch das SGB V ausgestaltet ist, lässt eine landesbeamtenrechtliche Regelung ins Leere gehen, die den Vorrang der beamtenrechtlichen Sicherung während des Erziehungsurlaubs durchbricht;[94] eine Familienversicherung besteht deshalb nicht (für solche Konstellationen ist mittlerweile auch § 10 Abs. 1 S. 4 zu beachten). Eine aus familiären Gründen (nach Beendigung eines Erziehungsurlaubs) ohne Dienstbezüge beurlaubte, mit einem gesetzlich Krankenversicherten verheiratete Beamtin ist hingegen für die Dauer der Beurlaubung grundsätzlich nicht versicherungsfrei und daher familienversichert.[95]

8 **4. Keine hauptberufliche selbstständige Tätigkeit (Abs. 1 Nr. 4).** Eine Familienversicherung besteht nach Abs. 1 S. 1 Nr. 4 nicht für Familienangehörige, die **hauptberuflich selbstständig erwerbstätig** sind. Die Regelung knüpft an die Rechtsprechung zu § 205 RVO an, nach der die Familienhilfe bei Ausübung einer vollen selbstständigen Tätigkeit ausgeschlossen war.[96] Der Begriff der hauptberuflichen selbstständigen Tätigkeit in beiden Vorschriften stimmt überein.[97] Selbstständige Tätigkeiten im hier maßgeblichen Sinn sind nur solche, die typischerweise mit persönlichem Einsatz verbunden sind; nicht gemeint ist jegliche Einkommenserzielung, etwa aus Vermietung und Verpachtung oder aus Kapitalvermögen.[98] Ob eine hauptberufliche selbstständige Tätigkeit vorliegt, hängt nicht von der Höhe des Einkommens ab;[99] insoweit enthält § 10 Abs. 1 S. 1 Nr. 5 eine spezielle Regelung.[100] Eine hauptberuflich selbstständige Tätigkeit ist nach **Abs. 1 S. 2** nicht schon deshalb anzunehmen, weil eine Versicherung nach § 1 Abs. 3 ALG besteht; die Fiktion des § 1 Abs. 3 S. 1 ALG gilt für das SGB V nicht (§ 1 Abs. 3 S. 2 ALG). Eine selbstständige hauptberufliche Tätigkeit ist nach **Abs. 1 S. 3** bis zum 31.12.2015 auch nicht anzunehmen für eine Tagespflegeperson, die bis zu fünf gleichzeitig anwesende, fremde Kinder in Tagespflege betreut. Die Regelung steht im Zusammenhang mit steuerrechtlichen Regelungen; die Krankenkassen hatten sich für die krankenversicherungsrechtliche Behandlung von Tagespflegepersonen an dem Erlass des Bundesministeriums der Finanzen vom 7. Februar 1990 (BStBl. I S. 109) zur einkommensteuerrechtlichen Behandlung des aus öffentlichen Kassen gezahlten Pflegegeldes und Erziehungsbeitrags (Erziehungsgeld) für Kinder in Familienpflege orientiert; die Spitzenverbände der Krankenkassen sind auf dieser Grundlage für die öffentlich wie auch für die privat finanzierte Kindertagespflege in pauschalierender Betrachtungsweise ohne nähere Prüfung davon ausgegangen, dass Tagespflegepersonen, die bis zu fünf Kinder betreuen, als nicht hauptberuflich selbstständige Erwerbstätige im Sinne der Familienversicherung (Abs. 1 S. 1 Nr. 4) und des Beitragsrechts (§ 240 Abs. 4 S. 2) galten; mit der Neuregelung in § 10 sollte trotz Änderungen in der steuerrechtlichen Behandlung sichergestellt werden, dass die bisherige Verfahrensweise der Krankenkassen bei der Beurteilung der Hauptberuflichkeit der selbstständig ausgeübten Kindertagespflege fortgesetzt werden konnte.[101] Die Befristung der Regelung – zunächst vorgesehen bis zum 31.12.2013 – steht im Zusammenhang mit der Zielsetzung der qualitativen Verbesserung der Kindertagespflege durch eine angemessene, der Qualifikation entsprechende Honorierung der selbstständigen Tagespflegepersonen; die Ausbauphase der Kindertagesbetreuung sollte entsprechend dem Kinderförderungsgesetz zum 31.7.2013 abgeschlossen sein; ab diesem Zeitpunkt sollten Tagespflegepersonen von dem erzielten Arbeitseinkom-

---

91 Zur Begr. BT-Dr. 11/2237, 161.
92 Vgl. Baier in: Krauskopf, Stand 1/2014, § 10 SGB V Rn. 31.
93 BSG, 23.7.2014, B 12 KR 21/12 R.
94 BSG, 28.3.2000, B 8 KN 10/98 KR R; vgl. auch 18.3.1999, B 12 KR 13/98 R; 29.6.1993, 12 RK 91/92.
95 BSG, 23.10.1996, 4 RK 1/96, BSGE 79, 184 ff.
96 BSG, 29.1.1980, 3 RK 38/79.
97 Vgl. Peters in: KassKomm, Stand 12/2013, § 10 SGB V Rn. 15.
98 Vgl. BSG, 4.6.2009, B 12 KR 3/08 R; vgl. hierzu auch BSG, 29.2.2012, B 12 KR 4/10 R.
99 Zur Hauptberuflichkeit der Tätigkeit eines alleingeschäftsführenden Alleingesellschafters einer Unternehmergesellschaft in der „Anlaufphase": LSG Bln-Bbg, 3.4.2013, L 1 KR 157/12.
100 Vgl. Peters in: KassKomm, Stand 12/2013, § 10 SGB V Rn. 15; anders wohl LSG Bln 19.3.2003, L 9 KR 157/02.
101 Vgl. BT-Dr. 16/10357, 25 f.

men mit anderen Selbstständigen vergleichbar sein; die Befristung bis zum Ende des Kalenderjahres 2013 hatte steuerrechtliche Gründe.[102] Die Befristung wurde zunächst bis zum 31.12.2015 verlängert, weil die Erwartung bestand, dass die Ausbauphase der Kindertagesbetreuung voraussichtlich erst Ende 2015 abgeschlossen sein werde.[103] Mittlerweile ist sie im Hinblick auf den weiteren Ausbau der Kindertagesbetreuung erneut verlängert worden, jetzt bis zum 31.12.2018.[104]

5. Einkommensgrenzen (Abs. 1 Nr. 5). Keine Familienversicherung besteht, wenn die Einkommensgrenzen des Abs. 1 S. 1 Nr. 5 überschritten werden. Die Regelung verhindert, dass eine Familienversicherung für Personen eintritt, die des Schutzes aufgrund eigener wirtschaftlicher Leistungsfähig nicht bedürfen; die Einschränkung stößt nicht auf verfassungsrechtliche Bedenken.[105]

Die maßgebliche Einkommensgrenze liegt gegenwärtig bei einem **Siebtel der monatlichen Bezugsgröße** nach § 18 SGB IV, für **geringfügig Beschäftigte bei 450,- EUR**. Ursprünglich hatte es unter Geltung der RVO eine ausdrücklich normierte Einkommensgrenze nicht gegeben; das Bundessozialgericht hatte aber entschieden, dass bei einem Arbeitsentgelt über der Krankenversicherungspflichtgrenze für Angestellte kein Anspruch auf Familienhilfe bestehe.[106] Der Gesetzgeber hat dann zunächst zum 1.7.1977 eine Grenze von einem Fünftel[107] und ab dem 1.1.1982 von einem Sechstel[108] der monatlichen Bezugsgröße eingeführt. Seit Einführung des SGB V liegt sie bei einem Siebtel der monatlichen Bezugsgröße. Anfänglich stimmten die Grenze des Abs. 1 S. 1 Nr. 5 und die Entgeltgeringfügigkeitsgrenze des § 8 SGB IV überein. Seit dem 1.4.1999 ist die Entgeltgeringfügigkeitsgrenze des § 8 SGB IV nicht mehr unmittelbar an die Bezugsgröße gekoppelt und unterscheidet sich von der Grenze des Abs. 1 S. 1 Nr. 5. Allerdings enthielt § 309 Abs. 6 ab dem 1.4.1999 bis zum 31.12.2000 eine ergänzende Regelung, wonach die maßgebliche Grenze nach § 10 Abs. 1 Nr. 5 mindestens 630 DM betrug.[109] Ab dem 1.4.2003[110] enthielt Abs. 1 S. 1 Nr. 5 für geringfügig Beschäftigte die spezielle Grenze von 400 EUR; seit dem 1.1.2013 ist die Grenze auf 450 EUR erhöht.[111] Im Hinblick auf den Gleichbehandlungsgrundsatz wird die Verfassungsmäßigkeit der Regelung wegen der Sonderstellung der geringfügig Beschäftigten angezweifelt.[112]

Die Einkommensgrenze bezieht sich auf das **Gesamteinkommen**; dieses ist in § 16 SGB IV definiert als die Summe der Einkünfte im Sinne des Einkommensteuerrechts; es umfasst insbesondere das Arbeitsentgelt (§ 14 SGB IV) und das Arbeitseinkommen (§ 15 SGB IV). Der Bezug auf den Begriff des steuerrechtlich bestimmten Begriffs des Gesamteinkommens hat insofern eine gewisse Sonderstellung, als etwa im Beitragsrecht der Pflicht- und freiwilligen Versicherung jeweils spezifischere Definitionen für die zu verbeitragenden Einkünfte vorhanden sind.[113] Im Gesetzgebungsverfahren zum Gesundheitsreformgesetz wurde – wohl vor diesem Hintergrund – eine Änderung erwogen, letztlich aber an der Bezugnahme auf das Gesamteinkommen festgehalten.[114] Insbesondere sollte vermieden werden, dass der Bezug steuerfreier Sozialleistungen zum Ausscheiden aus der Familienversicherung führte. Um unbillige Ergebnisse zu vermeiden, sollte bei Renten aber nicht der steuerrechtlich relevante Ertragsanteil, sondern der Zahlbetrag berücksichtigt werden.[115] Bei Renten wird deshalb der **Zahlbetrag ohne den auf Entgeltpunkte für Kindererziehungszeiten entfallenden Teil** berücksichtigt; gemeint ist damit der Bruttobetrag der Rente.[116] Ein systematischer Bruch zu den sonstigen zum Gesamteinkommen gehörenden

---

102 Vgl. BT-Dr. 16/10357, 25 f.
103 Vgl. BT-Dr. 17/12057, 13.
104 BT-Dr. 18/5123, 114 f.
105 Zur Verfassungsmäßigkeit der Grenze BVerfG, 9.6.1978, 1 BvR 628/77 und 1 BvR 53/78.
106 BSG, 2.10.1970, 3 RK 91/67, BSGE 32, 13.
107 Krankenversicherungskostendämpfungsgesetz vom 27.6.1977, BGBl. I 1977, 1069.
108 Art. 2 § 1 Nr. 2, Art. 4 § 3 des 21. Rentenanpassungsgesetzes vom 25.7.1978, BGBl. I 1978, 1089.
109 Gesetz zur Neuregelung der geringfügigen Beschäftigungsverhältnisse vom 24.3.1999, BGBl. I 1999, 388 (zur Begr. BT-Dr. 14,441, 32); aufgehoben mit dem Gesetz zur Rechtsangleichung in der gesetzlichen Krankenversicherung vom 22.12.1999, BGBl. I 1999, 2657.
110 Art. 3 Nr. 2 des Zweiten Gesetzes für moderne Dienstleistungen am Arbeitsmarkt vom 23.12.2002, BGBl. I 2002, 4621.
111 Gesetz zu Änderungen im Bereich der geringfügigen Beschäftigung vom 5.12.2012, BGBl. 2012, 2474.
112 Just in: Becker/Kingreen, § 10 Rn. 19; Baier in: Krauskopf, Stand 1/2014, § 10 SGB V Rn. 36 a; Berchtold in: Kreikebohm/Spellbrink/Waltermann, § 10 SGB V Rn. 5.
113 Vgl. hierzu BSG 10.3.1994, 12 RK 4/92, SozR 3-2500 § 10 Nr. 5.
114 Vgl. BT-Dr. 11/2237, 161, BT-Dr. 11/3320, 9.
115 BT-Dr. 11/3480, 49.
116 BSG, 22.5.2003, B 12 KR 13/02 R, BSGE 91, 83 ff.

Einkünften ergibt sich insoweit, als für diese das „Nettoprinzip" gilt.[117] Die Regelung für die Berücksichtigung der Renten verstößt aber nicht gegen Verfassungsrecht.[118]

12 Bei der Ermittlung des Gesamteinkommens nicht zu berücksichtigen sind **Kindergeld** (§ 3 Nr. 24 EStG), **Mutterschaftsgeld** (§ 3 Nr. 1 d EStG), **Erziehungs- und Elterngeld** (§ 3 Nr. 67 EStG). **Unterhaltsleistungen** zwischen getrennt lebenden Eheleuten, die der krankenversicherte Geber als Sonderausgaben von der Einkommensteuer absetzt und die infolgedessen beim Empfänger als sonstige Einkünfte steuerpflichtig sind (begrenztes Realsplitting), zählen beim Empfänger zum Gesamteinkommen im Sinne des § 10 Abs. 1 Nr. 5 Hs. 1 und schließen bei Überschreiten der Gesamteinkommensgrenze die Familienversicherung aus.[119] Die Familienversicherung wird für die Zeit nach dem Erhalt einer **einmaligen Abfindung** wegen Beendigung eines Arbeitsverhältnisses nicht ausgeschlossen, weil die Abfindungssumme nicht entsprechend dem vorher erzielten Arbeitsentgelt auf mehrere Monate verteilt werden darf.[120] Die **monatlich gezahlten Beträge einer Abfindung** des Arbeitgebers nach ordentlicher Kündigung des Arbeitsverhältnisses zählen hingegen, soweit sie steuerpflichtig sind, zum Gesamteinkommen im Sinne des § 16 SGB IV und schließen bei Überschreiten des maßgebenden Grenzbetrages des § 10 Abs. 1 S. 1 Nr. 5 Hs. 1 die Familienversicherung aus.[121] **Werbungskosten sind abzuziehen,**[122] **nicht aber Kinderfreibeträge, Haushaltsfreibeträge, Sonderausgaben und außergewöhnliche Belastungen.**[123] Von den Einkünften aus Vermietung und Verpachtung können die Abschreibungen nach § 7 b EStG nicht abgezogen werden.[124]

13 Zu den **Renten** im Sinne des § 10 Abs. 1 S. 1 Nr. 5 gehören **Renten aus der gesetzlichen Rentenversicherung**, den landwirtschaftlichen Alterskassen, berufsständischen Versorgungseinrichtungen oder auch private Renten; die Renten sind unabhängig von dem der Besteuerung unterliegenden Anteil (vgl. § 22 EStG) mit dem Zahlbetrag zu berücksichtigen.[125] Zahlbetrag ist bei Renten aus der gesetzlichen Rentenversicherung der Bruttobetrag der Rente,[126] allerdings ohne den Zuschuss zur Krankenversicherung nach § 106 SGB VI.[127] Eine Aufrechnung, Abtretung oder Pfändung vermindert den Zahlbetrag nicht.[128] Bei gesetzlichen Renten bleibt der auf Entgeltpunkte wegen Kindererziehungszeiten entfallende Teil unberücksichtigt. Die mit dem Rentenreformgesetz 1999 vom 16.12.1997[129] eingefügte Regelung entspricht der aus der grundgesetzlichen Verpflichtung des Staates zum Schutz und zur Förderung von Ehe und Familie abgeleiteten Forderung des Bundesverfassungsgerichts, die durch Kindererziehung bedingten Nachteile in weiterem Umfang als zuvor auszugleichen.[130] Zu den Renten in diesem Sinne gehören auch Halbwaisenrenten der Versorgungseinrichtung einer Ärztekammer; auch insoweit ist die Regelung nicht verfassungswidrig.[131]

14 Zu berücksichtigen ist nur Gesamteinkommen, das **regelmäßig im Monat** ein Siebtel der Bezugsgröße überschreitet. Sind – nur in bestimmten Monaten gezahlte – Zuwendungen gleichmäßig auf das Kalenderjahr zu verteilen, dann liegt insoweit ein "regelmäßig im Monat" anfallendes Entgelt vor;[132] die Einkünfte sind zur Ermittlung des regelmäßigen Gesamteinkommens auf die einzelnen Monate zu verteilen.[133] Das regelmäßige Gesamteinkommen ist **vorausschauend** festzustellen.[134] Die Erhöhung des

---

117 Hierzu näher BSG, 22.5.2003, B 12 KR 13/02 R, BSGE 91, 83 ff.; der Begriff „Nettoprinzip" wird hier in einem rein steuerrechtlichen Sinn verwendet.
118 BSG, 10.3.1994, 12 RK 4/92; im Anschluss BVerfG, 17.12.1997, 1 BvR 989/94.
119 BSG, 3.2.1994, 12 RK 5/92, SozR 3-2500 § 10 Nr. 4.
120 BSG, 9.10.2007, B 5b/8 KN 1/06 KR R, SozR 4-2500 § 10 Nr. 8.
121 BSG, 25.1.2006, B 12 KR 2/05 R, SozR 4-2500 § 10 Nr. 6.
122 BSG, 22.7.1981, 3 RK 7/80, SozR 2200 § 205 Nr. 43.
123 BSG, 25.8.2004, B 12 KR 36/03 R.
124 BSG, 22.7.1981, 3 RK 7/80, SozR 2200 § 205 Nr. 43.
125 Baier in: Krauskopf, Stand 1/2014, § 10 SGB V Rn. 38; BSG 10.3.1994, 12 RK 4/92: Betriebsrente; BSG 25.1.2006, B 12 KR 10/04 R: private Rentenversicherung.
126 BSG 22.5.2003, B 12 KR 13/02 R, BSGE 91, 83 ff.
127 Baier in: Krauskopf, Stand 1/2014, § 10 SGB V Rn. 38.
128 Just in: Becker/Kingreen, § 10 Rn. 25.
129 BGBl. I 1997, 2998.
130 BT-Dr. 13/8671, 120.
131 BSG, 29.6.2016, B 12 KR 1/15 R.
132 BSG, 22.7.1981, 3 RK 7/80; BSG 17.8.1992, 3 RK 68/80: Weihnachtszuwendung, Urlaubsgeld.
133 BSG, 17.8.1992, 3 RK 68/80, SozR 2200 § 205 Nr. 49 zur Familienkrankenhilfe.
134 BSG, 17.8.1992, 3 RK 68/80, SozR 2200 § 205 Nr. 49 zur Familienkrankenhilfe; BSG, 7.12.2000, B 10 KR 3/99 R; abweichend – jedenfalls wohl für bestimmte Einkommensarten – LSG BW, 14.2.2012, L 11 KR 4779/10; zu der Thematik auch LSG BW, 14.10.2013, L 11 KR 1983/12.

Einkommens für eine abgelaufene Zeit kann nicht zu einem rückwirkenden Ausschluss aus der Familienversicherung führen.[135] Beim Abzug von Werbungskosten kann vorausschauend die steuerrechtliche Werbungskostenpauschale in Ansatz gebracht werden.[136] Auch bei einer – zulässigen – rückwirkenden Feststellung über den Bestand einer Familienversicherung ist nachträglich eine vorausschauende Betrachtungsweise anzuwenden; eine Familienversicherung bestand auch rückblickend erst ab dem Zeitpunkt nicht mehr, zu dem aus damaliger Sicht mit hinreichender Sicherheit feststand, dass der – gegebenenfalls für ein Kalenderjahr zu berechnende – Grenzbetrag überschritten werden würde.[137] Die Bestimmungen der Beitragsverfahrensgrundsätze Selbstzahler zur Feststellung des Einkommens sind nicht unmittelbar anwendbar; erforderlich ist vielmehr eine Prognose unter Einbeziehung der mit hinreichender Sicherheit zu erwartenden Veränderungen.[138]

6. Ausschluss für Ehegatten und Lebenspartner (Abs. 1 S. 4). Nach Abs. 1 S. 4 sind **Ehegatten und Lebenspartner** für die Dauer der Schutzfristen nach § 3 Abs. 2 und § 6 Abs. 1 des Mutterschutzgesetzes sowie der Elternzeit nicht versichert, wenn sie zuletzt vor diesen Zeiträumen nicht gesetzlich krankenversichert waren. Für Personen, die am 1.1.2000 familienversichert waren, gilt die Regelung nach Art. 21 § 3 GKV-Gesundheitsreformgesetz 2000 vom 22.12.1999[139] nicht. Die Änderung war eine Reaktion des Gesetzgebers auf Entscheidungen des BSG;[140][141] dieses hatte entschieden, dass Versicherungsfreiheit vor Mutterschutz und Erziehungszeit der Familienversicherung nicht entgegenstehe. 15

IV. Besondere persönliche Voraussetzungen (Abs. 2 bis 4)

1. Ehegatten und Lebenspartner. Der Begriff des **Ehegatten** bestimmt sich in erster Linie nach bürgerlichem Recht (§§ 1303 ff. BGB). Auch nach ausländischem Recht geschlossene Ehen können eine Familienversicherung begründen, wenn nach den Regelungen des Internationalen Privatrechts ausländisches Recht anzuwenden ist und das Rechtsverhältnis (hier: die Ehe) dem Rechtsverhältnis im Geltungsbereich des Sozialgesetzbuchs entspricht (§ 34 Abs. 1 SGB I). Auf „hinkende Ehen", verstanden als im Inland formunwirksam geschlossene, nach ausländischem Recht aber wirksame Ehen, kommt § 34 SGB I nicht zur Anwendung, weil das Internationale Privatrecht nach Art. 13 Abs. 3 EGBGB nicht auf ausländisches Recht verweist;[142] sie können aber sozialrechtlich anzuerkennen sein.[143] Eheähnliche Gemeinschaften begründen keine Familienversicherung.[144] Die Eigenschaft als Ehegatte entfällt, wenn die Ehe aufgehoben, geschieden oder für nichtig erklärt wird; die Versicherung endet mit der Rechtskraft des Scheidungs- oder Aufhebungsurteils; auch bei der Nichtigerklärung bleibt die bis dahin bestehende Familienversicherung unberührt.[145] Mit **Lebenspartnern** sind nur Lebenspartner im Sinne des § 1 LPartG gemeint. Ob die Ehegatten bzw. Lebenspartner getrennt leben, spielt keine Rolle.[146] 16

2. Kinder, Enkel, Stiefkinder, Pflegekinder. Zu den Kindern im Kontext des § 10 gehören **Kinder** im Sinne der Abstammungsvorschriften des Bürgerlichen Rechts (§§ 1591 ff. BGB). Ob das Kind selbst verheiratet ist, spielt regelmäßig keine Rolle.[147] Eine identische Rechtsstellung haben auch **angenommene Kinder (§ 1754 BGB).** Als Kinder des Annehmenden und nicht mehr als Kinder der leiblichen Eltern gelten nach § 10 Abs. 4 S. 2 Kinder, die mit dem Ziel der Annahme als Kind in die Obhut des Annehmenden aufgenommen sind und für die die zur Annahme erforderliche Einwilligung der Eltern erteilt ist. Die Regelung knüpft an die in § 1751 Abs. 4 S. 1 BGB umschriebene Situation an; nach § 1751 Abs. 4 S. 1 BGB ist der Annehmende dem Kind vor den Verwandten des Kindes zur Gewährung von Unterhalt verpflichtet, sobald die Eltern des Kindes die für die Annahme erforderliche Ein- 17

---

135 BSG, 17.8.1992, 3 RK 68/80, SozR 2200 § 205 Nr. 49 zur Familienkrankenhilfe.
136 BSG, 17.8.1992, 3 RK 68/80, SozR 2200 § 205 Nr. 49 zur Familienkrankenhilfe.
137 BSG, 7.12.2000, B 10 KR 3/99 R, SozR 3-2500 § 10 Nr. 19; mit dem Wegfall der Familienversicherung kommt eine Versicherung nach § 5 Abs. 1 Nr. 13 oder eine freiwillige Versicherung in Betracht, Thüringer LSG, 28.7.2015, L 6 KR 212/13.
138 LSG RhPf, 15.9.2016, L 5 KR 52/16.
139 BGBl. I 1999, 2626.
140 BSG, 29.6.1993, 12 RK 9/92.
141 Näher BT-Dr. 14/1245, 61.
142 Weselski in jurisPK-SGB I, § 34 Rn. 20.
143 BVerfG, 30.11.1982, 1 BvR 818/81.
144 BSG, 10.5.1990, 12/3 RK 23/88 zu § 205 RVO.
145 Baier in: Krauskopf, Stand 1/2014, § 10 SGB V Rn. 23 mit Hinweis auf BSG, 11.10.1979, 3 RK 1/78.
146 BSG, 25.1.2001, B 12 KR 5/00 R, SozR 3-2500 § 10 Nr. 22.
147 Vgl. Just in: Becker/Kingreen, § 10 Rn. 32.

willigung erteilt haben und das Kind in die Obhut des Annehmenden mit dem Ziel der Annahme aufgenommen ist. Da § 10 Abs. 4 S. 2 sprachlich an § 1751 Abs. 4 S. 1 BGB anschließt, kann die Auslegung parallel erfolgen.

18 Familienversichert sind auch **Kinder von familienversicherten Kindern** (Abs. 1 S. 1). Die Regelung geht Abs. 4 S. 1 vor; dessen Voraussetzungen müssen nicht erfüllt sein.[148]

19 Als Kinder im Sinne der Abs. 1 bis 3 gelten nach **Abs. 4 S. 1** auch Stiefkinder und Enkel, die das Mitglied überwiegend unterhält; Stiefkinder in diesem Sinne sind nach Abs. 4 S. 3 auch Kinder des Lebenspartners eines Mitglieds. Die Familienversicherung kann nur dann eintreten, wenn der Enkel oder das Stiefkind überwiegend vom Mitglied unterhalten wird. **Überwiegende Unterhaltsgewährung** setzt voraus, dass das Mitglied tatsächlich mehr als die Hälfte zum Unterhalt beigetragen hat.[149] Die überwiegende Unterhaltsgewährung muss auf Dauer angelegt sein.[150] Bei der Feststellung, ob ein Elternteil ein Kind überwiegend unterhält, sind die persönlichen Betreuungsleistungen mit ihrem Geldwert zu berücksichtigen.[151] Eine Aufnahme des Stiefkindes oder Enkels in den Haushalt des Mitglieds ist nicht erforderlich.[152] Stiefkinder, die nicht überwiegend vom Stiefelternteil unterhalten werden, aber in dessen Haushalt aufgenommen sind, können nicht als Pflegekinder im Sinne des Abs. 4 S. 1 angesehen werden.[153]

20 Zu den Kindern im Sinne des § 10 gehören auch **Pflegekinder** (§ 56 Abs. 2 Nr. 2 SGB I). Pflegekinder sind nach § 56 Abs. 2 Nr. 2 SGB I Personen, die mit der Pflegeperson durch ein auf längere Zeit angelegtes Pflegeverhältnis mit häuslicher Gemeinschaft wie Kinder und Eltern verbunden sind. Pflegeeltern können nur solche Personen sein, denen infolge des Pflegeverhältnisses wesentliche Teile der Rechte und Pflichten eingeräumt worden sind, die Eltern gegenüber ihren Kindern haben. Insbesondere zählen hierzu das Recht und die Pflicht zur Aufsicht, Betreuung und Erziehung des Kindes, für dessen Ausübung Zuwendungen von dritter Seite nicht gewährt werden dürfen; Leistungen zur Deckung des finanziellen Unterhaltsbedarfs des Kindes sind dagegen im Rahmen eines Pflegeverhältnisses zulässig;[154] nicht erforderlich ist, dass den Kindern überwiegend Unterhalt gewährt wird.

21 **3. Altersgrenzen für Kinder.** Für die Familienversicherung von Kindern gelten die **Altersgrenzen des Abs. 2**. Mit Erreichen der Altersgrenzen entfällt bei typisierender Betrachtung das Schutzbedürfnis, das die Einbeziehung von Kindern in die (beitragsfreie) Familienversicherung rechtfertigt.

22 Grundsätzlich sind Kinder nur **bis zur Vollendung des 18. Lebensjahres versichert** (Abs. 2 Nr. 1).

23 Der Schutz der Familienversicherung verlängert sich bis zur **Vollendung des 23. Lebensjahres für Kinder, die nicht erwerbstätig sind** (Abs. 2 Nr. 2). Eine geringfügige Beschäftigung begründet keine Erwerbstätigkeit in diesem Sinne und schließt die Familienversicherung nicht aus.[155] Auch nach der Beendigung einer Erwerbstätigkeit kann vor Vollendung des 23. Lebensjahres wieder die Familienversicherung eintreten. Abs. 2 Nr. 2 stellt nicht auf die Gründe für das Fehlen einer Erwerbstätigkeit ab.

24 Eine Versicherung **bis zum 25. Lebensjahr** besteht nach Abs. 2 Nr. 3, wenn sich das Kind in Schul- oder Berufsausbildung befindet oder ein freiwilliges soziales oder ökologisches Jahr oder Bundesfreiwilligendienst ableistet. Wird die Schul- oder Berufsausbildung durch Erfüllung einer **gesetzlichen Dienstpflicht** des Kindes unterbrochen oder verzögert, besteht die Versicherung auch für einen der Dauer dieses Dienstes entsprechenden Zeitraum über das 25. Lebensjahr hinaus. Ab dem 1.7.2011 gilt dies auch bei einer Unterbrechung oder Verzögerung durch den freiwilligen Wehrdienst nach Abschnitt 7 des Wehrpflichtgesetzes (seit dem 13.4.2013: nach § 58 b des Soldatengesetzes), einen Freiwilligendienst nach dem **Bundesfreiwilligendienstgesetz**, dem **Jugendfreiwilligendienstgesetz** oder einen vergleichbaren anerkannten Freiwilligendienst oder durch eine Tätigkeit als Entwicklungshelfer im Sinne des § 1 Abs. 1 des Entwicklungshelfer-Gesetzes für die Dauer von höchstens zwölf Monaten. Übergangszeiten zwischen zwei Ausbildungsabschnitten können zur Schul- oder Berufsausbildung im hier maßgeblichen Sinn gehören.[156] Das Absolvieren eines freiwilligen sozialen oder ökologischen Jah-

---

148 Just in: Becker/Kingreen, § 10 Rn. 34.
149 BSG, 3.2.1977, 11 RA 38/76, BSGE 43, 186 ff.
150 Baier in: Krauskopf, Stand 1/2014, § 10 SGB V Rn. 67.
151 BSG, 29.10.1981, 10/8 b RKg 8/80, SozR 5870 § 3 Nr. 3.
152 Just in: Becker/Kingreen, § 10 Rn. 36; wohl auch Peters in: KassKomm, Stand 12/2013, § 10 SGB V Rn. 29.
153 BSG, 30.8.1994, 12 RK 41/92, SozR 3-2500 § 10 Nr. 6.
154 BSG, 30.8.1994, 12 RK 41/92, SozR 3-2500 § 10 Nr. 6.
155 Just in: Becker/Kingreen, § 10 Rn. 40; Baier in: Krauskopf, Stand 1/2014, § 10 SGB V Rn. 48.
156 Vgl. BSG, 2.12.1970, 4 RJ 479/68, BSGE 32, 120.

res als solches verlängert die Familienversicherung nicht über das 25. Lebensjahr hinaus.[157] Ein Promotionsstudium ist kein Ausbildungsverhältnis im Sinne des § 10 Abs. 2 Nr. 3.[158]

Familienversichert ohne Altersbegrenzung sind nach **Abs. 2 Nr. 4 Hs. 1** Kinder, wenn sie als **behinderte Menschen außerstande sind, sich selbst zu unterhalten**. Für den Begriff der Behinderung nimmt das Gesetz Bezug auf die Definition des § 2 SGB IX. Eine Schwerbehinderung im Sinne des § 2 Abs. 2 SGB IX oder eine Feststellung des GdB werden nicht vorausgesetzt. Das Kind ist außerstande, sich selbst zu unterhalten, wenn es seinen eigenen Lebensunterhalt, zu dem auch notwendige Aufwendungen infolge der Behinderung sowie notwendige Ausgaben des täglichen Lebens rechnen, nicht selbst bestreiten kann; es kommt dabei nicht darauf an, ob es sich bei den Einkünften des Kindes um Erwerbseinkünfte handelt.[159] Auch Suchterkrankungen können Behinderungen im Sinne von § 10 Abs. 2 Nr. 4 sein.[160] Die bestehende Arbeitsmarktsituation für behinderte Menschen in der Bundesrepublik Deutschland und die bestehende Entlohnungspraxis sind zu berücksichtigen.[161] Die altersunabhängige Familienversicherung eines zum eigenen Unterhalt unfähigen Kindes wird durch eine versicherungspflichtige Beschäftigung nur für deren Dauer überlagert und nicht endgültig beendet.[162] Die **Behinderung muss nach Abs. 2 Nr. 4 Hs. 2 bereits zu einem Zeitpunkt vorgelegen haben, in dem das Kind nach Abs. 2 Nr. 1, 2 oder 3 versichert war.**

4. Zuordnung zur GKV, wenn nur ein Elternteil Mitglied in der GKV ist. Für Fälle, in denen nur ein Elternteil in der gesetzlichen Krankenkasse versichert ist, trifft Abs. 3 eine **Abgrenzung zwischen der GKV und der PKV**. Eine Familienversicherung tritt in solchen Fällen nur dann ein, wenn das Gesamteinkommen (§ 16 SGB IV) des mit den Kindern verwandten Partners des Mitglieds regelmäßig im Monat ein Zwölftel der Jahresarbeitsentgeltgrenze nicht übersteigt (**absolute Grenze**) und regelmäßig nicht höher ist als das Gesamteinkommen des Mitglieds (**relative Grenze**); bei Renten wird der Zahlbetrag berücksichtigt. Sinn und Zweck des Abs. 3 ist die Systemabgrenzung zwischen gesetzlicher und privater Krankenversicherung; das Gesetz geht dabei in einer typisierenden Betrachtung davon aus, dass der höher verdienende Elternteil den Barunterhalt der Kinder und damit auch dessen Krankenversicherung sicherzustellen hat.[163] Die Regelung ist verfassungskonform;[164] sie gilt auch, wenn die Eltern des Kindes getrennt leben.[165] Sie ist auch nicht deswegen verfassungswidrig, weil beim Gesamteinkommen nicht nach der Kinderzahl unterschieden wird.[166]

Der Begriff des **Gesamteinkommens** (§ 16 SGB IV) entspricht dem des § 10 Abs. 1 S. 1 Nr. 5.[167] Zuschläge, die mit Rücksicht auf den Familienstand gezahlt werden (§ 6 Abs. 1 Nr. 1), bleiben auch bei der Feststellung der Jahresarbeitsentgeltgrenze in der Familienversicherung unberücksichtigt; nach besoldungsrechtlichen Vorschriften gewährte Familienzuschläge gehören zwar zum Gesamteinkommen im Sinne von § 16 SGB IV, bei der Prüfung des § 10 Abs. 3 sind sie jedoch außer Ansatz zu lassen.[168] Von den Einkünften des Ehemannes des Mitglieds sind außergewöhnliche Belastungen, Kinderfreibeträge und der Haushaltsfreibetrag nicht abzuziehen; die Nichtabzugsfähigkeit von Kinderfreibeträgen, Haushaltsfreibeträgen, Sonderausgaben und außergewöhnlichen Belastungen bei der Ermittlung des Gesamteinkommens ist mit dem Grundgesetz vereinbar.[169]

---

157 Vgl. Just in: Becker/Kingreen, § 10 Rn. 40.
158 HessLSG, 7.3.2012, L 1 KR 186/11.
159 Baier in: Krauskopf, Stand 1/2014, § 10 SGB V Rn. 58 mit Hinweis auf BSG, 10.12.1980, 9 RV 11/80, SozR 3100 § 45 Nr. 8.
160 LSG BW, 15.12.2015, L 11 KR 2330/14.
161 SG Dortmund, 27.6.2013, S 39 KR 490/10.
162 BSG, 18.5.2004, B 1 KR 24/02 R, SozR 4-2500 § 10 Nr. 4; SG Dortmund, 27.6.2013, S 39 KR 490/10.
163 BSG, 25.8.2004, B 12 KR 36/03 R.
164 So zuletzt BVerfG, Nichtannahmebeschluss vom 14.6.2011, 1 BvR 429/11.
165 BVerfG, 12.2.2003, 1 BvR 624/01; BSG, 25.1.2001, B 12 KR 8/00 R, SozR 3-2500 § 10 Nr. 21.
166 BSG, 26.1.2001, B 12 KR 8/00 R, SozR 3-2500 § 10 Nr. 21.
167 Nach LSG Bln-Bbg, 5.9.2016, L 1 KR 288/14, sind die Grundsätze für die Einkommensermittlung bei freiwillig krankenversicherten Selbständigen auch für die Berechnungen nach § 10 Abs. 3 SGB V heranzuziehen; nach LSG BW, 27.4.2016, L 5 KR 3462/15, kann das Gesamteinkommen im Sinne des § 10 Abs. 3 nur mit dem amtlichen Einkommensteuerbescheid und nicht mit anderen Unterlagen, wie Berechnungen eines Steuerberaters, nachgewiesen werden.
168 BSG, 29.7.2003, B 12 KR 16/02 R, BSGE 91, 190 ff.
169 BSG, 25.8.2004, B 12 KR 36/03 R.

V. Verfahren

28 Da die **Familienversicherung unmittelbar kraft Gesetzes** eintritt, bedarf es zu ihrer Begründung oder Beendigung keines Verwaltungsakts.[170] Die Feststellung des Versichertenstatus durch Verwaltungsakt ist jedoch nicht ausgeschlossen;[171] sie wird vielmehr durch § 298 S. 1 nahegelegt und kann auch unter dem Gesichtspunkt der Rechtssicherheit sinnvoll sein. Ein feststellender Verwaltungsakt liegt nicht schon im Aushändigen von Krankenscheinen oder der Krankenversichertenkarte.[172] Wurde ein feststellender Verwaltungsakt nicht erlassen, kann die Krankenkasse rückwirkend feststellen, dass ab einem in der Vergangenheit liegenden Zeitpunkt eine Familienversicherung nicht bestanden hat.[173] Vertrauensschutzgesichtspunkte und Besonderheiten von Statusentscheidungen im Versicherungsverhältnis werden erst bei der Entscheidung relevant, inwieweit aufgrund einer fehlerhaft angenommener Familienversicherung erbrachte Leistungen zurückzufordern sind; (erst) hier gelten nach § 50 Abs. 2 S. 2 SGB X die §§ 45 und 48 SGB X entsprechend; in Betracht kommt zudem die rückwirkende Begründung einer freiwilligen Versicherung (§ 9 Abs. 1 Nr. 2).[174] Die Familienversicherung **endet mit der Stammversicherung.**[175] Hat das Mitglied einen nachgehenden Anspruch (§ 19 Abs. 2), gilt dies auch für die familienversicherten Angehörigen.[176] Im Fall des Todes des Mitglieds erhalten nach § 19 Abs. 3 die nach § 10 versicherten Angehörigen Leistungen längstens für einen Monat.

29 Die **Zuständigkeit der Krankenkasse** für die Durchführung der Familienversicherung leitet sich von der Versicherung des Mitglieds ab. Nach **§ 173 Abs. 6** sind Versicherungspflichtige und Versicherungsberechtigte Mitglied der von ihnen gewählten Krankenkasse, soweit keine besondere gesetzliche Zuständigkeit besteht. Diese Zuständigkeit gilt demnach auch für die Durchführung der Familienversicherung.[177] Nach **§ 10 Abs. 5** wählt das Mitglied – nicht der familienversicherte Angehörige – die Krankenkasse, wenn die Voraussetzungen der Absätze 1 bis 4 mehrfach erfüllt sind. Was gelten soll, wenn es einander widersprechende oder keine Wahlentscheidungen der Mitglieder gibt, ist nicht geregelt; es gibt dann mehrere Versicherungsverhältnisse.[178]

30 Nach **Abs. 6 S. 1** hat das Mitglied die familienversicherte Person mit den für die Durchführung der Familienversicherung notwendigen Angaben sowie die Änderung dieser Angaben an die zuständige Krankenkasse zu melden. Die Krankenkasse ihrerseits ist befugt, Daten vom Angehörigen oder mit dessen Zustimmung vom Mitglied zu erheben (vgl. § 289 S. 2). Der Spitzenverband Bund der Krankenkassen legt nach **Abs. 6 S. 2** für die Meldung nach Abs. 6 S. 1 ein einheitliches Verfahren und einheitliche Meldevordrucke fest.[179]

31 Im **(Gerichts-)Verfahren** über das Bestehen der Familienversicherung sind sowohl der Familienversicherte als auch der Stammversicherte[180] klagebefugt; der jeweils andere Betroffene hat das Recht, am Verfahren beteiligt zu werden.[181] Das Bestehen der Versicherung ist mit der kombinierten Anfechtungs- und Feststellungsklage zu klären.[182] Der Stammversicherte ist nicht berechtigt, Leistungsansprüche eines Angehörigen aus der Familienversicherung im eigenen Namen geltend zu machen.[183] Der **Sozialhilfeträger** hat nicht die Befugnis, die Familienversicherung eines von ihm Unterstützten durch die Krankenkasse feststellen zu lassen; Entscheidungen über die Versicherteneigenschaft in der gesetzlichen Krankenversicherung sind Statusentscheidungen, die nur gegenüber den am Versicherungsverhältnis Beteiligten ergehen, für Dritte Tatbestandswirkung haben und von diesen nicht bean-

---

170 Berchtold in: Kreikebohm/Spellbrink/Waltermann, § 10 SGB V Rn. 10; wohl auch Just in: Becker/Kingreen, § 10 Rn. 46 f.
171 Vgl. BSG, 7.12.2000, B 10 KR 3/99 R, SozR 3-2500 § 10 Nr. 19.
172 BSG, 7.12.2000, B 10 KR 3/99 R, SozR 3-2500 § 10 Nr. 19.
173 BSG, 7.12.2000, B 10 KR 3/99 R, SozR 3-2500 § 10 Nr. 19.
174 Vgl. BSG, 7.12.2000, B 10 KR 3/99 R, SozR 3-2500 § 10 Nr. 19.
175 Just in: Becker/Kingreen, § 10 Rn. 46.
176 Mack in: jurisPK-SGB V, § 19 Rn. 98.
177 Berchtold in: Kreikebohm/Spellbrink/Waltermann, § 10 SGB V Rn. 8.
178 Berchtold in: Kreikebohm/Spellbrink/Waltermann, § 10 SGB V Rn. 8; aA Just in: Becker/Kingreen, § 10 Rn. 48; Baier in: Krauskopf, Stand 1/2014, § 10 SGB V Rn. 74: Maßgeblich sei bei widersprechender Wahl die zuerst getroffene.
179 Zuletzt seit dem 1.1.2012: Einheitliche Grundsätze zum Meldeverfahren bei Durchführung der Familienversicherung (Fami-Meldegrundsätze) vom 28.6.2011.
180 BSG, 29.6.1993, 12 RK 48/91, BSGE 72, 292 ff.
181 BSG, 29.6.1993, 12 RK 48/91, BSGE 72, 292 ff.
182 BSG, 26.10.1990, 12/3 RK 27/88.
183 BSG, 16.6.1999, B 1 KR 6/99 R, SozR 3-2500 § 10 Nr. 16.

tragt oder angefochten werden können; ein Bedürfnis, dem Sozialhilfeträger ein eigenes Recht einzuräumen, die Familienversicherung durch die Krankenkasse feststellen zu lassen, etwa für die Verfolgung von Leistungs- oder Erstattungsansprüchen, besteht nicht; ist von der Krankenkasse bisher nicht über das Bestehen der Familienversicherung entschieden worden, so kann der Sozialhilfeträger im eigenen Namen gegenüber der Krankenkasse Leistungsansprüche eines Unterstützten nach § 91 a BSHG (§ 95 SGB XII) oder Erstattungsansprüche nach den §§ 102 ff. SGB X geltend machen.[184]

VI. Anpassung durch das Gesetz zur Neuregelung des Mutterschutzrechts

Durch das Gesetz zur Neuregelung des Mutterschutzrechts vom 23.5.2017 (BGBl. I, 1228) wird mWv 1.1.2018 in Abs. 1 S. 4 die Angabe „§ 3 Abs. 2 und § 6 Abs. 1" durch die Angabe „§ 3" ersetzt. 32

Drittes Kapitel
Leistungen der Krankenversicherung
Erster Abschnitt
Übersicht über die Leistungen

§ 11 Leistungsarten

(1) Versicherte haben nach den folgenden Vorschriften Anspruch auf Leistungen
1. bei Schwangerschaft und Mutterschaft (§§ 24 c bis 24 i),
2. zur Verhütung von Krankheiten und von deren Verschlimmerung sowie zur Empfängnisverhütung, bei Sterilisation und bei Schwangerschaftsabbruch (§§ 20 bis 24 b),
3. zur Erfassung von gesundheitlichen Risiken und Früherkennung von Krankheiten (§§ 25 und 26),
4. zur Behandlung einer Krankheit (§§ 27 bis 52),
5. des Persönlichen Budgets nach § 17 Abs. 2 bis 4 des Neunten Buches.

(2) ¹Versicherte haben auch Anspruch auf Leistungen zur medizinischen Rehabilitation sowie auf unterhaltssichernde und andere ergänzende Leistungen, die notwendig sind, um eine Behinderung oder Pflegebedürftigkeit abzuwenden, zu beseitigen, zu mindern, auszugleichen, ihre Verschlimmerung zu verhüten oder ihre Folgen zu mildern. ²Leistungen der aktivierenden Pflege nach Eintritt von Pflegebedürftigkeit werden von den Pflegekassen erbracht. ³Die Leistungen nach Satz 1 werden unter Beachtung des Neunten Buches erbracht, soweit in diesem Buch nichts anderes bestimmt ist.

(3) Bei stationärer Behandlung umfassen die Leistungen auch die aus medizinischen Gründen notwendige Mitaufnahme einer Begleitperson des Versicherten oder bei stationärer Behandlung in einem Krankenhaus nach § 108 oder einer Vorsorge- oder Rehabilitationseinrichtung nach § 107 Absatz 2 die Mitaufnahme einer Pflegekraft, soweit Versicherte ihre Pflege nach § 63 b Absatz 6 Satz 1 des Zwölften Buches durch von ihnen beschäftigte besondere Pflegekräfte sicherstellen.

(4) ¹Versicherte haben Anspruch auf ein Versorgungsmanagement insbesondere zur Lösung von Problemen beim Übergang in die verschiedenen Versorgungsbereiche; dies umfasst auch die fachärztliche Anschlussversorgung. ²Die betroffenen Leistungserbringer sorgen für eine sachgerechte Anschlussversorgung des Versicherten und übermitteln sich gegenseitig die erforderlichen Informationen. ³Sie sind zur Erfüllung dieser Aufgabe von den Krankenkassen zu unterstützen. ⁴In das Versorgungsmanagement sind die Pflegeeinrichtungen einzubeziehen; dabei ist eine enge Zusammenarbeit mit Pflegeberatern und Pflegeberaterinnen nach § 7 a des Elften Buches zu gewährleisten. ⁵Das Versorgungsmanagement und eine dazu erforderliche Übermittlung von Daten darf nur mit Einwilligung und nach vorheriger Information des Versicherten erfolgen. ⁶Soweit in Verträgen nach § 140 a nicht bereits entsprechende Regelungen vereinbart sind, ist das Nähere im Rahmen von Verträgen mit sonstigen Leistungserbringern der gesetzlichen Krankenversicherung und mit Leistungserbringern nach dem Elften Buch sowie mit den Pflegekassen zu regeln.

(5) ¹Auf Leistungen besteht kein Anspruch, wenn sie als Folge eines Arbeitsunfalls oder einer Berufskrankheit im Sinne der gesetzlichen Unfallversicherung zu erbringen sind. ²Dies gilt auch in Fällen des § 12 a des Siebten Buches.

---

184 BSG, 17.6.1999, B 12 KR 11/99 R, SozR 3-5910 § 91 a Nr. 6.

(6) ¹Die Krankenkasse kann in ihrer Satzung zusätzliche vom Gemeinsamen Bundesausschuss nicht ausgeschlossene Leistungen in der fachlich gebotenen Qualität im Bereich der medizinischen Vorsorge und Rehabilitation (§§ 23, 40), der Leistungen von Hebammen bei Schwangerschaft und Mutterschaft (§ 24 d), der künstlichen Befruchtung (§ 27 a), der zahnärztlichen Behandlung ohne die Versorgung mit Zahnersatz (§ 28 Absatz 2), bei der Versorgung mit nicht verschreibungspflichtigen apothekenpflichtigen Arzneimitteln (§ 34 Absatz 1 Satz 1), mit Heilmitteln (§ 32) und Hilfsmitteln (§ 33), im Bereich der häuslichen Krankenpflege (§ 37) und der Haushaltshilfe (§ 38) sowie Leistungen von nicht zugelassenen Leistungserbringern vorsehen. ²Die Satzung muss insbesondere die Art, die Dauer und den Umfang der Leistung bestimmen; sie hat hinreichende Anforderungen an die Qualität der Leistungserbringung zu regeln. ³Die zusätzlichen Leistungen sind von den Krankenkassen in ihrer Rechnungslegung gesondert auszuweisen.

Literatur:

Becker, Das Recht auf Gesundheitsleistungen, FS Steiner, 2009, S. 50; *Bergmann/Pauge/Steinmeyer*, Gesamtes Medizinrecht, 2012; *Bostelaar*, Case Management – eine ärztliche oder pflegerische Tätigkeit?, RDG 2011, 17; *Bostelaar/Nitz*, Case Management – Umsetzungsstrategien für die Praxis, RDG 2010, 224; *Fahlbusch*, Rechtsfragen des persönlichen Budgets, NDV 2006, 227; *Fastabend/Schneider*, Das Leistungsrecht der gesetzlichen Krankenversicherung, 2004; *Krauskopf*, Hilfsmittel versus Pflegehilfsmittel: Eine problematische Schnittstelle, SGb 2001, 419; *Joussen*, Das Leistungsrecht in der gesetzlichen Krankenversicherung, Ad Legendum 2008, 217; *Lachwitz*, Regelungen der Frühförderung im SGB IX, RdLH 2001, 108; *Marburger*, Das Leistungsrecht der Krankenversicherung, WzS 2010, 1; *ders.*, SGB IX: Leistungsansprüche gegen die gesetzliche Krankenversicherung, br 2002, 117; *ders.*, Vorsorge- und Rehabilitationsleistungen der Gesetzlichen Krankenversicherung für behinderte Menschen, Behindertenrecht 2016, 70; *Metzinger*, Sport auf Kassenrezept?, KrV 2006, 167; *Neft*, Die versicherungsrechtliche Absicherung des Organlebendspenders – Bestandsaufnahme und Reformvorschläge, NZS 2011, 566; *Niemann*, Die Kodifizierung des Behinderten- und Rehabilitationsrechts im SGB IX – Recht der Rehabilitation und Teilhabe behinderter Menschen, NZS 2001, 583; *Prehn*, Zur normativen Funktion des Begriffs Krankheit im gesetzlichen Krankenversicherungsrecht, VSSR 2014, 1; *von der Tann*, Die künstliche Befruchtung in der gesetzlichen Krankenversicherung, NJW 2015, 1850; *Trapphagen*, Ambulante Rehabilitation aus Sicht der GKV, KrV 2001, 57; *Schiffner*, Satzungsleistung – Künstliche Befruchtung, SGb 2015, 582; *Schnapp*, Das Sterbegeld – eine auslaufende Leistung?, SGb 2004, 451; *Welti*, Behinderung und Rehabilitation im sozialen Rechtsstaat, 2005; *ders.*, Das Gesetz zur Stärkung der Gesundheitsförderung und der Prävention – was bringt das Präventionsgesetz?, GuP 2015, 211; *Zawade*, Versorgungsmanagement und Entlassmanagement, 2016.

I. Entstehungsgeschichte	1
II. Normzweck	10
III. Der Begriff der Leistung	16
IV. Anspruchsberechtigter Personenkreis	19
V. Erfordernis der Antragstellung	23
VI. Leistungsarten (Abs. 1)	24
1. Zentralbegriff der Krankheit	24
2. Leistungen bei Schwangerschaft und Mutterschaft (Abs. 1 Nr. 1)	25
3. Leistungen zur Prävention (Abs. 1 Nr. 2)	27
4. Leistungen zur Empfängnisverhütung, bei Sterilisation und bei Schwangerschaftsabbruch (Abs. 1 Nr. 2)	32
5. Leistungen zur Erfassung von gesundheitlichen Risiken und Früherkennung von Krankheiten (Abs. 1 Nr. 3)	33
6. Leistungen bei Krankheit (Abs. 1 Nr. 4)	35
7. Leistungen des persönlichen Budgets (Abs. 1 Nr. 5)	38
VII. Leistungen der Rehabilitation (Abs. 2)	40
1. Allgemeines	40
2. Voraussetzungen	44
3. Abgrenzungen zur Pflegeversicherung und zum SGB XI	46
4. Leistungsinhalt	48
VIII. Mitaufnahme einer Begleitperson oder Pflegekraft (Abs. 3)	51
1. Allgemeines	51
2. Voraussetzungen	54
a) Begleitperson oder Pflegekraft	54
b) Medizinische Notwendigkeit der Mitaufnahme einer Begleitperson	55
c) Stationäre Behandlung	57
3. Leistungsinhalt	59
IX. Versorgungsmanagement (Abs. 4)	63
1. Allgemeines	63
2. Einsatz des sog Versorgungsmanagements	65
3. Einwilligungserfordernis und Aufklärung des Versicherten	67
4. Anspruchsinhalt und Umfang	69
X. Ausschluss von Ansprüchen bei Arbeitsunfall oder Berufskrankheit (Abs. 5)	70
1. Allgemeines	70
2. Voraussetzungen	73
3. Sonderfall Organspende	75
4. Ausschluss von Krankengeld	77
XI. Zusätzliche Leistungen (Abs. 6)	79
1. Nicht ausgeschlossene Leistungen und keine wesentlich neuen Leistungen	79
2. Anforderungen an die Satzung	81
XII. Anpassung durch das Bundesteilhabegesetz	82

I. Entstehungsgeschichte

Mit dem Gesundheitsreformgesetz (**GRG**) vom 20.12.1988,[1] mit dem die Vorschriften über die gesetzliche Krankenversicherung aus der RVO in das neu geschaffene SGB V integriert wurden, hat der Gesetzgeber die Abs. 1 bis 3 mit Wirkung vom 1.1.1989 und Abs. 5 (ursprünglich Abs. 4) mit Wirkung vom 1.1.1991 (Art. 79 Abs. 1 und 4 GRG) eingeführt. Danach hatte der Versicherte nach Abs. 1 Anspruch auf Leistungen zur Förderung der Gesundheit (Nr. 1), zur Verhütung von Krankheiten (Nr. 2) zur Früherkennung von Krankheiten (Nr. 3), zur Behandlung einer Krankheit (Nr. 4), bei Schwerpflegebedürftigkeit (Nr. 5). Ferner hatte er Anspruch auf Sterbegeld. Abs. 2 regelte, dass zu den Leistungen auch medizinische und ergänzende Leistungen zur Rehabilitation gehörten. Abs. 3 stellte klar, dass bei stationärer Behandlung die Leistungen ebenso die aus medizinisch notwendiger Mitaufnahme einer Begleitperson des Versicherten umfassten. Und Abs. 4 regelte das Verhältnis von gesetzlicher Unfallversicherung und Krankenversicherung.

Abs. 1 und 2 wurden mit Wirkung vom 1.4.1995 durch das Pflegeversicherungsgesetz (**PflegeVG**) vom 26.5.1994[2] geändert, indem Nr. 5 „bei Schwerpflegebedürftigkeit" gestrichen und Abs. 2 neu gefasst wurde. Insbesondere wurde geregelt, dass Leistungen der aktivierenden Pflege nach Eintritt von Pflegebedürftigkeit von den Pflegekassen erbracht werden. Abs. 1 Nr. 5, der mit Wirkung vom 1.7.2004 durch Art. 4 Nr. 2, Art. 70 Abs. 2 des Gesetzes zur Einordnung des Sozialhilferechts in das SGB (**SozhiEinOG**) vom 27.12.2003[3] angefügt wurde, enthält nunmehr Leistungen des persönliches Budget an behinderte Menschen nach § 17 Abs. 2 bis 4 SGB IX. Abs. 1 Nr. 2 wurde mit Wirkung vom 1.10.1995 um die Leistungen zur Empfängnisverhütung, bei Sterilisation und bei Schwangerschaftsabbruch durch Art. 4 Nr. 1, Art. 11 Schwangeren- und Familienhilfeänderungsgesetz (**SFHÄndG**) vom 21.8.1995[4] ergänzt. Ursprünglich waren diese Leistungen im Gesetzesentwurf[5] zum GRG in Abs. 1 Nr. 6 und 7 enthalten; wurde dann aber nach den Beschlüssen des 11. Ausschusses wieder gestrichen.[6] Abs. 1 Nr. 1 wurde durch Art. 2 Nr. 1 Beitragsentlastungsgesetz (**BeitrEntlG**) vom 1.11.1996[7] gestrichen und Abs. 1 Nr. 2 redaktionell geändert mit Wirkung vom 1.1.1997. Die Verweisung auf die ebenfalls geänderte Vorschrift in § 20 erfolgt nunmehr in Nr. 2.

Eine weitere Änderung des Abs. 1 Nr. 2 durch Einfügung der Worte „und von deren Verschlimmerung" erfolgte mit Wirkung vom 1.1.2000 durch Art. 1 Nr. 7 GKV-Gesundheitsreformgesetz (**GKV-GRG**) vom 22.12.1999.[8] Die bisher in § 40 Abs. 1 geregelte ambulante Rehabilitationskur zählt künftig zu den ambulanten Vorsorgeleistungen, da sie der Verhütung der Verschlimmerung von Krankheiten dient.[9] Damit sollen nach dem Willen des Gesetzgebers Leistungen der ambulanten Rehabilitation künftig demselben **ganzheitlichen Ansatz** entsprechen wie stationäre Rehabilitationsleistungen.[10] Darüber hinaus wurde in Abs. 2 S. 1 die Wörter „zu den Leistungen nach Abs. 1 gehören auch" durch den Passus ersetzt: „Versicherte haben auch Anspruch auf",[11] um klarzustellen, dass medizinische und ergänzende Leistungen zur Rehabilitation eigenständige Leistungen sind und nicht nur einen Unterfall der in Abs. 1 genannten Leistungsarten wie etwa der Krankenbehandlung bilden.[12]

Abs. 1 S. 2, der ursprünglich die Gewährung von Sterbegeld (§§ 58, 59 aF) beinhaltete, wurde mit Wegfall dieser versicherungsfremden Leistung in Folge der Aufhebung des Siebten Abschnitts im Dritten Kapitel durch Art. 1 Nr. 3 GKV-Modernisierungsgesetz (**GMG**) vom 14.11.2003[13] mit Wirkung vom 1.1.2004 aufgehoben.

---

1 BGBl. I, 2477.
2 BGBl. I, 1014.
3 BGBl. I, 3022.
4 BGBl. I, 1050.
5 BT-Dr. 11/2237, 14.
6 BT-Dr. 11/3320, 10.
7 BGBl. I, 1631.
8 BGBl. I, 2626.
9 BT-Dr. 14/1977, 160.
10 BT-Dr. 14/1977, 160.
11 Siehe hierzu BT-Dr. 14/1977, 7; BT-Dr. 609/99, 3.
12 BT-Dr. 14/1977, 160.
13 BGBl. I, 2190. Schnapp, SGb 2004, S. 451, vertritt die Meinung, die verdrängenden Vorschriften über Zahnersatz, die erst zum 1.1.2005 in Kraft getreten sind, könnten am 1.1.2004 noch keine rechtliche Wirksamkeit erlangen; daher habe der Gesetzgeber das Sterbegeld – jedenfalls so – nicht abschaffen können.

5 Mit Wirkung vom 1.7.2001 wurde Abs. 2 S. 1 neu gefasst und Abs. 2 S. 3 angefügt durch Art. 5 Nr. 6 SGB IX – Rehabilitation und Teilhabe behinderter Menschen vom 19.6.2001.[14]

6 Mit dem Wettbewerbsstärkungsgesetz (**GKV-WSG**) vom 26.3.2007[15] wurde mit Wirkung vom 1.4.2007 ein neuer Abs. 4 eingefügt, wonach Versicherte nunmehr Anspruch auf ein Versorgungsmanagement haben; der frühere Abs. 4 wurde zu Abs. 5. Mit dem Pflege-Weiterentwicklungsgesetz (**PfWG**) vom 25.5.2008[16] wurde mit Wirkung vom 1.7.2008 S. 4 in Abs. 4 neu aufgenommen. Dem Gesetzgeber ging es um die Betonung der **Zusammenarbeit** des Versorgungsmanagement mit den Pflegeeinrichtungen, umso lückenloser den Übergang zu der jeweiligen Anschlussversorgung sicherzustellen.[17]

7 Mit Gesetz zur Regelung des Assistenzpflegebedarfs im Krankenhaus (**AssiPflKrhRG**) vom 30.7.2009[18] wurde mit Wirkung vom 5.8.2009 Abs. 3 ergänzt durch den Passus: „oder bei stationärer Behandlung in einem Krankenhaus nach § 108 die Mitaufnahme einer Pflegekraft, soweit Versicherte ihre Pflege nach § 66 Abs. 4 S. 2 des Zwölften Buches durch von ihnen beschäftigte besondere Pflegekräfte sicherstellen".

8 Mit Gesetz zur Verbesserung der Versorgungsstrukturen in der gesetzlichen Krankenversicherung (**GKV-VStG**) vom 22.12.2011[19] wurde Abs. 6 neu eingefügt und in Abs. 4 S. 1 ergänzend eingefügt, dass auch die fachärztliche Anschlussversorgung zum Versorgungsmanagement gehört. Des Weiteren wurden in Abs. 4 S. 6 die Wörter „nach § 112 oder § 115 oder in vertraglichen Vereinbarungen" gestrichen. Da Management nach Entlassung aus der Krankenhausbehandlung in § 39 Abs. 1 und § 112 Abs. 2 als Teil des Anspruchs auf Krankenhausbehandlung durch den Gesetzgeber konkretisiert wurde, stellt die Streichung der Verweisung auf die Möglichkeiten zum Vertragsschluss nach §§ 112 und 115 hierzu lediglich eine Folgeänderung dar.[20]

9 Mit Wirkung vom 1.8.2012 wurde Abs. 5 S. 2 ergänzt durch das Gesetz zur Änderung des Transplantationsgesetzes (**TPGÄndG**) vom 21.7.2012.[21] Die Ergänzung hat insbesondere eine klarstellende Funktion.[22] Eine weitere Änderung erfolgte durch das Gesetz zur Neuausrichtung der Pflegeversicherung vom (**PNG**) vom 23.10.2012.[23] Der Gesetzgeber hat mit Wirkung vom 30.10.2012 in Abs. 1 Nr. 1 Leistungen bei Schwangerschaft und Mutterschaft aufgenommen und in Abs. 6 S. 1 „Leistungen von Hebammen bei Schwangerschaft und Mutterschaft (§ 24 d)" eingefügt. Abs. 3 S. 1 wurde durch die Aufnahme der „Vorsorge- oder Rehabilitationseinrichtung nach § 107 Abs. 2" mit Wirkung vom 28.12.2012 durch das Gesetz zur Regelung des Assistenzpflegebedarfs in stationären Vorsorge- oder Rehabilitationseinrichtungen (**AssPflBedRG**) vom 20.12.2012[24] geändert. Weitere Anpassungen erfolgten in Abs. 4 S. 6 durch das GKV-Versorgungsstärkungsgesetz (**GKV-VSG**) vom 16.7.2015[25] und Abs. 1 Nr. 2 durch das Präventionsgesetz (**PrävG**) vom 17.7.2015.[26] Dabei handelt es sich jeweils um Folgeänderungen.[27] Zuletzt wurde in Abs. 3 durch das Dritte Gesetz zur Stärkung der pflegerischen Versorgung und zur Änderung weiterer Vorschriften (**PSG III**) vom 23.12.2016[28] der Passus „§ 66 Absatz 4 Satz 2" durch „§ 63 b Absatz 6 Satz 1" als redaktionelle Folgeänderung der Neufassung des Siebten Kapitels des SGB XII ersetzt.[29]

---

14 BGBl. I, 1046.
15 BGBl. I, 378.
16 BGBl. I, 874.
17 BT-Dr. 16/7439, 96.
18 BGBl. I, 2495.
19 BGBl. I, 2983.
20 BT-Dr. 17/6907, 53.
21 BGBl. I, 1601.
22 BT-Dr. 17/9763, 36.
23 BGBl. I, 2246.
24 BGBl. I, 2789.
25 BGBl. I, 1211.
26 BGBl. I, 1368.
27 BT-Dr. 18/4095, 71; 18/4282, 32.
28 BGBl. I, 3191.
29 BT-Dr. 18/9518, 103.

II. Normzweck

§ 11 stellt eine Einstiegs-[30]/Einweisungs-[31] oder auch Einleitungsnorm[32] in das Leistungsrecht der GKV dar und bildet die normative Anknüpfung zu den einzelnen Bestimmungen des Leistungsrechts. Es handelt sich hierbei um eine **dynamische** Verweisung auf die in Bezug genommenen Leistungen nach §§ 20 bis 52.[33] Die Parallelnorm zu § 11 für das Leistungserbringungsverhältnis ist § 69, dessen Ausgestaltung auf den Leistungsanspruch zurückwirkt.[34] In Anlehnung an die Vorschrift in **§ 179 Abs. 1 RVO,** der nach wie vor Gültigkeit in Bezug auf die Leistungen bei Schwangerschaft und Mutterschaft hat,[35] gibt Abs. 1 einen **Überblick** über die Leistungen, die Versicherte nach dem SGB V im Rahmen der GKV beanspruchen können.[36]

Die Aufzählung der Leistungen in Abs. 1 wird zum Teil als nicht abschließend[37] und deshalb als nicht besonders aussagekräftig angesehen.[38] Richtig ist, dass etwa die Leistungen bei Schwanger- und Mutterschaft noch bis zur Änderung durch das Gesetz zur Neuausrichtung der Pflegeversicherung (**PNG**) vom 23.10.2012 in der RVO (§§ 195 ff.) und damit außerhalb des SGB V geregelt waren. Auch sind Zahnersatzleistungen nach §§ 55 bis 56 sowie die Übernahme von Fahrtkosten (§ 60) als akzessorischer Nebenleistungsanspruch nicht in Abs. 1 aufgeführt. Bei den akzessorischen Leistungen ist der alleinige Verweis auf die in § 11 genannten Hauptleistungen regelungstechnisch nicht zu monieren; auch der Anspruch auf einen Festzuschuss bei Zahnersatz nach §§ 55 ist als Konkretisierung des allgemeinen Leistungsanspruchs auf Zahnersatz nach § 27 Abs. 1 S. 2 Nr. 2 und damit Teil der Krankenbehandlung nicht notwendig in § 11 aufzunehmen. Es ist deshalb davon auszugehen, dass die in § 11 aufgezählten Leistungen insoweit als abschließend zu betrachten sind als der Rechtsanwender diese weder einschränken noch erweitern darf, ohne jedoch im Einzelfall von einer Auslegung des Umfangs entbunden zu sein.[39]

Nicht zu den Leistungen iSv § 11 zählen die Leistungen der Wahltarife gem. § 53 und weitere Leistungen, die durch die privaten Krankenversicherungen erbracht werden und von den gesetzlichen Krankenkassen als Zusatzversicherungen vermittelt werden. Die Krankenkassen dürfen diese Tätigkeit gem. § 194 Abs. 1a zwar ausüben, wenn sie eine entsprechende Bestimmung in ihre Satzung aufnehmen, werden jedoch dann gegebenenfalls zu einer „Einrichtung" iSd § 4 Abs. 1 KStG. Dies gilt etwa für die Vermittlung privater Zusatzversicherungen, mit der Folge, dass die Kasse eine Tätigkeit ausübt, die sich von der des gewerblichen Versicherungsmaklers nicht unterscheidet.[40]

Einen Anspruch begründet § 11 Abs. 1 nicht, so dass hierauf auch kein unmittelbarer Rechtsanspruch gestützt werden kann, sondern er verweist auf die anspruchsbegründenden Normen der §§ 20 ff.[41] und

---

30 So Schramm/Peick in: Sodan, HdB KrVersR, § 10 Rn. 1; Hellkötter-Backes in: LPK-SGB V, § 11 Rn. 1.
31 Nebendahl in: Spickhoff, Medizinrecht, § 11 SGB V Rn. 1; Becker/Kingreen in: Becker/Kingreen, § 11 Rn. 3; Noftz in: Hauck/Noftz, SGB V, § 11 Rn. 4; Plagemann in: jurisPK-SGB V, § 11 Rn. 12.
32 Hellkötter-Backes in: LPK-SGB V, § 11 Rn. 1; Joussen in: BeckOK SozR, SGB V, § 11 Rn. 1.
33 Plagemann in: jurisPK-SGB V, § 11 Rn. 20; Wagner in: Krauskopf, § 11 SGB V Rn. 3; Wiegand in: Eichenhofer/Wenner, § 11 Rn. 3.
34 Becker/Kingreen in: Becker/Kingreen, § 11 Rn. 1.
35 Diese Leistungen waren ursprünglich im Gesetzesentwurf zum GRG in Abs. 1 Nr. 6 enthalten (siehe BT-Dr. 11/3320, 10), wurden dann aber nach den Beschlüssen des Ausschusses für Arbeit und Sozialordnung (11. Ausschuss) wieder gestrichen (BT-Dr. 11/3320). Des Weiteren sah der Gesetzesentwurf in Nr. 7 Leistungen zur Empfängnisregelung und bei Abbruch der Schwangerschaft vor, welche zunächst ebenso gestrichen wurden (zur Problematik der Finanzierung von rechtmäßig vorgenommenen Schwangerschaftsabbrüchen vgl. nur den Änderungsantrag des Abgeordneten Wüppesahl, BT-Dr. 11/3487 und Kruse in: LPK-SGB V, 4. Aufl. 2012, § 11 Rn. 4) und mit SFHÄndG wieder eingefügt.
36 Nebendahl in: Spickhoff, Medizinrecht, 11 SGB V Rn. 1; Schramm/Peick in: Sodan, HdB KrVersR, § 10 Rn. 1; Wagner in: Krauskopf, § 11 SGB V Rn. 3; Joussen in: BeckOK SozR, SGB V, § 11 Rn. 2. Siehe auch die Gesetzesbegründung BT-Dr. 11/2237, 163.
37 Wiegand in: Eichenhofer/Wenner, § 11 Rn. 4; aA wohl Noftz in: Hauck/Noftz, SGB V, § 11 Rn. 9; Joussen in: BeckOK SozR, SGB V, § 11 Rn. 2.
38 So Becker/Kingreen in: Becker/Kingreen, § 11 Rn. 16.
39 Siehe Noftz in: Hauck/Noftz, SGB V, § 11 Rn. 9.
40 BFH, 3.2.2010, I R 8/09, BFHE 228, 273.
41 Ganz einheitliche Meinung: Siehe nur Nebendahl in: Spickhoff, Medizinrecht, § 11 SGB V Rn. 1; Schramm/Peick in: Sodan, HdB KrVersR, § 10 Rn. 1; Wagner in: Krauskopf, § 11 SGB V Rn. 3; Becker/Kingreen in: Becker/Kingreen, § 11 Rn. 6; Hellkötter-Backes in: LPK-SGB V, § 11 Rn. 1; Noftz in: Hauck/Noftz, SGB V, § 11 Rn. 7.

hat deshalb nur **deklaratorischen** Charakter.[42] Die in Abs. 1 Nr. 2 bis 4 aufgezählten Leistungsarten enthalten eine an Leistungszielen orientierte **Leistungsbeschreibung** und bedürfen folglich der Konkretisierung. Dennoch beschränkt sich § 11 nicht allein auf die Bestimmung der Leistungsarten, sondern enthält ebenso Regelungen zum Leistungsinhalt und zum Verhältnis zu anderen sozialversicherungsrechtlichen Leistungssystemen.[43] Es wird dabei nicht danach differenziert, ob es sich um Pflicht- oder Ermessensleistungen, um Regel- oder Mehrleistungen oder um eine Kann-Leistung ohne besondere Satzungsvorschrift handelt.

14 Die Abs. 2 und 3 enthalten konkrete, klarstellende Regelungen zu Rehabilitationsleistungen und zu stationären Behandlungen. In der Neuregelung mit Wirkung vom 1.1.2000 und insbesondere auch durch das SGB IX „Rehabilitation und Teilhabe behinderter Menschen" zum 1.7.2001 wurde der Wille des Gesetzgebers umgesetzt, die Leistungsarten „Krankenbehandlung/Vorsorge" und „Rehabilitation" **voneinander abzugrenzen** und die Rehabilitation als **eigenständige** Leistungskategorie auszugestalten.[44] Abs. 2 ist zwar als unmittelbar geltende (verbindliche) Leistungsvoraussetzung bei allen Rehabilitationsleistungen zu berücksichtigen,[45] Rechtsgrundlage für diese Leistungen bleiben jedoch die §§ 27 Abs. 1 S. 2 Nr. 6, 32, 33, 39 Abs. 1 S. 3 Hs. 2, 40, 43, 73 Abs. 2 S. 1 Nr. 5 und 7.[46]

15 Abs. 4 gibt seit 1.4.2007 einen Anspruch auf Versorgungsmanagement bei den Übergängen von Akutversorgung, Reha und Pflege und Abs. 5 (bis 31. 3. 2007 Abs. 4) entlastet die GKV von Leistungen, die in die Zuständigkeit der gesetzlichen Unfallversicherung, also bei Arbeitsunfällen und Berufskrankheiten, fallen.

III. Der Begriff der Leistung

16 Der in allen Absätzen gebrauchte Begriff der Leistung umfasst die **versicherungsrechtlich gewährten Vorteile**. Sie lassen sich wiederum unterscheiden nach der Rechtsgrundlage, der Beschaffenheit und der Rechtsnatur.[47] Leistungen iS des SGB V können nach wie vor als **Regel-** oder **Mehrleistungen** ausgestaltet sein, auch wenn die frühere Unterscheidung zwischen Regel- und Mehrleistungen (§ 179 Abs. 2, 3 RVO aF) nicht mehr in § 11 aufgenommen wurde. Das SGB V sieht neben den gesetzlichen Leistungen auch solche vor, die sich konstitutiv aus der Satzung der Krankenkassen ergeben. Es wird demnach danach unterschieden, ob sich die Leistung direkt aus dem Gesetz, dann Regelleistung, oder ob sie sich aus einer Satzungsbestimmung (die Krankenkassen können durch Satzungsbestimmung zusätzliche Leistungen einführen – § 194 Abs. 2), dann Mehrleistung.[48]

17 Des Weiteren lässt sich unterscheiden nach Leistungen, auf die ein **Rechtsanspruch** besteht und solchen, die im **Ermessen** der Krankenkassen stehen sowie danach, ob die Leistung als **Sach-, Dienst-** oder **Geldleitungen** (§ 11 SGB I) zu erbringen sind. Als Grundsatz gilt im Krankenversicherungsrecht das Sach- bzw. Naturalleistungsprinzip (vgl. §§ 2, 13).

18 Für das Leistungsrecht gilt zu beachten, dass sich **keine verfassungsrechtliche Pflicht** des Gesetzgebers ableiten lässt, bestimmte Leistungen in den Leistungskatalog der GKV aufzunehmen.[49] Dem Gesetzgeber steht insofern ein **weiter Ermessensspielraum** zur Verfügung; die Grenze und somit der verfassungsrechtliche Maßstab für die Aufnahme bzw. Nichtaufnahme von Leistungen ist Art. 3 Abs. 1 GG.[50]

IV. Anspruchsberechtigter Personenkreis

19 Nach Abs. 1 S. 1, Abs. 2 S. 1 und Abs. 4 S. 1 sind die **Versicherten** Anspruchsinhaber. Dazu zählen alle in §§ 5 bis 10 genannten Personen. Versichert sind also zunächst alle in einem **Mitgliedschaftsverhältnis** oder in einem diesem Verhältnis **vergleichbaren Versicherungsverhältnis** stehenden Personen. Zu

---

42 Hellkötter-Backes in: LPK-SGB V, § 11 Rn. 1; Wagner in: Krauskopf, § 11 SGB V Rn. 3. Zum Teil wird auch vertreten, dass Abs. 1 noch nicht einmal deklaratorischen Charakter habe, so Noftz in: Hauck/Noftz, SGB V, § 11 Rn. 7 mwN.
43 Schramm/Peick in: Sodan, HdB KrVersR, § 10 Rn. 3; Nebendahl in: Spickhoff, Medizinrecht, § 11 SGB V Rn. 1.
44 BT-Dr. 14/1245, 61; BT-Dr. 14/1977, 160.
45 Wagner in: Krauskopf, § 11 SGB V Rn. 6; Plagemann in: jurisPK-SGB V, § 11 Rn. 23.
46 Noftz in: Hauck/Noftz, SGB V, § 11 Rn. 8.
47 Siehe Noftz in: Hauck/Noftz, SGB V, § 11 Rn. 11 ff.
48 Noftz in: Hauck/Noftz, SGB V, § 11 Rn. 14; Roters in: KassKomm, § 11 SGB V Rn. 32, 34.
49 Siehe nur BVerfG, 6.12.2005, 1 BvR 347/98, SozR 4-2500, § 27 Nr. 5 = BSGE 115, 25; Becker/Kingreen in: Becker/Kingreen, § 11 Rn. 8; Roters in: KassKomm, § 11 SGB V Rn. 11.
50 BVerfG, 6.12.2005, 1 BvR 347/98, SozR 4-2500 § 27 Nr. 5 = BVerfGE 115, 25.

Letzteren zählen insbesondere die in § 10 aufgeführten **Familienangehörigen** von Mitgliedern. Diese sind zwar nicht selbst Mitglieder der GKV, jedoch genießen sie einen abgeleiteten Versicherungsschutz.[51] Somit zählen auch Kinder und Säuglinge, soweit sie familienversichert oder freiwillig versichert sind, hierzu.[52]

Zum Kreis der Anspruchsberechtigten zählen auch die nicht in der GKV versicherten **Organspender**, die zugunsten eines Versicherten ein Organ spenden.[53] Dass diese Versicherungsschutz genießen, ist nunmehr durch den Gesetzgeber explizit in § 27 Abs. 1a geregelt worden. Nach der Rechtsprechung war die Organtransplantation bereits vor der gesetzlichen Festschreibung in Abs. 1a Teil der Krankenhilfe für den Organempfänger, wenn die Behandlung im Rahmen von dessen gesetzlicher Krankenversicherung erfolgte.[54] Die Organtransplantation ist aber auch Teil der berufsgenossenschaftlichen Heilbehandlung des Organempfängers, so dass hier Abs. 5 zu beachten ist.

20

Ebenfalls gehören auch **Künstler** zu den Versicherten.[55] Auch wenn der Anspruch gem. § 5 Abs. 1 Nr. 13 von Versicherten nach § 16 Abs. 3a ruhen sollte, weil sie mit einem Betrag in Höhe von Beitragsanteilen für zwei Monate im Rückstand sind und trotz Mahnung nicht zahlen, bleiben sie Versicherte iSv Abs. 1.[56]

21

Da Voraussetzung für den Leistungsanspruch die Mitgliedschaft ist, beginnt und endet dieser Anspruch mit ihr.[57] Der **Beginn** richtet sich nach den §§ 186 bis 189 und das **Ende** nach den §§ 190, 191. Mit Beendigung der Mitgliedschaft endet also grundsätzlich der Leistungsanspruch gem. § 19 Abs. 1, soweit nichts Abweichendes bestimmt ist. So bleibt der Leistungsanspruch in den Fällen des § 19 Abs. 2 und 3 noch längstens für einen Monat nach dem Ende der Mitgliedschaft bestehen.

22

V. Erfordernis der Antragstellung

Die Leistungen der Krankenkasse werden nach § 19 SGB IX nur auf (mündlich, schriftlich oder zu Protokoll) erklärten **Antrag beim zuständigen Leistungsträger** erbracht, soweit sich aus den einzelnen Vorschriften nichts anderes ergibt.

23

VI. Leistungsarten (Abs. 1)

1. Zentralbegriff der Krankheit. In den in Abs. 1 aufgezählten Leistungen ist Anknüpfungspunkt der Begriff der **Krankheit**, der eine zentrale Stellung im Recht der GKV einnimmt. Es wird ganz herrschend ein **zweigliedriger Krankheitsbegriff** zugrunde gelegt.[58] Er setzt voraus, dass ein regelwidriger, vom Leitbild des gesunden Menschen abweichender körperlicher, geistiger und/oder seelischer Zustand besteht, welcher der medizinischen Behandlung bedarf und auch der Behandlung zugänglich ist und/oder Arbeitsunfähigkeit zur Folge hat. Zu den Einzelheiten → § 27 Rn. 16 ff.

24

2. Leistungen bei Schwangerschaft und Mutterschaft (Abs. 1 Nr. 1). Nicht genannt von Abs. 1 waren bis zur Neueinfügung durch das Gesetz zur Neuausrichtung der Pflegeversicherung (**PNG**) vom 23.10.2012 Leistungen bei Schwanger- und Mutterschaft, die im Übrigen nach dem Referentenentwurf zum GRG ursprünglich noch in der Aufzählung des Abs. 1 enthalten waren und infolge des politischen Streits über die Finanzierung des nicht rechtswidrigen Schwangerschaftsabbruchs auf Anregung des BT-Ausschusses für Arbeit und Sozialordnung[59] wieder gestrichen wurden. Für Leistungen bei Schwangerschaft und Mutterschaft fand sich bis zur Einfügung durch das PNG die Rechtsgrundlage in den §§ **195 bis 200b RVO**, jedoch galten für die in § 195 Abs. 1 RVO angesprochenen Leistungen die Vorschriften des SGB V entsprechend, und zwar über § 195 Abs. 2 RVO für die §§ 27, 31, 32,

25

---

[51] Becker/Kingreen in: Becker/Kingreen, § 11 Rn. 9.
[52] Siehe nur Plagemann in: jurisPK-SGB V, § 11 Rn. 14.
[53] Plagemann in: jurisPK-SGB V, § 11 Rn. 15; Joussen in: BeckOK SozR, SGB V, § 11 Rn. 5; Roters in: Kass-Komm, § 11 SGB V Rn. 9; aA Noftz in: Hauck/Noftz, SGB V, § 11 Rn. 27; Becker/Kingreen in: Becker/Kingreen, § 11 Rn. 9, wonach der Versicherte Inhaber des Leistungsanspruchs bleibt.
[54] BAG, 6.8.1986, 5 AZR 607/85, BAGE 52, 313; BSG, 12.12.1972, 3 RK 47/70, SozR Nr. 54 zu § 182 RVO = BSGE 35, 102, 103 f.
[55] Vgl. § 36a KSVG.
[56] Plagemann in: jurisPK-SGB V, § 11 Rn. 15.
[57] Becker/Kingreen in: Becker/Kingreen, § 11 Rn. 10, 11.
[58] Siehe nur Noftz in: Hauck/Noftz, SGB V, § 11 Rn. 31; Becker/Kingreen in: Becker/Kingreen, § 11 Rn. 13; Prehn, VSSR 2014, 1, 6 f. Zur Kritik § 27 Rn. 17.
[59] BT-Dr. 11/2237, 14.

37 und 38. Nunmehr sind die Leistungen bei Schwanger- und Mutterschaft aus den Regelungen der RVO in die §§ 24 c bis 24 i überführt und aufgenommen worden.[60]

26 Eine normal verlaufende Schwangerschaft stellt keine Krankheit dar, so dass die in Abs. 1 Nr. 1 aufgezählten Leistungen zu den **Präventionsleistungen** zählen.[61] Die Leistungen umfassen gem. §§ 24 c bis 24 i ärztliche Betreuung und Hebammenhilfe, Versorgung mit Arznei-, Verband- und Heilmitteln, stationäre Entbindung, häusliche Pflege, Haushaltshilfe sowie Mutterschaftsgeld. Die Ansprüche sind dort **abschließend** aufgezählt. Das Nähere regelt die vom G-BA erlassene Mutterschaftsrichtlinie.[62]

27 **3. Leistungen zur Prävention (Abs. 1 Nr. 2).** Die Leistungen zur Verhütung von Krankheit gem. Abs. 1 Nr. 2 erfasst die in §§ 20 bis 24 aufgeführten Leistungen der **Primär-, Sekundär- und Tertiärprävention**.[63] Der damit aufgenommene Präventionsgedanke soll nach dem Willen des Gesetzgebers eine eigenständige Säule der gesundheitlichen Versorgung bilden.[64] Dieser Intention kommt auch in der Bestrebung zum Ausdruck, ein eigenes Präventionsgesetz zu schaffen.[65] Hiermit wollte der Gesetzgeber einheitliche und verbindliche Definitionen vorgeben und allen Zweigen der Sozialversicherung einen Auftrag für die primäre Prävention erteilen.[66] Aufgrund der Neuwahlen wurde das Vorhaben nicht mehr abgeschlossen.

28 Die Leistungen zur Prävention korrespondieren mit dem in § 1 Abs. 1 S. 2 statuierten **Grundsatz der Eigenverantwortung** des Versicherten und sollen ein entsprechendes Bewusstsein für gesundheitsfördernde Lebensweisen erzeugen.[67] Die Leistungen zur Primärprävention hat der Gesetzgeber durch das BeitrEntlG[68] zunächst gestrichen, weil hiermit eher Werbung für die jeweilige Krankenkasse anstatt Prävention betrieben worden sei; solche medizinisch nicht sinnvollen Leistungen könnten aber nicht von der Solidargemeinschaft finanziert werden.[69] Durch das GKV-GRG[70] wurden diese Leistungen wieder aufgenommen (§ 20). Der GKV-Spitzenverband hat in Zusammenarbeit mit den Verbänden der Krankenkassen auf Bundesebene die inhaltlichen Handlungsfelder und qualitativen Kriterien für die Leistungen der Krankenkassen in der Primärprävention und betrieblichen Gesundheitsförderung nach den §§ 20 und 20 a im „Leitfaden Prävention" festgelegt.[71]

29 Die in den verwiesenen Vorschriften geregelten Leistungen sind zum Teil sehr unterschiedlicher Art. Leistungen zur **Primärprävention** umfassen solche, die den allgemeinen Gesundheitszustand **verbessern** bzw. bereits das **erstmalige** Auftreten von Krankheiten **verhindern** sollen.[72] Hierzu gehört auch die **Aufklärung** der Versicherten zum Umgang mit individuellen Gesundheitsrisiken und der Unterstützung bei der Veränderung individueller gesundheitsbezogener Verhaltensweisen und medizinischen Maßnahmen zur Abwehr von Gesundheitsrisiken und -belastungen.[73] Weiterhin geht es um die Gruppen- und Individualprophylaxe von Zahnerkrankungen (§§ 21, 22). Zur „Sonderstellung" von Fissurenversiegelungen gem. § 22 Abs. 3 noch unten, → Rn. 30. Zur Primärprävention zählen vor allem auch die **Schutzimpfungen** nach § 20 d. Diese Regelung wurde durch das GKV-WSG neu aufgenom-

---

60 Aufgenommen durch die Beschlussempfehlung des Ausschusses für die Gesundheit (14. Ausschuss), BT-Dr. 17/10157, 34. Zur Begründung siehe BT-Dr. 17/10170, S. 22 ff.
61 Schramm/Peick in: Sodan, HdB KrVersR, § 10 Rn. 60. Vgl. hierzu auch → § 27 Rn. 39 f.
62 Richtlinien des Bundesausschusses der Ärzte und Krankenkassen über die ärztliche Betreuung während der Schwangerschaft und nach der Entbindung („Mutterschafts-Richtlinien") in der Fassung vom 10.12.1985 (veröffentlicht im BAnz Nr. 60 a vom 27.3.1986), zuletzt geändert am 18.10.2012, veröffentlicht im BAnz AT 19.12.2012 B3, in Kraft getreten am 20.12.2012.
63 Siehe hierzu Schramm/Peick in: Sodan, HdB KrVersR, § 10 Rn. 35 ff. Das BSG verwendet nicht die in der Literatur zumeist favorisierte Einteilung der Prävention in Primär-, Sekundär- und Tertiärprävention, sondern differenziert nur nach Maßnahmen zur Früherkennung von Krankheiten und Maßnahmen zur Verhütung von Erkrankungen, BSG, 22.1.1981, 8/8 a RK 17/79, SozR 2200, § 187 Nr. 9 = BSGE 51, 115. Vgl. zu den Begrifflichkeiten auch Seewald in: von Wulffen/Krasney (Hrsg.), FS 50 Jahre BSG, 2004, S. 289, 291 ff.
64 BT-Dr. 16/3100, 86.
65 BT-Dr. 15/8433, 4.
66 BT-Dr. 15/4833; 15/5214.
67 Schramm/Peick in: Sodan, HdB KrVersR, § 10 Rn. 34.
68 BGBl. I 1995, 1631.
69 BT-Dr. 13/4615, 9.
70 BGBl. I 1999, 2626.
71 Siehe hierzu Metzinger, KrV 2006, 167, 168.
72 Schramm/Peick in: Sodan, HdB KrVersR, § 10 Rn. 35; Dahm, WzS 2010, 1; Noftz in: Hauck/Noftz, SGB V, § 11 Rn. 33.
73 Schramm/Peick in: Sodan, HdB KrVersR, § 10 Rn. 35 mit Verweis auf § 3 Abs. 2 des Präventionsgesetzesentwurfs, BT-Dr. 15/4833, 4.

men und statuiert einen Anspruch des Versicherten auf Schutzimpfung, und zwar als **Pflichtleistung**.[74] Dies ergibt sich bereits aus dem Wortlaut der Vorschrift „haben Anspruch".

Zu den **sekundären** Präventionsleistungen[75] oder auch **Vorsorgeleistungen** zählen etwa die zur Individualprophylaxe gem. § 22 Abs. 3 gehörende Fissurenversiegelung der bleibenden Molaren von Kindern im Alter von 6 bis 18 Jahren.[76] Weitere Vorsorgeleistungen finden sich in §§ 23, 24. Vorsorgeleistungen sollen eine bereits eingetretene Schwächung oder eine konkrete Gefährdung der Gesundheit im positiven Sinne beeinflussen.[77] Als „Ultima Ratio" kommen gem. § 11 Abs. 1 Nr. 2 iVm § 23 medizinische Vorsorgeleistungen in Betracht, bei denen auch eine medizinisch-stationäre Rehabilitation vorgesehen ist.[78]   30

Die sog **tertiäre Prävention** dient der **Verhütung** der Verschlimmerung von Krankheiten und Behinderungen sowie **Rückfälle** aus bestehenden, oft chronischen Krankheiten **abzuwenden** oder zu mildern.[79] Tertiäre Prävention kann sich mit der Rehabilitation überschneiden.[80]   31

4. Leistungen zur Empfängnisverhütung, bei Sterilisation und bei Schwangerschaftsabbruch (Abs. 1 Nr. 2). Das Anfügen der Leistungen zur Empfängnisverhütung, bei Sterilisation, und bei Schwangerschaftsabbruch (§§ 24 a, 24 b) an die Präventionsleistungen in Abs. 1 Nr. 2, ist systemwidrig. Alle diese Leistungen knüpfen nicht an eine Krankheit im krankenversicherungsrechtlichen Sinne an. Leistungen zur Verhütung einer Empfängnis und zum Abbruch einer Schwangerschaft gehören deshalb nach der Rechtsprechung des BSG **weder zu präventiven noch kurativen** Leistungen der Krankenbehandlung.[81] Ebenso passt die Sterilisation nicht zu Leistungen zur Verhütung von Krankheiten, sondern es handelt sich hierbei um eine Maßnahme, gerichtet auf eine gezielte Körperverletzung, also einen Eingriff in den „gesunden" Körper. Es hätte sich deshalb angeboten, diese Leistungen in einen gesonderten Abschnitt zu regeln.   32

5. Leistungen zur Erfassung von gesundheitlichen Risiken und Früherkennung von Krankheiten (Abs. 1 Nr. 3). Maßnahmen, die der Früherkennung von Krankheitsvor- und -frühstadien dienen (Abs. 1 Nr. 3), gehören zur **sekundären Prävention**.[82] Hierunter fallen die Gesundheitsuntersuchungen nach § 25 und die Kinderuntersuchungen nach § 26. Bei diesen Leistungen geht es in erster Linie weder um eine Krankheitsverhütung noch um die Änderung eines festgestellten Zustandes des Patienten in Form von therapeutischen, sondern um **diagnostische Maßnahmen**,[83] damit so früh wie möglich Krankheiten erkannt und dann einer erfolgversprechenden Behandlung unterzogen werden können.[84] Tritt bei der Früherkennung ein Verdachtsfall auf, der eine weitergehende Diagnostik erforderlich macht, dann handelt es sich hierbei bereits um eine Krankenbehandlung nach den §§ 27 ff.[85]   33

Der Gesetzgeber verfolgte bereits mit dem Gesetzesentwurf zur Förderung der Prävention[86] das Ziel eines weiteren Ausbaus bzw. einer Stärkung der Früherkennungs- und Präventionsmaßnahmen. Mit dem Präventionsgesetz vom 17.7.2015[87] nahm er diesen Gedanken wieder auf. Entsprechend den Gesundheitsuntersuchungs-Richtlinien des G-BA,[88] wonach die ärztliche Gesundheitsuntersuchung neben der Früherkennung auch primärpräventive Maßnahmen beinhaltet und somit auch eine systematische,   34

---

74 Siehe nur Schramm/Peick in: Sodan, HdB KrVersR, § 10 Rn. 45; Nebendahl in: Spickhoff, Medizinrecht, § 20 d SGB V Rn. 1.
75 Zum Teil wird hier auch vom sog Übergangsbereich zwischen Primär- und sekundären Präventionsleistungen gesprochen, so Noftz in: Hauck/Noftz, SGB V, § 11 Rn. 33.
76 Siehe auch Schramm/Peick in: Sodan, HdB KrVersR, § 10 Rn. 36; Ebsen in: v. Maydell/Ruland/Becker, § 15 Rn. 84.
77 Noftz in: Hauck/Noftz, SGB V, § 11 Rn. 33.
78 BayLSG, 26.2.2009, L 4 KR 179/08.
79 Schramm/Peick in: Sodan, HdB KrVersR, § 10 Rn. 37; vgl. BT-Dr. 15/4833, 4, 29 f.
80 Welti in: Becker/Kingreen, § 20 Rn. 6.
81 BSG, 13.2.1975, 3 RK 68/73, SozR 2200 § 182 Nr. 9 = BSGE 39, 167.
82 Schramm/Peick in: Sodan, HdB KrVersR, § 10 Rn. 36.
83 BSG, 22.1.1981, 8/8 a RK 17/79, SozR 2200, § 187 Nr. 9 = BSGE 51, 115; Schramm/Peick in: Sodan, HdB KrVersR, § 10 Rn. 57; Noftz in: Hauck/Noftz, SGB V, § 11 Rn. 38; Kaltenborn/Reit in: BeckOK SozR, SGB V, § 25 Rn. 3.
84 BSG, 22.1.1981, 8/8 a RK 17/79, SozR 2200, § 187 Nr. 9 = BSGE 51, 115.
85 Schramm/Peick in: Sodan, HdB KrVersR, § 10 Rn. 57 mwN; Roters in: KassKomm, § 25 SGB V Rn. 3.
86 BT-Dr. 17/13080. Der von der Bundesregierung vorgelegte Gesetzesentwurf (BT-Dr. 17/14184 wurde für erledigt erklärt (BR-Dr. 217/13).
87 BGBl. I S. 1211.
88 In der Fassung vom 24.8.1989, veröff. im Bundesarbeitsblatt Nr. 10 vom 29.10.1989, zuletzt geändert am 21.7.2016, veröff. im Bundesanzeiger AT 12.10.2016 B2, in Kraft getreten am 1.1.2017.

gegebenenfalls mithilfe geeigneter Instrumente (zB Fragebögen, Risiko-Tests oder Risiko-Scores) durchzuführende ärztliche Erhebung und Bewertung des individuellen gesundheitlichen Risikoprofils erfasst, hat eine darauf abgestimmte präventionsorientierte Beratung und – sofern medizinisch angezeigt – die Ausstellung einer sog Präventionsempfehlung zu erfolgen. Diese ist wiederum von den Krankenkassen bei der Entscheidung über Leistungen zur verhaltensbezogenen Prävention nach § 20 Abs. 5 zu berücksichtigen, insbesondere bezogen auf die Risikofaktoren Bewegungsmangel, unausgewogene Ernährung, chronischer psycho-sozialer Stress und Suchtmittelkonsum.[89]

35 **6. Leistungen bei Krankheit (Abs. 1 Nr. 4).** Die Leistungen bei Krankheit (Abs. 1 Nr. 4) sind solche der **Krankenbehandlung**, wie sie in den §§ 27 bis 52 enthalten sind und die zum Ziel haben, eine Krankheit zu erkennen, zu heilen, ihre Verschlimmerung zu verhüten oder Krankheitsbeschwerden zu lindern (vgl. auch Abs. 2 S. 2). § 27 Abs. 1 S. 2 regelt nach der Rechtsprechung des BSG und nach dem Willen des Gesetzgebers den Umfang der zur Krankenbehandlung gehörenden Leistungen **abschließend**, so dass die Krankenkassen auf die in den Vorschriften aufgeführten Leistungen grundsätzlich **beschränkt** sind.[90] Folglich sind außerhalb von Modellvorhaben nach § 63 Abs. 2 neue oder weitere Leistungen nur vom Gesetzgeber selbst einführbar.[91]

36 Die Leistungen müssen final wirken, das heißt mit medizinischen Mitteln muss auf die Krankheit oder Behinderung Einfluss genommen werden können.

37 Die Leistungen auf Krankenbehandlung umfassen nicht nur den Anspruch auf Krankenbehandlung, sondern auch den Anspruch auf **Krankengeld**. Beide Ansprüche stehen **gleichwertig** nebeneinander.[92]

38 **7. Leistungen des persönlichen Budgets (Abs. 1 Nr. 5).** Abs. 1 Nr. 5, der die Persönlichen Budgets in das Krankenversicherungsrecht aufnimmt, betrifft die **Leistungsabwicklung** bei der Inanspruchnahme medizinischer Rehabilitationsleistungen.[93] Das Budget dient der Ausführung der Leistungen zur Teilhabe gem. § 17 Abs. 2 SGB IX. Hierbei handelt es sich um **Komplexleistungen**, die **trägerübergreifend** sich auf den alltäglichen, regelmäßig wiederkehrenden Bedarf beziehen (§ 17 Abs. 2 S. 3, 4 SGB IX) und somit ein Gesamtbudget bilden.[94] Die Leistungen müssen demnach budgetfähig sein. Der Leistungsberechtigte schließt hierbei eigenständige Verträge mit dem jeweiligen Leistungserbringer, so dass der Leistungsträger bei der Auswahl der Leistungsempfänger nicht mehr direkt eingeschaltet ist.[95] Auf diese Weise wird dem Ziel, dem Versicherten in eigener Verantwortung ein möglichst **selbstbestimmtes** Leben zu ermöglichen, entsprochen (§ 17 Abs. 2 S. 1 SGB IX).[96]

39 **Umstritten** ist, ob durch die Bestimmung mit dem Persönlichen Budget eine **eigenständige** (Geld-)Leistung geschaffen worden ist.[97] Richtigerweise handelt es sich hierbei nicht um eine eigenständige Leistung, sondern lediglich um eine **Art der Ausführung**. Die Umwandlung der ansonsten grundsätzlichen vorgesehenen Sachleistung in eine Geldleistung soll dem Wunsch- und Wahlrecht des Betroffenen Rechnung tragen.[98] Der Berechtigte kann durch das Persönliche Budget **selbst entscheiden**, welche Hilfen er wann in Anspruch nimmt.[99] Da es sich bei § 17 Abs. 2 SGB IX aber nur um eine Ausführungsvorschrift handelt, kann ein Persönliches Budget nur insoweit gewährt werden, als ein Leistungsanspruch besteht. Andernfalls würde eine Vorschrift, die lediglich den Handlungsspielraum zugunsten des Betroffenen erweitern soll, zu einer Modifikation des Anspruchs dem Grunde nach führen, was vom Gesetzgeber nicht gewollt war.[100] Es sollten lediglich zeitliche und soziale Dispositionsspielräume eingeräumt werden, um die **Eigenverantwortlichkeit** des Leistungsberechtigten zu fördern.[101] Das Bundesministerium für Arbeit und Soziales wurde durch § 21a SGB IX ermächtigt, durch Rechtsverordnung Näheres zum Inhalt und zur Ausführung des Persönlichen Budgets, zum Verfahren sowie zur

---

89 BT-Dr. 18/4282, S. 40.
90 BT-Dr. 11/2237, 170; BSG, 25.6.2002, B 1 KR 22/01 R, SozR 3-2500, § 38 Nr. 4.
91 BSG, 25.6.2002, B 1 KR 22/01 R, SozR 3-2500, § 38 Nr. 4.
92 Schramm/Peick in: Sodan, HdB KrVersR, § 10 Rn. 61.
93 Becker/Kingreen in: Becker/Kingreen, § 11 Rn. 3.
94 Wagner in: Krauskopf, § 11 SGB V Rn. 4.
95 BT-Dr. 15/1514, 52.
96 Siehe hierzu auch BT-Dr. 15/1636, 11; BT-Dr. 15/1514, 71.
97 So Noftz in: Hauck/Noftz, SGB V, § 11 Rn. 42; Joussen in: BeckOK SozR, SGB V, § 11 Rn. 6; aA Becker/Kingreen in: Becker/Kingreen, § 11 Rn. 28.
98 Siehe SG Konstanz, 7.12.2006, S 4 R 1012/06.
99 BT-Dr. 15/1514, 72.
100 SG Konstanz, 7.12.2006, S 4 R 1012/06.
101 BT-Dr. 15/1514, 72.

Zuständigkeit bei Beteiligung mehrerer Leistungsträger zu regeln. Auf dieser Grundlage erging die Budgetverordnung.[102]

VII. Leistungen der Rehabilitation (Abs. 2)

1. Allgemeines. § 11 differenziert bei den Leistungsarten der GKV zwischen „Leistungen zur Behandlung einer Krankheit" (Abs. 1 Nr. 4) einerseits und „Leistungen zur medizinischen Rehabilitation" (Abs. 2) andererseits.[103] Diese seit dem GKV-Gesundheitsreformgesetz vom 22.12.1999[104] vorgenommene Differenzierung hat in erster Linie eine klarstellende Funktion. Die Vorschrift soll deutlich machen, dass im Rahmen der GKV auch Leistungen der Rehabilitation gewährt werden. Bei den medizinischen und ergänzenden Leistungen zur Rehabilitation handelt es sich folglich um gegenüber der Krankenbehandlung **eigenständige Leistungen** und nicht nur einen Unterfall bzw. Teil der Krankenbehandlung.[105] Dies folgt auch aus der Formulierung, die Versicherten haben „Anspruch auf Leistungen zur medizinischen Rehabilitation". Diese Unterschiede setzen sich zwar auch in anderen Regelungszusammenhängen fort, jedoch hat der Gesetzgeber Rehabilitationsleistungen und ergänzende Leistungen nach wie vor als Krankenbehandlung unter § 27 Abs. 1 Nr. 6 gefasst, was aus systematischer Sicht unverständlich ist. 40

Der Gesetzgeber unterscheidet im SGB V stets explizit zwischen „**Heilmitteln**"[106] und „**ergänzenden Leistungen**".[107] Rückschlüsse von dem einen auf den anderen Regelungskomplex sind nicht zulässig. Dementsprechend sind die Regelungsbefugnisse des G-BA für Heilmittel einerseits und ergänzende Leistungen andererseits ebenso unterschiedlich ausgestaltet (vgl. § 92 Abs. 1 S. 2 Nr. 6, Abs. 2, Abs. 3 a und Abs. 6, § 138 zum einen und § 91 Abs. 1 S. 1, Abs. 1 S. 2 Nr. 8 und Abs. 5 zum anderen).[108] 41

Die Krankenkassen sind somit auch **Rehabilitationsträger**. Sie erbringen nach § 11 Abs. 2 iVm §§ 40 und 41 Leistungen zur medizinischen Rehabilitation, wenn die kurativen Maßnahmen der ambulanten Krankenbehandlung – auch unter rehabilitativer Zielsetzung – nicht ausreichen, eine Leistung zur medizinischen Rehabilitation medizinisch indiziert und kein anderer Rehabilitationsträger vorrangig zuständig ist.[109] Abs. 2 korrespondiert folglich mit § 40 und enthält eine unmittelbare Leistungsvoraussetzung.[110] 42

Leistungen zur Rehabilitation dienen dazu, den Folgen von Krankheiten in Form von **Fähigkeitsstörungen** und **Beeinträchtigungen** vorzubeugen, sie zu beseitigen oder zu bessern oder deren wesentliche Verschlechterung abzuwenden.[111] Die Rehabilitationsleistungen dienen damit der Abwendung einer drohenden Behinderung oder Pflegebedürftigkeit. Die Vermeidung der Verschlimmerung von Krankheiten ist aus Sicht des Gesetzgebers dagegen Aufgabe der Behandlung einer Krankheit und Vorsorge.[112] 43

2. Voraussetzungen. Rehabilitation und Krankenbehandlung knüpfen an **unterschiedliche** Voraussetzungen an; die Rehabilitation an die Behinderung und an die Pflegebedürftigkeit, die Krankenbehandlung an den Begriff der Krankheit. Der Begriff der **Behinderung** ist in § 2 Abs. 1 S. 1 SGB IX legaldefiniert. Er ist ebenso wie der Krankheitsbegriff **zweistufig** aufgebaut. Auf der ersten Stufe ist die Abweichung der körperlichen Funktion, geistigen Fähigkeit oder seelischen Gesundheit von dem für das Lebensalter typischen Zustand festzustellen. Auf der zweiten Stufe ist sodann zu prüfen, ob diese Abweichung so erheblich ist, dass sie die Teilhabe am Leben in der Gesellschaft beeinträchtigt.[113] Damit orientiert sich der Behinderungsbegriff nicht mehr an den wirklichen oder vermeintlichen Defiziten der 44

---

102 Vom 27.5.2004, BGBl. I, 1055.
103 BSG, 22.4.2009, B 3 KR 5/08 R, USK 2009-21; BSG, 22.4.2008, B 1 KR 22/07 R, SozR 4-2500 § 60 Nr. 4.
104 BGBl. I 1999, 2626.
105 Vgl. Gesetzentwurf der Fraktionen SPD und Bündnis 90/DIE GRÜNEN, BT-Dr. 14/1245, 61 zu Nr. 6; Beschlussempfehlung und Bericht des Ausschusses für Gesundheit, BT-Dr.14/1977, 160. zu Art. 1 Nr. 6 Buchst b; BSG, 22.4.2009, B 3 KR 5/08 R, USK 2009-21; Wagner in: Krauskopf, § 11 SGB V Rn. 5.
106 So etwa § 27 Abs. 1 S. 2 Nr. 3, § 32, § 34, § 92 Abs. 1 S. 2 Nr. 6, § 138.
107 Siehe etwa § 27 Abs. 1 S. 2 Nr. 6, § 43, § 92 Abs. 1 S. 2 Nr. 8 und Abs. 5.
108 BSG, 17.6.2008, B 1 KR 31/07 R, SozR 4-2500 § 43 Nr. 1.
109 SG Berlin, 28.6.2011, S 76 KR 783/10; siehe hierzu auch die Richtlinien des G-BA.
110 Plagemann in: jurisPK-SGB V, § 11 Rn. 23.
111 BT-Dr. 14/1245, 61.
112 BT-Dr. 14/1245, 61.
113 Ausführlich Welti, Behinderung und Rehabilitation, 2005, S. 84 ff.

Versicherten, sondern rückt das Ziel der **Teilhabe** an den verschiedenen Lebensbereichen in den Vordergrund.[114]

45 Eine nur **vorübergehende Beeinträchtigungen**, also solche, die nicht mit hoher Wahrscheinlichkeit länger als sechs Monate andauern, wird aus dem Behinderungsbegriff **ausgeschlossen**. Der in § 14 Abs. 1 SGB XI legaldefinierte Begriff der **Pflegebedürftigkeit** ist der für die Pflegeversicherung relevante Versicherungsfall. Sie erfasst durch Krankheit und/oder Behinderung verursachte Funktionsstörungen, welche die Fähigkeit zur Vornahme der gewöhnlich und regelmäßig wiederkehrenden Verrichtungen (§ 14 Abs. 3 SGB XI) erheblich (§ 15 SGB XI) beeinträchtigen. Er ist vierteilig strukturiert.[115]

46 **3. Abgrenzungen zur Pflegeversicherung und zum SGB XI.** Die Leistungen zur Rehabilitation sind insbesondere von Leistungen der Pflegeversicherung **abzugrenzen**. So hat die Krankenversicherung nach Abs. 2 Leistungen bei drohender Pflegebedürftigkeit zu gewähren. Demgegenüber haben die Pflegekassen regelmäßig nur eine **Prüfungs-, Beratungs- und Vermittlungspflicht**.[116] Etwas anderes gilt nur für die sog aktivierende Pflege nach § 28 Abs. 4 S. 1 SGB XI, die nach Eintritt der Pflegebedürftigkeit die Erhaltung vorhandener und Rückgewinnung verlorener Fähigkeiten umfasst.[117] Diese fällt nach der ausdrücklichen Bestimmung in § 11 Abs. 2 S. 2 in die Zuständigkeit der Pflegekassen, da sie Bestandteil aller pflegerischen Leistungen ist.

47 Die Vermeidung der Verschlimmerung einer Krankheit gehört dagegen in den Aufgabenbereich der GKV.[118] Im Verhältnis zu den Regelungen des bereichsübergreifenden SGB IX ist § 11 Abs. 2 S. 3 maßgeblich, wonach die Rehabilitationsleistungen unter Beachtung des SGB IX erbracht werden, soweit nicht im SGB V etwas abweichendes bestimmt ist. Dies bedeutet korrespondierend zu § 7 SGB IX, dass sich die Ausführungen der Leistungen nach dem SGB IX richten und nur dann, wenn im SGB V eigenständige Regelungen zur Leistungsgewährung vorhanden sind, diese vorgehen.[119]

48 **4. Leistungsinhalt.** Zu den krankenversicherungsrechtlichen Hauptleistungsansprüchen gehören die **medizinischen und ergänzenden Leistungen** zur Rehabilitation. Diese Differenzierung wird durch die Regelungen des Leistungsrechts wieder aufgenommen. So enthält § 40 die von der Krankenkasse zu erbringenden „Leistungen zur medizinischen Rehabilitation", während § 43 „ergänzende Leistungen zur Rehabilitation" regelt. Als solche ergänzende Leistungen beschreibt § 43 Abs. 1 neben den Leistungen, „die nach § 44 Abs. 1 Nr. 2 bis 6 SGB IX sowie nach §§ 53, 54 SGB IX als ergänzende Leistungen zu erbringen sind", auch solche (fakultativ erbringbare Leistungen), die unter Berücksichtigung von Art und Schwere der Behinderung erforderlich sind, um das Ziel der Rehabilitation zu erreichen oder zu sichern. Nach der Rechtsprechung des BSG ist allein auf diese Regelungen des SGB V mit ihren Verweisungen auf das SGB IX abzustellen (siehe auch Abs. 2 S. 3).[120]

49 Begrenzt ist die Leistungspflicht der GKV auf die medizinische Rehabilitation und die in diesem Zusammenhang notwendigen ergänzenden Leistungen.[121] Das sind also solche Leistungen, die unmittelbar auf die Krankheit Einfluss nehmen. Folglich sind Maßnahmen, die sich auf die beruflichen oder sozialen Folgen einer Krankheit beziehen, nicht umfasst.[122]

50 Es handelt sich bei den „medizinischen Leistungen zur Rehabilitation" und den „ergänzenden Leistungen zur Rehabilitation" um gesetzessystematisch voneinander zu **unterscheidende** rechtliche Kategorien, so dass die ergänzenden Leistungen nicht nur ein Unterfall der medizinischen Rehabilitationsleis-

---

114 BT-Dr. 14/5074, 98.
115 Noftz in: Hauck/Noftz, SGB V, § 11 Rn. 51.
116 Noftz in: Hauck/Noftz, SGB V, § 11 Rn. 54.
117 Siehe hierzu nur Reissenberger-Safadi in: Krauskopf, § 28 SGB XI Rn. 28 f.
118 BT-Dr. 14/1245, 61.
119 BT-Dr. 14/5074, 117.
120 BSG, 22.4.2008, B 1 KR 22/07 R, SozR 4-2500 § 60 Nr. 4; BSG, 22.4.2009, B 3 KR 5/08 R, USK 2009-21; BSG, 26.6.2007, B 1 KR 36/06 R, SozR 4-2500 § 40 Nr. 4 = BSGE 98, 277.
121 Nebendahl in: Spickhoff, Medizinrecht, § 11 SGB V Rn. 7.
122 Nebendahl in: Spickhoff, Medizinrecht, § 11 SGB V Rn. 7.

tungen sind.[123] Die akzessorische „ergänzende" Leistung setzt ihrerseits folglich eine „ergänzbare Hauptleistung" voraus.[124]

VIII. Mitaufnahme einer Begleitperson oder Pflegekraft (Abs. 3)

1. Allgemeines. Nach Abs. 3 gehört die Übernahme der Kosten einer stationären Behandlung infolge Mitaufnahme einer Begleitperson zu den Leistungen, wenn diese aus medizinischen Gründen notwendig ist oder wenn bei stationärer Behandlung in einem Krankenhaus nach § 108 die Mitaufnahme einer Pflegekraft erforderlich ist. Die Vorschrift regelt einen **Ausnahmefall** bzw. ein „Einzelproblem", das bei jeder stationären Behandlung auftreten kann.[125]

Bereits nach dem bis zum Inkrafttreten des SGB V geltenden Recht war die aus medizinischen Gründen erforderliche Mitaufnahme einer Begleitperson als Nebenleistung anerkannt.[126] Dennoch hatte nach Ansicht des Gesetzgebers die Praxis gezeigt, dass die pflegerische Versorgung vor allem von pflegebedürftigen Menschen mit Behinderungen, die auf von ihnen beschäftigte persönliche Assistenzkraft angewiesen sind, während eines Krankenhausaufenthalts nicht ausreichend sichergestellt ist.[127] Gerade die notwendige pflegerische Versorgung insbesondere von Pflegebedürftigen im Krankenhaus war zumeist nicht Bestandteil der für die stationäre Behandlung einer Krankheit erforderlichen Krankenpflege (§ 39 Abs. 1 S. 3). Insoweit bestand keine Leistungspflicht der GKV zur Übernahme der Kosten der persönlichen Assistenz nach § 39 Abs. 1. Mit der Ergänzung des § 11 Abs. 3 sollte dies behoben werden.[128]

Für den Gesetzgeber stellt die Kostenübernahme keine Erweiterung des Leistungskatalogs dar,[129] sie gehört zu den im Einzelfall **notwendigen Leistungen** (vgl. auch § 2 Abs. 2 Nr. 2 BPflV). Zumeist ist aber die aus medizinischen Gründen erforderliche Mitaufnahme einer Begleitperson bereits mit der Zahlung des allgemeinen Pflegesatzes abgegolten,[130] wenn mit der Vergütungsvereinbarung sämtliche anfallenden Kosten erfasst sein sollen (vgl. § 2 Abs. 2 BPflV).[131]

2. Voraussetzungen. a) Begleitperson oder Pflegekraft. In Abs. 3 ist als Leistungspflicht der Krankenkasse sowohl die Mitaufnahme einer **Begleitperson** als auch einer **Pflegekraft** bei stationärer Behandlung geregelt. Die Mitaufnahme einer Pflegekraft kommt in Betracht, wenn es um Leistungen bei stationärer Behandlung im Krankenhaus (§ 108) oder in einer Vorsorge- bzw. Rehabilitationseinrichtung (§ 107 Abs. 2) geht und der Versicherte seine Pflege nach § 63 b Abs. 6 S. 1 SGB XII durch eine von ihm beschäftigte besondere Pflegekraft sicherstellt (sog Arbeitgebermodell als eigenständiges sozialhilferechtliches Institut).[132] Der Gesetzgeber hat dies damit begründet, dass das „dort beschäftigte Pflegepersonal weder von der Ausbildung noch von den Kapazitäten her in der Lage ist, dem besonderen über die Leistungen der Krankenhausbehandlung nach § 39 hinausgehenden pflegerischen Bedarf behinderter Menschen zu entsprechen".[133]

b) Medizinische Notwendigkeit der Mitaufnahme einer Begleitperson. Nach dem Wortlaut der Vorschrift ist Voraussetzung für die Erbringung der Leistung, dass die Mitaufnahme einer Begleitperson, nicht dagegen einer Pflegekraft, aus **medizinischen** Gründen notwendig ist.[134] Damit ist gleichzeitig **ausgeschlossen**, dass die Mitaufnahme lediglich aus persönlichen, sozialen, wirtschaftlichen oder fami-

---

123 BSG, 22.4.2008, B 1 KR 22/07 R, SozR 4-2500 § 60 Nr. 4; BSG, 22.4.2009, B 3 KR 5/08 R, USK 2009-21.
124 BSG, 22.4.2008, B 1 KR 22/07 R, SozR 4-2500 § 60 Nr. 4; BSG, 22.4.2009, B 3 KR 5/08 R, USK 2009-21. So entschied das BSG in den dort zugrunde liegenden Fällen, dass es bei Fahrtkosten zum Rehabilitationssport an einer solchen ergänzbaren Hauptleistung fehle, da die Fahrkosten selbst nur "ergänzende" Leistung (§ 44 Abs. 1 Nr. 5, § 53 SGB IX) auf eine andere ergänzende Leistung bezogen wären, nämlich den Rehabilitationssport iSv § 43 SGB V (§ 44 Abs. 1 Nr. 3 SGB IX). Des Weiteren zur Notwendigkeit einer bestimmten Hauptleistung: BSG, 2.11.2007, B 1 KR 4/07 R, SozR 4-2500 § 60 Nr. 2.
125 LSG Nordrhein-Westphalen, 23.8.1994, L 5 (6, 16) KR 303/92; siehe auch Roters in: KassKomm, § 11 SGB V Rn. 21.
126 BSG, 26.3.1980, 3 RK 32/79, SozR 2200 § 184 Nr. 16 = BSGE 50, 72.
127 Vgl. BT-Dr. 16/2855, 7.
128 BT-Dr. 16/12855, 7.
129 BT-Dr. 11/3480, 50.
130 So in dem vom BSG, 26.3.1980, 3 RK 32/79, SozR 2200 § 184 Nr. 16 = BSGE 50, 72 entschiedenen Fall.
131 Wagner in: Krauskopf, § 11 SGB V Rn. 10.
132 Klie in: Hauck/Noftz, SGB XII, § 66 Rn. 8.
133 BT-Dr. 16/12855, 9.
134 So auch Waltermann in: Kreikebohm/Spellbrink/Waltermann, § 11 SGB V Rn. 2.

liären Gründen bzw. zur besseren Betreuung verlangt werden kann.[135] Wird etwa die von der Klinik angebotene Hilfestellung für einen schwerstbehinderten Patienten nicht genutzt, sondern nur die gewohnte Fürsorge des Ehegatten als unverzichtbar angesehen, genügt dies nicht, um die vom Gesetz geforderte Notwendigkeit der Begleitung zu begründen.[136] Unter diesen Umständen ist die Begleitung durch den Ehegatten und die daraus resultierenden Kosten der Eigenvorsorge dem Versicherten zuzurechnen.[137]

56 Eine medizinische Notwendigkeit ergibt sich auch in den Fällen, in denen etwa bei Kindern wegen der Trennung von Mutter oder Vater erhebliche Verzögerungen im Heilungsverlauf zu erwarten sind oder der Behandlungserfolg ganz gefährdet wird.[138] Des Weiteren kann sich die medizinische Notwendigkeit daraus ergeben, dass die Begleitperson in ein therapeutisches Konzept eingebunden werden soll, so bei der Einweisung eines Elternteils während der stationären Behandlung des Kindes in die spätere Eigenbehandlung des Kindes zu Hause.[139]

57 **c) Stationäre Behandlung.** Erfasst sind sowohl die **voll- und teilstationären** Behandlungen nach §§ 39, 39a als auch stationäre Maßnahmen der medizinischen Rehabilitation nach § 40 Abs. 2.[140] Nicht ausreichend ist dagegen die sonstige ambulante, vor- und nachstationäre Krankenbehandlung.[141] Ein Leistungsanspruch ist für Begleitpersonen in diesen Fällen schon nach dem ausdrücklichen Wortlaut der Vorschrift ausgeschlossen; die Erstattung der Kosten für die Begleitperson kann auch nicht als sog „Stellvertreterleistung" beansprucht werden.[142] Das BSG hatte in seiner früheren Rechtsprechung zwar die Auffassung vertreten, dass eine Krankenkasse verpflichtet sein könne, nicht ausdrücklich im Gesetz genannte Leistungen zu erbringen, wenn diese an die Stelle einer an sich geschuldeten Leistung treten und diese Ersatzleistung (Stellvertreterleistung) entweder geeigneter oder wirtschaftlicher als die originär geschuldete Leistung sei.[143] Diese Rechtsprechung ist jedoch vom BSG aufgegeben worden.[144] Es vertritt nunmehr die Ansicht, dass das SGB V den Umfang der zur Krankenbehandlung gehörenden Leistungen **abschließend** regele; eine dort nicht vorgesehene Leistung könne auch nicht als sog Stellvertreterleistung beansprucht werden. Das Wirtschaftlichkeitsgebot begrenze den Anspruch auf Krankenbehandlung, vermöge aber nicht seinerseits einen Rechtsanspruch auf bestimmte Leistungen zu begründen.

58 Erfasst werden nach dem Gesetzeswortlaut die stationäre Behandlung im **Krankenhaus** (§ 108) und die in den **Vorsorge-** und **Rehabilitationseinrichtungen** (§ 107 Abs. 2). Letztgenannte Einrichtungen wurden erst mit dem Gesetz zur Regelung des Assistenzpflegebedarfs in stationären Vorsorge- oder Rehabilitationseinrichtungen aufgenommen. Begründet wurde diese Änderung damit, „dass die besondere pflegerische Versorgung im Arbeitgebermodell während eines Aufenthalts in einer stationären Vorsorge- oder Rehabilitationseinrichtung [in der Praxis] nicht ausreichend sichergestellt sei".[145]

59 **3. Leistungsinhalt.** Der Begriff der Mitaufnahme verlangt, dass die Unterbringung in der **Einrichtung** selbst erfolgt, in der die stationäre Behandlung des Versicherten vorgenommen wird.[146] Regelmäßig nicht ausreichend ist eine bloße Unterbringung außerhalb oder in der Nähe der stationären Einrichtung.[147] Etwas anderes gilt nur dann, wenn der Leistungserbringer eine medizinisch notwendige Mitaufnahme nicht realisieren kann und der Begleitperson ein Pendeln nicht möglich oder unzumutbar ist, dann sind die Kosten für die Unterbringung in einer auswärtigen Einrichtung von der Krankenkas-

---

135 Joussen in: BeckOK SozR, SGB V, § 11 Rn. 13; Noftz in: Hauck/Noftz, SGB V, § 11 Rn. 56.
136 BayLSG, 23.10.2006, L 4 KR 189/06.
137 BayLSG, 23.10.2006, L 4 KR 189/06.
138 Noftz in: Hauck/Noftz, SGB V, § 11 Rn. 58.
139 Noftz in: Hauck/Noftz, SGB V, § 11 Rn. 58a; Roters in: KassKomm, § 11 SGB V Rn. 22; Joussen in: BeckOK SozR, SGB V, § 11 Rn. 13; Becker/Kingreen in: Becker/Kingreen, § 11 Rn. 19. Zu dieser Fallgestaltung nach früherem Recht (§ 193 Nr. 2 RVO) BSG, 29.6.1978, 5 RKn 35/76, SozR 2200 § 182 Nr. 36 = BSGE 46, 299.
140 BayLSG, 23.10.2006, L 4 KR 189/06; Roters in: KassKomm, § 11 SGB V Rn. 21; siehe auch LSG NRW, 19.12.2000, L 5 Kr 5/00.
141 Noftz in: Hauck/Noftz, SGB V, § 11 Rn. 57; Nebendahl in: Spickhoff, Medizinrecht, § 11 SGB V Rn. 9.
142 SG Aachen, 12.5.2009, S 13 KR 164/08.
143 BSG, 13.5.1982, 8 RK 34/81, SozR 2200 § 182 Nr. 82 = BSGE 53, 273.
144 BSG, 25.6.2002, B 1 KR 22/01 R, SozR 3-2500 § 38 Nr. 4.
145 BT-Dr. 17/11396, 13.
146 Nebendahl in: Spickhoff, Medizinrecht, § 11 SGB V Rn. 10.
147 Roters in: KassKomm, § 11 SGB V Rn. 22; siehe aber BSG SozR 3 – 2500 § 38 Nr. 4.

se zu übernehmen,[148] wobei auch hier wirtschaftliche Erwägungen (§ 12 Abs. 1) nicht vernachlässigt werden dürfen. Für diesen Fall wird eine analoge Anwendung des Abs. 3 mit Erstattung von zB Übernachtungs-, Verpflegungs- und Fahrtkosten unter dem Gesichtspunkt der Stellvertreterleistung favorisiert.[149]

Sollte der Begleitperson wegen der Mitaufnahme die Weiterführung des Haushalts nicht möglich sein, hat das BSG in seiner Rechtsprechung in analoger Anwendung von § 38 einen Anspruch auf **Haushaltshilfe** zugebilligt.[150] 60

Hat der Versicherte das 12. Lebensjahr noch nicht vollendet, und ist die Begleitperson ein Elternteil, der eine Erwerbstätigkeit ausübt, so begründet die Mitaufnahme einen Anspruch auf **Krankengeld** gem. § 45 Abs. 1 S. 1, da die Begleitperson wegen der Beaufsichtigung, Betreuung oder Pflege ihres erkrankten und versicherten Kindes ihrer Arbeit nicht nachkommen kann.[151] Es handelt sich hierbei um einen **eigenen** Anspruch. Dies gilt auch dann, wenn die Begleitperson selbst nicht versichert ist. Dauer und Höhe des Anspruchs der Begleitperson auf Krankengeldzahlung richten sich nach § 45 Abs. 2. 61

Ob über den Anspruch obiger Leistungen hinaus nach § 11 Abs. 3 zusätzliche, weitergehende Ersatz- und Kostenerstattungsansprüche mitumfasst sind, wie etwa ein Aufwendungsersatz für den **Verdienstausfall**, ist umstritten.[152] Dagegen spricht aber bereits der eindeutige Wortlaut in Abs. 3. Zur Herleitung eines solchen Anspruchs bedarf es grundsätzlich einer **eigenständigen** Anspruchsgrundlage.[153] So hat der Gesetzgeber im Rahmen der Leistungen zur medizinischen Rehabilitation eine solche Regelung in § 53 Abs. 1 SGB IX eingefügt. Darüber hinaus stellt der Anspruch des Versicherten auf Mitaufnahme einer Begleitperson aus § 11 Abs. 3 nicht ein Weniger gegenüber dem Anspruch auf Erstattung der Fahrtkosten, sondern ein Aliud dar.[154] 62

IX. Versorgungsmanagement (Abs. 4)

1. Allgemeines. Abs. 4 regelt den Anspruch des Versicherten auf sog **Versorgungsmanagement**, woran der Gesetzgeber die Vorstellung geknüpft hat, einen reibungslosen Übergang zwischen Akutversorgung, Rehabilitation und Pflege zu ermöglichen, um eine Pflegebedürftigkeit oder eine baldige stationäre Wiedereinweisung zu vermeiden.[155] Dem dient auch die 2008 neu aufgenommen Verpflichtung, in das Versorgungsmanagement die Pflegeeinrichtungen mit einzubeziehen.[156] Für viele Versicherte ist die gute Organisation des Übergangs von der Krankenhausbehandlung in die Versorgung nach Krankenhausaufenthalt von immenser Bedeutung.[157] Dies gilt in besonderem Maße im Zusammenhang mit einer psychiatrischen Behandlung. Durch die Ergänzung in § 11 Abs. 4 letzter Hs. hat der Gesetzgeber klargestellt, dass das Versorgungsmanagement auch die Fälle des Übergangs in die fachärztliche Versorgung enthält.[158] Es wird die Pflicht des Leistungserbringers konkretisiert, bei einer Anschlussbehandlung des Patienten beim Facharzt für einen zeitnahen Behandlungstermin beim Facharzt Sorge zu tragen.[159] 63

Der Gesetzgeber benennt in der Gesetzesbegründung als von dem Versorgungsmanagement betroffene Leistungsträger Vertragsärzte und Krankenhäuser, zudem Rehabilitations- sowie Pflegeeinrichtun- 64

---

148 Noftz in: Hauck/Noftz, SGB V, § 11 Rn. 59 a; Hoppmann/Epping, WzS 2000, 289, 290.
149 Roters in: KassKomm, § 11 SGB V Rn. 22.
150 BSG, 23.11.1995, 1 RK 11/95, SozR 3-2500 § 38 Nr. 1 = BSGE 77, 102, 103 ff.
151 Noftz in: Hauck/Noftz, SGB V, § 11 Rn. 59; Joussen in: BeckOK SozR, SGB V, § 11 Rn. 14; Waltermann in: Kreikebohm/Spellbrink/Waltermann, § 11 Rn. 2.
152 Dagegen: Noftz in: Hauck/Noftz, SGB V, § 11 Rn. 59; Joussen in: BeckOK SozR, SGB V, § 11 Rn. 14; Becker/Kingreen in: Becker/Kingreen, § 11 Rn. 19; Ortwein/Gruber, SGb 1994, 271, 273; Wiegand in: Eichenhofer/Wenner, § 11 Rn. 25. Dafür: Kruse in: LPK-SGB V, 4. Aufl. 2012, § 11 Rn. 6 (nunmehr davon abweichend mit Verweis auf § 53 Abs. 1 SGB IX: Hellkötter-Backes in: LPK-SGB V, § 11 Rn. 4); Wagner in: Krauskopf, § 11 SGB V Rn. 10.
153 So auch Noftz in: Hauck/Noftz, SGB V, § 11 Rn. 59; Roters in: KassKomm, § 11 SGB V Rn. 10; Joussen in: BeckOK SozR, SGB V, § 11 Rn. 14; Becker/Kingreen in: Becker/Kingreen, § 11 Rn. 19; Ortwein/Gruber, SGb 1994, 271, 273; aA Kruse in: LPK-SGB V, 12. Aufl. 2012, § 11 Rn. 6; Wagner in: Krauskopf, § 11 SGB V Rn. 10.
154 LSG Nordrhein-Westphalen, 23.8.1994, L 5 (6,16) KR 303/92.
155 BT-Dr. 16/3100, 97.
156 Artikel 6 des Gesetzes zur strukturellen Weiterentwicklung der Pflegeversicherung (Pflege-Weiterentwicklungsgesetz) vom 28.5.2008, BGBl. I 874.
157 BT-Dr. 17/8005, 104.
158 BT-Dr. 17/8005, 104.
159 BT-Dr. 17/8005, 104 f.

gen.¹⁶⁰ Die Beteiligung am Versorgungsmanagement ist für die Versicherten **freiwillig** und verlang eine vorherige umfassende **Aufklärung**. Dies ist letztlich dem Grundsatz der Patientenautonomie hinsichtlich der medizinischen Behandlungsmaßnahmen und der Wahrung des Sozialgeheimnisses geschuldet.

65 **2. Einsatz des sog Versorgungsmanagements.** Das Versorgungsmanagement weist Parallelen zum sog **Case-Management** auf,¹⁶¹ welches die Aufgabe hat, die zur Verfügung stehenden Ressourcen und die aus den individuellen Versorgungsbedürfnissen des Patienten resultierenden Maßnahmen zu analysieren und koordinierend mit Ärzten und Krankenpflegerinnen und Krankenpflegern sowie den Sozialdienstmitarbeitern eines Krankenhauses zu unterstützen und den individuellen Hilfe- und Koordinierungsbedarf mit allen an der medizinischen Betreuung Beteiligten abzustimmen.¹⁶² Das Versorgungsmanagement hat dabei auch die Bereitstellung der erforderlichen Daten und Dienstleistungen sicherzustellen.¹⁶³

66 Einzelheiten sind durch Verträge zwischen den in der Norm genannten Parteien (zwei- oder mehrseitig) zu regeln. S. 6 enthält die Ermächtigung zum Abschluss und zum Inhalt diese **Normenverträge**. Hierbei sind die Bestimmungen des Datenschutzes (S. 5) zu beachten. Letzteres ist vor allem deshalb wichtig, da beim Versorgungsmanagement ein Datenaustausch darüber erfolgt, was der Versicherte konkret benötigt, welche Leistungen er schon erhalten hat, etc Den Krankenkassen kommt dabei eine unterstützende Funktion zu. Ihre in Abs. 4 bereits geregelte Pflicht zur Unterstützung der Versorgungseinrichtungen hat der Gesetzgeber deshalb konkretisiert. Die Krankenkassen haben in den angezeigten Fällen durch ein begleitendes Versorgungsmanagement mit den Einrichtungen zusammenzuarbeiten, damit keine Lücken in dem Übergang zu der jeweiligen Anschlussversorgung entstehen.¹⁶⁴ Nach dem Wortlaut der Vorschrift richtet sich aber der konkrete Rechtsanspruch des Versicherten nicht gegen die Kassen, sondern gegen die einzelnen **Leistungserbringer**.¹⁶⁵ Dennoch sind die Unterstützungsaufgaben der Krankenkassen sehr weit zu fassen, damit der Anspruch sinnvoll eingefordert werden kann.¹⁶⁶

67 **3. Einwilligungserfordernis und Aufklärung des Versicherten.** Das Versorgungsmanagement bedarf der vorherigen **Einwilligung** des Versicherten (Abs. 4 S. 3). Dies gilt ebenso für die zum Zwecke der Durchführung des Versorgungsmanagements erforderliche Datenübertragung zwischen den Leistungsträgern.¹⁶⁷ Bei der Einwilligung handelt es sich um eine **einseitige empfangsbedürftige Willenserklärung** mit ermächtigender Wirkung für das tatsächliche Handeln.¹⁶⁸ Eine besondere Form ist hierbei nicht zu beachten. Es fehlt insoweit an einer vergleichbaren Regelung wie in § 73 Abs. 1 b. Auch aus dem Grundrecht auf informationelle Selbstbestimmung kann kein Erfordernis auf Schriftlichkeit abgeleitet werden.¹⁶⁹ Sie ist somit auch mündlich zulässig. Wegen des Bedeutungsgehalts und aus beweisrechtlichen Erwägungen sollte jedoch die Schriftform gewählt werden. Fehlt es an der Einwilligung des Versicherten, ist das Versorgungsmanagement unzulässig.¹⁷⁰ Es dürfen insbesondere Daten, die bereits unbefugt übermittelt wurden, nicht verwertet werden (§ 78 Abs. 1 SGB X). Eine nachträgliche Zustimmung hat keine heilende Wirkung.

68 Eine **Information** des Versicherten wird in Abs. 4 S. 4 ausdrücklich verlangt. Eine damit verbundene **Aufklärung** ist folglich Teil der Verpflichtung der jeweiligen Leistungserbringer. Die Informationspflicht betrifft sowohl die Einwilligungsvoraussetzung, deren Freiwilligkeit als auch die Durchführung des Versorgungsmanagements selbst.¹⁷¹

69 **4. Anspruchsinhalt und Umfang.** Der Rechtsanspruch auf Versorgungsmanagement ist **umfassend** zu verstehen.¹⁷² Inhalt und Umfang bestimmen S. 1 und 2 mit der Sorge für eine „sachgerechte Anschlussversorgung". Der unbestimmte Rechtsbegriff der Sachgerechtigkeit entspricht dem in § 2 Abs. 1 S. 3. Ausdrücklich wird die **Übermittlung** der für das Versorgungsmanagement erforderlichen Infor-

---

160 BT-Dr. 16/7439, 95 f.
161 Vgl. auch Berchtold in: Knickrehm/Kreikebohm/Waltermann, SGB V, § 11 Rn. 3.
162 BT-Dr. 16/7439, 95.
163 Siehe BT-Dr. 16/7439, 95.
164 BT-Dr. 16/7439, 96.
165 Vgl. hierzu auch LSG BW, 27.1.2012, L 4 R 1296/11, KHE 2012/8.
166 Joussen in: BeckOK SozR, SGB V, § 11 Rn. 14 b.
167 Plagemann in: jurisPK-SGB V, § 11 Rn. 33.
168 Noftz in: Hauck/Noftz, SGB V, § 11 Rn. 61.
169 So zutreffend Plagemann in: jurisPK-SGB V, § 11 Rn. 31.
170 Noftz in: Hauck/Noftz, SGB V, § 11 Rn. 61 b.
171 Noftz in: Hauck/Noftz, SGB V, § 11 Rn. 61 d.
172 Noftz in: Hauck/Noftz, SGB V, § 11 Rn. 61 a.

mationen (S. 2) und Daten (S. 5) geregelt. Strukturell kann das Versorgungsmanagement für den jeweiligen Einzelfall eingerichtet werden oder die Leistungserbringer können feste Versorgungsnetze aufbauen.[173]

X. Ausschluss von Ansprüchen bei Arbeitsunfall oder Berufskrankheit (Abs. 5)

1. Allgemeines. Abs. 5 schließt Ansprüche gegen die Krankenversicherung insbesondere für den Fall aus, dass ein **Arbeitsunfall** oder eine **Berufskrankheit** (§§ 8 bis 13 SGB VII) vorliegt. Als Abs. 4 war die Vorschrift mit Wirkung vom 1.1.1991 an die Stelle von § 565 RVO getreten. Nach § 565 Abs. 1 RVO erbrachte grundsätzlich der Träger der gesetzlichen Krankenversicherung gegenüber den Versicherten die notwendige Krankenbehandlung und andere Leistungen, auch wenn die Krankheit auf einem Versicherungsfall der Unfallversicherung, nämlich Arbeitsunfall oder Berufskrankheit, beruhte. Der Krankenversicherungsträger konnte seine Aufwendungen gegenüber dem Träger der Unfallversicherung durch Erstattungsanspruch (§ 1504 RVO, für die Zeit seit 1.1.1989 siehe Art. 63 GRG) geltend machen. Diese Regelung führte häufig zu Meinungsverschiedenheiten.[174] 70

Nach dem bis zum 31.12.1990 geltenden Recht bestand grundsätzlich eine Vorleistungspflicht der Krankenkassen.[175] Mit Wirkung vom 1.1.1991 löste der frühere Abs. 4 (seit 1. 4. 2007 Abs. 5) diese Zuständigkeitsregelung zugunsten einer grundsätzlichen Zuständigkeit der Unfallversicherungsträger ab. Das BSG hält diese Regelung für **verfassungsgemäß**.[176] Entsteht zwischen beiden Trägern Streit, wer zuständig ist, etwa wenn das Vorliegen eines Arbeitsunfalls verneint wird, so haben die Versicherten die Möglichkeit unter den Voraussetzungen des § 43 SGB I **vorläufige** Leistungen der Krankenkassen zu erwirken.[177] Der Erstattungsanspruch des unzuständigen Krankenversicherungsträgers ergibt sich dann aus § 102 SGB X. 71

Hat der unzuständige Krankenversicherungsträger Leistungen in der Annahme einer **eigenen** Leistungspflicht erbracht, kann er seinen entstandenen Kostenerstattungsanspruch gem. § 105 Abs. 1 SGB X gegen den Unfallversicherungsträger durchsetzen.[178] 72

2. Voraussetzungen. Liegt demnach ein **Versicherungsfall** nach den §§ 8 bis 13 SGB VII vor, so schließt dies eine Leistungspflicht der Krankenversicherung aus, so dass ausschließlich die gesetzliche Unfallversicherung leistungspflichtig ist. Es gibt jedoch nach wohl überwiegender Auffassung keinen allgemeinen Rechtssatz dahin gehend, dass der Unfallversicherung ein grundsätzlicher (genereller) Vorrang einzuräumen bzw. dass diese ausschließliche zuständig ist, mit der Folge, dass Leistungen nach dem SGB V nur dann ausgeschlossen sind, wenn Leistungsansprüche aus der gesetzlichen Unfallversicherung auch **tatsächlich** bestehen.[179] Dies bedeutet, dass ein Ausschluss der krankenversicherungsrechtlichen Leistungspflicht grundsätzlich nur dann in Betracht kommt, wenn eine konkrete Leistungspflicht und Zuständigkeit eines Unfallversicherungsträgers besteht. Dies ergibt sich bereits aus dem Wortlaut der Vorschrift, wonach Leistungen nur dann ausgeschlossen sind „wenn sie ... zu erbringen sind".[180] So wird erreicht, dass die Leistungs- und Zuständigkeitsbereiche beider Versicherungszweige voneinander abgegrenzt werden können, was einer Doppelleistung entgegenwirkt.[181] 73

---

173 Noftz in: Hauck/Noftz, SGB V, § 11 Rn. 60 f.
174 BayLSG, 27.2.1980, L 4/Kr 91/77. So hat das BayLSG entschieden, dass wenn der Träger der Unfallversicherung eine weibliche Verletzte, die bei einem anerkannten Arbeitsunfall ihre Kopfhaut verloren hat, mit Perücken ausgestattet hat, so kann er von dem zuständigen Träger der gesetzlichen Krankenversicherung nicht Ersatz verlangen, wenn er selbst zur Kostentragung verpflichtet ist, oder der Erstattungsanspruch durch Sondervorschriften ausgeschlossen ist.
175 BSG, 9.12.1976, 2 RU 39/76, SozR 2200 § 1504 Nr. 3 = BSGE 43, 68; BSG, 15.12.1977, 8 RU 44/77, SozR 2200 § 1504 Nr. 5 = BSGE 45, 221.
176 BSG, 25.2.2002, B 1 KR 13/01 R, SozR 3-2500 § 11 Nr. 3 = BSGE 89, 283.
177 Hierzu Roters in: KassKomm, § 11 SGB V Rn. 26.
178 Siehe zu einem solchen Fall SG Gotha, 24.11.2008, S 17 U 3743/07.
179 BSG, 23.11.1995, 1 RK 13/94, SozR 3-2500 § 11 Nr. 1 = BSGE 77, 98; BSG, 23.9.1997, 2 RU 37/96 SozR 3-1300 § 105 Nr. 4 = BSGE 81, 103; BSG, 26.10.1998, B 2 U 34/97 R, SozR 3-2200 § 539 Nr. 43. Eine andere Rechtsauffassung hatte der 1. Senat des BSG, 8.11.2005, B 1 KR 33/03 R, SozR 4-2500 § 48 Nr. 2 mwN noch für die Rechtslage bis zur Änderung des § 49 Abs. 1 Nr. 3 a mit Wirkung vom 1.1.2005 vertreten. Joussen in: BeckOK SozR, SGB V, § 11 Rn. 15; Roters in: KassKomm, § 11 SGB V Rn. 27; Becker/Kingreen in: Becker/Kingreen, § 11 Rn. 32.
180 So die ganz hM, BSG, 23.11.1995 – 1 RK 13/94, SozR 3-2500 § 11 Nr. 1 = BSGE 77, 98 mwN.
181 BT-Dr. 11/2237, 163; Joussen in: BeckOK SozR, SGB V, § 11 Rn. 15; Becker/Kingreen in: Becker/Kingreen, § 11 Rn. 32; Heldt-Andreas/Grötschel in: NK-MedR, § 11 SGB V Rn. 13 mwN.

74 Die Ausschlusswirkung des Abs. 5 setzt damit auch voraus, dass Leistungen der gesetzlichen Unfallversicherung als Folge eines **Arbeitsunfalls** oder einer **Berufskrankheit** zu erbringen sind. Diese Voraussetzung ist gegeben, wenn der gesundheitliche Schaden nur durch einen unfallversicherungsrechtlich geschützten Tatbestand bzw. durch eine unfallrechtlich relevante Gesundheitsstörung verursacht worden ist. Die **bloße Mitverursachung** genügt nach der Rechtsprechung des BSG nicht.[182]

75 **3. Sonderfall Organspende.** Zum Versicherungsfall iSv § 7 Abs. 1 SGB VII gehört nunmehr auch der Gesundheitsschaden, der infolge von Komplikationen und Spätschäden bei einer Spende von Organen, Organteilen, Blut oder Gewebe auftritt (§ 12 a SGB VII). Die Zuständigkeiten von Kranken- und Unfallversicherung im Zusammenhang mit der Spende von Blut oder körpereigenen Organen, Organteilen oder Gewebe waren aufgrund der unklaren Gesetzeslage in der Vergangenheit mit Abgrenzungsschwierigkeiten verbunden.[183] Mit der Regelung in § 12 a SGB VII, auf die Abs. 5 S. 2 klarstellend verweist, wird im Interesse der Spender eine Abgrenzung der versicherungsrechtlichen Absicherung vorgenommen.

76 § 12 a SGB VII enthält insoweit eine **Sonderregelung**. Der Versicherungsschutz erstreckt sich auf alle Gesundheitsschäden im Zusammenhang mit der Spende von Blut oder körpereigenen Organen, Organteilen oder Gewebe, **unabhängig** davon, ob ein Unfall iSv §§ 7, 8 SGB VII gegeben ist. Hierdurch wird der Eintritt solcher Gesundheitsschäden, die im ursächlichen Zusammenhang mit der Spende stehen, als Versicherungsfall der gesetzlichen Unfallversicherung nach § 7 (Arbeitsunfall oder Berufskrankheit) fingiert.[184] Auf den zeitlichen Abstand zwischen der Spende und dem Gesundheitsschaden kommt es grundsätzlich nicht an. Die Leistungspflicht besteht auch für Schäden infolge einer spendebedingten Erhöhung des Erkrankungs- und Lebensrisikos.[185]

77 **4. Ausschluss von Krankengeld.** Mit Wirkung vom 1.1.2005 hat der Gesetzgeber die Vorschrift des § 49 Abs. 1 Nr. 3 a für das Krankengeld beim Bezug von Verletztengeld aus der gesetzlichen Unfallversicherung **gestrichen**. Er ging dabei davon aus, dass diese Regelung unnötig sei, weil nach der Rechtsprechung des BSG ein Krankengeldanspruch wegen § 11 Abs. 4 schon dem Grunde nach nicht bestehe.[186] Die **Anspruchskonkurrenz** zwischen beiden Leistungen ergibt sich deshalb nur noch aus Abs. 5,[187] vormals bis 1. 4. 2007 durch Abs. 4 geregelt, mit der Folge, dass ein Anspruch auf Krankengeld **vollständig ausgeschlossen** ist.[188] Damit besteht auch in den Fällen, in denen das Verletztengeld nach § 45 SGB VII geringer als der Krankengeldanspruch nach § 44 ausfällt, kein Anspruch auf den Differenzbetrag gegenüber der gesetzlichen Krankenversicherung.[189]

78 Bei der Auslegung des Abs. 5 S. 1 ist aber zu berücksichtigen, dass viele Versicherte nicht nur eine Erwerbstätigkeit ausüben, sondern ein Nebeneinander von Beschäftigungen als Arbeitnehmer oder die Kombination von abhängiger Hauptbeschäftigung und selbstständiger „Nebentätigkeit" besteht. Nach der Rspr. des BSG greift der Ausschluss des Krankengeldanspruchs nur ein, wenn das Verletztengeld aus der freiwillig eingegangenen Unfallversicherung unter Berücksichtigung des gesamten Einkommens des Betroffenen bis zur Versicherungspflichtgrenze in der GKV berechnet wird und so an die Stelle des Krankengeldes treten kann, das der Versicherte erhalten würde, wenn er sich nicht freiwillig versichert hätte.[190] Es sei Sache des Gesetzgebers, entsprechende Regelungen im SGB VII zu treffen, wenn er auch in solchen Konstellationen bei unfallbedingter Arbeitsunfähigkeit Ansprüche auf Krankengeld grundsätzlich ausschließen will. Fehlen derartige Regelungen, kann nach der Rspr. des BSG der Ausschluss des Krankengeldanspruches nicht eintreten, weil dies weder mit Art. 3 Abs. 1 GG noch mit Art. 2 Abs. 1 GG vereinbar wäre.[191]

---

182 BSG, 26.10.1998, B 2 U 34/97 R, SozR 3-2200 § 539 Nr. 43 zum früheren inhaltsgleichen Abs. 4.
183 Siehe hierzu nur Gutmann in: Schroth/König/Gutmann/Oduncu, Transplantationsgesetz (TPG), 1. Aufl. 2005, § 23 Rn. 1; Neft, NZS 2011, 566, 568 f.
184 BT-Dr. 17/9773, 42.
185 BT-Dr. 17/9773, 42.
186 RegE BT-Dr. 15/4228, 26.
187 Vgl. hierzu BSG, 25.11.2015, B 3 KR 3/15 R, NJW 2016, 2061.
188 Roters in: KassKomm, § 11 SGB V Rn. 31.
189 BSG, 25.6.2002, B 1 KR 13/01 R, BSGE 89, 283, 286 f. = NZS 2003, 479, 480 f. zu § 49 Abs. 1 Nr. 3 a SGB VII aF; zur alten Rechtslage auch SG Marburg, 3.8.1993, S-6/Kr-423/92. Siehe des Weiteren Becker/Kingreen in: Becker/Kingreen, § 11 Rn. 32; Heldt-Andreas/Grötschel in: NK-MedR, § 11 SGB V Rn. 14 mwN.
190 BSG, 25.11.2015, B 3 KR 3/15 R, NJW 2016, 2061, 2064.
191 BSG, 25.11.2015, B 3 KR 3/15 R, NJW 2016, 2061, 2064 mV auf BVerfGE 115, 25 = SozR 4-2500 § 27 Nr. 5.

XI. Zusätzliche Leistungen (Abs. 6)

1. Nicht ausgeschlossene Leistungen und keine wesentlich neuen Leistungen. Die für erweiterte Satzungsregelungen in Betracht kommenden Leistungsbereiche, in denen die Krankenkasse zusätzliche und im unmittelbaren Zusammenhang zum allgemeinen Leistungskatalog der GKV stehenden Leitungen ihren Versicherten anbieten kann, sind im neuen Abs. 6 **ausdrücklich** und **abschließend** genannt (enumerative Aufzählung).[192] Es handelt sich um medizinische Vorsorgemaßnahmen (§ 23), Leistungen von Hebammen bei Schwangerschaft und Mutterschaft (§ 24 d), künstliche Befruchtung (§ 27 a), zahnärztliche Behandlung ohne die Versorgung mit Zahnersatz (§ 28 Abs. 2), die Versorgung mit nicht verschreibungspflichtigen Arzneimitteln (§ 34 Abs. 1 S. 1), Heilmitteln (§ 32) und Hilfsmitteln (§ 33), häusliche Krankenpflege (§ 37), Haushaltshilfe (§ 38) und medizinische Rehabilitationsleistungen (§ 40) sowie Leistungen von nicht zugelassenen Leistungserbringern. Den Krankenkassen wird in den genannten Leistungsbereichen durch den Gesetzgeber zwar bezogen auf die Weiterentwicklung der Regelversorgung ein **Gestaltungsspielraum** eingeräumt; jedoch dürfen die Leistungen vom G-BA nicht ausgeschlossen sein.[193] So dürfen etwa die nach § 34 ausgeschlossenen Arznei- und Hilfsmittel mit Ausnahme der nicht verschreibungspflichtigen Arzneimittel nach § 34 Abs. 1 S. 1 nicht Gegenstand von Satzungsleistungen sein.

79

Aufgrund des Wortlauts und der jeweiligen Verweisung ist Abs. 6 eng auszulegen. Der Satzungsgeber hat deshalb nicht die Möglichkeit, wesentlich neue, anders als im Gesetz vorgeformte Leistungen zuzulassen, sondern das Gesetz beschränkt dessen Regelungskompetenz vielmehr auf „zusätzliche" Leistungen, die inhaltlich keine neuen Leistungen, sondern eine Weiterentwicklung der Regelversorgung darstellen.[194] Der Satzungsgeber darf nicht von den prägenden Merkmalen der gesetzlich vorgesehenen Leistungen abweichen.[195] So bezieht sich etwa der Verweis auf § 24 d nur auf die Leistungen von Hebammen, nicht auf den Bereich ärztlicher Betreuung.[196] Des Weiteren hat das BSG im Bereich der künstlichen Befruchtung eine satzungsmäßige Ausweitung auf nichteheliche Lebensgemeinschaften verneint, weil das Gesetz die Krankenkassen gerade nicht generell dazu ermächtigt, Satzungsleistungen für alle denkbaren zusätzlichen Leistungen der künstlichen Befruchtung vorzusehen, sondern nur solche zusätzlichen Leistungen, die durch die Regelung des § 27 a geprägt werden.[197] Auch können die Krankenkassen keine Bezuschussung von Brillengläsern und Kontaktlinsen für Versicherte ab 18 Jahren vorsehen[198] und nicht den Zahnersatz im Bereich der zahnärztlichen Behandlung entgegen der Gesetzesvorgaben einbeziehen.[199] Nach dem Willen des Gesetzgebers obliegt es der Bundesregierung, die Auswirkungen der erweiterten Satzungsleistungen auf den Wettbewerb innerhalb der gesetzlichen Krankenversicherung und den Wettbewerb mit privaten Versicherungsanbietern zu **evaluieren**.[200]

80

2. Anforderungen an die Satzung. Die Art, die Dauer und der Umfang der jeweiligen Satzungsleistungen müssen klar durch die Krankenkasse definiert sowie **transparent** und für den einzelnen Versicherten **verständlich** dargestellt werden. Die getrennte Ausweisung der zusätzlichen Leistungen (Satzungsleistungen) ist insbesondere aufgrund der gesonderten Zuweisungssystematik des Gesundheitsfonds für zusätzliche Satzungs- und Ermessensleistungen erforderlich.[201] Darüber hinaus ist bei den zusätzlich angebotenen Leistungen das **Wirtschaftlichkeitsgebot** nach § 12 zu beachten. Auch sind die Leistungen in der fachlich gebotenen **Qualität** zu erbringen.[202]

81

Den Krankenkassen steht es im Übrigen grundsätzlich frei, ob sie die zusätzlichen Leistungen in Form eines Rechtsanspruchs oder einer Ermessensentscheidung gewähren wollen.[203]

---

192 BT-Dr. 17/6906, 53.
193 BT-Dr. 17/6906, 53.
194 BSG, 18.11.2014, B 1 A 1/14 R NJW 2015, 1903 (1904) mAnm Dreher, jurisPR-SozR 17/2015 Anm. 1; HessLSG, 15.5.2014, L 1 KR 56/13 KL, NZS 2014, 585, 586 f.
195 BSG, 18.11.2014, B 1 A 1/14 R, NJW 2015, 1903 f.; LSG RhPf, 2.6. 2016, L 5 KR 66/15 KL, Breith 2016, 769.
196 LSG LSA, 30.6.2014, L 6 KR 35/14 ER, BeckRS 2014, 72681.
197 BSG, 18.11.2014, B 1 A 1/14 R, NJW 2015, 1903 f.
198 HessLSG, 15.5.2014, L 1 KR 56/13 KL, NZS 2014, 585.
199 BT-Dr. 17/6906, 53.
200 BT-Dr. 17/6906, 53.
201 BT-Dr. 17/6906, 53.
202 BT-Dr. 17/6906, 53.
203 Roters in: KassKomm, § 11 SGB V Rn. 34.

XII. Anpassung durch das Bundesteilhabegesetz

82 Durch das Bundesteilhabegesetz vom 23.12.2016 (BGBl. I, 3234) wird mWv 1.1.2018 in Abs. 1 Nr. 5 die Angabe „17 Abs. 2 bis 4" durch die Angabe „29" ersetzt.

Zweiter Abschnitt
Gemeinsame Vorschriften

§ 12 Wirtschaftlichkeitsgebot

(1) ¹Die Leistungen müssen ausreichend, zweckmäßig und wirtschaftlich sein; sie dürfen das Maß des Notwendigen nicht überschreiten. ²Leistungen, die nicht notwendig oder unwirtschaftlich sind, können Versicherte nicht beanspruchen, dürfen die Leistungserbringer nicht bewirken und die Krankenkassen nicht bewilligen.

(2) Ist für eine Leistung ein Festbetrag festgesetzt, erfüllt die Krankenkasse ihre Leistungspflicht mit dem Festbetrag.

(3) Hat die Krankenkasse Leistungen ohne Rechtsgrundlage oder entgegen geltendem Recht erbracht und hat ein Vorstandsmitglied hiervon gewußt oder hätte es hiervon wissen müssen, hat die zuständige Aufsichtsbehörde nach Anhörung des Vorstandsmitglieds den Verwaltungsrat zu veranlassen, das Vorstandsmitglied auf Ersatz des aus der Pflichtverletzung entstandenen Schadens in Anspruch zu nehmen, falls der Verwaltungsrat das Regreßverfahren nicht bereits von sich aus eingeleitet hat.

Literatur:

Benedix, Die besonderen Therapierichtungen und der Neutralitäts- und Objektivitätsanspruch des Staates, 2017; *Biehl/Ortwein*, Sind Außenseitermethoden Maßnahmen außerhalb des Leistungskataloges der gesetzlichen Krankenversicherung (GKV)?, SGb 1991, 529; *Estelmann/Eicher*, Die Leistungspflicht der gesetzlichen Krankenkassen vor dem Hintergrund der Pluralität ärztlicher Therapien, SGb 1991, 247; *Greiner/Benedix*, Struktur und Systematik des Wirtschaftlichkeitsgebotes im SGB V, SGb 2013, 1; *Isensee*, Verwaltung des Mangels im Gesundheitswesen – verfassungsrechtliche Maßstäbe der Kontingentierung, in: Söllner/Gitter/Giesen/Ricken (Hrsg.), Gedächtnisschrift für Meinhard Heinze, 2005, S. 417; *Schüller*, Die Haftung der Beschäftigten und der hauptamtlichen Vorstandsmitglieder einer gesetzlichen Krankenkasse gegenüber ihrem Arbeitgeber, NZS 2006, 192; *Seegmüller*, Die Haftung der Mitglieder des hauptamtlichen Vorstands der gesetzlichen Krankenkassen, NZS 1996, 408.

I. Wirtschaftlichkeitsgebot (Abs. 1) 1	c) Beurteilungsspielraum des Arztes... 14
1. Entstehungsgeschichte, Allgemeines 1	5. „Notwendig" 15
2. Wirtschaftlichkeitskriterien, Allgemeines 3	6. „Wirtschaftlich" ieS......................... 19
a) Struktur 3	7. Insbesondere: Alternativmedizin, besondere Therapierichtungen und Außenseitermethoden 20
b) Unter- und Übermaßverbot............. 5	a) Begriffe 20
c) Beurteilungsmaßstab................. 6	b) Besondere Therapierichtungen 21
3. „Ausreichend" 7	c) „Echte" Außenseitermethoden 23
4. „Zweckmäßig"............................... 9	II. Festbeträge (Abs. 2) 24
a) Allgemeines 9	III. Regressverfahren (Abs. 3) 26
b) Insbesondere: Neue Therapierichtungen........................... 11	

I. Wirtschaftlichkeitsgebot (Abs. 1)

1 **1. Entstehungsgeschichte, Allgemeines.** Abs. 1 trat durch Art. 1, 79 Abs. 1 GRG[1] mit Wirkung zum 1.1.1989 in Kraft. Die Vorschrift vereinigt die zuvor in §§ 182 Abs. 2, 368 e RVO aF festgelegten Grundsätze. Das Wirtschaftlichkeitsgebot bestimmt als zentrale Norm des Leistungsrechts den Umfang, in dem die Versicherten Leistungen beanspruchen können. Gleichzeitig untersagt Abs. 1 S. 2 auch die Erbringung weitergehender Leistungen und stellt so die Einheit des Wirtschaftlichkeitsbe-

---

[1] Gesundheits-Reformgesetz vom 20.12.1988, BGBl. I 1988, 2477.

griffs im Leistungs- und Leistungserbringungsrecht[2] sicher.[3] Die in Abs. 1 geregelten Prinzipien, die üblicherweise unter dem Oberbegriff „Wirtschaftlichkeitsgebot" zusammengefasst werden, verfolgen einen doppelten Zweck:[4] Einerseits begründet das so verstandene Wirtschaftlichkeitsgebot iwS einen **Mindeststandard**, indem es dem Patienten eine ausreichende Behandlung garantiert.[5] Andererseits soll es die Finanzierbarkeit des Systems der GKV sicherstellen, indem es **unwirtschaftliche Leistungen ausschließt**. Es wirkt daher sowohl anspruchsbegründend als auch anspruchsbegrenzend.[6] Durch das Wirtschaftlichkeitsgebot werden nur solche Leistungen ausgeschlossen, die für eine bedarfsgerechte Versorgung nicht unbedingt notwendig sind (**Rationalisierung**).[7] Demgegenüber findet eine Rationierung, bei welcher dem Versicherten eigentlich notwendige Leistungen vorenthalten würden, zumindest im Grundsatz nicht statt.[8] Das BSG stützt ferner die Annahme, dass Regressansprüche der Krankenkassen gegen die Leistungserbringer grds. nicht der Verwirkung unterliegen, ua auf § 12.[9]

Abs. 1 setzt allgemeine Anspruchsvoraussetzungen, die für sämtliche Leistungen der Krankenversicherung (§ 11) Anwendung finden,[10] soweit keine Sonderregelung greift, wie etwa im Hilfsmittelrecht nach § 33 SGB V.[11] Das Wirtschaftlichkeitsgebot wird durch Spezialvorschriften konkretisiert. Zu beachten sind hierbei zunächst die Vorschriften des Leistungserbringungsrechts (→ § 69 Rn. 6 ff.), welche auch im Leistungsrecht Anwendung finden, da beide Rechtsbereiche nur zu einheitlichen Ergebnissen kommen können.[12] In der Praxis von zentraler Bedeutung sind die **Richtlinien des G-BA** nach § 92 Abs. 1 (→ § 92 Rn. 5 ff.), die Teilbereiche des Wirtschaftlichkeitsgebots verbindlich präzisieren.[13] Insbesondere gilt dies für die Empfehlungen neuer Untersuchungs- und Behandlungsmethoden (NUB-Richtlinien) gem. § 135 (→ Rn. 13 ff.).

2. Wirtschaftlichkeitskriterien, Allgemeines. a) Struktur. Abs. 1 definiert das Wirtschaftlichkeitsgebot anhand von **vier Kriterien**: Die Leistung muss ausreichend, zweckmäßig, notwendig und wirtschaftlich sein. Letztlich wird hierbei von Rspr. und Literatur meist eine Gesamtbetrachtung vorgenommen, da die Kriterien ineinandergreifen und nicht eindeutig zu trennen sind.[14] „Ausreichend" und „zweckmäßig" erweisen sich als nahezu deckungsgleiche Begriffe. Notwendigkeit und Wirtschaftlichkeit sind ebenfalls sehr eng miteinander verbunden.

Die hM geht davon aus, dass nicht ausreichende Leistungen zwingend unzweckmäßig seien.[15] Dies ist nicht zweifelsfrei, da umgekehrt eine unzweckmäßige Leistung kaum als ausreichend angesehen werden kann, was die Identität beider Begriffe zur Folge hätte.[16] Die Rspr. umgeht dieses Problem, indem sie beide Kriterien einheitlich prüft. Nicht zweckmäßige Leistungen sind zugleich nicht notwendig; nicht notwendige Leistungen sind wiederum unwirtschaftlich.[17] Der Begriff der **Wirtschaftlichkeit** wird daher in einem weiten Sinne als **Oberbegriff** aller Merkmale verstanden.[18] Ob der Begriff der Wirtschaftlichkeit tatsächlich auch das Kriterium der ausreichenden Leistung umfasst, erscheint aller-

---

2 Vgl. BSG, 20.3.1996, 6 RKa 62/94, BSGE 78, 70, 85 (Rn. 30); BSG, 16.9.1997, 1 RK 28/95, BSGE 81, 54, 60–62 (Rn. 24–31).
3 Vgl. BSG, 20.3.1996, 6 RKa 62/94, BSGE 78, 70, 85 (Rn. 30); Scholz in: Becker/Kingreen, § 12 Rn. 1; Engelhard in: jurisPK-SGB V, § 12 Rn. 3.
4 Noftz in: Hauck/Noftz, SGB V, § 12 Rn. 11; Roters in: KassKomm, § 12 SGB V Rn. 2.
5 Streng genommen handelt es sich hierbei nicht um eine Ausprägung des Wirtschaftlichkeitsgebots, sondern um eine Schranke desselben, → Rn. 5, 8.
6 BT-Dr. 11/2237, 163; Engelhard in: jurisPK-SGB V, § 12 Rn. 18; Noftz in: Hauck/Noftz, SGB V, § 12 Rn. 11; Scholz in: Becker/Kingreen, § 12 Rn. 2; Ulmer in: Wannagat, § 12 SGB V Rn. 7.
7 Vgl. Noftz in: Hauck/Noftz, SGB V, § 12 Rn. 16.
8 Zu Ansätzen einer Rationierung im geltenden Recht vgl. Isensee, Verwaltung des Mangels im Gesundheitswesen in: Gedächtnisschrift Heinze, 2005, 417, 422 ff.; vgl. auch Noftz in: Hauck/Noftz, SGB V, § 12 Rn. 16 mwN.
9 BSG, 21.4.2015, B 1 KR 11/15 R, SozR 4-2500 § 12 Nr. 8.
10 Noftz in: Hauck/Noftz, SGB V, § 12 Rn. 2.
11 Vgl. Roters in: KassKomm, § 12 Rn. 3.
12 Vgl. BSG, 16.9.1997, 1 RK 28/95, BSGE 81, 54 (Rn. 24, 26); Engelhard in: jurisPK-SGB V, § 12 Rn. 144.
13 Vgl. zuletzt BSG, 13.5.2015, B 6 KA 14/14 R, BSGE 119, 57-79, SozR 4-2500 § 34 Nr. 17 zur Streichung eines Medizinproduktes aus der Arzneimittel-Richtlinie.
14 Vgl. BSG, 29.5.1962, 6 RKa 24/59, BSGE 17, 79, 84; Rotersin: KassKomm, § 12 SGB V Rn. 23.
15 BSG, 29. 5.1962, 6 RKa 24/59, BSGE 17, 79; Engelhard in: jurisPK-SGB V, § 12 Rn. 45.
16 Näher Greiner/Benedix, SGb 2013, 1, 3 f.
17 Vgl. BSG, 29.5.1962, 6 RKa 24/59, BSGE 17, 79; zur Struktur der Begriffe auch ausf. BSG, 13.5.2015, B 6 KA 14/14 R, BSGE 119, 57-79, SozR 4-2500 § 34 Nr. 17, Rn. 60.
18 BSG, 29.5.1962, 6 RKa 24/59, BSGE 17, 79, 84; 15.5.1963, 6 RKa 21/60, BSGE 19, 123, Rn. 37; 7.12.1966, 6 RKa 6/64, BSGE 26, 16, 20.

dings zweifelhaft (→ Rn. 8). Trotz ihrer Unschärfen lässt sich anhand der Kriterien der Prüfungsaufbau strukturieren.[19] Wortlaut und Zweck des Gesetzes kommen am besten zur Geltung, wenn eine – unter Berücksichtigung der beschriebenen Einschränkungen – möglichst genaue Definition und Prüfung erfolgt.[20] Dies steht nicht im Widerspruch zur Berücksichtigung der konkreten Situation und der individuellen Bedürfnisse des Patienten.[21]

5 **b) Unter- und Übermaßverbot.** Während das Erfordernis einer „ausreichenden" Leistung das **Mindestmaß** festsetzt, enthalten die verbleibenden drei Kriterien ein **Übermaßverbot**, dessen Struktur dem Verhältnismäßigkeitsprinzip ähnelt, wobei allerdings die Zweckmäßigkeit in beide Richtungen wirkt. Die Leistungen müssen zur Erreichung eines medizinischen Ziels geeignet (zweckmäßig) und hierzu erforderlich (notwendig) sein. Eine Angemessenheitsprüfung – die letztlich eine Rationierung der Leistungen bedeuten würde – erfolgt hingegen nach hM nicht, da Leben und Gesundheit einer Güterabwägung nur schwer zugänglich sind.[22] Allerdings wird im Rahmen der Wirtschaftlichkeit ieS dann eine Kosten-Nutzen-Abwägung vorgenommen, wenn mehrere isoliert betrachtet notwendige Behandlungsalternativen bestehen.

6 **c) Beurteilungsmaßstab.** Ob eine Leistung ausreichend, zweckmäßig, notwendig und wirtschaftlich ist, ist jeweils im Hinblick auf den **konkreten medizinischen Zweck** (vgl. § 11) zu bestimmen.[23] Alle in § 12 Abs. 1 aufgeführten Kriterien sind grds. als **unbestimmte Rechtsbegriffe** voll überprüfbar.[24] Beurteilungsmaßstab ist hierbei der allgemein anerkannte Stand der medizinischen Erkenntnisse (§ 2 Abs. 1, Abs. 4). Den Krankenkassen steht demnach kein Beurteilungsspielraum zu. Dem behandelnden Arzt wird hingegen zumindest hinsichtlich der individuellen Zweckmäßigkeit ein Entscheidungsspielraum eingeräumt (→ Rn. 14). Eingeschränkt ist die Prüfungskompetenz der Gerichte, wenn die generelle Zweckmäßigkeit, Notwendigkeit und Wirtschaftlichkeit durch Richtlinien des G-BA konkretisiert ist.[25]

7 **3. „Ausreichend".** Eine Leistung ist im Hinblick auf den medizinischen Zweck ausreichend, wenn sie nach Umfang und Qualität hinreichende Chancen für einen Heilerfolg bietet.[26] Hierdurch wird ein **Mindeststandard**[27] festgesetzt, der hinsichtlich Qualität und Menge[28] nicht unterschritten werden darf. Eine über diesen Standard hinausgehende Leistung ist hingegen als „ausreichend" anzusehen;[29] es wird jedoch regelmäßig an der Notwendigkeit fehlen. **Hilfsmittel** (§ 33) können auch dann ausreichend sein, wenn die durch sie angestrebte Befriedigung eines elementaren Grundbedürfnisses nur teilweise erfolgt, sofern ihre Wirkung nicht ganz unerheblich ist.[30]

8 Das Kriterium der ausreichenden Leistung dient im Gegensatz zu den übrigen Merkmalen des Wirtschaftlichkeitsgebots dem Schutz des Patienten vor unzureichender Behandlung. Die Regelung des Abs. 1 ist daher besser verständlich und systematisch zugänglicher, wenn der Mindeststandard nicht als Bestandteil, sondern als Schranke des Wirtschaftlichkeitsgebots begriffen wird.[31]

9 **4. „Zweckmäßig". a) Allgemeines.** Eine Leistung ist zweckmäßig, wenn sie auf einen bestimmten medizinischen Zweck iSd §§ 11 Abs. 1, Abs. 2, 27 Abs. 1 S. 1 ausgerichtet und bei einer Betrachtung *ex*

---

19 Greiner/Benedix, SGb 2013, 1, 3 ff.
20 Greiner/Benedix, SGb 2013, 1.
21 So aber Ulmer in: Wannagat, § 12 SGB V Rn. 17.
22 Vgl. Isensee, Verwaltung des Mangels im Gesundheitswesen in: Gedächtnisschrift Heinze, 417, 421.
23 BSG, 22.9.1981, 11 RK 10/79, SozR 2200 § 182 Nr. 76, S. 146 f.; 28.6.1983, 8 RK 22/81, SozR 2200 § 257a Nr. 10, S. 22.
24 BSG, 27.11.1959, 6 RKa 4/58, BSGE 11, 102, 117; 29.5.1962, 6 RKa 24/59, BSGE 17, 79, 84; 15.5.1963, 6 RKa 21/60, BSGE 19, 123, 127; Scholz in: Becker/Kingreen, § 12 Rn. 5; Engelhard in: jurisPK-SGB V, § 12 Rn. 47; Ulmer in: Wannagat, § 12 SGB V Rn. 11.
25 Vgl. Scholz in: Becker/Kingreen, § 12 Rn. 5.
26 BSG, 26.3.1980, 3 RK 61/79, BSGE 50, 77, 78;52, 70; 24.11.1983, 8 RK 6/82, SozR 2200 § 182 Nr. 93; Engelhard in: jurisPK-SGB V, § 12 Fn. 48; Noftz in: Hauck/Noftz, SGB V, § 12 Rn. 18; Ulmer in: Wannagat, § 12 SGB V Rn. 12.
27 Noftz in: Hauck/Noftz, SGB V, § 12 Rn. 18; Engelhard in: jurisPK-SGB V, § 12 Rn. 48; Roters in: KassKomm, § 12 SGB V Rn. 26; Ulmer in: Wannagat, § 12 SGB V Rn. 12.
28 BSG, 17.1.1996, 3 RK 16/95, SozR 3-2500 § 33 Nr. 20, 106, 109; Engelhard in: jurisPK-SGB V, § 12 Rn. 51.
29 Engelhard in: jurisPK-SGB V, § 12 Rn. 52; Noftz in: Hauck/Noftz, SGB V, § 12 Rn. 18; Greiner/Benedix, SGb 2013, 1, 3.
30 BSG, 26.10.1982, 3 RK 16/81, SozR 2200 § 182 b Nr. 25; 17.1.1996, 3 RK 16/95, SozR 3-2500 § 33 Nr. 20.
31 Näher Greiner/Benedix SGb 2013, 1, 5.

ante[32] nach objektiven Maßstäben **geeignet** ist, diesen Zweck zu erreichen.[33] Die Prüfung der Zweckmäßigkeit beinhaltet eine prognostische Einschätzung. Diese ist nicht anhand der Verhältnisse im konkreten Einzelfall zu bestimmen, sondern anhand objektiver Maßstäbe, namentlich des allgemein anerkannten Stands der medizinischen Erkenntnisse und der Regeln der ärztlichen Kunst.[34] In der Regel setzt Zweckmäßigkeit voraus, dass die Behandlungsmethode in einer für die Bildung eines Erfahrungssatzes ausreichenden Zahl von Fällen wirksam war.[35]

Keine Zweckmäßigkeit liegt vor, wenn eine arzneimittelrechtlich erforderliche **Zulassung** nicht[36] oder nicht für das einschlägige Anwendungsgebiet[37] erteilt worden ist, wobei im letzteren Falle, dem sog **Off-Label-Use**, bei lebensbedrohlichen Krankheiten Ausnahmen bestehen.[38] Umgekehrt kann ein Arzneimittel trotz erteilter Zulassung unzweckmäßig sein, da die Zweckmäßigkeit keine zwingende Voraussetzung der Zulassung ist.[39] Ein Hilfsmittel, das als Bestandteil einer Untersuchungs- oder Behandlungsmethode eingesetzt wird, die ohne positive Bewertung des G-BA in der vertragsärztlichen Versorgung nicht erbracht werden darf, ist erst dann „zweckmäßig" (und kann „notwendig" sein), wenn der G-BA die **Methode positiv bewertet** hat.[40] Ferner fehlt es an der Geeignetheit und damit auch an der Zweckmäßigkeit einer Behandlung, wenn es etwa bei einer komplizierten Operation an einer hinreichend durch Lehrgänge **qualifizierten ärztlichen Leitung** der (Intensiv-)Station fehlt, wenn eine solche gesetzlich (vgl. §§ 136 ff.) und daran anknüpfend durch die Qualitätssicherungs-Richtlinien des G-BA gefordert wird. Wird die Leistung dennoch erbracht, kann sie nicht abgerechnet werden.[41] 10

b) Insbesondere: Neue Therapierichtungen. Gem. § 135 Abs. 1 S. 1 ist die Erbringung neuer (ambulanter)[42] Untersuchungs- und Behandlungsmethoden erst nach einer **Empfehlung durch den G-BA** zulasten der Krankenkassen zulässig; es besteht also ein Verbot mit Erlaubnisvorbehalt,[43] wobei eine Heilung durch eine nachträgliche Empfehlung nicht in Betracht kommt.[44] Bei ambulanten Behandlungsmethoden nimmt somit das Vorliegen oder Fehlen einer Empfehlung des G-BA in Form einer NUB-Richtlinie (→ § 135 Rn. 13 ff.) die Entscheidung über die Zweckmäßigkeit vorweg. 11

Ausnahmsweise kann eine Leistung auch in Ermangelung einer Empfehlung zweckmäßig sein. Dies kommt einerseits bei **sehr seltenen Krankheiten** in Betracht, bei denen eine systematische Erforschung möglicher Therapien nicht durchführbar ist.[45] Andererseits kann der Ausschluss einer Therapie bei einer **lebensbedrohlichen** oder regelmäßig tödlich verlaufenden Erkrankung verfassungsrechtlich unzulässig sein, wenn keine allgemein anerkannte, medizinischem Standard entsprechende Behandlung zur Verfügung steht und die neue Behandlungsmethode eine auf Indizien gestützte, nicht ganz fern liegende Aussicht auf Heilung oder wenigstens spürbar positive Einwirkung auf den Krankheitsverlauf verspricht.[46] 12

Darüber hinaus kommt eine direkte Anwendung von § 12 nur in Fällen von sog **Systemversagen** in Betracht. Dies setzt voraus, dass eine Behandlungsmethode deshalb nicht anerkannt worden ist, weil das Verfahren vor dem G-BA willkürlich oder aus sachfremden Gründen[47] nicht, verspätet,[48] oder nicht ordnungsgemäß durchgeführt wurde.[49] In der Regel besteht in diesem Fall ein Kostenerstattungsan- 13

---

32 Vgl. Noftz in: Hauck/Noftz, SGB V, § 12 Rn. 20; Roters in: KassKomm, § 12 SGB V Rn. 18.
33 Vgl. BSG, 22.7.1981, 3 RK 50/79, BSGE 52, 70; 21.11.1991, 3 RK 8/90, BSGE 70, 24; 10.2.1993, 1 RK 6/95, SozR 3-2200 § 182 Nr. 13; Engelhard in: jurisPK-SGB V, § 12 Rn. 53.
34 Vgl. Noftz in: Hauck/Noftz, SGB V, § 12 Rn. 20.
35 BSG 22.7.1981, 3 RK 50/79, BSGE 52, 70.
36 BSG, 8.6.1993, 1 RK 21/91, BSGE 72, 252, 257; 23.7.1998, B 1 KR 19/96 R, BSGE 82, 233, Rn. 15; 18.5.2004, B 1 KR 21/02 R, BSGE 93, 1, 2.
37 BSG, 19.3.2002, B 1 KR 37/00 R, BSGE 89, 184.
38 BSG, 19.3.2002, B 1 KR 37/00 R, BSGE 89, 184.
39 Vgl. BSG, 27.9.2005, B 1 KR 6/04 R, SozR 4-2500 § 31 Nr. 3.
40 BSG, 8.7.2015, B 3 KR 5/14 R, SozR 4-2500 § 33 Nr. 47.
41 BSG, 19.4.2016, B 1 KR 28/15 R, SozR 4-2500 § 137 Nr. 7.
42 Vgl. § 135 Rn. 6.
43 BSG, 16.9.1997, 1 RK 28/95, BSGE 81, 54, 59; 16.9.1997, 1 RK 32/95, BSGE 81, 73, 76, Rn. 16; 28.3.2000, B 1 KR 11/98, BSGE 86, 54.
44 BSG, 19.2.2002, B 1 KR 16/00 R, NZS 2003, 206; Noftz in: Hauck/Noftz, SGB V, § 12 Rn. 20.
45 Vgl. BSG, 19.10.2004, B 1 KR 27/02, BSGE 93, 236, 244.
46 Vgl. BVerfG, 6.12.2005, 1 BvR 3747/98, NJW 2006, 891.
47 BSG, 16.9.1997, 1 RK 28/95, BSGE 81, 54; 19.2.2002, B 1 KR 16/00 R, SozR 3-2500 § 92 Nr. 12.
48 BSG, 16.9.1997, 1 RK 28/95, BSGE 81, 54, 65; 19.2.2003, B 1 KR 18/01 R, SozR 4-2500 § 135 Nr. 1, 1, 5; 19.2.2002, B 1 KR 16/00 R, SozR 3-2500 § 92 Nr. 12, 65, 70 f.
49 BSG, 22.3.2005, B 1 A 1/03 R, BSGE 94, 221, 231 f.

spruch gem. § 13 Abs. 3. Allerdings steht dem G-BA beim Erlass von NUB-Richtlinien ein weitreichender Gestaltungsspielraum zu, so dass eine Inhaltskontrolle nur sehr eingeschränkt erfolgt.[50]

14 c) **Beurteilungsspielraum des Arztes.** Während der Krankenkasse nach hM weder Beurteilungsspielraum noch Ermessen zusteht, wird ein **Entscheidungsspielraum des Arztes** – teils unter dem Begriff des ärztlichen Ermessens – angenommen.[51] Dem ist im Hinblick auf die **ärztliche Therapiefreiheit** zuzustimmen. Zudem ist der behandelnde Arzt näher mit dem Sachverhalt vertraut als das Gericht, das bei der Beurteilung medizinischer Fragestellungen ohnehin regelmäßig auf Gutachter angewiesen ist.

15 5. **„Notwendig".** Eine ausreichende und zweckmäßige Leistung ist nur dann notwendig, wenn gerade sie zur Erreichung des medizinischen Zwecks zwangsläufig, unentbehrlich und unvermeidlich,[52] also zur Gewährleistung eines elementaren Lebensbedürfnisses **erforderlich** ist.[53] Es darf keine kostengünstigere[54] Leistung zur Verfügung stehen, die für das Erreichen des Behandlungsziels eine vergleichbare Erfolgsaussicht bietet.[55] Der Ausgleich über ein elementares Lebensbedürfnis hinausgehender Nachteile ist hingegen nicht unvermeidlich und damit nicht notwendig. Dies gilt insbesondere für Hilfsmittel bei behinderungsbedingten Funktionsausfällen;[56] für Arzneimittel vgl. § 34 Abs. 1 S. 7. Nach hM ist eine Maßnahme auch dann nicht notwendig, wenn sie nur zu einer unwesentlichen Verbesserung führt.[57]

16 Soweit eine Leistung **nicht notwendig** ist, kommt uU eine Übernahme der über das Maß des Notwendigen hinausgehenden **Mehrkosten durch den Patienten** selbst in Betracht.[58] Dies setzt nach hM voraus, dass die Leistung „teilbar" ist[59] und der wesentliche Teil zum Leistungskatalog der GKV gehört.[60] Entscheidend dürfte letztlich sein, dass die wesentliche therapeutische Wirkung der günstigeren Leistung in der teureren vollständig enthalten ist. Gegen die freiwillige Mehrkostentragung wird eingewandt, dass diese dem Sachleistungsprinzip entgegenstehe und die Gefahr der Aufdrängung nicht notwendiger Mehrkosten bestehe.[61] Eine Einschränkung wäre allerdings mit dem Selbstbestimmungsrecht nach § 33 S. 2 SGB I schwer zu vereinbaren.[62]

17 Das Wirtschaftlichkeitsgebot soll nach Rechtsprechung des BSG alle Leistungserbringer veranlassen, bei der Behandlungsplanung die **Möglichkeit wirtschaftlichen Alternativverhaltens** zu prüfen.[63] Es gilt ohne jede Einschränkung auch im Leistungserbringungsrecht.[64] Aus § 12 folgt damit stets eine Verpflichtung der Leistungserbringer, bei gleich wirksamen Therapieansätzen den kostengünstigeren zu wählen.[65] Der Leistungserbringer trägt das Wirtschaftlichkeitsrisiko; entscheidet er sich für einen unwirtschaftlichen Behandlungsweg, kann er allenfalls die Vergütung beanspruchen, die bei fiktivem wirtschaftlichem Alternativverhalten angefallen wäre.[66] Erweist sich in der Rückschau eine tatsächlich erfolgte Behandlung als nicht erforderlich (oder sonst unwirtschaftlich), ist der Leistungserbringer gehalten, den der Krankenkasse in Rechnung gestellten Betrag entsprechend in transparenter Weise zu mindern, notfalls durch "manuelle" **Korrektur der Abrechnung**.[67]

---

50 BSG, 16.9.1997, 1 RK 32/95, BSGE 81, 73, Rn. 32.
51 BSG, 9.2.1989, 3 RK 19/87, BSGE 64, 255; Biehl/Ortwein SGb 1991, 529, 539; Estelmann/Eicher, SGb 1991, 247, 250; Noftz in: Hauck/Noftz, SGB V, § 12 Rn. 15.
52 BSG, 26.10.82, 3 RK 28/82, SozR 2200 § 182 b Nr. 26; Noftz in: Hauck/Noftz, SGB V, § 12 Rn. 21.
53 BSG, 26.10.1982, 3 RK 16/81, 3 RK 28/82, SozR 2200 § 182 b Nr. 25 u. 26.
54 Dies wird teilweise unter dem Stichwort der Wirtschaftlichkeit ieS diskutiert, etwa Wagner in: Krauskopf, § 12 SGB V Rn. 8.
55 Ulmer in: Wannagat, § 12 SGB V Rn. 13; vgl. auch BSG, 17.9.2013, B 1 KR 67/12 R, NZS 2014, 219.
56 Vgl. BSG, 26.3.1980, 3 RK 61/79, BSGE 50, 77; 66, 245, 246.
57 BSG, SozR 2200, § 182 b Nr. 25; Scholz in: Becker/Kingreen, § 12 Rn. 8; Roters in: KassKomm, § 12 SGB V Rn. 40.
58 Vgl. BSG, 24.11.1983, 8 RK 6/82, SozR 2200 § 182 Nr. 93; 20.7.1976, 3 RK 18/76, SozR 2200 § 184 Nr. 4; Noftz in: Hauck/Noftz, SGB V, § 12 Rn. 22; Ulmer in: Wannagat, § 12 SGB V Rn. 9.
59 Noftz in: Hauck/Noftz, SGB V, § 12 Rn. 22; Engelhard in: jurisPK-SGB V, § 12 Rn. 94.
60 Noftz in: Hauck/Noftz, SGB V, § 12 Rn. 22.
61 Engelhard in: jurisPK-SGB V, § 12 Rn. 101.
62 AA Engelhard in: jurisPK-SGB V, § 12 Rn. 99 f.
63 BSG, 19.4.2016, B 1 KR 23/15 R, SozR 4-2500 § 115 b Nr. 6, Rn. 13.
64 Vgl. zB BSG, 21.3.2013, B 3 KR 28/12 R, SozR 4-2500 § 109 Nr. 29, Rn. 14; 22.11.2012, B 3 KR 20/12 R, SozR 4-2500 § 275 Nr. 9; 10.3.2015, B 1 KR 2/15 R, SozR 4-2500 § 39 Nr. 23.
65 BSG, 13.5.2015, B 6 KA 18/14 R, SozR 4-2500 § 106 Nr. 51.
66 BSG, 10.3.2015, B 1 KR 3/15 R, KRS 2016, 65; 30.6.2009, B 1 KR 24/08 R, SozR 4-2500 § 109 Nr. 17.
67 BSG, 17.11.2015, B 1 KR 13/15 R, SozR 4-2500 § 109 Nr. 52, SozR 4-2500 § 39 Nr. 25, Rn. 16.

Einzelfälle: Nachstationäre Behandlung ist grundsätzlich nicht erforderlich, wenn stattdessen vertragsärztliche Versorgung medizinisch ausreicht.[68] Damit resultiert aus § 12 ein **Vorrang der vertragsärztlichen vor der stationären Versorgung**, der mit den Kostenvorteilen der vertragsärztlichen Versorgung begründet werden kann; dieser schließt auch die nachstationäre Versorgung ein.[69] Soweit nunmehr die vor- und nachstationäre Erbringung bestimmter Leistungen im Krankenhaus zum Leistungskatalog gehört (vgl. § 115 b), dient deren Einführung vor allem der Erzielung von Einspareffekten. Umgekehrt ist durch Anwendung von § 12 zu vermeiden, dass Kostensteigerungen dadurch verursacht werden, dass das Tätigkeitsfeld der Krankenhäuser um Bereiche erweitert wird, in denen auch eine kostengünstigere vertragsärztliche Versorgung in Betracht käme.[70] Daher darf ein Krankenhaus zB das Einsetzen eines „Ports" nicht als eigenständige ambulante Operation abrechnen, wenn es sich um eine im Rahmen der nachstationären Behandlung gebotene Maßnahme handelt, die bereits mit der Fallpauschale abgegolten ist.[71] Trotz der Regelungen zum Versorgungs- und Entlassmanagement (§§ 11 Abs. 4, 39 Abs. 1 S. 4 bis 6) ist eine über das medizinisch Gebotene hinausgehende **Verlängerung der Verweildauer** in stationärer Behandlung nicht „notwendig".[72] Eine unwirtschaftliche Verlängerung der stationären Verweildauer wird vermutet, wenn sich ein Krankenhaus nicht hinreichend um die medizinisch gebotene Verlegung eines Patienten kümmert.[73] Wegen der entstehenden Mehrkosten nicht „notwendig" ist eine teurere **„Ad hoc"-Bestellung von Medikamenten** durch einen Arzt, wenn die Krankenkasse mit einer anderen Apotheke einen rabattierten Rahmenvertrag über die Arzneimittelversorgung gem. § 129 abgeschlossen hat; Ausnahmen bestehen nur bei Vorliegen zwingender medizinischer Gründe.[74] Von mehreren Bezugswegen für ein Medikament muss der Leistungserbringer also den kostengünstigsten wählen.[75] **Hilfsmittel und Prothesen**, die keine (wesentlichen) Gebrauchsvorteile bieten und auch keine Teilhabebeeinträchtigung ausgleichen, sondern allein Vorteile in Komfort und/oder Optik aufweisen, sind nicht „notwendig".[76]

6. **„Wirtschaftlich" ieS.** Dem Kriterium der Wirtschaftlichkeit (ieS) kommt neben den übrigen Kriterien nur eine eingeschränkte Bedeutung zu. Eine notwendige Leistung ist nach hM nur dann nicht wirtschaftlich, wenn mehrere Maßnahmen isoliert betrachtet als notwendig zu erachten sind und sich eine andere notwendige Leistung im Rahmen einer Kosten-Nutzen-Analyse als günstiger erweist.[77] Hierbei ist nicht allein auf ökonomische Gesichtspunkte abzustellen, sondern auch Art, Dauer und Nachhaltigkeit des Heilerfolges sind zu berücksichtigen.[78] Die Rspr. geht von einem **ärztlichen Beurteilungsspielraum** hinsichtlich der Wirtschaftlichkeit ieS aus. Dem Arzt obliege etwa bei mehreren verfügbaren Arzneimitteln die Prüfung, ob im Einzelfall der Einsatz der günstigeren Arznei vertretbar sei.[79]

Der hM ist nur eingeschränkt zuzustimmen. Das Wirtschaftlichkeitsgebot ieS eignet sich durchaus, zumindest in Extremfällen den Leistungsumfang zu begrenzen, wenn die Kosten außer jedem Verhältnis zur gesundheitlichen Verbesserung bzw. zu den Erfolgsaussichten der Therapie stehen. Hierbei darf allerdings die grundsätzliche Garantie des Mindeststandards nicht außer Acht gelassen werden.[80] In Betracht kommt diese Beschränkung nur in Fällen, bei denen sich die Unwirtschaftlichkeit der Leistung regelrecht aufdrängt; keinesfalls darf der Nutzen für den Patienten allein nach wirtschaftlichen Kriterien bemessen werden.

---

68 Vgl. BSG, 17.9.2013, B 1 KR 51/12 R, SozR 4-2500 § 115 a Nr. 2, Rn. 19 ff. mwN.
69 BSG, 19.4.2016, B 1 KR 23/15 R, SozR 4-2500 § 115 b Nr. 6, Rn. 14; 17.9.2013, B 1 KR 51/12 R, SozR 4-2500 § 115 a Nr. 2, Rn. 21.
70 BSG, 19.4.2016, B 1 KR 23/15 R, SozR 4-2500 § 115 b Nr. 6, Rn. 14.
71 BSG, 19.4.2016, B 1 KR 23/15 R, SozR 4-2500 § 115 b Nr. 6, Rn. 14.
72 BSG, 17.11.2015, B 1 KR 20/15 R, SozR 4-2500 § 39 Nr. 26.
73 BSG, 21.4.2015, B 1 KR 6/15 R, SozR 4-2500 § 109 Nr. 43, SozR 4-2500 § 12 Nr. 7.
74 BSG, 25.11.2015, B 3 KR 16/15, SozR 4-2500 § 129 Nr. 11.
75 BSG, 13.5.2015, B 6 KA 18/14 R, SozR 4-2500 § 106 Nr. 51, SozR 4-2500 § 12 Nr. 9.
76 BSG, 30.9.2015, B 3 KR 14/14 R, SozR 4-2500 § 33 Nr. 48, SozR 4-3250 § 31 Nr. 9 (Fingerendgliedprothese); vgl. weiterhin BSG, 22.4.2015, B 3 KR 3/14 R, SozR 4-2500 § 33 Nr. 45, SozR 4-1100 Art. 3 Nr. 75 (Perücke bei vollständigem Haarverlust); 24.5.2006, B 3 KR 12/05 R, SozR 4-2500 § 33 Nr. 11 (zweisitziges Elektrofahrzeug); 21.3.2013, B 3 KR 3/12 R, SozR 4-2500 § 33 Nr. 40 (Unterschenkel-Sportprothese); 7.10.2010, B 3 KR 13/09 R, SozR 4-2500 § 33 Nr. 31 (Treppensteighilfe).
77 BSG, 22.7.1981, 3 RK 50/79, BSGE 52, 70, Rn. 29; vgl. auch BSG, 17.1.1996, 3 RK 16/95, SozR 3-2500 § 33 Nr. 20; vgl. Ulmer in: Wannagat, § 12 SGB V Rn. 16.
78 BSG, 22.7.1981, 3 RK 50/79, BSGE 52, 70; 9.2.1989, 3 RK 19/87, BSGE 64, 255, 257; Noftz in: Hauck/Noftz, SGB V, § 12 Rn. 22.
79 Vgl. BSG, 20.10.2004, B 6 KA 41/03 R, SozR 4-2500 § 106 Nr. 6.
80 Vgl. Greiner/Benedix, SGb 2013, 1, 5.

20 **7. Insbesondere: Alternativmedizin, besondere Therapierichtungen und Außenseitermethoden. a) Begriffe.** Neben der sog Schulmedizin haben auch alternative Behandlungsmethoden weite Verbreitung gefunden. Zu unterscheiden ist hierbei zwischen den **besonderen Therapierichtungen** iSv § 2 Abs. 1 S. 2 und den sonstigen Methoden der Alternativmedizin (**echte Außenseitermethoden**).[81] Als besondere Therapierichtung ist nur ein umfassendes therapeutisches Konzept zur Behandlung diverser Erkrankungen anzusehen, das größere Teile der Ärzteschaft und weite Teile der Bevölkerung für sich eingenommen hat.[82] Die Aufzählung von **Homöopathie, Phytotherapie** und **anthroposophischer Medizin** in § 34 Abs. 3 S. 2 ist diesbezüglich nicht abschließend.[83] Allerdings wird derzeit keine weitere besondere Therapierichtung gerichtlich anerkannt; insbesondere ist die Naturheilkunde als Sammelbegriff natürlicher Heilweisen in Ermangelung eines (einheitlichen) Konzepts keine besondere Therapierichtung.[84]

21 **b) Besondere Therapierichtungen.** Die besonderen Therapierichtungen sind als Ausdruck der Neutralität des Staates gegenüber unterschiedlichen wissenschaftlichen Ansätzen[85] durch die §§ 2 Abs. 1 S. 2 und 34 Abs. 1 S. 3, Abs. 3 S. 2 faktisch **privilegiert**, wenn auch in ungeklärtem Ausmaß.[86] Gemäß § 2 Abs. 1 S. 2 dürfen sie – auch wenn kein wissenschaftlicher Nachweis ihrer Wirksamkeit besteht – jedenfalls nicht insgesamt aus der GKV ausgeschlossen werden. Dennoch sind Behandlungsmethoden der besonderen Therapierichtungen nicht ohne Weiteres als zweckmäßig anzusehen. Allerdings gelten beurteilungsrechtliche Besonderheiten.[87]

22 Welche Maßstäbe bei der Bewertung heranzuziehen sind, ist höchst umstritten. Die Anforderungen an den Nachweis der Wirksamkeit dürfen jedenfalls nicht so weit gezogen werden, dass Leistungen einer besonderen Therapierichtung im Widerspruch zu § 2 Abs. 1 S. 2 SGB vollständig ausgeschlossen werden. Im Übrigen sind die Kriterien nicht abschließend geklärt.[88] Zumindest ist zu verlangen, dass die Leistung **innerhalb der jeweiligen Therapierichtung anerkannt** ist.[89] Andererseits erscheint ein Verweis allein auf diese Binnenanerkennung als zu weit reichende Privilegierung gegenüber der Schulmedizin, in welcher eine Evidenz der Wirksamkeit erforderlich ist.[90] In der Praxis wird die Problematik allerdings weitgehend durch die Richtlinien des G-BA vorweggenommen, der gemäß § 135 Abs. 1 Nr. 1 die (generelle) Wirtschaftlichkeit iwS prüft und hierbei ebenfalls den Besonderheiten der jeweiligen Therapierichtung Rechnung trägt. Daraus folgt etwa, dass im Rahmen der Krebstherapie Krankenversicherte keinen Anspruch auf Versorgung mit einem nicht verschreibungspflichtigen anthroposophischen Arzneimittel haben. Auch unter Berücksichtigung des Verfassungsrechts ist der grundsätzliche Ausschluss nicht verschreibungspflichtiger Arzneimittel aus dem GKV-Leistungskatalog hinzunehmen.[91]

23 **c) „Echte" Außenseitermethoden.** Behandlungsmethoden, die keiner der besonderen Therapierichtungen zuzuordnen sind, sog echte Außenseitermethoden, werden von dieser Privilegierung nicht umfasst.[92] Sie sind daher an denselben Maßstäben zu messen wie schulmedizinische Methoden.[93] Auch eine Wirksamkeit im Einzelfall genügt daher nicht zur Begründung der Zweckmäßigkeit. Eine Ausnahme besteht nur, wenn der Einsatz als möglicherweise wirksame Methode verfassungsrechtlich geboten ist.[94]

---

81 Vgl. BSG, 10.2.1993, 1 RK 17/91, SozR 3-2200 § 182 Nr. 13, S. 61; Roters in: KassKomm, § 12 SGB V Rn. 47.
82 BSG, 16.7.1996, 1 RS 1/94, BSGE 79, 41; 16.9.1997, 1 RK 28/95, BSGE 81, 54, Rn. 49; 19.2.2002, B 1 KR 16/00 R, SozR 3-2500 § 92 Nr. 12; BSG, 22.3.2005, B 1 A 1/03 R, BSGE 94, 221.
83 BSG, 16.7.1996, 1 RS 1/94, BSGE 79, 41, 49.
84 BSG, 22.3.2005, B 1 A 1/03 R, BSGE 94, 221; anders noch BSG, 8.9.1993, 14 a RKa 7/92, BSGE 73, 66, 72.
85 BSG, 16.9.1997, 1 RK 28/95, BSGE 81, 54 (Rn. 42).
86 Gemäß BT-Dr. 11/3480, 49 soll den besonderen Therapierichtungen gerade keine Sonderstellung eingeräumt werden; wie jedoch der Zweck des § 2 Abs. 1 S. 2 ohne Privilegierung erreicht werden soll, bleibt offen.
87 Vgl. BSG, 22.5.2005, B 1 A 1/03 R, BSGE 94, 221, Rn. 41; Noftz in: Hauck/Noftz, SGB V, § 12 Rn. 39.
88 Vgl. BSG, 22.3.2005, B 1 A 1/03 R, BSGE 94, 221, Rn. 39-45; Noftz in: Hauck/Noftz, SGB V, § 12 Rn. 39; Roters in: KassKomm, § 12 SGB V Rn. 51.
89 Vgl. BSG, 16.9.1997, 1 RK 28/95, BSGE 81, 54, 71 f., Rn. 49.
90 Vgl. auch BSG, 11.5.2011, B 6 KA 25/10 R, GesR 2011, 687–689.
91 BSG, 15.12.2015, B 1 KR 30/15 R, SozR 4-2500 § 34 Nr. 18; insbes. zur verfassungsrechtlichen Problematik ausf. *Benedix*, Objektivitäts- und Neutralitätsanspruch, 2017 (im Erscheinen).
92 Noftz in: Hauck/Noftz, SGB V, § 12 Rn. 42.
93 BSG, 5.7.1995, 1 RK 6/95, BSGE 76, 194.
94 Vgl. BVerfG, 6.12.2005, 1 BvR 3747/98, NJW 2006, 891.

II. Festbeträge (Abs. 2)

Die Festbetragsregelung des Abs. 2 wurde mit dem GRG[95] mit Wirkung zum 1.1.1989 neu eingeführt. Abs. 2 dient dazu, die **Kosten** für die GKV zu **reduzieren**, indem diese auf einen Höchstbetrag begrenzt werden. Festbeträge können gem. §§ 35, 36 und 133 Abs. 2 unter den dort genannten Voraussetzungen für Arznei-, Verband- und Hilfsmittel sowie Krankentransportleistungen festgesetzt werden. Die Prüfung der Notwendigkeit einer Leistung wird hierdurch vereinfacht. Da die Festbetragsregelung auch und gerade dann gilt, wenn eine notwendige Leistung im Einzelfall höhere Kosten verursacht,[96] birgt sie die Gefahr einer Rationierung.[97]

Die Festbeträge wirken lediglich als **Begrenzung nach oben**.[98] Fallen im Einzelfall geringere Kosten an, so sind nur diese von der GKV zu übernehmen. Übersteigen die tatsächlichen Kosten den Festbetrag, kann grds. nur dieser geltend gemacht werden. Die Mehrkosten trägt in diesem Fall der Versicherte.[99] Die Festsetzung eines Festbetrags ist allerdings nur dann verbindlich, wenn dieser objektiv ausreichend ist, um im Regelfall die tatsächlichen Kosten abzudecken.[100] Es ist demnach inzident zu prüfen, ob die Festbeträge eine ausreichende Versorgung sicherstellen, wobei nur atypische Ausnahmefälle außer Betracht bleiben.

III. Regressverfahren (Abs. 3)

Abs. 3 wurde durch das Gesundheitsstrukturgesetz (GSG)[101] mit Wirkung ab 1.1.1993 angefügt und mit Wirkung ab 1.1.1996 an die veränderte Organisationsstruktur der Krankenkassen angepasst. Die Regelung bestimmt, unter welchen Bedingungen die zuständige Aufsichtsbehörde bei **rechtswidriger Kulanz** der Krankenkasse einschreiten muss, um einen Regress gegen Vorstandsmitglieder einzuleiten. Es handelt sich um eine rein **aufsichtsrechtliche Vorschrift**.[102] Die Norm bezweckt eine bessere Durchsetzung des bestehenden (Binnen-)Haftungsrechts.[103]

Abs. 3 setzt **rechtswidriges Handeln der Krankenkasse** in Form einer Leistungserbringung ohne Rechtsgrundlage oder entgegen geltendem Recht voraus. Er regelt nicht die Haftung der Vorstandsmitglieder, sondern setzt eine **bestehende Anspruchsgrundlage** voraus.[104] Als Anspruchsgrundlage kommt in der Regel nur das jeweilige **Dienstrecht** in Betracht. Die Voraussetzungen der §§ 823 ff. BGB sind regelmäßig nicht erfüllt. Auch § 839 BGB ist im Rahmen der Binnenhaftung nicht anwendbar, auch nicht über § 42 Abs. 1 SGB IV, da der Regelungsbereich beider Normen nur die Außenhaftung betrifft. Auf die landwirtschaftlichen Krankenkassen sowie die Knappschaft-Bahn-See ist § 12 Abs. 3 weder direkt noch analog anwendbar.[105]

Die Aufsichtsbehörde ist zum Einschreiten verpflichtet, wenn ein **Vorstandsmitglied** die Rechtswidrigkeit einer Leistungserbringung, die eine Schädigung der GKV zur Folge hatte, kannte oder sie **aufgrund von Fahrlässigkeit** nicht kannte. Ungeklärt sind die Rechtsfolgen, wenn die Voraussetzungen der Haftungsnorm nicht vorliegen. Da die hM aber eine Haftungsmilderung gem. § 839 BGB iVm Art. 34 GG entsprechend den Grundsätzen der Arbeitnehmerhaftung[106] oder durch Vertrag[107] ablehnt, ist die praktische Relevanz dieses Problems gering. Vor Einleitung des Regressverfahrens ist das betreffende Vorstandsmitglied **anzuhören**. Ein Ermessen der Aufsichtsbehörde besteht nicht.[108]

---

95 Gesundheits-Reformgesetz vom 20.12.1988, BGBl. I 1988, 2477.
96 Vgl. BSG, 23.1.2003, B 3 KR 7/02 R, BSGE 90, 220, 225; Engelhard in: jurisPK-SGB V, § 12 Rn. 151, 152.
97 Vgl. Isensee, Verwaltung des Mangels im Gesundheitswesen in: Gedächtnisschrift Heinze, 417, 422 f.
98 BSG, 23.1.2003, B 3 KR 7/02 R, BSGE 90, 220, Rn. 21; Engelhard in: jurisPK-SGB V, § 12 Rn. 154.
99 Scholz in: Becker/Kingreen, § 12 Rn. 11; Ulmer in: Wannagat, § 12 SGB V Rn. 44; GKV-Komm/Zipperer, § 12 SGB V Rn. 8.
100 BSG, 17.12.2009, B 3 KR 20/08 R, SGb 2010, 719.
101 Gesundheitsstrukturgesetz vom 21.12.1992, BGBl. I 1992, 2266.
102 Noftz in: Hauck/Noftz, SGB V, § 12 Rn. 57.
103 BT-Dr. 12/3608, 76.
104 Ulmer in: Wannagat, § 12 SGB V Rn. 46; Roters in: KassKomm, § 12 SGB V Rn. 58.; Noftz in: Hauck/Noftz, SGB V, § 12 Rn. 53 mwN.
105 Näher Noftz in: Hauck/Noftz, SGB V, § 12 Rn. 51 f.
106 Dafür Seegmüller, NZS 1996, 408, 410; zu Recht ablehnend BGH, 14.2.1985, IX ZR 145/83, NJW 1985, 2194, 2196; Schüller, NZS 2006, 192; Ulmer in: Wannagat, § 12 SGB V Rn. 47.
107 Vgl. Schüller, NZS 2006, 192, 196 f.
108 Scholz in: Becker/Kingreen, § 12 Rn. 12; Roters in: KassKomm, § 12 SGB V Rn. 61.

§ 13 Kostenerstattung

(1) Die Krankenkasse darf anstelle der Sach- oder Dienstleistung (§ 2 Abs. 2) Kosten nur erstatten, soweit es dieses oder das Neunte Buch vorsieht.

(2) ¹Versicherte können anstelle der Sach- oder Dienstleistungen Kostenerstattung wählen. ²Hierüber haben sie ihre Krankenkasse vor Inanspruchnahme der Leistung in Kenntnis zu setzen. ³Der Leistungserbringer hat die Versicherten vor Inanspruchnahme der Leistung darüber zu informieren, dass Kosten, die nicht von der Krankenkasse übernommen werden, von dem Versicherten zu tragen sind. ⁴Eine Einschränkung der Wahl auf den Bereich der ärztlichen Versorgung, der zahnärztlichen Versorgung, den stationären Bereich oder auf veranlasste Leistungen ist möglich. ⁵Nicht im Vierten Kapitel genannte Leistungserbringer dürfen nur nach vorheriger Zustimmung der Krankenkasse in Anspruch genommen werden. ⁶Eine Zustimmung kann erteilt werden, wenn medizinische oder soziale Gründe eine Inanspruchnahme dieser Leistungserbringer rechtfertigen und eine zumindest gleichwertige Versorgung gewährleistet ist. ⁷Die Inanspruchnahme von Leistungserbringern nach § 95b Absatz 3 Satz 1 im Wege der Kostenerstattung ist ausgeschlossen. ⁸Anspruch auf Erstattung besteht höchstens in Höhe der Vergütung, die die Krankenkasse bei Erbringung als Sachleistung zu tragen hätte. ⁹Die Satzung hat das Verfahren der Kostenerstattung zu regeln. ¹⁰Sie kann dabei Abschläge vom Erstattungsbetrag für Verwaltungskosten in Höhe von höchstens 5 Prozent in Abzug bringen. ¹¹Im Falle der Kostenerstattung nach § 129 Absatz 1 Satz 5 sind die der Krankenkasse entgangenen Rabatte nach § 130a Absatz 8 sowie die Mehrkosten im Vergleich zur Abgabe eines Arzneimittels nach § 129 Absatz 1 Satz 3 und 4 zu berücksichtigen; die Abschläge sollen pauschaliert werden. ¹²Die Versicherten sind an ihre Wahl der Kostenerstattung mindestens ein Kalendervierteljahr gebunden.

(3) ¹Konnte die Krankenkasse eine unaufschiebbare Leistung nicht rechtzeitig erbringen oder hat sie eine Leistung zu Unrecht abgelehnt und sind dadurch Versicherten für die selbstbeschaffte Leistung Kosten entstanden, sind diese von der Krankenkasse in der entstandenen Höhe zu erstatten, soweit die Leistung notwendig war. ²Die Kosten für selbstbeschaffte Leistungen zur medizinischen Rehabilitation nach dem Neunten Buch werden nach § 15 des Neunten Buches erstattet.

(3a) ¹Die Krankenkasse hat über einen Antrag auf Leistungen zügig, spätestens bis zum Ablauf von drei Wochen nach Antragseingang oder in Fällen, in denen eine gutachtliche Stellungnahme, insbesondere des Medizinischen Dienstes der Krankenversicherung (Medizinischer Dienst), eingeholt wird, innerhalb von fünf Wochen nach Antragseingang zu entscheiden. ²Wenn die Krankenkasse eine gutachtliche Stellungnahme für erforderlich hält, hat sie diese unverzüglich einzuholen und die Leistungsberechtigten hierüber zu unterrichten. ³Der Medizinische Dienst nimmt innerhalb von drei Wochen gutachtlich Stellung. ⁴Wird ein im Bundesmantelvertrag für Zahnärzte vorgesehenes Gutachterverfahren durchgeführt, hat die Krankenkasse ab Antragseingang innerhalb von sechs Wochen zu entscheiden; der Gutachter nimmt innerhalb von vier Wochen Stellung. ⁵Kann die Krankenkasse Fristen nach Satz 1 oder Satz 4 nicht einhalten, teilt sie dies den Leistungsberechtigten unter Darlegung der Gründe rechtzeitig schriftlich mit. ⁶Erfolgt keine Mitteilung eines hinreichenden Grundes, gilt die Leistung nach Ablauf der Frist als genehmigt. ⁷Beschaffen sich Leistungsberechtigte nach Ablauf der Frist eine erforderliche Leistung selbst, ist die Krankenkasse zur Erstattung der hierdurch entstandenen Kosten verpflichtet. ⁸Die Krankenkasse berichtet dem Spitzenverband Bund der Krankenkassen jährlich über die Anzahl der Fälle, in denen Fristen nicht eingehalten oder Kostenerstattungen vorgenommen wurden. ⁹Für Leistungen zur medizinischen Rehabilitation gelten die §§ 14, 15 des Neunten Buches zur Zuständigkeitsklärung und Erstattung selbst beschaffter Leistungen.

(4) ¹Versicherte sind berechtigt, auch Leistungserbringer in einem anderen Mitgliedstaat der Europäischen Union, einem anderen Vertragsstaat des Abkommens über den Europäischen Wirtschaftsraum oder der Schweiz anstelle der Sach- oder Dienstleistung im Wege der Kostenerstattung in Anspruch zu nehmen, es sei denn, Behandlungen für diesen Personenkreis im anderen Staat sind auf der Grundlage eines Pauschbetrages zu erstatten oder unterliegen auf Grund eines vereinbarten Erstattungsverzichts nicht der Erstattung. ²Es dürfen nur solche Leistungserbringer in Anspruch genommen werden, bei denen die Bedingungen des Zugangs und der Ausübung des Berufes Gegenstand einer Richtlinie der Europäischen Gemeinschaft sind oder die im jeweiligen nationalen System der Krankenversicherung des Aufenthaltsstaates zur Versorgung der Versicherten berechtigt sind. ³Der Anspruch auf Erstattung besteht höchstens in Höhe der Vergütung, die die Krankenkasse bei Erbringung als Sachleistung im Inland zu tragen hätte. ⁴Die Satzung hat das Verfahren der Kostenerstattung zu regeln. ⁵Sie hat dabei ausreichende Abschläge vom Erstattungsbetrag für Verwaltungskosten und fehlende Wirtschaftlichkeitsprüfungen vorzusehen sowie vorgesehene Zuzahlungen in Abzug zu bringen. ⁶Ist eine dem allge-

mein anerkannten Stand der medizinischen Erkenntnisse entsprechende Behandlung einer Krankheit nur in einem anderen Mitgliedstaat der Europäischen Union oder einem anderen Vertragsstaat des Abkommens über den Europäischen Wirtschaftsraum möglich, kann die Krankenkasse die Kosten der erforderlichen Behandlung auch ganz übernehmen.

(5) ¹Abweichend von Absatz 4 können in einem anderen Mitgliedstaat der Europäischen Union, einem anderen Vertragsstaat des Abkommens über den Europäischen Wirtschaftsraum oder der Schweiz Krankenhausleistungen nach § 39 nur nach vorheriger Zustimmung durch die Krankenkassen in Anspruch genommen werden. ²Die Zustimmung darf nur versagt werden, wenn die gleiche oder eine für den Versicherten ebenso wirksame, dem allgemein anerkannten Stand der medizinischen Erkenntnisse entsprechende Behandlung einer Krankheit rechtzeitig bei einem Vertragspartner der Krankenkasse im Inland erlangt werden kann.

(6) § 18 Abs. 1 Satz 2 und Abs. 2 gilt in den Fällen der Absätze 4 und 5 entsprechend.

Literatur:
Cremer/Ostermann, Grundfreiheiten und mitgliedstaatliches Sozialrecht, in: Schlachter/Heinig (Hrsg.), Europäisches Arbeits- und Sozialrecht, 2016, 1167; *Devetzi,* Das Europäische koordinierende Sozialrecht auf der Basis der VO (EG) 883/2004, SDSRV 59 (2010), 117; *Devetzi,* Krankheit und Mutterschaft im Koordinierungssozialrecht, in: Schlachter/Heinig (Hrsg.), Europäisches Arbeits- und Sozialrecht, 2016, 895; *Eichenhofer,* Sozialrecht der Europäischen Union, 3. Auflage 2006; *Frenz/Ehlenz,* Grenzüberschreitende Wahrnehmung von Gesundheitsleistungen, MedR 2011, 629; *Fuchs* (Hrsg.), Europäisches Sozialrecht, 6. Auflage 2013; *Hahn,* Neue Patientenrechte im Krankenversicherungsrecht, SGb 2015, 144; *Hauck,* Sachleistung und Kostenerstattung, in: Sodan (Hrsg.), Handbuch des Krankenversicherungsrechts 2. Auflage 2014, § 8; *Heinig,* Europäisches Sozialverwaltungsrecht, in: Terhechte (Hrsg.), Verwaltungsrecht der Europäischen Union, 2011, 1117; *von Koppenfels-Spies,* Stärkung der Patientenrechte? Sanktionierung der Krankenkassen? – Sinn und Zweck, Reciwhweite und Folgen des § 13 Abs. 3a SGB V, NZS 2016, 601; *Kingreen,* Das Sozialstaatsprinzip im europäisches Verfassungsverbund, 2003; *Krüger,* § 13 Abs. 3a SGB V vor den Schranken der Sozialgerichtsbarkeit, NZS 2016, 521; *Marhold,* Neuerungen europäischer Sozialrechtskoordinierung bei Krankheit, in: Eichenhofer (Red.), 50 Jahre nach ihrem Beginn – neue Regeln für die Koordinierung sozialer Sicherheit, 2009, S. 193; *Rieker,* Die Kostenerstattungsvorschrift des § 13 Abs. 3a SGB V – Eine Betrachtung aus sozialverfahrensrechtlicher Sicht, NZS 2015, 294; *Schulte,* Die neue Sozialrechtskoordinierung, ZESAR 2010, 143 ff, 202 ff; *Schulte,* Supranationales Recht, in: v. Maydell/Ruland/Becker, Sozialrechtshandbuch, 5. Auflage 2012, S. 1434; *Spiegel,* Die neue europäische Sozialrechtskoordinierung, in: Deutsche Rentenversicherung Bund (Hrsg.), Die Reform des europäischen koordinierenden Sozialrechts, 2007, S. 25; *Tiedemann,* Koordinierung und Harmonisierung der grenzüberschreitenden Patientenmobilität, NZS 2011, 887; *Tiedemann,* Pflicht zur Vorabgenehmigung der grenzüberschreitenden Inanspruchnahme von Gesundheitsleistungen in der EU, ZESAR 2012, 14; *Tiemann,* Inanspruchnahme von Leistungen in anderen Mitgliedstaaten der EU, in: Sodan (Hrsg.), Handbuch des Krankenversicherungsrechts, 2. Auflage 2014, § 12; *Ulmer,* Kostenerstattung nach Rechnung gemäß § 13 SGB V, NZS 2010, 541; *Wallrabenstein,* Koordinierungssozialrecht – Grundstrukturen und Prinzipien, in: Schlachter/Heinig (Hrsg.), Europäisches Arbeits- und Sozialrecht, 2016, 867; *Wollenschläger,* Patientenmobilität in der Europäischen Union, EuR 2012, 149; *Wunder,* Grenzüberschreitende Krankenbehandlung im Spannungsfeld von Grundfreiheiten und vertraglicher Kompetenzverteilung, 2008.

I. Grundlegender Normzweck und Entstehungsgeschichte 1	V. Kostenerstattung bei Systemversagen (Abs. 3) 23
II. Systematischer Zusammenhang und teleologische Erwägungen 4	1. Bestehen eines Primärleistungsanspruchs 25
III. Europarechtlicher Kontext 7	2. Unaufschiebbare, aber nicht rechtzeitige Leistung (Alt. 1) oder rechtswidrige Leistungsverweigerung (Alt. 2) 28
1. Leistungen bei Krankheit nach der VO 883/2004 8	3. Selbstbeschaffung infolge der Nichtleistung 30
2. Auswirkungen der Dienstleistungs- und Warenverkehrsfreiheit – Vorgaben der Patientenrichtlinie 12	4. Kostenlast 31
IV. Gesetzesvorbehalt für Kostenerstattung (Abs. 1) und Ausübung eines Wahlrechts (Abs. 2) 17	5. Rechtsfolge: Kostenerstattung 32
1. Vorgaben zur Ausübung und Wahrnehmung des Wahlrechts 19	VI. Kostenerstattung bei Verzögerung der Genehmigung (Abs. 3a) 33
2. Leistungsumfang bei Kostenerstattung 20	VII. Kostenerstattung bei Inanspruchnahme von Leistungserbringern im europäischen Ausland (Abs. 4 bis 6) 35
3. Vorgaben zur Höhe der Erstattung 21	VIII. Anpassung durch das Bundesteilhabegesetz 40

I. Grundlegender Normzweck und Entstehungsgeschichte

1 § 13 enthält unterschiedliche Detailbestimmungen. Abs. 1 wiederholt den in § 2 Abs. 2 S. 1 aufgestellten Grundsatz, dass **Leistungen** in der gesetzlichen Krankenversicherung **als Sach- oder Dienstleistung** erbracht werden (→ § 2 Rn. 20). Abweichungen von diesem Prinzip sind nach Abs. 1 nur durch oder aufgrund des SGB V und SGB IX zugelassen. Abs. 2 bis 6 regeln wichtige Ausnahmen, die zur **Kostenerstattung** anstelle der Sach- oder Dienstleistung führen.

2 Der Sach- und Dienstleistungsgrundsatz bildete sich **schon in der Anfangszeit** der gesetzlichen Krankenversicherung heraus. Der des sozialen Schutzes bedürftige Versicherte sollte nicht in Vorleistung gehen müssen. So entwickelte sich das **sozialrechtliche Dreiecksverhältnis**, in dem Rechtsbeziehungen unterschieden werden zwischen (a) dem Versichertem und dem Kostenträger (der die Sach- als Versicherungsleistung schuldet), (b) dem Kostenträger und dem Leistungserbringer (der die Sachleistung aufgrund Vertragsbeziehungen zum Kostenträger zu dessen Lasten für den Versicherten erbringt) sowie (c) dem Versichertem und dem Leistungserbringer (privatrechtliche Leistungsstörungsrechte und Nebenpflichten). Zwischen letzteren besteht in diesem Dreieck kein Zahlungsanspruch. Bei Erlass der RVO hielt der Gesetzgeber das Sach- und Dienstleistungsprinzip für so selbstverständlich, dass er auf eine ausdrückliche Regelung verzichtete.[1] Es galt in den Worten des BSG als „**übernormatives Grundprinzip**".[2] Kostenerstattungen waren in der RVO dagegen nur punktuell vorgesehen. **Richterrechtlich** entwickelten sich unter der RVO zudem Grundsätze zum sog Systemversagen, die heute in Abs. 3 kodifiziert sind.[3] Daneben blieb in Rechtsprechung und Schrifttum lange strittig, welche Kassenarten welchem Personenkreis unter welchen Bedingungen **durch Satzung** einräumen durften, an Stelle von Sach- und Dienstleistungen die Kostenerstattung zu wählen.[4] Das BSG billigte jedenfalls den Ersatzkassen zu, ihren freiwilligen Mitgliedern ein **Wahlrecht** zu eröffnen.[5] Schließlich sorgte der Gesetzgeber zum 1.1.1993 mit der gesetzlichen Regelung des Wahlrechts in Abs. 2 für die gebotene Rechtsklarheit, wenn sich auch dessen Normgehalt mehrfach änderte.

3 § 13 erfuhr im Laufe der Zeit **zahlreiche Veränderungen**.[6] Sie indizieren, dass die Regelungen zur Kostenerstattung trotz ihrer geringen praktischen Bedeutung Gegenstand wiederkehrender politischer Kontroversen und symbolpolitischer Maßnahmen sind. Eingeführt wurde § 13 mit dem Gesundheitsreformgesetz zum 1.1.1989.[7] Die Norm umfasste zunächst nur zwei Absätze, den bis heute weitgehend unveränderten ersten und den heutigen **dritten Absatz**. Zum 1.1.1993 wurde **Abs. 2** als gesetzliche Regelung des Wahlrechts (→ Rn. 2) neu gefasst. Der Personenkreis und die Ausübungsmodalitäten wurden mehrfach verändert. Das heute geltende Wahlrecht für alle Versicherten trat am 1.1.2004 mit dem GKV-Modernisierungsgesetz[8] in Kraft. Zugleich wurden § 13 vor dem Hintergrund der Rechtsprechung des EuGH zur passiven Warenverkehrs- und Dienstleistungsfreiheit (→ Rn. 12 ff.) **Abs. 4 bis 6** zur Kostenerstattung bei Leistungserbringung im EU-Ausland angefügt. Später wurde der Kreis der europäischen Staaten, in denen die Leistungserbringung erfolgen kann, erweitert. Zuletzt kam mit **Abs. 3a** durch das Patientenrechtegesetz vom 20.2.2013[9] eine besondere Bestimmung zur Kostenerstattung bei Verzögerungen im Genehmigungsverfahren hinzu (→ Rn. 33 f.).

II. Systematischer Zusammenhang und teleologische Erwägungen

4 Über die Frage, ob die Prägung des SGB V durch den Sach- und Dienstleistungsgrundsatz sinnvoll ist oder ein durchgängiges Kostenerstattungsprinzip vorzugswürdig wäre, lässt sich rechtspolitisch trefflich streiten. Für den Status quo wird gemeinhin der soziale **Schutzbedarf der Versicherten**, für einen Systemwechsel die **Eigenverantwortung des kostenbewussten Patienten** ins Feld geführt. Die Debatte ist von starken Wertungen und sehr grundsätzlichen sozialpolitischen Hintergrundannahmen geprägt.

---

1 Noftz in: Hauck/Noftz, SGB V, § 13 Rn. 5; im Detail Keller, Eine Darstellung der historischen Entwicklung des Sachleistungsprinzips in der gesetzlichen Krankenversicherung, 1997.
2 BSGE 69, 170, 173.
3 BSGE 42, 117, 119; 46, 179, 182; 48, 258, 260 – st. Rspr.; Hauck, Sachleistung und Kostenerstattung, in: Sodan, HdB KrVersR, S. 208, 214 f.
4 Noftz in: Hauck/Noftz, SGB V, § 13 Rn. 6–9.
5 BSGE 25, 195, 197; 46, 179, 181.
6 Details bei Noftz in: Hauck/Noftz, SGB V, § 13 Rn. 1 ff.; GKV-Komm/Zipperer, § 13 SGB V Rn. 13; Schifferdecker in: KassKomm, § 13 SGB V Rn. 11 ff.; Wagner in: Krauskopf, § 13 SGB V Rn. 1.
7 Art. 1 des Gesundheitsreformgesetzes vom 20.12.1988 (BGBl. I, 2477).
8 Art. 1 des Gesundheitsmodernisierungsgesetzes vom 14.11.2003 (BGBl. I, 2190).
9 Art. 2 des Patientenrechtegesetzes vom 20.2.2013 (BGBl. I, 277).

In der Folge erscheint die Argumentation auf beiden Seiten oft schematisch. Die ökonomischen Steuerungseffekte der Kostenerstattung werden gemeinhin ebenso überschätzt wie ihre sozialen Negativeffekte.[10] Funktionalrechtlich ist der Gesetzgeber zur Abwägung der Vor- und Nachteile berufen. Die Systemwahl ist jedenfalls nicht willkürlich, da das Sachleistungsprinzip für alle Beteiligten auch **Vorzüge** aufweist: Der **Versicherte** ist von der Vorleistungspflicht und vom Kostenerstattungsrisiko befreit, der **Leistungserbringer** hat einen solventen Schuldner und die **Krankenkassen** können Qualität und Kosten der Leistungserbringung effektiv kontrollieren und steuern.[11] Kostenerstattung kommt nach dem SGB V deshalb nur in Betracht, wo **besondere Gründe** (wie Systemversagen, Vorgaben des Europarechts oder das Setzen spezifischer ökonomischer Anreize) hinzutreten. Für das Wahlrecht nach Abs. 2 fehlen solche Gründe; es ist aber für den Versicherten so unattraktiv ausgestaltet, dass sich nennenswerte Nachteile für die Krankenversicherung nicht einstellen können. § 64 Abs. 4 S. 2 sieht die **Kostenerstattung** nach § 13 gar **als Sanktion** zulasten der Versicherten bei „Ärzte-Hopping" vor (→ § 64 Rn. 10). Schon daran sieht man, dass die bewusste Wahl der Kostenerstattung nach dem Willen des Gesetzgebers der atypische Ausnahmefall bleiben soll.

Die verschiedenen Detailregelungen des § 13 stehen in divergierenden **systematischen Zusammenhängen**: Abs. 1 nimmt auf § 2 Abs. 2 S. 1 Bezug und stellt jede Form der Kostenerstattung unter Gesetzesvorbehalt. Eine Kostenerstattung aufgrund bloßen Satzungsrechts ist demnach verboten. Einer Aushöhlung des Sachleistungsprinzips durch Leistungserbringer wirkt § 32 SGB I entgegen, der zivilrechtliche Vereinbarungen, die zum Nachteil der Versicherten deren Sachleistungsansprüche ersetzen, für unwirksam erklärt. Das Sach- und Dienstleistungsprinzip wird systematisch durch das 3. und 4. Kapitel des SGB V entfaltet. Sie bilden auch den Rahmen für Kostenerstattungen nach § 13 (→ Rn. 20, 25 ff., 34, 37). § 13 vergleichbare Normen finden sich in § 9 Abs. 2 und § 15 Abs. 1 SGB IX (ab. 1.1.2018 § 18). Die europarechtlich geprägten § 13 Abs. 4 bis 6 (→ Rn. 35 ff.) sind in Zusammenhang mit § 140 e (→ § 140 e Rn. 2 ff.) und § 219 d (→ § 219 d Rn. 2 ff.) zu sehen.

5

Neben § 13 kennt das SGB V **weitere Kostenerstattungsregeln** in § 14 (Teilkostenerstattung, → § 14 Rn. 2 ff.), § 17 Abs. 2 und 3 (Kostenerstattung an Arbeitgeber bei Auslandsbeschäftigung, → § 17 Rn. 9), § 18 (Kostenübernahme bei Behandlung im außereuropäischen Ausland, → § 18 Rn. 2 ff.), § 29 Abs. 2 S. 2 (Rückzahlungsanspruch bei kieferorthopädischer Behandlung, → § 29 Rn. 27 ff.), § 37 Abs. 4 und § 38 Abs. 4 (Kostenerstattung für häusliche Krankenpflege, → § 37 Rn. 49 ff., und Haushaltshilfen, → § 38 Rn. 23 ff.), § 53 Abs. 4 (Kostenerstattung im Rahmen von Wahltarifen, → § 53 Rn. 20 ff.), § 60 (Fahrtkosten, → § 60 Rn. 2 ff.), § 64 Abs. 4 S. 2 (Modellvorhaben, → § 64 Rn. 10) und § 129 Abs. 1 S. 5 (Kostenerstattung bei Nichtersetzung durch ein wirkstoffgleiches preiswerteres Arzneimittel (→ § 129 Rn. 10). Festzuschüsse (→ § 55 Rn. 3 ff.) wirken wie eine Teilkostenerstattung.[12]

6

III. Europarechtlicher Kontext

Das Unionsrecht kennt keine **Kompetenz der EU**, über das Sach- und Dienstleistungsprinzip zu disponieren.[13] Im Bereich der Systeme der Krankenversorgung pflegen die Mitgliedstaaten Kompetenzreservate (s. Art. 168 Abs. 7 AEUV). Die Regelungen in § 13 Abs. 1 bis 3 a weisen deshalb keinen maßgeblichen europarechtlichen Kontext auf. Im Kontrast dazu stehen **Abs. 4 bis 6**, die unmittelbarer **Ausfluss des Europarechts** sind. Denn ungeachtet der Kompetenzverteilung wirken die Grundfreiheiten in das jeweilige Gesundheitsrecht der Mitgliedstaaten ein. **Zwei Rechtsregime** sind dabei entstanden: Einerseits das zunächst die Arbeitnehmer- und nun auch die Unionsbürgerfreizügigkeit flankierende Koordinierungssozialrecht, andererseits die Patientenrichtlinie, die Ausfluss der passiven Warenverkehrs- und Dienstleistungsfreiheit ist und die dazu ergangene Rechtsprechung des EuGH kodifiziert und weiterentwickelt.[14] Beide Rechtsregime sind **nebeneinander anwendbar** (s. Art. 2 lit. m RL 2011/24/EU).[15] Sie haben unterschiedliche Wurzeln und folgen einer anderen grundfreiheitlichen Logik. Die aus der Dienstleistungs- und Warenverkehrsfreiheit abgeleiteten Kostenerstattungsansprüche werden mittels

7

---

10 Instruktiv Kingreen in: Becker/Kingreen, § 13 Rn. 3 ff.
11 GKV-Komm/Zipperer, § 13 SGB V Rn. 20.
12 Hauck, Sachleistung und Kostenerstattung, in: Sodan, HdB KrVersR, S. 208, 219.
13 Im Überblick Wunder, Grenzüberschreitende Krankenbehandlung im Spannungsfeld von Grundfreiheiten und vertraglicher Kompetenzverteilung, 2008, 19 ff.
14 Im Überblick etwa Schuler in: LPK-SGB V, Anhang Rn. 13 ff., 46; Tiemann, Inanspruchnahme von Leistungen in anderen Mitgliedstaaten der EU, in: Sodan, HdB KrVersR, S. 330, 335 ff.
15 Kingreen in: Becker/Kingreen, § 13 Rn. 38.

Abs. 4 bis 6 in das deutsche Sozialrecht umgesetzt. Nach Inkrafttreten der Patientenrechte-Richtlinie blieben Abs. 4 bis 6 unverändert, so dass nun punktuell Bedarf für eine richtlinienkonforme Auslegung besteht (→ Rn. 37 f.).

8   **1. Leistungen bei Krankheit nach der VO 883/2004.** Die Sozialrechtskoordinierung gehört zu den ältesten Rechtsschichten der EU. Zum 1. Mai 2010 trat mit der VO (EG) Nr. 883/2004 und der Durchführungsverordnung VO 987/2009 die dritte Generation des Koordinierungssozialrechts in Kraft.[16] Der **persönliche Anwendungsbereich** erstreckt sich über Arbeitnehmer, Selbstständige, Beamte und Studenten hinaus auf alle sonstigen Staatsangehörigen eines Mitgliedstaates, ihre Familienangehörigen und Hinterbliebenen, zudem Staatenlose und Flüchtlinge mit Wohnort in einem Mitgliedstaat, für die sozialrechtliche Bestimmungen zumindest eines Mitgliedstaates anwendbar sind (Art. 2 VO 883/2004).[17] Zum **sachlichen Anwendungsbereich** gehören nach Art. 3 VO 883/2004 ua „Leistungen bei Krankheit" und „Leistungen bei Mutterschaft". Die Begriffe sind autonom aus dem Kontext des Europarechts heraus zu verstehen, werden also nicht durch das mitgliedstaatliche Sozialrecht (etwa das SGB V) definiert.[18] Bestimmungen zum **räumlichen Anwendungsbereich** kennt die VO 883/2004 nicht. Sie gilt für alle Mitgliedstaaten; durch vertragliche Abkommen der EU können Drittstaaten einbezogen werden. Solche Abkommen kennt das Unionsrecht mit den sonstigen Staaten des Europäischen Wirtschaftsraums (EWR)[19] sowie bezogen auf die zweite Generation des Koordinierungssozialrechts (VO 1408/71 und 547/72) mit der Schweiz.[20]

9   Ziel der VO (EG) Nr. 883/2004 ist es, Leistungsansprüche entweder zulasten des Herkunftsmitgliedstaates portabel zu gestalten oder den aufnehmenden Mitgliedstaat zu zwingen, sein Sozialsystem durchlässig (permeabel) zu machen.[21] Im Grundsatz gilt, dass, wenn der Anwendungsbereich der VO eröffnet ist, die sozialrechtlichen Bestimmungen nur eines Mitgliedstaates greifen sollen (Art. 11 Abs. 1 VO 883/2004).[22] Anwendbar (= zuständig) ist bei Beschäftigten und selbstständig Erwerbstätigen das Recht des Beschäftigungsortes – *lex loci laboris* – (Art. 11 Abs. 1 lit. a VO 883/2004), sonst des Wohnortes (Art. 11 Abs. 1 lit. d VO 883/2004). Wer unter den personellen Anwendungsbereich der VO fällt, unterliegt den **gleichen Rechten und Pflichten** nach dem mitgliedstaatlichen Recht wie Angehörige des jeweiligen Mitgliedstaates (koordinationsrechtliches Diskriminierungsverbot nach Art. 4 VO 883/2004).

10   Die allgemeinen Bestimmungen des Koordinierungssozialrechts werden durch die VO (EG) Nr. 883/2004 für verschiedene Leistungsarten konkretisiert. Hierbei wird je nach Leistungsform sowie nach unterschiedlichen Personengruppen unterschieden. Für **Leistungen bei Krankheit** gilt: Wohnen Versicherte oder ihre Angehörigen außerhalb des zuständigen (→ Rn. 9) Mitgliedstaates, erhalten sie auf Kosten des zuständigen Trägers in dem Wohnmitgliedstaat Sachleistungen am Wohnort als ob sie dort versichert wären (**Sachleistungsaushilfe** nach Art. 17 VO 883/2004).[23] **Geldleistungen** werden hingegen exportiert, bemessen sich also nach dem Recht des zuständigen Staates (Art. 21 Abs. 1 VO 883/2004).[24] Für diejenigen, die nach §§ 5 ff. SGB V in Deutschland krankenversichert sind und im europäischen Ausland wohnen, führt das Koordinierungssozialrecht somit zu einer Integration in das Sachleistungssystem des Wohnortes. Sie müssen nicht in Vorleistung gehen; Kostenerstattungen greifen

---

16   Im Überblick Schulte, Die neue Sozialrechtskoordinierung, ZESAR 2010, 143 ff.; 202 ff.; der folgende Abschnitt ist angelehnt an Heinig, Europäisches Sozialverwaltungsrecht, in: Terhechte (Hrsg.), Verwaltungsrecht der Europäischen Union, 2011, S. 1117, 1125 ff.
17   Wallrabenstein, Koordinierungssozialrecht, in: Schlachter/Heinig (Hrsg.), Europäisches Arbeits- und Sozialrecht, 2016, S. 875 f. Für Drittstaatsangehörige gilt die VO (EG) Nr. 1231/2010.
18   Schulte in: v. Maydell/Ruland/Becker, S. 1434, 1451 ff.
19   Art. 29 des Abkommens über den Europäischen Wirtschaftsraum (BGBl. II 1993, 267); s. näher Eichenhofer, Sozialrecht der Europäischen Union, S. 56.
20   Art. 8 iVm Anhang II des Freizügigkeitsabkommens vom 7.11.2001 (BGBl. II, 810).
21   Zu Portabilität und Permeabilität als Grundprinzipien des europäischen Sozialrechts Heinig, Europäisches Sozialverwaltungsrecht, in: Terhechte (Hrsg.), Verwaltungsrecht der Europäischen Union, 2011, S. 1117 1124 ff.; ders., Territorialität sozialer Sicherheit und transnationale soziale Rechte, in: Bast/Rödl (Hrsg.), Wohlfahrtsstaatlichkeit und soziale Demokratie in der Europäischen Union, 2013, S. 31, 33 ff.
22   Dieser Grundsatz soll jedoch das Recht anderer Mitgliedstaaten, Sozialleistungen zu erbringen, nicht berühren, näher dazu Devetzi, Das Europäische koordinierende Sozialrecht auf der Basis der VO (EG) 883/2004, SDSRV 59 (2010), 117, 118 ff.
23   Details bei Bieback in: Fuchs, Art. 17 VO 883/2004 Rn. 14 ff.; Klein in: Hauck/Noftz, EU-Sozialrecht, Art. 17 VO 883/2004 Rn. 10 ff.; Devetzi, Krankheit und Mutterschaft im Koordinierungssozialrecht, in: Schlachter/Heinig (Hrsg.), Europäisches Arbeits- und Sozialrecht, 2016, S. 902 ff.
24   Eichenhofer, Sozialrecht der Europäischen Union, S. 117 ff.

im Grundsatz nicht;[25] auch Genehmigungsvorbehalte bestehen nur in dem Umfang wie sie das Recht des Wohnortstaates kennt.

Durch die Sachleistungsaushilfe kann sich der Versicherte je nach Leistungsbedingungen im Recht des Wohnortstaates besser oder schlechter stellen als bei der Inanspruchnahme von Leistungen im zuständigen Staat. Grenzgänger und ihre Familienangehörigen haben deshalb nach Art. 18 Abs. 1 VO 883/2004 auch das Recht, Sachleistungen im an sich unzuständigen Mitgliedstaat gemäß dessen sozialrechtlichen Vorschriften in Anspruch zu nehmen.[26] In einigen Staaten wurde dieses Recht für Familienangehörige ausgeschlossen (Art. 18 Abs. 2 VO 883/2004 iVm Anhang III). Schließlich kennt die VO (EG) Nr. 883/2004 generelle **Regelungen für alle Versicherten bei einem sonstigen vorübergehenden Aufenthalt außerhalb des zuständigen Mitgliedstaates** (Art. 19 f. VO 883/2004), etwa Urlaub. Sachleistungen werden dann vom Träger des Aufenthaltsortes nach dessen Recht auf Kosten des zuständigen Trägers erbracht soweit sie sich während des Aufenthalts als medizinisch notwendig erweisen. Versicherte werden während ihres vorübergehenden Aufenthalts in einem anderen Mitgliedstaat also im Ansatz so behandelt als ob sie im Aufenthaltsstaat versichert wären (unter dem Vorbehalt medizinischer Notwendigkeit);[27] dies kann nach Art. 25 Abs. 4 und 5 VO 987/2009 auch zu Kostenerstattungsansprüchen führen.[28] Von der Regelung in Art. 19 VO 883/2004 abzugrenzen ist jedoch die in Art. 20 Abs. 1 VO 883/2004 gesondert geregelte **Reise in einen anderen Mitgliedstaat, gerade um dort Sachleistungen in Anspruch zu nehmen.** Sachleistungen nach dem Koordinierungssozialrecht werden in diesem Fall **nur nach vorheriger Genehmigung** des zuständigen Trägers gewährt.[29] Die Genehmigung ist zu erteilen, wenn die erstrebte Behandlung auch am Wohnsitz geschuldet wäre und dort nicht innerhalb eines in Anbetracht des derzeitigen Gesundheitszustands und des voraussichtlichen Krankheitsverlaufs medizinisch vertretbaren Zeitraums gewährt werden kann (Art. 20 Abs. 2 VO 883/2004).[30] Dieses koordinierungsrechtliche Genehmigungserfordernis für gezielte Auslandsbehandlungen hat erhebliche Kritik auf sich gezogen, weil sie aus der Waren- und Dienstleistungsfreiheit abgeleitete Ansprüche auf Kostenerstattung ohne vorherige Genehmigung (→ Rn. 13 ff.) nicht berücksichtigt.[31] Freilich hat der EuGH eine solche Verzahnung auch nicht verlangt. Vielmehr hat er in einer Reihe von Grundsatzentscheidungen[32] parallel zum Koordinationssozialrecht ein zweites, von diesem losgelöstes System der Permeabilität und Portabilität sozialer Leistungsansprüche entwickelt.

2. Auswirkungen der Dienstleistungs- und Warenverkehrsfreiheit – Vorgaben der Patientenrichtlinie. Ausgangspunkt für dieses zweite Regime ist die Annahme des EuGH, dass das Primärrecht zwar den Mitgliedstaaten die Ausgestaltung ihrer Systeme sozialer Sicherheit vorbehält, diese dabei aber die

---

25 Zu Ausnahmefällen s. Bieback in: Fuchs, Art. 19 VO 883/2004 Rn. 26 ff.; Art. 20 VO 883/2004 Rn. 32.
26 Näher Marhold, Neuerungen europäischer Sozialrechtskoordinierung bei Krankheit, in: Eichenhofer (Red.), 50 Jahre nach ihrem Beginn – neue Regeln für die Koordinierung sozialer Sicherheit, 2009, 195; Linka, Neuerungen in der Koordinierung des europäischen Krankenversicherungsrechts, in: Marhold (Hrsg.), Das neue Sozialrecht der EU, 2005, S. 65, 66 f.; Spiegel, Die neue europäische Sozialrechtskoordinierung, in: Deutsche Rentenversicherung Bund (Hrsg.), Die Reform des europäischen koordinierenden Sozialrechts, 2007, S. 25, 51 f; Bieback in: Fuchs, Art. 18 VO 883/2004, Rn. 1 ff.
27 Klein in: Hauck/Noftz, EU-Sozialrecht, Art. 19 VO 883/2004 Rn. 4 ff.; Devetzi, Krankheit und Mutterschaft im Koordinierungssozialrecht, in: Schlachter/Heinig (Hrsg.), Europäisches Arbeits- und Sozialrecht, 2016, S. 905 f.
28 Bieback in: Fuchs, Art. 19 VO 883/2004 Rn. 26 ff.
29 Bieback in: Fuchs, Art. 20 VO 883/2004 Rn. 12 ff.; Klein in: Hauck/Noftz, EU-Sozialrecht, Art. 20 VO 883/2004 Rn. 10 ff.; Schreiber in: ders./Wunder/Dern, VO (EG) Nr. 882/2004, Art. 19 Rn. 6 ff.; Devetzi, Krankheit und Mutterschaft im Koordinierungssozialrecht, in: Schlachter/Heinig (Hrsg.), Europäisches Arbeits- und Sozialrecht, 2016, S. 906 ff.
30 Näher Marhold, Neuerungen europäischer Sozialrechtskoordinierung bei Krankheit, in: Eichenhofer (Red.), 50 Jahre nach ihrem Beginn – neue Regeln für die Koordinierung sozialer Sicherheit, 2009, S. 193, 202 f., auch zur Vorprägung der jetzigen Regelung durch die Rechtsprechung des EuGH, insbes. EuGH, Rs. C-56/01 (Inizan), Slg 2003, I-12403.
31 Spiegel, Die neue europäische Sozialrechtskoordinierung, in: Deutsche Rentenversicherung Bund (Hrsg.), Die Reform des europäischen koordinierenden Sozialrechts, 2007, S. 25, 68 f.; Marhold, Neuerungen europäischer Sozialrechtskoordinierung bei Krankheit, in: Eichenhofer (Red.), 50 Jahre nach ihrem Beginn – neue Regeln für die Koordinierung sozialer Sicherheit, 2009, S. 193, 194 und 201; Devetzi, Das Europäische koordinierende Sozialrecht auf der Basis der VO (EG) 883/2004, SDSRV 59 (2010), 117, 131.
32 EuGH, Rs. C-158/96 (Kohll), Slg 1998, I-1931; EuGH, Rs. C-120/95 (Decker), Slg 1998, I-1831; EuGH, Rs. C-157/99 (Smits und Peerbooms), Slg 2001, I-5473; EuGH, Rs. C-368/98 (Vanbraekel), Slg 2001, I-5363; EuGH, Rs. C-385/99 (Müller-Fauré), Slg 2003, I-4509; EuGH, Rs. C-372/04 (Watts), Slg 2006, I-4325; EuGH, Rs. C-444/05 (OAEE), Slg 2007, I-3185.

allgemeinen Regeln des Europarechts zu beachten haben. Zu diesen Regeln zählt der EuGH auch die passive Dienstleistungs- und Warenverkehrsfreiheit.[33] **Wenn Einwohner eines Mitgliedstaates markt-förmig gehandelte soziale Leistungen, insbes. Gesundheitsleistungen, zu denen sie nach dem Recht des Heimatstaates Zugang haben bzw. auf die sie Anspruch haben, in einem anderen Mitgliedstaat nachfragen, sind sie hierin von den Grundfreiheiten geschützt.** Beeinträchtigungen in der Ausübung der Grundfreiheiten durch das Sozialrecht der Mitgliedstaaten (zB Genehmigungserfordernisse oder der Ausschluss der Kostenerstattung) **bedürfen** deshalb einer **besonderen Rechtfertigung**. Dies gilt nach der Rechtsprechung des EuGH nicht nur in sozialen Sicherungssystemen, die auf der Basis des Kostenerstattungsprinzips arbeiten,[34] sondern auch für solche mit Sachleistungsprinzip[35] und mit nationalen Gesundheitsdiensten.[36] In diesen Systemen sind für grenzüberschreitende Gesundheitsleistungen – systemfremde – Kostenerstattungsansprüche einzuführen. Die Höhe der Erstattung kann auf die Kostenäquivalenz der Inlandsbehandlung begrenzt werden.[37]

13 Für die Einführung solcher **Genehmigungserfordernisse** im mitgliedstaatlichen Sozialrecht für Auslandsbehandlungen liegen **vielfältige Gründe** nahe: Sie sollen die finanzielle Belastung zu kontrollieren helfen, die **Funktionsfähigkeit** der mitgliedstaatlichen Sicherungssysteme schützen, die **Qualität** der Leistung absichern und der **Beplanbarkeit** der in den Mitgliedstaaten etablierten Vorsorge- und Versorgungsstrukturen dienen.[38] Der EuGH hat solche Gemeinwohlaspekte in seiner bisherigen Rechtsprechung (im Lichte der Rechtfertigung von Beschränkungen der Grundfreiheiten aus Gründen der „öffentlichen Gesundheit" [Art. 62 iVm Art. 52 AEUV] resp. „Gesundheit" [Art. 36 AEUV] sowie, soweit keine unmittelbare Diskriminierung vorliegt, durch zwingende Gründe des Allgemeininteresses) als legitime Gründe für Einschränkungen der Grundfreiheiten grundsätzlich anerkannt, die jeweiligen Genehmigungserfordernisse im konkreten Fall jedoch in der Regel für ungeeignet oder unverhältnismäßig erklärt.[39]

14 Anders bewertet der EuGH die Situation, wenn **besondere Planungserfordernisse zur Sicherung einer ausgewogenen und hochwertigen Versorgung** bestehen. Beispielhaft ist die stationäre Krankenversorgung[40] oder die Nutzung kostenintensiver Großgeräte[41] zu nennen. Hier hat der Gerichtshof mitgliedstaatliche Genehmigungserfordernisse unter strengen Voraussetzungen zugelassen. Die **Genehmigungskriterien** müssten aber **objektiven und nichtdiskriminierenden Charakter** haben. Dazu könne etwa die „medizinische Notwendigkeit" einer Auslandsbehandlung zählen.[42] Eine Genehmigung dürfe versagt werden, wenn die gleiche oder eine ebenso wirksame stationäre Behandlung im Inland rechtzeitig zur Verfügung steht. Die Rechtzeitigkeit könne nicht nach den mitgliedstaatlichen Gepflogenheiten bemessen werden, sondern nur nach individualisierten medizinischen Kriterien. Der Verweis auf vorhandene und übliche Wartezeiten in dem Mitgliedstaat reicht zur Begründung der Rechtzeitigkeit also gerade nicht.[43] Ebenso könne die Genehmigung zwar davon abhängig gemacht werden, ob die Behandlung „medizinisch üblich" ist. Auch dieses Kriterium dürfe jedoch nicht zu einer Diskriminierung ausländischer Leistungsangebote führen.[44]

15 Die vom EuGH entwickelten Grundsätze für Kostenerstattungen bei Inanspruchnahme von Leistungserbringern in anderen Mitgliedstaaten wurden nach langer Vorbereitung schließlich in einer Richtlinie

---

33 Näher Kingreen, Sozialstaatsprinzip, S. 508 ff.; Cremer/Ostermann, Grundfreiheiten und mitgliedstaatliches Sozialrecht, in: Schlachter/Heinig (Hrsg.), Europäisches Arbeits- und Sozialrecht, 2016, S. 1167 ff.
34 Dazu EuGH, Rs. C-158/96 (Kohll), Slg 1998, I-1931; EuGH, Rs. C-120/95 (Decker), Slg 1998, I-1831.
35 EuGH, Rs. C-157/99 (Smits und Peerbooms), Slg 2001, I-5473; EuGH, Rs. C-368/98 (Vanbraekel), Slg 2001, I-5363; EuGH, Rs. C-385/99 (Müller-Fauré), Slg 2003, I-4509.
36 EuGH, Rs. C-372/04 (Watts), Slg 2006, I-4325.
37 EuGH, Rs. C-372/04 (Watts), Slg 2006, I-4325 Rn. 132 ff.
38 Siehe auch Wunder, Grenzüberschreitende Krankenbehandlung im Spannungsfeld von Grundfreiheiten und vertraglicher Kompetenzverteilung, 2008, S. 163 ff.; Cremer/Ostermann, Grundfreiheiten und mitgliedstaatliches Sozialrecht, in: Schlachter/Heinig (Hrsg.), Europäisches Arbeits- und Sozialrecht, 2016, S. 1171 ff. und 1177 ff.
39 Grundlegend EuGH, Rs. C-158/96 (Kohll), Slg 1998, I-1931; EuGH, Rs. C-120/95 (Decker), Slg 1998, I-1831.
40 EuGH, Rs. C-157/99 (Smits und Peerbooms), Slg 2001, I-5473; EuGH, Rs. C-385/99 (Müller-Fauré), Slg 2003, I-4509.
41 EuGH, Rs. C-512/08 (EK/Frankreich), Slg 2010, I-8833 Rn. 34 ff.
42 EuGH, Rs. C-157/99 (Smits und Peerbooms), Slg 2001, I-5473 Rn. 99 ff.; EuGH, Rs. C-385/99 (Müller-Fauré), Slg 2003, I-4509 Rn. 86 ff.
43 EuGH, Rs. C-372/04 (Watts), Slg 2006, I-4325 mwN.
44 EuGH, Rs. C-157/99 (Smits und Peerbooms), Slg 2001, I-5473 Rn. 83 ff.

zusammengefasst und ausgestaltet.⁴⁵ Ziel der sog **Patientenrechte-Richtlinie** ist es, für größere Transparenz, Rechtssicherheit, vermehrte Patientenmobilität sowie eine verbesserte Qualitätssicherung zu sorgen. Neben Bestimmungen zur Organisation von Information (→ § 219 d Rn. 3 f.) und zur Zusammenarbeit finden sich in der Richtlinie auch Regelungen zur Kostenerstattung (Art. 7 Abs. 1 RL 2011/24/EU) und zur Vorabgenehmigung (Art. 7 Abs. 8, Art. 8 RL 2011/24/EU), die die Vorgaben des EuGH aufnehmen und weiterentwickeln. **Adressat** der RL 2011/24/EU sind die Mitgliedstaaten der EU; Art. 4, 8 ff. und 36 ff. EWR-Abkommen und Art. 29 EWR-Abkommen iVm Art. 4 VO 883/2004 führt zu einer räumlichen Wirkungserweiterung in den sonstigen EWR-Raum. Im Verhältnis zur Schweiz greift das Freizügigkeitsabkommen mit seinen konditionierten Regeln zur Ausübung der Grundfreiheiten und zum Diskriminierungsverbot, insbes. Art. 16 (→ Rn. 8).

Nach Art. 7 Abs. 1 RL 2011/24/EU hat der sog Versicherungsmitgliedstaat (legal definiert in Art. 3 lit. c unter Rückgriff auf Bestimmungen des Koordinierungssozialrechts) die Kosten einer grenzüberschreitenden Gesundheitsleistung zu erstatten, soweit die konkrete Behandlung als solche vom für Leistungen im Versicherungsmitgliedstaat maßgeblichen Anspruchskatalog erfasst wird. **In der Höhe** ist der Erstattungsanspruch **begrenzt** durch die Kosten, die bei einer inländischen Leistungserbringung entstanden wären (Art. 7 Abs. 4), soweit nicht der Mitgliedstaat eine höhere Erstattung ausdrücklich zulässt oder anordnet. Die Deckelung muss nach einem transparenten Mechanismus berechnet werden (Art. 7 Abs. 6). **Genehmigungsanforderungen** bestehen grundsätzlich nicht (Art. 7 Abs. 8). Ausnahmen sieht Art. 8 Abs. 2 vor, soweit ein besonderer Planungsbedarf besteht (stationäre Krankenhausbehandlung, hoch spezialisierte und kostenintensive Infrastruktur), besondere Gesundheitsrisiken bestehen oder der Leistungserbringer im Einzelfall keine hinreichende Gewähr für die Qualität und Sicherheit der Versorgung bietet. Wenn Versicherte um die Genehmigung einer grenzüberschreitenden Gesundheitsleistung nachsuchen, **geht im Zweifel eine Gestattung nach Art. 20 VO 883/2004** (→ Rn. 11) einer solchen nach der Patientenrechte-Richtlinie **vor** (Art. 8 Abs. 3). Die Genehmigung nach Art. 8 RL 2011/24/EU darf nur unter bestimmten Voraussetzungen verweigert werden (Art. 8 Abs. 6), ua (lit. d) weil eine hinreichende inländische Versorgung in zumutbarer zeitlicher Nähe gewährleistet ist. Art. 7 Abs. 9 und 11 begründen einen allgemein gefassten Auffangtatbestand, der als ultima ratio weitere Restriktionen zur Kostenerstattung erlaubt. Diese müssten im Sinne der EuGH-Rechtsprechung (→ Rn. 13 f.) verhältnismäßig und nicht diskriminierend sein. Artikel 9 schließlich enthält Vorgaben zum Verwaltungsverfahren bei Kostenerstattung. Die Patientenrechte-Richtlinie war bis zum 25.10.2013 umzusetzen (Art. 21 Abs. 1 RL 2011/24/EU).

IV. Gesetzesvorbehalt für Kostenerstattung (Abs. 1) und Ausübung eines Wahlrechts (Abs. 2)

Abs. 1 verbietet Kostenerstattungen ohne gesetzliche Grundlage im SGB V und SGB IX (→ Rn. 1, 5). Auch sonstige öffentlich-rechtliche Erstattungsansprüche (etwa wegen ungerechtfertigter Bereicherung oder Geschäftsführung ohne Auftrag) sind als funktionale Äquivalente ausgeschlossen.⁴⁶

Abs. 2 stellt eine gesetzliche Regelung im Sinne des Abs. 1 dar und räumt den Versicherten von Gesetzes wegen ein **Wahlrecht** ein. Dieses kann satzungsrechtlich nicht abbedungen werden. Wenn der Versicherte von diesem Recht Gebrauch macht, entfällt die primäre Sachleistungspflicht der Krankenkasse; der Versicherte hat seinen Versorgungsbedarf dann marktförmig wie jeder andere Privatpatient selbst abzudecken.

1. Vorgaben zur Ausübung und Wahrnehmung des Wahlrechts. Das Wahlrecht nach Abs. 2 wird von jedem Versicherten für sich (bzw. durch seinen gesetzlichen Vertreter) *pro futuro* (s. S. 3 und 12) ausgeübt; eine Kollektivbindung der familienversicherten Angehörigen tritt anders als bei § 14 nicht ein. Die Ausübung des Wahlrechts erfolgt in Form einer **empfangsbedürftigen Willenserklärung**. Adressat

---

45 RL 2011/24/EU vom 9.3.2011, ABl. L 88, 45; näher dazu *Wollenschläger*, Patientenmobilität in der Europäischen Union, EuR 2012, 149 ff.; *Frenz/Ehlenz*, Grenzüberschreitende Wahrnehmung von Gesundheitsdienstleistungen, MedR 2011, 629 ff.; *Tiedemann*, Die Regelungen der Patientenrechte-Richtlinie zur grenzüberschreitenden Inanspruchnahme von Gesundheitsdienstleistungen in der EU, ZFSH/SGB 2011, 462 ff.; ders., Koordinierung und Harmonisierung der grenzüberschreitenden Patientenmobilität in Europa, NZS 2011, 887 ff.; *Tiemann*, Inanspruchnahme von Leistungen in anderen Mitgliedstaaten der EU, in: Sodan, HdB KrVersR, S. 330, 350 ff.
46 BSG, 2.11.2007, B 1 Kr 14/07 R, BSGE 99, 180, Rn. 14 ff.; *Noftz* in: Hauck/Noftz, SGB V, § 13 Rn. 22; *Schifferdecker* in: KassKomm, § 13 SGB V Rn. 9; der sozialrechtliche Herstellungsanspruch ist zudem so anzuwenden, dass die besonderen Regeln der Kostenerstattung nicht unterspült werden; *Ulmer* in: Eichenhofer/Wenner, § 13 Rn. 8 f.

ist die Krankenversicherung; Abs. 2 S. 2 ist insoweit etwas unglücklich formuliert.[47] Die vormals ausdrücklich vorgesehene besondere **Beratungspflicht der Krankenkasse** wurde gestrichen; es gelten nur noch die allgemeinen Auskunftspflichten nach §§ 13 ff. SGB I.[48] Besondere **Informationsobliegenheiten** treffen nach § 13 Abs. 2 S. 3 nunmehr den Leistungserbringer. Der Schutzzweck der Norm verlangt eine detaillierte Aufklärung über Kostenrisiken.[49] Begünstigter des Abs. 2 ist nur der Versicherte, nicht der Leistungserbringer.[50] Der darf nicht zur Wahl der Kostenerstattung drängen.[51] Verletzungen der Aufklärungspflicht begründen Schadensersatzansprüche, führen aber nicht zur Nichtigkeit einer Honorarvereinbarung.[52] Die Wahl der Kostenerstattung bindet den Versicherten mindestens vier Monate (Abs. 2 S. 12). Die Kostenerstattung kann auf die in Abs. 2 S. 4 genannten Teilbereiche beschränkt werden; weitere Vorbehalte und Einschränkungen (etwa auf bestimmte ambulante Leistungen) sind unzulässig.[53]

20 2. **Leistungsumfang bei Kostenerstattung.** Die Kostenerstattung tritt gemäß Abs. 2 S. 1 an die Stelle der Sach- und Dienstleistungen. Die **Substitutionsfunktion** hat Auswirkungen auf die Leistungserbringung und die Höhe der Erstattungen. Der nach dem SGB V und den einschlägigen untergesetzlichen Normen geschuldete **Leistungsumfang** bleibt unberührt. Der Leistungskatalog der gesetzlichen Krankenversicherung wird durch die Ausübung des Wahlrechts weder erweitert noch verkürzt.[54] Folgerichtig sind Versicherte grundsätzlich auf die nach dem vierten Kapitel des SGB V zugelassenen **Leistungserbringer** verwiesen. Abs. 2 S. 5 erlaubt allerdings Abweichungen nach vorheriger Zustimmung. Ihre Erteilung liegt im Ermessen der Krankenkasse. Ermessensleitende Kriterien nennt Abs. 2 S. 6. Der Gesetzgeber dachte insbesondere an Fälle, in denen eine nach den Umständen erforderliche und ortsnahe Versorgung sonst nicht gewährleistet ist.[55] Ohne Gleichwertigkeit der Versorgung darf keine Zustimmung erfolgen. Ärzte, die kollektiv auf ihre Zulassung verzichtet haben (s. § 95 b), bleiben als Leistungserbringer im Rahmen der Kostenerstattung nach Abs. 2 per se ausgeschlossen (Abs. 2 S. 7).

21 3. **Vorgaben zur Höhe der Erstattung.** Die Ersatzfunktion der Kostenerstattung schlägt auch auf ihre Höhe durch. Diese ist begrenzt auf die Kosten, die der Krankenkasse bei Erbringung einer Sachleistung entstanden wäre (Abs. 2 S. 8). Damit sind sonst fällige **Zuzahlungen** in Ansatz zu bringen. Vor allem aber wirkt sich die **Budgetierung** nach § 87 b Abs. 2 aus. Der Leistungserbringer rechnet sein Honorar aus dem Behandlungsvertrag gegenüber dem Versicherten (der hier als Privatpatient agiert) nach der GOÄ/GOZ ab, die Kostenerstattung erfolgt hingegen wegen Abs. 2 S. 8 auf der Grundlage des einheitlichen Bewertungsmaßstabes (§ 87).[56] Dies führt ggf. zu erheblichen Deckungslücken bei den Versicherten, die von der Option des Abs. 2 Gebrauch machen. Für Arzneimittel sind zudem wegen der Deckelung auf die Kosten einer Sachleistung **Apotheken- bzw. Herstellerrabatte** abzuziehen.[57] Die „Kostenerstattung" nach Abs. 2 führt für den Versicherten somit wirtschaftlich zu einer bloßen Teilkostenerstattung.[58] Regelungen **zum Verfahren** (Form, Frist, Nachweise) und zu weiteren Abzügen wegen **Verwaltungskostenpauschalen** treffen die Krankenkassen in ihren Satzungen (Abs. 2 S. 9 und 10).

22 Bestimmungen zur **Sonderform einer Kostenerstattung im Einzelfall für Arzneimittel** nach § 129 Abs. 1 S. 5 (→ § 129 Rn. 10) sind teils in § 13, teils in § 129 enthalten – ein Beispiel für misslungene Geset-

---

47 Noftz in: Hauck/Noftz, SGB V, § 13 Rn. 31; Helbig in: jurisPK-SGB V, § 13 Rn. 27; Waltermann in: Knickrehm/Kreikebohm/Waltermann, § 13 SGB V Rn. 2; aA Kingreen in: Becker/Kingreen, § 13 Rn. 8: auch der Leistungserbringer kann Adressat sein.
48 Im Schrifttum wird die Entscheidung des Gesetzgebers teils interpretatorisch konterkariert; s. Hauck in: Sodan, HdB KrVersR, S. 208, 234.
49 Noftz in: Hauck/Noftz, SGB V, § 13 Rn. 33 b; Ulmer in: Eichenhofer/Wenner, SGB V, § 13 Rn. 14 f.
50 Schifferdecker in: KassKomm, § 13 SGB V Rn. 4; Wagner in: Krauskopf, § 13 SGB V Rn. 12.
51 BT-Dr. 16/3100, 97: „Es ist kein Wahlrecht des Arztes, sondern der Versicherten."
52 Noftz in: Hauck/Noftz, SGB V, § 13 Rn. 33 b; aA Ulmer in: Eichenhofer/Wenner, § 13 Rn. 17: umfassende Aufklärung ist Voraussetzung für eine wirksame Ausübung des Wahlrechts.
53 Schifferdecker in: KassKomm, § 13 SGB V Rn. 23 f.
54 BSG, 8.9.2009, B 1 KR 1/09 R, BSGE 104, 160, Rn. 12; Joussen in: BeckOK SozR, SGB V, § 13 Rn. 9; GKV-Komm/Zipperer, § 13 SGB V Rn. 21 f.; Schifferdecker in: KassKomm, § 13 SGB V Rn. 18, 32; Kingreen in: Becker/Kingreen, § 13 Rn. 12.
55 BT-Dr. 15/1525, 80.
56 Noftz in: Hauck/Noftz, SGB V, § 13 Rn. 40; Waltermann in: Knickrehm/Kreikebohm/Waltermann, § 13 SGB V Rn. 2; die Kostenerstattung wird von der Gesamtvergütung abgezogen bzw. ist Teil dieser; GKV-Komm/Zipperer, § 13 SGB V Rn. 51.
57 BSG, 8.9.2009, B 1 KR 1/09 R, BSGE 104, 160, Rn. 22 ff.
58 Trenk-Hinterberger in: Spickhoff, Medizinrecht, § 13 SGB V Rn. 5.

zestechnik. § 13 Abs. 2 S. 11 sieht ausdrücklich vor, dass als Kompensation für entgangene Rabatte Abschläge vorzunehmen sind (bei der Ausübung des Wahlrechts nach Abs. 2 ergibt sich das bereits aus S. 8, → Rn. 21). Die Abschläge werden in der Regel pauschaliert und als Mindest- und Höchstbeträge in der Satzung ausgewiesen.

V. Kostenerstattung bei Systemversagen (Abs. 3)

Abs. 3 S. 1 trifft Vorkehrungen zur Kostenerstattung, wenn das Sachleistungssystem versagt. Anders als in Abs. 2 geht es in Abs. 3 um Kostenerstattungsfälle, die der Versicherte eigentlich vermeiden will. Das Gesetz nennt zwei Unterfälle für ein solches **Systemversagen**: Die Krankenkassen können die geschuldete Leistung unter Verstoß ihres Sicherstellungsauftrags nicht rechtzeitig erbringen (Alt. 1) oder lehnen sie zu Unrecht ab (Abs. 2). Für beide Konstellationen ermöglicht Abs. 3 eine Kostenerstattung. Die Norm stellt mit ihren besonderen Tatbestandsvoraussetzungen, der gleichsam vom Versicherten erzwungenen, unfreiwilligen Vorleistung, keine prinzipienwidrige Ausnahme vom Grundsatz der Sach- und Dienstleistung (→ § 2 Rn. 20) dar, sondern bestätigt diesen gerade als Regelfall der Leistungserbringung. Dogmatisch wird Abs. 3 S. 1 als verschuldensunabhängiger Schadensersatzanspruch aus Garantiehaftung begriffen,[59] der gegenüber dem sozialrechtlichen Herstellungsanspruch eine **lex specialis** darstellt.[60] Die Voraussetzungen der Kostenerstattung bei Systemversagen sind in Abs. 3 abschließend gesetzlich geregelt – und deshalb extensiv zu verstehen (→ Rn. 29); auch ein Rückgriff auf die Geschäftsführung ohne Auftrag oder die Grundsätze ungerechtfertigter Bereicherung scheidet aus. Die Kostenerstattung bei Leistungen zur medizinischen Rehabilitation bestimmt sich nach § 15 (ab 1.1.2018 § 18) SGB IX (s. § 13 Abs. 3 S. 2).[61]

Voraussetzung der Kostenerstattung nach Abs. 3 S. 1 sind (1.) das Bestehen eines Primäranspruchs auf Leistung, (2.) die Nichtleistung der Krankenkasse aus den gesetzlich genannten Gründen (nicht rechtzeitig oder rechtswidrige Ablehnung), (3.) die Selbstbeschaffung der Leistung, (4.) eine Kostenlast beim Versicherten (= Schaden) und Kausalität zwischen Nichtleistung, Selbstbeschaffung und Kosten.

1. Bestehen eines Primärleistungsanspruchs. Abs. 3 S. 1 setzt zunächst wie Abs. 2 einen **Leistungsanspruch** gemäß dem Leistungskatalog für die gesetzliche Krankenversicherung voraus. Die Kostenerstattung verändert nicht den Umfang der Leistungen, sondern nur ihre Abwicklung. Sie bildet das Substitut der eigentlich geschuldeten Leistung,[62] die sich der Versicherte infolge der Nichtleistung auf dem Gesundheitsmarkt selbst besorgen musste. Die Aufwendungen hierfür kann er gegenüber der Krankenkasse geltend machen. Der Umfang der von der Krankenkasse geschuldeten Primärleistung bestimmt sich nach den Vorschriften des 3. und 4. Kapitels des SGB V und der auf dessen Grundlagen ergangenen untergesetzlichen Normen (Richtlinien des Gemeinsamen Bundesausschusses). In jedem Einzelfall haben die Sach- und Dienstleistungen ausreichend, zweckmäßig und wirtschaftlich zu sein (§ 12 Abs. 1). Optimale Leistungen schuldet die gesetzliche Krankenversicherung dagegen nicht.

In der Praxis spielt die Kostenerstattung nach § 13 Abs. 3 S. 1 in der Regel eine Rolle, wo umstritten ist, ob überhaupt eine Leistungspflicht der Krankenkasse besteht. Zuweilen ist das Bestehen eines Versicherungsverhältnisses strittig, zumeist der geschuldete Leistungsumfang, insbes. bei neuen Untersuchungs- und Behandlungsmethoden. Die damit verbundenen Rechtsfragen gehören nicht zum Kostenerstattungsrecht im eigentlichen Sinne,[63] da Abs. 3 S. 1 gerade einen Anspruch auf eine entsprechende Sach- und Dienstleistung voraussetzt.

Zum Umgang mit solchen **Grenzfällen** haben sich verschiedene Fallgruppen herausgebildet, für die auch unterschiedliche Bestimmungen einschlägig sind. Neue Untersuchungs- und Behandlungsmethoden in der **vertragsärztlichen Versorgung** bedürfen grundsätzlich eines positiven Votums durch den Gemeinsamen Bundesausschuss (§§ 92 Abs. 1 S. 2 Nr. 5, 135 Abs. 1 S. 1). Es gilt ein präventives Verbot mit Erlaubnisvorbehalt.[64] Im Rahmen der **Krankenhausbehandlung** greift dagegen die grundsätzliche

---

59 BSG, 16.12.1993, 4 RK 5/92, BSGE 73, 271, Rn. 21; Ulmer in: Eichenhofer/Wenner, § 13 Rn. 23; Noftz in: Hauck/Noftz, SGB V, § 13 Rn. 43; Schuler in: LPK-SGB V, § 13 Rn. 13; GKV-Komm/Zipperer, § 13 SGB V Rn. 57.
60 BSG,16.12.1993, 4 RK 5/92, BSGE 73, 271, Rn. 16; BSG, 4.4.2006, B 1 KR 5/05 R, BSGE 96, 161, Rn. 19 ff.; Kingreen in: Becker/Kingreen, § 13 Rn. 18; Noftz in: Hauck/Noftz, SGB V, § 13 Rn. 48.
61 Näher dazu Schifferdecker in: KassKomm, § 13 SGB V Rn. 104 ff.; Wagner in: Krauskopf, § 13 SGB V Rn. 36.
62 BSG, 7.11.2006, B 1 KR 24/06 R, BSGE 97, 190, Rn. 11; BSG, 3.7.2012, B 1 KR 6/11 R, BSGE 111, 137, Rn. 15; Kingreen in: Becker/Kingreen, § 13 Rn. 22; Ulmer in: Eichenhofer/Wenner, § 13 Rn. 24 f.
63 Noftz in: Hauck/Noftz, SGB V, § 13 Rn. 45.
64 Hauck, Medizinischer Fortschritt im Dreieck IQWiG, GBA und Fachgesellschaften, NZS 2007, 461, 462 ff.

Erlaubnis mit Verbotsvorbehalt. Neue Untersuchungs- und Behandlungsmethoden sind nach Maßgabe des Wirtschaftlichkeitsgebotes zugelassen, solange der Gemeinsame Bundesausschuss kein Negativvotum ausspricht (→ § 137c Rn. 4 ff.). **Fertigarzneimittel** schließlich können nur im Rahmen ihrer arzneimittelrechtlichen Zulassung verordnet werden. Auf allen drei Feldern gibt es jedoch Ausnahmen. Geradezu der klassische Fall des Systemversagens liegt vor, wenn der **Gemeinsame Bundesausschuss rechtswidrig untätig bleibt**, also ein Bewertungsverfahren nach §§ 91 f., 135 nicht, nicht rechtzeitig oder nicht ordnungsgemäß durchführt und so eine den Qualitätsstandards nach § 2 Abs. 1 S. 3 entsprechende Versorgung der Versicherten gefährdet.[65] Bei Arzneimitteln kommt unter bestimmten Umständen ein **Off-Label-Use** in Betracht (→ § 35c Rn. 1 ff.).[66] *Praeter legem* hat die Rechtsprechung den Krankenkassen zudem Leistungspflichten bei Krankheiten auferlegt, die so selten sind, dass sie nicht systematisch erforscht werden können.[67] Das Bundesverfassungsgericht schließlich sieht eine „grundrechtsorientierte" Ausweitung der Leistungspflicht für geboten an, wenn eine lebensbedrohende oder regelmäßig tödlich verlaufende Krankheit vorliegt, für die keine allgemein anerkannte, dem medizinischen Standard entsprechende Behandlung zur Verfügung steht und bei der eine neue ärztlich angewandte Methode eine nicht ganz fern liegende Aussicht auf Heilung oder wenigstens spürbare Besserung des Krankheitsverlaufs bietet.[68] Das Bundessozialgericht hat diesen Ansatz auf wertungsmäßig vergleichbare Erkrankungen erweitert.[69] Mit § 2 Abs. 1a stellt nun auch der Gesetzgeber klar, dass in diesen Fällen Sach- und Dienstleistungen im Rahmen der gesetzlichen Krankenversicherung zu erbringen sind.

28 **2. Unaufschiebbare, aber nicht rechtzeitige Leistung (Alt. 1) oder rechtswidrige Leistungsverweigerung (Alt. 2).** Kostenerstattung nach Abs. 3 S. 1 kommt nur bei vorhergehender Nichtleistung aus den zwei gesetzlich genannten Gründen in Betracht. Alternative 1 setzt voraus, dass eine unaufschiebbare Leistung nicht rechtzeitig erbracht werden konnte. Sie kommt praktisch nur selten zur Anwendung.[70] Entscheidend für die die besondere **Dringlichkeit** beschreibenden Merkmale der „Unaufschiebbarkeit" und „Rechtzeitigkeit" sind objektive medizinische Kriterien. Der Versicherte hat sich bei der Krankenkasse um die erforderliche Leistung zu bemühen, soweit ihm dies angesichts des Krankheitszustandes noch möglich und zumutbar ist.[71] Die wichtigste Konstellation für eine unaufschiebbare Leistung, die Versorgung im Notfall, ist jedoch von der Kostenerstattung nach Abs. 3 ausgenommen, weil im **Notfall** gemäß § 76 Abs. 1 S. 2 auch nicht zugelassene Ärzte Sachleistungen erbringen, deren Vergütung aus dem Gesamtrahmen für vertragsärztliche Leistungen erfolgt.[72] Dem Versicherten entstehen gar keine Kosten, die zu erstatten wären (→ Rn. 31).

29 Rechtstatsächlich relevanter ist die Kostenerstattung nach Abs. 3 S. 1 Alt. 2. Sie setzt voraus, dass eine Leistung zu Unrecht, also trotz Vorliegens eines Primärleistungsanspruchs (→ Rn. 25 ff.) abgelehnt wurde. Ablehnung setzt eine **vorhergehende Antragstellung** voraus. Selbst in Grenzfällen (→ Rn. 27), in denen der Versicherte realistischer Weise davon ausgehen muss, dass sein Leistungsbegehren (rechtswidrig) abgelehnt wird, kann eine Kostenerstattung nach Abs. 3 S. 1 Alt. 2 nur erfolgen, soweit vorher erfolglos sein Leistungsbegehren gegenüber der Krankenkasse geltend gemacht wurde.[73] Da Abs. 3 S. 1 eine abschließende Regelung darstellt, sind auch Beratungsfehler erfasst, die zur Selbstbeschaffung führen.[74]

---

65 BSG, 16.9.1997, 1 RK 28/95, BSGE 81, 54, Rn. 35; BSG, 3.4.2001, B 1 KR 22/00 R, BSGE 88, 51, Rn. 25; BSG, 22.3.2205, B 1 A 1/03 R, BSGE 94, 221, Rn. 38, 42.
66 BSG, 19.3.2002, B 1 KR 37/00 R, BSGE 89, 184, Rn. 16 ff.
67 BSG, 9.10.2004, B 1 KR 27/02 R, BSGE 93, 236, Rn. 28 f.; Hauck, Medizinischer Fortschritt im Dreieck IQWiG, GBA und Fachgesellschaften, NZS 2007, 461, 464.
68 BVerfGE 115, 25, 49 ff.; kritisch dazu etwa Heinig, Hüter der Wohltaten, NVwZ 2006, 771 ff.; ders. Der Sozialstaat im Dienst der Freiheit, 2008, S. 421 ff.
69 BSGE 96, 153 ff.
70 Beispiele bei Noftz in: Hauck/Noftz, SGB V, § 13 Rn. 42, der aber das Systemversagen im Gemeinsamen Bundesausschuss als Fall des § 13 Abs. 3 S. 1 Alt. 1 behandelt.
71 BSG SGb 2007, 363, 364; BSG NZS 2001, 319, 321; Kingreen in: Becker/Kingreen, § 13 Rn. 24; Helbig in: jurisPK-SGB V, § 13 Rn. 43.
72 BSGE 71, 117, 118 f.; 86, 66, 69 ff.; Helbig in: jurisPK-SGB V, § 13 Rn. 42; Noftz in: Hauck/Noftz, SGB V, § 13 Rn. 47; Waltermann in: Knickrehm/Kreikebohm/Waltermann, § 13 SGB V Rn. 6.
73 Ulmer in: Eichenhofer/Wenner, § 13 Rn. 31 ff.
74 BSG, 2.11.2007, B 1 Kr 14/07 R, BSGE 99, 180, Rn. 14 ff.; Kingreen in: Becker/Kingreen, § 13 Rn. 18, 26; Noftz in: Hauck/Noftz, SGB V, § 13 Rn. 52 und 48; anders BSGE 89, 50, 54 f. (sozialrechtlicher Herstellungsanspruch, wenn keine förmliche Leistungsablehnung vorliegt).

3. Selbstbeschaffung infolge der Nichtleistung. Der Versicherte muss sich die eigentlich geschuldete Sachleistung **auf eigene Kosten** selbst verschafft haben. Soweit zumutbar (→ Rn. 28), sind nach dem 4. Kapitel zugelassene Leistungserbringer zu bemühen.[75] Der **Arztvorbehalt** nach § 15 greift auch bei Kostenerstattung nach Abs. 3 S. 1.[76] Zwischen Nichtleistung und Selbstbeschaffung muss zudem ein **Kausalzusammenhang** bestehen, ergo muss die Selbstbeschaffung bei rechtswidriger Leistungsverweigerung (Alt. 2) der Ablehnung zeitlich nachfolgen. Bei komplexen Leistungen kann eine erste Teilleistung vor diesem Zeitpunkt die Kausalität insgesamt entfallen lassen.[77]

4. Kostenlast. Kostenerstattung nach Abs. 3 S. 1 setzt voraus, dass der Versicherte für die Selbstbeschaffung auch tatsächlich Aufwendungen zu tragen hat, mithin eine **wirksame und fällige Zahlungsverpflichtung** gegenüber dem Leistungserbringer besteht.[78] Daran fehlt es etwa bei Notfällen (§ 76 Abs. 1 S. 2; → Rn. 28). Honorarvereinbarungen können zudem **unwirksam** sein, wenn sie darauf ausgerichtet sind, Unsicherheiten über den geschuldeten Umfang der Leistungserbringung auf den Versicherten abzuwälzen (s. § 32 SGB I), wenn die Zahlungspflicht unter der Bedingung steht, dass die Krankenkasse sachleistungspflichtig gewesen wäre, wenn die Abrechnung gegenüber dem Versicherten nicht ordnungsgemäß nach der Gebührenordnung der Ärzte erfolgt oder wenn der Leistungserbringer seine medizinische Risiken wie wirtschaftliche Aspekte umfassende Aufklärungspflichten verletzt hat.[79]

5. Rechtsfolge: Kostenerstattung. Anders als der Anspruch nach Abs. 2 wird die Kostenerstattung nach Abs. 3 S. 1 nicht durch die der Krankenkasse bei ordnungsgemäßer Sachleistung entstandenen Kosten gedeckelt. Die im Sinne des § 12 erforderlichen Aufwendungen für die die Sachleistung substituierende Leistung sind voll zu erstatten; privatärztliche Leistungen werden also nach der GOÄ abgerechnet. Lediglich **Zuzahlungen** sind in Abschlag zu bringen, da der Versicherte durch die Erstattung auch nicht besser gestellt werden soll.[80] Je nach Konstellation kann der Versicherte auch **Freistellung** von einem fälligen Zahlungsanspruch verlangen.[81]

VI. Kostenerstattung bei Verzögerung der Genehmigung (Abs. 3 a)

Der neu eingeführte Abs. 3 a „bezweckt die **Beschleunigung der Bewilligungsverfahren der Krankenkassen** durch die Bestimmung konkreter Fristen für die Leistungsentscheidungen."[82] Die Norm konkretisiert die allgemeine Verpflichtung aus § 17 Abs. 1 Nr. 1 SGB I, Leistungen zügig zu erbringen. Die **gesetzlichen Fristen divergieren** je nachdem, ob die Krankenkasse ohne Weiteres entscheiden kann (S. 1 Alt. 1) oder gutachterliche Stellungnahmen, etwa seitens des Medizinischen Dienst, einholt (S. 1 Alt. 2) oder einen Gutachter nach dem Bundesmantelvertrag für Zahnärzte einschaltet (S. 4). Abs. 3 a S. 7 sieht nach Fristablauf eine Kostenerstattung vor, soweit nicht gute Gründe (zB mangelnde Mitwirkung des Versicherten, Obergutachten) für die Verzögerung mitgeteilt werden.[83] Die Kostenerstattung soll gleichsam die verzögerte Antragsbearbeitung „sanktionieren".[84] Doch wie weit der Sanktionscharakter trägt, ist umstritten. Entscheidend ist letztlich, wie weit die Reichweite der gesetzliche Genehmigungsfiktion nach Abs. 3 a S. 6 greift.

Teilweise wird angenommen, die Norm wirke so, dass der Umfang der von den Krankenkassen geschuldeten Leistungen über den für Sachleistungen geltenden gesetzlichen Rahmen hinaus erweitert wird. Die Genehmigungsfiktion nach Abs. 3 a beschränke sich nicht auf die Durchbrechung des Sachleistungsgrundsatzes, sondern fingiere eine die Krankenkasse bindende Genehmigung auch, wenn ge-

---

[75] Trenk-Hinterberger in: Spickhoff, Medizinrecht, § 13 SGB V Rn. 10; Noftz in: Hauck/Noftz, SGB V, § 13 Rn. 44.
[76] BSG, 19.11.1996, 1 RK 15/96, BSGE, 79, 257, Rn. 16; Helbig in: jurisPK-SGB V, § 13 Rn. 38.
[77] Ulmer in: Eichenhofer/Wenner, § 13 Rn. 34; Helbig in: jurisPK-SGB V, § 13 Rn. 52; Noftz in: Hauck/Noftz, SGB V, § 13 Rn. 54.
[78] BSGE 80, 181, 182; Differenzierungen bei Ulmer, Kostenerstattung nach Rechnung gemäß § 13 SGB V, NZS 2010, 541, 542 ff.
[79] Schifferdecker in: KassKomm, § 13 SGB V Rn. 92 ff. mit Nachw. zur Rspr.
[80] Trenk-Hinterberger in: Spickhoff, Medizinrecht, § 13 SGB V Rn. 11; Noftz in: Hauck/Noftz, SGB V, § 13 Rn. 57a; GKV-Komm/Zipperer, § 13 SGB V Rn. 75; Wagner in: Krauskopf, § 13 SGB V Rn. 34.
[81] Ulmer in: Eichenhofer/Wenner, § 13 Rn. 48.
[82] BT-Dr. 17/11710, 29.
[83] In dem Fall verlängert sich die Frist um einen angemessenen Zeitraum.
[84] Kamps, Anwendung des § 13 Abs. 3a SGB V in der Hilfsmittelversorgung der GKV, RDG 2013, 252 f.; Schuler in: LPK-SGB V, § 13 Rn. 19; Noftz in: Hauck/Noftz, SGB V, § 13 Rn. 58 k.

setzliche Leistungsvoraussetzungen nicht vorliegen.[85] Laut BSG muss die beantragte Leistung immerhin fiktionsfähig sein.[86] Das Wirtschaftlichkeitsgebot greife aber nicht.[87] Andere Stimmen sehen eine vollständige Entgrenzung vor, so dass, überspitzt formuliert, auch Wunderheilungen und Zaubertinkturen über § 13 Abs. 3a in den Leistungskatalog der Krankenkasse erwachsen können. Der Versicherte müsse auch nicht in Vorleistung gehen, sondern könne statt Kostenerstattung einen Anspruch auf Freistellung gegenüber der Krankenkasse geltend machen.[88] Teilweise wird noch weitergehend betont, dass die Genehmigungsfiktion mangels VA-Qualität auch nicht nach § 45 SGB X zurückgenommen werden könne.[89] Die Fristen des Abs. 3a seien zudem auch für Widerspruchsverfahren beachtlich.[90] Diese extensive Lesart wird der Intention des Gesetzgebers und der Systematik der Norm nicht gerecht.[91] Der **Umfang der Kostenerstattung** bestimmt sich nach den gleichen Kriterien wie bei Abs. 3 (→ Rn. 29).[92] Eine Kostenerstattung erfolgt nur für Leistungen, die eigentlich als Sach- oder Dienstleistung von der Krankenkasse zu tragen wären. Im Wortlaut der Norm wird dieses Auslegungsergebnis indiziert durch die Worte „Leistungsberechtigter" und „erforderliche" Leistung" in Abs. 3a S. 7.[93] Das Wirtschaftlichkeitsgebot nach § 12 findet Anwendung.[94] Eigenanteile und Zuzahlungen sind abzuziehen. Nur so verstanden fügt sich Abs. 3 in die Systemlogik des gesamten § 13. Der Fristablauf ohne Bescheid führt zur Befugnis des Versicherten, sich von der Krankenkasse geschuldete Leistungen selbst zu beschaffen und sich die dafür entstandenen Kosten erstatten zu lassen. Abs. 3a zielt wie die anderen Abs. des § 13 auf eine Durchbrechung des Sachleistungsprinzips. Ein erweitertes Verständnis der Genehmigungsfiktion hingegen führte zu einer Leistungspflicht, die die Kostenerstattung obsolet macht. Folgt man den Materialien, wollte der Gesetzgeber aber gerade neben Abs. 3 S. 1 einen weiteren Tatbestand der Selbstbeschaffung bei Kostenersatz einführen. S. 6 wurde aufgrund der Beschlussempfehlungen des Gesundheitsausschusses eingefügt und sollte nur eine abermalige Fristsetzung seitens des Versicherten entbehrlich machen.[95] Die **Bestimmung ist** schlicht **missglückt**.[96] Sie eröffnet zudem mannigfache Umgehungsmöglichkeiten zulasten der Versicherten.[97]

VII. Kostenerstattung bei Inanspruchnahme von Leistungserbringern im europäischen Ausland (Abs. 4 bis 6)

35 Abs. 4 bis 6 fügen sich in den skizzierten europarechtlichen Rahmen (→ Rn. 7 ff., insbes. 12 ff.) ein und gehen teilweise über diesen hinaus. Punktuell erscheint eine richtlinienkonforme Interpretation geboten (→ Rn. 37 f.). Abs. 4 bis 6 bilden nur ein **Teilregime** im für grenzüberschreitende Leistungen maßgeblichen Sozialrecht. Das **Koordinierungssozialrecht** (→ Rn. 8 ff.) findet daneben Anwendung. Zudem ermöglicht § 140e eine Sachleistung nach dem SGB V durch Leistungserbringer in anderen europäischen Staaten (→ § 140e Rn. 2 ff.).

36 Abs. 4 bietet die nach Abs. 1 geforderte **gesetzliche Grundlage** für eine **Kostenerstattung**, wenn Gesundheitsleistungen im europäischen Ausland in Anspruch genommen werden. **Personell** sind alle nach den §§ 5 ff. Versicherten unabhängig von ihrem Versichertenstatus und ohne Rücksicht auf ihre Staats-

---

85 Krüger, NZS 2016, 512; Noftz in: Hauck/Noftz, SGB V, § 13 Rn. 58 l: die Genehmigungsfiktion erstrecke sich zwar nicht unmittelbar auf die materielle Rechtmäßigkeit. Die Krankenkassen seien in der Folge des fingierten Verfahrensaktes aber mit allen materiellen Einwendungen ausgeschlossen. Ebenso LSG NRW, 23.5.2014, L 5 KR 222/14 B ER; LSG Saarl, 17.6.2015, L 2 KR 180/14.
86 BSG, 8.3.2016, 1 KR 25/15 R Rn. 25 (entscheidend sei subjektiv, ob der Antragsteller die Leistung für erforderlich halten durfte, und objektiv, ob diese nicht offensichtlich außerhalb des Leistungskatalogs der Gesetzlichen Krankenversicherung liegt).
87 Ebenso positiv auf den BSG Bezug nehmend Schifferdecker in: KassKomm, § 13 SGB V Rn. 139a.
88 Werner, SGb 2015, 324; BSG, 8.3.2016, B 1 KR 25/15 R Rn. 25; dezidiert anders BayLSG, 7.9.2016, L 20 KR 597/15.
89 SG Dessau-Roßlau, 18.12.2013, S 21 KR 282/13.
90 Vogl, NZS 2014, 210 f.
91 Knispel, SGb 2014, 375 f.; von Koppenfels-Spies, NZS 2016, 601 ff.; Helbig in: juris-PK-SGB V, § 13 Rn. 68 ff.
92 BT-Dr. 17/10488, 32.
93 Rieker, NZS 2015, 297; Ulmer in: Eichenhofer/Wenner, § 13 Rn. 71.
94 Preis/Schneider, NZS 2013, 281, 287; Hahn, SGb 2015, 148 f.; ebenso LSG NRW 26.5.2014, L 16 KR 154 und 155/14 B ER.
95 BT-Dr. 17/11710, 30.
96 Noftz in: Hauck/Noftz, SGB V, § 13 Rn. 58;.
97 Dazu Wenner, Patientenrechte in Krankenversicherungsrecht, SGb 2013, 162, 165.

angehörigkeit von Abs. 4 erfasst.⁹⁸ Eine Ausnahme sieht Abs. 1 S. 1 Hs. 2 für sog Residenten vor, bei denen eine Pauschalerstattung nach Art. 63, 64 iVm Anhang 3 VO (EG) Nr. 987/2009 iVm Art. 35 Abs. 2 und Art. 89 VO (EG) Nr. 883/2004 bzw. ein Erstattungsverzicht auf Grundlage von Art. 25 Abs. 3 VO 883/2004 greift.⁹⁹ Zweck der Ausnahme von der Kostenerstattung nach § 13 Abs. 4 ist es, Doppelbelastungen der Krankenkassen zu vermeiden. Sie sieht sich primärrechtlichen Bedenken ausgesetzt.¹⁰⁰ Die räumliche Bestimmung für die Leistungserbringung (EU-Ausland, EWR, Schweiz) folgt dem Koordinierungssozialrecht und der Patientenrechte-Richtlinie (→ Rn. 8, 15).¹⁰¹ Der **Kreis der tauglichen Leistungserbringer** wird durch das Prinzip wechselseitiger Anerkennung bestimmt. Abs. 4 S. 2 verweist auf das einschlägige Sekundärrecht,¹⁰² lässt daneben aber auch die bloße Zulassung zur Versorgung Versicherter in den mitgliedstaatlichen Krankenversicherungssystemen genügen. Der Leistungserbringer muss also nicht zwingend in das Sachleistungssystem eines anderen Mitgliedstaates eingegliedert sein.¹⁰³

Der Kostenerstattungsanspruch nach Abs. 4 tritt, wie der nach Abs. 2, Abs. 3 und Abs. 3 a, an die Stelle des Sachleistungsanspruchs. Wiederum muss zunächst ein Primärleistungsanspruch bestehen (→ Rn. 20, 25 ff., 34).¹⁰⁴ Aufgrund dieser **Substitutsfunktion** greifen auch bei der Kostenerstattung nach Abs. 4 die **diskriminierungsfreien Begrenzungen und Bedingungen** für Sachleistungen nach dem SGB V (insbes. §§ 2, 12, 15).¹⁰⁵ Weitergehende Genehmigungserfordernisse gerade wegen der grenzübergreifende Leistungserbringung bestehen vorbehaltlich der Regelung in Abs. 5 nicht (sa Art. 7 Abs. 8 RL 2011/24/EU). Der Kostenerstattungsanspruch ist als Sachleistungsersatz grundsätzlich auf die **Höhe der Kosten einer Sachleistung im Inland begrenzt**, § 13 Abs. 4 S. 3 (s. auch Art. 7 Abs. 4 RL 2011/24/EU; → Rn. 16). Er reicht aber auch nicht weiter als die tatsächlichen Kosten.¹⁰⁶ Das genaue Kostenäquivalent für eine inländische Sachleistung (als Erstattungsgrenze) zu bestimmen bereitet wie bei der Kostenerstattung nach Abs. 2 auch im Rahmen des Abs. 4 gewisse Schwierigkeiten (→ Rn. 21). Zu beachten ist zudem, dass im Falle der Sachleistungsaushilfe nach den Vorschriften des Koordinierungssozialrechts (→ Rn. 10 f.) dem Versicherten keine Kosten entstehen, so dass auch keine Kostenerstattung greifen kann. Soweit eine dem allgemein anerkannten Stand der medizinischen Erkenntnisse entsprechende Behandlung nur im europäischen Ausland zur Verfügung steht (Unterfall des Systemversagens; → Rn. 23, 28), kommt im Übrigen eine **vollständige Kostenerstattung** in Betracht. Das Ermessen der Krankenkasse nach Abs. 4 S. 6 wird dann durch die allgemeine Muss-Vorschrift bei Systemversagen in Abs. 3 reduziert; insoweit schließt der primärrechtliche Anspruch auf Gleichstellung mit der Situation einer inländischen Leistungsbeziehung Ermessen aus.¹⁰⁷ Wegen des grundfreiheitlichen Gleichbehandlungsanspruchs, dessen Ausdruck Abs. 4 ist, erscheint die im Schrifttum übliche, vom Wortlaut ausgehende Parallelisierung von Abs. 4 S. 6 zu § 18 Abs. 1 S. 1 hinsichtlich der Rechtsfolgen verfehlt.¹⁰⁸ Neben den Behandlungskosten können **weitergehende** (iSv über § 13 Abs. 4 S. 3 hinausgehende) **Kosten** wie etwa Reisekosten für erforderliche Begleitpersonen treten. Sie können nach § 13 Abs. 6 iVm § 18 Abs. 2 übernommen werden.¹⁰⁹ § 13 Abs. 6 fungiert insoweit als Rechtsfolgenverweis.¹¹⁰ Das **Verfahren der Kostenerstattung** wird durch Satzungsrecht der Krankenkassen geregelt;

---

98 Schifferdecker in: KassKomm, § 13 SGB V Rn. 114.
99 Näher BSG, 30.6.2009, B 1 KR 22/08 R, BSGE 104, 1, Rn. 30; Noftz in: Hauck/Noftz, SGB V, § 13 Rn. 66 f.; Schifferdecker in: KassKomm, § 13 SGB V Rn. 170; Wagner in: Krauskopf, § 13 SGB V Rn. 49.
100 Schuler in: LPK-SGB V, § 13 Rn. 30 f.
101 Ulmer in: Eichenhofer/Wenner, § 13 Rn. 88 ff., 91.
102 Siehe insbes. RL 2005/36/EG vom 7.9.2005, ABl. L 255, 22 über die Anerkennung von Berufsqualifikationen (hier einschlägig: Heilberufe); vorher etwa RL 93/16/EWG vom 5.4.1993, ABl. L 165, 1 zur Erleichterung der Freizügigkeit für Ärzte und zur gegenseitigen Anerkennung ihrer Diplome, Prüfungszeugnisse und sonstigen Befähigungsnachweise.
103 EuGH, Rs. C-444/05 (Stamatelaki), Slg 2007, I-3185 Rn. 22 ff.
104 Noftz in: Hauck/Noftz, SGB V, § 13 Rn. 71 f.; Schifferdecker in: KassKomm, § 13 SGB V Rn. 173; Ulmer in: Eichenhofer/Wenner, § 13 Rn. 92.
105 Noftz in: Hauck/Noftz, SGB V, § 13 Rn. 71 b.
106 Ulmer in: Eichenhofer/Wenner, § 13 Rn. 99; Hinweise zur Wahl des örtlichen Bezugspunkts für die Bemessung der Inlandssätze bei Schifferdecker in: KassKomm, § 13 SGB V Rn. 182 (Wohnort oder Ort des gewöhnlichen Aufenthalts) unter Verweis auf BSG, 30.6.2009, B. 1 KR 22/08 R, Rn. 40.
107 Abs. 3 findet ansonsten bei grenzüberschreitenden Leistungen keine Anwendung; s. BSG, 30.6.2009, B 1 KR 22/08 R, BSGE 104, 1, Rn. 42 ff.
108 So aber etwa Schuler in: LPK-SGB V, § 13 Rn. 35.
109 BT-Dr. 15/1525, 82.
110 Kingreen in: Becker/Kingreen, § 13 Rn. 50, Noftz in: Hauck/Noftz, SGB V, § 13 Rn. 92; Tiemann, Inanspruchnahme von Leistungen in anderen Mitgliedstaaten der EU, in: Sodan, HdB KrVersR, S. 330, 348.

in der Satzung sind zudem gemäß Abs. 4 S. 5 Regelungen zur Höhe der **Abschläge für Verwaltungskosten, fehlende Wirtschaftlichkeitsprüfungen und Zuzahlungen** zu treffen. Während Zuzahlungen wie bei Sachleistungen ohne Weiteres in Abzug gebracht werden können, sind die weiteren Abschläge nach Abs. 4 S. 5 europarechtlich nicht über jeden Zweifel erhaben. Der bloße Verweis auf gleichlautende Regelungen zu Verwaltungskosten in Abs. 2 genügt nicht, um sie diskriminierungsfest zu machen.[111] Satzungsrechtlich ist zudem für die gebotene **Transparenz in der Kostenberechnung** (→ Rn. 21) Sorge zu tragen. Die Kostenerstattung nach Abs. 4 wird nicht auf die Gesamtvergütung angerechnet; sie ist deshalb von den Krankenkassen zusätzlich zu den nach den Bestimmungen des 4. Kapitels des SGB V budgetierten Gesamtzahlungen zu tragen.[112]

38 Abs. 5 stellt abweichend von Abs. 4 für **Krankenhausleistungen nach § 39** die Kostenerstattung unter den Vorbehalt, dass die Krankenkasse der ausländischen Leistungserbringung zustimmt. Die Genehmigung steht im Ermessen der Krankenkasse und darf nur versagt werden, wenn eine zumutbare inländische Versorgungsalternative besteht (Abs. 5 S. 2; sa Art. 8 Abs. 6 lit. d RL 2011/24/EU). Im Zweifel geht eine Genehmigung nach koordinationsrechtlichen Vorschriften einer nach Abs. 5 vor (→ Rn. 16). Im Lichte von Art. 8 Abs. 2 lit. a und b RL 2011/24/EU (→ Rn. 14, 18) ist Abs. 5 mit seinem Verweis auf § 39 zudem richtlinienkonform einschränkend auszulegen.[113] Nur stationäre Behandlungen, die eine Übernachtung des Versicherten erfordern, sowie Behandlungen unter Verwendung hochspezialisierter und kostenintensiver Infrastruktur oder medizinischer Ausrüstung, die einen besonderen Planungsbedarf auslösen, unterliegen dem Zustimmungsvorbehalt nach Abs. 5. Dagegen sind zB ambulante Operationen nach § 115 b in der Regel genehmigungsfrei.[114] Die von Art. 9 Abs. 3 RL 2011/24/EU geforderte Bestimmung von Genehmigungsfristen erfolgt in Deutschland durch § 13 Abs. 3 a (→ Rn. 33 f.), der auch im Rahmen von Abs. 5 Anwendung findet. In der Folge kann sich der Erstattungsumfang erhöhen (→ Rn. 34). Soweit Art. 8 Abs. 2 und Art. 7 Abs. 9 und 11 RL 2011/24/EU weitergehende Genehmigungsvorbehalte (stationäre Vorsorge- und Rehabilitationsleistungen, die von § 39 nicht erfasst sind; Großgeräte außerhalb von Krankenhäusern; besondere Risikoprävention, Qualitätssicherung im Einzelfall; sonstige zwingende Gründe) erlaubt oder Art. 8 Abs. 6 weitere Verweigerungsgründe zulässt, hat der deutsche Gesetzgeber davon bewusst keinen Gebrauch gemacht.

39 Abs. 6 stellt iVm § 18 Abs. 1 S. 2 klar, dass der **Anspruch auf Krankengeld** (→ § 44 Rn. 4 ff.) während des Aufenthaltes im Ausland zum Zweck der Behandlung in Abweichung von § 16 Abs. 1 S. 1 Nr. 1 nicht ruht.

VIII. Anpassung durch das Bundesteilhabegesetz

40 Durch das Bundesteilhabegesetz vom 23.12.2016 (BGBl. I, 3234) mWv 1.1.2018 werden in Abs. 3 S. 2 die Angabe „15" durch die Angabe „18" ersetzt sowie Abs. 3 a Satz 9 wie folgt gefasst:

„Für Leistungen zur medizinischen Rehabilitation gelten die §§ 14 bis 24 des Neunten Buches zur Koordinierung der Leistungen und zur Erstattung selbst beschaffter Leistungen."

§ 14 Teilkostenerstattung

(1) ¹Die Satzung kann für Angestellte der Krankenkassen und ihrer Verbände, für die eine Dienstordnung nach § 351 der Reichsversicherungsordnung gilt, und für Beamte, die in einer Betriebskrankenkasse oder in der knappschaftlichen Krankenversicherung tätig sind, bestimmen, daß an die Stelle der nach diesem Buch vorgesehenen Leistungen ein Anspruch auf Teilkostenerstattung tritt. ²Sie hat die Höhe des Erstattungsanspruchs in Vomhundertsätzen festzulegen und das Nähere über die Durchführung des Erstattungsverfahrens zu regeln.
(2) ¹Die in Absatz 1 genannten Versicherten können sich jeweils im voraus für die Dauer von zwei Jahren für die Teilkostenerstattung nach Absatz 1 entscheiden. ²Die Entscheidung wirkt auch für ihre nach § 10 versicherten Angehörigen.

---

111 Schuler in: LPK-SGB V, § 13 Rn. 34.
112 Kingreen in: Becker/Kingreen, § 13 Rn. 54.
113 Ulmer in: Eichenhofer/Wenner, § 13 Rn. 106; Kingreen in: Becker/Kingreen, § 13 Rn. 49.
114 AA Schifferdecker in: KassKomm, § 13 SGB V Rn. 188 f.; vor Erlass der RL 2011/24/EU auch Noftz in: Hauck/Noftz, SGB V, § 13 Rn. 88 f.

I. Entstehungsgeschichte	1	IV. Notwendige Satzungsregelungen und	
II. Normzweck und Normkontext	2	Bedingungen der Teilkostenerstattung	12
III. Betroffener Personenkreis	6		

I. Entstehungsgeschichte

Die Norm wurde durch Art. 1 des **Gesundheits-Reformgesetzes (GRG)** vom 20.12.1988 eingeführt (BGBl. I, 2477) und hat seitdem keine Änderung erfahren. 1

II. Normzweck und Normkontext

§ 14 schafft eine **Sonderregelung zur Kostenerstattung** und erlaubt gesetzlichen Krankenkassen, das Sachleistungsprinzip (→ § 2 Rn. 10) für einen speziellen Personenkreis **zu durchbrechen**. Durch § 14 sind ausschließlich **Beschäftigte gesetzlicher Krankenkassen und ihrer Verbände mit beamtentypischen Versorgungsansprüchen** begünstigt, „weil dieser Personenkreis in besonderem Maße für die Belange der GKV eintritt und deshalb die Möglichkeit erhalten soll, bei seiner Krankenkasse einen Versicherungsschutz zu erhalten, der seinen besonderen Verhältnissen Rechnung trägt", so die amtliche Gesetzesbegründung.[1] Wegen der Beihilfeansprüche besteht bei diesen Personen gemäß § 6 Abs. 1 Nr. 2 keine Versicherungspflicht. Es stünde ihnen frei, unter den Bedingungen des § 9 freiwillig einer gesetzlichen Krankenversicherung beizutreten. Doch ohne Sonderregelungen müssten Beschäftigte der Krankenkassen mit Beihilfeansprüchen dann erhebliche Nachteile in Kauf nehmen. Sie hätten wirtschaftlich den vollen Beitragssatz zu tragen (bekämen also keinen Arbeitgeberzuschuss nach § 257, da die Versicherungsfreiheit nicht „nur" wegen Überschreitens der Jahresentgeltgrenze bestünde)[2] und verlören zugleich wegen der durch die gesetzliche Krankenversicherung erbrachten Sachleistungen den beihilferechtlichen Erstattungsanspruch (s. § 8 Abs. 4 BhV).[3] 2

Rechtsprechung und Literatur haben vor diesem Hintergrund das gesetzliche Telos in Anlehnung an ältere Rechtsprechung des BSG (zur RVO)[4] dahin gehend präzisiert, dass der Gesetzgeber mit § 14 das Interesse der Krankenkassenträger anerkenne, ihren beihilfeberechtigten Beschäftigten „zur Erhaltung der Betriebsverbundenheit und Vermeidung von Loyalitätskonflikten" einen ökonomisch sinnvollen und praktikablen Zugang zu einem Krankenversicherungsschutz beim Arbeitgeber zu ermöglichen.[5] Seit Einführung von Wettbewerbselementen zwischen den Krankenkassen wird als Normzweck zudem auf den Schutz des Erscheinungsbildes abgestellt; dieses würde Schaden nehmen, wenn Angestellte und Beamte der gesetzlichen Krankenversicherung selbst privat versichert seien.[6] Das überzeugt nicht recht, weil ein offener Wettbewerb zwischen gesetzlichen und privaten Krankenversicherungen bei Beihilfeberechtigten gerade nicht stattfindet. 3

§ 14 steht systematisch folgerichtig hinter den allgemeinen Bestimmungen zur Kostenerstattung in § 13. Anders als § 13 begründet § 14 aber keinen unmittelbaren Anspruch, sondern ist auf eine satzungsrechtliche Ausgestaltung angewiesen. Mit § 14 korreliert § 53 Abs. 7 und Abs. 8 S. 5, der **Sonderregelungen zur Beitragsgestaltung** für die durch § 14 begünstigte Personengruppe enthält (→ § 53 Rn. 36). § 28 Abs. 2 SGB XI kennt eine mit § 14 thematisch verwandte Norm für die soziale Pflegeversicherung. 4

Die **praktische Bedeutung** von § 14 ist **gering**. Zwei Gründe sind zu nennen. Zum einen werden seit geraumer Zeit keine einschlägigen Dienstverhältnisse mit Beihilfeberechtigung mehr neu begründet (→ Rn. 7 f.).[7] 2006 waren nach Angaben des Gesetzgebers noch ca. 14.000 Angestellte bei Krankenkassen 5

---

1 BT-Dr. 11/2237, 164.
2 Noftz in: Hauck/Noftz, SGB V, § 14 Rn. 5.
3 BSGE 55, 67, 74; Waltermann in: Knickrehm/Kreikebohm/Waltermann, § 14 SGB V Rn. 1; Schifferdecker in: KassKomm, § 14 SGB V Rn. 2.
4 BSGE 55, 67, 74.
5 LSG Bln, 15.10.2003, L 15 KR 492/01 Rn. 21; LSG NRW, 8.3.2011, L 1 KR 175/10 Rn. 32; Noftz in: Hauck/Noftz, SGB V, § 14 Rn. 5; Wagner in: Krauskopf, § 14 SGB V Rn. 2; Schifferdecker in: KassKomm, § 14 SGB V Rn. 2; Helbig in: jurisPK-SGB V, § 14 Rn. 9; abweichend ohne Alternative zur ratio legis Waltermann in: Knickrehm/Kreikebohm/Waltermann, § 14 SGB V Rn. 2: die Erhaltung der Betriebsverbundenheit und Vermeidung von Loyalitätskonflikten stünden nicht im Zentrum des Normzwecks. Skeptisch gegenüber der Regelung Ulmer in: Eichenhofer/Wenner, § 14 Rn. 4.
6 Schifferdecker in: KassKomm, § 14 SGB V Rn. 2.
7 Kingreen in: Becker/Kingreen, § 14 Rn. 4.

beschäftigt, für die eine sog Dienstordnung gilt.[8] Auch die Beamtenverhältnisse bei Betriebskrankenkassen und knappschaftlichen Krankenversicherungen fallen heute kaum noch ins Gewicht. Zum anderen verzichten viele Krankenkassen in der Praxis darauf, die Krankenvorsorge ihrer Angestellten entsprechend § 14 auszugestalten, und eröffnen ihnen stattdessen satzungsrechtlich die Möglichkeit, bei beitragsrechtlicher Schadlosstellung in vollem Umfang in Genuss der Sachleistungen der gesetzlichen Krankenversicherung zu kommen, wenn im Gegenzug auf Beihilfeansprüche verzichtet wird.[9] Diese Ausgestaltung sei, so der Gesetzgeber, „für den Träger kostengünstiger" und ermögliche „wegen der gleichen Versicherungskonditionen (Sachleistungsprinzip) auch eine Gleichbehandlung der Mitarbeiter des Unternehmens mit dem übrigen Mitgliederkreis".[10] Die Wahl eines solchen Ausgestaltungsmodells jenseits des § 14 hat der Gesetzgeber steuerrechtlich dadurch begünstigt, dass die im Gegenzug gewährte Beitragsermäßigung bzw. Prämienzahlung (gleichsam das Äquivalent zum Arbeitgeberanteil am Krankenversicherungsbeitrag) nicht der Einkommensteuer unterfällt (s. § 3 Nr. 1 S. 4 EStG).

III. Betroffener Personenkreis

6 Abs. 1 S. 1 definiert präzise und abschließend den betroffenen Personenkreis. Die Norm ist als Ausnahmebestimmung **nicht analogiefähig** und keiner über den Wortlaut hinausführenden Auslegung zugänglich.[11] Im besonderen Normzweck (→ Rn. 2 f.) liegt zugleich die **Rechtfertigung einer Ungleichbehandlung** gegenüber anderen Beihilfeberechtigten, denen das SGB V die Möglichkeit einer Teilkostenerstattung nicht einräumt.[12]

7 Erfasst sind zunächst Angestellte, für die eine Dienstordnung nach § 351 RVO gilt (**DO- Angestellte**). Ihre Rechtsstellung ist durch Dienstordnungen der von Beamten angenähert (s. §§ 351 ff. RVO). § 14 setzt zudem voraus dass **eine anderweitig begründete Mitgliedschaft in der gesetzlichen Krankenversicherung besteht. Die Norm** begründet also keinen Sonderversicherungstatbestand. Das Versicherungsverhältnis konnte bis zum 30. Juni 1989 durch freiwilligen Beitritt nach Art. 59 Abs. 1 Nr. 3 GRG erfolgen, später nur noch unter den Bedingungen des § 9 (→ § 9 Rn. 7 ff.) für eine freiwillige Versicherung.

8 Seit 1.1.1993 dürfen keine unter eine Dienstordnung fallenden Arbeitsverhältnisse mehr neu begründet werden.[13] Dienstordnungen unterliegende Arbeitsverhältnisse konnten zudem nach § 351 RVO nur in Orts- und Innungskrankenkassen sowie ihren Verbänden begründet werden,[14] da nur diese Krankenkassen ihre Angestellten „besoldeten" (§ 351 RVO), während in Betriebskrankenkassen Angestellte vom Arbeitgeber „auf seine Kosten bestellt" wurden (§ 362 RVO; siehe heute § 147 Abs. 1 S. 1 SGB V). Auch Ersatzkassen kannten seit jeher keine DO-Angestellten. Art. 68 GRG perpetuierte diesen Unterschied zwischen den Kassenarten.

9 In den Betriebskrankenkassen öffentlich-rechtlicher Unternehmen (Bundespost und Bundesbahn) waren vor deren Privatisierung keine DO-Angestellte (→ Rn. 7), wohl aber (auch) Beamte tätig. Gleiches gilt für Betriebskrankenkassen der öffentlichen Verwaltung (s. § 156) vor deren wettbewerblicher Öffnung (§ 173 Abs. 2 S. 1 Nr. 4) sowie die knappschaftliche Krankenversicherung (heute Deutsche Rentenversicherung Knappschaft-Bahn-See; s. § 4 Abs. 2). Da für diese **besondere Gruppe an Beamten** eine mit den DO-Angestellten **vergleichbare Interessenlage** bestand, wurden sie gesondert in § 14 aufgeführt. Ausdrücklich wurde der Kreis der von § 14 erfassten Beamten aber auf diejenigen beschränkt, die in der Krankenkasse tätig sind.[15]

10 Wenn das Mitglied sich dafür entscheidet, von der satzungsmäßig eingeräumten Möglichkeit der Teilkostenerstattung Gebrauch zu machen, wirkt die Entscheidung gemäß § 14 Abs. 2 S. 2 auch für die nach § 10 versicherten Angehörigen. Die in § 13 Abs. 2 eröffnete Möglichkeit (→ § 13 Rn. 19), die

---

8 BT-Dr. 16, 12660, 171 (Vierter Versorgungsbericht der Bundesregierung); der Fünfte Versorgungsbericht vom Mai 2013 enthält keine Angaben zu Dienstordnungsangestellten bei den Krankenkassen bzw. unter Aufsicht der Länder mehr.
9 Helbig in: jurisPK-SGB V, § 14 Rn. 17.
10 BT-Dr. 16/4247, 70.
11 LSG Bln, 15.10.2003, L 15 KR 492/01 Rn. 16; Noftz in: Hauck/Noftz, SGB V, § 14 Rn. 8; Joussen in: BeckOK SozR, SGB V, § 14 Rn. 2.
12 LSG Bln, 15.10.2003, L 15 KR 492/01 Rn. 17; Wagner in: Krauskopf, § 14 SGB V Rn. 3.
13 Art. 68 GRG eröffnete zunächst noch die Möglichkeit neuer DO-Verträge; s. Noftz in: Hauck/Noftz, SGB V, § 14 Rn. 7.
14 Für die Bundesverbände ist zu beachten, dass infolge ihrer Umwandlung zu Gesellschaften des bürgerliche Rechts durch § 212 die Rechtsverhältnisse der DO-Angestellten nach § 213 Abs. 1 S. 5 unberührt bleibt.
15 BT-Dr. 11/2237, 164.

Kostenerstattung auf einzelne Versicherte zu begrenzen, würde im Rahmen des § 14 keinen Sinn machen.

Hinterbliebenen und Versorgungsempfängern steht die Wahlmöglichkeit des § 14 nicht eigenständig offen.[16] Sie könnten nach 9 Abs. 1 S. 1 Nr. 2 in der gesetzlichen Krankenversicherung bleiben, was ohne das Wahlrecht nach § 14 unattraktiv sein dürfte. Lebenspraktisch gibt es ein nachvollziehbares Interesse der ehemals nach § 10 Versicherten, weiter die Teilkostenerstattung wählen zu können und nicht in die private Krankenversicherung wechseln zu müssen.[17] Doch der Wortlaut des Abs. 1 S. 1 ist eindeutig; auch der Normzweck ist nicht einschlägig, da bei Hinterbliebenen kein betriebsbedingter Loyalitätskonflikt (→ Rn. 3) zu besorgen ist.[18] Soweit die Rechtspraxis extra bzw. contra legem erfolgt, ist sie schlicht rechtswidrig. Eine nachwirkende Besitzstandswahrung kommt allenfalls im gemäß Abs. 2 S. 1 das Mitglied bindenden Zweijahreszeitraum in Betracht.[19]

IV. Notwendige Satzungsregelungen und Bedingungen der Teilkostenerstattung

§ 14 stellt ein **gesetzliches Gestaltungsrecht der Krankenkassen** dar, das diesen erlaubt, ein satzungsrechtliches Wahlrecht des begünstigten Mitglieds zu begründen. Ob die Krankenkasse von diesem Recht Gebrauch macht, liegt in ihrem **Ermessen**.[20] Die Betroffenen wiederum können nicht gezwungen werden, die Möglichkeit der Teilkostenerstattung nach § 14 zu nutzen. Beschränkungen auf einzelne Leistungsbereiche sind in § 14, anders als in § 13, nicht vorgesehen.

Teilkostenerstattungsfähig sind nur „die nach diesem Buch vorgesehenen Leistungen", mithin **Dienst- und Sachleistungen** nach dem **SGB V**. Der durch § 14 Begünstigte soll wirtschaftlich wie ein sonstiger nach dem SGB V Versicherter gestellt werden.[21] Deshalb greifen alle **Leistungseinschränkungen und -bedingungen** (Wirtschaftlichkeitsgebot, Begrenzung auf nach dem SGB V zugelassene Leistungserbringer, Arztvorbehalt Zuzahlungen). Überkompensationen sind unzulässig. Da die Abrechnung grundsätzlich auf der Grundlage des einheitlichen Bewertungsmaßstabs (→ § 87 Rn. 9 ff.) zu erfolgen hat, der behandelnde Arzt aber nach der Gebührenordnung für Ärzte liquidiert, können Deckungslücken entstehen, die satzungsrechtlich geschlossen werden dürfen.[22] Die Satzung hat die **Höhe der Teilkostenerstattung** als Prozentsatz festzulegen (s. Abs. 1 S. 2 Alt. 1). Orientierung bieten die Beihilferegeln.[23] Deshalb sind Abstufungen zwischen Mitgliedern und mitversicherten Familienangehörigen spiegelbildlich zu den jeweiligen Beihilfebestimmungen denkbar, ggf. sogar geboten.[24]

Bestimmungen zur Durchführung des Erstattungsverfahrens (Abs. 1 S. 2 Alt. 2) umfassen neben Regelungen zu Antragsmodalitäten, etwa den Nachweis der Aufwendungen, auch Bestimmungen über Form und Wirkungsbeginn der Wahlentscheidung,[25] die ihrerseits eine empfangsbedürftige Willensentscheidung darstellt.[26] Diese kann nur *pro futuro* („im voraus") erfolgen und bindet für zwei Jahre, also nicht notwendig Kalenderjahre.

---

16 Noftz in: Hauck/Noftz, SGB V, § 14 Rn. 9; Schifferdecker in: KassKomm, § 14 SGB V Rn. 8; Ulmer in: Eichenhofer/Wenner, § 14 Rn. 6.
17 Wagner in: Krauskopf, § 14 SGB V Rn. 4; Helbig in: jurisPK-SGB V, § 14 Rn. 11.
18 Implizit ebenso LSG NRW, 8.3.2011, L 1 KR 175/10 Rn. 32; in der Entscheidung ging es darum, dass die Familienversicherung von Angehörigen der DO-Angestellten nach § 10 keinen Vorrang vor einer Pflichtversicherung als Rentner hat.
19 Noftz in: Hauck/Noftz, SGB V, § 14 Rn. 9.
20 GKV-Komm/Zipperer, § 14 SGB V Rn. 2.
21 Noftz in: Hauck/Noftz, SGB V, § 14 Rn. 15; Wagner in: Krauskopf, § 14 SGB V Rn. 7 Schuler in: LPK-SGB V, § 14 Rn. 3; zum Ziel der Gleichstellung mit den anderen gesetzlich Krankenversicherten auf der Beitragsseite auch HessLSG, 23.8.2007, L 1 KR 112/06 Rn. 33.
22 Noftz in: Hauck/Noftz, SGB V, § 14 Rn. 23 f.; Helbig in: jurisPK-SGB V, § 14 Rn. 15.
23 BT-Dr. 11/2237, 164; Waltermann in: Knickrehm/Kreikebohm/Waltermann, § 14 SGB V Rn. 3.
24 Wenn Beihilfeberechtigte trotz unterschiedlichen Beihilfesätzen ohne höhere Leistungsansprüche wirtschaftlich den gleichen Beitragssatz zu tragen haben, liegt ein Verstoß gegen Art. 3 Abs. 1 GG vor, so LSG Rh.-Pf., 24.9.2008, L 5 KR 1/08 Rn. 24.
25 Helbig in: jurisPK-SGB V, § 14 Rn. 13.
26 Noftz in: Hauck/Noftz, SGB V, § 14 Rn. 17.

§ 15 Ärztliche Behandlung, elektronische Gesundheitskarte

(1) ¹Ärztliche oder zahnärztliche Behandlung wird von Ärzten oder Zahnärzten erbracht, soweit nicht in Modellvorhaben nach § 63 Abs. 3 c etwas anderes bestimmt ist. ²Sind Hilfeleistungen anderer Personen erforderlich, dürfen sie nur erbracht werden, wenn sie vom Arzt (Zahnarzt) angeordnet und von ihm verantwortet werden.

(2) Versicherte, die ärztliche, zahnärztliche oder psychotherapeutische Behandlung in Anspruch nehmen, haben dem Arzt, Zahnarzt oder Psychotherapeuten vor Beginn der Behandlung ihre elektronische Gesundheitskarte zum Nachweis der Berechtigung zur Inanspruchnahme von Leistungen auszuhändigen.

(3) ¹Für die Inanspruchnahme anderer Leistungen stellt die Krankenkasse den Versicherten Berechtigungsscheine aus, soweit es zweckmäßig ist. ²Der Berechtigungsschein ist vor der Inanspruchnahme der Leistung dem Leistungserbringer auszuhändigen.

(4) ¹In den Berechtigungsscheinen sind die Angaben nach § 291 Abs. 2 Satz 1 Nr. 1 bis 9, bei befristeter Gültigkeit das Datum des Fristablaufs, aufzunehmen. ²Weitere Angaben dürfen nicht aufgenommen werden.

(5) In dringenden Fällen kann die elektronische Gesundheitskarte oder der Berechtigungsschein nachgereicht werden.

(6) ¹Jeder Versicherte erhält die elektronische Gesundheitskarte bei der erstmaligen Ausgabe und bei Beginn der Versicherung bei einer Krankenkasse sowie bei jeder weiteren, nicht vom Versicherten verschuldeten erneuten Ausgabe gebührenfrei. ²Die Krankenkassen haben einem Missbrauch der Karten durch geeignete Maßnahmen entgegenzuwirken. ³Muß die Karte auf Grund von vom Versicherten verschuldeten Gründen neu ausgestellt werden, kann eine Gebühr von 5 Euro erhoben werden; diese Gebühr ist auch von den nach § 10 Versicherten zu zahlen. ⁴Satz 3 gilt entsprechend, wenn die Karte aus vom Versicherten verschuldeten Gründen nicht ausgestellt werden kann und von der Krankenkasse eine zur Überbrückung von Übergangszeiten befristete Ersatzbescheinigung zum Nachweis der Berechtigung zur Inanspruchnahme von Leistungen ausgestellt wird. ⁵Die wiederholte Ausstellung einer Bescheinigung nach Satz 4 kommt nur in Betracht, wenn der Versicherte bei der Ausstellung der elektronischen Gesundheitskarte mitwirkt; hierauf ist der Versicherte bei der erstmaligen Ausstellung einer Ersatzbescheinigung hinzuweisen. ⁶Die Krankenkasse kann die Aushändigung der elektronische Gesundheitskarte vom Vorliegen der Meldung nach § 10 Abs. 6 abhängig machen.

Literatur:

Andreas, Delegation ärztlicher Tätigkeit auf nichtärztliches Personal, ArztR 2008, 144; *Arbeitsgemeinschaft Rechtsanwälte im Medizinrecht eV* (Hrsg.), Delegation und Substitution – wenn der Pfleger den Doktor ersetzt ..., 2010; *Auktor*, Der „Chipkartenboykott" – ein legitimes Mittel der Ärzte im Streit der Krankenkassen?, MedR 2003, 503; *Bales/von Schwanenflügel/Holland*, Die elektronische Gesundheitskarte – Rechtliche Fragen und zukünftige Herausforderungen, NJW 2012, 2475; *Bauer*, Gegenwart und Zukunft der Delegation und Substitution ärztlicher Leistungen, GewA 2012, 13; *Bergmann*, Delegation und Substitution ärztlicher Leistungen auf/durch nichtärztliches Personal, MedR 2009, 1; *Bieback*, Die Einbindung nichtärztlicher Leistungserbringer in das System der gesetzlichen Krankenversicherung, NZS 1997, 450; *Bohne*, Delegation ärztlicher Tätigkeiten, 2012; *Dochow*, Die elektronische Gesundheitskarte im Spiegel der sozialgerichtlichen Rechtsprechung (Teil I), WzS 2015, 104; *ders.*, Die elektronische Gesundheitskarte im Spiegel der sozialgerichtlichen Rechtsprechung (Teil II), WzS 2015, 137; *Fastabend/Schneider*, Das Leistungsrecht der gesetzlichen Krankenversicherung, 2004; *Feige*, Die Einführung der Krankenversichertenkarte, KrV 1992, 323; *Frahm*, Die Zulässigkeit der Delegation ärztlicher Leistungen auf nichtärztliches Personal, VersR 2009, 1576; *Fuchs*, Einführung der eGK – Stand und Probleme aus der Sicht der Bundesärztekammer, KrV 2006, 127; *Geiss*, Die Versichertenkarte – mehr als ein Ausweis, KrV 1994, 163; *Günter*, Delegationsmöglichkeiten ärztlicher Leistungen, AZR 2009, 31; *Häser*, Delegation ärztlicher Leistungen an nichtärztliches Personal, Klinikarzt 2008, 222; *Heberlein*, Neuordnung der Verantwortungen in der Heilkunde? Die Richtlinie nach § 63 Abs. 3c SGB 5 zwischen Substitution und Delegation und die Folgen – 1. Teil, PflR 2012, 67, 2. Teil, PflR 2012, 143; *Heberlein*, Arzthaftung bei Modellvorhaben nach § 63 Abs. 3c SGB V – Delegation impliziert Haftung!, ZMGR 2012, 75; *Höfer*, Das Online-Zeitalter im Gesundheitswesen lässt noch auf sich warten, BKK 2010, 596; *Jolitz*, Zur Delegationsfähigkeit vertragsärztlicher Leistungen durch gem. § 116 SGB V ermächtigte Krankenhausärzte, MedR 2003, 340; *Jordan/Großkopf*, Neuorganisation ärztlicher Tätigkeiten im Fachgebiet Psychiatrie, RDG 2011, 222; *Kamps*, Die Beschäftigung von Assistenten in der Arztpraxis, MedR 2003, 63; *Kilian*, Rechtliche Aspekte bei der Verwendung von Patientenchipkarten, NJW 1992, 2313; *Köhler-Fleischmann*, Der Grundsatz der persönlichen ärztlichen Leistungspflicht, 1991; *Kunte*, Delegationsfähigkeit ärztlicher Leistungen, SGb 2009, 689; *Neumann*, Die Berufsfreiheit der Leistungserbringer zwischen Eingriff und Teilhabe, Festschrift 50 Jahre Bundessozialgericht, 2004, S. 245; *Neumann-Wedekindt*, Zum Begriff „Delegieren" im Zahnheilkundegesetz, MedR 1997, 397; *Peikert*, Persönliche Leistungserbringungspflicht, MedR 2000, 352; *Roters*, Risse im Arztvorbehalt? Modellvorhaben nach § 63 Abs. 3c SGB V, ZMGR 2009, 171; *Schlenker*, Die Einbindung nichtärztlicher Leistungserbringer in das GKV-System, BKK 1997, 288; *Schulte*, Das Gesundheitsstrukturgesetz Wirksame Stabilisierung und strukturelle Weichenstellung für die Gesundheitsversorgung, NZS 1993, 41; *Simon*, Delegation ärztlicher Leistungen, 2000; *Spickhoff/Seibl*, Haftungsrechtliche Aspekte der Delegation ärztlicher Leistungen an nichtärztliches Medizinpersonal, MedR 2008, 463; *Spickhoff/Seibl*, Die Erstattungsfähigkeit ärztlicher Leistungen bei Delegation an nichtärztliches Personal, NZS 2008, 57; *Steinhilper*, Persönliche Leistungserbringung des ermächtigten Krankenhausarztes, MedR 2003, 339; *Steinhilper*, Vertragsarzt – Festsetzung von Disziplinarmaßnahmen, MedR 2002, 51; *Zöpfgen*, Elektronische Gesundheitskarte löst Krankenversichertenkarte ab, Kompass 2004, 3; *Pfeiffer*, Telematik im Gesundheitswesen, ErsK 2004, 121; *Weiß*, Der Vertragsarzt zwischen Freiheit und Bindung, NZS 2005, 67; *Weiß*, Reichweite und Grenzen der Delegationsfähigkeit ärztlicher Leistungen auf Nichtärzte im Krankenhaus, GesR 2015, 262; *Zimmermann*, „Mehr Beinfreiheit" – Aufgabe des Verordnungsmonopols in der Hilfsmittelversorgung am Beispiel der Hörgeräte, KrV 2012, 243.

I. Entstehungsgeschichte.............................. 1	a) Zweck und Funktion 32
II. Normzweck.. 3	b) Inhalt und Geltungszeitraum 39
III. Ärztliche und zahnärztliche Behandlung durch Ärzte und Zahnärzte (Abs. 1) 6	c) Einziehung/elektronische Kartensperre............................. 41
1. Arztvorbehalt 6	aa) Verpflichtung der Krankenkasse........................... 41
a) Wesen und Bedeutung 6	bb) Vertrauensschutz bei unterbliebener Einziehung.......... 42
b) Persönliche Leistungserbringung durch Ärzte und Zahnärzte (Abs. 1 S. 1) 9	2. Berechtigungsschein (Abs. 3 und 4).... 45
aa) Der approbierte Arzt.......... 9	a) Berechtigungsschein 45
bb) Ärztliche und zahnärztliche Behandlung..................... 11	b) Inhalt und Form 48
cc) Leistungserbringung durch Assistenten und angestellte Ärzte............................. 17	c) Anspruch nur auf eine Versichertenkarte........................... 50
dd) Modellvorhaben nach § 63 Abs. 3 c..................... 19	3. Nachreichung der Ausweispapiere (Abs. 5)............................. 51
2. Hilfeleistungen durch andere Personen (Abs. 1 S. 2) 21	4. Gebühren (Abs. 6)..................... 54
3. Grenzen der Delegation................ 28	a) Grundsatz Gebührenfreiheit (Abs. 6 S. 1) 54
IV. Inanspruchnahme von Leistungen (Abs. 2 bis 6) 32	b) Gebührenpflicht (Abs. 6 S. 3) 55
1. Elektronische Gesundheitskarte (Abs. 2)................................ 32	5. Maßnahmen der Krankenklassen gegen Missbrauch (Abs. 6 S. 2) 58
	6. Meldepflicht (Abs. 6 S. 6) 61

I. Entstehungsgeschichte

Mit dem **Gesundheitsreformgesetz (GRG)** vom 20.12.1988,[1] mit dem die Vorschriften über die gesetzliche Krankenversicherung aus der RVO in das neu geschaffene SGB V integriert wurden, hat der Gesetzgeber die Abs. 1 bis 5 eingeführt. Die Regelungen sind mit Ausnahme von Abs. 4 S. 1 am 1.1.1989 in Kraft getreten. Abs. 4 S. 1 trat hinsichtlich der Krankenversichertennummer erst am 1.1.1990 in Kraft (Art. 79 Abs. 3 GRG). Vorgängerregelungen zu Abs. 1 sind im Wesentlichen die §§ **122, 123** RVO aF. Danach regelte § 122 RVO, dass ärztliche Behandlung grundsätzlich durch approbierte Ärzte, bei Zahnerkrankungen durch approbierte Zahnärzte zu leisten ist. § 123 RVO enthielt eine Sonderregelung für staatlich anerkannte Dentisten.[2] Abs. 2 und 5 (Krankenschein) geht auf die Regelungen in §§ 188, 181 b RVO aF zurück. § 188 RVO sah vor, dass der Versicherte für die Inanspruchnahme von ärztlicher oder zahnärztlicher Behandlung einen Krankenschein zu lösen und dem Arzt (Zahnarzt)

---

1 BGBl. I, 2477.
2 BVerfG, 25.2.1969, 1 BvR 224/67, SozR Nr. 78 zu Art. 3 GG = BVerfGE 25, 236; BSG, 4.12.1956, 6 RKa 11/54, BSGE 4, 156; BSG, 19.7.1973, 6 RKa 18/72, SozR Nr. 3 zu § 19 ZHG = BSGE 36, 91; BSG, 7.10.1976, 6 RKa 20/73, SozR 7350 § 19 ZHG Nr. 3 = BSGE 42, 264; BVerwG, 21.2.1958, I B 39.55, Buchholz 418.01 Zahnheilkunde Nr. 1.

auszuhändigen hatte. Die Verwendung von Berechtigungsscheinen war in § 181 b RVO normiert. Danach war bei Inanspruchnahme von Untersuchungen zur Früherkennung von Krankheiten dem Arzt ein Berechtigungsschein vorzulegen.

2 Die Regelungen in den Abs. 3, 4 und 6 sind neu (vgl. aber § 181 b RVO aF). Abs. 6 wurde mit Wirkung vom 1.1.1993 angefügt durch Art. 1 Nr. 6 Gesundheitsstrukturgesetz (**GSG**) vom 21.12.1992.[3] In Abs. 6 S. 2 wurde durch das Achte Euro-Einführungsgesetz vom 23.10.2001[4] mit Wirkung vom 1.1.2002 der DM-Betrag durch „*5 Euro*" ersetzt. Abs. 2 wurde geändert und Abs. 4 S. 1 mit Wirkung vom 1.1.2004 neu gefasst durch Art. 1 Nr. 5 GKV-Modernisierungsgesetz (**GMG**) vom 14.11.2003.[5] Durch Art. 1 Nr. 9 GKV-Wettbewerbsstärkungsgesetz (**GKV-WSG**) vom 26.3.2007[6] wurde mit Wirkung vom 1.4.2007 (Art. 46 Abs. 1 GKV-WSG) Abs. 6 S. 2 eingefügt, der die Krankenkassen zu geeigneten Maßnahmen gegen den Missbrauch der Krankenversichertenkarte verpflichtet. Bei der Einfügung in Abs. 1 S. 1 letzter Hs. durch das Pflegeweiterentwicklungsgesetz (**PfWG**) vom 28.5.2008[7] handelt sich um eine Folgeänderung zur Einfügung des § 63 Abs. 3 c.[8] Zuletzt wurde § 15 durch das Gesetz für sichere digitale Kommunikation und Anwendungen im Gesundheitswesen sowie zur Änderung weiterer Gesetze (**EGKuaÄndG**) vom 21.12.2015[9] vor allem wegen der endgültigen Einführung der elektronischen Gesundheitskarte angepasst.

II. Normzweck

3 § 15 regelt insbesondere zwei grundlegende Fragen, nämlich **wer** ausschließlich berechtigt ist, die Behandlungsleistungen zu erbringen und über welchen **Zugang** der Versicherte die notwendige Leistung erhält. Nach Abs. 1 S. 1 ist eine ärztliche/zahnärztliche Behandlung grundsätzlich von Ärzten/Zahnärzten zu erbringen. Mit dem grundsätzlichen Ausschluss anderer Heilberufe von der selbstständigen Behandlung im Rahmen der gesetzlichen Krankenversicherung hat der Gesetzgeber das Ziel verfolgt, dass die Krankenbehandlung dem **allgemein anerkannten Stand der medizinischen Erkenntnis** entspricht und damit **sachgerecht** ausgeführt wird. Dies spiegelt sich in den entsprechenden Vorgaben des Gesetzes- und Verfassungsrechts wieder.[10] Mit dem Bestreben des Gesetzgebers, den allgemein anerkannten Stand der medizinischen Erkenntnisse zu einer fachlich-medizinisch zuverlässigen Grundlage der medizinischen Versorgung zu machen, soll gleichzeitig eine ausreichende Ausbildung, Kontrolle und Überwachung der behandelnden Personen gegenüber dem Patienten sichergestellt werden.[11]

4 An dieser ärztlichen Funktion hat die Eröffnung des direkten Zugangs der Versicherten zur **psychotherapeutischen Behandlung** bei nichtärztlichen Psychotherapeuten mit Wirkung vom 1.1.1999 grundsätzlich nichts geändert. Das Gesetz über die Berufe des Psychologischen Psychotherapeuten und des Kinder- und Jugendlichenpsychotherapeuten (**PsychThG**) vom 16.6.1998[12] hat zwar zwei neue Heilberufe in das Gesundheitssystem eingeführt, nämlich den Beruf des Psychologischen Psychotherapeuten und den des Kinder- und Jugendlichenpsychotherapeuten. Für beide Berufsgruppen hat der Gesetzgeber aber die Approbation vorgesehen, die bisher Ärzten vorbehalten war.

5 Die Abs. 2 bis 6 enthalten Vorschriften über den **Zugang** zur (zahn)ärztlichen Behandlung sowie zu anderen Leistungen, die als Sachleistung von den Krankenkassen zur Verfügung gestellt werden, und zwar über den Nachweis der Anspruchsberechtigung vor Inanspruchnahme einer Leistung durch Aus-

---

3 BGBl. I, 2266.
4 BGBl. I, 2702.
5 BGBl. I, 2190.
6 BGBl. I, 378.
7 BGBl. I, 874.
8 BT-Dr. 16/7439, 96.
9 BGBl. I, 2408.
10 Vgl. § 2 Abs. 1 S. 3; § 15 Abs. 1; § 70 Abs. 1; § 72 Abs. 2; §§ 135 ff.; BVerfG, 6.12.2005, 1 BvR 347/98, SozR 4-2500 § 27 Nr. 5 = BVerfGE 115, 25; BSG, 26. 9.2006, B 1 KR 3/06 R, SozR 4-2500 § 27 Nr. 10; BSG, 7.11.2006, B 1 KR 24/06 R, SozR 4-2500 § 27 Nr. 12 = BSGE 97, 190.
11 BVerfG, 10.5.1988, 1 BvL 8/82, 1 BvL 9/82, SozR 2200, § 122 Nr. 10 = BVerfGE 78, 165; BSG, 1.3.1979, 6 RKa 13/77, SozR 2200 § 368 Nr. 4 = BSGE 48, 47; BSG, 25.7.1979, 3 RK 45/78, SozR 2200 § 182 Nr. 48; BSG, 9.3.1982, 3 RK 43/80, SozR 2200 § 182 Nr. 80 = BSGE 53, 144; BSG, 28.6.1983, 8 RK 22/81, SozR 2200 § 257a Nr. 10 = BSGE 55, 188; BSG, 12.5.1993, 6 RKa 21/91, SozR 3-2500 § 15 Nr. 2 = BSGE 72, 227; BSG, 10.5.1995, 1 RK 14/94, SozR 3-2500 § 13 Nr. 7 = BSGE 76, 101; BayLSG, 12.3.1998, L 4 KR 119/96, NZS 1998, 572; BayLSG, 31.5.2001, L 4 KR 109/99, BeckRS 9999, 04087; Spickhoff/Seibl, NZS 2008, 57, 62; Nolte in: KassKomm, § 15 SGB V Rn. 5.
12 BGBl. I, 1311.

händigung der elektronischen Gesundheitskarte bzw. über die Verwendung von Berechtigungsscheinen.

III. Ärztliche und zahnärztliche Behandlung durch Ärzte und Zahnärzte (Abs. 1)

1. Arztvorbehalt. a) Wesen und Bedeutung. Die Verpflichtung zur persönlichen Leistungserbringung durch den Arzt/Zahnarzt und somit die Zuweisung eines „Behandlungsmonopols"[13] lässt sich bereits dem Leistungsrecht selbst entnehmen. Dieser zumeist als sog **Arztvorbehalt** deklarierte Grundsatz, der für das gesamte Leistungs- und Leistungserbringungsrecht der gesetzlichen Krankenversicherung von Bedeutung ist, wird terminologisch nicht einheitlich gebraucht. Daneben ist auch die Rede vom Approbations-[14] oder Arztmonopol, -primat, -privileg bzw. von der Präponderanz des Arztes.[15] Der Arztvorbehalt gilt, auch aufgrund seiner eigenständigen Stellung in § 15, sowohl bei der Behandlung als Sachleistung als auch im Rahmen der Kostenerstattung.[16] So dürfen nach § 13 eigenständige Leistungen anderer Leistungserbringer nicht erstattet werden.[17] Der Grundsatz der persönlichen Leistungserbringung des Vertragsarztes/Zahnarztes findet sich auch in **weiteren Normen**, wie etwa in § 32 Abs. 1 S. 1 Ärzte-ZV, § 19 Abs. 1 S. 1 MBO-Ä, § 15 Abs. 1 S. 1 BMV-Ä, § 9 ESchG, § 8 Abs. 1 Nr. 4 TPG, 8 c Abs. 1 Nr. 3, § 5 Abs. 1 TFG[18] und § 24 IfSG. Rechtshistorisch fand sich der Arztvorbehalt bereits in § 122 Abs. 1 S. 1 RVO. Jedoch gehörten gem. § 122 Abs. 1 S. 2 RVO zur ärztlichen Behandlung auch die Hilfeleistungen anderer Personen, wie etwa Bader, Hebammen, Heildiener, Heilgehilfen, Krankenwärter, Masseure sowie Zahntechniker, wenn der (Zahn-)Arzt sie anordnete oder wenn in dringenden Fällen kein approbierter (Zahn-)Arzt hinzugezogen werden konnte. Die oberste Verwaltungsbehörde konnte darüber hinaus weitere Hilfspersonen bestimmen, die innerhalb der staatlich anerkannten Befugnisse selbstständige Hilfe leisten durften (§ 122 Abs. 2 RVO).

Der Arztvorbehalt begründet bzw. statuiert die **Schlüsselfunktion der Ärzte** bei der Behandlung der Versicherten,[19] die diese auch ausüben, wenn sie die Leistungen nicht selbst erbringen. Diese Schlüsselstellung der Ärzte wird auch dadurch deutlich, dass bei der dem Arzt vorbehaltenen Entscheidung, ob eine Arbeitsunfähigkeit vorliegt.[20] Er bewirkt auch, dass den Versicherten eine ausreichende Anzahl von Ärzten zur Verfügung zu stellen sind, da ansonsten ein Systemmangel vorliegen würde, der zur Einstandspflicht der Krankenkasse nach § 13 Abs. 3 führen kann.[21] Es geht damit um die Gewährleistung einer **effektiven und auf hohem medizinisch-wissenschaftlichem Niveau stehender Krankenbehandlung.**[22] Dementsprechend hat das BVerfG das im Recht der GKV mit dem Arztvorbehalt verfolgte gesetzgeberische Ziel als einen wichtigen Gemeinschaftsbelang anerkannt. Der Arztvorbehalt soll dafür sorgen, dass eine auf öffentliche Kosten durchgeführte Behandlung durch die Art der angewandten Methoden und die Qualifikation der behandelnden Personen objektiv Erfolg verspricht.[23] Der Arztvorbehalt dient letztendlich auch dem **Schutz der Volksgesundheit** und dem **Schutz der Gesellschaft** vor finanziellen und volkswirtschaftlichen **Folgeschäden**, welche durch unsachgemäße Behandlungen durch nicht entsprechend ausgebildete Personen entstehen können.[24]

Auch im Übrigen bestehen keine verfassungsrechtlichen Bedenken gegen den Arztvorbehalt.[25] Weder lässt sich ein Verstoß gegen Art. 12 Abs. 1 GG und Art. 3 Abs. 1 GG aufzeigen noch kann ein verfas-

---

13 Lang in: Becker/Kingreen, § 15 Rn. 3.
14 Simon, Delegation ärztlicher Leistungen, 2000, S. 140.
15 Siehe Lang in: Becker/Kingreen, § 15 Rn. 3; Noftz in: Hauck/Noftz, SGB V, § 15 Rn. 10.
16 Nolte in: KassKomm, § 15 SGB V Rn. 4, 12; Wagner in: Krauskopf, § 15 SGB V Rn. 4; Noftz in: Hauck/Noftz, SGB V, § 15 Rn. 2 a.
17 BSG, 16.12.1993, 4 RK 5/92, SozR 3-2500 § 13 Nr. 4 = BSGE 73, 271; BSG, 17.4.1996, 3 RK 19/95, SozR 3-2500 § 19 Nr. 2.
18 In § 7 Abs. 2 TFG wird dann allerdings offener formuliert: „Die Entnahme der Spende darf nur durch eine ärztliche Person oder durch anderes qualifiziertes Personal unter der Verantwortung einer ärztlichen Person erfolgen".
19 BSG, 17.4.1996, 3 RK 19/95, SozR 3-2500 § 19 Nr. 2 mwN; Schulte, NZS 1993, 41, 45.
20 Lang in: Becker/Kingreen, § 15 Rn. 5.
21 Noftz in: Hauck/Noftz, SGB V, § 15 Rn. 2.
22 BSG, 12.5.1993, 6 RKa 21/91, SozR 3-2500, § 15 Nr. 2 = BSGE 72, 227.
23 BVerfG, 10.5.1988, 1 BvR 111/77, SozR 2200 § 368 Nr. 11= BVerfGE 78, 155, 162 mV auf BSG, 1.3.1979, 6 RKa 13/77, SozR 2200 § 368 Nr. 4 = BSGE 48, 47, 52 f.
24 So für den Zahnarztvorbehalt in § 1 Abs. 1 ZHG: AG Nürtingen, 17.3.2011, 16 Cs 115 Js 93733/08.
25 Vgl. BVerfG, 10.5.1988, 1 BvR 111/77, SozR 2200 § 368 Nr. 11 = BVerfGE 78, 155. Die Entscheidung betraf die Vereinbarkeit des Ausschlusses von Heilpraktikern an der kassenärztlichen Versorgung mit Art. 12 Abs. 1 und Art. 3 Abs. 1 GG. Vgl. auch BSG, 1.2.2016, B 1 KR 104/15 B, juris Rn. 6 mwN.

sungsrechtlicher Anspruch gegen die Krankenkassen auf Bereitstellung bestimmter und insbesondere spezieller Gesundheitsleistungen aus Art. 2 Abs. 2 S. 1 GG hergeleitet werden. Die gesetzlichen Krankenkassen sind deshalb auch nicht von Verfassungswegen gehalten, alles zu leisten, was an Mitteln zur Erhaltung oder Wiederherstellung der Gesundheit verfügbar ist.[26] Richtig ist zwar, dass sich die Gestaltung des Leistungsrechts an der objektiv-rechtlichen Pflicht des Staates orientieren muss, sich schützend und fördernd vor die Rechtsgüter des Art. 2 Abs. 2 S. 1 GG zu stellen. Dennoch hat das BVerfG entsprechende Leistungspflichten bisher nur in Fällen der Behandlung einer **lebensbedrohlichen oder regelmäßig tödlichen Erkrankung** angenommen.[27] Ebensowenig ergibt sich aus Art. 2 Abs. 2 S. 1 GG ein verfassungsrechtlicher Anspruch darauf, dass ein bestimmter, im SGB V nicht vorgesehener Leistungserbringer im Rahmen der gesetzlichen Krankenversicherung tätig werden darf.[28]

9 **b) Persönliche Leistungserbringung durch Ärzte und Zahnärzte (Abs. 1 S. 1). aa) Der approbierte Arzt.** Ärzte iS von Abs. 1 S. 1 sind nur Personen mit **staatlicher Approbation** als Arzt entsprechend dem ärztlichen Berufsrecht (§ 2 a BÄO), vgl. § 95 a Abs. 1 Nr. 1.[29] Bereits unter der Geltung von **§ 122 RVO** war es ständige Rechtsprechung des BSG, dass eine Krankenbehandlung grundsätzlich nur durch approbierte Ärzte in Anspruch genommen werden könne.[30] Dass der Zahnarzt kein Arzt in diesem Sinne ist, ergibt sich aus der eigenständigen Nennung und aus den Vorschriften des Berufsrechts (ZHG).[31] Zahnarzt ist, wer die vorgeschriebene Ausbildung absolviert hat und wem die für die Ausübung des Berufs erforderliche Approbation erteilt worden ist (§ 1 ZHG).

10 Unter **Approbation** wird die staatliche Erlaubnis zur dauernden, eigenverantwortlichen und selbstständigen Ausübung der Heilkunde am Menschen verstanden.[32] Mit der Approbation ist der Arzt zwar zur Ausübung in freier Praxis berechtigt, jedoch noch nicht zur Teilnahme an der vertragsärztlichen Versorgung der gesetzlich Versicherten, da hierfür eine spezielle Zulassung notwendig ist (§ 96 iVm § 19 Ärzte-ZV). Unter welchen Voraussetzungen die Approbation erteilt wird, ist in **§ 3 BÄO** geregelt. Damit wird auch deutlich, dass eine ausländische Approbation nicht ausreichend ist, da Voraussetzung die nach deutschem Recht besonderen Anforderungen sind.

11 **bb) Ärztliche und zahnärztliche Behandlung.** Die Tätigkeit muss der ärztlichen/zahnärztlichen Berufsausübung zuzurechnen sein (Abs. 1 S. 1). Was unter ärztliche und zahnärztliche Behandlung iS dieser Vorschrift zu verstehen ist, wird in **§ 28 Abs. 1** näher erläutert und ausgestaltet (siehe hierzu die Kommentierung bei § 28).

12 Danach umfasst die ärztliche- und zahnärztliche Behandlung die Tätigkeit des Arztes/Zahnarztes, die zur Verhütung, Früherkennung und Behandlung von Krankheiten nach den Regeln der ärztlichen/zahnärztlichen Kunst ausreichend und zweckmäßig ist. Dabei erstreckt sich der Arztvorbehalt grundsätzlich auf die gesamte ärztliche und zahnärztliche Behandlung, die das „**Kernstück**"[33] der Krankenbehandlung ausmacht. Zur ärztlichen Behandlung gehört ebenso die psychotherapeutische Behandlung (§ 27 Abs. 1 S. 2 Nr. 1).[34] Schließlich obliegt den Ärzten und Zahnärzten auch die Feststellung der Arbeitsunfähigkeit (§ 46). Die zugelassenen Ärzte und Zahnärzte bilden daher die **zentrale Anlauf- und Verteilungsstelle** für die Versicherten der GKV.[35]

13 Weitere Bestandteile der Krankenbehandlung iS des § 27 Abs. 1 S. 2, nämlich die Versorgung mit Arznei-, Verband-, Heil- und Hilfsmitteln, häuslichen Krankenpflege und Haushaltshilfe, Krankenhausbehandlung, Rehabilitationsleistungen, Belastungserprobung und Arbeitstherapie, werden durch ärztlich Verordnung veranlasst (§ 73 Abs. 2 Nr. 5–8). Dagegen ist in der Rechtsprechung anerkannt und ergibt sich auch aus der ratio der Vorschrift, dass der Arztvorbehalt im Hilfsmittelbereich keine Anwendung

---

26 BVerfG, 15.12.1997, 1 BvR 1953/97, MedR 1998, 269; LSG BW, 27.1.2009, L 11 KR 3126/08.
27 Vgl. BVerfG, 6.12.2005, 1 BvR 347/98, SozR 4-2500 § 27 Nr. 5 = BVerfGE 115, 25.
28 BVerfG, 15.12.1997, 1 BvR 1953/97, MedR 1998, 269.
29 BSG, 1.3.1979, 6 RKa 13/77, SozR 2200 § 368 Nr. 4 = BSGE 48, 47; BSG, 12.5.1993, 6 RKa 21/91, SozR 3-2500 § 15 Nr. 2 = BSGE 72, 227; Fastabend/Schneider, Das Leistungsrecht der gesetzlichen Krankenversicherung, Rn. 48.
30 BSG, 9.3.1982, 3 RK 43/80, SozR 2200 § 182 Nr. 80 = BSGE 53, 144 mwN.
31 Gesetz über die Ausübung der Zahnheilkunde vom 31.3.1952, BGBl. I, 221.
32 Schelling in: Spickhoff, Medizinrecht, § 2 BÄO Rn. 2.
33 Nolte in: KassKomm, § 15 SGB V Rn. 4.
34 § 28 Abs. 3 S. 1 SGB V; zum früheren Recht BSG, 30.3.1993, 3 RK 1/93, SozR 3-2500 § 15 Nr. 1 = BSGE 72, 148; BSG, 12.5.1993, 6 RKa 21/91, SozR 3-2500 § 15 Nr. 2 = BSGE 72, 227: „Kernbereich".
35 Zur Schlüsselstellung und Entscheidungsmacht der Vertragsärzte: Steege in: von Wulffen/Krasney (Hrsg.), FS 50 Jahre BSG, 2004, S. 517, 523 ff., 527 f.

findet und damit das Fehlen einer vertragsärztlichen Verordnung den Leistungsanspruch auf ein Hilfsmittel grundsätzlich nicht ausschließen kann.[36] Liegt der Schwerpunkt der Versorgung jedoch auf einer Therapieleistung, unabhängig davon, ob im Rahmen dieser Therapie ein Hilfsmittel zum Einsatz kommt, gilt der Arztvorbehalt.[37]

Zur **zahnärztlichen Behandlung** gehört nach § 28 Abs. 2 die Tätigkeit des Zahnarztes, die der Verhütung, Früherkennung und Behandlung von Zahn-, Mund- und Kieferkrankheiten dient. Das bedeutet aber nicht, dass damit das Vorliegen einer Zahn-, Mund- oder Kieferkrankheit im eigentlichen Sinne verlangt wird. Nach der Rechtsprechung des BSG besteht eine Leistungspflicht der gesetzlichen Krankenkassen auch dann, wenn eine sonstige Erkrankung die zahnärztliche Behandlung erfordert, ohne dass an den Zähnen, im Mund oder am Kiefer selbst ein krankhafter zahnheilkundlicher Befund zu erheben ist.[38] Dies folgt bereits aus dem im Krankenversicherungsrecht geltenden Prinzips, dass es grundsätzlich unerheblich ist, aus welchen Gründen der Versicherte der ärztlichen oder zahnärztlichen Behandlung bedarf, so dass ein anderer Ansatz systemfremd wäre. Auch wäre eine an der Krankheitsursache ansetzende Differenzierung des Versicherungsschutzes schon deshalb nicht durchzuhalten, weil sich die Ursache erst während der Behandlung herausstellt oder häufig ganz verborgen bleibt. 14

§ 28 Abs. 2 ist somit **erweiternd** auszulegen, dass auch Eingriffe an ordnungsgemäß sanierten und deshalb aus zahnmedizinischer Sicht nicht behandlungsbedürftigen Zähnen zur zahnärztlichen Behandlung iS dieser Vorschrift zu rechnen sind, wenn dadurch eine andere, allgemeinmedizinische Erkrankung behoben werden kann.[39] Hierfür spricht auch § 27 Abs. 1 S. 2 Nr. 2, wonach jegliche zahnärztliche Behandlung in den Leistungsumfang einbezogen ist. Eine in diesem Sinne nur „mittelbare" Behandlung[40] bedarf jedoch nach der Rechtsprechung des BSG einer speziellen Rechtfertigung und einer besonders umfassenden Abwägung zwischen voraussichtlichem medizinischen Nutzen und möglichem gesundheitlichen Schaden. Noch strengere Anforderungen müssen dann gelten, wenn die mittelbare Behandlung eine gezielte Verletzung des gesunden Körpers voraussetzt.[41] Geht es also etwa um den Austausch von Amalgam- gegen Kunststofffüllungen ist eine solche Maßnahme in der Regel nur gerechtfertigt, wenn eine Amalgamunverträglichkeit etwa durch einen Epicutan-Test nachgewiesen wurde.[42] 15

Zu den zahnärztlichen Behandlungsmaßnahmen gehören auch Röntgendiagnostik, konservierende und chirurgische Leistungen.[43] 16

cc) Leistungserbringung durch Assistenten und angestellte Ärzte. Eine persönliche Leistungserbringung iSv § 15 wird auch angenommen, wenn der Vertragsarzt die Leistung zwar nicht selbst, jedoch durch einen **genehmigten Assistenten** oder **angestellten Arzt** gem. § 32 b Ärzte-ZV in seiner Entscheidungs- und Durchführungskompetenz erbringen lässt.[44] Entsprechende Regelungen finden sich für Weiterbildungs- und Entlastungsassistenten in § 32 Abs. 2 Ärzte-ZV und für sog Jobsharing-Assistenten bzw. angestellte Ärzte in § 32 b Abs. 1 Ärzte-ZV. Nach § 15 Abs. 1 S. 2 BMV-Ä sind damit auch die ärztlichen Leistungen von angestellten Ärzten und Assistenten persönliche Leistungen des Vertragsarztes, soweit diese Leistungen dem Vertragsarzt als Eigenleistungen zugerechnet werden können. Über diese Zurechnungsvorschrift wird der Grundsatz der **persönlichen Leistungserbringung** durchbrochen. Hintergrund dieser Regelung ist, den Praxisinhaber durch Assistenten oder angestellte Ärzte 17

---

36 Vgl. BSG, 16.9.1999, B 3 KR 1/99 R, SozR 3-2500 § 33 Nr. 33 = BSGE 84, 266; BSG, 28.6.2001, B 3 KR 3/00 R, SozR 3-2500 § 33 Nr. 41= BSGE 88, 204; BSG, 10.3.2010, B 3 KR 1/09 R, SozR 4-2500 § 33 Nr. 29; SchlHLSG, 15.12.2011, L 5 KR 31/10; LSG Bln-Bbg, 11.4.2011, L 9 KR 94/11 B ER. Vgl. hierzu und zur neuen Hilfsmittelrichtlinie sowie zur Änderung des § 33 Abs. 5 a SGB V Zimmermann, KrV 2012, 243 ff.
37 LSG Bln-Bbg, 19.10.2012, L 1 KR 140/12.
38 BSG, 6.10.1999, B 1 KR 13/97 R, SozR 3-2500 § 28 Nr. 4 = BSGE 85, 56, 59 f.
39 BSG, 6.10.1999, B 1 KR 13/97 R, SozR 3-2500 § 28 Nr. 4 = BSGE 85, 56, 59 f.
40 So BSG, 6.10.1999, B 1 KR 13/97 R, SozR 3-2500 § 28 Nr. 4 = BSGE 85, 56, 59 f.
41 Im Übrigen werden die Interessen der Versichertengemeinschaft durch solche Eingriffe besonders nachhaltig berührt, weil eventuelle Folgekosten der zu Therapiezwecken vorsätzlich veranlassten Gesundheitsschädigung wiederum die Gemeinschaft belasten können, BSG, 6.10.1999, B 1 KR 13/97 R, SozR 3-2500 § 28 Nr. 4 = BSGE 85, 56, 59 f.
42 Vgl. LSG RhPf, 22.10.1992, L 5 K 30/92, Breith. 1993, 374; SchlHLSG, 8.3.1994, L 1 Kr 138/93, SozSich 1995, 72.
43 Zu den zahnärztlichen Leistungen: Richtlinie des GBA für eine ausreichende, zweckmäßige und wirtschaftliche vertragszahnärztliche Versorgung (Behandlungsrichtlinie) vom 4.6.2003/ 24.9.2003; zuletzt geändert am 1.3.2006, veröffentlicht im BAnz 2006, S. 4466.
44 § 15 Abs. 1 S. 2 BMV-Ärzte; vgl. etwa zum Vergütungsausschluss bei Leistungen eines nicht genehmigten Assistenten BSG vom 10.5.1995, 6 RKa 30/94, SozR 3-5525 § 32 Nr. 1 S 3 f.

zu entlasten. Die Genehmigung ist jedoch immer zwingende Voraussetzung für die Leistungszurechnung.[45] Darüber hinaus wird man auch verlangen müssen, dass sich der Vertragsarzt von der formalen Qualifikation des anderen Arztes überzeugen muss. Erst dann darf er darauf vertrauen, dass der die Leistung erbringende Arzt die ärztliche Behandlung mit der erforderlichen Qualität und Sorgfalt erbringt. Eine weitergehende Überprüfung ist nur dann erforderlich, wenn konkrete Anhaltspunkte für Zweifel an der Qualifikation bestehen.

18 Das Vorgesagte gilt jedoch nicht für **ermächtigte Krankenhausärzte**.[46] § 32a Ärzte-ZV sieht eine Tätigkeit von Assistenten nicht vor und unterscheidet sich damit grundlegend von der Vorschrift des § 32 Abs. 2 Ärzte-ZV, die Vertragsärzten die Beschäftigung von Ausbildungs- und Sicherstellungsassistenten ermöglicht, wenn dies von der KÄV genehmigt wird. Einer entsprechenden Anwendung des § 32 Abs. 2 auf ermächtigte Ärzte steht entgegen, dass der Gesetzgeber die früher in § 368a Abs. 8 S. 3 RVO geregelte Gleichstellung von beteiligten Krankenhausärzten und Kassenärzten mit dem am 1.1.1989 in Kraft getretenen Gesundheitsreformgesetz (GRG) gerade aufgegeben hat, indem er für die (nunmehr) ermächtigten Krankenhausärzte die Spezialvorschriften der §§ 31, 31a und 32a Ärzte-ZV eingeführt hat.[47] Der ermächtigte Krankenhausarzt ist damit nicht berechtigt, Assistenzärzte, die in seinem Krankenhaus tätig sind, mit der Durchführung von ambulanten ärztlichen Leistungen zu betrauen, die Gegenstand seiner Ermächtigung sind.[48]

19 dd) **Modellvorhaben nach § 63 Abs. 3c.** Mit der Neuregelung des Abs. 1 S. 1 können nunmehr Angehörige der im Krankenpflegegesetz und im Altenpflegegesetz geregelten Berufe in **Modelvorhaben** nach § 63 Abs. 3c einzelne, bisher den Ärzten vorbehaltene Leistungen erbringen. So können oben genannte Berufsangehörige nach dieser Vorschrift, Verbandsmittel und Pflegehilfsmittel verordnen und die inhaltliche Ausgestaltung der häuslichen Krankenpflege einschließlich deren Dauer vornehmen, soweit diese aufgrund ihrer Ausbildung qualifiziert sind und es sich bei der Tätigkeit nicht um die **selbständige** Ausübung von Heilkunde[49] handelt. Sie treten in diesen Fällen als eigenständige Leistungserbringer auf.[50] Problematisch wäre eine Übertragung dann, wenn hiermit der **Kernbereich** der ärztlichen Leistung (→ Rn. 29ff.) angetastet werden würde.

20 Es geht in dem Modellvorhaben also um eine über die Delegation hinausgehende Übertragung ärztlicher Aufgaben auf nichtärztliche Gesundheitsberufe, speziell Pflegeberufe. Vorbild hierfür war die Advanced Nurse Practitioner in den USA.[51] Inzwischen gibt es in Deutschland eine Reihe von Modellprojekten, die eine Ausweitung der delegierten Leistungen beinhalten oder zum Ziel haben, wie zum Beispiel „EVA" (entlastende Versorgungsassistentin), „AGnES" (arztentlastende, gemeindenahe, E-Health-gestützte, systemische Intervention) oder „VERAH" (Versorgungsassistentin in der Hausarztpraxis).[52]

21 **2. Hilfeleistungen durch andere Personen (Abs. 1 S. 2).** Als **Ausnahme** vom Arztvorbehalt (höchstpersönliche Leistungserbringung) können Hilfeleistungen (**delegierbare** Leistungen) auch durch andere Personen erbracht werden, wenn sie vom Arzt angeordnet und von diesem verantwortet werden.[53] Hierbei handelt es sich um Tätigkeiten, die dem ärztlichen/zahnärztlichen Berufsrecht zuzurechnen sind, die der Krankenbehandlung dienen und die der Arzt/Zahnarzt aufgrund seines überlegenen Fachwissens verantworten kann.[54] Die Einbindung einer Hilfsperson erfolgt im Wege der **Delegation**.[55] Ebenso sieht in Übereinstimmung mit §§ 15 und 28 die Regelung in § 15 BMV-Ä vor, dass persönliche Leistungen auch Hilfeleistungen **nichtärztlicher** Mitarbeiter sind, die der Arzt anordnet und fachlich überwacht, wenn der nichtärztliche Mitarbeiter zur Erbringung der jeweiligen **Hilfeleistung** qualifiziert ist.

---

45 BSG, 10.5.1995, 6 RKa 30/94, SozR 3-5525 § 32 Ärzte-ZV Nr. 1; LSG Nds-Brem, 12.7.2006, L 3 KA 69/05, MedR 2007, 71 f.
46 LSG Nds-Brem, 27.10.2004, L 3 KA 209/04 ER, MedR 2005, 60.
47 Vgl. hierzu LSG BW, 15.2.1995, L 5 Ka 415/93.
48 LSG Nds-Brem, 27.10.2004, L 3 KA 209/04 ER, MedR 2005, 60; LSG Nds-Brem, 8.6.2016, L 3 KA 28/13, juris Rn. 31; Kamps, MedR 2003, 63, 75; Steinhilper, MedR 2003, 339; Jolitz, MedR 2003, 340 f.
49 Was unter der Ausübung der Heilkunde zu verstehen ist, wird in § 1 Abs. 2 Heilpraktikergesetz legal definiert.
50 BT-Dr. 16/7439, 97.
51 Klakow-Franck in: Arbeitsgemeinschaft Rechtsanwälte im Medizinrecht eV (Hrsg.), Delegation und Substitution – wenn der Pfleger den Doktor ersetzt, 2010, S. 53, 55.
52 Heberlein, ZMGR 2012, 75, 79 mwN.
53 LSG Bln-Bbg, 21.1.2013, L 9 KR 333/12 B.
54 BSG, 10.5.1995, 1 RK 20/94, SozR 3-2500 § 28 Nr. 1 = BSGE 76, 109.
55 Kunte, SGb 2009, 689, 690.

Was jedoch delegiert werden kann, ist weder im SGB V noch in anderen gesetzlichen Vorschriften geregelt. Es gibt leidglich einige Normen, die konkrete Anforderungen enthalten, wie etwa § 1 Abs. 5 ZHG, der für Zahnärzte bestimmt, dass approbierte Zahnärzte im Einzelnen aufgeführte Tätigkeiten an dafür qualifiziertes Prophylaxepersonal mit abgeschlossener Ausbildung wie zahnmedizinische Fachhelferin delegieren können, ua Röntgenaufnahmen, Entfernung von Belägen, Herstellung provisorischer Kronen und Brücken, Erklärung der Ursache von Karies und Parodontopathien sowie Einfärben der Zähne, Kariesrisikobestimmung und Versiegelung von kariesfreien Fissuren etc Zum Teil sind die Qualifikationsanforderungen aber auch recht unbestimmt gehalten, wie etwa § 7 Abs. 2 TFG zeigt, wonach die Entnahme der Spende nur durch einen Arzt oder „durch anderes qualifiziertes Personal unter der Verantwortung einer ärztlichen Person erfolgen" darf.

Zunächst ist klarzustellen, dass eine Delegation der ärztlichen Leistung unter dieser Prämisse nur in den Fällen in Betracht kommen kann, in denen es sich um eine echte „**Hilfstätigkeit**"[56] zur ärztlichen/zahnärztlichen Behandlung handelt, bei denen der Arzt/Zahnarzt die Hilfsperson persönlich **anleitet und beaufsichtigt**[57] und den Erfolg der Maßnahme nicht nur durch eine nachträgliche Kontrolle, sondern durch **Rücksprache** mit der Hilfsperson und durch **Untersuchung** des Patienten gewährleistet.[58] Aus dem Wortlaut sowie dem Sinn und Zweck der Vorschrift ergibt sich, dass eine Delegation der Behandlung und damit eine Durchbrechung vom Gebot der persönlichen Leistungserbringung nur im engen Rahmen erfolgen darf, dh, die Behandlung muss weiterhin vom Arzt **geleitet** und ihm insgesamt **zugeordnet** werden können.[59] Eine fachliche Überwachung der nichtärztlichen Hilfskraft setzt voraus, dass der Arzt während der Durchführung der angeordneten Maßnahme durch sie anwesend ist und im Falle von Komplikationen sofort eingreifen kann. Diese Voraussetzungen sind zum Beispiel dann nicht erfüllt, wenn die nichtärztliche Hilfskraft einen Hausbesuch zur Katheterisierung alleine durchgeführt hat.[60] Eine **Hilfstätigkeit** in diesem Sinne liegt nach der Rechtsprechung des BSG deshalb nur dann vor, wenn die Mitwirkung des nichtärztlichen Personals „die Bedeutung der Handreichung für den Arzt nicht überschreitet".[61]

Als mögliche **Hilfspersonen**, an die Hilfsaufgaben delegiert werden dürfen, kommen daher nur Sprechstundenhilfen, Arzthelferinnen, medizinisch-technische Assistenten, Röntgenassistenten, medizinische Bademeister, Masseure, Krankengymnasten, Podologen, Logopäden, Beschäftigungs- und Arbeitstherapeuten, Fußpfleger und nichtärztliche Psycho- und Verhaltenstherapeuten in Betracht.[62] Allen diesen Berufsgruppen ist gemeinsam, dass eine eigenständige operative oder invasive Behandlung durch diese Personen nicht durchgeführt wird.[63] Es handelt sich um Tätigkeiten, die eine die ärztliche Behandlung lediglich **unterstützende** Funktion erfüllen und die sowohl vom **Behandlungsumfang** als auch von der **Behandlungsintensität** her der Behandlung durch den Arzt **untergeordnet** sind. Im Umkehrschluss bedeutet dies, dass alle Maßnahmen, die aufgrund ihres Gefährdungspotentials oder der mit ihnen verbundenen besonderen Schwierigkeiten und Risiken eine ärztliche Qualifikation, also spezifisches Fachwissen, bedürfen, vom Arzt auszuführen sind (hierzu näher → Rn. 28 ff.).

Dagegen kann ein Heilpraktiker,[64] aber auch ein Chiropraktiker,[65] nicht als Hilfsperson des Arztes tätig werden. Das BVerfG[66] hat in seinem Beschluss vom 10.5.1988 entschieden, dass die den **Heilpraktiker** betreffenden berufsrechtlichen Normen des Heilpraktikergesetzes und der dazu ergangenen Verordnung allein der Gefahrenabwehr iS einer Unbedenklichkeitsbescheinigung dienen. Bei der Heil-

---

56 Vgl. schon BT-Dr. 11/2237, 171; LSG NRW, 25.9.1996, L 11 Ka 41/96, MedR 1997, 94, 95; Steinhilper in: Rieger, Lexikon des Arztrechts, 2. Aufl. 2001, „persönliche Leistungserbringung", Rn. 17.
57 BSG, 22.11.1968, 3 RK 47/66, SozR Nr. 34 zu § 182 RVO = BSGE 29, 27, 29; BSG, 6.5.1975, 6 RKa 22/74, SozR 5536 § 2 Nr. 2 = BSGE 39, 288, 289.
58 BSG, 25.7.1979, 3 RK 45/78, SozR 2200 § 182 RVO Nr. 48; Fastabend/Schneider, Das Leistungsrecht der gesetzlichen Krankenversicherung, Rn. 49.
59 BSG, 25.7.1979, 3 RK 45/78, SozR 2200, § 182 RVO Nr. 48; BayLSG, 12.3.1998, L 4 KR 119/96, NZS 1998, 572.
60 SG Stuttgart, 9.11.1994, S 10 Ka 1658/94.
61 BSG, 6.5.1975, 6 RKa 22/74, SozR 5536 § 2 Nr. 2 = BSGE 39, 288, 290.
62 Nolte in: KassKomm, § 15 SGB V Rn. 8; Didong in: jurisPK-SGB V, § 15 Rn. 22; Muckel, Sozialrecht, 2. Aufl. 2007, § 8 Rn. 103.
63 So Fastabend/Schneider, Das Leistungsrecht der gesetzlichen Krankenversicherung, Rn. 49: „Nicht delegationsfähig sind Maßnahmen, die im Einzelfall eine ärztliche Qualifikation erfordern oder mit besonderen Schwierigkeiten oder Gefahren verbunden sind, wie operative oder invasive diagnostische Eingriffe."
64 BSG, 1.3.1979, 6 RKa 13/77, SozR 2200 § 368 Nr. 4 = BSGE 48, 47.
65 BSG, 22.11.1968, 3 RK 47/66, SozR Nr. 34 zu § 182 RVO = BSGE 29, 27.
66 BVerfG, 10.5.1988, 1 BvR 111/77, SozR 2200 § 368 Nr. 11 = BVerfGE 78, 155, 163.

praktikererlaubnis handelt es sich nämlich nicht um eine positive staatliche Anerkennung iS eines Befähigungsnachweises, so dass dieser Zweck dem Ziel der gesetzlichen Krankenversicherung nicht gerecht werde. Der Ausschluss der Heilpraktiker von der selbstständigen Behandlung der Versicherten ist daher nicht geeignet, aber auch erforderlich, das Ziel der gesetzlichen Krankenversicherung zu verwirklichen, dem Versicherten eine möglichst sachkundige Behandlung zukommen zu lassen. Daran ist festzuhalten. Der Gesetzgeber generalisiert in verfassungsrechtlich erlaubter Weise, wenn er nur durch approbierte Ärzte die Erhaltung des Gesundheitszustandes und eine rasche und sichere Heilung der Versicherten im Krankheitsfall gewährleistet sieht.

26 Auch Diätassistenten, die Leistungserbringer von Heilmitteln sind,[67] und Hebammen, die für ihren Tätigkeitsbereich eigenverantwortlich tätig sind,[68] zählen regelmäßig nicht zu den Hilfspersonen nach Abs. 1 S. 2.

27 Eine weitere **Ausnahme** vom Arztvorbehalt hat das BSG nur im Falle einer Versorgungslücke zugelassen. So ist etwa die Einbeziehung von Nichtärzten in die vertragsärztliche Versorgung kraft Ermächtigung möglich, wo Versorgungslücken bei der Erbringung von Sachleistungen, die den Arzt bei der ihm vorbehaltenen Diagnose lediglich unterstützen, wie zB Laboruntersuchungen, zu schließen sind.[69]

28 **3. Grenzen der Delegation.** Eine Delegation der Behandlung ist zwar wie erörtert in gewissem Umfang auf Hilfspersonen bzw. die Hinzuziehung nicht-ärztlicher Personen zulässig und worauf auch zurecht hingewiesen wird, in der Praxis unumgänglich,[70] jedoch dürfen diese Durchbrechungen vom Gebot der persönlichen Leistungserbringung nur im **engen Rahmen** erfolgen, dh die Behandlung muss weiterhin vom Arzt geleitet und ihm insgesamt zugeordnet werden können.[71]

29 Nach allgemeiner Meinung bestimmt sich die Grenze der Delegationsfähigkeit danach, wo der **Kernbereich** der ärztlichen Tätigkeit beginnt, wobei dieser Kernbereich der ärztlichen Tätigkeit bisher nicht beschrieben worden ist.[72] Daraus wird nicht selten gefolgert, dass sich die Eingrenzung, was noch und was nicht mehr zum ärztlichen Kernbereich gehört, in einer „medizinischen Grauzone" befinde.[73] Richtig ist, dass was im Einzelnen zum Kernbereich ärztlicher/zahnärztlicher Leistung gehört, nicht ausdrücklich geregelt ist, auch wenn sich in einigen Gesetzen Bestimmungen dazu finden, was nicht delegiert werden darf.[74] War etwa noch vor einigen Jahrzehnten das Geben einer Spritze, selbst eine subkutane Injektion, ausschließlich dem Arzt vorbehalten,[75] so sind inzwischen einfachere Injektions-, Infusions-, Punktionstätigkeiten uä grundsätzlich delegierbar;[76] dagegen werden etwa solche Injektionen, von denen für den Patienten eine erhöhte Gefahr ausgehen können, nach wie vor dem Arzt vorbehalten sein. Grundsätzlich wird man aber wohl sagen müssen, dass der Kernbereich ärztlichen Handelns, wenn auch zum Teil nur für den **Einzelfall** bestimmbar ist, und zwar mithilfe medizinischer Kriterien und letztlich über die Kontrollfunktion des Rechts.[77]

30 Bei der Delegation für die unter dem Arztvorbehalt stehenden Leistungen an nichtärztliches Personal wurden zunächst **drei Fallgruppen** unterschieden: Nicht delegationsfähige Leistungen, generell delegationsfähige Leistungen und im Einzelfall delegationsfähige Leistungen.[78] In dem von der Bundesärztekammer und der Kassenärztlichen Bundesvereinigung am 29.8.2008 herausgegebenen Positionspapier[79] findet sich die Unterscheidung zwischen „grundsätzlich delegationsfähig" und „im Einzelfall delegationsfähige Leistungen" nicht mehr. Vielmehr wird darauf abgestellt, ob Leistungen wegen ihrer Schwierigkeit, ihrer Gefährlichkeit für den Patienten oder wegen der Unvorhersehbarkeit etwaiger Re-

---

67 BSG, 28.6.2000, B 6 KA 26/99 R, SozR 3-2500 § 138 Nr. 1 = BSGE 86, 223; Waltermann in: Kreikebohm/Spellbrink/Waltermann, § 15 SGB V Rn. 5.
68 Vgl. Nolte in: KassKomm, § 15 SGB V Rn. 7; Waltermann in: Kreikebohm/Spellbrink/Waltermann, § 15 SGB V Rn. 5; Didong in: jurisPK-SGB V, § 15 Rn. 22.
69 Vgl. BSG, 9.8.1974, 3 RK 67/73, SozR 2200 § 368a Nr. 4 = BSGE 38, 73.
70 Lang in: Becker/Kingreen, § 15 Rn. 12: „Jede andere Regelung verfehlte die Praxis der ärztlichen und zahnärztlichen Behandlung, die auf die Mithilfe anderer Personen angewiesen ist."
71 BSG, 25.7.1975, 3 RK 45/78, SozR 2200 § 182 Nr. 48.
72 Vgl. Kern in: Laufs/Kern, Handbuch des Arztrechts, 4. Aufl. 2010, § 45 Rn. 2, 5, 8; Kunte, SGb 2009, 689, 690; Hahn, NJW 1981, 1977, 1980; Heinze/Jung, MedR 1985, 62, 65, 67.
73 Siehe nur Kunte, SGb 2009, 689, 690.
74 Siehe hierzu bereits oben Rn. 22 und § 5 TPG, § 28 SGB V, § 24 IfSG, § 9 ESchG, § 48 AMG und § 13 BtMG.
75 Goldhahn/Schläger, Fehler und Gefahren bei Einspritzungen und ihre rechtlichen Folgen, 1948, S. 61.
76 Laufs in: Laufs/Uhlenbruck, Handbuch des Arztrechts, 3. Aufl. 2002, § 101, Rn. 11.
77 Kern in: Laufs/Kern, Handbuch des Arztrechts, 4. Aufl. 2010, § 45 Rn. 8.
78 So im Gutachten des Sachverständigenrats vom 7.9.2007, abgedruckt in BT-Dr. 16/6339, S. 60.
79 DÄBl. 2008, A-2173.

aktionen unter Einsatz seiner spezifischen Fachkenntnis und Erfahrung nur vom Arzt höchstpersönlich erbracht werden müssen.[80] Eine Gefährlichkeit für den Patienten ist danach dann gegeben, wenn die nicht fachgerechte Durchführung einer Leistung durch einen nichtärztlichen Mitarbeiter den Patienten (zB bei einem operativen Eingriff) unmittelbar schädigen oder ihm (zB durch Nichterkennen krankhafter Befunde bei diagnostischen Maßnahmen) erst zu einem späteren Zeitpunkt erkennbar werdende Schäden verursachen kann.[81] Aus diesen Gründen höchstpersönliche Leistungen des Arztes sind insbesondere Anamnese, Indikationsstellung, Untersuchung des Patienten einschließlich invasiver diagnostischer Leistungen, Stellen der Diagnose, Aufklärung und Beratung des Patienten, Entscheidung über die Therapie und Durchführung invasiver Therapien einschließlich der Kernleistungen operativer Eingriffe.[82]

In der Literatur finden sich zur Delegationsfähigkeit ebenso abgegrenzt nach der Schwierigkeit und der Gefahr für den Patienten die Kriterien: Relative Einfachheit der Maßnahme im Verhältnis zum Kenntnisniveau des Delegationsadressaten, relative Ungefährlichkeit des Eingriffs im Verhältnis zum Gesundheitszustand des Patienten und die Beherrschbarkeit durch den nichtärztlichen Mitarbeiter.[83] 31

IV. Inanspruchnahme von Leistungen (Abs. 2 bis 6)

1. Elektronische Gesundheitskarte (Abs. 2). a) Zweck und Funktion. Die ursprünglich zum 1.1.1992 geplante und dann erst mit Wirkung vom 1.1.1995[84] bundesweit als **Chip-Karte** eingeführte Krankenversichertenkarte, die nunmehr (seit dem 1.1.2015) durch die elektronische Gesundheitskarte abgelöst wurde, hatte zunächst den Krankenschein in der GKV abgelöst und ersetzt. Sowohl die ursprüngliche Speicherkarte als auch die elektronische Gesundheitskarte, erweitert um die Angaben des Geschlechts und Zuzahlungsstatus, ermöglicht(e) vor allem den **Datenaustausch** zwischen Arztpraxen, Kassenärztlichen Vereinigungen, Apothekerrechenzentren und Krankenkassen.[85] Die Weiterentwicklung der Krankenversichertenkarte zur elektronischen Gesundheitskarte, deren Einführung gem. § 291 a bereits zum 1.1.2006 vorgesehen war, befand sich lange Zeit in der Testphase.[86] Die Einführung der elektronischen Gesundheitskarte – zunächst mit eingeschränkten Funktionen – erfolgte ab dem 1.10.2011 neben der bisherigen Krankenversichertenkarte stufenweise[87] bis zur jetzigen ausschließlichen Geltung.[88] 32

Problematisch und umstritten ist die elektronische Gesundheitskarte vor allem wegen der medizinischen Daten, die darauf gespeichert werden können (wie etwa Notfallinformationen, Untersuchungen wie Röntgenaufnahmen, Arzneimitteldokumentationen, elektronische Patientenakten, elektronischer Arztbriefe).[89] Sie sollen der Unterstützung von Ärzten und Apotheker dienen, die mithilfe der Daten Wechselwirkungen, bereits vorgenommene Therapien und Untersuchungen sowie Unverträglichkeiten prüfen und reduzieren können.[90] Auf diese Daten soll allerdings im Rahmen des § 15 kein Zugriff genommen werden. Die Nutzung und die beschränkte Zugriffsberechtigung richtet sich vielmehr nach § 291 a. Die bisher hierzu ergangene Rechtsprechung sieht in der derzeitigen gesetzlichen Ausgestaltung der elektronischen Gesundheitskarte keine Verletzung des Rechts auf informationelle Selbstbestimmung aus Art. 2 Abs. 1 iVm 1 Abs. 1 GG durch die Pflicht zur Abgabe bzw. Zurverfügungstellung von Lichtbild und Unterschriftsleistung sowie der zur Identifikation dienenden Angaben von Namen, Geburtsdatum, Geschlecht, Anschrift, und Versichertennummer nach §§ 291 Abs. 2, 291 a Abs. 2 S. 1.[91] 33

---

80 BÄK/KBV, DÄBl. 2008, A-2173, 2174.
81 BÄK/KBV, DÄBl. 2008, A-2173, 2174.
82 Siehe BÄK/KBV, DÄBl. 2008, A-2173, 2174.
83 Kunz-Schmidt, MedR 2009, 517, 521.
84 Der ursprünglich vorgesehene Termin 1.1.1992 (§ 291 idF des GSG) konnte nicht eingehalten werden.
85 Hellkötter in: LPK-SGB V, § 15 Rn. 12.
86 Zur Einführung der elektronischen Gesundheitskarte und den damit verbundenen Problemen Fuchs, KrV 2006, 127 ff.
87 Vgl. hierzu Bales/von Schwanenflügel, NJW 2012, 2475, 2477; Kluckhuhn, ZM 2011, Nr. 5, 16; Höfer, BKK 2010, 596.
88 Nach der Rspr. des SG Düsseldorf, 28.6.2012, S 9 KR 111/09 (mAnm Geuer, jurisPR-ITR 17/2012 Anm. 6) gab es weder einen gesetzlich noch verfassungsrechtlich herleitbaren Anspruch des Versicherten auf Befreiung von der Einführung. Das Berufungsgericht (HessLSG, 26.9.2013, L 1 KR 50/13) hat sich der erstinstanzlichen Entscheidung vollumfänglich angeschlossen.
89 Siehe § 291 a Abs. 3 SGB V.
90 BT-Dr. 15/1525, 144.
91 LSG Bln-Bbg, 20.3.2015, L 1 KR 18/14, ZD 2015, 446; LSG BW, 21.6.2016, L 11 KR 2510/15, RDV 2016, 274.

34 Abs. 2 eröffnet dem Versicherten die Möglichkeit, ärztliche, zahnärztliche sowie psychotherapeutische Behandlung **unmittelbar** und ohne vorherige Einschaltung der gesetzlichen Krankenkasse in Anspruch zu nehmen. Der Versicherte muss folglich keinen Leistungsantrag, wie ihn § 19 S. 1 SGB IV für alle Leistungen der GKV vorsieht, stellen. Mit der elektronischen Gesundheitskarte weist der Versicherte das Bestehen seiner Mitgliedschaft bei der ausstellenden Krankenkasse und damit die daraus resultierende Leistungsberechtigung gegenüber dem Arzt/Zahnarzt nach. Er bringt damit gleichzeitig zum Ausdruck, dass er die (zahn)ärztliche Behandlung als Sachleistung der gesetzlichen Krankenversicherung in Anspruch nehmen will.

35 Die elektronische Gesundheitskarte stellt damit eine **Beweisurkunde**, aber kein Wertpapier im rechtlichen Sinne dar, weil lediglich die Zugehörigkeit zu einer gesetzlichen Krankenkasse bescheinigt, aber kein Forderungsrecht gegenüber dem Vertragsarzt verbrieft wird.[92] Damit ist die elektronische Gesundheitskarte ein **Ausweispapier**, mit dem der Versicherte seinen Versicherungsschutz nachweist.[93] Für den Arzt stellt die elektronische Gesundheitskarte den **Nachweis** dar, dass der um ärztliche Leistungen nachsuchende Patient berechtigt ist, vertragsärztliche Leistungen in Anspruch zu nehmen.[94] Auch wurde höchstrichterlich entschieden, dass den Versicherten kraft Gesetzes die Obliegenheit trifft, die elektronische Gesundheitskarte bei Inanspruchnahme vertragsärztlicher Leistungen vor Beginn der Behandlung zum Nachweis seiner Berechtigung dem Vertrags(zahn)arzt auszuhändigen.[95] Die Nachweisobliegenheit bezweckt, neben der Missbrauchsabwehr die Abrechnung von Leistungen (§ 291 Abs. 1 S. 3 SGB V) und der Übermittlung ärztlicher Verordnungen (§ 291 a Abs. 2 S. 1 Nr. 1 SGB V) zu ermöglichen.[96] Die Vorlage eines Überweisungsscheins ohne Gültigkeitsdatum der Versichertenkarte kann die Vorlagepflicht nach Abs. 2 nicht ersetzen.[97]

36 Da die elektronische Gesundheitskarte zu den Ausweispapieren zählt (→ Rn. 35), ist der Missbrauch gem. **§ 281 StGB strafbar**. Danach macht sich strafbar, wer die elektronische Gesundheitskarte, die für einen anderen ausgestellt ist, zur Täuschung im Rechtsverkehr benutzt oder wer die an ihn ausgestellte elektronische Gesundheitskarte einem andern zur Täuschung im Rechtsverkehr überlässt. Mit dem geforderten Lichtbild auf der elektronischen Gesundheitskarte (§ 291 Abs. 2 S. 1) soll eine solche Täuschung zukünftig (zumindest) erschwert werden.

37 Hat eine Krankenkasse Kenntnis davon erlangt hat, dass ein nicht bei ihr Versicherter zu ihren Lasten behandelt wurde, ist sie berechtigt, ihre Kostenübernahmeerklärung gegenüber dem Krankenhausträger zu widerrufen. Als Rechtsgrundlage für einen Rückzahlungsanspruch kommt nur ein öffentlich-rechtlicher Erstattungsanspruch in Betracht.[98] Dagegen verschafft die elektronische Gesundheitskarte **keinen Anspruch** des Versicherten **gegen den Vertragsarzt/-zahnarzt** oder andere Leistungserbringer auf eine bestimmte Behandlungsmaßnahme. Der Versicherte hat folglich auch kein von ihm unmittelbar durchsetzbares Forderungsrecht gegenüber dem Vertrags(zahn)arzt. Der Anspruch des Versicherten richtet sich vielmehr ausschließlich gegen die **Krankenkasse**. Die Erfüllung der vertragsärztlichen Pflichten können weder der Versicherte noch die Krankenkasse unmittelbar gegenüber dem Arzt durchsetzen. Die Kassenärztliche- bzw. Kassenzahnärztliche Vereinigung kann insbesondere mit Disziplinarmaßnahmen die Einhaltung der vertragsärztlichen Pflichten durchsetzen.[99]

38 Ob die elektronische Gesundheitskarte das sog **Ärzte-Hopping** verhindern kann,[100] ist zweifelhaft, da die Beachtung des in § 76 Abs. 3 zu beachtenden Gebots, wonach innerhalb eines Kalendervierteljahres der Arzt nur bei wichtigem Grund gewechselt werden soll, durch das elektronische Gesundheitskartensystem (§ 291) nicht kontrolliert werden kann. Derartige Informationen werden hierauf gerade nicht abgespeichert. Um eine Durchsetzung des Gebots zu erreichen, dient vielmehr § 76 Abs. 3 a.

39 **b) Inhalt und Geltungszeitraum.** Die elektronische Gesundheitskarte enthält, vorbehaltlich des § 291 a, ausschließlich die in § 291 Abs. 2 S. 1 Nr. 1–10 genannten Angaben. Deren Inhalt ist zwin-

---

92 Noftz in: Hauck/Noftz, SGB V, § 15 Rn. 18 b.
93 BSG, 17.4.1996 – 3 RK 19/95, SozR 3-2500 § 19 Nr. 2 = NZS 1997, 76; Noftz in: Hauck/Noftz, SGB V, § 15 Rn. 18 b.
94 VG Frankfurt, 18.10.2005 – 21 BG 1565/05, MedR 2006, 670.
95 BSG, 18.11.2014, B 1 KR 35/13 R, SozR 4-2500 § 291 a Nr. 1 = BSGE 117, 224.
96 LSG BW, 21.6.2016, L 11 KR 2510/15, RDV 2016, 274.
97 VG Frankfurt, 18.10.2005 – 21 BG 1565/05, MedR 2006, 670.
98 SG Duisburg, 16.3.2007 – S 9 KR 123/05, KRS 07.100.
99 Vgl. auch BSG, 14. 3. 2001, B 6 KA 67/00 R, MedR 2002, 47 = SGb 2001, 308 = KrV 2001, 184.
100 Siehe Lang in: Becker/Kingreen, § 15 Rn. 18.

gend und abschließend in § 291 Abs. 2 festgelegt.[101] Dabei handelt es sich insbesondere um Angaben zur Person des Versicherten, seinem Versicherungsstatus, Zuzahlungsstatus und Beginn des Versicherungsschutzes. Darüber hinaus kann die elektronische Gesundheitskarte auch Angaben über den Nachweis von Wahltarifen nach § 53, von zusätzlichen Vertragsverhältnissen und in den Fällen des § 16 Abs. 1 S. 1 Nr. 2 bis 4 und Abs. 3 a Angaben zum Ruhen des Anspruchs auf Leistungen enthalten (§ 291 Abs. 2 S. 2). Im Rahmen von § 15 Abs. 2 haben diese Angaben ausschließlich die Funktion des Nachweises der Berechtigung zur Inanspruchnahme von Leistungen.[102] Nach § 291 a Abs. 2 S. 1 muss die elektronische Gesundheitskarte durch zusätzliche Kapazitäten geeignet sein, Angaben für die Übermittlung ärztlicher Verordnungen (Nr. 1) und den Berechtigungsnachweis zur Inanspruchnahme von Leistungen im Bereich der EU, des Europäischen Wirtschaftsraums und der Schweiz aufzunehmen. Hierfür bedarf es aber der hinreichenden Information des vom Speicher- und Verarbeitungsmedium Betroffenen (§ 291 a Abs. 2 S. 2 iVm § 6 c BDSG).[103] § 291 a Abs. 3 S. 1 verpflichtet die Krankenkassen, die elektronische Gesundheitskarte mit Anwendungsprogrammen auszustatten, die das Erheben, Verarbeiten und Nutzen von weiteren Datenbereichen ermöglichen, insbesondere für die Notfallversorgung, den elektronischen Arztbrief, den Medikationsplan nach § 31 a und die elektronische Patientenakte. Die Verwendung dieser Funktionen durch die Zugriffsberechtigten (§ 291 a Abs. 4 S. 1 u. 5 a S. 1) bedarf der Einwilligung des Versicherten (§ 291 a Abs. 3 S. 4 ff., Abs. 5), der dann auch verlangen kann, dass die Daten gelöscht werden (Abs. 6).[104]

40 Nach § 291 Abs. 1 S. 5 gilt die elektronische Gesundheitskarte nur für die **Dauer der Mitgliedschaft** des Versicherten bei seiner Krankenkasse. Sie ist **nicht übertragbar**, so dass bei einem Krankenkassenwechsel des Mitglieds diese nicht weiter benutzt werden kann. Vielmehr stellt die nunmehr zuständige Krankenkasse eine neue Versichertenkarte aus. Die Gültigkeit der elektronischen Gesundheitskarte wird zumeist von der ausstellenden Krankenkasse nach § 291 Abs. 1 S. 7 **befristet**, um auf diese Weise Missbrauchsgefahren durch die Inanspruchnahme von Leistungen von nicht mehr Versicherten vorzubeugen.

41 c) Einziehung/elektronische Kartensperre. aa) Verpflichtung der Krankenkasse. Bei Beendigung des Versicherungsschutzes oder bei einem Wechsel der Krankenkassen hat die bisherige Krankenkasse die elektronische Gesundheitskarte gem. § 291 Abs. 4 S. 1 **einzuziehen**. Eine elektronische Kartensperre ohne Einziehung ist erst dann möglich, wenn die Onlinedienste nach § 291 Abs. 2 b zur Verfügung stehen. Aus dem Gesetzeswortlaut ergibt sich eine **Verpflichtung** der Krankenkasse zur Einziehung bzw. zum Sperren der Karte bei Vorliegen der genannten Fälle. Die Anordnung der Herausgabe zwecks Einziehung kann über den Erlass eines Verwaltungsakts angeordnet werden, der gleichzeitig den Titel zur verwaltungsrechtlichen Vollstreckung bildet.

42 bb) Vertrauensschutz bei unterbliebener Einziehung. Der **Vertragsarzt** wird bei unberechtigter oder missbräuchlicher Benutzung einer Krankenversichertenkarte in der Weise geschützt, dass er seinen **Honoraranspruch behält**. Vom Vertragsarzt wird jedoch verlangt, dass er sich über die Identität des Karteninhabers durch einen Unterschriftenvergleich vergewissert. Der Versicherte hat sowohl die Krankenversichertenkarte als auch den Abrechnungsschein des Arztes zu unterschreiben (§ 291 Abs. 1 S. 2 und 5). Bei einem formal einwandfreien Abrechnungsschein erhält der Vertragsarzt sein Honorar; gegen eine Rückforderung bei Nichtbestehen eines Versicherungsverhältnisses ist er geschützt, weil die Vertragspartner in § 19 Abs. 9 BMV-Ä vereinbart haben, dass die Krankenkasse für den Vergütungsanspruch bei Benutzung einer falschen Krankenversichertenkarte nur dann nicht haftet, wenn der Vertragsarzt einen offensichtlichen Missbrauch hätte erkennen können.[105]

43 Für die Krankenversichertenkarte bestimmte § 6 Abs. 8 der 1. Ergänzung der Vereinbarung zur Gestaltung und bundesweiten Einführung der Krankenversichertenkarte (Anlage 4 zum BMV-Ä) die **Haftung** der Krankenkasse bei Vorlage einer falschen Krankenversichertenkarte. Seit Einführung der elektronischen Gesundheitskarte ist eine **Prüfung** der Leistungspflicht der Krankenkasse des Versicherten durch Nutzung der Onlinefunktion der Telematikinfrastruktur vorgesehen, sobald die technischen Komponenten zu deren Anbindung zur Verfügung stehen. Zudem hat der Vertragsarzt die Identität des Versicherten zu prüfen. Die Vertragspartner haben sich überdies verpflichtet, Regelungen zu treffen, die si-

---

101 BT-Dr. 15/1525, 82.
102 Noftz in: Hauck/Noftz, SGB V, § 15 Rn. 20 a.
103 Noftz in: Hauck/Noftz, SGB V, § 15 Rn. 20 b.
104 Noftz in: Hauck/Noftz, SGB V, § 15 Rn. 20 b.
105 BSG, 12.11.2003, B 3 KR 1/03 R, SozR 4-2500 § 112 Nr. 2.

cherstellen, dass die Abrechnung von Leistungen ohne vorherige Prüfung der Leistungspflicht der Krankenkasse ausgeschlossen ist.

44 Ein solcher Vertrauensschutz kommt einem **behandelnden Krankenhaus** nicht zu. Hat ein ehemaliger Versicherter nach Beendigung des Versicherungsverhältnisses dem Krankenhaus seine Krankenversichertenkarte vorlegt, deren unterbliebene Einziehung die Krankenkasse nicht zu vertreten hat, ist die Krankenkasse zur Zahlung der Behandlungskosten nicht verpflichtet. Zwar kann sich auch das Krankenhaus zum Nachweis der Versicherung von dem jeweiligen Patienten die Krankenversichertenkarte vorlegen lassen; jedoch begründet Abs. 2 keinen Anspruch hierauf, da die Vorschrift nur für die ambulante Behandlung gilt und § 291 Abs. 1 S. 3 eine Verwendung der Krankenversichertenkarte, insbesondere zu Zwecken der Datenverarbeitung, nur im Rahmen der vertragsärztlichen Versorgung sowie für die Abrechnung mit den sonstigen Leistungserbringern erlaubt.[106] In diesen Fällen kann der Krankenkasse also nicht vorgeworfen werden, dass sie die unberechtigte Benutzung der Krankenversichertenkarte geduldet und deshalb für den dadurch verursachten Rechtsschein einzutreten habe.[107]

45 **2. Berechtigungsschein (Abs. 3 und 4). a) Berechtigungsschein.** Abs. 3 gibt den gesetzlichen Krankenkassen die Möglichkeit, für die Inanspruchnahme anderer als ärztlicher oder zahnärztlicher Leistungen Berechtigungsscheine unter Zweckmäßigkeitsgesichtspunkten einzuführen, wie dies etwa § 181 b RVO aF für Untersuchungen zur Früherkennung von Krankheiten vorsah.[108] Es besteht jedoch keine Verpflichtung, derartige Berechtigungsscheine einzuführen. Die Berechtigungsscheine können auch dazu dienen, den Versicherten auf Leistungsangebote seiner Krankenkasse, wie etwa auf die Leistung zur Früherkennung von Krankheiten (§§ 25, 26) hinzuweisen. Die Nutzung von Berechtigungsscheinen kann mittels Richtlinien nach § 92 geregelt werden.

46 Die Berechtigungsscheine haben gegenüber dem Leistungserbringer, dem sie vorgelegt werden, die gleiche Wirkung wie Krankenversichertenkarte und Krankenschein.[109] Der Versicherte hat grundsätzlich mit Ausnahme von dringenden Fällen (Abs. 5) seinen Anspruch nachzuweisen und der Leistungserbringer diesen Nachweis zu verlangen.[110] So ist etwa die Ausstellung eines **Überweisungsscheins** grundsätzlich nur zulässig, wenn dem überweisenden Arzt ein gültiger Behandlungsausweis oder die Versichertenkarte vorgelegen hat.[111]

47 Auch der Berechtigungsschein stellt wie die Krankenversichertenkarte/elektronische Gesundheitskarte eine Urkunde dar, mit dem der Versicherte seinen Versicherungsschutz nachweisen kann (Ausweispapiere).[112] Es handelt sich also nicht um ein Wertpapier, das ein Recht verkörpert.[113] Der Berechtigungsschein verschafft dem Versicherten keinen Anspruch gegen den Vertragsarzt oder andere Leistungserbringer, etwa auf bestimmte Behandlungsmaßnahmen. Vielmehr richtet sich der Leistungsanspruch des Versicherten gegen seine Krankenkasse.

48 **b) Inhalt und Form.** Die in den Berechtigungsschein aufzunehmenden personenbezogenen Angaben werden entsprechend der Krankenversichertenkarte in Verweisung auf § 291 Abs. 2 S. 1 hinsichtlich Inhalt und Umfang zwingend und abschließend geregelt.[114] Durch Abs. 4 S. 2 und die Verweisung auf § 291 Abs. 2 S. 1 Nr. 1 wird gleichzeitig klargestellt, dass medizinische Daten auf die von der Krankenkasse ausgestellten Berechtigungsscheine nicht aufgenommen werden dürfen.[115] Neben Angaben zur Person ist vor allem der Tag einzutragen, an dem der Versicherungsschutz beginnt.

49 Es gibt keine Regelung über die einzuhaltende **Form** der Berechtigungsscheine. Hinsichtlich der notwendigen Angaben auf dem Berechtigungsschein wird auf § 291 Abs. 2 S. 1 Nr. 1 bis 9 verwiesen (Abs. 4 S. 1).

50 **c) Anspruch nur auf eine Versichertenkarte.** Es besteht, um der Gefahr eines Missbrauchs zu begegnen, kein Anspruch auf Ausstellung einer Zweitkarte; jeder Versicherte kann nur eine Karte beanspru-

---

106 BSG, 12.11.2003, B 3 KR 1/03 R, SozR 4-2500 § 112 Nr. 2.
107 BSG, 12.11.2003, B 3 KR 1/03 R, SozR 4-2500 § 112 Nr. 2.
108 Hierzu BT-Dr. 11/2237, 164. Zur Aufzählung einzelner „anderer Leistungen" Noftz in: Hauck/Noftz, SGB V, § 15 Rn. 27.
109 Wagner in: Krauskopf, § 15 SGB V Rn. 10.
110 Wagner in: Krauskopf, § 15 SGB V Rn. 10.
111 VG Frankfurt, 18.10.2005, 21 BG 1565/05, MedR 2006, 670.
112 Noftz in: Hauck/Noftz, SGB V, § 15 Rn. 18 b.
113 HM: BSG, 17.4.1996, 3 RK 19/95, SozR 3-2500 § 19 Nr. 2; Nolte in: KassKomm, § 15 SGB V Rn. 16 a; Didong in: jurisPK-SGB V, § 15 Rn. 24; Noftz in: Hauck/Noftz, SGB V, § 15 Rn. 18 b.
114 BT-Dr. 15/1525, 82.
115 Wagner in: Krauskopf, § 15 SGB V Rn. 11.

chen.[116] Dies ergibt sich bereits aus der Ratio des Abs. 6. Der Vorschrift liegt die Annahme nur einer Karte zugrunde („die elektronischen Gesundheitskarte"). Je mehr Karten im Umlauf sind, umso größer ist die Gefahr eines Missbrauchs.

3. Nachreichung der Ausweispapiere (Abs. 5). In **dringenden Fällen** können nach Abs. 5 die Krankenversichertenkarte oder der Berechtigungsschein nachgereicht werden. In einem solchen Fall wäre auch der um Vornahme der ärztlichen Handlung ersuchte Arzt aus seinem vertragsärztlichen Verhältnis zur Krankenkasse gegenüber dem Versicherten verpflichtet, die erforderliche Handlung vorzunehmen. **Der unbestimmte Rechtsbegriff „dringend"** ist vom Gesetzgeber nicht näher bestimmt worden. Dies sind solche Fälle, in denen aus medizinischen Gründen die Behandlungsbedürftigkeit unaufschiebbar ist.[117] In der Rechtsprechung des BSG wird dafür verlangt, dass der übliche Beschaffungsweg mit einer für den Versicherten unvermeidbaren Verzögerung, dh mit medizinischen Risiken, nicht unbedingt aber Lebensgefahr, verbunden ist, der die Erhaltung oder Wiederherstellung der Gesundheit oder die Besserung des Gesundheitszustandes gefährden könnte oder für den Versicherten unzumutbar ist.[118] Der Patient muss aber vor Beginn der Behandlung zum Ausdruck gebracht haben, dass er (zahn-)ärztliche Behandlung als Sachleistung in Anspruch nehmen will. Das heißt, er muss als leistungsberechtigter Versicherter der GKV behandelt werden und das Ausweispapier nachreichen wollen, ansonsten handelt es sich um eine Privatbehandlung.[119]

Zielsetzung des Abs. 5 ist es nicht, einem um ärztliche Behandlung Nachsuchenden zu ermöglichen, durch Vorsprache bei einem Arzt ohne Versichertenkarte eine Situation zu schaffen, die die Bewertung "dringlich" nahelegt.[120] Aus § 15 lässt sich auch **kein Vergütungsausschluss** ableiten. Es ist nämlich nicht geregelt, dass die Leistungserbringung in nicht dringenden Fällen vom Vertragsarzt zu verweigern ist und entsprechende Leistungen nicht abgerechnet werden.

Bei **quartalsübergreifenden** Leistungen der künstlichen Befruchtung liegt ein Fall des Abs. 5 vor, denn eine Unterbrechung der Behandlung wäre ein ärztlicher Behandlungsfehler.[121]

4. Gebühren (Abs. 6). a) Grundsatz Gebührenfreiheit (Abs. 6 S. 1). Die Regelung in Abs. 6 S. 1 geht gem. § 37 S. 1 SGB I der allgemeinen Regelung über Kostenfreiheit in § 64 SGB X vor. Danach besteht für die erstmalige Ausgabe der Krankenversichertenkarte und für jede weitere Karte grundsätzlich Gebührenfreiheit. Die Gebührenfreiheit soll vor allem sicherstellen, dass der Versicherte nicht wegen der Kosten von der Beantragung einer Sozialleistung abgehalten wird.[122]

b) Gebührenpflicht (Abs. 6 S. 3). In Fällen, in denen der Versicherte dagegen den Verlust der elektronischen Gesundheitskarte zu vertreten hat, entsteht eine vom Verwaltungsaufwand unabhängige Gebühr. Die Gebühr in Höhe von jeweils 5 EUR, hat aufgrund der Höhe nicht den Charakter eines Kostenersatzes, sondern soll erzieherisch wirken und zum sorgfältigen Umgang mit der elektronischen Gesundheitskarte anhalten.[123]

Der Gesetzgeber benutzte in Abs. 6 aF unterschiedliche Termini: Zum einen war nach S. 1 die vom Versicherten **„verschuldete"** erneute Ausgabe der damaligen Krankenversichertenkarte und zum anderen – nach S. 3 – die aufgrund von vom Versicherten **„zu vertretenden Umständen"** neu ausgestellte Karte gebührenpflichtig. Dies konnte zu Abgrenzungsschwierigkeiten führen.[124] Als maßgebliches Anknüpfungskriterium für die Gebührenpflicht wurde schon nach damaliger Gesetzeslage ein schuldhaftes Verhalten im technischen Sinne angesehen, zumal S. 1 bei nichtverschuldetem Verhalten Gebührenfreiheit zubilligt.[125] Durch das Gesetz für sichere digitale Kommunikation und Anwendungen im Gesundheitswesen sowie zur Änderung weiterer Gesetze (**EGKuaÄndG**) wurden in Abs. 6 S. 3 die Wörter „vom Versicherten zu vertretenden Umständen" durch die Wörter „vom Versicherten verschuldeten Gründen" ersetzt. Der Gesetzgeber wollte damit klarstellen, dass eine Gebühr nur in Fällen erhoben wird, in denen dem Versicherten ein eigenes Verschulden vorgeworfen werden kann.[126] Auf den Grad

---

116 LSG Bln-Bbg, 11.12.2009, L 1 KR 270/09, BeckRS 2010, 66060.
117 Wagner in: Krauskopf, § 15 SGB V Rn. 12.
118 BSG, 18.1.1996, 1 RK 22/95, SozR 3-2500 § 29 Nr. 3 = BSGE 77, 227.
119 Wagner in: Krauskopf, § 15 SGB V Rn. 12.
120 VG Frankfurt, 18.10.2005, 21 BG 1565/05, MedR 2006, 670.
121 SG Düsseldorf, 16.8.2005, L 4 KR 197/05 ER, MedR 2005, 678.
122 Lang in: Becker/Kingreen, § 15 Rn. 22.
123 Wagner in: Krauskopf, § 15 SGB V Rn. 14.
124 Wagner in: Krauskopf, § 15 SGB V Rn. 14.
125 Wagner in: Krauskopf, § 15 SGB V Rn. 14.
126 BT-Dr. 18/5293, 36 f.

des Verschuldens kommt es nicht an, so dass sowohl Vorsatz als auch Fahrlässigkeit erfasst werden.[127] S. 3 letzter Halbsatz hat nur **klarstellende** Bedeutung, da der vorausgehend verwendete Begriff „Versicherter" ohnehin auch die Familienversicherten nach § 10 erfasst. Dagegen wird eine Gebührenpflicht für ein **verschuldensunabhängiges** Vertretenmüssen des Versicherten nicht ausgelöst.

57 Nach Abs. 6 S. 3 erheben die Krankenkassen von ihren Versicherten eine Gebühr von 5 Euro, wenn die elektronische Gesundheitskarte aus vom Versicherten verschuldeten Gründen neu ausgestellt werden muss. Der neue S. 4 ergänzt diesen Gebührentatbestand um den Fall, dass die Ausstellung der elektronischen Gesundheitskarte aus vom Versicherten verschuldeten Gründen nicht erfolgen kann und stattdessen die Krankenkasse eine zur Überbrückung von Übergangszeiten befristete Ersatzbescheinigung als Versicherungs-nachweis ausstellen muss. Diese Fallgestaltung kann etwa dann in Betracht kommen, wenn der Versicherte seiner bestehenden Mitwirkungspflicht zur Einreichung eines Lichtbildes (§ 291 Abs. 2 S. 4), die Voraussetzung für das Ausstellen einer elektronischen Gesundheitskarte ist, nicht nachkommt.[128]

58 **5. Maßnahmen der Krankenklassen gegen Missbrauch (Abs. 6 S. 2).** Abs. 6 S. 2 verpflichtet die Krankenkassen, ergänzend zu bereits bestehenden Möglichkeiten, wie etwa der Regelung zum Lichtbild, Maßnahmen gegen den Missbrauch der elektronischen Gesundheitskarte zu treffen. Der Schaden, der den Krankenkassen bisher durch unkontrollierte Mehrfachinanspruchnahme ärztlicher Leistungen („Arzt-Hopping") oder die Nutzung der Karte durch mehrere Personen („Chipkartentourismus, -handel") entstanden ist, dürfte nicht unbeträchtlich sein.[129] Nach den Vorstellungen des Gesetzgebers können die Krankenkassen etwa durch möglichst tagesaktuelle Bereitstellung von Informationen über den Verlust von Karten, die Beendigung des Versicherungsschutzes und Änderungen beim Zuzahlungsstatus in einem Versichertenstammdatendienst wesentlich dazu beitragen, dass die Aktualität der Karte bei der Inanspruchnahme von Leistungen überprüft werden kann.[130]

59 Des Weiteren gehen nach Auskunft der Spitzenverbände der Krankenkassen die Kostenträger davon aus, dass bestehende Missbrauchspotentiale im Zusammenhang mit der Nutzung der Krankenversichertenkarte durch die Einführung der elektronischen Gesundheitskarte erheblich eingeschränkt werden.[131] Mit den Anwendungen dieser Karte wird eine Telematikinfrastruktur geschaffen, deren Bestandteil auch eine Online-Prüfung der Versichertendaten in der Arztpraxis sowie eine Sperrung von als verloren oder gestohlen gemeldeten Versichertenkarten ist. Ferner wird die Karte ein Lichtbild enthalten, mit dem die Patientin bzw. der Patient in der Arztpraxis eindeutig identifiziert werden kann.[132]

60 Die Versendung der elektronischen Gesundheitskarte durch die neugewählte Krankenkasse schon zu einem Zeitpunkt, zu dem die Kündigungsbestätigung der bisherigen Krankenkasse nach § 175 Abs. S. 2 noch nicht vorliegen, beeinträchtigt diese nicht nur wettbewerbswidrig in ihren zulässigen Anstrengungen, das Mitglied zu halten,[133] sondern konterkariert geradezu die gesetzlichen Forderung, Maßnahmen gegen den Kartenmissbrauch zu treffen.

61 **6. Meldepflicht (Abs. 6 S. 6).** Abs. 6 S. 6 soll eine möglichst **vollständige** Erfassung der nach § 10 Familienversicherten sicherstellen. Die Regelung ist deshalb nicht ganz unproblematisch. Aus der Gesetzesbegründung ergibt sich nur, dass mit der Meldepflicht die **Datenlage** hinsichtlich der Zahl der mitversicherten Familienangehörigen verbessert werden soll, was gleichzeitig der Durchführung des Risikostrukturausgleichs nach § 266, 267 dient.[134] Die Mitteilungspflicht richtet sich zwar gem. § 10 Abs. 6 an den Stammversicherten, jedoch ist damit noch nicht geklärt, von welcher elektronischen Gesundheitskarte Abs. 6 S. 6 ausgeht; von der des Stammversicherten und/oder der des Familienversicherten nach § 10. In der Literatur wird zu Recht die Auffassung vertreten, dass nur die elektronische Gesundheitskarte für die zu meldenden Familienversicherten gemeint sein kann, da die Verletzung der Melde-

---

127 Lang in: Becker/Kingreen, § 15 Rn. 22; Nolte in: KassKomm, § 15 SGB V Rn. 17; Ulmer in: Eichenhofer/Wenner, SGB V, § 15 Rn. 26; Wagner in: Krauskopf, § 15 SGB V Rn. 14.
128 BT-Dr. 18/5293, 36 f.
129 So die Einschätzung des Gesetzgebers BT-Dr. 16/3100, 97.
130 So die Gesetzesbegründung BT-Dr. 16/3100, 97.
131 Siehe Antwort der Bundesregierung auf die Kleine Anfrage der Abgeordneten Daniel Bahr (Münster), Heinz Lanfermann, Dr. Konrad Schily weiterer Abgeordneter und der Fraktion der FDP – Drucksache 16/9841 –, BT-Dr. 16/10084, 16.
132 BT-Dr. 16/10084, 16.
133 Hierzu LSG RhPf, 21.6.2007, L 5 ER 158/07 KR, NZS 2008, 318 f.
134 BT-Dr. 12/3608, S. 76 f.; Nolte in: KassKomm, § 15 SGB V Rn. 17.

pflicht nach Abs. 6 die Verweigerung der elektronischen Gesundheitskarte für das leistungsberechtigte Mitglied nicht rechtfertigen kann.[135]

§ 16 Ruhen des Anspruchs

(1) ¹Der Anspruch auf Leistungen ruht, solange Versicherte
1. sich im Ausland aufhalten, und zwar auch dann, wenn sie dort während eines vorübergehenden Aufenthalts erkranken, soweit in diesem Gesetzbuch nichts Abweichendes bestimmt ist,
2. Dienst auf Grund einer gesetzlichen Dienstpflicht oder Dienstleistungen und Übungen nach dem Vierten Abschnitt des Soldatengesetzes leisten,
2a. in einem Wehrdienstverhältnis besonderer Art nach § 6 des Einsatz-Weiterverwendungsgesetzes stehen,
3. nach dienstrechtlichen Vorschriften Anspruch auf Heilfürsorge haben oder als Entwicklungshelfer Entwicklungsdienst leisten,
4. sich in Untersuchungshaft befinden, nach § 126 a der Strafprozeßordnung einstweilen untergebracht sind oder gegen sie eine Freiheitsstrafe oder freiheitsentziehende Maßregel der Besserung und Sicherung vollzogen wird, soweit die Versicherten als Gefangene Anspruch auf Gesundheitsfürsorge nach dem Strafvollzugsgesetz haben oder sonstige Gesundheitsfürsorge erhalten.
²Satz 1 gilt nicht für den Anspruch auf Mutterschaftsgeld.
(2) Der Anspruch auf Leistungen ruht, soweit Versicherte gleichartige Leistungen von einem Träger der Unfallversicherung im Ausland erhalten.
(3) ¹Der Anspruch auf Leistungen ruht, soweit durch das Seearbeitsgesetz für den Fall der Erkrankung oder Verletzung Vorsorge getroffen ist. ²Er ruht insbesondere, solange sich das Besatzungsmitglied an Bord des Schiffes oder auf der Reise befindet, es sei denn, das Besatzungsmitglied hat nach § 100 Absatz 1 des Seearbeitsgesetzes die Leistungen der Krankenkasse gewählt oder der Reeder hat das Besatzungsmitglied nach § 100 Absatz 2 des Seearbeitsgesetzes an die Krankenkasse verwiesen.
(3 a) ¹Der Anspruch auf Leistungen für nach dem Künstlersozialversicherungsgesetz Versicherte, die mit einem Betrag in Höhe von Beitragsanteilen für zwei Monate im Rückstand sind und trotz Mahnung nicht zahlen, ruht nach näherer Bestimmung des § 16 Abs. 2 des Künstlersozialversicherungsgesetzes. ²Satz 1 gilt entsprechend für Mitglieder nach den Vorschriften dieses Buches, die mit einem Betrag in Höhe von Beitragsanteilen für zwei Monate im Rückstand sind und trotz Mahnung nicht zahlen, ausgenommen sind Untersuchungen zur Früherkennung von Krankheiten nach den §§ 25 und 26 und Leistungen, die zur Behandlung akuter Erkrankungen und Schmerzzustände sowie bei Schwangerschaft und Mutterschaft erforderlich sind; das Ruhen endet, wenn alle rückständigen und die auf die Zeit des Ruhens entfallenden Beitragsanteile gezahlt sind. ³Ist eine wirksame Ratenzahlungsvereinbarung zu Stande gekommen, hat das Mitglied ab diesem Zeitpunkt wieder Anspruch auf Leistungen, solange die Raten vertragsgemäß entrichtet werden. ⁴Das Ruhen tritt nicht ein oder endet, wenn Versicherte hilfebedürftig im Sinne des Zweiten oder Zwölften Buches sind oder werden.
(4) Der Anspruch auf Krankengeld ruht nicht, solange sich Versicherte nach Eintritt der Arbeitsunfähigkeit mit Zustimmung der Krankenkasse im Ausland aufhalten.

Literatur:
Berchtold, Der räumliche Geltungs- und Anwendungsbereich der Vorschriften über die gesetzliche Krankenversicherung, 1987; *ders*, Krankengeld, 2004; *Beschorner*, Krankenbehandlung in einem anderen Mitgliedstaat der Europäischen Union, ZESAR 2006, 47; *Devetzi*, Krankenversicherung – Kostenerstattungsanspruch – Notfallbehandlung im Ausland <hier Tunesien>, SGb 2008, 310; *Fuchs*, Das neue Rechts der Auslandskrankenbehandlung, NZS 2004, 225; *Sodan*, Krankenversorgung im EU-Ausland, ASR 2007, 152.

I. Entstehungsgeschichte	1	IV. Die einzelnen Ruhenstatbestände	8
II. Normzweck und europarechtlicher Kontext	2	1. Auslandsaufenthalt	
III. Umfang und Begriff des Ruhens	4	(Abs. 1 Nr. 1, Abs. 4)	8

---

[135] Wagner in: Krauskopf, § 15 SGB V Rn. 15.

2. Dienst aufgrund gesetzlicher Dienstpflicht oder Dienstleistungen und Übungen nach dem Soldatengesetz (Abs. 1 Nr. 2), Wehrverhältnisse besonderer Art nach (Abs. 1 Nr. 2 a) 16
3. Anspruch auf Heilfürsorge und Dienst als Entwicklungshelfer (Abs. 1 Nr. 3) ... 20
4. Ruhen während Zeiten des hoheitlichen Freiheitsentzugs (Abs. 1 Nr. 4) 22
5. Leistungen von einem Träger der Unfallversicherung im Ausland (Abs. 2) 26
6. Vorsorge durch das Seemannsgesetz bzw. – ab 1.8.2013 – durch das Seearbeitsgesetz (Abs. 3)....................... 30
7. Ruhen von Anspruch auf Leistungen nach dem KSVG bei Beitragsverzug (Abs. 3 a) 34
   a) Versicherte nach dem Künstlersozialversicherungsgesetz (Abs. 3 a S. 1) 34
   b) Versicherte nach dem SGB V (Abs. 3 a S. 2, 3)..................... 40

I. Entstehungsgeschichte

1 § 16 hat eine Vielzahl von Änderungen erfahren. Die Vorschrift ist in ihrer Ursprungsfassung mit Art. 1 bis 3, 4 und 5 aufgrund von Art. 1, 79 GRG v. 20.12.1988 (BGBl. I, 2477) mit Wirkung v. 1.1.1989 in Kraft getreten. In **Abs. 1 Nr. 1** durch Art. 1 Nr. 4 Buchst. a des Zweiten Gesetzes zur Änderung des Fünften Buches Sozialgesetzbuch v. 20.12.1991 (BGBl. I, 2325) mWv 1.1.1992 die Wörter „außerhalb des Geltungsbereichs dieses Gesetzbuchs" durch die Wörter „im Ausland" ersetzt. In **Abs. 1 Nr. 2** wurden durch Art. 18 Nr. 1 des Gesetzes zur Änderung wehrpflichtrechtlicher, soldatenrechtlicher, beamtenrechtlicher und anderer Vorschriften v. 24.7.1995 (BGBl. I, 962) mWv 29.7.1995 nach den Wörtern „gesetzlichen Dienstpflicht" die Wörter „oder Dienstleistungen und Übungen nach den §§ 51 a und 54 Abs. 5 des Soldatengesetzes" eingefügt. Mit Art. 14 des Gesetzes zur Änderung des Soldatengesetzes und anderer Vorschriften v. 19.12.2000 (BGBl. I, 1815) wurden nach den Wörtern „Übungen nach den §§ 51 a, 54 Abs. 5" die Wörter „oder § 58a" eingefügt. Seine aktuelle Fassung erhielt Nr. 2 mit Wirkung vom 30.4.2005 durch Art. 20 Nr. 1 des Streitkräftereserve-Neuordnungsgesetzes v. 22.4.2005 (BGBl. I, 1106); hierdurch wurden die Wörter „Übungen nach den §§ 51 a, 54 Abs. 5 oder § 58 a des Soldatengesetzes leisten" durch die Wörter „Übungen nach dem Vierten Abschnitt des Soldatengesetzes leisten" ersetzt. **Abs. 1 Nr. 2 a** wurde eingefügt durch § 22 Abs. 7 Nr. 1 des Einsatzweiterverwendungsgesetzes v. 12.12.2007 (BGBl. I, 2861) mWv 18.12.2007. In **Abs. 2** wurden durch Art. 1 Nr. 4 Buchst. b des Zweiten Gesetzes zur Änderung des Fünften Buches Sozialgesetzbuch v. 20.12.1991 (BGBl. I, 2325) mWv 1.1.1992 die Wörter „von einem Träger der Unfallversicherung außerhalb des Geltungsbereichs dieses Gesetzbuchs" durch die Wörter „von einem Träger der Unfallversicherung im Ausland" ersetzt. **Abs. 3 a S. 1** wurde eingefügt durch Art. 2 Nr. 1 des Gesetzes zur Änderung des Künstlersozialversicherungsgesetzes v. 20.12.1988 (BGBl. I, 2606) mWv 31.12.1988. S. 2 aaO wurde durch Art. 1 Nr. 9 a des GKV-Wettbewerbsstärkungsgesetzes v. 26.3.2007 (BGBl. I, 378) mWv 1.4.2007 eingeführt; durch Art. 15 Nr. 01 Buchst. a des Gesetzes zur Änderung arzneimittelrechtlicher und anderer Vorschriften vom 17.7.2009 (BGBl. I, 1990) wurden mit Wirkung v. 23.7.2009 die Wörter „Versicherte dieses Buches" durch die Wörter „Mitglieder nach den Vorschriften dieses Buches" ersetzt und nach „ausgenommen sind" die Wörter „Untersuchungen zur Früherkennung von Krankheiten nach den §§ 25 und 26 und" eingefügt. Durch Art. 15 Nr. 01 Buchst. b des Gesetzes zur Änderung arzneimittelrechtlicher und anderer Vorschriften vom 17.7.2009 aaO wurde ebenfalls mWv 23.7.2009 S. 3 eingefügt. In **Abs. 4** wurden durch Art. 1 Nr. 4 Buchst. c des Zweiten Gesetzes zur Änderung des Fünften Buches Sozialgesetzbuch v. 20.12.1991 (BGBl. I, 2325) mWv 1.1.1992 die Wörter „außerhalb des Geltungsbereichs dieses Gesetzbuchs" durch die Wörter „im Ausland" ersetzt. **Abs. 5** (Versicherungsfall auf den Transitstrecken von und nach dem Land Berlin) wurde durch Art. 25 § 1 Abs. 4 des Gesetzes zum Vertrag vom 18. Mai 1990 über die Schaffung einer Währungs-, Wirtschafts- und Sozialunion zwischen der Bundesrepublik Deutschland und der Deutschen Demokratischen Republik v. 25.6.1990 (BGBl. II, 518) mWv 30.6.1990 gestrichen. Zuletzt wurde mWv 1.8.2013 **Abs. 3** durch Art. 4 Abs. 3 Nr. 1 des Gesetzes zu dem Seearbeitsübereinkommen 2006 der Internationalen Arbeitsorganisation v. 20.4.2013 (BGBl. I, 868) an die neue Rechtslage durch das zum selben Zeitpunkt als Art. 1 dieses Gesetzes in Kraft getretene Seearbeitsgesetz angepasst.

II. Normzweck und europarechtlicher Kontext

2 Für die Versicherten entstehen Ansprüche auf die vorgesehenen Leistungen regelmäßig mit dem Vorliegen der gesetzlich umschriebenen Voraussetzungen (§ 40 Abs. 1 SGB I), bei Ermessensleistungen mit dem Zeitpunkt, in dem die Entscheidung bekannt gegeben wird, bzw. der in der Entscheidung bestimmt wird (§ 40 Abs. 2 SGB I). Nach dem Willen des Gesetzgebers folgt hieraus jedoch nicht generell

auch eine Verpflichtung zur Erfüllung. Eine derartige Entlastung des Systems zum Nachteil der regelmäßig Zwangsversicherten bedarf stets der Rechtfertigung vor Art. 2 Abs. 1 iVm dem Sozialstaatsprinzip. Die Berufung auf den Gesichtspunkt der „Vermeidung von Doppelleistungen" genügt insofern nicht ohne Weiteres. Das geltende Recht besteht in der Tradition des KVG und der RVO aus einem Konglomerat heterogener Tatbestände, die weder auf einen gemeinsamen Sachgrund zurückgeführt werden können noch zu identischen Rechtsfolgen führen oder in einer systematischen Verbindung stehen. Neben § 16 sind insbesondere die besonderen Ruhensbestimmungen für das Krankengeld (§ 49) zu beachten.

Das vorrangige überstaatliche Recht der EG (§ 30 Abs. 2, § 6 SGB IV) begrenzt den Anwendungsbereich von § 16 für das EU-Ausland, neben den Staaten der EU un des EWR also auch für die Schweiz. Hier treffen seit dem 1.5.2010 insbesondere die Art. 17 bis 35 VO (EG) 883/2004 und die zugehörigen Durchführungsbestimmungen der VO (EG) 987/2009 die einschlägigen Regelungen. Sie sind zum genannten Zeitpunkt an die Stelle der bisherigen VO (EWG) 1408/71 und der Durchführungsverordnung VO (EWG) 574/72 getreten. 3

III. Umfang und Begriff des Ruhens

§ 16 begrenzt das Risiko der gesetzlichen Krankenversicherung und erspart dem System dadurch Aufwendungen. Der Gesetzgeber hat hierzu theoretisch eine Vielzahl von Regelungsmöglichkeiten. Es obliegt zunächst grundsätzlich allein ihm, die Versichertengemeinschaft so zu gestalten, dass die seiner Auffassung nach Schutzbedürftigen einbezogen werden und eine hinreichend leistungsfähige Gemeinschaft entsteht. Allen hiervon nicht erfassten bleibt ihre Vorsorgefreiheit und -verantwortlichkeit erhalten.[1] Trotz Einbeziehung kann die Systemzuständigkeit begrenzt werden (§ 11 Abs. 5). Entstehen und Fälligkeit von Ansprüchen können im Einzelnen bestimmt werden. Schließlich kann die Erfüllung entstandener und fälliger Ansprüche dennoch ganz oder teilweise verweigert werden. Von dieser letztgenannten Variante handelt § 16. Im Blick auf den damit letztlich entfallenden Schutz Versicherter trotz Eintritt des Versicherungsfalls bedarf es neben der verfassungsrechtlichen Rechtfertigung einer sorgfältigen Begrenzung der Rechtsfolgen nach Maßgabe des jeweils des einzelnen Tatbestandes. 4

Auch das „Ruhen" ist schon deshalb einheitliche **Bezeichnung heterogener Rechtslagen**,. So kann die begrenzte Erfüllungsverpflichtung der Träger des Systems ihren Grund gleichermaßen in einer (absoluten) Begrenzung seiner leistungsrechtlichen Verpflichtung aus sich heraus (zB in Abs. Nr. 1, Abs. 3 a) haben wie auch (relativ) auf einem komplementären Verhältnis zu Leistungen aus anderen Bereichen beruhen (Abs. 1 Nr. 2 bis 4, Abs. 2, 3 a) beruhen. Die Fälle der letztgenannten Art sind ihrerseits insbesondere danach zu unterscheiden, ob bereits die bloße Existenz eines parallel zuständigen Systems, die konkretisierte Einbeziehung des Versicherten auch in dieses System, das Bestehen konkreter Einzelansprüche oder erst deren tatsächliche Erfüllung zum Ruhen von Ansprüchen in der Krankenversicherung führt. Sind die jeweiligen tatbestandlichen Voraussetzungen gegeben, sind Ansprüche kraft Gesetzes nicht zu erfüllen. Die jeweilige sachliche und zeitliche Reichweite dieser Rechtsfolge, hängt wiederum davon ab, in welchem Umfang gerade der jeweils in Frage stehende Ruhenstatbestand eine Entlastung der Krankenversicherung erstrebt. Die stereotype Wendung von der Vermeidung von „Doppelleistungen", die gerade auf vielen Wegen erreicht werden kann, ist insofern nur begrenzt hilfreich. 5

Der Versicherungsträger, der unter Berufung auf einen Ruhenstatbestand den Erfüllungseinwand erhebt, verweigert damit grundsätzlich – ganz oder teilweise – die begehrte Leistung und erlässt nicht etwa einen gesonderten Verwaltungsakt über das Ruhen. Will sich der Versicherte hiergegen wehren, ist die **kombinierte Anfechtungs- und Leistungsklage** (§ 54 Abs. 1 S. 1, Abs. 4 SGG) die gebotene Klageart. Ist dagegen der Anspruch auf eine konkrete Leistung zunächst zuerkannt worden, setzt dies Entstehen, Bestehen und Fälligkeit voraus. Die ursprüngliche Bewilligung ist daher nur im Rahmen der §§ 44 ff. SGB X abänderbar.[2] Nach BSG v. 9.12.1986[3] kommt zudem der Erlass eines deklaratorischen Verwaltungsaktes, der den Eintritt des Ruhens und damit das Nichtbestehen eines Rechtsverhältnisses – das Ruhen auch zukünftiger Ansprüche – feststellt in Betracht. § 16 Abs. 2 S. 2 KSVG sieht Verwaltungsakte dieser Art ausdrücklich für den Bereich der Künstlersozialversicherung vor. Hiergegen ist die isolierte Anfechtungsklage (§ 54 Abs. 1 SGG) zulässig. 6

---

1 Berchtold in: Kreikebohm/Spellbrink/Waltermann, § 5 SGB V Rn. 6.
2 Anders BSG, 23.3.1983, 3 RK 57/81, SozR 2200 § 216 Nr. 6.
3 8 RK 9/85, BSGE 61, 62.

7 Die Vorschrift betrifft (mit Ausnahme von Abs. 4) den Anspruch auf grundsätzlich alle Arten von Leistungen und die leistungsrechtliche Position des Versicherten in ihrer Gesamtheit. Gemäß § 195 Abs. 2 RVO findet § 16 Abs. 1 keine Anwendung auf das Mutterschaftsgeld. Gegenstand des Ruhens ist bereits das – noch weiterer systemimmanenter Konkretisierung bedürftige – Rahmenrecht auf eine (Natural-)Leistung sowie der Einzelanspruch auf eine Geldleistung. Soweit das Ruhen „zur Vermeidung von Doppelleistungen" eine Gegenüberstellung der Leistungen aus mehreren Systemen erfordert, kommt es zunächst jeweils auf den Vergleich insofern an. Für Versicherte und ihre Kassen ist unter diesen Umständen die Ergänzung des Versicherungsschutzes durch eine private Auslandskrankenversicherung eine sinnvolle Alternative. In diesem Sinne eröffnet mittlerweile § 194 Abs. 1a den Kassen satzungsdispositiv die Möglichkeit der Vermittlung eines Abschlusses privater Zusatzversicherungsverträge zwischen ihren Versicherten und privaten Krankenversicherungsunternehmen. Gegenstand dieser Verträge kann ua eine Auslandskrankenversicherung sein.

IV. Die einzelnen Ruhenstatbestände

8 1. **Auslandsaufenthalt (Abs. 1 Nr. 1, Abs. 4).** Der Anspruch auf Leistungen ruht vorbehaltlich abweichender Regelungen des Sozialgesetzbuchs grundsätzlich und in vollem Umfang, solange sich Versicherte im Ausland aufhalten. Da sich die (Teil-)Rechtsfolge Ruhen auf einen entstandenen und fälligen Anspruch iS des Rahmenrechts bezieht, muss neben dem Auslandsaufenthalt stets kumulativ der Versicherungsfall (behandlungsbedürftige Krankheit und/oder Arbeitsunfähigkeit) vorliegen. In welcher zeitlichen Abfolge beide stehen ist dagegen unerheblich. Das Ruhen tritt daher unabhängig davon ein, ob sich der Versicherte erkrankt ins Ausland begibt oder ob er im Ausland erkrankt. Der Zusatz „und zwar auch dann, wenn sie dort während eines vorübergehenden Aufenthalts erkranken" ist daher eine logisch überflüssige Hervorhebung. Das Erfüllungshindernis entfällt mit der Rückkehr des Versicherten in das Inland.

9 Anspruchsschädlich ist damit grundsätzlich und ungeachtet einer anderweitigen Absicherung jeder Auslandsaufenthalt. Der Begriff des Auslands entspricht der Sache nach der früheren Formulierung „außerhalb des Geltungsbereichs dieses Gesetzbuches", die der besonderen staatsrechtlichen Lage vor der Wiedervereinigung Rechnung trug. Die umfassende Ruhensanordnung des SGB V in den Fällen des Auslandsaufenthalts geht deutlich über die unsystematischen und fragmentarischen Ruhensregelungen[4] der RVO hinaus[5] und enthält nicht etwa lediglich eine „Klarstellung" dessen, was auch vorher schon gegolten hätte.[6] Unverändert gilt indessen, dass nach der gewählten Konstruktion Ansprüche Versicherter auf Leistungen stets auch im Ausland bestehen – andernfalls wäre die Anordnung des Ruhens sinnlos – und nur ein vorübergehendes Leistungshindernisses für die Dauer des Auslandsaufenthalts[7] besteht, das durch Rückkehr in das Inland mit Wirkung für die Zukunft jederzeit behoben werden kann. Dem entspricht auf der Deckungsseite ohne Verfassungsverstoß,[8] dass der vorübergehende Auslandsaufenthalt die Beziehungen zur inländischen Solidargemeinschaft nicht beendet (§ 3 SGB IV) und demgemäß auch die Pflicht zur Beitragszahlung bzw. -tragung unvermindert erhalten bleibt.[9]

10 Die Regelung ist ungeachtet der verbreiteten Verwendung des Begriffs in Literatur und Rechtsprechung nicht Ausdruck eines allgemeinen „Territorialitätsprinzips".[10] Weder Grundlage noch Inhalt eines derartigen Prinzips noch der Umfang seiner Verbindlichkeit sind in der Verfassung oder einfachgesetzlich auch nur angedeutet oder durch richterrechtliche Rechtsfortbildung geklärt.[11] Von Verfassungs wegen kann der Gesetzgeber zwar sozial relevante Tatbestände im eigenen Staatsgebiet formen und regeln, er muss es aber nicht.[12] Er hat dem Sozialrecht auch kein einfachgesetzliches „Territorialitätsprinzip" als Obersatz vorangestellt, auf das weitere Regelungen zurückgeführt werden könnten. Ach soweit der Gesetzgeber die Anwendbarkeit inländischen Sozialversicherungsrechts kollisionsrechtlich

---

4 Ausdrücklich BSG, 19.3.1970, 5 RKn 47/67, BSGE 31, 100 ff.
5 Berchtold, Der räumliche Geltungs- und Anwendungsbereich der Vorschriften über die gesetzliche Krankenversicherung, S. 68 ff., und ders., Krankengeld, Rn. 592 ff., 595.
6 So aber etwa BSG, 6.3.1996, 9 RV 11/95, BSGE 78, 59 ff.
7 BSG, 23.3.1993, 12 RK 6/92, SozR 3-2500 § 243 Nr. 2.
8 BSG, 24.9.1996, 1 RK 32/94, USK 96177.
9 BSG, 23.6.1994, 12 RK 25/94, SozR 3-2500 § 243 Nr. 3 und BSG, 23.3.1993, 12 RK 6/92, SozR 3-2500 § 243 Nr. 2.
10 Berchtold, Der räumliche Geltungs- und Anwendungsbereich der Vorschriften über die gesetzliche Krankenversicherung, S. 18 ff.
11 Siehe aber BT-Dr. 11/2237, 164 f.
12 BVerfG, Kammerbeschluss, 30.12.1999, 1 BvR 809/95, SozR 3-1200 § 30 Nr. 20.

(§ 30 SGB I, §§ 3 ff. SGB IV) von einem Beschäftigungsort, Wohnsitz oder gewöhnlichen Aufenthalt abhängig macht, erlauben derartige territoriale Einzelanknüpfungen keinen induktiven Rückschluss auf eine gemeinsame Wurzel und können daher auch nicht als Ausdruck eines allgemeinen Rechtsprinzips angesehen werden.[13] Ist die anwendbare Rechtsmasse durch einseitige Kollisionsnormen bestimmt, bestimmt sich die Relevanz sonstiger Auslandsbezüge des Sachverhalts allein nach Maßgabe der im Einzelfall anwendbaren Norm. Insofern fehlt es erst recht an Anhaltspunkten für ein einheitliches „Territorialitätsprinzip".

Leistungsrechtlich gilt nichts anderes. Der Anknüpfungspunkt für dessen Anwendbarkeit ist grundsätzlich identisch mit demjenigen, der bereits für das Deckungsverhältnis Anwendung gefunden hat. Es darf daher nicht etwa von der deckungsrechtlichen Anknüpfung an den Beschäftigungsort (§ 3 Nr. 1, 9 ff. SGB IV) zu einer leistungsrechtlichen Anknüpfung an den Wohnsitz (§ 30 SGB I) übergegangen werden.[14] Insofern können territoriale Gesichtspunkte nicht erstmals gegen die Einlösung mit Beiträgen erworbenen Versicherungsschutzes ins Feld geführt werden. Die Frage, ob Leistungen auch im Ausland erbracht werden können, beantwortet sich daher allein auf der Grundlage des anzuwendenden Leistungsrechts. Dieses kann sich dem Problem des Auslandsaufenthalts auf unterschiedlichen Ebenen (Entstehung, Fälligkeit, Erfüllung von Ansprüchen) und gemäß Art. 3 Abs. 1 GG nur nach den für alle Versicherten gleichen Maßstäben der internen Sachgerechtigkeit des jeweiligen Leistungsrechts zuwenden.

Für die gesetzliche Krankenversicherung sind das **Naturalleistungsprinzip** und der Umstand kennzeichnend, dass es zu seiner Umsetzung dem System verbundener Leistungserbringer bedarf, so dass die Erbringung von Sozialleistungen im Ausland von besonderen Voraussetzungen abhängig gemacht werden darf. Auf diesem Sachgrund der **grundsätzlichen Inlandsbindung des Systems** und seiner gerade hierdurch begrenzten Leistungsfähigkeit beruht auch die (absolute) Ruhensanordnung in Abs. 1 Nr. 1.[15] Allerdings erfasst die kategorische Anordnung den Anspruch auf alle Leistungen einschließlich der Kostenerstattung. Auch dies ist indessen wegen der grundsätzlichen Bindung an inländische Leistungserbringer (§ 13 Abs. 2 S. 5) gerechtfertigt. Im Übrigen steht die Anordnung des Ruhens bei Auslandsaufenthalt unter dem Vorbehalt abweichenden inter-[16] und supranationalen[17] Rechts (§ 30 Abs. 2 SGB I, § 6 SGB IV) sowie sonstiger im Sozialgesetzbuch bestimmter Ausnahmen, insbesondere §§ 17, 18.

Der Grundsatz der Nr. 1 wird innerhalb des SGB V durchbrochen durch § 13 Abs. 3–6, § 16 Abs. 4, § 17 und § 18. § 30 Abs. 2 SGB I und § 6 SGB IV ordnen zudem generell den Vorrang über- und zwischenstaatlichen Rechts gegenüber dem nationalen Krankenversicherungsrecht an.[18] Der Umfang der Abweichung im Einzelnen ergibt sich aus dem maßgeblichen Europäischen Recht (→ Rn. 3) und den jeweiligen Abkommen.

Die Ruhensanordnung des Abs. 1 Nr. 1 erfasst nach dessen Wortlaut alle Leistungsansprüche, also auch **Ansprüche auf Geldleistungen** wie das **Krankengeld**. Insofern ruht – endgültig mit Anrechnung auf die Bezugsdauer – nur der kalendertäglich entstehende Einzelanspruch, nicht auch das zugrunde liegende Stammrecht.[19] Eine Ausnahmeregelung enthält – neben § 18 Abs. 1 S. 1 – Abs. 4. Der Anspruch auf Krankengeld ruht hiernach ausnahmsweise nicht, solange sich Versicherte nach Eintritt der Arbeitsunfähigkeit mit Zustimmung der Kasse im Ausland aufhalten. Anders als noch § 216 Abs. 1 Nr. 2 RVO sieht Abs. 4 – wie Abs. 1 Nr. 1 – keine bestimmte zeitliche Abfolge von Eintritt des Versicherungsfalls und Aufenthaltsverlegung vor. Der Auslandsaufenthalt ist zur Vermeidung der Ruhensfolge unabhängig davon zustimmungsbedürftig, ob das Inland nach Eintritt der krankheitsbedingten Arbeitsunfähigkeit verlassen wurde oder ob der Versicherungsfall während eines Auslandsaufenthalts eingetreten ist.[20] Das geltende Recht macht daher die Zahlbarkeit des Krankengeldes in allen Fällen

---

13 Berchtold, aaO, S. 30 f.
14 BVerfG, 30.12.1999, 1 BvR 809/95, SozR 3-4100 § 100 Nr. 8; ebenso bereits Berchtold aaO, S. 32 ff.
15 BVerfG, 17.3.2008, 1 BvR 96/06, SozR 4-2500 § 17 Nr. 2. Siehe auch BSG, 6.3.1996, 9 RV 11/95, BSGE 78, 59 ff. und BT-Dr. 11/2237, 164.
16 Vgl. exemplarisch zum Abkommen zwischen Deutschland und Tunesien BSG, 24.5.2007, B 1 KR 18/06, BSGE 98, 257 ff.
17 Exemplarisch BSG, 30.6.2009, B 1 KR 22/08 R, BSGE 104, 1 ff. und BSG, 17.2.2010, B 1 KR 14/09 R, SozR 4-2500 § 13 Nr. 24.
18 Siehe etwa BSG, 24.5.2007, B 1 KR 18/06 R, BSGE 98, 257 und, 30.6.2009, B 1 KR 22/08 R.
19 Berchtold, Krankengeld, Rn. 235 ff.
20 LSG Bln, 22.3.2000, L 9 KR 69/98, EzS 90/240.

des Auslandsaufenthalts vom Einverständnis der Kasse abhängig[21] und umfasst auch den dauerhaften Aufenthalt.[22]

15 Nur soweit die Zustimmung vorliegt, ist Abs. 1 Nr. 1 ausnahmsweise durch Abs. 4 als *lex specialis* verdrängt. Der umfassende Begriff der **Zustimmung** erfasst – jeweils mit Wirkung für die Zukunft – gleichermaßen das vor einer Aufenthaltsverlegung des arbeitsunfähig erkrankten Versicherten in das Ausland erteilte Einverständnis wie die nachträglich erteilte Genehmigung der bereits erfolgten Aufenthaltsverlegung. Eine ungerechtfertigte Inanspruchnahme von Krankengeld und Schwierigkeiten bei der Feststellung von AU sollen damit nach der Auffassung der Entwurfsverfasser vermieden werden.[23] Die rechtliche Funktion des Einverständnisses bleibt dennoch dunkel.[24] Das Vorliegen von Arbeitsunfähigkeit sowie sich auf dieser Grundlage ergebender Ansprüche auf Krankengeld ist bereits Tatbestandsvoraussetzung von Abs. 4. Nur hinsichtlich entstandener und fälliger Ansprüche kann sich nämlich in Gestalt des Ruhens ein Leistungshindernis ergeben. Kasse und Versichertengemeinschaft sind daher schon deshalb geschützt, weil der Versicherte die (objektive) Beweislast für das Vorliegen der Anspruchsvoraussetzungen trägt.[25] Vor welchem Nachteil ein zusätzliches Einverständnis bewahren soll, erschließt sich nicht. Erst recht nicht, inwiefern dennoch Raum für ein „Ermessen" bestehen sollte, auf das der Wortlaut keinen Hinweis gibt.[26]

16 **2. Dienst aufgrund gesetzlicher Dienstpflicht oder Dienstleistungen und Übungen nach dem Soldatengesetz (Abs. 1 Nr. 2), Wehrverhältnisse besonderer Art nach (Abs. 1 Nr. 2 a).** Abs. 1 Nr. 2 und 2 a ordnen jeweils im Blick auf eine anderweitige Absicherung (relativ) ein umfassendes Ruhen der Leistungsansprüche Versicherter an. Eine „gesetzliche Dienstpflicht" iS der Nr. 1 Regelung 1, auf der eine derartige anderweitige Absicherung beruht, gibt es nur noch eingeschränkt. Die §§ 3 bis 53 WPflG (einschließlich also der Regelung über die Grenzschutzdienstpflicht in § 42 a WPflG) gelten seit dem 1.7.2011 grundsätzlich nur noch im Spannungs- oder Verteidigungsfall (§ 2 WPflG in der ab 1.7.2011 geltenden Fassung durch Art. 1 des Wehrrechtsänderungsgesetzes vom 28.4.2011).[27] Im Übrigen gelten sie nur noch, soweit dies in den Regelungen über den Freiwilligen Wehrdienst im 7. Abschnitt bestimmt ist (§ 2 S. 2 WPflG). Hiernach (§ 56 WPflG) sind die Regelungen in anderen Gesetzen, die an die Ableistung des Grundwehrdienstes (§ 5 WPflG) oder des freiwilligen Wehrdienstes im Anschluss an den Grundwehrdienst (§ 6 WPflG) anknüpfen entsprechend anwendbar. Da beide wehrrechtlich auf der Wehrpflicht beruhen (§ 4 Abs. 1 Nr. 1, Abs. 3 S. 2,3 WPflG), gilt dies auch für den Freiwilligen Wehrdienst nach dem 7. Abschnitt des WPflG, der damit iSv § 16 Abs. 1 Nr. 2 auf „Dienstpflicht" beruht. Entsprechend den hinsichtlich des Wehrdienstes eingetretenen Änderungen können gemäß § 1 a Abs. 1 ZDG seit dem 1.7.2011 (in der Fassung durch Art. 4 des Wehrrechtsänderungsgesetzes) die Einberufungsanordnungen des Bundesministeriums für Familie, Senioren, Frauen und Jugend vorsehen, dass Einberufungen außerhalb des Spannungs- und Verteidigungsfalls nur auf Vorschlag des Zivildienstpflichtigen und nur im Spannungs- oder Verteidigungsfall erfolgen.

17 Durch Nr. 2 Regelung 2 der „gesetzlichen Dienstpflicht" ausdrücklich gleichgestellt sind Dienstleistungen und Übungen nach dem Vierten Abschnitt des Soldatengesetzes (§§ 59 ff. SoldatenG). Hiernach können frühere **Berufssoldaten und Soldaten auf Zeit** zu Dienstleistungen im Sinn von § 60 SG (Übungen, besondere Auslandsverwendungen, Hilfeleistungen im Innern, Hilfeleistungen im Ausland und unbefristeter Wehrdienst im Spannungs- und Verteidigungsfall) herangezogen werden. Nr. 2 a erfasst zudem Wehrdienstverhältnisse besonderer Art nach § 6 des Einsatzweiterverwendungsgesetzes, die zur Kompensation während eines Auslandseinsatzes erlittener Schädigungen grundsätzlich unmittelbar kraft Gesetzes eintreten. Sie bedürfen einer eigenständigen Regelung, weil die so vermittelte Rechtsstellung als Soldat auf Zeit (6 Abs. 2 S. 1 EinsatzWVG) den sozialversicherungsrechtlichen Status ausdrücklich unberührt lässt (§ 6 Abs. 2 S. 3 EinsatzWVG).

18 Bei allen damit von Nr. 2, 2 a Erfassten wird – in Abhängigkeit von der Fortzahlung von Arbeitsentgelt durch den Arbeitgeber auch während des Dienstes – entweder die Fortdauer der Beschäftigung (und damit der hierauf beruhenden Pflichtversicherung) oder die Fortdauer der Mitgliedschaft fingiert

---

21 Berchtold, Krankengeld, Rn. 599 ff.
22 Offen gelassen in BSG, 11.10.1994, 1 RK 2/94, SozR 3-6050 Art. 25 Nr. 1.
23 BT-Dr. 11/2237, 164.
24 Im Einzelnen Berchtold, Krankengeld, Rn. 601 f.
25 Siehe bereits BSG, 19.3.1970, 5 RKn 47/67, BSGE 31, 100 ff.
26 Vgl. aber SG Mainz, 12.11.2010, S 7 KR 231/08, rv 2011, 107 ff. und LSG Bln, 22.3.2000, L 9 KR 69/98, EzS 90/240.
27 BGBl. I, 678.

(§ 193). Dies dient im Wesentlichen der Vermeidung wehrdienstbedingter Nachteile durch Anwartschaftserhaltung iS der Sicherstellung der Voraussetzungen einer freiwilligen Mitgliedschaft nach dem Wehrdienst (§ 9 Abs. 1 Nr. 1) und ggf. dem Schutz von Angehörigen im Rahmen der Familienversicherung (§ 10). Unabhängig hiervon hat jedenfalls das Mitglied selbst während der Dienstleistung einen erfüllungsrechtlich vorrangigen „Anspruch" auf Heilfürsorge, dh auf die unentgeltliche Gewährung aller zur Gesunderhaltung, Verhütung und frühzeitigen Erkennung von gesundheitlichen Schäden sowie zur Behandlung einer Erkrankung spezifisch erforderlichen medizinischen und medizinisch-technischen Leistungen.[28] Besteht ein derartiger Anspruch nach Eintritt des Versicherungsfalls zumindest iS eines durchsetzbaren Rahmenrechts auf weitere Leistungskonkretisierung innerhalb dieses Systems, wird hierdurch dem Sicherungsziel beider Leistungsbereiche genügt und ruht daher der nachrangige Anspruch auf die Leistungen der gesetzlichen Krankenversicherung in vollem Umfang.

Dagegen kann die bloß abstrakte Berechtigung in dem Sinne, dass der Versicherte nach dem Gesetz überhaupt zu den Heilfürsorgeberechtigten gehört, noch nicht zum Ruhen führen. Der Zweck der Nr. 2 und Nr. 2a beschränkt sich auf die Erfüllungsebene und darauf, zugunsten der Krankenversicherung die mehrfache tatsächliche Erbringung zweckidentischer Leistungen zu verhindern. Dagegen regeln beide Normen gerade keinen absoluten leistungsrechtlichen Systemvorrang zugunsten der Heilfürsorge unter Inkaufnahme eines faktisch unzureichenden Schutzes durch die gesetzliche Krankenversicherung bei Eintritt des Versicherungsfalls. Ein derartiger Vorrang ließe von vorne jede Gefahr der Übersicherung zulasten der Krankenversicherung und damit auch die Notwendigkeit einer Ruhensregelung mit grundsätzlichem Erhalt der dortigen Ansprüche entfallen.[29]

3. Anspruch auf Heilfürsorge und Dienst als Entwicklungshelfer (Abs. 1 Nr. 3). Auch die Leistungsansprüche sonstiger Personen mit Anspruch auf **Heilfürsorge**, insbesondere Soldaten und Polizeivollzugsbeamte, ruhen nur dann, wenn die Leistungen aus dem insofern vorrangigen System tatsächlich erbracht werden (Nr. 3 Regelung 1). Die Ausführungen unter → Rn. 18 f. gelten entsprechend.

Anders als Nr. 3 Regelung 1 enthält die Regelung 2 aaO für Personen, die als Entwicklungshelfer **Entwicklungsdienst** leisten, einen systemimmanenten (absoluten) berufsbezogenen Leistungsausschluss von Leistungen der Krankenversicherung ohne tatbestandliche Verknüpfung des Ruhens mit einer anderweitigen Absicherung. Entwicklungshelfer sind nicht im Rahmen der Beschäftigtenversicherung (§ 5 Abs. 1 Nr. 1) versicherungspflichtig. Weder beruht ihr Dienst auf einem auf Erbringung von Erwerbsarbeit gerichteten Vertrag noch beziehen sei eine erwerbsbestimmte Vergütung.[30] Es liegt daher auch keine Entsendung iSv § 4 SGB IV vor. Insofern bedarf es schon mangels Zugehörigkeit zur Versichertengemeinschaft keiner Ruhensanordnung. Soweit Entwicklungshelfer während der Ableistung von Entwicklungsdienst (zur Anwartschaftssicherung oder zur Absicherung von Angehörigen im Rahmen der Familienversicherung) ausnahmsweise freiwillig krankenversichert sind, ruht ihr eigener Leistungsanspruch nach Nr. 3 dennoch generell und ungeachtet etwa auch einer vorübergehenden Rückkehr in das Inland. Dem Aspekt des Auslandsaufenthalts „in Entwicklungsländern" (§ 1 Abs. 1 Nr. 1 EhfG und insofern eines Vorrangs der Nr. 3 als *lex specialis* gegenüber der Nr. 1 kommt daher grundsätzlich keine eigenständige Bedeutung zu. Eine Ausnahme kommt – begrenzt auf den Auslandsaufenthalt – allenfalls insofern in Betracht, als sich vorrangige Krankenversicherungsabkommen gerade auch auf den Entwicklungshelferdienst erstrecken. In diesen Fällen wird ausnahmsweise Nr. 3 Regelung 2 ihrerseits verdrängt. Der absolute Leistungsausschluss Versicherter[31] ist insofern insbesondere dadurch gerechtfertigt, dass ihr Status allein auf einem freiwilligen Willensentschluss beruht und das Gesetz ihre krankenversicherungsrechtliche Absicherung außerhalb der gesetzlichen Krankenversicherung der in § 7 Abs. 1 EhfG vorgesehenen Privatversicherung vorbehält.

4. Ruhen während Zeiten des hoheitlichen Freiheitsentzugs (Abs. 1 Nr. 4). Gefangene iS der Nr. 4 sind als solche nicht in die gesetzliche Krankenversicherung einbezogen. Dies gilt auch, soweit sie zur Arbeit verpflichtet sind (§§ 37, 41 StVollzG) und dafür Entgelt erhalten (§§ §§ 43, 177, 200 StVollzG).[32] Die Ruhensanordnung der Nr. 4 kann sich daher nur auf Leistungsansprüche aus einer vor dem Freiheitsentzug begründeten und während seiner Dauer aufrecht erhaltenen Versicherung in der gesetzli-

---

28 Vgl. BSG, 22.4.1986, 1/8 RR 25/83, SozR 2200 § 313 Nr. 9.
29 Vgl. BSG, 22.4.1986, 1/8 RR 25/83, SozR 2200 § 313 Nr. 9.
30 Vgl. BSG, 26.8.1975, 7 RAr 6/74, BSGE 40, 179 ff.; BSG, 25.6.1991, 1/3 RK 1/90, BSGE 69, 66 ff. und BSG, 3.9.1998, B 12 KR 21/97 R, SozR 3-2500 § 5 Nr. 39.
31 Vgl. BSG, 3.9.1998, B 12 KR 21/97 R, SozR 3-2500 § 5 Nr. 39.
32 Vgl. Berchtold in: Kreikebohm/Spellbrink/Waltermann, § 7 SGB IV Rn. 15.

chen Krankenversicherung beziehen. Dies ist etwa bei Fortführung einer freiwilligen Versicherung oder dann der Fall, wenn der Gefangene als Rentner krankenversichert ist oder durch Abrede mit dem Arbeitgeber von seiner Verpflichtung zur Arbeitsleistung freigestellt ist, jedoch weiter Entgelt gezahlt wird. Der Anwendungsbereich der Nr. 4 ist entsprechend gering.

23 Anders als die Vorgängervorschrift des § 216 Abs. 1 Nr. 1 RVO macht Nr. 4 das Ruhen nicht allein vom Vollzug der Freiheitsentziehung abhängig.[33] Leistungsansprüche aus der gesetzlichen Krankenversicherung ruhen vielmehr ausdrücklich nur, „soweit" die Versicherten als Gefangene Anspruch auf Gesundheitsfürsorge nach dem StVollzG haben (§§ 56ff StVollzG) oder „sonstige Gesundheitsfürsorge" erhalten. Der Anspruch auf Gesundheitsfürsorge nach den §§ 57 bis 59 StVollzG sowie entsprechend auf Leistungen bei Schwangerschaft und Mutterschaft (§ 78 StVollzG) ruht – mit der Folge, dass dann Leistungen der Krankenversicherung zu erbringen sind[34] – seinerseits vollständig, solange der Gefangene aufgrund einer freien Beschäftigung außerhalb der Anstalt (§ 39 Abs. 1 StVollzG) krankenversichert ist (§ 62 a StVollzG). Der Gesetzgeber des GRG hat damit eine Regelung nachgeholt, die das BSG nach altem Recht im Rahmen richterlicher Rechtsfortbildung zu entwickeln, abgelehnt hatte.[35] Dies beschränkt den Anwendungsbereich der Nr. 4 zusätzlich.

24 Der Vorbehalt anderweitiger Absicherung („soweit") macht auch bei Versicherten, die nicht Freigänger sind, eine entsprechende Begrenzung des Anwendungsbereichs von Nr. 4 erforderlich. Nicht anders als bei Heilfürsorgeberechtigten erfordert zunächst auch in den Fällen der Nr. 4 der „Anspruch" nach dem StVollzG und das „Erhalten" nach sonstigen Regelungen jeweils über die abstrakte Position hinaus eine konkrete Einbeziehung des jeweiligen Versicherten. Dies gilt erst recht, soweit Gesundheitsfürsorge außerhalb der gesetzlichen Krankenversicherung nur faktisch gewährt wird. Unter diesen Voraussetzungen dürfte unverändert genügen, dass Leistungen ihrer Art nach so zur Verfügung gestellt werden, wie dies in der gesetzlichen Krankenversicherung der Fall ist, ohne dass im Einzelnen Deckungsgleichheit gegeben sein muss.[36] Insofern ist zu beachten, dass der Versicherungszwang auch hinsichtlich des Leistungsverhältnisses der Versicherung stets vor Art. 2 Abs. 1 GG iVm dem Sozialstaatsprinzip gerechtfertigt sein muss.

25 Vom Leistungsspektrum der Gesundheitsfürsorge bei Freiheitsentzug schon seiner Art nach ausgenommen sind jedenfalls **Entgeltersatzleistungen** wie das **Krankengeld**. Die Gefahr der „Doppelleistung" entfällt hier ebenso wie in den Fällen des Ruhens von Ansprüchen auf Gesundheitsfürsorge nach dem StVollzG. Die Entwurfsverfasser des GRG gehen insofern davon aus, dass es im Blick auf §§ 49, 50 einer dem früheren § 216 Abs. 1 Hs. 2 RVO („ist der Versicherte durch Krankheit arbeitsunfähig geworden und hat er von seinem Arbeitsverdienst bisher Angehörige ganz oder teilweise unterhalten, so ist ihnen Krankengeld zu gewähren.") nicht mehr bedürfe.[37] Dies lässt jedenfalls die Situation Strafgefangener ohne Angehörige unberücksichtigt. Ihnen ist daher Krankengeld tatsächlich auszuzahlen.

26 **5. Leistungen von einem Träger der Unfallversicherung im Ausland (Abs. 2).** Das GRG hat mit § 11 Abs. 5 eine strikte Systemabgrenzung von gesetzlicher Kranken- und Unfallversicherung eingeführt.[38] Innerhalb des – auf die deutsche gesetzliche Unfallversicherung beschränkten – Anwendungsbereichs der Norm ist die gesetzliche Krankenversicherung zur Leistungserbringung schlechthin unzuständig. Abs. 2 versucht eine Entlastung des Systems auch hinsichtlich der Leistungen ausländischer Träger der Unfallversicherung. Gegenstand eines Ruhens sind hier im Wesentlichen Naturalleistungsansprüche. Hinsichtlich dem Krankengeld vergleichbarer ausländischer Leistungen wird Abs. 2 durch § 49 Abs. 1 Nr, 4 als *lex specialis* verdrängt. Im Übrigen ist vieles zweifelhaft. Rechtsprechung fehlt soweit ersichtlich.

27 Der Gesetzestext schweigt insbesondere bereits dazu, wer „**Träger der Unfallversicherung**" im Ausland ist. Vor dem Hintergrund des § 11 Abs. 5 einerseits und im Blick darauf, dass Früchte privater Vorsorge für die gesetzliche Krankenversicherung ansonsten deckungs- wie leistungsrechtlich ohne Belang sind, könnte manches dafür sprechen, auch im Rahmen der Nr. 4 nur Träger einer ausländischen „gesetzlichen" Versicherung und die von diesen bezogenen Leistungen für erfasst zu halten. Dies umfasst auch ausländische private Versicherungsträger, mit denen ein Vertrag in Erfüllung einer entsprechenden gesetzlichen Pflicht geschlossen wird.

---

33 Vgl. zum alten Recht BSG, 23.3.1983, 3 RK 57/81, SozR 2200 § 216 Nr. 6.
34 Vgl. BT-Dr. 200/88, 165.
35 BSG, 9.12.1986, 8 RK 9/85, BSGE 61, 62.
36 Insofern zum alten Recht BSG, 23.3.1983, 3 RK 57/81, SozR 2200 § 216 Nr. 6.
37 BT-Dr. 11/2237, 165.
38 Berchtold, Krankengeld, Rn. 963 ff.

Wenig naheliegend erscheint es im vorliegenden Zusammenhang unter „erhalten" – anders als herkömmlich in Nr. 3 – nur den tatsächlichen Bezug von Leistungen zu verstehen und ggf. einen zusätzlichen Vergleich „der Höhe nach" vorzunehmen. Abgesehen davon, dass dies bei Naturalleistungen erkennbare Schwierigkeiten tatsächlicher Art stößt, ist zu beachten, dass Gegenstand des Ruhens iS von § 16 bereits das konkretisierungsbedürftige Rahmenrecht ist. Wollte man dennoch einen Vergleich mit aus dem Ausland bezogenen Leistungen vornehmen, müsste allein zu diesem Zweck eine Konkretisierung des gegen die deutsche Krankenversicherung gerichteten Anspruchs bis hin zur benennbaren Einzelleistung vorgenommen werden, wodurch notwendig zugleich Leistungen zu deren Lasten erbracht würden. Dies würde indessen dem Zweck der Ruhensanordnung erkennbar zuwider laufen. Da andererseits Träger der gesetzlichen Krankenversicherung grundsätzlich nicht selbst zur Anwendung ausländischen Unfallrechts berufen sind, scheidet eine eigenverantwortliche Antwort auf die Frage, ob der jeweilige Versicherte von einem ausländischen System der Unfallversicherung leistungsrechtlich erfasst ist, schon deshalb aus. Anders als beim Ruhen wegen der gleichzeitigen Leistungsberechtigung aus einem anderen System der Gesundheitsfürsorge, ist im Unfallrecht zudem stets das Vorliegen eines versicherten Unfalls zu festzustellen. Von „erhalten" kann daher im besonderen Zusammenhang des Abs. 2 nur gesprochen werden, wo der ausländische Unfallträger Leistungen jedenfalls ihrer Art nach bereits konkret-individuell zuerkannt hat.

Für eine Verpflichtung des Versicherten, die Leistungen des ausländischen Trägers der Unfallversicherung in Anspruch zu nehmen fehlt (§ 31 SGB I). Auch ein eventueller Verzicht ist unerheblich. Das Gesetz hat die lediglich fiktive Inanspruchnahme einer ausländischen Leistung nicht als Ruhenstatbestand ausgestaltet.[39]

6. Vorsorge durch das Seemannsgesetz bzw. – ab 1.8.2013 – durch das Seearbeitsgesetz (Abs. 3). Seeleute (§ 13 Abs. 1 S. 2 SGB IV), die auf einem unter der Bundesflagge fahrenden deutschen Schiff (§ 13 Abs. 2 SGB IV) „als schwimmendem Gebietsteil des Heimatlandes" beschäftigt sind, sind damit im Geltungsbereich des GG beschäftigt (§ 3 Nr. 1, § SGB IV). Als Beschäftigungsort gilt der Heimathafen des Seeschiffs, ersatzweise Hamburg (§ 10 Abs. 3 SGB IV). Die Betroffenen unterliegen nach § 5 Abs. 1 Nr. 1 SGB V der Versicherungspflicht in der Krankenversicherung. § 2 Abs. 3 S. 1, 2 SGB IV sieht außerdem eine Pflichtversicherung auf Antrag des Reeders vor. Deutsches Krankenversicherungsrecht bleibt nach dem „Flaggenstaatsprinzip" auch bei Aufenthalt der deutschen Seeschiffe in fremden Hoheits- und Küstengewässern anwendbar.[40]

Abs. 3 S. 1 begründet einen begrenzten (relativen) Erfüllungseinwand der Krankenkasse, soweit das Seemannsgesetz (ab dem 1.8.2013: das Seearbeitsgesetz) für den Fall der Erkrankung oder Verletzung „Vorsorge getroffen hat". Entsprechend dem Ziel der Systembegrenzung durch Aufgabenteilung genügt in diesem Umfang die konkrete Verpflichtung nach dem SeemG/SeeArbG zur Erbringung ihrer Art nach vergleichbarer Leistungen, ohne dass es auf die vollständige Deckung des Leistungsumfangs auf die Erfüllung von Ansprüchen durch den Reeder ankäme. S. 2 aaO benennt lediglich deklaratorisch Anwendungsfälle, des S. 1, die sich schon hieraus ergeben.

Besatzungsmitglieder eines Kauffahrteischiffes, das nach dem Flaggenrechtsgesetz vom 8. Februar 1951[41] die Bundesflagge führt (§ 1 SeemG/§ 1 SeeArbG), haben nach § 42 Abs. 1 SeemG/§ 99 Abs. 1 SeeArbG grundsätzlich vom Beginn bis zum Ende des Heuerverhältnisses im Falle einer Erkrankung oder Verletzung Anspruch auf ausreichende und zweckmäßige Krankenfürsorge/medizinische Betreuung auf Kosten des Reeders, soweit die §§ 44, 46 und 47 SeemG/§§ 100, 102 und 103 SeeArbG nichts anderes bestimmen. Zur Krankenfürsorge gehört nach § 43 SeemG die Heilbehandlung einschließlich der Versorgung mit Arznei- und Heilmitteln, die Verpflegung und die Unterbringung des Kranken oder Verletzten. Nach § 99 Abs. 3 S. 1 SeeArbG umfasst der Anspruch auf medizinische Betreuung alle erforderlichen Maßnahmen zum Schutz der Gesundheit und der Heilbehandlung, einschließlich einer notwendigen Zahnbehandlung, sowie die Verpflegung und Unterkunft des kranken oder verletzten Besatzungsmitglieds. Zur medizinischen Betreuung gehören nach S. 2 aaO auch die Versorgung mit den notwendigen Arznei- und Heilmitteln, der Zugang zu medizinischen Geräten und Einrichtungen für Diagnose und Behandlung und zu medizinischen Informationen und Fachauskünften. Dieser Schutz beschränkt sich naturgemäß auf die Zeit des Aufenthalts an Bord. Kann die Behandlung dort nicht sichergestellt werden, kann der Reeder das versicherte Besatzungsmitglied an die Krankenkasse ver-

---

39 Vgl. entsprechend zu § 31 Abs, 1 FRG BSG, 11.5.2011, B 5 R 8/10 R, BSGE 108, 152 ff.
40 BSG, 25.101988, 12 RK 21/87, BSGE 64, 145 ff.
41 BGBl. I, 79.

weisen (§ 44 Abs. 2 SeemG/§ 100 Abs. 2 SeeArbG). Verlässt das Besatzungsmitglied im Geltungsbereich des GG das Schiff, endet die Krankenfürsorge/medizinische Betreuung auf Kosten des Reeders grundsätzlich (§ 47 Abs. 1 SeemG/§ 103 Abs. 1 SeeArbG). Liegt das Schiff in einem Hafen im Geltungsbereich des GG, hat das versicherte Besatzungsmitglied die Wahl zwischen Krankenfürsorge/medizinischer Betreuung auf Kosten des Reeders und Krankenbehandlung der Krankenkasse/medizinischer Betreuung auf Kosten der Krankenversicherung (§ 44 Abs. 1 SeemG/§ 100 Abs. 1 SeeArbG). Außerhalb des GG gilt auch für Seeleute Abs. 1 Nr. 1.[42] § 17 findet keine Anwendung.[43] Den Interessenausgleich zwischen Reeder und Besatzungsmitglied bei Aufenthalt außerhalb des Geltungsbereichs des GG einschließlich des Anspruchs auf Heimschaffung regeln §§ 45, 47 Abs. 2, 49 SeemG/§§ 101, 103 Abs. 2, 105 SeeArbG.

33 Der Anspruch auf Leistungen der Krankenversicherung ruht damit vorliegend relativ (in Bezug auf ein anderes System), auch insofern aber nicht generell im Blick auf die gleichzeitige Einbeziehung der Versicherten dort, sondern nur in den Grenzen der nach dem SeemG/dem SeeArbG im Einzelfall gebotenen Vorsorge. Hinsichtlich des Anspruchs auf Naturalleistungen verbleiben Leistungspflichten im Inland (an Bord des Schiffs oder nach dessen Verlassen). Krankengeld kann bei Aufenthalt im Inland (auch an Bord des Schiffes) beansprucht werden, ruht aber soweit die Heuer (tatsächlich) weitergezahlt wird (§ 48 Abs. 1 SeemG/§ 104 Abs. 1 SeeArbG) gemäß § 49 Abs. 1 Nr. 1. Im Ausland ruhen Ansprüche auf Krankengeld soweit der Reeder gemäß § 48 Abs. 2 SeemG/§ 104 Abs. 2 SeeArbG zu Zahlungen in entsprechender Höhe verpflichtet ist (s. aber zum Innenverhältnis zwischen Reeder und Kasse § 17 Abs. 3). Im Übrigen kommen in den Grenzen des Abs. 4 Ansprüche gegen die Krankenversicherung in Betracht, die allerdings ebenfalls gemäß § 49 Abs. 1 ruhen können.

34 **7. Ruhen von Anspruch auf Leistungen nach dem KSVG bei Beitragsverzug (Abs. 3 a). a) Versicherte nach dem Künstlersozialversicherungsgesetz (Abs. 3 a S. 1).** Künstler sind nach Maßgabe der §§ 1, 5, 6 ff. KSVG krankenversichert. § 5 Abs. 1 Nr. 4 kommt insofern eine allein deklaratorische Bedeutung zu. Die Mitgliedschaft bei der von dem Künstler gewählten Kasse (§ 173 Abs. 1) beginnt und endet grundsätzlich nach Maßgabe der von der Künstlersozialkasse getroffenen Feststellung über die Versicherungspflicht (§ 186 Abs. 3, § 190 Abs. 5). Der Künstler schuldet seinen Beitragsanteil unmittelbar der Künstlersozialkasse (§ 16 Abs. 1 S. 1 KSVG), die ihrerseits alleiniger Schuldner der Kasse ist (§ 252 S. 1, 251 Abs. 3 S. 1). Die Kasse ist Leistungs- und Versicherungsträger.

35 § 16 Abs. 2 KSVG enthält eine diesem Dreiecksverhältnis angepasste Sanktionsregelung für den Fall des Beitragsverzuges des Künstlers. Es obliegt hiernach der Künstlersozialkasse als Beitragsgläubiger ihren Schuldner zu mahnen und ihm gegenüber sowie gegenüber der Krankenkasse bei fortbestehendem Verzug das Ruhen des Anspruchs auf alle Arten von Leistungen festzustellen. Im Umfang des eingetretenen Ruhens ist die Künstlersozialkasse ihrerseits grundsätzlich von der Pflicht zur Beitragszahlung frei (§ 251 Abs. 3). S. 1 wiederholt die Regelungen des § 16 Abs. 2 KSVG lediglich deklaratorisch und fragmentarisch. Er ist daher ohne eigenständige Bedeutung und enthält weder eine Rechtsgrund- noch eine Rechtsfolgenverweisung.[44] § 16 Abs. 2 KSVG ist im System der gesetzlichen Krankenversicherung ein Fremdkörper. Grundsätzlich kommt es nämlich für den Versicherungsschutz weder auf die Kenntnis von Versicherungs- und Beitragspflicht an noch stehen Beitrags- und Leistungspflicht in einem synallagmatischen Verhältnis.

36 Tatbestandliche Voraussetzung des Ruhens, das damit allein aus Binnengründen des Systems (absolut) begründet ist, ist die entsprechende **Feststellung durch die Künstlersozialkasse**. Hierbei handelt es sich um einen Verwaltungsakt (§ 31 S. 1 SGB X) mit Dauerwirkung, der gleichermaßen gegenüber dem Versicherten wie gegenüber der Krankenkasse Verbindlichkeit beansprucht. Da das Gesetz von einem „Bescheid" spricht, ist Schriftform (§ 33 Abs. 2 S. 1 SGB X) geboten. Die rechtzeitige Beteiligung beider Adressaten am Verwaltungsverfahren (§ 12 Abs. 1 Nr. 2 SGB X) sichert hier die Verpflichtung zur Übersendung der Mahnung (§ 16 Abs. 2 S. 1, 7 KSVG), die auf die Ruhensfolge, ihre Voraussetzungen und den Zeitpunkt ihres Eintritts hinweisen muss (§ 16 Abs. 2 S. 3 KSVG) und ihrerseits noch kein Verwaltungsakt ist.[45] Widerspruch und Anfechtungsklage gegen den Verwaltungsakt haben keine aufschiebende Wirkung (§ 16 Abs. 2 S. 4 KSVG, § 86 a Abs. 2 Nr. 4 SGG).

---

42 BSG, 7.2.2002, B 12 KR 1/01 R, USK 2002-10.
43 BSG, 7.2.2002, B 12 KR 1/01 R, USK 2002-10.
44 So aber Noftz in: Hauck/Noftz, SGB V, K § 16 Rn. 60.
45 Vgl. BFH, 17.7.2007, IX S 13/07 BFH/NV 2007, 2134.

Voraussetzung für den Erlass des Ruhensbescheides ist ein **Beitragsrückstand** in Höhe eines Betrages, 37
der den Beitragsanteilen für zwei Monate entspricht. Der Beitragsteil des Versicherten, der kalendertäglich entsteht (§ 16 Abs. 1 Hs. 2 KSVG, § 223 Abs. 1) und dessen Höhe sich im Einzelnen aus § 16 Abs. 1 S. 1 u. 2 KSVG, § 234 Abs. 1 ergibt, wird jeweils für den vorangegangenen Kalendermonat am 5. des Folgemonats fällig (§ 16 Abs. S. 3 KSVG). Der Monatsbetrag entspricht jeweils dreißig kalendertäglichen Beiträgen (§ 16 Abs. 1 S. 1 KSVG, § 223 Abs. 2). Mit dem ersten Fälligkeitstag, an dem der volle Beitrag aus zwei aufeinanderfolgenden Monaten oder beliebig zusammengesetzte – nicht verjährte oder gestundete – Teilbeträge aus vorangegangenen Monaten insgesamt einen Rückstand in Höhe von zwei Monatsbeiträgen ergeben,[46] hat die Künstlersozialkasse gesetzlich zwingend zu mahnen und dabei die vorgeschriebenen Hinweise zu erteilen. Wird daraufhin der ausstehende Beitragsanteil innerhalb von zwei Wochen ab Zugang der Mahnung auf einen Betrag von einem Monatsbeitrag oder weniger reduziert (vgl. § 17 KSVG), entfallen die Wirkungen der Mahnung. Andernfalls stellt die Künstlersozialkasse nach Ablauf der Frist von zwei Wochen[47] gemäß § 16 Abs. 2 S. 2 KSVG das Ruhen „der Leistungen", dh rechtlich des Anspruchs auf alle Leistungen (§ 16 Abs. 1), fest. Diese (innere) Wirkung, auf die bereits bei der Mahnung hinzuweisen ist und die zur Bestimmtheit des Verwaltungsakts gehört,[48] tritt kraft Gesetzes am dritten Tag nach Eintritt der äußeren Wirksamkeit mit dem Zugang des konstitutiven Bescheides beim Versicherten ein (§ 39 Abs. 1 S. 1 SGB X) und bezieht sich allein auf diesen, nicht gleichzeitig auch auf Familienangehörige.

Das Ruhen endet erst mit der Zahlung aller rückständigen und auf Zeiten des Ruhens entfallenden 38
Krankenversicherungs- und – nicht unproblematisch – Pflegeversicherungsbeiträge. Materiell handelt es sich nicht um ein „Wiederaufleben" von Ansprüchen – tatsächlich oder fiktiv erfüllte Ansprüche sind erloschen (§ 362 Abs. 1 BGB) – sondern vielmehr darum dass ab dem Beendigungszeitpunkt entstehende und fällige Ansprüche wieder tatsächlich erfüllbar sind. In formeller (verwaltungsverfahrensrechtlicher) Hinsicht ist der ursprüngliche Verwaltungsakt mit Wirkung ab diesem Zeitpunkt aufzuheben und findet nicht etwa ohne actus contrarius seine Erledigung (§ 39 Abs. 2 SGB X). Dies ergibt sich bereits daraus dass die Kasse auch über das Ende des Ruhens so zu unterrichten ist wie bei seinem Eintritt (§ 16 Abs. 2 S. 7 KSVG).

Gemäß § 16 Abs. 2 S. 6 kann die Kasse nach ihrem **Ermessen** (§ 39 SGB I) die Ruhensanordnung 39
schließlich vorzeitig (für Zeiten vor dem in S. 5 genannten Zeitpunkt) aufheben („für beendet erklären"), wenn eine Ratenzahlungsvereinbarung mit dem Versicherten getroffen wurde. Auch insofern bedarf es eines Verwaltungsakts gegenüber Versichertem und Krankenkasse. Bei der zugrunde liegenden Vereinbarung handelt es sich um einen öffentlich-rechtlichen Vertrag iSv § 53 Abs. 1 S. 1, Abs. 2 SGB X, der bei Verstößen ggf. zu kündigen ist (§ 59 Abs. 1 S. 1 SGB X). Für Zeiten ab Wirksamkeit der Kündigung ist dann erneut das Ruhen festzustellen.

b) Versicherte nach dem SGB V (Abs. 3 a S. 2, 3). Eine § 16 Abs. 2 KSVG entsprechende Ausnahmeregelung 40
kennt das Gesetz mit Abs. 3 S. 2, 3 seit dem 1.4.2007 auch für alle[49] Selbstzahler der allgemeinen Krankenversicherung nach dem SGB V (§ 250, 252 Abs. 1 S. 1). Für freiwillig Krankenversicherte (§ 9) sind diese Regelungen an die Stelle des früheren Verlusts der Mitgliedschaft nach § 191 S. 1 Nr. 3 in der bis 31.3.2007 geltenden Fassung getreten. Eine derartige Rechtsfolge schien mit Einführung der allgemeinen Versicherungspflicht (§ 5 Abs. 1 Nr. 13) nicht mehr vereinbar.

Die Voraussetzungen des Ruhens und seiner Dauer entsprechen denjenigen bei Versicherten nach dem 41
KSVG. Folglich bestimmt sich die erforderliche Summe der Beitragsrückstände auch hier allein nach dem vom Mitglied selbst zu tragenden Teil und nicht nach der sich unter Berücksichtigung aller beitragspflichtigen Einnahmen bestimmten Höhe des Gesamtbeitrages.[50] Das kann im Einzelfall zu einem verfassungsrechtlich bedenklichen Missverhältnis zwischen der relativ geringen Höhe der Beitragsschuld und der gravierenden Ruhensfolge führen. Hinsichtlich des Umfangs des – hier ausdrücklich auf das „Mitglied" beschränkten – Ruhens ergeben sich entsprechend § 4 Abs. 2 AsylbLG[51] Unterschiede insofern, als Ansprüche auf Untersuchungen zur Früherkennung von Krankheiten (§§ 25, 26) und auf Leistungen, die zur Behandlung akuter Erkrankungen und Schmerzzustände sowie bei Schwangerschaft und Mutterschaft erforderlich sind.

---

46 LSG NRW, 25.3.2010, L 16 KR 254/09.
47 LSG RhPf, 15.3.2012, L 5 KR 62/12 B ER.
48 BayLSG, 18.5.2011, L5 KR 164/11 ER, ASR 2011, 254.
49 Vgl. BT-Dr. 16/4247, 43.
50 Anders ohne Begründung Blöcher in: jurisPK-SGB V, § 16 Rn. 55.
51 BT-Dr. 16/4247, 43.

42 Die Dauer des Ruhens ist – anders als im Fall des S. 1 – allein von der Erfüllung der sich nach dem SGB V ergebenden Beitragsschulden abhängig. Zusätzlicher Beendigungstatbestand ist der (vom Krankenversicherungsträger eigenständig festzustellende) Eintritt von Hilfebedürftigkeit nach dem SGB XII. Der Abschluss einer Ratenzahlungsvereinbarung führt vorliegend zwingend (ohne Ermessen der Kasse) zur Beendigung des Ruhens durch Verwaltungsakt. Sachgründe für die unterschiedliche Regelung sind nicht erkennbar. Obwohl vorliegend nur die Lage zwischen Kasse und Versichertem der Klärung bedarf, entspricht die verwaltungsverfahrensrechtliche Situation entspricht schon aus Gründen der Rechtsklarheit derjenigen des S. 1. Insbesondere bedarf es daher in allen Fällen der Beendigung eines Verwaltungsakts.

§ 17 Leistungen bei Beschäftigung im Ausland

(1) [1]Mitglieder, die im Ausland beschäftigt sind und während dieser Beschäftigung erkranken oder bei denen Leistungen bei Schwangerschaft oder Mutterschaft erforderlich sind, erhalten die ihnen nach diesem Kapitel zustehenden Leistungen von ihrem Arbeitgeber. [2]Satz 1 gilt entsprechend für die nach § 10 versicherten Familienangehörigen, soweit sie das Mitglied für die Zeit dieser Beschäftigung begleiten oder besuchen.
(2) Die Krankenkasse hat dem Arbeitgeber die ihm nach Absatz 1 entstandenen Kosten bis zu der Höhe zu erstatten, in der sie ihr im Inland entstanden wären.
(3) Die zuständige Krankenkasse hat dem Reeder die Aufwendungen zu erstatten, die ihm nach § 104 Absatz 2 des Seearbeitsgesetzes entstanden sind.

Literatur:
Barlage-Melber/Lexa, Neuerungen für die Arbeitnehmerentsendung und für in mehreren EU-Mitgliedstaaten Beschäftigte, ZESAR 2010, 471; *Berchtold*, Der räumliche Geltungs- und Anwendungsbereich der Vorschriften über die gesetzliche Krankenversicherung, 1987; *Fuchs*, Das neue Recht der Auslandskrankenbehandlung, NZS 2004, 225; *Kaliske*, Auslandseinsatz – Haftung des Arbeitgebers, PersF 2011, Heft 7, 92; *ders.*, Auslandserkrankungen, AuA 2011, 288; *Nowak*, Arbeitshilfen und praktische Fälle zum Thema „Beschäftigung im Ausland", Die Beiträge 2006, 577.

I. Entstehungsgeschichte

1 Die Vorschrift ist in ihrer Ursprungsfassung aufgrund von Art. 1, 79 GRG v. 20.12.1988 BGBl. I 2477 mit Wirkung v. 1.1.1989 in Kraft getreten. Mit Art. 1 Nr. 5 Buchst. a des Zweiten Gesetzes zur Änderung des Fünften Buches Sozialgesetzbuch v. 20.12.1991 (BGBl. I 2325) wurden mWv 1.1.1992 in der Überschrift die Wörter „außerhalb des Geltungsbereichs dieses Gesetzbuchs" durch die Wörter „im Ausland" ersetzt. Eine identische Änderung erfolgte durch dasselbe Gesetz zum selben Zeitpunkt in Abs. 1. MWv 30.3.2005 wurde Abs. 1 außerdem durch Art. 4 Nr. 1 des Verwaltungsverfahrensvereinfachungsgesetzes v. 21.3.2005 (BGBl. I 818) um die Wörter „und nach den Vorschriften des Zweiten Abschnitts des Zweiten Buches der Reichsversicherungsordnung" erweitert. In Abs. 2 wurden durch Art. 1 Nr. 5 Buchst c des Zweiten Gesetzes zur Änderung des Fünften Buches Sozialgesetzbuch (aaO) mWv 1.1.1992 ebenfalls die Wörter „außerhalb des Geltungsbereichs dieses Gesetzbuchs" durch die Wörter „im Ausland" ersetzt. In Abs. 3 wurden mit Art. 5 Nr. 2 des Gesetzes zur Änderung des Vierten Buches Sozialgesetzbuch und anderer Gesetze (BGBl. I, 3024) iVm Bek. v. 28.12.2007 (BGBl. I, 3305) mWv 28.12.2007 die Wörter „die See-Krankenkasse" durch die Wörter „die zuständige Krankenkasse" ersetzt. Mit Wirkung vom 1.8.2013 wurden zuletzt durch Art. 4 Abs. 3 Nr. 2 des Gesetzes zur Umsetzung des Seearbeitsübereinkommens 2006 der Internationalen Arbeitsorganisation v. 20.4.2013 (BGBl. I, 868) in Abs. 3 die Wörter „§ 48 Abs. 2 des Seemannsgesetzes" durch die Wörter „§ 104 Absatz 2 des Seearbeitsgesetzes" ersetzt (BGBl. I, 868).

II. Normzweck und europarechtlicher Kontext

2 Auch § 17 ist nicht Ausdruck eines allgemeinen „Territorialitätsprinzips"[1] Die auf das Inland begrenzte Hoheitsgewalt allein schließt nicht aus, dass Sachverhalte mit Auslandsberührung dem Anwendungsbereich deutschen Rechts unterfallen. Die – aus Gründen der Sachgerechtigkeit und kraft Her-

---

1 Siehe § 16 Rn. 10, 11 und BSG, 9.3.1982, 3 RK 64/80, BSGE 53, 150 ff.

kommens – erforderlichen territorialen (Einzel-!)Bezüge zum inländischen System der Sozialversicherungsnormen werden für das Deckungs- und das Leistungsverhältnis der Beschäftigten-Versicherung einheitlich durch die einseitigen Kollisionsnormen der §§ 3ff SGB IV bestimmt. Ist hiernach deutsches Krankenversicherungsrecht anwendbar, bestimmt dessen Anwendungsbereich auch, ob und inwieweit Auslandsbezügen Bedeutung für die rechtliche Beurteilung eines Sachverhalts zukommt. Da die Erbringung von Naturalleistungen an das inländische System der Leistungserbringung geknüpft ist und die Feststellung der Arbeitsunfähigkeit im Ausland Schwierigkeiten begegnet, ruhen entsprechende Ansprüche im Ausland grundsätzlich, soweit nicht eine Leistungsaushilfe auf der Grundlage supra- oder internationalen Rechts in Betracht kommt. § 17 erweitert die Möglichkeit des sog Leistungsexports für das hiervon nicht erfasste Ausland und beschränkt auf die Beschäftigtenversicherung.

Wie bereits § 221 S. 1 RVO[2] setzt § 17 Entstehen, Fälligkeit und Erfüllbarkeit von Ansprüchen des Versicherten gegen seine Kasse notwendig voraus und beschränkt sich auf Besonderheiten, die sich aus der Einschaltung des **Arbeitgebers als Leistungserbringer** ergeben. § 16 Abs. 1 Nr. 1 wird insoweit verdrängt.[3] Im Anwendungsbereich von § 17 ist für ein Ruhen kein Raum, weil der Grund für seine Anordnung gerade beseitigt ist. Umgekehrt tritt § 17 seinerseits zurück, wo die Leistungsaushilfe bereits aufgrund supra- oder internationalen Rechts gewährleistet ist.[4] Für in den Fällen der Ausstrahlung im Ausland Beschäftigte (§ 4 Abs. 1 SGB IV) liefert die Norm die verfassungsrechtlich vor Art. 2 Abs. 1 iVm dem Sozialstaatsprinzip notwendige Rechtfertigung des fortbestehenden Versicherungszwangs.

Die Vorschrift nimmt bei einer Beschäftigung im Ausland den Arbeitgeber in besonders intensiver Weise in die Pflicht. Dieser hat nicht nur den Sozialversicherungsbeitrag zu zahlen, sondern wird darüber hinaus verpflichtet, seinem Arbeitnehmer die Leistungen der gesetzlichen Krankenversicherung in grundsätzlich unbeschränktem Umfang zur Verfügung zu stellen, während er selbst gegenüber der Krankenkasse nur einen beschränkten **Kostenerstattungsanspruch** nach § 17 Abs. 2 SGB V hat. Das ist nur ausnahmsweise aus dem Gesichtspunkt der Fürsorgepflicht des Arbeitgebers in Bezug auf solche Arbeitnehmer gerechtfertigt, die aufgrund einer den Interessen des Arbeitgebers dienenden Entsendung künftig auf ein ihnen bislang regelmäßig unbekanntes krankenversicherungsrechtliches Leistungsangebot innerhalb eines ausländischen Systems zurückgreifen müssen. Dagegen ist eine Anwendung der Norm auf sonstige Sachverhalte weder einfachgesetzlich geboten noch wäre es verfassungsrechtlich gerechtfertigt.[5]

III. Leistungen an Mitglieder im Ausland (Abs. 1 S. 1)

Abs. 1 S. 1 macht die Rechtsfolge Leistungsaushilfe durch den Arbeitgeber von den Tatbestandsmerkmalen (1.) „Mitglied", (2.) „im Ausland beschäftigt" und (3.) „Erkrankung während der Beschäftigung" abhängig. Mitglieder sind alle in §§ 186ff Benannten. Für das Vorliegen einer Beschäftigung und deren Dauer ist in Ermangelung vorrangigen Leistungsrechts (§ 1 Abs. 3 SGB IV) der Rechtsbegriff des § 7 SGB IV maßgeblich. Mit „erkranken" ist – eher untechnisch – das Vorliegen des Versicherungsfalls der behandlungsbedürftigen Krankheit und/oder der Arbeitsunfähigkeit gemeint. Der Normwortlaut lässt den Bezug zwischen Auslands-Beschäftigung (§ 7 Abs. 1 S. 1 SGB IV) und Mitgliedschaft ebenso offen wie die Frage, ob der zur Leistungserbringung in Anspruch genommene Arbeitgeber einen territorialen Bezug zum Inland aufweisen muss oder die Erkrankung während des Aufenthalts im Beschäftigungsland eingetreten sein und fortbestehen muss. Die hiernach immerhin denkbare Möglichkeit, dass jedes versicherungspflichtige (§ 5) oder freiwillig versicherte (§ 9) Mitglied (§§ 186 ff.), das einer Beschäftigung im Ausland nachgeht, im Krankheitsfall seinen Arbeitgeber in Anspruch nehmen kann, scheidet indessen aus anderen Gründen aus.

Derartige Gründe ergeben sich zunächst daraus, dass Arbeitgeber ohne Inlandsbezug der auf den Geltungsbereich des GG beschränkten deutschen Hoheitsgewalt von vornherein nicht unterliegen[6] Darüber hinaus kann dem Zweck der Ausnahme-Regelung, (zumeist zwangsversicherten) Mitgliedern möglichst weitgehend den Versicherungsschutz zu erhalten, nur insofern Rechnung getragen werden, als ausnahmsweise der Einsatz des hierzu eingesetzten Mittels gerechtfertigt ist. Dies ist bei der Inanspruchnahme des Arbeitgebers als Leistungsaushelfer typischerweise nur der Fall, soweit ein besonde-

---

2 Vgl. BSG, 9.3.1982, aaO.
3 BSG, 27.9.2005, B 1 KR 13/04 R, SozR 4-2500 § 17 Nr. 1.
4 Offen gelassen in BSG, 27.9.2005, aaO.
5 BVerfG, 17.3.2008, 1 BvR 96/06, SozR 4-2500 3 17 Nr. 2.
6 Vgl. Berchtold, Der räumliche Geltungs- und Anwendungsbereich der Vorschriften über die gesetzliche Krankenversicherung, S. 9 ff.

rer Verantwortungsbezug deshalb vorliegt, weil der Arbeitnehmer das Inland gerade wegen der Aufnahme der Auslandsbeschäftigung vorübergehend verlassen hat und er gerade hierdurch die Notwendigkeit begründet ist, auf das Leistungsangebot im Beschäftigungsland zurückzugreifen, während dem Arbeitgeber die Vorteile aus den Auslandsaufenthalt des Arbeitnehmers zugute kommen. Fälle der Ausstrahlung stellen daher zumindest den typischen Anwendungsbereich des § 17 Abs. 1 S. 1 dar.[7] Darüber hinaus kommt eine Anwendung auch bei entsendungsähnlichen Sachverhalten in Betracht, wenn ein (nicht im Rahmen der Beschäftigtenversicherung) versichertes Mitglied das Inland auf Veranlassung eines inländischen Arbeitgebers verlässt, um für diesen im Ausland eine Beschäftigung aufzunehmen. Dass es sich auch hierbei um eine vorübergehende Aufenthaltsverlegung ins Ausland handeln muss, ergibt sich rückschließend aus der Verwendung der Wörter „begleiten oder besuchen".[8] Eine analoge Anwendung ist ausgeschlossen.[9]

7 Der Anspruch des Versicherten ist – unabhängig davon, ob er bereits erkrankt ins Ausland gelangt ist oder der Versicherungsfall erst dort eingetreten ist – auf das Beschäftigungsland begrenzt und richtet sich grundsätzlich unmittelbar gegen den Arbeitgeber, der seinerseits nach Abs. 2 einen Erstattungsanspruch gegen die Kasse hat.[10] Soweit der Versicherte einen Naturalleistungsanspruch hat, kann dieser vom Arbeitgeber von vornherein nicht so erfüllt werden wie im Inland. Auch der Anspruch des Arbeitnehmers ist daher im Wesentlichen auf die Kostenerstattung bzw. Freistellung von Kosten für ihrer Art nach den im Inland zu gewährenden entsprechende Leistungen gerichtet. Der Arbeitgeber kann den ihm zustehenden Erstattungsanspruch an das Mitglied abtreten, der ihn dann seinerseits gegenüber der Kasse geltend machen kann.[11] Einen originären eigenen Anspruch hat das Mitglied auch soweit der Arbeitgeber seinen Verpflichtungen nicht nachkommt.[12] Dies ergibt sich bereits daraus, dass Abs. 1 das Bestehen fälliger und erfüllbarer Ansprüche gegen die Kasse voraussetzt.[13] Die Situation entspricht derjenigen bei abkommensmäßig geregelter Leistungsaushilfe,[14] wobei vorliegend allerdings von vornherein allein deutsches Leistungsrecht (§ 13 Abs. 3 Fall 1) als anwendbar in Betracht kommt und der Versicherte auf einen Anspruch auf Erstattung tatsächlich entstandener Kosten nach Maßgabe des Abs. 2 beschränkt ist.[15]

IV. Leistungen an Familienversicherte im Ausland (Abs. 1 S. 2)

8 Der erst während des Gesetzgebungsverfahrens eingefügte[16] Abs. 1 S. 2 erlegt dem Arbeitgeber zudem die Fürsorge für nach § 10[17] versicherte Familienangehörige auf, die ihrerseits von vornherein nicht entsandt sind. Auch dies begründet zusätzlich die begrenzte Anwendung von S. 1 hinsichtlich des Stammversicherten. Eine analoge Anwendung beider Normen kommt nicht in Betracht.[18] Sie ist auch aus verfassungsrechtlichen Gründen nicht geboten.[19] Die „entsprechende Anwendung" von S. 1 gibt auch den begünstigten Familienversicherten einen eigenen Anspruch gegen den Arbeitgeber und ggf. gegen die Kasse.

V. Der Erstattungsanspruch des Arbeitgebers (Abs. 2, 3)

9 Der Arbeitgeber hat seinerseits gegen die Kasse des Mitglieds aus eigenem Recht einen Anspruch auf Erstattung der – tatsächlich und notwendig – entstandenen Kosten bis zu der Höhe, die vergleichbar im Inland angefallen wäre. Dieser kann auch an das Mitglied oder den Familienversicherten abgetreten werden, der ihn dann selbst gegenüber der Kasse geltend machen kann. Das in mehrfacher Hinsicht verbleibende Risiko einer Unterdeckung ist bevorzugt durch eine entsprechende Versicherung abzudecken. Der Reeder (Abs. 3) leistet grundsätzlich aus eigener und vorrangiger (§ 16 Abs. 2) Verpflichtung nach dem SeemG (ab dem 1.8.2013: dem SeeArbG) und ist auf eine Erstattung seiner Auf-

---

7 BSG, 27.9.2005, B 1 KR 13/04 R, SozR 4-2500 § 17 Nr. 1.
8 BSG, 27.9.2005, aaO.
9 BSG, 28.9.2010, B 1 KR 2/10 R, SozR 4-2500 § 17 Nr. 3.
10 BSG, 28.9.2010, aaO.
11 BSG, 28.9.2010, aaO.
12 Offen gelassen in BSG, 28.9.2010, aaO.
13 In diesem Sinne zum alten Recht bereits BSG, 9.3.1982, aaO.
14 Hierzu BSG, 25.5.2007, B 1 KR 18/06 R, SozR 4-6928 Allg Nr. 1.
15 Siehe auch BSG, 6.3.2012, B 1 KR 17/11 R, juris Rn. 13.
16 BT-Dr. 11/3320, 13 und BT-Dr. 11/3480, 50.
17 Zur notwendigen Begrenzung auf diesen Personenkreis BSG, 28.8.2010, B 1 KR 2/10 R.
18 BSG, 28.9.2010, B 1 KR 2/10 R, SozR 4-2500 § 17 Nr. 3.
19 Vgl. BSG, 20.6.2006, B 1 KR 29/06 B.A

wendungen für Beträge in Höhe des Krankengeldes (§ 48 Abs. 2 SeemG/§ 104 Abs. 2 SeeArbG) beschränkt.

§ 18 Kostenübernahme bei Behandlung außerhalb des Geltungsbereichs des Vertrages zur Gründung der Europäischen Gemeinschaft und des Abkommens über den Europäischen Wirtschaftsraum

(1) ¹Ist eine dem allgemein anerkannten Stand der medizinischen Erkenntnisse entsprechende Behandlung einer Krankheit nur außerhalb des Geltungsbereichs des Vertrages zur Gründung der Europäischen Gemeinschaft und des Abkommens über den Europäischen Wirtschaftsraum möglich, kann die Krankenkasse die Kosten der erforderlichen Behandlung ganz oder teilweise übernehmen. ²Der Anspruch auf Krankengeld ruht in diesem Fall nicht.
(2) In den Fällen des Absatzes 1 kann die Krankenkasse auch weitere Kosten für den Versicherten und für eine erforderliche Begleitperson ganz oder teilweise übernehmen.
(3) ¹Ist während eines vorübergehenden Aufenthalts außerhalb des Geltungsbereichs des Vertrages zur Gründung der Europäischen Gemeinschaft und des Abkommens über den Europäischen Wirtschaftsraum eine Behandlung unverzüglich erforderlich, die auch im Inland möglich wäre, hat die Krankenkasse die Kosten der erforderlichen Behandlung insoweit zu übernehmen, als Versicherte sich hierfür wegen einer Vorerkrankung oder ihres Lebensalters nachweislich nicht versichern können und die Krankenkasse dies vor Beginn des Aufenthalts außerhalb des Geltungsbereichs des Vertrages zur Gründung der Europäischen Gemeinschaft und des Abkommens über den Europäischen Wirtschaftsraum festgestellt hat. ²Die Kosten dürfen nur bis zu der Höhe, in der sie im Inland entstanden wären, und nur für längstens sechs Wochen im Kalenderjahr übernommen werden. ³Eine Kostenübernahme ist nicht zulässig, wenn Versicherte sich zur Behandlung ins Ausland begeben. ⁴Die Sätze 1 und 3 gelten entsprechend für Auslandsaufenthalte, die aus schulischen oder Studiengründen erforderlich sind; die Kosten dürfen nur bis zu der Höhe übernommen werden, in der sie im Inland entstanden wären.

Literatur:

Blöcher, Kostenerstattung für selbst beschaffte ambulante Krankenbehandlung im EU-Ausland, juris-RR SozR 52/2004 Anm. 2; *Danner*, Richtlinie über Patientenrechte in der grenzüberschreitenden Versorgung, KrV 2011, 152; *Fuchs*, Das neue Recht der Auslandskrankenbehandlung, NZS 2004, 225; *Kohte*, Standards im Medizinrecht – Abhängigkeit des haftungsrechtlichen vom sozialrechtlichen Standard, Standardisierung in der Medizin als Rechtsproblem, 2009, S. 79; *Marburger*, Ausnahme vom Sachleistungsprinzip der gesetzlichen Krankenversicherung – Kostenerstattung, Die Leistungen 2012, 449ff, 505ff; *Oldörp*, Ermittlung des allgemein anerkannten Standes der medizinischen Erkenntnisse als generelle Tatsache durch Gerichte der Sozialgerichtsbarkeit, juris-RR SozR 18/2006 Anm. 4.

I. Entstehungsgeschichte	1	IV. Inländische Versorgungsdefizite (Abs. 1, 2)	5
II. Normzweck und europarechtlicher Kontext	2	V. Behandlungskosten bei vorübergehendem Auslandsaufenthalt (Abs. 3)	13
III. Der räumliche Anwendungsbereich	4		

I. Entstehungsgeschichte

§ 18 trat mit den Abs. 1 und 2 aufgrund von Art. 1, 79 Abs. 1 des GRG v. 20.12.1988 (BGBl. I, 2477) mWv 1.1.1989 in Kraft. In der Überschrift wurden durch Art. 1 Nr. 6 Buchst. a des Zweiten Gesetzes zur Änderung des Fünften Buches Sozialgesetzbuch v. 20.12.1991 (BGBl. I, 2325) mWv 1.1.1992 die Wörter „außerhalb des Geltungsbereichs dieses Gesetzbuchs" durch die Wörter „im Ausland" ersetzt. Mit Art. 1 Nr. 6 Buchst. a des GKV-Modernisierungsgesetzes v. 14.11.2003 (BGBl. I, 2190) wurden mWv 1.1.2004 die Wörter „im Ausland" durch die Wörter „außerhalb des Geltungsbereichs des Vertrages zur Gründung der Europäischen Gemeinschaft und des Abkommens über den Europäischen Wirtschaftsraum" ersetzt. Auch in Abs. 1 wurden durch Art. 1 Nr. 6 Buchst. b des Zweiten Gesetzes zur Änderung des Fünften Buches Sozialgesetzbuch v. 20.12.1991 (BGBl. I, 2325) mWv 1.1.1992 die Wörter „außerhalb des Geltungsbereichs dieses Gesetzbuchs" durch die Wörter „im Ausland" ersetzt. Außerdem wurde durch Art. 1 Nr. 6 Buchst. a des GKV-Modernisierungsgesetzes v. 14.11.2003 (BGBl. I, 2190) mWv 1.1.2004 die Wörter „im Ausland" entsprechend der zum selben Zeitpunkt geänderten Überschrift ersetzt. Abs. 3 wurde mit Art. 1 Nr. 7 des Gesundheitsstrukturgesetzes

v. 21.12.1992 (BGBl. I, 2266) mWv 1.1.1993 eingeführt. In Abs. 3 S. 1 wurden mit Art. 1 Nr. 6 Buchst. b des GKV-Modernisierungsgesetzes v. 14.11.2003 (BGBl. I, 2190) mWv 1.1.2004 die Wörter „im Ausland" entsprechend der zum selben Zeitpunkt geänderten Überschrift ersetzt. Mit Art. 3 Nr. 1 des Ersten Gesetzes zur Änderung des Medizinproduktegesetzes v. 6.8.1998 (BGBl. I, 2005) mWv 12.8.1998 wurde zuletzt Abs. 3 S. 4 eingeführt.

II. Normzweck und europarechtlicher Kontext

2 § 18 enthält als Teil des internationalen Sozialrechts unabhängig von einem wie auch immer gearteten „Territorialitätsprinzip"[1] (unausgesprochen) eine § 16 Abs. 1 Nr. 1 spezialgesetzlich verdrängende Anordnung über die Erfüllbarkeit von Ansprüchen nach deutschem Krankenversicherungsrecht, die er für seinen Anwendungsbereich iS einer Abweichung vom Naturalleistungsprinzip gleichzeitig inhaltlich modifiziert. Bestünden derartige Ansprüche im Ausland von vornherein nicht, bedürfte es der grundsätzlichen Anordnung ihres Ruhens in § 16 Abs. 1 Nr. 1 weder rechtlich noch logisch.[2] Die Vorschrift unterscheidet **zwei Fallgruppen**: 1. Den Aufenthalt in ihrem räumlichen Aufenthaltsbereich zur Durchführung einer im Inland nicht möglichen Krankenbehandlung (Abs. 1, 2) und 2. die – auch im Inland mögliche – Behandlung von Krankheiten bei einem vorübergehenden Aufenthalt im räumlichen Anwendungsbereich, wenn eine Eigenvorsorge durch Abschluss einer privaten Auslandskrankenversicherung nicht möglich war (Abs. 3) In beiden Fällen wird das grundsätzliche Ruhen von Ansprüchen bei Aufenthalt des Versicherten im Ausland (§ 16 Abs. 1 Nr. 1) modifiziert,[3] in der ersten Fallgruppe zum Ausgleich eines inländischen Versorgungsdefizits, in der zweiten iS einer Vermeidung im Einzelfall unangemessener Ergebnisse der auf das Inland beschränkten Erfüllbarkeit von Ansprüchen. Ansprüche der Versicherten (einschließlich solcher im Rahmen medizinischer Reha)[4] scheitern insofern ausnahmsweise nicht an den Grenzen des Naturalleistungsprinzips. Die Vorschrift dient nicht der Förderung eines Leistungs-Tourismus und ist daher eng auszulegen.[5] § 18 verdrängt für seinen Anwendungsbereich § 17, der daneben weiter anwendbar bleibt. Er wird seinerseits durch abkommensrechtliche Regelungen nur insofern in seiner Anwendbarkeit beschränkt als diese jeweils gerade die von § 18 erfassten Fallgruppen betreffen. § 13 Abs. 3 wird im Anwendungsbereich von § 17 spezialgesetzlich verdrängt.[6]

3 Die gesetzlichen Krankenkassen sind nicht von Verfassung wegen gehalten, alles zu leisten, was an Mitteln zur Erhaltung oder Wiederherstellung der Gesundheit verfügbar ist.[7] Das gilt grundsätzlich erst recht außerhalb der Gewährleistungen des Naturalleistungsprinzips. Der Gesetzgeber ist auch verfassungsrechtlich nicht zur Begründung von **Auslandsansprüchen** – und damit einer dem § 18 entsprechenden Regelung – verpflichtet.[8] Vielmehr bleibt dieser Bereich grundsätzlich der Eigenvorsorge durch Abschluss eines privaten Versicherungsvertrages vorbehalten (arg. e Abs. 3). Bestehen allerdings gesetzliche Regelungen, muss ihr Verständnis den Vorgaben der Verfassung genügen, so dass auch bei der Auslegung von § 18 das sich aus Art. 2 Abs. 1 GG iVm dem grundgesetzlichen Sozialstaatsprinzip ergebenden Verbot zu beachten ist, den Versicherten im Fall einer lebensbedrohlichen oder sogar regelmäßig tödlichen Erkrankung, für die schulmedizinische Behandlungsmethoden nicht vorliegen, von der Leistung einer bestimmten Behandlungsmethode durch die Krankenkasse auszuschließen und ihn auf eine Finanzierung der Behandlung außerhalb der gesetzlichen Krankenversicherung zu verweisen.[9] Raum für ein Normverständnis iS des sog Nikolaus-Beschlusses, dessen Voraussetzungen die obergerichtliche Rechtsprechung ohnehin nur unter engen Voraussetzungen annimmt,[10] ist dann jedoch allenfalls insofern gegeben, als die vom Versicherten gewählte Behandlungsmethode nur im Ausland zur Verfügung steht.

---

1 Siehe § 16 Rn. 10, 11, § 17 Rn. 2.
2 Anders Pade in: jurisPK-SGB V, § 18 Rn. 11.
3 BSG, 23.11.1995, 1 RK 5/95, SozR 3-2500 § 18 Nr. 1.
4 BSG, 6.3.2012, B 1 KR 17/11 R, SGb 2012, 270 f.
5 BSG, 17.2.2004, B 1 KR 5/02 R, BSGE 92, 164.
6 BSG, 6.3.2012, B 1 KR 17/11 R, SGb 2012, 270 f.
7 BVerfG, Beschluss der 2. Kammer des 1. Senats, 5.3.1997, 1 BvR 1071/95, NJW 1997, 3085.
8 BSG, 17.2.2004, B 1 KR 5/02 R, BSGE 92, 164.
9 BVerfG, 6.12.2005, 1 BvR 347/98, BVerfGE, 115, 25 ff. = SozR 4-2500 § 27 Nr. 5.
10 Vgl. die Zusammenfassung bei LSG Nds-Brem, 22.3.2012, L 1 KR 484/10 ZVW.

III. Der räumliche Anwendungsbereich

Der räumliche Anwendungsbereich von § 18 ist auf das Gebiet außerhalb der EU, des EWR und der Schweiz beschränkt. Für das Gebiet innerhalb dieses Bereichs enthält § 13 und die VO (EG) 883/2004 und VO (EG) 987/2009 die entsprechenden Regelungen. Positiv muss sich daher feststellen lassen, dass für den individuellen Versicherten mit seiner konkreten Erkrankung im maßgeblichen Zeitpunkt des Beginns der (vorgesehenen) Behandlung im gesamten räumlichen Anwendungsbereich des EU-Rechts eine dem allgemeinen Stand der medizinischen Erkenntnisse entsprechende Behandlung überhaupt nicht bzw. aus quantitativen/qualitativen Gründen nicht möglich ist (Abs. 1) oder während des Aufenthalts im räumlichen Anwendungsbereich des § 18 medizinische Behandlung erforderlich wird, für deren Kosten eine Eigenvorsorge nicht möglich war (Abs. 3).

IV. Inländische Versorgungsdefizite (Abs. 1, 2)

S. 1 fordert kumulativ, dass eine in Aussicht genommene Behandlung einer Krankheit (1.) dem allgemein anerkannten Stand der medizinischen Erkenntnisse entspricht (§ 2 Abs. 1 S. 3) und (2.) nur im (Nichtvertrags-)Ausland möglich ist. Hiervon abhängig kommt ausnahmsweise und in auf der Grundlage einer positiven Betätigung von Ermessen durch die Kasse („kann") als „Notbehelf"[11] in Betracht, dass das Ziel der Behandlung den Vorrang vor der grundsätzlich und in aller Regel anzuwendenden Methode der Leistungserbringung (Naturalleistung) erhält. Ob es zusätzlich der speziellen Verordnung der Auslandsbehandlung durch einen deutschen Arzt bedarf, ist unverändert offen.[12]

Der Versicherungsfall muss eingetreten und die Kasse zur Leistungserbringung zuständig sein. Maßstab der (medizinischen oder rehabilitativen)[13] Behandlung ist nicht abstraktes Lehrbuchwissen. Die gesetzliche Krankenversicherung hat die Krankenbehandlung zur Verfügung zu stellen, die den individuellen Erfordernissen des Einzelfalls entspricht (§ 1 S. 1). Eine ausreichende und rechtzeitige[14] Behandlung im Inland ist daher – mit der Folge, dass eine Ermessensentscheidung nach Abs. 1 ausschiede – nicht schon dann gewährleistet, wenn nur generell die Möglichkeit einer Behandlung im Inland besteht. Entscheidend ist vielmehr, ob auf der Grundlage allgemeiner Erkenntnisse der medizinischen Wissenschaft davon ausgegangen werden kann, dass für den jeweiligen Versicherten statt einer Inlandsbehandlung die im Ausland durchgeführte Behandlung notwendig ist und die Auslandsbehandlung im Blick auf die Besonderheiten seiner Erkrankung eine hinreichende Erfolgsaussicht hat.[15] Dies ist auch dann der Fall, wenn die Behandlung im EU/EWR-Inland aufgrund des speziellen Krankheitsbildes keinen Erfolg verspricht, weil ein außergewöhnlicher Fall vorliegt, auf den in Deutschland bzw. EU/EWR-weit anerkannte und angebotene Methoden keine ausreichende therapeutische Wirkung haben.[16]

Allerdings besteht ein solches Defizit nach dem maßgeblichen (allgemeinen) Stand der medizinischen Wissenschaft und Technik nicht schon dann, wenn das Leistungsangebot im Ausland wegen einer besonders modernen technischen Ausstattung eines Krankenhauses oder wegen des auch international herausragenden fachlichen Rufs des dortigen Arztes eine überdurchschnittliche Qualität aufweist. Erst recht kommt es auf bloße Kostenaspekte (die Behandlung ist im Ausland ist für die Kasse billiger) oder Gesichtspunkte des Leistungskomforts außerhalb des für die Behandlung unmittelbar Erforderlichen (der Versicherte bevorzugt das soziokulturelle Umfeld seines außereuropäischen Herkunftslandes) an. Die **gesetzliche Krankenversicherung schuldet keine Spitzenmedizin iS einer optimalen Versorgung durch einzelne Leistungserbringer.** Vielmehr rechtfertigen spezielle Kenntnisse und Fähigkeiten eines ausländischen Arztes oder überlegene technische oder personelle Kapazitäten eines ausländischen Krankenhauses die Inanspruchnahme zulasten des Systems erst dann, wenn sie sich in einem besonderen Leistungsangebot niederschlagen, das nach dem allgemein anerkannten Stand der medizinischen Erkenntnisse Teil einer zweckmäßigen medizinischen Behandlung der betreffenden Krankheit ist, im Inland aber nicht oder nicht ausreichend zur Verfügung steht.[17] Auch reicht es für die Anwendung von § 18 Abs. 1 nicht schon aus, dass die vom Versicherten konkret begehrte Therapie nur im EU/EWR-

---

11 BSG, 13.12.2005, B 1 KR 21/04 R, SozR 4-2500 § 18 Nr. 5.
12 Vgl. BSG, 13.12.2005, B 1 KR 21/04 R, SozR 4-2500 § 18 Nr. 5.
13 Vgl. zur Abgrenzung von nichtmedizinischen Maßnahmen BSG, 3.9.2003, B 1 KR 34/01 R, SozR 4-2500 § 18 Nr. 1.
14 BSG, 14.2.2001, B 1 KR 29/00 R, SozR 3-2500 § 18 Nr. 6.
15 Insgesamt BSG, 23.11.1995, 1 RK 5/95, SozR 3-2500 § 18 Nr. 1.
16 BSG, 13.12.2005, B 1 KR 21/04 R, SozR 4-2500 § 18 Nr. 5.
17 BSG, 7.2.2010, B 1 KR 14/09 R, SozR 4-2500 § 13 Nr. 24.

Ausland durchgeführt werden kann. Vielmehr darf eine Kostenübernahme nur erfolgen, wenn für die betreffende Krankheit im zur Verfügung stehenden System überhaupt keine, also auch keine andere konkret verfügbare und zumutbare Behandlungsmethode zur Verfügung steht, die dem Stand der wissenschaftlichen Erkenntnisse genügt.[18]

8 Voraussetzung ist auch nicht, dass eine derartige Behandlung im Inland überhaupt nicht zu erlangen ist. Vielmehr genügt es, wenn der im Ausland praktizierten Methode ein qualitativer Vorrang gegenüber der in Deutschland angewandten gebührt oder sie aus Kapazitätsgründen früher erfolgen kann und damit eine nicht rechtzeitige Erbringung im Inland vermieden werden kann. Nicht erforderlich ist die Auslandsbehandlung, wenn **in Deutschland eine gleich oder ähnlich wirksame und damit zumutbare Behandlung zur Verfügung steht**,[19] etwa die Zeit bis zur Durchführung einer Nierentransplantation mit einer Dialysebehandlung überbrückt werden kann.[20] Das ist im Rahmen des § 20 SGB X von der Verwaltung und gemäß § 103 SGG vom Gericht umfassend und „auf breiter Grundlage" zu ermitteln.[21]

9 **Grundsätze des Leistungsrechts** sind auch bei Auslandsbehandlung zu beachten. Auch die Versorgung im Ausland ist auf eine bedarfsgerechte Versorgung begrenzt, die insbesondere an die Grundsätze der Gleichmäßigkeit, Wirtschaftlichkeit und Notwendigkeit gebunden ist.[22] Eine Leistungspflicht ist auch ausgeschlossen, wenn sich der versicherte im Ausland einer Behandlung unterzieht, die im Inland wegen ethisch-moralischer Bedenken nicht durchgeführt wird („Organspende" gegen Entgelt).[23]

10 Eine Leistungsgewährung nach Abs. 1 kommt nur nach **vorheriger Antragstellung** (§ 19 SGB IV) und grundsätzlich erst nach **abschließender Entscheidung**[24] der Kasse auf der Grundlage einer regelmäßig vorweg durchzuführenden Prüfung durch den MDK (§ 275 Abs. 2 Nr. 3) als herausgehobenen Teil der verfahrensrechtlich ohnehin gebotenen umfassenden Sachverhaltsaufklärung (§ 20 SGB X) in Betracht. Führt die Kasse das Verfahren trotz vollständiger Antragstellung nicht (zeitgerecht) durch, kommt in entsprechender Anwendung von § 13 Abs. 3 S. 1 Regelung 1 ein Anspruch auf Erstattung der Kosten für die selbst beschaffte Behandlung in Betracht, wenn deren Durchführung unaufschiebbar war. Dasselbe gilt, wenn die Kasse den versicherten durch Irreführung von der Erfüllung seiner Obliegenheiten abgehalten hat.[25]

11 Ob und Höhe („ganz oder teilweise") sind vom **Ermessen** („kann") der Kasse abhängig (§ 39 SGB I). Schon weil der Gesetzgeber nicht von Verfassung wegen zur Schaffung einer dem § 18 entsprechenden Regelung verpflichtet ist, ist dieses Ermessen keineswegs von vornherein in der Weise begrenzt, dass bei Vorliegen der gesetzlichen Voraussetzungen stets eine Kostenübernahme bzw. nur eine volle Übernahme der Auslandsbehandlung in Betracht käme. Jedenfalls, wenn im Fall schwerster Erkrankungen die Sicherstellung der Behandlung verfassungsrechtlich geboten ist, dürfte allerdings das (Entschließungs-)Ermessen regelmäßig „auf null" reduziert sein. Als Kriterien der Ausübung kommen exemplarisch in Betracht die Schwere der Erkrankung,[26] die zu erwartenden Kosten im Verhältnis zur individuellen Einkommens- und Vermögenssituation des Versicherten, die Vorgehensweise bei vergleichbaren Fallgestaltungen (Art. 3 Abs. 1 GG). Werden Auslandsleistungen gewährt, müssen die übernommenen Kosten die Möglichkeit von deren Inanspruchnahme auch faktisch sicherstellen; keinesfalls darf die Entscheidung über die Höhe diejenige über das „Ob" der Sache nach entwerten. Die jeweils zugrunde gelegten Gesichtspunkte sind in ihrer Bedeutung für den Einzelfall zu bewerten und müssen in der Begründung des Verwaltungsakts benannt sein (§ 35 Abs. 1 S. 3 SGB X). Dagegen ist im Anwendungsbereich des S. 1 Krankengeld gemäß S. 2 zwingend zu zahlen. Hat also die Kasse ihr Ermessen positiv ausgeübt, ist § 16 Abs. 1 Nr. 2, Abs. 4 stets nachrangig und für eine weitere Ermessensausübung speziell zur Gewährung von Krankengeld kein Raum.

12 Der Begriff „Übernahme der Kosten" ist rechtlich mehrdeutig. Er kann nach der Rechtsprechung gleichermaßen die Gewährung von Naturalleistungen auf der Basis öffentlich-rechtlicher Verträge (§ 53

---

18 BSG, 13.12.2005, B 1 KR 21/04 R, SozR 4-2500 § 18 Nr. 5.
19 BSG, 17.2.2004, B 1 KR 5/02 R, BSGE 92, 164 und BSG, 6.3.2012, B 1 KR 17/11 R, SGb 2012, 270 f. Vgl. auch BSG, 17.2.2010, B 1 KR 14/09 R SozR 4-2500 § 13 Nr. 24.
20 BSG, 17.2.2004, B 1 KR 5/02 R, BSGE 92, 164.
21 BSG, 6.3.2012, B 1 KR 17/11 R, SGb 2012, 270 f. und ausführlich BSG, 13.12.2005, B 1 KR 21/04 R, SozR 4-2500 § 18 Nr. 5.
22 BSG, 17.2.2004, B 1 KR 5/02 R, BSGE 92, 164 ff.
23 BSG, 15.4.1997, 1 RK 25/95, SozR 3-2500 § 18 Nr. 2.
24 BSG, 3.9.2003, B 1 KR 34/01 R, SozR 4-2500 § 18 Nr. 1.
25 BSG, 6.3.2012, B 1 KR 17/11 R, SGb 2012, 270 f.
26 Vgl. BT-Dr. 11/2237, 166.

SGB X) als auch die Freistellung von Kosten oder die nachträgliche Erstattung zunächst vom Versicherten selbst getragener Kosten umfassen. Wegen der allenfalls ausnahmsweise und begrenzt eröffneten Möglichkeit, im Ausland Naturalleistungen zu erbringen, gehört im Anwendungsbereich des Abs. 1 auch die Kostenerstattung zum Primärleistungsanspruch des Versicherten.[27] In Abhängigkeit von einer positiven Ermessensbetätigung nach Abs. 1 S. 1 ermächtigt und verpflichtet Abs. 2 zu einer zusätzlichen Ermessensausübung hinsichtlich der Frage, ob und in welcher Höhe die Kasse weitere (akzessorische) Kosten für den Versicherten und eine Begleitperson übernimmt.

V. Behandlungskosten bei vorübergehendem Auslandsaufenthalt (Abs. 3)

Abs. 3 gibt bei **unverzüglicher Behandlungsbedürftigkeit** während eines vorübergehenden Aufenthalts im Ausland außerhalb der EU und des EWR einen begrenzten Anspruch (§ 40 Abs. 1 SGB I, § 193 BGB) auf Kostenübernahme. Entsprechend dem Verständnis der „nicht nur vorübergehenden Aufenthalts" in § 30 Abs. 3 S. 2 SGB I sind die Voraussetzungen des S. 1 erfüllt, solange der Auslandsaufenthalt des Versicherten nach der vor seinem Beginn zu stellenden Prognose auf Beendigung angelegt und nicht zukunftsoffen ist.[28] Das ist insbesondere etwa während urlaubsbedingter Aufenthalte sowie ausdrücklich (S. 4) bei Auslandsaufenthalten, die ausnahmsweise gerade aus schulischen oder Studiengründen erforderlich und damit schon wegen ihrer Zweckbindung notwendig auch zeitbegrenzt sind, der Fall. Ansonsten kommt es grundsätzlich nicht darauf an, warum sich der Versicherte ins Ausland begibt. Lediglich bei Aufenthaltsverlegungen zur Behandlung ist eine Kostenübernahme nach S. 3 unzulässig; das ergibt sich im Übrigen schon daraus, dass Abs. 1 diese Konstellation spezialgesetzlich regelt. Die allein die Rechtsfolgenseite betreffende – und schon deshalb nicht vorweg abschätzbare – Grenze von sechs Wochen (S. 2) ist für den zulässigen zeitlichen Umfang des beabsichtigten Auslandsaufenthalts unerheblich.

Die „unverzügliche Behandlungsbedürftigkeit" ist gegenüber dem Versicherungsfall der Behandlungsbedürftigkeit ein Intensivum. „Unverzüglich" ist die Krankenbehandlung erforderlich, wenn ein Zuwarten bis zu einer möglichen Rückkehr in das Inland aus medizinischen Gründen ausscheidet und damit ein Notfall vorliegt. Behandlungsbedürftigkeit in diesem Sinne kann auch bereits bei Verlegung des Aufenthalts in das Ausland bestehen („Ist" nicht „wird" erforderlich), so dass ggf. etwa auch die Weiterbehandlung dialysebedürftiger Versicherter möglich ist. Schon weil es keine verfassungsrechtliche Verpflichtung zur weltweiten Gewährleistung deutschen Krankenversicherungsschutzes gibt, kompensiert S. 1 damit nicht etwa ein „Systemversagen" der gesetzlichen Krankenversicherung. Vielmehr wird im alleinigen Interesse des Versicherten und zur Kompensation typischer systemimmanenter Defizite der privaten Krankenversicherung der öffentlich-rechtliche Schutz der gesetzlichen Krankenversicherung unter begrenzter Durchbrechung von § 16 Abs. 1 Nr. 1 und in Abweichung vom Naturalleistungsprinzip in der Weise erweitert, dass Ansprüche, die inhaltlich den im Inland gewährleisteten entsprechen, erstmals in der „exportierbaren" Form der Kostenübernahme begründet werden.

Jeder Übernahmeanspruch ist notwendig von einer **vorherigen Feststellung der Kasse** abhängig. Im Sinne einer sachgerechten Begrenzung des Risikoerweiterung wird auf diese Weise sichergestellt, dass die Kasse vorweg über den beabsichtigten Auslandsaufenthalts und den Umfang des erweiterten Risikos informiert ist, während umgekehrt der Versicherte nur dann in den Genuss erweiterten Versicherungsschutzes gelangt, wenn er seinerseits die Kasse in Kenntnis gesetzt und zur Feststellung von unvermeidlichen Defiziten eines anderweitigen Versicherungsschutzes beigetragen hat. Der Wortlaut lässt nicht ganz eindeutig erkennen, worauf sich die Feststellung der Kasse („dies") inhaltlich zu beziehen hat. Indessen scheidet aufgrund der zeitlichen Bestimmung „vor Beginn des Aufenthalts" aus, dass sich die Kasse bereits an dieser Stelle stets auch zu den regelmäßig zukunftsoffenen Aspekten der unverzüglichen Behandlungsbedürftigkeit bzw. des Umfangs der Behandlungsbedürftigkeit zu äußern hätte. Dagegen sind zu diesem Zeitpunkt die (qualifizierten) Defizite eines anderweitigen Versicherungsschutzes gerade während eines bestimmten beabsichtigten Auslandsaufenthalts erkennbar und bedürfen notwendig der abschließenden konstitutiven Feststellung durch Verwaltungsakt (§ 31 S. 1 SGB X).

Die wegen der typischen privatversicherungsrechtlichen Aspekte der Vorerkrankung und des Lebensalters **fehlende Möglichkeit, Versicherungsschutz zu erlangen**, beschränkt sich dabei nicht auf einen ein-

---

[27] BSG, 6.3.2012, B 1 KR 17/11 R, SGb 2012, 270 f.
[28] Vgl. BSG, 27.1.1994, 5 RJ 16/93, SozR 3-2600 § 56 Nr. 7 und BSG, 3.4.2001, B 4 RA 90/00 R, SozR 3-1200 § 30 Nr. 21.

zelnen Versicherer. Vielmehr besteht ein Ausschluss nur dann, wenn Versicherungsschutz aus den im Gesetz enumerativ aufgeführten Gründen – ggf. auch zu erhöhten Preisen – überhaupt nicht zu erlangen ist. Der Versicherte, der von der beabsichtigten Aufenthaltsverlegung allein Kenntnis haben kann, hat die Kasse hierauf sowie auf die fehlende Möglichkeit, Versicherungsschutz zu erhalten, hinzuweisen. Ergeben die von Amtswegen durchzuführenden Ermittlungen der Kasse, dass entgegen den Angaben des Versicherten Versicherungsschutz erlangt werden kann, gehen verbleibende Zweifel zulasten des Versicherten und trägt dieser trägt unabhängig vom tatsächlichen Abschluss eines entsprechenden Vertrages die objektive Beweislast für die Nichterweisbarkeit des negativen Tatbestandsmerkmals. Für Versicherte und ihre Kassen ist unter diesen Umständen die Ergänzung des Versicherungsschutzes durch eine private Auslandskrankenversicherung eine sinnvolle Alternative. In diesem Sinne eröffnet mittlerweile § 194 Abs. 1 a den Kassen satzungsdispositiv die Möglichkeit der Vermittlung eines Abschlusses privater Zusatzversicherungsverträge zwischen ihren Versicherten und privaten Krankenversicherungsunternehmen. Gegenstand dieser Verträge kann ua eine Auslandskrankenversicherung sein.

17 Der **Anspruch auf Kostenübernahme** ist entsprechend dem begrenzten Kompensationszweck des Abs. 3 für alle Anwendungsfälle inhaltlich und der Höhe nach **begrenzt**. Nur bei Auslandsaufenthalten iS des S. 1 dürfen zudem Kosten nur für höchstens sechs Wochen pro Kalenderjahr übernommen werden, während das Gesetz bei Auslandsaufenthalten aus schulischen oder Studiengründen von einer zeitlichen Limitierung absieht. Generell ist die Kostenübernahme der Art nach auf die vergleichbar im Inland zu erbringende Behandlung und der Höhe nach auf diejenigen Kosten begrenzt, die hierfür im Inland aufzubringen gewesen wären. Die tatsächlich angefallenen Kosten sind damit nur insofern relevant, als sie unterhalb des inländischen Preisniveaus liegen.

§ 19 Erlöschen des Leistungsanspruchs

(1) Der Anspruch auf Leistungen erlischt mit dem Ende der Mitgliedschaft, soweit in diesem Gesetzbuch nichts Abweichendes bestimmt ist.
(1 a) ¹Endet die Mitgliedschaft durch die Schließung oder Insolvenz einer Krankenkasse, gelten die von dieser Krankenkasse getroffenen Leistungsentscheidungen mit Wirkung für die aufnehmende Krankenkasse fort. ²Hiervon ausgenommen sind Leistungen aufgrund von Satzungsregelungen. ³Beim Abschluss von Wahltarifen, die ein Mitglied zum Zeitpunkt der Schließung in vergleichbarer Form bei der bisherigen Krankenkasse abgeschlossen hatte, dürfen von der aufnehmenden Krankenkasse keine Wartezeiten geltend gemacht werden. ⁴Die Vorschriften des Zehnten Buches, insbesondere zur Rücknahme von Leistungsentscheidungen, bleiben hiervon unberührt.
(2) ¹Endet die Mitgliedschaft Versicherungspflichtiger, besteht Anspruch auf Leistungen längstens für einen Monat nach dem Ende der Mitgliedschaft, solange keine Erwerbstätigkeit ausgeübt wird. ²Eine Versicherung nach § 10 hat Vorrang vor dem Leistungsanspruch nach Satz 1.
(3) Endet die Mitgliedschaft durch Tod, erhalten die nach § 10 versicherten Angehörigen Leistungen längstens für einen Monat nach dem Tode des Mitglieds.

Literatur:
Geiger, Soziale Absicherung bei Zusammentreffen von Arbeitslosigkeit und Krankheit, info also 2008, 58; *Krasney*, Krankenversicherung – Vergütung der Krankenhausbehandlung bei Wechsel der Krankenkasse – kein Anspruch auf Prozesszinsen, SGb 2008, 727; *Lüers*, Fallstricke eines Aufhebungsvertrags, sj 2008, Nr. 11, 43; *Rambach*, Aufhebungs-, Abwicklungsvertrag und Abfindung, AiB 2004, 26; *Stindl*, Beginn, Unterbrechung und Ende der Versicherungspflicht und der Mitgliedschaft von Arbeitnehmern, SF-Medien Nr. 182, 45.

I. Entstehungsgeschichte 1	V. Nachgehende Ansprüche (Abs. 2) 8
II. Normzweck 2	VI. Nachgehende Ansprüche nach dem Tod des
III. Ende der Mitgliedschaft (Abs. 1) 3	Mitglieds (Abs. 3) 13
IV. Ende der Mitgliedschaft durch Schließung oder Insolvenz einer Krankenkasse (Abs. 1 a) 6	

I. Entstehungsgeschichte

§ 19 wurde durch das GRG v. 20.12.1988 (BGBl. I, 2477) mWv 1.1.1989 eingeführt. Mit Art. 1 Nr. 7 des GKV-Modernisierungsgesetzes v. 14.11.2003 (BGBl. I, 2190) wurde mWv 1.1.2004 Abs. 2 um S. 2 erweitert. Zuletzt wurde mit Art. 1 Nr. 3 des GKV-Versorgungsstrukturgesetzes v. 22.12.2011 (BGBl. I, 2983) rückwirkend mWv 1.5.2011 Abs. 1a eingeführt.

II. Normzweck

Abs. 1 ordnet als grundsätzliche Folge der Beendigung jeder Mitgliedschaft aus jedem Beendigungsgrund (§ 190) an, dass mit diesem Zeitpunkt bereits entstandene Ansprüche auf Leistungen nicht mehr zu erfüllen sind („erlöschen"). Abs. 1a enthält als Sonderregelung der Beendigung der Mitgliedschaft durch Schließung oder Insolvenz einer Krankenkasse Anordnungen für die grundsätzliche Bindung der aufnehmenden Kasse an Leistungsentscheidungen und den Ausschluss von Wartezeiten bei Abschluss vergleichbarer Wahltarife. Abs. 2 S. 1 enthält für den Fall der Beendigung der Mitgliedschaft Versicherungspflichtiger begrenzte Sonderregelungen gegenüber Abs. 1 und tritt ua gemäß S. 2 aaO seinerseits gegenüber einer Familienversicherung der früher Versicherungspflichtigen zurück. Abs. 3 erhält beim Tod des (jedes) Mitglieds den ehemals Familienversicherten Leistungen entsprechend Abs. 2. Die Bedeutung des § 19 liegt im Wesentlichen im Binnenbereich des nationalen Krankenversicherungsrechts.

III. Ende der Mitgliedschaft (Abs. 1)

Als Personalkörperschaften des öffentlichen Rechts sind die Kassen grundsätzlich nur für ihre Versicherten verbandszuständig. **Versicherung im Sinn des Deckungsverhältnisses** bezeichnet den Status der Zugehörigkeit zur Versichertengemeinschaft. Diese besteht aus 1. den Pflichtversicherten (§ 5), 2. den freiwillig Versicherten (§ 9) und 3. den Familienversicherten (§ 10). Die Versicherung der ersten beiden Gruppen führt zur Mitgliedschaft (§§ 186ff) als gesteigertem Status der Zugehörigkeit, der insbesondere die Verpflichtung zur Beteiligung an der Finanzierung der Gemeinschaft und das (rechtlich rudimentäre und faktisch vernachlässigbare) Recht zur Mitgestaltung durch Teilnahme an der Selbstverwaltung verkörpert. Bei den Familienversicherten leitet sich die Zugehörigkeit der gesetzlich begünstigten Familienangehörigen ohne eigene Beitragspflicht (§ 3 S. 2) aus der (akzessorischen) Mitgliedschaft des sog Stammversicherten ab. **Im Sinn des Leistungsverhältnisses** bedeutet „versichert" sein, den Schutz gegen die mit dem Krankheitsrisiko verbundenen Nachteile zu genießen, soweit das System Leistungen vorsieht.

Basis aller leistungsrechtlichen Ansprüche ist grundsätzlich die **Mitgliedschaft**, regelmäßig – bei den Pflichtversicherten und den freiwillig Versicherten – der eigenen, ansonsten derjenigen des Angehörigen, von dem sich die Familienversicherung ableitet. Das Gesetz verweist vorliegend auf diesen Umstand bzw. die grundsätzliche Beschränkung des (jeden) Versicherungsschutzes auf die Dauer der Mitgliedschaft nicht gesondert und beschränkt sich in Abs. 1 auf die ausdrückliche Anordnung, dass entsprechend dem Versicherungsprinzip auch während der (jeden) Mitgliedschaft entstandene und fällige gewordene (konkretisierte) Ansprüche mit deren Ende grundsätzlich nicht mehr zu erfüllen sind („erlöschen).

§ 19 regelt damit die **Leistungszuständigkeit** gleichermaßen bei Ausscheiden aus dem System wie im Fall des Kassenwechsels.[1] Maßgeblich ist damit nicht der bloße Eintritt des Versicherungsfalls und auch nicht das Vorliegen sonstiger anspruchsbegründender Umstände während der Mitgliedschaft; vielmehr kommt es selbst wenn sich die Kasse mit der Leistungserbringung in Verzug befindet,[2] darauf an, dass gerade der Zeitpunkt der tatsächlichen Leistungserbringung innerhalb der Dauer der Mitgliedschaft liegt. Bei Zahnersatz bestimmt daher der Zeitpunkt der Eingliederung und nicht derjenige der Aufstellung des Heil- und Kostenplans die Leistungszuständigkeit.[3] Ergangene Verwaltungsakte finden mit diesem Zeitpunkt ohne gesonderte Aufhebung ihre Erledigung (§ 39 Abs. 2 SGB X).

Entscheidender Zeitpunkt für die Leistungspflicht der Kasse ist daher nicht schon der Eintritt des Versicherungsfalls (und der sonstigen Anspruchsvoraussetzungen), sondern der Zeitpunkt der Konkretisierung des Rahmenrechts und der tatsächlichen Inanspruchnahme der Leistung. Die Situation entspricht damit derjenigen am Beginn der Mitgliedschaft; auch dort gibt es keinen Ausschluss für eingebrachte Leiden. Dies gilt ebenfalls, wenn an die Beendigung der Mitgliedschaft die Begründung einer

---

[1] BSG, 20.11.2001, B 1 KR 26/00 R, BSGE 89, 86 ff.
[2] BSG, 18.5.2011, B 3 KR 7/10 R, BSGE 108, 206 ff.
[3] BSG, 20.11.2001, B 1 KR 31/99 R, SozR 3-2500 § 19 Nr. 3.

neuen bei einer anderen Kasse anschließt (Kassenwechsel)[4] und zwar auch dann, wenn der Wechsel erst nach Rechtshängigkeit der Klage erfolgt.[5] Die übernehmende Kasse wird – einschließlich mit Fallpauschalen abgerechneter Krankenhausleistungen[6] – für alle Behandlungsmaßnahmen zuständig, die im Zeitpunkt des Wechsels noch nicht durchgeführt waren.

IV. Ende der Mitgliedschaft durch Schließung oder Insolvenz einer Krankenkasse (Abs. 1 a)

6 Aufgrund von **Schließung** (§§ 146a, 153, 163, 170) und **Insolvenz** (171 b Abs. 5) verlieren die Kassen ihre Rechtsfähigkeit. Das Wahlrecht ihrer bisherigen Mitglieder nach §§ 173ff ist damit erneut eröffnet. Während der Mitgliedschaft erteilte Verwaltungsakte der untergegangenen Kasse erledigen sich grundsätzlich ohne gesonderte Aufhebung kraft Gesetzes mit dem Ende der Mitgliedschaft (§ 33 Abs. 2 SGB X). Nur und ausnahmsweise „Leistungsentscheidungen" bleiben – unausgesprochen – bestehen und sind bei ansonsten unverändertem Regelungsgehalt aufgrund der ausdrücklichen Anordnung in Abs. 1 a S. 1 nunmehr zwischen dem Mitglied und seiner neuen Kasse verbindlich (§ SGB X, § 77 SGG). Für die Aufhebung derartiger Entscheidung bleibt es nach dem (deklaratorischen) S. 4 bei den „Vorschriften des Zehnten Buches". Der Wortlaut („Leistungsentscheidungen") erfasst gleichermaßen (positive) Verwaltungsakte über die Zuerkennung von Rechten und Ansprüchen auf Leistungen wie Ablehnungsentscheidungen. Im Fall des § 13 Abs. 3 Regelung 2 bedarf es daher keiner erneuten Antragstellung bei der aufnehmenden Kasse.[7] Von der Bindung sind durch S. 2 ausgenommen Verwaltungsakte über Rechte und Ansprüche auf solche (alle) Leistungen, die die bisherige Kasse in ihrer Satzung vorgesehen hatte. Hierüber muss die aufnehmende Kasse auch dann erneut entscheiden, wenn ihre Satzung vergleichbare Rechte und Ansprüche vermittelt.

7 Mit dem Ende der Mitgliedschaft aufgrund der Schließung – und der in S. 3 nicht ausdrücklich erwähnten Insolvenz – geht ohne Weiteres auch die Entscheidung des Mitglieds für einen dort angebotenen **Wahltarif** (§ 53) ins Leere. Nicht anders als das Kassenwahlrecht muss daher auch das Wahlrecht zugunsten eines von der aufnehmenden Kasse angebotenen Wahltarifs erneut ausgeübt werden. Dem Mitglied dürfen generell keine Wartezeiten entgegengehalten werden, wenn es sich für einen „vergleichbaren" dh auf derselben Gesetzesnorm beruhenden Tarif entscheidet. Das vorrangige Gesetzesrecht untersagt der aufnehmenden Kasse insofern kategorisch die Berufung auf ihr eigenes (nachrangiges) Satzungsrecht. Darauf, ob die untergegangene Kasse Wartezeiten vorgesehen hatte, welchen Umfang diese hatten und ob sie im Einzelfall bereits ganz oder teilweise abgelaufen waren, kommt es nicht an. Die allein negative Regelung des S. 3 eröffnet der aufnehmenden Kasse auch nicht andeutungsweise die Möglichkeit, sich zusätzlich (positiv) auf fremdes Satzungsrecht zu berufen.

V. Nachgehende Ansprüche (Abs. 2)

8 Nachgehende Leistungsansprüche sind als Ausnahme von § 19 Abs. 1 Hs. 1 grundsätzlich nur zulässig, wenn sie im SGB V selbst vorgesehen sind (§ 19 Abs. 1 Hs. 2). Als eine von wenigen Ausnahmen stellt das Gesetz im Anwendungsbereich der Abs. 2 S. 1 die Begünstigten zur Überbrückung kurzzeitiger Lücken im Versicherungsschutz vorübergehend Versicherten gleich. Insoweit bedarf es ausnahmsweise weder für Entstehen und Fälligkeit von Ansprüchen noch für deren Erfüllbarkeit einer den leistungsrechtlichen Status begründenden Mitgliedschaft. S. 1 beschränkt sich ausdrücklich auf die Beendigung der Mitgliedschaft Versicherungspflichtiger. Er geht insofern jeweils zeitlich und sachlich begrenzt den Normen über Entstehen und Fälligkeit sowie als dort ausdrücklich vorbehaltene Sonderregelung („soweit ...nicht") der grundsätzlichen Anordnung des Erlöschens entstandener und fälliger Ansprüche in Abs. 1 vor. Da Abs. 2 S. 1 den „Anspruch auf Leistungen" in seiner Gesamtheit betrifft, sind gleichermaßen Ansprüche des ehemaligen Mitglieds selbst wie sie solche der aufgrund seiner Mitgliedschaft ehemals Familienversicherten erfasst.

9 Eine Besonderheit gilt lediglich für Ansprüche auf **Krankengeld**. Ist der erste Anspruch hierauf noch während der Mitgliedschaft entstanden (§ 46), bleibt die Mitgliedschaft gemäß § 192 Abs. 1 Nr. 2 zunächst ohnehin erhalten. Insofern ist ein eventuelles Ruhen unerheblich. Der begrenzten Auffangwir-

---

[4] Siehe insgesamt BSG, 20.11.2001, B 1 KR 31/99 R, SozR 3-2500 § 19 Nr. 3 u. BSG, 18.5.2011, B 3 Kr 7/10, BSGE 108, 206 ff.
[5] BSG, 18.5.2011, B 3 KR 7/10 R, BSGE 108, 206 ff. unter Aufgabe von BSG, 23.1.2003, B 3 KR 7/02 R, BSGE 99, 220.
[6] BSG, 19.9.2007, B 1 KR 39/06 R, SozR 4-2500 § 19 Nr. 4 unter ausdrücklicher Aufgabe der abweichenden früheren Rechtsprechung in BSG, 20.11.2001, B 1 KR 26/00 R, BSGE 89, 86 ff.
[7] AA Mack in: jurisPK-SGB V, § 19 Rn. 52.

kung von Abs. 2 bedarf es damit hier nur, soweit Ansprüche erst nach Beendigung der (ggf. aufrecht erhaltenen) Mitgliedschaft entstehen.[8] Wird Krankengeld ausdrücklich als nachgehende Leistung gezahlt, wird hierdurch die Mitgliedschaft nicht aufrechterhalten.[9]

Der gesetzlichen Gewährung nachgehenden Schutzes nach S. 1 bedarf es ausdrücklich nicht, soweit innerhalb des Einmonatszeitraums eine Erwerbstätigkeit ausgeübt wird. Das Gesetz verbindet hiermit die generalisierende Vermutung, dass die Erwerbstätigkeit das Bedürfnis nach einer Absicherung im Krankheitsfall durch die bisherige Versichertengemeinschaft entfallen lässt.[10] Die – notwendig stets entgeltliche – Erwerbsarbeit ist unabhängig von ihrem Umfang und unabhängig davon anspruchsschädlich, ob sie als selbstständige Tätigkeit oder als abhängige Beschäftigung (§ 7 Abs. 1 S. 1 SGB IV) ausgeübt wird. Nach dem Wortlaut dürfte sowohl jede Erwerbstätigkeit des früher Versicherungspflichtigen allen nachgehenden Ansprüche als auch (abweichend von § 10 Abs. 1 S. 1 Nr. 4, 5) jede eigene Erwerbstätigkeit des Familienversicherten dessen nachgehenden Ansprüchen entgegenstehen. 10

Ohne, dass dies im Wortlaut unmittelbar zum Ausdruck käme, geht zudem jede aktuell bestehende **Versicherung** dem nur subsidiär und ausnahmsweise gewährten Schutz nach § 19 Abs. 2 S. 1 vor.[11] Im Verhältnis des Abs. 2 S. 1 zur (Auffang-)Versicherung nach § 5 Abs. 1 Nr. 13 kommt es gemäß § 5 Abs. 8 a S. 4 darauf an, ob im Anschluss an den von § 19 Abs. 2 S. 1 erfassten Zeitraum ein anderweitiger Anspruch auf Absicherung im Krankheitsfall besteht. Ist dies während des Laufs der Monatsfrist oder jedenfalls unmittelbar anschließend der Fall, gilt § 19 Abs. 2 als Absicherung im Krankheitsfall iS des § 5 Abs. 1 Nr. 13 und wird folglich die Versicherungspflicht nach dieser Norm ausgeschlossen. Schließt sich an den Zeitraum des Anspruchs nach § 19 Abs. 2 S. 1 kein anderweitiger Anspruch an, ist ohne Weiteres § 5 Abs. 1 Nr. 13 anwendbar und beginnt mit dem ersten Tag des Vorliegens seiner Voraussetzungen die entsprechende Mitgliedschaft nach § 186 Abs. 11 S. 1.[12] Ansprüche auf Krankengeld entfallen dann.[13] 11

Gegenüber Abs. 2 S. 1 vorrangig ist nach der mittlerweile ausdrücklichen Regelung des S. 2 auch die aktuelle Versicherung von vorher zuletzt versicherungspflichtigen Mitgliedern als Familienversicherte nach § 10.[14] Die gesetzliche Anordnung widerspricht der früheren Rechtsprechung des BSG.[15] Die Familienversicherung schließt damit nachgehende Ansprüche aus der eigenen Pflichtversicherung auch insofern aus, als sich auf diese Weise ein geringerer Versicherungsschutz ergibt, insbesondere Ansprüche auf Krankengeld nicht mehr entstehen können,[16] ohne dass dies verfassungswidrig wäre.[17] 12

VI. Nachgehende Ansprüche nach dem Tod des Mitglieds (Abs. 3)

Mit dem Tod des Mitglieds endet dessen Mitgliedschaft (§ 190 Abs. 1). Ansprüche können daher nicht mehr entstehen, bereits entstandene erlöschen gemäß Abs. 1, der § 59 S. 1 SGB I als *lex specialis* vorgeht, und sind daher nicht mehr zu erfüllen. Hinsichtlich bereits entstandener Ansprüche auf laufende Geldleistungen (insbesondere Krankengeld) treten grundsätzlich die Sonderrechtsnachfolger (§§ 56 f. SGB I), ansonsten die (BGB-)Erben in die Rechtsposition des Verstorbenen ein. Bisher Familienversicherte haben entsprechend ihrer Situation bei sonstigen Tatbeständen der Beendigung der Mitgliedschaft einen dem Abs. 2 S. 1 entsprechenden Schutz. 13

---

8 BSG, 2.11.2007, B 1 KR 38/06 R.
9 BSG, 5.5.2009, B 1 KR 20/08 R, SozR 4-2500 § 192 Nr. 4.
10 Berchtold, Krankengeld, Rn. 73.
11 StRspr. BSG, 26.6.2007, B 1 KR 8/07 R, SozR 4-2500 § 44 Nr. 12.
12 Vgl. Nordrhein-Westfalen, 17.9.2009, L 16 (5) KR 206/08.
13 LSG NRW, 5.5.2011, L 5 KR 402/10.
14 Vgl. bereits Berchtold, Krankengeld, Rn. 74 ff.; LSG Baden Württemberg, 12.3.2012, L 11 KR 3638/11.
15 BSG, 7.5.2002, B 1 KR 24/01 R, BSGE 89, 254 ff.
16 Vgl. HessLSG, 26.10.2010, L 1 KR 84/10, NZS 2011, 777 ff. und BT-Dr. 15/1525, 82.
17 LSG Baden Württemberg, 12.3.2012, L 11 KR 3638/11, und Thüringer LSG, 31.1.2012, L 6 KR 80/08; aA LSG Saarl, 19.10.2011, L 2 KR 73/10.

Dritter Abschnitt
Leistungen zur Verhütung von Krankheiten, betriebliche Gesundheitsförderung und Prävention arbeitsbedingter Gesundheitsgefahren, Förderung der Selbsthilfe sowie Leistungen bei Schwangerschaft und Mutterschaft

§ 20 Primäre Prävention und Gesundheitsförderung

(1) ¹Die Krankenkasse sieht in der Satzung Leistungen zur Verhinderung und Verminderung von Krankheitsrisiken (primäre Prävention) sowie zur Förderung des selbstbestimmten gesundheitsorientierten Handelns der Versicherten (Gesundheitsförderung) vor. ²Die Leistungen sollen insbesondere zur Verminderung sozial bedingter sowie geschlechtsbezogener Ungleichheit von Gesundheitschancen beitragen. ³Die Krankenkasse legt dabei die Handlungsfelder und Kriterien nach Absatz 2 zugrunde.

(2) ¹Der Spitzenverband Bund der Krankenkassen legt unter Einbeziehung unabhängigen, insbesondere gesundheitswissenschaftlichen, ärztlichen, arbeitsmedizinischen, psychotherapeutischen, psychologischen, pflegerischen, ernährungs-, sport-, sucht-, erziehungs- und sozialwissenschaftlichen Sachverstandes sowie des Sachverstandes der Menschen mit Behinderung einheitliche Handlungsfelder und Kriterien für die Leistungen nach Absatz 1 fest, insbesondere hinsichtlich Bedarf, Zielgruppen, Zugangswegen, Inhalt, Methodik, Qualität, intersektoraler Zusammenarbeit, wissenschaftlicher Evaluation und der Messung der Erreichung der mit den Leistungen verfolgten Ziele. ²Er bestimmt außerdem die Anforderungen und ein einheitliches Verfahren für die Zertifizierung von Leistungsangeboten durch die Krankenkassen, um insbesondere die einheitliche Qualität von Leistungen nach Absatz 4 Nummer 1 und 3 sicherzustellen. ³Der Spitzenverband Bund der Krankenkassen stellt sicher, dass seine Festlegungen nach den Sätzen 1 und 2 sowie eine Übersicht der nach Satz 2 zertifizierten Leistungen der Krankenkassen auf seiner Internetseite veröffentlicht werden. ⁴Die Krankenkassen erteilen dem Spitzenverband Bund der Krankenkassen hierfür sowie für den nach § 20d Absatz 2 Nummer 2 zu erstellenden Bericht die erforderlichen Auskünfte und übermitteln ihm nicht versichertenbezogen die erforderlichen Daten.

(3) ¹Bei der Aufgabenwahrnehmung nach Absatz 2 Satz 1 berücksichtigt der Spitzenverband Bund der Krankenkassen auch die folgenden Gesundheitsziele im Bereich der Gesundheitsförderung und Prävention:
1. Diabetes mellitus Typ 2: Erkrankungsrisiko senken, Erkrankte früh erkennen und behandeln,
2. Brustkrebs: Mortalität vermindern, Lebensqualität erhöhen,
3. Tabakkonsum reduzieren,
4. gesund aufwachsen: Lebenskompetenz, Bewegung, Ernährung,
5. gesundheitliche Kompetenz erhöhen, Souveränität der Patientinnen und Patienten stärken,
6. depressive Erkrankungen: verhindern, früh erkennen, nachhaltig behandeln,
7. gesund älter werden und
8. Alkoholkonsum reduzieren.

²Bei der Berücksichtigung des in Satz 1 Nummer 1 genannten Ziels werden auch die Ziele und Teilziele beachtet, die in der Bekanntmachung über die Gesundheitsziele und Teilziele im Bereich der Prävention und Gesundheitsförderung vom 21. März 2005 (BAnz. S. 5304) festgelegt sind. ³Bei der Berücksichtigung der in Satz 1 Nummer 2, 3 und 8 genannten Ziele werden auch die Ziele und Teilziele beachtet, die in der Bekanntmachung über die Gesundheitsziele und Teilziele im Bereich der Prävention und Gesundheitsförderung vom 27. April 2015 (BAnz. AT 19.05.2015 B3) festgelegt sind. ⁴Bei der Berücksichtigung der in Satz 1 Nummer 4 bis 7 genannten Ziele werden auch die Ziele und Teilziele beachtet, die in der Bekanntmachung über die Gesundheitsziele und Teilziele im Bereich der Prävention und Gesundheitsförderung vom 26. Februar 2013 (BAnz. AT 26.03.2013 B3) festgelegt sind. ⁵Der Spitzenverband Bund der Krankenkassen berücksichtigt auch die von der Nationalen Arbeitsschutzkonferenz im Rahmen der gemeinsamen deutschen Arbeitsschutzstrategie nach § 20a Absatz 2 Nummer 1 des Arbeitsschutzgesetzes entwickelten Arbeitsschutzziele.

(4) Leistungen nach Absatz 1 werden erbracht als
1. Leistungen zur verhaltensbezogenen Prävention nach Absatz 5,
2. Leistungen zur Gesundheitsförderung und Prävention in Lebenswelten für in der gesetzlichen Krankenversicherung Versicherte nach § 20a und

3. Leistungen zur Gesundheitsförderung in Betrieben (betriebliche Gesundheitsförderung) nach § 20 b.

(5) ¹Die Krankenkasse kann eine Leistung zur verhaltensbezogenen Prävention nach Absatz 4 Nummer 1 erbringen, wenn diese nach Absatz 2 Satz 2 von einer Krankenkasse oder von einem mit der Wahrnehmung dieser Aufgabe beauftragten Dritten in ihrem Namen zertifiziert ist. ²Bei ihrer Entscheidung über eine Leistung zur verhaltensbezogenen Prävention berücksichtigt die Krankenkasse eine Präventionsempfehlung nach § 25 Absatz 1 Satz 2, nach § 26 Absatz 1 Satz 3 oder eine im Rahmen einer arbeitsmedizinischen Vorsorge oder einer sonstigen ärztlichen Untersuchung schriftlich abgegebene Empfehlung. ³Die Krankenkasse darf die sich aus der Präventionsempfehlung ergebenden personenbezogenen Daten nur mit schriftlicher Einwilligung und nach vorheriger schriftlicher Information des Versicherten erheben, verarbeiten und nutzen. ⁴Die Einwilligung kann jederzeit schriftlich widerrufen werden. ⁵Die Krankenkassen dürfen ihre Aufgaben nach dieser Vorschrift an andere Krankenkassen, deren Verbände oder Arbeitsgemeinschaften übertragen. ⁶Für Leistungen zur verhaltensbezogenen Prävention, die die Krankenkasse wegen besonderer beruflicher oder familiärer Umstände wohnortfern erbringt, gilt § 23 Absatz 2 Satz 2 entsprechend.

(6) ¹Die Ausgaben der Krankenkassen für die Wahrnehmung ihrer Aufgaben nach dieser Vorschrift und nach den §§ 20 a bis 20 c sollen insgesamt im Jahr 2015 für jeden ihrer Versicherten einen Betrag in Höhe von 3,17 Euro und ab dem Jahr 2016 einen Betrag in Höhe von 7 Euro umfassen. ²Ab dem Jahr 2016 wenden die Krankenkassen von dem Betrag nach Satz 1 für jeden ihrer Versicherten mindestens 2 Euro jeweils für Leistungen nach den §§ 20 a und 20 b auf. ³Unterschreiten die jährlichen Ausgaben einer Krankenkasse den Betrag nach Satz 2 für Leistungen nach § 20 a, so stellt die Krankenkasse diese nicht ausgegebenen Mittel im Folgejahr zusätzlich für Leistungen nach § 20 a zur Verfügung. ⁴Die Ausgaben nach den Sätzen 1 und 2 sind in den Folgejahren entsprechend der prozentualen Veränderung der monatlichen Bezugsgröße nach § 18 Absatz 1 des Vierten Buches anzupassen.

Literatur:

Becker, Prävention in Recht und Politik der Europäischen Gemeinschaften, ZSR 2003, 355; *Bieback*, Gesundheitsförderung, Herausforderung des § 20 SGB V, DOK 1990, 77; *ders.*, Prävention als Prinzip und Anspruch im Sozialrecht, ZSR 2003, 403; *Brockmann* (Hrsg.), Prävention an der Schnittstelle von Arbeits- und Sozialrecht, 2014; *Garlichs*, Das neue Präventionsgesetz: ein Schritt in die richtige Richtung?, DMW 2015, 1543; *Geene/Reese*, Handbuch Präventionsgesetz, 2016; *Grossmann/Prümel-Philippsen*, Wann kommt das Präventionsgesetz auch vor Ort an?, Journal Gesundheitsförderung 2/2016, 52; *Huster*, Soziale Gesundheitsgerechtigkeit, 2011; *ders.*, Selbstbestimmung, Gerechtigkeit und Gesundheit, 2015; *Kießling*, Der deutsche Sozialstaat als Sozialversicherungsstaat und seine Auswirkungen auf das Präventionsrecht, RW 2016, 597; *Meierjürgen*, Präventionsgesetz: Ein Schritt in die richtige Richtung, G+S 6/2015, 355; *Meierjürgen/Becker/Warnke*, Die Entwicklung der Präventionsgesetzgebung in Deutschland, Präv Gesundheitsf 2016, 206; *Petersen-Ewert/Wehowsky*, Präventionsgesetz – Regelungsinhalte und Folgen für die Praxis, MedR 2015, 867; *Rosenbrock*, Prävention und Gesundheitsförderung als Elemente des Gesundheitswesens, ZSR 2003, 342; *Schneider*, Das Gesetz zur Stärkung der Gesundheitsförderung und der Prävention, SGb 2015, 599; *Spiecker genannt Döhmann/Wallrabenstein* (Hrsg.), Rechtswissenschaftliche Fragen an das neue Präventionsgesetz, 2016; *Voß*, Gesundheitsförderung in der Sozialversicherung, SDSRV 42 (1997), 51; *Welti*, Das Gesetz zur Stärkung der Gesundheitsförderung und der Prävention – was bringt dieses Präventionsgesetz?, GuP 2015, 211.

I. Entstehungsgeschichte ... 1	3. Ziele und Anforderungen ... 8
II. Normzweck und Regelungsgehalt ... 4	4. Verhaltensprävention ... 10
1. Allgemeines ... 4	5. Finanzielle Vorgaben ... 11
2. Leistungen zur primären Prävention und Gesundheitsförderung ... 6	

I. Entstehungsgeschichte

§ 20 wurde durch Art. 1 des Gesundheitsreformgesetzes (**GRG**)[1] mit Wirkung zum 1.1.1989 eingeführt und seit Inkrafttreten mehrfach geändert. Mit Art. 1 Nr. 8 des Gesundheitsstrukturgesetzes (GSG)[2] vom 1.1.1993 wurden Abs. 3 S. 4 (Leistungen zur Krankheitsverhütung während eines berufsunabhängigen Auslandsaufenthaltes) und Abs. 3 a (Förderung der Selbsthilfe) in die Norm eingefügt.

---
1 BGBl. I 1988, 2477.
2 BGBl. I 1992, 2266.

Mit den Änderungen durch Art. 2 Nr. 3 des Beitragsentlastungsgesetzes (BeitrEntlG)[3] schränkte der Gesetzgeber die Maßnahmen zur Gesundheitsförderung durch Prävention weitgehend ein. Nach der geänderten Fassung waren lediglich noch die Kooperation der Krankenkassen mit den Trägern der Unfallversicherung bei der Verhütung arbeitsbedingter Gesundheitsgefahren und die Möglichkeit von Schutzimpfungen als Kassenleistungen zur Gesundheitsförderung vorgesehen. Dieser Einschränkung lag eine Fehlentwicklung des Wettbewerbs der Krankenkassen zugrunde, die die Leistungen zur Beratung und Aufklärung von Gesundheitsgefahren vorrangig zu Marketingzwecken nutzten.[4]

2 Mit einer erneuten **Überarbeitung** durch Art. 1 Nr. 8 des Gesetzes zur Reform der gesetzlichen Krankenversicherung **ab dem Jahr 2000** (GKVRefG)[5] wurde der Leistungsbereich der Prävention wieder auf den ursprünglichen Stand zurückgeführt. Leistungen zur Primärprävention waren damit erneut von § 20 umfasst. Die Krankenkassen sollten dafür einen dynamisierten jährlichen Mindestbeitrag von 5 DM bzw. 2,56 EUR[6] aufbringen. Mit dem GKV-Wettbewerbsstärkungsgesetz (GKV-WSG)[7] wurden mit Wirkung zum 1.4.2007 die einzelnen Leistungsbereiche des § 20 in eigene Normen überführt. Leistungen zur betrieblichen Gesundheitsförderung und solche zur Verhütung arbeitsbedingter Gefahren fanden sich nun in §§ 20 a und § 20 b. Die primäre Prävention durch Schutzimpfungen fand ihre selbstständige Regelung in § 20 d. Die Förderung der Selbsthilfe wurde in § 20 c ausgegliedert. Dieser trat allerdings – offenbar durch ein redaktionelles Versehen – erst zum 1.1.2008 in Kraft; im Zeitraum zwischen 1.4.2007 und 1.1.2008 bestand daher keine Rechtsgrundlage zur Förderung der Selbsthilfe.[8] Schließlich wurde die Norm an die mit dem GKV-WSG bewirkten Organisationsänderungen nach §§ 217 a ff. angepasst.

3 In der Folge blieben mehrere Ansätze zu einer als erforderlich angesehenen grundlegenden Neuregelung erfolglos,[9] bis zu 2015 zum Erlass des Gesetzes zur Stärkung der Gesundheitsförderung und der Prävention (**Präventionsgesetz** – PrävG) vom 17.7.2015[10] kam, das die §§ 20 ff. grundlegend umgestaltete. Daneben wurden durch das PrävG weitere einschlägige Normen eingeführt oder geändert, so etwa die Regelungen zum Bonus für gesundheitsbewusstes Verhalten (§ 65 a) und zur Prävention in Pflegeeinrichtungen (§ 5 SGB XI) sowie das – nur sehr partiell geregelte – Leistungserbringungsrecht (§§ 132 e und f.).

II. Normzweck und Regelungsgehalt

4 **1. Allgemeines.** Spätestens seit der Ottawa-Charta zur Gesundheitsförderung der WHO von 1986 und den einschlägigen Aktivitäten der EU[11] sind auch in Deutschland **Prävention und Gesundheitsförderung** ein Thema. Allerdings ist das Handlungsfeld vor mehrere grundsätzliche Herausforderungen gestellt. Zunächst hängt der Gesundheitszustand der Bevölkerung („Public Health") von zahlreichen Faktoren ab, so dass Prävention und Gesundheitsförderung gesamtgesellschaftliche Aufgaben darstellen, die sich nicht einem einzigen Politikbereich – etwa der Gesundheitspolitik – zuordnen lassen. Ein der Sache allein angemessener „Health in all Policies"-Ansatz wirft aber erheblichen Koordinierungsbedarf auf und droht, die Verantwortlichkeiten verschwimmen zu lassen; auch dies dürfte dazu beigetragen haben, dass die Investitionen in Prävention bisher überschaubar blieben. Ferner war gerade die deutsche Präventionspolitik lange durch eine Konzentration auf das individuelle Gesundheitsverhalten („Verhaltensprävention") geprägt, die die umweltbedingten Einflüsse auf Krankheit und Gesundheit („Verhältnisprävention") nicht hinreichend in den Blick nahm und dadurch insbesondere Gefahr lief, die angesichts des eindeutigen Zusammenhangs von Sozialstatus und Gesundheit besonders unterstützungsbedürftigen Bevölkerungsgruppen zu verfehlen, da diese von verhaltensbezogenen Angeboten nur sehr begrenzt erreicht werden.[12] Schließlich wirft die Qualitätssicherung von Maßnahmen der Prävention und Gesundheitsförderung besondere Schwierigkeiten auf, so dass vielfach der Eindruck entstand, es gebe zwar zahlreiche Programme und Aktivitäten, deren Wirksamkeit aber nicht hinreichend

---

3 BGBl. I 1996, 1631.
4 Zur Begründung der Einschränkung des Leistungsbereichs vgl. BT-Dr. 13/4615, 9 und BT-Dr. 13/5099, 13.
5 BGBl. I 1999, 2626.
6 § 20 Abs. 3 in der Form des Art. 1 Nr. 2 lit. a Gesetz v. 23.10.2001, BGBl. I 2001, 2702.
7 BGBl. I 2007, 378.
8 Gerlach in: Hauck/Noftz, SGB V, § 20 Rn. 1.
9 Vgl. Geene/Reese, Handbuch Präventionsgesetz, 2016, S. 23 ff.; Meierjürgen/Becker/Warnke, Präv Gesundheitsf 2016, 206 ff.; Rosenbrock/Zinke, G+S 2014, 34 ff.
10 BGBl. I, 1368.
11 Vgl. Becker, ZSR 2003, 355 ff.
12 Zu den historischen Hintergründen vgl. Kießling, RW 2016, 597 ff.

gesichert sei.[13] Dass die untereinander im Wettbewerb stehenden Krankenkrassen Präventionsangebote gelegentlich auch zur selektiven Mitgliederwerbung nutzten, verschärfte die Problematik.

Die durch das PrävG neu gefassten §§ 20 ff. nehmen sich dieser Probleme auf unterschiedlichen Ebenen an. So wird die Verhältnisprävention durch eine Aufwertung der **Prävention in Lebenswelten** (§ 20 a) und der **betrieblichen Gesundheitsförderung** (§§ 20 b und c) gestärkt. Die Ausgaben für Prävention und Gesundheitsförderung werden deutlich erhöht (§ 20 Abs. 6). Es wird eine **Nationale Präventionsstrategie** (§ 20 d) mit neuen Organen (§ 20 e) und Steuerungsinstrumenten (§ 20 f.) eingeleitet. Hauptakteure und auch -kostenträger bleiben die Krankenkassen, was darauf hinweist, dass der gesamtgesellschaftliche Charakter von „Public Health" nur begrenzt durch das PrävG aufgenommen worden ist.

2. Leistungen zur primären Prävention und Gesundheitsförderung. Nach Abs. 1 S. 1 müssen – bisher war insoweit nur eine Sollensvorschrift geregelt – die Krankenkassen in ihren Satzungen zum einen **Präventionsleistungen** zur Verhinderung und Verminderung von Krankheitsrisiken vorsehen. Diese sogenannte Primärprävention zielt auf die Senkung der Eintrittswahrscheinlichkeit von Krankheiten beim Individuum oder einer (Teil-)Population ab. Diagnostik von – möglicherweise noch symptomlosen – Frühstadien einer Krankheit ist Ziel der Sekundärprävention; hier setzen Vorsorgeuntersuchungen und Früherkennungsprogramme an (§§ 25–26). Maßnahmen der tertiären Prävention dienen der Linderung und Verlangsamung bereits diagnostizierter Erkrankungszustände;[14] Abgrenzungsschwierigkeiten können hier im Verhältnis zu Rehabilitationsmaßnahmen auftreten.[15] Vorzusehen sind zum anderen Leistungen zur Förderung des selbstbestimmten gesundheitsorientierten Handelns der Versicherten. Diese **Gesundheitsförderung** ist nun nach § 1 S. 2 auch ausdrücklich Aufgabe der Krankenversicherung, wobei es in einer freiheitlichen Gesellschaft selbstverständlich ist, dass die Versicherten insoweit eine Mitverantwortung haben (vgl. § 1 S. 3).

Ein **Anspruch** der Versicherten auf diese Leistungen ergibt sich nicht unmittelbar aus § 20, sondern aus der einzelnen Satzungsregelung der jeweiligen Krankenkasse, ggf. auch aus den Grundsätzen der fehlerfreien Ermessensentscheidung. Eine Systematisierung der Leistungen findet sich in Abs. 4; danach werden unterschieden: Verhaltensprävention (Abs. 5), Gesundheitsförderung und Prävention in Lebenswelten (§ 20 a) sowie betriebliche Gesundheitsförderung (§ 20 b).

3. Ziele und Anforderungen. Nach Abs. 1 S. 2 sollen Prävention und Gesundheitsförderung insbesondere zur Verminderung sozial bedingter **Ungleichheit von Gesundheitschancen** beitragen. Dieses Ziel, das bereits bisher in § 20 enthalten war, nimmt die epidemiologische Erkenntnis auf, dass der sozioökonomische Status in erheblicher Weise Erkrankungsrisiken und Gesundheitschancen beeinflusst und sich zu erstaunlichen Unterschieden etwa in der schichtenspezifischen Lebenserwartung ausprägt. Es ist daher nachvollziehbar, dass es in einem Sozialstaat auch ein politisches Anliegen ist, diese Unterschiede zu vermindern.[16] Allerdings weiß man aus der Public Health-Forschung, dass die generelle Verbesserung der Gesundheit der Bevölkerung und die Verminderung sozialer Unterschiede durchaus in einem Zielkonflikt stehen können, weil sich Maßnahme der Prävention und Gesundheitsförderung schichtenspezifisch auswirken und dadurch zwar die Bevölkerungsgesundheit verbessern, gleichzeitig aber die sozialen Gesundheitsungleichheiten vergrößern können.[17] Durch das PrävG ist neben die Verminderung dieser vertikalen, sozialen Gesundheitsungleichheiten das weitere Ziel der Bekämpfung der geschlechtsbezogenen Ungleichheit getreten (vgl. dazu jetzt auch § 2 b). Weitere horizontale Ungleichheiten (Behinderung, Migrationshintergrund uä) sind nicht ausdrücklich genannt, sollen aber wohl miterfasst sein.[18]

Die nähere Ausgestaltung der Präventions- und Gesundheitsförderungsleistungen in den Satzungen der Krankenkassen regelt das Gesetz nicht selbst, sondern verpflichtet insoweit in Abs. 2 den GKV-Spitzenverband, einheitliche Kriterien und Handlungsfelder festzulegen; diese Vorgaben legen die Kassen dann nach Abs. 1 S. 3 ihren Satzungsregelungen zugrunde. Aufgenommen wird damit die bereits bis-

---

13 Vgl. dazu die Stellungnahme des Rechnungsprüfungsausschusses, BT-Dr. 17/3650, 163 ff.
14 Vgl. Schütze in: jurisPK-SGB V, § 20 Rn. 14, zur Einteilung der Präventionsmaßnahmen.
15 Welti in: Becker/Kingreen, § 20 Rn. 7.
16 Vgl. Huster, Soziale Gesundheitsgerechtigkeit, 2011, S. 55 ff.; Garlichs, DMW 2015, 1546: „gesundheitspolitischer Skandal".
17 Zur Diskussion vgl. Huster, Selbstbestimmung, Gerechtigkeit und Gesundheit, 2015, S. 61 ff.
18 Vgl. BT-Dr. 18/4282, 32 f.

her schon erfolgte Erarbeitung eines „Leitfaden Prävention",[19] der anhand der durch das PrävG erneuerten gesetzlichen Vorgaben weiterzuentwickeln sein wird. Gefördert werden soll insbesondere auch die Qualitätssicherung der Leistungen.[20] Durch das PrävG neu eingefügt wurde die ausdrückliche Berücksichtigung in Abs. 3 der im Kooperationsverbund „gesundheitsziele.de" vereinbarten Gesundheitsziele. Regelungstechnisch ist dieser statische Verweis fragwürdig, weil auf Veränderungen und Erweiterungen dieser Ziele jeweils mit entsprechenden Gesetzesänderungen reagiert werden müsste, um sie in Bezug zu nehmen. Allerdings ist die Regelung nicht abschließend („berücksichtigt ... auch").

10 **4. Verhaltensprävention.** Abs. 5 enthält Detailregelungen zu Leistungen der **Verhaltensprävention**. Nach dessen – erst zum 1.1.2016 in Kraft getretenen – S. 1 können diese Leistungen nur erbracht werden, wenn sie entsprechend den Anforderungen nach Abs. 2 S. 2 zertifiziert sind; dabei nimmt die Möglichkeit der Zertifizierung durch einen Dritten das bereits verbreitete Verfahren in Bezug, Präventionskurse durch einen privaten Dienstleister, die „Zentrale Prüfstelle Prävention", zertifizieren zu lassen.[21] S. 2 verkoppelt Entscheidungen über die Gewähr von Leistungen der Verhaltensprävention mit den dort genannten ärztlichen Empfehlungen (zu deren Ausgestaltung durch Richtlinien des G-BA vgl. §§ 25 Abs. 4 S. und 26 Abs. 2 S. 4); S. 3 und 4 geben der dafür erforderlichen Datenübertragung eine Rechtsgrundlage.[22] Nach S. 5 können die Krankenkassen die Prüfung der Leistungsvoraussetzungen übertragen. S. 6 regelt, dass die Krankenkassen einen Zuschuss für die Kosten einer konzentrierten wohnortfernen Präventionsmaßnahme in ihren Satzungen vorsehen können.

11 **5. Finanzielle Vorgaben.** Abs. 6 enthält die **finanziellen Vorgaben** für die Leistungen der Prävention und Gesundheitsförderung. Das PrävG hat dabei zwei wesentliche Veränderungen gebracht. Zum einen ist nach S. 1 der für diese Leistungen aufzuwendende Betrag ab 2016 auf 7 Euro verdoppelt worden. Dabei handelt es sich um einen Richtwert, der überschritten werden kann.[23] Angesichts des Umstandes, dass es sich um eine Soll-Vorschrift handelt und insbesondere die Leistungen der Verhältnisprävention für die im Wettbewerb miteinander stehenden Kassen nicht sonderlich attraktiv waren und daher vernachlässigt worden sind, sieht S. 2 für die Leistungen in Lebenswelten (§ 20 a) und die betriebliche Gesundheitsförderung (§ 20 b) nun zwingende Mindestbeträge vor, die mit Blick auf die Leistungen nach § 20 a bei Unterschreitung im Folgejahr verausgabt werden müssen (S. 3; zum Unterschreiten der für die betriebliche Gesundheitsförderung vorgesehenen Beträge vgl. § 20 a Abs. 4). S. 4 regelt die Anpassung der finanziellen Vorgaben.

12 Mit dieser Regelung ist gleichzeitig geklärt, dass die Krankenkassen nicht nur die Hauptakteure von Prävention und Gesundheitsförderung sind, sondern auch deren Kosten zu tragen haben. Dies ist nicht nur ordnungspolitisch fragwürdig, weil Prävention und Gesundheitsförderung gesamtgesellschaftliche Aufgaben sind. Die Regelung hat auch eine kontroverse **finanzverfassungsrechtliche Diskussion** nach sich gezogen, in der die Zulässigkeit dieser Art der Finanzierung in Zweifel gezogen worden ist. Dies gilt insbesondere für die Finanzierung der Leistungen in Lebenswelten, die sich in keiner Weise sinnvoll auf die gesetzlich Versicherten begrenzen lassen, und der in diesem Zusammenhang erfolgenden Tätigkeit der BZgA (→ § 20 a Rn. 5).[24]

§ 20 a Leistungen zur Gesundheitsförderung und Prävention in Lebenswelten

(1) ¹Lebenswelten im Sinne des § 20 Absatz 4 Nummer 2 sind für die Gesundheit bedeutsame, abgrenzbare soziale Systeme insbesondere des Wohnens, des Lernens, des Studierens, der medizinischen und pflegerischen Versorgung sowie der Freizeitgestaltung einschließlich des Sports. ²Die Krankenkassen fördern unbeschadet der Aufgaben anderer auf der Grundlage von Rahmenvereinbarungen nach § 20 f Absatz 1 mit Leistungen zur Gesundheitsförderung und Prävention in Lebenswelten insbeson-

---

19 Aktuelle Fassung vom 9.1.2017, abrufbar unter https://www.gkv-spitzenverband.de/krankenversicherung/praevention_selbsthilfe_beratung/praevention_und_bgf/leitfaden_praevention/leitfaden_praevention.jsp (zuletzt abgerufen am 1.4.2017).
20 Vgl. BT-Dr. 18/4282, 33.
21 Vgl. BT-Dr. 18/4282, 45.
22 Näher dazu Wiercimok in: LPK-SGB V, § 20 Rn. 14 f.
23 Vgl. BT-Dr. 18/4282, 34.
24 Vgl. dazu die Beiträge von Axer und Kemmler, in: Spiecker gen. Döhmann/Wallrabenstein (Hrsg.), Rechtswissenschaftliche Fragen an das neue Präventionsgesetz, 2016, S. 43 ff., 61 ff.

re den Aufbau und die Stärkung gesundheitsförderlicher Strukturen. ³Hierzu erheben sie unter Beteiligung der Versicherten und der für die Lebenswelt Verantwortlichen die gesundheitliche Situation einschließlich ihrer Risiken und Potenziale und entwickeln Vorschläge zur Verbesserung der gesundheitlichen Situation sowie zur Stärkung der gesundheitlichen Ressourcen und Fähigkeiten und unterstützen deren Umsetzung. ⁴Bei der Wahrnehmung ihrer Aufgaben nach Satz 2 sollen die Krankenkassen zusammenarbeiten und kassenübergreifende Leistungen zur Gesundheitsförderung und Prävention in Lebenswelten erbringen. ⁵Bei der Erbringung von Leistungen für Personen, deren berufliche Eingliederung auf Grund gesundheitlicher Einschränkungen besonderes erschwert ist, arbeiten die Krankenkassen mit der Bundesagentur für Arbeit und mit den kommunalen Trägern der Grundsicherung für Arbeitsuchende eng zusammen.

(2) Die Krankenkasse kann Leistungen zur Gesundheitsförderung und Prävention in Lebenswelten erbringen, wenn die Bereitschaft der für die Lebenswelt Verantwortlichen zur Umsetzung von Vorschlägen zur Verbesserung der gesundheitlichen Situation sowie zur Stärkung der gesundheitlichen Ressourcen und Fähigkeiten besteht und sie mit einer angemessenen Eigenleistung zur Umsetzung der Rahmenvereinbarungen nach § 20 f beitragen.

(3) ¹Zur Unterstützung der Krankenkassen bei der Wahrnehmung ihrer Aufgaben zur Gesundheitsförderung und Prävention in Lebenswelten für in der gesetzlichen Krankenversicherung Versicherte, insbesondere in Kindertageseinrichtungen, in sonstigen Einrichtungen der Kinder- und Jugendhilfe, in Schulen sowie in den Lebenswelten älterer Menschen und zur Sicherung und Weiterentwicklung der Qualität der Leistungen beauftragt der Spitzenverband Bund der Krankenkassen die Bundeszentrale für gesundheitliche Aufklärung ab dem Jahr 2016 insbesondere mit der Entwicklung der Art und der Qualität krankenkassenübergreifender Leistungen, deren Implementierung und deren wissenschaftlicher Evaluation. ²Der Spitzenverband Bund der Krankenkassen legt dem Auftrag die nach § 20 Absatz 2 Satz 1 festgelegten Handlungsfelder und Kriterien sowie die in den Rahmenvereinbarungen nach § 20 f jeweils getroffenen Festlegungen zugrunde. ³Im Rahmen des Auftrags nach Satz 1 soll die Bundeszentrale für gesundheitliche Aufklärung geeignete Kooperationspartner heranziehen. ⁴Die Bundeszentrale für gesundheitliche Aufklärung erhält für die Ausführung des Auftrags nach Satz 1 vom Spitzenverband Bund der Krankenkassen eine pauschale Vergütung in Höhe von mindestens 0,45 Euro aus dem Betrag, den die Krankenkassen nach § 20 Absatz 6 Satz 2 für Leistungen zur Gesundheitsförderung und Prävention in Lebenswelten aufzuwenden haben. ⁵Die Vergütung nach Satz 4 erfolgt quartalsweise und ist am ersten Tag des jeweiligen Quartals zu leisten. ⁶Sie ist nach Maßgabe von § 20 Absatz 6 Satz 3 jährlich anzupassen. ⁷Die Bundeszentrale für gesundheitliche Aufklärung stellt sicher, dass die vom Spitzenverband Bund der Krankenkassen geleistete Vergütung ausschließlich zur Durchführung des Auftrags nach diesem Absatz eingesetzt wird und dokumentiert dies nach Maßgabe des Spitzenverbandes Bund der Krankenkassen.

(4) ¹Das Nähere über die Beauftragung der Bundeszentrale für gesundheitliche Aufklärung nach Absatz 3, insbesondere zum Inhalt und Umfang, zur Qualität und zur Prüfung der Wirtschaftlichkeit sowie zu den für die Durchführung notwendigen Kosten, vereinbaren der Spitzenverband Bund der Krankenkassen und die Bundeszentrale für gesundheitliche Aufklärung erstmals bis zum 30. November 2015. ²Kommt die Vereinbarung nicht innerhalb der Frist nach Satz 1 zustande, erbringt die Bundeszentrale für gesundheitliche Aufklärung die Leistungen nach Absatz 3 Satz 1 unter Berücksichtigung der vom Spitzenverband Bund der Krankenkassen nach § 20 Absatz 2 Satz 1 festgelegten Handlungsfelder und Kriterien sowie unter Beachtung der in den Rahmenvereinbarungen nach § 20 f getroffenen Festlegungen und des Wirtschaftlichkeitsgebots nach § 12. ³Der Spitzenverband Bund der Krankenkassen regelt in seiner Satzung das Verfahren zur Aufbringung der erforderlichen Mittel durch die Krankenkassen. ⁴§ 89 Absatz 3 bis 5 des Zehnten Buches gilt entsprechend.

Literatur:
Siehe § 20.

I. Entstehungsgeschichte

Bis zum Erlass des PrävG (→ § 20 Rn. 3) enthielt § 20 a die Regelung zur betrieblichen Gesundheitsförderung, die sich nun in § 20 b findet (§ 3 Nr. 34 EStG verweist weiterhin auf § 20 a, hierbei handelt es sich um ein Redaktionsversehen im Rahmen der Verabschiedung des PrävG). Der jetzige Regelungsgehalt zur Prävention und Gesundheitsförderung in Lebenswelten wurde durch das **PrävG** neu in das SGB V eingefügt. 1

II. Die Aufgaben der Krankenkassen

1. Allgemeines. Mit der Aufwertung der Gesundheitsförderung und Prävention in Lebenswelten nimmt der Gesetzgeber gesundheitswissenschaftliche Diskussionen und Ansätze auf, die für eine stärkere Fokussierung der Präventionspolitik auf die Gestaltung sozialer Lebensräume im Sinne einer Verhältnisprävention im Vergleich zur individuell ansetzenden Verhaltensprävention plädieren. Insbesondere für die Verminderung sozial bedingter Gesundheitsungleichheiten (§ 20 Abs. 1 S. 2) dürfte dieser Setting-Ansatz besser geeignet sein.[1] Allerdings zeigt dieser Ansatz in besonderer Weise, dass Public Health-Politik ein gesamtgesellschaftliches Unternehmen ist, für das die Krankenkassen keine Alleinzuständigkeit besitzen, zumal sie auf die einschlägigen Lebenswelten nicht unmittelbar zugreifen können. Ihre Aufgabe beschränkt sich daher auf eine Koordinierungs- und Unterstützungsfunktion (Abs. 1 S. 2 und 3) und ist von der Kooperationsbereitschaft der Akteure in den jeweiligen Lebenswelten abhängig (Abs. 2).

2. Lebenswelten. Abs. 1 S. 1 zählt beispielhaft die **Lebenswelten** auf, in denen gesundheitsförderliche Strukturen aufgebaut und gefördert werden sollen, und definiert damit das in § 20 Abs. 4 Nr. 2 genannte Handlungsfeld. Leistungsansprüche der Versicherten ergeben sich aus der Norm nicht.[2] Obgleich dies im Gesetzeswortlaut nicht zum Ausdruck kommt, misst der Gesetzgeber dabei Kindertagesstätten besondere Bedeutung zu, weil gesundheitsbewusstes Verhalten dort bereits früh eingeübt und auch die Familie erreicht werden könne.[3]

3. Handlungsinstrumente. Die Förderung des Aufbaus und der Stärkung gesundheitsförderlicher Strukturen in Lebenswelten beruht auf den Landesrahmenvereinbarungen (§ 20 f), in denen die unterschiedlichen Akteure ihre Zusammenarbeit regeln. **Aufgabe der Krankenkassen** ist es, die gesundheitliche Situation in Lebenswelten zu erheben, Verbesserungsvorschläge zu machen und deren Umsetzung zu unterstützen (Abs. 1 S. 3). Da in den Lebenswelten durchweg Versicherte unterschiedlicher Krankenkassen anzutreffen sein werden, ordnet Abs. 1 S. 4 die Zusammenarbeit der Krankenkassen an. Abs. 1 S. 5 regelt die Kooperation für Leistungen, die sich an Arbeitssuchende richten.

III. Die Zusammenarbeit mit der BZgA

Nach Abs. 3 S. 1 hat der GKV-Spitzenverband die **BZgA** mit der Entwicklung, Implementation und Evaluation von Präventions- und Gesundheitsförderungsprogrammen zu beauftragen. Der Gesetzgeber erhofft sich davon eine bessere Förderung vulnerabler Gruppen (darauf dürfte auch die bespielhafte Aufzählung der Lebenswelten in Abs. 3 S. 1 abzielen) und die Verbesserung der Qualitätssicherung.[4] Wie sich diese Tätigkeit spezifisch auf die „in der gesetzlichen Krankenversicherung Versicherte(n)" (Abs. 1 S. 1) beziehen lassen soll, erschließt sich nicht; typischerweise werden in den angesprochenen Lebenswelten die Krankenversicherungsverhältnisse ganz gemischt sein.[5]

Zu erheblichen politischen Auseinandersetzungen hat es dabei geführt, dass diese Tätigkeit der BZgA nach Abs. 3 S. 4 von den Krankenkassen zu vergüten ist. Der **Einsatz von Beitragsmitteln** stößt hier auf besondere rechtliche Bedenken (→ § 20 Rn. 12).[6] Dies dürfte auch dafür verantwortlich sein, dass die nach Abs. 4 S. 1 vorgesehene Vereinbarung zwischen GKV-Spitzenverband und BZgA bis heute nicht abgeschlossen wurde (zu den Rechtsfolgen vgl. Abs. 4 S. 2). Der GKV-Spitzenverband bemüht sich um eine verfassungsrechtliche Überprüfung der Regelung.

§ 20 b Betriebliche Gesundheitsförderung

(1) ¹Die Krankenkassen fördern mit Leistungen zur Gesundheitsförderung in Betrieben (betriebliche Gesundheitsförderung) insbesondere den Aufbau und die Stärkung gesundheitsförderlicher Strukturen. ²Hierzu erheben sie unter Beteiligung der Versicherten und der Verantwortlichen für den Betrieb sowie der Betriebsärzte und der Fachkräfte für Arbeitssicherheit die gesundheitliche Situation einschließlich

---

1 Zum Hintergrund vgl. BT-Dr. 18/4282, 35.
2 Schütze in: jurisPK-SGB V, § 20 Rn. 36 f.
3 Vgl. BT-Dr. 18/4282, 35.
4 Vgl. BT-Dr. 18/4282, 35 f.
5 In diesem Zusammenhang sind auch Zweifel an der Kompetenz des Bundesgesetzgebers geltend gemacht worden; zur Diskussion vgl. nur Welti in: Becker/Kingreen, § 20 a Rn. 4.
6 Vgl. Schütze in: jurisPK-SGB V, § 20 a Rn. 34 f.; Wenner in: Prütting, MedR-Komm, § 20 a SGB V Rn. 2.

ihrer Risiken und Potenziale und entwickeln Vorschläge zur Verbesserung der gesundheitlichen Situation sowie zur Stärkung der gesundheitlichen Ressourcen und Fähigkeiten und unterstützen deren Umsetzung. ³Für im Rahmen der Gesundheitsförderung in Betrieben erbrachte Leistungen zur individuellen, verhaltensbezogenen Prävention gilt § 20 Absatz 5 Satz 1 entsprechend.

(2) ¹Bei der Wahrnehmung von Aufgaben nach Absatz 1 arbeiten die Krankenkassen mit dem zuständigen Unfallversicherungsträger sowie mit den für den Arbeitsschutz zuständigen Landesbehörden zusammen. ²Sie können Aufgaben nach Absatz 1 durch andere Krankenkassen, durch ihre Verbände oder durch zu diesem Zweck gebildete Arbeitsgemeinschaften (Beauftragte) mit deren Zustimmung wahrnehmen lassen und sollen bei der Aufgabenwahrnehmung mit anderen Krankenkassen zusammenarbeiten. ³§ 88 Abs. 1 Satz 1 und Abs. 2 des Zehnten Buches und § 219 gelten entsprechend.

(3) ¹Die Krankenkassen bieten Unternehmen unter Nutzung bestehender Strukturen in gemeinsamen regionalen Koordinierungsstellen Beratung und Unterstützung an. ²Die Beratung und Unterstützung umfasst insbesondere die Information über Leistungen nach Absatz 1 und die Klärung, welche Krankenkasse im Einzelfall Leistungen nach Absatz 1 im Betrieb erbringt. ³Örtliche Unternehmensorganisationen sollen an der Beratung beteiligt werden. ⁴Die Landesverbände der Krankenkassen und die Ersatzkassen regeln einheitlich und gemeinsam das Nähere über die Aufgaben, die Arbeitsweise und die Finanzierung der Koordinierungsstellen sowie über die Beteiligung örtlicher Unternehmensorganisationen durch Kooperationsvereinbarungen. ⁵Auf die zum Zwecke der Vorbereitung und Umsetzung der Kooperationsvereinbarungen gebildeten Arbeitsgemeinschaften findet § 94 Absatz 1 a Satz 2 und 3 des Zehnten Buches keine Anwendung.

(4) ¹Unterschreiten die jährlichen Ausgaben einer Krankenkasse den Betrag nach § 20 Absatz 6 Satz 2 für Leistungen nach Absatz 1, stellt die Krankenkasse die nicht verausgabten Mittel dem Spitzenverband Bund der Krankenkassen zur Verfügung. ²Dieser verteilt die Mittel nach einem von ihm festzulegenden Schlüssel auf die Landesverbände der Krankenkassen und die Ersatzkassen, die Kooperationsvereinbarungen mit örtlichen Unternehmensorganisationen nach Absatz 3 Satz 4 abgeschlossen haben. ³Die Mittel dienen der Umsetzung der Kooperationsvereinbarungen nach Absatz 3 Satz 4.

Literatur:

Badura, Betriebliche Gesundheitsförderung: Erinnerung an eine Baustelle, KrV 2010, 172; *Eberle/Bödeker*, Arbeitsweltbezogene Präventionsziele der gesetzlichen Krankenversicherung, BG 2008, 452; *Kohte*, Die Verantwortung für Prävention im Arbeitsleben von Arbeitgebern, Rehabilitationsträgern und Integrationsamt, ZSR 2003, 443; *Litschen/Hippeli*, (Stress-)Prävention im neuen Gewand – Die Lebenswelt Arbeit im Fokus sozialversicherungsrechtlicher Kompetenzen und arbeitsrechtlicher Möglichkeiten, BB 2016, 1845; *Neebe*, Prävention und Rehabilitation – Erhaltung und Wiederherstellung der Erwerbsfähigkeit als Schnittstellenproblem, SDSRV 63 (2013), 57; *Welti*, Betriebliches Eingliederungsmanagement: Die Aufgaben und Pflichten der Sozialleistungsträger, SozSich 2008, 125.

I. Entstehungsgeschichte

Die Regelungsmaterie der betrieblichen Gesundheitsförderung war zunächst in § 20 enthalten (zur Entwicklung → § 20 Rn. 1 ff.). Mit Wirkung zum 1.4.2007 erhielt sie durch das GKV-WSG eine eigenständige Regelung in § 20 a, die die betriebliche Gesundheitsförderung nun als **Pflichtleistung** der Krankenkassen auswies, nachdem es sich zuvor lediglich um Ermessensleistungen gehandelt hatte. Durch das PrävG (→ § 20 Rn. 3) wurde der Regelungsgehalt in § 20 b verschoben; dabei wurden die Abs. 1 und 2 geändert und ergänzt und die Abs. 3 und 4 hinzugefügt.

II. Normzweck

Die Vorschrift setzt den rechtlichen Rahmen zur **Förderung der Gesundheit** Versicherter am betrieblichen Arbeitsplatz durch die Krankenkassen. Sie knüpft dabei sowohl an die bisher in § 20 a enthaltene Regelung als auch an die konkretisierenden Bestimmungen im „Leitfaden Prävention" des GKV-Spitzenverbandes an.[1] In einem engen Zusammenhang steht sie mit der nachfolgenden Regelung zur Prävention arbeitsbedingter Gesundheitsgefahren (§ 20 c).[2] Für die an Fördermaßnahmen teilnehmenden

---

[1] Vgl. Kapitel 6 des Leitfadens in der Fassung vom 10.12.2014, abrufbar unter https://www.gkv-spitzenverband.de/media/dokumente/krankenversicherung_1/praevention__selbsthilfe__beratung/praevention/praevention_leitfaden/2017_3/Leitfaden_Prevention_Teilaktualisierung_P170009_02_VI.pdf (zuletzt abgerufen am 1.4.2017).
[2] Kritisch zur Trennung dieser Regelungsgegenstände Wiercimok in: LPK-SGB V, § 20 b Rn. 2.

Arbeitgeber und Arbeitnehmer sollen die Krankenkassen in ihren Satzungen einen Bonus vorsehen (§ 65 a Abs. 2).

3   Nach der Systematik der §§ 20 ff. in der Fassung des PrävG stellt die betriebliche Gesundheitsförderung (§ 20 Abs. 4 Nr. 3) einen **Sonderfall der Gesundheitsförderung in Lebenswelten** dar; § 20 b nimmt dabei die Besonderheiten des Settings „Arbeitsplatz" auf. Dazu gehört insbesondere die Erforderlichkeit einer Kooperation der Krankenkassen mit dem für den Arbeitsschutz primär verantwortlichen Arbeitgeber (vgl. § 3 ArbSchG) sowie mit den Trägern der gesetzlichen Unfallversicherung. Auch die Leistungen der betrieblichen Gesundheitsförderung sind nach § 20 Abs. 1 S. 1 in den Satzungen der Krankenkassen zu regeln; dabei werden sich hier aber überwiegend abstrakte Umschreibungen finden, während die konkrete Durchführung mit den Beteiligten in den jeweiligen Betrieben verabredet werden wird.[3] Zugrunde zu legen sind die vom GKV-Spitzenverband nach § 20 Abs. 2 S. 1 festzulegenden Handlungsfelder und Kriterien. Ein Anspruch von Arbeitgebern oder Arbeitnehmern auf konkrete Leistungen ergibt sich aus § 20 b nicht.[4]

4   Vorangetrieben wird die betriebliche Gesundheitsförderung aus verschiedenen Gründen. Im Vordergrund stehen der Schutz und die Förderung der Gesundheit der Beschäftigten am Arbeitsplatz. Aber auch unter ökonomischen Gesichtspunkten gewinnt die Gesundheitsprävention in Betrieben an Bedeutung, denn die Gesundheit der Beschäftigten stellt einen wesentlichen Faktor für den wirtschaftlichen Erfolg eines Betriebes dar. Dabei geht es nicht bloß um die **Vermeidung von Arbeitsunfällen und** – zu dauerhaften Ausfällen führenden – **Berufskrankheiten**, sondern generell um die Senkung des Erkrankungsrisikos durch arbeitsbedingte Belastungen.[5]

III. Regelungsgehalt

5   **1. Handlungsinstrumente.** In weitgehender Parallelität zu § 20 a Abs. 1 S. 2 und 3 bestimmt Abs. 1 S. 1 und 2 die **Aufgabe der Krankenkassen** im Bereich der betrieblichen Gesundheitsförderung. Die Förderung des Aufbaus und der Stärkung gesundheitsförderlicher Strukturen erfolgt dabei, indem die Krankenkassen die gesundheitliche Situation im Betrieb erheben, Verbesserungsvorschläge machen und deren Umsetzung unterstützen. Betriebsspezifisch ist dabei die Beteiligung der Versicherten und der Arbeitgeber, um die Akzeptanz der Maßnahmen sicherzustellen, sowie der Betriebsärzte und der Fachkräfte für Arbeitssicherheit. Zur Beteiligung des Betriebsrats und der Schwerbehindertenvertretung vgl. §§ 87 Abs. 1 Nr. 7 BetrVG, 95 Abs. 1 S. 2 SGB IX. Die Erbringung von Leistungen zur individuellen, verhaltensbezogenen Prävention steht auch hier unter Zertifizierungsvorbehalt (Abs. 1 S. 3).

6   **2. Kooperation.** Nach Abs. 2 S. 1 arbeiten die Krankenkassen mit den UVTr (vgl. dazu auch § 20 c) und den Arbeitsschutzbehörden zusammen. Die S. 2 und 3 ermöglichen die **Kooperation** der Krankenkassen untereinander. Dies ist von besonderer Bedeutung, weil die Arbeitnehmer eines Betriebs typischerweise Mitglieder verschiedener Krankenkassen sein werden; zudem entzieht die Kooperationsverpflichtung die betriebliche Gesundheitsförderung weithin dem Kassenwettbewerb.[6] Auch die Kooperation mit Dritten – etwa in Form von Arbeitsgemeinschaften – findet hier ihre Grundlage.

7   **3. Koordinierungsstellen.** Nach Abs. 3 richten die Krankenkassen gemeinsame regionale **Koordinierungsstellen** ein, die die Unternehmen bei der betrieblichen Gesundheitsförderung unter Beteiligung der Krankenkassen unterstützen (S. 1, 2). Dass dabei auch örtliche Unternehmensorganisationen (also etwa die IHK) beteiligt werden (S. 3), soll insbesondere kleineren Betrieben, die bisher in der betrieblichen Gesundheitsförderung deutlich unterrepräsentiert sind, den Zugang erleichtern. S. 4 und 5 regeln die Errichtung und Finanzierung dieser Koordinierungsstellen.

8   **4. Finanzieller Anreiz.** Abs. 4 regelt für die nach § 20 Abs. 6 S. 2 für die betriebliche Gesundheitsförderung aufzuwendenden Mittel die Frage, wie zu verfahren ist, wenn eine Krankenkasse den insoweit vorgesehenen Mindestbetrag nicht verausgabt. Um an dieser Stelle einen **Sparanreiz** für die Krankenkassen auszuschließen, bestimmt S. 1 (in einer gewissen Parallele zu § 20 Abs. 6 S. 3), dass diese Mittel dem GKV-Spitzenverband zur Verfügung zu stellen sind, der sie wiederum an die Krankenkassen verteilt, die Kooperationsvereinbarungen zur Einrichtung der Koordinierungsstellen nach Abs. 3 S. 4 abgeschlossen haben, an denen auch örtliche Unternehmensorganisationen beteiligt sind (S. 2, 3).

---

3   Vgl. dazu Lungstras in: Eichenhofer/Wenner, § 20 b Rn. 4.
4   Schütze in: jurisPK-SGB V, § 20 b Rn. 17 f.
5   Schütze in: jurisPK-SGB V, § 20 b Rn. 11.
6   Welti in: Becker/Kingreen, SGB V, § 20 b Rn. 7.

§ 20 c Prävention arbeitsbedingter Gesundheitsgefahren

(1) ¹Die Krankenkassen unterstützen die Träger der gesetzlichen Unfallversicherung bei ihren Aufgaben zur Verhütung arbeitsbedingter Gesundheitsgefahren. ²Insbesondere erbringen sie in Abstimmung mit den Trägern der gesetzlichen Unfallversicherung auf spezifische arbeitsbedingte Gesundheitsrisiken ausgerichtete Maßnahmen zur betrieblichen Gesundheitsförderung nach § 20 b und informieren diese über die Erkenntnisse, die sie über Zusammenhänge zwischen Erkrankungen und Arbeitsbedingungen gewonnen haben. ³Ist anzunehmen, dass bei einem Versicherten eine berufsbedingte gesundheitliche Gefährdung oder eine Berufskrankheit vorliegt, hat die Krankenkasse dies unverzüglich den für den Arbeitsschutz zuständigen Stellen und dem Unfallversicherungsträger mitzuteilen.

(2) ¹Zur Wahrnehmung der Aufgaben nach Absatz 1 arbeiten die Krankenkassen eng mit den Trägern der gesetzlichen Unfallversicherung sowie mit den für den Arbeitsschutz zuständigen Landesbehörden zusammen. ²Dazu sollen sie und ihre Verbände insbesondere regionale Arbeitsgemeinschaften bilden. ³§ 88 Abs. 1 Satz 1 und Abs. 2 des Zehnten Buches und § 219 gelten entsprechend.

Literatur:
Siehe § 20 b.

I. Entstehungsgeschichte

Die Pflicht zur Zusammenarbeit der Krankenkassen mit den UVTr war zunächst in § 20 Abs. 2 enthalten und erhielt durch Art. 1 Nr. 12 des Gesetzes zur Stärkung des Wettbewerbs in der gesetzlichen Krankenversicherung (GKV-WSG)[1] einen eigenen Paragrafen. Gegenüber dem früheren Regelungsstand erweiterte § 20 b die Pflicht der Krankenkassen um die generelle Unterstützung der UVTr und regelte in Abs. 2 die Zusammenarbeit.[2] Durch das PrävG (→ § 20 Rn. 3) ist die Regelung ergänzt und in § 20 c verschoben worden. Dabei wurde in Abs. 1 S. 2 insbesondere der **Bezug zur betrieblichen Gesundheitsförderung** (§ 20 b) hergestellt. 1

II. Normzweck

§ 20 b begründet auf Seiten der Krankenkassen die Pflicht zur Zusammenarbeit mit den UVTr hinsichtlich arbeitsbedingter Gesundheitsgefahren. Dabei stellen sie Erkenntnisse über arbeitsbedingte Gesundheitsgefährdungen zur Verfügung, damit die UVTr ihrer Aufgabe der Verhütung derartiger Gefährdungen nachkommen können. Seit dem PrävG sind die Krankenkassen daneben ausdrücklich aufgerufen, Maßnahmen der betrieblichen Gesundheitsförderung zu erbringen, die auf diese Gefährdungen ausgerichtet sind. Die Norm korrespondiert mit § 14 Abs. 2 SGB VII, der spiegelbildlich die entsprechende Kooperationspflicht der UVTr mit den Krankenkassen regelt.[3] 2

III. Regelungsgehalt

1. Allgemeines. Die Kooperationsregelung in Abs. 1 S. 1 basiert auf dem Umstand, dass bestimmte Informationen und Erkenntnisse über betrieblich bedingte Erkrankungen, die nicht auch formal als Berufskrankheit anerkannt sind, nur bei den Krankenkassen anfallen und ausgewertet werden können. Den UVTr bleiben diese Informationen unzugänglich, solange der Versicherte nicht unter einer allgemein anerkannten Berufskrankheit leidet. Zur Wahrnehmung ihres Auftrages der effektiven Verhütung arbeitsbedingter Gefahren benötigen die UVTr diese Informationen allerdings, denn nur so können sie sich – durch Verknüpfung und Auswertung der entsprechenden Datensätze – ein ganzheitliches Bild der arbeitsbedingten Belastung der Gesundheit ihrer Versicherten machen, Zusammenhänge erforschen und mit Präventionsmaßnahmen gegensteuern.[4] Regelungszweck ist damit der **Austausch zwischen Krankenkassen und UVTr über arbeitsbedingte Krankheitsursachen**.[5] 3

Als arbeitsbedingte Gesundheitsgefahr ist jedes Gesundheitsrisiko zu verstehen, das bei einer versicherungsrechtlich relevanten Tätigkeit droht und eine Krankheit im krankenversicherungsrechtlichen Sinn 4

---

1 BGBl. I 2007, 378.
2 Schütze in: jurisPK-SGB V, § 20 c Rn. 2.
3 Leitherer in: KassKomm, § 20 c SGB V Rn. 2.
4 BT-Dr. 13/5099, 16.
5 Schütze in: jurisPK-SGB V, § 20 c Rn. 11.

verursachen kann.⁶ Ob in diese **Definition** noch eine Einschränkung im Sinne eines Ursachenzusammenhangs zwischen Arbeitsbedingungen und Erkrankung aufgenommen werden muss, ist fraglich.⁷ Dagegen spricht, dass Anknüpfungspunkt des § 20c gerade nicht die formell anerkannte Berufskrankheit iSd § 9 SGB VII, sondern jegliche Erkrankung ist, die im Zusammenhang mit einer Belastung aus der Sphäre des Arbeitsplatzes steht.

5 **2. Pflichten der Krankenkassen.** Neben dem Verweis auf die betriebliche Gesundheitsförderung verpflichtet Abs. 1 S. 2 die Krankenkassen zur Übermittlung von Erkenntnissen über Zusammenhänge zwischen Erkrankungen und Arbeitsbedingungen an die UVTr. Während diese Pflicht auf allgemeine Erkenntnisse bezogen ist, zielt die **Übermittlungspflicht** des Abs. 1 S. 3 auf Erkenntnisse, die konkrete Versicherte betreffen.

6 **3. Kooperationsformen (Abs. 2).** Die Krankenkassen sind in Abs. 2 S. 1 dazu angehalten, eng mit den UVTr und den Arbeitsschutzbehörden zusammenzuarbeiten. S. 2 sieht für diese Zusammenarbeit mögliche **Kooperationen** in Form regionaler Arbeitsgemeinschaften vor. Dazu haben die Krankenkassen die Möglichkeit, ihre Verbände mit der Wahrnehmung dieser Aufgaben nach der Maßgabe des § 88 Abs. 1 S. 1 und 2 SGB X und § 219 SGB V zu beauftragen. Im Zusammenhang mit dem in Abs. 2 geregelten Organisationsrahmen der Kooperation haben die Spitzenverbände eine Rahmenvereinbarung zur Zusammenarbeit bei der betrieblichen Gesundheitsförderung und der Verhütung arbeitsbedingter Gesundheitsgefahren erarbeitet.⁸ Diese dient sowohl der Vereinheitlichung von Abläufen als auch der Vermeidung von Mehrfachleistungen durch die verschiedenen Leistungsträger.

§ 20 d Nationale Präventionsstrategie

(1) Die Krankenkassen entwickeln im Interesse einer wirksamen und zielgerichteten Gesundheitsförderung und Prävention mit den Trägern der gesetzlichen Rentenversicherung, der gesetzlichen Unfallversicherung und den Pflegekassen eine gemeinsame nationale Präventionsstrategie und gewährleisten ihre Umsetzung und Fortschreibung im Rahmen der Nationalen Präventionskonferenz nach § 20 e.

(2) Die Nationale Präventionsstrategie umfasst insbesondere
1. die Vereinbarung bundeseinheitlicher, trägerübergreifender Rahmenempfehlungen zur Gesundheitsförderung und Prävention nach Absatz 3,
2. die Erstellung eines Berichts über die Entwicklung der Gesundheitsförderung und Prävention (Präventionsbericht) nach Absatz 4.

(3) ¹Zur Sicherung und Weiterentwicklung der Qualität von Gesundheitsförderung und Prävention sowie der Zusammenarbeit der für die Erbringung von Leistungen zur Prävention in Lebenswelten und in Betrieben zuständigen Träger und Stellen vereinbaren die Träger nach Absatz 1 bundeseinheitliche, trägerübergreifende Rahmenempfehlungen, insbesondere durch Festlegung gemeinsamer Ziele, vorrangiger Handlungsfelder und Zielgruppen, der zu beteiligenden Organisationen und Einrichtungen sowie zu Dokumentations- und Berichtspflichten erstmals zum 31. Dezember 2015. ²Bei der Festlegung gemeinsamer Ziele werden auch die Ziele der gemeinsamen deutschen Arbeitsschutzstrategie sowie die von der Ständigen Impfkommission gemäß § 20 Absatz 2 des Infektionsschutzgesetzes empfohlenen Schutzimpfungen berücksichtigt. ³Die Rahmenempfehlungen werden im Benehmen mit dem Bundesministerium für Gesundheit, dem Bundesministerium für Arbeit und Soziales, dem Bundesministerium für Ernährung und Landwirtschaft, dem Bundesministerium für Familie, Senioren, Frauen und Jugend, dem Bundesministerium des Innern und den Ländern vereinbart. ⁴Das Bundesministerium für Gesundheit beteiligt weitere Bundesministerien, soweit die Rahmenempfehlungen ihre Zuständigkeit berühren. ⁵An der Vorbereitung der Rahmenempfehlungen werden die Bundesagentur für Arbeit, die kommunalen Träger der Grundsicherung für Arbeitsuchende über ihre Spitzenverbände auf Bundesebene, die für den Arbeitsschutz zuständigen obersten Landesbehörden sowie die Träger der öffentlichen Jugendhilfe über die obersten Landesjugendbehörden beteiligt.

(4) ¹Die Nationale Präventionskonferenz erstellt den Präventionsbericht alle vier Jahre, erstmals zum 1. Juli 2019, und leitet ihn dem Bundesministerium für Gesundheit zu. ²Das Bundesministerium für

---

6 Schütze in: jurisPK-SGB V, § 20 c Rn. 12.
7 Schütze in: jurisPK-SGB V, § 20 c Rn. 12.
8 Rahmenvereinbarung mit Stand 2009 abzurufen unter http://www.dguv.de/medien/inhalt/praevention/praev_netz/documents/rahmenvereinbarung_1997_und_2001.pdf (zuletzt abgerufen am 1.4.2017).

Gesundheit legt den Bericht den gesetzgebenden Körperschaften des Bundes vor und fügt eine Stellungnahme der Bundesregierung bei. ³Der Bericht enthält insbesondere Angaben zu den Erfahrungen mit der Anwendung der §§ 20 bis 20 g und zu den Ausgaben für die Leistungen der Träger nach Absatz 1 und im Fall des § 20 e Absatz 1 Satz 3 bis 5 auch der Unternehmen der privaten Krankenversicherung und der Unternehmen, die die private Pflege-Pflichtversicherung durchführen, den Zugangswegen, den erreichten Personen, der Erreichung der gemeinsamen Ziele und der Zielgruppen, den Erfahrungen mit der Qualitätssicherung und der Zusammenarbeit bei der Durchführung von Leistungen sowie zu möglichen Schlussfolgerungen. ⁴Der Bericht enthält auch Empfehlungen für die weitere Entwicklung des in § 20 Absatz 6 Satz 1 bestimmten Ausgabenrichtwerts für Leistungen der Krankenkassen nach den §§ 20 bis 20 c und der in § 20 Absatz 6 Satz 2 bestimmten Mindestwerte für Leistungen der Krankenkassen nach den §§ 20 a und 20 b. ⁵Die Leistungsträger nach Satz 3 erteilen der Nationalen Präventionskonferenz die für die Erstellung des Präventionsberichts erforderlichen Auskünfte. ⁶Das Robert Koch-Institut liefert für den Präventionsbericht die im Rahmen des Gesundheitsmonitorings erhobenen relevanten Informationen. ⁷Die Länder können regionale Erkenntnisse aus ihrer Gesundheitsberichterstattung für den Präventionsbericht zur Verfügung stellen.

Literatur:
Siehe § 20.

I. Entstehungsgeschichte

Der jetzige Gehalt des § 20 d wurde durch das PrävG (→ § 20 Rn. 3) eingeführt. Zuvor war in der Norm die Prävention durch Schutzimpfungen geregelt, die sich nun in § 20 i findet.

II. Allgemeines

Die Norm enthält wesentliche Grundsätze der durch das PrävG in das Gesetz aufgenommenen sog **nationalen Präventionsstrategie**, deren wesentliches Organ, die Nationale Präventionskonferenz, in § 20 e geregelt ist. § 20 d regelt insoweit die Vereinbarung bundeseinheitlicher Rahmenempfehlungen (Abs. 2 Nr. 1, Abs. 3) und die Erstellung des Präventionsberichts (Abs. 2 Nr. 2, Abs. 4). Träger der nationalen Präventionsstrategie sind nach Abs. 1 die Krankenkassen und die Träger der anderen Sozialversicherungszweige, die wesentlichen Aufgaben werden aber von der Nationalen Präventionskonferenz wahrgenommen, an der auch Vertreter anderer Organisationen teilnehmen.

III. Bundesrahmenempfehlungen

Die Vereinbarung trägerübergreifender und bundeseinheitlicher Rahmenempfehlungen zur Gesundheitsförderung und Prävention in Lebenswelten (**Bundesrahmenempfehlungen**) wird nach dem Wortlaut des Abs. 3 S. 1 zwar den in Abs. 1 genannten Sozialversicherungsträgern überantwortet, gemeint ist aber in der Sache die Nationale Präventionskonferenz (§ 20 e).[1] Ziel der Empfehlung ist die Entwicklung eines Regelungsrahmens für eine wirksame und qualitätsgesicherte Prävention und Gesundheitsförderung und für das Zusammenwirken der unterschiedlichen Akteure. Die Bundesrahmenempfehlung gerät damit teilweise in eine gewisse Konkurrenz zu den nach § 20 Abs. 2 S. 1 vom GKV-Spitzenverband festzulegenden Handlungsfeldern und Kriterien für Präventions- und Gesundheitsförderungsleistungen. Abs. 3 bestimmt im Übrigen, welche Institutionen bei der Entwicklung der Bundesrahmenempfehlung zu beteiligen und welche Vorgaben zu beachten sind. Inzwischen ist diese Empfehlung erstmals am 19.2.2016 von der Nationalen Präventionskonferenz verabschiedet worden.[2] Angelegt ist diese Empfehlung auf Umsetzung durch die Landesrahmenvereinbarungen nach § 20 f.

IV. Präventionsbericht

Ebenfalls Aufgabe der Nationalen Präventionskonferenz ist die Erstellung eines **Präventionsberichts**, der alle vier Jahre vorgelegt werden muss und insbesondere dem Gesetzgeber als Grundlage für seine Entscheidungen zur Weiterentwicklung und Finanzierung der Präventionspolitik dienen soll (Abs. 4

---

1 Vgl. Lungstras in: Eichenhofer/Wenner, § 20 d Rn. 3.
2 Bundesrahmenempfehlungen der Nationalen Präventionskonferenz nach § 20 d Abs. 3 SGB V, abrufbar unter https://www.gkv-spitzenverband.de/media/dokumente/presse/pressemitteilungen/2016/Praevention_NPK_BRE_verabschiedet_am_19022016.pdf (zuletzt abgerufen am 1.4.2017).

S. 1–4). Der Nationalen Präventionskonferenz sind die für die Erstellung des Berichts erforderlichen Informationen zu übermitteln (Abs. 4 S. 5–7).

§ 20 e Nationale Präventionskonferenz

(1) ¹Die Aufgabe der Entwicklung und Fortschreibung der nationalen Präventionsstrategie wird von der Nationalen Präventionskonferenz als Arbeitsgemeinschaft der gesetzlichen Spitzenorganisationen der Leistungsträger nach § 20 d Absatz 1 mit je zwei Sitzen wahrgenommen. ²Die Leistungsträger nach § 20 d Absatz 1 setzen die Präventionsstrategie in engem Zusammenwirken um. ³Im Fall einer angemessenen finanziellen Beteiligung der Unternehmen der privaten Krankenversicherung und der Unternehmen, die die private Pflege-Pflichtversicherung durchführen, an Programmen und Projekten im Sinne der Rahmenempfehlungen nach § 20 d Absatz 2 Nummer 1 erhält der Verband der privaten Krankenversicherungsunternehmen e.V. ebenfalls einen Sitz. ⁴Die Höhe der hierfür jährlich von den Unternehmen der privaten Krankenversicherung zur Verfügung zu stellenden Mittel bemisst sich mindestens nach dem Betrag, den die Krankenkassen nach § 20 Absatz 6 Satz 2 und 3 für Leistungen zur Gesundheitsförderung und Prävention nach § 20 a aufzuwenden haben, multipliziert mit der Anzahl der in der privaten Krankenversicherung Vollversicherten. ⁵Die Höhe der hierfür jährlich von den Unternehmen, die die private Pflege-Pflichtversicherung durchführen, zur Verfügung zu stellenden Mittel bemisst sich nach dem Betrag, den die Pflegekassen nach § 5 Absatz 2 des Elften Buches für Leistungen zur Prävention in Lebenswelten aufzuwenden haben, multipliziert mit der Anzahl ihrer Versicherten. ⁶Bund und Länder erhalten jeweils vier Sitze mit beratender Stimme. ⁷Darüber hinaus entsenden die kommunalen Spitzenverbände auf Bundesebene, die Bundesagentur für Arbeit, die repräsentativen Spitzenorganisationen der Arbeitgeber und Arbeitnehmer sowie das Präventionsforum jeweils einen Vertreter in die Nationale Präventionskonferenz, die mit beratender Stimme an den Sitzungen teilnehmen. ⁸Die Nationale Präventionskonferenz gibt sich eine Geschäftsordnung; darin werden insbesondere die Arbeitsweise und das Beschlussverfahren festgelegt. ⁹Die Geschäftsordnung muss einstimmig angenommen werden. ¹⁰Die Geschäftsstelle, die die Mitglieder der Nationalen Präventionskonferenz bei der Wahrnehmung ihrer Aufgabe nach Satz 1 unterstützt, wird bei der Bundeszentrale für gesundheitliche Aufklärung angesiedelt.

(2) ¹Die Nationale Präventionskonferenz wird durch ein Präventionsforum beraten, das in der Regel einmal jährlich stattfindet. ²Das Präventionsforum setzt sich aus Vertretern der für die Gesundheitsförderung und Prävention maßgeblichen Organisationen und Verbände sowie der stimmberechtigten und beratenden Mitglieder der Nationalen Präventionskonferenz nach Absatz 1 zusammen. ³Die Nationale Präventionskonferenz beauftragt die Bundesvereinigung für Prävention und Gesundheitsförderung e.V. mit der Durchführung des Präventionsforums und erstattet dieser die notwendigen Aufwendungen. ⁴Die Einzelheiten zur Durchführung des Präventionsforums einschließlich der für die Durchführung notwendigen Kosten werden in der Geschäftsordnung der Nationalen Präventionskonferenz geregelt.

Literatur:
Siehe § 20.

I. Entstehungsgeschichte

1 Die Norm ist durch das PrävG (→ § 20 Rn. 3) neu in das Gesetz aufgenommen worden.

II. Allgemeines

2 Die durch das PrävG eingeführte **nationale Präventionsstrategie** (§ 20 d) wird wesentlich von der Nationalen Präventionskonferenz entwickelt, deren Zusammensetzung und Arbeitsweise in Abs. 1 der Norm bestimmt werden. Abs. 2 regelt das Präventionsforum, das die Nationale Präventionskonferenz berät.

III. Zusammensetzung und Arbeitsweise

3 Die Nationale Präventionskonferenz als zentraler Akteur der nationalen Präventionsstrategie wird nach Abs. 1 S. 1 als Arbeitsgemeinschaft der in § 20 d Abs. 1 genannten Leistungsträger gebildet. Nur diese Leistungsträger haben auch Sitze mit Stimmrecht; die PKV kann einen Sitz erhalten, wenn sie

sich an den Maßnahmen der Prävention und Gesundheitsförderung in einem bestimmten Umfang finanziell beteiligt (Abs. 1 S. 3–5). Weitere Akteure mit Bedeutung für das Politikfeld (Bundes- und Landesministerien, kommunale Spitzenverbände, Bundesagentur für Arbeit, Sozialpartner, Patientenvertreter, Bundesvereinigung Prävention und Gesundheitsförderung) nehmen mit beratender Stimme teil (Abs. 1 S. 6–7). Die Nationale Präventionskonferenz gibt sich eine Geschäftsordnung (Abs. 1 S. 8 und 9) und wird in ihrer Arbeit von einer Geschäftsstelle unterstützt, die bei der BZgA angesiedelt ist (Abs. 1 S. 10). Die Nationale Präventionskonferenz hat sich auf ihrer ersten Sitzung am 26.10.2015 konstituiert und inzwischen auch bereits die Bundesrahmenempfehlung beschlossen (→ § 20 d Rn. 3).

IV. Präventionsforum

Bei dem **Präventionsforum**, das die Nationale Präventionskonferenz nach Abs. 2 S. 1 berät, handelt es sich nicht um ein ständiges Gremium, sondern um eine jährliche Tagung, über die der Kontakt zur Fachöffentlichkeit hergestellt wird. Mit der Durchführung wird die bereits etablierte Bundesvereinigung für Prävention und Gesundheitsförderung eV (BVPG) beauftragt. Das Präventionsforum hat erstmals am 13.9.2016 stattgefunden.[1]

§ 20 f Landesrahmenvereinbarungen zur Umsetzung der nationalen Präventionsstrategie

(1) ¹Zur Umsetzung der nationalen Präventionsstrategie schließen die Landesverbände der Krankenkassen und die Ersatzkassen, auch für die Pflegekassen, mit den Trägern der gesetzlichen Rentenversicherung, den Trägern der gesetzlichen Unfallversicherung und mit den in den Ländern zuständigen Stellen gemeinsame Rahmenvereinbarungen auf Landesebene. ²Die für die Rahmenvereinbarungen maßgeblichen Leistungen richten sich nach § 20 Absatz 4 Nummer 2 und 3, nach den §§ 20 a bis 20 c sowie nach den für die Pflegekassen, für die Träger der gesetzlichen Rentenversicherung und für die Träger der gesetzlichen Unfallversicherung jeweils geltenden Leistungsgesetzen.
(2) ¹Die an den Rahmenvereinbarungen Beteiligten nach Absatz 1 treffen Festlegungen unter Berücksichtigung der bundeseinheitlichen, trägerübergreifenden Rahmenempfehlungen nach § 20 d Absatz 2 Nummer 1 und der regionalen Erfordernisse insbesondere über
1. gemeinsam und einheitlich zu verfolgende Ziele und Handlungsfelder,
2. die Koordinierung von Leistungen zwischen den Beteiligten,
3. die einvernehmliche Klärung von Zuständigkeitsfragen,
4. Möglichkeiten der gegenseitigen Beauftragung der Leistungsträger nach dem Zehnten Buch,
5. die Zusammenarbeit mit dem öffentlichen Gesundheitsdienst und den Trägern der örtlichen öffentlichen Jugendhilfe und
6. die Mitwirkung weiterer für die Gesundheitsförderung und Prävention relevanter Einrichtungen und Organisationen.

²An der Vorbereitung der Rahmenvereinbarungen werden die Bundesagentur für Arbeit, die für den Arbeitsschutz zuständigen obersten Landesbehörden und die kommunalen Spitzenverbände auf Landesebene beteiligt. ³Sie können den Rahmenvereinbarungen beitreten. ⁴Auf die zum Zwecke der Vorbereitung und Umsetzung der Rahmenvereinbarungen gebildeten Arbeitsgemeinschaften wird § 94 Absatz 1 a Satz 2 und 3 des Zehnten Buches nicht angewendet.

Literatur:
Siehe § 20.

I. Entstehungsgeschichte

Die Norm ist durch das **PrävG** (→ § 20 Rn. 3) neu in das Gesetz aufgenommen worden.

---

[1] Dokumentation der Veranstaltung unter http://www.praeventionsforum.org/2016/Dokumentation.pdf (zuletzt abgerufen am 1.4.2017).

II. Allgemeines

2 Die Norm regelt Organisation und Verfahren der Umsetzung der **nationalen Präventionsstrategie** durch den Abschluss von Vereinbarungen, in denen die Akteure auf Landesebene die Ziele und die Art und Weise ihrer Zusammenarbeit regeln. Bisher sind in 14 Bundesländern derartige Landesrahmenvereinbarungen abgeschlossen worden.[1]

III. Landesrahmenvereinbarungen

3 **1. Beteiligte.** Partner der Rahmenvereinbarungen in den Ländern sind nach Abs. 1 S. 1 die Krankenkassen, die anderen an der nationalen Präventionsstrategie nach § 20 d Abs. 1 S. 1 beteiligten Sozialversicherungsträger sowie die zuständigen Stellen der Länder (regelmäßig die fachlich einschlägigen Ministerien). Die Bundesagentur für Arbeit, die Arbeitsschutzbehörden des jeweiligen Landes sowie die kommunalen Spitzenverbände sind nach Abs. 2 S. 2 zu beteiligen; sie können der Vereinbarung auch beitreten (Abs. 2 S. 3). Soweit in diesem Zusammenhang Arbeitsgemeinschaften gebildet werden, muss dies der Aufsichtsbehörde nicht gemeldet werden (Abs. 2 S. 4).

4 **2. Inhalte.** Inhalte der Landesrahmenvereinbarungen sind insbesondere und mindestens die in Abs. 2 S. 1 genannten Aspekte, die sich im Wesentlichen auf die Kooperation der unterschiedlichen Akteure und die Koordination ihrer Tätigkeiten beziehen. Dabei werden die **Gesundheitsförderungs- und Präventionsleistungen** erfasst, die sich auf betriebliche und nicht-betriebliche Lebenswelten beziehen; die Leistungen der individuellen Verhaltensprävention sind daher nicht Gegenstand der Vereinbarungen (Abs. 1 S. 2).

5 **3. Rechtswirkungen.** Auch wenn die Landesrahmenvereinbarungen der Umsetzung der „Empfehlungen" nach § 20 d Abs. 2 S. 1 dienen, wird man ihnen eine **Rechtsverbindlichkeit** gegenüber den Beteiligten nicht absprechen können. Der Empfehlungscharakter der Vereinbarung nach § 20 d Abs. 2 S. 1 dürfte sich nämlich daraus erklären, dass auf Bundesebene schon aus kompetenziellen Gründen keine verbindlichen Vorgaben gemacht werden können, so dass es gerade Aufgabe der Vereinbarungen auf Länderebene ist, normative Verbindlichkeit zu erzeugen.[2] Zu beachten ist allerdings, dass auch die Landesrahmenvereinbarungen weithin lediglich recht unbestimmt gehaltene Absichtserklärungen enthalten, die aus sich heraus kaum zu konkreten Rechtspflichten führen werden. In politischer Hinsicht ist diskutiert worden, ob der Gehalt der bislang abgeschlossenen Landesrahmenvereinbarungen hinreicht, um die Krankenkassen zu einem einheitlichen Vorgehen zu verpflichten, anstatt die Gesundheitsförderungsmaßnahmen in den einzelnen Settings als Instrumente der Mitgliederwerbung im Rahmen des Kassenwettbewerbs zu nutzen.

§ 20 g Modellvorhaben

(1) ¹Die Leistungsträger nach § 20 d Absatz 1 und ihre Verbände können zur Erreichung der in den Rahmenempfehlungen nach § 20 d Absatz 2 Nummer 1 festgelegten gemeinsamen Ziele einzeln oder in Kooperation mit Dritten, insbesondere den in den Ländern zuständigen Stellen nach § 20 f Absatz 1, Modellvorhaben durchführen. ²Anhand der Modellvorhaben soll die Qualität und Effizienz der Versorgung mit Leistungen zur Gesundheitsförderung und Prävention in Lebenswelten und mit Leistungen zur betrieblichen Gesundheitsförderung verbessert werden. ³Die Modellvorhaben können auch der wissenschaftlich fundierten Auswahl geeigneter Maßnahmen der Zusammenarbeit dienen. ⁴Die Aufwendungen der Krankenkassen für Modellvorhaben sind auf die Mittel nach § 20 Absatz 6 Satz 2 anzurechnen.

(2) Die Modellvorhaben sind im Regelfall auf fünf Jahre zu befristen und nach allgemein anerkannten wissenschaftlichen Standards wissenschaftlich zu begleiten und auszuwerten.

Literatur:
Siehe § 20.

---

1 Zusammenstellung etwa unter: http://www.gesundheitsfoerdernde-hochschulen.de/B1_Praeventionsgesetz/B1_Praeventionsgesetz1.html (zuletzt abgerufen am 1.4.2017).
2 Vgl. Luik in: Krauskopf, § 20 f SGB V Rn. 7. AA wohl Schütze in: jurisPK-SGB V, § 20 f Rn. 8.

I. Entstehungsgeschichte

Die Norm ist durch das PrävG (→ § 20 Rn. 3) neu in das Gesetz aufgenommen worden. 1

II. Regelungsgehalt

Die Norm regelt – in Anlehnung an die §§ 63 ff. – die Möglichkeit der Durchführung von Modellvorhaben im Bereich von lebensweltbezogener Gesundheitsförderung und Prävention. Die Krankenkassen kommen mit der Durchführung derartiger Projekte ihrer Verpflichtung aus § 20 Abs. 6 S. 2 nach, Mittel in diesem Bereich zu verausgaben (Abs. 1 S. 4). Ziel ist die Verbesserung der Qualität und Effizienz entsprechender Maßnahmen (Abs. 1 S. 2). Gedacht ist an gemeinsame Projekte der Sozialversicherungsträger insbesondere mit den zuständigen Stellen in den Ländern. Die Modellvorhaben sind zu befristen und zu evaluieren (Abs. 2). 2

§ 20 h Förderung der Selbsthilfe

(1) [1]Die Krankenkassen und ihre Verbände fördern Selbsthilfegruppen und -organisationen, die sich die gesundheitliche Prävention oder die Rehabilitation von Versicherten bei einer der im Verzeichnis nach Satz 2 aufgeführten Krankheiten zum Ziel gesetzt haben, sowie Selbsthilfekontaktstellen im Rahmen der Festlegungen des Absatzes 3. [2]Der Spitzenverband Bund der Krankenkassen beschließt ein Verzeichnis der Krankheitsbilder, bei deren gesundheitlicher Prävention oder Rehabilitation eine Förderung zulässig ist; sie haben die Kassenärztliche Bundesvereinigung und die Vertretungen der für die Wahrnehmung der Interessen der Selbsthilfe maßgeblichen Spitzenorganisationen zu beteiligen. [3]Selbsthilfekontaktstellen müssen für eine Förderung ihrer gesundheitsbezogenen Arbeit themen-, bereichs- und indikationsgruppenübergreifend tätig sein.

(2) [1]Der Spitzenverband Bund der Krankenkassen beschließt Grundsätze zu den Inhalten der Förderung der Selbsthilfe und zur Verteilung der Fördermittel auf die verschiedenen Förderebenen und Förderbereiche. [2]Die in Absatz 1 Satz 2 genannten Vertretungen der Selbsthilfe sind zu beteiligen. [3]Die Förderung kann durch pauschale Zuschüsse und als Projektförderung erfolgen.

(3) [1]Die Ausgaben der Krankenkassen und ihrer Verbände für die Wahrnehmung der Aufgaben nach Absatz 1 Satz 1 sollen insgesamt im Jahr 2016 für jeden ihrer Versicherten einen Betrag von 1,05 Euro umfassen; sie sind in den Folgejahren entsprechend der prozentualen Veränderung der monatlichen Bezugsgröße nach § 18 Abs. 1 des Vierten Buches anzupassen. [2]Für die Förderung auf der Landesebene und in den Regionen sind die Mittel entsprechend dem Wohnort der Versicherten aufzubringen. [3]Mindestens 50 vom Hundert der in Satz 1 bestimmten Mittel sind für kassenartenübergreifende Gemeinschaftsförderung aufzubringen. [4]Über die Vergabe der Fördermittel aus der Gemeinschaftsförderung beschließen die Krankenkassen oder ihre Verbände auf den jeweiligen Förderebenen gemeinsam nach Maßgabe der in Absatz 2 Satz 1 genannten Grundsätze und nach Beratung mit den zur Wahrnehmung der Interessen der Selbsthilfe jeweils maßgeblichen Vertretungen von Selbsthilfegruppen, -organisationen und -kontaktstellen. [5]Erreicht eine Krankenkasse den in Satz 1 genannten Betrag der Förderung in einem Jahr nicht, hat sie die nicht verausgabten Fördermittel im Folgejahr zusätzlich für die Gemeinschaftsförderung zur Verfügung zu stellen.

Literatur:
Borgetto, Selbsthilfe als bürgerschaftliches Engagement, ZSR 2003, 474; *Niederbühl*, Alltagsnahe Unterstützung bei Krankheitsbewältigung, ErsK 2014 Nr. 7/8, 24 f.

I. Entstehungsgeschichte

Die Förderung der Selbsthilfe wurde erstmals mit dem Gesundheitsstrukturgesetz (GSG)[1] in § 20 Abs. 3a mit Wirkung zum 1.1.1993 eingeführt. Durch das Beitragsentlastungsgesetz (BeitrEntlG)[2] wurde mit Wirkung zum 1.11.1996 die Pflicht der Spitzenverbände der Krankenkassen eingeführt, unter Beteiligung der Kassenärztlichen Bundesvereinigung ein Verzeichnis förderbarer Erkrankungen auszuarbeiten. Durch das Gesetz zur Reform der gesetzlichen Krankenversicherung ab dem Jahr 2000 1

---
1 BGBl. I 1992, 2266.
2 BGBl. I 1996, 1631.

(GKVRefG)³ wurden die Spitzenverbände der Krankenkassen verpflichtet, gemeinsam und einheitlich Grundsätze zu den Inhalten der Förderung der Selbsthilfe aufzustellen. Zudem wurde erstmals eine fixe Ausgabe von 1 DM pro Jahr und Versichertem für die Förderung der Selbsthilfe normiert.

2 Mit dem Gesetz zur Stärkung des Wettbewerbs in der Gesetzlichen Krankenversicherung (GKV-WSG)⁴ wurde die Förderung der Selbsthilfe mit Wirkung zum 1.1.2008 in § 20c überführt. Mit dieser Neufassung wollte der Gesetzgeber dem gestiegenen Stellenwert der Selbsthilfeförderung durch die gesetzlichen Krankenkassen Rechnung tragen.⁵ Die Förderung der Selbsthilfe wurde weiter gestärkt und die Rechtsgrundlage im Interesse einer antragstellerfreundlichen Durchführung der Förderung weiterentwickelt.⁶ Ergänzt wurde dabei ua der Grundsatz der kassenartenübergreifenden und wohnortbezogenen Förderung. Ebenfalls neu angefügt wurde Abs. 3 S. 5, der vorschreibt, dass eine Krankenkasse bei fehlender Aufbringung des jährlichen Ausgabenvolumens die nicht verausgabten Fördermittel im Folgejahr zusätzlich für die Gemeinschaftsförderung zur Verfügung zu stellen hat. Durch das **PrävG** (→ § 20 Rn. 3) wurde die Regelung schließlich in § 20h überführt, blieb aber – abgesehen von einer Erhöhung der in Abs. 3 vorgesehenen Ausgaben – unverändert.

II. Normzweck und Regelungsgehalt

3 **1. Allgemeines.** In der Norm wird das Verfahren zur Förderung von Selbsthilfegruppen, -organisationen und -kontaktstellen durch die Krankenkassen festgelegt. Dabei beschreibt der Begriff der **Selbsthilfe** die Aktivität von Personen, die von einer Gefährdung der Gesundheit oder der Teilhabe selbst oder als Angehörige betroffen sind und mit denen von ihnen angebotenen Maßnahmen vorrangig auf eine Verbesserung der Lebenssituation der Betroffenen ausgerichtet sind.⁷ Zur weiteren Konkretisierung des förderungsfähigen Adressatenkreises kann auf die Legaldefinitionen in der Parallelnorm des § 45d SGB XI entsprechend zurückgegriffen werden: Danach sind **Selbsthilfegruppen** freiwillige, neutrale, unabhängige und nicht gewinnorientierte Zusammenschlüsse von Personen, die entweder aufgrund eigener Betroffenheit oder als Angehörige das Ziel verfolgen, durch persönliche, wechselseitige Unterstützung, auch unter Zuhilfenahme von Angeboten ehrenamtlicher und sonstiger zum bürgerschaftlichen Engagement bereiter Personen, die Lebenssituation von Erkrankten sowie von deren Angehörigen und vergleichbar Nahestehenden zu verbessern. **Selbsthilfeorganisationen** sind die Zusammenschlüsse von Selbsthilfegruppen in Verbänden. **Selbsthilfekontaktstellen** sind örtlich oder regional arbeitende professionelle Beratungseinrichtungen mit hauptamtlichem Personal, die das Ziel verfolgen, die Lebenssituation von Erkrankten sowie von deren Angehörigen und vergleichbar Nahestehenden zu verbessern; diese Stellen müssen übergreifend tätig sein (Abs. 1 S. 3).

4 Förderungsfähige Ziele verfolgt eine Selbsthilfeeinrichtung, wenn sie sich die gesundheitliche **Prävention** oder **Rehabilitation** zum Ziel gesetzt hat. Darunter wird hier allerdings nur die sekundäre und tertiäre Prävention (zu den Begriffen → § 20 Rn. 6) verstanden, während Einrichtungen mit ausschließlich primärpräventiver Zielsetzung nicht förderungsfähig sind.⁸ Dies beruht darauf, dass primärpräventive Maßnahmen bereits nach Maßgabe des § 20 gefördert werden.

5 **2. Krankheitsverzeichnis.** Der GKV-Spitzenverband hat unter Beteiligung von KBV und Selbsthilfeorganisationen nach Abs. 1 S. 2 ein Verzeichnis von Krankheiten festzulegen, deren Selbsthilfeorganisationen bei der Präventions- und Rehabilitationsarbeit von den Krankenkassen unterstützt werden dürfen. Dieses Krankheitsverzeichnis führt **Krankheits- bzw. Diagnosegruppen** auf, denen die konkreten Krankheiten zugeordnet werden können.⁹

6 **3. Grundsätze der Förderung.** Der GKV-Spitzenverband beschließt gem. Abs. 2 S. 1 unter Beteiligung der Spitzenorganisationen der Selbsthilfe (Abs. 2 S. 2) Grundsätze der Förderung und der Verteilung von Fördermitteln auf die verschiedenen Förderebenen und -bereiche. In dem entsprechenden „Leitfaden zur Selbsthilfeförderung" werden Voraussetzungen und Verfahren der Förderung näher beschrie-

---

3 BGBl. I 1999, 2626.
4 BGBl. I 2007, 378.
5 Wiercimok in: LPK-SGB V, § 20h Rn. 1.
6 BT-Dr. 16/3100, 98.
7 Vgl. Gerlach in: Hauck/Noftz, SGB V, § 20h Rn. 4.
8 Gerlach in: Hauck/Noftz, SGB V, § 20h Rn. 2; Schütze in: jurisPK-SGB V, § 20h Rn. 14; Geene/Heberlein in: BeckOK SozR § 20h SGB V Rn. 7.
9 Anlage 2 zum Leitfaden zur Selbsthilfeförderung, abrufbar unter https://www.gkv-spitzenverband.de/media/dokumente/presse/publikationen/Leitfaden_Selbsthilfefoerderung_2016_barrierefrei.pdf (zuletzt abgerufen am 1.4.2017).

ben.[10] Rechtliche Bedenken gegen diese Konkretisierungen in Form einer Allgemeinverfügung sind gelegentlich erhoben worden,[11] haben sich vor den Sozialgerichten aber bisher nicht durchgesetzt.[12]

Adressaten der Förderung sind ausschließlich die in Abs. 1 S. 1 genannten Selbsthilfeeinrichtungen. Diese müssen – je nach Organisationsform – bestimmte Kriterien aufweisen (Mindestanzahl an Mitgliedern, Strukturen auf Landes- und Ortsebene bei Organisationen auf Bundesebene etc). Es besteht kein Anspruch auf Förderung.[13] Dass Abs. 1 S. 1 eine Förderung der Selbsthilfe durch die Krankenkassen vorschreibt, bedeutet nur, dass diese Art der Förderung seitens der Krankenkassen eingerichtet werden muss (**institutionell garantierte Förderung**),[14] nicht aber, dass jeder potenzielle Adressat auch einen Anspruch auf Förderung hat. Die Krankenkassen sind lediglich zur fehlerfreien Ermessensausübung verpflichtet.[15] Dabei stehen sowohl die Auswahl als auch die Gestaltung der Förderung in ihrem Ermessen.[16] Bei der Mittelvergabe werden die Anzahl der Antragsteller sowie festgestellte Förderbedarfe berücksichtigt. Gegen einen ablehnenden Bescheid sind Widerspruch und Verpflichtungsklage zulässig. Einzelnen Versicherten erwächst kein Anspruch aus der Norm. 7

Möglich ist nach Abs. 2 S. 3 sowohl eine **Pauschalförderung** als auch eine **projektbezogene Förderung**. Bei der Pauschalförderung handelt es sich schon nach dem Normwortlaut nicht um eine Vollfinanzierung, sondern um die Gewährung von Zuschüssen.[17] Eine Förderung nach § 20 h schließt eine gleichzeitige Selbsthilfeförderung nach dem SGB XI aus (§ 45 d S. 6 SGB XI). 8

4. Umfang und Modalitäten der Förderung (Abs. 3). Der jährliche Mindest- und gleichzeitig Maximalaufwand der Krankenkassen für die Förderung der Selbsthilfe beträgt gem. Abs. 3 S. 1 im Jahr 2016 1,05 EUR pro Versichertem. Er wird nach den Maßstäben des § 18 Abs. 1 SGB IV **dynamisch angepasst**. Wird die Förderung im laufenden Jahr nicht vollständig geleistet, fließt der Restbetrag der Gemeinschaftsförderung zu (Abs. 3 S. 5). Die Krankenkassen können sich also der Mittelaufwendung nicht entziehen. Damit wird eine effiziente und verlässliche Selbsthilfeförderung sichergestellt.[18] 9

Bei der Verteilung der Fördermittel haben sich die Krankenkassen gem. Abs. 3 S. 2 am **Wohnort der Versicherten** zu orientieren. Dies soll eine flexible Regelung sein, um veränderten Umständen Rechnung tragen zu können und zusätzlich die besondere Situation von Ballungsräumen mit großem Einzugsbereich zu berücksichtigen.[19] 10

Die mit dem GKV-WSG neu eingeführte **Gemeinschaftsförderung**, die mindestens die Hälfte aller Fördermittel ausmachen muss, hat das Ziel, den Selbsthilfegruppen landesweit bzw. regional und unabhängig von den Krankenkassen einen einheitlichen Ansprechpartner gegenüberzustellen.[20] Gleichzeitig wird damit ein maßgeblicher Teil der Selbsthilfeförderung dem Wettbewerb der einzelnen Krankenkassen entzogen. Für die Gemeinschaftsförderung können „virtuelle Fonds", aber auch reale Fonds eingerichtet werden.[21] 11

§ 20 i Primäre Prävention durch Schutzimpfungen

(1) ¹Versicherte haben Anspruch auf Leistungen für Schutzimpfungen im Sinne des § 2 Nr. 9 des Infektionsschutzgesetzes. ²Satz 1 gilt für Schutzimpfungen, die wegen eines erhöhten Gesundheitsrisikos durch einen Auslandsaufenthalt indiziert sind, nur dann, wenn der Auslandsaufenthalt beruflich bedingt oder im Rahmen der Ausbildung vorgeschrieben ist oder wenn zum Schutz der öffentlichen Gesundheit ein besonderes Interesse daran besteht, der Einschleppung einer übertragbaren Krankheit in die Bundesrepublik Deutschland vorzubeugen. ³Einzelheiten zu Voraussetzungen, Art und Umfang der Leistungen bestimmt der Gemeinsame Bundesausschuss in Richtlinien nach § 92 auf der Grundlage

---

10 Abrufbar unter https://www.gkv-spitzenverband.de/media/dokumente/presse/publikationen/Leitfaden_Selbsthilfefoerderung_2016_barrierefrei.pdf (zuletzt abgerufen am 1.4.2017).
11 Vgl. etwa Schütze in: jurisPK-SGB V, § 20 h Rn. 21; Welti in: Becker/Kingreen, § 20 h Rn. 6.
12 Vgl. SG Aachen v. 30.11.2016, S 1 KR 152/15, Rn. 45 ff.
13 BT-Dr. 16/3100, 98.
14 Luik in: Krauskopf, § 20 h SGB V Rn. 3.
15 Welti in: Becker/Kingreen, § 20 h Rn. 7.
16 BT-Dr. 16/3100, 98; Wiercimok in: LPK-SGB V, § 20 h Rn. 16.
17 Geene/Heberlein in: BeckOK SozR § 20 h SGB V Rn. 9; Leitherer in: KassKomm § 20 h SGB V Rn. 13.
18 Wagner in: Krauskopf, § 20 h SGB V Rn. 10; Gerlach in: Hauck/Noftz, SGB V, § 20 h Rn. 17.
19 Luik in: Krauskopf, § 20 h SGB V Rn. 8.
20 BT-Dr. 16/3100, 99.
21 BT-Dr. 16/3100, 99; Luik in: Krauskopf, § 20 h SGB V Rn. 11.

der Empfehlungen der Ständigen Impfkommission beim Robert Koch-Institut gemäß § 20 Abs. 2 des Infektionsschutzgesetzes unter besonderer Berücksichtigung der Bedeutung der Schutzimpfungen für die öffentliche Gesundheit. [4]Abweichungen von den Empfehlungen der Ständigen Impfkommission sind besonders zu begründen. [5]Zu Änderungen der Empfehlungen der Ständigen Impfkommission hat der Gemeinsame Bundesausschuss innerhalb von drei Monaten nach ihrer Veröffentlichung eine Entscheidung zu treffen. [6]Kommt eine Entscheidung nicht fristgemäß zu Stande, dürfen insoweit die von der Ständigen Impfkommission empfohlenen Schutzimpfungen mit Ausnahme von Schutzimpfungen nach Satz 2 erbracht werden, bis die Richtlinie vorliegt. [7]Der Anspruch nach Satz 1 schließt die Bereitstellung des erforderlichen Impfausweisvordruckes ein.

(2) Die Krankenkasse kann in ihrer Satzung weitere Schutzimpfungen vorsehen.

(3) [1]Die Krankenkassen haben außerdem im Zusammenwirken mit den Behörden der Länder, die für die Durchführung von Schutzimpfungen nach dem Infektionsschutzgesetz zuständig sind, unbeschadet der Aufgaben anderer, gemeinsam und einheitlich Schutzimpfungen ihrer Versicherten zu fördern und sich durch Erstattung der Sachkosten an den Kosten der Durchführung zu beteiligen. [2]Dies gilt entsprechend für die Erstattung der Kosten für den Impfstoff für Personen bis zum vollendeten 18. Lebensjahr aus Mitgliedstaaten der Europäischen Union, deren Versicherteneigenschaft in der gesetzlichen Krankenversicherung zum Zeitpunkt der Durchführung der Schutzimpfung noch nicht festgestellt ist und die nicht privat krankenversichert sind. [3]Zur Durchführung der Maßnahmen und zur Erstattung der Sachkosten schließen die Landesverbände der Krankenkassen und die Ersatzkassen gemeinsam Rahmenvereinbarungen mit den in den Ländern dafür zuständigen Stellen. [4]Dabei sollen vereinfachte Möglichkeiten für die Abrechnung der zu erstattenden Sachkosten vorgesehen werden.

Literatur:
Odenbach, Impfen – ein Bestandsaufnahme, KrV 2009, 220; *Zuck*, Impfrecht. Impfempfehlungen. Impfentscheidung, MedR 2008, 410.

I. Entstehungsgeschichte

1 § 20i wurde als damaliger § 20d mit dem **GKV-Wettbewerbsstärkungsgesetz** vom 26.3.2007[1] in das SGB V eingeführt. Zuvor waren bereits Schutzimpfungen durch das Beitragsentlastungsgesetz vom 1.11.1996[2] in § 20 Abs. 2 als Satzungsleistungen der Krankenkassen vorgesehen. Mit dem GKV-Gesundheitsreformgesetz vom 22.12.1999[3] wurde diese Regelung in § 23 Abs. 9 verschoben. Nach seiner Einführung wurde § 20d mit dem GKV-Versorgungsstrukturgesetz vom 22.12.2011 redaktionell überarbeitet.[4] Durch das Gesetz zur Änderung des Freizügigkeitsgesetzes/EU und weiterer Vorschriften vom 2.12.2014[5] wurde in Abs. 3 der S. 2 neu eingefügt. Durch das **PrävG** (→ § 20 Rn. 3) kam es zu mehreren punktuellen Änderungen und aufgrund weitreichender Änderungen innerhalb der §§ 20ff. zur Verschiebung der Vorschrift in § 20i. Durch das Gesetz für sichere digitale Kommunikation und Anwendungen im Gesundheitswesen vom 21.12.2015[6] wurde zuletzt Abs. 1 S. 2 geändert.

II. Allgemeines

2 Bei Schutzimpfungen handelt es sich um Maßnahmen der Primärprävention (zum Begriff → § 20 Rn. 6). Durch die Impfung wird nicht nur der Geimpfte, sondern auch die Bevölkerung geschützt. Ab einer bestimmten, von der jeweiligen Infektionskrankheit abhängigen Durchimpfungsrate entsteht Herdenimmunität. Der Gesetzgeber sieht in Schutzimpfungen Maßnahmen mit einem dreifachen Nutzen: dem Schutz vor Infektionskrankheiten, der Verhinderung von Ausbruch und Weiterverbreitung dieser Krankheiten sowie der Vermeidung von Krankheitskosten.[7] Daher wurden die Impfleistungen in den Pflichtleistungskatalog der GKV übernommen und nicht mehr als bloße Satzungsleistungen angeboten. Welche Impfungen vom Leistungsanspruch umfasst sind, bestimmt der G-BA auf Empfehlung der Ständigen Impfkommission (**STIKO**) beim Robert-Koch-Institut nach § 20 Abs. 2 Infektionsschutzgesetz (Abs. 1). Den Krankenkassen steht es jedoch weiterhin offen, Impfungen als Satzungsleis-

---
1 BGBl. I, 378, 381.
2 BGBl. I, 1631.
3 BGBl. I, 2626, 2628.
4 BGBl. I, 2983, 2984.
5 BGBl. I, 1922, 1924.
6 BGBl. I, 2408.
7 BT-Dr. 16/3100, 100.

tungen anzubieten (Abs. 2). Schließlich verpflichtet Abs. 3 die Krankenkassen, gemeinsam mit den zuständigen Stellen der Länder Schutzimpfungen zu fördern und sich finanziell an Impfmaßnahmen zu beteiligen.

III. Anspruch auf Schutzimpfungen (Abs. 1)

Abs. 1 S. 1 begründet für die Versicherten einen **Leistungsanspruch** für Schutzimpfungen iSd § 2 Nr. 9 Infektionsschutzgesetz gegen ihre Krankenkasse. Dies stellt einen wesentlichen Unterschied zu den Vorgängervorschriften dar, nach denen die Leistungen für Schutzimpfungen nur freiwillig von den Krankenkassen angeboten wurden.

Abs. 1 S. 2 regelt, dass Schutzimpfungen, die anlässlich eines **Auslandsaufenthaltes** notwendig sind, nur dann unter Abs. 1 S. 1 fallen, wenn der Aufenthalt beruflich bedingt oder im Rahmen der Ausbildung vorgeschrieben ist oder wenn die Einschleppung einer bestimmten im Ausland vorkommenden Krankheit aus Gründen der öffentlichen Gesundheit – also zum Schutz der Gesundheit der Bevölkerung – verhindert werden soll. Dadurch soll die Solidargemeinschaft vor den Kosten rein privater Risiken geschützt werden.[8] Zweifel bestehen an der Europarechtskonformität des S. 2 für Arbeitnehmer, die in Deutschland arbeiten und für deren Heimatland eine Impfempfehlung vorliegt.[9]

Abs. 1 S. 3 bis 6 regeln das Verhältnis von G-BA und STIKO zu der Frage, welche Impfungen Gegenstand des Leistungsanspruches sind. S. 3 verleiht dem G-BA zunächst die Kompetenz, eine Richtlinie nach § 92 über die Einzelheiten zu Voraussetzungen, Art und Umfang der Leistungen zu erlassen (vgl. die **Schutzimpfungs-Richtlinie** v. 21.6.2007).[10] Die Grundlage dafür bilden die Empfehlungen der STIKO unter Berücksichtigung des Nutzens der Impfungen für die öffentliche Gesundheit. An diese Empfehlungen ist der G-BA grundsätzlich gebunden.[11] S. 4 erlaubt es dem G-BA, von den Empfehlungen abzuweichen, wenn dies besonders begründet wird. Dies ist bisher nur in geringfügigem Maße in besonderen Fällen geschehen.[12]

Ändert die STIKO ihre Impfempfehlungen, verpflichtet S. 5 den G-BA, innerhalb von drei Monaten über eine entsprechende Änderung der Schutzimpfungs-Richtlinie zu entscheiden. Kommt er dem nicht nach, so besteht ein Anspruch auf die von der STIKO empfohlenen Impfungen nach S. 1 und 2 (Abs. 1 S. 6). Die Richtlinie unterliegt gemäß § 94 der Prüfung durch das Bundesministerium für Gesundheit. S. 7 regelt, dass die Bereitstellung des Impfausweisvordruckes Teil des Anspruchs auf Schutzimpfungsleistungen ist, so dass die Leistungserbringer die Kosten für den Vordruck nicht den Versicherungsnehmern in Rechnung stellen dürfen.[13]

Die Leistungen nach § 20 i erfolgen außerhalb der vertragsärztlichen Versorgung, was sich aus dem Sicherstellungsauftrag der Krankenkassen nach § 132 e ergibt; auch ihre Vergütung erfolgt daher **extrabudgetär**.[14]

IV. Schutzimpfungen als Satzungsleistungen (Abs. 2)

Gemäß Abs. 2 ist es den Krankenkassen gestattet, **weitere Schutzimpfungen als Satzungsleistungen** anzubieten. Ein Anspruch auf erweiterte Impfleistungen per Satzung besteht für die Versicherten nicht, jedoch kann ein Anspruch ggf. aus der Satzung geltend gemacht werden.[15] Eine solche Erweiterung soll etwa bei regional sinnvollen Impfungen möglich sein.[16] Darüber hinaus können Leistungen für Schutzimpfungen zu privaten Reisezwecken (Abs. 1 S. 2) Gegenstand der Satzungsleistung sein.[17]

---

8 BT-Dr. 16/3100, 100.
9 Welti in: Becker/Kingreen, § 20 i Rn. 5 a.
10 Aktuelle Fassung unter https://www.g-ba.de/downloads/62-492-1118/SI-RL_2015-11-27_iK-2016-02-06.pdf (zuletzt abgerufen am 1.4.2017).
11 Leitherer in: KassKomm, § 20 i SGB V Rn. 7; Schütze in: juris-PK SGB V, § 20 i Rn. 23; Geene/Heberlein in: BeckOK SozR, SGB V, § 20 i Rn. 6; Wiercimok in: LPK-SGB V, § 20 i Rn. 19.
12 Gerlach in: Hauck/Noftz, SGB V, § 20 i Rn. 19.
13 Ausschussdr. 18(14)0107.2, S. 35.
14 Leitherer in: KassKomm § 20 i SGB V Rn. 6; Gerlach in: Hauck/Noftz, SGB V, § 20 i Rn. 24; Luik in: Krauskopf, § 20 i SGB V Rn. 7; aA Schütze in: juris-PK SGB V, § 20 i Rn. 21.
15 Geene/Heberlein in: BeckOK SozR, SGB V, § 20 i SGB V Rn. 7.
16 BT-Dr. 16/3100, 100.
17 Welti in: Becker/Kingreen, § 20 i Rn. 6; aA Gerlach in: Hauck/Noftz, SGB V, § 20 i Rn. 22.

V. Zusammenarbeit mit den Länderbehörden (Abs. 3)

9 Abs. 3 verpflichtet die Krankenkassen und die zuständigen Stellen in den Ländern zur Kooperation in Bezug auf Schutzimpfungen. Die zuständigen Stellen werden durch das Landesrecht bestimmt. Durch die Maßnahmen soll eine möglichst hohe Durchimpfungsrate erreicht werden, was insbesondere durch die Ausgestaltung als „aufsuchende" Maßnahmen in Kindergärten, Schulen und Senioreneinrichtungen geschehen soll.[18] Dabei sollen die Krankenkassen die Sachkosten, die Länder die Personalkosten übernehmen.[19] Die Landesverbände der Krankenkassen und der Ersatzkassen haben dazu mit den zuständigen Behörden eine Rahmenempfehlung abzuschließen. Nach dem neu eingefügten S. 2 tragen die Krankenkassen auch dann die Kosten der Impfung von **Kindern und Jugendlichen aus EU-Mitgliedstaaten**, wenn deren Versicherteneigenschaft noch nicht geklärt ist. S. 4 wurde eingefügt durch das PrävG zur Anpassung der Rahmenvereinbarungen über die Sachkostenerstattung nach Abs. 3 an die Abrechnungsmöglichkeiten des öffentlichen Gesundheitsdienstes. „Dies betrifft etwa Fragen der Einzelabrechnung, der Dokumentation, des Vorhandenseins von Kartenlesegeräten oder der elektronischen Abrechnung" (BT-Dr. 18/4282, 39).

§ 21 Verhütung von Zahnerkrankungen (Gruppenprophylaxe)

(1) ¹Die Krankenkassen haben im Zusammenwirken mit den Zahnärzten und den für die Zahngesundheitspflege in den Ländern zuständigen Stellen unbeschadet der Aufgaben anderer gemeinsam und einheitlich Maßnahmen zur Erkennung und Verhütung von Zahnerkrankungen ihrer Versicherten, die das zwölfte Lebensjahr noch nicht vollendet haben, zu fördern und sich an den Kosten der Durchführung zu beteiligen. ²Sie haben auf flächendeckende Maßnahmen hinzuwirken. ³In Schulen und Behinderteneinrichtungen, in denen das durchschnittliche Kariesrisiko der Schüler überproportional hoch ist, werden die Maßnahmen bis zum 16. Lebensjahr durchgeführt. ⁴Die Maßnahmen sollen vorrangig in Gruppen, insbesondere in Kindergärten und Schulen, durchgeführt werden; sie sollen sich insbesondere auf die Untersuchung der Mundhöhle, Erhebung des Zahnstatus, Zahnschmelzhärtung, Ernährungsberatung und Mundhygiene erstrecken. ⁵Für Kinder mit besonders hohem Kariesrisiko sind spezifische Programme zu entwickeln.

(2) ¹Zur Durchführung der Maßnahmen nach Absatz 1 schließen die Landesverbände der Krankenkassen und die Ersatzkassen mit den zuständigen Stellen nach Absatz 1 Satz 1 gemeinsame Rahmenvereinbarungen. ²Der Spitzenverband Bund der Krankenkassen hat bundeseinheitliche Rahmenempfehlungen insbesondere über Inhalt, Finanzierung, nicht versichertenbezogene Dokumentation und Kontrolle zu beschließen.

(3) Kommt eine gemeinsame Rahmenvereinbarung nach Absatz 2 Satz 1 nicht zustande, werden Inhalt, Finanzierung, nicht versichertenbezogene Dokumentation und Kontrolle unter Berücksichtigung der bundeseinheitlichen Rahmenempfehlungen des Spitzenverbandes Bund der Krankenkassen durch Rechtsverordnung der Landesregierung bestimmt.

Literatur:

Neumann, Gesundheitsreform: Zahnmedizin im Visier, BKK 2010, 452; *Saekel*, Zahngesundheit, Trends und Konsequenzen bis 2020, BKK 2002, 135; *Schneider/Knappe*, Zahnmedizinische Prävention, Ersk. 1999, 639.

I. Entstehungsgeschichte

1 Die Gruppenprophylaxe wurde mit dem **Gesundheitsreformgesetz (GRG)**[1] in das SGB V aufgenommen. Bereits zuvor hatten einzelne Kassen und staatliche Gesundheitsdienste die Gruppenprophylaxe auf freiwilliger Basis gefördert.[2] Mit dem GRG wurde die Förderung für die Krankenkassen verpflichtend. In der weiteren Folge wurde die Norm mehrfach geändert, zuletzt durch das GKV-Versorgungsstrukturgesetz vom 22.12.2011.[3]

---

18 BT-Dr. 16/3100, 100.
19 BT-Dr. 16/3100, 100.

1 BGBl. I 1988, 2477.
2 Gerlach in: Hauck/Noftz, SGB V, § 21 Rn. 3 ff.
3 BGBl. I, 2983, 2984.

II. Allgemeines

Die Gruppenprophylaxe nach § 21 stellt neben der Individualprophylaxe (§ 22) und den Gesundheitsuntersuchungen für Kinder und Jugendliche (§ 26) eine **Maßnahme zum Schutz und Erhalt der Zahn- und Mundgesundheit** dar. § 21 regelt dazu die Pflichten der Krankenkassen, der Landesverbände der Krankenkassen, der Verbände der Ersatzkassen und des GKV-Spitzenverbandes bei der Durchführung von Maßnahmen zur Verhütung von Zahnkrankheiten. Die Krankenkassen sollen dabei mit den in den Ländern zuständigen Stellen und den Zahnärzten kooperieren. Gegenüber der Individualprophylaxe verspricht sich der Gesetzgeber eine höhere Wirkung und Effizienz, da gerade Kinder und Jugendliche für Gruppenmaßnahmen besonders empfänglich seien.[4] Neben der Förderung der Mundhygiene soll auch die Verhütung von Zahnerkrankungen Gegenstand der Maßnahmen nach Abs. 1 sein. Die Maßnahmen sollen dabei in öffentlichen Kindergärten, Schulen und Einrichtungen für Behinderte durchgeführt werden. Außerdem werden die Kassen verpflichtet, spezifische Programme für Kinder mit besonders hohem Kariesrisiko zu entwickeln.

III. Gruppenprophylaxe (Abs. 1)

Abs. 1 S. 1 nennt die **Pflichten der Krankenkassen**: Sie sollen zum einen die Maßnahmen zur Erkennung und Verhütung von Zahnerkrankungen fördern und sich zum anderen an den Kosten beteiligen. Dabei sollen sie mit den für die Zahngesundheitspflege in den Ländern zuständigen Stellen und den Zahnärzten zusammenarbeiten. Des Weiteren wird die Zielgruppe auf Kinder, die das 12. Lebensjahr noch nicht vollendet haben, begrenzt. Die Altersgrenze stellt dabei keine starre Regelung dar: Vielmehr kommt es auf das überwiegende Alter in der Gruppe an, bei der die Gruppenprophylaxe durchgeführt werden soll.[5]

Abs. 1 S. 3 hebt die Altersgrenze für Schulen und Behinderteneinrichtungen mit überdurchschnittlich hohem Kariesrisiko auf das 16. Lebensjahr an. Dadurch sollen **Ungleichheiten bei den Gesundheitschancen** ausgeglichen werden (vgl. dazu § 20 Abs. 1 S. 2).[6] Die Norm lässt jedoch offen, wie genau diese Schulen und Behinderteneinrichtungen zu bestimmen sind. Laut Gesetzesbegründung sollen auch soziale Faktoren im Schulumfeld („soziale Brennpunkte") und nicht nur Daten zur Zahngesundheit eine Rolle bei der Bewertung spielen.[7]

Abs. 1 S. 4 beschreibt **Ort und Inhalte** der Gruppenprophylaxe. Dadurch wird der Charakter der Maßnahmen als **aufsuchendes Angebot** hervorgehoben. Die Gruppenprophylaxe soll in öffentlichen Einrichtungen wie Schulen, Kindergärten und Behinderteneinrichtungen stattfinden. Hierdurch sollen insbesondere Kinder erreicht werden, die von sich bzw. ihren Erziehungsberechtigten aus selbst keine Zahnprophylaxe betreiben. Die Aufzählung der Inhalte der Maßnahmen spiegelt alle Ebenen der Prophylaxe wider, ist dabei aber nicht abschließend („insbesondere").

Nach Abs. 1 S. 5 sind die Krankenkassen verpflichtet, für **Kinder mit besonders hohem Kariesrisiko** spezifische Programme zu entwickeln. Dies kann etwa im Rahmen der Gruppenprophylaxe durch die Verabreichung von Fluorid geschehen oder durch Überleitung der betroffenen Kinder in die Individualprophylaxe (§ 22).[8]

Einen **Rechtsanspruch** auf Durchführung einer Gruppenprophylaxe begründet § 21 nicht. Lediglich ein Anspruch auf Teilhabe an einer Gruppenprophylaxe besteht, wenn der Versicherte ohne sachlichen Grund von dieser ausgeschlossen wurde.[9]

IV. Rahmenvereinbarungen und -empfehlungen (Abs. 2 und 3)

Abs. 2 S. 1 verpflichtet die Landesverbände der Krankenkassen und die Ersatzkassen, mit den in den Ländern zuständigen Stellen eine **Rahmenvereinbarung** zu schließen. Darin soll die Durchführung der Maßnahmen nach Abs. 1 näher bestimmt werden. Geregelt werden sollen zB die Finanzierung, der Inhalt der Maßnahmen und die Kontrollen. Die zuständigen Stellen bestimmen sich nach dem jeweiligen

---

4 „Besondere pädagogische Wirksamkeit": BT-Dr. 11/2237, 167.
5 Welti in: Becker/Kingreen, § 21 Rn. 3.
6 So auch Welti in: Becker/Kingreen, § 21 Rn. 5. In der Begründung des Gesetzentwurfs wird dieses Ziel nur umschrieben (BT-Dr. 14/1245, 63).
7 BT-Dr. 14/1245, 63.
8 Nolte in: KassKomm, § 21 SGB V Rn. 4; Reit in: BeckOK SozR, SGB V, § 21 Rn. 5.
9 Nebendahl in: Spickhoff, Medizinrecht, § 21 SGB V Rn. 2; Nolte in: KassKomm, § 21 SGB V Rn. 6; Reit in: BeckOK SozR, SGB V, § 21 Rn. 7.

Landesrecht. Abs. 3 hält eine – bisher nicht praktisch gewordene – Verordnungsermächtigung für die jeweilige Landesregierung bereit, falls die Rahmenvereinbarung nach Abs. 2 S. 1 nicht zustande kommt.

9 Weitere inhaltliche Vorgaben für die Rahmenvereinbarungen ergeben sich aus Abs. 2 S. 2. Danach hat der GKV-Spitzenverband eine Rahmenempfehlung zu beschließen. Diese Rahmenempfehlung soll insbesondere Inhalt der Maßnahmen, Finanzierung, nicht versichertenbezogene Dokumentation und Kontrolle umfassen. Dem gesetzlichen Auftrag ist der GKV-Spitzenverband (bzw. nach aF noch die Spitzenverbände der Krankenkassen) mit der **Rahmenempfehlung vom 17.6.1993** nachgekommen.[10]

§ 22 Verhütung von Zahnerkrankungen (Individualprophylaxe)

(1) Versicherte, die das sechste, aber noch nicht das achtzehnte Lebensjahr vollendet haben, können sich zur Verhütung von Zahnerkrankungen einmal in jedem Kalenderhalbjahr zahnärztlich untersuchen lassen.

(2) Die Untersuchungen sollen sich auf den Befund des Zahnfleisches, die Aufklärung über Krankheitsursachen und ihre Vermeidung, das Erstellen von diagnostischen Vergleichen zur Mundhygiene, zum Zustand des Zahnfleisches und zur Anfälligkeit gegenüber Karieserkrankungen, auf die Motivation und Einweisung bei der Mundpflege sowie auf Maßnahmen zur Schmelzhärtung der Zähne erstrecken.

(3) Versicherte, die das sechste, aber noch nicht das achtzehnte Lebensjahr vollendet haben, haben Anspruch auf Fissurenversiegelung der Molaren.

(4) (aufgehoben)

(5) Der Gemeinsame Bundesausschuss regelt das Nähere über Art, Umfang und Nachweis der individualprophylaktischen Leistungen in Richtlinien nach § 92.

I. Entstehungsgeschichte

1 Die Individualprophylaxe wurde mit dem **Gesundheitsreformgesetz vom 20.12.1988**[1] in das SGB V eingeführt. Mit dem Gesundheitsstrukturgesetz vom 21.12.1992[2] wurde Abs. 1 neu gefasst und Abs. 3 angefügt. In Abs. 1 wurde die untere Altersgrenze von 12 auf 6 Jahre abgesenkt. Mit Abs. 3 wurde ein Anspruch auf Fissurenversiegelung geschaffen. Mit dem 2. GKV-Neuordnungsgesetz vom 23.6.1997[3] wurde die obere Altersgrenze der Abs. 1 und 3 von 20 auf 18 Jahre herabgesetzt. Außerdem wurde ein Anspruch auf Individualprophylaxe für Erwachsene in Abs. 4 angefügt, der jedoch mit dem GKV-Gesundheitsreformgesetz vom 22.12.1999[4] wieder gestrichen wurde. Eine redaktionelle Änderung des § 22 erfolgte durch das GKV-Modernisierungsgesetz vom 14.11.2003.[5]

II. Allgemeines

2 § 22 stellt neben der Gruppenprophylaxe (§ 21) eine weitere Maßnahme zur Prävention von Zahnerkrankungen dar. Anders als § 21 begründet der § 22 für die Versicherten einen **Anspruch auf halbjährliche Inanspruchnahme** der Individualprophylaxe gegen die Krankenkasse.[6] Anspruchsberechtigt sind Versicherte zwischen Vollendung des 6. und des 18. Lebensjahres. Bei Einführung des § 22 folgte die Individualprophylaxe für Versicherte ab Vollendung des 12. Lebensjahres noch auf die Gruppenprophylaxe. Durch die Absenkung der Altersgrenzen in § 22 greifen nun beide Maßnahmen parallel. Da die Individualprophylaxe die Maßnahmen der Gruppenprophylaxe flankieren soll, besteht der Anspruch auch, wenn solche Maßnahmen nach § 22 schon während der Gruppenprophylaxe durchgeführt wurden. Der Anspruch nach § 21 wird also nicht durch die Teilnahme an einer Gruppenprophy-

---

10 Abrufbar unter https://www.gkv-spitzenverband.de/media/dokumente/krankenversicherung_1/zahnaerztliche_versorgung/zae_gruppenprophylaxe/ZAe_Rahmenempfehlung_21_SGBV_3652.pdf (zuletzt abgerufen am 24.4.2017).
1 BGBl. I, 2477, 2488.
2 BGBl. I, 2266, 2268.
3 BGBl. I, 1520.
4 BGBl. I, 2626, 2627.
5 BGBl. I, 2190, 2192.
6 Wagner in: Krauskopf, § 22 SGB V Rn. 3.

laxe beschränkt.[7] Auch die anlassbezogene Zahnarztbehandlung bleibt von den Maßnahmen nach § 22 unberührt.[8] Kinder bis zur Vollendung des 6. Lebensjahres haben einen Anspruch auf Früherkennungsuntersuchungen auf Zahn-, Mund- und Kieferkrankheiten gem. § 26 Abs. 1 S. 5, die sowohl von Zahnärzten als auch Ärzten durchgeführt werden können.

Die Individualprophylaxe ist Teil der **vertragszahnärztlichen Versorgung** und wird auch in deren Rahmen vergütet.[9]

III. Anspruch auf Individualprophylaxe (Abs. 1 bis 3)

Abs. 1 regelt das maßgebliche **Alter** der Versicherten für den Anspruch und die **Anzahl** der Maßnahmen. Abs. 2 bestimmt den **Umfang** der Individualprophylaxe. Die Maßnahme setzt dabei an den verschiedenen Aspekten der Zahn- und Mundgesundheit an. Die Versicherten sollen insbesondere über Krankheitsursachen aufgeklärt sowie zur Mundpflege motiviert werden. Außerdem sollen diagnostische Vergleiche zur Mundhygiene, zum Zustand des Zahnfleisches und zur Anfälligkeit gegenüber Karieserkrankungen hergestellt werden.

Abs. 3 begründet für die Versicherten zwischen der Vollendung des sechsten und der Vollendung des 18. Lebensjahres einen Anspruch auf eine **Fissurenversiegelung** der Molaren. Fissuren sind Einkerbungen (Grübchen) im Zahn, Molaren die Backenzähne. Die Fissurenversiegelung soll als wenig aufwändige und besonders effiziente Maßnahme der Kariesprophylaxe dienen.[10]

IV. Richtlinie (Abs. 5)

Abs. 5 beauftragt den G-BA damit, eine Richtlinie gemäß § 92 zur Individualprophylaxe zu erlassen. Diese soll Art, Umfang und Nachweis der Maßnahme regeln. Diesem Auftrag ist der G-BA nachgekommen; die **Richtlinien** über Maßnahmen zur Verhütung von Zahnerkrankungen (Individualprophylaxe) in der Fassung vom 4.6.2003 traten am 1.1.2004 in Kraft.[11]

Die Richtlinien sehen vor, dass der Versicherte ein **Bonusheft** erhält, in das die Erhebung des Mundhygienestatus pro Kalenderhalbjahr einzutragen ist. Das Bonusheft dient als Nachweis gem. § 55 Abs. 1 S. 3 und kann einen erhöhten Zuschuss zum Zahnersatz bewirken.

§ 22 a Verhütung von Zahnerkrankungen bei Pflegebedürftigen und Menschen mit Behinderungen

(1) ¹Versicherte, die einem Pflegegrad nach § 15 des Elften Buches zugeordnet sind oder Eingliederungshilfe nach § 53 des Zwölften Buches erhalten, haben Anspruch auf Leistungen zur Verhütung von Zahnerkrankungen. ²Die Leistungen umfassen insbesondere die Erhebung eines Mundgesundheitsstatus, die Aufklärung über die Bedeutung der Mundhygiene und über Maßnahmen zu deren Erhaltung, die Erstellung eines Planes zur individuellen Mund- und Prothesenpflege sowie die Entfernung harter Zahnbeläge. ³Pflegepersonen des Versicherten sollen in die Aufklärung und Planerstellung nach Satz 2 einbezogen werden.

(2) Das Nähere über Art und Umfang der Leistungen regelt der Gemeinsame Bundesausschuss in Richtlinien nach § 92.

Literatur:
Brandhorst/Focke/Kalwitzki/Müller/Schmelzer/Rothgang, Versorgungspotentiale in der Mundgesundheit bei Pflegebedürftigen erkennen und nutzen, G+S 2016, 53.

---

7 Wagner in: Krauskopf, § 22 SGB V Rn. 4; Reit in: BeckOK SozR, SGB V, § 22 Rn. 4; Wiercimok in: LPK-SGB V, § 22 Rn. 12.
8 Welti in: Becker/Kingreen, § 22 Rn. 4; Wiercimok in: LPK-SGB V, § 22 Rn. 16.
9 Lungstras in: Eichenhofer/Wenner, § 22 Rn. 4.
10 BT-Dr. 12/3608, 78.
11 BAnz. Nr. 226 (S. 24966) vom 3.12.2003.

I. Entstehungsgeschichte

1 Die Vorschrift wurde durch das **GKV-Versorgungsstärkungsgesetz** vom 16.7.2015[1] in das SGB V eingefügt. Bereits durch das Zweite Pflegestärkungsgesetz vom 21.12.2015[2] wurde Abs. 1 S. 1 mWv 1.1.2017 geändert; die Änderung ist bedingt durch den neuen Pflegebedürftigkeitsbegriff des SGB XI.[3]

II. Allgemeines

2 Grund für die Schaffung eines eigenes Anspruchs für Pflegebedürftige und Menschen mit Behinderungen war deren **besonderer Bedarf** an individualprophylaktischen Leistungen zur Verhütung von Zahnerkrankungen, der darauf beruht, dass diese Personengruppe häufig nicht in der Lage ist, selbstständig und in ausreichender Weise die tägliche Mundpflege durchzuführen.[4] Auch wenn die Vorschrift die Gruppen der Pflegebedürftigen und Menschen mit Behinderungen in den Fokus nimmt, handelt es sich bei den gewährten Leistungen nicht um eine Form der Gruppen- (vgl. § 21 SGB V), sondern um Individualprophylaxe. Der individuelle Leistungsanspruch ergänzt die Vergütungsanreize, die durch das GKV-Versorgungsstrukturgesetz vom 22.12.2011[5] und das Pflege-Neuausrichtungs-Gesetz vom 23.10.2012[6] in § 87 Abs. 2 i für das Aufsuchen dieser Personengruppen geschaffen wurden.[7]

III. Anspruchsberechtigte, Umfang (Abs. 1)

3 Anspruchsberechtigt sind Versicherte, die einem **Pflegegrad** nach § 15 SGB XI zugeordnet sind oder **Eingliederungshilfe** nach § 53 SGB XII erhalten. Der Anspruch auf Eingliederungshilfe reicht ausweislich des Wortlauts nicht aus.[8] Gleich behinderte Versicherte, die nur wegen ihrer Unterhalts-, Einkommens- oder Vermögenssituation keine Leistungen nach dem SGB XII erhalten, sind nach Art. 3 I GG den Versicherten, die Eingliederungshilfe erhalten, gleichzustellen, wenn sie Leistungen nach § 22a nicht von einem anderen Leistungsträger erhalten.[9] Die Aufzählung der Leistungen ist nicht abschließend („insbesondere"). Der G-BA kann also in die nach Abs. 2 zu erlassenden Richtlinien weitere Leistungen aufnehmen. Die Pflegepersonen (vgl. Abs. 1 S. 3) spielen eine umso wichtigere Rolle bei der Prophylaxe, je eingeschränkter die Versicherten in der Durchführung der Mundhygiene sind.

4 Der **Leistungsort** wird in der Vorschrift nicht näher bestimmt. Nach Sinn und Zweck des Anspruchs muss die Prophylaxe jedoch immer dann, wenn es die besondere Situation der Anspruchsinhaber erfordert, zu Hause oder in der Einrichtung durchgeführt werden. Eine solche Situation liegt in Heranziehung der Formulierung des § 87 Abs. 2 i S. 1 aE dann vor, wenn die Zahnarztpraxis aufgrund der Pflegebedürftigkeit oder Behinderung nicht oder nur mit hohem Aufwand aufgesucht werden kann.[10]

IV. Richtlinien des G-BA (Abs. 2)

5 Das Nähere über Art und Umfang der Leistungen muss der G-BA in Richtlinien nach § 92 regeln. Noch ist dies nicht geschehen (Stand Dez. 2016).

§ 23 Medizinische Vorsorgeleistungen

(1) Versicherte haben Anspruch auf ärztliche Behandlung und Versorgung mit Arznei-, Verband-, Heil- und Hilfsmitteln, wenn diese notwendig sind,
1. eine Schwächung der Gesundheit, die in absehbarer Zeit voraussichtlich zu einer Krankheit führen würde, zu beseitigen,
2. einer Gefährdung der gesundheitlichen Entwicklung eines Kindes entgegenzuwirken,

---

1 BGBl. I, 1211.
2 BGBl. I, 2424.
3 BT-Dr. 18/5926, 148.
4 BT-Dr. 18/4095, 72.
5 BGBl. I, 2983.
6 BGBl. I, 2246.
7 BT-Dr. 18/4095, 72.
8 So auch Schütze in: jurisPK-SGB V, § 22a Rn. 6; Wiercimok in: LPK-SGB V, § 22a Rn. 4.
9 Ausführlich Welti in: Becker/Kingreen, § 22a Rn. 4.
10 IE auch Lungstras in: Eichenhofer/Wenner, § 22a Rn. 3; Wiercimok in: LPK-SGB V, § 22a Rn. 1; Schütze in: jurisPK-SGB V, § 22a Rn. 8.

3. Krankheiten zu verhüten oder deren Verschlimmerung zu vermeiden oder
4. Pflegebedürftigkeit zu vermeiden.

(2) ¹Reichen bei Versicherten die Leistungen nach Absatz 1 nicht aus oder können sie wegen besonderer beruflicher oder familiärer Umstände nicht durchgeführt werden, kann die Krankenkasse aus medizinischen Gründen erforderliche ambulante Vorsorgeleistungen in anerkannten Kurorten erbringen. ²Die Satzung der Krankenkasse kann zu den übrigen Kosten, die Versicherten im Zusammenhang mit dieser Leistung entstehen, einen Zuschuß von bis zu 16 Euro täglich vorsehen. ³Bei ambulanten Vorsorgeleistungen für versicherte chronisch kranke Kleinkinder kann der Zuschuss nach Satz 2 auf bis zu 25 Euro erhöht werden.

(3) In den Fällen der Absätze 1 und 2 sind die §§ 31 bis 34 anzuwenden.

(4) ¹Reichen bei Versicherten die Leistungen nach Absatz 1 und 2 nicht aus, kann die Krankenkasse Behandlung mit Unterkunft und Verpflegung in einer Vorsorgeeinrichtung erbringen, mit der ein Vertrag nach § 111 besteht; für pflegende Angehörige kann die Krankenkasse unter denselben Voraussetzungen Behandlung mit Unterkunft und Verpflegung auch in einer Vorsorgeeinrichtung erbringen, mit der ein Vertrag nach § 111 a besteht. ²Die Krankenkasse führt statistische Erhebungen über Anträge auf Leistungen nach Satz 1 und Absatz 2 sowie deren Erledigung durch.

(5) ¹Die Krankenkasse bestimmt nach den medizinischen Erfordernissen des Einzelfalls unter entsprechender Anwendung des Wunsch- und Wahlrechts der Leistungsberechtigten nach § 9 des Neunten Buches Art, Dauer, Umfang, Beginn und Durchführung der Leistungen nach Absatz 4 sowie die Vorsorgeeinrichtung nach pflichtgemäßem Ermessen; die Krankenkasse berücksichtigt bei ihrer Entscheidung die besonderen Belange pflegender Angehöriger. ²Leistungen nach Absatz 4 sollen für längstens drei Wochen erbracht werden, es sei denn, eine Verlängerung der Leistung ist aus medizinischen Gründen dringend erforderlich. ³Satz 2 gilt nicht, soweit der Spitzenverband Bund der Krankenkassen nach Anhörung der für die Wahrnehmung der Interessen der ambulanten und stationären Vorsorgeeinrichtungen auf Bundesebene maßgeblichen Spitzenorganisationen in Leitlinien Indikationen festgelegt und diesen jeweils eine Regeldauer zugeordnet hat; von dieser Regeldauer kann nur abgewichen werden, wenn dies aus dringenden medizinischen Gründen im Einzelfall erforderlich ist. ⁴Leistungen nach Absatz 2 können nicht vor Ablauf von drei, Leistungen nach Absatz 4 können nicht vor Ablauf von vier Jahren nach Durchführung solcher oder ähnlicher Leistungen erbracht werden, deren Kosten auf Grund öffentlich-rechtlicher Vorschriften getragen oder bezuschusst worden sind, es sei denn, eine vorzeitige Leistung ist aus medizinischen Gründen dringend erforderlich.

(6) ¹Versicherte, die eine Leistung nach Absatz 4 in Anspruch nehmen und das achtzehnte Lebensjahr vollendet haben, zahlen je Kalendertag den sich nach § 61 Satz 2 ergebenden Betrag an die Einrichtung. ²Die Zahlung ist an die Krankenkasse weiterzuleiten.

(7) Medizinisch notwendige stationäre Vorsorgemaßnahmen für versicherte Kinder, die das 14. Lebensjahr noch nicht vollendet haben, sollen in der Regel für vier bis sechs Wochen erbracht werden.

Literatur:

Huster/Gottwald, Die Vergütung genetischer Diagnostik in der Gesetzlichen Krankenversicherung, 2013.

I. Entstehungsgeschichte	1	V. Stationäre Vorsorgeleistungen (Abs. 4)	9
II. Allgemeines	2	VI. Konkretisierung stationärer Vorsorgeleistungen (Abs. 5)	10
III. Vertragsärztliche Vorsorgebehandlung (Abs. 1)	7	VII. Zuzahlung (Abs. 6)	11
IV. Ambulante Vorsorgeleistungen in Kurorten (Abs. 2)	8	VIII. Dauer für versicherte Kinder (Abs. 7)	12
		IX. Anpassung durch das Bundesteilhabegesetz	13

I. Entstehungsgeschichte

Die Norm wurde zum 1.1.1989 durch das **Gesundheitsreformgesetz (GRG)**[1] eingeführt. Sie ist seitdem mehrere Male geändert worden;[2] diese Änderungen betrafen insbesondere die Höhe der Zuzahlungen und die Dauer und Intervalle der Vorsorgekuren. Die letzten Änderungen erfolgten durch das GKV-Versorgungsstärkungsgesetz (GKV-VSG) vom 16.7.2015[3] und das PrävG (→ § 20 Rn. 3).

1

---

1 BGBl. I 1988, 2477.
2 Ausführlich Schütze in: jurisPK-SGB V § 23 Rn. 1 ff.
3 BGBl. I, 1211.

II. Allgemeines

2 § 23 umfasst medizinische Vorsorgeleistungen zu den in Abs. 1 genannten Zwecken, die die Voraussetzung für alle nachfolgend genannten Versorgungsformen darstellen. Entsprechend dem Grundsatz „ambulant vor stationär" haben Versicherte primär einen Rechtsanspruch auf ambulante ärztliche Behandlung und Versorgung. Der Leistungsanspruch setzt – anders als nach § 27 – nicht voraus, dass bereits eine Krankheit eingetreten ist; es reicht aus, wenn sie einzutreten droht und es bei wertender Betrachtung nicht um die Aufnahme oder Fortsetzung der Behandlung einer schon bestehenden Krankheit geht.[4] Der Anspruch wird durch den Krankheitseintritt aber auch nicht ausgeschlossen (vgl. Abs. 1 Nr. 3: „Verschlimmerung zu vermeiden"); dies kann insbesondere im Fall der stationären Vorsorgeleistung (Abs. 4) zu Abgrenzungsschwierigkeiten führen.[5]

3 Abs. 1 Nr. 1 setzt voraus, dass eine **Schwächung der Gesundheit** beseitigt werden soll. Eine Schwächung der Gesundheit stellt das Vorstadium einer Krankheit dar, die dazu führt, dass der körperliche, geistige und psychische Zustand des Versicherten so labil ist, dass der Ausbruch der Krankheit bei gleichbleibender beruflicher, körperlicher oder sonstiger Belastung in der Zukunft nicht auszuschließen ist.[6] Entscheidend ist, dass der Allgemeinzustand des Versicherten so kritisch ist, dass ein krankhafter Zustand erwartet wird (Zukunftsprognose). Dies ist insbesondere bei allen über einen gewissen Zeitraum sich erstreckenden Veränderungen körperlicher und geistiger Art der Fall. Nicht erfasst werden daher plötzlich eintretende und von äußeren Umständen geprägte Krankheiten wie Frakturen.[7] Nicht in den Leistungsbereich fallen überdies Krafttraining,[8] Fußpflege[9] oder Programme zur Gewichtsreduzierung.[10]

4 Ein Anspruch nach Abs. 1 Nr. 2 besteht, wenn die Vorsorgeleistungen notwendig sind, um eine **Gefährdung der gesundheitlichen Entwicklung eines Kindes** zu verhindern. Eine Gefährdung setzt voraus, dass eine Fehlentwicklung erwartet wird oder sich bereits ankündigt. Der Anspruch umfasst Versicherte bis zur Vollendung des 18. Lebensjahres.[11] In Einzelfällen bestehen Abgrenzungsschwierigkeiten zur Kinder- und Jugendhilfe sowie zur Eingliederungshilfe.[12]

5 Abs. 1 Nr. 3 erfordert, dass die Vorsorgeleistungen erforderlich sind, um Krankheiten zu verhüten oder deren Verschlimmerung zu vermeiden. Leistungen zur **Krankheitsverhütung** sind notwendig, wenn die gesundheitliche Situation des Versicherten ohne die Leistung in eine Krankheit überzugehen droht, ohne dass schon die Schwelle zur „Schwächung der Gesundheit" erreicht sein muss.[13] Hierunter fallen solche Fälle, in denen aufgrund konkreter Anhaltspunkte der ernstliche Verdacht einer künftig ausbrechenden und durch Maßnahmen der Krankheitsvorbeugung, zum Beispiel Früherkennung, einzudämmenden oder aufzuhaltenden Krankheit besteht.[14] Insbesondere die Verschlimmerung einer Krankheit kann nicht klar von § 27 abgegrenzt werden. Ob auch Maßnahmen erfasst werden, die auf Risiken reagieren, die durch die zunehmenden Möglichkeiten der prädiktiven genetischen Untersuchungen erkannt werden, ist zweifelhaft.[15]

6 Zudem besteht ein Anspruch nach Abs. 1 Nr. 4, wenn **Pflegebedürftigkeit** vermieden werden soll. Dies ist der Fall, wenn die Gefahr besteht, dass der Versicherte gesundheitlich bedingte Beeinträchtigungen der Selbstständigkeit oder der Fähigkeiten aufweisen und deshalb der Hilfe durch andere bedürfen wird; insoweit ist § 14 SGB XI heranzuziehen.

III. Vertragsärztliche Vorsorgebehandlung (Abs. 1)

7 Abs. 1 enthält einen **Rechtsanspruch** für Versicherte auf vertragsärztliche Vorsorgemaßnahmen, wenn alternativ eine der Voraussetzungen der Nr. 1–4 vorliegt und die Vorsorgeleistungen im Sinne des § 12

---

4 BGS, 22.4.2009, B 3 KR 11/07 R, NZS 2010, 325.
5 Vgl. dazu Wenner in: Eichenhofer/Wenner, 1. Aufl., § 23 Rn. 3 f.
6 BT-Dr. 11/2237, 168; BGS, 22.4.2009, B 3 KR 11/07 R, NZS 2010, 325.
7 BSG, 22.4.2009, B 3 KR 11/07 R, NZS 2010, 325.
8 LSG NRW, 14.12.1989, L 16 Kr 7/89.
9 BSG, 16.11.1999, B1 Kr 9/97 R, NZS 2000, 551.
10 LSG NRW, 12.7.1999, L 5 Kr 116/98.
11 BT-Dr. 11/2237, 168.
12 Vgl. Lungstras in: Eichenhofer/Wenner, § 23 Rn. 4.
13 Nr. 1 ist durch Nr. 3 funktionslos geworden (Schütze in: jurisPK-SGB V, § 23 Rn. 38).
14 BSG, 22.4.2009, B 3 KR 11/07 R, NZS 2010, 325.
15 Vgl. dazu Huster/Gottwald, Die Vergütung genetischer Diagnostik in der Gesetzlichen Krankenversicherung, 2013.

notwendig sind. Für die Leistungserbringung gelten die allgemeinen Regeln (vgl. auch den Verweis in Abs. 3).

IV. Ambulante Vorsorgeleistungen in Kurorten (Abs. 2)

Abs. 2 ermöglicht die Erbringung von **ambulanten Vorsorgeleistungen in Kurorten**. Das Ermessen der Krankenkasse bezieht sich dabei nur auf die nähere Ausgestaltung der Leistung.[16] Eine derartige Vorsorgeleistung kommt in Betracht, wenn ein Tatbestand des Abs. 1 Nr. 1–4 erfüllt ist, Leistungen nach Abs. 1 nicht ausreichen, um das Versorgungsziel zu erreichen, oder besondere berufliche oder familiäre Umstände (wie Schichtarbeit oder die Pflege von Angehörigen)[17] vorliegen, die die Durchführung der Leistungen nach Abs. 1 ausschließen, und die ambulante Vorsorgemaßnahme aus medizinischen Gründen erforderlich ist. Die Erforderlichkeit ist dabei auch dann erfüllt, wenn die Maßnahmen in einer ambulanten Kurmaßnahme am effektivsten zu erbringen sind. Erfasst sind von der Vorschrift nur anerkannte Kurorte, die sich nach den landesrechtlichen Vorschriften bestimmen. Der Leistungsumfang ist auf die in Abs. 1 genannten Inhalte beschränkt. Abs. 2 umfasst nur die sog offene Kur, nach der der Versicherte ambulant die Heilmittel des Kurortes in Anspruch nimmt, für seine Unterkunft und die Verpflegung aber selbst aufkommt und diese selbst aussucht. Diesbezüglich kann gem. Abs. 2 S. 2 die Satzung der Kasse einen Zuschuss vorsehen. Erneute ambulante Vorsorgemaßnahmen in Kurorten können gem. Abs. 5 S. 4 nicht vor Ablauf von drei Jahren nach der Durchführung ähnlicher Maßnahmen erbracht werden. Etwas anderes gilt nur, wenn die erneute Behandlung dringend erforderlich ist.

8

V. Stationäre Vorsorgeleistungen (Abs. 4)

Abs. 4 gewährt im Zusammenhang mit Abs. 5–7 stationäre Vorsorgeleistungen. Auch hier bezieht sich das Ermessen der Krankenkasse lediglich auf Zeitpunkt, Dauer und Art der Maßnahme. Entsprechend dem Grundsatz „ambulant vor stationär" können diese Maßnahmen von der Krankenkasse nur gewährt werden, wenn die **ambulanten Vorsorgemaßnahmen nicht ausreichen**, um die Vorsorgeziele zu erreichen. Die Leistung erfolgt grundsätzlich als Sachleistung und umfasst neben den Behandlungskosten die Kosten für Unterkunft und Verpflegung sowie die Kosten der An- und Abreise (§ 60).[18] Zu den Vorsorgeeinrichtungen vgl. §§ 107 Abs. 2, 111.

9

VI. Konkretisierung stationärer Vorsorgeleistungen (Abs. 5)

Der Inhalt der stationären Vorsorgeleistung, dh Art, Dauer, Umfang, Beginn und Durchführung, wird gem. Abs. 5 S. 1 von der Krankenkasse nach ihrem Ermessen unter Berücksichtigung der medizinischen Erfordernisse bestimmt. Seit 2015 ist dabei in entsprechender Anwendung von § 9 SGB IX auch ein **Wunsch- und Wahlrecht** des Versicherten zu berücksichtigen. Berechtigten Wünschen müssen die Krankenkassen bei ihrer Entscheidung entsprechen (vgl. § 9 Abs. 1 S. 1 SGB IX).[19] Die Dauer der Leistungen ist auf drei Wochen begrenzt, Abs. 5 S. 2. Eine Verlängerung kommt grundsätzlich nur in gesetzlich vorgesehenen Fällen in Betracht, wie zum Beispiel bei Mutter-Kind-Maßnahmen nach § 24. Zudem kann gem. Abs. 5 S. 3 die dreiwöchige Regeldauer durch den GKV-Spitzenverband durchbrochen werden, indem Indikationen bestimmt werden, denen jeweils eine andere, längere Regeldauer zugeordnet wird. Eine erneute stationäre Behandlung kann gem. Abs. 5 S. 4 aus Gründen der Kostensenkung nicht vor Ablauf von vier Jahren nach der Durchführung einer ähnlichen Maßnahme erbracht werden. Im Ausnahmefall kann die zeitliche Grenze verkürzt werden, wenn dies medizinisch erforderlich ist.

10

VII. Zuzahlung (Abs. 6)

Die Finanzierung der gewährten stationären Behandlung obliegt grundsätzlich der Krankenkasse. Versicherte, die das 18. Lebensjahr vollendet haben und eine stationäre Vorsorgeleistung in Anspruch nehmen, haben jedoch eine Zuzahlung in Höhe von **10 Euro pro Tag** gem. § 61 S. 2 zu leisten.

11

---

16 Welti in: Becker/Kingreen, § 23 Rn. 13.
17 BT-Dr. 18/4282, 39.
18 Wiercimok in: LPK-SGB V, § 23 Rn. 40.
19 BT-Dr. 18/5123, 115.

VIII. Dauer für versicherte Kinder (Abs. 7)

12 Abs. 7 enthält hinsichtlich der Leistungsdauer bei stationären Vorsorgeleistungen für Kinder bis 14 Jahren eine Sonderregelung, nach der die Regeldauer in solchen Fällen **vier bis sechs Wochen** beträgt.

IX. Anpassung durch das Bundesteilhabegesetz

13 Durch das Bundesteilhabegesetz vom 23.12.2016 (BGBl. I, 3234) wird in Abs. 5 S. 1 mWv 1.1.2018 die Angabe „9" durch die Angabe „8" ersetzt.

§ 24 Medizinische Vorsorge für Mütter und Väter

(1) ¹Versicherte haben unter den in § 23 Abs. 1 genannten Voraussetzungen Anspruch auf aus medizinischen Gründen erforderliche Vorsorgeleistungen in einer Einrichtung des Müttergenesungswerks oder einer gleichartigen Einrichtung; die Leistung kann in Form einer Mutter-Kind-Maßnahme erbracht werden. ²Satz 1 gilt auch für Vater-Kind-Maßnahmen in dafür geeigneten Einrichtungen. ³Vorsorgeleistungen nach den Sätzen 1 und 2 werden in Einrichtungen erbracht, mit denen ein Versorgungsvertrag nach § 111a besteht. ⁴§ 23 Abs. 4 Satz 1 gilt nicht; § 23 Abs. 4 Satz 2 gilt entsprechend.
(2) § 23 Abs. 5 gilt entsprechend.
(3) ¹Versicherte, die das achtzehnte Lebensjahr vollendet haben und eine Leistung nach Absatz 1 in Anspruch nehmen, zahlen je Kalendertag den sich nach § 61 Satz 2 ergebenden Betrag an die Einrichtung. ²Die Zahlung ist an die Krankenkasse weiterzuleiten.

I. Entstehungsgeschichte

1 § 24 trat als Nachfolgeregelung für § 187 Abs. 1 S. 1 Nr. 3 RVO mit Wirkung zum 1.1.1989 durch das Gesundheitsreformgesetz (GRG) vom 20.12.1988[1] in Kraft und war speziell auf Mütterkuren ausgerichtet. Durch das Gesundheitsstrukturgesetz (GSG) vom 21.12.1992[2] wurde Abs. 2 neu gefasst; Abs. 3 wurde zum 1.1.1993 eingefügt, um Vorsorgekuren von der Ausgabenbegrenzung des § 23 Abs. 5 S. 3 und S. 4 auszunehmen und klarzustellen, dass nur bei voller Kostenübernahme Zuzahlungspflichten bestehen.[3] Abs. 3 wurde durch das Beitragsentlastungsgesetz (BeitrEntlG) vom 1.11.1996[4] neu gefasst. Durch das GKV-Gesundheitsreformgesetz vom 22.12.1999[5] wurde die Vorschrift an § 23 angeglichen. Mit dem 11. SGB V-Änderungsgesetz vom 26.7.2002[6] wurden auch Väter in den Anwendungsbereich der Norm einbezogen. Eine weitere Änderung von Abs. 3 erfolgte durch das GKV-Modernisierungsgesetz[7] zum 1.1.2004. Durch das GKV-Wettbewerbsstärkungsgesetz vom 26.3.2007 (GKV-WSG)[8] wurden aus den ursprünglichen Ermessensleistungen Pflichtleistungen.

II. Allgemeines

2 Die Norm knüpft an § 23 an und verweist auf dessen Leistungsvoraussetzungen. Ziel ist die Weiterführung und Sicherung von Gesundheitsmaßnahmen des Müttergenesungswerkes.[9] Die Maßnahmen „dienen der Minderung solcher Belastungen, die in wesentlicher Hinsicht aus der Stellung der Versicherten als Mutter" (bzw. der Stellung des Versicherten als Vater) „eines oder mehrerer Kinder verursacht wurden oder aufrechterhalten werden",[10] also der Minderung mütter- bzw. väterspezifischer Belastungssituationen.[11] Zudem trägt das Gesetz dazu bei, die unterschiedlichen leistungsrechtlichen Beurteilungen von Mütterkuren zu vereinheitlichen.[12]

---

1 BGBl. I, 2477.
2 BGBl. I, 2266.
3 BT-Dr. 12/3608, 78.
4 BGBl. I, 1631.
5 BGBl. I, 2626.
6 BGBl. I, 2874.
7 BGBl. I, 2190.
8 BGBl. I, 378.
9 BT-Dr. 11/2237, 169, 180.
10 SG Karlsruhe, Urt. vom 28.10.2010, S 3 KR 2544/09, Rn. 16; LSG Bln-Bbg, Beschl. vom 24.9.2013, L 9 KR 312/12 B ER, Rn. 2; saarl. LSG, Urt. vom 21.10.2015, L 2 KR 27/15, Rn. 23.
11 Saarl. LSG, Urt. v. 21.10.2015, L 2 KR 27/15, Rn. 23, bezogen auf die Mutter.
12 Wagner in: Krauskopf, § 24 SGB V Rn. 2.

§ 24 ist insbesondere von § 41 abzugrenzen. Im Unterschied zu § 41, der die Leistungen der Rehabilitation im Rahmen der Krankenbehandlung umfasst, geht es bei § 24 um die Vorsorge, das heißt um die **Verhütung von Krankheiten** mit einer präventiven Zweckrichtung. Im Verhältnis zu § 23, der zwischen ambulanten und stationären Vorsorgeleistungen unterscheidet, stellen die Leistungen nach § 24 eine **Mischform beider Vorsorgeleistungen** dar.[13]

III. Leistungsvoraussetzungen (Abs. 1)

Abs. 1 enthält für den Rechtsanspruch auf Vorsorgemaßnahmen keine eigenständigen medizinischen Voraussetzungen, sondern knüpft an § 23 an. Der Leistungsinhalt erstreckt sich auf alle Vorsorgemaßnahmen, die aus medizinischen Gründen mit Blick auf ein Elternteil erforderlich sind. Die Leistungen werden als Sachleistungen erbracht.

1. Anspruchsberechtigter Personenkreis. Anspruchsberechtigt sind **Mütter und Väter**. Der Begriff ist umfassend zu verstehen und umfasst sowohl Eltern im biologischen als auch im funktionalen Sinne, wenn sie als Adoptiv- oder Stiefeltern mit der Betreuung von Kindern betraut sind.[14] Entscheidend ist, dass eine tatsächliche Betreuung und Erziehung durch die Versicherten erfolgt, da andernfalls die zu verhindernde Schwächung der Gesundheit, Krankheit oder Pflegebedürftigkeit nicht unmittelbar auf der Beziehung zum Kind beruhen muss. Die Einbeziehung pflegender Angehöriger, die Mütter oder Väter weder im biologischen noch im funktionalen Sinne sind, ist ausgeschlossen.

2. Leistungsinhalt. Bei den Vorsorgeleistungen für Mütter und Väter handelt es sich um sog **Komplexleistungen**. In erster Linie wird die Leistung als „Mütterkur" erbracht,[15] die insbesondere vom Müttergenesungswerk angeboten wird. Dabei steht der ganzheitliche Therapieansatz im Vordergrund. Darüber hinaus sind auch sog Schwerpunktkuren möglich, die sich zum Beispiel auf Gewichtsprobleme oder blinde oder psychisch erkrankte Mütter beziehen können.[16] Zudem steht es gem. Abs. 1 S. 1 2. Hs. im Ermessen der Krankenkasse, auch „Mutter-Kind-Maßnahmen" zu ermöglichen, an der die Mutter mit ihrem minderjährigen und/oder behinderten Kind teilnehmen kann, was insbesondere in Betracht kommt, wenn die Betreuung des Kindes sonst nicht gewährleistet wäre.[17]
Die gleichen Maßnahmen stehen unter den genannten Voraussetzungen auch den **Vätern** zu.[18] Ein Teil des Schrifttums erkennt jedoch aufgrund des engen Wortlauts der Norm nur einen Anspruch auf „Vater-Kind-Maßnahmen" an;[19] diese Auslegung ist jedoch mit Art. 3 III 1 GG nicht vereinbar.[20]
Zusatzleistungen wie Taschengeld, Gepäckaufgabe oder Sitzplatzreservierungen sind vom Anspruch nicht umfasst, da sie gesetzlich nicht vorgesehen sind.[21] Die Durchführung der Maßnahme obliegt dem **Müttergenesungswerk** oder einer Einrichtung, mit der ein Versorgungsvertrag gem. § 111a geschlossen wurde. Das Müttergenesungswerk versteht sich als Dachverband von Wohlfahrtsverbänden bzw. von Arbeitsgemeinschaften dieser Verbände, deren Ziel die Gesundheit und die Gesunderhaltung von Müttern und Vätern ist.[22]

IV. Leistungsdauer (Abs. 2)

Im Hinblick auf die Leistungsdauer verweist Abs. 2 auf § 23 Abs. 5. Die Leistung erfolgt danach längstens für **drei Wochen** und kann ggf. verlängert werden, wenn dies medizinisch dringend erforderlich ist. Die nähere Ausgestaltung obliegt gem. Abs. 2 der Krankenkasse.

---

13 Nolte in: KassKomm, § 24 SGB V Rn. 3; aA Gerlach in: Hauck/Noftz, SGB V, § 24 Rn. 2, 13.
14 Vgl. Lungstras in: Eichenhofer/Wenner, § 24 Rn. 3; Gerlach in: Hauck/Noftz, SGB V, § 24 Rn. 18; Joussen in: Knickrehm/Kreikebohm/ Waltermann, § 24 SGB V Rn. 2. Etwas weiter Welti in: Becker/Kingreen, § 24 Rn. 5 ff.
15 Hierzu Wiercimok in: LPK-SGB V, § 24 Rn. 9.
16 Wiercimok in: LPK-SGB V, § 24 Rn. 11.
17 Wiercimok in: LPK-SGB V, § 24 Rn. 4. Vgl. auch Gerlach in: Hauck/Noftz, SGB V, § 24 Rn. 25. Zur Kostentragung Lungstras in: Eichenhofer/Wenner, § 24 Rn. 4; Wiercimok in: LPK-SGB V, § 24 Rn. 15.
18 Joussen in: Knickrehm/Kreikebohm/Waltermann, § 24 SGB V Rn. 2; Nolte in: KassKomm, § 24 SGB V Rn. 4a; Schütze in: jurisPK-SGB V, § 24 Rn. 8.
19 Gerlach in: Hauck/Noftz, SGB V, § 24 Rn. 11; Reit in: BeckOK SozR, SGB V, § 24 Rn. 8.
20 So auch Nolte in: KassKomm, § 24 SGB V Rn. 4a.
21 LSG NRW, 18.8.2008, L 16 B 51/08 KR ER.
22 Vgl. Satzung der Elly-Heuss-Knapp-Stiftung Deutsches Müttergenesungswerk, abrufbar unter http://www.muettergenesungswerk.de/ (zuletzt abgerufen am 1.4.2017).

V. Zuzahlungen (Abs. 3)

10 Nach Abs. 3 haben Versicherte, die das 18. Lebensjahr vollendet haben, eine Zuzahlung für Leistungen nach Abs. 1 zu leisten. Diese beträgt gem. § 61 Abs. 2 10 EUR je Kalendertag.

§ 24 a Empfängnisverhütung

(1) ¹Versicherte haben Anspruch auf ärztliche Beratung über Fragen der Empfängnisregelung. ²Zur ärztlichen Beratung gehören auch die erforderliche Untersuchung und die Verordnung von empfängnisregelnden Mitteln.

(2) ¹Versicherte bis zum vollendeten 20. Lebensjahr haben Anspruch auf Versorgung mit verschreibungspflichtigen empfängnisverhütenden Mitteln; § 31 Abs. 2 bis 4 gilt entsprechend. ²Satz 1 gilt entsprechend für nicht verschreibungspflichtige Notfallkontrazeptiva, soweit sie ärztlich verordnet werden; § 129 Absatz 5 a gilt entsprechend.

I. Entstehungsgeschichte

1 §§ 24 a wurde durch das **Schwangeren- und Familienhilfegesetz** (SFHG) vom 27.7.1992[1] in das SGB V eingefügt und löste dadurch die Vorgängernorm des § 200 e RVO ab, die als flankierende Maßnahme zur Neuregelung des Schwangerschaftsabbruchs durch das Strafrechtsreform-Ergänzungsgesetz (StREG) vom 28.8.1975[2] in die RVO eingefügt worden war. Geändert wurde die Vorschrift durch das Gesundheitsstrukturgesetz (GSG) vom 21.12.1992[3] und durch das Fünfte SGB IV-Änderungsgesetz vom 15.4.2015.[4]

II. Allgemeines

2 Die Norm regelt den **Anspruch auf ärztliche Beratung** über Fragen der Empfängnisverhütung (Abs. 1) und auf die Versorgung mit empfängnisverhütenden Mitteln (Abs. 2). Da es in der Sache um die Verhinderung ungewollter Schwangerschaften geht, eine Schwangerschaft aber keine Krankheit darstellt, kann man darüber streiten, ob die systematische Einordnung der Norm unter die „Leistungen zur Verhütung von Krankheiten" geglückt ist.[5]

III. Anspruch auf ärztliche Beratung (Abs. 1)

3 Die ärztliche Beratung über Fragen der Empfängnisregelung können Männer und Frauen in Anspruch nehmen. Einzelheiten über die Beratung enthält das Gesetz nicht; sie ergeben sich aus der **Richtlinie des G-BA** zur Empfängnisregelung und zum Schwangerschaftsabbruch.[6]

4 Gem. Abs. 1 S. 2 sind von der Beratung auch die erforderlichen **Untersuchungen** erfasst. Dazu zählen insbesondere gynäkologische Untersuchungen sowie daran anknüpfende Kontrolluntersuchungen und solche auf Krankheiten, bei denen eine Verordnung kontraindiziert wäre. Neben der Untersuchung gehört auch die **Verordnung empfängnisverhütender Mittel** zur Beratung. Soweit Abs. 2 nicht greift, haben die Versicherten die Kosten der empfängnisverhütenden Mittel selbst zu tragen.[7]

IV. Versorgung mit empfangsverhütenden Mitteln (Abs. 2)

5 Anspruchsberechtigt sind nur Versicherte bis zum vollendeten 20. Lebensjahr. Der Leistungsanspruch umfasst verschreibungspflichtige empfängnisverhütende Mittel zur Familienplanung, soweit sie nicht medizinisch indiziert sind (dann greift § 27). Werden nicht verschreibungspflichtige **Notfallkontrazeptiva** (sogenannte „Pille danach") ärztlich verordnet, müssen die Krankenkassen auch hierfür die Kos-

---

1 BGBl. I, 1398.
2 BGBl. I, 2289.
3 BGBl. I, 2266.
4 BGBl. I, 583.
5 Schütze in: jurisPK-SGB V, § 24 a Rn. 7 f.; Wagner in: Krauskopf, § 24 a SGB V Rn. 3; Nolte in: KassKomm, § 24 a SGB V Rn. 3; Joussen in: Knickrehm/Kreikebohm/Waltermann, § 24 a SGB V Rn. 1.
6 Aktuelle Fassung unter https://www.g-ba.de/downloads/62-492-1203/ESA-RL_2016-04-21.pdf (zuletzt abgerufen am 1.4.2017).
7 Zu den Konsequenzen dieser Regelung für die Kostentragung nach dem SGB II und XII vgl. Welti in: Becker/Kingreen, § 24 a Rn. 9; Lungstras in: Eichenhofer/Wenner, § 24 a Rn. 7.

ten übernehmen.[8] Nicht verschreibungspflichtige Mittel, die keine Notfallkontrazeptiva sind – insbesondere Kondome[9] –, werden nicht erfasst. Solange es keine verschreibungspflichtigen empfängnisverhütenden Mittel für Männer gibt, können faktisch nur Frauen Anspruchsberechtigte sein.[10]

Entsprechend der Verweisung in Abs. 2 S. 1 aE auf § 31 Abs. 3 haben Versicherte nach Vollendung des 18. Lebensjahres eine Zuzahlung zu leisten, deren Höhe sich nach § 61 S. 1 bemisst.

§ 24 b Schwangerschaftsabbruch und Sterilisation

(1) ¹Versicherte haben Anspruch auf Leistungen bei einer durch Krankheit erforderlichen Sterilisation und bei einem nicht rechtswidrigen Abbruch der Schwangerschaft durch einen Arzt. ²Der Anspruch auf Leistungen bei einem nicht rechtswidrigen Schwangerschaftsabbruch besteht nur, wenn dieser in einer Einrichtung im Sinne des § 13 Abs. 1 des Schwangerschaftskonfliktgesetzes vorgenommen wird.

(2) ¹Es werden ärztliche Beratung über die Erhaltung und den Abbruch der Schwangerschaft, ärztliche Untersuchung und Begutachtung zur Feststellung der Voraussetzungen für eine durch Krankheit erforderliche Sterilisation oder für einen nicht rechtswidrigen Schwangerschaftsabbruch, ärztliche Behandlung, Versorgung mit Arznei-, Verbands- und Heilmitteln sowie Krankenhauspflege gewährt. ²Anspruch auf Krankengeld besteht, wenn Versicherte wegen einer durch Krankheit erforderlichen Sterilisation oder wegen eines nicht rechtswidrigen Abbruchs der Schwangerschaft durch einen Arzt arbeitsunfähig werden, es sei denn, es besteht ein Anspruch nach § 44 Abs. 1.

(3) Im Fall eines unter den Voraussetzungen des § 218 a Abs. 1 des Strafgesetzbuches vorgenommenen Abbruchs der Schwangerschaft haben Versicherte Anspruch auf die ärztliche Beratung über die Erhaltung und den Abbruch der Schwangerschaft, die ärztliche Behandlung mit Ausnahme der Vornahme des Abbruchs und der Nachbehandlung bei komplikationslosem Verlauf, die Versorgung mit Arznei-, Verband- und Heilmitteln sowie auf Krankenhausbehandlung, falls und soweit die Maßnahmen dazu dienen,

1. die Gesundheit des Ungeborenen zu schützen, falls es nicht zum Abbruch kommt,
2. die Gesundheit der Kinder aus weiteren Schwangerschaften zu schützen oder
3. die Gesundheit der Mutter zu schützen, insbesondere zu erwartenden Komplikationen aus dem Abbruch der Schwangerschaft vorzubeugen oder eingetretene Komplikationen zu beseitigen.

(4) ¹Die nach Absatz 3 vom Anspruch auf Leistungen ausgenommene ärztliche Vornahme des Abbruchs umfaßt
1. die Anästhesie,
2. den operativen Eingriff oder die Gabe einer den Schwangerschaftsabbruch herbeiführenden Medikation,
3. die vaginale Behandlung einschließlich der Einbringung von Arzneimitteln in die Gebärmutter,
4. die Injektion von Medikamenten,
5. die Gabe eines wehenauslösenden Medikamentes,
6. die Assistenz durch einen anderen Arzt,
7. die körperlichen Untersuchungen im Rahmen der unmittelbaren Operationsvorbereitung und der Überwachung im direkten Anschluß an die Operation.

²Mit diesen ärztlichen Leistungen im Zusammenhang stehende Sachkosten, insbesondere für Narkosemittel, Verbandmittel, Abdecktücher, Desinfektionsmittel fallen ebenfalls nicht in die Leistungspflicht der Krankenkassen. ³Bei vollstationärer Vornahme des Abbruchs übernimmt die Krankenkasse nicht die mittleren Kosten der Leistungen nach den Sätzen 1 und 2 für den Tag, an dem der Abbruch vorgenommen wird. ⁴Das DRG-Institut ermittelt die Kosten nach Satz 3 gesondert und veröffentlicht das Ergebnis jährlich in Zusammenhang mit dem Entgeltsystem nach § 17 b des Krankenhausfinanzierungsgesetzes.

---

8 Zum Hintergrund BT-Dr. 18/4114, 30 f.
9 BT-Dr. 12/3608, 78.
10 Kritisch Schütze in: juris-PK SGB V, § 24 a Rn. 31. Auch der Gesetzgeber spricht nur von Frauen: BT-Dr. 18/4114, 30 f.

Literatur:
Brocke, Sozialrechtliche Aspekte des Schwangerschaftsabbruchs, SGb 1994, 157; *Hermes/Walther,* Schwangerschaftsabbruch zwischen Recht und Unrecht – Das zweite Abtreibungsurteil des BVerfG und seine Folgen, NJW 1993, 2337; *Hoffmann-Klein,* Zur Verfassungsmäßigkeit der Abtreibungsfinanzierung, ZfL 2010, 82; *Schnelle,* Neuregelungen im Recht des Schwangerschaftsabbruchs, BKK 1996, 78.

I. Entstehungsgeschichte

1 Die Vorschrift wurde durch das **Schwangeren- und Familienhilfegesetz** (SFHG) vom 27.7.1992[1] in das SGB V eingefügt, wodurch die Vorgängernorm des § 200f RVO aufgehoben wurde. Aufgrund des BVerfG-Urteils vom 28.5.1993[2] wurden durch das Schwangerschafts- und Familienhilfeänderungsgesetz (SFHÄndG) vom 21.8.1995[3] die Abs. 3 und 4 hinzugefügt und Abs. 1 S. 2 geändert. Mit Wirkung zum 1.1.2000 wurde durch das GKV-Gesundheitsreformgesetz 2000[4] Abs. 4 S. 1 Nr. 2 um die Möglichkeit des medikamentösen Schwangerschaftsabbruchs ergänzt. Zuletzt wurde die Vorschrift durch das Gesetz zur Modernisierung der gesetzlichen Krankenversicherung (GMG) vom 14.11.2003[5] geändert.

II. Allgemeines

2 Die Norm regelt neben der Sterilisation insbesondere den Schwangerschaftsabbruch als Leistung der GKV. Sie nimmt insoweit eine **Unterscheidung von nicht rechtswidrigen und nur straflosen Schwangerschaftsabbrüchen** vor, da letztere aufgrund der Entscheidung des BVerfG zur Beratungslösung[6] nicht von der GKV finanziert werden dürfen. In ihrer jetzigen Fassung begegnet die Norm keinen verfassungsrechtlichen Bedenken.[7]

III. Leistungsvoraussetzungen der Sterilisation und des nicht rechtswidrigen Schwangerschaftsabbruchs (Abs. 1 und 2)

3 Abs. 1 umfasst zunächst den Anspruch auf Leistungen bei einer **Sterilisation**. Unter einer Sterilisation wird die Herbeiführung der Unfruchtbarkeit mittels chirurgischen Eingriffs verstanden. Bei Frauen werden dabei die Eileiter, bei Männern die Samenstränge durchgetrennt oder undurchlässig gemacht. Ein Leistungsanspruch besteht nur in den Fällen, in denen die Sterilisation zur **Behandlung einer Krankheit** notwendig ist, die Sterilisation also wegen („durch") einer Krankheit erforderlich ist.[8] Dies ist nicht der Fall, wenn die Sterilisation lediglich der Familienplanung dient oder andere Verhütungsmittel einsetzbar sind.

4 Abs. 1 vermittelt weiterhin einen Anspruch bei einem **nicht rechtswidrigen Schwangerschaftsabbruch** durch einen Arzt in einer Einrichtung nach § 13 Schwangerschaftskonfliktgesetz (SchKG)[9] (zu den Verträgen dieser Einrichtungen mit den KÄVen vgl. § 75 Abs. 9 SGB V). Unter einem Schwangerschaftsabbruch ist die absichtlich herbeigeführte vorzeitige Beendigung einer intakten Schwangerschaft zu verstehen. Die Rechtmäßigkeit des Abbruchs bestimmt sich nach § 218a Abs. 2, 3 StGB.

5 Umfasst ist nach Abs. 2 S. 1 neben der ärztlichen Beratung über den Erhalt oder Abbruch der Schwangerschaft auch die Untersuchung und Begutachtung zur Feststellung der Voraussetzungen eines nicht rechtswidrigen Schwangerschaftsabbruchs bzw. durch Krankheit erforderlichen Sterilisation. Darüber hinaus umfasst der Anspruch die ärztliche Behandlung, die Versorgung mit Arznei-, Verband- und Hilfsmitteln sowie die Krankenhauspflege. Ein Anspruch auf Krankengeld besteht unter den Voraussetzungen des Abs. 2 S. 2 bzw. des § 44.

---

[1] BGBl. I, 1398.
[2] BVerfGE 88, 203.
[3] BGBl. I, 1050.
[4] BGBl. I, 2626.
[5] BGBl. I, 2190.
[6] BVerfGE 88, 203.
[7] Gerlach in: Hauck/Noftz, SGB V, § 24b Rn. 6 ff.; Reit in: BeckOK SozR, SGB V, § 24b Rn. 4 ff.
[8] BSG, 21.6.2005, B 8 KN 1/04 KR, NZS 2006, 202.
[9] BGBl. I, 1050.

IV. Teilleistungen bei rechtswidrigem, aber straffreiem Schwangerschaftsabbruch (Abs. 3 und 4)

Nach § 218a Abs. 1 StGB ist ein Schwangerschaftsabbruch auch ohne Vorliegen einer Indikation straffrei, wenn sich die Schwangere mindestens drei Tage vor dem Abbruch **beraten** lässt und seit Empfängnis **nicht mehr als 12 Wochen** vergangen sind (rechtswidrige straffreie Abtreibung). Der Leistungsumfang wird im Gegensatz zum rechtmäßigen Schwangerschaftsabbruch eingeschränkt, so dass lediglich Leistungen im Vorfeld des Abbruchs, komplikationsbedingte Nachbehandlungen sowie Leistungen zugunsten der Gesundheit des ungeborenen Kindes möglich sind. Diese beschränken sich auf die ärztliche Beratung und Behandlung inklusive der Versorgung mit Arznei-, Verband- und Hilfsmitteln. In Abs. 4 werden solche Leistungen aufgezählt und konkretisiert, die den Schwangerschaftsabbruch selbst und die komplikationslose Nachbehandlung betreffen, die von der Krankenkasse nicht übernommen werden (dürfen).[10]

§ 24c Leistungen bei Schwangerschaft und Mutterschaft

Die Leistungen bei Schwangerschaft und Mutterschaft umfassen
1. ärztliche Betreuung und Hebammenhilfe,
2. Versorgung mit Arznei-, Verband-, Heil- und Hilfsmitteln,
3. Entbindung,
4. häusliche Pflege,
5. Haushaltshilfe,
6. Mutterschaftsgeld.

Literatur:

Brose, Die Reproduktionsmedizin und der Mutterschutz – Gedanken zu einem zeitgemäßen Mutterschutzrecht, NZS 2016, 604; *Buchner/Becker*, Mutterschutzgesetz und Bundeselterngeld- und Elternzeitgesetz: MuSchG/BEEG, 8. Auflage 2008; *Erfurter Kommentar zum Arbeitsrecht*, 17. Auflage 2017; *Just/Schneider*, Das Leistungsrecht der gesetzlichen Krankenversicherung, 2. Auflage 2016; *Kießling*, Schwanger oder krank? Abgrenzungsfragen der Leistungen der GKV bei Schwangerschaft und Mutterschaft, NZS 2017, 373; *Rancke* (Hrsg.), Mutterschutz, Elterngeld, Elternzeit, Betreuungsgeld, 4. Auflage 2015; *Rixen*, Sozialrecht als öffentliches Wirtschaftsrecht, 2005.

I. Allgemeines

§ 24c wurde mWv 30.10.2012 durch Art. 3 Nr. 6 **PNG**[1] in das SGB V eingefügt. Zuvor war eine nahezu identische Vorschrift in § 195 RVO aF enthalten. Die Vorschriften der RVO hinsichtlich der Leistungen bei Schwangerschaft und Mutterschaft wurden durch Art. 7 PNG insgesamt aufgehoben. Unterschiede zwischen § 24c und § 195 RVO aF bestehen im Hinblick auf die Nr. 2 und 3. So wurden in § 195 Abs. 1 Nr. 2 RVO aF die Hilfsmittel nicht ausdrücklich erwähnt. Lediglich über den Verweis in § 196 Abs. 2 RVO aF auf die in § 33 Abs. 8 und § 127 Abs. 4 geregelte Befreiung von der Zuzahlungspflicht für Hilfsmittel ergab sich, dass auf Hilfsmittel auch bei Schwangerschaft und Mutterschaft ein Anspruch bestand. Dies ist nun ausdrücklich klargestellt.[2] Darüber hinaus war § 195 Abs. 1 Nr. 3 RVO aF enger gefasst, da nur die stationäre Entbindung erwähnt wurde. Nunmehr sind ua auch eine von einer Hebamme oder einem Entbindungspfleger geleitete Einrichtung, eine ärztlich geleitete Einrichtung oder eine Hebammenpraxis mögliche ambulante Entbindungsorte (§ 24f S. 2; → § 24f Rn. 3).[3] Schließlich fand sich in § 195 Abs. 2 S. 3 RVO aF eine missglückte Verweisung hinsichtlich Beitragsrückzahlungen.[4]

---

10 Zur Kostentragung nach dem Schwangerschaftskonfliktgesetz für bedürftige Frauen vgl. Lungstras in: Eichenhofer/Wenner, § 24b Rn. 8.
1 Gesetz zur Neuausrichtung der Pflegeversicherung (Pflege-Neuausrichtungs-Gesetz – PNG) v. 23.10.2012, BGBl. I, 2246.
2 Ausschuss für Gesundheit, BT-Dr. 17/10170, 23. Siehe zur vorherigen Rechtslage Kruse in: LPK-SGB V, 4. Aufl. 2012, Anhang §§ 24a, 24b – § 196 RVO Rn. 23.
3 Ausschuss für Gesundheit, BT-Dr. 17/10170, 23f.
4 Siehe hierzu BT-Dr. 17/4944, 3; Becker in: Hauck/Noftz, SGB V, § 24c Rn. 7; Knigge in: LPK-SGB V, § 24c Rn. 2.

2 Durch die Neuregelung der Leistungen bei Schwangerschaft und Mutterschaft im SGB V wurde die Regelung in § 195 Abs. 2 S. 1 RVO aF überflüssig. § 16 Abs. 1 S. 2 SGB V hat die früher in § 195 Abs. 2 S. 2 RVO aF enthaltene Regelung übernommen. Der Verweis in § 195 Abs. 2 S. 3 RVO aF ist nunmehr in § 53 Abs. 2 S. 3 enthalten (→ § 53 Rn. 15). Die Inanspruchnahme der in § 24 c aufgezählten Leistungen wirkt sich somit nicht negativ auf die Prämienzahlung gem. § 53 Abs. 2 S. 1 aus.[5] Im Übrigen blieben die Regelungen unverändert, weshalb grundsätzlich auf die zu § 195 RVO aF ergangene Rechtsprechung zurückgegriffen werden kann. Die Überführung der Regelungen zu den Schwangerschafts- und Mutterschaftsleistungen aus der RVO in das SGB V wurde im **Gesetzgebungsverfahren des PNG** erstmals durch den Ausschuss für Gesundheit vorgeschlagen;[6] im ursprünglichen Gesetzentwurf der Bundesregierung[7] war diese Überführung noch nicht vorgesehen und sie führte zu zahlreichen Folgeänderungen.[8] Der Regelungsstandort in der RVO wurde für nicht mehr zeitgemäß erachtet und im Interesse der Rechtsklarheit sowie zur Erleichterung der Rechtsanwendung zugunsten des SGB V aufgegeben.[9] Außerdem wurden kleinere Klarstellungen und Korrekturen vorgenommen (→ Rn. 1).

II. Systematik

3 § 24 c selbst stellt keine Anspruchsgrundlage dar,[10] sondern zählt lediglich die bestehenden Ansprüche auf. Die Anspruchsgrundlagen und Tatbestandsvoraussetzungen sind den §§ 24 d bis 24 i zu entnehmen, die in derselben Reihung wie § 24 c Nr. 1–6 die verschiedenen Ansprüche regeln. § 24 c wird deshalb als **Einweisungsvorschrift** bezeichnet.[11] Systematisch handelt es sich bei den Leistungen nach §§ 24 d bis 24 i überwiegend um **Vorsorgeleistungen**.[12] Sie bezwecken zum einen die Gesunderhaltung der (werdenden) Mutter und des (werdenden) Kindes sowie zum anderen den Ausgleich finanzieller Belastungen infolge von Schwangerschaft und Mutterschaft.[13] Schwangerschaft und Mutterschaft (zu den Begriffen → Rn. 6 f.) sind keine **Krankheiten** iSd § 27 Abs. 1 S. 1.[14] Aus diesem Grund ist es erforderlich, für Leistungen im Fall von Schwangerschaft oder Mutterschaft eigenständige Anspruchsgrundlagen zu schaffen, was mit §§ 24 d bis 24 i geschehen ist. Nach bislang überwiegender Ansicht wurden von den §§ 24 c ff. nur solche auf die Schwangerschaft zurückgehende Störungen des Organismus erfasst, die nicht über das bei einer Schwangerschaft übliche Maß hinausgehen.[15] Denn wenn Schwangerschaft und Mutterschaft keine Krankheiten sind, dann könnten die typischen Folgen hiervon ebenfalls keine Krankheiten sein und umgekehrt seien dann alle über das gewöhnliche Maß hinausgehenden Komplikationen regelwidrige Körperzustände und damit Krankheiten. Diese Ansicht hat zur Folge, dass bei Störungen des Organismus, die über das gewöhnliche Maß hinausgehen, nicht § 24 d, sondern § 27 Abs. 1 S. 1 Nr. 1, § 28 Abs. 1 S. 1 einschlägig sind. Dies ist für die Schwangere/Mutter insofern ungünstiger, als sie nicht von Zuzahlungen befreit ist (→ 24 e Rn. 3) oder andere ungünstigere Rechtsfolgen (→ 24 g Rn. 5, → 24 h Rn. 4) tragen muss. Diese Ansicht überzeugt nicht.[16] Denn es gibt kein „gewöhnliches Maß" an Störungen im Laufe einer Schwangerschaft, so dass die Ab-

---

5 Schlegel in: Sodan, HdB KrVersR, § 11 Rn. 54–57.
6 Ausschuss für Gesundheit, BT-Dr. 17/10157, Art. 3 Nr. 6 (Beschlussempfehlung) und BT-Dr. 17/10170, 11, 13, 23 f. (Bericht).
7 BT-Dr. 17/9369.
8 Vgl. Art. 3 Nr. 1–4, 10; Art. 4 bis 12 PNG, BGBl. I 2012, 2246.
9 Ausschuss für Gesundheit, BT-Dr. 17/10170, 27 und bereits zuvor BT-Dr. 17/4944, 2 f.
10 Becker in: Hauck/Noftz, SGB V, § 24 c Rn. 4.
11 Ausschuss für Gesundheit, BT-Dr. 17/10170, 23.
12 Welti in: Becker/Kingreen, § 24 c Rn. 2. Vgl. auch Schramm/Peick in: Sodan, HdB KrVersR, § 10 Rn. 60; Waltermann in: Knickrehm/Kreikebohm/Waltermann, § 24 c SGB V Rn. 2.
13 Buchner/Becker, Mutterschutzgesetz und Bundeselterngeld- und Elternzeitgesetz, § 15 MuSchG Rn. 14; Just/Schneider, Das Leistungsrecht der gesetzlichen Krankenversicherung, 2. Aufl. 2016, Rn. 828. Vgl. auch BVerfG, 10.2.1982, 1 BvL 116/78, BVerfGE 60, 68, 74.
14 Ausschuss für Gesundheit, BT-Dr. 17/10170, 23; BSG, 13.2.1975, 3 RK 68/73, BSGE 39, 167, 168; BSG, 18.6.2014, B 3 KR 10/13 R, NZS 2014, 742, 744 mwN; BSG, 8.10.2014, B 3 KR 7/14 R, BSGE 117, 65, 70; Rolfs in: Erfurter Kommentar zum Arbeitsrecht, § 24 c SGB V Rn. 1; Schramm/Peick in: Sodan, HdB KrVersR, § 10 Rn. 60.
15 BSG 15.9.1977, 6 RKa 6/77, USK 77179, 729, 731 f.; Wagner in: Krauskopf, § 24 d SGB V Rn. 8. In diesem Sinne werden auch BSG, 30.5.1967, 3 RK 14/65, BSGE 26, 285, 286 f.; BSG, 13.2.1975, 3 RK 68/73, BSGE 39, 167, 169 interpretiert. Hiervon gehen auch die Mutterschafts-Richtlinien des G-BA aus, Allgemeines Ziff. 7.
16 Ausf. hierzu Kießling, NZS 2017, 373.

grenzung, die eine Messbarkeit voraussetzt, misslingen muss.[17] In den §§ 24 c ff. werden zumeist Begriffe verwendet, die eine zeitliche Beziehung oder Kausalität verlangen („während",[18] „bei", „nach", „im Zusammenhang mit", „wegen"), nicht jedoch nach der Intensität von Symptomen differenzieren. Auch das Wort „Schwangerschaftsbeschwerden" in § 24 e S. 2 Hs. 2 lässt keinen anderen Schluss zu. Denn der Begriff „Beschwerden" umfasst auch Körperzustände mit Krankheitswert.[19] In systematischer Hinsicht ist es widersprüchlich, wenn zB Haushaltshilfe gem. § 24 h im Falle einer komplikationsfrei verlaufenden Schwangerschaft gewährt werden soll, denn dann bliebe der Vorschrift nur ein schmaler Anwendungsbereich.[20] Weiterhin widerspricht es dem Zweck der Regelung, gerade in Fällen gravierender Gesundheitsbeeinträchtigungen die Befreiung von der Zuzahlungspflicht aufzuheben.[21] Deshalb ist es vorzugswürdig, §§ 24 c ff. in allen Fällen anzuwenden, in denen die Schwangerschaft ursächlich für die Beschwerden ist, selbst dann, wenn diese das mit einer Schwangerschaft gewöhnlicherweise verbundene Maß übersteigen und nach herkömmlicher Sichtweise Krankheitswert haben. Das BSG hat nunmehr in diesem Sinne im Hinblick auf Entbindungen entschieden: Leistungen im Zusammenhang mit einer stationären Entbindung sind keine Krankenhausbehandlungen iSd § 39; dies ergebe sich aus der ausdrücklichen Regelung in § 197 S. 2 RVO (entspricht dem jetzigen § 24 f S. 2).[22] Diese bewusste gesetzgeberische Entscheidung gelte unabhängig davon, „ob es sich um eine unkomplizierte Entbindung ohne Krankheitswert handelt oder ob es sich aufgrund einer ‚Regelwidrigkeit' bei der Entbindung zugleich auch um eine Krankheitsbehandlung handelt".[23] Dem ist zuzustimmen und dieser Gedanke – Verzicht auf die Regelwidrigkeit des Körperzustands als Abgrenzungskriterium – findet auch bei allen anderen Ansprüchen bei Schwangerschaft und Mutterschaft Anwendung. Die Leistungen nach §§ 24 c ff. stellen gegenüber den allgemeinen Leistungen im Falle von Krankheit einen eigenständigen und spezielleren Regelungskomplex gerade für den Fall von Schwangerschaft und Mutterschaft dar. Die teilweise Privilegierung der Leistungsberechtigten durch §§ 24 c ff. darf nicht durch den Rückgriff auf die allgemeinen und weniger günstigen Vorschriften umgangen werden.[24]

Die Leistungen des § 24 c Nr. 1–5 werden grundsätzlich als **Sach- und Dienstleistungen**[25] erbracht, nur ausnahmsweise, unter den gesetzlich geregelten Voraussetzungen, kommt eine Kostenerstattung in Betracht.[26] Das Mutterschaftsgeld iSd § 24 c Nr. 6, § 24 i ist eine **Geldleistung**.[27]

4

Die Leistungen sind in § 24 c Nr. 1–6 in dem Sinne **abschließend** aufgezählt,[28] dass für andere oder weitergehende Ansprüche eine eigene gesetzliche Regelung (vgl. § 2 Abs. 1 SGB I) erforderlich wäre. Hierdurch ist jedoch nicht ausgeschlossen, dass der anspruchsberechtigten Person bei Vorliegen der Anspruchsvoraussetzungen auch – gesetzlich vorgesehene – akzessorische Ansprüche zustehen, wie zB aus § 60 Abs. 1 S. 1.[29] Weiterhin gestattet § 11 Abs. 6 S. 1 es der Krankenkasse, dass diese in ihrer Satzung zusätzliche vom Gemeinsamen Bundesausschuss nicht ausgeschlossene Leistungen in der fachlich gebotenen Qualität im Bereich der Leistungen von Hebammen bei Schwangerschaft und Mutterschaft (§ 24 d) vorsieht.[30] Schließlich ermöglicht es § 63 Abs. 2 (ggf. iVm § 64), dass die Krankenkassen Modellvorhaben bei Schwangerschaft und Mutterschaft, die nach den Vorschriften dieses Buches oder auf

5

---

17 LSG BW, 7.5.2014, L 5 KR 898/13, Rn. 31-37, insbes. 36, juris; LSG Hessen, 25.10.2016, L 1 KR 201/15, Rn. 42, juris.
18 Siehe Wenner in: Prütting, FAnwK MedR, § 24 f SGB V Rn. 4.
19 So auch Kießling, NZS 2017, 373, 374.
20 LSG BW, 7.5.2014, L 5 KR 898/13, Rn. 31-37, insbes. 34, juris.
21 LSG Hessen, 25.10.2016, L 1 KR 201/15, Rn. 42, juris; Kießling in: BeckOK SozR, SGB V, § 24 d Rn. 13–18.
22 BSG, 18.6.2014, B 3 KR 10/13 R, NZS 2014, 742, 744.
23 BSG, 18.6.2014, B 3 KR 10/13 R, NZS 2014, 742, 744. Siehe aber auch LSG Saarl, 1.3.2013, L 2 KR 3/12 NZB, BeckRS 2013, 67371; LSG BW, 7.5.2014, L 5 KR 898/13, Rn. 29-38, juris.
24 LSG BW, 7.5.2014, L 5 KR 898/13, Rn. 31-37, insbes. 32, 34, 36, juris; LSG Hessen, 25.10.2016, L 1 KR 201/15, Rn. 42, juris; Just/Schneider, Das Leistungsrecht der gesetzlichen Krankenversicherung, 2. Aufl. 2016, Rn. 833–835.
25 Nolte in: KassKomm, § 24 c SGB V Rn. 8. Siehe zum Sach- und Dienstleistungsprinzip Hauck in: Sodan, HdB KrVersR, § 8; Sodan in: Sodan, HdB KrVersR, § 1 Rn. 28–32.
26 Rolfs in: Erfurter Kommentar zum Arbeitsrecht, § 24 c SGB V Rn. 1. Siehe zu einem solchen Fall LSG BW, 7.5.2014, L 5 KR 898/13, Rn. 25 ff., juris.
27 Wagner in: Krauskopf, § 24 c SGB V Rn. 4. Siehe auch Rixen, Sozialrecht als öffentliches Wirtschaftsrecht, 144.
28 Just/Schneider, Das Leistungsrecht der gesetzlichen Krankenversicherung, 2. Aufl. 2016, Rn. 836; Nebendahl in: Spickhoff, Medizinrecht, § 24 c SGB V Rn. 1; Nolte in: KassKomm, § 24 c SGB V Rn. 7.
29 Nolte in: KassKomm, § 24 c SGB V Rn. 8.
30 Siehe hierzu LSG SA, 30.6.2014, L 6 KR 35/14 ER, NZS 2014, 665; Ausschuss für Gesundheit, BT-Dr. 17/10170, 22 f.

Grund hiernach getroffener Regelungen keine Leistungen der Krankenversicherung sind, durchführen oder vereinbaren.[31]

III. „Schwangerschaft" und „Mutterschaft" als Anspruchsvoraussetzungen

6   1. **Schwangerschaft.** Die in den §§ 24d bis 24i geregelten Ansprüche haben als gemeinsame Voraussetzung, dass ein Fall von Schwangerschaft oder Mutterschaft vorliegen muss (zu einer Ausnahme → § 24d Rn. 8). Die **Schwangerschaft** bezeichnet den Zeitraum von Beendigung der Empfängnis (Einnistung der befruchteten Eizelle in der Gebärmutter[32]) bis zur Lebend-, Tot- oder Fehlgeburt (→ Rn. 7) bzw. dem Schwangerschaftsabbruch (→ § 24b).[33] Jedenfalls bei In-vitro-Fertilisation reicht die Befruchtung der Eizelle nicht aus, hier kommt es zur Schwangerschaft frühestens nach dem Embryonentransfer.[34] Für die Schwangerschaft kommt es auf den biologischen Zustand an, weshalb – unabhängig von der rechtlichen Zulässigkeit – die Leihmutter schwanger ist,[35] nicht jedoch die „genetische" oder spätere „Sorgemutter". Die Scheinschwangerschaft ist keine Schwangerschaft.[36] Für die Schwangerschaftsleistungen ist es unerheblich, auf welche Weise die Schwangerschaft beendet wird. Bedeutung hat nach hM die Art der Schwangerschaftsbeendigung indes für die Mutterschaftsleistungen, da nach den einzelnen Vorschriften Ansprüche ua lediglich nach einer Entbindung (→ Rn. 7) bestehen.

7   2. **Mutterschaft.** Mutterschaft beginnt mit der Entbindung[37] (bei unproblematischem Schwangerschaftsverlauf die Trennung des Kindes vom Organismus der Mutter mit dem Ziel der biologisch eigenständigen Lebensführung des Kindes).[38] Einzelheiten sind zwar umstritten, Einigkeit besteht jedoch dahin gehend, dass der Schwangerschaftsabbruch keine Entbindung iSd §§ 24d bis 24i darstellt, da mit § 24b eine vorrangige Spezialregelung besteht.[39] Zur Bestimmung des Begriffs „Entbindung" wird iÜ verbreitet auf § 31 der Verordnung zur Ausführung des Personenstandsgesetzes (Personenstandsverordnung – PStV)[40] zurückgegriffen.[41] Eine Entbindung liegt demnach immer dann vor, wenn eine in das Personenstandsregister einzutragende Lebend- oder Totgeburt (§ 31 Abs. 1 oder 2 PStV) vorliegt.[42] Es wird also zwischen **Lebend-, Tot- oder Fehlgeburt** differenziert. Die Frühgeburt als Unterfall der Lebendgeburt (Geburtsgewicht unter 2.500 g, Geburt vor der 38. Schwangerschaftswoche bzw. nicht voll ausgebildete Reifezeichen)[43] stellt eine Entbindung dar.[44] Dies gilt auch für die Totgeburt (Leibesfrucht von mind. 500 g, aber weder Herzschlag noch pulsierende Nabelschnur noch Lungenatmung, vgl. § 31 Abs. 2 PStV),[45] während dies für die Fehlgeburt (ebenfalls keine Lebenszeichen und Gewicht

---

31 Ausschuss für Gesundheit, BT-Dr. 17/10170, 25; Knigge in: LPK-SGB V, § 24c Rn. 2.
32 Dies ist im Einzelnen umstritten, EuGH und BAG gehen von einer Schwangerschaft für Zwecke des arbeitsrechtlichen Kündigungsschutzes bereits ab Befruchtung der Eizelle aus, EuGH, 26.2.2008, C-506/06, MedR 2008, 432; BAG, 26.3.2015, 2 AZR 237/14, BAGE 151, 189; siehe hierzu Brose, NZS 2016, 604. Indes haben arbeitsrechtliches Kündigungsschutzrecht und Leistungsrecht der GKV unterschiedliche Regelungszwecke, so dass keine Identität bei der Begriffsbestimmung bestehen muss.
33 Vgl. Becker in: Hauck/Noftz, SGB V, § 24c Rn. 9; Kießling in: BeckOK SozR, SGB V, § 24c Rn. 4–6. AA Just/Schneider, Das Leistungsrecht der gesetzlichen Krankenversicherung, 2. Aufl. 2016, Rn. 838: „ab der Befruchtung der Eizelle (und nicht erst mit der Nidation […])".
34 So EuGH, 26.2.2008, C-506/06, MedR 2008, 432; BAG, 26.3.2015, 2 AZR 237/14, BAGE 151, 189; Brose, NZS 2016, 604 im Hinblick auf die arbeitsrechtlichen Kündigungsverbote. Vgl auch Eichenhofer, SGb 2016, 184.
35 Nolte in: KassKomm, § 24d SGB V Rn. 6.
36 Nolte in: KassKomm, § 24d SGB V Rn. 6.
37 Kießling in: BeckOK SozR, SGB V, § 24c Rn. 16.
38 BAG, 16.2.1973, 2 AZR 138/72, BAGE 25, 70, 71f.; BAG, 15.12.2005, 2 AZR 462/04, NZS 2006, 994, 995; Kießling in: BeckOK SozR, SGB V, § 24c Rn. 5.
39 Siehe BSG, 15.1.1986, 3 RK 45/84, BSGE 59, 270, 271f. – zu den Vorschriften der RVO; Kießling in: BeckOK SozR, SGB V, § 24c Rn. 6; Nolte in: KassKomm, § 24d SGB V Rn. 10.
40 V. 22.11.2008, BGBl. I, 2263.
41 So BAG, 15.12.2005, 2 AZR 462/04, NZA 2006, 994, 995 mwN; Just/Schneider, Das Leistungsrecht der gesetzlichen Krankenversicherung, 2. Aufl. 2016, Rn. 839–842; Nolte in: KassKomm, § 24d SGB V Rn. 9. Kritik bei Kießling in: BeckOK SozR, SGB V, § 24c Rn. 10–15; Rixen in: Becker/Kingreen, § 24h Rn. 3f. mwN; Schrader in: BeckOK ArbR, MuSchG, § 6 Rn. 3.
42 Nebendahl in: Spickhoff, Medizinrecht, § 24c SGB V Rn. 3.
43 Vgl. Kießling in: BeckOK SozR, SGB V, § 24c Rn. 7.
44 AllgM, vgl. BSG, 15.5.1974, 3 RK 16/73, BSGE 37, 216f.; BAG, 12.3.1997, 5 AZR 329/96, BAGE 85, 248, 250; Buchner/Becker, Mutterschutzgesetz und Bundeselterngeld- und Elternzeitgesetz, § 6 MuSchG Rn. 23 mwN; Kießling in: BeckOK SozR, SGB V, § 24c Rn. 7.
45 Siehe hierzu Kießling in: BeckOK SozR, SGB V, § 24c Rn. 8.

unter 500 g, vgl. § 31 Abs. 3 PStV)[46] nicht gelten soll.[47] Die Unterscheidung zwischen Tot- und Fehlgeburt soll darin bestehen, dass die Totgeburt hypothetisch lebensfähig gewesen wäre, während dies für die Fehlgeburt nicht gilt.[48] Hiergegen wird jedoch eingewandt, dass die Grenzziehung bei 500 g Gewicht der Leibesfrucht willkürlich[49] und medizinisch nicht zu begründen[50] sei. Außerdem werde die Erlebensperspektive der Frau verkannt.[51] Die PStV heranzuziehen, ist keineswegs zwingend. Bereits der Wortlaut ist unterschiedlich, da in § 31 PStV nicht der Begriff „Entbindung" verwendet wird (wie in den §§ 24 c ff.), sondern „Geburt". Außerdem handelt es sich um unterschiedliche Regelungskomplexe: Das Personenstandsrecht verfolgt andere Regelungszwecke als die Leistungen bei Schwangerschaft und Mutterschaft.[52] Die Überlebensfähigkeit des Kindes als Abgrenzungskriterium sagt zudem nichts darüber aus, ob die Mutter besonderer Leistungen bedarf. Weiterhin taucht in diesem Zusammenhang erneut das Kriterium des regelwidrigen Körper- und Gesundheitszustands[53] auf. Dieses erlaubt jedoch keine systematisch und teleologisch überzeugende Grenzziehung zwischen den Leistungen bei Schwangerschaft und Mutterschaft einerseits sowie bei Krankheit andererseits (→ Rn. 3).[54] Die Differenzierung zwischen Tot- und Fehlgeburt, die sich nicht aus dem Gesetzeswortlaut des § 24 f entnehmen lässt, sollte für die Leistungen bei Schwangerschaft und Mutterschaft aufgegeben werden.[55] Erfasst wäre dann jede Trennung des Kindes von der Mutter, unabhängig von dessen Größe, Gewicht oder Lebenszeichen. Aus Spezialitätsgründen würde lediglich der Schwangerschaftsabbruch nicht erfasst. Dann wäre es auch systematisch kohärent, dass das Vergütungsverzeichnis (Anlage 1.3 zum Vertrag nach § 134 a SGB V)[56] der Hebamme auch für den Fall einer Fehlgeburt Vergütungsansprüche gewährt.[57] Im Zusammenhang mit der Reform des Mutterschutzrechts hat der Gesetzgeber jedoch eine andere Wertung getroffen. So sieht Art. 1 Nr. 1 lit. o) des Gesetzes zur Neuregelung des Mutterschutzrechts[58] vor, dass eine Kündigung nicht nur nach erfolgter Entbindung, sondern auch nach einer Fehlgeburt nach der zwölften Schwangerschaftswoche unzulässig ist. Und auch Art. 8 Nr. 2 des zuvor genannten Gesetzes differenziert zwischen „Entbindung" und „Fehlgeburt". Zwar wird in der Gesetzesbegründung hierzu die Interpretation des BSG, wonach eine Fehlgeburt keine Entbindung darstelle, kritisiert, weil dies „aus medizinischer Sicht und nach der Intention des MuSchG nicht sachgerecht" sei.[59] Gleichwohl reagiert der Gesetzgeber mit der Normierung eines eigenen Tatbestands für die Fehlgeburt anstatt allgemein klarzustellen, dass eine Fehlgeburt – ggf. nach der zwölften Schwangerschaftswoche – eine Entbindung darstelle oder dieser gleichzusetzen sei. Er bringt damit trotz seiner Kritik zum Ausdruck, dass er die Interpretation des Begriffs „Entbindung" durch das BSG hinnimmt. Diese ist also unter Ausschluss der Fehlgeburt zu verstehen, denn diese erfährt eine eigene Regelung. Methodisch ist es deshalb unzulässig, sich über diese Wertung hinwegzusetzen. Denn der Gesetzgeber hat die Problematik gesehen und insbesondere auch die Auswirkungen des Problems auf die Leistungen bei Schwangerschaft und Mutterschaft im SGB V. Er hat gleichwohl nur eine punktuelle Regelung im MuSchG vorgenommen. De lege ferenda sollte eine gesetzgeberische Korrektur vorgenommen werden, dass auch die Fehlgeburt – zumindest nach der zwölften Schwangerschaftswoche – als Entbindung angesehen wird.

---

46 Siehe hierzu Kießling in: BeckOK SozR, SGB V, § 24 c Rn. 8.
47 BSG, 15.5.1974, 3 RK 16/73, BSGE 37, 216; Becker in: Hauck/Noftz, SGB V, § 24 c Rn. 9.
48 So BAG, 16.2.1973, 2 AZR 138/72, BAGE 25, 70, 71; BAG, 15.12.2005, 2 AZR 462/04, NZS 2006, 994, 995. Siehe ausführlich Kießling in: BeckOK SozR, SGB V, § 24 c Rn. 8–15, insbes. Rn. 10.
49 Kießling in: BeckOK SozR, SGB V, § 24 c Rn. 10–12; Rixen in: Becker/Kingreen, § 24 h Rn. 4.
50 Kießling in: BeckOK SozR, SGB V, § 24 c Rn. 10–12.
51 Rixen in: Becker/Kingreen, § 24 h Rn. 4.
52 Vgl. Rixen in: Becker/Kingreen, § 24 h Rn. 3 f.
53 BSG 17.4.1991, 1/3 RK 21/88, BSGE 68, 222, 224 mwN.
54 In diese Richtung auch BSG 18.6.2014, B 3 KR 10/13 R, NZS 2014, 742, 744.
55 Siehe hierzu Kießling in: BeckOK SozR, SGB V, § 24 c Rn. 8–15; dies., NZS 2017, 373, 374 f.
56 Vertrag über die Versorgung mit Hebammenhilfe nach § 134 a SGB V zwischen dem GKV-Spitzenverband und den für die Wahrnehmung der wirtschaftlichen Interessen gebildeten, maßgeblichen Berufsverbänden der Hebammen idF des Schiedsspruchs v. 25.9.2015, abrufbar nebst Anlagen unter http://www.bfhd.de (zuletzt abgerufen am 31.3.2017).
57 B. Geburtshilfe, Allgemeine Bestimmungen, a) sowie Nr. 1300 ff. AA Just/Schneider, Das Leistungsrecht der gesetzlichen Krankenversicherung, 2. Aufl. 2016, Rn. 842.
58 Gesetz v. 23.5.2017, BGBl. I, 1228, siehe hierzu BT-Dr. 18/8963, 19, 40, 87 f., 92 sowie Ausschuss für Gesundheit, BT-Dr. 17/11782, 10, 18 f., 35.
59 BT-Dr. 18/8963, 87.

IV. Bestehen eines Versicherungsverhältnisses als weitere Anspruchsvoraussetzung

8   Eine weitere Anspruchsvoraussetzung ist das Bestehen eines **Versicherungsverhältnisses** zum Zeitpunkt der Inanspruchnahme der jeweiligen Leistung.[60] Es genügt also nicht, dass die Frau zu Beginn der Schwangerschaft gesetzlich versichert war, denn der Versicherungsfall ist nicht die gesamte Schwangerschaft, sondern „jeweils das Ereignis, das das der jeweiligen Leistung eigentümliche Versicherungsrisiko verwirklicht und durch seinen Eintritt die Leistungspflicht begründet".[61] In den Fällen der §§ 24 d bis 24 h ist es unerheblich, ob es sich um einen Fall der gesetzlichen (→ § 5), freiwilligen (→ § 9) oder Familienversicherung (→ § 10) oder um den nachwirkenden Schutz gem. § 19 Abs. 2 und 3 handelt.[62] Denn §§ 24 d bis 24 h sprechen stets von der „Versicherte[n]". Lediglich § 24 i ist enger gefasst („weibliche Mitglieder") und setzt damit das Bestehen einer eigenen Mitgliedschaft voraus.[63] Dass die Leistungen ausschließlich Frauen gewährt werden, ist auch im Hinblick auf Art. 3 Abs. 2 S. 1, 3 Abs. 3 S. 1 GG unbedenklich, da die Leistungen nur im Falle von Schwangerschaft und Mutterschaft gewährt werden und die hiermit verbundenen Härten (Sicherstellung der medizinisch sachgemäßen Betreuung und der wirtschaftlichen Versorgung)[64] ausgleichen sollen. Hierbei handelt es sich um Ereignisse, die aus biologischen Gründen nur bei Frauen auftreten und Männer somit nicht benachteiligen.[65]

§ 24 d Ärztliche Betreuung und Hebammenhilfe

¹Die Versicherte hat während der Schwangerschaft, bei und nach der Entbindung Anspruch auf ärztliche Betreuung sowie auf Hebammenhilfe einschließlich der Untersuchungen zur Feststellung der Schwangerschaft und zur Schwangerenvorsorge; ein Anspruch auf Hebammenhilfe im Hinblick auf die Wochenbettbetreuung besteht bis zum Ablauf von zwölf Wochen nach der Geburt, weitergehende Leistungen bedürfen der ärztlichen Anordnung. ²Sofern das Kind nach der Entbindung nicht von der Versicherten versorgt werden kann, hat das versicherte Kind Anspruch auf die Leistungen der Hebammenhilfe, die sich auf dieses beziehen. ³Die ärztliche Betreuung umfasst auch die Beratung der Schwangeren zur Bedeutung der Mundgesundheit für Mutter und Kind einschließlich des Zusammenhangs zwischen Ernährung und Krankheitsrisiko sowie die Einschätzung oder Bestimmung des Übertragungsrisikos von Karies. ⁴Die ärztliche Beratung der Versicherten umfasst bei Bedarf auch Hinweise auf regionale Unterstützungsangebote für Eltern und Kind.

Literatur:

Arnold, Geburtshilfe in Deutschland: Zum Wohl von Mutter und Kind, G+S 2016, 7; *Buchner/Becker*, Mutterschutzgesetz und Bundeselterngeld- und Elternzeitgesetz, 8. Auflage 2008; *Erfurter Kommentar zum Arbeitsrecht*, 17. Auflage 2017; *Just/Schneider*, Das Leistungsrecht der gesetzlichen Krankenversicherung, 2. Auflage 2016; *Kötter/Maßing*, Qualitätsanforderung versus Wahlfreiheit bei Hausgeburten, G+S 2016, 14.

I. Allgemeines

1   § 24 d wurde mWv 30.10.2012 durch Art. 3 Nr. 6 **PNG**[1] in das SGB V eingefügt. Zuvor ergab sich der Anspruch auf ärztliche Betreuung und Hebammenhilfe aus § 196 RVO aF.[2] Diese Bestimmung wurde durch Art. 7 PNG aufgehoben. § 196 Abs. 2 RVO aF bezog sich auf die Befreiung von der Zuzahlung

---

60 BSG, 29.1.1980, 3 RK 36/78, BSGE 49, 240, 242. Siehe auch bereits BSG, 29.4.1971, 3 RK 3/71, BSGE 32, 270, 272 f.
61 BSG, 29.4.1971, 3 RK 3/71, BSGE 32, 270, 273; in diesem Sinne auch BSG, 29.1.1980, 3 RK 36/78, BSGE 49, 240, 242. Vgl. Just/Schneider, Das Leistungsrecht der gesetzlichen Krankenversicherung, 2. Aufl. 2016, Rn. 837.
62 Nebendahl in: Spickhoff, Medizinrecht, § 24 c SGB V Rn. 2; Wagner in: Krauskopf, § 24 c SGB V Rn. 5. Siehe hierzu Zimmermann in: Sodan, HdB KrVersR, § 4 Rn. 1 f. mwN.
63 Siehe Becker in: Hauck/Noftz, SGB V, § 24 c Rn. 8.
64 Nolte in: KassKomm, § 24 c SGB V Rn. 2.
65 Vgl. BVerfG, 28.1.1992, 1 BvR 1025/91 et al., BVerfGE 85, 191, 207; BVerfG, 24.1.1995, 1 BvL 18/93 et al., BVerfGE 92, 91, 109; Sodan in: Sodan, GG, 3. Aufl. 2015, Art. 3 Rn. 25. Kritisch Osterloh/Nußberger in: Sachs (Hrsg.), GG, 7. Aufl. 2014, Art. 3 Rn. 272-275.
1   Gesetz zur Neuausrichtung der Pflegeversicherung (Pflege-Neuausrichtungs-Gesetz – PNG) v. 23.10.2012, BGBl. I, 2246.
2   Siehe auch Ausschuss für Gesundheit, BT-Dr. 17/10170, 23.

bei der Versorgung mit Arznei-, Verband-, Heil- und Hilfsmitteln. Die Versorgung mit Arznei-, Verband-, Heil- und Hilfsmitteln ist nunmehr eigenständig in § 24e geregelt (→ § 24e Rn. 1). Im Vergleich zu § 196 Abs. 1 RVO aF ist S. 2 neu, die jetzigen Sätze 1 und 3 stimmen wörtlich mit § 196 Abs. 1 S. 1 und 2 RVO aF überein. Die Einfügung des neuen Satzes 2 verstand der Ausschuss für Gesundheit als Klarstellung.[3] Für den Fall, dass das Kind nicht von seiner Mutter versorgt werden kann (zB Pflegschaft, Adoption, Tod, krankheitsbedingte Abwesenheit), gewährt S. 2 dem Kind den Anspruch.[4] Zweck des § 24d ist es, Gefahren für das Leben und die Gesundheit der (werdenden) Mutter sowie des Kindes entgegenzuwirken.[5] Durch Art. 1 Nr. 12 lit. a) PrävG[6] wurde der Anspruch auf Hebammenhilfe in zeitlicher Hinsicht konkretisiert. Nunmehr ist gesetzlich geregelt, dass der Anspruch auf Hebammenhilfe im Hinblick auf die Wochenbettbetreuung bis zum Ablauf von zwölf Wochen nach der Geburt besteht; weitergehende Leistungen bedürfen der ärztlichen Anordnung (§ 24d S. 1 aE). Weiterhin wurde in einem neuen S. 4 geregelt, dass die ärztliche Beratung der Versicherten bei Bedarf auch Hinweise auf regionale Unterstützungsangebote für Eltern und Kind umfasst.[7]

II. Anspruchsinhalt

S. 1 gewährt grundsätzlich der Versicherten (→ § 24c Rn. 8), ausnahmsweise dem neugeborenen Kind (S. 2, → Rn. 1), einen Anspruch auf ärztliche Betreuung sowie Hebammenhilfe.[8] Hierzu gehören neben den Untersuchungen zur Feststellung der Schwangerschaft (→ Rn. 8) und zur Schwangerenvorsorge (S. 1) auch bei Bedarf Hinweise auf regionale Unterstützungsangebote nach S. 4 sowie die Beratung der Schwangeren zur Bedeutung der Mundgesundheit für Mutter und Kind einschließlich des Zusammenhangs zwischen Ernährung und Krankheitsrisiko sowie die Einschätzung oder Bestimmung des Übertragungsrisikos von Karies (S. 3).[9] Dieser Anspruch nach S. 3 ergänzt den Anspruch aus § 22.[10] Konkretisiert werden die Ansprüche durch die Richtlinien des G-BA über die ärztliche Betreuung während der Schwangerschaft und nach der Entbindung („Mutterschafts-Richtlinien").[11]

1. Ärztliche Betreuung. Unter den Begriff der ärztlichen Betreuung fallen zunächst **Vorsorgeuntersuchungen**[12] (präventive Leistungen) verschiedener Art,[13] wie zB Ultraschalluntersuchungen oder laborärztliche Untersuchungen.[14] Es werden aber auch kurative ärztliche Leistungen erfasst, also solche Leistungen, die der Behandlung der Schwangeren/Mutter dienen. Der Begriff „ärztliche Betreuung" ist somit der Oberbegriff für präventive und kurative Leistungen (bzw. ärztliche Behandlung und ärztliche Vorsorgemaßnahmen).[15]

Nach bislang überwiegender Ansicht wurden nicht alle kurativen Leistungen vom Begriff der ärztlichen Betreuung erfasst, sondern lediglich solche, die sich auf **Schwangerschaftsbeschwerden** beziehen.[16] Hierunter versteht man auf die Schwangerschaft zurückgehende Störungen des Organismus, die

---

3 Ausschuss für Gesundheit, BT-Dr. 17/10170, 23.
4 Ausschuss für Gesundheit, BT-Dr. 17/10170, 23.
5 Waltermann in: Knickrehm/Kreikebohm/Waltermann, § 24d SGB V Rn. 1; Welti in: Becker/Kingreen, § 24d Rn. 4.
6 Gesetz v. 17.7.2015, BGBl. I, 1368. Vgl. BT-Dr. 18/4282, 40; BT-Dr. 18/5261, 21, 56f.
7 Eingefügt durch Art. 1 Nr. 12 lit. b) PrävG v. 17.7.2015, BGBl. I, 1368.
8 Vgl. Arnold, G+S 2016, 7ff.
9 Siehe hierzu BT-Dr. 13/6087, 30.
10 Welti in: Becker/Kingreen, § 24d Rn. 6. Ähnlich Just/Schneider, Das Leistungsrecht der gesetzlichen Krankenversicherung, 2. Aufl. 2016, Rn. 843.
11 IdF v. 10.12.1985, zuletzt geändert am 21.4.2016. Abrufbar im Internet unter https://www.g-ba.de/informationen/richtlinien/19/ (zuletzt abgerufen am 31.3.2017). Ausführlich Knigge in: LPK-SGB V, § 24d Rn. 4–15.
12 Siehe hierzu ausführlich Kießling in: BeckOK SozR, SGB V, § 24d Rn. 3–11; Just/Schneider, Das Leistungsrecht der gesetzlichen Krankenversicherung, 2. Aufl. 2016, Rn. 843.
13 BSG, 14.6.1984, 8 RK 37/83, BSGE 57, 50, 57.
14 BSG, 14.6.1984, 8 RK 37/83, BSGE 57, 50, 57.
15 Just/Schneider, Das Leistungsrecht der gesetzlichen Krankenversicherung, 2. Aufl. 2016, Rn. 843. Vgl. auch Ihle in: Eichenhofer/Wenner, § 24d Rn. 3-8.
16 In diesem Sinne werden BSG, 30.5.1967, 3 RK 14/65, BSGE 26, 285, 286f.; BSG, 13.2.1975, 3 RK 68/73, BSGE 39, 167, 169; BSG, 15.9.1977, 6 RKa 6/77, USK 77179, 729, 731f. interpretiert. Hiervon gehen auch die Mutterschafts-Richtlinien des G-BA aus, Allgemeines Ziff. 7; so auch Wagner in: Krauskopf, § 24d SGB V Rn. 8. Siehe zum Meinungsstreit Nolte in: KassKomm, § 24d SGB V Rn. 15f. sowie LSG Saarl, 1.3.2013, L 2 KR 3/12 NZB, BeckRS 2013, 67371; LSG BW, 7.5.2014, L 5 KR 898/13, Rn. 29-38, juris; LSG Hessen, 25.10.2016, L 1 KR 201/15, Rn. 42, juris.

jedoch nicht über das bei einer Schwangerschaft übliche Maß hinausgehen.[17] Dies hat zur Folge, dass bei Störungen des Organismus, die über das gewöhnliche Maß hinausgehen, nicht § 24d, sondern § 27 Abs. 1 S. 1 Nr. 1, § 28 Abs. 1 S. 1 einschlägig sind. Dies ist für die Schwangere insofern ungünstiger, als sie dann nicht von der Zuzahlung nach § 24e S. 2 Hs. 2 befreit ist (→ § 24e Rn. 3). Dies ist jedoch abzulehnen; aus grammatischen, systematischen und teleologischen Erwägungen sind auch solche auf die Schwangerschaft zurückgehenden Störungen des Organismus erfasst, die über das bei einer Schwangerschaft übliche Maß hinausgehen (→ § 24c Rn. 3).

5 **2. Hebammenhilfe.** Hebammenhilfe umfasst alle notwendigen (§ 12) Leistungen, die Hebammen und Entbindungspfleger (iSd § 1 Abs. 1 HebG) zulässigerweise erbringen dürfen,[18] zB Geburtsvorbereitungskurse, Geburtshilfe, Überwachung des Wochenbettverlaufs, Betreuung nach der Geburt, Rückbildungsgymnastik, Versorgung des Neugeborenen[19] (vgl. § 4f. HebG). Nicht zur Hebammenhilfe – und damit auch nicht durch Satzung gem. § 11 Abs. 6 S. 1 einführbar – gehört der Aufenthalt einer Begleitperson im Elternzimmer als Nebenleistung bei Schwangerschaft und Mutterschaft.[20]

6 **3. Verhältnis von ärztlicher Betreuung zur Hebammenhilfe.** Nach § 4 Abs. 1 S. 2 HebG ist jede Ärztin und jeder Arzt „verpflichtet, dafür Sorge zu tragen, daß bei einer Entbindung eine Hebamme oder ein Entbindungspfleger zugezogen wird", so dass auch vom Vorrang der Hebammenhilfe hinsichtlich der Entbindung gesprochen wird.[21] Dies gilt jedoch nur für die regelrecht verlaufende Entbindung; bei regelwidrigen Vorgängen ist die Behandlung dem Arzt vorbehalten[22] (vgl. § 5 HebG).

III. Anspruchsvoraussetzungen

7 S. 1 scheint keine weiteren Anspruchsvoraussetzungen zu normieren als das Bestehen eines **Versicherungsverhältnisses** (→ § 24c Rn. 8) sowie das Vorliegen einer **Schwangerschaft oder** einer **Entbindung** (zu diesen Begriffen → § 24c Rn. 6f.). Dies ist jedoch in zweierlei Hinsicht nicht ganz präzise.

8 Erstens gewährt S. 1 ua einen Anspruch hinsichtlich der Untersuchungen zur Feststellung der Schwangerschaft. Dies gilt nach überwiegender Ansicht unabhängig von dem Ergebnis der Untersuchungen, also auch für den Fall, dass das Bestehen einer Schwangerschaft nicht festgestellt wird.[23] Eine bestehende Schwangerschaft ist dann aber in diesem Fall gerade keine Anspruchsvoraussetzung.[24]

9 Zweitens verlangt S. 1 nicht ausdrücklich einen Ursachenzusammenhang zwischen der Schwangerschaft und den gewährten Leistungen, anders als zB § 24g und 24h (soweit „wegen" Schwangerschaft). Dem Wortlaut nach reicht allein das zeitliche Zusammenfallen von Schwangerschaft bzw. Entbindung und Versicherungsfall („während", „bei", „nach"). Gleichwohl ist die Schwangerschaft allein auch bei § 24d nicht hinreichend, denn anderenfalls würde die Regelungssystematik der §§ 24c bis 24i im Gefüge des Dritten Kapitels des SGB V gesprengt. Verlangt wird auch ein ursächlicher Zusammenhang zwischen der Schwangerschaft oder Entbindung und der zu gewährenden Leistung (→ § 24c Rn. 3).[25]

§ 24e Versorgung mit Arznei-, Verband-, Heil- und Hilfsmitteln

¹Die Versicherte hat während der Schwangerschaft und im Zusammenhang mit der Entbindung Anspruch auf Versorgung mit Arznei-, Verband-, Heil- und Hilfsmitteln. ²Die für die Leistungen nach den

---

17 BSG, 15.9.1977, 6 RKa 6/77, USK 77179, 729, 731 f.; Wagner in: Krauskopf, § 24d SGB V Rn. 8.
18 Just/Schneider, Das Leistungsrecht der gesetzlichen Krankenversicherung, 2. Aufl. 2016, Rn. 852. Siehe zum Recht der Leistungserbringung Schaks in: Sodan, HdB KrVersR, § 28 Rn. 67–71.
19 Siehe die Aufzählungen bei Wagner in Krauskopf, § 24d SGB V Rn. 11; Waltermann in: Knickrehm/Kreikebohm/Waltermann, § 24d SGB V Rn. 1; Welti in: Becker/Kingreen, § 24d Rn. 7. Vgl. auch Ihle in: Eichenhofer/Wenner, § 24d Rn. 9–13.
20 Hierzu LSG SA, 30.6.2014, L 6 KR 35/14 ER, NZS 2014, 665.
21 Nolte in: KassKomm, § 24d SGB V Rn. 24.
22 Nolte in: KassKomm, § 24d SGB V Rn. 23f.
23 So zB Buchner/Becker, Mutterschutzgesetz und Bundeselterngeld- und Elternzeitgesetz, § 15 MuSchG Rn. 22 mwN; Rolfs in: Erfurter Kommentar zum Arbeitsrecht, § 24d SGB V Rn. 1; Wagner in: Krauskopf, § 24d SGB V Rn. 4.
24 Buchner/Becker, Mutterschutzgesetz und Bundeselterngeld- und Elternzeitgesetz, § 15 MuSchG Rn. 22 fordern den „nicht unbegründeten Verdacht einer Empfängnis".
25 Nolte in: KassKomm, § 24d SGB V Rn. 11, 11a, 18 mwN.

§§ 31 bis 33 geltenden Vorschriften gelten entsprechend; bei Schwangerschaftsbeschwerden und im Zusammenhang mit der Entbindung finden § 31 Absatz 3, § 32 Absatz 2, § 33 Absatz 8 und § 127 Absatz 4 keine Anwendung.

Literatur:
Di Bella, Entwurf eines Gesetzes zur Stärkung der Heil- und Hilfsmittelversorgung, RDG 2016, 248; *Jäger/Münter*, Ist die moderne Wundversorgung noch zu retten?, RDG 2017, 12; *Just/Schneider*, Das Leistungsrecht der gesetzlichen Krankenversicherung, 2. Auflage 2016.

I. Allgemeines

§ 24 e wurde mWv 30.10.2012 durch Art. 3 Nr. 6 **PNG**[1] in das SGB V eingefügt. Zuvor ergab sich der Anspruch auf Versorgung mit Arznei-, Verband-, Heil- und Hilfsmitteln aus § 195 Abs. 1 Nr. 2 aF iVm § 196 Abs. 2 RVO aF.[2] Diese Bestimmungen wurden durch Art. 7 PNG aufgehoben. Dass ein Anspruch auf Versorgung auch mit Hilfsmitteln besteht, wurde durch die Neuregelung nunmehr ausdrücklich klargestellt[3] (→ § 24 c Rn. 1). 1

II. Anspruchsinhalt und Anspruchsvoraussetzungen

Der Anspruchsinhalt entspricht dem der §§ 31 bis 33.[4] § 31 Abs. 1 a idF des Art. 1 Nr. 1 HHVG[5] sieht erstmals eine Legaldefinition für den Begriff des Verbandmittels vor. Der Bericht des Ausschusses für Gesundheit geht trotz des Verweises lediglich auf §§ 31 bis 33 davon aus, dass auch die Leistungseinschränkung nach § 34[6] in Bezug genommen sei.[7] S. 1 setzt das Vorliegen einer **Schwangerschaft oder einer Entbindung** (→ § 24 c Rn. 6 f.) sowie eines **Versicherungsverhältnisses** (→ § 24 c Rn. 8) voraus. Schließlich muss ein zeitlicher („während der Schwangerschaft", „im Zusammenhang mit der Entbindung") und kausaler Zusammenhang zwischen der Leistung und der Schwangerschaft oder Entbindung bestehen (→ § 24 c Rn. 3).[8] 2

III. Zuzahlungen

S. 2 Hs. 2 regelt, dass die §§ 31 Abs. 3 (Zuzahlungspflicht für Arznei- und Verbandmittel), 32 Abs. 2 (Zuzahlungspflicht für Heilmittel), 33 Abs. 8 (Zuzahlungspflicht für Hilfsmittel) und 127 Abs. 4 (Festbeträge bei Vertragspreisen) keine Anwendung finden, dass also **keine Zuzahlungen** zu leisten sind. Ausweislich des Wortlauts finden diese Regelungen nur bei Schwangerschaftsbeschwerden und im Zusammenhang mit der Entbindung keine Anwendung. S. 1 ist weiter formuliert und spricht allgemein von der Schwangerschaft, also nicht beschränkt auf Schwangerschaftsbeschwerden. Dies machte nach bislang hM die Abgrenzung von Schwangerschaftsbeschwerden und Krankheiten erforderlich; nach hier vertretener Auffassung unterfallen alle schwangerschaftsbedingten Leistungen den § 24 d und § 24 e (→ § 24 c Rn. 3), weshalb keine Zuzahlungspflicht besteht.[9] 3

---

1 Gesetz zur Neuausrichtung der Pflegeversicherung (Pflege-Neuausrichtungs-Gesetz – PNG) v. 23.10.2012, BGBl. I, 2246.
2 Siehe auch Ausschuss für Gesundheit, BT-Dr. 17/10170, 23.
3 Ausschuss für Gesundheit, BT-Dr. 17/10170, 23.
4 Wagner in: Krauskopf, § 24 e SGB V Rn. 2 f.; Waltermann in: Knickrehm/Kreikebohm//Waltermann, § 24 e SGB V Rn. 1; Welti in: Becker/Kingreen, § 24 e Rn. 4.
5 Gesetz zur Stärkung der Heil- und Hilfsmittelversorgung (Heil- und Hilfsmittelversorgungsgesetz – HHVG) v. 4.4.2017, BGBl. I, 778. Siehe hierzu BT-Dr. 18/10186, 9; BT-Dr. 18/11205, 9, 60. Siehe hierzu Di Bella, RDG 2016, 248; Jäger/Münter, RDG 2017, 12.
6 Siehe hierzu Schaks, Der Arzneimittelausschluss gem. § 34 Abs. 1 S. 1 SGB V aus unions- und verfassungsrechtlicher Perspektive, NZS 2013, 841 ff.
7 Ausschuss für Gesundheit, BT-Dr. 17/10170, 23; Nolte in: KassKomm, § 24 e SGB V Rn. 4. Kritisch hierzu Welti in: Becker/Kingreen, § 24 e Rn. 4.
8 Nolte in: KassKomm, § 24 e SGB V Rn. 6; s. auch Pitz in: jurisPK-SGB V, § 24 e Rn. 4.
9 AA Ihle in: Eichenhofer/Wenner, § 24 e Rn. 6 mwN; Nebendahl in: Spickhoff, Medizinrecht, § 24 e SGB V Rn. 4. Wie hier: Kießling in: BeckOK SozR, SGB V, § 24 e Rn. 2.

§ 24 f Entbindung

¹Die Versicherte hat Anspruch auf ambulante oder stationäre Entbindung. ²Die Versicherte kann ambulant in einem Krankenhaus, in einer von einer Hebamme oder einem Entbindungspfleger geleiteten Einrichtung, in einer ärztlich geleiteten Einrichtung, in einer Hebammenpraxis oder im Rahmen einer Hausgeburt entbinden. ³Wird die Versicherte zur stationären Entbindung in einem Krankenhaus oder in einer anderen stationären Einrichtung aufgenommen, hat sie für sich und das Neugeborene Anspruch auf Unterkunft, Pflege und Verpflegung. ⁴Für diese Zeit besteht kein Anspruch auf Krankenhausbehandlung. ⁵§ 39 Absatz 2 gilt entsprechend.

Literatur:
Arnold, Geburtshilfe in Deutschland: Zum Wohl von Mutter und Kind, G+S 2016, 7; *Just/Schneider*, Das Leistungsrecht der gesetzlichen Krankenversicherung, 2. Auflage 2016; *Kötter/Maßing*, Qualitätsanforderung versus Wahlfreiheit bei Hausgeburten, G+S 2016, 14.

I. Allgemeines

1 § 24 f wurde mWv 30.10.2012 durch Art. 3 Nr. 6 **PNG**[1] in das SGB V eingefügt. Zuvor war die nahezu identische Vorschrift in § 197 RVO aF enthalten. Ein wichtiger Unterschied zwischen § 24 f und § 197 RVO aF besteht darin, dass § 197 RVO aF enger gefasst war, da nur die stationäre Entbindung gewährt wurde. Nunmehr gewährt S. 1 ausdrücklich auch einen Anspruch auf ambulante Entbindung. Im Übrigen entsprechen sich die Regelungen weitestgehend.

II. Anspruchsinhalt

2 S. 1 gewährt der Versicherten einen Anspruch auf ambulante (→ Rn. 3) oder stationäre (→ Rn. 4) Entbindung (zum Begriff → § 24 c Rn. 3). Zwischen diesen beiden Formen der Entbindung steht der Versicherten ein Wahlrecht zu.[2]

3 **1. Ambulante Entbindung.** Ambulant ist die Entbindung dann, wenn sie nicht stationär erfolgt (→ Rn. 4). Als mögliche ambulante Entbindungsorte nennt S. 2 ein Krankenhaus, eine von einer Hebamme oder einem Entbindungspfleger geleitete Einrichtung, eine ärztlich geleitete Einrichtung, eine Hebammenpraxis oder eine Hausgeburt. Ein anderer Ort soll hierdurch in Notfällen jedoch nicht ausgeschlossen sein.[3] Diese Orte müssen über die gewerberechtlich erforderliche Konzession verfügen.[4] Anders als bei stationärer Entbindung besteht bei ambulanter Entbindung kein Anspruch auf Unterkunft, Pflege und Verpflegung.[5]

4 **2. Stationäre Entbindung.** Stationär erfolgt die Entbindung, wenn die Versicherte zur Entbindung in das Krankenhaus aufgenommen wurde, dh physisch und organisatorisch in das Versorgungssystem eingegliedert worden und nicht die Entlassung am selben Tag bezweckt ist.[6]

5 Nach der Rechtsprechung zu § 197 RVO aF war es erforderlich, dass es sich bei dem Krankenhaus oder der anderen stationären Einrichtung um ein zugelassenes Krankenhaus iwS handelt.[7] Denn mit den Begriffen „Krankenhaus" und „stationäre Einrichtung" wird an § 107 Abs. 1 Nr. 1, § 108 angeknüpft. Es ist umstritten, ob die Neuregelung durch das PNG (→ Rn. 1) hieran etwas geändert hat.[8]

---

1 Gesetz zur Neuausrichtung der Pflegeversicherung (Pflege-Neuausrichtungs-Gesetz – PNG) v. 23.10.2012, BGBl. I, 2246.
2 AllgM, s. nur Antwort der Bundesregierung BT-Dr. 17/4944, 6; Ihle in: Eichenhofer/Wenner, § 24 f Rn. 4; Just/Schneider, Das Leistungsrecht der gesetzlichen Krankenversicherung, 2. Aufl. 2016, Rn. 857; Wagner in: Krauskopf, § 24 f SGB V Rn. 3. Siehe zu einer möglichen Verletzung durch eine Vereinbarung gem. 134 a Abs. 1 S. 1: SG Berlin, 22.2.2016, S 211 KR 4186/15 ER, juris. Kritisch zum Wahlrecht Kötter/Maßing, G+S 2016, 14.
3 Ausschuss für Gesundheit, BT-Dr. 17/ 10170, 24.
4 BSG, 9.10.2001, B 1 KR 15/00 R, SozR 3-2200 § 197 Nr. 2, S. 4 ff.; Knigge in: LPK-SGB V, § 24 f Rn. 6; Nolte in: KassKomm, § 24 f SGB V Rn. 9.
5 Kießling in: BeckOK SozR, SGB V, § 24 f Rn. 4.
6 So Wagner in: Krauskopf, § 24 f SGB V Rn. 4, 8. Vgl. BSG, 9.10.2001, B 1 KR 15/00 R, SozR 3-2200 § 197 Nr. 2 S. 8; Knigge in: LPK-SGB V, § 24 f Rn. 3.
7 BSG, 21.2.2006, B 1 KR 34/04 R, NZS 2006, 648, 649 ff.
8 Siehe einerseits Rolfs in: Erfurter Kommentar zum Arbeitsrecht, § 24 f SGB V Rn. 1 und andererseits Kießling in: BeckOK SozR, SGB V, § 24 f Rn. 8; Nolte in: KassKomm, § 24 f SGB V Rn. 8. Vgl. Just/Schneider, Das Leistungsrecht der gesetzlichen Krankenversicherung, 2. Aufl. 2016, Rn. 862.

Die besseren Gründe dürften dafür sprechen, dass es bei der bisherigen Rechtsprechung bleibt, da die Gesetzesänderung sich lediglich auf die ambulante Entbindung bezieht[9] und es Zweck des Zulassungserfordernisses war, eine angemessene Versorgung der (werdenden) Mutter sicherzustellen.[10]

Der Anspruch ist zeitlich nicht begrenzt. Inhaltlich gewährt er Unterkunft, Pflege und Verpflegung (S. 2) vor, während und nach der Entbindung, soweit dies erforderlich ist.[11] Für die Zeit der Aufnahme in das Krankenhaus ist der Anspruch auf Krankenhausbehandlung ausgeschlossen (S. 3).[12]

III. Anspruchsvoraussetzungen

Es muss sich um eine **Versicherte** (→ § 24 c Rn. 8) handeln. Darüber hinaus muss die **Schwangerschaft** (→ § 24 c Rn. 7) so weit fortgeschritten sein, dass mit der **Entbindung** (→ § 24 c Rn. 3) zu rechnen ist.[13]

IV. Mehrkostenregelung

S. 5 ordnet die entsprechende Anwendung von § 39 Abs. 2 an. Da die in § 39 Abs. 2 genannte Einweisung keine Voraussetzung für den Anspruch aus § 24 f darstellt, kann es nicht auf die Einweisung, sondern allenfalls auf die tatsächlich nächsterreichbaren Einrichtungen ankommen.[14] Die Bedeutung ist jedoch gering, da Mehrkosten allenfalls bei Fahrtkosten entstehen können.[15]

§ 24 g Häusliche Pflege

[1]Die Versicherte hat Anspruch auf häusliche Pflege, soweit diese wegen Schwangerschaft oder Entbindung erforderlich ist. [2]§ 37 Absatz 3 und 4 gilt entsprechend.

Literatur:

Erfurter Kommentar zum Arbeitsrecht, 17. Auflage 2017; *Just/Schneider*, Das Leistungsrecht der gesetzlichen Krankenversicherung, 2. Auflage 2016; *Rixen*, Sozialrecht als öffentliches Wirtschaftsrecht, 2005.

I. Allgemeines

§ 24 g wurde mWv 30.10.2012 durch Art. 3 Nr. 6 **PNG**[1] in das SGB V eingefügt. Zuvor war die inhaltsgleiche Regelung in § 198 RVO aF enthalten, diese Bestimmung wurde durch Art. 7 PNG aufgehoben. Auf die zu § 198 RVO aF ergangene Rechtsprechung kann zurückgegriffen werden (→ § 24 c Rn. 1 f.). Zweck der Regelung über die häusliche Pflege ist die Schonung der Schwangeren bzw. die Regeneration der Mutter.[2] Vor der Entbindung (→ § 24 c Rn. 7) kommt häusliche Pflege zB bei einer drohenden Frühgeburt in Betracht, danach zB bei besonderer Schwächung nach Mehrlingsgeburten[3] sowie bei Haus- und ambulanten Geburten zur Vermeidung eines längeren Krankenhausaufenthalts.[4]

---

9 Nolte in: KassKomm, § 24 f SGB V Rn. 8.
10 BSG, 21.2.2006, B 1 KR 34/04 R, NZS 2006, 648, 650 f.; Ihle in: Eichenhofer/Wenner, § 24 f Rn. 6; Kießling in: BeckOK SozR, SGB V, § 24 f Rn. 8; Knigge in: LPK-SGB V, § 24 f Rn. 6.
11 Welti in: Becker/Kingreen, § 24 f Rn. 3.
12 Siehe hierzu BSG, 8.10.2014, B 3 KR 7/14 R, BSGE 117, 65, 70; LSG Saarl, 1.3.2013, L 2 KR 3/12 NZB, BeckRS 2013, 67371.
13 Just/Schneider, Das Leistungsrecht der gesetzlichen Krankenversicherung, 2. Aufl. 2016, Rn. 859: „Aufnahme in engem zeitlichen Zusammenhang mit der Entbindung", „Verdacht auf eine bevorstehende Entbindung". Siehe auch Kießling in: BeckOK SozR, SGB V, § 24 f Rn. 6; Knigge in: LPK-SGB V, § 24 f Rn. 3, 9.
14 So Nolte in: KassKomm, § 24 f SGB V Rn. 13; aA Welti in: Becker/Kingreen, § 24 f Rn. 4 – „geht daher ins Leere".
15 Kießling in: BeckOK SozR, SGB V, § 24 f Rn. 10–10.2.
1 Gesetz zur Neuausrichtung der Pflegeversicherung (Pflege-Neuausrichtungs-Gesetz – PNG) v. 23.10.2012, BGBl. I, 2246. Siehe auch Ausschuss für Gesundheit, BT-Dr. 17/10170, 24.
2 BSG, 23.3.1983, 3 RK 66/81, USK 8318, 77, 78 f. – im Hinblick auf Mutterschafts-Hauspflege iSd damaligen § 199 Abs. 2 RVO; Nolte in: KassKomm, § 24 g SGB V Rn. 2; Rixen in: Becker/Kingreen, § 24 g Rn. 1.
3 Wagner in: Krauskopf, § 24 g SGB V Rn. 6.
4 Rolfs in: Erfurter Kommentar zum Arbeitsrecht, § 24 g SGB V Rn. 1.

II. Anspruchsinhalt

2   Der Anspruchsinhalt entspricht im Wesentlichen § 37 Abs. 1 S. 1[5] (s. § 37) und umfasst **Pflegeleistungen**, nicht jedoch hauswirtschaftliche Versorgung.[6] Letzteres ergibt sich in systematischer Hinsicht aus § 37 Abs. 1 S. 3, der die hauswirtschaftliche Versorgung eigenständig erwähnt, und aus § 24h, der einen eigenen Anspruch auf Haushaltshilfe gewährt. Umstritten ist, ob nur Grund- oder auch Behandlungspflege (→ § 37 Rn. 18–20) erfasst wird.[7] Gegen die Einbeziehung der Behandlungspflege wird eingewandt, dass § 24g keine Krankheit voraussetze und deshalb auch keine medizinischen Leistungen erbracht werden könnten.[8] Jedoch umfasst § 24g S. 1 alle Pflegeleistungen, soweit sie wegen der Schwangerschaft oder Mutterschaft erforderlich sind. Welche Leistungen dies sind und ob sie gerade wegen Schwangerschaft oder Mutterschaft erforderlich sind, ist im Einzelfall zu ermitteln (→ § 24c Rn. 3).

III. Anspruchsvoraussetzungen

3   Voraussetzungen für den Anspruch auf Versorgung mit häuslicher Pflege sind das Vorliegen von **Schwangerschaft oder Entbindung** (zu diesen Begriffen → § 24c Rn. 6 f.) sowie das Bestehen eines **Versicherungsverhältnisses** (→ § 24c Rn. 8). Darüber hinaus erhält die Versicherte häusliche Pflege nur, soweit dies gerade wegen der Schwangerschaft oder Entbindung erforderlich ist (→ Rn. 4 f.).

4   **1. Erforderlichkeit.** Der Begriff „erforderlich" in S. 1 bezieht sich auf den Zweck der Gewährung von häuslicher Pflege, nämlich Schonung und Regeneration der (werdenden) Mutter (→ Rn. 1, → § 12 Rn. 15). Dies bedeutet, dass häusliche Pflege dann erforderlich ist, wenn sie notwendig[9] ist, um eine besondere Schwächung auszugleichen oder drohende Gefahren für Mutter und Kind abzuwenden (drohende Frühgeburt, Mehrlingsgeburten, → Rn. 1). Entscheidend ist die konkrete Pflegebedürftigkeit im Einzelfall.[10]

5   **2. Wegen der Schwangerschaft oder Entbindung.** Die Erforderlichkeit muss gerade **wegen der Schwangerschaft oder Entbindung** (Kausalzusammenhang) bestehen, eine Erforderlichkeit aus anderen Gründen löst keinen Anspruch gem. S. 1 aus, sondern ggf. gem. § 37 Abs. 1.[11] Dieser ist jedoch – anders als der Anspruch gem. § 24g S. 1[12] – zeitlich beschränkt. Je nachdem, wie weit der Begriff der Entbindung verstanden wird, wird häusliche Pflege auch nach einer Fehlgeburt (→ § 24c Rn. 7) gewährt oder nicht. Die durch den Begriff „wegen" erforderliche Ursächlichkeit bemisst sich nach der Theorie der wesentlichen Bedingung.[13]

6   **3. Kein Anspruchsausschluss (S. 2 iVm § 37 Abs. 3).** Der Verweis in S. 2 auf § 37 Abs. 3 bedeutet, dass der Anspruch auf häusliche Pflege nur insoweit besteht, als eine im Haushalt lebende – nicht zwingend volljährige[14] – Person die Versicherte nicht pflegen kann (→ § 24h Rn. 7). Dies setzt zunächst voraus, dass überhaupt eine Person im Haushalt lebt,[15] also nicht nur vorübergehend in die häusliche Gemeinschaft aufgenommen[16] ist. Weiterhin muss die im Haushalt lebende Person auch tatsächlich zur häusli-

---

5   Waltermann in: Knickrehm/Kreikebohm/Waltermann, § 24g SGB V Rn. 1. Siehe auch Rixen, Sozialrecht als öffentliches Wirtschaftsrecht, 2005, 480–482. Durch Art. 13 Nr. 2 des Dritten Gesetzes zur Stärkung der pflegerischen Versorgung und zur Änderung weiterer Vorschriften (Drittes Pflegestärkungsgesetz – PSG III) v. 23.12.2016, BGBl. I, 3191 wurde § 37 geringfügig geändert.
6   Nolte in: KassKomm, § 24g SGB V Rn. 6; Rixen in: Becker/Kingreen, § 24g Rn. 3.
7   Siehe hierzu Kießling in: BeckOK SozR, SGB V, § 24g Rn. 3.
8   Ihle in: Eichenhofer/Wenner, § 24g Rn. 5; Knigge in: LPK-SGB V, § 24g Rn. 10; Nebendahl in: Spickhoff, Medizinrecht, § 24g SGB V Rn. 3; Pitz in: jurisPK-SGB V, § 24g Rn. 6; Wagner in: Krauskopf, § 24g SGB V Rn. 5. AA Kießling in: BeckOK SozR, SGB V, § 24g Rn. 3; Nolte in: KassKomm, § 24g SGB V Rn. 6; Rixen in: Becker/Kingreen, § 24g Rn. 3.
9   Siehe zur Notwendigkeit iSd § 12 Abs. 1 von Langsdorff in: Sodan, HdB KrVersR, § 9 Rn. 7 f.
10 Kießling in: BeckOK SozR, SGB V, § 24g Rn. 5 f.
11 Rolfs in: Erfurter Kommentar zum Arbeitsrecht, § 24g SGB V Rn. 1.
12 Wagner in: Krauskopf, § 24g SGB V Rn. 6.
13 So Pitz in: jurisPK-SGB V, § 24g Rn. 5 mwN.
14 BSG, 22.4.1987, 8 RK 22/85, USK 8746, 205, 208 f.
15 BSG, 26.3.1980, 3 RK 47/79, BSGE 50, 73, 75.
16 BSG, 22.4.1987, 8 RK 22/85, USK 8746, 205, 207.

chen Pflege in der Lage sein,[17] Pfleger und zu Pflegende müssen jeweils zur Pflege bereit sein[18] und die jeweilige Leistung muss zumutbar sein.[19]

4. Häusliche Pflege nur im eigenen Haushalt? Weiterhin ist umstritten, ob die häusliche Pflege im eigenen Haushalt der Versicherten erbracht werden muss.[20] Der Wortlaut erfordert dies nicht und auch aus dem Verweis auf § 37 Abs. 3 wird man dies nicht zwingend folgern können.[21] Wenn die Zwecke der Vorschrift Schonung und Regeneration der (werdenden) Mutter sind, dann ist nicht erkennbar, weshalb stets ein Aufenthalt im eigenen Haushalt zwingend vorausgesetzt werden sollte. Es steht zu vermuten, dass die Versicherte bereits im eigenen Interesse den Ort aufsucht, an dem sie sich am besten schonen oder sich am schnellsten regenerieren kann. Zwingend ist es jedoch, dass sich die werdende Mutter in einem Haushalt und nicht etwa in einer anderen Einrichtung aufhält.[22]

IV. Kostenerstattung (S. 2 iVm § 37 Abs. 4)

Grundsätzlich wird die häusliche Pflege als **Naturalleistung**[23] erbracht; hierfür hat die Krankenkasse die erforderlichen Pflegekräfte zu stellen.[24] S. 2 iVm § 37 Abs. 4 stellt einen speziellen **Kostenerstattungsanspruch** dar.[25] Zuzahlungen sind nicht zu leisten, denn § 37 Abs. 5, der die Zuzahlungspflicht für die häusliche Krankenpflege regelt, wird von S. 2 gerade nicht in Bezug genommen.[26]

§ 24 h Haushaltshilfe

¹Die Versicherte erhält Haushaltshilfe, soweit ihr wegen Schwangerschaft oder Entbindung die Weiterführung des Haushalts nicht möglich und eine andere im Haushalt lebende Person den Haushalt nicht weiterführen kann. ²§ 38 Absatz 4 gilt entsprechend.

Literatur:

Erfurter Kommentar zum Arbeitsrecht, 17. Auflage 2017; *Just/Schneider*, Das Leistungsrecht der gesetzlichen Krankenversicherung, 2. Auflage 2016; *Rixen*, Sozialrecht als öffentliches Wirtschaftsrecht, 2005.

I. Allgemeines

§ 24 h wurde mWv 30.10.2012 durch Art. 3 Nr. 6 **PNG**[1] in das SGB V eingefügt. Zuvor war die inhaltsgleiche Regelung in § 199 RVO aF enthalten, diese Bestimmung wurde durch Art. 7 PNG aufgehoben. Sowohl in der Beschlussempfehlung des Ausschusses für Gesundheit[2] als auch in Art. 3 Nr. 6 PNG fehlt in S. 1 das Hilfsverb „ist" nach den Worten „nicht möglich", wie es noch richtigerweise in § 199 S. 1 RVO aF hieß. Auf die zu § 199 RVO aF ergangene Rechtsprechung kann zurückgegriffen werden (→ § 24 c Rn. 1 f.).

---

17 BSG, 26.3.1980, 3 RK 47/79, BSGE 50, 73, 75.
18 BSG, 30.3.2000, B 3 KR 23/99 R, BSGE 86, 101, 105 f.
19 BSG, 14.7.1977, 3 RK 60/75, BSGE 44, 139, 141.
20 So BSG, 23.3.1983, 3 RK 66/81, USK 8318, 77, 78 f.
21 So iE auch Just/Schneider, Das Leistungsrecht der gesetzlichen Krankenversicherung, 2. Aufl. 2016, Rn. 864; Kießling in: BeckOK SozR, SGB V, § 24 g Rn. 4; Knigge in: LPK-SGB V, § 24 g Rn. 6; Nolte in: KassKomm, § 24 g SGB V Rn. 4. Offen gelassen von BSG, 9.10.2001, B 1 KR 15/00 R, SozR 3-2200 § 197 Nr. 2 S. 3.
22 BSG, 9.10.2001, B 1 KR 15/00 R, SozR 3-2200 § 197 Nr. 2 S. 3; Just/Schneider, Das Leistungsrecht der gesetzlichen Krankenversicherung, 2. Aufl. 2016, Rn. 864.
23 Vgl. BSG, 23.3.1983, 3 RK 66/81, USK 8318, 77, 78.
24 Vgl. Nolte in: KassKomm, § 24 g SGB V Rn. 6. Siehe zu den Möglichkeiten der Krankenkasse Schaks in: Sodan, HdB KrVersR, § 28 Rn. 22, 29, 37.
25 Siehe hierzu BSG, 23.3.1983, 3 RK 66/81, USK 8318, 77, 78.
26 Ausschuss für Gesundheit, BT-Dr. 17/10170, 24; Becker in: Hauck/Noftz, SGB V, § 24 c Rn. 16; Ihle in: Eichenhofer/Wenner, § 24 g Rn. 7; Wagner in: Krauskopf, § 24 g SGB V Rn. 2, 9.
1 Gesetz zur Neuausrichtung der Pflegeversicherung (Pflege-Neuausrichtungs-Gesetz – PNG) v. 23.10.2012, BGBl. I, 2246. Siehe auch Ausschuss für Gesundheit, BT-Dr. 17/10170, 24.
2 BT-Dr. 17/10157, 36.

II. Anspruchsinhalt

2 § 24h entspricht inhaltlich weitgehend § 38.[3] Die **Haushaltshilfe** erfasst solche Tätigkeiten bzw. Leistungen, die zur Führung eines Haushalts gehören, wie zB Reinigung der Wohnung, Waschen, Bügeln, Einkaufen, Kochen, Kinderbetreuung.[4] Der Anspruch besteht zB wenn die Versicherte bei stationärer Entbindung den Haushalt nicht weiterführen kann, aber auch im Falle einer Hausgeburt oder während der Schwangerschaft, wenn der Haushalt wegen drohender Gesundheitsgefahren nicht weitergeführt werden kann.[5] Es handelt sich jedoch nicht um einen allgemeinen Versorgungsanspruch[6] (→ Rn. 5).

3 Der Anspruch ist **zeitlich nicht beschränkt**, weder während der Schwangerschaft noch nach der Entbindung. Haushaltshilfe wird soweit (und damit auch so lange) gewährt, wie diese erforderlich ist.[7]

III. Anspruchsvoraussetzungen

4 Voraussetzungen für den Anspruch auf Versorgung mit Haushaltshilfe sind das Vorliegen von **Schwangerschaft oder Entbindung** (zu diesen Begriffen → § 24c Rn. 6f.) sowie das Bestehen eines **Versicherungsverhältnisses** (→ § 24c Rn. 8). Darüber hinaus erhält die Versicherte Haushaltshilfe nur, soweit der Versicherten die Weiterführung des Haushalts gerade wegen der Schwangerschaft oder Entbindung nicht möglich ist und keine andere im selben Haushalt lebende Person den Haushalt nicht weiterführen kann. Keine Voraussetzung ist es, dass – abgesehen von dem ggf. Neugeborenen – ein Kind unter 12 Jahren oder ein behindertes Kind im Haushalt lebt (so aber § 38 Abs. 1 S. 2).

5 **1. Weiterführung des Haushalts nicht möglich.** Der Anspruch setzt zunächst voraus, dass die Versicherte zuvor den Haushalt **tatsächlich selbst geführt** hat,[8] anderenfalls liegt keine Unmöglichkeit der *Weiter*führung vor. Bei teilweiser Haushaltsführung kommt eine anteilige Gewährung von Haushaltshilfe in Betracht.[9] Denn S. 1 ist aufgrund der Verwendung des Begriffs „soweit" für differenzierende Lösungen offen. Darüber hinaus will S. 1 lediglich den Status quo ante sicherstellen, er soll aber keine darüberhinausgehende Privilegierung bewirken. Weiterhin darf der Versicherten die Weiterführung nicht möglich sein. Dies kann verschiedene Ursachen haben, wie zB die Abwesenheit vom Haushalt aufgrund der stationären Entbindung, die Schwächung infolge der Entbindung oder die Gefahr einer Gesundheitsschädigung aufgrund einer kompliziert verlaufenden Schwangerschaft (→ Rn. 2).

6 **2. Wegen der Schwangerschaft oder Entbindung.** Es genügt nicht jeder beliebige Grund, weshalb die Weiterführung des Haushalts nicht möglich ist. Vielmehr erfasst S. 1 nur die Fälle, in denen die Weiterführung des Haushalts gerade **wegen der Schwangerschaft oder Entbindung** nicht möglich ist. Mit dem Begriff „wegen ... Entbindung" sind die Strapazen/Folgen der Geburt gemeint, nicht jedoch der Umstand, dass nach der Geburt mehr Personen im Haushalt zu versorgen sind.[10] Zwar beruht dieser Umstand auch auf der Entbindung, dies will § 24h jedoch nicht erfassen,[11] sondern lediglich die gesundheitsbezogenen Folgen.[12] Es werden jedoch auch die Folgen erfasst, die über das gewöhnlicherweise mit einer Schwangerschaft verbundene Maß hinausgehen (→ § 24c Rn. 3).[13] Das LSG BW geht davon

---

3 § 38 wurde durch Art. 13 Nr. 2a des Dritten Gesetzes zur Stärkung der pflegerischen Versorgung und zur Änderung weiterer Vorschriften (Drittes Pflegestärkungsgesetz – PSG III) v. 23.12.2016, BGBl. I, 3191 geringfügig geändert, vgl. BT-Dr. 18/10510, 71, 129.
4 BSG, 22.4.1987, 8 RK 22/85, USK 8746, 205, 209; LSG Hessen, 25.10.2016, L 1 KR 201/15, Rn. 37, 42, juris; Rolfs in: Erfurter Kommentar zum Arbeitsrecht, § 24h SGB V Rn. 1; Schaks in: Sodan, HdB KrVersR, § 28 Rn. 13.
5 LSG Hessen, 25.10.2016, L 1 KR 201/15, Rn. 42, juris: Rolfs in: Erfurter Kommentar zum Arbeitsrecht, § 24h SGB V Rn. 1.
6 Vgl. BSG, 1.7.2003, B 1 KR 13/02 R, BeckRS 2004, 40025; LSG SH, 9.5.2007, L 5 KR 59/05, NZS 2008, 258, 259.
7 So LSG Hessen, 25.10.2016, L 1 KR 201/15, Rn. 48, juris; Kießling in: BeckOK SozR, SGB V, § 24h Rn. 4; Wagner in: Krauskopf, § 24h SGB V Rn. 8.
8 BSG, 11.12.1980, 2 RU 37/79, BSGE 51, 78, 80; LSG NRW, 11.10.2016, L 11 KR 259/16 B ER, BeckRS 2016, 73913, Rn. 10; Knigge in: LPK SGB V, § 24h Rn. 6-8; Nebendahl in: Spickhoff, Medizinrecht, § 24h SGB V Rn. 3; Nolte in: KassKomm, § 24h SGB V Rn. 6.
9 BSG, 11.12.1980, 2 RU 37/79, BSGE 51, 78, 80.
10 LSG SH, 9.5.2007, L 5 KR 59/05, NZS 2008, 258, 259.
11 LSG SH, 9.5.2007, L 5 KR 59/05, NZS 2008, 258, 259.
12 Kießling in: BeckOK SozR, SGB V, § 24h Rn. 4.
13 LSG BW, 7.5.2014, L 5 KR 898/13, Rn. 31-37, juris; LSG Hessen, 25.10.2016, L 1 KR 201/15, Rn. 42, juris. AA Ihle in: Eichenhofer/Wenner, § 24h Rn. 5; Nebendahl in: Spickhoff, Medizinrecht, § 24h SGB V Rn. 3.

aus, dass immer dann, wenn eine Erkrankung unmittelbare und wesentliche Folge einer Entbindung ist, die Vorschrift des § 199 RVO zur Anwendung kommt.[14] Dies gilt auch für die Folgevorschrift des § 24h und muss auch dann gelten, wenn eine Erkrankung unmittelbare und wesentliche Folge einer Schwangerschaft ist. In zeitlicher Hinsicht sieht das LSG BW zumindest alle noch während der Schutzfristen des Mutterschutzgesetzes wegen der Entbindungen entstandenen Komplikationen als erfasst an.[15]

3. Kein Anspruchsausschluss. Der Anspruch ist nach S. 1 Hs. 2 aE ausgeschlossen, wenn eine andere im Haushalt lebende Person den Haushalt weiterführen kann (→ § 24g Rn. 6). Dies setzt zunächst voraus, dass überhaupt eine andere – nicht zwingend volljährige[16] – Person im Haushalt lebt. Dies setzt die Aufnahme einer anderen Person von einer gewissen Dauer und Beständigkeit voraus,[17] was im Falle des Getrenntlebens (im familienrechtlichen Sinne) selbst innerhalb eines Eigenheims nicht mehr der Fall ist.[18] Weiterhin muss diese Person tatsächlich in der Lage sein, die erforderlichen Arbeiten zu übernehmen.[19] Dies soll dann nicht der Fall sein, wenn diese Person wegen Schule, Berufsausbildung oder Erwerbstätigkeit an der Haushaltsführung gehindert ist.[20] Auch hohes oder geringes Alter der anderen im Haushalt lebenden Personen kann den Anspruch bestehen lassen.[21] Es besteht für diese Person keine Verpflichtung zur Beantragung von Urlaub oder Freistellung, damit der Haushalt weitergeführt werden kann.[22]

IV. Entsprechende Anwendung von § 38 Abs. 4

S. 2 ordnet die entsprechende Geltung von § 38 Abs. 4 an. Grundsätzlich ist die Haushaltshilfe von der Krankenkasse als **Naturalleistung** zu erbringen.[23] Unter den in § 38 Abs. 4 genannten Voraussetzungen wandelt sich der Anspruch auf Naturalleistung in einen **Kostenerstattungsanspruch**. Das LSG NRW hält einen Stundensatz iHv 15,00 Euro für angemessen.[24] Das LSG Hessen hat bei einem Haushalt von zwei Erwachsenen und sieben Kindern im Alter zwischen wenigen Monaten und zehn Jahren täglich fünf bis sieben Stunden Haushaltshilfe für angemessen gehalten.[25] Der Stundenlohn betrug hier 6,50 Euro.[26]

§ 24i Mutterschaftsgeld

[gültig bis 31.12.2017:]
(1) ¹Weibliche Mitglieder, die bei Arbeitsunfähigkeit Anspruch auf Krankengeld haben oder denen wegen der Schutzfristen nach § 3 Absatz 2 und § 6 Absatz 1 des Mutterschutzgesetzes kein Arbeitsentgelt gezahlt wird, erhalten Mutterschaftsgeld. [Satz 2 bis 31.7.2017:] ²Mutterschaftsgeld erhalten auch Frauen,
1. deren Arbeitsverhältnis unmittelbar vor Beginn der Schutzfrist nach § 3 Absatz 2 des Mutterschutzgesetzes endet, wenn sie am letzten Tag des Arbeitsverhältnisses Mitglied einer Krankenkasse waren, oder

---

14 LSG BW, 7.5.2014, L 5 KR 898/13, Rn. 37, juris. Siehe auch LSG NRW, 11.10.2016, L 11 KR 259/16 B ER, BeckRS 2016, 73913, Rn. 12-14.
15 LSG BW, 7.5.2014, L 5 KR 898/13, Rn. 38, juris.
16 BSG, 28.1.1977, 5 RKn 32/76, BSGE 43, 170, 171.
17 BSG, 22.4.1987, 8 RK 22/85, USK 8746, 205, 207.
18 BSG, 22.4.1987, 8 RK 22/85, USK 8746, 205, 207; LSG NRW, 11.10.2016, L 11 KR 259/16 B ER, BeckRS 2016, 73913, Rn. 17.
19 BSG, 28.1.1977, 5 RKn 32/76, BSGE 43, 170, 171 f.; Just/Schneider, Das Leistungsrecht der gesetzlichen Krankenversicherung, 2. Aufl. 2016; Rn. 870; Rixen, Sozialrecht als öffentliches Wirtschaftsrecht, 2005, 474.
20 BSG, 28.1.1977, 5 RKn 32/76, BSGE 43, 170, 171 f.; LSG BW, 7.5.2014, L 5 KR 898/13, Rn. 41, juris; Rolfs in: Erfurter Kommentar zum Arbeitsrecht, § 24h SGB V Rn. 2.
21 Siehe hierzu LSG NRW, 11.10.2016, L 11 KR 259/16 B ER, BeckRS 2016, 73913, Rn. 19 f.
22 BSG, 28.1.1977, 5 RKn 32/76, BSGE 43, 170, 171 f.; LSG BW, 7.5.2014, L 5 KR 898/13, Rn. 41, juris.
23 Nolte in: KassKomm, § 24h SGB V Rn. 7. Siehe zu den Möglichkeiten der Krankenkasse diesen Anspruch zu erfüllen Schaks in: Sodan, HdB KrVersR, § 28 Rn. 14 f.
24 LSG NRW, 11.10.2016, L 11 KR 259/16 B ER, BeckRS 2016, 73913, Rn. 27.
25 LSG Hessen, 25.10.2016, L 1 KR 201/15, Rn. 48, juris.
26 LSG Hessen, 25.10.2016, L 1 KR 201/15, Rn. 2, 51, juris.

2. die zu Beginn der Schutzfrist nach § 3 Absatz 2 des Mutterschutzgesetzes die Voraussetzungen nach Satz 1 nicht erfüllen, weil ihr Anspruch auf Arbeitslosengeld nach den §§ 157 oder 159 des Dritten Buches ruht.

[Satz 2 ab 1.8.2017:] ²Mutterschaftsgeld erhalten auch Frauen, deren Arbeitsverhältnis unmittelbar vor Beginn der Schutzfrist nach § 3 Absatz 2 des Mutterschutzgesetzes endet, wenn sie am letzten Tag des Arbeitsverhältnisses Mitglied einer Krankenkasse waren.

(2) ¹Für Mitglieder, die bei Beginn der Schutzfrist nach § 3 Absatz 2 des Mutterschutzgesetzes in einem Arbeitsverhältnis stehen oder in Heimarbeit beschäftigt sind oder deren Arbeitsverhältnis während ihrer Schwangerschaft oder der Schutzfrist nach § 6 Absatz 1 des Mutterschutzgesetzes nach Maßgabe von § 9 Absatz 3 des Mutterschutzgesetzes aufgelöst worden ist, wird als Mutterschaftsgeld das um die gesetzlichen Abzüge verminderte durchschnittliche kalendertägliche Arbeitsentgelt der letzten drei abgerechneten Kalendermonate vor Beginn der Schutzfrist nach § 3 Absatz 2 des Mutterschutzgesetzes gezahlt. ²Es beträgt höchstens 13 Euro für den Kalendertag. ³Einmalig gezahltes Arbeitsentgelt (§ 23 a des Vierten Buches) sowie Tage, an denen infolge von Kurzarbeit, Arbeitsausfällen oder unverschuldeten Arbeitsversäumnissen kein oder ein vermindertes Arbeitsentgelt erzielt wurde, bleiben außer Betracht. ⁴Ist danach eine Berechnung nicht möglich, ist das durchschnittliche kalendertägliche Arbeitsentgelt einer gleichartig Beschäftigten zugrunde zu legen. ⁵Für Mitglieder, deren Arbeitsverhältnis während der Mutterschutzfristen vor oder nach der Geburt beginnt, wird das Mutterschaftsgeld von Beginn des Arbeitsverhältnisses an gezahlt. ⁶Übersteigt das Arbeitsentgelt 13 Euro kalendertäglich, wird der übersteigende Betrag vom Arbeitgeber oder von der für die Zahlung des Mutterschaftsgeldes zuständigen Stelle nach den Vorschriften des Mutterschutzgesetzes gezahlt. ⁷Für andere Mitglieder wird das Mutterschaftsgeld in Höhe des Krankengeldes gezahlt.

(3) ¹Das Mutterschaftsgeld wird für die letzten sechs Wochen vor dem mutmaßlichen Tag der Entbindung, den Entbindungstag und für die ersten acht Wochen, bei Mehrlings- und Frühgeburten sowie in Fällen, in denen vor Ablauf von acht Wochen nach der Entbindung bei dem Kind eine Behinderung im Sinne von § 2 Absatz 1 Satz 1 des Neunten Buches Sozialgesetzbuch ärztlich festgestellt und eine Verlängerung der Schutzfrist nach § 6 Absatz 1 Satz 1 des Mutterschutzgesetzes von der Mutter beantragt wird, für die ersten zwölf Wochen nach der Entbindung gezahlt. ²Wird bei Frühgeburten und sonstigen vorzeitigen Entbindungen der Zeitraum von sechs Wochen vor dem mutmaßlichen Tag der Entbindung verkürzt, so verlängert sich die Bezugsdauer um den Zeitraum, der vor der Entbindung nicht in Anspruch genommen werden konnte. ³Für die Zahlung des Mutterschaftsgeldes vor der Entbindung ist das Zeugnis eines Arztes oder einer Hebamme maßgebend, in dem der mutmaßliche Tag der Entbindung angegeben ist. ⁴Bei Geburten nach dem mutmaßlichen Tag der Entbindung verlängert sich die Bezugsdauer bis zum Tag der Entbindung entsprechend.

(4) ¹Der Anspruch auf Mutterschaftsgeld ruht, soweit und solange das Mitglied beitragspflichtiges Arbeitsentgelt, Arbeitseinkommen oder Urlaubsabgeltung erhält. ²Dies gilt nicht für einmalig gezahltes Arbeitsentgelt.

[gültig ab 1.1.2018:]

(1) ¹Weibliche Mitglieder, die bei Arbeitsunfähigkeit Anspruch auf Krankengeld haben oder denen wegen der Schutzfristen nach § 3 Absatz 2 und § 6 Absatz 1 des Mutterschutzgesetzes kein Arbeitsentgelt gezahlt wird, erhalten Mutterschaftsgeld. ²Mutterschaftsgeld erhalten auch Frauen,

1. deren Arbeitsverhältnis unmittelbar vor Beginn der Schutzfrist nach § 3 Absatz 2 des Mutterschutzgesetzes endet, wenn sie am letzten Tag des Arbeitsverhältnisses Mitglied einer Krankenkasse waren, oder
2. die zu Beginn der Schutzfrist nach § 3 Absatz 2 des Mutterschutzgesetzes die Voraussetzungen nach Satz 1 nicht erfüllen, weil ihr Anspruch auf Arbeitslosengeld nach den §§ 157 oder 159 des Dritten Buches ruht.

(2) ¹Für Mitglieder, die bei Beginn der Schutzfrist nach § 3 Absatz 2 des Mutterschutzgesetzes in einem Arbeitsverhältnis stehen oder in Heimarbeit beschäftigt sind oder deren Arbeitsverhältnis während ihrer Schwangerschaft oder der Schutzfrist nach § 6 Absatz 1 des Mutterschutzgesetzes nach Maßgabe von § 9 Absatz 3 des Mutterschutzgesetzes aufgelöst worden ist, wird als Mutterschaftsgeld das um die gesetzlichen Abzüge verminderte durchschnittliche kalendertägliche Arbeitsentgelt der letzten drei abgerechneten Kalendermonate vor Beginn der Schutzfrist nach § 3 Absatz 2 des Mutterschutzgesetzes gezahlt. ²Es beträgt höchstens 13 Euro für den Kalendertag. ³Einmalig gezahltes Arbeitsentgelt (§ 23 a des Vierten Buches) sowie Tage, an denen infolge von Kurzarbeit, Arbeitsausfällen

oder unverschuldeten Arbeitsversäumnissen kein oder ein vermindertes Arbeitsentgelt erzielt wurde, bleiben außer Betracht. [4]Ist danach eine Berechnung nicht möglich, ist das durchschnittliche kalendertägliche Arbeitsentgelt einer gleichartig Beschäftigten zugrunde zu legen. [5]Für Mitglieder, deren Arbeitsverhältnis während der Mutterschutzfristen vor oder nach der Geburt beginnt, wird das Mutterschaftsgeld von Beginn des Arbeitsverhältnisses an gezahlt. [6]Übersteigt das Arbeitsentgelt 13 Euro kalendertäglich, wird der übersteigende Betrag vom Arbeitgeber oder von der für die Zahlung des Mutterschaftsgeldes zuständigen Stelle nach den Vorschriften des Mutterschutzgesetzes gezahlt. [7]Für andere Mitglieder wird das Mutterschaftsgeld in Höhe des Krankengeldes gezahlt.

(3) [1]Das Mutterschaftsgeld wird für die letzten sechs Wochen vor dem mutmaßlichen Tag der Entbindung, den Entbindungstag und für die ersten acht Wochen, bei Mehrlings- und Frühgeburten für die ersten zwölf Wochen nach der Entbindung gezahlt. [2]Wird bei Frühgeburten und sonstigen vorzeitigen Entbindungen der Zeitraum von sechs Wochen vor dem mutmaßlichen Tag der Entbindung verkürzt, so verlängert sich die Bezugsdauer um den Zeitraum, der vor der Entbindung nicht in Anspruch genommen werden konnte. [3]Für die Zahlung des Mutterschaftsgeldes vor der Entbindung ist das Zeugnis eines Arztes oder einer Hebamme maßgebend, in dem der mutmaßliche Tag der Entbindung angegeben ist. [4]Bei Geburten nach dem mutmaßlichen Tag der Entbindung verlängert sich die Bezugsdauer bis zum Tag der Entbindung entsprechend.

(4) [1]Der Anspruch auf Mutterschaftsgeld ruht, soweit und solange das Mitglied beitragspflichtiges Arbeitsentgelt, Arbeitseinkommen oder Urlaubsabgeltung erhält. [2]Dies gilt nicht für einmalig gezahltes Arbeitsentgelt.

Literatur:

Brose, Die Reproduktionsmedizin und der Mutterschutz – Gedanken zu einem zeitgemäßen Mutterschutzrecht, NZA 2016, 604; *Buchner/Becker*, Mutterschutzgesetz und Bundeselterngeld- und Elternzeitgesetz: MuSchG/BEEG, 8. Auflage 2008; *Erfurter Kommentar zum Arbeitsrecht*, 17. Auflage 2017; *Friese*, Das neue Mutterschutzrecht, NJW 2002, 3208; *Hespeler*, Novellierung des Mutterschutzgesetzes, GesR 2016, 752; *Hovemeyer*, Die Erweiterung des Mutterschutzes, RDG 2016, 196; *Just/Schneider*, Das Leistungsrecht der gesetzlichen Krankenversicherung, 2. Auflage 2016; *Nebe*, jurisPR-ArbR 28/2016, Anm. 1; *Nebe*, jurisPR-ArbR 25/2017 Anm. 1; *Rancke* (Hrsg.), Mutterschutz/Betreuungsgeld/Elterngeld/Elternzeit, 4. Auflage 2015; *Roos/Bieresborn* (Hrsg.), MuSchG/BEEG, 2014; *Tillmanns/Mutschler* (Hrsg.), Mutterschutzgesetz, Bundeselterngeld- und Elternzeitgesetz, 2014.

I. Allgemeines	1	III. Anspruchsinhalt	10
1. Normzweck	1	1. Höhe des Mutterschaftsgelds bei Arbeitsverhältnis/Heimarbeit/zulässiger Arbeitgeberkündigung	11
2. Kontext	2		
3. Entwicklung der Norm	3		
II. Anspruchsvoraussetzungen	4	2. Arbeitgeberzuschuss	16
1. Eigene Mitgliedschaft der (werdenden) leiblichen Mutter	4	3. Höhe des Mutterschaftsgelds in sonstigen Fällen	17
2. Zeitpunkt des Bestehens der Mitgliedschaft	6	4. Dauer der Leistung (Abs. 3)	18
		5. Ruhen des Anspruchs (Abs. 4)	20
3. Anspruch auf Krankengeld (Abs. 1 S. 1 Var. 1)	7	IV. Verhältnis zu ausgewählten anderen Sozialleistungen	21
4. Kein Arbeitsentgelt wegen Schutzfristen (Abs. 1 S. 1 Var. 2)	9		

I. Allgemeines

1. Normzweck. Das Mutterschaftsgeld ist eine Geldleistung der Krankenkassen an weibliche Mitglieder (→ Rn. 4 ff., → § 24c Rn. 8), welche gewährt wird, um den Unterhalt der (werdenden) Mutter zu sichern[1] und die Betreuung des Kindes zu fördern.[2] Arbeiten Frauen während der Schutzfristen gem. § 3 Abs. 1 und § 6 Abs. 1 S. 1 (ab 1.1.2018: § 3) MuSchG (sechs Wochen vor und acht oder zwölf Wochen nach der Entbindung) nicht, so erhalten sie in dieser Zeit auch keinen Arbeitslohn.[3] Damit der hieraus resultierende wirtschaftliche Druck nicht dazu führt, dass Frauen trotz besonderer Schutzbe-

---

1 BSG, 17.4.1991, 1/3 RK 26/89, NZA 1991, 911, 912; BAG, 25.2.2004, 5 AZR 160/03, NZA 2004, 537, 539.
2 BSG, 27.6.1991, 4 REg 2/91, BSGE 69, 95, 99; Nolte in: KassKomm, § 24i SGB V Rn. 2.
3 Senger in: Tillmanns/Mutschler, Mutterschutzgesetz, Bundeselterngeld- und Elternzeitgesetz, § 13 MuSchG Rn. 1.

dürftigkeit weiter arbeiten,[4] gewährt § 24i einen Anspruch auf Mutterschaftsgeld. Es hat ua **Lohnersatzfunktion**[5] (vgl. Abs. 4 S. 1), es soll also den fehlenden Arbeitslohn ersetzen. Dieser Funktion wird das Mutterschaftsgeld alleine wegen der Begrenzung auf 13 Euro gem. Abs. 2 S. 2 oftmals nicht gerecht. Erst zusammen mit dem Arbeitgeberzuschuss nach Abs. 2 S. 6 (ab 1.1.2018: Abs. 2 S. 4; → Rn. 16) wird dieser Zweck erfüllt. Beim Mutterschaftsgeld handelt es sich um einen **höchstpersönlichen Anspruch**.[6] Verfassungsrechtlich radiziert ist der Anspruch in Art. 6 Abs. 4 GG,[7] der einen Schutzauftrag des Gesetzgebers zugunsten (werdender) Mütter[8] enthält. Dieser Schutzauftrag „verpflichtet den Gesetzgeber grundsätzlich auch, wirtschaftliche Belastungen der Mutter, die im Zusammenhang mit ihrer Schwangerschaft und Mutterschaft stehen, auszugleichen."[9] In **unionsrechtlicher** Hinsicht ist die Richtlinie 92/85/EWG[10] zu beachten.

2 **2. Kontext.** Die Vorschrift weist enge Bezüge zum Arbeitsrecht, insbesondere zum Mutterschutzrecht sowie zu weiteren Vorschriften des SGB V auf, wie die Verweise ua auf eine eigene Mitgliedschaft der Frau (Abs. 1 S. 1), den Anspruch auf Krankengeld (Abs. 1 S. 1 Var. 1), die Schutzfristen des MuSchG (Abs. 1 S. 1 Var. 2, Abs. 2 S. 1), den Anspruch auf Arbeitsentgelt oder -einkommen (Abs. 4) zeigen. Auch in § 13 Abs. 1 und 2 (ab 1.1.2018: § 19 Abs. 1 und 2) MuSchG sind Ansprüche auf Mutterschaftsgeld normiert. Jedoch wirkt nur § 13 Abs. 2 (ab 1.1.2018: § 19 Abs. 2) MuSchG konstitutiv. Er gewährt Frauen, die nicht Mitglied in der GKV sind, einen Anspruch auf Mutterschaftsgeld von insgesamt höchstens 210 Euro gegen das BVA. Demgegenüber verweist § 13 Abs. 1 (ab 1.1.2018: § 19 Abs. 1) MuSchG lediglich deklaratorisch[11] auf den Anspruch aus § 24i SGB V für weibliche Mitglieder gegen ihre Krankenkasse.

3 **3. Entwicklung der Norm.** § 24i wurde mWv 30.10.2012 durch Art. 3 Nr. 6 **PNG**[12] in das SGB V eingefügt. Zuvor war die nahezu identische Vorschrift in § 200 **RVO** aF enthalten. Die Vorschriften der RVO hinsichtlich der Leistungen bei Schwangerschaft und Mutterschaft wurden durch Art. 7 PNG insgesamt aufgehoben. Die Überführung der Regelungen zu den Schwangerschafts- und Mutterschaftsleistungen aus der RVO in das SGB V wurde im Gesetzgebungsverfahren des PNG erstmals durch den Ausschuss für Gesundheit vorgeschlagen[13] (im ursprünglichen Gesetzentwurf der Bundesregierung[14] war diese Überführung noch nicht vorgesehen), was zu zahlreichen Folgeänderungen führte.[15] Der Regelungsstandort in der RVO wurde für nicht mehr zeitgemäß erachtet und im Interesse der Rechtsklarheit sowie zur Erleichterung der Rechtsanwendung zugunsten des SGB V aufgegeben.[16] Das früher bestehende Entbindungsgeld wurde bereits durch Art. 8 **GMG**[17] aus finanziellen Erwägungen[18] abgeschafft. Geändert wurde § 24i durch Einfügung von Abs. 1 S. 2 und Änderung des Abs. 4 durch

---

[4] Vgl. BSG, 17.4.1991, 1/3 RK 21/88, BSGE 68, 222, 225 f.; BAG, 8.8.1990, 5 AZR 584/89, BAGE 65, 337, 339.

[5] BSG, 10.10.1978, 3 RK 17/77, BSGE 47, 71, 76; BSG, 27.6.1991, 4 REg 2/91, BSGE 69, 95, 99; LSG Bay, 13.2.2014, L 7 AS 755/13 NZB, WzS 2014, 124, 125; Pepping in: Rancke, Mutterschutz/Betreuungsgeld/Elterngeld/Elternzeit, § 13 MuSchG Rn. 7; Wagner in: Krauskopf, § 24i SGB V Rn. 2; Nolte in: KassKomm, § 24i SGB V Rn. 2.

[6] BSG, 3.6.1981, 3 RK 74/79, NJW 1981, 2719; Knigge in: LPK-SGB V, § 24i Rn. 5.

[7] Pitz in: jurisPK-SGB V, § 24i Rn. 7.

[8] BVerfG, 25.1.1972, 1 BvL 3/70, BVerfGE 32, 273, 276 f.; BVerfG, 28.5.1993, 2 BvF 2/90 ua, BVerfGE 88, 203, 258 f.; BVerfG, 24.5.2005, 1 BvR 906/04, NJW 2005, 2383, 2384; v. Coelln in: Sachs, GG, 7. Aufl. 2014, Art. 6 Rn. 95.

[9] BVerfG, 28.3.2006, 1 BvL 10/01, BVerfGE 115, 259, 271. Siehe auch v. Coelln in: Sachs, GG, 7. Aufl. 2014, Art. 6 Rn. 90, 95; Jarass/Pieroth, GG, Art. 6 Rn. 66, 68.

[10] V. 19.10.1992, ABl. Nr. L 348/1.

[11] BSG, 9.11.1977, 3 RK 63/76, BSGE 45, 114, 115; BSG, 16. 2. 2005, B 1 KR 13/03 R, NZA-RR 2005, 542, 543; Pitz in: jurisPK-SGB V, § 24i Rn. 4; Knigge in: LPK-SGB V, § 24i Rn. 21.

[12] Gesetz zur Neuausrichtung der Pflegeversicherung (Pflege-Neuausrichtungs-Gesetz – PNG) v. 23.10.2012, BGBl. I, 2246. Siehe auch Ausschuss für Gesundheit, BT-Dr. 17/10170, 24.

[13] Ausschuss für Gesundheit, BT-Dr. 17/10157, Art. 3 Nr. 6 (Beschlussempfehlung) und BT-Dr. 17/10170, 23 f. (Bericht).

[14] BT-Dr. 17/9369.

[15] Vgl. Art. 3 Nr. 1–4, 10; Art. 4–12 PNG, BGBl. I, 2012, 2246.

[16] Ausschuss für Gesundheit, BT-Dr. 17/10170, 27.

[17] Gesetz zur Modernisierung der gesetzlichen Krankenversicherung (GKV-Modernisierungsgesetz – GMG) v. 14.11.2003, BGBl. I, 2190.

[18] BT-Dr. 15/1525, 155.

Art. 1 Nr. 5 des **GKV-VSG**,[19] der durch seine Klarstellungen die Rechte der Patientinnen stärken und die Leistungsansprüche der Versicherten erweitern sollte.[20] Eine weitere Änderung erfolgte durch Art. 1 Nr. 0 b. des Gesetzes zur Stärkung der Heil- und Hilfsmittelversorgung (Heil- und Hilfsmittelversorgungsgesetz – **HHVG**),[21] wodurch Abs. 1 S. 2 mWv 1.8.2017 abermals geändert wurde. Darüber hinaus hat der Deutsche Bundestag eine **Reform des Mutterschutzrechts** beschlossen, die Auswirkungen auf § 24 i hat.[22] Hierbei handelt es sich teilweise um redaktionelle Anpassungen an die geänderten Paragrafen im MuSchG (zukünftiger Titel ab 1.1.2018: „Gesetz zum Schutz von Müttern bei der Arbeit, in der Ausbildung und im Studium" (derzeit: „Gesetz zum Schutze der erwerbstätigen Mutter") und um sprachliche Änderungen („Entbindung" statt „Geburt", „voraussichtlich" statt „mutmaßlich"). Teilweise erfolgen inhaltliche Neuausrichtungen, so zB wenn eine 12-wöchige nachgeburtliche Schutzfrist für die Fälle eingeführt wird, in denen bei dem neugeborenen Kind nach der Entbindung eine Behinderung festgestellt wird.[23] Diese Änderung tritt bereits mWv 30.5.2017 in Kraft (Art. 10 Abs. 1 S. 2 des Gesetzes zur Neuregelung des Mutterschutzrechts). Die restlichen Änderungen treten nach Art. 10 Abs. 1 S. 1 des Gesetzes zur Neuregelung des Mutterschutzrechts am 1.1.2018 in Kraft.

II. Anspruchsvoraussetzungen

1. Eigene Mitgliedschaft der (werdenden) leiblichen Mutter. Gezahlt wird das Mutterschaftsgeld nur für das **weibliche Mitglied**, das selbst schwanger ist bzw. war (→ § 24 c Rn. 6 f.), was den Anspruch in dreierlei Hinsicht beschränkt: Erstens haben Väter keinen Anspruch auf Mutterschaftsgeld,[24] was verfassungskonform ist.[25] Der Anspruch besteht zweitens nicht in Fällen der Adoption[26] oder bei Leihmutterschaft für die spätere „Sorgemutter".[27] Das ist auch unionsrechtlich nicht zu beanstanden.[28] Drittens besteht der Anspruch nicht, wenn die (werdende) Mutter nicht selbst Mitglied einer Krankenkasse ist; Familienversicherung genügt nicht.[29]

Abs. 1 S. 2 stellt nunmehr, nach Inkrafttreten des GKV-VSG klar, dass der Anspruch auf Mutterschaftsgeld auch dann besteht, wenn das Arbeitsverhältnis unmittelbar vor Beginn der Mutterschutzfrist endet (→ Rn. 3).[30] Der Wortlaut der Norm setzt voraus, dass die Frauen „am letzten Tag des Arbeitsverhältnisses Mitglied einer Krankenkasse waren". Diese Regelung soll die soziale Absicherung der betroffenen Schwangeren in ihrer besonders schutzwürdigen Situation sicherstellen.[31] Die Regelung gilt für versicherungspflichtige und freiwillige Mitglieder.[32] Für versicherungspflichtige Mitglieder hat die Neuregelung wegen § 192 Abs. 1 Nr. 2 überdies zur Folge, dass trotz Endes des versicherungspflichtigen Beschäftigungsverhältnisses die Mitgliedschaft erhalten bleibt.[33] Sofern die Voraussetzung

---

19 Gesetz zur Stärkung der Versorgung in der gesetzlichen Krankenversicherung (GKV-Versorgungsstärkungsgesetz – GKV-VSG) v. 16.7.2015, BGBl. I, 1211. Siehe auch BT-Dr. 18/4095, 73.
20 BT-Dr. 18/5123, 3.
21 V. 4.4.2017, BGBl. I, 778. Siehe hierzu Ausschuss für Gesundheit, BT-Dr. 18/11205, 8 f., 60.
22 Gesetz zur Neuregelung des Mutterschutzgesetzes v. 23.5.2017, BGBl. I, 1228. Vgl. BT-Dr. 18/8963, 27 f., 105 sowie Ausschuss für Familie, Senioren, Frauen und Jugend, BT-Dr. 18/11782, 18, 40 f. Der Beschluss des Bundestags erfolgte am 30.3.2017, siehe zum Verfahrensablauf http://dipbt.bundestag.de/extrakt/ba/WP18/740/74059.html (zuletzt abgerufen am 5.4.2017).
23 Ausschuss für Familie, Senioren, Frauen und Jugend, BT-Dr. 18/11782, 18, 40 f.
24 BSG, 19.10.1983, 3 RK 19/82, BSGE 56, 8, 10 f.; BSG, 24.11.1983, 3 BK 36/82, juris; BAG, 31.1.1985, 2 AZR 486/83, NZA 1986, 138.
25 BVerfG, 5.8.1986, 1 BvR 62/84, SozR 2200 § 200 Nr. 9. Siehe auch → § 24 c Rn. 8.
26 BSG, 3.6.1981, 3 RK 74/79, NJW 1981, 2719; BAG, 27.7.1983, 5 AZR 282/81, BAGE 43, 205, 207 f.; BAG, 31.1.1985, 2 AZR 486/83, NZA 1986, 138.
27 Nolte in: KassKomm, § 24 i SGB V Rn. 6 iVm § 24 d SGB V Rn. 6; → § 24 c Rn. 6 f.
28 Vgl. EuGH, 18.3.2014, C-167/12, BeckRS 2014, 80565. Siehe hierzu Brose, NZS 2016, 604, 606 f.
29 Vgl. BSG, 17.2.2004, B 1 KR 7/02 R, NZS 2005, 147, 148.
30 Siehe hierzu BT-Dr. 18/4095, 73. Zweifelnd an der Praxisrelevanz der Vorschrift Knigge in: LPK-SGB V, § 24 i Rn. 3.
31 BT-Dr. 18/4095, 73. Ob dies bereits nach früherem Recht der Fall war, war umstritten, weshalb die gesetzgeberische Klarstellung erfolgte, siehe hierzu BSG, 10.5.2012, B 1 KR 19/11 R, BSGE 111, 9 und hierzu Hammann, NZS 2014, 729.
32 Siehe hierzu BT-Dr. 18/4095, 73; Nolte in: KassKomm, § 24 i SGB V Rn. 23 a.
33 BT-Dr. 18/4095, 73; Kießling: in BeckOK SozR, SGB V, § 24 i Rn. 12 a. Siehe auch Just/Schneider, Das Leistungsrecht der gesetzlichen Krankenversicherung, 2. Aufl. 2016, Rn. 875.

der Mitgliedschaft nicht gegeben ist, hat die werdende Mutter einen Anspruch aus § 13 Abs. 2 (ab 1.1.2018: § 19 Abs. 2) MuSchG gegen den Bund (BVA) auf Mutterschaftsgeld (→ Rn. 2, → 21).[34]

6 **2. Zeitpunkt des Bestehens der Mitgliedschaft.** Die eigene Mitgliedschaft muss grundsätzlich (schon und noch) zum Zeitpunkt des Versicherungsfalls bestehen, der mit der Phase der besonderen Schutzbedürftigkeit der (werdenden) Mutter einsetzt, also regelmäßig sechs Wochen vor der (mutmaßlichen) Entbindung.[35] Abs. 1 S. 2 (→ Rn. 5) enthält insofern eine Sonderregelung.[36] Diese Vorschrift bewirkt iVm § 192 Abs. 1 Nr. 2, dass die Mitgliedschaft Versicherungspflichtiger erhalten bleibt, solange ein Anspruch auf Mutterschaftsgeld besteht. § 192 Abs. 2 regelt überdies, dass während der Schwangerschaft die Mitgliedschaft Versicherungspflichtiger auch erhalten bleibt, wenn das Beschäftigungsverhältnis vom Arbeitgeber aufgelöst oder das Mitglied unter Wegfall des Arbeitsentgelts beurlaubt worden ist, es sei denn, es besteht eine Mitgliedschaft nach anderen Vorschriften.[37] Die Erfüllung einer Wartezeit vor dem Zeitpunkt der Entstehung des Anspruchs ist nach deutschem Recht nicht (mehr)[38] erforderlich, auch wenn dies nach Unionsrecht zulässig wäre.[39] Ein Erwerb der Mitgliedschaft erst während der Schutzfristen kann ausreichen sein. Abs. 2 S. 5 lässt ausnahmsweise das Entstehen einer eigenen Mitgliedschaft nach Beginn der Schutzfristen ausreichen (ebenso bis 31.12.2017: § 13 Abs. 3 MuSchG; ab 1.1.2018: § 20 Abs. 1 S. 3 MuSchG).[40] Jedoch wird in diesen Fällen das Mutterschaftsgeld erst von Beginn des Arbeitsverhältnisses an gezahlt (Abs. 2 S. 5, ab 1.1.2018 Abs. 3 S. 6). Ausreichend ist es, wenn ein Arbeitsverhältnis besteht, die tatsächliche Aufnahme der Arbeit aber durch die Beschäftigungsverbote nach dem MuSchG verhindert wird.[41]

7 **3. Anspruch auf Krankengeld (Abs. 1 S. 1 Var. 1).** Mutterschaftsgeld wird weiblichen Mitgliedern gezahlt, die **bei Arbeitsunfähigkeit Anspruch auf Krankengeld** haben (Abs. 1 S. 1 Var. 1). Der Anspruch auf Krankengeld bei Arbeitsunfähigkeit richtet sich nach §§ 44 ff.[42] § 44 Abs. 1 enthält den Grundsatz, dass Versicherte Krankengeld erhalten, wenn die Krankheit sie arbeitsunfähig macht oder sie auf Kosten der Krankenkasse stationär in einem Krankenhaus etc behandelt werden. § 44 Abs. 2 schließt zahlreiche Versicherte von dem Anspruch wieder aus (ua hauptberuflich selbstständig Erwerbstätige, Studenten, Familienversicherte).

8 Durch Art. 1 Nr. 0 a. **HHVG**[43] wurde mWv 1.8.2017 die Versicherungspflicht gem. § 5 Abs. 1 Nr. 2 beim Bezug von Arbeitslosengeld vorgezogen, so dass der Anspruch auf Krankengeld für diese Personengruppe nun früher eintritt als zuvor. Deshalb konnte § 24 i Abs. 1 S. 2 Nr. 2 aF (idF des GKV-VSG)[44] mWv 1.8.2017 entfallen. Nach Abs. 1 S. 2 Nr. 2 in der bis zum 31.7.2017 geltenden Fassung wurde zwischen dem Inkrafttreten des GKV-VSG und dem des HHVG auch denjenigen Frauen Mutterschaftsgeld gezahlt, die zu Beginn der Mutterschutzfrist allein deshalb keinen Anspruch auf Mutterschaftsgeld hatten, weil ihr Anspruch auf Arbeitslosengeld wegen Urlaubsabgeltung nach § 157 Abs. 2 SGB III oder einer Sperrzeit nach § 159 Abs. 3 SGB III ruhte. Da diese Frauen erst ab Beginn des zweiten Monats der Ruhenszeit (vgl. § 5 Abs. 1 Nr. 2 in der bis zum 31.7.2017 geltenden Fassung) versicherungspflichtig waren, konnte ihr Anspruch auf Mutterschaftsgeld nicht vollumfänglich mit dem Krankengeldanspruch begründet werden.[45] Deshalb musste ihre Anspruchsberechtigung in Bezug auf das Mutterschaftsgeld bereits im ersten Monat in Abs. 1 S. 2 Nr. 2 aF gesondert angeordnet werden.[46]

---

34 Pitz in: jurisPK-SGB V, § 24 i Rn. 8; Just/Schneider, Das Leistungsrecht der gesetzlichen Krankenversicherung, 2. Aufl. 2016, Rn. 876.
35 Vgl. BSG, 17.2.2004, B 1 KR 7/02 R, NZS 2005, 147, 148; Knigge in: LPK-SGB V, § 24 i Rn. 19.
36 Knigge in: LPK-SGB V, § 24 i Rn. 19.
37 Siehe hierzu Senger in: Tillmanns/Mutschler, Mutterschutzgesetz, Bundeselterngeld- und Elternzeitgesetz, § 13 MuSchG Rn. 8.
38 Siehe zur alten Rechtslage Nolte in: KassKomm, § 24 i SGB V Rn. 24; Knigge in: LPK-SGB V, § 24 i Rn. 20; Just/Schneider, Das Leistungsrecht der gesetzlichen Krankenversicherung, 2. Aufl. 2016, Rn. 873.
39 Vgl. EuGH, 21.5.2015, C-65/14, NZA 2015, 795.
40 Hierzu BSG, 17.2.2004, B 1 KR 7/02 R, BSGE 92, 172; BSG, 28.2.2008, B 1 KR 17/07 R, NZA-RR 2009, 30; Nolte in: KassKomm, § 24 i SGB V Rn. 8; Pitz in: jurisPK-SGB V, § 24 i Rn. 8 f.
41 BSG, 28.2.2008, B 1 KR 17/07 R, NZA-RR 2009, 30, 31; Ihle in: Eichenhofer/Wenner, § 24 i Rn. 10.
42 Siehe hierzu Schramm/Peick in: Sodan, HdB KrVersR, § 10 Rn. 128 ff.; Knigge in: LPK-SGB V, § 24 i Rn. 8-11.
43 Gesetz zur Stärkung der Heil- und Hilfsmittelversorgung (Heil- und Hilfsmittelversorgungsgesetz – HHVG) v. 4.4.2017, BGBl. I, 778. Siehe hierzu Ausschuss für Gesundheit, BT-Dr. 18/11205, 8, 59.
44 Gesetz zur Stärkung der Versorgung in der gesetzlichen Krankenversicherung (GKV-Versorgungsstärkungsgesetz – GKV-VSG) v. 16.7.2015, BGBl. I, 1211.
45 BT-Dr. 18/4095, 73; Joussen in: Becker/Kingreen, § 24 i Rn. 3; Nolte in: KassKomm, § 24 i SGB V Rn. 23 b.
46 Kritisch zu der Regelungstechnik Knigge in: LPK-SGB V, § 24 i Rn. 17.

Mit dem Inkrafttreten des HHVG wurde jedoch – wie bereits zuvor in der Literatur als vorzugswürdig vorgeschlagen[47] – § 5 Abs. 1 Nr. 2 selbst geändert. Hierdurch wird nach der Gesetzesbegründung „eine Versorgungslücke beim Krankengeld zwischen dem Ende des Beschäftigungsverhältnisses und dem Bezug von Arbeitslosengeld geschlossen".[48]

4. Kein Arbeitsentgelt wegen Schutzfristen (Abs. 1 S. 1 Var. 2). Nach § 24 i Abs. 1 S. 1 Var. 2 wird Mutterschaftsgeld auch dann gezahlt, wenn **wegen der Schutzfristen** nach § 3 Abs. 2 und § 6 Abs. 1 (ab 1.1.2018: § 3) MuSchG, also grundsätzlich ab sechs Wochen vor dem mutmaßlichen Entbindungstermin und bis zu acht bzw. zwölf Wochen nach der Entbindung, kein Arbeitsentgelt gezahlt wird.[49] Bedeutung hat diese Variante v.a. für Frauen, die nicht bereits unter die vorherige Tatbestandsvariante fallen. Dies betrifft zB Studentinnen, die in einem krankenversicherungsfreien Arbeitsverhältnis stehen[50] oder Beziehrinnen von Renten.[51] Aus dem Wortlaut „wegen der Schutzfristen" wird geschlussfolgert, dass ein **Kausalzusammenhang** zwischen den Schutzfristen und dem Nichtbestehen bzw. dem Wegfall des Arbeitsentgeltsanspruchs bestehen muss,[52] woran es zB bei unbezahltem Sonderurlaub während der gesamten Schutzfristen fehlt.[53]

III. Anspruchsinhalt

Bei Erfüllung der Anspruchsvoraussetzungen wird Mutterschaftsgeld als **Geldleistung** (→ § 24 c Rn. 4) gezahlt, wobei Unterschiede hinsichtlich der Höhe (→ Rn. 11 f., → 17) und Dauer (→ Rn. 18 f.) der Leistung des Mutterschaftsgeldes sowie der Frage eines Arbeitgeberzuschusses (→ Rn. 16) bestehen können. Die Höhe des Mutterschaftsgelds wird in Abhängigkeit davon ermittelt, ob das weibliche Mitglied bei Beginn der Mutterschutzfrist in einem Arbeitsverhältnis steht, in Heimarbeit beschäftigt ist oder ob ihr Arbeitsverhältnis während der Schutzfristen arbeitgeberseitig mit Zustimmung der für den Arbeitsschutz zuständigen obersten Landesbehörde aufgelöst worden ist (dann jeweils Mutterschaftsgeld iHd Nettoarbeitsentgelts, vgl. Abs. 2 S. 1, dazu sogleich → Rn. 11 ff.) oder ob ein sonstiger Fall vorliegt (dann Mutterschaftsgeld iHd Krankengelds, Abs. 2 S. 7 [ab 1.1.2018: Abs. 2 S. 5], → Rn. 17). Abs. 2 S. 7 (ab 1.1.2018: Abs. 2 S. 5) ist als die allgemeinere Vorschrift nachrangig nach Abs. 2 S. 1.[54]

1. Höhe des Mutterschaftsgelds bei Arbeitsverhältnis/Heimarbeit/zulässiger Arbeitgeberkündigung. Für weibliche Mitglieder, die bei Beginn der Mutterschutzfrist nach § 3 Abs. 2 (ab 1.1.2018: § 3 Abs. 1) MuSchG in einem Arbeitsverhältnis (→ Rn. 13) stehen oder in Heimarbeit beschäftigt sind (→ Rn. 14) oder deren Arbeitsverhältnis während ihrer Schwangerschaft oder der Schutzfrist nach § 6 Abs. 1 MuSchG nach Maßgabe von § 9 Abs. 3 (ab 1.1.2018: § 17 Abs. 2) MuSchG, also durch arbeitgeberseitige Kündigung mit Zustimmung der für den Arbeitsschutz zuständigen obersten Landesbehörde aufgelöst worden ist (→ Rn. 15), wird als Mutterschaftsgeld das (um die gesetzlichen Abzüge verminderte) durchschnittliche kalendertägliche Arbeitsentgelt der letzten drei abgerechneten Kalendermonate vor Beginn der Schutzfrist nach § 3 Abs. 2 (ab 1.1.2018: § 3 Abs. 1) MuSchG gezahlt (Abs. 2 S. 1); höchstens jedoch 13 Euro für den Kalendertag (Abs. 2 S. 2, → Rn. 16). Das Entgelt aus mehreren Arbeitsverhältnissen wird zusammengerechnet (→ Rn. 16).[55]

Abs. 2 wurde durch Art. 5 Nr. 2 lit. b des **Gesetzes zur Neuregelung des Mutterschutzrechts**[56] (→ Rn. 3) insbesondere hinsichtlich der Berechnung des Mutterschaftsgelds mWv 1.1.2018 neu gefasst. Für die Ermittlung des durchschnittlichen kalendertäglichen Arbeitsentgelts verweist dann Abs. 2 S. 3

---

47 Knigge in: LPK-SGB V, § 24 i Rn. 17.
48 BT-Dr. 18/11205, 59 f.
49 Siehe hierzu Knigge in: LPK-SGB V, § 24 i Rn. 12–15.
50 Ihle in: Eichenhofer/Wenner, § 24 i Rn. 4.
51 Nolte in: KassKomm, § 24 i SGB V Rn. 11.
52 BSG, 8.3.1995, 1 RK 10/94, NZS 1995, 459, 460; BSG, 17.2.2004, B 1 KR 7/02 R, BSGE 92, 172, 174 ff.; Nolte in: KassKomm, § 24 i SGB V Rn. 12; Pepping, in: Rancke, Mutterschutz/Betreuungsgeld/Elterngeld/Elternzeit, § 13 MuSchG Rn. 18; Senger in: Tillmanns/Mutschler, Mutterschutzgesetz, Bundeselterngeld- und Elternzeitgesetz, § 13 MuSchG Rn. 14.
53 BSG, 8.3.1995, 1 RK 10/94, NZS 1995, 459; BSG, 17.2.2004, B 1 KR 7/02 R, BSGE 92, 172, 176.
54 BSG, 16.2.2005, B 1 KR 13/03 R, NZA-RR 2005, 542, 544; Just/Schneider, Das Leistungsrecht der gesetzlichen Krankenversicherung, 2. Aufl. 2016, Rn. 891.
55 Nebendahl in: Spickhoff, Medizinrecht, § 24 i SGB V Rn. 13. Zur genauen Berechnung des Mutterschaftsgeldes siehe ausführlich Wagner, in Krauskopf, § 24 i SGB V Rn. 22 ff.
56 Vgl. hierzu BT-Dr. 18/8963, 27.

nF aus Gründen der Vereinheitlichung und Vereinfachung auf § 21 MuSchG.[57] Bislang enthalten Abs. 2 S 3 und 4 eigenständige Berechnungsvorgaben.

13 Der Begriff des **Arbeitsverhältnisses** ist arbeitsrechtlich zu verstehen.[58] Erfasst sind privatvertraglich vereinbarte Dauerschuldverhältnisse, welche die Arbeitnehmerin zu fremdbestimmter Arbeit in persönlicher Abhängigkeit vom Arbeitgeber[59] verpflichten.[60] Auf die Art und den Umfang des Arbeitsverhältnisses kommt es nicht an,[61] wobei ein im Ausland ausgeübtes Arbeitsverhältnis nur ausnahmsweise berücksichtigt werden kann.[62]

14 Den in einem Arbeitsverhältnis stehenden weiblichen Mitgliedern stehen in **Heimarbeit** beschäftigte weibliche Mitglieder gleich. Überwiegend wird der Begriff „Heimarbeit" iSd HAG verstanden.[63] Erfasst sind also jedenfalls Heimarbeiterinnen und Hausgewerbetreibende (§ 1 Abs. 1 HAG). Heimarbeiterinnen sind Frauen, die in selbstgewählter Arbeitsstätte (eigener Wohnung oder selbstgewählter Betriebsstätte) allein oder mit Familienangehörigen im Auftrag von Gewerbetreibenden oder Zwischenmeistern erwerbsmäßig arbeiten, jedoch die Verwertung der Arbeitsergebnisse dem unmittelbar oder mittelbar auftraggebenden Gewerbetreibenden überlassen (§ 2 Abs. 1 S. 1 HAG). Hausgewerbetreibende ist, wer in eigener Arbeitsstätte (eigener Wohnung oder Betriebsstätte) mit nicht mehr als zwei fremden Hilfskräften oder Heimarbeitern im Auftrag von Gewerbetreibenden oder Zwischenmeistern Waren herstellt, bearbeitet oder verpackt, wobei sie selbst wesentlich am Stück mitarbeitet, jedoch die Verwertung der Arbeitsergebnisse dem unmittelbar oder mittelbar auftraggebenden Gewerbetreibenden überlässt (§ 2 Abs. 2 HAG).

15 Den beiden vorgenannten Personengruppen werden bis zum 31.12.2017 diejenigen Frauen gleichgestellt, deren Arbeitsverhältnis während der Schwangerschaft oder während der Schutzfrist gem. § 6 Abs. 1 S. 1 MuSchG zulässigerweise nach **§ 9 MuSchG** gekündigt wurde. Dies setzt voraus, dass die für den Arbeitsschutz zuständige oberste Landesbehörde die arbeitgeberseitige Kündigung für zulässig erklärt (§ 9 Abs. 3 S. 1 MuSchG). Hierunter fallen jedoch arbeitnehmerseitige Kündigungen nicht, ebenso wenig die Beendigung des Arbeitsverhältnisses durch Anfechtung, Befristung, Eintritt einer Bedingung oder durch Aufhebungsvertrag.[64] MWv 1.1.2018 lautet die Formulierung in Abs. 2 S. 1: Mitglieder, „deren Arbeitsverhältnis nach Maßgabe von § 17 Absatz 2 des Mutterschutzgesetzes gekündigt worden". Inhaltlich ist hiermit insoweit eine Neuerung verbunden, als in § 17 Abs. 1 und 2 MuSchG auch Schutzfristen nach einer Fehlgeburt (→ 24 c Rn. 7) erwähnt sind, die zu beachten sind.

16 **2. Arbeitgeberzuschuss.** Übersteigt das kalendertägliche Arbeitsentgelt die Höchstgrenze von **13 Euro**, haben bis zum 31.12.2017 der Arbeitgeber oder die für die Zahlung des Mutterschaftsgeldes zuständige Stelle einen **Zuschuss** zum Mutterschaftsgeld in Höhe des Unterschiedsbetrags nach § 14 MuSchG zu zahlen, vgl. Abs. 2 S. 6.[65] MWv 1.1.2018 verweist Abs. 2 S. 4 auf das MuSchG, die entsprechende Regelung befindet sich dann in § 20 MuSchG. Bei mehreren Arbeitgebern müssen diese sich auseinandersetzen und den Zuschuss jeweils anteilig tragen. Da die Arbeitgeber einen erheblichen Teil des Mutterschaftsgeldes zu tragen hatten und haben, führte dies zu verfassungsrechtlichen Kontroversen.[66]

17 **3. Höhe des Mutterschaftsgelds in sonstigen Fällen.** Für weibliche Mitglieder, die nicht den in Abs. 2 S. 1 genannten Varianten unterfallen, wird gem. Abs. 2 S. 7 (ab 1.1.2018: Abs. 2 S. 5) **Mutterschaftsgeld** in Höhe des Krankengeldes nach § 47 gezahlt.[67] Eine Begrenzung der Höhe ist – anders als in

---

[57] BT-Dr. 18/8963, 105.
[58] BSG, 16.2.2005, B 1 KR 13/03 R, NZA-RR 2005, 542, 544; Knigge in: LPK-SGB V, § 24 i Rn. 12; Pitz in: jurisPK-SGB V, § 24 i Rn. 12.
[59] Hierzu BAG, 13.1.1983, 5 AZR 149/82, BAGE 41, 247, 253; BAG, 13.11.1991, 7 AZR 31/91, BAGE 69, 62, 67.
[60] BSG, 9.11.1977, 3 RK 63/76, BSGE 45, 114; Knigge in: LPK-SGB V, § 24 i Rn. 12.
[61] Ihle in: Eichenhofer/Wenner, § 24 i Rn. 10; Pitz in: jurisPK-SGB V, § 24 i Rn. 12.
[62] Just/Schneider, Das Leistungsrecht der gesetzlichen Krankenversicherung, 2. Aufl. 2016, Rn. 894.
[63] So Pitz in: jurisPK-SGB V, § 24 i Rn. 13; Ihle in: Eichenhofer/Wenner, § 24 i Rn. 11; Just/Schneider, Das Leistungsrecht der gesetzlichen Krankenversicherung, 2. Aufl. 2016, Rn. 895 f.; Knigge in: LPK-SGB V, § 24 i Rn. 14; Nolte in: KassKomm, § 24 i SGB V Rn. 18.
[64] Knigge in: LPK-SGB V, § 24 i Rn. 15; Just/Schneider, Das Leistungsrecht der gesetzlichen Krankenversicherung, 2. Aufl. 2016, Rn. 899 f.
[65] Siehe hierzu Pitz in: jurisPK-SGB V, § 24 i Rn. 24 ff.
[66] Vgl. BVerfG, 18.11.2003, 1 BvR 302/96, BVerfGE 109, 64; Pepping in: Rancke, Mutterschutz/Betreuungsgeld/Elterngeld/Elternzeit, § 14 MuSchG Rn. 3; Just/Schneider, Das Leistungsrecht der gesetzlichen Krankenversicherung, 2. Aufl. 2016, Rn. 907 f.; Ihle in: Eichenhofer/Wenner, § 24 i Rn. 14.
[67] Siehe hierzu Roos in: Roos/Bieresborn, MuSchG/BEEG, § 13 MuSchG Rn. 120–128.

Abs. 2 S. 2 – in diesem Fall nicht vorgesehen.[68] Bedeutung hat diese Regelung etwa für freiwillig versicherte Selbstständige.[69]

4. Dauer der Leistung (Abs. 3). Bis zum 31.7.2017 wird das Mutterschaftsgeld für die letzten sechs Wochen vor dem mutmaßlichen Entbindungstag (hierfür ist vor der Entbindung gem. Abs. 3 S. 3 das Zeugnis eines Arztes oder einer Hebamme ausschlaggebend), den **Entbindungstag** selbst[70] sowie die ersten **acht** (bei Mehrlings- und Frühgeburten [→ § 24c Rn. 7]: die ersten zwölf) Wochen nach der **Entbindung** gezahlt (Abs. 3 S. 1). Bei Entbindungen vor dem mutmaßlichen Entbindungstag verlängert sich die Bezugsdauer um den nicht in Anspruch genommenen Zeitraum (Abs. 3 S. 2); bei Geburten nach dem mutmaßlichen Entbindungstag verlängert sich die Bezugsdauer bis zum tatsächlichen Entbindungstag (Abs. 3 S. 4). Wenn das Arbeitsverhältnis später beginnt (→ Rn. 6), startet der Leistungsbezug mit Beginn des Arbeitsverhältnisses. Da das Mutterschaftsgeld eine höchstpersönliche Leistung (→ Rn. 1) ist,[71] endet die Dauer der Zahlung des Mutterschaftsgelds mit dem Tod der Mutter.[72]

Art. 7 des Gesetzes zur Neuregelung des Mutterschutzrechts (→ Rn. 3) ändert Abs. 3 S. 1 und es gilt mWv 30.5.2017 die verlängerte Bezugszeit von zwölf (statt acht) Wochen nach der Entbindung auch dann, wenn vor Ablauf von acht Wochen nach der Entbindung bei dem Kind eine **Behinderung** iSd § 2 Abs. 1 S. 1 SGB IX ärztlich festgestellt und eine Verlängerung der Schutzfrist nach § 6 Abs. 1 S. 1 MuSchG von der Mutter gestellt wird.[73] Ausweislich der Gesetzesbegründung soll bereits vor dem Inkrafttreten des neuen MuSchG mWv 1.1.2018 ein höherer Schutz für Mütter mit einem behinderten Kind gewährleistet werden.[74] MWv 1.1.2018 erfolgt eine abermalige Änderung von Abs. 3. Inhaltlich sind damit keine Veränderungen verbunden, jedoch erfolgen sprachliche Anpassungen („voraussichtlich" statt „mutmaßlich", „Entbindung" statt „Geburt"), geänderte Satzreihungen und die Anpassung an die neue Paragrafenfolge im MuSchG.

5. Ruhen des Anspruchs (Abs. 4). Nach Abs. 4 ruht der **Anspruch auf Mutterschaftsgeld**, soweit und solange das Mitglied beitragspflichtiges Arbeitsentgelt, Arbeitseinkommen oder Urlaubsabgeltung erhält (S. 1). Für einmalig gezahltes Arbeitsentgelt gilt das Ruhen nicht (S. 2).[75] Bei Ruhen des Anspruchs wird der Bezugszeitraum nicht verlängert; die Ruhenszeit wird angerechnet.[76] Als Ausnahme von § 16 Abs. 1 S. 1 Nr. 1 ruht der Anspruch auf Mutterschaftsgeld nicht im Falle eines Auslandsaufenthalts (§ 16 Abs. 1 S. 2).

IV. Verhältnis zu ausgewählten anderen Sozialleistungen

§ 13 Abs. 1 (ab 1.1.2018: § 19 Abs. 1) MuSchG enthält ebenfalls Regelungen zum Mutterschaftsgeld von weiblichen Mitgliedern einer gesetzlichen Krankenkasse (→ Rn. 2 aE), hat allerdings lediglich deklaratorische Funktion; § 24i ist alleinige Anspruchsgrundlage.[77] Das Mutterschaftsgeld und der Arbeitgeberzuschuss werden auf das Elterngeld in voller Höhe angerechnet (§ 3 Abs. 1 Nr. 1 lit. a und lit. b, § 3 Abs. 2 S. 1 aE BEEG).[78] Bei Bezug von Mutterschaftsgeld ruht der Anspruch auf Krankengeld (§ 49 Abs. 1 Nr. 3a), Verletztengeld (§ 49 Abs. 1 Nr. 3a analog), Arbeitslosengeld (§ 156 Abs. 1 Nr. 2 SGB III) sowie Übergangsgeld der Rentenversicherung (§ 45 Abs. 4 SGB IX).[79]

---

68 Waltermann in: Knickrehm/Kreikebohm/Waltermann, § 24i SGB V Rn. 3.
69 Rolfs in: Erfurter Kommentar zum Arbeitsrecht, SGB V, § 24i Rn. 15.
70 Bei Mehrlingsgeburten an verschiedenen Tagen ist jeder dieser Tage ein Entbindungstag, Pitz in: jurisPK-SGB V, § 24i Rn. 32, Knigge in: LPK-SGB V, § 24i Rn. 37.
71 BSG, 3.6.1981, 3 RK 74/79, NJW 1981, 2719; Knigge in: LPK-SGB V, § 24i Rn. 5.
72 Pitz in: jurisPK-SGB V, § 24i Rn. 34; Knigge in: LPK-SGB V, § 24i Rn. 40. Dies war früher ausdrücklich in § 200c Abs. 3 RVO geregelt.
73 BT-Dr. 18/11782, 18, 40. Zuvor: BT-Dr. 18/8963, 27f., 105.
74 BT-Dr. 18/11782, 41.
75 Siehe hierzu auch Ihle in: Eichenhofer/Wenner, § 24i Rn. 20.
76 Rolfs in: Erfurter Kommentar zum Arbeitsrecht, SGB V, § 24i Rn. 17.
77 BSG, 9.11.1977, 3 RK 63/76, BSGE 45, 114, 115; BSG, 16. 2. 2005, B 1 KR 13/03 R, NZA-RR 2005, 542, 543; Knigge, in: LPK-SGB V, § 24i Rn. 17; Pitz in: jurisPK-SGB V, § 24i Rn. 4.
78 Siehe BSG, 26.5.2011, B 10 EG 12/10 R, SozR 4-7837 § 4 Nr. 2; LSG BW, 29.9.2015, L 11 EG 109/15, juris.
79 Siehe hierzu Just/Schneider, Das Leistungsrecht der gesetzlichen Krankenversicherung, 2. Aufl. 2016, Rn. 912-917.

Vierter Abschnitt
Leistungen zur Erfassung von gesundheitlichen Risiken und Früherkennung von Krankheiten

§ 25 Gesundheitsuntersuchungen

(1) ¹Versicherte, die das 18. Lebensjahr vollendet haben, haben Anspruch auf alters-, geschlechter- und zielgruppengerechte ärztliche Gesundheitsuntersuchungen zur Erfassung und Bewertung gesundheitlicher Risiken und Belastungen, zur Früherkennung von bevölkerungsmedizinisch bedeutsamen Krankheiten und eine darauf abgestimmte präventionsorientierte Beratung, einschließlich einer Überprüfung des Impfstatus im Hinblick auf die Empfehlungen der Ständigen Impfkommission nach § 20 Absatz 2 des Infektionsschutzgesetzes. ²Die Untersuchungen umfassen, sofern medizinisch angezeigt, eine Präventionsempfehlung für Leistungen zur verhaltensbezogenen Prävention nach § 20 Absatz 5. ³Die Präventionsempfehlung wird in Form einer ärztlichen Bescheinigung erteilt. ⁴Sie informiert über Möglichkeiten und Hilfen zur Veränderung gesundheitsbezogener Verhaltensweisen und kann auch auf andere Angebote zur verhaltensbezogenen Prävention hinweisen wie beispielsweise auf die vom Deutschen Olympischen Sportbund e.V. und der Bundesärztekammer empfohlenen Bewegungsangebote in Sportvereinen oder auf sonstige qualitätsgesicherte Bewegungsangebote in Sport- oder Fitnessstudios sowie auf Angebote zur Förderung einer ausgewogenen Ernährung.

(2) Versicherte, die das 18. Lebensjahr vollendet haben, haben Anspruch auf Untersuchungen zur Früherkennung von Krebserkrankungen.

(3) ¹Voraussetzung für die Untersuchung nach den Absätzen 1 und 2 ist, dass es sich um Krankheiten handelt, die wirksam behandelt werden können oder um zu erfassende gesundheitliche Risiken und Belastungen, die durch geeignete Leistungen zur verhaltensbezogenen Prävention nach § 20 Absatz 5 vermieden, beseitigt oder vermindert werden können. ²Die im Rahmen der Untersuchungen erbrachten Maßnahmen zur Früherkennung setzen ferner voraus, dass
1. das Vor- und Frühstadium dieser Krankheiten durch diagnostische Maßnahmen erfassbar ist,
2. die Krankheitszeichen medizinisch-technisch genügend eindeutig zu erfassen sind,
3. genügend Ärzte und Einrichtungen vorhanden sind, um die aufgefundenen Verdachtsfälle eindeutig zu diagnostizieren und zu behandeln.

³Stellt der Gemeinsame Bundesausschuss bei seinen Beratungen über eine Gesundheitsuntersuchung nach Absatz 1 fest, dass notwendige Erkenntnisse fehlen, kann er eine Richtlinie zur Erprobung der geeigneten inhaltlichen und organisatorischen Ausgestaltung der Gesundheitsuntersuchung beschließen. ⁴§ 137e gilt entsprechend.

(4) ¹Die Untersuchungen nach Absatz 1 und 2 sollen, soweit berufsrechtlich zulässig, zusammen angeboten werden. ²Der Gemeinsame Bundesausschuss bestimmt in den Richtlinien nach § 92 das Nähere über Inhalt, Art und Umfang der Untersuchungen sowie die Erfüllung der Voraussetzungen nach Absatz 3. ³Ferner bestimmt er für die Untersuchungen die Zielgruppen, Altersgrenzen und die Häufigkeit der Untersuchungen. ⁴Der Gemeinsame Bundesausschuss regelt erstmals bis zum 31. Juli 2016 in Richtlinien nach § 92 das Nähere zur Ausgestaltung der Präventionsempfehlung nach Absatz 1 Satz 2. ⁵Im Übrigen beschließt der Gemeinsame Bundesausschuss erstmals bis zum 31. Juli 2018 in Richtlinien nach § 92 das Nähere über die Gesundheitsuntersuchungen nach Absatz 1 zur Erfassung und Bewertung gesundheitlicher Risiken und Belastungen sowie eine Anpassung der Richtlinie im Hinblick auf Gesundheitsuntersuchungen zur Früherkennung von bevölkerungsmedizinisch bedeutsamen Krankheiten. ⁶Die Frist nach Satz 5 verlängert sich in dem Fall einer Erprobung nach Absatz 3 Satz 3 um zwei Jahre.

(5) ¹In den Richtlinien des Gemeinsamen Bundesausschusses ist ferner zu regeln, dass die Durchführung von Maßnahmen nach den Absätzen 1 und 2 von einer Genehmigung der Kassenärztlichen Vereinigung abhängig ist, wenn es zur Sicherung der Qualität der Untersuchungen geboten ist, dass mehrerer Fachgebiete zusammenwirken, die teilnehmenden Ärzte eine Mindestzahl von Untersuchungen durchführen oder besondere technische Einrichtungen vorgehalten werden oder dass besonders qualifiziertes nichtärztliches Personal mitwirkt. ²Ist es erforderlich, dass die teilnehmenden Ärzte eine hohe Mindestzahl von Untersuchungen durchführen oder dass bei der Leistungserbringung Ärzte mehrerer Fachgebiete zusammenwirken, legen die Richtlinien außerdem Kriterien für die Bemessung des Versorgungsbedarfs fest, so dass eine bedarfsgerechte räumliche Verteilung gewährleistet ist. ³Die Auswahl der Ärzte durch die Kassenärztliche Vereinigung erfolgt auf der Grundlage der Bewertung

ihrer Qualifikation und der geeigneten räumlichen Zuordnung ihres Praxissitzes für die Versorgung im Rahmen eines in den Richtlinien geregelten Ausschreibungsverfahrens. [4]Die Genehmigung zur Durchführung der Früherkennungsuntersuchungen kann befristet und mit für das Versorgungsziel notwendigen Auflagen erteilt werden.

Literatur:

Kamps, GKV-Mammographie-Screening – System oder Strukturchaos, MedR 2009, 216; *Kluth/Bauer,* Grundlagen und Grenzen von Mitwirkungspflichten der Versicherten und Anreizsystemen für Prävention in der Gesetzlichen Krankenversicherung, VSSR 2010, 341; *Kruse/Kruse,* Leistungen zur Verhütung und Früherkennung von Krankheiten, SozVers. 2003, 143; *Schaefer/Dubben/Weißbach,* Wem nutzt Krebsfrüherkennung?, KrV 2011, 112.

I. Entstehungsgeschichte

§ 25 wurde mit Wirkung zum 1.1.1989 durch das Gesundheitsreformgesetz (GRG) vom 20.12.1988[1] eingeführt. Die Norm wurde erstmals durch das GKV-Modernisierungsgesetz vom 14.11.2003[2] geändert. Durch das Krebsfrüherkennungs- und -registergesetz (KFRG) vom 3.4.2013[3] wurden die zuvor in Abs. 2 enthaltenen Beschränkungen der Untersuchungshäufigkeit und die geschlechtsspezifischen Altersgrenzen gestrichen. Durch das PrävG (→ § 20 Rn. 3) wurde die Norm grundlegend umgestaltet und auf Leistungen der Primärprävention erweitert.

II. Allgemeines

Die Norm regelt die Ansprüche von erwachsenen Versicherten (zu Kindern und Jugendlichen vgl. § 26) auf Gesundheits- und auf Früherkennungsuntersuchungen hinsichtlich häufig auftretender „Volkskrankheiten" (Abs. 1) und Krebserkrankungen (Abs. 2). Sie enthält weitere Anforderungen an derartige Untersuchungen (Abs. 3), einen Konkretisierungsauftrag des G-BA (Abs. 4 S. 2 bis 6) sowie leistungserbringungsrechtliche Vorgaben (Abs. 4 S. 1, Abs. 5).

Für die Teilnahme an diesen Untersuchungen können die Krankenkassen ihren Versicherten einen Bonus gewähren (§ 65 a Abs. 1 Nr. 1); für Chroniker ermäßigt sich durch die Teilnahme an den Untersuchungen nach Abs. 1 die Zuzahlung (§ 62 Abs. 1 S. 3; zur Hinweispflicht der Krankenkassen vgl. S. 7 dieser Norm). Zur Vergütung der Früherkennungsleistungen vgl. § 85 Abs. 2 S. 5, der freilich für Vertragsärzte inzwischen aufgrund § 87 a Abs. 1 ins Leere geht.[4]

III. Leistungen zur Früherkennung

Früherkennungsuntersuchungen stellen grundsätzlich Maßnahmen der Sekundärprävention dar. Anders als Diagnoseleistungen im Rahmen der Krankenbehandlung (§ 27) und der medizinischen Vorsorge (§ 23) setzen sie weder einen Krankheitszustand noch einen individuellen Untersuchungsanlass voraus.[5] Seit dem PrävG enthalten die Gesundheitsuntersuchungen nach Abs. 1 nun auch Elemente der primären Prävention. Die Konkretisierung der Leistungen ist gem. Abs. 4 unter den Voraussetzungen des Abs. 3 weitgehend den Richtlinien des G-BA vorbehalten. Nach Abs. 3 müssen die zu erkennenden Krankheiten bzw. Risiken erfassbar und behandelbar sein. Nach Abs. 3 S. 3 und 4 kann der G-BA für Gesundheitsuntersuchungen nach Abs. 1 auch eine Erprobungsrichtlinie (§ 137 e) erlassen.

1. Gesundheitsuntersuchungen und Früherkennung von Volkskrankheiten.

Abs. 1 enthält einen Anspruch auf Maßnahmen der Früherkennung von sog Volkskrankheiten sowie auf eine präventionsbezogene Untersuchung und Beratung, die in eine Empfehlung zur verhaltensbezogenen Prävention (§ 20 Abs. 5) münden kann. Der Gesetzgeber erhofft sich von der Erstreckung des Anspruchs auf primärpräventive Maßnahmen, dass bereits Erkrankungsrisiken erkannt und beseitigt werden können.[6] Die einschlägige Gesundheitsuntersuchungs-Richtlinie des G-BA nach Abs. 4 und § 92 Abs. 1 S. 2 Nr. 3 und

---

1 BGBl. I, 2477.
2 BGBl. I, 2190.
3 BGBl. I, 617.
4 Vgl. dazu Kingreen in: Becker/Kingreen, § 25 Rn. 11.
5 Schütze in: jurisPK-SGB V, § 25 Rn. 9 ff.
6 Vgl. BT-Dr. 18/4282, 40 f.

Abs. 4[7] sieht insoweit einen „Check-up" vor, der der Früherkennung insbesondere von Herz-Kreislauf-Erkrankungen, Diabetes mellitus und Nierenerkrankungen dienen soll. Der Anspruch besteht für Männer und Frauen ab dem 36. Lebensjahr in einem Zwei-Jahres-Rhythmus.

6 2. **Krebsfrüherkennung.** Versicherte haben nach Abs. 2 einen Anspruch auf Untersuchungen zur **Früherkennung von Krebserkrankungen**; Abs. 2 ist damit *lex specialis* zu Abs. 1. Auch hier hat der Gesetzgeber auf weitergehende Festlegungen verzichtet; sie finden sich in der Krebsfrüherkennungs-Richtlinie des G-BA nach Abs. 4 und § 92 Abs. 1 S. 2 Nr. 3 und Abs. 4.[8] Die dem G-BA damit eingeräumte Flexibilität ermöglicht es insbesondere, auch für jüngere Versicherte mit einem erhöhten Erkrankungsrisiko bereits risikoadaptierte Früherkennungsprogramme und -maßnahmen anzubieten. Soweit europäische Leitlinien zur Qualitätssicherung von Krebsfrüherkennungsprogrammen vorliegen, greift zusätzlich § 25 a.

IV. Leistungserbringung

7 Nach Abs. 4 S. 1 sollen die Untersuchungen nach Abs. 1 und 2 zusammen angeboten werden; der berufsrechtliche Vorbehalt erklärt sich aus den Grenzen der medizinischen Fachgebiete. Abs. 5 regelt die **Qualitätssicherung** und die **Auswahl der Leistungserbringer** unter den Vertragsärzten, in die nach Abs. 5 S. 3 auch die Kassenärztlichen Vereinigungen eingebunden sind.[9] Die Gesundheitsuntersuchungen nach Abs. 1 können gem. § 132 f auf vertraglicher Grundlage ergänzend auch Betriebsärzten zugewiesen werden.

§ 25 a Organisierte Früherkennungsprogramme

(1) [1]Untersuchungen zur Früherkennung von Krebserkrankungen gemäß § 25 Absatz 2, für die von der Europäischen Kommission veröffentlichte Europäische Leitlinien zur Qualitätssicherung von Krebsfrüherkennungsprogrammen vorliegen, sollen als organisierte Krebsfrüherkennungsprogramme angeboten werden. [2]Diese Programme umfassen insbesondere
1. die regelmäßige Einladung der Versicherten in Textform zur Früherkennungsuntersuchung nach Satz 1,
2. die mit der Einladung erfolgende umfassende und verständliche Information der Versicherten über Nutzen und Risiken der jeweiligen Untersuchung, über die nach Absatz 4 vorgesehene Erhebung, Verarbeitung und Nutzung der personenbezogenen Daten, die zum Schutz dieser Daten getroffenen Maßnahmen, die verantwortliche Stelle und bestehende Widerspruchsrechte,
3. die inhaltliche Bestimmung der Zielgruppen, der Untersuchungsmethoden, der Abstände zwischen den Untersuchungen, der Altersgrenzen, des Vorgehens zur Abklärung auffälliger Befunde und der Maßnahmen zur Qualitätssicherung sowie
4. die systematische Erfassung, Überwachung und Verbesserung der Qualität der Krebsfrüherkennungsprogramme unter besonderer Berücksichtigung der Teilnahmeraten, des Auftretens von Intervallkarzinomen, falsch positiver Diagnosen und der Sterblichkeit an der betreffenden Krebserkrankung unter den Programmteilnehmern.

[3]Die Maßnahmen nach Satz 2 Nummer 4 beinhalten auch einen Abgleich der Daten, die nach § 299 zum Zwecke der Qualitätssicherung an eine vom Gemeinsamen Bundesausschuss bestimmte Stelle übermittelt werden, mit Daten der epidemiologischen oder der klinischen Krebsregister, soweit dies insbesondere für die Erfassung des Auftretens von Intervallkarzinomen und der Sterblichkeit an der betreffenden Krebserkrankung unter den Programmteilnehmern erforderlich ist und landesrechtliche Vorschriften die Übermittlung von Krebsregisterdaten erlauben. [4]Die entstehenden Kosten für den Datenabgleich werden von den Krankenkassen getragen.

(2) [1]Der Gemeinsame Bundesausschuss regelt bis zum 30. April 2016 in Richtlinien nach § 92 das Nähere über die Durchführung der organisierten Krebsfrüherkennungsprogramme für Früherkennungs-

---

[7] Richtlinie über die Gesundheitsuntersuchungen zur Früherkennung von Krankheiten v. 24.8.1989, zuletzt geändert am 21.7.2016, abrufbar unter https://www.g-ba.de/downloads/62-492-1268/GU-RL_2016-07-21_iK-2017-01-01.pdf (zuletzt abgerufen am 1.4.2017).
[8] Richtlinie über die Früherkennung von Krebskrankheiten v. 18.6.2009, letzte Änderung v. 16.12.2010, zuletzt geändert am 21.4.2016, abrufbar unter https://www.g-ba.de/downloads/62-492-1292/KFE-RL_2016-04-21_iK-2017-01-01_AT-08-07-2016-B2.pdf (zuletzt abgerufen am 1.4.2017).
[9] Vgl. dazu näher Kingreen in: Becker/Kingreen, § 25 Rn. 10.

untersuchungen, für die bereits Europäische Leitlinien zur Qualitätssicherung nach Absatz 1 Satz 1 vorliegen. ²Für künftige Leitlinien erfolgt eine Regelung innerhalb von drei Jahren nach Veröffentlichung der Leitlinien. ³Handelt es sich um eine neue Früherkennungsuntersuchung, für die noch keine Richtlinien nach § 92 Absatz 1 Satz 2 Nummer 3 bestehen, prüft der Gemeinsame Bundesausschuss zunächst innerhalb von drei Jahren nach Veröffentlichung der Leitlinien, ob die Früherkennungsuntersuchung nach § 25 Absatz 2 zu Lasten der Krankenkassen zu erbringen ist, und regelt gegebenenfalls innerhalb von weiteren drei Jahren das Nähere über die Durchführung des organisierten Krebsfrüherkennungsprogramms. ⁴In den Richtlinien über die Durchführung der organisierten Krebsfrüherkennungsprogramme ist insbesondere das Nähere zum Einladungswesen, zur Qualitätssicherung und zum Datenabgleich mit den Krebsregistern festzulegen, und es sind die hierfür zuständigen Stellen zu bestimmen. ⁵Der Verband der Privaten Krankenversicherung ist bei den Richtlinien zu beteiligen.
(3) ¹Stellt der Gemeinsame Bundesausschuss bei seinen Beratungen fest, dass notwendige Erkenntnisse fehlen, kann er eine Richtlinie zur Erprobung der geeigneten inhaltlichen und organisatorischen Ausgestaltung eines organisierten Krebsfrüherkennungsprogramms beschließen. ²§ 137e gilt entsprechend. ³Die Frist nach Absatz 2 Satz 1 bis 3 für die Regelung des Näheren über die Durchführung der organisierten Krebsfrüherkennungsprogramme verlängert sich in diesem Fall um den Zeitraum der Vorbereitung, Durchführung und Auswertung der Erprobung, längstens jedoch um fünf Jahre.
(4) ¹Die nach Absatz 2 Satz 4 in den Richtlinien bestimmten Stellen sind befugt, die für die Wahrnehmung ihrer Aufgaben erforderlichen und in den Richtlinien aufgeführten Daten nach den dort genannten Vorgaben zu erheben, zu verarbeiten und zu nutzen. ²Für die Einladungen nach Absatz 1 Satz 2 Nummer 1 dürfen die in § 291 Absatz 2 Satz 2 Nummer 2 bis 6 genannten Daten der Krankenkassen erhoben, verarbeitet und genutzt werden; sofern andere Stellen als die Krankenkassen die Aufgabe der Einladung wahrnehmen, darf die Krankenversichertennummer nur in pseudonymisierter Form verwendet werden. ³Die Versicherten können in Textform weiteren Einladungen widersprechen; sie sind in den Einladungen auf ihr Widerspruchsrecht hinzuweisen. ⁴Andere personenbezogene Daten der Krankenkassen, insbesondere Befunddaten und Daten über die Inanspruchnahme von Krebsfrüherkennungsuntersuchungen, dürfen für die Einladungen nur mit Einwilligung der Versicherten verwendet werden. ⁵Für die Datenerhebungen, -verarbeitungen und -nutzungen zum Zwecke der Qualitätssicherung nach Absatz 1 Satz 2 Nummer 4 gilt § 299, sofern der Versicherte nicht schriftlich oder elektronisch widersprochen hat. ⁶Ein Abgleich der Daten nach Satz 4 und der Daten, die nach § 299 zum Zwecke der Qualitätssicherung an eine vom Gemeinsamen Bundesausschuss bestimmte Stelle übermittelt werden, mit Daten der epidemiologischen oder klinischen Krebsregister ist unter Beachtung der landesrechtlichen Vorschriften zulässig, sofern der Versicherte nicht schriftlich widersprochen hat. ⁷Der Gemeinsame Bundesausschuss legt in den Richtlinien fest, welche Daten für den Abgleich zwischen den von ihm bestimmten Stellen und den epidemiologischen oder klinischen Krebsregistern übermittelt werden sollen.
(5) ¹Der Gemeinsame Bundesausschuss oder eine von ihm beauftragte Stelle veröffentlicht alle zwei Jahre einen Bericht über den Stand der Maßnahmen nach Absatz 1 Satz 2 Nummer 4. ²Der Gemeinsame Bundesausschuss oder eine von ihm beauftragte Stelle übermittelt auf Antrag, nach Prüfung des berechtigten Interesses des Antragstellers, anonymisierte Daten zum Zwecke der wissenschaftlichen Forschung. ³Die Entscheidung über den Antrag ist dem Antragsteller innerhalb von zwei Monaten nach Antragstellung mitzuteilen; eine Ablehnung ist zu begründen.

Literatur:
Siehe § 25 sowie *Harney/Huster/Recktenwald*, Das Recht der Qualitätssicherung im SGB V, MedR 2014, 273, 365; *Ludwig/Nettekoven*, Die Entwicklung des Krebsregistergesetzes in Deutschland, GuP 2014, 22.

I. Entstehungsgeschichte

§ 25a wurde mit Wirkung zum 9.4.2013 durch Art. 1 Nr. 2 des Gesetzes zur Weiterentwicklung der Krebsfrüherkennung und zur Qualitätssicherung durch klinische Krebsregister (Krebsfrüherkennungs- und -registergesetz – KFRG) eingeführt.[1] Seitdem ist nur eine marginale Ergänzung in Abs. 4 S. 5 vorgenommen worden.[2]

1

---

1 BGBl. I 2013, 617.
2 Vgl. BGBl. I 2017, 626 ff.

II. Normzweck und Regelungsgehalt

1. Allgemeines. § 25a normiert den rechtlichen Rahmen der Durchführung organisierter Früherkennungsprogramme zur Vorbeugung bzw. frühzeitigen Erkennung und Behandlung von **Krebserkrankungen**; er konkretisiert damit § 25 Abs. 2. Die Früherkennungsprogramme sind ebenso wie die klinischen Krebsregister (§ 65c) Bestandteil des Nationalen Krebsplans.[3] Sie knüpfen an europäische Leitlinien zur Qualitätssicherung von Krebsfrüherkennungsprogrammen an, die für die Früherkennung von Brust-, Gebärmutterhals- und Darmkrebs vorliegen.[4]

2. Inhalt und Umfang organisierter Krebsfrüherkennungsprogramme (Abs. 1). Nach Abs. 1 S. 1 sind **Krebsfrüherkennungsuntersuchungen** als organisierte Früherkennungsprogramme anzubieten, soweit die Europäische Kommission Leitlinien zur Qualitätssicherung veröffentlicht hat. Soweit dies der Fall ist, ist damit gesetzlich über die Einführung eines entsprechenden bevölkerungsbezogenen Screenings entschieden.[5]

Die organisierten Programme unterscheiden sich von den einfachen Krebsvorsorgeuntersuchungen durch **besondere Anforderungen an das Einladungssystem, die Qualitätssicherung und die Evaluation**.[6] Die Einzelheiten sind in Abs. 1 S. 2 Nr. 1–4 geregelt. Die systematische Auswertung der nach Abs. 1 S. 2 Nr. 4 erfassten Daten beinhaltet nach Abs. 1 S. 3 auch die Befugnis zum Abgleich mit den epidemiologischen und klinischen Krebsregistern, soweit dies insbesondere für die Erfassung von Intervallkarzinomen als auch für die Sterblichkeit unter den Patienten erforderlich ist und durch landesrechtliche Vorschriften betreffend der Krebsregister legitimiert ist. Der Kostenaufwand für den Abgleich liegt bei den Krankenkassen (Abs. 1 S. 4).

3. Richtlinien des G-BA (Abs. 2 und 3). Der G-BA ist in Abs. 2 S. 1 dazu angehalten, organisierte Früherkennungsprogramme bis zum 30.4.2016 in seine **Richtlinien** aufzunehmen, soweit die **europäischen Leitlinien** (Abs. 1 S. 1) bereits vorliegen. Für das Mammographie-Screening ergibt sich insoweit allerdings kein unmittelbarer Handlungsbedarf, weil dieses bereits in der Krebsfrüherkennungs-Richtlinie[7] geregelt ist.[8] Die Programme für Gebärmutterhals- und Darmkrebs sind noch in Bearbeitung. Werden von der Europäischen Kommission weitere Leitlinien für Früherkennungsprogramme erlassen, hat der G-BA innerhalb der in Abs. 2 S. 2 und 3 vorgegebenen Fristen zu prüfen, ob entsprechende Programme ebenfalls im Rahmen des § 25 Abs. 2 zu erbringen sind, und sie ggf. in seinen Richtlinien zu regeln. Der Verband der privaten Krankenversicherung ist dabei zu beteiligen (Abs. 2 S. 5). Parallel zu § 25 Abs. 3 S. 3 ist auch hier der Erlass einer Erprobungsrichtlinie möglich (Abs. 3).

4. Erhebung, Verarbeitung und Nutzung von Daten durch die verantwortlichen Stellen (Abs. 4). Abs. 4 bestimmt die **Modalitäten der Datennutzung** im Rahmen organisierter Früherkennungsprogramme. Dabei geht es insbesondere um die Verwendung der Daten für die Einladung der Versicherten, zur Qualitätssicherung und zum Abgleich mit den Daten der Krebsregister (§ 65c).

5. Evaluationspflicht und Datenweitergabe an Wissenschaft und Forschung (Abs. 5). Abs. 5 regelt die regelmäßige Erstellung eines Berichts zur Qualität der Früherkennungsprogramme sowie die Zurverfügungstellung von **Daten für die Forschung**.

§ 26 Gesundheitsuntersuchungen für Kinder und Jugendliche

(1) ¹Versicherte Kinder und Jugendliche haben bis zur Vollendung des 18. Lebensjahres Anspruch auf Untersuchungen zur Früherkennung von Krankheiten, die ihre körperliche, geistige oder psycho-soziale Entwicklung in nicht geringfügigem Maße gefährden. ²Die Untersuchungen beinhalten auch eine Erfassung und Bewertung gesundheitlicher Risiken einschließlich einer Überprüfung der Vollständigkeit

---

[3] Zum Hintergrund vgl. die Begründung des KFRG, BT-Dr. 17/11267, 1 ff.
[4] Zu einem aktuellen Überblick vgl. European Commission, Cancer Screening in the European Union, 2017, abrufbar unter https://ec.europa.eu/health/sites/health/files/major_chronic_diseases/docs/2017_cancerscreening_2n dreportimplementation_en.pdf (zuletzt abgerufen am 1.4.2017).
[5] Zur Bindungswirkung vgl. Roters in: KassKomm, § 25a SGB V Rn. 15 ff.
[6] Lungstras in: Eichenhofer/Wenner, § 25a Rn. 3.
[7] Richtlinie über die Früherkennung von Krebskrankheiten v. 18.6.2009, letzte Änderung v. 16.12.2010, zuletzt geändert am 21.4.2016, abrufbar unter https://www.g-ba.de/downloads/62-492-1292/KFE-RL_2016-04-21_iK-2017-01-01_AT-08-07-2016-B2.pdf (zuletzt abgerufen am 1.4.2017).
[8] BT-Dr. 17/11267, 24.

des Impfstatus sowie eine darauf abgestimmte präventionsorientierte Beratung einschließlich Informationen zu regionalen Unterstützungsangeboten für Eltern und Kind. ³Die Untersuchungen umfassen, sofern medizinisch angezeigt, eine Präventionsempfehlung für Leistungen zur verhaltensbezogenen Prävention nach § 20 Absatz 5, die sich altersentsprechend an das Kind, den Jugendlichen oder die Eltern oder andere Sorgeberechtigte richten kann. ⁴Die Präventionsempfehlung wird in Form einer ärztlichen Bescheinigung erteilt. ⁵Zu den Früherkennungsuntersuchungen auf Zahn-, Mund- und Kieferkrankheiten gehören insbesondere die Inspektion der Mundhöhle, die Einschätzung oder Bestimmung des Kariesrisikos, die Ernährungs- und Mundhygieneberatung sowie Maßnahmen zur Schmelzhärtung der Zähne und zur Keimzahlsenkung. ⁶Die Leistungen nach Satz 5 werden bis zur Vollendung des sechsten Lebensjahres erbracht und können von Ärzten oder Zahnärzten erbracht werden.

(2) ¹§ 25 Absatz 3 gilt entsprechend. ²Der Gemeinsame Bundesausschuss bestimmt in den Richtlinien nach § 92 das Nähere über Inhalt, Art und Umfang der Untersuchungen nach Absatz 1 sowie über die Erfüllung der Voraussetzungen nach § 25 Absatz 3. ³Ferner bestimmt er die Altersgrenzen und die Häufigkeit dieser Untersuchungen. ⁴Der Gemeinsame Bundesausschuss regelt erstmals bis zum 31. Juli 2016 in Richtlinien nach § 92 das Nähere zur Ausgestaltung der Präventionsempfehlung nach Absatz 1 Satz 3. ⁵Er regelt insbesondere das Nähere zur Ausgestaltung der zahnärztlichen Früherkennungsuntersuchungen zur Vermeidung frühkindlicher Karies.

(3) ¹Die Krankenkassen haben im Zusammenwirken mit den für die Kinder- und Gesundheitspflege durch Landesrecht bestimmten Stellen der Länder auf eine Inanspruchnahme der Leistungen nach Absatz 1 hinzuwirken. ²Zur Durchführung der Maßnahmen nach Satz 1 schließen die Landesverbände der Krankenkassen und die Ersatzkassen mit den Stellen der Länder nach Satz 1 gemeinsame Rahmenvereinbarungen.

Literatur:
Siehe § 25.

I. Entstehungsgeschichte

§ 26 wurde mit dem Gesundheitsreformgesetz vom 29.12.1988[1] in das SGB V eingeführt. Eine entsprechende Vorschrift befand sich zuvor bereits in § 181 Abs. 1 Nr. 1 und Abs. 2 S. 2 RVO. Mit dem 2. GKV-Neuordnungsgesetz vom 23.6.1997[2] wurde der Leistungsumfang auf eine weitere Untersuchung für Kinder ab dem zehnten Lebensjahr erweitert; außerdem wurde Abs. 1 im Hinblick auf Zahnuntersuchungen konkretisiert. Abs. 3 wurde mit dem Gesetz zur Weiterentwicklung der Organisationsstrukturen in der GKV vom 15.12.2008[3] angefügt und soll die Kooperation von Krankenkassen und Gesundheitsdiensten der Länder fördern. Das PrävG (→ § 20 Rn. 3) hat schließlich den Anwendungsbereich der Norm auf Kinder und Jugendliche bis zum 18. Lebensjahr erweitert und – in Parallele zu § 25 Abs. 1 – den Normgehalt um einen primärpräventiven Ansatz ergänzt.

II. Allgemeines

Die Norm begründet für Kinder und Jugendliche einen besonderen Anspruch auf ärztliche Untersuchungen zur Früherkennung von Krankheiten sowie zur Erfassung gesundheitlicher Risiken und ist insoweit **Spezialregelung** zu § 25. Erkannt werden sollen Krankheiten, die die körperliche, geistige oder psycho-soziale Entwicklung in nicht geringfügigem Maße gefährden. Eine solche Gefährdung der kindlichen Entwicklung liegt vor, wenn Störungen des Entwicklungsablaufes nicht völlig fernliegen, wobei es nicht auf einen konkreten Anlass ankommt, sondern es sich nach § 26 um eine Reihenuntersuchung handelt.[4] Außerdem werden Untersuchungen zur Mund- und Zahngesundheit (Abs. 1 S. 5 und 6) in Ergänzung zu den in §§ 21, 22 genannten Maßnahmen vorgesehen. Näheres zu Art und Umfang der Untersuchungen regelt der Gemeinsame Bundesausschuss in Richtlinien gemäß § 92 Abs. 1 S. 2 Nr. 3.

---

1 BGBl. I, 2477, 2489.
2 BGBl. I, 1520, 1521.
3 BGBl. I, 2426.
4 Schütze in: jurisPK-SGB V, § 26 Rn. 13.

III. Anspruchsvoraussetzungen und -konkretisierungen

3 Abs. 1 S. 1 enthält den Anspruch auf Früherkennungsuntersuchungen, der in S. 2 und 3 durch primärpräventive Elemente ergänzt wird. Diese enthalten neben der Präventionsempfehlung zur verhaltensbezogenen Prävention (§ 20 Abs. 5) auch Informationen zu regionalen Unterstützungsangeboten für Eltern und Kind; damit ist insbesondere das Programm „Frühe Hilfen" gemeint.[5] Die Ansprüche werden nach Abs. 2 iVm § 25 Abs. 4 S. 2 durch **Richtlinien des G-BA** nach § 93 Abs. 1 S. 2 Nr. 3 konkretisiert. Dabei müssen sie nach Abs. 2 S. 1 iVm § 25 Abs. 3 den Anforderungen an Feststellungs- und Behandlungsfähigkeit der zu erkennenden Krankheiten genügen; auch insoweit kann der G-BA aber konkretisierend tätig werden (Abs. 2 S. 2).

4 Die „**Kinder-Richtlinie**"[6] des G-BA sieht derzeit zehn allgemeine Früherkennungsuntersuchungen vor. Die U 1 bis U 9 (inkl. der U 7 a) müssen dabei in den entsprechenden Lebensmonaten bis zur Vollendung des sechsten Lebensjahres absolviert werden. Die Untersuchungen sollen nach Abs. 1 S. 2 und 3 außerdem die Zahn- und Mundgesundheit umfassen; dieser Anspruch ist in den Richtlinien über die Früherkennungsuntersuchungen auf Zahn-, Mund- und Kieferkrankheiten konkretisiert.[7]

5 Die **Jugendgesundheitsuntersuchung** findet gemäß der Richtlinie zur Jugendgesundheitsuntersuchung[8] zwischen der Vollendung des 13. und 14. Lebensjahres statt. Die Leistung kann jedoch auch in der Toleranzzeit 12 Monate vor der Vollendung des 13. Lebensjahres oder 12 Monate nach Vollendung des 14. Lebensjahres erbracht werden.

6 Die Leistungen sollen nach den Richtlinien die Ärzte erbringen, welche die vorgesehenen Leistungen aufgrund ihrer Kenntnisse und Erfahrungen erbringen können, nach der ärztlichen Berufsordnung dazu berechtigt sind und über die erforderlichen Einrichtungen verfügen. Dies sind regelmäßig **Allgemein- und Kinderärzte**.[9] Nach Abs. 1 S. 3 können die Leistungen nach Abs. 1 S. 2 auch von Zahnärzten erbracht werden. Die Vergütung erfolgt gemäß § 85 Abs. 2 S. 5 als Pauschale (dazu → § 25 Rn. 3).

IV. Zusammenarbeit mit den Länderbehörden (Abs. 3)

7 Nach Abs. 3 S. 1 müssen die Krankenkassen in Zusammenwirkung mit den in den Ländern zuständigen Stellen darauf hinwirken, dass die Untersuchungen nach Abs. 1 von den Versicherten angenommen werden. Hierbei sollen zB **schriftliche Hinweise** auf die Möglichkeit der Früherkennungsuntersuchungen an die Versicherten verschickt werden.[10] Auch die **Bonusregelung** des § 65 a Abs. 1 Nr. 1 gehört in diesen Zusammenhang. Des Weiteren besteht die Verpflichtung für die Landesverbände der Krankenkassen und die Ersatzkassen, mit den Stellen der Länder eine Rahmenvereinbarung zu schließen (Abs. 3 S. 2).

8 Die Kinderuntersuchungen sind auch für die **Aufdeckung von Kindesmisshandlungen** von Bedeutung; zT sehen Landesgesetze insoweit vor, dass die Ärzte die Teilnahme an den Untersuchungen an staatliche Behörden melden müssen (vgl. etwa § 32 a HeilberufsG NRW). Auch Landessozialleistungen können von der Teilnahme an den Untersuchungen abhängen.

---

5 Vgl. dazu Geene in: BeckOK SozR, § 26 SGB V Rn. 13 ff.
6 Richtlinie über die Früherkennung von Krankheiten bei Kindern bis zur Vollendung des 6. Lebensjahres in der Fassung vom 18. 6. 2015, zuletzt geändert am 24. 11. 2016, abrufbar unter https://www.g-ba.de/downloads/62-492-1333/RL_Kinder_2016-11-24_iK-2017-01-28.pdf (zuletzt abgerufen am 1.4.2017).
7 Abrufbar unter https://www.g-ba.de/downloads/62-492-77/RL-Frueherkennungsu-Zahn-2004-12-08.pdf (zuletzt abgerufen am 1.4.2017). Zum Verhältnis dieser Leistungen zu §§ 21, 22 vgl. Schütze in: jurisPK-SGB V, § 26 Rn. 17.
8 Vom 26.6.1998, zuletzt geändert am 21.7.2016, abrufbar unter https://www.g-ba.de/downloads/62-492-1270/RL-JUG_2016-07-21_iK-2017-01-01.pdf (zuletzt abgerufen am 1.4.2017).
9 Kingreen in: Becker/Kingreen, § 26 Rn. 5.
10 BT-Dr. 16/9559, 17.

Fünfter Abschnitt
Leistungen bei Krankheit

Erster Titel Krankenbehandlung

§ 27 Krankenbehandlung

(1) ¹Versicherte haben Anspruch auf Krankenbehandlung, wenn sie notwendig ist, um eine Krankheit zu erkennen, zu heilen, ihre Verschlimmerung zu verhüten oder Krankheitsbeschwerden zu lindern. ²Die Krankenbehandlung umfaßt
1. Ärztliche Behandlung einschließlich Psychotherapie als ärztliche und psychotherapeutische Behandlung,
2. zahnärztliche Behandlung,
2a. Versorgung mit Zahnersatz einschließlich Zahnkronen und Suprakonstruktionen,
3. Versorgung mit Arznei-, Verband-, Heil- und Hilfsmitteln,
4. häusliche Krankenpflege und Haushaltshilfe,
5. Krankenhausbehandlung,
6. Leistungen zur medizinischen Rehabilitation und ergänzende Leistungen.

³Zur Krankenbehandlung gehört auch die palliative Versorgung der Versicherten. ⁴Bei der Krankenbehandlung ist den besonderen Bedürfnissen psychisch Kranker Rechnung zu tragen, insbesondere bei der Versorgung mit Heilmitteln und bei der medizinischen Rehabilitation. ⁵Zur Krankenbehandlung gehören auch Leistungen zur Herstellung der Zeugungs- oder Empfängnisfähigkeit, wenn diese Fähigkeit nicht vorhanden war oder durch Krankheit oder wegen einer durch Krankheit erforderlichen Sterilisation verlorengegangen war.

(1 a) ¹Spender von Organen oder Geweben oder von Blut zur Separation von Blutstammzellen oder anderen Blutbestandteilen (Spender) haben bei einer nach den §§ 8 und 8 a des Transplantationsgesetzes erfolgenden Spende von Organen oder Geweben oder im Zusammenhang mit einer im Sinne von § 9 des Transfusionsgesetzes erfolgenden Spende zum Zwecke der Übertragung auf Versicherte (Entnahme bei lebenden Spendern) Anspruch auf Leistungen der Krankenbehandlung. ²Dazu gehören die ambulante und stationäre Behandlung der Spender, die medizinisch erforderliche Vor- und Nachbetreuung, Leistungen zur medizinischen Rehabilitation sowie die Erstattung des Ausfalls von Arbeitseinkünften als Krankengeld nach § 44 a und erforderlicher Fahrkosten; dies gilt auch für Leistungen, die über die Leistungen nach dem Dritten Kapitel dieses Gesetzes, auf die ein Anspruch besteht, hinausgehen, soweit sie vom Versicherungsschutz des Spenders umfasst sind. ³Zuzahlungen sind von den Spendern nicht zu leisten. ⁴Zuständig für Leistungen nach den Sätzen 1 und 2 ist die Krankenkasse der Empfänger von Organen, Geweben oder Blutstammzellen sowie anderen Blutbestandteilen (Empfänger). ⁵Im Zusammenhang mit der Spende von Knochenmark nach den §§ 8 und 8 a des Transplantationsgesetzes, von Blutstammzellen oder anderen Blutbestandteilen nach § 9 des Transfusionsgesetzes können die Erstattung der erforderlichen Fahrkosten des Spenders und die Erstattung der Entgeltfortzahlung an den Arbeitgeber nach § 3 a Absatz 2 Satz 1 des Entgeltfortzahlungsgesetzes einschließlich der Befugnis zum Erlass der hierzu erforderlichen Verwaltungsakte auf Dritte übertragen werden. ⁶Das Nähere kann der Spitzenverband Bund der Krankenkassen mit den für die nationale und internationale Suche nach nichtverwandten Spendern von Blutstammzellen aus Knochenmark oder peripherem Blut maßgeblichen Organisationen vereinbaren. ⁷Für die Behandlung von Folgeerkrankungen der Spender ist die Krankenkasse der Spender zuständig, sofern der Leistungsanspruch nicht nach § 11 Absatz 5 ausgeschlossen ist. ⁸Ansprüche nach diesem Absatz haben auch nicht gesetzlich krankenversicherte Personen. ⁹Die Krankenkasse der Spender ist befugt, die für die Leistungserbringung nach den Sätzen 1 und 2 erforderlichen personenbezogenen Daten an die Krankenkasse oder das private Krankenversicherungsunternehmen der Empfänger zu übermitteln; dies gilt auch für personenbezogene Daten von nach dem Künstlersozialversicherungsgesetz Krankenversicherungspflichtigen. ¹⁰Die nach Satz 7 übermittelten Daten dürfen nur für die Erbringung von Leistungen nach den Sätzen 1 und 2 verarbeitet und genutzt werden. ¹¹Die Datenverarbeitung und Nutzung nach den Sätzen 7 und 8 darf nur mit schriftlicher Einwilligung der Spender, der eine umfassende Information vorausgegangen ist, erfolgen.

(2) Versicherte, die sich nur vorübergehend im Inland aufhalten, Ausländer, denen eine Aufenthaltserlaubnis nach § 25 Abs. 4 bis 5 des Aufenthaltsgesetzes erteilt wurde, sowie

1. asylsuchende Ausländer, deren Asylverfahren noch nicht unanfechtbar abgeschlossen ist,
2. Vertriebene im Sinne des § 1 Abs. 2 Nr. 2 und 3 des Bundesvertriebenengesetzes sowie Spätaussiedler im Sinne des § 4 des Bundesvertriebenengesetzes, ihre Ehegatten, Lebenspartner und Abkömmlinge im Sinne des § 7 Abs. 2 des Bundesvertriebenengesetzes haben Anspruch auf Versorgung mit Zahnersatz, wenn sie unmittelbar vor Inanspruchnahme mindestens ein Jahr lang Mitglied einer Krankenkasse (§ 4) oder nach § 10 versichert waren oder wenn die Behandlung aus medizinischen Gründen ausnahmsweise unaufschiebbar ist.

Literatur:
Becker, Off-Label-Use: Arzneimittelversorgung in der gesetzlichen Krankenversicherung nur bei Todesgefahr?, SGb 2004, 594; *Eichenhofer,* Krankheit und Behandlungsbedürftigkeit im Recht der gesetzlichen Krankenversicherung, SGb 1994, 501; *Eicher,* Die Praktikabilität des Krankheitsbegriffes in der gesetzlichen Krankenversicherung, KV 1987, 153; *Fastabend,* Zum Begriff der notwendigen Krankenbehandlung im SGB V, NZS 2002, 299; *Francke/Hart,* Off label use. Arzneimittelrechtliche, haftungsrechtliche, berufsrechtliche und sozialrechtliche Fragen, SGb 2003, 653; *Francke,* Richtlinien, Normsetzungsverträge und neue Behandlungsmethoden im Rechtskonkretisierungskonzept des BSG, SGb 1999, 5; *Glaeske/Dierks,* Off-Lable-Use, Weichenstellung nach dem BSG-Urteil, 2002; *Greiner,* Krankengeld und Entgeltfortzahlung bei Organ- oder Gewebespende, NZS 2013, 241; *Hauck,* Erkrankungsrisiko als Krankheit im Sinne der gesetzlichen Krankenversicherung?, NJW 2016, 2695; *ders.,* Gestaltung des Leistungsrechts der gesetzlichen Krankenversicherung durch das Grundgesetz?, NJW 2007, 1320; *ders.,* Krankenversicherungsrechtliche Ansprüche bei Fortpflanzungsunfähigkeit, SGb 2009, 321; *ders.,* Medizinischer Fortschritt im Dreieck IQWiG, GBA und Fachgesellschaften: Wann wird eine innovative Therapie zur notwendigen Maßnahme?, NZS 2007, 461; *Hebebrand/Dabrock/Lingenfelder/Mand/Voit,* Ist Adipositas eine Krankheit?, DÄBl. 2004, 2468; *Hinz,* Verfassungsrecht und Leistungsrecht in der gesetzlichen Krankenversicherung, ZfS 2006, 141; *Huster,* Die Leistungspflicht der GKV für Maßnahmen der künstlichen Befruchtung und der Krankheitsbegriff, NJW 2009, 1713; *ders.,* Die Bedeutung des Krankheitsbegriffs für das Krankenversicherungsrecht, Krankheit und Recht 2017, 41; *Jabornegg/Resch/Seewald* (Hrsg.), Grenzen der Leistungspflicht für Krankenbehandlung, 2007; *Kingreen,* Verfassungsrechtliche Grenzen der Rechtssetzungsbefugnis des Gemeinsamen Bundesausschusses im Gesundheitsrecht: Besprechung von BVerfG, Beschl. v. 6. 12. 2005 – 1 BvR 347/98, NJW 2006, 891, 877; *ders.,* Gerichtliche Kontrolle von Kriterien und Verfahren im Gesundheitsrecht, MedR 2007, 457; *Knispel,* (Keine) Mamma-Augmentationsplastik zu Lasten der GKV?, SGb 2016, 632; *Lang,* Recht auf Leben und körperliche Unversehrtheit – Recht auf Gesundheit?, Traditio et Innovatio 2006, 30; *Langhals,* Umfang des Behandlungsanspruchs bei lebensbedrohlichen oder regelmäßig tödlich verlaufenden Erkrankungen, NZS 2007, 76; *Liepold,* Der Anspruch auf medizinische Rehabilitation nach dem GKV-Wettbewerbsstärkungsgesetz 2007, Rehabilitation 2008, 49; *Marburger,* Das Leistungsrecht der Krankenversicherung, WzS 2005, 1; *Müller,* Anspruch des gesetzlich Versicherten auf Leistungen der plastischen Chirurgie, 2011; *München,* Verbesserungen in der Hospiz- und Palliativversorgung, PflR 2016, 211; *Neft,* Reform des Transplantationsgesetzes – Weichenstellung für eine bessere Patientenversorgung?, MedR 2013, 82; *ders.,* Die versicherungsrechtliche Absicherung des Organlebendspenders – Bestandsaufnahme und Reformvorschläge, NZS 2011, 566; *Neumann,* Soziale Absicherung von Organspendern, NJW 2013, 1401; *ders.,* Das medizinische Existenzminimum, NZS 2006, 393; *ders.,* Anspruch auf Krankenbehandlung nach Maßgabe der Richtlinien des Bundesausschusses?, NZS 2001, 515; *ders.,* Der Anspruch auf Krankenbehandlung – ein Rahmenrecht?, SGb 1998, 609; *Plute,* Der Begriff der (medizinischen) Rehabilitation im Recht der gesetzlichen Krankenversicherung, VSSR 2003, 97; *Prehn,* Zur normative Funktion des Begriffs Krankheit im gesetzlichen Krankenversicherungsrecht, VSSR 2014, 1; *Rixen,* Seltene Erkrankungen als Problem des Gesundheitssozialrechts, ZEFQ 2008, 31; *Saalfrank/Weser,* Die Pflicht der gesetzlichen Krankenversicherung zur Leistung neuer Behandlungsmethoden, NZS 2008, 17; *Schlottmann/Haag,* Grenzen der Verbindlichkeit der Richtlinien des Gemeinsamen Bundesausschusses, NZS 2008, 524; *Schnapp,* Aktuelle Rechtsquellenprobleme im Vertragsarztrecht – Am Beispiel von Richtlinien und Einheitlichem Bewertungsmaßstab, SGb 1999, 62; *Schwerdtfeger,* Die Leistungsansprüche der Versicherten im Rechtskonkretisierungskonzept des SGB V, NZS 1998, 49; *Seidel,* Kriterien der Leistungsgewährung für Menschen mit Behinderung, DÄBl 2005, A 1654; *Tiedemann,* Die Kostentragung für Lebendorganspender nach § 27 Abs. 1a SGB 5, GuP 2013, 58; *Werner/Wiesing,* Lehren aus dem Fall Viagra? Der Krankheitsbegriff im Sozialrecht am Beispiel der erektilen Dysfunktion, Das Gesundheitswesen 2002, 398; *Wilksch,* Recht auf Krankenbehandlung und Recht auf ein menschenwürdiges Existenzminimum, 2016; *v. Wulffen,* Rechtsprechung des Bundessozialgerichts zu noch nicht anerkannten Behandlungsmethoden, GesR 2006, 385; *Zuck,* Sachleistungs-/Kostenerstattungsansprüche von GKV-Versicherten für medikamentöse Krebsbehandlung, MedR 2009, 256.

I. Entstehungsgeschichte	1
II. Normzweck	7
III. Anspruch auf Krankenbehandlung (Abs. 1)	12
1. Struktur	12
2. Anspruchsvoraussetzungen	13
a) Versicherungsverhältnis	13
b) Vorliegen einer Krankheit im versicherungsrechtlichen Sinne	16
aa) Begriff Krankheit (Abs. 1 S. 1)	16
bb) Funktion des Krankheitsbegriffes	20
c) Die einzelnen Tatbestandselemente des Krankheitsbegriffs	22
aa) Regelwidrigkeit	22
(1) Begriffsverständnis	23
(2) Problem- bzw. Grenzfälle	25
(a) Adipositas	26
(b) Körperliche Anomalien	30
(c) Transsexualität und Intersexualität	37
(d) Schwangerschaft	39
(e) Altersbedingtes Nachlassen körperlicher und geistiger Kräfte	41
(f) Suchterkrankungen	43
(g) Zahnstellungs- und Kieferanomalien	45
bb) Behandlungsbedürftigkeit und Behandlungsfähigkeit	46
cc) Arbeitsunfähigkeit	50
d) Verursachung von Behandlungsbedürftigkeit und Arbeitsunfähigkeit	51
e) Notwendigkeit der Krankenbehandlung	52
f) Erreichen eines der Krankenbehandlungsziele	54
3. Umfang und Inhalt der Leistungen (Abs. 1 S. 2)	59
a) Gegenstand der Krankenbehandlung	59
b) Maßnahmen der Krankenbehandlung	60
aa) Ambulante ärztliche Behandlung einschließlich Psychotherapie (Abs. 1 S. 2 Nr. 1)	61
bb) Zahnärztliche Behandlung und Versorgung mit Zahnersatz (Abs. 1 S. 2 Nr. 2, 2 a)	62
cc) Versorgung mit Arznei-, Verband-, Heil-, und Hilfsmitteln (Abs. 1 S. 2 Nr. 3)	65
dd) Häusliche Krankenpflege und Haushaltilfe (Abs. 1 S. 2 Nr. 4)	69
ee) Krankenhausbehandlung (Abs. 1 S. 2 Nr. 5)	70
ff) Leistungen zur medizinischen Rehabilitation und ergänzende Leistungen (Abs. 1 S. 2 Nr. 6)	71
c) Palliative Versorgung (Abs. 1 S. 3) als Bestandteil aller Leistungsbereiche der Krankenbehandlung	72
4. Sonderregelungen für bestimmte Krankenbehandlungen	73
a) Besondere Bedürfnisse psychisch Kranker (Abs. 1 S. 4)	73
b) Leistungen zur Herstellung der Zeugungs- oder Empfängnisfähigkeit (Abs. 1 S. 5)	75
IV. Anspruch auf Krankenbehandlung bei Organspende (Abs. 1 a)	79
1. Frühere Rechtslage	79
2. Struktur	81
3. Anspruchsvoraussetzungen	82
a) Anspruchsberechtigter Personenkreis	82
b) Lebendspende von Organen oder Geweben zum Zwecke der Übertragung	83
c) Spende von Blut zur Separation von Blutstammzellen oder anderen Blutbestandteilen	87
4. Umfang und Inhalt der Leistung	88
5. Ausschluss der Leistungspflicht	91
6. Datenübermittlung	94
V. Ausfüllungsbedürftiges Rahmenrecht	96
1. Grundsatz	96
2. Grenzen des Rechtskonkretisierungskonzepts	97
a) Systemversagen	97
b) Leistungspflicht im Falle lebensbedrohlicher oder regelmäßig tödlicher Erkrankung	98
VI. Leistungsbeschränkung bei Zahnersatz (Abs. 2)	99

I. Entstehungsgeschichte

Ursprünglich regelte die Vorschrift in **§ 182 Abs. 1 Nr. 1 RVO**,[1] welche bis zum 31.12.1988 galt, die Gewährung von **Krankenpflege**, die zur Krankenhilfe gehörte. Die Krankenpflege musste nach § 182 Abs. 1 Nr. 2 RVO ausreichend und zweckmäßig sein und nicht das Maß des Notwendigen überschreiten. § 27 wurde durch das Gesundheitsreformgesetz (**GRG**) vom 20.12.1988[2] mit Wirkung vom 1.1.1989 in das SGB V aufgenommen und trat an die Stelle der bisherigen Regelung. Der Gesetzgeber verwendete nunmehr anstatt des Begriffs der „Krankenpflege" den Begriff der **Krankenbehandlung**. Außerdem wurden die Leistungen zur Haushaltshilfe in Nr. 4, Krankenhausbehandlung in Nr. 5, medizinische und ergänzende Leistungen zur Rehabilitation in Nr. 6 neu aufgenommen. Gleichzeitig hat der Gesetzgeber mit der Streichung des Wortes „insbesondere" (§ 182 RVO) deutlich gemacht, dass die

---

[1] BGBl. I 1983, 1532.
[2] BGBl. I, 2477.

Aufzählung der Leistungen nunmehr abschließend zu verstehen ist.[3] Dies hatte weitreichende Konsequenzen, da nach der alten Rechts- und Gesetzeslage Verwaltung und Gerichte die Möglichkeit hatten, den Leistungskatalog nach Bedarfsfall auszuweiten.[4]

2 Mit Inkrafttreten der Regelung am 1.1.1989, bestand § 27 zunächst nur aus einem Absatz, dessen S. 1 bis 4 zum größten Teil denen des heutigen Abs. 1 entsprachen. Auch gehörten Leistungen für eine künstliche Befruchtung nicht zur Krankenbehandlung (S. 5 aF). Mit Einfügen des § 27a mit Wirkung vom 1.7.1990 durch Art. 2 Nr. 1 und Art. 13 Abs. 1 des Gesetzes über die neunzehnte Anpassung der Leistungen nach dem Bundesversorgungsgesetz sowie zur Änderung weiterer sozialrechtlicher Vorschriften (**KOVAnpG**) vom 26.6.1990[5] hat der Gesetzgeber S. 5 gestrichen.[6] Die verbleibenden Sätze 1 bis 4 wurden mit Wirkung vom 1.1.1993 als Abs. 1 und Abs. 2 durch Art. 1 Nr. 14 Gesundheitsstrukturgesetz (**GSG**) vom 21.12.1992[7] angefügt.

3 Abs. 1 S. 2 Nr. 1 wurde durch Art. 1 Nr. 1 des Gesetzes über die Berufe zur des Psychologischen Psychotherapeuten und des Kinder- und des Jugendlichenpsychotherapeuten vom 16.6.1998[8] mit Wirkung vom 1. 1. 1999 neu gefasst.[9] Eine weitere Änderung (Abs. 1 S. 2 Nr. 6) erfolgte mit Wirkung vom 1.7.2001 durch Art. 5 Nr. 8 des Gesetzes – Rehabilitation und Teilhabe behinderter Menschen – (**SGB IX**) vom 19.6.2001.[10] Durch Art. 1 Nr. 13 GKV-Modernisierungsgesetz (**GMG**) vom 14.11.2003[11] wurde mit Wirkung vom 1.1.2005 Abs. 1 S. 2 Nr. 2 geändert, indem die Versorgung mit Zahnersatz gestrichen und Nr. 2a eingefügt.

4 Abs. 2 wurde durch Art. 1 Nr. 14 des Gesetzes zur Reform der gesetzlichen Krankenversicherung ab dem Jahr 2000 (**GKV-GRG**) vom 22.12.1999[12] neu gefasst. Die Regelung wurde etwa an den Vertriebenenstatus nach dem Bundesvertriebenengesetz angepasst und die Anspruchsbeschränkung auf Spätaussiedler und deren nahe Angehörigen erstreckt. Eine weitere Änderung erfolgte durch Art. 3 § 52 des Gesetzes zur Beendigung der Diskriminierung gleichgeschlechtlicher Gemeinschaften (**Lebenspartnerschaftsgesetz**) vom 16.2.2001,[13] wonach seit der Einbeziehung der Lebenspartner in den Krankenversicherungsschutz ab 1.8.2001 die Leistungseinschränkung gem. Abs. 2 Nr. 2 auch auf den Lebenspartner erstreckt wurde.

5 Weitere Änderungen, die redaktioneller Natur waren, erfolgten durch das Gesetz zur Steuerung und Begrenzung der Zuwanderung und zur Regelung des Aufenthalts und der Integration von Unionsbürgern und Ausländern (**Zuwanderungsgesetz**) vom 30.7.2004[14] und das Gesetz zur Umsetzung aufenthalts- und asylrechtlicher Richtlinien der europäischen Union vom 19.8.2007.[15] Hiermit wurden notwendige Anpassungen an den neuen Sprachgebrauch bzw. an neue Regelungen vorgenommen. So war die Ergänzung in Abs. 2: „§ 25 Abs. 4 bis 5" wegen der Schaffung einer Aufenthaltserlaubnis für einen vorübergehenden Aufenthalt von Opfern des Menschenhandels in § 25 Abs. 4a AufenthG erforderlich.[16]

6 Abs. 1a wurde mit Wirkung vom 1.8.2012 durch das Transplantationsänderungsgesetzes (**TPGÄndG**) vom 21.7.2012[17] eingefügt. Zuletzt erfolgten Anpassungen und Änderungen des Abs. 1a und des Abs. 1 Nr. 1 durch das GKV-Versorgungsstärkungsgesetz (**GKV-VSG**) vom 16.7.2015[18] und durch das Hospiz- und Palliativgesetz (**HPG**) vom 1.12.2015.[19]

---

3 BR-Dr. 200/88, 170.
4 Siehe auch Steege in: Noftz/Hauck, SGB V, § 27 Rn. 8.
5 BGBl. I, 1211.
6 Siehe hierzu auch Gesetzesbegründung BT-Dr. 11/6760, 14.
7 BGBl. I, 2266.
8 BGBl. I, 1311.
9 Die Einfügung geht auf die Beschlussempfehlung des Vermittlungsausschusses zurück; BT-Dr. 13/9770, 2.
10 BGBl. I, 1046.
11 BGBl. I, 2190.
12 BGBl. I, 2626.
13 BGBl. I, 266.
14 BGBl. I, 1950.
15 BGBl. I, 1970.
16 BT-Dr. 16/5065, 235.
17 BGBl. I, 1601.
18 BGBl. I, 1211.
19 BGBl. I, 2114.

II. Normzweck

§ 27 gilt als **Grundnorm** bzw. **zentrale Bestimmung** des Krankenversicherungsrechts und geht über eine bloße Einweisungs- bzw. Einleitungsvorschrift hinaus,[20] Diese Norm regelt nämlich nicht nur die allgemeinen Leistungsvoraussetzungen, sondern auch den sachlichen Umfang des Anspruchs auf Krankenbehandlung.[21] Mit dieser Vorschrift wollte der Gesetzgeber sowohl die Zielrichtung als auch die Zweckbestimmung der Krankenbehandlung allgemein festlegen.[22] Das hat nicht zuletzt Einfluss auf das gesamte Leistungsrecht, da der Gesetzgeber im Unterschied zur bisherigen Rechtslage nach § 182 RVO den Leistungsinhalt bei einer Krankenbehandlung in § 27 **enumerativ** aufzählt.

Maßnahmen, die bis auf verfassungsrechtlich relevante Ausnahmen abgesehen,[23] nicht unter den Versicherungsschutz fallen, werden der **Eigenverantwortung** der Versicherten zugerechnet, auch wenn sie eine sonst von der Krankenkasse zu gewährende Leistung ersparen können oder den Erfolg einer gewährten Leistung erst ermöglichen.[24] Insofern wirkt § 27 nicht nur leistungsbegründend, sondern auch **begrenzend**: Zum einen muss die Krankenkasse nicht für alles aufkommen, was in irgendeiner Weise die Gesundheit fördert. Soweit das Gesetz nichts anderes vorschreibt, ist der Behandlungsanspruch auf solche Maßnahmen begrenzt, die der in Abs. 1 S. 1 näher umschriebenen gezielten Krankheitsbekämpfung („Behandlung") dienen. Aber auch wenn unmittelbar ein Behandlungszweck verfolgt wird, ist die Krankenkasse nicht für Maßnahmen leistungspflichtig, die im Katalog des Abs. 1 S. 2 nicht enthalten sind. Die **Grenzen des Rahmenrechts** auf Leistungen der Krankenversicherung ergeben sich somit regelmäßig aus der Zusammenschau dieser beiden Aspekte.[25] Letztendlich wäre bei der Vielzahl der zur Verfügung stehenden Mittel und Behandlungsmethoden, denen eine gezielte Beeinflussung der Gesundheit zugeschrieben wird, das Krankenversicherungsrisiko nicht mehr sachgerecht begrenzbar, wenn der Versicherungsschutz ausschließlich davon abhinge, dass eine Maßnahme zur Krankheitsbekämpfung eingesetzt wird.[26] Hierfür bedarf es eines **notwendigen Korrektivs**, welches mit dem abschließenden **Leistungskatalog** des Abs. 1 S. 2 erreicht wird.[27]

Anerkannt ist in der Rechtsprechung des BSG auch, dass die in der gesetzlichen Krankenversicherung Versicherten grundsätzlich nicht auf einen unveränderten Fortbestand der im Gesetz vorgesehenen Leistungen vertrauen können.[28] Angesichts fortwährender Veränderungen der wirtschaftlichen, soziologischen und medizinischen Rahmenbedingungen, die sich auf die Finanzierbarkeit der Krankenversicherung und die Belastbarkeit der Sozialversicherungs-Systeme insgesamt auswirken, muss es dem Gesetzgeber erlaubt sein, den Leistungsumfang und die Modalitäten der Leistungsgewährung an neue Entwicklungen und Erkenntnisse anzupassen. Bestätigt wird dies auch durch die Rechtsprechung des BVerfG, wonach aus der Verfassung **kein Anspruch** gegen die Krankenkassen auf Bereitstellung oder Finanzierung bestimmter Gesundheitsleistungen hergeleitet werden kann.[29] Vielmehr steht dem Gesetzgeber bei der Festlegung des Umfangs des Krankenbehandlungsanspruchs ein weiter **Gestaltungsspielraum** zu. Die Krankenkassen schulden ihren Versicherten zumindest aus rechtlichen Gründen allein eine **bedarfsgerechte, standardisierte medizinische Versorgung**. Ob und inwieweit dabei seitens des Gesetzgebers immer sozialen Gründen ausreichend Rechnung getragen wird, mag durchaus zweifelhaft sein; dies muss nach den rechtlichen Vorgaben aber dahingestellt bleiben.

Mit Abs. 1a wurde eine Regelung eingefügt, die unmittelbare Ansprüche eines Dritten, nämlich des Organspenders, gegen die Krankenkasse des Empfängers begründen. Die Neuregelung stellt die bisherige Praxis der Krankenkassen zu Leistungen für Spender von Organen oder Geweben auf eine gesetzliche Grundlage und sorgt damit für die erforderliche Rechtssicherheit. Der mit Abs. 1a gesetzlich fixierte eigenständige Anspruch soll vor allem finanzielle bzw. wirtschaftliche Nachteile ausgleichen, die mit einer Lebendorganspende verbunden sind.

---

20 Siehe nur Lang in: Becker/Kingreen, § 27 Rn. 2; Steege in: Hauck/Noftz, SGB V, § 27 Rn. 1.
21 Steege in: Hauck/Noftz, SGB V, § 27 Rn. 1.
22 Vgl. BT-Dr. 11/2237, 170.
23 Vgl. hierzu BVerfG, 6.12.2005, 1 BvR 347/98, SozR 4-2500 § 27 Nr. 5 = BVerfGE 115, 25.
24 SG Kassel, 30.12.2010, S 12 KR 38/10 ER.
25 Zum Ganzen BSG, 9.12.1997, 1 RK 11/97, SozR 3-2500 § 28 SGB V Nr. 3 = BSGE 81, 245; SG Kassel, 30.12.2010, S 12 KR 38/10 ER.
26 So SG Kassel, 30.12.2010, S 12 KR 38/10 ER.
27 SG Kassel, 30.12.2010, S 12 KR 38/10 ER.
28 BSG, 25.6.1991, 1/3 RK 21/90, SozR 3-2500 § 59 Nr. 1 = BSGE 69, 76.
29 BVerfG, 5.3.1997, 1 BvR 1071/95, NJW 1997, 3085.

11 Abs. 2, welcher eine **Leistungsbeschränkung** für die dort genannten Personenkreise aufführt, stellt eine Sonderregelung für den Bereich der Versorgung mit **Zahnersatz** dar.

III. Anspruch auf Krankenbehandlung (Abs. 1)

12 **1. Struktur.** Abs. 1 begründet einen „abstrakten" Anspruch auf Krankenbehandlung.[30] Die Einzelleistungen bedürfen der Konkretisierung; es handelt sich insoweit um ein ausfüllungsbedürftiges Rahmenrecht (→ Rn. 96 ff.). Der Anspruch auf Leistung besteht bereits vom **Beginn der Krankheit** an.[31] Die Krankheit ist somit das entscheidende, den Anspruch auf Krankenbehandlung auslösende Element.[32]

13 **2. Anspruchsvoraussetzungen. a) Versicherungsverhältnis.** Grundsätzlich haben alle **Versicherten** Anspruch auf Krankenbehandlung. Im Gesetz zum Teil vorgesehene Einschränkungen betreffen nur bestimmte Versicherungsgruppen, die von Wartezeiten (Abs. 2; → Rn. 99 f.) oder Altersgrenzen (§§ 27a Abs. 3, 28 Abs. 2 S. 6, 33 Abs. 2, 34 Abs. 1 S. 5 und 6) abhängen. In diesen Fällen wird der Anspruch nur auf ganz bestimmte Leistungen oder Leistungsarten ausgeschlossen, der Behandlungsanspruch als solcher bleibt hiervon aber unberührt.[33]

14 Auch die nach § 10 versicherten **Familienangehörigen** gehören zum anspruchsberechtigten Personenkreis, die aufgrund der Ausgestaltung der Familienversicherung als eigene Versicherung des Familienangehörigen einen **eigenen Leistungsanspruch** haben.[34] Es bleibt jedoch dabei, dass die Familienversicherung nach § 10 eine **abgeleitete Versicherung** darstellt und damit keine eigenständige Mitgliedschaft bei der Krankenkasse begründet.[35]

15 Aus der Tatsache, dass grundsätzlich nur Versicherte leistungsberechtigt sind, folgt die Voraussetzung des **Bestehens eines Versicherungsverhältnisses**.[36] Nur ausnahmsweise können Leistungsansprüche auch noch nach Beendigung des Versicherungsverhältnisses begründet werden bzw. fortbestehen. § 19 stellt insoweit klar, dass der Leistungsanspruch mit der Beendigung der Mitgliedschaft grundsätzlich erlischt.[37] Die gesetzlichen Ausnahmen hiervon sind in § 19 Abs. 2 und 3 geregelt. Durch die nunmehr geltenden gesetzlichen Vorgaben, ist die Rechtsprechung des BSG zum alten Recht, wonach ein Anspruch auf Weitergewährung auch nach Beendigung des Versicherungsverhältnisses wegen des Grundsatzes der Einheit des Versicherungsfalls möglich war, wenn nur der Versicherungsfall während des Bestehens der Mitgliedschaft eingetreten war,[38] hinfällig geworden.

16 **b) Vorliegen einer Krankheit im versicherungsrechtlichen Sinne. aa) Begriff Krankheit (Abs. 1 S. 1).** Der Begriff Krankheit[39] ist ein **unbestimmter Rechtsbegriff**. Der Gesetzgeber hat auf eine Definition des Begriffs Krankheit **bewusst verzichtet**, da sein Inhalt sich ständig ändere.[40] Dieses Argument wird zwar zum Teil als nicht überzeugend angesehen, weil die Grundstrukturen des Begriffs bereits seit der Wende vom 19. zum 20. Jahrhundert unverändert geblieben seien und den Gesetzgeber auch ansonsten bei Gesetzesänderungen keine übergroßen Bedenken quälten,[41] dennoch ist hiermit der Rechtspraxis der Weg eröffnet worden auf diverse Fallgestaltungen, insbesondere Änderungen in der Medizin sowie auch gesellschaftliche Anschauungen von Krankheit,[42] reagieren zu können. Folglich bedarf es bei der Bestimmung des Krankheitsbegriffs der **Auslegung des Gesetzes**.

17 In der **Rechtsprechung** des BSG wird mit Krankheit ein regelwidriger, vom Leitbild des gesunden Menschen abweichender Körper- oder Geisteszustand umschrieben, der ärztlicher Behandlung bedarf und/

---

30 So BSG, 21.8.1996, 3 RK 2/96, SozR 3-2500 § 39 Nr. 4.
31 Vgl. BT-Dr. 11/2237, 170.
32 Wagner in: Krauskopf, § 27 SGB V Rn. 3.
33 Steege in: Noftz/Hauck, SGB V, § 27 Rn. 21.
34 Vgl. zur früheren Regelung § 179 Abs. 1 Nr. 6, wonach der Familienversicherte nur Nutznießer des dem Stammversicherten zustehenden Leistungsanspruchs war.
35 Steege in: Noftz/Hauck, SGB V, § 27 Rn. 23.
36 Vgl. zur früheren Rechtslage, wonach auch nach Beendigung des Versicherungsverhältnis ein Anspruch auf Weitergewährung bestand: Steege in: Noftz/Hauck, SGB V, § 27 Rn. 24.
37 Vgl. hierzu die Gesetzesbegründung BT-Dr. 11/2237, 166.
38 BSG, 28.4.1981, 3 RK 12/80, SozR 2200 § 183 Nr. 36 = BSGE 51, 287, 288.
39 Zur Bedeutung des Begriffs: Huster, Krankheit und Recht 2017, 41 ff.
40 BT-Dr. 11/237, 170.
41 Höfler in: Jabornegg/Resch/Seewald (Hrsg.), Grenzen der Leistungspflicht für Krankenbehandlung, S. 1, 4.
42 Steege in: Hauck/Noftz, SGB V, 2/2011, § 27 Rn. 26.

oder den Betroffenen arbeitsunfähig macht.⁴³ Dieses Begriffsverständnis lag bereits der Anschauung des Reichsversicherungsamtes zugrunde.⁴⁴ Die **Kritik in der Literatur** zum durch die Rechtsprechung entwickelten Krankheitsbegriff ist vielfältig.⁴⁵ Vor allem überzeuge der zweigliedrige Krankheitsbegriff nicht, da der Verweis auf die Behandlungsbedürftigkeit und Arbeitsunfähigkeit einen Zirkelschluss enthalte.⁴⁶ Mag die Kritik zum Teil auch berechtigt sein, so darf hierbei jedoch nicht übersehen werden, dass die Konkretisierung des Krankheitsbegriffs durch die Rechtsprechung des BSG nicht nur die Voraussetzung bestimmt, wann der Versicherte einen Anspruch auf Leistung gegen die gesetzliche Krankenversicherung hat, sondern gleichzeitig den Versicherungsfall festlegt. Dabei spielt es auch keine Rolle, dass dem Grundsatz von der Einheit des Versicherungsfalls seit Inkrafttreten des SGB V keine tragende Bedeutung mehr zukommt.⁴⁷

Erfordert eine **Behinderung**, deren prägende Elemente im Unterschied zum krankenversicherungsrechtlichen Begriff der Krankheit die Dauerhaftigkeit der Funktionsstörung und die Beeinträchtigung der Teilhabe am Gemeinschaftsleben sind, eine ärztliche Behandlung, dann liegt ebenfalls eine Krankheit im Sinne von § 27 vor, die einen Anspruch auf Krankenbehandlung auslöst.⁴⁸ Da Abs. 1 S. 1 neben der Heilung ausdrücklich auch die Linderung von Krankheitsbeschwerden zu den möglichen Zielen einer Krankenbehandlung zählt, macht das Gesetz keinen prinzipiellen Unterschied zwischen Krankheiten im **engeren** Sinne, bei denen die Betonung auf dem regelmäßig nur vorübergehenden Charakter einer als überwindbar angesehenen Gesundheitsbeeinträchtigung liegt, und **Behinderungen**, die als weitgehend unabänderlich vor allem unter dem Gesichtspunkt des Ausgleichs für eine dauerhaft regelwidrige Körperfunktion die Leistungspflicht begründen können (vgl. auch § 2 Abs. 1 SGB IX).⁴⁹

18

Kennzeichnend für den nach der Rechtsprechung entwickelten und von einem Großteil der Literatur⁵⁰ gebilligten Definition des Krankheitsbegriffs ist, dass sie nicht allein auf die Regelwidrigkeit des Gesundheitszustandes abstellt, sondern erst wird darüber hinaus **Behandlungsbedürftigkeit** oder **Arbeitsunfähigkeit** verlangt.⁵¹ Der im krankenversicherungsrechtlichen Kontext verwendete Begriff der Krankheit unterscheidet sich zum Teil wesentlich vom medizinischen Krankheitsbegriff. In medizinischen Lehrbüchern wird Krankheit entweder definiert als „eine Störung der Lebensvorgänge, die den Gesamtorganismus oder seine Teile verändert, dass das betroffene Individuum subjektiv, klinisch oder sozial hilfebedürftig wird"⁵² oder lediglich als „Störung einzelner Organe oder des gesamten Organismus, die zu subjektiv empfundenen oder objektiv feststellbaren körperlichen oder seelischen Veränderungen führt."⁵³ Der Krankheitsbegriff der WHO ist sogar noch weiter. Hier wird Gesundheit als Gegenbegriff zur Krankheit in der Präambel zur Satzung der WHO definiert als „Zustand völligen körperlichen, geistigen, seelischen und sozialen Wohlbefindens". Gerade die Durchdringung und wechsel-

19

---

43 BSG, 13.2.1962, 3 RK 63/61, SozR Nr. 5 zu § 183 RVO = BSGE 16, 177; BSG, 13.2.1975, 3 RK 68/73, SozR 2200 § 182 Nr. 9 = 39, 167, 168; BSG, 6.8.1987, 3 RK 15/86 SozR 2200 § 182 Nr. 106 = 62, 83, 90; BSG, 19.10.2004, B 1 KR 3/03 R, SozR 4-2500 § 27 Nr. 3 = BSGE 93, 252; BSG, 28.2.2008, B 1 KR 19/07 R, SozR 4-2500 § 27 Nr. 14 = BSGE 100, 119.
44 Hierzu Steege in: Hauck/Noftz, SGB V, 2/2011, § 27 Rn. 27 mwN.
45 Siehe hierzu nur Mathern, Krankheitsbegriff und Risikoabdeckung in der gesetzlichen Krankenversicherung – Entwicklung eines bedarfsgerechten Leistungssystems, 1982, S. 111: Der Begriff sei „der Gesetzessystematik widersprechend, einer systematischen Risikoabdeckung hinderlich und sprachlich unglücklich". Des Weiteren Mazal, Krankheit als Rechtsbegriff, in: Mazouz/Werner/Wiesing (Hrsg.), Krankheitsbegriff und Mittelverteilung, 1. Aufl. 2004, S. 127 (131 f.): Er führe zu strukturellen Auslegungsproblemen und zu einer „evidenten Auszehrung".
46 Nolte in: KassKomm, § 27 SGB V Rn. 9 b.
47 Vgl. zum Ganzen Prehn, VSSR 2014, 1, 22.
48 BSG, 18.11.1969, 3 RK 75/66, SozR Nr. 37 zu § 182 RVO = BSGE 30, 151, 152 f.; BSG, 19.10.2004, B 1 KR 28/02 R, SozR 4-2500 § 27 Nr. 2.
49 BSG, 19.10.2004, B 1 KR 28/02 R, SozR 4-2500 § 27 Nr. 2.
50 Zur Kritik → Rn. 17.
51 Ständige Rspr.: BSG, 13.2.1962, 3 RK 63/61, SozR Nr. 5 zu § 183 RVO = BSGE 16, 177, 181 f.; BSG, 23.11.1971, 3 RK 26/70, SozR Nr. 48 zu § 182 RVO = BSGE 33, 202; BSG, 20.10.1972, 3 RK 93/71, SozR Nr. 52 zu § 182 RVO = BSGE 35, 10, 12; BSG, 13.2.1975, 3 RK 68/73, SozR 2200 § 182 Nr. 9 = BSGE 39, 167, 168; BSG, 12.11.1985, 3 RK 48/83, SozR 2200 § 182 Nr. 101 = BSGE 59, 119, 121.
52 Füzesi/Radzun/Riede, Leben – Krankheit – Tod, in: Riede/Werner/Schaefer (Hrsg.), Allgemeine und spezielle Pathologie 2004, S. 1 (2), zitiert nach Kiesel, Was ist krank? Was ist gesund? Zum Diskurs über Prävention und Gesundheitsförderung, 2012, S. 153.
53 Pöss/Kessler/Haybäck, Pathologie, in: Schaps/Kessler/Fetzner, Grundlagen, 2008, S. 103.

seitige Beeinflussung der genannten, im Weiteren noch auszuführenden Elemente des Krankheitsbegriffs machen den sozialversicherungsrechtlichen Kontext, in dem sich dieser befindet, sichtbar.

20 **bb) Funktion des Krankheitsbegriffes.** Der Krankheitsbegriff stellt den **zentralen**, den Anspruch auf Krankenbehandlung auslösenden Faktor dar.[54] Der Leistungsfall tritt aber erst dann ein, wenn auch die übrigen Leistungsvoraussetzungen vorliegen.[55]

21 Des Weiteren bezeichnet der Krankheitsbegriff in seiner Funktion als Versicherungsfall das **versicherte Risiko**, also das ungewisse Ereignis, das bei seinem Eintritt spezifische Gefährdungen und Nachteile mit sich bringt, gegen welche die Krankenversicherung Schutz bieten soll.[56] Als Versicherungsfall reicht die Bedeutung folglich über den einzelnen Leistungsanspruch hinaus. Es werden hiermit nicht nur Grundgedanke und Zweck der gesetzlichen Krankenversicherung beschrieben, sondern gleichzeitig ein Instrument zur Leistungsausdehnung und zur Leistungseingrenzung geschaffen.[57] Der Krankheitsbegriff ermöglicht nämlich die Feststellung, ob die Krankenkasse grundsätzlich zu Leistungen verpflichtet sein kann. Die Krankheit bestimmt mithin das Versicherungsrisiko und löst die Leistungspflicht der GKV aus.[58] Aus diesem Grund kann man auch vom Versicherungsfall Krankheit als Leistungsrund sprechen.[59]

22 **c) Die einzelnen Tatbestandselemente des Krankheitsbegriffs. aa) Regelwidrigkeit.** Grundlegend ist das Kriterium der Regelwidrigkeit. Dies entspricht der gängigen Auffassung, wonach Krankheit grundsätzlich als Abweichung vom Normalen und damit vom **Leitbild des gesunden Menschen** verstanden werden muss.[60] Das Leitbild des gesunden Menschen orientiert sich dabei nicht an einem Ideal, sondern an einem Normalbild des Menschen in seiner ganzen Bandbreite und mit den Gegebenheiten der einzelnen Lebensabschnitte.[61] Auf die Ursache der Regelwidrigkeit kommt es nicht an, da im Krankenversicherungsrecht das **Finalitätsprinzip** gilt.[62]

23 **(1) Begriffsverständnis.** Problematisch ist sicherlich die Orientierung am **Normalen**, denn nicht jede körperliche oder geistige Abweichung stellt automatisch einen regelwidrigen Gesundheitszustand dar. Vielmehr ist eine Vielzahl möglicher Abweichungen der Genetik geschuldet, die zum Menschsein dazugehören. Es gibt keine Idealnorm und keinen Durchschnittsmenschen.[63] Eine genaue Grenzziehung, was noch als Normzustand und was schon als Regelwidrigkeit anzusehen ist, ist deshalb häufig schwer vorzunehmen. Auch gibt es biologische Vorgänge samt der damit verbundenen Begleiterscheinungen, wie etwa die Schwangerschaft und die Menstruation bei der Frau, die als natürlich anzusehen sind und deshalb nicht als Krankheit eingestuft werden können (→ Rn. 39 f.).[64] Auch altersbedingte Beschwerden und Veränderungen sind in diesem Kontext nicht gleichbedeutend mit einer Regelwidrigkeit (→ Rn. 41 f.). Soweit die hierbei auftretenden möglichen Beschwerden nicht ein pathologisches Ausmaß erreichen, darf eine Behandlung nicht zulasten der Krankenversicherung erbracht werden.

24 Als Grundsatz gilt, dass es sich immer um eine **Abweichung** vom **Normzustand** natürlicher körperlicher oder geistiger **Funktionen** handeln muss.[65] So besitzen etwa Einschränkungen von körperlichen

---

54 Höfler in: Jabornegg/Resch/Seewald (Hrsg.), Grenzen der Leistungspflicht für Krankenbehandlung, S. 1, 5; vgl. hierzu auch Huster, Krankheit und Recht 2017, 41 ff.
55 BSG, 9.12.1986, 8 RK 28/85, SozR 2200 § 205 Nr. 61.
56 BSG, 25.10.1963, 1 RA 273/61, SozR Nr. 18 zu § 1248 RVO = BSGE 20, 48, 50; BSG, 29.4.1971, 3 RK 3/71, SozR Nr. 1 zu § 200 a RVO = BSGE 32, 270, 272 f.
57 Höfler in: Jabornegg/Resch/Seewald (Hrsg.), Grenzen der Leistungspflicht für Krankenbehandlung, S. 1, 6; vgl. auch Sticken, Die Entwicklung des Krankheitsbegriffs der gesetzlichen Krankenversicherung – Ursachen und Auswirkungen der Veränderung, 1985, S. 73 ff.
58 Wagner in: Krauskopf, § 27 Rn. 3; Sticken, Die Entwicklung des Krankheitsbegriffs der gesetzlichen Krankenversicherung – Ursachen und Auswirkungen der Veränderung, 1985, S. 73; Prehn, VSSR 2014, 1, 2 ff.
59 So Höfler in: Jabornegg/Resch/Seewald (Hrsg.), Grenzen der Leistungspflicht für Krankenbehandlung, S. 1, 6.
60 BSG, 20.10.1972, 3 RK 93/71, SozR Nr. 52 zu § 182 RVO = BSGE 35, 10, 12; BSG, 19.2.2003, B 1 KR 1/02 R, SozR 4-2500 § 137 c Nr. 1 = BSGE 90, 289, 290; BSG, 19.10.2004, B 1 KR 3/03 R, SozR 4-2500 § 27 Nr. 3 = BSGE 93, 252.
61 BSG, 28.4.1967, 3 RK 12/65, SozR Nr. 23 zu § 182 RVO = BSGE 26, 240, 242; BSG, 13.2.1975, 3 RK 68/73, SozR 2200 § 182 Nr. 9 = BSGE 39, 167, 168; BSG, 12.11.1985, 3 RK 48/83, SozR 2200 § 182 Nr. 101 = BSGE 59, 119, 121; Waltermann, Sozialrecht, 4. Aufl. 2004, § 8 Rn. 172.
62 Waltermann in: Knickrehm/Kreikebohm/Waltermann, § 27 SGB V Rn. 3; Lang in: Becker/Kingreen, § 27 Rn. 12 mwN.
63 Steege in: Hauck/Noftz, SGB V, § 27 Rn. 37.
64 BSG, 13.2.1975, 3 RK 68/73, SozR 2200 § 182 Nr. 9 = BSGE 39, 167.
65 Nolte in: KassKomm, § 27 SGB V Rn. 13.

oder intellektuellen Fähigkeiten, wie etwa die Legasthenie beim Erlernen des Lesens und Schreibens keinen Krankheitswert, wenn im Übrigen ein regelrechter neurologischer Befund vorliegt.[66] Gleiches gilt für sonstige Abweichungen vom Durchschnitt, wie Minderbegabung, Charakterfehler, Fehlhaltungen oder Neigung zu Kriminalität.[67]

(2) **Problem- bzw. Grenzfälle.** Da es sich nach allgemeiner Auffassung um einen normativen Krankheitsbegriff handelt, der für eine **wertende Betrachtung** offen ist,[68] hat die Rechtsprechung den Krankheitsbegriff und insbesondere das Tatbestandsmerkmal der Regelwidrigkeit konkretisiert und damit handhabbarer gemacht. Soweit also der gesunde Mensch als Leitbild rekurriert wird, meint man damit, dass einem gesunden Menschen die Ausübung der körperlichen Funktionen möglich ist.[69] Es darf also nicht eine wesentliche Störung[70] der normalen psychophysischen Funktionen[71] vorliegen, die so beträchtlich ist, dass ihre Widerherstellung bei Anlegung eines objektiven, an medizinisch-wissenschaftlichen Erkenntnissen orientierten Maßstabs eine Behandlung erforderlich machen würde.[72] Das Abstellen auf die Beeinträchtigung körperlicher oder seelischer Funktionen ist damit ein entscheidendes Korrektiv, um gesundheitlich unbedeutende Normabweichungen auszuschließen.[73] 25

(a) **Adipositas.** Nach der Rechtsprechung des BSG ist Übergewicht (Adipositas) dann als **Krankheit** angesehen worden, wenn durch das Übergewicht **Folgeerkrankungen** aufgetreten sind oder das Übergewicht so **erheblich** ist, dass aufgrund des Übergewichtes mit negativen Begleiterscheinungen bzw. Folgeerkrankungen gerechnet werden muss.[74] Starkes Übergewicht, was ab einem BMI[75] von größer/gleich 30, zum Teil aber auch erst von 35 (wenn bereits Begleiterkrankungen vorliegen), auf jeden Fall aber bei einem BMI von 40 angenommen wird, stellt danach eine Krankheit dar.[76] Ob bereits der Adipositas als solcher Krankheitswert zukommt wurde in der Rechtsprechung des BSG als auch der Sozialgerichte zumeist dahingestellt gelassen.[77] Jedenfalls besteht bei einem derart ausgeprägten Übergewicht ein **erhöhtes Risiko** für das Auftreten von Begleit- und Folgeerscheinungen, das eine Behandlung mit dem Ziel der Gewichtsreduktion erforderlich macht.[78] Nach einer Auffassung in der Literatur stellt allein die Möglichkeit des Eintretens von Folgeerkrankungen keinen Umstand dar, der eine „krankhafte Störung" begründet.[79] Unstreitig besteht dagegen dann eine Therapieindikation, wenn bereits eine Folgeerkrankung eingetreten ist, da diese dann eine Krankheit iSv § 27 darstellt.[80] 26

Sofern der operative Eingriff ausschließlich zur Behandlung einer **psychischen** Störung dient, ist danach ein operativer Eingriff regelmäßig *nicht* gerechtfertigt. Dies folgt aus dem Umstand, dass sich eine Leistungsgewährung angesichts der unsicheren Prognose regelmäßig nicht rechtfertigen lässt.[81] Grundsätzlich wird aber die behandlungsbedürftige Adipositas keine psychische Krankheit darstellen, auch wenn sie seelische Ursachen haben mag. Die Sozialgerichte haben sich der Rechtsprechung des 27

---

66 BSG, 10.7.1979, 3 RK 21/78, SozR 2200 § 182 Nr. 47 = BSGE 48, 258; BSG, 25.7.1979, 3 RK 45/78, SozR 2200 § 182 Nr. 48.
67 BSG, 28.2.1980, 8 a RK 13/79, SozR 2200 § 184 a Nr. 3 = BSGE 50, 47; Nolte in: KassKomm, § 27 SGB V Rn. 13.
68 Prehn, VSSR 2014, 1, 5 f.; Quaas/Zuck, § 2 Rn. 1 mwN; Seewald in: KassKomm, § 4 SGB I Rn. 19; Waltermann in: Knickrehm/Kreikebohm/Waltermann, § 27 SGB V Rn. 3.
69 BSG, 20.10.1972, 3 RK 93/71, SozR Nr. 52 zu § 182 RVO = BSGE 35, 10, 12.
70 BSG, 20.10.1972, 3 RK 93/71, SozR Nr. 52 zu § 182 RVO = BSGE 35, 10, 12.
71 BSG, 12.11.1985, 3 RK 48/83, SozR 2200 § 182 Nr. 101 = BSGE 59, 119.
72 BSG, 10.7.1979, 3 RK 21/78, SozR 2200 § 182 Nr. 47 = BSGE 48, 258, 265.
73 Steege in: Hauck/Noftz, SGB V, § 27 Rn. 42.
74 BSG, 19.2.2003, B 1 KR 1/02 R, SozR 4-2500 § 137 c Nr. 1 = BSGE 90, 289.
75 BMI = Quotient aus Körpergewicht in Kilogramm und Körpergröße in Metern zum Quadrat.
76 Siehe nur LSG RhPf, 19.8.2010, L 5 KR 101/10; HessLSG, 5.7.2016, L 1 KR 116/15, juris Rn. 20; SG Darmstadt, 14.11.2012, S 10 KR 309/10; SG Mannheim, 17.1.2013, S 9 KR 491/12; SG Darmstadt, 11.2. 2015, S 10 KR 91/14, juris Rn. 20; SG Aachen, 16.12.2015, S 1 KR 126/15, juris Rn. 14.
77 Zur Auseinandersetzung mit dieser Frage Hebebrand/Dabrock/Lingenfelder/Mand/Voit, DÄBl. 2004, 2468 ff.; vgl. auch SG Darmstadt, 14.11.2012, S 10 KR 309/10. Ausdrücklich verneint das LSG Bln-Bbg, 22.2.2007, L 24 KR 247/06 das Vorliegen einer Krankheit bei Adipositas: „Adipositas ist ... keine Krankheit im krankenversicherungsrechtlichen Sinne, sondern sie stellt lediglich einen Risikofaktor dar".
78 BSG, 19.2.2003, B 1 KR 1/02 R, SozR 4-2500 § 137 c Nr. 1 = BSGE 90, 289.
79 Steege in: Hauck/Noftz, SGB V, § 27 Rn. 43.
80 BSG, 19.2.2003, B 1 KR 1/02 R, = SozR 4-2500 § 137 c Nr. 1 = BSGE 90, 289; BSG, 6.10.1999, B 1 KR 13/97 R, SozR 3-2500 § 28 Nr. 4 = BSGE 85, 56, 60; vgl. auch BSG, 16.12.2008, B 1 KR 2/08 R, SozR 4-2500 § 13 Nr. 20.
81 BSG, 19.2.2003, B 1 KR 1/02 R, SozR-4 2500 § 137 c Nr. 1= BSGE 90, 289.

BSG angeschlossen.[82] Bei derartigen Operationen an einem funktionell intakten Organ handelt es sich um eine **mittelbare Krankenbehandlung**, bei der eine anderweitige krankhafte Funktionsstörung behandelt wird.[83] Zumeist geht es in diesen Fällen um die Frage, ob die Krankenkasse im Falle einer behandlungsbedürftigen Adipositas den Versicherten etwa mit einer operativen Verkleinerung des Magens oder mittels Magenbypassoperation oder Magenbandes zu versorgen hat.[84] Das BSG vertritt hierzu die Auffassung, dass im Falle einer behandlungsbedürftigen Krankheit eine Operation, welche in ein **funktionell intaktes Organ** eingreift, einer **speziellen Rechtfertigung** bedarf, wobei die Art und Schwere der Erkrankung, die Dringlichkeit der Intervention, die Risiken und der zu erwartende Nutzen der Therapie sowie etwaige Folgekosten für die Krankenversicherung gegeneinander abzuwägen sind.[85] Nur dann ist eine solche Behandlung ausreichend, zweckmäßig und wirtschaftlich (§§ 2 Abs. 1 S. 3, 12 Abs. 1).

28 Nach diesen Maßstäben ist eine chirurgische Behandlung der Adipositas nur gerechtfertigt, wenn sie die **Ultima Ratio** ist, dh alle anderen konservativen Therapiemöglichkeiten erfolglos ausgeschöpft wurden oder nicht in Betracht kommen.[86] Ziel der Behandlung einer Adipositas ist die Gewichtsreduktion, so dass zunächst auch andere Behandlungsalternativen zu erwägen sind.[87] Nach der evidenzbasierten Leitlinie "Prävention und Therapie der Adipositas"[88] sollte eine chirurgische Therapie der Adipositas nur erfolgen, wenn zuvor eine wenigstens sechs- bis zwölfmonatige konservative Behandlung nach definierten Qualitätskriterien stattgefunden hat. Eine qualifizierte Adipositasbehandlung erfordert danach ua obligatorisch die Beteiligung eines Arztes mit ernährungsmedizinischer Qualifikation und einer Ernährungsfachkraft, eine medizinische Eingangsuntersuchung und Betreuung, eine strukturierte Schulung in Gruppen, ein integriertes Therapiekonzept aus Ernährungs-, Bewegungs- und Verhaltenstherapie sowie eine systematische Datendokumentation. Dies wird auch von der Rechtsprechung verlangt.[89]

29 Zum Teil wird vertreten, dass diese Rechtsprechung sich mit Sinn und Zweck des § 27 im Hinblick auf die Ziele der ärztlichen Behandlung nicht vereinbaren lasse.[90] Es mag zwar richtig sein, dass letztlich die operative Behandlung „derzeit das Mittel der Wahl darstellt", jedoch entfällt dadurch nicht die gesonderte Rechtfertigung für einen invasiven (operativen) Eingriff in ein gesundes Organ. Der Sinn und Zweck von § 27 gebietet vielmehr in diesen Fällen zunächst mögliche und zumutbare alternative Behandlungsmethoden auszuschöpfen.

30 **(b) Körperliche Anomalien.** Nicht jeder körperlichen Unregelmäßigkeit kommt Krankheitswert im Rechtssinne zu. Vielmehr liegt eine Krankheit nur vor, wenn der Versicherte in seinen Körperfunktionen beeinträchtigt wird oder wenn die anatomische Abweichung **entstellend** wirkt.[91] Versicherte können Krankenbehandlung wegen Entstellung nur beanspruchen, wenn sie **objektiv** an einer körperlichen Auffälligkeit von so **beachtlicher Erheblichkeit** leiden, dass sie die Teilhabe am Leben in der Gemeinschaft gefährdet.[92] Dabei handelt es sich um solche Auffälligkeiten, „die naheliegende Reaktionen der Mitmenschen wie Neugier oder Betroffenheit und damit zugleich erwarten lässt, dass der Betroffene ständig viele Blicke auf sich zieht, zum Objekt besonderer Beachtung anderer wird und sich deshalb aus dem Leben in der Gemeinschaft zurückzuziehen und zu vereinsamen droht".[93] Schon bei flüchti-

---

82 LSG RhPf, 19.8.2010, L 5 KR 101/10.
83 BSG, 19.2.2003, B 1 KR 1/02 R, SozR-4 2500 § 137c Nr. 1= BSGE 90, 289; LSG RhPf, 19.8.2010, L 5 KR 101/10; LSG BW, 1.3.2011, L 11 KR 3560/09; Bayrisches LSG, 20.3.2009, L 5 KR 182/08; Bayrisches LSG, 27.4.2012, L 5 KR 374/11.
84 BSG, 19.2.2003, B 1 KR 1/02 R, SozR-4 2500 § 137c Nr. 1= BSGE 90, 289.
85 BSG, 19.2.2003, B 1 KR 1/02 R, SozR-4 2500 § 137c Nr. 1= BSGE 90, 289; dem sich anschließend; SG Fulda, 8.11.2012, S 11 KR 65/09; SG für das Saarland, 29.11.2012, S 15 KR 641/12.
86 Siehe auch BSG, 10.9.2009, B 1 KR 2/08 R; SG für das Saarland, 29.11.2012, S 15 KR 641/12; SG Mannheim, 17.1.2013, S 9 KR 491/12.
87 BSG, 19.2.2003, B 1 KR 1/02 R, SozR-4 2500 § 137c Nr. 1= BSGE 90, 289; BSG, 16.12.2008, B 1 KR 2/08 R, SozR 4-2500 § 13 Nr. 20.
88 Deutsche Adipositas-Gesellschaft, Deutsche Diabetes-Gesellschaft, Deutsche Gesellschaft für Ernährung, Deutsche Gesellschaft für Ernährungsmedizin (Hrsg.) Version 2007.
89 LSG BW, 1.3.2011, L 11 KR 3560/09; Bayrisches LSG, 20.3.2009, L 5 KR 182/08.
90 Rothsching, MedR 2005, S. 154, 156.
91 BSG, 28.2.2008, B 1 KR 19/07 R, SozR 4-2500 § 27 Nr. 14 = BSGE 100, 119.
92 Weiterentwicklung von BSG, 19.10.2004, B 1 KR 3/03 R, SozR 4-2500 § 27 Nr. 3 = BSGE 93, 252; BSG, 28.2.2008, B 1 KR 19/07 R, SozR 4-2500 § 27 Nr. 14 = BSGE 100, 119.
93 LSG RhPf, 5.8.2010, L 5 KR 59/10; LSG NRW, 24.1.2013, L 16 KR 226/11; LSG Bln-Bbg, 5.3.2013, L 1 KR 277/12.

ger Begegnung, also „im Vorbeigehen", müssen die Auffälligkeiten erkennbar sein und regelmäßig zur Fixierung des Interesses anderer auf den Betroffenen führen.[94]

Die Frage, ob eine Entstellung vorliegt, ist **Tatfrage** und deshalb von den Instanzgerichten zu beantworten. Nicht nur die Sozialgerichte, sondern auch das BSG mussten sich in der Vergangenheit bereits mehrfach mit der Frage der entstellenden Wirkung auseinandersetzen.[95] So war die im Zusammenhang mit einer von der Versicherten als Normabweichung empfundenen Brustgröße und daraus resultierendem Begehren nach brustvergrößernder Operationen Gegenstand höchstrichterlicher Entscheidungen. Das BSG hat hierbei betont, dass im Hinblick auf die Vielfalt der weiblichen Brust in Form und Größe eine Entstellung nur schwer begründbar ist.[96] Im Hinblick darauf hat das BSG die Annahme einer Entstellung durch eine Mammahyperplasie (ungewöhnlich große Brüste) als mit dem Krankheitsbegriff unvereinbar angesehen.[97] Ebenso ist nach Ansicht des BSG auch das vollständige Fehlen der weiblichen Brust keine behandlungsbedürftige Krankheit.[98] Zwar erkennt das BSG wegen der Unmöglichkeit des Stillens bei fehlendem Drüsengewebe eine Funktionsbeeinträchtigung mit Krankheitswert an, jedoch sollte im zu entscheidenden Fall die streitige Operation lediglich das Erscheinungsbild der Klägerin verändern, die Möglichkeit zum Stillen werde hierdurch aber nicht verbessert.[99] Auch mit dieser Entscheidung knüpft das BSG an seine bisherige Rechtsprechung an. Des Weiteren entspricht es ständiger Rechtsprechung, dass eine Operation am krankenversicherungsrechtlich gesunden Körper, die (ausschließlich) psychische Leiden beeinflussen soll, keine Krankenbehandlung iSd Abs. 1 darstellt.[100] 31

Selbst wenn ein Versicherter hochgradig akute **Suizidgefahr** geltend macht, kann er regelmäßig lediglich eine spezifische Behandlung etwa mit den Mitteln der Psychiatrie beanspruchen, nicht aber Leistungen außerhalb des Leistungskatalogs der GKV.[101] Dies beruht nicht zuletzt vor allem auf den Schwierigkeiten einer Vorhersage der psychischen Wirkungen von körperlichen Veränderungen und der deshalb grundsätzlich unsicheren Erfolgsprognose sowie auf der Tatsache, dass Eingriffe in den Körper zur mittelbaren Beeinflussung eines psychischen Leidens mit Rücksicht auf die damit verbundenen Risiken besonderer Rechtfertigung bedürfen.[102] Denn damit wird nicht gezielt gegen die eigentliche Krankheit selbst vorgegangen, sondern es soll nur mittelbar die Besserung eines an sich einem anderen Bereich zugehörigen gesundheitlichen Defizits erreicht werden.[103] 32

Kann aber nicht ausgeschlossen werden, dass im Einzelfall eine Erkrankung des Haltungsapparates vorliegt, deren Ursache von qualifizierten Fachärzten in einem durch übergroße Brüste bedingten statischen Ungleichgewicht gesehen wird,[104] so ist, wenn in einem solchen Fall als einzig erfolgversprechende Behandlungsmethode die Mammareduktionsplastik in Betracht kommt, diese Leistung Gegenstand der Leistungspflicht der Krankenkasse, auch wenn die Größe der Brust die Erkrankung lediglich **mittelbar** bedingt.[105] Entscheidend ist hier, dass wie im Fall von operativen Eingriffen bei Adipositas eine **besondere Rechtfertigung** für den Eingriff zu fordern ist. Dies hängt vom **Einzelfall** ab. Gleiches gilt für das nahezu vollständige Fehlen der weiblichen Brust aufgrund einer „weitgehenden Fehlanlage der Brüste in Form zweier flacher Hautmäntel mit ganz wenig Drüsengewebe".[106] 33

Für die im Zusammenhang mit der „Alopecia areata universalis", eine Erkrankung mit im Allgemeinen schlechter Heilungsprognose, auftretende fehlende **Kopf-** und **Körperbehaarung** hat das BSG eine 34

---

94 HessLSG, 15.4.2013, L 1 KR 119/11.
95 Vgl. hierzu auch Knispel, SGb 2016, 632 ff.
96 BSG, 19.10.2004, B 1 KR 3/03 R, SozR 4-2500 § 27 Nr. 3 = BSGE 93, 252; BSG, 8.3.2016, B 1 KR 35/15 R, SozR 4-2500 § 27 Nr. 28; vgl. auch LSG Bln-Bbg, 24.5.2012, L 1 KR 85/10.
97 BSG, 19.10.2004, B 1 KR 9/04 R, SGb 2004, 748.
98 BSG, 8.3.2016, B 1 KR 35/15 R, SozR 4-2500 § 27 Nr. 28 mAnm Knispel, SGb 2016, 632 ff.; aA das erstinstanzliche Urteil des SG Halle (Saale), 9.9. 2015, S 35 KR 71/13, juris Rn. 28 ff.
99 BSG, 8.3.2016, B 1 KR 35/15 R, SozR 4-2500 § 27 Nr. 28.
100 Siehe auch HessLSG, 15.4.2013, L 1 KR 119/11.
101 Vgl. BSG, 19.10.2004, B 1 KR 3/03 R, SozR 4-2500 § 27 Nr. 3 = BSGE 93, 252; BSG, 19.10.2004, B 1 KR 23/03 R, SGb 2004, 748; BSG, 19.10.2004, B 1 KR 9/04 R, SGb 2004, 748 sowie BSG, 28.2.2008, B 1 KR 19/07 R, SozR 4-2500 § 27 Nr. 14 = BSGE 100, 119; LSG NRW, 10.5.2007, L 5 KR 118/04, SchlHLSG, 21.11.2007, L 5 KR 80/06 und HessLSG, 11.12.2006, L 1 KR 7/07; SG Kassel, 1.11.2010, S 12 KR 34/10 ER.
102 SG Kassel, 1.11.2010, S 12 KR 34/10 ER.
103 BSG, 28.2.2008, B 1 KR 19/07 R, SozR 4-2500 § 27 Nr. 14 = BSGE 100, 119.
104 LSG Chemnitz, 24.9.2003, L 1 KR 84/01 mwN.
105 Meyerhoff, Anm. zu LSG Stuttgart, 24.2.2005, L 4 KR 3936/03, jurisPR-SozR 2/2006 Anm. 2.
106 BSG, 19.10.2004, B 1 KR 3/03 R, SozR 4-2500 § 27 Nr. 3 = BSGE 93, 252.

entstellende Wirkung dagegen anerkannt.[107] In diesen Fällen geht es darum, ob auch ein sog „Permanent-Make-up", bei welchem Farbpigmente in die Haut eingebracht werden, erstattungsfähig ist. Der Anspruch wird regelmäßig daran scheitern, dass die gewünschte Behandlung nicht als notwendig im Sinne des § 27 angesehen wird. So stellt sich das BSG auf den Standpunkt, dass die Dauerpigmentierung gegenüber einem Farbauftrag mit marktüblichen kosmetischen Mitteln keinen optischen Vorteil biete. Auch würden die Vorteile einer solchen Behandlung in keinem angemessenen Verhältnis zu den damit verbundenen Nachteilen, Belastungen und Kosten stehen. Insoweit stellte das BSG in Anlehnung an das Urteil zur fehlenden Kopfbehaarung, welches für eine Perücke eine Qualität für ausreichend erachtet, die den Verlust des Haupthaares für einen unbefangenen Beobachter nicht sogleich erkennen lässt, auch auf den Umstand ab, dass sich eine tatsächliche Wiederherstellung von Augenbrauen und Wimpern ohnehin nicht bewerkstelligen ließe.

35 Bei einer **Wangenatrophie**[108] oder bei **Narben** im **Lippenbereich**[109] wurde das Vorliegen einer Entstellung bejaht. Auch im Fall einer angeborenen **Gesichtsspalte** (Hasenscharte) hat das BSG zwar von einer Missbildung mit Krankheitswert gesprochen, gleichzeitig dürften aber Funktionsdefizite vorgelegen haben.[110]

36 Dagegen hat das BSG eine **Körpergröße** von 1,64 m bei einem Mann als nicht regelwidrig angesehen, da sie sich noch im „Normbereich" befinde.[111] Ebenso wurde eine Körpergröße von 1,43 m bzw. 1,47 m bei einer Frau als regelkonform angesehen, die für sich genommen auch nicht zu einer entstellenden Wirkung führt.[112] Eine dadurch bedingte psychische Störung rechtfertigt deshalb nur eine psychiatrisch/psychotherapeutische Behandlung, nicht aber eine operative Beinverlängerung.[113] Auch hier würde es bei einem invasiven Eingriff durch Operation nur um eine mittelbare Behandlung gehen, die einer besonderen Rechtfertigung bedarf. Des Weiteren wurde eine entstellende Wirkung allein durch abstehende Ohren verneint.[114] Abstehenden Ohren stellen im Übrigen kein Einzelphänomen dar, da die Ausprägungsformen der menschlichen Ohrmuschel eine hohe Variantenzahl aufweist.[115] Auch letztere Entscheidung zeigt wieder, dass nicht jede körperliche Abweichung zu einer „Normabweichung" und entstellenden Wirkung führt. Vielmehr ist hinzunehmen, dass es eine Bandbreite individuell sehr unterschiedlich ausgeprägter körperlicher Erscheinungsformen gibt, die nicht automatisch einen Krankheitswert haben.

37 **(c) Transsexualität und Intersexualität.** Die Rechtsprechung hat einen **besonderen Leidensdruck** als konstitutives Merkmal anerkannt. Das BSG hat hierzu ausgeführt, dass Transsexuelle in dem irreversiblen und dauerhaften Bewusstsein lebten, „dem Geschlecht anzugehören, dem sie aufgrund ihrer äußeren körperlichen Geschlechtsmerkmale zum Zeitpunkt der Geburt nicht zugeordnet wurden".[116] Bei einer schweren Form von Transsexualität, die sich in inneren Spannungen zwischen dem körperlichen Geschlecht und der seelischen Identifikation mit dem anderen Geschlecht äußert und zu einer hohen Selbstmordgefahr führt, hat das BSG deshalb eine Krankheit iSv § 27 bejaht.[117] Dabei hat das BSG auch betont, dass dem Transsexualismus zwar eine psychische Krankheit zugrunde liegt, die jedoch als Ausnahme von den sonst geltenden Grundsätzen einen Anspruch auf medizinisch indizierte Hormonbehandlung und geschlechtsangleichenden Operation am krankenversicherungsrechtlich betrachteten gesunden Körper begründen kann, insbesondere vor dem Hintergrund der Regelungen des TSG.[118] Ein solcher Anspruch bedarf jedoch der medizinischen Indikation und der Erforderlichkeit der geschlechtsangleichenden Operation zur Behandlung.[119]

38 Bei genetischen Störungen der Geschlechtsentwicklung in Form der Intersexualität wird in entsprechender Anwendung zu den für Transsexualität entwickelten Grundsätzen ebenso eine behandlungs-

---

107 BSG, 23.7.2002, B 3 KR 66/01 R, SozR 3-2500 § 33 Nr. 45.
108 LSG RhPf, 2.5.2002, L 5 KR 93/01.
109 BSG, 26.1.1994, 9 RV 25/93, SozR 3-1750 § 372 Nr. 1.
110 Vgl. BSG, 11.11.1975, 3 RK 63/74, SozR 2200 § 182 Nr. 11.
111 BSG, 10.2.1993, 1 RK 14/92, SozR 3-2200 § 182 Nr. 14 = BSGE 72, 96.
112 LSG Saarland, 25.1.2017, L 2 KR 35/16, juris Rn. 22; LSG B-W, 17.11.2015, L 11 KR 5308/14, juris Rn. 17.
113 BSG, 10.2.1993, 1 RK 14/92, SozR 3-2200 § 182 Nr. 14 = BSGE 72, 96.
114 VG Würzburg, 20.12.2016, W 1 K 16.23, juris Rn. 18 ff.
115 VG Würzburg, 20.12.2016, W 1 K 16.23, juris Rn. 18 ff.
116 BSG, 11.9.2012, B 1 KR 11/12 R, BeckRS 2012, 75767.
117 BSG, 6.8.1987, 3 RK 15/86, SozR 2200 § 182 Nr. 106 = BSGE 62, 83.
118 BSG, 11.9.2012, B 1 KR 3/12 R; BSG, 11.9.2012, B 1 KR 9/12 R, BeckRS 2012, 75767.
119 BSG, 11.9.2012, B 1 KR 3/12 R; BSG, 11.9.2012, B 1 KR 9/12 R, BeckRS 2012, 75767.

bedürftige Krankheit anerkannt, die auch operativen Maßnahmen erfassen kann.[120] Anders dagegen wird dies bei der sog Zisidentität bewertet, bei dem der Betroffene eine Anpassung an das andere Geschlecht unter Beibehaltung beidgeschlechtlicher körperlicher Merkmale anstrebt.[121]

(d) **Schwangerschaft.** Eine normal verlaufende Schwangerschaft stellt einen **natürlichen Vorgang** dar und ist deshalb keine Krankheit. Dagegen stellt eine **regelwidrig** ablaufende Entbindung eine behandlungsbedürftige Krankheit dar.[122] Ebenso stellen Maßnahmen zum Abbruch oder zur Verhütung einer Schwangerschaft grundsätzlich keine Krankenbehandlung dar (siehe Kommentierung zu § 11). Das gilt selbst dann, wenn im Falle einer Schwangerschaft mit der Geburt eines kranken Kindes zu rechnen ist. Empfängnisverhütende Maßnahmen, Schwangerschaftsabbruch und Sterilisation lösen deshalb nur im Rahmen der §§ 24 a, 24 b Leistungsansprüche aus. 39

Ausnahmsweise können solche Maßnahmen aber eine abrechnungsfähige Krankenbehandlung darstellen, wenn sie im **Einzelfall** erforderlich sind, um von der Versicherten die Gefahr einer schwerwiegenden Schädigung ihres körperlichen oder geistig-seelischen Gesundheitszustandes abzuwenden, wobei in diesen Fällen die objektiv zweckmäßigste Leistung zu gewähren sind.[123] 40

(e) **Altersbedingtes Nachlassen körperlicher und geistiger Kräfte.** Das Nachlassen körperlicher und geistiger Kräfte im Alter entspricht dem **natürlichen** Gang der Dinge und ist für dieses Lebensalter typisch. Es stellt daher nicht per se einen regelwidrigen Zustand dar. Auf der anderen Seite können solche altersbedingten Beschwerden auch nicht allgemein und uneingeschränkt aus dem Krankheitsbegriff ausgeschlossen werden.[124] Hieran wird die **Dynamik** des Begriffs Krankheit erkennbar. Gerade die wachsenden Möglichkeiten der Medizin, diese typischen altersbedingten Beeinträchtigungen zu überwinden, dürfen hierbei nicht unberücksichtigt bleiben. 41

Das bestehende Spannungsverhältnis zwischen dem Leitbild eines gesunden Menschen und dem im fortgeschrittenen Lebensalter eintretenden Nachlassen der körperlichen und psychischen Leistungsfähigkeit[125] ist deshalb im **Einzelfall** zu lösen. Führt der Fortschritt der Medizin zu neuen zweckmäßigen und wirtschaftlichen Behandlungsmöglichkeiten (§§ 12 Abs. 1, 135), so wird über das Merkmal der Behandlungsfähigkeit und -bedürftigkeit der Anwendungsbereich **erweitert**.[126] Aus diesem Grund werden die durch Alterungsvorgänge bewirkte Minderung des Seh- und Hörvermögens, der Verlust von Zähnen, Hüftgelenksarthrosen und ähnlicher Erscheinungen als Krankheit anerkannt.[127] Im Falle erektiler **Dysfunktionen** hat das BSG aufgrund von wissenschaftlichen Untersuchungen über die Kohabitationshäufigkeit bei Versicherten im Alter von 58 bis 62 Jahren eine altersbedingten oder alterstypischen Versagenszustand verneint und das Vorliegen einer Krankheit bejaht.[128] 42

(f) **Suchterkrankungen. Alkoholismus** ist eine Krankheit im versicherungsrechtlichen Sinne, wenn er zu einem Verlust der Selbstkontrolle mit zwanghafter Abhängigkeit vom Alkohol geführt hat und wenn sie ohne ärztliche Behandlung nicht mit Aussicht auf Erfolg geheilt, gebessert oder auch nur vor Verschlimmerung bewahrt werden kann; zu organischen Schäden braucht die Sucht noch nicht geführt zu haben.[129] **Drogen- oder Medikamentensucht** ist unter denselben Voraussetzungen wie der Alkoholismus eine Krankheit, nämlich bei Verlust der Selbstkontrolle mit zwanghafter Abhängigkeit.[130] Sie zeigt sich also immer in einer Unfähigkeit, sich frei gegen den konkreten Suchtstoff zu entscheiden.[131] Aus diesem Grund ist die stoffabhängige Sucht vom Alkohol-, Drogen-, oder Tablettenmissbrauch ab- 43

---

120 Bayrisches LSG, 28.6.2012, L 4 KR 96/10.
121 BSG, 28.9.2010, B 1 KR 5/10R.
122 BSG, 30.5.1967, 3 RK 14/65, SozR Nr. 5 zu § 195 a RVO = BSGE 26, 285.
123 BSG, 13.2.1975, 3 RK 68/73, SozR 2200 § 182 Nr. 9 = BSGE 39, 167.
124 BSG, 30.9.1999, B 8 KN 9/98 KR R, SozR 3-2500 § 27 Nr. 11 = BSGE 85, 36, 39 mwN; Plute, VSSR 2003, 97, 103 f.
125 Nolte in: KassKomm, § 27 SGB V Rn. 14 a.
126 Nolte in: KassKomm, § 27 SGB V Rn. 14 a.
127 BSG, 30.9.1999, B 8 KN 9/98 KR R, SozR 3-2500 § 27 Nr. 11 = BSGE 85, 36.
128 BSG, 30.9.1999, B 8 KN 9/98 KR R, SozR 3-2500 § 27 Nr. 11 = BSGE 85, 36; BSG, 10.5.2005, B 1 KR 25/03 R, SozR 4-2500 § 34 Nr. 2 = BSGE 94, 302 mwN. Kritisch zum Krankheitsbegriff in diesem Zusammenhang Werner/Wiesing, Gesundheitswesen 2002, 398 ff.
129 BSG, 17.10.1969, 3 RK 82/66, SozR Nr. 23 zu § 184 RVO; BSG, 18.6.1968, 3 RK 63/66, SozR Nr. 28 zu § 182 RVO = BSGE 28, 114; BSG, 15.2.1978, 3 RK 29/77, SozR 2200 § 184 a Nr. 1 = BSGE 46, 41.
130 BSG, 27.11.1980, 8a/3 RK 60/78, SozR 2200 § 184 a Nr. 4 = BSGE 51, 44.
131 Schmidt in: Peters, HdB KrV, § 27 SGB V Rn. 143 mwN.

zugrenzen, wobei die Übergänge fließend sein werden.[132] Liegt zwar bereits eine Gewöhnung vor, ist das Verlangen aber noch überwindbar liegt nach richtiger Ansicht noch keine Suchterkrankung vor.[133]

44 Die Spielsucht wurde aus strafrechtlicher Sicht vom BGH nicht als krankhafte seelische Störung oder schwere andere Abartigkeit qualifiziert.[134] Auch in der Krankenversicherung werden stoffabhängige Suchtkrankheiten von solchen nicht stoffabhängiger Suchtformen, wie Spielsucht oder Magersucht, abgegrenzt.[135] Sie stellen zumeist unspezifische psychische Erkrankungen dar,[136] da sich solche geistigen oder seelischen Störungen klinisch-funktionell manifestieren werden und Funktionsstörungen oder Beschwerden bewirken.

45 (g) **Zahnstellungs- und Kieferanomalien.** Eine Krankheit liegt bei Zahnlosigkeit oder Fehlen von Zähnen vor, wenn dadurch die natürliche Funktion des Kauens, Beißens, Sprechens nicht unerheblich gestört werden und die Behandlung zur Behebung dieser Funktionsstörungen führen kann oder eine Verschlimmerung verhütet.[137] Vom BSG wurden aber auch solche Kiefer- oder Zahnstellungsanomalien ohne wesentliche Beeinträchtigung der Funktionen des Gebisses als vom Krankheitsbegriff umfasst angesehen, wenn sie nur in einer frühen Phase der Entwicklung des Gebisses erfolgreich korrigiert werden können.[138]

46 bb) **Behandlungsbedürftigkeit und Behandlungsfähigkeit.** Eine Behandlungsbedürftigkeit liegt vor, wenn durch den regelwidrigen Körper- oder Geisteszustand körperliche, geistige oder seelische Funktionen in **einem solchen Maß** beeinträchtigt sind, dass ihre Wiederherstellung **ohne ärztliche Hilfe nicht erreichbar** erscheint und nach den Regeln der ärztlichen Kunst der anomale Zustand einer Behandlung mit dem Ziel der Heilung, zumindest der Besserung, der Verhütung der Verschlimmerung des anomalen Zustands oder der Linderung von Schmerzen (Krankheitsbeschwerden) zugänglich ist oder lediglich bezweckt wird, das Leben zu verlängern.[139] Es müssen also sowohl die Erforderlichkeit einer Behandlung als auch die Möglichkeit einer wirksamen Behandlung (sog Behandlungsfähigkeit) gegeben sein, was auch voraussetzt, dass **geeignete therapeutische Methoden** zur Verfügung stehen, die Aussicht auf Erfolg bieten.[140] Welcher Grad von Gewissheit hierfür zu verlangen ist, richtet sich nach dem Begriff der Notwendigkeit, der explizit in Abs. 1 S. 1 genannt ist (hierzu noch ausführlich unter → Rn. 52 f.), als sog **Übermaßverbot** (§ 12 Abs. 1 S. 1 Hs. 2).[141] Notwendig im Sinne des § 12 bedeutet nach der Rechtsprechung des BSG, dass gerade dieses Maß an Behandlung „zwangsläufig, unentbehrlich oder unvermeidlich" ist.[142]

47 Behandlungsbedürftigkeit besteht bereits dann, wenn das Behandlungsziel voraussichtlich nur **mit ärztlicher Hilfe** erreicht werden kann. Es genügt, wenn sich ohne Behandlung die Gesundheitsstörung wahrscheinlich verschlechtern würde und dem am besten durch eine frühzeitige Behandlung entgegengewirkt werden kann.[143] Abzugrenzen von einer Krankheit im Frühstadium ist die Früherkennung von Krankheiten im Sinne der §§ 25, 26, die einen konkreten Krankheitsverdacht voraussetzt. Eine Behandlungsbedürftigkeit kann fehlen, bei **geringfügigen** Gesundheitsstörungen. Gemeint sind damit solche, die regelmäßig ohne ärztliche Hilfe und ohne gesundheitliche Risiken von selbst ausheilen.[144] Sucht der Versicherte dennoch einen Arzt wegen Bagatellerkrankungen auf, wird die Behandlung im Regelfall trotzdem von der jeweiligen Krankenkasse übernommen. Der Gesetzgeber hat jedoch mit

---

132 Schmidt in: Peters, HdB KrV, § 27 SGB V Rn. 144.
133 Schmidt in: Peters, HdB KrV, § 27 SGB V Rn. 144.
134 BGH, 25.11.2004, NJW 2005, 231.
135 Schmidt in: Peters, HdB KrV, § 27 SGB V Rn. 142.
136 Schmidt in: Peters, HdB KrV, § 27 SGB V Rn. 142.
137 BSG, 20.10.1972, 3 RK 93/71, SozR Nr. 52 zu § 182 RVO = BSGE 35, 10, 12 f.; BSG, 12.12.1972, SozR Nr. 55 zu § 182 RVO = BSGE 35, 105, 106.
138 BSG, 18.11.1969, 3 RK 75/66, SozR Nr. 37 zu § 182 RVO = BSGE 30, 151, 153.
139 BSG, 10.7.1979, 3 RK 21/78, SozR 2200 § 182 Nr. 47 = BSGE 48, 258, 265; BSG, 6.8.1987, 3 RK 15/86, SozR 2200 § 182 Nr. 106 = BSGE 62, 83; BSG, 28.4.1967, 3 RK 12/65, SozR Nr. 23 zu § 182 RVO = BSGE 26, 240, 242 f.
140 Vgl. BSG, 12.2.1975, 12 RJ 54/74, SozR Nr. 37 zu § 182 RVO = BSZS 39, 151, 153.
141 Fastabend, NZS 2002, 299, 300.
142 BSG, 26.10.1982, 3 RK 16/81, SozR 2200 § 182 b Nr. 25; BSG, 26.10.1982, 3 RK 28/82, SozR 2200 § 182 b Nr. 26.
143 BSG, 20.10.1972, 3 RK 93/71, SozR Nr. 52 zu § 182 RVO = BSGE 35, 10, 12 f.; Nolte in: KassKomm, § 27 SGB V Rn. 21.
144 Steege in: Hauck/Noftz, SGB V, § 27 Rn. 52.

§ 34 Abs. 1, 2 hierauf reagiert, indem der Patient die Kosten für die zur Behandlung benötigen Arzneimittel grundsätzlich selbst tragen muss.[145]

Die Krankheit muss, wie bereits oben erörtert (→ Rn. 46), einer Behandlung **zugänglich** sein, also durch Mittel der Krankenbehandlung **beeinflusst** werden können.[146] Damit setzt die Behandlungsbedürftigkeit die **Behandlungsfähigkeit** voraus.[147] Dies ist anhand der Behandlungsziele zu ermitteln. Kann also eine fehlende oder verloren gegangene Funktion nicht wiederhergestellt werden, so fehlt es an der Behandlungsfähigkeit. So hat das BSG im Falle des krankheitsbedingten Verlustes eines Hodens entschieden, dass es für die Versorgung einer Prothese an der Behandlungsfähigkeit fehle, da der verbleibende Hoden die Funktion des fehlenden Organs übernehme und im Übrigen ein künstlicher Hoden das Funktionsdefizit nicht ausgleichen könne.[148] 48

Bei Körperbehinderungen und Dauerleiden, die therapeutischen Maßnahmen nicht mehr zugänglich sind, kann die Behandlungsfähigkeit zu verneinen sein.[149] Dies ist etwa der Fall, wenn bei Patienten mit lang anhaltenden psychiatrischen Leiden ein chronifizierter Dauerzustand besteht, der weder durch ambulante noch durch stationäre fachmedizinisch-ärztliche Behandlungsmaßnahmen wesentlich beeinflussbar ist.[150] Die Abgrenzung, wann die Gesundheitsstörung noch einer Behandlung zugänglich ist, also noch eine Krankheit iSv § 27 vorliegt, oder bereits von einer nicht mehr therapierbaren Dauerschädigung auszugehen ist, gestaltet sich zum Teil recht schwierig.[151] Jedoch ist zu beachten, dass neben der Heilung ausdrücklich auch die **Linderung** von Krankheitsbeschwerden zu den möglichen Zielen der Krankenbehandlung zählt, so dass etwa bei Behinderungen, die als weitgehend unabänderlich vor allem sind unter dem Gesichtspunkt des Ausgleichs für eine dauerhaft regelwidrige Körperfunktion anzusehen sind, die Linderung von Krankheitsbeschwerden ausreichen kann.[152] So reicht es auch, wenn sich das Gebrechen unbehandelt wahrscheinlich verschlimmern würde und dieser Folge durch eine möglichst frühzeitige Behandlung entgegengewirkt werden kann.[153] Ebenso darf bei solchen Krankheiten, die ausweglos und voraussehbar tödlich verlaufen sowie bei ungewissem Heilungsverlauf oder ähnlichem nicht der Behandlungsbedarf ausgeschlossen werden. Die Notwendigkeit einer palliativ-medizinische Versorgung ist im Grundsatz unbestritten.[154] Es geht dagegen nicht darum, bestimmte Krankheitsursachen zu bekämpfen.[155] 49

cc) **Arbeitsunfähigkeit.** Arbeitsunfähigkeit liegt vor, wenn der Versicherte gar nicht oder nur unter der Gefahr einer erheblichen Verschlimmerung fähig ist, seiner zuletzt ausgeübten oder einer ähnlich gearteten Tätigkeit nachzugehen.[156] Die Behandlungsbedürftigkeit steht nicht kumulativ, sondern **alternativ** neben der Arbeitsunfähigkeit.[157] 50

d) **Verursachung von Behandlungsbedürftigkeit und Arbeitsunfähigkeit.** Voraussetzung ist des Weiteren, dass der regelwidrigen Körper- oder Geisteszustand (Zustand mit Krankheitswert), der zur Behandlungsbedürftigkeit und/oder Arbeitsunfähigkeit führt, **kausal** hierfür ist.[158] Bei der Prüfung des Kausalzusammenhangs ist die Ursachenlehre von der rechtlich wesentlichen Bedingung (**Relevanztheo-** 51

---

145 Steege in: Hauck/Noftz, SGB V, § 27 Rn. 52.
146 BSG, 13.2.1975, 3 RK 68/73, SozR 2200 § 182 Nr. 9 = BSGE 39, 167.
147 BSG, 19.10.2004, B 1 KR 3/03 R, SozR 4-2500 § 27 Nr. 3 = BSGE 93, 252; BSG, 19.10.2004, B 1 KR 28/02 R, SozR 4-2500 § 27 Nr. 2.
148 BSG, 9.6.1998, B 1 KR 18/96 R, SozR 3-2500 § 39 Nr. 5 = BSGE 82, 158, 164.
149 BSG, 4.4.2006, B 1 KR 32/04 R, GesR 2006, 472; BSG, 12.11.1985, 3 RK 45/83, SozR 2200 § 184 Nr. 27 = BSGE 59, 116, 118; ebenso BGH, 9.5.2000, VI ZR 173/99, NJW 2000, 3429, 3430; aber neuerdings BSG, 20.1.2005, B 3 KR 9/03 R, SozR 4-2500 § 112 Nr. 4 = BSGE 94, 139; BSG, 16.2.2005, B 1 KR 18/03 R, SozR 4-2500 § 39 Nr. 4 = BSGE 94, 161.
150 BSG, 4.4.2006, B 1 KR 32/04 R, GesR 2006, 472; BSG, 12.11.1985, 3 RK 45/83, SozR 2200 § 184 Nr. 27 = BSGE 59, 116, 118.
151 BSG, 20.1.2005, B 3 KR 9/03 R, SozR 4-2500 § 112 Nr. 4 = BSGE 94, 139.
152 BSG, 19.10.2004, B 1 KR 28/02 R, SozR 4–2500 § 27 Nr. 2.
153 BSG, 18.11.1969, 3 RK 75/66, SozR Nr. 37 zu § 182 RVO = BSGE 30, 151; BSG, 11.3.1970, 3 RK 49/66, SozR Nr. 26 zu § 1531 RVO.
154 Lang in: Becker/Kingreen, § 27 Rn. 33; Steege in: Hauck/Noftz, SGB V, § 27 Rn. 51.
155 BSG, 6.10.1999, B 1 KR 13/97 R, SozR 3-2500 § 28 Nr. 4 = BSGE 85, 56 = SGb 2000, 485 mAnm Spieß.
156 BSG, 30.5.1967, 3 RK 15/65, SozR Nr. 25 zu § 182 RVO = BSGE 26, 288, 290; BSG, 15.11.1984, 3 RK 21/83, SozR 2200 § 182 Nr. 96 = BSGE 57, 227, 228 f.
157 BSG, 23.11.1971, 3 RK 26/70, SozR Nr. 48 zu § 182 RVO = BSGE 33, 202 zur Arbeitsunfähigkeit wegen der Reparatur einer Beinprothese.
158 Nolte in: KassKomm, § 27 SGB V Rn. 17; Kraftberger in: LPK-SGB V, § 27 Rn. 22.

rie) anzuwenden.[159] Danach ist der regelwidrige körperliche oder geistige Zustand ursächlich oder mitursächlich, wenn er im Verhältnis zu anderen Einzelbedingungen wegen seiner besonderen Beziehung zu dem Erfolg, also zu Behandlungsbedürftigkeit und/oder Arbeitsunfähigkeit, dessen Eintritt wesentlich mitbewirkt hat.[160]

52 e) **Notwendigkeit der Krankenbehandlung.** Die **Notwendigkeit** einer Heilbehandlung im Sinne von Abs. 1 S. 1, zum Teil ist auch von Erforderlichkeit die Rede, wird als „deckungsgleich" mit dem Begriff der **Behandlungsbedürftigkeit**, als Merkmal des Krankheitsbegriffs, angesehen.[161] Zum Teil werden beide Ausdrücke deshalb synonym gebraucht.[162] Ein Teil des Schrifttums, aber auch der sozialgerichtlichen Rechtsprechung grenzt dagegen zu Recht die Notwendigkeit der Krankenbehandlung von der Behandlungsbedürftigkeit ab.[163] Die Notwendigkeit einer Krankenbehandlung hat sich vor allem daran zu orientieren, welche Behandlung unter Beachtung des Wirtschaftlichkeitsgebotes notwendig und ausreichend ist, um das angestrebte, in Abs. 1 S. 1 bezeichnete Behandlungsziel zu erreichen. Hierbei ist unter Beachtung des allgemein anerkannten Standes der medizinischen Erkenntnisse im Sinne von § 2 Abs. 1 S. 3 „nicht nur dem Grunde nach, sondern auch dem Umfang nach zu ermitteln, welche Reichweite der Therapie indiziert ist".[164] Die Behandlungsbedürftigkeit macht deutlich, dass überhaupt eine ärztliche Behandlung erforderlich ist; mit dem Erfordernis der Notwendigkeit einer Behandlung wird bestimmt, welche Krankenbehandlungsleistung unter Beachtung des Wirtschaftlichkeitsgebots (§§ 2 Abs. 1, 12 Abs. 1) auch zulasten der Krankenkasse beansprucht werden kann.[165]

53 Im Zusammenhang mit der Notwendigkeit (in der Rechtsprechung und Literatur zumeist bei der Behandlungsbedürftigkeit angesprochen) stellt sich häufig die Frage, ob auch eine **mittelbare Behandlung** hiervon umfasst ist. Bei mittelbaren Behandlungen handelt es sich um Fälle, in denen ein medizinischer Eingriff in den gesunden Körper vorgenommen werden soll, um etwa eine psychische Erkrankung zu behandeln (→ Rn. 27, 32, 36 f.). Zumeist lässt sich in Bezug auf Operationen am krankenversicherungsrechtlich gesunden Körper, die psychische Leiden beeinflussen sollen, grundsätzlich keine Notwendigkeit der Behandlung begründen.[166] Hinsichtlich der psychischen Leiden lässt sich die Behandlungsbedürftigkeit zwar bejahen, jedoch fehlt es zumeist an der Notwendigkeit einer mittelbaren Krankenbehandlung. Hierfür bedarf es vielmehr einer besonderen Rechtfertigung, indem zwischen dem voraussichtlichen medizinischen Nutzen und möglichen gesundheitlichen Schäden abzuwägen ist (→ Rn. 27, 33, 36 f.).

54 f) **Erreichen eines der Krankenbehandlungsziele.** Die Ziele der Krankenbehandlung werden in **Abs. 1 S. 1** genannt und umfassen das Erkennen und Heilen von Krankheiten, das Verhüten von Verschlimmerungen sowie das Lindern von Krankheitsbeschwerden. Hiermit wird der **umfassende** Schutz für den Fall des Eintritts einer Krankheit deutlich. Die Erreichbarkeit eines der in Abs. 1 S. 1 genannten Behandlungsziele ist Voraussetzung des Leistungsanspruchs.[167]

55 Mit dem **Erkennen** der Krankheit sollen Ursachen und Erscheinungsformen der Erkrankung festgestellt werden, welches die Grundlage jeder Therapie darstellt, um so eine aussichtsreiche Therapie zu ermöglichen und sicherzustellen. Die Diagnose der Krankheit muss aber im Zusammenhang mit den anderen Behandlungszielen betrachtet werden, da die Ursache einer Krankheit für die Leistungsgewährung grundsätzlich ohne Belang ist.[168] Das Erkennen einer Krankheit kann nicht mit der Früherkennung im Sinne von §§ 25, 26 gleichgesetzt werden. Die Früherkennung setzt gerade nicht das Vorliegen einer Krankheit voraus, noch nicht einmal ein **Krankheitsverdacht**.[169] Zur Krankheitserkennung

---

159 BSG, 23.11.1971, 3 RK 26/70, SozR Nr. 48 zu § 182 RVO = BSGE 33, 202; Nolte in: KassKomm, § 27 SGB V Rn. 17; Kraftberger in: LPK-SGB V, § 27 Rn. 22.
160 BSG, 23.11.1971, 3 RK 26/70, SozR Nr. 48 zu § 182 RVO = BSGE 33, 202; Nolte in: KassKomm, § 27 SGB V Rn. 17; Kraftberger in: LPK-SGB V, § 27 Rn. 22.
161 Fastabend, NZS 2002, 299, 300; Heldt-Andreas/Grötschel in: NK-MedR, § 27 Rn. 3.
162 Vgl. nur BSG, 28.4.1967, 3 RK 12/65, SozR Nr. 23 zu § 182 RVO = BSGE 26, 240, 242 f. Siehe hierzu auch Fastabend, NZS 2002, 299, 300; Fahlbusch in: jurisPK-SGB V, § 27 Rn. 44.
163 Höfler in: Jabornegg/Resch/Seewald (Hrsg.), Grenzen der Leistungspflicht für Krankenbehandlung, S. 1, 14; Steege in: Hauck/Noftz, SGB V, § 27 Rn. 70; SG Augsburg, 10.2.2014, S 10 KR 999/11.
164 BSG, 11.9.2012, B 1 KR 11/12 R, BeckRS 2012, 75767.
165 In diesem Sinne auch Höfler in: Jabornegg/Resch/Seewald (Hrsg.), Grenzen der Leistungspflicht für Krankenbehandlung, S. 1, 14. Vgl. auch SG Augsburg, 10.2.2014, S 10 KR 999/11.
166 Siehe nur BSG, 11.9.2012, B 1 KR 11/12 R, BeckRS 2012, 75767.
167 BSG, 23.3.1988, 3 RK 9/87, SozR 1300 § 47 Nr. 2 = BSGE 63, 107, 110; Schmidt in: Peters, § 27 Rn. 216.
168 BSG, 12.11.1985, 3 RK 48/83, SozR 2200 § 182 Nr. 101 = BSGE 59, 119.
169 Nolte in: KassKomm, § 27 SGB V Rn. 49; Heldt-Andreas/Grötschel in: NK-MedR, § 27 SGB V Rn. 9.

gehören alle Maßnahmen, die für die Erstellung der Diagnose und die weitere Vorbereitung der Behandlung erforderlich sind.[170]

Primäres Hauptziel der Krankenbehandlung ist regelmäßig die **Heilung der Krankheit**. Gemeint ist hiermit die völlige Wiederherstellung oder auch Besserung des Gesundheitszustandes.[171]

Kann eine Heilung oder Besserung nicht erreicht werden, genügt es, wenn die Behandlung zumindest eine weitere **Verschlimmerung der Krankheit verhindert** bzw. **verhütet**, wozu auch die weitere Ausprägung vorhandener Funktionsstörungen oder das Auftreten von Folge- oder Begleiterkrankungen gehört.[172] Würde sich also die Krankheit ohne Behandlung aller Voraussicht nach verschlimmern. Selbst eine zeitliche Verlängerung des Lebens führt – wenn auch nur verzögert – zur Verhütung einer Verschlimmerung (Todeseintritt).[173] Anders verhält es sich etwa mit der PID, die keine Maßnahme mit Therapiecharakter darstellt, sondern die ausschließlich dazu dient, erbgesunde Zellen aufzufinden.[174] Mit der PID kann weder eine Genmutation bei der Frau geheilt, noch die Verschlimmerung verhütet oder Krankheitsbeschwerden gelindert werden.[175]

Die bloße **Linderung von Krankheitsbeschwerden** kann ein weiteres Ziel der Krankenbehandlung darstellen.[176] Es geht um die Besserung der durch die Krankheit hervorgerufenen körperlichen, geistigen oder seelischen Beschwerden.[177] Eine besondere Bedeutung erlangt die Linderung von Krankheitsbeschwerden in der Palliativmedizin. Darüber hinaus stellen § 11 Abs. 2, § 27 Abs. 1 S. 2 Nr. 6, § 33 Abs. 1 und § 40 klar, dass im Rahmen von medizinischen und sonstigen Rehabilitationsleistungen die Beseitigung und Besserung einer Behinderung, die Verhütung einer Verschlimmerung, die Vorbeugung sowie das Vermeiden oder Mindern von Pflegebedürftigkeit zu den weiteren Zielen der Krankenbehandlung zählen.[178] Nach der Rechtsprechung des BSG handelt es sich hierbei nur um eine andere Akzentsetzung.[179]

3. Umfang und Inhalt der Leistungen (Abs. 1 S. 2). a) Gegenstand der Krankenbehandlung. Zur Krankenbehandlung gehören nur solche Maßnahmen, die **gezielt** auf die **Krankheitsbekämpfung** gerichtet sind, und damit einen „eindeutigen Krankheitsbezug"[180] aufweisen. Aus diesem Grund lösen solche Verhaltensweisen oder Umstände, die der allgemeinen Lebensführung oder der privaten Lebensgestaltung zuzurechnen sind, unabhängig davon, ob sie einen positiven Effekt auf die Gesundheit haben, keine Leistungspflicht der Krankenkasse aus.[181] Allgemeine Maßnahmen, die damit lediglich der Erhaltung und Stärkung der Gesundheit dienen, genügen deshalb nicht. Aus diesem Grund fällt Sport bei dem der medizinische Zweck nicht überwiegt, anders als Krankengymnastik oder Physikalische Therapie, nicht unter den krankenversicherungsrechtlichen Behandlungsbegriff.[182] Jedoch können bewegliche sächliche Mittel zur Förderung oder Ermöglichung der Mobilisation in besonders gelagerten Fällen Hilfsmittel zur Sicherung des Erfolgs der Krankenbehandlung iSv § 33 Abs. 1 S. 1, 1. Alt. darstellen.[183]

b) Maßnahmen der Krankenbehandlung. Abs. 1 S. 2 Nr. 1 bis 6 zählt **abschließend**[184] die Maßnahmen der Krankenbehandlung auf. Andere Leistungen müssten wegen des Grundsatzes vom Vorbehalt des Gesetzes durch Gesetz eingeführt werden. Typisches Beispiel hierfür ist die Einfügung der Leistung der künstlichen Befruchtung in § 27a. Der Regelung in Abs. 1 S. 2 Nr. 1 bis 6 kommt jedoch keine norma-

---

170 Steege, in. Noftz/Hauck, SGB V, § 27 Rn. 57.
171 BSG, 20.10.1972, 3 RK 93/71, SozR Nr. 52 zu § 182 RVO = BSGE 35, 10.
172 BSG, 20.10.1972, 3 RK 93/71, SozR Nr. 52 zu § 182 RVO = BSGE 35, 10.
173 BSG, 12.12.1979, 3 RK 13/79, SozR 2200 § 184 Nr. 15 = BSGE 49, 216, 218; BSG, 10.10. 1978, 3 RK 81/77, SozR 2200 § 216 Nr. 2 = BSGE 47, 83, 85; BSG, 27.8.1968, 3 RK 27/65, SozR Nr. 22 zu § 1531 RVO = BSGE 28, 199, 201.
174 LSG BW, 19.4.2013, L 4 KR 5058/12.
175 LSG BW, 19.4.2013, L 4 KR 5058/12.
176 BSG, 20.10.1972, 3 RK 93/71, SozR Nr. 52 zu § 182 RVO = BSGE 35, 10.
177 Heldt-Andreas/Grötschel in: NK-MedR, § 27 SGB V Rn. 13.
178 Nolte in: KassKomm, § 27 SGB V Rn. 52.
179 BSG, 19.10.2004, B 1 KR 3/03 R, SozR 4-2500 § 27 Nr. 3 = BSGE 93, 252; BSG, 19.10.2004, B 1 KR 28/02 R, SozR 4-2500 § 27 Nr. 2.
180 Siehe nur BSG, 22.4.2008, SozR 4-2500 § 60 Nr. 4 mwN; Sächsisches LSG, 18.1.2013, L 1 KR 33/11.
181 Steege in: Noftz/Hauck, SGB V, § 27 Rn. 64.
182 Sächsisches LSG, 18.1.2013, L 1 KR 33/11.
183 Sächsisches LSG, 18.1.2013, L 1 KR 33/11.
184 BT-Dr. 11/2237, 170; BSG, 25.6.2002, B 1 KR 22/01 R, SozR 3-2500 § 38 Nr. 4.

tive Bedeutung zu.[185] Der Umfang und die einzelnen Voraussetzung der Leistungen sind im Einzelnen in den §§ 28 bis 43a geregelt. Darüber hinaus sind die Vorgaben in § 2 Abs. 1 S. 1 und 3, § 12 zu beachten, wonach Qualität und Wirksamkeit der Leistungen dem allgemein anerkannten Stand der medizinischen Erkenntnisse und dem Wirtschaftlichkeitsgebot entsprechen müssen.[186]

61 **aa) Ambulante ärztliche Behandlung einschließlich Psychotherapie (Abs. 1 S. 2 Nr. 1).** Die ärztliche Behandlung umfasst alle Leistungen, die von einem **Arzt** erbracht, angeleitet oder überwacht werden und ärztliche Sachkunde erfordern.[187] Bei der **Abgrenzung** der ärztlichen Behandlung von Heilmitteln ist entscheidend, ob die persönliche Tätigkeit des Arztes im Vordergrund steht.[188] So ist etwa die Herstellung eines Korsetts ein handwerklicher-technischer Fertigungsvorgang und kann daher nicht als Teil der ärztlichen Behandlung angesehen werden.[189] Beschränkt sich die Tätigkeit des Arztes auf die Anordnung der Hilfeleistung und wird diese selbstständig ohne persönliche Überwachung durch den Arzt von Dritten ausgeführt, dann ist die Leistung nach ständiger Rechtsprechung Heilmittel.[190] So ist auch die Bestimmung der Sehschärfe für eine Brillenbeschaffung eine handwerklich-technische Leistung, die kein ärztliches Fachwissen erfordert.[191] Die zahnprothetische Versorgung, die Teil der Gesamtbehandlung der Gesichtsspalte eines Kindes und notwendige Vorbedingung für die operative Vorverlagerung des Oberkiefers ist, stellt sich zusammen mit den anderen Einzelmaßnahmen als eine ärztliche und zahnärztliche Behandlung dar und ist von der Krankenkasse als Sachleistung zu gewähren.[192] Auch eine Epilation von Gesichtshaaren bei Transsexualität stellt grundsätzlich eine ärztliche Behandlung (§ 27 Abs. 1 S. 2 Nr. 1, § 28 Abs. 1) und nicht etwa ein Heilmittel (§ 27 Abs. 1 S. 2 Nr. 3, § 32) dar.[193]

62 **bb) Zahnärztliche Behandlung und Versorgung mit Zahnersatz (Abs. 1 S. 2 Nr. 2, 2 a).** Die zahnärztliche Behandlung umfasst die von **approbierten Zahnärzten** durchgeführte, auf wissenschaftliche Erkenntnisse gegründete Feststellung und Behandlung (präventiv, konservativ, operativ) von Zahn-, Mund- und Kieferkrankheiten.[194] Zur Behandlung gehören auch die Versorgung mit Zahnersatz und die kieferorthopädische Behandlung (§ 29). Die Versorgung mit Zahnersatz (§ 28 Abs. 2) meint die Verordnung und die Eingliederung des vom Zahntechniker angefertigten Ersatzes.[195] Die Versorgung mit Zahnersatz ist durch das GMG[196] neu geregelt worden. Sie umfasst auch konservierend-chirurgische Leistungen und Röntgenleistungen, die im Zusammenhang mit Zahnersatz einschließlich Zahnkronen und Suprakonstruktionen erbracht werden.

63 Nicht zur zahnärztlichen Behandlung gehören gem. § 28 Abs. 2 S. 9 implantologische Leistungen, es sei denn, es liegen seltene vom G-BA in Richtlinien nach § 92 festzulegende Ausnahmeindikationen für besonders schwere Fälle vor, in denen die Krankenkasse diese Leistung einschließlich der Suprakonstruktion als Sachleistung im Rahmen einer medizinischen Gesamtbehandlung erbringt. Der G-BA hat in Nummer VII Ziffer 1-4 der Richtlinie für eine ausreichende, zweckmäßige und wirtschaftliche vertragszahnärztliche Versorgung (Behandlungsrichtlinie) vom 4.6.2003/24.9.2003[197] diese Ausnahmeindikationen festgelegt. Bei Vorliegen dieser Ausnahmeindikationen besteht Anspruch auf Implantate zur Abstützung von Zahnersatz als Sachleistung nur dann, wenn eine konventionelle prothetische Versorgung ohne Implantate nicht möglich ist. In den Fällen von S. 4 a) bis c) gilt dies nur dann, wenn das rekonstruierte Prothesenlager durch einen schleimhautgelagerten Zahnersatz nicht belastbar ist.

---

185 Wagner in: Krauskopf, § 27 SGB V Rn. 31.
186 BSG, 30.6.2009, B 1 KR 5/09 R, NJOZ 2010, 464.
187 Kraftberger in: LPK-SGB V, § 27 Rn. 100.
188 Wagner in: Krauskopf, § 27 SGB V Rn. 32.
189 BSG, 22.6.1973, 3 RK 103/71, SozR Nr. 3 zu § 193 RVO.
190 BSG, 22.11.1968, 3 RK 47/66, SozR Nr. 34 zu § 182 RVO = BSGE 29, 27; BSG, 10.7.1979, 3 RK 21/78, SozR 2200 § 182 Nr. 47 = BSGE 48, 258.
191 BSG, 18.9.1973, 6 RKa 2/72, SozR Nr. 6 zu § 368 RVO = BSGE 36, 146.
192 BSG, 18.5.1976, 3 RK 53/74, SozR 2200 § 182 Nr. 14 = BSGE 42, 16.
193 LSG BW, 27.1.2009, L 11 KR 3126/08; SG Düsseldorf, 11.12.2007, S 4 KR 78/07.
194 Vgl. § 1 Abs. 3 Gesetz über die Ausübung der Zahnheilkunde i.d.F. 16. 4. 1987, BGBl. I, 1225, sowie § 28 Abs. 2.
195 Vgl. BSG, 24.1.1974, 6 RKa 6/72, BSGE 37, 74; BVerfG, 31.10.1984, 1 BvR 35/82, 1 BvR 356/82, 1 BvR 794/82, SozR 5495 Art. 5 Nr. 1 = BVerfGE 68, 193.
196 BGBl. I 2003, 2190.
197 BAnz 2003, S. 24 966, in Kraft getreten am 1.1.2004, zuletzt geändert am 1.3.2006 (BAnz 2006, S. 4466), in Kraft getreten am 18.6.2006.

Besonders schwere Fälle liegen vor bei größeren Kiefer- oder Gesichtsdefekten, die ihre Ursache in Tumoroperationen, in Entzündungen des Kiefers, in Operationen infolge von großen Zysten, wie etwa Keratozysten, in Operationen infolge von Osteopathien, sofern keine Kontraindikation für eine Implantat-Versorgung vorliegt, in angeborenen Fehlbildungen des Kiefers (Lippen-, Kiefer-, Gaumenspalten, ektodermale Dysplasien) oder in Unfällen haben; bei dauerhaft bestehender extremer Xerostomie, insbesondere im Rahmen einer Tumorbehandlung; bei generalisierter genetischer Nichtanlage von Zähnen; bei nicht willentlich beeinflussbaren muskulären Fehlfunktionen im Mund- und Gesichtsbereich, wie Spastiken. Bei extraoralen Defekten im Gesichtsbereich nach Tumoroperationen oder Unfällen oder infolge genetisch bedingter Nichtanlagen ist die operative Deckung der Defekte das primäre Ziel. Ist eine rein operative Rehabilitation nicht möglich und scheidet die Fixierung von Epithesen zum Defektverschluss durch andere Fixierungsmöglichkeiten aus, so ist eine Verankerung von Epithesen durch Implantate angezeigt.[198] Dazu gehört jedoch kein extremer Würgereiz (ICD J39.2), da er nicht zu den willentlich nicht beeinflussbaren muskulären Fehlfunktionen im Mund- und Gesichtsbereich gehört, wie sie bei den in der Ausnahmeindikation benannten Spastikern auftritt.[199] Bei diesen ist typischerweise die Lippe bzw. die vordere Zunge in der Öffnungsbewegung durch eine motorische Unruhe destabilisiert, während bei dem Antragsteller die vegetativ oder psychomotorisch bedingte Störung dem Bereich des Atmungssystems zuzuordnen ist, mithin dem Halsbereich.[200]

64

cc) **Versorgung mit Arznei-, Verband-, Heil-, und Hilfsmitteln (Abs. 1 S. 2 Nr. 3).** Die Unterscheidung zwischen Arznei-, Verband-, Heil- und Hilfsmitteln hat historische Wurzeln.[201] Unter den Begriff **Arzneimittel** werden solche Substanzen gefasst, die im Wesentlichen auf den inneren Organismus wirken, etwa durch Einnehmen, Einspritzen, Einreiben, Einatmen, aber auch Wundbehandlung; es besteht jedoch nur ein Anspruch auf Versorgung mit apothekenpflichtigen Arzneimitteln, also solchen iSv § 2 AMG.[202] Darüber hinaus gehören zu den Arzneimitteln im Sinne dieser Vorschrift auch solche Mittel, die zwar nicht zur Anwendung am oder im menschlichen Körper bestimmt sind, die aber außerhalb des menschlichen Körpers dazu dienen, gezielt Krankheitserreger abzuwehren, zu beseitigen oder unschädlich zu machen[203]

65

Unter **Heilmittel** werden dagegen ärztlich verordneten Dienstleistungen erfasst, die einem Heilzweck dienen oder einen Heilerfolg sichern und auf den Körper überwiegend äußerlich wirken, wie etwa Fango-Packungen, und von speziell ausgebildeten Personen zu erbringen sind.[204] Es kommt hierbei nicht auf die Form der Anwendung, sondern auf die Art der Einwirkung an.[205]

66

Hilfsmittel sind alle ärztlich verordneten Sachen (sächlich medizinische Leistungen), die den Erfolg der Heilbehandlung sichern oder Folgen von Gesundheitsschäden mildern oder ausgleichen.[206] Dazu gehören insbesondere Körperersatzstücke, orthopädische und andere Hilfsmittel (zB Messgeräte/-instrumente zur Glukosemessung)[207] einschließlich der notwendigen Änderung, Instandhaltung und Ersatzbeschaffung sowie der Ausbildung im Gebrauch der Hilfsmittel. Eiweißreduzierte Diätnahrung, „Lorenzos Öl" oder ähnliches gehört dagegen nicht zu solchen Hilfsmitteln, da der Gesetzgeber Arzneimittel, Ernährungstherapien, Nahrungsergänzungsmittel und Nahrungsmittel einer eigenständigen Regelung in § 31 unterworfen hat.[208]

67

Zu den **Verbandsmitteln** gehören alle Mittel, die der Bedeckung von Wunden, Verbrennungen und anderen Verletzungen sowie der Stützung verletzter Gliedmaßen dienen.[209]

68

---

198 LSG Bln-Bbg, 22.2.2011, L 9 KR 34/11 B ER.
199 LSG Bln-Bbg, 22.2.2011, L 9 KR 34/11 B ER mit Verweis auf HessLSG, 2.7.2009, L 1 KR 197/07; LSG NRW, 16.2.2010, L 16 B 44/09 KR, in diesem Sinne auch BSG, 20.4.2004, B 1 KR 1/03 B.
200 LSG Bln-Bbg, 22.2.2011, L 9 KR 34/11 B ER.
201 Hierzu Wagner in: Krauskopf, § 27 SGB V Rn. 39.
202 BSG, 28.1.1999, B 8 KN 1/98 KR R, SozR 3-2500 § 27 Nr. 10.
203 BSG, 21.11.1991, 3 RK 18/90, SozR 3-2200 § 182 Nr. 11 zu Präparaten zur Erkennung und Vernichtung von Hausstaubmilben; Wagner in: Krauskopf, § 27 SGB V Rn. 39.
204 BSG, 28. 6. 2001, B 3 KR 3/00 R, SozR 3-2500 § 33 Nr. 41 = BSGE 88, 204; BSG, 28.2.2008, B 1 KR 16/07 R, SozR 4-2500 § 31 Nr. 9 = BSGE 100, 103; BSG, 8.11.2011, B 1 KR 20/10 R, ZFSH/SGB 2012, 158.
205 BSG, 16.7.1968, 9 RV 1070/65, SozR Nr. 30 zu § 182 RVO = BSGE 28, 158, 160 f.
206 BSG, 8.11.2011, B 1 KR 20/10 R, ZFSH/SGB 2012, 158; BSG, 16.12.2008, B 1 KN 3/07 KR R, USK 2008-73; zur Abgrenzung zwischen Heil- und Hilfsmitteln BSG, 19.10.2004, B 1 KR 28/02 R.
207 SG Hamburg, 12.4.2013, S 23 KR 338/13 ER.
208 BSG, 8.11.2011, B 1 KR 20/10 R, ZFSH/SGB 2012, 158; BSG, 16.12.2008, B 1 KN 3/07 KR R, USK 2008-73.
209 Lang in: Becker/Kingreen, § 27 Rn. 45.

69 **dd) Häusliche Krankenpflege und Haushaltshilfe (Abs. 1 S. 2 Nr. 4).** Häusliche Krankenpflege, die Maßnahmen der Grund- und Behandlungspflege umfasst, sowie **Haushaltshilfe** dienen dem Zweck, anderweitig durchgeführte Behandlungen zu ermöglichen, zu unterstützen oder zu sichern.[210] Zu den Einzelheiten zum Anspruch auf Versorgung mit häuslicher Krankenpflege und einer Haushaltshilfe siehe die Kommentierung zu §§ 37 und 38.

70 **ee) Krankenhausbehandlung (Abs. 1 S. 2 Nr. 5).** Die **Krankenhausbehandlung**, die bis 1971 noch nicht zur Krankenbehandlung zählte,[211] wird zumeist (teil-)stationär erbracht und im Rahmen des § 115 b abweichend hiervon auch ambulant. Die Krankheit muss eine Behandlung erfordern, die nur mit den besonderen Mitteln des Krankenhauses, wie etwa die spezielle apparative Ausstattung, das geschulte Pflegepersonal sowie die Rufbereitschaft und jederzeitige Eingriffsmöglichkeit eines Arztes, durchgeführt werden kann.[212] So wird etwa die präoperative Eigenblutgewinnung zur Krankenhausbehandlung gezählt, da sie ausschließlich unter der Verantwortung eines Krankenhausarztes aus Anlass und zur Vorbereitung einer Operation durchgeführt wird und mit dieser in engem zeitlichen Zusammenhang steht.[213] Einzelheiten zur Krankenhausbehandlung und deren Voraussetzungen ergeben sich aus § 39. Die medizinische Erforderlichkeit einer stationären Behandlung wird nicht abstrakt, sondern im Einzelfall beurteilt.[214]

71 **ff) Leistungen zur medizinischen Rehabilitation und ergänzende Leistungen (Abs. 1 S. 2 Nr. 6).** Mit Leistungen der medizinischen Rehabilitation werden ua solche Sachverhalte erfasst, in denen sich die ambulante Krankenbehandlung nicht als ausreichend erwiesen hat (§ 40 Abs. 1).[215] Des Weiteren bestehen Ansprüche auf Krankenbehandlung in Form von medizinischer Rehabilitation für Mütter und Väter nach § 41 (etwa Müttergenesungswerk) und auf Maßnahmen nach § 42, die in Form von Belastungserprobungen und Arbeitstherapien erbracht werden.[216] Auch kommen im Rahmen des § 43 ergänzende Leistungen zur medizinischen Rehabilitation in Betracht, soweit sie zur Erreichung des Rehabilitationsziels notwendig sind.

72 **c) Palliative Versorgung (Abs. 1 S. 3)** als Bestandteil aller Leistungsbereiche der Krankenbehandlung. Die palliative Versorgung ist im Rahmen der umfassenden Regelungen des Hospiz und Palliativgesetzes[163] nunmehr ausdrücklich als „integraler Bestandteil aller in Satz 2 genannten Leistungsbereiche der Krankenbehandlung"[217] aufgenommen worden. Es handelt sich hierbei lediglich um eine klarstellende Regelung,[218] deren es nicht notwendig bedurft hätte.[219]

73 **4. Sonderregelungen für bestimmte Krankenbehandlungen. a) Besondere Bedürfnisse psychisch Kranker (Abs. 1 S. 4).** Abs. 1 S. 4 soll den besonderen Bedürfnissen psychisch Kranker Rechnung tragen und zur Verbesserung der als defizitär beschrieben Situation psychisch Kranker dienen.[220] Die Regelung in Abs. 1 S. 4 stellt jedoch keine selbstständige Anspruchsgrundlage dar, auch erweitert sie nicht den Zuständigkeitsbereich der GKV. Vielmehr kommt dieser Regelung nur eine **Klarstellungsfunktion und Auslegungshilfe** zu.[221] Die bestehenden gesetzlichen Möglichkeiten bei psychisch Kranken sollen voll ausgeschöpft werden und das für sie bestimmte Leistungsangebot darf nicht hinter dem für somatisch Kranke zurückbleiben.[222] Eine solche auf die besondere Situation psychisch Kranker ausgerichtete Leistung stellt die Soziotherapie (§ 37 a) dar. Daneben wurde dem G-BA in § 92 Abs. 1 S. 1 Hs. 2

---

210 Lang in: Becker/Kingreen, § 27 Rn. 48.
211 Hierzu Wagner in: Krauskopf, § 27 SGB V Rn. 50.
212 BSG, 12.11.1985, 3 RK 45/83, SozR 2200 § 184 Nr. 27 = BSGE 59, 116; BSG, 28.1.1999, B 3 KR 4/98 R SozR 3-2500 § 37 Nr. 1 = BSGE 83, 254.
213 LSG BW, 4.12.2012, L 11 KR 3548/11.
214 BSG, 10.4.2008, B 3 KR 19/05 R, SozR 4-2500, § 39 Nr. 12 = BSGE 100, 164; BSG, 16. 12. 2008, B 1 KN 3/08 KR R, SozR 4-2500 § 109 Nr. 15 = BSGE 102, 181.
215 Lang in: Becker/Kingreen, § 27 Rn. 50.
216 Lang in: Becker/Kingreen, § 27 Rn. 50.
217 BT-Dr. 18/5170, 24.
218 BT-Dr. 18/5170, 24.
219 Fahlbusch in: jurisPK-SGB V, § 27 Rn. 77.
220 BT-Dr. 13/3480, 51.
221 BSG, 20.1.1005, B 3 KR 9/03 R, SozR 4-2500 § 112 Nr. 4 = BSGE 94, 139; Fahlbusch in: jurisPK-SGB V, § 27 Rn. 90; Steege in: Hauck/Noftz, SGB V, § 27 Rn. 127.
222 BSG, 20.1.1005, B 3 KR 9/03 R, SozR 4-2500 § 112 Nr. 4 = BSGE 94, 139; BSG, 16.2.2005, B 1 KR 18/03 R, SozR 4-2500 § 39 Nr. 4.

aufgegeben, in den leistungskonkretisierenden Richtlinien ebenfalls den besonderen Bedürfnissen psychisch Kranker Rechnung zu tragen, was der G-BA mit der Psychotherapierichtlinie umgesetzt hat.[223]

Die Heilbehandlung bei psychisch Kranken wird sich regelmäßig auf die **Psychiatrie und Psychotherapie** erstrecken,[224] da psychische Erkrankungen zumeist ein anderes Leistungsspektrum erfordern als somatische Krankheiten.[225] Nicht umfasst werden regelmäßig solche Leistungen, die etwa auf einen operativen Eingriff in einen nicht normwidrigen Körperzustand zielen, unabhängig davon, ob der Versicherte nach seinem subjektiven Empfinden den Körperzustand als regelwidrig ansieht und psychisch krankhaft auf den Eingriff fixiert ist; das gilt selbst dann, wenn er einer psychiatrisch/psychotherapeutischen Behandlung nicht zugänglich ist.[226]

74

b) Leistungen zur Herstellung der Zeugungs- oder Empfängnisfähigkeit (Abs. 1 S. 5). Nach Abs. 1 S. 4 gehören zur **Krankenbehandlung** auch Leistungen zur Herstellung der Zeugungs- oder Empfängnisfähigkeit, wenn diese Fähigkeit nicht vorhanden war oder durch Krankheit oder wegen einer durch Krankheit erforderlichen Sterilisation verloren gegangen war. Bereits früher hatte das BSG die Zeugungsunfähigkeit als Krankheit qualifiziert,[227] allerdings bei einer auf einer freiwilligen Sterilisation beruhenden Unfruchtbarkeit das Vorliegen eines regelwidrigen Körperzustandes verneint.[228] In Fortführung dieser Grundsätze stellt S. 4 klar, dass nur bei einem **schicksalhaften** Fehlen der Zeugungs- oder Empfängnisfähigkeit Leistungen in Betracht kommen, nämlich wenn die Zeugungs- oder Gebärfähigkeit von Anfang an nicht bestanden hat oder durch Krankheit oder durch eine krankheitsbedingte Sterilisation verloren gegangen ist. Hiervon zu unterscheiden sind die medizinischen Maßnahmen zur Herbeiführung einer Schwangerschaft nach § 27a.

75

Maßnahmen zur künstlichen Befruchtung sind zwar der Krankenbehandlung zugeordnet, so dass grundsätzlich alle für die Krankenbehandlung geltenden Regelungen Anwendung finden.[229] § 27a regelt jedoch abschließend die Leistungsvoraussetzungen zur Herbeiführung einer Schwangerschaft und geht in seinem Anwendungsbereich § 27 als **lex specialis** vor.[230] Hierbei ist aber zu berücksichtigen, dass der Krankenbehandlung im Sinne des Abs. 1 bereits all die Maßnahmen zuzurechnen sind, die zwar zur Herbeiführung einer Schwangerschaft, aber vor der (künstlichen) Befruchtung durchgeführt werden, wie etwa chirurgische Eingriffe, Verordnung von Medikamenten oder eine psychotherapeutische Behandlung.[231] Ansprüche aus § 27a bestehen also erst dann, wenn die Unfruchtbarkeit mit Behandlungsleistungen des § 27 nicht bzw. nicht zumutbar oder ohne hinreichende Aussicht auf Erfolg behandelt werden kann.

76

Gegenstand der Krankenbehandlung ist nicht allein die Heilung oder die Linderung von Krankheitsbeschwerden, sondern auch das **Erkennen** einer Krankheit. Dies ergibt sich bereits aus dem Wortlaut der Regelung in S. 1. Aus medizinischer Sicht setzt nämlich die Behandlung einer Erkrankung voraus, dass sie zunächst diagnostiziert wird.[232] Nur nach Durchführung der diagnostischen Maßnahmen kann der Arzt über Art und Umfang der medizinischen Behandlung entscheiden. Das BSG hat hierzu ausgeführt, dass der Versicherungsfall der Krankheit in Abgrenzung zu dem Versicherungsfall der Herbeiführung einer Schwangerschaft betroffen ist, wenn die Behandlung dazu führen soll, auf natürlichem Weg Kinder zu zeugen.[233] Kommt also nach Durchführung der diagnostischen Maßnahme zunächst eine natürliche Zeugung in Betracht, auch wenn sich diese Möglichkeit später als nicht praktikabel erweist und eine künstliche Befruchtung durchgeführt werden soll, handelt es sich bei der Diagnostik weiterhin um eine Maßnahme der Krankenbehandlung. Nur der Vorgang der Befruchtung als solcher

77

---

223 Richtlinie des G-BA über die Durchführung der Psychotherapie idF v. 19.2.2009, BAnz 2009, 1399, zuletzt geändert am 24.11.2016, BAnz AT 15.2.2017 B2, in Kraft getreten am 16.2.2017.
224 Knispel in: BeckOK SozR, SGB V, § 27 Rn. 56.
225 Steege in: Hauck/Noftz, SGB V, § 27 Rn. 127.
226 BSG, 9.6.1998, B 1 KR 18/96 R, SozR 3-2500 § 39 Nr. 5; BSG, 19.10.2004, B 1 KR 3/03 R, SozR 4-2500 § 27 Nr. 3; Knispel in: BeckOK SozR, SGB V, § 27 Rn. 56. Vgl. hierzu auch Rn. 53.
227 BSG, 28.4.1967, 3 RK 12/65, SozR Nr. 23 zu § 182 RVO = BSGE 26, 240.
228 BSG, 12.11.1985, 3 RK 48/83, SozR 2200 § 182 Nr. 101 = BSGE 59, 119; vgl. auch SG Marburg, 27.8.2012, S 6 KR 180/10.
229 BT-Dr. 11/6760, 14.
230 BSG, 9.10.2001, B 1 KR 33/00 R, SozR 3-2500 § 27a Nr. 4.
231 BSG, 3.4.2001, B 1 KR 22/00 R, SozR 3-2500 § 27a Nr. 2; BSG, 23.3.2005, B 1 KR 11/03 R, NJW 2005, 2476; BSG, 19.9.2007, B 1 KR 6/07, SozR 4-2500 § 27a Nr. 5; vgl. auch Gesetzentwurf der Bundesregierung zum KOVAnpG 1990, BT-Dr. 11/6760, 14.
232 LSG Bln-Bbg, 24.6.2010, L 9 KR 14/09.
233 BSG, 17.2.2010, B 1 KR 10/09 R, SozR 4-2500 § 27 Nr. 18.

und die unmittelbar vorgelagerten Maßnahmen sind Leistungen der künstlichen Befruchtung im Sinne des § 27 a.[234]

78 Nicht nur eine eingetretene krankheitsbedingte Empfängnisunfähigkeit ist gem. Abs. 1 S. 4 eine Krankheit,[235] sondern auch bereits der therapiebedingt **drohende** Eintritt der Empfängnisunfähigkeit. Zieht eine Krankheit in unbehandeltem oder behandeltem Zustand zwangsläufig oder mit hoher Wahrscheinlichkeit weitere Erkrankungen nach sich, so sind medizinische Maßnahmen, die dem entgegenwirken und eine Verschlechterung des Gesamtgesundheitszustandes verhüten sollen, als Behandlung der Grundkrankheit und damit als Krankenbehandlung im Sinne des Abs. 1 aufzufassen.[236] Droht aufgrund der Chemotherapie zur Behandlung der Folgen eines Mammakarzinoms die unmittelbare, konkrete Gefahr, die Empfängnisfähigkeit zu verlieren, genügte dies für die Annahme einer Krankheit.[237]

IV. Anspruch auf Krankenbehandlung bei Organspende (Abs. 1a)

79 **1. Frühere Rechtslage.** Bereits vor Einfügung der Regelung in Abs. 1 a wurde die Organspende nach der Rechtsprechung des BSG als Teil der **Krankenhilfe** für den **Organempfänger** behandelt.[238] Die Aufwendungen für die ambulante oder stationäre Behandlung der Spender einschließlich aller Vor- und Nebenleistungen wurden zumindest dann, wenn die Organentnahme komplikationslos verlief, als **Nebenleistung** zu der den Empfängern zu gewährenden Krankenhilfe von deren Krankenkasse getragen. Zu den Aufwendungen gehörte auch der Ausfall von Arbeitseinkünften der Spender, der mit einer infolge der mit der Organ- oder Gewebeentnahme verbundenen Arbeitsunfähigkeit entstand. Letztlich war dies dem Umstand geschuldet, dass wenn die Krankenbehandlung des Versicherten medizinische Maßnahmen als Nebenleistung bei anderen Personen erforderlich macht, muss man dem Dritten einen **eigenen** durchsetzbaren Anspruch gegen die Krankenkasse des Versicherten zubilligen.[239] Hierzu zählten auch die Fälle der Mitaufnahme von Begleitpersonen oder Pflegekräften bei stationärer Behandlung (§ 11 Abs. 3).[240] Dagegen hatte das BSG ausdrücklich offengelassen, ob in den Fällen, in denen etwa der Empfänger einer Organtransplantation nicht versichert ist, subsidiär eine Leistungspflicht der Krankenversicherung des Spenders begründet wird.[241]

80 Mit Abs. 1 a wurde diese Rechtsprechung gesetzlich fixiert und des Weiteren klargestellt, dass auch nicht gesetzlich Versicherte Anspruch auf Leistungen der Krankenbehandlung haben (Abs. 1 a S. 6).

81 **2. Struktur.** Abs. 1 a gewährt dem lebenden **Spender** einen **eigenständigen** Anspruch auf in S. 2 aufgezählte Leistungen der Krankenbehandlung. Hierbei kann man zwar kritisch anmerken, dass eigentlich mit dem Akt der Organentnahme keine Krankenbehandlung des Spenders erfolgt, sondern im Gegenteil in einen gesunden Körper eingegriffen wird,[242] so dass der Gesetzgeber gut beraten gewesen wäre, hier differenzierter zu formulieren. Andererseits weist der Gesetzgeber mittelbar durch die eigenständige Aufnahme der Lebendorganspende in Abs. 1 a darauf hin, dass es sich um einen gesonderten Anspruch handelt. Auf welche konkreten Leistungen Anspruch besteht, hängt vom **Einzelfall** ab. Die in Abs. 1 a S. 2 aufgezählten Leistungen sind *lex specialis* zu den in Abs. 1 genannten Leistungen.

82 **3. Anspruchsvoraussetzungen. a) Anspruchsberechtigter Personenkreis.** Nach Abs. 1 a haben Spender Anspruch auf Leistungen der Krankenbehandlung. Dabei ist es unerheblich, ob er zum gesetzlich ver-

---

234 LSG Bln-Bbg, 24.6.2010, L 9 KR 14/09.
235 BT-Dr. 11/ 2237, 170; vgl. zur eingetretenen schicksalhaften Unfruchtbarkeit BSG, BSGE 59, 119, 121 f. = SozR 2200 § 182 Nr. 101; vgl. auch BSGE 85, 36, 42 f. = SozR 3-2500 § 27 Nr. 11 S 42 f.
236 Vgl. BSG, 16.11.1999, B 1 KR 9/97 R, SozR 3-2500 § 27 Nr. 12 = BSGE 85, 132, 137 (medizinische Fußpflege) mit Verweis auf BSG v. 13.2 1975, 3 RK 68/73, SozR 2200 § 182 Nr. 9 = BSGE 39, 167 (Maßnahmen zur Verhütung der Schwangerschaft wegen der Gefahr einer schwerwiegenden Schädigung des körperlichen oder geistig-seelischen Zustandes des Versicherten) und BSG, 24.1.1990, 3 RK 18/88, SozR 3-2200 § 182 Nr. 1 = BSGE 66, 163 (empfängnisverhütende Maßnahmen wegen drohender Schädigung der Leibesfrucht).
237 BSG, 17.2.2010, B 1 KR 10/09 R, SozR 4-2500 § 27 Nr. 18.
238 BSG, 12.12.1972, 3 RK 47/70, SozR Nr. 54 zu § 182 RVO = BSGE 35, 102, 103 f. Zur früheren Rechtslage vgl. Neft, NZS 2011, 566 ff.
239 BSG, 12.12.1972, 3 RK 47/70, SozR Nr. 54 zu § 182 RVO = BSGE 35, 102; Roters in: KassKomm, 73. EL 2012, § 11 SGB V Rn. 9.
240 Roters in: KassKomm, § 11 SGB V Rn. 9; aA Noftz in: Hauck/Noftz, SGB V, § 11 Rn. 56; Plagemann in: jurisPK-SGB V, § 11 Rn. 27; Becker/Kingreen in: Becker/Kingreen, § 11 Rn. 9, die allein den behandlungsbedürftigen Versicherten als Anspruchsberechtigten ansehen.
241 BSG, 12.12.1972, 3 RK 47/70, SozR Nr. 54 zu § 182 RVO = BSGE 35, 102.
242 So zutreffend Lang in: Becker/Kingreen, § 27 Rn. 9.

sicherten Personenkreis gehört. Ansprüche haben nach dem Wortlaut der Vorschrift (S. 6) auch nicht gesetzlich Krankenversicherte, insbesondere auch privat Versicherte, um nach dem Willen des Gesetzgebers der Ausnahmesituation für Spender von Organen oder Gewebe und deren Einsatz für die Solidargemeinschaft im Gemeinwohlinteresse besonders Rechnung tragen zu können.[243] Der Anspruch des Organempfängers auf Krankenbehandlung richtet sich nach Abs. 1. Ist der Empfänger privat krankenversichert, besteht Versicherungsschutz und Anspruch auf Leistungen der Krankenbehandlung nach der Selbstverpflichtung des Verbandes der Privaten Krankenversicherung sowohl für den gesetzlich als auch den privat krankenversicherten Spender.[244]

b) Lebendspende von Organen oder Geweben zum Zwecke der Übertragung. Abs. 1a setzt voraus, dass es sich um eine Entnahme von menschlichen Organen oder Geweben im Sinne der §§ 8 und 8a TPG handeln muss.[245] Erfasst werden nur Organe und Gewebe, die zum Zwecke der Übertragung auf einen gesetzlich Krankenversicherten bei einer lebenden Person entnommen werden. Nicht erfasst wird dagegen die Entnahme von Organen oder Geweben im Rahmen einer medizinischen Behandlung einer Person nach § 8b Abs. 1 TPG, wie etwa die Entnahme von Knochen im Zusammenhang mit der Übertragung eines künstlichen Gelenks oder sonstige Operationsreste, die weiterverwendet werden, oder die Gewinnung von Samenzellen nach § 8b Abs. 2 TPG, die für eine medizinisch unterstützte Befruchtung bestimmt sind.[246]

83

Was unter **Organ** und **Gewebe** zu verstehen ist, ergibt sich aus **§ 1a TPG**. Danach sind Organe alle aus verschiedenen Geweben bestehenden Teile des menschlichen Körpers, die in Bezug auf Struktur, Blutgefäßversorgung und Fähigkeit zum Vollzug physiologischer Funktionen eine funktionale Einheit bilden; einschließlich der Organteile und einzelne Gewebe eines Organs, die zum selben Zweck wie das ganze Organ verwendet werden können (§ 1a Nr. 1. Zu den Geweben zählen nach § 1a Nr. 4 TPG alle aus Zellen bestehenden Bestandteile des menschlichen Körpers, wenn sie nicht Organe im Sinne von § 1a Nr. 1 TPG sind, einschließlich einzelner menschlicher Zellen, wie etwa Epithelgewebe, Binde- und Stützgewebe, Muskelgewebe, Nervengewebe. Hinsichtlich des Knochenmarks, für das nur in § 8a für die Knochenmarkspende durch minderjährige Personen eine ausdrückliche Regelung getroffen wurde, fehlt es an einer Zuordnung zum Begriff Organ oder Gewebe.

84

Abs. 1a S. 1 erfasst nur den Vorgang der **Spende** selbst.[247] Nur hierfür kann der Spender von der Krankenkasse des **Empfängers** Leistungen der Krankenbehandlung fordern. Der Begriff der Spende ist entsprechend dem Begriffsverständnis des TPG als Organgabe im Sinne eines freiwilligen, altruistischen und unentgeltlichen Akts zu verstehen.[248] Entnahme setzt ein aktives Ablösen vom Körper voraus, so dass vom Körper abgestoßene Substanzen nicht mitumfasst sind; dagegen bedarf es keines Eingriffs in das Innere des Körpers in Form einer „Herausnahme".[249] Übertragung auf den Empfänger bedeutet regelmäßig die „Einpflanzung" des Organs bzw. Organteils und/oder Gewebes.[250] Voraussetzung ist somit auch, dass die Entnahme der Organe oder Gewebe zum Zwecke der Übertragung erfolgt.[251]

85

Abzugrenzen vom Vorgang der Spende sind **Folgeerkrankungen**, die in einem zeitlichen Abstand zur Spende eintreten.[252] Für die Behandlung von **Folgeerkrankungen** und der daraus resultierenden Ansprüche ist die Krankenkasse der **Spender** zuständig. Komplikationen und Behandlungsfehler, die während der Transplantation auftreten und Folgebehandlungen notwendig machen, fallen nicht unter Folgeerkrankungen.[253] Die Abgrenzung zwischen Behandlungserfordernissen während bzw. bei der Spende und Folgeerkrankungen dürfte nicht immer ganz leicht fallen und vom Einzelfall abhängen.

86

---

243 BT-Dr. 9773, 37; hierzu auch Greiner, NZS 2013, 241, 245; Neumann, NJW 2013, 1401, 1402.
244 Abgedruckt in BT-Dr. 17/9773, 38; vgl. auch Neumann, NJW 2013, 1401, 1402.
245 Hierzu Greiner, NZS 2013, 241, 242 f.
246 Siehe BT-Dr. 17/9773, 36.
247 BT-Dr. 17/9763, 36.
248 König in: Schroth/König/Gutmann/Oduncu, Transplantationsgesetz (TPG), 1. Aufl. 2005, § 1 Rn. 12; Tag in: Joecks/Miebach, MüKo-StGB, Bd. 6, 2. Aufl. 2013, § 1 TPG Rn. 10.
249 König in: Schroth/König/Gutmann/Oduncu, Transplantationsgesetz (TPG), 1. Aufl. 2005, § 1 Rn. 12.
250 König in: Schroth/König/Gutmann/Oduncu, Transplantationsgesetz (TPG), 1. Aufl. 2005, § 1 Rn. 12.
251 Tiedemann, GuP 2013, 58, 60.
252 BT-Dr. 17/9773, 37. Siehe hierzu auch Tiedemann, GuP 2013, 58, 62.
253 Tiedemann, GuP 2013, 58, 62.

87 c) **Spende von Blut zur Separation von Blutstammzellen oder anderen Blutbestandteilen.** Seit dem GKV-Versorgungsstärkungsgesetz (GKV-VSG) vom 16.7.2015[254] gelten die obigen Regelungen zur Lebendspende von Organen und Geweben auch für Spender von Blut zur Separation von Blutstammzellen oder anderen Blutbestandteilen im Sinne von § 9 TFG. Spenden von Blutstammzellen oder auch anderen Blutbestandteilen wie Granulozyten aus einer peripheren Blutspende, die vom Geltungsbereich des Transfusionsgesetzes erfasst werden, sollen danach nicht anders behandelt werden als Stammzellspenden aus dem Knochenmark, die den Regelungen der §§ 8 und 8 a TFG unterfallen.[255] Der Gesetzgeber hat deshalb ausdrücklich bestimmt, dass die unterschiedlichen Spendevorgänge gleichermaßen von den gesetzlichen Regelungen erfasst werden, was ohnehin der schon bestehenden Auslegung und Praxis der Krankenkassen entspricht.[256]

88 **4. Umfang und Inhalt der Leistung.** Zu den Leistungen der Krankenbehandlung[257] der im Rahmen des TPG erfolgenden Spende von Organen oder Geweben gehören die **ambulante** und **stationäre** Behandlung der Spender einschließlich der bei den Spendern medizinisch erforderlichen **Vor- und Nachbetreuung**. Zu den Vorbereitungsmaßnahmen zählen etwa die Klärung der Zulässigkeit einer Organentnahme, die erforderlichen klinischen und labortechnischen Untersuchungen zur Eignung des Organspenders und der entnommenen Organe sowie die Konservierung.[258] Zur Nachbetreuung gehören alle notwendigen Maßnahmen, die im unmittelbaren Zusammenhang mit der Spende stehen. Die von der Krankenkasse des Empfängers zu gewährenden Leistungen sind umfänglich zu verstehen, das heißt, wie das BSG schon vor Geltung der gesetzlichen Regelung entschieden hat, es sind alle mit einer Organspende verbundenen Aufwendungen von der Empfängerkasse zu tragen.[259]

89 Von den Leistungen sind ausdrücklich auch die erforderlichen **Fahrkosten** sowie Leistungen zur medizinischen **Rehabilitation** umfasst. Zuzahlungen werden in diesen Fällen nicht erhoben. Der Ausfall von Arbeitseinkünften der Spender wird nach Ablauf der Entgeltfortzahlung durch den Arbeitgeber gem. § 3 a Abs. 1 S. 1 EFZG[260] bzw. wenn eine solche nicht einschlägig ist, im Rahmen eines „modifizierten **Krankengeldanspruches**" nach § 44 a erstattet. Krankengeld wird danach in Höhe der ausgefallenen Arbeitseinkünfte bis zur Beitragsbemessungsgrenze geleistet.[261] Um die Anonymität der Spender von Blutstammzellen aus Knochenmark oder peripherem Blut zu wahren und eine verwaltungseinfache Umsetzung des Verfahrens zu ermöglichen, hat der Gesetzgeber eine Erstattung von Fahrkosten – entsprechend dem sich aus § 60 SGB V ergebenden Umfang – durch Dritte in Abs. 1 a S. 5 normiert.[262] Hierzu wurde gleichzeitig eine gesetzliche Grundlage für Vereinbarungen des Spitzenverbandes Bund der Krankenkassen mit Knochenmarkspenderdateien geschaffen, in denen geregelt werden kann, dass die Knochenmarkspenderdateien die Ansprüche der Spender gegenüber den Krankenkassen der Empfänger von Blutstammzellen erfüllen sollen, was der derzeitigen Praxis entsprechen würde, in der Knochenmarkspenderdateien freiwillig Aufwandsentschädigungen an Spender leisten.[263]

90 Zudem ist ausdrücklich geregelt, dass die Krankenkasse des Empfängers, soweit der Umfang des Versicherungsschutzes der Spender über den „Leistungskatalog" der gesetzlichen Krankenversicherung hinausgeht, auch diesen Kostenanteil übernimmt. Der Spender soll hiermit keine Einschränkung seiner krankenversicherungsrechtlichen Absicherung befürchten müssen.

91 **5. Ausschluss der Leistungspflicht.** Ein Anspruch auf Leistungen der gesetzlichen Krankenversicherung besteht nicht, sofern Leistungen nach dem Recht der gesetzlichen Unfallversicherung beansprucht werden können (§ 11 Abs. 5); dieser Vorrang der Leistungen nach dem Recht der gesetzlichen Unfallversicherung gilt faktisch auch gegenüber den Leistungen der privaten Krankenversicherungsunternehmen, die sich aus der Selbstverpflichtung des Verbands der Privaten Krankenversicherung vom 9. Februar 2012 ergeben.[264]

---

254 BGBl. I, 1211.
255 BT-Dr. 18/4095, 73.
256 BT-Dr. 18/4095, 73.
257 Gemeint ist hiermit eine Bündelung von Leistungen, hierzu Tiedemann, GuP 2013, 58, 61 f.
258 Vgl. für das TPG BT-Dr. 13/4355, 16.
259 BSG, 12. 12. 1972, 3 RK 47/70, NJW 1973, 1432, 1433.
260 Ausführlich hierzu Greiner, NZS 2013, 241.
261 Hierzu Neumann, NJW 2013, 1401, 1402 ff.; Greiner, NZS 2013, 241, 246 f.
262 BT-Dr. 18/4096, 74.
263 BT-Dr. 18/4096, 74.
264 Abgedruckt in BT-Dr. 1773, 38.

Für die Organspende besteht nach § 2 Abs. 1 Nr. 13 b SGB VII Unfallversicherungsschutz in der gesetzlichen Unfallversicherung, so dass beim Eintritt von Gesundheitsschäden im Rahmen einer Spende eine vorrangige Leistungspflicht der gesetzlichen Unfallversicherung bestehen kann; dies gilt unabhängig vom Versicherungsstatus des Spenders. Gem. **§ 12 a SGB VII** gilt ein Gesundheitsschaden, der über die durch die Blut-, Organ-, Organteil- oder Gewebeentnahme regelmäßig entstehenden Beeinträchtigungen hinausgeht und in ursächlichem Zusammenhang mit der Spende steht als Versicherungsfall. Werden Nachbehandlungen erforderlich oder treten Spätschäden auf, die als Aus- oder Nachwirkungen der Spende oder des aus der Spende resultierenden erhöhten Gesundheitsrisikos anzusehen sind, wird vermutet, dass diese entsprechend verursacht worden sind. 92

Mit der Neuregelung in § 12 a SGB VII ist nunmehr klargestellt worden, dass für oben genannte Gesundheitsschäden im Zusammenhang mit der Organspende kein Unfall im Sinne von §§ 7 und 8 SGB VII verlangt wird. Vielmehr wird der Eintritt eines Gesundheitsschadens als Versicherungsfall nach § 7 SGB VII fingiert.[265] Aus diesem Grund ist der Streit und die Rechtsprechung, die Folgeschäden über § 5 Abs. 1 Nr. 13 SGB VII für den Organspender abgedeckt sahen, obsolet geworden.[266] Dagegen wird nach wie vor die versicherungsrechtliche Zuordnung einzelner Leistungen schwierig sein.[267] 93

6. Datenübermittlung. Die Krankenkasse des Spenders kann nach Abs. 1 a S. 9 mit dessen schriftlicher **Einwilligung** und nach vorheriger umfassender **Information** des Spenders (Abs. 1 a S. 11) die für die Leistungserbringung nach den S. 1 und 2 erforderlichen personenbezogenen Daten an die Krankenkasse bzw. das private Krankenversicherungsunternehmen des Empfängers übermitteln. Die Einwilligung und vorherige Information des Spenders hat auch die Verarbeitung und Nutzung der Daten durch deren Empfänger zu umfassen. Dies gilt ausdrücklich auch für nach dem Künstlersozialversicherungsgesetz Krankenversicherungspflichtige. 94

Zwischen den Krankenkassen werden etwa Angaben zum Versichertenstatus, zum Arbeitgeber oder Einkommensdaten bei freiwillig versicherten Mitgliedern (Selbstständigen) zur Berechnung des Krankengeldes nach § 44a ausgetauscht.[268] Für den Bereich der Künstlersozialversicherung gilt insoweit, dass die leistungspflichtige Krankenkasse die Daten direkt bei der Krankenkasse des nach dem KSVG versicherten Spenders abfragen kann. Letztere verfügt über diese Daten (vgl. § 28 a Abs. 13 SGB IV). Die Künstlersozialkasse wird nicht eingeschaltet.[269] Im Hinblick auf die privaten Krankenversicherungsunternehmen finden die Vorschriften des Bundesdatenschutzgesetzes Anwendung.[270] 95

V. Ausfüllungsbedürftiges Rahmenrecht

1. Grundsatz. Das Gesetz selbst kann auch unter Einbeziehung weiterer Normen wie etwa dem Wirtschaftlichkeitsgebot aus § 12 Abs. 1 nicht die jeweils von der Krankenversicherung im Einzelfall zu gewährende Krankenbehandlungsleistung konkret aufführen, sondern hierfür bedarf es weiterer Konkretisierungsschritte, welche durch die **Richtlinien** des G-BA nach § 92 sowie durch die **ärztliche Therapieentscheidung** selbst geleistet wird. Das Gesetz sieht zumindest im ambulanten Bereich im Fall neuer Untersuchungs- und Behandlungsmethoden ein **Verbot** mit **Erlaubnisvorbehalt** vor. Solange der G-BA diese nicht aufgenommen hat, sind Vertragsärzte nicht befugt, auf Kosten der Gesetzlichen Krankenversicherung neue Untersuchungs- und Behandlungsmethoden anzuwenden und haben die Patienten keinen Anspruch auf Verschaffung dieser Leistung gegen die Krankenkasse.[271] Aus diesem Grund wird Abs. 1 S. 1 von der Rechtsprechung des BSG als ausfüllungsbedürftiges **Rahmenrecht** bezeichnet.[272] 96

---

265 Siehe Neft, MedR 2013, 82, 88.
266 Neft, MedR 2013, 82, 88 f.; Plagemann in: jurisPK-SGB V, § 11 Rn. 15; SG Freiburg, 26.6.2001, S 9 U 3437/99: „Zur Klärung der Frage der Zuständigkeitsabgrenzung zwischen der Krankenkasse des Organempfängers und des Trägers der gesetzlichen Unfallversicherung bzgl. der Leistungspflicht gegenüber dem Organspender ist das Vorliegen bzw. das Nichtvorliegen eines komplikationslosen Verlaufes des Eingriffes nicht maßgebend".
267 Augsberg in: Höfling, TPG, 2. Aufl. 2013, § 8 Rn. 95 mwN.
268 BT-Dr. 17/9673, 37.
269 BT-Dr. 17/9673, 37.
270 Siehe hierzu BT-Dr. 17/9673, 37.
271 Siehe nur Plagemann, MedR 2005, 401.
272 BSG, 16.9.1997, 1 RK 28/95, SozR 3-2500 § 135 Nr. 4 = BSGE 81, 54 mwN; vgl. hierzu auch Schwerdtfeger, NZS 1998, 49; Schnapp, NZS 2001, 337, 338; Steege in: Wulffen/Krasney (Hrsg.), Festschrift 50 Jahre BSG, 2004, 517, 518 ff.; Nolte in: KassKomm, § 27 SGB V Rn. 6.

Dagegen ist Abs. 1 S. 1 nicht als „offene Wertungsnorm"[273] zu verstehen.[274] Auch ist dem Arzt nicht die Befugnis eingeräumt worden, die Inhaltsbestimmung des Leistungsanspruchs im Sinne einer „verbindlichen" Konkretisierungsentscheidung vorzunehmen.[275]

97 **2. Grenzen des Rechtskonkretisierungskonzepts. a) Systemversagen.** Wie bereits oben ausgeführt wurde (→ Rn. 96), bedarf es für eine Kostentragung zulasten der GKV grundsätzlich einer positiven Empfehlung des G-BA. Ausnahmsweise ist jedoch eine Kostenerstattung beim sog **Systemversagen** möglich. Dieser Fall liegt vor, wenn das Verfahren vor dem G-BA von den antragsberechtigten Stellen bzw. dem G-BA selbst nicht, nicht zeitgerecht oder nicht ordnungsgemäß durchgeführt wurde.[276] Unterbleibt nämlich, die in § 135 Abs. 1 vorausgesetzte Aktualisierung der Richtlinie rechtswidrig, so muss die Möglichkeit bestehen, das Anwendungsverbot erforderlichenfalls auf andere Weise zu überwinden.[277]

98 **b) Leistungspflicht im Falle lebensbedrohlicher oder regelmäßig tödlicher Erkrankung.** Im sog Nikolausbeschluss[278] hat das BVerfG klargestellt, dass der Staat eine durch Art. 2 Abs. 2 S. 1 GG gebotene **Mindestversorgung** garantieren muss, wenn er mit dem System der GKV eine Verantwortung für Leben und körperliche Unversehrtheit der Versicherten übernehme. Zum Kernbereich der Leistungspflicht gehört dann aber auch die Vorsorge in Fällen einer **lebensbedrohlichen oder regelmäßig tödlichen Erkrankung.** In einer weiteren Entscheidung hat das BVerfG diese Kernaussage bestätigt.[279] Bietet die Schulmedizin nur noch palliative Therapien an, weil jede andere Möglichkeit einer kurativen Behandlung als aussichtslos gilt, kommt die Leistungspflicht für eine Alternativbehandlung nur dann in Betracht, wenn die auf Indizien gestützte Aussicht auf einen über die palliative Standardtherapie hinausreichenden Erfolg besteht. Rein experimentelle Behandlungsmethoden, die nicht durch hinreichende Indizien gestützt sind, reichen hierfür nicht. Mit Art. 2 Abs. 1 GG iVm dem Sozialstaatsprinzip und Art. 2 Abs. 2 S. 1 GG ist es mit der Situation einer krankheitsbedingten Lebensgefahr jedoch nicht zu vereinbaren, Versicherte auf eine nunmehr auf die Linderung von Krankheitsbeschwerden zielende Standardtherapie zu verweisen, wenn durch eine Alternativbehandlung eine nicht ganz entfernte Aussicht auf Heilung besteht. Auf der Grundlage des „Nikolausbeschlusses" und der sich anschließenden konkretisierenden Rechtsprechung des BSG[280] ist die gesetzliche Regelung des § 2 Abs. 1a eingefügt worden.[281] Voraussetzung ist eine lebensbedrohliche oder regelmäßig tödliche, nicht nur die Lebensqualität auf Dauer beeinträchtigende Krankheit.[282] Es bestehen nach wie vor Unsicherheiten, wann eine Leistungspflicht außerhalb von Standardmaßnahmen zu bejahen ist und wann nicht. So wurde etwa eine Leistungspflicht für den Fall einer akut drohenden Erblindung zumindest für möglich gehalten,[283] dagegen bei einer hochgradig akuten Suizidgefahr abgelehnt.[284] Eine Ausdehnung auf minderschwere Erkrankungen ist jedoch von Verfassungs wegen nicht geboten.[285]

VI. Leistungsbeschränkung bei Zahnersatz (Abs. 2)

99 Abs. 2 bestimmt, dass bei Versicherten die sich erst seit kurzem oder nur vorübergehend im Bundesgebiet aufhalten, die Versorgung mit Zahnersatz im Regelfall vom Ablauf einer einjährigen Wartefrist abhängig gemacht wird, um so die Versichertengemeinschaft im bestimmten Umfang von den Kosten

---

273 BSG, 16.12.1993, 4 RK 5/92, SozR 3 -2500 § 13 Nr. 4 = BSGE 73, 271.
274 Nolte in: KassKomm, § 27 SGB V Rn. 6 a.
275 Nolte in: KassKomm, § 27 SGB V Rn. 6 a.
276 BSG, 4.4.2006, B 1 KR 12/05 R, SozR 4-2500, § 27 Nr. 8.
277 BSG, 16.9.1997, 1 RK 28/95, SozR 3-2500 § 135 Nr. 4 = BSGE 81, 54, 65 f.; BSG, 19.2.2002, B 1 KR 16/00 R, SozR 3-2500, § 92 Nr. 12.
278 BVerfG, 6.12.2005, 1 BvR 347/98, SozR 4-2500, § 27 Nr. 5 = BVerfGE 115, 25.
279 BVerfG, 26.2.2013, 1 BvR 2045/12, NZS 2013, 500.
280 BSG, 4.4.2006, B 1 KR 12/05 R, SozR 4-2500, § 27 Nr. 8. Neue Untersuchungs- und Behandlungsmethoden, die vom G-BA noch nicht positiv bewertet sind, können danach nur dann zulasten der GKV erbracht bzw. die Kosten erstattet werden, wenn eine lebensbedrohliche oder regelmäßig tödlich verlaufende Erkrankung vorliegt, eine geeignete und anerkannte Behandlungsmöglichkeit nicht zur Verfügung steht und die neue Behandlungsmethode die nicht ganz fernliegende Aussicht auf Heilung oder eine spürbare positive Wirkung auf den Krankheitsverlauf erwarten lässt.
281 GKV-Versorgungsstrukturgesetz – GKV-VStG v. 22.12.2011, BGBl. I 2011, 2983; siehe hierzu auch BT-Dr. 17/6906, 52 f.
282 BSG, 26.9.2006, B 1 KR 3/06 R, SozR 4-2500 § 27 Nr. 10.
283 BSG, 5.5.2009, B 1 KR 15/08 R; BSG, 19.10.2004, B 1 KR 27/02 R, SozR 4-2500 § 27 Nr. 1 = BSGE 93, 236.
284 BSG, 26.9.2006, B 1 KR 14/06 R, NJOZ 2007, 4106.
285 BSG, 4.4.2006, B 1 KR 12/05 R, SozR 4-2500, § 27 Nr. 8.

des Zahnersatzes, die aufgrund der aufwendigen Herstellung regelmäßig hoch ausfallen werden, freizustellen.[286] Ist jedoch die Versorgung mit Zahnersatz aus medizinischen Gründen ausnahmsweise unaufschiebbar, dann kann ein Anspruch auch ohne Rücksicht auf die Dauer der Vorversicherung gewährt werden, was zumeist in den Fällen der Schmerzbehandlung, bei drohenden erheblichen Gesundheitsschäden oder bei späterem Nichterreichen des Behandlungserfolgs gegeben dürfte.[287] Diese Ausnahmeregelung ist nach dem Willen des Gesetzgebers jedoch restriktiv zu verstehen.[288]

Die Jahresfrist muss vor der Inanspruchnahme, also vor Behandlung abgelaufen sein. Inanspruchnahme beginnt bereits mit der Befunderhebung und Planung durch den Zahnarzt.[289]

§ 27 a Künstliche Befruchtung

(1) Die Leistungen der Krankenbehandlung umfassen auch medizinische Maßnahmen zur Herbeiführung einer Schwangerschaft, wenn
1. diese Maßnahmen nach ärztlicher Feststellung erforderlich sind,
2. nach ärztlicher Feststellung hinreichende Aussicht besteht, daß durch die Maßnahmen eine Schwangerschaft herbeigeführt wird; eine hinreichende Aussicht besteht nicht mehr, wenn die Maßnahme drei Mal ohne Erfolg durchgeführt worden ist,
3. die Personen, die diese Maßnahmen in Anspruch nehmen wollen, miteinander verheiratet sind,[1]
4. ausschließlich Ei- und Samenzellen der Ehegatten verwendet werden und
5. sich die Ehegatten vor Durchführung der Maßnahmen von einem Arzt, der die Behandlung nicht selbst durchführt, über eine solche Behandlung unter Berücksichtigung ihrer medizinischen und psychosozialen Gesichtspunkte haben unterrichten lassen und der Arzt sie an einen der Ärzte oder eine der Einrichtungen überwiesen hat, denen eine Genehmigung nach § 121 a erteilt worden ist.

(2) ¹Absatz 1 gilt auch für Inseminationen, die nach Stimulationsverfahren durchgeführt werden und bei denen dadurch ein erhöhtes Risiko von Schwangerschaften mit drei oder mehr Embryonen besteht. ²Bei anderen Inseminationen ist Absatz 1 Nr. 2 zweiter Halbsatz und Nr. 5 nicht anzuwenden.

(3) ¹Anspruch auf Sachleistungen nach Absatz 1 besteht nur für Versicherte, die das 25. Lebensjahr vollendet haben; der Anspruch besteht nicht für weibliche Versicherte, die das 40. und für männliche Versicherte, die das 50. Lebensjahr vollendet haben. ²Vor Beginn der Behandlung ist der Krankenkasse ein Behandlungsplan zur Genehmigung vorzulegen. ³Die Krankenkasse übernimmt 50 vom Hundert der mit dem Behandlungsplan genehmigten Kosten der Maßnahmen, die bei ihrem Versicherten durchgeführt werden.

(4) Der Gemeinsame Bundesausschuss bestimmt in den Richtlinien nach § 92 die medizinischen Einzelheiten zu Voraussetzungen, Art und Umfang der Maßnahmen nach Absatz 1.

Literatur:
Bonvie/Naujoks, Kostenübernahme der privaten und gesetzlichen Krankenversicherungen für reproduktionsmedizinische Maßnahmen im Wege der IVF-/ICSI-Behandlung, MedR 2006, 267; *Brosius-Gersdorf*, Leistungen der gesetzlichen Krankenversicherung für Maßnahmen der künstlichen Befruchtung, DÖV 2010, 465; *Brandts*, Die künstliche Befruchtung nach § 27 a SGB V und ihre Schnittstelle zur privaten Krankenversicherung, 2007; *Huster*, Die Leistungspflicht der GKV für Maßnahmen der künstlichen Befruchtung und der Krankheitsbegriff, NJW 2009, 1713; *Huster*, Die Bedeutung des Krankheitsbegriffs für das Krankenversicherungsrecht, in: Beck (Hrsg.), Krankheit und Recht. Ethische und juristische Perspektiven, 2016, S. 41; *Schmeilzl/Krüger*, Künstliche Befruchtung – Wer trägt die Kosten?, NZS 2006, 630; *Hauck*, Krankenversicherungsrechtliche Ansprüche bei Fortpflanzungsunfähigkeit, SGb 2009, 321; *Helms/Wanitzek*, Die Entscheidung des Bundesverfassungsgerichts zur Kostenübernahme der Krankenkassen bei künstlicher Befruchtung – Verfassungsrechtlicher Stellenwert der Ehe aus familienrechtlicher Sicht, FamRZ 2007, 685; *Sodan*, Künstliche Befruchtung und gesetzliche Krankenversicherung. Zur Verfassungsmäßigkeit des

---

286 Vgl. BT-Dr. 12/3608, 78.
287 Lang in: Becker/Kingreen, § 27 Rn. 85; Knispel in: BeckOK, § 27 SGB V Rn. 63.
288 BT-Dr. 12/3608, 78.
289 Steege in: Noftz/Hauck, SGB V, § 27 Rn. 136.

1 § 27 a Abs. 1 Nr. 3 des Fünften Buches Sozialgesetzbuch ist gemäß BVerfGE v. 28.2.2007 – 1 BvL 5/03 – mit dem Grundgesetz vereinbar, soweit die Leistung medizinischer Maßnahmen zur Herbeiführung einer Schwangerschaft (künstliche Befruchtung) durch die gesetzliche Krankenversicherung auf Personen beschränkt ist, die miteinander verheiratet sind.

§ 27a SGB V nach dem GKV-Modernisierungsgesetz, 2006; *von der Tann,* Die künstliche Befruchtung in der gesetzlichen Krankenversicherung, NJW 2015, 1850; *Schiffner,* Satzungsleistung – Künstliche Befruchtung, SGb 2015, 582.

I.	Allgemeine Bedeutung und Normzweck	1	
II.	Entstehungsgeschichte und Veränderung der Norm	2	
III.	Verhältnis von § 27a zu § 27 Abs. 1 S. 5	4	
IV.	Voraussetzungen des Anspruchs auf medizinische Maßnahmen zur Herbeiführung einer Schwangerschaft (Abs. 1 und Abs. 3 S. 1 und 2)	9	
	1. Ungewollte Kinderlosigkeit	10	
	2. Erforderlichkeit der Maßnahmen nach ärztlicher Feststellung (Abs. 1 Nr. 1)	12	
	3. Hinreichende Erfolgsaussicht nach ärztlicher Feststellung, die nicht mehr besteht, wenn die Maßnahme drei Mal ohne Erfolg durchgeführt worden ist (Abs. 1 Nr. 2)	15	
	4. Verheiratete Personen (Abs. 1 Nr. 3)	21	
	5. Ausschließliche Verwendung von Ei- und Samenzellen der Ehegatten (Abs. 1 Nr. 4)	23	
	6. Ärztliche Unterrichtung und Überweisung der Ehegatten (Abs. 1 Nr. 5)	24	
	7. Altersgrenzen für Versicherte (Abs. 3 S. 1)	26	
	8. Genehmigung eines Behandlungsplans (Abs. 3 S. 2)	30	
V.	Sonderregelungen für Inseminationen (Abs. 2)	31	
VI.	Anspruchsumfang	32	
	1. Rechtsanspruch auf medizinische Maßnahmen zur Herbeiführung einer Schwangerschaft (Abs. 1)	32	
	2. Übernahme von 50 % der mit dem Behandlungsplan genehmigten Kosten der Maßnahmen, die bei dem Versicherten der Krankenkasse durchgeführt werden (Abs. 3 S. 3)	34	
	3. Satzungsleistungen der Krankenkassen	41	
VII.	Richtlinien des Gemeinsamen Bundesausschusses (Abs. 4)	42	

I. Allgemeine Bedeutung und Normzweck

1 § 27a regelt den Anspruch Versicherter auf **medizinische Maßnahmen zur Herbeiführung einer Schwangerschaft** (künstliche Befruchtung). Normzweck ist es, ungewollt kinderlosen Paaren zu ermöglichen, ihren Kinderwunsch mithilfe von Leistungen der Reproduktionsmedizin zu verwirklichen.[2] Nach überwiegender Ansicht handelt es sich bei den Maßnahmen der künstlichen Befruchtung nicht um Krankenbehandlung iSd § 27, sondern um einen eigenständigen Versicherungsfall. Auf § 27a finden aber die Vorschriften über die Krankenbehandlung Anwendung (→ Rn. 4ff.). Der Anspruch auf medizinische Maßnahmen zur Herbeiführung einer Schwangerschaft ist in § 27a abschließend geregelt.[3] Maßnahmen nach § 27a überbrücken die Unfruchtbarkeit des betroffenen Paares, indem sie den natürlichen Zeugungsakt ersetzen, um unmittelbar eine Schwangerschaft herbeizuführen.[4] Im Gegensatz dazu stellen Maßnahmen iSd § 27 Abs. 1 S. 5 die Zeugungs- und Empfängnisfähigkeit (wieder) her, damit eine Schwangerschaft auf natürlichem Weg eintreten kann.

II. Entstehungsgeschichte und Veränderung der Norm

2 § 27a wurde mit Wirkung zum 1.1.1989 eingeführt.[5] Wesentliche Änderungen hat die Norm durch das Gesetz zur Modernisierung der gesetzlichen Krankenversicherung (GKV-Modernisierungsgesetz – GMG) vom 14.11.2003 mit Wirkung zum 1.1.2004 erfahren. Das **GKV-Modernisierungsgesetz** hat die Zahl der von den Krankenkassen übernommenen Behandlungsversuche von „in der Regel viermal" auf „dreimal" beschränkt (Abs. 1 Nr. 2), Mindest- und Höchstaltersgrenzen eingeführt (Abs. 3 S. 1), die Pflicht zur Vorlage und Genehmigung eines Behandlungsplans (Abs. 3 S. 2) festgeschrieben und den Umfang der Leistungspflicht der Krankenkasse auf 50 % der mit dem Behandlungsplan genehmigten Kosten der Maßnahmen begrenzt, die bei ihrem Versicherten durchgeführt werden (Abs. 3 S. 3).[6] Das Gesetz zur Verbesserung der Versorgungsstrukturen in der gesetzlichen Krankenversicherung (GKV-Versorgungsstrukturgesetz – GKV-VStG) vom 22.12.2011 hat mit Wirkung zum 1.1.2012 § 11 Abs. 6 in Kraft gesetzt, der die Krankenkasse befugt, in ihrer Satzung zusätzliche vom Gemeinsamen Bundesausschuss nicht ausgeschlossene Leistungen der künstlichen Befruchtung vorzusehen.[7]

---

2 Vgl. Zieglmeier in: KassKomm, § 27a SGB V Rn. 3; Nebendahl in: Spickhoff, Medizinrecht, § 27a SGB V Rn. 1; Padé in: Eichenhofer/Wenner, § 27a Rn. 2; Bonvie/Naujoks, MedR 2006, 267, 268.
3 BT-Dr. 11/6760, 14; BSGE 86, 174, 176.
4 Vgl. Gerlach in: Hauck/Noftz, SGB V, § 27a Rn. 2.
5 BGBl. I 1990, 1211 ff. Zur historisch-medizinischen Entwicklung der künstlichen Befruchtung Schreiber, Natürlich künstliche Befruchtung?, 2007, S. 53 ff.
6 BGBl. I 2003, 2192.
7 BGBl. I 2011, 2983.

Nach der Richtlinie des Bundesministeriums für Familie, Senioren, Frauen und Jugend über die Gewährung von **Zuwendungen** zur Förderung von Maßnahmen der assistierten Reproduktion vom 29.3.2012 erhalten Ehepaare, die eine künstliche Befruchtung durchführen, seit 1.4.2012 unter bestimmten Voraussetzungen für den ersten bis vierten Behandlungszyklus Zuschüsse von 25 % des den Paaren nach Abrechnung mit der Krankenversicherung verbleibenden Eigenanteils. Der Bund stellt die Mittel nur dort zur Verfügung, wo sich die Länder mit einem eigenen Anteil in mindestens gleicher Höhe wie der Bund beteiligen.[8] Der Freistaat Sachsen zahlt seit 1.3.2009 im Freistaat lebenden ungewollt kinderlosen Ehepaaren staatliche Zuschüsse zu Maßnahmen der künstlichen Befruchtung im ersten, zweiten und dritten Behandlungszyklus von maximal je 375 EUR (IvF) bzw. maximal je 450 EUR (ICSI) des Eigenanteils der Patienten. Bei einer vierten Behandlung, für die die gesetzliche Krankenversicherung keine Leistungen erbringt (s. Abs. 1 Nr. 2 Hs. 2), übernimmt der Freistaat Sachsen maximal 800 EUR (IvF) bzw. maximal 900 EUR (ICSI).[9] Seit 1.2.2014 gewährt Sachsen-Anhalt Ehepaaren und nichtehelichen Lebensgemeinschaften, die eine künstliche Befruchtung im ersten, zweiten oder dritten Behandlungszyklus durchführen, Zuschüsse von 50 % des von dem Paar zu tragenden Eigenanteils, höchstens aber 800 EUR (IvF) bzw. 900 EUR (ICSI).[10] Niedersachsen zahlt seit 1.1.2013 ungewollt kinderlosen Ehepaaren, die medizinische Maßnahmen zur Herbeiführung einer Schwangerschaft in Anspruch nehmen, für den ersten bis vierten Behandlungszyklus Zuwendungen von 50 % ihres Eigenanteils, jedoch für den ersten bis dritten Behandlungszyklus höchstens 800 EUR (IvF) bzw. 900 EUR (ICSI) und für den vierten Behandlungsversuch maximal 1.600 EUR (IvF) bzw. 1.800 EUR (ICSI).[11]

III. Verhältnis von § 27 a zu § 27 Abs. 1 S. 5

§ 27 a und § 27 Abs. 1 S. 5 regeln verschiedene Maßnahmen der gesetzlichen Krankenversicherung zur Herbeiführung einer Schwangerschaft. § 27 a erfasst medizinische Maßnahmen, die unmittelbar eine Schwangerschaft herbeiführen, indem sie den natürlichen Zeugungsakt durch künstliche Befruchtung ersetzen. Die Zeugungs- oder Empfängnisunfähigkeit wird nicht beseitigt, sondern durch Reproduktionsleistungen überbrückt. § 27 Abs. 1 S. 5 betrifft medizinische Maßnahmen, welche die natürliche Zeugungs- oder Empfängnisfähigkeit, die von vornherein nicht vorhanden oder durch Krankheit oder wegen einer krankheitsbedingt erforderlichen Sterilisation verlorengegangen war, (wieder-)herstellen. Die **Zeugungs- bzw. Empfängnisunfähigkeit wird geheilt**, so dass das Paar seinen Kinderwunsch anschließend auf natürlichem Weg realisieren kann.

§ 27 a ist insofern **subsidiär** gegenüber § 27 Abs. 1 S. 5, als die Erforderlichkeit medizinischer Maßnahmen zur Herbeiführung einer Schwangerschaft (§ 27 a Abs. 1 Nr. 1) voraussetzt, dass Leistungen zur Herstellung der Zeugungs- oder Empfängnisfähigkeit gem. § 27 Abs. 1 S. 5 nicht erfolgversprechend, nicht möglich oder nicht zumutbar sind (→ Rn. 12).[12] Für medizinische Maßnahmen zur Herbeiführung einer Schwangerschaft enthält § 27 a wiederum eine abschließende Regelung, so dass insoweit ein Rückgriff auf § 27 Abs. 1 S. 5 ausscheidet.[13]

Im Gegensatz zu § 27 Abs. 1 S. 5 regelt § 27 a nach überwiegender Ansicht keinen Fall der **Krankenbehandlung** iSd § 27 Abs. 1 S. 1; er knüpfe nicht an den Versicherungsfall Krankheit an und setze daher

---

8 Nr. 1 Abs. 1 S. 2 der Richtlinie des Bundesministeriums für Familie, Senioren, Frauen und Jugend über die Gewährung von Zuwendungen zur Förderung von Maßnahmen der assistierten Reproduktion, abrufbar unter http://www.verwaltungsvorschriften-im-internet.de/bsvwvbund_29032012_4148730001.htm (zuletzt abgerufen am 1.5.2017).

9 Ziff. II Nr. 8.5 Buchst. c der Richtlinie des Sächsischen Staatsministeriums für Soziales und Verbraucherschutz zur Gewährung finanzieller Zuwendungen für Einrichtungen und Maßnahmen der Familienförderung im Freistaat Sachsen vom 28.4.2016, Sächsisches ABl. 20/2016, S. 580.

10 Nr. 5.2 der Richtlinie über die Gewährung von Zuwendungen zur Förderung von Maßnahmen der assistierten Reproduktion an Ehegatten bzw. für nichteheliche Lebensgemeinschaften durch das Land Sachsen-Anhalt und den Bund (RdErl. des MS vom 18.12.2013), MBl. LSA 2014, S. 10, 17.

11 Nr. 5.2, 5.4 der Richtlinie über die Gewährung von Zuwendungen zur Förderung von Maßnahmen der assistierten Reproduktion durch das Land Niedersachsen (Erl. des MS vom 27.11.2012), Nds. MBl. 2012 Nr. 45, S. 1211.

12 BT-Dr. 11/6760, 14; BSGE 86, 174, 176; 88, 51, 56; BSG NJW 2005, 2476, 2478; Waltermann in: Knickrehm/Kreikebohm/Waltermann, SGB V, § 27 a Rn. 1; Brandts, Die künstliche Befruchtung nach § 27 a SGB V und ihre Schnittstelle zur privaten Krankenversicherung, 2007, S. 147; Lang in: Becker/Kingreen, § 27 a Rn. 3.

13 BSG NJW 2002, 1517; Fahlbusch in: jurisPK-SGB V, § 27 a Rn. 6; Fastabend/Schneider, Das Leistungsrecht der gesetzlichen Krankenversicherung, 2004, Rn. 228; Brandts, Die künstliche Befruchtung nach § 27 a SGB V und ihre Schnittstelle zur privaten Krankenversicherung, 2007, S. 147; Schmidt in: Peters, HdB KrV, Rn. 31.

keine Krankheit iSd § 27 Abs. 1 S. 1 voraus.[14] Maßnahmen der künstlichen Befruchtung beseitigten keine Funktionsstörung, sondern überbrückten sie nur und behöben dadurch ihre Folgen.[15] § 27a normiere vielmehr einen eigenständigen Versicherungsfall, der an die ungewollte Kinderlosigkeit von Ehepaaren infolge Unfruchtbarkeit anknüpfe.[16] Allerdings finden auf die Maßnahmen nach § 27a nach einhelliger Auffassung im Wege eines Rechtsfolgenverweises (s. § 27a Abs. 1: „Die Leistungen der Krankenbehandlung umfassen …") die Vorschriften über die Krankenbehandlung Anwendung,[17] etwa die Regelungen zum Anspruch auf Krankengeld (§§ 44, 46 ff.).[18] In der Konsequenz dieses Ansatzes besteht ein Anspruch auf medizinische Maßnahmen zur Herbeiführung einer Schwangerschaft nach § 27a auch, wenn die Ursache der Unfruchtbarkeit nicht geklärt (idiopathische Sterilität)[19] oder der gesetzlich versicherte Ehepartner nachweisbar gesund ist.[20] Anspruchsbegründend ist allein der Umstand der ungewollten Kinderlosigkeit.

7 Ob medizinische Maßnahmen zur Herbeiführung einer Schwangerschaft iSd § 27a als Krankenbehandlung iSd § 27 Abs. 1 S. 1 einzuordnen sind oder einen von Krankheit losgelösten **eigenständigen Versicherungsfall** begründen, hat vor allem Bedeutung für die verfassungsrechtliche Bewertung der gesetzlichen Voraussetzungen und des Umfangs des Behandlungsanspruchs der Versicherten. Stellen sich Leistungen der künstlichen Befruchtung als Behandlung einer Krankheit (Unfruchtbarkeit) dar, besteht von Verfassungs wegen grundsätzlich ein Anspruch auf alle medizinisch notwendigen Maßnahmen der Krankenbehandlung. In diesem Fall sind nicht nur die gesetzliche Beschränkung des Anspruchs auf Ehepaare (§ 27 Abs. 1 Nr. 3) und der strikten Altersgrenzen (§ 27a Abs. 3 S. 1) unter dem Aspekt des allgemeinen Gleichheitssatzes (Art. 3 Abs. 1 GG) und unter dem Gesichtspunkt der Schutzpflichten des Staates für die körperliche Unversehrtheit der Versicherten (Art. 2 Abs. 2 S. 1 GG) verfassungsrechtlich unzulässig.[21] Auch die ausnahmslose Begrenzung des Leistungsanspruchs auf drei Behandlungsversuche (§ 27a Abs. 1 Nr. 2) und auf 50 % der mit dem Behandlungsplan genehmigten Kosten der Maßnahmen (§ 27a Abs. 3 S. 3) werfen verfassungsrechtliche Probleme auf.

8 Die Einordnung des § 27a als eigenständiger Versicherungsfall und nicht als Krankenbehandlung iSd § 27 Abs. 1 S. 1 ist zweifelhaft. Für die Zuordnung der Maßnahmen gem. § 27a zur Krankenbehandlung iSd § 27 Abs. 1 S. 1 sprechen bereits der Wortlaut des § 27a Abs. 1 S. 1 („Die Leistungen der Krankenbehandlung umfassen auch medizinische Maßnahmen zur Herbeiführung einer Schwangerschaft …") und die systematische Stellung des § 27a innerhalb des fünften Abschnitts des SGB V („Leistungen bei Krankheit"). Es erscheint zudem widersprüchlich, Leistungen zur Herstellung der körperlichen Voraussetzungen für die natürliche Realisierung des Kinderwunschs als Krankenbehandlung (s. § 27 Abs. 1 S. 5), die unmittelbare medizinische Herbeiführung einer Schwangerschaft dagegen

---

14 BVerfGE 117, 316, 325 f.; BVerfG NJW 2009, 1733; BSGE 88, 51, 55; 88, 62, 64; BSG FamRZ 2011, 296; NJW 2010, 1020, 1021; Zieglmeier in: KassKomm, § 27a SGB V Rn. 4; Fahlbusch in: jurisPK-SGB V, § 27a Rn. 12; Kuhlmann in: LPK-SGB V, § 27a Rn. 2; Fastabend/Schneider, Das Leistungsrecht der gesetzlichen Krankenversicherung, 2004, Rn. 229; Waltermann in: Knickrehm/Kreikebohm/Waltermann, SGB V, § 27a Rn. 2; Wagner in: Krauskopf, § 27a SGB V Rn. 5; Gerlach in: Hauck/Noftz, SGB V, § 27a Rn. 4.
15 Padé in: Eichenhofer/Wenner, § 27a Rn. 1.
16 BVerfGE 117, 316, 326; BVerfG, NJW 2009, 1733; BSGE 88, 51, 55; 88, 62, 64 f.; BSG BeckRS 2015, 66531 Rn. 17; BSG NZS 2006, 202, 204; Nebendahl in: Spickhoff, Medizinrecht, § 27a SGB V Rn. 1: Bonvie/Naujoks, MedR 2006, 267, 268; Waltermann in: Knickrehm/Kreikebohm/Waltermann, SGB V, § 27a Rn. 2; Fastabend/Schneider, Das Leistungsrecht der gesetzlichen Krankenversicherung, 2004, Rn. 229; Lang in: Becker/Kingreen, § 27a Rn. 3; Kuhlmann in: LPK-SGB V, § 27a Rn. 2; von der Tann, NJW 2015, 1850.
17 Vgl. BT-Dr. 11/6760, 14 mit der Begründung, dass dies „wegen der in diesem Bereich fließenden Grenzen zum Krankheitsbegriff, zB bei gestörter Eileiterfunktion, sachgerecht" sei; BSGE 88, 51, 55, 58; 88, 62, 65; Zieglmeier in: KassKomm, § 27a SGB V Rn. 5; Wagner in: Krauskopf, § 27a SGB V Rn. 3 f.; Fahlbusch in: jurisPK-SGB V, § 27a Rn. 5.
18 BT-Dr. 11/6760, 14; Schmidt in: Peters, HdB KrV, Rn. 171; Fastabend/Schneider, Das Leistungsrecht der gesetzlichen Krankenversicherung, 2004, Rn. 228; Brandts, Die künstliche Befruchtung nach § 27a SGB V und ihre Schnittstelle zur privaten Krankenversicherung, 2007, S. 146.
19 BSGE 88, 62, 64 f.; Padé in: Eichenhofer/Wenner, § 27a Rn. 15; Schmeilzl, NZS 2006, 630, 631; Waltermann in: Knickrehm/Kreikebohm/Waltermann, SGB V, § 27a Rn. 2; Schmidt in: Peters, HdB KrV, Rn. 32 b.
20 Vgl. Nebendahl in: Spickhoff, Medizinrecht, § 27a SGB V Rn. 1; Schmidt in: Peters, HdB KrV, Rn. 32; Wagner in: Krauskopf, § 27a SGB V Rn. 5.
21 Vgl. bezogen auf § 27a Abs. 1 Nr. 3 BVerfGE 117, 316, 325 ff.; Brosius-Gersdorf, DÖV 2010, 465, 468 ff.; vgl. auch Lang in: Becker/Kingreen, § 27a Rn. 1.

nicht als Krankenbehandlung anzusehen. Auch sind die Voraussetzungen des Begriffs der Krankenbehandlung iSd § 27 Abs. 1 S. 1 bei der ungewollten Unfruchtbarkeit von Paaren erfüllt.[22]

IV. Voraussetzungen des Anspruchs auf medizinische Maßnahmen zur Herbeiführung einer Schwangerschaft (Abs. 1 und Abs. 3 S. 1 und 2)

Abs. 1 und Abs. 3 S. 1 und 2 regeln die **Voraussetzungen** des Anspruchs auf medizinische Maßnahmen zur Herbeiführung einer Schwangerschaft.

1. Ungewollte Kinderlosigkeit. Ungeschriebene Voraussetzung für den Anspruch Versicherter auf medizinische Maßnahmen zur Herbeiführung einer Schwangerschaft ist die **ungewollte Kinderlosigkeit** des Ehepaares.[23] Dies ergibt sich zum einen aus der Entstehungsgeschichte des § 27 a,[24] zum anderen aus dem systematischen Zusammenhang der Norm zu § 27 Abs. 1 S. 1, der einen Anspruch auf Krankenbehandlung in Form von Leistungen zur Herstellung der Zeugungs- oder Empfängnisfähigkeit nur gewährt, wenn diese Fähigkeit nicht vorhanden oder durch Krankheit oder wegen einer durch Krankheit erforderlichen Sterilisation verlorengegangen war. Leistungen zur Herstellung der Zeugungs- oder Empfängnisfähigkeit werden nicht gewährt, wenn die Unfruchtbarkeit nicht auf einem der in § 27 Abs. 1 S. 5 genannten Gründe beruht, sondern ohne medizinische Indikation freiwillig herbeigeführt wurde. Die durch eine freiwillige Sterilisation bewirkte Unfruchtbarkeit fällt in den Bereich der Eigenverantwortung des Versicherten.[25] Dieser gesetzlichen Wertung, dass eine Refertilisierung nach medizinisch nicht indizierter Sterilisation ausgeschlossen ist, widerspräche es, wenn Leistungen der künstlichen Befruchtung nach § 27 a bei (ursprünglich) gewollter Kinderlosigkeit von der Krankenversicherung erbracht würden.[26]

Dementsprechend liegt ungewollte Kinderlosigkeit nur vor, wenn sich keiner der Ehepartner bewusst gegen Kinder entschieden hat.[27] Ist die Unfruchtbarkeit des Ehepaares darauf zurückzuführen, dass ein Ehepartner sich freiwillig hat sterilisieren lassen, ohne dass dies medizinisch indiziert war, ist das Paar nicht ungewollt kinderlos.[28] Das gilt auch, wenn die **Sterilisation** vor der Eheschließung im Rahmen einer früheren Beziehung mit einem anderen Partner erfolgte.[29] Liegen die Gründe für die Sterilisation des Ehemannes allerdings darin, dass seine frühere Partnerin aus medizinischen Gründen keine Kinder bekommen durfte, liegt keine ungewollte Kinderlosigkeit vor und sind Maßnahmen nach § 27 a nicht ausgeschlossen.[30]

2. Erforderlichkeit der Maßnahmen nach ärztlicher Feststellung (Abs. 1 Nr. 1). Der Anspruch auf medizinische Maßnahmen zur Herbeiführung einer Schwangerschaft setzt gem. § 27 a Abs. 1 Nr. 1 voraus, dass diese Maßnahmen nach ärztlicher Feststellung erforderlich sind. Das Merkmal der **Erforderlichkeit** „legt fest, daß die künstliche Befruchtung und die dabei gewählte Behandlungsmethode zur Überwindung der Sterilität medizinisch indiziert sein müssen".[31] Es begründet die Subsidiarität des

---

22 Bezogen auf organisch bedingte Sterilität BGHZ 99, 228, 231; BSGE 39, 167, 168 f.; 59, 119 ff.; Beckhove, Künstliche Befruchtung, 2008, S. 45; Huster, NJW 2009, 1713, 1715; Schmeilzl/Krüger, NZS 2006, 630, 632; Wachter, In-vitro-Fertilisation: Vom Therapiemittel bei Fertilitätsstörungen zur Lebensplanungshilfe, 2007, S. 59 f.
23 Statt aller BSGE 88, 51, 57; BSG NJW 2005, 2476, 2478; NZS 2006, 202, 203; Lang in: Becker/Kingreen, § 27 a Rn. 6; Dalichau, SGB V, § 27 a S. 13; Waltermann in: Knickrehm/Kreikebohm/Waltermann, SGB V, § 27 a Rn. 4; Nebendahl in: Spickhoff, Medizinrecht, § 27 a SGB V Rn. 5; Gerlach in: Hauck/Noftz, SGB V, § 27 a Rn. 11.
24 BT-Dr. 11/1856, 2 ff.; s. auch BSG NJW 2005, 2476, 2478.
25 BSGE 59, 119, 122; BSG NJW 2005, 2476, 2479; NZS 2006, 202, 203; Gerlach in: Hauck/Noftz, SGB V, § 27 a Rn. 11.
26 Vgl. BSG NJW 2005, 2476, 2478; NZS 2006, 202, 203; Padé in: Eichenhofer/Wenner, § 27 a Rn. 12; Fahlbusch in: jurisPK-SGB V, § 27 a Rn. 51; Zieglmeier in: KassKomm, § 27 a SGB V Rn. 19.
27 Hauck, SGb 2009, 321, 323; Kuhlmann in: LPK-SGB V, § 27 a Rn. 2; Waltermann in: Knickrehm/Kreikebohm/Waltermann, SGB V, § 27 a Rn. 4.
28 BSG NJW 2005, 2476, 2478; NZS 2006, 202, 203; Hauck, SGb 2009, 321, 323; Kuhlmann in: LPK-SGB V, § 27 a Rn. 2; Dalichau, SGB V, § 27 a S. 13; Waltermann in: Knickrehm/Kreikebohm/Waltermann, SGB V, § 27 a Rn. 4; Nebendahl in: Spickhoff, Medizinrecht, § 27 a SGB V Rn. 5.
29 Hauck, SGb 2009, 321, 323; Fahlbusch in: jurisPK-SGB V, § 27 a Rn. 48; Nebendahl in: Spickhoff, Medizinrecht, § 27 a SGB V Rn. 5.
30 BSG NJW 2005, 2476, 2479; Nebendahl in: Spickhoff, Medizinrecht, § 27 a SGB V Rn. 5.
31 BT-Dr. 11/6760, 14.

Anspruchs nach § 27a gegenüber Maßnahmen nach § 27 Abs. 1 S. 5.[32] Leistungen der künstlichen Befruchtung sind nicht erforderlich, wenn der Kinderwunsch des Ehepaares durch Maßnahmen zur Herstellung der Zeugungs- oder Empfängnisfähigkeit gem. § 27 Abs. 1 S. 5 realisiert werden kann.[33] Als vorrangige Maßnahmen nach § 27 Abs. 1 S. 5 kommen zum Beispiel „chirurgische Eingriffe, Verordnung von Medikamenten, psychotherapeutische Behandlung",[34] insbesondere hormonelle Stimulation,[35] die Beseitigung eines Eileiter- oder Samenverschlusses oder die Behandlung von Endometriose[36] oder die Refertilisierung nach einer durch Krankheit erforderlichen Sterilisation in Betracht. Nur wenn Maßnahmen iSd § 27 Abs. 1 S. 5 „keine hinreichende Aussicht auf Erfolg (mehr) bieten, nicht möglich oder unzumutbar sind", sind Maßnahmen der künstlichen Befruchtung erforderlich iSd § 27a Abs. 1 Nr. 1.[37] Unzumutbar können Maßnahmen nach § 27 Abs. 1 S. 5 sein, wenn sie mit erheblichen körperlichen Beeinträchtigungen oder Schmerzen verbunden sind oder wenn die Erfolgschancen einer ggf. anschließend erforderlichen künstlichen Befruchtung nach § 27a durch weiteren Zeitablauf sinken. Nicht erforderlich sind Maßnahmen gem. § 27a Abs. 1 Nr. 1 auch dann, wenn ein Ehepartner seine Zeugungs- bzw. Empfängnisfähigkeit durch eine freiwillige, nicht krankheitsbedingte Sterilisation eingebüßt hat und die Wiederherstellung der Zeugungs- bzw. Empfängnisfähigkeit, für die in diesem Fall nicht die Krankenkasse aufkommt (→ Rn. 10), auf eigene Kosten des Ehepartners erfolgversprechend möglich und zumutbar ist.[38]

13 Eine Liste medizinischer Indikationen für Maßnahmen der künstlichen Befruchtung enthält Ziff. 11 der Richtlinien des Bundesausschusses der Ärzte und Krankenkassen über ärztliche Maßnahmen zur künstlichen Befruchtung („Richtlinien über künstliche Befruchtung").

14 Die Maßnahmen iSd § 27a müssen „nach ärztlicher Feststellung" erforderlich sein. Die **Feststellung des Arztes** bindet die Krankenkasse bei ihrer Beurteilung der Erforderlichkeit nicht.[39] Die Krankenkasse kann den Medizinischen Dienst zu Rate ziehen (§ 275 Abs. 4 S. 1).

15 **3. Hinreichende Erfolgsaussicht nach ärztlicher Feststellung, die nicht mehr besteht, wenn die Maßnahme drei Mal ohne Erfolg durchgeführt worden ist (Abs. 1 Nr. 2).** Weitere Voraussetzung für den Anspruch nach § 27a ist die nach ärztlicher Feststellung bestehende hinreichende Aussicht, dass durch die Maßnahmen eine Schwangerschaft herbeigeführt wird; eine hinreichende Aussicht besteht nicht mehr, wenn die Maßnahme drei Mal ohne Erfolg durchgeführt worden ist (Abs. 1 Nr. 2). Da der Gesetzgeber mit § 27a bewusst Maßnahmen in den Leistungskatalog der gesetzlichen Krankenversicherung aufgenommen hat, die vergleichsweise geringe **Erfolgsaussicht** haben,[40] sind niedrige Anforderungen an die Erfolgsaussicht zu stellen.[41] Es genügt, dass der Eintritt einer Schwangerschaft medizinisch im konkreten Fall möglich[42] ist. Die Erfolgsaussicht muss anhand aller in dem Einzelfall maßgeblichen Umstände beurteilt werden, zu denen insbesondere die Zahl der bislang durchgeführten Behandlungszyklen[43] – auch diesseits der absoluten Grenze des Abs. 2 Nr. 2 Hs. 2 –, „das Alter der Ehe-

---

32 BSG NJW 2005, 2476, 2478; Fahlbusch in: jurisPK-SGB V, § 27a Rn. 16; Waltermann in: Knickrehm/Kreikebohm/Waltermann, SGB V, § 27a Rn. 1; Gerlach in: Hauck/Noftz, SGB V, § 27a Rn. 9; Padé in: Eichenhofer/Wenner, § 27a Rn. 14; Zieglmeier in: KassKomm, § 27a SGB V Rn. 9.
33 BT-Dr. 11/6760, 14; BVerfGE 117, 316, 326; BSGE 88, 51, 56; 88, 62, 65; BSG NJW 2005, 2476, 2478; Fahlbusch in: jurisPK-SGB V, § 27a Rn. 5, 13; Dalichau, SGB V, § 27a S. 13; Zieglmeier in: KassKomm, § 27a SGB V Rn. 18; Lang in: Becker/Kingreen, § 27a Rn. 3; Gerlach in: Hauck/Noftz, SGB V, § 27a Rn. 9f.; Schmeilzl, NZS 2006, 630, 631.
34 BT-Dr. 11/6760, 14; s. auch BVerfGE 117, 316, 326.
35 Siehe Ziff. 1 Richtlinien über künstliche Befruchtung.
36 Zu diesen und weiteren Beispielen Padé in: Eichenhofer/Wenner, § 27a Rn. 14.
37 BT-Dr. 11/6760, 14; im Anschluss daran auch BSGE 88, 51, 56; 88, 62, 65; BSG NJW 2005, 2476, 2478; s. auch Ziff. 1 Richtlinien über künstliche Befruchtung. Zur Gleichstellung der Alternativen Unmöglichkeit und Unzumutbarkeit von Maßnahmen iSd § 27 Abs. 1 S. 5 Schmidt in: Peters, HdB KrV, Rn. 71.
38 BSG NJW 2005, 2476, 2478; Fahlbusch in: jurisPK-SGB V, § 27a Rn. 14; Zieglmeier in: KassKomm, § 27a SGB V Rn. 18; Lang in: Becker/Kingreen, § 27a Rn. 3; Padé in: Eichenhofer/Wenner, § 27a Rn. 14.
39 Fahlbusch in: jurisPK-SGB V, § 27a Rn. 20.
40 Vgl. Fahlbusch in: jurisPK-SGB V, § 27a Rn. 37.
41 AA wohl Fastabend/Schneider, Das Leistungsrecht der gesetzlichen Krankenversicherung, 2004, Rn. 234 mit der Feststellung, dass die Erfolgsaussicht „nicht nur ganz gering sein" dürfe.
42 Nebendahl in: Spickhoff, Medizinrecht, § 27a SGB V Rn. 6; vgl. auch Schmeilzl, NZS 2006, 630, 631, der die reale Chance auf Herbeiführung einer Schwangerschaft genügen lässt; nach Padé in: Eichenhofer/Wenner, § 27a Rn. 16 muss die konkrete Maßnahme geeignet sein, eine Schwangerschaft herbeizuführen.
43 Vgl. Lang in: Becker/Kingreen, § 27a Rn. 11; Schmidt in: Peters, HdB KrV, Rn. 80.

gatten und die zugrundeliegende Störung"[44] gehören. Die Erfolgsaussicht der Maßnahmen muss „nach ärztlicher Feststellung" bestehen.

Gemäß Abs. 1 Nr. 2 Hs. 2 besteht eine hinreichende Aussicht auf Herbeiführung einer Schwangerschaft nicht mehr, wenn die Maßnahme **drei Mal** ohne Erfolg durchgeführt wurde. Der Gesetzgeber wollte mit dieser Regelung zum einen eine „Begrenzung der Ausgaben für künstliche Befruchtung auf Fälle medizinischer Notwendigkeit" erreichen und zum anderen „das Kriterium einer ‚hinreichenden Erfolgsaussicht' für die Herbeiführung einer Schwangerschaft" berücksichtigen.[45] Aus dem Wortlaut und dem systematischen Vergleich zu der bis zum 1.1.2004 geltenden Fassung des Abs. 1 Nr. 2 („in der Regel viermal") folgt, dass Abs. 1 Nr. 2 Hs. 2 eine absolute Grenze statuiert, die Ausnahmen in besonders gelagerten Einzelfällen ausschließt.[46]

Ohne Erfolg durchgeführte Maßnahmen iSd Abs. 1 Nr. 2 Hs. 2 sind Behandlungen der künstlichen Befruchtung, die vollständig durchgeführt wurden und keine klinisch nachgewiesene Schwangerschaft herbeigeführt haben (s. auch Ziff. 8 S. 2 Richtlinien über künstliche Befruchtung).[47] Vollständig durch**geführt** ist eine künstliche Befruchtung bei der Insemination, wenn der Samen in den Genitaltrakt der Frau injiziert wurde,[48] bei der In-vitro-Fertilisation (IvF), wenn die Eizellkultur angesetzt wurde, und bei Durchführung der Intracytoplasmatischen Spermieninjektion (ICSI), wenn die Spermieninjektion in die Eizelle erfolgt ist (Ziff. 8 S. 11 und 13 Richtlinien über künstliche Befruchtung). Berücksichtigt werden auch Behandlungen, die auf Kosten der gesetzlichen Krankenversicherung im Ausland vorgenommen werden.[49] Sieht man den wesentlichen Zweck des § 27a in der Begrenzung der Ausgaben der gesetzlichen Krankenversicherung, sind Behandlungen, die das Ehepaar auf eigene Kosten durchführt, bei der Anzahl der Behandlungsversuche im Rahmen des Abs. 1 Nr. 2 Hs. 2 nicht mitzuzählen.[50]

Abs. 1 Nr. 2 begrenzt nur die Anzahl der auf Kosten der gesetzlichen Krankenversicherung durchgeführten **Behandlungs**versuche, nicht die Zahl der Schwangerschaften und Geburten.[51] Führt die künstliche Befruchtung zur Geburt eines Kindes oder auch nur zu einer Schwangerschaft, hat der Versicherte unter den Voraussetzungen des § 27a einen weiteren Anspruch auf künstliche Befruchtung zur Herbeiführung einer weiteren Schwangerschaft bzw. Geburt.[52] Bereits nach dem Wortlaut des Abs. 1 Nr. 2 Hs. 2 („wenn die Maßnahme drei Mal *ohne Erfolg* durchgeführt worden ist") wird der Behandlungszyklus, der zu einer Schwangerschaft oder Geburt eines Kindes geführt hat, im Rahmen des Abs. 1 Nr. 2 Hs. 2 nicht mitgezählt (s. auch Ziff. 8 S. 3 Richtlinien über künstliche Befruchtung). Aus Ziff. 8 S. 4 und 5 Richtlinien über künstliche Befruchtung folgt, dass in Fällen, in denen es nicht nur zu einer Schwangerschaft, sondern auch zur Geburt eines Kindes kommt, für einen erneuten Anspruch auf weitere künstliche Befruchtungen die der Geburt vorangegangenen (auch erfolglosen) Behandlungsversuche nicht auf die vorstehende Anzahl der Versuche angerechnet werden.[53] Führt eine von dem Versicherten selbst finanzierte vierte oder weitere künstliche Befruchtung zur Schwangerschaft oder Geburt eines Kindes, besteht danach kein erneuter Anspruch gem. § 27a.[54]

Die **Richtlinien über künstliche Befruchtung** definieren die Erfolgsaussicht von Maßnahmen zur Herbeiführung einer Schwangerschaft teilweise abweichend von Abs. 1 Nr. 2 Hs. 2. Als untergesetzliche

---

44 BT-Dr. 11/6760, 14.
45 BT-Dr. 15/1525, 83.
46 Im Ergebnis ebenso Padé in: Eichenhofer/Wenner, § 27a Rn. 32; Schmeilzl, NZS 2006, 630, 631; Nebendahl in: Spickhoff, Medizinrecht, § 27a SGB V Rn. 6; Dalichau, SGB V, § 27a S. 10; Waltermann in: Knickrehm/Kreikebohm/Waltermann, SGB V, § 27a Rn. 6; Lang in: Becker/Kingreen, § 27a Rn. 12; Gerlach in: Hauck/Noftz, SGB V, § 27a Rn. 15; Kuhlmann in: LPK-SGB V, § 27a Rn. 9.
47 Zieglmeier in: KassKomm, § 27a SGB V Rn. 23.
48 Nebendahl in: Spickhoff, Medizinrecht, § 27a SGB V Rn. 6.
49 Vgl. LSG NRW, ZFE 2008, 317 f.; Waltermann in: Knickrehm/Kreikebohm/Waltermann, SGB V, § 27a Rn. 6, der insofern auf andere EU-Mitgliedstaaten abhebt.
50 Ebenso Fahlbusch in: jurisPK-SGB V, § 27a Rn. 25.
51 Vgl. BT-Dr. 11/6760, 14.
52 Vgl. BT-Dr. 11/6760, 14; BSGE 88, 62, 63; Dalichau, SGB V, § 27a S. 12; Kuhlmann in: LPK-SGB V, § 27a Rn. 26; Waltermann in: Knickrehm/Kreikebohm/Waltermann, SGB V, § 27a Rn. 3; Zieglmeier in: KassKomm, § 27a SGB V Rn. 24; Fastabend/Schneider, Das Leistungsrecht der gesetzlichen Krankenversicherung, 2004, Rn. 236; Wagner in: Krauskopf, § 27a SGB V Rn. 11.
53 Noch weitergehend Fastabend/Schneider, Das Leistungsrecht der gesetzlichen Krankenversicherung, 2004, Rn. 236, denen zufolge ein Anspruch auf drei neue Behandlungsversuche besteht, wenn ein vorheriger von der Krankenkasse finanzierter Versuch eine klinisch nachgewiesene Schwangerschaft herbeigeführt hat, auch wenn sie in einer Fehlgeburt geendet hat.
54 Vgl. Fahlbusch in: jurisPK-SGB V, § 27a Rn. 23.

Normen vermögen die Richtlinien den gesetzlichen Anspruch Versicherter nach § 27 a nicht einzuschränken, so dass die Festlegung auf maximal zwei erfolglose Gametentransfers in den Richtlinien lediglich als nicht verbindlicher medizinischer Erfahrungssatz zu verstehen ist, von dem die Krankenkasse im Einzelfall zugunsten des Versicherten abweichen darf und muss.[55]

20 Die strikte Begrenzung des Anspruchs auf drei Behandlungszyklen wird überwiegend als **verfassungskonform** eingestuft.[56] Nur vereinzelt werden unter dem Aspekt des verfassungsrechtlichen Schutzes von Ehe und Familie (Art. 6 Abs. 1 GG) Bedenken angemeldet.[57] Ordnet man Leistungen der künstlichen Befruchtung iSd § 27 a nicht als eigenständigen Versicherungsfall, sondern als speziellen Fall der Krankenbehandlung iSd § 27 Abs. 1 S. 1 ein, erscheint die ausnahmslose Begrenzung auf drei Behandlungsversuche ungeachtet der Erfolgsaussicht im Einzelfall unter dem Aspekt des allgemeinen Gleichheitssatzes (Art. 3 Abs. 1 GG) und der Schutzpflichten des Staates für die körperliche Unversehrtheit der Versicherten (Art. 2 Abs. 2 S. 1 GG) verfassungsrechtlich problematisch (→ Rn. 7 f.).

21 **4. Verheiratete Personen (Abs. 1 Nr. 3).** Die Krankenkasse erbringt die Maßnahmen nur für Personen, die miteinander verheiratet sind (Abs. 1 Nr. 3). Zwischen den Personen, die die künstliche Befruchtung an sich vornehmen lassen wollen, muss im Zeitpunkt des Behandlungsbeginns eine rechtswirksame Ehe bestehen; wird die Ehe nach Behandlungsbeginn geschieden, lässt dies den Anspruch unberührt.[58] Maßgeblich ist der jeweilige Behandlungszyklus. Hat ein Versicherter Maßnahmen iSd § 27 a in Anspruch genommen und heiratet er anschließend nach Scheidung erneut, dürfte er – unter den weiteren Voraussetzungen des § 27 a – einen erneuten Anspruch auf Leistungen der künstlichen Befruchtung gem. § 27 a haben, weil insoweit ein neuer Versicherungsfall eintritt.[59]

22 Nach dem Wortlaut der Norm und dem Willen des Gesetzgebers haben **nichteheliche Lebensgemeinschaften** keinen Anspruch auf Maßnahmen der künstlichen Befruchtung gem. § 27 a.[60] Das Gleiche gilt nach allgemeiner Ansicht für gleichgeschlechtliche Personen, die in oder außerhalb einer eingetragenen Lebenspartnerschaft zusammenleben.[61] Das Bundesverfassungsgericht hat Abs. 1 Nr. 3 für mit dem Grundgesetz vereinbar erklärt.[62] Auch das Schrifttum sieht Abs. 1 Nr. 3 ganz überwiegend als verfassungsgemäß an.[63] Ordnet man die Maßnahmen der künstlichen Befruchtung als Krankenbehandlung iSd § 27 Abs. 1 S. 1 ein (→ Rn. 7 f.), ist § 27 a Abs. 1 Nr. 3 bereits wegen Verstoßes gegen Art. 3 Abs. 1 GG verfassungswidrig.[64] Ungeachtet dessen ist die Beschränkung der Leistungen der künstlichen Befruchtung auf Ehepaare aber auch verfassungswidrig, wenn man sie nicht als Krankenbehandlung einstuft. Abs. 1 Nr. 3 verstößt in diesem Fall gegen das Grundrecht der Familie aus Art. 6 Abs. 1 GG, das (bestehende und potenzielle) eheliche und nichteheliche Familien gleichermaßen schützt und es dem Staat verwehrt, nichteheliche gegenüber ehelichen Familien ohne sachlichen Grund zu diskriminieren.[65]

---

55 Schmidt in: Peters, HdB KrV, Rn. 87; aA Fahlbusch in: jurisPK-SGB V, § 27 a Rn. 28, der in der Beschränkung auf zwei erfolglose Behandlungsversuche beim intratubaren Gametentransfer durch die Richtlinien eine zulässige Konkretisierung der gesetzlichen Regelung des § 27 a Abs. 1 Nr. 2 sieht.
56 So BSG, SozR 4-2500 § 27 a Nr. 9; Dalichau, SGB V, § 27 a S. 14; Gerlach in: Hauck/Noftz, SGB V, § 27 a Rn. 15.
57 So Schmeilzl, NZS 2006, 630, 631 Fn. 17.
58 Fahlbusch in: jurisPK-SGB V, § 27 a Rn. 32; Schmidt in: Peters, HdB KrV, Rn. 99.
59 Im Ergebnis ebenso Fahlbusch in: jurisPK-SGB V, § 27 a Rn. 27.
60 BT-Dr. 11/6760, 14 f.; s. auch Fastabend/Schneider, Das Leistungsrecht der gesetzlichen Krankenversicherung, 2004, Rn. 236; Kuhlmann in: LPK-SGB V, § 27 a Rn. 11; Schmidt in: Peters, HdB KrV, Rn. 94; Waltermann in: Knickrehm/Kreikebohm/Waltermann, SGB V, § 27 a Rn. 7; Zieglmeier in: KassKomm, § 27 a SGB V Rn. 27.
61 Dalichau, SGB V, § 27 a S. 13; Nebendahl in: Spickhoff, Medizinrecht, § 27 a SGB V Rn. 7; bezogen auf Lebenspartnerschaften Waltermann in: Knickrehm/Kreikebohm/Waltermann, SGB V, § 27 a Rn. 7; Fahlbusch in: jurisPK-SGB V, § 27 a Rn. 32; Zieglmeier in: KassKomm, § 27 a SGB V Rn. 27.
62 BVerfGE 117, 316 ff.
63 Kuhlmann in: LPK-SGB V, § 27 a Rn. 11; Brandts, Die künstliche Befruchtung nach § 27 a SGB V und ihre Schnittstelle zur privaten Krankenversicherung, 2007, S. 149; Dalichau, SGB V, § 27 a S. 13; für die Verfassungskonformität des § 27 a Abs. 1 Nr. 3 im Ergebnis auch BSG NJW 2002, 1517; Fahlbusch in: jurisPK-SGB V, § 27 a Rn. 31; Helms/Wanitzek, FamRZ 2007, 685, 691; Nebendahl in: Spickhoff, Medizinrecht, § 27 a SGB V Rn. 7; Padé in: Eichenhofer/Wenner, § 27 a Rn. 20.
64 Vgl. auch BVerfGE 117, 316, 325 f.; VGH BW, FamRZ 2010, 406.
65 Näher Brosius-Gersdorf in: Dreier (Hrsg.), Grundgesetz, Kommentar, Bd. 1, 3. Aufl. 2013, Art. 6 Rn. 135; Brosius-Gersdorf, DÖV 2010, 465 ff. Ebenfalls kritisch gegenüber der Vereinbarkeit des § 27 a Abs. 1 Nr. 3 mit Art. 6 Abs. 1 GG Wagner in: Krauskopf, § 27 a SGB V Rn. 8.

5. Ausschließliche Verwendung von Ei- und Samenzellen der Ehegatten (Abs. 1 Nr. 4). Gemäß Abs. 1 23
Nr. 4 dürfen ausschließlich Ei- und Samenzellen der Ehegatten verwendet werden. Medizinische Maßnahmen der Krankenkassen zur Herbeiführung einer Schwangerschaft sind damit auf künstliche Befruchtungen im homologen System beschränkt (s. auch Ziff. 2 S. 1 und 2 Richtlinien über künstliche Befruchtung).[66] Behandlungen im heterologen System unter Verwendung einer Samen-, Eizell- oder Embryospende eines Dritten sind im Leistungsrecht der gesetzlichen Krankenversicherung ausgeschlossen. Abs. 1 Nr. 4 wird allgemein für verfassungskonform erachtet, da Maßnahmen im heterologen System ein Auseinanderfallen von genetischer und sozialer Mutter- bzw. Vaterschaft bewirkten.[67] Homosexuelle Paare, die nach der Öffnung der Zivilehe für gleichgeschlechtliche Paare durch den Gesetzgeber am 30.6.2017[68] eine Ehe eingehen, haben aus dem (Ehe- oder) Familiengrundrecht des Art. 6 Abs. 1 GG keinen verfassungsrechtlichen Anspruch auf eine durch die Krankenkassen finanzierte Gründung einer Familie mittels Maßnahmen der künstlichen Befruchtung unter Inanspruchnahme einer Samenspende bzw. einer Eizell- oder Embryospende sowie Ersatz- oder Leihmutterschaft. § 27a Abs. 1 Nr. 4 bewirkt keine Diskriminierung homosexueller Ehepaare gegenüber heterosexuellen Ehepaaren, die eine Verletzung des Familiengrundrechts (Art. 6 Abs. 1 GG) iVm Art. 3 Abs. 1 GG bewirken könnte. Denn die Gründung einer Familie im homologen System und die Gründung einer Familie im heterologen System stellen verschiedene Sachverhalte dar, die der Gesetzgeber im Kontext des § 27a unterschiedlich behandeln darf. Ob der Gesetzgeber – wie im ESchG – Eizellspende, Embryospende und Ersatzmutterschaft (für hetero- und homosexuelle Paare) verbieten darf, steht mit Blick auf die Zulässigkeit der Samenspende auf einem anderen Blatt (→ Rn. 32).

6. Ärztliche Unterrichtung und Überweisung der Ehegatten (Abs. 1 Nr. 5). Die Ehegatten müssen sich 24
vor Durchführung der Maßnahmen von einem Arzt, der die Behandlung nicht selbst durchführt, über eine solche Behandlung unter Berücksichtigung ihrer medizinischen und psychosozialen Gesichtspunkte unterrichten lassen und der Arzt muss sie an einen der Ärzte oder eine der Einrichtungen überwiesen haben, die eine Genehmigung nach § 121a haben (Abs. 1 Nr. 5). Erforderlich ist eine „umfassende Unterrichtung des Ehepaares durch einen Arzt, die der Gesamtproblematik gerecht wird und die medizinischen, psychologischen und sozialen Aspekte der künstlichen Befruchtung bei diesem Ehepaar berücksichtigt".[69] Bei der Unterrichtung sollen die Möglichkeiten der Verwirklichung des Wunsches der Ehegatten nach einem Kind mittels künstlicher Befruchtung, Alternativen zum eigenen Kind wie eine Adoption, die niedrige Erfolgswahrscheinlichkeit, die mit der Behandlung verbundenen Belastungen und gesundheitlichen Risiken dargestellt werden.[70] Die Unterrichtung muss „wertfrei" erfolgen und darf das Ehepaar nicht in Richtung eines bestimmten Ergebnisses beeinflussen.[71]

Zu unterrichten sind beide Ehepartner, allerdings nicht notwendig gleichzeitig.[72] Die Unterrichtung 25
muss vor Beginn der (ersten) Behandlung stattfinden, „um dem Ehepaar die Tragweite seines Entschlusses klarzumachen".[73] Liegen zwischen den einzelnen Behandlungszyklen mehrere Jahre, wird vor einer weiteren Behandlung eine erneute Unterrichtung für erforderlich gehalten.[74] Nach dem Sinn und Zweck der Unterrichtung ist aber nicht der Zeitraum zwischen den einzelnen Behandlungszyklen

---

66 BT-Dr. 11/6760, 15; BSGE 66, 248, 249 f.; BSG NJW 2002, 1517, 1518; Kuhlmann in: LPK-SGB V, § 27a Rn. 15; Schmidt in: Peters, HdB KrV, Rn. 144; Dalichau, SGB V, § 27a S. 13; Zieglmeier in: KassKomm, § 27a SGB V Rn. 29; Nebendahl in: Spickhoff, Medizinrecht, § 27a SGB V Rn. 8.
67 Brandts, Die künstliche Befruchtung nach § 27a SGB V und ihre Schnittstelle zur privaten Krankenversicherung, 2007, S. 149 f.; Wagner in: Krauskopf, § 27a SGB V Rn. 8; im Ergebnis ebenso BSG NJW 2002, 1517, 1518 – auch zur Vereinbarkeit mit Gemeinschaftsrecht; Fastabend/Schneider, Das Leistungsrecht der gesetzlichen Krankenversicherung, 2004, Rn. 237; Fahlbusch in: jurisPK-SGB V, § 27a Rn. 34 f.; Dalichau, SGB V, § 27a S. 13; Waltermann in: Knickrehm/Kreikebohm/Waltermann, SGB V, § 27a Rn. 8; Nebendahl in: Spickhoff, Medizinrecht, § 27a SGB V Rn. 8; Gerlach in: Hauck/Noftz, SGB V, § 27a Rn. 17; Kuhlmann in: LPK-SGB V, § 27a Rn. 15.
68 Deutscher Bundestag, Plenarprotokoll 18/244, S. 25117.
69 BT-Dr. 11/6760, 15.
70 BT-Dr. 11/6760, 15.
71 Schmidt in: Peters, HdB KrV, Rn. 158, der die Unterrichtung deshalb von der Beratung abgrenzt; Fahlbusch in: jurisPK-SGB V, § 27a Rn. 44.
72 Fahlbusch in: jurisPK-SGB V, § 27a Rn. 38.
73 BT-Dr. 11/6760, 15. Näher zum Behandlungsbeginn BSGE 88, 62, 63; Fahlbusch in: jurisPK-SGB V, § 27a Rn. 40; Padé in: Eichenhofer/Wenner, § 27a Rn. 21.
74 So BSGE 88, 62, 63 f.; Hauck, SGb 2009, 321, 325; Zieglmeier in: KassKomm, § 27a SGB V Rn. 33; Fahlbusch in: jurisPK-SGB V, § 27a Rn. 41; Schmidt in: Peters, HdB KrV, Rn. 162a.

relevant, sondern ob sich die für die Unterrichtung maßgeblichen medizinischen und psychosozialen Umstände verändert haben.

26 **7. Altersgrenzen für Versicherte (Abs. 3 S. 1).** Gemäß Abs. 3 S. 1 besteht der Anspruch nach Abs. 1 nur für Versicherte, die das 25. Lebensjahr vollendet haben; weibliche Versicherte dürfen außerdem das 40. Lebensjahr und männliche Versicherte das 50. Lebensjahr nicht vollendet haben. Die Voraussetzungen gelten unabhängig davon, ob beide Ehepartner Mitglied in der gesetzlichen Krankenversicherung sind oder einer privat versichert ist.[75] Nach Ziff. 9.1 S. 3 Richtlinien über künstliche Befruchtung müssen die Altersgrenzen für beide Partner in jedem Behandlungszyklus im Zeitpunkt des ersten Zyklustages in Spontanzyklus, des ersten Stimulationstages im stimulierten Zyklus bzw. des ersten Tages der Down-Regulation erfüllt sein. Die **Altersgrenzen** markieren absolute Anspruchsgrenzen, die keine Abweichung im Einzelfall erlauben.[76]

27 Nach dem Willen des Gesetzgebers soll die **Mindestaltersgrenze** von 25 Jahren „dazu beitragen, dass die Chance zu einer Spontanschwangerschaft nicht durch fehlende Geduld von Kinderwunschpaaren und Ärzten mithilfe einer schnellen Medikalisierung des Kinderwunsches vertan wird. Die Mindestaltersgrenze berücksichtigt damit auch, dass es bis zum Alter von 25 Jahren nur sehr wenig unfruchtbare Paare gibt." Letztlich stellt die Mindestaltersgrenze damit wohl eine Konkretisierung der Erforderlichkeit medizinischer Maßnahmen zur Herbeiführung einer Schwangerschaft dar (s. Abs. 1 Nr. 1).[77] Sie wird überwiegend für verfassungskonform erachtet.[78] Stuft man die Leistungen iSd § 27a als Krankenbehandlung ein, ist die strikte Mindestaltersgrenze für Versicherte unter 25 Jahren, bei denen feststeht, dass sie ohne künstliche Befruchtung keine Kinder bekommen können, mit Art. 3 Abs. 1 GG und den Schutzpflichten des Staates für die körperliche Unversehrtheit der Versicherten (Art. 2 Abs. 2 S. 1 GG) unvereinbar.[79]

28 Die **Höchstaltersgrenze** von 40 Jahren für weibliche Versicherte trägt nach dem Willen des Gesetzgebers „dem Gesichtspunkt Rechnung, dass bereits jenseits des 30. Lebensjahres das natürliche Konzeptionsoptimum überschritten ist und die Konzeptionswahrscheinlichkeit nach dem 40. Lebensjahr sehr gering ist". Zudem sollen die Höchstaltersgrenzen „auch einer starken Gewichtung des künftigen Wohls des erhofften Kindes" dienen.[80] Nach überwiegender Ansicht steht die Höchstaltersgrenze mit Verfassungsrecht in Einklang.[81] Das Kindeswohl vermag die Höchstaltersgrenze indes nicht zu rechtfertigen. Angesichts der heutigen durchschnittlichen Lebenserwartung von Frauen ist das Aufwachsen eines Kindes bei seinen Eltern auch gewährleistet, wenn die Mutter bei der Geburt älter als 40 Jahre ist. Im Übrigen wäre unter Zugrundelegung des Kindeswohls die unterschiedliche Altersgrenze für Frauen und Männer nicht zu rechtfertigen. Eine höhere Fehlbildungsrate des Kindes bei Müttern über 40 Jahren trägt die Altersgrenze ebenfalls nicht. Ungeachtet der Frage, ob das ungeborene Leben ein taugliches Schutzgut sein kann, besteht ein Fortpflanzungsverbot auch bei Menschen mit sicher vererbbaren Erbkrankheiten nicht. Als Konkretisierung der Erfolgsaussicht, dass durch künstliche Befruchtung eine Schwangerschaft herbeigeführt wird (s. Abs. 1 Nr. 2), steht die strikte Höchstaltersgrenze für weibliche Versicherte mit Art. 3 Abs. 1 GG und Art. 2 Abs. 2 S. 1 GG nicht in Einklang, wenn man die Leistungen iSd § 27a als Krankenbehandlung einordnet; denn im Einzelfall kann die hinreichende Aussicht auf eine Schwangerschaft bei Frauen auch noch nach dem 40. Lebensjahr bestehen.

---

75 BSG, SozR 4-2500 § 27a Nr. 8; Zieglmeier in: KassKomm, § 27a SGB V Rn. 37; Gerlach in: Hauck/Noftz, SGB V, § 27a Rn. 21a; Dalichau, SGB V, § 27a S. 14; aA Fastabend/Schneider, Das Leistungsrecht der gesetzlichen Krankenversicherung, 2004, Rn. 239a, die die Einhaltung der Altersgrenzen nur für den gesetzlich versicherten Ehepartner verlangen.
76 Padé in: Eichenhofer/Wenner, § 27a Rn. 35.
77 Fahlbusch in: jurisPK-SGB V, § 27a Rn. 55; ähnlich Nebendahl in: Spickhoff, Medizinrecht, § 27a SGB V Rn. 14.
78 LSK Rheinland-Pfalz, L 5 KR240/06 vom 6.9.2007, Abs.-Nr. 13; Lang in: Becker/Kingreen, § 27a Rn. 17.
79 Vgl. Sodan, Künstliche Befruchtung und gesetzliche Krankenversicherung. Zur Verfassungsmäßigkeit des § 27a SGB V nach dem GKV-Modernisierungsgesetz, 2006, S. 89 f., 95, der die Mindestaltersgrenze wegen Verstoßes gegen Art. 3 Abs. 1 GG für verfassungswidrig hält; kritisch auch Fastabend/Schneider, Das Leistungsrecht der gesetzlichen Krankenversicherung, 2004, Rn. 239a.
80 BT-Dr. 15/1525, 83.
81 BSG NJW 2010, 1020, 1020 u. 1022; Hauck, SGb 2009, 321, 325; Gerlach in: Hauck/Noftz, SGB V, § 27a Rn. 21a; Zieglmeier in: KassKomm, § 27a SGB V Rn. 39; Fahlbusch in: jurisPK-SGB V, § 27a Rn. 59, 61; Waltermann in: Knickrehm/Kreikebohm/Waltermann, SGB V, § 27a Rn. 11; zur Vereinbarkeit der Höchstaltersgrenze mit Gemeinschaftsrecht BSG, SozR 4-2500 § 27a Nr. 8; LSG NRW, L 5 KR 93/07 vom 14.2.2008, Abs.-Nr. 30.

Die **Höchstaltersgrenze von 50 Jahren** für männliche Versicherte dient nach dem Willen des Gesetzgebers dem Kindeswohl.[82] Zum Teil wird darin auch eine Konkretisierung der Erfolgsaussicht für die Herbeiführung einer Schwangerschaft gesehen.[83] Auch diese Altersgrenze wird überwiegend für verfassungsrechtlich unbedenklich gehalten.[84] Doch auch insoweit gilt, dass das Kindeswohl aus den genannten Gründen die Höchstaltersgrenze nicht rechtfertigen kann (→ Rn. 28). Als Konkretisierung der Erfolgsaussicht, dass durch künstliche Befruchtung eine Schwangerschaft herbeigeführt wird (s. Abs. 1 Nr. 2), steht die strikte Höchstaltersgrenze für männliche Versicherte mit Art. 3 Abs. 1 GG und Art. 2 Abs. 2 S. 1 GG) nicht in Einklang, wenn man die Leistungen iSd § 27 a der Krankenbehandlung zuordnet (→ Rn. 7 f.). 29

8. Genehmigung eines Behandlungsplans (Abs. 3 S. 2). Vor Beginn der Behandlung ist der Krankenkasse ein **Behandlungsplan** zur Genehmigung vorzulegen (Abs. 3 S. 2). Der Behandlungsplan ist von einem Arzt aufzustellen, der künstliche Befruchtungen durchführen darf (s. § 121 a). Die Genehmigung des Plans durch die Krankenkasse bzw. ihre Verweigerung stellt einen Verwaltungsakt dar.[85] Die erforderlichen Angaben des Behandlungsplans regelt Ziff. 9.2 Richtlinien über künstliche Befruchtung. Anlage I der Richtlinien enthält einen Muster-Behandlungsplan, Anlage II einen Muster-Folge-Behandlungsplan. 30

V. Sonderregelungen für Inseminationen (Abs. 2)

Abs. 2 enthält Sonderregelungen[86] für künstliche Befruchtungen in Form von **Inseminationen**. Gemäß Abs. 1 S. 1 gelten die Voraussetzungen für den Anspruch auf medizinische Maßnahmen zur Herbeiführung einer Schwangerschaft auch für Inseminationen, die nach Stimulationsverfahren durchgeführt werden und bei denen dadurch ein erhöhtes Risiko von Schwangerschaften mit drei oder mehr Embryonen besteht.[87] Für „andere Inseminationen", die ohne Stimulationsverfahren erfolgen (Inseminationen im Spontanzyklus)[88] und bei denen daher kein erhöhtes Risiko von Schwangerschaften mit drei oder mehr Embryonen besteht, sind Abs. 1 Nr. 2 Hs. 2 und Nr. 5 nicht anzuwenden (Abs. 2 S. 2). Für Inseminationen im Spontanzyklus gelten daher die Begrenzung auf drei Behandlungszyklen (Abs. 1 Nr. 2 Hs. 2) und die Erfordernisse der Unterrichtung sowie Überweisung des Ehepaares an Ärzte oder Einrichtungen mit einer Genehmigung iSd § 121 a (Abs. 1 Nr. 5) nicht. Die weiteren leistungsrechtlichen Voraussetzungen des Abs. 1 müssen auch bei Inseminationen im Spontanzyklus erfüllt sein.[89] 31

VI. Anspruchsumfang

1. Rechtsanspruch auf medizinische Maßnahmen zur Herbeiführung einer Schwangerschaft (Abs. 1). Sind die Voraussetzungen des Abs. 1, Abs. 3 S. 1 und 2 erfüllt, hat der Versicherte einen **Rechtsanspruch**[90] auf medizinische Maßnahmen zur Herbeiführung einer Schwangerschaft (§ 27 Abs. 1). Die Maßnahmen werden von der Krankenkasse als Sachleistung erbracht (§ 2 Abs. 2 S. 2, § 27a Abs. 3 S. 1),[91] an deren Kosten der Versicherte in Höhe von 50 % beteiligt wird (Abs. 3 S. 3). Maßnahmen zur Herbeiführung einer Schwangerschaft sind sämtliche reproduktionsmedizinischen Maßnahmen, die den natürlichen Zeugungsakt unmittelbar ersetzen und unmittelbar der Befruchtung 32

---

82 BT-Dr. 15/1525, 83; s. auch Fahlbusch in: jurisPK-SGB V, § 27 a Rn. 57, der den Zweck der Regelung vorwiegend darin sieht, die Entstehung eines Eltern-Kind-Verhältnisses zu gewährleisten; Kuhlmann in: LPK-SGB V, § 27 a Rn. 34.
83 BSG NZS 2008, 256, 257.
84 BSG NZS 2008, 256, 257 f.; Zieglmeier in: KassKomm, § 27 a SGB V Rn. 38; Gerlach in: Hauck/Noftz, SGB V, § 27 a Rn. 21 a; Kuhlmann in: LPK-SGB V, § 27 a Rn. 32; Padé in: Eichenhofer/Wenner, § 27 a Rn. 35; Hauck, SGb 2009, 321, 325; Waltermann in: Knickrehm/Kreikebohm/Waltermann, SGB V, § 27 a Rn. 11. Zur Vereinbarkeit der Höchstaltersgrenze mit Gemeinschaftsrecht BSG, SozR 4-2500 § 27 a Nr. 8; LSG NRW, L 5 KR 93/07 vom 14.2.2008.
85 Waltermann in: Knickrehm/Kreikebohm/Waltermann, SGB V, § 27 a Rn. 10; Fahlbusch in: jurisPK-SGB V, § 27 a Rn. 66; Zieglmeier in: KassKomm, § 27 a SGB V Rn. 40; Schmidt in: Peters, HdB KrV, Rn. 183.
86 BT-Dr. 11/6760, 15.
87 Auf die nur deklaratorische Bedeutung des § 27 a Abs. 1 S. 1 weist zu Recht Fahlbusch in: jurisPK-SGB V, § 27 a Rn. 50 hin; s. auch Waltermann in: Knickrehm/Kreikebohm/Waltermann, SGB V, § 27 a Rn. 12.
88 Siehe Fahlbusch in: jurisPK-SGB V, § 27 a Rn. 52.
89 BT-Dr. 11/6760, 15.
90 Waltermann in: Knickrehm/Kreikebohm/Waltermann, SGB V, § 27 a Rn. 1; Gerlach in: Hauck/Noftz, SGB V, § 27 a Rn. 6; Kuhlmann in: LPK-SGB V, § 27 a Rn. 1.
91 BT-Dr. 15/1525, 83.

dienen.⁹² Erfasst sind nur Maßnahmen, die rechtlich zulässig sind.⁹³ Gesetzliche Verbote enthält vor allem das EschG, das ua die (heterologe) Eizell- und Embryospende (§ 1 Abs. 1 Nr. 1, 2 und 6, Abs. 2 EschG; s. auch § 27a Abs. 1 Nr. 4) und die Ersatzmutterschaft (§ 1 Abs. 1 Nr. 7 EschG) untersagt.⁹⁴ Ob diese gesetzlichen Verbote mit Blick auf die Zulässigkeit der Samenspende verfassungskonform sind, ist mehr als zweifelhaft.

33   Zu den **Maßnahmen iSd Abs. 1** gehören insbesondere Inseminationen im Spontanzyklus, Inseminationen nach hormoneller Stimulation, In-vitro-Fertilisationen mit Embryotransfer, intratubare Gametentransfers⁹⁵ und intracytoplasmatische Spermieninjektionen einschließlich der hierfür erforderlichen Arzneimittel (s. auch Ziff. 10 Richtlinien über künstliche Befruchtung).⁹⁶ Der Umfang der einzelnen Maßnahmen und die je nach Methode umfassten Untersuchungen sind in Ziff. 12 Richtlinien über künstliche Befruchtung näher bestimmt. Die Maßnahmen können ambulant oder stationär durchgeführt werden.⁹⁷ Nicht zu den Maßnahmen iSd Abs. 1 soll die Kryokonservierung von Samenzellen, imprägnierten Eizellen und Embryonen gehören, weil sie den Zeugungsakt nicht ersetze und nicht unmittelbar der Befruchtung diene⁹⁸ (s. auch Ziff. 4 Richtlinien über künstliche Befruchtung). Da die Kryokonservierung die nachfolgende künstliche Befruchtung indes unmittelbar vorbereitet, lässt sich hierzu auch ein anderer Standpunkt einnehmen. Nicht von dem Anspruch nach § 27a erfasst sind nach Ansicht des BSG präimplantationsdiagnostische Maßnahmen (PID-Behandlung).⁹⁹

34   **2. Übernahme von 50 % der mit dem Behandlungsplan genehmigten Kosten der Maßnahmen, die bei dem Versicherten der Krankenkasse durchgeführt werden (Abs. 3 S. 3).** Die Krankenkasse übernimmt 50 % der mit dem Behandlungsplan genehmigten Kosten der Maßnahmen, die bei ihrem Versicherten durchgeführt werden (Abs. 3 S. 3); (die anderen) **50 % der Kosten** trägt der Versicherte. Bei dem Eigenanteil des Versicherten handelt es sich nicht um eine Zuzahlung iSd § 61, so dass Zuzahlungsvorschriften wie zB § 62 oder § 31 Abs. 3 keine Anwendung finden.¹⁰⁰ Das Bundesverfassungsgericht hat § 27a Abs. 3 S. 3 für verfassungsgemäß erklärt.¹⁰¹ In der weiteren Rechtsprechung und im Schrifttum wird diese Einschätzung im Ergebnis geteilt.¹⁰² Sieht man in der Unfruchtbarkeit von Paaren eine Krankheit und in den Maßnahmen nach § 27a die Behandlung dieser Krankheit, sind Versicherte, die an Unfruchtbarkeit leiden, und Versicherte, die andere Körper- oder Geistesstörungen haben, indes vergleichbare Gruppen, die der Gesetzgeber durch Abs. 3 S. 3 einerseits (Beschränkung des Kostenersatzes für Maßnahmen der künstlichen Befruchtung auf 50 %) und durch § 11 Abs. 1 Nr. 4, § 27 Abs. 1 andererseits (Kostenersatz für andere Krankheiten zu 100 %) ungleich behandelt. Zudem tref-

---

92 Vgl. BSGE 86, 174, 178; BSG NJW 2005, 2476, 2477; Fastabend/Schneider, Das Leistungsrecht der gesetzlichen Krankenversicherung, 2004, Rn. 231; Wagner in: Krauskopf, § 27a SGB V Rn. 13; Nebendahl in: Spickhoff, Medizinrecht, § 27a SGB V Rn. 12; Kuhlmann in: LPK-SGB V, § 27a Rn. 18; Padé in: Eichenhofer/Wenner, § 27a Rn. 2.
93 BT-Dr. 11/6760, 14; BSGE 82, 233, 236.
94 Zu weiteren Verboten nach dem EschG Schmidt in: Peters, HdB KrV, Rn. 55, 60, 63.
95 BT-Dr. 11/6760, 14.
96 Zu den verschiedenen Verfahren der künstlichen Befruchtung und ihrer Funktionsweise näher Wachter, In-vitro-Fertilisation: Vom Therapiemittel bei Fertilitätsstörungen zur Lebensplanungshilfe, 2007, S. 5 ff., 26 ff.; Brandts, Die künstliche Befruchtung nach § 27a SGB V und ihre Schnittstelle zur privaten Krankenversicherung, 2007, S. 137 ff.
97 BT-Dr. 11/6760, 14.
98 Vgl. BT-Dr. 11/6760, 14; BSGE 86, 174, 178 f.; BSG FamRZ 2011, 296 f.; NJW 2005, 2476, 2477; NJW 1991, 773, 774; Dalichau, SGB V, § 27a S. 11 f.; Fahlbusch in: jurisPK-SGB V, § 27a Rn. 72; Gerlach in: Hauck/Noftz, SGB V, § 27a Rn. 23; Kuhlmann in: LPK-SGB V, § 27a Rn. 18; Fastabend/Schneider, Das Leistungsrecht der gesetzlichen Krankenversicherung, 2004, Rn. 231; Nebendahl in: Spickhoff, Medizinrecht, § 27a SGB V Rn. 12; Wagner in: Krauskopf, § 27a SGB V Rn. 13; Schmeilzl, NZS 2006, 630, 632; Hauck, SGb 2009, 321, 326; Zieglmeier in: KassKomm, § 27a SGB V Rn. 48; Padé in: Eichenhofer/Wenner, § 27a Rn. 9; Schmidt in: Peters, HdB KrV, Rn. 175.
99 BSG BeckRS 2015, 66531.
100 BT-Dr. 15/1600, 11; Waltermann in: Knickrehm/Kreikebohm/Waltermann, SGB V, § 27a Rn. 15; Zieglmeier in: KassKomm, § 27a SGB V Rn. 49; Wagner in: Krauskopf, § 27a SGB V Rn. 14.
101 BVerfG, NJW 2009, 1733 f.
102 BSGE 94, 302, 309; BSG NJW 2010, 1020, 1021; FamRZ 2007, 2066; Kuhlmann in: LPK-SGB V, § 27a Rn. 39 ff.; Fahlbusch in: jurisPK-SGB V, § 27a Rn. 77; Nebendahl in: Spickhoff, Medizinrecht, § 27a SGB V Rn. 16; Padé in: Eichenhofer/Wenner, § 27a Rn. 40; Lang in: Becker/Kingreen, § 27a Rn. 28; Gerlach in: Hauck/Noftz, SGB V, § 27a Rn. 24a.

fen den Gesetzgeber Schutzpflichten für die körperliche Unversehrtheit kranker Versicherter (Art. 2 Abs. 2 S. 1 GG).[103]

Gemäß Abs. 3 S. 3 übernimmt die Krankenkasse nur (50 % der mit dem Behandlungsplan genehmigten) Kosten der Maßnahmen, die bei ihrem **Versicherten** durchgeführt werden. Mit dieser Regelung wollte der Gesetzgeber „eine Klarstellung für den Fall (treffen), daß die Ehegatten nicht in derselben Krankenkasse versichert sind oder daß nur einer der Ehegatten in der gesetzlichen Krankenversicherung versichert ist. In diesen Fällen hat die Krankenkasse nur die Kosten der Maßnahmen zu übernehmen, die bei dem Ehegatten durchgeführt werden, der bei ihr versichert ist. Die Leistungen für den anderen Ehegatten sind damit keine ‚Nebenleistungen' der Leistungen an den versicherten Ehegatten."[104] Von der Leistungspflicht der Krankenkasse umfasst sind sowohl die Maßnahmen, die unmittelbar und ausschließlich am oder im Körper ihres Versicherten vorgenommen werden, als auch die sog extrakorporalen Maßnahmen, die außerhalb des Körpers durchgeführt werden; nicht umfasst sind die Maßnahmen, die unmittelbar und ausschließlich am oder im Körper des Ehegatten des Versicherten durchgeführt werden – sie trägt die Krankenkasse des Ehegatten (s. auch Ziff. 3 S. 2 Richtlinien über künstliche Befruchtung).[105] Zu den Maßnahmen am bzw. im Körper der Ehefrau gehören zB die Hormonbehandlung, die Follikelpunktion und der Embryotransfer.[106] Eine Maßnahme am oder im Körper des Ehemanns ist die (operative) Gewinnung des Samens (Hodenbiopsie).[107] Zu den extrakorporalen Maßnahmen zählen die Entfernung des Eizellkumulus von den Eizellen, die Aufbereitung des Spermas, die Zusammenführung von Sperma und Eizelle im Reagenzglas (IvF), die Injektion des Spermas in die Eizelle (ICSI) und die Reifung der befruchteten Eizelle im Reagenzglas bis zum Mehrzeller.[108] Die extrakorporalen Maßnahmen sind unabhängig davon von dem Anspruch nach § 27 a umfasst, bei welchem Ehepartner die Ursache der Kinderlosigkeit liegt.[109]

Eine Leistungspflicht der **privaten Krankenversicherung** besteht gem. § 1 der Musterbedingungen 2009 für die Krankheitskosten- und Krankenhaustagegeldversicherungen des Verbandes der privaten Krankenversicherung (MB/KK) nur bei Krankheit des Versicherten, wozu auch organisch oder genetisch bedingte Unfruchtbarkeit zählt.[110] Bei idiopathischer Sterilität besteht kein Anspruch.[111] Der Anspruch auf Heilbehandlung bei Unfruchtbarkeit umfasst Maßnahmen der künstlichen Befruchtung, wobei die Kosten hierfür zu 100 % erstattet werden.[112] Die Leistungspflicht erstreckt sich dabei auf die Maßnahmen am bzw. im Körper des privat Versicherten, die extrakorporalen Maßnahmen und die Maßnahmen am bzw. im Körper des nicht privat versicherten Partners.[113] Der Anspruch auf künstli-

---

103 Näher Brosius-Gersdorf, DÖV 2010, 465, 473 f. Sodan, Künstliche Befruchtung und gesetzliche Krankenversicherung. Zur Verfassungsmäßigkeit des § 27 a SGB V nach dem GKV-Modernisierungsgesetz, 2006, S. 27 f. verneint aus diesem Grund die Eignung des § 27 a Abs. 3 S. 3 SGB V zur Sicherung der Stabilität der gesetzlichen Krankenversicherung; vgl. auch Huster, NJW 2009, 1713, 1714, der § 27 a Abs. 3 S. 3 unter dem Aspekt des Art. 3 Abs. 1 GG für problematisch hält, wenn man Maßnahmen der künstlichen Befruchtung als Krankenbehandlung einordnet.
104 BT-Dr. 11/6760, 15; s. auch BSGE 88, 51, 56 f.; 88, 62, 65 f.
105 BSGE 88, 51, 54 f.; 88, 62, 66; BSG NJOZ 2009, 904, 907; NJW 2005, 2476; BSG, SozR 4-2500 § 13 Nr. 17.
106 Vgl. BSG NJW 2005, 2476, 2477; Bonvie/Naujoks, MedR 2006, 267; Hauck, SGb 2009, 321, 326; Lang in: Becker/Kingreen, § 27 a Rn. 23; Waltermann in: Knickrehm/Kreikebohm/Waltermann, SGB V, § 27 a Rn. 14; Zieglmeier in: KassKomm, § 27 a SGB V Rn. 54; Kuhlmann in: LPK-SGB V, § 27 a Rn. 21.
107 BSG NJW 2005, 2476, 2477; Kuhlmann in: LPK-SGB V, § 27 a Rn. 22; Bonvie/Naujoks, MedR 2006, 267; Waltermann in: Knickrehm/Kreikebohm/Waltermann, SGB V, § 27 a Rn. 14; Lang in: Becker/Kingreen, § 27 a Rn. 24.
108 BSG NJW 2005, 2476, 2477; Zieglmeier in: KassKomm, § 27 a SGB V Rn. 54; Lang in: Becker/Kingreen, § 27 a Rn. 25; Kuhlmann in: LPK-SGB V, § 27 a Rn. 23; Bonvie/Naujoks, MedR 2006, 267.
109 BSG NJW 2005, 2476, 2477.
110 Bezogen auf organisch bedingte Unfruchtbarkeit BGHZ 99, 228, 229 ff.; 164, 122, 128; von der Tann, NJW 2015, 1850, 1851.
111 Statt aller Hauck, SGb 2009, 321, 326; von der Tann, NJW 2015, 1850, 1851.
112 Schmeilzl, NZS 2006, 630; Hauck, SGb 2009, 321, 327; Zieglmeier in: KassKomm, § 27 a SGB V Rn. 60.
113 Vgl. BGHZ 158, 166, 174; Bonvie/Naujoks, MedR 2006, 267, 270; Brandts, Die künstliche Befruchtung nach § 27 a SGB V und ihre Schnittstelle zur privaten Krankenversicherung, 2007, S. 161 f.; Beckhove, NJOZ 2009, 1465, 1468; Schmeilzl, NZS 2006, 630, 635; Beckhove, NJOZ 2009, 1465, 1466: einschließlich Kryokonservierung. Etwas anderes soll gelten, wenn der Mann gesetzlich und die sterile Frau privat versichert ist; in diesem Fall soll sich die Leistungspflicht der privaten Krankenversicherung nicht auf die Kosten für die Maßnahmen am bzw. im Körper des Mannes erstrecken (Gewinnung der Spermien), s. Beckhove, NJOZ 2009, 1465, 1470; Schmeilzl, NZS 2006, 630, 635.

che Befruchtung ist in der privaten Krankenversicherung weder durch starre Altersgrenzen[114] noch auf verheiratete Paare[115] noch auf eine bestimmte Zahl an Behandlungszyklen[116] begrenzt.

37 Sind **beide Ehepartner gesetzlich krankenversichert**, hat jeder Ehepartner Anspruch auf die an bzw. in seinem Körper durchzuführenden Maßnahmen und auf die extrakorporalen Maßnahmen. Die extrakorporalen Maßnahmen sind insgesamt nur einmal zu leisten. Sind die Ehepartner bei verschiedenen Kassen gesetzlich versichert, steht ihnen grundsätzlich ein Wahlrecht zu, welche Kasse sie im Hinblick auf die extrakorporalen Maßnahmen in Anspruch nehmen;[117] die in Anspruch genommene Kasse kann die Leistungen nicht unter Hinweis auf die Möglichkeit der Inanspruchnahme der anderen Kasse verweigern.[118] Die Kassen können sich allerdings untereinander über die Zuständigkeit für die extrakorporalen Maßnahmen verständigen.[119] Nach dem Gemeinsamen Rundschreiben betr. Leistungen der künstlichen Befruchtung (RdSchr. 90 b) vom 29.6.1990 der Spitzenverbände der Krankenkassen sind aus Gründen der Verwaltungsvereinfachung die Kosten für die extrakorporalen Maßnahmen im Zusammenhang mit der Zusammenführung von Ei- und Samenzellen (sowie die Kosten der Unterrichtung der Ehegatten) von der Krankenkasse der Ehefrau zu übernehmen (Ziff. 1 Abs. 3 S. 5 Rundschreiben; s. auch Ziff. 3 S. 4 Richtlinien über künstliche Befruchtung).[120]

38 **Ist ein Ehepartner gesetzlich und der andere Ehepartner privat versichert**, steht dem gesetzlich Versicherten gem. § 27a ein Anspruch auf die an bzw. in seinem Körper durchzuführenden Maßnahmen und die extrakorporalen Maßnahmen zu. Ein Anspruch des privat versicherten Ehepartners gegen seine Krankenversicherung besteht nur, wenn seine Zeugungs- bzw. Empfängnisfähigkeit nachweisbar beeinträchtigt ist.[121] Bei Krankheit erstattet die private Krankenversicherung 100 % der Kosten für die Maßnahmen am bzw. im Körper des privat Versicherten, die extrakorporalen Maßnahmen und die Maßnahmen am bzw. im Körper des nicht privat versicherten Ehepartners. Die Ehegatten haben ein Wahlrecht, welche Kasse sie in Anspruch nehmen.[122] Die gesetzliche und die private Krankenkasse sind bei Inanspruchnahme jeweils zur Leistung verpflichtet; sie können dem Anspruch ihres Versicherten nicht entgegenhalten, dass der andere Ehepartner seine gesetzliche Versicherung in Anspruch nehmen könnte.[123] Die vollständige Erfüllung des Anspruchs durch die private oder die gesetzliche Krankenversicherung lässt den Anspruch gegen die jeweils andere Krankenversicherung erlöschen.[124]

39 Sind **beide Ehepartner privat versichert**, trägt die private Krankenversicherung bei Krankheit 100 % der Kosten der erforderlichen medizinischen Maßnahmen zur Herbeiführung einer Schwangerschaft (Maßnahmen am bzw. im Körper des Versicherten, extrakorporale Maßnahmen und Maßnahmen am bzw. im Körper des anderen Ehepartners).

40 Soweit den Versicherten nach Leistung der gesetzlichen bzw. privaten Krankenversicherung ein finanzieller Eigenanteil für die Maßnahmen der künstlichen Befruchtung verbleibt, können sie diese Kosten **steuerrechtlich** als außergewöhnliche Belastungen gem. § 33 EStG geltend machen.[125] Dies ist auch für nicht verheiratete Paare[126] und für Maßnahmen der heterologen Insemination[127] anerkannt.

---

114 BGHZ 164, 122, 128; Hauck, SGb 2009, 321, 328; Schmeilzl, NZS 2006, 630, 633; Beckhove, NJOZ 2009, 1465, 1466; von der Tann, NJW 2015, 1850, 1851.
115 Näher zum Problem Hauck, SGb 2009, 321, 326; Zieglmeier in: KassKomm, § 27a SGB V Rn. 62; Beckhove, NJOZ 2009, 1465, 1466; von der Tann, NJW 2015, 1850, 1851 mit Nachweisen zu der zu diesem Problemkreis ergangenen Rechtsprechung – zuletzt OLG Hamm, NJW-RR 2017, 284 ff.
116 Beckhove, NJOZ 2009, 1465, 1466; Schmeilzl, NZS 2006, 630, 634. Begrenzt wird der Anspruch allerdings durch den Grundsatz von Treu und Glauben, s. BGHZ 164, 122, 131.
117 Fahlbusch in: jurisPK-SGB V, § 27a Rn. 79.
118 BSGE 88, 51, 57; BSG NJW 2005, 2476, 2477; Zieglmeier in: KassKomm, § 27a SGB V Rn. 41.
119 BSGE 88, 51, 57; Hauck, SGb 2009, 321, 329.
120 Das Rundschreiben wurde gebilligt von BSGE 88, 51, 57.
121 Schmeilzl, NZS 2006, 630, 635; Brandts, Die künstliche Befruchtung nach § 27a SGB V und ihre Schnittstelle zur privaten Krankenversicherung, 2007, S. 161 f.; Bonvie/Naujoks, MedR 2006, 267, 272.
122 BSG NJOZ 2009, 904, 908; BSG, SozR 4-2500 § 13 Nr. 17; Hauck, SGb 2009, 321, 326.
123 BSGE 88, 51, 57; 88, 62, 66; BSG NJW 2005, 2476, 2477; BSG, SozR 4-2500 § 13 Nr. 17; BGHZ 158, 166, 174.
124 Vgl. BSG, SozR 4-2500 § 13 Nr. 17; Fahlbusch in: jurisPK-SGB V, § 27a Rn. 79; Dalichau, SGB V, § 27a S. 14; BSG, SozR 4-2500 § 13 Nr. 17.
125 BFHE 183, 476, 478; 210, 355, 362; 218, 141, 146; 232, 179, 182; BFH/NV 2008, 1309 ff.; hierzu näher Lohse/Zanzinger, DStR 2012, 1053, 1059; Tipke/Lang, Steuerrecht, 20. Aufl. 2010, § 9 EStG Rn. 726; Mellinghoff in: Kirchhof (Hrsg.), Einkommensteuergesetz, Kommentar, 11. Aufl. 2012, § 33 Stichwort Befruchtung; Ritzrow, EStB 2012, 63, 69.
126 BFHE 218, 141, 142 f.; BFH/NV 2008, 1309 ff.
127 BFHE 232, 179, 184.

3. **Satzungsleistungen der Krankenkassen.** Seit dem 1.1.2012 können die Krankenkassen in ihrer Satzung zusätzliche vom G-BA nicht ausgeschlossene Leistungen der künstlichen Befruchtung vorsehen (§ 11 Abs. 6 S. 1). Die Satzung muss dabei insbesondere die Art, die Dauer und den Umfang der Leistungen bestimmen und hinreichende Anforderungen an die Qualität der Leistungserbringung regeln (§ 11 Abs. 6 S. 1). Von dieser Ermächtigung haben zahlreiche Krankenkassen Gebrauch gemacht.[128] Nach Ansicht des BSG sind die gesetzlichen Krankenkassen allerdings nicht ermächtigt, eine Kostenübernahme für künstliche Befruchtung bei versicherten Paaren in auf Dauer angelegter (nichtehelicher) Lebensgemeinschaft kraft Satzung zu regeln.[129] Das LSG Hessen hat eine Satzungsregelung über die Bezuschussung von Kosten einer Kryokonservierung als Verstoß gegen § 11 Abs. 6 SGB V gewertet.[130]

VII. Richtlinien des Gemeinsamen Bundesausschusses (Abs. 4)

Abs. 4 ermächtigt den G-BA, in Richtlinien nach § 92 die medizinischen Einzelheiten zu Voraussetzungen, Art und Umfang der Maßnahmen nach § 27 a Abs. 1 zu bestimmen.[131] Von dieser Ermächtigung hat der G-BA durch Erlass der Richtlinien über künstliche Befruchtung Gebrauch gemacht.[132]

§ 27 b Zweitmeinung

(1) ¹Versicherte, bei denen die Indikation zu einem planbaren Eingriff gestellt wird, bei dem insbesondere im Hinblick auf die zahlenmäßige Entwicklung seiner Durchführung die Gefahr einer Indikationsausweitung nicht auszuschließen ist, haben Anspruch darauf, eine unabhängige ärztliche Zweitmeinung bei einem Arzt oder einer Einrichtung nach Absatz 3 einzuholen. ²Die Zweitmeinung kann nicht bei einem Arzt oder einer Einrichtung eingeholt werden, durch den oder durch die der Eingriff durchgeführt werden soll.

(2) ¹Der Gemeinsame Bundesausschuss bestimmt in seinen Richtlinien nach § 92 Absatz 1 Satz 2 Nummer 13, für welche planbaren Eingriffe nach Absatz 1 Satz 1 der Anspruch auf Einholung der Zweitmeinung im Einzelnen besteht. ²Er legt indikationsspezifische Anforderungen an die Abgabe der Zweitmeinung zum empfohlenen Eingriff und an die Erbringer einer Zweitmeinung fest, um eine besondere Expertise zur Zweitmeinungserbringung zu sichern. ³Kriterien für die besondere Expertise sind
1. eine langjährige fachärztliche Tätigkeit in einem Fachgebiet, das für die Indikation zum Eingriff maßgeblich ist,
2. Kenntnisse über den aktuellen Stand der wissenschaftlichen Forschung zur jeweiligen Diagnostik und Therapie einschließlich Kenntnissen über Therapiealternativen zum empfohlenen Eingriff.

⁴Der Gemeinsame Bundesausschuss kann Anforderungen mit zusätzlichen Kriterien festlegen. ⁵Zusätzliche Kriterien sind insbesondere
1. Erfahrungen mit der Durchführung des jeweiligen Eingriffs,
2. regelmäßige gutachterliche Tätigkeit in einem für die Indikation maßgeblichen Fachgebiet oder
3. besondere Zusatzqualifikationen, die für die Beurteilung einer gegebenenfalls interdisziplinär abzustimmenden Indikationsstellung von Bedeutung sind.

⁶Der Gemeinsame Bundesausschuss berücksichtigt bei den Festlegungen nach Satz 2 die Möglichkeiten einer telemedizinischen Erbringung der Zweitmeinung. ⁷Er beschließt die Festlegungen nach den Sätzen 1 bis 5 erstmals bis zum 31. Dezember 2015.

(3) Zur Erbringung einer Zweitmeinung sind berechtigt:
1. zugelassene Ärzte,
2. zugelassene medizinische Versorgungszentren,
3. ermächtigte Ärzte und Einrichtungen,
4. zugelassene Krankenhäuser sowie

---

128 Näher von der Tann, NJW 2015, 1850, 1851.
129 BSG, NJW 2015, 1903 ff.; zustimmend Schiffner, SGb 2015, 582 ff.
130 HessLSG, NZS 2016, 618 ff.
131 Zur Rechtsnatur der Richtlinien Schmidt in: Peters, HdB KrV, Rn. 202.
132 Die Richtlinien sind in der aktuellen Version vom 2.6.2017 im BAnz 2017, AT 1.6.2017 B4 veröffentlicht.

5. nicht an der vertragsärztlichen Versorgung teilnehmende Ärzte, die nur zu diesem Zweck an der vertragsärztlichen Versorgung teilnehmen,

soweit sie die Anforderungen nach Absatz 2 Satz 2 erfüllen.

(4) Die Kassenärztlichen Vereinigungen und die Landeskrankenhausgesellschaften informieren inhaltlich abgestimmt über Leistungserbringer, die unter Berücksichtigung der vom Gemeinsamen Bundesausschuss nach Absatz 2 Satz 2 festgelegten Anforderungen zur Erbringung einer unabhängigen Zweitmeinung geeignet und bereit sind.

(5) ¹Der Arzt, der die Indikation für einen Eingriff nach Absatz 1 Satz 1 in Verbindung mit Absatz 2 Satz 1 stellt, muss den Versicherten über das Recht, eine unabhängige ärztliche Zweitmeinung einholen zu können, aufklären und ihn auf die Informationsangebote über geeignete Leistungserbringer nach Absatz 4 hinweisen. ²Die Aufklärung muss mündlich erfolgen; ergänzend kann auf Unterlagen Bezug genommen werden, die der Versicherte in Textform erhält. ³Der Arzt hat dafür Sorge zu tragen, dass die Aufklärung in der Regel mindestens zehn Tage vor dem geplanten Eingriff erfolgt. ⁴In jedem Fall hat die Aufklärung so rechtzeitig zu erfolgen, dass der Versicherte seine Entscheidung über die Einholung einer Zweitmeinung wohlüberlegt treffen kann. ⁵Der Arzt hat den Versicherten auf sein Recht auf Überlassung von Abschriften der Befundunterlagen aus der Patientenakte gemäß § 630g Absatz 2 des Bürgerlichen Gesetzbuchs, die für die Einholung der Zweitmeinung erforderlich sind, hinzuweisen. ⁶Die Kosten, die dem Arzt durch die Zusammenstellung und Überlassung von Befundunterlagen für die Zweitmeinung entstehen, trägt die Krankenkasse.

(6) ¹Die Krankenkasse kann in ihrer Satzung zusätzliche Leistungen zur Einholung einer unabhängigen ärztlichen Zweitmeinung vorsehen. ²Sofern diese zusätzlichen Leistungen die vom Gemeinsamen Bundesausschuss bestimmten Eingriffe nach Absatz 2 Satz 1 betreffen, müssen sie die Anforderungen nach Absatz 2 Satz 2 erfüllen, die der Gemeinsame Bundesausschuss festgelegt hat. ³Dies gilt auch, wenn die Krankenkasse ein Zweitmeinungsverfahren im Rahmen von Verträgen der besonderen Versorgung nach § 140a anbietet.

I. Entstehungsgeschichte	1	b) Bestimmung der planbaren Eingriffe (Abs. 2)	9
II. Normzweck und Systematik	2	c) Leistungserbringer (Abs. 3)	11
III. Norminhalt und Normauslegung	5	d) Informationspflicht (Abs. 4)	12
1. Norminhalt	5	e) Aufklärungspflicht (Abs. 5)	13
2. Normauslegung	6	f) Zusatzleistungen der Krankenkassen (Abs. 6)	17
a) Anspruch auf Zweitmeinung (Abs. 1)	6		

I. Entstehungsgeschichte

1 § 27b ist im Rahmen des Gesetzes zur Stärkung der Versorgung in der gesetzlichen Krankenversicherung (GKV-Versorgungsstärkungsgesetz – GKV-VSG) vom 16.7.2015 (BGBl. I, 1211) mit Wirkung zum 23.7.2015 in Kraft getreten.

II. Normzweck und Systematik

2 Durch den Rechtsanspruch des Versicherten auf eine unabhängige ärztliche Zweitmeinung bei planbaren mengenanfälligen Eingriffen soll einer nicht medizinisch begründeten Indikationsausweitung entgegengewirkt werden.[1] Funktion der Zweitmeinung ist somit die qualifizierte Überprüfung der Indikationsstellung bei sog mengenanfälligen Eingriffen.[2] Anlass für den Erlass dieser Regelung ist ein Bericht der Studie der Organisation für wirtschaftliche Zusammenarbeit und Entwicklung (OECD) aus dem Jahr 2013,[3] demzufolge Deutschland „Weltmeister" bei der Zahl der Krankenhausbehandlungen und Operationen, insbesondere bei der Durchführung von Hüftgelenks- und Bypass-Operationen, sein soll.[4]

3 Systematisch ist § 27b angesiedelt im dritten Kapitel des SGB V (§§ 11 bis 68), das die Leistungen der Krankenversicherung regelt, dort im fünften Abschnitt (§§ 27 bis 43b), der die Leistungen bei Krankheit aufführt.

---

1 Knispel, NZS 2016, 174.
2 BT-Dr. 18/5123, 116.
3 S. https://www.oecd.org/els/health-systems/Health-at-a-Glance-2013.pdf (zuletzt abgerufen am 1.5.2017).
4 Wienke, Das neue Zweitmeinungsverfahren, GMS Mitt. AWMF, 2016, 13.

10 Problematisch ist die rechtliche Überprüfbarkeit der Festlegungen durch den Gemeinsamen Bundesausschuss.[11] Vor allem im Hinblick auf Art. 19 IV GG, der auch im Falle der Einräumung eines Beurteilungsspielraums eine zumindest reduzierte Rechtmäßigkeitskontrolle in Form einer Plausibilitätskontrolle garantiert, sollte eine gerichtliche Überprüfung möglich sein.

11 **c) Leistungserbringer (Abs. 3).** Abs. 3 legt fest, welche Leistungserbringer zur Erbringung einer Zweitmeinung berechtigt sind. Die Erstreckung nach Nr. 4 auf Krankenhäuser im Sinne von § 108 SGB V ist vor allem im Hinblick auf die dort vorhandenen speziellen Kenntnisse hinsichtlich der gebotenen Untersuchungs- und Behandlungsmethoden erforderlich. Diese nehmen für diesen Zweck genauso wie die nicht zur vertragsärztlichen Versorgung zugelassene Ärzte nach Nr. 5 an der vertragsärztlichen Versorgung teil, vgl. § 73 Abs. 2 Nr. 13 SGB V.[12]

12 **d) Informationspflicht (Abs. 4).** Nach Abs. 4 sind die Kassenärztlichen Vereinigungen und die Landeskrankenhausgesellschaften verpflichtet, über geeignete Leistungserbringer zu informieren. Hierdurch soll der Versicherte die benötigte Hilfe bei der Auswahl des Leistungserbringers erhalten. Außerdem soll auf diese Weise auf ein widerspruchsfreies Informationsbild hingewirkt werden.[13]

13 **e) Aufklärungspflicht (Abs. 5).** Nach Abs. 5 S. 1 ist der indikationsstellende Arzt verpflichtet, den Versicherten über seinen Anspruch auf Einholung einer Zweitmeinung bei einem Eingriff nach Abs. 1 S. 1 in Verbindung mit Abs. 2 S. 1 aufzuklären und ihn auch auf das Informationsangebot der Kassenärztlichen Vereinigungen und der Landeskrankenhausgesellschaften hinzuweisen. Zweck dieser Regelung ist es, die Inanspruchnahme des Rechts auf Zweitmeinung zu fördern.

14 Die Aufklärung muss nach S. 2 mündlich erfolgen; auf schriftliche Informationen kann nur ergänzend zurückgegriffen werden. Diese Vorgaben orientieren sich an den gängigen Formvoraussetzungen der ärztlichen Aufklärungspflichten aus § 630e Abs. 2 S. 1 Nr. 1 BGB.[14] In der Folge sind die entsprechenden Anforderungen auch im Rahmen dieser Aufklärung zu berücksichtigen.[15] Die Zweitmeinung nach § 27b SGB V dient daher nicht nur der Vermeidung von möglichen Interessenkollisionen,[16] sondern stellt für den Behandler auch ein mögliches Haftungsrisiko dar. Dies gilt insbesondere für Fälle, in denen über die Möglichkeit der Zweitmeinung nicht aufgeklärt wurde und der Patient eine entsprechende Aufklärungsrüge wegen der Verletzung dieser vertraglichen Hauptpflicht erhebt.[17]

15 S. 3 bestimmt, dass die ärztliche Information regelmäßig mindestens zehn Tage vor dem geplanten Eingriff erfolgen soll. Die Frist kann in begründeten Ausnahmefällen unterschritten werden, wie zB wenn der Versicherte bei Indikationsstellung schon ins Krankenhaus aufgenommen wurde. In jedem Fall darf die Aufklärung nicht unter hohem Zeitdruck erfolgen damit das Selbstbestimmungsrecht des Patienten nicht beeinträchtigt wird. Deshalb regelt S. 4, dass dem Versicherten jedenfalls ausreichend Zeit für seine Entscheidung zu geben ist.

16 Nach S. 5 hat der Arzt zudem die Pflicht auf das Recht auf Einsichtnahme in die Behandlungsdokumentation hinzuweisen und ggf. Abschriften auszuhändigen.[18] Die Pflicht besteht nicht nur bei einer unmittelbaren Geltendmachung, sondern auch wenn die Überlassung später verlangt wird. Die Hinweispflicht dient der Effektivität des Verfahrens, da andernfalls notwendige wiederholte Untersuchungen vermieden werden können. Die Kosten für die Zusammenstellung und Überlassung der Dokumente trägt nach S. 6 in Abweichung von § 630g Abs. 2 S. 2 BGB die Krankenkasse.[19]

17 **f) Zusatzleistungen der Krankenkassen (Abs. 6).** Abs. 6 enthält eine Satzungsermächtigung der Krankenkassen, wonach diese zusätzliche Leistungen zur Einholung einer Zweitmeinung vorsehen können. Diese sollen den Zweitmeinungsanspruch der Versicherten sinnvoll ergänzen, wobei auch weitere Leistungserbringer einbezogen werden können, die nicht zwingend an der ärztlichen Versorgung teilnehmen müssen. Als Satzungsleistungen sind die Aufwendungen der Krankenkassen zuweisungsrelevant,

---

11 Wienke, Das neue Zweitmeinungsverfahren, GMS Mitt. AWMF, 2016, 13.
12 BT-Dr. 18/4095, 75; BT-Dr. 18/5123, 116 f.
13 BT-Dr. 18/4095, 75.
14 BT-Dr. 18/4095, 75.
15 Rehborn/Gescher in: Erman, BGB, § 630e Rn. 16 ff.
16 Heberlein, SGb 2016, 426, 427 ff.
17 Rehborn/Gescher in: Erman, BGB, § 630e Rn. 2.
18 BT-Dr. 18/5123, 117.
19 BT-Dr. 18/5123, 117.

Es handelt sich mithin um eine weitere Sachleistung im Rahmen der vertragsärztlichen Versorgung.[5] 4
Die gesonderte Abrechnungsmöglichkeit der ärztlichen Zweitmeinung ist in § 87 Abs. 2 a S. 9 SGB V geregelt worden.

III. Norminhalt und Normauslegung

1. Norminhalt. § 27 b Abs. 1 S. 1 begründet einen Rechtsanspruch des Versicherten, sich vor sog men- 5
genanfälligen planbaren Eingriffen eine unabhängige ärztliche Zweitmeinung zur medizinischen Notwendigkeit und Sachgerechtigkeit des vorgesehen Eingriffs einzuholen. Dem Versicherten steht das Recht zu, unter denen nach Abs. 3 berechtigten Leistungserbringern zu wählen. Nach Abs. 1 S. 2 darf die Zweitmeinung jedoch nicht von demselben Arzt oder von derselben Einrichtung eingeholt werden, in der der Eingriff durchgeführt werden soll. Nach Abs. 2 konkretisiert der Gemeinsame Bundesausschuss in einer Richtlinie zur Qualitätssicherung, bei welchen planbaren Eingriffen im Hinblick auf die Mengenanfälligkeit das Zweitmeinungsverfahren stattfinden kann. Hierzu kann er nach Abs. 2 S. 2 Anforderungen an die Abgabe der Zweitmeinung durch die Leistungserbringer stellen. Gemäß Abs. 4 sind die Kassenärztlichen Vereinigungen und die Landeskrankenhausgesellschaften verpflichtet über Leistungserbringer, die für die Abgabe einer Zweitmeinung geeignet sind, zu informieren. Abs. 5 normiert die Aufklärungs- bzw. Informationspflicht des indikationsstellenden Arztes, den Versicherten über seinen Anspruch auf Einholung einer Zweitmeinung bei einem Eingriff nach Abs. 1 S. 1 in Verbindung mit Abs. 2 S. 1 aufzuklären und ihn auf das Informationsangebot der Kassenärztlichen Vereinigungen und der Landeskrankenhausgesellschaften hinzuweisen. Nach Abs. 6 können die Krankenkassen für die Einholung einer Zweitmeinung zusätzliche Satzungsleistungen anbieten.[6]

2. Normauslegung. a) Anspruch auf Zweitmeinung (Abs. 1). Abs. 1 S. 1 begründet den Rechtsan- 6
spruch des Versicherten, sich vor sogenannten mengenanfälligen planbaren Eingriffen eine unabhängige ärztliche Zweitmeinung zur medizinischen Notwendigkeit und Sachgerechtigkeit des vorgesehenen Eingriffs einzuholen.[7] Mengenanfällige Eingriffe sind solche, bei denen unter Berücksichtigung der zahlenmäßigen Entwicklung seiner Durchführung das Risiko einer zu weiten Indikationsstellung und damit einer nicht durchgängig medizinisch gebotenen Vornahme des Eingriffs nicht auszuschließen ist. Die konkreten Eingriffe werden nach Abs. 2 von dem Gemeinsamen Bundesausschuss festgelegt. Ein Anspruch auf Zweitmeinung kann sich sowohl auf stationäre wie auch auf ambulante Versorgung beziehen.[8]

Durch die Einholung einer Zweitmeinung werden für den Versicherten ärztliche Beratungs- und Unter- 7
suchungsleistungen ein zweites Mal erbracht und der notwendige Behandlungsbedarf zulasten der Krankenkassen ausgeweitet, was es bei der morbiditätsbedingten Gesamtvergütung zu berücksichtigen gilt. Abgerechnet wird die Leistung nach § 87 Abs. 2 a S. 9 SGB V.[9]

Nach Abs. 1 S. 2 darf die Zweitmeinung nicht von demselben Arzt oder von derselben Einrichtung 8
eingeholt werden, in der der Eingriff durchgeführt werden soll, ansonsten entfällt der Leistungsanspruch. Sinn und Zweck dieses Ausschlusses ist es, die Unabhängigkeit der Zweitmeinung zu stärken und falsche finanzielle Anreize zu vermeiden. Unter Einrichtungen werden dasselbe Krankenhaus und auch Kooperationsformen wie Praxisgemeinschaften oder Berufsausübungsgemeinschaften verstanden.[10]

b) Bestimmung der planbaren Eingriffe (Abs. 2). Der gemeinsame Bundesausschuss bestimmt in einer 9
Qualitätssicherungsrichtlinie, bei welchen planbaren Eingriffen eine Zweitmeinung eingeholt werden kann. Zu berücksichtigen hat er hierbei insbesondere die zahlenmäßige Entwicklung der Durchführung und andere Faktoren, wie zB die demographische Entwicklung. Abs. 2 S. 2 betont hierbei, dass ein besonderer Sachverstand bei der Zweitmeinungserbringung zu gewährleisten ist. Die gesetzliche Vorgabe wesentlicher Kriterien findet sich in S. 3 und zeigt, dass die Zweitmeinung ausschließlich von spezialisierten Einrichtungen und Fachleuten erbracht werden soll. Die Auflistung ist jedoch nicht abschließend, sondern kann vom Gemeinsamen Bundesausschuss durch weitere Kriterien ergänzt werden.

---

5 Ricken, GesR 2016, 265, 267.
6 BT-Dr. 18/5123, 116 f.; BT-Dr. 18/4095, 74 f.
7 BT-Dr. 18/4095, 74.
8 BT-Dr. 18/4095, 74.
9 BT-Dr. 18/4095, 74.
10 BT-Dr. 18/4095, 74.

weshalb die Krankenkassen aus dem Gesundheitsfonds finanziell unterstützt werden müssen. Dadurch werden die Zuweisungsangebote weiter gefördert.[20]

§ 28 Ärztliche und zahnärztliche Behandlung

(1) [1]Die ärztliche Behandlung umfaßt die Tätigkeit des Arztes, die zur Verhütung, Früherkennung und Behandlung von Krankheiten nach den Regeln der ärztlichen Kunst ausreichend und zweckmäßig ist. [2]Zur ärztlichen Behandlung gehört auch die Hilfeleistung anderer Personen, die von dem Arzt angeordnet und von ihm zu verantworten ist. [3]Die Partner der Bundesmantelverträge legen bis zum 30. Juni 2012 für die ambulante Versorgung beispielhaft fest, bei welchen Tätigkeiten Personen nach Satz 2 ärztliche Leistungen erbringen können und welche Anforderungen an die Erbringung zu stellen sind. [4]Der Bundesärztekammer ist Gelegenheit zur Stellungnahme zu geben.

(2) [1]Die zahnärztliche Behandlung umfaßt die Tätigkeit des Zahnarztes, die zur Verhütung, Früherkennung und Behandlung von Zahn-, Mund- und Kieferkrankheiten nach den Regeln der zahnärztlichen Kunst ausreichend und zweckmäßig ist; sie umfasst auch konservierend-chirurgische Leistungen und Röntgenleistungen, die im Zusammenhang mit Zahnersatz einschließlich Zahnkronen und Suprakonstruktionen erbracht werden. [2]Wählen Versicherte bei Zahnfüllungen eine darüber hinausgehende Versorgung, haben sie die Mehrkosten selbst zu tragen. [3]In diesen Fällen ist von den Kassen die vergleichbare preisgünstigste plastische Füllung als Sachleistung abzurechnen. [4]In Fällen des Satzes 2 ist vor Beginn der Behandlung eine schriftliche Vereinbarung zwischen dem Zahnarzt und dem Versicherten zu treffen. [5]Die Mehrkostenregelung gilt nicht für Fälle, in denen intakte plastische Füllungen ausgetauscht werden. [6]Nicht zur zahnärztlichen Behandlung gehört die kieferorthopädische Behandlung von Versicherten, die zu Beginn der Behandlung das 18. Lebensjahr vollendet haben. [7]Dies gilt nicht für Versicherte mit schweren Kieferanomalien, die ein Ausmaß haben, das kombinierte kieferchirurgische und kieferorthopädische Behandlungsmaßnahmen erfordert. [8]Ebenso gehören funktionsanalytische und funktionstherapeutische Maßnahmen nicht zur zahnärztlichen Behandlung; sie dürfen von den Krankenkassen auch nicht bezuschußt werden. [9]Das Gleiche gilt für implantologische Leistungen, es sei denn, es liegen seltene vom Gemeinsamen Bundesausschuss in Richtlinien nach § 92 Abs. 1 festzulegende Ausnahmeindikationen für besonders schwere Fälle vor, in denen die Krankenkasse diese Leistung einschließlich der Suprakonstruktion als Sachleistung im Rahmen einer medizinischen Gesamtbehandlung erbringt. [10]Absatz 1 Satz 2 gilt entsprechend.

(3) [1]Die psychotherapeutische Behandlung einer Krankheit wird durch Psychologische Psychotherapeuten und Kinder- und Jugendlichenpsychotherapeuten (Psychotherapeuten), soweit sie zur psychotherapeutischen Behandlung zugelassen sind, sowie durch Vertragsärzte entsprechend den Richtlinien nach § 92 durchgeführt. [2]Absatz 1 Satz 2 gilt entsprechend. [3]Spätestens nach den probatorischen Sitzungen gemäß § 92 Abs. 6a hat der Psychotherapeut vor Beginn der Behandlung den Konsiliarbericht eines Vertragsarztes zur Abklärung einer somatischen Erkrankung sowie, falls der somatisch abklärende Vertragsarzt dies für erforderlich hält, eines psychiatrisch tätigen Vertragsarztes einzuholen.

Literatur:

Behnsen/Bernhardt, Psychotherapeutengesetz (PsychTG), 1999; *Beske/Ratschko*, Das GKV-Modernisierungsgesetz – GMG und seine Auswirkungen, 2008; *Laufs/Katzenmeier/Lipp*, Arztrecht, 7. Auflage 2015; *Sodan*, Handbuch Krankenversicherungsrecht, 2. Auflage 2014; *Wenzel*, Handbuch des Fachanwalts Medizinrecht, 3. Auflage 2013; *Wolf*, Das moralische Risiko der GKV im Spannungsfeld zwischen Solidarität und Eigenverantwortung, 2009.

I. Entstehungsgeschichte 1	4. Ausreichend und zweckmäßig 14
1. Anfänge der Sozialversicherung 1	5. Delegation (Abs. 1 S. 2–4) 17
2. Entwicklung seit 1988 3	a) Kritik 18
3. Normzweck und europarechtlicher Kontext 9	b) Substitution 19
II. Regelungsgehalt 11	6. Zahnärztliche Behandlung (Abs. 2 S. 1) 20
1. Krankheitsbegriff (Abs. 1 S. 1) 11	7. Mehrkostenregelung (Abs. 2 S. 2–5) 21
2. Ärztliche Behandlung 12	8. Kieferorthopädische Versorgung (Abs. 2 S. 6–8) 22
3. Regeln der ärztlichen Kunst 13	a) Altersbegrenzung 23

---

20 BT-Dr. 18/5123, 117.

b) Kritik	25	b) Eckpunkte zur Reform des Psycho-
c) Zuzahlung	27	therapeutengesetzes 33
9. Funktionsanalytische und -therapeuti-		c) Konsiliarbericht (Abs. 2 S. 2) 34
sche Leistungen	28	d) Leistungen 35
10. Implantologische Leistungen		e) Delegation 36
(Abs. 2 S. 9)	29	12. „Praxisgebühr" (Abs. 4 aF) 37
11. Psychotherapeutische Versorgung		a) Verfassungsmäßigkeit von Zuzah-
(Abs. 3)	30	lungsregelungen 39
a) Ausübung der Psychotherapie	30	b) Kritik 41

I. Entstehungsgeschichte

1 **1. Anfänge der Sozialversicherung.** Das Gesetz, betreffend die Krankenversicherung der Arbeiter vom 15. Juni 1883 gewährte Lohn- und Gehaltsempfängern für maximal 13 Wochen „Krankenunterstützung" in Form freier ärztlicher Behandlung, Arznei, sowie Brillen, Bruchbänder und ähnliche Heilmittel und – im Falle der Erwerbsunfähigkeit – Krankengeld (§ 6). Nach der **Reichsversicherungsordnung (RVO)**[1] lag eine **Krankheit** im Sinne der gesetzlichen Krankenversicherung bei einem regelwidrigen Körper- oder Geisteszustand vor, dessen Eintritt entweder die Notwendigkeit einer Heilbehandlung – allein oder iVm Arbeitsunfähigkeit – oder Arbeitsunfähigkeit zur Folge hatte.[2]

2 Bezüglich der zahnärztlichen Behandlung vertrat das Reichsversicherungsamt (RVA) die Auffassung, **Zahnlosigkeit** stelle zwar einen von der Regel abweichenden Körperzustand dar, sei aber im Allgemeinen nicht behandlungsbedürftig.[3] Das Bundessozialgericht (BSG) stellte dagegen fest, die Verordnung von **Zahnersatz** und die Prüfung der funktionsgerechten Eingliederung des hergestellten **Zahnersatzes** sei nicht als ein bloßes Hilfsgeschäft im Rahmen des Herstellungsvorgangs anzusehen, vielmehr handele es sich um eine **typisch zahnärztliche Tätigkeit**, die nur auf der Grundlage medizinisch-wissenschaftlicher Erkenntnisse möglich ist und sich deutlich von der handwerklich-technischen Fertigung des Zahnersatzstücks abhebe. Insofern zähle die Versorgung der Versicherten sowie deren anspruchsberechtigten Familienangehörigen mit herausnehmbaren **Zahnersatz** als einheitliche Leistung des jeweils behandelnden Kassenzahnarztes zur **kassenzahnärztlichen Versorgung**.[4] Allerdings erfolgte die Versorgung mit **Zahnersatz** nicht als Sachleistung, sondern als Leistung eigener Art mit teilweiser oder völliger **Kostenerstattung** an den Versicherten.[5] Die Höhe der Zuschüsse zu den Kosten für Zahnersatz und Zahnkronen regelte die Satzung der Krankenkasse.[6] Leistungseinschränkungen, so zB beim Zahnersatz (§ 182c RVO), erfolgten 1981 mit dem Kostendämpfungs-Ergänzungsgesetz (KVEG).[7]

3 **2. Entwicklung seit 1988.** Ärztliche sowie zahnärztliche Behandlung wurde mit Einführung des Fünften Sozialgesetzbuches (SGB V)[8] als Tätigkeiten beschrieben, die zur Verhütung, Früherkennung und Behandlung von Krankheiten bzw. **Zahn-, Mund- und Kieferkrankheiten** nach den Regeln der (zahn)ärztlichen Kunst ausreichend und zweckmäßig sind (Abs. 1 und 2 in der Fassung des **Gesundheits-Reformgesetzes – GRG**).[9]

4 Damit wurde der **Leistungskatalog** der gesetzlichen Krankenversicherung um Leistungen zur **Prävention** (§§ 20, 21, 22) sowie um medizinische Vorsorgeleistungen (§§ 23, 24) ausgeweitet. Das System der Eigenbeteiligung wurde erweitert.[10]

---

[1] Reichsversicherungsordnung vom 19.7.1911, RGBl., 509.
[2] BSG, 23.11.1971, 3 RK 26/70, unter Hinweis auf die gefestigte Rechtsprechung = NJW 1972, 1157.
[3] Vgl. BSG, 20.7.1966, 6 RKa 11/63, NJW 1967, 317 unter Hinweis auf Grundsatzentscheidung des RVA Nr. 4067 – AN 1931, 21.
[4] BSG, 20.7.1966 = NJW 1967, 317.
[5] Erlass des Reichsarbeitsministers betr. Verbesserungen in der gesetzlichen Krankenversicherung v. 2.11.1943 – AN 1943, 485 – Abschn. I Nr. 4.
[6] Gesetz über die Angleichung der Leistungen zur Rehabilitation vom 7.8.1974, BGBl. I, 1881, § 182 c.
[7] Gesetz zur Ergänzung und Verbesserung der Wirksamkeit kostendämpfender Maßnahmen in der Krankenversicherung (Kostendämpfungs-Ergänzungsgesetz – KVEG), v. 22.12.1981, BGBl. 1981, 1578.
[8] Sozialgesetzbuch (SGB), Fünftes Buch (V) – Gesetzliche Krankenversicherung (Artikel 1 des Gesetzes v. 20.12.1988, BGBl. I, 2477).
[9] Gesetz zur Strukturreform im Gesundheitswesen (Gesundheits-Reformgesetz – GRG), v. 20.12.1988, zuletzt geändert durch Art. 105, G v. 27.4.1993, BGBl. I, 512.
[10] Hess in: Wenzel, Handbuch des Fachanwalts Medizinrecht, 2007, Rn. 19.

Das **Gesundheitsstrukturgesetz**[11] brachte eine Neuordnung der **kieferorthopädischen Behandlung** (Abs. 2 S. 2, 3). 5

Mit dem **Achten SGB V-Änderungsgesetz (8. SGB V-ÄndG)**[12] wurde in Abs. 2 die sog **Mehrkostenregelung** eingeführt; danach haben Versicherte die Mehrkosten für plastische Füllungen zu tragen, die über eine ausreichende und zweckmäßige Versorgung hinausgehen. Das **Beitragsentlastungsgesetz (BeitrEntlG)**[13] stellte klar, dass **implantologische Leistungen** einschließlich der Suprakonstruktion wie auch funktionsdiagnostische und funktionstherapeutische Maßnahmen nicht zur zahnärztlichen Behandlung zählen und von den Krankenkassen nicht bezuschusst werden dürfen (Abs. 2). Mit dem **Zweiten GKV-Neuordnungsgesetz (2. GKV-NOG)**[14] wurde dem **Gemeinsamen Bundesausschuss (G-BA)** die Kompetenz übertragen, Ausnahmeindikationen für implantologische Leistungen einschl. Suprakonstruktion festzulegen, die im Rahmen einer medizinischen Gesamtbehandlung erfolgen. Die mit diesem Gesetz geschaffene generelle Möglichkeit für alle Versicherten, statt Sachleistung **Kostenerstattung** zu wählen, wurde mit dem **Gesetz zur Stärkung der Solidarität in der gesetzlichen Krankenversicherung (GKV-SolG)**[15] „kassiert". Die kieferorthopädische Versorgung wurde (wieder) als Sachleistung organisiert. 6

Durch das **Psychotherapeutengesetz**[16] wurde § 28 um einen Abs. 3 ergänzt, der die **psychotherapeutische Behandlung** betrifft. Art. 1 und 2 **GKV-Modernisierungsgesetz (GMG)**[17] brachten eine Ergänzung in Abs. 2 S. 1; danach umfasst die zahnärztliche Behandlung auch **konservierend-chirurgische Leistungen** und **Röntgenleistungen**, die im Zusammenhang mit **Zahnersatz** einschließlich Zahnkronen und Suprakonstruktionen erbracht werden.[18] In Abs. 4 erfolgte die Einführung einer „**Praxisgebühr**", die in seltener Einmütigkeit vom Deutschen Bundestag im Jahr 2012 mit Wirkung vom 2.1.2013 wieder abgeschafft wurde.[19] 7

Eine weitere inhaltliche Veränderung erfuhr § 28 durch Art. 1 **GKV-Versorgungsstrukturgesetz (GKV-VStG)**.[20] Danach sollten die Partner der Bundesmantelverträge (bis zum 30. Juni 2012) für die ambulante Versorgung beispielhaft festlegen, bei welchen Tätigkeiten ärztliche Leistungen **delegiert** werden können und welche Anforderungen an die Erbringung zu stellen sind (Abs. 1 S. 3, 4). Die entsprechende Richtlinie bezieht sich ausschließlich auf Berufsangehörige der Alten- und Krankenpflege, gilt also nicht für medizinische Fachangestellte.[21] Mit dem **Gesetz zur Stärkung der Versorgung in der gesetzlichen Krankenversicherung (GKV-WSG)**[22] wurde auch im Bereich der psychotherapeutischen Behand- 8

---

11 Gesetz zur Sicherung und Strukturverbesserung der gesetzlichen Krankenversicherung v. 21.12.1992, BGBl. I, 2266; Zipperer, Wichtige strukturelle Änderungen für Ärzte, Zahnärzte und Versicherte im Gesundheitsstrukturgesetz, NZS 1993, 95; Tiemann/Muschallik, Zur Kostenerstattung nach dem Gesundheits-Reformgesetz, NJW 1990, 743 ff.
12 Achtes Gesetz zur Änderung des Fünften Buches Sozialgesetzbuch (Achtes SGB V-Änderungsgesetz – 8. SGB V-ÄndG) v. 28.10.1996, BGBl. I, 1559.
13 Gesetz zur Entlastung der Beiträge in der gesetzlichen Krankenversicherung (Beitragsentlastungsgesetz – BeitrEntlG) v. 1.11.1996, BGBl. I, 1631.
14 Zweites Gesetz zur Neuordnung von Selbstverwaltung und Eigenverantwortung in der gesetzlichen Krankenversicherung v. 23.6.1997, BGBl. I, 1520, (2. GKV-Neuordnungsgesetz – 2. GKV-NOG).
15 Gesetz zur Stärkung der Solidarität in der gesetzlichen Krankenversicherung (GKV-Solidaritätsstärkungsgesetz – GKV-SolG) v. 19.12.1998, BGBl. I, 3857; Krasney, Das neue Gesetz zur Stärkung der Solidarität in der gesetzlichen Krankenversicherung, NJW 1999, 1745 ff.
16 Art. 2 Gesetz über die Berufe des Psychologischen Psychotherapeuten und des Kinder- und Jugendlichenpsychotherapeuten, zur Änd. des SGB V und anderer Gesetze vom 16.6.1998, BGBl. I, 1311, zuletzt geändert durch Artikel 6 des Gesetzes v. 23.12.2016, BGBl. I S. 3191.
17 Gesetz zur Modernisierung der gesetzlichen Krankenversicherung (GKV-Modernisierungsgesetz – GMG) v. 14.11.2003, BGBl. I, 2190.
18 Mit dem Gesetz zur Anpassung der Finanzierung von Zahnersatz vom 15.12.2004 (BGBl. I Nr. 69 vom 20.12.2004, 3445) erfolgte eine Präzisierung der Festzuschussregelung hinsichtlich der Belastungsgrenzen.
19 Art. 2 Nr. 1 Gesetz zur Regelung des Assistenzpflegebedarfs in stationären Vorsorge- oder Rehabilitationseinrichtungen (AssPflBedRG k.a. Abk.) v. 20.12.2012, BGBl. I, 2789.
20 Gesetz zur Verbesserung der Versorgungsstrukturen in der gesetzlichen Krankenversicherung (GKV-Versorgungsstrukturgesetz – GKV-VStG) v. 22.12.2011, BGBl. I, 2983.
21 Richtlinie über die Festlegung ärztlicher Tätigkeiten zur Übertragung auf Berufsangehörige der Alten- und Krankenpflege zur selbständigen Ausübung von Heilkunde im Rahmen von Modellvorhaben nach § 63 Abs. 3c SGB V v. 20.10.2011, BAnz. Nr. 46 (S. 1128) v. 21.3.2012 und BAnz. Nr. 50 (S. 1228) v. 28.3.2012.
22 Gesetz zur Stärkung der Versorgung in der gesetzlichen Krankenversicherung (GKV-Versorgungsstärkungsgesetz – GKV-VSG) v. 16.7.2015, BGBl. 2015 I S. 1211.

lung durch Psychologische Psychotherapeuten und Kinder- und Jugendlichenpsychotherapeuten die Möglichkeit der Delegation von Leistungen eröffnet, Abs. 3 S. 2.

9   3. **Normzweck und europarechtlicher Kontext.** Wie kaum eine andere Norm im Sozialversicherungsrecht steht § 28 für zwei gegenläufige Tendenzen, zum einen die Erweiterung, zum anderen die Eingrenzung des **Leistungskatalogs** der GKV. Dem **Grundsatz der Eigenverantwortung** des Versicherten entspricht die Einführung von **Zuzahlungsregelungen** bis hin zur umstrittenen und zwischenzeitlich wieder abgeschafften „**Praxisgebühr**". Die Einführung von **Festzuschüssen** bei Zahnersatz stärkt die **Wahlfreiheit** der Versicherten. Ausgehend von der „Grundnorm"[23] des Art. 27 Abs. 1 SGB V werden an dieser Stelle die Leistungen der GKV bei der ärztlichen, zahnärztlichen und psychotherapeutischen Behandlung beschrieben.

10 Wegen der territorialen Begrenzung des Sozialrechts[24] in der Europäischen Union konfligiert § 28 im Ansatz nicht mit dem Unionsrecht. Eine wesentliche Anpassung im Hinblick auf den Grundsatz der Kostenerstattung erfolgte durch das GMG (§ 13 Abs. 4 S. 3).[25] Das Recht auf grenzüberschreitende Inanspruchnahme von Gesundheitsdienstleistungen in der Europäischen Union und der Anspruch auf Erstattung der Kosten wird in der Begründung zum Entwurf eines Patientenrechte-Gesetzes[26] noch einmal bekräftigt.

II. Regelungsgehalt

11 1. **Krankheitsbegriff (Abs. 1 S. 1).** Das SGB V definiert den Begriff „Krankheit" nicht.[27] Nach der Rechtsprechung des BSG liegt eine Erkrankung vor bei einem regelwidrigen Körper- oder Geisteszustand, der entweder ärztliche Behandlungsbedürftigkeit oder Arbeitsunfähigkeit oder beides zur Folge hat.[28] Regelwidrig ist demnach jede Abweichung vom Leitbild des gesunden Menschen,[29] wobei es darauf ankommt, ob der Versicherte zur Ausübung der normalen psychophysischen Funktionen in der Lage ist oder nicht.[30]

12 2. **Ärztliche Behandlung.** Die Erkrankung muss behandlungsfähig sein, dh mittels ärztlicher **Behandlung** beeinflusst werden können, um einen **Leistungsanspruch** gegenüber der GKV auszulösen.[31] Keine Krankenbehandlung stellen die In-Vitro-Fertilisation(IVF)-Behandlungszyklen mit präimplantativer genetischer Diagnostik (Präimplantationsdiagnostik – PID) dar, weil damit keine Funktionsbeeinträchtigung erkannt, geheilt, gelindert oder ihre Verschlimmerung verhütet wird.[32] Den krankheitsbedingten **Eintritt des Versicherungsfalls** festzustellen, kommt allein dem Arzt zu, ebenso die Einleitung, Durchführung und Überwachung einer den Zielen des § 27 Abs. 1 gerecht werdenden **Behandlung**.[33] Neben der **Behandlung** umfasst die Tätigkeit des Arztes auch die **Verhütung und Früherkennung** von Erkrankungen. Damit wird der Leistungskatalog der GKV vor allem um die **Prävention**[34] erweitert.

13 3. **Regeln der ärztlichen Kunst.** Ärztliche und zahnärztliche Behandlungen nach Abs. 1 dürfen nur von Kassen(zahn)ärzten und nicht von anderen zur Ausübung der Heilkunde Berechtigten, zB Heilpraktikern, ausgeübt werden.
Der Arzt soll bei der **Behandlung**, dh bei Diagnose und Therapie,[35] den **Stand der medizinischen Wissenschaft** zum Zeitpunkt der Behandlung beachten (§ 2 Abs. 1 S. 3), was nicht bedeutet, dass er in be-

---

23 Nebendahl in: Spickhoff, Medizinrecht, § 27 SGB V Rn. 1.
24 Tiemann in: Sodan, HdB KrVersR, § 12 Rn. 4.
25 Richtlinie 2011/24/EU des Europäischen Parlaments und des Rates vom 9.3.2011 über die Ausübung der Patientenrechte in der grenzüberschreitenden Gesundheitsversorgung, ABl.EU L 88/45 vom 4.4.2011.
26 Entwurf eines Gesetzes zur Verbesserung der Rechte von Patientinnen und Patienten, BT-Dr. 17/10488, 13.
27 Schramm/Witte in: Sodan, HdB KrVersR, § 10 Rn. 19.
28 BSGE 16, 177 = NJW 1962, 1414.
29 Zuck in: Quaas/Zuck, § 2 Rn. 1–5.
30 BSGE 35, 10,12; 39, 167, 168 mwN.
31 Lang in: Becker/Kingreen, § 27 Rn. 26 unter Hinweis auf BSGE 47, 83, 85 f.; 39, 167, 168; 35, 10, 13; 26, 240, 243.
32 BSG, 18.11.2014, B 1 KR 19/13 R; auch die Polkörperdiagnostik zählt nicht zum Leistungskatalog der gesetzlichen Krankenversicherung, BSG, 12.9.2015, B 1 KR 15/14 R; Kingreen, Entwicklung des Gesundheitsrechts, NJW 2014, 2234, 3347.
33 BVerfG, 6.12.2005, 1 BvR 347/98, Abs. 57 unter Hinweis auf BSGE 82, 158, 161 f. Zur Therapiefreiheit siehe auch Laufs, Die Entwicklung des Arztrechts 1983/84, NJW 1984, 1383, 1384.
34 Der Gesetzgeber verfolgt das Ziel, Prävention als eigenständige Säule des Gesundheitswesens zu entwickeln, BT-Dr. 16/3100, 86, 106.
35 Höfler in: KassKomm, § 28 SGB V Rn. 9.

gründeten Fällen nicht auch von diesem Standard[36] abweichen darf.[37] Dem Behandlungsvertrag müssen die allgemein anerkannten fachlichen Standards zugrunde gelegt werden, abweichende Vereinbarungen sind jedoch zulässig.[38] Mit den fachlichen Standards sind in der Regel die **Leitlinien** medizinischer Fachgesellschaften angesprochen.[39] Leitlinien dürfen jedoch nicht unbesehen mit dem medizinischen Standard gleichgesetzt werden.[40] Hierzu zählen auch die elementaren medizinischen Grundregeln, die im jeweiligen Fachgebiet vorausgesetzt werden.[41] Bei ärztlicher Spezialisierung in einem Fachgebiet gilt der sog **Facharzt-Standard**. Über den **Versorgungsstandard** in der GKV entscheidet der G-BA in Richtlinien.[42]

4. Ausreichend und zweckmäßig. Die gesetzliche Krankenversicherung gewährleistet lediglich eine **Mindestversorgung**.[43] Was zweckmäßig, ausreichend und wirtschaftlich ist, legt der **G-BA** – mit bindender Wirkung auch gegenüber den Versicherten[44] – fest (§ 92 Abs. 1 S. 2 Nr. 2). Vertragsärzte sind an diese Richtlinien gebunden.[45] Die **Therapiefreiheit** des Arztes kann mit der sozialversicherungsrechtlichen Vorgabe einer ausreichenden und zweckmäßigen **Behandlung** im Einzelfall kollidieren.[46] Richtlinien-Bestimmungen, die einen Allergiker faktisch von der Versorgung mit Zahnfüllungen ausschließen, verstoßen gegen Abs. 2 S. 1.[47]

Das BVerfG hat in seinem „**Nikolaus-Beschluss**" im Jahr 2005[48] eine **verfassungskonforme Auslegung** der Beschlüsse des **G-BA** angemahnt und bei einer lebensbedrohlichen oder sogar regelmäßig tödlichen Erkrankung auch Behandlungsmethoden zugelassen, wenn eine nicht ganz entfernt liegende Aussicht auf Heilung oder auf eine spürbare positive Einwirkung auf den Krankheitsverlauf besteht.[49] In seiner Reaktion hat der **G-BA** klargestellt, dass seine Entscheidungen sich nicht auf Einzelfälle beziehen; wenn Krankenkassen ausgeschlossene Leistungen bezahlen, sollen diese dem **G-BA** gemeldet werden.[50]

---

36 Zum Begriff „Standard" siehe Laufs/Kern in: Laufs/Kern, HdB ArztR, § 97 Rn. 3; Rehborn, Das Patientenrechtegesetz, GesR 2013, 257, 259.
37 Lang in: Becker/Kingreen, § 27 SGB V Rn. 10; Quaas in: Quaas/Zuck, § 13 Rn. 29.
38 Entwurf eines Gesetzes zur Verbesserung der Rechte von Patientinnen und Patienten, BT-Dr. 17/10488.
39 BGH VersR 2010, 214 f.; vgl. auch OLG Hamm NJW 2000, 1801 ff.; Carstensen, DÄBl. 1989, B 1736, B 1737; Hase, Ärztliche Leitlinien und „medizinischer Standard", Überlegungen zur Berücksichtigung medizinischen Wissens im Privatrecht, GesR 2012, 601 ff.; kritisch: Laufs/Kern in: Laufs/Kern, HdB ArztR, § 97 Rn. 18–20.
40 BGH, 15.4.2014, VI ZR 382/12.
41 BGH, 20.9.2011, VI ZR 5/09.
42 Engelmann, Die Kontrolle ärztlicher Standards durch die Sozialgerichtsbarkeit, MedR 2006, 245 ff.
43 Jörg in: Schnapp/Wigge, § 11 Rn. 52.
44 Schimmelpfeng-Schütte, Zur verfassungsrechtlichen Problematik der Normsetzungsbefugnis des Bundesausschusses gegenüber den Versicherten, NZS 1999, 530 ff.
45 BVerfG, 6.12.2005, 1 BvR 347/98, Abs.-Nr. 19.
46 Vgl. Wenner in: Prütting, FAnwK MedR, § 28 SGB V Rn. 1; Schimmelpfeng-Schütte in: Schnapp/Wigge, § 7 Rn. 60.
47 BSG, 2.9.2014, B 1 KR 3/13 R unter Rückverweisung an SächsLSG, 25.1.2012, L 1 KR 87,10; vgl. Kingreen, Die Entwicklung des Gesundheitsrechts 2011/2012, NJW 2012, 3614, 3616, 3617; ders., Die Entwicklung des Gesundheitsrechts 2010/2011, NJW 2011, 3615, 3618.
48 BVerfG, 6.12.2005, 1 BvR 347/98.
49 In diesem Fall sei es mit Art. 2 Abs. 1 GG in Verbindung mit dem grundgesetzlichen Sozialstaatsprinzip nicht vereinbar, den Einzelnen unter den Voraussetzungen des § 5 SGB V einer Versicherungspflicht in der gesetzlichen Krankenversicherung zu unterwerfen und für seine an der wirtschaftlichen Leistungsfähigkeit ausgerichteten Beiträge die notwendige Krankheitsbehandlung gesetzlich zuzusagen, ihn andererseits aber von der Leistung einer bestimmten Behandlungsmethode durch die Krankenkasse auszuschließen und ihn für eine Finanzierung der Behandlung außerhalb der gesetzlichen Krankenversicherung zu verweisen, wenn eine nicht ganz entfernt liegende Aussicht auf Heilung oder auf eine spürbare positive Einwirkung auf den Krankheitsverlauf besteht, BVerfG, 6.12.2005, 1 BvR 347/98, Abs.-Nr. 64 = SozR 4-2500 § 27 Nr. 5 sowie zB BSG SozR 4-2500 § 18 Nr. 8 Rn. 14 mwN zur Rspr.; zu den Konsequenzen: Padé, Anspruch auf Leistungen der gesetzlichen Krankenversicherung bei Lebensgefahr und tödlich verlaufenden Krankheiten- Umsetzung des „Nikolaus"-Beschlusses des Bundesverfassungsgerichts durch die Rechtsprechung des Bundessozialgerichts, NZS 2007, 352.
50 Beschluss des Gemeinsamen Bundesausschusses über die Änderung der Richtlinien Methoden Krankenhausbehandlung und Methoden vertragsärztliche Versorgung sowie der Verfahrensordnung: Berücksichtigung des BVerfG-Beschlusses v. 6.12.2005 in der Methodenbewertung, 20.1.2011, BAnz. Nr. 56 (S. 1342) vom 8.4.2011.

16 Zur demokratischen Legitimation des Bundesausschusses äußerte sich das BVerfG bislang nicht.[51] Vielmehr hat das BVerfG darauf hingewiesen, dass es zu einer verfassungsrechtlichen Überprüfung der rechtlichen Befugnisse des Bundesausschusses konkreter Ausführungen nicht nur zum Einzelfall, sondern auch zur Ausgestaltung der in Rede stehenden Befugnis, zum Gehalt der angegriffenen Richtlinie und zur Reichweite der Regelung auf an ihrer Entstehung Beteiligte oder auch unbeteiligte Dritte bedürfe. Es sei „nicht ausgeschlossen", dass der Gemeinsame Bundesausschuss für eine Richtlinie hinreichende Legitimation besitzt, während diese Legitimation für eine andere seiner Normen fehlen kann. Maßgeblich für die Prüfung der verfassungsrechtlichen Zulässigkeit sei insbesondere, inwieweit der Ausschuss für seine zu treffenden Entscheidungen gesetzlich angeleitet ist.[52]

17 **5. Delegation (Abs. 1 S. 2–4).** Mit der Aufforderung an die Partner der Bundesmantelverträge, den Komplex **Delegation** in der ambulanten Versorgung zu regeln, will der Gesetzgeber Ärzte entlasten und die Versorgung verbessern. Die gesetzlichen Krankenkassen und die Kassenärztliche Bundesvereinigung haben entsprechende Delegations-Vereinbarungen getroffen.[53] Grundsätzlich bleibt es bei der Pflicht zur persönlichen Leistungserbringung durch den Arzt. In der gem. § 63 Abs. 3c erlassenen Richtlinie über die Festlegung ärztlicher Tätigkeiten zur Übertragung auf Berufsangehörige der Alten- und Krankenpflege zur selbstständigen Ausübung von Heilkunde im Rahmen von Modellvorhaben werden die delegierbaren Leistungen und notwendigen Qualifikationen auf Basis ärztlicher Diagnosen im Einzelnen beschrieben.[54]

18 **a) Kritik.** Es erscheint fraglich, warum es eines solchen gesetzlichen Auftrages überhaupt bedurfte, wenn das Ergebnis letztlich unverbindlich bleibt. Allerdings macht der Gesetzgeber keinen Hehl daraus, dass er nach Auswertung der Modellvorhaben weitere Möglichkeiten der Übertragung von Leistungen und deren Honorierung prüfen will.

19 **b) Substitution.** Bundesärztekammer und andere ärztliche Spitzenverbände fordern,[55] von einer Übertragung ärztlicher Leistungen und Verantwortlichkeiten auf nichtärztliche Gesundheitsberufe im Sinne einer über die Delegation hinausgehenden **Substitution** Abstand zu nehmen. Dies unterlaufe das Recht des Patienten auf eine Behandlung nach fachärztlichem **Standard** und führe zu Qualitätsabfall und unwirtschaftlicher Versorgung. Eine Leistungsdelegation an nichtärztliche Mitarbeiter könne und dürfe nicht pauschal oder allein leistungsbezogen erfolgen. Die **Delegation** müsse in der alleinigen Verantwortung des Arztes geregelt werden.[56]

20 **6. Zahnärztliche Behandlung (Abs. 2 S. 1).** Abs. 2 S. 1 wiederholt zunächst den auch für die ärztliche Behandlung geltenden Programmsatz in Abs. 1 und beschreibt sodann die Schnittfläche zur **Mund-Kiefer-Gesichtschirurgie**. Als sog **Begleitleistung** zählen **Röntgenleistungen** zum **Leistungskatalog** der GKV, die in Zusammenhang mit Zahnersatz einschließlich Zahnkronen und Suprakonstruktionen

---

51 Kingreen, Verfassungsrechtliche Grenzen der Rechtsetzungsbefugnis des Gemeinsamen Bundesausschusses im Gesundheitsrecht, NJW 2006, 877, 880. Kritisch hinsichtlich der funktionellen Legitimation: Sodan in: Sodan, HdB KrVersR, § 2 Rn. 14 ff.
52 1 BvR 2056/12.
53 Vereinbarung über die Delegation ärztlicher Leistungen an nichtärztliches Personal in der ambulanten vertragsärztlichen Versorgung gemäß § 28 Abs. 1 S. 3 SGB V vom 1.10.2013, Stand: 1. 1. 2015; Vereinbarung über die Erbringung ärztlich angeordneter Hilfeleistungen in der Häuslichkeit der Patienten, in Alten- oder Pflegeheimen oder in anderen beschützenden Einrichtungen gem. § 87 Abs. 2 b S. 5 SGB V oder in hausärztlichen Praxen (Delegations-Vereinbarung), in Kraft getreten am 17.3.2009, zuletzt geändert am 14.12.2016, in Kraft getreten zum 1.1.2017.
54 Richtlinie über die Festlegung ärztlicher Tätigkeiten zur Übertragung auf Berufsangehörige der Alten- und Krankenpflege zur selbstständigen Ausübung von Heilkunde im Rahmen von Modellvorhaben nach § 63 Abs. 3 c SGB V v. 20.10.2011, BAnz. Nr. 46 (S. 1128) v. 21.3.2012 und BAnz. Nr. 50 (S. 1228) v. 28.3.2012, Teil B, letzte Änderung: 20.10.2011, in Kraft getreten am: 22.3.2012.
55 Bundesärztekammer, Resolution vom 23.2.2012.
56 Mit Blick auf die jetzt entstehende neue Versorgungebene hat die Bundesärztekammer in ihrer Stellungnahme gemäß § 91 Abs. 5 und § 63 Abs. 3 c S. 4 zur Richtlinie dafür plädiert, statt auf Substitution zu setzen, die Delegation ärztlicher Leistungen zu stärken.

(zahnärztliche und zahntechnische Leistungen) erbracht werden.[57] Im Übrigen gelten die vom **G-BA** erlassenen Behandlungs-Richtlinien gem. § 92 Abs. 1 S. 2 Nr. 2.[58]

7. Mehrkostenregelung (Abs. 2 S. 2–5). Wählen Versicherte bei Zahnfüllungen eine aufwändigere Versorgung, die über den Rahmen von Abs. 2 S. 1 hinausgeht, tragen sie die **Mehrkosten** selbst.[59] In diesen Fällen ist von den Kassen die vergleichbare preisgünstigste plastische Füllung unter Einschluss der Begleitleistungen[60] als Sachleistung abzurechnen. Über die in der Kostendifferenz[61] zwischen der gewährten **Sachleistung** und der gewünschten Versorgung liegenden Mehrkosten ist vor Beginn der Behandlung eine schriftliche **Vereinbarung** zwischen dem Zahnarzt und dem Versicherten zu treffen.[62] Die **Mehrkostenregelung** gilt nicht für Fälle, in denen intakte plastische Füllungen ausgetauscht werden. Hier erfolgt gar keine Kostenbeteiligung der Krankenkasse.

8. Kieferorthopädische Versorgung (Abs. 2 S. 6–8). Anspruchsnorm für die kieferorthopädische Behandlung ist § 29. Die Behandlung wird in der Regel von weitergebildeten **Fachzahnärzten für Kieferorthopädie** übernommen. Die Weiterbildung erfolgt nach den Heilberufekammergesetzen der Länder durch die Zahnärztekammern auf der Rechtsgrundlage einer **Weiterbildungsordnung**, welche auch die Einbeziehung der Universitäten regelt.[63]

a) Altersbegrenzung. Für die kieferorthopädische Versorgung beschränkt Abs. 2 S. 6 den Kreis der Anspruchsberechtigten grundsätzlich auf jene Versicherten, die bei Behandlungsbeginn das **18. Lebensjahr** noch nicht vollendet haben.[64]

Das BSG attestiert dem Gesetzgeber einen weiten Gestaltungsspielraum hinsichtlich der Bestimmung des Leistungskataloges. Daher verstoße diese Regelung nicht gegen Verfassungsrecht, insbesondere nicht gegen das **Sozialstaatsgebot**, auch nicht gegen Art. 3 GG. Ebenso hat das BVerfG in ständiger Rechtsprechung hervorgehoben, dass es keinen Anspruch auf Bereitstellung und Finanzierung bestimmter Gesundheitsleistungen gibt.[65] Danach ist es verfassungsrechtlich nicht zu beanstanden, dass die gesetzliche Krankenversicherung den Versicherten Leistungen nach Maßgabe eines allgemeinen

---

57 BSG, 7.5.2013, B 1 KR 5/12 R.
58 Richtlinie des Gemeinsamen Bundesausschusses für eine ausreichende, zweckmäßige und wirtschaftliche vertragszahnärztliche Versorgung (Behandlungsrichtlinie) vom 4.6.2003/24.9.2003, veröffentlicht im BAnz. 2003, S. 24966, in Kraft getreten am 1.1.2004, zuletzt geändert am 1.3.2006, veröffentlicht im BAnz. 2006, S. 4466, in Kraft getreten am 18.6.2006; Richtlinien des Gemeinsamen Bundesausschusses über eine ausreichende, zweckmäßige und wirtschaftliche vertragszahnärztliche Versorgung mit Zahnersatz und Zahnkronen (Zahnersatz-Richtlinie) vom 8.12.2004, veröffentlicht im BAnz. 2005, S. 4094, in Kraft getreten am 1.1.2005, zuletzt geändert am 18.2.2016, veröffentlicht im BAnz 2016, in Kraft getreten am 4.5.2016.
59 Richtlinie des Gemeinsamen Bundesausschusses zur Bestimmung der Befunde und der Regelversorgungsleistungen, für die Festzuschüsse nach §§ 55, 56 SGB V zu gewähren sind (Festzuschuss-Richtlinie), sowie über die Höhe der auf die Regelversorgungsleistungen entfallenden Beträge nach § 56 Abs. 4 SGB V vom 3.11.2004, veröffentlicht im BAnz. 2004, S. 24463, in Kraft getreten am 1.1.2005, zuletzt geändert am 25.11.2016, BAnz AT 30.12.2016 B3, in Kraft getreten am 1.1.2017; Richtlinien des Bundesausschusses der Zahnärzte und Krankenkassen für die kieferorthopädische Behandlung in der Fassung vom 4.6.2003 und vom 24.9.2003, veröffentlicht im BAnz. Nr. 226 (S. 24966) vom 3.12.2003, in Kraft getreten am 1.1.2004; Zahnersatz-Richtlinie (Folgeänderung Fortschreibung Festzuschüsse), Fassung vom 8.12.2004, BAnz. Nr. 54 (S. 4094) vom 18.3.2005, letzte Änderung v. 7.11.2007, BAnz. Nr. 241 (S. 8383) vom 28.12.2007, in Kraft getreten am 1.1.2008; Richtlinien über die Früherkennungsuntersuchungen auf Zahn-, Mund- und Kieferkrankheiten, Beschluss veröffentlicht in BAnz. Nr. 54 (S. 4094) vom 18.3.2005; Individualprophylaxe-Richtlinien des Bundesausschusses der Zahnärzte und Krankenkassen über Maßnahmen zur Verhütung von Zahnerkrankungen (Individualprophylaxe) in der Fassung vom 4.6.2003, veröffentlicht im BAnz. Nr. 226 (S. 24966) vom 3.12.2003, in Kraft getreten am 1.1.2004.
60 Nolte in: KassKomm, § 28 SGB V Rn. 18.
61 Nolte in: KassKomm, § 28 SGB V Rn. 18.
62 Zur Durchsetzung des Honoraranspruchs ist nach Auffassung des AG Köln, 7.3.2012, 132 C 205/11 = MedR 2014, 111–113, keine schriftliche Honorarvereinbarung erforderlich.
63 ZB Weiterbildungsordnung für die bayerischen Zahnärzte vom 22.1.1985 (BZB, Heft 2/1985, S. 56), zuletzt geändert durch Änderungssatzungen vom 24.11.2008 (BZB, Heft 12/2008, S. 81 u. 83); zum Umfang der kieferorthopädischen Weiterbildung siehe auch § 35 der Richtlinie 2005/36/EG des Europäischen Parlaments und des vom 7.9.2005 über die Anerkennung von Berufsqualifikationen, ABl.EU L 255/22 v. 30.9.2005.
64 Die Altersbeschränkung ist der Kostenentwicklung im Gesundheitswesen geschuldet, welcher der Gesetzgeber seit dem KVKG – letztlich erfolglos – begegnen wollte. Zur Begründung wurde stets angeführt, kieferorthopädische Behandlungen sollten aus medizinischen Gründen vor Abschluss des Körperwachstums begonnen werden.
65 Schaks in: Sodan: HdB KrVersR, § 16 Rn. 26 mwN.

Leistungskatalogs (§ 11) nur unter Beachtung des Wirtschaftlichkeitsgebots (§ 12) zur Verfügung stellt, soweit gem. § 2 Abs. 1 S. 1 diese Leistungen nicht der **Eigenverantwortung** der Versicherten zugerechnet werden.[66]

25 **b) Kritik.** Offen bleibt die Frage, ob ein alleine auf das Alter des Patienten bezogener Ausschluss der Behandlung eine sachlich unbegründete **Diskriminierung** Erwachsener und damit einen Verstoß gegen § 2 Abs. 1 Nr. 5 AGG[67] darstellt. Zwar verweist § 2 Abs. 2 AGG auf den Vorrang von § 33 c SGB I, was jedoch verfassungsrechtlich wie auch gemeinschaftsrechtlich bedenklich erscheint,[68] zumal § 19 a SGB IV Alter ausdrücklich als Diskriminierungstatbestand nennt. Der VGH Mannheim sieht in einem grundsätzlichen Ausschluss der kieferorthopädischen Behandlung bei Erwachsenen einen Verstoß gegen den Gleichheitsgrundsatz des Art. 3 Abs. 1 GG, sofern die **Behandlung** medizinisch indiziert ist und nicht aus ästhetischen Gründen vorgenommen wird, wenn keine Behandlungsalternativen vorhanden sind und die Zahnfehlstellungen zu erheblichen Folgeproblemen (zB **craniomandibuläre Dysfunktion**) führen oder es sich um eine erst im Erwachsenenalter erworbene sog sekundäre **Anomalie** handelt.[69]

26 Die fachlichen Erwägungen, die das BSG noch 2003 unter Hinweis auf die Erwägungen des Gesetzgebers bewogen hatten, der Erwachsenenbehandlung mit Skepsis zu begegnen, rechtfertigen heute den grundsätzlichen Ausschluss der Erwachsenenbehandlung aus zahnmedizinisch-wissenschaftlichen Erwägungen nicht mehr.[70]

27 **c) Zuzahlung.** Pauschale Zuzahlungen im Rahmen der vertragszahnärztlichen kieferorthopädischen Behandlung sind unzulässig, nicht aber Vereinbarungen über zusätzliche Behandlungsmaßnahmen oder aufwändigere Materialien.[71] Auch ohne Abschluss einer solchen Vereinbarung besteht ein Anspruch des Versicherten auf die vertragszahnärztliche KFO-Behandlung. Zwar hat der Gesetzgeber die **Mehrkostenregelung** ausdrücklich nur bei Zahnfüllungen vorgesehen, es ist jedoch nicht erkennbar, warum vertragliche Vereinbarungen von Zahnarzt und Patient ausschließlich auf Mehrleistungen bei Zahnfüllungen begrenzt werden sollten.[72]

28 **9. Funktionsanalytische und -therapeutische Leistungen.** Funktionsanalytische und -therapeutische Leistungen sind im **Leistungskatalog** der GKV nicht enthalten. Sie können vertraglich zwischen Patient und Behandler vereinbart und nach der zahnärztlichen Gebührenordnung (Ziffern 8000 ff. GOZ) berechnet werden. Ohne **Funktionsdiagnostik** ist die Erkennung und Behandlung von funktionellen Störungen und Erkrankungen – nicht nur des Kausystems – nicht möglich.[73]

29 **10. Implantologische Leistungen (Abs. 2 S. 9).** Den Ausschluss **implantologischer Leistungen** mit den in den Richtlinien gem. § 92 Abs. 1 beschriebenen Ausnahmeindikationen (zB Verlust von Kieferkno-

---

66 BVerfG, 6.12.2005, 1 BvR 347/98, Abs.-Nr. 57, 58.
67 Allgemeines Gleichbehandlungsgesetz vom 14.8.2006, BGBl. I, 1897, das zuletzt durch Art. 15 Abs. 66 des Gesetzes vom 5.2.2009, BGBl. I, 160, geändert worden ist.
68 Art. 2, 3 des Vorschlags für eine Richtlinie des Rates zur Anwendung des Grundsatzes der Gleichbehandlung, ungeachtet der Religion oder der Weltanschauung, einer Behinderung, des Alters oder der sexuellen Ausrichtung, KOM/2008/0426 endg., zieht den Rahmen der Altersdiskriminierung weiter als die Richtlinie 2000/78/EG.
69 VGH Mannheim, 2.5.2012, 2 S 2904/10.
70 BSG, 25.3.2003, B 1 KR 17/01 R; BSG, 9.12.1997, 1 RK 11/97.
71 SG Reutlingen, 25.6.2003, S 1 KA 1371/01.
72 So auch Niggehoff in: Becker/Kingreen, § 29 Rn. 30–32. Beim Abschluss einer entsprechenden Honorarvereinbarung ist vonseiten des Behandlers die in § 630 c Abs. 3 BGB vorgesehene wirtschaftliche Informationspflicht zu beachten.
73 Klinische Funktionsanalyse, Wissenschaftliche Stellungnahme der Deutschen Gesellschaft für Zahn-, Mund- und Kieferheilkunde (DGZMK) und der Deutschen Gesellschaft für Funktionsdiagnostik und -Funktionstherapie (FDT) in der DGZMK, 2003 (abrufbar unter http://www.dgzmk.de/uploads/tx_szdgzmkdocuments/Klinische_Funktionsanalyse.pdf; zuletzt abgerufen am 1.3.2017).

chen, nicht jedoch Kieferathropie)[74] hat das BSG als zulässige Beschränkung des **Leistungskatalogs** gesehen.[75] Dabei sind die seitens des G-BA festgelegten Ausnahmeindikationen eng auszulegen.[76] Versicherte haben jedenfalls dann Anspruch auf implantologische Leistungen, wenn diese allein unterstützender Teil einer medizinischen Gesamtbehandlung mit einem der Wiederherstellung der Kaufunktion übergeordneten Behandlungsziel sind.[77] Für die Suprakonstruktion leistet die GKV **Festzuschüsse** gem. § 55.[78] Ist die Implantatversorgung aufgrund einer Ausnahmeindikation als Sachleistung durch die GKV erfolgt, besteht grundsätzlich ein Anspruch gegen die Krankenkasse auf Reinigung der Zahnimplantate, allerdings beschränkt auf die Entfernung harter Beläge.[79]

11. Psychotherapeutische Versorgung (Abs. 3). a) Ausübung der Psychotherapie. Ausübung von Psychotherapie ist nach der Legaldefinition des **Psychotherapeutengesetzes**[80] jede mittels wissenschaftlich anerkannter psychotherapeutischer Verfahren vorgenommene Tätigkeit zur Feststellung, Heilung oder Linderung von Störungen mit Krankheitswert, bei denen Psychotherapie indiziert ist, § 1 Abs. 3 S. 1 PsychThG. Nicht zur Ausübung von Psychotherapie gehören psychologische Tätigkeiten, die die Aufarbeitung und Überwindung sozialer Konflikte oder sonstige Zwecke außerhalb der Heilkunde zum Gegenstand haben, § 1 Abs. 3 S. 3 PsychTPG. 30

Psychotherapie zählt – zunächst unter Arzt- bzw. **Approbationsvorbehalt**[81] – seit 1967 zu den Leistungen der GKV. Rechtsgrundlage waren die Psychotherapie-Richtlinien. 1972 wurde der Kreis der Behandler unter ärztlicher Leitung um Diplom-Psychologen und andere Berufsgruppen erweitert, um dann im Jahr 1976 auf Personen mit einem abgeschlossenen Psychologiestudium begrenzt zu werden.[82] 31

Die Entscheidung des Bundesverwaltungsgerichts im Jahr 1983, wonach das HeilpraktikerG auf psychotherapeutisch tätige Diplom-Psychologen Anwendung fand,[83] bestätigte das Bundesverfassungsgericht fünf Jahre später, nannte jedoch eine gesetzliche Regelung des Psychotherapeutenberufs sinnvoll und nützlich.[84] Erst nach mehreren Anläufen konnte das **Psychotherapeutengesetz** zum 1.1.1999 in Kraft treten. Das Gesetz legte den Grundstein für die Aufnahme der approbierten Psychologischen Psychotherapeuten (PP) und der Kinder- und Jugendlichenpsychotherapeuten (KJP) in die Kassenärztlichen Vereinigungen.[85] Sie können seither durch die Patienten direkt in Anspruch genommen werden, Kinder- und Jugendlichenpsychotherapeuten jedoch nur, bis der Patient das 21. Lebensjahr vollendet hat, § 1 Abs. 2 S. 1 PsychThG. Allerdings wurden mit dem Gesetz auch die Verwerfungen aufgrund 32

---

74 Die BehandlRL-ZÄ sieht unter Abschnitt B. VII. 2. S 4 Ausnahmeindikationen für Implantate und Suprakonstruktionen iS von § 28 Abs. 2 S. 9 SGB V vor. Danach liegen besonders schwere Fälle vor
a) bei größeren Kiefer- oder Gesichtsdefekten, die ihre Ursache in Tumoroperationen, in Entzündungen des Kiefers infolge von großen Zysten (zB große follikuläre Zysten oder Keratozysten), infolge von Osteopathien, sofern keine Kontraindikation für eine Implantatversorgung vorliegt, in angeborenen Fehlbildungen des Kiefers (Lippen-, Kiefer-, Gaumenspalten, ektodermale Dysplasien) oder in Unfällen haben,
b) bei dauerhaft bestehender extremer Xerostomie, insbesondere im Rahmen einer Tumorbehandlung,
c) bei generalisierter genetischer Nichtanlage von Zähnen,
d) bei nicht willentlich beeinflussbaren muskulären Fehlfunktionen im Mund- und Gesichtsbereich (zB Spastiken); BSG, 19.6.2001, B 1 KR 4/00 R, NJW 2002, 1821.
75 BSG, 21.6.2011, B 1 KR 17/10 R; BSG, 30.7.2009, B 1 KR 28/09 B unter Hinweis auf BSG, 13.7.2004, B 1 KR 37/02 R = USK 2004-103; BSG SozR 4-2500 § 28 Nr. 2 Rn. 7, jeweils mw N; vgl. auch BSG, 5.10.2005, B 1 KR 42/05 B, bestätigt durch BVerfG, 9.1.2006, 1 BvR 2344/05.
76 BSG, 7.5.2013, B 1 KR 19/12 R.
77 BSG, 7.5.2013, B 1 KR 19/12 R; Kingreen, Die Entwicklung des Gesundheitsrechts 2012/2013, NJW 2013, 3491, 3493 unter Hinweis auf BSG, 7.5.2013, B 1 KR19/12 R, BeckRS 2013, 71662.
78 Kingreen, Die Entwicklung des Gesundheitsrechts 2010/2011, NJW 3615, 3618 mit Hinweisen zur Rechtsprechung der Landessozialgerichte.
79 BSG, 21.6.2011, B 1 KR 17/10, unter Bezugnahme auf die Richtlinien des G-BA für eine ausreichende, zweckmäßige und wirtschaftliche vertragszahnärztliche Versorgung idF v. 4.6. und 24.9.2003, zuletzt geändert durch Beschl. v. 1.3.2006, BAnz Nr. 11 v. 17.6.2006, S. 4466. Danach gehören zur vertragszahnärztlichen Versorgung das Entfernen von harten verkalkten Belägen und die Behandlung der Mundschleimhaut.
80 § 1 Abs. 3 S. 1 Psychotherapeutengesetzes vom 16.6.1998 (BGBl. I, 1311), zuletzt geändert durch Artikel 6 des Gesetzes vom 23.12.2016 (BGBl. I S. 3191).
81 BSG, 12.5.1993, 6 RKa 21/91 mit weiteren Hinweisen auf die Rspr. zur RVO.
82 Behnsen/Bernhard, PsychTG, S. 10.
83 BVerwG, 10.2.1983, 3 C 21/82 = NJW 1984, 1414.
84 BVerfG, 10.5.1988, 1 BvR 482/84, 1166/85.
85 Waldherr, Ein Vierteljahrhundert bis zum Psychotherapeutengesetz, Bayerisches Ärzteblatt, 3/2003, 150, 151.

einer fehlenden **Bedarfsplanung** festgeschrieben.[86] Mit dem **GKV-VSG** hat der G-BA den Auftrag erhalten, die Bedarfsplanungs-Richtlinie zu überarbeiten. Ziel ist die Sicherstellung einer bedarfsgerechten und wohnortnahen Versorgung.

33 b) **Eckpunkte zur Reform des Psychotherapeutengesetzes.** Der 25. Deutsche Psychotherapeutentag hat sich im November 2014 für eine Ausbildung ausgesprochen, die „eine Approbation nach einem wissenschaftlichen Hochschulstudium auf Masterniveau anstrebt". In der Folge hat das Bundesministerium für Gesundheit im Oktober 2016 Eckpunkte zur Reform der Psychotherapeuten-Ausbildung vorgelegt und ein Ausbildungskonzept entwickelt, das ua zum Ziel hat, Fakten- und Handlungswissen aus dem Psychologiestudium, aus pädagogischen und medizinischen Studiengängen sowie aus den bisherigen verfahrensorientierten Psychotherapeutenausbildungen zu integrieren.
Am Ende der Ausbildung soll künftig eine staatliche Prüfung (Staatsexamen) stehen, die zur Berufszulassung (Approbation) führt. Die Ausbildung ist nach diesen Eckpunkten so konzipiert, dass sie von der Struktur her (1. Studienabschnitt drei Jahre /2. Studienabschnitt zwei Jahre) mit dem Bachelor/Mastersystem kompatibel wäre.[87]

34 c) **Konsiliarbericht (Abs. 2 S. 2).** Spätestens nach den probatorischen Sitzungen hat der Psychotherapeut vor Beginn der **Behandlung** den **Konsiliarbericht** eines Vertragsarztes zur Abklärung einer somatischen Erkrankung sowie, falls der somatisch abklärende Vertragsarzt dies für erforderlich hält, eines psychiatrisch tätigen Vertragsarztes einzuholen (Abs. 3 S. 2). Andere Leistungen dürfen Psychotherapeuten nicht erbringen, § 73 Abs. 2 S. 2. Der Patient muss die Behandlung unter Vorlage des Konsiliarberichts bei seiner Krankenkasse beantragen.[88]

35 d) **Leistungen.** Die Richtlinie des Gemeinsamen Bundesausschusses über die Durchführung der **Psychotherapie**[89] definiert Psychotherapie als **Behandlung** seelischer Krankheiten, verstanden als krankhafte Störung der Wahrnehmung, des Verhaltens, der Erlebnisverarbeitung, der sozialen Beziehungen und der Körperfunktionen, § 2 Abs. 1 S. 1 **Psychotherapie-Richtlinie.** Dabei handelt es sich nur dann um eine Leistung der gesetzlichen Krankenversicherung, wenn die Therapie dem Ziel dient, eine **Krankheit** zu erkennen, zu heilen, ihre Verschlimmerung zu verhüten oder Krankheitsbeschwerden zu lindern. Maßnahmen, die ausschließlich zur beruflichen Anpassung oder zur Berufsförderung bestimmt sind, Erziehungsberatung, Sexualberatung, körperbezogene Therapieverfahren, darstellende Gestaltungstherapie sowie heilpädagogische oder ähnliche Maßnahmen zählen nicht zum Leistungskatalog, § 1 Abs. 2 S. 2 Psychotherapie-RL. Als Behandlungsformen werden (ausschließlich) psychoanalytische begründete Verfahren und Verhaltenstherapie genannt, § 13 S. 2 Psychotherapie-RL, was dem derzeitigen Stand der Wissenschaft nicht mehr gerecht wird.[90]

36 e) **Delegation.** Mit der Ergänzung in Absatz 3 SGB V wird die Delegationsmöglichkeit bei administrativen Tätigkeiten sowie vorbereitenden und behandlungsergänzenden Maßnahmen für Psychotherapeuten entsprechend den Regelungen bei Ärzten und Zahnärzten geregelt.

37 12. **„Praxisgebühr" (Abs. 4 aF).** Versicherte, die das 18. Lebensjahr vollendet haben, mussten seit dem 1. Januar 2004 grundsätzlich (mit einigen Ausnahmen) **Zuzahlungen** für die erste Inanspruchnahme eines an der ambulanten ärztlichen, zahnärztlichen oder psychotherapeutischen Versorgung teilnehmenden Leistungserbringers pro Quartal leisten.

---

86 Angesichts steigender Diagnosezahlen bei psychischen Erkrankungen gewährleistet die bisherige Bedarfsplanung keine angemessene und ausreichende Versorgung der Betroffenen.
87 Abrufbar unter www.dgpt.de/fileadmin/download/Mitteilungen/2016-10-23_BMG_PsychThG_EckpunkteDir ektausbildung.pdf (zuletzt abgerufen am 1.3.2017).
88 Abschnitt F II bzw. III der Psychotherapie-RL.
89 Richtlinie des Gemeinsamen Bundesausschusses über die Durchführung der Psychotherapie (Psychotherapie-Richtlinie) in der Fassung v. 19.2.2009, veröffentlicht im BAnz. Nr. 58 (S. 1 399) vom 17.4.2009, in Kraft getreten am 18.4.2009, zuletzt geändert am 16.6.2016, veröffentlicht im BAnz AT vom 7.10.2016 B2, in Kraft getreten am 8.10.2016; aufgrund von Auflagen des Bundesministeriums für Gesundheit sind Änderungen des Beschlusses geplant.
90 Der G-BA sieht derzeit die Voraussetzungen für weitere psychotherapeutische Verfahren hinsichtlich ihres therapeutischen Nutzens, ihrer medizinischen Notwendigkeit und ihrer Wirtschaftlichkeit nach gegenwärtigem Stand der wissenschaftlichen Erkenntnisse nicht als erfüllt, siehe Bekanntmachung [1624 A] eines Beschlusses des Gemeinsamen Bundesausschusses über eine Änderung der Psychotherapie-Richtlinien: Ergebnis des Bewertungsverfahrens über die Gesprächspsychotherapie bei Erwachsenen v. 24.4.2008, BAnz. Nr. 118 (S. 2902) vom 7.8.2008.

Mit Parlamentsbeschluss vom 9.11.2012 wurde die Praxisgebühr zum 2.1.2013 wieder abgeschafft (→ Rn. 7). 38

a) **Verfassungsmäßigkeit von Zuzahlungsregelungen.** Das BSG sah bislang in **Zuzahlungen** zur ambulanten ärztlichen Behandlung, keinen formellen Verfassungsverstoß.[91] Vielmehr handele es sich „um eine für das System der **GKV** typische, seit langer Zeit eingeführte eigenständige Form der Abgabe zwecks Eigenbeteiligung der Versicherten an den Krankheitskosten (Abgabe sui generis)," die sich in vergleichbarer Ausgestaltung auch bei anderen Leistungen finde.[92] Weil das Sozialversicherungssystem als mittelbare Staatsverwaltung aus dem Anwendungsbereich der Art. 104 a ff. GG ausgenommen ist,[93] seien an Sonderformen von Abgaben in der **GKV** nicht dieselben hohen Anforderungen zu stellen wie an sogenannte „Sonderabgaben". 39

Die materielle verfassungsrechtliche Prüfung des BSG erschöpft sich in der Betrachtung der Rechtsprechung des BVerfG zur grundsätzlichen Verfassungsmäßigkeit von Zuzahlungsregelungen in der **GKV**.[94] Zutreffend stellt das BSG insoweit fest, die Krankenkassen seien „weder nach dem SGB V noch von Verfassungs wegen gehalten, alles zu leisten, was an Mitteln zur Erhaltung oder Wiederherstellung der Gesundheit verfügbar ist".[95] Der Leistungskatalog der **GKV** dürfe vielmehr auch von finanzwirtschaftlichen Erwägungen mitbestimmt sein.[96] Gerade im Gesundheitswesen habe der Kostenaspekt für gesetzgeberische Entscheidungen erhebliches Gewicht.[97] Deshalb sei es dem Gesetzgeber im Rahmen seines Gestaltungsspielraums grundsätzlich auch erlaubt, den Versicherten über den „normalen" Krankenversicherungsbeitrag hinaus zur Entlastung der Krankenkassen und zur Stärkung des Kostenbewusstseins in der Form von Zuzahlungen bei bestimmten Leistungen zu beteiligen – jedenfalls, soweit dies dem Einzelnen finanziell zugemutet werden kann.[98] 40

b) **Kritik.** Dass die Leistungserbringer bei Zuzahlungsregelungen als Inkassostelle der Krankenkassen[99] fungieren (müssen), hat – wegen der damit verbundenen Bürokratie – vielfache Kritik gefunden.[100] Die 2. Kammer des Ersten Senats des BVerfG hat eine Verfassungsbeschwerde gegen die **Praxisgebühr**, bei der eine Ärztin die Verletzung von Art. 12 Abs. 1 GG gerügt hatte, im Jahr 2004 nicht zur Entscheidung angenommen, da die Voraussetzungen des § 93 a Abs. 2 BVerfGG nicht vorlagen. Die angegriffene Regelung verstieß jedoch nach Ansicht der Kammer nicht gegen Art. 12 Abs. 1 GG.[101] 41

---

91 BSG, 25.6.2009, B 3 KR 3/08 R, BSGE 103, 275 = SozR 4-2500 § 28 Nr. 3, Rn. 18 ff.
92 BSG, 25.6.2009, B 3 KR 3/08 R, Rn. 19.
93 Vgl. BVerfGE 113, 167, 200 ff.
94 BSG, 25.6.2009, B 3 KR 3/08 R, NJW 2010, 1993, 1995.
95 Vgl. BVerfGE 115, 25, 46 = SozR 4-2500 § 27 Nr. 5 Rn. 27; BVerfG, Beschluss der 2. Kammer des 1. Senats vom 5.3.1997, 1 BvR 1071/95, NJW 1997, 3085; BSGE 96, 153 = SozR 4-2500 § 27 Nr. 7, jeweils Rn. 28 f. mwN; zuletzt BSG, 28.2.2008, B 1 KR 16/07 R, BSGE 100, 103 = SozR 4-2500 § 31 Nr. 9, jeweils Rn. 46.
96 Vgl. BVerfG, 28.2.2008, 1 BvR 1778/05 unter Hinweis auf BVerfGE 103, 172, 184, und BVerfGE 115, 25, 42.
97 Vgl. BVerfGE 103, 172, 184 = SozR 3-5520 § 25 Nr. 4.
98 Vgl. BVerfGE 115, 25, 46 = SozR 4-2500 § 27 Nr. 5 Rn. 27; BVerfG, Beschluss der 2. Kammer des 1. Senats vom 7.3.1994, 1 BvR 2158/93-, NJW 1994, 3007; BVerfGE 70, 1, 26, 30 = SozR 2200 § 376 d Nr. 1; BSGE 100, 221, 224 f. = SozR 4-2500 § 62 Nr. 6). Zutreffend führt das BSG aus, dass es dem Gesetzgeber bei Einführung der „Praxisgebühr" ausschließlich um die Vermeidung von Beitragssatzsteigerungen gegangen ist. Dabei wird unterstellt, dass die „Praxisgebühr" auch zur Steuerung der Inanspruchnahme ärztlicher Leistungen diene. Diese Behauptung wurde bislang nicht belegt. Insoweit bleibt die Verhältnismäßigkeit dieser gesetzgeberischen Maßnahme strittig.
99 BSG, 8.2.2012, B 6 KA 12/11 R unter Hinweis auf BSGE 103, 275 = SozR 4-2500 § 28 Nr. 3, Rn. 16; BSG, 25.6.2009, B 3 KR 3/08 R.
100 Beske/Ratschko, Das GKV-Modernisierungsgesetz – GMG und seine Auswirkungen, Kiel 2008, S. 120. Die Techniker Krankenkasse hat vorgerechnet, dass durch die „Praxisgebühr" jährliche Bürokratiekosten in Höhe von 360 Mio. EUR entstehen. Die Kassenärztliche Bundesvereinigung (KBV) hat am 21.5.2012 eine Kampagne zur Abschaffung gestartet.
101 BVerfG, 27.7.2004, 1 BVR 787/04.

§ 29 Kieferorthopädische Behandlung

(1) Versicherte haben Anspruch auf kieferorthopädische Versorgung in medizinisch begründeten Indikationsgruppen, bei denen eine Kiefer- oder Zahnfehlstellung vorliegt, die das Kauen, Beißen, Sprechen oder Atmen erheblich beeinträchtigt oder zu beeinträchtigen droht.

(2) [1]Versicherte leisten zu der kieferorthopädischen Behandlung nach Absatz 1 einen Anteil in Höhe von 20 vom Hundert der Kosten an den Vertragszahnarzt. [2]Satz 1 gilt nicht für im Zusammenhang mit kieferorthopädischer Behandlung erbrachte konservierend-chirurgische und Röntgenleistungen. [3]Befinden sich mindestens zwei versicherte Kinder, die bei Beginn der Behandlung das 18. Lebensjahr noch nicht vollendet haben und mit ihren Erziehungsberechtigten in einem gemeinsamen Haushalt leben, in kieferorthopädischer Behandlung, beträgt der Anteil nach Satz 1 für das zweite und jedes weitere Kind 10 vom Hundert.

(3) [1]Der Vertragszahnarzt rechnet die kieferorthopädische Behandlung abzüglich des Versichertenanteils nach Absatz 2 Satz 1 und 3 mit der Kassenzahnärztlichen Vereinigung ab. [2]Wenn die Behandlung in dem durch den Behandlungsplan bestimmten medizinisch erforderlichen Umfang abgeschlossen worden ist, zahlt die Kasse den von den Versicherten geleisteten Anteil nach Absatz 2 Satz 1 und 3 an die Versicherten zurück.

(4) [1]Der Gemeinsame Bundesausschuss bestimmt in den Richtlinien nach § 92 Abs. 1 befundbezogen die objektiv überprüfbaren Indikationsgruppen, bei denen die in Absatz 1 genannten Voraussetzungen vorliegen. [2]Dabei sind auch einzuhaltende Standards zur kieferorthopädischen Befunderhebung und Diagnostik vorzugeben.

Literatur:
Laufs/Katzenmeier/Lipp, Arztrecht, 7. Aufl. 2015; *Wenzel*, Handbuch des Fachanwalts Medizinrecht, 3. Aufl. 2013; *Wolf*, Das moralische Risiko der GKV im Spannungsfeld zwischen Solidarität und Eigenverantwortung, 2009.

I. Entstehungsgeschichte	1	
1. Anfänge der Sozialversicherung	1	
2. Entwicklung nach 1988	4	
3. Normzweck und europäischer Kontext	9	
II. Regelungsgehalt	12	
1. Anspruch auf kieferorthopädische Versorgung (Abs. 1)	12	
a) Versicherte	12	
b) Behandlung	13	
aa) Behandler	19	
bb) Behandlungsplanung	22	
cc) Behandlungsabbruch, Kündigung	23	
dd) Anspruch auf Versorgung	25	
2. Kostenanteil der Versicherten (Abs. 2)	27	
3. Abrechnung der Behandlungskosten (Abs. 3)		29
a) Abrechnung zwischen Vertragszahnarzt und KZV (Abs. 3 S. 1)		29
b) Anteil der Versicherten (Abs. 3 S. 2)		30
c) Mehrkosten-Vereinbarungen		33
4. Richtlinien des Gemeinsamen Bundesausschusses (Abs. 4)		34
a) Kieferorthopädische Indikationsgruppen		35
b) Einschränkungen des Behandlungsbedarfs		36
c) Kieferanomalien		37
d) Kritik		38

I. Entstehungsgeschichte

1. Anfänge der Sozialversicherung. § 182 Abs. 1 Nr. 1 iVm § 205 RVO[1] gewährte Versicherten im Krankheitsfall Anspruch auf zahnärztliche Behandlung als Sachleistung der Krankenkassen. Nach § 182e RVO konnte die Satzung der Krankenkasse bei kieferorthopädischen Behandlungen eine generelle Zuzahlungspflicht regeln.[2] **Krankheit im Rechtssinn**[3] oder Krankheit im Sinne der Krankenversicherung[4] lag nach der Spruchpraxis des Reichsversicherungsamtes nur vor, wenn der regelwidrige Kör-

---
1 Reichsversicherungsordnung v. 19.7.1911, RGBl. S. 509.
2 Dabei hing die Zuzahlung nicht vom Verhalten des Leistungsempfängers ab, es kam zB nicht darauf an, ob ihn am Behandlungsabbruch ein Verschulden trifft. Etwas anderes galt, wenn der Abbruch vom Kieferorthopäden zu vertreten war, BSG, 22.1.1986, 8 RK 30/85.
3 So RVA ua in AN 1936, GE 1992 S. IV 332, 1937, GE 5115 S. IV 265.
4 So RVA in AN 1920, 320.

perzustand einer **Behandlung** bedurfte.[5] § 122 RVO sah vor, dass Ärzte und approbierte[6] Zahnärzte zahnärztliche Behandlungen durchführen durften.

Das BSG hat eine **Kiefer- oder Zahnstellungsanomalie** als regelwidrigen Körperzustand iS des versicherungsrechtlichen Krankheitsbegriffs bezeichnet, wenn eine oder mehrere der Körperfunktionen des Beißens, Kauens oder Artikulierens der Sprache hierdurch in nicht unerheblichem Maße beeinträchtigt werden. Kieferorthopädischer Behandlungsbedarf ergab sich auf der Grundlage der **RVO** demnach, wenn eine Selbstregulierung der Fehlstellung der Zähne nicht hinreichend wahrscheinlich war und die Behandlung voraussichtlich zur vollständigen oder teilweisen Behebung der Funktionsstörung führte. Konnten dadurch Verschlimmerungen verhütet werden, so lag in verstärktem Maße Behandlungsbedürftigkeit vor.[7]

Der Gesetzgeber konkretisierte 1977 im **KVKG**[8] die Anspruchsgrundlagen in Form eines 80prozentigen Zuschusses der Krankenkasse zu den Behandlungskosten.[9]

2. Entwicklung nach 1988. Mit Art. 1 des **GRG**[10] wurde zum 1.1.1989 das SGB V eingeführt. In § 29 vollzog der Gesetzgeber den Übergang von der **Sachleistung zur Kostenerstattung** bei kieferorthopädischen Leistungen.[11] Die **Kostenerstattung** stellte nach Auffassung des BSG eine Normierung einer teilweisen Eigenbeteiligung dar.[12] Sie erfolgte unter dem Regime der gesetzlichen Krankenversicherung. Der Kostenerstattungsanspruch erhöhte sich von 80 % für das erste Kind auf 90 %, wenn zwei Kinder, die bei Beginn der **Behandlung** das 18. Lebensjahr noch nicht vollendet hatten, mit ihren Erziehungsberechtigten in einem gemeinsamen Haushalt lebten. Den von den Versicherten zunächst getragenen Eigenanteil erstattete die Krankenkasse, wenn die Behandlung in dem im Behandlungsplan vorgesehenen Umfang abgeschlossen wurde (Abs. 2). Mit Einführung der **Kostenerstattung** sollte die Eigenverantwortung des Patienten stimuliert und die Transparenz erhöht werden.[13]

Das parteiübergreifend vorbereitete **GSG**[14] nahm ab dem 1.1.1993 die kieferorthopädische Behandlung für Versicherte, die zu Beginn der **Behandlung** das 18. Lebensjahr vollendet hatten, aus dem **Leistungskatalog** der gesetzlichen Krankenversicherung heraus (§ 28 Abs. 2 S. 2). Die Herausnahme galt nicht für Versicherte mit schweren **Kieferanomalien**, deren Ausmaß kombinierte kieferchirurgische und kieferorthopädische Behandlungsmaßnahmen erforderten. Der mit dem GSG eingeführte degressive Punktwert (§ 85 Abs. 4 b–4 f), sowie die zehnprozentige Absenkung der Vergütungssätze für Zahnersatz-Leistungen und kieferorthopädische **Behandlung** (§ 85 Abs. 2 b S. 1) führten auch zu einer Anpassung des Zahlungsweges. Der Zahlungsanspruch des Zahnarztes gegenüber dem Versicherten entfiel zum 1.1.1993 (Abs. 2 S. 3). Versicherte in medizinisch begründeten Indikationsgruppen gem. Abs. 1 S. 1 erhielten gegenüber der Krankenkasse Anspruch auf Übernahme der Kosten in Höhe von 80 % für das erste, auf 90 % der Behandlungskosten für das zweite und jedes weitere Kind. Die im Zusammenhang mit der kieferorthopädischen Behandlung erbrachten konservierend-chirurgischen Leistungen und Röntgenleistungen wurden komplett als Sachleistung gewährt. Die Urheber des GSG gingen dabei davon aus, dass die Stärkung der Eigenverantwortung durch Selbstbeteiligung an den Gesundheitskosten weitgehend eine Illusion sei.[15]

---

[5] BSG, 20.10.1972, 3 RK 93/71.
[6] Bis zum Inkrafttreten des Zahnheilkundegesetzes im Jahr 1952 galt hinsichtlich zahnärztlicher Behandlungen Gewerbefreiheit, dh die Behandlung war an keine gesonderte Berufszulassung gebunden.
[7] BSG, 20.10.1972, 3 RK 93/71 = NJW 1973, 582 (amtl. Ls.), VersR 1973, 437 (amtl. Ls.).
[8] Gesetz zur Dämpfung der Ausgabenentwicklung und zur Strukturverbesserung in der gesetzlichen Krankenversicherung (Krankenversicherungs-Kostendämpfungsgesetz – KVKG) v. 27.6.1977, BGBl. I, 1069.
[9] Versicherte hatten bei kieferorthopädischer Behandlung bis zu 20 vom Hundert der Kosten, höchstens jedoch einen Betrag in Höhe eines Viertels der monatlichen Bezugsgröße je Leistungsfall an die Krankenkasse zu zahlen, § 182 e RVO.
[10] Gesetz zur Strukturreform im Gesundheitswesen (Gesundheits-Reformgesetz – GRG) v. 8.12.1988, BGBl. I, 2477, zuletzt geändert durch Art. 105 G v. 27.4.1993, BGBl. I, 512.
[11] Tiemann/Muschallik, Zur Kostenerstattung nach dem Gesundheits-Reformgesetz, NJW 1990, 743 ff.
[12] Muschallik in: Wenzel, Handbuch des Fachanwalts Medizinrecht, 3. Aufl. 2013, Kap. 3 Rn. 68 unter Hinweis auf BSGE 66, 284, 297; BSG SozR 3-2500 § 85 Nr. 1; SozR 3-2200 § 182 c Nr. 2; SozR 3-2500 § 30 Nr. 3.
[13] Tiemann/Muschallik, NJW 1990, 747.
[14] Gesetz zur Sicherung und Strukturverbesserung der gesetzlichen Krankenversicherung (Gesundheitsstrukturgesetz) v. 21.12.1992, BGBl. I, 2266, zuletzt geändert durch Art. 205 V der Verordnung v. 25.11.2003, BGBl. I, 2304.
[15] Schulte, Das Gesundheitsstrukturgesetz – Wirksame Stabilisierung und strukturelle Weichenstellung für die Gesundheitsversorgung, NZS 1993, 41, 44.

6 Die nächste wesentliche Änderung erfuhr § 29 durch das **2. GKV-NOG**.[16] Hier erfolgte wiederum eine Rückkehr zur **Kostenerstattung**. Die Krankenkasse zahlte danach den auf sie entfallenden Kostenanteil an den Versicherten, dieser wiederum zahlte an den Vertragszahnarzt (Abs. 2 S. 1, 2). Bezogen auf das Ziel der Kostendämpfung blieben beide Gesetze wirkungslos.[17]

7 Bereits ein Jahr später korrigierte der Gesetzgeber seine voran gegangene Entscheidung mit dem **GKV-SolG**.[18] Seit dem 1.1.1999 haben Versicherte einen Anteil der Behandlungskosten in Höhe von 20 % bei einem bzw. 10 % bei zwei und mehr Kindern an den Vertragszahnarzt zu leisten (Abs. 2 S. 1, 3); den Restbetrag rechnet der Vertragszahnarzt über die Kassenzahnärztliche Vereinigung ab (Abs. 3 S. 1). Seither zählt die kieferorthopädische Behandlung wieder zu den Sachleistungen der gesetzlichen Krankenversicherung.[19]

8 Die mit Art. 1 **GKV-Gesundheitsreformgesetz 2000**[20] in Abs. 4 S. 2 vorgenomme Ergänzung gestattet dem G-BA, auch Standards zur kieferorthopädischen Befunderhebung und Diagnostik vorzugeben. Gemessen daran erscheint die durch Art. 1 und 2 **GMG**[21] vorgenommene Korrektur des § 29 Abs. 4 S. 1 SGB V marginal; hier erfolgte die Umbenennung des Bundesausschusses der Zahnärzte und Krankenkassen (fortan: Gemeinsamer Bundesausschuss).

9 **3. Normzweck und europäischer Kontext.** Heute zählt die kieferorthopädische **Behandlung** bis zur Vollendung des 18. Lebensjahres zum Sachleistungskatalog der gesetzlichen Krankenversicherung. Versicherte leisten hierzu einen Eigenanteil, der nach Abschluss der geplanten Behandlung von der Krankenkasse erstattet wird.

10 Die Genese des Kieferorthopädie-Paragrafen und hier vor allem das Hin und Her zwischen Sachleistung und Kostenerstattung belegen beispielhaft, wie sehr das Recht der gesetzlichen Krankenversicherung politischen, um nicht zu sagen ideologischen Einflüssen ausgesetzt ist.

11 Zur Kompatibilität mit dem europäischen Recht → § 28 Rn. 9 f.

II. Regelungsgehalt

12 **1. Anspruch auf kieferorthopädische Versorgung (Abs. 1). a) Versicherte.** Wer in der gesetzlichen Krankenversicherung versichert ist, ergibt sich aus § 5. Kinder und Heranwachsende sind unter den Voraussetzungen von § 10 beitragsfrei mitversichert. Im Hinblick auf die in Abs. 2, Abs. 3 S. 2 angesprochene Erstattung des Eigenanteils muss der Antragsteller zum Zeitpunkt der möglichen **Kostenerstattung** nicht mehr Mitglied der Krankenkasse sein. Die Erstattung der Kosten erfolgt in diesem Falle für den während des Versicherungsverhältnisses durch die kieferorthopädische Behandlung entstanden Teils der Kosten.[22]

13 **b) Behandlung.** Nach den **Kieferorthopädie-Richtlinien**[23] gem. § 92 Abs. 1 gehört zur vertragszahnärztlichen Versorgung die kieferorthopädische Behandlung, wenn eine Kiefer- oder Zahnfehlstellung vorliegt, welche die Funktion des Beißens, des Kauens, der Artikulation der Sprache oder eine andere Funktion, wie zB Nasenatmung, Mundschluss oder Gelenkfunktion, erheblich beeinträchtigt bzw. zu beeinträchtigen droht und wenn nach Abwägung aller zahnärztlich-therapeutischen Möglichkeiten

---

16 Zweites Gesetz zur Neuordnung von Selbstverwaltung und Eigenverantwortung in der gesetzlichen Krankenversicherung – 2. GKV-NOG – v. 23.6.1997, BGBl. I, 1520, zuletzt geändert durch Art. 4 G v. 24.3.1998, BGBl. I, 526.
17 Zuck in: Quaas/Zuck, § 4 Rn. 46.
18 Gesetz zur Stärkung der Solidarität in der gesetzlichen Krankenversicherung (GKV-Solidaritätsstärkungsgesetz – GKV-SolG) v. 19.12.1998, BGBl. I, 3853, zuletzt geändert durch Art. 20 Abs. 7 G v. 16.7.2015, BGBl. I, 1211.
19 Krasney, Das neue Gesetz zur Stärkung der Solidarität in der gesetzlichen Krankenversicherung, NJW 1999, 1745, 1746; BSG, 25.3.2003, B 1 KR 17/01 R.
20 Gesetz zur Reform der Gesetzlichen Krankenversicherung ab dem Jahr 2000 – GKV-Gesundheitsreformgesetz 2000 v. 22.12.1999, BGBl. I, 2626, geänd. durch G v. 15.12.2002, BGBl. I, 684.
21 Gesetz zur Modernisierung der gesetzlichen Krankenversicherung – GKV-Modernisierungsgesetz – GMG v. 14.11.2003, BGBl. I, 2190, geänd. durch G v. 30.7.2004, BGBl. I, 2014 und geänd. durch G v. 15.12.2004, BGBl. I, 3445.
22 BSG, 8.3.1995, 1 RK 12/94, NZS 1996, 28.
23 Richtlinien des Bundesausschusses der Zahnärzte und Krankenkassen für die kieferorthopädische Behandlung in der Fassung vom 4.6.2003 und v. 24.9.2003, BAnz. Nr. 226 (S. 24966) v. 3.12.2003, in Kraft getreten am 1.1.2004, im Folgenden: KfO-Richtlinien.

durch kieferorthopädische Behandlung die Beeinträchtigung mit Aussicht auf Erfolg behoben werden kann.[24]

Die Versorgung soll ausreichend, zweckmäßig und wirtschaftlich sein; "lediglich" kosmetische Maßnahmen zählen nicht zur vertragszahnärztlichen Versorgung.[25] Das bedeutet jedoch nicht, dass mit einer medizinisch notwendigen Behandlungsmaßnahme nicht auch kosmetische oder ästhetische Zwecke verfolgt werden dürften.[26]

Die Durchführung jeder kieferorthopädischen Behandlung beginnt mit einer dem jeweiligen Behandlungsfall entsprechenden Patientenuntersuchung sowie der Erhebung, Auswertung und ärztlichen Beurteilung von Befundunterlagen. Auf dieser Basis erarbeitet der Zahnarzt persönlich und eigenverantwortlich eine Behandlungsplanung.[27]

Die **Frühbehandlung** soll nicht vor dem 4. Lebensjahr begonnen werden und innerhalb von sechs Kalenderquartalen abgeschlossen werden.[28] Eine Frühbehandlung schließt eine erneute kieferorthopädische Behandlung zu einem späteren Zeitpunkt nicht aus. Für kieferorthopädische Behandlungen vor Beginn der 2. Phase des Zahnwechsels (spätes Wechselgebiss) nennen die Richtlinien eine Reihe von Voraussetzungen.[29]

Kieferorthopädische Behandlungen erstrecken sich in der Regel über längere Zeiträume und werden ergänzt durch eine ausreichende Retentionsphase. Maßnahmen zur Retention sind bis zu zwei Jahren nach dem Ende des Kalenderquartals, für das die letzte Abschlagszahlung geleistet worden ist, Bestandteil der vertragszahnärztlichen Versorgung, längstens bis zum Abschluss der Behandlung einschließlich der Retention. Der Zahnarzt hat danach den Abschluss der Behandlung einschließlich der Retention schriftlich zu bestätigen.[30]

Nur der Versicherte hat das Recht, einen etwaigen Behandlungsanspruch gegen seine Krankenkasse auf dem Rechtsweg durchzusetzen.[31]

aa) **Behandler.** Jeder nach § 95 Abs. 2 und 3 zugelassene Vertragszahnarzt[32] ist berechtigt, kieferorthopädische Behandlungen durchzuführen. In der Regel erfolgt die kieferorthopädische Behandlung durch einen **Fachzahnarzt für Kieferorthopädie**. Das Fachgebiet zählt nach der europäischen Richtlinie über die Anerkennung von Berufsqualifikationen[33] zum Ausbildungsprogramm des Zahnmedizin-Studiums. Kieferorthopäden, nicht zu verwechseln mit Zahnärzten, die einen „Tätigkeitsschwerpunkt Kieferorthopädie"[34] oder einen akademischen Grad (MsC) als fortgebildete Zahnärzte führen, sind weitergebildete Fachzahnärzte, deren Anerkennung in Deutschland durch die aufgrund des Heilberufe-Kammergesetzes zuständige Landeszahnärztekammer erfolgt.[35]

---

24 KfO-Richtlinien B 1.
25 KfO-Richtlinien A 1, 2.
26 Voit in: Prölss/Martin, Versicherungsrecht, § 192 Rn. 52; LG Lüneburg, 20.2.2007, 5 O 86/06 bzgl. der invisalign-Behandlung.
27 KfO-Richtlinien B 5, 6.
28 KfO-Richtlinien B 7.
29 KfO-Richtlinien B 8.
30 KfO-Richtlinien B 12.
31 SG Hamburg, 11.7.2001, 3 KA 306/97.
32 Zulassungsverordnung für Vertragszahnärzte – Zahnärzte-ZV – v. 28.5.1957, zuletzt geänd. durch Art. 15 G v. 16.7.2015, BGBl. I, 1211; zu den Zulassungsvoraussetzungen siehe auch Zuck in: Quaas/Zuck, § 29 Rn. 2; Hartmannsgruber in: Ratzel/Luxenburger, § 7 Rn. 12.
33 Richtlinie 2005/36/EG über die Anerkennung von Berufsqualifikationen und der Verordnung (EU) Nr. 1024/2012 über die Verwaltungszusammenarbeit mit Hilfe des Binnenmarkt- Informationssystems („IMI-Verordnung"); Richtlinie 2013/55/EU des Europäische Parlaments und des Rates v. 20. 11. 2013 zur Änderung der Richtlinie 2005/36/EG über die Anerkennung von Berufsqualifikationen und der Verordnung (EU) Nr. 1024/2012 über die Verwaltungszusammenarbeit mit Hilfe des Binnenmarkt- Informationssystems („IMI-Verordnung"), Amtsblatt der Europäischen Union, 28.12.2013, L 354/132.
34 Zu den Voraussetzungen eines Tätigkeitsschwerpunkts: BVerfG, 23.7.2001, 1 BvR 873/00, Abs.-Nr. (1–39). Die Werbung als „Zahnarzt für Kieferorthopädie" ist in diesem Fall nach der Entscheidung BVerfG, 1.6.2011, 1 BvR 233/10, Abs.-Nr. 52, unzulässig, weil irreführend; BVerwG.
35 Die fachzahnärztliche Ausbildung umfasst nach Art. 35 Abs. 2 S. 1 der Richtlinie 2005/36/EG ein theoretisches und praktisches Studium in einem Universitätszentrum, einem Ausbildungs- und Forschungszentrum oder gegebenenfalls in einer hierzu von den zuständigen Behörden oder Stellen zugelassenen Gesundheitseinrichtung, also zB einer von der Landeszahnärztekammer zur Weiterbildung ermächtigten Praxis. Fachzahnarztlehrgänge auf Vollzeitbasis dauern mindestens drei Jahre und stehen unter Aufsicht der zuständigen Behörden oder Stellen, Art. 35 Abs. 2. S. 2 der Richtlinie.

20 Über die Zulassung zur vertragszahnärztlichen Versorgung entscheidet die örtlich zuständige Kassenärztliche Vereinigung (KZV), die als „Zulassungsbehörde" Aufgaben der öffentlichen Verwaltung wahrnimmt.[36] Das BSG hat entschieden, dass ein Versicherter nach Zulassungsverzicht seines behandelnden Zahnarztes eine bereits begonnene kieferorthopädische Behandlung grundsätzlich nur bei einem anderen zugelassenen Zahnarzt fortsetzen kann.[37]

21 Allein der Zahnarzt bestimmt nach den KfO-Richtlinien Art und Umfang der Maßnahmen.[38] Er hat dabei jedoch auf eine "sinnvolle Verwendung" der Mittel zu achten.[39] Die Vergütung des Kieferorthopäden erfolgt auf Grundlage des einheitlichen Bewertungsmaßstabs (BEMA), § 87.

22 bb) Behandlungsplanung. Die Erstellung des Behandlungsplans[40] markiert den Behandlungsbeginn und hat somit anspruchsbegründende Bedeutung.[41] Der Bundesmantelvertrag-Zahnärzte[42] wie auch der Ersatzkassenvertrag[43] sehen ein Antrags- und Genehmigungsverfahren für kieferorthopädische Behandlungen vor. Wie alle Behandlungsmaßnahmen, so müssen auch Abweichungen vom genehmigten Behandlungsplan wirtschaftlich sein. Liegt in einem solchen Fall ein Nachantrag bzw. eine weitere Genehmigung nicht vor, so trägt der Zahnarzt das Risiko, ggf. auch die Wirtschaftlichkeit der Leistungen nachweisen zu müssen.[44] Soweit die bundesmantelvertraglichen Vorschriften eine Genehmigung vorsehen, wird hierdurch kein Anspruch auf Erlass einer Genehmigung des Vertragszahnarztes begründet.

23 cc) Behandlungsabbruch, Kündigung. Der Erfolg einer kieferorthopädischen Behandlung hängt wesentlich von der Mitarbeit des Patienten und seiner Erziehungsberechtigten ab; nach den KfO-Richtlinien sind diese vor und während der Behandlung entsprechend aufzuklären und zu motivieren. Fehlt es an der Mitwirkung des Patienten oder betreibt dieser keine hinreichende Mundhygiene, muss das kieferorthopädische Behandlungsziel neu bestimmt oder die Behandlung beendet werden.[45]

24 Der Abbruch der Behandlung gestaltet sich nach Maßgabe der Verträge zwischen den Kassenzahnärzten und Kassen. Soweit die Behandlung grundsätzlich bei jedem anderen Kieferorthopäden fortgesetzt werden kann, sieht die Rechtsprechung auch keinen Hinderungsgrund für eine Kündigung.[46] Etwas anderes kann allenfalls dann gelten, wenn der Behandler eine Monopolstellung hat.[47] Der Vertragszahnarzt soll die Krankenkasse über die besonderen Umstände, zB mangelnde Sorgfalt bei der Behandlung kieferorthopädischer Behandlungsmittel, unterrichten.[48]

25 dd) Anspruch auf Versorgung. Anspruch auf Versorgung haben Versicherte, die zu Beginn der Behandlung[49] das 18. Lebensjahr noch nicht vollendet haben (Abs. 2 S. 6), wenn durch eine Kiefer- oder Zahnfehlstellung die Funktion des Beißens, des Kauens, der Artikulation der Sprache oder eine andere Funktion, wie zB Nasenatmung, der Mundschluss oder die Gelenkfunktion, erheblich beeinträchtigt ist bzw. beeinträchtigt zu werden droht und wenn nach Abwägung aller zahnärztlich-therapeutischen Möglichkeiten durch kieferorthopädische Behandlung die Beeinträchtigung mit Aussicht auf Erfolg behoben werden kann.[50] Die Behandlung wird heute grundsätzlich als Sachleistung gewährt, der Be-

---

36 Daraus folgt, dass Vertragszahnärzte weder Amtsträger im Sinne des § 11 Abs. 1 Nr. 2 c StGB noch Beauftragte der gesetzlichen Krankenkassen iSd § 299 StGB sind. Als Träger eines freien Berufs wird der Vertrags(zahn)arzt nicht aufgrund einer in eine hierarchische Struktur integrierten Dienststellung tätig, sondern aufgrund der individuellen, freien Auswahl der versicherten Person, so BGH, 29.3.2012, GSSt 2/11.
37 BSGE 77, 227, 229 f. = SozR 3-2500 § 29 Nr. 3 S. 12 f.
38 KfO-Richtlinien, A 3, S. 1.
39 KfO-Richtlinien, A 3, S. 2.
40 § 29 Abs. 3 S. 2 SGB V nennt den Behandlungsplan lediglich im Zusammenhang mit der Erstattung des Versichertenanteils, Detailregelungen enthalten der Bundesmantelvertrag – Zahnärzte (BMV-Z) und der Ersatzkassenvertrag – Zahnärzte (EKV-Z).
41 BSG, 25.3.2003, B 1 KR 36/01, unter Hinweis auf BSGE 81, 245, 246 = SozR 3-2500 § 28 Nr. 3 S. 7, 8; Nolte in: KassKomm, § 28 Rn. 19 a.
42 Bundesmantelvertrag – Zahnärzte (BMV-Z) v. 10.5.2000, Stand: 1.4.2014.
43 Ersatzkassenvertrag – Zahnärzte (EKV-Z) v. 1.4.2014.
44 SG Marburg, 4.2.2011, S 12 KA 644/10.
45 KfO-Richtlinie B 12.
46 AG München, 9.3.2012, 261 C 19530/11.
47 KG Berlin, 4.6.2009, 20 U 49/07.
48 § 16 Abs. 4 BMV-Z und Protokollnotiz hierzu.
49 Die Erstellung des Behandlungsplans markiert den Behandlungsbeginn; Nolte in: KassKomm, § 28 SGB V Rn. 19.
50 KfO-Richtlinien B 1.

handlungsanspruch des Versicherten wird durch die Krankenkassen im Kollektivvertragssystem der vertragszahnärztlichen Versorgung als Naturalleistung erfüllt.[51]

Bei schweren Kieferanomalien, die kombinierte kieferchirurgische und kieferorthopädische Behandlungsmaßnahmen erfordern, bleibt der Anspruch auch nach dem 18. Lebensjahr bestehen (§ 28 Abs. 2 S. 7).

2. Kostenanteil der Versicherten (Abs. 2). Die (vorschussweise) Kostenbeteiligung der Versicherten für kieferorthopädische Behandlungsmaßnahmen beträgt bei einem Kind 20 %, für jedes weitere Kind unter 18 Jahren 10 %, vorausgesetzt die Kinder leben mit ihren Erziehungsberechtigten in einem gemeinsamen Haushalt. Der Eigenanteil wird quartalsweise geleistet. Die in Zusammenhang mit der kieferorthopädischen Behandlung erbrachten konservierend-chirurgischen und Röntgenleistungen (sog Begleitleistungen) bleiben bei der Ermittlung des Versichertenanteils unberücksichtigt (Abs. 2 S. 2). Mit Einführung des Versichertenanteils hat der Sozialgesetzgeber den Zweck verfolgt, die Mitwirkung des Patienten an der medizinischen Behandlung zu fördern. Die Eigeninitiative des Versicherten soll auf diese Weise geweckt werden.[52] Der Selbstbehalt soll Anreize schaffen, die Behandlung nicht vorzeitig abzubrechen. Wolf spricht sogar von einem „gewissen Erziehungseffekt".

Auch wenn die Regelung keine Härtefallklausel enthält, steht ihre Verfassungsmäßigkeit außer Frage.[53] Danach ist die Einschränkung des Leistungskatalogs unter Beachtung des Wirtschaftlichkeitsgebotes verfassungsrechtlich nicht zu beanstanden. Gesetzliche Krankenkassen sind auch von Verfassungs wegen nicht gehalten, alles zu leisten, was an Mitteln zur Erhaltung und Wiederherstellung der Gesundheit verfügbar ist.[54] Vielmehr besteht ein Gestaltungsspielraum, den der Gesetzgeber auch unter finanzwirtschaftlichen Gesichtspunkten ausfüllen kann.

3. Abrechnung der Behandlungskosten (Abs. 3). a) Abrechnung zwischen Vertragszahnarzt und KZV (Abs. 3 S. 1). Da die kieferorthopädische Behandlung als Sachleistung von den Krankenkassen gewährt wird, die dafür ihrerseits eine Gesamtvergütung an die Kassenzahnärztlichen Vereinigungen gem. § 85 Abs. 1 iVm § 72 Abs. 1 S. 2 entrichten, rechnet der einzelne Kieferorthopäde (Vertragszahnarzt) die Behandlungskosten abzüglich des an ihn entrichteten Eigenanteils des Versicherten (Abs. 3 S. 1) mit der zuständigen KZV ab.

b) Anteil der Versicherten (Abs. 3 S. 2). Voraussetzung für die Rückzahlung des Versichertenanteils ist der Abschluss der Behandlung nach dem im Behandlungsplan bestimmten medizinisch erforderlichen Umfang. Das bedeutet nicht zwingend, dass die Behandlung planmäßig abgeschlossen wurde. Bei einem Behandlungsabbruch kann das nach dem Behandlungsplan vorgesehene Ziel bereits vor Beginn der Retentionsphase erreicht worden sein, so dass der Versicherte Anspruch auf Rückzahlung des Eigenanteils hat.[55]

Der vorläufige Eigenanteil des Versicherten ist von der Krankenkasse auch dann zu erstatten, wenn – bei ordnungsgemäßem Abschluss der kieferorthopädischen Behandlung – der Patient während der Behandlung zu einem privaten Krankenversicherungsunternehmen wechselt.[56] In diesem Fall ist der Erstattungsanspruch auf 20 % der Kosten beschränkt, die für die kieferorthopädische Behandlung während der Mitgliedschaft in der gesetzlichen Krankenkasse entstanden sind.

Mit Regelung der Kostenbeteiligung wollte der Gesetzgeber die Eigenverantwortung der Versicherten stärken und einen Anreiz schaffen, die kieferorthopädische Behandlung zu Ende zu führen. Die Eigeninitiative des Versicherten soll auf diese Weise geweckt werden.[57] Dabei ist zwischen der vorübergehenden Eigenbeteiligung und einer echten Zuzahlung zu unterscheiden.

c) Mehrkosten-Vereinbarungen. Zu den jüngeren Änderungen im Sozialversicherungsrecht, die auch für die kieferorthopädische Behandlung von Relevanz sind, zählt die Einführung der Festzuschüsse bei Zahnersatz und die damit einhergehende Regelung der Mehrkosten (§ 28 Abs. 2 S. 2). Dass nur gewährte Sachleistungen nach § 29 abgerechnet werden können, steht einer Vereinbarung über anfallende Mehrkosten bei aufwändigeren Versorgungsformen nicht entgegen. Die gesetzgeberischen „Verren-

---

51 Hess in: Wenzel, Handbuch des Fachanwalts Medizinrecht, Kap. 2 Rn. 39, 72.
52 Wolf, Das moralische Risiko der GKV im Spannungsfeld zwischen Solidarität und Eigenverantwortung, Köln, Univ., Diss. 2009.
53 LSG NRW, 25.3.2010, L 16 KR 221/09 unter Hinweis auf die st. Rspr. des BVerfG.
54 BVerfG, 28.2.2008, 1 BvR 1178/05, unter Hinweis auf BVerfGE 115, 25, 45 f.
55 So jedenfalls SG München, 14.2.2012, S 29 KR 597/10.
56 BSG, 8.3.1995, 1 RK 12/94, NZS 1996, 28.
57 Muschallik in: Wenzel, Handbuch des Fachanwalts Medizinrecht, Kap. 3 Rn. 74.

kungen" bei Einführung des Sachleistungsprinzips für kieferorthopädische Behandlungen rechtfertigen keine einseitigen Leistungseinschränkungen bzw. Leistungsausgrenzungen. Zwar bleiben pauschale Zuzahlungen unzulässig; Vereinbarungen über zusätzliche Behandlungsmaßnahmen oder aufwändigere Materialien können jedoch zwischen dem Behandler und Patient bzw. Patientenvertreter (im Rahmen einer Mehrkostenvereinbarung auf Basis der Gebührenordnung für Zahnärzte – GOZ) geschlossen werden.[58] In diesem Fall haben gesetzlich Versicherte die Mehrkosten selbst zu tragen.[59]

34   **4. Richtlinien des Gemeinsamen Bundesausschusses (Abs. 4).** Der Gemeinsame Bundesausschuss beschließt gem. § 92 Abs. 1 Nr. 2 Richtlinien für die zahnärztliche und kieferorthopädische Behandlung. Diese sollen eine ausreichende, zweckmäßige und wirtschaftliche vertragszahnärztliche Versorgung im Sinne der §§ 2, 12 Abs. 1, 28 Abs. 2, 29 und 70 sichern. Zugleich sollen die Richtlinien Standards zur kieferorthopädischen Befunderhebung und Diagnostik vorgeben (Abs. 4 S. 2).[60] Auf Basis dieser Richtlinien können die Kassenzahnärztlichen Vereinigungen kollektive Ergänzungsverträge zB zur Förderung der Qualität in der vertragszahnärztlichen Versorgung nach § 73 c Abs. 1 schließen.

35   **a) Kieferorthopädische Indikationsgruppen.** Der Feststellung des Behandlungsbedarfs liegen befundbezogene kieferorthopädische Indikationsgruppen (KIG) zugrunde, Anlage 1 KFO-Richtlinien. Danach ist eine Einstufung mindestens in den Bedarfsgrad 3 der Indikationsgruppen für die Bejahung eines Behandlungsbedarfs im Rahmen der vertragszahnärztlichen Versorgung erforderlich.[61] Die Kriterien zur Anwendung der kieferorthopädischen Indikationsgruppen sind für die Zuordnung zur vertragszahnärztlichen Versorgung verbindlich.[62]

36   **b) Einschränkungen des Behandlungsbedarfs.** Die Richtlinie enthält Beschränkungen bei der Ermittlung des Behandlungsbedarfs. Bei alternativen Behandlungsmöglichkeiten soll der Zahnarzt die wirtschaftlichste Therapie vorsehen.[63] Entgegen vorliegender Stellungnahmen der zahnmedizinischen Fachgesellschaften bedarf es danach bei der klinischen Untersuchung zur Feststellung des Behandlungsbedarfsgrades in der Regel keiner weiteren diagnostischen Leistungen (zum Ausschluss funktionsanalytischer und funktionstherapeutischer Maßnahmen → § 28 Rn. 6, 9). Vielmehr sind diagnostische Maßnahmen in zahnmedizinisch sinnvoller Weise zu beschränken.[64] Andererseits heißt es in den Richtlinien auch: „Bedarf es in Einzelfällen zusätzlicher Untersuchungen, Beratungen sowie ggf. weiterer diagnostischer Leistungen zur Überprüfung, ob die kieferorthopädische Behandlung der vertragszahnärztlichen Versorgung zuzuordnen ist, gehören auch diese zur vertragszahnärztlichen Versorgung".[65]

37   **c) Kieferanomalien.** Darüber hinaus gehende Ansprüche kommen nur bei schweren Kieferanomalien in Betracht, die kombinierte kieferchirurgische und kieferorthopädische Behandlungsmaßnahmen erfordern, also bei angeborenen Missbildungen des Gesichts und der Kiefer, skelettalen Dysgnathien und verletzungsbedingten Kieferfehlstellungen, sofern eine Einstufung mindestens in die in der Richtlinie benannten Behandlungsbedarfsgrade festgestellt wird.[66] In diesen Fällen ist ein aufeinander abgestimmtes kieferchirurgisches und kieferorthopädisches Behandlungskonzept zu erstellen.[67]

38   **d) Kritik.** Zu den medizinischen und altersbezogenen Einschränkungen bei kieferorthopädischen Sachleistungen → § 28 Rn. 25, 26.

---

58 SG Reutlingen, 25.6.2003, S 1 KA 1371/01.
59 Nolte in: KassKomm, § 29 SGB V Rn. 9 c; die Kassenzahnärztliche Bundesvereinigung, der Berufsverband der Deutschen Kieferorthopäden eV, die Deutsche Gesellschaft für Zahn-, Mund- und Kieferheilkunde eV sowie die Deutsche Gesellschaft für Kieferorthopädie eV haben einen „Letter of intent" zur zuzahlungsfreien kieferorthopädischen Behandlung von GKV-Versicherten unterzeichnet, Deutscher Bundestag Drucksache 18/8523.
60 Kritisch zur Bindungswirkung der Beschlüsse des Gemeinsamen Bundesausschusses insbes. gegenüber Vertragsärzten: Schimmelpfeng-Schütte, Die Entscheidungsbefugnis des Gemeinsamen Bundesausschusses, NZS 2006, 567, 570.
61 KfO-Richtlinie Anl. 1 B 2 S. 1, Anl. 2.
62 KfO-Richtlinie B 2 S. 3.
63 KfO-Richtlinie B 9.
64 KfO-Richtlinie B 3 S. 2.
65 KfO-Richtlinie B 3 S. 1.
66 KfO-Richtlinie B 4, Anl. 3.
67 KfO-Richtlinie, B 5.

§§ 30, 30a (aufgehoben)
§ 31 Arznei- und Verbandmittel, Verordnungsermächtigung

(1) ¹Versicherte haben Anspruch auf Versorgung mit apothekenpflichtigen Arzneimitteln, soweit die Arzneimittel nicht nach § 34 oder durch Richtlinien nach § 92 Abs. 1 Satz 2 Nr. 6 ausgeschlossen sind, und auf Versorgung mit Verbandmitteln, Harn- und Blutteststreifen. ²Der Gemeinsame Bundesausschuss hat in den Richtlinien nach § 92 Abs. 1 Satz 2 Nr. 6 festzulegen, in welchen medizinisch notwendigen Fällen Stoffe und Zubereitungen aus Stoffen, die als Medizinprodukte nach § 3 Nr. 1 oder Nr. 2 des Medizinproduktegesetzes zur Anwendung am oder im menschlichen Körper bestimmt sind, ausnahmsweise in die Arzneimittelversorgung einbezogen werden; § 34 Abs. 1 Satz 5, 7 und 8 und Abs. 6 sowie die §§ 35, 126 und 127 gelten entsprechend. ³Für verschreibungspflichtige und nicht verschreibungspflichtige Medizinprodukte nach Satz 2 gilt § 34 Abs. 1 Satz 6 entsprechend. ⁴Der Vertragsarzt kann Arzneimittel, die auf Grund der Richtlinien nach § 92 Abs. 1 Satz 2 Nr. 6 von der Versorgung ausgeschlossen sind, ausnahmsweise in medizinisch begründeten Einzelfällen mit Begründung verordnen. ⁵Für die Versorgung nach Satz 1 können die Versicherten unter den Apotheken, für die der Rahmenvertrag nach § 129 Abs. 2 Geltung hat, frei wählen.

(1a) ¹Verbandmittel sind Gegenstände einschließlich Fixiermaterial, deren Hauptwirkung darin besteht, oberflächengeschädigte Körperteile zu bedecken, Körperflüssigkeiten von oberflächengeschädigten Körperteilen aufzusaugen oder beides zu erfüllen. ²Die Eigenschaft als Verbandmittel entfällt insbesondere nicht, wenn ein Gegenstand ergänzend eine Wunde feucht hält. ³Erfasst sind auch Gegenstände, die zur individuellen Erstellung von einmaligen Verbänden an Körperteilen, die nicht oberflächengeschädigt sind, gegebenenfalls mehrfach verwendet werden, um Körperteile zu stabilisieren, zu immobilisieren oder zu komprimieren. ⁴Das Nähere zur Abgrenzung von Verbandmitteln zu sonstigen Produkten zur Wundbehandlung regelt der Gemeinsame Bundesausschuss bis zum 30. April 2018 in den Richtlinien nach § 92 Absatz 1 Satz 2 Nummer 6; Absatz 1 Satz 2 gilt für diese sonstigen Produkte entsprechend. ⁵Bis zwölf Monate nach dem Wirksamwerden der Regelungen nach Satz 4 sind solche Gegenstände weiterhin zu Lasten der Krankenkassen zu erbringen, die vor dem 11. April 2017 erbracht wurden.

(2) ¹Für ein Arznei- oder Verbandmittel, für das ein Festbetrag nach § 35 festgesetzt ist, trägt die Krankenkasse die Kosten bis zur Höhe dieses Betrages, für andere Arznei- oder Verbandmittel die vollen Kosten, jeweils abzüglich der vom Versicherten zu leistenden Zuzahlung und der Abschläge nach den §§ 130, 130a und dem Gesetz zur Einführung von Abschlägen der pharmazeutischen Großhändler. ²Hat die Krankenkasse mit einem pharmazeutischen Unternehmen, das ein Festbetragsarzneimittel anbietet, eine Vereinbarung nach § 130a Abs. 8 abgeschlossen, trägt die Krankenkasse abweichend von Satz 1 den Apothekenverkaufspreis dieses Mittels abzüglich der Zuzahlungen und Abschläge nach den §§ 130 und 130a Abs. 1, 3 und 3b. ³Diese Vereinbarung ist nur zulässig, wenn hierdurch die Mehrkosten der Überschreitung des Festbetrages ausgeglichen werden. ⁴Die Krankenkasse übermittelt die erforderlichen Angaben einschließlich des Arzneimittel- und des Institutionskennzeichens der Krankenkasse an die Vertragspartner nach § 129 Abs. 2; das Nähere ist in den Verträgen nach § 129 Abs. 2 und 5 zu vereinbaren. ⁵Versicherte und Apotheken sind nicht verpflichtet, Mehrkosten an die Krankenkasse zurückzuzahlen, wenn die von der Krankenkasse abgeschlossene Vereinbarung den gesetzlichen Anforderungen nicht entspricht.

(2a) (aufgehoben)

(3) ¹Versicherte, die das achtzehnte Lebensjahr vollendet haben, leisten an die abgebende Stelle zu jedem zu Lasten der gesetzlichen Krankenversicherung verordneten Arznei- und Verbandmittel als Zuzahlung den sich nach § 61 Satz 1 ergebenden Betrag, jedoch jeweils nicht mehr als die Kosten des Mittels. ²Satz 1 findet keine Anwendung bei Harn- und Blutteststreifen. ³Satz 1 gilt auch für Medizinprodukte, die nach Absatz 1 Satz 2 und 3 in die Versorgung mit Arzneimitteln einbezogen worden sind. ⁴Der Spitzenverband Bund der Krankenkassen kann Arzneimittel, deren Abgabepreis des pharmazeutischen Unternehmers ohne Mehrwertsteuer mindestens um 30 vom Hundert niedriger als der jeweils gültige Festbetrag ist, der diesem Preis zugrunde liegt, von der Zuzahlung freistellen, wenn hieraus Einsparungen zu erwarten sind. ⁵Für andere Arzneimittel, für die eine Vereinbarung nach § 130a Abs. 8 besteht, kann die Krankenkasse die Zuzahlung um die Hälfte ermäßigen oder aufheben, wenn hieraus Einsparungen zu erwarten sind. ⁶Absatz 2 Satz 4 gilt entsprechend.

(4) ¹Das Nähere zu therapiegerechten und wirtschaftlichen Packungsgrößen bestimmt das Bundesministerium für Gesundheit durch Rechtsverordnung ohne Zustimmung des Bundesrates. ²Ein Fertigarz-

neimittel, dessen Packungsgröße die größte der auf Grund der Verordnung nach Satz 1 bestimmte Packungsgröße übersteigt, ist nicht Gegenstand der Versorgung nach Absatz 1 und darf nicht zu Lasten der gesetzlichen Krankenversicherung abgegeben werden.

(5) ¹Versicherte haben Anspruch auf bilanzierte Diäten zur enteralen Ernährung, wenn eine diätetische Intervention mit bilanzierten Diäten medizinisch notwendig, zweckmäßig und wirtschaftlich ist. ²Der Gemeinsame Bundesausschuss legt in den Richtlinien nach § 92 Abs. 1 Satz 2 Nr. 6 fest, unter welchen Voraussetzungen welche bilanzierten Diäten zur enteralen Ernährung vom Vertragsarzt verordnet werden können und veröffentlicht im Bundesanzeiger eine Zusammenstellung der verordnungsfähigen Produkte. ³§ 34 Abs. 6 gilt entsprechend. ⁴In die Zusammenstellung sollen nur Produkte aufgenommen werden, die die Anforderungen der Richtlinie erfüllen. ⁵Für die Zuzahlung gilt Absatz 3 Satz 1 entsprechend. ⁶Für die Abgabe von bilanzierten Diäten zur enteralen Ernährung gelten die §§ 126 und 127 entsprechend. ⁷Bei Vereinbarungen nach § 84 Abs. 1 Satz 2 Nr. 1 sind Leistungen nach Satz 1 zu berücksichtigen.

(6) ¹Versicherte mit einer schwerwiegenden Erkrankung haben Anspruch auf Versorgung mit Cannabis in Form von getrockneten Blüten oder Extrakten in standardisierter Qualität und auf Versorgung mit Arzneimitteln mit den Wirkstoffen Dronabinol oder Nabilon, wenn

1. eine allgemein anerkannte, dem medizinischen Standard entsprechende Leistung
   a) nicht zur Verfügung steht oder
   b) im Einzelfall nach der begründeten Einschätzung der behandelnden Vertragsärztin oder des behandelnden Vertragsarztes unter Abwägung der zu erwartenden Nebenwirkungen und unter Berücksichtigung des Krankheitszustandes der oder des Versicherten nicht zur Anwendung kommen kann,
2. eine nicht ganz entfernt liegende Aussicht auf eine spürbare positive Einwirkung auf den Krankheitsverlauf oder auf schwerwiegende Symptome besteht.

²Die Leistung bedarf bei der ersten Verordnung für eine Versicherte oder einen Versicherten der nur in begründeten Ausnahmefällen abzulehnenden Genehmigung der Krankenkasse, die vor Beginn der Leistung zu erteilen ist. ³Verordnet die Vertragsärztin oder der Vertragsarzt die Leistung nach Satz 1 im Rahmen der Versorgung nach § 37b, ist über den Antrag auf Genehmigung nach Satz 2 abweichend von § 13 Absatz 3a Satz 1 innerhalb von drei Tagen nach Antragseingang zu entscheiden. ⁴Das Bundesinstitut für Arzneimittel und Medizinprodukte wird mit einer bis zum 31. März 2022 laufenden nichtinterventionellen Begleiterhebung zum Einsatz der Arzneimittel nach Satz 1 beauftragt. ⁵Die Vertragsärztin oder der Vertragsarzt, die oder der die Leistung nach Satz 1 verordnet, übermittelt die für die Begleiterhebung erforderlichen Daten dem Bundesinstitut für Arzneimittel und Medizinprodukte in anonymisierter Form; über diese Übermittlung ist die oder der Versicherte vor Verordnung der Leistung von der Vertragsärztin oder dem Vertragsarzt zu informieren. ⁶Das Bundesinstitut für Arzneimittel und Medizinprodukte darf die nach Satz 5 übermittelten Daten nur in anonymisierter Form und nur zum Zweck der wissenschaftlichen Begleiterhebung verarbeiten und nutzen. ⁷Das Bundesministerium für Gesundheit wird ermächtigt, durch Rechtsverordnung, die nicht der Zustimmung des Bundesrates bedarf, den Umfang der zu übermittelnden Daten, das Verfahren zur Durchführung der Begleiterhebung einschließlich der anonymisierten Datenübermittlung sowie das Format des Studienberichts nach Satz 8 zu regeln. ⁸Auf der Grundlage der Ergebnisse der Begleiterhebung nach Satz 4 regelt der Gemeinsame Bundesausschuss innerhalb von sechs Monaten nach der Übermittlung der Ergebnisse der Begleiterhebung in Form eines Studienberichts das Nähere zur Leistungsgewährung in den Richtlinien nach § 92 Absatz 1 Satz 2 Nummer 6. ⁹Der Studienbericht wird vom Bundesinstitut für Arzneimittel und Medizinprodukte auf seiner Internetseite veröffentlicht.

I. Entstehungsgeschichte 1	5. Seltenheitsfall 9
II. Bedeutung der Norm 2	6. Grundrechtsorientierte Auslegung 12
III. Off-Label-Use 3	IV. Verbandmittel 14
1. Grundsatz 3	V. Arzneimittelähnliche Medizinprodukte 16
2. EU-Zulassung 5	VI. Bilanzierte Diäten (Abs. 5) 17
3. Weder deutsche noch EU-Zulassung.... 6	VII. Verordnung von Cannabis (Abs. 6) 18
4. Zulassungsüberschreitende Verordnung 7	

I. Entstehungsgeschichte

Die Norm ist seit 1989 im SGB V enthalten, durch Änderungen im Beitragsrecht und Regulierungsversuchen im Arzneimittelmarkt jedoch häufig (bis heute 23-mal) geändert worden. Zuletzt wurde durch Art. 4 des Gesetzes zur Änderung betäubungsmittelrechtlicher und anderer Vorschriften[1] vom 6.3.2017 ein neuer Abs. 6 eingefügt. Danach wird Cannabis für Versicherte mit schwerwiegenden Erkrankungen entsprechend den in der Norm genannten Vorgaben verordnungsfähig. Mit der Verordnung über die Begleiterhebung zur Datensammlung der gemäß Abs. 6 auszuwertenden Informationen (CanBV)[2] vom 23.3.2017 ist die Rechtsgrundlage für diese Evaluierung geschaffen worden.

II. Bedeutung der Norm

Die Norm konkretisiert den Anspruch des Versicherten auf Versorgung mit apothekenpflichtigen Arzneimitteln, Medizinprodukten sowie auf die Versorgung mit Verbandmitteln und bilanzierten Diäten zur enteralen Versorgung. Eine weitere Konkretisierung erfolgt durch § 34 (ausgeschlossene Verordnungen) sowie durch die Arzneimittel-Richtlinien des G-BA (AMRL) gemäß § 92 Abs. 1 S. 2 Nr. 6. Die Definition der verfügbaren Arzneimittel erfolgt durch eine negative Abgrenzung. Mehrfache Versuche, eine Reglementierung im Sinne einer Positivliste einzuführen (§ 33 a aF), sind gescheitert.[3] Arzneimittel iS des § 31 müssen grundsätzlich verkehrsfähig und damit gemäß § 21 AMG zugelassen sein. Rezepturarzneimittel sind dann zulasten der GKV verordnungsfähig, wenn die zugrundeliegende ärztliche Behandlung als Pharmakotherapie gemäß § 135 genehmigt ist.[4] Ein Rezepturarzneimittel ist im Rahmen einer Pharmakotherapie grundsätzlich nur verordnungsfähig, wenn der G-BA die Therapie in den Richtlinien zu Untersuchungs- und Behandlungsmethoden der vertragsärztlichen Versorgung (Richtlinie Methoden vertragsärztliche Versorgung) ausdrücklich anerkannt hat.[5] Hat der G-BA die Pharmakotherapie abgelehnt oder hat er sie noch nicht anerkannt, ist das Arzneimittel grundsätzlich nicht verordnungsfähig. Es kann zulasten der GKV ausnahmsweise aber trotzdem verordnet werden, wenn die Voraussetzungen für eine grundrechtorientierte Auslegung gegeben sind oder wenn ein Seltenheitsfall vorliegt (→ Rn 10, 12).

III. Off-Label-Use

1. Grundsatz. Von der grundsätzlichen Zulässigkeit einer Anwendung eines Arzneimittels außerhalb seines Zulassungsbereichs ist die Frage der Leistungspflicht im Rahmen der GKV zu unterscheiden. In der GKV besteht nur dann eine Leistungspflicht für ein Arzneimittel, wenn es verordnungsfähig ist. Ein nicht verordnungsfähiges Arzneimittel fällt nicht in die Leistungspflicht der GKV. Verordnungsfähig sind Arzneimittel, die die Gewähr für Qualität, Unbedenklichkeit und Wirksamkeit bieten, und zwar jeweils nach Maßgabe des allgemein anerkannten Stands der medizinischen Erkenntnisse.[6] Ob diese Voraussetzungen bei einem Arzneimittel gegeben sind, wird grundsätzlich im Rahmen des arzneimittelrechtlichen Zulassungsverfahrens festgestellt. Zwar ist dem Arzt auch bei der Behandlung gesetzlich krankenversicherter Patienten die Anwendung eines zulassungsüberschreitenden Arzneimittels nicht verboten. Der Arzt ist nach dem Recht der GKV also nicht gehindert, einem gesetzlich versicherten Patienten auf eigene Verantwortung ein zugelassenes Arzneimittel für einen Indikationsbereich zu verordnen, für den es nicht zugelassen ist. Allerdings ist die GKV für eine solche zulassungsüberschreitende Verordnung grundsätzlich nicht leistungspflichtig. Es gilt in der GKV vielmehr der Grundsatz, dass bei der zulassungsüberschreitenden Verordnung eines Arzneimittels weder der Arzt einen Vergütungsanspruch gegen die Kassenärztliche Vereinigung hat noch der Patient einen Leistungsanspruch gegen seine Krankenkasse.

Von diesem Grundsatz gibt es Ausnahmen. Unter bestimmten engen Voraussetzungen führt auch eine **zulassungsüberschreitende Verordnung** zu einem Vergütungs- oder Leistungsanspruch. Ein Arzneimittel ist in der GKV verordnungsfähig, wenn es nach dem Arzneimittelrecht durch das BfArM für den Indikationsbereich zugelassen ist, für den es angewandt werden soll. Durch die arzneimittelrechtliche

---

1 BGBl. I, 403, 404.
2 BGBl. I, 520 ff.
3 Axer, NZS 2001, 225.
4 BSG, 28.3.2000, B 1 KR 11/98 R = BSGE 86, 54.
5 BSG, 8.9.2009, B 1 KR 1/09 R.
6 BSG, 3.2.2010, B 6 KA 37/08 R.

Zulassung ist der Nachweis der Unbedenklichkeit und der Wirksamkeit des Medikaments für das Indikationsgebiet erbracht, auf das sich die Zulassung bezieht.

5 **2. EU-Zulassung.** Ist ein Arzneimittel durch die EMA zugelassen, ist es EU-weit zugelassen. Ein EU-weit zugelassenes Arzneimittel ist in der GKV verordnungsfähig, und zwar für den Indikationsbereich, für den es zugelassen ist. Für eine zulassungsüberschreitende Verordnung EU-weit zugelassener Arzneimittel gilt Entsprechendes wie zu Ziffer 1 (→ Rn 3).

6 **3. Weder deutsche noch EU-Zulassung.** Hat ein Arzneimittel weder eine bundesdeutsche noch eine EU-weite Arzneimittelzulassung, aber eine Zulassung in anderen einzelnen EU-Staaten oder zB in der Schweiz, den USA oder Kanada, dann beschränkt sich diese Zulassung jeweils auf diese Staaten. Die dort erteilte Zulassung entfaltet nicht zugleich entsprechende Rechtswirkungen für Deutschland. Weder das deutsche Recht noch das Europarecht sehen eine Erweiterung der Rechtswirkungen der nur von nationalen Behörden erteilten Zulassungen ohne ein entsprechend vom Hersteller eingeleitetes sowie positiv beschiedenes Antragsverfahren vor.[7] Soll ein in Deutschland oder EU-weit zugelassenes Arzneimittel in einem Indikationsbereich angewandt werden, für den es nicht zugelassen ist, ist die GKV hierfür nur leistungspflichtig, wenn einer der nachfolgenden Ausnahmefälle vorliegt.

7 **4. Zulassungsüberschreitende Verordnung.** Wird ein zugelassenes Arzneimittel für ein anderes Indikationsgebiet angewandt als für das Gebiet, für das es zugelassen ist, liegt eine sog. zulassungsüberschreitende Verordnung – ein Off-Label-Use – vor. In der Rechtsprechung besteht Einigkeit darüber, dass ein Off-Label-Use in bestimmten Versorgungsbereichen und bei einzelnen Krankheitsbildern zulässig sein muss, weil ansonsten die ärztliche Versorgung gefährdet wäre. Der Off-Label-Use eines Arzneimittels setzt die Einhaltung bestimmter Anforderungen voraus. Nur wenn alle Voraussetzungen *kumulativ* vorliegen, ist das Arzneimittel im Sinne der GKV verordnungsfähig. Fehlt eine der Voraussetzungen, besteht keine Leistungspflicht der GKV.

8 Ein zulässiger Off-Label-Use setzt voraus:[8]
1. Das Arzneimittel ist in Deutschland oder EU-weit für ein anderes Indikationsgebiet zugelassen.
2. Die Behandlung betrifft eine schwerwiegende Erkrankung. Schwerwiegend ist eine Erkrankung dann, wenn sie lebensbedrohlich ist oder die Lebensqualität auf Dauer nachhaltig beeinträchtigt.
3. Es ist keine andere Therapie verfügbar.
4. Aufgrund der Datenlage besteht die begründete Aussicht, dass mit dem betreffenden Arzneimittel ein Behandlungserfolg (kurativ oder palliativ) erzielt werden kann. Abzustellen ist dabei auf die Erkenntnisse, die im Zeitpunkt der jeweiligen Behandlung vorliegen.

Von einer hinreichenden Erfolgsaussicht ist nach der BSG-Rechtsprechung nur auszugehen, wenn Forschungsergebnisse vorliegen, die erwarten lassen, dass das (konkrete) Arzneimittel für das betreffende Indikationsgebiet zugelassen werden kann. Dies kann angenommen werden, wenn entweder
   a) die Erweiterung der Zulassung bereits beantragt ist und die Ergebnisse einer kontrollierten klinischen Prüfung der Phase III (gegenüber Standard oder Placebo) veröffentlicht sind und eine klinisch relevante Wirksamkeit respektive einen klinisch relevanten Nutzen bei vertretbaren Risiken belegen oder
   b) außerhalb eines Zulassungsverfahrens gewonnene Erkenntnisse veröffentlicht sind, die über Qualität und Wirksamkeit des Arzneimittels in dem neuen Anwendungsgebiet zuverlässige, wissenschaftlich nachprüfbare Aussagen zulassen und aufgrund derer in den einschlägigen Fachkreisen Konsens über einen voraussichtlichen Nutzen in dem vorgenannten Sinne besteht. Dabei entspricht die Qualität der wissenschaftlichen Erkenntnisse über den Behandlungserfolg, die für ein zulassungsüberschreitendes Arzneimittel auf Kosten der GKV nachgewiesen sein muss, derjenigen für die Zulassungsreife des Arzneimittels im betroffenen Indikationsbereich.

9 **5. Seltenheitsfall.** Auch in einem sog. Seltenheitsfall kann ein zugelassenes Arzneimittel, das für ein anderes Indikationsgebiet angewandt wird, ausnahmsweise verordnungsfähig sein. Ein sog. Seltenheitsfall ist dann gegeben, wenn ein Patient an einer sehr seltenen (einzigartigen) Erkrankung leidet, für die keine Therapiemöglichkeit zur Verfügung steht und deren Therapiemöglichkeit keiner systematischen Erforschung zugänglich ist. Liegt ein solcher Fall vor, ist ein Arzneimittel, das weder arzneimit-

---

7 Vgl BSG, 14.12.2006, B 1 KR 12/06 R; BSG, 19.10.2004, B 1 KR 27/02 R; BSG, 8.9.2009, B 1 KR 1/09 B.
8 Vgl BSG, 30.6.2009, B 1 KR 5/09 R; BSG, 8.11.2011, B 1 KR 19/10 R.

telrechtlich zugelassen noch vom G-BA anerkannt ist, ausnahmsweise verordnungsfähig.[9] Grund für diese Ausnahme ist, dass einzigartige Erkrankungen weltweit nur extrem selten auftreten und deshalb im nationalen und im internationalen Rahmen weder systematisch erforscht noch systematisch behandelt werden können. Bei diesen extrem seltenen Krankheiten können die für den Wirksamkeitsnachweis grundsätzlich erforderlichen positiven Forschungsergebnisse oder entsprechende wissenschaftliche Fachveröffentlichungen nicht verlangt werden.

Voraussetzungen des sog. Seltenheitsfalles, die **kumulativ** vorliegen müssen: 10
- Es liegt eine sehr seltene Erkrankung vor. Sehr selten ist eine Krankheit, die einzigartig ist. Sie muss weltweit so extrem selten auftreten, dass sie im nationalen und im internationalen Rahmen weder systematisch erforscht noch systematisch behandelt werden kann.
- Das Arzneimittel lässt sich auf legalem Weg beschaffen.
- Der Verkauf oder die Verabreichung des Arzneimittels darf nicht gesetz- und verbotswidrig sein.

Bei **Beschaffung aus dem Ausland** muss arzneimittelrechtlich ein Einzelimport zulässig sein. § 73 11 Abs. 3 Arzneimittelgesetz erlaubt die Einfuhr von Fertigarzneimitteln in geringen Mengen und auf Bestellung einzelner Personen im Rahmen des üblichen Apothekenbetriebs, wenn sie in dem Staat in den Verkehr gebracht werden dürfen, aus dem sie nach Deutschland verbracht werden, und von Apotheken bestellt worden sind. Bei Vorliegen eines internationalen Abkommens zur Gute-Labor- bzw Gute-Herstellungspraxis kann bei Arzneimitteln, die unter Beachtung dieser Anforderungen arzneimittelrechtlich im ausländischen Staat zugelassen sind, in der Regel von der Einhaltung des notwendigen Mindeststandards der erforderlichen Produktmittelsicherheit ausgegangen werden.[10]

6. Grundrechtsorientierte Auslegung. Auch nach der grundrechtsorientierten Auslegung ist ein Arznei- 12 mittel ausnahmsweise für ein **nicht zugelassenes Indikationsgebiet** unter engen Voraussetzungen (siehe unten) verordnungsfähig. Nach der Rechtsprechung des BVerfG sind die Grundrechte auf Leben und körperliche Unversehrtheit der Maßstab für die Verfassungsmäßigkeit des Leistungsrechts der GKV. Denn die Gestaltung des Leistungsrechts der GKV hat sich an der objektiv-rechtlichen Pflicht des Staates zu orientieren, sich schützend und fördernd vor diese Rechtsgüter zu stellen. Das Leben eines Menschen stellt einen Höchstwert innerhalb der grundgesetzlichen Ordnung dar.[11] Folgende Voraussetzungen müssen *kumulativ* vorliegen, damit die Grundsätze der grundrechtsorientierten Auslegung greifen:[12]
- Es liegt eine Erkrankung vor, die lebensbedrohlich ist oder regelmäßig tödlich verlaufend verläuft oder die zumindest wertungsmäßig damit vergleichbar ist. Das Kriterium einer Krankheit, die „lebensbedrohlich ist oder regelmäßig tödlich verläuft" ist nach der BSG-Rechtsprechung deutlich enger als das Erfordernis einer „schwerwiegenden" Erkrankung, die Voraussetzung für einen zulässigen Off-Label-Use ist. Das BSG legt das Kriterium einer lebensbedrohlich ist oder regelmäßig tödlich verlaufenden Erkrankung restriktiv aus. Es verlangt eine „notstandsähnliche" Situation.[13]
- Für die Behandlung der Erkrankung steht eine allgemein anerkannte, dem medizinischem Standard entsprechende Behandlung nicht zur Verfügung.
- Bezüglich der angewandten neuen, nicht allgemein anerkannten Behandlungsmethode besteht eine „auf Indizien gestützte", nicht ganz fern liegende Aussicht auf Heilung oder wenigstens auf eine spürbare positive Einwirkung auf den Krankheitsverlauf.
- Das Arzneimittel lässt sich legal beschaffen. Es darf insbesondere kein Verstoß gegen das Arzneimittelrecht vorliegen.[14]
- Unter Berücksichtigung des gebotenen Wahrscheinlichkeitsmaßstabs überwiegt bei der vor der Behandlung erforderlichen sowohl abstrakten als auch speziell auf den Versicherten bezogenen konkreten Analyse und Abwägung von Chancen und Risiken der voraussichtliche Nutzen.[15] Vom Seltenheitsfall ist der compassionate use gemäß Art. 83 VO (EG) bzw. § 21 Abs. 2 Nr. 6 AMG zu unterscheiden. Danach können Patienten, die an einer zur Invalidität führenden chronischen oder schweren Erkrankung leiden oder deren Erkrankung als lebensbedrohlich gilt, die mit zugelasse-

---

9 Vgl BSG, 19.10.2004, B 1 KR 27/02 R; BSG, 28.2.2008, B 1 KR 15/07 R; BSG, 8.9.2009, B 1 KR 1/09 B.
10 BSG, 8.9.2009, B 1 KR 1/09 B.
11 BVerfG, 6.12.2005, 1 BvR 347/98; BVerfG, 26.2.2013, 1 BvR 2045/12; siehe im Anschluss Sitzungsprotokoll vom 27.3.2006, B 1 KR 28/05 R, Termin-Bericht des BSG Nr. 20/06.
12 BSG, 9.2.2011, B 6 KA 53/10 B; BSG, 7.11.2006, B 1 KR 24/06 R.
13 BSG, 5.5.2009, B 1 KR 15/08 R; BSG, 4.4.2006, B 1 KR 7/05 R.
14 BSG, 4.4.2006, B 1 KR 7/05 R.
15 BSG, 4.4.2006, B 1 KR 7/05 R.

nen Arzneimitteln nicht wirksam bekämpft werden können, nicht zugelassene Arzneimittel erhalten. Voraussetzung ist allerdings, dass die Zulassung entweder bereits beantragt oder zumindest eine noch nicht abgeschlossene klinische Prüfung vorliegen muss (siehe auch Arzneimittel-Härtefall-VO – AMHV v. 14.7.2010).[16]

13 Diesen durch die Rechtsprechung des BSG entwickelten Grundsätzen entspricht im Wesentlichen der durch das GKV-VStG zum 1.1.2012 neu eingefügte § 2 Abs. 1 a. Hierzu muss entweder vom Versicherten oder vom behandelnden Leistungserbringer vor Beginn der Behandlung bei der Krankenkasse eine **Kostenübernahmeerklärung beantragt** werden. Der Gesetzgeber hat den großen Bedarf einer Anwendung von Arzneimitteln außerhalb des zugelassenen Indikationsbereichs gesehen und in § 35 c Abs. 1 eine Regelung hierzu getroffen, die bestehende Defizite ausgleichen soll. Das insoweit ermächtigte Bundesministerium für Gesundheit (BMG) hat nach § 35 c Abs. 1 den Erlass über die Einrichtung von Expertengruppen zur Anwendung von Arzneimitteln außerhalb des zugelassenen Indikationsbereichs (sog. Expertengruppen Off-Label) beschlossen. Danach sind beim BfArM „Expertengruppen Off-Label" eingerichtet. Sie geben im Auftrag des G-BA oder des BMG entsprechende Bewertungen zu einzelnen Arzneimitteln ab und leiten sie dann an den G-BA weiter. Der G-BA beschließt in der Arzneimittel-Richtlinie, ob und inwieweit ein Arzneimittel außerhalb des zugelassenen Indikationsgebietes verordnungsfähig ist (siehe auch § 30 Abs. 1 AMRL). Diese Arzneimittel werden in der Anlage VI Teil A zur Arzneimittel-Richtlinie gesondert aufgeführt, nachdem der Pharmazeutische Unternehmer den Off-Label-Use als bestimmungsgemäßen Gebrauch anerkannt hat.

IV. Verbandmittel

14 Verbandmittel sind vom GKV-Leistungskatalog in § 31 Abs. 1 erfasst. Die Abgabe von Verbandmitteln ist nicht auf Apotheken beschränkt. Gemäß der in Art. 12 GG verfassungsrechtlich verbrieften Berufsausübungsfreiheit gilt aufgrund ständiger Rechtsprechung des BSG, dass eine Beteiligung an der GKV-Versorgung („Teilhabe") jedem Leistungserbringer offensteht, solange und soweit das Leistungserbringungsrecht nicht den Zugang zur GKV-Versorgung begrenzt. Eine solche Begrenzung muss zudem verfassungskonform sein und benötigt deshalb einen Grund, der das Grundrecht auf Berufsausübungsfreiheit aufwiegt oder überwiegt. Für im Gesetz nicht vorgesehene Beschränkungen des Zugangs zur Versorgung ist deshalb kein Raum.[17] Ein solcher Grund kann die Sicherung eines adäquaten Gesundheitsschutzes der Bevölkerung sein, sofern dafür die ausschließliche Zulassung besonders qualifizierter Leistungserbringer nötig ist. Dies ist etwa der Fall bei der Beschränkung der Abgabe rezeptpflichtiger oder sonstiger potenziell gefährlicher Arzneimittel auf Apotheken. Dann muss diese Beschränkung jedoch gesetzlich ausdrücklich geregelt sein. Für Verbandmittel gibt es jedoch keinerlei solche gesetzlichen Beschränkungen. So geht das SGB V in § 300 Abs. 1 S. 2 und Abs. 2 S. 1 explizit davon aus, dass es neben den Apotheken „weitere Anbietern" von „sonstigen Leistungen nach § 31 SGB V" gibt. Denn in Abgrenzung zu § 300 Abs. 1 S. 1, der sich auf Arzneimittel bezieht, beziehen sich diese „sonstigen Leistungen" vom Wortlaut und Kontext her zwingend auch auf die in § 31 genannten Verbandmittel. Personen- oder produktbezogene Voraussetzungen oder Beschränkungen für die Abgabe von Verbandmitteln sieht das SGB V an keiner Stelle vor.[18] Auch ist nicht ersichtlich, dass der Gesetzgeber die Ab-

---

16 BGBl. I, 935.
17 BSG, st. Rspr; vgl zuletzt BSG, 10.3.2010, B 3 KR 26/08 R, Rn 23 juris; SozR 4-2500 § 40 Nr. 2 – ambulante medizinische Rehabilitationsleistungen; BSGE 96, 233 = SozR 4-3300 § 72 Nr. 1 – Einzugsbereich für Pflegeleistungen; BSGE 98, 12 = SozR 4-2500 § 132 a Nr. 2 – Ausbildungsanforderungen an leitende Pflegefachkraft.
18 Gem. st. Rspr. des BSG (zuletzt BSG, 10.3.2010, B 3 KR 26/08 R, Rn 29 juris) gilt ferner: „Die Befugnis zur Teilhabe an der Versorgung nach dem SGB V […] begründet neben der Versorgungs- und Abrechnungsbefugnis zu Lasten der GKV auch den Anspruch, dass die Krankenkassen bei Einwirkungen auf das Leistungsgeschehen den vom Gesetzgeber vorgegebenen Ordnungsrahmen einhalten und das Diskriminierungsverbot wahren. Das ergibt sich aus den Grundrechten der Leistungserbringer aus Art. 12 Abs. 1 und Art. 3 Abs. 1 GG. […]. – Im Rahmen der von ihm vorgegebenen Regelungen sichert Art. 12 Abs. 1 GG aber die Berechtigung, am Wettbewerb nach Maßgabe gerade dieser Funktionsbedingungen teilhaben zu können. – Diese Berechtigung bindet auch die Krankenkassen (Art. 20 Abs. 3 GG). Sie ist verletzt, wenn eine Krankenkasse die Voraussetzungen für die Teilhabe an der GKV-Versorgung in einer vom Gesetzgeber nicht vorgezeichneten Weise zu Lasten einzelner Marktteilnehmer ändert und andere hierdurch begünstigt. Insofern ist die strikte Gleichbehandlung aller Wettbewerber nach Maßgabe ausschließlich der vom Gesetzgeber vorgegebenen Regeln zum Schutz der Berufsfreiheit auch geboten, um die Beeinträchtigung der Erwerbschancen im ohnehin staatlich reglementierten Markt nicht über das gesetzlich gebotene Maß hinaus weiter zu verstärken. […] (vgl. BVerfG, Kammer, SozR 4-1500 § 54 Nr. 4 RdNr. 18)."

gabe solchen gängigen Medizinprodukte andernorts gesetzlich eingeschränkt hätte. Insbesondere sind Verbandmittel keine Hilfsmittel mit ihrem gesetzlich in §§ 126, 127 geregelten Leistungserbringerregime. Dies ergibt sich bereits systematisch daraus, dass Verbandmittel leistungsrechtlich nicht im Hilfsmitteltatbestand des § 33 aufgeführt sind, sondern davon deutlich abgegrenzt in § 31. Diese Eindeutigkeit der leistungsrechtlichen Zuordnung verbietet zudem auch jede analoge Anwendung der §§ 126, 127 auf Verbandmittel. Insofern hielt der Gesetzgeber ganz offenbar die Abgabe von Verbandmitteln – im Gegensatz zu einer Vielzahl von Arzneimitteln aber auch zu Hilfsmitteln – leistungserbringerrechtlich für nicht regulierungsbedürftig.

Durch das Gesetz zur Stärkung der Heil- und Hilfsmittelversorgung (HHVG)[19] vom 4.4.2017 hat sich dies geändert. Die Voraussetzung, dass arzneimittelähnliche Medizinprodukte apothekenpflichtig sein müssen, um erstattungsfähig zu sein, hatte das BSG aufgehoben.[20] Die Neuregelung enthält eine Legaldefinition für Verbandmittel. Hintergrund ist, dass es sich bei Verbandmitteln um spezielle Medizinprodukte handelt, die beispielsweise im Bereich der Wundversorgung eine zentrale Rolle spielen. Wunden können unterschiedliche Ursachen haben. Die Behandlung kann akute Wunden beispielsweise in Folge einer Verletzung, aber auch chronische Wunden umfassen. In den letzten Jahren sind zunehmend Produkte zur Förderung der Wundheilung auf den Markt gekommen. Die Vielfalt der Produkte auf dem Markt und die Zunahme von Produkten mit neuen Ansätzen zur Wundheilung führten in der Praxis zu einer zunehmenden Rechtsunsicherheit darüber, ob ein Produkt als Verbandmittel iSd Abs. 1 S. 1 anzusehen ist. Die Neuregelung stellt klar, dass nicht jeder Gegenstand zur Wundbehandlung ein Verbandmittel im Sinne des SGB V ist. Gegenstände, die keine bedeckende oder aufsaugende Hauptwirkung haben, sind ohne ergänzende weitere Wirkung zur Wundheilung keine Verbandmittel, es sei denn, sie dienen der Anfertigung von Verbänden im Sinne der Vorschrift. Dies wird auch bereits am Wortlaut („verbinden") deutlich. Die Verbandmitteleigenschaft entfällt aber nicht, wenn der Gegenstand ergänzend weitere Wirkungen hat, die der Wundheilung dienen, beispielsweise indem er eine Wunde feucht hält, reinigt oder geruchsbindend bzw. antimikrobiell wirkt. Das Nähere zur Abgrenzung regelt der G-BA. Ziel der Regelung ist es, dass klassische Verbandmittel weiterhin unmittelbar als Verbandmittel Leistungen der GKV sind. Andere Gegenstände zur Wundbehandlung müssen sich hingegen dem Verfahren beim G-BA unterziehen, in dem für Medizinprodukte Wirksamkeitsnachweise erbracht werden müssen, damit sie zum Leistungsumfang der GKV gehören können. Ziel ist es zu gewährleisten, dass nur solche Produkte zur Anwendung kommen, die auch eine Verbesserung der Versorgung bewirken, und dass diese Gegenstände dann auch allen Versicherten in der GKV als Leistungen gewährt werden. Entsprechend dem allgemeinen Sprachgebrauch („verbinden") sind auch solche Gegenstände als Verbandmittel anzusehen, die von Ärztinnen und Ärzten oder medizinischem Hilfspersonal zur individuellen Erstellung von einmaligen Verbänden an Körperteilen, die nicht oberflächengeschädigt sind, verwendet werden.[21] Dazu gehören Produkte, die genutzt werden, um Körperteile zu stabilisieren, zu immobilisieren oder zu komprimieren. Das Merkmal der Einmaligkeit bezieht sich darauf, dass ein Verband jeweils individuell einmalig angefertigt wird, nicht auf das dafür genutzte Material, das gegebenenfalls mehrfach verwendet werden kann. Die Formulierung dient der Abgrenzung zu den Hilfsmitteln. Vom Leistungsumfang der GKV umfasst werden zudem auch Produkte, die zur Fixierung von Verbandmitteln dienen.

V. Arzneimittelähnliche Medizinprodukte

Durch das MPG-ÄndG wurden zahlreiche fiktive Arzneimittel am 1.1.2002 zu Medizinprodukten und fielen damit aus der Erstattungsfähigkeit der GKV im Rahmen des SGB V. Dies war unerwünscht und führte zu teilweise kuriosen Konstellationen. So waren zB mehr oder wenig vergleichbare Hyaluronsäure Präparate sowohl als Arzneimittel wie auch Medizinprodukte im Verkehr. Die AM waren erstattungsfähig, die Medizinprodukte nicht. Der G-BA kann nun in Richtlinien gemäß § 92 Abs. 1 S. 2 Nr. 6 festlegen, welche Medizinprodukte in die Arzneimittelversorgung einbezogen werden. Dies ist durch die Anlage 5 zu den AMRL geschehen. Die Verordnungsausschlüsse bei Arzneimitteln in den §§ 34 Abs. 1 S. 5, 7, 8 und Abs. 6, 35, 126, 127 gelten für diese Medizinprodukte entsprechend.

---

19 BGBl. I, 778 v. 10.4.2017.
20 BSG, Urt. v. 3.7.2012, B 1 KR 23/11 R, BSGE 111, 155.
21 BSG, Urt. v. 28.9.2006, B 3 KR 28/05 R.

VI. Bilanzierte Diäten (Abs. 5)

17 Seit dem 1.1.2009 haben Versicherte wieder einen gesetzlich normierten uneingeschränkten Anspruch auf bilanzierte Diäten zur enteralen Versorgung. Anlass war eine Entscheidung des BSG[22] zur Vorgängerregelung, wonach eine Ausweitung des Leistungsanspruchs durch untergesetzliche Normen teilweise rechtswidrig sei. Die Regelung der näheren Einzelheiten obliegt dem G-BA. Der von ihm zu schaffende Katalog ist bislang nicht in Kraft, so dass nach der Übergangsregelung des § 31 die AMRL, Abschnitt E, in der Fassung v. 25.8.2005 gelten. Dies führt aber nicht zu einer unbegrenzten Öffnung, wie das BSG[23] festgestellt hat. Es bleibt bei dem Grundsatz, dass die Nahrungsmittelaufnahme idR nicht Gegenstand des Leistungskatalogs der GKV ist. Versicherte haben danach gegen ihre Krankenkasse keinen Anspruch auf krankheitsbedingt erforderliche Diätnahrung, die keine bilanzierte Diät ist. Sie können die Nährstoffformulierung einer Diät vermittels planvoller Nahrungszubereitung im häuslichen Bereich selbst bilanzieren. Dadurch wird die Nahrungsmittelaufnahme nicht zu einer bilanzierten Diät. Fehle Versicherten die wirtschaftliche Leistungsfähigkeit, um sich selbst mit erforderlicher einfacher Diätnahrung zu versorgen, stünden ihnen Ansprüche gegen Sozialleistungsträger zu, die Fälle der Bedürftigkeit absichern, nicht aber gegen Krankenkassen. Die nach Abs. 5 gesetzlich nur eingeschränkte Öffnung des Leistungskatalogs der gesetzlichen Krankenversicherung für Nahrungsmittel beruhe auf sachgerechten Gründen, ohne dem allgemeinen Gleichheitssatz des Art. 3 GG zu widersprechen. Die gesetzliche Konzeption, Lebensmittel, die nicht die Qualität bilanzierter Diäten erreichen – hier eiweißreduzierte Diätnahrung – innerhalb der GKV der Eigenverantwortung des Versicherten) zuzuweisen, führe auch nicht zu unzumutbaren, verfassungsrechtlich nicht hinnehmbaren Belastungen der Versicherten.

VII. Verordnung von Cannabis (Abs. 6)

18 Mit dem am 10.3.2017 in Kraft getretenen Gesetz zur Änderung betäubungsmittelrechtlicher und anderer Vorschriften hat der Gesetzgeber die Möglichkeiten zur Verschreibung von Cannabisarzneimitteln erweitert. Das Gesetz sieht gemäß den Vorgaben des Einheits-Übereinkommens von 1961 über Suchtstoffe der Vereinten Nationen die Einrichtung einer staatlichen Stelle, der so genannten Cannabisagentur, vor. Diese wird den Anbau von Cannabis für medizinische Zwecke in Deutschland steuern und kontrollieren. Bis Cannabis für medizinische Zwecke aus deutschem Anbau zur Verfügung steht, wird der Bedarf weiterhin über Importe gedeckt, für die die Cannabisagentur nicht zuständig ist, sondern die Bundesopiumstelle. Die Cannabisagentur ist ein Fachgebiet in der Abteilung Zulassung 4 (Besondere Therapierichtungen und traditionelle Arzneimittel) im BfArM. Sie kontrolliert Anbau, Ernte, Verarbeitung, Qualitätsprüfung, Lagerung, Verpackung sowie die Abgabe an Großhändler und Apotheker oder Hersteller. Dabei wird die Cannabisagentur das Cannabis für medizinische Zwecke nach der Ernte in Besitz nehmen. Die Ernte wird nicht ins BfArM transportiert, nicht dort gelagert und auch nicht von dort aus weiterverteilt. Diese Schritte werden räumlich bei den jeweiligen Anbaubetrieben bzw. weiteren beauftragten Unternehmen angesiedelt sein. Der Anbau erfolgt also nicht im BfArM oder durch das BfArM selbst, sondern durch Unternehmen, die in einem europaweiten Ausschreibungsverfahren ausgewählt und von der Cannabisagentur beauftragt werden. In dem Verfahren werden alle arzneimittel- und betäubungsmittelrechtlichen Vorgaben berücksichtigt. Cannabis wird ausschließlich zu medizinischen Zwecken angebaut werden. Es handelt sich also um ein Arzneimittel. Es wird nur solches Cannabis verwendet werden, das entsprechend der Vorgaben der „Guten Praxis für die Sammlung und den Anbau von Arzneipflanzen" (Good Agricultural and Collection Practice, GACP) angebaut wurde, den Vorgaben der Monografie „Cannabisblüten" (DAB) entspricht und die Vorgaben der weiteren relevanten Monografien und Leitlinien erfüllt. Damit wird die Verfügbarkeit von Cannabis für medizinische Zwecke in reproduzierbarer Qualität nach arzneimittelrechtlichen Vorgaben gesichert. Das Cannabis für medizinische Zwecke unterliegt auch den Bestimmungen des Betäubungsmittelrechtes. Die Cannabisagentur wird einen Herstellerabgabepreis festlegen und das Cannabis an Hersteller von Cannabisarzneimitteln, Großhändler oder Apotheken verkaufen. Dabei darf die Cannabisagentur keine Gewinne oder Überschüsse erzielen. Bei der Preisbildung werden jedoch die beim BfArM anfallenden Personal- und Sachkosten berücksichtigt. Auf den tatsächlichen Abgabepreis in der Apotheke hat die Cannabisagentur jedoch keinen Einfluss. Die Vertriebswege von Herstellern und Händlern werden den gesetzlichen Regelungen entsprechen und sind daher mit den Regelungen beim Vertrieb anderer betäubungsmittelhaltiger Arzneimittel identisch.

---

22 BSG, 28.2.2008, B 1 KR 16/07, BSGE 100, 103.
23 BSG, 8.11.2011, B 1 KR 20/10 R, BSGE 109, 218, Aufhebung von LSG Baden-Württemberg, 14.7.2010, L 5 KR 2103/09.

§ 31a Medikationsplan

(1) ¹Versicherte, die gleichzeitig mindestens drei verordnete Arzneimittel anwenden, haben ab dem 1. Oktober 2016 Anspruch auf Erstellung und Aushändigung eines Medikationsplans in Papierform durch einen an der vertragsärztlichen Versorgung teilnehmenden Arzt. ²Das Nähere zu den Voraussetzungen des Anspruchs nach Satz 1 vereinbaren die Kassenärztliche Bundesvereinigung und der Spitzenverband Bund der Krankenkassen bis zum 30. Juni 2016 mit Wirkung zum 1. Oktober 2016 als Bestandteil der Bundesmantelverträge. ³Jeder an der vertragsärztlichen Versorgung teilnehmende Arzt ist verpflichtet, bei der Verordnung eines Arzneimittels den Versicherten, der einen Anspruch nach Satz 1 hat, über diesen Anspruch zu informieren.

(2) ¹In dem Medikationsplan sind mit Anwendungshinweisen zu dokumentieren
1. alle Arzneimittel, die dem Versicherten verordnet worden sind,
2. Arzneimittel, die der Versicherte ohne Verschreibung anwendet, sowie
3. Hinweise auf Medizinprodukte, soweit sie für die Medikation nach den Nummern 1 und 2 relevant sind.

²Den besonderen Belangen der blinden und sehbehinderten Patienten ist bei der Erläuterung der Inhalte des Medikationsplans Rechnung zu tragen.

(3) ¹Der Arzt nach Absatz 1 Satz 1 hat den Medikationsplan zu aktualisieren, sobald er die Medikation ändert oder er Kenntnis davon erlangt, dass eine anderweitige Änderung der Medikation eingetreten ist. ²Auf Wunsch des Versicherten hat die Apotheke bei Abgabe eines Arzneimittels eine insoweit erforderliche Aktualisierung des Medikationsplans vorzunehmen. ³Ab dem 1. Januar 2019 besteht der Anspruch auf Aktualisierung über den Anspruch nach Satz 1 hinaus gegenüber jedem an der vertragsärztlichen Versorgung teilnehmenden Arzt sowie nach Satz 2 gegenüber der abgebenden Apotheke, wenn der Versicherte gegenüber dem Arzt oder der abgebenden Apotheke den Zugriff auf die Daten nach § 291a Absatz 3 Satz 1 Nummer 3 erlaubt. ⁴Die Aktualisierungen nach Satz 3 sind mittels der elektronischen Gesundheitskarte zu speichern, sofern der Versicherte dies wünscht.

(4) ¹Inhalt, Struktur und Vorgaben zur Erstellung und Aktualisierung des Medikationsplans sowie ein Verfahren zu seiner Fortschreibung vereinbaren die Kassenärztliche Bundesvereinigung, die Bundesärztekammer und die für die Wahrnehmung der wirtschaftlichen Interessen gebildete maßgebliche Spitzenorganisation der Apotheker auf Bundesebene bis zum 30. April 2016 im Benehmen mit dem Spitzenverband Bund der Krankenkassen und der Deutschen Krankenhausgesellschaft. ²Den auf Bundesebene für die Wahrnehmung der Interessen der Patienten und der Selbsthilfe chronisch kranker und behinderter Menschen maßgeblichen Organisationen ist Gelegenheit zur Stellungnahme zu geben. ³Kommt die Vereinbarung nicht innerhalb der Frist nach Satz 1 zustande, ist auf Antrag einer der Vereinbarungspartner nach Satz 1 oder des Bundesministeriums für Gesundheit ein Schlichtungsverfahren bei der Schlichtungsstelle nach § 291c Absatz 1 einzuleiten. ⁴Innerhalb von vier Wochen nach Einleitung des Schlichtungsverfahrens hat die Schlichtungsstelle einen Entscheidungsvorschlag vorzulegen. ⁵Vor ihrem Entscheidungsvorschlag hat die Schlichtungsstelle den in den Sätzen 1 und 2 genannten Organisationen Gelegenheit zur Stellungnahme zu geben. ⁶Kommt innerhalb von zwei Wochen nach Vorlage des Entscheidungsvorschlags keine Entscheidung der Vereinbarungspartner zustande, entscheidet die Schlichtungsstelle anstelle der Vereinbarungspartner innerhalb von zwei Wochen. ⁷Auf die Entscheidungen der Schlichtungsstelle findet § 291c Absatz 7 Satz 4 bis 6 Anwendung. ⁸Die Entscheidung der Schlichtungsstelle ist für die Vereinbarungspartner nach Satz 1 und für die Leistungserbringer und Krankenkassen sowie für ihre Verbände nach diesem Buch verbindlich; sie kann nur durch eine alternative Entscheidung der Vereinbarungspartner nach Satz 1 in gleicher Sache ersetzt werden.

(5) ¹Für die elektronische Verarbeitung und Nutzung der Daten des Medikationsplans ist die Vereinbarung nach Absatz 4 Satz 1 erstmals bis zum 30. April 2017 so fortzuschreiben, dass Daten nach Absatz 2 Satz 1 in den von Vertragsärzten zur Verordnung genutzten elektronischen Programmen und in den elektronischen Programmen der Apotheken einheitlich abgebildet und zur Prüfung der Arzneimitteltherapiesicherheit genutzt werden können. ²Bei der Fortschreibung nach Satz 1 ist der Gesellschaft für Telematik Gelegenheit zur Stellungnahme zu geben. ³Kommt die erstmalige Fortschreibung nach Satz 1 nicht innerhalb der dort genannten Frist zustande, gilt Absatz 4 Satz 3 bis 8 entsprechend.

(6) Von den Regelungen dieser Vorschrift bleiben regionale Modellvorhaben nach § 63 unberührt.

I. Entstehungsgeschichte	1
II. Normzweck und Systematik	2
III. Norminhalt und Normauslegung	5
1. Norminhalt	5
2. Normauslegung	10
a) Anspruch auf Erstellung eines Medikationsplans (Abs. 1)	10
b) Umfang des Medikationsplans (Abs. 2)	13
c) Aktualisierung des Medikationsplans (Abs. 3)	15
d) Vereinbarungen der Selbstverwaltungspartnern zur weiteren Ausgestaltung des Medikationsplans (Abs. 4)	16
e) Vereinbarung zum Datenaustausch (Abs. 5)	17
f) Bestandsschutz für bestehende Modellvorhaben (Abs. 6)	18
g) Haftungsrechtliche Bedeutung	20

I. Entstehungsgeschichte

1 § 31a AGB V ist im Rahmen des Gesetzes für sichere digitale Kommunikation und Anwendung im Gesundheitswesen vom 21.12.2015 (BGBl. I, 2408) mit Wirkung zum 29.12.2015 in Kraft getreten.

II. Normzweck und Systematik

2 Durch den Anspruch des Versicherten auf Erstellung und Aktualisierung eines standardisierten Medikationsplans – ab einer Applikation von drei verschiedenen Medikamenten – soll ein Beitrag zur Verbesserung der Arzneimitteltherapiesicherheit geleistet werden.[1] Des Weiteren sollen die Patienten auch in die Lage versetzt werden, ihren Behandlern wichtige Gesundheitsdaten verfügbar zu machen.[2]

3 Systematisch ist § 31a im dritten Kapitel des SGB V (§§ 11 bis 68) angesiedelt, das die Leistungen der Krankenversicherung regelt und dort im fünften Abschnitt (§§ 27 bis 43b), der die Leistungen bei Krankheit aufführt.

4 Die Vergütung der Erstellung und Aktualisierung des Medikationsplans erfolgt für verschiedene ärztliche Fachgruppen im Wege der Einzelleistungsvergütung, als Zuschlag zur Chronikerpauschale bzw. zur fachärztlichen Grundpauschale sowie und wurde überdies ua durch Ergänzung des Anhangs 1 des EBM berücksichtigt.[3]

III. Norminhalt und Normauslegung

5 **1. Norminhalt.** Nach § 31a Abs. 1 hat der Versicherte bei gleichzeitiger Anwendung von mindestens drei verordneten Medikamenten ab dem 1.10.2016 einen Anspruch auf Erstellung und Aushändigung eines Medikationsplans durch einen an der vertragsärztlichen Versorgung teilnehmenden Arzt. Nähere Einzelheiten sollten zum 1.10.2016 Bestandteil der Bundesmantelverträge werden. Die an der vertragsärztlichen Versorgung teilnehmenden Ärzte haben den Versicherten über diesen Anspruch zu informieren. Der Abs. 2 regelt indes den Umfang des Dokumentationsplans. Danach sind alle Arzneimittel, die dem Versicherten verordnet worden sind oder die der Versicherte ohne Verordnung anwendet, sowie Hinweise auf Medizinprodukte, soweit sie für die Medikation relevant sind, zu dokumentieren und mit Anwendungshinweisen zu versehen. Bei der Erläuterung der Inhalte des Medikationsplans sind auch die besonderen Belange von blinden und sehbehinderten Patienten zu berücksichtigen.

6 Die Aktualisierung dieses Medikationsplans ist in § 31a Abs. 3 SGB V normiert. Danach hat eine Aktualisierung durch den Arzt zu erfolgen, sobald sich die Medikation ändert oder der Arzt davon Kenntnis erlangt, dass eine anderweitige Änderung der Medikation eingetreten ist. Eine insoweit erforderliche Aktualisierung des Medikationsplans kann auf Wunsch des Versicherten auch durch die Apotheke bei Abgabe des Arzneimittels erfolgen. Ab dem 1.1.2019 besteht dieser Anspruch auf Aktualisierung gegenüber jedem an der ärztlichen Versorgung teilnehmenden Arzt sowie gegenüber der abgebenden Apotheke, wenn der Versicherte gegenüber dem Arzt oder der abgebenden Apotheke den Zugriff auf die Daten nach § 291a Abs. 3 S. 1 Nr. 3 SGB V erlaubt; diese Aktualisierung ist – sofern der Versicherte dies wünscht – mittels der elektronischen Gesundheitskarte zu speichern.

7 Nach Abs. 4 sind über Inhalt, Struktur und Vorgaben zur Erstellung und Aktualisierung des Medikationsplans sowie über ein Verfahren zu seiner Fortschreibung Vereinbarungen zwischen der Kassenärztlichen Bundesvereinigung, der Bundesärztekammer und der für die Wahrnehmung der wirtschaftlichen Interessen gebildete maßgebliche Spitzenorganisation der Apotheker auf Bundesebene bis zum

---

1 BT-Dr. 18/5293, 27, 37.
2 BT-Dr. 18/5293, 26.
3 Hesse, GesR 2017, 69, 71; Maus, KV 2017, 8, 14.

30.4.2016 im Benehmen mit dem Spitzenverband Bund der Krankenkassen und der Deutschen Krankenhausgesellschaft zu schließen. Der auf Bundesebene für die Wahrnehmung der Interessen der Patienten und der Selbsthilfe chronisch kranker und behinderter Menschen maßgeblichen Organisationen ist von den og Vereinbarungsparteien Gelegenheit zur Stellungnahme zu geben. Eine entsprechende Vereinbarung wurde am 30.4.2016 geschlossen.

Nach Abs. 5 ist für die elektronische Verarbeitung und Nutzung der Daten des Medikationsplans ebenfalls eine Vereinbarung – erstmals bis zum 30.4.2017 – so fortzuschreiben, dass die genannten Daten in den von Vertragsärzten zur Verordnung genutzten elektronischen Programmen und in den elektronischen Programmen der Apotheken einheitlich abgebildet und zur Prüfung der Arzneimitteltherapiesicherheit genutzt werden können. Bei dieser Fortschreibung ist der Gesellschaft für Telematik Gelegenheit zur Stellungnahme zu geben. Kommt die erstmalige Fortschreibung bis zum 30.4.2017 nicht zustande, gelten die og Regelungen zur alternativen Entscheidung entsprechend. Diese Vereinbarung ist jedoch in der og Vereinbarung zu § 31a Abs. 4 SGB V bereits enthalten. Für den Fall, dass eine entsprechende Vereinbarung jedoch nicht innerhalb der Frist bis zum 30.4.2016 zustande gekommen wäre, wäre auf Antrag einer der Vereinbarungspartner oder des Bundesministeriums für Gesundheit ein Schlichtungsverfahren bei der Schlichtungsstelle nach § 291c Abs. 1 einzuleiten gewesen.

Gemäß Abs. 6 bleiben von diesen Regelungen regionale Modellvorhaben nach § 63 unberührt.

2. Normauslegung. a) Anspruch auf Erstellung eines Medikationsplans (Abs. 1). Abs. 1 S. 1 begründet den Rechtsanspruch des Versicherten auf Erstellung eines Medikationsplans. Bei gleichzeitiger Anwendung von mindestens drei verordneten Arzneimitteln soll ein dem Patienten verständlicher und übersichtlicher Medikationsplan – zunächst nur in Papierform – ausgehändigt werden.[4] Eine gleichzeitige Verwendung ist anzunehmen, wenn die Anwendung selbst oder die pharmakologische Wirkung am gleichen Tag erfolgt.[5] Der Gesetzgeber geht in diesem Zusammenhang davon aus, dass die Erstellung regelmäßig – aufgrund seiner Koordinations- und Dokumentationsleistungen – durch den Hausarzt erfolgt.[6] Allerdings kann eine Erstellung bei fehlender hausärztlicher Betreuung auch durch Fachärzte erfolgen.[7]

Die in Abs. 1 S. 2 genannte Vereinbarung zwischen der Kassenärztlichen Bundesvereinigung und dem Bund der Krankenkassen zur näheren Ausgestaltung des Anspruchs erfolgte am 21.9.2016 durch entsprechende Anpassung des Bundesmantelvertrages-Ärzte.[8]

Die Informationspflicht des Abs. 1 S. 3 soll zur Aufklärung des Patienten über dieses neue Leistungsangebot beitragen und dessen Verbreitung fördern.

b) Umfang des Medikationsplans (Abs. 2). Der Medikationsplan soll nicht nur die verschreibungspflichtigen und nicht verschreibungspflichtigen verordneten Arzneimittel des den Medikationsplan erstellenden Arztes enthalten, sondern auch die Verordnungen anderer Ärzte dokumentieren.[9] Des Weiteren sind auch die Arzneimittel in den Medikationsplan aufzunehmen, die vom Versicherten ohne Verschreibung angewendet werden, soweit die entsprechende Anwendung zum Zeitpunkt der Erstellung oder Aktualisierung des Medikationsplans erfolgt.[10] Die nicht von dem Medikationsplan erstellenden Arzt verordneten Arzneimittel können als solche gekennzeichnet werden.[11]

Zusätzlich zur Dokumentation der Arzneimittel sollen auch Anwendungshinweise aufgenommen werden.[12] Soweit Medizinprodukte für die dokumentierte Medikation relevant sind, sollen auch diese in den Medikationsplan aufgenommen werden.[13] Bei der Erläuterung des Medikationsplans ist auf die besonderen Belange von blinden und sehbehinderten Patienten zu achten.[14]

c) Aktualisierung des Medikationsplans (Abs. 3). Abs. 3 verpflichtet den Arzt den nach Abs. 1 S. 1 aufgestellten Medikationsplan zu aktualisieren. Dafür ist Voraussetzung, dass zum Zeitpunkt der Ak-

---

4 BT-Dr. 18/5293, 37.
5 Hesse, GesR 2017, 69, 70.
6 BT-Dr. 18/5293, 37.
7 BT-Dr. 18/5293, 37.
8 Maus, KV 2017, 8, 11.
9 BT-Dr. 18/5293, 37.
10 BT-Dr. 18/5293, 37.
11 BT-Dr. 18/5293, 37.
12 BT-Dr. 18/5293, 37.
13 BT-Dr. 18/5293, 37.
14 BT-Dr. 18/5293, 37.

tualisierung weiterhin mindestens drei verordnete Arzneimittel angewendet werden.[15] Diese Aktualisierung kann jedoch auch von anderen Leistungserbringern – etwa Apothekern, anderen an der vertragsärztlichen Versorgung teilnehmenden Ärzten sowie Einrichtungen der Krankenversorgung – vorgenommen werden.[16]

16 **d) Vereinbarungen der Selbstverwaltungspartnern zur weiteren Ausgestaltung des Medikationsplans (Abs. 4).** Nach Abs. 4 sollen die Kassenärztliche Bundesvereinigung, die Bundesärztekammer, und die für die Wahrnehmung der wirtschaftlichen Interessen gebildete maßgebliche Spitzenorganisation der Apotheker auf Bundesebene – im Benehmen mit dem Spitzenverband Bund der Krankenkasse und der Deutschen Krankengesellschaft – eine Vereinbarung über Inhalt, Struktur und Vorgaben zur Erstellung und Aktualisierung des Medikationsplans schließen.[17] Etwaige Vorarbeiten im Rahmen des Aktionsplans zur Verbesserung der Arzneimitteltherapiesicherheit des Bundesgesundheitsministeriums sollen berücksichtigt werden.[18] Zur Sicherstellung einer patientengerechten Ausgestaltung soll den für die Wahrnehmung der Interessen der Patienten und der Selbsthilfe chronisch kranker und behinderter Menschen maßgeblichen Organisationen auf Bundesebene Gelegenheit zur Stellungnahme gegeben werden.[19] Die entsprechende „Vereinbarung eines bundeseinheitlichen Medikationsplans – BMP" wurde am 30.4.2016 geschlossen.

17 **e) Vereinbarung zum Datenaustausch (Abs. 5).** Nach Abs. 5 soll langfristig durch Implementierung technischer Systeme eine Erleichterung der Aktualisierung des Medikationsplans mittels Datenaustausch ermöglicht werden. Zur Festlegung der technischen Voraussetzungen und einheitlicher elektronischer Abbildung der Daten ist eine – in Anlehnung an Abs. 4 – zu schließende Vereinbarung erforderlich. Eine entsprechende Vereinbarung ist in der og Vereinbarung nach § 31a Abs. 4 SGB V bereits enthalten.

18 **f) Bestandsschutz für bestehende Modellvorhaben (Abs. 6).** Abs. 6 enthält eine erst im Gesetzgebungsverfahren durch den Bundesrat angeregte Ergänzung zum Bestandsschutz bereits bestehender Modellvorhaben. Mit dieser Ergänzung sollte erreicht werden, dass regionale Modellvorhaben für einen Medikationsplan, die uU auch über den Umfang der Neuregelung hinausgehen, auch weiterhin durchgeführt werden können.[20] Damit sollte v.a. der Bestand der bundesweit einmaligen und nach § 63 SGB V durchgeführten Arzneimittelinitiative Sachsen-Thüringen (kurz: „ARMIN") der AOK Plus, der Kassenärztlichen Vereinigungen Sachsen und Thüringen sowie des sächsischen und thüringischen Apothekerverbandes gewahrt werden.[21]

19 Nach Auffassung der Bundesregierung war eine entsprechende Anpassung zwar nicht erforderlich, wurde aus Gründen der Klarstellung und zur Vermeidung Rechtssicherheit aber dennoch aufgenommen.[22]

20 **g) Haftungsrechtliche Bedeutung.** Der Medikationsplan ist Teil der Patientenakte im Sinne des § 630f BGB. Zur Absicherung gegen Haftungsrisiken sollte – bei Aushändigung des Originals an den Patienten – eine Kopie des erstellten Medikationsplans zur Patientenakte genommen werden.[23] Allerdings lässt sich die Haftung nicht mit dem in den Medikationsplan aufzunehmenden Hinweis, dass dieser keinen Anspruch auf Vollständigkeit und Richtigkeit habe, ausschließen.[24] Vielmehr ist davon auszugehen, dass die Rspr. einen auf einem unvollständigen Medikationsplan basierenden kausalen Schaden nicht mit Blick auf diesen Haftungsausschluss verneinen wird.[25]

---

15 BT-Dr. 18/5293, 38.
16 BT-Dr. 18/5293, 37; vertiefend Maus, KV 2017, 8, 9f.
17 BT-Dr. 18/5293, 38.
18 BT-Dr. 18/5293, 38.
19 BT-Dr. 18/5293, 37.
20 BT-Dr. 18/6012, 2.
21 BT-Dr. 18/6012, 2.
22 BT-Dr. 18/6012, 6.
23 Maus, KV 2017, 8, 13.
24 Rehborn/Gescher in: Erman, BGB, § 630f Rn. 16.
25 Maus, KV 2017, 8, 13.

§ 32 Heilmittel

(1) ¹Versicherte haben Anspruch auf Versorgung mit Heilmitteln, soweit sie nicht nach § 34 ausgeschlossen sind. ²Für nicht nach Satz 1 ausgeschlossene Heilmittel bleibt § 92 unberührt.

(1 a) ¹Der Gemeinsame Bundesausschuss regelt bis zum 30. Juni 2016 in seiner Richtlinie nach § 92 Absatz 1 Satz 2 Nummer 6 das Nähere zur Heilmittelversorgung von Versicherten mit langfristigem Behandlungsbedarf. ²Er hat insbesondere zu bestimmen, wann ein langfristiger Heilmittelbedarf vorliegt, und festzulegen, ob und inwieweit ein Genehmigungsverfahren durchzuführen ist. ³Ist in der Richtlinie ein Genehmigungsverfahren vorgesehen, so ist über die Anträge innerhalb von vier Wochen zu entscheiden; ansonsten gilt die Genehmigung nach Ablauf der Frist als erteilt. ⁴Soweit zur Entscheidung ergänzende Informationen des Antragstellers erforderlich sind, ist der Lauf der Frist bis zum Eingang dieser Informationen unterbrochen.

(2) ¹Versicherte, die das achtzehnte Lebensjahr vollendet haben, haben zu den Kosten der Heilmittel als Zuzahlung den sich nach § 61 Satz 3 ergebenden Betrag an die abgebende Stelle zu leisten. ²Dies gilt auch, wenn Massagen, Bäder und Krankengymnastik als Bestandteil der ärztlichen Behandlung (§ 27 Satz 2 Nr. 1) oder bei ambulanter Behandlung in Krankenhäusern, Rehabilitations- oder anderen Einrichtungen abgegeben werden. ³Die Zuzahlung für die in Satz 2 genannten Heilmittel, die als Bestandteil der ärztlichen Behandlung abgegeben werden, errechnet sich aus den Preisen, die für die Krankenkasse des Versicherten nach § 125 für den Bereich des Vertragsarztsitzes vereinbart sind. ⁴Bestehen insoweit unterschiedliche Preisvereinbarungen, hat die Krankenkasse einen durchschnittlichen Preis zu errechnen. ⁵Die Krankenkasse teilt die anzuwendenden Preise den Kassenärztlichen Vereinigungen mit, die die Vertragsärzte darüber unterrichten.

I. Entstehungsgeschichte	1	III. Qualifikation	3
II. Bedeutung der Norm	2	IV. Längerfristige Behandlung (Abs. 1 a)	4

I. Entstehungsgeschichte

Die Norm geht auf § 182 Abs. 1 Nr. 1 lit. b RVO zurück. Die letzte Änderung betraf die Änderung des erst zum 1.1.2012 durch das GKV-VStG[1] eingeführten Abs. 1 a durch das GKV-VSG vom 16.7.2015 zum 23.7.2015.[2]

II. Bedeutung der Norm

Die Norm regelt Umfang und Grenzen des Anspruchs der GKV-versicherte Patienten auf Versorgung mit Heilmitteln. Dies sind Maßnahmen der **Physikalischen Therapie**, der **Logopädie, Ergotherapie** und **podologischen Therapie**. Die Einzelheiten sind in der „Richtlinie über die Verordnung von Heilmitteln in der vertragsärztlichen Versorgung" (Heilmittel-RL) geregelt. Die Norm muss spiegelbildlich zu § 124 gelesen werden, der die Zulassungsvoraussetzungen für Heilmittelerbringer regelt. Die Leistungsausschlüsse des § 34 sind zu beachten. Neue Heilmittel gelten so lange als ausgeschlossen, bis sie der G-BA genehmigt hat (siehe auch § 138). Heilmittel bedürfen grundsätzlich einer vertragsärztlichen Verordnung (§ 73 Abs. 2 Nr. 7). Daran ändert auch der Umstand nichts, dass manche der einschlägigen Berufe längst die Grenze zu einem jedenfalls faktisch selbstständigen Heilberuf überschritten haben. Mit Urteil vom 21.11.2006 hat das OVG Koblenz[3] entschieden, dass **Physiotherapeuten** auf Antrag eine auf den Bereich der Physiotherapie beschränkte Erlaubnis zur **Niederlassung als Heilpraktiker** zu erteilen ist. Eine Überprüfung durch das Gesundheitsamt ist danach nicht erforderlich; die Berufsbezeichnung „Heilpraktiker" muss nicht geführt werden. Die Entscheidung trägt der zunehmenden Professionalisierung im Bereich der Gesundheitsberufe ebenso Rechnung wie den veränderten Versorgungsstrukturen. Wenn ärztliche Verordnungen für physiotherapeutische Behandlungen durch Entscheidungen des Gesetzgebers rationiert werden bzw dem Arzt bei Budgetüberschreitung der persönliche Regress droht, ist die Forderung nach Öffnung eines direkten Zugangs der Patienten zum Physiotherapeuten zur Aufrechterhaltung des hohen Gesundheitsschutz-Niveaus – die entsprechende Kompetenz und Qualifikation, zB durch ein abgeschlossenes Fachhochschulstudium, unterstellt – nachvollziehbar, wenn nicht gar geboten. Diesem Gedanken wird auch der Gesetzgeber folgen müssen, der sein Augenmerk zwar einerseits dem schutzwürdigen Vertrauen der in den „überkommenen Berufen" Täti-

---

1 BGBl. I 2011, 2983.
2 BGBl. I, 1211.
3 OVG Koblenz, 21.11.2006, 6 A 10271/06, GesR 2007, 222 ff.

gen zu schenken hat, andererseits bei den gesetzlichen Festlegungen des Berufsbildes auch seinen „realen Veränderungen" entsprechen soll.[4] Der „Umweg" über das HPG mag im Einzelfall gangbar sein; einer eigenständigen gesetzlichen Regelung ist jedoch der Vorzug zu geben.

III. Qualifikation

3 Grundsätzlich gilt die Qualifikation mit Abschluss der klassischen Ausbildungsgänge zum Physiotherapeuten, Logopäden uä als nachgewiesen.[5] Rechtlich ist jedoch grundsätzlich auch der Nachweis sonstiger Qualifikationen möglich, wenn auch in der Praxis schwierig zu erbringen. Neben der persönlichen Qualifikation ist eine ordnungsgemäße Betriebsstätte vorzuhalten.[6]

IV. Längerfristige Behandlung (Abs. 1a)

4 Mit Beschluss vom 19.5.2016 hat der G-BA die Heilmittel-Richtlinien neu strukturiert.[7] Die neuen Regeln treten zum 1.1.2017 in Kraft. Nach dem Beschlusstext soll mit der Neufassung der HeilM-RL vom 20. Januar 2011 die HeilM-RL auch um eine Regelung bezüglich einer langfristigen Genehmigung von Heilmittel-Verordnungen bei schweren, dauerhaften funktionellen und strukturellen Schädigungen ergänzt werden. Die Regelung trägt insbesondere den Fällen Rechnung, in denen ein notwendiger Behandlungsbedarf für einen längeren Zeitraum ohne Unterbrechungen erforderlich ist. In § 8 Abs. 5 HeilM-RL sind bisher die Regelungen zum langfristigen Heilmittelbedarf verankert, welche im Rahmen der Richtlinienänderung angepasst werden sollen. Der Gesetzgeber hat mit dem GKV-Versorgungsstrukturgesetz (GKV-VStG) in § 32 SGB V einen neuen Abs. 1a zur Verordnung von Heilmitteln für Versicherte, die langfristig Heilmittel benötigen, eingefügt. Damit hat die bereits beschlossene Regelung in der Neufassung der HeilM-RL in § 8 Abs. 5 HeilM-RL eine ausdrückliche gesetzliche Grundlage erhalten. Der G-BA wurde beauftragt, das Nähere zu regeln, insbesondere die Konkretisierung des begünstigten Personenkreises, die Anforderungen an die ärztliche Begründung des Antrages sowie die zeitliche Befristung der Genehmigung. Darüber hinaus sind die Kassenärztliche Bundesvereinigung (KBV) und der GKV- Spitzenverband (GKV-SV) aufgrund einer Änderung des § 84 Abs. 8 SGB V durch das GKV- VStG beauftragt worden, eine Vereinbarung über Praxisbesonderheiten für die Verordnung von Heilmitteln festzulegen, die bei den Prüfungen nach § 106 SGB V anzuerkennen sind. Hierfür haben der GKV-SV und KBV eine Vereinbarung zu Praxisbesonderheiten für die Verordnung von Heilmitteln nach § 84 Abs. 8 S. 3 SGB V mit Indikationslisten und Angaben zu den jeweiligen ICD-10-Codes-GM geschlossen. Gegenstand dieser Vereinbarung war auch eine Liste (Anlage 2 der Vereinbarung) über Indikationen mit einem langfristigen Heilmittelbedarf nach § 32 Abs. 1a SGB V (im Weiteren als „Diagnoseliste" bezeichnet). Darüber hinaus hat der Gesetzgeber durch das GKV-Versorgungsstärkungsgesetz (GKV-VSG) die Regelung des § 32 Abs. 1a SGB V modifiziert und den G-BA beauftragt in seiner Richtlinie nach § 92 Abs. 1 S. 2 Nr. 6 das Nähere zur Heilmittelversorgung von Versicherten mit langfristigem Heilmittelbedarf zu regeln. Durch die Änderung des § 32 Abs. 1a SGB V hat der G-BA zukünftig zu regeln, ob und gegebenenfalls in welchen Fällen ein Genehmigungsverfahren durchgeführt werden soll. Hierbei besteht der Spielraum zu entscheiden, ob gänzlich auf ein Genehmigungsverfahren verzichtet oder ob zB für bestimmte Fälle, bei denen eine medizinische Prognose als schwierig angesehen wird, ein Genehmigungs- oder Begutachtungsverfahren durchgeführt werden soll. Ebenfalls obliegt es dem G-BA anhand konkreter Kriterien zu bestimmen, wann ein langfristiger Heilmittelbedarf anzunehmen ist. Dies kann in Form einer *Diagnoseliste* erfolgen.

5 Die Überführung der Regelungen zum langfristigen Heilmittelbedarf in einen neuen § 8a dient dazu, die bisher an verschiedenen Stellen (ua in der HeilM-RL, im Merkblatt und in Einzelschreiben des G-BA sowie in bilateralen Vereinbarungen zwischen KBV und GKV-Spitzenverband) getroffenen Regelungen zu bündeln, um so Normenklarheit herzustellen. Der neue § 8a bildet nunmehr die zentrale Rechtsgrundlage für den langfristigen Heilmittelbedarf innerhalb der Heilmittel-Richtlinie. Mit der Herausnahme der Regelung aus dem bisherigen § 8 wird zudem der langfristige Heilmittelbedarf vom Genehmigungsverfahren für Verordnungen außerhalb des Regelfalls auch im Richtlinientext entkop-

---

4 BVerfGE 106, 62.
5 Eine früher notwendige Berufspraxis von zwei Jahren als Genehmigungsvoraussetzung ist entfallen; siehe auch Haage in: Rieger/Dahm/Katzenmeier/Steinhilper/Stellpflug (Hrsg.), HK-AKM, 11/2016 „Gesundheitsfachberufe" Nr. 2200 Rn. 5 ff.
6 SG Dresden, 15.6.2011, S 25 KR 143/09; siehe aber auch LSG Bad.-Württ, 13.5.2016, L 4 KR 3332/15, MedR 2016, 929 für Fachkräfte, die ihre Leistungen ausschließlich im häuslichen Bereich der Patienten erbringen.
7 BAnz AT 10.8.2016.

pelt. Die vorherige Regelung in einem Paragraphen hatte fälschlicherweise eine Verbindung beider Sachverhalte suggeriert.

Ein langfristiger Heilmittelbedarf im Sinne von § 32 Abs. 1a SGB V ergibt sich auch weiterhin aus der sich aus der ärztlichen Begründung ergebenden Schwere und Langfristigkeit der funktionellen/strukturellen Schädigungen, der Beeinträchtigungen der Aktivitäten und dem sich daraus nachvollziehbar ergebenden Therapiebedarf der oder des Versicherten mit Heilmitteln. Damit wird auch der gesetzgeberischen Intention weiterhin Rechnung getragen, den Zugang und die Behandlungskontinuität von Menschen mit schweren Behinderungen oder schweren chronischen Erkrankungen, die fortlaufend Heilmittel benötigen, zu verbessern. 6

Abs. 2 S. 1 integriert die bisher als Anlage zum Merkblatt veröffentlichte Diagnoseliste – als neue Anlage 2 – in die HeilM-RL. Der Gemeinsame Bundesausschuss nimmt damit seine Kompetenz aus § 32 Abs. 1a S. 1 und 2 SGB V idF des GKV-VSG wahr, das Nähere zur Heilmittelversorgung von Versicherten mit langfristigem Behandlungsbedarf zu regeln und mittels einer Diagnoseliste zu bestimmen, in welchen Fällen ein langfristiger Heilmittelbedarf angenommen wird (vgl. Begründung des 14. Ausschusses zum GKV-VSG, § 32 Abs. 1a SGB V). S. 2 legt fest, dass bei den in der Anlage 2 aufgeführten Diagnosen in Verbindung mit der jeweils aufgeführten Diagnosegruppe des Heilmittelkataloges kein individuelles Antrags- und Genehmigungsverfahren stattfindet. Dies dient dazu, sowohl die Versicherten als auch die Vertragsärztinnen und Vertragsärzte, Heilmittelerbringerinnen und Heilmittelerbringer sowie Krankenkassen von unnötigem bürokratischem Aufwand zu entlasten. Bei den gelisteten Diagnosen handelt es sich um so schwerwiegende Erkrankungen bei denen von einem Therapiebedarf von mindestens einem Jahr ausgegangen wird. 7

Versicherte mit einer schweren dauerhaften funktionellen/strukturellen Schädigung, die nicht in der Anlage 2 gelistet ist, können auch weiterhin gegenüber der Krankenkasse eine Feststellung beantragen, ob im Einzelfall ein langfristiger Heilmittelbedarf iSv § 32 Abs. 1a SGB V besteht und die medizinisch notwendigen Heilmittel langfristig genehmigt werden können. Mit der Regelung soll eine Benachteiligung von Versicherten mit vergleichbar schweren und langfristigen Schädigungen hinsichtlich der Leistungsgewährung und ggf. erforderliche Genehmigungen bei Verordnungen außerhalb des Regelfalls vermieden werden. 8

Abs. 4 regelt, auf welcher Grundlage die Krankenkasse über Anträge nach Abs. 3 entscheidet. Der erste Spiegelstrich stellt klar, dass die Antragstellung durch den oder die Versicherte selbst erfolgt. Der zweite Spiegelstrich regelt, dass einem Antrag nach Abs. 3 stets eine von der Vertragsärztin oder dem Vertragsärzte vollständig ausgefüllte und unterschriebene Verordnung in Kopie beigefügt sein muss, um der Krankenkasse eine Entscheidung über den langfristig medizinisch notwendigen Therapiebedarf mit Heilmitteln zu ermöglichen. Das Original der Verordnung verbleibt bei der oder dem Versicherten, damit die erforderliche Heilmittelbehandlung zeitnah bereits während der Dauer des Genehmigungsverfahrens aufgenommen werden kann. Der dritte Spiegelstrich regelt, dass die Krankenkasse bei der Entscheidung über Anträge nach Abs. 3 – soweit erforderlich – den Medizinischen Dienst der Krankenversicherung (MDK) einbezieht. 9

Gem. § 275 Abs. 1 SGB V hat die Krankenkasse bei der Erbringung von Leistungen, insbesondere bei der Prüfung der Voraussetzungen, der Art und des Umfangs der Leistungen, eine gutachterliche Stellungnahme des MDK einzuholen, wenn es nach Art, Schwere, Dauer oder Häufigkeit der Erkrankung oder nach dem Krankheitsverlauf erforderlich ist. Gemäß der gesetzlichen Bestimmung obliegt die letztendliche Entscheidung über eine Einbeziehung des MDK im Ermessen der Krankenkasse. Dies ist vor dem Hintergrund zügiger und bürokratiearmer Genehmigungsentscheidungen insbesondere in den Fällen sachgerecht, in denen die Krankenkasse die medizinische Beurteilung von Anträgen nach Abs. 3 selbst vornehmen kann oder die Entscheidung aufgrund der vorliegenden Unterlagen und Informationen ohne weitere Beteiligung des Medizinischen Dienstes getroffen werden kann. 10

Der Bezug zu § 3 Abs. 5 der Heilmittel-Richtlinie stellt im Zusammenhang mit der Entscheidung über Anträge nach Abs. 3 klar, dass sich die Indikation für die Genehmigung eines langfristigen Heilmittelbedarfs im Sinne von § 32 Abs. 1a SGB V nicht aus der Diagnose allein ergibt. Voraussetzung ist auch hier, dass auf Grund der prognostischen Einschätzung der langfristige Heilmittelbedarf über mindestens ein Jahr unter Gesamtbetrachtung der funktionellen/strukturellen Schädigungen, der Beeinträchtigung der Aktivitäten und unter Berücksichtigung der individuellen Kontextfaktoren in Bezug auf Person und Umwelt medizinisch notwendig ist. Bezüglich einer Vergleichbarkeit gem. Abs. 3 ist zwischen zwei Sachverhalten zu unterscheiden: 11

12 1. Grundsätzlich gilt als Beurteilungsmaßstab für die Vergleichbarkeit, dass die bei der Antragstellerin oder dem Antragsteller konkret bestehenden funktionellen/strukturellen Schädigungen eine vergleichbare Schwere und Dauerhaftigkeit sowie einen über mindestens ein Jahr andauernden Therapiebedarf mit Heilmitteln aufweisen müssen, wie dies bei den in der Anlage 2 aufgeführten Diagnosen in Verbindung mit den dort jeweils aufgeführten Diagnosegruppen des Heilmittelkataloges zu erwarten ist.
    2. Eine Vergleichbarkeit gem. Abs. 3 kann jedoch ausnahmsweise auch dann gegeben sein, wenn bei der Antragstellerin oder dem Antragsteller mehrere einzelne funktionelle/strukturelle Schädigungen bestehen, die für sich allein gesehen zwar nicht die Voraussetzungen für einen langfristigen Heilmittelbedarf erfüllen, diese aber in Summe zu solch schweren und dauerhaften Beeinträchtigungen der Aktivitäten und einem langfristigen Therapiebedarf mit Heilmitteln führen, wie er auch bei Diagnosen der Anlage 2 zu erwarten ist.

13 Bei der medizinischen Einschätzung über Anträge nach Abs. 3 hat die Krankenkasse unter Berücksichtigung von § 275 Abs. 1 SGB V den MDK einzubeziehen, soweit zusätzlicher medizinischer Sachverstand erforderlich ist (vgl. auch Ausführungen zu Abs. 4).
Bei der Bewertung von Anträgen nach Abs. 3 ist – wie auch bei der Heilmittelverordnung durch den Vertragsarzt – der individuelle patientenbezogene Therapiebedarf, die Therapiefähigkeit, die Therapieziele und die Therapieprognose in Bezug auf die langfristig beantragte Heilmitteltherapie zu berücksichtigen. Die Aufgabe des MDK-Gutachter ist es in diesen Fällen, die Schwere und Langfristigkeit der konkret beim Antragsteller bestehenden funktionellen/strukturellen Schädigungen im Vergleich zu der Schwere und Langfristigkeit der Schädigungen, die bei in Anlage 2 der HeilM-RL genannten Diagnosen zu erwarten sind, medizinisch zu bewerten.

14 Der Therapiebedarf besteht, wenn als Folge einer Krankheit Schädigungen der Körperstruktur bzw. der Körperfunktion und ggf. Beeinträchtigungen der Aktivitäten vorliegen, die gezielt einer Behandlung mit Heilmitteln bedürfen. Die Patienten/der Patient muss zudem therapiefähig sein. Dies betrifft insbesondere die körperliche, geistige und seelische Verfassung der oder des Patienten. Eine längerfristige Heilmittelbehandlung erfordert eine ausreichende Motivation (einschließlich Motivierbarkeit) und Belastbarkeit der Patientin/des Patienten für die Heilmitteltherapie. Die Therapiefähigkeit hängt neben den funktionellen und strukturellen Schädigungen vorrangig von personenbezogenen Kontextfaktoren ab.
Die Therapieprognose ist eine medizinisch begründete Wahrscheinlichkeitsaussage über die Erreichbarkeit eines festgelegten Therapieziels. Durch eine geeignete Heilmittelanwendung – auch in Kombination mit weiteren ärztlichen Leistungen – sollte in einem bestimmten Zeitraum unter Berücksichtigung der vorliegenden Erkrankungen und des bisherigen Therapieverlaufs eine positive Beeinflussung von Schädigungen der Körperstruktur bzw. der Körperfunktion und ggf. beeinträchtigter Aktivitäten zu erwarten sein. Eine positive Therapieprognose liegt auch dann vor, wenn durch die Heilmittelanwendung eine Zunahme bzw. Verschlechterung der vorliegenden Schädigungen der Körperfunktion und -struktur und der Beeinträchtigungen der Aktivitäten vermieden wird.

15 Bei der Entscheidung über Anträge nach Abs. 3 ist ausschlaggebend, dass aufgrund der bei der oder dem Versicherten vorliegenden dauerhaft schweren funktionellen/strukturellen Schädigungen ein Therapiebedarf mit Heilmitteln durchgängig für einen Zeitraum von mindestens einem Jahr besteht. Allerdings ergibt sich auch bei dauerhaften bestehenden funktionellen/strukturellen Schädigungen häufig eine wechselnde Leitsymptomatik. Bei der Genehmigung durch die Krankenkasse ist daher zu berücksichtigen, dass eine Anpassung der Heilmittelauswahl und Frequenz gemäß der dem Antrag zugrundeliegenden Indikations- bzw. Diagnosegruppe aufgrund einer sich im Genehmigungszeitraum ggf. verändernden Leitsymptomatik möglich ist.

16 Im Gegensatz zum medizinisch notwendigen Heilmittelbedarf bei dauerhaften schweren funktionellen/strukturellen Schädigungen ist davon auszugehen, dass bei prognostisch kurzzeitigem Behandlungsbedarf der in der Heilmittel-Richtlinie abgebildete Regelfall und die zur Verfügung stehenden Behandlungseinheiten eine hinreichende Versorgung mit Heilmitteln der Versicherten ermöglicht. Soweit im Einzelfall während der Versorgung im Regelfall erkennbar wird, dass die Gesamtverordnungsmenge nicht hinreichend ist, sind weitere Verordnungen im Rahmen der Versorgung außerhalb des Regelfalls möglich. Ein langfristiger Heilmittelbedarf ist definitionsgemäß nicht gegeben.

17 Die Krankenkasse kann Genehmigungsentscheidungen nach Abs. 3 abhängig von dem zugrunde liegenden Einzelfall zeitlich befristet oder auch unbefristet vornehmen. Soweit die Krankenkasse von der Möglichkeit einer Befristung Gebrauch macht, muss der Genehmigungszeitraum – wie bisher – min-

destens ein Jahr umfassen. Eine darüber hinausgehende zeitliche Befristung ist möglich, sofern die Krankenkasse auf Grundlage der dem Antrag gemäß Abs. 4 beigefügten ärztlichen Verordnung eine Abschätzung des Therapiebedarfs mit Heilmitteln über den beantragten Zeitraum möglich ist.

Abs. 8 sieht vor, dass für Versicherte mit einem langfristigen Heilmittelbedarf gemäß Abs. 2 (Listung in Anlage 2) oder gemäß Abs. 3 (Genehmigung im Einzelfall) die langfristig notwendigen Heilmittel in Abweichung zu § 7 auch unmittelbar als Verordnung außerhalb des Regelfalls für einen Zeitraum von 12 Wochen ausgestellt werden können. Dies trägt zu einer kontinuierlichen Versorgung dieser Versicherten mit einem festgestellten langfristigen Heilmittelbedarf bei, da die notwendigen Heilmittelanwendungen in Abhängigkeit von der Behandlungsfrequenz für einen geeigneten Zeitraum bemessen werden können, über die Beschränkung auf 12 Wochen jedoch weiterhin sichergestellt bleibt, dass die langfristig notwendigen Therapien im Rahmen der ärztlichen Untersuchung regelmäßig überprüft und angepasst werden können. Darüber hinaus wird in S. 2 festgelegt, dass eine ggf. notwendige Genehmigung gemäß § 8 Abs. 4 als erteilt gilt und zwar unabhängig davon, ob die jeweilige Krankenkasse von der Möglichkeit zur Durchführung eines Genehmigungsverfahrens Gebrauch macht oder nicht. Dies dient dazu, sowohl die Versicherten als auch die Vertragsärztinnen und Vertragsärzte, Heilmittelerbringerinnen und Heilmittelerbringer sowie Krankenkassen von unnötigem bürokratischem Aufwand zu entlasten. 18

Wie dargestellt, wurden die KBV und der GKV-SV mit dem GKV-VStG beauftragt, eine Vereinbarung über Praxisbesonderheiten für die Verordnung von Heilmitteln festzulegen, die bei den Prüfungen nach § 106 SGB V anzuerkennen sind. Basis hierfür waren unter anderem die regional bestehenden Praxisbesonderheiten für Heilmittel. Auf Bundesebene wurden erstmals Diagnoselisten mit einer Zuordnung von Diagnosegruppe/Indikationsschlüssel sowohl für bundesweit einheitliche Praxisbesonderheiten als auch für den langfristigen Heilmittelbedarf gemäß § 32 Abs. 1 a SGB V erstellt. Die geschlossene Vereinbarung ist am 1.1.2013 in Kraft getreten. Mit einer gesonderten Diagnoseliste für den langfristigen Heilmittelbedarf haben die Vertragspartner das Ziel verfolgt, insbesondere das Verfahren für den Zugang zu einer notwendigen Heilmittelbehandlung zu vereinfachen. Hierdurch sollte die Versorgung von Patienten mit schweren Erkrankungen, die einen langfristigen Heilmittelbedarf haben, verbessert werden. 19

Durch die Vereinbarung wurde ein Antragsverfahren gemäß § 32 Abs. 1 a SGB V iVm mit § 8 Abs. 5 HeilM-RL seit in Kraft treten der Vereinbarung für Versicherte entbehrlich, sofern deren Diagnose gelistet und die Krankenkassen auf ein Genehmigungsverfahren nach § 8 Abs. 4 HeilM-RL verzichtet haben. Parallel dazu hat der G-BA das in Kapitel 2.1.1 genannte Merkblatt veröffentlicht, welches auf die bestehenden Regelungen zur Umsetzung des langfristigen Heilmittelbedarfs verweist. Unter anderem nimmt es Bezug auf die zwischen GKV-SV und KBV vereinbarte Diagnoseliste für den langfristigen Heilmittelbedarf. 20

Mit der beschriebenen Änderung des § 32 Abs. 1 a SGB V durch das GKV-VSG hat der G-BA „[...] insbesondere zu bestimmen, wann ein langfristiger Heilmittelbedarf vorliegt [...]". Der Gesetzgeber führt in seiner Begründung dazu aus, dass der G-BA anhand konkreter Kriterien bestimmen soll, wann dieser langfristige Heilmittelbedarf besteht. Dies kann – wie derzeit in der Anlage des Merkblatts des G-BA zur Genehmigung langfristiger Heilmittelbehandlungen umgesetzt – in Form einer Diagnoseliste erfolgen. Nach dem Willen des Gesetzgebers soll ein praktikables Verfahren geschaffen werden, das behandelnde Vertragsärztinnen und Vertragsärzte von unnötigem bürokratischem Aufwand entlastet und die Behandlungskontinuität der Versicherten fördert. Da die Diagnoseliste mit einem langfristigen Heilmittelbedarf bekannt und anerkannt ist, soll diese Liste auch weiterhin Grundlage zur Festlegung des langfristigen Heilmittelbedarfs sein, bei denen ein Genehmigungsverfahren verzichtbar ist. Jedoch ergibt sich aufgrund der Rückmeldungen zum oben beschriebenen Feedbackverfahren ein Änderungsbedarf an der bestehenden Liste mit Stand vom 12.11.2012. Die Änderungen werden im Folgenden beschrieben: 21

22 Ergänzungs- bzw. Streichungsvorschläge
im Vergleich zur Vereinbarung über Praxisbesonderheiten nach § 84 Abs. 8 SGB V – Anlage 2: Liste über Diagnosen mit langfristigem Heilmittelbedarf im Sinne von § 32 Abs. 1a SGB V mit Stand vom 12.11.2012

ICD-Code	Bezeichnung	Begründung
Erkrankungen des Nervensystems		
G14	Postpolio-Syndrom	Physiotherapie bewirkt eine Steigerung der Kraft und der Ausdauer in den behandelten Muskelgruppen sowie eine verbesserte kardiopulmonale Leistungsfähigkeit. Auf Grund des progredienten Verlaufs ist ein langfristiger Heilmittelbedarf gegeben. Daher ist die Diagnose aus der Diagnoseliste der Praxisbesonderheiten (Anlage 1 der Vereinbarung über Praxisbesonderheiten) in die Diagnoseliste des langfristigen Heilmittelbedarfs zu überführen.
G24.3	Torticollis spasticus	Die zervikale Dystonie tritt in vielen unterschiedlichen Formen und Ausprägungen auf. Die klassischen Formen sind Laterocaput und Laterocollis (Beugung zur Seite) Torticaput und Torticollis (Drehung zur Seite) Anterocaput und Anterocollis (vornüber gebeugter Kopf) Retrocaput und Retrocollis (nach hinten gestreckter Kopf) Lateraler Shift (Kombination aus Laterocollis und Laterocaput) Sagitaler Shift nach hinten (Kombination aus anterocaput und Retrocollis) Symptomatik der zervikalen Dystonie: Ständig vorhandene, ununterbrochene Muskelverkrampfungen mit abnormen Fehlhaltungen Durch die Verkrampfungen bedingte permanente Schmerzen Kopf-Tremor Gangunsicherheit Schwindel Probleme bei der Orientierung Physio- und Ergotherapie können die Symptome wesentlich lindern. Wenn jedoch die Behandlung unterbrochen wird, tritt wegen der permanenten Verkrampfungen der ursprüngliche, behandlungsbedürftige Zustand sehr schnell wieder ein, was den bis dahin erzielte Therapieerfolg zunichtemacht. Der Leidensdruck in der Therapiepause ist für die Patienten erheblich.
G95.0	Syringomyelie und Syringobulbie	Bei der Syringomyelie und -bulbie kommt es zu einer Höhlenbildung im Rückenmark, bspw. nach Verletzungen, Entzündungen oder Tumoren. Nach dem ersten Auftreten von Symptomen kommt es zu einer Entwicklung neurologischer Defizite über Jahre bis Jahrzehnte, wobei die Symptomatik vielfältig ist und von Lage und Ausbildung der Höhlenbildung abhängt.
Entzündliche rheumatische Erkrankungen und Kollagenosen		
M05.0-	Felty-Syndrom	Insbesondere bei den entzündlich-rheumatischen Erkrankungen Chronische Polyarthritis (CP), ankylosierende Spondylitis (AS), Kollagenosen und Vaskulitiden oder die juvenile idiopathische Arthritis (JIA) bestehen aufgrund des regelhaft polytopen Musters des Gelenkbefalls komplexe Funktionsstörungen der Gelenke, der Muskulatur und anderer Elemente des Bewegungssystems. Dabei werden auch primär nicht betroffene Teile des Bewegungssystems („Bewegungsketten") in Mitleidenschaft gezogen. Der chronisch progrediente Verlauf der entzündlich-rheumatischen Erkrankungen erfordert eine lebenslange medikamentöse und nichtmedikamentöse Therapie. Die rheumatischen Erkrankungen insgesamt erfordern
M07.1	Arthritis mutilans	
M08.1	Juvenile Spondylitis ankylosans	

M08.2	Juvenile chronische Arthritis, systemisch beginnende Form	ein multimodales trans- und interdisziplinäres Krankheitsmanagement. Dieses verfolgt immer das Ziel, frühzeitig Schäden an den Bewegungsorganen zu begegnen und funktionelle Defizite auszugleichen. Ein wichtiger Baustein der multimodalen Therapie und eines optimalen Krankheitsmanagements ist die kontinuierliche Versorgung mit Heilmitteln. In zahlreichen nationalen und internationalen Therapieempfehlungen, beispielsweise zur ankylosierenden Spondylitis (AS) und Leitlinien, wie zum Management der frühen Chronischen Polyarthritis, wird belegt, dass eine ausreichende Versorgung mit Physiotherapie sowohl Aktivitätsindices vor allem aber die Funktionsfähigkeit, die Schmerzen und die Mobilität der Betroffenen positiv beeinflussen. Das primäre Ziel der Behandlung entzündlich rheumatischer Erkrankungen besteht darin, durch die Kontrolle von Symptomen und die Verhinderung von strukturellen Schäden die Normalisierung der körperlichen Funktionen, die Teilhabe am sozialen Leben und damit die gesundheitsbezogene Lebensqualität langfristig zu verbessern. Dieses ist nur durch eine medikamentöse und nichtmedikamentöse Therapie gemeinsam zu erreichen. Remissionskriterien, die alleine auf dem Rückgang der Entzündungsaktivität basieren, bilden das subjektive Krankheitserleben der Betroffenen und die Auswirkungen der rheumatischen Erkrankungen auf das Individuum nicht umfassend ab.
M34.0	Progressive systemische Sklerose	
M34.1	CR(E)ST-Syndrom	
M45.0	Spondylitis ankylosans	
		Felty-Syndrom: Schwere Verlaufsform einer chronischen Polyarthritis mit extra-artikularen Manifestationen und starken Gelenkdeformierungen. Letztere erfordern eine Dauertherapie mit Physiotherapie Arthritis Mutilans: Bei dieser schweren destruierend verlaufenden Arthritisform, meist bei Psoriasis-Arthritis, kommt es zu einer extrem starken Gelenkverformung der Hände, so dass deren Funktion extrem behindert ist. Eine Dauertherapie mit dem Heilmittel Physiotherapie kann hier den schweren Verlauf positiv beeinflussen. Juvenile Spondylitis ankylosans: Die entzündliche Wirbelsäulenerkrankung im Kindes- und Jugendalter kann zu einer extrem Verkrümmung der Wirbelsäule und auch zur Deformierung peripherer Gelenke im Regelfall führen. Hierbei ist es notwendig, neben der medikamentösen Therapie, eine dauernde Heilmittelbehandlung im Sinne von Physiotherapie durchzuführen. Dadurch kann eine Versteifung der Wirbelsäule in günstiger Stellung erreicht werden. Denn: die heutige medikamentöse Therapie kann bisher nicht die Verkrümmung und knöcherne Versteifung der Wirbelsäule aufhalten. Juvenile Idiopathische Arthritis: Die S2-Leitlinie zur Therapie der Juvenilen Idiopathischen Arthritis (JIA) empfiehlt eine strukturierte langfristige Behandlung durch einen speziell geschulten Physiotherapeuten, um die Gelenkbeweglichkeit zu verbessern, Kontrakturen zu vermeiden und Schmerzen zu lindern. Alle Formen der juvenilen Arthritis bedürfen gerade beim wachsenden Organismus eine Dauertherapie mit physikalischer Medizin. Progressive systemische Sklerose/CREST-Syndrom: Medikamente können bisher kaum die Sklerosierung (Verhärtung der Haut) einhalten. Durch physikalische Therapieformen, zum Beispiel Lymphdrainage ist eine deutliche Verbesserung der Durchblutung zusammen mit medikamentösen Therapien unbedingt durchzuführen und entspricht allen internationalen Empfehlungen.

Systemkrankheiten des Bindegewebes und Erkrankungen der Wirbelsäule und Skelettsystems		
M32.1	Systemischer Lupus erythematodes mit Beteiligung von Organen und Organsystemen	Der systemische Lupus erythematodes (SLE) ist eine schubweise verlaufende chronisch- entzündliche Autoimmunerkrankung. Er gehört zu den seltenen Erkrankungen mit häufig schwerem Verlauf. Ein systemischer Lupus erythematodes kann unterschiedliche Organe betreffen und viele
M32.8	Sonstige Formen des systemischen erythematodes Lupus	Symptome auslösen. Das Krankheitsbild ist dementsprechend vielfältig und die Erkrankung verläuft individuell sehr unterschiedlich. Beinahe jeder Lupus-Patient leidet unter Gelenkbeschwerden. Hierzu zählen schmerzhafte Entzündungen großer und kleiner Gelenke (Arthritis) sowie der Muskeln (Myositis). Außerdem kann das Bindegewebe der Gelenke, Sehnen und Muskeln "schwach" werden, was zu Deformationen oder Fehlstellungen führen kann, beispielsweise zu einer Z-förmigen Deformation des Daumens (Lupusarthropathie). Typisch ist außerdem der Befall von Haut, Lunge und Nieren, des Weiteren ist ein Befall von Herz, Zentralnervensystem, Blutbild, Gefäße, Augen, Haare, Speichel-und Tränendrüsen möglich. Neben der medikamentösen Therapie mit Basistherapeutika und ergänzend nichtsteroidalen Antirheumatika zur Schmerzlinderung und Entzündungshemmung besteht beinahe bei jedem Patienten, in unterschiedlichem Umfang, ein Heilmittelbedarf. Die Heilmitteltherapie kann als ergänzende Therapie, gerade bei schweren Verläufen, die Beschwerdesymptomatik mildern. Insbesondere KG zur Verbesserung der Gelenkbeweglichkeit und Atemtherapie bei Beteiligung der Lunge kommen dabei in Frage.
Erkrankungen der Wirbelsäule und Skelettsystems		
Q 86.8	Thalidomid-Embryopathie	In den ICD-10 GM 2013 wurde der Diagnoseschlüssel Q86.80 Thalidomid- Embryopathie neu eingeführt. Dieser wird ergänzend zu dem bereits auf der Diagnoseliste aufgeführten angeborenen Reduktionsdefekten der oberen und unteren Extremitäten (insbesondere in Folge von Contergan-Schädigungen) Q71.- und Q72.-, aufgenommen. Die im Zusammenhang mit einer Thalidomid- Embryopathie ggf. auftretenden langfristig behandlungsbedürftigen Störungen der Sprache werden diesem ICD-10 Code zugeordnet und sind bei den Reduktionsdefekten der oberen und unteren Extremitäten nicht mehr aufgeführt. Außerdem wird eine Korrektur der Diagnosegruppen des Heilmittel-Kataloges vorgenommen. Infolge einer Thalidomid-Embryopathie kann es zu einer Anotie (völliges Fehlen der Ohrmuschel) sowie zu Innenohr-und Mittelohrfehlbildungen mit daraus resultierender Schwerhörigkeit bzw. hochgradige Schwerhörigkeit oder Taubheit kommen. Im Rahmen einer Thalidomid-Embryopathie sind ggf. auch auftretenden Lähmungen der Gesichtsnerven (Fazialisparesen) möglich. Aus der Hörstörung, hochgradigen Schwerhörigkeit oder Taubheit kann ein Heilmittelbedarf resultieren, der mit den Diagnosegruppen SP3 – Störungen der Artikulation(Dyslalie) und SP4 – Störungen der Sprache bei hochgradiger Schwerhörigkeit oder Taubheit zu versorgen ist. Lähmungen der Gesichtsnerven (Fazialisparese) können zu Sprechstörungen wie Dysarthrie oder Dysarthrophonie führen. Für diese Beeinträchtigungen der Sprechmotorik (durch Läsionen bzw. Erkrankungen des zentralen oder peripheren Nervensystems mit Störung der Sprechmotorik und Phonation) steht für Heilmittelverordnungen die Diagnosegruppe SP6 zur Verfügung.

		Im Ergebnis kann eine Sprachtherapie unter den Diagnosegruppen SP3, SP4 und SP6 erforderlich sein. SP5, RE1 und RE2 spielen dagegen bei den Thalidomid-Embryopathien i. d. R. keine Rolle. Sie werden daher durch SP3, SP4 und SP6 ersetzt.
Q87.0	Angeborene Fehlbildungssyndrome mit vorwiegender Beteiligung des Gesichtes	Bei folgenden angeborenen Syndromen handelt es sich um seltene bis sehr seltene Erkrankungen, die mit z.T. ausgeprägten Fehlbildungen im Gesicht-, Kiefer-, Mund- oder Rachenbereich und damit verbundenen funktionellen Störungen einhergehen: *Akrozephalopolysyndaktylie-Syndrome* *Akrozephalosyndaktylie-Syndrome [Apert]* *Freeman-Sheldon-Syndrom [Whistling-face-Syndrom]* *Goldenhar-Syndrom* *Kryptophthalmus-Syndrom* *Moebius-Syndrom* *Orofaziodigitale Syndrome* *Robin-Syndrom* *Zyklopie* Dabei können komplexe Fehlbildungen auftreten (z.B. beim *Goldenhar-Syndrom, Zyklopie* oder den *Akrozephalopolysyndaktylie-Syndromen*) mit Schädeldeformitäten, Gesichtsasymmetrien, Spaltbildungen, Hypoplasie der Kieferknochen o.ä. Bei einigen Syndromen (z.B. *Moebius-Syndrom, Freeman-Sheldon-Syndrom*) kommt es zu ausgeprägten Funktionsstörungen der mimischen Muskulatur. Ein langfristiger Heilmittelbedarf kann bei den unter diesem ICD-10-GM-Code erfassten Erkrankungen aus medizinischer Sicht befürwortet werden.
Erkrankungen des Lymphsystems		
N.N	Lymphödem Stadium III (Elephantiasis)	Der bisher im ICD-10-GM zur Verfügung stehende Code I89.0 ist unspezifisch, da hierunter verschiedene Formen und Ausprägungsgrade eines Lymphödems verschlüsselt werden. Insbesondere der Schweregrad eines Lymphödems ist jedoch entscheidend für die Therapie. Ein langfristiger Heilmittelbedarf nach § 32 Abs. 1 a SGB V besteht bei einem Lymphödem Stadium III (Elephantiastische harte Schwellung), allerdings war es mit dem bisherigen ICD-10-Code nicht möglich diesen Schweregrad abzubilden.
		Daher wird gemeinsam mit den Fachgesellschaften (Deutsche Gesellschaft für Lymphologie-DGL, Deutsche Gesellschaft für Wundversorgung-DGfW, Deutsche Gesellschaft für Chirurgie-DGC) ein Änderungsvorschlag für die ICD-10-GM 2017 eingebracht, bei dem die Stadieneinteilung eines Lymphödems in Zukunft abgebildet werden kann. Nach erfolgter Differenzierung des ICD-10-GM-Codes „I89.0" durch das DIMDI soll der ICD-10-GM- Code als langfristiger Heilmittelbedarf weitergeführt werden, der das „Lymphödem Stadium III (Elephantiasis)" verschlüsselt. Bis zum Vorliegen des neuen ICD-10 –Codes wird sowohl in der Spalte „ICD-10" als auch im Feld „Diagnosegruppe/Indikationsschlüssel" zunächst N.N. aufgeführt. Nach erfolgter Differenzierung durch das DIMDI wird N.N. in der Spalte „ICD-10" durch den dann für das „Lymphödem Stadium III (Elephantiasis)" gültigen ICD-10-GM-Code ersetzt; in der Spalte „Di- agnosegruppe/Indikationsschlüssel" wird die bisher aufgeführte Diagnosegruppe „LY2" gesetzt. Dieses Vorgehen dient dazu, die Aufnahme eines neuen ICD-10 Codes zeitnah und ohne ein erneutes Stellungnahmeverfahren in Kraft zu setzen.

		Sollte dieser differenzierte ICD-10-GM-Code bis zum 1.1.2017 nicht in das vom DIMDI herausgegebene systematische Verzeichnis 2017 aufgenommen sein, soll zeitnah eine separate Diagnosegruppe (z.B. „LY4") im Heilmittelkatalog der Heilmittel-Richtlinie aufgenommen werden, um sicherzustellen, dass das „Lymphödem Stadium III (Elephantiasis)" im Zusammenhang mit ICD- 10-GM-Code I89.0 als langfristiger Heilmittelbedarf gilt.
C00-C97	Bösartige Neubildungen nach OP/Radiatio	Ein Lymphödem mit langfristigem Heilmittelbedarf infolge einer OP/Radiatio bei bösartiger Neubildungen tritt insbesondere bei bösartigem Melanom, Mammakarzinom, Malignomen im Kopf/Halsbereich und Malignomen des kleinen Beckens (weibliche, männliche Genitalorgane, Harnorgane) auf. Dieser bisher in der Diagnosebezeichnung enthaltene Hinweis wird nunmehr in einer neuen Spalte „Hinweis/Spezifikation" dargestellt.
Chromosomenanomalien		Bei Chromosomenanomalien, anderenorts nicht klassifiziert, wird vor den ICD-10 Diagnosen Q90.- folgende als neue Überschrift eingefügt, da diese aus fachlicher Sicht von den Entwicklungsstörungen (F84.-) zu trennen sind.
Q93.4	Deletion des kurzen Armes des Chromosoms 5	Das Katzenschreisyndrom ist eine seltene Erbkrankheit. Der Krankheitsname resultiert aus dem charakteristischen Schreien. Auffallend ist die craniofaziale Dysmorphie. Herzfehler sind häufig, Fehlbildungen an den Händen (Klinodaktylie, Syndaktylie, Oligodaktylie), Hüftdysplasien, Klump- und Plattfüße sowie Skoliosen können auftreten.
		Die Säuglinge sind hypoton, in der Entwicklung deutlich verlangsamt. Die sprachliche Entwicklung ist stark beeinträchtigt. Geistige Behinderung ist mäßig bis schwer ausgeprägt. Nahezu alle Kinder benötigen eine langfristige Sprachtherapie sowie ergänzend Physio- und Ergotherapie.
Q99.2	Fragiles X-Chromosom	Das Fragile-X Syndrom ist die häufigste erbliche Form geistiger Behinderung. Das Spektrum der Symptome des Fragilen-X Syndroms ist weit. Neben der mentalen Retardierung sind vor allem folgende Symptome erkrankungsbestimmend: ausgeprägte Sprachentwicklungsstörungen, Grob- und feinmotorische Defizite, Aufmerksamkeitsstörungen, Hyperaktivität, Impulsivität, starke Verhaltensausbrüche, auto- und fremdaggressives Verhalten, autistische Verhaltensweisen wie Stereotypien, Vermeiden von Blickkontakt, Perseverationen, Echolalie und Ess-Schluckstörungen. Teilweise leiden Betroffene unter Mitralklappenprolaps, in etwa 20 % der Fälle tritt Epilepsie auf. Weitere körperliche Merkmale sind: Muskelhypotonie, Bindegewebsschwäche, überdehnbare Gelenke, unsicherer Gang, häufige Mittelohrentzündungen im Kindesalter und starker unkontrollierter Speichelfluss. Bei den meisten Betroffenen ist die Sauberkeitsentwicklung verzögert, oft bis ins Erwachsenenalter hinein. Die allermeisten Menschen mit Fragilem-X Syndrom sind auch im Erwachsenenalter nicht in der Lage, den Herausforderungen des Alltags alleine gerecht zu werden. Fragiles-X Syndrom ist nicht heilbar, es gibt keine gezielten pharmakologischen Therapien. Der Einsatz therapeutischer Maßnahmen durch Logopädie, Physikalischer Therapie und Ergotherapie führt in den allermeisten Fällen zu einer erheblichen Verbesserung in der Entwicklung der Betroffenen. Die Maßnahmen sind im Allgemeinen langfristig einzusetzen, um einen dauerhaften Fortschritt in der Entwicklung zu erzielen. Unterbrechungen können erzielte Erfolge zunichtemachen und die weitere Entwicklung der vom Fragilen-X Syndrom betroffenen Menschen erheblich verzögern.

Störung der Atmung		
J44.00	Chronische obstruktive Lungenkrankheit mit akuter Infektion der unteren Atemwege: FEV1 < 35 % des Sollwertes	Die physiotherapeutische Atemtherapie wird bei COPD-Patienten zur Senkung der Atemarbeit, zum gezielten Einsatz der Atemmuskulatur, zur Verbesserung der Sekretelimination und der Thoraxbeweglichkeit und damit zur Verbesserung des Gasaustausches eingesetzt. Hauptziele der Atemphysiotherapie sind eine Erleichterung der erschwerten Atmung in Ruhe und unter Belastung
J44.10	Chronische obstruktive Lungenkrankheit mit akuter Exazerbation, nicht näher bezeichnet: FEV1 < 35 % des Sollwertes	
J44.80	Sonstige näher bezeichnete chronische obstruktive Lungenkrankheit: FEV1 < 35 % des Sollwertes	sowie eine Verbesserung der Hustentechnik. In Abhängigkeit des Schweregrades ist bei einer sehr schweren chronisch obstruktiven Lungenkrankheit ein langfristiger Heilmittelbedarf gegeben.
J44.90	Chronische obstruktive Lungenkrankheit, nicht näher bezeichnet: FEV1 < 35 % des Sollwertes	

(Ende der auszugsweisen Wiedergabe des Beschlusstextes).

In Anlage 1 der Heilmittel-Richtlinien sind diejenigen Verfahren aufgeführt, die grundsätzlich nicht verordnungsfähig sind.
Nichtverordnungsfähige Heilmittel im Sinne dieser Richtlinie
Nachfolgend werden benannt
a) Maßnahmen, deren therapeutischer Nutzen nach Maßgabe der Verfahrensordnung des G-BA (VerfO) nicht nachgewiesen ist
   1. Hippotherapie
   2. Isokinetische Muskelrehabilitation
   3. Höhlentherapie
   4. Musik- und Tanztherapie

5. Magnetfeldtherapie ohne Verwendung implantierter Spulen (Magnetfeldgeräte zur Anwendung bei der invasiven Elektroosteostimulation unterliegen den Regelungen über die Verordnung von Hilfsmitteln)
6. Fußreflexzonenmassage
7. Akupunktmassage
8. Atlas-Therapie nach Arlen
9. Mototherapie
10. Zilgrei-Methode
11. Atemtherapie nach Middendorf
12. Konduktive Förderung nach Petö

b) Indikationen, bei denen der Einsatz von Maßnahmen, deren therapeutischer Nutzen nachgewiesen ist, nicht anerkannt ist
1. Entwicklungsbedingte Sprechunflüssigkeit im Kindesalter
2. Stimmtherapie bei nicht krankhaftem Verlauf des Stimmbruchs
3. Alle psychotherapeutischen Behandlungsformen, die Regelungsgegenstand der Psychotherapie-Richtlinie sind
4. Störungen wie Lese- und Rechtschreibschwäche, sonstige isolierte Lernstörungen

c) Maßnahmen, die der persönlichen Lebensführung zuzuordnen sind
1. Massage des ganzen Körpers (Ganz- bzw. Vollmassagen)
2. Massage mittels Gerät/Unterwassermassage mittels automatischer Düsen
3. Teil- und Wannenbäder, soweit sie nicht nach den Vorgaben des Heilmittelkataloges verordnungsfähig sind
4. Sauna, römisch-irische und russisch-römische Bäder
5. Schwimmen und Baden, auch in Thermal- und Warmwasserbädern
6. Maßnahmen, die der Veränderung der Körperform (z.B. Bodybuilding) oder dem Fitness-Training dienen
7. Maßnahmen, die ausschließlich der Anreizung, Verstärkung und Befriedigung des Sexualtriebes dienen sollen.

24 Im April 2017 ist das Gesetz zur Stärkung der Heil- und Hilfsmittelversorgung (Heil- und Hilfsmittelversorgungsgesetz – HHVG) in Kraft treten. Die wichtigsten Regelungen für den Heilmittelsektor im Einzelnen:

- Um die wachsenden Anforderungen an die Heilmittelerbringer berücksichtigen zu können und die Attraktivität der Therapieberufe (Physiotherapie, Ergotherapie, Logopädie und Podologie) weiter zu steigern, können die Krankenkassen und die Verbände der Heilmittelerbringer in den Jahren 2017 bis 2019 auch Vergütungsvereinbarungen oberhalb der Veränderungsrate (Summe der beitragspflichtigen Einnahmen aller Mitglieder der gesetzlichen Krankenversicherung) abschließen. Um die Auswirkungen überprüfen zu können, ist die Regelung befristet.
- Die Krankenkassen werden verpflichtet, mit den Verbänden der Heilmittelerbringer Verträge über Modellvorhaben zur sogenannten „Blankoverordnung" von Heilmitteln abzuschließen. Bei dieser Versorgungsform erfolgt die Verordnung eines Heilmittels weiterhin durch den Arzt, der Heilmittelerbringer bestimmt aber die Auswahl und die Dauer der Therapie sowie die Frequenz der Behandlungseinheiten. Damit werden die Heilmittelerbringer stärker in die Versorgungsverantwortung eingebunden. Auf der Grundlage von Modellvorhaben in allen Bundesländern soll entschieden werden, ob diese Versorgungsform für die Regelversorgung geeignet ist.

§ 33 Hilfsmittel

(1) ¹Versicherte haben Anspruch auf Versorgung mit Hörhilfen, Körperersatzstücken, orthopädischen und anderen Hilfsmitteln, die im Einzelfall erforderlich sind, um den Erfolg der Krankenbehandlung zu sichern, einer drohenden Behinderung vorzubeugen oder eine Behinderung auszugleichen, soweit die Hilfsmittel nicht als allgemeine Gebrauchsgegenstände des täglichen Lebens anzusehen oder nach § 34 Abs. 4 ausgeschlossen sind. ²Die Hilfsmittel müssen mindestens die im Hilfsmittelverzeichnis nach § 139 Absatz 2 festgelegten Anforderungen an die Qualität der Versorgung und der Produkte erfüllen, soweit sie im Hilfsmittelverzeichnis nach § 139 Absatz 1 gelistet oder von den dort genannten Produktgruppen erfasst sind. ³Der Anspruch auf Versorgung mit Hilfsmitteln zum Behinderungsaus-

gleich hängt bei stationärer Pflege nicht davon ab, in welchem Umfang eine Teilhabe am Leben der Gemeinschaft noch möglich ist; die Pflicht der stationären Pflegeeinrichtungen zur Vorhaltung von Hilfsmitteln und Pflegehilfsmitteln, die für den üblichen Pflegebetrieb jeweils notwendig sind, bleibt hiervon unberührt. [4]Für nicht durch Satz 1 ausgeschlossene Hilfsmittel bleibt § 92 Abs. 1 unberührt. [5]Der Anspruch umfasst auch zusätzlich zur Bereitstellung des Hilfsmittels zu erbringende, notwendige Leistungen wie die notwendige Änderung, Instandsetzung und Ersatzbeschaffung von Hilfsmitteln, die Ausbildung in ihrem Gebrauch und, soweit zum Schutz der Versicherten vor unvertretbaren gesundheitlichen Risiken erforderlich, die nach dem Stand der Technik zur Erhaltung der Funktionsfähigkeit und der technischen Sicherheit notwendigen Wartungen und technischen Kontrollen. [6]Wählen Versicherte Hilfsmittel oder zusätzliche Leistungen, die über das Maß des Notwendigen hinausgehen, haben sie die Mehrkosten und dadurch bedingte höhere Folgekosten selbst zu tragen. [7]§ 18 Absatz 6 a des Elften Buches ist zu beachten.

(2) [1]Versicherte haben bis zur Vollendung des 18. Lebensjahres Anspruch auf Versorgung mit Sehhilfen entsprechend den Voraussetzungen nach Absatz 1. [2]Für Versicherte, die das 18. Lebensjahr vollendet haben, besteht der Anspruch auf Sehhilfen, wenn sie

1. nach ICD 10-GM 2017 auf Grund ihrer Sehbeeinträchtigung oder Blindheit bei bestmöglicher Brillenkorrektur auf beiden Augen eine schwere Sehbeeinträchtigung mindestens der Stufe 1 oder
2. einen verordneten Fern-Korrekturausgleich für einen Refraktionsfehler von mehr als 6 Dioptrien bei Myopie oder Hyperopie oder mehr als 4 Dioptrien bei Astigmatismus

aufweisen; Anspruch auf therapeutische Sehhilfen besteht, wenn diese der Behandlung von Augenverletzungen oder Augenerkrankungen dienen. [3]Der Gemeinsame Bundesausschuss bestimmt in Richtlinien nach § 92, bei welchen Indikationen therapeutische Sehhilfen verordnet werden. [4]Der Anspruch auf Versorgung mit Sehhilfen umfaßt nicht die Kosten des Brillengestells.

(3) [1]Anspruch auf Versorgung mit Kontaktlinsen besteht für anspruchsberechtigte Versicherte nach Absatz 2 nur in medizinisch zwingend erforderlichen Ausnahmefällen. [2]Der Gemeinsame Bundesausschuss bestimmt in den Richtlinien nach § 92, bei welchen Indikationen Kontaktlinsen verordnet werden. [3]Wählen Versicherte statt einer erforderlichen Brille Kontaktlinsen und liegen die Voraussetzungen des Satzes 1 nicht vor, zahlt die Krankenkasse als Zuschuß zu den Kosten von Kontaktlinsen höchstens den Betrag, den sie für eine erforderliche Brille aufwenden hätte. [4]Die Kosten für Pflegemittel werden nicht übernommen.

(4) Ein erneuter Anspruch auf Versorgung mit Sehhilfen nach Absatz 2 besteht für Versicherte, die das vierzehnte Lebensjahr vollendet haben, nur bei einer Änderung der Sehfähigkeit um mindestens 0,5 Dioptrien; für medizinisch zwingend erforderliche Fälle kann der Gemeinsame Bundesausschuss in den Richtlinien nach § 92 Ausnahmen zulassen.

(5) [1]Die Krankenkasse kann den Versicherten die erforderlichen Hilfsmittel auch leihweise überlassen. [2]Sie kann die Bewilligung von Hilfsmitteln davon abhängig machen, daß die Versicherten sich das Hilfsmittel anpassen oder sich in seinem Gebrauch ausbilden lassen.

(5 a) [1]Eine vertragsärztliche Verordnung ist für die Beantragung von Leistungen nach den Absätzen 1 bis 4 nur erforderlich, soweit eine erstmalige oder erneute ärztliche Diagnose oder Therapieentscheidung medizinisch geboten ist. [2]Abweichend von Satz 1 können die Krankenkassen eine vertragsärztliche Verordnung als Voraussetzung für die Kostenübernahme verlangen, soweit sie auf die Genehmigung der beantragten Hilfsmittelversorgung verzichtet haben. [3]§ 18 Absatz 6 a des Elften Buches ist zu beachten.

(5 b) [1]Sofern die Krankenkassen nicht auf die Genehmigung der beantragten Hilfsmittelversorgung verzichten, haben sie den Antrag auf Bewilligung eines Hilfsmittels mit eigenem weisungsgebundenem Personal zu prüfen. [2]Sie können in geeigneten Fällen durch den Medizinischen Dienst vor Bewilligung eines Hilfsmittels nach § 275 Absatz 3 Nummer 1 prüfen lassen, ob das Hilfsmittel erforderlich ist. [3]Eine Beauftragung Dritter ist nicht zulässig.

(6) [1]Die Versicherten können alle Leistungserbringer in Anspruch nehmen, die Vertragspartner ihrer Krankenkasse sind. [2]Hat die Krankenkasse Verträge nach § 127 Abs. 1 über die Versorgung mit bestimmten Hilfsmitteln geschlossen, erfolgt die Versorgung durch einen Vertragspartner, der den Versicherten von der Krankenkasse zu benennen ist. [3]Abweichend von Satz 2 können Versicherte ausnahmsweise einen anderen Leistungserbringer wählen, wenn ein berechtigtes Interesse besteht; dadurch entstehende Mehrkosten haben sie selbst zu tragen. [4]Im Falle des § 127 Absatz 1 Satz 4 können die Versicherten einen der Leistungserbringer frei auswählen.

(7) Die Krankenkasse übernimmt die jeweils vertraglich vereinbarten Preise.

(8) ¹Versicherte, die das 18. Lebensjahr vollendet haben, leisten zu jedem zu Lasten der gesetzlichen Krankenversicherung abgegebenen Hilfsmittel als Zuzahlung den sich nach § 61 Satz 1 ergebenden Betrag zu dem von der Krankenkasse zu übernehmenden Betrag an die abgebende Stelle. ²Der Vergütungsanspruch nach Absatz 7 verringert sich um die Zuzahlung; § 43 c Abs. 1 Satz 2 findet keine Anwendung. ³Die Zuzahlung bei zum Verbrauch bestimmten Hilfsmitteln beträgt 10 vom Hundert des insgesamt von der Krankenkasse zu übernehmenden Betrags, jedoch höchstens 10 Euro für den gesamten Monatsbedarf.

(9) Absatz 1 Satz 5 gilt entsprechend für Intraokularlinsen beschränkt auf die Kosten der Linsen.

I. Entstehungsgeschichte

1   Die Norm wurde durch das GRG vom 20.12.1988 zum 1.1.1989 eingeführt. Sie wurde achtmal geändert, zuletzt durch das GKV-VSG zum 23.7.2015 durch die Klarstellung in Abs. 8 S. 2 Hs. 2 und das HHVG[1] vom 4.4.2017.[2] Mit der Bezeichnung der in Abs. 1 S. 4 aufgeführten Leistungen als „zusätzlich zur Bereitstellung des Hilfsmittels zu erbringende, notwendige Leistungen" wird im Wesentlichen eine Formulierung aus dem vierten Kapitel (§ 139 Abs. 2 S. 3) übernommen und bereits im dritten Kapitel eingeführt, um sie auch in weiteren Vorschriften des Hilfsmittelrechts, insbesondere in § 127, verwenden zu können. Durch die Ergänzung in Abs. 2 können Versicherte in den Fällen, in denen die Krankenkasse im Rahmen einer Ausschreibung mehreren Leistungserbringern den Zuschlag für einen Vertrag nach § 127 Abs. 1 erteilt (sogenanntes „Mehr-Partner-Modell", siehe auch den neuen § 127 Abs. 1 S. 4), einen der Leistungserbringer frei auswählen.

II. Bedeutung der Norm

2   § 33 regelt Inhalt, Umfang und Grenzen des Anspruchs GKV-versicherter Patienten auf die Versorgung mit Hilfsmitteln. Die Norm ist spiegelbildlich zu den §§ 126, 127, die den Bereich der Leistungserbringer und deren Verhältnis zu den Krankenkassen betreffen, zu lesen. Systematisch sollen die §§ 126, 127 die Realisierung des Anspruchs der Versicherten auf Versorgung mit Hilfsmitteln gemäß § 33 sicherstellen. Welche Produkte definitionsgemäß unter den Hilfsmittelbegriff fallen können, ist dem Hilfsmittelverzeichnis gemäß § 139 als Anlage zu den Hilfsmittel-Richtlinien des G-BA (Stand: 21.12.2011/15.3.2012) zu entnehmen. Es enthält derzeit 38 Produktgruppen mit ausführlicher Produktbeschreibung und ist über die homepage des GKV-Spitzenverbands einsehbar (auch über link von der homepage des G-BA). Das Hilfsmittelverzeichnis hat aber nicht den Charakter einer Positivliste, sondern dient nur als Auslegungshilfe. Mit anderen Worten kann ein Versicherter auch Anspruch auf Gewährung/Verordnung eines Hilfsmittels haben, das nicht im Hilfsmittelverzeichnis gelistet ist.[3] Nach § 139 Abs. 2 aF musste der Hersteller nicht nur die Funktionstauglichkeit, sondern auch den therapeutischen Nutzen nachweisen.[4] Dies warf bei Hilfsmitteln, die Medizinprodukte iSd MPG sind, die Frage auf, worauf sich diese zusätzliche Anforderung und vor allem ihre praktische Umsetzung stützen lässt, wenn der Hersteller die Voraussetzungen nach MPG bereits nachgewiesen hat und sein Produkt zurecht ein CE-Kennzeichen trägt.[5] Schon zur alten Rechtslage hat das BSG[6] deshalb festgestellt, dass der Nachweis des therapeutischen Nutzens nicht nach den strengen Kriterien neuer Behandlungsmethoden gemäß § 135 geführt werden müsse. Ferner enthalten die Hilfsmittel-Richtlinien des G-BA wichtige Verordnungsgrundsätze zur Konkretisierung des Leistungsanspruchs und auch der Leistungsausschlüsse.

III. Leistungsgrundsätze

3   Die Hilfsmittel müssen der Krankheitsbehandlung dienen. Bedarfsgegenstände des täglichen Lebens können nicht zulasten der GKV bezogen werden. Die Hilfsmittelversorgung muss angemessen sein.

---

1 BGBl. I, 778.
2 BGBl. I, 1211.
3 Wabnitz in: Spickhoff, Medizinrecht, § 139 SGB V Rn 2; Ulmer in: Eichenhofer/Wenner, § 139 Rn 4; BSG, 25.6.2009, B 3 KR 4/08 R.
4 Seidel/Hartmann, NZS 2006, 511, 515; zur Problematik der Einschränkung des freien Warenverkehrs durch nationale Zulassungsverfahren für Medizinprodukte, EuGH, 13.1.2005, C-38/03, n.v.; EuGH, 21.12.2006, C-6/05.
5 Zuck, NZS 2003, 417 ff.
6 BSG, 31.8.2000, B 3 KR 20/04 R, BSGE 93, 183 ff; BSG, 28.9.2006, B 3 KR 28/05 R, bestätigt LSG Essen, 20.9.2005, L 5 KR 35/02, n.v.

Wählt der Versicherte eine „Luxusausstattung", hat er die Mehrkosten selbst zu tragen. Die Hilfsmittelversorgung umfasst auch die notwendige Wartung und Kontrollen, zB nach der Medizinprodukte-BetreiberVO sowie die Ausbildung zum Gebrauch.

IV. Sehhilfen (Abs. 2 bis 4)

Seit dem 1.1.2004 ist der Anspruch auf Versorgung mit Sehhilfen deutlich eingeschränkt worden. Kinder und Jugendliche bis zur Vollendung des 18. Lebensjahres haben grundsätzlich einen uneingeschränkten Anspruch, wobei die Kosten für das Brillengestell nicht mit umfasst sind. Eine Neuversorgung mit Sehhilfen setzt bei Jugendlichen ab 14 Jahren – und auch bei den Erwachsenen – eine Änderung von mindestens 0,5 Dioptrien voraus, wobei dieser Wert auch dann erreicht ist, wenn bei einem Auge eine Zunahme von 0,25 und beim anderen Auge eine Abnahme von 0,25 vorliegt (§ 12 Abs. 4 S. 2 Hilfsmittel-Richtlinien). Für Erwachsene setzt der Anspruch eine erhebliche Sehschwäche beider Augen mindestens der Stufe 1 der WHO-Kriterien nach den ICD-10 Kodierungsschlüssel H54.2, die Blindheit eines Auges und Sehschwäche des anderen Auges (ICD-10 H54.1) oder Blindheit beider Augen (ICD-10 H54.0) voraus. Therapeutische Sehhilfen sind zB Irislinsen, Okklusionsschalen und Schielkapseln oder auch Uhrglasverbände zum Einsatz bei unvollständigem Lidschluss (siehe auch § 17 Hilfsmittel-Richtlinien).[7] Abs. 3 schränkt die Versorgung mit Kontaktlinsen im Verhältnis zu Abs. 2, dessen Voraussetzungen ohnehin vorliegen müssen, weiter ein.

V. Leistungsgewährung (Abs. 5 bis 8)

Die Möglichkeit der Kassen, Hilfsmittel auch leihweise zur Verfügung zu stellen (Abs. 5) entspricht dem Wirtschaftlichkeitsgebot. Dies kann normalerweise nur Fälle betreffen, in denen die Notwendigkeit der Hilfsmittelversorgung vorübergehend ist, das Hilfsmittel prinzipiell wiederverwendungsfähig ist und nicht angepasst werden muss. Hinsichtlich der Wahl der Leistungserbringer (Abs. 6) wird auf die Kommentierung zu § 126 und hinsichtlich der Preise (Abs. 7) auf die Kommentierung zu § 127 verwiesen. Das Risiko der Zuzahlungsrealisierung trägt der Leistungserbringer; er hat die Zuzahlung einzuziehen.[8] Dem Grunde nach handelt es sich um einen privatrechtlichen Anspruch.

VI. Intraokularlinsen, Mehrkostenregelung (Abs. 9)

Mit dem Gesetz zur Verbesserung der Versorgungsstrukturen in der gesetzlichen Krankenversicherung (GKV-VStG) wurde nun zum 1.1.2012 eine neue Vorschrift im Bereich der Katarakt-Operation, eine Mehrkostenregelung, eingeführt. Die Neuregelung stellt sicher, dass die Krankenkassen die Kosten der medizinisch-notwendigen Intraokularlinsen einschließlich der ärztlichen Leistungen auch dann übernehmen, wenn Versicherte eine Sonderlinse wählen (Abs. 9). Des Weiteren wird nunmehr geregelt, dass bei der Überprüfung des einheitlichen Bewertungsmaßstabes für ärztliche Leistungen nach § 87 Abs. 2 auch die Regelung des § 33 Abs. 9 in der Fassung des GKV-VStG einzubeziehen ist. Demzufolge wird der Bewertungsausschuss für ärztliche Leistungen beauftragt, im Rahmen seiner Verpflichtung zur Überprüfung und Anpassung eines einheitlichen Bewertungsmaßstabes (EBM) erstmalig bis spätestens 31.10.2012 den erforderlichen Anpassungsbedarf des EBM zu überprüfen und zu präzisieren, welche Leistungen im Rahmen der Mehrkostenregelung bei der Versorgung mit Intraokularlinsen der Regelversorgung zuzuordnen und entsprechend dem EBM abzubilden sind. Demgegenüber sollen ausweislich der Gesetzesbegründung zusätzliche ärztliche Leistungen, die aufgrund der Ausübung des Wahlrechtes durch die Patienten notwendig werden, nicht Gegenstand des Leistungsanspruchs der gesetzlichen Krankenversicherung sein. Mit einer Mehrkostenvereinbarung ist dem gesetzlich Krankenversicherten somit die Möglichkeit eingeräumt worden, das gesamte Spektrum der Katarakt-Operation zu nutzen, ohne im Einzelfall seinen Anspruch auf die Grund-Sachleistung zu verlieren. Die neue Regelung bedeutet für die Versicherten eine Ausweitung des Leistungsanspruchs. Denn grundsätzlich kann der Versicherte, wenn er Leistungen wählt, die nicht zum Leistungsspektrum der gesetzlichen Krankenkassen zählen, keinen Aufwendungsersatz in Höhe der ansonsten geschuldeten Kassenleistung beanspruchen.[9] In dieser Entscheidung stellt das Bundessozialgericht fest, dass *„... ein Kostenerstattungsanspruch nicht schon deshalb besteht, weil die Krankenkasse dadurch, dass der Versicherte Leistungen außerhalb des Leistungssystems der gesetzlichen Krankenversicherung in Anspruch genommen*

---

7 Beispiele aus der Gesetzesbegründung BT-Dr. 15/1525, 85.
8 BT-Dr. 16/3100, 103; BSG, 7.12.2006, B 3 KR 29/05 R.
9 BSG, 26.7.2004, B 1 KR 30/04 B.

hat, vermeintlich Aufwendungen anderer Art erspart; denn sonst könnte die krankenversicherungsrechtliche Beschränkung auf bestimmte Formen der Leistungserbringung letztlich durch den Anspruch auf (teilweise) Kostenerstattung ohne Weiteres durchbrochen werden (vgl dazu zB BSGE 79, 124 ff; BSGE 80, 181 f; BSGE 86, 66 ff)."

7 Die Mehrkostenregelung nach § 33 Abs. 9 nF begründet nun im Falle der Katarakt-Operationen ausnahmsweise einen solchen Anspruch. Dies bedeutet in abrechnungstechnischer Hinsicht, dass die Kosten medizinisch notwendiger IOL von den Kassen auf jeden Fall als Sachleistung zu erstatten ist. Diese Kosten werden vom Vertragsarzt als Sachleistung über die Kassenärztliche Vereinigung abgerechnet. Sie sind Bestandteil der Gesamtvergütung nach § 85. Für die Versicherten bedeutet dies, dass die Rechnung des Vertragsarztes nur die Mehrkosten, also die Sonderlinse einschließlich etwaiger Folgekosten, die durch die Sonderlinse bedingt sind, enthalten darf. So auch die Auffassung der KBV, des Bundesministeriums für Gesundheit sowie der einzelnen Kassenärztlichen Vereinigungen. Die Neuregelung garantiert somit den Versicherten künftig einen Anspruch auf Intraokularlinsen als Sachleistungen. Mit der neuen Mehrkostenregelung soll ausweislich der Gesetzesbegründung sichergestellt werden, dass die Krankenkassen medizinisch-notwendige Intraokularlinsen einschließlich der für diese Versorgung notwendigen ärztlichen Leistungen auch dann übernehmen, wenn Versicherte eine Sonderlinse gewählt haben. Die Abrechnung ist durch die Vertragsärzte als Sachleistung vorzunehmen, sofern keine Kostenerstattung gewählt wurde. Die Versicherten zahlen in diesen Fällen nur die Mehrkosten, einschließlich etwaiger Folgekosten, die durch die Sonderlinse bedingt sind. Der Patient trägt nur noch den Differenzbetrag zwischen Standard- und Sonderlinse sowie die Mehrkosten für zusätzliche ärztliche Leistungen. Diese zusätzlichen ärztlichen Leistungen werden nach GOÄ abgerechnet. Unklar ist zurzeit, wie die Regelversorgung und die zusätzlichen Leistungen voneinander abgegrenzt werden. Entsprechend dieser neuen Regelung müssen entweder die Gebührenordnungen angepasst oder ein Abrechnungsmodus bei gleichzeitiger Anwendung der Gebührenordnungen entwickelt werden.

8 Durch das Gesetz zur Stärkung der Heil- und Hilfsmittelversorgung (Heil- und Hilfsmittelversorgungsgesetz – HHVG)[10] vom 4.4.2017 wird der Hilfsmittelsektor neu strukturiert. Die wichtigsten Regelungen für den Hilfsmittelsektor im Einzelnen:

- Der Spitzenverband der Gesetzlichen Krankenkassen wird verpflichtet, bis zum 31.12.2018 das Hilfsmittelverzeichnis grundlegend zu aktualisieren. Zudem wird der Spitzenverband der Gesetzlichen Krankenkassen dazu verpflichtet, bis zum 31.12.2017 eine Verfahrensordnung zu beschließen, mit der die Aktualität des Verzeichnisses auch künftig gewährleistet wird.
- Bei Ausschreibungen im Hilfsmittelbereich sollen die Krankenkassen bei ihren Vergabeentscheidungen künftig neben dem Preis auch qualitative Anforderungen an die Produkte und die mit ihnen verbundenen Dienstleistungen berücksichtigen, die über die Mindestanforderungen des Hilfsmittelverzeichnisses hinausgehen. Zudem werden die Krankenkassen verpflichtet, auch bei der Hilfsmittelversorgung, die im Wege der Ausschreibung zustande gekommen ist, ihren Versicherten Wahlmöglichkeiten zwischen verschiedenen aufzahlungsfreien Hilfsmitteln einzuräumen.
- Künftig müssen die Krankenkassen die Einhaltung der gesetzlichen und vertraglichen Pflichten der Leistungserbringer mit Auffälligkeits- und Stichprobenprüfungen kontrollieren. Der GKV-Spitzenverband wird verpflichtet, bis zum 30.6.2017 Rahmenempfehlungen zur Vertragskontrolle abzugeben.
- Leistungserbringer müssen Versicherte künftig beraten, welche Hilfsmittel und zusätzlichen Leistungen innerhalb des Sachleistungssystems für sie geeignet sind und somit von den Krankenkassen als Regelleistung bezahlt werden. Darüber hinaus werden die Leistungserbringer verpflichtet, im Rahmen der Abrechnung mit den Krankenkassen auch die Höhe der mit den Versicherten vereinbarten Mehrkosten anzugeben. Damit wird Transparenz über die Verbreitung und Höhe von Aufzahlungen geschaffen.
- Auch die Krankenkassen werden zu einer verbesserten Beratung der Versicherten über ihre Rechte bei der Hilfsmittelversorgung verpflichtet. Bei der Versorgung mit Hilfsmitteln, für die zuvor eine Genehmigung einzuholen ist, müssen die Krankenkassen künftig über ihre Vertragspartner und die wesentlichen Inhalte der abgeschlossenen Verträge informieren. Die Krankenkassen werden zudem verpflichtet, über die von ihnen abgeschlossenen Verträge im Internet zu informieren. Damit können Versicherte die Hilfsmittelangebote verschiedener Krankenkassen vergleichen.

---

10 BGBl. I, 780.

§ 33 a (aufgehoben)
§ 34 Ausgeschlossene Arznei-, Heil- und Hilfsmittel

(1) ¹Nicht verschreibungspflichtige Arzneimittel sind von der Versorgung nach § 31 ausgeschlossen. ²Der Gemeinsame Bundesausschuss legt in den Richtlinien nach § 92 Abs. 1 Satz 2 Nr. 6 fest, welche nicht verschreibungspflichtigen Arzneimittel, die bei der Behandlung schwerwiegender Erkrankungen als Therapiestandard gelten, zur Anwendung bei diesen Erkrankungen mit Begründung vom Vertragsarzt ausnahmsweise verordnet werden können. ³Dabei ist der therapeutischen Vielfalt Rechnung zu tragen. ⁴Der Gemeinsame Bundesausschuss hat auf der Grundlage der Richtlinie nach Satz 2 dafür Sorge zu tragen, dass eine Zusammenstellung der verordnungsfähigen Fertigarzneimittel erstellt, regelmäßig aktualisiert wird und im Internet abruffähig sowie in elektronisch weiterverarbeitbarer Form zur Verfügung steht. ⁵Satz 1 gilt nicht für:
1. versicherte Kinder bis zum vollendeten 12. Lebensjahr,
2. versicherte Jugendliche bis zum vollendeten 18. Lebensjahr mit Entwicklungsstörungen.

⁶Für Versicherte, die das achtzehnte Lebensjahr vollendet haben, sind von der Versorgung nach § 31 folgende verschreibungspflichtige Arzneimittel bei Verordnung in den genannten Anwendungsgebieten ausgeschlossen:
1. Arzneimittel zur Anwendung bei Erkältungskrankheiten und grippalen Infekten einschließlich der bei diesen Krankheiten anzuwendenden Schnupfenmittel, Schmerzmittel, hustendämpfenden und hustenlösenden Mittel,
2. Mund- und Rachentherapeutika, ausgenommen bei Pilzinfektionen,
3. Abführmittel,
4. Arzneimittel gegen Reisekrankheit.

⁷Von der Versorgung sind außerdem Arzneimittel ausgeschlossen, bei deren Anwendung eine Erhöhung der Lebensqualität im Vordergrund steht. ⁸Ausgeschlossen sind insbesondere Arzneimittel, die überwiegend zur Behandlung der erektilen Dysfunktion, der Anreizung sowie Steigerung der sexuellen Potenz, zur Raucherentwöhnung, zur Abmagerung oder zur Zügelung des Appetits, zur Regulierung des Körpergewichts oder zur Verbesserung des Haarwuchses dienen. ⁹Das Nähere regeln die Richtlinien nach § 92 Abs. 1 Satz 2 Nr. 6.

(2) (aufgehoben)

(3) ¹Der Ausschluss der Arzneimittel, die in Anlage 2 Nummer 2 bis 6 der Verordnung über unwirtschaftliche Arzneimittel in der gesetzlichen Krankenversicherung vom 21. Februar 1990 (BGBl. I S. 301), die zuletzt durch die Verordnung vom 9. Dezember 2002 (BGBl. I S. 4554) geändert worden ist, aufgeführt sind, gilt als Verordnungsausschluss des Gemeinsamen Bundesausschusses und ist Teil der Richtlinien nach § 92 Absatz 1 Satz 2 Nummer 6. ²Bei der Beurteilung von Arzneimitteln der besonderen Therapierichtungen wie homöopathischen, phytotherapeutischen und anthroposophischen Arzneimitteln ist der besonderen Wirkungsweise dieser Arzneimittel Rechnung zu tragen.

(4) ¹Das Bundesministerium für Gesundheit kann durch Rechtsverordnung[1] mit Zustimmung des Bundesrates Hilfsmittel von geringem oder umstrittenem therapeutischen Nutzen oder geringem Abgabepreis bestimmen, deren Kosten die Krankenkasse nicht übernimmt. ²Die Rechtsverordnung kann auch bestimmen, inwieweit geringfügige Kosten der notwendigen Änderung, Instandsetzung und Ersatzbeschaffung sowie der Ausbildung im Gebrauch der Hilfsmittel von der Krankenkasse nicht übernommen werden. ³Die Sätze 1 und 2 gelten nicht für die Instandsetzung von Hörgeräten und ihre Versorgung mit Batterien bei Versicherten, die das achtzehnte Lebensjahr noch nicht vollendet haben. ⁴Für nicht durch Rechtsverordnung nach Satz 1 ausgeschlossene Hilfsmittel bleibt § 92 unberührt.

(5) (aufgehoben)

(6) ¹Pharmazeutische Unternehmer können beim Gemeinsamen Bundesausschuss Anträge zur Aufnahme von Arzneimitteln in die Zusammenstellung nach Absatz 1 Satz 2 und 4 stellen. ²Die Anträge sind ausreichend zu begründen; die erforderlichen Nachweise sind dem Antrag beizufügen. ³Sind die Angaben zur Begründung des Antrags unzureichend, teilt der Gemeinsame Bundesausschuss dem Antragsteller unverzüglich mit, welche zusätzlichen Einzelangaben erforderlich sind. ⁴Der Gemeinsame Bundesausschuss hat über ausreichend begründete Anträge nach Satz 1 innerhalb von 90 Tagen zu be-

---
[1] Siehe die VO über Hilfsmittel von geringem therapeutischen Nutzen oder geringem Abgabepreis in der gesetzlichen Krankenversicherung.

scheiden und den Antragsteller über Rechtsmittel und Rechtsmittelfristen zu belehren. ⁵Eine ablehnende Entscheidung muss eine auf objektiven und überprüfbaren Kriterien beruhende Begründung enthalten. ⁶Für das Antragsverfahren sind Gebühren zu erheben. ⁷Das Nähere insbesondere zur ausreichenden Begründung und zu den erforderlichen Nachweisen regelt der Gemeinsame Bundesausschuss.

1 Das Schicksal dieser am 1.1.1989 in Kraft getretenen Norm ist wechselhaft. Prägend war insbesondere der Streit um die Einführung einer Positivliste als Ausprägung des Wirtschaftlichkeitsprinzips, wie es sie in mehreren Mitgliedsstaaten der EU seit langem gibt. § 92 a Abs. 9 aF hatte folgenden Wortlaut: „Der Vertragsarzt kann Arzneimittel verordnen, die nicht nach § 34 a verordnungsfähig sind. Hierfür ist ein gesondertes Verordnungsblatt mit maschinenlesbarer Kennzeichnung vorzusehen. Der Arzt hat die Verordnung schriftlich zu begründen. Die Spitzenverbände der Krankenkassen vereinbaren gemeinsam und einheitlich mit der Kassenärztlichen Bundesvereinigung das Nähere, insbesondere dass Verfahren für die Überprüfung der Verordnungen." Die erste Positivliste sollte erstmals zum 31.12.1995 als Rechtsverordnung erlassen werden. Hierzu ist es nicht zuletzt wegen heftiger sachlicher Kritik nicht gekommen. Die einschlägigen Normen wurden durch das 5. SGB V-ÄndG² vom 18.12.1995 aufgehoben.³ Mit dem GKV-Gesundheitsreformgesetz⁴ 2000 wurde zum 1.1.2000 ein erneuter Anlauf zur Einführung einer Positivliste unternommen, der aber letztlich abermals wegen erheblicher gesetzestechnischer Mängel scheiterte.⁵

2 In § 34 sind heute diejenigen Ausnahmen zusammengefasst, für die ein Leistungsanspruch nach § 31 Abs. 1 und § 33 Abs. 1 nicht besteht. Eine Zäsur fand zum 1.1.2004 statt, als nicht verschreibungspflichtige Arzneimittel grundsätzlich aus der Erstattungsfähigkeit der GKV ausgenommen wurden (Abs. 1). In einer Anlage zu den Arzneimittelrichtlinien (AMRL) sind diejenigen **OTC-Präparate**⁶ aufgeführt, die dennoch ausnahmsweise bei einer Behandlung schwerwiegender Erkrankungen als Therapiestandards gelten und mit entsprechender Begründung des Vertragsarztes dennoch zulasten der GKV verordnungsfähig sind. Gemäß § 12 Abs. 3 AMRL ist eine Krankheit schwerwiegend, wenn sie lebensbedrohlich ist oder wenn sie aufgrund der Schwere der durch sie verursachten Gesundheitsstörung die Lebensqualität auf Dauer nachhaltig beeinträchtigt. Gemäß S. 4 hat der G-BA eine Liste dieser OTC-Arzneimittel als Anlage I zu den AMRL zu erstellen und sie regelmäßig zu aktualisieren. Sie ist ins Internet zu stellen. Daneben sieht Abs. 1 S. 5 weitere Ausnahmen für Kinder bis zum vollendeten 12. Lebensjahr und für Jugendliche mit Entwicklungsstörungen bis zum 18. Lebensjahr vor.

3 Gemäß Abs. 1 S. 3 iVm Abs. 3 sind auf diesem Wege auch **Arzneimittel der besonderen Therapieeinrichtungen** und **anthroposophische Arzneimittel** unter Umständen ausnahmsweise verordnungsfähig. Allerdings gilt auch für diese Arzneimittel die Einschränkung von Abs. 1 S. 2, wonach es sich um schwerwiegende Erkrankungen (→ Rn 2) handeln muss.⁷ Durch die Regelung in Abs. 1 S. 3 iVm Abs. 3 erfolgt demnach eine generelle Öffnung für die Verordnungsfähigkeit derartiger Präparate zur allgemeinen kurativen Behandlung.⁸ Außerdem ist damit nicht jeder Verordnung im Rahmen besonderer Therapierichtungen „Tür und Tor" geöffnet. Vielmehr muss die Verordnung des Arzneimittels innerhalb der besonderen Therapierichtung dem Maßstab der sog. „Binnenanerkennung" entsprechen.

4 **Bagatellarzneimittel** sind für volljährige Patienten ab der Vollendung des 18. Lebensjahres gemäß Abs. 1 S. 6 für die dort genannten Verwendungszwecke vollständig von der Verordnungsfähigkeit zulasten der GKV ausgeschlossen. Die Einzelheiten sind in § 13 AMRL geregelt. Der Verordnungsaus-

---

2 BGBl. I, 1986.
3 Begründung der Gesetzesänderung, BT-Dr. 13/2264: Positivliste untauglich; Ergänzung des Gutachtens des Sachverständigenrates für die konzertierte Aktion im Gesundheitswesen, BT-Dr. 14/8205 vom 5.2.2002 zur Steigerung von Effizienz und Effektivität der Arzneimittelversorgung in der gesetzlichen Krankenversicherung: Positivliste untauglich (S. 16, 17).
4 BGBl. I 1999, 2626.
5 Arzneimittel-Positivlistengesetz (AMPoLG) Referentenentwurf November 2002, Ziel, Herausnahme der Regelung von § 33 a SGB V einschließlich der Positivliste in ein eigenständiges Bundesgesetz; Inhaltliche Modifizierungen, zB Aufnahme eines eigenständigen Antragsrechts des Pharmazeutischen Unternehmers, verbesserte Rechtsbehelfe, Rücksicht auf die Transparenzrichtlinie der EU. Zustimmungspflichtigkeit dieses Gesetzes? Aufhebung von § 33 a SGB V selbst nicht zustimmungspflichtig. Ebenso wenig wäre eine Änderung von § 33 a SGB V zustimmungspflichtig, so dass diejenigen Passagen im AMPoLG ebenso nicht zustimmungspflichtig sind. Zustimmungspflichtigkeit ergibt sich aber aus Art. 80 Abs. 2 GG, das Zustimmungsrecht des Bundesrates im damaligen § 33 a SGB V würde ausgehebelt.
6 OTC = Over the counter.
7 BSG, 15.12.2015, B 1 KR 30/15 R: Krankenkasse muss keine anthroposophischen Mistelpräparate zahlen.
8 BSG, 11.5.2011, B 6 KA 25/10 R; BVerfG, 12.12.2012, 1 BvR 69/09, Ausschluss OTC nicht verfassungswidrig.

schluss gilt aber nur für die in S. 6 genannten Indikationen. Wird zB ein Arzneimittel nicht zur Behandlung einer „normalen" Erkältungskrankheit, sondern zur Behandlung einer chronischen Bronchitis eingesetzt, kann es durchaus zulasten der GKV verordnungsfähig sein.[9] Dieses Regelungsprinzip gilt für alle Einsatzzwecke jenseits der in S. 6 genannten Indikationen. In Abs. 1 S. 7 bis 9 werden sog. „Life-Style"-Arzneimittel von der Verordnungsfähigkeit zulasten der GKV ausgeschlossen. Vor 2004 war dies lediglich in den AMRL geregelt.[10] Zweifel an der Verfassungsmäßigkeit dieses Leistungsausschlusses scheinen nicht begründet zu sein.[11] Nicht ganz unproblematisch ist die Ausschlussregel in Abs. 1 S. 7, wonach Arzneimittel von der Versorgung ausgeschlossen sind, bei deren Anwendung eine Erhöhung der Lebensqualität im Vordergrund steht.[12] In § 14 Abs. 1 AMRL wird der Versuch unternommen, dies näher einzugrenzen. Ob dies gelungen ist, wird man kritisch hinterfragen müssen. Insbesondere scheint die Gleichsetzung von „Life-Style" und „Verbesserung der Lebensqualität" wenig glücklich. Denn an anderer Stelle ist der Begriff der Verbesserung der Lebensqualität durchaus ein valider Prüfungsmaßstab im positiven Sinn (vgl. § 35 b Abs. 1 SGB V, §§ 114 Abs. 3 Nr. 3, 115 Abs. 1a SGB XI).

Abs. 4 bildet die Rechtsgrundlage für den **Verordnungsausschluss von Hilfsmitteln mit geringem oder umstrittenem therapeutischen Nutzen** oder von Hilfsmitteln mit geringem Abgabepreis.[13] Die Einzelheiten, insbesondere die betroffenen Produkte sind in der Verordnung über Hilfsmittel von geringem therapeutischen Nutzen oder geringem Abgabepreis in der gesetzlichen Krankenversicherung[14] aufgeführt. Die erste Gruppe rechtfertigt sich aus dem Wirtschaftlichkeitsgebot, die zweite aus dem Gebot zur Eigenverantwortung. Daneben kann der G-BA in den Richtlinien nach § 92 Abs. 2 Nr. 6 weitere Hilfs- und Heilmittel ausschließen (siehe auch Kommentierung zu §§, 32, 33).   5

Abs. 6 geht auf eine Entscheidung des EuGH[15] zurück, wonach die Erstellung der OTC-Listen gemäß Abs. 1 S. 2 und 4 gegen die Kriterien der Transparenzrichtlinie[16] verstoßen würde. Jetzt finden sich die Einzelheiten zum Verfahren in den §§ 32 ff der Verfahrensordnung des G-BA.   6

Für Klagen gegen Entscheidungen und Richtlinien des G-BA gilt für den ersten Rechtszug eine **ausschließliche Zuständigkeit des LSG Berlin-Brandenburg** (§ 29 Abs. 4 Nr. 3 SGG). Versicherten ist im Falle der Ablehnung von Leistungen der Weg zu den Sozialgerichten offen, in dringenden Fällen ggf auch im Wege des einstweiligen Rechtsschutzes. Letzteres kann auch für Hersteller von Arzneimitteln und Hilfsmitteln gelten, wenn der Leistungsausschluss empfindlich in ihre Produktionstätigkeit eingreift. Vertragsärzte können die Leistungsausschlüsse nicht direkt angreifen. Sie müssen sich auf die inzidente Prüfung im Regressfall verweisen lassen.   7

§ 34 a (aufgehoben)

§ 35 Festbeträge für Arznei- und Verbandmittel

(1) ¹Der Gemeinsame Bundesausschuss bestimmt in den Richtlinien nach § 92 Abs. 1 Satz 2 Nr. 6, für welche Gruppen von Arzneimitteln Festbeträge festgesetzt werden können. ²In den Gruppen sollen Arzneimittel mit
1. denselben Wirkstoffen,
2. pharmakologisch-therapeutisch vergleichbaren Wirkstoffen, insbesondere mit chemisch verwandten Stoffen,
3. therapeutisch vergleichbarer Wirkung, insbesondere Arzneimittelkombinationen,

---

9 Beispiel aus Gerlach in: Hauck/Noftz, § 34 SGB V Rn 22; siehe auch VG Dresden, 15.11.2007, 3 K 803/06, MedR 2008, 287 zur Beihilfefähigkeit.
10 BSG, 10.5.2005, B 1 KR25/03 (Viagra), ohne gesetzliche Grundlage unwirksam.
11 BSG, 10.5.2005, B 1 KR 25/03 R = BSGE 94, 302; BVerfG, 28.2.2008, 1 BvR 1778/05, Verfassungsbeschwerde wurde nicht zur Entscheidung angenommen.
12 Axer, Die Bedeutung der Lebensqualität – aus sozialrechtlicher Perspektive, Zeitschrift f. Evidenz, Fortbildung und Qualität im Gesundheitswesen, 2014, 130; siehe aber auch die verwaltungsgerichtliche Praxis hinsichtlich der Beihilfevorschriften, zB VG Gelsenkirchen, 12.7.2016, 3 K 4832/14.
13 BGBl. I 1995, 44.
14 VO v. 13.12.1989 BGBl. I 2237, geändert durch 1. ÄndVO v. 17.1.1995 (BGBl. I, 44) zum 1.1.1996.
15 EuGH, 26.10.2006, C 314/05, PharmaR 2006, 533.
16 RL 89/105/EWG.

zusammengefaßt werden; unterschiedliche Bioverfügbarkeiten wirkstoffgleicher Arzneimittel sind zu berücksichtigen, sofern sie für die Therapie bedeutsam sind. ³Bei der Bildung von Gruppen nach Satz 1 soll bei Arzneimitteln mit Wirkstoffen zur Behandlung bakterieller Infektionskrankheiten (Antibiotika) die Resistenzsituation berücksichtigt werden. ⁴Arzneimittel, die als Reserveantibiotika für die Versorgung von Bedeutung sind, können von der Bildung von Gruppen nach Satz 1 ausgenommen werden. ⁵Die nach Satz 2 Nr. 2 und 3 gebildeten Gruppen müssen gewährleisten, daß Therapiemöglichkeiten nicht eingeschränkt werden und medizinisch notwendige Verordnungsalternativen zur Verfügung stehen; insbesondere können altersgerechte Darreichungsformen für Kinder berücksichtigt werden. ⁶Ausgenommen von den nach Satz 2 Nummer 2 und 3 gebildeten Gruppen sind Arzneimittel mit patentgeschützten Wirkstoffen, deren Wirkungsweise neuartig ist oder die eine therapeutische Verbesserung, auch wegen geringerer Nebenwirkungen, bedeuten. ⁷Als neuartig gilt ein Wirkstoff, solange derjenige Wirkstoff, der als erster dieser Gruppe in Verkehr gebracht worden ist, unter Patentschutz steht. ⁸Der Gemeinsame Bundesausschuss ermittelt auch die nach Absatz 3 notwendigen rechnerischen mittleren Tages- oder Einzeldosen oder anderen geeigneten Vergleichsgrößen. ⁹Für die Vorbereitung der Beschlüsse nach Satz 1 durch die Geschäftsstelle des Gemeinsamen Bundesausschusses gilt § 106 Absatz 3 Satz 1 entsprechend. ¹⁰Soweit der Gemeinsame Bundesausschuss Dritte beauftragt, hat er zu gewährleisten, dass diese ihre Bewertungsgrundsätze und die Begründung für ihre Bewertungen einschließlich der verwendeten Daten offen legen. ¹¹Die Namen beauftragter Gutachter dürfen nicht genannt werden.

(1a) (aufgehoben)

(1b) ¹Eine therapeutische Verbesserung nach Absatz 1 Satz 5 zweiter Halbsatz liegt vor, wenn das Arzneimittel einen therapierelevanten höheren Nutzen als andere Arzneimittel dieser Wirkstoffgruppe hat und deshalb als zweckmäßige Therapie regelmäßig oder auch für relevante Patientengruppen oder Indikationsbereiche den anderen Arzneimitteln dieser Gruppe vorzuziehen ist. ²Bewertungen nach Satz 1 erfolgen für gemeinsame Anwendungsgebiete der Arzneimittel der Wirkstoffgruppe. ³Ein höherer Nutzen nach Satz 1 kann auch eine Verringerung der Häufigkeit oder des Schweregrads therapierelevanter Nebenwirkungen sein. ⁴Der Nachweis einer therapeutischen Verbesserung erfolgt aufgrund der Fachinformationen und durch Bewertung von klinischen Studien nach methodischen Grundsätzen der evidenzbasierten Medizin, soweit diese Studien allgemein verfügbar sind oder gemacht werden und ihre Methodik internationalen Standards entspricht. ⁵Vorrangig sind klinische Studien, insbesondere direkte Vergleichsstudien mit anderen Arzneimitteln dieser Wirkstoffgruppe mit patientenrelevanten Endpunkten, insbesondere Mortalität, Morbidität und Lebensqualität, zu berücksichtigen. ⁶Die Ergebnisse der Bewertung sind in der Begründung zu dem Beschluss nach Absatz 1 Satz 1 fachlich und methodisch aufzubereiten, sodass die tragenden Gründe des Beschlusses nachvollziehbar sind. ⁷Vor der Entscheidung sind die Sachverständigen nach Absatz 2 auch mündlich anzuhören. ⁸Vorbehaltlich einer abweichenden Entscheidung des Gemeinsamen Bundesausschusses aus wichtigem Grund ist die Begründung des Beschlusses bekannt zu machen, sobald die Vorlage nach § 94 Abs. 1 erfolgt, spätestens jedoch mit Bekanntgabe des Beschlusses im Bundesanzeiger. ⁹Ein Arzneimittel, das von einer Festbetragsgruppe freigestellt ist, weil es einen therapierelevanten höheren Nutzen nur für einen Teil der Patienten oder Indikationsbereiche des gemeinsamen Anwendungsgebietes nach Satz 1 hat, ist nur für diese Anwendungen wirtschaftlich; das Nähere ist in den Richtlinien nach § 92 Abs. 1 Satz 2 Nr. 6 zu regeln.

(2) ¹Sachverständigen der medizinischen und pharmazeutischen Wissenschaft und Praxis sowie der Arzneimittelhersteller und der Berufsvertretungen der Apotheker ist vor der Entscheidung des Gemeinsamen Bundesausschusses Gelegenheit zur Stellungnahme zu geben; bei der Beurteilung von Arzneimitteln der besonderen Therapierichtungen sind auch Stellungnahmen von Sachverständigen dieser Therapierichtungen einzuholen. ²Die Stellungnahmen sind in die Entscheidung einzubeziehen.

(3) ¹Der Spitzenverband Bund der Krankenkassen setzt den jeweiligen Festbetrag auf der Grundlage von rechnerischen mittleren Tages- oder Einzeldosen oder anderen geeigneten Vergleichsgrößen fest. ²Der Spitzenverband Bund der Krankenkassen kann einheitliche Festbeträge für Verbandmittel festsetzen. ³Für die Stellungnahmen der Sachverständigen gilt Absatz 2 entsprechend.

(4) (aufgehoben)

(5) ¹Die Festbeträge sind so festzusetzen, daß sie im allgemeinen eine ausreichende, zweckmäßige und wirtschaftliche sowie in der Qualität gesicherte Versorgung gewährleisten. ²Sie haben Wirtschaftlichkeitsreserven auszuschöpfen, sollen einen wirksamen Preiswettbewerb auslösen und haben sich deshalb an möglichst preisgünstigen Versorgungsmöglichkeiten auszurichten; soweit wie möglich ist eine

für die Therapie hinreichende Arzneimittelauswahl sicherzustellen. ³Die Festbeträge sind mindestens einmal im Jahr zu überprüfen; sie sind in geeigneten Zeitabständen an eine veränderte Marktlage anzupassen. ⁴Der Festbetrag für die Arzneimittel in einer Festbetragsgruppe nach Absatz 1 Satz 2 soll den höchsten Abgabepreis des unteren Drittels des Intervalls zwischen dem niedrigsten und dem höchsten Preis einer Standardpackung nicht übersteigen. ⁵Dabei müssen mindestens ein Fünftel aller Verordnungen und mindestens ein Fünftel aller Packungen zum Festbetrag verfügbar sein; zugleich darf die Summe der jeweiligen Vomhundertsätze der Verordnungen und Packungen, die nicht zum Festbetrag erhältlich sind, den Wert von 160 nicht überschreiten. ⁶Bei der Berechnung nach Satz 4 sind hochpreisige Packungen mit einem Anteil von weniger als 1 vom Hundert an den verordneten Packungen in der Festbetragsgruppe nicht zu berücksichtigen. ⁷Für die Zahl der Verordnungen sind die zum Zeitpunkt des Berechnungsstichtages zuletzt verfügbaren Jahresdaten nach § 84 Abs. 5 zu Grunde zu legen.

(6) ¹Sofern zum Zeitpunkt der Anpassung des Festbetrags ein gültiger Beschluss nach § 31 Absatz 3 Satz 4 vorliegt und tatsächlich Arzneimittel auf Grund dieses Beschlusses von der Zuzahlung freigestellt sind, soll der Festbetrag so angepasst werden, dass auch nach der Anpassung eine hinreichende Versorgung mit Arzneimitteln ohne Zuzahlung gewährleistet werden kann. ²In diesem Fall darf die Summe nach Absatz 5 Satz 5 den Wert von 100 nicht überschreiten, wenn zu erwarten ist, dass andernfalls keine hinreichende Anzahl zuvor auf Grund von § 31 Absatz 3 Satz 4 von der Zuzahlung freigestellter Arzneimittel weiterhin freigestellt wird.

(7) ¹Die Festbeträge sind im Bundesanzeiger bekanntzumachen. ²Klagen gegen die Festsetzung der Festbeträge haben keine aufschiebende Wirkung. ³Ein Vorverfahren findet nicht statt. ⁴Eine gesonderte Klage gegen die Gruppeneinteilung nach Absatz 1 Satz 1 bis 5, gegen die rechnerischen mittleren Tages- oder Einzeldosen oder anderen geeigneten Vergleichsgrößen nach Absatz 1 Satz 7 oder gegen sonstige Bestandteile der Festsetzung der Festbeträge ist unzulässig.

(8) ¹Der Spitzenverband Bund der Krankenkassen erstellt und veröffentlicht Übersichten über sämtliche Festbeträge und die betroffenen Arzneimittel und übermittelt diese im Wege der Datenübertragung dem Deutschen Institut für medizinische Dokumentation und Information zur abruffähigen Veröffentlichung im Internet. ²Die Übersichten sind vierteljährlich zu aktualisieren.

(9) ¹Der Spitzenverband Bund der Krankenkassen rechnet die nach Absatz 7 Satz 1 bekannt gemachten Festbeträge für verschreibungspflichtige Arzneimittel entsprechend den Handelszuschlägen der Arzneimittelpreisverordnung in der ab dem 1. Januar 2012 geltenden Fassung um und macht die umgerechneten Festbeträge bis zum 30. Juni 2011 bekannt. ²Für die Umrechnung ist die Einholung von Stellungnahmen Sachverständiger nicht erforderlich. ³Die umgerechneten Festbeträge finden ab dem 1. Januar 2012 Anwendung.

Literatur:

Augsberg, Kooperative Wissensgenerierung im Gesundheitsrecht, GesR 2012, 595; *Axer*, Begründungspflichten des Gemeinsamen Bundesausschusses im Licht des SGB V, GesR 2013, 211; *Axer*, Europäisches Kartellrecht und nationales Krankenversicherungsrecht, NZS 2002, 57; *Axer*, Normsetzung der Exekutive in der Sozialversicherung, 2000; *Axer*, Die verfassungsrechtliche Stellung des Gemeinsamen Bundesausschusses im System der Gesetzlichen Krankenversicherung, RPG 2013, 3; *Becker*, Die Steuerung der Arzneimittelversorgung im Recht der GKV, 2006; *Dierks/Nitz*, Rechtsfragen der Bildung von Festbetragsgruppen der Stufe 2, PharmR 2004, 145; *Fuchs*, Anmerkung zu EuGH vom 16.4.2004, C-264/01, C-306/01, C-354/01, C-355/01, JZ 2005, 87; *Fuerst*, Preisbildung von Arzneimitteln zwischen öffentlichem Kostendruck und privater Wettbewerbsfreiheit, GesR 2010, 183; *Harney*, Die Bildung von Festbetragsgruppen für Arzneimittel, A&R 2012, 253; *Hannes*, Rechtsfolgen von Begründungsmängeln und sonstigen Fehlern im Verfahren der Normsetzung, GesR 2013, 219 ff; *Hauck*, Ausschluss, Therapiehinweis und Kostenregelungen – Vom Ineinandergreifen der verschiedenen Instrumentarien zur Regulierung der Arzneimittelversorgung, GesR 2011, 69; *Kingreen*, Legitimation und Partizipation im Gesundheitswesen – Verfassungsrechtliche Kritik und Reform des Gemeinsamen Bundesausschusses, NZS 2007, 113; *Knispel*, EG-Wettbewerbswidrige Festbetragsfestsetzungen und Arzneimittelrichtlinien, NZS 2000, 379; *Koenig/Engelmann*, Das Festbetrags-Urteil des EuGH: Endlich Klarheit über den gemeinschaftsrechtlichen Unternehmensbegriff im Bereich der Sozialversicherung?, EuZW 2004, 682; *Ladeur*, Wissenserzeugung im und durch Recht – und das Problem der „evidenzbasierten Medizin", GesR 2011, 455; *Neumann*, Verantwortung, Sachkunde, Betroffenheit, Interesse: Zur demokratischen Legitimation der Richtlinien des Gemeinsamen Bundesausschusses, NZS 2010, 593; *Nitz/Dierks*, Rechtsschutz gegen Festbetragsgruppen- und Vergleichsgrößenbildung, PharmR 2004, 161; *Posser/Müller*, Arzneimittelmarkt 2004 – Herstellerzwangsrabatt und Festbeträge für Patentarzneimittel, NZS 2004, 178; *Posser/Müller*, Festbeträge für patentgeschützte Wirkstoffe im GKV-

Modernisierungsgesetz, NZS 2005, 244; *Raspe*, Der „allgemein anerkannte Stand der medizinischen Erkenntnisse" – das Konzept der Evidence-Based Medicine, GesR 2011, 449; *Raspe*, Von der Erfahrung zur Evidenz, GesR 2012, 584; *Reese/Posser*, Festbeträge für patentgeschützte Wirkstoffe im GKV-Modernisierungsgesetz, NZS 2005, 244; *Roters*, Wie viel Evidenzbasierung braucht die Qualitätssicherung?, GesR 2012, 604; *Scriba*, Rechtsschutz gegen Maßnahmen der Arzneimittelbewertung, VSSR 2013, 175; *Sodan*, Verfassungsrechtliche Probleme bei der Bildung von Festbetragsgruppen für Arzneimittel, PharmR 2007, 485; *Stallberg*, Evidenz-basierte Medizin als Rechtsbegriff – Funktion, Inhalt und Grenzen, PharmR 2010, 5; *Stallberg*, Das Verbot der Therapieeinschränkung bei der Bildung von Festbetragsgruppen nach § 35 SGB V, PharmR 2014, 269; *Steiner*, Verfassungsrechtliche Anforderungen an die Begründung von untergesetzlichen Rechtsnormen, GesR 2013, 193; *Vorderwülbecke*, Gemeinsamer Bundesausschuss und Arzneimittelhersteller: Ein Governance-Problem, PharmR 2013, 149; *Waldhoff*, Pflichten zur Begründung untergesetzlicher Normen im Lichte der verwaltungs- und sozialgesetzlichen Rechtsprechung, GesR 2013, 197.

I. Überblick und allgemeine Fragen 1	cc) Therapeutische Vergleichbarkeit 33
1. Überblick 1	c) Festbetragsgruppen der Stufe 3 34
2. Normzweck und Historie 5	d) Ausschluss von der Einbeziehung in eine Festbetragsgruppe 35
3. Systematischer Zusammenhang 9	aa) Keine Einschränkung von Behandlungsmöglichkeiten 36
a) Wirtschaftlichkeitsprinzip 9	
b) Zusatznutzenbewertung nach § 35 a SGB V 11	bb) Ausschluss wegen therapeutischer Verbesserung (Abs. 1 b) 43
c) Erstattungsbetragsvereinbarung nach § 130 b SGB V 15	2. Verfahren der Festbetragsgruppenbildung 47
4. Verfassungs- und Europarecht 17	
II. Inhalt der Norm 21	3. Festsetzung von Festbeträgen durch den GKV-Spitzenverband 54
1. Bildung von Festbetragsgruppen durch den GBA 21	III. Rechtsschutz- und Verfahrensfragen 58
a) Festbetragsgruppen der Stufe 1 26	IV. Geplante Änderung durch das Blut- und Gewebegesetz 63
b) Festbetragsgruppen der Stufe 2 29	
aa) ATC-Klassifikation der Wirkstoffe 31	
bb) Pharmakologische Vergleichbarkeit 32	

I. Überblick und allgemeine Fragen

1 **1. Überblick.** Festbeträge bestimmen den Umfang des Leistungsanspruchs der GKV-Versicherten bezüglich Arzneimittel, Verbandmittel und Hilfsmittel. Die Festbeträge für Arznei- und Verbandmittel werden nach § 35 SGB V festgesetzt, während sich die Regelung zur Festsetzung von Festbeträgen für Hilfsmittel in § 36 SGB V findet. Die Festbeträge bilden die Obergrenze der Kostenübernahme durch die GKV für das jeweilige Produkt, wie sich aus § 31 Abs. 2 S. 1 und § 127 Abs. 4 SGB V ergibt. Dadurch haben die Festbeträge den Charakter einer **Selbstbeteiligungsregelung** für Versicherte, sofern nicht – wie im Arzneimittelsektor regelmäßig der Fall – der Preis des jeweiligen Produkts auf oder unter dem Festbetrag liegt.[1]

2 Das Verfahren der Festbetragsfestsetzung nach § 35 SGB V verläuft für **Arzneimittel** zweistufig: Auf der ersten Stufe bestimmt der GBA in der Arzneimittel-Richtlinie, für welche Gruppen von Arzneimitteln Festbeträge gebildet werden sollen. Dabei sieht das Gesetz in § 35 Abs. 1 S. 2 SGB V drei verschiedene Festbetragsstufen vor. Die Festbetragsgruppenbildung darf dabei nicht dazu führen, dass Therapiemöglichkeiten eingeschränkt werden. Da das Verfahren innerhalb des GBA gem. § 5 Abs. 1 S. 1 VerfO-1 (= 1. Kapitel der Verfahrensordnung des GBA) eines Antrags aus dem Plenum des GBA bedarf, muss prospektiv ein gewisses Mindesteinsparpotenzial aus Sicht der GKV realisierbar sein, damit die Durchführung einer Festbetragsgruppenbildung zweckmäßig erscheint.

3 Auf der zweiten Stufe ermittelt der GKV-Spitzenverband den Festbetrag für die vom GBA gebildete Festbetragsgruppe und setzt ihn als Allgemeinverfügung fest. Die wesentlichen Grundzüge der Berechnung des Festbetrags sind in § 35 Abs. 5 SGB V gesetzlich geregelt. Der GKV-Spitzenverband kann den Zeitpunkt der Festbetragsfestsetzung grundsätzlich frei wählen. Die festgesetzten Festbeträge sind periodisch zu aktualisieren und anzupassen. Dies gilt gleichfalls für die Festbetragsgruppen auf Seiten des GBA.

---

1 Becker, Die Steuerung der Arzneimittelversorgung im Recht der GKV, 2006, S. 240.

Festbeträge für **Verbandmittel** werden demgegenüber einstufig festgesetzt. Nach § 35 Abs. 3 S. 2 kann der GKV-Spitzenverband einheitliche Festbeträge festsetzen, ohne dass es zuvor einer Gruppenbildung wie bei den Arzneimitteln bedürfte.

2. Normzweck und Historie. Das Instrument der Festbeträge dient der Begrenzung der Leistungsausgaben für Arzneimittel in der GKV.[2] Mit einem Festbetrag regulierte Arzneimittel bleiben verordnungs- und erstattungsfähig, allerdings tragen die Krankenkassen die Kosten für diese Arzneimittel gem. § 31 Abs. 2 SGB V nur bis zur Höhe des Festbetrags, soweit nicht die Mehrkosten im Rahmen eines Rabattvertrags nach § 130 a Abs. 8 SGB V iVm § 31 Abs. 2 S. 2 und 3 SGB V für das betreffende Arzneimittel übernommen werden. Somit gilt die Sachleistung mit einer Kostenübernahme in Höhe des Festbetrags als erbracht, was insoweit eine Einschränkung des Sachleistungsprinzips zur Folge hat, sofern ein Arzneimittel zu einem Preis oberhalb des Festbetrags abgegeben wird. Die **ökonomische Folge** daraus ist, dass pharmazeutische Unternehmer in der Regel vor die Wahl gestellt sind, den Arzneimittelpreis entsprechend abzusenken, so dass der Abgabepreis den Festbetrag nicht übersteigt, oder darauf zu vertrauen, dass die Versicherten die den Festbetrag übersteigenden Kosten des Arzneimittels selbst bezahlen.[3] Dadurch zählt die Festbetragsregelung zu den „influenzierenden" Instrumenten der Arzneimittelregulierung.[4]

Die Festbetragsregelung ist erstmals mit der Schaffung des SGB V eingeführt worden, eine Vorgängervorschrift existierte in der RVO nicht.[5] Eine Parallelvorschrift wurde durch das Festbetrags-Anpassungsgesetz (FBAG) in § 35 a befristet bis zum 31. Dezember 2003 eingeführt.[6] Nach § 35 a idF des FBAG konnten Festbeträge durch Rechtsverordnung angepasst und in Ausnahmefällen gleichfalls durch Rechtsverordnung neue Festbetragsgruppen gebildet werden. Der Bundesgesetzgeber hielt diese vorübergehende Regelung für erforderlich, um auf Bedenken des Bundeskartellamts hinsichtlich der Vereinbarkeit des Festbetragssystems nach § 35 SGB V mit europäischem Kartellrecht zu reagieren.[7] Der EuGH entschied jedoch, dass die Festbetragsregelung europarechtskonform ist.[8]

Die Regelung des § 35 SGB V ist mehrfach geändert worden.[9] Hervorzuheben sind die Änderungen durch das GKV-Modernisierungsgesetz (GMG)[10] (insbes. Einfügung des Abs. 1 a, Änderung des Abs. 5), Gesetz zur Verbesserung der Wirtschaftlichkeit in der Arzneimittelversorgung[11] (insbes. Änderung des Abs. 1 S. 3, Einfügung des Abs. 1 b, Änderung des Abs. 5), Arzneimittelmarktneuordnungsgesetz (AMNOG)[12] (Neufassung des Abs. 1, Einfügung eines neuen Abs. 8, Verschiebung des alten Abs. 8 unter inhaltlicher Änderung in Abs. 9) sowie des GKV-Arzneimittelversorgungsstärkungsgesetzes (AMVSG)[13] (Änderungen des Abs. 1, Aufhebung des Abs. 1 a).

Mit dem GKV-WSG wurde 2007 zudem in § 31 Abs. 2 a SGB V eine der Festbetragsbildung verwandte Regelung eingeführt, die mit dem AMNOG bereits wieder gestrichen worden ist. Nach dieser Regelung sollte der GKV-Spitzenverband die Befugnis erhalten, auf der Grundlage von Bewertungen der Arzneimittel durch das IQWiG Höchstbeträge für Arzneimittel mit patentgeschützten Wirkstoffen festzusetzen, für die eine Festbetragsbildung ausgeschlossen war. Von der Ermächtigung ist jedoch nie Gebrauch gemacht worden.

3. Systematischer Zusammenhang. a) Wirtschaftlichkeitsprinzip. Das Instrument der Festbetragsregulierung steht im engen Zusammenhang mit dem Wirtschaftlichkeitsprinzip, das zentral in § 12 Abs. 1 SGB V sowie in § 70 Abs. 1 S. 2 SGB V verankert ist. Durch einen Festbetrag gilt das Arzneimittel bis zu dieser Höhe als wirtschaftlich, so dass die Möglichkeit einer Festbetragsfestsetzung gem. § 92 Abs. 2 S. 11 SGB V als milderes Mittel zu einer Verordnungseinschränkung oder einem Verordnungs-

---

2 Gesetzesbegründung zum Gesundheits-Reformgesetz (GRG), BT-Dr. 11/2237, 175; Becker, Die Steuerung der Arzneimittelversorgung im Recht der GKV, 2006, S. 237; Fuerst, GesR 2010, 183, 184.
3 Zu ökonomischen Aspekten s. Stargardt/Schreyögg/Busse, Gesundheitswesen 67 (2005), 468, 473 f.
4 Becker, Die Steuerung der Arzneimittelversorgung im Recht der GKV, 2006, S. 138.
5 Gesetzesbegründung zum Gesundheits-Reformgesetz (GRG), BT-Dr. 11/2237, 175.
6 Festbetrags-Anpassungsgesetz (FBAG) vom 27.7.2001, BGBl. I Nr. 40, 1948.
7 Gesetzentwurf zum FBAG, BT-Dr. 14/6041, 1.
8 → Rn. 20.
9 Überblick bei Hess in: Kasseler Kommentar zum Sozialversicherungsrecht, 92. Erg.-Lfg. Dezember 2016, § 35 Rn. 1.
10 Gesetz vom 14.11.2003, BGBl. I Nr. 55, 2190.
11 Gesetz vom 26.4.2006, BGBl. I Nr. 21, 984.
12 Gesetz vom 22.12.2010, BGBl. I Nr. 67, 2262.
13 Gesetz vom 4.5.2017, BGBl. I Nr. 25, 1050.

ausschluss gem. § 92 Abs. 1 S. 1 SGB V wegen Unwirtschaftlichkeit insoweit eine Sperrwirkung entfaltet.

10 Die Regelung des § 35 Abs. 1 b enthält zudem eine gesetzliche Konkretisierung des Tatbestandsmerkmals der Zweckmäßigkeit in § 12 Abs. 1 SGB V. Zweckmäßigkeit bedeutet, dass die Therapie geeignet sein muss, die in § 27 Abs. 1 S. 1 SGB V genannten Ziele der Krankenbehandlung zu erreichen.[14] Die Eignung erfordert daher die Wirksamkeit der Leistung in dem Sinne, dass sie den intendierten Heilerfolg bewirken können muss. Da es angesichts der Komplexität des menschlichen Körpers und der vielfältigen Einflussfaktoren auf den Krankheitsverlauf eines einzelnen Patienten unmöglich ist, anhand eines Einzelfalls die Wirksamkeit einer Behandlung zu ermitteln, muss die Wirksamkeit und damit auch die Zweckmäßigkeit anhand von Methoden nach dem allgemein anerkannten Stand der medizinischen Erkenntnisse (§ 2 Abs. 1 S. 3 SGB V) ermittelt werden.[15] Die Einzelheiten zum Nachweis der Wirksamkeit sind in den jeweiligen Bestimmungen des SGB V zu den einzelnen Leistungen geregelt.[16] In § 35 Abs. 1 b SGB V wird insoweit ein Prüfprogramm gesetzlich vorgegeben, das die Ermittlung einer zweckmäßigen Therapie im Vergleich zu anderen Arzneimitteln regelt. Diese gesetzliche Konkretisierung des Zweckmäßigkeitsbegriffs ist für die Bewertung von Arzneimitteln anhand des Maßstabs des therapeutischen Nutzens auch in anderen Zusammenhängen zu beachten und kann darüber hinaus Aufschluss geben, die der Zweckmäßigkeitsbegriff und insbesondere der Nachweis eines Zusatznutzens bei anderen Leistungsarten auszulegen ist.[17]

11 b) Zusatznutzenbewertung nach § 35 a SGB V. Ist ein neues Arzneimittel mit Festbetragsarzneimitteln pharmakologisch-therapeutisch vergleichbar, sieht § 35 a Abs. 1 S. 4 SGB V vor, dass der medizinische Zusatznutzen im Verfahren der „frühen Nutzenbewertung" nach § 35 a SGB V als therapeutische Verbesserung gegenüber den Festbetragsarzneimittel anhand der Maßstäbe des § 35 b Abs. 1 b Sätze 1 bis 5 SGB V nachzuweisen ist. Kommt der Gemeinsame Bundesausschuss in seiner Nutzenbewertung gem. § 35 a Abs. 4 SGB V zu dem Schluss, dass ein Zusatznutzen nicht belegt ist, dh dass keine therapeutische Verbesserung besteht, muss dieses neue Arzneimittel in die entsprechende Festbetragsgruppe eingeordnet werden.[18] Nach § 21 Nr. 1 VerfO-5 erfolgt mit dem Beschluss über die Nutzenbewertung die Einordnung des Arzneimittels in die bestehende Festbetragsgruppe der Stufe 2 oder 3. Handelt es sich nicht um ein Arzneimittel, das mit einem Festbetragsarzneimittel pharmakologisch-therapeutisch vergleichbar ist, sondern um ein Arzneimittel mit lediglich therapeutisch vergleichbarer Wirkung im Sinne des § 35 Abs. 1 S. 2 Nr. 3 SGB V (Stufe 3), so stellt der GBA bei nicht nachgewiesenem Zusatznutzen gem. § 21 Nr. 2 VerfO-5 in dem Nutzenbewertungsbeschluss fest, dass eine Einordnung in die Festbetragsgruppe der Stufe 3 möglich ist. Schließlich prüft der GBA gem. § 21 Nr. 3 VerfO-5 in allen anderen Fällen, ob die Bildung einer neuen Festbetragsgruppe unter Einbeziehung des neuen Arzneimittels möglich ist.

12 Der GBA überschreitet mit dieser Regelung in der Verfahrensordnung seine gesetzliche Ermächtigungsgrundlage in zweierlei Weise: Zum einen sieht § 35 a Abs. 1 S. 4 SGB V den Nachweis des medizinischen Zusatznutzens als therapeutische Verbesserung lediglich für den Fall einer pharmakologisch-therapeutischen Vergleichbarkeit mit Festbetragsarzneimitteln vor, definiert also die Voraussetzungen der Stufe 2 als Aufgreifkriterium; in allen anderen Fällen, also auch bei therapeutischer Vergleichbarkeit zu Festbetragsarzneimitteln im Sinne der Stufe 3 der Festbetragsgruppenbildung, bleibt es beim allgemeinen Maßstab des Nachweises eines Zusatznutzens gegenüber der zweckmäßigen Vergleichstherapie (§ 5 Abs. 2 und 3 AM-NutzenV), die sich nicht mit den Mitgliedern einer Festbetragsgruppe decken muss. Somit legt der GBA einen über den gesetzlichen Rahmen hinausgehenden Prüfungsmaßstab an.

13 Zum anderen ist die Folge der vom GBA ohne gesetzlichen Auftrag geschaffenen Prüfung in § 21 Nr. 2 und Nr. 3 VerfO-5 weitaus einschneidender als die gesetzliche Regelung: Wird eine therapeutische Verbesserung im Sinne des § 35 a Abs. 4 SGB V nicht nachgewiesen, erfolgt mit dem Nutzenbewertungsbeschluss eine Eingruppierung in die bestehende Festbetragsgruppe, so dass unmittelbar der Festbetrag greift, sofern er bereits festgesetzt ist. Dagegen ist in den Fällen des § 21 Nr. 2 und Nr. 3 VerfO-5 noch

---

14 Engelhard in: Schlegel/Voelzke, jurisPK-SGB V, 3. Aufl. 2015, § 12 Rn. 53.
15 Zur Bedeutung der evidenzbasierten Medizin für die Auslegung des allgemein anerkannten Standes der medizinischen Erkenntnisse s. Plagemann in: Schlegel/Voelzke, jurisPK-SGB V, 3. Aufl. 2015, § 2 Rn. 49; Roters, NZS 2007, 176, 177; Stallberg, PharmR 2010, 5, 9.
16 Francke/Hart, MedR 2008, 2, 22.
17 S. BSG, Urt. v. 17.9.2013, B 1 KR 54/12 R, Rn. 47 bei juris.de.
18 Für den Vorrang des Festbetragsregimes s. Stallberg, PharmR 2014, 269 ff.

die Durchführung eines gesonderten Verfahrens zur Einbeziehung in die Festbetragsgruppe der Stufe 3 oder gar über die Neubildung einer Festbetragsgruppe vonnöten, so dass der Abschluss dieses Verfahrens erst nach der Vereinbarung bzw. Festsetzung eines Erstattungsbetrags gem. § 130 b SGB V erfolgt. Dadurch kommt es zu einer rechtsstaatlich fragwürdigen und versorgungspolitisch bedenklichen Doppelregulierung des Arzneimittelpreises: Zunächst wird der Abgabepreis des pharmazeutischen Unternehmers über die Erstattungsbetragsvereinbarung auf den Erstattungsbetrag abgesenkt, wie dies § 78 Abs. 3 a AMG vorschreibt; im Anschluss erfolgt eine Festbetragsermittlung auf der Grundlage des bereits staatlich abgesenkten Abgabepreises, die typischerweise eine erneute Absenkung des Abgabepreises erfordert, deren Höhe aber gleichzeitig durch den bereits zwangsweise gesenkten Abgabepreises bestimmt wird.[19]

Diese Folge ist gesetzlich jedoch nicht intendiert, im Gegenteil: Das SGB V bringt mehrfach den Vorrang des Instruments der Festbetragsregulierung gegenüber intensiveren Beschränkungen der wirtschaftlichen Betätigungsfreiheit des pharmazeutischen Unternehmers zum Ausdruck (§ 35 a Abs. 4, § 92 Abs. 2 S. 11, § 130 b Abs. 3 S. 1).[20] Daraus folgt, dass der GBA verpflichtet ist, das Instrument der Festbetragsregulierung zum frühestmöglichen Zeitpunkt zu prüfen und umzusetzen. Dies ist bereits dann der Fall, wenn eine Bewertung des Zusatznutzens als nicht belegt erstmalig in Betracht kommt. Der GBA hat daher gegebenenfalls parallel zum laufenden Verfahren der Nutzenbewertung ein Verfahren der Festbetragsgruppenbildung zu beginnen, um den gesetzlich angeordneten Vorrang der Festbetragsregulierung vor invasiveren Preisregulierungsinstrumenten zu gewährleisten.

c) **Erstattungsbetragsvereinbarung nach § 130 b SGB V.** Erstattungsbetragsvereinbarungen werden nach § 130 b Abs. 1 S. 1 SGB V für Arzneimittel geschlossen, „die mit diesem Beschluss [nach § 35 a Abs. 3] keiner Festbetragsgruppe zugeordnet wurden". Als gesichert darf gelten, dass das Gesetz jedenfalls dann dem Abschluss einer Erstattungsbetragsvereinbarung entgegensteht, wenn das betreffende Arzneimittel in eine Festbetragsgruppe eingeordnet worden ist.[21] Ungeklärt ist bislang, was mit Erstattungsbetragsvereinbarungen bzw. den nach § 78 Abs. 3 a AMG auf den Erstattungsbetrag begrenzten Arzneimittelpreisen geschieht, wenn während der Laufzeit einer Erstattungsbetragsvereinbarung ein Festbetrag festgesetzt wird. Der Gesetzeswortlaut sieht in § 130 b Abs. 3 S. 4 SGB V ein Sonderkündigungsrecht des GKV-Spitzenverbandes „zur Festsetzung des Festbetrags nach § 35 Abs. 3" vor. Nach § 130 b Abs. 7 S. 3 SGB V besteht zudem ein Sonderkündigungsrecht der Erstattungsbetragsvereinbarung für den Fall, dass die Voraussetzungen für die Bildung einer Festbetragsgruppe nach § 35 Abs. 1 SGB V vorliegen.

Das Gesetz geht seinem Wortlaut nach davon aus, dass zur Festsetzung eines Festbetrags eine Kündigung der Erstattungsbetragsvereinbarung erforderlich sein kann; ferner ist die Vereinbarung bereits dann kündbar, wenn eine Festbetragsgruppe gebildet werden kann. Deutlicher ist demgegenüber die Gesetzesbegründung, die eine Vereinbarung über den Erstattungsbetrag überhaupt nur dann vorsieht, wenn das Arzneimittel weder einer bestehenden Festbetragsgruppe zugeordnet noch durch die Neubildung einer Festbetragsgruppe in die Festbetragsregulierung überführt werden kann.[22] Nach der gesetzgeberischen Konzeption tritt daher der Erstattungsbetrag außer Kraft, sobald ein Festbetrag festgesetzt wird.[23] Der pharmazeutische Unternehmer wäre sodann frei, seinen Abgabepreis beliebig festzusetzen, da die wirtschaftlichen Interessen der GKV durch § 31 Abs. 2 S. 1 SGB V hinreichend geschützt sind. Es kommt daher zu einer Ablösung des Erstattungsbetrags durch einen festgesetzten Festbetrag, unabhängig davon, ob eine Seite die Erstattungsbetragsvereinbarung zuvor gekündigt hat.

---

19 Dies hat Grotjahn, PharmR 2014, 381 ff. überzeugend herausgearbeitet.
20 Die Gesetzesbegründung zum AMNOG führt im Allgemeinen Teil als Zielsetzung des AMNOG aus: „Stellt der Gemeinsame Bundesausschuss für ein Arzneimittel keinen Zusatznutzen fest, wird es künftig direkt in das Festbetragssystem überführt, soweit es grundsätzlich festbetragsfähig ist" (BT-Dr. 17/2413, 15).
21 Luthe in: Hauck/Noftz, SGB V, Erg.-Lfg. 3/15, § 130 b Rn. 35; Baierl in: Schlegel/Voelzke, jurisPK-SGB V, 3. Aufl. 2016, § 130 b Rn. 154.
22 Die Gesetzesbegründung zum AMNOG führt wörtlich aus: „Für Arzneimittel ohne Zusatznutzen wird nur dann ein Erstattungsbetrag vereinbart, wenn das Arzneimittel weder einer bestehenden Festbetragsgruppe zugeordnet werden, noch eine neue Festbetragsgruppe gebildet werden kann" (BT-Dr. 17/2413, 31).
23 In der Gesetzesbegründung zum AMNOG heißt es: „Daher bleibt die Möglichkeit bestehen, dass ein Arzneimittel ohne Zusatznutzen zu einem späteren Zeitpunkt einer Festbetragsgruppe zugeordnet wird. In diesem Fall tritt der vereinbarte Erstattungsbetrag mit der Festsetzung eines entsprechenden Festbetrags außer Kraft, wenn der GKV-Spitzenverband die Vereinbarung außerordentlich gekündigt hat" (BT-Dr. 17/2413, 31).

17 **4. Verfassungs- und Europarecht.** Das BVerfG hat in seinem sog **Festbetragsurteil** vom 17. Dezember 2002 entschieden, dass die Festbetragsfestsetzung dem Grunde nach nicht am Grundrecht der **Berufsfreiheit** der betroffenen Produktehersteller zu messen sei.[24] Die Reichweite des durch die Berufsfreiheit gewährten Freiheitsschutzes werde nämlich „durch die rechtlichen Regeln mitbestimmt, die den Wettbewerb ermöglichen und begrenzen", gewährleiste jedoch „keinen grundrechtlichen Anspruch darauf, dass die Wettbewerbsbedingungen für sie gleich bleiben".[25] Das verfassungsrechtlich geschützte Recht, den Preis für angebotene Güter und Leistungen festzusetzen, werde durch die Festbetragsregelung nicht berührt. Lediglich die Grundrechte der Versicherten und der Ärzte seien betroffen.[26] Hinsichtlich der pharmazeutischen Unternehmer handle es sich dagegen um einen „**bloßen Reflex**" der auf das System der GKV bezogenen Festbetragsregelung.[27]

18 Allerdings können die Festbeträge sowohl hinsichtlich der Gruppenbildung als auch der Festbetragsfestsetzung einen Verstoß gegen das Grundrecht der pharmazeutischen Unternehmer aus Art. 3 Abs. 1 GG darstellen. Der **allgemeine Gleichheitssatz** verbietet es nämlich, den Wettbewerb zwischen Marktteilnehmern untereinander durch staatliche Akte **willkürlich zu verfälschen**, so dass auch die Einstufung zweier konkurrierender Arzneimittel aufgrund einer willkürlichen medizinisch-pharmakologischen Bewertung als gleichwertig ersetzbar einen Grundrechtseingriff darstellen könne.[28] Insoweit ist nach der Rechtsprechung des BSG eine Grundrechtsverletzung der pharmazeutischen Unternehmer bereits durch die Festbetragsgruppenbildung möglich.[29]

19 Verfassungsrechtliche Zweifel an der **Befugnis des GBA**, Festbetragsgruppen zu bilden, sind nicht veranlasst. Zum einen wird vertreten, dass der Festbetragsgruppenbildung noch gar keine Außenwirkung zukomme, sondern eine reine Vorbereitungshandlung für die spätere Festbetragsfestsetzung durch den GKV-Spitzenverband darstelle.[30] Diese Auffassung überzeugt nicht, da die Festbetragsgruppenbildung Bestandteil der Arzneimittel-Richtlinie wird und damit an deren Rechtsnormqualität teilhat.[31] Allerdings erfüllt die Normsetzungsbefugnis des GBA nach § 35 SGB V selbst dann, wenn man die immer wieder vertretenen Zweifel an der demokratischen Legitimation des GBA teilt, die Anforderungen des BVerfG zur verfassungsrechtlichen Legitimität der Rechtssetzungsbefugnis an die jeweilige Ermächtigungsgrundlage in den Dimensionen der gesetzlichen Regelungsdichte, den Regelungsinhalten der Richtlinienbeschlüsse und der resultierenden Eingriffsintensität.[32]

20 Die **Europarechtskonformität** des Festbetragssystems hat der EuGH im Wege des Vorabentscheidungsverfahren auf Vorlagen des LSG Nordrhein-Westfalen, des OLG Düsseldorf und des BGH festgestellt.[33] Mit der Festbetragsfestsetzung erfolge nämlich lediglich die Umsetzung der gesetzlichen Verpflichtung aus § 35 SGB V, die der Sicherung des Fortbestandes des deutschen Systems der sozialen Sicherung diene. Daher handle es sich nicht um eine wirtschaftliche Tätigkeit der Krankenkassen, das europäische Wirtschafts- und insbes. Kartellrecht sei nicht anwendbar.[34]

II. Inhalt der Norm

21 **1. Bildung von Festbetragsgruppen durch den GBA.** Die Festbetragsfestsetzung erfolgt in einem gestuften Verfahren. Zunächst beschließt der GBA in seiner Arzneimittel-Richtlinie, welche Gruppen von Arzneimitteln zum Zwecke einer Festbetragsgruppenbildung zusammengefasst werden sollen. Die Kriterien dafür sind in § 35 Abs. 1 bis Abs. 1 b SGB V gesetzlich umschrieben. Im zweiten Schritt setzt der GKV-Spitzenverband den konkreten Festbetrag für eine Gruppe von Arzneimitteln nach einem Verfahren fest, dessen Berechnungsgrundlagen in § 35 Abs. 5 SGB V geregelt worden sind. Der GBA darf

---

24 BVerfG, Urt. v. 17.12.2002, 1 BvL 28/95 ua, Rn. 101 ff. bei juris.de = BVerfGE 106, 275.
25 BVerfG, Urt. v. 17.12.2002, 1 BvL 28/95 ua, Rn. 103 f. bei juris.de.
26 BVerfG, Urt. v. 17.12.2002, 1 BvL 28/95 ua, Rn. 106 bei juris.de.
27 BVerfG, Urt. v. 17.12.2002, 1 BvL 28/95 ua, Rn. 107 bei juris.de; zur Kritik im Schrifttum s. Flint in: Hauck/Noftz, SGB V, Erg.-Lfg. 6/12, Rn. 25; Fuerst, GesR 2010, 183, 186, jeweils mwN.
28 BSG, Urteil vom 1.3.2011 – B 1 KR 7/10 R, Rn. 17 bei juris.de.
29 Zu verfassungsrechtlichen Einzelheiten und Fallkonstellationen s. Nitz/Dierks, PharmR 2004, 161 ff.
30 Becker, Die Steuerung der Arzneimittelversorgung im Recht der GKV, 2006, S. 259.
31 Zutreffend von Dewitz in: BeckOK Sozialrecht, 43. Edition, § 35 SGB V Rn. 4; freilich ist dadurch noch nicht entschieden, inwieweit der Festbetragsgruppenbildung eine Regelungswirkung zukommt.
32 Dazu s. BVerfG, Beschl. v. 10.11.2015, 1 BvR 2056/12, Rn. 22 bei juris.de; BVerfG, Kammerbeschl. v. 6.10.2016, 1 BvR 292/16, Rn. 20 ff.
33 EuGH, Urt. v. 16.3.2004, Rs. C-264/01 ua.
34 EuGH, Urt. v. 16.3.2004, Rs. C-264/01 ua, Tz. 61 ff.

grundsätzlich die **Stufe frei wählen,** auf der er eine Festbetragsgruppe bildet.[35] Er muss dabei freilich die gesetzlichen Rahmenbedingungen beachten und insbesondere die inhaltlichen Begrenzungen der einzelnen Stufen berücksichtigen.

Grundvoraussetzung ist dem Normtext zufolge eine Nutzenbewertung, auf deren Basis zunächst die Festbetragsgruppen gebildet werden sollen. Der dabei zugrunde zu legende Nutzenbegriff ist in § 35 Abs. 1 S. 6, Abs. 1b SGB V detailliert geregelt worden. Dadurch konkretisiert die Festbetragsregelung zugleich das allgemeine Wirtschaftlichkeitsgebot.[36]

22

Die Gruppenbildung durch den GBA kann auf drei Stufen erfolgen:

23

- Arzneimittel mit demselben Wirkstoff (Stufe 1);
- Arzneimittel mit pharmakologisch-therapeutisch vergleichbaren Wirkstoffen, insbesondere mit chemisch verwandten Stoffen (Stufe 2);
- Arzneimittel mit therapeutisch vergleichbarer Wirkung, insbesondere Arzneimittelkombinationen (Stufe 3).

Innerhalb der einzelnen Stufen können unterschiedliche Gruppen gebildet werden. Dabei ist **im Falle von wirkstoffgleichen Arzneimitteln** dem Wortlaut des § 35 Abs. 1 S. 2 Hs. 2 SGB V entsprechend **stets eine unterschiedliche Bioverfügbarkeit** zu berücksichtigen, soweit sie therapierelevant ist. Die Gruppenbildung auf den **Stufen 2 und 3** steht zudem unter dem **Vorbehalt,** dass dadurch keine Therapiemöglichkeiten eingeschränkt werden und weiterhin medizinisch notwendige Verordnungsalternativen zur Verfügung stehen.

24

Mit dem AMVSG soll die Festbetragsgruppenbildung für **Antibiotika** modifiziert werden. Nach der Gesetzesbegründung sind Anpassungen der Praxis der Festbetragsfestsetzung erforderlich, um zum einen der Resistenzsituation bei der Behandlung bakterieller Infektionen Rechnung zu tragen und zum anderen rückläufigen Anreizen auf Seiten der pharmazeutischen Industrie zur Herstellung bekannter antibiotischer Wirkstoffe und der Entwicklung neuer Antibiotika zu begegnen.[37] Daher *soll* der GBA bei der Bildung von Festbetragsgruppen berücksichtigen und *kann* für die Versorgung bedeutsame Reserveantibiotika von der Gruppenbildung ausnehmen. Die Gesetzesbegründung schlägt auch vor, diese gesonderte Berücksichtigung der Versorgungssituation mit Antibiotika durch eigene Gruppenbildungen isoliert für Reserveantibiotika oder für Antibiotika mit besonderer Resistenzsituation vorzunehmen. Insoweit dürfte jedoch stets zugleich eine Einschränkung der Therapiemöglichkeiten oder einer medizinisch notwendigen Versorgungsalternative drohen, so dass eine Ausnahme dieser Antibiotika gem. § 35 Abs. 1 S. 5 zu erfolgen hat. Die gesetzgeberisch eingefügten Vorgaben zum Umgang mit Antibiotika sind daher **wie Regelbeispiele** für das Vorliegen einer medizinisch notwendigen Versorgungsalternative auszulegen.

25

a) **Festbetragsgruppen der Stufe 1.** Auf der Stufe 1 können Arzneimittel zusammengefasst werden, die **denselben Wirkstoff** enthalten. Der GBA hat den Begriff desselben Wirkstoffs in § 16 VerfO-4 näher konkretisiert. Der Regelfall ist die gleiche chemische Struktur zweier Arzneimittelwirkstoffe, die auch dann als gleich gelten, wenn es sich um verschiedene Salze, Ester, Ether, Isomere, Mischungen von Isomeren, Komplexe oder Derivate eines Wirkstoffs handelt. Schwieriger ist demgegenüber die Wirkstoffidentität im Falle von biologischen und biotechnologisch hergestellten Wirkstoffen. Die Verfahrensordnung definiert in § 16 Abs. 2 VerfO-4 solche Proteine als identisch, die dieselbe Aminosäuresequenz aufweisen, auch wenn sie sich in der Glykosylierung oder der Tertiärstruktur unterscheiden. Unterschiede im Herstellungsverfahren sind nach § 16 Abs. 3 VerfO-4 unbeachtlich. Diese Definition geht auf einen Grundsatzbeschluss des G-BA zur Festbetragsgruppenbildung bei **Biosimilars** zurück, der 2009 für Somatropin getroffen worden ist, also für ein mit 191 Aminosäuren vergleichsweise kleines Protein. Es ist bei komplexeren Proteinen im Unterschied zu niedermolekularen Wirkstoffen aufgrund der Größe des Moleküls und den Besonderheiten des Herstellungsverfahrens nicht möglich, ein identisches Nachahmerpräparat herzustellen.[38] Insbesondere der Tertiärstruktur des Proteins kommt entscheidende Bedeutung für die Wirkungen des Wirkstoffs zu. Daher ist es zweifelhaft, ob eine Festbetragsgruppenbildung der Stufe 1 bei Biologicals überhaupt in Betracht kommt. Diese Auffassung lag gleichfalls der Festbetragsgruppenbildung für Erythropoetin auf Stufe 2 zugrunde.

26

---

35 Kraftberger in: LPK-SGB V, 5. Aufl. 2016, § 35 Rn. 9.
36 Begründung zum Gesetzesentwurf der Bundesregierung (GRG), BT-Dr. 11/2237, 148.
37 Gesetzesbegründung zum AMVSG, BT-Dr. 18/10208, 26.
38 Müller-Berghaus/Keller-Stanislawski, Bulletin zur Arzneimittelsicherheit 4/2013, 7 ff. (abrufbar unter www.pei.de/bulletin-sicherheit, zuletzt abgerufen am 1.5.2017).

27 Die für die Gruppenbildung auf Stufe 2 erforderlichen Prüfungen der pharmakologisch-therapeutischen Vergleichbarkeit liegen gleichfalls der Zulassung als Biosimilar nach dem Arzneimittelrecht zugrunde, da die **Vergleichbarkeit des Biosimilars** mit dem Referenzarzneimittel nachgewiesen werden muss (vgl. § 24 b Abs. 5 AMG). Dies wird von den Zulassungsbehörden im Zulassungsverfahren gesondert geprüft.[39] Diese Feststellungen der Zulassungsbehörden begründen daher die pharmakologisch-therapeutische Vergleichbarkeit im Sinne des § 35 Abs. 1 S. 2 Nr. 2 SGB V, widerlegen jedoch gerade die Wirkstoffidentität im Sinne der Generikazulassung für „klassische" chemische Arzneimittel (vgl. § 24 b Abs. 2 AMG). Daher ist eine Gruppenbildung auf Stufe 1 verfehlt und die Rechtsfiktion der Wirkstoffidentität in § 16 VerfO-4 insoweit nicht mehr von dem gesetzlichen Begriff „denselben Wirkstoffen" in § 35 Abs. 1 S. 2 Nr. 1 SGB V gedeckt.

28 Es ist fraglich, ob bei der Gruppenbildung auf Stufe 1 neben der therapierelevanten Bioverfügbarkeit auch andere therapierelevante Unterschiede zwischen den Arzneimitteln zu berücksichtigen sind. Der Wortlaut des § 35 Abs. 1 sieht lediglich für die Gruppen der Stufen 2 und 3 weitere Ausnahmen vor. Dies bedeutet jedoch nicht, dass therapierelevante Unterschiede der einbezogenen Arzneimittel auf Stufe 1 unerheblich wären. Praxisbeispiele sind unterschiedliche Darreichungsformen, zB Fertigpens, die Patienten selbstständig anwenden können, im Vergleich zu intravenösen Infusionen.[40] Das LSG Berlin-Brandenburg hat anerkannt, dass auch durch Gruppenbildungen der Stufe 1 eine Einschränkung von Therapiemöglichkeiten auftreten kann, die **Rechte der Versicherten** verletzt.[41] Zugleich müssen die Festbetragsgruppenbildungen jedoch auch an Art. 3 Abs. 1 GG nicht nur aus Versicherten-, sondern auch aus Unternehmensperspektive gemessen werden, so dass eine Verletzung der Rechte der betroffenen pharmazeutischen Hersteller gleichfalls möglich ist.[42]

29 **b) Festbetragsgruppen der Stufe 2.** Auf der Stufe 2 werden chemisch verschiedene, aber **pharmakologisch-therapeutisch vergleichbare**, insbesondere chemisch verwandte Stoffe zu einer Festbetragsgruppe zusammengefasst. § 35 Abs. 1 S. 3 SGB V bestimmt, dass dadurch Therapiemöglichkeiten nicht eingeschränkt werden dürfen und medizinisch notwendige Verordnungsalternativen zur Verfügung stehen müssen; ferner nimmt das SGB V von dieser Gruppe solche Arzneimittel aus, die patentgeschützt sind und eine neuartige Wirkungsweise aufweisen oder eine therapeutische Verbesserung, auch wegen geringerer Nebenwirkungen, bedeuten.

30 Die beiden Aspekte der pharmakologischen und der therapeutischen Vergleichbarkeit sind getrennt zu prüfen und zu belegen.[43] Der Gemeinsame Bundesausschuss hat diese Kriterien in §§ 19 ff. VerfO-4 näher konkretisiert. Die chemische Vergleichbarkeit ist dabei als eine Art „Regelbeispiel" der pharmakologisch-therapeutischen Vergleichbarkeit anzusehen.

31 **aa) ATC-Klassifikation der Wirkstoffe.** In § 19 Abs. 2 VerfO-4 hat der GBA als allgemeines Aufgreifkriterium für Festbetragsgruppen der Stufe 2 die Einordnung der Wirkstoffe in die ATC-Klassifikation der WHO definiert. Im Regelfall können auf der Stufe 2 nur solche Wirkstoffe zu einer Festbetragsgruppe zusammengefasst werden, die demselben Wirkprinzip im Sinne der **vierten Ebene der ATC-Klassifikation** zugeordnet sind. Die Verfahrensordnung bestimmt ferner, dass zu prüfen ist, ob bestimmte Wirkstoffe (fünfte Ebene der ATC-Klassifikation) unter pharmakologisch-therapeutischen Gesichtspunkten von der Gruppenbildung auszuschließen oder in Untergruppen zusammenzufassen sind.

32 **bb) Pharmakologische Vergleichbarkeit.** Der Wortbedeutung nach sind bei der pharmakologischen Vergleichbarkeit der Aufbau der einzelnen Wirkstoffe sowie ihre Wirkmechanismen zu prüfen. Der GBA benennt in seiner Verfahrensordnung die Kriterien der **Pharmakokinetik und Pharmakodynamik**. Unter die Pharmakokinetik subsumiert der GBA die durch den Wirkstoff und seine Galenik bedingten Eigenschaften, insbesondere die Bioverfügbarkeit. Zudem fordert der GBA einen vergleichbaren Wirkmechanismus, insbesondere mit Bezug auf die molekularen Rezeptoren, an denen der Wirkstoff interagiert. Der Begriff der Pharmakodynamik ist nicht gesondert definiert. Das BSG fasst unter diesen Be-

---

39 Zum Prüfungsumfang s. im Überblick die „Guideline on similar biological medicinal products" (CHMP/437/04 Rev 1) der Europäischen Arzneimittelagentur EMA.
40 S. dazu exemplarisch das Verfahren zur Bildung einer Festbetragsgruppe für Methotrexat, Gruppe 2, in Stufe 1, Beschluss des GBA vom 20.4.2017 und Tragende Gründe, S. 3 ff.
41 LSG Bln-Bbg, Urt. v. 26.1.2017, L 1 KR 47/14 KL, Rn. 54 bei juris.de.
42 Das LSG Bln-Bbg, aaO, verneint dies mit dem unzutreffenden Argument, dass dieser Regelung alle Wettbewerber gleichermaßen ausgesetzt seien, übersieht dabei jedoch, dass gerade in der Anwendung einer unterschiedslosen Regelung auf unterschiedliche Sachverhalte die Ungleichbehandlung und damit der Eingriff in Art. 3 Abs. 1 GG besteht (dazu → Rn. 18).
43 BSG, Urt. v. 1.3.2011, B 1 KR 7/10 R, Rn. 37 bei juris.de = BSGE 107, 261.

griff unter anderem das Rezeptorbindungsprofil sowie die Metaboliten, die im Körper aus dem Wirkstoff entstehen.⁴⁴

cc) Therapeutische Vergleichbarkeit. Die therapeutische Vergleichbarkeit erfordert nach § 22 VerfO-4, dass für alle Wirkstoffe gemäß ihrer jeweiligen Zulassung ein gemeinsames Anwendungsgebiet besteht.⁴⁵ Maßgeblich sind hierfür die Feststellungen der Zulassungsbehörde, die sich aus dem SmPC bzw. der Fachinformation ergeben.⁴⁶ Dabei entfalten die gesamten Feststellungen der Zulassungsbehörde gegenüber dem GBA Bindungswirkung.⁴⁷ Daher ist nicht nur auf die Beschreibung des Anwendungsgebiets in Abschnitt 4.1 der Fachinformation abzustellen, sondern es ist im Wege der Auslegung der gesamte Wortlaut zu berücksichtigen, um das jeweils zugelassene Anwendungsgebiet zu ermitteln.⁴⁸

c) Festbetragsgruppen der Stufe 3. Auf der Stufe 3 werden Festbetragsgruppen für Arzneimittel mit **therapeutisch vergleichbarer Wirkung**, insbesondere Arzneimittelkombinationen, gebildet. Das gemeinsame verbindende Element dieser Arzneimittel ist lediglich ihr **zugelassenes Anwendungsgebiet**.⁴⁹ Üblicherweise werden auf dieser Stufe lediglich Kombinationsarzneimittel zusammengefasst, wobei es dem GBA freisteht, auch für Monopräparate eine Festbetragsgruppe der Stufe 3 zu bilden.⁵⁰ Allerdings ist der GBA auch insoweit verpflichtet, seine Auswahlentscheidung anhand der gesetzlichen Maßstäbe willkürfrei und nur aus sachlichen Gründen zu treffen. Sollen demnach ausschließlich pharmakologisch-therapeutisch vergleichbare Arzneimittel in die Festbetragsgruppe eingeschlossen werden, hat der GBA anstelle der Stufe 3 die Stufe 2 zu wählen, da andernfalls die gesetzliche Regelung zur Stufe 2 faktisch leer liefe und stets von der allgemeineren Festbetragsgruppenbildung auf Stufe 3 konsumiert werden würde. Es ist daher geboten, dass der GBA die zutreffende Stufenauswahl vornimmt und nicht stets zur Stufe 3 greift, obgleich eine Gruppenbildung auf Stufe 2 für die gewählten Wirkstoffe ausreichen würde.

d) Ausschluss von der Einbeziehung in eine Festbetragsgruppe. § 35 Abs. 1 SGB V benennt mehrere Ausschlusstatbestände für die Festbetragsgruppenbildung. Nach S. 3 dürfen Therapiemöglichkeiten nicht eingeschränkt werden und es muss gewährleistet sein, dass medizinisch notwendige Verordnungsalternativen zur Verfügung stehen. Mit dem AMVSG wurde die Variante in S. 3 Hs. 2 eingeführt, dass auch altersgerechte Darreichungsformen für Kinder berücksichtigt werden können. Nach dem mit dem AMVSG neu eingefügten S. 4 können Reserveantibiotika von der Einbeziehung in Festbetragsgruppen ausgenommen werden. Der neue S. 6 in der Fassung des AMVSG entspricht dem früheren S. 3 Hs. 2 aF. Danach sind Arzneimittel mit patentgeschützten Wirkstoffen von der Gruppenbildung auf Stufe 2 und Stufe 3 ausgenommen, wenn deren Wirkungsweise neuartig ist oder wenn sie eine therapeutische Verbesserung, auch wegen geringerer Nebenwirkungen, bedeuten. Die früher in Abs. 1a enthaltene Möglichkeit, auch für mindestens drei patentgeschützte Arzneimittel eine Festbetragsgruppe zu bilden, obgleich sie eigentlich nach Abs. 1 S. 6 von der Gruppenbildung ausgenommen sind, ist mit dem AMVSG gestrichen worden. Laut der Gesetzesbegründung bedarf es dieser Möglichkeit zur gesonderten Festbetragsgruppenbildung nicht mehr, da mit der Einführung des AMNOG eine Preisregulierung für Arzneimittel mit patentgeschützten Wirkstoffen allein über §§ 35a, 130b SGB V erfolgt.⁵¹

aa) Keine Einschränkung von Behandlungsmöglichkeiten. Durch die Festbetragsgruppenbildung dürfen Therapiealternativen und medizinisch notwendige Verordnungsalternativen nicht eingeschränkt werden. Auch wenn diese beiden Tatbestandsmerkmale streng genommen zwei unterschiedliche Kriterien darstellen, werden sie in der gerichtlichen Praxis zumeist zusammen geprüft. Dies hängt damit zusammen, dass unklar ist, inwieweit nicht-arzneiliche Behandlungsalternativen zur Prüfung, ob Be-

---

44 BSG, Urt. v. 17.9.2013 – B 1 KR 54/12 R, Rn. 35 bei juris.de = BSGE 114, 217.
45 Dazu ausf. Kraftberger in: LPK-SGB V, 5. Aufl. 2016, § 35 Rn. 12.
46 BSG, Urt. v. 1.3.2011, B 1 KR 7/10 R, Rn. 32 bei juris.de.
47 Vgl. LSG Bln-Bbg, Urt. v. 28.6.2016, L 7 KA 16/14 KL, Rn. 70, 72.
48 Dazu LSG Bln-Bbg, Urt. v. 28.6.2016, L 7 KA 16/14 KL, Rn. 74; BSG, Urt. v. 15.5.2002 – B 6 KA 25/01 R, Rn. 22 bei juris.de; Engelmann in: von Wulffen/Schütze, SGB X, 8. Aufl. 2014, § 33 Rn. 9 ff.
49 Zu daraus resultierenden Gefahren für die Sicherstellung einer angemessenen Versorgung der Versicherten s. Tschammler/Uwer, GesR 2017, 76, 78 f.
50 Kraftberger in: LPK-SGB V, 5. Aufl. 2016, § 35 Rn. 13; Flint in: Hauck/Noftz, SGB V, Erg.-Lfg. 6/12, § 35 Rn. 48.
51 Gesetzesbegründung zum AMVSG, BT-Dr. 18/10208, 26.

handlungsoptionen eingeschränkt werden, herangezogen werden können.[52] Die Verfahrensordnung des GBA stellt in § 24 VerfO-4 auf unterschiedliche Kriterien ab. Danach ist maßgeblich, ob eine andere Galenik sowie unterschiedliche Applikationswege und Applikationsorte für die Therapie bedeutsam sind.

37 Ferner prüft der GBA, ob ein Arzneimittel ein singuläres Anwendungsgebiet besitzt und deshalb von der Gruppenbildung freigestellt werden muss. Dies ist der Fall, wenn es innerhalb einer Festbetragsgruppe kein anderes Arzneimittel gibt, das über dieses singuläre Anwendungsgebiet hinaus ein Anwendungsgebiet mit einem anderen Arzneimittel der Gruppe teilt und dieses insoweit eine Verbindung zum gemeinsamen Anwendungsgebiet herstellt. Die Prüfung beschränkt sich mit anderen Worten auf die Frage, ob eines der Arzneimittel ein Alleinstellungsmerkmal aufgrund seines zugelassenen Anwendungsbereiches besitzt. In diesen Fällen ist das Arzneimittel bereits schon therapeutisch nicht vergleichbar.[53]

Als therapeutisch notwendige Behandlungsalternativen sind anerkannt:

38 **Unterschiedliche Galenik:** Unter Galenik wird im Sinne des § 24 Abs. 1 S. 2 VerfO-4 die Art und Weise der Wirkstofffreisetzung verstanden. Dies folgt aus dem erläuternden Zusatz „z. B. normal freisetzend/ retardiert" in der Verfahrensordnung. Diesbezügliche Unterschiede zwischen den Wirkstoffen der zu bildenden Festbetragsgruppe sind anhand der Fachinformationen zu ermitteln.

39 **Unterschiedliche Applikationswege:** Hierunter werden Wege der Verabreichung des Arzneimittels (zB parenteral versus oral, s. § 24 Abs. 1 S. 1 VerfO-4) verstanden, nicht hingegen unterschiedliche Packungseinheiten (zB Einzeldosisbehältnisse versus Mehrfachanwendungsbehältnisse).

40 **Unterschiedliche Applikationsorte:** Hierunter werden zB systemische versus topische Anwendungen des Arzneimittels gefasst.

41 **Besseres Nebenwirkungsprofil:** Fraglich ist, inwieweit unter dem Kriterium, dass keine Behandlungsoptionen eingeschränkt werden dürfen, ein günstigeres Nebenwirkungsprofil eines Wirkstoffs gegenüber den übrigen Wirkstoffen der Festbetragsgruppe relevant werden kann. Der Gesetzeswortlaut ist insoweit in § 35 Abs. 1 S. 6 SGB V offen, da er von „Therapiemöglichkeiten" und „medizinisch notwendigen Verordnungsalternativen" spricht, ohne insoweit die Gründe für die medizinische Notwendigkeit einer Verordnungsalternative einzuschränken. Aus medizinischer Sicht kann ein Wirkstoff wegen seines Nutzen-Risiko-Profils als Verordnungsalternative vorzuziehen sein, weil er entweder eine bessere Wirksamkeit oder geringere bzw. für ein bestimmtes Patientenkollektiv verträglichere Nebenwirkungen zeigt.

42 Das BSG bejaht die Möglichkeit, dass auch unter dem Aspekt der Nebenwirkungen eine Einengung der Therapiemöglichkeiten bestehen kann. Dabei ist die Prüfung, ob dies bezüglich des Ausschlusses eines Wirkstoffs aus der Festbetragsgruppenbildung der Fall ist, insoweit nicht auf die Fachinformationen beschränkt; ergänzende Studien können auf dieser Ebene herangezogen werden.[54] Soweit jedoch die Fachinformationen Aussagen über die Art und Häufigkeit von Nebenwirkungen treffen, können diese unter dem Gesichtspunkt der Beschränkung von Behandlungsoptionen als Ausschlussgrund aus der Festbetragsgruppenbildung berücksichtigt werden.

43 **bb) Ausschluss wegen therapeutischer Verbesserung (Abs. 1 b).** Arzneimittel mit patentgeschützten Wirkstoffen sind von der Festbetragsgruppenbildung auf den Stufen 2 und 3 ausgenommen, wenn die Wirkungsweise des Wirkstoffs neuartig ist oder der Wirkstoff eine therapeutische Verbesserung bedeutet.

44 **Neuartigkeit:** Ein Wirkstoff gilt gem. § 35 Abs. 1 S. 7 als neuartig, solange derjenige Wirkstoff, der als erster dieser Gruppe in Verkehr gebracht worden ist, unter Patentschutz steht. Es handelt sich dabei lediglich um einen wirkstoffbezogenen Patentschutz, nicht um jeden erzeugnisbezogenen Patentschutz.[55]

45 **Therapeutische Verbesserung:** Eine therapeutische Verbesserung im Sinne des § 35 Abs. 1 b liegt vor, wenn das Arzneimittel einen therapierelevanten höheren Nutzen als andere Arzneimittel dieser Wirkstoffgruppe hat und deshalb als zweckmäßige Therapie regelmäßig oder auch für relevante Patientengruppen oder Indikationsbereiche gegenüber anderen Arzneimittel dieser Gruppe vorzuziehen ist. Anders als bei den zuvor genannten Kriterien und Ausschlusstatbeständen für die Festbetragsgruppenbil-

---

52 Dazu s. Stallberg, PharmR 2014, 269, 271.
53 So auch Stallberg, PharmR 2014, 269, 271.
54 BSG, Urt. v. 1.3.2011, B 1 KR 10/10 R, Rn. 47 bei juris.de.
55 S. BSG, Urt. v. 30.9.2015, B 3 KR 1/15 R, Rn. 28 bei juris.de, im Vergleich zur Regelung in § 130a SGB V.

dung ist die Feststellung einer therapeutischen Verbesserung nicht auf die Informationen aus der Arzneimittelzulassung und den Fachinformationen begrenzt, sondern es sind nach Maßgabe des § 35 Abs. 1 b auch klinische Studien heranzuziehen. Die daraus gewonnenen Erkenntnisse müssen sich gemäß § 35 Abs. 1 b S. 2 auf das gemeinsame Anwendungsgebiet der Arzneimittelwirkstoffgruppe beziehen. Ferner müssen, soweit klinische Studien herangezogen werden sollen, diese den methodischen Grundsätzen der evidenzbasierten Medizin entsprechen sowie allgemein verfügbar sein oder gemacht werden. Als Maßstäbe für die Feststellung eines Zusatznutzens werden die patientenrelevanten Endpunkte Mortalität, Mobilität und Lebensqualität im Gesetz bezeichnet; diese Aufzählung ist jedoch nach dem Wortlaut des Gesetzes lediglich beispielhaft. Als Nachweismittel sind vorrangig klinische Studien, insbesondere direkte Vergleichsstudien mit anderen Arzneimitteln dieser Wirkstoffgruppe mit den genannten patientenrelevanten Endpunkten zu berücksichtigen.

Das BSG hat die Auffassung vertreten, dass Studien mit einem **Surrogatparameter** als Primärziel nicht berücksichtigungsfähig sein sollen.[56] Zudem interpretiert das BSG die Vorrangregelung in § 35 Abs. 1 b S. 5 für **direkte Vergleichsstudien** dergestalt, dass auf andere klinische Studien bei der Bewertung einer therapeutischen Verbesserung nur dann zurückgegriffen werden könne, wenn direkte Vergleichsstudien nicht existieren.[57] Diese Auslegung führt jedoch zu einer Verengung der Methodik des Nutzennachweises, die nicht aus dem gesetzlichen Wortlaut folgt und auch nicht aus Sachgründen gerechtfertigt ist. Zunächst kann ein Surrogatparameter einen patientenrelevanten Endpunkt wie Morbidität oder gesundheitsbezogene Lebensqualität abbilden, wenn er validiert ist.[58] Somit sind Studien, die allein Surrogatparameter als Endpunkte haben, durchaus berücksichtigungsfähig, sofern die Surrogatparameter hinreichend validiert sind, also die Gewissheit bieten, dass die Veränderung des „eigentlich" zu messenden Endpunktes tatsächlich mit dem Surrogatparameter korreliert. Eine Ausschlusswirkung von bestimmten Studientypen gegenüber anderen Arten von Studien folgt nicht zwingend aus dem Wortlaut und ist auch aus Sachgründen nicht geboten. Der Wortlaut des § 35 Abs. 1 b S. 5 sieht vor, dass für den Nachweis einer therapeutischen Verbesserung klinische Studien vorrangig sind, insbesondere direkte Vergleichsstudien mit anderen Arzneimitteln dieser Wirkstoffgruppe. Der mit „insbesondere" eingeleitete Einschub bedeutet daher, dass es weitere klinische Studien gibt, die gleichrangig mit den direkten Vergleichsstudien an der Vorrangwirkung teilhaben. Zudem ist es in der Medizin anerkannt, dass einzelne klinische Studien auch dann, wenn sie formal sehr hochwertig sind (zB ein RCT), stets der kritischen Würdigung und Bewertung im Rahmen der gesamten Evidenzlage („total body of evidence") bedürfen, also nicht isoliert betrachtet und zur Begründung einer Entscheidung über den (Zusatz-) Nutzen herangezogen werden können.[59] Insoweit darf die Evidenzhierarchie, die dem Stand der medizinischen Erkenntnisse entspricht und vom GBA zutreffend in § 7 Abs. 4 VerfO-4 umgesetzt wird, nicht als Schema verstanden werden. Dies setzt beispielsweise auch der GBA in § 7 Abs. 5 VerfO-4 um. Es sollte daher vermieden werden, über den Umweg einer gerichtlichen Auslegung der gesetzlichen Tatbestandsmerkmale eine formale Einengung des Evidenzkörpers vorzunehmen, die zwar im Sinne einer Heuristik im Regelfall vollkommen zutreffend ist, aber in Ausnahmefällen unbillige Hürden für die Begründung einer therapeutischen Verbesserung aufbaut. Der Nachweis einer therapeutischen Verbesserung kann daher mit jeder Form der klinischen Evidenz geführt werden, wobei das Gesetz im Einklang mit der wissenschaftlichen Praxis klinischen Studien einen höheren Erkenntniswert zuordnet, der wiederum weiter gesteigert ist, wenn es sich um eine direkte Vergleichsstudie der Wirkstoffe handelt, die nach § 35 Abs. 1 b im Rahmen der Festbetragsgruppenbildung zu vergleichen sind.

2. Verfahren der Festbetragsgruppenbildung. Die Festbetragsgruppen werden in den Richtlinien nach § 92 Abs. 1 S. 2 Nr. 6 SGB V bestimmt, also in der Arzneimittel-Richtlinie des GBA. Verfahrensvorschriften finden sich sowohl in § 35 (Abs. 1 S. 9 und 10), Abs. 1 b S. 6 bis 8, Abs. 2) als auch in der Verfahrensordnung des GBA. Die speziellen Regelungen zur Festbetragsgruppenbildung sind im 4. Kapitel (insbes. §§ 16 bis 31) sowie gem. § 2 VerfO-4 im 1. Kapitel zu finden.

---

56 BSG, Urt. v. 1.3.2011, B 1 KR 10/10 R, Rn. 62 bei juris.de = BSGE 107, 287.
57 BSG, Urt. v. 1.3.2011, B 1 KR 10/10 R, Rn. 62 bei juris.de; BSG, Urt. v. 17.9.2013, B 1 KR 54/12 R, Rn. 48 bei juris.de. Wörtlich schreibt das BSG: „Erforderlich ist dabei der Nachweis der erfolgreichen therapeutischen Verbesserung [...]. Die höchste Beweiskraft haben danach direkte Vergleichsstudien mit anderen Wirkstoffen. Nur soweit derartige Studien nicht existieren, kann im Einzelfall auf andere, hinreichend aussage- und beweiskräftige Studien ausgewichen werden."
58 IQWiG, Allgemeine Methoden Version 4.2, Abschnitt 3.1.2 (S. 40 ff.).
59 Raspe, GesR 2012, 584, 589.

48 Nach § 35 Abs. 1 S. 9 gilt für die Vorbereitung der Beschlüsse zur Gruppenbildung durch die Geschäftsstelle des GBA die Regelung des § 106 Abs. 3 S. 1 SGB V entsprechend. Die Anordnung der entsprechenden Geltung einer Vorschrift aus dem Recht der Wirtschaftlichkeitsprüfung, wonach die Prüfungsstelle bei einem eingeleiteten Verfahren den Sachverhalt von Amts wegen aufbereitet und eine Beschlussempfehlung abgibt, soll nach der Gesetzesbegründung im Rahmen des § 35 insoweit entsprechend gelten, als die Umsetzung der Festbetragsregelung durch den Einsatz der hauptamtlichen Mitarbeiter der Geschäftsstelle des GBA durch eine Vorbereitung der Beschlüsse beschleunigt werden soll.[60] Die Geschäftsstelle des GBA ist dabei weder an Weisungen der Trägerorganisationen noch der Mitglieder des Beschlussgremiums einschließlich des Vorsitzenden gebunden, so dass eine fachlich hochwertige und effektive Vorbereitung der Gruppenbildungsbeschlüsse ermöglicht wird.[61]

49 Der GBA kann zudem nach § 35 Abs. 1 S. 10 Gutachter beauftragen, für die besondere Transparenzvorschriften gelten.

50 Das Verfahren der Festbetragsgruppenbildung unterliegt im Weiteren den allgemeinen Vorschriften für Richtlinienbeschlüsse. Hierzu zählt insbesondere das **Stellungnahmeverfahren**, dessen Einzelheiten in §§ 8 ff. VerfO-1 geregelt sind. Nach § 35 Abs. 2 ist Sachverständigen der medizinischen und pharmazeutischen Wissenschaft und Praxis sowie der Arzneimittelhersteller und der Apotheker vor der Beschlussfassung Gelegenheit zur Stellungnahme zu geben. Der GBA beschränkt in seiner Verfahrenspraxis das Recht der Arzneimittelhersteller, Stellungnahmen einzureichen, auf die betroffenen pharmazeutischen Unternehmen, obgleich sich dies nicht aus § 35 Abs. 2 ergibt, da dort – ebenso wie Sachverständige der medizinischen und pharmazeutischen Wissenschaft und Praxis – alle Arzneimittelhersteller als Sachverständige eine Stellungnahme abgeben können. Daher sind sie stellungnahmeberechtigt und gem. § 91 Abs. 9 SGB V vollumfänglich am Stellungnahmeverfahren zu beteiligen.[62] Es handelt sich beim Stellungnahmeverfahren nämlich nicht (nur) um die Gewährung rechtlichen Gehörs,[63] sondern um einen Verfahrensschritt zur Ermittlung von Praxiswissen und Sachverstand für die Entscheidungsfindung des GBA.[64]

51 Die Beschlüsse des GBA zur Festbetragsgruppenbildung sind zu **begründen**. Dies ergibt sich für den Beschluss aus der allgemeinen Regelung des § 94 Abs. 2 SGB V und ist für die Fälle der Prüfung einer therapeutischen Verbesserung bei Arzneimitteln mit patentgeschützten Wirkstoffen in § 35 Abs. 1 b S. 6 speziell geregelt.[65] Weitergehende Vorgaben ergeben sich aus § 7 VerfO-1.

52 Nach Abschluss des Festbetragsgruppenbildungsverfahrens hat der GBA als Normsetzer die Festbetragsgruppen zu **beobachten** und bei Bedarf **anzupassen**, insbesondere sobald er im Rahmen der Beobachtung neue wissenschaftliche Erkenntnisse ermittelt, die eine Änderung des Gruppenbildungsbeschlusses gebieten.[66]

53 Der GBA ermittelt nach § 35 Abs. 1 S. 8 zudem **geeignete Vergleichsgrößen** für die Festbetragsgruppe, die dem GKV-Spitzenverband gem. § 35 Abs. 3 als Grundlage für die Berechnung und Festsetzung der Festbeträge dienen.[67] Die Methodik der Vergleichsgrößenberechnung ist in Anlage I zum 4. Kapitel der Verfahrensordnung des Gemeinsamen Bundesausschusses beschrieben. Als maßgebliche Tatsachengrundlage sind die zum jeweiligen Stichtag zuletzt verfügbaren Jahresdaten nach § 84 Abs. 5 SGB V vorgesehen. Eine gesetzliche Grundlage existiert hierfür im Unterschied zur Festbetragsfestsetzung durch den GKV-Spitzenverband (§ 35 Abs. 5 S. 7) nicht. Aus der Methodik der Vergleichsgrößenberechnung können sich Verzerrungen ergeben, die einen **Eingriff in Art. 3 Abs. 1 GG** darstellen und daher rechtswidrig sind.[68]

---

60 Begründung zum Entwurf des Gesetzes zur Verbesserung der Wirtschaftlichkeit in der Arzneimittelversorgung, BT-Dr. 16/194, 7.
61 S. von Dewitz in: BeckOK SozR, § 35 SGB V Rn. 15.
62 Dies hat der GBA im Verfahren der Festbetragsgruppenbildung Aripiprazol, Gruppe 1, in Stufe 1 vom 16.2.2017 ausdrücklich anders entschieden, s. Zusammenfassende Dokumentation, S. 4.
63 Zu diesem Gesichtspunkt vgl. LSG Bln-Bbg, Beschl. v. 22.12.2016, L 1 KR 375/16 KL ER, Rn. 51 bei juris.de, einerseits und LSG Bln-Bbg, Urt. v. 22.5.2008, L 24 KR 1227/05, Rn. 72 bei juris.de, andererseits; ablehnend mit ausf. Begr. Roters in: Kasseler Kommentar, 92. Erg.-Lfg. Dezember 2016, § 91 SGB V Rn. 17.
64 Hess in: Kasseler Kommentar, 92. Erg.-Lfg. Dezember 2016, § 35 SGB V Rn. 19.
65 BSG, Urt. v. 17.9.2013, B 1 KR 54/12 R, Rn. 22 bei juris.de.
66 BSG, Urt. v. 1.3.2011, B 1 KR 7/10 R, Rn. 73 ff.
67 Einzelheiten zur Ermittlung der Vergleichsgrößen sind der kenntnisreichen Kommentierung von Kraftberger in: LPK-SGB V, 5. Aufl. 2016, § 35 Rn. 22 ff. zu entnehmen.
68 Hierzu BSG, Urt. v. 17.9.2013, B 1 KR 54/12 R, Rn. 54 ff. und nach Zurückverweisung LSG Bln-Bbg, Urt. v. 4.5.2016, L 1 KR 54/14 KL ZVW, Rn. 49 ff.

3. Festsetzung von Festbeträgen durch den GKV-Spitzenverband. Die Festsetzung der Festbetragshöhe 54
erfolgt gem. § 35 Abs. 3 durch den GKV-Spitzenverband nach Maßgabe des § 35 Abs. 5.[69] Der GKV-
Spitzenverband muss die Festbeträge regelmäßig überprüfen und anpassen. Das Mindestüberprüfungs-
intervall beträgt ein Jahr (§ 35 Abs. 5 S. 3). Dabei muss durch die Festbetragshöhe sichergestellt sein,
dass im Allgemeinen eine ausreichende, zweckmäßige und wirtschaftliche sowie in der Qualität gesicherte Versorgung gewährleistet ist (§ 35 Abs. 1 S. 1). Hierfür definiert das Gesetz Schwellenwerte hinsichtlich der Verfügbarkeit von Standardpackungen und Verordnungen zum Festbetrag (§ 35 Abs. 5
Sätze 5 und 6).

Die Festbetragsfestsetzung ergeht in der Rechtsform einer **Allgemeinverfügung**, die sich an die Ver- 55
tragsärzte und die Versicherten richtet, nicht jedoch an pharmazeutische Unternehmer.[70] Auch insoweit ist gem. § 35 Abs. 3 S. 3 ein Stellungnahmeverfahren vor Festsetzung der Festbeträge durchzuführen, das jedoch rein schriftlich erfolgt. Im Übrigen finden die verwaltungsverfahrensrechtlichen Vorschriften des SGB X subsidiär Anwendung.[71]

Soweit für Festbetragsarzneimittel Zuzahlungsbefreiungen gem. § 31 Abs. 3 S. 4 SGB V bestehen, sind 56
diese nach Maßgabe des Abs. 6 zu berücksichtigen.[72] Dadurch soll der sog „Kellertreppeneffekt"
durch Erhaltung eines Preiswettbewerbs über die Zuzahlungsbefreiung vermieden werden.[73]

Der GKV-Spitzenverband ist nach **Abs. 8** verpflichtet, eine aktuelle Übersicht über sämtliche Festbeträ- 57
ge zu erstellen und sie dem DIMDI zu übermitteln. Das DIMDI veröffentlicht sie auf seiner Website.

III. Rechtsschutz- und Verfahrensfragen

Der Rechtsschutz gegen die Festbetragsregulierung ist in **§ 35 Abs. 7** geregelt. Es kann lediglich nach 58
Abschluss des gesamten Verfahrens der Festbetragsfestsetzung Anfechtungsklage gegen die Allgemeinverfügung des GKV-Spitzenverbandes erhoben werden. Der Beschluss über die Gruppenbildung wird
inzident überprüft. Ein Vorverfahren findet nicht statt. Die Klage hat keine aufschiebende Wirkung,
die jedoch angeordnet werden kann.[74] Das LSG Berlin-Brandenburg ist gem. § 29 Abs. 4 Nr. 3 SGG
erstinstanzlich für Klagen gegen die Festsetzung von Festbeträgen zuständig. Klagt dagegen ein Versicherter auf Übernahme der Kosten oberhalb des Festbetrags, ist der übliche Rechtsweg über die jeweils örtlichen Sozialgerichte eröffnet.[75]

Die **Beschlüsse des GBA** sind durch die Gerichte im gleichen Umfang wie andere untergesetzliche 59
Rechtsnormen der unmittelbaren Staatsverwaltung wie zB Rechtsverordnungen zu überprüfen.[76] Dabei wird das Normprogramm des § 35 SGB V, das der GBA bei seiner Beschlussfassung über die Festbetragsgruppenbildung zu berücksichtigen hat, als **vollständig überprüfbar** angesehen. Dies gilt nicht
nur für die Bestimmung der Voraussetzungen zur Gruppenbildung auf den unterschiedlichen Stufen
sowie die medizinisch-pharmakologischen und therapeutischen Grundlagen wie die Ermittlung des Inhalts der Arzneimittelzulassungen, der Gewährleistung von Therapiemöglichkeiten etc., sondern auch
für die Vollständigkeit der Studienlage.[77]

Auch die Festsetzung der **Festbetragshöhe** unterliegt dem Grunde nach der **vollen gerichtlichen Über-** 60
prüfung.[78] Allerdings räumt das BSG dem GKV-Spitzenverband Spielräume hinsichtlich der zutreffenden Konkretisierung der bestehenden Zielvorgaben nebst wissenschaftlich haltbarer Schätzungen ein,
soweit prognostische Elemente und Schätzungen in die Ermittlung der Festbetragshöhe einfließen müssen.

Pharmazeutische Unternehmer können Festbeträge angreifen, soweit sie in ihren Anhörungsrechten 61
verletzt sind oder wegen einer willkürlichen Handhabung des § 35 benachteiligt werden. Insoweit
muss eine willkürliche Wettbewerbsverfälschung vorliegen.[79] Eine Verletzung der Anhörungsrechte

---

69 Einzelheiten zur Festsetzung der Festbeträge bei Kraftberger in: LPK-SGB V, 5. Aufl. 2016, § 35 Rn. 45 ff.
70 BSG, Urt. v. 17.9.2013, B 1 KR 54/12 R, Rn. 13 bei juris.de.
71 Von Dewitz in: BeckOK SozR, Ed. 1.12.2016, § 35 SGB V Rn. 26.
72 S. Gesetzesbegründung zum Entwurf des AMNOG, BT-Dr. 17/2413, 19 zu Nr. 4 Buchst. a.
73 Kraftberger in: LPK-SGB V, 5. Aufl. 2016, § 35 Rn. 63.
74 Vgl. LSG Bln-Bbg, Beschl. v. 22.12.2016, L 1 KR 375/16 KL ER, Rn. 39, 46 f. bei juris.de.
75 Kraftberger in: LPK-SGB V, 5. Aufl. 2016, § 35 Rn. 66.
76 BSG, Urt. v. 1.3.2011, B 1 KR 7/10 R, Rn. 26 bei juris.de; LSG Bln-Bbg, Urt. v. 11.9.2015, L 1 KR 21/12, Rn. 88 bei juris.de.
77 LSG Bln-Bbg, Urt. v. 11.9.2015, L 1 KR 21/12, Rn. 89 bei juris.de.
78 BSG, Urt. v. 1.3.2011, B 1 KR 7/10 R, Rn. 52 bei juris.de.
79 BSG, Urt. v. 17.9.2013, B 1 KR 54/12 R, Rn. 13, 15 bei juris.de.

kann sich aus § 35 Abs. 2 ergeben, wenn der betroffene pharmazeutische Unternehmer nicht die Möglichkeit hatte, vor Beschlussfassung des GBA Stellung zu nehmen.[80]

62 Versicherte können einen **Anspruch auf Versorgung** mit Arznei- und Verbandmitteln **oberhalb eines Festbetrags** haben. Der Anspruch ergibt sich unmittelbar aus § 27 Abs. 1 S. 2 Nr. 3 iVm § 31 SGB V. Festbeträge können, da sie das Wirtschaftlichkeitsprinzip konkretisieren, erst dann eine Beschränkung des Sachleistungsanspruchs des Versicherten begründen, wenn es überhaupt mehrere geeignete Leistungen zur Auswahl gibt. Dies ist an sich durch die gesetzlichen Voraussetzungen zur Festsetzung eines Festbetrags sichergestellt. Allerdings kann sich in Ausnahmefällen ergeben, dass „aufgrund der ungewöhnlichen Individualverhältnisse" keine ausreichende Versorgung zum Festbetrag möglich ist.[81] Dies ist etwa dann der Fall, wenn im Einzelfall unerwünschte Arzneimittelwirkungen auftreten, „die über bloße Unannehmlichkeiten oder Befindlichkeitsstörungen hinausgehen und damit die Qualität einer behandlungsbedürftigen Krankheit (§ 27 Abs. 1 S. 1 SGB V) erreichen."[82] Neben den Schwierigkeiten des Kausalnachweises im Einzelfall, dass die unerwünschten Wirkungen tatsächlich auf ein Festbetragsarzneimittel zurückgehen, kann der Versicherte insbesondere darauf verwiesen werden, zunächst alle verfügbaren Festbetragsarzneimittel auszuprobieren, bevor die Krankenkasse verpflichtet ist, den Sachleistungsanspruch über den Festbetrag hinaus zu erfüllen.[83] Ob diese Begründung jedoch dem Einzelfall geschuldet ist oder allgemein vertreten wird, bleibt abzuwarten, denn die medizinischen Einwände liegen neben den rechtlichen Bedenken gegen die Aushöhlung der Versichertenrechte über unzumutbare tatsächliche Hürden auf der Hand.

IV. Geplante Änderung durch das Blut- und Gewebegesetz

63 Der Bundestag hat am 1.6.2017 das Gesetz zur Fortschreibung der Vorschriften für Blut- und Gewebezubereitungen und zur Änderung anderer Vorschriften verabschiedet,[84] dessen Änderung des § 35 einen Tag nach seiner Verkündung in Kraft treten soll. Die Änderung ist redaktioneller Natur und beschränkt sich auf die Korrektur von Verweisungsfehlern,[85] die nach den Änderungen durch das AMVSG aufgetreten sind bzw. im Falle der Verweisung in § 35 Abs. 7 bereits seit dem Gesundheitsstrukturgesetz[86] besteht.

§ 35 a Bewertung des Nutzens von Arzneimitteln mit neuen Wirkstoffen

(1) ¹Der Gemeinsame Bundesausschuss bewertet den Nutzen von erstattungsfähigen Arzneimitteln mit neuen Wirkstoffen. ²Hierzu gehört insbesondere die Bewertung des Zusatznutzens gegenüber der zweckmäßigen Vergleichstherapie, des Ausmaßes des Zusatznutzens und seiner therapeutischen Bedeutung. ³Die Nutzenbewertung erfolgt auf Grund von Nachweisen des pharmazeutischen Unternehmers, die er einschließlich aller von ihm durchgeführten oder in Auftrag gegebenen klinischen Prüfungen spätestens zum Zeitpunkt des erstmaligen Inverkehrbringens sowie vier Wochen nach Zulassung neuer Anwendungsgebiete des Arzneimittels an den Gemeinsamen Bundesausschuss elektronisch zu übermitteln hat, und die insbesondere folgende Angaben enthalten müssen:
1. zugelassene Anwendungsgebiete,
2. medizinischer Nutzen,
3. medizinischer Zusatznutzen im Verhältnis zur zweckmäßigen Vergleichstherapie,
4. Anzahl der Patienten und Patientengruppen, für die ein therapeutisch bedeutsamer Zusatznutzen besteht,
5. Kosten der Therapie für die gesetzliche Krankenversicherung,
6. Anforderung an eine qualitätsgesicherte Anwendung.

⁴Bei Arzneimitteln, die pharmakologisch-therapeutisch vergleichbar mit Festbetragsarzneimitteln sind, ist der medizinische Zusatznutzen nach Satz 3 Nummer 3 als therapeutische Verbesserung entsprechend § 35 Absatz 1 b Satz 1 bis 5 nachzuweisen. ⁵Legt der pharmazeutische Unternehmer die erfor-

---

80 BSG, Urt. v. 1.3.2011, B 1 KR 7/10 R, Rn. 14 bei juris.de.
81 BSG, Urt. v. 3.7.2012, B 1 KR 22/11 R, Rn. 16 bei juris.de.
82 BSG, Urt. v. 3.7.2012, B 1 KR 22/11 R, Rn. 17 bei juris.de.
83 BSG, Urt. v. 3.7.2012, B 1 KR 22/11 R, Rn. 27 bei juris.de.
84 BR-Dr. 456/17 v. 16.6.2017.
85 So die Begründung in der Beschlussempfehlung des Gesundheitsausschusses, BT-Dr. 18/12587, 56.
86 Gesetz vom 21.12.1992, BGBl. I Nr. 59, 2266.

derlichen Nachweise trotz Aufforderung durch den Gemeinsamen Bundesausschuss nicht rechtzeitig oder nicht vollständig vor, gilt ein Zusatznutzen als nicht belegt. [6]Der Gemeinsame Bundesausschuss bestimmt in seiner Verfahrensordnung, wann die Voraussetzungen nach Satz 5 vorliegen. [7]Das Bundesministerium für Gesundheit regelt durch Rechtsverordnung ohne Zustimmung des Bundesrats das Nähere zur Nutzenbewertung. [8]Darin sind insbesondere festzulegen:
1. Anforderungen an die Übermittlung der Nachweise nach Satz 3,
2. Grundsätze für die Bestimmung der zweckmäßigen Vergleichstherapie und des Zusatznutzens, und dabei auch die Fälle, in denen zusätzliche Nachweise erforderlich sind, und die Voraussetzungen, unter denen Studien bestimmter Evidenzstufen zu verlangen sind; Grundlage sind die internationalen Standards der evidenzbasierten Medizin und der Gesundheitsökonomie,
3. Verfahrensgrundsätze,
4. Grundsätze der Beratung nach Absatz 7,
5. die Veröffentlichung der Nachweise, die der Nutzenbewertung zu Grunde liegen, sowie
6. Übergangsregelungen für Arzneimittel mit neuen Wirkstoffen, die bis zum 31. Juli 2011 erstmals in den Verkehr gebracht werden.

[9]Der Gemeinsame Bundesausschuss regelt weitere Einzelheiten erstmals innerhalb eines Monats nach Inkrafttreten der Rechtsverordnung in seiner Verfahrensordnung. [10]Zur Bestimmung der zweckmäßigen Vergleichstherapie kann er verlangen, dass der pharmazeutische Unternehmer Informationen zu den Anwendungsgebieten des Arzneimittels übermittelt, für die eine Zulassung beantragt wird. [11]Für Arzneimittel, die zur Behandlung eines seltenen Leidens nach der Verordnung (EG) Nr. 141/2000 des Europäischen Parlaments und des Rates vom 16. Dezember 1999 über Arzneimittel für seltene Leiden zugelassen sind, gilt der medizinische Zusatznutzen durch die Zulassung als belegt; Nachweise nach Satz 3 Nummer 2 und 3 müssen nicht vorgelegt werden. [12]Übersteigt der Umsatz des Arzneimittels nach Satz 10 mit der gesetzlichen Krankenversicherung zu Apothekenverkaufspreisen einschließlich Umsatzsteuer in den letzten zwölf Kalendermonaten einen Betrag von 50 Millionen Euro, hat der pharmazeutische Unternehmer innerhalb von drei Monaten nach Aufforderung durch den Gemeinsamen Bundesausschuss Nachweise nach Satz 3 zu übermitteln und darin den Zusatznutzen gegenüber der zweckmäßigen Vergleichstherapie abweichend von Satz 10 nachzuweisen. [13]Der Umsatz nach Satz 11 ist auf Grund der Angaben nach § 84 Absatz 5 Satz 4 zu ermitteln.

(1 a) [1]Der Gemeinsame Bundesausschuss hat den pharmazeutischen Unternehmer von der Verpflichtung zur Vorlage der Nachweise nach Absatz 1 und das Arzneimittel von der Nutzenbewertung nach Absatz 3 auf Antrag freizustellen, wenn zu erwarten ist, dass den gesetzlichen Krankenkassen nur geringfügige Ausgaben für das Arzneimittel entstehen werden. [2]Der pharmazeutische Unternehmer hat seinen Antrag entsprechend zu begründen. [3]Der Gemeinsame Bundesausschuss kann die Freistellung befristen. [4]Ein Antrag auf Freistellung nach Satz 1 ist nur vor der erstmaligen Verpflichtung zur Vorlage der Nachweise nach Absatz 1 Satz 3 zulässig. [5]Das Nähere regelt der Gemeinsame Bundesausschuss in seiner Verfahrensordnung.

(1 b) Für folgende Arzneimittel besteht keine Verpflichtung zur Vorlage von Nachweisen nach Absatz 1 Satz 3:
1. für Arzneimittel, die nach § 34 Absatz 1 Satz 5 für versicherte Kinder und Jugendliche nicht von der Versorgung nach § 31 ausgeschlossen sind,
2. für verschreibungspflichtige Arzneimittel, die nach § 34 Absatz 1 Satz 6 von der Versorgung nach § 31 ausgeschlossen sind.

(2) [1]Der Gemeinsame Bundesausschuss prüft die Nachweise nach Absatz 1 Satz 3 und entscheidet, ob er die Nutzenbewertung selbst durchführt oder hiermit das Institut für Qualität und Wirtschaftlichkeit im Gesundheitswesen oder Dritte beauftragt. [2]Der Gemeinsame Bundesausschuss und das Institut für Qualität und Wirtschaftlichkeit im Gesundheitswesen erhalten auf Verlangen Einsicht in die Zulassungsunterlagen bei der zuständigen Bundesoberbehörde. [3]Die Nutzenbewertung ist spätestens innerhalb von drei Monaten nach dem nach Absatz 1 Satz 3 maßgeblichen Zeitpunkt für die Einreichung der Nachweise abzuschließen und im Internet zu veröffentlichen.

(3) [1]Der Gemeinsame Bundesausschuss beschließt über die Nutzenbewertung innerhalb von drei Monaten nach ihrer Veröffentlichung. [2]§ 92 Absatz 3 a gilt entsprechend mit der Maßgabe, dass Gelegenheit auch zur mündlichen Stellungnahme zu geben ist. [3]Mit dem Beschluss wird insbesondere der Zusatznutzen des Arzneimittels festgestellt. [4]Die Geltung des Beschlusses über die Nutzenbewertung kann befristet werden. [5]Der Beschluss ist im Internet zu veröffentlichen. [6]Der Beschluss ist Teil der Richtlinie nach § 92 Absatz 1 Satz 2 Nummer 6; § 94 Absatz 1 gilt nicht.

(3a) ¹Der Gemeinsame Bundesausschuss veröffentlicht innerhalb eines Monats nach dem Beschluss nach Absatz 3 eine maschinenlesbare Fassung zu dem Beschluss, die zur Abbildung in elektronischen Programmen nach § 73 Absatz 9 geeignet ist und den Anforderungen der Rechtsverordnung nach § 73 Absatz 9 Satz 2 genügt. ²Das Nähere regelt der Gemeinsame Bundesausschuss erstmals innerhalb von drei Monaten nach Inkrafttreten der Rechtsverordnung nach § 73 Absatz 9 Satz 2 in seiner Verfahrensordnung. ³Vor der erstmaligen Beschlussfassung nach Satz 2 findet § 92 Absatz 3 a entsprechende Anwendung. ⁴Zu den vor der erstmaligen Änderung der Verfahrensordnung nach Satz 2 gefassten Beschlüssen nach Absatz 3 veröffentlicht der Gemeinsame Bundesausschuss die maschinenlesbare Fassung nach Satz 1 innerhalb von sechs Monaten nach der erstmaligen Änderung der Verfahrensordnung nach Satz 2.

(4) ¹Wurde für ein Arzneimittel nach Absatz 1 Satz 4 keine therapeutische Verbesserung festgestellt, ist es in dem Beschluss nach Absatz 3 in die Festbetragsgruppe nach § 35 Absatz 1 mit pharmakologisch-therapeutisch vergleichbaren Arzneimitteln einzuordnen. ²§ 35 Absatz 1b Satz 6 gilt entsprechend. ³§ 35 Absatz 1b Satz 7 und 8 sowie Absatz 2 gilt nicht.

(5) ¹Für ein Arzneimittel, für das ein Beschluss nach Absatz 3 vorliegt, kann der pharmazeutische Unternehmer eine erneute Nutzenbewertung beantragen, wenn er die Erforderlichkeit wegen neuer wissenschaftlicher Erkenntnisse nachweist. ²Der Gemeinsame Bundesausschuss entscheidet über diesen Antrag innerhalb von acht Wochen. ³Der pharmazeutische Unternehmer übermittelt dem Gemeinsamen Bundesausschuss auf Anforderung die Nachweise nach Absatz 1 Satz 3 innerhalb von drei Monaten. ⁴Die erneute Nutzenbewertung beginnt frühestens ein Jahr nach Veröffentlichung des Beschlusses nach Absatz 3. ⁵Die Absätze 1 bis 4 und 5 a bis 8 gelten entsprechend.

(5 a) ¹Stellt der Gemeinsame Bundesausschuss in seinem Beschluss nach Absatz 3 keinen Zusatznutzen oder nach Absatz 4 keine therapeutische Verbesserung fest, hat er auf Verlangen des pharmazeutischen Unternehmers eine Bewertung nach § 35 b oder nach § 139 a Absatz 3 Nummer 5 in Auftrag zu geben, wenn der pharmazeutische Unternehmer die Kosten hierfür trägt. ²Die Verpflichtung zur Festsetzung eines Festbetrags oder eines Erstattungsbetrags bleibt unberührt.

(5 b) ¹Der Gemeinsame Bundesausschuss kann den für die Vorlage der erforderlichen Nachweise maßgeblichen Zeitpunkt auf Antrag des pharmazeutischen Unternehmers abweichend von Absatz 1 Satz 3 bestimmen, wenn innerhalb eines Zeitraums von sechs Monaten ab dem nach Absatz 1 Satz 3 maßgeblichen Zeitpunkt die Zulassung von mindestens einem neuen Anwendungsgebiet zu erwarten ist. ²Der vom Gemeinsamen Bundesausschuss bestimmte maßgebliche Zeitpunkt darf nicht mehr als sechs Monate nach dem maßgeblichen Zeitpunkt nach Absatz 1 Satz 3 liegen. ³Der pharmazeutische Unternehmer hat den Antrag spätestens drei Monate vor dem maßgeblichen Zeitpunkt nach Absatz 1 Satz 3 zu stellen. ⁴Der Gemeinsame Bundesausschuss entscheidet über den Antrag innerhalb von acht Wochen. ⁵Er regelt das Nähere in seiner Verfahrensordnung. ⁶§ 130 b Absatz 3 a Satz 2 und 3 und Absatz 4 Satz 3 bleiben unberührt.

(6) ¹Für ein Arzneimittel mit einem Wirkstoff, der kein neuer Wirkstoff im Sinne des Absatzes 1 Satz 1 ist, kann der Gemeinsame Bundesausschuss eine Nutzenbewertung nach Absatz 1 veranlassen, wenn für das Arzneimittel eine neue Zulassung mit neuem Unterlagenschutz erteilt wird. ²Satz 1 gilt auch für Arzneimittel mit einem neuen Wirkstoff im Sinne des Absatzes 1 Satz 1, wenn für das Arzneimittel eine neue Zulassung mit neuem Unterlagenschutz erteilt wird. ³Das Nähere regelt der Gemeinsame Bundesausschuss in seiner Verfahrensordnung.

(7) ¹Der Gemeinsame Bundesausschuss berät den pharmazeutischen Unternehmer insbesondere zu vorzulegenden Unterlagen und Studien sowie zur Vergleichstherapie. ²Er kann hierüber Vereinbarungen mit dem pharmazeutischen Unternehmer treffen. ³Eine Beratung vor Beginn von Zulassungsstudien der Phase drei oder zur Planung klinischer Prüfungen soll unter Beteiligung des Bundesinstituts für Arzneimittel und Medizinprodukte oder des Paul-Ehrlich-Instituts stattfinden. ⁴Der pharmazeutische Unternehmer erhält eine Niederschrift über das Beratungsgespräch. ⁵Das Nähere einschließlich der Erstattung der für diese Beratung entstandenen Kosten ist in der Verfahrensordnung zu regeln.

(8) ¹Eine gesonderte Klage gegen die Aufforderung zur Übermittlung der Nachweise nach Absatz 1, die Nutzenbewertung nach Absatz 2, den Beschluss nach Absatz 3 und die Einbeziehung eines Arzneimittels in eine Festbetragsgruppe nach Absatz 4 ist unzulässig. ²§ 35 Absatz 7 Satz 1 bis 3 gilt entsprechend.

Literatur:

Apeltauer, Zusatznutzen von Arzneimitteln. Begriff und rechtliche Anforderungen an den Nachweis, 2016; *Axer,* Nutzenbewertung nach § 35 a SGB V und Erstattungsbeträge bei Arzneimitteln, SGb 2011, 246; *Gassner,* Rechtsfragen der fakultativen Frühbewertung von Arzneimitteln, RPG 2012, 6; *Geiger,* Verfassungsrechtliche Destabilisierung des GBA durch das AMNOG, PharmR 2011, 37; *Hase,* Instrumente der Arzneimittelsteuerung aus verfassungsrechtlicher Sicht, VSSR 2013, 159; *Hauck,* Ausschluss, Therapiehinweis und Kostenregelungen – Vom Ineinandergreifen der verschiedenen Instrumentarien zur Regulierung der Arzneimittelversorgung, GesR 2011, 69; *Heinemann/Lang,* Der Begriff des Nutzens in der Frühbewertung nach dem AMNOG, MedR 2011, 150; *Hess,* Die Frühbewertung des Nutzens neu zugelassener Arzneimittel, GGW 2011, 8; *Hess,* Die frühe Nutzenbewertung und ihre rechtliche Herausforderung, GesR 2011, 65; *Huster,* Rechtsfragen der frühen Nutzenbewertung?, GesR 2011, 76; *Kingreen,* Zur Neuordnung des Arzneimittelmarktes in der gesetzlichen Krankenversicherung, NZS 2011, 441; *Köhler,* Das gebrochene Preismonopol der Pharmaindustrie, 2013; *Lietz,* „AMNOG für Fortgeschrittene": Die Vergütung von Weiterentwicklungen mit neuen Wirkstoffen nach dem 14. SGB V-ÄndG, KrV 2015, 177; *Luthe,* Erstattungsvereinbarungen mit pharmazeutischen Unternehmen, PharmR 2011, 193; *Maasen,* Rechte und Pflichten des pharmazeutischen Unternehmers bei der frühen Nutzenbewertung, GesR 2011, 82; *Natz/Sude,* Die Bewertung von Orphan Drugs in der frühen Nutzenbewertung nach § 35 a SGB V im Lichte europarechtlicher Vorgaben, A&R 2013, 211; *Paal/Rehmann,* Arzneimittelrabattgesetz und frühe Nutzenbewertung nach dem AMNOG, A&R 2011, 51; *Rehmann/Heimhalt,* Bestandsmarktaufruf im gemeinschaftsrechtlichen Kontext, A&R 2013, 218; *Roters,* Der (Zusatz-)Nutzen-Begriff im SGB V, NZS 2010, 612; *Sauer/Zierenberg,* Über den Zusammenhang von Festbeträgen und früher Nutzenbewertung, A&R 2011, 262; *Schaks,* Schnelle Nutzenbewertung und Erstattungsbeträge als Anwendungsfälle der Transparenzrichtlinie 89/105/EWG, PharmR 2011, 305; *Schickert,* Arzneimittelschnellbewertung und ihre Folgen nach dem Regierungsentwurf zum AMNOG, PharmR 2010, 452; *Schickert/Schmitz,* Frühe Nutzenbewertung – Bewertung erster Detailfragen zu Anwendungsbereich, Dossierpflicht und Vergleichstherapie, PharmR 2011, 217; *Scriba,* Rechtsschutz gegen Maßnahmen der Arzneimittelbewertung, VSSR 2013, 175; *Stadelhoff,* Rechtprobleme des AMNOG-Verfahrens, 2016; *Wigge,* Zur gerichtlichen Kontrolldichte bei Beschlüssen des G-BA zur Nutzenbewertung von Arzneimitteln nach § 35 a SGB V, A&R 2013, 51; *Willhöft/Lietz,* Die frühe Nutzenbewertung von Orphan Drugs nach § 35 a SGB V, A&R 2012, 19; *Windeler,* Methodische Fragen zur frühen Nutzenbewertung nach § 35 a SGB V, GesR 2011, 92.

I. Entstehungsgeschichte 1	a) Festlegung der zweckmäßigen Vergleichstherapie 26
II. Normzweck 2	b) Kategorisierung des Zusatznutzens 29
III. Systematik der gesetzlichen und untergesetzlichen Normen 4	c) Veröffentlichung und Stellungnahme 32
IV. Das Verfahren der Nutzenbewertung im Einzelnen 7	d) Auswirkungen des Nutzenbewertungsbeschlusses für die Verordnungspraxis 33
1. Allgemeines 7	V. Arzneimittel ohne therapeutische Verbesserung 35
2. Anwendungsbereich 9	
a) Erstattungsfähige Arzneimittel 9	VI. Erneute Nutzenbewertung (Abs. 5) 36
b) Zeitpunkt der Nutzenbewertung ... 12	VII. Nutzenbewertung nach Abs. 5 a 37
c) Nachweise des pharmazeutischen Unternehmers 16	VIII. Arzneimittel mit bekannten Wirkstoffen (Abs. 6) 38
d) Sonderfall Orphan Drugs 18	
e) Geringfügigkeit der Kostenbelastung (Abs. 1 a) 22	IX. Beratung des pharmazeutischen Unternehmers durch den G-BA (Abs. 7) 43
f) Nichteinreichung des Dossiers 24	X. Rechtsschutz 44
3. Verfahren und Beschluss über die Nutzenbewertung 25	

I. Entstehungsgeschichte

§ 35 a regelte ursprünglich die Ermächtigung für die Festsetzung von Arzneimittel-Festbeträgen durch Rechtsverordnung.[1] Die Vorschrift wurde obsolet, da keine entsprechenden Festbeträge mehr in Kraft waren.[2] Das Gesetz zur Neuordnung des Arzneimittelmarktes in der Gesetzlichen Krankenversicherung (AMNOG)[3] vom 22.12.2010 gestaltete § 35 a grundlegend neu. Die neu gefasste Regelung trat (bis auf die Verordnungsermächtigung nach § 35 a Abs. 1 S. 6 und 7) am 1.1.2011 in Kraft. Die Vor-

---
1 BGBl. I 2001, 2477.
2 BT-Dr. 17/2413, 19.
3 BGBl. I 2010, 2262.

schrift wurde seitdem mehrfach – teils erheblich – geändert.[4] Zuletzt wurde § 35a durch das Gesetz zur Stärkung der Arzneimittelversorgung in der GKV (AMVSG)[5] novelliert.

II. Normzweck

2 Der Normzweck des § 35a erschließt sich erst durch die Regelung des § 130b SGB V. Beide Normen zusammen geben den Rahmen für das sog AMNOG-Verfahren vor: Erster Schritt ist darin die (Zusatz-)Nutzenbewertung des neuen Arzneimittels und zweiter Schritt – auf die Nutzenbewertung aufbauend – die Erstattungsbetragsverhandlung zwischen SpiBuKK und pharmazeutischem Unternehmer. Das gesamte Verfahren verfolgt drei Ziele: Es soll die Versorgung der Menschen mit innovativen Arzneimitteln sichergestellt werden, die Wirtschaftlichkeit und Kosteneffizienz der Verordnung von Arzneimitteln erreicht und der „Pharmastandort" Deutschland samt seiner Arbeitsplätze gefördert werden.[6] Grundgedanke des AMNOG-Verfahrens ist, dass Arzneimittel nur in der Höhe erstattet werden sollen, in der sie gegenüber der Vergleichstherapie einen Zusatznutzen für den Patienten haben. Kann der pharmazeutische Unternehmer einen Zusatznutzen belegen, wird ein Aufschlag auf die Kosten der Vergleichstherapie verhandelt. Ist kein Zusatznutzen vom pharmazeutischen Unternehmer nachgewiesen, darf der Erstattungsbetrag (grundsätzlich)[7] maximal dem der Vergleichstherapie entsprechen. Für den pharmazeutischen Unternehmer hängt der wirtschaftliche Erfolg seines neu zugelassenen Arzneimittels also ganz wesentlich davon ab, ob es ihm gelingt, einen Zusatznutzen zu belegen. Hierzu wird er im Moment des Markteintrittes aufgefordert, ein Dossier mit entsprechenden Nachweisen beim G-BA einzureichen (Abs. 1 S. 3).

3 Motiv des Gesetzgebers für die Einführung des Verfahrens waren steigende Ausgaben der GKV für patentgeschützte Arzneimittel, die bis dahin keiner (ausreichenden) preislichen Regulierung unterlagen.[8] Für das Verständnis der Norm außerdem notwendig ist die Berücksichtigung der (praktisch gescheiterten) Kosten-Nutzen-Bewertung nach § 35b aF.[9] Idee des Gesetzgebers war es dabei, dass das IQWiG Kosten-Nutzen-Analysen von Arzneimitteln durchführt und basierend auf dieser Analyse ein Höchstpreis für das Arzneimittel festgesetzt werden kann. Nachdem jedoch über Jahre hinweg keine Einigkeit über die Methodik[10] erzielt werden konnte, wurde die Kosten-Nutzen-Bewertung mit dem Inkrafttreten des AMNOG 2011 bereits praktisch wieder obsolet, bevor eine einzige Bewertung erfolgte. Im September 2013 erfolgte die erste und bislang einzige Bewertung nach § 35b durch das IQWiG.[11] Das AMNOG-Verfahren ist – in Folge des Scheiterns – im Gegensatz zur Kosten-Nutzen-Bewertung methodisch deutlich einfacher gestaltet, da die Umsetzung der Nutzenbewertung in einen Höchstpreis nicht mehr nach einem gesundheitsökonomischen Modell erfolgt, sondern den Verhandlungspartnern überlassen wird. Aufgabe des IQWiG und G-BA ist es (nur noch), nach Maßgabe des § 35a die Basis für die Verhandlungen zu liefern.

III. Systematik der gesetzlichen und untergesetzlichen Normen

4 Wesentliche Regelungen zum Verfahren der Nutzenbewertung werden neben den SGV V-Vorschriften in der AM-NutzenV[12] und der Verfahrensordnung des G-BA getroffen.[13] Ermächtigt für den Erlass der AM-NutzenV ist gemäß Abs. 1 S. 6 das Bundesministerium für Gesundheit, inhaltliche Vorgaben für die Verordnung finden sich in Abs. 1 S. 7. Der G-BA wird durch Abs. 1 S. 8 mit der Regelung der „weiteren Einzelheiten" in seiner Verfahrensordnung beauftragt.[14]

5 Den beiden untergesetzlichen Regelwerken kommt insbesondere deswegen eine hohe Bedeutung zu, da § 35a selbst nur einen groben Rahmen für das Bewertungsverfahren vorgibt. So werden etwa zentrale

---

4 Umfassend: Stadelhoff, Rechtsprobleme des AMNOG-Verfahrens, 70 ff.
5 BGBl. I, 1050.
6 BT-Dr. 17/2413, 1.
7 Seit dem AMVSG ist diese strenge Kostengrenze aufgehoben. Vgl. § 130b Abs. 3 S. 1: „soll".
8 BT-Dr. 17/2413, 1.
9 Eingeführt mit dem GKV-WSG vom 26.3.2007, BGBl. I, 378.
10 Weiterführend: Huster, MedR 2010, 234.
11 Kosten-Nutzen-Bewertung von Venlafaxin, Duloxetin, Bupropion und Mirtazapin im Vergleich zu weiteren verordnungsfähigen medikamentösen Behandlungen, Auftrag G09-01.
12 Arzneimittel-Nutzenbewertungsverordnung vom 28. Dezember 2010 (BGBl. I S. 2324), die zuletzt durch das AMVSG vom 13.5.2017 geändert worden ist (AM-NutzenV).
13 Praktische Relevanz hat zudem das Methodenpapier des IQWiG, da es regelhaft mit der Nutzenbewertung vom G-BA beauftragt wird.
14 Siehe Kapitel 5 der Verfahrensordnung (VerfO).

Definitionen[15] erst in der AM-NutzenV geregelt und nicht bereits auf Gesetzesebene. Auch die – für das gesamte AMNOG-Verfahren maßgebliche – Auswahl der zweckmäßigen Vergleichstherapie wird detailliert erst in der AM-NutzenV bzw. VerfO geregelt. Das Gesetz hingegen enthält nur vage Hinweise zu den Auswahlkriterien.[16]

Neben den zentralen AMNOG-Vorschriften (§ 35 a und § 130 b) sind zudem die §§ 35 b und 130 c als weitere Bestandteile des AMNOG-Verfahrens zu nennen. In zwei Fällen kann nach der frühen Nutzenbewertung des § 35 a eine Kosten-Nutzen-Bewertung nach § 35 b beantragt werden: Im Fall des § 35 a Abs. 5 a durch den pharmazeutischen Unternehmer, wenn der G-BA keinen Zusatznutzen festgestellt hat, und durch beide Verhandlungsparteien im Rahmen des § 130 b Abs. 8 (nach einem Schiedsspruch nach § 130 b Abs. 4). § 130 c erlaubt es dem pharmazeutischen Unternehmer mit einzelnen Krankenkassen (oder deren Verbänden) Selektivverträge auszuhandeln, nachdem ein Erstattungsbetrag nach § 130 b vereinbart/festgesetzt wurde.

IV. Das Verfahren der Nutzenbewertung im Einzelnen

1. Allgemeines. Entgegen dem Wortlaut der Vorschrift nimmt der G-BA keine originäre Bewertung des *Nutzens* des Arzneimittels vor. Er bewertet den *Zusatznutzen* gegenüber der zweckmäßigen Vergleichstherapie.[17] Dies ist aufgrund der Bindung des G-BA an die Zulassungsentscheidung auch erforderlich: Der G-BA darf sich mit dem Nutzenbewertungsbeschluss nicht in Widerspruch zur Zulassungsbehörde setzen.[18]

Nutzen und Zusatznutzen sind in § 2 Abs. 3 und 4 AM-NutzenV definiert. Bei der Frage, ob ein Zusatznutzen gegenüber der zweckmäßigen Vergleichstherapie vorliegt, ist die Verbesserung bei patientenrelevanten Endpunkten maßgeblich, § 5 Abs. 5 S. 1 AM-NutzenV. Dies führt in der Bewertungspraxis häufig zu Schwierigkeiten, da die Patientenrelevanz – insbesondere bei sog Surrogatparametern – schwierig zu bestimmen ist.

2. Anwendungsbereich. a) Erstattungsfähige Arzneimittel. § 35 a findet gemäß Abs. 1 S. 1 auf „*erstattungsfähige Arzneimittel mit neuen Wirkstoffen*" Anwendung. Zur Definition des Begriffes „Arzneimittel" ist – trotz fehlender gesetzlicher Verweisung – auf § 2 AMG zurückzugreifen.[19] Wann ein Arzneimittel einen „*neuen Wirkstoff*" enthält, definiert § 2 Abs. 1 AM-NutzenV. Ein Wirkstoff ist demnach dann „*neu*", wenn er bei der erstmaligen Zulassung nicht allgemein bekannt ist. Er gilt solange als „*neu*", wie für das erstmals mit dem Wirkstoff zugelassene Arzneimittel noch Unterlagenschutz besteht. Der Gesetzgeber wählte diesen Anknüpfungspunkt, da mit dem Ende des Unterlagenschutzes die Möglichkeit für einen generischen Wettbewerb eröffnet wird, der regelmäßig mit einem Preisverfall einhergeht.[20]

Eine Besonderheit gilt für **Wirkstoffkombinationen**: Nach dem Inkrafttreten des AMNOG war zunächst unklar, wann diese als „neu" iSd Abs. 1 S. 1 gelten. Denkbar war sowohl die Anknüpfung an die Neuheit eines der Einzelwirkstoffe als auch an die „Neuheit" der Kombination.[21] Der G-BA hat zunächst – entgegen seiner VerfO – auch Kombinationsarzneimittel zur Nutzenbewertung aufgerufen, die keinen neuen Einzelwirkstoff enthielten.[22] Mit Beschluss vom 14.6.2014 hat er seine VerfO dann dahin gehend geändert, dass auch neue Kombinationen, ohne einen neuen Einzelwirkstoff, der Nutzenbewertung unterfallen, wenn sich das Anwendungsgebiet der Kombination von denen der Einzelwirkstoffe (zumindest zum Teil) unterscheidet.[23] Im Hinblick auf den Wortlaut des Abs. 1 S. 1 („neue **Wirkstoffe**") ist zweifelhaft, ob diese Interpretation des G-BA noch von der Norm gedeckt ist.

Unscharf ist das Tatbestandmerkmal „*erstattungsfähig*". Ob ein Arzneimittel zulasten der GKV verordnet werden kann, ist Gegenstand eines – im Einzelfall – komplexen Systems von Ausnahmen und Rückausnahmen. Grundsätzlich erstattungsfähig sind Arzneimittel unter den Voraussetzungen des § 27 Abs. 1 S. 2 Nr. 3 iVm § 31. Wesentliche Voraussetzung für die Erstattungsfähigkeit sind die arz-

---

15 Vgl. § 2 AM-NutzenV.
16 § 35 a Abs. 1 S. 7 Nr. 2.
17 § 35 a Abs. 3 S. 3.
18 § 92 Abs. 2 S. 12; Flint in: Hauck/Noftz, SGB V, § 35 a, Rn. 55; Hess in: KassKomm, § 35 a SGB V Rn. 18.
19 Weiterführend: Wodarz in: Sodan, Handbuch Krankenversicherungsrecht, 2010, § 27 Rn. 13.
20 BT-Dr. 17/2413, 22 f.
21 Umfassend: Sodan, NZS 2014, 441 ff.
22 G-BA, Beschl. vom 15.8.2013 – Oxycodon-/Naloxonhydrochlorid.
23 Kapitel 5 § 2 S. 3 VerfO.

neimittelrechtliche Zulassung[24] und die Apothekenpflichtigkeit. Ausgenommen von der Erstattung sind verschreibungsfreie Arzneimittel nach § 34 Abs. 1 S. 1. Diese gesetzlich ausgeschlossenen Arzneimittel unterfallen nicht der Nutzenbewertung.[25] Gleiches gilt für sog „Lifestyle-Arzneimittel" nach § 34 Abs. 1 S. 7, da dieser Ausschluss ebenfalls gesetzlicher (konstitutiver) Natur ist, die Aufnahme des Arzneimittels in die Arzneimittel-Richtlinie des G-BA nach § 34 Abs. 1 S. 9 ist dagegen nur deklaratorischer Natur.[26] Bis zur Einfügung des Abs. 1 b war jedoch offen, ob für Arzneimittel, die nach § 34 Abs. 1 S. 5 für Kinder und Jugendliche erstattet werden und Arzneimittel, die nach § 34 Abs. 1 S. 6 ausgeschlossen sind, der Nutzenbewertung zu unterziehen sind. Abs. 1 b stellt nun klar, dass für diese Arzneimittel keine Nutzenbewertung erfolgt.

12 b) **Zeitpunkt der Nutzenbewertung.** Die Nutzenbewertung beginnt gem. Abs. 1 S. 3 spätestens zum Zeitpunkt des erstmaligen Inverkehrbringens des Arzneimittels, oder alternativ vier Wochen nach der Zulassung eines neuen Anwendungsgebietes. Sonderfälle, wie die Bewertung eines Arzneimittels, das zunächst nach Abs. 1 a freigestellt war, die Bewertung von Orphan Drugs nach Überschreitung der Umsatzschwelle und die erneute Bewertung nach Ablauf der Befristung der Erstbewertung, regelt § 4 Abs. 3 AM-NutzenV.

13 „Inverkehrbringen" ist ein dem Arzneimittelrecht entlehnter Begriff, der in § 4 Abs. 17 AMG als „*Vorrätighalten zum Verkauf oder zu sonstiger Abgabe, das Feilhalten, das Feilbieten und die Abgabe an andere*" definiert ist. Dieser sehr „umfassende"[27] Begriff wurde durch den G-BA auf pragmatische Weise in Kapitel 5 § 8 S. 1 Nr. 1 S. 2 VerfO operationalisiert: **Maßgeblich ist die Listung des Arzneimittels in einem elektronischen Verzeichnisdienst.** Hierzu wird vom pharmazeutischen Unternehmer das Arzneimittel unter Angabe der PZN-Nummern mit den Preisangaben an die IFA-GmbH gemeldet. Das Abstellen auf die Listung ermöglicht es dem G-BA einfach festzustellen, ob neue Arzneimittel in den Verkehr gebracht werden. Von dieser gewählten Methode kann der G-BA jedoch in Einzelfällen abweichen, etwa dann wenn das Arzneimittel ohne Listung bereits vertrieben wird.

14 Nicht nur mit dem erstmaligen Inverkehrbringen obliegt es dem pharmazeutischen Unternehmer, ein Nutzenbewertungsdossier an den G-BA zu übermitteln. Auch bei der **Zulassung neuer Anwendungsgebiete** ist innerhalb von vier Wochen ein Dossier einzureichen. § 2 Abs. 2 AM-NutzenV normiert das neue Anwendungsgebiet als „*größere Änderung des Typs 2 nach Anhang 2 Nummer 2 Buchstabe a der Verordnung (EG) Nr. 1234/2008*". Diese Änderungen umfassen das Hinzufügen einer Indikation zum Anwendungsgebiet des Arzneimittels und die Änderung der bestehenden Indikation. Gemäß § 3 Nr. 2 AM-NutzenV gilt dies nur für Arzneimittel, die nach dem 1.1.2011 erstmalig in den Verkehr gebracht wurden.

15 Die Zulassungsänderungen erfolgen dabei teils in kurzen zeitlichen Abständen. Dies hat in der Praxis vereinzelt dazu geführt, dass verschiedene Nutzenbewertungsverfahren und Erstattungsbetragsverhandlungen für ein einziges Arzneimittel parallel geführt werden mussten. Der G-BA hatte daher in seiner Stellungnahme zum AMVSG angeregt, **Verfahren zusammenfassen** zu dürfen, wenn innerhalb von sechs Monaten mehrere Änderungen des Anwendungsgebietes zu erwarten sind.[28] Mit dem AMVSG ist der Gesetzgeber dem Wunsch des G-BA durch Abs. 5 b im Wesentlichen nachgekommen. Der pharmazeutische Unternehmer kann nun, drei Monate vor dem maßgeblichen Zeitpunkt der Dossiereinreichung, einen Antrag auf eine Abweichung von diesem Zeitpunkt stellen. Diesem kann – innerhalb von acht Wochen nach Antragstellung (S. 4) – vom G-BA stattgegeben werden, wenn während eines Zeitraumes von sechs Monaten nach der Dossiereinreichung, die Zulassung eines neuen Anwendungsgebietes zu erwarten ist.[29] Der G-BA kann den eigentlich gesetzlich vorgesehenen Zeitpunkt entsprechend bis zu sechs Monate nach hinten verlegen.

16 c) **Nachweise des pharmazeutischen Unternehmers.** Die Nutzenbewertung ist anhand der vom pharmazeutischen Unternehmer[30] einzureichenden Nachweise durchzuführen. Dieser trägt allein die Be-

---

24 BSGE 82, 233, 235.
25 Axer in: Becker/Kingreen, SGB V, § 35 a Rn. 11 mwN.
26 BSGE 112, 251.
27 Koyuncu in: Deutsch/Lippert, AMG § 4 Rn. 60.
28 Stellungnahme der unparteiischen Mitglieder des Gemeinsamen Bundesausschuss (G-BA) zum Gesetzentwurf der Bundesregierung für einen Entwurf eines Gesetzes zur Stärkung der Arzneimittelversorgung in der GKV (GKV-Arzneimittelversorgungsstärkungsgesetz – AMVSG) vom 9.12.2016.
29 Die Bündelung der Nutzenbewertungsverfahren hat gemäß S. 6 keinen Einfluss auf den Zeitpunkt der Geltung des Erstattungsbetrages.
30 Zum Begriff des pharmazeutischen Unternehmers → § 130 b Rn. 15.

weislast für den Beleg des Zusatznutzens, eine **Amtsermittlungspflicht** des G-BA besteht nicht.[31] Dies ist für den pharmazeutischen Unternehmer dann besonders problematisch, wenn er mit den Anforderungen des G-BA nicht vertraut ist oder diese nicht erfüllen kann. Jede Abweichung der Nachweise von den Anforderungen des G-BA führen dann in der bisherigen Praxis zu einem negativen Ergebnis der Nutzenbewertung.

Vorgaben zum Umfang und der Art der Nachweise liefern §§ 4 und 5 AM-NutzenV.[32] § 4 Abs. 6 AM-NutzenV regelt, dass der pharmazeutische Unternehmer alle ihm zur Verfügung stehenden Informationen über das Arzneimittel übermitteln muss. Hierzu zählen nicht nur die Zulassungsunterlagen, sondern auch alle anderen Informationen, die ihm zu dem Arzneimittel zur Verfügung stehen. Gleiches gilt nach Abs. 7 dann für die Unterlagen zur zweckmäßigen Vergleichstherapie. Qualitativ sind die eingereichten Unterlagen gem. § 5 Abs. 6 AM-NutzenV verschiedenen Evidenzstufen zuzuordnen. Diese Anforderungen führen zu einer erheblichen finanziellen Belastung des pharmazeutischen Unternehmers. Die vom Gesetzgeber ursprünglich prognostizierten 1.250 EUR je Dossier werden um ein Vielfaches überschritten.[33]

d) **Sonderfall Orphan Drugs.** Für sog „Orphan Drugs" statuiert Abs. 1 S. 10 eine Sonderregelung für die Nutzenbewertung. Ihr Zusatznutzen gilt per gesetzlicher Fiktion bereits durch die Zulassung als belegt. Unter die Regelungen fallen nach S. 10 Arzneimittel, die zur Behandlung eines seltenen Leidens nach der Verordnung (EG) Nr. 141/2000[34] zugelassen sind. Die Formulierung ist ungenau, gemeint ist aber wohl, dass das Arzneimittel gemäß Art. 5 der Verordnung (EG) 141/2000 als Arzneimittel für seltene Leiden durch die Europäische Arzneimittelagentur „ausgewiesen" wurde. Voraussetzung für die Ausweisung als Orphan Drug ist zunächst, dass es sich bei dem Anwendungsgebiet um eine seltene Erkrankung handelt. Dies ist gem. Art. 3 Abs. 1 Nr. 1 a) Verordnung (EG) 141/2000 bei einer Erkrankung der Fall, von der nicht mehr als fünf von 10.000 Einwohnern der EU betroffen sind. Weitere Voraussetzung ist nach lit. b), das für die Behandlung der Krankheit entweder keine Therapie zur Verfügung steht, oder alternativ das Arzneimittel einen *„erheblichen Nutzen"* haben wird. Der Gesetzgeber ging bei der Schaffung der Ausnahmeregelung davon aus, dass es sich regelmäßig um alternativlose Arzneimittel handeln würde und eine Nutzenbewertung somit nicht notwendig sei.[35]

Das Dossier muss daher keine Angaben nach Abs. 1 S. 3 Nr. 2 und 3 enthalten. Bedeutsamster Unterschied zwischen regulären Nutzenbewertungen und denen von Orphan Drugs ist, dass keine zweckmäßige Vergleichstherapie bestimmt wird. Der G-BA führt die Nutzenbewertungen zudem in der Regel selbstständig, dh ohne Beteiligung des IQWiG, durch. Das IQWiG trifft dann allein Feststellungen zu den Therapiekosten und Patientenzahlen.

Die Bewertung von Orphan Drugs stellt den G-BA vor erhebliche methodische Schwierigkeiten. Dies folgt zum einen daraus, dass der **G-BA gem. Kapitel 5 § 12 Nr. 1 VerfO auch bei Orphan Drugs eine Quantifizierung des Zusatznutzens** vornimmt. Dies allein mit der Einschränkung, dass nicht die Möglichkeit besteht, keinen Zusatznutzen festzustellen. Ob dieses Vorgehen rechtmäßig ist, kann bezweifelt werden.[36] Der Gesetzgeber hat den pharmazeutischen Unternehmer ausdrücklich von der Einreichung von Unterlagen zum Nachweis des medizinischen Zusatznutzens im Verhältnis zur Vergleichstherapie befreit. Wenn der G-BA nun dennoch das Ausmaß des Zusatznutzen feststellt, überschreitet er die ihm eingeräumte Kompetenz.[37] Zum anderen ist die Nutzenbewertung methodisch mitunter schwierig, da bei vor allem bei sog „Super/Ultra Orphans"[38] nahezu keinerlei Evidenz vorliegt.

Der Gesetzgeber hat die Privilegierung der Orphan Drugs an den wirtschaftlichen Erfolg geknüpft. Überschreitet das Arzneimittel die Umsatzgrenze von 50 Millionen EUR mit der GKV (zu Apothekenverkaufspreisen inkl. UmSt) innerhalb von 12 Monaten, hat der Unternehmer drei Monate nach der Aufforderung durch den G-BA ein vollständiges Dossier vorzulegen. Begründet wird die Rückausnah-

---

[31] Vgl. § 35 a Abs. 1 S. 5 SGB V.
[32] Praktisch überaus relevant für die Dossiererstellung ist Anlage II zum 5. Kapitel der VerfO.
[33] BT-Dr. 17/2413, 17.
[34] Verordnung (EG) Nr. 141/2000 des Europäischen Parlaments und des Rates vom 16.12.1999 über Arzneimittel für seltene Leiden.
[35] BT-Dr. 17/3698, 50.
[36] Vgl. Willhöft/Litz, A&R 2012, 19, 22.
[37] So auch: Schickert/Schmitz in: Häussler/Preuß, Seltene Helden, 133.
[38] In der Dossierbewertung G14-12 zum Wirkstoff Alipogentiparvovec geht das IQWiG zB von einem Patienten pro Kalenderjahr aus, der für die Therapie in Frage kommt.

me damit, dass dem Unternehmer mit der Erreichung eines Mindestumsatzes auch die Erstellung eines Volldossiers zuzumuten sei.[39]

22 e) **Geringfügigkeit der Kostenbelastung (Abs. 1 a)**. Arzneimittel, bei denen *„zu erwarten ist, dass den gesetzlichen Krankenkassen nur geringfügige Ausgaben für das Arzneimittel entstehen werden"*, sind auf Antrag des pharmazeutischen Unternehmers von der Nutzenbewertung freizustellen. Die Vorschrift stellt die Verhältnismäßigkeit zwischen finanziellem und administrativem Aufwand des Verfahrens für die Beteiligten und den möglichen Einsparungen der GKV her. Der G-BA hat die vom Gesetzgeber nur vage umrissene Grenze der „Geringfügigkeit" mit einer Millionen EUR pro Kalenderjahr konkretisiert.[40] Der Nachweis über das Vorliegen der Voraussetzungen für die Freistellung ist vom pharmazeutischen Unternehmer im Freistellungsantrag zu erbringen.[41]

23 Praktisch relevant wird der Freistellungsantrag insbesondere für Arzneimittel, die (zumindest ganz überwiegend) im **stationären Bereich** eingesetzt werden. Da die Kosten für Arzneimittel im stationären Bereich über die DRG-Pauschalen abgerechnet werden, werden diese zur Berechnung der Umsatzschwelle nicht herangezogen.[42] Schwierig ist allerdings der Nachweis, dass das Arzneimittel nicht im ambulanten Bereich eingesetzt werden wird. Der Unternehmer hat hierauf nur begrenzt Einfluss. Bei besonders hochpreisigen Arzneimitteln können schon einzelne Verordnungen im ambulanten Bereich zu einer Überschreitung der Umsatzschwelle führen. Die bloße Möglichkeit der Überschreitung kann dann die Ablehnung des Antrags nach sich ziehen.

24 f) **Nichteinreichung des Dossiers.** Kommt der pharmazeutische Unternehmer seiner Pflicht zur Dossiereinreichung nicht nach, gilt der Zusatznutzen als nicht belegt, Abs. 1 S. 5. Da die Nutzenbewertung primär der Vorbereitung der Erstattungsbetragsverhandlungen dient, ermöglichte die Regelung bis zum AMVSG einen „strategischen Verzicht" auf die Dossiereinreichung. Wenn die zweckmäßigen Vergleichstherapien, aus Sicht des pharmazeutischen Unternehmers, ein ausreichendes Preisniveau boten, konnte sich der Verzicht auf die kostenintensive Dossiererstellung wirtschaftlich lohnen. Mit dem AMVSG erhält der G-BA nun durch Abs. 1 S. 6 die Möglichkeit zu differenzieren, ob ein Dossier bloß unvollständig in dem Sinne ist, das es den erforderlichen Nachweis nicht erbringt, oder ob wesentliche Teile fehlen.[43] Diese Differenzierung ist notwendig, da an die Fiktion des Abs. 1 S. 5 nun mit § 130 b Abs. 3 S. 5 ein „angemessener Abschlag" auf die zweckmäßige Vergleichstherapie geknüpft werden soll.[44]

25 **3. Verfahren und Beschluss über die Nutzenbewertung.** § 35 a Abs. 2 überlässt dem G-BA die Entscheidung, ob er die Nutzenbewertung selbst durchführt oder das IQWiG damit beauftragt. Der G-BA lässt die Nutzenbewertung regelhaft durch das IQWiG vornehmen.[45] Dies ergibt sich nicht zwingend aus dem Wortlaut des Abs. 2 S. 1, der ausdrücklich auch die Möglichkeit eröffnet „Dritte" mit der Nutzenbewertung zu beauftragen. **Der G-BA ist an die Nutzenbewertung des IQWiG, die nach Ansicht des Gesetzgebers die Qualität einer gutachterlichen Stellungnahme zukommt, inhaltlich nicht gebunden.**[46] Dies folgt praktisch schon daraus, dass das Stellungnahmeverfahren nach Abs. 3 S. 2 auf Basis der Nutzenbewertung des IQWiG stattfindet und der Beschluss des G-BA nach S. 1 erst im Anschluss daran erfolgt.

26 a) **Festlegung der zweckmäßigen Vergleichstherapie.** Zentrales Element der Nutzenbewertung ist die Festlegung der zweckmäßigen Vergleichstherapie durch den G-BA, da diese sowohl den Maßstab für die Bewertung des Zusatznutzens bildet als auch später bei der Erstattungsbetragsverhandlung den Preisanker darstellt.[47] Die Festlegung der zweckmäßigen Vergleichstherapie obliegt dem G-BA, Abs. 1 S. 9. Die Grundsätze für die Festlegung trifft gemäß Abs. 1 S. 7 Nr. 2 die AM-NutzenV.[48] Weitere Ein-

---

39 BT-Dr. 17/3698, 50.
40 Kapitel 5 § 15 Abs. 1 S. 3 VerfO.
41 § 35 a Abs. 1 a S. 2. Das Antragsformular findet sich in Anlage V zu Kapitel 5 VerfO und offenbart bereits die Komplexität des Nachweises.
42 Kapitel 5 § 15 Abs. 3 S. 2 VerfO iVm § 84 Abs. 5 S. 4 SGB V.
43 BT-Dr. 18/11449, 33.
44 BT-Dr. 18/10208, 36.
45 Dies wird von Teilen der Literatur auch als rechtlich zwingend erachtet: Scriba, Die Arzneimittelbewertungen des IQWiG, 36.
46 BT-Dr. 17/2413, 22.
47 Krasney in: Fuhrmann/ Klein/Fleischfresser, Arzneimittelrecht, § 46, Rn. 175, nennt sie daher das „Herz der Nutzenbewertung".
48 § 6 AM-NutzenV.

zelheiten legt Kapitel 5 § 6 VerfO fest. Zum Verständnis der Bedeutung der zweckmäßigen Vergleichstherapie ist die Situation des pharmazeutischen Unternehmers zum Zeitpunkt der Nutzenbewertung, also zumeist kurz nach der erstmaligen Zulassung, zu berücksichtigen. Außer den Zulassungsstudien stehen dem Unternehmer regelmäßig keine Nachweise zum Beleg des Zusatznutzens zur Verfügung.[49] Da die Zulassungsstudien aber zumeist nur mit einem Komparator durchgeführt wurden, kann ein direkter Nutzennachweis nur gelingen, wenn zweckmäßige Vergleichstherapie und der Komparator der Zulassungsstudie übereinstimmen.[50] Auf Abweichungen kann der pharmazeutische Unternehmer wegen des engen zeitlichen Rahmens nicht mehr reagieren. Zulassungsverfahren und Nutzenbewertung hängen für den pharmazeutischen Unternehmer also unmittelbar zusammen. Da beide Verfahren jedoch unterschiedliche Ziele verfolgen,[51] haben Zulassungsbehörde und G-BA auch unterschiedliche Erwartungen und Anforderungen an das Studiendesign.[52]

Ein weiteres Problemfeld ist der Zeitpunkt der Festlegung der zweckmäßigen Vergleichstherapie. Kapitel § 6 Abs. 3 S. 1 VerfO verlangt, dass die zweckmäßige Vergleichstherapie eine dem „allgemein anerkannten Stand der wissenschaftlichen Erkenntnisse" entsprechende Therapie ist. Dieser Erkenntnisstand ist naturgemäß dynamisch, dh er unterliegt ständigen Änderungen. Der Regelungssystematik folgend muss der G-BA sich erst im Moment des Beschlusses nach Abs. 3 endgültig festlegen. Eine Bindung an eine bestimmte Vergleichstherapie folgt zudem aus Kapitel 5 § 6 Abs. 5 VerfO: Für Arzneimittel gleicher Wirkstoffklassen ist jeweils die gleiche Vergleichstherapie festzulegen.

Mit dem AMVSG hat der Gesetzgeber für die seltenen Fälle der sog „PUMA-Arzneimittel"[53] auf die Problematik reagiert. § 5 Abs. 5a AM-NutzenV erlaubt dem G-BA nun einen Transfer von Evidenz, wenn die Zulassungsstudien Patientengruppen oder Teilindikationen nicht ausreichend abbilden. Damit soll jedoch keine grundsätzliche Abkehr von den strengen Evidenzanforderungen in der frühen Nutzenbewertung stattfinden.[54]

b) **Kategorisierung des Zusatznutzens.** Der G-BA bewertet entsprechend Abs. 1 S. 2 das **Ausmaß des Zusatznutzens**. Der pharmazeutische Unternehmer hat gemäß Abs. 1 S. 3 Nr. 4 dafür auch Belege zur Anzahl der Patienten *und Patientengruppen* hinsichtlich des Zusatznutzens einzureichen. Diese beiden – für sich genommen unscheinbaren – gesetzlichen Vorgaben führen durch die Präzisierungen in § 5 Abs. 7 AM-NutzenV und Kapitel 5 § 5 Abs. 7 VerfO zu einem äußerst komplexen Verfahren. Denn der G-BA nimmt, anders als der Wortlaut des § 35a nahelegt, nicht eine einzige Bewertung des Arzneimittels vor, sondern unterteilt das Anwendungsgebiet für die Bewertung in verschiedene Subgruppen/Patientenpopulationen. Die Einteilung der Subgruppen kann sich aus verschiedenen Faktoren ergeben. Regelmäßig werden Subgruppen analog zu den Zulassungsstudien gebildet. Wurde in der Studie zB zwischen Patienten mit und ohne eine Komorbidität differenziert, bewertet der G-BA diese beiden Gruppen ebenfalls isoliert. Die Anzahl der Subgruppen ist nicht beschränkt. Gesteigert wird die Komplexität dadurch, dass der G-BA nicht lediglich bewertet, ob das Arzneimittel einen Zusatznutzen hat, sondern auch das Ausmaß bestimmt. Der G-BA unterscheidet hier sechs verschiedene Kategorien,[55] wobei „erheblich" das höchste Ausmaß meint und „gering" die niedrigste Kategorie eines Zusatznutzens. Ein Sonderfall ist der „nicht quantifizierbare" Zusatznutzen. Hier ist ein Zusatznutzen belegt, das Ausmaß aber nicht zu bestimmen. Zudem besteht die Möglichkeit „keinen Zusatznutzen" oder einen „geringeren Nutzen" gegenüber der zweckmäßigen Vergleichstherapie festzustellen.

Die Bildung der Subgruppen führt zu einem Folgeproblem: Nicht ausdrücklich geregelt ist, ob der G-BA mit dem Nutzenbewertungsbeschluss auch einen Verordnungsausschluss für solche Subgruppen

---

49 § 5 Abs. 3 S. 3 AM-NutzenV sieht daher auch vor, dass diese grds. für die Nutzenbewertung maßgeblich sind.
50 Der Nachweis über indirekte Vergleich ist zwar rechtlich vorgesehen (Kapitel 5 § 9 Abs. 6 S. 2 VerfO), ganz überwiegend werden diese Vergleiche jedoch vom G-BA nicht akzeptiert. Weiterführend: Stadelhoff, Rechtsprobleme des AMNOG-Verfahrens, S. 202–205.
51 Vgl. nur den Sinn und Zweck des Zulassungsverfahrens nach § 1 AMG und des SGB V.
52 So kann der G-BA etwa bei chronischen Erkrankungen Studien mit einer Mindestlaufzeit von mehreren Jahren verlangen, da sich ein Zusatznutzen erst über einen längeren Zeitraum aufzeigen lässt. Die Zulassungsbehörde kann jedoch den Abbruch einer solchen Studie aus ethischen Gründen verlangen, wenn das geprüfte Arzneimittel bereits zu einem frühen Zeitpunkt eine deutliche Überlegenheit gegenüber dem Komparator aufzeigt.
53 Pediatric Use Marketing Auhorization nach der Verordnung (EG) Nr. 1901/2006 des Europäischen Parlaments und des Rates vom 12.12.2006 über Kinderarzneimittel und zur Änderung der Verordnung (EWG) Nr. 1768/92, der Richtlinien 2001/20/EG und 2001/83/EG sowie der Verordnung (EG) Nr. 726/2004.
54 BT-Dr. 18/10208, 42.
55 § 5 Abs. 7 AM-NutzenV.

herbeiführen kann, für die er keinen Zusatznutzen festgestellt hat. Der Gesetzgeber ging zuletzt davon aus, dass es einer ausdrücklichen Regelung nicht bedarf, da diese Kompetenz bereits in § 92 Abs. 1 S. 1 normiert sei.[56]

31 § 5 Abs. 6 S. 1 AM-NutzenV gibt dem G-BA zudem auf, die Wahrscheinlichkeit zu bewerten, mit der der Nutzennachweis erfolgt. Der G-BA hat dies in seiner VerfO nicht weiter konkretisiert. In seiner Bewertungspraxis hat er jedoch die Kategorien Anhaltspunkt, Hinweis und Beleg etabliert. Der Beleg stellt die größtmögliche Wahrscheinlichkeit dar.

32 c) Veröffentlichung und Stellungnahme. Das Bewertungsverfahren soll durch die Veröffentlichungspflicht und das Stellungnahmeverfahren größtmögliche Transparenz erhalten. Drei Monate nach der Dossiereinreichung erfolgt die Veröffentlichung der Nutzenbewertung auf der Homepage des G-BA, Abs. 2 S. 3. Zwischen der Veröffentlichung und dem Beschluss über die Nutzenbewertung nach Abs. 3 ist ein Stellungnahmeverfahren iSd § 92 Abs. 3a mit einer mündlichen Anhörung durchzuführen. In diesem Verfahren erhalten die Fachkreise und insbesondere der betroffene pharmazeutische Unternehmer die Gelegenheit, auf die Nutzenbewertung zu reagieren und zwischenzeitlich gewonnene Evidenz nachzureichen (Kapitel § 19 Abs. 2 S. 4 Nr. 1 VerfO). Der G-BA hat die Stellungnahmen bei der Beschlussfassung würdigend zu berücksichtigen.[57]

33 d) Auswirkungen des Nutzenbewertungsbeschlusses für die Verordnungspraxis. Der Beschluss nach Abs. 3 wird gemäß S. 6 Teil der Arzneimittel-Richtlinie des G-BA (§ 92 Abs. 1 S. 2 Nr. 6). Er entfaltet daher unmittelbar normative Wirkung[58] für die Adressaten der Arzneimittel-Richtlinie, insbesondere für die Vertragsärzte. Es handelt sich bei den Beschlüssen nach Abs. 3 durch die Aufnahme in die Arzneimittel-Richtlinie für die Ärzte um **verbindliche Informationen** zu dem Arzneimittel iSd § 92 Abs. 2 S. 1 bis 7.[59] Die Vertragsärzte haben die Beschlüsse also bei ihrer Verordnungsentscheidung zu berücksichtigen.[60]

34 Praktisch haben die Beschlüsse jedoch nahezu keine Auswirkungen auf die Verordnungsentscheidungen.[61] Dies soll sich durch den mit dem AMVSG in § 35a eingefügten Abs. 3a ändern:[62] Die Nutzenbewertungsbeschlüsse sollen vom G-BA so aufgearbeitet werden, dass sie in das **Arztinformationssystem** nach § 73 Abs. 9 integriert werden können. Diese – vom Vertragsarzt zwingend vor der Arzneimittelverordnung zu benutzende Software – soll dem Arzt einen schnellen Überblick über die Nutzenbewertungsbeschlüsse und die Zweckmäßigkeit und Wirtschaftlichkeit geben. Das Nähere soll in einer Rechtsverordnung geregelt werden.[63]

V. Arzneimittel ohne therapeutische Verbesserung

35 Besonderheiten gelten gem. Abs. 1 S. 4 für festbetragsfähige Arzneimittel gem. § 35. Bei diesen ist der Zusatznutzen „als therapeutische Verbesserung" nachzuweisen. Praktisch relevant ist dies bislang kaum, da patentgeschützte Arzneimittel regelmäßig nicht festbetragsfähig sind. Dies liegt an den strengeren Voraussetzungen nach § 35 Abs. 1 S. 6 für diese Arzneimittel und daran, dass häufig keine anderen Arzneimittel für die Bildung der Festbetragsgruppe vorhanden sind. Sind die Voraussetzungen dennoch gegeben und wird keine therapeutische Verbesserung festgestellt, hat der G-BA mit dem Beschluss nach Abs. 3 das Arzneimittel in eine Festbetragsgruppe einzugruppieren. Erstattungsbetragsverhandlungen nach § 130b finden nicht statt.

VI. Erneute Nutzenbewertung (Abs. 5)

36 Liegen dem pharmazeutischen Unternehmer neue wissenschaftliche Erkenntnisse zu seinem Arzneimittel vor, kann er eine erneute Nutzenbewertung beantragen. Bis zur Reform des Abs. 5 durch das AMVSG war der Antrag auf Neubewertung frühestens ein Jahr nach Veröffentlichung des Beschlusses

---

56 BT-Dr. 18/11449, 34; Zu den Folgen für die Erstattungsbetragverhandlungen, s. die Kommentierung zu § 130b SGB V. Für zulässig erachtet den Teilverordnungsausschluss auch das LSG Bln-Bbg, Beschl. v. 01.3.2017, L 9 KR 437/16 KL ER, Rn. 53 (juris).
57 Wiegand in: Schlegel/Voelzke, jurisPK-SGB V, 3. Aufl. 2016, § 92 SGB V Rn. 69.
58 St. Rspr. des BSG, zuletzt: BSGE 119, 57.
59 Hauck, GesR 2011, 69, 71.
60 Zum Verhältnis von Wirtschaftlichkeit der Verordnung und Erstattungsbetrag, siehe § 130b.
61 Greiner/Witte in: AMNOG-Report 2015, 182–197.
62 BT-Dr. 18/10208, 2, 27.
63 § 73 Abs. 9 S. 3.

nach Absatz 3 möglich. Seit dem AMVSG kann **der Antrag jederzeit gestellt werden**, der G-BA beginnt mit der Bewertung allerdings erst ein Jahr nach der Veröffentlichung des Beschlusses nach Abs. 3. Die Neuregelung soll eine bessere Balance zwischen dem Interesse des pharmazeutischen Unternehmers an der Berücksichtigung neuer Evidenz und der „Sachgerechtigkeit" einer neuen Nutenbewertung darstellen. Ob eine Veränderung der zeitlichen Abläufe hierzu geeignet ist, erscheint zweifelhaft. Sinnvoller wäre indes eine Anknüpfung an den möglichen Evidenzgewinn der „neuen wissenschaftlichen Erkenntnisse".

VII. Nutzenbewertung nach Abs. 5 a

Abs. 5 a eröffnet für pharmazeutische Unternehmer, für deren Arzneimittel keinen Zusatznutzen festgestellt wurde, die Möglichkeit, eine (kostenpflichtige) Neubewertung des Arzneimittels nach § 35 b oder § 139 Abs. 3 Nr. 5 zu verlangen. Abs. 5 a S. 2 sieht vor, dass der Unternehmer hierfür einen Antrag beim G-BA stellt und dieser innerhalb eines Monats entscheidet, ob er einen solchen Auftrag an das IQWiG vergibt. Die Kosten-Nutzen-Bewertung nach § 35 b ist gegenüber der reinen Nutzenbewertung nach § 139 Abs. 3 Nr. 5[64] von weitreichenderer Bedeutung für den Erstattungsbetrag: Gemäß § 130 b Abs. 7 S. 3 berechtigt eine Bewertung nach § 35 b zu einer Kündigung der Erstattungsbetragsvereinbarung. Bei Bewertungen nach § 139 Abs. 3 Nr. 5 ist dies nicht der Fall. Diese sind allein bei Neuverhandlungen (zB in Folge einer ordentlichen Kündigung) zu berücksichtigen.[65] Praktische Relevanz hat die Regelung bislang keine. 37

VIII. Arzneimittel mit bekannten Wirkstoffen (Abs. 6)

§ 35 a idF des AMNOG enthielt neben der obligatorischen Nutzenbewertung für neue Arzneimittel in Abs. 6 eine Möglichkeit der fakultativen Nutzenbewertung für sog Bestandsmarktarzneimittel. Die vom Gesetzgeber prognostizierten Einsparungen durch das AMNOG in Höhe von zwei Milliarden EUR ließen sich nicht allein dadurch erreichen, dass sukzessive neue Arzneimittel bewertet und preislich reguliert werden.[66] Der G-BA sollte den Bestandsmarktaufruf für Arzneimittel veranlassen, je nach der Bedeutung für die Versorgung im Hinblick auf die Anzahl der Patienten und die Kosten.[67] Bereits die Reihenfolge, nach der der G-BA vorgehen sollte, war umstritten.[68] Das LSG Berlin-Brandenburg bestätigte aber die Rechtmäßigkeit des vom G-BA etablierten Verfahrens.[69] Hinzu traten zahlreiche praktische Probleme, die aus der Fülle der Studien und Daten zu Arzneimitteln resultierten, die für Präparate mit langer Marktpräsenz vorlagen. Die Studien waren zudem nicht auf das Verfahren nach § 35 a abgestimmt. Eine Zusatznutzenbewertung war somit methodisch aufwendig und inhaltlich diskutabel.[70] Der Gesetzgeber beschloss aus diesen Gründen[71] die Beendigung des Bestandsmarktaufrufes.[72] 38

Mit dem AMVSG wurde Abs. 6 neu geregelt. Die – sprachlich umständliche – Norm ermöglicht es dem G-BA nun, solche Arzneimittel einer Nutzenbewertung zu unterziehen, die eine neue Zulassung mit neuem Unterlagenschutz bekommen haben, und zwar unabhängig davon, ob es sich um einen neuen Wirkstoff iSd Abs. 1 S. 1 handelt.[73] Mit der vollständigen Streichung des Abs. 6 ist nämlich eine Regelungslücke entstanden für Arzneimittel ohne neuen Wirkstoff, die mit neuer Zulassung und neuem Unterlagenschutz in den Markt getreten sind. Denn auch für diese Arzneimittel ist nach Auffassung des Gesetzgebers eine Nutzenbewertung mitunter sinnvoll.[74] 39

Anknüpfungspunkt ist der Unterlagenschutz, der auch für Arzneimittel mit bekannten Wirkstoffen neu erteilt werden kann. Unklar ist, ob der Aufruf die Erteilung des „vollen" Unterlagenschutzes („8+2") voraussetzt oder ob auch die Erteilung einer einjährigen Verlängerung des Unterlagenschutzes nach § 24 b Abs. 1 S. 3 AMG ausreicht. Der Wortlaut „neuer Unterlagenschutz" spricht jedoch dafür, 40

---

64 Vgl. Scriba, Die Arzneimittelbewertungen durch das IQWiG, 48.
65 BT-Dr. 17/3698, 51.
66 BT-Dr. 17/2413, 38, 39.
67 BT-Dr. 17/2413, 22, 23.
68 Vgl. Gassner, RPG 2012, 6 ff.
69 LSG Bln-Bbg, Urt. v. 15. Mai 2013, L 7 KA 105/12 KL.
70 G-BA, Pressemitteilung Nr. 40/2013 vom 14.11.2013.
71 BT-Dr. 18/201, 4.
72 Abs. 6 wurde mit Wirkung zum 1.1.2014 mit dem 14. SGB V- ÄndG aufgehoben (BGBl. I 2014, 261).
73 BT-Dr. 18/11449, 35.
74 BT-Dr. 18/10208, 28, 29.

dass ein vollständiger Unterlagenschutz erteilt werden muss, da ansonsten der „alte" nur verlängert wird. Der Gesetzgeber hat dem G-BA die Entscheidung, ob er ein Arzneimittel nach Abs. 6 aufruft in sein Ermessen gestellt („kann"). Wesentliche Kriterien hierfür regelt der G-BA in seiner Verfahrensordnung, wozu er gemäß Abs. 6 S. 3 verpflichtet ist.[75]

41 Weitere Einzelheiten zum Ablauf der Bewertung nach Abs. 6 enthält die AM-NutzenV. Die Regelungen dort sehen zwei Verfahrensschritte vor, die dem Schutz des pharmazeutischen Unternehmers dienen. Einerseits ist der G-BA verpflichtet, dem pharmazeutischen Unternehmer vor der Einreichung des Dossiers, nach Veranlassung einer Bewertung nach Abs. 6, eine Beratung nach Abs. 7 anzubieten.[76] Andererseits wird dem Unternehmer eine Frist von drei Monaten zur Dossiereinreichung nach der Veranlassung der Bewertung gewährt.[77]

42 Unklar ist dem Wortlaut der Norm nach, welche Zeiträume von Abs. 6 erfasst sind. Während Abs. 6 S. 1 idFd. AMNOG ausdrücklich regelte, dass Arzneimittel, die sich bereits im Markt befinden Gegenstand der Bewertung sein können,[78] findet sich eine entsprechende Formulierung in Abs. 6 jetzt nicht mehr. Jedoch ist anzunehmen, dass Abs. 6 nur für solche Arzneimittel gilt, die eine Zulassung nach Inkrafttreten des AMVSG erhalten haben. Für die übrigen Arzneimittel dürfte insofern Vertrauensschutz bestehen. Eine zeitliche Einschränkung, in welchem Zeitraum nach der Zulassung die Veranlassung der Bewertung zu erfolgen hat, findet sich nicht. Der G-BA kann also zeitlich unbegrenzt Arzneimittel bewerten, die die Voraussetzungen des Abs. 6 erfüllen.

IX. Beratung des pharmazeutischen Unternehmers durch den G-BA (Abs. 7)

43 Abs. 7 (iVm Kapitel 5 § 7 VerfO) ermöglicht dem pharmazeutischen Unternehmer bereits im Vorfeld einer – möglichen – Nutzenbewertung, mit dem G-BA ein Beratungsgespräch zu führen. Gegenstand der Beratung sind alle für das Verfahren nach § 35a relevanten Aspekte, wobei Abs. 7 S. 1 mit den Themen „vorzulegende Unterlagen und Studien" und der Vergleichstherapie nur zwei Beispiele nennt. Praktisch relevant sind auch Beratungen zu der Frage, ob ein Arzneimittel überhaupt der Nutzenbewertung unterfällt. Die Beratung ist kostenpflichtig[79] und findet auf Anfrage des pharmazeutischen Unternehmers statt. Dieser hat hierzu vor der Beratung ein in Anlage I zu Kapitel 5 VerfO befindliche Formular auszufüllen und die Beratungsfragen zu formulieren. Befindet sich das Arzneimittel noch in der klinischen Prüfung, sind gemäß Abs. 7 S. 3 das Bundesinstitut für Arzneimittel und Medizinprodukte oder das Paul-Ehrlich-Institut an der Beratung zu beteiligen. Der Gesetzgeber verspricht sich hiervon eine bessere Koordinierung der Behörden und des Unternehmers in Bezug auf die arzneimittelrechtlichen Anforderungen und die Nutzenbewertung.[80] Der Unternehmer erhält im Anschluss an die Beratung ein Protokoll über den Beratungsablauf. Der G-BA behält sich in Kapitel 5 § 7 Abs. 2 S. 4 die rechtliche Unverbindlichkeit der Beratung vor. Diese Regelung ist nur schwer mit dem Zweck der Beratung, Rechtssicherheit und Verfahrenstransparenz herzustellen,[81] zu vereinbaren.[82]

X. Rechtsschutz

44 Abs. 8 reduziert die Rechtsschutzmöglichkeiten für die Beteiligten erheblich und verlagert sie auf den letztmöglichen Zeitpunkt des AMNOG-Verfahrens, (regelmäßig) dem Spruch der Schiedsstelle gem. § 130 b Abs. 5: Gegen die einzelnen Verfahrensschritte der Nutzenbewertung (Aufruf zur Dossiereinreichung, Nutzenbewertung, Veröffentlichung der Nutzenbewertung Beschlussfassung etc) soll nach Abs. 8 kein Rechtsschutz möglich sein. Erst im Anschluss an das gesamte AMNOG-Verfahren, also nach der Festsetzung des Erstattungsbetrages durch die Schiedsstelle nach § 130 b Abs. 4 soll der Rechtsweg offenstehen. Erst im Klageverfahren gegen den Schiedsspruch ist dann eine inzidente Überprüfung aller Verfahrensschritte möglich. Begründet wird dieses Modell damit, dass „eine Entscheidungsverzögerung zulasten der Arzneimittelausgaben in der gesetzlichen Krankenversicherung" ver-

---

75 Die Änderung der VerfO war zum Zeitpunkt des Redaktionsschlusses nicht veröffentlicht.
76 § 8 Abs. 2 S. 6 AM-NutzenV.
77 § 4 Abs. 3 Nr. 7 AM-NutzenV.
78 „Für bereits zugelassene und im Verkehr befindliche Arzneimittel kann der Gemeinsame Bundesausschuss eine Nutzenbewertung veranlassen."
79 S. Anlage IV zu Kapitel 5 VerfO.
80 BT-Dr. 17/10156, 94.
81 Axer in: Becker/Kingreen, § 35 a Rn. 18.
82 So auch: Barth in: Spickhoff, Medizinrecht, § 35 a SGB V Rn. 18.

hindert werden soll.[83] Darüber hinaus handele es sich bei den Verfahrensschritten nach § 35 a ohnehin um „unselbstständige Verfahrenshandlungen" gegen die ein Rechtsschutz (analog zu § 44 VwGO) nicht zu gewähren sei.[84]

Die Regelung des Abs. 8 sieht sich im Hinblick auf das verfassungsrechtliche Gebot des Art. 19 Abs. 4 GG starker und berechtigter Kritik ausgesetzt:[85] Die Rechtsprechung hat bisher jedoch keine Zweifel an der Regelung erkennen lassen. Das LSG Berlin-Brandenburg, das gem. § 29 Abs. 4 Nr. 3 SGG für Klagen gegen den Schiedsspruch nach § 130 b Abs. 4 zuständig ist, hielt die Regelung im Rahmen eines Verfahren der alten Bestandsmarktbewertung für rechtmäßig.[86] Es sah den Ausschluss des Rechtsschutzes gegen den Aufruf zur Dossiereinreichung als zulässig an, da es Gesetzgeber freistehe das „Modell der Rechtsschutzkonzentration" zu verfolgen. Lediglich eine willkürliche Verfahrenshandlung des G-BA, die einen Eingriff in Art. 12 Abs. 1 GG darstellt, müsste einer gerichtlichen Kontrolle zugänglich sein. 45

Im Hinblick auf die Folgen der Verfahrenshandlungen des G-BA ist dies nicht überzeugend. Sowohl der Aufruf zur Dossiereinreichung,[87] die Nutzenbewertung (und deren Veröffentlichung)[88] und letztlich der Beschluss nach Abs. 3[89] haben für den pharmazeutischen Unternehmer Folgen, die seine Rechte betreffen. Dies gilt umso mehr, da die Begründung des Gesetzgebers für die Rechtsschutzkonzentration nicht trägt: Zum einen ist die Nutzenbewertung kein „unselbstständiger Verfahrensschritt", da der Beschluss nach Abs. 3 unmittelbare Rechtsfolgen auslöst (→ Rn. 33 f.). Zum anderen besteht keine Gefahr, dass die „Entscheidungsverzögerungen zulasten der Arzneimittelausgaben" führen. Der Erstattungsbetrag nach § 130 b gilt rückwirkend ab dem 13. Monat nach Inverkehrbringen des Arzneimittels, § 130 b Abs. 4 S. 3. Etwaige Mehrausgaben der GKV, die aus einer Differenz zwischen Listenpreis und Erstattungsbetrag resultieren, würden also vom pharmazeutische Unternehmer erstattet werden müssen. 46

§ 35 b Kosten-Nutzen-Bewertung von Arzneimitteln

(1) ¹Der Gemeinsame Bundesausschuss beauftragt auf Grund eines Antrags nach § 130 b Absatz 8 das Institut für Qualität und Wirtschaftlichkeit im Gesundheitswesen mit einer Kosten-Nutzen-Bewertung. ²In dem Auftrag ist insbesondere festzulegen, für welche zweckmäßige Vergleichstherapie und Patientengruppen die Bewertung erfolgen soll sowie welcher Zeitraum, welche Art von Nutzen und Kosten und welches Maß für den Gesamtnutzen bei der Bewertung zu berücksichtigen sind; das Nähere regelt der Gemeinsame Bundesausschuss in seiner Verfahrensordnung; für die Auftragserteilung gilt § 92 Absatz 3 a entsprechend mit der Maßgabe, dass der Gemeinsame Bundesausschuss auch eine mündliche Anhörung durchführt. ³Die Bewertung erfolgt durch Vergleich mit anderen Arzneimitteln und Behandlungsformen unter Berücksichtigung des therapeutischen Zusatznutzens für die Patienten im Verhältnis zu den Kosten; Basis für die Bewertung sind die Ergebnisse klinischer Studien sowie derjenigen Versorgungsstudien, die mit dem Gemeinsamen Bundesausschuss nach Absatz 2 vereinbart wurden oder die der Gemeinsame Bundesausschuss auf Antrag des pharmazeutischen Unternehmens anerkennt; § 35 a Absatz 1 Satz 3 und Absatz 2 Satz 2 gilt entsprechend. ⁴Beim Patienten-Nutzen sollen insbesondere die Verbesserung des Gesundheitszustandes, eine Verkürzung der Krankheitsdauer, eine Verlängerung der Lebensdauer, eine Verringerung der Nebenwirkungen sowie eine Verbesserung der Lebensqualität, bei der wirtschaftlichen Bewertung auch die Angemessenheit und Zumutbarkeit einer Kostenübernahme durch die Versichertengemeinschaft angemessen berücksichtigt werden. ⁵Das Institut bestimmt auftragsbezogen über die Methoden und Kriterien für die Erarbeitung von Bewertungen nach Satz 1 auf der Grundlage der in den jeweiligen Fachkreisen anerkannten internationalen Standards der evidenzbasierten Medizin und der Gesundheitsökonomie. ⁶Das Institut gewährleistet vor Abschluss von Bewertungen hohe Verfahrenstransparenz und eine angemessene Beteiligung der in § 35 Abs. 2 und

---

83 BT-Dr. 17/2413, 23.
84 BT-Dr. 17/2413, 25.
85 Statt aller: Axer in: Becker/Kingreen, § 35 a SGB V Rn. 26 mwN.
86 Landessozialgericht Berlin-Brandenburg, Urt. v. 15. Mai 2013, L 7 KA 105/12 KL.
87 Reese in: Voit, Herausforderungen und Perspektiven, 2014, 44.
88 Stallberg in: Voit, Neuordnung des Arzneimittelmarktes, 2011, 101.
89 Statt aller: Scriba, VSSR 2013, 175, 179.

§ 139 a Abs. 5 Genannten. [7]Das Institut veröffentlicht die jeweiligen Methoden und Kriterien im Internet.
(2) [1]Der Gemeinsame Bundesausschuss kann mit dem pharmazeutischen Unternehmer Versorgungsstudien und die darin zu behandelnden Schwerpunkte vereinbaren. [2]Die Frist zur Vorlage dieser Studien bemisst sich nach der Indikation und dem nötigen Zeitraum zur Bereitstellung valider Daten; sie soll drei Jahre nicht überschreiten. [3]Das Nähere regelt der Gemeinsame Bundesausschuss in seiner Verfahrensordnung. [4]Die Studien sind auf Kosten des pharmazeutischen Unternehmers bevorzugt in Deutschland durchzuführen.
(3) [1]Auf Grundlage der Kosten-Nutzen-Bewertung nach Absatz 1 beschließt der Gemeinsame Bundesausschuss über die Kosten-Nutzen-Bewertung und veröffentlicht den Beschluss im Internet. [2]§ 92 Absatz 3 a gilt entsprechend. [3]Mit dem Beschluss werden insbesondere der Zusatznutzen sowie die Therapiekosten bei Anwendung des jeweiligen Arzneimittels festgestellt. [4]Der Beschluss ist Teil der Richtlinie nach § 92 Absatz 1 Satz 2 Nummer 6; der Beschluss kann auch Therapiehinweise nach § 92 Absatz 2 enthalten. [5]§ 94 Absatz 1 gilt nicht.
(4) [1]Gesonderte Klagen gegen den Auftrag nach Absatz 1 Satz 1 oder die Bewertung nach Absatz 1 Satz 3 sind unzulässig. [2]Klagen gegen eine Feststellung des Kosten-Nutzen-Verhältnisses nach Absatz 3 haben keine aufschiebende Wirkung.

Literatur:
Axer, Nutzenbewertung nach § 35 a SGB V und Erstattungsbeträge bei Arzneimitteln, SGb 2011, 246; *A. Becker*, Die Steuerung der Arzneimittelversorgung im Recht der GKV, 2006; *Deter*, Die Kosten-Nutzen-Bewertung von Arzneimitteln als Rechtsproblem, MedR 2010, 249; *Dettlin*, Die Kosten-Nutzen-Bewertung bei Arzneimitteln im Schnittfeld von Ökonomie und Recht, VSSR 2008, 379; *Ebsen*, Die zentralen Reformelemente des Arzneimittelmarktneuordnungsgesetzes, GuP 2011, 41; *Francke/Hart*, Bewertungskriterien und -methoden nach dem SGB V, MedR 2008, 2; *Gassner*, Legitimitätsprobleme der Kosten-Nutzen-Bewertung von Arzneimitteln, PharmR 2007, 441; *Gottwald*, Die rechtliche Regulierung medizinischer Innovationen in der Gesetzlichen Krankenversicherung, 2016; *Hess*, Regelungsrahmen des SGB V für die Kosten-Nutzen-Bewetung von Arzneimitteln, MedR 2010, 232; *ders.*, Die Dynamik des medizinischen Wissens und die Anforderungen an die Institutionen des Gesundheitssystems, GesR 2012, 591 *Huster*, Die Methodik der Kosten-Nutzen-Bewertung in der Gesetzlichen Krankenversicherung, MedR 2010, 234; *ders.*, Die Nutzenbewertung und die Aggregation von Nutzen- und Schadensaspekten durch das IQWiG?, GesR 2010, 122; *ders.*, Rechtsfragen der frühen Nutzenbewertung, GesR 2011, 76; *Kellner*, Die Einführung einer Kosten-Nutzen-Bewertung in das Recht der Gesetzlichen Krankenversicherung, GesR 2008, 189; *Kingreen/Henck*, Prozedurale Anforderungen an die Arzneimittelbewertung durch das Institut für Qualität und Wirtschaftlichkeit im Gesundheitswesen und den Gemeinsamen Bundesausschuss, PharmR 2007, 353; *Kingreen*, Zur Neuordnung des Arzneimittelmarktes in der gesetzlichen Krankenversicherung, NZS 2011, 441; *Köhler*, Das gebrochene Preismonopol der Pharmaindustrie – Qualitätssicherung und Preissteuerung in der GKV-Arzneimittelversorgung, Diss. 2013 *Martini*, Kosten-Nutzen-Bewertung von Arzneimitteln – eine bittere Pille oder süßes Gift für das Gesundheitswesen?, GewArch Beilage WiVerw Nr. 04/2009, 195; *Münkler*, Kosten-Nutzen-Bewertungen in der gesetzlichen Krankenversicherung – Eine Perspektive zur Ausgestaltung des krankenversicherungsrechtlichen Wirtschaftlichkeitsgebots?, 2015; *Schlegel*, Gerichtliche Kontrolle von Kriterien und Verfahren, MedR 2008, 30; *Scriba*, Die Arzneimittelbewertungen des Instituts für Qualität und Wirtschaftlichkeit im Gesundheitswesen – Eine verfassungsrechtliche Analyse, 2012; *Spiegel*, Schiedsstellenverfahren nach § 130 b SGB V zur Festsetzung von Erstattungsbeträgen für Arzneimittel, KrV 2013, 241; *Stadelhoff*, Rechtsprobleme des AMNOG-Verfahrens, 2016; *Todt*, Evidenzbasierte Medizin als Rechtsbegriff, 2015; Wien, Regulierung von Arzneimitteln mit neuen Wirkstoffen, 2016; *Windeler/Lange*, Nutzenbewertung medizinischer Leistungen im deutschen Gesundheitswesen – rechtlicher Rahmen, historische und internationale Perspektive, Bundesgesundheitbl 2015, 220.

I. Allgemeines 1	2. Bewertungskriterien und Bewertungsbasis (Abs. 1 S. 3, 4) 11
1. Entstehungsgeschichte und Anwendungsbereich 1	3. Bewertungsverfahren 15
2. Systematische Einbindung 4	IV. Rechtsschutz 22
II. Anwendungsbereich 5	
III. Kosten-Nutzen-Bewertung 10	
1. Kosten-Nutzen-Bewertung im System des SGB V 10	

I. Allgemeines

1. Entstehungsgeschichte und Anwendungsbereich. Die durch das GMG[1] mWv 1.1.2004 neu eingefügte Vorschrift regelte Aufgaben des zum 1.1.2004 eingeführten IQWiG (vgl. §§ 139a bis 139c) und sein Verhältnis zum G-BA. Abs. 1 sah vor, dass das IQWiG Bewertungen über den Nutzen von Arzneimitteln mit neuen Wirkstoffen oder von solchen Arzneimitteln erarbeitet, die für die Versorgung im Rahmen der GKV von Bedeutung sind. Das GKV-WSG[2] erweiterte in Abs. 1 die Aufgabe des IQWiG um den Auftrag der Bewertung des Kosten-Nutzen-Verhältnisses von Arzneimitteln. Die Bewertungen dienten dem G-BA als Empfehlungen bei der Beschlussfassung über Arzneimittelrichtlinien nach § 92 Abs. 1 S. 2 Nr. 6 (Abs. 2).

Abs. 3 und 4 regelten Voraussetzungen und Verfahren für die Versorgung der Versicherten mit Arzneimitteln außerhalb der Indikation und Indikationsbereiche, für die sie vorgesehen sind (sog Off-Label-Use).

Mit dem AMNOG[3] erhielt die Vorschrift 2011 einen neuen Normzweck und Inhalt. Sie regelt nunmehr die Kosten-Nutzen-Bewertung im Verfahren der Vereinbarung von Erstattungsbeträgen zwischen pharmazeutischen Unternehmern und dem SpiBuKK nach dem durch das AMNOG neu eingeführten § 130b[4] sowie im Verfahren nach § 35a Abs. 5a. Eine Bewertung des Nutzens und der Wirtschaftlichkeit von Arzneimitteln auf Veranlassung des G-BA erfolgt nun auf der Grundlage von § 139a Abs. 3 Nr. 5 (→ § 139a Rn. 11). Die Regelung zum Off-Label-Use wurde nach § 35c Abs. 2 transferiert. Mit dem 14. SGB-ÄndG vom 27.3.2014[5] zur Änderung des SGB V wurde ein Verweisungsfehler in Abs. 1 S. 3 Hs. 3 bereinigt.

Abs. 1 regelt das Verfahren für den Fall, dass eine Vereinbarung nach § 130b Abs. 1 nicht zustande kommt und die in § 130b Abs. 5 geregelte Schiedsstelle den Inhalt der Vereinbarung nach Abs. 4 festsetzt. Abs. 1 S. 3 und 4 enthalten Parameter der Kosten-Nutzen-Bewertung. Abs. 2 normiert die Befugnis des G-BA zur Vereinbarung von Versorgungsstudien und hierin zu behandelnder Schwerpunkte mit dem pharmazeutischen Unternehmer auf dessen Kosten. Abs. 3 enthält Näheres zur Beschlussentscheidung des G-BA auf der Grundlage der Kosten-Nutzen-Bewertung des IQWiG. In der Regelung zum Rechtsschutz (Abs. 4) wurde aufgenommen, dass Klagen gegen eine Feststellung des Kosten-Nutzen-Verhältnisses durch den G-BA nach Abs. 3 keine aufschiebende Wirkung haben.

2. Systematische Einbindung. § 35b steht in systematischem Zusammenhang mit den Regelungen zur Kosten-Nutzen-Bewertung von Arzneimitteln (§§ 35, 35a), der Vorbereitung und dem Erlass von Richtlinien durch den G-BA nach § 91 Abs. 1 S. 2 Nr. 6, Abs. 2 und dem Verfahren zur Vereinbarung von Erstattungsbeträgen zwischen Krankenkassen und pharmazeutischen Unternehmen nach ebenfalls neu geordneten § 130b im sog. AMNOG-Verfahren. Zusammenhänge bestehen auch mit dem AMG, da sich hieraus der Begriff des Arzneimittels ergibt, die Zulassung eines Arzneimittels Voraussetzung der Erstattungsfähigkeit nach § 130b ist und den bestimmungsgemäßen Nutzen eines Medikaments im beantragten Anwendungsgebiet präzisiert. Die Kosten-Nutzen-Bewertung steht zudem in einem Spannungsverhältnis zur Bewertung der Qualität, Unbedenklichkeit und Wirksamkeit eines Arzneimittels im Zulassungsverfahren nach § 25 Abs. 5, 5a AMG[6] sowie zur Genehmigung auf Grundlage der EG-Verordnung über Arzneimittel für seltene Leiden.[7] Die organisationsrechtlichen Grundlagen ergeben sich für den G-BA aus § 91 und für das IQWiG aus §§ 139a bis 139c. Wegen der Bezüge zur Richtliniengebung sind §§ 92 bis 94 insgesamt maßgeblich. Das Bewertungsverfahren wird in der Verfahrensordnung des G-BA[8] präzisiert.

II. Anwendungsbereich

Der Anwendungsbereich ergibt sich aus Abs. 1 S. 1 sowie aus § 35a Abs. 5a. In beiden Fällen bezieht sich die Regelung nur auf Arzneimittel mit neuen Wirkstoffen, deren Nutzen der G-BA nach § 35a

---

1 Gesundheitsmodernisierungsgesetz vom 4.11.2003, BGBl. I, 2190.
2 GKV-Wettbewerbsstärkungsgesetz vom 26.3.2007, BGBl. I, 378.
3 Arzneimittelmarktneuordnungsgesetz vom 22.12.2010, BGBl. I, 2262.
4 BT-Dr. 17/2413, 23.
5 Vierzehntes Gesetz zur Änderung des Fünften Sozialgesetzbuchs vom 27.3.2014, BGBl. I, 261.
6 LSG Bln-Bbg, Urt. v. 28.6.2016, L 7 KA 16/14 KL, juris Rn. 57 ff. mwN; ablehnend Stallberg, PharmR 2017, 42.
7 VO (EG) Nr. 141/2000 des Europäischen Parlaments und des Rats vom 16.12.1999 über Arzneimittel für seltene Leiden, ABl.EG L S. 18 ff.
8 Zuletzt geändert am 18.12.2014, BAnz. AT v. 15.4.2015, B2, in Kraft seit 16.4.2015.

Abs. 3 bewertet hat. Das Verfahren richtet sich nach § 130 Abs. 8, wenn das Arzneimittel im Rahmen der Bewertung keiner Festbetragsgruppe zugeordnet wird (vgl. § 130 b Abs. 1) und ein Erstattungsbetrag (als Rabatt auf den Abgabepreis) nur durch Schiedsspruch festgelegt werden konnte. § 35 a Abs. 5 a sieht eine Bewertung nach § 35 b vor, wenn der G-BA weder einen Zusatznutzen des Arzneimittels noch nach § 35 a Abs. 4 eine therapeutische Verbesserung feststellt und der pharmazeutische Unternehmer die Bewertung nach § 35 b verlangt sowie die Kosten übernimmt.

6   Stellt der G-BA im Verfahren der frühen **Nutzenbewertung** nach § 35 a fest, ob ein Arzneimittel mit neuem Wirkstoff (→ § 35 a Rn. 9 f.) weder einen Zusatznutzen noch eine therapeutische Verbesserung aufweist, kann der pharmazeutische Unternehmer verlangen, dass eine Kosten-Nutzen-Bewertung auf seine Kosten durchgeführt wird. Das Verlangen ist in Form eines Antrags zu äußern und die Bereitschaft zur Kostenübernahme verbindlich zu erklären. Dieses Verfahren wird der Unternehmer wählen, wenn er sich eine bessere Bewertung aufgrund aktualisierter Studien und Versorgungsstudien (→ Rn. 12) verspricht.

7   Den Rahmen der Kosten-Nutzen-Bewertung im Falle des § 130 b Abs. 8 bilden Verhandlungen um Erstattungsbeträge für Arzneimittel, die keiner Festbetragsgruppe zugeordnet wurden. Scheitern die Verhandlungen, so kann eine Festsetzung der Erstattung durch **Schiedsspruch nach § 130 b Abs. 4** beantragt werden. Kommt es zum Schiedsspruch, kann die Kosten-Nutzen-Bewertung nach § 35 b beantragt werden (§ 130 b Abs. 8). Auf die Rechtmäßigkeit des Schiedsspruchs kommt es dabei nicht an. Die Bewertung bildet wiederum die Grundlage einer Erstattungsvereinbarung oder eines festsetzenden Schiedsspruchs. Im Falle des Schiedsspruchs besteht erneut die Möglichkeit zur Beantragung einer Kosten-Nutzen-Bewertung. Das Verfahren nach § 35 b ist folglich im Rahmen der Preisregulierung eines nicht festbetragsfähigen Arzneimittels mit neuem Wirkstoff mehrfach wiederholbar.

8   Antragsbefugt sind im Falle des § 130 b Abs. 8 die **Vertragsparteien**, dh nach § 130 b Abs. 1 der SpiBuKK sowie die pharmazeutischen Unternehmer. Ob der Verband der privaten Krankenversicherung, mit dem die Vertragsparteien das Benehmen herzustellen haben, „Vertragspartei" nach § 130 b Abs. 8 ist, wird nicht ausdrücklich geregelt. Die Beteiligung des Verbandes wurde aufgrund der Beschlussempfehlung des federführenden Ausschusses im Gesetzgebungsverfahren[9] eingefügt. Die Beschlussempfehlung sieht nur „Benehmen" des Verbandes in Form einer Gelegenheit zur Einflussnahme auf das Beratungsergebnis vor, nicht eine darüber hinaus gehende Beteiligung mit der Begründung, dass die privaten Krankenversicherer nicht selbst Inhaber des Rabattanspruchs nach § 78 Abs. 3 a AMG seien.[10] Der Verband der PKV wird auch nicht durch die Möglichkeit zur Stellungnahme des Verbands vor der Entscheidung der Schiedsstelle (§ 130 b Abs. 4 S. 4) sowie die Beteiligung an den durch das Bewertungsverfahren entstehenden Kosten (§ 130 b Abs. 10) „Vertragspartei". Deutlich formuliert dies § 2 der Rahmenvereinbarung nach § 130 b Abs. 9 zwischen dem SpiBuKK und den Spitzenverbänden der pharmazeutischen Unternehmen, indem er zwischen dem Status der Vertragspartei, Abs. 1, und dem des Gastes, Abs. 3, differenziert und den Vertreter des Verbandes der PKV ausdrücklich nicht zu den Vertragsparteien zählt. „Vertragspartei" sind auch nicht die Patientenorganisationen nach § 140 f, die gem. § 130 b Abs. 5 beratend an den Sitzungen der Schiedsstelle teilnehmen können.

9   Eine **Frist** oder besondere **Form** ist weder für die Antragstellung nach § 35 a Abs. 5 a noch für die nach § 130 b Abs. 8 vorgesehen.

III. Kosten-Nutzen-Bewertung

10   **1. Kosten-Nutzen-Bewertung im System des SGB V.** Die Kosten-Nutzen-Bewertung als Aufgabe von IQWiG und G-BA geht zurück auf das GKV-WSG, das die durch das GMG von 2003 eingeführte Nutzen-Bewertung durch eine gesundheitsökonomische Bewertung der Mehrkosten eines (Zusatz-)Nutzens ergänzte.[11] Aktuell ist die Bewertung der Wirtschaftlichkeit eines Arzneimittels vorgesehen bei der Bildung von Festbetragsgruppen als Aufgabe des G-BA (§ 35 Abs. 3), bei Arzneimitteln mit neuen Wirkstoffen auf Verlangen eines pharmazeutischen Unternehmers, wenn der G-BA im Rahmen der frühen Nutzenbewertung nach § 35 a keinen Zusatznutzen eines Präparats feststellt (§ 35 a Abs. 5 a) oder ein Schiedsspruch die Erstattungsbeträge festsetzt (§ 130 b), sowie als allgemeine Aufgabe des IQWiG nach § 139 a Abs. 3 Nr. 5 im Auftrag des G-BA oder des Bundesministeriums für Gesundheit (§ 139 b Abs. 1, 2, zB um den für einen Verordnungsausschuss nach § 92 Abs. 1 S. 1 Hs. 4

---

9 BT-Dr. 17/3698 v. 10.11.2010, 24.
10 BT-Dr. 17/3698, 55.
11 Zur Methode der Kosten-Nutzen-Bewertung grundsätzlich Francke/Hart, MedR 2008, 2 ff.; Hess, MedR 2010, 232 ff.; Huster, 2008, 449 ff.; ders., MedR 2010, 234 f.

erforderlichen Beweis der Unzweckmäßigkeit oder Unwirtschaftlichkeit eines Arzneimittels zu erbringen).¹² Auch für den Versorgungsanspruch mit nicht zugelassenen Arzneimitteln im Rahmen klinischer Studien nach § 35c Abs. 2 ist eine Bewertung der Angemessenheit von Mehrkosten im Verhältnis zum Zusatznutzen erforderlich. In diesem System baut die Kosten-Nutzen-Bewertung nach § 35b auf frühen Nutzenbewertungen nach § 35a sowie gegebenenfalls auf früheren Kosten-Nutzen-Bewertungen nach § 35b auf. Dies prägt den Inhalt der Bewertung, die nach § 35b Abs. 3 S. 3 „insbesondere" den Zusatznutzen sowie die Therapiekosten des jeweiligen Arzneimittels erheben soll.

2. Bewertungskriterien und Bewertungsbasis (Abs. 1 S. 3, 4). Die diesem Zweck dienende Kosten-Nutzen-Bewertung soll die Belange sowohl der Patienten als auch der Kostenträger angemessen berücksichtigen.¹³ Sie zielt auf eine Bestimmung des Verhältnisses von therapeutischem Zusatznutzen für die Patienten und Kosten (Abs. 1 S. 3 Hs. 1) im Wege des Vergleichs. Zu diesem Zweck sind zweckmäßige Vergleichstherapien und Patientengruppen festzulegen, auf die sich eine Bewertung beziehen soll. Ebenso ist vorab zu bestimmen, welcher Zeitraum, welche Art von Kosten und welches Maß für den Gesamtnutzen bei der Bewertung zu berücksichtigen sind (Abs. 1 S. 2 Hs. 1). Als Vergleichstherapien kommen andere Arzneimittel sowie andere (dh nichtmedikamentöse) Behandlungsformen in Betracht (Abs. 1 S. 3 Hs. 1). Ein Vergleich mit einer unterbleibenden Behandlung ist nicht vorgesehen. 11

Basis des Vergleichs bilden einerseits Ergebnisse klinischer Studien, andererseits sog Versorgungsstudien, deren Durchführung der G-BA mit dem pharmazeutischen Unternehmer nach Abs. 2 vereinbart hat oder die er auf Antrag des Unternehmens anerkennt (Abs. 1 S. 3 Hs. 2). Für die Nutzenbewertung kann im Unterschied zur frühen Nutzenbewertung nach § 35a auch auf klinische Studien (Begriffsdefinition in § 4 Abs. 23 AMG) zurückgegriffen werden, die erst nach Zulassung des Arzneimittels nach §§ 22 ff. AMG vorgelegt wurden (vgl. §§ 40 ff., 62 ff. AMG). Versorgungsstudien evaluieren im Unterschied zu klinischen Studien den Nutzen eines Arzneimittels unter realen Versorgungsbedingungen, sog Alltagsbedingungen.¹⁴ Grundlage der Nutzenbewertung bildet das Dossier des pharmazeutischen Unternehmers nach § 35 Abs. 1 S. 3 (Abs. 1 S. 3 Hs. 3), wobei auch hierfür auf den Stand der klinischen Studien zum Zeitpunkt der Bewertung abzustellen ist. Der Vergleich kann sich sowohl auf den Patienten-Nutzen allein beziehen als auch eine wirtschaftliche Betrachtung unter dem Aspekt der Angemessenheit und Zumutbarkeit einer Kostenübernahme durch die Versichertengemeinschaft erfordern (vgl. Abs. 1 S. 1 und 4). In letzterem unterscheidet sich die Kosten-Nutzen-Bewertung von der Nutzen-Bewertung nach § 35a. 12

Patientenrelevante Endpunkte der Nutzenbewertung bilden die Verbesserung des Gesundheitszustands, eine Verkürzung der Krankheitsdauer, eine Verlängerung der Lebensdauer, eine Verringerung der Nebenwirkungen und eine Verbesserung der Lebensqualität. Diese Kriterien stimmen teilweise, nach anderer Ansicht¹⁵ ganz mit den patientenrelevanten Endpunkten der Prüfung nach § 35 Abs. 1b S. 5 (→ § 35 Rn. 45 f.) überein. Die Bewertung des Patientennutzens erfolgt nach Methoden und Kriterien auf Grundlage des internationalen Standards der evidenzbasierten Medizin. Maßgeblich sind mehrere Abstufungen der medizinischen Evidenz von der Evidenzstufe I (randomisierte klinische Studien und systematische Übersichtsarbeiten über solche Studien) bis zur Evidenzstufe V (Assoziationsbeobachtungen, pathophysiologische Überlegungen, deskriptive Darstellungen, Einzelfallbeobachtungen).¹⁶ 13

Die Bewertung der **Wirtschaftlichkeit** soll „auch" die Angemessenheit und Zumutbarkeit einer Kostenübernahme durch die Versichertengemeinschaft berücksichtigen (Abs. 1 S. 4). Die sprachliche Fassung des Abs. 1 S. 5 ist hinsichtlich der anzuwendenden Methoden und Kriterien allerdings missglückt, denn „Internationale Standards ... der Gesundheitsökonomie", die sich „angemessen" berücksichtigen ließen, gibt es nicht.¹⁷ Die Gesetzesbegründung zum GKV-WSG¹⁸ fordert die Auswertung epidemiolo- 14

---

12 Vgl. Hauck, GesR 2012, 69, 70 f.
13 Vgl. bereits BT-Dr. 16/3100, 103 zu § 35b.
14 Vgl. Pfaff, Versorgungsforschung – Begriffsbestimmung, Gegenstand und Aufgaben, in: Pfaff/ Schrappe/ Lauterbach/Engelmann/Halber (Hrsg.), Gesundheitsversorgung und Disease Management-Grundlagen und Anwendungen der Versorgungsforschung, Bern 2003, S. 13; Rebscher, Warum brauchen wir Versorgungsforschung?, in: Ders./Kaufmann (Hrsg.), Gesundheitssysteme im Wandel, 2009, S. 119 ff.; Rebscher, Welt der Krankenversicherung 2014, S. 41 ff.
15 Hess in: KassKomm, § 35b SGB V Rn. 6.
16 Vgl. § 35 Abs. 1b S. 4, 5, sowie BSGE 93, 1, SozR 4-2500 § 31 Nr. 1 (Rn. 7); BSGE 95, 132, SozR 4-2500 § 31 Nr. 3 (Rn. 25); BSGE 107, 261, SozR 4-2500 § 35 Nr. 5 (Rn. 65); St. Augsberg, GesR 2012, 595, 598.
17 Vgl. auch Hess in: KassKomm, § 35b SGB V Rn. 9; Kraftberger/Adelt in: LPK-SGB V, § 35b Rn. 17; Martini, WiVerw 2009, 195.
18 BT-Dr. 16/3950, 10 f.

gischer Kohortenstudien, Datenbankanalysen und Analysen von GKV-Verordnungsdaten und strukturiert damit die geforderten Standards ebenfalls nicht präzise. Maßgebend sind deshalb derzeit allein die Verfahrensverordnung des G-BA und die Festlegungen des IQWiG zur Methodik der Kosten-Nutzen-Bewertung.[19]

15 **3. Bewertungsverfahren.** Der nach einem Schiedsspruch angerufene (§ 130 b Abs. 8 iVm Abs. 4) oder gem. § 35 a Abs. 5 a tätige G-BA beauftragt auf Grundlage des Antrags das **IQWiG** mit der Durchführung einer Kosten-Nutzen-Bewertung (§ 35 Abs. 1 S. 1). Er legt die Bewertungskriterien und -parameter fest, auf die sich die Kosten-Nutzen-Bewertung beziehen soll. Insbesondere sind die zweckmäßige Vergleichstherapie und die Patientengruppen, sowie der zu berücksichtigende Zeitraum festzulegen, ebenso, welche Art von Nutzen und Kosten und welches Maß für den Gesamtnutzen bei der Bewertung zu berücksichtigen sind (Abs. 1 S. 2 Hs. 1). Einzelheiten regelt die Verfahrensordnung des G-BA (Abs. 1 S. 2 Hs. 2) nicht explizit. Sie lässt aber erkennen, dass das 4. Kapitel über die Bewertung von Arzneimitteln und Medizinprodukten auf die Kosten-Nutzen-Bewertung nach § 35 b jedenfalls auch anwendbar ist (vgl. 4. Kap. § 11).

16 Nach Abs. 1 S. 2 Hs. 3 iVm § 92 Abs. 3 a hat der G-BA vor der Entscheidung über die Beauftragung eine mündliche **Anhörung** durchzuführen, in der er den in § 92 Abs. 3 a aufgeführten Sachverständigen, Unternehmen und Unternehmensorganisationen Gelegenheit zur Stellungnahme gibt. Diese Stellungnahmen hat er in seine Entscheidung über die Beauftragung einzubeziehen, dh sich mit ihnen auseinanderzusetzen, die eingeholten Gutachten und diskutierten Empfehlungen zu benennen und nach Möglichkeit zur veröffentlichen. Diese frühzeitige Einbeziehung der Sachverständigen und Betroffenen in einem breiten Beteiligungsverfahren (Scoping) ist dem Prüfungs- und Bewertungsverfahren des National Institute for Health and Care Excellence (NICE) in Großbritannien nachgebildet. Es soll Transparenz und Beteiligung im Rahmen der komplexen Bewertungsentscheidungen verbessern; zusätzlich dient es der Beschleunigung, da viele Fragen der Bewertung bereits zu Verfahrensbeginn geklärt werden können.[20]

17 Dem G-BA obliegt außerdem die Entscheidung über die **Einholung weiterer Versorgungsstudien** (Abs. 1 S. 3 Hs. 2, Abs. 2). Abs. 2 sieht vor, dass diese einschließlich der darin zu behandelnden Schwerpunkte mit dem pharmazeutischen Unternehmer zu „vereinbaren" und auf Kosten des Unternehmers durchzuführen sind. Die Vereinbarung ist nach ihrem Zweck als öffentlich-rechtlicher Vertrag zu qualifizieren. Die Studien sind bevorzugt in Deutschland durchzuführen, um eine hinreichende Aussagekraft für die Versorgungs- und Kostensituation in Deutschland zu gewährleisten. Da die Studien Grundlage der Bewertung durch das IQWiG bilden sollen, begrenzt Abs. 2 S. 2 die maximale Studiendauer auf drei Jahre. Einzelheiten sind auch hier der Regelung durch den G-BA in der Verfahrensordnung vorbehalten (Abs. 2 S. 3).

18 Der Auftrag des G-BA entfaltet im Verhältnis zum IQWiG rechtliche **Bindungswirkung** insofern, als er den Rahmen der dem Institut möglichen Bewertung bestimmt. Missverständlich ist Abs. 1 S. 5 formuliert, nach dessen Wortlaut das Institut über Methoden und Kriterien für die Erarbeitung von Bewertungen (auftragsbezogen) „bestimmt". Die Gesetzesbegründung verdeutlicht, dass der Gesetzgeber eine gesonderte auftragsbezogene Erstellung von Methoden und Kriterien durch das IQWiG nicht mehr für erforderlich hält.[21] Im Verhältnis zum Antragsteller ist der Auftrag als Verfahrensschritt ohne verfahrensabschließende rechtliche Bindungswirkung anzusehen (vgl. auch Abs. 4 S. 1).

19 Das Institut hat „hohe **Verfahrenstransparenz**" zu gewährleisten (Abs. 1 S. 6 und 7); diesem Zweck dient die eigens vorgeschriebene Veröffentlichung der jeweiligen Methoden und Kriterien im Internet. Zusätzlich soll auch auf dieser Verfahrensstufe eine „angemessene" Beteiligung der in § 35 Abs. 2 und § 139 a Abs. 5 Genannten stattfinden, dh der auch in § 92 Abs. 3 a genannten Sachverständigen und betroffenen Unternehmen sowie Unternehmensorganisationen. Das IQWiG hat auch die Interessen der Patientinnen und Patienten sowie die Selbsthilfe chronisch Kranker wahrnehmenden Organisationen und den Beauftragten nach §§ 140 f und 140 h zu beteiligen.

20 Die **Bewertung durch das IQWiG** bildet als gutachtliche Stellungnahme ohne rechtliche Bindungswirkung[22] Grundlage der abschließenden Entscheidung des G-BA über die Kosten-Nutzen-Bewertung

---

19 Zur Problematik Huster, MedR 2010, 234 ff.; Münkler, Kosten-Nutzen-Bewertungen, 68 ff.
20 Vgl. amtl. Begr., BT-Dr. 17/2413, 24.
21 BT-Dr. 17/2413, 24, zu b) cc).
22 Vgl. die amtl. Begr., BT-Dr. 17/2413, 24, zu d).

(Abs. 3). Der G-BA ist „legitimiert",[23] die Kosten-Nutzen-Bewertung als Grundlage einer Vereinbarung nach § 130b zu beschließen. Hierzu hört er erneut die in § 92 Abs. 3a genannten Personen und Organisationen an und bezieht ihre Stellungnahme in seine Entscheidung ein (Abs. 3 S. 2). Der Beschluss ist im Internet zu veröffentlichen (Abs. 3 S. 1) und wird Teil der Arzneimittelrichtlinie (Abs. 3 S. 4 iVm § 92 Abs. 1 S. 2 Nr. 6), die dem Arzt die wirtschaftliche und zweckmäßige Auswahl der Arzneimitteltherapie ermöglichen soll (vgl. § 92 Abs. 2 S. 1). Dementsprechend kann der Beschluss des G-BA auch Therapiehinweise enthalten (Abs. 3 S. 4 Hs. 2).

Dem **Bundesministerium für Gesundheit** steht – abweichend von § 94 Abs. 1 – eine Beanstandungsbefugnis nicht zu. Dem entsprechend ist auch eine Vorlage der Kosten-Nutzen-Bewertung an das Ministerium nicht erforderlich (Abs. 3 S. 5). Eine Prüfung der Beschlüsse des G-BA im Rahmen der allgemeinen Rechtsaufsicht bleibt möglich.[24]

IV. Rechtsschutz

Abs. 4 S. 1, der die Unzulässigkeit von Klagen gegen den Auftrag nach Abs. 1 S. 1 oder die gutachtliche Bewertung durch das IQWiG nach Abs. 1 S. 3 regelt, dient nicht nur zur Klarstellung, da eine dem § 44a VwGO vergleichbare Regelung für das sozialgerichtliche Verfahren fehlt. Die Regelung dient der Verfahrensbeschleunigung und Prozessökonomie. Die Rechte der Antragsteller und anderer Betroffener sind durch die Möglichkeit zur Anfechtung eines Beschlusses nach Abs. 3 ausreichend gewahrt.

Abs. 4 S. 2 legt fest, dass Klagen gegen einen Beschluss des G-BA, der eine Kosten-Nutzen-Bewertung nach Abs. 3 zum Inhalt hat, keine aufschiebende Wirkung entfalten. Vereinbarungen und schiedsrichterliche Feststellungen nach § 130b bleiben hiernach auch bei Anhängigkeit einer Klage möglich. Implizit ist damit auch gesagt, dass Beschlüsse des G-BA nach Abs. 3 nicht nur als Teil der Arzneimittelrichtlinie, sondern gesondert anfechtbar sind.

Die gerichtliche Prüfungsdichte der Entscheidungen entspricht derjenigen bei Prüfung der Nutzenbewertung nach § 35a.

§ 35c Zulassungsüberschreitende Anwendung von Arzneimitteln

(1) ¹Für die Abgabe von Bewertungen zum Stand der wissenschaftlichen Erkenntnis über die Anwendung von zugelassenen Arzneimitteln für Indikationen und Indikationsbereiche, für die sie nach dem Arzneimittelgesetz nicht zugelassen sind, beruft das Bundesministerium für Gesundheit Expertengruppen beim Bundesinstitut für Arzneimittel und Medizinprodukte, davon mindestens eine ständige Expertengruppe, die fachgebietsbezogen ergänzt werden kann. ²Das Nähere zur Organisation und Arbeitsweise der Expertengruppen regelt eine Geschäftsordnung des Bundesinstituts für Arzneimittel und Medizinprodukte, die der Zustimmung des Bundesministeriums für Gesundheit bedarf. ³Zur Sicherstellung der fachlichen Unabhängigkeit der Experten gilt § 139b Absatz 3 Satz 2 entsprechend. ⁴Der Gemeinsame Bundesausschuss kann die Expertengruppen mit Bewertungen nach Satz 1 beauftragen; das Nähere regelt er in seiner Verfahrensordnung. ⁵Bewertungen nach Satz 1 kann auch das Bundesministerium für Gesundheit beauftragen. ⁶Die Bewertungen werden dem Gemeinsamen Bundesausschuss als Empfehlung zur Beschlussfassung nach § 92 Absatz 1 Satz 2 Nummer 6 zugeleitet. ⁷Bewertungen sollen nur mit Zustimmung der betroffenen pharmazeutischen Unternehmer erstellt werden. ⁸Gesonderte Klagen gegen diese Bewertungen sind unzulässig.

(2) ¹Außerhalb des Anwendungsbereichs des Absatzes 1 haben Versicherte Anspruch auf Versorgung mit zugelassenen Arzneimitteln in klinischen Studien, sofern hierdurch eine therapierelevante Verbesserung der Behandlung einer schwerwiegenden Erkrankung im Vergleich zu bestehenden Behandlungsmöglichkeiten zu erwarten ist, damit verbundene Mehrkosten in einem angemessenen Verhältnis zum erwarteten medizinischen Zusatznutzen stehen, die Behandlung durch einen Arzt erfolgt, der an der vertragsärztlichen Versorgung oder an der ambulanten Versorgung nach den §§ 116b und 117 teilnimmt, und der Gemeinsame Bundesausschuss der Arzneimittelverordnung nicht widerspricht. ²Eine Leistungspflicht der Krankenkasse ist ausgeschlossen, sofern das Arzneimittel auf Grund arzneimittelrechtlicher Vorschriften vom pharmazeutischen Unternehmer kostenlos bereitzustellen ist. ³Der Ge-

---

23 So die amtl. Begr., BT-Dr. 17/2413, 24, zu d).
24 BT-Dr. 17/2413, 25, zu d).

meinsame Bundesausschuss ist mindestens zehn Wochen vor dem Beginn der Arzneimittelverordnung zu informieren; er kann innerhalb von acht Wochen nach Eingang der Mitteilung widersprechen, sofern die Voraussetzungen nach Satz 1 nicht erfüllt sind. [4]Das Nähere, auch zu den Nachweisen und Informationspflichten, regelt der Gemeinsame Bundesausschuss in den Richtlinien nach § 92 Abs. 1 Satz 2 Nr. 6. [5]Leisten Studien nach Satz 1 für die Erweiterung einer Zulassung einen entscheidenden Beitrag, hat der pharmazeutische Unternehmer den Krankenkassen die Verordnungskosten zu erstatten. [6]Dies gilt auch für eine Genehmigung für das Inverkehrbringen nach europäischem Recht.

Literatur:
Clemens, Zulässigkeit von Arzneiverordnungen und Kostenregresse gegen Ärzte – Off-Label-Use und Unlicensed Use, GesR 2011, 397; *Gottwald*, Die rechtliche Regulierung medizinischer Innovationen in der Gesetzlichen Krankenversicherung, 2016; *Kingreen*, Zur Neuordnung des Arzneimittelmarktes in der gesetzlichen Krankenversicherung, NZS 2011, 441; *Müller*, Die Rechtsproblematik des Off-Label-Use – Das Spannungsfeld zwischen Haftungs-, Versicherungs- und Werberecht, 2008; *Petersen-Benz/Cremaschi/Holder*, Stationärer Off-Label-Use bei Seltenen Erkrankungen, KH 2015, 550; *Walter*, Off-Label-Use: Die Haftung des verordnenden Arztes, NZS 2011, 361; *Wille/Koch*, Gesundheitsreform 2007, 2007; *Windeler/Lange*, Nutzenbewertung medizinischer Dienstleistungen im deutschen Gesundheitswesen, Bundesgesundheitsblatt 2015, 220.

I. Allgemeines	1	5. Bewertungsverfahren	18
1. Entstehungsgeschichte und Anwendungsbereich	2	6. Rechtsschutz	21
2. Zweck und Systematik	4	III. Off-Label-Use von Arzneimitteln in klinischen Studien (Abs. 2)	22
II. Abgabe von Bewertungen durch Expertengruppen (Abs. 1)	9	1. Anwendungsbereich	22
1. Anwendungsbereich	9	2. Materiellrechtliche Voraussetzungen	27
2. Erforderlichkeit der Zustimmung des pharmazeutischen Unternehmers	12	3. Kein Widerspruch des G-BA	30
3. Berufung von Expertengruppen	13	4. Kein Ausschluss des Anspruchs auf Verordnung	36
4. Bewertungskriterien und erforderliche Evidenz	16	5. Erstattungsanspruch der Krankenkassen (Abs. 2 S. 5 und 6)	37
		6. Rechtsschutz	39

I. Allgemeines

1 Die Vorschrift regelt besondere Fragen der Behandlung mit Arzneimitteln außerhalb des Anwendungsbereichs, für den diese zugelassen sind (Off-Label-Use). Abs. 1 regelt ein besonderes Verfahren der Bewertung zugelassener Arzneimittel für Indikationen und Indikationsbereiche außerhalb der Zulassung durch Expertengruppen, die beim BfArM berufen werden. Abs. 2 regelt den Anspruch Versicherter auf Versorgung mit zugelassenen Arzneimitteln im Off-Label-Use im Rahmen klinischer Studien nach § 4 Abs. 23 S. 1, §§ 40, 41 AMG.

2 **1. Entstehungsgeschichte und Anwendungsbereich.** § 35c wurde durch das GKV-Wettbewerbsstärkungsgesetz vom 26.3.2007 (BGBl. I, 378) mit dem ursprünglichen Inhalt des heutigen Abs. 2 eingefügt.

3 Die heute in Abs. 1 enthaltene Regelung geht zurück auf einen Erlass des BMGS (heute: BMG), der die Bildung einer Expertengruppe „Anwendung von Arzneimitteln außerhalb des zugelassenen Indikationsbereichs" (Expertengruppe Off-Label) und die Abgabe von Bewertungen zum Stand der wissenschaftlichen Erkenntnisse gegenüber dem G-BA anordnete.[1] Der Erlass setzte Vorgaben des BSG aus dem Urteil vom 19.3.2002[2] zu den Kriterien um, die erfüllt sein müssen, damit eine Erstattung für die Verordnung von Arzneimitteln im Off-Label-Use durch die GKV in Betracht kommt. Der Gesetzgeber übernahm das Verfahren als § 35b Abs. 3 in das GMG vom 14.11.2003 (BGBl. I, 2190) und regelte in Abs. 4 aF die Unzulässigkeit von Klagen gegen solche Bewertungen. Die inhaltlich unveränderten Regelungen wurden durch das AMNOG mit Wirkung vom 1.1.2011 (BGBl. I, 2262) nach § 35c transferiert. Die ursprünglichen Regelungen wurden durch das GKV-Versorgungsstrukturgesetz vom

---
1 Erlass vom 17.9.2002, vgl. BfArM, s. http://www.bfarm.de/DE/Arzneimittel/zul/BereitsZugelAM/offLabel/_node.html (zuletzt abgerufen am 1.5.2017). Der Kreis der Expertengruppen wurde auf dem Erlasswege 2005 und 2011 erweitert.
2 B 1 KR 37/00 R, NZS 2002, 646 – Sandoglobulin, seither st. Rspr., vgl. BSG, 26.9.2006, B 1 KR 1/06 R, NZS 2007, 489.

22.12.2011 (BGBl. I, 2983) um die heutigen Abs. 1 S. 1 2. Hs. sowie die Sätze 2 bis 5 erweitert.[3] Auch der Erlass des BMG wurde mehrfach aktualisiert; maßgeblich ist heute der Errichtungserlass vom 21.10.2009 mit Wirkung vom 1.1.2010 mit den jeweiligen Änderungen.[4]

2. Zweck und Systematik. Der Off-Label-Use stellt eine Ausnahme vom Grundprinzip der Verordnungsfähigkeit zugelassener Arzneimittel dar. Das arzneimittelrechtliche Zulassungsverfahren sichert für den Regelfall die für die Verordnungsfähigkeit eines Arzneimittels nach § 12 Abs. 1 erforderliche Qualität, vermag aber den Bedarf nach qualitativen Ansprüchen genügender Arzneimittelversorgung im Bereich seltener Krankheiten und für besondere Patientengruppen (etwa für Kinder) nicht vollständig zu decken. Ärztinnen und Ärzte haben im Rahmen ihrer Therapiefreiheit das Recht, Medikation auch außerhalb der vorgesehenen Indikation zu verordnen. Hierfür gelten allerdings besondere zivil(haftungs)rechtliche Grundsätze, und die gesetzlichen Krankenkassen sind zur Vergütung dieser Medikation nur in den durch Gesetz und Rechtsprechung vorgesehenen Fällen verpflichtet. 4

Mit § 35 c sucht der Gesetzgeber den mit dem restriktiven Zulassungsregime verbundenen Gefahren unzureichender Innovationen, einer medikamentösen Unterversorgung der betroffenen Patientengruppen oder auch einer Umgehung der Qualitätsprüfung durch unterbleibende Zulassungsanträge der pharmazeutischen Unternehmer entgegenzuwirken. Abs. 1 ermöglicht die Bewertung des Standes der wissenschaftlichen Erkenntnis für den Off-Label-Use von zugelassenen Arzneimitteln in einem besonderen Verfahren. Die Bewertungskriterien und den Grad der erforderlichen Evidenz regelt Abs. 1 nicht (→ Rn. 16). Eine Zustimmung des pharmazeutischen Unternehmers zu dieser Bewertung ist erforderlich, um eine Haftung gegen seinen Willen auszuschließen. Abs. 2 ermöglicht die Erprobung von Arzneimitteln off label in klinischen Studien zu dem Zweck, Erkenntnisgewinn und Evidenzbasierung in Bereichen zu fördern, in denen eine derartige Verbesserung der medizinischen Versorgung besonders dringlich, bislang aber nicht gewährleistet ist.[5] In dieser Zweckorientierung verbinden sich die sachlich unterschiedlichen Anwendungsbereiche von Abs. 1 und 2. Der Einsatz von zugelassenen Arzneimitteln außerhalb des Indikationsbereichs in klinischen Studien bei schwerwiegenden Erkrankungen dient außerdem der Schaffung wissenschaftlicher Evidenz, die wiederum einer Bewertung durch die nach Abs. 1 zur Bewertung eingerichteten Expertengruppen zugutekommt. Als Anwendungsgebiet für Abs. 2 nennen die Materialien exemplarisch klinische Prüfungen in der Kinderonkologie, in der oftmals nur für die Altersgruppe nicht zugelassene Medikamente für die Behandlung schwerwiegender Erkrankungen zur Verfügung stehen und für die eine Zulassungserweiterung wegen kleiner Marktsegmente und entsprechend geringem ökonomischem Interesse der Hersteller nicht zu erwarten ist.[6] Abs. 2 regelt hierfür einen Versorgungsanspruch der erkrankten Versicherten im Rahmen klinischer Studien. Zusätzlich enthält er Regelungen über die Kostentragung im Verhältnis von pharmazeutischem Unternehmer und Krankenkasse. 5

Abs. 1 steht in sachlichem Zusammenhang mit organisations- und verfahrensrechtlichen Vorschriften (etwa § 139 b Abs. 3 S. 2, § 92 Abs. 1 S. 2. Nr. 6). Ergänzende Regelungen enthalten eine Geschäftsordnung des BfArM sowie die Verfahrensordnung des G-BA (VerfO G-BA). Das Arzneimittelrecht enthält Regelungen für die Verordnung nicht zugelassener Arzneimittel (§ 21 Abs. 2 Nr. 6 AMG und Arzneimittel-Härtefall-Verordnung), die neben Abs. 1 zur Anwendung kommen können. 6

Abs. 2 steht in sachlichem Zusammenhang mit den Regelungen in § 4 Abs. 23 S. 1, §§ 40 bis 42 b AMG über die Durchführung klinischer Prüfungen. Aus Sicht der Versicherten ist die Verordnungsfähigkeit der Arzneimittel im Off-Label-Use von Bedeutung. Die **Rechtsprechung** begründet jenseits des Abs. 2 eine Verordnungsfähigkeit außerhalb der arzneimittelrechtlichen Zulassung für weitere drei Konstellationen. Erstens besteht ein Anspruch auf Versorgung mit einem für das Indikationsgebiet nicht zugelassenen Arzneimittel im Zusammenhang mit einer **schwerwiegenden** (lebensbedrohlichen oder die Lebensqualität auf Dauer nachhaltig beeinträchtigenden) Erkrankung, für die keine andere Therapie verfügbar ist, wenn aufgrund der Datenlage die begründete Aussicht besteht, dass mit dem betreffenden Präparat ein Behandlungserfolg (kurativ oder palliativ) erzielt werden kann. Eine Erfolgsaussicht ist in diesem Sinne begründet, wenn Forschungsergebnisse vorliegen, die erwarten lassen, dass das Arzneimittel für die betreffende Indikation zugelassen werden kann. Hiervon ist auszugehen, 7

---

3 Vgl. BT-Dr. 17/6906, 13.
4 Die konsolidierte Fassung ist abrufbar unter http://www.bfarm.de/DE/Arzneimittel/zul/BereitsZugelAM/offLabel/Konsolidierter_Erlass.html;jsessionid=856811122DE5F5AFFC899B527C29108A.1_cid322?nn=3496162 (zuletzt abgerufen am 1.5.2017).
5 Vgl. BT-Dr. 16/4247, 32.
6 BT-Dr. 16/4247, 33.

wenn die Erweiterung der Zulassung bereits beantragt ist oder wenn Ergebnisse einer kontrollierten klinischen Prüfung der Phase III (gegenüber Standard oder Placebo) veröffentlicht sind, die eine klinisch relevante Wirksamkeit bzw. einen klinisch relevanten Nutzen bei vertretbaren Risiken belegen, oder wenn außerhalb eines Zulassungsverfahrens gewonnene Erkenntnisse von gleicher Qualität veröffentlicht sind.[7] Zweitens begründet die Rspr. im Anschluss an den sog Nikolaus-Beschluss des BVerfG[8] einen unmittelbaren Leistungsanspruch der Versicherten auf Verordnung bzw. Einzelimport von nicht zugelassenen Arzneimitteln (§ 73 AMG) aus Art. 2 Abs. 1 GG iVm dem Sozialstaatsprinzip und aus Art. 2 Abs. 2 S. 1 GG in seiner Funktion als Schutzpflicht ausnahmsweise dann, wenn im Falle einer **lebensbedrohlichen oder regelmäßig tödlichen Erkrankung** vom regulären Leistungskatalog der GKV umfasste Behandlungsmethoden nicht vorliegen und die vom Versicherten gewählte andere Behandlungsmethode eine auf Indizien gestützte, nicht ganz fernliegende Aussicht auf Heilung oder wenigstens auf eine spürbar positive Einwirkung auf den Krankheitsverlauf verspricht;[9] die notwendige Gefährdungslage nimmt das BVerfG in Fortschreibung (und Eingrenzung) seiner Leitentscheidung vom 6.12.2005 in einer notstandsähnlichen Situation an, in der ein erheblicher Zeitdruck für einen zur Lebenserhaltung bestehenden akuten Behandlungsbedarf typisch ist.[10] Der diese Rspr. aufnehmende § 2 Abs. 1a SGB V erstreckt die Verordnungsfähigkeit des Off Label Use auf mit lebensbedrohlichen oder regelmäßig tödlichen Erkrankungen wertungsmäßig vergleichbare Erkrankungen bei im Übrigen gleichen Voraussetzungen (→ § 2 Rn. 17 ff., auch zu den Folgen der geänderten höchstrichterlichen Rechtsprechung).[11] Drittens sind Arzneimittel zur Behandlung seltener Erkrankungen in begrenztem Umfang außerhalb ihres Zulassungsbereichs verordnungsfähig, sofern das festgestellte Krankheitsbild aufgrund seiner **Singularität** medizinisch nicht erforschbar ist.[12] Die Anforderungen der Rechtsprechung an das Vorliegen eines Seltenheitsfalls sind hierbei strenger als die des einschlägigen europäischen Rechts.[13] Nach Abschnitt K der AM-RL, Fn. 2 bleiben diese Grundsätze unberührt, sofern nicht ein in der AM-RL geregelter Off-Label-Use betroffen ist. Die Möglichkeiten des Off-Label-Use jenseits dieser Ausnahmen im Rahmen einer neuen Untersuchungs- und Behandlungsmethode oder einer (teil-)stationären Behandlung hat das BSG eng gefasst (→ § 135 Rn. 15; → § 137c Rn. 12).[14] Wird ein Arzneimittel jenseits der anerkannten Ausnahmen zulasten der GKV an Patienten abgegeben, besteht ein Regressanspruch der Krankenkasse aus § 106.[15]

8 Die Vorschrift berührt sich mit arzneimittelrechtlichen Regelungen der EU, insbesondere der VO (EG) Nr. 726/2004 des Europäischen Parlaments und des Rates vom 21.3.2004 zur Festlegung von Gemeinschaftsverfahren für die Genehmigung und Überwachung von Human- und Tierarzneimitteln und zur Errichtung einer Europäischen Arzneimittel-Agentur, ABl.EG L 2004, 136). VO (EG) Nr. 141/2000 v. 16.12.1999, ABl.EG L 2000, 18 sowie Teil III Nr. 5 des Anhangs I des Gemeinschaftskodexes idF der RL 2003/63/EG v. 25.3.2003,[16] ABl EG L 2003, 159, regeln vorrangig Anforderungen an die Zulassung sowie die Zulassungsverfahren für Arzneimittel für seltene Krankheiten (sog Orphan Drugs).

---

7 BSG, 13.10.2010, B 6 KA 48/09 R, juris Rn. 16, SozR 4-2500 § 106 Nr. 30; BSG, 8.11.2011, B 1 KR 19/10 R, juris Rn. 16 f., BSGE 109, 211 ff.; BSG, 3.7.2012, B 1 KR 25/11 R, juris Rn. 14 ff., BSGE 111, 168 ff.; BSG, 13.12.2016, B1 KR 1/16 R, juris Rn. 15 f.; BSG, 13.12.2016, B 1 KR 10/16 R, BeckRS 2016, 114895, Rn. 15 ff.
8 BVerfG, 6.12.2005, 1 BvR 347/98, BVerfGE 115, 25, 49 ff.
9 BVerfG (K), 30.6.2008, 1 BvR 1665/07, SozR 4-2500, § 31 Nr. 17; st. Rspr. des BSG, vgl. BSG, 4.4.2006, B 1 KR 7/05 R, BSGE 96, 170 ff., und B 1 KR 12/05 R, BSGE 96, 153 ff.; BSG, 13.10.2010, B 6 KA 48/09, juris Rn. 28 ff., SozR 4-2500 § 106 Nr. 30; BSG, 13.12.2016, B 1 KR 1/16 R, Rn. 17 f.
10 BVerfG 10.11.2015, 1 BvR 2056/12, BVerfGE 140, 229 (236 Rn. 18); BVerfG, 26.3.2014,1 BvR 2415/13, Rn. 14; BVerfG (K), 11.4.2017,1 BvR 452/17.
11 Die Modifikation des verfassungsunmittelbaren Leistungsanspruchs verarbeitet in seiner Aufzählung BSG, 13.12.2016, 1 KR 1/16 R, Rn. 20 f., mangels Einschlägigkeit der Fallgruppe nicht.
12 BSG, 13.12.2016, B 1 KR 1/16, Rn. 22.
13 Ausführlich BSG, 3.7.2012, B 1 KR 25/11 R, juris Rn. 18 ff., BSGE 111, 168 ff.
14 BSG, 13.12.2016, 1 KR 1/16 R, Rn. 23 ff., 25 ff., hinsichtlich der Annahme einer neuartigen ambulanten Pharmakotherapie mit und hinsichtlich der Annahme einer (teil-)stationären Behandlung gegen LSG BW, 17.11.2015, L 11 KR 1116/12, Rn. 41 f., 46 ff.; BSG, 13.12.2016, 1 KR 10/16 R, Rn. 27.
15 Ausführlich Clemens, GesR 2011, 397 ff.; Walter, NZS 2011, 361 ff., jeweils mwN.
16 Commission Directive amending Directive 2001/83/EC of the European Parliament and of the Council on the Community code relating to medicinal products for human use.

II. Abgabe von Bewertungen durch Expertengruppen (Abs. 1)

1. Anwendungsbereich. Den für den Anwendungsbereich der Vorschrift maßgeblichen Begriff des **Arzneimittels** sowie die erforderliche arzneimittelrechtliche **Zulassung** sowie ihren Bezug auf die in Abs. 1 genannten Indikationen und Indikationsbereiche regeln §§ 2, 21, 25 AMG sowie Art. 3 Abs. 2 und 3 VO (EG) Nr. 726/2004.[17] Das Arzneimittel muss arzneimittelrechtlich **zugelassen** sein, entweder nach § 25 Abs. 1 S. 1 AMG durch die zuständige Bundesoberbehörde (das BfArM) oder nach Art. 3 Abs. 2 und 3 VO (EG) Nr. 726/2004 durch die Europäische Arzneimittelagentur (EMA). Andere Zulassungen (etwa solche nach nationalem Recht eines anderen EU-Mitgliedstaats) begründen keine Möglichkeit des Off-Label-Use.[18] Keine Anwendung findet die Vorschrift für Arzneimittel, die einer Zulassung nicht bedürfen (§ 21 Abs. 2 AMG) oder nicht verschreibungspflichtig sind (§ 34). Begrifflich vom Off-Label-Use abzugrenzen ist der sog **Unlicensed** oder **Compassionate Use**, dh die Anwendung eines möglicherweise wirksamen, aber (noch) nicht zugelassenen Arzneimittels. Seine Zulässigkeit regeln zB die VO (EG) Nr. 726/2004 und in § 21 Abs. 2 Nr. 6 AMG sowie in grundrechtswahrender Auslegung des SGB V die Rechtsprechung (→ Rn. 7) für den Einzelfall bei Patienten in lebensbedrohlichen Situationen oder mit schwerwiegenden oder nicht mehr anderweitig therapierbaren Erkrankungen im Rahmen der ärztlichen Behandlungspflicht oder der Therapiefreiheit. 9

Die **Anwendung** des Arzneimittels muss außerhalb der Indikation oder des Indikationsbereichs erfolgen, dh außerhalb des Anwendungsgebiets oder des Anwendungsbereichs, auf den bzw. das sich die arzneimittelrechtliche Zulassung ausdrücklich bezieht. Neben dem klaren Wortlaut folgt dies auch aus der Funktion der Norm, Lücke im Arzneimittelrecht aus der Perspektive der GKV durch besondere Maßnahmen der Qualitätssicherung zu schließen. 10

Der Off-Label-Use von Arzneimitteln in **klinischen Studien** nach § 4 Abs. 23 S. 1 AMG richtet sich ausschließlich nach Abs. 2. 11

2. Erforderlichkeit der Zustimmung des pharmazeutischen Unternehmers. Abs. 1 S. 7 sieht vor, dass Bewertungen nur mit Zustimmung der betroffenen pharmazeutischen Unternehmer vorgenommen werden sollen. Die Regelung nimmt Rücksicht auf die wirtschaftliche Dispositionsbefugnis der Unternehmer über das von ihnen hergestellte Produkt, signalisiert mit dem Begriff „Sollen" aber zugleich, dass die Zustimmung in besonderen Fällen entbehrlich sein kann. 12

3. Berufung von Expertengruppen. Die Abgabe von Bewertungen wird als Aufgabe Expertengruppen beim BfArM übertragen. Derzeit bestehen drei Expertengruppen für die Bereiche Onkologie, Neurologie/Psychiatrie und Innere Medizin.[19] Abs. 1 S. 1 sieht aE die Berufung mindestens einer Expertengruppe vor, die fachgebietsbezogen ergänzt werden kann. 13

Als „Experten" kommen fachlich ausgewiesene Wissenschaftlerinnen und Wissenschaftler in Betracht, die aufgrund ihrer Ausbildung und Berufserfahrung geeignet erscheinen, eine Bewertung des Standes wissenschaftlicher Erkenntnisse zu einem außerhalb seiner Indikation angewendeten Arzneimittels abzugeben.[20] Gemäß dem Erlass des BMGS (→ Rn. 3)[21] gehören einer Expertengruppe Off-Label mindestens vier und höchstens sechs Experten für das jeweilige medizinische Fachgebiet, ein Biostatiker oder Biometriker sowie zwei Vertreter des Medizinischen Dienstes der Krankenkassen an. Mitglieder ohne Stimmrecht sind je ein Vertreter oder eine Vertreterin der Patientenselbsthilfegruppen sowie der pharmazeutischen Industrie. Das Ministerium beruft die Mitglieder und stellvertretenden Mitglieder unter Berücksichtigung von Vorschlägen der Fachgesellschaften und der Spitzenverbände der Krankenkassen, der maßgeblichen Spitzenverbände der pharmazeutischen Unternehmer und – so der Erlass – „der Spitzenverbände ... der Patienten" (gemeint sein dürften die „maßgeblichen Organisationen" iSv § 140 f) für die Dauer von drei Jahren. Es kann Mitglieder abberufen, die nicht dauerhaft mitwirken oder Zweifel an ihrer Unparteilichkeit begründen. Die Mitglieder und stellvertretenden Mitglieder geben gegenüber dem BfArM vor ihrer Berufung eine Erklärung über ihre Beziehungen zu Interessenver- 14

---

17 Verordnung zur Festlegung von Gemeinschaftsverfahren für die Genehmigung und Überwachung von Human- und Tierarzneimitteln und zur Errichtung einer Europäischen Arzneimittelagentur, ABl. L 136, S. 1.
18 BSG, 8.11.2011, B 1 KR 19/10 R, juris Rn. 12, BSGE 109, 211 ff.; Clemens, GesR 2011, 397, 400.
19 BfArM, s. http://www.bfarm.de/DE/Arzneimittel/zul/BereitsZugelAM/offLabel/_node.html (zuletzt abgerufen am 1.5.2017).
20 v. Dewitz in: BeckOK SozR, SGB V, § 35 c Rn. 4.
21 Abrufbar unter http://www.bfarm.de/DE/Arzneimittel/zul/BereitsZugelAM/offLabel/Konsolidierter_Erlass.html;jsessionid=856811122DE5F5AFFC899B527C29108A.1_cid322?nn=3496162 (zuletzt abgerufen am 1.5.2017).

bänden, Auftragsinstituten und der pharmazeutischen Industrie einschließlich der Höhe von Zuwendungen ab. Die Zusammensetzung der Expertengruppen und ihre Besetzung (auch) mit Interessenvertretern lassen erkennen, dass BMG und BfArM einen nicht nur wissenschaftlich-kognitiven, sondern zugleich auch wertenden Charakter der Bewertungen zugrunde legen. Die benannten Experten haben aus diesem Grunde auch alle Beziehungen zu Interessenvertretern, zur pharmazeutischen und zur Medizinprodukteindustrie einschließlich der Art und Höhe der Zuwendungen, die sie in diesen Beziehungen erhalten, offenzulegen (Abs. 1 S. 3 iVm § 139 Abs. 3 S. 2).

15 **Organisation und Arbeitsweise der Expertengruppen** regelt auf Grundlage der Ermächtigung in Abs. 1 S. 2 neben dem Einrichtungserlass die Geschäftsordnung des BfArM[22] auf Grundlage einer Mustergeschäftsordnung des BMG (vgl. § 3 Abs. 3 GeschO) und mit dessen Zustimmung. Die Experten sind hiernach ehrenamtlich tätig und gem. § 2 GeschO insbesondere zur gewissenhaften und unparteiischen Wahrnehmung ihrer Tätigkeit sowie zur Verschwiegenheit verpflichtet. Sie werden abgefunden nach den Richtlinien des Bundesministeriums für Finanzen für die Abfindung der Mitglieder von Beiräten, Ausschüssen, Kommissionen und ähnlichen Einrichtungen des Bundes. Bei besonderer Einladung oder im Falle der Stimmberechtigung werden ihnen die Reisekosten erstattet. Abfindungen erhalten auch eingeladene Mitglieder der Patientenseite sowie hinzugezogene sachkundige Personen. Externe Sachverständige, die die Bewertungen der Expertengruppen vorzubereiten haben, erhalten eine Vergütung in entsprechender Anwendung des Justizvergütungs- und Entschädigungsgesetzes. Die Expertengruppe wählt aus ihrer Mitte einen Vorsitzenden oder eine Vorsitzende sowie deren Stellvertretung. In ihrer Arbeit wird sie durch eine Geschäftsstelle beim BfArM unterstützt, die der Dienstaufsicht des Instituts unterliegt.

16 **4. Bewertungskriterien und erforderliche Evidenz.** Bewertet werden soll der Stand der wissenschaftlichen Erkenntnis über die Anwendung von zugelassenen Arzneimitteln für den Off-Label-Use am Menschen. Weder das Gesetz noch der Einrichtungserlass konkretisieren die Bewertungskriterien. In der Zusammenschau mit §§ 21, 25 AMG dürfte sich die wissenschaftliche Erkenntnis nicht auf die grundsätzliche Wirksamkeit des bereits zugelassenen Arzneimittels und deren Grundlagen (Wirkung, Herstellung, Haltbarmachung, klinische Prüfungen hinsichtlich der zugelassenen Indikation, Nebenwirkungen, Gegenanzeigen) beziehen, sondern Aspekte der Wirksamkeit bei Anwendung jenseits der Zulassung umfassen. Hierzu zählen auch wissenschaftliche Erkenntnisse zur empfohlenen Dosierung, Art und Dauer der Anwendung.

17 Ein bestimmter Grad an Evidenz ist weder gesetzlich noch im Einrichtungserlass vorgeschrieben. Dem besonderen Charakter der Bewertung dürfte es entsprechen, den Grad an Evidenz auch davon abhängen zu lassen, welche Behandlungsalternativen mit zugelassenen Mitteln und Methoden alternativ zur Verfügung stehen.

18 **5. Bewertungsverfahren.** Die Expertengruppen werden entweder vom G-BA oder vom BMG beauftragt (Abs. 1 S. 4, 5). Für die Beauftragung durch den G-BA ist die VerfO G-BA maßgebend. Der Funktion des Bewertungsverfahrens entsprechend bezieht sich die Beauftragung auf ein bestimmtes Arzneimittel und eine konkrete Anwendung Off-Label. Ob auch für die Überprüfung der Bewertungen in geeigneten Zeitabständen (vgl. § 1 Abs. 2 1. Spiegelstrich des Einrichtungserlasses) eine gesonderte Beauftragung erforderlich ist, wird nicht geregelt, ist aber nach der Funktion des Bewertungsverfahrens als Qualitätssicherungsmaßnahme zu verneinen. Nach Auftragserteilung wird der betroffene pharmazeutische Unternehmer von der Einleitung des Bewertungsverfahrens unterrichtet und aufgefordert, die Erarbeitung der vorgesehenen Bewertung zu unterstützen. Stimmt er der Erstellung einer Bewertung nicht zu, hat diese zu unterbleiben (vgl. Abs. 1 S. 7).

19 **Zur Vorbereitung einer Bewertung** bereiten externe Sachverständige den wissenschaftlichen Erkenntnisstand mithilfe von Datenbanken sowie Informationen des betroffenen Unternehmers und des BfArM auf und vertreten diese Aufbereitung vor der Expertengruppe (vgl. § 5 Nr. 1 S. 2, 3 GeschO). Die Geschäftsstelle prüft die Aufbereitungen vor Weitergabe auf Schlüssigkeit und Plausibilität und unterstützt die Expertengruppe bei der Erarbeitung der Bewertungen. Will die Expertengruppe weitere externe Sachverständige hinzuziehen, benötigt sie das Einvernehmen der Geschäftsstelle. Ein von der Expertengruppe erarbeiteter Bewertungsvorschlag wird von der Geschäftsstelle im Internet veröffentlicht und die „Fachkreise" werden aufgefordert, innerhalb einer Frist von vier Wochen kurz, präzise

---

22 Aktuelle Fassung abrufbar unter http://www.bfarm.de/DE/Arzneimittel/zul/BereitsZugelAM/offLabel/geschaeftsordnung.html?nn=3496162 (zuletzt abgerufen am 1.5.2017).

und auf relevante Kritikpunkte beschränkt Stellung zu nehmen. Die Stellungnahmen sind von dem externen Sachverständigen aufzubereiten und der Expertengruppe vorzulegen.

Die **abschließende Bewertung** ist dem G-BA als Empfehlung zur Beschlussfassung zuzuleiten (Abs. 1 S. 6). Offenbar sieht das BfArM Konsensentscheidungen vor (vgl. § 5 Nr. 2 GeschO), denn es ermöglicht Minderheitenvoten uä erst nach Ablauf eines Jahres nach Auftragsvergabe. Die Beschlussfassung durch den G-BA erfolgt durch Aufnahme in die Arzneimittel-Richtlinien (§ 92 Abs. 1 S. 2 Nr. 6, AM-RL).[23] Parallel veröffentlicht die Geschäftsstelle beim BfArM allgemein zugänglich, zB im Internet, den Sachstand der Arbeitsaufträge, die von den Expertengruppen beschlossenen Bewertungsvorschläge und die dem G-BA zugeleiteten Bewertungen sowie die Ergebnisprotokolle der Sitzungen. 20

6. Rechtsschutz. Die Empfehlung bildet ein Verwaltungsinternum im Rahmen eines Bewertungsverfahrens, das erst mit der Aufnahme oder Ablehnung einer Off-Label-Indikation für ein zugelassenes Arzneimittel durch den G-BA abgeschlossen ist. Abs. 1 S. 8 stellt klar, dass Klagen gegen Empfehlungen durch die Expertengruppen nicht zulässig sind. 21

III. Off-Label-Use von Arzneimitteln in klinischen Studien (Abs. 2)

1. Anwendungsbereich. Abs. 2 regelt den Versorgungsanspruch Versicherter mit Arzneimitteln außerhalb der Zulassung in klinischen Studien. S. 2 normiert die Leistungs- und Bereitstellungspflicht, S. 5 und 6 die Kostentragung im Verhältnis von Krankenkasse und pharmazeutischem Unternehmer. Verfahrensrechtliche Modalitäten sind in S. 3 enthalten. S. 4 ermächtigt den G-BA zur näheren Konkretisierung in Richtlinien nach § 92 Abs. 1 S. 2 Nr. 6. Der G-BA hat von dieser Ermächtigung in Teil L (§§ 31 bis 39) AM-RL Gebrauch gemacht. 22

Der Begriff der **klinischen Studie** entspricht dem Begriff der „klinische(n) Prüfung bei Menschen" in § 4 Abs. 23 S. 1 AMG, mithin der sog AMG-Studie. Umfasst sind interventionelle Untersuchungen, die dazu bestimmt sind, klinische und pharmakologische Wirkungen von Arzneimitteln zu erforschen, nachzuweisen, Nebenwirkungen festzustellen oder die Resorption, die Verteilung, den Stoffwechsel oder die Ausscheidung zu untersuchen mit dem Ziel, sich von der Unbedenklichkeit oder Wirksamkeit der Arzneimittel zu überzeugen. In Betracht kommen neben Studien der Phase III[24] auch solche der Phasen I und II, nicht hingegen Studien der Phase IV, die zur Überprüfung der Wirksamkeit und Unbedenklichkeit eines zugelassenen Präparats im Rahmen der Zulassung dienen. Die Zulässigkeit klinischer Studien und die Anforderungen regeln §§ 40 bis 42 b AMG. Hieran knüpft § 35 c Abs. 2 SGB V mit den Regelungen eines Versorgungsanspruchs der GKV-Versicherten sowie den Leistungs- und Kostentragungspflichten der Krankenkassen lediglich an. 23

Eine Erweiterung des Anwendungsbereichs auf Studien, die nicht auf den Nachweis der Unbedenklichkeit oder Wirksamkeit eines Arzneimittels zielen, kommt nicht in Betracht. Abs. 2 ist deshalb nicht einschlägig für Studien, in denen Arzneimittel nicht selbst Prüfpräparat, sondern seine Gabe im Sinne eines anderweitigen Forschungszwecks erforderlich ist. Auch Heilversuche fallen nicht in den Anwendungsbereich des Abs. 2. 24

Die Beschränkung des Anwendungsbereichs auf die **Behandlung einer schwerwiegenden Erkrankung** knüpft an die Kriterien des BSG zur Erstattungsfähigkeit der zulassungsüberschreitenden Versorgung an. „Schwerwiegend" sind hiernach „lebensbedrohliche oder die Lebensqualität auf Dauer nachhaltig beeinträchtigende Erkrankungen",[25] die sich wegen „ihrer Schwere oder Seltenheit vom Durchschnitt der Erkrankungen abheben".[26] In diesem Rahmen hält sich die Konkretisierung der schwerwiegenden Erkrankung in § 33 AM-RL. Als schwerwiegend gelten hiernach lebensbedrohliche oder solche Erkrankungen, die aufgrund der Schwere der durch sie verursachten Gesundheitsstörung die Lebensqualität auf Dauer nachhaltig beeinträchtigen. 25

Die Behandlung muss durch einen Arzt erfolgen, der an der **vertragsärztlichen Versorgung** oder an der **ambulanten Versorgung nach den §§ 116 b und 117** teilnimmt. Im Falle der akutstationären Behandlung im Rahmen einer Studie haben die Krankenkassen auch bei der Versorgung mit Arzneimitteln 26

---

23 Richtlinie über die Verordnung von Arzneimitteln in der vertragsärztlichen Versorgung, aktuelle Fassung abrufbar unter https://www.G-BA.de/downloads/62-492-874/AM-RL_2014-02-20_iK-2014-05-13.pdf (zuletzt abgerufen am 1.5.2017).
24 Mit dieser Beschränkung noch vgl. BSG NZS 2002, 646; BSG, BeckRS 2004, 41723; BSG, 26.9.2006, B I KR 1/06, zur Erstattungsfähigkeit des Off-Label-Use.
25 BSG NZS 2002, 646.
26 BSG, 26.9.2006, B I KR 1/06, Rn. 18; Flint in: Hauck/Noftz, SGB V, § 35 c Rn. 19; v. Dewitz in: BeckOK SozR, SGB V, § 35 c Rn. 20.

nach § 8 Abs. 1 S. 2 KHEntG, § 10 Abs. 3 der BundespflegesatzVO und § 17 Abs. 3 R. 2 KHFinG den Versorgungsanteil mit den normalen Entgelten für die allgemeinen Krankenhausleistungen zu vergüten. Mehrkosten infolge der Studie sollen deshalb bei stationärer Versorgung nicht durch die Krankenkassen getragen, sondern über Fremdmittel für Forschung und Lehre oder über Drittmittel finanziert werden.[27]

27 **2. Materiellrechtliche Voraussetzungen.** Abs. 2 S. 1 regelt einen Anspruch der **Versicherten mit schwerwiegender Erkrankung, die an klinischen AMG-Studien teilnehmen**, gegen ihre Krankenkasse (vgl. S. 2). Stehen andere erfolgversprechende Behandlungsmöglichkeiten nicht zur Verfügung, bietet der Anspruch nach Abs. 2 S. 1 einen Anreiz der einschlägig erkrankten Versicherten zur Aufnahme in die Studie, der umso stärker ist, je weniger eine Finanzierung des Arzneimittels im Wege der Selbstzahlung wegen der Höhe des Preises in Betracht kommt. Ein Spannungsverhältnis zur Freiwilligkeit der Teilnahme an einer Studie (§ 40 Abs. 1 S. 3 Nr. 3 AMG iVm § 3 Abs. 2 b S. 1 GCP-V) besteht gleichwohl nicht, da andernfalls eine Behandlung gar nicht in Betracht käme.

28 Der Leistungsanspruch setzt voraus, dass die Versorgung mit dem Arzneimittel eine therapierelevante **Verbesserung der Behandlung der schwerwiegenden Erkrankung im Vergleich zu bestehenden Behandlungsmöglichkeiten** erwarten lässt. Der Vergleich erfordert eine Prognose zur therapeutischen Wirksamkeit und Unbedenklichkeit der Versorgung in Relation mit anderen Therapieformen. Der Vergleich sollte sich auf Behandlungsmöglichkeiten für vergleichbare Patientengruppen beziehen. Er schließt auch nicht medikamentöse Therapieformen ein. Vergleichbare Behandlungsmöglichkeiten müssen „bestehen", dh bekannt und für die Behandlung zulasten der Krankenkassen zugelassen sein (vgl. auch § 34 Abs. 2 AM-RL). Nicht erforderlich ist es, dass die klinische Studie selbst im kontrollierten Vergleich unterschiedlicher Therapieformen besteht.[28] Allerdings verlangt der G-BA, dass die Studie den Anforderungen der GCP-V und der Gemeinsamen Bekanntmachung des BfArM sowie des Paul-Ehrlich-Instituts zur klinischen Prüfung von Arzneimitteln am Menschen genügt und ggf. auch indikationsspezifische Anforderungen der Zulassungsbehörden (BfArM oder EMA) beachtet werden (§ 35 AM-RL).

29 Der Leistungsanspruch setzt weiter voraus, dass mit der Arzneimittelversorgung verbundene **Mehrkosten in einem angemessenen Verhältnis zum erwarteten medizinischen Zusatznutzen** stehen. Erforderlich ist eine ökonomische Kosten-Nutzen-Bewertung,[29] bei der zunächst die Mehrkosten (im Vergleich mit alternativen bestehenden Behandlungsformen) zu ermitteln und anschließend zum ermittelten Zusatznutzen in Relation zu bringen sind. Abzuwägen sind die Mehrkosten mit den Kosten der in der Studie eingesetzten Therapie, die dem allgemein anerkannten Stand der medizinischen Erkenntnisse entspricht (§ 36 AM-RL).

30 **3. Kein Widerspruch des G-BA.** Der Leistungsanspruch steht unter dem formellen Vorbehalt, dass der **G-BA** der Arzneimittelverordnung nicht widerspricht (Abs. 2 S. 3). S. 4 ermächtigt den G-BA, „das Nähere" in den Richtlinien nach § 92 Abs. 1 S. 2 Nr. 6 zu regeln. Mit dem Zusatz „auch zu Nachweisen und Informationspflichten" wird verdeutlicht, dass die Befugnis des G-BA zur Ausgestaltung des Widerspruchsverfahrens den verfahrensleitenden Akt der „Information" bzw. „Mitteilung" nach S. 3 umfasst, aber darüber hinaus reicht. Von seiner Befugnis zur Ausgestaltung hat der G-BA in §§ 31 bis 39 AM-RL Gebrauch gemacht.

31 Hinsichtlich der Verordnungsfähigkeit nach Abs. 2 S. 1 hat der G-BA einen weiten Entscheidungsspielraum. Bei der Prognose des therapeutischen Nutzens kommt ihm ein Beurteilungsspielraum zu. Er darf und soll aber nach Vorstellung des Gesetzgebers[30] dabei nicht selbst Tatbestände aufarbeiten und Bewertungen abgeben, die bereits durch andere in die klinischen Studien eingebundene Stellen, etwa die zuständige Bundesoberbehörde oder Ethikkommission, aufgearbeitet und vorentschieden worden sind. Liegen die Voraussetzungen der Verordnungsfähigkeit nicht vor, steht der Widerspruch im Ermessen des G-BA. Ein Widerspruch trotz Vorliegen der Voraussetzungen kommt hingegen wegen der Grundrechte der Versicherten nach Art. 2 Abs. 1 GG, die § 35 c Abs. 2 in Bezug auf die Arzneimittelverordnung ausgestaltet, nicht in Betracht.

---

27 Vgl. BT-Dr. 16, 4247, 33.
28 v. Dewitz in: BeckOK SozR, SGB V, § 35 c Rn. 21.
29 Zur Methode grundsätzlich Francke/Hart, MedR 2008, 2 ff.; Hess, MedR 2010, 232 ff.; Huster, 2008, 449 ff.; ders., MedR 2010, 234 f.
30 Vgl. BT-Dr. 16/4247.

Der G-BA ist nach Abs. 2 S. 3 mindestens zehn Wochen vor Beginn der Arzneimittelverordnung zu informieren und kann innerhalb von acht Wochen nach Eingang der Mitteilung widersprechen. Die Fristen sind so bemessen, dass die Frage eines Widerspruchs bei Beginn der Arzneimittelverordnung als geklärt betrachtet werden kann. Die verfahrensleitende und die Widerspruchsfrist in Gang setzende **Information** nach S. 3 hat mindestens zehn Wochen vor Beginn der Arzneimittelverordnung zu erfolgen. Die Information ist entgegen der unspezifischen Vorstellung des Gesetzgebers[31] und der Ausgestaltung durch den G-BA (vgl. § 37 AM-RL) kein „Antrag" im verwaltungsverfahrensrechtlichen Sinn. Sie entspricht vielmehr einer „Anzeige" oder „Anmeldung", die den G-BA nicht zum Tätigwerden zwingt, sondern lediglich den Lauf einer Frist auslöst, die für die gebotene Prüfung durch den G-BA zur Verfügung steht.[32] Auch der nicht geglückte Begriff der Informations-„Pflicht" in Abs. 2 S. 4 lässt keine andere Auslegung zu; es besteht vielmehr ein Informations-„Vorbehalt", da ohne vorherige, die Widerspruchsfrist auslösende Information des G-BA ein Anspruch der in die Studie eingebundenen Versicherten auf die Versorgungsleistung der Krankenkasse ausscheidet. Der G-BA prüft nach Information von Amts wegen.[33] § 37 AM-RL bedarf insoweit der Überarbeitung. 32

Welche Information (die identisch ist mit der in Abs. 2 S. 3 ebenfalls genannten Mitteilung) die Widerspruchsfrist auslöst, überlässt der Gesetzgeber der Konkretisierung durch den G-BA. Dieser verlangt in § 37 AM-RL ua das vollständige Vorliegen von Informationen und Unterlagen über die Genehmigung und zustimmende Bewertung der Studie, die Vorlage des Prüfplans und Erläuterungen, inwieweit das Arzneimittel zulassungsüberschreitend eingesetzt wird, näher benannte Nachweise über die eingebundenen Prüfärzte, Begründungen und Angaben zu den vom G-BA vorzunehmenden medizinischen und gesundheitsökonomischen Bewertungen sowie Angaben zum in der Studie festgelegten Vertriebsweg. Umfasst sind damit Angaben und Unterlagen, die dem G-BA ohne eigene Recherchen die Prüfung der materiellrechtlichen Voraussetzungen eines Versorgungsanspruchs gegen die Krankenkasse ermöglichen. Den **Absender der Information** legt der Gesetzgeber ebenfalls nicht fest. Nach § 37 Abs. 1 AM-RL hat die Information durch den Sponsor iSd § 4 Abs. 24 AMG zu erfolgen. Dies ist sachgerecht, da der Sponsor zum einen über die umfassenden, die Widerspruchsfrist auslösenden Informationen verfügt und zum anderen die Gesamtverantwortung für die Studie trägt. Damit ist zugleich die Verantwortlichkeit im Innenverhältnis zu den versicherten Studienteilnehmern hinreichend geklärt. Der G-BA hält sich mit der Festlegung im Rahmen seiner Konkretisierungsbefugnis; aus rechtsstaatlichen Gründen wäre allerdings eine Regelung des Informationspflichtigen in Abs. 2 S. 3 zu empfehlen. 33

§ 37 Abs. 3 AM-RL stellt klar, dass nur die **vollständige**, dh alle Angaben nach Abs. 2 umfassende Information die Widerspruchsfrist des Abs. 2 S. 3 auslöst. Der G-BA wählt hierzu die Möglichkeit des „Widerspruchs" mit der Wirkung eines erneuten Fristbeginns. Eine wirksame **Rücknahme der Information** als fristauslösender Verfahrenshandlung durch den Sponsor bleibt möglich.[34] Es wäre wenig verfahrensökonomisch und nicht sachgerecht, den G-BA an der Widerspruchsfrist festzuhalten, wenn der Sponsor seinerseits nach Information des G-BA (und ggf. nach Erörterung der Sach- und Rechtslage mit diesem) von der Studie Abstand nehmen möchte oder Zweifel an der Erfüllung der Anspruchsvoraussetzungen hegt. 34

Der Widerspruch ist ein **Verwaltungsakt**, der belastende Regelungswirkung gegenüber dem Sponsor sowie den in die Studie eingebundenen Versicherten und begünstigende Regelungswirkung gegenüber den betroffenen Krankenkassen entfaltet. Die Rechte der Studienleiter sowie der Prüfärztinnen und -ärzte werden durch die Entscheidung nicht berührt. **Schriftform** ist nicht vorgeschrieben, aber aus Beweisgründen vorzuziehen und, wie § 39 AM-RL zeigt, vom G-BA auch vorgesehen. Als schriftlicher Verwaltungsakt mit belastender Regelung bedarf der Widerspruch einer **Begründung** und **Rechtsbehelfsbelehrung**. § 39 ermöglicht dem G-BA eine **Veröffentlichung** der Entscheidung mit den tragenden Gründen im Internet, sofern der Sponsor der Veröffentlichung nicht innerhalb einer – mit fünf Werktagen nach Zugang sehr kurz bemessenen – Frist widerspricht. Die Entscheidung, keinen Widerspruch zu erheben, ist mangels Außenwirkung kein Verwaltungsakt. Eine Veröffentlichung dieser Entscheidung ist nicht erforderlich. Eine entsprechende Verfahrenspraxis des G-BA (vgl. § 39 AM-RL) wäre aber aus Gründen der Verfahrenstransparenz auch nicht unzulässig. Von § 35 c nicht gedeckt ist aller- 35

---

31 Vgl. BT-Dr. 16/4247, 33: „unbürokratisches Antragsverfahren".
32 Die Konstruktion ist der des besonders überwachungsbedürftigen Gewerbes nach § 38 GewO vergleichbar, bei dem die nach § 14 erforderliche Anmeldung des Gewerbes eine unverzügliche Überprüfungspflicht der zuständigen Behörde auslöst.
33 Ebenso v. Dewitz in: BeckOK SozR, SGB V, § 35 c Rn. 25; aA Hess in: KassKomm, § 35 c SGB V Rn. 18 f.
34 AA v. Dewitz in: BeckOK SozR, SGB V, § 35 c Rn. 25.

dings die Regelung der Pflichten und Beziehungen des Sponsors, der Prüfärztinnen und -ärzte sowie der Krankenkassen in § 38 AM-RL bei Entstehen eines Versorgungsanspruchs nach § 35 c Abs. 2.

36 **4. Kein Ausschluss des Anspruchs auf Verordnung.** Eine Leistungspflicht der Krankenkasse und damit ein Versorgungsanspruch des Versicherten scheiden aus, wenn der **pharmazeutische Unternehmer zur kostenlosen Bereitstellung des Arzneimittels verpflichtet** ist (Abs. 2 S. 2). § 47 Abs. 1 S. 2 lit. g AMG sieht vor, dass Arzneimittel vom pharmazeutischen Unternehmer an Krankenhäuser und Ärzte abgegeben werden dürfen, wenn sie mit dem Hinweis „Zur klinischen Prüfung bestimmt" versehen sind und kostenlos zur Verfügung gestellt werden. Die Vorschrift ist allerdings im Geltungsbereich des § 35 c Abs. 2 nicht anwendbar auf nicht vom pharmazeutischen Unternehmer initiierte, unkommerzielle Studien, für die überdies ein anderer Vertriebsweg genutzt, zB das Arzneimittel von einer Apotheke bezogen wird. Folgerichtig beschränkt der G-BA in § 31 AM-RL die Möglichkeit der Verordnung zulassungsüberschreitender Anwendungen auf nichtkommerzielle klinische Studien. Diese bilden auch nach Vorstellung des Gesetzgebers den typischen, wenn auch nicht den einzigen Anwendungsbereich.[35]

37 **5. Erstattungsanspruch der Krankenkassen (Abs. 2 S. 5 und 6).** Im Falle der Versorgungspflicht nach Abs. 2 S. 1 haben Krankenkassen die Chance zum Rückgriff gegen den pharmazeutischen Unternehmer, der für das einschlägige Arzneimittel die Erweiterung der Zulassung betreibt. Der Anspruch steht jeder **Krankenkasse** zu, die Versorgungsleistungen im Rahmen von Abs. 2 S. 1 erbracht hat. Ein Rückgriff kommt für **Zulassungserweiterungen** nach § 22 AMG, gem. Abs. 2 S. 6 aber auch für Genehmigungen für das Inverkehrbringen nach europäischem Recht[36] in Betracht. Er erfolgt gegenüber dem **pharmazeutischen Unternehmer**, der die Zulassungserweiterung (zB nach § 21 Abs. 3 S. 1 AMG) beantragt (hat). Voraussetzung ist, dass die einschlägige klinische Studie einen **entscheidenden Beitrag** für die Erweiterung der Zulassung leistet. Entscheidend sind nur solche wissenschaftlichen Erkenntnisse, die sich auf die eine Zulassungserweiterung begründende Wirksamkeit und Unbedenklichkeit des Arzneimittels auf dem bislang nicht zugelassenen Gebiet beziehen. Ein entscheidender, dh mindestens maßgeblicher Beitrag wird in der Regel in klinischen Studien der Phase III erbracht, ist grundsätzlich aber auch bei Studien der Phasen I und II nicht ausgeschlossen. Der Erstattungsanspruch kann frühestens **nach Stellung eines Antrags auf Erweiterung** der Zulassung gegenüber dem pharmazeutischen Unternehmer geltend gemacht werden. In der Regel wird es für den Nachweis des entscheidenden Beitrags einer Betrachtung ex post, dh nach Entscheidung der Arzneimittelbehörden über die Erweiterung der Zulassung bedürfen.

38 Die Rückforderung durch die Krankenkassen erfolgt mittels Rückforderungsbescheid gegenüber dem pharmazeutischen Unternehmer, gegen den dieser mit Widerspruch und Anfechtungsklage vorgehen kann. Vor Erlass des Rückforderungsbescheids ist der Unternehmer anzuhören (§ 24 SGB X) und im Bescheid der Rückforderungsanspruch unter Darlegung des entscheidenden Beitrags der Studie für die Erweiterung der Zulassung zu begründen (gem. § 35 SGB X). Hiervon abweichend können Krankenkassen und pharmazeutischer Unternehmer die Erstattung der Kosten auch vereinbaren.

39 **6. Rechtsschutz.** Gegen einen Widerspruch des G-BA gegen die Arzneimittelverordnung können der Sponsor und die Versicherten, nicht hingegen der pharmazeutische Unternehmer, der Studienleiter sowie Prüfärztinnen/-ärzte Widerspruch und Anfechtungsklage erheben. Die betroffenen Krankenkassen können beim G-BA dessen Widerspruch beantragen und beim Sozialgericht einen Antrag auf Widerspruch im Wege der einstweiligen Anordnung stellen. Der Anordnungsgrund ergibt sich aus der nach Abs. 2 S. 3 laufenden Frist. Die Erfolgsaussichten sind allerdings angesichts des weiten Entscheidungsspielraums, den der Gesetzgeber dem G-BA einräumt, gering.

40 Machen die Krankenkassen den Erstattungsanspruch nach Abs. 2 S. 5 im Wege eines Bescheids geltend, steht dem pharmazeutischen Unternehmer hiergegen Widerspruch und Anfechtungsklage zu.

---

35 Vgl. amtl. Begr., BT-Dr. 16/4247, 33.
36 In Form einer zentralen Zulassung durch die Europäische Arzneimittel-Agentur, EMA, gem. Art. 3 Abs. 2, 3 VO (EG) Nr. 726/2004).

§ 36 Festbeträge für Hilfsmittel

(1) ¹Der Spitzenverband Bund der Krankenkassen bestimmt Hilfsmittel, für die Festbeträge festgesetzt¹ werden. ²Dabei sollen unter Berücksichtigung des Hilfsmittelverzeichnisses nach § 139 in ihrer Funktion gleichartige und gleichwertige Mittel in Gruppen zusammengefasst und die Einzelheiten der Versorgung festgelegt werden. ³Den maßgeblichen Spitzenorganisationen der betroffenen Hersteller und Leistungserbringer auf Bundesebene ist unter Übermittlung der hierfür erforderlichen Informationen innerhalb einer angemessenen Frist vor der Entscheidung Gelegenheit zur Stellungnahme zu geben; die Stellungnahmen sind in die Entscheidung einzubeziehen.

(2) ¹Der Spitzenverband Bund der Krankenkassen setzt für die Versorgung mit den nach Absatz 1 bestimmten Hilfsmitteln einheitliche Festbeträge fest. ²Absatz 1 Satz 3 gilt entsprechend. ³Die Hersteller und Leistungserbringer sind verpflichtet, dem Spitzenverband Bund der Krankenkassen auf Verlangen die zur Wahrnehmung der Aufgaben nach Satz 1 und nach Absatz 1 Satz 1 und 2 erforderlichen Informationen und Auskünfte, insbesondere auch zu den Abgabepreisen der Hilfsmittel, zu erteilen.

(3) § 35 Abs. 5 und 7 gilt entsprechend.

Die Gruppenbildung gemäß Abs. 1 soll sich am Hilfsmittelverzeichnis gemäß § 139 orientieren. Bislang erfolgte eine Festsetzung für Einlagen, Hörhilfen, Inkontinenzhilfen, Hilfsmittel zur Kompressionstherapie, Sehhilfen und Stoma-Artikel. Die auf Bundesebene vom SpiBu-GKV bestimmten Festbeträge wirken sich über § 33 Abs. 2 S. 1 direkt auf den Leistungsanspruch des Versicherten aus. Sie bilden aber auch eine Untergrenze, die nicht unterschritten werden darf.² Gemäß der Verweisung in Abs. 3 erfolgt die Festsetzung durch Allgemeinverfügung und Bekanntgabe im Bundesanzeiger. Eine Klage gegen die Festbetragsfestsetzung hat keine aufschiebende Wirkung. Ein Vorverfahren findet nicht statt. Umfangreiche Informationen zu den Festbetragsgruppen und den Festbeträgen gibt es auf der Homepage des SpiBu-GKV.³ Durch das HHVG vom 4.4.2017 wurde Abs. 1 S. 3 dahingehend konkretisiert, dass von maßgeblichen Leistungserbringern auf Bundesebene gesprochen wird.

1

§ 37 Häusliche Krankenpflege

(1) ¹Versicherte erhalten in ihrem Haushalt, ihrer Familie oder sonst an einem geeigneten Ort, insbesondere in betreuten Wohnformen, Schulen und Kindergärten, bei besonders hohem Pflegebedarf auch in Werkstätten für behinderte Menschen neben der ärztlichen Behandlung häusliche Krankenpflege durch geeignete Pflegekräfte, wenn Krankenhausbehandlung geboten, aber nicht ausführbar ist, oder wenn sie durch die häusliche Krankenpflege vermieden oder verkürzt wird. ²§ 10 der Werkstättenverordnung bleibt unberührt. ³Die häusliche Krankenpflege umfaßt die im Einzelfall erforderliche Grund- und Behandlungspflege sowie hauswirtschaftliche Versorgung. ⁴Der Anspruch besteht bis zu vier Wochen je Krankheitsfall. ⁵In begründeten Ausnahmefällen kann die Krankenkasse die häusliche Krankenpflege für einen längeren Zeitraum bewilligen, wenn der Medizinische Dienst (§ 275) festgestellt hat, daß dies aus den in Satz 1 genannten Gründen erforderlich ist.

(1 a) ¹Versicherte erhalten an geeigneten Orten im Sinne von Absatz 1 Satz 1 wegen schwerer Krankheit oder wegen akuter Verschlimmerung einer Krankheit, insbesondere nach einem Krankenhausaufenthalt, nach einer ambulanten Operation oder nach einer ambulanten Krankenhausbehandlung, soweit keine Pflegebedürftigkeit mit Pflegegrad 2, 3, 4 oder 5 im Sinne des Elften Buches vorliegt, die erforderliche Grundpflege und hauswirtschaftliche Versorgung. ²Absatz 1 Satz 4 und 5 gilt entsprechend.

(2) ¹Versicherte erhalten in ihrem Haushalt, ihrer Familie oder sonst an einem geeigneten Ort, insbesondere in betreuten Wohnformen, Schulen und Kindergärten, bei besonders hohem Pflegebedarf auch in Werkstätten für behinderte Menschen als häusliche Krankenpflege Behandlungspflege, wenn diese zur Sicherung des Ziels der ärztlichen Behandlung erforderlich ist. ²§ 10 der Werkstättenverordnung

---

1 Siehe hierzu ua die Bek. des Spitzenverbandes Bund der Krankenkassen (GKV-Spitzenverband) über den Beschluss des Festbetragsgruppensystems und der Festbeträge für Hörhilfen und die Bek. des GKV-Spitzenverbandes über den Beschluss des Festbetragsgruppensystems und der Festbeträge für Einlagen gemäß § 36 SGB V.
2 BSG, 17.12.2009, B 3 KR 20/08 R, BSGE 105, 170.
3 S. www.gkv-spitzenverband.de bzw. https://hilfsmittel.gkv-spitzenverband.de/home.action (zuletzt abgerufen am 1.5.2017).

bleibt unberührt. ³Der Anspruch nach Satz 1 besteht über die dort genannten Fälle hinaus ausnahmsweise auch für solche Versicherte in zugelassenen Pflegeeinrichtungen im Sinne des § 43 des Elften Buches, die auf Dauer, voraussichtlich für mindestens sechs Monate, einen besonders hohen Bedarf an medizinischer Behandlungspflege haben. ⁴Die Satzung kann bestimmen, dass die Krankenkasse zusätzlich zur Behandlungspflege nach Satz 1 als häusliche Krankenpflege auch Grundpflege und hauswirtschaftliche Versorgung erbringt. ⁵Die Satzung kann dabei Dauer und Umfang der Grundpflege und der hauswirtschaftlichen Versorgung nach Satz 4 bestimmen. ⁶Leistungen nach den Sätzen 4 und 5 sind nach Eintritt von Pflegebedürftigkeit mit mindestens Pflegegrad 2 im Sinne des Elften Buches nicht zulässig. ⁷Versicherte, die nicht auf Dauer in Einrichtungen nach § 71 Abs. 2 oder 4 des Elften Buches aufgenommen sind, erhalten Leistungen nach Satz 1 und den Sätzen 4 bis 6 auch dann, wenn ihr Haushalt nicht mehr besteht und ihnen nur zur Durchführung der Behandlungspflege vorübergehender Aufenthalt in einer Einrichtung oder in einer anderen geeigneten Unterkunft zur Verfügung gestellt wird. ⁸Versicherte erhalten in stationären Einrichtungen im Sinne des § 43 a des Elften Buches Leistungen nach Satz 1, wenn der Bedarf an Behandlungspflege eine ständige Überwachung und Versorgung durch eine qualifizierte Pflegefachkraft erfordert.

(2 a) ¹Die häusliche Krankenpflege nach den Absätzen 1 und 2 umfasst auch die ambulante Palliativversorgung. ²Für Leistungen der ambulanten Palliativversorgung ist regelmäßig ein begründeter Ausnahmefall im Sinne von Absatz 1 Satz 5 anzunehmen. ³§ 37 b Absatz 4 gilt für die häusliche Krankenpflege zur ambulanten Palliativversorgung entsprechend.

(3) Der Anspruch auf häusliche Krankenpflege besteht nur, soweit eine im Haushalt lebende Person den Kranken in dem erforderlichen Umfang nicht pflegen und versorgen kann.

(4) Kann die Krankenkasse keine Kraft für die häusliche Krankenpflege stellen oder besteht Grund, davon abzusehen, sind den Versicherten die Kosten für eine selbstbeschaffte Kraft in angemessener Höhe zu erstatten.

(5) Versicherte, die das 18. Lebensjahr vollendet haben, leisten als Zuzahlung den sich nach § 61 Satz 3 ergebenden Betrag, begrenzt auf die für die ersten 28 Kalendertage der Leistungsinanspruchnahme je Kalenderjahr anfallenden Kosten an die Krankenkasse.

(6) Der Gemeinsame Bundesausschuss legt in Richtlinien nach § 92 fest, an welchen Orten und in welchen Fällen Leistungen nach den Absätzen 1 und 2 auch außerhalb des Haushalts und der Familie des Versicherten erbracht werden können.

(7) ¹Der Gemeinsame Bundesausschuss regelt in Richtlinien nach § 92 unter Berücksichtigung bestehender Therapieangebote das Nähere zur Versorgung von chronischen und schwer heilenden Wunden. ²Die Versorgung von chronischen und schwer heilenden Wunden kann auch in spezialisierten Einrichtungen an einem geeigneten Ort außerhalb der Häuslichkeit von Versicherten erfolgen.

Literatur:

Weber, Häusliche Krankenpflege nach SGB V in einer stationären Einrichtung der Eingliederungshilfe, NZS 2011, 650; *Igl*, Die unbehelfliche Abgrenzung der Leistungen häuslicher Krankenpflege nach dem SGB V und häuslicher Pflege nach dem SGB XI, SGb 1999, 111; *Luthe*, Die neue Kurzzeitpflege bei fehlender Pflegebedürftigkeit im SGB V, MedR 2016, 311.

I. Entstehungsgeschichte und allgemeine Bedeutung 1	a) Häusliche Krankenpflege durch geeignete Pflegekräfte 19
II. Normzweck 2	b) Behandlungspflege, Grundpflege, hauswirtschaftliche Versorgung 20
III. Verhältnis zu Ansprüchen auf häusliche Pflege nach dem SGB XI 3	aa) Behandlungspflege 21
IV. Krankenhausersatzpflege und Krankenhausvermeidungspflege (Abs. 1) 6	bb) Grundpflege 22
1. Anspruchsvoraussetzungen 6	cc) Hauswirtschaftliche Versorgung 23
a) Versicherte 7	c) Zeitlicher Anspruchsumfang 24
b) Neben der ärztlichen Behandlung .. 8	3. Werkstätten für Menschen mit Behinderung (Abs. 1 S. 2) 27
c) Haushalt, Familie oder sonst geeigneter Ort 9	V. Grundpflege und hauswirtschaftliche Versorgung wegen schwerer Krankheit oder akuter Verschlimmerung einer Krankheit (Abs. 1 a) 28
d) Krankenhausbehandlung ist geboten, aber nicht ausführbar, oder sie wird durch die häusliche Krankenpflege vermieden oder verkürzt 14	VI. Behandlungssicherungspflege (Abs. 2) 35
e) Formale Voraussetzungen 17	1. Anspruchsvoraussetzungen 35
2. Anspruchsumfang 19	2. Anspruchsumfang 40

a)	Behandlungspflege als Regelleistung	40	VII.	Ambulante Palliativversorgung (Abs. 2 a)...	54
b)	Grundpflege und hauswirtschaftliche Versorgung als Satzungsleistungen	44	VIII.	Anspruchsausschluss bei Pflege durch Haushaltsangehörigen (Abs. 3)...........	58
3.	Werkstätten für Menschen mit Behinderung (Abs. 2 S. 2)	47	IX.	Anspruch auf Kostenerstattung (Abs. 4)....	63
4.	Versicherte in Pflegeeinrichtungen iSd § 43 SGB XI (Abs. 2 S. 3)	48	X.	Zuzahlung (Abs. 5)...........................	66
5.	Versicherte in Einrichtungen iSd § 71 Abs. 2 oder 4 SGB XI (Abs. 2 S. 7)......	50	XI.	Richtlinien des Gemeinsamen Bundesausschusses zu den Orten und Fällen der Leistungserbringung (Abs. 6)............	67
6.	Versicherte in stationären Einrichtungen iSd § 43 a SGB XI (Abs. 2 S. 8)	53	XII.	Richtlinien des Gemeinsamen Bundesausschusses zur Versorgung von chronischen und schwer heilenden Wunden (Abs. 7).....	69

I. Entstehungsgeschichte und allgemeine Bedeutung

§ 37 regelt den Anspruch Versicherter auf häusliche Krankenpflege, die eine Form der Krankenbehandlung iSd § 27 darstellt (s. § 27 Abs. 1 S. 2 Nr. 4; s. auch § 73 Abs. 2 S. 1 Nr. 8). Insofern konkretisiert § 37 den § 27 Abs. 1 S. 2 Nr. 4.[1] Zu unterscheiden sind im Rahmen des § 37 die sog **Krankenhausersatzpflege** (Abs. 1 1. Alt.) und **Krankenhausvermeidungspflege** (Abs. 1 2. Alt.) sowie die **Behandlungssicherungspflege** (Abs. 2).[2] In allen diesen Fällen beinhaltet die häusliche Krankenpflege Pflegemaßnahmen, die neben einer ambulanten ärztlichen Behandlung erbracht werden (Abs. 1 S. 1: „neben der ärztlichen Behandlung"; Abs. 2 S. 1: „zur Sicherung des Ziels der ärztlichen Behandlung").[3] Abs. 1 und 2 unterscheiden sich in ihren Voraussetzungen und im Anspruchsumfang: Im Fall des Abs. 1 ist eigentlich Krankenhausbehandlung geboten, aber nicht ausführbar, oder Krankenhausbehandlung wird durch häusliche Krankenpflege vermieden oder verkürzt. Als Regelleistungen umfasst häusliche Krankenpflege nach Abs. 1 Grundpflege, Behandlungspflege und hauswirtschaftliche Versorgung (Abs. 1 S. 3), allerdings zeitlich begrenzt auf vier Wochen je Krankheitsfall (Abs. 1 S. 4), wobei eine Verlängerungsmöglichkeit besteht (Abs. 1 S. 5). Im Fall des Abs. 2 wird häusliche Krankenpflege zur Sicherung der ambulanten ärztlichen Behandlung erbracht. Als Regelleistung beinhaltet häusliche Krankenpflege nach Abs. 2 nur Behandlungspflege, allerdings zeitlich unbegrenzt (Abs. 2 S. 1); Grundpflege und hauswirtschaftliche Versorgung können bis zum Eintritt von Pflegebedürftigkeit mit mindestens Pflegegrad 2 iSd SGB XI als Satzungsleistungen der Krankenkasse erbracht werden, auf die der Versicherte aber keinen Anspruch hat (Abs. 2 S. 4 bis S. 6: „kann", S. 4). Abs. 1 ist *lex specialis* zu Abs. 2.[4] Im Gegensatz zu Abs. 1 und Abs. 2 werden nach dem zum 1.1.2016[5] neu eingefügten Abs. 1a Grundpflege und hauswirtschaftliche Versorgung ohne einen gleichzeitigen Bedarf an medizinischer Behandlungspflege gewährt, womit der Gesetzgeber eine Versorgungslücke geschlossen hat (→ Rn. 33).

II. Normzweck

Normzweck von Abs. 1 und Abs. 2 ist die Sicherstellung der erforderlichen Krankenbehandlung außerhalb eines Krankenhauses. Im Fall des Abs. 1 S. 1 Alt. 1 soll die Krankenbehandlung durch geeignete Pflegemaßnahmen in Fällen gesichert werden, in denen Krankenhausbehandlung geboten, aber nicht ausführbar ist.[6] Krankenhausvermeidungspflege gem. Abs. 1 S. 1 Alt. 2 dient dem Ziel, es dem Versicherten zu „ermöglichen, frühzeitig in den häuslichen Bereich zurückzukehren", und setzt damit zugleich Anreize, die regelmäßig kostenaufwändigere „Krankenhausbehandlung soweit wie möglich ab-

---

1 Luthe in: Hauck/Noftz, SGB V, § 37 Rn. 5.
2 Wie hier begrifflich für § 37 Abs. 1 Alt. 1 als Krankenhausersatzpflege („krankenhausersetzende Krankenpflege"), § 37 Abs. 1 Alt. 2 als Krankenhausvermeidungspflege und § 37 Abs. 2 als Behandlungssicherungspflege Luthe in: Hauck/Noftz, SGB V, § 37 Rn. 19, 21; ähnlich Rixen in: Becker/Kingreen, § 37 Rn. 1; terminologisch etwas anders Muckel/Ogorek, Sozialrecht, 4. Aufl. 2011, § 8 Rn. 117ff.: Krankenhausersatzpflege (Abs. 1) und Behandlungssicherungspflege (Abs. 2); ebenso Hellkötter-Backes in: LPK-SGB V, § 37 Rn. 3; Knispel in: BeckOK SozR, SGB V, § 37 Rn. 1; wiederum anders Fuchs/Preis, Sozialversicherungsrecht, 2. Aufl. 2009, S. 322: Krankenhausvermeidungspflege (Abs. 1) und Behandlungssicherungspflege (Abs. 2); Wagner in: Krauskopf, § 37 SGB V Rn. 2 differenziert zwischen „krankenhausersetzende(r) (sog Vermeidungspflege nach Abs. 1) und behandlungssichernde(r) (sog Sicherungspflege nach Abs. 2)"; s. auch BT-Dr. 11/3480, 54 zu § 37 Abs. 1: „krankenhausersetzende häusliche Krankenpflege".
3 Hellkötter-Backes in: LPK-SGB V, § 37 Rn. 5; vgl. auch Luthe in: Hauck/Noftz, SGB V, § 37 Rn. 15.
4 Im Ergebnis ebenso Dalichau, SGB V, § 37 S. 4.
5 BGBl. I 2015, 2229, 2253.
6 Vgl. Luthe in: Hauck/Noftz, SGB V, § 37 Rn. 6.

zukürzen oder zu vermeiden".[7] Zweck der Behandlungssicherungspflege iSd Abs. 2 S. 1 ist es, durch häusliche Pflegemaßnahmen das Ziel der ambulanten ärztlichen Behandlung zu sichern,[8] also die Heilung der Krankheit, die Verhütung ihrer Verschlimmerung oder die Linderung von Krankheitsbeschwerden zu erreichen (vgl. § 27 Abs. 1 S. 1). Abs. 1a dient der Schließung von Versorgungslücken, indem häusliche Krankenpflege in Fällen sichergestellt wird, in denen Versicherte sich wegen der Schwere ihrer Krankheit nicht selbst pflegen und versorgen können; ein gleichzeitiger Bedarf an medizinischer Behandlungspflege muss nicht bestehen (→ Rn. 33). Abs. 3 bringt die Subsidiarität der von den Krankenkassen finanzierten Krankenpflege durch Pflegekräfte gegenüber der unentgeltlichen Krankenpflege durch Haushaltsangehörige zum Ausdruck.[9]

III. Verhältnis zu Ansprüchen auf häusliche Pflege nach dem SGB XI

3   Ein Konkurrenzverhältnis zwischen dem Anspruch auf häusliche Krankenpflege nach § 37 Abs. 1 und Ansprüchen gegen die **Pflegeversicherung** auf Pflegemaßnahmen in Gestalt von Grundpflege und hauswirtschaftlicher Versorgung (s. § 36 Abs. 1 S. 1, Abs. 2, § 14 f. SGB XI) besteht regelmäßig nicht. Der Anspruch auf häusliche Krankenpflege iSd Abs. 1 umfasst neben Behandlungspflege auch Grundpflege und hauswirtschaftliche Versorgung (s. Abs. 1 S. 3). Für diese Leistungen ist ausschließlich die Krankenversicherung zuständig und die Pflegeversicherung unzuständig. Der Grund ist, dass häusliche Krankenpflege iSd Abs. 1 einen an sich erforderlichen Krankenhausaufenthalt ersetzt oder vermeidet bzw. verkürzt. Ohne häusliche Krankenpflege müsste sich der Versicherte in stationäre Krankenhausbehandlung begeben, für die allein die Krankenversicherung nach dem SGB V zuständig wäre (s. § 39). Aus diesem Grund ist die Krankenversicherung auch dann allein zuständig, wenn Krankenhausbehandlung durch häusliche Krankenpflege (und ambulante ärztliche Behandlung) ersetzt wird. Der Anspruch auf Grundpflege und hauswirtschaftliche Versorgung nach dem SGB XI ruht in diesen Fällen (§ 34 Abs. 2 S. 1 SGB XI, bei einem Aufenthalt in stationärer Einrichtung iVm § 71 Abs. 4 SGB XI). Eine Doppelzuständigkeit von Kranken- und Pflegeversicherung besteht nicht, so dass sich kein Konkurrenz- und Abgrenzungsproblem ergibt.

4   Es besteht auch kein Konkurrenzverhältnis zwischen Ansprüchen nach § 37 Abs. 1a und Ansprüchen gegen die Pflegeversicherung nach dem SGB XI, weil Ansprüche auf Grundpflege und hauswirtschaftliche Versorgung nach § 37 Abs. 1a nur bestehen, soweit bei dem Versicherten keine Pflegebedürftigkeit mit Pflegegrad 2, 3, 4 oder 5 iSd SGB XI vorliegt.

5   Hiervon unterscheidet sich die Situation bei § 37 Abs. 2. Häusliche Krankenpflege iSd Abs. 2 ersetzt nicht einen an sich erforderlichen Krankenhausaufenthalt, sondern sichert das Ziel ambulanter ärztlicher Behandlung (s. Abs. 2 S. 1). Der Anspruch auf häusliche Krankenpflege umfasst daher grundsätzlich nur Behandlungspflege, nicht Grundpflege und hauswirtschaftliche Versorgung (Abs. 2 S. 1). Grundpflege und hauswirtschaftliche Versorgung können zwar als Satzungsleistungen der Krankenkassen gewährt werden, jedoch nicht mehr nach Eintritt von Pflegebedürftigkeit mit mindestens Pflegegrad 2 iSd SGB XI (Abs. 2 S. 6). Für die Grundpflege und hauswirtschaftliche Versorgung pflegebedürftiger Kranker ist daher grundsätzlich allein die Pflegeversicherung zuständig. Gleichwohl weisen der Anspruch nach Abs. 2 auf Behandlungspflege und der Anspruch nach dem SGB XI auf Grundpflege (und hauswirtschaftliche Versorgung) insoweit einen Überschneidungsbereich auf, als einzelne Maßnahmen beiden Leistungsarten zuzurechnen sind, also sowohl Behandlungs- als auch Grundpflege sind. Insofern besteht eine Doppelzuständigkeit von Kranken- und Pflegeversicherung, so dass zur Vermeidung von Doppelleistungen an den Versicherten eine **Zuständigkeitsabgrenzung** erforderlich ist (→ Rn. 43 f.).

IV. Krankenhausersatzpflege und Krankenhausvermeidungspflege (Abs. 1)

6   **1. Anspruchsvoraussetzungen.** Abs. 1 S. 1 gewährt Versicherten einen **Anspruch** auf häusliche Krankenpflege in ihrem Haushalt, ihrer Familie oder sonst an einem geeigneten Ort, wenn Krankenhausbehandlung geboten, aber nicht ausführbar ist (Krankenhausersatzpflege), oder wenn sie durch die häusliche Krankenpflege vermieden oder verkürzt wird (Krankenhausvermeidungspflege bzw. Krankenhausverkürzungspflege).

---

[7] BT-Dr. 11/2237, 176; vgl. auch BSGE 63, 140, 141; Hellkötter-Backes in: LPK-SGB V, § 37 Rn. 1, 7.
[8] Dalichau, SGB V, § 37 S. 17; Luthe in: Hauck/Noftz, SGB V, § 37 Rn. 6.
[9] Vgl. BT-Dr. 11/2237, 177.

a) **Versicherte.** Anspruchsberechtigt sind **Versicherte** iSd §§ 5, 9 und 10, also alle gesetzlich sowie freiwillig in der gesetzlichen Krankenversicherung versicherten Personen einschließlich der beitragsfrei mitversicherten Ehegatten, Lebenspartner und Kinder (§ 10).[10]

b) **Neben der ärztlichen Behandlung.** Die häusliche Krankenpflege muss **neben einer ambulanten ärztlichen Behandlung** erfolgen („neben der ärztlichen Behandlung").[11] „Ärztliche Behandlung" ist nur eine **vertragsärztliche Behandlung**, eine privatärztliche Behandlung genügt nicht.[12] Da § 37 den § 27 konkretisiert, kommt dem Begriff der ärztlichen Behandlung in beiden Vorschriften dieselbe Bedeutung zu. Hieraus folgt zugleich als ungeschriebene Voraussetzung des § 37 Abs. 1, dass der Versicherte eine behandlungsbedürftige Krankheit iSd § 27 Abs. 1 haben muss.[13] Pflegebedürftigkeit ohne Krankheit begründet keinen Anspruch auf häusliche Krankenpflege nach § 37 Abs. 1.[14] Da der Krankheitsbegriff des Abs. 1 neben somatischen auch psychische Erkrankungen umfasst, genügen diese für den Anspruch auf häusliche Krankenpflege.[15]

c) **Haushalt, Familie oder sonst geeigneter Ort.** Der Versicherte erhält häusliche Krankenpflege gem. Abs. 1 S. 1 in seinem Haushalt oder seiner Familie oder sonst an einem **geeigneten Ort**, wobei der Gesetzgeber als geeignete Orte beispielhaft insbesondere betreute Wohnformen, Schulen und Kindergärten, bei besonders hohem Pflegebedarf auch Werkstätten für behinderte Menschen nennt.

Haushalt des Versicherten ist der Ort, an dem er seinen privaten Lebensmittelpunkt hat und seine menschlichen Grundbedürfnisse wie Schlafen, Ernährung und Körperpflege erfüllt,[16] also regelmäßig die Wohnung oder das Haus des Versicherten. Der Haushalt muss auf gewisse Dauer angelegt sein und eine eigenständige private Lebens- und Wirtschaftsführung ermöglichen.[17] Um einen eigenen Haushalt des Versicherten handelt es sich in Abgrenzung zur „Familie des Versicherten" sowie zum Aufenthalt in einer stationären Einrichtung, wenn der Versicherte ihn allein oder gemeinsam mit anderen führt, er also die haushaltsmäßige Wirtschaftsführung eigen- oder mitverantwortlich bestimmt.[18] Maßgebliche Anhaltspunkte hierfür sind, ob ihm das Eigentum und der Besitz an der Wohnung und dem Mobiliar zustehen, er die Kosten der Wohnung trägt und über die Nutzung der Räumlichkeiten sowie die Abläufe in der Wohnung entscheidet.[19] Ein eigener Haushalt des Versicherten ist zB die Wohngemeinschaft[20] oder die abgeschlossene Wohneinheit in einem Alten- oder Pflegeheim oder einem Mehrgenerationenhaus, wenn die Bewohner ihren Lebensalltag im Wesentlichen selbst organisieren, also „eigenständig haushaltstypische Verrichtungen vornehmen".[21] Haushalt des Versicherten kann auch der Wohnwagen oder das Hausboot sein, wenn der Versicherte dort seinen Lebensmittelpunkt hat und die Räumlichkeiten die Erfüllung der menschlichen Grundbedürfnisse vor Ort zulassen. Minderjährige Kinder, die bei ihren Eltern leben, führen keinen eigenen Haushalt.[22]

---

10 Knispel in: BeckOK SozR, SGB V, § 37 Rn. 2; Rixen in: Becker/Kingreen, § 37 Rn. 2; Dalichau, SGB V, § 37 S. 18; vgl. auch Hellkötter-Backes in: LPK-SGB V, § 37 Rn. 2; Ricken in: Eichenhofer/Wenner, § 37 Rn. 2: Anspruchsinhaber sind Versicherte nach §§ 5 bis 10 SGB V.
11 Nach BSG, SozR 4-2500, § 37 Nr. 10 soll eine privatärztliche Behandlung genügen; ebenso Hellkötter-Backes in: LPK-SGB V, § 37 Rn. 5.
12 Trenk-Hinterberger in: Spickhoff, Medizinrecht, § 37 SGB V Rn. 2.
13 Hellkötter-Backes in: LPK-SGB V, § 37 Rn. 2; Ricken in: Eichenhofer/Wenner, § 37 Rn. 2; Luthe in: Hauck/Noftz, SGB V, § 37 Rn. 43; Wagner in: Krauskopf, § 37 SGB V Rn. 3 f.; Knispel in: BeckOK SozR, SGB V, § 37 Rn. 3.
14 Luthe in: Hauck/Noftz, SGB V, § 37 Rn. 43; Knispel in: BeckOK SozR, SGB V, § 37 Rn. 3.
15 Vgl. BT-Dr. 11/2237, 176; BSGE 50, 73, 74; Ricken in: Eichenhofer/Wenner, § 37 Rn. 2; Luthe in: Hauck/Noftz, SGB V, § 37 Rn. 44; Hellkötter-Backes in: LPK-SGB V, § 37 Rn. 2; Wagner in: Krauskopf, § 37 SGB V Rn. 3; Knispel in: BeckOK SozR, SGB V, § 37 Rn. 3.
16 Vgl. Ricken in: Eichenhofer/Wenner, § 37 Rn. 3; Nolte in: KassKomm, SGB V, § 37 Rn. 12 a; Luthe in: Hauck/Noftz, SGB V, § 37 Rn. 49, 57; Wagner in: Krauskopf, § 37 SGB V Rn. 6. Das BSG definiert den Haushalt als „häusliche, wohnungsmäßige, familienhafte Wirtschaftsführung", s. BSGE 86, 101, 105; BSG, SozR 4-2500, § 37 Nr. 5.
17 Vgl. BSG, SozR 4-2500, § 37 Nr. 5; Luthe in: Hauck/Noftz, SGB V, § 37 Rn. 57.
18 Vgl. BSG, BeckRS 2016, 71298; BSG, SozR 4-2500, § 37 Nr. 5; Ricken in: Eichenhofer/Wenner, § 37 Rn. 3; Wagner in: Krauskopf, § 37 SGB V Rn. 7 f.; Luthe in: Hauck/Noftz, SGB V, § 37 Rn. 58, 63; Knispel in: BeckOK SozR, SGB V, § 37 Rn. 5, der eine (Mit-)Nutzungsmöglichkeit von Küche und Badezimmer verlangt.
19 Vgl. BSGE 30, 28, 30; BSG, SozR 4-2500, § 37 Nr. 5; Luthe in: Hauck/Noftz, SGB V, § 37 Rn. 61; Hellkötter-Backes in: LPK-SGB V, § 37 Rn. 9.
20 Knispel in: BeckOK SozR, SGB V, § 37 Rn. 5; Rixen in: Becker/Kingreen, § 37 Rn. 2.
21 Bezogen auf Alten- und Pflegeheime auch BT-Dr. 11/2237, 176; Rixen in: Becker/Kingreen, § 37 Rn. 2; Luthe in: Hauck/Noftz, SGB V, § 37 Rn. 65; bezogen auf Wohnheime Knispel in: BeckOK SozR, SGB V, § 37 Rn. 5 a.
22 Vgl. Wagner in: Krauskopf, § 37 SGB V Rn. 7; Ricken in: Eichenhofer/Wenner, § 37 Rn. 3.

11 Familie des Versicherten ist der Haushalt einer mit ihm verwandten oder verschwägerten Person (Klein- und Großfamilie),[23] in den der Versicherte aufgenommen ist, in dem er also seinen privaten Lebensmittelpunkt hat und regelmäßig seine menschlichen Grundbedürfnisse erfüllt.[24] Anders als bei dem eigenen Haushalt steht der Versicherte dem Haushalt seiner Familie nicht (mit) vor. Ehepartner und eingetragene Lebenspartner haben regelmäßig einen eigenen (gemeinsamen) Haushalt, sind also nicht „Familie" des anderen. Partner einer nichtehelichen oder nichtlebenspartnerschaftlichen Lebensgemeinschaft sind mangels Verwandtschaft oder Verschwägerung nicht Familie des jeweils anderen.[25] Insofern kann aber ein (gemeinsamer) Haushalt der Partner oder ein sonstiger geeigneter Ort vorliegen.[26] Eine durch den Pflegedienst eigens angemietete Wohnung, in der ein Kleinkind getrennt von seinen Eltern und Geschwistern rund um die Uhr gepflegt und betreut wird, ist weder ein Haushalt noch eine Familienwohnung iSd § 37 Abs. 1, so dass kein Anspruch auf häusliche Krankenpflege in dieser Wohnung besteht.[27]

12 Seit 1.4.2007 besteht ein Anspruch auf häusliche Krankenpflege auch an jedem **sonst geeigneten Ort**, wobei Abs. 1 S. 1 beispielhaft[28] („insbesondere") betreute Wohnformen,[29] Schulen, Kindergärten sowie bei besonders hohem Pflegebedarf Werkstätten für behinderte Menschen nennt. Der Gesetzgeber wollte damit den Haushaltsbegriff des Abs. 1 S. 1 „vorsichtig erweitern", um „neue Wohnformen, Wohngemeinschaften und betreutes Wohnen hinsichtlich der Erbringung von häuslicher Krankenpflege gegenüber konventionellen Haushalten nicht" zu benachteiligen und „eine vorschnelle Einweisung in stationäre Einrichtungen" zu vermeiden.[30] Gemäß § 1 Abs. 2 S. 2 Häusliche Krankenpflege-Richtlinie des G-BA (HKP-RI) (→ Rn. 67) sind geeignete Orte solche, „an denen sich die oder der Versicherte regelmäßig wiederkehrend aufhält und an denen die verordnete Maßnahme zuverlässig durchgeführt werden kann und für die Erbringung der einzelnen Maßnahmen geeignete räumliche Verhältnisse vorliegen (zB im Hinblick auf hygienische Voraussetzungen, Wahrung der Intimsphäre, Beleuchtung), wenn die Leistung aus medizinisch-pflegerischen Gründen während des Aufenthaltes an diesem Ort notwendig ist".

13 Werkstätten für behinderte Menschen können ein geeigneter Ort für die Erbringung häuslicher Krankenpflege nur sein, wenn die Intensität oder Häufigkeit der in der Werkstatt zu erbringenden Pflege so hoch ist, dass nur durch den Einsatz einer Pflegefachkraft Krankenhausbehandlungsbedürftigkeit vermieden (Abs. 1) oder das Ziel der ärztlichen Behandlung gesichert werden kann (Abs. 2) (s. § 1 Abs. 7 S. 1 HKP-RI).[31] Insoweit ist der Anspruch gegen die Krankenkasse auf häusliche Krankenpflege gem. § 37 Abs. 1 S. 2 subsidiär gegenüber dem vorrangigen Anspruch gegen die Werkstatt (→ Rn. 27). Auch **teil- oder vollstationäre Einrichtungen** iSd §§ 41 ff. SGB XI, stationäre Einrichtungen für Menschen mit Behinderung iSd § 43 a SGB XI (s. aber einschränkend Abs. 2 S. 8) und Einrichtungen der Eingliederungshilfe iSd §§ 53 ff. SGB XII können geeignete Orte für häusliche Krankenpflege sein.[32] Allerdings besteht ein Anspruch auf häusliche Krankenpflege in solchen Einrichtungen nach § 37 Abs. 1

---

23 Knispel in: BeckOK SozR, SGB V, § 37 Rn. 6.
24 Für eine Erstreckung des Familienbegriffs auf Verwandte und Verschwägerte des Versicherten auch Knispel in: BeckOK SozR, SGB V, § 37 Rn. 6; Rixen in: Becker/Kingreen, § 37 Rn. 2; Luthe in: Hauck/Noftz, SGB V, § 37 Rn. 58 f. zählt zur Familie Verwandte und Verschwägerte bis zum 2. Grad; gleichsinnig Wagner in: Krauskopf, § 37 SGB V Rn. 8.
25 Ebenso BSGE 67, 46, 47 f.; Dalichau, SGB V, § 37 S. 19; Hellkötter-Backes in: LPK-SGB V, § 37 Rn. 10; aA Luthe in: Hauck/Noftz, SGB V, § 37 Rn. 59, der eine Familie auch bei nichtehelichen Lebensgemeinschaften für möglich hält; ebenso Rixen in: Becker/Kingreen, § 37 Rn. 2; Wagner in: Krauskopf, § 37 SGB V Rn. 8; Ricken in: Eichenhofer/Wenner, § 37 Rn. 3; bezogen auf eingetragene Lebenspartner unter Hinweis auf § 11 Abs. 1 LPartG auch Knispel in: BeckOK SozR, SGB V, § 37 Rn. 6.
26 Ebenso Dalichau, SGB V, § 37 S. 19.
27 BSG, BeckRS 2016, 71298.
28 Siehe BT-Dr. 16/4247, 33.
29 Näher zum Begriff Weber, NZS 2011, 650, 651; Rixen in: Becker/Kingreen, § 37 Rn. 3.
30 BT-Dr. 16/3100, 104.
31 Vgl. auch BT-Dr. 16/4247, 33 f.; BT-Dr. 16/3100, 104; gleichsinnig LSG Hmb, PflR 2010, 81, 83; LSG Bbg, NZS 2010, 563, 564; Hellkötter-Backes in: LPK-SGB V, § 37 Rn. 13; Wagner in: Krauskopf, § 37 SGB V Rn. 9; Ricken in: Eichenhofer/Wenner, § 37 Rn. 4; Luthe in: Hauck/Noftz, SGB V, § 37 Rn. 53.
32 BSGE 118, 122, 124 ff.; Weber, NZS 2011, 650, 651 ff.; Luthe in: Hauck/Noftz, SGB V, § 37 Rn. 66; Rixen in: Becker/Kingreen, § 37 Rn. 3; aA bezogen auf Heime iSd HeimG Knispel in: BeckOK SozR, SGB V, § 37 Rn. 8 a; LSG Brem, L 8 SO 1/07 vom 23.4.2009; für Heime iSd HeimG als geeignete Orte iSd § 37 Abs. 1 S. 1 LSG Hmb, PflR 2010, 81 ff.

S. 1 nur, soweit kein entsprechender gesetzlicher Anspruch gegen die Pflegeeinrichtung besteht.[33] Der Anspruch nach Abs. 1 S. 1 ist gegenüber dem (anderweitig gesetzlich geregelten) Anspruch gegen die Einrichtung subsidiär. Das Gleiche soll für Seniorenresidenzen mit Service-Wohnen gelten.[34] Für Versicherte in stationären Einrichtungen iSd § 43 a SGB XI hat der Gesetzgeber den Anspruch auf häusliche Krankenpflege in Abs. 2 S. 2 auf Versicherte beschränkt, bei denen der Bedarf an Behandlungspflege eine ständige Überwachung und Versorgung durch eine qualifizierte Pflegefachkraft erfordert (→ Rn. 53). Soweit der Versicherte keinen Anspruch auf häusliche Krankenpflege gegen den Einrichtungsträger hat und deshalb ein Anspruch auf häusliche Krankenpflege gem. Abs. 1 S. 1 besteht, kann diese – als Sachleistung der Krankenkasse durch entsprechenden Vertrag mit dem Einrichtungsträger oder als selbstbeschaffte Kraft des Versicherten gem. Abs. 4 – auch von Pflegekräften der Einrichtung geleistet werden.[35]

d) **Krankenhausbehandlung ist geboten, aber nicht ausführbar, oder sie wird durch die häusliche Krankenpflege vermieden oder verkürzt.** Häusliche Krankenpflege wird als **Krankenhausersatzpflege** gem. Abs. 1 S. 1 Alt. 1 gewährt, wenn Krankenhausbehandlung geboten, aber nicht ausführbar ist. **Geboten** ist Krankenhausbehandlung, wenn sie objektiv erforderlich ist, um die Krankheit des Versicherten zu erkennen, zu heilen, ihre Verschlimmerung zu verhüten oder Krankheitsbeschwerden zu lindern (s. § 27 Abs. 1 S. 1). Dies ist der Fall, wenn das Behandlungsziel nicht durch ambulante Behandlung erreicht werden kann (vgl. § 39 Abs. 1 S. 2),[36] etwa weil die Behandlung der Krankheit eine spezielle apparative Ausstattung, besonders geschultes Personal oder die jederzeitige Eingriffsmöglichkeit eines Arztes verlangt.[37] Dagegen wird teilweise vertreten, dass an das Merkmal der Gebotenheit iSd § 37 Abs. 1 S. 1 geringere Anforderungen zu stellen seien als an die Erforderlichkeit iSd § 39 Abs. 1 S. 2. Geboten sei Krankenhausbehandlung bereits dann, wenn sie angezeigt bzw. zweckmäßig erscheine.[38] Hiergegen spricht der Wortlaut des § 37 Abs. 1 S. 1. Abs. 1 S. 1 Alt. 1 gewährt daher einen Anspruch auf häusliche Krankenpflege, obwohl sie medizinisch objektiv nicht ausreichend iSd § 12 Abs. 1 S. 1 ist, um das Behandlungsziel zu erreichen. Da die an sich gebotene Krankenhausbehandlung nicht ausführbar ist, soll das Behandlungsziel auf zweitbestem Weg durch ambulante ärztliche Behandlung in Verbindung mit häuslicher Krankenpflege verwirklicht werden.[39] Der Gesetzgeber nimmt die geringere Eignung häuslicher Krankenpflege verglichen mit Krankenhausbehandlung zur Krankenbehandlung bewusst in Kauf.

Nicht ausführbar ist Krankenhausbehandlung, wenn sie tatsächlich unmöglich ist.[40] Umstände, die die Unmöglichkeit begründen, können außerhalb (objektive Unausführbarkeit) oder in der Person des Versicherten (subjektive Unausführbarkeit) liegen. Zu solchen Umständen gehören fehlende Kapazitäten des Krankenhauses,[41] die Transportunfähigkeit des Versicherten[42] und die Unzumutbarkeit eines Krankenhausaufenthalts für den Versicherten.[43] Lehnt der Versicherte einen Krankenhausaufenthalt

---

33 BSGE 118, 122, 124 u. 131 ff.; Weber, NZS 2011, 650, 652 f.; Luthe in: Hauck/Noftz, SGB V, § 37 Rn. 55; LSG Hmb, PflR 2010, 81 ff.; aA LSG Nds-Bremen, L 8 SO 1/07 vom 23.4.2009. S. auch BT-Dr. 16/3100, 104, wonach bereits kein sonstiger geeigneter Ort sein soll, „wenn sich der Versicherte in einer Einrichtung befindet, in der er nach den gesetzlichen Bestimmungen Anspruch auf die Erbringung medizinischer Behandlungspflege durch die Einrichtung hat".
34 LSG RhPf, RDG 2016, 128 ff.
35 Im Ergebnis ebenso Weber, NZS 2011, 650, 654 f.
36 BSGE 30, 144, 146; 44, 140, 141; 83, 254, 259; Nolte in: KassKomm, SGB V, § 37 Rn. 6; Wagner in: Krauskopf, § 37 SGB V Rn. 12; Hellkötter-Backes in: LPK-SGB V, § 37 Rn. 6; Luthe in: Hauck/Noftz, SGB V, § 37 Rn. 68; Knispel in: BeckOK SozR, SGB V, § 37 Rn. 14; Dalichau, SGB V, § 37 S. 3; Ricken in: Eichenhofer/Wenner, § 37 Rn. 5. Nach Hellkötter-Backes in: LPK-SGB V, § 37 Rn. 7 soll es genügen, wenn die Krankenhausbehandlung in absehbarer Zeit erforderlich wird.
37 Vgl. BSG NZS 2000, 27, 29; Dalichau, SGB V, § 37 S. 3.
38 So Muckel/Ogorek, Sozialrecht, 4. Aufl. 2011, § 8 Rn. 118; Schneider in: Schulin, HS-KV, § 22 Rn. 318.
39 Vgl. BSGE 83, 254, 258; Luthe in: Hauck/Noftz, SGB V, § 37 Rn. 68 f.
40 Im Ergebnis ebenso Ricken in: Eichenhofer/Wenner, § 37 Rn. 5.
41 Vgl. Knispel in: BeckOK SozR, SGB V, § 37 Rn. 14; Luthe in: Hauck/Noftz, SGB V, § 37 Rn. 70; Ricken in: Eichenhofer/Wenner, § 37 Rn. 5; Hellkötter-Backes in: LPK-SGB V, § 37 Rn. 6; Wagner in: Krauskopf, § 37 SGB V Rn. 13.
42 Hellkötter-Backes in: LPK-SGB V, § 37 Rn. 6; Ricken in: Eichenhofer/Wenner, § 37 Rn. 5; Luthe in: Hauck/Noftz, SGB V, § 37 Rn. 70; Wagner in: Krauskopf, § 37 SGB V Rn. 13; Knispel in: BeckOK SozR, SGB V, § 37 Rn. 14.
43 Luthe in: Hauck/Noftz, SGB V, § 37 Rn. 70.

ab, müssen seine Gründe objektiv nachvollziehbar sein und die Nichtdurchführbarkeit der Krankenhausbehandlung rechtfertigen.

16 Ein Anspruch auf häusliche Krankenpflege besteht alternativ, wenn Krankenhausbehandlung durch häusliche Krankenpflege vermieden oder verkürzt wird (**Krankenhausvermeidungspflege**). Im Gegensatz zur Krankenhausersatzpflege wird bei Krankenhausvermeidungspflege durch häusliche Krankenpflege (neben ambulanter ärztlicher Behandlung) bewirkt, dass Krankenhausbehandlung gar nicht erst oder nicht mehr länger erforderlich iSd § 39 Abs. 1 S. 2 ist. Häusliche Krankenpflege (Hand in Hand mit ambulanter ärztlicher Behandlung) muss daher mindestens ebenso wie Krankenhausbehandlung geeignet sein, das Behandlungsziel zu erreichen.[44] **Vermieden** wird Krankenhausbehandlung durch häusliche Krankenpflege somit, wenn die Krankenpflege einen ansonsten erforderlichen Krankenhausaufenthalt entbehrlich macht, weil das Behandlungsziel durch (ambulante ärztliche Behandlung und) Krankenpflege mindestens ebenso gut erreicht werden kann.[45] Krankenhausbehandlung wird durch häusliche Krankenpflege **verkürzt**, wenn der Versicherte das Krankenhaus vorzeitig verlassen kann, weil durch häusliche Krankenpflege (neben ambulanter ärztlicher Behandlung) das Behandlungsziel ebenso gut erreicht werden kann wie durch weitere Krankenhausbehandlung.[46]

17 e) **Formale Voraussetzungen.** In **formaler** Hinsicht muss die häusliche Krankenpflege durch einen Vertragsarzt verordnet (§ 73 Abs. 2 S. 1 Nr. 8 SGB V; s. auch § 1 Abs. 1 S. 1 und §§ 3 ff. HKP-RI), vom Versicherten bei seiner gesetzlichen Krankenkasse beantragt (§ 19 S. 1 SGB IV; s. auch § 6 Abs. 1 HKP-RI) und von der Krankenkasse genehmigt werden (s. § 6 Abs. 1 HKP-RI).[47] Diese Erfordernisse gelten grundsätzlich sowohl für den (Regel-)Fall, dass die Krankenkasse die Pflegekraft stellt, als auch für den (Ausnahme-)Fall, dass sich der Versicherte selbst eine Kraft beschafft (s. § 37 Abs. 4).[48] Die Verordnung des Arztes bindet die Krankenkasse nicht, sondern diese entscheidet selbstständig, ob die Voraussetzungen des Anspruchs auf häusliche Krankenpflege erfüllt sind.[49] Die Krankenkasse kann den Medizinischen Dienst der Krankenversicherung hinzuziehen (s. § 275 Abs. 4 SGB V; s. auch § 6 Abs. 2 S. 1 HKP-RI). Bei der Bewilligung häuslicher Krankenpflege für einen längeren Zeitraum als vier Wochen muss die Krankenkasse den Medizinischen Dienst einschalten (s. §§ 37 Abs. 1 S. 5, 275 Abs. 2 Nr. 4).

18 Eine **Ausnahme** vom Erfordernis der Genehmigung durch die Krankenkasse muss in Fällen gelten, in denen die häusliche Krankenpflege wegen des Krankheitszustands des Versicherten unaufschiebbar ist,[50] die Krankenkasse die Genehmigung nicht rechtzeitig erteilt und sich der Versicherte selbst eine Pflegekraft beschafft (s. Abs. 4).[51]

19 2. **Anspruchsumfang.** a) **Häusliche Krankenpflege durch geeignete Pflegekräfte.** Liegen die Voraussetzungen des Abs. 1 S. 1 vor, hat der Versicherte einen Rechtsanspruch[52] auf häusliche Krankenpflege durch **geeignete Pflegekräfte** (Abs. 1 S. 1). Geeignete Pflegekräfte können professionelle Pflegekräfte und Laien sein. Dies folgt aus Abs. 3, wonach ein Anspruch auf häusliche Krankenpflege nicht besteht, soweit eine im Haushalt lebende Person den Versicherten in dem erforderlichen Umfang pflegen und versorgen kann – eine solche Person ist typischerweise Laie.[53] Laien sind als Pflegekräfte allerdings nur geeignet, wenn sie über die erforderlichen pflegerischen Kenntnisse und Fähigkeiten verfügen.[54]

20 b) **Behandlungspflege, Grundpflege, hauswirtschaftliche Versorgung.** Die häusliche Krankenpflege umfasst die im Einzelfall erforderliche Grund- und Behandlungspflege sowie hauswirtschaftliche Versor-

---

44 Luthe in: Hauck/Noftz, SGB V, § 37 Rn. 72.
45 Vgl. BSGE 63, 140, 141; Wagner in: Krauskopf, § 37 SGB V Rn. 14; Ricken in: Eichenhofer/Wenner, § 37 Rn. 5.
46 Vgl. Ricken in: Eichenhofer/Wenner, § 37 Rn. 5.
47 Statt aller BSG, SozR 3-2500, § 132 a Nr. 2; Knispel in: BeckOK SozR, SGB V, § 37 Rn. 45.
48 Vgl. Luthe in: Hauck/Noftz, SGB V, § 37 Rn. 163.
49 BSG, SozR 3-2500, § 37 Nr. 3; BSG, SozR 3-2500, § 132 a Nr. 3; Hellkötter-Backes in: LPK-SGB V, § 37 Rn. 4; Luthe in: Hauck/Noftz, SGB V, § 37 Rn. 186; Knispel in: BeckOK SozR, SGB V, § 37 Rn. 45.
50 Siehe auch Wagner in: Krauskopf, § 37 SGB V Rn. 3.
51 Nach Luthe in: Hauck/Noftz, SGB V, § 37 Rn. 162, 164 ist unter den Voraussetzungen des § 37 Abs. 4 auch ein vorheriger Antrag bei der Krankenkasse auf Übernahme der Kosten für eine selbst beschaffte Kraft entbehrlich; ebenso Nolte in: KassKomm, SGB V, § 37 Rn. 26.
52 Statt aller Wagner in: Krauskopf, § 37 SGB V Rn. 3; Dalichau, SGB V, § 37 S. 4.
53 Fuchs/Preis, Sozialversicherungsrecht, 2. Aufl. 2009, S. 325; Hellkötter-Backes in: LPK-SGB V, § 37 Rn. 40; vgl. auch bereits BSGE 50, 73, 74 bezogen auf § 185 RVO.
54 Fuchs/Preis, Sozialversicherungsrecht, 2. Aufl. 2009, S. 325; Luthe in: Hauck/Noftz, SGB V, § 37 Rn. 166.

gung (Abs. 1 S. 3). Da häusliche Krankenpflege eine ansonsten erforderliche Krankenhausbehandlung ersetzt bzw. vermeidet oder verkürzt, beinhaltet der Anspruch nach Abs. 1 S. 1, 3 grundsätzlich **sämtliche Maßnahmen**, die anderenfalls im Krankenhaus erbracht worden wären,[55] sofern sie im Rahmen häuslicher Pflege tatsächlich leistbar sind. Auf welche konkreten Maßnahmen Anspruch besteht, richtet sich nach Art und Schwere der Krankheit des Versicherten.[56]

aa) **Behandlungspflege.** Behandlungspflege sind nach § 1 Abs. 3 lit. a) HKP-RI „Maßnahmen der ärztlichen Behandlung, die dazu dienen, Krankheiten zu heilen, ihre Verschlimmerung zu verhüten oder Krankheitsbeschwerden zu lindern und die üblicherweise an Pflegefachkräfte/Pflegekräfte delegiert werden können". Bei der Behandlungspflege geht es um Pflegemaßnahmen, die vom Arzt verordnet und verantwortet und typischerweise von nichtärztlichem Pflegepersonal durchgeführt werden.[57] Umfasst sind sämtliche krankheitsspezifischen Pflegemaßnahmen, die zur Behandlung einer bestimmten Krankheit des Versicherten notwendig sind, speziell auf die Krankheit und die konkrete ärztliche Behandlung ausgerichtet sind[58] und regelmäßig medizinische Kenntnisse und/oder Fähigkeiten erfordern,[59] aber typischerweise von medizinischem Hilfspersonal erbracht werden. Behandlungspflege wird regelmäßig nicht vom Arzt, sondern von ausgebildeten Pflegekräften oder medizinisch gebildeten Laien erbracht.[60] Ob die Maßnahmen im konkreten Fall tatsächlich von professionellen Pflegekräften oder Laien durchgeführt werden, ist unerheblich.[61] Die Behandlungspflege unterscheidet sich damit von der Grundpflege, die nicht krankheitsspezifische Pflegemaßnahmen zur Befriedigung allgemeiner menschlicher Grundbedürfnisse beinhaltet und keine speziellen medizinischen Kenntnisse oder Fähigkeiten erfordert (→ Rn. 22). Eine Liste verordnungsfähiger Maßnahmen der Behandlungspflege enthält das Leistungsverzeichnis der HKP-RI in Nrn. 6 bis 31. 21

bb) **Grundpflege.** Grundpflege sind Grundverrichtungen des täglichen Lebens (s. § 1 Abs. 3 lit. b HKP-RI). Es handelt sich um Pflegemaßnahmen, die der Befriedigung allgemeiner menschlicher Grundbedürfnisse[62] wie Ernährung, Bewegung, Körperpflege und Schlaf dienen. In Abgrenzung zur Behandlungspflege ist Grundpflege regelmäßig nicht unmittelbar auf die ärztliche Behandlung bezogen[63] und erfordert keine speziellen medizinischen Kenntnisse oder Fertigkeiten.[64] Grundpflege kann daher auch von Laien erbracht werden.[65] Eine Liste verordnungsfähiger Maßnahmen der Grundpflege enthält das Leistungsverzeichnis der HKP-RI in Nrn. 1 bis 4. 22

cc) **Hauswirtschaftliche Versorgung.** Hauswirtschaftliche Versorgung sind „Maßnahmen, die zur Aufrechterhaltung der grundlegenden Anforderungen einer eigenständigen Haushaltsführung allgemein notwendig sind" (§ 1 Abs. 3 lit. c HKP-RI).[66] Eine Liste verordnungsfähiger Maßnahmen der hauswirtschaftlichen Versorgung enthält das Leistungsverzeichnis der HKP-RI in Nr. 5. 23

c) **Zeitlicher Anspruchsumfang.** Der Anspruch auf häusliche Krankenpflege iSd Abs. 1 S. 1 und 3 besteht grundsätzlich bis zu **vier Wochen je Krankheitsfall** (Abs. 1 S. 4). Krankheitsfall iSd Abs. 1 S. 4 ist 24

---

55 BSGE 50, 73, 76 f. bezogen auf § 185 RVO; Knispel in: BeckOK SozR, SGB V, § 37 Rn. 16; Luthe in: Hauck/Noftz, SGB V, § 37 Rn. 78; Muckel/Ogorek, Sozialrecht, 4. Aufl. 2011, § 8 Rn. 119; Hellkötter-Backes in: LPK-SGB V, § 37 Rn. 15.
56 Vgl. Luthe in: Hauck/Noftz, SGB V, § 37 Rn. 77.
57 Fuchs/Preis, Sozialversicherungsrecht, 2. Aufl. 2009, S. 323; Knispel in: BeckOK SozR, SGB V, § 37 Rn. 23: medizinische Hilfeleistungen nichtärztlicher Hilfspersonen; s. auch Hellkötter-Backes in: LPK-SGB V, § 37 Rn. 19; Ricken in: Eichenhofer/Wenner, § 37 Rn. 6.
58 Vgl. BSGE 82, 27, 33; 94, 205, 209 f.; BSG NJW 2001, 2197, 2198; BSG, SozR 4-2500, § 37 Nr. 6; BSG, SozR 4-2500, § 37 Nr. 9; Igl, SGb 1999, 111, 117; Luthe in: Hauck/Noftz, SGB V, § 37 Rn. 84; Fuchs/Preis, Sozialversicherungsrecht, 2. Aufl. 2009, S. 323.
59 Zur sog Laienpflege bei Insulininjektionen Luthe in: Hauck/Noftz, SGB V, § 37 Rn. 111.
60 Vgl. Igl, SGb 1999, 111, 113.
61 Vgl. BSGE 86, 101, 103; Knispel in: BeckOK SozR, SGB V, § 37 Rn. 23; Luthe in: Hauck/Noftz, SGB V, § 37 Rn. 86.
62 Vgl. Hellkötter-Backes in: LPK-SGB V, § 37 Rn. 16.
63 Ähnlich Dalichau, SGB V, § 37 S. 20; Rixen in: Becker/Kingreen, § 37 Rn. 6.
64 Ebenso Luthe in: Hauck/Noftz, SGB V, § 37 Rn. 81, der von pflegerischen Leistungen nichtmedizinischer Art spricht (Rn. 79); s. auch Nolte in: KassKomm, SGB V, § 37 Rn. 22; Hellkötter-Backes in: LPK-SGB V, § 37 Rn. 16.
65 Vgl. Igl, SGb 1999, 111, 113.
66 Zur Abgrenzung der hauswirtschaftlichen Versorgung iSd § 37 Abs. 1 SGB V von den Leistungen der Haushaltshilfe gem. § 38 SGB V Dalichau, SGB V, § 37 S. 21.

die jeweilige Krankheit iSd § 27 Abs. 1 S. 1.[67] Hat der Versicherte mehrere Krankheiten, kommt häusliche Krankenpflege für jede einzelne Krankheit in Betracht.

25 In begründeten **Ausnahmefällen** kann die Krankenkasse die häusliche Krankenpflege für einen längeren Zeitraum bewilligen, wenn der Medizinische Dienst (§ 275) festgestellt hat, dass dies aus den in Abs. 1 S. 1 genannten Gründen erforderlich ist (Abs. 1 S. 5). Ob Abs. 1 S. 5 lediglich den Fall der Zweitverordnung und Abs. 1 S. 4 die auf vier Wochen begrenzte Erstverordnung regelt oder ob Abs. 1 S. 5 auch bei der Erstverordnung die Genehmigung häuslicher Krankenpflege für einen längeren Zeitraum als vier Wochen gestattet, ist unklar. Wortlaut und Systematik des Abs. 1 S. 4 und 5 sprechen eher dafür, dass Abs. 1 S. 5 die Bewilligung häuslicher Krankenpflege bereits bei der Erstverordnung ausnahmsweise für einen längeren Zeitraum als vier Wochen erlaubt. Wird die Erstverordnung auf vier Wochen beschränkt, unterliegt die Zweitverordnung den Voraussetzungen des Abs. 1 S. 5. Sind die Voraussetzungen des Abs. 1 S. 1 bei der Erstverordnung für die Dauer von vier Wochen erfüllt, besteht ein Anspruch auf Genehmigung für diesen Zeitraum. § 5 Abs. 1 S. 2 HKP-RI, wonach „insbesondere die Erstverordnung einen Zeitraum bis zu 14 Tagen nicht überschreiten" soll, ist insoweit nicht bindend. Nur wenn die Voraussetzungen des § 37 Abs. 1 S. 1 bei der Erstverordnung lediglich für einen kürzeren Zeitraum als vier Wochen vorliegen, ist die Verordnung auf diesen kürzeren Zeitraum zu beschränken.

26 Nach dem Wortlaut des Abs. 1 S. 5 hat die Krankenkasse **Ermessen**, ob sie häusliche Krankenpflege über vier Wochen hinaus genehmigt. Liegen die Voraussetzungen des Abs. 1 S. 1 vor, dürfte das Ermessen regelmäßig auf null reduziert sein.[68]

27 **3. Werkstätten für Menschen mit Behinderung (Abs. 1 S. 2).** Gemäß Abs. 1 S. 2 bleibt § 10 der Werkstättenverordnung (WVO) unberührt. Abs. 1 S. 2 begründet eine **Subsidiarität** des Anspruchs auf häusliche Krankenpflege nach Abs. 1 S. 1 gegenüber Ansprüchen gegen die Werkstatt auf entsprechende Pflegemaßnahmen.[69] Menschen mit Behinderung, die in Werkstätten arbeiten, haben nur Anspruch auf häusliche Krankenpflege nach Abs. 1 S. 1, wenn „wegen des besonders hohen Pflegebedarfs eines Versicherten die zur Verfügung stehenden pflegerischen Fachkräfte (scil.: der Werkstatt) nicht ausreichen", um die erforderliche Krankenhausbehandlung zu ersetzen bzw. ansonsten erforderliche Krankenhausbehandlung zu vermeiden oder zu verkürzen.[70] Die Intensität oder Häufigkeit der in der Werkstatt zu erbringenden Pflege muss so hoch sein, dass durch den Einsatz einer Pflegefachkraft Krankenhausbehandlungsbedürftigkeit vermieden (Abs. 1) oder das Ziel der ärztlichen Behandlung gesichert (Abs. 2) werden kann (s. § 1 Abs. 7 S. 1 HKP-RI).[71]

V. Grundpflege und hauswirtschaftliche Versorgung wegen schwerer Krankheit oder akuter Verschlimmerung einer Krankheit (Abs. 1a)

28 Nach dem zum 1.1.2016[72] eingefügten Abs. 1a erhalten Versicherte an geeigneten Orten im Sinne von Abs. 1 S. 1 wegen schwerer Krankheit oder wegen akuter Verschlimmerung einer Krankheit, insbesondere nach einem Krankenhausaufenthalt, nach einer ambulanten Operation oder nach einer ambulanten Krankenhausbehandlung, soweit keine Pflegebedürftigkeit mit Pflegegrad 2, 3, 4 oder 5 im Sinne des SGB XI vorliegt, die erforderliche Grundpflege und hauswirtschaftliche Versorgung (S. 1). Diese neue Bestimmung dient dem Ziel sicherzustellen, dass die genannten Versicherten Leistungen der Grundpflege und hauswirtschaftlichen Versorgung erhalten, wenn sie sich an den in Abs. 1 S. 1 genannten Orten wegen der Schwere ihrer Krankheit nicht selbst pflegen und versorgen können.[73] Der Versorgungsbedarf soll dabei „auf den körperlichen Beeinträchtigungen der Versicherten wegen schwerer Krankheit oder wegen akuter Verschlimmerung einer Krankheit, insbesondere nach Kran-

---

67 Vgl. Luthe in: Hauck/Noftz, SGB V, § 37 Rn. 92, wonach Krankheitsfall iSd § 37 Abs. 1 S. 4 die Krankheit im medizinischen Sinne sei; ebenso Nolte in: KassKomm, SGB V, § 37 Rn. 3 f.; Hellkötter-Backes in: LPK-SGB V, § 37 Rn. 22.
68 In der Tendenz ebenso Knispel in: BeckOK SozR, SGB V, § 37 Rn. 18; Luthe in: Hauck/Noftz, SGB V, § 37 Rn. 93: weitgehende Einschränkung des Ermessens.
69 Vgl. Dalichau, SGB V, § 37 S. 21, wonach der Anspruch nach der WVO Vorrang hat; ebenso Ricken in: Eichenhofer/Wenner, § 37 Rn. 11.
70 BT-Dr. 16/4247, 33; vgl. auch ThürLSG, BeckRS 2016, 66706; Luthe in: Hauck/Noftz, SGB V, § 37 Rn. 74.
71 Vgl. auch BT-Dr. 16/4247, 33 f.; BT-Dr. 16/3100, 104; gleichsinnig LSG Hmb, PflR 2010, 81, 83; LSG Bbg, NZS 2010, 563, 564; Hellkötter-Backes in: LPK-SGB V, § 37 Rn. 13; Wagner in: Krauskopf, § 37 SGB V Rn. 9; Ricken in: Eichenhofer/Wenner, § 37 Rn. 4; Luthe in: Hauck/Noftz, SGB V, § 37 Rn. 53.
72 BGBl. I 2015, 2229, 2253.
73 Vgl. BT-Dr. 18/6586, 100.

kenhausbehandlung, ambulanter Operation oder ambulanter Krankenhausbehandlung" beruhen.[74] „Bedarfe im Hinblick auf kognitive Beeinträchtigungen" sollen durch Abs. 1 a „grundsätzlich nicht erfasst" sein,[75] was im Normtext indes nicht zum Ausdruck kommt. Im Gegensatz zu den Ansprüchen auf häusliche Krankenpflege nach Abs. 1 und Abs. 2 setzt der Anspruch nach Abs. 1 a nicht voraus, dass neben der Grundpflege bzw. hauswirtschaftlichen Versorgung ein gleichzeitiger Bedarf an medizinischer Behandlungspflege besteht.[76]

Eine „schwere" Krankheit iSd Abs. 1 a Alt. 1 liegt vor, wenn der Versicherte sich infolge seiner Krankheit nicht selbst pflegen und versorgen kann.[77] Ob eine Erkrankung von gewisser Dauer erforderlich ist,[78] ist mit Blick auf den Normzweck zweifelhaft. Eine chronische Erkrankung ist bei einer schweren Erkrankung nicht erforderlich; eine chronische Erkrankung schließt aber den Anspruch nach Abs. 1 a Alt. 1 auch nicht aus, da die schwere Krankheit nicht „akut" sein muss.[79] Abs. 1 a Alt. 2. („wegen akuter Verschlimmerung einer Krankheit") setzt dagegen keine schwere Krankheit,[80] dafür aber eine akute Verschlechterung des Krankheitszustands voraus. 29

Weitere Voraussetzung für den Anspruch nach Abs. 1 a ist, dass „nicht andere, insbesondere im Haushalt lebende Personen" die Grundpflege bzw. hauswirtschaftliche Versorgung leisten können („erforderliche").[81] Die Unmöglichkeit einer Grundpflege/hauswirtschaftlichen Versorgung durch andere Personen kann ihren Grund – ebenso wie im Fall des Abs. 1 und Abs. 2 – darin haben, dass solche Personen nicht verfügbar sind oder dass sie die notwendige Pflege/Versorgung aufgrund ihrer Fähigkeiten oder wegen beruflicher Beschäftigung nicht zu leisten vermögen. 30

Ausweislich der Gesetzesbegründung erhalten Versicherte die erforderliche Grundpflege und hauswirtschaftliche Versorgung bei „Pflegebedürftigkeit im Sinne des Elften Buches Sozialgesetzbuch" nicht.[82] Nach dem eindeutigen Wortlaut des Abs. 1 a ist der Anspruch auf die erforderliche Grundpflege und Versorgung dagegen nur ausgeschlossen, wenn der Versicherte Pflegegrad 2, 3, 4 oder 5 iSd SGB XI hat. Bei Pflegegrad 1 besteht unter den Voraussetzungen des Abs. 1 a ein Anspruch auf die erforderliche Grundpflege und hauswirtschaftliche Versorgung. 31

Nach Abs. 1 a S. 2 gilt Abs. 1 S. 4 und 5 entsprechend. D.h., der Anspruch auf Grundpflege und hauswirtschaftliche Versorgung besteht ebenso wie Krankenhausersatzpflege und -vermeidungspflege (Abs. 1) grundsätzlich bis zu vier Wochen je Krankheitsfall (Abs. 1 S. 4), wenn nicht die zuständige Krankenkasse in begründeten Ausnahmefällen die Pflege/Versorgung für einen längeren Zeitraum nach entsprechender Feststellung des Medizinischen Dienstes bewilligt (Abs. 1 S. 5). 32

Mit Abs. 1 a hat der Gesetzgeber eine „Versorgungslücke" geschlossen, da bislang Grundpflege und hauswirtschaftliche Versorgung nur im Zusammenhang mit medizinischer Behandlungspflege verordnet werden konnten.[83] Der Gesetzgeber hat auf bislang bestehende Versorgungsdefizite bei Personen reagiert, die zwar nicht mehr krankenbehandlungsbedürftig sind, aber auch keinen Anspruch auf Pflegeleistungen haben.[84] Insbesondere in Fällen, in denen der Bedarf kurzfristiger Natur war und die Dauer von sechs Monaten nicht überstieg, hatten Versicherte bisher keinen Anspruch auf Leistungen der sozialen Pflegeversicherung.[85] 33

Im unmittelbaren Zusammenhang mit der Neuregelung des § 37 Abs. 1 a steht die Ergänzung des Anspruchs auf Haushaltshilfe nach § 38 SGB V. Auch sie dient dazu, „Versorgungsproblemen im Falle schwerer Krankheit oder wegen akuter Verschlimmerung einer Krankheit zu begegnen".[86] Reichen Leistungen der häuslichen Krankenpflege nach § 37 Abs. 1 a bei schwerer Krankheit oder wegen akuter Verschlimmerung einer Krankheit nicht aus, um einen Verbleib des Versicherten in seiner häusli- 34

---

74 BT-Dr. 18/6586, 100.
75 BT-Dr. 18/6586, 100 f.
76 BT-Dr. 18/6586, 100; näher Luthe in: Hauck/Noftz, SGB V, § 37 Rn. 95.
77 Vgl. Luthe in: Hauck/Noftz, SGB V, § 37 Rn. 98 f.
78 So Padé in: jurisPK-SGB V, § 37 Rn. 66.2; Luthe in: Hauck/Noftz, SGB V, § 37 Rn. 100.
79 Ebenso Luthe in: Hauck/Noftz, SGB V, § 37 Rn. 101; aA Padé in: jurisPK-SGB V, § 37 Rn. 66.1; Knispel in: BeckOK SozR, SGB V, § 37 Rn. 22 b; Luthe in: Hauck/Noftz, SGB V, § 37 Rn. 96.
80 Ebenso Padé in: jurisPK-SGB V, § 37 Rn. 66.2; Luthe in: Hauck/Noftz, SGB V, § 37 Rn. 104: „auch leichte Erkrankungen".
81 BT-Dr. 18/6586, 100.
82 BT-Dr. 18/6586, 100.
83 BT-Dr. 18/6586, 100.
84 Luthe, MedR 2016, 311.
85 BT-Dr. 18/6586, 100.
86 BT-Dr. 18/6586, 101.

chen Umgebung zu ermöglichen, erbringt die Krankenkasse nach dem ebenfalls neu (mit Wirkung zum 1.1.2016) eingefügten § 39c die erforderliche Kurzzeitpflege entsprechend § 42 SGB XI für eine Übergangszeit, wenn keine Pflegebedürftigkeit mit Pflegegrad 2, 3, 4 oder 5 iSd SGB XI festgestellt ist. Im Rahmen des § 39c SGB V ist daher „zu prüfen, ob nicht durch Leistungen der Grundpflege nach dem neuen § 37 Absatz 1a ein Verbleiben in der Häuslichkeit ermöglicht werden kann".[87] D.h., der Anspruch auf häusliche Krankenpflege nach § 37 hat Vorrang gegenüber dem Anspruch auf Kurzzeitpflege nach § 39c SGB V.[88] Leistungen der häuslichen Krankenpflege nach § 37 Abs. 1a reichen nicht aus, so dass der Vorrang des Anspruchs auf Krankenpflege nach dieser Norm gegenüber dem Anspruch aus § 39c SGB V entfällt, wenn trotz der Grundpflege und hauswirtschaftlichen Versorgung nach § 37 ein ungedeckter Restbedarf verbleibt.[89]

VI. Behandlungssicherungspflege (Abs. 2)

35 **1. Anspruchsvoraussetzungen.** Häusliche Krankenpflege als **Behandlungspflege** erhalten Versicherte gem. Abs. 2 S. 1 in ihrem Haushalt, ihrer Familie oder sonst an einem geeigneten Ort, insbesondere in betreuten Wohnformen, Schulen und Kindergärten, bei besonders hohem Pflegebedarf auch in Werkstätten für behinderte Menschen, wenn die Behandlungssicherungspflege zur Sicherung des Ziels der ärztlichen Behandlung erforderlich ist.

36 Der bisherige § 37 Abs. 2 S. 1 Halbs. 2 SGB V („der Anspruch umfasst verrichtungsbezogene krankheitsspezifische Pflegemaßnahmen auch in den Fällen, in denen dieser Hilfebedarf bei der Feststellung der Pflegebedürftigkeit nach den §§ 14 und 15 des Elften Buches zu berücksichtigen ist") wurde zum 1.1.2017[90] gestrichen. Es handelt sich um eine Folgeänderung zu den Änderungen im SGB XI.[91] Aufgrund der neuen Ausrichtung des Pflegebedürftigkeitsbegriffs im SGB XI entfällt die bisherige verrichtungsbezogene Ermittlung des Hilfebedarfs und damit des Zeitaufwands für die erforderlichen Leistungen der Grundpflege.[92] Der Begriff der verrichtungsbezogenen krankheitsspezifischen Pflegemaßnahmen wurde bislang durch den Verrichtungsbezug und die gesetzliche Legaldefinition in § 15 Abs. 3 S. 3 SGB XI bestimmt. Da diese Legaldefinition mit der Systematik des neuen Pflegebedürftigkeitsbegriffs des SGB XI nicht mehr im Einklang steht und gestrichen wurde, entfällt der Bezug für § 37 Abs. 2 S. 1 Halbs. 2, der daher aufgehoben wurde.[93] Zudem ist die ursprüngliche Regelung des § 37 Abs. 2 S. 1 Halbs. 2 „nicht mehr erforderlich, da kein Klarstellungsbedarf mehr ersichtlich ist, dass ein Anspruch auf Behandlungspflege besteht".[94] Leistungsverschiebungen zwischen der sozialen Pflegeversicherung und der gesetzlichen Krankenversicherung sind mit der Streichung des § 37 Abs. 2 S. 1 Halbs. 2 nicht verbunden.[95] Die bisher gesondert als verrichtungsbezogene krankheitsspezifische Pflegemaßnahmen genannten Leistungen sind von dem Anspruch auf die erforderlichen Leistungen der medizinischen Behandlungspflege nach wie vor umfasst.[96]

37 Der Begriff des **Versicherten** in Abs. 2 S 1 entspricht dem Versichertenbegriff des Abs. 1 S. 1 (→ Rn. 7). Die Begriffe **Haushalt, Familie** und **sonst geeigneter Ort** entsprechenden denen des Abs. 1 S. 1 (→ Rn. 9 ff.).

38 Häusliche Krankenpflege nach Abs. 2 S. 1 setzt voraus, dass sie **zur Sicherung des Ziels der ärztlichen Behandlung** erforderlich ist. Ärztliche Behandlung iSd Abs. 2 S. 1 ist die ambulante vertragsärztliche (→ Rn. 8) Behandlung. Häusliche Krankenpflege ist zur Sicherung des Ziels der ärztlichen Behandlung

---

87 BT-Dr. 18/6586, 102.
88 Luthe, MedR 2016, 311, 311 f.
89 Näher Luthe, MedR 2016, 311, 312.
90 BGBl. I 2015, 2424, 2463.
91 Vgl. BR-Dr. 354/15, 163.
92 Zur Aufgabe des Verrichtungsbezugs durch das neue Bewertungssystem der § 14 f. SGB XI zur Ermittlung des Grades der Pflegebedürftigkeit Udsching, jurisPR-SozR 6/2016 Anm. 1; Udsching, jurisPR-SozR 2/2017 Anm. 1.
93 BR-Dr. 354/15, 163.
94 BR-Dr. 354/15, 163.
95 BR-Dr. 354/15, 163.
96 Vgl. BR-Dr. 354/15, 164.

erforderlich, wenn ohne sie das Behandlungsziel nicht (ebenso gut) erreicht werden könnte.[97] Die ambulante vertragsärztliche Versorgung darf nur mit Unterstützung häuslicher Krankenpflege durchgeführt werden können (s. § 2 Abs. 3 S. 1 HKP-RI). Behandlungsziel der ambulanten ärztlichen Behandlung können die in § 27 Abs. 1 S. 1 genannten Ziele sein, also die Erkennung oder Heilung einer Krankheit, die Verhütung ihrer Verschlimmerung oder die Linderung von Krankheitsbeschwerden.[98] Umfasst ist auch die ständige Beobachtung des Versicherten durch eine medizinische Fachkraft, „wenn diese wegen der Gefahr lebensbedrohlicher Komplikationen von Erkrankungen jederzeit einsatzbereit sein muss, um die nach Lage der Dinge jeweils erforderlichen medizinischen Maßnahmen durchzuführen".[99]

Häusliche Krankenpflege iSd § 37 Abs. 2 S. 1 muss durch einen Vertragsarzt verordnet (§ 73 Abs. 2 S. 1 Nr. 8 SGB V; s. auch § 1 Abs. 1 S. 1 und §§ 3 ff. HKP-RI), vom Versicherten bei seiner gesetzlichen Krankenkasse **beantragt** (§ 19 S. 1 SGB IV; s. auch § 6 Abs. 1 HKP-RI) und von der Krankenkasse genehmigt werden (s. § 6 Abs. 1 HKP-RI; → Rn. 17). 39

2. Anspruchsumfang. a) Behandlungspflege als Regelleistung. Der Versicherte hat nach Abs. 2 S. 1 einen Rechtsanspruch auf häusliche Krankenpflege als **Behandlungspflege**. Grundpflege und hauswirtschaftliche Versorgung werden anders als bei Abs. 1 S. 1 nicht als Regelleistung gewährt, sondern können nur als Satzungsleistung der Krankenkasse erbracht werden (Abs. 2 S. 4 und 5), solange der Versicherte nicht pflegebedürftig mit mindestens Pflegegrad 2 iSd SGB XI ist (Abs. 2 S. 6). Der Begriff der Behandlungspflege in Abs. 2 S. 1 entspricht dem gleichlautenden Begriff des Abs. 1 S. 1 (→ Rn. 21). Eine Liste verordnungsfähiger Maßnahmen der Behandlungspflege enthält das der HKP-RI als Anlage beigefügte Leistungsverzeichnis in Nrn. 6 bis 31. 40

Im Gegensatz zu dem Anspruch auf häusliche Krankenpflege gem. Abs. 1 S. 1 ist der Anspruch auf Behandlungspflege nach Abs. 2 S. 1 *nicht* auf vier Wochen beschränkt und nur ausnahmsweise verlängerbar; die Regelungen des Abs. 1 S. 4 und 5 gelten im Rahmen des Abs. 2 S. 1 nicht.[100] Ein Anspruch auf Behandlungspflege besteht so lange, wie sie zur Sicherung der ambulanten ärztlichen Behandlung erforderlich ist. 41

Verrichtungsbezogene krankheitsspezifische Pflegemaßnahmen sind – trotz der Aufhebung des Abs. 2 S. 1 Halbs. 2 zum 1.1.2017 – einerseits Teil der Behandlungspflege iSd Abs. 2 S. 1; andererseits können sie Teil von Pflegeleistungen nach dem SGB XI sein.[101] Insofern besteht eine **Doppelzuständigkeit von Kranken- und Pflegeversicherung** für verrichtungsbezogene krankheitsspezifische Pflegemaßnahmen (s. auch § 13 Abs. 2 SGB XI);[102] der Anspruch auf Behandlungspflege einschließlich verrichtungsbezogener krankheitsspezifischer Pflegemaßnahmen gem. § 37 Abs. 2 S. 1 und der Anspruch auf Grundpflege und hauswirtschaftliche Versorgung samt verrichtungsbezogener krankheitsspezifischer Pflegemaßnahmen stehen grundsätzlich gleichrangig nebeneinander.[103] Ein Wahlrecht des Versicherten zwischen der Zuordnung verrichtungsbezogener krankheitsspezifischer Pflegemaßnahmen zur Behandlungspflege nach Abs. 2 S. 1 oder zur Grundpflege bzw. hauswirtschaftlichen Versorgung nach §§ 36, 14 f. SGB XI besteht – anders als früher – nicht mehr.[104] Zur Vermeidung von Doppelleistungen an den Versicherten müssen die **Kosten** zwischen Kranken- und Pflegeversicherung aufgeteilt werden.[105] 42

---

97 Vgl. Knispel in: BeckOK SozR, SGB V, § 37 Rn. 19; nach Hellkötter-Backes in: LPK-SGB V, § 37 Rn. 25 muss häusliche Krankenpflege zur Sicherung des Ziels der ärztlichen Behandlung unentbehrlich oder unvermeidlich sein; ebenso Nolte in: KassKomm, SGB V, § 37 Rn. 11; Wagner in: Krauskopf, § 37 SGB V Rn. 15 fordert, dass ohne die häusliche Krankenpflege der Erfolg der ärztlichen Behandlung zumindest fraglich sein muss; Ricken in: Eichenhofer/Wenner, § 37 Rn. 9 zufolge genügt es, wenn die Behandlungssicherungspflege hochgradig zweckmäßig ist; ebenso Luthe in: Hauck/Noftz, SGB V, § 37 Rn. 112; BSGE 63, 140, 143.
98 Knispel in: BeckOK SozR, SGB V, § 37 Rn. 19.
99 BSG, SozR 4-2500 § 37 Nr. 6.
100 Ebenso Ricken in: Eichenhofer/Wenner, § 37 Rn. 10; Luthe in: Hauck/Noftz, SGB V, § 37 Rn. 126; aA Nolte in: KassKomm, SGB V, § 37 Rn. 25.
101 Näher Knispel in: BeckOK SozR, SGB V, § 37 Rn. 36.
102 BT-Dr. 16/3100, 184; BSGE 106, 173, 178 f.; Wagner in: Krauskopf, § 37 SGB V Rn. 27; Luthe in: Hauck/Noftz, SGB V, § 37 Rn. 132.
103 Vgl. BSGE 106, 173, 182; HessLSG, NZS 2011, 342; Knispel in: BeckOK SozR, SGB V, § 37; Rn. 35; Ricken in: Eichenhofer/Wenner, § 37 Rn. 9; Luthe in: Hauck/Noftz, SGB V, § 37 Rn. 132 f.
104 BT-Dr. 16/3100, 185; Knispel in: BeckOK SozR, SGB V, § 37; Rn. 35; aA Fuchs/Preis, Sozialversicherungsrecht, 2. Aufl. 2009, S. 324 f.; Ricken in: Eichenhofer/Wenner, § 37 Rn. 10; Wagner in: Krauskopf, § 37 SGB V Rn. 27.
105 Siehe auch BT-Dr. 16/3100, 184.

43 Zur Abgrenzung bei Überschneidungen von Behandlungs- und Grundpflege wird vorgeschlagen, auf den Schwerpunkt der Leistung abzustellen; soweit die Behandlungspflege im Vordergrund stehe, träten gleichzeitig erbrachte Leistungen der Grundpflege zurück und umgekehrt.[106] Nach der Rechtsprechung des BSG sind die Kosten jedenfalls bei einer 24-Stunden-Pflege, bei der Behandlungs- und Grundpflege von derselben Pflegekraft erbracht werden, dagegen wie folgt auf die Kranken- und die Pflegeversicherung aufzuteilen:[107] Die Krankenkasse trägt die Kosten für die Behandlungspflege und die Hälfte der Kosten der reinen Grundpflege. Die Pflegekasse trägt die andere Hälfte der reinen Grundpflege sowie die Kosten der hauswirtschaftlichen Versorgung. Ob die vom BSG zur **Zuständigkeitsabgrenzung** zwischen Kranken- und Pflegeversicherung entwickelten Grundsätze auch gelten, wenn der zeitliche Umfang der Pflege weniger als 24 Stunden beträgt und wenn Behandlungs- und Grundpflege von verschiedenen Pflegekräften geleistet werden, ist nicht geklärt.[108]

44 b) **Grundpflege und hauswirtschaftliche Versorgung als Satzungsleistungen.** Gemäß Abs. 2 S. 4 kann die Krankenkasse in ihrer **Satzung** bestimmen, dass sie zusätzlich zur Behandlungspflege nach Abs. 2 S. 1 als häusliche Krankenpflege auch Grundpflege und hauswirtschaftliche Versorgung erbringt. Ob die Krankenkasse entsprechende Mehrleistungen[109] in ihrer Satzung vorsieht, liegt in ihrem Ermessen, der Versicherte hat hierauf keinen Anspruch. Anders als im Rahmen des Abs. 1 können Grundpflege und hauswirtschaftliche Versorgung nach Abs. 2 S. 4 nur „zusätzlich" zur Behandlungspflege, nicht hingegen isoliert erbracht werden. Die Krankenkasse hat ein Wahlrecht, ob sie Grundpflege und hauswirtschaftliche Versorgung oder nur eine der Leistungen gewährt.[110]

45 Erbringt die Krankenkasse Grundpflege und hauswirtschaftliche Versorgung als **Satzungsleistungen**, kann sie in ihrer Satzung auch den Umfang und die Dauer der Grundpflege und hauswirtschaftlichen Versorgung festlegen (Abs. 2 S. 5).

46 Nach Eintritt von **Pflegebedürftigkeit** mit mindestens Pflegegrad 2 iSd SGB XI ist die Erbringung von Grundpflege und hauswirtschaftlicher Versorgung für den Versicherten als Satzungsleistung der Krankenkasse nicht mehr zulässig (Abs. 2 S. 6). Ab diesem Zeitpunkt erhält der Versicherte von der Krankenkasse ausschließlich Behandlungspflege gem. Abs. 2 S. 1. Ob pflegebedürftige Versicherten mit mindestens Pflegegrad 2 tatsächlich Leistungen nach dem SGB XI beziehen, ist unerheblich.[111]

47 3. **Werkstätten für Menschen mit Behinderung (Abs. 2 S. 2).** Gemäß Abs. 2 S. 2 bleibt § 10 der **Werkstättenverordnung (WVO)** unberührt, was die Subsidiarität des Anspruchs auf häusliche Krankenpflege nach dem SGB V gegenüber Ansprüchen des Versicherten gegen die Werkstatt auf entsprechende Pflegemaßnahmen zum Ausdruck bringt (→ Rn. 27).

48 4. **Versicherte in Pflegeeinrichtungen iSd § 43 SGB XI (Abs. 2 S. 3).** Gemäß Abs. 2 S. 3 besteht der Anspruch auf Behandlungspflege nach Abs. 2 S. 1 über die dort genannten Fälle hinaus ausnahmsweise auch für Versicherte in zugelassenen vollstationären **Pflegeeinrichtungen** iSd § 43 SGB XI, die auf Dauer, voraussichtlich für mindestens sechs Monate, einen besonders hohen Bedarf an medizinischer Behandlungspflege haben. Der Gesetzgeber hat damit für „besondere, eng begrenzte Personengruppen mit besonders hohem Versorgungsbedarf (zB Wachkomapatienten, Dauerbeatmete) ... die Übernahme der Kosten für die Behandlungspflege durch die Krankenkassen" geregelt, da für solche Personen regelmäßig „im Rahmen der vollstationären Dauerpflegeversorgung ... sehr hohe Kosten für den behandlungspflegerischen Aufwand" anfallen, die „bisher von der Pflegeversicherung nur im Rahmen ihrer gedeckelten Leistungsbeträge übernommen wurden", so dass „bei den Pflegebedürftigen und ihren Angehörigen sehr hohe Eigenanteile (verblieben), die sehr häufig die Finanzkraft der Betroffenen überforderten und zu Sozialhilfeabhängigkeit führten".[112] Der Gesetzgeber hat hiermit klargestellt, dass auch vollstationäre Einrichtungen iSd § 43 SGB XI für die Behandlungspflege geeignete Leistungsorte iSd § 37 Abs. 2 S. 1 sind. Auch insoweit besteht daher eine Doppelzuständigkeit von Kranken- und Pflegeversicherung, die eine Kostenzuschlüsselung erforderlich macht (→ Rn. 42 f.).

---

106 Dalichau, SGB V, § 37 S. 6.
107 BSGE 106, 173, 182 ff.
108 Rixen in: Becker/Kingreen, § 37 Rn. 11 plädiert für Anrechnungsregeln, wenn die Pflegeleistungen nach § 37 Abs. 2 S. 1 SGB V und nach dem SGB XI durch verschiedene Pflegekräfte erbracht werden.
109 Zum Begriff Knispel in: BeckOK SozR, SGB V, § 37 Rn. 22.
110 Wagner in: Krauskopf, § 37 SGB V Rn. 26.
111 Luthe in: Hauck/Noftz, SGB V, § 37 Rn. 140; Knispel in: BeckOK SozR, SGB V, § 37 Rn. 22.
112 BT-Dr. 16/3100, 105.

Die Erbringung von Grundpflege und hauswirtschaftlicher Versorgung als **Satzungsleistungen** der Krankenkasse (s. Abs. 2 S. 4) scheidet für Versicherte mit mindestens Pflegegrad 2 in Pflegeeinrichtungen iSd § 43 SGB XI aus (Abs. 2 S. 6). Die Formulierung „mit mindestens Pflegegrad 2" wurde in § 37 Abs. 2 S. 6 zum 1.1.2017[113] eingefügt. 49

5. Versicherte in Einrichtungen iSd § 71 Abs. 2 oder 4 SGB XI (Abs. 2 S. 7). Versicherte, die nicht auf Dauer in **Einrichtungen nach § 71 Abs. 2 oder 4 SGB XI** aufgenommen sind, erhalten Leistungen nach § 37 Abs. 2 S. 1 und 4–6 auch, wenn ihr Haushalt nicht mehr besteht und ihnen nur zur Durchführung der Behandlungspflege vorübergehender Aufenthalt in einer Einrichtung oder in einer anderen geeigneten Unterkunft zur Verfügung gestellt wird (Abs. 2 S. 7). Einrichtungen iSd § 71 Abs. 2 SGB XI sind stationäre Pflegeeinrichtungen (Pflegeheime), in denen Pflegebedürftige unter ständiger Verantwortung einer ausgebildeten Pflegefachkraft gepflegt werden und ganztägig (vollstationär) oder tagsüber oder nachts (teilstationär) untergebracht und verpflegt werden können. Einrichtungen iSd § 71 Abs. 4 SGB XI sind stationäre Einrichtungen, in denen die Leistungen zur medizinischen Vorsorge, zur medizinischen Rehabilitation, zur Teilhabe am Arbeitsleben oder am Leben in der Gemeinschaft, die schulische Ausbildung oder die Erziehung kranker oder behinderter Menschen im Vordergrund des Zweckes der Einrichtung stehen. Solche Einrichtungen sind zB Obdachlosenheime, Frauenhäuser,[114] Suppenküchen mit Ruheräumen,[115] Werkstätten und Wohnheime für behinderte Menschen, Kindergärten, Schulen sowie Internate.[116] 50

Mit Abs. 2 S. 7 wollte der Gesetzgeber sicherstellen, dass gesetzlich krankenversicherte „allein stehende Wohnungslose Behandlungspflege erhalten", um vorschnelle „kostentreibende Krankenhauseinweisungen zu verhindern".[117] Damit ist klargestellt, dass auch Einrichtungen iSd § 71 Abs. 2 oder 4 SGB XI **geeignete Orte** für die Erbringung von Behandlungspflege (§ 37 Abs. 2 S. 1), Grundpflege und hauswirtschaftlicher Versorgung (Abs. 2 S. 4–6) für Wohnungslose ohne eigenen Haushalt oder Familie sind. 51

Wohnungslose Versicherte erhalten Behandlungspflege aber nur, wenn sie vorübergehend und ausschließlich zur Durchführung der Behandlungspflege in eine Einrichtung iSd § 71 Abs. 2 oder 4 SGB XI aufgenommen sind. Als „vorübergehend" wird ein Zeitraum von bis zu sechs Monaten angesehen.[118] Entgegen dem Wortlaut des § 37 Abs. 2 S. 7 („wenn ihr Haushalt nicht mehr besteht") umfasst die Vorschrift nach ihrem Zweck auch Wohnungslose, die niemals einen eigenen Haushalt hatten.[119] 52

6. Versicherte in stationären Einrichtungen iSd § 43 a SGB XI (Abs. 2 S. 8). Nach dem zum 1.1.2017[120] eingefügten Abs. 2 S. 8 erhalten Versicherte in stationären Einrichtungen im Sinne des § 43 a SGB XI Leistungen nach S. 1 nur, wenn der Bedarf an Behandlungspflege eine ständige Überwachung und Versorgung durch eine qualifizierte Pflegefachkraft erfordert. Einrichtungen iSd § 43 a SGB XI sind vollstationäre Einrichtungen der Hilfe für behinderte Menschen, in denen die Teilhabe am Arbeitsleben und am Leben in der Gemeinschaft, die schulische Ausbildung oder die Erziehung behinderter Menschen im Vordergrund des Einrichtungszwecks steht. Mit Abs. 2 S. 8 hat der Gesetzgeber zugleich klargestellt, dass Einrichtungen iSd § 43 a SGB XI grundsätzlich geeignete Orte iSd Abs. 2 S. 1 sind. 53

VII. Ambulante Palliativversorgung (Abs. 2 a)

Die häusliche Krankenpflege nach den Absätzen 1 und 2 umfasst gemäß dem zum 8.12.2015[121] eingefügten Abs. 2 a auch die ambulante Palliativversorgung (S. 1). Für Leistungen der ambulanten Palliativversorgung ist regelmäßig ein begründeter Ausnahmefall im Sinne von Abs. 1 S. 5 anzunehmen (S. 2). § 37 b Abs. 4 gilt für die häusliche Krankenpflege zur ambulanten Palliativversorgung entsprechend (S. 3). 54

---

113 BGBl. I 2015, 2424, 2463.
114 Knispel in: BeckOK SozR, SGB V, § 37 Rn. 9 b.
115 Rixen, Sozialrecht als öffentliches Wirtschaftsrecht, 2005, S. 482.
116 Groth in: Hauck/Noftz, SGB XI, § 71 Rn. 52.
117 BT-Dr. 15/1525, 90.
118 Siehe Nolte in: KassKomm, SGB V, § 37 Rn. 16 d; Luthe in: Hauck/Noftz, SGB V, § 37 Rn. 146; Wagner in: Krauskopf, § 37 SGB V Rn. 10.
119 Luthe in: Hauck/Noftz, SGB V, § 37 Rn. 145; Wagner in: Krauskopf, § 37 SGB V Rn. 10.
120 BGBl. I 2016, 3191, 3219.
121 BGBl. I 2015, 2114, 2118.

55 Mit dieser Neuregelung trägt der Gesetzgeber der erheblichen Bedeutung der häuslichen Krankenpflege „in der ambulanten Palliativversorgung von Menschen, die ihre letzte Lebensphase in der häuslichen Umgebung verbringen," Rechnung.[122] § 37 Abs. 2 a stellt klar, „dass die Regelversorgung zum Leistungsanspruch im Rahmen der häuslichen Krankenpflege die ambulante Palliativversorgung umfasst".[123] Palliativversorgung kann sowohl als häusliche Krankenpflege iSd Abs. 1 als auch als häusliche Krankenpflege iSd Abs. 2 erbracht werden.[124] Die ambulante Palliativversorgung als Leistung der häuslichen Krankenpflege ist in den Rahmenempfehlungen nach § 132 a SGB V entsprechend zu berücksichtigen.[125]

56 Palliativversorgung ist die Versorgung der Versicherten zur Schmerz- und Symptomlinderung.[126] Voraussetzung für den Anspruch nach § 37 Abs. 2 a ist, dass „kein Anspruch auf spezialisierte ambulante Palliativversorgung" gem. § 37 b SGB V besteht.[127] Der Anspruch auf ambulante Palliativversorgung nach § 37 Abs. 2 a ist also subsidiär gegenüber dem Anspruch auf spezialisierte ambulante Palliativversorgung nach § 37 b.[128]

57 Die ambulante Palliativversorgung als Leistung der häuslichen Krankenpflege kann unter der Voraussetzung des Abs. 1, dass Krankenhausbehandlung geboten, aber nicht ausführbar ist oder durch die ambulante Palliativversorgung vermieden oder verkürzt wird, über einen Zeitraum von mehr als vier Wochen verordnet werden. Dies regelt Abs. 2 a S. 2, wonach für Leistungen der ambulanten Palliativversorgung regelmäßig ein begründeter Ausnahmefall iSd Abs. 1 S. 5 anzunehmen ist. Hintergrund ist, dass „die allgemeine Palliativversorgung oftmals über mehrere Wochen bis Monate notwendig ist", so dass Abs. 2 a der Abdeckung der grundpflegerischen Bedarfe dient.[129]

VIII. Anspruchsausschluss bei Pflege durch Haushaltsangehörigen (Abs. 3)

58 Gemäß Abs. 3 besteht der Anspruch auf häusliche Krankenpflege nach Abs. 1 und 2 nur, soweit eine im Haushalt lebende Person den Kranken in dem erforderlichen Umfang nicht pflegen und versorgen kann. Abs. 3 statuiert eine negative Anspruchsvoraussetzung[130] und zugleich die **Subsidiarität** des Anspruchs auf häusliche Krankenpflege gegen die Krankenkasse gegenüber der häuslichen Krankenpflege Haushaltsangehöriger.[131] Bereits nach dem Wortlaut des Abs. 3 („soweit") kann häusliche Krankenpflege durch Haushaltsangehörige auch teilweise in Betracht kommen und den Anspruch auf häusliche Krankenpflege nach Abs. 1 oder 2 zum Teil ausschließen (zB nur für Grundpflege und hauswirtschaftliche Versorgung oder nur für einen bestimmten Zeitraum wie tagsüber oder am Wochenende).[132]

59 Was unter einer **im Haushalt lebenden Person** zu verstehen ist, ist umstritten. Nach der Gesetzesbegründung zu Abs. 3 muss die im Haushalt lebende Person nicht Angehöriger des Versicherten sein.[133] Zum Teil wird angenommen, dass im Haushalt lebende Personen sämtliche Personen seien, die mit dem Versicherten für eine gewisse Dauer in einem Haushalt wohnen.[134] Hierzu zählten neben zusammenlebenden Ehe- und Lebenspartnern im Haushalt des Versicherten lebende Kinder, Eltern, andere Verwandte und Verschwägerte sowie nichteheliche und nichtlebenspartnerschaftliche Lebensgefährten sowie Haushaltsbedienstete.[135] Außerdem müsse die Person objektiv in der Lage sein, die betreffende

---

122 BT-Dr. 18/5170, 24.
123 BT-Dr. 18/5170, 24.
124 Luthe in: Hauck/Noftz, SGB V, § 37 Rn. 149; Wagner in: Krauskopf, § 37 SGB V Rn. 20; Padé in: jurisPK-SGB V, § 37 Rn. 68.
125 BT-Dr. 18/5170, 24.
126 Vgl. Knispel in: BeckOK SozR, SGB V, § 37 Rn. 33; Wagner in: Krauskopf, § 37 SGB V Rn. 19; Luthe in: Hauck/Noftz, SGB V, § 37 Rn. 148; Padé in: jurisPK-SGB V, § 37 Rn. 67.
127 BT-Dr. 18/5170, 24.
128 Gleichsinnig Knispel in: BeckOK SozR, SGB V, § 37 Rn. 33.
129 BT-Dr. 18/5170, 24.
130 Wagner in: Krauskopf, § 37 SGB V Rn. 28; Knispel in: BeckOK SozR, SGB V, § 37 Rn. 10.
131 Vgl. Luthe in: Hauck/Noftz, SGB V, § 37 Rn. 151 f., 154, der vom Vorrang der Selbsthilfe spricht (Rn. 152).
132 Vgl. Knispel in: BeckOK SozR, SGB V, § 37 Rn. 13; Luthe in: Hauck/Noftz, SGB V, § 37 Rn. 159; Wagner in: Krauskopf, § 37 SGB V Rn. 28; Dalichau, SGB V, § 37 S. 8, 28.
133 BT-Dr. 11/2237, 177.
134 BSG, SozR 2200, § 185 b Nr. 11; BSG, SozR 3-2200, § 185 b Nr. 1; Knispel in: BeckOK SozR, SGB V, § 37 Rn. 10; ebenso Luthe in: Hauck/Noftz, SGB V, § 37 Rn. 158, der darauf hinweist, dass besuchsweise Aufenthalte im Haushalt des Versicherten nicht genügen (ebenso BSG, SozR 2200, § 185 b Nr. 11; Wagner in: Krauskopf, § 37 SGB V Rn. 28); vgl. auch Dalichau, SGB V, § 37 S. 27.
135 So Luthe in: Hauck/Noftz, SGB V, § 37 Rn. 158; vgl. auch Wagner in: Krauskopf, § 37 SGB V Rn. 28.

Leistung der häuslichen Krankenpflege zu erbringen,[136] und hierzu subjektiv ebenso bereit sein wie der Versicherte.[137] Ob die im Haushalt lebende Person zur Pflege objektiv in der Lage ist, hängt von der Art der erforderlichen Pflegeleistung[138] und dem Alter[139] sowie den Kenntnissen und Fähigkeiten[140] des Betreffenden ab. Eine besondere pflegerische Ausbildung oder Qualifikation ist nicht generell, sondern nur im Einzelfall, abhängig von der Art der Pflegeleistung erforderlich. Schließlich müsse die Pflege sowohl für den Versicherten als auch für den Haushaltsangehörigen zumutbar sein.[141] Die Zumutbarkeit fehle, wenn der Haushaltsangehörige für die Pflege eine Ausbildung oder Berufstätigkeit aufgeben oder unterbrechen[142] oder die Versorgung von Kindern vernachlässigen[143] müsste. Auch Pflegemaßnahmen im Intimbereich könnten die Unzumutbarkeit begründen.[144]

Abs. 3 statuiert einen **Vorrang der Selbsthilfe** vor der Inanspruchnahme der Versichertensolidargemeinschaft.[145] Ein Ausschluss des Anspruchs auf häusliche Krankenpflege gem. Abs. 3 erscheint nur gerechtfertigt, wenn der Haushaltsangehörige dem Versicherten näher steht als die Allgemeinheit und er daher vorrangig vor der Solidargemeinschaft zur Pflege heranzuziehen ist. Ein solches besonderes Näheverhältnis besteht nur bei einer rechtlichen Einstands- und Verantwortungsgemeinschaft zwischen dem Versicherten und dem Haushaltsangehörigen. Eine solche rechtliche Einstands- und Verantwortungsgemeinschaft besteht v.a. zwischen Eheleuten (Art. 6 Abs. 1 GG, §§ 1353 ff. BGB), Lebenspartnern (§§ 2 ff. LPartG) und im Verhältnis zwischen Eltern und Kindern (Art. 6 Abs. 2 S. 1 GG, §§ 1626 ff. BGB). § 37 Abs. 3 knüpft insoweit an die ehe- und familienrechtlichen Einstands- und Verantwortungspflichten an, erweitert sie aber nicht.[146] Ein tatsächliches Näheverhältnis ohne rechtliche Einstands- und Verantwortungsübernahme, wie es zwischen Partnern einer nichtehelichen oder nichtlebenspartnerschaftlichen Lebensgemeinschaft, Mitgliedern einer Wohngemeinschaft oder zwischen dem Versicherten und Haushaltsangestellten besteht, genügt nicht. Als weitere Voraussetzung muss hinzukommen, dass der Haushaltsangehörige zur Pflege objektiv in der Lage und ihm die Pflege zumutbar ist (→ Rn. 59). An die Unzumutbarkeit sind angesichts der gesetzlich begründeten Verpflichtung zum Einstand und zur Verantwortung hohe Anforderungen zu stellen.[147]   60

Ob Abs. 3 nur zum Tragen kommt, wenn der Versicherte und der mit ihm in einer rechtlichen Beistands- und Verantwortungsgemeinschaft lebende Haushaltsangehörige in **demselben Haushalt** leben,[148] ist zweifelhaft. Der Wortlaut des Abs. 3 legt dies zwar nahe. Der Normzweck, die Solidargemeinschaft der Versicherten zu entlasten, spricht jedoch dagegen. Aus diesem Grund muss die Krankenpflege von dem Angehörigen auch nicht im Haushalt des Versicherten geleistet werden, sondern in Betracht kommt grundsätzlich jeder andere geeignete Ort iSd Abs. 1 S. 1 bzw. Abs. 2 S. 1.[149]   61

---

136 Siehe nur LSG Bbg, JurionRS 2005, 20498; Hellkötter-Backes in: LPK-SGB V, § 37 Rn. 37f.; Wagner in: Krauskopf, § 37 SGB V Rn. 28; Knispel in: BeckOK SozR, SGB V, § 37 Rn. 11; Ricken in: Eichenhofer/Wenner, § 37 Rn. 13.
137 BSGE 86, 101, 105 f.; Wagner in: Krauskopf, § 37 SGB V Rn. 28; Luthe in: Hauck/Noftz, SGB V, § 37 Rn. 155 f.; Rixen in: Becker/Kingreen, § 37 Rn. 5; Hellkötter-Backes in: LPK-SGB V, § 37 Rn. 37; zurückhaltender Knispel in: BeckOK SozR, SGB V, § 37 Rn. 12, der für die Verweigerung des Einverständnisses des Versicherten bzw. des Haushaltsangehörigen eine nachvollziehbare Begründung verlangt.
138 BSGE 50, 73, 76; Wagner in: Krauskopf, § 37 SGB V Rn. 28.
139 Vgl. Hellkötter-Backes in: LPK-SGB V, § 37 Rn. 38.
140 Wagner in: Krauskopf, § 37 SGB V Rn. 28.
141 BSGE 44, 139, 141; Dalichau, SGB V, § 37 S. 7, 27; Knispel in: BeckOK SozR, SGB V, § 37 Rn. 11; Ricken in: Eichenhofer/Wenner, § 37 Rn. 13; Wagner in: Krauskopf, § 37 SGB V Rn. 28; Hellkötter-Backes in: LPK-SGB V, § 37 Rn. 37; Rixen in: Becker/Kingreen, § 37 Rn. 5.
142 Vgl. BSGE 43, 170, 171; BSG, SozR 3-2500, § 37 Nr. 5; Hellkötter-Backes in: LPK-SGB V, § 37 Rn. 38; Dalichau, SGB V, § 37 S. 7, 27; Luthe in: Hauck/Noftz, SGB V, § 37 Rn. 157.
143 Vgl. Hellkötter-Backes in: LPK-SGB V, § 37 Rn. 38; Dalichau, SGB V, § 37 S. 27.
144 Knispel in: BeckOK SozR, SGB V, § 37 Rn. 11; Dalichau, SGB V, § 37 S. 7.
145 Knispel in: BeckOK SozR, SGB V, § 37 Rn. 10.
146 So zutreffend Igl/Welti, Sozialrecht, § 17 Rn. 50; Igl, SGb 1999, 111, 114 f.; zu weitgehend dagegen Knispel in: BeckOK SozR, SGB V, § 37 Rn. 10, der in § 37 Abs. 3 eine Anknüpfung an die familienrechtliche Solidarpflicht und an die sittliche Beistandspflicht unter zusammenlebenden Haushaltsangehörigen sieht; ebenso BSGE 86, 101, 105.
147 Vgl. Dalichau, SGB V, § 37 S. 7 und 27 mit der Feststellung, dass von Familienangehörigen Pflege grundsätzlich erwartet werden könne.
148 So Knispel in: BeckOK SozR, SGB V, § 37 Rn. 10.
149 Ähnlich Knispel in: BeckOK SozR, SGB V, § 37 Rn. 10a bezogen auf einen vorübergehenden Aufenthalt außerhalb des Haushalts, der die Pflege allerdings in diesen Fällen regelmäßig für unzumutbar hält.

62 Soweit der Anspruch iSd Abs. 1 oder 2 nach Abs. 3 ausgeschlossen ist, kann der Versicherte die Kosten für die Pflege durch den Haushaltsangehörigen nicht gem. Abs. 4 von der Krankenkasse erstattet verlangen. Sind **Haushaltsangehörige** nicht gem. Abs. 3 zur Pflege verpflichtet, hierzu aber freiwillig bereit und entstehen dadurch Kosten, kommt eine Kostenerstattung gem. Abs. 4 in Betracht.

IX. Anspruch auf Kostenerstattung (Abs. 4)

63 Häusliche Krankenpflege gem. Abs. 1 oder 2 wird von der Krankenkasse grundsätzlich als Sach- oder Dienstleistung durch Bereitstellung eigener Pflegekräfte erbracht (s. § 2 Abs. 2 S. 1). Von diesem Grundsatz statuiert Abs. 4 eine Ausnahme:[150] Kann die Krankenkasse keine Kraft für die häusliche Krankenpflege stellen oder besteht Grund, davon abzusehen, sind den Versicherten die **Kosten für eine selbstbeschaffte Kraft** in angemessener Höhe zu erstatten. Ein Grund dafür, dass die Krankenkasse keine häusliche Krankenpflegekraft stellen kann, kann Pflegekräftemangel sein.[151] Ein Grund, von der Stellung einer Krankenpflegekraft durch die Krankenkasse abzusehen, kann bestehen, wenn der Versicherte eine kostengünstigere Beschaffungsmöglichkeit hat[152] oder nachvollziehbar darlegt, weshalb eine bestimmte Pflegekraft die Pflege übernehmen soll.[153] In entsprechender Anwendung des § 37 Abs. 4 soll ein Anspruch auf Erstattung der Kosten für eine selbstbeschaffte Kraft für die häusliche Krankenpflege wegen Unaufschiebbarkeit der Leistung bestehen, wenn ein Naturalleistungsanspruch bestanden hätte, der Versicherte jedoch vor Inanspruchnahme der Leistung die Krankenkasse nicht mit der Sache befasst hatte und die ärztliche Verordnung auch nicht innerhalb der in der HKP-RL bestimmten Frist von drei Arbeitstagen vorgelegt hat.[154]

64 Als selbstbeschaffte Kraft kommen eine qualifizierte Pflegekraft und Laien in Betracht.[155] Welche Kosten für eine selbstbeschaffte Kraft angemessen sind, ist im Einzelfall anhand von Art und Umfang der Pflegeleistung und der Pflegemarktsituation zu ermitteln.[156] Angemessen sind grundsätzlich die marktüblichen Kosten, die die Krankenkasse für eine von ihr beschaffte Pflegekraft hätte aufwenden müssen.[157] Der Krankenkasse steht bei der Bestimmung der Kostenangemessenheit ein Beurteilungsspielraum zu.[158]

65 Gegenüber § 13 Abs. 2 ist § 37 Abs. 4 **lex specialis**. § 13 Abs. 3 kommt grundsätzlich neben § 37 Abs. 4 zur Anwendung.[159]

X. Zuzahlung (Abs. 5)

66 Nach § 37 Abs. 5 iVm § 61 S. 3 leisten Versicherte, die das 18. Lebensjahr vollendet haben, als Zuzahlung 10 % der Kosten sowie 10 Euro je Verordnung, begrenzt auf die für die ersten 28 Kalendertage der Leistungsinanspruchnahme je Kalenderjahr anfallenden Kosten.[160] Zusätzlich gilt die Belastungsgrenze des § 62.[161] Die Zuzahlungspflicht nach § 37 Abs. 5 gilt sowohl, wenn die Krankenkasse die häusliche Krankenpflege als Sach- oder Dienstleistung durch Bereitstellung eigener Pflegekräfte erbringt (s. § 2 Abs. 2 S. 1), als auch, wenn die Krankenkasse dem Versicherten die Kosten für eine selbstbeschaffte Kraft in angemessener Höhe erstattet (§ 37 Abs. 4); im ersten Fall zahlt der Versicher-

---

150 Luthe in: Hauck/Noftz, SGB V, § 37 Rn. 161, 163.
151 Hellkötter-Backes in: LPK-SGB V, § 37 Rn. 41; Ricken in: Eichenhofer/Wenner, § 37 Rn. 14.
152 Ricken in: Eichenhofer/Wenner, § 37 Rn. 14; Hellkötter-Backes in: LPK-SGB V, § 37 Rn. 41.
153 Vgl. Knispel in: BeckOK SozR, SGB V, § 37 Rn. 39; Ricken in: Eichenhofer/Wenner, § 37 Rn. 14.
154 LSG RhPf, NZS 2015, 582.
155 Zur erforderlichen Qualifikation der selbstbeschafften Pflegekraft näher Dalichau, SGB V, § 37 S. 28 f.
156 Dalichau, SGB V, § 37 S. 29.
157 Vgl. Luthe in: Hauck/Noftz, SGB V, § 37 Rn. 170; Dalichau, SGB V, § 37 S. 29; Hellkötter-Backes in: LPK-SGB V, § 37 Rn. 41 sieht die Kosten einer vom Versicherten selbstbeschafften Pflegeperson jedenfalls dann als angemessen an, wenn sie geringer sind als die Kosten, die die Krankenkasse bei einer von ihr gestellten Pflegekraft zu tragen hätte.
158 So BSG, SozR 2200, § 1237b Nr. 5; Wagner in: Krauskopf, § 37 SGB V Rn. 31; Luthe in: Hauck/Noftz, SGB V, § 37 Rn. 169.
159 Luthe in: Hauck/Noftz, SGB V, § 37 Rn. 163; Dalichau, SGB V, § 37 S. 28; aA Knispel in: BeckOK SozR, SGB V, § 37 Rn. 42, der § 37 Abs. 4 als lex specialis gegenüber § 13 Abs. 3 SGB V ansieht; ebenso Hellkötter-Backes in: LPK-SGB V, § 37 Rn. 41.
160 Näher zur Berechnung Knispel in: BeckOK SozR, SGB V, § 37 Rn. 43.
161 Hellkötter-Backes in: LPK-SGB V, § 37 Rn. 42; Knispel in: BeckOK SozR, SGB V, § 37 Rn. 43; Luthe in: Hauck/Noftz, SGB V, § 37 Rn. 173.

te den Zuzahlungsbetrag an die Krankenkasse, im letzten Fall mindert sich der Erstattungsanspruch des Versicherten gegen die Krankenkasse um den Zuzahlungsbetrag.[162]

XI. Richtlinien des Gemeinsamen Bundesausschusses zu den Orten und Fällen der Leistungserbringung (Abs. 6)

Der G-BA legt in Richtlinien nach § 92 fest, an welchen Orten und in welchen Fällen Leistungen nach § 37 Abs. 1 und 2 auch außerhalb des Haushalts und der Familie des Versicherten erbracht werden können (Abs. 6). Von dieser Ermächtigung hat der G-BA durch Erlass der Richtlinie über die Verordnung von häuslicher Krankenpflege (Häusliche Krankenpflege-Richtlinie – HKP-RI) Gebrauch gemacht. 67

Der bisherige § 37 Abs. 6 S. 2 („Er bestimmt darüber hinaus das Nähere über Art und Inhalt der verrichtungsbezogenen krankheitsspezifischen Pflegemaßnahmen nach Absatz 2 Satz 1.") wurde zum 1.1.2017[163] gestrichen. Ebenso wie die Streichung des § 37 Abs. 2 S. 1 Halbs. 2 ist auch die Aufhebung des § 37 Abs. 6 S. 2 eine Folgeänderung zu den Änderungen im SGB XI. „Da der Anspruch auf die erforderlichen Leistungen der medizinischen Behandlungspflege unberührt bleibt, hat der Gemeinsame Bundesausschuss bei der Ausgestaltung der Richtlinie über die Verordnung von häuslicher Krankenpflege sicherzustellen, dass die bisher als verrichtungsbezogene krankheitsspezifische Pflegemaßnahmen gesondert aufgeführten Leistungen der medizinischen Behandlungspflege in das Leistungsverzeichnis der Richtlinie aufgenommen werden."[164] 68

XII. Richtlinien des Gemeinsamen Bundesausschusses zur Versorgung von chronischen und schwer heilenden Wunden (Abs. 7)

Nach dem zum 11.4.2017[165] eingefügten Abs. 7 regelt der G-BA in Richtlinien nach § 92, dh in der Häusliche Krankenpflege-Richtlinie,[166] unter Berücksichtigung bestehender Therapieangebote das Nähere zur Versorgung von chronischen und schwer heilenden Wunden (S. 1). Dabei muss der G-BA „den Besonderheiten der Versorgung von chronischen und schwer heilenden Wunden Rechnung" tragen.[167] 69

Die Versorgung von chronischen und schwer heilenden Wunden kann auch in spezialisierten Einrichtungen an einem geeigneten Ort außerhalb der Häuslichkeit von Versicherten erfolgen (S. 2). Es muss sich um auf die Versorgung dieser Art von Wunden spezialisierte Einrichtungen handeln.[168] Das Nähere über die Eignung dieser Einrichtungen ist in Rahmenempfehlungen nach § 132a Abs. 1 SGB V zu vereinbaren (vgl. § 132a Abs. 1 S. 4 Nr. 2 SGB V).[169] 70

Mit dieser Neuregelung des § 37 Abs. 7 hat der Gesetzgeber der erheblichen Bedeutung der Wundversorgung in Deutschland Rechnung getragen.[170] Derzeit leben in Deutschland etwa drei bis vier Millionen Menschen mit chronischen Wunden, wobei vor allem ältere Patienten/innen betroffen sind.[171] Die Versorgung chronischer und schwer heilender Wunden ist daher von besonderer Wichtigkeit.[172] Zugleich dient die Stärkung der ambulanten Wundversorgung der Vermeidung von Krankenhausaufenthalten.[173] 71

Speziell durch Abs. 7 S. 2 soll der Leistungsort iSd § 37 „moderat" geöffnet werden, ohne das in der Norm „verankerte Prinzip der Häuslichkeit grundsätzlich in Frage zu stellen".[174] Einrichtungen, die auf die pflegerische Versorgung von chronischen Wunden spezialisiert sind, soll es ermöglicht werden, die Leistungen der häuslichen Krankenpflege im Bereich der Versorgung von chronischen und schwer heilenden Wunden in den Einrichtungen zu erbringen.[175] 72

---

162 Knispel in: BeckOK SozR, SGB V, § 37 Rn. 44.
163 BGBl. I 2015, 2424, 2463.
164 BR-Dr. 354/15, 164.
165 BGBl. I 2017, 778, 790.
166 Vgl. BT-Dr. 18/10186, 27.
167 BT-Dr. 18/10186, 27.
168 Vgl. BT-Dr. 18/10186, 27.
169 Vgl. BT-Dr. 18/10186, 27.
170 BT-Dr. 18/10186, 28.
171 BT-Dr. 18/10186, 28.
172 Vgl. BT-Dr. 18/10186, 28.
173 BT-Dr. 18/10186, 28.
174 BT-Dr. 18/10186, 28.
175 BT-Dr. 18/10186, 27.

§ 37a Soziotherapie

(1) ¹Versicherte, die wegen schwerer psychischer Erkrankung nicht in der Lage sind, ärztliche oder ärztlich verordnete Leistungen selbständig in Anspruch zu nehmen, haben Anspruch auf Soziotherapie, wenn dadurch Krankenhausbehandlung vermieden oder verkürzt wird oder wenn diese geboten, aber nicht ausführbar ist. ²Die Soziotherapie umfasst im Rahmen des Absatzes 2 die im Einzelfall erforderliche Koordinierung der verordneten Leistungen sowie Anleitung und Motivation zu deren Inanspruchnahme. ³Der Anspruch besteht für höchstens 120 Stunden innerhalb von drei Jahren je Krankheitsfall.

(2) Der Gemeinsame Bundesausschuss bestimmt in den Richtlinien nach § 92 das Nähere über Voraussetzungen, Art und Umfang der Versorgung nach Absatz 1, insbesondere
1. die Krankheitsbilder, bei deren Behandlung im Regelfall Soziotherapie erforderlich ist,
2. die Ziele, den Inhalt, den Umfang, die Dauer und die Häufigkeit der Soziotherapie,
3. die Voraussetzungen, unter denen Ärzte zur Verordnung von Soziotherapie berechtigt sind,
4. die Anforderungen an die Therapiefähigkeit des Patienten,
5. Inhalt und Umfang der Zusammenarbeit des verordnenden Arztes mit dem Leistungserbringer.

(3) Versicherte, die das 18. Lebensjahr vollendet haben, leisten als Zuzahlung je Kalendertag der Leistungsinanspruchnahme den sich nach § 61 Satz 1 ergebenden Betrag an die Krankenkasse.

Literatur:

Fastabend/Schneider, Das Leistungsrecht der gesetzlichen Krankenversicherung, 2004; *Frieboes*, Grundlagen und Praxis der Soziotherapie, 1. Auflage 2005; *Frieboes*, Soziotherapie gemäß § 37a SGB V, Der Nervenarzt 2003, 596; *Dietrich*, Psychische Krankheiten aus Sicht der Kranken- und Pflegekassen, SF-Medien Nr. 152, 2005, S. 59; *Jung*, Rechtliche Grundlagen des Bundesausschusses auch nach der GKV-Reform 2000 unzureichend, KrV 2000, 52; *Marburger*, Leistungsansprüche für schwerkranke Menschen, SuP 2013, 320; *Marburger*, Soziotherapie, Palliativversorgung und Hospizleistungen, SuP 1015, 295; *Nowack*, Ambulante Soziotherapie – Bisher ein Papiertiger, DÄBl. 2002, A2992; *Ratzke*, Soziotherapie – Warum eine sinnvolle Leistung nicht umgesetzt wird, RdLH 2010, 94; *Reumschüssel-Wienert*, Soziotherapie, RuP 2002, 156; *Rixen*, Sozialrecht als öffentliches Wirtschaftsrecht, 2005; *Rosenthal*, Soziotherapie, WzS 2002, 71; *Rosenthal*, Soziotherapie, 2002; *Van Treeck/Bergmann/Böhme/Schneider*, Psychosoziale Versorgung, in: Schneider/Niebling, Psychische Erkrankungen in der Hausarztpraxis, 2008, S. 175.

I. Entstehungsgeschichte	1
II. Normzweck	2
III. Normkonkretisierungskonzept (Abs. 2)	5
IV. Anspruchsvoraussetzungen (Abs. 1 S. 1)	6
1. Versicherter	6
2. Schwere psychische Krankheit	7
3. Kausalität	13
4. In vertragsärztlicher Behandlung	14
5. Vermeidung oder Verkürzung von Krankenhausbehandlungen (Abs. 1 S. 1 Var. 1 und 2)	15
6. Gebotene Krankenhausbehandlung nicht ausführbar (Abs. 1 S. 1 Var. 3)	17
7. Ärztliche Verordnung	19
8. Genehmigungsvorbehalt	22
V. Anspruchsinhalt (Abs. 1 S. 2)	25
VI. Anspruchsdauer (Abs. 1 S. 3)	28
VII. Zuzahlung (Abs. 3)	31
VIII. Leistungserbringer	32
IX. Abgrenzung zu anderen Leistungen der gesetzlichen Krankenversicherung und der Eingliederungshilfe	34
X. Prozessuale Geltendmachung	36
XI. Ausblick	37

I. Entstehungsgeschichte

1 § 37a wurde mit Wirkung vom 1.1.2000 durch Art. 1 Nr. 18 GKV-Gesundheitsreformgesetz 2000 (GKV) vom 22.12.1999[1] in das SGB V neu eingeführt. Eine der Regelung in § 37a entsprechende Vorschrift gab es also vormals nicht. Abs. 2 wurde mit Wirkung vom 1.1.2004 durch Art. 1 Nr. 28 GMG vom 14.11.2003[2] im Zuge der Einrichtung des Gemeinsamen Bundesausschusses (G-BA) (§ 91) redaktionell geändert,[3] ohne die Fortgeltung der bisher erlassenen Soziotherapie-Richtlinien auszuschließen,[4] und Abs. 3 wurde angefügt.

---

1 BGBl. I, 2626.
2 BGBl. I, 2190.
3 Vgl. Gesetzentwurf der Fraktionen SPD, CDU/CSU und BÜNDNIS 90/Die Grünen eines GMG, BT-Dr. 15/1525, 90.
4 BSG, 20.4.2010, B 1/3 KR 21/08 R, SozR 4-2500 § 37a Nr. 1 = SGb 2010, 523.

II. Normzweck

Mit der Einführung der Soziotherapie soll die ambulante Versorgungssituation derjenigen Patientengruppe, die wesentlich zur **„Drehtürpsychiatrie"**[5] beiträgt, verbessert werden, so dass bereits in den 1990er Jahre der Gesetzgeber an der Einführung einer ambulanten Leistung der Gesetzlichen Krankenversicherung (GKV) arbeitete. Zwischen den Jahren 1995 und 1998 wurde dann ein von den Spitzenverbänden der GKV und dem Bundesministerium für Gesundheit (BMG) getragenes Modellprojekt „Ambulante Rehabilitation psychisch Kranker" durchgeführt.

Der Gesetzgeber hat mit § 37 a für Versicherte, die wegen einer schweren psychischen Erkrankung nicht in der Lage sind, ärztliche und ärztlich verordnete Leistungen selbstständig in Anspruch zu nehmen, eine weitere ergänzende Leistung geschaffen, die sich am Übergang zwischen **Krankenbehandlung und allgemeiner Lebenshilfe** befindet und selbst keinen medizinischen Inhalt besitzt.[6] Dadurch, dass dem psychisch Kranken zur Sicherstellung der benötigten ambulanten Behandlung und zur Bewältigung der damit zusammenhängenden Probleme für eine begrenzte Zeit eine fachkundige Betreuungsperson zur Seite gestellt wird, sollen wiederkehrende, medizinisch nicht indizierte Krankenhausaufenthalte („Drehtüreffekt", → Rn. 2) vermieden werden.[7] Die Vorschrift dient folglich der **Stärkung des Grundsatzes „ambulant vor stationär"**.[8] Gerade schwer psychisch Kranke sind nämlich häufig nicht in der Lage, die erforderlichen ambulanten Behandlungsleistungen selbst in Anspruch zu nehmen, so dass dies zu unnötigen stationären Aufenthalten führen kann. Durch die Betreuung im Rahmen der Soziotherapie soll dies vermieden werden.[9] Letztlich bezweckt die eingeführte Möglichkeit der Verordnung von Soziotherapie die (Wieder-)Herstellung der „Alltagsbewältigung" für ein Leben außerhalb klinischer Einrichtungen.

Die Soziotherapie als Teil eines Behandlungskonzepts **ergänzt**, ersetzt aber nicht die Leistungen über die häusliche Krankenpflege in § 37.[10] Sie stellt aufgrund der engeren Voraussetzungen eine speziellere Vorschrift zu § 37 dar.[11] Die neuen Betreuungsleistungen bestehen in der Koordination von verordneten Leistungen sowie in der Anleitung und Motivation zu deren Inanspruchnahme. Konzeptionell handelt es sich um eine Form des **Case Management**. Durch den Anspruch auf Soziotherapie wird zulasten der GKV eine Lücke in der Versorgung psychisch Kranker geschlossen, die ihre Ursache nicht im Risikobereich der Krankenversicherung, sondern in der teilweise unzureichenden sozialen Eingliederung dieses Personenkreises hat.[12]

III. Normkonkretisierungskonzept (Abs. 2)

Die in Abs. 1 aufgeführten Anspruchsvoraussetzungen sowie die Regelungen über Art und Umfang der Versorgung mit Soziotherapie bedürfen der inhaltlichen **Konkretisierung** durch den G-BA (Abs. 2). Bereits der frühere Bundesausschuss der Ärzte und Krankenkassen (nunmehr G-BA) hat mittels der ihm zustehenden Kompetenzen gem. §§ 37 a Abs. 2 und 92 Abs. 1 S. 2 Nr. 6 Richtlinien über die Durchführung der Soziotherapie in der vertragsärztlichen Versorgung (Soziotherapie-Richtlinie)[13] erlassen. Die in Abs. 2 Nr. 1–5 zu regelnden Materien sind nicht abschließend aufgezählt; dies ergibt sich bereits aus dem Wortlaut der Vorschrift „insbesondere". Der G-BA besitzt hinsichtlich der Konkretisierung eine Einschätzungs- und Bewertungsprärogative.[14]

---

5 Frieboes, Der Nervenarzt 2003, 596.
6 BSG Großer Senat, 25.9.2007, GS 1/06, SozR 4 – 2500 § 39 Nr. 10 = BSGE 99, 111; BSG, 20.4.2010, B 1/3 KR 21/08 R, SozR 4-2500 § 37 a Nr. 1 = SGb 2010, 523; Flint in: Hauck/Noftz, SGB V, § 37 a Rn. 8.
7 So die Begründung zum Entwurf des GKV-Reformgesetzes 2000, BT-Dr. 14/1245, 66.
8 Wagner in: Krauskopf, § 37 a SGB V Rn. 2.
9 Vgl. BT-Dr. 14/1245, 66; Rixen in: Becker/Kingreen, § 37 a Rn. 1.
10 Wagner in: Krauskopf, § 37 a SGB V Rn. 2.
11 Nolte in: KassKomm, § 37 a SGB V Rn. 3.
12 BSG Großer Senat, 25.9.2007, GS 1/06, SozR 4-2500 § 39 Nr. 10 = BSGE 99, 111; Nolte in: KassKomm, § 37 a SGB V Rn. 2.
13 Soziotherapie-Richtlinie in der Neufassung vom 22.1.2015, veröffentlicht im BAnz AT 14.4.2015 B5, in Kraft getreten am 15.4.2015; zuletzt geändert am 16.3.2017, veröffentlicht im BAnz AT 7.6.2017 B 3, in Kraft getreten am 8.6.2017.
14 Vgl. BSG, 6.5.2009, B 6 A 1/08 R, GesR 2009, 581; Rixen in: Becker/Kingreen, SGB V, § 37 a Rn. 7.

IV. Anspruchsvoraussetzungen (Abs. 1 S. 1)

1. Versicherter. Es muss zunächst ein Versicherungsverhältnis gem. §§ 5 bis 10 vorliegen und die Versicherten müssen unter einer schweren psychischen sowie therapierbaren Erkrankung mit entsprechendem Hilfebedarf leiden.

2. Schwere psychische Krankheit. Was unter einer schweren psychischen Krankheit zu verstehen ist, hat der Gesetzgeber in § 37a nicht näher geregelt. Es handelt sich hierbei um einen auslegungsfähigen und -bedürftigen unbestimmten Rechtsbegriff. Aus dem Begriff der **psychischen Erkrankung** ergibt sich zunächst im Umkehrschluss, dass eine rein physische Erkrankung nicht ausreicht. Vielmehr muss die Krankheit zumindest auch erhebliche und als schwer einzustufende **psychische** Auswirkungen haben.[15] „Schwer" sind psychische Erkrankungen dann, wenn sie im Vergleich zu anderen Erkrankungen zu einer **weit überdurchschnittlichen Abweichung** vom Leitbild des gesunden Menschen führen und die natürlichen menschlichen Funktionen und Lebensäußerungen in großem Umfang einschränken.[16] Die psychische Erkrankung muss dabei immer, wie auch beim Krankheitsbegriff nach § 27 gefordert (→ § 27 Rn. 46, 48), einer medizinischen Behandlung zugänglich, also therapierfähig, sein.[17]

Bei der Ermittlung und Klassifizierung, in welchen Fällen eine schwere psychische Erkrankung vorliegt, hilft die Soziotherapie-**Richtlinie** des G-BA,[18] die dieser auf der Grundlage von Abs. 2 erlassen hat (→ Rn. 5). Die Richtlinienbestimmungen, die gem. Abs. 2 Nr. 1 die Krankheitsbilder, bei denen die Soziotherapie erforderlich ist, festlegen, gelten nach dem ausdrücklichen Gesetzeswortlaut nur für den Regelfall, so dass hiervon in Ausnahmefällen auch abgewichen werden kann. Ein abschließender Indikationskatalog war vom Gesetzgeber nicht bezweckt.[19]

Primär angesprochen werden Patienten mit psychotischem Erleben. Dabei werden als Indikationen für die ambulante Soziotherapie chronische Krankheitsverläufe und erhebliche Beeinträchtigungen der psychosozialen und beruflichen Leistungsfähigkeit genannt. Damit kommen insbesondere Erkrankungen aus dem schizophrenen Formenkreis in Betracht, in einigen Fällen auch bipolare Störungen, schwere wahnhafte Depressionen, schwere Persönlichkeitsstörungen, Suchterkrankungen und demenzielle Syndrome.[20] Bei folgenden **F-Diagnosen** (ICD-10) ist deshalb eine Verordnung möglich: Schizophrenie, schizotype Störung, anhaltende wahnhafte Störung, induzierte wahnhafte Störung, schizoaffektive Störung, bipolare affektive Psychose, gegenwärtig schwere depressive Episode mit psychotischen Symptomen, schwere depressive Episode mit psychotischen Symptomen, rezidivierende depressive Störung, gegenwärtig schwere Episode mit psychotischen Symptomen.[21]

Entscheidend ist darüber hinaus, dass **Fähigkeitsstörungen** beim Patienten vorliegen, denen mit den Mitteln der ambulanten Soziotherapie begegnet werden kann. Unter Fähigkeitsstörungen sind jedoch nicht automatisch die Störungen der Aktivität nach ICF (International Classification of Functioning, Disability and Health)[22] gemeint,[23] die vielmehr im Zusammenhang mit der medizinische Rehabilitation iSv § 40 SGB V und § 15 SGB VI zu verstehen sind.[24] Jedoch können die dort getroffenen Klassifikationen auch zur Charakterisierung der Fähigkeitsstörungen iSv § 37a herangezogen werden.[25] Nach der Soziotherapie-Richtlinie des G-BA gehören hierzu Störungen des Antriebs, der Ausdauer und der Belastbarkeit, durch Unfähigkeit zu strukturieren, durch Einschränkungen des planerischen Denkens und Handelns sowie des Realitätsbezuges, Störungen im Verhalten mit Einschränkung der Kontaktfähigkeit und fehlender Konfliktlösungsfähigkeit, Einbußen iSv Störungen der kognitiven Fähigkeiten wie Konzentration und Merkfähigkeit, der Lernleistungen sowie des problemlösenden Denkens, sowie mangelnde Compliance im Sinne eines krankheitsbedingt unzureichenden Zugangs zur eigenen Krank-

---

15 Nolte in: KassKomm, § 37a SGB V Rn. 4; Padé in: jurisPK-SGB V, § 37a Rn. 9; Flint in: Hauck/Noftz, SGB V, § 37a Rn. 33.
16 Nolte in: KassKomm, § 37a SGB V Rn. 4; Padé in: jurisPK-SGB V, § 37a Rn. 10; Ricken in: Eichenhofer/Wenner, SGB V § 37a Rn. 2.
17 Flint in: Hauck/Noftz, SGB V, § 37a Rn. 39; Padé in: jurisPK-SGB V, § 37a Rn. 9; Richter in: LPK-SGB XI, § 37a SGB V Rn. 10.
18 Siehe Fn. 13.
19 BT-Dr. 14/1245, 66.
20 Siehe hierzu Frieboes, Grundlagen und Praxis der Soziotherapie, S. 24 ff.
21 § 2 Abs. 4 Soziotherapie-Richtlinie, Fn. 13.
22 Download der deutschen Version unter www.dimdi.de.
23 Frieboes, Grundlagen und Praxis der Soziotherapie, S. 27.
24 So auch Frieboes, Grundlagen und Praxis der Soziotherapie, S. 27.
25 Siehe Frieboes, Grundlagen und Praxis der Soziotherapie, S. 73 f.

heitssymptomatik und zum Erkennen von Konfliktsituationen und Krisen.[26] Aus den vier Bereichen von Fähigkeitsstörungen muss zumindest ein Merkmal erfüllt sein.[27]

Klassifiziert wird die Schwere der Fähigkeitsstörungen anhand der **GAF-Skala** (Global Assessment of Function Scale),[28] einer international etablierten Skala zur globalen Erfassung des Funktionsniveaus. Die GAF-Skala gehört zu dem an die ICD-10 angelehnten Klassifikationssystem DSM-IV. Mit der GAF-Skala sind die psychischen, sozialen und beruflichen Funktionen auf einem Kontinuum von 1 bis 100 von psychischer Erkrankung bis psychischer Gesundheit abgebildet.[29] Bislang wurde bei einem Wert über 40 auf der GAF-Skala die Erkrankungen nicht als schwere psychische Erkrankung eingeordnet,[30] so dass eine Soziotherapie regelmäßig nicht verordnet werden konnte. Nunmehr gilt als Orientierungswert 40, wobei dieser Wert höchstens kleiner/gleich 50 sein darf.[31] Neu aufgenommen wurde in die Soziotherapie-Richtlinie eine sog. Öffnungsklausel, die in begründeten Einzelfällen unter bestimmten Bedingungen bei den Diagnosen mit den ICD-10-Kodes F00 – F99 (Psychische und Verhaltensstörungen) eine Verordnungsmöglichkeit von Soziotherapie vorsieht.[32] In diesen Fällen kann der GAF-Wert von 40 auch kleiner sein, wenn zumindest etwa eine psychiatrische und/oder somatische Co-Morbidität oder eine Fähigkeitseinschränkung im Alltag als Bedingung hinzutritt.[33] Der Patient darf aber nicht in einem solchen Maß psychisch erkrankt sein, dass die zur Verordnung notwendigen konkreten Therapieziele mit den angestrebten Verbesserungen angesichts der ausgeprägten Fähigkeitsstörungen des Patienten nicht mehr realisierbar sind.[34] Dies wird zumeist angenommen, wenn der GAF-Skala Wert von 20 unterschritten wird.[35] Aus diesem Grund sieht es die Richtlinie des G-BA vor, das der Patient über die hierfür notwendige Belastbarkeit, Motivierbarkeit und Kommunikationsfähigkeit verfügen und in der Lage sein soll, einfache Absprachen einzuhalten.[36] Dies stellt keinen Widerspruch zu den für die Soziotherapie geforderten Fähigkeitsstörungen dar, weil trotz der bestehenden Einbußen in der Kommunikationsfähigkeit ein Mindestmaß an Absprachefähigkeit für eine Therapiefähigkeit vorhanden sein muss.[37] Zu betonen ist jedoch, dass die gemessenen Werte auf der GAF-Skala nur als **Orientierung** dienen und eine Einzelfallentscheidung möglich bleiben muss.[38]

Das „enge Indikationsfenster" für eine ambulante Soziotherapie wurde in der Vergangenheit als einer der wesentlichen Gründe dafür angesehen, warum diese in der Praxis eher **selten verordnet** wurden.[39] Ob die sog. Öffnungsklausel hier zu einer verstärkten Verordnung führen wird, bleibt abzuwarten, da hinzukommt, dass diese Leistung im Vertragsarztbereich immer noch **wenig bekannt** ist, so dass auch in den Regionen, wo es Leistungsanbieter gibt, die Anzahl der Verordnungen bisher eher gering war.[40] Hierbei ist jedoch zwischen den verordnungsberechtigten Arztgruppen zu unterscheiden.

3. Kausalität. Die mangelnde Fähigkeit zur Inanspruchnahme medizinischer Leistungen, nicht dagegen die der allgemeinen Selbsthilfefähigkeit, muss mit der schweren psychischen Erkrankung in ursächlichem Zusammenhang stehen *(„wegen")*.[41] Das Unvermögen, die medizinischen Leistungen ab-

---

26 § 2 Abs. 2 Soziotherapie-Richtlinie, Fn. 13.
27 „Alternativ oder kumulativ": § 2 Abs. 2 S. 2 Soziotherapie-Richtlinie, Fn. 13. Siehe auch Frieboes, Grundlagen und Praxis der Soziotherapie, S. 27.
28 Zur deutschen Textversion Saß/Wittchen/Zaudig/Houben, Diagnostisches und Statisches Manual Psychischer Störungen, 2003.
29 Auch enthalten in: Frieboes, Grundlagen und Praxis der Soziotherapie, S. 100 ff. Ebenso abrufbar unter www.dbsh.de/gaf.pdf (zuletzt abgerufen am 1.3.2017).
30 Siehe Richtlinien des Bundesausschusses der Ärzte und Krankenkassen über die Durchführung von Soziotherapie in der vertragsärztlichen Versorgung (Soziotherapie-Richtlinien) in der Fassung vom 23.8.2001, BAnz Nr. 217, S. 23735 vom 21.11.2001, II. 11.
31 § 2 Abs. 3 Soziotherapie-Richtlinie, Fn. 13.
32 § 2 Abs. 5 Soziotherapie-Richtlinie, Fn. 13.
33 Siehe § 2 Abs. 5 S. 1 Soziotherapie-Richtlinie, Fn. 13.
34 Vgl. § 2 Abs. 6 Soziotherapie-Richtlinie, Fn. 13.
35 Vgl. hierzu Frieboes, Grundlagen und Praxis der Soziotherapie, S. 74.
36 § 2 Abs. 6 S. 1 Soziotherapie-Richtlinie, Fn. 13.
37 Frieboes, Grundlagen und Praxis der Soziotherapie, S. 75.
38 Rixen in: Becker/Kingreen, § 37 a Rn. 5.
39 Van Treeck/Bergmann/Böhme/Schneider, Psychosoziale Versorgung in: Schneider/Niebling, Psychische Erkrankungen in der Hausarztpraxis, S. 175, 183.
40 Van Treeck/Bergmann/Böhme/Schneider, Psychosoziale Versorgung in: Schneider/Niebling, Psychische Erkrankungen in der Hausarztpraxis, S. 175, 183; G-BA, Ursachen für die Umsetzungsproblematiken in der Soziotherapie – Evaluationsbericht, Fassung vom 17.1.2008, S. 28 ff.
41 Padé in: jurisPK-SGB V, § 37 a Rn. 10; Nolte in: KassKomm, § 37 a SGB V Rn. 7; Flint in: Hauck/Noftz, SGB V, § 37 a Rn. 38; Fastabend/Schneider, Das Leistungsrecht der gesetzlichen Krankenversicherung, S. 213.

zurufen, muss also ausschließlich auf die psychische Erkrankung zurückgeführt werden können.[42] Zu den ärztlichen Leistungen zählen insbesondere die ärztliche Behandlung nach § 28 Abs. 1, Abs. 2 S. 1, 10.[43]

14 **4. In vertragsärztlicher Behandlung.** Der Versicherte muss des Weiteren sich wegen dieser schweren psychischen Erkrankung in **vertragsärztlicher Behandlung** befinden. Eine privatärztliche Behandlung oder eine bloße Verwahrung in einer entsprechenden Einrichtung genügen hierfür nicht.[44]

15 **5. Vermeidung oder Verkürzung von Krankenhausbehandlungen (Abs. 1 S. 1 Var. 1 und 2).** Für die **ambulante** Soziotherapie im sozialrechtlichen Sinne wird nicht nur verlangt, dass die Betroffenen nicht in der Lage sind, ärztliche oder ärztlich verordnete Leistungen selbstständig in Anspruch zu nehmen, sondern außerdem muss eine Krankenhausbehandlung mit einer gewissen **Wahrscheinlichkeit** verkürzt oder vermieden werden. Sozialtherapie ist eine ambulante Leistung, die im häuslichen Umfeld zu erfolgen hat. Besteht die Möglichkeit einer frühzeitigen Entlassung aus dem Krankenhaus, hat das Krankenhaus hierüber den Vertragsarzt zu informieren und es ist unter möglicher Hinziehung eines soziotherapeutischen Leistungserbringers zu prüfen, ob die Voraussetzungen für die Verordnung von Soziotherapie vorliegen.[45]

16 Jedoch ist sie nach der Rechtsprechung des BSG nicht bei solchen Patienten erforderlich, die bereits in ihrem sozialen Umfeld, sei es in einer betreuten Wohngemeinschaft, einem Übergangswohnheim oder einer vergleichbaren Einrichtung, über eine ausreichende Hilfe verfügen.[46] Hierzu gehört auch die stationäre Versorgung in Alten- und Pflegeheimen und Hospizen, da man hier davon ausgeht, dass in diesen Einrichtungen eine adäquate Betreuung gewährleistet ist.[47] Auch durch diese Leistung wird zulasten der GKV eine Lücke in der Versorgung psychisch Kranker geschlossen, die ihren Ursprung letztlich nicht im Risikobereich der Krankenversicherung, sondern in einer partiell unzureichenden sozialen Eingliederung und Betreuung dieses Personenkreises hat.[48] Gerade dieser Punkt ist die Achillesverse bei der Verordnung von Soziotherapie. Eine frühzeitige und umfassende Behandlungsmöglichkeit in der Lebenswelt der Betroffenen, könnten die Krankenhausaufenthalte verkürzen bzw. ganz verhindern.[49]

17 **6. Gebotene Krankenhausbehandlung nicht ausführbar (Abs. 1 S. 1 Var. 3).** Eine Krankenhausbehandlung ist dann **geboten**, wenn sie gem. § 39 erforderlich ist (siehe hierzu die Kommentierung zu § 39). Es mag zwar unstimmig erscheinen, den Begriff geboten iSv § 37 Abs. 1 S. 1 Var. 3 mit dem der „Erforderlichkeit" nach § 39 Abs. 1 S. 2 gleichzusetzen, jedoch entspricht diese Wertung der Rechtsprechung des BSG.[50] Nach Auffassung des BSG hat die Verwendung der unterschiedlichen Begriffe ihre Ursache allein in der redaktionellen Nachlässigkeit im Gesetzgebungsverfahren.[51] **Erforderlich** ist eine Krankenhausbehandlung, wenn die notwendige medizinische Versorgung nur mit den besonderen Mitteln eines Krankenhauses, also insbesondere aufgrund der speziellen apparative Ausstattung, des geschulten Pflegepersonal sowie der Rufbereitschaft und jederzeitigen Eingriffsmöglichkeit eines Arztes, durchgeführt werden kann.[52]

18 **Nicht ausführbar** ist sie, wenn es **objektivierbare** Gründe gibt, die eine stationäre Behandlung ausschließen bzw. unmöglich machen, wie etwa Bettenmangel in allen verfügbaren Krankenhäusern oder fehlende Transportfähigkeit des Versicherten.

19 **7. Ärztliche Verordnung.** Leistungen auf Soziotherapie werden nur dann von den Krankenkassen gewährt, wenn sie **ärztlich verordnet** wurden (§ 73 Abs. 2 Nr. 12). Der Anspruch setzt einen vom Vertragsarzt unter Beteiligung des Leistungserbringers und des Versicherten erarbeiteten Behandlungsplan voraus, der die verschiedenen Behandlungselemente (zB Heilmittel, Arzneimittel etc) zu einem Behand-

---

42 Padé in: jurisPK-SGB V, § 37 a Rn. 10.
43 Nolte in: KassKomm, § 37 a SGB V Rn. 6.
44 Padé in: jurisPK-SGB V, § 37 a Rn. 13.
45 § 7 Abs. 1 Soziotherapie-Richtlinie, Fn. 13.
46 BSG Großer Senat, 25.9.2007, GS 1/06, SozR 4-2500 § 39 Nr. 10 = BSGE 99, 111.
47 Wagner in: Krauskopf, § 37 a SGB V Rn. 5; Richter in: LPK-SGB XI, § 37 a SGB V Rn. 11; aA: Knispel in: BeckOK SozR, SGB V, § 37 a Rn. 3.
48 BSG Großer Senat, 25.9.2007, GS 1/06, SozR 4-2500 § 39 Nr. 10 = BSGE 99, 111.
49 Ratzke, RdLH 2011, 94.
50 Vgl. für die insoweit gleichlautende Vorschrift in § 37: BSG, 20.4.1988, 3/8 RK 16/86, BSGE 63, 140.
51 BSG, 28.1.1999, B 3 KR 4/98, BSGE 83, 254.
52 BSG, 12.11.1985, 3 RK 45/83, BSGE 59, 116.

lungsprogramm zusammenfasst. Eine Verordnung von Soziotherapie ist auch durch den Krankenhausarzt im Rahmen des Entlassungsmanagements möglich.[53]

Ursprünglich sollte durch das Gesetz zur Weiterentwicklung der Versorgung und der Vergütung für psychiatrische und psychosomatische Leistungen (PsychVVG) vom 19.12.2016[54] die Regelung in Abs. 2 Nr. 3 und 5 aufgenommen werden, nach der der G-BA in den Richtlinien nach § 92 insbesondere die Voraussetzungen, unter denen auch **Psychotherapeuten** zur Verordnung von Soziotherapie berechtigt sind, und den Inhalt und Umfang der Zusammenarbeit des verordnenden Psychotherapeuten mit dem Leistungserbringer bestimmen soll. Diese Änderungen hielt der Gesetzgeber zunächst für erforderlich wegen der mit dem GKV-Versorgungsstärkungsgesetz[55] in § 73 erweiterten Befugnisse der Psychotherapeuten zur Verordnung von bestimmten Leistungen und der Beauftragung des G-BA, in den entsprechenden Richtlinien nähere Verordnungsvoraussetzungen zu konkretisieren, gegebenenfalls auch besondere Anforderungen an die Qualifikation der Psychotherapeuten als Qualitätsanforderung zu regeln.[56] Hiervon wurde im weiteren Verlauf des Gesetzgebungsverfahrens jedoch wieder Abstand genommen. In seiner Beschlussempfehlung hält der Ausschuss für Gesundheit das angestrebte Regelungsziel auch ohne die ausdrückliche Ergänzung in § 37 a Abs. 2 Nr. 3 und 5 für erreicht, da die Verordnungsbefugnisse von Psychotherapeuten und die damit verbundenen Regelungsbefugnisse des G-BA durch die bereits im Rahmen des GKV-Versorgungsstärkungsgesetzes (GKV-VSG) vom 16.7.2015[57] vorgenommene Änderung des § 73 Abs. 2 hinreichend klargestellt seien.[58] Das bedeutet, dass die ursprünglich nur von **Fachärzten** mit der Gebietsbezeichnung **Psychiatrie** oder **Nervenheilkunde** vorzunehmende Verordnung von Soziotherapie nunmehr auch durch den Facharzt für **Neurologie**, für **Psychosomatische Medizin** und **Psychotherapie**, für **Psychotherapie**, für **Kinder- und Jugendpsychiatrie und -psychotherapie** (in therapeutisch begründeten Fällen in der Übergangsphase ab dem 18. Lebensjahr bis zur Vollendung des 21. Lebensjahrs) verordnet werden dürfen.[59] Darüber hinaus können **psychiatrische Institutsambulanzen** nach § 118 oder oben genannte Fachärzte der psychiatrischen Institutsambulanzen eine Soziotherapie verordnen.[60]

Die Soziotherapie kann aber nur von den Fachärzten bzw. psychiatrischen Institutsambulanzen nach § 118 SGB V verordnet werden, die über eine entsprechende Genehmigung der kassenärztlichen Vereinigung verfügen.[61] Hat der niedergelassene Arzt den begründeten Verdacht, dass beim Patienten eine oben beschriebene schwere psychische Erkrankung vorliegt und der Patient nicht in der Lage ist, ärztliche oder ärztlich verordnete Leistungen selbstständig in Anspruch zu nehmen, so sollte der Arzt den Patienten an einen gem. § 4 Abs. 1 bis 3 Soziotherapie-Richtlinie qualifizierten Arzt überweisen.[62] Ist eine solche Überweisung nicht möglich oder kommt es nicht zur Verordnung von Soziotherapie durch einen der genannten Fachärzte (→ Rn. 20), sind maximal 5 erbrachte Therapieeinheiten (à 60 Minuten) vom soziotherapeutischen Leistungserbringer anrechnungsfähig.[63]

8. Genehmigungsvorbehalt. Nach § 9 Abs. 1 Soziotherapie-Richtlinie bedarf mit Ausnahme der Verordnung nach § 4 Abs. 5 und 6 sowie § 5 Abs. 2 Soziotherapie-Richtlinie jede Verordnung von Soziotherapie der „**vorherigen Genehmigung**" durch die **Krankenversicherung** des Patienten.[64] Deshalb setzt der Anspruch auf Soziotherapie nicht nur eine vertragsärztliche Verordnung, sondern darüber hinaus die Leistungsbewilligung der Krankenkasse vor Leistungsbeginn voraus. Das in der Soziotherapie-Richtlinie enthaltene Genehmigungserfordernis ist nach der Rechtsprechung des BSG aufgrund der dem G-BA übertragenen Regelungskompetenz zulässig.[65] Dagegen wird zu Recht eingewandt, dass der

---

53 § 4a Soziotherapie-Richtlinie, Fn. 13.
54 BGBl. I, 2986.
55 Gesetz zur Stärkung der Versorgung in der gesetzlichen Krankenversicherung (GKV-Versorgungsstärkungsgesetz – GKV-VSG) vom 16.7.2015, BGBl. I, 1211.
56 BT-Dr. 18/9528, 46.
57 BGBl. I, 1211.
58 BT-Dr. 18/10289, 51.
59 § 4 Abs. 2 Soziotherapie-Richtlinie, Fn. 13.
60 § 4 Abs. 3 Soziotherapie-Richtlinie, Fn. 13.
61 § 4 Abs. 1 Soziotherapie-Richtlinie, Fn. 13.
62 § 4 Abs. 4 Soziotherapie-Richtlinie, Fn. 13.
63 § 4 Abs. 7 Soziotherapie-Richtlinie, Fn. 13.
64 Soziotherapie-Richtlinie, Fn. 13.
65 BSG, 20.4.2010, B 1/3 KR 21/08 R, SozR 4-2500 § 37a Nr. 1 = SGb 2010, 523.

Gesetzgeber[66] bewusst keine weitere Anspruchsvoraussetzung in Form eines Genehmigungserfordernisses der Krankenkasse schaffen wollte.[67] Ein solches Genehmigungserfordernis lässt sich dann auch nicht als Folge des Antragsprinzips begreifen.[68]

23 Die jeweilige Krankenkasse kann vor Erteilung der Genehmigung den **MDK** beauftragen (§ 275 Abs. 1 SGB V).[69] Die Krankenkasse wird dann den MDK mit einer Begutachtung beauftragen, wenn sie berechtigte **Zweifel** an der Notwendigkeit der Verordnung von Soziotherapie hat.[70] Dabei muss der Begutachtungsauftrag **konkret** und unter Darlegung aller sachdienlichen und hierfür erforderlichen **Unterlagen** erfolgen.[71]

24 Der MDK setzt bei seiner Begutachtung soweit möglich einen der oben genannten Fachärzte (→ Rn. 20) ein.[72] Der Gutachter muss ähnlich wie der Sachverständige im Prozess konkret zum Einzelfall Stellung nehmen, und zwar in dem Umfang, den die Begutachtungs-Anfrage vorgibt. Diese Prüfungsmöglichkeit durch den MDK besteht ebenso bei mangelnder Plausibilität von Folgeverordnungen.[73]

V. Anspruchsinhalt (Abs. 1 S. 2)

25 Die Soziotherapie stellt eine **Sachleistung** (§ 2 Abs. 1 S. 1) dar.[74] Der Begriff Soziotherapie mag etwas irreführend sein, weil er auf eine eigenständige Therapie im engeren Sinne hindeuten mag, was aber nicht der Fall ist. Vielmehr stellt die Soziotherapie eine komplementäre Leistung zur Unterstützung spezifischer Maßnahmen dar. Die Soziotherapie umfasst neben der Erstellung des **soziotherapeutischen Betreuungsplans** sowohl die **Koordination** der verordneten Leistungen und Behandlungsmaßnahmen als auch die **Anleitung und Motivation** zu deren Inanspruchnahme.[75] Bei letzterer Leistung handelt es sich mehr um eine „Hilfe zur Selbsthilfe".[76] Nicht unter Leistungen der Soziotherapie fallen alle Arten körperlicher Hilfe bei der Inanspruchnahme von ärztlich verordneten Leistungen, wie etwa das An- und Ausziehen von Kleidung vor der Inanspruchnahme der Physiotherapie.[77]

26 Der soziotherapeutische Leistungserbringer analysiert die häusliche, soziale und berufliche Situation des Patienten und kann zur Unterstützung Familienangehörige, Freunde und Bekannte einbeziehen. Zur Unterstützung der Therapieziele kann er den Patienten an komplementäre Dienste, wie etwa Selbsthilfegruppen, heranführen. Im Regelfall wird die Soziotherapie als **Einzelmaßnahme** erbracht, so dass gruppentherapeutische Maßnahmen in Absprache mit dem Arzt und soziotherapeutischen Leistungserbringer nur in besonderen Fällen in Betracht kommt.[78] Der Leistungserbringer hat dabei fortlaufend Ort, Dauer und Inhalt der Arbeit mit dem Patienten und dessen Entwicklung zu **dokumentieren**. Die soziotherapeutische Dokumentation muss hierzu insbesondere die durchgeführten soziotherapeutischen Maßnahmen (Art und Umfang), den Behandlungsverlauf und die bereits erreichten bzw. den noch verbliebenen Therapie(teil-)zielen enthalten. Der soziotherapeutische Leistungserbringer, der verordnende Arzt und der Patient haben sich in **regelmäßigen Abständen** abzustimmen, um die soziotherapeutischen Leistungen hinsichtlich der Therapieziele entsprechend des Therapieverlaufs anzupassen.[79]

---

66 So wurde das vom Gesundheitsausschuss vorgeschlagene Genehmigungserfordernis durch die Krankenkasse als weitere Anspruchsvoraussetzung (BT-Dr. 14/1977, 16, 162) durch den Vermittlungsausschuss wieder gestrichen (BT-Dr. 14/2369, 6),
67 Rixen in: Becker/Kingreen, § 37 a Rn. 2.
68 Rixen in: Becker/Kingreen, § 37 a Rn. 2.
69 § 9 Abs. 2 Soziotherapie-Richtlinie, Fn. 13; vgl. auch BSG, 20.4.2010, B 1/3 KR 21/08 R, SozR 4-2500 § 37 a Nr. 1 = SGb 2010, 523; Richter in: LPK-SGB XI, § 37 a SGB V Rn. 13; Nolte in: KassKomm, § 37 a SGB V Rn. 10 a.
70 Hierzu ausführlich Begutachtungs-Richtlinien nach § 282 Satz 3 SGB V des Medizinischen Dienstes der Spitzenverbände der Gesetzlichen Krankenversicherung vom 27.11.2002 S. 26 ff.; auch abgedruckt in: Frieboes, Grundlagen und Praxis der Soziotherapie, S. 102 ff.
71 Frieboes, Grundlagen und Praxis der Soziotherapie, S. 116 ff.
72 Vgl. Frieboes, Grundlagen und Praxis der Soziotherapie, S. 118.
73 Frieboes, Grundlagen und Praxis der Soziotherapie, S. 116, 118.
74 Nolte in: KassKomm, § 37 a SGB V Rn. 2; Knispel in: BeckOK SozR, SGB V, § 37 a Rn. 8; Hellkötter in: LPK-SGB V, § 37 a Rn. 15; Joussen in: Kreikebohm, § 37 a SGB V Rn. 5.
75 Vgl. §§ 6, 8 Soziotherapie-Richtlinie, Fn. 13.
76 Padé in: jurisPK-SGB V, § 37 a Rn. 15.
77 BSG, 20.5.2003, B 1 KR 23/01 R, BeckRS 2003, 41706; Padé in: jurisPK-SGB V, § 37 a Rn. 15.
78 § 5 Abs. 4 Soziotherapie-Richtlinie, Fn. 13.
79 § 8 Abs. 2 Soziotherapie-Richtlinie, Fn. 13.

Wird während der Soziotherapie eine **stationäre Behandlung** notwendig, die eine Weiterführung der 27
Soziotherapie unmöglich macht, umfasst die Soziotherapie auch den Kontakt mit dem Patienten, um
eine schnelle Entlassung zu erreichen und in Absprache mit dem verordnenden Facharzt die Wiederaufnahme und Weiterführung der Soziotherapie zu gewährleisten.[80]

VI. Anspruchsdauer (Abs. 1 S. 3)

Nach Abs. 1 S. 3 können insgesamt **höchstens** bis zu **120 Stunden je Krankheitsfall** innerhalb eines 28
Zeitraumes von **drei Jahren** erbracht werden. Unter einem Krankheitsfall ist nach den Richtlinien des
G-BA eine Phase der Behandlungsbedürftigkeit bei einer der in § 2 Soziotherapie-Richtlinie aufgeführten Indikationen von bis zu drei Jahren zu verstehen.[81] Es handelt sich hierbei also um ein einheitliches Krankheitsbild.[82] Diese Regelung hat zur Folge, dass ein „Krankheitsfall" im Sinne der Soziotherapie-Richtlinie bis zu drei Jahre lang andauern kann, spätestens mit Ablauf dieser Zeitspanne jedoch
in jedem Fall ein **neuer** „Krankheitsfall" beginnt. Die Konsequenz ist, dass spätestens nach Ablauf von
drei Jahren – soweit alle übrigen Leistungsvoraussetzungen erfüllt sind – erneut die Gewährung von
Soziotherapie im Umfang von insgesamt höchstens bis zu 120 Stunden in Betracht kommt, auch wenn
dem Therapiebedarf unverändert dieselbe Krankheitsursache zugrunde liegt. Endet eine Phase der Behandlungsbedürftigkeit bei einer der in § 2 Soziotherapie-Richtlinie aufgeführten Indikationen schon
früher, endet bereits damit auch der Krankheitsfall, ohne dass sich hierfür die Dreijahresgrenze ausgewirkt hat.[83]

Die **Begrenzungsregelung** des Abs. 1 S. 3 für die Gewährung von Soziotherapie schließt also nicht aus, 29
nach Ablauf von drei Jahren erneut Soziotherapie im vorgeschriebenen Höchstumfang von 120 Stunden über den Zeitraum von drei Jahren zu gewähren, auch wenn nach wie vor dieselbe Krankheit behandelt wird.[84] Der Wortlaut des Abs. 1 S. 3 lässt ohne Weiteres die Deutung zu, dass der Anspruch
auf Soziotherapie je Krankheitsfall jeweils für höchstens 120 Stunden innerhalb von drei Jahren besteht, nach Ablauf des Dreijahreszeitraums jedoch erneut entstehen kann.[85] Diese Lesart entspricht
auch dem **Zweck** der Regelung (teleologische Auslegung), den besonderen Bedürfnissen psychisch
Kranker Rechnung zu tragen, unnötige Krankenhausaufenthalte schwer psychisch Kranker („Drehtüreffekt", → Rn. 2 f.) zu vermeiden und damit verbundene unnötige Kostenbelastungen der gesetzlichen Krankenversicherung gar nicht erst entstehen zu lassen.[86] Zugrunde liegt dem die Erkenntnis,
dass schwer psychisch Kranke häufig nicht in der Lage sind, Leistungen, auf die an sich ein Anspruch
besteht, selbstständig in Anspruch zu nehmen. Dem in der Gesetzesbegründung zum Ausdruck gebrachten Anliegen des Gesetzgebers, die Leistung zeitlich zu begrenzen, trägt die Limitierung auf
höchstens 120 Stunden innerhalb von drei Jahren in ausreichendem Maße Rechnung.[87] Gesetzessystematisch handelt es sich um eine ergänzende Leistung, die an der Nahtstelle zwischen Krankenbehandlung und allgemeiner Lebenshilfe angesiedelt ist.[88]

Grundsätzlich gilt zwar, dass die Dauer und die Frequenz der soziotherapeutischen Betreuung von den 30
individuellen medizinischen Erfordernissen abhängig sind. Allerdings kann Soziotherapie nach der gesetzlichen Konzeption von vornherein keine Dauerleistung sein, da sie nicht nur die im Einzelfall erforderliche Koordinierung der verordneten Leistungen umfasst, sondern auch die Anleitung und Motivation zu deren Inanspruchnahme (Abs. 1 S. 2).[89] **Anleitung** und **Motivation** haben aber nur dann einen
Sinn, wenn die Chance zu einer Beeinflussung des Betroffenen besteht.

---

80 Siehe § 7 Abs. 2 Soziotherapie-Richtlinie, Fn. 13.
81 § 5 Abs. 1 S. 3 Soziotherapie-Richtlinie, Fn. 13.
82 Ricken in: Eichenhofer/Wenner, SGB V § 37a Rn. 7.
83 BSG, 20.4.2010, B 1/3 KR 21/08 R, SozR 4-2500 § 37a Nr. 1 = SGb 2010, 523.
84 BSG, 20.4.2010, B 1/3 KR 21/08 R, SozR 4-2500 § 37a Nr. 1 = SGb 2010, 523; Kingreen, NJW 2010, 3408, 3412.
85 BSG, 20.4.2010, B 1/3 KR 21/08 R, SozR 4-2500 § 37a Nr. 1 = SGb 2010, 523; Padé in: jurisPK-SGB V, § 37a Rn. 23; Knispel in: BeckOK SozR, SGB V, § 37a Rn. 7.
86 Vgl. Gesetzentwurf der Fraktionen SPD und BÜNDNIS 90/Die Grünen eines Gesetzes zur Reform der gesetzlichen Krankenversicherung ab dem Jahr 2000 (GKV-Gesundheitsreform 2000), BT-Dr. 14/1245, 57.
87 LSG B-W, 16.9.2008, L 11 KR 1171/08.
88 BSG Großer Senat, 25.9.2007, GS 1/06, SozR 4-2500 § 39 Nr. 10 = BSGE 99, 111.
89 BSG, 20.4.2010, B 1/3 KR 21/08 R, SozR 4-2500 § 37a Nr. 1 = SGb 2010, 523.

VII. Zuzahlung (Abs. 3)

31 Die Zuzahlungsregelungen der Versicherten sind neu gestaltet worden, §§ 61 und 62. Grundsätzlich wird eine prozentuale oder nominelle Zuzahlung bei allen Leistungen der gesetzlichen Krankenversicherung erhoben. Damit sollen nach dem Willen des Gesetzgebers die Versicherten eine angemessene Beteiligung an ihren Krankheitskosten tragen.[90] Der Gesetzgeber erhofft sich dadurch eine **Steuerungswirkung**, die zu Nachfragerückgängen,[91] also zu einer selteneren Inanspruchnahme ärztlicher oder nicht-ärztlicher Leistungen führen soll. Zuzahlungen, die Versicherte zu leisten haben, betragen grundsätzlich 10% des Abgabepreises, mindestens jedoch 5 Euro und höchstens 10 Euro; allerdings jeweils nicht mehr als die Kosten des Mittels, § 61 S. 1. Wird die Belastungsgrenze gem. § 61 Abs. 1 S. 2 überschritten, entfällt die Zuzahlungspflicht. Der Zahlungsweg erfolgt über eine Einziehung der Zuzahlung durch den Leistungserbringer gem. § 43 b Abs. 1.

VIII. Leistungserbringer

32 Die einzelnen Behandlungsleistungen werden von der jeweiligen Krankenkasse durch **geeignete** Personen oder Einrichtungen erbracht, mit denen die Krankenkasse oder ihre Landesverbände nach **§ 132 b Verträge** geschlossen haben. Leistungserbringer werden **in der Regel** Diplom-Sozialarbeiter/-Sozialpädagogen oder Fachkrankenschwestern/-pfleger für Psychiatrie sein. Nach den Empfehlungen der Spitzenverbände der Krankenkassen vom 29.11.2001, die mit der Streichung des Abs. 2 im Rahmen des GKV-Wettbewerbsstärkungsgesetzes obsolet wurden, konnte die Soziotherapie dagegen **ausschließlich** nur von diesen genannten Berufsgruppen erbracht werden. Jedoch wird man richtigerweise nicht nur diesen Berufsgruppen eine Eignung zusprechen können.[92] Es ist aber zu verlangen, dass die Leistungserbringer umfangreiche Kenntnisse über die Krankheitsbilder der zu betreuenden Patienten haben. Auch müssen sie in der Lage sein, sich abzeichnende Krisen früh zu erkennen, um entsprechend intervenieren zu können, so dass der Nachweis von Berufserfahrung auf diesem Gebiet unumgänglich ist. Des Weiteren ist es notwendig, dass die Leistungserbringer über die Versorgungsstrukturen der Region Kenntnis haben.

33 § 132 b selbst enthält **keine Vorgaben** zum Inhalt der möglichen Verträge zwischen Leistungserbringern und Krankenkassen oder Landesverbänden der Krankenkassen. Zu den Einzelheiten siehe die Kommentierung bei § 132 b. Auch die Soziotherapie-Richtlinien des G-BA enthält keine Vorgaben über die Anforderungen an die Qualifikation der Leistungserbringer. Da der Gesetzgeber § 37 a als Anspruch ausgestaltet und die Frage, ob Verträge mit Leistungserbringern abgeschlossen werden, gem. § 132 b in die Entscheidungsfreiheit der Krankenkassen gestellt hat, könnte man vermuten, dass bei Fehlen solcher Verträge, weil die Versorgung nicht erforderlich erscheint, andere Leistungserbringer tätig werden können. Jedoch wird man, um eine standardmäßige Erbringung der Soziotherapie zu gewährleisten, entsprechende Anforderungen an die Qualifikation der Leistungserbringer auch bei Fehlen solcher Verträge fordern müssen.

IX. Abgrenzung zu anderen Leistungen der gesetzlichen Krankenversicherung und der Eingliederungshilfe

34 Soziotherapie dient nicht dem Ausgleich von Betreuungsdefiziten im Rahmen der Eingliederungshilfeleistungen. Sie ist abzugrenzen gegenüber **psychosozialen Hilfen** einschließlich dem Training lebenspraktischer Fähigkeiten (§ 33 Abs. 6, § 55 Abs. 2 Nr. 3 bis 7 und § 58 SGB IX), der **ambulanten psychiatrischen Krankenpflege** (§ 37 iVm § 4 der Häusliche Krankenpflege-Richtlinie[93] und Nr. 27 a der Anlage „Verzeichnis verordnungsfähiger Maßnahmen" zu der Häuslichen Krankenpflege-Richtlinie) sowie **Verhaltenstherapie** im Rahmen der **vertragspsychotherapeutischen Versorgung** (§ 27 Abs. 1 S. 2 Nr. 1 und § 28 Abs. 2 iVm § 15 und unter Beachtung von § 26 Abs. 4 der Psychotherapie-Richtlinie[94]).

---

[90] BT-Dr. 15/1525, 71.
[91] BT-Dr. 15/1525, 72.
[92] So Schaks in: Sodan, Handbuch des Krankenversicherungsrechts, § 28 Rn. 39; Kranig in: Hauck/Noftz, SGB V, § 132 b Rn. 1; Rixen, Sozialrecht als öffentliches Wirtschaftsrecht, S. 493 f.
[93] Häusliche Krankenpflege-Richtlinie in der Neufassung vom 17.9.2009, zuletzt geändert am 16. 3.2017, BAnz AT 1.6.2017 B3, in Kraft getreten am 2.6.2017.
[94] Psychotherapie-Richtlinie in der Fassung vom 19.2.2009, veröff. im BAnz Nr. 58; zuletzt geändert durch Beschluss vom 16.6.2016, in der Fassung vom 24.11.2016, BAnz AT 15.02.2017 B2, in Kraft getreten am 16.2.2017.

Zielrichtung und Anwendungsbereich der Soziotherapie sind durch § 37 a **begrenzt**. Auch wenn sie im Einzelfall Elemente und Methoden der vorstehend genannten Versorgungsformen beinhalten kann, besteht eine Finanzierungsverantwortung der Krankenkassen hierfür nur, wenn und soweit psychisch Kranke, die ohne vorübergehende Unterstützung zur selbstständigen Wahrnehmung der ambulanten Krankenbehandlung nicht in der Lage wären, hierdurch zur eigenständigen Wahrnehmung der ambulanten Gesundheitsleistungen befähigt werden.[95]

X. Prozessuale Geltendmachung

Der Anspruch auf Soziotherapie ist nach negativer Bescheidung des Antrags auf Gewährung durch eine **kombinierte Anfechtungs- und Leistungsklage** (§ 54 Abs. 4 SGG) geltend zu machen, weil über die begehrte Leistung zunächst ein Verwaltungsakt zu ergehen hat.[96]
Streitigkeiten über Vergütungsansprüche der Leistungserbringer betreffen das Verhältnis zwischen ihnen und der jeweiligen Krankenkasse und sind dort auszutragen.[97]

XI. Ausblick

Die Soziotherapie scheint in der Praxis immer noch nicht angekommen zu sein. Zum Teil wird bereits von einem Scheitern der ambulanten Soziotherapie gesprochen.[98] So sei es bisher nicht gelungen, „eine flächendeckende Versorgung mit Soziotherapie auch nur in Ansätzen zu erreichen".[99] Insbesondere der Evaluationsbericht des G-BA zeigt Mängel in der Umsetzung und deren Ursachen auf.[100] Die Dringlichkeit, die auftretenden Probleme schnellstmöglich zu lösen, wird bereits durch die steigende Anzahl psychischer Erkrankungen deutlich.[101]

§ 37 b Spezialisierte ambulante Palliativversorgung

(1) ¹Versicherte mit einer nicht heilbaren, fortschreitenden und weit fortgeschrittenen Erkrankung bei einer zugleich begrenzten Lebenserwartung, die eine besonders aufwändige Versorgung benötigen, haben Anspruch auf spezialisierte ambulante Palliativversorgung. ²Die Leistung ist von einem Vertragsarzt oder Krankenhausarzt zu verordnen. ³Die spezialisierte ambulante Palliativversorgung umfasst ärztliche und pflegerische Leistungen einschließlich ihrer Koordination insbesondere zur Schmerztherapie und Symptomkontrolle und zielt darauf ab, die Betreuung der Versicherten nach Satz 1 in der vertrauten Umgebung des häuslichen oder familiären Bereichs zu ermöglichen; hierzu zählen beispielsweise Einrichtungen der Eingliederungshilfe für behinderte Menschen und der Kinder- und Jugendhilfe. ⁴Versicherte in stationären Hospizen haben einen Anspruch auf die Teilleistung der erforderlichen ärztlichen Versorgung im Rahmen der spezialisierten ambulanten Palliativversorgung. ⁵Dies gilt nur, wenn und soweit nicht andere Leistungsträger zur Leistung verpflichtet sind. ⁶Dabei sind die besonderen Belange von Kindern zu berücksichtigen.
(2) ¹Versicherte in stationären Pflegeeinrichtungen im Sinne von § 72 Abs. 1 des Elften Buches haben in entsprechender Anwendung des Absatzes 1 einen Anspruch auf spezialisierte Palliativversorgung. ²Die Verträge nach § 132 d Abs. 1 regeln, ob die Leistung nach Absatz 1 durch Vertragspartner der Krankenkassen in der Pflegeeinrichtung oder durch Personal der Pflegeeinrichtung erbracht wird; § 132 d Abs. 2 gilt entsprechend.
(3) Der Gemeinsame Bundesausschuss bestimmt in den Richtlinien nach § 92 das Nähere über die Leistungen, insbesondere
1. die Anforderungen an die Erkrankungen nach Absatz 1 Satz 1 sowie an den besonderen Versorgungsbedarf der Versicherten,

---

95 SG Dresden, 30.4.2009, S 18 KR 662/06.
96 BSG, 20.4.2010 – B 1/3 KR 21/08 R, SozR 4-2500 § 37 a Nr. 1 = SGb 2010, 523.
97 Flint in: Hauck/Noftz, SGB V § 37 a Rn. 85.
98 Rössler/Melchinger, Psychiat Prax 2012; 39: 106 f. AA Schreckling, Psychiat Prax 2012; 39: 106, 108: Die Soziotherapie gleiche zwar derzeit noch einem Flickenteppich, aber es seien „bewährte Modelle vorhanden und vielversprechende neue Ansätze" erkennbar.
99 Rössler/Melchinger, Psychiat Prax 2012; 39: 106, 107.
100 G-BA, Ursachen für die Umsetzungsproblematiken in der Soziotherapie – Evaluationsbericht, Fassung vom 17.1.2008.
101 Zu Verbesserungsvorschlägen Ratzke, RdLH 2010, 94, 96.

2. Inhalt und Umfang der spezialisierten ambulanten Palliativversorgung einschließlich von deren Verhältnis zur ambulanten Versorgung und der Zusammenarbeit der Leistungserbringer mit den bestehenden ambulanten Hospizdiensten und stationären Hospizen (integrativer Ansatz); die gewachsenen Versorgungsstrukturen sind zu berücksichtigen,
3. Inhalt und Umfang der Zusammenarbeit des verordnenden Arztes mit dem Leistungserbringer.

(4) ¹Der Spitzenverband Bund der Krankenkassen berichtet dem Bundesministerium für Gesundheit erstmals bis zum 31. Dezember 2017 und danach alle drei Jahre über die Entwicklung der spezialisierten ambulanten Palliativversorgung und die Umsetzung der dazu erlassenen Richtlinien des Gemeinsamen Bundesausschusses. ²Er bestimmt zu diesem Zweck die von seinen Mitgliedern zu übermittelnden statistischen Informationen über die geschlossenen Verträge und die erbrachten Leistungen der spezialisierten ambulanten Palliativversorgung.

I. Entstehungsgeschichte................... 1	III. Anspruchsvoraussetzungen................... 9
II. Anwendungsbereich der Norm, ergänzende und konkurrierende Regelungen............ 4	IV. Spezialisierte ambulante Palliativleistungen 16

I. Entstehungsgeschichte

1 Der durch das GKV-WSG vom 26.3.2007 mit Wirkung zum 1.4.2007 in Kraft getretene § 37 b normiert den Anspruch auf eine menschenwürdige Palliativversorgung und ist vom Leitbild geprägt, Sterbenden zu ermöglichen, in gewohnter, möglichst sogar familiärer Umgebung zu sterben, wobei besondere Bedürfnisse erkrankter Kinder zu berücksichtigen sind. Letzteres kann bspw. dazu führen, dass Leistungserbringer eine noch spezifischere Qualifikation haben müssen (zB Kinderkrankenschwester), wirkt sich aber mitunter auch auf Anspruchsvoraussetzungen aus (→ Rn. 9 ff.).

2 Der Anspruch steht Palliativpatienten mit nicht mehr heilbaren und fortgeschrittenen Erkrankungen zu, die die Lebenserwartung begrenzen und einer besonders aufwändigen Versorgung bedürfen, ua etwa einer adäquaten Schmerztherapie, und umfasst sowohl ärztliche, als auch pflegerische Leistungen (Abs. 1 S. 3).

3 Die Norm beruht ua auf Ergebnissen der Enquetekommission „Ethik und Recht der modernen Medizin" zum Thema Leben und Sterben. Ähnlich wie in der Diskussion über die Aufwertung der Verbindlichkeit von Patientenverfügungen trat hier zu Tage, dass angesichts fortschreitender Möglichkeiten der modernen Medizin bis ins hohe Alter besondere Ängste vor einem nicht mehr selbstbestimmten Lebensende existieren. Im Bemühen, die Menschenwürde aber auch insoweit zu wahren, wurde daher zum Ziel erklärt, Sterbenden einen Raum zu erhalten, in dem ihre Bedürfnisse im Mittelpunkt stehen; dies auch zur Vorbeugung einer sonst bedenklichen, gesellschaftlich sogar teilweise im Vordringen befindlichen Bereitschaft, als möglichen Ausweg sonst doch evtl. aktive Sterbehilfe zu befürworten. Empirisch betrachtet gingen die Wünsche Sterbender im Rahmen der Untersuchung dahin, in der eigenen häuslichen oder gewohnten Umgebung zu sterben, nicht allein zu sein und nicht Schmerzen leiden zu müssen. Um dem gerecht zu werden, forderte die Kommission daher neben vielen weiteren, inhaltlichen Aspekten einer adäquaten Betreuung Sterbender schließlich einen *„Anspruch des einzelnen Patienten auf eine bedarfsgerechte Palliativversorgung ..., um die bestehenden leistungsrechtlichen Voraussetzungen zielführend, verlässlich und zügig im Sinne einer angemessenen Leistungserbringung weiterzuentwickeln und umzusetzen."*[1]

II. Anwendungsbereich der Norm, ergänzende und konkurrierende Regelungen

4 Der Anspruch auf Leistungen der spezialisierten ambulanten Palliativversorgung steht grundsätzlich neben dem ambulanten Bereich (dann aber ggf. „nur" entsprechend, vgl. Abs. 2) auch Patienten in stationären Pflegeeinrichtungen, Einrichtungen der Eingliederungshilfe für Menschen mit Behinderung, Einrichtungen der Kinder- und Jugendhilfe und stationären Hospizen zu, wobei die Aufzählung nicht abschließend ist.[2] Der Anspruch auf Palliativversorgung steht damit ua auch neben dem Anspruch der Versicherten auf Pflege nach dem SGB XI.

5 Parallele und ergänzende Regelungen zu § 37 b finden sich in § 39 a sowie § 132 d, wobei eine Abgrenzung zwischen § 37 b und § 39 a zum einen darin zu suchen ist, dass der Anspruch aus § 37 b auf ärztliche Leistungen beschränkt ist, soweit stationäre Hospizleistungen betroffen sind, während bei ambu-

---

1 BT-Dr. 15/5858.
2 Padé in: jurisPK-SGB V, § 37 b Rn. 41; BT-Dr. 16/11429, 45.

lanten Hospizleistungen ergänzend auf § 37 b zurückgegriffen werden kann.³ Zum anderen sieht § 39 a Leistungen für alle sterbenskranken Versicherten vor, während § 37 b diejenigen betrifft, die besonderer Unterstützung bedürfen.⁴

Ansonsten wird § 37 b durch § 132 d ergänzt, wobei sich der Anspruch der Versicherten primär aber immer nur auf eine Sachleistung richtet. Ein Anspruch auf Abschluss eines Vertrags gemäß § 132 d ergibt sich aus § 37 b nicht, erst recht nicht im Wege einer einstweiligen Anordnung.⁵ Soweit kein Vertrag geschlossen wurde, um Leistungen von vertraglich bestimmten Leistungserbringern in Anspruch zu nehmen, greift für den Versicherten daher nur das Kostenerstattungsprinzip (§ 13 Abs. 3).⁶

Der Anspruch aus § 37 b ist ansonsten subsidiär zu anderen Leistungsansprüchen ausgestaltet (Abs. 1 S. 5), womit der Gefahr einer generellen Kostenverlagerung bzgl. der Palliativversorgung zulasten der Krankenkassen vorgebeugt werden sollte.⁷ Allerdings stellt Abs. 2 klar, dass die einschlägigen Leistungsansprüche auch Versicherten zustehen, die Anspruch auf medizinische Behandlungspflege gegen die gesetzliche Pflegeversicherung haben.

Seit dem 12.3.2008 ist auf Basis des Abs. 3 die Richtlinie zur spezialisierten ambulanten Palliativversorgung des gemeinsamen Bundesausschusses (G-BA) in Kraft getreten,⁸ die zum 25.6.2010 überarbeitet wurde.⁹ Hierin ist Näheres über Leistungen und Leistungsvoraussetzungen des § 37 b geregelt, insbesondere Anforderungen an die „anspruchsbegründenden" Erkrankungen sowie den besonderen Versorgungsbedarf der Versicherten, schließlich noch über Inhalt und Umfang der Versorgung einschließlich ihrem Verhältnis zur ambulanten Versorgung und zur Zusammenarbeit der Leistungserbringer. Aus Sicht Letzterer ist noch zu erwähnen, dass die Zulassung eines Leistungserbringers zur spezialisierten ambulanten Palliativversorgung grundsätzlich dem Vergaberecht unterliegt.¹⁰

III. Anspruchsvoraussetzungen

Versicherte, die an einer unheilbaren Krankheit mit fortschreitendem und bereits fortgeschrittenem Verlauf leiden, haben Anspruch auf die spezialisierte ambulante Palliativversorgung, wenn sie eine besonders aufwändige Versorgung benötigen, ihre Lebenserwartung begrenzt ist (Abs. 1 S. 1) und die entsprechende Leistung von einem Arzt verordnet wurde (Abs. 1 S. 2).

Palliativversorgung meint dabei eine Versorgung, deren Mittel ganz auf Schmerz- und Symptomlinderung gerichtet ist, um noch die Teilhabe am Leben und Lebensqualität des Versicherten in seiner letzten Lebensphase zu sichern.¹¹

Krankheit ist entsprechend des allgemeinen Verständnisses ein regelwidriger Körper- oder Geisteszustand, der die Notwendigkeit ärztlicher Heilbehandlung, Arbeitsunfähigkeit oder beides zur Folge hat.¹² **Unheilbar** ist diese, wenn sie nach allgemein anerkanntem Facharztstandard in der Medizin nicht mehr geheilt werden kann, mithin keine begründete Erfolgsaussicht auf Beseitigung des krankhaften Zustands mehr besteht.¹³ Welche Erkrankung als unheilbar anzusehen ist, kann näher der Richtlinie des G-BA zur spezialisierten ambulanten Palliativversorgung entnommen werden.

Fortschreitend ist eine Erkrankung, wenn sie sich in ihrer Entwicklung lebensbeendigend auswirkt und durch medizinische Maßnahmen im Verlauf nicht aufgehalten werden kann,¹⁴ wobei aber eine allgemeine Betrachtung ausreicht, da die **Verkürzung der Lebenserwartung** ebenfalls Anspruchsvoraussetzung ist, so dass im Rahmen einer prognostischen Entscheidung unter normalen Erwartungen in absehbarer Zeit auch ohne eine weitere Verschlimmerung der Erkrankung mit dem Tod gerechnet werden muss,¹⁵ womit zugleich auch das Kriterium der **fortgeschrittenen** Erkrankung erklärt und erfüllt

---

3 Trenk-Hinterberger in: Spickhoff, Medizinrecht, § 37 b SGB V Rn. 10; Padé in: jurisPK-SGB V, § 37 b Rn. 42.
4 Nolte in: KassKomm, § 37 b SGB V Rn. 4.
5 LSG NRW, 30.3.2009, L 16 B 15/09 KR ER.
6 LSG NRW, 30.3.2009, L 16 B 15/09 KR ER, RdLH 2009, 61; SG Wiesbaden PflR 2009, 350–352.
7 BT-Dr. 6/11429, 45.
8 BAnz 2008, 911.
9 BAnz 2010, S. 2 190.
10 OLG Düsseldorf, 15.6.2016, VII-Verg 56/15, Verg 56/15, NZS 2016, 741–742.
11 Welti, SGb 2007, 210 ff.; Richtlinie des G-BA über die Spezialisierte ambulante Palliativversorgung (SAPV-RL), § 1 Abs. 6 S. 2.
12 Vgl. BSG NJW 2000, 2764; Nebendahl in: Spickhoff, Medizinrecht, § 27 SGB V Rn. 12 mwN.
13 Vgl. § 3 SAPV-RL.
14 § 3 Abs. 2 SAPV-RL.
15 BSG NJW 2007, 1385 ff.

wird.[16] Weit fortgeschritten ist eine Erkrankung, wenn nur noch die Verbesserung der Systematik, Lebensqualität und die psychosoziale Betreuung im Vordergrund der Versorgung stehen und die Lebenserwartung nach begründeter Schätzung der Ärzte auf Tage, Wochen oder wenige Monate beschränkt ist.[17] Angesichts der Notwendigkeit, besondere Belange von Kindern zu berücksichtigen, kann bei ihnen allerdings eine noch längere Lebenserwartung mit Blick auf die Möglichkeit, Leistungen der spezialisierten ambulanten Palliativversorgung in Anspruch zu nehmen, unschädlich sein.[18] Abzugrenzen ist die anspruchsauslösende Erkrankung iS von § 37 b dennoch von „lediglich" besonders belastenden, pflegebedürftigen Behinderungen oder Krankheiten, die zwar lebensbedrohend, aber in ihrem Stadium (noch) konstant sind.

13 Anspruch auf eine spezialisierte ambulante Palliativversorgung besteht iÜ nur, wenn die Erkrankung eine „besonders aufwändige Versorgung" erfordert. Abzugrenzen sind daher Fälle, in denen noch eine herkömmliche Behandlung ausreicht, um der Erkrankung und den Bedürfnissen des Kranken gerecht zu werden, in denen also (noch) normale Behandlung und Pflege iS von § 37 ausreicht. Es versteht sich von selbst, dass hier ein Graubereich entsteht, wann die Grenze zur besonders aufwändigen Versorgung überschritten wird, der in der Praxis nicht immer einfach aufzulösen ist. Kriterien zur Beurteilung des „besonderen Aufwandes" sind einerseits die Zeit, die für die Krankenversorgung benötigt wird,[19] andererseits die Art und Weise der notwendigen Versorgung. Insbesondere wenn mehrere, in der Regel speziell qualifizierte Personen koordiniert zusammenarbeiten müssen, um eine adäquate Versorgung sicherzustellen, kann dies Anzeichen für die Notwendigkeit einer „besonders aufwändigen Versorgung" sein. Der G-BA hat auch in seiner Richtlinie eine Liste von Symptomkomplexen erstellt, die zu dieser Beurteilung herangezogen werden können.[20]

14 Streitig ist in der Hinsicht allerdings, ob sich der besondere Aufwand allein aus der jeweils tödlich verlaufenden Krankheit allein ergeben muss oder es reicht, wenn er sich neben ihr aus weiteren Begleiterscheinungen bzw. Erkrankungen (wie zB Demenz) des Versicherten ergibt.[21] Da der Wortlaut keine explizite Einschränkung auf die erste Betrachtung vornimmt, ist wohl letztlich im Wege einer v. a. teleologischen Auslegung der Norm der „großzügigeren" Ansicht zu folgen, da Entstehungsgrund der Norm nach Willen des Gesetzgebers immerhin die Würde des Kranken ist, was auch die Maßstäbe der Versorgung vorgibt. Insofern lassen sich aber einzelne Erkrankungen in ihrer Auswirkung nicht trennen, sondern der Kranke ist vielmehr mit seiner Situation stets im Ganzen zu sehen.

15 Letzte formale Voraussetzungen für Ansprüche gemäß § 37 b sind schließlich, dass die Behandlung durch einen Vertrags- oder Krankenhausarzt verordnet und von der Krankenkasse genehmigt wird. Vor allem dem Arzt fällt dabei die Aufgabe zu, mit der Verordnung sowohl die allgemeinen Anspruchsvoraussetzungen hinsichtlich des einzelnen Patienten und der für ihn erforderlichen speziellen Palliativversorgung, als auch die Dauer der Verordnung zu konkretisieren.[22]

IV. Spezialisierte ambulante Palliativleistungen

16 Leistungen nach § 37 b sind vom Grundsatz her immer nur solche, die Krankheitsbeschwerden (zB Schmerzen, Luftnot, Übelkeit etc) lindern sollen. Nicht umfasst sind vom Anspruch also Leistungen, die ggf. noch die Vermeidung einer Verschlimmerung der Erkrankung bezwecken. Es steht vielmehr die Bewältigung von Schmerzen und belastenden Symptomen im Vordergrund.[23]

17 Insoweit umfasst der Anspruch gemäß Abs. 1 S. 2 ärztliche und pflegerische Leistungen und ist meist eine Komplexleistung von „palliative care teams".[24] Zu ihnen können ambulante Pflegedienste, Vertragsärzte, medizinische Versorgungszentren, Krankenhäuser, Hospize und Pflegeeinrichtungen zählen. Neben der medizinischen Behandlung umfasst die spezialisierte ambulante Palliativversorgung allerdings auch noch die Koordination der therapeutischen, diagnostischen und pflegerischen Teilleistungen sowie Beratung, Anleitung und Begleitung der Leistungserbringer, womit sich die spezialisierte

---

16 Padé in: jurisPK-SGB V, § 37 b Rn. 29 ff.
17 § 3 Abs. 3 SAPV-RL.
18 Trenk-Hinterberger in: Spickhoff, Medizinrecht, § 37 b SGB V Rn. 12; SAPV-RL § 3 Abs. 3 S. 2.
19 BT-Dr. 16/3100, 105.
20 § 4 RL SAPV-RL.
21 Für erste Sicht Knispel, BeckOK SozR, SGB V, § 37 b Rn. 7; für letztere Padé in: jurisPK-SGB V, § 37 b Rn. 35.
22 Trenk-Hinterberger in: Spickhoff, Medizinrecht, § 37 b SGB V Rn. 4.
23 Padé in: jurisPK-SGB V, § 37 b Rn. 30.
24 Vgl. zur interdisziplinären Versorgungsstruktur Sendowski, GesR 2009, 286.

auch von der allgemeinen Palliativversorgung unterscheidet.[25] Hospizleistungen unterfallen dagegen § 39 a.

Einen Katalog möglicher Leistungen im Sinne des § 37 b enthält schließlich die Richtlinie des G-BA zur spezialisierten ambulanten Palliativversorgung.[26]

§ 38 Haushaltshilfe

(1) ¹Versicherte erhalten Haushaltshilfe, wenn ihnen wegen Krankenhausbehandlung oder wegen einer Leistung nach § 23 Abs. 2 oder 4, §§ 24, 37, 40 oder § 41 die Weiterführung des Haushalts nicht möglich ist. ²Voraussetzung ist ferner, daß im Haushalt ein Kind lebt, das bei Beginn der Haushaltshilfe das zwölfte Lebensjahr noch nicht vollendet hat oder das behindert und auf Hilfe angewiesen ist. ³Darüber hinaus erhalten Versicherte, soweit keine Pflegebedürftigkeit mit Pflegegrad 2, 3, 4 oder 5 im Sinne des Elften Buches vorliegt, auch dann Haushaltshilfe, wenn ihnen die Weiterführung des Haushalts wegen schwerer Krankheit oder wegen akuter Verschlimmerung einer Krankheit, insbesondere nach einem Krankenhausaufenthalt, nach einer ambulanten Operation oder nach einer ambulanten Krankenhausbehandlung, nicht möglich ist, längstens jedoch für die Dauer von vier Wochen. ⁴Wenn im Haushalt ein Kind lebt, das bei Beginn der Haushaltshilfe das zwölfte Lebensjahr noch nicht vollendet hat oder das behindert und auf Hilfe angewiesen ist, verlängert sich der Anspruch nach Satz 3 auf längstens 26 Wochen. ⁵Die Pflegebedürftigkeit von Versicherten schließt Haushaltshilfe nach den Sätzen 3 und 4 zur Versorgung des Kindes nicht aus.

(2) ¹Die Satzung kann bestimmen, daß die Krankenkasse in anderen als den in Absatz 1 genannten Fällen Haushaltshilfe erbringt, wenn Versicherten wegen Krankheit die Weiterführung des Haushalts nicht möglich ist. ²Sie kann dabei von Absatz 1 Satz 2 bis 4 abweichen sowie Umfang und Dauer der Leistung bestimmen.

(3) Der Anspruch auf Haushaltshilfe besteht nur, soweit eine im Haushalt lebende Person den Haushalt nicht weiterführen kann.

(4) ¹Kann die Krankenkasse keine Haushaltshilfe stellen oder besteht Grund, davon abzusehen, sind den Versicherten die Kosten für eine selbstbeschaffte Haushaltshilfe in angemessener Höhe zu erstatten. ²Für Verwandte und Verschwägerte bis zum zweiten Grad werden keine Kosten erstattet; die Krankenkasse kann jedoch die erforderlichen Fahrkosten und den Verdienstausfall erstatten, wenn die Erstattung in einem angemessenen Verhältnis zu den sonst für eine Ersatzkraft entstehenden Kosten steht.

(5) Versicherte, die das 18. Lebensjahr vollendet haben, leisten als Zuzahlung je Kalendertag der Leistungsinanspruchnahme den sich nach § 61 Satz 1 ergebenden Betrag an die Krankenkasse.

Literatur:

Dallheimer, Der Anspruch auf Haushaltshilfe nach § 38 SGB V und § 199 RVO, WzS 1990, 213; *Marburger*, Haushaltshilfe als Leistung der gesetzlichen Krankenversicherung, Die Leistungen der Krankenversicherung, 2010, 705; *Reddig*, Ergänzende Leistungen zur Teilhabe – Teil 1 SF-Medien Nr. 179, 21; *Rixen*, Sozialrecht als öffentliches Wirtschaftsrecht – am Beispiel des Leistungserbringerrechts der gesetzlichen Krankenversicherung, 2005.

I. Entstehungsgeschichte 1	a) Haushalt und häusliche Gemeinschaft 10
II. Normzweck 3	b) Unmöglichkeit der Haushaltsführung (Abs. 3) 11
III. Anspruchsvoraussetzungen 5	4. Im Haushalt lebendes Kind (Abs. 1 S. 2) 14
1. Anspruchsberechtigter 5	a) Kind bis zur Vollendung des 12. Lebensjahres (Abs. 1 S. 2 Alt. 1) 15
2. Krankenhausbehandlung oder Leistungen der nach Abs. 1 S. 1 genannten Art (Abs. 1) 6	b) Behindertes Kind, das auf Hilfe angewiesen ist (Abs. 1 S. 2 Alt. 2) .. 16
a) Krankenhausbehandlung 7	
b) Sonderregelung für Schwangerschaft oder Entbindung 8	
3. Unmöglichkeit der Weiterführung des Haushalts 10	

---

25 § 5 RL SAPV-RL.
26 § 5 Abs. 2, 3 SAPV-RL.

5. Erweiterung bei schwerer Krankheit oder akuter Verschlimmerung einer Krankheit, die nicht mehr krankenhausbehandlungsbedürftig ist (Abs. 1 S. 3) 17	c) Keine Ausdehnung auf auswärtige Unterbringung und Pflege 28

    5. Erweiterung bei schwerer Krankheit oder akuter Verschlimmerung einer Krankheit, die nicht mehr krankenhausbehandlungsbedürftig ist (Abs. 1 S. 3) 17
       a) Voraussetzungen 18
       b) Ausschluss 20
    6. Anspruch auf Haushaltshilfe nach Satzungsrecht (Abs. 2)..................... 22
IV. Leistungsinhalt 26
    1. Haushaltshilfe als Sachleistung 26
       a) Begriff Haushaltshilfe............... 26
       b) Sachleistung 27
      c) Keine Ausdehnung auf auswärtige Unterbringung und Pflege 28
    2. Kostenerstattung für selbstbeschaffte Haushaltshilfe (Abs. 4 S. 1 und 2) 29
       a) Selbstbeschaffte Ersatzkraft (Abs. 4 S. 1) 29
       b) Kostenerstattung in angemessener Höhe (Abs. 4 S. 1)................... 30
       c) Verwandte und Verschwägerte (Abs. 4 S. 2) 31
    3. Zuzahlung (Abs. 5)..................... 33
V. Anspruchsdauer 35
VI. Erfordernis der Antragstellung................ 37

I. Entstehungsgeschichte

1 § 38 wurde am 1.1.1989 durch Art. 1 des Gesetzes zur Strukturreform im Gesundheitswesen (Gesundheitsreform-Gesetz – **GRG**) vom 20.12.1988[1] eingeführt und mit Wirkung vom 1.1.1992 durch Art. 1 Nr. 11 des Zweiten Gesetzes zur Änderung des SGB V vom 20.12.1991[2] insoweit geändert, als aufgrund der Anpassung der unterschiedlichen Rechtsvorschriften nach der Deutschen Einheit das Höchstlebensalter des zu betreuenden Kindes in Abs. 1 S. 2 vom 8. auf das 12. Lebensjahr angehoben wurde.[3] Die Zuzahlungsregelung in Abs. 5 wurde mit Wirkung vom 1.1.2004 durch Art. 1 Nr. 29 GMG vom 14.11.2003[4] angefügt. Eine weitere Änderung erfolgte durch das Gesetz zur Verbesserung der Versorgungsstrukturen in der gesetzlichen Krankenversicherung (GKV-Versorgungsstrukturgesetz – **GKV-VStG**) vom 22.12.2011.[5] Mit Wirkung vom 1.1.2012 wurde in Abs. 2 die ursprüngliche Kann-Bestimmung durch eine Soll-Regelung ersetzt, die durch das Krankenhausstrukturgesetz (**KHSG**) vom 10.12.2015[6] wieder in eine Kann-Bestimmung geändert wurde. Auch erfolgte mit dem KHSG die Aufnahme eines weitergehenden Anspruchs auf Haushaltshilfe in Abs. 1 S. 3 und 4. Zuletzt erfolgte eine klarstellende Anpassung der Regelung in Abs. 1 S. 3 und die Ergänzung um S. 5 durch das Dritte Gesetz zur Stärkung der pflegerischen Versorgung und zur Änderung weiterer Vorschriften (**PSG III**) vom 23.12.2016.[7]

2 § 38 ist anstelle des § 185 b RVO getreten, der die Gewährung von Haushaltshilfe im Falle stationärer Behandlung vorsah. Ein wesentlicher Unterschied zwischen beiden Vorschriften ist, dass § 185 b RVO einen Anspruch auf Haushaltshilfe auch dann begründete, wenn dem Ehegatten des Versicherten die Weiterführung des Haushalts nicht möglich war. Auch die Möglichkeit der Satzungsbestimmungen war differenzierter und enger ausgestaltet.[8]

II. Normzweck

3 Die Haushaltshilfe ist als versicherungsfremde Leistung eine **akzessorische Nebenleistung** bzw. flankierende Maßnahme zur Krankenbehandlung.[9] Hiermit soll sichergestellt werden, dass vor allem stationäre Maßnahmen erfolgreich durchgeführt werden können und nicht aus Gründen scheitern, die speziell in der Haushaltssituation des Versicherten liegen. Durch die Freistellung von der Notwendigkeit, Kinder und Haushalt zu versorgen, sollen Behandlungsmaßnahmen ermöglicht werden, indem bei Unmöglichkeit der Haushaltsversorgung der Haushalt des Versicherten weitergeführt wird.[10] Darüber hinaus kann die Krankenkasse, Haushaltshilfe als Mehrleistung auch in anderen Fällen gewähren, wenn etwa der kranke Versicherte keinen Anspruch auf Krankenpflege hat, sich aber zu Hause aufhält und ihm die Weiterführung des Haushalts unmöglich ist (Abs. 2).

---

1 BGBl. I, 2477.
2 BGBl. I, 2325.
3 Vgl. hierzu die Gesetzesbegründung BR-Dr. 539/91, 8.
4 BGBl. I, 2190.
5 BGBl. I, 2983.
6 BGBl. I, 2229.
7 BGBl. I, 3191.
8 Vgl. Padé in: jurisPK-SGB V, § 38 Rn. 2.
9 Siehe nur Rixen in: Becker/Kingreen, § 38 Rn. 1; Hellkötter-Backes in: LPK-SGB V, § 38 Rn. 1; Nolte in: Kass-Komm, § 38 SGB V Rn. 2.
10 BSG, 1.7.2003, B 1 KR 13/02, BeckRS 2004, 40025; Hellköter-Backes in: LPK-SGB V, § 38 Rn. 1.

Dieser Gedanke gilt nach der Rechtsprechung des BSG aber auch für den Fall, dass nicht der haushaltsführende Versicherte selbst sich einer stationären Krankenhausbehandlung unterziehen muss, sondern ein Dritter und dessen Behandlung die Mitaufnahme des Versicherten aus medizinischen Gründen notwendig macht, wenn und soweit die Krankenkasse auch für dessen Krankheitsrisiko eintreten muss.[11] Denn auch dann, wenn der Versicherte im Hinblick auf seine häuslichen Pflichten die Mitaufnahme verweigert, kann es dazu kommen, dass die notwendige stationäre Behandlung des ebenfalls versicherten Dritten unterbleibt oder nicht erfolgreich durchgeführt werden kann.[12] Die sich aufgrund der häuslichen Pflichten ergebenden Hindernisse will § 38 beseitigen und damit dem Versicherten den Entschluss erleichtern, die Weiterführung des Haushalts einem anderen zu überlassen.[13] Die Vorschrift korrespondiert mit der leistungserbringungsrechtlichen Norm in § 132.[14]

III. Anspruchsvoraussetzungen

1. Anspruchsberechtigter. Anspruchsberechtigter ist jeder **Stamm-** oder **Familienversicherter** (§§ 5 bis 10), der wegen Krankenhausbehandlung iSv § 39 oder bei Kur- bzw. Vorsorgeaufenthalten (§ 23 Abs. 2, 4, § 24), bei häuslicher Krankenpflege (§ 37) oder Reha-Maßnahmen (§§ 40, 41) den Haushalt objektiv nicht weiterführen kann (Abs. 1 S. 1). Der Anspruch setzt somit ein **Versicherungsverhältnis** voraus.[15] Beginnt das Versicherungsverhältnis erst nach Eintritt der Unmöglichkeit der Haushaltsweiterführung, entsteht der Anspruch auf Haushaltshilfe auch erst mit Beginn des Versicherungsverhältnisses.

2. Krankenhausbehandlung oder Leistungen der nach Abs. 1 S. 1 genannten Art (Abs. 1). Es muss entweder ein **behandlungsbedürftiger regelwidriger körperlicher und/oder geistig psychischer Zustand** (zum Krankheitsbegriff → § 27 Rn. 16 ff.) vorliegen (die Haushaltshilfe ist dann eine Leistung der Krankenbehandlung) oder der Versicherte muss eine der in Abs. 1 S. 1 abschließend[16] genannten Leistungen erhalten, die nicht notwendig eine Krankheit voraussetzen. Die Unmöglichkeit der Weiterführung des Haushalts muss folglich **bedingt** sein durch:

- Krankenhausbehandlung nach § 39
- ambulante Vorsorgeleistung nach § 23 Abs. 2 und 4
- Vorsorgeleistung für Mütter und Väter nach § 24
- häusliche Krankenpflege nach § 37
- medizinische Rehabilitationsleistungen nach § 40
- Rehabilitation für Mütter und Väter nach § 41

Für die Entstehung des Anspruchs ist dabei unerheblich, ob die jeweilige Krankenkasse die Kosten der Leistung in vollem Umfang trägt oder nur Teilleistungen erbringt, wie etwa bei ambulanten Vorsorgeleistungen nach § 23 Abs. 2.[17]

Eine **Sonderbestimmung**, die einen direkten Rechtsanspruch auf Haushaltshilfe begründet, findet sich in § 24h für die Schwangerschaft und Entbindung (→ Rn. 8 f. und die Kommentierung zu § 24h).[18]

a) Krankenhausbehandlung. Eine Krankenhausbehandlung iSv Abs. 1 S. 1 umfasst Leistungen nach § 39 Abs. 1. Gemeint ist somit die stationäre Krankenhausbehandlung, die stationäre Aufnahme als Begleitperson nach § 11 Abs. 3 und gegebenenfalls auch die teilstationäre oder vor- und nachstationäre Behandlung. Die bloße ambulante Klinikbehandlung reicht hierfür nicht aus.[19]

b) Sonderregelung für Schwangerschaft oder Entbindung. Nach § 24h erhalten Versicherte Haushaltshilfe, soweit ihnen wegen Schwangerschaft oder Entbindung die Weiterführung des Haushalts nicht möglich ist und eine andere im Haushalt lebende Person den Haushalt nicht weiterführen kann. Diese

---

11 BSG, 23.11.1995, 1 RK 11/95, NZS 1996, 323, 324 = SozR 3-2500 § 38 Nr. 1 = BSGE 77, 102.
12 BSG, 23.11.1995, 1 RK 11/95, NZS 1996, 323, 324 = SozR 3-2500 § 38 Nr. 1 = BSGE 77, 102.
13 BSG, 23.11.1995, 1 RK 11/95, NZS 1996, 323, 324 = SozR 3-2500 § 38 Nr. 1 = BSGE 77, 102 mwN.
14 Rixen in: Becker/Kingreen, § 38 Rn. 1.
15 Luthe in: Hauck/Noftz, SGB V, § 38 Rn. 26.
16 BSG, 25.6.2002, B 1 KR 22/01 R, SozR 3-2500 § 38 Nr. 4; Ricken in: Eichenhofer/Wenner, SGB V, § 38 Rn. 3 mwN.
17 Vgl. BSG, 24.3.1983, 8 RK 24/81, SozR 2200 § 185b Nr. 9; Trenk-Hinterberger in: Spickhoff, Medizinrecht, § 38 SGB V Rn. 3.
18 § 24h wurde mit Gesetz vom 23.10.2012 (BGBl. I, 2246) eingefügt; gleichzeitig wurde § 199 RVO mWv 30.10.2012 aufgehoben.
19 BSG, 25.6.2002, B 1 KR 22/01 R, SozR 3-2500 § 38 Nr. 4; Nolte in: KassKomm, § 38 SGB V Rn. 5.

Vorschrift ist nicht deckungsgleich mit § 38.[20] Voraussetzung ist jedoch auch hier, dass ein **Sachleistungsanspruch** des Versicherten auf Gewährung von Haushaltshilfe besteht und er einen **Antrag** auf diese Sachleistung bei der Krankenkasse gestellt hat (→ Rn. 37 f.).[21] Mit dem Begriff der Schwangerschaft wird der Zustand einer Frau von der Beendigung der Empfängnis bis zum Beginn der Entbindung, der Fehlgeburt oder des Schwangerschaftsabbruchs verstanden.[22] Der Anspruch auf eine Haushaltshilfe oder auch auf eine Kostenübernahme nach § 24 h dient in der Zeit der Schwangerschaft der Schonung der werdenden Mutter; es soll hierdurch gewährleistet sein, dass diese die Schwangerschaft durchlaufen kann, ohne dass es infolge der Haushaltsführung zu Komplikationen im regulären Schwangerschaftsablauf kommt.[23]

9 Mit der Geburt gilt die Schwangerschaft als beendet, so dass ab diesem Zeitpunkt kein Anspruch auf Haushaltshilfe nach der 1. Alt. besteht.[24] Wird die 2. Alt. geltend gemacht, „wegen der **Entbindung**" nicht mehr in der Lage zu sein, den Haushalt weiterzuführen, so genügt es nicht, dass auf die Überlastung mit der alleinigen Betreuung des Neugeborenen und der Führung des Haushalts verwiesen wird.[25] Grund hierfür ist dann nämlich nicht die Entbindung selbst, sondern die allgemeine Lebenssituation. Nach alter Rechtslage wurde, sofern keine außergewöhnlichen gesundheitlichen Folgewirkungen der Entbindung bestanden, für die Frage, wie lange eine maßgebliche Beeinträchtigung wegen der Entbindung in Abgrenzung zu sonstigen gesundheitlichen Störungen anzunehmen war, auf die Regelung des § 197 RVO[26] zurückgegriffen,[27] wonach für die Zeit nach der Entbindung für längstens sechs Tage Unterkunft, Pflege und Verpflegung zu gewähren waren. Eine solche Befristung ist in § 24 h nicht vorgesehen, so dass es allein darauf ankommt, ob der Arzt oder die Hebamme wegen der Entbindung eine Haushaltsführung für nicht möglich halten.[28]

10 **3. Unmöglichkeit der Weiterführung des Haushalts. a) Haushalt und häusliche Gemeinschaft.** Darunter ist eine **häusliche Gemeinschaft** mindestens **zweier** Familienangehöriger zu verstehen, wobei ein Angehöriger ein Kind bis zu zwölf Jahren oder ein behindertes, auf Hilfe angewiesenes Kindes sein muss.[29] Im Übrigen kann auf den weitestgehend identischen Begriff des Haushalts in § 37 verwiesen werden. Darunter ist die private Wirtschafts- und **Lebensführung** zu verstehen,[30] in der die Grundbedürfnisse, wie Schlafen, Ernährung und Körperpflege befriedigt werden und vor allem die hauswirtschaftliche Grundversorgung, wie Kochen, Waschen, Raumpflege etc., stattfindet.[31] Nach der Rechtsprechung des BSG zur Vorgängerregelung (§ 185 b RVO) ist für eine Aufnahme in die häusliche Gemeinschaft erforderlich, dass diese eine gewisse Dauer und Beständigkeit aufweist.[32] Bereits aus gleichheitsrechtlichen Erwägungen ist es unerheblich, ob es sich bei der den Haushalt führende Person um eine Frau oder ein Mann handelt.

11 **b) Unmöglichkeit der Haushaltsführung (Abs. 3).** Voraussetzung ist nach Abs. 3, dass der Haushalt nicht von einer dem Haushalt angehörenden Person fortgeführt werden kann. Aus dem Gesetzeswortlaut kann geschlossen werden, dass der Begriff der „**Weiterführung**" weit zu versehen ist und sich nicht auf die für den Haushalt verantwortliche Person, sondern auf den zu führenden Haushalt bezieht.[33] Danach ist eine Weiterführung des Haushalts wegen einer Behandlungsmaßnahme auch dann unmöglich, wenn der Versicherte wegen Ausfalls der übrigen Haushaltsmitglieder den Haushalt eigentlich übernehmen müsste, daran aber durch die beginnende oder bereits laufende Behandlung gehindert ist. Nach der Rechtsprechung des BSG ist die Haushaltshilfe eine zweckgerichtete Leistung, die den Versicherten in einer spezifischen Bedarfssituation entlasten soll.[34] Folglich entsteht eine solche

---

20 Rixen in: Becker/Kingreen, § 24 h Rn. 2, 5, 7.
21 So eindeutig LSG BW, 1.3.2011, L 11 KR 1694/10 mit Anm. Marburger, jurisPR-SozR 15/2011 Anm. 3.
22 SchlHLSG, 28.3.2007, L 5 KR 29/06 mwN.
23 SchlHLSG, 28.3.2007, L 5 KR 29/06 zu § 199 RVO mwN.
24 SchlHLSG, 9.5.2007, L 5 KR 59/05, NZS 2008, 258 zu § 199 RVO.
25 SchlHLSG, 9.5.2007, L 5 KR 59/05, NZS 2008, 258, 259 zu § 199 RVO.
26 In der Fassung vor der Änderung durch Gesetz vom 26.3.2007, BGBl. I, 378.
27 SchlHLSG, 9.5.2007, L 5 KR 59/05, NZS 2008, 258 zu § 199 RVO mwN.
28 In diesem Sinne auch Wagner in: Krauskopf, § 24 h SGB V Rn. 8.
29 Wagner in: Krauskopf, § 38 SGB V Rn. 6.
30 BSG, 23.3.1983, 3 RK 66/81, SozR 2200 § 199 Nr. 3.
31 BSG, 1.9.2005, B 3 KR 19/04 R, SozR 4-2500 § 37 Nr. 5.
32 BSG, 7.3.1990, 3 RK 16/89, SozR 3-2200 § 185 b Nr. 1.
33 BSG, 7.11.2000, B 1 KR 15/99 R, SozR 3-2500 § 38 Nr. 3 = BSGE 87, 149.
34 BSG, 7.11.2000, B 1 KR 15/99 R, SozR 3-2500 § 38 Nr. 3 = BSGE 87, 149 mwN.

Bedarfssituation aber grundsätzlich dann nicht, wenn die Haushaltsführung schon vorher dauerhaft anders organisiert war und sich durch die Behandlungsmaßnahme iSv Abs. 1 nichts geändert hat.[35]

Die Weiterführung des Haushalts durch eine dem Haushalt angehörende Person kann dem Versicherten nach der Rechtsprechung des BSG nur dann entgegengehalten werden, wenn der anderen Person ein Einsatz im Haushalt nicht nur möglich, sondern unter Berücksichtigung ihrer sonstigen insbesondere beruflichen Verpflichtung auch **zumutbar** ist. So braucht er sich nicht auf die Aushilfe durch ein Haushaltsmitglied verweisen zu lassen, das eine Berufstätigkeit oder Schulausbildung aufgeben oder einschränken müsse, um die Weiterführung des Haushalts sicherstellen zu können. Eine Verpflichtung des Hausgenossen, sich zu diesem Zweck beurlauben zu lassen, besteht danach nicht.[36] 12

Zur **Haushaltsführung** gehören solche Arbeiten bzw. Tätigkeiten, die im konkreten Haushalt des Versicherten anfallen, wie etwa der Einkauf von Lebensmitteln, das Zubereiten von Mahlzeiten, die Kinderbetreuung und -beaufsichtigung, die Pflege von Kleidung und Wohnung etc.[37] Dazu gehört auch, dass alle mit der Haushaltsführung verbundenen Funktionen übernommen werden und nicht nur eine bloße Mithilfe im Haushalt des Versicherten vorliegt.[38] Andererseits ist wiederum eine gemeinsame Haushaltsführung von Ehegatten im gleichen Umfang ausreichend.[39] 13

4. Im Haushalt lebendes Kind (Abs. 1 S. 2). In dem Haushalt des Versicherten muss mindestens ein Kind leben, wobei nicht Voraussetzung ist, dass dieses selbst versichert ist. Es braucht also nicht zu dem Kreis der Personen zu gehören, die nach § 10 anspruchsberechtigt sind.[40] Auch eine verwandtschaftliche Beziehung zum Versicherten ist nicht Voraussetzung. In Betracht kommen also neben leiblichen Kindern und Adoptivkindern ihnen gleichgestellte Adoptivkinder, aber auch überwiegend unterhaltene Pflegekinder und Enkelkinder.[41] Vorausgesetzt wird jedoch, dass diese Kinder **dauerhaft** in einem Haushalt mit dem Versicherten zusammenleben müssen. Die Rechtspraxis greift hierfür auf die Kriterien der „häuslichen Gemeinschaft" zurück (→ Rn. 10). Danach müssen die Beteiligten tatsächlich und einem inneren Willen entsprechend in einer **Wohn- und Lebensgemeinschaft** (gemeinsamer Hausstand) zusammenleben. Allein eine zeitweise räumliche Trennung führt noch nicht zur Aufhebung der häuslichen Gemeinschaft.[42] Hierbei wird zumeist von einem Zeitraum von bis zu drei Monaten ausgegangen; dagegen reicht ein Aufenthalt auf unbestimmte Zeit in einer Pflegeeinrichtung gerade nicht als kurzzeitige Unterbrechung.[43] 14

a) Kind bis zur Vollendung des 12. Lebensjahres (Abs. 1 S. 2 Alt. 1). Das im Haushalt des Versicherten lebende Kind darf bei Beginn der Haushaltshilfe das zwölfte Lebensjahr noch nicht vollendet haben. Die Berechnung erfolgt entsprechend §§ 187, 188 BGB iVm § 26 Abs. 1 SGB X.[44] Das bedeutet, dass die Vollendung des zwölften Lebensjahres mit dem Ende des Vortags (24.00 Uhr) des Geburtstages als vollendet gilt.[45] Für die Weitergewährung der Leistung kommt es nach dem ausdrücklichen Wortlaut der Vorschrift nicht darauf an, dass das Kind nach Beginn der Haushaltshilfe das zwölfte Lebensjahr vollendet. In diesem Fall endet der Leistungsanspruch erst mit dem Wegfall, der die Unmöglichkeit der Weiterführung des Haushalts verursachenden Umstände. 15

b) Behindertes Kind, das auf Hilfe angewiesen ist (Abs. 1 S. 2 Alt. 2). Ob ein Kind behindert ist, bestimmt sich nach § 2 Abs. 1 S. 1 SGB IX. Auf Hilfe angewiesen ist das behinderte Kind, wenn es bei der Lebensführung (Körperpflege, Ernährung, Mobilität, Beaufsichtigung) unterstützt werden muss. Im Falle eines im Haushalt des Versicherten lebenden behinderten Kindes ist keine Altersgrenze vorge- 16

---

35 BSG, 7.11.2000, B 1 KR 15/99 R, SozR 3-2500 § 38 Nr. 3 = BSGE 87, 149.
36 BSG, 7.11.2000, B 1 KR 15/99 R, SozR 3-2500 § 38 Nr. 3 = BSGE 87, 149; vgl. hierzu auch SchlHLSG, 18.11.2011, L 5 KR 202/11 B ER.
37 BSG, 22.4.1987, 8 RK 22/85, SozR 2200 § 185 b Nr. 11.
38 BSG, 8.12.1978, 8 RKg 1/78, SozR 5870 § 2 Nr. 12.
39 BSG, 11.12.11990, 2 RU 37/79, SozR 22000 § 569 a Nr. 1 = BSGE 51, 78.
40 Wagner in: Krauskopf, § 38 Rn. 11; Rixen in: Becker/Kingreen, § 38 Rn. 4; Knispel in: BeckOK SozR, SGB V, § 38 Rn. 4.
41 Wagner in: Krauskopf, § 38 Rn. 11; Nolte in: KassKomm, § 38 SGB V Rn. 22.
42 BSG, 16.8.1973, 3 RK 63/71, SozR Nr. 29 zu § 205 RVO = BSGE 36, 117; BSG, 3.6.1981, 3 RK 64/79, SozR 2200 § 205 b Nr. 4; Luthe in: Hauck/Noftz, SGB V, § 38 Rn. 39.
43 BSG, 16.8.1973, 3 RK 63/71, SozR Nr. 29 zu § 205 RVO = BSGE 36, 117.
44 Siehe nur Trenk-Hinterberger in: Spickhoff, Medizinrecht, § 38 SGB V Rn. 7.
45 Vgl. BSG, 31.1.1969, 4 RJ 451/68, SozR Nr. 13 zu § 1290 RVO BSGE 30, 38.

sehen und auch nicht nach Sinn und Zweck der Haushaltshilfe geboten.[46] Für eine analoge Anwendung der Altersgrenzen des § 10 fehlt es an einer planwidrigen Regelungslücke.[47]

17   **5. Erweiterung bei schwerer Krankheit oder akuter Verschlimmerung einer Krankheit, die nicht mehr krankenhausbehandlungsbedürftig ist (Abs. 1 S. 3).** Mit der Einfügung von S. 3 und 4 durch das KHSG vom 10.12.2015[48] sowie der Ergänzung in S. 5 durch das PSG III vom 32.12.2016[49] wird der Anspruch auf Haushaltshilfe ergänzt, um die pflegerische Versorgung von Versicherten mit schweren Krankheiten, die nicht mehr krankenhausbehandlungsbedürftig sind, sicherzustellen. Die Regelung steht in unmittelbaren Zusammenhang mit dem neuen § 37 Abs. 1 a, der in diesen Fällen eine Anspruchsergänzung der häuslichen Krankenpflege hinsichtlich Grundpflege und hauswirtschaftlicher Versorgung vorsieht. Der Gesetzgeber wollte auf diese Weise die **Versorgungslücke** schließen, die dadurch entstehen konnte, dass Versicherte nach einer stationären Krankenhausbehandlung nicht selten ohne Unterstützungspotentiale durch Personen in ihrem sozialen Umfeld sind.[50] Hintergrund ist vor allem eine gesellschaftliche Entwicklung, in der familiäre Strukturen solche Bedarfssituationen nicht mehr aufzufangen vermögen. Davon sind insbesondere Personen betroffen, die bis zum Abschluss des Genesungsprozesses häufig nicht in der Lage sind, sich zu versorgen und den Alltag zu bewältigen, entweder weil sie allein leben oder der Ehegatte oder der Lebenspartner beziehungsweise Verwandte berufstätig sind.[51] Eine ähnliche Situation entsteht auch bei Alleinerziehenden mit einer schweren Erkrankung oder akuter Verschlimmerung einer Erkrankung, die aufgrund ihrer Erkrankung oder der Verschlimmerung nicht in der Lage sind, die hauswirtschaftliche Versorgung und Betreuung ihrer Kinder sicherzustellen.[52]

18   **a) Voraussetzungen.** Voraussetzung ist, dass dem betroffenen Versicherten die Weiterführung des Haushalts wegen **schwerer Krankheit** oder wegen **akuter Verschlimmerung** einer Krankheit – insbesondere nach einem Krankenhausaufenthalt, nach einer ambulanten Operation oder nach einer ambulanten Krankenhausbehandlung – nicht möglich ist. Nicht verlangt wird somit wie bei der Regelleistung nach Abs. 1 S. 1 und 2, dass die Haushaltshilfe wegen bestehender Krankenhausbehandlung oder wegen (stationärer) Leistung nach den §§ 23 Abs. 2 oder 4, 24, 37, 40 oder § 41 erforderlich ist und dass im Haushalt des Versicherten ein Kind lebt, das bei Beginn der Haushaltshilfe das zwölfte Lebensjahr noch nicht vollendet hat, oder das behindert und auf Hilfe angewiesen ist. Im letzteren Fall hat der Versicherte jedoch einen zeitlich erweiterten Leistungsanspruch auf Haushaltshilfe.

19   Die Begriffe „schwere Krankheit" und „akute Verschlimmerung" sind gesetzlich nicht definiert. Es wird bei der Ermittlung der Schwere vor allem darauf ankommen, ob die Erkrankung zu solchen Körper- und/oder Geisteseinschränkungen führt, die die Bewältigung der häuslichen Lebensführung nicht mehr möglich machen.[53] Es wird somit auf die konkreten gesundheitlichen Funktionseinbußen und auf die räumlichen, haustechnischen und örtlich-sozialen Kontextbedingungen des häuslichen Lebens des Versicherten ankommen, die in ihrer **Gesamtbetrachtung** zu einer ähnlichen bzw. vergleichbaren Notsituation führen wie in den Fällen der S. 1 und 2.[54] Lebt darüber hinaus auch noch ein Kind im Sinne des S. 3 im Haushalt des Versicherten, dann wird bereits dieser Umstand grundsätzlich zu einer Verschärfung der Versorgungssituation führen.[55] Im Fall einer akuten Verschlimmerung einer Krankheit muss es sich zunächst nicht um eine schwere Krankheit im obigen Sinn handeln; sie muss sich jedoch bereits in einem solchen Grad entwickelt haben, dass körperliche und/oder geistige Funktionseinbußen bestehen, die zumindest den Behandlungserfolg bei weitergehender Belastung durch die Haushaltsführung in Frage stellen oder sogar beseitigen.

---

46   Trenk-Hinterberger in: Spickhoff, Medizinrecht, § 38 SGB V Rn. 8; aA LSG R-P, 30.11.1992, L 2 I 205/91, FamRZ 1993, 1499 zur alten Regelung in § 1237 b Abs. 1 Nr. 5 RVO; danach sei ein behindertes Kind iSv § 1237 b Abs. 1 Nr. 5 RVO nicht mehr, wer volljährig ist.
47   So die ganz hM, Nolte in: KassKomm, § 38 SGB V Rn. 25 mwN; Trenk-Hinterberger in: Spickhoff, Medizinrecht, § 38 SGB V Rn. 8.
48   BGBl. I, 2229.
49   BGBl. I, 3191.
50   BT-Dr. 6586, 101.
51   BT-Dr. 6586, 101.
52   BT-Dr. 6586, 101.
53   Vgl. Luthe in: Haucke/Noftz, SGB V, § 38 Rn. 46 b; Padé in: jurisPK-SGB V, § 38 Rn. 20.1, 20.2.
54   Luthe in: Haucke/Noftz, SGB V, § 38 Rn. 46 b, c.
55   Luthe in: Haucke/Noftz, SGB V, § 38 Rn. 46 c.

b) Ausschluss. Auf die Leistungen nach § 37 Abs. 1a und § 39c besteht kein Anspruch, soweit eine Pflegebedürftigkeit im Sinne des SGB XI festgestellt ist, da vergleichbare Leistungen bereits nach dem **SGB XI** gewährt werden. Dies gilt auch für Leistungen der Haushaltshilfe. Da seit dem 1.1.2017 alle Pflegebedürftigen Pflegebedürftige im Sinne des SGB XI sind, einschließlich Pflegebedürftige des Pflegegrads 1, hat der Gesetzgeber mit der Ergänzung in Abs. 1 S. 3 **klargestellt**, dass sich dieser Ausschluss nur auf Pflegebedürftige in den Pflegegraden 2, 3, 4 und 5 beschränkt, um eine ungewollte Leistungslücke für Menschen im Pflegegrad 1 zu verhindern.[56] Der Gesetzgeber wollte so sicherstellen, dass bei Pflegebedürftigen des Pflegegrads 1 Leistungen der Haushaltshilfe nach § 38 in Anspruch genommen werden können.[57]

Ebenso soll mit der Regelung in Abs. 1 S. 5 **klargestellt** werden, dass Leistungen auf Haushaltshilfe wegen vorliegender Pflegebedürftigkeit hinsichtlich der **Kinder** von Versicherten nicht ausgeschlossen werden können, weil Leistungen nach dem SGB XI nur die hauswirtschaftliche Versorgung der Versicherten betreffen.[58] Der Gesetzgeber hat deshalb explizit geregelt, dass die Pflegebedürftigkeit von Versicherten Haushaltshilfe nach den S. 3 und 4 zur Versorgung des Kindes nicht ausschließt.

6. Anspruch auf Haushaltshilfe nach Satzungsrecht (Abs. 2). Abs. 2 ermöglicht den Krankenkassen, in einer Satzung zu regeln, unter welchen Voraussetzungen und für welchen Zeitraum in anderen als den in Abs. 1 genannten Fällen Haushaltshilfe gewährt werden kann. Sie stellt somit eine **fakultative Hilfe** nach Maßgabe der Satzung dar, soweit nicht Abs. 1 greift.[59]

Die Aufnahme einer solchen Regelung steht im **Ermessen (Kann-Regelung)** der Krankenkasse.[60] Durch die Wiederaufnahme der Kann-Regelung hat der Gesetzgeber auf die Erweiterung des Leistungsanspruchs in Abs. 1 S. 3 reagiert. Durch die Regelung sollen Satzungsleistungen der Krankenkassen wieder ins Ermessen der Krankenkassen gestellt werden. Damit wird die Rechtslage vor Inkrafttreten des GKV-Versorgungsstrukturgesetzes vom 22.12.2012 wiederhergestellt, durch das geregelt worden war, dass die Krankenkassen Satzungsregelungen vorsehen sollen, die über den Pflichtleistungsanspruch nach Abs. 1 hinausgehen, um so auch die nicht geregelten Fälle zu erfassen, in denen Versicherte ihren Haushalt aus Krankheitsgründen nicht weiterführen können. Durch die normative Erweiterung des Pflichtleistungsanspruchs in Abs. 1 S. 3 und 4 hielt der Gesetzgeber eine Sollregelung zu Satzungsleistungen der Krankenkassen nicht mehr für erforderlich. Gleichwohl bleiben ergänzende Satzungsleistungen grundsätzlich sinnvoll.

Dem Gesetzgeber ging es mit der Aufnahme der Möglichkeit einer Satzungsregelung in erster Linie darum, gerade die Fälle stärker zu erfassen, in denen Versicherte ihren Haushalt zwar aus Krankheitsgründen nicht weiterführen können, jedoch aufgrund fehlender Voraussetzungen gem. Abs. 1 keinen Anspruch auf Haushaltshilfe haben.[61] Ein Anspruch des Versicherten auf Erlass einer solchen Satzungsregelung besteht aber nicht.

Weder die in Abs. 1 genannten Voraussetzungen noch das Sachleistungs- oder Kostenerstattungsprinzip des Abs. 4 müssen zwingend in die Satzung aufgenommen werden, da sie bereits kraft Gesetzes gelten.[62] Die Krankenkasse kann mit der Satzungsbestimmung auch einen Anreiz setzen, einen Krankenhausaufenthalt ganz zu entbehren oder zumindest abzukürzen.[63] Ebenso können die Kosten für eine selbstbeschaffte Ersatzkraft erstattet werden.[64] Auch kann die Dauer eingegrenzt bzw. auf einen vorübergehenden Zeitraum beschränkt werden.[65] Es kann aber auch etwa eine längere Leistungsdauer als in den S. 3 und 4 vorgesehen werden. Nicht möglich ist jedoch, den Leistungsinhalt (Haushaltshilfe) und die Voraussetzung, dass dem Versicherten wegen Krankheit die Fortführung des Haushalts nicht möglich ist, in der Satzung zu ändern.

---

56 BT-Dr. 18/10510, 129.
57 BT-Dr. 18/10510, 129.
58 BT-Dr. 18/10510, 129.
59 Siehe LSG Bln-Bbg, 27.4.2012, L 1 KR 15/10.
60 Kritisch zur vorhergehenden Soll-Regelung, nach der nur in begründeten Ausnahmefällen abgewichen werden konnte: Nolte in: KassKomm, § 38 SGB V Rn. 26, der nach damaliger Rechtslage von einem „faktischen Regelungszwang" ausging.
61 BT-Dr. 17/8005, 105.
62 Wagner in: Krauskopf, § 38 SGB V Rn. 15.
63 Wagner in: Krauskopf, § 38 SGB V Rn. 15.
64 Wagner in: Krauskopf, § 38 SGB V Rn. 15.
65 LSG Bln-Bbg, 27.4.2012, L 1 KR 15/10; Wagner in: Krauskopf, § 38 SGB V Rn. 15.

IV. Leistungsinhalt

26 **1. Haushaltshilfe als Sachleistung. a) Begriff Haushaltshilfe.** Das Gesetz definiert nicht, was unter Haushaltshilfe zu verstehen ist. Aus dem Gesamtzusammenhang und dem Wortlaut der Vorschrift ergibt sich jedoch, dass wenn der Versicherte aufgrund einer Krankenhausbehandlung oder anderer in Abs. 1 S. 1 aufgezählten Leistungen nicht mehr in der Lage ist, den Haushalt zu führen, darunter nur solche Tätigkeiten gefasst werden, die **typischerweise im Haushalt anfallen**.[66] Dazu gehören etwa der Einkauf von Lebensmitteln und des täglichen Bedarfs, die Zubereitung von Mahlzeiten, Pflege von Kleidung und Wohnung. Darüber hinaus umfasst Abs. 1 auch die Betreuung und Beaufsichtigung der Kinder.[67]

27 **b) Sachleistung.** Haushaltshilfe ist in erster Linie **Sachleistung**.[68] Das bedeutet, dass die jeweilige Krankenkasse bei Vorliegen der Anspruchsvoraussetzungen grundsätzlich „nur" eine Ersatzkraft dem Versicherten zur Seite zu stellen. Hierfür kann die Krankenkasse entweder selbst gem. § 132 Abs. 1 S. 1 einen Vertrag mit der entsprechenden Haushaltshilfe abschließen oder sie bedient sich eines Beschäftigen einer anderen Einrichtung gem. § 132 Abs. 1 S. 2.

28 **c) Keine Ausdehnung auf auswärtige Unterbringung und Pflege.** Die Voraussetzungen und die Ausgestaltung der Leistung lassen erkennen, dass durch sie dem Versicherten speziell die Weiterführung seines Haushalts und nicht allgemein die Versorgung seiner Kinder ermöglicht werden soll.[69] Das BSG hat deshalb bereits zur früheren Regelung in § 185b RVO die Auffassung vertreten, dass kein Anspruch auf Haushaltshilfe bestehe, wenn ein Kind während der krankheitsbedingten Abwesenheit des Versicherten außerhalb von dessen Haushalt bei Verwandten versorgt werde.[70] In einer späteren Entscheidung zu § 38 musste sich das BSG dann mit der Frage auseinandergesetzt, ob und gegebenenfalls unter welchen Voraussetzungen die Versorgung von Kindern eines Versicherten außerhalb seines Haushalts einen Kostenerstattungsanspruch ausnahmsweise dann begründen kann, wenn die Weiterführung des eigenen Haushalts durch eine Ersatzkraft nicht möglich ist.[71] Darin hat es die Ausdehnung der Leistungspflicht der Krankenkasse auf die auswärtige Unterbringung und Pflege eines behinderten Kindes sowohl im Wege der Auslegung als auch im Wege der Analogie verneint, da sich § 38 zum einen ausschließlich auf die durch den Krankenhausaufenthalt nicht mehr sichergestellte Haushaltsführung beziehe und zum anderen es an einer Regelungslücke fehle. Insbesondere habe der Gesetzgeber für die besondere Situation pflegebedürftiger Menschen durch § 42 SGB XI eine spezielle Vorschrift geschaffen, die dem Pflegebedürftigen selbst für die Dauer einer kurzzeitigen Unterbrechung der häuslichen Pflege einen Anspruch auf vorübergehende Pflege in einer vollstationären Einrichtung einräumt.

29 **2. Kostenerstattung für selbstbeschaffte Haushaltshilfe (Abs. 4 S. 1 und 2). a) Selbstbeschaffte Ersatzkraft (Abs. 4 S. 1).** Für die Fälle, in denen die Krankenkasse keine Ersatzkraft stellen kann oder Grund besteht, hiervon abzusehen, sieht das Gesetz die Möglichkeit einer selbstbeschafften Haushaltshilfe vor. Hat sich also der Versicherte selbst eine Ersatzkraft beschaffen müssen, besteht ein Anspruch auf Kostenerstattung, sofern sie nicht mit ihm eng verwandt oder verschwägert ist. Diese Regelung gilt als lex specialis zu § 13 Abs. 3.[72] Bedeutung wird in der Regel nur der 2. Alt. zukommen, wenn nämlich von einer von der Krankenkasse stellbaren Ersatzkraft dann abgesehen wird, weil etwa die Versorgung mit Haushaltshilfe von vertrauten Personen möglich und vom Versicherten gewünscht (§ 33 SGB I) ist oder weil die selbstbeschaffte Ersatzkraft weniger Kosten verursacht als eine professionelle Haushaltshilfe.[73] Zu den selbstbeschafften Ersatzkräften zählen etwa Bekannte und Nachbarn; dagegen grundsätzlich nicht Mitglieder desselben Haushalts.[74] Eine besondere berufliche Qualifikation der selbst beschafften Haushaltshilfe wird nicht vorausgesetzt, jedoch wird man verlangen müssen, dass sie in der Lage ist, die anfallenden Arbeiten auch ordnungsgemäß auszuführen.

---

66 Vgl. Luthe in: Haucke/Noftz, SGB V, § 38 Rn. 48 f.
67 Gerlach in: Haucke/Noftz, SGB V, § 38 Rn. 48.
68 BSG, 1.7.2003, B 1 KR 13/02 R, RdLH 2004, 67; BSG, 16.11.1999, B 1 KR 16/98 R, SozR 3-2500 § 38 Nr. 2.
69 BSG, 1.7.2003, B 1 KR 13/02 R, RdLH 2004, 67.
70 BSG, 22.6.1979, 3 RK 39/78, SozR 2200 § 185 b Nr. 7.
71 BSG, 1.7.2003, B 1 KR 13/02 R, RdLH 2004, 67.
72 BSG, 23.11.1995, 1 RK 11/95, SozR 3-2500 § 38 Nr. 1 = BSGE 77, 102.
73 Knispel in: BeckOK SozR, SGB V, § 38 Rn. 21; vgl. auch Luthe in: Hauck/Noftz, SGB V, § 38 Rn. 74.
74 Wagner in: Krauskopf, § 38 SGB V Rn. 19, 20.

b) Kostenerstattung in angemessener Höhe (Abs. 4 S. 1). Kosten werden nach dem eindeutigen Wortlaut in Abs. 4 S. 1 nur in **angemessener Höhe** erstattet. Dabei sind alle Umstände zu berücksichtigen, die die Höhe der Vergütung unter sachgerechten Gesichtspunkten beeinflussen können.[75] Diese Regelung soll Krankenkassen vor überhöhten Forderungen schützen.[76] Es ist strittig, ob den Krankenkassen bei der Entscheidung über die Angemessenheit einer Erstattungsforderung ein Beurteilungsspielraum zusteht.[77] Als angemessen werden im Regelfall die üblichen oder tariflichen Entgelte für Haushaltshilfen im regionalen Bereich angesehen.[78] Entscheidend für eine Kostenerstattung ist aber, dass **tatsächlich Kosten** entstanden sind.[79]

30

c) Verwandte und Verschwägerte (Abs. 4 S. 2). Abs. 4 S. 2 schließt für bestimmte **nahe Angehörige** des Versicherten, zu denen auch der **geschiedene Ehegatte** gehört, eine umfassende Kostenerstattung aus.[80] Der Gesetzgeber geht bei diesen Personen davon aus, dass die Hilfe wegen der familiären Bindungen **unentgeltlich** geleistet wird. Das BSG geht von der Verfassungsgemäßheit dieser einschränkenden Bestimmung aus.[81] Ausdrücklich bezieht sich die Vorschrift zwar nur auf Verwandte und Verschwägerte bis zum zweiten Grade. Da Ehegatten miteinander weder verwandt noch verschwägert sind (§§ 1589, 1590 BGB), werden sie vom Wortlaut der Bestimmung nicht erfasst. Jedoch muss nach der Rechtsprechung des BSG die nach dem Wortlaut auf Verwandte und Verschwägerte beschränkte Ausschlussklausel nach Zweck und Systematik des Gesetzes auch für die **Ehegatten** gelten.[82]

31

Wenn bei getrennt lebenden oder geschiedenen Eheleuten auch vielfach nicht die Beziehung zum Ehepartner, sondern die Sorge für die gemeinsamen Kinder im Vordergrund stehen und den eigentlichen Grund für die Hilfeleistung abgeben wird, so wird gleichwohl auch in diesem Fall die Haushaltshilfe typischerweise ohne Vergütung erbracht, so dass die Fallgestaltung den gesetzlich geregelten Sachverhalt wertmäßig gleichzustellen ist.[83] Das BSG stellte in seiner Entscheidung vom 16.11.1999 auch klar, dass selbst in dem Fall, in dem das Sorgerecht dem anderen Ehegatten allein übertragen ist, die vorübergehende Übernahme der Haushaltsführung im Krankheitsfall auf ein Fortbestehen familiärer Bindungen als Grund für die Hilfeleistung schließen lässt. Erweist sich die Nichteinbeziehung geschiedener Ehegatten in die Regelung des Abs. 4 S. 2 somit als ein Versehen des Krankenversicherungs- Kostendämpfungsgesetzes vom 27.6.1977,[84] so ist die insoweit bestehende Regelungslücke im Wege richterlicher Rechtsfortbildung nach Auffassung des BSG im Sinne der Entscheidung zu schließen.[85] Es bleibt aber möglich und steht im **Ermessen** der Krankenkassen, dass sie für diesen Personenkreis die Erstattung der Fahrtkosten sowie ein Verdienstausfall als Ersatz vorsehen.[86]

32

3. Zuzahlung (Abs. 5). Nach Abs. 5 haben Versicherte nach **Vollendung des 18. Lebensjahres** eine Zuzahlung je Kalendertag der Inanspruchnahme zu leisten. Der Betrag dieser Zuzahlung ergibt sich aus § 61 S. 1 und beträgt folglich 10 % der anfallenden Kosten, mindestens jedoch fünf Euro und höchstens zehn Euro. Grundlage für die Berechnung der Zuzahlung sind nicht die einzelnen Leistungen, sondern ist der Gesamtaufwand je Kalendertag, an dem die Haushaltshilfe in Anspruch genommen wird.[87] Die Zuzahlungspflicht besteht sie für die gesamte Zeit der Haushaltshilfe.[88] Sie entfällt erst mit Erreichung der Belastungsgrenze gem. § 62 S. 2.

33

Die Zuzahlungspflicht gilt auch für den Fall, dass der Versicherte Kostenerstattung für eine selbstbeschaffte Ersatzkraft erhält. Dagegen ist eine Zuzahlung dann nicht vorgesehen, wenn eine Haushaltshilfe wegen Schwangerschaft oder Entbindung gestellt wird (vgl. § 24h).

34

---

75 BSG, 28.1.1977, 5 RKn 32/76, SozR 2200 § 185 b Nr. 1 = BSGE 43, 170.
76 BSG, 3.7.1985, 3 RK 57/84, SozR 2200 § 185 b Nr. 10 mwN.
77 Für: BSG, 23.4.1980, 4 RJ 11/79, SozR 2200 § 1237 b Nr. 5; gegen: Nolte in: KassKomm, § 38 SGB V Rn. 35; Knispel in: BeckOK SozR, SGB V, § 38 Rn. 23.
78 BSG, 23.4.1980, 4 RJ 11/79, SozR 2200 § 1237 b Nr. 5; Nolte in: KassKomm, § 38 SGB V Rn. 37.
79 BSG, 3.7.1985, 3 RK 57/84, SozR 2200 § 185 b Nr. 10.
80 BSG, 16.11.1999, B 1 KR 16/98 R, SozR 3-2500 § 38 Nr. 2.
81 BSG, 7.10.1987, 4 a RJ 83/86, Die Leistungen 1988, 363.
82 BSG, 16.11.1999, B 1 KR 16/98 R, SozR 3-2500 § 38 Nr. 2.
83 BSG, 16.11.1999, B 1 KR 16/98 R, SozR 3-2500 § 38 Nr. 2.
84 BGBl. I, 1069.
85 BSG, 16.11.1999, B 1 KR 16/98 R, SozR 3-2500 § 38 Nr. 2.
86 Luthe in: Hauck/Noftz, SGB V, § 38 Rn. 82.
87 BT-Dr. 15/1525, 90.
88 Knispel in: BeckOK SozR, SGB V, § 38 Rn. 26.

V. Anspruchsdauer

35 Die Dauer der Leistung verhält sich **akzessorisch** zur Dauer der Hauptleistung.[89] Eine weitergehende Begrenzung der Anspruchsdauer ist, bis auf die Sonderfälle in § 38 Abs. 1 S. 3 und 4, nicht geregelt. Sie kann nur im Zusammenhang mit den Anforderungen der Bedarfsgerechtigkeit und Wirtschaftlichkeit im Einzelfall (§ 2 Abs. 1 und § 12 Abs. 1) begründet werden.[90]
Wird das Versicherungsverhältnis beendet, erlischt der Anspruch auf Kostenerstattung spätestens einen Monat nach Beendigung der Mitgliedschaft gem. § 19 Abs. 2.

36 Im Gegensatz zur Regelleistung in Abs. 1 S. 1, 2 ist die erweiterte Möglichkeit der Gewährung von Haushaltshilfe in Abs. 1 S. 3 und 4 zeitlich klar begrenzt. So wird die Hilfe nach S. 3 längstens für vier Wochen gewährt, was jedoch nicht bedeutet, dass im Kalenderjahr insgesamt vier Wochen in Anspruch genommen werden können und der Versicherte die Leistung in diesem Zeitrahmen auf mehrere Teilzeiträume aufspalten kann.[91] Es handelt sich somit um einen einheitlichen und zusammenhängenden Höchstzeitraum, der jeweils nach Entlassung aus dem Krankenhaus oder einer sonstigen Behandlung beginnt.[92] Ein besonderer Fall liegt vor, wenn im Haushalt des betroffenen Versicherten darüber hinaus ein Kind lebt, das bei Beginn der Haus-haltshilfe das zwölfte Lebensjahr noch nicht vollendet hat, oder das behindert und auf Hilfe angewiesen ist. In diesem Fall verlängert sich die Leistung auf höchstens 26 Wochen. Bei hilfebedürftigen, behinderten Kindern kommt es auf das Alter nicht an.[93] Der Gesetzgeber geht typisierend davon aus, dass dieser Zeitraum geeignet und erforderlich ist, um den Versorgungsbedarf in diesen Fällen wirksam abzudecken.[94]

VI. Erfordernis der Antragstellung

37 Der Versicherte muss bei der Krankenkasse zunächst einen **Antrag** bei der Krankenkasse auf Stellung einer Ersatzkraft oder auch Kostenerstattung für eine selbst beschaffte Ersatzkraft stellen. Es handelt sich hierbei um eine zwingende Voraussetzung und nicht nur um eine reine Formalie.[95] Dies gebietet bereits der Sachleistungscharakter des Anspruchs auf Haushaltshilfe[96] und § 19 S. 1 SGB IV, da § 38 insoweit keine abweichende Regelung enthält. Eine Ausnahme vom Regelprinzip der vorherigen Beantragung und Bewilligung durch die Krankenkasse wird nur in den Fällen zugelassen, wo Eilbedürftigkeit gegeben ist oder gegeben sein kann.[97] Die Haushaltshilfe ist deshalb, auch unabhängig davon, ob Kostenerstattung geltend gemacht wird, stets vorher zu beantragen.[98] Die Notwendigkeit der Antragstellung besteht auch dann, wenn von vornherein feststeht, dass die Krankenkasse die Leistung verweigern wird.[99]

38 Dem Antrag ist regelmäßig eine **vertragsärztliche Bescheinigung** beizufügen. Er muss des Weiteren Angaben über den **Grund** sowie die erforderliche **Dauer** der Inanspruchnahme einer Haushaltshilfe enthalten.[100] Mit diesen Informationen soll die Krankenkasse in die Lage versetzt werden, zeitnah die Voraussetzungen des Kostenerstattungsanspruchs in tatsächlicher, wie etwa über die medizinischen Hintergründe, und rechtlicher Hinsicht zu überprüfen.[101] Gleichzeitig wird dem Versicherten das entstehende Kostenrisiko durch die Selbstbeschaffung einer Haushaltshilfe bewusst.

---

89 Rixen, Sozialrecht als öffentliches Wirtschaftsrecht, S. 474; Gerlach in: Hauck/Noftz, SGB V, § 38 Rn. 40; Ricken in: Eichenhofer/Wenner, SGB V, § 38 Rn. 9.
90 Luthe in: Hauck/Noftz, SGB V, § 38 Rn. 54.
91 Luthe in: Hauck/Noftz, SGB V, § 38 Rn. 55 a.
92 Luthe in: Hauck/Noftz, SGB V, § 38 Rn. 55 a.
93 AA Luthe in: Hauck/Noftz, SGB V, § 38 Rn. 55 a.
94 BT-Dr. 6586, 101. Der Bundesrat hatte sich in seiner Stellungnahme zum GKV-Versorgungs-stärkungsgesetz in diesem Fall sogar für 52 Wochen ausgesprochen.
95 LSG BW, 1.3.2011, L 11 KR 1694/10 mit Anm. Marburger, jurisPR-SozR 15/2011 Anm. 3.
96 Vgl. Luthe in: Hauck/Noftz, SGB V, § 38 Rn. 87.
97 BSG, 24.9.2002, B 3 KR 2/02 R, SozR 3-2500 § 132 a Nr. 3; LSG BW, 1.3.2011, L 11 KR 1694/10 mit Anm. Marburger, jurisPR-SozR 15/2011 Anm. 3.
98 LSG BW, 1.3.2011, L 11 KR 1694/10 mit Anm. Marburger, jurisPR-SozR 15/2011 Anm. 3; Rixen in: Becker/Kingreen, § 38 Rn. 6.
99 LSG BW, 1.3.2011, L 11/KR 1694/10.
100 Trenk-Hinterberger in: Spickhoff, Medizinrecht, § 38 SGB V Rn. 15.
101 LSG BW, 1.3.2011, L 11 KR 1694/10; Luthe in: Hauck/Noftz, SGB V, § 38 Rn. 87.

§ 39 Krankenhausbehandlung

(1) ¹Die Krankenhausbehandlung wird vollstationär, stationsäquivalent, teilstationär, vor- und nachstationär sowie ambulant erbracht. ²Versicherte haben Anspruch auf vollstationäre oder stationsäquivalente Behandlung durch ein nach § 108 zugelassenes Krankenhaus, wenn die Aufnahme oder die Behandlung im häuslichen Umfeld nach Prüfung durch das Krankenhaus erforderlich ist, weil das Behandlungsziel nicht durch teilstationäre, vor- und nachstationäre oder ambulante Behandlung einschließlich häuslicher Krankenpflege erreicht werden kann. ³Die Krankenhausbehandlung umfaßt im Rahmen des Versorgungsauftrags des Krankenhauses alle Leistungen, die im Einzelfall nach Art und Schwere der Krankheit für die medizinische Versorgung der Versicherten im Krankenhaus notwendig sind, insbesondere ärztliche Behandlung (§ 28 Abs. 1), Krankenpflege, Versorgung mit Arznei-, Heil- und Hilfsmitteln, Unterkunft und Verpflegung; die akutstationäre Behandlung umfasst auch die im Einzelfall erforderlichen und zum frühestmöglichen Zeitpunkt einsetzenden Leistungen zur Frührehabilitation. ⁴Die stationsäquivalente Behandlung umfasst eine psychiatrische Behandlung im häuslichen Umfeld durch mobile ärztlich geleitete multiprofessionelle Behandlungsteams. ⁵Sie entspricht hinsichtlich der Inhalte sowie der Flexibilität und Komplexität der Behandlung einer vollstationären Behandlung.

(1 a) ¹Die Krankenhausbehandlung umfasst ein Entlassmanagement zur Unterstützung einer sektorenübergreifenden Versorgung der Versicherten beim Übergang in die Versorgung nach Krankenhausbehandlung. ²§ 11 Absatz 4 Satz 4 gilt. ³Das Krankenhaus kann mit Leistungserbringern nach § 95 Absatz 1 Satz 1 vereinbaren, dass diese Aufgaben des Entlassmanagements wahrnehmen. ⁴§ 11 des Apothekengesetzes bleibt unberührt. ⁵Der Versicherte hat gegenüber der Krankenkasse einen Anspruch auf Unterstützung des Entlassmanagements nach Satz 1; soweit Hilfen durch die Pflegeversicherung in Betracht kommen, kooperieren Kranken- und Pflegekassen miteinander. ⁶Soweit dies für die Versorgung des Versicherten unmittelbar nach der Entlassung erforderlich ist, können die Krankenhäuser die in § 92 Absatz 1 Satz 2 Nummer 6 genannten Leistungen verordnen und die Arbeitsunfähigkeit feststellen; hierfür gelten die Bestimmungen über die vertragsärztliche Versorgung. ⁷Bei der Verordnung von Arzneimitteln können Krankenhäuser eine Packung mit dem kleinsten Packungsgrößenkennzeichen gemäß der Packungsgrößenverordnung verordnen; im Übrigen können die in § 92 Absatz 1 Satz 2 Nummer 6 genannten Leistungen für die Versorgung in einem Zeitraum von bis zu sieben Tagen verordnet und die Arbeitsunfähigkeit festgestellt werden (§ 92 Absatz 1 Satz 2 Nummer 7). ⁸Der Gemeinsame Bundesausschuss bestimmt in den Richtlinien nach § 92 Absatz 1 Satz 2 Nummer 6 und 7 die weitere Ausgestaltung des Verordnungsrechts nach Satz 7. ⁹Die weiteren Einzelheiten zu den Sätzen 1 bis 7, insbesondere zur Zusammenarbeit der Leistungserbringer mit den Krankenkassen, regeln der Spitzenverband Bund der Krankenkassen auch als Spitzenverband Bund der Pflegekassen, die Kassenärztliche Bundesvereinigung und die Deutsche Krankenhausgesellschaft unter Berücksichtigung der Richtlinien des Gemeinsamen Bundesausschusses bis zum 31. Dezember 2015 in einem Rahmenvertrag; § 118a Absatz 2 Satz 2 gilt entsprechend; kommt eine Vereinbarung nicht zustande, kann auch das Bundesministerium für Gesundheit das Schiedsamt anrufen. ¹⁰Vor Abschluss des Rahmenvertrages ist der für die Wahrnehmung der wirtschaftlichen Interessen gebildeten maßgeblichen Spitzenorganisation der Apotheker sowie den Vereinigungen der Träger der Pflegeeinrichtungen auf Bundesebene Gelegenheit zur Stellungnahme zu geben. ¹¹Das Entlassmanagement und eine dazu erforderliche Erhebung, Verarbeitung und Nutzung personenbezogener Daten dürfen nur mit Einwilligung und nach vorheriger Information des Versicherten erfolgen. ¹²Die Einwilligung kann jederzeit widerrufen werden. ¹³Information, Einwilligung und Widerruf bedürfen der Schriftform.

(2) Wählen Versicherte ohne zwingenden Grund ein anderes als ein in der ärztlichen Einweisung genanntes Krankenhaus, können ihnen die Mehrkosten ganz oder teilweise auferlegt werden.

(3) ¹Die Landesverbände der Krankenkassen, die Ersatzkassen und die Deutsche Rentenversicherung Knappschaft-Bahn-See gemeinsam erstellen unter Mitwirkung der Landeskrankenhausgesellschaft und der Kassenärztlichen Vereinigung ein Verzeichnis der Leistungen und Entgelte für die Krankenhausbehandlung in den zugelassenen Krankenhäusern im Land oder in einer Region und passen es der Entwicklung an (Verzeichnis stationärer Leistungen und Entgelte). ²Dabei sind die Entgelte so zusammenzustellen, daß sie miteinander verglichen werden können. ³Die Krankenkassen haben darauf hinzuwirken, daß Vertragsärzte und Versicherte das Verzeichnis bei der Verordnung und Inanspruchnahme von Krankenhausbehandlung beachten.

(4) ¹Versicherte, die das achtzehnte Lebensjahr vollendet haben, zahlen von Beginn der vollstationären Krankenhausbehandlung an innerhalb eines Kalenderjahres für längstens 28 Tage den sich nach § 61

Satz 2 ergebenden Betrag je Kalendertag an das Krankenhaus. ²Die innerhalb des Kalenderjahres bereits an einen Träger der gesetzlichen Rentenversicherung geleistete Zahlung nach § 32 Abs. 1 Satz 2 des Sechsten Buches sowie die nach § 40 Abs. 6 Satz 1 geleistete Zahlung sind auf die Zahlung nach Satz 1 anzurechnen.

Literatur:

Dänzer/Metzger, Abbildung von teilstationären Leistungen im DRG-System, KH 2005, 407; *Eickmann/ Ernst,* Abgrenzung ambulanter, voll- und teilstationärer Krankenhausbehandlung, KHR 2008, 85; *Finkenbusch,* Der Anspruch auf Krankenhausbehandlung – Die Beziehungen zwischen der Krankenkasse und ihren Versicherten, Die Leistungen 1994, 361; *Fuchs,* Frührehabilitation im Krankenhaus, SozSich 2005, 168; *Grünenwald,* Die Formen der Krankenhausbehandlung nach dem SGB V '93, WzS 1994, 78; *Klever-Deichert/Rau/Tilgen,* Das PsychVVG in der Gesamtschau, KH 2017, 98; *Makoski,* § 115 d SGB V – Stationsäquivalente psychiatrische Behandlung, GesR 2017, 425; *Schomburg,* Krankenhausbehandlung und andere stationäre Leistungen, SVFAng Nr. 126 (2001), 25; *Steege,* Die Konkretisierung des Krankenbehandlungsanspruches im Sachleistungssystem der gesetzlichen Krankenversicherung, Festschrift 50 Jahre Bundessozialgericht 2004, S. 517–532; *Thier,* Teilstationäre Krankenhausleistungen, KH 2006, 969.

I. Entstehungsgeschichte	1		b) Ärztliche Verordnung, Leistungsantrag, Kostenzusage	15
II. Inhalt und Normzweck	2		c) Zugelassenes Krankenhaus	16
III. Systematische Anmerkungen	3		d) Notwendigkeit der vollstationären Behandlung	17
IV. Krankenhausbehandlung (Abs. 1)	4		3. Leistungsinhalt	19
1. Formen der Krankenhausbehandlung	5		a) Notwendige Leistungen	19
a) Vollstationäre Behandlung	6		b) Frührehabilitation	22
b) Teilstationäre Behandlung	7		c) Entlassmanagement (Abs. 1 a)	23
c) Vor- und nachstationäre Behandlung	8		V. Auswahl des Krankenhauses (Abs. 2)	24
d) Ambulantes Operieren	11		VI. Verzeichnis stationärer Leistungen und Entgelte (Abs. 3)	26
e) stationsäquivalente Behandlung	12		VII. Zuzahlung (Abs. 4)	27
2. Leistungsvoraussetzungen	13			
a) Versichertenstatus	14			

I. Entstehungsgeschichte

1 Die finanzielle Bedeutung der Krankenhausbehandlung war Veranlassung, § 39 in der Fassung der Artt. 1, 79 Abs. 1 GRG vom 20.12.1988[1] in das SGB V aufzunehmen; maßgeblich wurden § 184 Abs. 1, § 371 Abs. 1 RVO in Abs. 1 übernommen. Durch das Gesundheitsstrukturgesetz (GSG)[2] mWv 1.1.1993 wurde das Leistungsspektrum um vor- und nachstationäre Behandlung und ambulantes Operieren erweitert und der Vorrang dieser Behandlungsformen sowie der teilstationären Behandlung festgeschrieben. Abs. 3 wurde daneben redaktionell geändert, Abs. 4 zur besseren Übersicht neu gefasst, der Zuzahlungsbeitrag angehoben. Durch das Beitragsentlastungsgesetz erfolgte mit Wirkung zum 1.1.1996 eine weitere Änderung des Zuzahlungsbetrags, S. 3 des Abs. 4 wurde im Zuge dessen gestrichen.[3] Zum 1.7.1997 wurde der Zuzahlungsbeitrag noch einmal erhöht und wurde sodann zum 1.1.2002 auf den Euro-Betrag umgestellt.[4] Mit Wirkung zum 1.7.2001 wurde die Frührehabilitation als Leistung der stationären Krankenhausbehandlung aufgenommen.[5] Durch das Gesundheitsmodernisierungsgesetz (GMG) vom 1.1.2004 wurde die Zuzahlungsdauer in Abs. 4 S. 1 auf 28 Kalendertage innerhalb eines Kalenderjahres, der Zuzahlungsbetrag erhöht auf 10 EUR, darüber hinaus in Abs. 4 S. 2 ein Redaktionsversehen beseitigt.[6] MWv 1.10.2005, 28.12.2007 und 1.7.2008 erfolgten Anpassungen in Abs. 3 S. 1 und Aufhebung von Abs. 5, indem die organisatorischen Änderungen der Rentenversicherung und der Verbandsstrukturen der Krankenkassen begrifflich übernommen wurden.[7]

---

1 BGBl. I, 2477 mWv 1.1.1989.
2 Gesundheitsstrukturgesetz (GSG) vom 21.12.1992, BGBl. I, 2266.
3 Art. 2 Nr. 11 Buchst. a und b, Art. 5 Hs. 1 BeitragsentlastungsG v. 1.11.1996, BGBl. I, 1631.
4 Art. 1 Nr. 11, Art. 19 Abs. 6 des 2. GKV-NOG v. 23.7.1997 (BGBl. I, 1520) und Artt. 1 Nr. 5, 44 Achtes Euro-EinführungsG v. 23.10.2001, BGBl. I, 2702.
5 Art. 5 Nr. 11, 68 Abs. 1 SGB IX v. 19.6.2001, BGBl. I, 1046.
6 Artt. 1 Nr. 30, 31 und 37 Abs. 1 GMG v. 14.11.2003, BGBl. I, 2190.
7 Artt. 6 Nr. 3, 86 Abs. 4 RVOrgG v. 9.12.2004 mit Änderung „Bundesknappschaft" in „Deutsche Rentenversicherung Knappschaft-Bahn-See"; Art. 5 Nr. 3 Buchst. a iVm Art. 21 Abs. 12 SGB IV-ÄndG v. 19.12.2007 (BGBl. I, 3024) iVm VO v. 28.12.2007: Streichung der aufgelösten See-Krankenkasse und Aufhebung von Abs. 5 (BGBl. I, 3305); Art. 1 Nr. 24 iVm Art. 46 Abs. 9 GKV-WSG.

Die Zuzahlungsmodalitäten wurden mWv 25.3.2009 durch Streichung von Abs. 4 S. 1 Hs. 2 geändert.[8] Das Entlassmanagement als Teil der Krankenhausbehandlung wurde in Abs. 1 S. 4–6 zum 1.1.2012 eingefügt.[9] Durch das GKV-Versorgungsstärkungsgesetz wurden die Regelungen zum Entlassmanagement aus Abs. 1 mit weitreichenden Ergänzungen in den neu eingefügten Abs. 1 a überführt.[10] Mit Wirkung zum 1.1.2017 wurde durch das Gesetz zur Weiterentwicklung der Versorgung und der Vergütung für psychiatrische und psychosomatische Leistungen (PsychVVG) das psychiatrische Leistungsspektrum um eine neue Form der Behandlung, sog stationsäquivalente Leistungen, erweitert.[11]

II. Inhalt und Normzweck

§ 39 konkretisiert die Krankenhausbehandlung als spezielle Form der Krankenbehandlung (§ 27 Abs. 1 S. 2 Nr. 5); in Abs. 1 werden insbes. die Arten der Krankenhausbehandlung, Voraussetzungen und Inhalte des Anspruchs auf Krankenhausbehandlung geregelt. Im Sinne des Sachleistungsprinzips wird vollstationäre, teilstationäre, vor- oder nachstationäre, ambulante und – im Rahmen psychiatrischer Behandlungen – sog. stationsäquivalente Krankenhausbehandlung gewährt. Konkretisierend werden Leistungsinhalte aufgeführt, allerdings nicht abschließend und nicht im Sinne einer Definition. Abs. 1 b regelt das Entlassmanagement, das von der Krankenhausbehandlung umfasst ist. Abs. 2 beschränkt die Wahlfreiheit des Versicherten, zumindest als Kann-Vorschrift, die sich allerdings unter Berücksichtigung des Wirtschaftlichkeitsgebots des § 12 als zwingend darstellt. In Abs. 3 ist die Erstellung eines Verzeichnisses der Leistungen und Entgelte für die Krankenhausbehandlung geregelt, das bis heute von den hierzu bestimmten Selbstverwaltungspartnern nicht umgesetzt wurde. Die in Abs. 4 geregelte Dauer der Zuzahlung im Sinne einer Selbstbeteiligung soll das Leistungsverhalten des Versicherten steuern, indem (auch) ein Kostenbewusstsein geschaffen wird. Abs. 5 ist zum 28.12.2007 weggefallen und regelte vormals Unterkunft und Verpflegung von erkrankten ledigen Seeleuten in einem Seemannsheim, wenn kein eigener Hausstand vorhanden war.

III. Systematische Anmerkungen

§ 39 steht in engem Zusammenhang zu § 27 (Krankenbehandlung), § 12 (Wirtschaftlichkeitsgebot), § 115 a (vorstationäre und nachstationäre Behandlung), § 115 b (ambulante Operationen), § 115 d (stationsäquivalente Leistungen), §§ 16, 17, 17 b KHG sowie dem KHEntgG bzw. § 2 BPflV. Der Vergütungsanspruch des Krankenhauses für Krankenhausbehandlung entsteht – unabhängig von einer Kostenzusage – unmittelbar mit der Inanspruchnahme der Leistung durch den Versicherten, wenn die Versorgung in einem zugelassenen Krankenhaus im Rahmen des Versorgungsauftrags – mit Ausnahme einer Notfallbehandlung – durchgeführt wird und iS von § 39 Abs. 1 S. 2 erforderlich ist.[12] Der Be-

---

8 Art. 3 Nr. 2 iVm Art. 5 KHRG v. 17.3.2009, BGBl. I, 534; insgesamt umfassend zu den Änderungen Noftz in: Hauck/Noftz, SGB V, § 39 Rn. 1 ff.; Schmidt in: Peters, HdB KrV, § 39 Rn. 1 ff.
9 Art. 1 Nr. 8 GKV-Versorgungstrukturgesetz (GKV-VStG) v. 22.12.2011, BGBl. I, 2983.
10 Art. 1 Nr. 9 b GKV-Versorgungsstärkungsgesetz (GKV-VSG) v. 16.7.2015, BGBl. I, 1211.
11 Art. 5 Nr. 1 b PsychVVG v. 19.12.2016, BGBl. I, 2986. Mit dem Gesetz zur Fortschreibung der Vorschriften für Blut- und Gewebezubereitungen und zur Änderung anderer Vorschriften wurde in § 39 Abs. 1 a ergänzt, dass bei der Verordnungen nach S. 6 gem. § 92 Abs. 1 S. 2 Nr. 6 und bei Feststellung der Arbeitsunfähigkeit bis zur Verwendung der Arztnummer nach § 293 Abs. 7 S. 3 Nummer 1 eine im Rahmenvertrag nach S. 9 Hs. 1 zu vereinbarende alternative Kennzeichnung zu verwenden ist, BT-Dr. 456/17, 16.
12 St. Rspr. des BSG, vgl. BSGE 102, 172 = SozR 4-2500 § 109 Nr. 13, Rn. 11; BSGE 102, 181 = SozR 4-2500 § 109 Nr. 15, Rn. 15; BSGE 109, 236 = SozR 4-5560 § 17 b Nr. 2, Rn. 13; SozR 4-2500 § 109 Nr. 27 Rn. 9; BSG, 17.12.2013, B 1 KR 71/12 R = BSG NZS 2014, 337–340. Bezüglich des Versorgungsauftrags knüpft das BSG explizit an § 39 an: zuletzt BSG, Urt. v. 19.4.2016, B 1 KR 34/15 R, SozR 4-5562 § 2 Nr. 1; BSGE 117, 94–117 = SozR 4-2500 § 137 Nr. 5 und SozR 4-2500 § 137 Nr. 7, wonach kein Anspruch des Versicherten auf eine ungeeignete Behandlung besteht; eine solche soll nach den an dieser Stelle wenig nachvollziehbaren Ausführungen des Senats vorliegen, wenn ein Krankenhaus qualitätssichernde Mindestanforderungen aus Richtlinien des G-BA für die stationäre Versorgung zB des Bauchaortenaneurysma nicht erfüllt, weil die Leitung einer Intensivstation keinen anerkannten Leitungslehrgang absolviert hat. Problematisch auch BSG, 1.7.2014, B 1 KR 62/12 R = GesR 2014, 695-699 = BSGE 116, 138–146, wonach bei unwirtschaftlicher Behandlung nur der Anspruch auf diejenige Vergütung besteht, die bei fiktivem wirtschaftlichem Alternativverhalten anfiele; ist nämlich eine stationäre Behandlung vorübergehend nicht im Sinne des § 39 Abs. 1 S. 2 erforderlich – weil zB bestimmte diagnostische oder therapeutische Maßnahmen noch nicht durchgeführt werden können –, können die Regelungen der Fallzusammenführung nach der Fallpauschalenvereinbarung bei zwei stationären Aufenthalten jedoch nicht angewendet werden, so müsste der Versicherte dennoch im Kranken-

handlungspflicht des zugelassenen Krankenhauses steht ein Vergütungsanspruch gegenüber, der zunächst auf der Grundlage der gesetzlichen Ermächtigung in den §§ 16, 17 KHG bis zum 31.12.2002 nach Maßgabe der Bundespflegesatzverordnung in der Pflegesatzvereinbarung zwischen Krankenhausträger und Krankenkasse festgelegt wurde;[13] er umfasste hinsichtlich der allgemeinen Krankenhausleistungen tagesgleiche Pflegesätze, Fallpauschalen und Sonderentgelte. Seit dem 1.1.2003 (fakultativ) bzw. obligatorisch seit dem 1.1.2004 erfolgt – zunächst mit Ausnahme psychiatrischer und psychosomatischer Einrichtungen – auf der Basis des § 17b KHG und KHEntgG die Vergütung leistungsorientiert und pauschalierend auf der Grundlage der Diagnosis Related Groups (DRG).[14] Mit dem PsychVVG wurde die endgültige Umstellung der Vergütung psychiatrischer und psychosomatischer Behandlungsleistungen auf ein pauschalierendes System tagesgleicher Entgelte in Anlehnung an die Fallpauschalen im somatischen Bereich festgelegt, wenn auch verpflichtend für alle psychiatrischen und psychosomatischen Einrichtungen erst ab 2018 und – entgegen der ursprünglichen gesetzgeberischen Intention aufgrund erheblicher Kritik der Leistungserbringer und Fachverbände – mit erheblichen Abweichungen bei den Grundlagen der Pauschalisierung unter Beibehaltung des Budgetsystems.[15]

IV. Krankenhausbehandlung (Abs. 1)

4   Abs. 1 umschreibt die – abschließend aufgezählten – sechs Formen der Krankenhausbehandlung sowie die Anspruchsvoraussetzungen für eine vollstationäre bzw. stationsäquivalente Behandlung. S. 3 befasst sich mit Inhalt und Umfang der Krankenhausbehandlung und Limitierungen. S. 4 und 5 konkretisieren die stationsäquivalente Behandlung.

5   **1. Formen der Krankenhausbehandlung.** Krankenhausbehandlung kann als Leistung der GKV als voll- oder teilstationäre, vor- oder nachstationäre, ambulante oder – im Rahmen psychiatrischer Behandlung – als häusliche stationsäquivalente Leistung erbracht werden. Die verschiedenen Formen der Krankenhausbehandlung stehen – betreffend die stationäre Behandlung – in einem Stufenverhältnis zur Sicherstellung einer wirtschaftlichen Leistungserbringung mit dem Ziel von Einsparungen in einem der kostenintensivsten Bereiche der GKV.[16] Lediglich die neu eingeführte stationsäquivalente Behandlung soll hinsichtlich der Inhalte sowie der Flexibilität und Komplexität der Behandlung der stationären Behandlung entsprechen und damit diese – auf der Grundlage der spezifischen Erkrankungsschwere psychiatrischer Patienten – in den häuslichen Bereich verlagern, ihr jedoch im Grunde nicht nachstehen (sog Hometreatment). Abgrenzungen, auch zu anderen stationären Behandlungen wie in Vor-

---

haus verbleiben, nur weil sich dies als kostengünstiger für die Krankenkasse darstellt. Das Krankenhaus trägt demnach das diesbezügliche wirtschaftliche Risiko unabhängig davon, ob sich die Konkurrenz zwischen Notwendigkeit der stationären Behandlung und Wirtschaftlichkeitsgebot – vorausschauend – überhaupt lösen lässt. Siehe auch Fn. 65 zu → Rn. 19. Neuer Lösungsansatz des BSG ist die Beurlaubung, die entgegen manchen bisherigen landesvertraglichen Regelungen nach § 112 Abs. 2 Nr. 1 selbst dann möglich sein soll, wenn nur die Indikation zur Wiederaufnahme des Patienten besteht, ohne dass der Patient für sich bereits entschieden hat, ob er weiterbehandelt werden möchte, die Wiederaufnahme also zum Beispiel von der Einholung einer Zweitmeinung abhängt; BSG, 28.3.2017, B 1 KR 29 R = KRS 2017, 214–219.
13   BSGE 86, 166, 168 = SozR 3-2500 § 112 Nr. 1; BSGE 90, 1, 2 = SozR 3-2500 § 112 Nr. 3, unter Hinweis auf Henke in: Peters, HdB KrV, SGB V, Bd. 3, Stand: 1.10.2001, § 109 Rn. 10.
14   Zu den Vergütungsregelungen bis zum 31.12.2002 Noftz in: Hauck/Noftz, SGB V, § 39 Rn. 161; sodann § 17b KHG, eingeführt durch GKV-GRG 2000, und KHEntgG v. 23.4.2002 auf der Basis des Art. 5 Fallpauschalengesetz (FPG, Begr. s. BT-Dr. 14/6893 und 14/8362, BGBl. I, 1412); umfangreiche Detailänderungen durch das 2. FPÄndG v. 15.12.2004, BGBl. I, 3429; mit § 17d KHG erfolgte die Einführung des durchgängigen, leistungsorientierten und pauschalierenden Entgeltsystems auf der Grundlage tagesbezogener Entgelte für voll- und teilstationäre Leistungen auch für die bis dahin vom DRG-System ausgenommenen psychiatrischen und psychosomatischen Einrichtungen; allerdings wurde die endgültige Umsetzung mit Verlängerung der Optionsphase bis Ende 2016 aufgeschoben, da Risiken für Schwerkranke befürchtet wurden und das Vergütungssystem für psychiatrische Kliniken (PEPP – Pauschalierendes Entgeltsystem für die Psychiatrie und Psychosomatik) noch einmal überprüft werden sollte; zu den Einzelregelungen auf der Basis von § 17b und § 17d KHG, KHEntgG und den Grundsätzen betr. Pflegesätze und Krankenhausfinanzierung ausf. Noftz in: Hauck/Noftz, SGB V, § 39 Rn. 161a ff.
15   BT-Dr. 18/9528; Klever-Deichert/Rau/Tilgen, KH 2017, 98: Entgegen der ursprünglichen Planung werden nun in Budgetverhandlungen auf örtlicher Ebene sowohl Leistungsmengen als auch Entgelte krankenhausindividuell vereinbart; an der empirischen Kalkulation bundeseinheitlicher Relativgewichte wurde festgehalten. Bei regionalen oder strukturellen Besonderheiten können tagesfall- oder zeitraumbezogene Entgelte oder ergänzende krankenhausindividuelle Zuschläge unter bestimmten Voraussetzungen vereinbart werden.
16   BT-Dr. 12/3608, 102.

sorge- und Reha-Einrichtungen, sind notwendig, zum Teil jedoch schwierig bei fehlender gesetzlicher Definition und fehlenden Merkmalen für die einzelnen Leistungsformen; sie sind daher maßgeblich Gegenstand der Rechtsprechung. Die Ermächtigung der Bundesregierung, nach § 16 Nr. 2 KHG die verschiedenen Krankenhausleistungen voneinander abzugrenzen, wurde bislang nicht genutzt. Auch wurde bislang kein Katalog von Leistungen vereinbart, die in der Regel teilstationär erbracht werden können (§ 112 Abs. 2 S. 1 Nr. 2), genauso wenig, wie die Spitzenverbände auf Bundesebene Rahmenempfehlungen iS des § 112 Abs. 5 abgegeben haben.

a) **Vollstationäre Behandlung.** Maßgeblich für die vollstationäre Behandlung ist die Aufnahme des Versicherten in das Krankenhaus. Dies bedeutet die physische und organisatorische Eingliederung des Patienten in das Versorgungssystem des Krankenhauses. Dies ist nach Auffassung des BSG am ehesten zu bejahen bei einem Behandlungsplan, der sich – vorausschauend – auf einen ununterbrochenen Verbleib des Patienten über mindestens einen Tag und eine Nacht erstreckt.[17] Dem Merkmal der geplanten – nicht der tatsächlichen – **Aufenthaltsdauer** kommt dabei entscheidende Bedeutung zu unter Berücksichtigung der Notwendigkeit der stationären Behandlung (dazu ausführlich → Rn. 17 f.). In der Regel wird die Entscheidung zu Beginn der Behandlung getroffen, kann sich im Einzelfall aber auch später ergeben;[18] eine ambulant geplante Behandlung (zB Operation) kann damit zur vollstationären Behandlung werden.[19] Verlässt der Patient nach der Aufnahme auf eigenes Betreiben vorzeitig das Krankenhaus, liegt dennoch vollstationäre Behandlung vor. Gleiches gilt bei vorzeitigem Abbruch der stationären Behandlung aus medizinischen Gründen (sog abgebrochene stationäre Behandlung).[20] Eine **intensivmedizinische Behandlung** ist die nachhaltigste Form der Einbindung eines Patienten in einen Krankenhausbetrieb und damit selbst bei kurzem, weniger als 24 Stunden andauerndem Verbleib im Krankenhaus immer vollstationäre Behandlung, sofern der Aufenthalt zunächst von unbestimmter Dauer sein würde (so lange, wie die Inanspruchnahme der Intensivstation erforderlich sein würde).[21] Das BSG bezeichnet die intensivmedizinische Behandlung als „Prototyp" der stationären Behandlung (und mit einer ambulanten Behandlung schwer vereinbar), bei der sowohl ärztliches als auch Pflegepersonal wesentlich umfangreicher – und unter Einsatz vielfältiger apparativer Versorgung zur Kontrolle und Behandlung – die Behandlung, Überwachung und Pflege von Patienten vornimmt, bei denen die für das Leben notwendigen sog vitalen oder elementaren Funktionen von Atmung, Kreislauf, Homöostase und Stoffwechsel lebensgefährlich bedroht oder gestört sind, mit dem Ziel, diese Funktionen zu erhalten, wiederherzustellen oder zu ersetzen, um Zeit für die Behandlung des Grundleidens zu gewinnen.[22] Ähnlich wird eine vollständige Eingliederung des Patienten in einem Krankenhausbetrieb angenommen, wenn der Patient an einer schweren Grunderkrankung leidet, die üblicherweise von Spezialisten behandelt wird, sich der Patient zudem in einem lebensbedrohlichen Zustand befindet, über mehrere Stunden durch das Krankenhauspersonal überwacht wird und nur eine sofortige Laboruntersuchung zur Klärung der Diagnose und des weiteren Vorgehens beitragen kann.[23] Gleichermaßen

---

17 BT-Dr. 12/3608, 82; BSG, 4.3.2004, B 3 KR 4/03 R = SozR 4-2500 § 39 Nr. 1 = NZS 2005, 93, mit Hinweis auf BSG SozR 3-2200 § 197 Nr. 2; LSG Hmb, 23.1.2014, L 1 KR 132/12 = KHE 2014/3; LSG LSA, 17.1.2012, L 4 KR 26/07 = KHE 2012/43; Grünenwald, WzS 1994, 78, 81; Noftz in: Hauck/Noftz, SGB V, § 39 Rn. 46, 46 a; auch BSG, 28.2.2007, B 3 KR 17/06 R = SozR 4-2500 § 39 Nr. 8 = NZS 2007, 657 = SGb 2007, 678 mAnm Meyerhoff. Bereits vor dem GRG konnte Krankenhaus-Behandlung voll- oder teilstationär erbracht werden, BSG, 11.8.1983, 5 a RKn 22/82, SozR 2200 § 184 Nr. 22 = SGb 1984, 77; Wagner in: Krauskopf, § 39 SGB V Rn. 7.
18 BSG, 4.3.2004, B 3 KR 4/03 R = SozR 4-2500 § 39 Nr. 1 Rn. 20 ff. = NZS 2005, 93.
19 BSG, 28.2.2007, B 3 KR 17/06 R = SozR 4-2500 § 39 Nr. 8 = NZS 2007, 657= SGb 2007, 678 mAnm Meyerhoff; BSG 4.3.2004, B 3 KR 4/03 R = SozR 4-2500 § 39 Nr. 1 = NZS 2005, 93. Anders jedoch, wenn durch einen zur vertragsärztlichen Versorgung ermächtigten Krankenhausarzt in den Räumen des Krankenhauses eine ambulante Therapie (hier: Chemotherapie) durchgeführt und aufgrund einer unvorhersehbaren Komplikation eine anschließende stationäre Behandlung notwendig wird: Die zuvor ambulant erbrachten Leistungen (hier: Chemotherapie) werden dann nicht Bestandteil einer einheitlichen vollstationären Krankenhausbehandlung, BSG, 27.11.2014, B 3 KR 12/13 R = SozR 4-2500 § 129 a Nr. 1.
20 BSG, 17.3.2005, B 3 KR 11/04 R = SozR 4-2500 § 39 Nr. 5 = NZS 2006, 88; BSG, 4.3.2004, B 3 KR 4/03 R = SozR 4-2500 § 39 Nr. 1 = NZS 2005, 93.
21 BSG, 28.7.2007, B 3 KR 17/06 R = SozR 4-2500 § 39 Nr. 8 = NZS 2007, 657= SGb 2007, 678 mAnm Meyerhoff.
22 BSG, 28.7.2007, B 3 KR 17/06 R = SozR 4-2500 § 39 Nr. 8 = NZS 2007, 657= SGb 2007, 678 mAnm Meyerhoff, sowie Opderbecke 1976, zitiert nach Eyrich, VersMed 1992, 1. Nach LSG BW, Urt. v. 31.8.2016, L 5 KR 2479/15 (juris) steht aber nicht entgegen, dass sogar eine vorstationäre Behandlung auch auf der Intensivstation erfolgen kann.
23 SchlHLSG, 24.3.2011, L 5 KR 50/10 = Breith 2011, 697–700.

kann auch eine nur wenige Minuten dauernde Behandlung im Krankenhaus eine vollstationäre Behandlung darstellen, wenn es – zB zur Lebensrettung – des Einsatzes der spezifischen Mittel des Krankenhauses bedarf und sich die (geplante) Aufenthaltsdauer nach dem Behandlungsplan des Krankenhausarztes (bei erfolgreicher Wiederbelebung) über mindestens einen Tag und eine Nacht erstrecken würde.[24] Andererseits bedeutet der Aufenthalt eines Versicherten im Krankenhaus zur Durchführung einer Operation per se genauso wie die Unterzeichnung eines Krankenhausaufnahmevertrags, die Durchführung eines Eingriffs in Vollnarkose oder eine mehrstündige, intensive (nicht intensivmedizinische) postoperative Überwachung im Krankenhaus nicht bereits, dass eine vollstationäre Behandlung vorliegt.[25] Eine Abgrenzung zu stationärer Rehabilitationsbehandlung ist unter Umständen schwierig, beide sind auf die Behandlung von Krankheiten und die Beseitigung ihrer Folgen ausgerichtet; eine Unterscheidung sollte nach der Art der Einrichtung, den Behandlungsmethoden und dem Hauptziel der Behandlung getroffen werden können. Anhaltspunkte zur Differenzierung können aus § 107 abgeleitet werden, so dass für die stationäre Krankenhausbehandlung die Intensität der ärztlichen Tätigkeit und das verfolgte Behandlungsziel herangezogen werden können, Weiteres unten → Rn. 17 f.).[26]

7 **b) Teilstationäre Behandlung.** Die teilstationäre Behandlung stellt eine Übergangsform zur ambulanten Behandlung dar. Der Patient ist – nach Aufnahme – in die Organisationsstruktur des Krankenhauses eingegliedert, nimmt diese allerdings nur teilweise (ohne Unterkunft) bzw. zeitlich begrenzt, dh nicht ununterbrochen wie bei der vollstationären Behandlung in Anspruch.[27] Gegebenenfalls sind die Einrichtungsstrukturen hierauf ausgerichtet (sog Tages- oder Nachtkliniken).[28] Eine Ausweisung teilstationärer Betten im Krankenhausplan ist allerdings nicht Voraussetzung für die Durchführung einer teilstationären Behandlung.[29] Eine regelmäßige, aber nicht durchgehende Anwesenheit des Patienten ist nicht mehr erforderlich.[30] In Einzelfällen ist die Abgrenzung zur ambulanten Behandlung schwierig und gelingt ggf. nur unter Berücksichtigung weiterer Kriterien wie formalen Aspekten, organisatorisch-funktionell (zB besondere Abteilung), nach funktionalen (Behandlungsstufe, insbesondere Aufnahme nach vollstationärer Behandlung) oder inhaltlichen Kriterien (Indikation, Behandlungsintensität). Gerade in der psychiatrischen/psychosomatischen Medizin ist die teilstationäre Behandlung auch

---

24 SG Leipzig, 21.12.2006, S 8 KR 310/05.
25 BSG, 4.3.2004, B 3 KR 4/03 R = SozR 4-2500 § 39 Nr. 1 = NZS 2005, 93; BSG, 17.3.2005, B 3 KR 11/04 R = SozR 4-2500 § 39 Nr. 5 = NZS 2006, 88.
26 Maßgeblich auch BSG, 10.4.2008, B 3 KR 14/07 R = GesR 2008, 599 Rn. 19 f.
27 BT-Dr. 12/3608, 82, § 39; BSG, 4.3.2004, B 3 KR 4/03 R = SozR 4-2500 § 39 Nr. 1 = NZS 2005, 93; BSG, 28.2.2007, B 3 KR 17/06 R = SozR 4-2500 § 39 Nr. 8 = NZS 2007, 657= SGb 2007, 678, Rn. 21 mit Hinweis auf die vorgesehene, aber nicht umgesetzte Änderung von § 39 mit Fallpauschalen-Änderungsgesetz (Art. 5 Nr. 1: „Teilstationär ist ...").
28 Historisch war die teilstationäre Behandlung zunächst als spezielle Form der (abgestuften) psychiatrischen Behandlung anerkannt, s. § 184 Abs. 1 S. 1 Hs. 2 RVO in der Fassung vom 1.1.1982 bis 31.12.1985; weiterführend Noftz in: Hauck/Noftz, SGB V, § 39 Rn. 47.
29 VG Minden, 5.12.2005, 3 K 3627/02 = GesR 2006, 183–185.
30 Bisher Schmidt in: Peters, HdB KrV, § 39 SGB V Rn. 135, mit Hinweis auf die gegenteilige Auffassung von Trefz, SGb 2005, 46, 47; darüber hinaus beinhaltet auch das DRG-System stationäre Behandlungen, für die nur ein Belegungstag vorgesehen ist („Ein-Tages-DRG"); s. auch Hensen/Roeder, KH 2005, 196 f. mit Beispielen; auch: BSGE 92, 223 = SozR 4-2500 § 39 Nr. 1. Mit Urt. v. 19.4.2016, B 1 KR 21/15 R = SozR 4-2500 § 109 Nr. 54 hat das BSG diese Rspr. aufgegeben; hiernach können Versicherte teilstationäre Krankenhausbehandlung in Gestalt mehrstündiger Behandlung an einzelnen getrennten Tagen erhalten, so bei einer Chemotherapie, bei der in Abständen von ein bis zwei Wochen ua Chemotherapeutika mittels komplexer Blockchemotherapie nach einem zuvor festgelegten Therapieschema infundiert wurden. Der Senat sieht keine gesetzgeberische Intention zur zeitlichen Beschränkung der teilstationären Behandlung wie bei der vor- oder nachstationären Behandlung; im Rahmen des laufenden Therapieplanes sei jedoch entsprechend dem Wirtschaftlichkeitsgebot die Erforderlichkeit der teilstationären Behandlung für jeden Behandlungstag zu prüfen.

behandlungskonzeptionell begründet; aber auch bei somatischen Erkrankungen mittlerweile etabliert (zB Dialyse),[31] bei krankhaften Schlafstörungen, in der Geriatrie oder Onkologie.[32]

c) Vor- und nachstationäre Behandlung. Die vor- und nachstationäre Behandlung hat die Form einer ambulanten Behandlung – der Patient wird nicht vollständig in die Organisationstruktur des Krankenhauses eingegliedert, er nimmt nur Teilbereiche in Anspruch in funktionalem bzw. zeitlichem Zusammenhang zur stationären Behandlung. Die Behandlung erfolgt in medizinisch geeigneten Fällen ohne Unterkunft und Verpflegung. Insofern handelt es sich um eigenständige Formen der stationären Behandlung, die durch dreiseitige Normenverträge nach § 115 Abs. 2 Nr. 4 hinsichtlich Durchführung und zeitlicher Begrenzung auf Landesebene ergänzend geregelt sein kann. Zweck der vor- und nachstationären Behandlung ist die Begrenzung der stationären Leistungsnachfrage;[33] vollstationäre Behandlung soll vermieden oder verkürzt werden. Vor- und nachstationäre Behandlung müssen jedoch „erforderlich" sein, eine vertragsärztliche Versorgung also nicht ausreichend, da vor- und nachstationäre Behandlung sowohl im weiteren als auch im engeren Sinne Krankenhausbehandlung ist.[34] 8

Vorstationäre Behandlung iS des § 115a Abs. 1 Nr. 1 erfolgt in geeigneten Fällen und nach begründeter Verordnung durch einen Vertragsarzt zur Klärung, ob Krankenhausbehandlungsbedürftigkeit vorliegt oder um eine Krankenhausbehandlung vorzubereiten. Insofern ist die vorstationäre Behandlung zeitlich beschränkt auf höchstens drei Tage innerhalb von fünf Tagen vor Beginn der stationären Behandlung; sofern ein die Behandlung prägender sachlicher Zusammenhang zwischen den Behandlungsepisoden (vorstationäre und nachfolgende vollstationäre Behandlung) besteht, kann dieser durch die Überschreitung der Zeitgrenzen für zulässige vorstationäre Behandlung nicht entfallen. Darüber hinaus muss aber auch die vorstationäre Behandlung "erforderlich" sein, dh eine ambulante vertragsärztliche Behandlung ist nicht ausreichend.[35] 9

Nachstationäre Behandlung soll den Erfolg der vorangegangenen stationären Behandlung sichern bzw. festigen (§ 115a Abs. 1 Nr. 2). Sie ist zeitlich begrenzt auf sieben Tage innerhalb von 14 Tagen nach Entlassung (bei Organtransplantationen nach § 9 Abs. 2 TPG drei Monate nach Beendigung der stationären Behandlung). Die zeitlichen Begrenzungen können in medizinisch begründeten Einzelfällen, aber nur im Einvernehmen mit dem einweisenden Arzt – dann aber zeitlich unbegrenzt – aber unter Wahrung der Zielsetzung verlängert werden. Keine zeitliche Begrenzung besteht für Kontrolluntersuchungen nach Organtransplantationen gem. § 9 Abs. 1 TPG zur wissenschaftlichen Begleitung oder Unterstützung der Weiterbehandlung oder Maßnahmen der Qualitätssicherung (§ 115a Abs. 2 S. 4). 10

---

31 Ausführlich Noftz in: Hauck/Noftz, SGB V, § 39 Rn. 48; anders Wagner in: Krauskopf, § 39 SGB V Rn. 8, mit Hinweis auf BSG, 20.12.1983, 6 RKa 15/82 = SozR 2200 § 368a Nr. 8; ausf. zum Streitstand auch Schmidt in: Peters, HdB KrV, § 39 SGB V Rn. 136. Das BSG (BSG, 4.3.2004, B 3 KR 4/03 R = SozR 4-2500 § 39 Nr. 1 = NZS 2005, 93) hat von einer Behandlung gesprochen, die als ambulant zu werten sein „dürfte", eine abschließende Klärung ist allerdings bis heute nicht erfolgt, s. auch Quaas, f.&w 2004, 513, 516. Schmidt weist insoweit zutreffend darauf hin, dass die vom BSG an dieser Stelle herangezogene § 2 Abs. 2 S. 3 der BPflV bzw. des KHEntgG außer Betracht zu bleiben hat, da er Dialysefälle betrifft, die interkurrent auftreten und außerhalb des Krankenhauses, das die Grunderkrankung therapiert, behandelt werden müssen (mit Hinweis auf Tuschen/Quaas, BPflV, 4. Aufl., S. 173, sowie Tuschen/Trefz, KHEntgG, S. 185; Trefz, SGb 2005, 46, 47.
32 Noftz in: Hauck/Noftz, SGB V, § 39 Rn. 50, mit Hinweis auf BSG, 4.3.2004, B 3 KR 4/03 R = SozR 4-2500 § 39 Nr. 1 = NZS 2005, 93; Grünewald, WzS 1994, 78, 80; Grigoleit, ErsK 1986, 152, 155); auch Wagner in: Krauskopf, § 39 SGB V Rn. 6.
33 BT-Dr. 12/3608, 71, 102, zu Art. 1 Nr. 63 § 115a Abs. 1.
34 BSG, 17.9.2013, B 1 KR 67/12 R = GesR 2014, 169–173 stellt darauf ab, dass nicht nur das Krankenhaus als Institution leiste, sondern vorstationäre Behandlung einer begründeten vertragsärztlichen Verordnung bedürfe, die nur dann vorgenommen werden darf, wenn eine ambulante Versorgung zur Erzielung des Heil- oder Linderungserfolgs nicht ausreicht, § 73 Abs. 4 S. 1.
35 BSG, 17.9.2013, B 1 KR 2/12 R = NZS 2014, 177–180, mit Bestätigung LSG München, 27.9.2011, L 5 KR 81/08, in dem Ergebnis, dass kein gesonderter Vergütungsanspruch für die vorstationäre Behandlung besteht. Das LSG hatte allerdings maßgeblich wegen Überschreitens der Zeitgrenzen das Vorliegen einer vorstationären Behandlung verneint, während das BSG darauf abstellt, dass lediglich ein Abrechnungsausschluss der vorstationären Behandlung wegen der Abrechnung der späteren Fallpauschale bestehe. Bezüglich des Vorrangs der ambulanten vertragsärztlichen Behandlung verweist das BSG auf den aus den Gesetzesmaterialien ersichtlichen Regelungszweck, das Regelungssystem der vorstationären Behandlung und das Wirtschaftlichkeitsgebot, vgl. BSG, 14.10.2014, B 1 KR 28/13 R = SozR 4-2500 § 115a Nr. 5 mit Hinweis auf Urt. v. 17.9.2013, B 1 KR 21/12 R = BSGE 114, 199; auch BSG, 17.11.2015, B 1 KR 30/14 R = KHE 2015/79.

Nachstationäre Behandlung ist aber – genau wie vorstationäre Behandlung – nicht erforderlich, wenn stattdessen ambulante Behandlung ausreicht.[36]

11 **d) Ambulantes Operieren.** Ambulante Operationen und stationsersetzende Eingriffe sind Sonderformen der Krankenhausbehandlung, die in ambulanter Form erfolgen;[37] das Krankenhaus ist durch bloße Mitteilung der Erbringung hierzu rechtlich ermächtigt (zugelassen). § 39 verweist zwar nicht mehr konkret auf § 115 b; dort festgelegt sind jedoch die näheren Bedingungen zur Leistungserbringung und Abrechnung, die in dreiseitigen Normverträgen zu vereinbaren sind. Nur solche Maßnahmen dürfen erbracht werden, die im Vertrag nach § 115 b Abs. 1 – ambulantes Operieren und stationsersetzende Eingriffe im Krankenhaus (AOP-Katalog) – zwischen dem Spitzenverband der GKV, der KBV und der DKG vereinbart sind.[38] Diese Maßnahmen sollen idR ambulant erbracht werden, auch als Ausdruck des Wirtschaftlichkeitsgebots; eine grundsätzliche Verpflichtung zur ambulanten Erbringung besteht indes nicht, insbes. nicht bei den nicht gesondert gekennzeichneten Maßnahmen („Kategorie 2" in der Anlage nach § 3 des AOP-Vertrags). Gleichwohl gilt das Nachrangprinzip der vollstationären Behandlung zu den Katalogleistungen nach § 115 b Abs. 1 S. 1 Nr. 1, unabhängig davon, ob es sich um eine Leistung nach der Kategorie 1 oder 2 handelt.[39] Reichen bei ambulant durchführbaren Operationen und sonstigen stationsersetzenden Eingriffen nach § 115 b im konkreten Einzelfall die ambulanten Versorgungsmöglichkeiten zur Verfolgung der Behandlungsziele des § 27 Abs. 1 S. 1 nicht aus, ist die Notwendigkeit der vollstationären Versorgung begründet. Darüber hinaus wird ausdrücklich eine fehlende häusliche Versorgung als (nicht-medizinischer) Grund zur Durchführung eines nach dem Katalog grundsätzlich ambulant erbringbaren Eingriffes unter stationären Bedingungen anerkannt.[40] Die zur Krankenhausbehandlung zählenden ambulanten Leistungen gemäß § 39 nach § 115 b sind zu unterscheiden von Behandlungen in medizinischen Versorgungszentren (§ 95 Abs. 1), durch ermächtigte Krankenhausärzte (§ 116), bei vertragsärztlicher Unterversorgung (§ 116 a), innerhalb strukturierter Behandlungsprogramme (§ 116 b Abs. 1), bei hochspezialisierten Leistungen uÄ nach § 116 b Abs. 2–4, durch Hochschulambulanzen (§ 117), psychiatrische bzw. psychosomatische Institutsambulanzen (§ 118), geriatrische Institutsambulanzen (§ 118 a), sozialpädiatrische Zentren (§ 119) sowie im Rahmen der integrierten Versorgung (§§ 140 a ff.); in solchen Fällen liegt keine Krankenhausbehandlung nach § 39, vielmehr eine Einbeziehung in die vertragsärztliche Versorgung vor.[41] Anders bei belegärztlicher Behandlung nach § 121, bei der nur die Leistung des Belegarztes Gegenstand der vertragsärztlichen Versorgung, die vom Krankenhaus erbrachte Leistung jedoch voll- oder teilstationäre Krankenhausbehandlung ist.

12 **e) stationsäquivalente Behandlung.** Die stationsäquivalente Behandlung (§ 115 d) wurde speziell als Ergänzung psychiatrischer Behandlungsleistungen durch das PsychVVG mit Wirkung zum 1.1.2017 eingeführt. Die stationsäquivalente Behandlung als häusliche Behandlung (auch: „Hometreatment") steht der stationären Behandlung gleich, ein Vorrang dieser Behandlungsform besteht – anders als bei den anderen Behandlungsformen (ambulant, vor- oder nachstationär) – nicht. Die Behandlung wird sektorenübergreifend durchgeführt und soll die besonderen Belange psychisch erkrankter Patienten berücksichtigen, die eine stationäre Behandlung benötigen, aufgrund ihrer Erkrankung jedoch entweder nicht in der Lage sind, diese wahrzunehmen, oder anderweitig hiervon profitieren. Eine zunächst vorgesehene Beschränkung auf eine akute Krankheitsphase wurde im Laufe des Gesetzgebungsverfahrens aufgegeben mit Blick auf chronisch erkrankte Patienten und der Indikation zur Durchführung einer

---

36 BSG, 17.9.2013, B 1 KR 51/12 R = NZS 2014, 62–65; BSG, 19.4.2016, B 1 KR 23/15 R = SozR 4-2500 § 115 b Nr. 6.
37 Nach BSG, 17.9.2013, B 1 KR 51/12 R = NZS 2014, 62–65, handelt es sich – im Gegensatz zur vor- und nachstationären Behandlung – um eine Ausdehnung des Tätigkeitsfeldes der Krankenhäuser auf Gebiete der vertragsärztlichen Versorgung, wobei durch ausdrückliche Regelung zB in § 115 b Abs. 4 und 5 eine Doppelvergütung und ein Kostenschub verhindert werden soll.
38 Zur Historie und weiteren Inhalten siehe Anm. § 115 b sowie Noftz in: Hauck/Noftz, SGB V, § 39 Rn. 55 ff.
39 Ausdrücklich BSG, 21.3.2013, SozR 4-2500 § 109 Nr. 29 = SGb 2013, 274, unter Bezugnahme auf den in §§ 39 Abs. 1 S. 2, 73 Abs. 4 S. 1 normierten Nachrang; für Leistungen aus dem AOP-Katalog bestehe zwar keine grundsätzliche Vermutung, dass sie – von besonderen Ausnahmefällen abgesehen – dem ambulanten Bereich vorbehalten sind, mit Aufnahme in den Katalog des § 115 b sei jedoch prinzipiell die Möglichkeit der Erbringung im ambulanten Rahmen eröffnet, die Erforderlichkeit der stationären Versorgung bedürfe daher einer besonderen Begründung.
40 BSG, 25.9.2007, GS 1/06, BSGE 99, 111–122 = SozR 4-2500 § 39 Nr. 10, GesR 2008, 83–88.
41 Es gelten in solchen Fällen dann die Bestimmungen des Vertragsarztrechts, insbes. der Erlaubnisvorbehalt des § 135.

Behandlung mit multimodalem Therapieansatz, der ausdrücklicher Bestandteil der häuslichen Behandlung ist und durch das ärztlich geleitete, mobile multiprofessionelle Behandlungsteam umgesetzt wird. Inhalte, Flexibilität und Komplexität der Behandlung sollen zwar der stationären Behandlung entsprechen, gleichzeitig sollen Trennungen und Beziehungsabbrüche im privaten und beruflichen Kontext vermieden werden. Anzahl und Dauer eines stationären Aufenthaltes können damit vermindert werden. Gleichwohl müssen Krankenhäuser, die eine stationsäquivalente Behandlung anbieten, eine 24stündige Rufbereitschaft gewährleisten und den Patienten, sollte die Behandlung im häuslichen Umfeld nicht ausreichen bzw. kurzfristige Verschlechterungen auftreten, sofort aufnehmen können. Infolgedessen ist die Leistungserbringung auf Krankenhäuser beschränkt und hierbei auf solche, die psychiatrische Fachkrankenhäuser sind mit regionaler Versorgungsverpflichtung bzw. Allgemeinkrankenhäuser mit selbstständigen, fachärztlich geleiteten psychiatrischen Abteilungen mit regionaler Versorgungsverpflichtung.[42] Die Übertragung von Teilen der Behandlung auf andere Krankenhäuser oder auf an der ambulanten Versorgung teilnehmende Leistungserbringer soll jedoch gestattet sein.[43]

2. Leistungsvoraussetzungen. Als allgemeine Leistungsvoraussetzungen gelten der Status als Versicherter und das Bestehen eines Versicherungsfalls mit behandlungsbedürftiger Krankheit. Daneben treten – für die vollstationäre Behandlung – spezielle Leistungsvoraussetzungen wie die Behandlungsbedürftigkeit im Krankenhaus und der fehlende Vorrang ambulanter, teil-, vor- oder nachstationärer Behandlungsmaßnahmen oder einer Rehabilitationsbehandlung. Keine stationäre Krankenhausbehandlung ist der Verbleib im Krankenhaus zur Entbindung, da es sich – selbst bei zusätzlicher behandlungsbedürftiger Krankheit oder Regelwidrigkeit – im Rahmen der Entbindung ausschließlich um Geburtshilfe handelt.[44]

a) **Versichertenstatus.** Der Anspruch auf (Krankenhaus-)Behandlung korrespondiert mit dem Anspruch des Versicherten auf Krankenbehandlung und ist daher geknüpft an den Status einer Mitgliedschaft in der gesetzlichen Krankenversicherung, auch als Familienmitglied.[45] Andere (Neben-)Leistungen beinhalten etwa die Mitaufnahme einer Begleitperson in medizinisch erforderlichen Fällen (§ 11 Abs. 3), die Versorgung von Organspendern, nicht jedoch von Neugeborenen nach Entbindung.[46]

b) **Ärztliche Verordnung, Leistungsantrag, Kostenzusage.** Außer bei Notfällen erfolgt die Aufnahme in das Krankenhaus nach ärztlicher Verordnung, dh im Rahmen einer vertragsärztlichen Behandlung.

---

42 Begr. Gesetzesentwurf BT-Dr. 18/9528, 48 f.
43 Begr. Gesetzesentwurf BT-Dr. 18/9528, 48; beschränkt ist die Übertragung der Behandlung allerdings durch fachliche Umstände: So dürfen nur solche Krankenhäuser, die auch stationsäquivalente Behandlungen erbringen, beauftragt werden, oder diejenigen ambulanten Leistungserbringer, die auch grundsätzlich mit der (ambulanten) psychiatrischen Behandlung befasst sind (niedergelassene Vertragsärzte, MVZ, psychiatrische Institutsambulanz, aber auch kommunaler sozialpsychiatrischer Dienst). Ausführlich hierzu § 115 d; die bis zum 28.2.2017 vorgesehene Vereinbarung einer Leistungsbeschreibung der stationsäquivalenten Behandlung sowie die bis zum 30.6.2017 zu erstellenden Regelungen zu den Anforderungen an die stationsäquivalente Behandlung lagen bei Redaktionsschluss noch nicht vor.
44 Bislang stationäre Entbindungspflege gem. § 197 RVO, mWv 30.10.2012 § 24 f. SGB V, eingefügt durch das Gesetz zur Neuausrichtung der Pflegeversicherung (Pflege-Neuausrichtungs-Gesetz vom 23.10.2012);ausdrücklich hat der 3. Senat in der Entscheidung vom 18.6.2014 in Bezug auf die Aufwandspauschale nach § 275 Abs. 1 c SGB V an dem Ausschluss der Anwendbarkeit des Begriffes "Krankenhausbehandlung" auf Fälle der Geburtshilfe selbst bei "Regelwidrigkeit" bei der Entbindung und damit "Krankheitsbehandlung" unter Hinweis auf den Wegfall der Beschränkung der Entbindungspflege des Neugeborenen auf sechs Tage und die hierin enthaltene gesetzgeberische Intention gemäß BT-Dr. 16/4247, 16 festgehalten, siehe BSG, 18.6.2014, SozR 4-2500 § 275 Nr. 17 Rn. 17 ff., insbes. Rn. 23 = NZS 2014, 742–745 und BSG v. 8.10.2014, BSGE 117, 65–82 = SozR 4-5560 § 17 c Nr. 2, Rn. 17.
45 § 11 Abs. 1 Nr. 4 iVm § 127 Abs. 1 S 1; bereits § 39 Abs. 1 S 2: „Versicherte haben Anspruch auf ...". Der Begriff des "Versicherten" ist jedoch grundsätzlich weit auszulegen; ist der vormalige Versicherte nicht mehr versichert, jedoch nach § 19 Abs. 2 noch leistungsberechtigt, so erstreckt sich der Naturalleistungsanspruch auch weiterhin auf eine erforderliche Krankenhausbehandlung. Endet indes die Leistungszuständigkeit der Krankenkasse während der stationären Behandlung, kann das Krankenhaus von dieser Krankenkasse nur den tagesbezogenen Anteil der Fallpauschale verlangen, BSG SozR 4-2500 § 19 Nr. 9.
46 Organspende: BSGE 35, 102, 103 f. und BSGE 79, 53, 54, Nebenleistung zum Behandlungsanspruch des Empfängers, da einheitliche und unteilbare Leistung im Rahmen der Behandlung des versicherten Empfängers. Bezüglich der Entbindung liegt nach Klarstellung des BSG mit Urt. v. 18.6.2014 = SozR 4-2500 § 275 Nr. 17 auch bei kompliziertem Verlauf oder begleitender Erkrankung keine Krankenhausbehandlung der Mutter vor, so dass entsprechend der gesetzgeberischen Intention Unterkunft, Pflege und Verpflegung des Neugeborenen auch über den sechsten Tag nach der Entbindung hinaus der Leistungen der Geburtshilfe (§§ 24 c ff.) zugeordnet sind, siehe auch BT-Dr. 16/4247, 61.

Formell wird für die Krankenhausbehandlung als Sachleistung ein Leistungsantrag des Versicherten vor Beginn der Behandlung notwendig. Die genaue Form ist nicht vorgegeben, auch konkludentes Verhalten oder Vertretung durch Dritte genügt.[47] Der Sachleistungsanspruch des Versicherten wird mit Erbringung der Krankenhausbehandlung (Krankenhaus als zugelassener Leistungserbringer) realisiert und damit über den Sachleistungsanspruch (konkludent) entschieden. Einer positiven Entscheidung vor Leistungserbringung bedarf es nicht, allerdings muss die Krankenkasse, wenn sie gegenüber dem Versicherten schweigt, die Entscheidung gegen sich gelten lassen und kann nachträgliche Einwendungen nur im Verhältnis zum Krankenhaus geltend machen[48] (Ausnahme: Missbrauch durch den Versicherten). Die Kostenzusage an das Krankenhaus ist entbehrlich, jedenfalls aber nicht Voraussetzung für den Vergütungsanspruch des Krankenhauses gegenüber der Krankenkasse; die Krankenkasse nimmt mit der Kostenzusage jedenfalls die vom Krankenhaus angebotene Krankenhausaufnahme und den Krankenhausbehandlungsvertrag an iS eines öffentlich-rechtlichen Vertrags.[49] Die Befristung der Kostenzusage hat seit der Einführung des Fallpauschalensystems (DRG-System) an Bedeutung verloren bzw. ihre Beschränkung auf Abrechnungen mit tagesgleichen Pflegesätzen gefunden (bislang noch in der Psychiatrie und Psychosomatik, ab dem 1.1.2014 auch dort optional nach tagesgleichen Pauschalen).

16 c) **Zugelassenes Krankenhaus.** Anspruchsvoraussetzung für die vollstationäre Behandlung ist die Behandlung in einem zugelassenen Krankenhaus entsprechend der gesetzlichen Definition in § 107 Abs. 1.[50] Die Merkmale (ärztliche Leitung, apparative Mindestausstattung, intensive Betreuung durch jederzeit rufbereite Ärzte, geschultes Pflegepersonal) sind von Rechtsprechung und Schrifttum zur Erfassung des Krankenhausbegriffs entwickelt worden.[51] Weitere Ergänzungen durch nichtärztliches Personal können untergeordnet erfolgen, Unterkunft und Verpflegung sowie Grundpflege haben nur dienende Funktion und sollen die stationäre Behandlung ermöglichen. Die Merkmale finden sich insbes. in der Rechtsprechung zur Notwendigkeit der Krankenhausbehandlung (→ Rn. 17f.). Vorsorge- und Reha-Einrichtungen haben zum Teil das gleiche Behandlungsziel, unterscheiden sich aber in der Art der Erkrankung, vor allem aber in der Organisation und auch hinsichtlich einer typischen Behandlungsdauer.[52]

17 d) **Notwendigkeit der vollstationären Behandlung.** Der Anspruch auf vollstationäre Krankenhausbehandlung steht im nachrangigen Verhältnis, entsprechend dem Wortlaut des § 39 Abs. 1 S. 2, zu den anderen Formen der Krankenbehandlung gem. § 27 und § 39 Abs. 1; dann, wenn – aus medizinischen Erfordernissen heraus – im Einzelfall die Inanspruchnahme der besonderen Mittel des Krankenhaus zur Erreichung des Behandlungsziels (iS des § 27, also zur Erkennung und Heilung einer Krankheit, zur Verhütung einer Verschlimmerung oder zur Linderung von Krankheitsbeschwerden) notwendig ist, besteht der Leistungsanspruch des Versicherten gegenüber der Krankenkasse.[53] Krankenhausbehandlung ist nicht erforderlich, wenn das Behandlungsziel bereits erreicht wurde oder nicht mehr erreicht werden kann. Die Erforderlichkeit einer Krankenhausbehandlung ist dabei nicht bereits wegen des Fehlens einer positiven Empfehlung des Gemeinsamen Bundesausschusses für eine stationäre Behand-

---

47 Streitig aber die Art des konkludenten Verhaltens: Vorlage einer vertragsärztlichen Verordnung oder bloßes Aufsuchen des Krankenhaus durch den Versicherten? Siehe dazu Noftz in: Hauck/Noftz, SGB V, § 39 Rn. 102, auch unter Hinweis auf BSG, USK 87136 = KVRS A-2500/36, wonach der Kostenübernahmeantrag des Krankenhaus gleichzeitig Leistungsantrag des Versicherten war.
48 BSGE 63, 107, 108 = SozR 1300 § 47 Nr. 2; BSG, 23.4.1996, SozR 3-2500 § 39 Nr. 3 = Breith 1997, 16.
49 §§ 53 ff. SGB X; BSG, 14.1.1981, B 3 KR 27/80 = SozR 1500 § 51 Nr. 23.
50 So aber auch schon nach der RVO; hiermit auch Abgrenzung von Vorsorge- und Reha-Einrichtungen und insoweit anknüpfend an § 2 Nr. 1 KHG.
51 Noftz in: Hauck/Noftz, SGB V, § 39 Rn. 92, unter Hinweis auf etwa BSGE 47, 83, 85 und BSG, USK 89146. Siehe auch BSGE 59, 116, 117 = SozR 2200 § 184 Nr. 27; BSG SozR 2200 § 184 Nr. 28; BSGE 83, 254, 259 = SozR 3-2500 § 37 Nr. 1; BSG SozR 2500 § 109 Nr. 9; BSGE 117, 82–94 = SozR 4-2500 § 109 Nr. 40.
52 Wagner in: Krauskopf, § 39 SGB Rn. 23, mit Hinweis auf BSG, 20.1.2005, B 3 KR 9/03 R = BSGE 94, 139–149 = SozR 4-2500 § 112 Nr. 4 = USK 2005-74; aber auch BSG, 10.4.2008, B 3 KR 14/07 R = GesR 2008, 599–607; BSG, 7.7.2005, B 3 KR 40/04 R = GesR 2005, 558–561.
53 Noftz differenziert insofern noch einmal ausdrücklich zwischen der Notwendigkeit der Krankenbehandlung als Behandlungsbedürftigkeit und der besonderen „Erforderlichkeit" des institutionellen Einsatzes des Krankenhauses als Behandlungsmittel iS einer Krankenhausbehandlungsbedürftigkeit: Noftz in: Hauck/Noftz, SGB V, § 39 Rn. 63. Auch: BSGE 118, 155–164 und BSGE 118, 219–225; hier wurde zwischen dem Vergütungsanspruch des Krankenhauses während notwendiger Verlegungsbemühungen zur weiterführenden Diagnostik und einer unwirtschaftlichen Verlängerung der Krankenhausverweildauer bei unzureichenden Bemühungen des Krankenhauses bezüglich der Verlegung des Versicherten differenziert.

lung zu verneinen oder deshalb zu bejahen, weil der Gemeinsame Bundesausschuss kein Negativvotum nach § 137c SGB V ausgesprochen hat und der GBA die Methode für die vertragsärztliche Behandlung nicht empfohlen hat. Andererseits besteht eine Erforderlichkeit zur Krankenhausbehandlung allein aus medizinischen Gründen dann, wenn die medizinisch notwendige Behandlung aus Gründen der Rechtsordnung (zB Strahlenschutz) nur stationär erbracht werden darf.[54] Sofern die Notwendigkeit zur vollstationären Behandlung nicht (mehr) besteht, der Patient wegen der Art der Erkrankung oder aus anderen Gründen die vorrangigen Versorgungsformen nicht wahrnehmen kann, weil hierfür zB eine – konkret nicht zur Verfügung stehende – Betreuung durch hinreichend geschulte medizinische Hilfskräfte notwendig ist, entsteht dennoch kein Anspruch auf stationäre Behandlung zulasten der GKV.[55] Neben der generellen Erforderlichkeit bedarf es auch der individuellen Erforderlichkeit. Medizinische Erforderlichkeit kann sich auch aus komplexen medizinischen Sachverhalten ergeben, so auch bei langwierigen psychiatrischen Erkrankungen, schwierigen Prognoseentscheidungen oder wenn die medizinische Komponente durch soziale, familiäre oder humanitäre Gründe mitgeprägt wird, wenn keine ambulante Behandlungsvariante zur Verfügung steht, die für den Versicherten verfügbar und in zumutbarer Weise erreichbar ist, oder wenn nur auf diese Weise ein erforderlicher komplexer Behandlungsansatz durch ein multiprofessionell zusammenwirkendes Team unter fachärztlicher Leitung verwirklicht werden kann.[56] Abgrenzung zur medizinischen Rehabilitationsbehandlung ist gerade bei **komplexen (multimodalen) Behandlungsansätzen** schwierig, bei denen interdisziplinär unter Inanspruchnahme von Heil- und Hilfsmitteln behandelt wird (zB Psychosomatische Medizin, Orthopädie). Zur Unterscheidung können die Art der Einrichtung, Behandlungsmethoden und das Hauptziel der Behandlung herangezogen werden, wobei diese Kriterien sich auch in der Organisation der Einrichtung wiederspiegeln; während für eine Rehabilitationsbehandlung kennzeichnend ist, dass die Behandlungsziele nach einem ärztlichen Behandlungsplan vorwiegend durch Anwendung von Heilmitteln einschließlich Krankengymnastik, Bewegungstherapie, Sprach-, Arbeits-, oder Beschäftigungstherapie verfolgt werden, ist ein Krankenhaus mit jederzeit verfügbaren ärztlichem, Pflege-, Funktions- und medizinisch-technischem Personal darauf eingerichtet, die Behandlungsziele vorwiegend durch ärztliche und pflegerische Hilfeleistungen zu erbringen.[57] Für eine Rehabilitationsbehandlung ist insoweit auch die weitergehende Versorgung zur vollständigen Wiederherstellung der Gesundheit und Erwerbsfähigkeit typisch; der Notwendigkeit der stationären Behandlung steht indes die im Einzelfall erforderliche schnelle Versorgung mit Heilmitteln wie Krankengymnastik, Bewegungstherapien oder Massagen nicht entgegen, da diese einen die ärztliche Behandlung dann nur ergänzenden Charakter haben.[58] Mit der ausdrücklichen Einbeziehung von Leistungen zur Frührehabilitation als Bestandteil der Krankenhausbehandlung ist die Abgrenzung im Rahmen der Notwendigkeit nur wenig verbessert worden (Weiteres hierzu unter → Rn. 19 ff.).

---

54 BSG, 23.3.1988, B 3 RK 9/87 = SozR 1300 § 47 Nr. 2; BSG GS, 25.9.2007, GS 1/06 = GesR 2008, 83 = NZS 2008, 419 = SGb 2008, 295 mAnm Quaas, S. 261. BSGE 117, 82–94 = SozR 4-2500 § 109 Nr. 40 mit Hinweis auf BSG SozR 4-2500 § 13 Nr. 19 und zu Ausnahmefällen auf Hauck, NZS 2007, 461, 464. Die Radiojodtherapie darf aus Gründen des Strahlenschutzes und der hierfür geltenden strahlenschutzrechtlichen Vorgaben nur stationär erbracht werden und ist daher aus medizinischen Gründen als Krankenhausbehandlung notwendig, BSGE 120, 78–82 = SozR 4-2500 § 39 Nr. 24.
55 Strukturelle Defizite wie gesellschaftliche oder soziale Rahmenbedingungen, deren Schaffung oder Sicherstellung nicht dem Aufgabenbereich der GKV zugehören, können dort nicht zu wirtschaftlichen Einstandspflichten durch Erweiterung des Leistungskatalogs der GKV führen: BSG GS aaO, Rn. 19. Soweit Maßnahmen und Leistungen nicht durch medizinische Erfordernisse der Krankheitserkennung oder -behandlung veranlasst sind, sind diese nicht vom Leistungsanspruch des Versicherten gegenüber der GKV umfasst; Ausnahmen hiervon sind ausdrücklich im Gesetz festgelegt, wie Haushaltshilfe, Fahrtkosten, Soziotherapie, BSG GS, aaO, Rn. 20.
56 So zutreffend der 3. Senat des BSG im Nachgang zum Beschluss des Großen Senats: BSG, 10.4.2008, B 3 KR 14/07 R = GesR 2008, 599–607, unter Hinweis auf die Schwierigkeit der Auslegung des unbestimmten Rechtsbegriffs „aus medizinischen Gründen" und Rn. 21 des Beschlusses des BSG GS, aaO, wonach außermedizinische Gesichtspunkte wie Lebensumstände und häusliche Situation bei der Entscheidung zu berücksichtigen sind, ob ein chirurgischer Eingriff im konkreten Fall ambulant durchgeführt werden kann oder ausnahmsweise eine stationäre Aufnahme erfolgen muss. Zur individuellen Erforderlichkeit auch BSGE 117, 82–94 mit Hinweis auf BSGE 102, 172 = SozR 4-2500 § 109 Nr. 13, Rn. 19 mwN und BSG, Beschl. v. 7.11.2006, B 1 KR 32/04 R, Rn. 28 und 37f.
57 BSG, 10.4.2008, B 3 KR 14/07 R = GesR 2008, 599ff., Rn. 19, unter Hinweis auf § 107 Abs. 2 Nr. 2 und § 107 Abs. 1 Nr. 3; auch schon in BSG, 19.11.1997, 3 RK 21/96.
58 BSG, 19.11.1997, 3 RK 21/96 Rn. 19.

18 Der Krankenhausarzt muss die Notwendigkeit der vollstationären Behandlung bei Aufnahme (und im weiteren Verlauf) eigenverantwortlich prüfen, ihm steht jedoch keine Einschätzungsprärogative mehr zu, dh im Streitfall hat das Gericht dies uneingeschränkt auch im Nachhinein zu überprüfen.[59] Auf die Beurteilung des einweisenden Vertragsarztes darf sich der Krankenhausarzt nicht verlassen, gleichwohl kann diese als Indiz für eine nicht (mehr) ausreichende ambulante Behandlung gewertet werden, insbes. wenn die Einweisung durch einen Vertragsarzt der gleichen Fachrichtung wie die nachfolgende Krankenhausbehandlung erfolgt. Maßgeblich ist der verfügbare Wissens- und Kenntnisstand des verantwortlichen Krankenhausarztes zum Zeitpunkt der Behandlung; bei nachträglicher Überprüfung durch die Krankenkasse, den MDK oder das Gericht ist eine Ex-post-Betrachtung unzulässig. Was zum verfügbaren Wissens- und Kenntnisstand gehört, ist im Streitfall durch **Sachverständigengutachten** zu klären, da hierfür nicht nur das konkrete Wissen im Einzelfall, sondern auch der zugrunde liegende fachärztliche Standard anzulegen ist.[60] Damit ist auch eine Begutachtung durch einen Sachverständigen aus dem gleichen Fachgebiet wie die durchgeführte stationäre Behandlung zwingend, wobei darüber hinaus auch eine etwaige besondere Ausrichtung des Krankenhauses Berücksichtigung finden muss; auch diesbezüglich muss der (gerichtliche) Sachverständige hinreichend qualifiziert sein.[61] Offen ist, ob und in welchem Umfang der Krankenhausarzt insbesondere bei nicht notfallmäßigen stationären Behandlungen nachforschen muss, welche ambulanten Behandlungsmaßnahmen bereits erfolgten und ob insofern die ambulante Behandlung als ausgereizt und nicht mehr ausreichend gelten darf. In einem gewissen Umfang wird man dies fordern dürfen, so die Vorlage von Arztbriefen aus vorangegangenen ambulanten oder stationären Behandlungen insbes. dann, wenn sich der Versicherte zunächst ambulant oder vorstationär im Krankenhaus vorstellt zur Klärung einer stationären Behandlungsnotwendigkeit, zB bei chronischen Erkrankungen. Überspannt wäre jedoch die Forderung nach nochmaliger Überprüfung bereits durchgeführter Untersuchungen oder Behandlungen, sofern nicht offensichtliche Unzulänglichkeiten der bisherigen Behandlung ersichtlich oder Anhaltspunkte für Unrichtigkeiten bezüglich Diagnose und diagnostischer Maßnahmen vorliegen; auch hier dürfte insoweit der Vertrauensgrundsatz gelten.[62]

19 **3. Leistungsinhalt. a) Notwendige Leistungen.** Umfang und Inhalt der Krankenhausbehandlung richten sich nach Art und Schwere der Erkrankung und den aus medizinischen Gründen für die Versorgung im Einzelfall notwendigen Leistungen. Mit der Ausnahme der Notfallbehandlung, die im notwendigen Umfang in jedem zugelassenen Krankenhaus durchgeführt werden darf und muss, darf Krankenhausbehandlung, bezogen auf das jeweilige Krankenhaus, nur im Rahmen des dortigen Versorgungsauftrags erfolgen, insofern sind die diesbezüglichen Festlegungen des Krankenhausplanes (in Form des Feststellungsbescheids), der Versorgungsvertrag etc zu beachten.[63] Überschreitet die Krankenhausbehandlung den Versorgungsauftrag, so entsteht kein Vergütungsanspruch für die erbrachte Leistung, auch nicht aus den Grundsätzen der ungerechtfertigten Bereicherung. Der Leistungsanspruch des Versicherten wird dadurch nicht eingeschränkt, da er zum einen freie Krankenhauswahl hat, zum anderen das Krankenhaus notwendige Maßnahmen, über die es nicht verfügt, durch Dritte veranlassen muss. Soweit ein gesetzlicher Ausschluss der Leistungserbringung im Krankenhaus besteht, darf

---

59 Auf eine Einschätzungsprärogative des Krankenhausarztes hatte bis zum Beschluss des BSG vom 25.9.2007 der 3. Senat des BSG maßgeblich abgestellt (hierfür zB BSG, 13.5.2004, B 3 KR 18/03 R); BSG GS, aaO.
60 Entsprechend dem Leitsatz und Rn. 38 zu BSG, 10.4.2008, B 3 KR 14/07 R = GesR 2008, 599, muss das Tatsachengericht bei der Sachverhaltsaufklärung zunächst feststellen, ob konkrete Richtlinien, Leitlinien und Standards für die in Rede stehende Kranken(haus)behandlung existieren; der Sachverständige muss auf dem zu beurteilenden medizinischen Fachgebiet ausgewiesen sein.
61 Zum letztgenannten Aspekt ausdrücklich BSG, 10.4.2008, B 3 KR 14/07 R = GesR 2008, 599.
62 Maßgeblich in der Arzthaftung etabliert: Bei unterschiedlichen Fachrichtungen darf der Arzt auf Richtigkeit von Befund und Diagnose des anderen Arztes vertrauen, bei gleichen Fachrichtungen muss zumindest eine grobe Überprüfung bisheriger Untersuchungen, ihrer Ergebnisse und der gestellten Diagnosen erfolgen, belastende Untersuchungen sind allerdings nicht noch einmal vorzunehmen, vgl. Martis/Winkhart, Arzthaftungsrecht, 4. Aufl., Rn. A253 ff.
63 Siehe insoweit § 8 KHEntgG, § 4 BPflV; zuletzt BSG, Urt. v. 19.4.2016, B 1 KR 34/15 R = SozR 4-5562 § 2 Nr. 1 mit Hinweis auf BSGE 117, 271–287 zum fehlenden Versorgungsauftrag der Chirurgie für die Implantation von Kniegelenks-Totalprothesen bei Gonarthrose. Nach dortiger Auffassung des Senats gehört diese bei Gonarthrose zum Kernbereich der Orthopädie unter Berücksichtigung der damals statischen Verweisung des Landeskrankenhausplans auf die zum Zeitpunkt des Erlasses des Landeskrankenhausplans gültige ärztliche Weiterbildungsordnung; die spätere Neuordnung der ärztlichen Weiterbildung mit Zusammenlegung von Orthopädie und Unfallchirurgie durfte zwar berufsrechtlich für die die Operation durchführenden Unfallchirurgen Berücksichtigung finden, nicht jedoch für den Vergütungsanspruch des Krankenhauses, das über eine orthopädische Fachabteilung nicht verfügte.

diese nicht erbracht und abgerechnet werden.[64] Darüber hinaus gilt uneingeschränkt das Wirtschaftlichkeitsgebot des § 12 Abs. 1 SGB V.[65]

Krankenhausbehandlung umfasst ärztliche Behandlung, Krankenpflege, Versorgung mit Heil- und Hilfsmitteln, Unterkunft und Verpflegung sowie im Einzelfall erforderliche Leistungen zur Frührehabilitation (siehe unten 3 b). Die Aufzählung ist nicht abschließend, Krankenpflege umfasst dabei auch Hilfeleistungen nichtärztlicher Personen.[66]

Die ärztliche Behandlung im Krankenhaus umfasst unter ausdrücklicher Bezugnahme auf § 28 Abs. 1 die Tätigkeit des Arztes, die zur Verhütung, Früherkennung und Behandlung von Krankheiten nach den Regeln der ärztlichen Kunst ausreichend und zweckmäßig ist; da zudem nach § 2 Abs. 1 S. 3 die Leistung der Krankenversicherung nach Qualität und Wirksamkeit dem allgemeinen anerkannten Stand der medizinischen Erkenntnisse entsprechen und den medizinischen Fortschritt berücksichtigen muss, wird hieraus durch das **BSG** für die Krankenhausbehandlung abgeleitet, dass sie diesen Qualitätskriterien dann entspricht, wenn die „große Mehrheit der einschlägigen Fachleute (Ärzte, Wissenschaftler)" die Behandlungsmethode befürwortet und von einzelnen, nicht ins Gewicht fallenden Gegenstimmen abgesehen, über die Zweckmäßigkeit der Therapie Konsens bestehe; im Regelfall setze dies voraus, dass über Qualität und Wirksamkeit der Methode zuverlässige, wissenschaftlich nachprüfbare Aussagen gemacht werden können. Der Forderung des BSG, der Erfolg der Behandlungsmethode müsse sich aus wissenschaftlich einwandfrei durchgeführten Studien über die Zahl der behandelten Fälle und die Wirksamkeit der Methode ablesen lassen, die Therapie müsse in einer für die sichere Beurteilung ausreichenden Zahl von Behandlungsfällen erfolgreich gewesen sein,[67] kann nicht uneingeschränkt gefolgt werden.[68] Die geforderte erprobungsbedingte Bewährung des jeweiligen

---

64 Siehe hierzu den Begriff „allgemeine Krankenhausleistungen", § 2 BPflV, § 2 KHEntgG. Hierzu gehören per gesetzlichem Ausschluss nicht Dialysebehandlungen, soweit diese entsprechend § 2 Abs. 2 S 3 KHEntgG – auch während einer stationären Behandlung – durch Dritte in Fortführung einer zuvor begonnenen Dialysebehandlung erbracht werden und ein Zusammenhang mit dem Grund der Krankenhausbehandlung nicht besteht, siehe auch BSG, Urt. v. 19.4.2016, B 1 KR 34/15 R = SozR 4-5562 § 2 Nr. 1 unter Hinweis auf BSGE 115, 11 = SozR 4-2500 § 69 Nr. 9, Rn. 17.

65 Das Krankenhaus darf dementsprechend nur solche Leistungen bewirken, die ausreichend, zweckmäßig und wirtschaftlich sind und das Maß des Notwendigen nicht überschreiten; s. BSGE 116, 138–146 = SozR 4-2500 § 12 Nr. 4. Problematisch allerdings der vom Senat unbeachtet gelassene Konflikt zwischen Wirtschaftlichkeitsgebot und Notwendigkeit der stationären Krankenhausbehandlung, wenn nämlich der – medizinisch nicht notwendige vorübergehende –Verbleib im Krankenhaus bis zur Durchführung weiterer diagnostischer oder therapeutischer Maßnahmen, die sich nicht unmittelbar anschließen müssen oder können, wirtschaftlich günstiger ist als die zwischenzeitliche Entlassung; siehe auch Fn. 12 zu → Rn. 3. Der Senat bestätigt die von ihm eingeführte Rechtsfigur des fiktiven wirtschaftlichen Alternativverhaltens uneingeschränkt in BSGE 118, 155–164 = SozR 4-2500 § 39 Nr. 23 (für die Behandlung mit Apheresekonzentraten anstelle gepoolter Thrombozytenkonzentrate) und mit Einschränkung im Urteil vom 10.3.2015, B 1 KR 3/15 R = KHE 2015/15; hier wird allerdings die vorausschauende Prüfung der Krankenhausärzte auch im Hinblick auf die Kosten verschiedener notwendiger Behandlungsmöglichkeiten betont. Unzureichende Berücksichtigung findet die gesetzgeberische Intention mit Einführung des Fallpauschalensystems, bestimmte Patientengruppen, so onkologische Patienten, von Wirtschaftlichkeitsaspekten zumindest teilweise auszunehmen, siehe amtliche Begr. zum Referentenentwurf, angepasst an den Verordnungstext vom 13.10.2003 zur Verordnung zum Fallpauschalensystem für Krankenhäuser für das Jahr 2004 (Fallpauschalenverordnung 2004 – KFPV 2004) des Bundesministeriums für Gesundheit und Soziale Sicherheit, abrufbar unter www.g-drg.de (zuletzt abgerufen am 1.3.2017).

66 Noftz in: Hauck/Noftz, SGB V, § 39 Rn. 112, mit Verweis auf Brandts in: KassKomm, § 39 SGB Rn. 80; zur Wirtschaftlichkeit der (Arznei-)Mittelbeschaffung siehe BSGE 118, 155–164 = SozR 4-2500 § 39 Nr. 23 (auch Fn. 65); zur Krankenpflege auch LSG Nds-Brem, Urt. v. 25.2.2015, juris.

67 So aber ausdr. in BSG, 21.3.2013, B 3 KR 2/12 R = MedR 2013, 820–824 (Reg.-Nr. 30835, BSG-intern), SGb 2013, 274–275, mit Hinweis auf BSG SozR 4-2500 § 18 Nr. 5 Rn. 22, 24 ff. mwN; BSG SozR 3-2500 § 92 Nr. 12 S 71; BSG SozR 3-2500 § 18 Nr. 6 S 23; vgl. auch mit BSG SozR 4-2500 § 33 Nr. 38 Rn. 21 für den Bereich Hilfsmittel.

68 Zum einen handelt es sich um ein redaktionelles Versehen, da in den in Bezug genommenen Entscheidungen des BSG von „Statistiken", nicht von „Studien" die Rede ist; darüber hinaus sind die unbestimmten Begriffe wie „große Mehrheit" und „einschlägigen Fachleute", „sichere Beurteilung" und „ausreichende Zahl von Behandlungsfällen" nicht geeignet, in der praktischen Umsetzung einen notwendigen wissenschaftlichen und praktischen Konsens feststellen zu lassen. Zudem bestehen Inkongruenzen zum „fachärztlichen Standard", wie er im Rahmen des Behandlungsvertrags nach § 630 a BGB gefordert ist. Inwiefern man dies unter der Annahme eines in sich abgeschlossenen Systems der gesetzlichen Krankenversicherung entsprechend der Lehre einer öffentlich-rechtlichen Sonderbeziehung für irrelevant hält, mag dem Einzelnen überlassen bleiben (Anriss der Problematik bei Rehborn, GesR 2013, 257 f. mwN).

Kenntnis- und Erfahrungsstands soll den medizinischen Standard vom Heilversuch und vom wissenschaftlichen Experiment am Menschen unterscheiden, für Heilversuche oder Experimente existiert kein Finanzierungsanspruch durch die GKV.[69] Welche Untersuchungs- und Behandlungsmethoden zulasten der GKV im Rahmen einer Krankenhausbehandlung angewandt werden oder angewandt werden sollen, überprüft nach § 137c Abs. 1 S. 1 der G-BA auf Antrag. Ergibt die Überprüfung, dass die Methode nicht dem allgemein anerkannten Stand der medizinischen Erkenntnisse entspricht, erlässt der G-BA eine der Qualität einer untergesetzlichen Rechtsnorm entsprechende Richtlinie;[70] ab dem Tag des Inkrafttretens der Richtlinie darf die Methode nicht mehr im Krankenhaus zulasten der GKV angewendet werden.[71] Für den Fall des Fehlens eines derartigen Negativvotums besteht jedoch keine generelle Erlaubnis aller beliebigen Methoden; das Qualitätsgebot gilt weiterhin.[72] Soweit bei Verstoß gegen die Regeln der ärztlichen Kunst auch der Vergütungsanspruch des Krankenhauses verloren gehen soll, ist dies nicht unumstritten.[73]

22 **b) Frührehabilitation.** Bereits während der akutstationären Behandlung sollen die „Chancen" der medizinischen Rehabilitation konsequent genutzt werden, so dass frührehabilitative Leistungen als integraler Bestandteil der akutstationären Behandlung im Einzelfall vom Krankenhaus erbracht werden dürfen, ohne dass hierdurch Reha-Maßnahmen in Rehabilitationseinrichtungen ersetzt werden sollen (insbes. Anschlussheilbehandlungen, § 107 Abs. 2 Nr. 1 lit. b).[74] Die Verweildauer richtet sich weiterhin nach der für die Akutbehandlung erforderlichen Zeit, auch wenn frührehabilitative Komplexbehandlungen vordefinierte Zeitblöcke aufweisen.[75] Für die Sicherstellung der erforderlichen rehabilitativen Maßnahmen im Krankenhaus im Sinne der Frührehabilitation sind der individuelle Rehabilitationsbedarf entsprechend der Art und Schwere der Erkrankung und die individuellen Voraussetzungen wie zB Lebensalter und Multimorbidität des Patienten zugrunde zu legen; auch hinsichtlich Art und Umfang der notwendigen medizinischen Rehabilitationsmaßnahmen müssen Kriterien aufgestellt und in die Statuserhebung einfließen und ein individuelles Rehabilitationskonzept erstellt werden.[76]

23 **c) Entlassmanagement (Abs. 1 a).** Bereits mit dem GKV-Versorgungsstrukturgesetz[77] wurde das Entlassmanagement als Leistung der stationären Krankenhausbehandlung definiert;[78] es war zunächst in Abs. 1 geregelt, nahm jedoch bereits Bezug auf den seit 2007 in § 11 Abs. 4 S. 4 enthaltenen, bis dahin

---

69 Schmidt in: Peters, HdB KrV, § 39 SGB V Rn. 211, mit Hinweis auf BSGE 81, 182, 188 = SozR 3-2500 § § 109 Nr. 5.
70 Zur Wertung der Qualität der Richtlinie als untergesetzliche Rechtsnorm bestehen unterschiedliche Auffassungen. Zum Streitstand s. Schmidt in: Peters, HdB KrV, § 39 SGB V Rn. 211 a f.
71 Sog. Erlaubnis mit Verbotsvorbehalt, Schmidt in: Peters, HdB KrV, § 39 SGB V Rn. 211 a.
72 Die Kontrollrechte und -pflichten der Fachgerichte bestehen uneingeschränkt retrospektiv anlässlich von Beanstandungen im Einzelfall ex post. Grundlegend hierzu unter Aufgabe der bisherigen Rechtsprechung BSGE 101, 177 = SozR 4-2500 § 109 Nr. 6, Rn. 51 ff.; BSG SozR 4-2500 § 27 Nr. 18, Rn. 23; BSG GesR 2013, 363–373; BSG SGb 2013, 274–275.
73 Bejahend BSG SGb 2013, 274, Rn. 24; BSGE 101, 177 = SozR 4-2500 § 109 Nr. 6 Rn. 52 unter Hinweis auf Hauck, NZS 2007, 461, 466 ff. Anders unter Hinweis auf die dienstvertragliche Ausgestaltung des Behandlungsvertrags, so dass der Honoraranspruch des Arztes nur bei besonders groben Pflichtverletzungen oder im Falle einer Wertlosigkeit der Leistung bzw. Interessenwegfall entfällt, vgl. OLG Köln MedR 2013, 723; OLG Nürnberg GesR 2008, 363-364; Martis/Winkhart, Arzthaftungsrecht, 4. Aufl., Rn. R3 ff.
74 Wagner in: Krauskopf, § 39 SGB V Rn. 33.
75 So zB die geriatrische frührehabilitative Komplexbehandlung, OPS 8-550, BSG NZS 2015, 422–425.
76 BSG, Urt v. 14.10.2014, B 1 KR 26/13 R, Rn. 18 = SGb 2014, 671–672; BSG, Urt. v. 14.10.2014, B 1 KR 25/13 R, Rn. 18 = KHE 2014/65; BSG, Urt. v. 10.3.2015, B 1 KR 4/15 R, Rn. 18 = NZS 2015, 422–425: seit Einführung der Frührehabilitation in § 39 Abs. 1 S. 3 Hs. 2 SGB V ist bereits bei Aufnahme in das Akutkrankenhaus der funktionelle Status, das Rehabilitationspotential und der Rehabilitationsbedarf des Patienten in die Diagnose einzubeziehen; vorrangiges Ziel der frühen Rehabilitation sei die Wiederherstellung der Basisfähigkeiten (Mobilität sowie Unabhängigkeit in den einfachen Aktivitäten des täglichen Lebens, Kommunikation mit und Orientierung in der Umwelt) sowie hierdurch bedingt die frühzeitige Auseinandersetzung mit Fähigkeitsstörungen und der frühzeitige Einstieg in das Erlernen von Bewältigungsstrategien; insgesamt Hinweis auf Begr. zum Gesetzesentwurf der Fraktionen der SPD und Bündnis 90/Die Grünen eines Sozialgesetzbuches – Neuntes Buch <SGB IX> Rehabilitation und Teilhabe behinderter Menschen, BT-Dr. 14/5074, 117 f. zu Nummer 11 <§ 39 Abs. 1>.
77 Gesetz zur Verbesserung der Versorgungsstrukturen in der gesetzlichen Krankenversicherung (GKV-Versorgungsstrukturgesetz – GKV-VStG) vom 22.12.2011, BGBl. I, 2983.
78 Die Ausgestaltung des Anspruchs als unmittelbarer Bestandteil des Anspruchs auf Krankenhausbehandlung sollte die Verbindlichkeit erhöhen; die Krankenkassen waren bereits hiermit verpflichtet dafür zu sorgen, dass die Erbringung der Leistung sichergestellt wird, BT-Dr. 17/6906, 55.

jedoch nicht ausreichend umgesetzten Anspruch des Versicherten auf ein Versorgungsmanagement und sollte die Organisation des Übergangs zwischen stationärer und anschließender ambulanter Behandlung gewährleisten iS eines Schnittstellenmanagements, um die durch unzureichende geklärten Zuständigkeiten und Aufgabenstellungen resultierenden Hemmnisse im Behandlungsverlauf mit der Folge von Wirkungs- und Qualitätsverlusten in Bezug auf Prävention, Diagnostik und Therapie mit vermeidbaren gesundheitlichen Folgen und Kosten zu vermindern. Konkret waren von Anbeginn die nach der Krankenhausbehandlung notwendigen Leistungen der häuslichen Krankenpflege oder Pflegeversicherung betroffen, die Kontinuität der Versorgung und die Kommunikation zwischen den beteiligten ambulanten oder stationären Versorgungsbereichen sollte verbessert sowie Patienten und Angehörige entlastet und ein „Drehtüreffekt" vermieden werden. Das Entlassmanagement durfte von Anbeginn nur mit Einwilligung und nach vorheriger Information des Versicherten erfolgen.[79]

Mit dem GKV-VSG wurden die Anforderungen an das Entlassmanagement und mögliche Inhalte erweitert und gesondert in Abs. 1 a kodifiziert. Krankenhäuser können bei entsprechendem Erfordernis Leistungen wie Arznei-, Verband-, Heil- und Hilfsmittel, häusliche Krankenpflege und Soziotherapie verordnen und Arbeitsunfähigkeit feststellen. Die Durchführung des Entlassmanagements ist weiterhin an die Zustimmung des Patienten gebunden, soll aber grundsätzlich jedem Patienten unabhängig vom Krankheitsbild zugute kommen können, ohne auf solche Fallgestaltungen ausgedehnt zu werden, bei denen keine stationäre Behandlungsbedürftigkeit besteht.[80] Ausdrücklich in den Gesetzestext wurde der Anspruch des Versicherten gegenüber seiner Krankenkasse auf Unterstützung des Entlassmanagements sowie die Kooperation von Kranken- und Pflegekassen aufgenommen, soweit Hilfen durch die Pflegeversicherung in Betracht kommen.[81] Ein Entlassplan ist zu erstellen. Leistungen wie häusliche Krankenpflege und Heilmittel können für eine Dauer von maximal sieben Tagen verordnet werden, auch eine Arbeitsunfähigkeitsbescheinigung kann für eine Dauer von maximal sieben Tagen ausgestellt werden. Die Einwilligung zum Entlassmanagement kann jederzeit widerrufen werden. Mit der Ausgestaltung des Verordnungsrechts ist der Gemeinsame Bundesausschuss (G-BA) beauftragt; die weiteren Einzelheiten zur Leistungserbringung und Zusammenarbeit der Leistungserbringer mit den Krankenkassen regeln die Spitzenverbände des jeweiligen Bundes von Krankenkassen und Pflegekassen, Kassenärztliche Bundesvereinigung und Deutsche Krankenhausgesellschaft.[82]

---

[79] Einzelheiten sollten in den Verträgen nach § 112 geregelt werden, was allerdings keinen Eingang mehr in das Gesetz gefunden hatte. Insofern existieren zunächst keine einheitliche Vorgaben zur Ausgestaltung des Entlassmanagements; vereinzelt wurden erst nur Empfehlungen oder Checklisten von Fachgesellschaften oder -verbänden veröffentlicht.

[80] Die gesetzgeberische Intention des GKV-VSG hinsichtlich der vom Entlassmanagement erfassten Patientengruppen ist umstritten, siehe auch Fn. 79. Für die mit dem Entlassmanagement erforderliche Zusammenarbeit mit der Krankenkasse muss der Patient auch aus den Gründen des Abs. 1 a Satz 11 einwilligen: Für die Erhebung, Verarbeitung und Nutzung personenbezogener Daten (Sozialdaten) ist nun der Versicherte über den Inhalt und die Ziele der Leistungen nach S. 1 schriftlich zu informieren. Auch die Einwilligung und der Widerruf bedürfen der Schriftform, S. 13. Ansonsten bleibt die ambulante Behandlung im Anschluss an den Krankenhausaufenthalt weiterhin den Vertragsärzten vorbehalten; sie können im Rahmen des Entlassmanagements einbezogen werden. Grundsätzlich muss sich das Krankenhaus aufgrund der Gleichstellung mit dem Vertragsarzt an die gleichen Grundsätze der Wirtschaftlichkeit halten. Das Entlassmanagement ist nur Nebenleistung zur stationären Behandlung und damit von diesem abhängig; es erweitert den Anspruch auf stationäre Behandlung lediglich durch die in dem Management liegenden Dienstleistungen, während die Voraussetzungen zur stationären Behandlung hierdurch nicht modifiziert werden, BSGE 120, 82–89.

[81] Grund für die Erweiterung der gesetzlichen Bestimmungen war eine bis dahin weiterhin unzureichende Umsetzung des zuvor in Abs. 1 S. 4–6 geregelten Anspruchs des Versicherten auf Entlassmanagement mit Schluss von Leistungslücken, siehe Begründung zum Gesetzesentwurf BT-Dr. 18/4095, 76. Der Anspruch des Patienten richtet sich grundsätzlich gegen das Krankenhaus, gegen die Krankenkasse besteht ein Anspruch auf Unterstützung, der nach dem Willen des Gesetzgebers in einer Organisationsverpflichtung – gemeinsam mit dem Krankenhaus – resultiert, so zur Kontaktierung der notwendigen weiteren Leistungserbringer wie Vertragsärzte, Rehabilitationseinrichtungen, Pflegedienste) und Sicherstellung des zeitgerechten Einsatzes dieser Leistungen.

[82] Mit Beschl. v. 17.12.2015 hat der Gemeinsame Bundesausschuss die entsprechenden Richtlinien (AM-RL, Heilmittel-RL, Hilfsmittel-RL) um Regelungen zum Entlassmanagement ergänzt. Keine Einigung konnte bislang zwischen Deutscher Krankenhausgesellschaft, Kassenärztlicher Bundesvereinigung und GKV-Spitzenverband über einen Rahmenvertrag zum Entlassmanagement erzielt werden; gegen die Entscheidung des erweiterten Bundesschiedsamtes vom 13.10.2016, die ua die zwingende und daher nicht nach Bedarf bestimmte Anwendung des Entlassmanagements bei jedem Patienten und Registrierung und Zuweisung einer lebenslangen Arztnummer (LANR) zu jedem am Entlassmanagement beteiligten Krankenhausarzt vorsieht, wurde von Seiten der Deutschen Krankenhausgesellschaft Klage vor dem LSG Bln-Bbg erhoben. Ob die Klage aufschiebende

V. Auswahl des Krankenhauses (Abs. 2)

24 Dem Versicherten steht grundsätzlich ein freies Auswahlrecht unter den Leistungserbringern zu, das sich jedoch – für die Krankenhausbehandlung – nur auf zugelassene Krankenhäuser bezieht.[83] Das Wahlrecht wird zudem durch das Wirtschaftlichkeitsgebot begrenzt, indem dem Versicherten die Mehrkosten auferlegt werden können, sofern er ohne zwingenden Grund ein anderes als in der ärztlichen Einweisung genanntes Krankenhaus wählt. Die Auferlegung von Mehrkosten ist eine Ermessensentscheidung der Krankenversicherung; Voraussetzung ist das Vorliegen einer vertragsärztlichen Einweisung sowie die Angabe mindestens eines Krankenhauses.[84] Ein zwingender Grund kann in der objektiven Unmöglichkeit oder der subjektiven Unzumutbarkeit[85] der Inanspruchnahme des in der Einweisung genannten Krankenhauses liegen. Über die nachvollziehbar durch den Versicherten darzulegenden Gründe hat die Krankenkasse – gerichtlich voll überprüfbar – als Voraussetzung ihrer Ermessensausübung zu entscheiden.[86] Fehlt ein zwingender Grund und sind tatsächlich relevante[87] Mehrkosten entstanden, die an dem maximalen Aufwand zu messen sind, der in einem benannten nächsterreichbaren Krankenhaus angefallen wäre, kann die Krankenkasse ihr (Auswahl-)Ermessen ausüben.

25 Durch die Abrechnung stationärer Leistungen mittels Fallpauschalen dürfte die Entstehung von Mehrkosten, soweit nicht Bundesländergrenzen mit unterschiedlichen Basisfallwerten überschritten werden oder höhere Transportkosten anfallen, an Bedeutung verloren haben.

VI. Verzeichnis stationärer Leistungen und Entgelte (Abs. 3)

26 Das Verzeichnis stationärer Leistungen und Entgelte soll der KK und dem Arzt einen schnellen Überblick über die in Betracht kommenden Krankenhäuser ermöglichen, damit die Auswahl eines preisgünstigen Krankenhauses erfolgen kann; es wurde jedoch bis heute nicht erstellt. Das Verzeichnis ist von den jeweiligen Landesverbänden der KK und der DRV Knappschaft-Bahn-See gemeinsam zu erstellen und an die Entwicklung anzupassen. Mit der Einführung von Diagnose-orientierten Fallpauschalen (DRG) dürfte die Notwendigkeit eines solchen Verzeichnisses an Bedeutung verloren haben, da die Vergleichbarkeit durch das pauschalierte Entgeltsystem mit einheitlichen Fallpauschalen mit Ausnahme des nur ländereinheitlichen Basisfallwerts bereits gegeben ist. Allenfalls der Vergleich von Anstalts- und Belegkrankenhaus oder im Rahmen der psychiatrischen Versorgung bis zur Einführung der Abrechnung von Fallpauschalen auch dort würde weiterhin Sinn ergeben.

Wirkung hinsichtlich der sonst zum 1.7.2017 einsetzenden Umsetzung des Entlassmanagements entfaltet, ist streitig. Siehe aber das Gesetz zur Fortschreibung der Vorschriften für Blut- und Gewebezubereitungen und zur Änderung anderer Vorschriften in § 39 Abs. 1a: Hier wird ergänzt, dass bei der Verordnungen nach S. 6 gem. § 92 Abs. 1 S. 2 Nr. 6 und bei Feststellung der Arbeitsunfähigkeit bis zur Verwendung der Arztnummer nach § 293 Abs. 7 S. 3 Nr. 1 eine im Rahmenvertrag nach S. 9 Hs. 1 zu vereinbarende alternative Kennzeichnung zu verwenden ist, BT-Dr. 456/17, 16, auch Fn. 11.

83 Für die ambulanten Operationen wird dies expressis verbis in § 76 Abs. 1 genannt, für die weiteren Formen der Krankenhausbehandlung ergibt sich dies aus dem Bezug zur Anspruchsvoraussetzung („Versicherte") und der Funktion des Abs. 2.

84 Allerdings erfolgt in der Praxis zumeist – wenn überhaupt – nur die Angabe eines Krankenhauses. Daher ist str., inwiefern die Angabe nur eines Krankenhauses ausreicht; so wohl Wagner in: Krauskopf, § 35 SGB V Rn. 34; anders Noftz in: Hauck/Noftz, SGB V, § 39 Rn. 116.

85 Nicht ausreichend hierfür ist eine enge Vertrauensbeziehung zu einem anderen Krankenhaus. Ausreichend aber bei zerstörtem Vertrauen im Zusammenhang mit vorangegangener Behandlung des Versicherten oder einer ihm nahestehenden Person, bei Schwererreichbarkeit für enge Bezugspersonen, so Eltern junger Patienten, relevanten religiösen Belangen, bei besonderen Bedürfnissen psychisch Kranker, nach Noftz in: Hauck/Noftz, SGB V, § 39 Rn. 117, auch infolge von Presseberichten über aktuelle schwere Behandlungs- oder Hygienemängel.

86 Unscharf insofern Noftz in: Hauck/Noftz, SGB V, § 39 Rn. 117, wenn die Frage des Vorliegens eines zwingenden Grundes der Ermessensausübung der KK unterstellt wird. Ermessensausübung kann sich nur auf die Frage erstrecken, ob bei fehlendem zwingendem Grund die Mehrkosten dem Versicherten auferlegt werden. Bei Vorliegen eines zwingenden Grundes hat das Vorgehen des Versicherten sanktionslos zu bleiben.

87 Hierzu besteht ein Entschließungsermessen, vgl. Noftz in: Hauck/Noftz, SGB V, § 39 Rn. 119, mit Hinweis auf BSG SozR 2200 § 368d Nr. 4 = USK 8233 und BSGE 55, 37 = USK 8336, wobei bei mehreren benannten Krankenhäusern, die der Versicherte nicht aufgesucht hat, die Differenz der Kosten hinsichtlich des größten Aufwandes, der dann entstanden wäre, hätte der Versicherte dieses Krankenhaus aufgesucht, zu berücksichtigen ist, sa Wagner in: Krauskopf, § 39 SGB V Rn. 35.

VII. Zuzahlung (Abs. 4)

Ohne unmittelbaren oder mittelbaren Bezug zur einer konkreten Ersparnis des Versicherten dient die am 1.1.1987 eingeführte Zuzahlung bei Krankenhausbehandlungen der Steuerung des Leistungsverhaltens des Versicherten durch Stärkung des Kostenbewusstseins, den Charakter der Krankenhausbehandlung als Sachleistung berührt die Zuzahlungspflicht indes nicht. Zuzahlungspflichtig sind alle Versicherten ab Vollendung des 18. Lebensjahres, unabhängig vom Versicherungsverhältnis.[88] Zuzahlungspflichtig ist allein die vollstationäre Krankenhausbehandlung, die als Leistung der GKV nach Abs. 1 gewährt wird.[89]

Die Zuzahlungsverpflichtung besteht für jeden Kalendertag[90] der vollstationären Behandlung, bei Verlegung in eine andere, auch der Zuzahlungspflicht unterliegenden Einrichtung muss am Tag der Verlegung nur eine Zuzahlung gezahlt werden. Die Zuzahlungspflicht besteht für längstens 28 Tage je Kalenderjahr unter Anrechnung der im Kalenderjahr bereits geleisteten Zuzahlungen.[91] Anzurechnen sind gem. Abs. 4 S. 2 auch Zuzahlungen an einen Rentenversicherungsträger bei stationärer Heilbehandlung generell und zu bestimmten medizinischen Rehamaßnahmen der GKV.[92]

Die Zuzahlung beträgt unter Berücksichtigung der Belastungsgrenze 10 EUR pro Kalendertag (§ 61 S. 2) und ist an das Krankenhaus zu leisten, auch wenn die KK die Gläubigerin der Zuzahlung ist.[93] Die Leistungsverpflichtung der KK oder die Behandlungsverpflichtung des Krankenhauses werden durch die Verletzung der Zuzahlungspflicht nicht gemindert, gleichwohl hat das Krankenhaus nach § 43 Abs. 1 S. 2 die entrichteten Zuzahlungen mit dem eigenen Zahlungsanspruch zu verrechnen und die KK ist berechtigt, ihre Zahlung dem Krankenhaus gegenüber um die einzuziehende Zuzahlung zu vermindern, solange das Krankenhaus den ihm durch die §§ 39 Abs. 4 und 43 b übertragenen öffentlich-rechtlichen Nebenpflichten nicht nachkommt. Ergänzende Regelungen zur Abrechnung der Zuzahlung können in den Verträgen nach § 112 vorgenommen werden.

§ 39 a Stationäre und ambulante Hospizleistungen

(1) ¹Versicherte, die keiner Krankenhausbehandlung bedürfen, haben im Rahmen der Verträge nach Satz 4 Anspruch auf einen Zuschuß zu stationärer oder teilstationärer Versorgung in Hospizen, in denen palliativ-medizinische Behandlung erbracht wird, wenn eine ambulante Versorgung im Haushalt oder der Familie des Versicherten nicht erbracht werden kann. ²Die Krankenkasse trägt die zuschussfähigen Kosten nach Satz 1 unter Anrechnung der Leistungen nach dem Elften Buch zu 95 Prozent. ³Der Zuschuss darf kalendertäglich 9 Prozent der monatlichen Bezugsgröße nach § 18 Abs. 1 des Vierten Buches nicht unterschreiten und unter Anrechnung der Leistungen anderer Sozialleistungsträger die tatsächlichen kalendertäglichen Kosten nach Satz 1 nicht überschreiten. ⁴Der Spitzenverband Bund der Krankenkassen vereinbart mit den für die Wahrnehmung der Interessen der stationären Hospize maßgeblichen Spitzenorganisationen des Nähere über Art und Umfang der Versorgung nach Satz 1. ⁵Dabei ist den besonderen Belangen der Versorgung in Kinderhospizen und in Erwachsenenhospizen durch jeweils gesonderte Vereinbarungen nach Satz 4 ausreichend Rechnung zu tragen. ⁶In den Vereinbarungen

---

88 Die Altersgrenze wird dabei als Indiz für eine eigene Haushaltsführung gewertet, auch wenn damit ein eindeutiges sachgerechtes Kriterium für eine finanzielle Unabhängigkeit nicht gegeben ist, sa Wagner in: Krauskopf, § 39 SGB V Rn. 41. Gleichermaßen kommt es nicht darauf an, ob eine Familienversicherung vorliegt oder der unter 18jährige selbst versichert ist.
89 Ausgenommen sind daher teil-, vor- oder nachstationäre Behandlungen, ambulante Operationen, aber auch im Krankenhaus durchgeführte Dialysebehandlungen oder Chemotherapie, BSGE 47, 285 = Breith 1979, 495 = USK 78 200. Auch eine aus medizinischen Gründen aufgenommene Begleitperson ist nicht zuzahlungspflichtig.
90 Die tatsächliche Verweildauer ist irrelevant; so muss auch für Zeiten der Beurlaubung während der vollstationären Krankenhausbehandlung, aber auch für Aufnahme- und Entlasstag die Zuzahlung geleistet werden, vgl. BSG, Breith 2002, 884 = NZS 2003, 41.
91 Auch dann, wenn für die vorausgegangene stationäre Behandlung eine andere KK leistungspflichtig war.
92 So Anschlussheilbehandlung, die sich unmittelbar an die Krankenhausbehandlung anschließt.
93 Ursprünglich war die Einziehung durch die KK vorgesehen, s. BT-Dr. 9/2074 zu Art. 19 Nr. 5; der Anspruch des Krankenhauses auf den zu zahlenden Pflegesatz wird nicht beeinträchtigt, da weder eine Verrechnung, noch eine Minderung des Zahlungsanspruchs des Krankenhauses um die Zahlung vorgenommen wird. Auch wird kein gesetzliches Schuldverhältnis zwischen Krankenhaus und Versichertem mit befreiender Wirkung für die KK hinsichtlich des vom Versicherten zu zahlenden Kostenanteils begründet.

nach Satz 4 sind bundesweit geltende Standards zum Leistungsumfang und zur Qualität der zuschussfähigen Leistungen festzulegen. ⁷Der besondere Verwaltungsaufwand stationärer Hospize ist dabei zu berücksichtigen. ⁸Die Vereinbarungen nach Satz 4 sind spätestens bis zum 31. Dezember 2016 und danach mindestens alle vier Jahre zu überprüfen und an aktuelle Versorgungs- und Kostenentwicklungen anzupassen. ⁹In den Vereinbarungen ist auch zu regeln, in welchen Fällen Bewohner einer stationären Pflegeeinrichtung in ein stationäres Hospiz wechseln können; dabei sind die berechtigten Wünsche der Bewohner zu berücksichtigen. ¹⁰Der Kassenärztlichen Bundesvereinigung ist Gelegenheit zur Stellungnahme zu geben. ¹¹In den über die Einzelheiten der Versorgung nach Satz 1 zwischen Krankenkassen und Hospizen abzuschließenden Verträgen ist zu regeln, dass im Falle von Nichteinigung eine von den Parteien zu bestimmende unabhängige Schiedsperson den Vertragsinhalt festlegt. ¹²Einigen sich die Vertragspartner nicht auf eine Schiedsperson, so wird diese von der für die vertragschließende Krankenkasse zuständigen Aufsichtsbehörde bestimmt. ¹³Die Kosten des Schiedsverfahrens tragen die Vertragspartner zu gleichen Teilen.

(2) ¹Die Krankenkasse hat ambulante Hospizdienste zu fördern, die für Versicherte, die keiner Krankenhausbehandlung und keiner stationären oder teilstationären Versorgung in einem Hospiz bedürfen, qualifizierte ehrenamtliche Sterbebegleitung in deren Haushalt, in der Familie, in stationären Pflegeeinrichtungen, in Einrichtungen der Eingliederungshilfe für behinderte Menschen oder der Kinder- und Jugendhilfe erbringen. ²Satz 1 gilt entsprechend, wenn ambulante Hospizdienste für Versicherte in Krankenhäusern Sterbebegleitung im Auftrag des jeweiligen Krankenhausträgers erbringen. ³Voraussetzung der Förderung ist außerdem, dass der ambulante Hospizdienst

1. mit palliativ-medizinisch erfahrenen Pflegediensten und Ärzten zusammenarbeitet sowie
2. unter der fachlichen Verantwortung einer Krankenschwester, eines Krankenpflegers oder einer anderen fachlich qualifizierten Person steht, die über mehrjährige Erfahrung in der palliativ-medizinischen Pflege oder über eine entsprechende Weiterbildung verfügt und eine Weiterbildung als verantwortliche Pflegefachkraft oder in Leitungsfunktionen nachweisen kann.

⁴Der ambulante Hospizdienst erbringt palliativ-pflegerische Beratung durch entsprechend ausgebildete Fachkräfte und stellt die Gewinnung, Schulung, Koordination und Unterstützung der ehrenamtlich tätigen Personen, die für die Sterbebegleitung zur Verfügung stehen, sicher. ⁵Die Förderung nach Satz 1 erfolgt durch einen angemessenen Zuschuss zu den notwendigen Personal- und Sachkosten. ⁶Der Zuschuss bezieht sich auf Leistungseinheiten, die sich aus dem Verhältnis der Zahl der qualifizierten Ehrenamtlichen zu der Zahl der Sterbebegleitungen bestimmen. ⁷Die Ausgaben der Krankenkassen für die Förderung nach Satz 1 betragen je Leistungseinheit 13 vom Hundert der monatlichen Bezugsgröße nach § 18 Absatz 1 des Vierten Buches, sie dürfen die zuschussfähigen Personal- und Sachkosten des Hospizdienstes nicht überschreiten. ⁸Der Spitzenverband Bund der Krankenkassen vereinbart mit den für die Wahrnehmung der Interessen der ambulanten Hospizdienste maßgeblichen Spitzenorganisationen das Nähere zu den Voraussetzungen der Förderung sowie zu Inhalt, Qualität und Umfang der ambulanten Hospizarbeit. ⁹Dabei ist den besonderen Belangen der Versorgung von Kindern durch ambulante Hospizdienste und der ambulanten Hospizarbeit in Pflegeeinrichtungen nach § 72 des Elften Buches ausreichend Rechnung zu tragen. ¹⁰Es ist sicherzustellen, dass ein bedarfsgerechtes Verhältnis von ehrenamtlichen und hauptamtlichen Mitarbeitern gewährleistet ist, und dass die Förderung zeitnah ab dem Zeitpunkt erfolgt, in dem der ambulante Hospizdienst zuschussfähige Sterbebegleitung leistet. ¹¹Die Vereinbarung ist spätestens zum 31. Dezember 2016 und danach mindestens alle vier Jahre zu überprüfen und an aktuelle Versorgungs- und Kostenentwicklungen anzupassen. ¹²Pflegeeinrichtungen nach § 72 des Elften Buches sollen mit ambulanten Hospizdiensten zusammenarbeiten.

I. Entstehungsgeschichte und Kontext der Norm 1	IV. Zuschuss der Krankenkasse im Rahmen von Abs. 1 11
II. Regelungsgehalt 5	V. Verträge gemäß Abs. 1 S. 4 13
III. Anspruchsvoraussetzungen des Abs. 1 6	VI. Ambulante Hospizdienste (Abs. 2) 16

I. Entstehungsgeschichte und Kontext der Norm

1   § 39a steht in der Tradition der modernen Hospizbewegung, die Ende der 1960er Jahre ihren Ausgang ua in England mit Cicely Saunders nahm,[1] die dort 1967 das erste Hospiz[2] gründete, und deren Anliegen es war, Sterben im Allgemeinen wieder mehr als Teil des menschlichen, gerade aber auch gesell-

---

1 Du Boulay, Cicely Saunders: ein Leben für Sterbende, 1990.
2 hospitium (lat.) = Herberge.

schaftlichen Lebens zu akzeptieren, statt zu tabuisieren und im Konkreten deshalb Sterbende nicht aus dem öffentlichen Bewusstsein zu verdrängen, sondern ihnen und ihren Angehörigen die nötige Unterstützung für ein selbstbestimmtes und würdiges, möglichst schmerzfreies Lebensende zukommen zu lassen.[3] Schwerpunkte der Hospizarbeit liegen dabei aber über die rein körperliche Versorgung hinaus auch im Bereich psycho-sozialer Begleitung der Sterbenden und Angehörigen.[4]

Wichtige **Grundprinzipien der Hospizbewegung**, wie etwa die Ausrichtung der Bemühungen am einzelnen Menschen mit seinen spezifischen Bedürfnissen, die Arbeit in interdisziplinären, speziell geschulten „palliative teams" aus Ärzten, Psychologen, Pflegepersonal, Krankengymnasten, Seelsorgern, Sozialarbeitern etc und schließlich die Einbindung ehrenamtlicher Helfer zur Verankerung der Hospizarbeit in der Gesellschaft finden sich dabei auch bei der Ausgestaltung des § 39 a. 2

§ 39 a trat insoweit bzgl. des Regelungsgehaltes des damals nur ersten Absatzes mit Art. 1 Nr. 12 des 2. GKV-Neuordnungsgesetzes vom 23.6.1997 rückwirkend zum 1.1.1997 in Kraft und wurde durch Art. 2 Nr. 3, 6 des Pflegeleistungs-Ergänzungsgesetzes vom 14.12.2001 um Abs. 2 bzgl. ambulanter Hospizdienste ergänzt. Durch das GKV-Wettbewerbsstärkungsgesetz vom 2.2.2007 fanden noch die Berücksichtigung besonderer Belange von Kindern[5] und die dem Bereich der häuslichen Krankenpflege gemäß § 132 a nachgebildete Schiedsperson Eingang in § 39 a, der mit dem Gesetz zur Änderung arzneimittelrechtlicher und anderer Vorschriften schließlich bzgl. der Finanzierungsregelungen überarbeitet wurde. Der Gesetzgeber hat auch weiter diesen Bereich vor Augen und unterzieht ihn entsprechend statistischen und empirischen Beobachtungen.[6] Eine größere Überarbeitung erfuhr § 39 a zuletzt mit dem Hospiz- und Palliativgesetz (HPG), das zum 1.12.2015 in Kraft getreten ist.[7] Mit ihm wurden beide Absätze um Regelungen erweitert, teils neu gefasst und die von den Krankenkassen zu leistenden Beiträge angehoben bzw. mit Blick auf eine schon frühere Betrachtung von Erwachsenen- und Kinderhospizen vereinheitlicht, obwohl deren unterschiedlichen, besonderen Anforderungen nach wie vor in den aufzusetzenden Rahmenvereinbarungen Rechnung zu tragen ist. Im Bereich der von Abs. 2 erfassten, ambulanten Hospizförderung können heute auch Sterbebegleitungen gefördert werden, die ein ambulanter Hospizdienst im Krankenhaus auf dessen Aufforderung erbringt. Des Weiteren sind neben den Personal- inzwischen auch Sachkosten förderfähig. 3

Neben den (Förder-)Ansprüchen hinsichtlich ambulanter oder (teil-)stationärer Hospizleistungen oder zumindest auch im Gesamtkontext zu sehen sind die Sterbebegleitung schwerkranker Pflegebedürftiger in Alten- und Pflegeheimen gemäß § 113 SGB XI iVm mit den Vereinbarungen nach § 75 SGB XI und ergänzende Leistungen der spezialisierten ambulanten Palliativversorgung (§ 37 b).[8] 4

II. Regelungsgehalt

Abs. 1 gibt Versicherten einen **Anspruch auf einen Zuschuss** seitens der Krankenkassen zu (teil-)stationären Versorgungsleistungen in Hospizen. Abs. 2 regelt dagegen einen **Förderanspruch der ambulanten Hospizdienste** für die bei der Versorgung anfallenden Personal- und Sachkosten. Weiteres wird entsprechend der bekannten Gesetzgebungstechnik im SGB V einer **Rahmenvereinbarung** überantwortet, hier konkret zwischen dem Spitzenverband Bund der Krankenkassen und der für die Wahrnehmung der Interessen (teil-)stationärer Hospize maßgeblichen Spitzenorganisationen.[9] Im Falle der nicht erfolgenden Einigung würde der Inhalt der zu treffenden Vereinbarung durch eine unabhängige Schiedsperson festgelegt (Abs. 1 S. 12). 5

---

3 BT-Dr. 13/7264, 60.
4 Strack in: jurisPK-SGB V, § 39 a Rn. 1.
5 In dieser Hinsicht erscheint die Frage problematisch, ob auf die herkömmliche Altersabgrenzung von Kind und Erwachsenen abgestellt werden kann, weil sich Erkrankungen, die im Kindes- und Jugendalter einstellen, gerade oft über die Grenze des 18. Lebensjahrs hinaus auswirken können. Vgl. hierzu Strack in: jurisPK-SGB V, § 39 a Rn. 59 mwN.
6 Vgl. etwa Zwischenbericht der Enquete-Kommission „Ethik und Recht der modernen Medizin" – Verbesserung der Versorgung Schwerstkranker und Sterbender in Deutschland durch Palliativmedizin und Hospizarbeit, BT-Dr. 15/5858.
7 BGBl. I 2015, 2114. Zur amtlichen Begründung des Gesetzes BT-Dr. 13/7264, 55 ff.
8 Vgl. zur Abgrenzung von § 39 a und 37 c SGB V Rn. 5 zu § 37 c SGB V.
9 Vgl. Rahmenvereinbarung gem. § 39 a Abs. 1 S. 4 SGB V über Art und Umfang sowie Sicherung der Qualität der stationären Hospizversorgung in der Fassung vom 14.4.2010.

III. Anspruchsvoraussetzungen des Abs. 1

6 Versicherte, die keiner Krankenhausbehandlung im Sinne von § 39 SGB V bedürfen, haben im Rahmen der näheren Ausgestaltung der Verträge gemäß Abs. 1 S. 4 Anspruch auf einen Zuschuss zu stationärer oder teilstationärer Versorgung in Hospizen, in denen palliativ-medizinische Behandlung erbracht wird, wenn eine ambulante Versorgung im Haushalt oder der Familie des Versicherten nicht erbracht werden kann (Abs. 1 S. 1).

7 **Voll- und teilstationäre Hospizversorgung** unterscheiden sich, indem in teilstationären Einrichtungen Versicherte nur für bestimmte Zeiträume tagsüber versorgt werden, um eine Entlastung und Unterstützung für sie und Angehörige zu gewährleisten, während die Patienten nachts wieder in ihre gewohnte Umgebung zurückkehren, was schließlich auch erklärtes Ziel der Hospizbewegung ist, da sie möglichst lang in der häuslichen, familiären oder zuletzt gewohnten Umgebung bleiben sollen. Dementsprechend wird die ärztliche Betreuung bei teilstationärer Unterbringung in der Regel durch die Hausärzte der Patienten fortgesetzt. Die teilstationäre Versorgung kann sowohl Ergänzung des ambulanten Hospizdienstes, als auch integraler Bestandteil eines vollstationären Hospizes sein.[10] Die vollstationäre Hospizversorgung betrifft dagegen Patienten *„in einer akuten Krise, in der sofortige stationäre Aufnahme, ständige ärztliche Präsenz und ggf. interdisziplinäre ärztliche Zusammenarbeit geboten ist."*[11]

8 Folglich kommt dieser Anspruch ua zunächst nur in Betracht, wenn eine ambulante Versorgung im Haushalt oder der Familie nicht (mehr) möglich ist, umgekehrt aber auch eine Krankenhausbehandlung gemäß § 39 nicht nötig ist. Diese Einschränkung soll dem, letztlich auch im Interesse des Versicherten liegenden, **Grundsatz „ambulant vor stationär"** Rechnung tragen.[12]

9 Des Weiteren besteht der Anspruch nur, soweit die Unterbringung in (**teil-)stationären Hospizen** nötig ist, die sich nämlich von anderen Einrichtungen unterscheiden, indem sie für die sonst evtl. auch andernorts mögliche allgemeine Versorgung Sterbender gerade ein zusätzliches Leistungsspektrum vorhalten, mit dem eine speziell palliativ-medizinische Behandlung möglich ist. Sie verfügen also über eine **besondere räumliche und personelle Ausstattung**, womit zugleich die Abgrenzung zu allen anderen Einrichtungen definiert wird, die ggf. ebenso mit der Betreuung Sterbender zu tun haben. Stationäre Hospize sind daher zB auch aufgrund ihres Versorgungsauftrages baulich, organisatorisch und wirtschaftlich selbstständige Einrichtungen mit separatem Personal und Konzept, so dass ua ausgeschlossen ist, dass ein stationäres Hospiz Bestandteil einer stationären Pflegeeinrichtung ist.[13]

10 Hinsichtlich der Angewiesenheit auf diese Versorgung muss der Versicherte an **einer Erkrankung iSv § 39 a der Rahmenvereinbarung** gemäß **§ 39 a Abs. 1 S. 4** leiden, die vergleichbar mit derjenigen gemäß § 37 c[14] nach allgemein anerkanntem Facharztstandard in der Medizin nicht mehr geheilt werden kann, progredient verläuft und bereits ein weit fortgeschrittenes Stadium erreicht hat, so dass sie bei einer nur noch begrenzten Lebenserwartung von Tagen, Wochen oder wenigen Monaten – bei Kindern aber auch Jahren – nun eine **spezielle palliativ-medizinische Versorgung** erfordert, für die aber keine allgemeine Krankenhausbehandlung iSv § 39 erforderlich ist, die andererseits aber auch als ambulante Versorgung im Haushalt oder der Familie nicht mehr möglich erscheint.[15] Insoweit ist die Notwendigkeit der (teil-)stationären Hospizversorgung auch durch einen Vertrags- oder Krankenhausarzt zu bestätigen.[16] Die Leistung ist insoweit zunächst auf vier Wochen begrenzt.[17] Medizinische und pflegerische Palliativleistungen zielen nicht mehr darauf ab, Erkrankungen zu heilen oder gar nur das Leben zu verlängern, sondern zeichnen sich vielmehr dadurch aus, körperliche, geistige und seelische Krankheitsbeschwerden in der letzten Lebensphase des Patienten bspw. durch eine geeignete Schmerztherapie und Betreuung in persönlicher Hinsicht zu lindern.

IV. Zuschuss der Krankenkasse im Rahmen von Abs. 1

11 Der Anspruch des Versicherten gemäß Abs. 1 ist bei Vorliegen der einschlägigen Voraussetzungen auf einen **Zuschuss als Geldleistung** gerichtet, nicht auf eine vermeintliche Sachleistung „Hospizversor-

---

10 Vgl. § 1 Abs. 2 Rahmenvereinbarung gem. § 39 a Abs. 1 S. 4.
11 Strack in: jurisPK-SGB V, § 39 a Rn. 47.
12 BT-Dr. 13/7264, 60.
13 Vgl. § 1 Abs. 3 Rahmenvereinbarung gem. § 39 a Abs. 1 S. 4.
14 Vgl. hierzu bei § 37 c SGB V Rn. 11.
15 Trenk-Hinterberger in: Spickhoff, Medizinrecht, § 39 a SGB V Rn. 3, 4.
16 Vgl. § 2 Abs. 4 Rahmenvereinbarung gem. § 39 a Abs. 1 S. 4 SGB V.
17 BT-Dr. 15/5858, 33 Pkt. 6.7.1.

gung".[18] Die Krankenkasse trägt 95 % der zuschussfähigen Kosten unter Anrechnung von Leistungen gemäß SGB IX, wobei der Zuschuss kalendertäglich 9 % der monatlichen Bezugsgröße nach § 18 Abs. 1 SGB IV nicht unterschreiten und andererseits unter Anrechnung der Leistungen anderer Sozialleistungsträger die tatsächlichen kalendertäglichen Kosten nicht überschreiten darf (Abs. 1 S. 2, 3). Nicht zu berücksichtigen bei der Anrechnung von anderen Leistungen sind jedoch solche, die denen der GKV nachrangig sind.[19]

Die **Höhe des Zuschusses** ist an die Bezugsgröße nach § 18 Abs. 1 SGB IV gekoppelt und damit durch deren jährliche Anpassung dynamisiert. Die Festlegung einer Untergrenze soll sicherstellen, dass sich jede Krankenkasse in einem angemessenen Umfang an den Kosten der Hospizversorgung beteiligt. Der Zuschuss bedeutet allerdings keine Vollfinanzierung der stationären Hospize, bei denen ein bedeutender Anteil der Kosten angesichts vorstehender Ausführungen weiterhin durch Eigenleistungen des Versicherten, Spenden und ehrenamtliches Engagement aufgebracht werden muss, was aber mit Blick auf die Verankerung der Hospizleistungen in der Gesellschaft bewusst gewollt ist.[20] Die Hospizarbeit soll in der Mitte der Gesellschaft stattfinden. 12

V. Verträge gemäß Abs. 1 S. 4

Das Nähere über **Art und Umfang der Leistungen** vereinbaren – nach gesetzgeberischer Intention partnerschaftlich im Interesse einer wirtschaftlichen und qualitätsgesicherten Leistungserbringung – der Spitzenverband Bund der Krankenkassen mit den für die Hospize maßgeblichen Spitzenorganisationen in einer **Rahmenvereinbarung**,[21] was von der Konzeption her auch verfassungsrechtlich nicht zu beanstanden ist,[22] selbst wenn durch die Konkretisierung der Leistungen in den Verträgen gleichzeitig der Personenkreis der Anspruchsberechtigten näher bestimmt wird, zB durch Auflistung bestimmter Krankheiten und Krankheitsbilder in § 2 Abs. 2 der entsprechenden Rahmenvereinbarung, die idR eine palliativ-medizinische Versorgung erfordern.[23] Hinsichtlich der Vereinbarungen nach Abs. 1 S. 4 ist den besonderen Belangen der Versorgung in Kinderhospizen einerseits und in Erwachsenenhospizen andererseits durch jeweils gesonderte Vereinbarungen ausreichend Rechnung zu tragen. Besondere Belange können dabei für Kinder etwa höhere Infrastruktur- und Personalkosten, eine längere Verweildauer, spezielle Anforderungen an die räumliche Gestaltung, spezielle Hospizleistungen oder die Einbindung von Angehörigen sein.[24] Ein früher sonst noch in der Norm angelegter, unterschiedlicher finanzieller Beteiligungssatz für Kinder- und Erwachsenenhospize wurde mit dem HPG aufgegeben. Ergänzt wurde mit Letzterem zudem, dass in den Vereinbarungen nach S. 4 bundesweit geltende Standards zu Umfang und Qualität der zuschussfähigen Leistungen festgelegt werden sollen, wobei auch der besondere Verwaltungsaufwand stationärer Hospize zu berücksichtigen ist. Die Vereinbarungen nach S. 4 sollen spätestens bis zum 31.12.2016 überprüft werden und in der Folge mindestens alle vier Jahre erneut, um sie jeweils an aktuelle Versorgungs- und Kostenentwicklungen anzupassen. In den Vereinbarungen ist zudem zu regeln, in welchen Fällen Bewohner einer stationären Pflegeeinrichtung in ein stationäres Hospiz wechseln können, wobei berechtigte Wünsche der Bewohner zu berücksichtigen sind. 13

Zu den maßgeblichen Spitzenorganisationen gehören auch die Wohlfahrtsverbände und Sozialhilfeträger. Krankenkassen und ihre Verbände auf Landesebene sowie ihre entsprechenden Vertragspartner auf Hospizseite können neben den einheitlichen Regelungen auf Bundesebene aber auch noch zusätzliche Vereinbarungen über die Art und Weise der Förderung auf Landesebene treffen.[25] 14

Der Kassenärztlichen Bundesvereinigung ist nach Abs. 1 S. 10 Gelegenheit zur Stellungnahme zu geben, weil die ärztliche Behandlung im Hospiz durch Vertragsärzte erfolgt und damit Teil der ambulan- 15

---

18 BSG, 8.11.2005, B 1 KR 26/04 R, SozR 4-2500 § 39 a Nr. 1; Trenk-Hinterberger in: Spickhoff, Medizinrecht, § 39 a SGB V Rn. 6.
19 Trenk-Hinterberger in: Spickhoff, Medizinrecht, § 39 a SGB V Rn. 8 mwN.
20 BT-Dr. 13/7264, 60.
21 Rahmenvereinbarung nach § 39 a Abs. 1 Satz 4 SGB V über Art und Umfang sowie Sicherung der Qualität der stationären Hospizversorgung vom 3.9.2002, in der Fassung vom 14.4.2010.
22 BSG, 8.11.2005, B 1 KR 26/04 R, SozR 4-2500 § 39 a Nr. 1.
23 Hierzu zählen ua Krebserkrankungen, das Vollbild der Infektionskrankheit AIDS, Erkrankungen des Nervensystems, chronische Nieren-, Herz-, Verdauungstrakt- oder Lungenerkrankungen.
24 BT-Dr. 18/5170, 25.
25 Strack in: jurisPK-SGB V, § 39 a Rn. 15; BT-Dr. 14/7473, 22.

ten vertragsärztlichen Versorgung ist. Zudem sind es ua aber gerade Vertragsärzte, die über die Notwendigkeit speziell palliativ-medizinischer Behandlung mitentscheiden.[26]

VI. Ambulante Hospizdienste (Abs. 2)

16 **Ambulante Hospizdienste** stellen für Versicherte, die keiner Krankenhausbehandlung und keiner stationären oder teilstationären Versorgung in einem Hospiz bedürfen, qualifizierte ehrenamtliche Sterbebegleitung entweder in ihrem bisher gewohnten Umfeld oder stationären Pflegeeinrichtungen,[27] Einrichtungen der Eingliederungshilfe für behinderte Menschen[28] oder der Kinder- und Jugendhilfe (SGB VIII) zur Verfügung (Abs. 2 S. 1), einschließlich palliativ-pflegerischer Beratung durch entsprechend ausgebildete Fachkräfte und stellen auch die Gewinnung, Schulung, Koordination und Unterstützung ehrenamtlich tätiger Personen für die Sterbebegleitung sicher (Abs. 2 S. 3). Den Regelungen des Abs. 2 S. 1 wurden mit dem HPG auch ambulante Hospizdienste unterworfen, wenn sie für Versicherte in Krankenhäusern in deren Auftrag Sterbebegleitung leisten.

17 Erfüllen ambulante Hospizdienste die vorgenannten Voraussetzungen, haben sie gegenüber der Krankenkasse einen **Förderanspruch**[29] unter den weiteren **Bedingungen**, dass sie mit palliativ-medizinisch erfahrenen Pflegediensten und Ärzten zusammenarbeiten und unter der fachlichen Verantwortung einer Krankenschwester, eines Krankenpflegers oder einer anderen fachlich qualifizierten Person stehen, die über mehrjährige Erfahrung in der palliativ-medizinischen Pflege oder über eine entsprechende Weiterbildung verfügt und eine Weiterbildung als verantwortliche Pflegefachkraft oder in Leitungsfunktionen nachweisen kann (Abs. 2 S. 3).

18 Die Regelung in Abs. 2 beinhaltet demgegenüber keinen individuellen Rechtsanspruch der Versicherten auf Leistungen der ambulanten Hospizversorgung, sondern soll nur mittelbar die notwendigen Ressourcen fördern, die für eine solche Leistungserbringung erforderlich sind.[30]

19 Die Förderung erfolgt durch einen angemessenen **Zuschuss zu den Personal- und Sachkosten** und bezieht sich auf Leistungseinheiten, die sich aus dem Verhältnis der Zahl der qualifizierten Ehrenamtlichen zu der Zahl der Sterbebegleitungen bestimmen (Abs. 2 S. 5 f.). Die Höhe des Förderbetrages beläuft sich je Leistungseinheit auf 13 % der monatlichen Bezugsgröße nach § 18 Abs. 1 SGB IV, darf aber die zuschussfähigen Personal- und Sachkosten des Hospizdienstes nicht überschreiten.

20 Der Spitzenverband Bund der Krankenkassen hat insoweit mit den für die Wahrnehmung der Interessen der ambulanten Hospizdienste maßgeblichen Spitzenorganisationen ebenfalls das Nähere zu den Voraussetzungen der Förderung sowie zu Inhalt, Qualität und Umfang der ambulanten Hospizarbeit im Wege einer **Rahmenvereinbarung** zu regeln, wobei abermals den besonderen Belangen der Versorgung von Kindern durch ambulante Hospizdienste ausreichend Rechnung zu tragen ist, was mit einer entsprechender Rahmenvereinbarung vom 3.9.2002 in der Fassung vom 14.4.2010 geschehen ist. Hierin sind die Fördergrundsätze und Förderungsmodalitäten festgelegt und Vorgaben zu Inhalt, Qualität und Umfang der ambulanten Hospizarbeit ausformuliert. Sichergestellt soll außerdem sein, dass ein bedarfsgerechtes Verhältnis von ehrenamtlichen und hauptamtlichen Mitarbeitern gewährleistet ist, und dass die Förderung zeitnah ab dem Zeitpunkt erfolgt, in dem der ambulante Hospizdienst zuschussfähige Sterbebegleitung leistet. Die Vereinbarung ist spätestens zum 31.12.2016 und danach mindestens alle vier Jahre zu überprüfen und an aktuelle Versorgungs- und Kostenentwicklungen anzupassen. Außerdem wurde zwischen dem GKV-Spitzenverband und den für die Wahrnehmung der Interessen ambulanter Hospizdienste maßgeblichen Spitzenorganisationen noch eine Ergänzungsvereinbarung zu § 6 Abs. 2 der Rahmenvereinbarung nach § 39 a Abs. 2 Satz 7 SGB V geschlossen, um PKV-Versicherte in die ambulante Hospizförderung einbeziehen zu können, so dass eine Beteiligung auch der privaten Krankenversicherungen und Beihilfestellen unter Förderbedingungen der GKV erfolgen kann.[31]

---

26 BT-Dr. 13/7264, 61.
27 § 71 SGB XI.
28 § 55 SGB XII iVm §§ 43 a, 74 IV SGB XI.
29 Trenk-Hinterberger in: Spickhoff, Medizinrecht, § 39 a SGB V Rn. 14; Höfler in: KassKomm, § 39 a SGB V Rn. 16.
30 Höfler in: KassKomm, § 39 a SGB V Rn. 16; Beyer in: jurisPK-SGB V, § 39 a Rn. 21.
31 Strack in jurisPK-SGB V, § 39 a Rn. 97 f.

§ 39 b Hospiz- und Palliativberatung durch die Krankenkassen

(1) ¹Versicherte haben Anspruch auf individuelle Beratung und Hilfestellung durch die Krankenkasse zu den Leistungen der Hospiz- und Palliativversorgung. ²Der Anspruch umfasst auch die Erstellung einer Übersicht der Ansprechpartner der regional verfügbaren Beratungs- und Versorgungsangebote. ³Die Krankenkasse leistet bei Bedarf Hilfestellung bei der Kontaktaufnahme und Leistungsinanspruchnahme. ⁴Die Beratung soll mit der Pflegeberatung nach § 7 a des Elften Buches und anderen bereits in Anspruch genommenen Beratungsangeboten abgestimmt werden. ⁵Auf Verlangen des Versicherten sind Angehörige und andere Vertrauenspersonen an der Beratung zu beteiligen. ⁶Im Auftrag des Versicherten informiert die Krankenkasse die Leistungserbringer und Einrichtungen, die an der Versorgung des Versicherten mitwirken, über die wesentlichen Beratungsinhalte und Hilfestellungen oder händigt dem Versicherten zu diesem Zweck ein entsprechendes Begleitschreiben aus. ⁷Maßnahmen nach dieser Vorschrift und die dazu erforderliche Erhebung, Verarbeitung und Nutzung personenbezogener Daten dürfen nur mit schriftlicher Einwilligung und nach vorheriger schriftlicher Information des Versicherten erfolgen. ⁸Die Einwilligung kann jederzeit schriftlich widerrufen werden. ⁹Die Krankenkassen dürfen ihre Aufgaben nach dieser Vorschrift an andere Krankenkassen, deren Verbände oder Arbeitsgemeinschaften übertragen.

(2) ¹Die Krankenkasse informiert ihre Versicherten in allgemeiner Form über die Möglichkeiten persönlicher Vorsorge für die letzte Lebensphase, insbesondere zu Patientenverfügung, Vorsorgevollmacht und Betreuungsverfügung. ²Der Spitzenverband Bund der Krankenkassen regelt erstmals bis zum 30. Juni 2016 für seine Mitglieder das Nähere zu Form und Inhalt der Informationen und berücksichtigt dabei das Informationsmaterial und die Formulierungshilfen anderer öffentlicher Stellen.

I. Entstehungsgeschichte und Kontext der Norm

Die lebensverlängernden Möglichkeiten der modernen Medizin haben beim zugleich demographischen Wandel der Bevölkerung die Beschäftigung mit Fragen des Sterbens schon lange zunehmen lassen. Bereits in der Vergangenheit wurden vermehrt Maßnahmen zur Förderung des Hospiz- und Palliativbereichs ergriffen. Am 5.11.2015 ist insoweit das Gesetz zur Verbesserung der Hospiz- und Palliativversorgung beschlossen worden, das einen entsprechend flächendeckenden Ausbau fördern soll, v. a. in strukturschwachen, ländlichen Regionen.[1] Mit seinem Inkrafttreten am 8.12.2015 wurde § 39 b neu geschaffen, wonach Versicherte gemäß Abs. 1 einen Anspruch auf Hospiz- und Palliativberatung ihrer Krankenkassen und diese nach Abs. 2 ihren Versicherten Informationsmaterial über Möglichkeiten persönlicher Vorsorge bereitzustellen haben. Es soll dem Wunsch nach Selbstbestimmung Rechnung getragen werden, die nur möglich ist, wenn ausreichend Informationen vorhanden sind. Zudem zielt der Gesetzgeber mit dem Beratungsanspruch auf die Steigerung der Koordination und Verbesserung der Kooperation unter einzelnen Anbietern in dem Bereich ab und damit letztlich auch auf die Vermeidung ungewollter Überschneidungen und insgesamt die Weiterentwicklung der Hospiz- und Palliativversorgung.

II. Regelungsinhalt § 39 b Abs. 1

Gemäß § 39 b Abs. 1 haben Versicherte, auf Verlangen auch unter Beteiligung ihrer Angehörigen oder anderer Vertrauenspersonen, einen Anspruch auf **individuelle Beratung und Hilfestellung durch ihre Krankenkasse** bzgl. Leistungen der Hospiz- und Palliativversorgung, der ebenso die Erstellung einer Übersicht der Ansprechpartner regional verfügbarer Beratungs- und Versorgungsangebote umfasst (S. 1, 5). § 39 b konkretisiert damit im Wege der Festlegung eines Anspruchs der Versicherten den ohnehin schon allgemeinen Beratungsauftrag der Krankenkassen gemäß § 1 S. 3 SGB V.

Neben der Beratung hat die Krankenkasse im Bedarfsfall zudem **Hilfestellung bei der Kontaktaufnahme zu Anbietern und Inanspruchnahme entsprechender Leistungen** zu geben. Dadurch sollen Versorgungsangebote, die Versicherten evtl. gar nicht bekannt sind, bekannter gemacht werden. Zudem verfolgt der Gesetzgeber mit der Verpflichtung der Krankenkassen die Schaffung von Transparenz und im Einklang hiermit steht schließlich deren Verpflichtung, im Auftrag des Versicherten Leistungserbringer und Einrichtungen, die an der Versorgung des Versicherten mitwirken, über die erbrachten wesentli-

---

[1] Gesetz zur Verbesserung der Hospiz- und Palliativversorgung in Deutschland (Hospiz- und Palliativgesetz – HPG) v. 1.12.2015, BGBl. I 2015, 2114.

chen Beratungsinhalte und Hilfestellungen zu informieren oder dem Versicherten zu dem Zweck zumindest ein entsprechendes Begleitschreiben auszuhändigen (S. 6).

4 Alle Maßnahmen sowie die dazu erforderliche Erhebung, Verarbeitung und Nutzung personenbezogener Daten dürfen angesichts datenschutzrechtlicher Belange nur mit **schriftlicher Einwilligung** und nach **vorheriger, schriftlicher Information** des Versicherten erhoben werden, der diese Einwilligung jederzeit schriftlich widerrufen kann (S. 7, 8), womit zugleich zum Ausdruck kommt, dass § 39 b Abs. 1 umfassend eine freiwillige Inanspruchnahme der Beratungsleistung voraussetzt. Was jedoch positiv verstanden dem Schutz der Versicherten dienen soll, wurde dennoch teils schon im Gesetzgebungsverfahren als wenig praxisnah kritisiert, da gerade Versicherten in der Lebensphase und ihren Angehörigen eigentlich nicht noch zusätzliche bürokratische Hindernisse bereitet werden sollten.

5 Die Hospiz- und Palliativberatung gemäß § 39 b SGB V soll grundlegend mit der Pflegeberatung nach § 7 a SGB XI sowie anderen Beratungsangeboten abgestimmt werden (S. 4), zu der sie ohnehin eine Parallele aufweist. Was teilweise daher auch als redundant kritisiert wird, hat allerdings umgekehrt auch zu Pilotprojekten geführt, in denen vorhandene Fachberatungsstellen aus dem Hospizbereich im Kontext palliativer Versorgungsstrukturen und -themen nun zusätzlich geschult werden.

6 Unter dem Aspekt der ohnehin mit dem Gesetz verfolgten Verbesserung von Koordinierung und Kooperation können die Krankenkassen ihre Beratungsaufgaben auch delegieren, dies allerdings nur an andere Krankenkassen, deren Verbände oder Arbeitsgemeinschaften (S. 9).

III. Regelungsinhalt § 39 b Abs. 2

7 Gemäß § 39 b Abs. 2 besteht für die Krankenkassen die **Pflicht, ihre Versicherten in allgemeiner Form über die Möglichkeiten persönlicher Vorsorge für die letzte Lebensphase zu informieren**, dies insbesondere über die Themen Patientenverfügung, Vorsorgevollmacht und Betreuungsverfügung. Dieses Informationsangebot erfolgt im Unterschied zum Beratungsanspruch nach Abs. 1 nicht patientenindividuell, sondern in allgemeiner Form, um die freie Entscheidung des Versicherten über die persönliche Vorsorge zu gewährleisten, weshalb hiermit auch keine Erhebung, Verarbeitung oder Nutzung personenbezogener Daten oder ein Versorgungsmanagement verbunden sind.[2]

8 Der Spitzenverband Bund der Krankenkassen regelt das Nähere zu den Inhalten, die von den Krankenkassen zur Verfügung zu stellen sind, um kassenübergreifend vergleichbare Informationen anzubieten, zumal ohnehin vergleichbares Informationsmaterial anderer öffentlicher Stellen zu berücksichtigen ist (zB vom Bundesministerium der Justiz und für Verbraucherschutz oder der Bundeszentrale für gesundheitliche Aufklärung).

§ 39 c Kurzzeitpflege bei fehlender Pflegebedürftigkeit

[1]Reichen Leistungen der häuslichen Krankenpflege nach § 37 Absatz 1 a bei schwerer Krankheit oder wegen akuter Verschlimmerung einer Krankheit, insbesondere nach einem Krankenhausaufenthalt, nach einer ambulanten Operation oder nach einer ambulanten Krankenhausbehandlung, nicht aus, erbringt die Krankenkasse die erforderliche Kurzzeitpflege entsprechend § 42 des Elften Buches für eine Übergangszeit, wenn keine Pflegebedürftigkeit mit Pflegegrad 2, 3, 4 oder 5 im Sinne des Elften Buches festgestellt ist. [2]Im Hinblick auf die Leistungsdauer und die Leistungshöhe gilt § 42 Absatz 2 Satz 1 und 2 des Elften Buches entsprechend. [3]Die Leistung kann in zugelassenen Einrichtungen nach dem Elften Buch oder in anderen geeigneten Einrichtungen erbracht werden. [4]Der Spitzenverband Bund der Krankenkassen legt über das Bundesministerium für Gesundheit dem Deutschen Bundestag bis Ende des Jahres 2018 einen Bericht vor, in dem die Erfahrungen mit der Einführung eines Anspruchs auf Leistungen nach dieser Vorschrift wiedergegeben werden.

Literatur:
Luthe, Die neue Kurzzeitpflege bei fehlender Pflegebedürftigkeit im SGB V, MedR 2016, 311.

---

2 Vgl. BT-Dr. 18/6585 v. 4.11.2015, 29.

I. Entstehungsgeschichte und Kontext der Norm

Durch das Krankenhausstrukturgesetz wurde mit § 39 c SGB V ein neuer Leistungsanspruch auf Kurzzeitpflege zum 1.1.2016 eingeführt.[1] Hintergrund der Neuerung war die Absicht des Gesetzgebers, Versorgungsdefiziten zu begegnen, soweit Personen zwar schwer krank oder von einer akuten Verschlimmerung ihrer Krankheit betroffen sind und deshalb vorübergehend Pflege benötigen, aber (noch) keinen Pflegebedarf iSd Pflegeversicherung aufweisen. Der Ausschluss adäquater Unterstützung erscheint hier nachteilig, insbesondere im Anschluss an Krankenhausaufenthalte, da in solchen Situationen etwa auch der gerade erst aufwändig angestrebte Heilerfolg gefährdet würde, so dass ebenso unter dem Aspekt der Nachhaltigkeit eine Versorgungslücke geschlossen werden sollte.[2]

II. Anspruchsvoraussetzungen

Sind in den gesetzlich beschriebenen Situationen **Leistungen der häuslichen Krankenpflege nach § 37 Abs. 1 a SGB V nicht ausreichend**,[3] um die Versorgung des Versicherten in der eigenen Häuslichkeit sicherzustellen, hat der Versicherte daher einen Anspruch auf einen vorübergehenden Aufenthalt in einer Kurzzeitpflegeeinrichtung entsprechend § 42 SGB XI. Die Abgrenzung gegenüber § 42 SGB XI erfolgt dabei negativ über das Fehlen der Pflegebedürftigkeit iSd § 14 SGB XI, so dass der Anspruch nach § 37 c SGB V insofern subsidiär ist. Es liegt in den Fällen des § 37 c SGB V nur ein **vorübergehender Versorgungsbedarf** vor.

Dieser vorübergehende Bedarf spielt sich vor dem Hintergrund einer „schweren oder akuten Verschlimmerung einer Krankheit" ab. Beide Begrifflichkeiten sind gesetzlich nicht definiert und müssen als unbestimmte Rechtsbegriffe auf Basis einer Gesamtbetrachtung der persönlichen Situation des Versicherten ausgelegt und bewertet werden. Eine **„schwere Krankheit"** erfordert dabei ua, dass der Versicherte zumindest „selbst mehr als nur kurzfristig nicht in der Lage sein darf, sich ohne fremde Hilfe selbst zu versorgen",[4] während im Fall chronischer Erkrankungen meist doch wieder die Voraussetzungen der Pflegebedürftigkeit des SGB XI erfüllt sein dürften, weshalb ein Anspruch auf Kurzzeitpflege dann nicht bestünde. Für die **„akute Verschlimmerung einer Krankheit"** reicht es nicht, dass eine Verschlechterung der Erkrankung „droht", vielmehr muss sie bereits eingetreten sein.[5]

Angesichts des Vorliegens der unbestimmten Rechtsbegriffe steht den Krankenkassen bei deren Auslegung ein gerichtlich nur eingeschränkt kontrollierbarer **Beurteilungsspielraum** zu, so dass ihre Entscheidung über die Gewährung oder Ablehnung von Leistungen nach § 37 c SGB V nur daraufhin überprüft werden kann, ob dem „ein zutreffend und vollständig ermittelter Sachverhalt zugrunde liegt, ob die durch Auslegung eines unbestimmten Rechtsbegriffs abstrakt ermittelten Grenzen eingehalten und beachtet worden sind, ob die Verwaltung ihre Entscheidung unter Berücksichtigung der in Art. 2 Abs. 2 GG zum Ausdruck kommenden Wertbedeutung des Schutzgesetzes „Gesundheit" getroffen hat und schließlich ob die hierbei verwendeten Beurteilungsmaßstäbe ebenso transparent wie nachvollziehbar Weise zur Anwendung gebracht worden sind".[6]

Dem **Antrag** auf Kurzzeitpflege bei der Krankenkasse muss, um die genannten Grundlagen beurteilen zu können, eine ärztliche **Notwendigkeitsbescheinigung (Attest)** beigelegt werden, woraus sich ergibt, dass aufgrund einer schweren Krankheit oder akuten Verschlimmerung einer Krankheit ein Kurzzeitpflegeaufenthalt indiziert ist. Auch dessen voraussichtliche Dauer sollte aus der Bescheinigung hervorgehen und die Antragsunterlagen müssen belegen, dass Leistungen nach § 37 Abs. 1 a SGB V nicht ausreichend sind.

III. Anspruchsumfang

Nach S. 2 richten sich die Anspruchsdauer sowie Leistungshöhe **entsprechend der Regelungen des § 42 Abs. 2 S. 1 und 2 SGB XI**. Danach werden die pflegebedingten Aufwendungen, die Aufwendungen der sozialen Betreuung sowie die Aufwendungen für Leistungen der medizinischen Behandlungspflege bis

---

1 BGBl. I 2015, 2229.
2 Luthe, MedR 2016, 311, 313.
3 Vgl. Luthe, MedR 2016, 311, 312, der darauf hinweist, dass das „nicht ausreichen" der anderweitigen Leistungen nur materiell und nicht zeitlich anhand des Versorgungsbedarfs zu beurteilen ist.
4 Pade in juris-PK-SGB V, 2. Aufl., § 37, Rn. 66.2, Stand 15.1.2016; Luthe, MedR 2016, 311, 313.
5 In diesem Sinne Luthe, MedR 2016, 311, 313, der mit Blick auf chronische Erkrankungen aber betont, dass eine Kurzzeitpflege nicht grundsätzlich ausgeschlossen sein muss; aA insofern Pade in: juris-PK-SGB V, 2. Aufl., § 37, Rn. 66.1.
6 Luthe, MedR 2016, 311, 312 unter Bezug auf BSG, Urt. v. 6.4.2006, B 7 a AL 20/05 R.

zu dem gesetzlich festgelegten Höchstbetrag von derzeit 1.612 EUR übernommen. Des Weiteren ist der Anspruch auf acht Wochen je Kalenderjahr beschränkt.

7 Allerdings kann die Kurzzeitpflege unterjährig innerhalb dieses Rahmens mehrfach nur für kurze Zeiträume in Anspruch genommen werden, soweit die grundlegenden Voraussetzungen hierfür gegeben sind.[7] Der Anspruch auf Kurzzeitpflege entsteht ansonsten mit jedem Kalenderjahr neu. Ist der Gesamtbetrag von 1.612 Euro bereits vor Ablauf der oben genannten acht Wochen verbraucht, endet an diesem Tag der Anspruch auf Leistungen der Kurzzeitpflege.

8 Wird rückwirkend das Vorliegen von Pflegebedürftigkeit iSv § 14 SGB XI festgestellt, endet mit dem Tag dieser Feststellung der Anspruch auf die Leistung nach § 39 c SGB V.

IV. Leistungsberechtigte Einrichtungen

9 Hinsichtlich der Erbringung von Kurzzeitpflege hat der Gesetzgeber zwar primär zugelassene Einrichtungen des SGB XI vor Augen. Darüber hinaus können aber grundsätzlich alle „**geeigneten Einrichtungen**", also auch solche, die nicht nach dem SGB XI zugelassen sind, für die Erbringung der Kurzzeitpflege in Betracht kommen. Geeignet sind sie, wenn die sachlichen, personellen und organisatorischen Bedingungen gewährleisten, dass der spezielle, vorübergehende Betreuungsbedarf vollständig sichergestellt werden kann.

10 Krankenkassen oder ihre Landesverbände können insoweit nach § 132 h SGB V mit geeigneten Einrichtungen auch **Verträge über die Erbringung von Kurzzeitpflege** nach § 39 c SGB V schließen, soweit dies für eine bedarfsgerechte Versorgung notwendig ist.

V. Sonstiges

11 Um den Nutzen des neu geschaffenen § 39 c SGB V bewerten zu können, hat der Spitzenverband Bund der Krankenkassen über das Bundesministerium für Gesundheit dem Bundestag bis Ende 2018 einen Bericht vorzulegen, in dem die Erfahrungen mit der Einführung des Anspruchs wiedergegeben werden. Dabei soll insbesondere im Hinblick auf den Personenkreis der Versicherten, die diese neue Leistung in Anspruch nehmen, auch die Schnittstelle zur Kurzzeitpflege in der sozialen Pflegeversicherung und die Frage der Bedarfsdeckung beleuchtet werden. Ebenfalls in diese Evaluierung einfließen sollen die bis dahin abgeschlossenen Versorgungsverträge nach § 132 h SGB V.

§ 40 Leistungen zur medizinischen Rehabilitation

(1) ¹Reicht bei Versicherten eine ambulante Krankenbehandlung nicht aus, um die in § 11 Abs. 2 beschriebenen Ziele zu erreichen, erbringt die Krankenkasse aus medizinischen Gründen erforderliche ambulante Rehabilitationsleistungen in Rehabilitationseinrichtungen, für die ein Versorgungsvertrag nach § 111 c besteht; dies schließt mobile Rehabilitationsleistungen durch wohnortnahe Einrichtungen ein. ²Leistungen nach Satz 1 sind auch in stationären Pflegeeinrichtungen nach § 72 Abs. 1 des Elften Buches zu erbringen.

(2) ¹Reicht die Leistung nach Absatz 1 nicht aus, erbringt die Krankenkasse stationäre Rehabilitation mit Unterkunft und Verpflegung in einer nach § 20 Abs. 2 a des Neunten Buches zertifizierten Rehabilitationseinrichtung, mit der ein Vertrag nach § 111 besteht; für pflegende Angehörige kann die Krankenkasse unter denselben Voraussetzungen stationäre Rehabilitation mit Unterkunft und Verpflegung auch in einer zertifizierten Rehabilitationseinrichtung erbringen, mit der ein Vertrag nach § 111 a besteht. ²Wählt der Versicherte eine andere zertifizierte Einrichtung, so hat er die dadurch entstehenden Mehrkosten zu tragen; dies gilt nicht für solche Mehrkosten, die im Hinblick auf die Beachtung des Wunsch- und Wahlrechts nach § 9 des Neunten Buches angemessen sind. ³Die Krankenkasse führt nach Geschlecht differenzierte statistische Erhebungen über Anträge auf Leistungen nach Satz 1 und Absatz 1 sowie deren Erledigung durch. ⁴§ 39 Absatz 1 a gilt entsprechend mit der Maßgabe, dass bei dem Rahmenvertrag entsprechend § 39 Absatz 1 a die für die Erbringung von Leistungen zur medizinischen Rehabilitation maßgeblichen Verbände auf Bundesebene zu beteiligen sind.

(3) ¹Die Krankenkasse bestimmt nach den medizinischen Erfordernissen des Einzelfalls unter Beachtung des Wunsch- und Wahlrechts der Leistungsberechtigten nach § 9 des Neunten Buches Art, Dauer, Umfang, Beginn und Durchführung der Leistungen nach den Absätzen 1 und 2 sowie die Rehabilitati-

---

[7] Luthe, MedR 2016, 311, 313.

onseinrichtung nach pflichtgemäßem Ermessen; die Krankenkasse berücksichtigt bei ihrer Entscheidung die besonderen Belange pflegender Angehöriger. ²Leistungen nach Absatz 1 sollen für längstens 20 Behandlungstage, Leistungen nach Absatz 2 für längstens drei Wochen erbracht werden, es sei denn, eine Verlängerung der Leistung ist aus medizinischen Gründen dringend erforderlich. ³Satz 2 gilt nicht, soweit der Spitzenverband Bund der Krankenkassen nach Anhörung der für die Wahrnehmung der Interessen der ambulanten und stationären Rehabilitationseinrichtungen auf Bundesebene maßgeblichen Spitzenorganisationen in Leitlinien Indikationen festgelegt und diesen jeweils eine Regeldauer zugeordnet hat; von dieser Regeldauer kann nur abgewichen werden, wenn dies aus dringenden medizinischen Gründen im Einzelfall erforderlich ist. ⁴Leistungen nach den Absätzen 1 und 2 können nicht vor Ablauf von vier Jahren nach Durchführung solcher oder ähnlicher Leistungen erbracht werden, deren Kosten auf Grund öffentlich-rechtlicher Vorschriften getragen oder bezuschusst worden sind, es sei denn, eine vorzeitige Leistung ist aus medizinischen Gründen dringend erforderlich. ⁵§ 23 Abs. 7 gilt entsprechend. ⁶Die Krankenkasse zahlt der Pflegekasse einen Betrag in Höhe von 3 072 Euro für pflegebedürftige Versicherte, für die innerhalb von sechs Monaten nach Antragstellung keine notwendigen Leistungen zur medizinischen Rehabilitation erbracht worden sind. ⁷Satz 6 gilt nicht, wenn die Krankenkasse die fehlende Leistungserbringung nicht zu vertreten hat. ⁸Die Krankenkasse berichtet ihrer Aufsichtsbehörde jährlich über Fälle nach Satz 6.

(4) Leistungen nach den Absätzen 1 und 2 werden nur erbracht, wenn nach den für andere Träger der Sozialversicherung geltenden Vorschriften mit Ausnahme der §§ 14, 15 a, 17 und 31 solche Leistungen nicht erbracht werden können.

(5) ¹Versicherte, die eine Leistung nach Absatz 1 oder 2 in Anspruch nehmen und das achtzehnte Lebensjahr vollendet haben, zahlen je Kalendertag den sich nach § 61 Satz 2 ergebenden Betrag an die Einrichtung. ²Die Zahlungen sind an die Krankenkasse weiterzuleiten.

(6) ¹Versicherte, die das achtzehnte Lebensjahr vollendet haben und eine Leistung nach Absatz 1 oder 2 in Anspruch nehmen, deren unmittelbarer Anschluß an eine Krankenhausbehandlung medizinisch notwendig ist (Anschlußrehabilitation), zahlen den sich nach § 61 Satz 2 ergebenden Betrag für längstens 28 Tage je Kalenderjahr an die Einrichtung; als unmittelbar gilt der Anschluß auch, wenn die Maßnahme innerhalb von 14 Tagen beginnt, es sei denn, die Einhaltung dieser Frist ist aus zwingenden tatsächlichen oder medizinischen Gründen nicht möglich. ²Die innerhalb des Kalenderjahres bereits an einen Träger der gesetzlichen Rentenversicherung geleistete kalendertägliche Zahlung nach § 32 Abs. 1 Satz 2 des Sechsten Buches sowie die nach § 39 Abs. 4 geleistete Zahlung sind auf die Zahlung nach Satz 1 anzurechnen. ³Die Zahlungen sind an die Krankenkasse weiterzuleiten.

(7) ¹Der Spitzenverband Bund der Krankenkassen legt unter Beteiligung der Arbeitsgemeinschaft nach § 282 (Medizinischer Dienst der Spitzenverbände der Krankenkassen) Indikationen fest, bei denen für eine medizinisch notwendige Leistung nach Absatz 2 die Zuzahlung nach Absatz 6 Satz 1 Anwendung findet, ohne daß es sich um Anschlußrehabilitation handelt. ²Vor der Festlegung der Indikationen ist den für die Wahrnehmung der Interessen der stationären Rehabilitation auf Bundesebene maßgebenden Organisationen Gelegenheit zur Stellungnahme zu geben; die Stellungnahmen sind in die Entscheidung einzubeziehen.

Literatur:

Brandts, Die medizinische Rehabilitation in der gesetzlichen Krankenversicherung, in: Richter (Hrsg.), Rehabilitationsrecht, 2008, 18; *Fuchs*, Rehabilitation vor Pflege, Blätter der Wohlfahrtpflege 2008, 174; *Fuhrmann/Heine*, Die Frührehabilitation im Krankenhaus und das Ende der Krankenhausbehandlung: Regelungsdilemma oder Scheindiskussion?, KHR 2010, 1; *Hauck*, Neuere Entwicklungen in der Rechtsprechung des BSG zum Krankenhaus-, Rehabilitations- und Adaptionsmaßnahmerecht, ZMGR 2009, 343; *Heine*, Rehabilitation und Teilhabe in Medizin und Pflege, in: Blumenthal/Schliehe (Hrsg.) Teilhabe als Ziel der Rehabilitation, 2009, 155; *Klie*, Rehabilitation und Pflege aus rechtswissenschaftlicher und sozialpolitischer Sicht, in: Welti (Hrsg.), Das Rehabilitationsrecht in der Praxis der Leistungsträger, 2009, 116; *Liebold*, Auswirkungen des SGB IX auf die gesetzliche Krankenversicherung, 2007; *Liebold*, Rechtsprobleme der Frührehabilitation – unter besonderer Bezugnahme auf das Phasenmodell der BAR bei neurologischer Rehabilitation schwerst Hirngeschädigter, ZMGR 2010, 272; *Marburger/Kingreen*, Die grenzüberschreitende Inanspruchnahme und Erbringung von medizinischen Rehabilitationsleistungen, ZESAR 2006, 210; *Voß/Hüllen*, Rehabilitation im Bereich der gesetzlichen Krankenversicherung, in: Blumenthal/Schliehe (Hrsg.) Teilhabe als Ziel der Rehabilitation, 2009, 155; *Welti*, Die Rehabilitation im System des Sozialleistungsrechts aus rechtswissenschaftlicher Sicht, in: Welti (Hrsg.), Das Rehabilitationsrecht in der Praxis der Leistungsträger, 2009, 16; *Welti*, Die Verantwortung der gesetzlichen Krankenversicherung für die Versorgungsstruktur der Rehabilitation, GesR 2009, 465; *Welti*, Leistung und Leistungserbringung in der Rehabilitation: Wettbewerbsordnung im Interesse der Selbstbestimmung, SGb 2009, 330; *Welti*, Medizinische Rehabilitation, in: Deinert/Welti (Hrsg.), SWK-BR, 2014, 598.

I. Allgemeines 1	VI. Nachrang (Abs. 4) 24
II. Allgemeine Anspruchsvoraussetzungen 6	VII. Zuzahlung (Abs. 5 bis 7) 27
III. Anspruch auf ambulante Rehabilitationsmaßnahmen (Abs. 1) 7	1. Systematik der Zuzahlungsregelungen.. 27
1. Anspruchsvoraussetzungen 7	2. Zuzahlungspflicht als Regelfall (Abs. 5) 28
2. Leistungsziel 8	3. Beschränkte Zuzahlung bei Anschlussrehabilitation (Abs. 6) 29
3. Leistungsinhalt 11	4. Indikationsabhängige beschränkte Zuzahlungspflicht (Abs. 7) 32
4. Leistungserbringung 12	5. Zahlungsweg 34
IV. Anspruch auf stationäre Rehabilitationsmaßnahmen (Abs. 2) 13	VIII. Verfahren 35
1. Anspruchsvoraussetzungen 13	IX. Statistik (Abs. 2 S. 3) 38
2. Leistungsziel 14	X. Änderung durch das Blut- und Gewebegesetz 39
3. Leistungsinhalt 15	
4. Leistungserbringung 17	XI. Anpassung durch das Bundesteilhabegesetz 40
V. Konkretisierung des Leistungsinhalts und -umfangs (Abs. 3) 19	

I. Allgemeines

1 Die Leistungen der ambulanten und stationären Rehabilitation sind durch das GKV-GRG mit Wirkung zum 1.1.2000[1] grundlegend neu geordnet worden.[2] Die Ansprüche auf ambulante Rehabilitationsleistungen in der jetzigen Form bestehen erst seitdem.[3] Stationäre rehabilitative Behandlungen waren – in anderer Form – schon in § 184 a RVO und später in § 40 Abs. 2 SGB V vorgesehen.[4]

2 § 40 wurde mit Schaffung des SGB V durch das GRG v. 20.12.1988 (BGBl. I, 2477) eingeführt und trat am 1.01.1989 in Kraft. Nach der Neuordnung mit Wirkung zum 1.1.2000 (→ Rn. 1) wurden in Abs. 3 die S. 6 bis 8 durch das Pflege-WeiterentwicklungsG vom 28.5.2008 (BGBl. I, 874) angefügt. Durch das GKV-Versorgungsstrukturgesetz vom 22.12.2011 (BGBl. I, 2983) wurde Abs. 1 S. 1 zum 1.1.2012 geändert. Durch Art. 16 Pflege-Neuausrichtungsgesetz vom 23.10.2012 (BGBl. I, 2246, 2258, 2260, 2263) wurden in Abs. 2 S. 1 und S. 2 sowie in Abs. 3 S. 1 besondere privilegierende Regelungen für pflegende Angehörige aufgenommen. Durch das GKV-Versorgungsstärkungsgesetz vom 16.7.2015 (BGBl. I, 1211) wurden mWv 23.7.2015 Abs. 1 S. 1 neugefasst, indem die mobilen Rehabilitationsleistungen ausdrücklich aufgenommen wurden (→ Rn. 12), außerdem in Abs. 2 S. 4 der Verweis auf § 39 Abs. 1a und die Verpflichtung zur Durchführung eines Entlassmanagements aufgenommen (→ Rn. 16) sowie Abs. 3 S. 1 mit Bezug auf das Wunsch- und Wahlrecht (→ Rn. 18) neu gefasst. Zuletzt wurden durch das Flexirentengesetz vom 8.12.2016 (BGBl. I 2838) mWv 14.12.2016 die Nachrangregelungen im Hinblick auf vorrangige Leistungen nach dem SGB VI in § 40 Abs. 4 neu gefasst (→ Rn. 25).

3 Zu beachten sind die **untergesetzlichen Normen** zur medizinischen Rehabilitation, die rechtsverbindlich sind. Von besonderer Bedeutung ist insoweit die nach § 92 Abs. 2 S. 2 Nr. 8 ergangene Rehabilitations-Richtlinie des Gemeinsamen Bundesausschusses.[5] Beachtlich sind weiter Vorschriften die dem **Verwaltungsbinnenrecht** zuzuordnen sind. Sie entfalten zwar keine unmittelbare Außenwirkung,[6] sind aber für die Verwaltungs- und Bewilligungspraxis durchaus von Bedeutung. Hierzu zählt etwa die Be-

---

[1] Gesetz vom 22.12.1999, BGBl. I, 2626.
[2] Zur Rechtsentwicklung im Einzelnen Noftz in: Hauck/Noftz, § 40 SGB V Rn. 1 ff.; Schmidt in: Peters, HdB KrV, § 40 Rn. 1 ff., sowie Wagner in: Krauskopf, § 40 SGB V Rn. 1 f. je mwN.
[3] Brandts in: Richter, Rehabilitationsrecht, § 1 Rn. 23; zur Entwicklung der ambulanten Rehabilitation Schmidt in: Peters, HdB KrV, § 40 Rn. 94 ff.
[4] Brandts in: Richter, Rehabilitationsrecht, § 1 Rn. 25.
[5] Richtlinie des Gemeinsamen Bundesausschusses über Leistungen zur medizinischen Rehabilitation (Rehabilitations-Richtlinie) vom 16.3.2004, BAnz 2004 S. 6769, zuletzt geändert am 5.10.2015, veröffentlicht im BAnz AT 2.3.2016 B2, in Kraft getreten am 1.4.2016; abrufbar unter https://www.g-ba.de/informationen/richtlinien/23/ (zuletzt abgerufen am 1.5.2017). Zur Rechtsnatur BSG, B 3 KR 3/04 R, SozR 4-2500 § 40 Nr. 2 = NZS 2006, 485 ff.
[6] Dazu Wagner in: Krauskopf, § 40 SGB V Rn. 10 mwN.

gutachtungsrichtlinie des Spitzenverbandes Bund der Krankenkassen.[7] Überdies besteht eine Gemeinsame Rahmenempfehlung für ambulante und stationäre Vorsorge- und Rehabilitationsleistungen auf der Grundlage des § 111a SGB V aF.[8] Zudem sind verschiedene Empfehlungen und Arbeitshilfen zur medizinischen Rehabilitation von der BAR erarbeitet worden.[9] Auch letztere entfalten keine Außenwirkung und können als Verwaltungsbinnenrecht[10] allenfalls zur Selbstbindung der Verwaltung führen.

Leistungen der medizinischen Rehabilitation nach §§ 40 ff. SGB V sind Leistungen zur Teilhabe iSd § 29 Abs. 1 Nr. 1 SGB I und §§ 4, 5 Nr. 1 SGB IX. Die Krankenkassen sind im Hinblick auf diese Leistungen nach § 6 Abs. 1 Nr. 1 SGB IX Rehabilitationsträger. Daher finden auf das Verfahren und die Leistungserbringung die Vorschriften des SGB IX Anwendung[11] (→ Rn. 36). Bei den Leistungen der Rehabilitation handelt es sich um solche mit einer gegenüber der **Krankenbehandlung** eigenen Zielrichtung.[12] Eine eindeutige Abgrenzung ist im SGB V bislang nicht vorgenommen worden:[13] Die Leistungen der medizinischen Rehabilitation bilden einerseits einen eigenen Leistungskomplex (vgl. § 11 Abs. 2), werden in § 27 Abs. 1 S. 2 Nr. 6 aber gleichwohl zu den Leistungen der Krankenbehandlung gezählt. Dies führt zu systematischen Unklarheiten.[14] Im Zweifel sind die Leistungen der medizinischen Rehabilitation nach §§ 40 ff. stets als Leistungen der medizinischen Rehabilitation iSd SGB IX zu behandeln, um der gesetzgeberischen Intention der Koordination der Leistungserbringung an behinderte und von Behinderung bedrohte Menschen[15] möglichst weitgehend Rechnung zu tragen. 4

Sind die gesetzlichen Voraussetzungen erfüllt, muss eine Leistung nach § 40 gewährt werden.[16] Allerdings hat die Krankenkasse hinsichtlich der Konkretisierung des Leistungsinhalts ein Auswahl- bzw. **Gestaltungsermessen**.[17] Daher besteht ein Anspruch auf ermessensfehlerfreie Entscheidung nach § 39 SGB I. Die Leistungen werden als Sach- und Dienstleistungen iSd § 2 Abs. 2[18] oder im Rahmen eines persönlichen Budgets (→ Rn. 36 sowie § 2 Rn. 25) erbracht. Die Vorschrift des § 40 setzt den **Grundsatz des Vorrangs ambulanter vor stationären Leistungen** um. Insofern kann von einem „Stufenverhältnis"[19] gesprochen werden. Daher besteht ein Anspruch auf Leistungen der stationären Rehabilitation nach Abs. 2 nur, wenn eine ambulante Rehabilitationsmaßnahme nach Abs. 1 nicht ausreicht. 5

II. Allgemeine Anspruchsvoraussetzungen

Anspruchsvoraussetzung ist zunächst der Versichertenstatus in der gesetzlichen Krankenversicherung nach §§ 5 ff. 6

III. Anspruch auf ambulante Rehabilitationsmaßnahmen (Abs. 1)

1. Anspruchsvoraussetzungen. Voraussetzung für einen Anspruch auf Leistungen der ambulanten medizinischen Rehabilitation ist, dass Leistungen der Krankenbehandlung nicht ausreichen, um das Leistungsziel (→ Rn. 8 ff., 14) zu erreichen. Die Tatsache, dass keine ambulante Krankenbehandlung durchgeführt wurde, kann ein Indiz dafür sein, dass Rehabilitationsmaßnahmen nicht erforderlich 7

---

7 Begutachtungs-Richtlinie Vorsorge und Rehabilitation des GKV-Spitzenverbandes vom Oktober 2005, Stand: Juli 2016, abrufbar unter https://www.gkv-spitzenverband.de/krankenversicherung/rehabilitation/richtlinien_und_vereinbarungen/richtlinien_und_vereinbarungen.jsp (zuletzt abgerufen am 1.5.2017).
8 Vom 12.5.1999, abrufbar unter https://www.mds-ev.de/richtlinien-publikationen/rehabilitation.html (zuletzt abgerufen am 1.5.2017); dazu eingehend Schmidt in: Peters, HdB KrV, § 40 Rn. 109 a.
9 S. http://www.bar-frankfurt.de/publikationen/broschueren-med-reha/ (zuletzt abgerufen am 1.5.2017).
10 BSG, 1.9.2005, B 3 KR 3/04 R, SozR 4-2500 § 40 Nr. 2 = NZS 2006, 485 ff.
11 Vgl. BSG, 14.12.2006, B 4 R 19/06, SozR 4-3250 § 14 Nr. 3; im Einzelnen Welti in: Becker/Kingreen, § 40 Rn. 2.
12 Eingehend Schmidt in: Peters, HdB KrV, § 40 Rn. 64 ff.
13 Siehe auch Brandts in: Rehabilitationsrecht, § 1 Rn. 12 f.
14 Eingehend Noftz in: Hauck/Noftz, SGB V, § 40 Rn. 16 mwN.
15 BT-Dr. 14/5074, 94; vgl. auch Welti/Sulek, Die Ordnungsfunktion des SGB IX für das Recht der Rehabilitation und Teilhabe in: Igl/Welti, Die Verantwortung des sozialen Rechtsstaats für Personen mit Behinderung und für die Rehabilitation, 2001, S. 131 ff.
16 Dies gilt für die stationären Rehabilitationsmaßnahmen erst seit Inkrafttreten des GKV-WSG vom 26.3.2007, BGBl. I, 378. Die Beurteilung des Vorliegens der Anspruchsvoraussetzungen steht nicht im Ermessen der Krankenkasse sondern ist voll gerichtlich überprüfbar; BSG, B 1 KR 33/01 R, SozR 4-1500 § 54 Nr. 1.
17 Noftz in: Hauck/Noftz, SGB V, § 40 Rn. 57 ff. sowie Schmidt in: Peters, HdB KrV, § 40 Rn. 116 f.
18 Noftz in: Hauck/Noftz, SGB V, § 40 Rn. 4 ff.; Hellkötter-Backes in: LPK-SGB V, § 40 Rn. 8.
19 Schnitzler in: BeckOK SozR, SGB V, § 40 Rn. 10 mwN; Wagner in: Krauskopf, § 40 SGB V Rn. 7; Brandts in: Richter, Rehabilitationsrecht, § 1 Rn. 21.

sind,[20] sie führt aber nicht in jedem Fall zu einem Entfallen des Anspruchs. Die Frage ist im Einzelfall nach medizinischen Kriterien und regelmäßig unter Zuziehung entsprechenden Sachverstands zu beurteilen.[21] Zudem muss der Versicherte sowohl rehabilitationsbedürftig, als auch rehabilitationsfähig sein und über eine positive Rehabilitationsprognose verfügen.[22] Schließlich muss die Maßnahme dem Wirtschaftlichkeitsgebot des § 12 entsprechen.

8 2. **Leistungsziel.** § 40 regelt Leistungen der medizinischen Rehabilitation. Dabei handelt es sich um Leistungen mit einer eigenen Zielrichtung. Sie dienen nicht der Akutbehandlung von Erkrankungen, sondern verfolgen gem. § 11 Abs. 2 SGB V (→ § 11 Rn. 42 f.) iVm § 26 Abs. 1 SGB IX[23] das Ziel, Behinderung zu beseitigen oder abzuwenden und ihre Folgen zu mindern.[24] Zur Beurteilung ist das in der Internationalen Klassifikation der Funktionsfähigkeit, Behinderung und Gesundheit festgehaltene bio-psychosoziale Modell zugrunde zu legen.[25] Dabei ist Gesundheit übergeordnetes Ziel der medizinischen Rehabilitation im Sinne einer Verbesserung der Möglichkeiten gesellschaftlicher Teilhabe.[26]

9 Im Einzelnen kann die **Abgrenzung** sowohl zu anderen Leistungen der gesetzlichen Krankenversicherung, insbesondere der Krankenbehandlung und der Vorsorge, Schwierigkeiten bereiten.[27] Dabei ist die Krankenbehandlung ieS auf die Heilung von Erkrankungen gerichtet, während die Rehabilitation sich den Krankheitsfolgen widmet.[28] Daher zählt die sog Früh-Rehabilitation nach § 39 Abs. 1 S. 3 Hs. 2 zur Heilbehandlung.[29] Im Gegensatz zu Rehabilitationsmaßnahmen dienen Maßnahmen der Prävention der Vorbeugung von Erkrankungen.[30] Die Abgrenzung ist allerdings, zumal in Fällen von Multimorbidität, nicht immer trennscharf möglich.[31]

10 Komplikationen entstehen, wenn neben medizinischen Zielen auch **andere Teilhabeziele** verfolgt werden.[32] Dies ist letztlich der Struktur des gegliederten Sozialleistungssystems geschuldet.[33] Leistungen werden im Recht der gesetzlichen Krankenversicherung nur dann als solche der medizinischen Rehabilitation qualifiziert, wenn die medizinischen Aspekte der Beseitigung, Abwendung oder Milderung der Folgen einer Behinderung im Vordergrund stehen und den Schwerpunkt der Maßnahme bilden,[34] und nicht Aspekte der Teilhabe am Arbeitsleben oder am Leben in der Gemeinschaft.

11 3. **Leistungsinhalt.** Leistungen der medizinischen Rehabilitation sind **Komplexleistungen**, die unterschiedliche Maßnahmen zur Erreichung der Rehabilitationsziele in einem ganzheitlichen Behandlungskonzept miteinander verknüpfen.[35] Hierzu gehören ärztliche und nichtärztliche Behandlungen einschließlich Heilmitteln ebenso wie alle anderen Einzelleistungen der gesetzlichen Krankenversicherung.[36] Aber auch gesundheitspädagogische[37] oder gruppentherapeutische Leistungen können in den Behandlungskomplex einbezogen werden.[38] Entscheidend ist allerdings, dass der Behandlungsplan in ärztlicher Gesamtverantwortung aufgestellt und durchgeführt wird.[39] Konkretisierungen enthalten die

---

20 Brandts in: Richter, Rehabilitationsrecht, § 1 Rn. 38.
21 Schnitzler in: BeckOK SozR, SGB V, § 40 Rn. 18.1.
22 Im Einzelnen §§ 8 ff. der Rehabilitations-Richtlinie (Fn. 5) sowie Noftz in: Hauck/Noftz, SGB V, § 45 f.; Schmidt in: Peters, HdB KrV, § 40 Rn. 184 ff.; Brandts in: Richter, Rehabilitationsrecht, § 1 Rn. 32 ff.
23 Dazu Stähler in: Lachwitz/Schellhorn/Welti, SGB IX, 2. Aufl. 2006, § 26 Rn. 10 sowie Liebig in: Dau/Düwell/Joussen, § 26 SGB IX Rn. 5, je mwN Nach Inkrafttreten der entsprechenden Regelungen des Bundesteilhabegesetzes vom 23.12.2016 (BGBl. I, 3234) mWv 1.1.2018 §§ 42 f. SGB IX nF.
24 Schramm/Witte in: Sodan, HdB KrVersR § 10 Rn. 120.
25 Anl. 1 der Rehabilitations-Richtlinie (Fn. 5). Zur Rechtsnatur BSG, B 3 KR 3/04 R, SozR 4-2500 § 40 Nr. 2 = NZS 2006, 485 ff. sowie Schmidt in: Peters, HdB KrV, § 40 Rn. 51.
26 Vgl. § 4 Rehabilitations-Richtlinie (Fn. 5). Zur Rechtsnatur BSG, B 3 KR 3/04 R, SozR 4-2500 § 40 Nr. 2 = NZS 2006, 485 ff.; Welti in: Becker/Kingreen, § 40 Rn. 4.
27 Noftz in: Hauck/Noftz, SGB V, § 40 Rn. 6 mwN.
28 Dazu instruktiv BGH, 27.1.2011, III ZR 239/09, VersR 2011, 348.
29 Brandts in: Richter, Rehabilitationsrecht, § 1 Rn. 18.
30 Noftz in: Hauck/Noftz, SGB V, § 40 Rn. 17.
31 Brandts in: Richter, Rehabilitationsrecht, § 1 Rn. 19 sowie Schmidt in: Peters, HdB KrV, § 40 Rn. 71.
32 In diesem Sinne auch Brandts in: Richter, Rehabilitationsrecht, § 1 Rn. 26; eingehend Noftz in: Hauck/Noftz, SGB V, § 40 Rn. 12 ff.
33 Dazu auch Noftz in: Hauck/Noftz, § 40 Rn. 9 a.
34 BSGE 98, 284, B1 KR 36/06 R; Noftz in: Hauck/Noftz, SGB V, § 40 Rn. 42.
35 Hellkötter-Backes in: LPK-SGB V, § 40 Rn. 7; Brandts in: Richter, Rehabilitationsrecht, § 1 Rn. 22.
36 Im Einzelnen Schmidt in: Peters, HdB KrV, § 40 Rn. 68.
37 Hellkötter-Backes in: LPK-SGB V, § 40 Rn. 7.
38 Eingehend Wagner in: Krauskopf, § 40 SGB V Rn. 12 f.
39 Noftz in: Hauck/Noftz, SGB V, § 40 Rn. 26.

Gemeinsamen Empfehlungen,⁴⁰ indikationsspezifischen Empfehlungen⁴¹ sowie Arbeitshilfen der BAR.⁴²

4. Leistungserbringung. Ambulante Rehabilitationsleistungen werden nach S. 1 in der Regel in Rehabilitationseinrichtungen, mit denen ein Versorgungsvertrag nach § 111 c besteht (im Einzelnen → § 111 Rn. 3), erbracht.⁴³ Zu den Voraussetzungen des Abschlusses siehe § 111 (im Einzelnen → § 111 Rn. 4 ff.), zu den fachlichen Anforderungen an die Einrichtungen § 107 Abs. 2 (→ § 107 Rn. 13 ff.). Dabei fällt auch die teilstationäre Erbringung von Rehabilitationsleistungen unter Abs. 1.⁴⁴ Gleiches gilt für die Erbringung mobiler Rehabilitationsleistungen⁴⁵ **durch wohnortnahe Einrichtungen**.⁴⁶ Ob insoweit die Voraussetzungen des § 107 Abs. 2 erfüllt sein müssen, die originär für stationäre Einrichtungen gelten, ist umstritten.⁴⁷ Es spricht viel dafür anzunehmen, dass dies nicht der Fall ist, weil das SGB IX die Anforderungen an die Leistungserbringer insoweit hinreichend regelt.⁴⁸

§ 40 Abs. 1 S. 2 ermöglicht auch die Erbringung von Rehabilitationsleistungen in stationären Pflegeeinrichtungen.⁴⁹

Der Abschluss von Versorgungsverträgen mit Einrichtungen im Ausland richtet sich nach § 140 e (→ § 140 e Rn. 5 ff.).⁵⁰

IV. Anspruch auf stationäre Rehabilitationsmaßnahmen (Abs. 2)

1. Anspruchsvoraussetzungen. Zunächst müssen sämtliche Voraussetzungen des Abs. 1 erfüllt sein (dazu → Rn. 7). Zu beachten ist der **Vorrang der ambulanten Rehabilitation** nach Abs. 1. Daher ist für einen Anspruch nach Abs. 2 zusätzlich erforderlich, dass eine ambulante Rehabilitationsmaßnahme nicht ausreicht, um das Leistungsziel (→ Rn. 8 ff. und 14) zu erreichen. Erforderlich ist insoweit eine Beurteilung des Einzelfalls.⁵¹

2. Leistungsziel. Mit Blick auf das Leistungsziel (dazu schon oben → Rn. 8 ff.) ist von stationären Rehabilitationsmaßnahmen nach § 40 die Krankenhausbehandlung nach § 39⁵² einschließlich der Frührehabilitation⁵³ (→ § 39 Rn. 22) abzugrenzen.⁵⁴ Das Gleiche gilt für Leistungen der Vorsorge nach § 24 (dazu → § 24 Rn. 3). Zielt eine stationäre Maßnahme auf die Rehabilitation zum Ausgleich spezifischer Belastungen, die aus der (funktionalen) Elternschaft resultieren, so sind Leistungen der Rehabilitation für Mütter und Väter nach § 41 aus Gründen der Spezialität vorrangig (→ § 41 Rn. 5).⁵⁵

---

40 Insbesondere die Rahmenempfehlung der Spitzenverbände der Krankenkassen zur mobilen geriatrischen Rehabilitation vom 1.5.2007, abrufbar unter http://www.mds-ev.de/media/pdf/RE_MoGeRe_070501%281%29.pdf (zuletzt abgerufen am 1.5.2017) sowie nunmehr auch die Eckpunkte des GKV-Spitzenverbandes und der Verbände der Krankenkassen auf Bundesebene für die mobile indikationsspezifische Rehabilitation vom 5.4.2016, abrufbar unter https://www.gkv-spitzenverband.de/krankenversicherung/rehabilitation/mobile_rehabilitation/mobile_reha.jsp (zuletzt abgerufen am 1.5.2017).
41 S. http://www.bar-frankfurt.de/rahmenempfehlungen.html. Dazu auch Noftz in: Hauck/Noftz, SGB V, § 41 Rn. 26 a (zuletzt abgerufen am 1.5.2017).
42 Begutachtungs-Richtlinie (Fn. 7).
43 Zur Inanspruchnahme von Rehabilitationsleistungen im Ausland siehe BSG, 6.3.2012, B 1 KR 17/11 R.
44 BSGE 87, 14 ff., B 3 KR 12/99 R; dazu auch Noftz in: Hauck/Noftz, SGB V, § 40 Rn. 24 sowie Hellkötter-Backes in: LPK-SGB V, § 40 Rn. 7.
45 Dazu eingehend Noftz in: Hauck/Noftz, SGB V, § 40 Rn. 25 a ff. sowie Zieglmeier in: KassKomm, § 40 SGB V Rn. 18 f. Siehe dazu auch die Eckpunkte des GKV-Spitzenverbandes und der Verbände der Krankenkassen auf Bundesebene für die mobile indikationsspezifische Rehabilitation vom 5.4.2016, (Fn. 40).
46 Hellkötter-Backes in: LPK-SGB V, § 40 Rn. 10 f.; siehe dazu auch die Rahmenempfehlung zur mobilen geriatrischen Rehabilitation vom 1.5.2007 (Fn. 40).
47 Dafür BSG, B 3 KR 3/04, RSozR 4-2500 § 40 Nr. 2 = NZS 2006, 485 ff. Eingehend Schmidt in: Peters, HdB KrV, § 40 Rn. 124 ff.
48 Welti in: Becker/Kingreen, § 40 Rn. 14 f.
49 Siehe auch Noftz in: Hauck/Noftz, SGB V, § 40 Rn. 25 e; Hellkötter-Backes in: LPK-SGB V, § 40 Rn. 12.
50 Eingehend Zieglmeier in: KassKomm, § 40 SGB V Rn. 15; zur Kostenerstattung bei der Inanspruchnahme selbst beschaffter Leistungen der ambulanten Rehabilitation im In- und Ausland, ebd. Rn. 18.
51 Welti in: Becker/Kingreen, § 40 Rn. 16.
52 Dazu auch BSGE 94, 139-149, B 3 KR 9/03 R sowie BSG, B 3 KR 14/07 R, SozR 4-2500 § 39 Nr. 14 = GesR 2008, 599 ff.
53 Instruktiv SG Braunschweig, S 40 KR 87/05, juris Rn. 18 ff. Eingehend Schmidt in: Peters, HdB KrV, § 40 Rn. 53 ff.
54 Hellkötter-Backes in: LPK-SGB V, § 39 Rn. 22 f.
55 Siehe auch Noftz in: Hauck/Noftz, SGB V, § 40 Rn. 18.

15 **3. Leistungsinhalt.** Auch bei stationären Rehabilitationsmaßnahmen handelt es sich um **Komplexleistungen**. Sie können alle Einzelleistungen beinhalten, die auch Teil einer ambulanten Rehabilitationsmaßnahme sein können (→ Rn. 11).[56] Zusätzlich sind Unterkunft und Verpflegung für die Dauer der Maßnahme von der Leistung mit umfasst.[57] Gleiches gilt für die erforderliche Grund- und Behandlungspflege.[58] Daher richtet sich die Erbringung teilstationärer Rehabilitationsmaßnahmen nach Abs. 1.[59] Entscheidende Anforderungen an die Qualität der Leistung lassen sich aus § 107 Abs. 2 ableiten[60] (dazu → § 107 Rn. 13 ff.). Der Durchführung der Maßnahme liegt auch hier ein Behandlungsplan zugrunde.[61] Die Behandlung erfolgt unter ständiger ärztlicher Verantwortung[62] und durch besonders qualifizierte Fachkräfte.[63] Die Leistungen sind nicht auf bestimmte Indikationen begrenzt.[64] Von besonderer Bedeutung sind sie bei der Behandlung von Suchtkrankungen und psychischen Erkrankungen. Als weitere typische Beispiele können Anschlussrehabilitationen nach schweren Herz- oder Tumorerkrankungen genannt werden.[65]

16 Die Leistung umfasst nach Abs. 2 S. 4 auch die Durchführung eines **Entlassmanagements** nach § 39 Abs. 1a (→ § 39 Rn. 23). Gem. § 39 Abs. 1a S. 11–13 setzen die Durchführung des Entlassmanagements und die damit verbundene Datenerhebung, -nutzung und -weitergabe eine schriftliche Einwilligung des Versicherten nach entsprechender Information voraus (→ § 39 Rn. 23). Die Vorschrift konkretisiert insoweit den Anspruch der Versicherten auf ein Versorgungsmanagement nach § 11 Abs. 4 (dazu → § 11 Rn. 63 ff.).[66] Bislang fehlt es allerdings an entsprechenden Richtlinien des GBA und einer Rahmenvereinbarung zwischen dem SpiBuK, dem Spitzenverband Bund der Pflegekassen, der KBV und der DKG entsprechend § 39 Abs. 1a S. 10. Im Zuge der jüngsten Änderung der Arzneimittelrichtlinie des GBA[67] wurden nur Regelungen zur Ermöglichung von Arzneimittelverordnungen im Anschluss an stationäre Krankenhausaufenthalte getroffen. Verordnungen durch stationäre Rehabilitationseinrichtungen wurden dagegen nicht geregelt.[68] Insofern bedarf es einer Aufnahme des Verordnungsrechts der Rehabilitationseinrichtungen in §§ 1, 8 Abs. 3a Arzneimittel-RL. Zum Schiedswesen → Rn. 39.

17 **4. Leistungserbringung.** Stationäre Rehabilitationsleistungen einschließlich Unterkunft und Verpflegung werden in **Rehabilitationseinrichtungen** erbracht, mit denen ein **Versorgungsvertrag** nach § 111 besteht (im Einzelnen → § 111 Rn. 3 ff.). Die Erbringung teilstationärer Rehabilitationsmaßnahmen richtet sich nach Abs. 1 der Vorschrift.[69] § 107 Abs. 2 stellt besondere fachliche Anforderungen an die Einrichtungen auf (→ § 107 Rn. 13 ff.). Voraussetzung ist u.a. eine Zertifizierung der Einrichtungen nach § 20 Abs. 2a SGB IX.[70][71] Maßstäbe für das interne Qualitätsmanagement, sonstige Prämissen und das Verfahren der Zertifizierung sind im Rahmen der BAR vereinbart worden.[72]

---

56 Zum Leistungsinhalt im Einzelnen Schmidt in: Peters, HdB KrV, § 40 Rn. 164 ff.
57 Hellkötter-Backes in: LPK-SGB V, § 40 Rn. 16; vgl. BSGE 87, 14 ff., B 3 KR 12/99 R.
58 Wagner in: Krauskopf, § 40 SGB V Rn. 17.
59 Vgl. BSGE 87, 14 ff., B 3 KR 12/99 R.
60 Brandts in: Richter, Rehabilitationsrecht, § 40 Rn. 24.
61 Noftz in: Hauck/Noftz, SGB V, § 40 Rn. 18.
62 BSG, 26.6.2007, B 1 KR 36/06 R, SozR 4-2500 § 40 Nr. 4. Dazu im Einzelnen Noftz in: Hauck/Noftz, SGB V, § 40 Rn. 27; Brandts in: Richter, Rehabilitationsrecht, § 1 Rn. 24 sowie Schramm/Witte in: Sodan, HdB KrVersR, § 10 Rn. 120.
63 Eingehend auch Zieglmeier in: KassKomm, § 40 SGB V Rn. 31 ff.
64 Beispiele finden sich bei Noftz in: Hauck/Noftz, SGB V, § 40 Rn. 28.
65 Siehe auch Hellkötter-Backes in: LPK-SGB V, § 40 Rn. 15.
66 Hellkötter-Backes in: LPK-SGB V, § 40 Rn. 21 und § 39 Rn. 63 sowie Welti in: Becker/Kingreen, § 40 Rn. 36.
67 Richtlinie des Gemeinsamen Bundesausschusses über die Verordnung von Arzneimitteln in der vertragsärztlichen Versorgung vom 18.12.2008/22.1.2009, veröffentlicht in BAnz. Nr. 49 (Beilage) v. 31.3.2009 zuletzt geändert mit Beschl. v. 16.2.2017 mWv 15.5.2017, veröffentlicht in BAnz AT 10.4.2017 B1.
68 Welti in: Becker/Kingreen, § 40 Rn. 35.
69 BSGE 87, 14 ff., B 3 KR 12/99 R.
70 Nach Inkrafttreten der entsprechenden Regelungen des Bundesteilhabegesetzes vom 23.12.2016 (BGBl. I, 3234) mWv 1.1.2018 § 37 SGB IX nF.
71 Dazu Schmidt in: Peters, HdB KrV, § 40 Rn. 140 sowie Welti in: Lachwitz/Schellhorn/Welti, SGB IX, 2. Aufl. 2006, § 20 Rn. 21 ff.; im Einzelnen Stähler/Cibis, Qualitätsmanagement und Zertifizierung von stationären Rehabilitationseinrichtungen – Umsetzung des § 20 Abs. 2a SGB IX, Die Rehabilitation 2008, 126.
72 Siehe dazu die Vereinbarung zum internen Qualitätsmanagement nach § 20 Abs. 2a SGB IX (einschließlich „Grundsätzliche Anforderungen", Manual und Festlegungen zum Zertifizierungsverfahren) nebst Begleitmaterialien abrufbar unter http://www.bar-frankfurt.de/rehabilitation-und-teilhabe/qualitaet-in-der-rehabilitation/qualitaetsmanagement-und-zertifizierung/ (zuletzt abgerufen am 1.5.2017).

Versicherte haben seit Inkrafttreten des GKV-WSG[73] ein **Wahlrecht**, das es ihnen ermöglicht, die Maßnahme in einer anderen zertifizierten Rehabilitationseinrichtung (dazu → Rn. 12, 17) in Anspruch zu nehmen.[74] Nach der Neufassung im Rahmen des GKV-VSG ist es unbeachtlich, ob mit dieser ein Versorgungsvertrag besteht oder nicht.[75] Entstehen hierdurch Mehrkosten, so sind diese vom Versicherten selbst zu tragen. Dies gilt nach der Neuregelung durch das GKV-VSG allerdings nicht für solche Mehrkosten, die im Hinblick auf das Wunsch- und Wahlrecht nach § 9 SGB IX[76] angemessen sind.[77] Insofern wurde einer der wesentlichen Kritikpunkte an der bisherigen Regelung ausgeräumt, eine weitergehende Möglichkeit der Übernahme von Mehrkosten in Härtefällen – etwa wie in § 39 – allerdings nicht geschaffen.[78]

18

V. Konkretisierung des Leistungsinhalts und -umfangs (Abs. 3)

Sind die gesetzlichen Voraussetzungen erfüllt, so muss eine Rehabilitationsmaßnahme nach § 40 erbracht werden. Allerdings ist es nach Abs. 3 S. 1 Aufgabe der Krankenkasse, Art, Dauer, Umfang, Beginn und Durchführung der Leistungen nach den medizinischen Erfordernissen des Einzelfalls nach pflichtgemäßem Ermessen (§ 39 SGB I) zu bestimmen. Dies kann als **Auswahl-, Gestaltungs- oder Bestimmungsermessen** bezeichnet werden.[79] Beachtlich sind insoweit die Rehabilitations-Richtlinien des Gemeinsamen Bundesausschusses (→ Rn. 3)[80] sowie die Begutachtungsrichtlinien des Spitzenverbandes Bund der Krankenkassen (→ Rn. 3).[81] Ein wesentliches Auswahlkriterium ist die Wirtschaftlichkeit der Leistungserbringung,[82] so dass bei mehreren gleich geeigneten Einrichtungen die Wahl der kostengünstigsten in der Regel ermessensfehlerfrei ist.[83] Jedenfalls sind die gesundheitliche Situation und die Eignung und Erforderlichkeit der Maßnahmen zur Erreichung des Rehabilitationsziels in die Erwägungen einzustellen.[84] Durch das GKV-VSG (→ Rn. 2) wurden bestehende Unklarheiten im Verhältnis von Wirtschaftlichkeitsgebot des § 12 und Wunsch- und Wahlrecht[85] nach § 9 S. 1 SGB IX[86] beseitigt, indem ausdrücklich klargestellt wurde, dass Letzteres bei der Leistungskonkretisierung zu beachten ist. Hierzu sah der Gesetzgeber sich ausweislich der Gesetzesbegründung durch die anderslautende Rechtsprechung des BSG[87] veranlasst.[88] Beide Belange sind im Einzelfall abzuwägen, ohne dass es ein grundsätzliches Vorrangverhältnis gäbe.[89] Im Zweifel gilt, dass zur Verwirklichung der mit

19

---

73 Gesetz vom 26.3.2007, BGBl. I, 378, in Kraft getreten am 1.4.2007.
74 Zur Inanspruchnahme von Rehabilitationsleistungen im Ausland siehe BSG, 6.3.2012, B 1 KR 17/11 R.
75 Gesetzesbegründung zum GKV-VSG, BT-Dr. 18/4095, 77; Hellkötter-Backes in: LPK-SGB V, § 40 Rn. 19. Anders der frühere Wortlaut, des Abs. 2 S. 2, wonach das Wahlrecht sich ausschließlich auf Einrichtungen ohne Versorgungsvertrag bezog. Die dazu ergangene Rspr. des LSG NRW, 19.1.2012, L 5 KR 542/11, juris Rn. 32 ist insoweit durch die Neufassung überholt.
76 Nach Inkrafttreten der entsprechenden Regelungen des Bundesteilhabegesetzes vom 23.12.2016 (BGBl. I, 3234) mWv 1.1.2018 § 8 SGB IX nF.
77 Im Fall unangemessener Mehrkosten darf das Wahlrecht gleichwohl ausgeübt werden, es bleibt dann aber bei der Kostentragungspflicht des Versicherten, vgl. Welti in: Becker/Kingreen, § 40 Rn. 26 a.
78 Kritisch Hellkötter-Backes in: LPK-SGB V, § 40 Rn. 19 f.
79 Im Einzelnen Noftz in: Hauck/Noftz, SGB V, § 40 Rn. 57 ff.
80 Zur Rechtsentwicklung im Einzelnen Noftz in: Hauck/Noftz, § 40 SGB V Rn. 1 ff.; Schmidt in: Peters, HdB KrV, § 40 Rn. 1 ff. sowie Wagner in: Krauskopf, § 40 SGB V Rn. 1 f. je mwN sowie Rn. 3.
81 Brandts in: Richter, Rehabilitationsrecht, § 1 Rn. 23; zur Entwicklung der ambulanten Rehabilitation Schmidt in: Peters, HdB KrV, § 40 Rn. 94 ff. sowie Rn. 3.
82 Eingehend Schmidt in: Peters, HdB KrV, § 40 Rn. 246 ff. Differenzierter Brosius-Gersdorf, NZS 2016, 367, 368 f.
83 BSGE 89, 294, B 3 KR 63/01 R; so auch LSG NRW, 19.1.2012, L 5 KR 542/11, das klarstellt, dass sich das Wahlrecht in Abs. 2 S. 2 nur auf Einrichtungen ohne Versorgungsvertrag bezieht (aaO Rn. 32). Zur Bevorzugung von Eigeneinrichtungen der Krankenkasse aus Gründen der Auslastung LSG BW, 1.8.2007, L 4 KR 2071/05, ZMGR 2008, 328 ff.
84 Hellkötter-Backes in: LPK-SGB V, § 40 Rn. 24.
85 Brandts in: Richter, Rehabilitationsrecht, § 1 Rn. 48.
86 Nach Inkrafttreten der entsprechenden Regelungen des Bundesteilhabegesetzes vom 23.12.2016 (BGBl. I, 3234) mWv 1.1.2018 § 8 SGB IX nF.
87 BSG, B 1 KR 12/12 R, BSGE 113, 231 ff. kritisch schon Bold, NZS 2014, 129 ff. Diese Rspr. erscheint angesichts der Neufassung überholt, vgl. auch Welti in: Becker/Kingreen, § 40 Rn. 26.
88 Gesetzesbegründung zum GKV-VSG, BT-Dr. 18/4095, 78.
89 Welti in: Becker/Kingreen, § 40 Rn. 26.

20 Das Gesetz sieht allerdings in Abs. 3 S. 2 eine **Regeldauer** für Leistungen der medizinischen Rehabilitation vor. Leistungen der ambulanten Rehabilitation sollen für längstens 20 Behandlungstage erbracht werden. Leistungen der stationären Rehabilitation dauern in der Regel längstens drei Wochen. Eine längere Regeldauer gilt gem. Abs. 3 S. 5 iVm § 23 Abs. 7 (→ § 23 Rn. 12) für stationäre Maßnahmen für Kinder bis zur Vollendung des 14. Lebensjahres.[92] Diese dauern in der Regel vier bis sechs Wochen. Im Rahmen der Ermessensausübung ist in atypischen Fällen eine Abweichung von der Regeldauer sowohl im Sinne einer Verkürzung wie einer Verlängerung möglich.[93] Bei Erreichen der Regeldauern ist eine Verlängerung möglich, wenn dies aus medizinischen Gründen dringend erforderlich ist. Fraglich ist, wann letzteres der Fall ist. Jedenfalls muss die Dringlichkeit gegenüber der reinen medizinischen Erforderlichkeit gesteigert sein. Hierfür wird teilweise gefordert, dass die Erreichung der Rehabilitationsziele innerhalb der Regeldauer von vorn herein bzw. nach dem Verlauf der Maßnahme ausgeschlossen erscheint, während die Maßnahme über einen längeren Zeitraum „hinreichende Erfolgsaussicht"[94] biete. Es wird auch vertreten, die dringliche Erforderlichkeit sei gegeben, wenn bei einem Abwarten erhebliche Gesundheitsschäden zu befürchten sind, die Maßnahme also unaufschiebbar erscheint.[95] Entscheidend dürfte sein, ob ohne die Verlängerung die Erreichung der Rehabilitationsziele wesentlich erschwert oder unmöglich würde.[96]

21 Die zeitlichen Festlegungen des Abs. 3 S. 2 gelten nicht, wenn und soweit der Spitzenverband Bund der Krankenkassen **indikationsspezifische Regeldauern** festgelegt hat. Dies ist zum Teil in Ziff. 5.2. der Begutachtungsrichtlinien geschehen.[97]

22 Nach Inanspruchnahme einer Maßnahme nach § 40 oder einer sonstigen aufgrund öffentlich-rechtlicher Regelungen (teil-)finanzierten Leistung kann nach Abs. 3 S. 4 regelmäßig frühestens nach Ablauf einer **Karenzzeit** von vier Jahren (erneut) eine Maßnahme nach § 40 in Anspruch genommen werden.[98] Ausnahmen gelten für den Fall, dass die Leistung zu einem früheren Zeitpunkt aus medizinischen Gründen dringend erforderlich ist. Dies ist der Fall, wenn gesundheitliche Gründe eine vorzeitige Inanspruchnahme „besonders eindringlich nahe legen".[99] Entscheidend dürfte sein, ob ohne die vorzeitige Inanspruchnahme die Erreichung der Rehabilitationsziele wesentlich erschwert oder unmöglich würde.[100] Davon wird bei einer Anschlussrehabilitation in der Regel auszugehen sein.[101]

23 Nach Abs. 3 S. 6-8 ist die Krankenkasse verpflichtet, an die **Pflegekasse** einen gesetzlich festgelegten Betrag von 3.072 EUR zu zahlen, wenn Rehabilitationsleistungen an pflegebedürftige Menschen nicht innerhalb vom sechs Monaten nach Antragstellung erbracht werden. Die Zahlungspflicht tritt nicht ein, wenn die Krankenkasse die Nichtleistung nicht zu vertreten hat. Die Einführung dieser Regelung

---

90 BT-Dr. 14/5074, 94; vgl. auch Welti/Sulek, Die Ordnungsfunktion des SGB IX für das Recht der Rehabilitation und Teilhabe in: Igl/Welti, Die Verantwortung des sozialen Rechtsstaats für Personen mit Behinderung und für die Rehabilitation, 2001, S. 131 ff.
91 So schon HessLSG, 28.8.2008, L 1 KR 2/05, ZMGR 2008, 333 ff. mit zustimmender Anmerkung Fuhrmann in: ASR 2009, 101 ff., Bold, NZS 2014, 129 ff. sowie Welti in: Becker/Kingreen, § 40 Rn. 26.
92 So auch Noftz in: Hauck/Noftz, SGB V, § 40 Rn. 62a; weitergehend Brandts in: Richter, Rehabilitationsrecht, § 1 Rn. 50, die die veränderte Berechnung und längere Dauer auch in der ambulanten Rehabilitation für anwendbar hält.
93 Brandts in: Richter, Rehabilitationsrecht, § 1 Rn. 53 f.; Noftz in: Hauck/Noftz, SGB V, § 40 Rn. 62.
94 Schmidt in: Peters, HdB KrV, § 40 Rn. 211 sowie Zieglmeier in: KassKomm, § 40 SGB V Rn. 28.
95 Noftz in: Hauck/Noftz, SGB V, § 40 Rn. 62 sowie Hellkötter-Backes in: LPK-SGB V, § 40 Rn. 30.
96 Schmidt in: Peters, HdB KrV, § 40 Rn. 211.
97 Fn. 7 sowie → Rn. 3. Dies betrifft die neurologische Rehabilitation von Patienten mit schwersten und schwersten Hirnschädigungen und die Rehabilitation bei Abhängigkeitserkrankungen (Entwöhnung).
98 Zu Beginn und Ende der Wartezeit sowie zur deren Berechnung im Einzelnen Schmidt in: Peters, HdB KrV, § 40 Rn. 218 ff.; Brandts in: Richter, Rehabilitationsrecht, § 1 Rn. 43.
99 Schmidt in: Peters, HdB KrV, § 40 Rn. 221; Brandts in: Richter, Rehabilitationsrecht, § 40 Rn. 44 sowie Zieglmeier in: KassKomm, § 40 SGB V Rn. 43, 23.
100 Weitergehend Welti in: Becker/Kingreen, § 40 Rn. 28, der die dringende Erforderlichkeit bereits dann annimmt, wenn „durch die Rehabilitationsleistung voraussichtlich Behinderung oder Pflegebedürftigkeit verhindert oder deutlich gemindert werden" kann. Dieser Maßstab weist allerdings kaum Differenzierungspotenzial auf, weil er nicht über die allgemeine Anforderung an die Erforderlichkeit der Maßnahme hinausgeht.
101 So auch Welti in: Becker/Kingreen, § 40 Rn. 28.

durch das PflWG[102] dient der Stärkung der Rehabilitation pflegebedürftiger Menschen. Die Zahlung kann mit einem Strafschadensersatz verglichen werden[103] und muss als Anreiz verstanden werden, die Krankenkassen zur rechtzeitigen Leistungserbringung im Sinne des in § 11 Abs. 2 S. 1 zum Ausdruck kommenden Vorrangs von „Rehabilitation vor Pflege"[104] (dazu → § 11 Rn. 43, 46 f.) anzuhalten.[105] Die Krankenkassen sind zudem verpflichtet, solche Fälle an die Aufsichtsbehörden, dh das BVA bzw. die zuständigen Landesbehörden zu berichten.

VI. Nachrang (Abs. 4)

Nach Abs. 4 besteht grundsätzlich eine **nachrangige Zuständigkeit** der Krankenkassen gegenüber anderen Sozialversicherungsträgern.[106] Die Subsidiarität gilt immer dann, wenn ein anderer Träger rechtlich ermächtigt ist, die begehrte Leistung zu erbringen. Entscheidend ist dabei nicht, ob er diese Befugnis auch nutzt.[107]

Der Nachrang besteht grundsätzlich auch gegenüber Leistungen der medizinischen Rehabilitation durch den Rentenversicherungsträger,[108] insbesondere solchen nach § 15 SGB VI. Allerdings sieht das Gesetz sieht zugleich **Ausnahmen von dem Nachrang** vor, und zwar für Leistungen nach §§ 14, 15 a, 17 und 31 SGB VI. Dabei erfasst § 14 SGB VI medizinische Präventionsleistungen zur Sicherung der Erwerbsfähigkeit. Ein Nachrang der Leistungen nach dem SGB V besteht außerdem nicht für Leistungen der Kinderrehabilitation nach § 15 a SGB VI, Nachsorgeleistungen gem. § 17 SGB VI und sonstigen Leistungen zur Teilhabe nach § 31 SGB VI.[109] Dies betrifft in der Sache insbesondere die in § 31 Abs. 1 Nr. 2 SGB VI genannte onkologische Nachsorge.[110] Daher besteht für diese Leistungen eine **gleichrangige Zuständigkeit von Rentenversicherungsträgern und Krankenkassen**.[111] Eine weitere Ausnahme von der nachrangigen Zuständigkeit der Krankenkassen ist im Recht der gesetzlichen Rentenversicherung in § 13 Abs. 2 SGB VI für interkurrente, also während einer Rehabilitationsmaßnahme auftretende akute Erkrankungen, die eine Behandlung erfordern[112] und die Krankenhausbehandlung ersetzende Rehabilitationsleistungen geregelt.[113]

Geht die Krankenkasse von der Zuständigkeit eines anderen Trägers aus, ist § 14 SGB IX[114] zu beachten.[115] Unterbleibt eine Zuständigkeitsklärung nach § 14 Abs. 1 SGB IX, kann dies dazu führen, dass die Krankenkasse nach § 14 Abs. 2 SGB IX die Leistung nach dem Recht eines anderen Leistungsträ-

---

102 Gesetz zur strukturellen Weiterentwicklung der Pflegeversicherung vom 28.5.2008 (Pflege-Weiterentwicklungsgesetz), BGBl. I, 874, in Kraft getreten am 1.7.2008.
103 Ähnlich Schnitzler in: BeckOK SozR, SGB V, § 40 Rn. 43 ff.
104 Dazu auch Welti in: Becker/Kingreen, § 40 Rn. 30.
105 Gesetzesbegründung zum Pflege-Weiterentwicklungsgesetz, BT-Dr. 16/7439, 96; siehe auch Noftz in: Hauck/Noftz, § 40 Rn. 76 ff.
106 Dies gilt nicht für den von Gesetzes wegen §§ 2 und 14 SGB XII nachrangig zuständigen Sozialhilfeträger, siehe zB LSG NRW, L 5 KR 181/04. Zu den besonderen Problemen der Zuständigkeitsabgrenzung von Kranken- und Rentenversicherungsträgern siehe Noftz in: Hauck/Noftz, SGB V, § 40 Rn. 35 ff. sowie die die zahlreichen Vereinbarungen zwischen Kranken- und Rentenversicherungsträgern, insbesondere das Gemeinsame Rahmenkonzept der Deutschen Rentenversicherung und der Gesetzlichen Krankenversicherung zur Kombinationsbehandlung in der medizinischen Rehabilitation Abhängigkeitskranker vom 14.11.2014 unter https://www.vdek.com/vertragspartner/vorsorge-rehabilitation/abhaengigkeit.html (zuletzt abgerufen am 1.5.2017).
107 Schmidt in: Peters, HdB KrV, § 40 Rn. 224.
108 Zur Zuständigkeitsabgrenzung zwischen Krankenkasse und Rentenversicherungsträger für Leistungen an voll erwerbsgeminderte Personen, die in Werkstätten für behinderte Menschen beschäftigt sind BSG, B 13 R 12/14 R, BSGE 119, 136 ff.
109 Zu Verwaltungsvereinbarungen zur Zuständigkeitsabgrenzung Schmidt in: Peters, HdB KrV, § 40 SGB V Rn. 233.
110 Brandts in: Richter, Rehabilitationsrecht, § 1 Rn. 56.
111 Noftz in: Hauck/Noftz, SGB V, § 40 Rn. 32; Welti in: Becker/Kingreen, § 40 Rn. 21; ausdrücklich auch Gesetzesbegründung zur Neuregelung durch das Flexirentengesetz, BT-Dr. 18/9787, 33.
112 Dazu auch Noftz in: Hauck/Noftz, SGB V, § 40 Rn. 49.
113 Eingehend Brandts in: Richter, Rehabilitationsrecht, § 1 Rn. 57 ff. Siehe dazu die zahlreichen Vereinbarungen zwischen Kranken- und Rentenversicherungsträgern, insbesondere das Gemeinsame Rahmenkonzept der Deutschen Rentenversicherung und der Gesetzlichen Krankenversicherung zur Kombinationsbehandlung in der medizinischen Rehabilitation Abhängigkeitskranker vom 14.11.2014 (Fn. 116).
114 Nach Inkrafttreten der entsprechenden Regelungen des Bundesteilhabegesetzes vom 23.12.2016 (BGBl. I, 3234) mWv 1.1.2018 §§ 14 f. SGB IX nF.
115 Eingehend Noftz in: Hauck/Noftz, SGB V, § 40 Rn. 31; Welti in: Becker/Kingreen, § 40 Rn. 24 f.

gers zu erbringen hat. Häufig werden Fragen der vorrangigen Zuständigkeit im Rahmen von Erstattungsstreitigkeiten zwischen den Leistungsträgern nach § 14 Abs. 4 SGB IX[116] relevant.[117]

VII. Zuzahlung (Abs. 5 bis 7)

27 **1. Systematik der Zuzahlungsregelungen.** Die Vorschrift des § 40 enthält komplexe Zuzahlungsregelungen. Dabei stellt Absatz 5 eine grundsätzliche Zuzahlungspflicht auf (→ Rn. 28). Abs. 6 beschränkt die Zuzahlungspflicht für Leistungen der Anschlussrehabilitation (→ Rn. 15, 29 ff.). Abs. 7 ermächtigt den GKV-Spitzenverband, die in Abs. 6 vorgesehene Zuzahlungsbeschränkung indikationsabhängig auszudehnen (→ Rn. 32 f.).
Die Zuzahlungen durch die Versicherten dienen der finanziellen Entlastung der GKV.[118] Dabei verspricht sich der Gesetzgeber eine Verhaltenssteuerung durch ein höheres Kostenbewusstsein der Versicherten.[119] Der Charakter von Rehabilitationsmaßnahmen als Sachleistungen der GKV wird dadurch nicht berührt.[120]

28 **2. Zuzahlungspflicht als Regelfall (Abs. 5).** Volljährige Versicherte haben für die Dauer ihres Aufenthalts den sich aus § 61 S. 2 ergebenden Betrag von 10 EUR kalendertäglich als Zuzahlung zu leisten. Dabei sind Aufnahme- und Entlassungstag bei der Berechnung als Behandlungstage zu berücksichtigen.[121] Abs. 5 sieht keine zeitliche Grenze der Zuzahlung vor.[122] Die Zahlung ist an die Einrichtung zu leisten, die den Erhalt quittiert (§ 60 S. 4) und die Zahlung gem. Abs. 5 S. 2 an die Krankenkasse weiterleitet. Die Zuzahlungspflicht besteht nur im Rahmen der Belastungsgrenze des § 62 (im Einzelnen → § 62 Rn. 4 ff.).

29 **3. Beschränkte Zuzahlung bei Anschlussrehabilitation (Abs. 6).** Abs. 6 enthält eine **Beschränkung der Zuzahlungspflicht** in Fällen der Anschlussrehabilitation auf 28 Tage je Kalenderjahr. Ist die Höchstgrenze der Zuzahlungen erreicht, endet die Zuzahlungspflicht. Die Zahlung ist an die Einrichtung zu leisten, die den Erhalt quittiert (§ 60 S. 4) und die Zahlung gem. Abs. 6 S. 3 an die Krankenkasse weiterleitet.

30 Um eine **Anschlussrehabilitation** handelt es sich ausweislich der Legaldefinition, wenn die ambulante oder stationäre Rehabilitationsmaßnahme unmittelbar im Anschluss an eine Krankenhausbehandlung medizinisch notwendig ist.[123] Dabei müssen sowohl die Rehabilitationsmaßnahme als auch der unmittelbare Anschluss medizinisch notwendig sein.[124] Die Notwendigkeit kann angenommen werden, wenn ohne den unmittelbaren Anschluss die Gefahr besteht, dass der Gesundheitszustand sich verschlechtert oder die Erreichung der Rehabilitationsziele gefährdet wird.[125] Der unmittelbare Anschluss wird nach S. 1 Hs. 2 fingiert, wenn die Maßnahme innerhalb von 14 Tagen nach Ende der Krankenhausbehandlung beginnt. Auch bei Nichteinhaltung der Frist kann es sich noch um eine Anschlussrehabilitation handeln, wenn die Einhaltung aus tatsächlichen oder medizinischen Gründen nicht möglich ist.[126] Es muss sich um zwingende Gründe handeln, die der Versicherte nicht zu vertreten hat.[127]

31 Nach Abs. 6 S. 4 erfolgt eine **Anrechnung von Zuzahlungen.** Dies betrifft einerseits Zuzahlungen anlässlich stationärer Rehabilitationsleistungen im Rahmen der gesetzlichen Rentenversicherung nach § 32 Abs. 1 2 SGB VI. Anderseits sind auch die anlässlich einer vollstationären Krankenhausbehandlung nach § 39 Abs. 4 an die gesetzliche Krankenkasse geleisteten Zuzahlungen anrechenbar.

---

116 Nach Inkrafttreten der entsprechenden Regelungen des Bundesteilhabegesetzes vom 23.12.2016 (BGBl. I, 3234) mWv 1.1.2018 § 16 SGB IX nF.
117 Z.B. BSG, B 1 KR 14/09 R, SozR 4-2500 § 13 Nr. 24 = NZS 2010, 678 ff.; BSG, B 1/3 KR 6/09, SozR 4-3250 § 14 Nr. 12 = NZS 2011, 137 ff. sowie BSG, B 1 KR 17/05 R, SozR 4-3100 § 18 c BVG Nr. 2. Eingehend Wagner in: Krauskopf, § 40 SGB V Rn. 17.
118 Grundlegend BSG, 23.2.2000, B 5 RJ 6/99 R, BSGE 85, 293, 296 f.; BSG, 19.2.2002, B 1 KR 32/00 R, BSGE 89, 167, 169 f. = SozR 3-2500 § 40 Nr. 4.
119 BT-Dr. 15/1525, 71, 76 f.
120 Zum Ganzen Brandts in: KassKomm, § 39 Rn. 150 f.
121 BSGE 89, 167 ff., B 1 KR 32/00 R; kritisch Noftz in: Hauck/Noftz, SGB V, § 40 Rn. 68.
122 Noftz in: Hauck/Noftz, SGB V, § 40 Rn. 68.
123 Zur Begriffsentwicklung Schmidt in: Peters, HdB KrV, § 40 Rn. 147 ff.
124 Hellkötter-Backes in: LPK-SGB V, § 40 Rn. 40.
125 Hellkötter-Backes in: LPK-SGB V, § 40 Rn. 40.
126 Hellkötter-Backes in: LPK-SGB V, § 40 Rn. 41.
127 Noftz in: Hauck/Noftz, SGB V, § 40 Rn. 69.

4. Indikationsabhängige beschränkte Zuzahlungspflicht (Abs. 7). Nach Abs. 7 besteht die Möglichkeit für den Spitzenverband Bund der Krankenkassen, die Beschränkung der Zuzahlung nach Abs. 6 auf weitere Fälle der stationären Rehabilitation nach Abs. 2, bei denen es sich nicht um Anschlussrehabilitation handelt, auszudehnen.[128] Dazu sind **Indikationen** festzulegen. Hiervon hat der GKV-Spitzenverband Gebrauch gemacht.[129] In den Bestimmungen sind auch Beschränkungen der Zuzahlungspflicht für ambulante Rehabilitation vorgesehen, obgleich das Gesetz sich insoweit nur auf stationäre Rehabilitation bezieht.[130] Da es sich allerdings um Regelungen zugunsten der Versicherten handelt, erscheint die Ausdehnung allerdings unbedenklich, wenn nicht sogar aus Gleichbehandlungsgründen geboten.[131]

Für das Verfahren der Festlegung sieht die Regelung ein **Beteiligungs- und Konsultationsverfahren** vor. Bei der Festlegung der Indikationen hat der Spitzenverband Bund der Krankenkassen den Medizinischen Dienst der Spitzenverbände der Krankenkassen (→ § 282 Rn. 6) zu beteiligen. Ein Mitentscheidungsrecht des MDS besteht nicht, vielmehr geht es um die Nutzung des Sachverstands.[132] Vor einer Entscheidung sind zudem Stellungnahmen der für die Interessenwahrnehmung der stationären Rehabilitation auf Bundesebene maßgebenden Organisation einzuholen und in die Entscheidungsfindung einzubeziehen.

5. Zahlungsweg. Die Zuzahlungspflicht des Versicherten besteht gegenüber der Krankenkasse, die Gläubigerin des Zuzahlungsanspruchs ist.[133] Davon zu unterscheiden sind die Zahlungswege: Der Betrag wird dem Versicherten nach Abs. 5 S. 1 und 2 und Abs. 6 S. 3 von der Rehabilitationseinrichtung in Rechnung gestellt, an die der Versicherte die Zahlung leistet. Die Rehabilitationseinrichtung ist verpflichtet, die Zuzahlung an die Krankenkasse weiterzuleiten. Dies geschieht gem. § 43 c Abs. 1 durch Verrechnung mit dem Vergütungsanspruch der Einrichtung gegen die Krankenkasse.

VIII. Verfahren

Die Leistung ist bei der Krankenkasse zu beantragen, vgl. § 19 S. 1 SGB IV.[134] Zugleich ist gem. § 73 Abs. 2 S. 1 Nr. 5 eine vertragsärztliche Verordnung der Leistung erforderlich. Letztere ist nicht Anspruchsvoraussetzung, sondern als Empfehlung an die Krankenkasse Teil der Bedarfsfeststellung.[135] Nach Neufassung der Rehabilitations-Richtlinie[136] ist das **Antragsverfahren** vereinfacht worden, so dass Rehabilitationsmaßnahmen unter Nutzung des Verordnungsformular Muster 61[137] direkt verordnet werden können, vgl. § 6 Rehabilitations-Richtlinie. Die ärztliche Verordnung ersetzt die Bewilligung der Krankenkasse nicht, sondern hat Empfehlungscharakter und bedarf der Zustimmung der Krankenkasse.[138] Vor der Bewilligung werden Anträge stichprobenartig, Verlängerungsanträge regelhaft gem. § 275 Abs. 2 Nr. 1 vom MDK geprüft.[139]

Die Bewilligungsentscheidung ist ein **Verwaltungsakt** iSd § 31 SGB X. Er ist gem. § 35 Abs. 1 SGB X mit einer Begründung zu versehen. Diese muss auch die für die Ermessensausübung nach § 40 Abs. 3 S. 1 maßgeblichen Gesichtspunkte enthalten sowie bei Abweichung von den berechtigten Wünschen des Antragstellers nach § 9 Abs. 2 SGB IX (→ Rn. 40) die dafür maßgeblichen Gründe.

---

128 Eingehend Noftz in: Hauck/Noftz, SGB V, § 40 Rn. 70 b ff.
129 Indikationen für die Erhebung der verminderten Zuzahlung gem. § 40 Abs. 7 SGB V bei ambulanten und stationären Rehabilitationsmaßnahmen vom 16.10.1997 in der Fassung vom 1.1.2004, abrufbar unter https://www.gkv-spitzenverband.de/krankenversicherung/rehabilitation/richtlinien_und_vereinbarungen/richtlinien_und_vereinbarungen.jsp (zuletzt abgerufen am 1.5.2017).
130 Daher hält Schnitzler ein Abweichen von der gesetzlichen Regelung insbesondere bei ambulanten Leistungen offenbar für unzulässig, vgl. Schnitzler in: BeckOK SozR, SGB V, § 40 Rn. 55 f.
131 So Welti in: Becker/Kingreen, § 40 Rn. 33.
132 Hellkötter-Backes in: LPK-SGB V, § 40 Rn. 54.
133 Wagner in: Krauskopf, § 40 SGB V Rn. 38.
134 Siehe im Einzelnen auch Hellkötter-Backes in: LPK-SGB V, § 40 Rn. 49 ff.
135 Welti in: Becker/Kingreen, § 40 Rn. 23 mwN.
136 → Rn. 3 Fn. 5.
137 Vgl. die Neufassung der Rehabilitationsrichtlinie (→ Rn. 1). Überholt ist insoweit Anlage 9.4 zur Reha-Begutachtungsrichtlinie (Fn. 7); nach der Vereinfachung des Verfahrens ist der Vordruck 60 entfallen.
138 Schramm/Witte in: Sodan, HdB KrVersR § 10 Rn. 121.
139 Siehe dazu im Einzelnen die Richtlinie des GKV-Spitzenverbandes über Umfang und Auswahl der Stichproben bei der Begutachtung durch den Medizinischen Dienst der Krankenversicherung und Ausnahmen davon nach § 275 Abs. 2 Nr. 1 SGB V (Richtlinie MDK-Stichprobenprüfung) vom 2.7.2008, abrufbar unter http://www.gkv-spitzenverband.de/media/dokumente/krankenversicherung_1/rehabilitation/richtlinien_und_vereinbarungen/mdk_stichprobenpruefung/Reha_MDK-Richtlinie_02072008.pdf (zuletzt abgerufen am 1.5.2017).

36 Bei der Gewährung von Leistungen nach §§ 40 ff. sind die Vorschriften des SGB IX anwendbar.[140] Hält die Krankenkasse sich für unzuständig, ist ein **Zuständigkeitsklärungsverfahren** nach § 14 SGB IX durchzuführen. Im Übrigen ist der Rehabilitationsbedarf nach §§ 10[141] und 11[142] SGB IX im Einzelfall umfassend festzustellen und die Notwendigkeit auch nicht-medizinischer Rehabilitationsleistungen zu prüfen. Das bedeutet auch, dass die Krankenkassen sich mit anderen Rehabilitationsträgern abstimmen müssen. Zudem können die Leistungen nach § 2 Abs. 2 SGB V und § 17 SGB IX auch im Rahmen eines (trägerübergreifenden) persönlichen Budgets[143] gewährt werden (→ § 2 Rn. 24).

37 Gegen eine belastende Entscheidung, also die Ablehnung der begehrten Rehabilitationsmaßnahme, sind als **Rechtsmittel** Widerspruch (§ 62 SGB X iVm SGG) und eine Klage vor dem Sozialgericht statthaft. Da die Leistungskonkretisierung im Ermessen der Krankenkasse steht, ist grundsätzlich eine kombinierte Anfechtungs- und Verpflichtungsklage die statthafte Klageart.[144]

IX. Statistik (Abs. 2 S. 3)

38 Seit Inkrafttreten des GKV-WSG am 1.4.2007 sind die Krankenkassen nach Abs. 2 S. 3 verpflichtet, **differenzierte Statistiken** vorzuhalten. Darin sind jeweils nach Geschlecht getrennt die Anträge und deren Erledigung gesondert für Maßnahmen der ambulanten und stationären Rehabilitation zu erheben.[145] Aus § 15 Abs. 2 SGB IX ergibt sich darüber hinaus die Pflicht, Verfahrensdauer und die Nichteinhaltung der Fristen nach § 14 SGB IX statistisch zu erfassen.[146]

X. Änderung durch das Blut- und Gewebegesetz

39 Der Deutsche Bundestag hat am 1.6.2017 das Gesetz zur Fortschreibung der Vorschriften für Blut- und Gewebezubereitungen und zur Änderung anderer Vorschriften verabschiedet,[147] das sich einen Tag nach seiner Verkündung wie folgt auf § 40 auswirken soll:
Durch Art. 8 Nr. 3 wird in Abs. 2 S. 4 vor dem Punkt am Ende ein Semikolon und werden die Wörter „bei Anrufung des Bundesschiedsamtes entsprechend § 118 a Abs. 2 S. 2 ist das Bundesschiedsamt anstelle der Vertreter der Deutschen Krankenhausgesellschaft um Vertreter der für die Erbringung von Leistungen zur medizinischen Rehabilitation maßgeblichen Verbände auf Bundesebene zu erweitern" eingefügt.
Dadurch wird eine – im bestehenden System sachgerechte – neue Konfiguration des **Bundesschiedsamts** geschaffen, das für **Vertragsstreitigkeiten** zwischen Krankenkassen und stationären Rehabilitationseinrichtungen in einer Besetzung zusammentritt, in der die betroffenen Leistungsträger vertreten sind. Gesetzgebungstechnisch ist die Neuregelung missglückt: Die Verweiskette über § 39 Abs. 1 a auf § 118 a Abs. 2 S. 2 und schließlich § 89 Abs. 4 und 112 Abs. 4 verlangt schon unter dem Gesichtspunkt der Rechtsklarheit redaktionelle Änderungen. Dies gilt allerdings auch in der Sache. Angesichts der wachsenden Anzahl und Arten unterschiedlicher Schiedsstellen und -personen im SGB V wäre eine systematische Neustrukturierung des Schiedswesens und -verfahrens durchaus angezeigt.

XI. Anpassung durch das Bundesteilhabegesetz

40 Durch das Bundesteilhabegesetz vom 23.12.2016 (BGBl. I, 3234) werden mWv 1.1.2018 in Abs. 2 S. 1 die Angabe „20 Abs. 2a" durch die Angabe „37 Abs. 3", in Abs. 2 S. 2 die Angabe „9" durch die Angabe „8" und in Abs. 3 die Angabe „9" durch die Angabe „8" ersetzt. Hierbei handelt es sich um redaktionelle Anpassungen der Verweise auf die neu nummerierten Vorschriften des SGB IX. Dabei ist zu beachten, dass nach § 37 Abs. 3 S. 3 SGB IX nF nur noch solche stationären Rehabilitationseinrichtungen als geeignete Leistungserbringer anzusehen sind, die nach der Vorschrift zertifiziert sind. Die Regelung des Wunsch- und Wahlrechts in § 8 SGB IX nF ist wortgleich mit der bisherigen Fassung.

---

140 Brandts in: Richter, Rehabilitationsrecht, § 1 Rn. 25.
141 Dazu Welti in: Lachwitz/Schellhorn/Welti, SGB IX, § 10 Rn. 5 ff.; Joussen in: Dau/Düwell/Joussen, SGB IX, 14. Aufl. 2014, § 10 Rn. 7 ff., je mwN.
142 Dazu Welti in: Lachwitz/Schellhorn/Welti, SGB IX, § 11 Rn. 3 ff.; Joussen in: Dau/Düwell/Joussen, SGB IX, 14. Aufl. 2014, § 11 Rn. 5 ff., je mwN.
143 BSG, B 1 KR 19/15 R, SozR 4-3250 § 17 Nr. 4.
144 So auch Zieglmeier in: KassKomm, § 40 SGB V Rn. 66; Schnitzler in: BeckOK SozR, SGB V, § 40 Rn. 63.
145 Zu den Anforderungen im Einzelnen Noftz in: Hauck/Noftz, § 40 Rn. 80.
146 Welti in: Becker/Kingreen, § 40 Rn. 34. Nach Inkrafttreten der entsprechenden Regelungen des Bundesteilhabegesetzes vom 23.12.2016 (BGBl. I, 3234) mWv 1.1.2018 §§ 14 ff. SGB IX nF.
147 BR-Dr. 456/17 v. 16.6.2017.

§ 41 Medizinische Rehabilitation für Mütter und Väter

(1) ¹Versicherte haben unter den in § 27 Abs. 1 genannten Voraussetzungen Anspruch auf aus medizinischen Gründen erforderliche Rehabilitationsleistungen in einer Einrichtung des Müttergenesungswerks oder einer gleichartigen Einrichtung; die Leistung kann in Form einer Mutter-Kind-Maßnahme erbracht werden. ²Satz 1 gilt auch für Vater-Kind-Maßnahmen in dafür geeigneten Einrichtungen. ³Rehabilitationsleistungen nach den Sätzen 1 und 2 werden in Einrichtungen erbracht, mit denen ein Versorgungsvertrag nach § 111 a besteht. ⁴§ 40 Abs. 2 Satz 1 und 2 gilt nicht; § 40 Abs. 2 Satz 3 und 4 gilt entsprechend.

(2) § 40 Abs. 3 und 4 gilt entsprechend.

(3) ¹Versicherte, die das achtzehnte Lebensjahr vollendet haben und eine Leistung nach Absatz 1 in Anspruch nehmen, zahlen je Kalendertag den sich nach § 61 Satz 2 ergebenden Betrag an die Einrichtung. ²Die Zahlungen sind an die Krankenkasse weiterzuleiten.

Literatur:

Brandts, Die medizinische Rehabilitation in der gesetzlichen Krankenversicherung, in: Richter (Hrsg.), Rehabilitationsrecht, 2008, 18; *Leistner/Beyer* (Hrsg.), Rehabilitation in der Gesetzlichen Krankenversicherung, 2005; *Nürnberg/Breuel/Haffner*, Vorsorge- und Rehabilitationsmaßnahmen für Kinder und Jugendliche, Monatsschrift Kinderheilkunde 2010, 254; *Zuleeg*, Berichte, Dokumente, Zahlen: 40 Jahre Müttergenesungswerk, RSdE 1990, 55.

I. Allgemeines	1	c) Entlassmanagment	18
II. Anspruchsvoraussetzungen (Abs. 1)	6	III. Leistungsbestimmung und Nachrang (Abs. 2)	19
1. Leistungsberechtigte	7	1. Leistungskonkretisierung	19
2. Leistungsziele und medizinische Notwendigkeit	9	2. Nachrang	22
3. Leistungsinhalt	13	IV. Zuzahlung (Abs. 3)	23
a) Stationäre Maßnahme	13	V. Verfahren	24
b) Geeignete Einrichtung	17	VI. Statistik	27

I. Allgemeines

Seit Inkrafttreten des GKV-WSG vom 26.3.2007[1] am 1.4.2007 steht das Ob der Gewährung von Mütter- und Väter- sowie Mutter-Kind- und Vater-Kind-Maßnahmen nicht mehr im Ermessen der Krankenkassen.[2] Sind die gesetzlichen Voraussetzungen des § 41 erfüllt, muss eine Maßnahme gewährt werden. Allerdings ist der Krankenkasse bei der Leistungskonkretisierung ein Auswahl- bzw. Gestaltungsermessen eingeräumt.[3] Die jetzige Fassung des Gesetzestextes kann als vorläufiger Abschluss einer erfolgreichen Entwicklung betrachtet werden, beginnend bei Müttergenesungskuren als Ermessensleistungen der Krankenkassen[4] hin zu einem Anspruch[5] gesetzlich versicherter Mütter und Väter auf Rehabilitation bei Erkrankungen im Zusammenhang mit elternspezifischen Belastungen.[6]

Die Vorschrift trat mit Schaffung des SGB V durch das GRG vom 20.12.1988 (BGBl. I, 2477) mit der Überschrift „Müttergenesungskuren" zum 1.1.1989 in Kraft. Vorgängervorschrift war § 187 Abs. 1 S. 1 Nr. 3 RVO. Die in Abs. 2 aF enthaltene Verweisung auf § 40 Abs. 3 bis 5 wurde mit Wirkung zum 1.1.1993 durch Neufassung des Abs. 2 und Anfügen des Abs. 3 in Art. 1 Nr. 25 des GSG vom 21.12.1992 (BGBl. I, 2266) neu geregelt. Abs. 3 wurde seinerseits durch Art. 2 Nr. 13 BeitrEntlG vom 1.11.1996 (BGBl. I, 1631) zum 1.1.1997 neu gefasst. Durch Art. 1 Nr. 20 GKV-GRG 2000 vom 22.12.1999 (BGBl. I, 2626) wurden mit Wirkung zum 1.1.2000 die Überschrift in „Rehabilitations-

---

1 BGBl. I, 378.
2 Zum Hintergrund siehe den Bericht der Spitzenverbände der Krankenkassen zu den Erfahrungen mit dem durch das 11. SGB V-Änderungsgesetz bewirkten Rechtsänderungen nebst Stellungnahmen, BT-Dr. 16/1150, 3, 9 ff., 32 sowie die Gesetzesbegründung der aktuellen Fassung in BT-Dr. 16/3100, 107; zum Gesetzgebungsverfahren im Einzelnen Schmidt in: Peters, HdB KrV, § 41 Rn. 10 a ff.
3 Schmidt in: Peters, HdB KrV, § 41 Rn. 32 sowie Brandts in: Richter, Rehabilitationsrecht, § 1 Rn. 83.
4 Zur Rechtsentwicklung eingehend Noftz in: Hauck/Noftz, SGB V, § 41 Rn. 1 ff.; Wagner in: Krauskopf, § 41 SGB V Rn. 1; Schmidt in: Peters, HdB KrV, § 41 Rn. 1 ff. sowie Brandts in: Richter, Rehabilitationsrecht, § 1 Rn. 67.
5 Siehe auch Zieglmeier in: KassKomm, SGB V, § 41 Rn. 15.
6 Zur Benachteiligung von Väter nach der alten Rechtslage Zuleeg, RSdE 1990, 55, 60 f.; Brandts in: Richter, Rehabilitationsrecht, § 1 Rn. 73.

maßnahmen für Mütter", Abs. 1 S. 1 und 2 sowie Abs. 2 geändert und im Hinblick auf § 24 SGB V angepasst.

3   In der Überschrift wurden durch Art. 1 Nr. 2 des 11. SGB V-ÄndG vom 26.7.2002 (BGBl. I, 2874) die Worte „und Väter" eingefügt, Abs. 1 S. 2 neugefasst, Abs. 1 S. 3 angefügt, Abs. 3 S. 1 geändert sowie Abs. 4 angefügt. Die Zuzahlungspflicht nach Abs. 3 S. 1 wurde durch Verweisung auf § 61 S. 2 durch Art. 1 Nr. 32 GMG vom 14.11.2003 (BGBl. I, 2190) zum 1.1.2004 neu geregelt. Abs. 1 S. 1 Hs. 1 wurde neu gefasst, Abs. 1 S. 4 angefügt und Abs. 4, in dem die Ressortbezeichnung wiederholt geändert wurde (Art. 204 Nr. 1 der 8. ZustAnpV vom 25.11.2003, BGBl. I, 2304; Art. 256 Nr. 1 der 9. ZustAnpV vom 31.10.2006, BGBl. I. 2407), mWv 1.4.2007 aufgehoben durch Art. 1 Nr. 28, Art. 46 I GKV-WSG vom 26.3.2007 (BGBl. I, 378). Zuletzt wurde ein Anspruch auf Entlassmanagement eingeführt, indem in Art. 1 des GKV-VSG v. 16.7.2015 (BGBl. I, 1211) mWv 23.7.2015 in Abs. 1 S. 4 Hs. 2 ein Verweis auf § 40 Abs. 2 S. 4 eingefügt wurde.[7]

4   **Untergesetzliche Bestimmungen** zu § 41 finden sich sowohl in der Rehabilitations-Richtlinie des Gemeinsamen Bundesausschusses nach § 92 Abs. 1 S. 2 Nr. 8[8] als auch in den Begutachtungsrichtlinien des Spitzenverbandes Bund des Krankenkassen.[9] Nach alter Rechtslage sind als **Verwaltungsbinnenrecht** Rahmenempfehlungen zu §§ 40 und 41 ergangen, an denen die beteiligten Leistungsträger und Leistungserbringer sich weiterhin orientieren – ohne dass sie rechtlich verbindlich wären.[10] Hierzu gehören die Gemeinsamen Rahmenempfehlungen zur Durchführung von Vorsorgekuren[11] sowie die Gemeinsamen Rahmenempfehlung für ambulante und stationäre Vorsorge- und Rehabilitationsmaßnahmen,[12] die allerdings die Besonderheiten der Leistungen nach § 41 nicht berücksichtigen.[13]

5   **Abgrenzungsfragen** ergeben sich im Hinblick auf § 40. Handelt es sich um Rehabilitationsbedarfe, die im Zusammenhang mit elternspezifischen Belastungen stehen (→ Rn. 10), ist § 41 gegenüber § 40 als *lex specialis* vorrangig.[14] Ist dies nicht der Fall, richtet sich der Anspruch nach § 40.[15]

Abzugrenzen ist der Anspruch nach § 41 auch von Leistungen nach § 24. Die Unterscheidung erfolgt nach dem Leistungsziel: Die Leistungen nach § 41 dienen der Rehabilitation, diejenigen nach § 24 der Prävention (→ Rn. 10, 12).[16]

II. Anspruchsvoraussetzungen (Abs. 1)

6   § 41 enthält die Anspruchsvoraussetzungen nur unvollständig. Die Vorschrift statuiert einen Anspruch Versicherter auf eine zielgruppen-, nämlich elternspezifische Rehabilitationsleistung. Die Vorschrift verweist auf § 27 Abs. 1 und fordert die Notwendigkeit der Maßnahme aus medizinischen Gründen.

---

7   Zur Gesetzgebungshistorie Schnitzler in: BeckOK SozR, SGB V, § 41 Rn. 3 mwN.
8   Richtlinie des Gemeinsamen Bundesausschusses über Leistungen zur medizinischen Rehabilitation (Rehabilitations-Richtlinie) vom 16.3.2004, BAnz. Nr. 63, 6769 vom 31.3.2004, zuletzt geändert am 15.10.2015, BAnz AT vom 2.3.2016 B2.
9   Begutachtungs-Richtlinie Vorsorge und Rehabilitation vom 28.10.2005 zuletzt geändert am 5.7.2016, abrufbar unter www.gkv-spitzenverband.de/media/dokumente/krankenversicherung_1/rehabilitation/richtlinien_und_vereinbarungen/begutachtungs_richtlinie/Begutachtungs-Richlinie_Vorsorge_und_Rehabilitation_Aktualisierungen_Juli_2016.pdf (zuletzt abgerufen am 1.3.2017) sowie die Umsetzungsempfehlungen des GKV-Spitzenverbandes, der Verbände der Krankenkassen auf Bundesebene und des MDS im Zusammenhang mit Anträgen auf Leistungen zur medizinischen Vorsorge und Rehabilitation für Mütter und Väter nach §§ 24, 41 SGB V Stand: Februar 2012, abrufbar unter http://www.gkv-spitzenverband.de/media/dokumente/krankenversicherung_1/rehabilitation/richtlinien_und_vereinbarungen/begutachtungs_richtlinie/2012_02_08_Reha_BGR_Umsetzungsempfehlungen.pdf (zuletzt abgerufen am 1.3.2017).
10 Brandts in: Richter, Rehabilitationsrecht, § 1 Rn. 65 mwN.
11 Gemeinsame Rahmenempfehlungen der Spitzenverbände der Krankenkassen – ohne den VdAK – und des Deutschen Müttergenesungswerks zur Durchführung von Vorsorgekuren für Mütter und Müttergenesungskuren vom 1.10.1990, DOK 1990, 774 = BKK 1990, 821.
12 Gemeinsame Rahmenempfehlung für ambulante und stationäre Vorsorge- und Rehabilitationsleistungen auf der Grundlage des § 111 a SGB V vom 12.5.1999 in: Kraft getreten am 1.7.1999, abrufbar unter http://www.aok-gesundheitspartner.de/imperia/md/gpp/bund/reha/leistungen/gem_rahmenempfehlung_amb_u_stat_reha_u_vorsorge_par111a_sgb5_12_05_1999.pdf (zuletzt abgerufen am 1.3.2017).
13 Schmidt in: Peters, HdB KrV, § 41 Rn. 25.
14 Brandts in: Richter, Rehabilitationsrecht, § 1 Rn. 66; Noftz in: Hauck/Noftz, SGB V, § 41 Rn. 7; Joussen in: Knickrehm/Kreikebohm/Waltermann § 41 Rn. 1.
15 Schmidt in: Peters, HdB KrV, § 41 Rn. 38.
16 Schmidt in: Peters, HdB KrV, § 41 Rn. 12.

1. Leistungsberechtigte. Leistungsberechtigt sind gesetzlich krankenversicherte[17] Mütter und Väter,[18] die in **aktueller Erziehungsverantwortung** stehen. Auf die biologische Elternschaft kommt es nicht an, Anspruchsinhaber können auch Adoptiv- und Pflegemütter oder -väter sein.[19] Entscheidend ist, dass der Rehabilitationsbedarf durch die „Belastungen (funktioneller) Elternschaft"[20] bedingt ist[21] (→ Rn. 10). Dies kommt jedenfalls in Betracht bei im Haushalt lebenden minderjährigen Kindern, und zwar auch, wenn diese wegen geteilter Erziehungsverantwortung nur zeitweilig im Haushalt des Elternteils leben. Auch bei **volljährigen Kindern** können elternspezifische Rehabilitationsbedarfe auftreten, entweder, sofern ein ursächlicher Zusammenhang zu der inzwischen beendeten Betreuungsphase besteht, oder bei Behinderung oder Pflegebedürftigkeit der Kinder.[22] Fraglich ist, ob darüber hinaus auch spezifische Rehabilitationsbedarfe aufgrund der Pflege anderer Angehöriger einen Anspruch auslösen können.[23] Dies ist angesichts des Wortlauts der Vorschrift und vor allem wegen des Sinns und Zwecks nicht anzunehmen,[24] denn die Maßnahmen sind auf die spezifischen Rehabilitationsbedarfe bei Erziehung und Pflege von Kindern ausgerichtet (→ Rn. 5 f., 10).

Dient die Maßnahme der Rehabilitation des Elternteils, ist der **Anspruch von Kindern auf Teilnahme** an Eltern-Kind-Maßnahmen akzessorisch zum Anspruch des Elternteils.[25] Dies ist unproblematisch, wenn Elternteil und Kind bei der gleichen Krankenkasse versichert sind.[26] Zuständig ist aber auch bei einer Versicherung bei unterschiedlichen Krankenkassen die Krankenkasse des anspruchsberechtigten Elternteils.[27] Etwas anderes kann gelten, wenn der rehabilitationsbedürftige Elternteil als Beihilfeberechtigter und/oder Privatversicherter nicht Mitglied einer gesetzlichen Krankenkasse, das Kind aber – zB über das andere Elternteil im Rahmen der Familienversicherung nach § 10 (→ § 10 Rn. 3, 26, 29) – gesetzlich krankenversichert ist. Dann kann ein eigenständiger Anspruch des Kindes auf Teilnahme an der Maßnahme bestehen.[28] Dies ist auch der Fall, wenn die Maßnahme zugleich der Behandlung und Rehabilitation des Kindes dient.[29] Maßgeblich ist allerdings die vorrangige Rehabilitation des Elternteils als Leistungsziel[30] (→ Rn. 10). Anderenfalls kommt eine Heil- oder Rehabilitationsmaßnahme für das erkrankte Kind mit einem Anspruch auf Begleitung durch ein Elternteil zur Sicherung der Nachhaltigkeit nach § 11 Abs. 3 (→ § 11 Rn. 56) in Betracht.[31]

2. Leistungsziele und medizinische Notwendigkeit. Die Leistungen nach § 41 zählen gem. § 11 Abs. 1 Nr. 4 und § 27 Abs. 1 S. 2 Nr. 6 zu den Leistungen der Krankenbehandlung. Gleichzeitig sind die Maßnahmen als solche zur medizinischen Rehabilitation iSd SGB IX einzuordnen. Dies führt zur Anwendbarkeit des § 11 Abs. 2. Diese fehlende Abgrenzung von Leistungen der Krankenbehandlung und der Rehabilitation führt zu „systematischer Unklarheit".[32] Es liegt daher nahe, keine restriktive Auslegung der Leistungsziele vorzunehmen.[33] Leistungsziele sind daher neben der Behandlung einer Krankheit (§ 11 Abs. 1 Nr. 4) auch die Abwendung, Beseitigung, Minderung, der Ausgleich, die Verhütung der

---

17 Die Versicherteneigenschaft richtet sich nach §§ 5–10 SGB V.
18 Zum Anspruch von Vätern → Rn. 12, 15.
19 Brandts in: Richter, Rehabilitationsrecht, § 1 Rn. 71.
20 Welti in: Becker/Kingreen, § 41 Rn. 3.
21 Welti in: Becker/Kingreen, § 41 Rn. 3; Schnitzler in: BeckOK SozR, SGB V, § 41 Rn. 4 f.; Zieglmeier in: KassKom, SGB V, § 41 Rn. 7ff.
22 Brandts in: Richter, Rehabilitationsrecht, § 1 Rn. 71.
23 So die Gemeinsame Rahmenempfehlung vom 1.10.1990, Gemeinsame Rahmenempfehlungen der Spitzenverbände der Krankenkassen – ohne den VdAK – und des Deutschen Müttergenesungswerks zur Durchführung von Vorsorgekuren für Mütter und Müttergenesungskuren vom 1.10.1990, DOK 1990, 774 = BKK 1990, 821.
24 Offen gelassen bei Brandts in: Richter, Rehabilitationsrecht, § 1 Rn. 72.
25 Zur Mitaufnahme der Kinder → Rn. 15.
26 Brandts in: Richter, Rehabilitationsrecht, § 1 Rn. 74.
27 Welti in: Becker/Kingreen, § 41 Rn. 3.
28 BSG, 9.8.2001, B 11 AL 11/01 R, NZS 2002, 273 f.; Brandts in: Richter, Rehabilitationsrecht, § 1 Rn. 75.
29 Noftz in: Hauck/Noftz, SGB V, § 41 Rn. 23; Welti in: Becker/Kingreen, § 41 Rn. 3; dazu auch Nürnberg/Breuel/Haffner, Monatsschrift Kinderheilkunde 2010, 254, 259.
30 Missverständlich insoweit LSG Bln-Bbg, 3.7.2014, L 1 KR 208/14 B ER (juris), das den eigenständigen Rehabilitationsbedarf der Mutter nicht anspricht.
31 Nürnberg/Breuel/Haffner, Monatsschrift Kinderheilkunde 2010, 254, 257 und 260 sowie Bode/Rieger, Familienorientierte Rehabilitation in Abgrenzung zur „Familienkur", RP-Reha 2015, 42, 44.
32 Schramm/Witte in: Sodan, HdB KrVersR § 10 Rn. 118; so auch Zieglmeier in: KassKom, SGB V, § 41 Rn. 11 und Roters in: KassKom, SGB V § 11 Rn. 13.
33 Ähnlich Hellkötter in: LPK-SGB V, § 41 Rn. 3 sowie Schmidt in: Peters, HdB KrV, § 41 Rn. 38; sehr weitgehend Schnitzler in: BeckOK SozR, SGB V, § 41 Rn. 7.

Verschlimmerung oder Linderung der Folgen einer Behinderung oder Pflegebedürftigkeit (vgl. § 11 Abs. 2 S. 1 sowie § 26 Abs. 1 S. 1 SGB IX).[34]

10 Mit den in § 41 geregelten Leistungen wird das Ziel verfolgt, **spezifischen Rehabilitationsbedarfen** von Müttern bzw. Vätern in Erziehungsverantwortung Rechnung zu tragen.[35] Die Maßnahmen fokussieren spezielle gesundheitliche und psychosoziale Belastungsfaktoren und Gesundheitsstörungen und deren Therapie;[36] dazu gehört auch die Berücksichtigung der strukturellen Rahmenbedingungen und sozialen Rollen.[37] Dabei zeichnen sich die Angebote durch ein Rehabilitationskonzept aus, das neben der gesundheitlichen und psychischen Situation der Rehabilitanden auch die Arbeit an der Eltern-Kind-Beziehung einbezieht.[38] Zum Angebot sog. Schwerpunktkuren → Rn. 16.

11 Wie alle Leistungen der gesetzlichen Krankenkassen muss die Maßnahme gem. § 12 wirtschaftlich, d.h. geeignet, wirksam und **notwendig** sein, um die Leistungsziele zu erreichen.[39] Dabei muss sich die Notwendigkeit aus medizinischen Gründen ergeben.[40] Voraussetzung hierfür ist die Rehabilitationsbedürftigkeit und Rehabilitationsfähigkeit der Antragsteller sowie eine positive Rehabilitationsprognose.[41] Die Leistungskonkretisierung erfolgt nach pflichtgemäßem Ermessen durch die Krankenkasse (→ Rn. 19). Dabei ist im Rahmen der Prüfung der Notwendigkeit zu beachten, dass kein Vorrang ambulanter Leistungen besteht (→ Rn. 14).

12 **Abzugrenzen** sind die Leistungen von denen mütter- und väterspezifischer **Prävention** nach § 24. In beiden Fällen handelt es sich um spezielle Anspruchsgrundlagen für stationäre Maßnahmen für Mütter bzw. Väter.[42] Allerdings stehen die Normen in einem Exklusivitätsverhältnis.[43] Die Unterscheidung erfolgt nach dem Leistungsziel: Die Leistungen nach § 41 dienen der Rehabilitation, diejenigen nach § 24 der Prävention,[44] also Vorbeugung von Krankheiten.[45] Vorsorgebedürftigkeit besteht beim Vorliegen beeinflussbarer Risikofaktoren und gesundheitlicher Beeinträchtigungen, die noch keinen Krankheitswert haben.[46] Der Anspruch auf eine Rehabilitationsmaßnahme setzt dagegen voraus, dass eine krankheitswertige Störung der körperlichen, geistigen oder seelischen Gesundheit bereits vorliegt und nicht nur einzutreten droht.[47] Da nicht ausgeschlossen ist, dass eine Maßnahme sowohl der Rehabilitation im Hinblick auf eine Erkrankung als auch der Vorbeugung einer anderen dient, kann die Abgrenzung Probleme bereiten.[48] Sie ist deshalb unter Berücksichtigung aller Umstände des Einzelfalls vorzunehmen (im Einzelnen → § 24 Rn. 3 ff.).

13 **3. Leistungsinhalt. a) Stationäre Maßnahme.** Bei den Leistungen nach § 41 handelt es sich um Komplexleistungen, die auf „die besonderen Bedürfnisse der Zielgruppe hin"[49] ausgerichtet sind.[50] Dabei werden medizinische und sonstige Leistungen zusammengefasst,[51] und zwar einem Behandlungs- bzw.

---

34 So auch Noftz in: Hauck/Noftz, SGB V, § 41 Rn. 12; zu den Rehabilitationszielen siehe auch Nürnberg/Breuel/Haffner, Monatsschrift Kinderheilkunde 2010, 254, 258 mwN.
35 Dazu im Einzelnen auch das Anforderungsprofil nach § 111a SGB V für stationäre Rehabilitationseinrichtungen, die Leistungen der medizinischen Rehabilitation nach § 41 SGB V erbringen vom 1.3.2003 unter http://www.mds-ev.de/media/pdf/Reha_stationaer_Anforderungsprofil_med_Reha.pdf.pdf. Siehe auch SG Dortmund, 25.1.2013, S 40 KR 776/11 (juris) sowie LSG Bln-Bbg, 24.9.2013, L 9 KR 312/12 B ER (juris) und LSG Saarl, 21.10.2015, 2 KR 27/15 (juris), Rn. 23.
36 Zum Erfordernis einer krankheitswertigen Gesundheitsstörung allgemein LSG Bln-Bbg,7.8.2015, L 1 KR 291/14 (juris), Rn. 25.
37 Nürnberg/Breuel/Haffner, Monatsschrift Kinderheilkunde 2010, 254, 259 f.
38 Nürnberg/Breuel/Haffner, Monatsschrift Kinderheilkunde 2010, 254, 259.
39 Welti in: Becker/Kingreen, § 41 Rn. 5.
40 Andere Gründe sind unbeachtlich, Schnitzler in: BeckOK SozR, SGB V, § 41 Rn. 6.
41 Dazu Ziff. 4.4 der Umsetzungsempfehlung, Richtlinie des Gemeinsamen Bundesausschusses über Leistungen zur medizinischen Rehabilitation (Rehabilitations-Richtlinie) vom 16.3.2004, BAnz. Nr. 63, 6769 vom 31.3.2004, zuletzt geändert am 15.10.2015, BAnz AT vom 2.3.2016 B2 sowie Noftz in: Hauck/Noftz, SGB V, § 41 Rn. 14.
42 Schmidt in: Peters, HdB KrV, § 41 Rn. 12.
43 Noftz in: Hauck/Noftz, SGB V, § 41 Rn. 6a; Brandts in: Richter, Rehabilitationsrecht, § 1 Rn. 66.
44 Schmidt in: Peters, HdB KrV, § 41 Rn. 12.
45 Brandts in: Richter, Rehabilitationsrecht, § 1 Rn. 19.
46 Nürnberg/Breuel/Haffner, Monatsschrift Kinderheilkunde 2010, 254, 258.
47 Schmidt in: Peters, HdB KrV, § 41 Rn. 12; Welti in: Becker/Kingreen, § 41 Rn. 4.
48 Brandts in: Richter, Rehabilitationsrecht, § 1 Rn. 19.
49 Brandts in: Richter, Rehabilitationsrecht, § 1 Rn. 65.
50 Noftz in: Hauck/Noftz, SGB V, § 41 Rn. 10.
51 Hellkötter in: LPK-SGB V, § 41 Rn. 7.

Rehabilitationsplan folgend, der zu Beginn der Maßnahme aufgestellt wird.[52] Die Leistungen werden als Sachleistungen erbracht.[53]

Leistungen der Rehabilitation für Mütter und Väter werden **stets als stationäre Maßnahmen** erbracht, 14 auch ohne dass ambulante Behandlungsmöglichkeiten ausgeschöpft worden sind.[54] Tatsächlich besteht keine Möglichkeit, vergleichbare Komplexangebote ambulant anzubieten.[55] Der Grundsatz des Vorrangs ambulanter vor stationären Leistungen (§ 40 Abs. 2 S. 1 und 2) gilt hier nach § 41 Abs. 1 S. 4 Hs. 1 ausdrücklich nicht.[56] Dies ändert nichts daran, dass die Maßnahme als solche aus medizinischen Gründen iSd § 12 erforderlich sein muss (→ Rn. 11).

Es gibt **unterschiedliche Varianten** der Leistung. Sie kann entweder für das Elternteil, also Mutter oder 15 Vater allein, oder als Mutter- bzw. Vater-Kind-Kur erbracht werden. Trotz der unglücklichen textlichen Fassung des Abs. 1 S. 1 und 2 ist davon auszugehen, dass Väter nicht nur Anspruch auf Vater-Kind-Maßnahmen, sondern auch auf Väter-Maßnahmen nach S. 1 Hs. 1 haben.[57] Im Rahmen der Maßnahmen nach § 41 werden Kinder gemäß den Anforderungen an Rehabilitationseinrichtungen nach § 111a[58] regelmäßig bis zum Alter von 12 Jahren, in besonderen Fällen bis zum Alter von 14 Jahren und behinderte Kinder ohne Altersgrenze mit aufgenommen.[59]

Möglich ist eine diagnose- bzw. indikationsspezifische Ausrichtung der Maßnahmen als sog. **Schwerpunkt-Maßnahmen**, und zwar im Hinblick auf eine besondere Belastungssituation. Diese kann entweder von dem versicherten Elternteil selbst herrühren (zB Gewichtsprobleme, Atemwegs-, Haut, Tumor-, orthopädische oder psychische Erkrankungen)[60] oder von den Kindern (zB Adipositas, Krebs, Blindheit, Asthma- oder sonstige Atemwegserkrankungen).[61] 16

b) Geeignete Einrichtung. Die Leistungen werden in Einrichtungen des Müttergenesungswerks[62] oder 17 anderen Einrichtungen erbracht.[63] Erforderlich ist,[64] dass mit der Einrichtung ein **Versorgungsvertrag nach § 111a** besteht.[65] Anforderungen an die Einrichtungen wurden in einem Anforderungsprofil[66] festgelegt[67]. Zu beachten ist in diesem Zusammenhang, dass kein Wahlrecht der Versicherten bezogen auf eine Einrichtung ohne Versorgungsvertrag besteht, wie es für den Bereich der allgemeinen stationären Rehabilitation in § 40 Abs. 2 S. 2 vorgesehen ist.[68] Diese Norm ist von den Verweisungen in § 41 ausgenommen und gilt daher nicht. Dies erweist sich im Hinblick auf § 9 SGB IX als problematisch. Soweit das Wunsch- und Wahlrecht der Betroffenen dadurch eingeschränkt ist, lässt sich dies nur unter Rückgriff auf § 7 SGB IX rechtfertigen.

---

52 Nebendahl in: Spickhoff, Medizinrecht, § 41 SGB V Rn. 6.
53 Schmidt in: Peters, HdB KrV, § 41 Rn. 31.
54 Vgl. SG Berlin, 28.6.2011, S 76 KR 783/10, Rn. 19 (juris).
55 Nürnberg/Breuel/Haffner, Monatsschrift Kinderheilkunde 2010, 254, 259; Welti in: Becker/Kingreen, § 41 Rn. 7 sowie Bericht der Landesregierung Schleswig-Holstein zu Mutter-/Vater-Kind- Kuren in Schleswig-Holstein, Landtags-Dr. 17/1570, 11 f.
56 So auch Schmidt in: Peters, HdB KrV, § 41 Rn. 40, Welti, Becker/Kingreen, § 41 Rn. 5 sowie Schnitzler in BeckOK SozR, SGB V, § 41 Rn. 10; zu weitgehend insoweit SG Dortmund, 25.1.2013, S 40 KR 776/11, Rn. 18 ff. (juris).
57 Brandts in: Richter, Rehabilitationsrecht, § 1 Rn. 73 mwN; Schnitzler in: BeckOK SozR, SGB V, § 41 Rn. 8.1; Zieglmeier in: KassKom, § 41 SGB V Rn. 5 und 8; Noftz in: Hauck/Noftz, SGB V, § 41 Rn. 12 a; Hellkötter in: LPK-SGB V, § 41 Rn. 5; aA Schmidt in: Peters, HdB KrV, § 41 Rn. 21.
58 Dazu im Einzelnen auch das Anforderungsprofil nach § 111 a SGB V für stationäre Rehabilitationseinrichtungen, die Leistungen der medizinischen Rehabilitation nach § 41 SGB V erbringen, vom 1.3.2003 unter http://www.mds-ev.de/media/pdf/Reha_stationaer_Anforderungsprofil_med_Reha.pdf.pdf. Siehe auch SG Dortmund, 25.1.2013, S 40 KR 776/11 (juris) sowie LSG Bln-Bbg, 24.9.2013, L 9 KR 312/12 B ER (juris).
59 Dazu im Einzelnen Brandts in: Richter, Rehabilitationsrecht, § 1 Rn. 80 ff. mwN.
60 Nürnberg/Breuel/Haffner, Monatsschrift Kinderheilkunde 2010, 254, 260.
61 Eingehend Brandts in: Richter, Rehabilitationsrecht, § 1 Rn. 65.
62 Dazu instruktiv Zuleeg, RSdE 1990, 55 ff.
63 Eingehend Noftz in: Hauck/Noftz, SGB V, § 41 Rn. 21. Zum Zustand der Versorgungslandschaft informativ Antwort der Bundesregierung auf die Kleine Anfrage der Abgeordneten Katrin Kunert ua vom 22.12.2014, BT-Dr. 18/3657.
64 Seit 1.8.2002 mit In-Kraft-Treten des 11. SGB V-Änderungsgesetzes, BGBl. I, 2874.
65 Zur RechtsentwicklungSchmidt in: Peters, HdB KrV, § 41 Rn. 15ff.
66 S. Fn. 58.
67 Noftz in: Hauck/Noftz, SGB V, § 41 Rn. 21; zu den Rehabilitationszielen siehe auch Nürnberg/Breuel/Haffner, Monatsschrift Kinderheilkunde 2010, 254, 258 mwN; dazu im Einzelnen Nüchtern in: Leistner/Beyer (Hrsg.), Rehabilitation in der GKV, S. 220 ff.
68 Brandts in: Richter, Rehabilitationsrecht, § 1 Rn. 70.

18 **c) Entlassmanagment.** Mit dem Anspruch auf eine Rehabilitationsmaßnahme nach § 41 ist seit Inkrafttreten des GKV-VSG (→ Rn. 3) gem. Abs. 1 S. 4 Hs. 2 iVm § 40 Abs. 2 S. 4 ein Anspruch auf Entlassmanagement verbunden. Die Konkretisierung des Anspruchs richtet sich nach § 40 Abs. 2 S. 4 iVm § 39 Abs. 1 a (im Einzelnen → § 40 Rn. 16 sowie → § 39 Rn. 23),

III. Leistungsbestimmung und Nachrang (Abs. 2)

19 **1. Leistungskonkretisierung.** Bei Vorliegen der gesetzlichen Voraussetzungen muss eine Maßnahme nach § 41 gewährt werden. § 41 Abs. 2 verweist allerdings hinsichtlich der Konkretisierung des Leistungsanspruchs auf § 40 Abs. 4. Damit ist es Aufgabe der Krankenkasse, Art, Dauer, Umfang, Beginn und Durchführung der Leistungen nach den medizinischen Erfordernissen des Einzelfalls nach **pflichtgemäßem Ermessen** (§ 39 SGB I) zu bestimmen. Beachtlich sind insoweit die Richtlinien des SpiBuK oder des G-BA (→ Rn. 4). Im Rahmen der Ermessensausübung sind die Vorschriften des SGB IX, insbesondere das in § 9 SGB IX normierte Wunsch- und Wahlrecht der Leistungsberechtigten,[69] zu berücksichtigen (im Einzelnen → § 40 Rn. 18).

20 Für den zeitlichen Umfang und die Möglichkeiten einer erneuten Inanspruchnahme von Leistungen verweist § 41 Abs. 2 auf § 40 Abs. 3. Nach § 40 Abs. 3 S. 2 ist für die Maßnahmen eine Regeldauer von drei Wochen vorgesehen. Eine Verlängerung ist möglich, wenn sie aus medizinischen Gründen dringend erforderlich ist (→ § 40 Rn. 19). Die nach S. 3 indikationsspezifische Abweichung von der Regelung des S. 2 kommt derzeit nicht zum Tragen, da die hierfür erforderlichen Leitlinien des Spitzenverbands Bund der Krankenkassen bislang nicht erlassen wurden.

21 Nach Inanspruchnahme einer Maßnahme nach § 41 oder einen sonstigen aufgrund öffentlich-rechtlicher Regelungen (teil-)finanzierten Leistung kann regelmäßig frühestens nach Ablauf einer **Karenzzeit** von vier Jahren (erneut) eine Maßnahme nach § 41 in Anspruch genommen werden.[70] Ausnahmen gelten für den Fall, dass die Leistung zu einem früheren Zeitpunkt aus medizinischen Gründen dringend erforderlich ist. Zum Begriff der dringenden Erforderlichkeit aus medizinischen Gründen (→ § 40 Rn. 21).

22 **2. Nachrang.** Aus dem Verweis auf § 40 Abs. 4 ergibt sich, dass die Krankenkasse gegenüber **anderen Sozialversicherungsträgern** nur nachrangig zuständig ist (→ § 40 Rn. 24 ff.). Da allerdings andere Leistungsgesetze keine Ansprüche auf spezifische Rehabilitationsleistungen für Eltern enthalten, ist der Nachrang praktisch nicht von Bedeutung.[71] Geht die Krankenkasse gleichwohl von der Zuständigkeit eines anderen Trägers aus, ist ggf. § 14 SGB IX zu beachten.[72]

IV. Zuzahlung (Abs. 3)

23 Volljährige Versicherte haben für die Dauer ihres Aufenthalts den sich aus § 61 S. 2 ergebenden Betrag von 10 EUR kalendertäglich als Zuzahlung zu leisten. Für mit aufgenommene Kinder besteht demnach keine Zuzahlungspflicht.[73] Die Zahlung ist an die Einrichtung zu leisten, die den Erhalt quittiert (§ 61 S. 4) und die Zahlung gem. § 41 Abs. 3 S. 2 an die Krankenkasse weiterleitet. Die Zuzahlungspflicht besteht nur im Rahmen der Belastungsgrenze des § 62 (→ § 61 Rn. 4 ff.).

V. Verfahren

24 Die Leistung ist bei der Krankenkasse zu **beantragen** (vgl. § 19 S. 1 SGB IV). Zugleich ist gem. § 73 Abs. 2 S. 1 Nr. 5 eine vertragsärztliche Verordnung der Leistung erforderlich. Derzeit ist das Antragsverfahren zweistufig ausgestaltet, vgl. § 6 Rehabilitations-Richtlinie. Es beginnt mit der Einleitung des Verfahrens durch **Verordnung** des behandelnden Arztes bei der Krankenkasse. Ärztlicherseits ist das Verordnungsformular Muster 61 für die Antragstellung zu nutzen.[74] Die ärztliche Verordnung ersetzt die Bewilligung der Krankenkasse nicht, sondern hat Empfehlungscharakter. Es bedarf einer anschließenden Prüfung und Bewilligungsentscheidung der Krankenkasse.

---

[69] So auch Zieglmeier in: KassKomm, § 41 Rn. 16.
[70] Nicht nachvollziehbar insoweit Schnitzler in: BeckOK SozR, SGB V, § 41 Rn. 12, der meint, § 41 SGB V enthielte keine Wartezeitregelung.
[71] Schmidt in: Peters, HdB KrV; § 41 Rn. 43 Welti in: Becker/Kingreen, § 41 Rn. 6.
[72] Welti in: Becker/Kingreen, § 41 Rn. 6 sowie SG Berlin, 20.11.2015, S 36 KR 2345/13 (juris), Rn. 28.
[73] Schmidt in: Peters, HdB KrV, § 41 Rn. 46 mwN.
[74] Vgl. Anlage 9.4 zur Reha-Begutachtungsrichtlinie (→ Rn. 4), abrufbar unter http://www.kbv.de/html/21431.php (zuletzt abgerufen am 1.3.2017).

Vor der Bewilligung werden Anträge stichprobenartig, Verlängerungsanträge regelhaft gem. § 275 Abs. 2 Nr. 1 einer **Prüfung durch den MDK** unterzogen (→ § 275 Rn. 68 ff.).[75] Deren Ergebnis ist im Rahmen des Auswahlermessens zu berücksichtigen.[76] Die Bewilligungsentscheidung ist ein Verwaltungsakt iSd § 31 SGB X. Sie ist daher gem. § 35 Abs. 1 SGB X mit einer Begründung zu versehen. Diese muss auch die für die Ermessensausübung nach § 41 Abs. 2 iVm § 40 Abs. 3 S. 1 maßgeblichen Gesichtspunkte enthalten. 25

Gegen die Ablehnung der begehrten Maßnahme sind als **Rechtsmittel** Widerspruch (§ 62 SGB X iVm SGG) und eine Klage vor dem Sozialgericht statthaft. Da nur auf die Leistung dem Grunde nach ein Rechtsanspruch besteht, die Leistungskonkretisierung aber im Ermessen der Behörde steht, ist grundsätzlich eine kombinierte Anfechtungs- und Verpflichtungsklage die statthafte Klageart.[77] Werden im Widerspruchsverfahren um Gewährung einer Mutter- oder Vater-Kind-Maßnahme das Elternteil und Kinder anwaltlich vertreten, tritt wegen der Mehrfachvertretung eine Gebührenerhöhung nach Nr. 1008 VV RVG ein, die die Krankenkasse bei erfolgreichem Widerspruch nach § 63 Abs. 1 S. 1 SGB X zu erstatten hat.[78] Eilrechtsschutz kommt im Verfahren auf Erlass einer einstweiligen Anordnung gem. § 86 b Abs. 2 S. 2 SGG in Betracht. Dabei kann eine unklare Sachlage aufgrund fehlender Sachverhaltsaufklärungen durch die Krankenkasse, zB eine fehlende Untersuchung durch den MDK, zulasten der zuständigen Krankenkasse zu berücksichtigen sein.[79] 26

VI. Statistik

Nunmehr sind die Krankenkassen nach § 41 Abs. 1 S. 4 Hs. 2 iVm § 40 Abs. 2 S. 3 SGV verpflichtet, nach Geschlecht **differenzierte statistische Erhebungen** über Anträge und Leistungen sowie deren Erledigung durchzuführen. Statistische Daten zur Erfassung der Fallzahlen liegen daher (erst) seit Aufnahme in die amtliche GKV-Statistik KG 5 im Jahr 2008 vor. Ergänzend ist § 15 Abs. 2 SGB IX zu beachten.[80] 27

Bemerkenswert ist, dass die Statistiken auf eine sehr **uneinheitliche Bewilligungspraxis** hinweisen.[81] Insgesamt ist die Anzahl der Bewilligungen nach Inkrafttreten der neuen Begutachtungsrichtlinie von 2012 gestiegen. Nach der amtlichen GKV-Statistik KG 5 wurden im Jahr 2015 im Bundesdurchschnitt rund 74 % aller beantragten Maßnahmen bewilligt,[82] die Bewilligungsquote schwankt allerdings stark nach Kassenart. Gegen etwa 50 % der ablehnenden Bescheide wurde **Widerspruch** erhoben. Die Erfolgsquote lag bundesdurchschnittlich bei 50 %, variierte aber auch hier zwischen den Kassenarten.[83] Sachliche Gründe für die erheblichen Unterschiede sowohl bei der Bewilligungspraxis als auch der Widerspruchsbescheidung sind nicht offensichtlich. Es kann bezweifelt werden, dass Neuerungen und Informationsprobleme im Antragsverfahren, auf die die Spitzenverbände der Krankenkassen noch im Jahr 2006 verwiesen haben, weiterhin eine Ursache der hohen Erfolgsquote der Widersprüche sind. 28

---

75 Siehe dazu im Einzelnen auch die Richtlinie über Umfang und Auswahl der Stichproben bei der Begutachtung durch den Medizinischen Dienst der Krankenversicherung und Ausnahmen davon nach § 275 Abs. 2 Nr. 1 SGB V (Richtlinie MDK-Stichprobenprüfung) vom 2.7.2008, abrufbar unter http://www.gkv-spitzenverband. de/media/dokumente/krankenversicherung_1/rehabilitation/richtlinien_und_vereinbarungen/mdk_stichproben pruefung/Reha_MDK-Richtlinie_02072008.pdf (zuletzt abgerufen am 1.3.2017).
76 Noftz in: Hauck/Noftz, SGB V, § 41 Rn. 17 a.
77 So Schnitzler in: BeckOK SozR, SGB V, § 41 Rn. 25.
78 SG Freiburg i. Br., 30.4.2015, S 11 KR 4234/14 (juris).
79 So LSG Bln-Bbg, 3.7.2014, L 1 KR 208/14 B ER, Rn. 27 (juris).
80 Welti in: Becker/Kingreen, § 41 Rn. 11.
81 Insofern kann das gesetzgeberische Ziel, eine erhöhte Transparenz hinsichtlich der Bewilligungspraxis herzustellen (dazu BT-Dr. 16/4247, 48), als erreicht gelten. Die damit verbundene Möglichkeit, Fehler bei der Antragstellung zu identifizieren ist so gegeben; dazu Hellkötter in: LPK-SGB V, § 41 Rn. 16.
82 Für die Jahre 2012–2014 lag die Quote sogar bei 86-88 %, vgl. Antwort der Bundesregierung auf die Kleine Anfrage der Abgeordneten Katrin Kunert ua vom 22.12.2014, BT-Dr. 18/3657.
83 KG 5, Stand 10.5.2012, S. 15. Abrufbar unter http://www.bmg.bund.de/fileadmin/dateien/Downloads/Statisti ken/GKV/Geschaeftergebnisse/120510_Ergebnisse_der_Statistik_KG_5_Vorsorge-_und_Rehabilitationsmas snahmen.pdf (zuletzt abgerufen am 1.3.2017). Zu ähnlichen Ergebnissen (mit leichten Schwankungen) kommt das Müttergenesungswerk für die Jahre 2006-2009, zusätzlich wurden dort erhebliche Unterschiede in der Bewilligungspraxis zwischen den einzelnen Bundesländern berichtet; vgl. zum Ganzen http://www.muettergenes ungswerk.de/uploads/403/B+V-Statistik%202006%20bis%202009.pdf (zuletzt abgerufen am 1.3.2017). Auch die neueste Statistik für 2011 weist noch sehr große Unterschiede in der Bewilligungspraxis und der Erfolgsquote in Widerspruchsverfahren auf, vgl. http://www.bmg.bund.de/fileadmin/dateien/Downloads/Statisti ken/GKV/Geschaeftergebnisse/130222_Geschaeftergebnissen_der_GKV_KG5_2011.pdf (zuletzt abgerufen am 1.3.2017).

Hierzu gehörten vor allem Probleme bei der Tatsachenermittlung im Antragsverfahren wegen der Verwendung uneinheitlicher Formulare.[84] Keinesfalls sind sie geeignet, die signifikanten Unterschiede zwischen den einzelnen Krankenversicherungsträgern bzw. Kassenarten zu begründen. Inwieweit die Entscheidungspraxis durch eine stärkere Abstimmung der Leistungsträger[85] sich tatsächlich vereinheitlicht hat, ist nicht erkennbar. Die Vermutung, dass die (ablehnenden) Entscheidungen von sachfremden Erwägungen beeinflusst sind,[86] ist daher nicht fernliegend.[87]

29 Bemerkenswert ist weiter, dass im Gegensatz dazu vergleichsweise wenig **Gerichtsentscheidungen** zu § 41 dokumentiert sind, seit die Mütter- und Väter- bzw. Mutter-/Vater-Kind-Maßnahmen in den Katalog der Pflichtleistungen aufgenommen wurden, wobei die Tendenz leicht steigt.[88] Über Ursachen kann nur spekuliert werden. Grund hierfür kann einerseits die hohe Erfolgsquote im Widerspruchsverfahren sein, andererseits kann vermutet werden, dass die Lebenssituation potenziell Anspruchsberechtigter eine gerichtliche Rechtsdurchsetzung eher hindert.[89]

§ 42 Belastungserprobung und Arbeitstherapie

Versicherte haben Anspruch auf Belastungserprobung und Arbeitstherapie, wenn nach den für andere Träger der Sozialversicherung geltenden Vorschriften solche Leistungen nicht erbracht werden können.

Literatur:

Brandts, Die medizinische Rehabilitation in der gesetzlichen Krankenversicherung, in: Richter (Hrsg.), Rehabilitationsrecht, 2008, S. 13; *Brockmann*, Arbeitstherapie, in: Deinert/Welti (Hrsg.), Stichwortkommentar Behindertenrecht (SWK-BR), 2014, S. 56; *Kalina*, Arbeitstherapie – eine Leistung der medizinisch-beruflich orientierten Rehabilitation, ZFSH/SGB 2012, 317; *Luik*, Belastungserprobung, in: Deinert/Welti (Hrsg.), Stichwortkommentar Behindertenrecht (SWK-BR), 2014, S. 158.

I. Allgemeines	1	3. Konkretisierung des Anspruchs	9
II. Allgemeine Anspruchsvoraussetzungen	3	IV. Verhältnis zu anderen Anspruchsgrundlagen, Nachrang	11
III. Anspruchsinhalt	4	V. Verordnung und Antragserfordernis	13
1. Belastungserprobung	5	VI. Rechtsverhältnisse	15
2. Arbeitstherapie	6		

I. Allgemeines

1 § 42 wurde mit Art. 1 des GRG vom 20.12.1988 (BGBl. I, 1988) zum 1.1.1989 eingeführt und seither nicht geändert. Die Vorschrift entspricht der Fassung des Regierungsentwurfs (BT-Dr. 11/2237, 158, dort bezeichnet als § 41). Durch § 42 wurden die Vorgängernormen der §§ 182 Abs. 1 Nr. 1 e), 182 d RVO ersetzt, die 1974 mit dem RehaAnglG (BGBl. I, 1881) erstmals einen Anspruch auf Arbeitstherapie begründeten.

2 Belastungserprobung und Arbeitstherapie sind **Leistungen zur medizinischen Rehabilitation** iSd § 26 Abs. 2 S. 2 Nr. 7 SGB IX.[1] Die Begrifflichkeiten werden im SGB V und SGB IX deckungsgleich verwen-

---

84 Siehe im Einzelnen den Bericht der Spitzenverbände der Krankenkassen zu den Erfahrungen mit den durch das 11. SGB V-Änderungsgesetz bewirkten Rechtsänderungen, BT-Dr. 16/1150, 10 f.
85 Antwort der Bundesregierung auf die Kleine Anfrage der Abgeordneten Katrin Kunert ua vom 22.12.2014, BT-Dr. 18/3657, 4 f.
86 Schnitzler in: BeckOK SozR, SGB V, § 41 Rn. 21.1 und 24.1.
87 Es ist nicht auszuschließen, dass nach wie vor Ablehnungen unter Verweis auf den Rentenversicherungsträger begründet werden (so etwa im Fall der Entscheidung SG Berlin, 20.11.2015, S 36 KR 2345/13 (juris) zugrunde lag), obgleich ein solcher Anspruch nicht besteht (→ Rn. 21). Zum Ganzen auch Schnitzler in: BeckOK SozR, SGB V, § 41 Rn. 2.1, 21.1 und 24.1.
88 Dies war seit Aufnahme der Mütter- und Väter- bzw. Mutter-/Vater-Kind-Maßnahmen in den Katalog der Pflichtleistungen weniger der Fall; etwas anderes galt allerdings zu Zeiten, als es sich noch um Ermessensleistungen handelte, Schnitzler in: BeckOK SozR, SGB V, § 41 Rn. 2 f.
89 Zu den Einflussfaktoren auf die sozialgerichtliche Rechtsdurchsetzung Welti/Höland/Braun/Buhr, Folgen einer allgemeinen Verfahrensgebühr im sozialgerichtlichen Verfahren, SozSich 2008, 308 ff.
1 Siehe auch Liebold, Auswirkungen des SGB IX auf die gesetzliche Krankenversicherung, 2007, S. 218. Beachte die am 1.1.2018 in Kraft tretende Neuordnung des SGB IX Teil 1 durch das Bundesteilhabegesetz (BTHG) vom 23.12.2017, BGBl. I, 3234, wonach Arbeitstherapie und Belastungserprobung in § 42 Abs. 2 Nr. 7 SGB IX nF als Leistungen zur medizinischen Rehabilitation eingeordnet werden.

det.² Grundsätzlich ist der Teilhabebedarf gem. § 10 SGB IX im Zusammenhang mit Leistungen nach § 42 umfassend zu prüfen, insbesondere ist die Notwendigkeit von Leistungen zur Teilhabe am Arbeitsleben festzustellen, § 11 SGB IX.³ Dies ist auch deshalb naheliegend, weil Belastungserprobung und Arbeitstherapie zeitlich und inhaltlich im Übergang zu Maßnahmen zur beruflichen Rehabilitation angesiedelt sein können.⁴

II. Allgemeine Anspruchsvoraussetzungen

Nach dem Wortlaut des § 42 sind ausschließlich Versicherte anspruchsberechtigt. Die Anspruchsvoraussetzungen sind nicht sämtlich in § 42 geregelt, sondern ergeben sich aus den allgemeinen Vorschriften: Arbeitserprobung und Belastungstherapie zählen gem. § 11 Abs. 1 Nr. 4 und § 27 Abs. 1 S. 2 Nr. 6 zu den Leistungen der Krankenbehandlung. Gleichzeitig sind die Maßnahmen als solche zur medizinischen Rehabilitation iSd SGB IX einzuordnen.⁵ Dies führt zur Anwendbarkeit des § 11 Abs. 2. Eine klare Trennung der Leistungen zur Krankenbehandlung und derjenigen zur Rehabilitation hat der Gesetzgeber nicht vorgenommen. Dies führt zu „systematischer Unklarheit".⁶⁷ Angesichts des historisch restriktiven Gebrauchs des Begriffs der Rehabilitation im Recht der gesetzlichen Krankenversicherung ist nicht davon auszugehen, dass § 11 Abs. 2 zusätzliche Anspruchsvoraussetzungen zum Anspruchsausschluss statuiert.⁸ Vielmehr treten sie als weitere Leistungsziele hinzu, die zugleich verfolgt werden. Leistungsziele sind daher die Behandlung einer Krankheit (§ 11 Abs. 1 Nr. 4) sowie die Abwendung, Beseitigung, Minderung, der Ausgleich, die Verhütung der Verschlimmerung oder Linderung der Folgen einer Behinderung oder Pflegebedürftigkeit (vgl. § 11 Abs. 2 S. 1). Die Leistung nach § 42 muss gem. § 12 ausreichend, zweckmäßig und wirtschaftlich sein, um das Leistungsziel zu erreichen. Sie darf das Maß des Notwendigen nicht überschreiten (im Einzelnen → § 12 Rn. 1 ff., 15 f.).

3

III. Anspruchsinhalt

Belastungserprobung und Arbeitstherapie sind zwei unterschiedliche und grundsätzlich voneinander unabhängige Leistungen, auch wenn die Belastungserprobung häufig Ausgangspunkt für eine anschließende Arbeitstherapie ist.⁹ Sie sind abzugrenzen von Leistungen zur Teilhabe am Arbeitsleben wie zB der Arbeitserprobung,¹⁰ die möglicherweise im Anschluss von anderen Leistungsträgern erbracht werden.¹¹

4

1. Belastungserprobung. Der Begriff der Belastungserprobung wird weder in § 42, noch in § 26 Abs. 2 Nr. 7 SGB IX legaldefiniert. Ziel der diagnostisch geprägten¹² Belastungserprobung ist die **Ermittlung der Leistungsfähigkeit und Belastbarkeit** des anspruchsberechtigten Leistungsempfängers bezogen auf eine Eingliederung in das gesellschaftliche Leben und die Arbeitswelt. Daher werden im Rahmen der Belastungserprobung Beobachtungen und Tests als diagnostische Instrumente angewandt.¹³ Festgestellt werden die „inneren und äußeren Ressourcen"¹⁴ des Leistungsberechtigten. Insofern können die Feststellungen im Rahmen der Belastungserprobung weitere Leistungen nach sich ziehen.¹⁵ Abzugrenzen ist die Belastungserprobung von beruflicher Eignungsfeststellung, Arbeitserprobung oder Trai-

5

---

2 Bieritz-Harder in: Deinert/Neumann, Handbuch SGB IX, 2. Aufl. 2009, § 10 Rn. 122.
3 Beachte die am 1.1.2018 in Kraft tretende Neuordnung des SGB IX Teil 1 durch das Bundesteilhabegesetz (BTHG) vom 23.12.2017, BGBl. I, 3234, von da an finden sich die einschlägigen Regelungen in §§ 9, 12 f. SGB IX nF.
4 Vgl. auch Kalina in: ZFSH/SGB 2012, 317, 320; Noftz in: Hauck/Noftz, SGB V, § 42 Rn. 3; Wagner in: Krauskopf, § 42 SGB V Rn. 2; Schmidt in: Peters, HdB KrV, § 42 Rn. 9 mwN.
5 Vgl. auch BSG 13.9.2011, B 1 KR 25/10 R, juris. Zur unklaren Abgrenzung von Krankenbehandlung und Rehabilitation im SGB V s. Brandts in: Richter, Rehabilitationsrecht, § 1 Rn. 13 mwN.
6 Schramm/Witte in: Sodan, HdB KrVersR § 10 Rn. 118.
7 So auch Höfler in: KassKomm, § 41 SGB V Rn. 5 und § 11 SGB V Rn. 13.
8 Wie hier wohl Schnitzler in: BeckOK SozR, SGB V, § 42 Rn. 4 f.; anders Welti in: Becker/Kingreen, § 42 Rn. 3 sowie Nebendahl in: Spickhoff, Medizinrecht, § 42 SGB V Rn. 2.
9 Kalina, ZFSH/SGB 2012, 317, 320; Noftz in: Hauck/Noftz, SGB V, § 42 Rn. 12.
10 Im Einzelnen Luik in: SWK-BR, Belastungserprobung, Rn. 5.
11 Noftz in: Hauck/Noftz, SGB V, § 42 Rn. 3.
12 Wagner in: Krauskopf, § 42 SGB V Rn. 4.
13 Hellkötter-Backes in: LPK-SGB V, § 42 Rn. 5.
14 Welti in: Becker/Kingreen, § 42 Rn. 6.
15 Bieritz-Harder in: Deinert/Neumann, Handbuch SGB IX, § 10 Rn. 123; Noftz in: Hauck/Noftz, SGB V, § 42 Rn. 12; Höfler in: KassKomm, § 42 SGB V Rn. 5; Schnitzler in: BeckOK SozR, SGB V, § 42 Rn. 10.

ningsmaßnahmen, die sämtlich als Maßnahmen zur Teilhabe am Arbeitsleben zu qualifizieren sind.[16] Die Dauer der Maßnahme ist gesetzlich nicht konkretisiert und richtet sich nach den Erfordernissen des Einzelfalls. Denkbar sind gleichermaßen Belastungserprobungen die wenige Stunden oder einige Wochen dauern.[17]

6 2. **Arbeitstherapie.** Der **Begriff** der Arbeitstherapie wird im SGB nicht definiert.[18] Die Arbeitstherapie dient dazu, Fähigkeiten auszubilden, zu fördern und zu üben, die Voraussetzungen dafür sind, am Arbeitsleben teilzunehmen. Die Arbeitstherapie dient einer umfassenden Krankenbehandlung und soll „die Persönlichkeit in einem sich wechselseitig mit dem Fähigkeitserwerb bedingenden Prozess stabilisieren."[19] Dabei geht es einerseits um motorische, handwerklich-technische Fertigkeiten und andererseits um geistig-psychische Voraussetzungen. Hierzu zählen ua „Motivation, Konzentrationsfähigkeit, Beständigkeit, Regelmäßigkeit, Pünktlichkeit, Durchsetzungs- und Kooperationsfähigkeit".[20] Im Fokus der Maßnahme steht die Verbesserung des Gesundheitszustandes,[21] einschließlich der Belastbarkeit und Ressourcen.[22] Insofern ist die Arbeitstherapie „berufsneutral".[23]

7 Abzugrenzen ist die Arbeits- von der **Beschäftigungstherapie.** In beiden Fällen handelt es sich um ergotherapeutische Maßnahmen,[24] das erschwert die Unterscheidung.[25] Ziele der als Heilmittel zu qualifizierenden Beschäftigungstherapie sind die Erhaltung und/oder Wiederherstellung körperlicher und/oder psychischer Grundfunktionen.[26] Sie zielt nicht auf die Wiederherstellung der Arbeitsfähigkeit, sondern eine Wiedereingliederung in das Alltagsleben ab.[27]

8 Arbeitstherapie wird über einen längeren Zeitraum erbracht und kann daher als Dauerleistung qualifiziert werden.[28] Deshalb muss die Arbeitstherapie nach § 42 einem ärztlichen **Behandlungsplan** folgen, in einem ärztlichen Behandlungszusammenhang stehen sowie ärztlich überwacht und verantwortet werden.[29]

9 3. **Konkretisierung des Anspruchs.** Anders als die ausdrückliche Erwähnung von Arbeitstherapie und Belastungserprobung in § 92 Abs. 1 S. 1 Hs. 1 SGB V es vermuten ließe, findet keine der beiden Leistungen Erwähnung in einer der Richtlinien des gemeinsamen Bundesausschusses.[30]

Die Leistungen können **ambulant, teilstationär oder stationär** erbracht werden.[31] Für eine Beschränkung auf ambulante Leistungen enthält die Vorschrift keinen Anhaltspunkt.[32] Dabei ist bei stationären Maßnahmen stets zu prüfen, ob es sich um eigenständige Leistungen nach § 42 handelt oder unselbstständige Teile eines integrierten Behandlungskonzepts (→ Rn. 11). Belastungserprobungen werden ty-

---

16 Noftz in: Hauck/Noftz, SGB V, § 42 Rn. 14.
17 Schmidt in: Peters, HdB KrV, § 42 Rn. 32; Nebendahl in: Spickhoff, Medizinrecht, § 42 SGB V Rn. 3.
18 Zur historischen Entwicklung der Arbeitstherapie und zur Begriffsbildung Schmidt in: Peters, HdB KrV, § 42 Rn. 16 ff.
19 BSG, 19.10.1983, 3 RK 15/82, juris Rn. 17sowie BSG, 13.9.2011, B 1 KR 25/10 R, juris Rn. 21.
20 BSG, 13.9.2011, B 1 KR 25/10 R, juris Rn. 21.
21 Für die Parallelvorschrift im SGB IX Mrozynski, SGB IX/1, 2. Aufl. 2011, § 26 Rn. 17 f.
22 Welti in: Becker/Kingreen, § 42 Rn. 6.
23 Kalina, ZFSH/SGB 2012, 317, 320; in diesem Sinne auch Nebendahl in: Spickhoff, Medizinrecht, § 42 SGB V Rn. 5.
24 Schnitzler in: BeckOK SozR, § 42 SGB V Rn. 11. Eingehend Noftz in: Hauck/Noftz, SGB V, § 42 Rn. 5 ff. mwN.
25 Im Einzelnen Schmidt in: Peters, HdB KrV, § 42 Rn. 12 ff. mwN.
26 Bieritz-Harder in: Deinert/Neumann, Handbuch SGB IX, § 10 Rn. 122; Nebendahl in: Spickhoff, Medizinrecht, § 42 SGB V Rn. 5. Zu den Abgrenzungsproblemen siehe auch Kalina, ZFSH/SGB 2012, 317, 320 sowie Noftz in: Hauck/Noftz, SGB V, § 42 Rn. 5 ff. und 17 mwN.
27 BSG, 13.9.2011, B 1 KR 25/10 R, juris Rn. 21; eingehend Zieglmeier in: KassKomm, § 42 SGB V Rn. 6.
28 Waßer in: jurisPK-SGB V, § 42 Rn. 12.
29 BSG, 13.9.2011, B 1 KR 25/10 R, juris Rn. 21 mwN Insofern können die Anforderungen an eine Arbeitstherapie nach dem SGB VI abweichen.
30 In § 2 Abs. 2 S. 3 der Arbeitsunfähigkeits-Richtlinie (zuletzt geändert am 20.10.2016 BAnz AT 23.12.2016 B5) wird lediglich klargestellt, dass eine Arbeitsunfähigkeit auch während einer Arbeitstherapie oder Belastungserprobung bestehen kann.
31 BSG, 13.9.2011, B 1 KR 25/10 R, juris Rn. 26; Hauck in: Hauck/Noftz, SGB V, § 42 Rn. 19 f.; Zieglmeier in: KassKomm, § 42 SGB V Rn. 7; Schnitzler in: BeckOK SozR, SGB V, § 42 Rn. 9; aA Hellkötter-Backes in: LPK-SGB V, § 42 Rn. 1. Zum Ganzen Schmidt in: Peters, HdB KrV, § 42 Rn. 10 mwN.
32 Eingehend Zieglmeier in: KassKomm, § 42 SGB V Rn. 7 sowie Schmidt in: Peters, HdB KrV, § 42 Rn. 10 mwN.

pischerweise in stationären Einrichtungen durchgeführt.³³ Bei ambulanten Arbeitstherapien kommt auch einen Leistungserbringung im betrieblichen Kontext in Betracht.³⁴

Sind die Voraussetzungen des § 42 erfüllt, müssen die Leistungen gewährt werden. Der Leistungsinhalt 10 ergibt sich allerdings nicht aus dem Gesetz. Daher hat die Krankenkasse bei der Konkretisierung des Anspruchs im Hinblick auf die Art und Weise der Leistungserbringung, dh Art, Dauer, Umfang, Beginn und Durchführung der Leistungen sowie ggf. hinsichtlich der Wahl der Rehabilitationseinrichtung Ermessen.³⁵ Es besteht ein **Anspruch auf pflichtgemäße Ermessensausübung** nach § 39 SGB I. Dieser Auffassung kann entgegengehalten werden, dass sich ein Ermessen nicht aus dem Gesetzeswortlaut ergibt.³⁶ Zum Teil wird hinsichtlich der Festlegung der Dauer der Maßnahmen empfohlen, die Regelzeiten nach § 40 Abs. 3 S. 2 als Anhaltspunkte heranzuziehen.³⁷ Jedenfalls sind gem. § 33 SGB I und § 7 SGB IX³⁸ bei der Leistungskonkretisierung die persönlichen Verhältnisse und Wünsche des Versicherten zu beachten und ggf. zu verwirklichen.

IV. Verhältnis zu anderen Anspruchsgrundlagen, Nachrang

Arbeitstherapie kann als **eigenständige (isolierte) Leistung** oder als integraler Bestandteil einer umfas- 11 senden Behandlung erbracht werden. Ist die Arbeitstherapie unselbständiger Teil einer stationären Krankenbehandlung oder stationären Rehabilitationsmaßnahme iS einer „Komplexleistung",³⁹ so ist § 42 als Anspruchsgrundlage nicht einschlägig, sondern der Anspruch richtet sich dann allein nach § 39 bei Leistungserbringung im Krankenhaus bzw. § 40 bei Leistungserbringung in einer stationären Rehabilitationseinrichtung.⁴⁰

Ein Anspruch auf Leistungen der gesetzlichen Krankenkasse nach § 42 besteht nur, wenn **kein entspre-** 12 **chender Anspruch gegen andere Sozialversicherungsträger** besteht. Vorrangig sind daher Leistungen der gesetzlichen Unfallversicherung (schon wegen § 11 Abs. 5) nach § 27 Abs. 1 Nr. 7 SGB VII sowie der gesetzlichen Rentenversicherung nach § 15 Abs. 1 S. 1 SGB VI.⁴¹⁴² Dagegen sind nach dem Wortlaut Leistungen der Eingliederungshilfe und des Entschädigungsrechts gem. § 54 Abs. 1 S. 1 und 2 SGB XII nicht umfasst, da es sich nicht um solche eines Sozial*versicherungs*trägers handelt.⁴³ Hier ist die Krankenkasse vorrangig zuständig, weil insofern der allgemeine Grundsatz des Nachrangs der Sozialhilfe nach § 2 Abs. 1 SGB XII greift.⁴⁴ Gleiches gilt nach § 10 Abs. 7 S. 1 lit. d BVG für Leistungen des sozialen Entschädigungsrechts.⁴⁵

---

33 Nebendahl in: Spickhoff, Medizinrecht, § 42 SGB V Rn. 3.
34 Kalina, ZFSH/SGB 2012, 317, 321; Schmidt in: Peters, HdB KrV, § 42 Rn. 26 mwN.
35 BSG, 13.9.2011, B 1 KR 25/10 R, juris Rn. 27; Schnitzler in: BeckOK SozR, SGB V, § 42 Rn. 9; Zieglmeier in: KassKomm, § 42 SGB V Rn. 13.
36 Daher wird auch vertreten, dass im Rahmen des § 42 kein Ermessen zur Leistungskonkretisierung besteht, so Wagner in: Krauskopf, § 42 SGB V Rn. 7. Dann kann § 40 insoweit allerdings als Anhaltspunkt herangezogen werden, Noftz in: Hauck/Noftz, SGB V, § 42 Rn. 2.
37 Noftz in: Hauck/Noftz, SGB V, § 42 Rn. 26 mwN.
38 Beachte die am 1.1.2018 in Kraft tretende Neuordnung des SGB IX Teil 1 durch das Bundesteilhabegesetz (BTHG) vom 23.12.2017, BGBl. I, 3234, von da an findet sich die Regelung zum Wunsch- und Wahlrecht in § 8 SGB IX nF.
39 Nebendahl in: Spickhoff, Medizinrecht, § 42 SGB V Rn. 1.
40 BSG, 13.9.2011, B 1 KR 25/10 R, juris Rn. 26; Zieglmeier in: KassKomm, § 42 SGB V Rn. 8; Schnitzler in: BeckOK SozR, § 42 SGB V Rn. 1 a; Schmidt in: Peters, HdB KrV, § 42 Rn. 9 mwN sowie eingehend Noftz in: Hauck/Noftz, SGB V, § 42 Rn. 19 mwN.
41 Dazu im Einzelnen Luik in: SWK-BR, Belastungserprobung, Rn. 2.
42 Zur Zuständigkeitsabgrenzung von Kranken- und Rentenversicherungsträger BSG, 13.9.2011, B 1 KR 25/10 R, mAnm Spiolek in: jurisPR-SozR 16/2012 Anm. 2.
43 Vgl. für das Entschädigungsrecht auch Zieglmeier in: KassKomm, § 42 SGB V Rn. 12.
44 Beachte die am 1.1.2018 in Kraft tretende Neuregelung von Belastungserprobung und Arbeitstherapie als Leistungen der medizinischen Rehabilitation im Eingliederungshilferecht durch das Bundesteilhabegesetz (BTHG) vom 23.12.2017, BGBl. I, 3234 in §§ 109, 42 Abs. 2 Nr. 7 SGB IX nF Der Nachrang der Eingliederungshilfe gegenüber den Leistungen der gKV nach § 42 SGB V ergibt sich dann aus § 91 SGB IX nF.
45 Schmidt in: Peters, HdB KrV, § 42 Rn. 41; Zieglmeier in: KassKomm, § 42 SGB V Rn. 12; Nebendahl in: Spickhoff, Medizinrecht, § 42 SGB V Rn. 6.

V. Verordnung und Antragserfordernis

13 Gem. § 73 Abs. 2 Nr. 5 ist – jedenfalls bei ambulanter Leistungserbringung[46] – eine ärztliche Verordnung der Maßnahmen nach § 42 erforderlich.[47] Gleiches gilt für stationäre Behandlungen nach § 73 Abs. 2 Nr. 7.[48]

14 § 42 enthält keine eigenständige Regelung, die ein **Antragserfordernis** begründen würde. Nach der Rechtsprechung des BSG ist die Leistung allerdings analog § 40 Abs. 3 S. 1 zu beantragen.[49] Letztlich ergibt sich schon aus § 19 Abs. 4 SGB IV ein Antragserfordernis. Ggf. sind die verfahrensrechtlichen Vorschriften des SGB IX, insbes. die Fristen des § 14 SGB IX zu beachten.[50]

VI. Rechtsverhältnisse

15 Arbeitstherapie und Belastungserprobung werden von geeigneten ambulanten Leistungserbringern oder in Einrichtungen der stationären Rehabilitation erbracht. Dazu schließen die Krankenkassen bzw. ihre Spitzenverbände entsprechende Vereinbarungen nach §§ 111 und 111c SGB V mit den Leistungserbringern. Dabei sind die §§ 21 Abs. 1, 17 Abs. 1 S. 1 Nr. 3 und 19 SGB IX zu beachten.[51]

16 Während der jeweiligen Maßnahme sind die Rehabilitanden gem. § 3 Abs. 1 Nr. 15a SGB VII in den sozialen Schutz der gesetzlichen Unfallversicherung einbezogen. Die Leistungserbringung im betrieblichen Kontext[52] führt regelmäßig nicht zur Begründung von Arbeitsverhältnissen oder Beschäftigungsverhältnissen im sozialversicherungsrechtlichen Sinn.[53] Ob hier vertragliche Pflichten seitens des Betriebsinhabers bestehen,[54] hängt von den Umständen des Einzelfalles ab. Naheliegend scheint die Anwendung arbeitsschutzrechtlicher Vorschriften zugunsten der Rehabilitanden als arbeitnehmerähnlichen Personen iSd § 2 Abs. 2 Nr. 3 ArbSchG.[55]

§ 43 Ergänzende Leistungen zur Rehabilitation

(1) Die Krankenkasse kann neben den Leistungen, die nach § 44 Abs. 1 Nr. 2 bis 6 sowie nach §§ 53 und 54 des Neunten Buches als ergänzende Leistungen zu erbringen sind,
1. solche Leistungen zur Rehabilitation ganz oder teilweise erbringen oder fördern, die unter Berücksichtigung von Art oder Schwere der Behinderung erforderlich sind, um das Ziel der Rehabilitation zu erreichen oder zu sichern, aber nicht zu den Leistungen zur Teilhabe am Arbeitsleben oder den Leistungen zur allgemeinen sozialen Eingliederung gehören,
2. wirksame und effiziente Patientenschulungsmaßnahmen für chronisch Kranke erbringen; Angehörige und ständige Betreuungspersonen sind einzubeziehen, wenn dies aus medizinischen Gründen erforderlich ist,

wenn zuletzt die Krankenkasse Krankenbehandlung geleistet hat oder leistet.

(2) ¹Die Krankenkasse erbringt aus medizinischen Gründen in unmittelbarem Anschluss an eine Krankenhausbehandlung nach § 39 Abs. 1 oder stationäre Rehabilitation erforderliche sozialmedizinische Nachsorgemaßnahmen für chronisch kranke oder schwerstkranke Kinder und Jugendliche, die das 14. Lebensjahr, in besonders schwerwiegenden Fällen das 18. Lebensjahr, noch nicht vollendet haben, wenn die Nachsorge wegen der Art, Schwere und Dauer der Erkrankung notwendig ist, um den stationären Aufenthalt zu verkürzen oder die anschließende ambulante ärztliche Behandlung zu sichern.

---

46 Joussen in: Kreikebohm/Spellbrink/Waltermann § 42 Rn. 2.
47 Zieglmeier in: KassKomm, § 42 SGB V Rn. 12; Wagner in: Krauskopf, § 42 SGB V Rn. 3.
48 Noftz in: Hauck/Noftz, SGB V, § 42 Rn. 23.
49 BSG, 13.9.2011, B 1 KR 25/10 R, juris Rn. 27.
50 Welti in: Becker/Kingreen, § 42 Rn. 5.
51 Welti in: Becker/Kingreen, § 42 Rn. 7. Beachte die am 1.1.2018 in Kraft tretende Neuordnung des SGB IX Teil 1 durch das Bundesteilhabegesetz (BTHG) vom 23.12.2017, BGBl. I, 3234, von da an finden sich die einschlägigen Regelungen in §§ 36 ff. SGB IX nF.
52 Dazu Kalina, ZFSH/SGB 2012, 317, 321.
53 Grundlegend BSG, 19.10.1983, 3 RK 15/82, juris Rn. 17; Noftz in: Hauck/Noftz, SGB V, § 42 Rn. 20; Zieglmeier in: KassKomm, § 42 SGB V Rn. 7; Nebendahl in: Spickhoff, Medizinrecht, § 42 SGB V Rn. 5.
54 So Kalina, ZFSH/SGB 2012, 317, 321.
55 Kothe in: Kollmer/Klindt/Schucht, ArbSchG, § 2 Rn. 111; Kalina, ZFSH/SGB 2012, 317, 321. Hierfür spricht auch § 36 SGB IX, der eine Anwendung arbeitsschutzrechtlicher Vorschriften für Teilnehmer an Maßnahmen der beruflichen Rehabilitation anordnet.

²Die Nachsorgemaßnahmen umfassen die im Einzelfall erforderliche Koordinierung der verordneten Leistungen sowie Anleitung und Motivation zu deren Inanspruchnahme. ³Angehörige und ständige Betreuungspersonen sind einzubeziehen, wenn dies aus medizinischen Gründen erforderlich ist. ⁴Der Spitzenverband Bund der Krankenkassen bestimmt das Nähere zu den Voraussetzungen sowie zu Inhalt und Qualität der Nachsorgemaßnahmen.

Literatur:

Faller/Reusch/Meng, DGRW-Update: Patientenschulung, Rehabilitation 2011, 283.

I. Allgemeines 1	2. Sonstige ergänzende Leistungen (Abs. 1 Nr. 1) 15
II. Ergänzende Leistungen (Abs. 1) 3	a) Allgemeines 15
1. Ergänzende Leistungen nach § 44 Abs. 1 S. 1 Nr. 2 bis 6, §§ 53 und 54 SGB IX (Abs. 1 Eingangssatz) .. 3	b) Voraussetzungen 16
a) Allgemeines 3	c) Leistungsinhalt 17
	3. Patientenschulungen (Abs. 1 Nr. 2) 19
b) Leistungsberechtigter Personenkreis 4	a) Allgemeines 19
	b) Leistungsvoraussetzungen 20
c) Die Leistungen im Einzelnen 5	c) Leistungsinhalt und Umfang 22
aa) Beitragszuschüsse zur Sozialversicherung (§ 44 Abs. 1 Nr. 2 SGB IX) 5	III. Sozialmedizinische Nachsorge für Kinder (Abs. 2) 26
	1. Allgemeines 26
bb) Rehabilitationssport (§ 44 Abs. 1 Nr. 3 SGB IX) und Funktionstraining (§ 44 Abs. 1 Nr. 4 SGB IX) 6	2. Leistungsberechtigter Personenkreis 27
	3. Leistungen der Nachsorge und Leistungserbringer (Abs. 2 S. 2 bis 4) 29
	IV. Verfahren 34
cc) Reisekosten (§ 44 Abs. 1 S. 1 Nr. 5 und § 53 SGB IX) 11	V. Anpassung durch das Bundesteilhabegesetz 35
dd) Haushaltshilfe und Kinderbetreuungskosten (§ 44 Abs. 1 Nr. 6 und § 54 SGB IX) 14	

I. Allgemeines

In der Vorschrift sind die Rechtsgrundlagen für die Erbringung verschiedenster ergänzender Leistungen zur Rehabilitation und Teilhabe zusammengefasst worden. Hierzu zählen die im Einzelnen erwähnten nach dem SGB IX zu erbringenden Leistungen (Abs. 1 Eingangssatz), die Patientenschulungen (Abs. 1 Nr. 2), die Nachsorgemaßnahmen für Kinder (Abs. 2) und schließlich die sonstigen Leistungen (Abs. 1 Nr. 1). Erforderlich ist stets eine ergänzbare Hauptleistung.[1] Insofern wird die Vorschrift auch als „Auffangnorm" bezeichnet, „die das Gesamtsystem der Rehabilitationsleistungen abrundet."[2]   1

§ 43 wurde mit Art. 1 des GRG vom 20.12.1988 (BGBl. I 1988, 2477) zum 1.1.1989 eingeführt. Er hatte zunächst nur einen Absatz und ersetzte die Vorschrift des § 193 RVO. Bis 1996 blieb die Vorschrift vom Gesetzgeber unangetastet; seither hat sie vielfache Änderungen erfahren.[3] S. 2 und 3 des ersten Absatzes wurden durch Art. 1 Nr. 14 des 2. GKV-NOG vom 23.6.1997 (BGBl. I, 1520) angefügt. Durch Art. 1 Nr. 21 GKV-GRG 2000 vom 22.12.1999 (BGBl. I, 2626) wurde in S. 1 mit Wirkung zum 1.1.2000 in Nr. 1 aF der letzte Hs. angefügt, Nr. 2 aF wurde geändert, Nr. 3 aF angefügt sowie die Sätze 2 und 3 aufgehoben. Bei Einführung des SGB IX vom 19.6.2001 (BGBl. I, 1046) wurden durch dessen Art. 5 Nr. 13 der einleitende Satz im Hinblick auf die vorrangig zustehenden ergänzenden Leistungen nach dem SGB IX ergänzt, die Regelung über Rehabilitationssport in Nr. 1 aF gestrichen (vgl. jetzt § 44 Abs. 1 Nr. 3 SGB IX) sowie die Nr. 2 und 3 aF in Nr. 1 und 2 geändert.   2

Durch Art. 1 Nr. 33 GMG vom 14.11.2003 (BGBl. I, 2190) wurde mit Wirkung vom 1.1.2004 Abs. 2 angefügt. Dessen S. 4 erfuhr durch Art. 1 Nr. 29, Art. 46 IX GKV-WSG vom 26.3.2007 (BGBl. I, 378) mit Wirkung zum 1.7.2008 eine redaktionelle Änderung angesichts der Bildung des Spitzenverbandes Bund der Krankenkassen. Abs. 2 S. 1 wurde durch Art. 1 Nr. 1d GKV-OrgWG vom 15.12.2008 (BGBl. I, 2426) mWv 18.12.2008 neu gefasst.

---

1 BSG, 22.4.2008, B 1 KR 22/07 R, NZS 2009, 217 ff. = SGb 2009, 316 ff. mit Anm. Gagel, SGb 2009, 320 sowie BSG, 22.4.2009, B 3 KR 5/08 R; Wagner in: Krauskopf, SGB V, § 43 Rn. 5.
2 Schnitzler in: BeckOK SozR, SGB V, § 43 Rn. 3 mwN.
3 Im Einzelnen auch Schmidt in: Peters, HdB KrV, § 43 Rn. 1 ff.; Noftz in: Hauck/Noftz, SGB V, § 43 Rn. 1.

II. Ergänzende Leistungen (Abs. 1)

1. Ergänzende Leistungen nach § 44 Abs. 1 S. 1 Nr. 2 bis 6, §§ 53 und 54 SGB IX (Abs. 1 Eingangssatz). a) Allgemeines. Bei Schaffung des SGB IX hat der Gesetzgeber auch § 43 Abs. 1 SGB V entsprechend angepasst.[4] Dabei wurde klargestellt, dass es sich bei den ergänzenden Leistungen nach dem SGB IX, auf die der Eingangssatz des § 43 Abs. 1 SGB V verweist, um Leistungen handelt, auf die ein Anspruch besteht.[5] Insofern haben die Krankenkassen kein Ermessen.[6]

b) Leistungsberechtigter Personenkreis. Aus dem Verweis auf die Vorschriften des SGB IX ergibt sich, dass sowohl die allgemeinen Leistungsvoraussetzungen des SGB V als auch diejenigen des SGB IX erfüllt sein müssen.[7] Voraussetzung ist daher die Versicherteneigenschaft nach den §§ 5 ff. SGB V. Zudem müssen die Personen behindert oder von Behinderung bedroht iSd § 2 Abs. 1 SGB IX sein.

c) Die Leistungen im Einzelnen. aa) Beitragszuschüsse zur Sozialversicherung (§ 44 Abs. 1 Nr. 2 SGB IX). Die Vorschrift dient der Herstellung bzw. Aufrechterhaltung des sozialen Schutzes in der Sozialversicherung für die Dauer der Teilnahme an Maßnahmen der Rehabilitation,[8] indem Lücken in Versicherungsverläufen vermieden werden.[9] Dies gilt für **alle Zweige der Sozialversicherung**. Ausdrücklich genannt ist die Krankenversicherung nach dem SGB V, KVLG und KSVG. Im Hinblick auf die Versicherungspflicht sind insbesondere § 5 Abs. 1 Nr. 6 (→ § 5 Rn. 41 ff.) und § 192 Abs. 1 Nr. 3 SGB V (→ § 192 Rn. 16 f.) von Bedeutung, für die Beitragsbemessung § 235 Abs. 1, 2 SGB V (→ § 235 Rn. 1). Beiträge sind auch für die Unfallversicherung nach dem SGB VII zu übernehmen. Dort sind § 2 Abs. 1 Nr. 15 SGB VII für die Versicherungspflicht und § 136 Abs. 3 Nr. 2 SGB VII für die Beitragspflicht besonders relevant. Beiträge zur gesetzlichen Rentenversicherung nach dem SGB VI und dem KSVG werden ebenfalls übernommen. Zur Versicherungspflicht siehe § 3 S. 1 Nr. 3 SGB VI und zur Beitragspflicht § 170 Abs. 1 Nr. 2 a) SGB VI. Beiträge zur Bundesagentur meint Beiträge zur Arbeitslosenversicherung. Für die Versicherungspflicht besonders bedeutsam sind im hiesigen Kontext § 26 Abs. 1 Nr. 1, Abs. 2 Nr. 1 SGB III, für Beitragsfragen § 345 Nr. 1 und 5 SGB III. Schließlich werden Beiträge zur gesetzlichen Pflegeversicherung übernommen, zur Versicherungspflicht dort siehe insbesondere § 20 Abs. 1 Nr. 5 und 6 SGB XI (→ SGB XI § 20 Rn. 8).

bb) Rehabilitationssport (§ 44 Abs. 1 Nr. 3 SGB IX) und Funktionstraining (§ 44 Abs. 1 Nr. 4 SGB IX). Zum Rehabilitationssport und dem Funktionstraining besteht eine **Rahmenempfehlung der BAR**.[10] Diese dient der Vereinheitlichung und Erleichterung der Rechtsanwendung und Anspruchskonkretisierung, ist aber nicht geeignet, den Rechtsanspruch der Versicherten zu beschränken.[11] U.a. hinsichtlich der Dauer der Maßnahmen enthält die Rahmenempfehlung unverbindliche Richtwerte, die Anspruchsdauer richtet sich nach den Erfordernissen des Einzelfalls.[12]

Im **Rehabilitationssport** werden verbreitete Sportarten und -übungen zu Rehabilitationszwecken genutzt.[13] Dabei wird ein ganzheitlicher Ansatz verfolgt, bei dem nicht nur die Behinderung und der körperliche Zustand, sondern die Gesundheit und Milderung von Behinderungsfolgen im weitesten Sinne angestrebt werden.[14] Zusätzlich gehören auch ärztlich verordnete Übungen für behinderte oder von Behinderung bedrohte weibliche Versicherte zur Stärkung des Selbstbewusstseins zum Leistungsspektrum.[15] Die Leistungen werden unter ärztlicher Betreuung und Überwachung und fachkundiger Anlei-

---

4 Art. 5 Nr. 13 des Gesetzes vom 19.6.2001, BGBl. I, 1046, → Rn. 2.
5 Zur Rechtsentwicklung Schmidt in: Peters, HdB KrV, § 43 Rn. 10 und 15.
6 Brandts in: Richter, Rehabilitationsrecht, § 1 Rn. 107.
7 Schmidt in: Peters, HdB KrV, § 43 Rn. 14.
8 Liebig in: LPK-SGB IX, § 44 Rn. 8.
9 Stähler in: Lachwitz/Schellhorn/Welti, SGB IX, § 44 Rn. 8.
10 Rahmenvereinbarung über den Rehabilitationssport und das Funktionstraining vom 1. Januar 2011, abrufbar unter http://www.bar-frankfurt.de/fileadmin/dateiliste/publikationen/empfehlungen/downloads/Rahmenvereinbarung_Rehasport_2011.pdf (zuletzt abgerufen am 1.5.2017). Zur Abgrenzung siehe auch SG Dresden, 25.11.2013, S 25 KR 133/12 (juris).
11 BSG, 17.6.2008, B 1 KR 31/07 R, SozR 4-2500 § 43 Nr. 1, mit Anm. Stähler, jurisPR-SozR 5/2009 Anm. 2; BSG, 2.11.2010, B 1 KR 8/10 R, NZS 2011, 814 ff., mit Anm. Welti, jurisPR-SozR 16/2011 Anm. 3.
12 Exemplarisch SG Mainz, 3.11.2015, S 14 KR 458/12 (juris), Rn. 19.
13 Zur historischen Entwicklung des Behindertensports Schmidt in: Peters, HdB KrV, § 43 Rn. 19 ff.
14 Noftz in: Hauck/Noftz, SGB V, § 43 Rn. 53.
15 Siehe im Einzelnen Schmidt in: Peters, HdB KrV, § 43 Rn. 27.

tung[16] in Gruppen erbracht.[17] Dabei wird auch die rehabilitative Wirkung des Gemeinschaftserlebnisses gezielt genutzt.[18] Eine durchgängige Anwesenheit eines Arztes ist nicht erforderlich, er muss aber bedarfsabhängig jederzeit hinzugezogen werden können.[19] Im Übrigen enthält die Rahmenempfehlung Bestimmungen zu weiteren Einzelheiten der Leistungserbringung, ua zur Gruppengröße und Frequenz des Angebots.

Auch das **Funktionstraining** nutzt Mittel der Physio-, Ergo- oder Bewegungstherapie, um gezielt auf körperliche Strukturen einzuwirken und kann daher als organorientiert bezeichnet werden.[20] Das Funktionstraining wird ebenfalls als Gruppenangebot von qualifizierten Fachkräften durchgeführt, allerdings ist die ärztliche Betreuung und Überwachung hier nicht erforderlich.[21] Typischerweise wird die Leistung von Physio- oder Ergotherapeuten erbracht.[22] 8

Da es sich bei beiden Leistungen um ergänzende Leistungen – im Gegensatz zu selbstständigen Leistungen der medizinischen Rehabilitation – handelt, besteht nach Auffassung des BSG kein **Anspruch auf Fahrtkostenübernahme**.[23] 9

Nach § 73 Abs. 2 S. 1 Nr. 5 und der Rahmenempfehlung[24] ist eine **ärztliche Verordnung** über den Rehabilitationssport oder das Funktionstraining ebenso wie ein **Antrag** des Versicherten bei der Krankenkasse erforderlich. Letzteres ergibt sich schon aus § 19 Abs. 1 S. 1 SGB IV, so dass die ärztliche Verordnung lediglich Empfehlungscharakter hat. 10

cc) **Reisekosten** (§ 44 Abs. 1 S. 1 Nr. 5 und § 53 SGB IX). Reisekosten werden nach § 53 Abs. 1–3 iVm § 60 Abs. 5 SGB V übernommen. Insoweit verdrängen die Regelungen des § 53 SGB IX aus Spezialitätsgründen die des § 60 Abs. 1-4 SGB V, sofern Reisekosten im Zusammenhang mit der von der Krankenkasse erbrachten medizinischen Rehabilitation anfallen.[25] Dies ist nach der Rspr. des BSG nicht der Fall, soweit es sich um Fahrtkosten im Zusammenhang mit ergänzenden Leistungen nach dem SGB V handelt (→ Rn. 9). 11

Nach § 53 SGB IX (→ Rn. 35) gehören zu den **Reisekosten im Einzelnen** die erforderlichen Fahrt-, Verpflegungs- und Übernachtungskosten, einschließlich der Kosten für eine behinderungsgerechte Beförderung und den Gepäcktransport. Umfasst ist auch der Verdienstausfall, der durch die Begleitung von Kindern zum Rehabilitationsort entsteht.[26] Werden die Leistungen der medizinischen Rehabilitation länger als acht Wochen erbracht, werden nach § 53 Abs. 2, 3 SGB IX in der Regel zwei Familienheimfahrten pro Monat übernommen. Dauert die Maßnahme voraussichtlich länger als acht Wochen, besteht der Anspruch auf Familienheimfahrten nach dem Wortlaut der Vorschrift bereits im ersten Monat.[27] Eine ersatzweise Kostenerstattung für Besuchsfahrten von Angehörigen steht nach § 53 Abs. 2 S. 2 SGB IX im Ermessen der Krankenkasse. 12

Die **Höhe** der Kostenerstattung richtet sich nach § 60 Abs. 1 SGB V (→ § 60 Rn. 17 ff.) und nicht nach § 53 Abs. 4 SGB IX, auf den § 43 Abs. 1 SGB V ausdrücklich nicht verweist. 13

dd) **Haushaltshilfe und Kinderbetreuungskosten** (§ 44 Abs. 1 Nr. 6 und § 54 SGB IX). Nach § 54 SGB IX (→ Rn. 35) werden alternativ Haushaltshilfe (Abs. 1), Kosten für die Mitnahme von Kindern 14

---

16 Siehe dazu die von der BAR erarbeiteten Qualifikationsanforderungen Übungsleiter/in Rehabilitationssport vom 1.1.2012, abrufbar unter http://www.bar-frankfurt.de/fileadmin/dateiliste/startseite/BARBroRehaSport.0 5.E.pdf.
17 Noftz in: Hauck/Noftz, SGB V, § 43 Rn. 53 sowie Einzelheiten bei Schmidt in: Peters, Hbd KrV, § 43 Rn. 28 ff.
18 Eingehend Waßer in: JurisPK-SGB V, § 43 Rn. 27 f., die betont, dass bei Beurteilung der Erforderlichkeit nicht nur auf Bedarf an fachkundiger Leitung abgestellt werden darf, sondern die rehabilitative Wirkung des Gemeinschaftserlebnisses angemessen zu berücksichtigen ist.
19 Stähler in: Lachwitz/Schellhorn/Welti, SGB IX, § 44 Rn. 10.
20 Brandts in: Richter, Rehabilitationsrecht, § 1 Rn. 120.
21 Schmidt in: Peters, HdB KrV, § 43 Rn. 34 f.
22 Noftz in: Hauck/Noftz, SGB V, § 43 Rn. 59 ff.
23 BSG, 22.4.2008, B 1 KR 22/07 R, NZS 2009, 217 ff. = SGb 2009, 316 ff. mit Anm. Gagel, SGb 2009, 320 sowie BSG, 22.4.2009, B 3 KR 5/08 R. Dabei ist mit *Gagel* aaO eine Änderung der Gesetzeslage zu fordern, die jedenfalls im Härtefall eine Kostenübernahme ermöglicht, die nach der derzeitigen Rechtslage ausgeschlossen ist.
24 Brandts in: Richter, Rehabilitationsrecht, § 1 Rn. 107.
25 Noftz in: Hauck/Noftz, SGB V, § 43 Rn. 62.
26 Zu den einzelnen Positionen der Reisekosten Liebig in: LPK-SGB IX, § 53 Rn. 6 ff.; Majerski-Pahlen in: Neumann/Pahlen/Majerski-Pahlen, § 53 Rn. 7 ff.
27 Majerski-Pahlen in: Neumann/Pahlen/Majerski-Pahlen, § 53 Rn. 16.

(Abs. 2) oder Kosten der Kinderbetreuung von der Krankenkasse für die Dauer der Teilnahme an einer Maßnahme der medizinischen Rehabilitation (Abs. 3) übernommen.
Haushaltshilfe wird geleistet, wenn dem Rehabilitanden die Weiterführung des Haushalts nicht möglich ist, keine andere im Haushalt lebende Person dies tun kann und im Haushalt ein Kind lebt, das das zwölfte Lebensjahr noch nicht vollendet hat oder aufgrund seiner Behinderung auf Hilfe angewiesen ist. Im Übrigen verweist § 54 SGB IX auf § 38 Abs. 4 SGB V, so dass eine Kostenerstattung für Haushaltshilfe statt der Sachleistung unter den im Gesetz genannten Voraussetzungen möglich ist (dazu im Einzelnen → § 38 Rn. 29 ff.).

15 **2. Sonstige ergänzende Leistungen (Abs. 1 Nr. 1). a) Allgemeines.** Bei diesem Tatbestand handelt es sich um eine **Auffangklausel**,[28] die allerdings angesichts zahlreicher spezialgesetzlicher Vorschriften für ergänzende Leistungen von schrumpfender Bedeutung ist.[29] Inwieweit das im Wortlaut angelegte Ermessen im Rahmen der Leistungsgewährung besteht, wird wegen der unklaren Regelung des § 11 Abs. 2 kontrovers diskutiert. Geht man davon aus, dass § 11 Abs. 2 anders als § 11 Abs. 1 nicht nur Einweisungsvorschrift ist,[30] sondern einen Anspruch auf Leistungen der medizinischen Rehabilitation begründet[31] (dazu im Einzelnen → § 11 Rn. 13 f.), wird man weiter davon ausgehen müssen, dass das der Krankenkasse grundsätzlich eingeräumte Ermessen über das „Ob" der Leistungsgewährung in der Regel auf null reduziert ist.[32] Danach ist der Versicherte so zu stellen, als bestünde dem Grunde nach ein Anspruch auf die Leistung.[33] Dann besteht (nur noch) ein Auswahl- bzw. Gestaltungsermessen der Krankenkasse im Hinblick auf die Anspruchskonkretisierung. Jedenfalls ist das Ermessen gem. § 39 SGB I fehlerfrei auszuüben, insbesondere ist das Wunsch- und Wahlrecht nach § 9 SGB IX[34] zu beachten.

16 **b) Voraussetzungen.** Voraussetzung ist eine eingetretene oder drohende Behinderung des Versicherten. Dabei ist die Definition des § 2 Abs. 1 SGB IX zugrunde zu legen.[35] Zudem muss die Maßnahme notwendig sein, um das Ziel der Rehabilitation zu erreichen oder zu sichern. Maßgeblich zu berücksichtigen sind dabei Art und Schwere der Behinderung. Damit wird wiederum der akzessorische Charakter der Leistungen deutlich.[36] Im Übrigen ist § 12 zu beachten.[37]

17 **c) Leistungsinhalt.** Möglich ist die Erbringung aller ergänzenden Leistungen zur Erreichung oder Sicherung des mit der Rehabilitationsmaßnahme verfolgten Leistungszwecks, sofern sie nicht spezialgesetzlich geregelt sind.[38] Maßgeblich sind die Erfordernisse des Einzelfalls.[39] Die Leistungen können je nach Bedarf als Sach-, Dienst- oder Geldleistungen erbracht werden.[40] Bedeutung hat die Vorschrift vor allem bei Nachsorgemaßnahmen für Sucht- oder psychisch kranke Menschen.[41] **Ausgeschlossen** sind Leistungen zur Teilhabe am Arbeitsleben oder zur allgemeinen sozialen Eingliederung. Dies folgt der Logik des gegliederten Sozialleistungssystems, kann aber im Einzelfall zu Abgrenzungsschwierig-

---

28 Schmidt in: Peters, HdB KrV, § 43 Rn. 47; Brandts in: Richter, Rehabilitationsrecht, § 1 Rn. 95.
29 Noftz in: Hauck/Noftz, SGB V, § 43 Rn. 36 mwN.
30 So aber Becker/Kingreen in: Becker/Kingreen, § 11 Rn. 6.
31 So zB Joussen in: BeckOK SozR, SGB V, § 11 Rn. 1.
32 AA Zieglmeier in: KassKomm, § 43 SGB V Rn. 31; Schnitzler in: BeckOK SozR, SGB V, § 43 Rn. 16. Auch das BSG scheint nicht von einer regelhaften Ermessensreduzierung auf null auszugehen, wenn es von „fakultativ erbringbaren Leistungen" spricht, BSG, 22.4.2009, B 3 KR 5/08, juris Rn. 27.
33 So Noftz in: Hauck/Noftz, SGB V, § 43 Rn. 6 mwN; Welti in: Becker/Kingreen, § 43 Rn. 6. Nebendahl in: Spickhoff Medizinrecht, § 43 Rn. 9. In diesem Sinne auch Waßer in: jurisPK-SGB V § 43 Rn. 18.
34 MWv 1.1.2018 nach Neuordnung des SGB IX Teil 1 durch das Bundesteilhabegesetz (BTHG) vom 23.12.2017, BGBl. I, 3234 § 8 SGB IX nF.
35 Dazu eingehend Noftz in: Hauck/Noftz, SGB V, § 43 Rn. 15 mwN sowie Welti in: Lachwitz/Schellhorn/Welti, SGB IX, § 2 Rn. 19 ff.; Neumann in: Neumann/Pahlen/Majerski-Pahlen, SGB IX, § 2 Rn. 1 ff.; Joussen in: LPK-SGB IX, § 2 Rn. 5 ff. je mwN.
36 Waßer in: jurisPK-SGB V, § 43 Rn. 10.
37 Zur Wirtschaftlichkeit und Erforderlichkeit im Speziellen auch Noftz in: Hauck/Noftz, SGB V, § 43 Rn. 25 f.
38 Schmidt in: Peters, HdB KrV, § 43 Rn. 48 und 52; insofern bilden spezialgesetzliche Vorschriften die Grenze der im Übrigen nach Sinn und Zweck der ergänzenden Leistungen gebotenen extensiven Auslegung des Auffangtatbestandes (s. auch die von der BAR erarbeiteten Qualifikationsanforderungen Übungsleiter/in Rehabilitationssport vom 1.10.2012, abrufbar unter http://www.bar-frankfurt.de/fileadmin/dateiliste/startseite/BARBro RehaSport.05.E.pdf); vgl. Noftz in: Hauck/Noftz, SGB V, § 43 Rn. 10, sowie Schmidt in: Peters, HdB KrV, § 43 Rn. 51.
39 Noftz in: Hauck/Noftz, SGB V, § 43 Rn. 10 mwN; Beispiel bei Wagner in: Krauskopf, § 43 SGB V Rn. 14.
40 Waßer in: jurisPK-SGB V, § 43 Rn. 19.
41 Noftz in: Hauck/Noftz, SGB V, § 43 Rn. 35 mwN; eingehend Schmidt in: Peters, HdB KrV, § 43 Rn. 54.

keiten führen, wenn Maßnahmen sowohl medizinische als auch andere Zwecke verfolgen.[42] Im Übrigen ist die Norm ihrem Sinn und Zweck entsprechend weit auszulegen.[43]

Bei der **Leistungskonkretisierung** ist das Wunsch- und Wahlrecht des Versicherten nach § 9 SGB IX[44] zu beachten. Die Vorschrift sieht vor, dass die Leistungen ganz oder teilweise erbracht werden können. Insoweit besteht ein Auswahl- bzw. Gestaltungsermessen (oben → Rn. 15) im Hinblick auf Teilleistungen oder Zuschüsse.[45] Möglich ist auch die Leistungserbringung im Rahmen eines persönlichen Budgets nach §§ 2 Abs. 2, 11 Nr. 5 SGB V und 17 SGB IX.[46]

3. Patientenschulungen (Abs. 1 Nr. 2). a) Allgemeines. Nach Abs. 1 Nr. 2 kann die Krankenkasse wirksame und effiziente Patientenschulungsmaßnahmen für chronisch Kranke erbringen.[47] Mit der Vorschrift ist seit 1.1.2000 eine spezielle Rechtsgrundlage für diese Leistung in das SGB V eingefügt.[48] Damit geht die Nr. 2 dem Auffangtatbestand der Nr. 1 als *lex specialis* vor.[49] Bei den Leistungen handelt es sich um Sach- bzw. Dienstleistungen[50] iSd § 2 Abs. 2 S. 1. Die Leistungserbringung steht im pflichtgemäßen Ermessen der Krankenkasse.[51] Sind die Rehabilitanden zugleich behindert,[52] kann wegen einer Ermessensreduzierung auf null aufgrund von § 11 Abs. 2 (dazu → § 40 Rn. 4 ff.) die Ablehnung einer Leistung ausgeschlossen sein.[53] Bei der Anspruchskonkretisierung ist dann das Wunsch- und Wahlrecht nach § 9 SGB IX[54] zu beachten. Zu berücksichtigen sind auch die gemeinsamen Empfehlungen zu Abs. 1 Nr. 2.[55]

b) Leistungsvoraussetzungen. Die Leistung kann nach dem Wortlaut ausschließlich an chronisch kranke Versicherte erbracht werden. Der **Begriff der chronischen Krankheit** ist nicht legaldefiniert, sondern wird im SGB V vorausgesetzt (auch → § 2 a Rn. 5). Nach einer allgemeinen medizinischen Definition liegt eine chronische Krankheit vor, wenn sie sich langsam entwickelt oder langsam verläuft.[56] Das bedeutet im Leistungsrecht, dass der regelwidrige körperliche, geistige oder seelische Zustand und die Behandlungsbedürftigkeit nicht nur von kurzer Dauer und vorübergehend sein dürfen, sondern sich dauerhaft verfestigt haben müssen.[57] Teilweise wird in Anlehnung an den Behinderungsbegriff vorausgesetzt, dass die Beeinträchtigung länger als sechs Monate bestanden hat.[58] Letzteres erscheint unter systematischen Gesichtspunkten in Anlehnung an den Behinderungsbegriff des § 2 Abs. 1 SGB IX an-

---

42 Beispiele bei Noftz in: Hauck/Noftz, SGB V, § 43 Rn. 22.
43 HessLSG, 26.1.2006, L 8/14 KR 1261/02, juris Rn. 34; Brandts in: Richter, Rehabilitationsrecht, § 1 Rn. 95.
44 MWv 1.1.2018 nach Neuordnung des SGB IX Teil 1 durch das Bundesteilhabegesetz (BTHG) vom 23.12.2017, BGBl. I, 3234 § 8 SGB IX nF.
45 Brandts in: Richter, Rehabilitationsrecht, § 1 Rn. 99.
46 MWv 1.1.2018 nach Neuordnung des SGB IX Teil 1 durch das Bundesteilhabegesetz (BTHG) vom 23.12.2017, BGBl. I, 3234 § 29 SGB IX nF; Noftz in: Hauck/Noftz, SGB V, § 43 Rn. 8.
47 Brandts in: Richter, Rehabilitationsrecht, § 1 Rn. 100.
48 Zuvor richtete sich die Leistung nach der Generalklausel für ergänzende Leistungen, dazu Brandts in: Richter, Rehabilitationsrecht, § 1 Rn. 100.
49 Noftz in: Hauck/Noftz, SGB V, § 43 Rn. 9.
50 Hellkötter-Backes in: LPK-SGB V, § 43 Rn. 17.
51 Vgl. Hellkötter-Backes in: LPK-SGB V, § 43 Rn. 14.
52 Dies kann, muss aber nicht der Fall sein; so auch Schmidt in: Peters, HdB KrV, § 43 Rn. 42.
53 So auch Schnitzler in: BeckOK SozR, SGB V, § 43 Rn. 23.
54 MWv 1.1.2018 nach Neuordnung des SGB IX Teil 1 durch das Bundesteilhabegesetz (BTHG) vom 23.12.2017, BGBl. I, 3234 § 8 SGB IX nF.
55 Gemeinsame Empfehlungen zur Förderung und Durchführung von Patientenschulungen auf der Grundlage von § 43 Abs. 1 Nr. 2 SGB V vom 2.12.2013 in der Fassung vom 8.2.2017; Gemeinsame Empfehlungen zur Förderung und Durchführung von Patientenschulungen für behandlungsbedürftige adipöse Erwachsene auf der Grundlage von § 43 Abs. 1 Nr. 2 SGB V vom 8.2.2017; Gemeinsame Empfehlungen zur Förderung und Durchführung von Patientenschulungen für behandlungsbedürftige adipöse Kinder und Jugendliche auf der Grundlage von § 43 Abs. 1 Nr. 2 SGB V vom 2.12.2013 in der Fassung vom 21.4.2015; Gemeinsame Empfehlungen zur Förderung und Durchführung von Patientenschulungen für Kinder und Jugendliche mit atopischem Ekzem (Neurodermitis) auf der Grundlage von § 43 Abs. 1 Nr. 2 SGB V vom 2.12.2013 in der Fassung vom 21.4.2015; sämtlich abrufbar unter https://www.gkv-spitzenverband.de/krankenversicherung/rehabilitation/patientenschulungen/patientenschulungen_1.jsp (zuletzt abgerufen am 1.5.2017).
56 Hellkötter-Backes in: LPK-SGB V, § 43 Rn. 17 unter Verweis auf Pschyrembel, Klinisches Wörterbuch, 260. Aufl., S. 283.
57 Noftz in: Hauck/Noftz, SGB V, § 43 Rn. 19.
58 Brandts in: Richter, Rehabilitationsrecht, § 1 Rn. 17; Schmidt in: Peters, HdB KrV, § 43 Rn. 70. Schnitzler in: BeckOK SozR, SGB V, § 43 Rn. 27 weist zurecht darauf hin, dass dies in der Praxis in der Regel wegen der typischerweise länger andauernden Erkrankungen nicht entscheidungserheblich sein dürfte.

gemessen.[59] Dies erweist sich im Hinblick auf die Leistungsgewährung für Patientenschulungen als brauchbarer Anhaltspunkt, wenn diagnoseabhängig eine abstrakte Beurteilung bzw. prospektiv-typisierende Betrachtung vorgenommen wird,[60] weil die Durchführung der Patientenschulungen schon zu einem sehr frühen Zeitpunkt der Behandlung indiziert sein kann.[61] Angesichts der Funktion und Natur der Patientenschulungen ist keine strenge Akzessorietät der Leistung zu anderen Behandlungen zu fordern, sie hat vielmehr den Charakter einer eigenständigen Leistung.[62]

21 Leistungen nach Abs. 1 Nr. 2 können nur erbracht werden, wenn zuletzt die Krankenkasse Krankenbehandlung leistet oder geleistet hat (Abs. 1 aE). Der damit beschriebene **Zusammenhang der Leistungen** nach § 43 bezieht sich auf Leistungen der Krankenbehandlung im weiten Sinne, also auch Leistungen der medizinischen Rehabilitation, die nach dem Katalog des § 27 Abs. 1 S. 2 zur Krankenbehandlung zählen.[63] Zudem führt die Voraussetzung zu einer Abgrenzung gegen die Zuständigkeit anderer Leistungsträger. Haben zuletzt andere Träger, insbesondere ein Renten- oder Unfallversicherungsträger medizinische Leistungen erbracht, kann die Krankenkasse keine ergänzenden Leistungen erbringen.[64] Zum Teil wird davon ausgegangen, dass Leistungen nach § 43 auch erbracht werden können, wenn die an sich zuständige Krankenkasse die Leistungen tatsächlich nicht erbracht hat.[65]

22 c) **Leistungsinhalt und Umfang.** Die Patientenschulungen müssen wirksam und effizient sein. Die Effizienz und Wirksamkeit von Patientenschulungsprogrammen[66] ist durch die Krankenkassen[67] zu prüfen.[68] Die Leistungen werden als **indikationsspezifische Schulungen** erbracht,[69] dh in einem didaktisch konzipierten, auf relevante Fachinhalte bezogenen Lehr-Lernprozess, der durch fachlich und didaktisch kompetentes Personal angeleitet wird.[70] Eine Durchführung durch interdisziplinäre Teams ist möglich.[71] Die ärztlichen Fachgesellschaften haben Arbeitsgruppen gebildet, die entsprechende Programme entwickeln.[72] Orientierungshilfe für die Qualitätsmessung eines Schulungskonzepts können auch die von der Deutschen Gesellschaft für Medizinische Rehabilitation entwickelten Anforderungen bieten.[73] Typischerweise werden die Maßnahmen als Gruppenschulungen erbracht.[74]

23 **Angehörige und ständige Betreuungspersonen** sind in die Schulung einzubeziehen, wenn dies zur Sicherung der Nachhaltigkeit der Maßnahme notwendig erscheint. Angehörigen sind jedenfalls Blutsverwandte, Ehe- und eingetragenen Lebenspartnern.[75] Andere Personen, zB pflegende Partner einer nichtehelichen Lebensgemeinschaft sind in der Regel Betreuungspersonen, die ständig an der Versorgung mitwirken.[76] Hierbei handelt es sich um professionelle Betreuungspersonen,[77] die über einen längeren

---

59 Grundlegend Brockmann in: SWK-BR, Chronische Krankheit, Rn. 1 ff.
60 Ebenso wie der Behinderungsbegriff in § 2 Abs. 1 SGB IX eine prognostische Betrachtung fordert.
61 Vgl. Ziff. 3.2. der Gemeinsamen Empfehlungen (im Einzelnen s. auch Schmidt in: Peters, HdB KrV, § 43 Rn. 1 ff.; Noftz in: Hauck/Noftz, SGB V, § 43 Rn. 1).
62 Brandts in: Richter, Rehabilitationsrecht, § 1 Rn. 97; Waßer in jurisPK-SGB V, § 43 Rn. 39.
63 Noftz in: Hauck/Noftz, SGB V, § 43 Rn. 22; Brandts in: Richter, Rehabilitationsrecht, § 1 Rn. 93.
64 Brandts in: Richter, Rehabilitationsrecht, § 1 Rn. 94; Zieglmeier in: KassKomm, § 43 SGB V Rn. 8; Noftz in: Hauck/Noftz, SGB V, § 43 Rn. 33.
65 Schmidt in: Peters, HdB KrV, § 43 Rn. 43.
66 Zu den rehabilitationswissenschaftlichen Beurteilungskriterien der Effektivität siehe Faller/Reusch/Meng, Rehabilitation 2011, 283, 284 ff.
67 Und nicht durch andere Stellen, vgl. die Gesetzesbegründung, BT-Dr. 14/1977, 162.
68 Hellkötter-Backes in: LPK-SGB V, § 43 Rn. 18.
69 Zu Begriff und Inhalt der Patientenschulungen und etwaigen Abgrenzungsbedarfen eingehend Noftz in: Hauck/Noftz, SGB V, § 43 Rn. 37.
70 Noftz in: Hauck/Noftz, SGB V, § 43 Rn. 37.
71 Schmidt in: Peters, HdB KrV, § 43 Rn. 60.
72 So etwa der Bundesverband der Pneumologen und die Deutsche Gesellschaft für Rheumatologie, dazu auch Reusch ua, Rahmenkonzept für rheumatologische Patientenschulungen. Zeitschrift für Rheumatologie 2016, 950 ff.
73 S. http://www.degemed.de/zertifizierung-patientenschulung/ (zuletzt abgerufen am 1.5.2017).
74 Siehe auch Ziff. 7 der Gemeinsamen Empfehlungen (im Einzelnen s. auch Schmidt in: Peters, HdB KrV, § 43 Rn. 1 ff.; Noftz in: Hauck/Noftz, SGB V, § 43 Rn. 1) sowie Noftz in: Hauck/Noftz, SGB V, § 43 Rn. 38. Dies schließt eine Schulung einzelner Personen nicht aus, Schmidt in: Peters, HdB KrV, § 43 Rn. 57, sowie Rieß, Programme zur Förderung der Arzneimittel-Compliance durch gesetzliche Krankenkassen – rechtliche Hürden und Lösungsvorschläge, NZS 2014, 12, 14 mwN.
75 Zieglmeier in: KassKomm, § 43 SGB V Rn. 34.
76 Zum Ganzen eingehend Schnitzer in: BeckOK SozR, SGB V, § 43 Rn. 22 mwN.
77 Noftz in: Hauck/Noftz, SGB V, § 43 Rn. 27.

Zeitraum an der Versorgung beteiligt sind. Eine familiäre Bindung oder eine gemeinsame Häuslichkeit sind nicht erforderlich.[78]

Wie alle Leistungen muss die Maßnahme dem **Wirtschaftlichkeitsgebot** des § 12 genügen (→ § 12 Rn. 1 ff.). Die Nationalen Versorgungsleitlinien der Kassenärztlichen Bundesvereinigung, der Bundesärztekammer und der Arbeitsgemeinschaft Medizinischer Fachgesellschaften enthalten indikationsspezifische Empfehlungen für die Teilnahme an Patientenschulungen.[79] Es ist davon auszugehen, dass der wiederholte Besuch einer inhalts- und methodengleichen Schulung in der Regel nicht erforderlich ist. Etwas anderes kann gelten, wenn andere Inhalte behandelt oder andere Methoden eingesetzt werden und dadurch mit einem Kompetenzzuwachs zu rechnen ist. Ebenso kann die Notwendigkeit von Nachschulungen in angemessenen Zeitabständen bestehen. Dies ist nach den Umständen im Einzelfall zu bestimmen. 24

Dem Wortlaut nach räumt die Norm der Krankenkasse **Ermessen** hinsichtlich der Leistungen nach Nr. 1 und Nr. 2 ein.[80] Dies kann einen Widerspruch zu § 11 Abs. 2 auslösen, wenn man diesen als Anspruchsgrundlage für Leistungen bei bestehender Behinderung versteht und die Patientenschulung der Abwendung, Beseitigung, Minderung, dem Ausgleich, der Verhütung der Verschlimmerung oder der Milderung der Folgen einer Behinderung dient. Dies dürfte häufig, muss aber nicht immer der Fall sein.[81] Insoweit müsste man von einer Ermessensreduzierung auf null hinsichtlich der Leistungsgewährung dem Grunde nach ausgehen,[82] so dass nur noch ein Auswahl- bzw. Gestaltungsermessen hinsichtlich einer inhaltlichen Anspruchskonkretisierung besteht[83] (im Einzelnen → Rn. 15). 25

III. Sozialmedizinische Nachsorge für Kinder (Abs. 2)

1. Allgemeines. Die Vorschrift wurde mit dem GMG[84] zum 1.1.2004 neu in § 43 eingefügt. Damit wurde eine Rechtsgrundlage für Betreuungsleistungen zugunsten einer besonders benachteiligten und belasteten Versichertengruppe geschaffen, nämlich für chronisch- oder schwerstkranke Kinder.[85] Die Vorschrift ist für die dort geregelten Leistungen ist *lex specialis* gegenüber Abs. 1.[86] Nach einer Änderung durch das GKV-OrgWG[87] räumt die Vorschrift den Krankenkassen kein Ermessen mehr ein und es besteht ab 1.1.2009 ein **Rechtsanspruch** auf Anschluss-Nachsorgeleistungen.[88] Die Leistungen werden als Sach- bzw. Dienstleistungen iSd § 2 Abs. 2 S. 1 erbracht.[89] 26

Der SpiBuK hat aufgrund der Vorschrift des Abs. 2 S. 4 konkretisierende Bestimmungen zu Voraussetzungen, Inhalt und Qualität der sozialmedizinischen Nachsorgemaßnahmen nach Abs. 2 erlassen.[90] Rechtsgrundlage für den Anspruch bleibt allerdings die gesetzliche Regelung, die durch die Bestimmungen nicht verkürzt oder erweitert werden darf.[91]

2. Leistungsberechtigter Personenkreis. Der leistungsberechtigte Personenkreis ist im Hinblick auf sozialmedizinische Nachsorgeleistungen auf **chronisch kranke oder schwerstkranke Kinder** beschränkt. Zum Begriff der chronischen Krankheit → Rn. 20 sowie → § 2a Rn. 5). Als schwerstkrank können Versicherte bezeichnet werden, wenn die Abweichung vom gesunden Zustand weit überdurchschnittlich ist,[92] oder bei einem „besonders erheblich gesteigerten Ausprägungsgrad einer Krankheit".[93] In 27

---

78 Schmidt in: Peters, HdB KrV, § 43 Rn. 76.
79 http://www.versorgungsleitlinien.de/themen.
80 So aber Brandts in: Richter, Rehabilitationsrecht, § 1 Rn. 93.
81 Weitergehend Welti in: Becker/Kingreen, § 43 Rn. 6, der stets einen Anspruch annimmt.
82 Waßer in: jurisPK-SGB V § 43 Rn. 40.
83 Im Ergebnis ähnlich Schmidt in: Peters, HdB KrV, § 43 Rn. 63 und 64, der auf die Möglichkeit einer Ermessensreduzierung durch Selbstbindung an die Vereinbarungen hinweist.
84 BGBl. I 2003, 2190.
85 Brandts in: Richter, Rehabilitationsrecht, § 1 Rn. 102.
86 Noftz in: Hauck/Noftz, SGB V, § 43 Rn. 9.
87 G. v. 15.12.2008, BGBl. I 2426.
88 Noftz in: Hauck/Noftz, SGB V, § 43 Rn. 4 a; Schmidt in: Peters, HdB KrV, § 43 Rn. 10; Hellkötter-Backes in: LPK-SGB V, § 43 Rn. 27.
89 Hellkötter-Backes in: LPK-SGB V, § 43 Rn. 27.
90 Bestimmung zu Voraussetzungen, Inhalt und Qualität der sozialmedizinischen Nachsorgemaßnahmen nach § 43 Abs. 2 SGB V vom 1. April 2009 in der Fassung vom 19.1.2015, abrufbar unter https://www.gkv-spitzenverband.de/media/dokumente/krankenversicherung_1/rehabilitation/sozialmediz_nachsorge/Reha_2015_01_19_Bestimmung_SozialmNachsorge.pdf (zuletzt abgerufen am 1.5.2017).
91 Schmidt in: Peters, HdB KrV, § 43 Rn. 69.
92 Brandts in: Richter, Rehabilitationsrecht, § 1 Rn. 103; Zieglmeier in: KassKomm, § 43 SGB V Rn. 37.
93 Noftz in: Hauck/Noftz, SGB V, § 43 Rn. 68 a.

den Bestimmungen des GKV-Spitzenverbandes sind zur Erleichterung der Rechtsanwendung bestimmte Indikationen für die Leistungsberechtigung festgelegt worden.[94] Der Katalog kann allerdings keine Leistungsausschlüsse rechtfertigen, so dass eine Prüfung des Vorliegens der Voraussetzungen im Einzelfall erforderlich bleibt.

28 Die Leistungsberechtigung unterliegt einer **Altersbeschränkung**. Die Leistungsberechtigung besteht regelmäßig für Kinder bis zur Vollendung des 14. Lebensjahres, in **besonders schwerwiegenden Fällen** bis zur Vollendung des 18. Lebensjahres. Der Begriff des schwerwiegenden Falls ist vom BSG im Zusammenhang mit dem zulassungsüberschreitenden Gebrauch von Arzneimitteln dahin gehend konkretisiert worden, dass die Erkrankung lebensbedrohlich sein oder die Lebensqualität auf Dauer nachhaltig beeinträchtigen muss.[95] Eine Steigerung im Hinblick auf die Formulierung „besonders" im Wortlaut der Vorschrift ist kaum denkbar.[96] In den Bestimmungen des GKV-Spitzenverbandes sind zur Vereinfachung der Rechtsanwendung Fallgruppen gebildet worden,[97] die allerdings keinen abschließenden Charakter haben.

29 **3. Leistungen der Nachsorge und Leistungserbringer (Abs. 2 S. 2 bis 4).** Leistungszweck ist alternativ die Verkürzung stationärer Aufenthalte oder die Sicherung einer anschließenden ambulanten ärztlichen Behandlung. Die Leistungen müssen aufgrund der Art, Dauer und Schwere der Erkrankung zur Erreichung des Leistungszwecks aus **medizinischen Gründen notwendig** sein.[98] Erforderlich ist hierbei eine Gesamtbetrachtung aller Krankheitsfaktoren.[99] Nach dem Sinn und Zweck der Leistungen geht es um notwendige Interventionen komplexer Art aufgrund des Krankheitszustandes wegen negativer Kontextfaktoren, dh Schwierigkeiten bei der Organisation der Versorgung.[100] Zu beachten ist dabei der mit der Regelung verfolgte Zweck, Leistungen zur Vermeidung einer Überforderung von Eltern und Betreuungspersonen durch die organisatorischen Notwendigkeiten beim Übergang in die ambulante Versorgung vorzusehen.[101] Daher sind andere, zB familiäre oder soziale Gründe unschädlich, soweit die medizinischen Gründe überwiegen.[102] Insoweit ist der sozialmedizinische Charakter der Maßnahmen zu betonen.[103] Der Anspruch ergänzt Ansprüche nach anderen Vorschriften,[104] insbesondere das Entlassmanagement, das inzwischen nach §§ 11 Abs. 4, 39 Abs. 1a, 40 Abs. 2 S. 4 jedem Versicherten zusteht.[105] Die Notwendigkeit der Leistung ist im Rahmen einer Prognoseentscheidung zu beurteilen.[106]

30 Die Leistung muss unmittelbar im **Anschluss an eine Krankenhausbehandlung oder stationäre Rehabilitationsmaßnahme** erbracht werden. Dabei kann es sich bei der Krankenhausbehandlung jede Art der Krankenhausbehandlung iSd § 39 Abs. 1 handeln, eine Beschränkung auf (voll-)stationäre Krankenhausbehandlung ist dem Wortlaut angesichts des Verweises auf § 39 Abs. 1 nicht zu entnehmen.[107] Gemeint ist der direkte, also zeitnahe und möglichst nahtlose[108] Anschluss an die Behandlung. Uneinigkeit besteht darüber, ob insoweit ein strenger Maßstab anzulegen ist, oder – trotz der fehlenden Verweisung – ein Rückgriff auf § 40 Abs. 6 S. 1 Hs. 2 möglich ist.[109] Sachgerecht erscheint eine am Leistungsziel orientierte Konkretisierung,[110] wie Ziff. 5 der Bestimmungen des GKV-Spitzenverbands[111] sie vornimmt. Danach erfolgt die Verordnung durch einen Arzt in der behandelnden Einrichtung oder durch einen Vertragsarzt, und zwar in der Regel innerhalb von 14 Tagen nach der Entlassung, ausnahmsweise ist die Verordnung allerdings noch innerhalb von sechs Wochen nach der Entlas-

---

94 Ziff. 2.2 und Anlage 2 der Bestimmungen des GKV-Spitzenverbands (Fn. 90).
95 BSG, 19.3.2002, B 1 KR 37/00 R, BSGE 89, 184 ff.
96 Hellkötter-Backes in: LPK-SGB V, § 43 Rn. 26.
97 Ziff. 2.2. der Bestimmungen des GKV-Spitzenverbands (Fn. 90).
98 Eingehend Schmidt in: Peters, HdB KrV, § 43 Rn. 72 ff.
99 S. auch SG Detmold, 30.4.2014, S 3 KR 191/11 (juris), Rn. 24 ff.
100 In diesem Sinne auch Ziff. 2.2. der Bestimmungen des GKV-Spitzenverbands (Fn. 90).
101 BT-Dr. 15/1525, 90 f.; Brandts in: Richter, Rehabilitationsrecht, § 1 Rn. 102.
102 Zieglmeier in: KassKomm, § 43 SGB V Rn. 40.
103 Noftz in: Hauck/Noftz, SGB V, § 43 Rn. 73.
104 Schmidt in: Peters, HdB KrV, § 43 Rn. 16 b.
105 Vgl. Welti in: Becker/Kingreen, § 43 Rn. 9; dazu auch → § 39 Rn. 23 und → § 40 Rn. 16.
106 Hellkötter-Backes in: LPK-SGB V, § 43 Rn. 21.
107 Noftz in: Hauck/Noftz, SGB V, § 43 Rn. 67 mwN.
108 Brandts in: Richter, Rehabilitationsrecht, § 1 Rn. 103.
109 Letzteres bejaht Zieglmeier in: KassKomm, § 43 SGB V Rn. 39; aA Hellkötter-Backes in: LPK-SGB V, § 43 Rn. 22.
110 In diesem Sinne auch Joussen in: KommSozR, § 43 SGB V Rn. 4.
111 S. Fn. 90.

sung möglich. Anders als bei Abs. 1 ist nicht erforderlich, dass die Krankenkasse die Leistungsträgerin der stationären Maßnahme war.[112]

Mögliche **Leistungsinhalte** von Nachsorgemaßnahmen sind die erforderlichen Leistungen zur Koordination der verordneten Leistungen sowie Anleitung und Motivation zu deren Inanspruchnahme. Dies schließt die Unterstützung bei der Analyse des Bedarfs und notwendige Vorbereitungen ein.[113] Dabei sind Angehörige und ständige Betreuungspersonen einzubeziehen, wenn dies aus medizinischen Gründen erforderlich ist (zu den Begrifflichkeiten → Rn. 23). Eine Einbeziehung dieser Personen dürfte angesichts des Alters und der gesundheitlichen Beeinträchtigung der Kinder in der Regel erforderlich sein.[114] 31

Der **Leistungsumfang** ist im Gesetz nicht näher bestimmt und richtet sich nach der medizinischen Notwendigkeit. Ziff. 4 der Bestimmungen des GKV-Spitzenverbandes[115] sieht im Regelfall sechs bis 20 sozialmedizinische Nachsorgeeinheiten à 60 Minuten vor, die in einem Zeitraum von sechs bis zwölf Wochen erbracht werden. Nach den Umständen des Einzelfalls sind veränderte Formen der Leistungserbringung und Folgeverordnungen möglich.[116] 32

Die Nachsorgeleistungen werden typischerweise als Dienstleistungen[117] von einem multidisziplinär zusammengesetzten **Nachsorge-Team** aus Gesundheits- und Kinderkrankenpflegern, Sozialpädagogen und Fachärzten für Kinder- und Jugendmedizin erbracht.[118] Die Leistungserbringung im Rahmen eines persönlichen Budgets nach §§ 2 Abs. 2, 11 Abs. 1 Nr. 5 SGB V und 17 SGB IX[119] ist möglich, aber nach dem Zweck der Leistung äußerst fernliegend, weil die Leistung gerade dazu dient, die Verantwortlichen bei der Organisation zu entlasten und das persönliche Budget in der Regel den zusätzlichen Aufwand der Selbstbeschaffung verursacht.[120] 33

IV. Verfahren

Nach § 19 Abs. 1 S. 1 SGB IV besteht ein **Antragserfordernis**. Bei Minderjährigen muss der Antrag durch eine vertretungsberechtigte Person, in der Regel sind dies die Erziehungsberechtigten, an die Krankenkasse gestellt werden.[121] Anschluss-Nachsorgeleistungen sollen nach der Anlage 3 zu den Bestimmungen des GKV-Spitzenverbandes[122] zudem ärztlich verordnet werden. Diese Verordnung hat Empfehlungscharakter. Die Krankenkasse entscheidet über die Leistungserbringung durch Verwaltungsakt. Ggf. sind die Vorschriften des SGB IX, insbesondere das Wunsch- und Wahlrecht nach § 9 SGB IX[123] und die Fristen des § 14 SGB IX zur Zuständigkeitsklärung zu beachten. 34

V. Anpassung durch das Bundesteilhabegesetz

Durch das Bundesteilhabegesetz vom 23.12.2016 (BGBl. I, 3234) werden mWv 1.1.2018 in Abs. 1 im Satzteil vor Nr. 1 die Angabe „44" durch die Angabe „64" und die Angabe „53 und 54" durch die Angabe „73 und 74" ersetzt. Hierbei handelt es sich um redaktionelle Anpassungen der Verweise auf die neu nummerierten Vorschriften des SGB IX. Letztere sind zum Teil ihrerseits redaktionell neu gefasst (zB die Aufzählung in § 73 Abs. 1 SGB IX nF, → Rn. 11), aber mit Ausnahme von § 74 Abs. 3 S. 1 SGB IX nF inhaltlich unverändert. In § 74 Abs. 3 S. 1 SGB IX nF wurde lediglich der – ohnehin 35

---

112 Hellkötter-Backes in: LPK-SGB V, § 43 Rn. 23.
113 Siehe im Einzelnen Ziff. 3 der Bestimmungen des GKV-Spitzenverbandes (Fn. 90).
114 Brandts in: Richter, Rehabilitationsrecht, § 1 Rn. 104; Noftz in: Hauck/Noftz, SGB V, § 43 Rn. 74.
115 S. Fn. 90.
116 Siehe dazu im Einzelnen Ziff. 4 der Bestimmungen des GKV-Spitzenverbands (Fn. 90).
117 Noftz in: Hauck/Noftz, SGB V, § 43 Rn. 8. Möglich ist auch eine Geldleistung, Waßer in: jurisPK-SGB V, § 43 Rn. 44.
118 Zu möglichen Leistungserbringern und geltenden Qualitätsstandards, → § 132 c Rn. 3 ff. sowie die Empfehlungen der Spitzenverbände an die Leistungserbringer medizinischer Nachsorgemaßnahmen nach § 132 c SGB V, Stand 30.6.2008, abrufbar unter http://www.gkv-spitzenverband.de/media/dokumente/krankenversicherung_1/rehabilitation/sozialmediz_nachsorge/Reha_Sozialmed_Nachsorge_Empfehlungen_30062008.pdf (zuletzt abgerufen am 1.5.2017).
119 MWv 1.1.2018 nach Neuordnung des SGB IX Teil 1 durch das Bundesteilhabegesetz (BTHG) vom 23.12.2017, BGBl. I, 3234 § 29 SGB IX nF.
120 BMAS (Hrsg.), Forschungsbericht: Umsetzung und Akzeptanz des Persönlichen Budgets – Endbericht, Berlin 2012, S. 88 ff. mwN.
121 Die Bestimmungen des GKV-Spitzenverbandes (Fn. 90) enthalten einen entsprechenden Antrags-Vordruck.
122 Bestimmungen des GKV-Spitzenverbands (Fn. 90).
123 MWv 1.1.2018 nach Neuordnung des SGB IX Teil 1 durch das Bundesteilhabegesetz (BTHG) vom 23.12.2017, BGBl. I, 3234 § 8 SGB IX nF.

nach Abs. 3 S. 3 der Vorschrift jährlich anzupassende – monatliche Höchstbetrag für Kinderbetreuungskosten auf 160 EUR statt bisher 130 EUR erhöht.

§ 43 a Nichtärztliche sozialpädiatrische Leistungen

(1) Versicherte Kinder haben Anspruch auf nichtärztliche sozialpädiatrische Leistungen, insbesondere auf psychologische, heilpädagogische und psychosoziale Leistungen, wenn sie unter ärztlicher Verantwortung erbracht werden und erforderlich sind, um eine Krankheit zum frühestmöglichen Zeitpunkt zu erkennen und einen Behandlungsplan aufzustellen; § 30 des Neunten Buches bleibt unberührt.

(2) Versicherte Kinder haben Anspruch auf nichtärztliche sozialpädiatrische Leistungen, die unter ärztlicher Verantwortung in der ambulanten psychiatrischen Behandlung erbracht werden.

Literatur:

Breitmeier, Sozialpädiatrische Zentren, KH 1992, 538; *Jung*, Ambulante und stationäre Reha-Leistungen in der GKV, BKK 1997, 378; *Lachwitz*, Regelung der Frühförderung im Sozialgesetzbuch Neuntes Buch (SGB IX), RdLH 2001, 108; *Lubecki*, Sozialpädiatrische Versorgung, DOK 1992, 851; *Mrozynski*, Komplexe Bedarfslagen im gegliederten System des Sozialraechts, Sozialer Fortschritt 1999, 189; *Wilmerstadt*, Integration behinderter Kinder in die Gesellschaft fördern, SuP 2001, 781.

I. Entstehungsgeschichte 1	b) Anspruch von Kindern auch auf nichtärztliche therapeutische Maßnahmen (Abs. 2) 14
II. Normzweck und Systematik 2	
III. Norminhalt und Normauslegung 8	IV. Anpassung durch das Bundesteilhabegesetz 17
1. Norminhalt.. 8	
2. Normauslegung 9	
a) Anspruch von Kindern auf nichtärztliche diagnostische Maßnahmen (Abs. 1) 9	

I. Entstehungsgeschichte

1 § 43 a ist im Rahmen des zweiten Gesetzes zur Änderung des Fünften Buches Sozialgesetzbuch vom 20.12.1991 (BGBl. I, 2325) mit Wirkung zum 1.1.1992 in Kraft getreten. Anschließend erfolgten folgende Änderungen: Abs. 1 idF d. Art. 5 Nr. 14 nach Maßgabe d. Art. 67 Gesetz vom 19.6.2001 (BGBl. I, 1046) mWv 1.7.2001; jetzt Abs. 1 gem. Art. 15 Nr. 04 lit. a Gesetz vom 17.7.2009 (BGBl. I, 1990) mWv 23.7.2009; Abs. 1 Nr. 2: IdF d. Art. 6 Nr. 9 Gesetz v. 23.12.2016 (BGBl. I, 3234) mWv 1.1.2018. Abs. 2: Eingef. durch Art. 15 Nr. 04 lit. b Gesetz vom 17.7.2009 (BGBl. I, 1990) mWv 23.7.2009.

II. Normzweck und Systematik

2 Die Vorschrift stellt klar, dass versicherte Kinder unter ärztlicher Verantwortung erbrachte nichtärztliche sozialpädiatrische Leistungen, die der Diagnostik und der Aufstellung eines Behandlungsplanes dienen, in Anspruch nehmen können und diese Leistungen von den Krankenkassen zu vergüten sind.[1]

3 Mit § 43 a wird im Leistungsrecht ein Anspruch von versicherten Kindern auf nichtärztliche sozialpädiatrische Leistungen gewährt, um mit ihrer Hilfe die Frühdiagnostik von Krankheiten zu ermöglichen. Die leistungserbringungsrechtliche Regelung befindet sich in § 119.

4 Ergänzend haben die KBV und der GKV-Spitzenverband die am 1.7.2009 in Kraft getretene „Vereinbarung gemäß § 85 Abs. 2 S. 4 und § 43 a SGB V über besondere Maßnahmen zur Verbesserung der sozialpsychiatrischen Versorgung von Kindern und Jugendlichen" vom 3.8.2009 abgeschlossen.[2]

5 Die Vereinbarung dient der Förderung einer qualifizierten interdisziplinären sozialpsychiatrischen Behandlung von Kindern und Jugendlichen in der ambulanten vertragsärztlichen Versorgung. Im Vordergrund steht dabei der gezielte Aufbau solcher Behandlungsangebote, die für eine sinnvolle kontinuierliche Betreuung der betroffenen Patienten erforderlich sind, im Katalog der abrechnungsfähigen ärztlichen Leistungen nach dem EBM jedoch nicht aufgeführt werden. Die Vertragspartner erfüllen damit

---

1 BT-Dr. 12/1154, 6.
2 Sog. Sozialpsychiatrie-Vereinbarung (= Anlage 11 zum BMV-Ä), http://www.kbv.de/media/sp/11_Sozialpsychiatrie.pdf, zuletzt abgerufen am 1.1.2017; Brandts, in: KassKomm, § 43 a SGB V Rn. 6.

zudem den in § 85 Abs. 2 S. 4 und § 43 a vorgegebenen gesetzlichen Auftrag. Hierdurch soll vorwiegend bei komplexen sozialpädiatrischen und psychiatrischen Behandlungsproblemen insbesondere die ambulante ärztliche Betreuung und Behandlung als Alternative zur stationären Versorgung und anderen institutionellen Betreuungsformen ermöglicht werden. Die sozialpsychiatrische Behandlung nach der Vereinbarung vom 3.8.2009 ist bis zur Vollendung des 18. Lebensjahres des Patienten aufzunehmen. In der Anlage 1 der Vereinbarung sind Leistungsbereiche und Tätigkeitsfelder aufgeführt, die vom an der Vereinbarung teilnehmenden Arzt sicher zu stellen sind.

Systematisch ist § 43 a angesiedelt im dritten Kapitel des SGB V (§§ 11 bis 68), das die Leistungen der Krankenversicherung regelt, dort im fünften Abschnitt (§§ 27 bis 43 b), der die Leistungen bei Krankheit auffführt.

Die Vorschrift steht in systematischem Zusammenhang mit dem durch das Gesetz zur Stärkung der Versorgung in der gesetzlichen Krankenversicherung (GKV-Versorgungsstärkungsgesetz – GKV-VSG)[3] mit Wirkung zum 23.7.2015 in Kraft befindlichen § 43 b SGB V, der versicherten Erwachsenen mit geistiger Behinderung oder schweren Mehrfachbehinderungen Anspruch auf nichtärztliche Leistungen gewährt, insbesondere auf psychologische, therapeutische und psychosoziale Leistungen, wenn sie unter ärztlicher Verantwortung durch ein medizinisches Behandlungszentrum nach § 119 c SGB V erbracht werden und erforderlich sind, um eine Krankheit zum frühestmöglichen Zeitpunkt zu erkennen und einen Behandlungsplan aufzustellen. Dies umfasst auch die im Einzelfall erforderliche Koordinierung von Leistungen, § 43 b Satz 2 SGB V. Dieser auf Frühdiagnostik und die Aufstellung eines Behandlungsplans beschränkte Anspruch orientiert sich eng am Anspruch auf nichtärztliche sozialpädiatrische Leistungen für versicherte Kinder nach § 43 a Abs. 1 SGB V und soll eine systematische Transition vom kinder- und jugendmedizinischen Versorgungskontext zum erwachsenenmedizinischen Versorgungskontext gewährleisten.[4]

III. Norminhalt und Normauslegung

1. Norminhalt. § 43 a regelt den Leistungsanspruch auf nichtärztliche sozialpädiatrische Leistungen. Nach **Abs. 1** haben versicherte Kinder einen Anspruch auf nichtärztliche sozialpädiatrische Leistungen, um eine Krankheit zum frühestmöglichen Zeitpunkt zu erkennen und einen Behandlungsplan aufzustellen. Im Gegensatz dazu umfasst der Leistungsanspruch nach **Abs. 2** auch therapeutische Maßnahmen.[5]

2. Normauslegung. a) Anspruch von Kindern auf nichtärztliche diagnostische Maßnahmen (Abs. 1). Gemäß Abs. 1 S. 1 Hs. 1 haben versicherte Kinder Anspruch auf nichtärztliche sozialpädiatrische Leistungen, insbesondere auf psychologische, heilpädagogische und psychosoziale Leistungen, wenn sie unter ärztlicher Verantwortung erbracht werden und erforderlich sind, um eine Krankheit zum frühestmöglichen Zeitpunkt zu erkennen und einen Behandlungsplan aufzustellen.

Anspruchsinhaber sind versicherte Kinder. Die Versicherteneigenschaft richtet sich dabei nach §§ 5 bis 10. Zwar enthält die Vorschrift keine Altersgrenze; nach Auffassung des Gesetzgebers gilt jedoch als Kind ein Versicherter bis zur Vollendung des 18. Lebensjahres.[6]

Anspruchsvoraussetzung ist zudem, dass nichtärztliche sozialpädiatrische Leistungen erbracht werden, um

- Krankheit zum frühestmöglichen Zeitpunkt zu erkennen und
- einen Behandlungsplan aufzustellen.

Nur in dem Fall haben Kinder einen Anspruch auf nichtärztliche sozialpädiatrische Leistungen, insbesondere auf psychologische, heilpädagogische und psychosoziale Leistungen, wobei diese Aufzählung nicht abschließend ist.

Die Leistungen selber werden zwar von Nichtärzten erbracht, sind jedoch aufgrund der Klausel *„unter ärztlicher Verantwortung"* Bestandteil der ärztlichen Behandlung nach § 28. Die Früherkennung durch Ärzte selber richtet sich nach §§ 26, 28.[7]

---

3 GKV-VSG v. 16.7.2015, BGBl. I 1211, 1214.
4 Vgl. BT-Dr. 18/4095, 114.
5 Waßer in: jurisPK-SGB V, § 43 a Rn. 21.
6 BT-Dr. 11/2237, 168; Hellkötter-Backes in: Hänlein/Schuler, § 43 a Rn. 2; Wiercimok in: Hänlein/Schuler, § 23 Rn. 13.
7 Welti in: Becker/Kingreen, § 43 a Rn. 1.

13 Nach Abs. 1 S. 1 Hs. 2 bleibt § 46 SGB IX[8] unberührt. § 46 SGB IX regelt die medizinischen Leistungen zur Früherkennung und Frühförderung behinderter und von Behinderung bedrohter Kinder. Daraus folgt, dass § 43 a die Vorschrift des § 46 SGB IX nicht einschränkt.[9]

14 b) **Anspruch von Kindern auch auf nichtärztliche therapeutische Maßnahmen (Abs. 2).** Gemäß Abs. 2 haben versicherte Kinder Anspruch auf nichtärztliche sozialpädiatrische Leistungen, die unter ärztlicher Verantwortung in der ambulanten psychiatrischen Behandlung erbracht werden.

15 Der 2009 in das Gesetz eingefügte Abs. 2 steht im Zusammenhang mit der zu § 85 Abs. 2 S. 4 vorgenommenen Regelung. Es soll sichergestellt werden, dass nichtärztliche sozialpädiatrische Leistungen unter Verantwortung niedergelassener Fachärzte für Kinder- und Jugendpsychiatrie in der ambulanten psychiatrischen Behandlung von Kindern und Jugendlichen erbracht werden und die Sozialpsychiatrie-Vereinbarungen fortgeführt werden können.[10]

16 Eine Leistungsausweitung auf andere Bereiche außerhalb der sozialpsychiatrischen Versorgung ist nicht beabsichtigt und wird durch die ausdrückliche Begrenzung auf die unter ärztlicher Verantwortung stattfindende ambulante psychiatrische Behandlung ausgeschlossen.[11]

IV. Anpassung durch das Bundesteilhabegesetz

17 Durch das Bundesteilhabegesetz vom 23.12.2016 (BGBl. I, 3234) wird mWv 1.1.2018 in Abs. 1 die Angabe „30" durch die Angabe „46" ersetzt.

§ 43 b Nichtärztliche Leistungen für Erwachsene mit geistiger Behinderung oder schweren Mehrfachbehinderungen

¹Versicherte Erwachsene mit geistiger Behinderung oder schweren Mehrfachbehinderungen haben Anspruch auf nichtärztliche Leistungen, insbesondere auf psychologische, therapeutische und psychosoziale Leistungen, wenn sie unter ärztlicher Verantwortung durch ein medizinisches Behandlungszentrum nach § 119 c erbracht werden und erforderlich sind, um eine Krankheit zum frühestmöglichen Zeitpunkt zu erkennen und einen Behandlungsplan aufzustellen. ²Dies umfasst auch die im Einzelfall erforderliche Koordinierung von Leistungen.

I. Entstehungsgeschichte

1 § 43 b ist im Rahmen des Gesetzes zur Stärkung der Versorgung in der gesetzlichen Krankenversicherung (GKV-Versorgungsstärkungsgesetz – GKV-VSG) vom 16.7. 2015 mit Wirkung zum 23.7.2015 in Kraft getreten.[1] Die vorherige Fassung des § 43 b SGB V ist verschoben worden in § 43 c SGB V.

II. Normzweck und Systematik

2 Mit der Neufassung des § 43 b SGB V wird entsprechend dem neuen § 119 c SGB V im Leistungserbringungsrecht ein Anspruch versicherter Erwachsener mit geistiger Behinderung oder schweren Mehrfachbehinderungen auf ambulante Behandlung mit bestimmten nichtärztlichen Leistungen normiert. Im neuen § 119 c SGB V wird hierzu entsprechend der bereits für Kinder geltenden Regelung zur Ermächtigung sozialpädiatrischer Zentren eine Regelung zur Ermächtigung von medizinischen Behandlungszentren zur ambulanten Behandlung von Erwachsenen mit geistiger Behinderung oder schweren Mehrfachbehinderungen geschaffen. Von zentraler Bedeutung ist dabei, dass die medizinischen Behandlungszentren die von erwachsenen Menschen mit Behinderungen benötigten Leistungen ‚aus einem Guss' und damit insbesondere interdisziplinär erbringen. Dies schließt nichtärztliche Leistungen und folglich beispielsweise auch Leistungen, die durch Pflegefachkräfte, Heilmittelerbringer oder Hilfsmittelerbringer erbracht werden, mit ein. Die Vorschrift sieht in diesem Zusammenhang einen flankierenden Leistungsanspruch vor. Danach haben Erwachsene mit geistiger Behinderung oder schweren Mehrfachbehinderungen Anspruch auf nichtärztliche sozialmedizinische Leistungen, insbe-

---

8 Bis zum 31.12.2017 in Kraft befindliche Fassung: „;*§ 30 des Neunten Buches bleibt unberührt.*", vgl. Bundesteilhabegesetz (BTHG) v. 23.12.2016 (BGBl. I, 3234, 3311, 3349) und BT-Dr. 18/9522, 322.
9 Welti in: Becker/Kingreen, § 43 a Rn. 6.
10 BT-Dr. 16/13428, 90.
11 BT-Dr. 16/13428, 90.
1 BGBl. I, 1211, 1214.

sondere auf psychologische, therapeutische und psychosoziale Leistungen, wenn sie unter ärztlicher Verantwortung durch ein medizinisches Behandlungszentrum nach § 119 c SGB V erbracht werden und erforderlich sind, um eine Krankheit zum frühestmöglichen Zeitpunkt zu erkennen und einen Behandlungsplan aufzustellen.[2]

Systematisch ist § 43 b angesiedelt im dritten Kapitel des SGB V (§§ 11 bis 68), das die Leistungen der Krankenversicherung regelt, dort im fünften Abschnitt (§§ 27 bis 43 b), der die Leistungen bei Krankheit aufführt.

III. Norminhalt und Normauslegung

1. Norminhalt. a) Anspruchsberechtigung. Anspruchsberechtigt sind *„versicherte Erwachsene mit geistiger Behinderung oder schweren Mehrfachbehinderungen"*.

Nicht abschließend geklärt ist, wer anspruchsberechtigter Erwachsener ist. Zwar wird in der Gesetzesbegründung das 18. Lebensjahr ausdrücklich als Grenze benannt.[3] In Deutschland werden Personen jedoch nicht automatisch mit der Volljährigkeit, dh mit Vollendung des 18. Lebensjahres erwachsen (vgl. § 2 BGB). Z.B. zeigt das Strafrecht, dass unter-21-jährige Volljährige noch nicht in jedem Fall als Erwachsene gesehen werden, da ihr Reifeprozess noch nicht abgeschlossen sein muss. Denn bis zur Vollendung des 21. Lebensjahres wird dort geprüft, ob gemäß ihrer Entwicklung noch Jugend- oder Erwachsenenstrafrecht zur Anwendung kommt. Eine Person, die das 18. Lebensjahr, aber noch nicht das 21. Lebensjahr vollendet hat, wird als Heranwachsender bezeichnet (vgl. § 1 Abs. 2 JGG). Noch weiter geht das Sozialrecht in SGB VIII. Nach § 7 Abs. 1 Nr. 3 SGB VIII ist junger Erwachsener, *„wer 18, aber noch nicht 27 Jahre alt ist"*.

Der Begriff *„Menschen mit Behinderungen"* wird in Art. 1 S. 2 der UN-Behindertenrechtskonvention definiert.[4] Danach bezieht sich der Begriff *„Menschen mit Behinderungen"* auf Menschen, die langfristige körperliche, seelische, geistige oder Sinnesbeeinträchtigungen haben, welche sie in Wechselwirkung mit verschiedenen Barrieren an der vollen, wirksamen und gleichberechtigten Teilhabe an der Gesellschaft hindern können. Nach lit. e der Präambel der UN-Behindertenrechtskonvention entwickelt sich das Verständnis von Behinderung ständig weiter. Behinderung entstünde aus der Wechselwirkung zwischen Menschen mit Beeinträchtigungen und einstellungs- und umweltbedingten Barrieren, die sie an der vollen, wirksamen und gleichberechtigten Teilhabe an der Gesellschaft hindere. Dies mache klar, dass eine „Behinderung" nicht als fest definiertes Konzept verstanden werden könne, sondern von gesellschaftlichen Entwicklungen abhängig sei.

Der Anspruch ist gerichtet auf nichtärztliche Leistungen, insbesondere auf psychologische, therapeutische und psychosoziale Leistungen, wobei diese Leistungen nur beispielhaft genannt werden.

Die nichtärztlichen Leistungen müssen erforderlich sein, um eine Krankheit (vgl. § 27 SGB V) zum frühestmöglichen Zeitpunkt zu erkennen und einen Behandlungsplan aufzustellen. Die **Erforderlichkeit** hängt dabei ab von Art, Schwere oder Komplexität der Behinderung. Der Leistungsberechtigte muss dabei angewiesen sein auf die ambulante Behandlung in diesen Einrichtungen.

Die Leistung muss unter ärztlicher Verantwortung durch ein medizinisches Behandlungszentrum nach § 119 c erbracht werden.

b) Leistungserbringer. Medizinische Behandlungszentren für Erwachsene mit geistiger Behinderung oder schweren Mehrfachbehinderungen, die fachlich unter ständiger ärztlicher Leitung stehen und die Gewähr für eine leistungsfähige und wirtschaftliche Behandlung bieten, können gemäß § 119 c Abs. 1 SGB V vom Zulassungsausschuss zur ambulanten Behandlung von Erwachsenen mit geistiger Behinderung oder schweren Mehrfachbehinderungen ermächtigt werden. Die Ermächtigung ist zu erteilen, soweit und solange sie notwendig ist, um eine ausreichende Versorgung von Erwachsenen mit geistiger Behinderung oder schweren Mehrfachbehinderungen sicherzustellen. Die Behandlung durch medizinische Behandlungszentren ist gemäß § 119 c Abs. 2 SGB V auf diejenigen Erwachsenen auszurichten, die wegen der Art, Schwere oder Komplexität ihrer Behinderung auf die ambulante Behandlung in diesen Einrichtungen angewiesen sind. Die medizinischen Behandlungszentren sollen dabei mit anderen behandelnden Ärzten, den Einrichtungen und Diensten der Eingliederungshilfe und mit dem Öffentlichen Gesundheitsdienst eng zusammenarbeiten.

---

2 BT-Dr. 18/4095, 78.
3 BT-Dr. 18/4095, 114.
4 S. https://www.behindertenrechtskonvention.info/uebereinkommen-ueber-die-rechte-von-menschen-mit-behinderungen-3101/ (zuletzt abgerufen am 1.3.2017).

11 Nach der Gesetzesbegründung sollen die medizinischen Behandlungszentren eine adäquate gesundheitliche Versorgung für Menschen mit geistiger Behinderung oder schweren Mehrfachbehinderungen, die das 18. Lebensjahr überschritten haben, gewährleisten.[5] Hierfür müssen sie geeignet sein, die von erwachsenen Menschen mit Behinderungen speziell wegen ihrer geistigen oder schweren Mehrfachbehinderungen benötigten Gesundheitsleistungen an einem Ort und mit vertretbarem Aufwand „aus einem Guss" zu erbringen. Dabei ist zu berücksichtigen, dass der in den Behandlungszentren zu versorgende Personenkreis neben einer zielgruppenspezifischen Diagnostik und Therapie insbesondere auch einer zielgruppenspezifischen Kommunikation durch geeignete Kommunikationsstrategien (einfache Sprache, Bilder, Kommunikationshilfsmittel, Assistenz, etc) bedarf. Die Behandlungszentren müssen unter ständiger ärztlicher Leitung stehen und die Gewähr für eine leistungsfähige und wirtschaftliche Behandlung bieten. Die Behandlung ist auf diejenigen Erwachsenen auszurichten, die wegen der Art, Schwere oder Komplexität ihrer Behinderung durch zugelassene Vertragsärztinnen und Vertragsärzte nicht ausreichend behandelt werden können. Angeboten werden sollen diejenigen Leistungen, die von den betroffenen Menschen speziell benötigt werden. Hierzu können auch zahnmedizinische Leistungen gehören. Neben der Durchführung von spezifischer Diagnostik und Therapie bzw. der Aussprache von Therapieempfehlungen für die weiterbehandelnde Ärztin oder den weiterbehandelnden Arzt soll eine wesentliche Leistung der medizinischen Behandlungszentren darin liegen, die Organisation und die Koordination verschiedener ambulanter fachärztlicher Leistungen (Diagnostik, Behandlung, weitere ärztliche Veranlassung, Therapiepläne) sicherzustellen sowie eng mit den anderen behandelnden Ärztinnen und Ärzten und Einrichtungen bzw. Diensten der Eingliederungshilfe und auch anderen Professionen (Heil- und Hilfsmittelerbringer und Erbringer von Kranken-/Behindertentransportleistungen) zusammenzuarbeiten. Medizinische Behandlungszentren können für Erwachsene mit geistiger Behinderung oder schweren Mehrfachbehinderungen, die als Kinder und Jugendliche durch ein sozialpädiatrisches Zentrum versorgt wurden, ein Anschlussversorgungsangebot sein. In diesem Fall soll eine systematische Transition vom kinder- und jugendmedizinischen Versorgungskontext zum erwachsenenmedizinischen Versorgungskontext erfolgen.

§ 43 c Zahlungsweg

(1) ¹Leistungserbringer haben Zahlungen, die Versicherte zu entrichten haben, einzuziehen und mit ihrem Vergütungsanspruch gegenüber der Krankenkasse zu verrechnen. ²Zahlt der Versicherte trotz einer gesonderten schriftlichen Aufforderung durch den Leistungserbringer nicht, hat die Krankenkasse die Zahlung einzuziehen.

(2) (aufgehoben)

(3) ¹Zuzahlungen, die Versicherte nach § 39 Abs. 4 zu entrichten haben, hat das Krankenhaus einzubehalten; sein Vergütungsanspruch gegenüber der Krankenkasse verringert sich entsprechend. ²Absatz 1 Satz 2 gilt nicht. ³Zahlt der Versicherte trotz einer gesonderten schriftlichen Aufforderung durch das Krankenhaus nicht, hat dieses im Auftrag des Krankenhauses die Zuzahlung einzuziehen. ⁴Die Krankenhäuser werden zur Durchführung des Verwaltungsverfahrens nach Satz 3 beliehen. ⁵Sie können hierzu Verwaltungsakte gegenüber den Versicherten erlassen; Klagen gegen diese Verwaltungsakte haben keine aufschiebende Wirkung; ein Vorverfahren findet nicht statt. ⁶Die zuständige Krankenkasse erstattet dem Krankenhaus je durchgeführtem Verwaltungsverfahren nach Satz 3 eine angemessene Kostenpauschale. ⁷Die dem Krankenhaus für Klagen von Versicherten gegen den Verwaltungsakt entstehenden Kosten werden von den Krankenkassen getragen. ⁸Das Vollstreckungsverfahren für Zuzahlungen nach § 39 Absatz 4 wird von der zuständigen Krankenkasse durchgeführt. ⁹Das Nähere zur Umsetzung der Kostenerstattung nach den Sätzen 6 und 7 vereinbaren der Spitzenverband Bund und die Deutsche Krankenhausgesellschaft. ¹⁰Soweit die Einziehung der Zuzahlung durch das Krankenhaus erfolglos bleibt, verringert sich abweichend von Satz 1 der Vergütungsanspruch des Krankenhauses gegenüber der Krankenkasse nicht. ¹¹Zwischen dem Krankenhaus und der Krankenkasse können abweichende Regelungen zum Zahlungsweg vereinbart werden, soweit dies wirtschaftlich ist.

Literatur:

Arndt/von Langsdorff, Müssen Vertragsärzte bei der Praxisgebühr das Inkassorisiko tragen?, BE Ärztebl. 2003, 406; *Elsner/Weimar*, Offene Fragen zum Kostenersatz des Arztes für die Einbehaltung der „Praxisge-

---

5 BT-Dr. 18/4095, 114.

bühr", GesR 2004, 120; *Ganse*, Fahrkostenerstattung im Zusammenhang mit einer Krankenhausbehandlung, KH 2004, 489; *Hadank*, Zuzahlungen für Hilfsmittel, ErsK 2004, 88; *Hagedorn*, Die Praxisgebühr ist mit dem Grundgesetz unvereinbar!, SGb 2004, 404; *Kübler*, Der neue Zahlungseinzug bei Krankenhausbehandlung – ein gut gemeinter Irrtum?, ErsK 2010, 157; *Linke*, Praxisgebühr auf dem Prüfstand, NZS 2004, 186; *Rixen*, Der Leistungserbringer als Inkassobüro, SGb 2004, 2; *Wagener/Korthus*, Das neue Zahlungsinkasso im Krankenhaus gemäß § 43 b SGB V, KH 2009, 829; *Zuck*, Die Praxisgebühr – das wahre Unwort des Jahres, NJW 2004, 1091.

I. Entstehungsgeschichte	1	aa)	Grundsatz	13
II. Normzweck und Systematik	2	bb)	Forderungseinzug durch das Krankenhaus	17
III. Norminhalt und Normauslegung	7	cc)	Vollstreckung durch die Krankenkassen	21
1. Norminhalt	7			
2. Normauslegung	10			
a) Einziehung von Zuzahlungen (Abs. 1)	10			
b) Einziehung von Zuzahlungen bei Krankenhausbehandlungen (Abs. 3)	13			

I. Entstehungsgeschichte

§ 43 b ist im Rahmen des Gesundheitsstrukturgesetzes vom 21.12.1992 (BGBl. I, 2266) mit Wirkung zum 1.1.1993 in Kraft getreten. Anschließend erfolgten folgende Änderungen: früherer § 43 b jetzt § 43 c gem. Art. 1 Nr. 12 Gesetz vom 16.7.2015 (BGBl. I, 1211 mWv 23.7.2015; Abs. 1: Früher einziger Text gem. Art. 1 Nr. 34 lit. a Gesetz vom 14.11.2003 (BGBl. I, 2190) mWv 1.1.2004; Abs. 2: Aufgeh. durch Art. 1 Nr. 3 lit. a Gesetz vom 20.12.2012 (BGBl. I, 2789) mWv 1.1.2013; Abs. 3: Eingef. durch Art. 3 Nr. 3 Gesetz vom 17.3.2009 (BGBl. I, 534) mWv 25.3.2009; Abs. 3 S. 5: IdF d. Art. 1 Nr. 3 lit. b Gesetz vom 20.12.2012 (BGBl. I, 2789) mWv 1.1.2013; Abs. 3 S. 7: IdF d. Art. 1 Nr. 3 b lit. a Gesetz vom 22.12.2010 (BGBl. I, 2309) mWv 1.1.2011; Abs. 3 S. 8: Eingef. durch Art. 1 Nr. 3 b lit. b Gesetz vom 22.12.2010 (BGBl. I, 2309) mWv 1.1.2011; Abs. 3 S. 9: Früher S. 8 gem. Art. 1 Nr. 3 b lit. b Gesetz vom 22.12.2010 (BGBl. I, 2309) mWv 1.1.2011; Abs. 3 S. 10: Früher S. 9 gem. u. idF d. Art. 1 Nr. 3 b lit. b u. c Gesetz vom 22.12.2010 (BGBl. I, 2309) mWv 1.1.2011; 43 c Abs. 3 S. 11: Eingef. durch Art. 1 Nr. 12 Gesetz vom 16.7.2015 (BGBl. I, 1211) mWv 23.7.2015.

1

II. Normzweck und Systematik

Generell sollen durch Zuzahlungen die Kosten in der GKV gesenkt werden. Dieses Ziel soll nicht primär durch die mit den Zuzahlungen verbundenen Einnahmen erreicht werden. Vielmehr soll durch Steuerung des Leistungsverhaltens der Versicherten deren Kostenbewusstsein gestärkt und die Eigenverantwortung erhöht werden.[1]

2

§ 43 c stellt dabei klar, dass die Zahlungen durch den Leistungserbringer einzuziehen und Vergütungsanspruch abzuziehen sind. Zur Vermeidung eines aufwendigen Inkassoverfahrens bei Leistungserbringern geht die Einziehungspflicht auf die Krankenkasse über, wenn der Versicherte trotz Zahlungsaufforderung nachweislich nicht gezahlt hat. Diese Aufforderung muss schriftlich erfolgen und darf nicht in unmittelbarem Zusammenhang mit Erbringung der Leistung (zB in Verbindung mit Rechnung) vorgenommen werden.[2]

3

Zuzahlungen der Versicherten zu den Leistungen der GKV sind keine Sonderbeiträge und weichen nicht vom Solidarprinzip des § 1 ab; sie sollen vielmehr das Kostenbewusstsein der Versicherten stärken und die Inanspruchnahme von Leistungen auf der Basis des Wirtschaftlichkeitsgebots fördern.[3] Das Sachleistungsprinzip wird dadurch nicht durchbrochen, sondern durch die Pflicht zur partiellen Eigenbeteiligung im Sinne von wirtschaftlichem Verhalten inhaltlich ergänzt.[4]

4

Systematisch ist § 43 b angesiedelt im dritten Kapitel des SGB V (§§ 11 bis 68), das die Leistungen der Krankenversicherung regelt, dort im fünften Abschnitt (§§ 27 bis 43 b), der die Leistungen bei Krankheit aufführt.

5

In §§ 61, 62 werden die Höhe der Zuzahlungen und die Belastungsgrenze geregelt.

6

---

1 Gamperl in: KassKomm, § 39 SGB V Rn. 151; BT-Dr. 13/7264, 60.
2 BT-Dr. 12/3608, 82.
3 Schneider in: Schulin, HS-KV, § 22 Rn. 397; Gamperl in: KassKomm, § 39 SGB V Rn. 150.
4 BSG, 7.12.2006, B 3 KR 29/05 R, juris Rn. 21 = GesR 2007, 327 ff.

III. Norminhalt und Normauslegung

7 **1. Norminhalt.** § 43 c regelt die Zahlungswege bei Zuzahlungen. Nach der in **Abs. 1** aufgeführten Grundregel[5] regelt die Pflicht der Leistungserbringer von den Versicherten Zuzahlungen einzuziehen. Mit Wirkung zum 1.1.2013 ist Abs. 2, der ab dem 1.1.2004 die Einziehung und Abrechnung der in § 28 Abs. 4 normierten Praxisgebühr geregelt hat, weggefallen. **Abs. 3** regelt die Einziehung von Zuzahlungen bei Krankenhausbehandlungen.

8 Zuzahlungen der Versicherten zu den Leistungen der GKV sind in vielen Bereichen vorgesehen und im Grundsatz nichts Neues.[6] Von § 43 c erfasst werden derzeit die in §§ 27 bis 43 a geregelten Zuzahlungen, die die Versicherten den Krankenkassen schulden. Dabei handelt es sich insbesondere um folgende Zuzahlungen:[7]

- Kosten für medizinische Vorsorgeleistungen, § 23 Abs. 6,
- Kosten für Vorsorge für Mütter und Väter, § 24 Abs. 3
- Kosten für Arznei- und Verbandsmitteln, § 31 Abs. 3,
- Kosten für Heilmittel, § 32 Abs. 2,
- Kosten für Hilfsmittel, § 33 Abs. 8,
- Kosten bei Inanspruchnahme häuslicher Krankenpflege, § 37 Abs. 5,
- Kosten für Soziotherapie, § 37 a Abs. 3,
- Kosten für Haushaltshilfe gemäß § 38 Abs. 5,
- Kosten für Krankenhausbehandlung, § 39 Abs. 4,[8]
- Kosten bei medizinischer Rehabilitationsmaßnahmen, § 40 Abs. 5 und 6,
- Kosten bei medizinischer Rehabilitation für Mütter und Väter, § 41 Abs. 3.

9 Von § 43 c nicht erfasst werden Zahlungen der Versicherten, die diese den Leistungserbringern schulden. Dabei handelt es sich insbesondere um Eigenanteile der Versicherten bei kieferorthopädischer Behandlung nach § 29. Auch der Versichertenanteil an Fahrkosten gemäß § 60 fällt nicht unter § 43 b Abs. 1.[9] Alle diese Zuzahlungspflichten stellen eine Form der Selbstbeteiligung der Versicherten dar, die zur Kostensenkung in der GKV beitragen soll.[10]

10 **2. Normauslegung. a) Einziehung von Zuzahlungen (Abs. 1).** Gemäß Abs. 1 S. 1 haben Leistungserbringer Zahlungen, die Versicherte zu entrichten haben, einzuziehen und mit ihrem Vergütungsanspruch gegenüber der Krankenkasse zu verrechnen. Zahlt der Versicherte trotz einer gesonderten schriftlichen Aufforderung durch den Leistungserbringer nicht, hat die Krankenkasse die Zahlung gemäß Abs. 1 S. 2 einzuziehen.

11 Damit besteht bei den Leistungserbringern eine gesetzliche Verpflichtung[11] bzw. Befugnis[12] zur Einziehung, dh ein gesetzlicher Einzugs- bzw. Inkassoauftrag und gerade keine Bevollmächtigung.[13]

12 Zahlt der Versicherte mithin pflichtwidrig seinen Kostenanteil nicht an die abgebende Stelle, bleibt die Krankenkasse gleichwohl verpflichtet, ihm das Heilmittel zu verschaffen. Genügt die Krankenkasse dieser Vorleistungspflicht, wendet sie also dem Versicherten die Naturalleistung vollkostenfrei zu, ist dessen Vermögen im Widerspruch zur gesetzlichen Kostentragungsregel, also gesetzwidrig und damit ohne Rechtsgrund zulasten des Krankenversicherungsträgers vermehrt. Im Augenblick der vollkostenfreien Vorleistung durch die Kasse entsteht ein öffentlich-rechtlicher Erstattungsanspruch des Leistungsträgers gegen den Versicherten bzgl. der von ihm an den Leistungserbringer zu zahlenden Vergütung. Diesen Anspruch (Zuzahlungsanspruch) hat die Krankenkasse vom Versicherten einzuziehen.[14]

---

5 Vgl. BSG, 7.12.2006, B 3 KR 29/05 R, juris Rn. 21 = GesR 2007, 327 ff.
6 ZB früher die sog Verordnungsblattgebühr nach § 182 a RVO oder die Zuzahlung bei Krankenhauspflege nach § 184 Abs. 3 RVO; BSG, 7.12.2006, B 3 KR 29/05 R, juris Rn. 21 = GesR 2007, 327 ff.
7 Vgl. BSG, 15.12.2015, B 1 KR 14/15 R, juris Rn. 16 = NZS 2016, 343 f.; BSG, 7.12.2006, B 3 KR 29/05 R, juris Rn. 21 = GesR 2007, 327 ff.; Waßer in: jurisPK-SGB V, § 43 c Rn. 7, 8.
8 Gem. § 39 Abs. 4 geht der speziellere § 43 b Abs. 3 dem allgemeinen § 43 b Abs. 1 vor.
9 Vgl. BSG, 7.12.2006, B 3 KR 29/05 R, juris Rn. 21 = GesR 2007, 327 ff.; Waßer in: jurisPK-SGB V, § 43 c Rn. 8.
10 BSG, 7.12.2006, B 3 KR 29/05 R, juris Rn. 21 = GesR 2007, 327 ff.
11 Vgl. BT-Dr. 12/3608, 82.
12 BT-Dr. 16/2474, 19.
13 BSG, 8.2.2012, B 6 KA 12/11 R, juris Rn. 19 = SozR 4-2500 § 43 b Nr. 1; BSG, 25.6.2009, B 3 KR 3/08 R, juris Rn. 16, 17 = SozR 4-2500 § 28 Nr. 3; Sichert in: Becker/Kingreen, § 43 c Rn. 5; Gamperl in: KassKomm, § 39 SGB V Rn. 152, 153.
14 BSG, 16.12.1993, 4 RK 5/92, juris Rn. 70 = SozR 3-2500 § 13 Nr. 4.

b) Einziehung von Zuzahlungen bei Krankenhausbehandlungen (Abs. 3). aa) Grundsatz. Gemäß 13
Abs. 3 S. 1 hat das Krankenhaus Zuzahlungen, die Versicherte nach § 39 Abs. 4 zu entrichten haben,
einzubehalten; sein Vergütungsanspruch gegenüber der Krankenkasse verringert sich entsprechend.

Nach § 39 Abs. 4 zahlen Versicherte, die das 18. Lebensjahr vollendet haben, bei vollstationärer Kran- 14
kenhausbehandlung für längstens 28 Tage 10 EUR für jeden Tag des Krankenhausaufenthaltes zu.
Das Krankenhaus verrechnet diesen Betrag mit dem Vergütungsanspruch gegen die jeweilige Krankenkasse bzw. leitet diesen Betrag nach Erhalt dorthin weiter.[15]

Mit der Vorschrift wird der Einzug rückständiger Krankenhauszuzahlungen auf das Krankenhaus 15
übertragen; dadurch wird ein effektiver Anreiz für Anstrengungen der Krankenhäuser zur Durchsetzung von Zuzahlungsforderungen geschaffen.[16] Es wird jedoch klargestellt, dass der Vergütungsanspruch des Krankenhauses abweichend von Abs. 3 S. 1 nach erfolgloser Einziehung der Zuzahlung
durch das Krankenhaus nicht verringert wird. Das gilt auch dann, wenn im Anschluss an eine erfolglos gebliebene Einziehung der Zuzahlung durch das Krankenhaus die zuständige Krankenkasse das
Vollstreckungsverfahren durchführt.[17]

Anspruchsinhaberin bleibt die Krankenkasse, Anspruchsschuldner der Versicherte. Zahlungsempfän- 16
ger ist jedoch das Krankenhaus, es hat mithin einen gesetzlichen Einzugs- bzw. Inkassoauftrag.[18]

bb) Forderungseinzug durch das Krankenhaus. Gemäß Abs. 3 S. 2 gilt § 43 Abs. 1 S. 2 nicht, wonach 17
die Krankenkasse die Zahlung einzuziehen hat, wenn der Versicherte trotz einer gesonderten schriftlichen Aufforderung durch das Krankenhaus nicht zahlt. Zahlt der Versicherte trotz einer gesonderten
schriftlichen Aufforderung durch das Krankenhaus nicht, hat dieses gemäß Abs. 3 S. 3 im Auftrag der
Krankenkasse die Zuzahlung einzuziehen. Die Krankenhäuser werden gemäß Abs. 3 S. 4 zur Durchführung des Verwaltungsverfahrens nach Abs. 3 S. 3 beliehen. Sie können hierzu gemäß Abs. 3 S. 5
Verwaltungsakte gegenüber den Versicherten erlassen; Klagen gegen diese Verwaltungsakte haben keine aufschiebende Wirkung; ein Vorverfahren findet nicht statt. Die zuständige Krankenkasse erstattet
dem Krankenhaus je durchgeführtem Verwaltungsverfahren nach Abs. 3 S. 3 gemäß Abs. 3 S. 6 eine
angemessene Kostenpauschale. Die dem Krankenhaus für Klagen von Versicherten gegen den Verwaltungsakt entstehenden Kosten werden gemäß Abs. 3 S. 7 von den Krankenkassen getragen.

Gemäß Abs. 3 S. 9 vereinbaren der Spitzenverband Bund und die Deutsche Krankenhausgesellschaft 18
das Nähere zur Umsetzung der Kostenerstattung nach Abs. 3 S. 6 und 7. Soweit die Einziehung der
Zuzahlung durch das Krankenhaus erfolglos bleibt, verringert sich gemäß Abs. 3 S. 10 abweichend
von Abs. 3 S. 1 der Vergütungsanspruch des Krankenhauses gegenüber der Krankenkasse nicht.

Der Spitzenverband Bund und die Deutsche Krankenhausgesellschaft sind ihrer Verpflichtung aus 19
Abs. 3 S. 9 nachgekommen mit der sog Zuzahlungsvereinbarung zwischen der DKG und dem GKV-Spitzenverband vom 13.12.2010 (ZuzV) nachgekommen.[19]

§ 1 ZuzV regelt die Einzelheiten der Mitteilung der Zahlungspflicht im Rahmen des nach § 301 SGB V. 20
Das Verfahren der Einziehung wird in § 2 ZuzV geregelt, wobei das Vollstreckungsverfahren von der
ZuzV nicht umfasst wird. Nach § 3 ZuzV erhält das Krankenhaus von der Krankenkasse für jedes
durch Erlass eines Leistungsbescheides abgeschlossene eine Kostenpauschale in Höhe von 8,50 EUR
inklusive der dem Krankenhaus entstandenen Portokosten. § 4 ZuzV regelt die Erstattung von Gerichtskosten und § 5 ZuzV die Abrechnung der Erstattungsbeträge.

cc) Vollstreckung durch die Krankenkassen. Gemäß Abs. 3 S. 8 wird das Vollstreckungsverfahren für 21
Zuzahlungen nach § 39 Abs. 4 von der zuständigen Krankenkasse durchgeführt.

Da nach öffentlich-rechtlichem Vollstreckungsrecht Krankenhäuser jedoch nicht – auch nicht als Belie- 22
hene – die für die Vollstreckung maßgeblichen Schritte einleiten können, ist dies Aufgabe der zuständigen Krankenkasse.[20]

Ist das Vollstreckungsverfahren erfolgreich, erhält die Krankenkasse den Zuzahlungsbetrag. Es bedarf 23
keiner Verringerung des Vergütungsanspruches des Krankenhauses. Bleibt eine Vollstreckung durch

---

15 BT-Dr. 16/11429, 45.
16 BT-Dr. 16/11429, 45; BT-Dr. 17/3696, 45.
17 BT-Dr. 17/3696, 45.
18 BSG, 8.2.2012, B 6 KA 12/11 R, juris Rn. 19 = SozR 4-2500 § 43 b Nr. 1; BSG, 25.6.2009, B 3 KR 3/08 R,
 juris Rn. 16, 17 = SozR 4-2500 § 28 Nr. 3; Sichert in: Becker/Kingreen, § 43 c Rn. 5; Gamperl in: KassKomm,
 § 39 SGB V Rn. 152, 153.
19 S. http://www.dkgev.de/media/file/8993.RS050-11_Anlage_1.pdf (zuletzt abgerufen am 1.3.2017).
20 BT-Dr. 17/3696, 45.

24 Nach Abs. 3 S. 11 können seit dem 23.7.2015[22] zwischen dem Krankenhaus und der Krankenkasse abweichende Regelungen zum Zahlungsweg vereinbart werden, soweit dies wirtschaftlich ist. Die Ergänzung ist auf Vorschlag des Gesundheitsausschusses aufgenommen worden.[23] Sie enthält eine Öffnung für abweichende Vereinbarungen zum Zahlungsweg. Die Krankenhäuser und die Krankenkassen erhalten die Möglichkeit, ein schnelleres und kostengünstigeres Einzugsverfahren zu vereinbaren. Das Ziel des Zahlungseinzugs soll dadurch effektiver umgesetzt werden können. Durch den Vorbehalt der Wirtschaftlichkeit ist sichergestellt, dass abweichende Vereinbarungen nur erfolgen dürfen, wenn dadurch Krankenhäuser und Krankenkassen von Bürokratiekosten entlastet werden und eine Verringerung der Einnahmen aus den Zuzahlungen nicht zu befürchten steht.[24]

Zweiter Titel Krankengeld

§ 44 Krankengeld

(1) Versicherte haben Anspruch auf Krankengeld, wenn die Krankheit sie arbeitsunfähig macht oder sie auf Kosten der Krankenkasse stationär in einem Krankenhaus, einer Vorsorge- oder Rehabilitationseinrichtung (§ 23 Abs. 4, §§ 24, 40 Abs. 2 und § 41) behandelt werden.

(2) [1]Keinen Anspruch auf Krankengeld haben
1. die nach § 5 Abs. 1 Nr. 2 a, 5, 6, 9, 10 oder 13 sowie die nach § 10 Versicherten; dies gilt nicht für die nach § 5 Abs. 1 Nr. 6 Versicherten, wenn sie Anspruch auf Übergangsgeld haben, und für Versicherte nach § 5 Abs. 1 Nr. 13, soweit sie abhängig beschäftigt und nicht nach den §§ 8 und 8 a des Vierten Buches geringfügig beschäftigt sind,
2. hauptberuflich selbständig Erwerbstätige, es sei denn, das Mitglied erklärt gegenüber der Krankenkasse, dass die Mitgliedschaft den Anspruch auf Krankengeld umfassen soll (Wahlerklärung),
3. Versicherte nach § 5 Absatz 1 Nummer 1, die bei Arbeitsunfähigkeit nicht mindestens sechs Wochen Anspruch auf Fortzahlung des Arbeitsentgelts auf Grund des Entgeltfortzahlungsgesetzes, eines Tarifvertrags, einer Betriebsvereinbarung oder anderer vertraglicher Zusagen oder auf Zahlung einer die Versicherungspflicht begründenden Sozialleistung haben, es sei denn, das Mitglied gibt eine Wahlerklärung ab, dass die Mitgliedschaft den Anspruch auf Krankengeld umfassen soll. Dies gilt nicht für Versicherte, die nach § 10 des Entgeltfortzahlungsgesetzes Anspruch auf Zahlung eines Zuschlages zum Arbeitsentgelt haben,
4. Versicherte, die eine Rente aus einer öffentlich-rechtlichen Versicherungseinrichtung oder Versorgungseinrichtung ihrer Berufsgruppe oder von anderen vergleichbaren Stellen beziehen, die ihrer Art nach den in § 50 Abs. 1 genannten Leistungen entspricht. Für Versicherte nach Satz 1 Nr. 4 gilt § 50 Abs. 2 entsprechend, soweit sie eine Leistung beziehen, die ihrer Art nach den in dieser Vorschrift aufgeführten Leistungen entspricht.

[2]Für die Wahlerklärung nach Satz 1 Nummer 2 und 3 gilt § 53 Absatz 8 Satz 1 entsprechend. [3]Für die nach Nummer 2 und 3 aufgeführten Versicherten bleibt § 53 Abs. 6 unberührt.

(3) Der Anspruch auf Fortzahlung des Arbeitsentgelts bei Arbeitsunfähigkeit richtet sich nach arbeitsrechtlichen Vorschriften.

(4) [1]Versicherte haben Anspruch auf individuelle Beratung und Hilfestellung durch die Krankenkasse, welche Leistungen und unterstützende Angebote zur Wiederherstellung der Arbeitsfähigkeit erforderlich sind. [2]Maßnahmen nach Satz 1 und die dazu erforderliche Erhebung, Verarbeitung und Nutzung personenbezogener Daten dürfen nur mit schriftlicher Einwilligung und nach vorheriger schriftlicher Information des Versicherten erfolgen. [3]Die Einwilligung kann jederzeit schriftlich widerrufen werden. [4]Die Krankenkassen dürfen ihre Aufgaben nach Satz 1 an die in § 35 des Ersten Buches genannten Stellen übertragen. [5]Das Bundesministerium für Gesundheit legt dem Deutschen Bundestag bis zum

---

21 BT-Dr. 17/3696, 45.
22 Vgl. GKV-VSG vom 16.7.2015, BGBl. I, 1211/1214.
23 BT-Dr. 18/5123, 18, 120.
24 BT-Dr. 18/5123, 120.

31. Dezember 2018 einen Bericht über die Umsetzung des Anspruchs auf individuelle Beratung und Hilfestellung durch die Krankenkassen nach diesem Absatz vor.

Literatur:

Becker, Konturen des Begriffs der Arbeitsunfähigkeit, SozSich 2004, 134; *Berchtold*, Krankengeld, 2004; *Boecken*, Probleme der Entgeltfortzahlung im Krankheitsfall, NZA 1999, 673; *Didong*, Der wiederaufgelebte Krankengeldanspruch gemäß § 48 Abs. 2 SGB V unter Berücksichtigung der Rechtsprechung des Bundessozialgerichts, SGb 1992, 394; *Düwell/Ganz*, Individuelle Beratung und Hilfestellung durch die Krankenkasse – zugleich kritische Anmerkungen zum Krankengeldfallmanager, ArbR 2016, 27; *Fastabend/Schneider*, Das Leistungsrecht der gesetzlichen Krankenversicherung, 2004; *Greiner*, Das Beschäftigungsverhältnis im Sozial- und Arbeitsrecht, in: Selbständigkeit und Abhängigkeit der Dogmatik des Sozialrechts, Schriftenreihe des Deutschen Sozialrechtsverbandes, SDSRV Bd. 62, 2012, S. 9; *ders.*, Krankengeld und Entgeltfortzahlung bei Organ- oder Gewebespende, NZS 2013, 241; *ders.*, Familienfreundliches Arbeitsrecht? – Die Erkrankung des Kindes als Gegenstand widersprüchlicher Regelungen, NZA 2007, 490; *ders.*, Ideelle Unzumutbarkeit – Dogmatik und Praxis der Leistungsverweigerung bei Rechtsgüter- und Pflichtenkollisionen im Zivilrecht, 2004; *Gutzeit*, Die schwangere Kranke vor dem BAG – Monokausale Wirrungen, NZA 2003, 81; *Henssler*, Das Leistungsverweigerungsrecht des Arbeitnehmers bei Pflichten- und Rechtsgüterkollisionen, AcP 190 (1990), 538; *Hoppmann/Epping*, Entgeltersatzleistungen ohne „klassischen" Versicherungsfall, WzS 2000, 289; *Joussen*, Krankengeld und Arbeitslosigkeit, ZfSH/SGB 2002, 458; *ders.*, Streitfragen aus dem Pflegezeitgesetz, NZA 2009, 69; *Knorr/Krasney*, Entgeltfortzahlung – Krankengeld – Mutterschaftsgeld, Stand Mai 2016; *Knorr*, Organlebendspende und Entgeltfortzahlung, NZA 2012, 1132; *Hanau/Strick*, Arbeitspflicht und Elternpflicht, in: Knothe et al. (Hrsg.), Status Familiae, Festschrift für Wacke, 2001, S. 147; *Krasney*, Sozialrechtliche Absicherung von Organspendern, KV 2012, 185; *Krause*, Zahlungsansprüche leistungsgeminderter Arbeitnehmer im Geflecht von Annahmeverzug und Schadensersatz, AuR 2011, 402; *Lekon*, Das Zusammentreffen von Krankengeld und Rente, Die Leistungen 1991, S. 121; *Lembke*, Mutterschutzlohn und Entgeltfortzahlung, NZA 1998, 349; *Lüderitz*, Elterliche Sorge als privates Recht, AcP 178 (1978), 263; *Marburger*, Aufforderung zur Stellung eines Rehabilitations- oder Rentenantrages, Die Leistungen 1989, S. 161; *ders.*, Krankengeld bei Verzicht auf Lohnfortzahlung und bei Beendigung des Beschäftigungsverhältnisses, BB 1982, 2055; *ders.*, Zusammentreffen von Krankengeld deutscher Krankenkassen mit Renten (insbesondere – ausländischen Renten), SozVers 1992, 319; *May*, Die krankheitsbedingte Arbeitsunfähigkeit, SGb 1988, 477; *Nipperdey/Mohnen/Neumann*, Der Dienstvertrag, 1958; *Peters*, Der Anspruch auf Krankengeld nach Ende der Mitgliedschaft in der gesetzlichen Krankenversicherung, SGb 1984, 229; *Reifelsberger/Henning*, Entgeltfortzahlung, Krankengeld, Arbeitslosengeld – Mogelpackung oder durchdachtes System der sozialen Absicherung?, BB 2015, 1589; *Richardi*, Leistungsstörungen und Haftung im Arbeitsverhältnis nach dem Schuldrechtsmodernisierungsgesetz, NZA 2002, 1004; *Schmalz*, Der Verzicht auf Lohnfortzahlung durch Ausgleichsquittung und seine Auswirkungen auf den Krankengeldanspruch, BKK 1981, 173; *Waldeyer*, Mutterschutzgesetz und Lohnfortzahlung im Krankheitsfalle, AuR 1971, 185; *Weyand*, Der Anspruch auf Mutterschutzlohn bei krankheitsbedingtem Beschäftigungsverbot, BB 1994, 1852.

I. Allgemeines und Entstehungsgeschichte	1	
II. Der Anspruch auf Krankengeld (Abs. 1)	4	
1. Rechtsnatur und Bedeutung des Krankengeldes	4	
2. Anspruchsvoraussetzungen	7	
a) Versicherter	7	
b) Krankheitsbedingte AU	11	
aa) Krankheit	12	
bb) AU	13	
(1) Im fortbestehenden Beschäftigungsverhältnis	14	
(2) Nach Beendigung des Beschäftigungsverhältnisses	16	
(3) Selbstständige (freiwillig) Versicherte	20	
cc) Kausalität	21	
c) Stationäre Behandlung, Vorsorge und Rehabilitation	26	
3. Konkurrenzen	28	
a) Sozial(versicherungs)leistungen	28	
b) MuSchG	31	
c) IFSG	34	
4. Verfahren	35	
III. Ausschluss des Krankengeldanspruchs (Abs. 2)	40	
1. Ausschlusstatbestände	40	
2. Wahlerklärung	45	
IV. Fortzahlung des Arbeitsentgelts (Abs. 3)	50	
V. Beratung und Hilfestellung (Abs. 4)	51	

I. Allgemeines und Entstehungsgeschichte

§ 44 ist die Eingangsvorschrift des Titels über das Krankengeld (Krg) und regelt den Krg-Anspruch dem Grunde nach. Nach Abs. 1 besteht ein Krg-Anspruch für alle Versicherten; Abs. 2 enthält Ausschlusstatbestände für bestimmte Versicherte. Als „Rückausnahme" können hauptberuflich Selbstständige nach Abs. 2 S. 1 Nr. 2 Hs. 2 und kurzzeitig Beschäftigte nach Abs. 2 S. 1 Nr. 3 Hs. 2 einen Anspruch durch eine Wahlerklärung begründen (sog Options-Krg).

2 Die Regelung wurde – anknüpfend an Vorgängerregelungen in §§ 182 Abs. 1 Nr. 2, 186, 215 RVO – durch Art. 1 GRG v. 20.12.1988[1] mit Wirkung zum 1.1.1989 in Kraft gesetzt. Deutlichere Änderungen ergaben sich nach Ausweitung des Kreises der versicherungspflichtigen Personen durch das GKV-WSG zum 1.4.2007. Im Hinblick auf die Gruppe der hauptberuflich Selbstständigen wurde die Rechtslage zum 1.8.2009 durch das Gesetz zur Änderung sozialrechtlicher und anderer Vorschriften[2] erneut modifiziert. Durch Art. 1 Nr. 13 des GKV-VSG vom 16.7.2015 wurde der Vorschrift der heutige Beratungsanspruch in § 44 Abs. 4 mWv 23.7.2015 angefügt.[3]

3 Ein Krg-Anspruch kann außer in den von § 44 erfassten Fällen nach **§ 24 b Abs. 2 S. 2** auch bei AU wegen einer durch Krankheit erforderlichen **Sterilisation** oder eines nicht rechtswidrigen **Schwangerschaftsabbruchs** entstehen. Liegt zugleich eine krankheitsbedingte AU oder stationäre Behandlung vor, ist der Krg-Anspruch nach § 44 vorrangig, so dass § 24 b Abs. 2 S. 2 nur dann Bedeutung zukommt, wenn ausschließlich die dort erfassten Modalitäten zur AU führen.

II. Der Anspruch auf Krankengeld (Abs. 1)

4 **1. Rechtsnatur und Bedeutung des Krankengeldes.** In jedem Fall, auch in den von Abs. 2 eröffneten Fällen des Options-Krg, handelt es sich beim Krg um eine **Regelleistung**, die nicht im Ermessen der Krankenkasse steht. Es handelt sich ausschließlich um eine **Geldleistung**.[4]

5 Das Krg will den Beschäftigten vor dem Verlust der Lebensgrundlage Arbeitsentgelt bei krankheitsbedingter AU schützen. Es hat **Entgeltersatzfunktion**.[5] Voraussetzung für das Entstehen des Krg-Anspruchs dem Grunde nach ist der Entgeltausfall freilich nicht.[6] Die Subsidiarität ggü. (fortgezahltem) Arbeitsentgelt ergibt sich aus dem Ruhenstatbestand des § 49 Abs. 1 Nr. 1.

6 Klarstellend[7] verdeutlicht § 44 Abs. 3 das Verhältnis zur funktional verwandten arbeitsrechtlichen **Entgeltfortzahlung im Krankheitsfall** (§ 3 Abs. 1 EFZG). Demnach richtet sich der Entgeltfortzahlungsanspruch nach arbeitsrechtlichen Vorschriften; aus § 49 Abs. 1 Nr. 1 ergibt sich, dass der Anspruch auf Krg ruht, soweit und solange Versicherte beitragspflichtiges Arbeitsentgelt erhalten. Da auch die Entgeltfortzahlung vom Begriff des Arbeitsentgelts umfasst ist (→ § 49 Rn. 9), ergibt sich ein Vorrang der arbeitsvertraglichen Leistung gegenüber der sozialversicherungsrechtlichen. Das Entgeltrisiko im häufigen Fall einer Kurzzeiterkrankung wird bis zur „Opfergrenze" von 6 Wochen dem Arbeitgeber zugewiesen. Wichtige Aufgabe des Krg bleibt aber, bei länger andauernder Erkrankung die Lücke zwischen arbeitsvertraglicher Entgeltfortzahlung und Erwerbsunfähigkeitsrente zu schließen.[8] Rückblickend hat die praktische Bedeutung des Krg-Anspruchs mit der zunehmenden Aufwertung der arbeitsrechtlichen Entgeltfortzahlung dennoch sukzessive im Vergleich zur Krankenbehandlung (§§ 27 ff.) an Bedeutung eingebüßt.[9] Die Bedeutung des Krg wurde zusätzlich dadurch begrenzt, dass in Fällen eines **Arbeitsunfalls** oder einer **Berufskrankheit** nunmehr ausschließlich die Träger der gesetzlichen Unfallversicherung zuständig sind (vgl. § 11 Abs. 5).

7 **2. Anspruchsvoraussetzungen. a) Versicherter.** Rechtliche Grundlage des Krg-Anspruchs ist das Versicherungsverhältnis.[10] Dieses muss zu dem Zeitpunkt bestehen und das Stammrecht auf Krg beinhalten, in dem der Krg-Anspruch im konkreten Leistungsfall entsteht,[11] wegen § 46 S. 1 also am Tag nach der ärztlichen Feststellung der AU oder des Beginns einer stationären Behandlung (→ § 46 Rn. 5 ff.).

---

1 BGBl. I 1988, 2477.
2 BGBl. I 2009, 1990.
3 BGBl. I 2015, 1211.
4 Gerlach in: Hauck/Noftz, SGB V, § 44 Rn. 5; Sonnhoff in: jurisPK-SGB V, § 44 Rn. 15.
5 BSG, 14.12.2006, B 1 KR 9/06, SozR 4-2500 § 47 Nr. 6; 17.9.1986, 3 RK 51/84, SozR 2200 § 185 c Nr. 3; Sonnhoff in: jurisPK-SGB V, § 44 Rn. 15; Gerlach in: Hauck/Noftz, SGB V, § 44 Rn. 2; vgl. auch § 47 Abs. 3: „die sicherstellen, daß das Krankengeld seine Entgeltersatzfunktion erfüllt".
6 Just in: Wannagat, § 44 SGB V Rn. 39.
7 Sonnhoff in: jurisPK-SGB V, § 44 Rn. 89 „lediglich informatorische Natur".
8 Vgl. Gerlach in: Hauck/Noftz, SGB V, § 44 Rn. 29.
9 Im Einzelnen Gerlach in: Hauck/Noftz, SGB V, § 44 Rn. 6; § 44 Abs. 1 Nr. 1 SGB IX charakterisiert das Krankengeld als eine „ergänzende Leistung".
10 BSG, 5.10.1977, 3 RK 35/75, SozR 2200 § 183 Nr. 11; 15.1.1986, 3 RK 7/85, USK 8610.
11 BSG, 21.6.2011, B 1 KR 15/10 R, SuP 2011, 724, Rn. 9; 26.6.2007, B 1 KR 37/06 R, SozR 4-2500 § 46 Nr. 2; 14.12.2006, B 1 KR 9/06 R, BSGE 98, 33, Rn. 10.

Im Sonderfall, dass ein Beschäftigungsverhältnis während bereits andauernder Krankenhausbehandlung neu beginnt und sich eine ärztlich festgestellte AU anschließt, ist der Tag des Eintritts in das Beschäftigungsverhältnis maßgeblich.[12] Allerdings ist jeweils – entgegen früherer Rspr. zur „Einheit des Versicherungsfalls" – nicht punktuell das erste Auftreten der krankheitsbedingten AU oder der Beginn der stationären Behandlung maßgeblich, sondern bei späterer Verlängerung des in der ersten AUB prognostizierten Zeitraums der Versichertenstatus zu Beginn des neuen Bewilligungsabschnitts.[13]

War der Beschäftigte bereits vor Begründung des Versicherungsverhältnisses erkrankt, steht dies dem Krg-Anspruch nicht entgegen, wenn die nach § 46 S. 1 maßgebliche krankheitsbedingte AU erst nach Beginn des Versicherungsverhältnisses eintritt;[14] gleiches gilt für das Verhältnis von Erkrankung und Beginn der stationären Behandlung.[15] Endet das Versicherungsverhältnis, ohne dass aktuell Krg bezogen wird, wird die Leistungsberechtigung gem. § 19 Abs. 2 für einen Monat fortgeschrieben. Für den Krg-Anspruch genügt es, wenn die AU während dieses „Nachlauf"-Zeitraums beginnt.[16] Bei aktuellem Krg-Bezug wird dagegen das Versicherungsverhältnis für die Dauer des aktuellen Leistungsfalls gem. § 192 Abs. 1 Nr. 2 – vorrangig ggü. § 19 Abs. 2[17] – aufrechterhalten. Dafür ist entweder der tatsächliche Krg-Bezug oder das Vorliegen sämtlicher Anspruchsvoraussetzungen des aktualisierten Leistungsanspruchs gem. § 46 (→ § 46 Rn. 5 ff.) – insbes. die ärztliche Feststellung – erforderlich. Allein das Vorliegen von AU hält das Versicherungsverhältnis nicht aufrecht.[18] Eine während der nach § 192 Abs. 1 Nr. 2 fortgeschriebenen Mitgliedschaft neu auftretende Erkrankung löst ihrerseits keinen neuen Krg-Anspruch aus,[19] da ansonsten eine funktionswidrige unabsehbare Verlängerung des Versicherungsverhältnisses über das Ende der Beschäftigung hinaus denkbar wäre.

Vorbehaltlich § 44 Abs. 2 haben alle in §§ 5, 9 aufgeführten Personengruppen Krg-Anspruch; der Grund der Versicherung ist somit nicht entscheidend. Bei nach § 5 Abs. 1 Nr. 7, 8 versicherungspflichtigen Behinderten ist der Krg-Anspruch so allein von der Frage abhängig, ob ein Entgeltausfall iSv § 47 eintritt.[20] Teilweise wird in der umfassenden Einbeziehung der freiwillig Versicherten ein Redaktionsversehen des Gesetzgebers gesehen:[21] Es sei unzweifelhaft, dass diesem Personenkreis – etwa freiwillig versicherten Ehegatten ohne Erwerbstätigkeit sowie nicht pflichtversicherten Studenten – keine Versicherung mit Krg-Anspruch eröffnet werden sollte. Die Problematik löst sich weitgehend dadurch auf, dass bei diesen Personen mangels beitragspflichtigen Einkommens der Krg-Anspruch häufig bereits an den Berechnungsvorschriften (§ 47) scheitert. Bei nebenberuflich selbstständig Erwerbstätigen begründet dem Grunde nach bereits die unselbstständige Haupttätigkeit eine Versicherungspflicht nach § 5 Abs. 1 Nr. 1 mit Krg-Anspruch, so dass sich die Frage einer teleologischen Reduktion von § 44 Abs. 1 nicht stellt.

Im Falle entgeltlicher Freistellung besteht das Beschäftigungsverhältnis nach § 7 Abs. 1 SGB IV fort.[22] Bei unentgeltlicher Freistellung besteht wegen der Fiktion in § 7 Abs. 3 SGB IV das Versicherungsverhältnis für die Dauer eines Monats fort, so dass in dieser Zeit ein Krg-Anspruch entstehen kann.[23] Bei Erkrankungen, die in diesem Fall erst nach Ablauf des Monatszeitraums auftreten, soll mangels Versicherungsverhältnisses auch dann kein Krg-Anspruch bestehen, wenn der Arbeitgeber in den ersten 6 Wochen der Erkrankung Entgeltfortzahlung leistet.[24] Vereinbaren die Arbeitsvertragsparteien die

---

12 BSG, 4.3.2014, B 1 KR 64/12 R, BSGE 115, 158-164, SozR 4-2500 § 186 Nr. 4, Rn. 10.
13 Std. Rspr., exemplarisch: BSG, 13.7.2004, B 1 KR 39/02 R, SozR 4-2500 § 44 Nr. 2 Rn. 8; 22.3.2005, B 1 KR 22/04 R, BSGE 94, 247; 26.6.2007, B 1 KR 8/07 R, SozR 4-2500 § 44 Nr. 12 Rn. 16 mwN; 6.11.2008, B 1 KR 37/07, SozR 4-2500 § 44 Nr. 15; 19.9.2002, B 1 KR 11/02 R, BSGE 90, 72.
14 BSG, 5.10.1977, 3 RK 35/75, SozR 2200 § 183 Nr. 11.
15 S.u. Rn. 26; Sonnhoff in: jurisPK-SGB V, § 44 Rn. 56.
16 Vgl. Joussen in: Becker/Kingreen, § 44 Rn. 20.
17 Sonnhoff in: jurisPK-SGB V, § 44 Rn. 98; zum Verhältnis beider Vorschriften auch BSG, 4.3.2014, B 1 KR 68/12 R; 5.5.2009, B 1 KR 20/08 R, SozR 4-2500 § 192 Nr. 4, insbes. Rn. 18, 22.
18 Zutr. Sonnhoff in: jurisPK-SGB V, § 44 Rn. 98.
19 BSG, 8.8.1995, 1 RK 21/94, SozR 3-2200 § 200 Nr. 4; Brandts in: KassKomm, § 44 SGB V Rn. 22; Sonnhoff in: jurisPK-SGB V, § 44 Rn. 30.
20 BSG, 14.2.2001, B 1 KR 1/00 R, SozR 3-2500 § 44 Nr. 8, S. 18 ff.; ausf. Just in: Wannagat, § 44 SGB V Rn. 13; Sonnhoff in: jurisPK-SGB V, § 44 Rn. 21; vgl. Brandts in: KassKomm, § 44 SGB V Rn. 10, 20.
21 Gerlach in: Hauck/Noftz, SGB V, § 44 Rn. 41 f.
22 Dazu – und zu den nunmehr in § 7 Ia SGB IV (vermeintlich) statuierten Grenzen – ausführlich Greiner, SDSRV 62 (2012) S. 9 ff., 16 ff.; zur notwendigen Missbrauchsprävention vgl. BSG, 4.12.1997, 12 RK 3/97, SozR 3-2500 § 5 Nr. 37; 29.9.1998, B 1 KR 10/96 R, SozR 3-2500 § 5 Nr. 40.
23 Sonnhoff in: jurisPK-SGB V, § 44 Rn. 24.
24 BSG, 15.12.1994, 12 RK 17/92, SozR 3-2500 § 186 Nr. 2; 8.8.1995, 1 RK 28/94, USK 9524.

Wiederaufnahme der Tätigkeit nach Ende der unentgeltlichen Freistellung zu einem bestimmten Termin, genügt diese vertragliche Abrede zur Neubegründung eines Beschäftigungsverhältnisses (§ 186 Abs. 1)[25] zum beabsichtigten Termin; ist der Beschäftigte zu diesem Termin arbeitsunfähig erkrankt, hat er wegen § 44 Abs. 2 Nr. 3 Hs. 1 Anspruch auf Krg, sofern er ab diesem Tag Anspruch auf arbeitsrechtliche Entgeltfortzahlung[26] oder eine andere die Versicherungspflicht begründende Sozialleistung[27] hat. Die überkommene Judikatur zum sogenannten **missglückten Arbeitsversuch**[28] wird mittlerweile nicht weitergeführt,[29] so dass auch durch einen missglückten Arbeitsversuch ein Beschäftigungsverhältnis mit Krg-Anspruch neu begründet werden kann.

11 **b) Krankheitsbedingte AU.** Der Begriff der krankheitsbedingten **AU** stimmt mit dem arbeitsrechtlichen Begriff der „AU infolge Krankheit" (§ 3 Abs. 1 EFZG) überein.[30] Für die Praxis ergeben sich Begriffskonkretisierungen durch die **Richtlinien des gemeinsamen Bundesausschusses über die Beurteilung der AU und die Maßnahmen zur stufenweisen Wiedereingliederung (AU-Richtlinien, AU-R)**[31] nach § 92 Abs. 1 Nr. 7.

12 **aa) Krankheit.** Krankheit ist nach einem weit gefassten, **medizinischen Definitionsansatz** jeder von der Regel, also der gesundheitlichen Verfassung eines gesunden Menschen, abweichende pathologische Zustand des Körpers, der Seele oder des Geistes. Nach verbreiteter Auffassung wird ferner – um Bagatellfälle auszuklammern – verlangt, dass der regelwidrige Gesundheitszustand eine Heilbehandlung erfordert oder AU zur Folge hat.[32] Infolge der Alternativität von notwendiger Heilbehandlung und AU kann auch bei einem nicht behandelbaren Leiden krankheitsbedingte AU eintreten.[33] Notwendigkeit einer Heilbehandlung sei anzunehmen, wenn durch die Behandlung prognostisch Beschwerden verhindert, behoben oder reduziert werden können oder die Arbeitsfähigkeit erhalten bzw. wiederhergestellt werden kann.[34] Da weitere Tatbestandsmerkmale des Krg-Anspruchs ohnehin AU bzw. stationäre Behandlung sind, bedarf es dieser Erheblichkeitsschwelle im Rahmen des Krankheitsbegriffs nicht. Die Gegenauffassung erweist sich als unnötig kompliziert, da das Merkmal der AU sowohl im Rahmen der Krankheitsdefinition als auch als zusätzliche Anspruchsvoraussetzung verwendet wird.[35] Näher am Gesetzeswortlaut scheint, hier klar zu trennen und gegenüber einem weiten *medizinischen* Begriff der Krankheit den *rechtlichen* Begriff der AU klar in den Vordergrund zu rücken.

13 **bb) AU.** Zentrales Tatbestandsmerkmal ist die **AU**. Ebenso wie ein Entgeltfortzahlungsanspruch nur entsteht, wenn die Krankheit die arbeitsvertraglich geschuldete Leistungspflicht beeinträchtigt,[36] ist auch in sozialversicherungsrechtlicher Hinsicht die Einwirkung auf die Arbeitsfähigkeit elementar. Arbeitsunfähig ist, wer infolge Krankheit (→ Rn. 12) nicht oder nur bei Inkaufnahme einer drohenden Verschlimmerung der Krankheit (→ Rn. 24) imstande ist, seine Erwerbstätigkeit auszuüben. Beendet wird die AU, wenn der Versicherte seine Erwerbstätigkeit wieder aufnimmt; nicht jedoch, wenn dadurch die verbleibende Gesundheit gefährdet wird.[37] Eine nur partielle – zB stundenweise – Möglichkeit der Tätigkeitsaufnahme beendet die AU nicht; eine Teilarbeitsunfähigkeit gibt es nicht.[38]

---

25 Vgl. Just in: Wannagat, § 44 SGB V Rn. 8.
26 Baier in: Krauskopf, § 186 SGB V Rn. 6; Sonnhoff in: jurisPK-SGB V, § 44 Rn. 22; Just in: Wannagat, § 44 SGB V Rn. 8; für Fälle ohne Entgeltfortzahlung offen gelassen in BSG, 10.12.1998, B 12 KR 7/98 R, BSGE 83, 186, 188 f.
27 ZB Mutterschaftsgeld; vgl. BSG, 10.12.1998, B 12 KR 7/98 R, BSGE 83, 186, 189 f.; 17.12.2004, B 1 KR 7/02 R, BSGE 92, 172.
28 Exemplarisch BSG, 11.5.1993, 12 RK 36/91, SozR 3-2200 § 165 Nr. 10.
29 BSG, 4.12.1997, 12 RK 3/97, SozR 3-2500 § 5 Nr. 37.
30 BSG, 22.5.1974, 4 RJ 67/73, SozR 2200 § 1259 Nr. 1; 24.5.1978, 4 RJ 69/77, BSGE 46, 190; 27.6.1978, 4 RJ 90/77, BSGE 46, 295; 28.11.1978, 4 RJ 61/77, BSGE 47, 176; 16.12.1981, GS 3/78, GS 4/78, BSGE (GS) 53, 22; Gerlach in: Hauck/Noftz, SGB V, § 44 Rn. 43.
31 In der Fassung vom 14.11.2013 (BAnz AT 27.1.2014, B4) mWv 28.1.2014, zuletzt geändert am 20.10.2016 (BAnz AT 23.12.2016, B5) mWv 24.12.2016; abrufbar unter https://www.g-ba.de/informationen/richtlinien/2 / (zuletzt abgerufen am 24.3.2017).
32 Sonnhoff in: jurisPK-SGB V, § 44 Rn. 60; vgl. auch Gerlach in: Hauck/Noftz, SGB V, § 44 Rn. 48.
33 BSG, 23.11.1971, 3 RK 26/70, BSGE 33, 202, 203.
34 So bereits BSG, 16.8.1960, 2 RU 119/58, BSGE 13, 13; 28.4.1967, 3 RK 12/65, BSGE 26, 240; 20.10.1974, 3 RK 93/71, BSGE 35, 10.
35 Zu dieser Doppelung BSG, 23.11.1971, 3 RK 26/70, BSGE 33, 202.
36 Greiner, Ideelle Unzumutbarkeit, 2004, S. 291 f. mwN; zu Unterschieden zwischen arbeits- und sozialrechtlicher Situation Berchtold, Krankengeld, Rn. 355.
37 BSG, 17.8.1982, 3 RK 28/81, SozR 2200 § 182 Nr. 84.
38 BSG, 3.10.1984, 5 b RJ 96/83, BSGE 57, 163; Just in: Wannagat, § 44 SGB V Rn. 36.

(1) Im fortbestehenden Beschäftigungsverhältnis. Für das Vorliegen von AU im fortbestehenden Beschäftigungsverhältnis soll ausschließlich die **zuletzt ausgeübte Tätigkeit** heranzuziehen sein.[39] Maßstabsbildend sind demnach neben der Qualifikation des Arbeitnehmers auch die konkreten Verhältnisse am zuletzt zugewiesenen Arbeitsplatz.[40] Diese Sichtweise darf nicht zu dem Fehlschluss verführen, dass der Begriff der AU starr und nach deren Eintritt unbeeinflussbar ist. Nach Eintritt der AU muss dem Arbeitgeber, auch im Interesse des Beschäftigten, die **Zuweisung eines leidensgerechten Arbeitsplatzes** möglich bleiben. Arbeitsrechtlich ist der Arbeitgeber hierzu sogar verpflichtet.[41] Deutlich zu widersprechen ist daher der überholten Auffassung, der Beurteilungsmaßstab müsse „grds. während der gesamten Dauer der AU derselbe" bleiben; er dürfe nicht durch erneute Direktionsrechtsausübung, die zu geringeren Leistungsanforderungen führt, modifiziert werden.[42] Auch bei lang andauernden Erkrankungen richte sich die Beurteilung „einheitlich nach der zuletzt ausgeübten Tätigkeit".[43] In der Rspr. ist dieser starre Maßstab bereits seit längerer Zeit mit Recht aufgegeben.[44] Die arbeitsrechtlich wirksame Versetzung auf einen leidensgerechten Arbeitsplatz nach Eintritt der AU verschiebt demnach den Maßstab für die Beurteilung, ob die AU fortbesteht.[45] Maßstab kann andererseits auch nicht das ggf. umfangreiche Spektrum direktionsrechtlich zuweisbarer Tätigkeiten sein: Da der die AUB ausstellende Arzt beurteilen muss, ob AU vorliegt oder nicht, ist eine eher schematische Betrachtungsweise angezeigt. Die *rechtliche* Prüfung, welche leidensgerechten Tätigkeiten wirksam zugewiesen werden könnten, ist dem auf tatsächlich-medizinische Feststellungen fokussierten[46] und bei rechtlichen Beurteilungen auf eine „Parallelbewertung in der Laiensphäre"[47] beschränkten Arzt nicht abzuverlangen, zumal die Einsatzmöglichkeit von vielfältigen betrieblichen Faktoren abhängt und die Direktionsrechtsausübung allein Sache des Arbeitgebers ist. Maßstab für die AUB ist damit stets die **letzte tatsächlich erfolgte Direktionsrechtsausübung**; eine solche ist jedoch auch nach Eintritt der AU noch möglich.[48]

Daraus folgt auch eine Lösung für das diskutierte Problem, wie zu verfahren ist, wenn der Versicherte zwar an sich arbeitsfähig, krankheitsbedingt jedoch unfähig ist, den Weg zur Arbeitsstelle zurückzulegen („**Wegeunfähigkeit**"). Ist die Zuweisung von „leidensgerechter" Heimarbeit tatsächlich und direktionsrechtlich möglich, hat es der Arbeitgeber in der Hand, die AU als Folge der Erkrankung auch im Hinblick auf das Krg abzuwenden. Auch diese beiderseits interessengerechte Möglichkeit wäre nach der Gegenauffassung (→ Rn. 14) abgeschnitten. Im bestehenden Beschäftigungsverhältnis sind für die „Wegeunfähigkeit" im Übrigen die konkreten Wegeanforderungen und vorhandenen Beförderungsmöglichkeiten zugrunde zu legen.

(2) Nach Beendigung des Beschäftigungsverhältnisses. Die **letzte Direktionsrechtsausübung** wird auch dann noch zum Maßstab genommen, wenn das Beschäftigungsverhältnis endet und infolge fortlaufenden Krg-Bezugs die Mitgliedschaft gem. **§ 192 Abs. 1 Nr. 2** aufrechterhalten bleibt.[49] Wegen des fortbestehenden Leistungsfalls und des aus der beendeten Beschäftigung abgeleiteten Versicherungsverhältnisses ist noch eine enge Anbindung an die zuvor verrichtete Tätigkeit feststellbar. Allerdings sind nicht mehr die konkreten Verhältnisse am letzten Arbeitsplatz maßgeblich, da eine Rückkehr zu diesem ohnehin nicht mehr in Betracht kommt. Maßgeblich ist vielmehr abstrakt die Art der zuletzt ausgeübten Beschäftigung.[50]

---

39 BSG, 14.2.2001, B 1 KR 30/00 R, SozR 3-2500 § 44 Nr. 9; Gerlach in: Hauck/Noftz, SGB V, § 44 Rn. 64; Sonnhoff in: jurisPK-SGB V, § 44 Rn. 65; vgl. auch § 2 Abs. 1 AU-R.
40 Vorhandene Hilfsmittel, Zeiteinteilung etc., vgl. Gerlach in: Hauck/Noftz, SGB V, § 44 Rn. 65; Sonnhoff in: jurisPK-SGB V, § 44 Rn. 65.
41 § 241 Abs. 2 BGB; vgl. BAG, 24.2.2011, 2 AZR 636/09, NZA 2011, 1087; 19.5.2010, 5 AZR 162/09, NZA 2010, 1119; dazu Krause, ArbuR 2011, 402.
42 So explizit Gerlach in: Hauck/Noftz, SGB V, § 44 Rn. 68; in diese Richtung auch noch BSG, 30.5.1967, 3 RK 15/65, BSGE 26, 288.
43 Sonnhoff in: jurisPK-SGB V, § 44 Rn. 65.
44 Vgl. BSG, 7.8.1991, 1/3 RK 28/89, BSGE 69, 180, 185 ff.
45 Tischler in: BeckOK SozR, SGB V, § 44 Rn. 24; Sonnhoff in: jurisPK-SGB V, § 44 Rn. 66; enger Joussen in: Becker/Kingreen, § 44 Rn. 15 ff.
46 BSG, 24.2.1976, 5 RKn 26/75, SozR 2200 § 182 Nr. 12; 26.2.1992, 1/3 RK 13/90, SozR 3-2200 § 182 Nr. 12; Brandts in: KassKomm, § 46 SGB V Rn. 5; May, SGb 1988, 477, 478.
47 Zutr. Tischler in: BeckOK SozR, SGB V, § 46 Rn. 15; optimistischer BSG, 24.2.1976, 5 RKn 26/75, SozR 2200 § 182 Nr. 12.
48 Zutr. Just in: Wannagat, § 44 SGB V Rn. 16.
49 Vgl. BSG, 14.2.2001, B 1 KR 30/00 R, SozR 3-2500 § 44 Nr. 9; 19.9.2002, B 1 KR 11/02 R, BSGE 90, 72.
50 Gerlach in: Hauck/Noftz, SGB V, § 44 Rn. 72; Sonnhoff in: jurisPK-SGB V, § 44 Rn. 67.

17 Abgesehen von der Sonderkonstellation des § 192 Abs. 1 Nr. 2 fehlt es bei Arbeitslosen an einer Aussagekraft der zuletzt ausgeübten Tätigkeit für die Frage der AU. Vielmehr ist Maßstab nunmehr das in § 140 SGB III umrissene „**Direktionsrecht**" der Arbeitsagentur.[51] AU ist demnach zu bejahen, wenn das Restleistungsvermögen für 15 Stunden einer leichten Tätigkeit wöchentlich nicht genügt (vgl. § 138 Abs. 3 S. 1 SGB III).[52] Im Übrigen soll maßgeblich sein, in welchem zeitlichen Umfang sich der Arbeitslose der Vermittlung zur Verfügung gestellt hat: Hat er sich für eine vollschichtige Arbeit zur Verfügung gestellt, liegt AU bereits vor, wenn Leistungsfähigkeit nur für eine Teilzeitbeschäftigung besteht.[53] Maßstab für die Beurteilung der AU ist die Bandbreite der Arbeiten, für die der Arbeitslose verfügbar ist, die ihm also zumutbar iSv § 140 SGB III sind. Diese Parallelbetrachtung betont auch das BSG.[54] Grds. ist in arbeitslosenversicherungsrechtlicher Hinsicht dem Arbeitslosen jede von der Arbeitsfähigkeit umfasste Tätigkeit zumutbar. Eine Ausnahme besteht, wenn der (ältere) Arbeitslose berechtigt nach § 428 SGB III erklärt, nicht alle Möglichkeiten nutzen zu wollen, um seine Beschäftigungslosigkeit zu beenden.[55] Dieses umfassende Spektrum an zumutbaren Beschäftigungen prägt auch den Begriff der AU. Allerdings ist das Spektrum zumutbarer Tätigkeiten noch weiter, da jedenfalls die Unzumutbarkeitstatbestände des § 140 Abs. 3 SGB III (sog „Verdienstschutz") nach verbreiteter Ansicht keine Anwendung finden.[56] Der Krg-Anspruch entfällt daher bereits dann, wenn eine Restleistungsfähigkeit ausschließlich für einfache und gering vergütete leidensgerechte Tätigkeiten besteht, deren Vermittlung in arbeitslosenversicherungsrechtlicher Hinsicht unzumutbar gem. § 140 Abs. 3 SGB III ist.[57] Im Ergebnis führt dies dazu, dass zwar arbeitslosenversicherungsrechtlich die Vermittlung in eine solch „unterwertige" Tätigkeit unzumutbar nach § 140 Abs. 3 SGB III ist, der Arbeitslose aber nach Ablauf des 6-Wochen-Zeitraums (§ 146 Abs. 1 S. 1 SGB III) weder Anspruch auf Arbeitslosengeld noch – mangels AU – auf Krg hat. Letztlich entsteht dadurch ein starker Anreiz, eine an sich „unzumutbare" leidensgerechte Tätigkeit anzunehmen, wenn das verbliebene Restleistungsvermögen des Arbeitslosen nur noch eine solche Beschäftigung zulässt – ein Resultat, von dem § 140 SGB III den Versicherten eigentlich freistellen will. Zweifellos wird eine systemwidrige Risikoverlagerung zur GKV auf diese Weise vermieden, da das Risiko, dass keine zumutbare und zugleich leidensgerechte Tätigkeit vorhanden ist, nicht der GKV angelastet werden kann.[58] Ob freilich das Ergebnis, dem Versicherten beide Ansprüche zu nehmen, angesichts der gesetzgeberischen Zumutbarkeitswertung in § 140 Abs. 3 SGB III überzeugen kann, scheint fraglich.[59] Für den Fall der „**Wegeunfähigkeit**" ist der oben dargestellte, auf die konkrete Beschäftigung bezogene Maßstab (→ Rn. 15) bei Arbeitslosen nicht anwendbar, so dass hier die zum Erwerbsminderungsrecht entwickelten Maßstäbe der Wegefähigkeit heranzuziehen sind:[60] Arbeitsunfähig ist der Arbeitslose demnach, wenn er nicht im Stande ist, täglich zweimal mit öffentlichen Verkehrsmitteln zu fahren und vier Strecken von jeweils mehr als 0,5 km in zumutbarer Zeit zu Fuß zurückzulegen.[61]

18 Bei Inanspruchnahme von **Teilhabeleistungen** nach dem SGB III bemisst sich die AU danach, ob die Teilnahme an der Leistung möglich ist. Beim krankheitsbedingten Abbruch der Teilhabeleistung ist die AU nach den für Arbeitslose dargestellten Maßstäben (→ Rn. 17) zu beurteilen.[62] In Rehabilitationsfällen bleibt bis zur Wiederherstellung der vollen Arbeitsfähigkeit die zuvor ausgeübte Erwerbstätig-

---

51 Vgl. Gerlach in: Hauck/Noftz, SGB V, § 44 Rn. 79; Schmidt, SGb 2005, 591; Reifelsberger/Henning, BB 2015, 1589; s. auch § 2 Abs. 3 AU-R; dogmatisch abweichend (Einwendung zumutbarer anderer Arbeit, § 242 BGB) Berchtold, Krankengeld Rn. 396 ff.; Tischler in: BeckOK SozR, SGB V, § 44 Rn. 25.
52 Just in: Wannagat, § 44 SGB V Rn. 32.
53 BSG, 7.12.2004, B 1 KR 5/03, SozR 4-2500 § 44 Nr. 3 Rn. 30, da es eine „Teilarbeitsunfähigkeit" de lege lata nicht gibt.
54 BSG, 22.3.2005, B 1 KR 22/04 R, BSGE 94, 247; 4.4.2006, B 1 KR 21/05 R, SozR 4-2500 § 44 Nr. 9.
55 BSG, 3.3.2004, B 1 KR 30/02 R, SozR 4-2500 § 44 Nr. 1.
56 Gerlach in: Hauck/Noftz, SGB V, § 44 Rn. 79 mwN; enger Just in: Wannagat, § 44 SGB V Rn. 17 ff.
57 Vgl. BSG, 4.4.2006, B 1 KR 21/05 R, SozR 4-2500 § 44 Nr. 9; nachdem in BSG, 22.3.2005, B 1 KR 22/04 R, SozR 4-2500 § 44 Nr. 6, Rn. 23 noch eine Anwendung von § 121 Abs. 3 SGB III aF (§ 140 Abs. 3 SGB III nF) erwogen worden war; offen gelassen in BSG, 19.9.2002, B 1 KR 11/02 R, BSGE 90, 72.
58 Ausf. Joussen, ZfSH/SGB 2002, 458, 562.
59 Vgl. auch Just in: Wannagat, § 44 SGB V Rn. 28: „keine Lücken" zwischen krankenversicherungsrechtlicher AU und arbeitslosenversicherungsrechtlicher Arbeitsfähigkeit; einen weitergehenden befristeten „Berufsschutz" in Betracht ziehend: BSG, 19.9.2002, B 1 KR 11/02 R, BSGE 90, 72, 76; ausf. zur Problematik Joussen, ZfSH/SGB 2002, 458; Becker, SozSich 2004, 134 ff.; Just, in: Wannagat, § 44 SGB V Rn. 30 ff.
60 So auch Sonnhoff in: jurisPK-SGB V, § 44 Rn. 81.
61 Vgl. BSG, 28.8.2002, B 5 RJ 8/02 R, nv; SG Dortmund, 26.1.2005, S 13 KR 293/03, nv, Rn. 27.
62 BSG, 19.9.2002, B 1 KR 11/02, USK 2002-52.

keit maßgeblich.⁶³ So führt die Tätigkeitsaufnahme im Rahmen einer **Rehabilitationsmaßnahme** mit Versicherungspflicht gem. § 5 Abs. 1 Nr. 6 zu keiner Verschiebung des Beurteilungsmaßstabs. Gleiches gilt für die **stufenweise Wiedereingliederung** nach § 74: Nimmt der Versicherte in diesem Rahmen seine Tätigkeit teilweise wieder auf, bleibt er gleichwohl arbeitsunfähig.⁶⁴ Ein in allen genannten Fällen erzieltes Arbeitsentgelt führt zum Ruhen des Krg gem. § 49 Abs. 1 Nr. 1 (→ § 49 Rn. 9 ff.). Erwerbsfähige Leistungsberechtigte, die Leistungen zur Sicherung des Lebens-unterhalts nach dem **SGB II** (Grundsicherung für Arbeitsuchende) beantragt haben oder beziehen, sind gem. § 2 Abs. 3 a AU-R arbeitsunfähig, wenn sie krankheitsbedingt nicht in der Lage sind, mindestens drei Stunden täglich zu arbeiten oder an einer Eingliederungsmaßnahme teilzunehmen.

Erst die **Aufnahme einer neuen Tätigkeit**⁶⁵ während der fortbestehenden AU, nicht bereits die Suche oder das Bemühen um eine neue Beschäftigung,⁶⁶ führt dazu, dass die neue Tätigkeit zum Beurteilungsmaßstab wird. Das krankheitsbedingte Fehlschlagen der Tätigkeitsaufnahme steht nach Aufgabe der Rspr. zum missglückten Arbeitsversuch⁶⁷ dagegen der Verschiebung des Beurteilungsmaßstabs nicht mehr entgegen.⁶⁸

(3) **Selbstständige (freiwillig) Versicherte.** Bei selbstständigen (freiwillig) Versicherten existiert **kein Direktionsrecht**. Maßstab für das Vorliegen von AU muss daher die zeitlich unmittelbar vor der ärztlichen Feststellung der AU **ausgeübte Tätigkeit** sein.⁶⁹ Abstrakte berufliche Anforderungen können dabei ein grober Anhaltspunkt sein.⁷⁰ Auch hier greift aber letztlich eine **konkrete** Betrachtungsweise. Bei Teilhabe- und Rehabilitationsmaßnahmen gelten die für Beschäftigte dargestellten Maßstäbe auch bei Selbstständigen.⁷¹

cc) **Kausalität.** Aus der Entgeltersatzfunktion ergibt sich, dass ein Anspruch auf Krg nur besteht, wenn der eintretende Entgeltausfall kausal auf die Krankheit zurückzuführen ist. Nach der **Theorie der wesentlichen Bedingung** reicht jedoch, dass die Erkrankung neben anderen Faktoren einen wesentlichen – wenigstens gleichwertigen – Beitrag zur AU geleistet hat.⁷² Dies ist insbesondere auch dann der Fall, wenn die krankheitsbedingte Beeinträchtigung zunächst durch ein **Hilfsmittel** kompensiert wurde (Prothese, Brille etc), das Hilfsmittel repariert bzw. ein Ersatz beschafft werden muss und mithin zeitweise nicht verfügbar ist. Die durch Entfall des Hilfsmittels gewissermaßen wieder aufgelebte Krankheit leistet dann einen wesentlichen Kausalbeitrag zur AU,⁷³ vgl. § 2 Abs. 11 AU-R.

Teilweise wird aus dem Wortlaut von § 44 Abs. 1 Alt. 1 („arbeitsunfähig *macht*") abgeleitet, dass als zusätzliches Kausalitätselement eine **dynamische Veränderung des Gesundheitszustands** bzw. der Arbeitsfähigkeit zu verlangen sei. Nicht erfasst sei demnach der Fall, dass bei unverändertem Leistungsvermögen eine Veränderung auf Ebene des Arbeitsvertrags eintritt.⁷⁴ Dies misst dem Wortlaut der Vorschrift eine so nicht gegebene Eindeutigkeit zu; tatsächlich ergibt sich die krankheitsbedingte AU immer aus einer Wechselbeziehung von Arbeitsanforderungen und Einschränkung der Leistungsfähigkeit.

Führt die Krankheit erst im Zusammenwirken mit anderen, insbesondere rechtlichen, Umständen zur AU, obwohl isoliert betrachtet der Arbeitnehmer trotz (vermuteter) Krankheit zur Erfüllung seiner Vertragspflichten im Stande wäre, ist die notwendige Kausalität von AU und Krankheit nicht gegeben, so etwa in Fällen eines **infektionsschutzrechtlichen Beschäftigungsverbots** nach dem IFSG wegen eines bloßen Krankheitsverdachts.⁷⁵ Wesentliche Bedingung ist hier nicht die (vermutete) Krankheit als solche, sondern das Beschäftigungsverbot (zu den Rechtsfolgen s. u. → Rn. 34). In Fällen eines infektionsschutzrechtlichen Beschäftigungsverbots wird ein Ausgleich zugunsten des Versicherten dadurch er-

---

63 Vgl. BSG, 24.5.1978, 4 RJ 69/77, BSGE 46, 190; 19.9.1979, 11 RA 78/78, SozR 2200 § 1241 Nr. 14.
64 § 2 Abs. 2 AU-R; Gerlach in: Hauck/Noftz, SGB V, § 44 Rn. 95.
65 Zutr. Gerlach in: Hauck/Noftz, SGB V, § 44 Rn. 87; weiterhin § 2 Abs. 4 S. 3 AU-R.
66 BSG, 2.2.1984, 8 RK 43/82, SozR 4100 § 158 Nr. 6; Gerlach in: Hauck/Noftz, SGB V, § 44 Rn. 90.
67 BSG, 4.12.1997, 12 RK 3/97, BSGE 81, 231.
68 Zur früheren Rechtslage BSG, 17.8.1982, 3 RK 28/81, BSGE 54, 62.
69 So BSG, 8.11.2005, B 1 KR 30/04 R, BSGE 95, 219; 30.5.2006, B 1 KR 19/05 R, SozR 4-2500 § 47 Nr. 4; 14.12.2006, B 1 KR 6/06 R, SozR 4-2500 § 44 Nr. 11.
70 Gerlach in: Hauck/Noftz, SGB V, § 44 Rn. 103.
71 Vgl. LSG LSA, 15.4.2010, L 10 KR 58/05, nv, Rn. 30 ff.
72 Statt aller: Just in: Wannagat, § 44 SGB V Rn. 34.
73 BSG, 23.11.1971, 3 RK 26/70, SozR Nr. 48 zu § 182 RVO.
74 Vgl. BSG, 19.6.1963, 3 RK 37/59, BSGE 19, 179; Gerlach in: Hauck/Noftz, SGB V, § 44 Rn. 45 f.
75 Vgl. § 3 Abs. 2 Spiegelstrich 6 AU-R; Gerlach in: Hauck/Noftz, SGB V, § 44 Rn. 50; Sonnhoff in: jurisPK-SGB V, § 44 Rn. 78 f.

zielt, dass § 56 Abs. 1 IFSG ihm eine Entschädigung gewährt, deren Höhe am Krg-Anspruch orientiert ist. Bei einer normal verlaufenden **Schwangerschaft** knüpfen die **Beschäftigungsverbote** gem. §§ 3 ff. MuSchG an besondere Belastungen bei der Arbeit, am Arbeitsplatz oder bei der Zurücklegung des Arbeitswegs an. In diesem Fall liegt keine krankheitsbedingte AU vor. Bei schwangerschaftsbedingten Beeinträchtigungen, die vom Normalmaß abweichen, ist AU hingegen zu bejahen (zu den Rechtsfolgen bei konkurrierenden Ansprüchen auf Krg und nach IFSG, § 24 i oder dem MuSchG → Rn. 31 ff.).

24 Ein Zustand der krankheitsbedingten AU ist auch gegeben, wenn bei Fortsetzung der Arbeitsleistung eine **Verschlimmerung der Krankheit** droht.[76] Infolge der Krankheit muss also nicht bereits eine Unmöglichkeit der Leistungserbringung (§ 275 Abs. 1 BGB) eingetreten sein, es genügt eine krankheitsbedingte Leistungserschwerung („Arbeitsunzumutbarkeit", § 275 Abs. 3 BGB).[77] Die Verschlimmerung muss dazu unmittelbar oder jedenfalls „in absehbar naher Zeit" drohen. Erforderlich ist somit eine Prognoseentscheidung, ob eine Verschlimmerung „innerhalb weniger Monate" droht.[78] In der Literatur wird mit Blick auf Prognoseschwierigkeiten eine kürzere Prognosezeit von maximal vier Wochen vorgeschlagen.[79] Mit dem Wortlaut von § 2 Abs. 1 S. 3 AU-R wird man insoweit nicht argumentieren können, da dieser sich zu dem zeitlichen Horizont einer Prognosebetrachtung nicht verhält. Auch das Merkmal des „unmittelbaren Hervorrufens" einer AU durch die zu befürchtende Verschlimmerung lässt keinen Schluss auf eine zeitliche, sondern allein eine kausale Dimension zu. Relevant ist lediglich eine Verschlimmerung, die spezifisch infolge der Fortsetzung der Arbeitsleistung eintreten würde.[80] Eine fortschreitende Entwicklung der Krankheit als solche ist somit bei der Verschlimmerungsprognose nicht zu berücksichtigen.

25 Führt nicht die Krankheit, sondern erst ein während der Arbeitszeit erforderlicher **Arztbesuch**, eine **Therapiemaßnahme** oder die Teilnahme an **Rehabilitationsmaßnahmen** zur Leistungshinderung, liegt keine krankheitsbedingte AU vor.[81] Ebenso wie bei einem Beschäftigungsverbot nach dem IFSG (→ Rn. 23) ist nicht die Krankheit die wesentliche Ursache, sondern der Arztbesuch. Dass derartige Fälle nicht erfasst sein sollen, ergibt sich auch im Umkehrschluss aus den weiteren Alternativen von § 44 Abs. 1, wonach ein Anspruch auf Krg nur bei stationärer, nicht dagegen ambulanter Behandlung, Vorsorge oder Rehabilitation entstehen soll. Die nachteiligen Konsequenzen dieser Begrenzung werden dadurch entscheidend entschärft, dass ein ausschließlich während der Arbeitszeit möglicher Arztbesuch gleichfalls einen Tatbestand der Unzumutbarkeit der Arbeitsleistung (§ 275 Abs. 3 BGB) herbeiführen kann.[82] Da es sich praktisch immer um kurzzeitige Leistungshindernisse handeln wird, hält § 616 BGB (dispositiv) den Entgeltanspruch des Arbeitnehmers aufrecht,[83] so dass ein praktisches Bedürfnis für die Einbeziehung in den Krg-Anspruch nicht besteht. Dementsprechend sollte auch der Fall der **ambulanten Behandlung**, insbesondere der **Dialysebehandlung**, gehandhabt werden: Es fehlt an einer krankheitsbedingten AU iSv § 44 Abs. 1 Alt. 1.[84] In diesem Fall tritt ebenfalls arbeitsrechtlich eine Unzumutbarkeit der Arbeitsleistung wegen Rechtsgüter- bzw. Pflichtenkollision ein; der Entgeltanspruch wird nach § 616 BGB (dispositiv) aufrechterhalten. Gleiches gilt für eine während der Arbeitszeit notwendig werdende Schulung in der Anwendung von Hilfsmitteln (vgl. § 33 Abs. 1 S. 4).[85]

26 c) **Stationäre Behandlung, Vorsorge und Rehabilitation.** Nach zutreffender Auffassung erfasst § 44 Abs. 1 Alt. 2 alle Spielarten der Behandlung im Krankenhaus (**voll-, teil-, vor-, nachstationär**,[86] vgl. § 39), allerdings nur soweit hierdurch eine Hinderung an der Erwerbstätigkeit eintritt.[87] Ausgeschlossen ist lediglich die ambulante Behandlung, etwa nach § 115 b, da es bei dieser zu keiner länger andauernden Verhinderung an der Erwerbstätigkeit kommt.[88] Zur Abgrenzung von der ambulanten Behand-

---

76 BSG, 19.6.1963, 3 RK 37/59, BSGE 19, 179; 17.8.1982, 3 RK 28/81, BSGE 54, 62.
77 Vgl. Gotthardt/Greiner, DB 2002, 2116.
78 BSG, 10.9.1971, 5 RKnU 16/69, BSGE 33, 134.
79 Gerlach in: Hauck/Noftz, SGB V, § 44 Rn. 52.
80 Gerlach, aaO.
81 § 3 Abs. 2 Spiegelstrich 2, 4, 5 AU-R; std. Rspr. seit Reichsversicherungsamt GE Nr. 2721 II, AN 1922, 456.
82 BT-Dr. 14/6040, 130.
83 Greiner, Ideelle Unzumutbarkeit, 2004, S. 222.
84 AA Besprechung der GKV-Spitzenverbände, 6./7.8.1979, DOK 1979, 953; dem folgend offenbar Gerlach in: Hauck/Noftz, SGB V, § 44 Rn. 54.
85 Teilweise aA Gerlach in: Hauck/Noftz, SGB V, § 44 Rn. 55.
86 Joussen in: Becker/Kingreen, § 44 Rn. 19, allg. Ansicht.
87 Sonnhoff in: jurisPK-SGB V, § 44 Rn. 85; Brandts in: KassKomm, § 44 Rn. 56; Schmidt in: Peters, HdB KrV, § 44 Rn. 40.
88 Gerlach in: Hauck/Noftz, SGB V, § 44 Rn. 30.

lung sind bei der Prüfung, ob eine teilstationäre Behandlung vorliegt, strenge Maßstäbe anzulegen.[89] Da die stationäre Krankenhausbehandlung einen eigenständigen Krg-Tatbestand begründet,[90] ist die Feststellung der krankheitsbedingten AU im obigen Sinne (→ Rn. 11 ff.) entbehrlich, mag sie häufig auch zeitgleich vorliegen. Eine AU im weiteren Sinne ergibt sich in diesem Fall iSv § 275 Abs. 1 BGB regelmäßig bereits daraus, dass der Versicherte infolge der stationären Behandlung dauerhaft ortsabwesend ist. „AU" ist mithin ein **doppeldeutiger Begriff**, der bei § 44 Abs. 1 zwar in Abgrenzung zur stationären Behandlung, Vorsorge und Rehabilitation zu sehen ist, zugleich als **Oberbegriff** diese Fälle aber mit umfassen kann (→ § 48 Rn. 3). Auch die Behandlung in einer Vorsorge- oder Rehabilitationseinrichtung (§§ 23 Abs. 5, 24, 40 Abs. 2, 41) wird von § 44 Abs. 1 erfasst und begründet einen eigenständigen Krg-Tatbestand. Zum Krg-Anspruch des Spenders bei einer **Organtransplantation**, einer Gewebetransplantation oder bestimmten Fällen der Blutspende vgl. die Regelung in § 44 a.[91]

Sowohl für Fälle der stationären Krankenhausbehandlung als auch für die stationäre Prävention und Rehabilitation ist erforderlich, dass die **Kosten im Wesentlichen durch die Krankenkasse getragen** werden. Eine Leistungserbringung durch andere Sozialversicherungsträger, etwa Berufsgenossenschaft oder Rentenversicherungsträger,[92] steht dem Krg-Anspruch entgegen. Erfasst werden dabei sowohl Fälle der Leistungserbringung durch Sachleistung als auch Fälle der Kostenerstattung (§ 13 Abs. 2–5). Muss der Versicherte **Zuzahlungen** erbringen, steht das der Kostentragung durch die Krankenkasse im Kern nicht entgegen. Andererseits ist keine Behandlung auf Kosten der Krankenkassen iSv § 44 Abs. 1 ersichtlich, wenn die Krankenkasse nur einen Kostenzuschuss erbringt, der Versicherte hingegen den Hauptteil der Kosten trägt.[93] Umstritten ist, ob es auf die faktische Leistungserbringung ankommt,[94] oder der Versicherte einen Rechtsanspruch auf die Kostentragung durch die Krankenkasse haben muss.[95] Zutreffend scheint, auf die (Laien-) Perspektive des Versicherten abzustellen, der vom Bestehen des Anspruchs ausgehen darf, soweit die Krankenkasse die Kostentragung für die stationäre Maßnahme akzeptiert und er alle seinerseits erforderlichen Mitwirkungshandlungen vorgenommen hat, um die rechtmäßige Inanspruchnahme stationärer Leistungen zu ermöglichen.[96]

3. Konkurrenzen. a) Sozial(versicherungs)leistungen. Für Bezieher von **Alg** gilt die Sonderregelung in § 146 SGB III, nach der im Fall der krankheitsbedingten AU für die Dauer von 6 Wochen der Anspruch auf Arbeitslosengeld aufrechterhalten wird. Diese arbeitslosenversicherungsrechtliche „Leistungsfortzahlung" entspricht funktional der arbeitsrechtlichen Entgeltfortzahlung.[97] Da Arbeitslose gem. § 5 Abs. 1 Nr. 2 in der GKV versicherungspflichtig sind, steht ihnen parallel ein Krg-Anspruch nach §§ 44 ff. zu, der allerdings gem. § 49 Abs. 1 Nr. 3 a Alt. 2 für die Dauer der Leistungsfortzahlung ruhend gestellt wird. Tritt während der Dauer des Krg-Bezugs Beschäftigungslosigkeit ein, hat das zunächst nach § 192 Abs. 1 Nr. 2 fortgezahlte Krg (→ Rn. 8) Vorrang vor einem konkurrierenden Anspruch auf Alg.[98] Bezieher von Alg II sind zwar gem. § 5 Abs. 1 Nr. 2 a in der GKV versicherungspflichtig, haben aber keinen Krg-Anspruch (→ Rn. 41).

Bei AU oder stationärer Behandlung infolge eines **Arbeitsunfalls** bzw. einer **Berufskrankheit** gewährt gem. § 45 Abs. 2 SGB VII die Unfallversicherung **Verletztengeld**, soweit der Versicherte unmittelbar vor Beginn der AU bzw. stationären Behandlung Anspruch auf Arbeitsentgelt bzw. Arbeitseinkommen oder eine in § 45 Abs. 1 Nr. 2 SGB VII aufgeführte Sozialversicherungsleistung hatte; Leistungen der GKV sind gem. § 11 Abs. 4 in diesen Fällen ausgeschlossen.

Bei der Berechnung des **Elterngeldes** nach dem BEEG ist das Krg nicht zu berücksichtigen, da es kein Einkommen aus Erwerbstätigkeit darstellt.[99]

---

89 Just in: Wannagat, § 44 Rn. 37.
90 Berchtold, Krankengeld, 2004, Rn. 344.
91 Zur früheren Rechtslage BSG 12.12.1972, 3 RK 47/70, SozR § 182 Nr. 54; ausf. Berchtold, Krankengeld, 2004, Rn. 688 ff.
92 ZB die Behandlung in einer Reha-Einrichtung des Rentenversicherungsträgers, LSG Bln-Bbg, 13.6.2008, L 1 KR 84/07, nv, Rn. 18.
93 BSG, 16.12.2003, B 1 KR 12/02 R, USK 2003-119; Gerlach in: Hauck/Noftz, SGB V, § 44 Rn. 31.
94 So Schmidt in: Peters, HdB KrV, § 44 Rn. 40.
95 So Joussen in: Becker/Kingreen, § 44 Rn. 20; Brandts in: KassKomm, § 44 SGB V Rn. 58.
96 ZB Vorlage der Versicherungskarte; zutr. Sonnhoff in: jurisPK-SGB V, § 44 Rn. 86.
97 Sonnhoff in: jurisPK-SGB V, § 44 Rn. 9.
98 Vgl. den Ruhenstatbestand des § 156 Abs. 1 S. 1 Nr. 2 SGB III.
99 Ausf. BSG, 17.2.2011, B 10 EG 20/09 R, SozR 4-7837 § 2 Nr. 8.

31 **b) MuSchG.** Nach hM sieht § 11 MuSchG ausschließlich für Fälle eines **mutterschutzrechtlichen Beschäftigungsverbots** ohne krankheitsbedingte AU (→ Rn. 23) die Zahlung des Mutterschutzentgelts durch den Arbeitgeber vor (allerdings mit vollem Regressanspruch gegen die Krankenkasse gem. § 1 Abs. 2 AAG).

32 Die Anwendbarkeit der Leistungen nach § 24 i sowie dem MuSchG wird somit auf Fälle beschränkt, in denen das Beschäftigungsverbot aus § 3 MuSchG **alleinige** Ursache des Ausfalls ist.[100] Treten andere Gründe, insbesondere eine krankheitsbedingte AU, daneben und bestehen angesichts beider Hinderungsgründe konkurrierende Leistungsansprüche, wird ein **Vorrang** der an die **krankheitsbedingte AU** anknüpfenden Leistungen (§ 3 EFZG, §§ 44 ff.) gegenüber den Leistungen nach § 24 i sowie §§ 11, 13, 14 MuSchG angenommen. Sowohl die Beschäftigungsverbote des § 3 MuSchG mit den daran anknüpfenden Rechtsfolgen als auch die krankheitsbedingte AU iSd §§ 44 SGB V, 3 I EFZG setzen an sich jeweils Monokausalität voraus; eine ausdrückliche Vorrangregelung für die Überlagerung eines mutterschutzrechtlichen Beschäftigungsverbots mit einer krankheitsbedingten AU fehlt. Richtigerweise dürfte wegen der beidseitigen öffentlich-rechtlichen Zwangswirkung der mutterschutzrechtlichen Beschäftigungsverbote in ihnen die systematisch vorrangige Regelung zu erkennen sein. Bei dieser Sichtweise fehlt es – genau wie bei Beschäftigungsverboten nach dem IFSG – entgeltfortzahlungsrechtlich am Tatbestand der AU, solange bereits ein mutterschutzrechtliches Beschäftigungsverbot zum Entfall der Arbeitspflicht führt. Richtigerweise ist daher von einem **Vorrang der mutterschutzrechtlichen Regelungen und Entgeltersatzsysteme** auszugehen.[101] Eine unbillige Belastung des Arbeitgebers droht angesichts seines gegen die Krankenkasse gerichteten Erstattungsanspruchs (§ 1 Abs. 2 AAG) nicht. Dauert allerdings im Anschluss an die Leistungen nach MuSchG die AU isoliert fort, hat die ANin vollen Anspruch auf die daran anknüpfenden Leistungen, ohne dass die Bezugsdauer der Leistungen nach § 24 i sowie nach MuSchG angerechnet wird.

33 Unterliegt eine **Arbeitslose** einem mutterschutzrechtlichen Beschäftigungsverbot, gelangt das BSG in einer richtungsweisenden Entscheidung v. **30.11.2011**[102] zu einer differenzierten Sichtweise: Die Verfügbarkeit (§ 138 Abs. 1 Nr. 3 SGB III) entfällt noch nicht allein durch das Beschäftigungsverbot. Ist der Arbeitslosen faktisch noch die Ausführung von Tätigkeiten möglich, hinsichtlich derer sie sich der Arbeitsagentur zwecks Vermittlung zur Verfügung gestellt hat, schließt das Beschäftigungsverbot die Verfügbarkeit nicht aus. Ist ein derartiges Restleistungsvermögen nicht ersichtlich und bildet die Schwangerschaft somit ein echtes Vermittlungshindernis – dies wird nur bei über das Normalmaß hinausgehenden Beeinträchtigungen der Fall sein –, gewährt das BSG einen Krg-Anspruch.

34 **c) IFSG.** Bei zeitgleichem Vorliegen eines Beschäftigungsverbots nach dem IFSG und krankheitsbedingter AU gelten die Überlegungen zum Konkurrenzverhältnis von Leistungen wegen krankheitsbedingter AU und mutterschutzrechtlichen Beschäftigungsverboten (→ Rn. 32) entsprechend. Richtigerweise ist wegen der öffentlich-rechtlichen Zwangswirkung das infektionsschutzrechtliche Beschäftigungsverbot der vorrangige Hinderungsgrund. Der Beschäftigte hat gem. § 56 Abs. 7 IFSG einen öffentlich-rechtlichen Entschädigungsanspruch (→ Rn. 23). Konkurrierende Ansprüche des Versicherten auf Krg gehen gem. § 56 Abs. 10 IFSG auf das zur Gewährung der Entschädigung verpflichtete Land über.

35 **4. Verfahren.** Den Beschäftigten trifft eine **Obliegenheit**, die AU gegenüber der Krankenkasse anzuzeigen. Bis zu diesem Zeitpunkt ruht der Krg-Anspruch gem. **§ 49 Abs. 1 Nr. 5** (→ § 49 Rn. 24 ff.). Die AU wird durch ärztliche Feststellung (**AUB**) nachgewiesen (vgl. § 46 S. 1 Nr. 2). Auch darin liegt eine Obliegenheit des Versicherten, da das Unterbleiben der ärztlichen Feststellung gem. § 46 dazu führt, dass der Anspruch auf Krg nicht entsteht (→ § 46 Rn. 5).[103] **Feststellungsberechtigter Arzt** iSv § 46 Abs. 1 S. 1 Nr. 2 ist jeder, der nach dem einschlägigen Berufsrecht diese Bezeichnung führen darf, mithin als Arzt Approbierte sowie zur vorübergehenden Berufsausbildung Befugte, §§ 2, 2 a BÄO.[104] In

---

100 Exemplarisch LSG BW, 31.1.2003, L 4 KR 2790/01, Juris, Rn. 17 f.; vgl. weiterhin BSG, 9.9.1999, B 11 AL 77/98 R, SozR 3-4100 § 103 Nr. 19; BAG 13.2.2002, 5 AZR 588/00, NZA 2002, 738; 9.10.2002, 5 AZR 443/01, NZA 2004, 257.
101 So iE auch MHArbR/Schlachter, § 73 Rn. 32 ff.; Waldeyer, AuR 1971, 185, 187; aA Coester, SAE 1997, 27, 29; vgl. zur Problematik auch Boecken, NZA 1999, 673, 676; Gutzeit, NZA 2003, 81 ff.; Lembke, NZA 1998, 349 ff.; Weyand, BB 1994, 1852, 1855, der von einem zweistufigen Schutzmechanismus ausgeht.
102 BSG, 30.11.2011, B 11 AL 7/11 R, SGb 2012, 79, Kw.
103 Vgl. zuletzt BSG, 16.12.2014, B 1 KR 37/14 R, BSGE 118, 52, Rn. 20.
104 LSG BW, 25.5.2016, L 5 KR 1063/15, BeckRS 2016, 69288, Rn. 46; Tischler in: BeckOK SozR, SGB V, § 46 Rn. 14.

Betracht kommen auch Ärzte, die keine Vertragsärzte sind, sowie ausländische Ärzte.[105] Sanitäter, Sprechstundenhilfen sowie Heilpraktiker können die Feststellung hingegen nicht treffen.

Ein bestimmtes Verfahren oder eine bestimmte Form für die **ärztliche Feststellung** ist nicht statuiert. Die Feststellung kann auch zunächst einem anderen Zweck als der Erstellung einer AUB dienen.[106] Der Begriff AU muss in der ärztlichen Bescheinigung nicht zwingend verwendet werden. Üblich ist jedoch Schriftform,[107] zumal die ärztliche Feststellung regelmäßig auch dem Zweck dient, die AU arbeitsrechtlich wirksam ggü. dem Arbeitgeber zu bescheinigen, vgl. § 5 Abs. 1 S. 5 EFZG. Soweit die AUB als Teil der vertragsärztlichen Versorgung erstellt wird (vgl. § 73 Abs. 2 Nr. 9), sind Modalitäten hinsichtlich Ausstellung und Inhalt in den AU-R geregelt (vgl. § 5 Abs. 1 AU-R). Allerdings kommt es für das Vorliegen einer vollgültigen AUB auf die Verwendung des dort vorgeschriebenen Vordrucks nicht an.[108] Nach der mWv 17.3.2016 erfolgten Neufassung der AU-R ist nun durch § 4a AU-R klargestellt, dass die Feststellung der AU für einen Zeitraum von bis zu sieben Kalendertagen nach der Entlassung auch im Rahmen des **Entlassmanagements** durch Ärzte in Krankenhäusern sowie durch Ärzte in stationären Rehabilitationseinrichtungen der gesetzlichen Krankenversicherung erfolgen darf. Zu den Wirkungen einer rückwirkenden Feststellung der AU → § 46 Rn. 9 ff. 36

Eine **Bindung** der Gerichte und Krankenkassen ist hinsichtlich des Inhalts der AUB zu verneinen.[109] Es handelt sich lediglich um eine **gutachterliche Stellungnahme** des Arztes, die eine Entscheidungsbasis für die Bewilligung des Krg bereitstellt.[110] Sie beweist lediglich, dass zu einem bestimmten Zeitpunkt ein bestimmter Arzt den Patienten für arbeitsunfähig gehalten hat[111] und ist ein Indiz für das tatsächliche Vorliegen von AU. Weitergehenden Beweiswert hat eine ärztliche Dokumentation der Befunde und Diagnosen, die bei einer AUB jedoch regelmäßig ungenannt bleiben. Die AUB hat somit die Qualität eines abgekürzten **Beweissicherungsverfahrens**,[112] durch das frühzeitig das Vorliegen der tatsächlichen Voraussetzungen des Versicherungsfalls geklärt und Missbräuchen vorgebeugt werden soll.[113] Versicherter, Krankenkasse oder erkennendes Gericht – letztere nach pflichtgemäßem Ermessen[114] – können zur Widerlegung oder Untermauerung ein weiteres ärztliches Gutachten oder sonstige Beweismittel einholen.[115] Höherer Beweiswert als diesen kommt der AUB nicht zu.[116] Bei Zweifeln sind die Krankenkassen durch § 275 Abs. 1 Nr. 3 gehalten, eine Beurteilung durch den MDK durchführen zu lassen. Ist die AU nicht zutreffend bewertet worden, schneidet der Versicherte sich die spätere Berufung auf den Beurteilungsfehler nicht ab, sofern er seine Rechte innerhalb der zeitlichen Fristen des § 49 Abs. 1 Nr. 5 geltend gemacht hat (ausf. → § 49 Rn. 25).[117] 37

Ein **Antrag** des Versicherten auf Bewilligung des Krg ist materiellrechtlich **nicht erforderlich**. Faktisch muss die Krankenkasse jedoch in Kenntnis des Leistungsfalls gesetzt werden, so dass regelmäßig der Versicherte das Verfahren durch Meldung der AU anstößt (→ § 49 Rn. 24).[118] Nach Prüfung der Anspruchsvoraussetzungen – maßgeblich sind insofern die §§ 20 ff. SGB X – bewilligt die Krankenkasse die Zahlung des Krg oder lehnt sie ab. Beide Entscheidungen ergehen durch VA. Ein konkludenter VA ist regelmäßig in der faktischen Bewirkung der Leistung (Zahlung) zu erkennen. Ist die AUB – wie regelmäßig – befristet, ist auch der (konkludente) Bewilligungsbescheid als entsprechend befristet auszulegen. Mit dem Ablauf des in der AUB prognostizierten AU-Zeitraums endet daher auch der Krg-Bezug; eine förmliche Aufhebung gem. § 48 SGB X ist hierzu nicht erforderlich.[119] 38

---

105 Dazu BSG, 26.2.1992, 1/3 RK 13/90, SozR 3-2200 § 182 Nr. 12.
106 BSG, 24.2.1976, 5 RKn 26/75, SozR 2200 § 182 Nr. 12, S. 25.
107 Tischler in: BeckOK SozR, SGB V, § 46 Rn. 16.
108 BSG, 12.3.2013, B 1 KR 7/12 R, BeckRS 2013, 70676.
109 BSG, 16.12.2014, B 1 KR 37/14 R, BSGE 118, 52, Rn. 16; 8.11.2005 B 1 KR 18/04 R, SozR 4-2500 § 44 Nr. 7, Rn. 20; LSG BW, 25.5.2016, L 5 KR 1063/15, BeckRS 2016, 69288, Rn. 48.
110 BSG, 24.2.1976, 5 RKn 26/75, BSGE 41, 201; 17.8.1982, 3 RK 28/81, BSGE 54, 62; 8.11.2005, B 1 KR 27/04 R, SozR 4-2500 § 48 Nr. 3; Brandts in: KassKomm, § 46 SGB V Rn. 14.
111 Tischler in: BeckOK SozR, SGB V, § 46 Rn. 19.
112 Tischler in: BeckOK SozR, SGB V, § 46 Rn. 13.
113 Vgl. BSG, 23.2.1965, 5 RKn 112/64, BSGE 26, 111, 112; 18.3.1966, 3 RK 58/62, BSGE 24, 278 ff.
114 BSG, 8.11.2005, B 1 KR 18/04 R, SozR 4-2500 § 44 Nr. 7.
115 BSG, 17.8.1992, 3 RK 28/81, BSGE 54, 62.
116 Tischler in: BeckOK SozR, SGB V, § 46 Rn. 20; Sonnhoff in: jurisPK-SGB V, § 44 Rn. 104.
117 BSG, 8.11.2005, B 1 KR 30/04 R, BSGE 95, 219; zu den Wirkungen ärztlicher Fehleinschätzungen vgl. auch BSG, 8.2.2000, B 1 KR 11/99 R, BSGE 85, 271; 17.8.1982, 3 RK 28/81, BSGE 54, 62, 65.
118 Sonnhoff in: jurisPK-SGB V, § 44 Rn. 101.
119 Sonnhoff in: jurisPK-SGB V, § 44 Rn. 102.

39 Hält sich der Versicherte im Ausland auf, finden die §§ 16, 17 auch auf den Krg-Anspruch Anwendung (→ § 16 Rn. 8). Besonderheiten gelten für das **EU-Ausland**: Insofern trifft Art. 21 VO 883/2004/EG koordinierende Regelungen für die Leistungszuständigkeit. Die **Feststellung der AU** durch zuständige Stellen eines anderen EU-Landes ist bindend für die Sozialversicherungsträger des Heimatstaates.[120] Sie hat keinen geringeren Beweiswert als eine inländische AUB.[121] Nähere Modalitäten regelt nunmehr Art. 27 VO 987/2009/EG. Eine vergleichbare Bindungswirkung kommt bei Feststellungen zuständiger Stellen in Nicht-EU-Staaten nur im Einzelfall aufgrund zwischenstaatlicher Regelungen in Betracht.[122]

III. Ausschluss des Krankengeldanspruchs (Abs. 2)

40 **1. Ausschlusstatbestände.** Ausgeschlossen werden nach Abs. 2 überwiegend Personengruppen, die durch ihre AU **keinen Verlust an Einkünften** erleiden. Der Ausschluss dieser Personengruppen stellt sich ohne Weiteres als verfassungskonform dar, da er bereits durch das dem Krg-Anspruch zugrunde liegende Entgeltausfallprinzip legitimiert ist. Problematischer ist dies bei hauptberuflich selbstständig Erwerbstätigen (Nr. 2) und kurzzeitig abhängig Beschäftigten (Nr. 3), → Rn. 42 f. Die Aufzählung in Abs. 2 ist **prinzipiell abschließend**;[123] weitere – allerdings „situative", nicht an den persönlichen Versichertenstatus anknüpfende – Ausschlussfälle finden sich jedoch in § 50 Abs. 1 S. 1 (→ § 50 Rn. 2). Im Einzelnen ausgeschlossen sind:

41 **Nr. 1:**
- Gem. § 5 Abs. 1 Nr. 2 a in der GKV versicherte Personen, die **Alg II** nach dem SGB II beziehen und dabei nicht familienversichert sind. Für diese Personengruppe besteht ein Krg-Anspruch nur ausnahmsweise, wenn die Alg II-Leistung in Form eines Darlehens erfolgt oder lediglich Leistungen iSv § 23 Abs. 3 S. 1 SGB II gewährt werden. Hintergrund ist, dass das Alg II bei fortbestehender Erwerbsfähigkeit (§ 8 SGB II) auch in der Zeit krankheitsbedingter AU weitergewährt wird. Es besteht also weder ein Schutzbedürfnis noch wäre der ansonsten eintretende Trägerwechsel praktikabel.[124]
- Gem. § 5 Abs. 1 Nr. 5 in der GKV versicherte Personen, die in Einrichtungen der **Jugendhilfe** für eine Erwerbstätigkeit befähigt werden sollen.
- Gemäß § 5 Abs. 1 Nr. 6 in der GKV versicherte Teilnehmer an Leistungen zur **Teilhabe am Arbeitsleben** sowie Teilnehmer an Abklärungen der beruflichen Eignung oder Arbeitserprobungen. § 44 Abs. 2 Nr. 1 Hs. 2 sieht insofern eine „Rückausnahme" vom Leistungsausschluss vor, wenn diese Personen Anspruch auf Übergangsgeld (§§ 119 ff. SGB III; 20 ff. SGB VI; 44 SGB IX) haben.
- Gem. § 5 Abs. 1 Nr. 9 in der GKV versicherte **Studenten**, die an staatlichen oder staatlich anerkannten Hochschulen eingeschrieben sind.
- Gem. § 5 Abs. 1 Nr. 10 in der GKV versicherte Personen, die ein in Studien- oder Prüfungsordnungen vorgeschriebenes Praktikum absolvieren (**Praktikanten**), ohne Arbeitsentgelt zur Berufsausbildung Beschäftigte und schließlich den Praktikanten gleichgestellte Auszubildende des zweiten Bildungswegs.
- Gem. § 5 Abs. 1 Nr. 13 versicherte Personen, die **keinen anderweitigen Anspruch auf Absicherung im Krankheitsfall** haben und zuletzt gesetzlich krankenversichert oder bisher nicht gesetzlich oder privat krankenversichert waren. Als Rückausnahme wird ein Krg-Anspruch eröffnet für Personen, die (nicht geringfügig) abhängig beschäftigt sind (§ 44 Abs. 1 Nr. 1 letzter Hs.). Regelmäßig ergibt sich dann freilich bereits eine Versicherungspflicht nach § 5 Abs. 1 Nr. 1, so dass der Ausschluss wegen Versicherung nach § 5 Abs. 1 Nr. 13 schon im Ansatz nicht zum Zuge kommt.[125]
- Gem. § 10 **Familienversicherte.** Diese sind nicht wegen einer eigenen Erwerbstätigkeit versichert, sondern wegen ihrer familiären Einbindung. Daher ist der Anwendungsbereich des Krg nach dem Lohnausfallprinzip nicht eröffnet.

42 **Nr. 2: Hauptberuflich selbstständig Erwerbstätige**, die gem. § 9 Mitglieder der GKV sind, es sei denn, das Mitglied erklärt gegenüber der Krankenkasse, dass die Mitgliedschaft den Anspruch auf Krg um-

---

120 EuGH, 12.3.1987, C-22/86, SozR 6055 Art. 18 Nr. 1; BSG, 10.9.1987, 8 RK 8/87, SozR 6055 Art. 18 Nr. 2.
121 BSG, 26.2.1992, 1/3 RK 13/90, SozR 3-2200 § 182 Nr. 12.
122 Vgl. BSG, 26.2.1992, 1/3 RK 13/90, SozR 3-2200 § 182 Nr. 12.
123 Sonnhoff in: jurisPK-SGB V, § 44 Rn. 41.
124 Zutr. Gerlach in: Hauck/Noftz, SGB V, § 44 Rn. 34. Zur Situation in der Übergangsphase von Arbeitslosenhilfe zu Alg II: BSG, 6.11.2008, B 1 KR 37/07 R, SozR 4-2500 § 44 Nr. 15.
125 Zutr. Sonnhoff in: jurisPK-SGB V, § 44 Rn. 39.

fassen soll (**Wahlerklärung**). Hauptberufliche Tätigkeit liegt vor, wenn sie wenigstens 18 Stunden wöchentlich umfasst. Einzubeziehen sind dabei auch vorbereitende und nachsorgende Arbeiten.[126] Bei geringerem **Zeitaufwand** soll darauf abzustellen sein, ob die Einnahmen aus dieser Tätigkeit wesentliche Quelle zur Bestreitung des Lebensunterhalts und damit „**Mittelpunkt der Erwerbstätigkeit**" sind.[127] Dabei sind die Aspekte zeitlicher Aufwand und wirtschaftliche Bedeutung im Grundsatz gleichgewichtig.[128] Ein deutliches Überwiegen der wirtschaftlichen Bedeutung kann ein geringes Unterschreiten der 18-Stunden-Grenze ausgleichen.[129] Von Verfassungskonformität des Ausschlusstatbestands ist auszugehen, da Selbstständige oft trotz krankheitsbedingter AU ihren Betrieb aufrechterhalten können und somit auf die Gewährung des Krg nicht angewiesen sind[130] und im Übrigen die Möglichkeit besteht, durch Wahlerklärung (s. u. → Rn. 45 ff.) Anspruch auf „Options-Krg" zu erlangen. Gibt dagegen ein freiwillig versicherter Selbstständiger vor Beginn eines Krg-Anspruchs seine Erwerbstätigkeit ganz auf, hat er keinen Anspruch auf Krg, denn die AU bedingt dann keinen Ausfall seines Arbeitseinkommens; an einer „Aufgabe" fehlt es indes, wenn die Erwerbstätigkeit nur aufgrund der ärztlichen Feststellung von AU tatsächlich nicht ausübt.[131]

Nr. 3: Versicherte nach § 5 Abs. 1 Nr. 1, die bei AU nicht mindestens 6 Wochen Anspruch auf Fortzahlung des Arbeitsentgelts oder auf Zahlung einer die Versicherungspflicht begründenden Sozialleistung haben. Hinter dieser verklausulierten Formulierung verbergen sich insbesondere **kurzzeitig Beschäftigte**, welche die vierwöchige Wartezeit nach § 3 Abs. 3 EFZG, die für den Entgeltfortzahlungsanspruch vorausgesetzt wird, nicht in einer Weise erreichen, dass der 6-wöchige Entgeltfortzahlungszeitraum ausgeschöpft werden kann. Erfasst werden alle Arbeitsverhältnisse, die **kürzer als 10 Wochen befristet** sind[132] (zB Saisonarbeitskräfte), da § 3 Abs. 3 EFZG den Entgeltfortzahlungsanspruch für diese zunächst ausschließt und nach der Wartezeit eine „mindestens 6 Wochen" andauernde Entgeltfortzahlung nicht mehr realisierbar ist. Auf die Unständigkeit der Beschäftigung iSv §§ 232 Abs. 3, 27 Abs. 3 Nr. 1 SGB III kommt es nicht an,[133] da § 44 Abs. 2 Nr. 3 eine speziellere Regelung trifft und an die entgeltfortzahlungsrechtliche Situation anknüpft. Ausgeschlossen sind auch Beschäftigte **diplomatischer/ konsularischer Vertretungen** in Deutschland, wenn für diese ausländisches Arbeitsrecht Anwendung findet, das keine 6-wöchige Entgeltfortzahlung vorsieht.[134] Durch die fehlende Entgeltfortzahlung soll keine Verlagerung des Risikos kurzzeitiger Erkrankungen vom Arbeitgeber auf die Solidargemeinschaft eintreten. Dieses Risiko wird vielmehr dem Arbeitnehmer angelastet. Dies scheint vertretbar, weil das Kurzzeit-Arbeitsverhältnis ohnehin nicht geeignet ist, eine dauerhafte Existenzgrundlage zu gewährleisten. Auch diese Personengruppe hat die Möglichkeit, durch Wahlerklärung einen Krg-Anspruch zu erlangen (→ Rn. 45 ff.). Die Ausschlusswirkung greift nicht, wenn dem kurzzeitig Beschäftigten – etwa durch Abbedingung der Wartezeit – ein vertraglicher Entgeltfortzahlungsanspruch von mindestens 6 Wochen eröffnet wird. Als Rückausnahme in den Krg-Anspruch einbezogen sind Versicherte, die gem. § 10 EFZG Anspruch auf Zahlung eines Zuschlags zum Arbeitsentgelt haben, also in **Heimarbeit** Beschäftigte iSv § 1 Abs. 1 HAG und diesen gleichgestellte Personen. Die Zuschlagsregelung des § 10 EFZG ersetzt bei diesen arbeitnehmerähnlichen Personen den Entgeltfortzahlungsanspruch nach § 3 Abs. 1 EFZG funktionsgleich,[135] die dargestellte Risikoverlagerung droht also nicht.

Nr. 4: Versicherte, die eine **Rente** aus einer öffentlich-rechtlichen Versicherungseinrichtung oder Versorgungseinrichtung ihrer Berufsgruppe oder von anderen vergleichbaren Stellen beziehen, die ihrer Art nach den in § 50 Abs. 1 genannten Leistungen entspricht. Hierdurch wird – bei unsystematischem Regelungsstandort – eine sachgerechte Gleichstellung derartiger Altersbezüge mit Renten im System der gesetzlichen Rentenversicherung, Ruhegehältern und Vorruhestandsgeldern erreicht, denn auch diese Leistungen führen gem. § 50 Abs. 1 zum Ausschluss des Krg-Anspruchs (→ § 50 Rn. 2 ff.).

2. Wahlerklärung. In zwei vorgenannten Fällen – hauptberuflich selbstständig Erwerbstätigen und kurzzeitig Beschäftigten, § 44 Abs. 2 S. 1 Nr. 2, 3 – bleibt eine Eröffnung des Krg-Anspruchs durch

---

126 Gerlach in: Hauck/Noftz, SGB V, § 44 Rn. 34 b.
127 Gerlach in: Hauck/Noftz, SGB V, aaO.
128 BSG, 29.9.1997, 10 RK 2/97, SozR 3-5420 § 3 KVLG 1989 Nr. 3.
129 So BSG aaO.
130 Vgl. BSG, 28.9.1993, 1 RK 34/92, SozR 3-2500 § 44 Nr. 4; 31.1.1995, 1 RK 1/94, SozR 3-2500 § 45 Nr. 1; 19.9.2007, B 1 A 4/06 R, SozR 4-2500 § 44 Nr. 13.
131 BSG, 12.3.2013, B 1 KR 4/12 R, SozR 4-2500 § 47 Nr. 14.
132 Sonnhoff in: jurisPK-SGB V, § 44 Rn. 49.
133 AA Gerlach in: Hauck/Noftz, SGB V, § 44 Rn. 34 g.
134 GKV-Komm/Schulz, § 44 SGB V Rn. 48.
135 Vgl. Reinhard in: Erfurter Kommentar zum Arbeitsrecht, § 10 EFZG Rn. 1.

eine sog **Wahlerklärung** möglich. Während der Gesetzgeber typisierend davon ausgeht, dass beide Personengruppen aus unterschiedlichen Gründen (→ Rn. 42 f.) des Krg-Anspruchs grds. nicht bedürfen, kann individuell der Wunsch entstehen, durch Wahlerklärung eine erweiterte Absicherung herbeizuführen.[136]

46 Scharf zu trennen ist diese von der alternativ bestehenden Möglichkeit, einen – satzungsrechtlich auszugestaltenden – **Wahltarif gem. § 53** mit Einschluss eines Krg-Anspruchs zu wählen. Nur die Wahlerklärung eröffnet den Weg zum *gesetzlichen* Krg-Anspruch nach § 44.[137] Nachdem zum 1.1.2009 das GKV-WSG Wahltarife ermöglicht hatte, zeigte sich, dass diese insbesondere ältere Versicherte durch ungünstige Beitrags- und Leistungsmodelle benachteiligten. Der Gesetzgeber hat daher zum 1.8.2009 alternativ die Möglichkeit des durch Wahlerklärung erlangbaren, bereits gesetzlich ausgestalteten „**Options-Krg**" eingeführt. Zwischen beiden Wegen kann der Versicherte frei wählen; diese Alternativität kommt deutlich in § 44 Abs. 2 S. 3 zum Ausdruck, wonach § 53 Abs. 6 unberührt bleibt.

47 Wird eine Wahlerklärung abgegeben, gilt gem. § 44 Abs. 2 S. 2 die unmittelbar nur für Wahltarife geschaffene Bestimmung des § 53 Abs. 8 S. 1. Der Versicherte ist somit **3 Jahre** lang an die Wahlerklärung **gebunden**. Dies wirkt einer kurzfristigen missbräuchlichen Wahl und Abwahl des Krg-Anspruchs entgegen.[138] Diese Frist ist auch dann einzuhalten, wenn der Versicherte während der Bindungsdauer die Krankenkasse wechselt. Fällt der Betroffene während der Bindungsdauer aus dem jeweils erfassten Personenkreis heraus, endet auch die Bindung. Nach Ablauf der Mindestbindungsdauer gelten die Vorschriften für die Beendigung eines Wahltarifs entsprechend, so dass die Wahlerklärung jeweils ex nunc zum Ende eines jeden Monats beendet werden kann.[139]

48 Die Abgabe der Wahlerklärung wirkt grds. nur **zukunftsbezogen**. Aus pragmatischen Gründen haben die GKV-Spitzenverbände – zu Nr. 2, aber übertragbar auf Nr. 3[140] – eine Einigung dahin gehend getroffen, dass die Wahlerklärung idR auf den Beginn der Versicherung respektive der Einbeziehung in den jeweiligen Personenkreis zurückwirkt, wenn die Wahlerklärung innerhalb von 2 Wochen nach diesem Zeitpunkt abgegeben wird.[141] Im Übrigen wirkt die Wahlerklärung grds. zum Beginn des nächsten Kalendermonats nach Zugang der Wahlerklärung bei der GKV.[142] Solange der Versicherte weiterhin zum gem. Nr. 2 oder 3 wahlerklärungsberechtigten Personenkreis gehört, muss eine weitere Wahlerklärung beim Wechsel der Tätigkeit nicht abgegeben werden.

49 Ein spezifisches Problem des Krg-Anspruchs hauptberuflich selbstständig Erwerbstätiger ist die schwerer als bei abhängig Beschäftigten zu ermittelnde **Beendigung der Tätigkeit**. Gibt ein freiwillig versicherter Selbstständiger vor Beginn eines Krg-Anspruchs seine Erwerbstätigkeit auf, hat er nach der Rechtsprechung des BSG als Konsequenz der Entgeltersatzfunktion (→ Rn. 5) keinen Anspruch auf Krg, weil die AU dann keinen Ausfall seines Arbeitseinkommens verursacht.[143] Eine Aufgabe der Erwerbstätigkeit ist allerdings nicht schon deshalb zu bejahen, weil die Tätigkeit aufgrund ärztlicher AUB tatsächlich nicht ausgeübt wird.[144]

IV. Fortzahlung des Arbeitsentgelts (Abs. 3)

50 Abs. 3 verweist **deklaratorisch** darauf, dass sich der **Entgeltfortzahlungsanspruch** bei AU nach arbeitsrechtlichen Vorschriften (insbes. § 3 EFZG) richtet. Eine greifbare materielle Regelung ist der Vorschrift nicht zu entnehmen. Sie hat allenfalls klarstellenden Charakter. Soweit Arbeitsentgelt fortgezahlt wird, ruht der Krg-Anspruch (§ 49 Abs. 1 Nr. 1; → § 49 Rn. 9 ff.). Obwohl der Entgeltfortzahlungsanspruch in den ersten 4 Wochen eines Arbeitsverhältnisses der **Wartezeit** unterliegt (vgl. § 3 Abs. 3 EFZG), besteht in dieser Phase bereits der Krg-Anspruch.[145]

---

136 Vgl. BT-Dr. 16/3100, 109.
137 Sonnhoff in: jurisPK-SGB V, § 44 Rn. 12.
138 BT-Dr. 16/12256, 64.
139 § 53 Abs. 8 iVm § 175 Abs. 4 S. 2; vgl. Gerlach in: Hauck/Noftz, SGB V, § 44 Rn. 34 k.
140 Ähnlich Gerlach in: Hauck/Noftz, SGB V, § 44 Rn. 34 m.
141 Gemeinsames Rundschreiben des GKV-Spitzenverbandes und der Verbände der Kranken- und Pflegekassen auf Bundesebene, 25.8.2009, WzS 2009, 375.
142 Gerlach in: Hauck/Noftz, SGB V, § 44 Rn. 34 l.
143 BSG, 12.3.2013, B 1 KR 4/12 R, SozR 4-2500 § 47 Nr. 14.
144 BSG, 12.3.2013, B 1 KR 4/12 R, SozR 4-2500 § 47 Nr. 14.
145 Joussen in: Becker/Kingreen, § 44 Rn. 21.

V. Beratung und Hilfestellung (Abs. 4)

Der durch das GKV-Versorgungsstärkungsgesetz 2015 geschaffene Abs. 4 soll der besonderen Situation typischerweise **langzeiterkrankter Krankengeldbezieher** Rechnung tragen. Zu diesem Zweck spezifiziert er die allgemeine Aufgabenzuweisung an die GKV zu Aufklärung und Beratung der Versicherten durch § 1 S. 4 zu einem individuellen Anspruch des Versicherten; er ist auch lex specialis zu §§ 13–15 SGB I. Der Anspruch auf individuelle Beratung und Hilfestellung durch die Krankenkassen zielt darauf ab, mit dem Versicherten zu erörtern, welche Leistungen und unterstützenden Angebote zur Rehabilitation, mithin zur Wiederherstellung der Arbeitsfähigkeit, erforderlich sind. Ihnen wird ein „Krankengeldmanager" zur Seite gestellt.[146] Die Krankenkassen sollen dadurch gewissermaßen zum Wegweiser durch die vielfältigen Rehabilitationsmöglichkeiten werden. Angestrebt wird hierdurch eine Verbesserung der Versorgungsqualität und der Versorgungskontinuität ebenso wie der Wirtschaftlichkeit des Gesamtversorgungssystems durch Vermeidung von Fehl-, Unter- und Überversorgung.[147] Zielsetzung kann etwa sein, den medizinischen Leistungsbedarf für die **Rehabilitation** festzustellen, sowie geeignete, gegebenenfalls besonders qualifizierte, Leistungserbringer (insbesondere Ärzte) zu finden und einen Kontakt zu ihnen herzustellen. Das Beratungsspektrum zielt ebenso auf die Anbahnung von Maßnahmen zur **Wiedereingliederung** in das Berufsleben[148] – etwa auch durch stufenweise Wiedereingliederung (§ 74 SGB V) – ab. Hierzu ist unter Umständen auch eine vermittelnde Kommunikation zwischen Krankenkasse und Arbeitgeber geboten. Abs. 4 S. 4 verdeutlicht, dass Flexibilität in der Maßnahmenträgerschaft bestehen soll, soweit dies den dargestellten Zielsetzungen dient. Grundsätzlich sind die **Krankenkassen** zuständig, können diese Aufgaben jedoch auch auf die in § 35 Abs. 1 SGB I genannten Stellen übertragen, wenn dies im Interesse des Beratungserfolges und/oder der Wirtschaftlichkeit liegt.[149] In Betracht kommen insofern vor allem Verbände der Leistungsträger, Arbeitsgemeinschaften und gemeinsame Servicestellen der Leistungsträger sowie deren Verbände. Aus dem Verweis auf § 35 SGB I dürfte ebenfalls zu folgern sein, dass die dort normierten Grenzen der Datenübermittlung, etwa an den Arbeitgeber,[150] ebenfalls in Verfahren nach Abs. 4 Anwendung finden. Das verdeutlichen auch die Gesetzesmaterialien, die eine Übertragung an private Dritte generell ausschließen.[151] Hohe Bedeutung hat die Sicherung des Grundrechts auf informationelle Selbstbestimmung, zumal es sich bei den für die Beratung relevanten Daten vielfach um höchst sensible gesundheitsbezogene Sozialdaten handeln wird. Hohe Bedeutung hat daher der **Sozialdatenschutz**.[152]

Abzugrenzen ist das Stadium der Beratung von gegebenenfalls gebotenen Ermittlungen der Krankenkassen, die in die **Kompetenz des MDK** fallen.[153] Beratungsleistungen nach Abs. 4 dürfen daher nicht darauf ausgerichtet werden, Erkenntnisse zu sammeln, die für die Ermittlungstätigkeit des MDK nutzbar sind. Die Prüfung von Maßnahmen zur Sicherung des Behandlungserfolgs, die Einleitung von Maßnahmen der Leistungsträger für die Wiederherstellung der Arbeitsfähigkeit oder bei Zweifeln am Vorliegen von Arbeitsunfähigkeit erfolgt weiterhin ausschließlich nach § 275 Abs. 1 Nr. 3 lit. a und b. Diese Sphärentrennung ist für die Funktionsfähigkeit der sinnvollen Teilnahme an dem Beratungsangebot, dass durch Abs. 4 eröffnet wird, essenziell. Die Praxistauglichkeit und Akzeptanz des neu geschaffenen Beratungsanspruchs werden entscheidend davon abhängen, inwieweit diese Sphärentrennung gegenüber den Kompetenzen des MDK auch in der Praxis durchgehalten wird. Hierzu ist sicherzustellen, dass im Rahmen von Abs. 4 erhobene Daten nicht in einem nachfolgenden Verfahren unter Einschaltung des MDK genutzt werden. Dies sichert § 276 Abs. 1 S. 2, der dazu verpflichtet, dass Unterlagen, die der Versicherte über seine Mitwirkungspflichten hinaus seiner Krankenkasse freiwillig selbst überlassen hat, an den medizinischen Dienst nur mit Einwilligung des Versicherten weitergegeben werden dürfen. Diese Vorschrift sollte im Hinblick auf die im Rahmen des Verfahrens nach Abs. 4 erhobenen Sozialdaten entsprechende Anwendung finden.

Genutzt werden dabei insbesondere die nach §§ 295, 301 ohnehin seitens der Leistungserbringer übermittelten Daten sowie zusätzlich zu erhebende Daten. Abs. 4 S. 2 verdeutlicht, dass es sich um ein freiwilliges Verfahren handelt, das nur mit schriftlicher **Einwilligung** und nach vorheriger schriftlicher In-

---

146 So die treffende Begrifflichkeit bei Düwell/Ganz, ArbR 2016, 27.
147 BT-Dr. 18/4095, 79; vgl. auch Düwell/Ganz, ArbR 2016, 27.
148 BT-Dr. 18/4095, 79.
149 BT-Dr. 18/4095, 79.
150 Vgl. § 35 S. 3 SGB I.
151 BT-Dr. 18/4095, 79.
152 Vgl. BT-Dr. 18/4095, 79.
153 BT-Dr. 18/4095, 79.

formation des Versicherten erfolgen darf. Dies bezieht sich sowohl auf die Durchführung der individuellen Beratung und Hilfestellung als auch die zu diesem Zweck erforderliche Erhebung, Verarbeitung und Nutzung personenbezogener Daten. Der freiwillige Charakter schlägt sich darin nieder, dass die Ablehnung der Einwilligung keine leistungsrechtlichen Konsequenzen haben darf.[154] Einwilligung und vorherige Information müssen schriftlich erfolgen und sich sowohl auf die Durchführung des Verfahrens als auch auf die dazu erforderliche Datenerhebung, Datenverarbeitung und Datenübermittlung beziehen. Die Information muss umfassend sein und insbesondere den Zweck der Datenerhebung und Datennutzung verdeutlichen. Die Einwilligung ist jederzeit frei widerruflich, Abs. 4 S. 3. Im Falle des Widerrufs sind die auf Grundlage der Einwilligung gespeicherten personenbezogenen Daten gemäß § 84 Abs. 2 SGB X unverzüglich zu löschen.[155]

§ 44 a Krankengeld bei Spende von Organen, Geweben oder Blut zur Separation von Blutstammzellen oder anderen Blutbestandteilen

[1]Spender von Organen, Geweben oder Blut zur Separation von Blutstammzellen oder anderen Blutbestandteilen nach § 27 Absatz 1a Satz 1 haben Anspruch auf Krankengeld, wenn die Spende an Versicherte sie arbeitsunfähig macht. [2]Das Krankengeld wird den Spendern von der Krankenkasse der Empfänger in Höhe des vor Beginn der Arbeitsunfähigkeit regelmäßig erzielten Nettoarbeitsentgelts oder Arbeitseinkommens bis zur Höhe des Betrages der kalendertäglichen Beitragsbemessungsgrenze geleistet. [3]Für nach dem Künstlersozialversicherungsgesetz versicherungspflichtige Spender ist das ausgefallene Arbeitseinkommen im Sinne von Satz 2 aus demjenigen Arbeitseinkommen zu berechnen, das der Beitragsbemessung für die letzten zwölf Kalendermonate vor Beginn der Arbeitsunfähigkeit im Hinblick auf die Spende zugrunde gelegen hat. [4]§ 44 Absatz 3, § 47 Absatz 2 bis 4, die §§ 47b, 49 und 50 gelten entsprechend; Ansprüche nach § 44 sind gegenüber Ansprüchen nach dieser Vorschrift ausgeschlossen. [5]Ansprüche nach dieser Vorschrift haben auch nicht gesetzlich krankenversicherte Personen.

Literatur:
Siehe § 44.

I. Allgemeines und Entstehungsgeschichte 1	VI. Anwendbarkeit des allgemeinen Krg-Rechts (S. 4) 18
II. Verhältnis zu anderen Vorschriften; Entgeltfortzahlungsrecht 2	VII. Nicht gesetzlich krankenversicherte Spender (S. 5) 20
III. Anspruchsvoraussetzungen (S. 1) 5	
IV. Anspruchsgegner, Anspruchsumfang (S. 2) 10	
V. Sonderregelung für nach dem KSVG Versicherte (S. 3) 17	

I. Allgemeines und Entstehungsgeschichte

1 Im Zusammenhang mit der Neufassung des TPG und der Umsetzung der Richtlinie 2010/53/EU wurde die Vorschrift mit Wirkung zum 1.8.2012 neu eingeführt.[1] Eine wichtige Erweiterung erfuhr sie durch Art. 1 Nr. 14 Buchst. b des GKV-VSG v. 16.7.2015 mWv 23.7.2015.[2] Sie dient der sozialversicherungsrechtlichen **Absicherung von Organ- und Gewebespendern** und kodifiziert zu diesem Zweck teilweise frühere Rechtsprechung.[3] Die Regelung stellt damit nicht nur die bisherige Praxis „auf eine gesetzliche Grundlage",[4] sondern bringt in wesentlichen Teilen – insbes. durch die Ausweitung des Anspruchsumfangs (→ Rn. 13), die korrespondierenden Neuerungen im Entgeltfortzahlungsrecht (→ Rn. 3) und SGB VII (→ Rn. 11) – echte Neuerungen mit sich, die über die bisherige Judikatur deutlich hinausgehen. § 44a beinhaltet eine **Privilegierung des Organ-/Gewebespenders** gegenüber dem Bezieher schlichten Krg nach § 44; diese bewusste Besserstellung soll den solidarischen Einsatz im Interesse des Organ-/Gewebeempfängers, daneben auch im Interesse der Allgemeinheit, honorieren. Die Ände-

---

154 BT-Dr. 18/4095, 79.
155 BT-Dr. 18/4095, 80.
1 Art. 2 Nr. 3 Gesetz vom 21.7.2012, BGBl. I, 1601.
2 BGBl. I 2015, 1211.
3 Insb. BSG, 12.12.1972, 3 RK 47/70, BSGE 35, 102; vgl. auch bereits Reichsversicherungsamt, 16.12.1936, EUM 40, 351; 20.3.1942, AN 1942, 251.
4 So BT-Dr. 17/9773, 50, 52; kritisch Krasny, KV 2012, 185, 186.

rung durch das GKV-VSG 2015 weitet den Krankengeldanspruch auf Spender von Blut zwecks Separation von Blutstammzellen oder anderen Blutbestandteilen aus und bereinigt die Regelung durch Streichung des Verweises auf die Voraussetzungen des TPG (→ Rn. 7).

II. Verhältnis zu anderen Vorschriften; Entgeltfortzahlungsrecht

§ 44 a steht in engem Zusammenhang zu dem gleichfalls neu eingefügten § 27 Abs. 1 a. Dieser statuiert den Grundsatz, dass Lebendorgan-/Lebendgewebespender unabhängig von ihrem Versichertenstatus bei der Spende an Versicherte Anspruch auf Leistungen der Krankenbehandlung einschließlich vielfältiger Nebenleistungen – insbesondere auch des Krg nach § 44 a – haben. § 27 Abs. 1 a ist die **allgemeinere Vorschrift**, welche durch § 44 a lediglich präzisiert und konkretisiert wird. Dieser systematische Zusammenhang ist bei der Beantwortung von Zweifelsfragen (vgl. namentlich → Rn. 10) zu beachten.

§ 44 a ist weiterhin in engem Zusammenhang mit dem neu eingefügten **§ 3 a EFZG** zu sehen, der dem Organ-/Gewebespender einen speziellen Entgeltfortzahlungsanspruch bis zur Dauer von sechs Wochen einräumt; für den Fall einer Fortsetzungserkrankung wird § 3 Abs. 1 S. 2 EFZG für entsprechend anwendbar erklärt. **§ 3 a Abs. 2 EFZG** sieht einen **Erstattungsanspruch** des entgeltfortzahlenden Arbeitgebers **gegen die gesetzliche Krankenkasse des Organ-/Gewebeempfängers** vor, der neben dem fortbezahlten Arbeitsentgelt auch die geleisteten Sozialversicherungsbeiträge sowie Beiträge zu einer betrieblichen Alters- und Hinterbliebenenversorgung umfasst. Dieser arbeitsrechtliche Entgeltfortzahlungsanspruch stellt ein **Novum** dar, da das BAG[5] bislang im Fall der Organspende einen Anspruch auf Entgeltfortzahlung wegen Überschreitens der Risikosphäre des betroffenen Arbeitgebers verneint hatte.[6] Die Kostenbelastung der Empfänger-Krankenkasse infolge des Erstattungsanspruchs nach § 3 a Abs. 2 EFZG ist kein Novum,[7] da auch nach bisheriger Rechtslage der Organspender mangels eines Entgeltfortzahlungsanspruchs sofort Anspruch auf Krg gegen die Krankenkasse des Organempfängers (→ Rn. 10) hatte, ohne dass der Ruhenstatbestand des § 49 Abs. 1 Nr. 1 eingriff.

Da sich auch der neu geschaffene § 3 a Abs. 1 EFZG ausschließlich auf den unmittelbaren Spendevorgang und den anschließenden medizinisch regulären Heilungsprozess bezieht, der vom Gesetzgeber von einer eigenen Krankheit des Spenders deutlich getrennt wird,[8] findet bei AU infolge einer **Folgeerkrankung** (→ Rn. 10) daneben **§ 3 EFZG** Anwendung.[9] Bei **Vor- und Nachsorgeterminen** während der Arbeitszeit findet – nach § 49 Nr. 1 vorrangig gegenüber § 44 a – § 3 a EFZG Anwendung, nicht § 616 BGB,[10] da § 3 a EFZG eine umfassende spezialgesetzliche Regelung darstellt, die anders als § 616 BGB im Interesse der gesetzgeberisch beabsichtigten Privilegierung des Spenders[11] nicht tarif- und vertragsdispositiv ist.

III. Anspruchsvoraussetzungen (S. 1)

Der Anwendungsbereich von § 44 a erfasst nach Satz 1 Spender von Organen oder Geweben nach § 27 Abs. 1 a; aus diesem Verweis ergibt sich, dass lediglich die **Spende von Organen oder Geweben** (Definitionen in § 1 a Nr. 1, 4 TPG) zum Zweck der Übertragung auf Versicherte iSv **§§ 8, 8 a TPG** erfasst wird. Dadurch erfasst ist insbesondere auch die Knochenmarkspende, zB zur Gewinnung von Stammzellen. **Keine Anwendung** findet die Regelung mithin auf die Organ-/Gewebeentnahme im Rahmen einer eigenen medizinischen Behandlung nach § 8 b Abs. 1 TPG oder die Gewinnung von Samenzellen nach § 8 b Abs. 2 TPG. Ebenso wenig ist die allgemeine **Blutspende** erfasst, § 1 Abs. 2 Nr. 2 TPG. In diesem Fall ist regelmäßig ein konkreter Spendeempfänger nicht bekannt; weiterhin handelt es sich in der Regel um einen zeitlich sehr begrenzten Eingriff, so dass sich die Frage nach einem Krg-Anspruch nicht stellt. Auch das solidarische Element ist hier schwächer ausgeprägt.[12] Anderes gilt nach der 2015 erfolgten Neufassung durch das GKV-VSG allerdings für Blutspenden mit der Zielsetzung einer **Separation von Blutstammzellen oder anderen Blutbestandteilen** (zB Granulozyten) iSd § 9 Transfusionsge-

---

5 BAG, 6.8.1986, 5 AZR 607/85, AP Nr. 68 zu § 1 LohnFG.
6 Krit. Knorr in: Knorr/Krasney, § 3 EFZG Rn. 80.
7 BT-Dr. 17/9773, 34.
8 BT-Dr. 17/9773, 34.
9 AA Ricken in: BeckOK ArbR, EFZG, § 3 a Rn. 7, der § 3 a EFZG anwendet; für Einbeziehung sogar von Eigenerkrankungen im bloßen zeitlichen Zusammenhang Knorr, NZA 2012, 1132, 1134; ausf. zur Problematik Greiner, NZS 2013, 241, 244.
10 Ausf. Greiner, NZS 2013, 241, 243 f.; aA Ricken in: BeckOK ArbR, EFZG, § 3 a Rn. 6.
11 Vgl. BT-Dr. 17/9773, 39.
12 Vgl. Krasney, KV 2012, 185, 186.

setz. In diesen Fällen ist bereits ein konkreter Empfänger der Spende vorhanden. Der Gesetzgeber löst damit – im Einklang mit einer ohnehin in der Praxis vielfach gezogenen Analogie – den bislang bestehenden Wertungswiderspruch zur Knochenmarkspende.[13]

6 **Anspruchsberechtigt** sind, wie § 27 Abs. 1 a S. 6 ausdrücklich klarstellt, auch **nicht gesetzlich krankenversicherte** Personen (Privatversicherte, Nichtversicherte). Diese erlangen durch die Leistungserbringung keine Versicherungsmitgliedschaft; vielmehr ergibt sich die Krg-Leistung als **Nebenleistung** aus dem Versicherungsverhältnis des Spendeempfängers.[14] Spender, die als landwirtschaftliche Unternehmer in der **landwirtschaftlichen Krankenversicherung** versichert sind, wird infolge des geänderten § 8 KVLG 1989 anstelle des Krg **Betriebshilfe** geleistet. Leistungsträger ist insofern zunächst die landwirtschaftliche Krankenversicherung, die jedoch einen Erstattungsanspruch gegen die Krankenkasse des Organ-/Gewebeempfängers hat. Diese abweichende Konstruktion erklärt sich dadurch, dass die Leistung Betriebshilfe im Leistungskatalog der gesetzlichen Krankenversicherung unmittelbar nicht vorgesehen ist.[15]

7 Die Spende muss im Rahmen der gesetzlichen Vorgaben des TPG erfolgen. Zwar ist im Zuge der Neufassung der Vorschrift durch das GKV-VSG 2015 der ausdrückliche Verweis auf das Transplantationsgesetz gestrichen worden. Dies führt jedoch zu keiner inhaltlichen Änderung, sondern soll lediglich der Tatsache Rechnung tragen, dass durch den Verweis auf § 27 Abs. 1 a ohnehin die dort in Bezug genommenen Regelungen des Transplantationsgesetzes mit in Bezug genommen sind.[16] Die insofern aufgekommenen Streitfragen werden durch die Neufassung des Normtextes nicht berührt. Eindeutig ausgeklammert sind auch weiterhin Spenden, denen das **Verbot des Organ-/Gewebehandels**, § 17 TPG, entgegensteht. Nicht erfasst werden gleichfalls **Organspenden im Ausland** zur Umgehung der Restriktionen gem. § 17 TPG oder zur Umgehung des deutschen Vergabeverfahrens[17] sowie von § 19 Abs. 1, 2 TPG sanktionierte Organ-/Gewebeentnahmen. Ansonsten steht es aber dem Anspruch nicht entgegen, dass die Organentnahme im Ausland durchgeführt wird.[18] Ein Verstoß gegen reine **Ordnungsvorschriften des TPG**, namentlich solche im Interesse des Spenders – etwa § 8 Abs. 2, 3 S. 1 TPG –, steht dem Krg-Anspruch nicht entgegen.[19] Bei Verstoß gegen das Vergabeverfahren ohne Erkennbarkeit für den Spender wäre es gleichfalls unangemessen, ihm den Anspruch zu versagen.[20]

8 Die Organ-/Gewebespende muss den Spender **arbeitsunfähig** machen. § 44 a S. 1 verweist insofern auf den allgemeinen Begriff der AU (→ § 44 Rn. 13, 26, → § 48 Rn. 3). Wie sich aus dem systematischen Zusammenhang mit § 27 Abs. 1 a S. 1 ergibt, erfasst der in § 44 a S. 1 verwendete Begriff der AU auch die Arbeitsabwesenheit infolge **ambulanter oder stationärer Behandlung**, medizinisch erforderlicher **Vor- und Nachbetreuung** oder medizinischer **Rehabilitation**. Zugrunde zu legen ist damit der **weite Begriff der AU** – ebenso wie in § 48 Abs. 1 (zum doppeldeutigen Begriffsverständnis → § 44 Rn. 26). Dies korreliert mit dem gesetzgeberischen Willen, einen umfassenden Ausgleich zugunsten des Spenders zu erzielen. Angesichts der ohnehin bestehenden Doppeldeutigkeit des AU-Begriffs liegt darin keine Durchbrechung der bisherigen Systematik des Krg.[21] Ebenso wenig wie bei § 44 (→ § 44 Rn. 22) kann hier der Formulierung „arbeitsunfähig macht" entnommen werden, dass der Spender zuvor arbeitsfähig gewesen sein muss. Die Möglichkeit einer zugleich – und bereits zuvor – bestehenden eigenen krankheitsbedingten AU wird durch § 44 a S. 4 Hs. 2 gerade akzeptiert.

9 Der Anspruch nach § 44 a entsteht nur, wenn der **Empfänger der Organ-/Gewebespende in der gesetzlichen Krankenversicherung** versichert ist. Von hoher Bedeutung für das gesetzgeberische Ziel, die Bereitschaft zur Organspende umfassend zu fördern und zu honorieren, ist daher, dass auch der Verband der privaten Krankenversicherung eine Selbstverpflichtung formuliert hat, wonach bei der Organ-/Gewebespende an einen **privatversicherten Organempfänger** dem Spender der tatsächlich erlittene Verdienstausfall einschließlich der etwa geschuldeten Sozialversicherungsbeiträge in Renten-, Arbeitslo-

---

13 Vgl. BT-Dr. 18/4095, 73 zu § 27.
14 BSG, 11.12.1972, 3 RK 47/70, BSGE 35, 102; Reichsversicherungsamt, 20.3.1942, AN 1942, 251; im Ergebnis auch Besprechung der Krankenkassen-Spitzenverbände, 10./11.8.1971, BKK 1971, 307.
15 BT-Dr. 17/9773, 35.
16 BT-Dr. 18/4095, 80.
17 Vgl. BSG, 17.2.2004, B1KR5/02, BSGE 92, 164; Krasney, KV 2012, 185, 187.
18 Ricken in: BeckOK ArbR, EFZG, § 3 a Rn. 4.
19 Zutr. (für § 3 a EFZG) Knorr, NZA 2012, 1132, 1135.
20 Zutr. Krasney, KV 2012, 185, 187; strenger – im Hinblick auf § 3 a EFZG – Ricken in: BeckOK ArbR, EFZG, § 3 a Rn. 3.
21 Anders Krasney, KV 2012, 185, 189.

sen- und Krankenversicherung erstattet wird.[22] Der Erklärung dürfte der Wille zu entnehmen sein, sämtliche Sozialversicherungsbeiträge für den fraglichen Zeitraum zu erstatten, so dass über den Wortlaut hinaus auch Beiträge zur Pflegeversicherung erfasst sind.[23]

IV. Anspruchsgegner, Anspruchsumfang (S. 2)

Im Einklang mit dem Grundsatz der umfassenden **Kostentragung** durch die **Krankenkasse des Organ-/Gewebeempfängers** nach § 27 Abs. 1 a statuiert § 44 a S. 2, dass sich auch der Krg-Anspruch gegen diese richtet. Dies entspricht der bisherigen Judikatur des BSG,[24] wonach es sich um eine Nebenleistung infolge des beim Empfänger eingetretenen Versicherungsfalls handelt. Diese Leistungszuständigkeit bezieht sich unstreitig auf den Zeitraum, in dem gerade die Organ-/Gewebespende den Versicherten arbeitsunfähig macht. Zweifelhaft ist die Leistungszuständigkeit für **Folgeerkrankungen**. Insofern ist § 27 Abs. 1 a S. 5 zu beachten, wonach für die „Behandlung" von Folgeerkrankungen die Krankenkasse des Spenders selbst zuständig ist, sofern keine vorrangige Zuständigkeit der gesetzlichen Unfallversicherung gem. § 11 Abs. 5 eingreift. Nach § 27 Abs. 1 a S. 2 fallen unter den Begriff der „Krankenbehandlung" iSv S. 1 auch Nebenleistungen wie der Krg-Anspruch. Will man keinen – nicht begründbaren – begrifflichen Unterschied zwischen „Krankenbehandlung" (S. 1, 2) und „Behandlung" (S. 5) konstruieren, umfasst die Zuständigkeitszuweisung nach S. 5 auch den Krg-Anspruch. Zwar fehlt in § 44 a eine entsprechende Zuständigkeitszuweisung an die Krankenkasse des Spenders. Daraus kann man aber[25] nicht folgern, dass die Krankenkasse des Empfängers für Folgeerkrankungen leistungszuständig bleibt. Der Gesetzgeber sieht eine klare Zäsur zwischen dem Vorgang der Spende und dem daran anknüpfenden, regulären Heilungsprozess einerseits und eintretenden „irregulären" Folgeerkrankungen andererseits.[26] § 44 a S. 2 bezieht sich klar auf S. 1, der allein die unmittelbare AU (→ Rn. 8) infolge des Spendevorgangs und des regulären Heilungsprozesses erfasst.[27] Im Hinblick auf Folgeerkrankungen kann es daher bei § 27 Abs. 1 a S. 5 bleiben, so dass es sich um einen „unprivilegierten" Krg-Anspruch nach § 44 gegen die Krankenkasse des Spenders handelt. 10

Die praktische Bedeutung der Frage relativiert sich dadurch, dass durch §§ 2 Abs. 1 Nr. 13 b, 12 a SGB VII ein **Unfallversicherungsschutz** für alle durch eine Organ-/Gewebespende verursachten Gesundheitsschäden begründet wird. Trennlinie zu § 44 a ist, dass Leistungen nach dem SGB VII nur in Betracht kommen, wenn der Gesundheitsschaden über die durch die Spende „regelmäßig entstehenden Beeinträchtigungen hinausgeht", § 12 a Abs. 1 S. 1 SGB VII. Auch dies bestätigt, dass § 44 a nur die Organspende als solche und der folgende medizinisch reguläre Heilungsprozess zugeordnet sind (→ Rn. 10). Ansprüche nach dem SGB VII gehen gem. § 11 Abs. 5 SGB V krankenversicherungsrechtlichen Ansprüchen vor. Infolge dessen besteht bei Folgeerkrankungen vorrangig ein Anspruch auf **Verletztengeld** (§ 45 ff. SGB VII), der neben einen etwaigen Anspruch auf Entgeltfortzahlung (§ 3 EFZG, → Rn. 3) tritt; letztere wird angerechnet (§ 52 Nr. 1 SGB VII). Der Vorrang der Unfallversicherung wird praktisch dadurch entscheidend gestärkt, dass nun gem. § 12 a Abs. 1 S. 2 SGB VII die **Kausalität** der Spende für die Folgeerkrankung (nach S. 3 nur im Fall offenkundiger Nichtursächlichkeit widerlegbar)[28] **vermutet** wird. Das Vorliegen eines Arbeitsunfalls, § 8 SGB VII, ist unerheblich;[29] es handelt sich um einen Tatbestand der unechten Unfallversicherung. Gem. § 12 a Abs. 2 SGB VII werden auch Folgeschäden erfasst, die durch Voruntersuchungen oder Nachsorgemaßnahmen entstanden sind. § 12 a SGB VII ist Rückwirkung auf das Inkrafttreten des TPG zum 1.12.1997 zuerkannt, § 213 Abs. 4 SGB VII. 11

Da § 44 a stets nur auf den Vorgang der Organ-/Gewebespende und den sich regulär daran anschließenden Heilungsprozess bezogen ist, bedarf es **keiner zeitlichen Begrenzung**. Die Anspruchsdauer ergibt sich gewissermaßen „aus der Natur der Sache" und dürfte regelmäßig auf **einige Tage** beschränkt sein. § 48 findet keine Anwendung (→ Rn. 19). Auch § 46 findet keine Anwendung (→ Rn. 19), so dass der Krg-Anspruch nach § 44 a bereits mit dem Auftreten der AU entsteht. Ein Karenztag fällt nicht an. Auf die ärztliche Feststellung von AU kommt es bereits logisch nicht an (→ § 44 Rn. 26). 12

---

22 Selbstverpflichtungserklärung, 9.2.2012, wiedergegeben in BT-Dr. 17/9773, 38.
23 BT-Dr. 17/9773, 39.
24 BSG, 11.12.1972, 3 RK 47/70, BSGE 35, 102.
25 Entgegen Krasney, KV 2012, 185, 190.
26 Deutlich BT-Dr. 17/9773, 37, li. Spalte.
27 So auch BT-Dr. 17/9773, 39 li. Spalte.
28 BT-Dr. 17/9773, 42.
29 Vgl. BT-Dr. 17/9773, 42.

13 Hinsichtlich der **Höhe des Krg** verweist § 44a S. 2 auf den in § 47 Abs. 2 näher definierten Begriff des „regelmäßig erzielten Nettoarbeitsentgelts oder Arbeitseinkommens". Maßgeblich sind mithin die Berechnungsvorschriften in **§ 47 Abs. 2, 3** (→ § 47 Rn. 24). Wie das Krg nach § 44 wird auch das Krg nach § 44a für Kalendertage gezahlt. Eine deutliche Privilegierung der Krg-Empfänger nach § 44a liegt darin, dass das Krg anders als jenes nach § 44 unterhalb der Kappungsgrenze (→ Rn. 14) in voller Höhe (100 % des regelmäßig erzielten Nettoarbeitsentgelts oder Arbeitseinkommens) gewährt wird, so dass im Grundsatz Totalreparation erreicht wird.

14 Der Krg-Betrag pro Kalendertag wird durch den Betrag der allgemeinen **kalendertäglichen Beitragsbemessungsgrenze** (§ 223 Abs. 3 iVm § 6 Abs. 7, 8) begrenzt, die unabhängig von der für den Versicherten geltenden Versicherungspflichtgrenze (§ 6 Abs. 6 oder 7) anwendbar ist. Das angestrebte Prinzip der Totalreparation wird damit durchbrochen.[30] Getroffen werden ua Spender, die gerade infolge ihres über der Versicherungspflichtgrenze liegenden Entgelts von der Krankenversicherungspflicht ausgenommen sind.[31] Die Regelung ist jedoch durch die nachvollziehbare Erwägung legitimiert, einer finanziellen Überforderung der Krankenkassen durch die unbegrenzte Krg-Gewährung an besonders gut verdienende Organ-/Gewebespender vorzubeugen[32] und damit verfassungskonform. Rechtspolitisch bemerkenswert ist indes, dass nach der Selbstverpflichtung der privaten Krankenversicherung keine entsprechende Kappungsgrenze bei der Organ-/Gewebespende an Privatversicherte gilt,[33] obwohl das Überlastungsargument hier in gleicher Weise vorgebracht werden könnte.

15 Die Berechnung des Krg nach § 44a bei **Beziehern von Alg, Unterhaltsgeld und Kug** richtet sich nach § 47b, der gem. § 44a S. 4 anwendbar ist. In der Phase der Organ-/Gewebespende und dem anschließenden medizinisch regulären Heilungsprozess besteht kein Konkurrenzverhältnis zu einer Leistungsfortzahlung nach § 146 SGB III, da es an der in § 146 Abs. 1 S. 1 SGB III vorausgesetzten AU „infolge Krankheit" ebenso fehlt wie an einer stationären Behandlung „auf Kosten der Krankenkasse" (gemeint ist: der Krankenkasse des versicherten Arbeitslosen).[34] **Leistungsfortzahlung** nach § 146 SGB III kommt allerdings bei **Folgeerkrankungen** in Betracht, für die § 44a nicht einschlägig ist (→ Rn. 10). Im Fall von **Kurzarbeit** treten der – auf das infolge des Arbeitsausfalls reduzierte Arbeitsentgelt bezogene – Entgeltfortzahlungsanspruch nach § 3a EFZG und ein in ungekürzter Höhe zu berechnender (vgl. § 47b Abs. 3) Krg-Anspruch nach § 44a nebeneinander; in Höhe des fortgezahlten Arbeitsentgelts kommt es zum Ruhen des Krg gem. § 49 Abs. 1 Nr. 1; daneben verbleibt ein Krg-Spitzenbetrag.[35]

16 Der Bezug von Krg nach § 44a erhält die **Mitgliedschaft** des Spenders in der gesetzlichen Krankenversicherung, sofern diese zuvor bestand, gem. **§ 192 Abs. 1 Nr. 2** aufrecht.[36]

V. Sonderregelung für nach dem KSVG Versicherte (S. 3)

17 S. 3 enthält eine – eng an § 47 Abs. 4 S. 3 orientierte – besondere Berechnungsvorschrift für Organ-/Gewebespender, die nach dem **KSVG** versicherungspflichtig sind. Sie trägt dem häufig schwankenden Arbeitseinkommen dieser Personengruppe Rechnung (→ § 47 Rn. 28).

VI. Anwendbarkeit des allgemeinen Krg-Rechts (S. 4)

18 S. 4 verweist zusammenfassend auf die anwendbaren Vorschriften aus dem allgemeinen Krg-Recht: Anwendbar ist § 44 Abs. 3, der die vorrangige Anwendbarkeit der arbeitsrechtlichen Entgeltfortzahlungsvorschriften klarstellt (→ § 44 Rn. 50). Anwendung finden insbesondere der neu geschaffene § 3a EFZG, im Falle ambulanter Vor-/Nachsorge § 616 BGB sowie bei AU infolge einer Folgeerkrankung § 3 EFZG (→ Rn. 4). Verwiesen wird weiterhin für die **Berechnung des regelmäßigen Arbeitsentgelts** bzw. Arbeitseinkommens auf § 47 Abs. 2–4. § 47 Abs. 2 stellt dabei die Grundnorm dar; § 47 Abs. 3–4 enthalten Sonderregelungen für Fälle nicht kontinuierlicher Arbeitsverrichtung, Seeleute, Nichtarbeitnehmer und nach dem KSVG Versicherte (→ § 47 Rn. 25 ff.). Weiterhin für anwendbar erklärt werden § 47b (ausf. → Rn. 15) sowie die Ruhens- und Ausschlusstatbestände der §§ 49, 50. Die in § 44a S. 4 nicht genannten Vorschriften des allgemeinen Krg-Rechts sind im Rahmen von § 44a unanwendbar; die Verweisung ist nur als **abschließende Regelung** sinnvoll. Unanwendbar sind insbeson-

---

30 Krit. Krasney, KV 2012, 185, 189.
31 Richtig Krasney, KV 2012, 185, 189.
32 So BT-Dr. 17/9773, 39.
33 Vgl. Selbstverpflichtungserklärung, 9.2.2012, wiedergegeben in BT-Dr. 17/9773, 38.
34 So auch BT-Dr. 17/9773, 39 re. Spalte.
35 Vgl. BT-Dr. 17/9773, 39 re. Spalte unten.
36 BT-Dr. 17/9773 S. 39 re. Spalte unten.

dere der Ausschluss bestimmter Personenkreise von der Anspruchsberechtigung (§ 44 Abs. 2) sowie § 46 und § 48 (→ Rn. 12).

Konkurriert ein Krg-Anspruch nach § 44a mit einem Krg-Anspruch nach § 44, da eigene AU iSv § 44 (→ § 44 Rn. 11 ff.) und AU infolge einer Organ-/Gewebespende zeitgleich vorliegen, sind gem. § 44a S. 4 Hs. 2 Ansprüche nach § 44 ausgeschlossen. In einem gewissen Spannungsverhältnis zu § 49 kommt es trotz des zeitlich von vornherein begrenzten Nebeneinanders beider Leistungen nicht lediglich zum Ruhen des konkurrierenden Anspruchs (→ § 49 Rn. 5 ff.); dieser wird vielmehr bereits tatbestandlich ausgeschlossen. Die Regelung wirkt insofern unsystematisch, dient jedoch dazu, die Organspende zu privilegieren. Die ansonsten stattfindende Anrechnung einer eintretenden Ruhenszeit auf die Krg-Bezugsdauer nach § 48 (→ § 48 Rn. 20) wird auf diese Weise vermieden (→ § 49 Rn. 4). 19

VII. Nicht gesetzlich krankenversicherte Spender (S. 5)

S. 5 stellt klar, dass der Anspruch auf Krg gem. § 44a auch nicht gesetzlich krankenversicherten Personen zusteht. Dies korreliert mit der Einordnung als Nebenleistung aufgrund des Versicherungsfalls des gesetzlich versicherten Spendenempfängers (→ Rn. 10). 20

§ 45 Krankengeld bei Erkrankung des Kindes

(1) ¹Versicherte haben Anspruch auf Krankengeld, wenn es nach ärztlichem Zeugnis erforderlich ist, daß sie zur Beaufsichtigung, Betreuung oder Pflege ihres erkrankten und versicherten Kindes der Arbeit fernbleiben, eine andere in ihrem Haushalt lebende Person das Kind nicht beaufsichtigen, betreuen oder pflegen kann und das Kind das zwölfte Lebensjahr noch nicht vollendet hat oder behindert und auf Hilfe angewiesen ist. ²§ 10 Abs. 4 und § 44 Absatz 2 gelten.

(2) ¹Anspruch auf Krankengeld nach Absatz 1 besteht in jedem Kalenderjahr für jedes Kind längstens für 10 Arbeitstage, für alleinerziehende Versicherte längstens für 20 Arbeitstage. ²Der Anspruch nach Satz 1 besteht für Versicherte für nicht mehr als 25 Arbeitstage, für alleinerziehende Versicherte für nicht mehr als 50 Arbeitstage je Kalenderjahr. ³Das Krankengeld nach Absatz 1 beträgt 90 Prozent des ausgefallenen Nettoarbeitsentgelts aus beitragspflichtigem Arbeitsentgelt der Versicherten, bei Bezug von beitragspflichtigem einmalig gezahltem Arbeitsentgelt (§ 23a des Vierten Buches) in den der Freistellung von Arbeitsleistung nach Absatz 3 vorangegangenen zwölf Kalendermonaten 100 Prozent des ausgefallenen Nettoarbeitsentgelts aus beitragspflichtigem Arbeitsentgelt; es darf 70 Prozent der Beitragsbemessungsgrenze nach § 223 Absatz 3 nicht überschreiten. ⁴Erfolgt die Berechnung des Krankengeldes nach Absatz 1 aus Arbeitseinkommen, beträgt dies 70 Prozent des erzielten regelmäßigen Arbeitseinkommens, soweit es der Beitragsberechnung unterliegt. ⁵§ 47 Absatz 1 Satz 6 bis 8 und Absatz 4 Satz 3 bis 5 gilt entsprechend.

(3) ¹Versicherte mit Anspruch auf Krankengeld nach Absatz 1 haben für die Dauer dieses Anspruchs gegen ihren Arbeitgeber Anspruch auf unbezahlte Freistellung von der Arbeitsleistung, soweit nicht aus dem gleichen Grund Anspruch auf bezahlte Freistellung besteht. ²Wird der Freistellungsanspruch nach Satz 1 geltend gemacht, bevor die Krankenkasse ihre Leistungsverpflichtung nach Absatz 1 anerkannt hat, und sind die Voraussetzungen dafür nicht erfüllt, ist der Arbeitgeber berechtigt, die gewährte Freistellung von der Arbeitsleistung auf einen späteren Freistellungsanspruch zur Beaufsichtigung, Betreuung oder Pflege eines erkrankten Kindes anzurechnen. ³Der Freistellungsanspruch nach Satz 1 kann nicht durch Vertrag ausgeschlossen oder beschränkt werden.

(4) ¹Versicherte haben ferner Anspruch auf Krankengeld, wenn sie zur Beaufsichtigung, Betreuung oder Pflege ihres erkrankten und versicherten Kindes der Arbeit fernbleiben, sofern das Kind das zwölfte Lebensjahr noch nicht vollendet hat oder behindert und auf Hilfe angewiesen ist und nach ärztlichem Zeugnis an einer Erkrankung leidet,
a) die progredient verläuft und bereits ein weit fortgeschrittenes Stadium erreicht hat,
b) bei der eine Heilung ausgeschlossen und eine palliativ-medizinische Behandlung notwendig oder von einem Elternteil erwünscht ist und
c) die lediglich eine begrenzte Lebenserwartung von Wochen oder wenigen Monaten erwarten lässt.
²Der Anspruch besteht nur für ein Elternteil. ³Absatz 1 Satz 2, Absatz 3 und § 47 gelten entsprechend.

(5) Anspruch auf unbezahlte Freistellung nach den Absätzen 3 und 4 haben auch Arbeitnehmer, die nicht Versicherte mit Anspruch auf Krankengeld nach Absatz 1 sind.

Literatur:
Siehe § 44.

I. Allgemeines und Entstehungsgeschichte	1	5. Konkurrenzen................................	21
II. Anspruch dem Grunde nach (Abs. 1)	3	III. Anspruchsdauer (Abs. 2)	22
1. Anspruchsberechtigter Personenkreis...	3	IV. Freistellungsanspruch (Abs. 3)	26
2. Anspruchsvoraussetzungen auf Seiten des Kindes	6	V. Sonderregelung für schwerstkranke Kinder (Abs. 4)	31
3. Erforderliche Beaufsichtigung, Betreuung, Pflege	12	VI. Einbeziehung von Arbeitnehmern ohne Versichertenstatus (Abs. 5).....................	36
4. Modalitäten und Berechnung des Pflege-Krg	17		

I. Allgemeines und Entstehungsgeschichte

1 Abs. 1 gewährt einen familienpolitisch motivierten[1] Krg-Anspruch, der unabhängig von einer Eigenerkrankung des versicherten Anspruchsinhabers ist (§ 3 Abs. 2, 1. Spiegelstrich AU-R) und stattdessen an die Beaufsichtigung, Betreuung oder Pflege eines erkrankten, seinerseits versicherten Kindes des Versicherten anknüpft (sog **Pflegekrankengeld** – Pflege-Krg). Es handelt sich um einen mit § 44 nur lose zusammenhängenden Bereich. Der Gesetzgeber hat damit auf die zunehmende Berufstätigkeit beider Eltern und die faktisch abnehmende Bedeutung der Großfamilie für die Kindererziehung reagiert.[2] Das Pflege-Krg ermöglicht die Betreuung erkrankter Kinder trotz eigener Erwerbstätigkeit. Ihm kommt **Entgeltersatzfunktion** zu.[3] Arrondiert wird der Krg-Anspruch durch einen – deplaziert wirkenden – **arbeitsrechtlichen Freistellungsanspruch** (§ 45 Abs. 3), der neben verwandte Regelungen im BGB (§§ 275 Abs. 3, 616 BGB) tritt (näher → Rn. 26 ff.).

2 Die Vorschrift hat ihre historischen Wurzeln in § 185c RVO. Abweichend von der heutigen Normfassung setzte die damalige Regelung jedoch nicht voraus, dass das erkrankte Kind gesetzlich krankenversichert ist. In ihrer heutigen Form wurde die Vorschrift durch das GRG v. 20.12.1988 mWv 1.1.1989 in Kraft gesetzt.[4] Seitdem wurden die Leistungsvoraussetzungen mehrfach modifiziert, indem die Altersgrenzen zunächst ausgeweitet und schließlich im Zuge der Einführung des SGB IX für behinderte, auf Hilfe angewiesene Kinder gänzlich aufgehoben wurden. Abs. 4 und 5 wurden durch das Gesetz zur Sicherung der Betreuung und Pflege schwerstkranker Kinder v. 26.7.2002[5] mWv 1.8.2002 angefügt. Durch das Gesetz zur besseren Vereinbarkeit von Familie, Pflege und Beruf vom 23.12.2014[6] wurden mWv 1.1.2015 die Sätze 3 bis 5 in Abs. 2 angefügt, Abs. 4 S. 3 wurde geändert.

II. Anspruch dem Grunde nach (Abs. 1)

3 **1. Anspruchsberechtigter Personenkreis.** Der anspruchsberechtigte Personenkreis wird zunächst durch den Begriff „Versicherte" sehr weiträumig iSd §§ 5, 9 bestimmt, erfährt aber dadurch eine entscheidende Eingrenzung, dass weitere Voraussetzung das **Fernbleiben von der Arbeit** ist. Somit kommen nur solche Versicherte in Betracht, die „arbeiten" und bei denen es – Konsequenz der Entgeltersatzfunktion (→ § 44 Rn. 5) – potenziell zu Einkommenseinbußen kommen kann. Ein akuter Entgeltausfall ist dagegen keine Voraussetzung: Wird das Entgelt trotz Fernbleibens gezahlt, führt erst § 49 Abs. 1 Nr. 1 zum Ruhen des Pflege-Krg. Während der Inanspruchnahme von Elternzeit ruht auch der Anspruch aus § 45 Abs. 1 grundsätzlich nach § 49 Abs. 1 Nr. 2; das gilt aber nicht, wenn die Arbeitsverhinderung zur Kinderpflege bereits vor der Elternzeit begonnen hat[7] (→ § 49 Rn. 14).

---

1 Näher Schmidt in: Peters, HdB KrV, § 45 Rn. 10.
2 Vgl. GKV-Komm/Schulz, § 45 SGB V Rn. 2.
3 BSG, 31.1.1995, 1 RK 1/94, BSGE 76, 1; Brandts in: KassKomm, § 45 SGB V Rn. 2; Sonnhoff in: jurisPK-SGB V, § 45 Rn. 16.
4 BGBl. I 1988, 2477.
5 BGBl. I 2002, 2872.
6 BGBl. I, 2462, 2468.
7 BSG, 18.2.2016, B 3 KR 10/15 R, NZS 2016, 544.

Nicht erforderlich ist, dass der Versicherte in einem unselbstständigen Beschäftigungsverhältnis steht.[8] 4
„Arbeit" iSv § 45 Abs. 1 umfasst abhängige ebenso wie **selbstständige Arbeit**.[9] Dies ist mittlerweile durch den seit 1.8.2009 uneingeschränkten Verweis in § 45 Abs. 1 S. 2 auf § 44 Abs. 2 klargestellt: Dieser umfassende Verweis auf die Ausschlusstatbestände – einschließlich § 44 Abs. 2 S. 1 Nr. 2 – ist nur sinnvoll, wenn die dort angesprochenen Personengruppen zunächst in den Anspruch auf Pflege-Krg einbezogen sind. Dass der – ohnehin flankierende und praktisch wenig bedeutsame – Freistellungsanspruch, § 45 Abs. 3, nur bei abhängiger Beschäftigung greift, steht diesem Ergebnis nicht entgegen.[10]

Voraussetzung ist jedoch, dass das Versicherungsverhältnis im Zeitpunkt des pflegebedingten Fernbleibens von der Arbeit[11] den **Anspruch auf Krg** nach den §§ 44 ff. umfasst.[12] Bei den in § 44 Abs. 2 Nr. 2, 3 genannten Personengruppen setzt dies eine entsprechende Wahlerklärung voraus.[13] Für **Arbeitslose**, die Leistungen nach dem SGB III empfangen, sieht § 146 Abs. 2 SGB III einen parallel ausgestalteten Anspruch auf Fortzahlung des Alg vor; § 146 Abs. 3 SGB III verweist hierzu ergänzend auf § 45.[14] Für **Rentner** ist der Pflege-Krg-Anspruch – abgesehen vom Fall einer nach § 5 Abs. 1 Nr. 1 versicherungspflichtigen Nebentätigkeit – gem. § 50 Abs. 1 S. 1 ausgeschlossen. 5

2. Anspruchsvoraussetzungen auf Seiten des Kindes. Das betreuungsbedürftige **Kind** muss in der **GKV** 6 **versichert sein**.[15] Sowohl eine Familienversicherung (§ 10) kommt in Betracht als auch eine eigene Mitgliedschaft, etwa wegen Bezugs einer Waisenrente.[16] Nicht ausreichend ist eine private Krankenversicherung des Kindes.[17] Richtig wird darauf hingewiesen, dass der Pflege-Krg-Anspruch sich als Nebenleistung für den Versicherungsfall der Erkrankung des Kindes darstellt, so dass – de lege ferenda – eine Zuordnung dieses Risikos zur Krankenkasse des Kindes deutlich systemkonformer wäre.[18]

Erfasst werden eheliche wie nichteheliche Kinder. § 45 Abs. 1 S. 2 bezieht durch Verweis auf § 10 7 Abs. 4 auch **Stiefkinder und Enkel** ein, die der den Anspruch geltend machende Versicherte „überwiegend unterhält", dh für die er den überwiegenden Teil der Personensorge tatsächlich ausübt. Einbezogen sind auch **Adoptiv- und Pflegekinder**, die mit dem Berechtigten durch ein auf längere Dauer angelegtes Pflegeverhältnis mit häuslicher Gemeinschaft wie Kinder mit ihren Eltern verbunden sind (§ 56 Abs. 2 Nr. 2 SGB I). Auch Großeltern, Stief-, Adoptiv- und Pflegeeltern können folglich Anspruch auf Pflege-Krg haben, sofern ihre Beziehung zum Kind mit einer Eltern-Kind-Beziehung – tatsächlich, nicht notwendig rechtlich – vergleichbar ist. Kinder des Lebenspartners sind gem. § 10 Abs. 4 S. 3 Stiefkinder.

Das Kind muss im Haushalt des anspruchsberechtigten Versicherten leben. Diese nicht ausdrücklich 8 statuierte Voraussetzung wird daraus abgeleitet, dass § 45 Abs. 1 voraussetzt, dass „eine andere in ihrem Haushalt lebende Person das Kind nicht beaufsichtigen, betreuen oder pflegen kann"; indirekt wird damit auch die **häusliche Gemeinschaft** von pflegebedürftigem Kind und Betreuungsperson vorausgesetzt.[19] Der Begriff des gemeinsamen Haushalts wird durch eine Gesamtschau auf örtliche Aspekte (gemeinsame Wohnung), materielle Aspekte (Unterhaltsleistung) und emotionale Aspekte (Fürsorge, familiäre/familienähnliche Verbindung) konkretisiert[20] und lässt sich als „häusliche, wohnungsmäßige, familienhafte Wirtschaftsführung"[21] umschreiben. Verfehlt ist es, die häusliche Gemeinschaft bei Aufnahme des Kindes in ein Krankenhaus für beendet zu halten. Wird ein Elternteil als Begleitperson mit in das Krankenhaus aufgenommen (vgl. § 11 Abs. 3), schlägt der fortbestehende Anspruch auf

---

8 So aber Gerlach in: Hauck/Noftz, SGB V, § 45 Rn. 13; Brandts in: KassKomm, § 45 SGB V Rn. 3; Sonnhoff in: jurisPK-SGB V, § 45 Rn. 17 f.; offen gelassen in BSG, 31.1.1995, 1 RK 1/94, BSGE 76, 1.
9 Zutr. Rundschreiben der GKV-Spitzenverbände, 13.8.2002; Knittel in: Krauskopf, § 45 SGB V Rn. 3; Tischler in: BeckOK SozR, SGB V, § 45 Rn. 4.
10 So aber Gerlach in: Hauck/Noftz, SGB V, § 45 Rn. 13; wie hier Tischler in: BeckOK SozR, SGB V, § 45 Rn. 29.
11 Brandts in: KassKomm, § 45 SGB V Rn. 13.
12 Vgl. BSG, 31.1.1995, 1 RK 1/94, BSGE 76, 1.
13 Vgl. § 44 Rn. 45 ff.; GKV-Komm/Schulz, § 45 SGB V Rn. 10.
14 Für eine unmittelbare Einbeziehung in § 45 Tischler in: BeckOK SozR, SGB V, § 45 Rn. 4.
15 BSG, 31.3.1998, B 1 KR 9/96 R, SozR 3-2500 § 45 Nr. 2; Brandts in: KassKomm, § 45 SGB V Rn. 4.
16 Gerlach in: Hauck/Noftz, SGB V, § 45 Rn. 17; vgl. auch BT-Dr. 11/3480, 55.
17 BSG, 31.3.1998, B 1 KR 9/96 R, SozR 3-2500 § 45 Nr. 2.
18 Tischler in: BeckOK SozR, SGB V, § 45 Rn. 12.
19 Sonnhoff in: jurisPK-SGB V, § 45 Rn. 24.
20 BSG, 30.8.1991, B 4 RA 109/00 R, SozR 3-2600 § 48 Nr. 5; Tischler in: BeckOK SozR, SGB V, § 45 Rn. 6.
21 BSG, 30.3.2000, B 3 KR 23/99 R, SozR 3-2500 § 37 Nr. 2.

Pflege-Krg nicht – mit der Folge eines Entfalls der für § 45 geltenden Bezugshöchstdauer – in einen Anspruch des Versicherten auf Krg iSv § 44 um: Es handelt sich nicht um eine (eigene) stationäre Behandlung des Anspruchsinhabers.[22]

9   Das Kind muss erkrankt sein. Die Krankheit muss einen neben anderen Ursachen zumindest gleichgewichtigen **Kausalbeitrag zur Betreuungsbedürftigkeit** leisten (Theorie der wesentlichen Bedingung).[23] Zu Grunde zu legen ist derselbe **medizinische Krankheitsbegriff** wie bei § 44 (→ § 44 Rn. 12). An die Stelle der dort den Schweregrad der Krankheit kennzeichnenden Merkmale krankheitsbedingte AU bzw. stationäre Behandlung tritt bei § 45 Abs. 1 die ärztliche Erforderlichkeitsprüfung, die Bagatellkrankheiten ausschließt. Erkrankung und Erforderlichkeit der Betreuung (→ Rn. 12 ff.) müssen durch ärztliches Zeugnis festgestellt werden. In Betracht kommen hierfür nicht nur Vertrags-, sondern auch beliebige andere Ärzte (→ § 44 Rn. 35).[24] Eine Form für das Zeugnis ist nicht vorgeschrieben. Seine materielle Wirkung hängt nicht vom Zugang bei der Krankenkasse ab.[25]

10 Weitere Voraussetzungen kennzeichnen schematisch das erforderliche krankheitsunabhängige Grundniveau an Betreuungsbedarf: Das Kind darf entweder das **12. Lebensjahr noch nicht vollendet** haben oder muss behindert und auf Pflege angewiesen sein. Für die Bestimmung des Lebensalters sind die §§ 187, 188 BGB anzuwenden, namentlich § 187 Abs. 2 S. 2 BGB. Vollendet das Kind das 12. Lebensjahr während des Krg-Bezugs, endet der Krg-Anspruch *ex nunc*.[26] Maßgeblich ist der Ablauf des dem Geburtstag vorausgehenden Tages.

11 Ist das Kind **behindert und auf Hilfe angewiesen**, kommt auch nach Vollendung des 12. Lebensjahrs ein Pflege-Krg-Anspruch in Betracht. Da der Begriff des „Kindes" hier lediglich die verwandtschaftliche Beziehung kennzeichnet, kommt dies – unter den Voraussetzungen des § 10 Abs. 2 Nr. 4 – selbst bei **volljährigen Kindern** in Betracht. Behindert ist ein Kind, wenn es prognostisch in körperlicher, geistiger oder seelischer Hinsicht für mehr als 6 Monate im Vergleich zu dem für das Lebensalter typischen Entwicklungszustand beeinträchtigt und infolgedessen die Teilhabe am gesellschaftlichen Leben eingeschränkt ist.[27] Nach teilweise vertretener Auffassung muss die Behinderung des Kindes bis zu den Altersgrenzen in § 10 Abs. 2 Nr. 1–3 aufgetreten sein;[28] für diese Einschränkung gibt es jedoch weder im Gesetzeswortlaut noch im Regelungszweck einen Anhaltspunkt. Auf Hilfe angewiesen ist das Kind, wenn es gegenüber einem Gleichaltrigen in besonders gesteigerter Weise der Beaufsichtigung, Betreuung oder Pflege bedarf.[29]

12 **3. Erforderliche Beaufsichtigung, Betreuung, Pflege.** Nach ärztlichem Zeugnis muss erforderlich sein, dass die Eltern zur Beaufsichtigung, Betreuung oder Pflege ihres erkrankten Kindes der Arbeit fern bleiben. Problematisch ist, dass die Entscheidung über Betreuung und Pflege durch Eltern oder Dritte dem ärztlichen Zeugnis letztlich verschlossen ist;[30] dies ist eine eigene, durch Art. 6 Abs. 1 GG grundrechtlich fundierte Entscheidung der Eltern. Gegenstand der ärztlichen Prüfung kann daher nur sein, geringfügige Erkrankungen des Kindes, bei denen eine Betreuung durch die Eltern offensichtlich nicht erforderlich ist, auszugrenzen. Sie beschränkt sich auf **medizinische Fragen**.[31] Erfordert der Schweregrad der Erkrankung hingegen abstrakt eine besondere Betreuung des Kindes, ist es Sache der Eltern zu entscheiden, ob diese durch sie selbst oder einen Dritten erfolgen soll. Im Rahmen dieser **Elternautonomie** ist die Krankenkasse auf eine verantwortungsbewusste Entscheidung des Versicherten und dessen Selbstauskunft angewiesen.[32] Es genügt, dass die Notwendigkeit der Beaufsichtigung, Betreuung oder Pflege durch die Erkrankung wesentlich mitverursacht wurde (Theorie der wesentlichen Bedingung). Bei der Kinderbetreuung ergibt sich dies bereits daraus, dass auch ohne Erkrankung Kinder

---

22 In letzterem Sinne aber Besprechungsergebnis der GKV-Spitzenverbände, 27./28.11.1990 WzS 1991, 85; Sonnhoff in: jurisPK-SGB V, § 45 Rn. 24; Brandts in: KassKomm, § 45 SGB V Rn. 9; Hoppmann/Epping, WzS 2000, 289, 297; wie hier LSG Bln, 12.3.1986, L 9 Kr 29/85, Breith. 1987, 9; Tischler in: BeckOK SozR, SGB V, § 45 Rn. 24; GKV-Komm/Schulz, § 45 SGB V Rn. 25.
23 Tischler in: BeckOK SozR, SGB V, § 45 Rn. 11.
24 Gerlach in: Hauck/Noftz, SGB V, § 45 Rn. 22.
25 Tischler in: BeckOK SozR, SGB V, § 45 Rn. 17.
26 Gerlach in: Hauck/Noftz, SGB V, § 45 Rn. 19.
27 § 2 Abs. 1 S. 1 SGB IX; vgl. auch BT-Dr. 14/5074, 118.
28 GKV-Spitzenverbände, Rundschreiben vom 13.8.2002; Knittel in: Krauskopf, § 45 SGB V, Stand: März 2016, Rn. 7; Gerlach in: Hauck/Noftz, SGB V, § 45 Rn. 20.
29 Tischler in: BeckOK SozR, SGB V, § 45 Rn. 10.
30 Vgl. den differenzierenden Regelungsvorschlag bei Greiner NZA 2007, 490, 495.
31 In diese Richtung auch Tischler in: BeckOK SozR, SGB V, § 45 Rn. 17.
32 Zur Konsequenz von Falschangaben vgl. Tischler in: BeckOK SozR, SGB V, § 45 Rn. 16.

stets in gewissem, v.a. altersabhängigem Ausmaß der Betreuung, Beaufsichtigung und Pflege durch die Eltern bedürfen.[33]

Die Begriffe **Beaufsichtigung, Betreuung und Pflege** sind mit Blick auf Art. 6 Abs. 1 GG weit zu verstehen. „Betreuung" meint die infolge Krankheit gesteigerte Notwendigkeit elterlicher Umsorgung, also auch die Begleitung ins Krankenhaus oder zum Arzt.[34] „Pflege" umfasst nicht nur die Krankenpflege, sondern ebenso die Sorge für das seelische und leibliche Wohl im weitesten Sinne[35] und die psychische Unterstützung durch Anwesenheit einer Bezugsperson.[36] 13

„Fernbleiben von der Arbeit" kann auch dann anzunehmen sein, wenn der Versicherte seiner Arbeit regelmäßig zu Hause nachgeht. Erfasst ist also nicht ausschließlich das räumliche Fernbleiben von der Arbeitsstätte, vielmehr genügt auch die Hinderung an der Arbeitsleistung durch den gesteigerten Zeitaufwand für Betreuung und Pflege des erkrankten Kindes.[37] 14

Die Kollision von Arbeits- und Elternpflicht muss bereits arbeitsrechtlich im Rahmen des Möglichen durch **zumutbare Dispositionen** abgewendet werden.[38] Eine Pflichtenkollision scheidet aus, wenn die Wahrnehmung der elterlichen Sorge ohne Konflikt mit der Arbeitspflicht sichergestellt werden kann: Ist die Lage der Arbeitszeit vertraglich nicht genau festgelegt, ist der Arbeitgeber bei der Ausübung seines Weisungsrechts gehalten, auf die familiäre Situation des Arbeitnehmers Rücksicht zu nehmen.[39] Umgekehrt muss auch der Arbeitnehmer die zeitliche Flexibilität, die ihm das Arbeitsverhältnis belässt – insbesondere bei **Gleitzeit** – ausschöpfen, bevor der Pflege-Krg- und der korrespondierende Freistellungsanspruch aktualisiert werden. 15

Der Anspruch entsteht gem. Abs. 1 daher auch dann nicht, wenn eine andere im Haushalt (→ Rn. 8) der Eltern lebende – nicht notwendig verwandte[40] – Person das Kind beaufsichtigen, betreuen oder pflegen kann. Die Personensorge für Kinder kann regelmäßig zur Ausübung **auf Dritte** übertragen werden.[41] Ein Konflikt mit der Arbeitspflicht ist daher ausgeschlossen, wenn der andere Elternteil oder ein Dritter fähig und bereit ist, die Personensorge auszuüben,[42] hierfür keine unzumutbaren wirtschaftlichen Opfer[43] der Eltern erforderlich sind und das Kindeswohl im konkreten Einzelfall nach vertretbarer Einschätzung durch die Eltern keine persönliche Betreuung erfordert. Daher werden länger dauernde Pflichtenkollisionen zwischen Arbeits- und Elternpflicht – abgesehen von Fällen des Abs. 4 – Ausnahmen bleiben.[44] Die andere **Betreuungsperson** muss geistig und körperlich in der Lage sein, die Aufgabe zuverlässig und ohne Überforderung auszuführen. Bei alten und gebrechlichen Personen kann es daran ebenso fehlen wie bei älteren Geschwistern des erkrankten Kindes, auch wenn Volljährigkeit nicht vorauszusetzen ist.[45] Nicht in Betracht kommt der Verweis auf die Betreuung durch Personen, die dadurch ebenfalls in einen Konflikt mit ihrer Arbeitspflicht geraten würden. Andernfalls liefe bei mehreren potenziellen Betreuungspersonen der Anspruch auf Pflege-Krg infolge einer zirkulären Verweisung leer. Generell ausgeschlossen ist die Verweisung auf andere Pflegepersonen bei Abs. 4 (→ Rn. 31 ff.). 16

---

33 Brandts in: KassKomm, § 45 SGB V Rn. 10; Sonnhoff in: jurisPK-SGB V, § 45 Rn. 26.
34 Gerlach in: Hauck/Noftz, SGB V, § 45 Rn. 23.
35 Gerlach in: Hauck/Noftz, SGB V, aaO.; Brandts in: KassKomm, § 45 SGB V Rn. 11.
36 Gerlach in: Hauck/Noftz, SGB V, aaO.
37 Brandts in: KassKomm, § 45 SGB V Rn. 13.
38 Zum Ganzen Greiner, Ideelle Unzumutbarkeit, 2004, S. 213 ff.
39 BAG, 23.9.2004, 6 AZR 567/03, AP Nr. 64 zu § 611 BGB Direktionsrecht; dazu Holtkamp, AuA 2005, 307.
40 Joussen in: Becker/Kingreen, § 45 Rn. 4; Waltermann in: Kreikebohm/Spellbrink/Waltermann, SGB V, § 45 Rn. 4.
41 MünchKomm/Huber, § 1626 BGB Rn. 14; Henssler, AcP 190 (1990), 538, 562 f.
42 Hingegen besteht keine Pflicht des einen Elternteils, auf den anderen Elternteil einzuwirken, seine Berufstätigkeit zeitweilig aufzugeben, vgl. v. Stebut, SAE 1993, 150, 153; Trümner, ArbuR 1993, 155 f.; aA wohl BAG, 21.5.1992, 2 AZR 10/92, AP Nr. 29 zu § 1 KSchG 1969 Verhaltensbedingte Kündigung.
43 Zum Maßstab der Zumutbarkeit wirtschaftlicher Anstrengungen in diesem Zusammenhang Greiner, Ideelle Unzumutbarkeit, 2004, S. 216 ff.; Hanau/Strick in: Festschrift für Wacke, 2001, S. 147, 164. Maßgeblich kommt es auf die vertragliche Risikoverteilung an.
44 Ebenso Staudinger/Oetker, BGB, 2011, § 616 Rn. 93.
45 Sonnhoff in: jurisPK-SGB V, § 45 Rn. 29.

17 **4. Modalitäten und Berechnung des Pflege-Krg.** Der Pflege-Krg-Anspruch entsteht und wird fällig (§ 41 SGB I), wenn die Voraussetzungen von Abs. 1, 4 vorliegen und der Versicherte der Arbeit fern bleibt.[46] Anders als nach §§ 44, 46 fällt **kein Karenztag** an (→ § 46 Rn. 6).[47]
Das Pflege-Krg wurde bis zur Neufassung des § 45 Abs. 2 durch das **Gesetz zur besseren Vereinbarkeit von Familie, Pflege und Beruf** mWv 1.1.2015 (→ Rn. 2, 19) nur für Tage geleistet, an denen der Versicherte ohne Pflichtenkollision gearbeitet hätte (**Arbeitstage**), nicht für arbeitsfreie Wochenenden und Feiertage. Aus dem Umstand, dass § 45 auf Arbeitstage abstellt, wurde dabei abgeleitet, dass bei einem nur stundenweisen Fernbleiben von der Arbeit eine Anrechnung auf die Höchstbezugsdauer unterblieb, sofern für diesen Tag kein Antrag auf Pflege-Krg gestellt wurde;[48] dies schien insbesondere mit Blick auf § 49 Abs. 1 Nr. 1 systematisch schwer begründbar.[49]

18 Auch die **Berechnung des Pflege-Krg** erfolgte bis zum 31.12.2014 durch Zugrundelegung des während einer Referenzperiode vor Eintritt der Pflichtenkollision erzielten regelmäßigen Arbeitsentgelts. Nach zutreffender Auffassung erfolgte dabei die Berechnung – anders als beim Krg nach § 44 – nicht für Kalendertage, sondern für Arbeitstage,[50] da das Pflege-Krg nur für Arbeitstage gewährt wurde (→ Rn. 17). Diese strukturelle Besonderheit[51] musste auf die Berechnungsmethode durchschlagen. § 45 Abs. 2 aF traf daher eine Sonderregelung ggü. § 47 Abs. 1 S. 6. Die Berechnungsmethode wirkte sich so aus, dass das jeweils für einen bestimmten Zeitabschnitt gezahlte relevante Entgelt[52] durch die Anzahl der in diesen Zeitabschnitt fallenden Arbeitstage dividiert wurde; der Quotient war die Bemessungsgrundlage für das Pflege-Krg pro Arbeitstag.[53] Diese Berechnungsmethode galt jedenfalls für Teilzeitbeschäftigte und führte dort zu einer zielgenauen Abbildung der Entgeltersatzfunktion pro Fehltag. Während das BSG[54] die Anwendbarkeit auf Vollzeitbeschäftigte offen ließ, sprach nach dem Gesetzeswortlaut und aus Gleichbehandlungsgründen[55] viel dafür, bei Vollzeitbeschäftigten dieselbe Berechnungsmethode anzuwenden.[56] Für die Berechnung der Höhe des Pflege-Krg waren iÜ §§ 47, 47 b anwendbar.

19 Höhe und Berechnung des Pflege-Krg wurden durch das **Gesetz zur besseren Vereinbarkeit von Familie, Pflege und Beruf** mWv 1.1.2015[57] grundlegend neu gefasst. Diese Fragen sind nun in § 45 Abs. 2 S. 3–5 eigenständig geregelt und gegenüber § 47 verselbstständigt. § 45 Abs. 2 S. 5 verweist generell auf die Berechnungsmodalitäten in § 47 Abs. 1 S. 6–8 und § 47 Abs. 4 S. 3–5. Daraus ergibt sich insbesondere, dass das Pflege-Krg nunmehr wie das Krg nach § 44 nicht für Arbeits-, sondern für **Kalendertage** – also auch zB für arbeitsfreie Wochenenden, sofern das familiäre Leistungshindernis fortbesteht – geleistet wird, ferner, dass die Besonderheiten der Gleitzone nach § 20 Abs. 2 SGB IV nicht zu berücksichtigen sind (→ § 47 Rn. 13) und bei nach dem KSVG Versicherten die allgemeinen Berechnungsmodalitäten des KSVG Anwendung finden (→ § 47 Rn. 28). Die Berechnung nach Kalendertagen steht in einem erkennbaren Spannungsverhältnis dazu, dass nach wie vor in Abs. 1 als Anspruchsvoraussetzung das „Fernbleiben von der Arbeit" normiert ist, was bislang mit dem auf Arbeitstage bezogenen Berechnungsmodus korrelierte (→ Rn. 17). Nach dem klaren gesetzgeberischen Votum für die Änderung der Berechnungsmodalität durch das Gesetz zur besseren Vereinbarkeit von Familie, Pflege und Beruf dürfte dieser Widerspruch dahin gehend aufzulösen sein, dass der Pflege-Krg-Anspruch auch für arbeitsfreie Tage (Wochenende, Feiertage) besteht, die in einen zusammenhängenden Zeitraum des pflegebedingten „Fernbleibens von der Arbeit" fallen.

---

46 Vgl. § 40 Abs. 1 SGB I, weiterhin BSG, 20.10.1980, 3 RK 56/79, SozR 2200 § 185 c Nr. 2; 31.1.1995, 1 RK 1/94, SozR 3-2500 § 45 Nr. 1.
47 Vgl. BSG, 22.10.1980, 3 RK 56/79, BSGE 50, 259; Gerlach in: Hauck/Noftz, SGB V, § 45 Rn. 33; vgl. zum Ganzen auch Berchtold Tischler in: BeckOK SozR, SGB V, § 45 Rn. 19.
48 Näher BSG, 17.9.1986, 3 RK 25/85, SozR 2200 § 185 c Nr. 3, Rn. 11, Sonnhoff in: jurisPK-SGB V, § 45 Rn. 36.
49 Tischler in: BeckOK SozR, SGB V, § 45 Rn. 23.
50 Hierzu Gerlach in: Hauck/Noftz, SGB V, § 45 Rn. 34 ff.; kritisch Tischler in: BeckOK SozR, SGB V, § 45 Rn. 1.
51 Brandts in: KassKomm, § 45 SGB V Rn. 22.
52 Etwa die Monatsvergütung; zu den einzurechnenden Beträgen vgl. § 47 Rn. 8 ff.
53 Vgl. BSG, 17.9.1986, 3 RK 51/84, SozR 2200 § 185 c Nr. 3.
54 BSG, 17.9.1986, 3 RK 51/84, SozR 2200 § 185 c Nr. 3.
55 Vgl. auch Tischler in: BeckOK SozR, SGB V, § 45 Rn. 1, freilich mit umgekehrtem Ergebnis.
56 Zutr. Brandts in: KassKomm, § 45 SGB V Rn. 22; Gerlach in: Hauck/Noftz, SGB V, § 45 Rn. 34 ff.; aA Schmidt in: Peters, HdB KrV, § 45 Rn. 73; nach den Berechnungsmethoden des Arbeitgebers differenzierend: GKV-Spitzenverbände, Besprechungsergebnis, 26./27.5.1987, DOK 1987, 502, 503 f.
57 BGBl. I 2014, 2462, 2468.

Abweichend von der 70 %-Regel beim allgemeinen Krankengeld (→ § 47 Rn. 5), beläuft sich das Pflege-Krg auf grds. **90 % des ausfallenden Nettoarbeitsentgelts** aus beitragspflichtigem Arbeitsentgelt der Versicherten. Damit ist das Referenzperiodenprinzip hier punktuell durch ein **Entgeltausfallprinzip** abgelöst worden: Nicht mehr das regelmäßige Entgelt während einer Referenzperiode, sondern das entgangene Arbeitsentgelt in der Fehlzeit ist maßgeblich. Anders als beim häufig längerfristig gezahlten allgemeinen Krg soll dies beim Pflege-Krg administrierbar sein, darüber hinaus „transparenter, gerechter und unbürokratischer".[58] Wurden in den der Freistellung von Arbeitsleistung (§ 45 Abs. 3) vorangegangenen zwölf Kalendermonaten beitragspflichtige Einmalzahlungen (§ 23a SGB IV) geleistet – etwa eine Jahressonderzahlung, Bonuszahlung oder Gratifikation – werden unabhängig von deren Höhe 100 % des ausfallenden Nettoarbeitsentgelts als Pflege-Krg gezahlt. Dadurch soll ein generalisierender, pauschaler Ausgleich dafür erfolgen, dass das als Bemessungsgrundlage dienende laufende Entgelt durch die Verlagerung zur Einmalzahlung vermindert ist; die beim allgemeinen Krg erforderliche aufwändige Ermittlung des Hinzurechnungsbetrags nach § 47 Abs. 1 S. 3, Abs. 2 S. 6 soll vermieden werden.[59] Bei hohen Einmalzahlungen reduziert dies die Leistungshöhe des Pflege-Krg erheblich; der Gesetzgeber erhofft sich dadurch signifikante Einspareffekte.[60] Dass spiegelbildlich bei sehr niedrigen Einmalzahlungen eine Überkompensation erfolgt, wird hingenommen und scheint als zulässige Generalisierung auch im Hinblick auf Art. 3 Abs. 1 GG unbedenklich. Eine Kappungsgrenze besteht insofern, als das Pflege-Krg 70 % der Beitragsbemessungsgrenze nach § 223 Abs. 3 nicht überschreiten darf. § 45 Abs. 2 S. 4 trifft durch die Anknüpfung an den Begriff des Arbeitseinkommens (vgl. § 15 SGB IV) eine Sonderregelung für **Selbstständige** mit Krg-Anspruch. Bei diesen bleibt es angesichts der praktischen Schwierigkeiten, einen hypothetischen entgangenen Gewinn zu errechnen, beim **Referenzperiodenprinzip** des § 47 Abs. 1 S. 1 und der dort geregelten Krg-Höhe (70 %); § 45 Abs. 2 S. 4 hat somit nur klarstellende Bedeutung.

Die **Ruhenstatbestände** des § 49 finden grds. Anwendung;[61] nicht einschlägig ist allein § 49 Abs. 1 Nr. 5 – Ruhen bei unterbliebener Meldung der Arbeitsunfähigkeit –, weil § 45 eine abweichende Sonderregelung trifft.[62] § 49 Abs. 1 Nr. 1 führt dazu, dass Zeiten der entgeltlichen Befreiung von der Arbeitsleistung – namentlich nach § 616 BGB – auf die Bezugsdauer des Pflege-Krg anzurechnen sind (ausf. → § 49 Rn. 9 ff.). Besteht – mangels zulässiger Abbedingung des § 616 BGB[63] – ein entgeltliches arbeitsrechtliches Freistellungs- oder Leistungsverweigerungsrecht, verbleiben für den Pflege-Krg-Anspruch und die korrespondierende Freistellung nach § 45 Abs. 3 nur wenige Tage.[64] Liegen dagegen an sich die Anspruchsvoraussetzungen vor, geht der Arbeitnehmer aber gleichwohl seiner Tätigkeit nach und wird mithin der Pflege-Krg-Anspruch mangels Fernbleibens von der Arbeit nicht aktualisiert, kommt es zu keiner Anrechnung auf die maximale Jahresbezugsdauer.[65] Besteht ein vorrangiger entgeltlicher Freistellungsanspruch (→ Rn. 26 ff.) gegen den Arbeitgeber, der von diesem aber rechtswidrig nicht erfüllt wird, leistet die Krankenkasse Pflege-Krg. Der Anspruch gegen den Arbeitgeber geht dann auf diese gem. § 115 SGB X über.[66]

Unanwendbar sind die §§ 46, 48,[67] da § 45 insofern eine abschließende Sonderregelung trifft. Die §§ 51, 52, 52a sind sachlich nicht passend und mithin ebenfalls unanwendbar.

5. Konkurrenzen. Tritt neben den Anspruch aufgrund einer eigenen krankheitsbedingten AU oder stationären Behandlung des Versicherten ein Anspruch auf **Krg** gem. § 44, ist letzterer **vorrangig**.[68] Vorrangig ist das **Kinderpflege-Verletztengeld** (§ 45 Abs. 4 SGB VII iVm § 45), wenn Ursache der Erkrankung ein Unfall in Schule oder Kindergarten ist. Trifft der Anspruch mit einem Anspruch auf **Kurzarbeitergeld** (§§ 95 ff. SGB III) zusammen, soll kein Arbeitsausfall iSd Vorschriften zum Kurzarbeitergeld gegeben sein, so dass der Anspruch auf Pflege-Krg vorrangig ist.[69]

---

58 So BT-Dr. 18/3124, 26, 28, 43.
59 BT-Dr. 18/3124, 44.
60 BT-Dr. 18/3124, 3.
61 Sonnhoff in: jurisPK-SGB V, § 45 Rn. 32.
62 Vgl. BSG, 22.10.1980, 3 RK 56/79, SozR 2200 § 185c Nr. 2, Rn. 19.
63 BAG, 8.12.1982, 4 AZR 134/80, AP Nr. 58 zu § 616 BGB.
64 Zur Anspruchsdauer nach § 616 BGB vgl. Greiner, Ideelle Unzumutbarkeit, 2004, S. 155 ff. mwN.
65 Vgl. BSG, 17.9.1986, 3 RK 25/85, NZA 1987, 212; Gerlach in: Hauck/Noftz, SGB V, § 45 Rn. 44.
66 Brandts in: KassKomm, § 45 SGB V Rn. 32.
67 BSG, 22.10.1980, 3 RK 56/79, SozR 2200 § 185c Nr. 2.
68 Schmidt in: Peters, HdB KrV, § 45 Rn. 79.
69 GKV-Komm/Schulz, § 45 SGB V Rn. 21.

III. Anspruchsdauer (Abs. 2)

22 Die Anspruchsdauer bei Abs. 1 beträgt maximal **10 Arbeitstage** pro Kalenderjahr, Elternteil und Kind. Bei **alleinerziehenden** Versicherten beträgt die Anspruchsdauer maximal 20 Arbeitstage pro Kalenderjahr und Kind (Abs. 1 S. 1 Hs. 2). Sind beide Elternteile anspruchsberechtigt, können sie jeweils für jedes Kind den Pflege-Krg-Anspruch nach Abs. 1 für maximal 10 Arbeitstage pro Kalenderjahr in Anspruch nehmen; dies folgt bereits aus der Sonderregelung für Alleinerziehende, welche die doppelte Dauer vorsieht. Unbeachtlich ist, ob beide Elternteile bei demselben oder unterschiedlichen Arbeitgebern tätig sind. Haben Eltern **mehrere Kinder**, beträgt die Höchstdauer insgesamt pro Elternteil **25 Arbeitstage** im Kalenderjahr, bei Alleinerziehenden 50 Arbeitstage. Sind Kinder gleichzeitig erkrankt, werden die Fehltage gleichwohl nur einfach angerechnet.[70] Die Bezugsdauer muss nicht zusammenhängend in Anspruch genommen werden. Obwohl nach Neufassung des Abs. 2 zum 1.1.2015 (→ Rn. 19) die Berechnung des Anspruchsumfangs für Kalendertage erfolgt, bleiben für die Prüfung der Höchstanspruchsdauer Arbeitstage maßgeblich, so dass zB arbeitsfreie Wochenenden und Feiertage zwar bei vereinbarter Monatsvergütung zur Erhöhung des Zahlbetrags führen, nicht aber auf die Anspruchshöchstdauer angerechnet werden (→ Rn. 19).

23 Vertreten wird, dass bei **Erschöpfung** des Pflege-Krg-Anspruchs eines Elternteils dieser trotzdem weiterhin eine Freistellung mit Krg-Anspruch in Anspruch nehmen und zu diesem Zweck der Anspruchszeitraum des anderen Elternteils auf ihn übertragen werden kann.[71] Dafür spricht ein praktisches Bedürfnis, wenn etwa ein Elternteil beruflich eher in der Lage ist, sich freistellen zu lassen als der andere. Diese Konstruktion ist jedoch mit dem Gesetz nur schwer zu vereinbaren. Sind beide Elternteile bei unterschiedlichen Krankenkassen versichert, bedürfte es eines Erstattungsverfahrens hinsichtlich des geleisteten Krg,[72] für das eine gesetzliche Grundlage nicht ersichtlich ist. Auch ergäbe sich durch die korrespondierende Inanspruchnahme eines Freistellungsanspruchs/Leistungsverweigerungsrechts eine einseitige Belastung eines der beteiligten Arbeitgeber.[73] Das Gesetz dürfte bei der Festlegung der Anspruchsdauer dagegen auch eine Lastenverteilung zwischen den beiden beteiligten Arbeitgebern im Blick haben. Letzterem Gesichtspunkt kann jedoch dadurch Rechnung getragen werden, dass die Zustimmung des belasteten Arbeitgebers zur Voraussetzung für die Übertragung gemacht wird.[74]

24 **Alleinerziehend** sind Mütter oder Väter, wenn diese mit ihrem Kind ohne den anderen Elternteil in einem Haushalt (→ Rn. 8) leben und ihnen alleinig oder neben einer anderen Person das Personensorgerecht (§§ 1626 Abs. 1, 1631 BGB) zusteht. Nach einer Entscheidung des BSG ist entscheidend auf die tatsächlichen Verhältnisse, nicht dagegen das alleinige Sorgerecht, abzustellen.[75]

25 **Rechtspolitisch** ist darauf hinzuweisen, dass die engen zeitlichen Grenzen des Pflege-Krg-Anspruchs nach Abs. 1 dem Betreuungsbedarf und damit der **verfassungsrechtlichen Elternverantwortung** (Art. 6 Abs. 1 GG) nicht immer gerecht werden. Dies gilt insbesondere, wenn der Anspruch bereits für ein Kind erschöpft ist, dann ein anderes Kind jedoch erkrankt und die Eltern insofern ihrer Elternverantwortung in Kollision mit der Arbeitspflicht nicht gerecht werden können. Auch bleibt eine Lücke, wenn kein oder nur ein Elternteil mit Anspruch auf Krg versichert ist. Bedenklich mit Blick auf Art. 3 Abs. 1 GG scheint, dass, wenn nur einer von zwei erziehenden Elternteilen mit Anspruch auf Krg versichert ist, das Kind schlechter gestellt wird, als wenn ein Elternteil alleinerziehend und mit Krg-Anspruch versichert wäre.[76]

IV. Freistellungsanspruch (Abs. 3)

26 Abs. 3 sieht einen Freistellungsanspruch gegen den Arbeitgeber vor. Es handelt sich um eine originär **arbeitsrechtliche Anspruchsgrundlage**,[77] die im SGB V deplatziert wirkt. Allerdings steht sie mit dem Pflege-Krg-Anspruch in einer gewissen Wechselbezüglichkeit, indem der Freistellungsanspruch tatbestandlich an das Bestehen des Pflege-Krg-Anspruchs anknüpft, den er andererseits erst ermöglichen

---

70 Brandts in: KassKomm, § 45 SGB V Rn. 17.
71 Besprechungsergebnisse der GKV-Spitzenverbände, 29.6.1994, DOK 1994, 656; zust. GKV-Komm/Schulz, § 45 SGB V Rn. 37.
72 Gerlach in: Hauck/Noftz, SGB V, § 45 Rn. 42.
73 Vgl. § 46 Abs. 2 SGB I; in dieser Richtung auch Tischler in: BeckOK SozR, SGB V, § 45 Rn. 22.
74 Vgl. Besprechungsergebnis der GKV-Spitzenverbände, 29.6.1994, DOK 1994, 656.
75 BSG, 26.6.2007, B 1 KR 33/06 R, SozR 4-2500 § 45 Nr. 2; anders Joussen in: Becker/Kingreen, § 45 Rn. 6.
76 Zutr. Tischler in: BeckOK SozR, SGB V, § 45 Rn. 13; zu weiteren rechtspolitischen Erwägungen Greiner, NZA 2007, 490.
77 So BSG, 22.10.1980, 3 RK 56/79 SozR 2200 § 185 c Nr. 2.

soll, indem er die arbeitsrechtlichen Voraussetzungen für das „Fernbleiben von der Arbeit" (Abs. 1) regelt.[78] Abs. 3 tritt neben Freistellungsansprüche bzw. Leistungsverweigerungsrechte aus Gesetz (insbes. § 275 Abs. 3 BGB, PflegeZG)[79] bzw. Tarifvertrag (zB § 29 TVöD). Infolge des Verweises in Abs. 4 S. 3 findet der Freistellungsanspruch – unbefristet – auch in Fällen von Abs. 4 Anwendung.

Der Normtext des Abs. 3 verzichtet – anders als § 275 Abs. 3 BGB – auf eine konkrete **Abwägung mit kollidierenden Interessen** des Arbeitgebers oder Dritter. Dies kann aber nicht verhindern, dass in Extremfällen – etwa bei einem Arzt, der im Krankenhaus für eine lebensrettende Operation gebraucht wird – dem Arbeitnehmer der Einwand der unzulässigen Rechtsausübung, § 242 BGB, entgegengehalten werden kann.[80] Sofern § 616 BGB ein Anspruch auf bezahlte Freistellung zu entnehmen ist,[81] wird diese gesetzliche Regelung allgemein als vertragsdispositiv betrachtet; § 45 Abs. 3 ist dagegen vertraglich **nicht abdingbar**.[82] Ein Mehrwert gegenüber § 275 Abs. 3 BGB ist hingegen nicht ersichtlich, da auch das daraus resultierende Leistungsverweigerungsrecht in Fällen der Personensorge unverzichtbar ist[83] und an die Stelle der wenig praktikablen Freistellungskonstruktion dort ein häufig sachgerechteres Leistungsverweigerungsrecht tritt.[84]

Abs. 3 ist überdies dadurch von beschränkter Wirksamkeit, dass die Vorschrift gegenüber Ansprüchen auf **bezahlte Freistellung** aus demselben Grund **subsidiär** ist. Ist ein Entgeltfortzahlungsanspruch gem. § 616 BGB nicht wirksam abbedungen, ist dieser somit vorrangig. Fraglich ist, ob die Formulierung „Anspruch auf bezahlte Freistellung" in § 45 Abs. 3 auch das einseitige Leistungsverweigerungsrecht nach § 275 Abs. 3 BGB erfasst, bei dem § 616 BGB den Entgeltanspruch uU aufrechterhält. Dies wird man bejahen können, da die Vorschrift darauf abzielt, alle Fälle des vergüteten Leistungsausschlusses aus gleichem Grund auszuklammern und vorrangig eine Einstandspflicht des Arbeitgebers zum Zuge kommen zu lassen.[85]

Der durch den Arbeitgeber vergütete Zeitraum der Leistungsbefreiung wird auf die Anspruchsdauer gem. § 45 Abs. 2 angerechnet, da der parallel bestehende Pflege-Krg-Anspruch währenddessen nur gem. § 49 Abs. 1 Nr. 1 ruhend gestellt ist. Weil der Freistellungsanspruch nach § 45 Abs. 3 zeitlich an den Pflege-Krg-Bezug gekoppelt ist, erfolgt keine Kumulierung von entgeltlicher Leistungsbefreiung und unentgeltlicher nach Abs. 3.[86]

Abs. 3 S. 2 sieht vor, dass bei **unberechtigter Inanspruchnahme** der Freistellung gegenüber dem Arbeitgeber die zu Unrecht gewährten Freistellungszeiten auf einen späteren berechtigten Freistellungsanspruch – auch hinsichtlich eines anderen Kindes[87] – angerechnet werden können. Teilweise wird vertreten, die Regelung sei teleologisch so zu reduzieren, dass die Anrechnung unterbleibt, wenn der Arbeitgeber bei der unberechtigten Freistellung auf den Nachweis durch ärztliche Bescheinigung verzichtet hat.[88] Die Regelung ist generell **verfassungsrechtlich bedenklich**, da die Elternverantwortung gem. Art. 6 Abs. 1 GG nicht vertragsdispositiv ist und die Sanktion letztlich das pflegebedürftige Kind trifft.[89] Die praktische Bedeutung dürfte indes gering sein, da ein Leistungsverweigerungsrecht nach § 275 Abs. 3 BGB auch in den erfassten Fällen möglich bleibt.[90]

V. Sonderregelung für schwerstkranke Kinder (Abs. 4)

Leidet das Kind unter einer **gravierenden, progredient verlaufenden Erkrankung**, greift die Sonderregelung in Abs. 4. Anders als nach Abs. 1 kommt es nicht darauf an, dass das Kind in häuslicher Gemeinschaft mit dem Anspruchsberechtigten lebt.[91] Bei Abs. 4 steht nämlich nicht die physische Versorgung

---

78 Zutr. Tischler in: BeckOK SozR, SGB V, § 45 Rn. 2, 27.
79 Vgl. Joussen, NZA 2009, 64.
80 Näher Greiner, NZA 2007, 490, 493.
81 Vgl. Henssler, AcP 190 (1990) 538, 563; Richardi, NZA 2002, 1004, 1007; Nipperdey/Mohnen/Neumann/Mohnen, Der Dienstvertrag, 1958, § 616 Rn. 3; Greiner, Ideelle Unzumutbarkeit, 2004, S. 147 ff.; scharf dagegen Staudinger/Oetker, Neubearb. 2011, § 616 Rn. 18.
82 Sonnhoff in: jurisPK-SGB V, § 45 Rn. 38.
83 Vgl. Lüderitz, AcP 178 (1978), 263 ff.
84 Vgl. LAG Köln 10.11.1993, 7 Sa 690/93, LAGE § 612 a BGB Nr. 5.
85 Näher Greiner, NZA 2007, 490, 493.
86 Wagner in: GK-SGB V, § 45 Rn. 26; Sonnhoff in: jurisPK-SGB V, § 45 Rn. 41.
87 Sonnhoff in: jurisPK-SGB V, § 45 Rn. 39.
88 Wagner in: GK-SGB V, § 45 Rn. 23; dagegen Sonnhoff in: jurisPK-SGB V, § 45 Rn. 40.
89 Greiner, Ideelle Unzumutbarkeit, 2004, S. 232.
90 Näher Greiner, NZA 2007, 490, 493 f.
91 Brandts in: KassKomm, § 45 SGB V Rn. 26; Sonnhoff in: jurisPK-SGB V, § 45 Rn. 43.

im Mittelpunkt, sondern die **emotionale Verbindung** der Eltern zu ihrem schwerstkranken Kind. Die Sonderregelung in Abs. 4 verzichtet auf eine zeitliche Begrenzung, damit in Fällen lebensbedrohlicher Erkrankungen eine kontinuierliche Betreuung durch einen Elternteil gewährleistet ist. Eine **zeitliche Höchstgrenze** besteht auch dann nicht, wenn das Kind länger lebt, als zunächst ärztlich prognostiziert wurde.[92] Der Anspruch nach Abs. 4 besteht zeitgleich jeweils nur für ein Elternteil (Abs. 4 S. 2); dabei ist es unproblematisch möglich, dass die Eltern sich abwechseln.[93]

32 Erfasst sind alle **Krankheiten**, die kumulativ folgende Voraussetzungen erfüllen: Sie müssen progredient verlaufen und ein weit fortgeschrittenes Stadium erreicht haben. Die Heilung muss ausgeschlossen sein. Ferner muss eine palliativ-medizinische Behandlung erforderlich oder zumindest von einem Elternteil erwünscht sein. Prognostisch muss die verbleibende Lebenserwartung auf Wochen oder wenige – maximal sechs[94] – Monate begrenzt sein (Abs. 4 S. 1 c). Das ärztliche Zeugnis muss diese Prognose beinhalten. Die Anforderungen werden regelmäßig erfüllt sein, wenn das kranke Kind in einem Hospiz stationär versorgt wird (vgl. § 39 a) oder ambulante **Hospizleistungen** in Anspruch nimmt.[95] Somit steht selbst die stationäre Versorgung in einem Hospiz dem Anspruch nach Abs. 4 nicht entgegen.[96] Die Voraussetzungen von Abs. 1 – häusliche Gemeinschaft und Vorrang anderer Betreuungsmöglichkeiten (→ Rn. 16) – gelten bei Abs. 4 nicht, da in derart gravierenden Fällen eine persönliche Betreuung durch die Eltern eine unabhängig davon zu ermöglichende Form der Ausübung von Elternverantwortung ist.

33 Abgesehen von Fällen der Behinderung und diesbezüglicher Hilfsbedürftigkeit (o. → Rn. 11) endet auch der Anspruch nach Abs. 4 mit **Vollendung des 12. Lebensjahres**. Vorgeschlagen wird, den Leistungsanspruch mit Blick auf die psychische Extremsituation der Eltern eines sterbenden Kindes über diese Grenze hinaus aufrecht zu erhalten, wenn die Voraussetzungen des Pflege-Krg bereits vor Vollendung des 12. Lebensjahres eingetreten sind und kontinuierlich andauerten. Da bei unabsehbarer Dauer einer fortschreitenden Erkrankung die Grenze zum Begriff der Behinderung verschwimmt,[97] lässt sich dieses – sinnvolle – Ergebnis über eine verfassungskonforme Auslegung des Tatbestandsmerkmals „behindert und auf Hilfe angewiesen" erreichen.[98] Folge ist, dass dann keine Altersgrenze mehr besteht.

34 Der durch das Gesetz zur besseren Vereinbarkeit von Familie, Pflege und Beruf mWv 1.1.2015 (→ Rn. 19) neu gefasste Abs. 4 S. 3 stellt klar, dass umfassend der **Berechnungsmodus des § 47** Anwendung findet, nicht dagegen der in Abs. 2 statuierte neue Berechnungsmodus für das allgemeine Pflege-Krg. Dies ist auch sachangemessen, da es sich beim Pflege-Krg in Fällen des Abs. 4 regelmäßig um eine längerfristige Leistung handelt.[99] Es steht daher dem allgemeinen Krg insofern funktional näher als dem kurzzeitig gewährten Pflege-Krg nach Abs. 1, 2. Es gelten somit insbesondere das **Referenzperiodenprinzip**, die Bemessung nach **Kalendertagen** und die in § 47 vorgesehene **Leistungshöhe von 70 %** der Bemessungsgrundlage.

35 Auch in Fällen des Abs. 4 gilt infolge des Verweises in Abs. 4 S. 3 der arbeitsrechtliche Freistellungsanspruch gem. Abs. 3. Ferner gelten demnach die in Abs. 1 S. 2 in Bezug genommenen Ausschlusstatbestände des § 44 Abs. 2 sowie die Erweiterungen des Begriffs des „Kindes" durch § 10 Abs. 4.

VI. Einbeziehung von Arbeitnehmern ohne Versichertenstatus (Abs. 5)

36 Abs. 5 erweitert den Freistellungsanspruch nach Abs. 3 – nicht hingegen den Krg-Anspruch – auf Arbeitnehmer, die **gar nicht oder ohne Krg-Anspruch in der GKV** versichert sind. Zielsetzung ist die Gleichbehandlung der unterschiedlichen Gruppen von Arbeitnehmern.[100] Diese mWv 1.8.2002 eingefügte Erweiterung[101] ist systematisch „verunglückt".[102] Bei wörtlicher Anwendung hätte die Vorschrift keinen Anwendungsbereich, da sie infolge des Verweises auf Abs. 3 und – mittelbar – Abs. 1 bzw. Abs. 4 die Anspruchsvoraussetzung eines bestehenden Krg-Anspruchs in Bezug nimmt, den der erfass-

---

92 Sonnhoff in: jurisPK-SGB V, § 45 Rn. 45.
93 Gerlach in: Hauck/Noftz, SGB V, § 45 Rn. 23.
94 Enger Brandts in: KassKomm, § 45 SGB V Rn. 28.
95 Gerlach in: Hauck/Noftz, SGB V, § 45 Rn. 21.
96 BT-Dr. 14/9031, 3.
97 Vgl. EuGH, 11.7.2006, C-13/05, Slg 2006 I-06467.
98 Ähnlich im Ergebnis Gerlach in: Hauck/Noftz, SGB V, § 45 Rn. 25.
99 Vgl. BT-Dr. 18/3124, 44.
100 BT-Dr. 14/9585, 4.
101 BGBl. I 2002, 2872.
102 Tischler in: BeckOK SozR, SGB V, § 45 Rn. 28.

te Personenkreis gerade nicht hat. Die Vorschrift muss daher korrigierend so gelesen werden, dass die Anspruchsvoraussetzungen von Abs. 3 iVm Abs. 1 bzw. Abs. 4 nur unter Ausklammerung der Mitgliedschaft mit Krg-Anspruch in Bezug genommen sein sollen.[103]

§ 46 Entstehen des Anspruchs auf Krankengeld

¹Der Anspruch auf Krankengeld entsteht
1. bei Krankenhausbehandlung oder Behandlung in einer Vorsorge- oder Rehabilitationseinrichtung (§ 23 Abs. 4, §§ 24, 40 Abs. 2 und § 41) von ihrem Beginn an,
2. im Übrigen von dem Tag der ärztlichen Feststellung der Arbeitsunfähigkeit an.

²Der Anspruch auf Krankengeld bleibt jeweils bis zu dem Tag bestehen, an dem die weitere Arbeitsunfähigkeit wegen derselben Krankheit ärztlich festgestellt wird, wenn diese ärztliche Feststellung spätestens am nächsten Werktag nach dem zuletzt bescheinigten Ende der Arbeitsunfähigkeit erfolgt; Samstage gelten insoweit nicht als Werktage. ³Für die nach dem Künstlersozialversicherungsgesetz Versicherten sowie für Versicherte, die eine Wahlerklärung nach § 44 Absatz 2 Satz 1 Nummer 2 abgegeben haben, entsteht der Anspruch von der siebten Woche der Arbeitsunfähigkeit an. ⁴Der Anspruch auf Krankengeld für die in Satz 3 genannten Versicherten nach dem Künstlersozialversicherungsgesetz entsteht bereits vor der siebten Woche der Arbeitsunfähigkeit zu dem von der Satzung bestimmten Zeitpunkt, spätestens jedoch mit Beginn der dritten Woche der Arbeitsunfähigkeit, wenn der Versicherte bei seiner Krankenkasse einen Tarif nach § 53 Abs. 6 gewählt hat.

Literatur:
Siehe § 44.

I. Allgemeines und Entstehungsgeschichte 1	b) ... bei stationärer Behandlung (S. 1 Nr. 1) 12
II. Grundsatz: Entstehungszeitpunkt (S. 1) 4	III. Sonderregelungen (S. 2) 13
1. Anwendungsbereich, Regelungsinhalt .. 4	IV. Wahltarife (S. 3) 15
2. Entstehungszeitpunkt 5	
a) ... bei ärztlicher Feststellung der AU (S. 1 Nr. 2) 6	

I. Allgemeines und Entstehungsgeschichte

Die Regelung ist aus § 182 Abs. 3 RVO abgeleitet. Die heutige Fassung wurde durch das GRG vom 20.12.1988 mWv 1.1.1989 in Kraft gesetzt.[1] Zum 1.1.2009 wurde die Vorschrift durch das GKV-WSG geändert. Dabei wurde der die nach dem KSVG versicherten Selbstständigen (vgl. § 1 KSVG) betreffende Verweis auf § 53 Abs. 4 aufgenommen; für diese Personengruppe besteht nunmehr die Möglichkeit, einen erweiterten Krg-Anspruch durch Abschluss eines Wahltarifs zu erlangen. Eine weitere Änderung ergab sich infolge der mWv 1.8.2009 geschaffenen Möglichkeit einer Wahlerklärung für hauptberuflich selbstständig Erwerbstätige gem. § 44 Abs. 2 Nr. 2 (→ § 44 Rn. 45 ff.). Für diese Personengruppe wurde der Entstehungszeitpunkt des Anspruchs auf Krg der Situation der nach dem KSVG Versicherten angeglichen. Zuletzt wurde mit GKV-VSG vom 16.7.2015 mWv 23.7.2015[2] die frühere „Karenztagsregelung" in § 46 S. 1 Nr. 1 beseitigt und durch Einfügung des neuen S. 2 die Problematik einer Versorgungslücke bei nicht nahtlos anschließender Fortsetzungs-AUB entschärft.

1

Systematisch hängt die Vorschrift mit § 40 Abs. 1 SGB I zusammen. § 46 regelt die dort abstrakt angesprochenen Entstehungsvoraussetzungen eines Einzelanspruchs auf Krg.[3] Gegenüber § 44, der die Voraussetzungen von **abstraktem Stammrecht** (Versicherteneigenschaft) und **aktualisiertem Stammrecht** (Versicherungsfall) regelt, macht § 46 den konkreten, vollstreckbaren **Zahlungsanspruch** auf Krg von der zusätzlichen Voraussetzung abhängig, dass der Versicherte seiner Obliegenheit nachgekommen ist,

2

---

103 Zutr. Tischler in: BeckOK SozR, SGB V, § 45 Rn. 28.
1 BGBl. I 1988, 2477.
2 BGBl. I 2015, 1211.
3 Sonnhoff in: jurisPK-SGB V, § 46 Rn. 11.

die AU ärztlich feststellen zu lassen.⁴ Nur dieser Anspruch – nicht hingegen das Stammrecht –⁵ unterliegt Verjährung und Verwirkung, Verzicht (§ 46 Abs. 1 Hs. 1 SGB I) sowie Übertragung und Verpfändung (§ 53 Abs. 2 SGB I). Das Bestehen eines durch den Versicherungsfall aktualisierten Stammrechts nach § 44 ist damit notwendige, aber noch nicht hinreichende Bedingung für das Entstehen eines Zahlungsanspruchs. Beide – gedanklich zu trennenden – Vorgänge können zeitlich zusammenfallen.⁶ Mit Entstehen des Krg-Anspruchs wird dieser auch fällig (§ 41 SGB I).

3 Die Festlegung des maßgeblichen Zeitpunkts für das Entstehen des Anspruchs hat Rückwirkungen auf das Bestehen des Stammrechts nach § 44. Nach Rspr. des BSG bestimmt das „bei Entstehen eines Krg-Anspruchs bestehende Versicherungsverhältnis (...), wer in welchem Umfang als ‚Versicherter' Anspruch auf Krg hat":⁷ Maßgeblicher **Stichtag** für das Vorliegen eines **Versicherungsverhältnisses** mit Krg-Anspruch (→ § 44 Rn. 7 ff.) ist daher nunmehr der Tag der (erstmaligen)⁸ ärztlichen Feststellung der AU (→ Rn. 6).⁹

II. Grundsatz: Entstehungszeitpunkt (S. 1)

4 **1. Anwendungsbereich, Regelungsinhalt.** S. 1 regelt das Entstehen des Anspruchs für alle Versichertengruppen, sofern keine Sonderregelung besteht. Demnach richtet sich auch der Krg-Anspruch der kurzzeitig Beschäftigten, die eine Wahlerklärung gem. § 44 Abs. 2 Nr. 3 abgegeben haben (→ § 44 Rn. 45 ff.), nach S. 1. S. 2 trifft eine Sonderregelung für nach dem KSVG Versicherte und hauptberuflich selbstständig Erwerbstätige, die eine Wahlerklärung nach § 44 Abs. 2 S. 1 Nr. 2 abgegeben haben. Ausgeklammert von S. 1 sind weiterhin Arbeitslose, für die § 47b Abs. 1 S. 2 eine Sonderregelung trifft (→ § 47b Rn. 3). Der Entstehungszeitpunkt nach § 46 S. 1 Nr. 2 ist gleichfalls anwendbar auf den Krg-Anspruch gem. § 24b Abs. 2 S. 2 bei AU infolge Sterilisation oder Schwangerschaftsabbruchs (→ § 44 Rn. 3). Unanwendbar ist § 46 in Fällen des Pflege-Krg, da § 45 abweichende Entstehungszeitpunkte festlegt (→ § 45 Rn. 17 ff.).¹⁰

5 **2. Entstehungszeitpunkt.** S. 1 differenziert zwischen Fällen der **stationären Behandlung** und der **krankheitsbedingten AU** im engeren Sinne (→ § 44 Rn. 26). Der Beginn einer stationären Behandlung löst den Krg-Anspruch aus. Bei AU ohne stationäre Behandlung besteht der Krg-Anspruch gem. S. 1 Nr. 2 nunmehr von dem Tag der ärztlichen Feststellung der AU an. Dies knüpft an die ratio legis an, die vor allem darin besteht, **Leistungsmissbrauch und Schwierigkeiten bei der Feststellung zurückliegender AU-Zeiten vorzubeugen** (→ Rn. 7). Vergleichbare Missbrauchsgefahren und Feststellungsschwierigkeiten sind bei einer stationären Behandlung nicht ersichtlich, so dass die unterschiedliche Behandlung beider Konstellationen angemessen ist.

6 **a) ... bei ärztlicher Feststellung der AU (S. 1 Nr. 2).** Seit Neufassung der Regelung durch das GKV-VSG 2015 besteht der Anspruch gem. S. 1 Nr. 2 von dem **Tag an, an welchem die ärztliche Feststellung der AU erfolgt.** Maßgeblich ist somit nicht der Beginn der AU, sondern ihre ärztliche Feststellung. Diese setzt sowohl bei der Erstfeststellung als auch bei nachfolgenden Feststellungen die persönliche Untersuchung des Versicherten durch einen Arzt voraus (vgl. § 2 Abs. 5 AU-R); nicht ausreichend ist eine telefonische Befragung.¹¹ Erforderlich ist ferner eine Dokumentation nach außen, regelmäßig in Form der AUB. Ein Vermerk über die festgestellte AU in der Krankenakte genügt nicht.¹² Mit dem GKV-VSG (→ Rn. 1) entfällt der frühere leistungsfreie Karenztag am Tag der ärztlichen Feststellung. Die

---

4 Joussen in: Becker/Kingreen, § 46 Rn. 4; Waltermann in: Kreikebohm/Spellbrink/Waltermann, SGB V, § 46 Rn. 3. Zum Verhältnis von Stammrecht und Einzelanspruch ausf. und instruktiv Tischler in: BeckOK SozR, SGB V, § 46 Rn. 1 ff.; indes dürfte hier ein dreistufiges System aus abstraktem Stammrecht, durch Versicherungsfall aktualisiertem Stammrecht und Einzelanspruch nach Wahrnehmung der Obliegenheiten des Versicherten zugrunde zu legen sein.
5 Tischler in: BeckOK SozR, SGB V, § 46 Rn. 3.
6 Zutreffend Tischler in: BeckOK SozR, SGB V, § 46 Rn. 8.
7 BSG, 26.6.2007, B 1 KR 37/06 R, SozR 4-2500 § 46 Nr. 2; 14.12.2006, B 1 KR 9/06 R, USK 2006-51; 26.6.2007, B 1 KR 19/06 R, USK 2007-28.
8 Zutr. Schmidt in: Peters, HdB KrV, § 44 Rn. 35 a.
9 Unscharf etwa BSG, 19.9.2002, B 1 KR 11/02 R, BSGE 90, 72, wonach der versicherungsrechtliche Status „im Zeitpunkt der ärztlichen Feststellung maßgebend" sei; ähnlich BSG, 13.7.2004, B 1 KR 39/02 R, SozR 4-2500 § 44 Nr. 2; 8.11.2005, B 1 KR 30/04 R, USK 2005-40.
10 Hierzu Gerlach in: Hauck/Noftz, SGB V, § 46 Rn. 22.
11 BSG, 16.12.2014, B 1 KR 25/14 R, GesR 2015, 280; vgl. weiterhin BSG, 22.3.2005, B 1 KR 22/04 R, SozR 4-2500 § 44 Nr. 6; LSG Schleswig-Holstein, 6.2.2017, L 5 KR 13/17 B ER, BeckRS 2017, 101392.
12 LSG RhPf, 21.4.2016, L 5 KR 217/15, BeckRS 2016, 68685.

Neuregelung schließt insbes. eine Versorgungslücke bei Patienten, die hinsichtlich einer Erkrankung die sechswöchige Entgeltfortzahlung gem. § 3 EFZG bereits ausgeschöpft haben, in der Folge aber – zB wegen einer ambulanten Dialyse oder Chemotherapie – regelmäßig kurzzeitig arbeitsunfähig sind. Sie haben für diese Fehlzeit nunmehr einen Krg-Anspruch; der zuvor bestehende Wertungswiderspruch zur stationären Leistungserbringung wurde beseitigt.[13] Zu welcher Tageszeit die ärztliche Feststellung erfolgt, ist dabei ohne Belang; stets entsteht der Anspruch für den gesamten Tag (vgl. § 47 Abs. 1 S. 6). Wurde an diesem Tag noch Arbeitsleistung erbracht, ruht der Krg-Anspruch allerdings gem. § 49 Abs. 1 Nr. 1 bis zum krankheitsbedingten Abbruch oder sonstigen Ende der vergüteten Arbeitsleistung. Relevant wird diese Überlagerung nur bei Beschäftigten ohne Anspruch auf Entgeltfortzahlung im Krankheitsfall (§ 3 EFZG), da anderenfalls § 49 Abs. 1 Nr. 1 für den vollen Tag, an dem die ärztliche Feststellung erfolgt, zum Ruhen des Krg-Anspruchs führt. Bei einem Anspruch auf **Verletztengeld** nach § 45 SGB VII, also bei krankheitsbedingter AU bzw. stationärer Behandlung infolge eines Arbeitsunfalls oder einer Berufskrankheit (§ 7 SGB VII), bestand schon nach der Rechtslage vor dem GKV-VSG 2015 **keine Karenzzeit**, da das Verletztengeld gem. § 46 Abs. 1 SGB VII bereits für den Tag geleistet wird, an dem die ärztliche Feststellung der AU erfolgt.[14]

Lässt der Versicherte **längere Zeit** bis zur ärztlichen Feststellung **verstreichen**, erwirbt er für diese Tage, die nach wie vor als **Karenztage** bezeichnet werden können, keinen Krg-Anspruch. Auch die sonstigen Rechtswirkungen des Krg-Bezugs, insbesondere die mitgliedschaftserhaltende Wirkung des § 192 Abs. 1 Nr. 2, treten nicht ein.[15] Diese Rechtsfolgen **sanktionieren** einen Verstoß des Versicherten gegen die **Obliegenheit**,[16] zeitnah eine ärztliche Feststellung durch Vorsprache bei einem Arzt und Schilderung der gesundheitlichen Beschwerden zu ermöglichen.[17] Sinn und Zweck der Obliegenheit ist es ebenso wie bei der Meldeobliegenheit gem. § 49 Abs. 1 Nr. 5 (→ § 49 Rn. 24 ff.), dass eine schwierige, vergangenheitsbezogene Überprüfung der AU durch den MDK (vgl. § 275 Abs. 1 b SGB V) nicht erforderlich wird. Dem Leistungsmissbrauch soll wirksam entgegengetreten, Rehabilitationsmaßnahmen sollen initiiert werden können.[18] Bei der Sanktionswirkung bleibt es auch, wenn nachweislich oder unstrittig ist, dass die AU bereits vor der ärztlichen Feststellung bestand. Da § 46 S. 1 Nr. 2 strikt auf den Tag der ärztlichen Feststellung abstellt, bleibt die **Rückdatierung der AUB** – die § 5 Abs. 3 S. 2 AU-R „nach gewissenhafter Prüfung" durch den Arzt bei Erstbescheinigungen für die Dauer von idR maximal 2 Tagen zulässt – krg-rechtlich unwirksam.[19] § 5 Abs. 3 S. 2 AU-R kann die gesetzlich statuierten Anspruchsvoraussetzungen des § 46 S. 1 Nr. 2 bereits mit Blick auf die Normenhierarchie[20] nicht ändern. Die Ermächtigung des G-BA durch § 92 Abs. 1 S. 1, 2 Nr. 7 beinhaltet nur die Verabschiedung von Richtlinien über die Beurteilung der Arbeitsfähigkeit, nicht hingegen eine Änderungskompetenz bezüglich der gesetzlich geregelten Anspruchsvoraussetzungen. Auch hat die AU-R keine verbindliche Wirkung gegenüber Nicht-Vertragsärzten, die gleichwohl zur Feststellung nach § 46 S. 1 Nr. 2 berechtigt sind.[21] Die Rückdatierung der AUB hat somit in erster Linie arbeitsrechtliche Wirkungen.[22]

Die beschriebenen Grundsätze gelten auch bei einer **Fortsetzungs-AUB**: Endet der zunächst ärztlich prognostizierte und bescheinigte AU-Zeitraum, dauert aber die AU fort, sind die **erneute ärztliche Feststellung und Bescheinigung** erforderlich.[23] Ansonsten tritt die dargestellte Sanktionswirkung ein.[24] Eine einzige ärztliche Feststellung kann sich aber, etwa bei unabsehbarer Genesung, auch auf einen langen Zeitraum und mehrere Krg-Bewilligungszeiträume beziehen.[25] Bislang wurden Krg-Anspruch und ggf. nach § 192 Abs. 1 Nr. 2 auch die Mitgliedschaft mit Krankengeldanspruch nur erhalten,

---

13 Zum Telos der Neuregelung BT-Dr. 18/4095, 80.
14 Vgl. weiterhin BSG, 5.9.2006, B 2 U 12/05 R, USK 2006-128.
15 Zuletzt BSG, 16.12.2014, B 1 KR 37/14 R, BSGE 118, 52.
16 BSG, 4.3.2014, B 1 KR 17/13 R, SozR 4-2500 § 192 Nr. 6, SozR 4-2500 § 44 Nr. 19, SozR 4-2500 § 46 Nr. 6; Brandts in: KassKomm, § 46 SGB V Rn. 5; Sonnhoff in: jurisPK-SGB V, § 46 Rn. 24.
17 Vgl. BSG, 8.11.2005, B 1 KR 30/04 R, BSGE 95, 219.
18 BSG, 16.12.2014, B 1 KR 37/14 R, BSGE 118, 52-63; vgl. bereits BSG, 8.11.2005, B 1 KR 30/04 R, BSGE 95, 219; 19.9.2002, B 1 KR 11/02 R, BSGE 90, 72; 23.2.1967, 5 RKn 112/64, BSGE 26, 111, 112; 18.3.1966, 3 RK 58/62, BSGE 24, 278, 279.
19 BSG, 26.6.2007, B 1 KR 37/06 R, SozR 4-2500 § 46 Nr. 2, Rn. 15.
20 Vgl. Sonnhoff in: jurisPK-SGB V, § 46 Rn. 37.
21 BSG, 26.6.2007, B 1 KR 37/06 R, SozR 4-2500 § 46 Nr. 2, Rn. 15.
22 Vgl. § 5 EFZG; zur rückwirkenden Vorlage der AUB Greiner, Ideelle Unzumutbarkeit, 2004, S. 304 f.
23 BSG, 5.5.2009, B 1 KR 20/08 R, SozR 4-2500 § 192 Nr. 4, Rn. 20 mwN.
24 Zuletzt – bereits mit Blick auf die Rechtslage nach dem GKV-VSG 2015 – BSG, 16.12.2014, B 1 KR 37/14 R, BSGE 118, 52.
25 BSG, 10.5.2012, B 1 KR 20/11 R, SozR 4-2500 § 46 Nr. 4.

wenn die ärztlich festgestellten AU-Zeiträume **nahtlos aneinander anschlossen**. Die erneute ärztliche Feststellung musste daher zwingend vor Ablauf des zunächst bescheinigten AU-Zeitraums erfolgen.[26] Das galt selbst dann, wenn das bescheinigte Ende der AU auf das Wochenende fiel; praktisch musste die Fortsetzungs-AUB dann spätestens am Freitag ausgestellt werden.[27] In der Praxis führte diese Versicherten häufig nicht bekannte Rechtslage zu Härten. Der durch das GKV-VSG 2015 eingefügte S. 2 entschärft die Obliegenheit und ermöglicht die ärztliche Feststellung der wegen derselben Krankheit fortbestehenden Arbeitsunfähigkeit noch am nächsten Werktag nach dem in der vorangegangenen AUB bescheinigten Ende der AU. Da eine ärztliche Feststellung an Samstagen häufig nicht möglich ist, wird zugleich klargestellt, dass Samstage nicht als Werktage gelten.

9 Trotz der Abmilderung der Obliegenheit durch das GKV-VSG 2015 können weiterhin **Härten** entstehen, wenn die ärztliche Feststellung **ohne Verschulden des Versicherten** nicht rechtzeitig getroffen werden kann. Zielsetzung (→ Rn. 7) und Gesetzgebungsgeschichte[28] sprechen dafür, diese Härtefälle im **Grundsatz hinzunehmen**,[29] so etwa, wenn die Feststellung nicht getroffen wurde, weil der Versicherte seinen behandelnden Arzt zwar aufgesucht, ihn aber nicht angetroffen hat[30] oder (grds.), wenn der zunächst aufgesuchte Vertragsarzt vertretbar (→ Rn. 9) die AU nicht festgestellt hat, ein anderer Arzt später jedoch rückwirkend auf den Tag des ersten Arztbesuchs die Feststellung trifft.[31] Erkrankungen im Ausland führen gleichfalls zu keiner großzügigeren Sichtweise.[32]

10 Die Obliegenheit entfällt, wenn der Versicherte **geschäftsunfähig** ist, ein **gesetzlicher Vertreter** nicht bestellt ist und deshalb der Versicherte die AU nicht rechtzeitig feststellen lassen konnte. In diesem Fall sei bereits der Beginn der AU für die Anspruchsentstehung maßgeblich.[33] Nicht höchstrichterlich entschieden wurden bislang **sonstige Fälle der Unmöglichkeit**.[34] Vorstellbar wäre etwa ein Unfall, bei dem die Rettung des Verunglückten erst geraume Zeit später erfolgt oder die zunächst unbemerkt bleibende Bewusstlosigkeit eines Alleinstehenden, dessen Auffindung und Rettung sich um Tage verzögern. Auch in diesen Fällen der Unmöglichkeit greift hinsichtlich der Obliegenheit des Versicherten der Rechtsgrundsatz impossibilium nulla obligatio est, so dass der Beginn der AU maßgeblich ist.[35]

11 Aufgrund des sozialrechtlichen Herstellungsanspruchs[36] treffen die Rechtsfolgen der Obliegenheitsverletzung den Versicherte auch dann nicht, wenn die Krankenkasse selbst den Versicherten von der rechtzeitigen Feststellung abgehalten hat,[37] zB durch unzutreffende Beratung über den Zeitrahmen für die erneute ärztliche Feststellung (**Eigenverschulden der Krankenkassen**). Dasselbe gilt, wenn ein Vertragsarzt in nachgewiesen **pflichtwidriger** Weise die **Feststellung der AU verweigert** hat (**zurechenbares Fremdverschulden**). Die der Krankenkasse zuzurechnende Pflichtverletzung ihres Erfüllungsgehilfen überlagert dann die Obliegenheitsverletzung des Versicherten, so dass auf den Beginn der AU abzustellen ist, wenn der Versicherte alles ihm Mögliche und Zumutbare getan hat, um seine Ansprüche ggü der Krankenkasse zu wahren.[38] Voraussetzung ist einerseits, dass die medizinischen Befunde so gesichert sind, dass eine objektive Feststellung für die Vergangenheit, etwa durch den MDK, möglich ist, ferner, dass der Versicherte den Anspruch innerhalb des in § 49 Abs. 1 Nr. 5 normierten Zeitraums, gerechnet von der Kenntniserlangung der ärztlichen Pflichtverletzung, ggü der Krankenkasse geltend macht.[39] Eine vertretbare, nicht erkennbar pflichtwidrige Einschätzung des Arztes reicht für die an-

---

26 Zuletzt BSG, 16.12.2014, B 1 KR 25/14 R, NZA 2015, 1246.
27 Zuletzt BSG, 16.12.2014, B 1 KR 25/14 R, NZA 2015, 1246.
28 Näher Gerlach in: Hauck/Noftz, SGB V, § 46 Rn. 7.
29 BSG, 16.12.2014, B 1 KR 37/14 R, BSGE 118, 52, Rn. 19; 18.3.1966, 3 RK 58/62, BSGE 24, 278, 279; 23.2.1967, 5 RKn 112/64, BSGE 26, 111; Brandts in: KassKomm, § 46 SGB V Rn. 5.
30 BSG, 18.3.1966, 3 RK 58/62, BSGE 24, 278, 280.
31 BSG, 26.6.2007, B 1 KR 37/06 R, SozR 4-2500 § 46 Nr. 2, Rn. 17.
32 BSG, 19.3.1970, 5 RKn 47/67, BSGE 31, 100.
33 BSG, 16.12.2014, B 1 KR 37/14 R, BSGE 118, 52, Rn. 24; 5.5.2009, B 1 KR 20/08 R, SozR 4-2500 § 192 Nr. 4, Rn. 21 mwN.
34 Offen gelassen durch BSG, 18.3.1966, 3 RK 58/62, BSGE 24, 278.
35 Zutr. Gerlach in: Hauck/Noftz, SGB V, § 46 Rn. 14.
36 Dazu Greiner in: KKW, § 14 SGB Rn. 11 ff. mwN.
37 BSG, 16.12.2014, B 1 KR 37/14 R, BSGE 118, 52; zum Umfang der Beratungspflicht s. auch BSG, 16.12.2014, B 1 KR 25/14 R, GesR 2015, 280, Rn. 16.
38 BSG, 17.8.1982, 3 RK 28/81, SozR 2200 § 182 Nr. 84; vgl. auch BSG, 16.12.2014, B 1 KR 37/14 R, BSGE 118, 52, Rn. 24.
39 BSG, 8.11.2005, B 1 KR 30/04 R, SozR 4-2500 § 46 Nr. 1, Rn. 24 ff.

spruchserhaltende Wirkung nicht aus.[40] Nach früheren Kontroversen in der Rspr[41] deutet sich in jüngeren Entscheidungen eine tendenziell versichertenfreundlichere Sichtweise an: Ist der Versicherte seiner Obliegenheit nachgekommen, einen Arzt aufzusuchen und ihm die Beschwerden darzulegen, könne im Fall einer unterbleibenden Feststellung von ihm nicht verlangt werden, weitere Ärzte aufzusuchen, bis endlich eine Feststellung der AU erfolgt. Er dürfe auf die Qualität der ärztlichen Einschätzung idR vertrauen.[42] Kein Vertrauenstatbestand soll bestehen, wenn die AU zwischen MDK und Vertragsarzt von Anfang an umstritten war.[43] Eine **Grenze** erreicht die Zurechnung, wenn der Vertragsarzt jenseits seiner medizinischen Kompetenzen agiert und zB den Versicherten unzutreffend oder gar nicht rechtlich über Erfordernis und notwendigen Zeitpunkt einer Fortsetzungs-AUB beraten hat.[44] Dies kann ggf. Schadensersatzansprüche gegen den Arzt, nicht aber Krg-Ansprüche gegen die Krankenkasse auslösen.[45]

b) ... bei stationärer Behandlung (S. 1 Nr. 1). Bei stationärer Behandlung steht der Beginn der Behandlung ohne tatsächliche Unsicherheiten fest, so dass Missbrauchsprävention oder Beweissicherung nicht relevant werden. Maßgeblich ist der **Beginn des Tages**, an dem die **Aufnahme des Versicherten zur stationären Behandlung** stattgefunden hat; dies gilt auch dann, wenn die Aufnahme erst nachmittags oder abends erfolgt.[46] In dieser Konstellation fallen Versicherungsfall (Aktualisierung des Stammrechts) und Entstehung des Leistungsanspruchs zeitlich zusammen. Zu welcher Tageszeit die Aufnahme in stationäre Behandlung erfolgt, ist dabei ohne Belang; stets entsteht der Anspruch für den gesamten Tag (vgl. § 47 Abs. 1 S. 6). Wurde an diesem Tag noch Arbeitsleistung erbracht, ruht der Krg-Anspruch allerdings gem. § 49 Abs. 1 Nr. 1 bis zum krankheitsbedingten Abbruch oder sonstigen Ende der vergüteten Arbeitsleistung. Relevant wird diese Überlagerung nur bei Beschäftigten ohne Anspruch auf Entgeltfortzahlung im Krankheitsfall (§ 3 EFZG), da anderenfalls § 49 Abs. 1 Nr. 1 für den vollen Tag der Aufnahme in stationäre Behandlung zum Ruhen des Krg-Anspruchs führt. Hinsichtlich der stationären Behandlung in Präventions-/Rehabilitationseinrichtungen werden alle in §§ 23 Abs. 4, 24, 40 Abs. 2, 41 genannten Fälle von S. 1 Nr. 1 erfasst; zu den Anforderungen an die stationäre Behandlung → § 44 Rn. 26 f.

III. Sonderregelungen (S. 2)

S. 2 trifft eine Regelung für die nach dem **KSVG** sowie infolge einer **Wahlerklärung** nach § 44 Abs. 2 S. 1 Nr. 2 versicherten **Selbstständigen** (→ § 44 Rn. 42). Der Anspruch entsteht grds. mit Beginn der 7. Woche der AU. Es gilt eine **Karenzzeit von 6 Wochen**. Grund ist, dass die betroffenen Selbstständigen keinen Anspruch auf 6-wöchige Entgeltfortzahlung im Krankheitsfall haben, so dass sie mangels Eingreifens der Ruhensvorschrift des § 49 Abs. 1 Nr. 1 ansonsten sofort Anspruch auf Krg hätten.[47] Diese Besserstellung gegenüber Beschäftigten mit Entgeltfortzahlungsanspruch und die Mehrbelastung der Krankenkassen lassen sich nicht begründen und werden durch S. 2 unterbunden.[48]

Dass es nach dem Wortlaut von S. 2 auf die **ärztliche Feststellung** nicht ankommt, sondern das Vorliegen von AU genügt, ist mit Blick auf die *ratio legis* (→ Rn. 5) nicht nachvollziehbar. Ggf. sollte die Regelung insofern teleologisch korrigierend ausgelegt werden, so dass auch hier bei schlichter krankheitsbedingter AU erst die ärztliche Feststellung die Karenzfrist beginnen lässt.[49] Der Begriff der AU umfasst hier als Oberbegriff auch den Fall der stationären Behandlung (→ § 44 Rn. 26).[50] Die sechs-

---

40 BSG, 26.6.2007, B 1 KR 37/06 R, SozR 4-2500 § 46 Nr. 2, Rn. 17; 8.11.2005, B 1 KR 30/04 R, SozR 4-2500 § 46 Nr. 1.
41 Sehr restriktiv BSG, 12.11.1985, 3 RK 35/84, SozR 2200 § 216 Nr. 8.
42 BSG, 8.11.2005, B 1 KR 30/04 R, SozR 4-2500 § 46 Nr. 1, Rn. 24 ff.
43 BSG, 8.11.2005, B 1 KR 30/04 R, SozR 4-2500 § 46 Nr. 1, Rn. 30.
44 BSG, 4.3.2014, B 1 KR 17/13 R, SozR 4-2500 § 192 Nr. 6, SozR 4-2500 § 44 Nr. 19, SozR 4-2500 § 46 Nr. 6; vgl. auch schon BSG 10.5.2012, B 1 KR 19/11 R, SozR 4-2500 § 192 Nr. 5, Rn. 24 f.; 4.3.2014, B 1 KR 17713 R, SozR 4-2500 § 192 Nr. 6 Rn. 18.
45 BSG, 16.12.2014, B 1 KR 25/14 R, NZA 2015, 1246, Rn. 15; zuletzt LSG Schleswig-Holstein, 6.2.2017, L 5 KR 13/17 B ER, BeckRS 2017, 101392.
46 Vgl. Sonnhoff in: jurisPK-SGB V, § 46 Rn. 19.
47 Zu diesem Zusammenhang Tischler in: BeckOK SozR, SGB V, § 46 Rn. 24.
48 Vgl. zur Regelungsintention BT-Dr. 9/26, 23; weiterhin Joussen in: Becker/Kingreen, § 46 Rn. 5.
49 Zutr. Waltermann in: Kreikebohm/Spellbrink/Waltermann, SGB V, § 46 Rn. 5; Joussen in: Becker/Kingreen, § 46 Rn. 5.
50 BSG, 31.1.1995, 1 RK 1/94, BSGE 76, 1.

wöchige Karenzzeit greift also auch bei stationärer Behandlung;[51] dies erklärt sich durch ihren von der Karenzzeit nach S. 1 abweichenden Zweck (→ Rn. 13). Zur Situation bei wiederholter AU → Rn. 8.

IV. Wahltarife (S. 3)

15 Ausnahmsweise entsteht der Anspruch für nach dem KSVG Versicherte schon vor der 7. Woche der AU, sofern die Satzung der Krankenkasse dies vorsieht (§ 46 S. 3) und der Versicherte einen entsprechenden **Wahltarif** gem. § 53 Abs. 6 gewählt hat. § 53 Abs. 6 verpflichtet die Krankenkasse, einen Wahltarif mit einem Krg-Anspruch spätestens ab dem Beginn der 3. Woche der AU anzubieten.[52] Grds. Gleiches gilt für hauptberuflich selbstständig Erwerbstätige, die infolge einer Wahlerklärung Anspruch auf Options-Krg gem. § 44 Abs. 2 Nr. 2 Hs. 2 haben. Obwohl es sich dann um das „gesetzliche" Krg nach §§ 44, 46 handelt, modifiziert S. 2 aus den genannten Gründen (→ Rn. 14 f.) den Entstehungszeitpunkt. Die Krankenkasse wird durch § 53 Abs. 6 verpflichtet, alternativ einen Wahltarif mit einem § 46 S. 1 entsprechenden oder späteren Entstehungszeitpunkt vorzusehen; die Satzung kann jedoch – anders als bei den nach dem KSVG Versicherten – auch einen Entstehungszeitpunkt nach dem Beginn der 3. Woche vorsehen (→ § 53 Rn. 30 ff.).

§ 47 Höhe und Berechnung des Krankengeldes

(1) ¹Das Krankengeld beträgt 70 vom Hundert des erzielten regelmäßigen Arbeitsentgelts und Arbeitseinkommens, soweit es der Beitragsberechnung unterliegt (Regelentgelt). ²Das aus dem Arbeitsentgelt berechnete Krankengeld darf 90 vom Hundert des bei entsprechender Anwendung des Absatzes 2 berechneten Nettoarbeitsentgelts nicht übersteigen. ³Für die Berechnung des Nettoarbeitsentgelts nach Satz 2 ist der sich aus dem kalendertäglichen Hinzurechnungsbetrag nach Absatz 2 Satz 6 ergebende Anteil am Nettoarbeitsentgelt mit dem Vomhundertsatz anzusetzen, der sich aus dem Verhältnis des kalendertäglichen Regelentgeltbetrages nach Absatz 2 Satz 1 bis 5 zu dem sich aus diesem Regelentgeltbetrag ergebenden Nettoarbeitsentgelt ergibt. ⁴Das nach Satz 1 bis 3 berechnete kalendertägliche Krankengeld darf das sich aus dem Arbeitsentgelt nach Absatz 2 Satz 1 bis 5 ergebende kalendertägliche Nettoarbeitsentgelt nicht übersteigen. ⁵Das Regelentgelt wird nach den Absätzen 2, 4 und 6 berechnet. ⁶Das Krankengeld wird für Kalendertage gezahlt. ⁷Ist es für einen ganzen Kalendermonat zu zahlen, ist dieser mit dreißig Tagen anzusetzen. ⁸Bei der Berechnung des Regelentgelts nach Satz 1 und des Nettoarbeitsentgelts nach den Sätzen 2 und 4 sind die für die jeweilige Beitragsbemessung und Beitragstragung geltenden Besonderheiten der Gleitzone nach § 20 Abs. 2 des Vierten Buches nicht zu berücksichtigen.

(2) ¹Für die Berechnung des Regelentgelts ist das von dem Versicherten im letzten vor Beginn der Arbeitsunfähigkeit abgerechneten Entgeltabrechnungszeitraum, mindestens das während der letzten abgerechneten vier Wochen (Bemessungszeitraum) erzielte und um einmalig gezahltes Arbeitsentgelt verminderte Arbeitsentgelt durch die Zahl der Stunden zu teilen, für die es gezahlt wurde. ²Das Ergebnis ist mit der Zahl der sich aus dem Inhalt des Arbeitsverhältnisses ergebenden regelmäßigen wöchentlichen Arbeitsstunden zu vervielfachen und durch sieben zu teilen. ³Ist das Arbeitsentgelt nach Monaten bemessen oder ist eine Berechnung des Regelentgelts nach den Sätzen 1 und 2 nicht möglich, gilt der dreißigste Teil des im letzten vor Beginn der Arbeitsunfähigkeit abgerechneten Kalendermonat erzielten und um einmalig gezahltes Arbeitsentgelt verminderten Arbeitsentgelts als Regelentgelt. ⁴Wenn mit einer Arbeitsleistung Arbeitsentgelt erzielt wird, das für Zeiten einer Freistellung vor oder nach dieser Arbeitsleistung fällig wird (Wertguthaben nach § 7b des Vierten Buches), ist für die Berechnung des Regelentgelts das im Bemessungszeitraum der Beitragsberechnung zugrundeliegende und um einmalig gezahltes Arbeitsentgelt verminderte Arbeitsentgelt maßgebend; Wertguthaben, die nicht gemäß einer Vereinbarung über flexible Arbeitszeitregelungen verwendet werden (§ 23b Abs. 2 des Vierten Buches), bleiben außer Betracht. ⁵Bei der Anwendung des Satzes 1 gilt als regelmäßige wöchentliche Arbeitszeit die Arbeitszeit, die dem gezahlten Arbeitsentgelt entspricht. ⁶Für die Berechnung des Regelentgelts ist der dreihundertsechzigste Teil des einmalig gezahlten Arbeitsentgelts, das in den letzten zwölf Kalendermonaten vor Beginn der Arbeitsunfähigkeit nach § 23a des Vierten Buches der Bei-

---

51 Sonnhoff in: jurisPK-SGB V, § 46 Rn. 61.
52 Gerlach in: Hauck/Noftz, SGB V, § 46 Rn. 4a.

tragsberechnung zugrunde gelegen hat, dem nach Satz 1 bis 5 berechneten Arbeitsentgelt hinzuzurechnen.

(3) Die Satzung kann bei nicht kontinuierlicher Arbeitsverrichtung und -vergütung abweichende Bestimmungen zur Zahlung und Berechnung des Krankengeldes vorsehen, die sicherstellen, daß das Krankengeld seine Entgeltersatzfunktion erfüllt.

(4) [1]Für Seeleute gelten als Regelentgelt die beitragspflichtigen Einnahmen nach § 233 Abs. 1. [2]Für Versicherte, die nicht Arbeitnehmer sind, gilt als Regelentgelt der kalendertägliche Betrag, der zuletzt vor Beginn der Arbeitsunfähigkeit für die Beitragsbemessung aus Arbeitseinkommen maßgebend war. [3]Für nach dem Künstlersozialversicherungsgesetz Versicherte ist das Regelentgelt aus dem Arbeitseinkommen zu berechnen, das der Beitragsbemessung für die letzten zwölf Kalendermonate vor Beginn der Arbeitsunfähigkeit zugrunde gelegt hat; dabei ist für den Kalendertag der dreihundertsechzigste Teil dieses Betrages anzusetzen. [4]Die Zahl dreihundertsechzig ist um die Zahl der Kalendertage zu vermindern, in denen eine Versicherungspflicht nach dem Künstlersozialversicherungsgesetz nicht bestand oder für die nach § 234 Abs. 1 Satz 3 Arbeitseinkommen nicht zugrunde zu legen ist. [5]Die Beträge nach § 226 Abs. 1 Satz 1 Nr. 2 und 3 bleiben außer Betracht.

(5) (aufgehoben)

(6) Das Regelentgelt wird bis zur Höhe des Betrages der kalendertäglichen Beitragsbemessungsgrenze berücksichtigt.

Literatur:
Siehe § 44.

I. Entstehungsgeschichte.................... 1	4. Berechnung des Regelentgelts bei Abrechnung nach Monaten (Abs. 2 S. 3) 20
II. Berechnung des Krankengeldes (Abs. 1) 2	
1. Normzweck 2	
2. Berechnung im Grundsatz 4	5. Flexible Arbeitszeit (Abs. 2 S. 4, 5) 22
3. Vergleichsberechnungen 6	6. Einmalig gezahltes Arbeitsentgelt (Abs. 2 S. 6) 23
a) Allgemeines 6	
b) Erste Vergleichsberechnung........ 8	7. Berechnung des Nettoarbeitsentgelts ... 24
c) Zweite Vergleichsberechnung...... 10	IV. Nicht kontinuierliche Arbeitsverrichtung (Abs. 3) 25
III. Berechnung des Regelentgelts (Abs. 2)...... 12	
1. Allgemeines 12	V. Sonderkonstellationen (Abs. 4)............ 26
2. Zugrundegelegtes Einkommen......... 13	VI. Anpassung des Krg (Abs. 5 aF)............ 29
3. Berechnung des Regelentgelts bei Abrechnung nach Stunden (Abs. 2 S. 1, 2)........................ 15	VII. Beitragsbemessungsgrenze (Abs. 6) 30

I. Entstehungsgeschichte

§ 47 trat mit Wirkung vom 1.1.1989 in der Fassung des GRG[1] und des KSVÄndG[2] in Kraft und wurde seitdem mehrfach geändert. Insbesondere wurde mWv 1.1.1997 die Höhe des Krg von 80 % auf 70 % gesenkt, maximal aber 90 % des Nettoarbeitsentgelts.[3] In § 47 Abs. 2 wurden mWv 1.1.1998 die Sätze 4 und 5 angefügt.[4] Zum 22.6.2000 wurden die Abs. 1, 2, 4 und 5 dergestalt abgeändert, dass Einmalzahlungen bei der Bemessung des Krg berücksichtigt werden.[5] Abs. 5 wurde nach mehrfachen Änderungen mit Wirkung vom 1.7.2001 aufgehoben.[6] Abs. 1 S. 8 wurde mWv 1.4.2003 angefügt.[7] Zum 30.3.2005 wurde Abs. 4 S. 2 um den Zusatz „aus Arbeitseinkommen" ergänzt.[8]

1

II. Berechnung des Krankengeldes (Abs. 1)

1. Normzweck. Während die Entstehungsvoraussetzungen des Krg-Anspruchs dem Grunde nach in §§ 44, 46 geregelt sind, enthält § 47 Abs. 1 Regelungen zur **Höhe und Berechnung** des Krg für arbeits-

2

---

1 BGBl. I 1988, 2477.
2 BGBl. I 1988, 2606.
3 BGBl. 1996, 1859.
4 BGBl. I 1998, 688.
5 BGBl. I 2000, 1971.
6 BGBl. I 2001, 1046; → Rn. 29.
7 BGBl. I 2002, 4621.
8 BGBl. I 2008, 2940.

unfähige Beschäftigte und Selbstständige. Für Bezieher von Arbeitslosen-, Unterhalts- und Kurzarbeitergeld gilt § 47 b.

3 Das Krg erfüllt eine **Entgeltersatzfunktion**.[9] Dem Versicherten soll der bisher erreichte Lebensstandard jedenfalls weitgehend gesichert werden (→ § 44 Rn. 5).[10] Daher und aufgrund des geringeren Verwaltungsaufwands berechnet sich die Höhe des Krg nach den **Einkommensverhältnissen vor Eintritt der AU**. Auf die Ermittlung eines fiktiven entgangenen Einkommens wird verzichtet. Die Berechnung des Pflege-Krg ist in § 45 teilweise abweichend geregelt (→ § 45 Rn. 17 ff.).

4 **2. Berechnung im Grundsatz.** Das Krg wird für **Kalendertage** gezahlt, an denen der Versicherte arbeitsunfähig erkrankt ist. Ob er ohne die Erkrankung am jeweiligen Tag gearbeitet hätte, ist unerheblich. Umfasst der Zeitraum der AU einen vollen Kalendermonat, erhält der Versicherte abweichend für diesen Monat unabhängig von der tatsächlichen Anzahl von Kalendertagen stets Krg für 30 Tage (Abs. 1 S. 5).

5 Ausgangspunkt für die Berechnung des Krg ist das sog Regelentgelt, das die kalendertäglichen Einkünfte des Versicherten vor Eintritt der AU widerspiegelt und dessen Berechnung in Abs. 2 sowie ergänzend Abs. 4, 6 geregelt ist (→ Rn. 12 ff.). Grundsätzlich beträgt die Höhe des Krg **70 %** des **Regelentgelts**, allerdings wird das Krg für Arbeitnehmer nach oben durch zwei **Vergleichsberechnungen** begrenzt.

6 **3. Vergleichsberechnungen. a) Allgemeines.** Bei Arbeitnehmern werden zwei weitere Berechnungen vorgenommen, in welchen der Krg-Betrag mit dem Nettoarbeitsentgelt (→ Rn. 8 ff.) verglichen wird. Die Vergleichsberechnungen **begrenzen** das Krg nach oben und stellen sicher, dass der Arbeitnehmer nicht aufgrund der AU einen Vorteil erlangt. Einerseits darf das Krg 90 % des Nettoarbeitsentgelts unter Einbeziehung des einmalig gezahlten Arbeitsentgelts nicht überschreiten (→ Rn. 8 f.), andererseits nicht 100 % des laufenden Nettoarbeitsentgelts ohne Berücksichtigung der Einmalzahlungen (→ Rn. 10 f.).

7 Die Vergleichsberechnungen sind nur durchzuführen, wenn sich das **Krg aus dem Arbeitsentgelt** berechnet; sie entfallen somit bei Selbstständigen.[11] Erzielte der Versicherte im Berechnungszeitraum neben der Selbstständigkeit auch Einkünfte aus abhängiger Arbeit, sind zwei getrennte Berechnungen durchzuführen; die Vergleichsberechnungen erfolgen auch in diesem Fall nur hinsichtlich des Arbeitsentgelts.[12]

8 **b) Erste Vergleichsberechnung.** Zunächst ist das sog **laufende Nettoarbeitsentgelt** zu berechnen, bei welchem einmalig gezahlte Leistungen nicht berücksichtigt werden (→ Rn. 24). Für die erste Vergleichsberechnung wird zu diesem der Nettohinzurechnungsbetrag addiert. Dieser ergibt sich, indem der gem. Abs. 2 S. 6 ermittelte (Brutto-)Hinzurechnungsbetrag mit dem Quotienten aus Nettoarbeitsentgelt und Regelentgelt[13] iSv Abs. 2 (jeweils ohne Berücksichtigung des einmalig gezahlten Arbeitsentgelts) im jeweiligen Abrechnungszeitraum multipliziert wird.

9 Formel:

$$Krg \leq 0{,}9 \times \left(\text{laufendes Nettoarbeitsentgelt} + \text{Hinzurechnungsbetrag} \times \frac{\text{Nettoarbeitsentgelt}}{\text{Regelentgelt}}\right)$$

10 **c) Zweite Vergleichsberechnung.** Das Krg darf nicht das laufende Nettoarbeitsentgelt überschreiten. Der Arbeitnehmer soll durch die AU keinen Vorteil erlangen. Ein solcher Vorteil könnte sich ergeben, da der Arbeitgeber gem. § 4 a EFZG Sondervergütungen nur kürzen, nicht aber vollständig verweigern darf. Setzen sich die Einmalzahlungen hingegen zu mehr als einem Drittel aus Vergütungsbestandteilen zusammen, die der Arbeitgeber vollständig verweigern kann, wendet die Rspr. die zweite Vergleichsberechnung nicht an.[14]

11 Formel:

$$Krg \leq \text{laufendes Nettoarbeitsentgelt}$$

---

[9] BSG, 14.12.2001, B 1 KR 1/00 R, SozR 3-2500 § 44 Nr. 8; Bohlken in: jurisPK-SGB V, § 47 Rn. 19.
[10] Vgl. BSG, 25.6.1991, 1/3 RK 6/90, SozR 3-2200 § 182 Nr. 8.
[11] Vgl. BSG, 27.5.1997, 2 RU 28/96, SozR 3-2200 § 561 Nr. 1; Brandts in: KassKomm, § 47 Rn. 26.
[12] Vgl. Gerlach in: Hauck/Noftz, SGB V, § 47 Rn. 54.
[13] Trotz des irreführenden Gesetzeswortlauts nicht etwa umgekehrt.
[14] BSG, 21.2.2006, B 1 KR 11/05 R, BSGE 96, 72 mit irreführendem Leitsatz.

III. Berechnung des Regelentgelts (Abs. 2)

1. Allgemeines. Das **Regelentgelt** entspricht im Grundsatz dem **Arbeitsentgelt** (bei Arbeitnehmern) bzw. **Arbeitseinkommen** (bei Selbstständigen), das der Versicherte vor Eintritt der AU durchschnittlich je Kalendertag erwirtschaftet hat. Bei der Berechnung des Regelentgelts ist zu unterscheiden, ob sich das Entgelt einer bestimmten Stundenzahl zuordnen lässt (Abs. 2 S. 1, 2; → Rn. 15 ff.) oder nach Monaten bemessen bzw. anders berechnet wird (Abs. 2 S. 3, → Rn. 20 f.). Besondere Regelungen gelten für Seeleute (→ Rn. 26), Künstler und Publizisten (→ Rn. 28) sowie sonstige Selbstständige bzw. Nichtarbeitnehmer (→ Rn. 27).

2. Zugrundegelegtes Einkommen. Das Regelentgelt wird gem. Abs. 6 nicht berücksichtigt, soweit es die kalendertägliche **Beitragsbemessungsgrenze** übersteigt (→ Rn. 30). Demgegenüber führen die Besonderheiten der **Gleitzone** (§ 20 Abs. 2 SGB IV) gem. § 47 Abs. 1 S. 8 nicht zu einer Reduzierung des Regelentgelts. Bei Arbeitnehmern, deren monatliches Arbeitsentgelt 400 EUR, aber nicht 800 EUR übersteigt, berechnet sich zwar der Beitragssatz nach einem auf dem Arbeitsentgelt beruhenden, aber reduzierten fiktiven Arbeitsentgelt gem. §§ 226 Abs. 4, 57 Abs. 1 SGB XI, § 163 Abs. 10 SGB VI, § 344 Abs. 4 SGB III. Für die Berechnung des Krg ist aber in diesen Fällen das tatsächlich erzielte Arbeitsentgelt maßgeblich.

Bei der Berechnung des Regelentgelts werden das laufende (→ Rn. 8) und das einmalig gezahlte Arbeitsentgelt (→ Rn. 10) unterschiedlich behandelt. **Einmalig gezahltes Arbeitsentgelt** wird bei der Berechnung des Regelentgelts unabhängig von der Berechnungsmethode zunächst nicht einbezogen, jedoch in einem zweiten Schritt anteilig hinzugerechnet (→ Rn. 23). Die Summe beider Beträge wird als kumuliertes Regelentgelt bezeichnet.

3. Berechnung des Regelentgelts bei Abrechnung nach Stunden (Abs. 2 S. 1, 2). Das Regelentgelt bestimmt sich nach Abs. 2 S. 1, 2, wenn es sich einer **Stundenzahl** zuordnen lässt.[15] Dies ist auch der Fall, wenn das Arbeitsentgelt nach anderen, aber auf Stunden umrechenbaren Zeiträumen wie Tagen, Wochen oder Schichten bemessen ist. Bei Bemessung nach Monaten oder einer Mehrzahl von Monaten gilt Abs. 2 S. 3.[16]

Das Regelentgelt richtet sich gem. Abs. 2 S. 1 nach dem Arbeitsentgelt im letzten **Entgeltabrechnungszeitraum**, für den der Betrieb die Entgeltabrechnung abgeschlossen hat. Als Entgeltabrechnungszeitraum ist hierbei grundsätzlich der Zeitraum anzusehen, für den im Betrieb üblicherweise die Lohn- und Gehaltsabrechnungen durchgeführt werden.[17] Der Abrechnungszeitraum muss mindestens 4 Wochen umfassen; ist er kürzer, sind mehrere Abrechnungszeiträume zusammenzufassen, so dass diese insgesamt mindestens 4 Wochen umfassen. Auf diese Weise sollen die Auswirkungen von Entgeltschwankungen reduziert werden.[18]

Keine gesetzliche Regelung besteht für den Fall, dass AU eintritt, bevor das Arbeitsentgelt für einen Referenzzeitraum von 4 Wochen abgerechnet wurde. Die neuere Rspr[19] nimmt eine **Schätzung** vor, die sich vorwiegend an den individuellen Verhältnissen des Versicherten, insbesondere den von den Arbeitsvertragsparteien getroffenen und praktizierten Vereinbarungen, orientiert. Nur hilfsweise wird das Entgelt eines anderen gleichartig Beschäftigten herangezogen. Für die Bestimmung des letzten Entgeltabrechnungszeitraums ist unerheblich, ob das Arbeitsentgelt bereits ausgezahlt ist; die Auszahlung muss aber ohne weitere Berechnungen möglich sein.[20]

Zur Berechnung des Regelentgelts ist das Arbeitsentgelt im Referenzzeitraum durch die Anzahl der in diesem Zeitraum geleisteten Arbeitsstunden zu teilen, mit der Anzahl der regelmäßigen Arbeitsstunden zu multiplizieren und schließlich durch 7 (Tage) zu teilen. Überstunden sind nur einzubeziehen, wenn sie innerhalb der letzten abgerechneten 3 Monate vor Eintritt der AU regelmäßig geleistet wurden.[21]

Formel:

$$\text{Regelentgelt} = \frac{\text{Arbeitsentgelt im Referenzzeitraum}}{\text{Arbeitsstunden im Referenzzeitraum}} \times \frac{\text{regelmäßige wöchentliche Arbeitsstunden}}{7}$$

---

15 Gerlach in: Hauck/Noftz, SGB V, § 47 Rn. 73; Brandts in: KassKomm, § 47 SGB V Rn. 35.
16 Brandts in: KassKomm, § 47 SGB V Rn. 50.
17 Vgl. Gerlach in: Hauck/Noftz, SGB V, § 47 Rn. 74; Bohlken in: jurisPK-SGB V, § 47 Rn. 24.
18 Vgl. Bohlken in: jurisPK-SGB V, § 47 Rn. 27.
19 BSG, 30.5.2006, B 1 KR 19/05 R, BSGE 96, 246.
20 BSG, 20.1.1982, 3 RK 7/81, SozR 2200 § 182 Nr. 79; 16.2.2005, B 1 KR 19/03 R, SozR 4-2500 § 47 Nr. 2; 30.5.2006, B 1 KR 19/05 R, BSGE 96, 246; Bohlken in: jurisPK-SGB V, § 47 Rn. 24 m. Fn. 13.
21 BSG, 28.11.1979, 3 RK 103/78, SozR 2200 § 182 Nr. 59.

20 **4. Berechnung des Regelentgelts bei Abrechnung nach Monaten (Abs. 2 S. 3).** Bemisst sich das **Arbeitsentgelt nach Monaten**, wird das Regelentgelt mittels Division des monatlichen Entgelts durch 30 ermittelt. Diese Regelung findet auch Anwendung, wenn das Entgelt keiner Stundenzahl zugeordnet werden kann, insbesondere bei erfolgsbezogener Vergütung.[22] Das Regelentgelt richtet sich nach dem im letzten vor Beginn der AU abgerechneten (→ Rn. 16) Kalendermonat gezahlten Arbeitsentgelt.[23] Einmalig gezahltes Arbeitsentgelt wird dabei nicht einbezogen.

21 Formel:

$$\text{Regelentgelt} = \frac{\text{monatliches Entgelt}}{30}$$

22 **5. Flexible Arbeitszeit (Abs. 2 S. 4, 5).** Abs. 2 S. 4, 5 enthalten Regelungen für die Berechnung des Krg bei flexibler **Arbeitszeit**, insbesondere bei Verwendung von **Arbeitszeitkonten**. Umfasst sind Fälle, in denen die Arbeitszeit variiert, während das Entgelt im Wesentlichen konstant bleibt. Nicht erfasst wird eine Verminderung der Arbeitszeit wegen Krankheit, bezahlten Urlaubs oder einer Freistellung bei Fortzahlung des Arbeitsentgelts. Gem. Abs. 2 S. 4, 5 ist (in Abweichung zu Abs. 2 S. 1) nicht das Arbeitsentgelt maßgeblich, das im Bemessungszeitraum erwirtschaftet wurde, sondern das in diesem Zeitraum fällige Arbeitsentgelt.

23 **6. Einmalig gezahltes Arbeitsentgelt (Abs. 2 S. 6).** Arbeitsentgelt gilt als **einmalig gezahlt**, soweit es nicht einem einzelnen Abrechnungszeitraum zugeordnet werden kann.[24] Dies betrifft zB Weihnachtsgeld, Urlaubsgeld (nicht aber Urlaubsentgelt für bezahlten Urlaub)[25] und **Gewinnbeteiligungen**. Einmalig gezahltes Arbeitsentgelt wird bei der Berechnung nach Abs. 2 S. 1–3 zunächst nicht berücksichtigt, sondern anteilig auf ein Jahr verteilt hinzugerechnet (kumuliertes Regelentgelt). Hierzu wird die Summe einmalig gezahlten Arbeitsentgelts der letzten 12 Kalendermonate vor Beginn der AU, soweit es der Beitragsberechnung zugrunde gelegt wurde (s. § 23 a SGB IV), durch 360 geteilt und anschließend zum laufenden Regelentgelt addiert. Die vor dem 22.6.2000 geltende Regelung, nach der einmalig gezahltes Arbeitsentgelt für die Bemessung des Krg unerheblich war, verstieß gegen Art. 3 Abs. 1 GG.[26]

24 **7. Berechnung des Nettoarbeitsentgelts.** Nettoarbeitsentgelt ist das um die gesetzlichen Abzüge – Steuern und Sozialversicherungsbeiträge sowie Pflichtbeiträge zu berufsständischen Versorgungseinrichtungen[27] – verminderte Arbeitsentgelt.[28] Für die Berechnung des Nettoarbeitsentgelts gelten gem. Abs. 1 S. 2 die Vorschriften des Abs. 2 entsprechend. Auch bei der Berechnung des Nettoarbeitsentgelts bleibt einmalig ausgezahltes Arbeitsentgelt zunächst unberücksichtigt. Erst in einem zweiten Schritt wird gem. Abs. 1 S. 6 ein dem Nettoeinkommen entsprechender Anteil addiert (→ Rn. 8).

IV. Nicht kontinuierliche Arbeitsverrichtung (Abs. 3)

25 Für den Fall, dass die Arbeitsverrichtung oder -vergütung nicht kontinuierlich erfolgt, kann die Satzung der GKV abweichende Regelungen vorsehen, um die Auswirkung dieser Schwankungen auf die Höhe des Krg zu begrenzen. In Betracht kommt insbesondere eine Verlängerung des Bemessungszeitraums.[29]

V. Sonderkonstellationen (Abs. 4)

26 Für **Seeleute** gelten nach Abs. 4 S. 1 abweichend die beitragspflichtigen Einnahmen gem. § 233 Abs. 1 als Regelentgelt (→ § 233 Rn. 1). Wie bei sonstigen Arbeitnehmern wird das Krg durch die Vergleichsberechnung gem. § 47 Abs. 1 S. 2 beschränkt.[30]

27 Bei **Nichtarbeitnehmern** berechnet sich gem. Abs. 4 S. 2 das Regelentgelt anhand des vor Beginn der AU für die Beitragsbemessung maßgeblichen Einkommens gem. §§ 220 ff. Im Grundsatz maßgeblich ist das **Einkommen** im letzten abgeschlossenen Kalenderjahr vor Eintritt der AU, wie es dem ESt.-Be-

---

[22] Brandts in: KassKomm, § 47 SGB V Rn. 50.
[23] Gerlach in: Hauck/Noftz, SGB V, § 47 Rn. 114.
[24] Gerlach in: Hauck/Noftz, SGB V, § 47 Rn. 94.
[25] BSG, 1.4.1993, 1 RK 38/92, SozR 3-2200 § 182 Nr. 16.
[26] BVerfG, 24.5.2000, 1 BvL 1/98, 1 BvL 4/98, 1 BvL 15/99, NJW 2000, 2264.
[27] Brandts in: KassKomm, § 47 SGB V Rn. 28.
[28] BSG, 23.1.1973, 3 RK 22/70, BSGE 35, 126.
[29] Vgl. Brandts in: KassKomm, § 47 SGB V Rn. 63.
[30] BSG, 27.5.1997, 2 RU 28/96, SozR 3-2200 § 561 Nr. 1; Brandts in: KassKomm, § 47 SGB V Rn. 64.

scheid zu entnehmen ist.³¹ Die Anknüpfung an das Einkommensteuerrecht ist nicht gleichheitswidrig.³² Die Vorschrift erfasst in erster Linie **Selbstständige** (mit Ausnahme der Künstler und Publizisten; → Rn. 28), aber auch – entgegen dem insofern zu engen Wortlaut („Arbeitseinkommen")³³ – andere Versicherte, die nicht als Arbeitnehmer einzustufen sind, zB Teilnehmer an **Teilhabeleistungen** nach dem SGB IX mit Anspruch auf Übergangsgeld oder Rehabilitanden.³⁴ Es wird vermutet, dass das Regelentgelt dem Betrag entspricht, aus dem die vor Eintritt der AU gezahlten Beiträge berechnet wurden.³⁵ Diese Vermutung ist nur dann widerlegbar, wenn das tatsächlich erzielte Einkommen geringer war als das den Beiträgen zugrunde gelegte.³⁶ Das tatsächliche Einkommen ist auch dann maßgeblich, wenn es unterhalb des Mindesteinkommens gem. § 240 Abs. 4 liegt.³⁷ Wurde kein Einkommen erzielt, sondern zB eine Sozialversicherungsleistung bezogen, ist der zuletzt vor Beginn der AU für die Beitragsbemessung maßgebliche Geldbetrag pro Kalendertag zugrunde zu legen.³⁸

Für **selbstständige Künstler und Publizisten**, die nach dem KSVG versichert sind, gilt Abs. 4 S. 3. Da das Arbeitseinkommen in diesen Berufsgruppen regelmäßig erheblichen Schwankungen unterliegt, berechnet sich das Regelentgelt nach dem Arbeitseinkommen, das in den letzten 12 Kalendermonaten vor Beginn der AU gem. § 234 – infolge einer Prognose der zu erzielenden Einnahmen – der Beitragsberechnung zugrunde gelegt wurde.³⁹ 28

VI. Anpassung des Krg (Abs. 5 aF)

Die vormals in Abs. 5 geregelte Anpassung des Krg entsprechend der Bruttolohnentwicklung richtet sich nunmehr nach der allgemeinen Regelung des § 50 SGB IX. 29

VII. Beitragsbemessungsgrenze (Abs. 6)

Das Regelentgelt wird gem. Abs. 6 nur bis zur Höhe der kalendertäglichen Beitragsbemessungsgrenze während des Bemessungszeitraums⁴⁰ gem. § 223 Abs. 3 berücksichtigt. Der Versicherte soll nur Ersatz für sein Arbeitsentgelt bzw. -einkommen erhalten, soweit er hierfür Beiträge entrichtet hat. Dies ist Konsequenz des im **Versicherungsprinzip** wurzelnden Äquivalenzgedankens.⁴¹ 30

§ 47 a Beitragszahlungen der Krankenkassen an berufsständische Versorgungseinrichtungen

(1) ¹Für Bezieher von Krankengeld, die wegen einer Pflichtmitgliedschaft in einer berufsständischen Versorgungseinrichtung von der Versicherungspflicht in der gesetzlichen Rentenversicherung befreit sind, zahlen die Krankenkassen auf Antrag des Mitglieds diejenigen Beiträge an die zuständige berufsständische Versorgungseinrichtung, wie sie bei Eintritt von Versicherungspflicht nach § 3 Satz 1 Nummer 3 des Sechsten Buches an die gesetzliche Rentenversicherung zu entrichten wären. ²Die von der Krankenkasse zu zahlenden Beiträge sind auf die Höhe der Beiträge begrenzt, die die Krankenkasse ohne die Befreiung von der Versicherungspflicht in der gesetzlichen Rentenversicherung für die Dauer des Leistungsbezugs zu tragen hätte; sie dürfen die Hälfte der in der Zeit des Leistungsbezugs vom Mitglied an die berufsständische Versorgungseinrichtung zu zahlenden Beiträge nicht übersteigen.

(2) ¹Die Krankenkassen haben der zuständigen berufsständischen Versorgungseinrichtung den Beginn und das Ende der Beitragszahlung sowie die Höhe der der Beitragsberechnung zugrunde liegenden beitragspflichtigen Einnahmen und den zu zahlenden Beitrag für das Mitglied zu übermitteln; ab dem

---

31 BSG, 6.11.2008, B 1 KR 8/08 R, USK 2008-128; 10.5.2010, B 1 KR 144/09 B, nv; differenzierend BSG, 24.7.2009, B 1 KR 85/08 B, nv.
32 BSG, 6.11.2008, B 1 KR 28/07 R, SozR 4-2500 § 47 Nr. 10, Rn. 28.
33 Vgl. BSG, 5.5.2009, B 1 KR 16/08; SozR 4-2500 § 47 Nr. 11, Rn. 14 f.
34 BSG, 5.5.2009, B 1 KR 16/08; SozR 4-2500 § 47 Nr. 11, Rn. 9 ff.
35 BSG, 14.12.2006, B 1 KR 11/06 R, BSGE 98, 43.
36 BSG, 14.12.2006, B 1 KR 11/06 R, BSGE 98, 43; 28.7.2008, B 1 KR 44/08 B, Juris; 6.11.2008, B 1 KR 6/08 R, SGb 2008, 718.
37 BSG, 30.3.2004, B 1 KR 32/02 R, BSGE 92, 260; 6.11.2008, B 1 KR 28/07 R, SozR 4-2500 § 47 Nr. 10.
38 BSG, 5.5.2009, B 1 KR 16/08; SozR 4-2500 § 47 Nr. 11, Rn. 16.
39 Vgl. auch BSG, 6.11.2008, B 1 KR 35/07 R, SozR 4-2500 § 47 Nr. 9.
40 BSG, 17.3.1983, 11 RA 8/82, SozR 2200 § 1241 Nr. 25.
41 Vgl. allgemein Greiner, SDSRV Bd. 62, S. 10 Fn. 3.

1. Januar 2017 erfolgt die Übermittlung durch elektronischen Nachweis. ²Das Nähere zum Verfahren, zu notwendigen weiteren Angaben und den Datensatz regeln der Spitzenverband Bund der Krankenkassen und die Arbeitsgemeinschaft berufsständischer Versorgungseinrichtungen bis zum 31. Juli 2016 in gemeinsamen Grundsätzen, die vom Bundesministerium für Gesundheit zu genehmigen sind.

Literatur:
Siehe § 44.

I. Entstehungsgeschichte und Normzweck

1 Die Vorschrift wurde durch Art. 1 Nr. 16 GKV-VSG[1] v. 16.7.2015 mWv 1.1.2016 in das SGB V eingefügt. Sie hat einen schmalen Anwendungsbereich und ist darauf zugeschnitten, eine Schutzlücke bei einer spezifischen Personengruppe zu schließen, nämlich den in der gesetzlichen Krankenversicherung versicherten Pflichtmitgliedern einer berufsständischen Versorgungseinrichtung, die gem. § 6 Abs. 1 S. 1 Nr. 1 SGB VI von der Versicherungspflicht in der gesetzlichen Rentenversicherung befreit sind.

2 Bei der erfassten Personengruppe bestand bislang eine **Diskrepanz zu Versicherten in der gesetzlichen Rentenversicherung**, denn bei Letzteren trägt in einer Phase des Krankengeldbezugs die Krankenkasse den Arbeitnehmeranteil zum Rentenversicherungsbeitrag in der gesetzlichen Rentenversicherung. Hierdurch wird erreicht, dass die Versicherten wirtschaftlich so gestellt sind, wie sie bei Erbringung ihrer Arbeitsleistung stünden. Für Pflichtmitglieder einer berufsständischen Versorgungseinrichtung, die gem. § 6 Abs. 1 S. 1 Nr. 1 SGB VI von der Versicherungspflicht in der gesetzlichen Rentenversicherung befreit sind, bestand bislang eine erheblich ungünstigere Rechtslage. Sie mussten im Fall des Krankengeldbezugs die Beiträge zur berufsständischen Versorgungseinrichtung in voller Höhe selbst tragen; in Phasen der Arbeitsleistung verpflichtet dagegen § 172a SGB VI den Arbeitgeber dazu, einen Zuschuss in Höhe des hälftigen Beitrags zur Versorgungseinrichtung, höchstens aber des hälftigen hypothetischen Beitrags zur gesetzlichen Rentenversicherung, zu zahlen. Letzterer ist nach §§ 157 ff. SGB VI zu berechnen. Die Satzungen der berufsständischen Versorgungseinrichtungen reagierten auf die Problematik teilweise durch Reduktion der Beiträge in Phasen des Krg-Bezugs.[2] Zu empfehlen ist, die satzungsrechtlichen Regelungen an die neue Rechtslage anzupassen und künftig zwingend den vollen Beitrag zu erheben. Die Neuregelung stellt nun den genannten Personenkreis den in der gesetzlichen Rentenversicherung versicherten Krg-Beziehern gleich.[3]

II. Anspruchsvoraussetzungen (Abs. 1)

3 Die Vorschrift regelt in Abs. 1 den **Grundsatz**, dass bei tatsächlichem Krankengeldbezug auf Antrag des Versicherten die Leistung an die berufsständische Versorgungseinrichtung zu erbringen ist. Der Versicherte muss dem begünstigten Personenkreis angehören, also ein in der gesetzlichen Krankenversicherung versichertes Pflichtmitglied einer berufsständischen Versorgungseinrichtung sein, das gem. § 6 Abs. 1 S. 1 Nr. 1 SGB VI von der Versicherungspflicht in der gesetzlichen Rentenversicherung befreit ist. Nur diese Personengruppe wird erfasst, nicht also zB Selbstständige, die ohnehin nicht der Versicherungspflicht in der gesetzlichen Rentenversicherung unterlägen.

4 Der Rekurs auf „**Pflichtmitgliedschaft**" und die „**vom Mitglied (…) zu zahlenden Beiträge**" (Abs. 1 S. 2 aE) dürfte einen Anspruch auf Tragung solcher Beiträge ausschließen, die der Betroffene in Phasen des Krg-Bezugs freiwillig an die berufsständische Versorgungseinrichtung leisten kann, nach der Satzung aber nicht leisten muss.[4] Greift hinsichtlich des Krankengeldanspruchs ein Ruhenstatbestand (§ 49), ruht auch der an den tatsächlichen Krankengeldbezug gekoppelte Anspruch auf Beitragszahlung an die berufsständische Versorgungseinrichtung. Sobald der Betroffene eine Rente aus der berufsständischen Versorgungseinrichtung bezieht, bewirkt § 44 Abs. 1 Nr. 4 bereits den Entfall des Krg-Stammrechts, so dass es insofern keiner Ruhensvorschrift bedurfte.[5]

---

1 BGBl. I 2015, 1211.
2 Zu einzelnen Ausgestaltungen s. Bittner in: Schlegel/Voelzke, jurisPK-SGB V, 3. Aufl. 2016, § 47a SGB V Rn. 11.
3 Zu den Beweggründen im einzelnen BT-Dr. 18/4095, 81.
4 IE ebenso Bittner in: Schlegel/Voelzke, jurisPK-SGB V, 3. Aufl. 2016, § 47a SGB V Rn. 22.
5 Ebenso Bittner in: Schlegel/Voelzke, jurisPK-SGB V, 3. Aufl. 2016, § 47a SGB V Rn. 15.

Die Leistung nach § 47a hängt von der Stellung eines **Antrags** durch den Versicherten ab. Für die Annahme, materiell anspruchsbegründend wirke erst der Zugang des Antrags bei der Krankenkasse,[6] ist kein schutzwürdiges Interesse der Krankenkasse erkennbar, so dass – bis zur Grenze der Verwirkung – auch eine auf den Beginn der Krg-Bezugs rückwirkende Antragstellung zugelassen werden sollte. Die Gegenposition wirkt formalistisch. Bei einer strengeren Sichtweise wäre in bestimmten Konstellationen zunächst eine volle Beitragsbelastung des Versicherten die praktisch kaum vermeidbare, vom Gesetzgeber aber gerade nicht gewollte Folge, beispielsweise wenn der Versicherte infolge einer Fortsetzungserkrankung mit sofortigem Krg-Anspruch in stationäre Behandlung kommt und zunächst keine Gelegenheit zur Antragstellung hat.

III. Zusammenwirken der beteiligten Träger (Abs. 2)

Abs. 2 regelt **administrative** Fragen der Beitragsabführung und des Zusammenwirkens der beteiligten Träger, insbes. Fragen der Datenübermittlung.

§ 47b Höhe und Berechnung des Krankengeldes bei Beziehern von Arbeitslosengeld, Unterhaltsgeld oder Kurzarbeitergeld

(1) ¹Das Krankengeld für Versicherte nach § 5 Abs. 1 Nr. 2 wird in Höhe des Betrages des Arbeitslosengeldes oder des Unterhaltsgeldes gewährt, den der Versicherte zuletzt bezogen hat. ²Das Krankengeld wird vom ersten Tage der Arbeitsunfähigkeit an gewährt.
(2) ¹Ändern sich während des Bezuges von Krankengeld die für den Anspruch auf Arbeitslosengeld oder Unterhaltsgeld maßgeblichen Verhältnisse des Versicherten, so ist auf Antrag des Versicherten als Krankengeld derjenige Betrag zu gewähren, den der Versicherte als Arbeitslosengeld oder Unterhaltsgeld erhalten würde, wenn er nicht erkrankt wäre. ²Änderungen, die zu einer Erhöhung des Krankengeldes um weniger als zehn vom Hundert führen würden, werden nicht berücksichtigt.
(3) Für Versicherte, die während des Bezuges von Kurzarbeitergeld arbeitsunfähig erkranken, wird das Krankengeld nach dem regelmäßigen Arbeitsentgelt, das zuletzt vor Eintritt des Arbeitsausfalls erzielt wurde (Regelentgelt), berechnet.
(4) ¹Für Versicherte, die arbeitsunfähig erkranken, bevor in ihrem Betrieb die Voraussetzungen für den Bezug von Kurzarbeitergeld nach dem Dritten Buch erfüllt sind, wird, solange Anspruch auf Fortzahlung des Arbeitsentgelts im Krankheitsfalle besteht, neben dem Arbeitsentgelt als Krankengeld der Betrag des Kurzarbeitergeldes gewährt, den der Versicherte erhielte, wenn er nicht arbeitsunfähig wäre. ²Der Arbeitgeber hat das Krankengeld kostenlos zu errechnen und auszuzahlen. ³Der Arbeitnehmer hat die erforderlichen Angaben zu machen.
(5) Bei der Ermittlung der Bemessungsgrundlage für die Leistungen der gesetzlichen Krankenversicherung ist von dem Arbeitsentgelt auszugehen, das bei der Bemessung der Beiträge zur gesetzlichen Krankenversicherung zugrunde gelegt wurde.
(6) ¹In den Fällen des § 232a Abs. 3 wird das Krankengeld abweichend von Absatz 3 nach dem Arbeitsentgelt unter Hinzurechnung des Winterausfallgeldes berechnet. ²Die Absätze 4 und 5 gelten entsprechend.

Literatur:
Siehe § 44.

I. Allgemeines und Entstehungsgeschichte 1	IV. AU während des Bezugs von Kurzarbeitergeld (Abs. 3) 7
II. Berechnung des Krg bei Bezug von Alg (Abs. 1) 3	1. Anwendungsbereich................... 7
1. Anwendungsbereich................... 3	2. Berechnung des Krankengeldes 8
2. Höhe und Berechnung des Krankengeldes 4	V. Krg bei Entgeltfortzahlung gem. § 4 Abs. 3 EFZG (Abs. 4) 9
3. Beginn 5	1. Anwendungsbereich................... 9
III. Änderung der maßgeblichen Verhältnisse (Abs. 2) 6	2. Höhe und Berechnung 10

---

[6] Dafür Bittner in: Schlegel/Voelzke, jurisPK-SGB V, 3. Aufl. 2016, § 47a SGB V Rn. 18.

| VI. Bemessungsgrundlage anderer Leistungen (Abs. 5) .... 11 | VII. Sonderregelung bei Bezug von Winterausfallgeld (Abs. 6) .... 12 |

I. Allgemeines und Entstehungsgeschichte

1 § 47 b trat durch das Gesetz zur Reform der Arbeitsförderung[1] mit Wirkung vom 1.1.1998 in Kraft. Zum 1.1.2005 wurden die Empfänger der abgeschafften Arbeitslosenhilfe aus dem Kreis der nach § 47 b Abs. 1 Berechtigten gestrichen.[2] Mit Wirkung vom 1.1.2007 wurde das Winterausfallgeld in das System des Kurzarbeitergeldes integriert und die entsprechenden Verweisungen (mit Ausnahme des § 47 b Abs. 6, → Rn. 12 f.) gestrichen.[3]

2 § 47 b regelt als *lex specialis* zu § 47 die Höhe und Berechnung des Krg bei AU während des Bezugs von Alg und Kurzarbeitergeld. § 47 b Abs. 1, 2 behandeln das Krg bei Versicherten, die Alg oder das (mittlerweile abgeschaffte) Unterhaltsgeld erhalten bzw. deren Anspruch auf diese Leistungen ruht. Bei Empfängern von Kurzarbeitergeld ist zu unterscheiden, ob die AU während des Bezugs von Kurzarbeitergeld eintritt (§ 47 b Abs. 3) oder dem Versicherten ein Entgeltfortzahlungsanspruch gem. § 4 Abs. 3 EFZG zusteht (§ 47 b Abs. 4). § 47 b Abs. 5, 6 sind nach heutiger Rechtslage als gegenstandslos anzusehen.

II. Berechnung des Krg bei Bezug von Alg (Abs. 1)

3 **1. Anwendungsbereich.** Abs. 1 regelt Höhe und Berechnung des Krg für Versicherte gem. § 5 Abs. 1 Nr. 2. Betroffen sind demnach Bezieher von **Alg** sowie Personen, die nur deshalb keine Leistungen aus Alg erhalten, weil ihr Anspruch aufgrund einer **Sperrzeit** (§ 159 SGB III) oder **Urlaubsabgeltung** (§ 157 Abs. 2 SGB III) ruht.[4] Bei Empfängern von Teil-Alg (§ 162 SGB III) sind zwei getrennte Berechnungen bezüglich der Krg-Ansprüche aus § 47 und § 47 b durchzuführen.[5] Bezieher von **Alg II** haben keinen Anspruch auf Krg. Das Unterhaltsgeld ist seit dem 1.1.2005 grundsätzlich und mit Wegfall der Übergangsnorm des § 434j Abs. 8 SGB III aF vollständig abgeschafft und durch das Alg bei beruflicher Weiterbildung ersetzt worden. Der Verweis auf das Unterhaltsgeld ist somit gegenstandslos.[6]

4 **2. Höhe und Berechnung des Krankengeldes.** Das Krg wird in Höhe des zuletzt bezogenen Alg gewährt. Maßgeblich ist der letzte Bewilligungsbescheid vor dem tatsächlichen Bezug des Krg,[7] unabhängig von der tatsächlichen Auszahlung oder der Rechtmäßigkeit des Bescheids.[8]

5 **3. Beginn.** Anspruch auf Krg besteht – anders als nach § 46 (→ § 46 Rn. 5 ff.) – bereits **ab dem ersten Tag der (festgestellten)**[9] **AU**. Ruht der Anspruch auf Alg aufgrund einer Sperrzeit (§ 159 SGB III), steht dem Versicherten ein Anspruch auf Krg erst nach Ende dieser Sperrzeit zu (§ 49 Abs. 1 Nr. 3).[10] Wird ein Arbeitsloser hingegen während der Sperrzeit arbeitsunfähig, ohne zuvor Alg erhalten zu haben, orientiert sich das Krg nach Ablauf der Sperrzeit an dem fiktiven Alg-Anspruch, der ihm ohne die Sperrzeit zugestanden hätte.[11]

III. Änderung der maßgeblichen Verhältnisse (Abs. 2)

6 Der Versicherte kann eine **Anpassung des Krg** beantragen, wenn sich die für den Anspruch auf Alg maßgeblichen Verhältnisse ändern. Änderungen werden nur berücksichtigt, wenn sich aus ihnen eine Erhöhung des Krg um mindestens 10 % ergibt. Hätten die Änderungen nur eine geringere Erhöhung oder eine Reduzierung des Krg zur Folge, bleibt dieses unverändert. Eine Anpassung des Krg an die Bruttolohnentwicklung gem. § 50 SGB IX erfolgt nicht, da auch eine Dynamisierung des Alg nicht mehr stattfindet.[12]

---

1 BGBl. I 1997, 594.
2 BGBl. 2005, 818.
3 BGBl. 2006, 926.
4 Bohlken in: jurisPK-SGB V, § 47 b Rn. 15.
5 Brandts in: KassKomm, § 47 b SGB V Rn. 19.
6 Vgl. Brandts in: KassKomm, § 47 b SGB V Rn. 3.
7 Bohlken in: jurisPK-SGB V, § 47 b Rn. 22; Brandts in: KassKomm, § 47 b SGB V Rn. 10.
8 BSG, 18.10.1991, 9 b RAr 18/90, SozR 3-4100 § 44 Nr. 7; Brandts in: KassKomm, § 47 b SGB V Rn. 17 f.
9 BSG, 19.9.2002, B 1 KR 11/02 R, BSGE 90, 72; Brandts in: KassKomm, § 47 b SGB V Rn. 18.
10 Bohlken in: jurisPK-SGB V, § 47 b Rn. 33.
11 Bohlken in: jurisPK-SGB V, § 47 b Rn. 34.
12 Gerlach in: Hauck/Noftz, SGB V, § 47 b Rn. 11; Brandts in: KassKomm, § 47 b SGB V Rn. 22.

IV. AU während des Bezugs von Kurzarbeitergeld (Abs. 3)

1. Anwendungsbereich. Abs. 3 regelt die Höhe des Krg bei Eintritt der AU während des Bezugs von Kurzarbeitergeld (§§ 95 ff. SGB III). Solange ein Anspruch auf Entgeltfortzahlung besteht, findet jedoch – über dessen Wortlaut hinaus – stattdessen Abs. 4 Anwendung (→ Rn. 9). Soweit weder Abs. 3 noch Abs. 4 anwendbar ist, gilt die allgemeine Regelung des § 47. Nicht von § 47b Abs. 3 erfasst werden Empfänger von **Transferkurzarbeitergeld** gem. § 111 SGB III.[13]

2. Berechnung des Krankengeldes. Im Gegensatz zu § 47 bemisst sich das Krg nicht nach dem Regelentgelt vor der AU, sondern nach dem **regelmäßigen Arbeitsentgelt vor dem Arbeitsausfall**. Hierdurch wird der Versicherte vor insgesamt übermäßiger Belastung durch Kurzarbeit und die Abstufung des Krg gegenüber dem Arbeitsentgelt bewahrt. Die Berechnung des Krg erfolgt entsprechend § 47 Abs. 2, wobei maßgeblicher Zeitpunkt nicht der Beginn der AU, sondern der **Beginn des Arbeitsausfalls** ist. Nach seinem Regelungszweck darf das Krg die Summe von Kurzlohn und Kurzarbeitergeld nicht überschreiten, da der Versicherte nicht aufgrund der AU besser gestellt werden soll.[14]

V. Krg bei Entgeltfortzahlung gem. § 4 Abs. 3 EFZG (Abs. 4)

1. Anwendungsbereich. Steht einem arbeitsunfähigen Arbeitnehmer gem. § 4 Abs. 3 EFZG ein (reduzierter) Entgeltfortzahlungsanspruch zu, richtet sich die Höhe des zusätzlichen Teil-Krg nach § 47b Abs. 4. Entgegen dem Wortlaut gilt dies auch dann, wenn die AU erst während des Bezuges von Kurzarbeitergeld eintritt.[15] Nach Ende des Entgeltfortzahlungsanspruchs berechnet sich das Krg nach § 47.[16] Dasselbe gilt, wenn kein Anspruch auf Entgeltfortzahlung besteht und die AU vor Eintritt des Arbeitsausfalls eintritt.[17]

2. Höhe und Berechnung. Der Versicherte erhält Krg in Höhe des Kurzarbeitergeldes, das ihm ohne die AU zustünde. Hierdurch wird der Versicherte so gestellt, als sei er nicht erkrankt.[18] Das Krg tritt an die Stelle des Kurzarbeitergeldes neben den Entgeltfortzahlungsanspruch. Gemäß **Abs. 4 S. 2** ist der Arbeitgeber verpflichtet, das Krg kostenlos zu **berechnen** und **auszuzahlen**. Die Krankenkasse hat ihm die hierbei entstehenden **Auslagen** zu erstatten.[19]

VI. Bemessungsgrundlage anderer Leistungen (Abs. 5)

Abs. 5 regelt die Ermittlung der Bemessungsgrundlage für Leistungen der GKV. Die Vorschrift hat keinen praktischen Anwendungsbereich.[20] Für die einzigen in Betracht kommenden Leistungen, Krg und Mutterschaftsgeld, bestehen Sonderregelungen in §§ 47, 47b Abs. 1–4 bzw. § 200 Abs. 2 RVO. Auch das Pflege-Krg wird anhand der besonderen Regelung in § 45 berechnet.[21]

VII. Sonderregelung bei Bezug von Winterausfallgeld (Abs. 6)

Abs. 6 ist in der jetzigen Gesetzeslage unverständlich. Die Vorschrift wurde bei der Reform des Kurzarbeitergeldes nicht an die übrige Gesetzeslage angepasst. Der in Bezug genommene frühere § 232a Abs. 3 wurde zum 1.1.2007 aufgehoben. **Bis zum 31.12.2006 lautete § 232a Abs. 3:**

Hat ein Bezieher von Winterausfallgeld nach dem Dritten Buch gegen seinen Arbeitgeber für die Ausfallstunden Anspruch auf Arbeitsentgelt, das unter Anrechnung des Winterausfallgeldes zu zahlen ist, so bemißt sich der Beitrag abweichend von Absatz 2 nach dem Arbeitsentgelt unter Hinzurechnung des Winterausfallgeldes.

---

13 BSG, 10.5.2012, B 1 KR 26/11 R, NZS 2012, 819; Brandts in: KassKomm, § 47b SGB V Rn. 29; Bohlken in: jurisPK-SGB V, § 47b Rn. 55.
14 Joussen in: Becker/Kingreen, § 47b Rn. 5; Bohlken in: jurisPK-SGB V, § 47b Rn. 60.
15 Vgl. BSG, 22.6.1979, 3 RK 71/77, SozR 4100 § 164 Nr. 2 zum früheren § 164 Abs. 2 AFG; Bohlken in: jurisPK-SGB V, § 47b Rn. 56.
16 Bohlken in: jurisPK-SGB V, § 47b Rn. 64.
17 Bohlken in: jurisPK-SGB V, § 47b Rn. 65; Brandts in: KassKomm, § 47b SGB V Rn. 34.
18 BSG, 22.6.1979, 3 RK 71/77, SozR 4100 § 164 Nr. 2; Bohlken in: jurisPK-SGB V, § 47b Rn. 63.
19 Bohlken in: jurisPK-SGB V, § 47b Rn. 66.
20 Vgl. Joussen in: Becker/Kingreen, § 47b Rn. 7; Bohlken in: jurisPK-SGB V, § 47b Rn. 71; Brandts in: KassKomm, § 47b SGB V Rn. 38.
21 Vgl. § 45 Rn. 17ff.; Brandts in: KassKomm, § 45 SGB V Rn. 22; § 47b Rn. 38.

13 Das Winterausfallgeld wurde abgeschafft und durch das Saison-Kurzarbeitergeld nach § 175 SGB III aF, nunmehr § 101 SGB III, ersetzt. Da die vormalige Berechnungsmethode auf heute nicht mehr existente Besonderheiten des Winterausfallgeldes zugeschnitten war, ist von einem **gesetzgeberischen Versehen** auszugehen. Es besteht daher kein Raum für eine entsprechende Anwendung der alten Regelung auf das Saison-Kurzarbeitergeld. Abs. 6 ist als insgesamt **gegenstandslos** anzusehen.[22]

§ 48 Dauer des Krankengeldes

(1) ¹Versicherte erhalten Krankengeld ohne zeitliche Begrenzung, für den Fall der Arbeitsunfähigkeit wegen derselben Krankheit jedoch für längstens achtundsiebzig Wochen innerhalb von je drei Jahren, gerechnet vom Tage des Beginns der Arbeitsunfähigkeit an. ²Tritt während der Arbeitsunfähigkeit eine weitere Krankheit hinzu, wird die Leistungsdauer nicht verlängert.

(2) Für Versicherte, die im letzten Dreijahreszeitraum wegen derselben Krankheit für achtundsiebzig Wochen Krankengeld bezogen haben, besteht nach Beginn eines neuen Dreijahreszeitraums ein neuer Anspruch auf Krankengeld wegen derselben Krankheit, wenn sie bei Eintritt der erneuten Arbeitsunfähigkeit mit Anspruch auf Krankengeld versichert sind und in der Zwischenzeit mindestens sechs Monate

1. nicht wegen dieser Krankheit arbeitsunfähig waren und
2. erwerbstätig waren oder der Arbeitsvermittlung zur Verfügung standen.

(3) ¹Bei der Feststellung der Leistungsdauer des Krankengeldes werden Zeiten, in denen der Anspruch auf Krankengeld ruht oder für die das Krankengeld versagt wird, wie Zeiten des Bezugs von Krankengeld berücksichtigt. ²Zeiten, für die kein Anspruch auf Krankengeld besteht, bleiben unberücksichtigt.

Literatur:
Siehe § 44.

I. Allgemeines 1	3. „Dieselbe Erkrankung" (Abs. 1 S. 1) ... 8
II. Höchstbezugsdauer im Grundsatz (Abs. 1) 2	4. Rahmenfrist 10
1. Grundsatz 2	III. Ausschöpfung der Bezugszeit (Abs. 2) 14
2. Hinzutreten weiterer Erkrankung (Abs. 1 S. 2) 4	IV. Anrechenbare Zeiten (Abs. 3) 20

I. Allgemeines

1 § 48 knüpft an § 183 Abs. 2 RVO an und begrenzt den Krg-Anspruch zeitlich. Hintergrund ist die **Aufgabenverteilung zwischen den Versicherungszweigen**: Bei langfristiger Einschränkung der Erwerbsfähigkeit geht die Verantwortung für die Leistungserbringung auf die gesetzliche Rentenversicherung über (§§ 51, 43 ff. SGB VI).[1] Namentlich wurde § 48 Abs. 2 eingeführt, um eine Instrumentalisierung des Krg als dauerhafte rentenähnliche Leistung zu unterbinden; ihm kommt keine Auffangfunktion bei dauerhafter Erwerbsunfähigkeit und Fehlen von Rentenanwartschaften zu.[2] Aufgabe der GKV ist lediglich die Kompensation der Entgeltverluste zur **Lebensstandardsicherung** bei vorübergehender krankheitsbedingter AU.[3] Auch wenn keine Konkurrenz zu bestehenden Rentenanwartschaften vorliegt, weil der Versicherte insofern keine Ansprüche erworben hat, ist der Anspruchsausschluss verfassungskonform.[4]

II. Höchstbezugsdauer im Grundsatz (Abs. 1)

2 **1. Grundsatz.** Abs. 1 S. 1 Hs. 1 statuiert den – irreführenden – Grundsatz, dass das Krg ohne zeitliche Begrenzung geleistet wird. Abs. 1 S. 1 Hs. 1 schränkt dies jedoch entscheidend ein, indem für „AU we-

---

22 So auch Brandts in: KassKomm, § 47 b SGB V Rn. 36; Joussen in: Becker/Kingreen, § 47 b Rn. 6.
1 Zuletzt BSG, 16.12.2014, B 1 KR 31/13 R, BSGE 118, 40–52, SozR 4-2500 § 51 Nr. 3, SozR 4-1500 § 86 b Nr. 5, Rn. 22; Gerlach in: Hauck/Noftz, SGB V, § 48 Rn. 5; Just in: Wannagat, § 48 SGB V Rn. 1.
2 Brandts in: KassKomm, § 48 SGB V Rn. 2; Wagner in: GK-SGB V, § 48 Rn. 19.
3 BSG, 8.11.2005, B 1 KR 27/04 R, USK 2005-35; 7.12.2004, B 1 KR 6/03 R, BSGE 94, 26, 30; BVerfG, 24.3.1998, 1 BvL 6/92, BVerfGE 97, 378, 386.
4 BVerfG, 24.3.1998, 1 BvL 6/92, BVerfGE 97, 378, 386; Gerlach in: Hauck/Noftz, SGB V, § 48 Rn. 6.

gen derselben Krankheit" der Krg-Anspruch auf **78 Wochen** (= 546 Tage)[5] innerhalb von je 3 Jahren nach dem Tag des Beginns der AU (sog Rahmen- oder Blockfrist, → Rn. 10 ff.) begrenzt wird.[6] Diese Normfassung ist widersprüchlich und zu kritisieren, da der Grundsatz des zeitlich unbegrenzten Bezugs für die deutlich überwiegenden Fälle sogleich wieder aufgegeben wird. Allerdings rekurriert das BSG jüngst deutlich auf das **Regel-Ausnahme-Verhältnis** und stützt entscheidend darauf eine enge, **analogiefeindliche Auslegung** der Ausnahmetatbestände.[7]

§ 48 bezieht sich auf sämtliche Fälle von **AU im weiteren Sinne** (→ § 44 Rn. 26), schließt nach zutreffender Auffassung also auch Fälle der **stationären Behandlung** in Krankenhäusern, Präventions- oder Rehabilitationseinrichtungen mit ein.[8]

2. Hinzutreten weiterer Erkrankung (Abs. 1 S. 2). Tritt neben die fortbestehende – und weiterhin AU bedingende[9] – eine **weitere Erkrankung**, bei der es sich nicht um „dieselbe Erkrankung" (→ Rn. 8 ff.) handelt,[10] bleibt es hinsichtlich beider Erkrankungen bei einer **Gesamt-Bezugsdauer von 78 Wochen** (Abs. 1 S. 2). Unerheblich ist, ob die hinzugetretene Erkrankung für sich genommen auch zur AU führen würde,[11] ebenso, ob wegen der ersten Erkrankung zum „Überlappungszeitpunkt" Krg geleistet wird.[12] Ist der Versicherte ohne Unterbrechung arbeitsunfähig, endet die Krg-Bezugsdauer mithin in jedem Fall nach 78 Wochen, unabhängig davon, ob die 78-wöchige Bezugsdauer durch dieselbe Erkrankung ausgelöst wurde, ob eine weitere Erkrankung hinzugetreten ist oder die erste Erkrankung während der ununterbrochenen Dauer der AU geendet hat. Durch die zeitliche Überlappung, für die eine zeitliche Überschneidung von nur einem Tag[13] – nicht notwendig während der Dauer des Krg-Bezugs[14] – ebenso genügt wie das zeitgleiche Auftreten,[15] bilden beide Erkrankungen eine **Einheit**.[16] § 48 Abs. 1 S. 2 bewirkt also, dass zwei zeitlich überlappende, medizinisch unterschiedliche Erkrankungen krg-rechtlich als „**dieselbe Erkrankung**" betrachtet werden.[17] Fälle der **Poly-/Multimorbidität** werden auch dann als eine Krankheit im Rechtssinne erfasst, wenn später nur noch eine Erkrankung aus dem ursprünglichen Krankheitsbündel fortbesteht.[18]

Infolge des Hinzutretens der weiteren Erkrankung wird demnach auch **kein neuer 3-Jahres-Zeitraum** ausgelöst (→ Rn. 14); vielmehr wird die hinzugetretene Krankheit auf die 78-Wochen-Frist im ersten 3-Jahres-Zeitraum angerechnet, auch wenn sie über das Ende der ersten Erkrankung hinaus ununterbrochen andauert. Endet die hinzugetretene Erkrankung und tritt sie dann innerhalb des bereits laufenden 3-Jahres-Zeitraums erneut auf, findet eine Anrechnung auf die bereits angebrochene 78-wöchige Bezugsdauer statt.[19] Hat der Versicherte wegen der hinzugetretenen Krankheit bereits in der Vergangenheit Krg bezogen, ergibt sich eine doppelte, alternative Beschränkung der Bezugsdauer.[20]

Beginnt eine **neue 3-Jahres-Blockfrist** (→ Rn. 14), während die hinzugetretene Krankheit alleine fortbesteht, die erste Erkrankung hingegen geendet hat, wird die **einheitliche Betrachtung durchbrochen**. Diese ist also immer auf die Rahmenfrist beschränkt, innerhalb derer die zeitliche Überlappung beider

---

5 Vgl. BSG, 21.6.2011, B 1 KR 15/10 R, SuP 2011, 724, Rn. 13.
6 Sog. „Aussteuerung" des Versicherten, Just in: Wannagat, § 48 SGB V Rn. 5.
7 BSG, 21.6.2011, B 1 KR 15/10 R, SuP 2011, 724, Rn. 11, 21.
8 Zutr. mit ausf. Begründung Gerlach in: Hauck/Noftz, SGB V, § 48 Rn. 13 ff.; Sonnhoff in: jurisPK-SGB V, § 48 Rn. 10 befürwortet (unpräzise) eine „entsprechende Anwendung"; aA Berchtold, Krankengeld, 2004, S. 169.
9 BSG, 21.6.2011, B 1 KR 15/10 R, SuP 2011, 724, Rn. 19.
10 BSG, 8.11.2005, B 1 KR 27/04 R, SozR 4-2500 § 48 Nr. 3, Rn. 23: „eigenständiges gesundheitliches Defizit"; Brandts in: KassKomm, § 48 SGB V Rn. 10 ff.
11 Zutr. BSG, 29.9.1998, B 1 KR 2/97 R, BSGE 83, 7; Brandts in: KassKomm, § 48 SGB V Rn. 13; Sonnhoff in: jurisPK-SGB V, § 48 Rn. 20; Just in: Wannagat, § 48 SGB V Rn. 8; Gerlach in: Hauck/Noftz, SGB V, § 48 Rn. 23.
12 BSG, 29.9.1998, B 1 KR 2/97 R, SozR 3-2500 § 48 Nr. 8.
13 BSG, 8.11.2005, B 1 KR 27/04 R, SozR 4-2500 § 48 Nr. 3, Rn. 16; Berchtold, Krankengeld, 2004, S. 173; Gerlach in: Hauck/Noftz, SGB V, § 48 Rn. 24; Schmidt in: Peters, HdB KrV, § 48 Rn. 46; offen gelassen bei Just in: Wannagat, § 48 SGB V Rn. 9.
14 Just in: Wannagat, § 48 SGB V Rn. 8.
15 Vgl. BSG, 8.11.2005, B 1 KR 27/04 R, SozR 4-2500 § 48 Nr. 3.
16 Gerlach in: Hauck/Noftz, SGB V, § 48 Rn. 23.
17 BSG, 8.11.2005, B 1 KR 27/04 R, SozR 4-2500 § 48 Nr. 3, Rn. 19; Just in: Wannagat, § 48 SGB V Rn. 8; aA Gerlach in: Hauck/Noftz, SGB V, § 48 Rn. 28.
18 BSG, 8.11.2005, B 1 KR 27/04 R, SozR 4-2500 § 48 Nr. 3, Rn. 21 f.; Brandts in: KassKomm, § 48 SGB V Rn. 13.
19 BSG, 8.11.2005, B 1 KR 27/04 R, SozR 4-2500 § 48 Nr. 3.
20 Näher Knittel in: Krauskopf, § 48 SGB V Rn. 11; Just in: Wannagat, § 48 SGB V § 48 Rn. 10.

Erkrankungen feststellbar ist:[21] Ist alleine mit der hinzugetretenen Erkrankung der 78-Wochen-Zeitraum in der vorangegangenen 3-Jahres-Frist noch nicht erschöpft, erlangt der Versicherte in der neuen 3-Jahres-Frist einen neuen Krg-Anspruch, ohne dass es auf die Voraussetzungen des Abs. 2 ankäme. Die Krg-Bezugszeiten infolge der ersten, inzwischen beendeten Erkrankung, werden nicht addiert.[22]

7 **Beispiel:** Ist der Versicherte zeitgleich zunächst an zwei Krankheiten erkrankt, und hat er wegen der Erkrankung A die 78-Wochen-Frist in der ersten Blockfrist ausgeschöpft, hinsichtlich der Erkrankung B hingegen nicht, gilt nach Beginn einer neuen Blockfrist die aufgezeigte getrennte Betrachtungsweise: Bei erneuter Erkrankung infolge der Krankheit A kann der Versicherte nur unter den Voraussetzungen des Abs. 2 einen erneuten Krg-Anspruch erwerben, hinsichtlich der Erkrankung B ist der Bezugszeitraum in der vorangegangenen Blockfrist nicht ausgeschöpft worden, so dass im nächsten 3-Jahres-Zeitraum ein Anspruch unabhängig von den Voraussetzungen des Abs. 2 besteht.

8 **3. „Dieselbe Erkrankung" (Abs. 1 S. 1).** Entscheidend auf das Vorliegen „derselben Erkrankung" kommt es dagegen bei nicht ununterbrochener AU an. In diesem Fall erfolgt eine kumulative Anrechnung der einzelnen Krg-Bezugszeiten auf die 78-Wochen-Frist innerhalb des 3-Jahres-Zeitraums nur, wenn es sich um AUen handelt, die auf dieselbe Krankheit zurückzuführen sind. Es handelt sich dabei um eine **medizinische Betrachtung**, die vom Versicherungsfall – also einer krankheitsbedingten AU iSv § 44 Abs. 1 – begrifflich zu trennen ist.[23] Um dieselbe Erkrankung handelt es sich, wenn die erneute AU auf **dasselbe, nicht ausgeheilte Grundleiden** zurückzuführen ist, es also latent weiter bestand und nach beschwerdefreien/-armen Intervallen **erneut Krankheitssymptome** hervorruft.[24] Eine zwischenzeitliche Wiederherstellung der Arbeitsfähigkeit steht einer erneuten AU infolge „derselben" Erkrankung nicht entgegen.[25]

9 Die Identität wird ermittelt durch eine **Gesamtschau** auf Krankheitsursachen, Entstehungsvoraussetzungen, Symptomen und Krankheitsverlauf;[26] es muss sich um ein **einheitliches Krankheitsgeschehen** handeln.[27] Voraussetzung sind weder dieselbe Bezeichnung noch eine einheitliche (fach)ärztliche Behandlungskompetenz noch eine Identität der Krankheitssymptome. Entscheidend ist, dass unterschiedlichen Symptomen medizinisch dieselbe Ursache zu Grunde liegt. Dies ist zB zu bejahen bei nicht ausgeheilten rheumatischen, infektiösen oder tuberkulösen Erkrankungen sowie Erkrankungen, die – wie etwa multiple Sklerose oder Psychosen – in Schüben zutage treten. Degenerationen der gesamten Wirbelsäule, die in unterschiedlichen Abschnitten der Wirbelsäule zu Beschwerden führen, stellen sich als einheitliches Krankheitsgeschehen dar,[28] ebenso verschiedene Krankheitssymptome an einem Amputationsstumpf oder unterschiedliche Knochenbrüche, die auf Stürze infolge multipler Sklerose zurückzuführen sind,[29] und ggf. sogar Verletzungen unterschiedlicher Körperregionen infolge eines einheitlichen Unfallereignisses.[30] Handelt es sich um dasselbe Krankheitsbild (etwa einen grippalen Infekt), liegt dennoch nicht dieselbe Krankheit vor, wenn erfahrungsgemäß davon auszugehen ist, dass zwischenzeitlich Heilung eingetreten war.[31] In Grenzfällen besteht ein **Wertungsspielraum**; erscheint der innere Zusammenhang zweifelhaft, sollte im Zweifel zugunsten des Versicherten entschieden und damit der Begriff „derselben Krankheit" verneint werden.

10 **4. Rahmenfrist.** Durch die 3-jährige Rahmenfrist wird erreicht, dass ein **genau definierter Betrachtungszeitraum** vorhanden ist, innerhalb dessen einzelne Krg-Bezugszeiten wegen derselben Krankheit (→ Rn. 8 f.) zu addieren sind. Erst dadurch ergibt sich aus der 78-Wochen-Bezugsdauer eine wirkungsvolle Grenze.

---

21 Brandts in: KassKomm, § 48 SGB V Rn. 22.
22 Vgl. BSG, 7.12.2004, B 1 KR 10/03 R, nv, Rn. 20; 29.9.1998, B 1 KR 2/97 R, SozR 3-2500 § 48 Nr. 8; 8.12.1992, 1 RK 8/92, SozR 3-2500 § 48 Nr. 3; 26.11.1991, 1/3 RK 19/90, USK 91164.
23 Gegen eine zu strenge „fachmedizinisch-anatomische" Handhabung mit Recht BSG, 8.11.2005, B 1 KR 27/04 R, SozR 4-2500 § 48 Nr. 3, Rn. 21, 25; Brandts in: KassKomm, § 48 SGB V Rn. 11.
24 BSG, 12.10.1988, 3/8 RK 28/87, USK 88135; 29.9.1998, B 1 KR 2/97 R, BSGE 83, 7; 7.12.2004, B 1 KR 10/03 R, USK 2004-51.
25 Sonnhoff in: jurisPK-SGB V, § 48 Rn. 15.
26 Gerlach in: Hauck/Noftz, SGB V, § 48 Rn. 19.
27 Vgl. BSG, 12.10.1988, 3/8 RK 28/87, USK 88135, Rn. 12; Brandts in: KassKomm, § 48 SGB V Rn. 11; Sonnhoff in: jurisPK-SGB V, § 48 Rn. 15.
28 BSG, 12.10.1988, 3/8 RK 28/87, USK 88135, Rn. 13.
29 Vgl. BAG, 4.12.1985, 5 AZR 656/84, NJW 1986, 1567.
30 Vgl. BSG, 21.6.2011, B 1 KR 15/10 R, SuP 2011, 724, Rn. 14 mwN.
31 Just in: Wannagat, § 48 SGB V § 48 Rn. 7.

Diese Rahmenfrist wird **für jede Erkrankung** (→ Rn. 4) **separat** durch den Beginn der erstmaligen 11
krankheitsbedingten AU bzw. stationären Behandlung ausgelöst.[32] Der Fristlauf ist nach § 26 Abs. 1
SGB X, §§ 187 f. BGB zu bestimmen.[33] Der **Versicherungsfall** (iSd Aktualisierung des Stammrechts, →
§ 46 Rn. 2) löst den Fristlauf aus, § 48 Abs. 1 S. 1 letzter Hs, ohne dass es auf die ärztliche Feststellung
(Anspruchsentstehung, § 46 S. 1 Nr. 2) ankäme.[34] Ruhen des Krg-Anspruchs (§ 49 Abs. 1) steht dem
Fristbeginn nicht entgegen. Die Rahmenfrist wird nur ausgelöst, wenn zum maßgeblichen Zeitpunkt
ein Versicherungsverhältnis mit Krg-Anspruch besteht,[35] denn der Fristlauf korrespondiert mit der
Pflichtenstruktur im Versicherungsverhältnis.

Das **erstmalige Auftreten** einer Erkrankung bewirkt, dass das künftige Leben des Versicherten im Hin- 12
blick auf diese Erkrankung in **3-Jahres-Zeiträume** strukturiert wird, die jeweils den Betrachtungsrahmen für die Dauer des Krg-Anspruchs vorgeben.[36] Indem die erste Rahmenfrist durch den Beginn der
ersten AU infolge dieser Krankheit festgelegt wird, steht zugleich der Beginn der zweiten und aller folgenden 3-Jahres-Rahmenfristen für diese Krankheit und diesen Versicherten fest.[37] Für **unterschiedliche Erkrankungen** laufen unterschiedliche Rahmenfristen ggf. **parallel**, sofern diese nicht infolge zeitlichen Überlappens in der aktuellen Rahmenfrist gem. Abs. 1 S. 2 als „dieselbe Erkrankung" fingiert
werden (→ Rn. 8 f.).

Der damit prinzipiell ausgelöste **„lebenslange" Fristlauf** wird lediglich aus Praktikabilitäts- und Daten- 13
schutzgründen **zeitlich begrenzt**. Nach einer Einigung der GKV-Spitzenverbände soll auf die Ermittlung einer bereits laufenden Rahmenfrist verzichtet werden, sofern in den letzten 3 Jahren vor Eintritt
der erneuten AU wegen derselben Krankheit keine AU feststellbar ist.[38] Dies dient der administrativen
Vereinfachung und wirkt sich lediglich versichertengünstig aus.[39] Diese Sichtweise korreliert damit,
dass die Krankenkassen zwar gehalten sind, die Daten über Leistungen „zur Prüfung der Voraussetzungen späterer Leistungsgewährung" aufzuzeichnen (§ 292 S. 1), die Daten jedoch nach Ablauf von
10 Jahren gelöscht werden müssen (§ 304 Abs. 1 Nr. 1). Mit Blick auf die Interessen der Versichertengemeinschaft und um den Vorwurf einer Lösung *contra legem* zu vermeiden, sollte in Anlehnung an
§ 304 Abs. 1 Nr. 1 erst das mehr als 10 Jahre zurückliegende Auftreten derselben Erkrankung bei der
Ermittlung der Rahmenfrist ausgeblendet werden.

III. Ausschöpfung der Bezugszeit (Abs. 2)

Mit Beginn eines neuen 3-Jahres-Zeitraums der Rahmenfrist greift erneut Abs. 1. Grundsätzlich be- 14
steht also der **volle 78-wöchige Krg-Anspruch**[40] sowohl für neue als auch für bereits zuvor aufgetretene Erkrankungen. Auf das Erfordernis einer Versicherung, die aktuell den Krg-Anspruch einschließt
(→ § 44 Rn. 7), soll dabei in dem Sonderfall zu verzichten sein, dass die AU über den Beginn der neuen Rahmenfrist hinaus andauerte, der Versicherte beim Eintritt des Versicherungsfalls mit Anspruch
auf Krg versichert war und die Krg einschließende Versicherung bei Beginn der neuen Rahmenfrist
nicht mehr bestand.[41]

Abs. 2 weicht davon ab, wenn der Krg-Anspruch im **vorangehenden 3-Jahres-Zeitraum** der Rahmen- 15
frist **voll ausgeschöpft** wurde. Umstritten ist, ob – entgegen dem Gesetzeswortlaut – außer dem letzten
3-Jahres-Zeitraum auch **weiter zurückliegende Rahmenfristen**, in denen der Krg-Anspruch voll ausgeschöpft wurde, einzubeziehen sind.[42] Dafür wird der Zweck von Abs. 2 angeführt, eine Instrumentalisierung des Krg als rentenähnliche Dauerleistung auszuschließen (→ Rn. 1). Bezieht man nur den letz-

---

[32] BSG, 21.6.2011, B 1 KR 15/10 R, SuP 2011, 724, Rn. 12.
[33] AA Brandts in: KassKomm, § 48 SGB V Rn. 21.
[34] Gerlach in: Hauck/Noftz, SGB V, § 48 Rn. 33; Brandts in: KassKomm, § 48 SGB V Rn. 21.
[35] Gerlach in: Hauck/Noftz, SGB V, § 48 Rn. 33.
[36] HM, vgl. BSG, 17.4.1970, 3 RK 41/69, BSGE 31, 125; Knittel in: Krauskopf, § 48 SGB V Rn. 13; Brandts in: KassKomm, § 48 SGB V Rn. 21; für einen Neubeginn der Rahmenfrist mit jeder Arbeitsunfähigkeit, sofern die Bezugshöchstdauer für diese Erkrankung nicht ausgeschöpft wurde: Just in: Wannagat, § 48 SGB V § 48 Rn. 12; Fastabend/Schneider, Das Leistungsrecht der GKV, 2004, Rn. 304.
[37] BSG, 17.4.1970, 3 RK 41/69, BSGE 31, 125; 17.4.1970, 3 RK 98/69, USK 7065; 2.7.1970, 3 RK 76/68, USK 7066; 28.8.1970, 3 RK 15/69, USK 7095.
[38] GKV-Spitzenverband, Gemeinsames Rundschreiben, 6.10.1993, 2.2.
[39] Gerlach in: Hauck/Noftz, SGB V, § 48 Rn. 34.
[40] BSG, 26.11.1991, 1/3 RK 19/90, USK 91164; 8.12.1992, 1 RK 8/92, BSGE 71, 290.
[41] Vgl. BSG, 8.12.1992, 1 RK 8/92, BSGE 71, 290, 293.
[42] Dafür BSG, 29.9.1998, B 1 KR 2/97 R, BSGE 83, 7; zust. Knittel in: Krauskopf, § 48 SGB V Rn. 16; Sonnhoff in: jurisPK-SGB V, § 48 Rn. 28; Brandts in: KassKomm, § 48 SGB V Rn. 34.

ten 3-Jahres-Zeitraum in die Betrachtung ein, würde ein dauerhaft Erwerbsunfähiger im Zeitablauf mit jeweils 3-jährigen Unterbrechungen erneut einen 78-wöchigen Krg-Anspruch erwerben. Dem Gesetzgeber ist es jedoch nicht gelungen, diese Konsequenz mit der heute geltenden Normfassung auszuschließen; *de lege lata* sind frühere 3-Jahres-Zeiträume der Rahmenfrist nicht maßgeblich.[43] Voll ausgeschöpft ist der Krg-Anspruch wegen derselben Krankheit in der zurückliegenden Rahmenfrist grds. nur dann, wenn fällige Leistungsansprüche auf Krg für volle 78 Wochen bestanden (zu anrechnungsfähigen Zeiten → Rn. 20). Wird die Höchstbezugsdauer auch nur um einen Tag unterschritten, ist Abs. 2 unanwendbar. Zur Unterbindung von **Rechtsmissbrauch** greift Abs. 2 jedenfalls auch dann, wenn der Versicherte bei Vorliegen eines Versicherungsfalls auf das Krg **verzichtet** hat, um damit die 78-Wochen-Grenze geringfügig zu unterschreiten (vgl. § 46 Abs. 2 SGB I).[44]

16 Gilt Abs. 2, entsteht ein neuer Krg-Anspruch nur unter **drei zusätzlichen Voraussetzungen**: (1.) Bei Eintritt der erneuten AU (zum Zeitpunkt → Rn. 4) muss der Versicherte mit Anspruch auf Krg versichert sein. (2.) Er darf in den letzten 6 Monaten nicht wegen derselben Krankheit arbeitsunfähig gewesen sein. (3.) Er muss in den letzten 6 Monaten erwerbstätig gewesen sein oder der Arbeitsvermittlung zur Verfügung gestanden haben.

17 War der Versicherte innerhalb der letzten 6 Monate **wegen einer anderen Erkrankung arbeitsunfähig**, steht das dem erneuten Krg-Anspruch nicht entgegen.[45] Anfangspunkt für die Berechnung, ob der 6-Monats-Zeitraum gewahrt ist, ist nach dem eindeutigen Gesetzeswortlaut das **Ende der AU** wegen derselben Erkrankung,[46] nicht hingegen der Ablauf des Krg-Anspruchs wegen Ausschöpfung der Bezugshöchstfrist.[47] Ob der damit maßgebliche 6-Monats-Zeitraum in der zurückliegenden oder der aktuellen Rahmenfrist liegt, ist ebenso unerheblich wie die Frage, ob der Beginn der aktuellen AU bereits in der vorangehenden Rahmenfrist lag.[48] Besteht die AU somit über den Wechsel der Rahmenfristen hinaus fort, setzt der erneute 78-wöchige Krg-Anspruch unmittelbar mit dem Beginn der neuen Rahmenfrist ein. In diesem Fall muss der Versicherte der Krankenkasse die AU melden, sofern diese nicht ohnehin bekannt ist;[49] bis dahin ruht der Anspruch gem. § 49 Abs. 1 Nr. 5.

18 Einschränkend wird vertreten, dass eine bloß **geringfügige Beschäftigung** iSv § 8 SGB IV keine Erwerbstätigkeit iSv § 48 Abs. 2 Nr. 2 sei.[50] Nach Auffassung des BSG soll dagegen selbst die Tätigkeit innerhalb einer **beruflichen Rehabilitation** oder einer Umschulungsmaßnahme im Betrieb ausreichen;[51] erst recht müsste dies dann für geringfügige Beschäftigungen gelten.

19 Die Variante der **Verfügbarkeit für die Arbeitsvermittlung** setzt voraus, dass der Versicherte sich der Arbeitsagentur für eine Vermittlung zur Verfügung stellt und objektiv im durch § 138 Abs. 5 SGB III bezeichneten Umfang vermittlungsfähig ist, mithin ein Mindestmaß an Leistungsfähigkeit aufweist. Bei Arbeitslosen kann somit trotz unterbrechungsfreier AU nach § 48 Abs. 2 ein Krg-Anspruch in der neuen Rahmenfrist wieder aufleben. Dies ist dann der Fall, wenn sich der in Bezug auf die bisher ausgeübte Tätigkeit arbeitsunfähige Arbeitnehmer mit seinem Restleistungsvermögen der Arbeitsvermittlung zur Verfügung gestellt hat und dann AU auch mit Blick auf dieses Restleistungsvermögen eintritt, ohne dass der Versicherte vorher eine leidensgerechte Tätigkeit aufgenommen hat.[52]

IV. Anrechenbare Zeiten (Abs. 3)

20 Nach Abs. 3 sind auf die Bezugshöchstdauer von 78 Wochen innerhalb der Rahmenfrist auch **Ruhenszeiträume** (§§ 49 Abs. 1, 16) oder Zeiten der **Versagung des Krg** gem. §§ 52, 60 ff. SGB I anzurechnen. Diese zunächst überraschende Anrechnung dient der Absicherung der Regelungsintention der genannten Vorschriften. ZB will § 49 eine Parallelität von Leistungen, die gleichen sozialpolitischen Zwecken dienen, ausschließen. Würde etwa die Zeit der 6-wöchigen Entgeltfortzahlung nach § 3 Abs. 1 EFZG nicht auf die Krg-Bezugsdauer angerechnet, führte sie zu einer entsprechenden Verlängerung der Krg-

---

[43] Wie hier Schmidt in: Peters, HdB KrV, § 48 Rn. 15, 70; Didong, SGb 1992, 394, 395.
[44] Brandts in: KassKomm, § 48 SGB V Rn. 35; zur Problematik auch Didong, SGb 1992, 394, 395.
[45] Vgl. den Wortlaut: „nicht wegen dieser Krankheit arbeitsunfähig".
[46] Gerlach in: Hauck/Noftz, SGB V, § 48 Rn. 54.
[47] So aber Sonnhoff in: jurisPK-SGB V, § 48 Rn. 30.
[48] Just in: Wannagat, § 48 SGB V Rn. 17, 18.
[49] BSG, 8.12.1992, 1 RK 8/92, SozR 3-2500 § 48 Nr. 3; 29.9.1998, B 1 KR 7/98 R, USK 98105, Rn. 15.
[50] GKV-Spitzenverband, Gemeinsames Rundschreiben, 6.10.1993, 3.3; zust. Gerlach in: Hauck/Noftz, SGB V, § 48 Rn. 57; Fastabend/Schneider, Das Leistungsrecht der GKV, 2004, S. 317; wie hier Wagner in: GK-SGB V, § 48 Rn. 25.
[51] BSG, 3.11.1993, 1 RK 10/93, SozR 3-2500 § 48 Nr. 5; ebenso Brandts in: KassKomm, § 48 SGB V Rn. 39.
[52] BSG, 28.9.1993, 1 RR 3/92, BSGE 73, 121.

Leistung nach Ablauf des Entgeltfortzahlungszeitraums; die angestrebte Lastenverteilung würde konterkariert.[53] Anzurechnen ist auch – ohne verfassungsrechtliche Bedenken – eine arbeitsvertraglich deutlich **verlängerte Entgeltfortzahlung**.[54] **Nicht einzubeziehen** sind dagegen Zeiten, in denen der Krg-Anspruch bereits nicht besteht, insbesondere **Karenzzeiten** nach § 46 (→ § 46 Rn. 6 ff.), Zeiten des **Anspruchsausschlusses** nach § 50 Abs. 1 S. 1 wegen vorrangigen Leistungsbezugs – unabhängig von der Frage, ob dem Versicherten ein Spitzbetrag verbleibt[55] (→ § 50 Rn. 12 f.) – sowie Zeiten, in denen **Verletztengeld** oder **Unfallrente** bezogen wurde, vgl. § 11 Abs. 5. Die zu letzterem geäußerten Bedenken des BSG[56] sind rechtspolitischer Natur und begründen *de lege lata* kein abweichendes Ergebnis. Ohne Anrechnung bleiben Krg-Bezugszeiten, die auf eine andere Erkrankung als diejenige, für welche die jeweilige Rahmenfrist läuft, zurückzuführen sind.[57]

§ 49 Ruhen des Krankengeldes

(1) Der Anspruch auf Krankengeld ruht,
1. soweit und solange Versicherte beitragspflichtiges Arbeitsentgelt oder Arbeitseinkommen erhalten; dies gilt nicht für einmalig gezahltes Arbeitsentgelt,
2. solange Versicherte Elternzeit nach dem Bundeselterngeld- und Elternzeitgesetz in Anspruch nehmen; dies gilt nicht, wenn die Arbeitsunfähigkeit vor Beginn der Elternzeit eingetreten ist oder das Krankengeld aus dem Arbeitsentgelt zu berechnen ist, das aus einer versicherungspflichtigen Beschäftigung während der Elternzeit erzielt worden ist,
3. soweit und solange Versicherte Versorgungskrankengeld, Übergangsgeld, Unterhaltsgeld oder Kurzarbeitergeld beziehen,
3a. solange Versicherte Mutterschaftsgeld oder Arbeitslosengeld beziehen oder der Anspruch wegen einer Sperrzeit nach dem Dritten Buch ruht,
4. soweit und solange Versicherte Entgeltersatzleistungen, die ihrer Art nach den in Nummer 3 genannten Leistungen vergleichbar sind, von einem Träger der Sozialversicherung oder einer staatlichen Stelle im Ausland erhalten,
5. solange die Arbeitsunfähigkeit der Krankenkasse nicht gemeldet wird; dies gilt nicht, wenn die Meldung innerhalb einer Woche nach Beginn der Arbeitsunfähigkeit erfolgt,
6. soweit und solange für Zeiten einer Freistellung von der Arbeitsleistung (§ 7 Abs. 1 a des Vierten Buches) eine Arbeitsleistung nicht geschuldet wird,
7. während der ersten sechs Wochen der Arbeitsunfähigkeit für Versicherte, die eine Wahlerklärung nach § 44 Absatz 2 Satz 1 Nummer 3 abgegeben haben.

(2) (aufgehoben)

(3) Auf Grund gesetzlicher Bestimmungen gesenkte Entgelt- oder Entgeltersatzleistungen dürfen bei der Anwendung des Absatzes 1 nicht aufgestockt werden.

(4) Erbringt ein anderer Träger der Sozialversicherung bei ambulanter Ausführung von Leistungen zur medizinischen Rehabilitation Verletztengeld, Versorgungskrankengeld oder Übergangsgeld, werden diesem Träger auf Verlangen seine Aufwendungen für diese Leistungen im Rahmen der nach § 13 Abs. 2 Nr. 7 des Neunten Buches vereinbarten gemeinsamen Empfehlungen erstattet.

Literatur:
Siehe § 44.

I. Allgemeines 1	b) Inanspruchnahme von Elternzeit (Abs. 1 Nr. 2) 14
II. Voraussetzungen des Ruhens (Abs. 1) 5	c) Bezug von Versorgungskranken-, Übergangs-, Unterhalts- und Kurzarbeitergeld (Abs. 1. Nr. 3) 15
1. Allgemeines 5	
2. Einzelne Ruhenstatbestände 9	
a) Erhalt von beitragspflichtigem Arbeitsentgelt oder Arbeitseinkommen (Abs. 1. Nr. 1) 9	d) Mutterschafts- und Arbeitslosengeld (Abs. 1. Nr. 3 a) 19

---

53 Vgl. Brandts in: KassKomm, § 48 SGB V Rn. 25.
54 LSG NRW, 14.9.2006, L 5 KR 116/05, nv (sechsmonatige Entgeltfortzahlung).
55 BSG, 8.12.1992, 1 RK 9/92, SozR 3-2500 § 48 Nr. 4.
56 BSG, 8.11.2005, B 1 KR 33/03 R, SozR 4-2500 § 48 Nr. 2.
57 Gerlach in: Hauck/Noftz, SGB V, § 48 Rn. 46.

e)	Ausländische Entgeltersatzleistungen (Abs. 1. Nr. 4).................	23	h) Versicherte mit Wahlerklärung (Abs. 1. Nr. 7)........................	31
f)	Unterlassene Meldung der Arbeitsunfähigkeit (Abs. 1. Nr. 5)..........	24	III. Keine Aufstockung von Entgelt- oder Entgeltersatzleistungen (Abs. 3)................	32
g)	Entgeltliche Freistellung von der Arbeitsleistung (Abs. 1. Nr. 6)	30	IV. Erstattung der Aufwendungen (Abs. 4)..... V. Anpassung durch das Bundesteilhabegesetz	34 35

I. Allgemeines

1 Die an §§ 183 Abs. 6, 189, 200c Abs. 1, 216 RVO anknüpfende Vorschrift wurde durch das GRG zum 1.1.1989 eingeführt und seitdem mehrfach geändert. Sie regelt das **Ruhen des Krg**. Der Krg-Anspruch wird hier – anders als nach § 50 – zwar dem Grunde nach aufrechterhalten, die Erfüllung jedoch **ausgeschlossen**. In § 49 sind unterschiedlichste Ruhenstatbestände zusammengefasst. Nur teilweise einheitlich sind die den einzelnen Tatbeständen zugrunde liegenden Regelungszwecke.[1] Die Vorschrift ergänzt § 16 (→ § 16 Rn. 8 ff.) um Krg-spezifische Ruhenstatbestände.

2 Abgesehen von Nr. 5 effektuiert § 49 die **Entgeltersatzfunktion** des Krg. Es soll eine sozialpolitisch unerwünschte und **ungerechtfertigte**[2] **Doppelsicherung** des Versicherten verhindert werden.[3] Die Ruhensanordnungen in § 49 Abs. 1 Nr. 1, 6 regeln das Konkurrenzverhältnis von Krg und Arbeitsentgelt bzw. Arbeitseinkommen. Nr. 3, 3a, 4 nehmen die Kollision mit anderen, ihrem Zweck nach ähnlichen Sozialversicherungsleistungen in den Blick. Insofern führt § 49 mittelbar zur Zuständigkeitsabgrenzung der einzelnen Leistungsträger.[4]

3 Das BVerfG erkennt in ständiger Rspr. an, dass Ruhens- und Ausschlusstatbestände zur Vermeidung einer Doppelbegünstigung und zur Abgrenzung der Zuständigkeiten der Sozialversicherungsträger gemessen an Art. 3 Abs. 1, 14, 20 Abs. 1 GG **verfassungskonform** sind, auch wenn die quantitativ höhere Leistung dadurch entfällt. Vorausgesetzt wird allerdings, dass eine sachliche **Rechtfertigung** – namentlich bei Zweckidentität der konkurrierenden Leistungen – und eine „adäquate soziale Absicherung" durch die gewährte Leistung gegeben ist.[5] Den verfassungsrechtlichen Vorgaben (Art. 3 Abs. 1 GG) trägt die Zuerkennung eines „Spitzbetrags" insbes. bei Nr. 3, 4 Rechnung (→ Rn. 16).[6]

4 § 49 nimmt idR kurzzeitige Konkurrenzen mit anderen Leistungen, § 50 dagegen das prognostisch langfristige Nebeneinander von Krg und Renten/rentenähnlichen Leistungen in den Blick. Das Ruhen wird generell als **milderes Mittel** ggü dem Anspruchsausschluss nach § 50 betrachtet;[7] angesichts der Anrechnung von Ruhenszeiten auf die Bezugsdauer (→ § 48 Rn. 20) ist das nicht zweifelsfrei.

II. Voraussetzungen des Ruhens (Abs. 1)

5 **1. Allgemeines.** Voraussetzung des Ruhens sind **Bestehen** und **Fälligkeit** des Krg-Anspruchs (→ § 46 Rn. 2).[8] Soweit das Ruhen an den Erhalt/Bezug einer konkurrierenden Leistung anknüpft, wird vorausgesetzt, dass konkurrierende Leistung und Krg-Bezug in zeitlicher Hinsicht **deckungsgleich** sind.[9] Auch im Fall eines rückwirkenden Erhalts/Bezugs der konkurrierenden Leistung ist diese zeitliche Übereinstimmung zu bejahen;[10] das Ruhen kann sich dann freilich nur auf den noch nicht ausgezahlten Teil des Krg beziehen.[11]

6 Ferner ist vorauszusetzen, dass die konkurrierende Leistung dem Versicherten **tatsächlich zufließt** (vgl. Nr. 1, 4 „erhalten", Nr. 3, 3a „beziehen"; Zuflussprinzip). Entscheidend für Nr. 1, 4 ist die tatsächliche Verfügungsmöglichkeit[12] des Versicherten. Ein Anspruch auf die Leistung genügt nicht und ist

---

1 Vgl. Noftz in: Hauck/Noftz, SGB V, § 49 Rn. 3.
2 BVerfG, 15.6.1971, 1 BvR 88/69, 1 BvR 496/69, BVerfGE 31, 185, 189; BSG, 14.11.1996, 2 RU 5/96, SozR 3-2500 § 49 Nr. 3, S. 8.
3 Brandts in: KassKomm, § 49 SGB V Rn. 2.
4 BSG, 26.3.1963, 3 RK 20/62, BSGE 19, 28, 30; 10.10.1979, 3 RK 25/79, BSGE 49, 71, 74; 4.6.1981, 3 RK 50/80, BSGE 52, 26, 29.
5 BVerfG, 15.6.1971, 1 BvR 88/69, 1 BvR 496/69, BVerfGE 31, 185, 189 ff.; 11.3.1980, 1 BvL 20/76, 1 BvR 826/76, BVerfGE 53, 313, 331 f.
6 Vgl. BVerfG, 9.11.1988, 1 BvL 22/84, 1 BvL 71/86, 1 BvL 9/87, BVerfGE 79, 87 ff.
7 Vgl. BSG, 20.8.1986, 8 RK 2/85, USK 86132; 9.12.1986, 8 RK 24/85, USK 86202.
8 Vgl. BSG, 18.2.1998, B 5 RJ 48/96 R, NZS 1999, 145, 146; Noftz in: Hauck/Noftz, SGB V, § 49 Rn. 5a.
9 „Solange", Nr. 1, 3, 3a, 4; vgl. nur BSG, 20.3.1984, 8 RK 4/83, BSGE 56, 208.
10 Vgl. BSG, 27.4.1966, 3 RK 92/63, BSGE 25, 6, 7; 13.9.1984, 4 RJ 37/83, BSGE 57, 146, 148; 30.3.1995, 7 RAr 22/94, BSGE 76, 84, 86 f.
11 Brandts in: KassKomm, § 49 SGB V Rn. 11.
12 Vgl. BSG, 25.11.1964, 3 RK 32/60, BSGE 22, 106, 107 f.

auch nicht erforderlich.[13] Bei rechtswidriger Nichtleistung eines konkurrierenden Leistungsverpflichteten tritt kein Ruhen ein; die Krankenkasse bleibt vorleistungspflichtig.[14] Bei Nichtleistung durch den Arbeitgeber kommt es zum Forderungsübergang gem. § 115 SGB X.[15] Gleichgestellt werden Erfüllungssurrogate, etwa eine Aufrechnung.[16] Das „Beziehen" von Leistungen (Nr. 3, 3 a) knüpft ebenfalls an die tatsächliche Situation an, unterscheidet sich vom „Erhalten" (Nr. 1, 4) aber durch eine verwaltungsrechtliche Komponente, die bei den Leistungen nach Nr. 1, 4 strukturell nicht in Betracht kommt. Neben dem tatsächlichen Zufluss der Leistung genügt (alternativ),[17] dass der Anspruch durch den Leistungsträger ggü. dem Versicherten festgestellt, also der Leistungsbescheid gem. § 39 Abs. 1 SGB X durch **Bekanntgabe** wirksam geworden ist.[18] Bestandskraft und materiellrechtliche Situation sind irrelevant.[19] Ruht die konkurrierende Leistung ihrerseits, fehlt es am tatsächlichen „Beziehen" dieser Leistung, so dass das Krg nicht nach Nr. 3, 3 a ruht.[20] Bei rückwirkender Aufhebung des Bewilligungsbescheids hinsichtlich der konkurrierenden Leistung endet die Ruhensfolge.[21]

Verzichtet der Versicherte – etwa durch Erlassvertrag, Ausgleichsquittung, Vergleich, Versäumung einer Ausschlussfrist oder grundlose Kündigung des Arbeitsverhältnisses – auf eine konkurrierende Leistung, namentlich auf Arbeitsentgelt (einschließlich der Entgeltfortzahlung nach § 3 EFZG), wurde früher überwiegend angenommen, dass dies das Ruhen jedenfalls bei Vertretenmüssen des Versicherten nicht abwenden kann.[22] Die Dreiecksstruktur der Risikozuweisung zwischen Krankenkasse, Arbeitgeber und Versichertem soll eine pflichtwidrige Disposition zulasten der Solidargemeinschaft ausschließen. In jüngerer Instanz-Rspr. wird dies bei Eigenkündigung des Versicherten auf Fälle des Rechtsmissbrauchs beschränkt.[23] In anderen Fällen kommt es dann trotz Verzichts zum Ruhen, wenn eine Interessenabwägung ergibt, dass der Versicherte keinen überwiegenden Grund für die Disposition hatte.[24] An einem überwiegenden Grund des Versicherten fehlt es regelmäßig, wenn im fortbestehenden Arbeitsverhältnis zB auf Entgeltfortzahlung verzichtet wird.[25] 7

Rechtsfolge von allen Tatbeständen in § 49 Abs. 1 ist, dass Stammrecht und auch Leistungsanspruch fortbestehen, letzterer aber in seiner Durchsetzbarkeit zeitweilig gehemmt ist.[26] Der Fortbestand des Anspruchs bewirkt, dass die Mitgliedschaft iFd § 192 Abs. 1 Nr. 2 auch während des Ruhens aufrechterhalten bleibt. Ferner wird der Ruhenszeitraum auf die Gesamtbezugsdauer angerechnet (§ 48 Abs. 3 S. 1). Das Ruhen folgt unmittelbar aus dem Gesetz; ein „Ruhensbescheid" der Krankenkasse wirkt nur deklaratorisch. Es beginnt mit dem Zeitpunkt, in dem alle Tatbestandsvoraussetzungen des jeweiligen Ruhenstatbestands vorliegen und endet mit dem Tag des (partiellen) Entfalls dieser Voraussetzungen.[27] Zu den beitragsrechtlichen Konsequenzen vgl. § 224. 8

2. Einzelne Ruhenstatbestände. a) Erhalt von beitragspflichtigem Arbeitsentgelt oder Arbeitseinkommen (Abs. 1. Nr. 1). Was **Arbeitsentgelt** iSv Abs. 1 Nr. 1 ist, bestimmt sich nach § 14 Abs. 1 SGB IV, näher ausgestaltet durch die Sozialversicherungsentgeltverordnung.[28] Häufigster Anwendungsfall ist die Entgeltfortzahlung gem. § 3 Abs. 1 EFZG. Bestehen mehrere (Teilzeit-)Beschäftigungen nebenei- 9

---

13 Wohl großzügiger BSG, 3.6.2004, B 11 AL 55/03 R, BSGE 93, 59, 61.
14 Brandts in: KassKomm, § 49 SGB V Rn. 12.
15 Brandts in: KassKomm, § 49 SGB V Rn. 12.
16 BSG, 29.6.1994, 1 RK 45/93, BSGE 74, 287, 289 f.; Brandts in: KassKomm, § 49 SGB V Rn. 11.
17 Vgl. schon BSG, 9.12.1976, 2 RU 39/76, BSGE 43, 68; zutr. Schmidt in: Peters, HdB KrV, § 49 Rn. 75; aA Noftz in: Hauck/Noftz, SGB V, § 49 Rn. 44; Brandts in: KassKomm, § 49 SGB V Rn. 11, der den tatsächlichen Erhalt der Leistung nur dann voraussetzen will, wenn der Versicherte diesen schuldhaft verhindert.
18 BSG, 11.7.1974, 4 RJ 225/73, SozR 2200 § 183 Nr. 1; 1.4.1993, 1 RK 10/92, BSGE 72, 163, 165.
19 BSG, 1.4.1993, 1 RK 10/92, BSGE 72, 163, 165; 30.3.1995, 7 RAr 22/94, BSGE 76, 84, 89.
20 BSG, 29.8.1968, 4 RJ 299/66, BSGE 28, 214, 216 f.; Noftz in: Hauck/Noftz, SGB V, § 49 Rn. 49; Schmidt in: Peters, HdB KrV, § 49 Rn. 76.
21 BSG, 1.4.1993, 1 RK 10/92, BSGE 72, 163, 166.
22 Bereits bei Fahrlässigkeit: Knittel in: Krauskopf, § 49 SGB V Rn. 11; Brandts in: KassKomm, § 49 SGB V Rn. 11; nur bei mindestens grober Fahrlässigkeit: Marburger, BB 1982, 2055, 2056; nur bei Vorsatz: Schmalz, BKK 1981, 173, 174 f.; Wagner in: GK-SGB V, § 49 Rn. 10; Schmidt in: Peters, HdB KrV, § 49 Rn. 50 f. mwN.
23 Vgl. LSG Nds-Brem, 27.8.2002, L 4 KR 138/00, Breith. 2003, 1 ff.
24 Vgl. Brinkhoff in: jurisPK-SGB V, § 49 Rn. 21; Noftz in: Hauck/Noftz, SGB V, § 49 Rn. 46.
25 Zur rechtlichen Wirksamkeit eines solchen Verzichts trotz § 12 EFZG s. MünchArbR/*Greiner*, 4. Aufl. 2017, § 82 Rn. 45 ff.
26 BSG, 31.8.1977, 1 RA 15/76, BSGE 44, 226, 228; 29.6.1994, 1 RK 45/93, BSGE 74, 287, 291.
27 Noftz in: Hauck/Noftz, SGB V, § 49 Rn. 70.
28 BGBl. I 2006, 3385.

nander, ist das Ruhen für jedes Beschäftigungsverhältnis separat zu beurteilen.[29] Erfasst werden auch arbeitsvertraglich vereinbarte Entgeltfortzahlungen.[30] Arbeitsentgelt sind zB vermögenswirksame Leistungen[31] und Lohnausgleichszahlungen im Baugewerbe.[32] Nicht erfasst sind Urlaubsabgeltungen (§ 7 Abs. 4 BUrlG), da hierdurch Freizeit abgegolten wird,[33] und Abfindungszahlungen, die den Verlust des Arbeitsplatzes kompensieren.[34] Bei stufenweiser Wiedereingliederung (§ 74) entstehen nur bei einer diesbezüglichen vertraglichen Abrede Entgeltansprüche;[35] nur dann kommt es zum Ruhen des – fortbestehenden – Krg-Anspruchs.[36]

10 Nach Abs. 1 Nr. 1 Hs. 2 gilt die Ruhensfolge nicht für **einmalig gezahltes Arbeitsentgelt** (§ 23 a SGB IV). Das sind Leistungen des Arbeitgebers – zB Gratifikationen, Boni, Sonderzahlungen und Urlaubsgelder –, die für sich genommen zwar die Begriffsmerkmale des Arbeitsentgelts erfüllen, jedoch nicht dem jeweiligen Abrechnungszeitraum, zB bei monatlicher Entgeltabrechnung dem Abrechnungsmonat, zugeordnet sind.[37] Hintergrund der Ausnahme ist, dass auch bei der Berechnung der Krg-Höhe gem. § 47 Abs. 2 S. 1 einmalig gezahltes Arbeitsentgelt keine Berücksichtigung findet (→ § 47 Rn. 14),[38] ferner, dass es keine stetige Grundlage für den Lebensunterhalt darstellen kann und somit die *ratio legis* von § 49 Abs. 1 Nr. 1 nicht einschlägig ist.

11 Arbeits- oder tarifvertraglich vereinbarte **Zuschüsse** des Arbeitgebers zu Sozialversicherungsleistungen iSv § 23 c Abs. 1 S. 1 SGB IV, namentlich zum Krg, sind ebenfalls kein Arbeitsentgelt, sofern sie in Addition mit der jeweiligen Sozialversicherungsleistung das Netto-Arbeitsentgelt nicht übersteigen.[39] Hintergrund dieser Ausklammerung ist, dass Krg und Zuschuss zusammen keine Besserstellung gegenüber dem Bezug von Arbeitsentgelt, sondern allenfalls eine Gleichstellung herbeiführen und die *ratio legis* des Ruhenstatbestands somit nicht einschlägig ist.[40] Erforderlich ist, dass der jeweilige Zuschuss eine mit der Sozialversicherungsleistung **vergleichbare Funktion** hat – im Fall eines Krg-Zuschusses also nur die Existenzsicherung während der krankheitsbedingten AU bezweckt.[41] Nur fortlaufende Zahlungen erfüllen den Zuschussbegriff, nicht einmalige Leistungen.[42]

12 Der Begriff des Arbeitseinkommens erlangt bei **Selbstständigen** Bedeutung. Gemeint ist sozialversicherungsrechtlich relevantes Einkommen iSd § 15 SGB IV. Demnach ist Arbeitseinkommen der nach den allgemeinen Gewinnermittlungsvorschriften des Einkommensteuerrechts ermittelte Gewinn aus einer selbstständigen Tätigkeit; das Sozialversicherungsrecht folgt also einkommensteuerrechtlichen **Maßstäben** (§§ 2 ff., 13 ff. EStG). Nach der Rspr. tritt Ruhen entsprechend der *ratio legis* des Krg, den – fiktiven – Einkommensverlust zu kompensieren, nicht ein, wenn der Selbstständige persönlich in seinem Unternehmen mitarbeitet und diese Arbeitsleistung infolge der AU in zeitlich nicht unerheblichem Ausmaß entfällt.[43] Steuerrechtliche Abzugsposten reduzieren das sozialversicherungsrechtliche Arbeitseinkommen. Die Einkommensermittlung kann nicht pauschal anhand des letzten Steuerbescheids vorgenommen werden, sondern setzt eine Ermittlung des aktuellen Einkommens des Versicherten, zB unter Heranziehung von dessen Buchführung und ggf. mit Amtshilfe des Finanzamts, voraus.[44] Den Versicherten treffen dabei **Mitwirkungsobliegenheiten** nach § 60 Abs. 1 SGB I.

13 Das Ruhen tritt nur ein, „soweit" eine konkurrierende Leistung bezogen wird. Es bezieht sich also nur auf die Höhe der konkurrierenden Leistung, so dass der Differenzbetrag zwischen niedrigerer konkur-

---

29 GKV-Komm/Schulz, § 49 SGB V Rn. 24.
30 Dazu LSG NRW, 14.9.2006, L 5 KR 116/05, nv (sechsmonatige Entgeltfortzahlung).
31 BSG, 10.6.1980, 11 RA 76/79, SozR 2200 § 1262 Nr. 13.
32 Vgl. Noftz in: Hauck/Noftz, SGB V, § 49 Rn. 25.
33 BSG, 20.3.1984, 8 RK 4/83, BSGE 56, 208; 30.5.2006, B 1 KR 26/05 R, SozR 4-2500 § 49 Nr. 4, Rn. 11 ff.
34 BSG, 21.2.1990, 12 RK 20/88, USK 9010; GKV-Komm/Schulz, § 49 SGB V Rn. 27.
35 BAG, 29.1.1992, 5 AZR 37/91, BAGE 69, 272.
36 Brandts in: KassKomm, § 49 SGB V Rn. 8; Wagner in: GK-SGB V, § 49 Rn. 5.
37 Vgl. § 23 a Abs. 1 S. 1 SGB IV, der im Rahmen der Leistungserbringung entsprechend anzuwenden ist; weiterhin zur Abgrenzung BSG, 27.10.1989, 12 RK 9/88, BSGE 66, 34, 42.
38 Noftz in: Hauck/Noftz, SGB V, § 49 Rn. 27.
39 Vgl. Besprechungsergebnis der GKV-Spitzenverbände, 28.1.1997, DOK 1997, 360.
40 Noftz in: Hauck/Noftz, SGB V, § 49 Rn. 30.
41 Noftz in: Hauck/Noftz, SGB V, § 49 Rn. 28, aA Knittel in: Krauskopf, § 49 SGB V Rn. 8.
42 Zutr. Knittel in: Krauskopf, § 49 SGB V Rn. 7; Wagner in: GK-SGB V, § 49 Rn. 7; Noftz in: Hauck/Noftz, SGB V, § 49 Rn. 28; zu Berechnungsfragen s. Wagner in: GK-SGB V, § 49 Rn. 6 f.; Noftz in: Hauck/Noftz, SGB V, § 49 Rn. 29.
43 BSG, 14.12.2006, B 1 KR 11/06 R, SozR 4-2500 § 47 Nr. 7, Rn. 16 f.
44 BSG, 14.12.2006, B 1 KR 11/06 R, SozR 4-2500 § 47 Nr. 7, Rn. 14 f.

rierender Leistung und höherem Krg dem Versicherten als sog „**Spitzbetrag**" verbleibt.[45] Zugrunde zu legen ist das Bruttoentgelt.[46]

b) **Inanspruchnahme von Elternzeit (Abs. 1 Nr. 2).** Erfasst sind Fälle der **Elternzeit** (§§ 15 ff. BEEG). Der Bezug von Elterngeld (§§ 11 ff. BEEG) spielt dagegen keine Rolle. Nach § 192 Abs. 1 Nr. 2 wird während der Elternzeit mit dem Arbeitsverhältnis auch das Beschäftigungsverhältnis aufrechterhalten. Der somit eigentlich gegebene Krg-Anspruch wird, da während der Elternzeit kein Arbeitsentgelt,[47] sondern uU die ihrerseits keine Einkommensersatzfunktion aufweisende Sozialversicherungsleistung des Elterngelds (§§ 1 ff. BEEG) bezogen wird, mit Blick auf die Entgeltersatzfunktion des Krg durch Anordnung des Ruhens begrenzt. Ursache des Entgeltausfalls ist die Inanspruchnahme der Elternzeit, nicht die krankheitsbedingte AU. Eine Ausnahme gilt nur dann, wenn zulässigerweise während der Elternzeit eine versicherungspflichtige Beschäftigung aufgenommen wurde (§§ 49 Abs. 1 Nr. 2 Hs. 2 Alt. 2, 15 Abs. 4 S. 1 BEEG) oder die AU bereits vor Beginn der Elternzeit eingetreten ist (§ 49 Abs. 1 Nr. 2 Hs. 2 Alt. 1); dann setzt sich nach dem **Prioritätsprinzip** trotz der Überlagerung mit der Elternzeit der zuvor entstandene (§ 46) Krg-Anspruch durch. Obwohl der Wortlaut dieser Ausnahme allein an die „AU" iSd § 44 anknüpft, erfasst sie bei verfassungskonformer Auslegung (Art. 6 Abs. 1, 2, 4 GG und Art. 3 Abs. 1, 2 GG) auch die Konstellation, dass eine **Arbeitsverhinderung zur Kinderpflege** iSd § 45 vor Inanspruchnahme der Elternzeit begonnen hat.[48] Die Ruhensvorschrift erfasst demnach auch nicht solche Krg-Leistungen, die bereits vor Beginn der Elternzeit bezogen wurden; diese Ausnahme kommt nur aufgrund eines gesetzgeberischen Redaktionsversehens nicht hinreichend deutlich im Wortlaut der Ruhensvorschrift zum Ausdruck.[49] Endet die Elternzeit, lebt im Falle einer weiterhin gegebenen AU der Krg-Anspruch wieder auf; die Ruhenswirkung entfällt.

c) **Bezug von Versorgungskranken-, Übergangs-, Unterhalts- und Kurzarbeitergeld (Abs. 1. Nr. 3).** Die in Abs. 1 Nr. 3 genannten Leistungen haben **Entgeltersatzfunktion**. Erfasst sind Versorgungs-Krg (§§ 16 f. BVG), Übergangsgeld (§§ 44 Abs. 1 Nr. 1, 46 f. SGB IX, §§ 119 ff. SGB III, 20 f. SGB VI, 49 ff. SGB VII, § 26 a BVG), Unterhaltsgeld (früher § 153 f. SGB III, heute durch einen Arbeitslosengeldanspruch bei beruflicher (Weiter-)Bildung, §§ 136 Abs. 1 Nr. 2, 139, 144 SGB III, ersetzt und damit obsolet) und Kurzarbeitergeld (§§ 95 ff. SGB III).

Durch Einfügung des Worts „soweit" hat der Gesetzgeber der Rspr. des BVerfG Rechnung getragen, dass in Fällen des Übergangsgelds der Ausschluss eines den Zahlbetrag des Übergangsgelds übersteigenden Krg-Anteils (sog **Spitzbetrag**) gleichheitswidrig und mit dem Versicherungsprinzip unvereinbar sei,[50] da die Gleichzeitigkeit von Ansprüchen gegen Kranken- und Unfallversicherung ansonsten zulasten des Versicherten wirken würde. Nun wird der Spitzbetrag von der Ruhensanordnung ausgeklammert. Er ist zusätzlich zur konkurrierenden Sozialversicherungsleistung zu zahlen. Für das – gesetzlich mittlerweile abgesenkte – **Übergangsgeld** ist allerdings das in Abs. 3 statuierte **Aufstockungsverbot** zu beachten.[51]

Problematisch ist die Bedeutung von § 49 Abs. 1 Nr. 3, soweit dort mit dem Übergangsgeld (§ 49 SGB VII) eine Leistung genannt ist, die gem. § 11 Abs. 5 bereits den Anspruch auf Krg ausschließen soll. Die früher auch für das Verletztengeld (§§ 45 ff. SGB VII) diskutierte Problematik besteht nach dessen Streichung aus Nr. 3[52] nur noch für das Übergangsgeld fort. Die hM hält § 49 zutreffend für eine *lex specialis* zu § 11 Abs. 5;[53] ansonsten bliebe für Nr. 3 beim Übergangsgeld kein Anwendungsbereich.

Der Ruhenstatbestand bei Bezug von **Kurzarbeitergeld** hat dadurch an Bedeutung eingebüßt, dass nach § 98 Abs. 1 Nr. 3, Abs. 2 SGB III bei krankheitsbedingter AU nur Anspruch auf Kurzarbeitergeld besteht, solange der Beschäftigte Anspruch auf Entgeltfortzahlung im Krankheitsfall hat oder ohne

---

45 Brandts in: KassKomm, § 49 SGB V Rn. 11.
46 Brandts in: KassKomm, § 49 SGB V Rn. 6; zur Konsequenz einer Nettolohnabrede BSG, 13.10.1993, 2 RU 41/92, SozR 3-2400 § 14 Nr. 7.
47 Brandts in: KassKomm, § 49 SGB V Rn. 13.
48 Zutr. BSG, 18.2.2016, B 3 KR 10/15 R, NZS 2016, 544 unter Aufhebung der vorinstanzlichen Entscheidung LSG Berlin-Brandenburg, 10.12.2014, L 9 KR 323/12, RdLH 2015, 62 (Kurzwdg.).
49 BSG, 18.2.2016, B 3 KR 10/15 R, SozR 4-2500 § 45 Nr. 3.
50 BVerfG, 9.11.1988, 1 BvL 22/84, 1 BvL 71/86, 1 BvL 9/87, BVerfGE 79, 87 ff.
51 BSG, 12.3.2013, B 1 KR 17/12 R, SozR 4-2500 § 49 Nr. 6.
52 Dazu BT-Dr. 15/4228, 26.
53 Vgl. BSG, 8.11.2005, B 1 KR 33/03R, BSGE 77, 98, 100 f.; anders noch BSG, 14.11.1996, 2 RU 5/96, SozR 3-2500 § 49 Nr. 3, S. 5 f.

den Arbeitsausfall hätte. Ferner hat eine spezielle Ausgestaltung in § 47b Abs. 3, 4 stattgefunden (→ § 47b Rn. 7 ff.).

19 d) **Mutterschafts- und Arbeitslosengeld (Abs. 1. Nr. 3a).** Durch die von Abs. 1 Nr. 3a Alt. 1, 2 erfassten Leistungen (**Mutterschaftsgeld**, § 13 MuSchG, § 200 RVO, sowie **Alg**, §§ 136 ff. SGB III) wird das Krg vollständig ausgeschlossen, ohne dass ein Spitzbetrag (→ Rn. 13) verbleibt.[54] In diesen Fällen – wie auch bei Abs. 1 Nr. 2 (→ Rn. 14) – ist der vollständige Ausschluss des Krg nach neuerer Rspr. gerechtfertigt und verfassungskonform.[55] Geltungsgrund des Krg ist seine Einkommensersatzfunktion.[56] Der mit Eingreifen des Beschäftigungsverbots (§ 3 Abs. 2 MuSchG) gegebene Entgeltausfall erfährt eine spezialgesetzliche Kompensation durch das Mutterschaftsgeld, das gleichfalls Einkommensersatzfunktion hat. Da das Mutterschaftsgeld im Zusammenwirken mit den Arbeitgeberzuschüssen nach § 14 MuSchG eine der Einkommensersatzfunktion gerecht werdende Höhe erreicht, ist der volle Ausschluss des Krg legitimiert. Gleiches ist für den Alg-Bezug anzunehmen.

20 Wird ein Arbeitsloser nach Beginn des Alg-Bezugs arbeitsunfähig (zum Bezugspunkt → § 44 Rn. 13 ff.), hat er gem. § 146 Abs. 3 SGB für die Dauer von 6 Wochen Anspruch auf Fortzahlung des Alg (Leistungsfortzahlung) (→ § 44 Rn. 28). Ausschließlich auf diesen Zeitraum bezieht sich Abs. 1 Nr. 3a: Der mit ärztlicher Feststellung (§ 46) oder Beginn der stationären Behandlung entstandene Anspruch auf Krg ruht nach Nr. 3a. Ein Zuständigkeitswechsel von Arbeitsagentur und Krankenkasse wird pragmatisch vermieden. Mit Ablauf der Leistungsfortzahlung endet das Ruhen nach Nr. 3a, so dass der Arbeitslose nun Krg empfängt.[57] Demgegenüber bezieht sich § 156 Abs. 1 S. 1 Nr. 2 SGB III, der umgekehrt das Arbeitslosengeld ruhen lässt, wenn Krg zuerkannt wird, auf den Fall, dass der Krg-Bezug vor dem Beginn der Arbeitslosigkeit eingesetzt hat. In diesem Fall ruht der Arbeitslosengeldanspruch, da nach dem **Prioritätsprinzip** der Krg-Bezug vorrangig ist.[58] Bei Gleichzeitigkeit beider Vorgänge soll der Krg-Anspruch vorrangig sein.[59]

21 Abs. 1 Nr. 3a Alt. 3 ordnet das Ruhen des Krg für **Sperrzeiten in der Arbeitslosenversicherung** an. Aufgrund des systematischen und genetischen Zusammenhangs von Nr. 3 und Nr. 3a ist die ursprünglich in Nr. 3 geregelte Sperrzeitalternative auch auf die heute in Nr. 3 geregelten sperrzeitbewehrten Leistungen (Kurzarbeitergeld, §§ 95 ff. SGB III; vgl. § 107 Abs. 1 SGB III) zu erstrecken.[60] Eine für die Zeit nach Beendigung des Beschäftigungsverhältnisses gewährte Urlaubsabgeltung, die nach § 157 Abs. 2 SGB III zum Ruhen des Alg führt, nicht aber eine Sperrzeit eintreten lässt, führt nicht zum Ruhen des Anspruchs auf Krg; Nr. 3, 3a sind auf diesen Fall nicht analog anwendbar.[61] Die Einbeziehung der Sperrzeit sichert den Sanktionscharakter der Sperrzeit sinnvoll ab, indem verhindert wird, dass an die Stelle der sperrzeitbewehrten Leistung in diesem Zeitraum das Krg treten kann. Im Übrigen entstünde ansonsten auch ein Gleichbehandlungsproblem zwischen erkrankten und nicht erkrankten Arbeitslosen.[62] Stellt die Arbeitsagentur eine Sperrzeit fest, ist die Entscheidung aufgrund ihrer **Tatbestandswirkung** für die Krankenkasse verbindlich.[63] Fälle des Erlöschens des Alg-Anspruchs (§ 161 SGB III) werden nicht erfasst.

22 Der Bezug von Alg II wird in § 49 nicht mehr geregelt, da ohnehin kein Krg-Anspruch entsteht (→ § 44 Rn. 28), sondern Alg II auch bei AU fortgezahlt wird, solange Erwerbsfähigkeit (§§ 8, 19 SGB II) zu bejahen ist. Ein Kollisionsverhältnis zum Krg droht daher nicht.

23 e) **Ausländische Entgeltersatzleistungen (Abs. 1. Nr. 4).** Abs. 1 Nr. 4 stellt **vergleichbare Leistungen ausländischer Sozialversicherungsträger** oder staatlicher Stellen gleich. Die Darlegungen zu Nr. 3, 3a (→ Rn. 15 ff., 19 ff.) finden entsprechende Anwendung. Entgegen dem Wortlaut ist die Vorschrift auf

---

54 Vgl. BT-Dr. 13/2204, 124 f.
55 BSG, 25.6.2002, B 1 KR 13/01 R, SozR 3-2500 § 49 Nr. 6; anders noch BSG, 23.11.1995, 1 RK 13/94, SozR 3-2500 § 11 Nr. 1 zur früheren Normfassung.
56 Noftz in: Hauck/Noftz, SGB V, § 49 Rn. 12a.
57 Vgl. BSG, 3.6.2004, B 11 AL 55/03 R, BSGE 93, 59, 61 f.; zu einer Sonderkonstellation BSG, 2.11.2007, B 1 KR 38/06 R, SozR 4-2500 § 44 Nr. 14.
58 Vgl. Noftz in: Hauck/Noftz, SGB V, § 49 Rn. 39 mwN.
59 Noftz in: Hauck/Noftz, SGB V, § 49 Rn. 39.
60 Noftz in: Hauck/Noftz, SGB V, § 49 Rn. 9; aA Brandts in: KassKomm, § 49 SGB V Rn. 25.
61 BSG, 30.5.2006, B 1 KR 26/05 R, SozR 4-2500 § 49 Nr. 4, Rn. 13 f.
62 Noftz in: Hauck/Noftz, SGB V, § 49 Rn. 9.
63 So Knittel in: Krauskopf, § 49 SGB V Rn. 27.

die in Nr. 3a genannten Leistungen zu erstrecken,⁶⁴ da auch diese Fälle ursprünglich in Nr. 3 geregelt waren. Die unterbliebene Anpassung von Nr. 4 ist ein Redaktionsversehen. Vergleichbarkeit einer ausländischen Leistung ist zu bejahen, wenn **Funktionsweise und Zweck im Kern identisch** sind.⁶⁵ Dafür sprechen identische Tatbestandsvoraussetzungen,⁶⁶ Leistungsmodalitäten (wiederkehrende Leistung nach Zeitabschnitten), Funktion (Entgeltersatz) und vergleichbare (öffentlich-rechtliche) Regelungsnatur. Nr. 4 belässt dem Versicherten einen Krg-Spitzbetrag („soweit", → Rn. 13). Die Höhe der konkurrierenden ausländischen Leistung ist daher unerheblich. Der verbleibende Spitzbetrag besteht in Fällen der Nr. 4 auch dann, wenn Bezugspunkt eine inländische Leistung nach Nr. 3a ist, für die kein Spitzbetrag vorgesehen ist.⁶⁷ Nach § 30 Abs. 2 SGB I sind abweichende zwischen- und überstaatliche Regelungen vorrangig.

f) **Unterlassene Meldung der Arbeitsunfähigkeit (Abs. 1. Nr. 5).** Abs. 1 Nr. 5 unterscheidet sich von 24 den anderen Ruhenstatbeständen deutlich: Das Ruhen ist Sanktion bei einer Verletzung der Versichertenobliegenheit, die AU der Krankenkasse zu melden. In ihrer Wirkung, nicht dagegen der rechtlichen Konstruktion, ähnelt die Ruhensanordnung dem Eintritt einer Sperrzeit bei Unterlassen der rechtzeitigen Arbeitssuchendmeldung (§§ 38 Abs. 1, 159 Abs. 1 S. 2 Nr. 7 SGB III). Zweck der Meldeobliegenheit ist, die zeitnahe Überprüfung der Voraussetzungen des Krg-Anspruchs, ggf. durch den MDK (§ 275), zu ermöglichen. Besonderheiten gelten uU bei Auslandsberührung.⁶⁸

Die Regelung sieht – verklausuliert – eine Meldefrist iSe **materiellen Ausschlussfrist** von einer Woche 25 vor, da bei Meldung innerhalb einer Woche die Obliegenheitsverletzung rückwirkend geheilt und das Krg nachgezahlt wird. Fristbeginn ist der Tag, der dem Beginn der AU nachfolgt (§§ 26 Abs. 1 SGB X, 187 Abs. 1 BGB). Das Fristende ist nach §§ 26 Abs. 3 SGB X, 188 Abs. 2 Alt. 1 BGB zu ermitteln. Wiedereinsetzung in den vorigen Stand ist hier nach § 27 Abs. 5 SGB X ausgeschlossen (Ausschlussfrist).⁶⁹

Meldung ist die an die Krankenkasse gerichtete Anzeige aus Anlass eines konkreten, aktuellen Leis- 26 tungsfalls.⁷⁰ Nr. 5 kommt nur in Betracht, wenn die Meldung überhaupt erforderlich ist, insbes. also nicht bei stationärer Behandlung oder bei § 45.⁷¹ Hat die Krankenkasse bereits sichere Kenntnis von der AU, so dass eine Meldung eine reine Förmelei wäre, ist diese entbehrlich.⁷² Gegenstand ist lediglich die Anzeige der meldepflichtigen Tatsache.⁷³ **Contra legem** verlangt das BSG darüber hinaus, dass der Versicherte auf eine ärztliche Feststellung der AU hinweist und eine ärztliche Bescheinigung vorlegt.⁷⁴ Abzugrenzen ist die Meldung vom **Leistungsantrag**; die diesbezüglichen Vorschriften sind auf die Meldung nicht anwendbar. Die Meldung kann aber uU zusätzlich als Leistungsantrag auszulegen sein.⁷⁵ Es handelt sich um eine Tatsachen-, keine Willenserklärung;⁷⁶ die für Willenserklärungen geltenden Regeln (§§ 116 ff. BGB, 36 SGB I, 11 SGB X) gelten aber entsprechend, so dass insbesondere die Handlungsunfähigkeit nach § 36 SGB I, § 11 SGB X einer Obliegenheitsverletzung entgegensteht.⁷⁷

Die Meldung muss nicht persönlich durch den Versicherten erfolgen, muss ihm aber bekannt sein und 27 zugerechnet werden können. Ein **Formerfordernis** besteht nicht.⁷⁸ Sendet ein Vertragsarzt die AUB mit Kenntnis des Versicherten an die Krankenkasse, ist damit zugleich die Meldung gem. § 49 Abs. 1 Nr. 5 vorgenommen. Die Meldung muss idR der Krankenkasse zugehen, deren Mitglied der Versicherte

---

64 Zutr. Brinkhoff in: jurisPK-SGB V, § 49 Rn. 39; Schmidt in: Peters, HdB KrV, § 49 Rn. 91; Noftz in: Hauck/Noftz, SGB V, § 49 Rn. 41; aA wohl Brandts in: KassKomm, § 49 SGB V Rn. 28.
65 Vgl. BSG, 6.3.1991, 13/5 RJ 39/90, SozR 3-2400 § 18a Nr. 2.
66 BSG, 24.7.1997, 11 RaR 95/96, SozR 3-4100 § 142 Nr. 1.
67 So Noftz in: Hauck/Noftz, SGB V, § 49 Rn. 42; Brinkhoff in: jurisPK-SGB V, § 49 Rn. 40; Knittel in: Krauskopf, § 49 SGB V Rn. 29.
68 Vgl. BSG, 13.4.1967, 5 RKn 76/64, BSGE 26, 198, 200; 28.10.1981, 3 RK 59/80, BSGE 52, 254, 258.
69 BSG, 24.6.1969, 3 RK 64/66 BSGE 29, 271, 273; 28.10.1981, 3 RK 59/80 BSGE 52, 254, 257.
70 BSG, 8.2.2000, B 1 KR 11/99 R, BSGE 85, 271, 275.
71 Brandts in: KassKomm, § 49 SGB V Rn. 29; Knittel in: Krauskopf, § 49 SGB V Rn. 31; Noftz in: Hauck/Noftz, SGB V, § 49 Rn. 59; GKV-Komm/Schulz, § 49 SGB V Rn. 49.
72 Noftz in: Hauck/Noftz, SGB V, § 49 Rn. 59; Brandts in: KassKomm, § 49 SGB V Rn. 33.
73 BSG, 12.11.1985, 3 RK 35/84, SozR 2200 § 216 Nr. 8.
74 BSG, 12.11.1985, 3 RK 35/84, SozR 2200 § 216 Nr. 8; zustimmend Brandts in: KassKomm, § 49 SGB V Rn. 30; Brinkhoff in: jurisPK-SGB V, § 49 Rn. 46; aA Schmidt in Peters, HdB KrV, § 49 Rn. 102 f.
75 BSG, 28.10.1981, 3 RK 59/80, BSGE 52, 254, 256.
76 BSG, 12.11.1985, 3 RK 35/84, SozR 2200 § 216 Nr. 8.
77 Brinkhoff in: jurisPK-SGB V, § 49 Rn. 47 mwN.
78 BSG, 13.4.1967, 5 RKn 76/64, BSGE 26, 198, 202.

ist.[79] Das Risiko des rechtzeitigen **Zugangs** trägt grundsätzlich der Versicherte.[80] Schickt er die Meldung an einen unzuständigen Sozialversicherungsträger, finden §§ 16 Abs. 2 S. 2 SGB I, 28 SGB X keine Anwendung.[81] Anderes gilt nur, wenn der Versicherte – etwa infolge § 5 Abs. 1 S. 5 EFZG – auf die zutreffende Meldung durch den Vertragsarzt an die Krankenkasse vertrauen durfte und der Übermittlungsfehler somit eher der Sphäre der Krankenkasse zuzuordnen ist.[82] Der Vertragsarzt kann das Risiko auch nicht dadurch auf den Versicherten verlagern, dass er diesem das für die Krankenkasse bestimmte Meldeformular aushändigt.[83] Praktisch ist bei Beschäftigten (§ 7 SGB IV) das **Melderisiko** weitgehend auf die Krankenkasse verlagert. Weiterhin voll in die Verantwortungssphäre des Versicherten fällt es bei Selbstständigen.[84]

28 Die Verletzung der Meldeobliegenheit setzt zwar kein Verschulden des Versicherten voraus, so dass auch bei Abhandenkommen der Meldung auf dem Postweg[85] oder unverschuldeter Hinderung eines Vertreters[86] Ruhen eintritt. Dennoch fehlt es an einer **Obliegenheitsverletzung**, wenn Personen oder Institutionen, die eher der Sphäre der Krankenkasse zuzurechnen sind (zB Vertragsärzte, andere Sozialleistungsträger), pflichtwidrig eine den Versicherten irreführende Verhaltensweise oder Auskunftspraxis an den Tag legen[87] oder die unterbliebene Meldung sonst durch Umstände verhindert oder verzögert wurde, die in den Verantwortungsbereich der Krankenkasse fallen.[88] Zur Wahrung seiner Rechte muss der Versicherte diese aber unverzüglich nach Kenntnis zB von der pflichtwidrigen Weigerung des Arztes, die AU festzustellen – spätestens innerhalb der durch Nr. 5 statuierten Wochenfrist – bei der Krankenkasse geltend machen. Dies ist gewissermaßen ein Surrogat für die infolge pflichtwidrig unterbliebener ärztlicher Feststellung nicht mögliche Meldung einer ärztlich festgestellten AU.[89] Selbst diese Geltendmachung innerhalb der Meldefrist ist aber entbehrlich, wenn die Fehleinschätzung des Arztes sich nicht auf den medizinischen Befund, sondern seine rechtliche Einordnung, etwa den Begriff der AU, bezieht.[90]

29 Abs. 1 Nr. 5 bezieht sich nur auf die Meldung beim ersten Auftreten der AU, nicht auf reine **Verlängerungsmeldungen** bei Überschreiten der prognostizierten AU-Dauer.[91] Im letzteren Fall werden die Interessen der Krankenkasse schon durch das materielle Erfordernis einer rechtzeitigen ärztlichen Feststellung nach § 46 gewahrt (→ § 46 Rn. 6 ff.), ohne dass eine Verzögerung zur Leistungsunterbrechung nach Nr. 5 führen muss. Eine erneute Meldung ist aber vorzunehmen, wenn – bei andauernder AU – eine leistungsfreie Zeit abläuft, der Versicherte etwa zwischenzeitlich „ausgesteuert" wurde (→ § 48 Rn. 17).[92] Hat die AU geendet und tritt erneut ein, ist sie erneut zu melden.[93] Ebenfalls ist eine erneute Meldung erforderlich, wenn zwischenzeitlich irrtümlich der Krankenkasse eine Wiederherstellung der Arbeitsfähigkeit mitgeteilt wurde.[94]

30 **g) Entgeltliche Freistellung von der Arbeitsleistung (Abs. 1. Nr. 6).** Durch den Verweis auf § 7 Abs. 1 a SGB IV verdeutlicht Abs. 1 Nr. 6, dass nur Zeiten der entgeltlichen Freistellung erfasst sein sollen. Infolge des Verweises werden unmittelbar nur Freistellungen aus einem Wertguthaben (§ 7 b SGB IV) sowie – seit Neufassung von § 7 Abs. 1 a SGB IV zum 1.1.2012[95] – Freistellungen aus Kurzzeitkonten bis zur Dauer von 3 Monaten erfasst. Andere Konstellationen der entgeltlichen Freistellung führen, da Arbeitsentgelt im Sinne von Nr. 1 bezogen wird, gleichfalls zum Ruhen. Neben Nr. 1 ist die nur klarstel-

---

79 Entspr. § 130 BGB; dazu BSG, 24.6.1969, 3 RK 64/66, BSGE 29, 271, 272; 28.10.1981, 3 RK 59/80, BSGE 52, 254, 257.
80 BSG, 24.6.1969, 3 RK 64/66, SozR Nr. 8 zu § 216 RVO.
81 BSG, 22.2.1989, 8 RKn 8/88, SozR 2200 § 216 Nr. 11; GKV-Komm/Schulz, § 49 SGB V Rn. 45.
82 Vgl. BSG, 8.11.2005, B 1 KR 30/04 R, SozR 4-2500 § 46 Nr. 1.
83 LSG NRW, 26.8.2004, L 16 KR 324/03, ASR 2006, 32.
84 LSG NRW, 9.12.2004, L 2 KR 54/04, Breith. 2005, 377.
85 BSG, 24.6.1969, 3 RK 64/66, BSGE 29, 271.
86 BSG, 4.10.1973, 3 RK 26/72, SozR Nr. 11 zu § 216 RVO.
87 Vgl. BSG, 28.10.1981, 3 RK 59/80, BSGE 52, 254; 8.11.2005, B 1 KR 30/04 R, BSGE 95, 219; ausf. Noftz in: Hauck/Noftz, SGB V, § 49 Rn. 62.
88 BSG, 2.11.2007, B 1 KR 38/06 R, SozR 4-2500 § 44 Nr. 14, Rn. 16.
89 Vgl. BSG, 8.11.2005, B 1 KR 30/04 R, BSGE 95, 219; ausf. § 44 Rn. 38.
90 BSG, 8.2.2000, B 1 KR 11/99 R, BSGE 85, 271.
91 AA Brinkhoff in: jurisPK-SGB V, § 49 Rn. 43.
92 BSG, 17.4.1970, 3 RK 41/69, BSGE 31, 125, 129; 20.9.1974, 3 RK 31/73, BSGE 38, 133, 135; 8.2.2000, B 1 KR 11/99 R, BSGE 85, 271, 275; LSG NRW, 2.2.2006, L 16 (2) KR 72/05.
93 Brandts in: KassKomm, § 49 SGB V Rn. 33.
94 BSG, 12.11.1985, 3 RK 35/84, SozR 2200 § 216 Nr. 8.
95 Vgl. Greiner, SDSRV Bd. 62, S. 16 ff.

lende⁹⁶ Nr. 6 eigentlich überflüssig, da auch im Freistellungszeitraum Arbeitsentgelt fortgezahlt wird, das bereits von Nr. 1 erfasst wird. Eigenständige Bedeutung hat Nr. 6 nur, wenn es am tatsächlichen „Bezug" (→ Rn. 6) des Entgelts fehlt, den Nr. 6 nicht voraussetzt.⁹⁷ Durch die Formulierung „soweit" wird auch der Fall der – bei Freistellung aus Kurzzeitkonten, nicht hingegen aus Wertguthaben (§ 7b SGB IV) vorstellbaren⁹⁸ – partiellen Freistellung erfasst. Das auf den verbleibenden Teil der Arbeitsleistung entfallende Krg ist dann vom Ruhen ausgenommen.

h) **Versicherte mit Wahlerklärung (Abs. 1. Nr. 7).** Abs. 1 Nr. 7 bezieht sich auf Fälle, in denen kurzzeitig **Beschäftigte** durch Abgabe einer **Wahlerklärung** gem. § 44 Abs. 2 S. 1 Nr. 3 einen Krg-Anspruch begründet haben (→ § 44 Rn. 45 ff.). Durch das Ruhen in den ersten 6 Wochen der AU wird sichergestellt, dass die Wahlerklärung keine höhere Belastung der GKV bewirkt als bei Versicherten, die in den ersten 6 Wochen Anspruch auf Entgeltfortzahlung (§ 3 Abs. 1 EFZG) haben, durch die das Ruhen nach Abs. 1 Nr. 1 ausgelöst wird. Anderes wäre unangemessen, da die Betroffenen mit dem allg. Beitragssatz (§ 241) versichert sind. Soll die Leistungslücke geschlossen werden, kann der Versicherte einen teureren Tarif gem. § 53 Abs. 6 mit früherer Krg-Zahlung wählen;⁹⁹ darauf findet Nr. 7 keine Anwendung. Praktisch ähnlich – in der Konstruktion aber anders – schließt § 46 S. 2 bereits die Anspruchsentstehung für nach dem KSVG und infolge einer Wahlerklärung gem. § 44 Abs. 2 S. 1 Nr. 2 Versicherte in den ersten 6 Wochen der AU aus (→ § 46 Rn. 14). Der Fristbeginn ist nach §§ 26 Abs. 1, 3 SGB I, 187 Abs. 1 BGB, das Fristende nach § 188 Abs. 2 BGB zu bestimmen. Nach Nr. 7 wird anders als nach Nr. 1 ein Krg-Spitzbetrag nicht geleistet. Angesichts des Regelungszwecks – Gleichstellung zu Nr. 1 – entfaltet Nr. 7 insofern eine kritikwürdige überschießende Wirkung.

III. Keine Aufstockung von Entgelt- oder Entgeltersatzleistungen (Abs. 3)

Abs. 3 bezieht sich auf die Anwendung des Abs. 1. Hintergrund ist, dass von 1996 bis 1998 kurzzeitig die Entgeltfortzahlung nach § 3 Abs. 1 EFZG abgesenkt wurde. Ferner wurde durch das Beitragsentlastungsgesetz¹⁰⁰ auch das Übergangsgeld (§§ 20 f. SGB VI, 49 f. SGB VII) reduziert.¹⁰¹ Da nach Abs. 1 in Fällen, in denen ein Spitzbetrag vorgesehen ist („soweit", Nr. 1, 3, 4) in diesem Fall die Absenkung dieser Entgeltersatzleistungen eine Aufstockung des Krg-Spitzbetrages zur Folge gehabt hätte, bedarf es Abs. 3, der es vermeidet, dass die vorgesehenen Leistungsreduktionen durch eine solche Verlagerung zulasten der GKV kompensiert werden.¹⁰² Bei künftigen Absenkungen mit dem Krg konkurrierender, von § 49 Abs. 1 erfasster Leistungen greift derselbe Regelungsmechanismus. Eine Senkung „aufgrund gesetzlicher Bestimmungen" ist anzunehmen, wenn durch das Gesetz selbst oder aufgrund gesetzlicher Ermächtigung durch untergesetzliche Regelung die Berechnungsmodalitäten so geändert werden, dass eine Leistungskürzung eintritt.

Rechtsfolge von Abs. 3 ist nicht die Nichtigkeit der entsprechenden „aufstockenden" Vereinbarung gem. §§ 134 BGB, 58 Abs. 1 SGB I.¹⁰³ Vielmehr dürfte sie darin liegen, dass die konkurrierende Leistung die Ruhensfolge auslöst, so dass eine intendierte Aufstockung durch Spitzbetrag nicht eintritt.¹⁰⁴ Das Verbot wird also nicht im Verhältnis der aufstockenden Arbeitsvertragsparteien, sondern zwischen Versichertem und Krankenkasse realisiert.

IV. Erstattung der Aufwendungen (Abs. 4)

Nach Abs. 4 haben andere Träger der Sozialversicherung bei der Leistung von Verletztengeld, Versorgungs-Krg oder Übergangsgeld (vgl. § 45 Abs. 1 SGB IX) einen **Erstattungsanspruch** gegen die Krankenkasse. Die gesetzliche Regelung statuiert den Erstattungsanspruch nur dem Grunde nach. Anspruchshöhe und -modalitäten sollten durch die in Abs. 4 angesprochenen „gemeinsamen Empfehlungen" geregelt werden. Der Verweis auf § 13 Abs. 2 Nr. 7 SGB IX geht allerdings – nach Aufhebung

---

96 Vgl. Noftz in: Hauck/Noftz, SGB V, § 49 Rn. 10 a.
97 Brandts in: KassKomm, § 49 SGB V Rn. 42.
98 Vgl. BSG, 25.8.2004, B 12 KR 22/02 R, SozR 4-2500 § 243 Nr. 1; Knittel in: Krauskopf, § 49 SGB V Rn. 37.
99 Vgl. § 44 Rn. 46; § 53 Rn. 30; dazu auch BT-Dr. 16/12156, 64.
100 BGBl. I 1996, 1631.
101 Dazu BSG, 12.3.2013, B 1 KR 17/12 R, SozR 4-2500 § 49 Nr. 6.
102 So BT-Dr. 13/5099, 17.
103 So aber Noftz in: Hauck/Noftz, SGB V, § 49 Rn. 63 a.
104 Zutr. Brandts in: KassKomm, § 49 SGB V Rn. 50.

dieser Vorschrift zum 11.8.2010[105] wegen fehlender Praxisrelevanz des Erstattungsverfahrens[106] – ins Leere. Mit dem Erlass der „gemeinsamen Empfehlungen" ist nicht mehr zu rechnen. Daher ist Abs. 4 gegenstandslos.[107] Ergänzend findet das Ausgleichssystem der §§ 102 ff. SGB X Anwendung.[108]

V. Anpassung durch das Bundesteilhabegesetz

35 In Anbetracht des unter → Rn. 34 geschilderten Fehlens jeglicher Praxisrelevanz wird Abs. 4 durch das Bundesteilhabegesetz vom 23.12.2016 (BGBl. I, 3234) mWv 1.1.2018 aufgehoben. Es handelt sich dabei um eine rein redaktionelle Bereinigung aufgrund der bereits zum 11.8.2010 erfolgten Aufhebung des § 13 Abs. 2 Nr. 7 SGB IX.

§ 50 Ausschluß und Kürzung des Krankengeldes

(1) ¹Für Versicherte, die
1. Rente wegen voller Erwerbsminderung, Erwerbsunfähigkeit oder Vollrente wegen Alters aus der gesetzlichen Rentenversicherung,
2. Ruhegehalt, das nach beamtenrechtlichen Vorschriften oder Grundsätzen gezahlt wird,
3. Vorruhestandsgeld nach § 5 Abs. 3,
4. Leistungen, die ihrer Art nach den in den Nummern 1 und 2 genannten Leistungen vergleichbar sind, wenn sie von einem Träger der gesetzlichen Rentenversicherung oder einer staatlichen Stelle im Ausland gezahlt werden,
5. Leistungen, die ihrer Art nach den in den Nummern 1 und 2 genannten Leistungen vergleichbar sind, wenn sie nach den ausschließlich für das in Artikel 3 des Einigungsvertrages genannte Gebiet geltenden Bestimmungen gezahlt werden,

beziehen, endet ein Anspruch auf Krankengeld vom Beginn dieser Leistungen an; nach Beginn dieser Leistungen entsteht ein neuer Krankengeldanspruch nicht. ²Ist über den Beginn der in Satz 1 genannten Leistungen hinaus Krankengeld gezahlt worden und übersteigt dieses den Betrag der Leistungen, kann die Krankenkasse den überschießenden Betrag vom Versicherten nicht zurückfordern. ³In den Fällen der Nummer 4 gilt das überzahlte Krankengeld bis zur Höhe der dort genannten Leistungen als Vorschuß des Trägers oder der Stelle; es ist zurückzuzahlen. ⁴Wird eine der in Satz 1 genannten Leistungen nicht mehr gezahlt, entsteht ein Anspruch auf Krankengeld, wenn das Mitglied bei Eintritt einer erneuten Arbeitsunfähigkeit mit Anspruch auf Krankengeld versichert ist.

(2) Das Krankengeld wird um den Zahlbetrag
1. der Altersrente, der Rente wegen Erwerbsminderung oder der Landabgaberente aus der Alterssicherung der Landwirte,
2. der Rente wegen teilweiser Erwerbsminderung, Berufsunfähigkeit oder der Teilrente wegen Alters aus der gesetzlichen Rentenversicherung,
3. der Knappschaftsausgleichsleistung oder der Rente für Bergleute oder
4. einer vergleichbaren Leistung, die von einem Träger oder einer staatlichen Stelle im Ausland gezahlt wird,
5. von Leistungen, die ihrer Art nach den in den Nummern 1 bis 3 genannten Leistungen vergleichbar sind, wenn sie nach den ausschließlich für das in dem in Artikel 3 des Einigungsvertrages genannten Gebiets geltenden Bestimmungen gezahlt werden,

gekürzt, wenn die Leistung von einem Zeitpunkt nach dem Beginn der Arbeitsunfähigkeit oder der stationären Behandlung an zuerkannt wird.

Literatur:
Siehe § 44.

---

105 BGBl. I 2010, 1130.
106 Vgl. BT-Dr. 17/1684, 16.
107 Vgl. Brandts in: KassKomm, § 49 SGB V Rn. 55 f.
108 IE Noftz in: Hauck/Noftz, SGB V, § 49 Rn. 82.

I. Allgemeines und Entstehungsgeschichte	1	4. Wegfall der konkurrierenden Leistung (Abs. 1 S. 4)	15
II. Ausschluss des Krankengeldes (Abs. 1)	2	III. Kürzung des Krankengeldes (Abs. 2)	17
1. Ausschlussgründe (Abs. 1 S. 1)	2		
2. Rückzahlung (Abs. 1 S. 2)	12		
3. Rückzahlungspflicht bei Leistung ausländischer Institutionen (Abs. 1 S. 3)	14		

I. Allgemeines und Entstehungsgeschichte

Der mWv 1.1.1989 in Kraft getretene und auf § 183 Abs. 3-5 RVO basierende § 50 widmet sich der Frage, welche Rechtsfolgen eintreten, wenn der Krg-Anspruch mit Renten oder rentenähnlichen Leistungen konkurriert. In Abgrenzung zu § 49 zeichnen sich die in § 50 aufgeführten Leistungen durch ihre **prognostische Dauerhaftigkeit** aus. Daher ist es sachgerecht, kein zeitweises Ruhen des Krg anzuordnen, sondern aktuellen Leistungsanspruch und **Stammrecht auszuschließen** (Abs. 1) bzw. eine **dauerhafte Anrechnungsregelung** zu treffen (Abs. 2). § 50 dient ebenso wie § 49 dem Ausschluss von **Doppelleistungen**.[1] Zugleich führt er zu einer **Zuständigkeitsabgrenzung**.[2] Ausschluss und Anrechnung von Leistungen stellen sich als prinzipiell verfassungskonform dar;[3] verfassungsrechtliche Bedenken (Art. 3 Abs. 1, 14 GG) werden teilweise für atypische Fälle angeführt, bei denen der Rentenleistung ein deutlich höherer Krg-Anspruch gegenübersteht.[4]

II. Ausschluss des Krankengeldes (Abs. 1)

1. Ausschlussgründe (Abs. 1 S. 1). Abs. 1 führt als **rechtsvernichtende Einwendung** zur Beendigung des aktuellen Leistungsanspruchs. Nach Abs. 1 S. 1 Hs. 2 ist zudem bereits das Stammrecht (→ § 46 Rn. 2 f.) betroffen,[5] da künftige Versicherungsfälle mit Anspruch auf Krg ausgeschlossen werden; auch insofern ist Abs. 1 rechtsvernichtende Einwendung. Diese Rechtsfolge realisiert das Prinzip „Kein Krg neben Rente".[6] Die Ausschlusswirkung erfasst **sämtliche Krg-Ansprüche** aufgrund von Pflicht- oder freiwilliger Versicherung. Bei Wahltarifen nach § 54 Abs. 6 kann das Konkurrenzverhältnis in der Satzung abweichend gestaltet werden. Erfasst wird auch § 45.[7] Gleichzeitiges Ruhen des Krg steht dem Ausschluss nicht entgegen.[8] Vom Ausschluss bleiben Mitgliedschaft und Beitragspflicht ebenso unberührt wie andere Leistungen der Krankenkasse.

Erforderlich ist **zeitliche Übereinstimmung** von Krg-Anspruch und Bezug der konkurrierenden Rentenleistung. Für den Ausschluss nach Abs. 1 ist die **Höhe** der konkurrierenden Rente oder rentenähnlichen Leistung **unerheblich**.[9] Abs. 1 ist anwendbar, wenn die konkurrierende Leistung „bezogen" wird. Der Bezugsbegriff ist hier wie bei § 49 (ausf. → § 49 Rn. 6) rein tatsächlich zu verstehen.[10] Ein divergentes Begriffsverständnis innerhalb zweier systematisch so eng verbundener Normen lässt sich nicht plausibel vertreten. Trotz der im Ansatz „tatsächlichen" Betrachtungsweise steht es dem Ausschluss des Krg nicht entgegen, wenn der Versicherte bei einem dem Grunde nach bestehenden Rentenanspruch keine Rente erhält, weil er **Hinzuverdienstgrenzen** überschreitet.[11]

Die ggü. den Rechtsfolgen von § 49 stärker einschneidende Wirkung einer rechtsvernichtenden Einwendung gegen Einzelanspruch und Stammrecht ist jedoch nur zu rechtfertigen, wenn mit der tatsächlichen Leistung ein **Rechtsanspruch** auf die konkurrierende Leistung korreliert; beides muss zusammenkommen. Dies erreicht Abs. 1 durch zusätzliche Verwendung des Begriffs „Beginn". Dieser nimmt auf den Zeitpunkt Bezug, in dem die Anspruchsvoraussetzungen rechtlich vorlagen.[12] Andernfalls er-

---

1 BSG, 20.7.1976, 3 RK 13/75, SozR 2200 § 183 Nr. 9, S. 29; Noftz in: Hauck/Noftz, SGB V, § 50 Rn. 7.
2 Vgl. BSG, 21.6.2011, B 1 KR 15/10 R, SuP 2011, 724, Rn. 15; 28.9.2010, B 1 KR 31/09 R, SozR 4-2500 § 50 Nr. 2.
3 BVerfG, 15.6.1971, 1 BvR 88/69, 1 BvR 496/69, BVerfGE 31, 185, 189 f., 193 f.; 31.3.1980, 1 BvR 229/80, SozR 2200 § 183 Nr. 32; 11.7.1980, 1 BvR 491/80, SozR 2200 § 183 Nr. 33; BSG, 8.6.1993, 7 Rar 61/92, BSGE 73, 10, 17 f.
4 Noftz in: Hauck/Noftz, SGB V, § 50 Rn. 9.
5 BSG, 8.12.1992, 1 RK 9/92, BSGE 71, 294.
6 Vgl. BT-Dr. 13/340, 2, 9.
7 AA Noftz in: Hauck/Noftz, SGB V, § 50 Rn. 41 unter Hinweis auf § 50 Abs. 1 S. 4.
8 BSG, 15.10.1968, 3 RK 66/67, BSGE 28, 255, 256.
9 Noftz in: Hauck/Noftz, SGB V, § 50 Rn. 40 a; Brandts in: KassKomm, § 50 SGB V Rn. 12.
10 Für Maßgeblichkeit der Bewilligung BSG, 28.9.2010, B 1 KR 31/09 R, BSGE 106, 296 = SozR 4-2500 § 50 Nr. 2, Rn. 13 mwN.
11 BSG, 28.9.2010, B 1 KR 31/09 R, BSGE 106, 296 = SozR 4-2500 § 50 Nr. 2.
12 Vgl. BSG, 28.9.2010, B 1 KR 31/09 R, BSGE 106, 296 = SozR 4-2500 § 50 Nr. 2, Rn. 13, 16 mwN.

gäbe die begriffliche Unterscheidung von „Beginn" und „Bezug" der konkurrierenden Leistung keinen Sinn. Durch diese Unterscheidung wird auch der Fall der rückwirkenden Bewilligung der Rente sinnvoll erfasst, indem die Ausschlusswirkung dann auf den rechtlichen „Beginn" zurückwirkt.[13] Die Sonderregelung in § 50 Abs. 1 S. 2 (→ Rn. 12 f.) hat erst dadurch praktische Bedeutung. Für den „Bezug" der Leistung genügt neben dem tatsächlichen Zufluss der Leistung (alternativ),[14] dass der Anspruch durch den Leistungsträger ggü. dem Versicherten festgestellt, also der Leistungsbescheid gem. § 39 Abs. 1 SGB X durch Bekanntgabe wirksam geworden ist. Wird die konkurrierende Leistung in letzterem Fall faktisch erst zu einem späteren Zeitpunkt erstmals bewirkt, ist der Versicherte auf eine Vorschusszahlung des konkurrierenden Leistungsträgers (§ 42 SGB I) zu verweisen, der ab Wirksamwerden des Leistungsbescheids allein leistungszuständig ist.[15] Entsprechend schließen rückwirkende Rücknahme des Rentenbescheids und Erstattung der bezogenen Rente (§§ 45, 50 SGB X) den „Bezug" rückwirkend aus.[16]

5 Rentenleistungen sind regelmäßig von einer **Antragstellung** des Versicherten abhängig. Solange der Antrag nicht gestellt ist, hat die Krankenkasse nur die in § 51 (→ § 51 Rn. 2 ff.) aufgeführten Handlungsmöglichkeiten. Zwar kann ein Leistungsverzicht des Versicherten nach § 46 Abs. 2 SGB I unwirksam sein; die bloße Rücknahme des Rentenantrags schließt § 50 Abs. 1 jedoch aus und ist nach § 51 zu behandeln.[17]

6 Während das BSG früher eine umfassende **Analogiefähigkeit** von § 50 Abs. 1 über die enumerierten Fälle hinaus annahm,[18] ist es in jüngeren Entscheidungen deutlich **zurückhaltender**.[19] Eine analoge Anwendung auf Hinterbliebenenrenten und Hinterbliebenenversorgungsbezüge ist unstr. ausgeschlossen,[20] da sie keine Einkommens-, sondern Unterhaltsersatzfunktion haben. Die Verwendung unbestimmter Rechtsbegriffe in Einzeltatbeständen von Abs. 1 rechtfertigt nicht den Schluss, dass eine Ausdehnung über die Katalogtatbestände hinaus gesetzgeberisch gestützt ist. Auch der Verweis auf eine ansonsten drohende verfassungswidrige Ungleichbehandlung[21] muss im Blick behalten, dass dem Gesetzgeber ein erheblicher Gestaltungsspielraum zukommt. Angesichts der auf öffentlich-rechtliche Leistungssysteme zugeschnittenen Regelung (vgl. insbes. Abs. 1 Nr. 4 Hs. 2) ist insbes. bei der entsprechenden Anwendung auf privatrechtliche Leistungen jenseits Abs. 1 S. 1 Nr. 3 große Zurückhaltung geboten.

7 Erfasst werden folgende Entgeltersatzleistungen:
Nr. 1: Rente wegen voller **Erwerbsminderung**, wegen Erwerbsunfähigkeit, Vollrente wegen **Alters** aus der deutschen gesetzlichen Rentenversicherung (in Abgrenzung zu Abs. 1 S. 1 Nr. 4). Der Rechtsgrund der konkurrierenden Leistung ist ohne Bedeutung: Unerheblich ist, ob es sich um Versicherung kraft Gesetzes (§§ 1 bis 4 SGB VI), freiwillige Versicherung (§ 7 SGB VI), Versicherung infolge Versorgungsausgleichs oder Nachversicherung (§ 8 SGB VI) handelt. Ebenso findet die Vorschrift Anwendung, wenn eine andere Leistung als aufgeführte Rentenleistung gilt bzw. die Rente in diese umgewandelt oder durch diese ersetzt wird. Beispiele sind §§ 115 Abs. 3, 240, 302, 302 a SGB VI.[22]

8 **Nr. 2: Ruhegehalt** nach beamtenrechtlichen Vorschriften oder Grundsätzen. Erfasst von der ersten Alternative wird das Ruhegehalt eines pensionierten **Beamten**. Nicht erfasst wird die beamtenrechtliche Hinterbliebenenversorgung. Einzubeziehen sind auch die Ruhegehälter von Richtern und Berufssoldaten. Der 2. Alt. unterfallen die **Versorgungsbezüge** von parlamentarischen Staatssekretären, Ministern und Parlamentsabgeordneten.[23] Mit Blick auf seinen Regelungszweck ist zumindest die entsprechende Anwendung von Abs. 1 S. 1 Nr. 2 geboten. Nicht unter Abs. 1 S. 1 Nr. 2 fallen privatrechtliche Leistun-

---

13 Vgl. BSG, 26.3.1963 aaO.; 17.4.1970, 3 RK 75/69, SozR Nr. 50 zu § 183 RVO (rückwirkende Umwandlung einer Berufs- in eine Erwerbsunfähigkeitsrente).
14 Vgl. BSG, 9.12.1976, 2 RU 39/76, BSGE 43, 68; offen gelassen in BSG, 14.7.1982, 5 a RKn 9/81, SozR 2200 § 183 Nr. 43; aA Noftz in: Hauck/Noftz, SGB V, § 50 Rn. 34 f.
15 So Noftz in: Hauck/Noftz, SGB V, § 50 Rn. 37; Brandts in: KassKomm, § 50 SGB V Rn. 18; Wagner in: GK-SGB V, § 50 Rn. 23; aA Schmidt in: Peters, HdB KrV § 50 Rn. 49: Weitergewährung des Krg.
16 Brandts in: KassKomm, § 50 SGB V Rn. 17.
17 BSG, 9.8.1995, 13 RJ 43/94, BSGE 76, 218.
18 Vgl. BSG, 15.11.1979, 11 RK 2/79, BSGE 49, 136, 139; 20.1.1982, 3 RK 20/81, SozR 2200 § 183 Nr. 41; zust. Noftz in: Hauck/Noftz, SGB V, § 50 Rn. 21.
19 Vgl. BSG, 4.5.1994, 1 RK 37/93, SozR 3-2500 § 50 Nr. 1.
20 BSG, 6.3.1991, 13/5 RJ 39/90, BSGE 68, 184, 187; Noftz in: Hauck/Noftz, SGB V, § 50 Rn. 31 a.
21 Noftz in: Hauck/Noftz, SGB V, § 50 Rn. 31.
22 Noftz in: Hauck/Noftz, SGB V, § 50 Rn. 22.
23 BSG, 1.7.2003, B 1 KR 6/02 R, SozR 4-2500 § 50 Nr. 1, Rn. 7; Brandts in: KassKomm, § 50 SGB V Rn. 5.

gen.²⁴ Dies gilt insbes. für die betriebliche Altersvorsorge, und zwar selbst im öffentlichen Dienst (zB VBL), insofern als hierfür weder eine beamtenrechtliche Grundlage noch eine Anlehnung an beamtenrechtliche Regelungen besteht.²⁵

Nr. 3: Vorruhestandsgeld. Dieses wird in § 5 Abs. 3 nicht definiert, sondern lediglich in seiner Höhe festgesetzt, soweit es um krankenversicherungsrechtliche Regelungsfragen geht. Der Begriff des Vorruhestandsgeldes ist erfüllt, wenn es sich um eine Leistung des Arbeitgebers auf individual- und kollektivvertraglicher Grundlage handelt und ihr eine Entgeltersatzfunktion für Arbeitnehmer zukommt, die aus dem Erwerbsleben ausgeschieden sind.²⁶ Es muss eine Überbrückungsfunktion erkennbar sein, mit der eine infolge des „Vorruhestandes" entstandene Lücke zwischen Arbeitsentgelt und Rentenbezug geschlossen wird. Nur der spezialgesetzlich geregelte Zuschussanspruch ist heute obsolet (s. § 14 VorruhestandsG). Im Übrigen hat die Regelung ihre Bedeutung behalten.²⁷ Abzugrenzen sind Leistungen bei verblockter Altersteilzeit: Hier werden in einem fortbestehenden (vgl. § 7 Abs. 1 a S. 1 SGB IV) Beschäftigungsverhältnis Entgeltansprüche des Arbeitnehmers lediglich zeitverzögert fällig. Auch bei Leistungen nach § 19 b SGB I ist Nr. 3 nicht einschlägig.

Nr. 4: Vergleichbare ausländische Leistungen. Nr. 4 erstreckt die Rechtsfolge auf Leistungen von Sozialversicherungsträgern oder staatlichen Stellen im Ausland. Vergleichbarkeit ist gegeben, wenn Regelungszweck und Wirkungsweise einer inländischen Leistung im Kern entsprechen. Maßgeblich sind strukturell wiederkehrende Leistungserbringung und Einkommensersatzfunktion. Ferner bildet sich die Vergleichbarkeit häufig in ähnlichen Tatbestandsvoraussetzungen (zB Alter, Erwerbsunfähigkeit) ab (→ § 49 Rn. 23). Erforderlich ist die Leistungszuständigkeit öffentlich-rechtlicher Stellen – insbesondere eines gesetzlichen Rentenversicherungsträgers oder staatlicher Behörden.²⁸ Eine spezielle Regelung durch zwischenstaatliche Vereinbarungen (Sozialversicherungsabkommen) und Rechtsvorschriften (insbes. auch EU-Recht) ist möglich und gegenüber Nr. 4 vorrangig, § 30 Abs. 2 SGB I.

Nr. 5: Vergleichbare Leistungen nach dem Recht der ehemaligen DDR,²⁹ **insbes. Invaliditätsrente** (§§ 8, 9 DDR-RentenVO). Diese werden in Nr. 5 speziell geregelt, da es sich nicht um ausländische Leistungsträger (Nr. 4), sondern inländische handelte. Renten aus dem Gebiet der DDR werden nach Art. 30 Abs. 5 EinigungsV weiterhin gewährt, wenn sich ausschließlich daraus ein Rentenanspruch ergibt oder demnach ein höherer Rentenanspruch besteht als nach dem SGB VI. Wie die jeweiligen Rentenleistungen in das Normsystem des § 50 einzufügen sind, insbesondere wie eine Zuordnung zu § 50 Abs. 1 oder zu § 50 Abs. 2 zu erfolgen hat, ist nach den Charakteristika der jeweiligen Leistung zu ermitteln. Maßgeblich ist, ob die Leistung volle oder partielle Einkommensersatzfunktion hat.

2. Rückzahlung (Abs. 1 S. 2). Abs. 1 S. 2 regelt den Fall, dass über den „Beginn" der konkurrierenden Leistung (→ Rn. 4) hinaus Krg gezahlt wurde und dieses die konkurrierende Leistung übersteigt. Erfasst wird der häufige Fall, dass **Anspruchsbeginn** und **Bewilligung** der konkurrierenden Leistung **zeitlich divergieren**. Während es dann grundsätzlich zur Rückabwicklung der Doppelleistung vorrangig gem. §§ 102 ff. SGB X³⁰ oder – bei bereits gezahlter Rente – gem. §§ 45 Abs. 2, 48 Abs. 1 S. 2 Nr. 3, 50 Abs. 1 SGB X kommt, soll nach Satz 2 der über dem Zahlbetrag der konkurrierenden Leistung liegende sog **Krg-Spitzbetrag** dem Versicherten verbleiben, so dass er in seinem Vertrauen auf die Höhe der empfangenen Leistungen geschützt wird (**Vertrauensschutzregelung**).³¹ Keine Auswirkungen hat § 50 Abs. 1 S. 2 auf den Anteil des Krg, welcher der konkurrierenden Leistung quantitativ entspricht. Er betrifft nur das faktische Nebeneinander beider Leistungen: Ist das Krg noch nicht gezahlt worden, begründet Abs. 1 S. 2 nach zutreffender Auffassung³² keinen Anspruch auf rückwirkende Gewährung des Spitzbetrages. Die Wirkung entspricht damit derjenigen einer Naturalobligation.

Die **Höhe des Spitzbetrages** ist die Differenz zwischen dem Zahlbetrag der konkurrierenden Leistung und dem Brutto-Krg, die jeweils für denselben Leistungszeitraum gegenüberzustellen sind. Zugrunde zu legen ist der dem Versicherten zufließende Nettobetrag der Renten- oder rentenähnlichen Leistung.

---

24 Zutr. BSG, 21.9.1983, 8 RK 1/82, SozR 2200 § 183 Nr. 45.
25 BSG, 1.7.2003, B 1 KR 6/02 R, BSG SozR 4-2500 § 50 Nr. 1, Rn. 8 ff.
26 BSG, 31.10.1991, 7 Rar 84/90, SozR 3-7825 § 5 Nr. 2.
27 AA Brandts in: KassKomm, § 50 SGB V Rn. 7.
28 Vgl. Noftz in: Hauck/Noftz, SGB V, § 50 Rn. 26.
29 Zum missglückten Gesetzeswortlaut Brandts in: KassKomm, § 50 SGB V Rn. 9.
30 Näher BSG, 13.9.1984, 4 RJ 37/83, BSGE 57, 146.
31 BSG, 8.12.1992, 1 RK 9/92, BSGE 71, 294; 25.1.1995, 12 RK 51/93, BSGE 75, 298, 302.
32 Str.; wie hier BSG, 8.3.1990, 3 RK 9/89, SozR 3-2200 § 183 Nr. 1; Noftz in: Hauck/Noftz, SGB V, § 50 Rn. 45; wohl differenzierend Brandts in: KassKomm, § 50 SGB V Rn. 25.

Zusätzliche Leistungen mit inkongruentem Zweck (etwa Kinderzuschüsse, § 270 SGB VI, Steigerungsbeträge bei Höherversicherung, § 269 Abs. 1 SGB VI) werden nicht eingerechnet;[33] ebenso Beitragsanteile des Versicherten zur GKV, die der Rentenversicherungsträger aus der rechnerischen Rentenhöhe an die GKV abführt.

14 **3. Rückzahlungspflicht bei Leistung ausländischer Institutionen (Abs. 1 S. 3).** Abs. 1 S. 3 fingiert, dass das Krg als **Vorschuss** der leistungszuständigen **ausländischen Institution** auf die ausländische Leistung nach Abs. 1 S. 1 Nr. 4 gilt. Leistet die ausländische Institution ihrerseits, hat sie infolge der Fiktion doppelt geleistet. Nach Abs. 1 S. 3 Hs. 2 ist die Doppelzahlung dann der ausländischen Institution zu erstatten. Die Konstruktion führt dazu, dass im Überlappungszeitraum die ausländische Stelle entlastet wird. Übersteigt das Krg den konkurrierenden Anspruch (zur Berechnung → Rn. 12 entsprechend), bezieht sich die Fiktion nur auf den Anteil, welcher der ausländischen Leistung quantitativ entspricht. Dem Versicherten verbleibt dann ein Krg-Spitzbetrag. Die Umkehrung gilt nicht, so dass es verfehlt ist, die Leistung der ausländischen Institution als fingierte Vorschussleistung auf den Krg-Anspruch zu betrachten.[34] Abs. 1 S. 3 ist als *lex specialis* ggü. Abs. 1 S. 2 vorrangig.

15 **4. Wegfall der konkurrierenden Leistung (Abs. 1 S. 4).** Abs. 1 S. 4 regelt, dass bei **Wegfall** der konkurrierenden Leistung das (abstrakte) **Stammrecht** einer Versicherung mit Krg-Anspruch (→ § 44 Rn. 7) **neu begründet** wird. Dies bezieht sich zum einen auf Fälle, in denen sich die Prognose, dass der Empfang der konkurrierenden Leistung dauerhaft ist (→ Rn. 1), nicht realisiert. Zum anderen kann die Ausschlusswirkung, etwa bei Bewilligung einer Zeitrente, von vornherein befristet sein. Nach allgemeinen Grundsätzen (→ § 44 Rn. 7 ff., → § 46 Rn. 5 ff.) kommt es für das Entstehen eines neuen Leistungsanspruchs dann auf das Bestehen eines Versicherungsverhältnisses mit Krg-Anspruch bei Eintritt einer erneuten AU (bzw. stationären Behandlung oder Leistungshinderung iSv § 45) an. Entscheidend für § 50 Abs. 1 S. 4 ist, dass der Anspruch auf die konkurrierende Leistung nicht mehr besteht; die bestandskräftige/rechtmäßige Aufhebung des Bewilligungsbescheides ist dagegen für das Wiederaufleben nicht erforderlich.

16 Ist die **78-wöchige Bezugszeit** wegen derselben Krankheit innerhalb der laufenden Blockfrist ausgeschöpft, stellt § 48 **Abs. 1, 2** ggü. § 50 Abs. 1 S. 4 eine **abschließende Sonderregelung** dar.[35] Es ist nicht ersichtlich, weshalb Versicherte nach dem Bezug einer konkurrierenden Leistung hinsichtlich des Wiederauflebens schlechter stehen sollten als andere Versicherte.[36] Andernfalls stellt trotz des Wortlauts („*erneute* AU") auch die unterbrechungsfrei weiterbestehende AU einen tauglichen Wiederauflebenstatbestand dar, weil mit Wegfall der konkurrierenden Leistung die krankheitsbedingte AU das alleinige Leistungshindernis darstellt.[37]

III. Kürzung des Krankengeldes (Abs. 2)

17 Nach Abs. 2 wird das Krg bei Bezug konkurrierender **Leistungen ohne volle Entgeltersatzfunktion**[38] gekürzt. Der Rechtsgrund des Krg (→ Rn. 2) ist dabei ohne Bedeutung. Auf Ansprüche nach § 45 ist § 50 Abs. 2 unanwendbar, da bei § 45 idR keine Konkurrenz zu einer Rente oder rentenähnlichen Leistung gegeben ist. Während Stammrecht und Leistungsanspruch dem Grunde nach durch § 50 Abs. 2 unberührt bleiben, wird die **Anspruchshöhe** reduziert. Es handelt sich somit um eine partiell rechtsvernichtende Einwendung. Angerechnet wird der Nettobetrag der konkurrierenden Leistung.[39] Zu den einzubeziehenden Positionen → Rn. 13.

18 **Abs. 2 bezieht folgende Leistungsformen ein:**
Nr. 1: **Alterssicherung der Landwirte** nach dem Gesetz über die Alterssicherung der Landwirte (ALG):[40] Altersrente gem. § 11 ALG, Rente wegen Erwerbsminderung, § 13 ALG, Landabgaberente gem. §§ 121 bis 125 ALG. Die Produktionsaufgaberente, geregelt im FELEG, wird nicht erfasst; § 8

---

33 Vgl. Vay in: Krauskopf, § 50 SGB V Rn. 20; ausf. Lekon, Die Leistungen 1991, 121, 126.
34 So aber Noftz in: Hauck/Noftz, SGB V, § 50 Rn. 49.
35 BSG, 29.9.1998, B 1 KR 5/97 R, BSGE 83, 13, 15; Brandts in: KassKomm, § 50 SGB V Rn. 21; Noftz in: Hauck/Noftz, SGB V, § 50 Rn. 51.
36 Vgl. Brandts in: KassKomm, § 50 SGB V Rn. 21.
37 Zutr. BSG, 29.9.1998, B 1 KR 5/97 R, BSGE 83, 13; Noftz in: Hauck/Noftz, SGB V, § 50 Rn. 52; Vay in: Krauskopf, § 50 SGB V Rn. 22; Brandts in: KassKomm, § 50 SGB V Rn. 21.
38 Vgl. BSG, 4.5.1994, 1 RK 37/93, BSGE 74, 150, 152.
39 Noftz in: Hauck/Noftz, SGB V, § 50 Rn. 74; auch Vay in: Krauskopf, § 50 SGB V Rn. 23 („Zahlbetrag").
40 BSG, 4.5.1994, 1 RK 37/93, BSGE 74, 150, 151.

FELEG ist eine abschließende Spezialregelung und ordnet das partielle Ruhen der Produktionsaufgaberente an.[41]

Nr. 2: Rente wegen teilweiser Erwerbsminderung gem. §§ 33 Abs. 3 Nr. 1, 43 Abs. 1, 102 SGB VI, Rente wegen **Berufsunfähigkeit**, §§ 33 Abs. 3 Nr. 4, 240, 270b SGB VI und **Teilrente wegen Alters**, §§ 35 bis 40, 42 SGB VI. Hinsichtlich der Invalidenrente eines ärztlichen Versorgungswerks hat das BSG die entsprechende Anwendung von § 50 Abs. 2 Nr. 2 verneint, da es angesichts der exakten Formulierung der enumerierten Fälle an einer planwidrigen Regelungslücke fehle.[42] Zur Analogiefähigkeit gelten die zu Abs. 1 gemachten Ausführungen (→ Rn. 6). 19

Nr. 3: Rente für **Bergleute** (§§ 33 Abs. 3 Nr. 3, 45 SGB VI), Knappschaftsausgleichsrente (§§ 33 Abs. 5, 239 SGB VI). 20

Nr. 4, Nr. 5 entsprechen den jeweiligen Vorschriften in § 50 Abs. 1 S. 1 Nr. 4, 5 (→ Rn. 10 f.). So werden von Nr. 4 etwa Teilinvaliditätsrenten nach **ausländischem Recht** erfasst.[43] 21

Abs. 2 setzt voraus, dass die konkurrierende Leistung „zuerkannt" wird. Dies entspricht dem „Beginn" iSv Abs. 1 (→ Rn. 4), setzt also voraus, dass der Anspruch auf die konkurrierende Leistung auch rechtlich entstanden ist.[44] Ruht die konkurrierende Leistung, unterbleibt die Anrechnung.[45] Endet der Anspruch auf die konkurrierende Leistung, endet auch die Kürzung.[46] 22

Weitere Voraussetzung für die Kürzung ist, dass die konkurrierende Leistung von einem Zeitpunkt nach dem Beginn der AU oder der stationären Behandlung an zuerkannt wird. Dies trägt dem Umstand Rechnung, dass sich dann die Höhe des Krg an dem Entgeltniveau orientiert, das ohne Berücksichtigung der Erwerbsminderung erzielt wurde. Nach deren Eintritt ist es sachgerecht, das Gesamtleistungsniveau an der geminderten Leistungsfähigkeit zu orientieren.[47] Im umgekehrten Fall ist die Krg-Höhe demgegenüber bereits an der Erwerbsminderung orientiert, so dass für eine weitere Anrechnung kein Bedarf besteht.[48] Entsteht der Krg-Anspruch zeitgleich mit dem „Zuerkennen" der konkurrierenden Leistung, müsste daher ebenfalls die Kürzung ausgelöst werden; dem soll jedoch der Wortlaut („nach dem Beginn") entgegenstehen.[49] Ruhte zuvor der Krg-Anspruch und schließt sich dann eine Rente oder rentenähnliche Leistung an, erfolgt die Kürzung, da sich die Höhe des Krg an dem uneingeschränkten Leistungsniveau orientiert.[50] 23

§ 51 Wegfall des Krankengeldes, Antrag auf Leistungen zur Teilhabe

(1) ¹Versicherten, deren Erwerbsfähigkeit nach ärztlichem Gutachten erheblich gefährdet oder gemindert ist, kann die Krankenkasse eine Frist von zehn Wochen setzen, innerhalb der sie einen Antrag auf Leistungen zur medizinischen Rehabilitation und zur Teilhabe am Arbeitsleben zu stellen haben. ²Haben diese Versicherten ihren Wohnsitz oder gewöhnlichen Aufenthalt im Ausland, kann ihnen die Krankenkasse eine Frist von zehn Wochen setzen, innerhalb der sie entweder einen Antrag auf Leistungen zur medizinischen Rehabilitation und zur Teilhabe am Arbeitsleben bei einem Leistungsträger mit Sitz im Inland oder einen Antrag auf Rente wegen voller Erwerbsminderung bei einem Träger der gesetzlichen Rentenversicherung mit Sitz im Inland zu stellen haben.
(2) Erfüllen Versicherte die Voraussetzungen für den Bezug der Regelaltersrente oder Altersrente aus der Alterssicherung der Landwirte bei Vollendung des 65. Lebensjahres, kann ihnen die Krankenkasse eine Frist von zehn Wochen setzen, innerhalb der sie den Antrag auf diese Leistung zu stellen haben.
(3) ¹Stellen Versicherte innerhalb der Frist den Antrag nicht, entfällt der Anspruch auf Krankengeld mit Ablauf der Frist. ²Wird der Antrag später gestellt, lebt der Anspruch auf Krankengeld mit dem Tag der Antragstellung wieder auf.

---

41 BSG, 4.5.1994, 1 RK 37/93, BSGE 74, 150, 152.
42 BSG, 23.4.1996, 1 RK 19/95, BSGE 78, 149, 150.
43 Näher Marburger, SozVers 1992, 319.
44 Vgl. BSG, 18.12.1963, 3 RK 29/63, BSGE 20, 135, 136; Noftz in: Hauck/Noftz, SGB V, § 50 Rn. 68.
45 Vgl. Brandts in: KassKomm, § 50 SGB V Rn. 39; Noftz in: Hauck/Noftz, SGB V, § 50 Rn. 68.
46 Brandts in: KassKomm, § 50 SGB V Rn. 39.
47 Brandts in: KassKomm, § 50 SGB V Rn. 38.
48 Noftz in: Hauck/Noftz, SGB V, § 50 Rn. 9.
49 Brandts in: KassKomm, § 50 SGB V Rn. 37; Noftz in: Hauck/Noftz, SGB V, § 50 Rn. 70; Lekon, Die Leistungen 1991, 121, 128.
50 Vgl. Noftz in: Hauck/Noftz, SGB V, § 50 Rn. 71.

Literatur:
Siehe § 44.

I. Allgemeines.................................... 1	III. Regelaltersrente oder Altersrente aus der
II. Antrag auf Teilhabeleistungen (Abs. 1) 2	Alterssicherung für Landwirte (Abs. 2) 10
1. Aufforderung zur Antragstellung (Abs. 1 S. 1) 2	IV. Unterlassen der Antragstellung (Abs. 3) 11
2. Aufforderung zum Antrag bei im Ausland lebenden Versicherten (Abs. 1 S. 2) 9	

I. Allgemeines

1 Die an § 183 Abs. 7, 8 RVO anknüpfende Vorschrift regelt die Situation, dass der Versicherte Anspruch auf Teilhabeleistungen, Alters- oder Erwerbsunfähigkeitsrente hat. Die Krankenkasse hat dann ein legitimes Interesse daran, dass der Versicherte einen erforderlichen (vgl. etwa § 19 S. 1 SGB IV, § 115 Abs. 1, 4 SGB VI, § 8 Abs. 1 SGB IX) **Antrag** auf diese Leistungen stellt, damit sie von der Pflicht zur Krg-Leistung frei wird. § 51 wirkt unterstützend mit §§ 49, 50 zusammen,[1] indem er der Krankenkasse ermöglicht, den Versicherten **zur Antragstellung anzuhalten** und damit die faktische Parallelität beider Leistungen herbeizuführen, die Voraussetzung der §§ 49, 50 ist (→ § 49 Rn. 5, → § 50 Rn. 3). Es ist eine **Schutzvorschrift** zugunsten der Krankenkassen, da das Krg häufig höher und damit attraktiver ist als eine konkurrierende Rente.[2]

II. Antrag auf Teilhabeleistungen (Abs. 1)

2 **1. Aufforderung zur Antragstellung (Abs. 1 S. 1).** Abs. 1 benennt die Handlungsmöglichkeiten der Krankenkasse bei bestehender oder drohender Einschränkung der Erwerbsfähigkeit eines Versicherten (→ § 44 Rn. 7 ff.) mit Krg-Anspruch. Die **Erwerbsfähigkeit** muss erheblich gefährdet oder gemindert sein; dies korreliert mit den persönlichen Anspruchsvoraussetzungen für Reha-Maßnahmen (§ 10 Nr. 1 SGB VI). Erwerbsfähigkeit meint den Zustand des Versicherten in körperlicher, geistiger und seelischer Hinsicht, soweit dieser ihn befähigt, durch Arbeit eine wirtschaftliche Existenzgrundlage zu begründen.[3] Eine **erhebliche Minderung** liegt vor, wenn eine Reduktion der Erwerbsfähigkeit mit gesteigertem Ausmaß und prognostisch längerer Dauer eingetreten ist.[4] Die bereits zurückliegende Dauer ist dabei an sich unerheblich,[5] kann aber Aussagekraft für die zukunftsbezogene Negativprognose haben. **Erheblich gefährdet** ist die Erwerbsfähigkeit, wenn ohne Reha-/Teilhabeleistungen prognostisch innerhalb absehbarer Zeit[6] eine erhebliche Minderung eintreten wird.[7] In der Regel wird mit beiden Varianten eine bereits eingetretene AU (→ § 44 Rn. 13 ff.) einhergehen.

3 Über die Minderung oder Gefährdung der Erwerbsfähigkeit muss zur Tatsachenermittlung ein **ärztliches Gutachten** eingeholt werden. „Gutachten" ist eine qualifizierte Form der ärztlichen Stellungnahme mit summarischen Befundangaben[8] sowie Angaben zu den daraus resultierenden funktionalen Beeinträchtigungen und deren prognostischer Dauer.[9] Ein bloßes Attest ohne Befundangaben genügt nicht. Für die Begutachtung in Betracht kommt **jeglicher Arzt** (→ § 44 Rn. 35),[10] insbesondere auch der vom Versicherten ausgewählte behandelnde Arzt oder der MDK. Regelmäßig darf die Entscheidung der Krankenkasse auf ein vorgelegtes ärztliches Gutachten gestützt werden, es sei denn, dieses ist offensichtlich fehlerhaft, unplausibel oder unvollständig. Dieser **vergröberte Prüfungsmaßstab** ist hinnehmbar, da eine Detailprüfung ohnehin – nach Antragstellung – durch den Reha- oder Rentenversicherungsträger durchgeführt wird. Nicht Gegenstand des ärztlichen Gutachtens sind die persönlichen Voraussetzungen von § 51 und die Erfolgsprognose für ein Reha-Programm; auch diese Feststellungen werden erst im nachfolgenden Antragsverfahren getroffen.

---

1 Noftz in: Hauck/Noftz, SGB V, § 51 Rn. 6.
2 Brandts in: KassKomm, § 51 SGB V Rn. 4.
3 Noftz in: Hauck/Noftz, SGB V, § 51 Rn. 11.
4 Noftz in: Hauck/Noftz, SGB V, § 51 Rn. 12.
5 BSG, 30.11.1977, 4 RJ 23/77, BSGE 45, 183, 186 f.; 22.9.1981, 1 RJ 12/80, BSGE 52, 123, 125.
6 Noftz in: Hauck/Noftz, SGB V, § 51 Rn. 12.
7 Vgl. BSG, 29.2.1968, 4 RJ 423/66, BSGE 28, 18, 20; 18.2.1981, 1 RA 93/79, SozR 2200 § 1236 Nr. 31.
8 Noftz in: Hauck/Noftz, SGB V, § 51 Rn. 15.
9 Vgl. zu den Anforderungen BSG, 7.8.1991, 1/3 RK 26/90, BSGE 69, 187, 189 f.
10 BSG, 7.8.1991, 1/3 RK 26/90, BSGE 69, 187, 189.

Als **ungeschriebene Voraussetzung** erfordert § 51 grds., dass der Versicherte **aktuell Krg bezieht** oder einen ruhenden Krg-Anspruch hat;[11] das folgt bereits aus Abs. 3 S. 1. Ein legitimes Interesse der Krankenkasse für ein Vorgehen nach § 51 ist sonst allenfalls dann vorhanden, wenn feststeht, dass es ohne Antragstellung prognostisch sicher in nächster Zeit zum Bezug von Krg kommen wird.[12] Bei Fehlen des Krg-Anspruchs ist insofern das Entschließungsermessen der Krankenkasse auf null reduziert.[13] Ferner muss in Abgrenzung zu Abs. 1 S. 2 der Versicherte seinen Wohnsitz oder gewöhnlichen Aufenthalt im Inland haben.

Liegen die Tatbestandsvoraussetzungen des Abs. 1 S. 1 vor, kann die Krankenkasse durch VA den Versicherten zur Stellung eines **Antrags auf Reha-/Teilhabeleistungen** verpflichten. Damit wird zugleich dem Interesse der Solidargemeinschaft an einer Förderung von Reha-Maßnahmen gedient.[14] Ein unmittelbares Hinwirken auf einen **Rentenantrag** ist – anders als gem. Abs. 1 S. 2 (→ Rn. 9) – dem Wortlaut nach nicht möglich. § 116 Abs. 2 SGB VI bewirkt aber, dass der Teilhabeantrag als Rentenantrag gilt, wenn der Versicherte vermindert erwerbsfähig ist und eine Rehabilitation scheitert. Ist indes im Zeitpunkt der Ermessensausübung nach § 51 Abs. 1 S. 1 die Erfolglosigkeit einer Reha-/Teilhabeleistung evident, wäre es sinnlos, den Versicherten zu verpflichten, einen offensichtlich erfolglosen Antrag auf Teilhabeleistungen zu stellen. Die Krankenkasse soll dann sofort zur Stellung eines Rentenantrags auffordern können.[15] Diese Auffassung zielt auf eine teleologische Reduktion des Wortlauts ab und ist, da gem. § 116 Abs. 2 SGB VI in dem erfolglosen Teilhabeantrag ein Rentenantrag enthalten ist, zutreffend.

Auf Rechtsfolgenseite ist der Krankenkasse **Ermessen** hinsichtlich Ob und Wie des VA, insbesondere Inhalt und Zeitpunkt, eingeräumt.[16] **Abzuwägen** hat die Krankenkasse dabei das **Dispositionsinteresse des Versicherten** gegen ihr eigenes von § 51 geschütztes Interesse;[17] grundsätzlich überwiegt Letzteres.[18] Überwiegende Interessen des Versicherten, die gegen eine Fristsetzung sprechen, können zB dann vorliegen, wenn die Stellung des Rentenantrags zum Eintritt einer auflösenden Bedingung im Arbeitsverhältnis führen würde.[19] Das Interesse, durch Zuwarten eine Erhöhung der Rente zu erreichen, wird regelmäßig nicht genügen.[20] Keine Vorgaben darf der VA hinsichtlich der Frage machen, welche Leistungen zur Rehabilitation ergriffen werden sollen; dies fällt allein in die Zuständigkeit des Reha-Trägers. Nach § 33 Abs. 2 SGB X besteht **kein Formerfordernis**; aus Gründen der Praktikabilität dürfte das Auswahlermessen aber idR auf schriftlichen Erlass des VA verengt sein.[21] Vor Erlass des VA muss der Betroffene gem. § 24 SGB X **angehört** werden. Ihm muss dabei eine angemessene Stellungnahmefrist eingeräumt werden.[22] Ferner soll Wirksamkeitserfordernis sein, dass der Betroffene über die Rechtsfolgen nach § 51 Abs. 3 belehrt wird, wenn er der Aufforderung zur Antragstellung nicht nachkommt.[23] Gegen die Aufforderung ist eine isolierte Anfechtungsklage möglich.

Die **10-Wochen-Frist** für die Antragstellung beginnt nach § 26 Abs. 2 SGB X mit dem Tag, der auf Bekanntgabe oder Zustellung des Verwaltungsaktes nach § 51 Abs. 1 folgt. Zur Errechnung des Fristendes ist auf § 26 Abs. 1, 3 SGB X, § 188 Abs. 2 BGB abzustellen. Zur Fristwahrung ist Zugang des Antrags innerhalb der Frist erforderlich; infolge § 16 Abs. 1 S. 2, Abs. 2 S. 1, 2 SGB I wahrt auch der Zugang bei einem nicht zuständigen Träger die Frist.

---

11 Vay in: Krauskopf, § 51 SGB V Rn. 2; Brandts in: KassKomm, § 51 SGB V Rn. 5; Noftz in: Hauck/Noftz, SGB V, § 51 Rn. 17.
12 Weitergehend BSG, 26.6.2008, B 13 R 141/07 R, SGb 2009, 309, Rn. 28.
13 Großzügiger Noftz in: Hauck/Noftz, SGB V, § 51 Rn. 17.
14 Brandts in: KassKomm, § 51 SGB V Rn. 2.
15 Vgl. Noftz in: Hauck/Noftz, SGB V, § 51 Rn. 28; Marburger, Die Leistungen 1989, 161, 165; aA BSG, 4.6.1981, 3 RK 50/80, BSGE 52, 26, 30; Schmidt in: Peters, HdB KrV, § 51 Rn. 19.
16 HM, vgl. BSG, 4.6.1981, 3 RK 50/80, BSGE 52, 26, 31; 7.8.1991, 1/3 RK 26/90, BSGE 69, 187, 190; Noftz in: Hauck/Noftz, SGB V, § 51 Rn. 23.
17 BSG, 7.12.2004, B 1 KR 6/03 R, BSGE 94, 26.
18 BSG, 7.12.2004, B 1 KR 6/03 R, BSGE 94, 26, Rn. 23 ff.
19 Vgl. Brandts in: KassKomm, § 51 SGB V Rn. 10 mit weiteren Bsp.
20 So BSG, 7.12.2004, B 1 KR 6/03 R, BSGE 94, 26; anders noch BSG, 4.6.1981, 3 RK 50/80, BSGE 52, 26.
21 Zutr. Noftz in: Hauck/Noftz, SGB V, § 51 Rn. 19; s. auch BSG, 21.12.1960, 7 RKg 3/58, BSGE 13, 269, 270.
22 Noftz in: Hauck/Noftz, SGB V, § 51 Rn. 20; Wagner in: GK-SGB V, § 51 Rn. 18; aA Vay in: Krauskopf, § 51 SGB V Rn. 6.
23 BSG, 7.12.2004, B 1 KR 6/03 R, BSGE 94, 26 – auch zu den Rechtsfolgen bei unterbliebener Belehrung; Brandts in: KassKomm, § 51 SGB V Rn. 14.

8 Nach Antragstellung statuieren §§ 60 ff. SGB I **Mitwirkungspflichten** des Versicherten. Vor - grds. zulässigen[24] – **Dispositionen** des Versicherten über den gestellten Antrag – zB Rücknahme, Beschränkung, Vergleich – muss er die **Zustimmung der Krankenkasse** einholen,[25] um die Rechtsfolgen gem. § 51 Abs. 3 abzuwenden. Der Grund ist, dass das nach Abs. 1 der Krankenkasse eingeräumte Ermessen nach Antragstellung fortwirkt.[26] Nicht zustimmungspflichtig sind Dispositionen, die der Versicherte vor Erlass des VA bereits getroffen hat.[27] Um evtl. Dispositionen von ihrer Zustimmung abhängig zu machen, kann die Krankenkasse auch dann nach Abs. 1 vorgehen, wenn der Versicherte bereits von sich aus einen Rentenantrag gestellt hat.[28] Inhalt des VA ist dann, über den Antrag nicht ohne Zustimmung der Krankenkasse zu disponieren. Die Unwirksamkeit einer Disposition setzt allerdings voraus, dass der Rentenversicherungsträger über den VA informiert war, bevor er der Disposition zugestimmt hat.[29] Die Zustimmungsverweigerung kann isoliert durch Anfechtungs-/Verpflichtungsklage angegriffen werden.[30]

9 **2. Aufforderung zum Antrag bei im Ausland lebenden Versicherten (Abs. 1 S. 2).** Abs. 1 S. 2 ist eine inhaltsähnliche Sonderregelung für Versicherte, die ihren **Wohnsitz oder gewöhnlichen Aufenthalt** (vgl. § 30 Abs. 2 SGB I) **im Ausland** haben. Diese haben infolge des Territorialprinzips, § 30 Abs. 1 SGB I, und §§ 110 Abs. 2, 111 Abs. 1 SGB VI idR nur ausnahmsweise Anspruch auf Teilhabeleistungen, wenn sie trotz ihres gewöhnlichen Aufenthalts/Wohnsitzes im Ausland ein Beschäftigungsverhältnis im Inland haben oder es sich um ins Ausland entsandte Beschäftigte handelt, die der **Ausstrahlungswirkung** (§§ 4 Abs. 1, 3 SGB IV) unterliegen. Daher kann die Krankenkasse dann zusätzlich auch direkt auf einen **Rentenantrag** wegen voller Erwerbsminderung hinwirken. Sie kann den Versicherten alternativ auffordern, eine Reha-Maßnahme im Inland oder eine Rente zu beantragen; eine aufwändige Sachverhaltsermittlung im Ausland wird dadurch entbehrlich;[31] auch aus Perspektive des Versicherten kann dies interessengerecht sein.[32] Insofern hat die Krankenkasse Ermessen (→ Rn. 6).

III. Regelaltersrente oder Altersrente aus der Alterssicherung für Landwirte (Abs. 2)

10 Abs. 2 nimmt die **Konkurrenz** des Krg-Anspruchs mit Ansprüchen auf **Regelaltersrente** (§§ 33 Abs. 2 Nr. 1, 35 SGB VI) – erfasst sind Voll- und Teilrente (§ 42 SGB VI) – sowie Altersrente aus der Alterssicherung der **Landwirte** (§ 11 Abs. 1, 2 ALG) in den Blick. Dass Letztere nur die Anrechnung nach § 50 Abs. 2 auslöst (→ § 50 Rn. 17), ist für die Fristsetzungsmöglichkeit ohne Bedeutung.[33] Eine entsprechende Anwendung auf andere (Alters-)Renten kommt unstreitig nicht in Betracht,[34] erst recht keine Anwendung auf beamtenrechtliche Versorgungsbezüge und vergleichbare Leistungen, die von Amts wegen festgestellt werden.[35] Die Krankenkasse muss, bevor sie nach Abs. 2 vorgeht, die Voraussetzungen des jeweiligen Rentenanspruchs prüfen und feststellen.[36] Es genügt eine summarische, auf Evidenz gestützte Prüfung,[37] da ohnehin eine Detailprüfung durch den sachkompetenten Rentenversicherungsträger erfolgt (→ Rn. 3).

IV. Unterlassen der Antragstellung (Abs. 3)

11 Abs. 3 regelt die **Rechtsfolgen** bei pflichtwidrigem **Unterbleiben des Antrags**. In diesem Fall entfällt – ohne dass es auf Vertretenmüssen des Versicherten ankäme – mit Fristablauf der Anspruch auf Krg

---

24 Std. Rspr., vgl. zuletzt zur Reichweite BSG, 7.12.2004, B 1 KR 6/03 R, BSGE 94, 26; ein Verzicht iSv § 46 Abs. 2 SGB I liegt darin nicht, BSG, 9.8.1995, 13 RJ 43/94, BSGE 76, 218.
25 Std. Rspr., etwa BSG, 26.6.2008, B 13 R 141/07 R, SGb 2009, 309 mwN; 7.12.2004, B 1 KR 6/03 R, BSGE 94, 26.
26 BSG, 9.9.1981, 3 RK 42/80, USK 81171; weiterhin BSG, 7.12.2004, B 1 KR 6/03 R, BSGE 94, 26.
27 Noftz in: Hauck/Noftz, SGB V, § 51 Rn. 34.
28 So BSG, 26.6.2008, B 13 R 37/07 R, BSGE 101, 86; Brandts in: KassKomm, § 51 SGB V Rn. 16; GKV-Komm/Widekamp, § 51 SGB V Rn. 6; Lekon, Die Leistungen 1989, 161, 169 ff.
29 BSG, 26.6.2008, B 13 R 37/07 R, BSGE 101, 86.
30 Dazu BSG, 7.12.2004, B 1 KR 6/03 R, BSGE 94, 26.
31 Noftz in: Hauck/Noftz, SGB V, § 51 Rn. 43.
32 Vgl. GKV-Komm/Widekamp, § 51 SGB V Rn. 3.
33 Vgl. Brandts in: KassKomm, § 51 SGB V Rn. 27.
34 Brandts in: KassKomm, § 51 SGB V Rn. 26; Vay in: Krauskopf, § 51 SGB V Rn. 12.
35 Vgl. BSG, 21.9.1983, 8 RK 1/82, SozR 2200 § 183 Nr. 45; Noftz in: Hauck/Noftz, SGB V, § 51 Rn. 48.
36 Noftz in: Hauck/Noftz, SGB V, § 51 Rn. 47; vgl. Brandts in: KassKomm, § 51 SGB V Rn. 26.
37 Wagner in: GK-SGB V, § 51 Rn. 15.

(rechtsvernichtende Einwendung).[38] Nach heutiger BSG-Rechtsprechung endet dagegen nicht die mitgliedschaftserhaltende Wirkung des Krg-Bezuges gem. § 192 Abs. 1 Nr. 2, denn das Stammrecht auf Krg bleibe unberührt.[39] Die in § 51 Abs. 1, 2 normierten Obliegenheiten werden durch diese Sanktion abgesichert. Gleichzustellen ist eine unzulässige Disposition des Versicherten (→ Rn. 8) nach Antragstellung.

Die **Rechtsfolgen** einer erfolgreichen Antragstellung ergeben sich aus §§ 49, 50. Der mangels Erfolgsaussichten abzulehnende Reha-Antrag gilt gem. § 116 Abs. 2 SGB VI als Rentenantrag.[40] Die (erfolgreiche) Stellung eines Rentenantrags anstatt eines Reha-Antrags genügt, um die Rechtsfolgen nach § 51 Abs. 3 abzuwenden.[41] Bei ordnungsgemäßer, aber erfolgloser Antragstellung besteht der Krg-Anspruch fort. In diesem Fall ist der Versicherte nicht zur Einlegung von Rechtsmitteln ggü. dem Reha- oder Rententräger verpflichtet.[42] Das Gebot der engen Zusammenarbeit der Leistungsträger, § 86 SGB X, kann dazu führen, dass der konkurrierende Leistungsträger gehalten ist, seine Entscheidung zu überprüfen, wenn diese fehlerhaft ist.[43] Bei offensichtlicher Fehlerhaftigkeit der Ablehnung kann die Krankenkasse einen Anspruch auf Erstattung des Krg gegen den Rentenversicherungsträger haben.[44] 12

Stellt der Versicherte den **Antrag nach Fristablauf**, lebt der Krg-Anspruch mit Beginn des Tags der nachgeholten Antragstellung[45] wieder auf (Abs. 3 S. 2). Hierdurch wird ein Anreiz gesetzt, trotz Fristablaufs den Obliegenheiten doch noch nachzukommen. Allerdings lebt, weil § 192 Abs. 1 Nr. 2 kein Wiederaufleben kennt,[46] eine nur durch den fortlaufenden Krg-Anspruch aufrecht erhaltene Mitgliedschaft nach zutr. Auffassung nicht wieder auf.[47] Da § 51 Abs. 3 S. 1 eine rechtsvernichtende Einwendung gegen den Leistungsanspruch, kein bloßer Ruhenstatbestand ist, wird der Zeitraum zwischen Entfall und Wiederaufleben nicht auf die Bezugsdauer nach § 48 angerechnet. Erforderlich ist eine einschränkungs- und vorbehaltlose Antragstellung; ein nicht ernstlich betriebener und durch den Versicherten sogleich „ruhend gestellter" Antrag genügt nicht.[48] 13

Dritter Titel Leistungsbeschränkungen

§ 52 Leistungsbeschränkung bei Selbstverschulden

(1) Haben sich Versicherte eine Krankheit vorsätzlich oder bei einem von ihnen begangenen Verbrechen oder vorsätzlichen Vergehen zugezogen, kann die Krankenkasse sie an den Kosten der Leistungen in angemessener Höhe beteiligen und das Krankengeld ganz oder teilweise für die Dauer dieser Krankheit versagen und zurückfordern.

(2) Haben sich Versicherte eine Krankheit durch eine medizinisch nicht indizierte ästhetische Operation, eine Tätowierung oder ein Piercing zugezogen, hat die Krankenkasse die Versicherten in angemessener Höhe an den Kosten zu beteiligen und das Krankengeld für die Dauer dieser Behandlung ganz oder teilweise zu versagen oder zurückzufordern.

I. Entstehungs- und Dogmengeschichte	1	2. „Krankheit [...] zugezogen"	11
II. Normzweck und systematische Anmerkungen	4	3. „vorsätzlich"	13
III. Grundrechtliche Fragen	7	4. „bei einem von ihnen begangenen Verbrechen oder vorsätzlichen Vergehen zugezogen"	14
IV. Leistungsbeschränkung bei Vorsatz und Verbrechen oder vorsätzlichen Vergehen	9	5. Rechtsfolgen	18
1. Versicherte	10		

---

38 BSG, 16.12.2014, B 1 KR 32/13 R, GesR 2015, 535.
39 BSG, 16.12.2014, B 1 KR 32/13 R, GesR 2015, 535.
40 Vgl. BSG, 9.8.1995, 13 RJ 43/94, BSGE 76, 218.
41 BSG, 4.6.1981, 3 RK 50/80, BSGE 52, 26.
42 Noftz in: Hauck/Noftz, SGB V, § 51 Rn. 51.
43 BSG, 13.9.1984, 4 RJ 37/83, SozR 1300 § 103 Nr. 2; 11.6.1992, 12 RK 48/90, SozR 3-2200 § 310 Nr. 1.
44 BSG, 26.7.2007, B 13 R 38/06 R, SozR 4-2600 § 116 Nr. 1; näher zum Prüfungsmaßstab BSG, 26.6.2008, B 13 R 37/07 R, BSGE 101, 86, Rn. 15.
45 Noftz in: Hauck/Noftz, SGB V, § 51 Rn. 62.
46 Peters in: KassKomm, § 192 SGB V Rn. 4.
47 Noftz in: Hauck/Noftz, SGB V, § 51 Rn. 61; Vay in: Krauskopf, § 51 SGB V Rn. 13; Schmidt in: Peters, HdB KrV, § 51 Rn. 54; Marburger, Die Leistungen 1989, 161, 171; GKV-Komm/Widekamp, § 51 SGB V Rn. 8; Brandts in: KassKomm, § 51 SGB V Rn. 31; aA Wagner in: GK-SGB V, § 51 Rn. 32 f.
48 BSG, 16.12.2014, B 1 KR 32/13 R, GesR 2015, 535.

a) Beteiligung an den Kosten der Leistung	19
b) Versagung und Rückforderung des Krankengeldes	20
c) Ermessen und Verfahren	21

V. Leistungsbeschränkung infolge einer medizinisch nicht indizierten ästhetischen Operation, einer Tätowierung oder eines Piercings 23
 1. Medizinisch nicht indizierte ästhetische Operation, Tätowierung oder Piercing 24
 2. Rechtsfolgen... 25

I. Entstehungs- und Dogmengeschichte

1 § 52 wurde mit dem Gesetz zur Strukturreform im Gesundheitswesen in das SGB V aufgenommen.[1] Die Regelung knüpfte in ihrer Ursprungsfassung an § 192 Abs. 1 RVO an, nach dem durch Satzung Mitgliedern das Krankengeld ganz oder teilweise für die Dauer einer Krankheit versagt werden konnte, die sie sich vorsätzlich zugezogen haben.[2] § 52 formulierte allerdings die Voraussetzungen der Leistungsbeschränkung bei Selbstverschulden unmittelbar,[3] nahm zugleich Krankheiten, die Versicherte sich bei einem von ihnen begangenen Verbrechen oder vorsätzlichen Vergehen zugezogen haben, in Bezug und normierte die Rechtsfolgen.[4]

2 Während die Vorschrift im damaligen Gesetzgebungsverfahren keine spezifische Aufmerksamkeit erfuhr, wurde § 52 durch das Gesetz zur Stärkung des Wettbewerbs in der gesetzlichen Krankenversicherung modifiziert. Der bisherige Wortlaut der Vorschrift wurde zu Abs. 1, Abs. 2 wurde eingeführt, der lautete: „Haben sich Versicherte eine Krankheit durch eine medizinisch nicht indizierte Maßnahme wie zum Beispiel eine ästhetische Operation, eine Tätowierung oder ein Piercing zugezogen, hat die Krankenkasse die Versicherten in angemessener Höhe an den Kosten zu beteiligen und das Krankengeld für die Dauer dieser Behandlung ganz oder teilweise zu versagen oder zurückzufordern."[5] Der Gesetzgeber begründete die Ausweitung der Eigenverantwortung der Versicherten[6] damit, dass sich die Versicherten, die derartige Maßnahmen durchführen lassen, aus eigenem Entschluss gesundheitlichen Risiken aussetzen, und es daher nicht sachgerecht sei, diese Risiken der Versichertengemeinschaft aufzubürden.[7]

3 Nachdem vergeblich eine Streichung dieses Absatzes versucht wurde,[8] erfolgte mit dem Gesetz zur strukturellen Weiterentwicklung der Pflegeversicherung lediglich eine Änderung.[9] Die Formulierung „Maßnahme wie zum Beispiel eine" wurde gestrichen und der Anwendungsbereich des Abs. 2 dadurch auf „eine medizinisch nicht indizierte ästhetische Operation, eine Tätowierung oder ein Piercing" beschränkt. Damit wurde zumindest partiell den – auch verfassungsrechtlich begründeten[10] – Bedenken Rechnung getragen, die schon den Änderungsanträgen zugrunde lagen und die Gefahr einer Sanktionierung jedweden krankheitsverursachenden Verhaltens betonten; die Änderung sollte klarstellen, „dass nur bei Folgen einer medizinisch nicht indizierten ästhetischen Operation, einer Tätowierung oder einem Piercing eine Kostenbeteiligung der Versicherten erfolgt."[11]

II. Normzweck und systematische Anmerkungen

4 Grundsätzlich beansprucht das Kausalprinzip anders als etwa im Kontext des SGB VII[12] keine Geltung; die gesetzliche Krankenversicherung hat Leistungen unabhängig von der Krankheitsursache[13]

---

1 BGBl. I 1988, 2477.
2 Eingehend dazu Schmidt in: Peters, HdBKrV, § 52 Rn. 1.
3 Schmidt in: Peters, HdBKrV, § 52 Rn. 10.
4 S. dazu auch Noftz in: Hauck/Noftz, SGB V, § 52 Rn. 12 f.; Reyels in: jurisPK-SGB V, § 52 Rn. 8 ff.
5 BGBl. I 2007, 378, 386; eingehend dazu Noftz in: Hauck/Noftz, SGB V, § 52 Rn. 28 k ff.
6 Dazu Höfler in: KassKomm, § 52 SGB V Rn. 2a; Prehn, NZS 2010, 260, 262; allgemein zur Eigenverantwortung Höfling in: Wienke, Die Verbesserung des Menschen, 119 ff.; s. ferner Boecken, SDSRV 42, 7 ff.; Süß, Die Eigenverantwortung gesetzlich Krankenversicherter unter Berücksichtigung der Risiken wunscherfüllender Medizin, 2014 (s. dort insbesondere S. 100 ff.); Faude, Selbstverantwortung und Solidarverantwortung im Sozialrecht, 1983.
7 BT-Dr. 16/3100, 108.
8 BT-Dr. 16/4247, 12, 20.
9 BGBl. I 2008, 874, 906.
10 Wienke in: Wienke, Die Verbesserung des Menschen, 2009, 169 ff.
11 BT-Dr. 16/7439, 96; s. ausführlich zum Ganzen Reyels in: jurisPK-SGB V, § 52 Rn. 1 ff.
12 S. dazu und zum SGB VI Rn. 5.
13 BSG, 12.11.1985, 3 RK 48/83, BSGE 59, 119 ff.

und verschuldensunabhängig zu gewähren.[14] § 52 ist dementsprechend als Ausnahmevorschrift konzipiert.[15] Damit ist sie grundsätzlich eng auszulegen[16] und diesem Bedürfnis trägt auch die im Zuge des Gesetzes zur strukturellen Weiterentwicklung der Pflegeversicherung vorgenommene Änderung Rechnung. Die Vorschrift aktualisiert die in § 1 formulierten Prinzipien der Solidarität und der Eigenverantwortung.[17] Der Leistungsausschluss bei Selbstverschulden schützt die Versichertengemeinschaft in ihrer Gesamtheit vor unzumutbaren Belastungen durch unsolidarische Verhaltensweisen einzelner Versicherter.[18] Er betont also vor allem den in § 1 S. 2 verankerten und damit für das SGB V grundlegende Geltung beanspruchenden Grundsatz der Eigenverantwortung der Versicherten für ihre Gesundheit.[19] Ein Verbot der Selbstschädigung existiert gleichwohl nicht.[20] Systematisch wurde § 52 am Ende des fünften Abschnittes platziert, so dass die Leistungsbeschränkung bei Selbstverschulden des Weiteren nur auf die Leistungen dieses Abschnittes Anwendung findet.[21]

Der Rechtsgedanke des § 52 hat im Recht der gesetzlichen Rentenversicherung mit § 103 SGB VI ebenfalls Ausdruck gefunden, wonach für Personen, die die für die Rentenleistung erforderliche Gesundheitsbeeinträchtigung absichtlich herbeigeführt haben, kein Anspruch auf Rente besteht; § 104 Abs. 1 S. 1 SGB VI ergänzt, dass die Rente ganz oder teilweise versagt werden kann, wenn die Berechtigten sich die für die Rentenleistung erforderliche gesundheitliche Beeinträchtigung bei einer Handlung zugezogen haben, die nach strafgerichtlichem Urteil ein Verbrechen oder vorsätzliches Vergehen ist. Für das Recht der gesetzlichen Unfallversicherung bestimmt § 101 Abs. 2 S. 1 SGB VII, dass Leistungen ganz oder teilweise versagt oder entzogen werden können, wenn der Versicherungsfall bei einer von Versicherten begangenen Handlung eingetreten ist, die nach rechtskräftigem strafgerichtlichen Urteil ein Verbrechen oder vorsätzliches Vergehen ist. § 201 VVG hat schließlich auch für die private Krankenversicherung zur Folge, dass der Versicherer nicht zur Leistung verpflichtet ist, wenn der Versicherungsnehmer oder die versicherte Person vorsätzlich die Krankheit oder den Unfall bei sich selbst herbeiführt.[22] 5

§ 52 steht schließlich in Zusammenhang mit der datenschutzrechtlichen Bestimmung des § 284 Abs. 1 S. 1 Nr. 4. Danach dürfen die Krankenkassen Sozialdaten für Zwecke der Krankenversicherung nur erheben und speichern, soweit diese für die Prüfung der Leistungspflicht und der Erbringung von Leistungen an Versicherte einschließlich der Voraussetzungen von Leistungsbeschränkungen bei Selbstverschulden erforderlich sind. Zudem normiert § 294 a Abs. 2, dass die an der vertragsärztlichen Versorgung teilnehmenden Ärzte und Einrichtungen sowie die Krankenhäuser nach § 108 verpflichtet sind, den Krankenkassen die erforderlichen Daten mitzuteilen, wenn Anhaltspunkte für ein Vorliegen der Voraussetzungen des § 52 Abs. 2 gegeben sind.[23] Der im Zuge des Pflege-Weiterentwicklungsgesetzes eingefügte § 294 a[24] dient der praktischen Umsetzung der Regelung des § 52 Abs. 2.[25] 6

---

14 BSG, 30.1.1963, 3 RK 4/61, BSGE 18, 257 ff.; zum Ganzen auch Reyels in: jurisPK-SGB V, § 52 Rn. 30; ferner Heberlein in: BeckOK SozR, SGB V, § 52 Rn. 2.
15 Noftz in: Hauck/Noftz, SGB V, § 52 Rn. 4; ferner Höfler in: KassKomm, § 52 SGB V Rn. 3; Reyels in: jurisPK-SGB V, § 52 Rn. 24.
16 S. auch Höfler in: KassKomm, § 52 SGB V Rn. 3.
17 Mit Blick auf § 52 Abs. 2 SGB V s. BT-Dr. 16/3100, 108; ferner Höfler in: KassKomm, § 52 SGB V Rn. 2; Reyels in: jurisPK-SGB V, § 52 Rn. 29; Noftz in: Hauck/Noftz, SGB V, § 52 Rn. 4, 10.
18 S. auch Noftz in: Hauck/Noftz, SGB V, § 52 Rn. 10.
19 Vgl. auch Noftz in: Hauck/Noftz, SGB V, § 52 Rn. 10.
20 Noftz in: Hauck/Noftz, SGB V, § 52 Rn. 3; s. auch Waltermann in: Kreikebohm/Spellbrink/Waltermann, § 52 SGB V Rn. 1, der eine „durch § 52 SGB V sanktionierte Selbstschädigung als Obliegenheitsverletzung" qualifiziert; § 52 SGB V wird auch als ein Fall des Verschuldens gegen sich selbst qualifiziert, zum Ganzen Noftz in: Hauck/Noftz, SGB V, § 52 Rn. 3; Höfler in: KassKomm, § 52 SGB V Rn. 2; ferner Mihm, NZS 1995, 7 ff.; Schmidt in: Peters, HdBKrV, § 52 Rn. 6; allerdings wird § 52 Abs. 1 SGB V abweichend auch mit dem Verdikt der sozialrechtlichen Rechtswidrigkeit verbunden – dazu Faude (Fn. 6), S. 133 ff. – oder als Pflicht zum gemeinschaftsverträglichen Verhalten qualifiziert, BSG, 28.1.1972, 5 RKn 19/70, BSGE 34, 26, 27.
21 Vgl. ausführlich Noftz in: Hauck/Noftz, SGB V, § 52 Rn. 5, mit dem Hinweis darauf, dass der Ausnahmecharakter der Vorschrift einer erweiternden/analogen Anwendung entgegenstehe; ebenso Höfler in: KassKomm, SGB V, § 52 Rn. 3.
22 Ausführlich zum Ganzen Reyels in: jurisPK-SGB V, § 52 Rn. 12 ff.; ferner Noftz in: Hauck/Noftz, SGB V, § 52 Rn. 7 f.
23 Zum Ganzen Reyels in: jurisPK-SGB V, § 52 Rn. 21; s. auch Noftz in: Hauck/Noftz, SGB V, § 52 Rn. 28 s ff.
24 Eingefügt durch Art. 6 Nr. 15 c) des Pflege-Weiterentwicklungsgesetzes vom 28.5.2008, BGBl. I 2008, 874, 901.
25 Vgl. dazu die Gesetzesbegründung mit dem Hinweis auf die Erforderlichkeit einer gesetzlichen Grundlage für die Mitteilungspflicht, BT-Dr. 16/7439, 98.

III. Grundrechtrechtliche Fragen

7 Vor allem Abs. 2[26] wirft grundrechtliche Fragen auf. Sie betreffen das Selbstbestimmungsrecht des Versicherten. Während das Bundesverfassungsgericht das Selbstbestimmungsrecht des Patienten zunächst zu den Gegenständen des Grundrechts der freien Entfaltung der Persönlichkeit zählte,[27] rekurriert das Bundesverfassungsgericht inzwischen auf das Grundrecht auf Leben und körperliche Unversehrtheit: Art. 2 Abs. 2 S. 1 GG schütze „die Unversehrtheit des Menschen nicht lediglich nach Maßgabe seines jeweiligen konkreten Gesundheits- oder Krankheitszustandes; [das Grundrecht auf Leben und körperliche Unversehrtheit] […] gewährleistet zuvörderst Schutz im Bereich der leiblich-seelischen Integrität des Menschen, nicht aber beschränkt [Art. 2 Abs. 2 S. 1 GG] […] sich auf den speziellen Gesundheitsschutz".[28] Staatlich veranlasste Beschränkungen der grundrechtlich gewährleisteten Selbstbestimmung namentlich im Kontext der sogenannten wunscherfüllenden Medizin bedürfen folglich der verfassungsrechtlichen Rechtfertigung.[29] Auch abseits der wunscherfüllenden Medizin gilt: Da die Pflichtversicherten in das System der gesetzlichen Krankenversicherung gezwungen werden, wird das Selbstbestimmungsrecht der Patienten auf freie Wahl der Behandlungsmethoden „in die gesetzliche Krankenversicherung hinein verlagert." Alle Leistungsbeschränkungen sind folglich am Maßstab des Art. 2 Abs. 1 GG zu messen.[30]

8 Nach weitergehender Auffassung konfligiert Abs. 2 zudem mit dem allgemeinen Gleichheitsgrundsatz, nimmt Abs. 2 doch nur markante[31] „body modifications" in den Blick und schließt zahlreiche andere aus dem Anwendungsbereich der Leistungsbeschränkung bei Selbstverschulden aus.[32] Obwohl der Maßstab einer medizinisch nicht indizierten ästhetischen Operation, einer Tätowierung oder eines Piercings lediglich anhand sachlicher Gegebenheiten zwischen Personengruppen differenziert,[33] soll Abs. 2 auf durchgreifende verfassungsrechtliche Bedenken stoßen.[34]

IV. Leistungsbeschränkung bei Vorsatz und Verbrechen oder vorsätzlichen Vergehen

9 Abs. 1 statuiert die Möglichkeit der Krankenkassen, nach pflichtgemäßem Ermessen (→ Rn. 21) eine Leistungsbeschränkung bei Selbstverschulden vorzunehmen. Tatbestandliche Voraussetzung einer solchen Leistungsbeschränkung ist, dass sich Versicherte eine Krankheit vorsätzlich oder – alternativ[35] – bei einem von ihnen begangenen Verbrechen oder vorsätzlichen Vergehen zugezogen haben. Auf der Rechtsfolgenseite benennt Abs. 1 eine Beteiligung an den Kosten der Leistungen in angemessener Höhe; zudem können die Krankenkassen das Krankengeld ganz oder teilweise für die Dauer dieser Krankheit versagen und zurückfordern.

10 **1. Versicherte.** Die Leistungsbeschränkung bei Selbstverschulden ist zunächst auf alle Versicherten in der gesetzlichen Krankenversicherung – Versicherungspflichtige, freiwillig Versicherte sowie Familienversicherte – bezogen.[36]

11 **2. „Krankheit […] zugezogen".** Abs. 1 rezipiert zudem den Begriff der Krankheit nach § 27. Damit wird in der Judikatur des Bundessozialgerichts ein regelwidriger, vom Leitbild des gesunden Menschen abweichender Körper- oder Geisteszustand umschrieben, der ärztlicher Behandlung bedarf oder den

---

26 S. aber auch Brocke, SGb 1990, 437, 438, der § 52 Abs. 1 SGB V für unvereinbar mit Art. 14 GG hält; eingehend dazu aber Noftz in: Hauck/Noftz, SGB V, § 52 Rn. 11; s. ferner Reimer/Merold, SGb 2008, 713 ff., die § 294 a Abs. 2 SGB V am Maßstab des Grundrechts auf informationelle Selbstbestimmung messen; zu § 294 a Abs. 2 SGB V auch Bernzen, MedR 2008, 549, 551 ff.
27 BVerfG, 25.7.1979, 2 BvR 878/74, BVerfGE 52, 131, 168; s. auch Höfling/Lang in: Feuerstein/Kuhlmann, Neopaternalistische Medizin; Der Mythos der Selbstbestimmung im Arzt-Patienten-Verhältnis, 1999, S. 17 ff.
28 BVerfG, 22.9.1993, 2 BvR 1732/93, BVerfGE 89, 120, 130.
29 Eingehend dazu Höfling in: Wienke, Die Verbesserung des Menschen, 2009, 119 ff.
30 Allgemein dazu Schwerdtfeger, SDSRV 39, 27 f.; Wigge, VSSR 1996, 399, 414.
31 S. auch Prehn, NZS 2010, 260, 264 f.
32 Dazu → Rn. 3 f.; s. dazu weiterhin Prehn, NZS 2010, 260, 264 f.; Bernzen, MedR 2008, 549, 550.
33 Anders Prehn, NZS 2010, 260, 265.
34 Eberbach, MedR 2008, 325, 333 f.; Bernzen, MedR 2008, 549, 550, die den Vorwurf der Willkür formulieren; s. aber auch Noftz in: Hauck/Noftz, SGB V, § 52 Rn. 11.
35 Noftz in: Hauck/Noftz, SGB V, § 52 Rn. 2, 13; Reyels in: jurisPK-SGB V, § 52 Rn. 34.
36 Reyels in: jurisPK-SGB V, § 52 Rn. 35 f.; s. dazu auch Nebendahl in: Spickhoff, Medizinrecht, § 52 SGB V Rn. 2, der auf Personen mit fortbestehender Mitgliedschaft nach §§ 192, 193 SGB V sowie Rentenantragsteller nach § 189 SGB V hinweist; ferner Höfler in: KassKomm, § 52 SGB V Rn. 4 mit dem Hinweis auf nachgehende Ansprüche gemäß §§ 19, 48 SGB V.

Betroffenen arbeitsunfähig macht.[37] Nicht jede körperliche Unregelmäßigkeit ist danach als Krankheit zu qualifizieren; die Judikatur des Bundessozialgerichts hat die Voraussetzung der körperlichen Unregelmäßigkeit vielmehr dahin gehend präzisiert, dass eine Krankheit nur vorliegt, wenn Versicherte in ihren Körperfunktionen beeinträchtigt werden oder wenn eine anatomische Abweichung entstellend wirkt.[38] Wiedererkrankungen[39] und Folgeerkrankungen zählen ebenfalls zum Begriff der Krankheit im Sinne des Abs. 1.[40]

Die Tatbestandsvoraussetzung, dass sich Versicherte eine Krankheit zugezogen haben müssen, bedeutet, dass nur eigenes Handeln der Versicherten den Anwendungsbereich des Abs. 1 eröffnet.[41] Unerheblich ist hingegen, ob die Krankheit durch aktives Tun oder pflichtwidriges Unterlassen[42] hervorgerufen wurde.[43] Zwischen aktivem Tun oder pflichtwidrigem Unterlassen und der Krankheit muss allerdings ein ursächlicher Zusammenhang bestehen.[44] Gleichwohl setzt Abs. 1 nicht voraus, dass das aktive Tun oder pflichtwidrige Unterlassen die alleinige Ursache sein muss; das eigene Handeln der Versicherten muss lediglich eine wesentliche Mitursache der Krankheit sein.[45] Die Herbeiführung einer Krankheit durch Dritte vermag die Rechtsfolge des Abs. 1 in der Regel nicht zu aktivieren.[46]

3. „vorsätzlich". Mit dem Begriff der Vorsätzlichkeit nimmt Abs. 1 nach wohl strafrechtlichen Maßstäben[47] Bezug auf den dolus directus ersten und zweiten Grades sowie den dolus eventualis.[48] Abs. 1 findet folglich Anwendung, wenn die Versicherten eine Krankheit zumindest billigend in Kauf genommen haben.[49] Grobe Fahrlässigkeit eröffnet den Anwendungsbereich des Abs. 1 demgegenüber nicht.[50] Angesichts der Tatsache, dass der Vorsatz mit dem Zuziehen einer Krankheit korrespondiert,[51] genügt die bewusste Zufügung eines körperlichen oder seelischen Schadens den tatbestandlichen Voraussetzungen des Abs. 1 nicht;[52] hinsichtlich einer Krankheit müssen die Versicherten die schädigende Wirkung ihres Handelns im Allgemeinen vielmehr zumindest billigend in Kauf genommen haben.[53] Daher sind ungesunde Lebensweisen, bei denen der Versicherte auf das Ausbleiben einer Krankheit vertraut,

---

37 BSG, 19.10.2004, B 1 KR 3/03 R, BSGE 93, 252, 252 f.; zuvor BSG, 10.2.1993, 1 RK 14/92, BSGE 72, 96, 98; BSG, 30.9.1999, B 8 KN 9/98 KR R, BSGE 85, 36, 38.
38 BSG, 9.6.1998, B 1 KR 18/96 R, BSGE 82, 158, 163 f.; BSG, 19.10.2004, B 1 KR 3/03 R, BSGE 93, 252, 253; ebenso kann sich der Krankheitswert aufgrund eines im Einzelfall bestehenden besonderen Leidensdrucks ergeben, s. dazu Nebendahl in: Spickhoff, Medizinrecht, § 27 SGB V Rn. 19; sowie BSG, 6.8.1987, 3 RK 15/86, NJW 1988, 1550 f.
39 S. dazu aber auch Krauskopf in: Krauskopf, § 52 SGB V Rn. 13.
40 Noftz in: Hauck/Noftz, SGB V, § 52 Rn. 16; ferner Reyels in: jurisPK-SGB V, § 52 Rn. 28.
41 Reyels in: jurisPK-SGB V, § 52 Rn. 39.
42 Pflichtwidriges Unterlassen wird allerdings nicht bei einem Verstoß gegen die Mitwirkungspflicht der § 60 ff. SGB I angenommen, da insoweit das Vorliegen einer Krankheit vorausgesetzt wird, s. Schmidt in: Peters, HdBKrV, § 52 Rn. 29; Noftz in: Hauck/Noftz, SGB V, § 52 Rn. 15; Reyels in: jurisPK-SGB V, § 52 Rn. 39; vgl. auch Heberlein in: BeckOK SozR, SGB V, § 52 Rn. 6 ff.
43 Höfler in: KassKomm, § 52 SGB V Rn. 5; Heberlein in: BeckOK SozR, SGB V, § 52 Rn. 6.
44 Höfler in: KassKomm, § 52 SGB V Rn. 4; Heberlein in: BeckOK SozR, SGB V, § 52 Rn. 9; Reyels in: jurisPK-SGB V, § 52 Rn. 41.
45 Maßgeblich ist die Theorie der wesentlichen Bedingung, s. Heberlein in: BeckOK SozR, SGB V, § 52 Rn. 9 ff.; eingehend Lang in: Becker/Kingreen, § 52 Rn. 4; zum Ganzen auch Noftz in: Hauck/Noftz, SGB V, § 52 Rn. 16; ferner Reyels in: jurisPK-SGB V, § 52 Rn. 41.
46 Reyels in: jurisPK-SGB V, § 52 Rn. 42, der allerdings eine Ausnahme anerkennt, wenn der Versicherte sich zur Realisierung seiner eigenen Absicht eines Dritten bedient; dazu ferner Nebendahl in: Spickhoff, Medizinrecht, § 52 SGB V Rn. 4; zum Ganzen auch Noftz in: Hauck/Noftz, SGB V, § 52 Rn. 15; dem ist auch im Hinblick auf das in derartig gelagerten Fällen gleichwohl vorliegende zu missbilligende Verhalten zuzustimmen.
47 S. aber auch Noftz in: Hauck/Noftz, SGB V, § 52 Rn. 18, der dahinstehen lässt, ob auf strafrechtliche oder zivilrechtliche Maßstäbe Bezug zu nehmen ist; zur Irrtumslehre in vorliegendem Zusammenhang Reyels in: jurisPK-SGB V, § 52 Rn. 47 ff.
48 BSG, 14.1.1987, 8 RK 35/85, BSGE 61, 117, 119; s. auch Rompf, SGb 1997, 105 ff.
49 Ausführlich zum Ganzen Noftz in: Hauck/Noftz, SGB V, § 52 Rn. 18 ff.
50 Reyels in: jurisPK-SGB V, § 52 Rn. 45; zur Bedeutung von Rechtfertigungs- und Schuldausschließungsgründen im Kontext des § 52 Abs. 1 SGB V Waltermann in: Kreikebohm/Spellbrink/Waltermann, § 52 SGB V Rn. 2; Heberlein in: BeckOK SozR, SGB V, § 52 Rn. 16 f.; Noftz in: Hauck/Noftz, SGB V, § 52 Rn. 17.
51 Höfler in: KassKomm, § 52 SGB V Rn. 5 a.
52 Reyels in: jurisPK-SGB V, § 52 Rn. 46.
53 Reyels in: jurisPK-SGB V, § 52 Rn. 46; s. auch Lang in: Becker/Kingreen, § 52 Rn. 2; ferner Noftz in: Hauck/Noftz, SGB V, § 52 Rn. 18 f.: „Die Vorstellung des/der Versicherten muss daher alle Umstände umfassen, welche die Krankheit als Ausgangslage voraussetzt."

mangels Vorsatz in Bezug auf das Sich-Zuziehen einer Krankheit nicht von § 52 Abs. 1 erfasst.[54] Eine ohne nachvollziehbaren Grund unbeendet gelassene ärztliche Behandlung kann ein vorsätzliches Sich-Zuziehen einer Krankheit darstellen und zur Anwendung von § 52 Abs. 1 Alt. 1 führen.[55]

14 4. „bei einem von ihnen begangenen Verbrechen oder vorsätzlichen Vergehen zugezogen". Eine strafrechtliche Konkretisierung ist auch im Anwendungsbereich der zweiten Alternative des Abs. 1 angezeigt: Die Begriffe des Verbrechens und des Vergehens nehmen auf § 12 Abs. 1 StGB Bezug.[56] Eine Leistungsbeschränkung bei Selbstverschulden setzt dementsprechend voraus, dass ein Verbrechen oder Vergehen rechtswidrig und schuldhaft begangen worden ist.[57]

15 Abs. 1 differenziert allerdings mit Blick auf die vorsätzliche Begehung von Vergehen: Während § 52 allgemein auf Verbrechen rekurriert, werden nur vorsätzliche Vergehen als Grundlage einer Leistungsbeschränkung bei Selbstverschulden benannt. Der „Delikttyp [des Verbrechens] [setzt nämlich] stets Vorsatz [...] [voraus]":[58] Obwohl § 12 StGB nicht auf die Kriterien des Vorsatzes sowie der Fahrlässigkeit Bezug nimmt, implizieren Verbrechen regelmäßig eine vorsätzliche Begehung.[59] In dem in jedem Fall erforderlichen Vorsatz manifestiert sich gewissermaßen eine subjektive Vorwerfbarkeit des Verhaltens, an welches die Leistungsbeschränkung bei Selbstverschulden anknüpft; es wird nämlich jedenfalls an ein Verhalten angeknüpft, dem ein bestimmter Unwertgehalt innewohnt, der von der Rechtsordnung als solcher anerkannt wird. Des Weiteren muss angesichts der Formulierung des Abs. 1 der Vorsatz lediglich auf die Begehung eines Vergehens, nicht hingegen auf das Zuziehen einer Krankheit gerichtet sein.[60]

16 Obwohl das Sich-Zuziehen einer Krankheit erfordert, dass ein ursächlicher Zusammenhang zwischen der Begehung eines Verbrechens oder vorsätzlichen Vergehens und dem Zuziehen einer Krankheit besteht,[61] ist der Anwendungsbereich des Abs. 1 unabhängig davon eröffnet, ob die Versicherten als Mit-/Täter, Anstifter oder Gehilfe gehandelt haben.[62] Da das eigene Handeln der Versicherten lediglich eine wesentliche Mitursache der Krankheit sein muss, kann das Zuziehen einer Krankheit auch auf einem Handeln Dritter beruhen.[63] Erforderlich ist lediglich, dass sich die Versicherten „die Krankheit ab Beginn des Versuchsstadiums über die Vollendung der Tat bis zur materiellen Beendigung der Tat zugezogen haben".[64]

---

54 In Betracht kommen zum Beispiel Rauchen, übermäßiger Alkoholkonsum, verletzungsanfällige Sportarten oder Auslandsreisen, vgl. dazu Heberlein in: BeckOK SozR, SGB V, § 52 Rn. 15; Nebendahl in: Spickhoff, Medizinrecht, § 52 SGB V Rn. 6; Höfler in: KassKomm, § 52 SGB V Rn. 5 b; Legde in: LPK-SGB V, § 52 Rn. 2; dazu aber auch Eichenhofer, SGb 2003, 705, 709 ff.; s. zum Ganzen auch Kemmler, NZS 2014, 521, 526 f., die auf zwar bestehende Defizite der Rationierungsregel des § 52 Abs. 1 SGB V hinweist, aber dennoch eine Ausweitung auf bewusst fahrlässiges gesundheitsschädigendes Verhalten ablehnt (vgl. auch Kemmler, NZS 2014, 521, 526 f., allgemein zu Rationierungen der Leistungen der SGB V); zu Sportunfällen schon BSG, 20.3.1959, 3 RK 13/55, BSGE 9, 233, 239; s. aber auch Wolf, KrV 2009, 208 ff.; ausführlich auch Majerski-Pahlen, SGb 1990, 49 ff.; Mihm, SpuRt 1995, 18 ff.; Schwede, NZS 1996, 562 ff.; ders., SpuRt 1996, 146 ff.; zum Nikotinkonsum ferner Rompf, SGb 1997, 105, 107; zum Konsum „'harter' Drogen" sowie zur HIV-Infektion Waltermann in: Kreikebohm/Spellbrink/Waltermann, § 52 SGB V Rn. 2; Krauskopf in: Krauskopf, § 52 SGB V Rn. 4; zur versuchten Selbsttötung schließlich Reyels in: jurisPK-SGB V, § 52 Rn. 75; s. aber auch noch BSG, 14.7.1955, 8 RV 177/54, BSGE 1, 150 ff.; ferner Krauskopf in: Krauskopf, § 52 SGB V Rn. 7; ausführlich zu Einzelfragen ferner Schmidt in: Peters, HdBKrV, § 52 Rn. 44 ff
55 S. dazu SG Darmstadt, 1.4.2016, S 13 KR 293/14.
56 S. auch Reyels in: jurisPK-SGB V, § 52 Rn. 50.
57 Eingehend dazu Reyels in: jurisPK-SGB V, § 52 Rn. 58 ff.; ferner Krauskopf in: Krauskopf, § 52 SGB V Rn. 7; Schmidt in: Peters, HdBKrV, § 52 Rn. 32 ff.; s. auch Noftz in: Hauck/Noftz, SGB V, § 52 Rn. 17, der beim Vorliegen strafrechtlicher Rechtfertigungsgründe auch die erste Alternative des § 52 Abs. 1 SGB V nicht zur Anwendung gelangen lässt; anders aber Künnell, DOK 1990, 333 ff.; ders., Die Leistungen 1991, 46 ff., der strafrechtliche Rechtfertigungsgründe nicht zum Anlass nimmt, die tatbestandlichen Voraussetzungen des § 52 Abs. 1 SGB V zu negieren; ähnlich Marburger, DOK 1990, 571 ff. mit Blick auf Schuldausschließungsgründe; zu § 21 StGB schließlich SächsLSG, 9.10.2002, L 1 KR 32/02.
58 S. Höfler in: KassKomm, § 52 SGB V Rn. 6; ferner Reyels in: jurisPK-SGB V, § 52 Rn. 51; Waltermann in: Kreikebohm/Spellbrink/Waltermann, § 52 SGB V Rn. 3.
59 S. auch Krauskopf in: Krauskopf, § 52 SGB V Rn. 5.
60 Noftz in: Hauck/Noftz, SGB V, § 52 Rn. 24; Lang in: Becker/Kingreen, § 52 Rn. 3; Legde in: LPK-SGB V, § 52 Rn. 3; zum Ganzen Sieg, SGb 1992, 317 ff.
61 S. Noftz in: Hauck/Noftz, SGB V, § 52 Rn. 28.
62 Höfler in: KassKomm, § 52 SGB V Rn. 10; Reyels in: jurisPK-SGB V, § 52 Rn. 54.
63 Krauskopf in: Krauskopf, § 52 SGB V Rn. 5; Waltermann in: Kreikebohm/Spellbrink/Waltermann, § 52 SGB V Rn. 3.
64 Legde in: LPK-SGB V, § 52 Rn. 4; s. auch Lang in: Becker/Kingreen, § 52 Rn. 4.

Eine strafgerichtliche Verurteilung der Versicherten zählt schließlich nicht zu den tatbestandlichen Voraussetzungen der Leistungsbeschränkung bei Selbstverschulden;[65] trotz fehlender gesetzlicher Grundlage[66] wird einer strafgerichtlichen Verurteilung allerdings Tatbestandswirkung beigemessen.[67] 17

5. Rechtsfolgen. Liegen die tatbestandlichen Voraussetzungen einer Leistungsbeschränkung bei Selbstverschulden vor, kann die Krankenkasse die Versicherten – kumulativ[68] – an den Kosten der Leistungen in angemessener Höhe beteiligen und das Krankengeld ganz oder teilweise für die Dauer dieser Krankheit versagen und zurückfordern. Die Krankenkasse ist demgegenüber nicht berechtigt, Sachleistungen zu verweigern.[69] Eine derartige Versagung würde dem Ziel der gesetzlichen Krankenversicherung einer umfassenden Absicherung im Krankheitsfall entgegenstehen. 18

a) Beteiligung an den Kosten der Leistung. Der Versicherte kann grundsätzlich an den im Fünften Abschnitt geregelten Leistungen beteiligt werden.[70] Regelmäßig wird eine nachträgliche Beteiligung an den Leistungen in Betracht kommen.[71] Hinsichtlich des Umfangs der Abwälzung der Kosten auf die Versicherten suggeriert zwar die Formulierung „in angemessener Höhe" einerseits einen grundsätzlich weiten Spielraum der Krankenkassen, angesichts des Wortlauts von § 52 Abs. 1 wird jedoch nur eine Beteiligung der Versicherten an den Kosten ermöglicht, so dass eine vollständige Kostenabwälzung nicht als zulässig zu erachten ist.[72] 19

b) Versagung und Rückforderung des Krankengeldes. Die Versagung des Krankengeldes im Sinne des § 44 hat zur Folge, dass eine Bewilligung und Auszahlung nicht erfolgt; der Leistungsanspruch wird ganz oder teilweise abgelehnt.[73] Eine Leistungsbeschränkung bei Selbstverschulden ist nur für die Dauer der Krankheit zulässig.[74] Die Möglichkeit zur Rückforderung des Krankengeldes[75] ist lex specialis gegenüber §§ 44 ff. SGB X:[76] Weder müssen die Voraussetzungen für eine Rücknahme eines Verwaltungsaktes vorliegen,[77] noch können die Versicherten den Einwand der Entreicherung erheben.[78] 20

c) Ermessen und Verfahren. Sowohl die Beteiligung an den Kosten der Leistung als auch die Versagung und Rückforderung des Krankengeldes steht grundsätzlich im pflichtgemäßen Ermessen der 21

---

65 Noftz in: Hauck/Noftz, SGB V, § 52 Rn. 27; s. auch Krauskopf in: Krauskopf, § 52 SGB V Rn. 6.
66 Kritisch daher Reyels in: jurisPK-SGB V, § 52 Rn. 55 ff.
67 Waltermann in: Kreikebohm/Spellbrink/Waltermann, § 52 SGB V Rn. 3; Lang in: Becker/Kingreen, § 52 Rn. 5; Noftz in: Hauck/Noftz, SGB V, § 52 Rn. 27; s. ferner Höfler in: KassKomm, § 52 SGB V Rn. 12, der konstatiert: „Ist jedoch ein Strafverfahren anhängig, so wird die […] [Krankenkasse] zweckmäßigerweise dessen Ergebnis abwarten."; ferner SächsLSG, 9.10.2002, L 1 KR 32/02; SG Aachen, 12.12.2005, S 6 KR 152/04, Breith 2007, 125 ff.; s. auch Krauskopf in: Krauskopf, § 52 SGB V Rn. 6, der von einer Bindung der Krankenkasse an die gerichtlichen Feststellungen ausgeht; zum Ganzen Schmidt in: Peters, HdBKrV, § 52 Rn. 42 f.
68 Noftz in: Hauck/Noftz, SGB V, § 52 Rn. 2; Reyels in: jurisPK-SGB V, § 52 Rn. 86.
69 Zu § 192 RVO noch BSG, 30.1.1963, 3 RK 4/61, BSGE 18, 257, 259; dazu ferner Reyels in: jurisPK-SGB V, § 52 Rn. 86; Noftz in: Hauck/Noftz, SGB V, § 52 Rn. 32.
70 Angesichts der ausdrücklichen Erwähnung kann das Krankengeld zudem ganz oder teilweise versagt oder zurückgefordert werden, s. Höfler in: KassKomm, § 52 SGB V Rn. 15 f.; vgl. auch Reyels in: jurisPK-SGB V, § 52 Rn. 92.
71 Reyels in: jurisPK-SGB V, § 52 Rn. 92.
72 S. auch Noftz in: Hauck/Noftz, SGB V, § 52 Rn. 32; Höfler in: KassKomm, § 52 SGB V Rn. 15; anders Legde in: LPK-SGB V, § 52 Rn. 6; Lang in: Becker/Kingreen, § 52 Rn. 6; Nebendahl in: Spickhoff, Medizinrecht, § 52 SGB V Rn. 10; für die Möglichkeit einer vollständigen Kostenabwälzung spricht allerdings auch die Ausgestaltung der Rechtsfolge von § 52 Abs. 1 in der Gesamtschau, da sie einerseits generell als Ermessensnorm ausgestaltet ist und weiterhin durch die Formulierung „in angemessener Höhe" einen weitergehenden Spielraum der Krankenkassen betont.
73 Noftz in: Hauck/Noftz, SGB V, § 52 Rn. 3.
74 S. dazu Legde in: LPK-SGB V, § 52 Rn. 10, der auf den divergierenden Wortlaut der Absätze 1 („für die Dauer dieser Krankheit") und 2 („für die Dauer dieser Behandlung") hinweist und dennoch konstatiert, dass nicht ersichtlich sei, „ob damit auch etwas sachlich anderes erreicht werden sollte […]."; dazu auch Krauskopf in: Krauskopf, § 52 SGB V Rn. 13.
75 Wurde das Krankengeld teilweise gezahlt, kommt eine kumulative Versagung und Rückforderung des Krankengeldes in Betracht, s. Noftz in: Hauck/Noftz, SGB V, § 52 Rn. 3.
76 Zum Ganzen Reyels in: jurisPK-SGB V, § 52 Rn. 87 ff.; s. auch SächsLSG, 9.10.2002, L 1 KR 32/02.
77 Vgl. Legde in: LPK-SGB V, § 52 Rn. 7; Reyels in: jurisPK-SGB V, § 52 Rn. 90; s. ferner Noftz in: Hauck/Noftz, SGB V, § 52 Rn. 3, 31, der allerdings darauf hinweist, dass eine Rückforderung des Krankengeldes einer Aufhebung des Verwaltungsaktes bedarf, auf dem das Krankengeld beruht.
78 Vgl. Legde in: LPK-SGB V, § 52 Rn. 7.

Krankenkasse.[79] Die Krankenkasse hat sowohl ein Entschließungs- als auch ein Auswahlermessen;[80] sie soll sich „unter Abwägung der Umstände des Einzelfalles mit den wohlverstandenen Interessen der Versichertengemeinschaft daran orientieren, ob und in welchem Umfang die Leistungsbeschränkung dem Versicherten oder die uneingeschränkte Leistungserbringung der Krankenkasse zuzumuten ist. Dabei sind insbesondere der Grad des Verschuldens, die Höhe der Aufwendungen der Krankenkasse, die finanzielle Leistungsfähigkeit des Versicherten und seine Unterhaltspflichten zu berücksichtigen."[81] Im Hinblick auf das Krankengeld ist hier – im Gegensatz zu der Beteiligung an den Kosten der Sachleistungen (→ Rn. 19) – gleichwohl eine vollständige Versagung bzw. Rückforderung möglich, wenn diese sachlich, dh unter Berücksichtigung der Einzelfallumstände, angemessen ist.[82] Die Ermessensausübung der Krankenkasse ist zudem § 35 Abs. 1 S. 3 SGB X verpflichtet, wonach die Begründung von Ermessensentscheidungen auch die Gesichtspunkte erkennen lassen muss, von denen die Behörde bei der Ausübung ihres Ermessens ausgegangen ist.[83] Während die tatbestandlichen Voraussetzungen des § 52 Abs. 1 der judikativen Kontrolle zugänglich sind, ist die gerichtliche Kontrolle der Ermessensentscheidung der Krankenkasse auf Ermessensfehler beschränkt.[84]

22 Die Beteiligung an den Kosten der Leistung und die Versagung oder Rückforderung des Krankengeldes beruhen auf einem Verwaltungsakt.[85] Neben den formellen Anforderungen der §§ 31 ff. SGB X ist angesichts der Tatsache, dass eine Leistungsbeschränkung bei Selbstverschulden die Rechte der Versicherten tangiert, eine Anhörung nach § 24 SGB X erforderlich.[86] Des Weiteren hat die Krankenkasse den Sachverhalt entsprechend dem Amtsermittlungsgrundsatz nach § 20 SGB X aufzuklären; die Beweislast für das Vorliegen der tatbestandlichen Voraussetzungen des § 52 Abs. 1 trifft folglich die Krankenkasse.[87] Widerspruch und Anfechtungsklage haben schließlich nach § 86a Abs. 1 S. 1 SGG aufschiebende Wirkung. Die aufschiebende Wirkung entfällt aber nach § 86a Abs. 2 Nr. 3 SGG für die Anfechtungsklage in Angelegenheiten der Sozialversicherung bei Verwaltungsakten, die eine laufende Leistung herabsetzen oder entziehen; dementsprechend hat eine Anfechtungsklage gegen eine Versagung des Krankengeldes keine aufschiebende Wirkung.[88]

V. Leistungsbeschränkung infolge einer medizinisch nicht indizierten ästhetischen Operation, einer Tätowierung oder eines Piercings

23 Die Krankenkasse hat gemäß § 52 Abs. 2 die Versicherten in angemessener Höhe an den Kosten zu beteiligen und das Krankengeld für die Dauer dieser Behandlung ganz oder teilweise zu versagen oder zurückzufordern, wenn sich Versicherte eine Krankheit durch eine medizinisch nicht indizierte ästhetische Operation, eine Tätowierung oder ein Piercing zugezogen haben.[89]

24 **1. Medizinisch nicht indizierte ästhetische Operation, Tätowierung oder Piercing.** Die Leistungsbeschränkung infolge einer medizinisch nicht indizierten ästhetischen Operation, einer Tätowierung oder eines Piercings ist abschließend; eine andersartige Auslegung, die teilweise[90] vertreten wird, verbietet sich insbesondere vor dem Hintergrund der Entwicklungsgeschichte des § 52 Abs. 2 (→ Rn. 3). Das insofern qualifizierende Tatbestandsmerkmal „medizinisch nicht indiziert" beansprucht lediglich für

---

79 S. zu § 192 RVO noch BSG, 14.1.1987, 8 RK 35/85, BSGE 61, 117 ff.
80 BT-Dr. 11/2237, 182; ferner Reyels in: jurisPK-SGB V, § 52 Rn. 94.
81 BT-Dr. 11/2237, 182.
82 Vgl. auch Krauskopf in: Krauskopf, § 52 SGB V, Rn. 16; ebenso Noftz in: Hauck/Noftz, SGB V, § 52 Rn. 31 aE.
83 Vgl. auch Höfler in: KassKomm, § 52 SGB V Rn. 18; Reyels in: jurisPK-SGB V, § 52 Rn. 99.
84 Reyels in: jurisPK-SGB V, § 52 Rn. 100; Noftz in: Hauck/Noftz, SGB V, § 52 Rn. 32; s. aber auch Lang in: Becker/Kingreen, § 52 Rn. 6, der die Begriffe der angemessenen Höhe sowie der Höhe, in das Krankengeld versagt oder zurückgefordert wird, als unbestimmte Rechtsbegriffe qualifiziert, die der uneingeschränkten judikativen Kontrolle zugänglich sind; kritisch dazu Nebendahl in: Spickhoff, Medizinrecht, § 52 SGB V Rn. 11; allgemein zum Verhältnis von Ermessen und unbestimmtem Rechtsbegriff s. Maurer, Allgemeines Verwaltungsrecht, 18. Auflage, 2011, § 7 Rn. 1 ff.
85 Reyels in: jurisPK-SGB V, § 52 Rn. 102; Noftz in: Hauck/Noftz, SGB V, § 52 Rn. 31.
86 Noftz in: Hauck/Noftz, SGB V, § 52 Rn. 33; s. auch SächsLSG, 9.10.2002, L 1 KR 32/02.
87 Reyels in: jurisPK-SGB V, § 52 Rn. 104; s. aber auch Marburger, Die Leistungen 2007, 641, 642, der die Beweislast für Rechtfertigungs- und Schuldausschließungsgründe den Versicherten zuweist.
88 Zum Ganzen Noftz in: Hauck/Noftz, SGB V, § 52 Rn. 37; Reyels in: jurisPK-SGB V, § 52 Rn. 138.
89 Zum systematischen Zusammenhang der Absätze 1 und 2 Noftz in: Hauck/Noftz, SGB V, § 52 Rn. 9a.
90 S. Heberlein in: BeckOK SozR, SGB V, § 52 Rn. 22.

ästhetische Operationen Geltung.[91] Gemeint sind angesichts der Regelung des § 27 Abs. 1 S. 1 aus medizinischer Sicht nicht notwendige Behandlungen.[92] Ästhetische Operationen dienen grundsätzlich der Korrektur äußerer Körpermerkmale (daher auch sogenannte „Schönheitsoperationen").[93] Erforderlich ist, dass die Operation aus medizinischer Sicht primär nicht auf einen medizinischen Behandlungserfolg abzielt, sondern auf eine Verbesserung des körperlichen Erscheinungsbildes; etwaige – neben dem im Vordergrund stehenden medizinischen Behandlungserfolg – positive Auswirkungen auf das Erscheinungsbild genügen nicht für die Annahme einer ästhetischen Operation im Sinne von § 52 Abs. 2.[94] Eine analoge Anwendung der Norm auf sonstige medizinisch nicht indizierte Operationen kommt mangels Regelungslücke nicht in Betracht.[95] Die Begriffe „Tätowierung"[96] und „Piercing" rekurrieren auf ein allgemeines Begriffsverständnis[97] und implizieren dauerhafte oder zumindest schwer rückgängig zu machende Körpermodifikationen.[98] Deren Vornahme ist außerdem mit der Eingehung typischer Risiken verbunden.[99] Vor dem Hintergrund, dass § 52 Abs. 2 den Schutz der Solidargemeinschaft vor finanziellen Belastungen bezweckt, die Resultat der Verwirklichung eben solcher Risiken sind, die der Versicherte zudem bewusst (vorsätzlich) eingeht, wird der abschließende Charakter der Maßnahmen der Norm zum Teil in Frage gestellt, insbesondere vor dem Hintergrund der inzwischen breit gefächerten Möglichkeiten sog body modifications, deren Vornahme zudem mit mindestens ebenso erheblichen Gesundheitsrisiken einhergehen.[100]

2. Rechtsfolgen. Anders als im Anwendungsbereich des Abs. 1 ist die Leistungsbeschränkung infolge 25 einer medizinisch nicht indizierten ästhetischen Operation, einer Tätowierung oder eines Piercings nicht von der Ausübung eines Entschließungsermessens der Krankenkasse abhängig: Die Krankenkasse hat die Versicherten in angemessener Höhe an den Kosten zu beteiligen und das Krankengeld für die Dauer dieser Behandlung ganz oder teilweise zu versagen oder zurückzufordern (gebundene Entscheidung).[101] Von größerer praktischer Bedeutung dürfte insbesondere für die Krankenbehandlung die Beteiligung im Nachgang zur erfolgten Behandlung sein, also nach erfolgter Behandlung. Eine Feststellungsklage vor Durchführung einer Operation gerichtet auf die Feststellung, dass diese (zu-

---

91 Noftz in: Hauck/Noftz, SGB V, § 52 Rn. 28 i, der darauf hinweist, dass der Gesetzgeber mit Blick auf eine Tätowierung oder ein Piercing unwiderleglich vermutet habe, dass diese nicht medizinisch indiziert sind; zum Verhältnis der Tatbestandsmerkmale „ästhetische Operation" und „medizinisch nicht indiziert" s. auch SG Mainz, 21.9.2015, S 3 KR 558/14 (Rn. 27 – juris).
92 Reyels in: jurisPK-SGB V, § 52 Rn. 113; ausführlich Prehn, NZS 2010, 260, 263 f.; ferner Noftz in: Hauck/Noftz, SGB V, § 52 Rn. 28 d, der auf Leistungen rekurriert, die nicht zu den medizinischen Leistungen zählen oder aus dem gesetzlichen Leistungskatalog ausgeschlossen sind.
93 Reyels in: jurisPK-SGB V, § 52 Rn. 114; zum Begriff auch Nebendahl in: Spickhoff, Medizinrecht, § 52 SGB V Rn. 16; ferner Noftz in: Hauck/Noftz, SGB V, § 52 Rn. 28 c; s. auch BT-Dr. 16/3100, 108 (dort wortwörtlich „Schönheitsoperationen").
94 S. SG Mainz, 21.9.2015, S 3 KR 558/14, zur Implantation eines Magenbandes als adipositaschirurgischem Eingriff; adipositaschirurgische Eingriffe stellen danach unabhängig von der medizinischen Indikation im Einzelfall keine ästhetischen Operationen dar, sondern werden durchgeführt mit dem Ziel der Heilung oder Linderung von Adipositas bzw. deren Begleit- und Folgeerkrankungen (vgl. Leitsatz 2).
95 Auch dazu SG Mainz, 21.9.2015, S 3 KR 558/14 (Rn. 29 ff. – juris, mit Verweis auf die historische Entwicklung von § 52 Abs. 2 SGB V im Zuge des Gesetzes zur strukturellen Weiterentwicklung der Pflegeversicherung, Rn. 34).
96 Tätowierungen sind selbst nicht als Krankheit zu qualifizieren, s. LSG NRW, 22.4.2008, L 16 B 5/08 KR; ausführlich Prehn, NZS 2010, 260, 261 f.; zur fehlenden Leistungspflicht bei so genannten Schönheitsoperationen BSG, 23.7.2002, B 3 KR 66/01 R, Breith 2003, 6 ff.; BSG, 19.10.2004, B 1 KR 3/03 R, BSGE 93, 252 ff.; zur Begrifflichkeit s. auch Noftz in: Hauck/Noftz, SGB V, § 52 Rn. 28 g, ua mit dem Hinweis zur Abgrenzung sog. Hennatattoos.
97 S. dazu auch Nebendahl in: Spickhoff, Medizinrecht, § 52 SGB V Rn. 16, der auf das Einbringen vor allem von Farbpigmenten in die Haut zur Schaffung von Bildern oder Mustern sowie die Herstellung künstlicher Körperöffnungen und das Anbringen von Gegenständen an oder in diesen künstlichen Körperöffnungen rekurriert; ähnlich Noftz in: Hauck/Noftz, SGB V, § 52 Rn. 28 g f.
98 Prehn, NZS 2010, 260, 260 f.; ferner Reyels in: jurisPK-SGB V, § 52 Rn. 115 f.
99 Etwa Entzündungsreaktionen und Infektionen, s. dazu Noftz in: Hauck/Noftz, SGB V, § 52 Rn. 28 g f.; Reyels in: jurisPK-SGB V Rn. 116.
100 Vgl. so iE Lang in: Becker/Kingreen, § 52 Rn. 8; anders aber Legde in: LPK-SGB V, § 52 Rn. 11, der auf die zulässige Typisierung und Generalisierung des Gesetzgebers der in diesem Zusammenhang praktisch bedeutsamsten Erscheinungsformen hinweist; dazu auch SG Berlin, 10.12.2013, S 182 KR 1747/12 (Rn. 50 – juris); zum Ganzen → Rn. 3.
101 S. dazu auch Krauskopf in: Krauskopf, § 52 SGB V Rn. 13, der darauf hinweist, dass die Krankenkasse im Anwendungsbereich des Absatzes 2 zu einem kumulativen Vorgehen verpflichtet ist.

künftige) Operation die Rechtsfolge des § 52 Abs. 2 nicht nach sich zieht, ist unstatthaft.[102] Die Krankenkasse kann folglich lediglich ein Auswahlermessen hinsichtlich des Umfangs einer Leistungsbeschränkung infolge einer medizinisch nicht indizierten ästhetischen Operation, einer Tätowierung oder eines Piercings ausüben.[103]

§ 52 a   Leistungsausschluss

¹Auf Leistungen besteht kein Anspruch, wenn sich Personen in den Geltungsbereich dieses Gesetzbuchs begeben, um in einer Versicherung nach § 5 Abs. 1 Nr. 13 oder auf Grund dieser Versicherung in einer Versicherung nach § 10 missbräuchlich Leistungen in Anspruch zu nehmen. ²Das Nähere zur Durchführung regelt die Krankenkasse in ihrer Satzung.

I. Entstehungsgeschichte

1   § 52 a wurde mit dem Gesetz zur Stärkung des Wettbewerbs in der gesetzlichen Krankenversicherung (GKV-WSG) nachträglich in das SGB V eingefügt.[1] Im Gesetzgebungsverfahren wurde der Vorschlag des Bundesrates, auf die Regelungstechnik einer Bezugnahme auf die Satzung der Krankenkasse zugunsten einer Rechtsverordnung zu verzichten,[2] unter Hinweis auf die Selbstverwaltung der Krankenkasse abgelehnt: „[Die] Krankenkasse […] [könne] wegen der Sachnähe vor Ort selbst am besten beurteilen, wie der Leistungsausschluss durchgeführt wird."[3]

II. Systematische Anmerkungen

2   § 52 a ist ebenso wie § 33 a SGB XI zwingende Folge des ebenfalls mit dem Gesetz zur Stärkung des Wettbewerbs in der gesetzlichen Krankenversicherung normierten § 5 Abs. 1 Nr. 13,[4] wonach Personen versicherungspflichtig sind, die keinen anderweitigen Anspruch auf Absicherung im Krankheitsfall haben und zuletzt gesetzlich krankenversichert waren oder bisher nicht gesetzlich oder privat krankenversichert waren, es sei denn, dass sie zu den in § 5 Abs. 5 oder den in § 6 Abs. 1 oder 2 genannten Personen gehören oder bei Ausübung ihrer beruflichen Tätigkeit im Inland gehört hätten. Durch den grundsätzlich nachrangigen[5] § 5 Abs. 1 Nr. 13 wurde also ein Auffangversicherungstatbestand[6] begründet, um sicherzustellen, dass „in Deutschland niemand ohne Schutz im Krankheitsfall sein soll."[7] Im Gegenzug dieser Ausweitung des Versicherungsschutzes soll durch § 52 a die Solidargemeinschaft gesetzliche Krankenversicherung vor missbräuchlicher Inanspruchnahme von Leistungen geschützt werden.[8] § 52 a markiert damit gewissermaßen die absolute Grenze der – grundsätzlich flächendeckend gewollten[9] – Leistungsgewährung.

III. Leistungsausschluss bei Missbrauchsgefahr

3   § 52 a S. 1 statuiert unmittelbar, dass nach Maßgabe der tatbestandlichen Voraussetzungen ein Anspruch auf Leistungen nicht besteht. Lediglich das Nähere zur Durchführung des Leistungsausschlusses regelt die Krankenkasse nach § 52 a S. 2 in ihrer Satzung. Angesichts seiner systematischen Stellung

---

102   S. LSG BW, 23.11.2015, L 4 KR 2482/13; es fehlt hier an einem bereits hinreichend überschaubaren Sachverhalt für eine in der Sozialgerichtsbarkeit nur unter engen Voraussetzungen zulässige vorbeugende Feststellungsklage (s. insbesondere Rn. 36 – juris).
103   Vgl. Reyels in: jurisPK-SGB V, § 52 Rn. 126 ff.; kritisch dazu Waltermann in: Kreikebohm/Spellbrink/Waltermann, § 52 SGB V Rn. 5; Heberlein in: BeckOK SozR, SGB V, § 52 Rn. 32; Neumann, NJOZ 2008, 4494, 4495; zur Bedeutung des § 52 Abs. 2 SGB V für die ärztliche Aufklärungspflicht Krüger/Helml, GesR 2011, 584 ff.
1   Eingefügt als Artikel 1 Nr. 32 des GKV-WSG vom 26.5.2007, BGBl. I 2007, 378, 386.
2   BT-Dr. 16/3950, 14.
3   BT-Dr. 16/4020, 2; vgl. zum Ganzen Reyels in: jurisPK-SGB V, § 52 a Rn. 1 ff.
4   Eingefügt als Artikel 1 Nr. 2 a) cc) des GKV-WSG vom 26.5.2007, BGBl. I 2007, 378.
5   Vgl. Ulmer in: BeckOK SozR, SGB V, § 5 Rn. 85.
6   S. auch SächsLSG 17.5.2016, L 8 SO 139/13 (Rn. 39 – juris).
7   BT-Dr. 16/3100, 94.
8   Vgl. BT-Dr. 16/3100, 108; eingehend dazu Linke, NZS 2008, 342 ff.; ferner Sonnhoff in: Hauck/Noftz, SGB V, § 52 a Rn. 2.
9   S. BT-Dr. 16/3100, 94.

ist § 52 a nur auf den fünften Abschnitt anwendbar, dh der Ausschluss betrifft nur Ansprüche auf Leistungen bei Krankheit.[10]

1. Personen. Der Anwendungsbereich des § 52 a S. 1 ist auf Personen im Sinne des § 5 Abs. 1 Nr. 13 beschränkt; Familienangehörige können nach § 10 betroffen sein.[11] In den Geltungsbereich des Gesetzes begeben haben sich Personen, die aus dem Ausland ihren Wohnsitz oder ständigen Aufenthalt im Sinne des § 30 Abs. 1 SGB I in die Bundesrepublik Deutschland verlegt haben.[12]

Angesichts der Regelung des § 5 Abs. 11 dürfte § 52 a S. 1 in der Praxis allerdings nur selten relevant werden; denn in Betracht kommen allenfalls „Deutsche, die aus dem Ausland zurückkehren, sowie Ausländer aus der EU oder aus Drittstaaten, wenn sie in der Bundesrepublik Deutschland keine versicherungspflichtige Beschäftigung aufnehmen, keinen anderen gesetzlichen (Pflicht-)Versicherungstatbestand erfüllen bzw. auch sonst nicht über ausreichenden Schutz vor Krankheit etc verfügen und inländisch zuletzt gesetzlich versichert oder weder gesetzlich noch privat abgesichert waren, aber ihrem Status nach der Gruppe der gesetzlich Versicherten zuzurechnen sind."[13]

2. Missbräuchliche Inanspruchnahme. § 52 a S. 1 setzt eine beabsichtigte missbräuchliche Inanspruchnahme von Leistungen voraus. Erforderlich ist dabei, obwohl der Gesetzeswortlaut („um [...] zu") zunächst für eine objektive Handlungstendenz[14] spricht, eine subjektive Missbrauchsabsicht in Gestalt des dolus directus ersten Grades.[15] Überwiegend wird auf die missbräuchliche Leistungsinanspruchnahme als exakten Bezugspunkt der Absicht abgestellt.[16] „Nur wenn die Inanspruchnahme der Leistungen subjektiv im Vordergrund gestanden hat und Hauptziel[17] des Versicherten gewesen ist, erscheint ein Leistungsausschluss gerechtfertigt."[18] Da sich die Person[19] mit Missbrauchsabsicht in den Geltungsbereich des SGB V begeben haben muss, liegen die Voraussetzungen des § 52 a nur vor, wenn der Leistungsbedarf zu dem Zeitpunkt bekannt oder zumindest vorhersehbar war.[20] Sofern die Rechtsprechung fordert, der Vorsatz auf Inanspruchnahme der Leistungen müsse sich auch explizit auf das Wissen um eine mit dem Zuzug verbundene Mitgliedschaft in der gesetzlichen Krankenversicherung

---

10 Reyels in: jurisPK-SGB V, § 52 a Rn. 6; vgl. auch Heberlein in: BeckOK SozR, SGB V, § 52 a Rn. 1; anders Padé in: Eichenhofer/Wenner, § 52 a Rn. 22, die auf den Sinn und Zweck eines umfassenden Missbrauchsschutzes verweist.
11 Vgl. Reyels in: jurisPK-SGB V, § 52 a Rn. 9; Sonnhoff in: Hauck/Noftz, SGB V, § 52 a Rn. 6, 7 f.; Höfler in: KassKomm, § 52 a SGB V Rn. 5.
12 Sonnhoff in: Hauck/Noftz, SGB V, § 52 a Rn. 6, der darauf hinweist, dass § 5 Abs. 1 Nr. 13 nach § 3 Abs. 1 Nr. 2 SGB IV ohnehin nur Personen betrifft, die ihren Wohnsitz oder gewöhnlichen Aufenthalt im Geltungsbereich des SGB V haben; dazu auch Höfler in: KassKomm, § 52 a SGB V Rn. 4; ferner Krauskopf in: Krauskopf, § 52 a SGB V Rn. 3 f. mit dem Hinweis, dass es an der Voraussetzung fehlt, wenn das Aufenthaltsbestimmungsrecht nicht vom Versicherten ausgeübt wurde, weil es einem Dritten zusteht; dazu auch Linke, NZS 2008, 342, 345.
13 S. Linke, NZS 2008, 342, 343; ferner Sonnhoff in: Hauck/Noftz, SGB V, § 52 a Rn. 8; dazu auch Krauskopf in: Krauskopf, § 52 a SGB V Rn. 4 f. Waltermann in: Kreikebohm/Spellbrink/Waltermann, § 52 a SGB V Rn. 2.
14 Sonnhoff in: Hauck/Noftz, SGB V, § 52 a Rn. 9; dies aufgreifend auch SächsLSG, 17.5.2016, L 8 SO 139/13 (Rn. 37 – juris).
15 Lang in: Becker/Kingreen, § 52 a Rn. 2; vgl. auch Nebendahl in: Spickhoff, Medizinrecht, § 52 a SGB V Rn. 4; ausführlich zum Ganzen Linke, NZS 2008, 342, 344 f.; ferner Sonnhoff in: Hauck/Noftz, SGB V, § 52 a Rn. 9.
16 Höfler in: KassKomm, § 52 a SGB V Rn. 6; Nebendahl in: Spickhoff, § 52 a SGB V Rn. 5; vgl. auch jüngst LSG Bbg, 24.7.2015, L 1 KR 246/12, NZS 2015, 946 f. (Leitsatz und Gründe); teilweise wird demgegenüber auf die Absicht abgestellt, sich in das Geltungsgebiet des Gesetzes zu begeben, um eine Versicherungspflicht gem. § 5 I Nr. 13 SGB V zu begründen, so Krauskopf in: Krauskopf, § 52 a SGB V Rn. 7; Waltermann in: Knickrehm/Kreikebohm/Waltermann, § 52 a SGB V Rn. 3; dies ist jedoch im Hinblick auf den Wortlaut von § 52 a („um *in* einer Versicherung [...] Leistungen in Anspruch zu nehmen") abzulehnen.
17 Bei unterschiedlichen Beweggründen muss die angestrebte Inanspruchnahme von Leistungen so in den Vordergrund treten, dass die übrigen Motive daneben erkennbar an Bedeutung verlieren, vgl. Krauskopf in: Krauskopf, § 52 a SGB V Rn. 9; ferner Linke, NZS 2008, 342, 345; Nebendahl in Spickhoff, § 52 a SGB V Rn. 4.
18 Sonnhoff in: Hauck/Noftz, SGB V, § 52 a Rn. 9, der eine im Kontext des § 33 a SGB XI übliche Erweiterung der Missbrauchsabsicht um ein objektives Element im Sinne eines verwerflichen, sittenwidrigen oder vom Normalfall abweichenden Verhaltens ablehnt; s. ferner LSG Bbg, 24.7.2015, L 1 KR 246/12 (Rn. 21 ff. – juris), mit Verweis darauf, dass das sichere Wissen, nach der Rückkehr Leistungen in Anspruch zu nehmen, nicht ausreiche; zustimmend auch SächsLSG, 17.5.2016, L SO 139/13 (Rn. 38 – juris).
19 Unklar scheint, ob der Leistungsausschluss bei Missbrauchsabsicht schon Anwendung findet, wenn ein Familienversicherter sich mit Missbrauchsabsicht in den Geltungsbereich des SGB V begibt, oder ob sowohl der Stammversicherte als auch der Familienversicherte mit Missbrauchsabsicht in die Bundesrepublik Deutschland einreisen müssen; s. dazu Krauskopf in: Krauskopf, § 52 a SGB V Rn. 6; ferner Linke, NZS 2008, 342, 344 f.
20 Sonnhoff in: Hauck/Noftz, SGB V, § 52 a Rn. 11; Nebendahl in: Spickhoff, Medizinrecht, § 52 a SGB V Rn. 4.

gem. § 5 I Nr. 13 beziehen,[21] ist hier insbesondere auf die auch von der Rechtsprechung betonte erforderliche Parallelwertung in der Laiensphäre hinzuweisen; anderenfalls würde § 52 a de facto leerlaufen. Die missbräuchliche Leistungsinanspruchnahme ist als unbestimmter Rechtsbegriff grundsätzlich voll gerichtlich überprüfbar.[22] Die Beweislast trifft grundsätzlich die Krankenkasse.[23]

7 **3. Durchführung.** § 52 a S. 2 ermöglicht vor allem eine Regelung des Verfahrens des Leistungsausschlusses bei Missbrauchsgefahr.[24] Eine Regelung im Sinne von S. 2 ist angesichts der Tatsache, dass § 52 a S. 1 unmittelbar einen Anspruch auf Leistungen versagt, gleichwohl nicht erforderlich.[25] Jedenfalls darf die Krankenkasse im Wege der Satzung nicht den vollständigen Leistungsausschluss im Sinne des § 52 a S. 1 konterkarieren;[26] eine inhaltliche Konkretisierung der Tatbestandsvoraussetzungen und Rechtsfolgen des § 52 a S. 1[27] stehen unter dem Vorbehalt der Vereinbarkeit mit den normativen Vorgaben.[28] In Betracht kommt etwa die Regelung von Auskunfts- oder Mitwirkungsverpflichtungen des Versicherten.[29]

8 **4. Rechtsfolgen.** Ein vollständiger Leistungsausschluss ist zwingende Folge der Norm in dem Sinne, dass keine anteilige Leistung oder – im Falle bereits erbrachter Leistung – Quotelung der Kosten in Betracht kommt. Allerdings wird teilweise in Anlehnung an die Gesetzesbegründung[30] zwar ein vollständiger Leistungsausschluss befürwortet – jedoch nur für bestimmte Leistungen, nämlich solche, die besonders kostenträchtig sind.[31] Hier wird die Missbräuchlichkeit gerade aus dem Missverhältnis zwischen der in Anspruch genommenen Leistung des Versicherten und dem Äquivalent, welches die Solidargemeinschaft dafür in Form von Beiträgen erhält, gesehen; es müsse eine über den zufälligen Aufenthalt im Inland hinausgehende Beziehung zu der Versichertengemeinschaft aufgebaut worden sein oder zumindest in Zukunft noch aufgebaut werden. So sei bei über eine akute Behandlung hinausgehenden Leistungen die Entrichtung von Versicherungsbeiträgen über einen längeren Zeitraum erforderlich. Ein Missbrauch liege zB in dem Fall vor, in dem ein Patient sich erstmals für eine aufwändige Krankenbehandlung im Inland aufhält und dieses nach Abschluss der Behandlung direkt wieder verlässt.[32] Für eine derart restriktive Anwendung von § 52 a spricht auch der Zweck[33] seiner Korrespondenzvorschrift § 5 Abs. 1 Nr. 13, die nämlich die lückenlose Absicherung aller sich im Inland Aufhaltenden bezweckt.[34] Richtigerweise darf allerdings keine Begrenzung des Leistungsausschlusses auf be-

---

21 S. LSG Bbg, 24.7.2015, L 1 KR 246/12 (Rn. 25 – juris), NZS 2015, 946 ff. (Leitsatz und Gründe).
22 Krauskopf in: Krauskopf, SGB V § 52 a Rn. 7; Lang in: Becker/Kingreen, § 52 a Rn. 2.
23 Sonnhoff in: Hauck/Noftz, SGB V, § 52 a Rn. 10; vgl. auch Reyels in: jurisPK-SGB V, § 52 a Rn. 15; mit dem Hinweis auf die Strategie der Krankenkassen, mit Hilfe von Mustervordrucken eine Erklärung der Personen im Sinne des § 52 a S. 1 zu erlangen, die das Fehlen einer Missbrauchsabsicht bestätigt, und mit Blick auf § 45 Abs. 2 Satz 3 Nr. 3 SGB X s. auch Sonnhoff in: Hauck/Noftz, SGB V, § 52 a Rn. 18; kritisch zur Annahme einer Missbrauchsabsicht bei Verdachtsmomenten Krauskopf in: Krauskopf, § 52 a SGB V Rn. 11.
24 Sonnhoff in: Hauck/Noftz, SGB V, § 52 a Rn. 17; Krauskopf in: Krauskopf, § 52 a SGB V Rn. 15.
25 Reyels in: jurisPK-SGB V, § 52 a Rn. 11.
26 Mit Blick auf die Behandlung akuter Erkrankungen und Schmerzzustände Sonnhoff in: Hauck/Noftz, SGB V, § 52 a Rn. 12, 16; s. aber auch Lang in: Becker/Kingreen, § 52 a Rn. 3, der die Behandlung akuter Erkrankungen und Schmerzzustände nicht dem Leistungsausschluss bei Missbrauchsgefahr unterwirft; zuvor schon BT-Dr. 16/3100, 108; wohl auch Nebendahl in: Spickhoff, Medizinrecht, § 52 a SGB V Rn. 5.
27 Kritisch dazu Krauskopf in: Krauskopf, § 52 a SGB V Rn. 15.
28 Krauskopf in: Krauskopf, § 52 a SGB V Rn. 15; Sonnhoff in: Hauck/Noftz, SGB V, § 52 a Rn. 17.
29 Nebendahl in: Spickhoff, Medizinrecht, § 52 a SGB V Rn. 9; vgl. auch Lang in: Becker/Kingreen, § 52 a Rn. 2.
30 BT-Dr. 16/3100, 108: es seien „zB aufwändige, hochtechnisierte Operationen wie Organtransplantationen" von dem Leistungsausschluss betroffen, nicht hingegen „die zur Behandlung akuter Erkrankungen und Schmerzzustände erforderliche ärztliche und zahnärztliche Behandlung".
31 S. vor allem LSG Bbg, 24.7.2015, L 1 KR 246/12 (Rn. 23 – juris), NZS 2015, 946 f. (Leitsatz und Gründe); dem Grunde nach ähnlich Höfler in: KassKomm, § 52 a SGB V Rn. 7.
32 Vgl. LSG Bbg. 24.7.2015, L 1 KR 246/12 (Rn. 23 – juris).
33 Vgl. BT-Dr. 16/3100, 94.
34 Vgl. BT-Dr. 16/3100, 94.

sonders kostspielige Behandlungen[35] vorgenommen werden.[36] Zum einen ist ein Grund für die „Privilegierung leichterer Krankheiten" nicht ersichtlich,[37] zum anderen auch kein geringerer Schutzbedarf der gem. § 5 Abs. 1 Nr. 13 versicherten Personengruppen. Auch der Wortlaut spricht für einen generellen Leistungsausschluss. Nicht zuletzt aus verfassungsrechtlichen Gründen[38] wird allerdings eine Beschränkung des § 52 a S. 1 auf Leistungen, die in Missbrauchsabsicht in Anspruch genommen wurden, angemahnt.[39] Zumindest im Falle von Akutbehandlungen dürfte § 52 a S. 1 ohnehin in der Regel nicht greifen, da diese im Zeitpunkt des Sich-Begebens ins Inland noch nicht vorhersehbar waren, so dass es bereits an der Missbrauchsabsicht beim Zuzug fehlt.[40]

Leistungsanträge sind von der Krankenkasse abzulehnen.[41] Gewährte Leistungen können nur nach den allgemeinen Regelungen der §§ 45, 50 SGB X zurückverlangt werden.[42]

Sechster Abschnitt
Selbstbehalt, Beitragsrückzahlung

§ 53 Wahltarife

(1) ¹Die Krankenkasse kann in ihrer Satzung vorsehen, dass Mitglieder jeweils für ein Kalenderjahr einen Teil der von der Krankenkasse zu tragenden Kosten übernehmen können (Selbstbehalt). ²Die Krankenkasse hat für diese Mitglieder Prämienzahlungen vorzusehen.

(2) ¹Die Krankenkasse kann in ihrer Satzung für Mitglieder, die im Kalenderjahr länger als drei Monate versichert waren, eine Prämienzahlung vorsehen, wenn sie und ihre nach § 10 mitversicherten Angehörigen in diesem Kalenderjahr Leistungen zu Lasten der Krankenkasse nicht in Anspruch genommen haben. ²Die Prämienzahlung darf ein Zwölftel der jeweils im Kalenderjahr gezahlten Beiträge nicht überschreiten und wird innerhalb eines Jahres nach Ablauf des Kalenderjahres an das Mitglied gezahlt. ³Die im dritten und vierten Abschnitt genannten Leistungen mit Ausnahme der Leistungen nach § 23 Abs. 2 und den §§ 24 bis 24 b sowie Leistungen für Versicherte, die das 18. Lebensjahr noch nicht vollendet haben, bleiben unberücksichtigt.

(3) ¹Die Krankenkasse hat in ihrer Satzung zu regeln, dass für Versicherte, die an besonderen Versorgungsformen nach § 63, § 73 b, § 137 f oder § 140 a teilnehmen, Tarife angeboten werden. ²Für diese Versicherten kann die Krankenkasse eine Prämienzahlung oder Zuzahlungsermäßigungen vorsehen.

(4) ¹Die Krankenkasse kann in ihrer Satzung vorsehen, dass Mitglieder für sich und ihre nach § 10 mitversicherten Angehörigen Tarife für Kostenerstattung wählen. ²Sie kann die Höhe der Kostenerstattung variieren und hierfür spezielle Prämienzahlungen durch die Versicherten vorsehen. ³§ 13 Abs. 2 Satz 2 und 3 gilt nicht.

(5) Die Krankenkasse kann in ihrer Satzung die Übernahme der Kosten für Arzneimittel der besonderen Therapierichtungen regeln, die nach § 34 Abs. 1 Satz 1 von der Versorgung ausgeschlossen sind, und hierfür spezielle Prämienzahlungen durch die Versicherten vorsehen.

(6) ¹Die Krankenkasse hat in ihrer Satzung für die in § 44 Absatz 2 Nummer 2 und 3 genannten Versicherten gemeinsame Tarife sowie Tarife für die nach dem Künstlersozialversicherungsgesetz Versicher-

---

35 Zu dem unpassenden Differenzierungskriterium der Kosten Krauskopf in: Krauskopf, § 52 a Rn. 13; anders Nebendahl in: Spickhoff, Medizinrecht, § 52 a SGB V Rn. 5, der das für den Leistungsausschluss rechtfertigende Unwerturteil in den hohen Kosten der Behandlung sieht; wohl auch Waltermann in: Knickrehm/Kreikebohm/Waltermann, § 52 a SGB V Rn. 3.
36 So auch Reyels in: jurisPK-SGB V, § 52 a Rn. 12 f., der darauf hinweist, dass die Beispiele der Gesetzesbegründung einen Hinweis darauf geben, in welchen Fällen von einer missbräuchlichen Inanspruchnahme auszugehen sein dürfte, da bei „besonders aufwändigen – insbesondere kostenträchtigen – Maßnahmen" die Annahme „einer planmäßigen Einreise zur Erschleichung von Leistungen der gesetzlichen Krankenversicherung" naheliege; ähnlich Sonnhoff in: Hauck/Noftz, SGB V, § 52 a Rn. 9; anders Nebendahl in: Spickhoff, Medizinrecht, § 52 a SGB V Rn. 5.
37 S. dazu Linke, NZS 2008, 342, 347.
38 Eingehend Linke, NZS 2008, 342, 347.
39 Sonnhoff in: Hauck/Noftz, SGB V, § 52 a Rn. 15.
40 Vgl. Waltermann in: Knickrehm/Kreikebohm/Waltermann, § 52 a SGB V Rn. 3; Reyels in: jurisPK-SGB V, § 52 a Rn. 13.
41 Vgl. Sonnhoff in: Hauck/Noftz, SGB V, § 52 a Rn. 18.
42 S. BT-Dr. 16/3100, 108; ferner Reyels in: jurisPK-SGB V, § 52 a Rn. 14; Sonnhoff in: Hauck/Noftz, SGB V, § 52 a Rn. 18.

ten anzubieten, die einen Anspruch auf Krankengeld entsprechend § 46 Satz 1 oder zu einem späteren Zeitpunkt entstehen lassen, für die Versicherten nach dem Künstlersozialversicherungsgesetz jedoch spätestens mit Beginn der dritten Woche der Arbeitsunfähigkeit. ²Von § 47 kann abgewichen werden. ³Die Krankenkasse hat entsprechend der Leistungserweiterung Prämienzahlungen des Mitglieds vorzusehen. ⁴Die Höhe der Prämienzahlung ist unabhängig von Alter, Geschlecht oder Krankheitsrisiko des Mitglieds festzulegen. ⁵Die Krankenkasse kann durch Satzungsregelung die Durchführung von Wahltarifen nach Satz 1 auf eine andere Krankenkasse oder einen Landesverband übertragen. ⁶In diesen Fällen erfolgt die Prämienzahlung weiterhin an die übertragende Krankenkasse. ⁷Die Rechenschaftslegung erfolgt durch die durchführende Krankenkasse oder den durchführenden Landesverband.

(7) Die Krankenkasse kann in ihrer Satzung für bestimmte Mitgliedergruppen, für die sie den Umfang der Leistungen nach Vorschriften dieses Buches beschränkt, der Leistungsbeschränkung entsprechende Prämienzahlung vorsehen.

(8) ¹Die Mindestbindungsfrist beträgt für die Wahltarife nach den Absätzen 2, 4 und 5 ein Jahr und für die Wahltarife nach den Absätzen 1 und 6 drei Jahre; für die Wahltarife nach Absatz 3 gilt keine Mindestbindungsfrist. ²Die Mitgliedschaft kann frühestens zum Ablauf der Mindestbindungsfrist nach Satz 1, aber nicht vor Ablauf der Mindestbindungsfrist nach § 175 Absatz 4 Satz 1 gekündigt werden; § 175 Absatz 4 Satz 5 gilt mit Ausnahme für Mitglieder in Wahltarifen nach Absatz 6. ³Die Satzung hat für Tarife ein Sonderkündigungsrecht in besonderen Härtefällen vorzusehen. ⁴Die Prämienzahlung an Versicherte darf bis zu 20 vom Hundert, für einen oder mehrere Tarife 30 vom Hundert der vom Mitglied im Kalenderjahr getragenen Beiträge mit Ausnahme der Beitragszuschüsse nach § 106 des Sechsten Buches sowie § 257 Abs. 1 Satz 1, jedoch nicht mehr als 600 Euro, bei einem oder mehreren Tarifen 900 Euro jährlich betragen. ⁵Satz 4 gilt nicht für Versicherte, die Teilkostenerstattung nach § 14 gewählt haben. ⁶Mitglieder, deren Beiträge vollständig von Dritten getragen werden, können nur Tarife nach Absatz 3 wählen.

(9) ¹Die Aufwendungen für jeden Wahltarif müssen jeweils aus Einnahmen, Einsparungen und Effizienzsteigerungen aus diesen Wahltarifen auf Dauer finanziert werden. ²Kalkulatorische Einnahmen, die allein durch das Halten oder die Neugewinnung von Mitgliedern erzielt werden, dürfen dabei nicht berücksichtigt werden; wurden solche Einnahmen bei der Kalkulation von Wahltarifen berücksichtigt, ist die Kalkulation unverzüglich, spätestens bis zum 31. Dezember 2013 entsprechend umzustellen. ³Die Krankenkassen haben über die Berechnung nach den Sätzen 1 und 2 der zuständigen Aufsichtsbehörde regelmäßig, mindestens alle drei Jahre, Rechenschaft abzulegen. ⁴Sie haben hierzu ein versicherungsmathematisches Gutachten vorzulegen über die wesentlichen versicherungsmathematischen Annahmen, die der Berechnung der Beiträge und der versicherungstechnischen Rückstellungen der Wahltarife zugrunde liegen.

Literatur:

Blöß/Rabbata/Rieser, Freiheit für Versicherte, Arbeit für Ärzte, DÄBl. 2007, A-1059; *Boedeker/Möbus*, Normen- und Anreizkonflikte für die gesetzlichen Krankenkassen in Gesundheitsförderung und Prävention, GesundhWes 2015, 397; *Daubenbüchel*, Wahltarife – Wettbewerbselement im Solidarsystem aus aufsichtsrechtlicher Sicht, Recht und Politik im Gesundheitswesen 2007, 95; *Freytag/Albrecht/Klein/Häussler*, Kostenerstattung in der GKV – Empirische Evidenz ihrer Effizienzwirkungen, GSP 2007, Nr. 7/8, 46; *Giesen*, Wahltarife der gesetzlichen Krankenversicherung, 1. Auflage 2010; *Höpfner/Warmuth*, Erfahrungen bei Entwicklung und Kalkulation von Wahltarifen in der Krankenversicherung, Versicherungswirtschaft 2009, 351; *Höpfner/Schaffer/Warmuth*, Die Versicherungsmathematik erhält Einzug in die GKV, VW 2012, 200; *Huber*, Die Wahltarife im SGB V, 2008; *Isensee*, Wahltarif „Krankenhauskomfort" – Chefarztbehandlung und Ein-/Zweibettzimmer als Wahlleistungen der Kassen – Sicht des Sozial- und des Verfassungsrechts, NZS 2007, 449; *Kingreen*, Soziale und private Krankenversicherung – Gemeinschaftsrechtliche Implikationen eines Annäherungsprozesses, ZESAR 2007, 139; *Klaue/Schwintowski*, Grenzen der Zulässigkeit von Wahltarifen und Zusatzversicherungen in der gesetzlichen Krankenversicherung, 2008; *Kunze/Kreikebohm*, Sozialrecht versus Wettbewerb – dargestellt am Beispiel der Belegung von Rehabilitationseinrichtungen, NZS 2003, 5, 62; *Meißner*, Gegenwind für Wahltarife, DÄBl. 2011, A 1668; *Plate/Domscheit*, Stärkung der Vertragsfreiheit der Krankenkassen – Neue Gestaltungsspielräume in der Selektivversorgung durch das GKV-Versorgungsstärkungsgesetz (GKV-VSG), KV 2016, 129; *Prehn*, Der Wahltarif Kostenerstattung nach § 53 Abs. 4 SGB V – bereits jetzt ein Auslaufmodell?, GesR 2009, 230; *Preisner*, Die Bindungswirkung von Wahltarifen nach § 53 VIII SGB V, SGb 2011, 443; *ders.*, Wahltarife im Recht der gesetzlichen Krankenversicherung, 2012; *Richter*, Gesundheitsreform – Das GKV-Wettbewerbsstärkungsgesetz, DStR 2007, 810; *Rolfes*, GKV-Wahltarife – Fischen in fremden Gewässern, ZfV 2007, 619; *Schlegel*, GKV-Wettbewerbsstärkungsgesetz (GKV-WSG), jurisPR-SozR 4/2007 Anm. 4; *Schmidt,* GKV-WSG – Die Relativierung klassischer Sozialversicherungsmerkmale in der GKV durch veränderte Beitragsbemessung und Wahltarife, GesR 2007, 295; *Sodan,* Das GKV-Wettbewerbsstärkungsgesetz, NJW 2007, 1313; *Temizel,* Ausgestaltung von Wahltarifen in der gesetzlichen Krankenversicherung, SGb 2011, 339; *Thüsing,* Wahltarife nach § 53 Abs. 4 bis 6 SGB V n.F. im Lichte des Verfassungsrechts, NZS 2008, 449, 510; *Vogelmann,* Die EG-rechtliche Beurteilung der Wahltarife des § 53 SGB V – Gemeinschaftsrechtliche Implikationen eines Annäherungsprozesses von Gesetzlicher und Privater Krankenversicherung, 2009; *Weber,* Kundenbindung durch Wahltarife – Neue Möglichkeiten im Krankenkassen-Marketing, GuS 2007, 54; *Winkel,* Die neuen Wahl-Tarife der gesetzlichen Kassen – Mehr Risiken als Chancen, SozSich. 2007, 110; *Wolf,* Wahltarife nach § 53 Abs. 4 SGB V – Ein Beitrag zur Systematik und den Grenzen, NZS 2011, 87.

I. Entstehungsgeschichte 1	(2) Ausnahme vom Sachleistunsprinzip 24
II. Normzweck 5	cc) Verfassungsrechtliche Bedenken 25
III. Struktur und Inhalt 8	e) Arzneimittel der besonderen Therapierichtung (Abs. 5) 28
1. Vorbehalt der Schaffung einer Satzung 8	f) Krankengeldtarif (Abs. 6) 30
2. Wahlerklärung durch den Versicherten 10	g) Ausgleich für Leistungsbeschränkungen (Abs. 7) 36
a) Kreis der Versicherten 10	4. Mindestbindungsfrist und Sonderkündigungsrecht (Abs. 8 S. 1–3) 37
b) Freie Entscheidung 11	5. Prämienhöchstgrenzen (Abs. 8 S. 4 und 5) 42
3. Die einzelnen Wahltarife 12	6. Eingeschränkte Tarifwahl (Abs. 8 S. 6) 43
a) Selbstbehalt (Abs. 1) 12	7. Vorgaben zur Finanzierung und Aufsicht (Abs. 9) 44
b) Prämien bei Nichtinanspruchnahme (Abs. 2) 14	
c) Prämien bei besonderen Versorgungsformen (Abs. 3) 18	
d) Kostenerstattung (Abs. 4) 20	
aa) Inhalt des Kostenerstattungstarifs allgemein 20	
bb) Keine Leistungsausweitung ... 22	
(1) Begrenzung auf medizinisch notwendige Leistungen 23	

I. Entstehungsgeschichte

Seit dem 1.4.2007 können, zum Teil müssen[1] die gesetzlichen Krankenkassen ihren Versicherten **Wahltarife**[2] nach § 53[3] anbieten. Eingeführt wurden diese Wahltarife durch das Gesetz zur Stärkung des Wettbewerbs in der gesetzlichen Krankenversicherung (**GKV-WSG**).[4] 1

Regelungen über die Möglichkeit eines **Selbstbehalts** und einer **Beitragsrückzahlung** fanden sich bereits in §§ 53 und 54 in der Fassung vom 23.6.1997,[5] welche durch Art. 1 Nr. 7 Gesetz vom 19.12.1998[6] mit Wirkung vom 1.1.1999 aufgehoben wurden. So konnte nach § 53 aF die Krankenkasse in ihrer Satzung vorsehen, dass Versicherte, die Kostenerstattung in Anspruch nehmen (§ 13), jeweils für ein Kalenderjahr einen Teil der von der Krankenkasse zu tragenden Kosten übernehmen können. Die Beiträge waren für diese Versicherten entsprechend zu ermäßigen. Nach § 54 aF konnte die Krankenkasse in ihrer Satzung für Mitglieder, die im Kalenderjahr länger als drei Monate versichert waren, eine Beitragsrückzahlung vorsehen, wenn sie und ihre nach § 10 versicherten Angehörigen in dem Kalenderjahr Leistungen zulasten der Krankenkasse nicht in Anspruch genommen haben. Vorher bestand diese Möglichkeit auch schon über § 65 in der bis zum 30.6.1997 geltenden Fassung. 2

§ 64 in der Fassung des Gesetzes vom 20.12.1988,[7] aufgehoben durch das Zweite Gesetz zur Neuordnung von Selbstverwaltung und Eigenverantwortung in der gesetzlichen Krankenversicherung 3

---

1 So sind Tarife für Versicherte, die an besonderen Versorgungsformen teilnehmen, zwingend in der Satzung zu regeln (§ 53 Abs. 3). Dies gilt ab 2009 auch für Krankengeldtarife von Mitgliedern ohne gesetzlichen Krankentagegeldanspruch (§ 53 Abs. 6).
2 Der Begriff wurde aus der privaten Krankenversicherung übernommen. Siehe Krauskopf in: Krauskopf, § 53 SGB V Rn. 3.
3 Das Gesetz zur Stärkung des Wettbewerbs in der gesetzlichen Krankenversicherung (GKV-WSG) hat die bisherigen §§ 53 und 54 zusammengeführt und wesentlich erweitert. Die vorherige Fassung des § 53 sah die Möglichkeit eines Selbstbehalts für die freiwillig bei der gesetzlichen Krankenkasse versicherten Mitglieder vor.
4 BGBl. I, 2007, 378.
5 BGBl. I, 1529.
6 BGBl. I, 3853.
7 BGBl. I, 2477.

(2. GKV-NOG) vom 23.6.1997,[8] sah vor, dass mittels Satzung zur Erprobung geregelt werden konnte, dass Versicherte anstelle der in diesem Buch vorgesehenen Sachleistungen **Kostenerstattung** wählen können. Die Satzung hatte das Verfahren der Kostenerstattung zu regeln. Dabei war auch festzulegen, dass die Versicherten für mindestens zwei Jahre an die gewählte Kostenerstattung gebunden und Abschläge vom Erstattungsbetrag für Verwaltungskosten und fehlende Wirtschaftlichkeitsprüfungen vorzusehen waren.

4 Abs. 6 ist durch Gesetz zur Änderung arzneimittelrechtlicher und anderer Vorschriften (**AMGua-ÄndG**) vom 17.7.2009[9] geändert worden. Nunmehr ist ua explizit festgelegt worden, dass die Höhe der Prämienzahlung **unabhängig** von Alter, Geschlecht oder Krankheitsrisiko des Mitglieds festzulegen ist. In Abs. 8 wurden durch das Gesetz zur nachhaltigen und sozial ausgewogenen Finanzierung der Gesetzlichen Krankenversicherung vom 22.12.2010 (GKV-Finanzierungsgesetz – **GKV-FinG**)[10] insbesondere die Regelungen zur **Mindestbindungsfrist** und zum **Sonderkündigungsrecht** mit Wirkung vom 1.1.2011 geändert. In Abs. 9 erfolgten ua Ergänzungen zur **Rechenschaftspflicht** der Krankenkassen gegenüber den Aufsichtsbehörden. Abs. 4 S. 3 wurde ebenfalls durch das GKV-Finanzierungsgesetz (**GKV-FinG**) mit abweichender Wirkung vom 2.1.2011 geändert, indem nicht mehr auf § 13 Abs. 2 S. 2 bis 4 verwiesen wird, sondern nur noch die Geltung von § 13 Abs. 2 S. 2 **und** 3 ausgeschlossen ist. Zuletzt wurde Abs. 9 S. 2 und 3 hinsichtlich der **Kalkulationsgrundlage** mit Wirkung vom 1.8.2013 durch das Gesetz zu Beseitigung sozialer Überforderung bei Beitragsschulden in der Krankenversicherung vom 15.7.2013 [11] ergänzt bzw. neugefasst.[12] Eine weitere Änderung hinsichtlich der Prämienhöchstgrenzen in Abs. 8 S. 4 erfolgte mWv **1.1.2015** durch das Gesetz zur Weiterentwicklung der Finanzstruktur und der Qualität in der gesetzlichen Krankenversicherung (**GKV-Finanzstruktur- und Qualitäts-Weiterentwicklungsgesetz – GKV-FQWG**,[13] → Rn. 42). Zuletzt wurde der Verweis auf § 73 c in Abs. 1 S. 3 als Folgeänderung zur Bündelung der Vertragskompetenzen der Krankenkassen in § 140 a[14] durch das GKV-Versorgungsstärkungsgesetz (**GKV-VSG**) vom 16.7.2015[15] gestrichen.

II. Normzweck

5 Nach dem Willen des Gesetzgebers soll die Möglichkeit der Einführung von Wahltarifleistungen der Beseitigung ineffizienter Strukturen dienen und dem demographischen Wandel damit Rechnung tragen, und zwar über eine Reform der Finanzierungsstrukturen des Gesundheitswesens.[16] Hierzu gehört nach der Gesetzesbegründung auch, die Beziehungen zwischen Patienten und Ärzten, Versicherten und Kassen, Kassen und Leistungserbringern transparenter, flexibler und noch stärker wettbewerbsbezogen auszugestalten, etwa durch die **Ausweitung der Wahlfreiheiten** des Versicherten.[17] Die vor diesem Hintergrund neu geschaffenen Wahltarife sind deshalb nicht mehr nur auf freiwillige Mitglieder beschränkt und enthalten wesentlich weitere **Gestaltungsspielräume** für die gesetzlichen Krankenversicherungen.[18] Die Versicherten erhalten mit der Wahl für einen bestimmten Tarif einen vom gesetzlichen Grundtatbestand abweichenden Versicherungsschutz.[19]

6 Die Wahltarife lassen sich rechtssystematisch grob in **zwei Gruppen** einteilen:[20] Die einen, bei denen Versicherte für ihre fehlende oder geringere Inanspruchnahme von Leistungen finanzielle Anreize in Form von „Prämienzahlungen"[21] erhalten. Die anderen, bei denen die Versicherten zusätzliche Leistungen erhalten, dafür aber auch zusätzliche Prämien[22] zahlen müssen. Bei der Prämienzahlung durch

---

8 BGBl. I, 1520.
9 BGBl. I, 1990.
10 BGBl. I, 2309.
11 BGBl. I, 2423.
12 BT-Dr. 17/13079, 12.
13 BGBl. I, 1133, 1147.
14 BT-Dr. 18/4095, 81.
15 BGBl. I S. 1211.
16 BT-Dr. 16/3100, 1.
17 Siehe hierzu BT-Dr. 16/3100, 2, 85, 86, 108.
18 Wagner in: Krauskopf, § 53 SGB V Rn. 2.
19 Höpfner/Warmuth, VW 2009, 351 ff.
20 BSG, 8.11.2011, B 1 A 1/11 R, SozR 4-2500 § 53 Nr. 2 = NZS 2012, 263; so auch Schlegel, jurisPR-SozR 4/2007 Anm. 4; Lang in: Becker/Kingreen, § 53 Rn. 4.
21 Dieser Termini wird zu Recht als „unzweckmäßig" bezeichnet, Nolte in: KassKomm, § 53 SGB V Rn. 4.
22 Ist dem Sprachgebrauch der PKV entnommen worden; siehe Nolte in: KassKomm, § 53 SGB V Rn. 4.

die Kasse handelt es sich um eine Art „**Beitragsrückerstattung**".[23] Auf diese Weise werden bestimmte **Elemente der Privatversicherung**, insbesondere Tarifdifferenzierungen, in die Sozialversicherung übernommen[24] und damit ein zumindest partiell bestehendes Wettbewerbsverhältnis zu den privaten Krankenversicherungen geschaffen.[25]

Private Elemente sind in der gesetzlichen Krankenversicherung nicht völlig neu. So gab es bereits die Möglichkeit von Ermäßigungen und Boni, etwa bei den Zuzahlungen zum Zahnersatz,[26] bei der Teilnahme an einer hausarztorientierten Versorgung, an einem strukturierten Behandlungsprogramm bei chronischen Krankheiten oder an einer integrierten Versorgung sowie für betriebliche Gesundheitsförderung (§ 65 a). Auch bestand für die Gruppe der freiwillig in der gesetzlichen Krankenkasse Versicherten die Möglichkeit des Abschlusses eines Selbstbehalttarifs (§ 53 aF) und der Beitragsrückerstattung (§ 54 aF), sofern diese durch Satzung geregelt waren. Die Neufassung des § 53 löst nunmehr weitreichende Konsequenzen im Beitragssystem aus, die nicht nur die Frage nach der Systemkonformität aufwirft, sondern auch der **Verfassungsmäßigkeit**.[27] Das BVerfG hat zur Verfassungsmäßigkeit der Wahltarife noch keine Entscheidung getroffen. Es konnte vielmehr die Beschwerdeführer (Aktiengesellschaften und Versicherungsvereine auf Gegenseitigkeit der privaten Versicherungswirtschaft) darauf verweisen, dass ihre diesbezüglichen Rügen nicht zulassungsfähig waren, weil die unmittelbare Betroffenheit fehlte.[28] Die Regelung enthält nämlich lediglich eine ausfüllungsbedürftige Ermächtigung zum Erlass entsprechender Satzungen durch die gesetzlichen Krankenkassen.

III. Struktur und Inhalt

1. Vorbehalt der Schaffung einer Satzung. Für alle Wahltarife iSv § 53 gilt, dass eine entsprechende Satzung nach §§ 194 ff. erforderlich ist, die vom Verwaltungsrat der jeweiligen Krankenkasse beschlossen werden muss (§ 197).[29] Die konkrete Ausgestaltung erfolgt somit unter Berücksichtigung der gesetzlichen Vorgaben in der Satzung selbst. Dabei ist zu beachten, dass die zulässigen Leistungen im SGB V abschließend aufgezählt werden, so dass grundsätzlich darüber hinausgehende Leistungen nicht von der Krankenkasse angeboten werden dürfen.[30] Aus dem Satzungsvorbehalt folgt auch, dass eine individuelle Vereinbarung der gesetzlichen Krankenkasse mit einzelnen Versicherten oder Versichertengruppe nicht möglich ist, da es an einer abstrakt-generellen Regelung fehlt.[31] Auch besteht kein Anspruch des Versicherten auf Einführung von Wahltarifen durch die Krankenkasse.

Nach § 34 Abs. 1 S. 2 SGB IV, § 195 bedarf die Satzung der **Genehmigung** der zuständigen **Aufsichtsbehörde**. Eine Genehmigung ist auch dann erforderlich, wenn eine bestehende Satzung geändert werden soll.[32] Jedoch besteht bei einer verfahrensmäßig ordnungsgemäß zustande gekommenen Satzungsänderung, die mit höherrangigem Recht vereinbar ist, nach § 195 Abs. 1 ein Anspruch auf Erteilung der Genehmigung.[33] Eine solche Genehmigung stellt im Verhältnis zum Versicherungsträger einen **Verwaltungsakt** dar.[34]

---

23 Schlegel, jurisPR-SozR 4/2007 Anm. 4. Dieser Begriff ist vom Gesetzgeber bewusst nicht übernommen worden, da die Krankenkassen keine „Beiträge" mehr erheben, BT-Dr. 16/3100, 108.
24 Hierzu Isensee, NZS 2007, 449; C.Weber, ZMGR 2005, 29 ff.
25 Nebendahl in: Spickhoff, Medizinrecht, § 53 SGB V Rn. 2.
26 So regelte § 30 Abs. 2 (aufgehoben durch Art. 1 Nr. 17 des Gesetzes, 14.11.2003 I 2190) die Möglichkeit von Ermäßigungen bei Zuzahlungen zum Zahnersatz, wenn eigene Bemühungen zur Gesunderhaltung der Zähne zu erkennen waren.
27 Hierzu vor allem unter dem Gesichtspunkt der Wettbewerbsfreiheit und der Chancengleichheit von GKV und PKV Huber, Die Wahltarife im SGB V, S. 28 ff. Vgl. des Weiteren Prehn, GesR 2008, 230; Isensee, NZS 2007, 449; Schmidt, GesR 2007, 295; Thüsing, NZS 2008, 510, 511; Dreher in: jurisPK-SGB V, § 53 Rn. 43, 45, 107; Musil in: Eichenhofer/Wenner, SGB V § 53 Rn. 8 ff.
28 BVerfG, 10.6.2009, 1 BvR 706/08, SozR 4-2500 § 6 Nr. 8 = BVerfGE 123, 186.
29 Siehe hierzu nur Henle in: LPK-SGB V, § 53 Rn. 4; vgl. auch SG Nürnberg, 13.7.2015, S 11 KR 538/14.
30 Giesen, Wahltarife der gesetzlichen Krankenversicherung, S. 24.
31 Henle in: LPK-SGB V, § 53 Rn. 5; Hohnholz in: Hauck/Noftz, SGB V, § 53 Rn. 10.
32 BSG, 8.11.2011, B 1 A 1/11 R, SozR 4-2500 § 53 Nr. 2 = NZS 2012, 263; BSG, 22.6.2010, B 1 A 1/09 R, SozR 4-2500 § 53 Nr. 1 = BSGE 106, 199.
33 BSG, 8.11.2011, B 1 A 1/11 R, SozR 4-2500 § 53 Nr. 2 = NZS 2012, 263; BSG, 22.6.2010, B 1 A 1/09 R, SozR 4-2500 § 53 Nr. 1 = BSGE 106, 199 mwN.
34 BSG, 12.3.23013, B 1 A 2/12 R, SozR 4-1500 § 54 Nr. 33 (als actus contrarius ist auch eine Anordnung nach § 195 Abs. 2 SGB V ein Verwaltungsakt); BSG, 8.11.2011, B 1 A 1/11 R, SozR 4-2500 § 53 Nr. 2 = NZS 2012, 263; BSG, 22.6.2010, B 1 A 1/09 R, SozR 4-2500 § 53 Nr. 1 = BSGE 106, 199 mwN.

10 **2. Wahlerklärung durch den Versicherten. a) Kreis der Versicherten.** Im Gegensatz zu der aufgehobenen Vorgängerregelung in § 54 in der Fassung vom 26.6.1997[35] besteht **keine Beschränkung** mehr auf **freiwillig** Versicherte im Hinblick auf Regelungen des Selbstbehalts und der Beitragsrückerstattung. Vielmehr steht diese Möglichkeit nunmehr seit den Änderungen durch das GKV-Wettbewerbsstärkungsgesetz vom 26.3.2007 grundsätzlich **allen** Mitgliedern offen. Eine **Ausnahme** hiervon sieht Abs. 8 S. 6 vor, wonach Mitglieder, deren Beiträge vollständig von Dritten getragen werden, wie etwa nach § 251 Abs. 4 Empfänger von Alg II nach dem SGB II, nur Tarife nach Abs. 3 wählen dürfen.

11 **b) Freie Entscheidung.** Die Entscheidung für einen über Satzungen der jeweiligen Krankenkasse angebotenen Wahltarif ist für die Versicherten **frei** und unterliegt folglich keiner Verpflichtung zum Abschluss.[36] Möchte der Versicherte an einem von seiner Krankenkasse angebotenen Wahltarif teilnehmen, so hat er dies gegenüber seiner Krankenkasse zu erklären. Hierbei handelt es sich um eine **einseitige empfangsbedürftige Willenserklärung**.[37] Mit der Abgabe dieser Erklärung wird ein Gestaltungsrecht ausgeübt, nicht jedoch wird hiermit ein auf einen Vertragsschluss gerichtetes Angebot abgegeben.[38] Aufgrund fehlender spezieller Regelungen sind die Vorschriften des BGB über Willenserklärungen entsprechend anwendbar, so dass die Erklärung mit Zugang gem. § 130 BGB wirksam wird.[39] Auch gibt es keine Formvorschriften, so dass eine formlose Erklärung ausreichend ist, jedoch wird es sich zumindest aus Beweiszwecken empfehlen, die Erklärung schriftlich abzugeben. Dagegen scheidet ein Widerruf der Tarifwahlerklärung nach § 155 BGB sowohl in direkter als auch analoger Anwendung aus.[40] Der Gesetzgeber hat zum Schutz der Versicherten spezielle abschließende Regelungen geschaffen, wie etwa die Aufklärungs-, Beratungs- und Auskunftsrechte der Versicherten in den §§ 13 ff. SGB I sowie Sonderkündigungsrechte.[41]

12 **3. Die einzelnen Wahltarife. a) Selbstbehalt (Abs. 1).** Der Wahltarif „Selbstbehalt" ist für die gesetzlich und freiwillig Versicherten **fakultativ**. Er beinhaltet, dass der Versicherte **einen Teil** der von der Krankenkasse ansonsten zu tragenden Kosten innerhalb eines Kalenderjahres selbst übernimmt. Im Gegensatz zum Wahltarif nach Abs. 2 S. 1 ist in Abs. 1 nicht vorgesehen, dass der Selbstbehalt auch auf Leistungen an die nach § 10 mitversicherten Angehörigen erstreckt werden kann. Nach dem Wortlaut und der Systematik geht es insoweit lediglich um Kosten für **Leistungen an Mitglieder**, die diesen Wahltarif gewählt haben; es trifft deshalb auch keine Schutzvorkehrungen dagegen, dass etwa aus wirtschaftlichen Gründen auf Leistungen zugunsten von Kindern verzichtet wird.[42] Das unterstreiche nach einer Literaturansicht aber gleichzeitig die systemfremde Wirkung von Selbstbehalten.[43] Des Weiteren wird es als zulässig erachtet, dass die Krankenkassen auch Präventionsleistungen in entsprechender Anwendung des Abs. 2 S. 3 unberücksichtigt lassen können.[44]

13 Die Regelung in Abs. 1 enthält keine Vorgaben darüber, in welcher Höhe und in welcher Art und Weise die Kosten von den Versicherten übernommen werden können; ob also der zu übernehmende Teil der Kosten **prozentual** oder **absolut**, in festen Geldbeträgen, zu bemessen ist. In der Praxis hat sich durchgesetzt, einen vom monatlichen Bruttoeinkommen abhängigen Betrag als maximalen Selbstbehalt anzusetzen.[45] Eine **vollständige** Übernahme der Kosten durch den Versicherten wäre im Übrigen schon nach dem Wortlaut der Regelung in Abs. 1 **unzulässig**. In der Literatur werden darüber hinaus zu Recht solche Tarifmodelle kritisch gewürdigt, die eine erhebliche Differenz zwischen dem maximalen Selbstbehalt und dem zu gewährenden Bonus vorsehen und damit zu einem für den Versicherten

---

35 BGBl. I, 1520.
36 Vgl. hierzu SG Stralsund, 25.11.2011, S 3 KR 24/10.
37 SG Stralsund, 25.11.2011, S 3 KR 24/10; SG Karlsruhe, 12.7.2011, S 9 KR 612/10; SG Lübeck, 11.7.2012, S 14 KR 546/10, BeckRS 2013, 70926; SG Nürnberg, 13.7.2015, S 11 KR 538/14; Henle in: LPK-SGB V, § 53 Rn. 8; Lang in: Becker/Kingreen, § 53 Rn. 5; Wagner in: Krauskopf, § 53 SGB V Rn. 4; Nolte in: KassKomm, § 53 SGB V Rn. 4 c.
38 SG Karlsruhe, 12.7.2011, S 9 KR 612/10; SG Nürnberg, 13.7.2015, S 11 KR 538/14; Henle in: LPK-SGB V, § 53 Rn. 8; Lang in: Becker/Kingreen, § 53 Rn. 5; Schlegel in: Sodan, HdB KrVersR, § 11 Rn. 17.
39 SG Stralsund, 25.11.2011, S 3 KR 24/10; SG Lübeck, 11.7.2012, S 14 KR 546/10, BeckRS 2013, 70926; Henle in: LPK-SGB V, § 53 Rn. 8.
40 HessLSG, 28.6.2012, L 1 KR 231/10.
41 Sächsisches LSG, 10.8.2011, L 1 KR 44/10; HessLSG, 28.6.2012, L 1 KR 231/10.
42 BSG, 8.11.2011, B 1 A 1/11 R, SozR 4-2500 § 53 Nr. 2 = NZS 2012, 263, 264 mAnm Marburger, jurisPR-SozR 12/2012 Anm. 3.
43 Dreher in: jurisPK-SGB V, § 53 Rn. 45; Schlegel in: Sodan, HdB KrVersR, § 11 Rn. 44.
44 Dreher in: jurisPK-SGB V, § 53 Rn. 39.
45 Nolte in: KassKomm, § 53 SGB V Rn. 11 mwN; vgl. auch Schlegel in: Sodan, HdB KrVersR, § 11 Rn. 40.

ungünstigen Nutzen-Risiko-Verhältnis führen, mit der Folge, dass auch bei schwerwiegenden Erkrankungen die notwendige medizinische Hilfe nicht in Anspruch genommen werden könnte.[46] Der Selbstbehalttarif muss nach dem Willen des Gesetzgebers in einem **angemessenen Verhältnis** zur Prämienrückzahlung stehen.[47] Die Höhe des Selbstbehalts muss im Übrigen den Grundsätzen des Abs. 9 S. 1 entsprechen, mit der Folge, dass die Aufwendungen für den Wahltarif durch die aus dem Selbstbehalt folgenden Einnahmen, Einsparungen und Effizienzsteigerungen zu finanzieren sind.[48] Nach der Rechtsprechung des BSG verstößt eine Satzungsregelung nicht gegen das Gleichheitsgebot aus Art. 3 Abs. 1 GG, wenn sie die Wahl des Tarifs „Selbstbehalt" an einen bestimmten, vorher festgelegten Mindestbeitrag koppelt.[49]

b) Prämien bei Nichtinanspruchnahme (Abs. 2). Beim Angebot eines Tarifs für die Nichtinanspruchnahme von Leistungen kann die Krankenkasse eine Prämienzahlung für „leistungsvermeidendes" Verhalten in Höhe von höchstens einem Zwölftel des Jahresbeitrags inklusive Arbeitgeberanteil vorsehen.[50] Hierfür wird verlangt, dass der jeweilige Versicherte und die Familienversicherten (§ 10) ein Kalenderjahr lang keine Leistungen ihrer Krankenkasse in Anspruch nehmen. Es gilt hier das „Alles-oder-Nichts-Prinzip".[51] Auch muss das Mitglied im Kalenderjahr länger als 3 Monate versichert gewesen sein (Abs. 2 S. 1). 14

Mit Leistungen sind regelmäßig alle gem. **§§ 11 ff.** gewährten Vorteile und Begünstigungen gemeint, und zwar unabhängig davon, ob diese Leistungen durch Sachleistungen, Kostenerstattung oder Geldzahlung wie etwa das Krankengeld erfolgt sind. Der Versicherte bzw. Familienversicherte muss diese Leistung auch tatsächlich **in Anspruch genommen** haben, also erhalten haben. Jedoch bleiben nach Abs. 2 S. 3 die im dritten und vierten Abschnitt genannten Leistungen mit Ausnahme der Leistungen nach § 23 Abs. 2 und den §§ 24 bis 24 b sowie Leistungen für Versicherte, die das 18. Lebensjahr noch nicht vollendet haben, **unberücksichtigt**. Umfasst sind somit Leistungen zur Krankheitsverhütung und zur Früherkennung von Krankheiten mit **Ausnahme** ambulanter Vorsorgekuren (§ 23 Abs. 2), medizinischer Vorsorge für Mütter und Väter (§ 24), Empfängnisverhütung (§ 24 a) sowie Schwangerschaftsabbruch und Sterilisation (§ 24 b). Hintergrund dieser Regelung ist, dass die Versicherten und Familienversicherten nicht davon abgehalten werden sollen, Vorsorgeleistungen in Anspruch zu nehmen. Auch bei minderjährigen Versicherten steht der Gesundheitsschutz an erster Stelle und soll verhindern, dass nicht wegen möglicher Prämienzahlung notwendige Maßnahmen unterbleiben. Dasselbe gilt für Leistungen bei Schwangerschaft und Mutterschaft, die aufgrund ihrer Nichtberücksichtigungsfähigkeit eine familienfeindliche Prämienzahlung verhindern sollen. 15

Durch Abs. 2 S. 2 wird explizit die **Höhe** der Prämienzahlung **begrenzt**, als *lex specialis* zu Abs. 8 S. 4, und die Auszahlung innerhalb des Folgejahres festgelegt. Bei dieser Frist handelt es sich um eine Fälligkeitsbestimmung.[52] Eine durch Satzung der Krankenkasse darüberhinausgehende Fristbestimmung für die Auszahlung der Prämie ist unzulässig. 16

Die Prämienzahlung erfolgt durch die Krankenkasse **von Amts wegen** und nicht erst durch einen gesonderten Antrag des Versicherten.[53] Die gegenteilige Ansicht[54] verkennt, dass es sich bei der Prämienzahlung gerade nicht um eine Leistung iSv § 19 S. 1 SGB IV handelt und im Übrigen der Wortlaut in Abs. 2 S. 2 ausdrücklich eine Prämienzahlungspflicht – bei Vorliegen der Voraussetzungen – der Krankenkasse innerhalb eines Jahres vorsieht. 17

c) Prämien bei besonderen Versorgungsformen (Abs. 3). Krankenkassen, die an selektiv-vertraglichen Programmen wie der besonderen Versorgung (§ 140 a: integrierte und besondere ambulante ärztliche 18

---

46 Nolte in: KassKomm, § 53 SGB V Rn. 12 mwN.
47 BT-Dr. 16/3100, 109.
48 BSG, 8.11.2011, B 1 A 1/11 R SozR 4-2500 § 53 Nr. 2 = NZS 2012, 263, 265; HessLSG, 28.6.2012, L 1 KR 231/10; Nolte in: KassKomm, § 53 SGB V Rn. 12; Nebendahl in: Spickhoff, Medizinrecht, § 53 Rn. 6.
49 BSG, 8.11.2011, B 1 A 1/11 R, SozR 4-2500 § 53 Nr. 2 = NZS 2012, 263, 264 mAnm Marburger, jurisPR-SozR 12/2012 Anm. 3.
50 BVA, Schreiben, 13.3.2007, II 1 – 4927.6–3709/2006, 4.
51 BSG, 22.6.2010, B 1 A 1/09 R, SozR 4-2500 § 53 Nr. 1 = BSGE 106, 199, 202; LSG BW, 15.6.2009, L 1 A 4797/08, NZS 2010, 32; Wagner in: Krauskopf, § 53 SGB V Rn. 12; Hohnholz in: Hauck/Noftz, SGB V, § 53 Rn. 27; Schlegel in: Sodan, HdB KrVersR, § 11 Rn. 52.
52 Nolte in: KassKomm, § 53 SGB V Rn. 23; Henle in: LPK-SGB V, § 53 Rn. 31.
53 Nebendahl in: Spickhoff, Medizinrecht, § 53 SGB V Rn. 14; Lang in: Becker/Kingreen, § 53 Rn. 13.
54 Nolte in: KassKomm, § 53 SGB V Rn. 21.

Versorgungsmodelle[55] und der hausarztzentrierten Versorgung (§ 73 b), aber auch an strukturierten Behandlungsprogrammen für chronisch erkrankte Patienten (§ 137 f.), sogenannte DMP, sowie Modellvorhaben (§ 63) teilnehmen, müssen ihren Versicherten einen Wahltarif anbieten. Die in der Norm aufgezählten Versorgungsformen sind **abschließend** genannt. Das bedeutet aber nicht, dass alle Versorgungsformen gleich behandelt werden müssen, vielmehr ist es auch möglich, dass in der Satzung Prämienzahlungen oder Zuzahlungsermäßigungen für die einzelnen Versorgungsformen unterschiedlich gestaltet werden.[56] Nach dem Wortlaut der Vorschrift (Abs. 3 S. 2) ist eine Prämienregelung zulasten der Versicherten ausgeschlossen;[57] die Krankenkassen können nur eine Prämienzahlung oder Zuzahlungsermäßigung vorsehen.

19 Die Mindestbindungsfrist des Abs. 8 S. 1 gilt hier nicht, jedoch ist die **Kappungsgrenze** je Mitglied nach Abs. 8 S. 4 zu beachten.[58]

20 **d) Kostenerstattung (Abs. 4). aa) Inhalt des Kostenerstattungstarifs allgemein.** Der Wahltarif „Kostenerstattung" ermöglicht es den gesetzlichen Krankenkassen in einer Satzung[59] vorzusehen, dass Mitglieder einer gesetzlichen Krankenkasse und deren Familienversicherte mit ihrem Arzt **höhere Vergütungen vereinbaren** können, als normalerweise von den gesetzlichen Krankenkassen übernommen werden. Die Krankenkasse kann dabei die Höhe der Kostenerstattung **variabel** gestalten. Die Gesetzesbegründung[60] nennt als Beispiel für die Variabilität die Möglichkeit, dem Versicherten den 2,3-fachen Satz nach GOÄ/GOZ zu erstatten. Für die Mehrkosten, die dies gegenüber der Sachleistung bedeutet, muss die Krankenkasse eine **kalkulierte zusätzliche Prämienzahlung** des Versicherten vorsehen. In diesem Fall werden also dem Mitglied die Behandlungskosten wie einem Privatpatienten in Rechnung gestellt. Der Kostenerstattungstarif wird derzeit nahezu ausschließlich selektiv angeboten.[61]

21 Die gesetzlichen Krankenkassen können aufgrund des bestehenden **Gestaltungsspielraums** die Kostenerstattung für alle Leistungen oder nur für bestimmte Leistungsbereiche zulassen oder dem Versicherten die Wahl zwischen in der Satzung definierten Leistungsbereichen eröffnen.[62] Ob damit zukünftig auch Leistungen erfasst werden können, die grundsätzlich nicht vom gesetzlichen Leistungsangebot der gesetzlichen Krankenversicherung umfasst und deshalb ausschließlich im Rahmen privater Zusatzversicherungen absicherbar waren, ist nach wie vor heftig umstritten.[63]

22 **bb) Keine Leistungsausweitung.** Unstreitig ist zunächst, dass mit dem Wahltarif Kostenerstattung keine Leistungen angeboten werden dürfen, die der gesetzlichen Krankenversicherung nach Art und Inhalt fremd sind (**keine Leistungsausweitung**), sondern es kann allein die Höhe der Kostenerstattung variierend gestaltet werden.[64] Das Bundesversicherungsamt hat jedoch in seinem Schreiben vom 13.3.2007 deutlich gemacht, dass das Angebot für die Chefarztbehandlung und das Ein-/Zweibettzimmer (in zugelassenen Krankenhäusern) über den Kostenerstattungstarif als eine höher vergütete Variante der klassischen gesetzlichen Krankenversicherungsleistung vorgesehen werden könne, da die ärzt-

---

55 Hierzu Plate/Domscheit, KV 2016, 129 ff.
56 So auch Wagner in: Krauskopf, § 53 SGB V Rn. 14; Lang in: Becker/Kingreen, § 53 Rn. 15.
57 S-H LSG, 10. 12. 2008, L 5 KR 86/08 KL.
58 Siehe hierzu BT-Dr. 16/3100, 108.
59 Die Regelung in einer Satzung ist zwingende Voraussetzung für die Einführung von Wahltarifen; die Regelungen in Abs. 1, 2, 4, 5 und 7 überlassen es dem Verwaltungsrat als Satzungsgeber diese Wahltarife durch eine Satzung einzuführen, Abs. 3 und 6 verpflichten ihn hierzu. Dabei müssen die Satzungsbestimmungen dem rechtsstaatlichen Gebot der Normenklarheit genügen (vgl. BSG, 19.9.2007, B 1 A 4/06 R, SozR 4-2500 § 44 Nr. 13 = BSGE 99, 95).
60 BT-Dr. 16/3100, 108.
61 Beispiele: Die Barmer Ersatzkasse bietet etwa die Erstattung der Rechnungen für ambulante Behandlungen in Höhe der Vertragssätze an. Die Techniker Krankenkasse bietet die Erstattung der Kosten für ärztliche Behandlung in Höhe von 90 Prozent an. Der verbleibende Eigenanteil ist auf max. 400 EUR im Jahr begrenzt. Erstattet werden können nur Leistungen im Rahmen des GKV-Leistungskatalogs bis zum 2,3-fachen, mit Begründung max. 3,5-fachen Satz der GOÄ. Diese von den beiden Krankenkassen angebotenen Tarife können nicht mit einer Beitragsrückerstattung oder einem Selbstbehalt kombiniert werden.
62 Wagner in: Krauskopf, § 53 SGB V Rn. 16.
63 Vgl. hierzu zuletzt den Aufsatz von Wolf, NZS 2011, 87 ff.
64 Siehe Schreiben des Bundesversicherungsamts, 13.3.2007 – II1 – 4927.6-3709/2006, S. 5.

liche Behandlung und Unterbringung Bestandteile der Krankenhausbehandlung seien.[65] Dem hat sich ein Teil der Literatur und Rechtsprechung angeschlossen.[66]

(1) Begrenzung auf medizinisch notwendige Leistungen. Der Leistungsumfang ist im Kontext vor allem der §§ 12, 13, 28, 39 zu ermitteln,[67] da der Versicherungsträger nur Geschäfte zur Erfüllung seiner gesetzlich vorgeschriebenen oder zugelassenen Aufgaben abschließen und seine Mittel nur für diese Aufgaben oder Verwaltungskosten verwenden darf.[68] Hierzu gehört auch die Krankenhausbehandlung, die im Rahmen des Versorgungsauftrags des Krankenhauses alle Leistungen umfasst, die im Einzelfall nach Art und Schwere der Krankheit für die medizinische Versorgung der Versicherten im Krankenhaus **notwendig**[69] sind.[70] Folglich sind damit die Leistungen gemeint, auf die die gesetzlich Krankenversicherten Anspruch haben, und die nach § 12 Abs. 1 ausreichend, zweckmäßig, wirtschaftlich und notwendig sind,[71] wie etwa die medizinische Versorgung durch die diensthabenden Ärzte sowie Pflege, Unterkunft und Verpflegung im Mehrbettzimmer. Hingegen beinhalten sie im Regelfall nicht den Anspruch auf Unterbringung im Ein- oder Zweibettzimmer oder die wahlärztliche Behandlung durch den Chefarzt, da diese Leistungen grundsätzlich einen Zusatzkomfort darstellen.[72] Sofern diese Leistungen also nicht im Einzelfall medizinisch erforderlich sind, kann weder eine Unterbringung im Ein- oder Zweibettzimmer noch eine persönliche Leistungserbringung durch den Chefarzt als allgemeine Krankenhausleistung betrachtet werden, auf den die gesetzlich Krankenversicherten im Rahmen ihrer Pflichtversicherung Anspruch haben.[73] 23

(2) Ausnahme vom Sachleistunsprinzip. Mit der Regelung in § 53 Abs. 4 wird an **§ 13** angeknüpft;[74] einer Vorschrift, die vom in der Krankenversicherung geltenden Sachleistungsprinzip abweicht, um die Patientensouveränität und das Kostenbewusstseins des Versicherten zu stärken.[75] § 53 Abs. 4 S. 3 schließt ausdrücklich nur die Bestimmungen des § 13 Abs. 2 S. 2 und 3 aus, also solche Regelungen, die Beratungs- und Informationspflichten umfassen.[76] Da folglich § 13 Abs. 2 S. 1 weiterhin gilt, wonach die Kostenerstattung nur „anstelle von Sach- und Dienstleistungen" gewählt werden kann, ist der Kostenerstattungswahltarif auch nur für zugelassene Leistungen innerhalb des durch das SGB V und die untergesetzlichen Normen vorgegebenen „Leistungskatalogs" zulässig. Der Kostenerstattungsanspruch setzt nämlich voraus, dass dem Versicherten ein entsprechender Sachleistungsanspruch zustand.[77] § 53 Abs. 4 erweitert somit lediglich die Begrenzung der nach § 13 Abs. 2 möglichen Kostenerstattung, indem § 53 Abs. 4 S. 2 den gesetzlichen Krankenkassen ausdrücklich die Möglichkeit einräumt, die Höhe der Kostenerstattung zu variieren und dem Versicherten etwa den 2,3-fachen Satz nach GOÄ/GOZ zu erstatten.[78] Der Erstattungsbetrag über § 13 Abs. 2 wird dagegen regelmäßig unterhalb der GOÄ-Sätze liegen, insbesondere weil der Versicherte bei der Kostenerstattung nach § 13 24

---

65 Schreiben des Bundesversicherungsamts, 13.3.2007 – II1 – 4927.6-3709/2006, S. 5. Nunmehr hat das BVA als zuständige Genehmigungsbehörde der Techniker Krankenkasse die Genehmigung des Tarifs "TK-Privat Klinik & Mehr", in dem ua auch eine Kostenerstattung für Ein- und Zweibettzimmer vorgesehen war, verweigert; siehe VdAK/AEV, Ausschussdrucksache 16(14)0395(7), 18.6.2008, S. 3.
66 Siehe nur Wolf, NZS 2011, 87; LSG NRW, 27.5.2008, L 11 B 6/08 KR ER; SG Dortmund, 21.1.2008, S 40 KR 236/07 ER: Danach ergebe sich aus § 53 Abs. 4 nicht allein die Möglichkeit, die dem Versicherten „ohnehin schon zustehende ärztliche Leistung aufgrund erhöhter eigener Beitragszahlung höher vergüten zu lassen", sondern über eine weite Auslegung auch die Wahlarztbehandlung und die Unterbringung in Ein- und Zweibettzimmern zu erfassen. Ansonsten käme § 53 Abs. 4 keine praktische Bedeutung mehr zu.
67 Isensee, NZS 2007, 449, 452.
68 § 30 Abs. 1 SGB IV.
69 § 12 Abs. 1 S. 1.
70 § 2 Abs. 1 KHEntgG.
71 Gegen die Anwendbarkeit von § 12: Wolf, NZS 2011, 87, 89 f.
72 Isensee, NZS 2007, 449, 451; so auch Bundesärztekammer, Ausschussdrucksache 16(14)0395(3) vom 12.6.2008, S. 2 f.
73 So auch Isensee, NZV 2007, 449, 451; Prehn, GesR 2009, 230; Schlegel in: Sodan, HdB KrVersR, § 11 Rn. 95 f.; aA Huber, Die Wahltarife im SGB V, 2008, S. 22 f.; Wolf, NZS 2011, 87 ff.
74 So zumindest auch die Ansicht des Bundesversicherungsamts im Schreiben, 13.3.2007 – II 1 – 4927.6-3709/2006, S. 6.
75 BT-Dr. 15/1525, 73.
76 Isensee, NZS 2007, 449, 451; Kingreen in: Becker/Kingreen, § 13 Rn. 15.
77 So die ständige Rspr. des BSG: Vgl. hierzu nur BSG, 24.9.1996, 1 RK 33/95, SozR 3-2500 § 13 Nr. 11 = BSGE 79, 125, 126 f.; BSG, 7.11.2006, B 1 KR 24/06, SozR 4-2500 § 27 Nr. 12 = BSGE 97, 190; BSG, 28.2.2008, B 1 KR 16/07 R, SozR 4-2500 § 31 Nr. 9 = BSGE 100, 103.
78 Hierzu Prehn, GesR 2009, 230 ff.

die Differenz, die sich aus dem Auseinanderfallen der Honorare nach dem privatrechtlichen Arztvertrag und der Kostenerstattung nach vertragsärztlichem/zahnärztlichem Versorgungssystem ergibt,[79] zahlen muss und mögliche Abschläge für Verwaltungskosten hinzunehmen hat (§ 13 Abs. 2 S. 10).[80]

25 **cc) Verfassungsrechtliche Bedenken.** Beim Wahltarif Kostenerstattung bestehen ua verfassungsrechtliche Bedenken hinsichtlich der **Gesetzgebungskompetenz** des Bundes.[81] Die Rechtsmaterie „Sozialversicherung", welche in die konkurrierende Gesetzgebungskompetenz des Bundes fällt (Art. 74 Abs. 1 Nr. 12 GG), wird im GG nicht näher definiert und stellt einen typischen Fall einer normativ-rezeptiven Benennung[82] der Kompetenzmaterie dar.[83] Nach ständiger Rechtsprechung des BVerfG ist der Begriff der Sozialversicherung iS des Art. 74 Abs. 1 Nr. 12 GG als weit gefasster „Gattungsbegriff" zu verstehen.[84] Er erfasst danach Systeme, die das soziale Bedürfnis nach Ausgleich besonderer Lasten erfüllen und dazu selbstständige Anstalten oder Körperschaften des öffentlichen Rechts als Träger vorsehen, die ihre Mittel im Wesentlichen durch Beiträge aufbringen. Dazu gehören die schon bei Entstehen des Grundgesetzes bekannten vier klassischen Versicherungszweige zum Ausgleich der Lasten infolge von Krankheit, Alter, Invalidität und Unfall.[85] Neue Leistungen können folglich nur dann einbezogen werden, wenn sie in ihren wesentlichen Strukturelementen dem Bild entsprechen, das durch die klassische Sozialversicherung geprägt ist. Gleichzeitig ist aufgrund der dadurch bestehenden Grundstrukturen die Materie einer sozialstaatlichen Dynamik gemäßen Fortentwicklung zugänglich.[86] Der Gesetzgeber ist aber daran gehindert, den Typus" Sozialversicherung anzutasten.[87] Die Grenze ist überschritten, wenn hinsichtlich eines zu erbringenden Beitrags „die Absichten, Einnahmen zu beziehen, hinter einem anderen mit der Leistungspflicht verbundenen Zweck völlig zurücktritt".[88]

26 Der Wahltarif Kostenerstattung ermöglicht es den gesetzlichen Krankenkassen abweichend vom Sachleistungsprinzip eine höhere Kostenerstattung als die ihr zugrunde liegende Sachleistung anzubieten. Es fehlen insbesondere die zentralen Abgrenzungskriterien zur Privatversicherung wie Solidarität.[89] Der soziale Ausgleichsgedanke beinhaltet, dass sich die Beiträge zur Sozialversicherung nicht nach dem individuellen Risiko richten, sondern nach der Leistungsfähigkeit.[90] Beim Wahltarif Kostenerstattung geht es nicht mehr um eine Umverteilung der Lasten aufgrund interpersoneller oder intergenerationeller Kriterien, sondern vor allem um eine Steigerung der Wettbewerbsfähigkeit der gesetzlichen Krankenkassen gegenüber den Privatversicherern.[91]

27 Des Weiteren erhält der Versicherte die Möglichkeit, wie ein „Privater" abzurechnen, einen Sondervorteil, der keinen sachorientierten Anknüpfungspunkt zur Sozialleistung mehr aufweist, weil das Element des Solidarausgleichs fehlt. Ein völliges Zurücktreten des Prinzips des sozialen Ausgleichs führt aber dazu, dass diese nicht mehr als „Sozialversicherung" iS des Art. 74 Abs. 1 Nr. 12 GG angesehen werden können und somit ihre gesetzlichen Grundlagen kompetenzwidrig würden.[92] Die Sozialversicherung ist ein Vorsorgesystem mit einer Reziprozität von Beitrag und Leistung,[93] welches durch Kriterien der versicherungsmäßigen Äquivalenz und des Solidarausgleichs bestimmt wird. Der Kostener-

---

79 Der Anspruch auf Erstattung besteht nämlich höchstens in der Höhe der Vergütung bei entsprechender Sachleistung, § 13 Abs. 2 S. 8 SGB V, um die Solidargemeinschaft nicht mit zusätzlichen Kosten zu belasten. Hierzu Schifferdecker in: KassKomm, § 13 SGB V Rn. 43; Wagner in: Krauskopf, § 13 SGB V Rn. 15.
80 Schifferdecker in: KassKomm, § 13 SGB V Rn. 50; Wagner in: Krauskopf, § 13 SGB V Rn. 15; Wiegand, BB 1995, 94, 95. Abschläge für eine fehlende Wirtschaftlichkeitsprüfung (§ 13 Abs. 2 S. 11 aF) sind nicht mehr vorzunehmen: BT-Dr. 17/3696, 44.
81 Hierzu Prehn, GesR 2009, 230 ff.; aA SG Dortmund, 26.2.2014, S 40 KR 234/08, mwN.
82 Zur Abgrenzung zwischen faktisch-deskriptiven und normativ-rezeptiven Kompetenzmaterien BVerfG, 10.2.2004, 2 BvR 834/02, 2 BvR 1588/02, BVerfGE 109, 190, 218.
83 Degenhart in: Sachs, GG, 3. Aufl. 2002, Art. 74 Rn. 51 mwN.
84 Siehe nur BVerfG, 10.5.1960, 1 BvR 190, 363, 401, 409, 471/58, BVerfGE 11, 105, 112; BVerfG, 8.4.1987, 2 BvR 909, 934, 935, 936, 938, 941, 942, 947/82, 64/83 und 142/84, BVerfGE 75, 108, 146.
85 BVerfG, 10.5.1960, 1 BvR 190, 363, 401, 409, 471/58, BVerfGE 11, 105, 111 ff.; vgl. auch Oeter in: von Mangoldt/Klein/Starck, GG II, 5. Aufl. 2005, Art. 74 Rn. 117 mwN.
86 Degenhart in: Sachs, GG, 2. Aufl. 2003, Art. 74 Rn. 51.
87 Kunig in: von Münch/Kunig, GG III, 5. Aufl. 2003, Art. 74 Rn. 67 mwN.
88 BVerfG, 16.10.1962, 2 BvL 27/60, BVerfGE 14, 312, 318.
89 Schmidt, GesR 2007, 295, 302; Thüsing, NZS 2008, 510, 511.
90 Schmidt, GesR 2007, 295, 300.
91 Der Gesetzgeber selbst begründet die Wahltarife mit dem Konkurrenzverhältnis zwischen Gesetzlicher Krankenversicherung und Privater Krankenversicherung.
92 Papier/Möller, NZS 1998, 353, 354; aA Musil in: Eichenhofer/Wenner, SGB V, § 53 Rn. 8.
93 Bieback, VSSR 2003, 14, 31, 44.

stattungswahltarif, der sich nach Kostendeckung und Äquivalenz finanziert,[94] verliert damit seinen Charakter als Sozialversicherungsbeitrag.[95]

e) Arzneimittel der besonderen Therapierichtung (Abs. 5). Nach Abs. 5 kann die Krankenkasse (Ermessensausübung) in einer Satzung die Übernahme von Kosten für gem. § 34 Abs. 1 S. 1 ausgeschlossene, nicht verschreibungspflichtige Arzneimittel **besonderer Therapierichtungen** vorsehen. Nach Einschätzung des Gesetzgebers sind hiervon viele Arzneimittel der besonderen Therapierichtungen betroffen.[96] Zu den besonderen Therapierichtungen zählen homöopathische, phytotherapeutische, anthroposophische und ähnliche Therapien. Grund für den Ausschluss nicht verschreibungspflichtiger Arzneimittel war vor allem, den Versicherten die eigene Verantwortung für ihre Gesundheit zumindest teilweise zu überlassen.[97] Regelt die Krankenkasse diesen Wahltarif in einer Satzung, muss sie die Arzneimittel und Therapierichtungen konkret benennen. Möglich ist die satzungsmäßige Festlegung einer **ganzen oder teilweisen Kostenübernahme**.[98] Die vom Versicherten hierfür an die Krankenkasse zu zahlende Prämie müssen unter Beachtung der Grundsätze des Abs. 9 S. 1 die Aufwendungen decken. 28

Der Wahltarif kann ohne Einschränkungen auf einen bestimmten Personenkreises sich an jeden Versicherten wenden. Differenzierungen nach Alter, Geschlecht oder Gesundheitszustand sind unzulässig.[99] 29

f) Krankengeldtarif (Abs. 6). Nach Abs. 6 müssen die gesetzlichen Krankenkassen ihren Mitgliedern, die keinen oder nur einen eingeschränkten Anspruch auf Krankengeld haben (§ 44 Abs. 2 Nr. 2 und 3, § 46 S. 2), diesen Wahltarif anbieten und damit in einer Satzung regeln. Die Krankenkassen sind folglich hierzu verpflichtet. Mit dem Wahltarif können nur die in Abs. 6 **aufgezählten Personen** einen Anspruch auf Krankengeld erwerben. Diese Einschränkung wird nur dann als unproblematisch angesehen, wenn für die nicht genannte Personengruppen, die ebenfalls keinen Anspruch auf Krankengeld haben, eine vergleichbare anderweitige Absicherung besteht.[100] 30

Gibt der Versicherte die Wahlerklärung für den Krankengeldtarif erst ab, wenn er von seiner Erkrankung weiß, objektiv aber noch keine Arbeitsunfähigkeit besteht, hat dies nach der Rechtsprechung noch nicht per se zur Folge, dass die Erklärung als rechtsmissbräuchlich iS der §§ 134, 138 BGB gilt; auch dann nicht, wenn er von einem demnächst möglichen Eintritt einer Arbeitsunfähigkeit ausgeht. Dies gilt jedoch dann nicht, wenn ein bereits objektiv Arbeitsunfähiger in diesem Bewusstsein die erforderliche Feststellung der Arbeitsunfähigkeit durch einen Arzt solange herauszögert, bis die Wahlerklärung wirksam der Krankenkasse zugegangen ist.[101] Ob dies mit dem Versicherungsprinzip so vereinbar ist, soll hier dahingestellt bleiben. Für die Beurteilung eines rechtsmissbräuchlichen Verhaltens sind neben den entscheidenden subjektiven Elementen wie Kenntnis und Beweggründe des Versicherten auch die äußeren Umstände, Bestehen der Arbeitsunfähigkeit, mitheranzuziehen und entsprechend zu würdigen. 31

Der Anspruch beginnt mit dem ersten Tag der stationären Behandlung (§ 46 S. 1 Nr. 1) oder im Übrigen mit dem Tag, der auf den Tag der ärztlichen Feststellung der Arbeitsunfähigkeit folgt (§ 46 S. 1 Nr. 2). Insoweit steht es den Krankenkassen frei, den Entstehungszeitpunkt in diesem Rahmen festzulegen. Im Fall der nach dem Künstlersozialversicherungsgesetz (KSVG) versicherten selbstständigen Künstler und Publizisten ist in der Satzung ein Krankengeldanspruch spätestens ab Beginn der dritten Woche der Arbeitsunfähigkeit vorzusehen (§ 46 S. 3). 32

Die Krankenkassen können gem. Abs. 6 S. 2 von den Vorgaben in § 47 abweichen, so dass sie ihren Versicherten auch eine höhere oder niedrigere Absicherung anbieten können.[102] Die Festlegung der Höhe des Krankengeldes steht somit im **Ermessen der Krankenkasse**. Der Krankengeldtarif stellt eine **Einkommensersatzleistung** und richtet sich im Regelfall nach der Höhe des durch die Arbeitsunfähigkeit bedingten Einkommensausfalls; jedoch kann sich die Höhe auch unmittelbar nach der Beitragshöhe bemessen oder als abgestufter Pauschalbetrag geregelt sein.[103] 33

---

94 Vgl. BT-Dr. 16/3100, S. 108 f.
95 Isensee, NZS 2007, 449, 453; Prehn, GesR 2009, 230.
96 BT-Dr. 16/4247, 35.
97 Siehe Schlegel in: Sodan, HdB KrVersR, § 11 Rn. 107.
98 Lang in: Becker/Kingreen, § 53 Rn. 21; Wagner in: Krauskopf, § 53 SGB V Rn. 17.
99 Nolte in: KassKomm, § 53 SGB V Rn. 33.
100 Wagner in: Krauskopf, § 53 SGB V Rn. 22.
101 SG Stralsund, 25.11.2011, S 3 KR 24/10 mit Anm. Plagemann, FD-SozVR 2012, 334712.
102 BT-Dr. 16/3100, 65.
103 Wagner in: Krauskopf, § 53 SGB V Rn. 25.

34 Die Höhe, der von den Mitgliedern für diesen Tarif zu leistenden Prämienzahlungen sind in der Satzung festzulegen (Abs. 6 S. 3 und 4). Eine **Einschränkung** hinsichtlich der Höhe der Prämienzahlung erfolgt in Abs. 6 S. 4, wonach Differenzierungen bzw. Staffelungen nach **Alter, Geschlecht** oder **Krankheitsrisiko** des Mitglieds **ausgeschlossen** sind, da ansonsten eine solidarische Finanzierung des Krankengeld-Wahltarifes nicht gewährleistet wäre. Der Gesetzgeber hat hiermit auf die vormals gängige Praxis der Krankenkasse reagiert, die altersabhängige Prämien für den Krankengeldtarif vorsahen, die wiederum zu unverhältnismäßigen Belastungen älterer Mitglieder führten.[104]

35 Nach Abs. 6 S. 5 besteht die **Option**, dass die Krankenkasse die Durchführung des Krankengeldtarifs durch Satzungsregelung auf eine andere Krankenkasse oder einen Landesverband übertragen kann. Der Gesetzgeber wollte mit dieser Regelung die Sicherstellung einer **verlässlichen Kalkulationsgrundlage** ermöglichen, da diese aufgrund der teilweise sehr kleinen Versichertenkollektive in einzelnen Wahltarifen nach Maßgabe von Abs. 9 ansonsten häufig nicht möglich sei.[105] Die gemeinsame Durchführung ist aber auch unabhängig von der Größe der Versichertenkollektive zulässig.[106] Nach Abs. 6 S. 6 erfolgt in diesen Fällen die Prämienzahlung jedoch an die **übertragende** Krankenkasse, der das Mitglied angehört; wobei die **Rechenschaftslegung** wiederum von der **durchführenden** Krankenkasse oder dem durchführenden Landesverband erfolgt (Abs. 6 S. 7). Daraus wird geschlossen, dass die Prämien an diese durch die übertragende Krankenkasse weitergeleitet werden.[107]

36 g) **Ausgleich für Leistungsbeschränkungen (Abs. 7).** Die Regelung in Abs. 7 ermöglicht Prämienzahlungen für **bestimmte Mitgliedergruppen**, bei denen die Satzung der Krankenkassen den Leistungsumfang nach dem SGB V beschränkt. Zur Einführung dieses Tarifs sind jedoch die Krankenkassen aufgrund des klaren Wortlauts („kann") nicht verpflichtet. Gemeint sind vor allem die Mitgliedergruppen, die eine Erstattung von Teilkosten nach § 14 gewählt haben,[108] wie etwa Dienstordnungs-Angestellte und Beamte, die zum Bezug von Beihilfe berechtigt sind. Die Krankenkasse darf dagegen nicht selbst den Adressatenkreis kraft Satzungshoheit regeln; vielmehr ist die gesetzliche Bezugnahme auf „bestimmte Mitgliedergruppen" in Abs. 7 als Verweis auf die gesetzliche „Aussonderung" eines bestimmten Personenkreises zu sehen.[109] Weil die Leistungsbeschränkung nach § 14 aufgrund der Höhe der Beihilfe nicht selten erheblich sein wird, gilt die Höchstgrenze der Prämienzahlung nach Abs. 8 S. 4 nicht (Abs. 8 S. 5).

37 4. **Mindestbindungsfrist und Sonderkündigungsrecht (Abs. 8 S. 1–3).** Die Reduzierung der Mindestbindungsfrist von ursprünglich 3 Jahren auf **ein Jahr** für die Tarife nach Abs. 2 (Prämienzahlung), Abs. 4 (Kostenerstattung) und Abs. 5 (Arzneimittel der besonderen Therapierichtungen) soll nach dem Willen des Gesetzgebers die **Wahlfreiheit** der Versicherten stärken.[110] Die bisherige Mindestbindungsfrist von **drei Jahren** für alle Wahltarife mit Ausnahme der Tarife nach Abs. 3 habe nach der Gesetzesbegründung die Versicherten „tendenziell davon abgehalten, diese in Anspruch zu nehmen".[111] Dagegen sah es der Gesetzgeber für notwendig an, die Mindestbindungsfrist bei den Tarifen nach Abs. 1 (Selbstbehalt) und nach Abs. 6 (Krankengeld) auf 3 Jahre festzuschreiben, da bei diesen Tarifen die Sicherstellung einer langfristigen **Kalkulationsgrundlage** für die Krankenkassen erforderlich sei.[112] Für die Wahltarife nach Abs. 3 (besondere Versorgungsformen) wird hiervon eine **Ausnahme** gemacht, für diese gilt keine Mindestbindungsfrist. Die vorgesehenen Mindestbindungsfristen sollen einen missbräuchlichen Wechsel zwischen Tarifen je nach Erwartung der Inanspruchnahme von Leistungen verhindern,[113] aber auch den Verwaltungsaufwand der Krankenkassen mindern.[114]

38 Die im Gesetz vorgesehenen Mindestbindungsfristen sind insoweit **zwingend**, als ein Abweichen in Form einer **kürzeren** Fristenregelung durch Satzungsregelungen nicht möglich ist.[115] Dagegen kann die

---

104 BT-Dr. 16/12 256, 65.
105 BT-Dr. 16/12 256, 65.
106 Wagner in: Krauskopf, § 53 SGB V Rn. 28.
107 Wagner in: Krauskopf, § 53 SGB V Rn. 28.
108 BT-Dr. 16/3100, 109; LSG Hmb, 27.9.2012, L 1 KR 73/10 KL, NZS 2013, 141, 143; Wagner in: Krauskopf, § 53 SGB V Rn. 31; Waltermann in: Kreikebohm/Spellbrink/Waltermann, § 53 SGB V Rn. 7.
109 So LSG Hmb, 27.9.2012, L 1 KR 73/10 KL, NZS 2013, 141, 143.
110 BT-Dr. 17/3690, 45.
111 So die Gesetzesbegründung, BT-Dr. 17/3690, 45.
112 BT-Dr. 17/3690, 45.
113 So die ursprüngliche Gesetzesbegründung BT-Dr. 16/3100, 109.
114 Nolte in: KassKomm, § 53 SGB V Rn. 46; Lang in: Becker/Kingreen, § 53 Rn. 26.
115 AA Wagner in: Krauskopf, § 53 SGB V Rn. 32.

Krankenkasse eine längere Frist oder einen Wahltarif auf unbestimmte Zeit vorsehen. Dies ergibt sich schon aus dem vom Gesetzgeber gewählten Wort „*Mindest*bindungsfrist".

Grundsätzlich gilt für die **Kündigung der Mitgliedschaft in der Krankenkasse** § 175 Abs. 4, wonach Versicherte an die Wahl der Krankenkasse mindestens **18 Monate** gebunden sind. Vor Ablauf der 18-monatigen Frist kann die Mitgliedschaft in der Krankenkasse deshalb durch eine ordentliche Kündigung nicht beendet werden. Das gilt auch dann, wenn die Teilnahme am Wahltarif nach Ablauf der hierfür maßgeblichen Mindestbindungsfrist beendet ist. In Abs. 8 S. 2 ist gleichzeitig abweichend von § 175 Abs. 4 geregelt, dass eine Kündigung der Mitgliedschaft erst frühestens mit Ablauf der jeweiligen Mindestbindungsfrist des in Anspruch genommenen Wahltarifs möglich ist. 39

Jedoch steht dem Versicherten ein **Sonderkündigungsrecht** gem. **§ 175 Abs. 4 S. 5** bei Erhebung oder Erhöhung eines Zusatzbeitrags oder bei Verringerung der Prämienzahlung zu, wenn ein Mitglied einen Wahltarif abgeschlossen hat. Mit dieser Regelung wollte der Gesetzgeber sicherstellen, „dass die Option für einen entsprechenden Wahltarif den Krankenkassenwettbewerb nicht unzulässig einschränkt".[116] Ein solches Sonderkündigungsrecht gilt dagegen nicht für Mitglieder mit einem Wahltarif nach Abs. 6 (Krankengeld) im Hinblick auf die diese Tarife betreffenden Rechtsänderungen, die mit dem Gesetz zur Änderung arzneimittelrechtlicher und anderer Vorschriften vom 17.7.2009[117] vorgenommen wurden.[118] Für diese geht die Mindestbindung nach Abs. 8 S. 2 Hs. 1 dem Sonderkündigungsrecht nach § 175 Abs. 4 S. 5 vor, so dass sie drei Jahre gebunden bleiben.[119] 40

Nach Abs. 8 S. 3 hat die Satzung für besondere **Härtefälle** ein **Sonderkündigungsrecht** vorzusehen. Voraussetzung hierfür ist, dass dem Versicherten nach den Umständen des Einzelfalles wegen nicht vorhersehbarer Ereignisse das Festhalten an dem Wahltarif **nicht mehr zuzumuten** ist. Hierzu können auch wirtschaftliche Gründe zählen, die etwa zu einer existentiellen Notlage führen, jedoch genügen allein finanzielle Nachteile nicht.[120] Den Gesetzesvorgaben wird nur dann entsprochen, wenn in der Satzung etwa lediglich beispielhaft die in Betracht kommenden Härtefälle genannt werden, da ansonsten auf Einzelfälle nicht adäquat reagiert werden könnte.[121] Es muss hier ein Spielraum zugunsten des Versicherten verbleiben und damit eine Einzelfallentscheidung möglich sein. 41

5. **Prämienhöchstgrenzen (Abs. 8 S. 4 und 5).** Nach Abs. 8 S. 4 darf die Prämienzahlung an Versicherte bis zu 20 %, für einen oder mehrere Tarife einschließlich Prämienzahlungen nach § 242 30 % der vom Mitglied im Kalenderjahr getragenen Beiträge mit Ausnahme der Beitragszuschüsse nach § 106 sowie § 257 Abs. 1 S. 1, jedoch nicht mehr als 600 EUR, bei einem oder mehreren Tarifen einschließlich Prämienzahlungen nach § 242 900 EUR jährlich betragen. Maßgebliche Bemessungsgrundlage ist hierbei der vom jeweiligen Versicherten zu tragende Beitrag, nicht dagegen der Arbeitgeberanteil zum Krankenversicherungsbeitrag. Auch Beitragszuschüsse nach § 106 SGB VI und § 257 Abs. 1 S. 1 SGB V sind nicht einzubeziehen.[122] Der Gesetzgeber wollte mit den Prämienhöchstgrenzen „Missbrauchsgefahren", etwa für Versicherte, die nur geringe Beiträge zahlen, eindämmen.[123] Darüber hinaus soll auf diese Weise erreicht werden, dass die Prämienzahlungen in einem angemessenen Verhältnis zur Selbstbeteiligung und zur Leistungsbeschränkung stehen.[124] Die Höchstgrenzen gelten dagegen nicht für Versicherte, bei denen die Satzung der Krankenkassen den Leistungsumfang beschränkt (Abs. 8 S. 5). 42

Da der Gesetzgeber die Möglichkeit von Prämienzahlungen der Krankenkassen an ihre Mitglieder im Falle des Übersteigens ihres Finanzbedarfs aufgrund der Zuweisungen aus dem Gesundheitsfonds (§ 242 Abs. 2 aF) durch das **GKV-FQWG** mWv **1.1.2015**[125] abgeschafft hat, entfällt auch die Geltung der Höchstgrenzen nach Abs. 8 S. 4 hierfür ab diesem Zeitpunkt.[126]

---

116 BT-Dr. 17/3690, 45.
117 BGBl. I, 1990.
118 BT-Dr. 17/3690, 45.
119 Vgl. zur alten Rechtslage hinsichtlich der Geltung der Mindestbindungsfrist bei einem beabsichtigten Wechsel eines freiwillig gesetzlich Versicherten in die private Krankenversicherung HessLSG, 28.6.2012, L 1 KR 231/10.
120 LSG NRW, 23.4.2009, L 5 B 15/09 KR ER.
121 So auch Lang in: Becker/Kingreen, § 53 Rn. 26; Schlegel in: Sodan, HdB KrVersR, § 11 Rn. 132; zweifelnd Wagner in: Krauskopf, § 53 SGB V Rn. 34.
122 Siehe Dreher in: jurisPK-SGB V, § 53 Rn. 156.
123 BT-Dr. 16/3100, 109.
124 BT-Dr. 16/3100, 109.
125 BGBl. I, 1133, 1147.
126 Zur Gesetzesbegründung siehe BT-Dr. 18/1307, 33, 42.

43 **6. Eingeschränkte Tarifwahl (Abs. 8 S. 6).** Alle Wahltarife mit Ausnahme der besonderen Versorgungsform nach Abs. 3 sind für Mitglieder **ausgeschlossen,** deren Beiträge vollständig von Dritten getragen werden. Das sind insbesondere Bezieher von Alg II (§ 251 Abs. 4).[127] Aufgrund niedriger, zumeist nicht kostendeckender Beiträge würden Prämienzahlungen für diesen Versichertenkreis deren Finanzierungsanteil noch weiter absenken, was im Vergleich zu Versicherten, die hohe Beiträge zahlen, nicht sachgerecht wäre.[128]

44 **7. Vorgaben zur Finanzierung und Aufsicht (Abs. 9).** Nach Abs. 9 müssen die Aufwendungen für jeden Wahltarif aus Einnahmen, Einsparungen und Effizienzsteigerungen erzielt werden und dürfen nicht aus den allgemeinen Beiträgen der Versichertengemeinschaft **quersubventioniert** werden.[129] Jeder Wahltarif muss sich folglich unmittelbar aus Einnahmen, Einsparungen und Effizienzsteigerungen selbst finanzieren, wobei die hierfür notwendige Kalkulation von der Krankenkasse auf der Grundlage ihrer Jahresrechnung zu erfolgen hat.[130] Als Einnahmen gelten die von den Versicherten geleisteten Prämien für die in Anspruch genommenen Wahltarife.[131] Kalkulatorische Einnahmen der Krankenkassen, die allein durch das Halten oder die Neugewinnung von Mitgliedern erzielt werden (sog Halteeffekte), dürfen dagegen bei der Kalkulation jeglicher Wahltarife nicht berücksichtigt werden (Abs. 9 S. 2 Hs. 1).[132] Wie eine Finanzierung über Einsparungen oder Effizienzsteigerung sichergestellt werden kann, bleibt dagegen vage[133] und dürfte auch hinsichtlich der Nachweisbarkeit und der Kalkulation nicht ganz einfach zu realisieren sein.[134] Das BSG hat hierzu ausgeführt, dass Hoffnungen auf Begleiteffekte, welche die zu erwartenden Kosten kompensieren können, nicht ohne prognostische Grundlagen zugrunde gelegt werden dürfen, sondern sie müssen sich auf eine realistische Ableitung stützen. Solange dies nicht gewährleistet ist, müssen die von den Mitgliedern zu zahlenden Prämien so kalkuliert werden, dass sie bei dem zu erwartenden Gesamtleistungsaufwand der Krankenkasse im Vergleich zu einem Beitragsaufkommen ohne Wahltarif keine Unterdeckung verursachen.[135]

45 Die Krankenkassen sind gem. Abs. 9 S. 2 verpflichtet, gegenüber der Aufsichtsbehörde regelmäßig, mindestens alle **drei Jahre**, über die erzielten Einsparungen **Rechenschaft** abzulegen und entsprechend auch durch **Nachweise** zu belegen, die eine konkrete Aufschlüsselung nach Einnahmen und Ausgaben erforderlich macht. Die Verpflichtung zur turnusmäßigen Rechenschaftslegung bezieht sich auch auf das Verbot der Berücksichtigung der sog Halteeffekte (Abs. 9 S. 3). Es handelt sich hierbei um eine redaktionelle Folgeänderung zu Abs. 9 S. 1.[136] Bei der Feststellung eines Verstoßes kann die Aufsichtsbehörde die üblichen Aufsichtsmittel nach § 89 SGB IV anwenden.

46 Nach Abs. 9 S. 3 müssen die Krankenkassen nunmehr (seit 1.1.2011) zusätzlich zu der Überwachung des Verbots der Quersubventionierung durch die Aufsichtsbehörde dieser mindestens alle drei Jahre ein **versicherungsmathematisches Gutachten** vorlegen. Angelehnt ist diese Regelung an § 17 Versicherungsberichterstattungs-Verordnung. Die Prüfung hat nach dem Willen des Gesetzgebers durch versicherungsmathematische Sachverständige (Aktuare) zu erfolgen.[137] Die Kosten hierfür muss die Krankenkasse tragen. Der Gesetzgeber meint, dass sich mit den Mitteln der Versicherungsmathematik eine etwaige Quersubventionierung eher ermitteln lasse und damit eine Verschärfung der Anforderungen des Nachweises der Wirtschaftlichkeit rechtfertige. Ob die damit erhofften Ergebnisse auch tatsächlich erzielt werden, bleibt abzuwarten.

§ 54 (aufgehoben)

---

127 Nolte in: KassKomm, § 53 SGB V Rn. 52.
128 BT-Dr. 16/3100, 109.
129 BT-Dr. 16/3100, 109.
130 Wagner in: Krauskopf, § 53 SGB V Rn. 40.
131 Nebendahl in: Spickhoff, Medizinrecht, § 53 SGB V Rn. 42.
132 Siehe hierzu auch die Gesetzesbegründung BT-Dr. 17/13079, 12.
133 Vgl. Nebendahl in: Spickhoff, Medizinrecht, § 53 SGB V Rn. 42.
134 Lang in: Becker/Kingreen, § 53 Rn. 25; Krauskopf in: Krauskopf, 81. EL 2013, § 53 SGB V Rn. 40.
135 BSG, 8.11.2011, B 1 A 1/11 R, SozR 4-2500 § 53 Nr. 2 = NZS 2012, 263, 265 mAnm Shirvani, SGb 2013, 99 ff.
136 BT-Dr. 17/13079, 13.
137 BT-Dr. 17/3696, 46.

Siebter Abschnitt
Zahnersatz

§ 55 Leistungsanspruch

(1) ¹Versicherte haben nach den Vorgaben in den Sätzen 2 bis 7 Anspruch auf befundbezogene Festzuschüsse bei einer medizinisch notwendigen Versorgung mit Zahnersatz einschließlich Zahnkronen und Suprakonstruktionen (zahnärztliche und zahntechnische Leistungen) in den Fällen, in denen eine zahnprothetische Versorgung notwendig ist und die geplante Versorgung einer Methode entspricht, die gemäß § 135 Abs. 1 anerkannt ist. ²Die Festzuschüsse umfassen 50 vom Hundert der nach § 57 Abs. 1 Satz 6 und Absatz 2 Satz 5 und 6 festgesetzten Beträge für die jeweilige Regelversorgung. ³Für eigene Bemühungen zur Gesunderhaltung der Zähne erhöhen sich die Festzuschüsse nach Satz 2 um 20 vom Hundert. ⁴Die Erhöhung entfällt, wenn der Gebisszustand des Versicherten regelmäßige Zahnpflege nicht erkennen lässt und der Versicherte während der letzten fünf Jahre vor Beginn der Behandlung
1. die Untersuchungen nach § 22 Abs. 1 nicht in jedem Kalenderhalbjahr in Anspruch genommen hat und
2. sich nach Vollendung des 18. Lebensjahres nicht wenigstens einmal in jedem Kalenderjahr hat zahnärztlich untersuchen lassen.

⁵Die Festzuschüsse nach Satz 2 erhöhen sich um weitere 10 vom Hundert, wenn der Versicherte seine Zähne regelmäßig gepflegt und in den letzten zehn Kalenderjahren vor Beginn der Behandlung die Untersuchungen nach Satz 4 Nr. 1 und 2 ohne Unterbrechung in Anspruch genommen hat. ⁶Dies gilt nicht in den Fällen des Absatzes 2. ⁷Für Versicherte, die nach dem 31. Dezember 1978 geboren sind, gilt der Nachweis für eigene Bemühungen zur Gesunderhaltung der Zähne für die Jahre 1997 und 1998 als erbracht.

(2) ¹Versicherte haben bei der Versorgung mit Zahnersatz zusätzlich zu den Festzuschüssen nach Absatz 1 Satz 2 Anspruch auf einen Betrag in jeweils gleicher Höhe, angepasst an die Höhe der für die Regelversorgungsleistungen tatsächlich anfallenden Kosten, höchstens jedoch in Höhe der tatsächlich entstandenen Kosten, wenn sie ansonsten unzumutbar belastet würden; wählen Versicherte, die unzumutbar belastet würden, nach Absatz 4 oder 5 einen über die Regelversorgung hinausgehenden gleich- oder andersartigen Zahnersatz, leisten die Krankenkassen nur den doppelten Festzuschuss. ²Eine unzumutbare Belastung liegt vor, wenn
1. die monatlichen Bruttoeinnahmen zum Lebensunterhalt des Versicherten 40 vom Hundert der monatlichen Bezugsgröße nach § 18 des Vierten Buches nicht überschreiten,
2. der Versicherte Hilfe zum Lebensunterhalt nach dem Zwölften Buch oder im Rahmen der Kriegsopferfürsorge nach dem Bundesversorgungsgesetz, Leistungen nach dem Recht der bedarfsorientierten Grundsicherung, Leistungen zur Sicherung des Lebensunterhalts nach dem Zweiten Buch, Ausbildungsförderung nach dem Bundesausbildungsförderungsgesetz oder dem Dritten Buch erhält oder
3. die Kosten der Unterbringung in einem Heim oder einer ähnlichen Einrichtung von einem Träger der Sozialhilfe oder der Kriegsopferfürsorge getragen werden.

³Als Einnahmen zum Lebensunterhalt der Versicherten gelten auch die Einnahmen anderer in dem gemeinsamen Haushalt lebender Angehöriger und Angehöriger des Lebenspartners. ⁴Zu den Einnahmen zum Lebensunterhalt gehören nicht Grundrenten, die Beschädigte nach dem Bundesversorgungsgesetz oder nach anderen Gesetzen in entsprechender Anwendung des Bundesversorgungsgesetzes erhalten, sowie Renten oder Beihilfen, die nach dem Bundesentschädigungsgesetz für Schäden an Körper und Gesundheit gezahlt werden, bis zur Höhe der vergleichbaren Grundrente nach dem Bundesversorgungsgesetz. ⁵Der in Satz 2 Nr. 1 genannte Vomhundertsatz erhöht sich für den ersten in dem gemeinsamen Haushalt lebenden Angehörigen des Versicherten um 15 vom Hundert und für jeden weiteren in dem gemeinsamen Haushalt lebenden Angehörigen des Versicherten und des Lebenspartners um 10 vom Hundert der monatlichen Bezugsgröße nach § 18 des Vierten Buches.

(3) ¹Versicherte haben bei der Versorgung mit Zahnersatz zusätzlich zu den Festzuschüssen nach Absatz 1 Satz 2 Anspruch auf einen weiteren Betrag. ²Die Krankenkasse erstattet den Versicherten den Betrag, um den die Festzuschüsse nach Absatz 1 Satz 2 das Dreifache der Differenz zwischen den monatlichen Bruttoeinnahmen zum Lebensunterhalt und der zur Gewährung eines zweifachen Festzuschusses nach Absatz 2 Satz 2 Nr. 1 maßgebenden Einnahmegrenze übersteigen. ³Die Beteiligung an

den Kosten umfasst höchstens einen Betrag in Höhe der zweifachen Festzuschüsse nach Absatz 1 Satz 2, jedoch nicht mehr als die tatsächlich entstandenen Kosten.
(4) Wählen Versicherte einen über die Regelversorgung gemäß § 56 Abs. 2 hinausgehenden gleichartigen Zahnersatz, haben sie die Mehrkosten gegenüber den in § 56 Abs. 2 Satz 10 aufgelisteten Leistungen selbst zu tragen.
(5) Die Krankenkassen haben die bewilligten Festzuschüsse nach Absatz 1 Satz 2 bis 7, den Absätzen 2 und 3 in den Fällen zu erstatten, in denen eine von der Regelversorgung nach § 56 Abs. 2 abweichende, andersartige Versorgung durchgeführt wird.

Literatur:

Axer, Abrechnungs- und Wirtschaftlichkeitsprüfung im vertragszahnärztlichen Abrechnungssystem, NZS 2006, 225; *Boecken*, Festzuschüsse bei Zahnersatz – insbesondere zu den Fragen ihrer Einbeziehung in die Gesamtvergütung und ihrer Budgetierung, VSSR 2005, 1; *Fedderwitz, Micheelis, Schmidt-Garrecht*, Das Festzuschusssystem als Steuerungselement in der Gesetzlichen Krankenversicherung, in: Volker Ulrich/Walter Ried (Hrsg.), Effizienz, Qualität und Nachhaltigkeit im Gesundheitswesen, Festschrift zum 65. Geburtstag von Eberhard Wille, 2007, 903; *Muschallik*, Inhalt und Bindungswirkung des Grundsatzes der Beitragsstabilität in § 71 Abs. 1, § 141 Abs. 2 SGB V, NZS 1998, 7; *Muschallik*, Kostenerstattung – Die überlegene Alternative im Bereich der vertragszahnärztlichen Versorgung, MedR 2000, 213; *Muschallik*, Die Zukunft des Sicherstellungsauftrages durch die kassenzahnärztlichen Vereinigungen, MedR 2003, 139; *Noftz*, Leistungsrecht und Leistungserbringungsrecht nach Inkrafttreten des 2. GKV-Neuordnungsgesetzes, VSSR 1997, 393; *Plagemann*, Zahnersatz – Umbau eines Versorgungsbereiches, GesR 2006, 488; *Sodan*, Zukunftsperspektiven der (vertrags-)zahnärztlichen Versorgung – eine Einführung, Schriften zum Gesundheitsrecht, Bd. 3 (2005), 9; *Tiemann*, Privatversicherungsrechtliche Elemente in der gesetzlichen Krankenversicherung, dargestellt am Beispiel der Zahnersatzregelung, ZMGR 2005, 14.

I. Entstehungsgeschichte 1	VII. Monatliche Bruttoeinnahmen zum Lebensunterhalt (Abs. 2 S. 3 bis 5) 19
II. Normzweck 2	VIII. Belastungsgrenze (Abs. 3) 21
III. Voraussetzungen für die Gewährung eines Festzuschusses (Abs. 1) 3	IX. Mehrkosten bei gleichartigem Zahnersatz (Abs. 4) 22
IV. Zusätzlicher Zuschuss bei unzumutbarer Belastung (Abs. 2) 15	X. Andersartige Versorgung (Abs. 5) 23
V. Höhe des Zuschusses (Abs. 2 S. 1) 16	XI. Ausgestaltung des Verfahrens 24
VI. Unzumutbare Belastung (Abs. 2 S. 2 bis 5) 18	

I. Entstehungsgeschichte

1 Durch das Gesetz zur Modernisierung der gesetzlichen Krankenversicherung[1] (GKV-Modernisierungsgesetz) idF des Gesetzes zur Anpassung der Finanzierung von Zahnersatz[2] wurden die Regelungen in § 30 aF, die eine prozentuale Eigenbeteiligung des Versicherten an den Behandlungskosten bei Zahnersatz und Zahnkronen vorsahen, mit Wirkung zum 1.1.2005 in den §§ 55 bis 57, 87 Abs. 1a durch ein System befundbezogener Festzuschüsse ersetzt. Damit wurde die noch in § 30 aF enthaltene Systematik einer grundsätzlichen Definition des Leistungsanspruchs der Versicherten im Gesetz und der Festlegung von Ausnahmeindikationen durch den Gemeinsamen Bundesausschuss in § 55 aufgegeben. Die früheren Leistungsausschlüsse des § 30 Abs. 1 aF wurden als vom Gemeinsamen Bundesausschuss zu beachtender Katalog in § 56 Abs. 2 festgelegt. Die Versorgung mit Zahnersatz wurde ab dem 1.1.2005 daher wesentlich umgestaltet und nach den Grundsätzen ausgerichtet, die bereits der Rechtslage ab dem 3.1.1998 entsprachen.[3]

II. Normzweck

2 § 55 gehört zum Siebten Abschnitt des Vierten Kapitels des SGB V. Er definiert den Leistungsanspruch des Versicherten bei Zahnersatz einschließlich Zahnkronen und Suprakonstruktionen (zahnärztliche und zahntechnische Leistungen). Unabhängig von der tatsächlich durchgeführten Versorgung sollen Versicherte einen Festzuschuss erhalten, der sich auf die vom Gemeinsamen Bundesausschuss festgelegten Befunde bezieht. Auf diesem Weg wollte der Gesetzgeber sicherstellen, dass sich Versicherte für

---

1 GMG v. 14.11.2003, BGBl. I, 2190.
2 ZahnFinAnpG v. 15.12.2004, BGBl. I, 3445.
3 GKV-Neuordnungsgesetz (GKV-NOG) vom 23.6.1997, BGBl. I, 1520; 2. GKV-Neuordnungsgesetz vom 19.12.1998, BGBl. I, 3853.

jede medizinisch anerkannte Versorgungsform mit Zahnersatz entscheiden können, ohne den Anspruch auf den Kassenzuschuss zu verlieren.[4] Der Versicherte kann also auch einen Zahnersatz wählen, der von der Regelversorgung abweicht, zB eine implantatgestützte Brücke. Er erhält dafür den Festzuschuss für die ansonsten erforderliche Regelversorgung. Die Festsetzung der Regelversorgung erfolgt durch den Gemeinsamen Bundesausschuss (§ 56).[5]

III. Voraussetzungen für die Gewährung eines Festzuschusses (Abs. 1)

Nach § 27 Abs. 1 S. 1 haben Versicherte Anspruch auf Krankenbehandlung, wenn sie notwendig ist, um eine Krankheit zu erkennen, zu heilen, ihre Verschlimmerung zu verhüten oder Krankheitsbeschwerden zu lindern.[6] Die Krankenbehandlung umfasst auch die zahnärztliche Behandlung sowie die Versorgung mit Zahnersatz einschließlich Zahnkronen und Suprakonstruktionen (§ 27 Abs. 1 S. 2 Nr. 2 und 2a). Nach § 28 Abs. 2 umfasst die zahnärztliche Behandlung die Tätigkeit des Zahnarztes, die zur Verhütung, Früherkennung und Behandlung von Zahn-, Mund- und Kieferkrankheiten nach den Regeln der zahnärztlichen Kunst ausreichend und zweckmäßig ist; sie umfasst auch konservierend-chirurgische Leistungen und Röntgenleistungen, die im Zusammenhang mit Zahnersatz einschließlich Zahnkronen und Suprakonstruktionen erbracht werden.[7] Fraglich ist, ob Zahnersatz als Sachleistung im Leistungskatalog der GKV verblieben ist[8] oder eine Geldleistung darstellt.[9] Nach der Systematik des Festzuschusssystems und insbesondere der Veränderung der Punktmengengrenzen in § 85 Abs. 4 b, die sich auf alle vertragszahnärztlichen Leistungen im Sinne des § 73 Abs. 2 Nr. 2 beziehen, ist klargestellt, dass die Leistungen der Krankenkassen im Rahmen des Festzuschusssystems nicht mehr Gegenstand der Gesamtvergütungen sind und daher als Geldleistung außerhalb des Sachleistungsprinzips erbracht werden. Somit haben alle Versicherten Anspruch auf Zahnersatz.[10]

Abs. 1 S. 1 definiert als weitere Voraussetzung für den Leistungsanspruch, dass es sich um eine medizinisch notwendige Versorgung mit Zahnersatz einschließlich Zahnkronen und Suprakonstruktionen (zahnärztliche und zahntechnische Leistung) handelt. Zahnersatz in diesem Sinne sind Zahnprothesen, Brücken, Zahnkronen sowie Suprakonstruktionen und damit auch implantatgestützter Zahnersatz. Es ist dabei unerheblich, ob es sich um einen festsitzenden oder herausnehmbaren Zahnersatz handelt. Befundbezogene Festzuschüsse stellen nicht auf die medizinisch notwendige Versorgung im Einzelfall, sondern auf prothetische Regelversorgungen bei bestimmten Befunden ab.[11]

Die zahnprothetische Versorgung muss notwendig sein. In Betracht kommen hier vor allem zahnmedizinische Gründe, also Zahnschäden oder -ausfall aufgrund von Zahn-, Mund- oder Kieferkrankheiten, aber auch Allgemeinkrankheiten, rheumatische Erkrankungen oder Allergien.[12] Rein ästhetische oder kosmetische Erwägungen genügen insoweit nicht. Die Versorgung mit Zahnersatz muss ferner **ausreichend, zweckmäßig und wirtschaftlich** sein. Das Wirtschaftlichkeitsgebot[13] ist in § 12 festgelegt und nach seinem Standort Grundsatznorm für das gesamte Leistungsrecht der GKV nach dem Dritten Kapitel.[14] Die Wirtschaftlichkeit neuer Untersuchungs- und Behandlungsmethoden wird gemäß § 135 durch den Gemeinsamen Bundesausschuss festgestellt.

---

4 BT-Dr. 15/1525, 91 ff.; Muschallik in: Schnapp/Wigge, § 20 Rn. 24; Axer, NZS 2006, 225, 226.
5 → § 92 Rn. 16.
6 → § 27 Rn. 12 f.
7 → § 28 Rn. 20.
8 So noch BSG, SozRecht 4-5555, § 12 Nr. 1 für die Zeit bis 1998; ferner Blöcher in: Hauck/Noftz, SGB V, § 55 Rn. 35.
9 Nolte in: KassKomm, § 55 SGB V Rn. 64; Muschallik in: Wenzel, Kap. 3, Rn. 78 ff.; Boecken, VSSR 2005, 1 ff.; zur verfassungsrechtlichen Zulässigkeit der Ausgliederung von Leistungsbereichen aus der gesetzlichen Krankenversicherung; Sodan, NZS 2003, 393 ff.
10 Zum Anspruch auf Festzuschüsse für Zahnersatz im Rahmen der freien Heilfürsorge VG Saarland, 15.4.2008, 3 K 1012/17.
11 BT-Dr. 15/1525, 91; zur verfassungsrechtlichen Zulässigkeit der Begrenzung des Leistungsanspruches auf einen nicht kostendeckenden Festzuschuss vgl. BSG, Breithaupt 2014, 300; zur Beschränkung auf Festzuschuss für Zahnersatz auch bei Lippen-Kiefer-Gaumenspalte BSG SUP 2014, 776.
12 Vgl. BSG, SozRecht 3-2500, § 30 Nr. 3 S. 8; SächsLSG, 25.1.2012, L 1 KR 87/10; Nolte in: KassKomm, § 55 SGB V Rn. 15; bei bestehender Amalgamallergie kann demgegenüber ggf. ein Anspruch auf Kostenübernahme für Goldinlays dann bestehen, soweit in solchen Fallgestaltungen eine sachgerechte Versorgung mit allgemein anerkannten Füllungsmaterialien ansonsten nicht möglich ist, BSGE 117, 1.
13 → § 12 Rn. 3 ff.
14 Wagner in: Krauskopf, § 12 SGB V Rn. 3.

6 Abs. 1 S. 1 stellt klar, dass **Festzuschüsse** bei Bestehen einer Notwendigkeit zur Versorgung mit Zahnersatz nur für anerkannte Versorgungsformen übernommen werden. Für nicht nach § 135 Abs. 1 anerkannte Versorgungsformen dürfen die Krankenkassen keine Festzuschüsse gewähren.[15] Damit wird zugleich klargestellt, dass mit dieser Regelung nicht nur neue Leistungsarten, sondern auch bisher schon in der vertragszahnärztlichen Versorgung erbrachte Versorgungsformen nur dann ausreichen, wenn sie nach § 135 Abs. 1 anerkannt sind. Im Ergebnis bedeutet dies, dass jede Versorgungsform nach § 135 Abs. 1 förmlich anerkannt sein muss, auch wenn sie bereits vor dem Inkrafttreten des § 55 üblich war und abgerechnet wurde. In der Gesetzesbegründung wird insbesondere auf vollkeramische Kronen und Brücken abgestellt, die bislang noch nicht bewertet worden sind.[16]

7 Gemäß **Abs. 1 S. 2** umfassen die Festzuschüsse 50 % der nach § 57 Abs. 1 S. 6 und Abs. 2 S. 6 und 7 festgesetzten Beträge für die jeweilige Regelversorgung. Gemäß § 56 legt der Gemeinsame Bundesausschuss die Regelversorgungen fest, die für bestimmte Befunde eine in der Mehrzahl der Fälle geeignete konkrete Versorgung abbilden muss. Diesen werden gemäß § 57 auf der Grundlage und in Fortentwicklung der bisherigen Punktwerte bundeseinheitliche Vergütungen zugeordnet. Diese ergeben die Beträge für die jeweilige Regelversorgung nach § 55 Abs. 1 S. 2. Die Sätze 2 bis 7 übernehmen damit bisher geltendes Recht. Nach S. 2 betragen die befundbezogenen Festzuschüsse jeweils 50 % der Beträge, die die Vertragsparteien für die Vergütung der zahnärztlichen und zahntechnischen Leistungen auf der Grundlage der vom Gemeinsamen Bundesausschuss festgelegten Regelversorgungen vereinbart haben. Mit den Sätzen 3 bis 7 sollen wie bisher die eigenen Bemühungen der Versicherten um ihre Zahngesundheit gefördert werden. § 55 hat insofern die Bonusregelung des bis zum 31.12.2004 geltenden Rechts übernommen. Berechnungsbasis ist nun der Festzuschuss, das heißt nur 50 % der zugrundegelegten Kosten, so dass die Prozentsätze der Erhöhungen dementsprechend verdoppelt werden mussten. Statt bisher 10 werden nunmehr 20 % und statt bisher 5 werden nunmehr 10 % gewährt.

8 Nach **Abs. 1 S. 3 erhöhen sich die Festzuschüsse** nach S. 2 für eigene Bemühungen der Versicherten zur Gesunderhaltung der Zähne um 20 %. Der Gesetzeswortlaut ist insofern missverständlich, als nicht klar wird, ob sich der Vomhundertsatz auf die Beträge der Regelversorgung bezieht, was eine Leistung von 70 % ergäbe oder nur den Festzuschuss um die Prozentbeträge erhöhen sollte. Nach den Vorstellungen des Gesetzgebers sollte die Bonusregelung des bisherigen Rechts übernommen werden.[17] Daher muss sowohl Abs. 1 S. 3 und S. 5 so ausgelegt werden, dass der Bonus 60 % beträgt.

9 Eine Erhöhung des Festzuschusses tritt nicht ein, wenn gemäß **Abs. 1 S. 4** der Gebisszustand des Versicherten regelmäßige Zahnpflege nicht erkennen lässt und der Versicherte während der letzten fünf Jahre vor Beginn der Behandlung die Untersuchungen nach § 22 Abs. 1 nicht in jedem Kalenderjahr in Anspruch genommen hat (Abs. 1 S. 4 Nr. 1). Ferner gilt dies, wenn der Versicherte sich nach Vollendung des 18. Lebensjahres nicht wenigstens einmal in jedem Kalenderjahr hat zahnärztlich untersuchen lassen (Abs. 1 S. 4 Nr. 2).

10 Der Gesetzgeber definiert nicht weiter, wie der **Nachweis einer ausreichenden Mundhygiene** erfolgen soll. Dies kann nur durch eine entsprechende Bestätigung des Zahnarztes erfolgen. Bei den Untersuchungen nach § 22 Abs. 1 handelt es sich um die Individualprophylaxe zur Verhütung von Zahnerkrankungen, die von Kindern und Jugendlichen (nach Vollendung des 6. und vor Vollendung des 18. Lebensjahres) halbjährlich in Anspruch genommen werden kann. Entsprechende Untersuchungen bei Erwachsenen können daher keine Voraussetzung für eine Minderung des Eigenanteils darstellen, da die Individualprophylaxe bei Erwachsenen seit dem 1.1.2000 nicht mehr in die Leistungspflicht der GKV fällt.

11 Der **Nachweis der Kontrolluntersuchungen** erfolgt über das sog Bonusheft. Maßgeblicher Zeitraum für die Untersuchungen sind die letzten fünf Jahre vor der Behandlung. Behandlungsbeginn ist der Zeitpunkt der Aufstellung des Behandlungsplans, auch wenn die eigentliche Behandlung erst danach beginnt und wichtige Vorbereitungshandlungen schon vor diesem Zeitpunkt liegen sollten.[18] Die Förderung nach Eigenbemühungen ist verfassungsrechtlich nicht zu beanstanden.[19]

12 Nach **Abs. 1 S. 5** wird aufbauend auf der Erhöhung nach S. 3 und 4 eine Erhöhung um weitere 10 % des Festzuschusses vorgesehen. Voraussetzung sind regelmäßige Zahnpflege der Versicherten und die ununterbrochene Inanspruchnahme der in S. 4 Nr. 1 und 2 genannten Untersuchungen in den letzten

---

15 BT-Dr. 15/1525, 92; → § 135 Rn. 13 ff.
16 BT-Dr. 15/1525, 92; Nolte in: KassKomm, § 55 SGB V Rn. 16.
17 BT-Dr. 15/1525, 92.
18 BSGE 81, 245, 256; BSGE 91, 32, 35; Blöcher in Hauck/Noftz, SGB V, § 55 Rn. 65.
19 Zur verfassungsrechtlichen Zulässigkeit von Bonusregelungen BVerfG NZS 2004, 650.

10 Kalenderjahren vor Beginn der Behandlung. Die Behandlung beginnt regelmäßig mit der Erstellung des Heil- und Kostenplanes durch den Vertragszahnarzt.[20]

Abs. 1 S. 6 schließt die Erhöhung des Festzuschusses nach den Sätzen 3 bis 5 in den Fällen des Abs. 2 aus. Die dort geregelte Verdopplung der Festzuschüsse deckt die Regelversorgung mit Zahnersatz in vollem Umfang ab.[21]

Abs. 1 S. 7 enthält eine **Fiktion für den Nachweis der Zahnpflege für die Jahre 1997 und 1998** bei Versicherten, die nach dem 31.12.1976 geboren sind. Für diese galt nach dem im Zeitraum vom 1.7.1997 bis 31.12.1998 geltenden Recht, dass sie keinen Anspruch auf Zahnersatz hatten und es bestand daher für sie auch keine Veranlassung, eigene Bemühungen zur Gesunderhaltung der Zähne dokumentieren zu lassen. Um eine ungerechtfertigte Benachteiligung im Rahmen der Bonusregelung zu vermeiden, wurde auf den Nachweis der Zahnpflege für diese Versicherten verzichtet.

IV. Zusätzlicher Zuschuss bei unzumutbarer Belastung (Abs. 2)

Abs. 2 regelt den Leistungsanspruch der Versicherten bei **Härtefällen** entsprechend dem bisher geltenden Recht. Versicherte haben in Fällen einer unzumutbaren Belastung Anspruch auf die doppelten Festzuschüsse und damit auf eine vollständige Übernahme der Kosten der jeweiligen Regelversorgung.[22] Die Vorschrift entspricht grundsätzlich dem wegen der Übergangsvorschriften des § 62 Abs. 4 nF bis 31.12.2004 geltenden § 61 Abs. 1 Nr. 2 Abs. 2 bis 4. Mit diesen Regelungen wurde gewährleistet, dass bei Versicherten in ungünstiger wirtschaftlicher Lage die Krankenkasse die gesamten Kosten des Zahnersatzes trug. Die Vorschrift ist Ausdruck des Solidarprinzips, welches Vorrang vor anderen wesentlichen gesetzgeberischen Zielen erhalten hat.[23] Der Zuschuss wird für einkommensschwache Versicherte in etwa verdoppelt und auf eine die Kosten der Regelversorgung voll abdeckende Höhe angehoben. Dies gilt selbst dann, wenn der Versicherte mangels eigener Bemühungen um die Gesunderhaltung seiner Zähne nach Abs. 1 S. 3 ff. keinen erhöhten Zuschuss erhalten könnte. Folgerichtig schließt daher Abs. 1 S. 6 den Bonus in den Härtefällen des Abs. 2 aus.[24]

V. Höhe des Zuschusses (Abs. 2 S. 1)

Abs. 2 S. 1 regelt den Anspruch der Versicherten bei der Versorgung mit Zahnersatz in Fällen einer unzumutbaren Belastung. Zusätzlich zu dem Festzuschuss nach Abs. 1 S. 2 haben Versicherte danach einen Anspruch auf einen Betrag in jeweils gleicher Höhe. Dieser wird angepasst an die Höhe der für die Regelversorgungsleistung tatsächlich anfallenden Kosten, höchstens jedoch in Höhe der tatsächlich entstandenen Kosten. Damit wird der Festzuschuss in Höhe von 50 % nach Abs. 1 S. 2 nicht verdoppelt. Vielmehr wird ein zusätzlicher Anspruch auf die Differenz zwischen dem Festzuschuss des Abs. 1 S. 2 und den tatsächlichen Kosten der konkreten jeweiligen Regelversorgung begründet. Der Gesetzgeber wollte in jedem Fall sicherstellen, dass in den Härtefällen des Abs. 2 die Versorgung mit Zahnersatz sichergestellt ist.[25] Zwischen den gemäß § 57 Abs. 1 S. 1, Abs. 2 S. 6 in Verbindung mit S. 2 bis 5 festgesetzten Festzuschüssen und den tatsächlich entstandenen Kosten können Unterschiede auftreten, da nach § 57 Abs. 2 S. 1 auf Landesebene für die zahntechnischen Leistungen um bis zu 5 % nach oben oder unten von den durchschnittlichen Preisen des Bundesgebiets abgewichen werden kann. Damit wollte der Gesetzgeber dem unterschiedlichen Preisniveau in den Ländern Rechnung tragen.[26]

Der zusätzliche Zuschuss in den Fällen des Abs. 2 S. 1 Hs. 2 ist jedoch auf den doppelten Festzuschuss begrenzt. Diese Regelung wurde durch das Gesetz zur Anpassung der Finanzierung von Zahnersatz vom 15.12.2004[27] eingefügt. Der Versicherte kann ungeachtet seiner wirtschaftlichen Lage nach Abs. 4 oder 5 einen über die Regelversorgung hinausgehenden Zahnersatz wählen und muss daher die Mehrkosten in Kauf nehmen. Insofern hat der Gesetzgeber in diesem Fall davon abgesehen, die vollständige Übernahme der tatsächlichen Kosten zu gewährleisten.

---

20 BSGE 81, 245.
21 BT-Dr. 15/1525, 92.
22 BSG, SozRecht 4-2500, § 55 Nr. 2.
23 BSGE 75, 171.
24 BT-Dr. 15/1525, 92.
25 Zur verfassungsrechtlichen Zulässigkeit der Beschränkung des Anspruchs des Versicherten auch in Härtefällen BSG, Breithaupt 2014, 300.
26 BT-Dr. 15/1600, 13.
27 BGBl. I, 3445.

VI. Unzumutbare Belastung (Abs. 2 S. 2 bis 5)

18 Der Anspruch auf diesen zusätzlichen Zuschuss nach S. 1 setzt voraus, dass der Versicherte durch den von ihm selbst zu tragenden Eigenanteil unzumutbar belastet werden würde. Abs. 2 S. 2 nimmt eine Definition der unzumutbaren Belastung vor. Diese liegt vor, wenn die monatlichen Bruttoeinnahmen zum Lebensunterhalt des Versicherten 40 % der monatlichen Bezugsgröße nach § 18 des Vierten Buches nicht überschreiten, der Versicherte Hilfe zum Lebensunterhalt nach dem Zwölften Buch oder im Rahmen der Kriegsopferfürsorge nach dem Bundesversorgungsgesetz, Leistungen nach dem Recht der bedarfsorientierten Grundsicherung, Leistungen zur Sicherung des Lebensunterhaltes nach dem Zweiten Buch, Ausbildungsförderung nach dem Bundesausbildungsförderungsgesetz oder dem Dritten Buch erhält oder die Kosten der Unterbringung in einem Heim oder einer ähnlichen Einrichtung von einem Träger der Sozialhilfe oder der Kriegsopferfürsorge getragen werden. Die Vorschrift entspricht im Wesentlichen der Vorgängerregelung in § 61 Abs. 2 bis 4 aF[28] und stellt eine abschließende Regelung dar.

VII. Monatliche Bruttoeinnahmen zum Lebensunterhalt (Abs. 2 S. 3 bis 5)

19 Eine unzumutbare Belastung liegt vor, wenn die anzurechnenden monatlichen Bruttoeinnahmen des Versicherten zum Lebensunterhalt 40 % der monatlichen Bezugsgröße nach § 18 SGB IV nicht überschritten werden. Unter den Bruttoeinnahmen zum Lebensunterhalt sind die dem tatsächlichen Lebensunterhalt dienenden persönlichen Einnahmen der Versicherten einschließlich der gesetzlichen Abzüge zu verstehen, wobei es nicht darauf ankommt, ob die Einnahmen tatsächlich zum Lebensunterhalt verwendet werden. Ausreichend ist, dass sie dem Lebensunterhalt zu dienen geeignet sind.[29] Entscheidend sind also die tatsächlich erzielten Einnahmen zum Lebensunterhalt.[30] Nach der Rechtsprechung des BSG sind von den Einnahmen die zu ihrer Erzielung notwendigen Aufwendungen abzuziehen, denn nur dasjenige, das dem Versicherten nach Saldierung von Einnahmen und zu deren Erwirtschaftung erforderlichen Aufwendungen verbleibt, steht ihm zum Lebensunterhalt zur Verfügung.[31]

20 Nach Abs. 2 S. 3 gelten als Einnahmen zum Lebensunterhalt der Versicherten auch die **Einnahmen anderer in dem gemeinsamen Haushalt lebender Angehöriger** und Angehöriger des Lebenspartners. Das Bundessozialgericht hat diese Regelung als verfassungsgemäß eingestuft.[32] Angehörige sind die Ehegatten sowie Verwandte und Verschwägerte im Sinne der §§ 1589, 1590 BGB. Auch eingetragene Lebenspartner gelten seit dem 1.8.2001 als Familienangehörige der Versicherten. Bei der Berechnung der Bruttoeinnahmen ist der monatliche Durchschnitt heranzuziehen.[33] Bezieher der in S. 2 Nr. 2 aufgeführten Bedürftigkeitsleistungen soll nicht zugemutet werden, ihr geringes Einkommen für ihre medizinische Versorgung verwenden zu müssen.[34] Dies setzt aber voraus, dass die genannten Leistungen auch tatsächlich an die Versicherten ausgezahlt werden. Nach Abs. 2 S. 2 Nr. 3 enthält ebenfalls den Grundgedanken, dass dem dort beschriebenen Personenkreis eine Eigenbeteiligung nicht zugemutet werden kann.[35]

VIII. Belastungsgrenze (Abs. 3)

21 Die Vorschrift in Abs. 3 passt die bisherige Regelung in § 62 Abs. 2 a an die Einführung der befundbezogenen Festzuschüsse an. Versicherte erhalten je nach Einkommenslage insgesamt einen Betrag bis zur Grenze des doppelten Festzuschusses.[36] Die Krankenkasse erstattet den Versicherten den Betrag, um den die Festzuschüsse nach Abs. 1 S. 2 das Dreifache der Differenz zwischen den monatlichen Bruttoeinnahmen zum Lebensunterhalt und der zur Gewährung eines zweifachen Festzuschusses nach Abs. 2 S. 2 Nr. 1 maßgebenden Einnahmengrenze übersteigen. Die Beteiligung an den Kosten umfasst jedoch höchstens einen Betrag in Höhe der zweifachen Festzuschüsse nach Abs. 1 S. 2, jedoch nicht mehr als die tatsächlich entstandenen Kosten. Damit bewirkt die Regelung einen Anspruch auf einen

---

28 BSG, SozRecht 3-2500, § 61 Nr. 3, 17; SozRecht 3-2500, § 61 Nr. 5, 23.
29 BSG, SozRecht 3-2500, § 61 Nr. 8, 39.
30 BSG, USK 2008-10; BSG, SozRecht 4-2500, § 62 Nr. 5; BSG, SozRecht 4-2500, § 62 Nr. 4.
31 BSG, SozRecht 4-2500, § 62 Nr. 3; zu Einzelfällen aus der Rspr. vgl. Nolte in: KassKomm, § 55 SGB V Rn. 35.
32 BSG, SozRecht 3-2500, § 61 Nr. 3, 17 ff.
33 BT-Dr. 11/2237, 187.
34 Siehe auch BSGE 71, 221, 224.
35 BT-Dr. 11/2237, 187.
36 BT-Dr. 15/1525, 92.

weiteren Zuschuss, dessen Obergrenze jedoch einen Betrag in Höhe des zweifachen Festzuschusses nach Abs. 1 S. 2, jedenfalls aber die Summe der tatsächlich entstandenen Kosten ist.

IX. Mehrkosten bei gleichartigem Zahnersatz (Abs. 4)

Die Regelung übernimmt im Wesentlichen das bis zum 31.12.2005 geltende Recht gemäß § 30 Abs. 3 S. 2 aF. Sie betrifft den über die Regelversorgung nach § 56 Abs. 2 hinausgehenden gleichartigen Zahnersatz. Gleichartig ist Zahnersatz, wenn er die Regelversorgung umfasst, jedoch zusätzliche Versorgungselemente wie zB zusätzliche Brückenglieder sowie zusätzliche und andersartige Verankerungs- bzw. Verbindungselemente aufweist. Abrechnungsgrundlage für gleichartigen Zahnersatz ist neben dem **BEMA** auch die **GOZ**. Die Leistungen zur Regelversorgung sind nach dem BEMA, die Mehrleistungen nach der GOZ zu berechnen. Die Abrechnung des Festzuschusses erfolgt über die Kassenzahnärztliche Vereinigung. Mehrkosten entstehen nur insoweit, als zahnärztliche Leistungen anfallen, die nicht nach § 56 Abs. 2 S. 10 aufgelistet sind. Diese Leistungen sind nach der Gebührenordnung für Zahnärzte abzurechnen (§ 87 Abs. 1 a).[37] Die Regelversorgung bleibt als solche Gegenstand der von der Krankenkasse geschuldeten zahnärztlichen Versorgung. Lediglich die Art der Ausführung geht über das medizinisch Gebotene hinaus.[38]

X. Andersartige Versorgung (Abs. 5)

Abweichend von den Fällen gemäß § 87 Abs. 1 a S. 8, in denen die Festzuschüsse über die Kassenzahnärztliche Vereinigung abgerechnet werden, haben Versicherte bei Durchführung von der Regelversorgung abweichenden, andersartigen Versorgung gegenüber ihrer Krankenkasse einen Anspruch auf Erstattung der bewilligten Zuschüsse.[39] Eine Abrechnung über die Kassenzahnärztliche Vereinigung findet in diesen Fällen nicht statt. Eine von der Regelversorgung abweichende, andersartige Versorgung liegt zB vor, wenn der Gemeinsame Bundesausschuss als Regelversorgung eine Modellgussprothese festgelegt hat, jedoch eine Brückenversorgung vorgenommen wird.[40] Abrechnungsgrundlage für einen andersartigen Zahnersatz ist daher allein die GOZ. Die Abrechnung aller Zahnersatzleistungen erfolgt direkt mit dem Patienten.[41] Der Patient hat ein Anrecht auf die entsprechende Festzuschüsse und bekommt sie von seiner Krankenkasse im Wege der Direktabrechnung. Eine Abrechnung über die Kassenzahnärztliche Vereinigung erfolgt in diesem Fall nicht.

XI. Ausgestaltung des Verfahrens

Das nähere Verfahren ist in § 87 Abs. 1 a geregelt. Zunächst hat der Zahnarzt einen Heil- und Kostenplan[42] unabhängig von der Versorgungsform kostenfrei zu erstellen.[43] Dieser hat den Befund, die Regelversorgung und die tatsächliche geplante Versorgung nach Art, Umfang und Kosten zu beinhalten. Aus dem Heil- und Kostenplan muss daher auch eindeutig der Umfang der beabsichtigten Mehrkosten hervorgehen.[44] Der Heil- und Kostenplan ist von der Krankenkasse vor Beginn der Behandlung insgesamt zu prüfen.[45] Die Krankenkasse kann den Befund, die Versorgungsnotwendigkeit und die geplante Versorgung begutachten lassen, auch wenn eine gleichartige oder andersartige Versorgung geplant ist. Daher entfällt eine Begutachtung der Behandlungsplanung durch die Krankenkasse im Sinne einer vorgezogenen Wirtschaftlichkeitsprüfung.[46] Bei bestehender Versorgungsnotwendigkeit bewilligt die Krankenkasse die Festzuschüsse entsprechend dem im Heil- und Kostenplan ausgewiesenen Befund. Nach Genehmigung sind Änderungen des Befundes oder der tatsächlich geplanten Versorgung der Krankenkasse zur Neufestsetzung der Festzuschüsse mitzuteilen.[47]

---

37 Vgl. BT-Dr. 15/1525, 92.
38 BSG SGb 2001, 548.
39 → § 87 Abs. 1 a Rn. 8.
40 BT-Dr. 15/1525, 92; BSG SozRecht 3, 5555, § 12 Nr. 3; NZS 1993, 178.
41 SächsLSG, 9.3.2011, L 1 KR 39/10.
42 Anlage 3 zum BMV-Z; näher zum Inhalt des Heil- und Kostenplans Muschallik in: Schnapp/Wigge, § 20 Rn. 37 ff.; zu den Vertragspflichten des Zahnarztes OLG Koblenz, 22.2.2012, 5 U 707/10.
43 BSG NZS 2010, 500; LSG RhPf, MedR 2012, 180.
44 BSG, SozRecht 3-2500, § 30 Nr. 7.
45 BSG, SozRecht 4-2500, § 31 Nr. 21.
46 Muschallik in: Schnapp/Wigge, § 20 Rn. 26.
47 Zum Erfordernis der Genehmigung SchlHLSG MedR 2010, 136; für Auslandsbehandlung BSG NZS 2010, 500.

25 Die Festzuschüsse zu den Befunden werden gewährt, wenn die auslösenden Befunde mit Zahnersatz, Zahnkronen oder Suprakonstruktionen in der bewilligten Form innerhalb von sechs Monaten versorgt wurden. Bei Teilleistungen werden die Festzuschüsse anteilig gewährt.

26 Diese Genehmigung entfaltet aber keine konstitutive Bindung, denn gegenüber der Kassenzahnärztlichen Vereinigung fehlt es der Krankenkasse an der erforderlichen Regelungsbefugnis.[48] Nach der endgültigen Eingliederung des Zahnersatzes und dem Abschluss der Behandlung erfolgt die Abrechnung des Vertragszahnarztes nach § 87 Abs. 1 a S. 7 für die von der Krankenkasse bewilligten Zuschüsse mit der Kassenzahnärztlichen Vereinigung, die ihrerseits die Abrechnung an die Krankenkasse weiterleitet. Die Krankenkasse zahlt ihren Anteil an die Kassenzahnärztliche Vereinigung, die diese an den Vertragszahnarzt weiterleitet.

§ 56 Festsetzung der Regelversorgungen

(1) Der Gemeinsame Bundesausschuss bestimmt in Richtlinien, erstmalig bis zum 30. Juni 2004, die Befunde, für die Festzuschüsse nach § 55 gewährt werden und ordnet diesen prothetische Regelversorgungen zu.

(2) ¹Die Bestimmung der Befunde erfolgt auf der Grundlage einer international anerkannten Klassifikation des Lückengebisses. ²Dem jeweiligen Befund wird eine zahnprothetische Regelversorgung zugeordnet. ³Diese hat sich an zahnmedizinisch notwendigen zahnärztlichen und zahntechnischen Leistungen zu orientieren, die zu einer ausreichenden, zweckmäßigen und wirtschaftlichen Versorgung mit Zahnersatz einschließlich Zahnkronen und Suprakonstruktionen bei einem Befund im Sinne von Satz 1 nach dem allgemein anerkannten Stand der zahnmedizinischen Erkenntnisse gehören. ⁴Bei der Zuordnung der Regelversorgung zum Befund sind insbesondere die Funktionsdauer, die Stabilität und die Gegenbezahnung zu berücksichtigen. ⁵Zumindest bei kleinen Lücken ist festsitzender Zahnersatz zu Grunde zu legen. ⁶Bei großen Brücken ist die Regelversorgung auf den Ersatz von bis zu vier fehlenden Zähnen je Kiefer und bis zu drei fehlenden Zähnen je Seitenzahngebiet begrenzt. ⁷Bei Kombinationsversorgungen ist die Regelversorgung auf zwei Verbindungselemente je Kiefer, bei Versicherten mit einem Restzahnbestand von höchstens drei Zähnen je Kiefer auf drei Verbindungselemente je Kiefer begrenzt. ⁸Regelversorgungen umfassen im Oberkiefer Verblendungen bis einschließlich Zahn fünf, im Unterkiefer bis einschließlich Zahn vier. ⁹In die Festlegung der Regelversorgung einzubeziehen sind die Befunderhebung, die Planung, die Vorbereitung des Restgebisses, die Beseitigung von groben Okklusionshindernissen und alle Maßnahmen zur Herstellung und Eingliederung des Zahnersatzes einschließlich der Nachbehandlung sowie die Unterweisung im Gebrauch des Zahnersatzes. ¹⁰Bei der Festlegung der Regelversorgung für zahnärztliche Leistungen und für zahntechnische Leistungen sind jeweils die einzelnen Leistungen nach § 87 Abs. 2 und § 88 Abs. 1 getrennt aufzulisten. ¹¹Inhalt und Umfang der Regelversorgungen sind in geeigneten Zeitabständen zu überprüfen und an die zahnmedizinische Entwicklung anzupassen. ¹²Der Gemeinsame Bundesausschuss kann von den Vorgaben der Sätze 5 bis 8 abweichen und die Leistungsbeschreibung fortentwickeln.

(3) Vor der Entscheidung des Gemeinsamen Bundesausschusses nach Absatz 2 ist dem Verband Deutscher Zahntechniker-Innungen Gelegenheit zur Stellungnahme zu geben; die Stellungnahme ist in die Entscheidung über die Regelversorgung hinsichtlich der zahntechnischen Leistungen einzubeziehen.

(4) Der Gemeinsame Bundesausschuss hat jeweils bis zum 30. November eines Kalenderjahres die Befunde, die zugeordneten Regelversorgungen einschließlich der nach Absatz 2 Satz 10 aufgelisteten zahnärztlichen und zahntechnischen Leistungen sowie die Höhe der auf die Regelversorgung entfallenden Beträge nach § 57 Abs. 1 Satz 6 und Absatz 2 Satz 5 und 6 in den Abstaffelungen nach § 55 Abs. 1 Satz 2, 3 und 5 sowie Abs. 2 im Bundesanzeiger bekannt zu machen.

(5) ¹§ 94 Abs. 1 Satz 2 gilt mit der Maßgabe, dass die Beanstandungsfrist einen Monat beträgt. ²Erlässt das Bundesministerium für Gesundheit die Richtlinie nach § 94 Abs. 1 Satz 5, gilt § 87 Abs. 6 Satz 4 zweiter Halbsatz und Satz 6 entsprechend.

---

48 Zum Umfang der Genehmigungswirkung eines Heil- und Kostenplans BSG, SozR 3-5555, § 12 EKVZ Nr. 5; BSG SozR 3-5555, § 9 EKVZ Nr. 1.

Literatur:

Boecken, Festzuschüsse bei Zahnersatz – insbesondere zu den Fragen ihrer Einbeziehung in die Gesamtvergütung und ihrer Budgetierung, VSSR 2005, 1; *Fedderwitz*, Festzuschüsse haben sich bewährt, G+G 2005, 1; *Plagemann*, Zahnersatz – Umbau eines Versorgungsbereiches – Festzuschüsse und Beitragssatzstabilität gemäß § 81 SGB V, GesR 2006, 488; *Wenner*, Schwachstellen und Reformbedarf in Leistungs- und Leistungserbringungsrecht der Krankenversicherung: Trennung der Versorgungsbereiche und Leistungsansprüche der Versicherten, GesR 2003, 129.

I. Entstehungsgeschichte	1	VI. Evaluation (Abs. 2 S. 11 und 12)	9
II. Normzweck	2	VII. Stellungnahmerecht des VDZI (Abs. 4)	10
III. Richtlinienermächtigung (Abs. 1 S. 1)	3	VIII. Bekanntgabe (Abs. 3)	11
IV. Bestimmung der Befunde (Abs. 2)	4	IX. Beanstandungsrecht des BMG (Abs. 5)	13
V. Festlegung der Regelversorgung (Abs. 2 S. 2 bis 10)	5		

I. Entstehungsgeschichte

Die Vorschrift wurde durch Artikel 1 Nr. 36 GMG vom 14.11.2003[1] mit Wirkung zum 1.1.2004 eingefügt.   1

II. Normzweck

§ 56 ermächtigt den Gemeinsamen Bundesausschuss, Richtlinien zur Festsetzung der Regelversorgung zu erlassen. Dem Gemeinsamen Bundesausschuss wird die Aufgabe übertragen, Befunde zu definieren und diesen jeweils zahnprothetische Regelversorgungen zuzuordnen. Er bestimmt auf der Grundlage der Zahnersatzrichtlinien[2] die Befunde, für die Festzuschüsse nach § 55 gewährt werden und ordnet diesen nach Abs. 2 prothetische Regelversorgungen zu.   2

III. Richtlinienermächtigung (Abs. 1 S. 1)

In Abs. 1 wird dem Gemeinsamen Bundesausschuss die Aufgabe übertragen, erstmalig bis zum 30.6.2004 Befunde zu definieren und diesen jeweils zahnprothetische Regelversorgungen zuzuordnen. Die Fristsetzung war wegen des Inkrafttretens des § 55 zum 1.1.2005 notwendig, um eine Bezuschussung auf der Basis befundbezogener Festzuschüsse zu gewährleisten.[3] Die Festzuschussrichtlinien wurden am 3.11.2004 beschlossen.[4] Da ab diesem Zeitpunkt der Festzuschuss nach Art. 37 Abs. 8 GMG zu gewähren war, ist fristgerecht die Bestimmung des Leistungsinhaltes erfolgt. Zuständig ist innerhalb des Gemeinsamen Bundesausschusses der Unterausschuss „Zahnärztliche Behandlung", der mit je sechs Vertretern des GKV-Spitzenverbandes und der KZBV besetzt ist.   3

IV. Bestimmung der Befunde (Abs. 2)

Die Bestimmung der Befunde erfolgt auf der Grundlage einer international anerkannten Klassifikation des Lückengebisses (zB Kennedy-Klassifikation). Damit soll eine wissenschaftlich abgesicherte Basis für die Bezuschussung hergestellt werden.   4

V. Festlegung der Regelversorgung (Abs. 2 S. 2 bis 10)

In einem zweiten Schritt ist nach Abs. 2 S. 2 dem nach S. 1 definierten Befund eine Regelversorgung zuzuordnen, die im Einzelfall für jeden Versicherten die wirtschaftliche Versorgung mit Zahnersatz bei einem bestimmten zahnmedizinischen Befund festlegt. Die Regelungen in den Sätzen 3 bis 9 stellen dabei sicher, dass sich die jeweilige Regelversorgung an dem gegenwärtigen Versorgungsniveau orientiert. Die jeweilige Regelversorgung muss eine konkrete Versorgung abbilden, die in der Mehrzahl der Fälle bei dem entsprechenden Befund unter Beachtung der gesetzlich genannten Kriterien zur Behandlung geeignet ist. Die hinter der jeweiligen Regelversorgung stehende Versorgung ist in Form der Auflistung der hierzu erforderlichen BEMA- und BEL-Leistungen darzustellen. Die Regelungen sind erforderlich, um insbesondere sicherzustellen, dass in Härtefällen eine vollständige Kostenübernahme für   5

---

1 BGBl. I, 2190.
2 BAnz 2005, 4094; zuletzt geändert am 18.2.2016, BAnz AT 3.5.2016 B1, in Kraft getreten am 4.5.2016.
3 BT-Dr. 15/1525, 92.
4 BAnz 2004, Nr. 242, 24463; zuletzt geändert am 25.11.2016, BAnz AT 30.12.2016 B2, in Kraft getreten am 1.1.2017.

eine bei dem entsprechenden Befund akzeptable Regelversorgung möglich ist. Aus dem Leistungskatalog sind daher solche aufwändigen Versorgungsarten ausgeschlossen, für die es sinnvollere und medizinisch ausreichende, weniger reparaturanfällige und kostengünstigere Versorgungsalternativen gibt. Dies betrifft große Brücken und Kombinationsversorgungen von festsitzendem und herausnehmbarem Zahnersatz (Teleskopkronen, Stege, Geschiebe, Riegel).

6 Ferner ist nach Abs. 2 S. 4 die **Funktionsdauer**, die **Stabilität** und die **Gegenbezahlung** zu berücksichtigen. Die Sätze 5 bis 8 konkretisieren den derzeit anerkannten Stand einer notwendigen Regelversorgung für bestimmte Versorgungsanforderungen. So ist zumindest bei kleinen Brücken festsitzender Zahnersatz zugrunde zu legen. Bei großen Brücken ist die Regelversorgung auf den Ersatz von bis zu vier fehlenden Zähnen je Kiefer und bis zu drei fehlenden Zähnen je Seitenzahngebiet begrenzt. Bei Kombinationsversorgungen ist die Regelversorgung auf zwei Verbindungselemente je Kiefer, bei Versicherten mit einem Restzahnbestand von höchstens drei Zähnen je Kiefer auf drei Verbindungselemente je Kiefer begrenzt. Regelversorgungen umfassen im Oberkiefer Verblendungen bis einschließlich Zahn 5, im Unterkiefer bis einschließlich Zahn 4.

7 In die Festlegung der Regelversorgung einzubeziehen sind die Befunderhebung, die Planung, die Vorbereitung des Restgebisses, die Beseitigung von groben Okklusionshindernissen und alle Maßnahmen zur Herstellung und Eingliederung des Zahnersatzes einschließlich der Nachbehandlung sowie die Unterweisung im Gebrauch des Zahnersatzes. Die Auflistung der zur Regelversorgung erforderlichen BEMA- und BEL-Leistungen nach Abs. 2 S. 10 soll ermöglichen, dass in Härtefällen eine vollständige Kostenübernahme für eine bei einem entsprechenden Befund akzeptable Regelversorgung möglich ist.[5]

8 Die Konkretisierung der in Abs. 2 S. 9 notwendigen vorbereitenden, begleitenden und nachbereitenden Maßnahmen erfolgt in Teil A der Festzuschussrichtlinien.[6] Die in S. 10 vorgeschriebene getrennte Auflistung der zahnärztlichen und zahntechnischen Leistungen der Regelversorgung erfolgt in Teil B der Richtlinien.

VI. Evaluation (Abs. 2 S. 11 und 12)

9 Die erforderliche Fortschreibung der Festzuschüsse wird dadurch gewährleistet, dass der Gemeinsame Bundesausschuss den Inhalt und den Umfang der Regelversorgung in geeigneten Abständen zu überprüfen und an die zahnmedizinische Entwicklung anzupassen hat. Er kann deshalb auch nach Abs. 2 S. 12 von den Vorgaben der Sätze 5 bis 8 abweichen, um die Leistungsbeschreibung entsprechend dem jeweils anerkannten Versorgungsniveau anzupassen.[7]

VII. Stellungnahmerecht des VDZI (Abs. 4)

10 Abs. 3 macht den Sachverstand des Verbandes Deutscher Zahntechniker-Innungen (VDZI) nutzbar, soweit es um zahntechnische Leistungen geht, die in der Regelversorgung anfallen. Vor der Entscheidung des Gemeinsamen Bundesausschusses nach Abs. 2 ist daher dem Verband Deutscher Zahntechniker-Innungen (VDZI) Gelegenheit zur Stellungnahme zu geben. Die Stellungnahme ist in die Entscheidung über die Regelversorgung hinsichtlich der zahntechnischen Leistungen einzubeziehen.

VIII. Bekanntgabe (Abs. 3)

11 Der Gemeinsame Bundesausschuss ist verpflichtet, bis zum 30.11. eines jeden Kalenderjahres die in Teil B der Richtlinie enthaltene Auflistung der Befunde, die der Regelversorgung jeweils zugeordneten zahnärztlichen und zahntechnischen Leistungen und die Höhe der auf die Regelversorgung nach § 57 entfallenen Beträge einschließlich der in § 55 vorgesehenen Abstaffelungen im Bundesanzeiger bekannt zu machen.

12 Die Regelung dient der Transparenz über die definierten Befunde, die zugeordneten Regelversorgungen und die Höhe der Festzuschüsse, getrennt für zahnärztliche und zahntechnische Leistungen und gestaffelt nach der Höhe des Versichertenanspruchs. Der Gemeinsame Bundesausschuss hat zuletzt mit Wirkung zum 1.4.2016 eine Anpassung der Festzuschussbeträge zum Zahnersatz beschlossen. Die neuen Beträge gelten für alle Heil- und Kostenpläne, die ab diesem Datum ausgestellt werden.[8]

---

5 BT-Dr. 15/1525, 92.
6 BAnz 2004, Nr. 242, 24463; zuletzt geändert am 25.11.2016, BAnz AT 30.12.2016 B2, in Kraft getreten am 1.1.2017.
7 BT-Dr. 15/1525, 92; Nolte in: KassKomm, § 56 SGB V Rn. 5.
8 BAnz AT 30.12.2016 B3.

IX. Beanstandungsrecht des BMG (Abs. 5)

Nach Abs. 5 ist die Richtlinie dem BMG nach § 94 Abs. 1 S. 2 vorzulegen.[9] Diese Vorschrift gilt jedoch mit der Maßgabe, dass die Beanstandungsfrist einen Monat beträgt. Damit wurde ein zeitgerechtes Inkrafttreten zum 1.1.2005 sichergestellt. Die Richtlinien werden also nicht bereits mit Beschlussfassung wirksam, sondern erst nach Ablauf der Beanstandungsfrist. Rechtliche Wirkung entfalten die Richtlinien nach § 94 Abs. 2 S. 1 erst mit ihrer Bekanntmachung im Bundesanzeiger. Die Bekanntmachung der Richtlinien muss auch einen Hinweis auf die Fundstelle der Veröffentlichung der tragenden Gründe im Internet enthalten. Für den Fall der Ersatzvornahme wurde in § 56 Abs. 5 S. 2 durch Verweis auf § 87 Abs. 6 S. 4 2. Hs. und S. 6 klargestellt, dass die hiermit verbundenen Kosten von dem Spitzenverband Bund der Krankenkassen und der Kassenzahnärztlichen Bundesvereinigung zu tragen sind.

§ 57 Beziehungen zu Zahnärzten und Zahntechnikern

(1) ¹Der Spitzenverband Bund der Krankenkassen und die Kassenzahnärztliche Bundesvereinigung vereinbaren jeweils bis zum 30. September eines Kalenderjahres für das Folgejahr, erstmalig bis zum 30. September 2004 für das Jahr 2005, die Höhe der Vergütungen für die zahnärztlichen Leistungen bei den Regelversorgungen nach § 56 Abs. 2 Satz 2. ²Für die erstmalige Vereinbarung ermitteln die Vertragspartner nach Satz 1 den bundeseinheitlichen durchschnittlichen Punktwert des Jahres 2004 für zahnärztliche Leistungen beim Zahnersatz einschließlich Zahnkronen gewichtet nach der Zahl der Versicherten. ³Soweit Punktwerte für das Jahr 2004 bis zum 30. Juni 2004 von den Partnern der Gesamtverträge nicht vereinbart sind, werden die Punktwerte des Jahres 2003 unter Anwendung der für das Jahr 2004 nach § 71 Abs. 3 maßgeblichen durchschnittlichen Veränderungsrate der beitragspflichtigen Einnahmen aller Mitglieder der Krankenkassen je Mitglied für das gesamte Bundesgebiet festgelegt. ⁴Für das Jahr 2005 wird der durchschnittliche Punktwert nach den Sätzen 2 und 3 unter Anwendung der für das Jahr 2005 nach § 71 Abs. 3 maßgeblichen durchschnittlichen Veränderungsrate der beitragspflichtigen Einnahmen aller Mitglieder der Krankenkassen je Mitglied für das gesamte Bundesgebiet festgelegt. ⁵Für die folgenden Kalenderjahre gelten § 71 Abs. 1 bis 3 sowie § 85 Abs. 3. ⁶Die Beträge nach Satz 1 ergeben sich jeweils aus der Summe der Punktzahlen der nach § 56 Abs. 2 Satz 10 aufgelisteten zahnärztlichen Leistungen, multipliziert mit den jeweils vereinbarten Punktwerten. ⁷Die Vertragspartner nach Satz 1 informieren den Gemeinsamen Bundesausschuss über die Beträge nach Satz 6. ⁸§ 89 Abs. 4 gilt mit der Maßgabe, dass auch § 89 Abs. 1 und 1 a entsprechend gilt. ⁹Die Festsetzungsfristen nach § 89 Abs. 1 Satz 1 und 3 und Abs. 1 a Satz 2 betragen für die Festsetzungen nach den Sätzen 2 bis 4 zwei Monate.

(2) ¹Der Spitzenverband Bund der Krankenkassen und der Verband Deutscher Zahntechniker-Innungen vereinbaren jeweils zum 30. September eines Kalenderjahres die Veränderung der erstmalig für das Jahr 2005 ermittelten bundeseinheitlichen durchschnittlichen Preise. ²§ 71 Absatz 1 bis 3 gilt. ³Die Landesverbände der Krankenkassen und die Ersatzkassen gemeinsam und einheitlich vereinbaren mit den Innungsverbänden der Zahntechniker-Innungen die Höchstpreise für die zahntechnischen Leistungen bei den Regelversorgungen nach § 56 Absatz 2 Satz 2; sie dürfen die für das jeweilige Kalenderjahr nach Satz 1 festgesetzten bundeseinheitlichen Preise um bis zu 5 Prozent unter- oder überschreiten. ⁴Für die Vereinbarungen nach Satz 2 gilt § 71 nicht. ⁵Die für die Festlegung der Festzuschüsse nach § 55 Absatz 1 Satz 2 maßgeblichen Beträge für die zahntechnischen Leistungen bei den Regelversorgungen, die nicht von Zahnärzten erbracht werden, ergeben sich als Summe der bundeseinheitlichen Preise nach Satz 1 für die nach § 56 Absatz 2 Satz 10 aufgelisteten zahntechnischen Leistungen. ⁶Die Höchstpreise nach Satz 3 und die Beträge nach Satz 5 vermindern sich um 5 Prozent für zahntechnische Leistungen, die von Zahnärzten erbracht werden. ⁷Die Vertragspartner nach Satz 1 informieren den Gemeinsamen Bundesausschuss über die Beträge für die zahntechnischen Leistungen bei Regelversorgungen. ⁸§ 89 Absatz 7 gilt mit der Maßgabe, dass die Festsetzungsfristen nach § 89 Absatz 1 Satz 1 und 3 und Absatz 1 a Satz 2 für die Festsetzungen nach Satz 1 jeweils einen Monat betragen.

---

[9] → § 94 Rn. 2.

Literatur:

Boecken, Festzuschüsse bei Zahnersatz – insbesondere zu den Fragen ihrer Einbeziehung in die Gesamtvergütung und ihrer Budgetierung, VSSR 2005, 1; *Klingenberger/Micheelis*, Befundbezogene Festzuschüsse als innovatives Steuerungsinstrument in der Zahnmedizin – Systemtheoretische Einordnung und empirische Befunde, IDZ-Forschungsbericht, Oktober 2005; *Tiemann*, Privatversicherungsrechtliche Elemente in der gesetzlichen Krankenversicherung, dargestellt am Beispiel der Zahnersatzregelung, ZMGR 2005, 14; *Ullmann*, Einige rechtliche Aspekte zu dem Verteilungsmechanismus zwischen Zahnarzt und Zahntechniker, MedR 1996, 341; *Wessels/Knappe*, VdAK-Erhebung zu den Auswirkungen befundorientierter Festzuschüse beim Zahnersatz – eine Bestandsaufnahme, ErsK 2005, 468.

I. Entstehungsgeschichte

1 § 57 trat aufgrund von Artikel 1 Nr. 36 des GKV-Modernisierungsgesetzes vom 14.11.2003[1] in Kraft.

2 Abs. 1 S. 1 und Abs. 2 S. 1 und 2 wurden durch Artikel 1 Nr. 36 lit. a und lit. b) des GKV-Wettbewerbsstärkungsgesetzes[2] geändert. Abs. 2 S. 7 wurde durch Artikel 2 Nr. 1 des Gesetzes zur Anpassung der Finanzierung von Zahnersatz vom 15.12.2004[3] geändert. Eine Änderung der Sätze 1 und 2 erfolgte zudem durch Artikel 1 Nr. 36 b aa) und bb) GKV-WSG mit Wirkung 1.7.2008.

II. Normzweck

3 § 57 regelt die Beziehungen der Krankenkassen zu Zahnärzten und Zahntechnikern beim Zahnersatz. Die Vorschrift regelt die Vertragsabschlusskompetenz, also die Frage, wer die Vergütungshöhe für die zahnärztlichen Leistungen und die zahntechnischen Leistungen bei den Regelversorgungen nach § 56 Abs. 2 zu vereinbaren hat. Sie enthält außerdem Vorgaben für die Bestimmung der Vergütungshöhe, eine Verpflichtung zur Information des Gemeinsamen Bundesausschusses und eine Schiedsamtsregelung. Auf der Grundlage des in § 55 geregelten Leistungsanspruches des Versicherten auf bundeseinheitliche Festzuschüsse für Zahnersatz bedarf es abweichend von § 87 Abs. 2 der bundeseinheitlichen Vergütungsvereinbarung für zahnärztliche und zahntechnische Leistungen der nach § 56 durch den Gemeinsamen Bundesausschuss definierten Regelversorgungen als Grundlage zur Berechnung der jeweiligen Höhe des Festzuschusses.

III. Vergütung zahnärztlicher Leistungen (Abs. 1)

4 Der Spitzenverband Bund der Krankenkassen und die KZBV vereinbaren jeweils zum 30.09. eines Kalenderjahres für das Folgejahr, erstmalig bis zum 30.9.2004 für das Jahr 2005, die Höhe der Vergütungen für die zahnärztlichen Leistungen bei den Regelversorgungen nach § 56 Abs. 2 S. 2. Notwendig war hierfür nach S. 2 die kassenübergreifende Übermittlung des bundeseinheitlichen durchschnittlichen Punktwertes des Jahres 2004 für zahnärztliche Leistungen einschließlich Zahnkronen gewichtet nach der Zahl der Versicherten. Soweit entsprechende Vergütungsvereinbarungen für 2004 durch die Gesamtvertragspartner bis zum 30.6.2004 noch nicht getroffen worden waren, waren anstelle der Berechnung nach S. 2 die vereinbarten Punktwerte des Jahres 2003 der Berechnung des bundeseinheitlichen durchschnittlichen Punktwertes zugrunde zu legen und unter Anwendung der für das Jahr 2004 nach § 71 Abs. 3 maßgeblichen durchschnittlichen Veränderungsrate der beitragspflichtigen Einnahmen aller Mitglieder der Krankenkassen je Mitglied für das gesamte Bundesgebiet festzulegen. Auch insoweit bedurfte es wegen der unterschiedlichen kassenartenbezogenen Punktwerte des Jahres 2003 einer Gewichtung nach der Zahl der Versicherten.

5 Abs. 1 S. 4 nahm die Fortschreibung für das Jahr 2005 vor. Dadurch sollte sichergestellt werden, dass die befundbezogenen Festzuschüsse ab 1.1.2005 gezahlt werden konnten. Gemäß Abs. 1 S. 5 haben die Vertragspartner beginnend mit dem Jahr 2006 die Punktwerte entsprechend der allgemeinen, in § 71 Abs. 1 bis 3 und § 85 Abs. 3 enthaltenen Grundsätze zu vereinbaren.[4] Nach der Reform des vertragszahnärztlichen Vergütungssystems durch das GKV-VStG[5] kommt dem Grundsatz der Beitragssatzstabilität im Hinblick auf die Veränderungen des Punktwertes für Zahnersatz kein absoluter Vor-

---

1 BGBl. I, 2119, 2197 mit Wirkung ab 1.1.2004 (Art. 37 Abs. 1 GMG).
2 GKV-WSG vom 26.3.2007 BGBl. I, 378, 387, mit Wirkung zum 1.7.2008 (Art. 46 Abs. 9 GKV-WSG).
3 BGBl. I, 3445 mit Wirkung ab 21.12.2004.
4 → § 71 Rn. 7.
5 GKV-Versorgungsstrukturgesetz vom 22.12.2011, BGBl. I, 2983.

rang mehr zu.⁶ Er ist nunmehr gleichgewichtig neben den übrigen in § 85 Abs. 3 S. 1 genannten Kriterien zu berücksichtigen.⁷ In der Gesetzesbegründung kommt deutlich zum Ausdruck, dass das Gesundheitssystem insgesamt und auf verschiedenen Ebenen durch die Lockerung starrer Planungsvorgaben flexibilisiert und den Beteiligten mehr Eigenverantwortung übertragen werden soll.⁸ Die Vereinbarungen müssen jeweils bis zum 30.9. für das Folgejahr abgeschlossen sein. Die Beträge der Regelversorgung werden ebenfalls von den Vertragspartnern ermittelt. Sie ergeben sich aus der Summe der Punktzahl der nach § 56 Abs. 2 S. 10 aufgelisteten zahnärztlichen Leistungen, die mit den jeweils vereinbarten Punktwerten zu multiplizieren sind. Über die Beträge informieren die Vertragspartner den Gemeinsamen Bundesausschuss, damit er seiner Veröffentlichungspflicht nach § 56 Abs. 4 nachkommen kann.

Im Falle der Nichteinigung der Vertragspartner entscheidet das Bundesschiedsamt gemäß § 89 Abs. 4 unter entsprechender Anwendung der Regelungen in § 89 Abs. 1 und 1a über die Veränderung der Punktwerte. Die Festsetzungsfrist für das Bundesschiedsamt wurde von drei auf zwei Monate reduziert, um den Versicherten jeweils ab 1.1. eines Kalenderjahres befundbezogene Festzuschüsse auf der Basis des für dieses Kalenderjahr geltenden Punktwertes zur Verfügung stellen zu können. Zur Überprüfung, ob die Vereinbarungen hinsichtlich der Beträge für zahnärztliche und zahntechnische Leistungen den Grundsatz der Beitragssatzstabilität nicht verletzen, sind sie den zuständigen Aufsichtsbehörden vorzulegen (vgl. § 71 Abs. 4 S. 1).

IV. Vergütung zahntechnische Leistungen (Abs. 2)

Abs. 2 S. 1 sieht als Vergütung auf Landesebene die Vereinbarungen von Höchstpreisen als Vergütung für die zahntechnischen Leistungen der Regelversorgung vor, die sich aber an den nach S. 2 bis 4 durch den Spitzenverband Bund der Krankenkassen und den Verband Deutscher Zahntechniker-Innungen (VDZI) ermittelten bundeseinheitlichen durchschnittlichen Preisen mit einem Korridor von insgesamt 10 % ausrichten müssen. Die Vereinbarungen wurden erstmals zum 30.9.2003 für das Jahr 2004 abgeschlossen. Die Ermittlung der bundeseinheitlichen durchschnittlichen Preise bestimmt den Korridor nach S. 1 und dient zur Berechnung der Festzuschüsse für zahntechnische Leistungen beim Zahnersatz einschließlich Zahnkronen und Suprakonstruktionen, soweit sie Teil der Regelversorgung sind. Im Übrigen gelten für die Ermittlung nach den Sätzen 2 bis 6 analog die Regelungen in Abs. 1 S. 2 bis 6. Basis der Berechnung gemäß S. 6 sind die zu den jeweiligen Befunden nach § 56 Abs. 2 S. 10 aufgelisteten Leistungspositionen des BEL II und die hierfür ermittelten bundesdurchschnittlichen Preise. Die Vertragspartner nach § 57 Abs. 2 S. 1 haben den Gemeinsamen Bundesausschuss über die Beträge für die zahntechnischen Leistungen bei Regelversorgungen zu informieren (§ 57 Abs. 2 S. 7).⁹

Bei Nichteinigung der Vertragspartner über den durchschnittlichen Preis entscheidet das Bundesschiedsamt nach § 89 Abs. 7. Auch hier ist die Frist insoweit auf einen Monat verkürzt. Zur Überprüfung, ob die Vereinbarungen hinsichtlich der Beträge für zahnärztliche und zahntechnische Leistungen den Grundsatz der Beitragssatzstabilität nicht verletzen, sind sie den zuständigen Aufsichtsbehörden vorzulegen (vgl. § 71 Abs. 4 S. 1).

Für zahntechnische Leistungen, die von Zahnärzten erbracht werden, vermindern sich die nach S. 1 jeweils vereinbarten Höchstpreise und der nach S. 6 ermittelte bundesdurchschnittliche Preis gemäß S. 7 um 5 %.

§§ 58, 59 (aufgehoben)

---

6 Zur bisherigen Rechtslage vgl. nur BSGE 86, 126.
7 Durch das GKV-VStG wird die vorrangige Geltung dieses Grundsatzes ausdrücklich aufgegeben, BT-Dr. 17/6906, 44, 59; Boecken, VSSR 2005, 1; zur Zulässigkeit einer solchen dynamischen Verweisung wie in § 57 Abs. 2 S. 5 BVerfGE 47, 285; 67, 348; 92, 191; → § 85 Rn. 21 ff.
8 BT-Dr. 17/6906, 42.
9 Pabst, MedR 2015, 649; Henninger/Nicolay, GesR 2015, 331.

Achter Abschnitt
Fahrkosten

§ 60 Fahrkosten

(1) ¹Die Krankenkasse übernimmt nach den Absätzen 2 und 3 die Kosten für Fahrten einschließlich der Transporte nach § 133 (Fahrkosten), wenn sie im Zusammenhang mit einer Leistung der Krankenkasse aus zwingenden medizinischen Gründen notwendig sind. ²Welches Fahrzeug benutzt werden kann, richtet sich nach der medizinischen Notwendigkeit im Einzelfall. ³Die Krankenkasse übernimmt Fahrkosten zu einer ambulanten Behandlung unter Abzug des sich nach § 61 Satz 1 ergebenden Betrages in besonderen Ausnahmefällen, die der Gemeinsame Bundesausschuss in den Richtlinien nach § 92 Abs. 1 Satz 2 Nr. 12 festgelegt hat. ⁴Die Übernahme von Fahrkosten nach Satz 3 und nach Absatz 2 Satz 1 Nummer 3 für Fahrten zur ambulanten Behandlung erfolgt nur nach vorheriger Genehmigung durch die Krankenkasse.

(2) ¹Die Krankenkasse übernimmt die Fahrkosten in Höhe des sich nach § 61 Satz 1 ergebenden Betrages je Fahrt übersteigenden Betrages
1. bei Leistungen, die stationär erbracht werden; dies gilt bei einer Verlegung in ein anderes Krankenhaus nur, wenn die Verlegung aus zwingenden medizinischen Gründen erforderlich ist, oder bei einer mit Einwilligung der Krankenkasse erfolgten Verlegung in ein wohnortnahes Krankenhaus,
2. bei Rettungsfahrten zum Krankenhaus auch dann, wenn eine stationäre Behandlung nicht erforderlich ist,
3. bei anderen Fahrten von Versicherten, die während der Fahrt einer fachlichen Betreuung oder der besonderen Einrichtungen eines Krankenkraftwagens bedürfen oder bei denen dies auf Grund ihres Zustandes zu erwarten ist (Krankentransport),
4. bei Fahrten von Versicherten zu einer ambulanten Krankenbehandlung sowie zu einer Behandlung nach § 115 a oder § 115 b, wenn dadurch eine an sich gebotene vollstationäre oder teilstationäre Krankenhausbehandlung (§ 39) vermieden oder verkürzt wird oder diese nicht ausführbar ist, wie bei einer stationären Krankenhausbehandlung.

²Soweit Fahrten nach Satz 1 von Rettungsdiensten durchgeführt werden, zieht die Krankenkasse die Zuzahlung von in Höhe des sich nach § 61 Satz 1 ergebenden Betrages je Fahrt von dem Versicherten ein.

(3) Als Fahrkosten werden anerkannt
1. bei Benutzung eines öffentlichen Verkehrsmittels der Fahrpreis unter Ausschöpfung von Fahrpreisermäßigungen,
2. bei Benutzung eines Taxis oder Mietwagens, wenn ein öffentliches Verkehrsmittel nicht benutzt werden kann, der nach § 133 berechnungsfähige Betrag,
3. bei Benutzung eines Krankenkraftwagens oder Rettungsfahrzeugs, wenn ein öffentliches Verkehrsmittel, ein Taxi oder ein Mietwagen nicht benutzt werden kann, der nach § 133 berechnungsfähige Betrag,
4. bei Benutzung eines privaten Kraftfahrzeugs für jeden gefahrenen Kilometer den jeweils auf Grund des Bundesreisekostengesetzes festgesetzten Höchstbetrag für Wegstreckenentschädigung, höchstens jedoch die Kosten, die bei Inanspruchnahme des nach Nummer 1 bis 3 erforderlichen Transportmittels entstanden wären.

(4) ¹Die Kosten des Rücktransports in das Inland werden nicht übernommen. ²§ 18 bleibt unberührt.

(5) Im Zusammenhang mit Leistungen zur medizinischen Rehabilitation werden Fahr- und andere Reisekosten nach § 53 Abs. 1 bis 3 des Neunten Buches übernommen.

I. Entstehungsgeschichte.................... 1	VI. Anspruchsinhalt, Anspruchsberechtigte, (weitere) Anspruchsgrenzen und Anspruchshöhe 17
II. Regelungsgehalt 2	
III. Anspruchsvoraussetzungen................ 3	
IV. Fahrten zu ambulanten Behandlungen (Abs. 1 S. 3 u. S. 4)...................... 7	VII. Rückführungstransporte aus dem Ausland (Abs. 4) 26
V. Privilegierte Transporte (Abs. 2) 12	VIII. Reisekosten im Kontext von Leistungen zur medizinischen Rehabilitation (Abs. 5) 29
	IX. Anpassung durch das Bundesteilhabegesetz 32

I. Entstehungsgeschichte

§ 60 wurde mit dem Gesundheits-Reformgesetz v. 20.12.1989 eingeführt, um für Versicherte die Erstattungsmöglichkeiten von Fahr- und Reisekosten bewusst, v. a. im ambulanten Bereich, zu beschränken, da diese Kosten nach Ansicht des Gesetzgebers damals einen Umfang erreicht hatten, der nicht mehr vertretbar erschien.[1] Zuvor war Anspruchsgrundlage der Reisekostenerstattung in der GKV § 194 RVO, in dem der Gesetzgeber nicht nur die Erstattung reiner Fahrkosten vorsah, sondern sogar weiterer Reisekosten, die im Zusammenhang mit der Gewährung einer Leistung der Krankenkasse standen (zB Fahr-, Verpflegungs- und Übernachtungskosten, Gepäcktransportkosten, Kosten von Begleitpersonen). Nachfolgende Reformen führten daher ebenfalls zunehmend zu Verschärfungen, indem zB auch mit dem GKV-Modernisierungsgesetz v. 14.11.2003 in § 60 neben weiteren Überarbeitungen und Neuerungen der Aspekt „zwingende medizinische Gründe" als Leistungsvoraussetzung präzisiert wurde, um die Erstattungsfähigkeit von Fahrkosten weiter zu drosseln. Zuletzt wurde vor dem Hintergrund einer Entscheidung des BSG vom 12.9.2012[2] mit dem Gesetz zur Stärkung der Versorgung in der gesetzlichen Krankenversicherung vom 16.7.2015[3] in Abs. 1 der S. 4 ergänzt, wonach Krankentransporte zu einer ambulanten Behandlung allgemein unter den Vorbehalt der Genehmigung durch die Krankenkasse gestellt werden.

1

II. Regelungsgehalt

§ 60 räumt heute nur in engen Grenzen Versicherten einen Anspruch auf Übernahme von Fahrkosten ein, die im Zusammenhang mit der Inanspruchnahme von Krankenkassenleistungen anfallen. Soweit die einschlägigen Voraussetzungen vorliegen, handelt es sich insoweit jedoch um einen echten Anspruch und nicht etwa nur einen Anspruch auf fehlerfreie Ermessensentscheidung der Krankenkasse über die Tragung von Fahrkosten.[4] Die Norm unterscheidet dabei grundlegend sog privilegierte Fahrten gemäß Abs. 2 und solche zu ambulanten Behandlungen gemäß Abs. 1 S. 3. Des Weiteren findet sich in Abs. 4 ein grundsätzliches Verbot der Übernahme von Rücktransportkosten aus dem Ausland und schließlich in Abs. 5 noch eine Sonderregelung für Transportleistungen im Zusammenhang mit Leistungen zur medizinischen Rehabilitation. Trotz einer meist faktischen Abwicklung der Ansprüche im Weg der Kostenerstattung liegen dem Grunde und der Gestaltung des § 60 nach **Sachleistungsansprüche** vor.[5] Denn soweit der Versicherte einen notwendigen Transport in Anspruch nimmt, erbringt die Krankenkasse diese Leistung nicht originär in Form einer Erstattung von zunächst durch den Versicherten verauslagten Kosten. Der jeweilige Erbringer der Transportleistung hat vielmehr einen Vergütungsanspruch allein gegen die Krankenkasse. Zahlt der Versicherte auf eine ihm zu Unrecht zugesandte Rechnung des Leistungserbringers irrtümlich dennoch den Rechnungsbetrag, so hätte er diesem gegenüber einen Ausgleichsanspruch nach bereicherungsrechtlichen Vorschriften.[6]

2

III. Anspruchsvoraussetzungen

Grundlegende Voraussetzung für die Übernahme von Fahrkosten ist zunächst gemäß Abs. 1 S. 1, dass sie im Zusammenhang mit Krankenkassen(haupt)leistungen anfallen, die sich gemäß § 11 definieren, und insoweit aus „zwingenden medizinischen Gründen" notwendig sind. Dabei ist an das Vorliegen zwingender medizinischer Gründe schon entsprechend der Gesetzesbegründung ein strenger Maßstab anzulegen.[7] Dies macht den Fahrkostenersatz zu einem **akzessorischen Nebenanspruch**, der das Schicksal der in Betracht stehenden Hauptleistung teilt.[8] Daher sind etwa Fahrkosten zum Rehabilitationssport nicht gemäß § 60 erstattungsfähig.[9]

3

---

1 BT-Dr. 11/2237, 186. Vgl. für eine weiterführende Übersicht zur Entwicklungsgeschichte der Norm mit ihren stufenweisen Modifikationen Waßer in: jurisPK-SGB V, § 60 Rn. 1 ff.
2 BSG, 12.9.2012, B 3 KR 17/11 R.
3 BGBl. I 2015, 1211–1244.
4 Wiegand in: Peters, Handbuch der Krankenversicherung, 19. Aufl. 2015, § 60 SGB V Rn. 48.
5 Nebendahl in: Spickhoff, Medizinrecht, § 60 SGB V Rn. 2; BSG, SozR 3-2500, § 133 Nr. 1; BSGE 83, 285.
6 Thüringer LSG, 17.10.2015, L 6 KR 1984/12; in Anschluss an BSG, 29.11.1995, 3 RK 32/94.
7 Vgl. GRG, BR-Dr. 200/88, Teil B, zu § 68 Abs. 1, 168.
8 Nebendahl in: Spickhoff, Medizinrecht, § 60 SGB V Rn. 6 mwN Vgl. insbesondere aber zur akzessorischen Einordnung des Reise- bzw. Fahrkostenerstattungsanspruches schon vor Inkrafttreten des § 60 SGB V: BSG, 10.10.1978, 3 RK 75/77, SozR 2200 § 194 Nr. 3; BSG, 28.3.1979, 3 RK 92/77, SozR 2200 § 194 Nr. 4.
9 BSG SozR 4-2500 § 60 Nr. 4.

4 Darüber hinaus muss die Inanspruchnahme der Hauptleistung bzw. nach teilweiser Ansicht in der Literatur ausreichend (str.) zumindest die ex ante berechtigte Anforderung der Inanspruchnahme der Hauptleistung,[10] falls sie zuletzt evtl. aufgrund unvorhersehbarer Gründe nicht mehr in Anspruch genommen werden konnte, kausal für die Fahrkosten geworden, dh wesentliche Ursache sein, sie also iS einer *conditio sine qua non* erforderlich gemacht haben.[11] Auch insofern muss folglich ein Transport des Versicherten tatsächlich stattfinden.[12]

5 Des Weiteren muss die **Hauptleistung** ebenso medizinisch notwendig sein. Anspruchsschädlich wäre schon, wenn die Hauptleistung nur im Ermessen der Krankenkasse steht.[13]

6 **Allein medizinisch zwingende Gründe** können im Übrigen Grundlage berechtigter Ansprüche gemäß § 60 sein. Finanzielle oder religiöse Gründe sind demgegenüber nicht ausreichend und auch nicht mit medizinischer Notwendigkeit gleichzustellen.[14]

IV. Fahrten zu ambulanten Behandlungen (Abs. 1 S. 3 u. S. 4)

7 Im Übrigen wird hinsichtlich der Frage der medizinischen Notwendigkeit v. a. auch zwischen privilegierten Fahrten gemäß Abs. 2 und solchen zu ambulanten Behandlungen gemäß Abs. 1 S. 3 unterschieden.[15] Denn für letztere kann ein Fahrkostenersatz schon formell nur greifen, wenn die **Krankenkasse die Fahrt in besonderen Ausnahmefällen genehmigt**,[16] die der Gemeinsame Bundesausschuss in den Richtlinien nach § 92 Abs. 1 S. 2 Nr. 12 zuvor festgelegt hat. Diese Ausnahmen wurden schließlich in der **Krankentransportrichtlinie des G-BA** näher festgelegt und ausgestaltet.[17] Mit dem GKV-VSG wurde insoweit allerdings auch noch vor dem Hintergrund einer Entscheidung des BSG § 60 Abs. 1 S. 4 ergänzt, wonach Krankentransporte zur ambulanten Behandlung allgemein unter den Genehmigungsvorbehalt der Krankenkassen gestellt wurden.[18] Denn das BSG hatte klargestellt, dass § 60 zwei grundlegend verschiedene Konstellationen der Kostenübernahme für Fahrkosten regelt; zum einen die des Abs. 1 S. 1 iVm mit den Katalogfällen des Abs. 2 und zum anderen die des Abs. 1 S. 3 iVm den Richtlinien des GBA. Da insofern aber die Katalogfälle des Abs. 2 selbst bereits abschließende und detaillierte Regelungen für diejenigen Fahrten enthalten, für die die Krankenkasse Kosten stets übernimmt, kennzeichnete es das BSG als Irrtum, dass die Genehmigungspflicht gemäß § 60 Abs. 1 S. 3 SGB V auch für Krankentransporte nach § 60 Abs. 2 S. 1 Nr. 3 SGB V gelten solle. Die diese unzutreffende Auffassung umsetzende, ehemalige Regelung in § 6 Abs. 3 S. 1 Krankentransport-RL wurde daher auch mangels Ermächtigungsnorm als rechtswidrig eingestuft.[19]

8 § 8 der Krankentransport-RL nennt insoweit als **Ausnahmefälle für Krankenfahrten zur ambulanten Behandlung** solche, bei denen als Voraussetzung erfüllt ist, dass der Patient – wie zB bei einer Dialysebehandlung – mit einem durch die Grunderkrankung vorgegebenen Therapieschema[20] behandelt wird, das eine hohe Behandlungsfrequenz über einen längeren Zeitraum aufweist *und* diese Behandlung oder der zu dieser Behandlung führende Krankheitsverlauf den Patienten in einer Weise beeinträchtigt,

---

10 Nach rein objektiver Sicht des BSG ist iS einer strengen Auslegung des Wortlauts von § 60 SGB V der immerhin akzessorische Fahrkostenerstattungsanspruch nicht mehr gegeben, wenn die Hauptleistung nicht (mehr) in Anspruch genommen wird, ggf. weil sie doch noch nachträglich überflüssig wird (zB Versterben des Versicherten vor Ankunft des Rettungswagens, der ihn ins Krankenhaus bringen sollte). Vgl. BSG, 6.11.2008, B 1 KR 38/07 R. Nach aA soll es zur Vermeidung von Wertungswidersprüchen nur auf eine Betrachtung der berechtigten Beweggründe zum Zeitpunkt der Beantragung der Fahrkostenerstattung ankommen. Vgl. Nebendahl, aaO Rn. 15; Kingreen in: Becker/Kingreen, 2. Auflage 2010, § 60 Rn. 11.
11 BSG SozR 2200 § 194 Nr. 3.
12 BSG, Die Leistungen Beilage 2009, 123–128.
13 BSG SozR 2200, § 194 Nr. 5.
14 Nebendahl in: Spickhoff, Medizinrecht, § 60 SGB V Rn. 11; LSG NRW, 23.8.2007, L 5 KR 15/07 (finanzielle Bedürftigkeit nicht ausreichend); BSG, SozR 4-2500 § 60 Nr. 3 (religiöse Gründe nicht ausreichend).
15 Vgl. zu § 60 Abs. 1 S. 3 als „Öffnungsklausel" für Ausnahmefälle BSG, 12.9.2012, B 3 KR 17/11 R.
16 Vgl. zur Genehmigung vor Inanspruchnahme LSG Bln-Potsdam, 20.10.2011, L 9 KR 212/11 B ER.
17 Richtlinien des Gemeinsamen Bundesausschusses über die Verordnung von Krankenfahrten, Krankentransportleistungen und Rettungsfahrten (Krankentransport-Richtlinien), Fassung vom 22.1.2004, BAnz 2004, Nr. 18, S. 1342; zuletzt geändert am 18.2.2016; BAnz Nr. 41, S. 2937, vom 1.3.2005; in Kraft getreten am 2.3.2005.
18 BSG, 12.9.2012, B 3 KR 17/11 R.
19 BSG, 12.9.2012, B 3 KR 17/11 R, Rn. 26 ff.; Kingreen in: Becker/Kingreen, SGB V, 2. Aufl. 2010, § 60 Rn. 19; Höfler in: Kasseler Kommentar, SGB V, § 60 Rn. 19; Krauskopf/Baier, SGB V, § 60 Rn 19; Hauck/Gerlach, SGB V, § 60 Rn. 24 a.
20 Vgl. hierzu LSG LSA, 17.6.2010, L 10 KR 1/09, VuR 2011, 431.

dass eine Beförderung zur Vermeidung von Schaden an Leib und Leben unerlässlich ist (§ 8 Abs. 2 Krankentransport-RL).

Anlage 2 der RL enthält hierzu auch noch eine nicht abschließende Liste beispielhafter Ausnahmefälle.[21] Davon abgesehen ist es Aufgabe der Rechtsprechung die unbestimmten Rechtsbegriffe, die in der Krankentransport-RL Verwendung finden, näher auszulegen, wobei dies zB für die Bestimmung der „hohen Behandlungsfrequenz" durchaus strengen Anforderungen unterliegt. So hat das LSG Thüringen selbst bei 19 Behandlungen in monatlichen Abständen eine hohe Behandlungsfrequenz abgelehnt.[22] Auch wenn sich monatliche Behandlungen auf einen unabsehbaren Zeitraum erstrecken, ist das Tatbestandsmerkmal "hohe Behandlungsfrequenz über einen längeren Zeitraum" nicht ohne Weiteres erfüllt.[23] Hingegen hat das LSG Niedersachsen-Bremen eine hohe Behandlungsfrequenz bejaht, wenn die Zahl der durch ein Therapieschema vorgegebenen Arztbesuche überdurchschnittlich im Vergleich zu anderen Versicherten ist, indem etwa der Versicherte mindestens viermal monatlich im Durchschnitt pro Kalenderjahr einen Arzt für Kontrolluntersuchungen aufsuchen muss.[24]

Ansonsten kann die Fahrt zur ambulanten Behandlung für Versicherte noch ausnahmsweise nach § 8 Abs. 3 der Krankentransport-RL verordnet und genehmigt werden, die einen **Schwerbehindertenausweis** mit dem Merkzeichen „aG", „Bl" oder „H" oder einen **Einstufungsbescheid** gemäß SGB XI in die Pflegestufe 2 oder 3 aufweisen. Auch ohne einen solchen Nachweis ist allerdings die Genehmigung von Fahrten für Versicherte möglich, wenn sie von einer **vergleichbaren Beeinträchtigung der Mobilität** betroffen sind und einer ambulanten Behandlung über einen längeren Zeitraum bedürfen.

Neben dem Erfordernis der vorherigen Genehmigung durch die Krankenkasse ist weiterhin zu beachten, dass für die **Verordnung einer Krankenbeförderungsleistung** grundsätzlich ein Vertragsarzt, von Notfällen abgesehen, *vor* der Beförderung im Wege der Vornahme einer Verordnung die Notwendigkeit der Beförderung zu prüfen und das erforderliche Transportmittel nach Maßgabe der §§ 4 bis 7 auszuwählen hat. Dieses Erfordernis entfällt nur bei Fahrten mit dem privaten Kraftfahrzeug oder mit einem öffentlichen Verkehrsmittel sowie bei Fahrten zu ambulanten oder stationären Rehabilitationsmaßnahmen. Bei letzteren ist der Versicherte zur Klärung der An- und Abreise allerdings direkt an seine Krankenkasse zu verweisen.[25]

V. Privilegierte Transporte (Abs. 2)

Abs. 2 enthält dagegen einen **abschließenden**, somit keiner Analogie zugänglichen **Katalog** von Gründen,[26] in denen die Notwendigkeit des Transports als gegeben anzusehen ist, so dass bei Erfüllung aller anderen Voraussetzungen des Abs. 1 ein Anspruch auf Fahrkostenersatz besteht. Es bedarf in diesen Fällen daher außer in den Fällen des Abs. 2 S. 1 Nr. 3 (vgl. Abs. 1 S. 4) auch keiner **vorherigen Genehmigung** der Krankenkasse.[27]

Demnach übernimmt die Krankenkasse die Fahrkosten in Höhe des sich nach § 61 S. 1 ergebenden Betrages je Fahrt übersteigenden Betrages bei **stationären, aber auch teilstationären,**[28] **Leistungen,** was bei Verlegungen in andere Krankenhäuser jedoch nur gilt, wenn die Verlegung aus zwingenden medizinischen Gründen erforderlich ist oder mit Einwilligung der Krankenkasse in ein wohnortnahes Krankenhaus erfolgt (Abs. 2 S. 1 Nr. 1). Zu den stationären Leistungen zählen auch solche der medizinischen Vorsorge gemäß §§ 23 IV, 24, der stationären Hospizleistungen gemäß § 39 a oder der stationären Entbindung nach § 197 RVO.

Des Weiteren werden entsprechend Fahrkosten bei **Rettungsfahrten zum Krankenhaus** übernommen, auch dann, wenn eine stationäre Behandlung nicht erforderlich ist (Abs. 2 S. 1 Nr. 2). Eine Rettungsfahrt liegt vor, wenn der Transport mit einem qualifizierten Rettungsmittel (Notarztwagen, Rettungswagen, Rettungshubschrauber) erfolgt und der Transport deshalb erforderlich ist, weil sich Versicherte infolge von Verletzung oder Krankheit in unmittelbarer Lebensgefahr befinden oder ihr Gesundheits-

---

21 Vgl. auch BSG, SozR 4-2500 § 60 Nr. 1.
22 ThürLSG, 26.6.2012, L 6 KR 401/09. Vgl. hierzu auch Waßer in: jurisPK-SGB V, § 60 Rn. 67 ff. mwN.
23 LSG LSA, 16.4.2015, L 6 KR 49/14, NZS 2015, 622-626. Vgl. zu einer weiteren ablehnenden Entscheidung BSG, 13.12.2016, B 1 KR 2 / 16 R.
24 LSG Nds-Brem, 31.3.2016, L 1/4 KR 97/13, RdLH 2016, 182.
25 Vgl. § 2 Krankentransport-RL.
26 BSG, SozR 3-2500 § 60 Nr. 1.
27 BSG, 12.9.2012, B 3 KR 17/11 R.
28 Gerlach in: Hauck/Noftz, SGB V, § 60 Rn. 26; Höfler in: KassKomm, § 60 SGB V Rn. 17; Waßer in: jurisPK-SGB V, § 60 Rn. 82.

zustand in kurzer Zeit eine lebensbedrohliche Verschlechterung erwarten lässt. Ziel der Fahrt muss ein Krankenhaus sein, dessen Zulassung iSv § 108 für den Fahrkostenersatz allerdings nicht Bedingung ist.[29] Die Leerfahrt eines Rettungswagens darf hingegen von der Krankenkasse nicht als Sachleistung gewertet werden.

15 Weiterhin werden Fahrkosten nach Abs. 2 S. 1 Nr. 3 übernommen, die zwar keine Notfälle wie Rettungsfahrten in Nr. 2 sind (→ Rn. 14), bei denen Versicherte aber **während der Fahrt einer fachlichen Betreuung oder der besonderen Einrichtungen eines Krankenkraftwagens bedürfen** oder bei denen dies aufgrund ihres Zustandes zu erwarten ist (Krankentransport). Näheres hierzu findet sich abermals in den Richtlinien des Gemeinsamen Bundesausschusses über die Verordnung von Krankenfahrten, Krankentransportleistungen und Rettungsfahrten (Krankentransport-Richtlinien). Voraussetzung einer Kostenübernahme ist nach § 60 Abs. 1 S. 4 aber nun auch in diesen Fällen die vorherige Genehmigung des Krankentransports durch die Krankenkasse, soweit es um Krankentransporte zu ambulanten Behandlungen geht.

16 Schließlich erfasst Abs. 2 S. 1 Nr. 4 noch Fahrten von Versicherten zu sonst **stationäre Aufenthalte substituierenden ambulanten Krankenbehandlungen** sowie Behandlungen nach § 115a oder § 115b, wenn dadurch eine an sich gebotene vollstationäre oder teilstationäre Krankenhausbehandlung (§ 39) vermieden oder verkürzt wird oder diese nicht ausführbar ist, wie bei einer stationären Krankenhausbehandlung. Der Gesetzgeber will hiermit eine Motivation zugunsten kürzerer Krankenhausaufenthalte oder gleich alternativ nur ambulanter Behandlungen schaffen.[30] Das auf die sonst stationäre Versorgungsnotwendigkeit bezogene, substituierende Element der Fahrten grenzt dabei die Fallgruppe von Abs. 1 S. 3 ab. Insofern ist daher auch stets zu prüfen, ob wirklich eine sonst stationäre Versorgungsnotwendigkeit vermieden wird. Dies ist zB bei Nachuntersuchungen in Transplantationskrankenhäusern nicht ohne Weiteres der Fall. Es handelt sich um ambulante Untersuchungen, weshalb Fahrkosten insoweit nicht übernommen werden können.[31] Eine „stationsersetzende Behandlung" setzt voraus, dass durch die ambulante Behandlung eine an sich gebotene Krankenhausbehandlung vermieden oder verkürzt wird oder nicht ausführbar ist.[32]

VI. Anspruchsinhalt, Anspruchsberechtigte, (weitere) Anspruchsgrenzen und Anspruchshöhe

17 Fahrkosten iSd Abs. 1 sind die reinen **Beförderungskosten** für Fahrten einschließlich Transporten gemäß § 133, wobei **Rücktransportkosten** zurück zur Wohnung des Versicherten nach bestimmungsgemäß erbrachter Krankenkassenleistung ebenso vom Fahrkostenanspruch umfasst sind.[33] § 60 Abs. 3 enthält insoweit keinen abschließenden Katalog von Transportmitteln.[34] Im Vornherein keine ersatzfähigen Fahrkosten sind damit aber entgegen der früheren Rechtslage nach der RVO die mit der Fahrt aufgewandte Zeit, insoweit etwaig entgangene Verdienstansprüche, Übernachtungs- oder Verpflegungskosten.[35] Zu den Beförderungskosten zählen allerdings zB transportbedingte Schutzmaßnahmen sowie Kosten einer Desinfektion des Fahrzeugs bei der Beförderung Infektionskranker, da diese Kosten in solchen Fällen untrennbar mit der Krankenfahrt verbunden sind.[36]

18 Grundsätzlich werden idR nur **Versicherten** selbst die Fahrkosten erstattet, ihren **Angehörigen** oder **Begleitpersonen** dagegen nur in Ausnahmekonstellation, wenn dies nämlich ebenso – ggf. unter Berücksichtigung der besonderen persönlichen Verhältnisse des Versicherten – medizinisch notwendig ist, was bspw. bei Kindern oder älteren Patienten der Fall sein kann.[37]

19 Erstattungsfähig sind zudem nur „**notwendige Kosten**", dh nur diejenigen, die unumgänglich sind, um Versicherte bis zum Ort der nächstmöglichen Bereitstellung der Hauptleistung und zurück – idR bis zur Wohnung – zu bringen.[38] Der Anspruch auf Fahrkostenerstattung erfasst dabei auch grundsätzlich

---

29 Gerlach in: Hauck/Noftz, SGB V, § 60 Rn. 34; Waßer in: jurisPK-SGB V, § 60 Rn. 89.
30 BT-Dr. 12/3608, Teil B, zu Nr. 28.
31 LSG LSA, 17.12.2015, L 6 KR 31/13, NZS 2016, 345–348.
32 BSG, 18.11.2014, B 1 KR 8/13 R.
33 BSGE 54, 279–281 = SozR 2200 § 194 Nr. 9.
34 Waßer in: jurisPK-SGB V, § 60 Rn. 57 mwN; SG Hannover, 5.12.2008, S 19 KR 672/08.
35 Nebendahl in: Spickhoff, Medizinrecht, § 60 SGB V Rn. 4.
36 Vgl. LSG NRW, 26.4.2012, L 16 KR 192/11; Waßer in: jurisPK-SGB V, § 60 Rn. 34.
37 Nebendahl in: Spickhoff, Medizinrecht, § 60 SGB V Rn. 5; BSG, SozR 2200 § 194 Nr. 12.
38 BSG, SozR 2200 § 194 Nr. 9, 11. Vgl. auch § 3 Abs. 2 Krankentransport-RL. Ausnahmsweise kann der Versicherte aus wichtigem Grund auch an einen anderen Ort zurückgebracht werden, soweit die Mehrkosten nicht zu hoch sind, insbesondere nicht im unangemessenen Verhältnis zu den Kosten der Hauptleistung stehen. Vgl. BSG, SozR 2200 § 184 Nr. 2.

nur die räumlich kürzeste Wegstreckendistanz zum nächsterreichbaren Leistungserbringer.[39] Liegen keine zwingenden medizinischen Gründe vor, ausnahmsweise ein anderes Ziel ansteuern zu müssen, entscheidet sich ein Versicherter aber doch für die Inanspruchnahme eines weiter entfernten Leistungserbringers, hat er daher die Mehrkosten zu tragen.[40]

Gleiches gilt für Fahrkosten, die mit Blick auf einen **Krankenhauswechsel** stattfinden, aber auch für sog **Familienheimfahrten**. Nur wenn es hier jeweils zwingende *medizinische* Gründe gibt, zB weil im ersten Krankenhaus eine spezielle Leistung nicht zur Verfügung gestellt werden kann[41] oder die Heilung des Versicherten bei weiterer Trennung von Angehörigen aus konkreten medizinischen Aspekten mit Krankheitswert gefährdet wäre, sind auch diese Verbringungskosten erstattungsfähig.[42] Ansonsten gilt für Krankenhausverlegungen, dass Fahrkosten hier aber auch erstattet werden können, wenn die Krankenkasse dem bei Verlegung in ein wohnortnahes Krankenhaus zustimmt (Abs. 2 S. 1 Nr. 1).

Als **Fahrkosten** werden schließlich der Höhe nach gemäß Abs. 3 bei Benutzung eines öffentlichen Verkehrsmittels der Fahrpreis unter Ausschöpfung von Fahrpreisermäßigungen, bei Benutzung eines Taxis oder Mietwagens, wenn ein öffentliches Verkehrsmittel nicht benutzt werden kann, der nach § 133 berechnungsfähige Betrag, bei Benutzung eines Krankenkraftwagens oder Rettungsfahrzeugs, wenn ein öffentliches Verkehrsmittel, ein Taxi oder ein Mietwagen nicht benutzt werden kann, der nach § 133 berechnungsfähige Betrag und bei Benutzung eines privaten Kraftfahrzeugs für jeden gefahrenen Kilometer den jeweils aufgrund des Bundesreisekostengesetzes festgesetzten Höchstbetrag für Wegstreckenentschädigung, höchstens aber die Kosten, die bei Inanspruchnahme des nach Nr. 1 bis 3 erforderlichen Transportmittels entstanden wären anerkannt.[43]

Dabei ist zum einen noch anzumerken, dass schon Abs. 3 hinsichtlich der Beförderungsmittel, bzgl. derer jedoch kein abschließender Katalog vorliegt,[44] angesichts seines Aufbaus als eine Norm mit sichtlich wertender **Abstufung** bzw. **Reihenfolge** mit absteigender Priorität bzgl. Nennung der jeweiligen Transportmittel zu verstehen ist und ein strenger Maßstab gerade auch für die Auswahl des Transportmittels gilt; auch wenn natürlich in jedem Fall sich die Frage, welches Transportmittel verwendet werden darf, explizit gemäß Abs. 1 S. 2 an der medizinischen Notwendigkeit messen lassen muss.[45] Die Inanspruchnahme öffentlicher Verkehrsmittel kann demnach zB ausgeschlossen erscheinen, wenn damit verbundene Belastungen und längere Wartezeiten mit den zwingenden gesundheitlichen Gründen, die überhaupt die Behandlung und damit Fahrt erfordern, nicht vereinbar sind.[46] Grundsätzlich ist aber ansonsten jeweils auf das kostengünstigste Verkehrsmittel abzustellen.

Zum anderen ist der Versicherte mit Blick auf diese Fragen aber auch formell ohnehin nicht frei in der Wahl des Beförderungsmittels, sondern diese Auswahl ist gemäß § 2 der Krankentransport-RL von Ausnahmekonstellationen abgesehen grundsätzlich dem Vertragsarzt überantwortet.

Darüber hinaus sind der Sinn und Zweck des Abs. 1 S. 2 laut BSG nicht nur auf die Auswahl des billigsten Transportmittels zu beziehen, sondern auch auf die Wahl der billigsten Art und Weise seiner Benutzung, so dass sich ggf. ein Kostenerstattungsanspruch für Fahrten nicht auf Alleinfahrten, sondern nur Sammelfahrten erstreckt.[47] Dies wird auch dem Wirtschaftlichkeitsgebot gerecht.

Hinsichtlich der **Höhe der Fahrkostenerstattung** ist schließlich zu beachten, dass Abs. 1 S. 3 und Abs. 2 S. 1 die zu übernehmenden Kosten um den sich aus § 61 S. 1 ergebenden Betrag beschränken. Folglich haben die Versicherten von Fällen der Befreiung gemäß § 62 abgesehen stets einen Betrag iHv 10 % der Beförderungskosten, mindestens aber 5 EUR, maximal 10 EUR für jede Fahrt im Wege der **Zuzahlung** zu tragen. Diese wird von den zu übernehmenden Kosten seitens der Krankenkassen (Abs. 2. S. 2)

---

39 BSG, 8.9.2015, B 1 KR 27/14 R, SozR 4-2500 § 76 Nr. 3; unter Aufgabe von BSG, 20.1.1982, 3 RK 72/80 = SozR 2200 § 368 d Nr. 4.
40 Bay LSG, 5.7.2007, L 4 KR 240/04.
41 BSG NZS 2003, 33–35. Ansonsten ist die Übernahme von Fahrkosten ausgeschlossen. Vgl. hierzu etwa SG Aachen, 5.5.2015, S 13 KR 249/14.
42 BSG, SozR 3-2500 § 60 Nr. 6; BSG, SozR 2200 § 182 Nr. 8; BSG, SozR 2200 § 194 Nr. 10. Nicht ausreichend ist dagegen der allgemeine Grund der Familienzusammenführung. Vgl. BSG, SozR 2200 § 194 Nr. 4.
43 Insofern soll gewährleistet werden, dass nur die reinen Verbrauchskosten, nicht aber Vorhaltekosten erstattet werden. Vgl. hierzu Höfler in: KassKomm, § 60 SGB V Rn. 23.
44 Waßer in: juris PK-SGB V, § 60 Rn. 57; Nolte in: KassKomm-SGB, SGB V, § 60 Rn. 5; SG Hannover, 5.12.2008, S 19 KR 672/08.
45 Vgl. hierzu LSG LSA, NZS 2011, 303-307; Nebendahl in: Spickhoff, Medizinrecht, § 60 SGB V Rn. 28.
46 Baier in: Krauskopf, § 60 SGB V Rn. 9.
47 BSG, SozR 3-2500 § 60 Nr. 5. Waßer in: jurisPK-SGB V, § 60 Rn. 111.

bzw. den Leistungserbringern (§ 43b Abs. 1) abgezogen. Bei stationsersetzender ambulanter Behandlung müssen sich Versicherte aber nur bei der ersten und letzten Fahrt an den Fahrkosten beteiligen.[48]

VII. Rückführungstransporte aus dem Ausland (Abs. 4)

26 Gemäß Abs. 4 wird – dies noch vor dem Hintergrund einer alten Rechtsprechung des BSG, wonach als wesentliche Ursache für den Rücktransport nicht eine Erkrankung am Urlaubsort, sondern die zuvor freiwillige Entfernung aus dem Bereich der Krankenkasse angesehen wurde,[49] – klargestellt, dass die Kosten eines Rücktransports in das Inland nicht übernommen werden, wobei aber § 18 unberührt bleibt. Im Falle einer Erkrankung im Inland während des Urlaubs gilt hingegen, dass die bei einer Krankenhausentlassung entstehenden Kosten für den Rücktransport zum Wohnort zu übernehmen sind, soweit sie in einem angemessenen Verhältnis zur Hauptleistung stehen.[50] § 60 Abs. 4 S. 1 gilt außerdem nicht für auslandsbezogene Fahrkosten, wenn diese ebenso wie die Hauptleistung angefallen sind, weil eine entsprechende Behandlung im Inland nicht durchführbar war und die Krankenkasse für die Hauptleistung Kosten ganz oder teilweise erstattet hat.[51]

27 Dies wirft nach teilweise vertretener Ansicht dennoch Probleme hinsichtlich der **Vereinbarkeit der Norm mit der europarechtlichen Warenverkehr- und Dienstleistungsfreiheit** auf, auch wenn das BSG insoweit keinen Verstoß zu erkennen vermag[52] und der Leistungsausschluss nicht für Fahrkosten gilt, die aufgrund einer im Ausland erfolgten Behandlung entstanden sind, die im Inland nicht möglich war und für die Krankenkasse hinsichtlich der Hauptleistung die angefallenen Kosten ganz oder teilweise erstattet hat.[53]

28 **Rücktransport** iS der Vorschrift ist jede Rückreise von einem vorübergehenden Auslandsaufenthalt ins Inland. Erfasst wird dabei auch der Transport zur Weiterbehandlung im Inland, nicht nur die Rückreise nach dem Abschluss einer Behandlung im Ausland.[54]

VIII. Reisekosten im Kontext von Leistungen zur medizinischen Rehabilitation (Abs. 5)

29 Gemäß Abs. 5 werden im Zusammenhang mit Leistungen zur medizinischen Rehabilitation Fahr- und andere Reisekosten nach § 53 Abs. 1 bis 3 SGB IX übernommen. Eine Zuzahlung zu diesen Kosten ist nicht vorgesehen, ansonsten ist jedoch entsprechend obiger Ausführungen zu fordern, dass die Kosten ihre wesentliche Ursache in einer Leistung zur medizinischen Rehabilitation haben.[55]

30 Als Reisekosten werden sodann die im Zusammenhang mit der Ausführung einer Leistung zur medizinischen Rehabilitation oder zur Teilhabe am Arbeitsleben erforderlichen Fahr-, Verpflegungs- und Übernachtungskosten übernommen. Zu diesen zählen auch Kosten für besondere Beförderungsmittel, deren Inanspruchnahme wegen der Art oder Schwere einer Behinderung erforderlich ist, Kosten für eine wegen der Behinderung erforderliche Begleitperson einschließlich des für die Zeit der Begleitung entstehenden Verdienstausfalls, Kosten für Kinder, deren Mitnahme an den Rehabilitationsort erforderlich ist, weil ihre anderweitige Betreuung nicht sichergestellt ist sowie Kosten für den erforderlichen Gepäcktransport (§ 53 Abs. 1 SGB IX). Dieser Umfang der Kostenerstattung unterscheidet sich damit deutlich von dem des § 60 Abs. 1 bis 4. So sind etwa bei einer erforderlichen ambulanten Therapie auch die Übernachtungskosten zu übernehmen, wenn es sich um Leistungen der medizinischen Rehabilitation handelt und eine Inanspruchnahme der Leistung am Wohnort nicht möglich war. Es handelt sich dann auch bei den Übernachtungskosten um akzessorisch mit der Hauptleistung verbundene Leistungen.[56]

31 Während der Ausführung von Leistungen zur Teilhabe am Arbeitsleben werden Reisekosten iÜ gem. § 53 Abs. 2 SGB IX auch für im Regelfall zwei Familienheimfahrten je Monat übernommen. Anstelle der Kosten für die Familienheimfahrten können für Fahrten von Angehörigen vom Wohnort zum Aufenthaltsort der Leistungsempfänger und zurück Reisekosten übernommen werden. Zudem werden

---

48 BSG, SozR 4-2500 § 60 Nr. 7.
49 BSG, 24.2.1971, 3 RK 82/70, BSGE 32, 225 = SozR Nr. 42 zu § 182 RVO.
50 BSGE 54, 279–281.
51 BSG, 9.11.1977, 3 RK 90/76 – SozR 2200 § 194 Nr. 2.
52 BSG, SozR 2-2500 § 60 Nr. 3; ebenso Höfler in: KassKomm, § 60 SGB V Rn. 24; aA Kingreen in: Becker/Kingreen, § 60 Rn. 27; vgl. hierzu auch Nebendahl in: Spickhoff, Medizinrecht, § 60 SGB V Rn. 8, 30.
53 BSG, 9.11.1977, 3 RK 90/76, SozR 2200 § 194 Nr. 2.
54 BSG, 23.2.1999, B 1 KR 1/98 R, BSGE 83, 285.
55 Nebendahl in: Spickhoff, Medizinrecht, § 60 SGB V Rn. 34.
56 SG Braunschweig, 8.10.2015, S 32 SO 146/11.

diese Reisekosten auch im Zusammenhang mit Leistungen zur medizinischen Rehabilitation übernommen, wenn die Leistungen länger als acht Wochen erbracht werden (§ 53 Abs. 3 SGB IX).

IX. Anpassung durch das Bundesteilhabegesetz

Durch das Bundesteilhabegesetz vom 23.12.2016 (BGBl. I, 3234) wird mWv 1.1.2018 in Abs. 5 die Angabe „53 Abs. 1 bis 3" durch die Wörter „73 Absatz 1 bis 3" ersetzt. 32

Neunter Abschnitt
Zuzahlungen, Belastungsgrenze

§ 61 Zuzahlungen

[1]Zuzahlungen, die Versicherte zu leisten haben, betragen 10 vom Hundert des Abgabepreises, mindestens jedoch 5 Euro und höchstens 10 Euro; allerdings jeweils nicht mehr als die Kosten des Mittels. [2]Als Zuzahlungen zu stationären Maßnahmen werden je Kalendertag 10 Euro erhoben. [3]Bei Heilmitteln und häuslicher Krankenpflege beträgt die Zuzahlung 10 vom Hundert der Kosten sowie 10 Euro je Verordnung. [4]Geleistete Zuzahlungen sind von dem zum Einzug Verpflichteten gegenüber dem Versicherten zu quittieren; ein Vergütungsanspruch hierfür besteht nicht.

Literatur:

Beske/Golbach, Zuzahlungen im Gesundheitswesen, Kiel 2009; *Brockmann/Ulrich*, Zuzahlungen in der gesetzlichen Krankenversicherung – (k)eine Grenze in Sicht?, VSSR 2009, 339; *Hergenröder*, Überschuldung und Zuzahlungspflicht nach dem SGB V, ZVI 2012, 169; *Kruse*, Möglichkeiten und Grenzen der Kostendämpfung durch Einflussnahme auf die Anspruchshaltung der Versicherten, WzS 2011, 167; *Leopold*, Milliardengeschäft mit Praxisgebühr, Zusatzgebühr und Zusatzbeiträgen, GdS 2011, 20; *ders.*, Krankenkassen – auf zusätzliche Finanzierungsinstrumente angewiesen, Die Leistungen 2011, 628; *Mengel*, Befreiung von den Zuzahlungen nach § 62 SGB V, SF-Medien Nr. 180, 15; *Möller*, Werbung mit Zuzahlungsverzicht – ein wettbewerbsrechtliches Problem, WRP 2004, 530; *Schomburg*, Besonderheiten bei den Zuzahlungen, SF-Medien Nr. 83, 35; *Schumacher*, Anm. zum Urteil des BSG v. 16.12.2012 – B 8 SO 7/09 R, RdLH 2011, 18; *Werner*, Zur Eigenverantwortung gesetzlich Krankenversicherter, RsDE Nr. 61, 1; *Wolf*, Anmerkung zum Urteil des BSG v. 25.6.2009 – B 3 KR 3/08, SGb 2010, 249; *Wunder*, Die Zuzahlungspflicht nach §§ 61, 62 SGB V für Leistungsempfänger nach dem SGB II, SGb 2009, 79; *Wunder*, Zuzahlung zur GKV auch für Sozialhilfebezieher rechtmäßig, SGb 2012, 47.

I. Entstehungsgeschichte

§ 61 trat ursprünglich als Grundlage eines Anspruchs auf vollständige Befreiung aufgrund des GRG v. 20.12.1988[1] mWv 1.1.1989 in Kraft. Diese Funktion erfüllte die Norm bis zum 31.12.2003. Sie wurde insofern geändert durch das 2. GKV-Neuordnungsgesetz v. 23.6.1997 (BGBl. I, 1520) mWv 1.1.1997 (Abs. 1 Nr. 1), das 9. SBG V-ÄndG v. 8.5.1998 (BGBl. I, 907) mWv 1.1.1991 (Abs. 1 Nr. 1), insofern seinerseits aufgehoben durch das GKV-Solidaritätsstärkungsgesetz v. 19.12.1998 (BGBl. I, 3853) mWv 1.1.1999, das GKV-Gesundheitsreformgesetz 2000 v. 22.12.1999 (BGBl. I, 2626) mWv 1.1.2000 (Abs. 1 Nr. 1), das GKV-Solidaritätsstärkungsgesetz (Abs. 1 Nr. 2), das 2. SGB III-ÄndG v. 21.7.1999 (BGBl. I, 1648) mWv 1.8.1999 (Abs. 2 Nr. 2) und das das Gesetz zur Beendigung der Diskriminierung gleichgeschlechtlicher Gemeinschaften/Lebenspartnerschaften v. 16.2.2001 (BGBl. I, 266) mWv 1.8.2001 (Abs. 3 S. 1 und Abs. 4). Zum 1.1.2004 trat aufgrund von Art. I Nr. 39 des GKV-Modernisierungsgesetzes v. 14.11.2003 (BGBl. I, 2190) § 61 in seiner heutigen Funktion und mit seither unverändertem Wortlaut in Kraft. Bei späteren Änderungen durch Art. 5 Nr. 7 des Gesetzes für[2] moderne Dienstleistungen am Arbeitsmarkt v. 24.12.2003 (BGBl. I, 2954) und Art. 4 Nr. 4 des Gesetzes zur Einordnung des Sozialhilferechts in das SGB v. 27.12.2003 (BGBl. I, 3022) hat der Gesetzgeber jeweils übersehen, dass sich die Änderungen auf die mit Ablauf des 31.12.2003 außer Kraft getretene Fassung des § 61 bezogen. Während der erste Irrtum noch durch Art. 14 Nr. 2 des Kommunalen Optionsgesetzes v. 30.7.2004 (BGBl. I, 2014) behoben wurde, geht die 1

---

1 BGBl. I 1988, 2477.
2 BSG, 22.4.2008, B 1 KR 18/07 R, USK 2008-8.

Anweisung im Gesetz zur Einordnung des Sozialhilferechts in das SGB ins Leere. Eine „Auslegungsmethode", die das Problem beheben könnte ist nicht ersichtlich.

II. Normzweck und europarechtlicher Kontext

2 In seiner ursprünglichen – ab dem 1.1.1989 geltenden Fassung – ersetzte der neue Abschnitt „Härtefälle" (§§ 61, 62) bis dahin in der RVO verstreut geregelte Härtefallregelungen für Zuzahlungen (§§ 182a S. 3, 182c Abs. 3, 184a Abs. 2 S. 4, 187 Abs. 5 S. 2, 194 Abs. 1 S. 3), die insgesamt im Ermessen der Kasse standen, durch einen Anspruch des Versicherten auf Befreiung von Zuzahlungen. § 61 gab einen Anspruch auf vollständige, § 62 auf teilweise Befreiung. Die nunmehr einheitliche Ausgestaltung sollte den Einsatz von Härtefallregelungen als „Instrument des Wettbewerbs" zwischen den Kassen verhindern. Der Anspruch auf vollständige Befreiung ist zum 1.1.2004 entfallen. Hiergegen bestehen keine verfassungsrechtlichen Bedenken.[3] Verwaltungsakte über die vollständige Befreiung erledigen sich wegen des Entfallens jeden denkbaren Regelungsgegenstandes mit dem Inkrafttreten des gänzlich neuen Regelungskonzepts des geltenden Rechts „auf andere Weise" (§ 39 Abs. 2 SGB X), ohne dass es einer Aufhebung bedarf.

3 Das GMG hat die §§ 61, 62 aF mWv 1.1.2004 neu „gefasst" und zielt nunmehr im Rahmen einer völlig neu gestalteten Rechtslage darauf ab, die Belastungsgerechtigkeit dadurch zu verbessern, dass grundsätzlich alle Beteiligten in die Zuzahlungsregelungen einbezogen werden.[4] Damit sollte nicht nur eine spürbare Entlastung der GKV, sondern eine Steuerungswirkung erreicht werden, um strukturellen Mängeln entgegenzuwirken, die zunehmend zu einer Fehlleitung von Mitteln führten.[5] Diese Steuerungswirkung von Zuzahlungen ist verfassungsgemäß.[6]

4 Innerhalb dieses Konzepts verlautbart § 61 in seiner aktuellen Fassung keine eigenständige normative Regelung. Vielmehr beschränkt sich die Vorschrift in der seit dem 1.1.2004 geltenden Neufassung darauf, die Rechtsfolgenanordnung anderweitig geregelter Ansprüche – regelmäßig der Kassen, ausnahmsweise der Leistungserbringer selbst[7] – auf Zuzahlung hinsichtlich der Höhe zu vervollständigen. Die Vorschrift ist auch insofern nicht abschließend, sondern wird entgegen der Absicht der Entwurfsverfasser[8] spezialgesetzlich ergänzt (zB § 32 Abs. 2 S. 3, § 33 Abs. 8 S. 3). Die Höhe der insgesamt zumutbaren Eigenbeteiligung und das Verfahren ihrer Bestimmung im Einzelfall regelt dagegen § 62.

III. Der Anspruch auf Zuzahlungen und seine Höhe

5 Dem Gesetzgeber ist es im Rahmen seines Gestaltungsspielraums grundsätzlich erlaubt, den Versicherten über den Beitrag hinaus zur Entlastung der Krankenkassen und zur Stärkung des Kostenbewusstseins in der Form von **Zuzahlungen** zu bestimmten Leistungen zu beteiligen, jedenfalls soweit sie dem Einzelnen finanziell zugemutet werden kann.[9] Auf diese Weise bleibt der Naturalleistungsanspruch des Versicherten (§ 2 Abs. 2 S. 1, § 27 Abs. 1) grundsätzlich erhalten, wird allerdings im wirtschaftlichen Ergebnis modifiziert, weil nicht mehr die vollständige Leistung zulasten der Versichertengemeinschaft erbracht wird. Andererseits stellt die Belastung des Versicherten mit anteiligen Kosten das mildere Mittel gegenüber der vollständigen Zuordnung einer Leistung zum Bereich der Eigenverantwortung (§ 2 Abs. 1 S. 1) dar.[10] Der Anspruch auf Zuzahlung steht je nach gesetzlicher Ausgestaltung im Einzelfall grundsätzlich der Krankenkasse, ausnahmsweise dem Leistungserbringer selbst zu.[11] Von der gesetzlichen Zuordnung hängt gleichzeitig ab, wer das Inkassorisiko trägt.[12]

6 Den **Anspruch auf die Zuzahlung** dem Grunde nach regelt das Gesetz grundsätzlich im Zusammenhang des Leistungsrechts (zB § 23 Abs. 6, § 24 Abs. 3, § 28 Abs. 4, § 31 Abs. 3, § 32 Abs. 2, § 37 Abs. 5, § 39 Abs. 4, § 40 Abs. 5, 6). Die Pflicht zur Zuzahlung ist hiernach generell auf Versicherte beschränkt, die das 18. Lebensjahr vollendet haben. In den leistungsrechtlichen Bestimmungen finden

---

3 BSG, 22.4.2008, B 1 KR 10/07, BSGE 100, 221 ff. und BSG, 16.12.2010, B 8 SO 7/09 R, SozR 4-3500 § 28 Nr. 6.
4 Vgl. BT-Dr. 15/1525, 95.
5 Vgl. BT-Dr. 15/1525, 71.
6 BSG, 22.4.2008, B 1 KR 10/07 R und B 1 KR 18/07 R jeweils. aaO mwN.
7 Vgl. BSG, 7.12.2006, B 3 KR 29/05 R, SozR 4-2500 § 33 Nr. 14.
8 BT-Dr. 15/1525, 95.
9 Exemplarisch BVerfG, 6.12.2005, 1 BvR 347/98, BVerfGE 115, 25 ff. mwN.
10 Vgl. etwa BT-Dr. 13/7264, 60.
11 BSG, 7.12.2006, B 3 KR 29/05 R, SozR 4-2500 § 33 Nr. 14.
12 BSG, 7.12.2006, aaO, und BSG, 25.6.2009, B 3 Kr 3/08 R, BSGE 103, 275 ff.

sich ggf. auch die Ausnahmen von der Zuzahlungspflicht. § 61 ergänzt diese Regelungen, die ihrerseits regelmäßig eine entsprechende Verweisung enthalten, indem er für seinen – dort jeweils nur der Art nach umschriebenen und im Einzelnen anderweitig ausgestalteten – Anwendungsbereich die Höhe des dem Grunde nach anfallenden Zuzahlungsbetrages bestimmt. Auch insofern sind ggf. vorrangige spezialgesetzliche Abweichungen zu beachten. Innerhalb des § 61 geht S. 3 der allgemeinen Bestimmung des S. 1 vor.

Zuzahlungen, die Versicherte zu tragen haben, betragen nach S. 1 regelmäßig 10 % des **Abgabepreises**, jedoch **mindestens 5 EUR und höchstens 10 EUR**; allerdings nicht mehr als die Kosten des Mittels. Abgabepreis in diesem Sinn ist der für die Kostentragung durch die Krankenkasse maßgebende Betrag, soweit für Arznei- oder Verbandmittel ein Festbetrag festgesetzt ist, grundsätzlich der Festbetrag (§ 35 Abs. 2 S. 1). Zuzahlungen in der sich hiernach ergebenden Höhe fallen grundsätzlich an

- für ärztlich verordnete empfängnisverhütende Mittel (§ 24a Abs. 2 S. 2)
- für jedes verordnete Arznei- und Verbandmittel sowie für jedes Mittel und Medizinprodukt, das vom Gemeinsamen Bundesausschuss in die Versorgung mit Arzneimitteln einbezogen ist (§ 31 Abs. 3 S. 1, 3)
- jedes zulasten der KV abgegebene Hilfsmittel (§ 33 Abs. 8 S. 1)
- jeden Kalendertag der Soziotherapie (§ 37a Abs. 3)
- jeden Kalendertag der Inanspruchnahme einer Haushaltshilfe (§ 38 Abs. 5)
- für jede Fahrt (§ 60 Abs. 1 S. 3, Abs. 2 S. 2).

Für **Arzneimittel**, für die ein sog **Rabattvertrag** nach § 130a Abs. 8 getroffen ist, kommt auf der Grundlage von § 31 Abs. 3 S. 5 ua eine Ermäßigung der Zuzahlung auf die Hälfte in Betracht. Bei zum Verbrauch bestimmten Hilfsmitteln beträgt die Zuzahlung 10 % des insgesamt von der Krankenkasse zu übernehmenden Betrags, höchstens jedoch 10 EUR für den gesamten Monatsbedarf (§ 33 Abs. 8 S. 3).

Als **Zuzahlung zu stationären Maßnahmen** werden gemäß S. 2 **je Kalendertag 10 EUR** erhoben. Die gesetzliche Reglungstechnik entspricht derjenigen des S. 1. Auch S. 2 beschränkt sich daher auf die Festsetzung der Höhe anderweitig dem Grunde nach ausgestalteter Ansprüche. Zuzahlungen in der sich hiernach ergebenden Höhe fallen grundsätzlich an

- je Kalendertag der Behandlung in einer Vorsorgeeinrichtung (§ 23 Abs. 6 S. 1)
- je Kalendertag einer Krankenhausbehandlung für insgesamt längstens 28 Tage innerhalb eines Kalenderjahres (§ 29 Abs. 4)
- je Kalendertag einer medizinischen Rehabilitation (§ 40 Abs. 5 S. 1)
- je Kalendertag einer Anschlussrehabilitation f. für insgesamt längstens 28 Tage innerhalb eines Kalenderjahres (§ 40 Abs. 6 S. 1)
- je Kalendertag einer medizinischen Rehabilitation für Mütter und Väter (§ 41 Abs. 3).

Bis zum 31.12.2012 erweiterte die Verweisung in § 28 Abs. 4 S. 1 den Anwendungsbereich von S. 2 über stationäre Maßnahmen hinaus grundsätzlich auf die erste Inanspruchnahme einer ambulanten ärztlichen, zahnärztlichen oder psychotherapeutischen Behandlung im Kalendervierteljahr („Praxisgebühr").

Bei Heilmitteln und häuslicher Krankenpflege beträgt die Zuzahlung 10 % der Kosten sowie 10 EUR je Verordnung (S. 3). Die Regelung geht der allgemeineren des S. 1 als *lex specialis* vor.

Gemäß § 43b Abs. 1 haben grundsätzlich die jeweiligen **Leistungserbringer** die Zuzahlungen einzuziehen und mit ihrem Vergütungsanspruch gegenüber der Krankenkasse zu verrechnen. § 61 S. 4 ergänzt die Verpflichtungen des Leistungserbringers um die Pflicht zur unentgeltlichen Quittierung gegenüber dem Versicherten. Um die Feststellung der Belastungsgrenze nach § 62 zu ermöglichen, muss die Quittung neben dem Urheber und den Personalien des Versicherten, zumindest die Art der Leistung, den Betrag der Zuzahlung das Datum der Leistungserbringung erkennen lassen.

§ 62 Belastungsgrenze

(1) ¹Versicherte haben während jedes Kalenderjahres nur Zuzahlungen bis zur Belastungsgrenze zu leisten; wird die Belastungsgrenze bereits innerhalb eines Kalenderjahres erreicht, hat die Krankenkasse eine Bescheinigung darüber zu erteilen, dass für den Rest des Kalenderjahres keine Zuzahlungen mehr zu leisten sind. ²Die Belastungsgrenze beträgt zwei vom Hundert der jährlichen Bruttoeinnahmen zum Lebensunterhalt; für chronisch Kranke, die wegen derselben schwerwiegenden Krankheit in

Dauerbehandlung sind, beträgt sie 1 vom Hundert der jährlichen Bruttoeinnahmen zum Lebensunterhalt. ³Abweichend von Satz 2 beträgt die Belastungsgrenze 2 vom Hundert der jährlichen Bruttoeinnahmen zum Lebensunterhalt für nach dem 1. April 1972 geborene chronisch kranke Versicherte, die ab dem 1. Januar 2008 die in § 25 Absatz 1 genannten Gesundheitsuntersuchungen vor der Erkrankung nicht regelmäßig in Anspruch genommen haben. ⁴Für Versicherte nach Satz 3, die an einem für ihre Erkrankung bestehenden strukturierten Behandlungsprogramm teilnehmen, beträgt die Belastungsgrenze 1 vom Hundert der jährlichen Bruttoeinnahmen zum Lebensunterhalt. ⁵Der Gemeinsame Bundesausschuss legt in seinen Richtlinien fest, in welchen Fällen Gesundheitsuntersuchungen ausnahmsweise nicht zwingend durchgeführt werden müssen. ⁶Die weitere Dauer der in Satz 2 genannten Behandlung ist der Krankenkasse jeweils spätestens nach Ablauf eines Kalenderjahres nachzuweisen und vom Medizinischen Dienst der Krankenversicherung, soweit erforderlich, zu prüfen; die Krankenkasse kann auf den jährlichen Nachweis verzichten, wenn bereits die notwendigen Feststellungen getroffen worden sind und im Einzelfall keine Anhaltspunkte für einen Wegfall der chronischen Erkrankung vorliegen. ⁷Die Krankenkassen sind verpflichtet, ihre Versicherten zu Beginn eines Kalenderjahres auf die für sie in diesem Kalenderjahr maßgeblichen Untersuchungen nach § 25 Abs. 1 hinzuweisen. ⁸Das Nähere zur Definition einer schwerwiegenden chronischen Erkrankung bestimmt der Gemeinsame Bundesausschuss in den Richtlinien nach § 92.

(2) ¹Bei der Ermittlung der Belastungsgrenzen nach Absatz 1 werden die Zuzahlungen und die Bruttoeinnahmen zum Lebensunterhalt des Versicherten, seines Ehegatten oder Lebenspartners, der minderjährigen oder nach § 10 versicherten Kinder des Versicherten, seines Ehegatten oder Lebenspartners sowie der Angehörigen im Sinne des § 8 Absatz 4 des Zweiten Gesetzes über die Krankenversicherung der Landwirte jeweils zusammengerechnet, soweit sie im gemeinsamen Haushalt leben. ²Hierbei sind die jährlichen Bruttoeinnahmen für den ersten in dem gemeinsamen Haushalt lebenden Angehörigen des Versicherten um 15 vom Hundert und für jeden weiteren in dem gemeinsamen Haushalt lebenden Angehörigen des Versicherten und des Lebenspartners um 10 vom Hundert der jährlichen Bezugsgröße nach § 18 des Vierten Buches zu vermindern. ³Für jedes Kind des Versicherten und des Lebenspartners sind die jährlichen Bruttoeinnahmen um den sich aus den Freibeträgen nach § 32 Abs. 6 Satz 1 und 2 des Einkommensteuergesetzes ergebenden Betrag zu vermindern; die nach Satz 2 bei der Ermittlung der Belastungsgrenze vorgesehene Berücksichtigung entfällt. ⁴Zu den Einnahmen zum Lebensunterhalt gehören nicht Grundrenten, die Beschädigte nach dem Bundesversorgungsgesetz oder nach anderen Gesetzen in entsprechender Anwendung des Bundesversorgungsgesetzes erhalten, sowie Renten oder Beihilfen, die nach dem Bundesentschädigungsgesetz für Schäden an Körper und Gesundheit gezahlt werden, bis zur Höhe der vergleichbaren Grundrente nach dem Bundesversorgungsgesetz. ⁵Abweichend von den Sätzen 1 bis 3 ist bei Versicherten,

1. die Hilfe zum Lebensunterhalt oder Grundsicherung im Alter und bei Erwerbsminderung nach dem Zwölften Buch oder die ergänzende Hilfe zum Lebensunterhalt nach dem Bundesversorgungsgesetz oder nach einem Gesetz, das dieses für anwendbar erklärt, erhalten,
2. bei denen die Kosten der Unterbringung in einem Heim oder einer ähnlichen Einrichtung von einem Träger der Sozialhilfe oder der Kriegsopferfürsorge getragen werden

sowie für den in § 264 genannten Personenkreis als Bruttoeinnahmen zum Lebensunterhalt für die gesamte Bedarfsgemeinschaft nur der Regelsatz für die Regelbedarfsstufe 1 nach der Anlage zu § 28 des Zwölften Buches maßgeblich. ⁶Bei Versicherten, die Leistungen zur Sicherung des Lebensunterhalts nach dem Zweiten Buch erhalten, ist abweichend von den Sätzen 1 bis 3 als Bruttoeinnahmen zum Lebensunterhalt für die gesamte Bedarfsgemeinschaft nur der Regelbedarf nach § 20 Absatz 2 Satz 1 des Zweiten Buches maßgeblich. ⁷Bei Ehegatten und Lebenspartnern ist ein gemeinsamer Haushalt im Sinne des Satzes 1 auch dann anzunehmen, wenn ein Ehegatte oder Lebenspartner dauerhaft in eine vollstationäre Einrichtung aufgenommen wurde, in der Leistungen gemäß § 43 oder § 43 a des Elften Buches erbracht werden.

(3) ¹Die Krankenkasse stellt dem Versicherten eine Bescheinigung über die Befreiung nach Absatz 1 aus. ²Diese darf keine Angaben über das Einkommen des Versicherten oder anderer zu berücksichtigender Personen enthalten.

(4) (aufgehoben)

(5) Die Spitzenverbände der Krankenkassen evaluieren für das Jahr 2006 die Ausnahmeregelungen von der Zuzahlungspflicht hinsichtlich ihrer Steuerungswirkung und legen dem Deutschen Bundestag hierzu über das Bundesministerium für Gesundheit spätestens bis zum 30. Juni 2007 einen Bericht vor.

Literatur:
Siehe § 61.

I. Entstehungsgeschichte 1	V. Der maßgebliche Vom-Hundert-Satz 14
II. Normzweck............................ 2	VI. Die Anwendbarkeit der reduzierten Belastungsgrenze im Einzelnen 15
III. Tatbestand und Rechtsfolgen (Abs. 1 S. 1, Abs. 3)...................... 4	VII. Bruttoeinnahmen zum Lebensunterhalt 17
IV. Die Höhe der Belastungsgrenze sowie Zeitpunkt der Feststellung der Bemessungsgrößen 12	VIII. Haushaltsgemeinschaft..................... 24

I. Entstehungsgeschichte

Wie § 61 weist auch § 62 eine zweigliedrige Geschichte auf. Während die aufgrund des GRG v. 1988 (BGBl. I, 2477) zum 1.1.1989 in Kraft getretene und bis 31.12.2003 geltende Fassung die Voraussetzungen der teilweisen Befreiung von „Fahrtkosten und Zuzahlungen zu Arznei-, Verband- und Heilmitteln" im Gegensatz zu den in § 61 aF umschriebenen Voraussetzungen einer vollständigen Befreiung regelte, ist die durch Art. 1 Nr. 40 GKV-ModernisierungsG v. 14.11.2003 (BGBl. I, 2477) zum 1.1.2004 in Kraft getretenen Fassung nunmehr einzige Grundlage einer Befreiung von (allen) Zuzahlungen bei Überschreiten der Belastungsgrenze. Durch Art. 1 Nr. 20 nach Maßgabe des Art. 12 Abs. 2 wurde durch das Zweite Gesetz zur Änderung des Fünften Buches Sozialgesetzbuch v. 20.12.1991 (BGBl. I, 2325) in § 62 aF mWv 1.1.1992 ein **Abs. 2 a** eingefügt, der die Höhe des vom Versicherten zu tragenden Teils der berechnungsfähigen Kosten bei der Versorgung mit Zahnersatz regelte. Abs. 2 a S. 2 wurde durch Art. 1 Nr. 28 a Gesundheitsstrukturgesetz v. 21.12.1992 (BGBl. I, 2266) mWv 1.1.1993 geädert. Mit Wirkung vom 3.1.1998 wurde Abs. 2 a durch Art. 1 Nr. 18 nach Maßgabe des Art. 17 2. GKV-NeuordnungsG v. 23.6.1997 (BGBl. I, 1520) iVm der Bekanntmachung v. 3.1.1998 (BGBl. I, 38) neu gefasst. Mit Wirkung v. 1.7.1997 wurde **Abs. 1 S. 2** durch Art. 1 Nr. 1 1. GKV-Neuordnungsgesetz v. 23.6.1997 (BGBl. I, 1518) mWv 1.7.1997 neu gefasst; die bisherige Unterscheidung nach der Höhe der jährlichen Bruttoeinnahmen zum Lebensunterhalt wurde nunmehr durch eine Regelung ersetzt, die neben der allgemeinen Belastungsgrenze eine reduzierte für Versicherte in Dauerbehandlung vorsah. Die besondere Belastungsgrenze für chronisch Kranke wurde mWv 1.1.1999 durch Art. 1 Nr. 9 lit. a aa GKV-SolidaritätsstärkungsG v. 19.12.1998 (BGBl. I, 3853) unter den dort im Einzelnen genannten Voraussetzungen in eine vollständige Befreiung von Fahrtkosten und Zuzahlungen umgewandelt. Schließlich wurde mit Art. 3 § 52 Nr. 7 lit. a des Gesetzes zur Beendigung der Diskriminierung gleichgeschlechtlicher Lebensgemeinschaften/Lebenspartnerschaften v. 16.2.2001 (BGBl. I, 266) mWv 1.8.2001 in die Ermittlung der Belastungsgrenze nach **Abs. 1 S. 4** auch die Zuzahlungen und Bruttoeinnahmen des Lebenspartners und seiner Angehörigen einbezogen. In der Fassung durch das GKV-ModernisierungsG wurde die Anwendung der reduzierten Belastungsgrenze auf schwerwiegende chronische Erkrankungen begrenzt und ein Verfahren zur Feststellung derartiger Erkrankungen eingeführt. Empfänger sozialer Leistungen wurden zur Zuzahlung verpflichtet. Durch Art. 4 Nr. 1 des Kommunalen OptionsG v. 30.7.2004 (BGBl. I, 2014) wurde mWv 6.8.2004 **Abs. 2 S. 6** eingeführt. **Abs. 2 S. 5 Nr. 1** wurde zunächst mWv 1.1.2005 durch Art. 4 Nr. 5 des G zur Einordnung des Sozialhilferechts in das Sozialgesetzbuch v. 27.12.2003 (BGBl. I, 3022) mWv 1.1.2005 du anschließend erneut mWv 30.3.2005 durch Art. 4 Nr. 4 des VerwaltungsvereinfachungsG v. 21.3.2005 (BGBl. I, 818) geändert. Die aktuelle Fassung des Schlusssatzes v. Abs. 2 beruht mWv 1.1.2005 auf Art. 4 Nr. 5 des G zur Einordnung des Sozialhilferechts in das Sozialgesetzbuch. Jeweils mWv 1.4.2007 wurden in **Abs. 1** die Sätze 3 bis 5 (Art. 1 Nr. 37 lit. a aa GKV-WettbewerbsstärkungsG v. 26.3.2007, BGBl. I, 378) und die Sätze 7 bis 9 (Art. 1 Nr. 7 lit. a bb GKV-WettbewerbsstärkungsG) eingefügt. Zum selben Zeitpunkt wurde der frühere S. 3 S. 6 (Art. 1 Nr. 37 lit. a aa GKV-WettbewerbsstärkungsG) und der frühere S. 4 S. 10 (Art. 1 Nr. 37 lit. a bb GKV-WettbewerbsstärkungsG). Zuletzt wurde mWv 1.1.2012 **Abs. 1. S. 5** durch Art. 1 Nr. 10 c Buchst a GKV-VersorgungsstrukturG v. 22.12.2011 (BGBl. I 2983) neu gefasst und **Abs. 4** durch Art. 1 Nr. 10 b dieses Gesetzes aufgehoben.

II. Normzweck

§ 62 stellt als Regelung des Leistungsrechts einerseits eine Belastung der (aller) Versicherten mit den gesetzlich vorgesehenen Zuzahlungen in der gesetzlich bestimmten Höhe sicher und begrenzt diese Belastung andererseits iS der Vermeidung einer Überforderung in Abhängigkeit von den jährlichen Bruttoeinnahmen zum Lebensunterhalt und dem Gesundheitszustand. Er versucht damit eine Abgrenzung von Solidarität und Eigenverantwortung. Tatbestand und Rechtsfolge(n) gehen aus dem Gesetz allenfalls für den Normalfall mit rechtsstaatlich noch hinnehmbarer Deutlichkeit hervor. In der Zusammenschau ergibt sich mit noch hinreichender Deutlichkeit, dass mit dem Erreichen der kalenderjährlichen Belastungsgrenze grundsätzlich Anspruch auf Erlass eines feststellenden (deklaratorischen) Verwaltungsakts („Bescheinigung") besteht, demzufolge zukünftig – für den Rest des Kalenderjahres – keine Zuzahlungen mehr zu leisten sind.

3 Das Gesetz erfasst damit ausdrücklich nur den Fall, dass das Überschreiten der Belastungsgrenze bereits während des Kalenderjahres geltend gemacht und auf hypothetischer Grundlage hinreichend sicher beurteilt werden kann. Soweit im Übrigen das das Erreichen der Belastungsgrenze ganz oder teilweise erst im Nachhinein – zutreffend – festgestellt werden kann, sind Zuzahlungen ohne Rechtsgrund erbracht und kann auf der Grundlage des allgemeinen öffentlich-rechtlichen Erstattungsanspruchs nur die Erstattung zu Unrecht erbrachter Zuzahlungen begehrt werden. Die Zuständigkeit etwa bei unterjährigem Wechsel der Krankenkasse bleibt offen. Erst recht fehlen Regelungen hinsichtlich der kassenübergreifenden Abstimmung der Verfahren bei Betroffenheit mehrerer Mitglieder einer Haushaltsgemeinschaft.

III. Tatbestand und Rechtsfolgen (Abs. 1 S. 1, Abs. 3)

4 Nach der kategorischen Anordnung des Abs. 1 S. 1 Hs. 1 haben Versicherte als Ausdruck des Solidarprinzips[1] während eines Kalenderjahres nur Zuzahlungen bis zur **Belastungsgrenze** „zu leisten". Die Belastungsgrenze wird rechnerisch als Vom-Hundert-Anteil der jährlichen Bruttoeinnahmen zum Lebensunterhalt ermittelt. Der maßgebliche Vomhundertsatz beträgt grundsätzlich 2 %, für bestimmte chronisch Kranke 1 %. Die Zuzahlungen und die Bruttoeinnahmen zum Lebensunterhalt für das laufende Kalenderjahr, für das die Zuzahlungsbefreiung/Erstattung beantragt wird,[2] werden jeweils haushaltsbezogen addiert und mit einander verglichen. Damit ergibt sich für alle versicherten Haushaltsangehörigen eine einzige Belastungsgrenze, mit deren Erreichen der Tatbestand gleichzeitig für alle erfüllt ist.

5 Bis zum Erreichen der kalenderjährlichen Belastungsgrenze ergeben sich die einschlägigen Rechtsfolgen ungeachtet des § 62 allein aus den jeweiligen spezialgesetzlichen Anordnungen über Zuzahlungen in den leistungsrechtlichen Regelungen der §§ 20 ff. Der Anspruch auf die Zuzahlung entsteht daher nach Tatbeständen außerhalb der Regelungen über die Belastungsgrenze grundsätzlich in der sich aus § 61 ergebenden Höhe und ist gegenüber dem jeweils Berechtigten – grundsätzlich der Krankenkasse, ausnahmsweise dem Leistungserbringer selbst – zu erfüllen.

6 Dem umfassenden Wortlaut („Versicherte") und mittelbar der Änderung der Rechtslage ab dem 1.1.2004 ist zu entnehmen, dass § 62 keine dem § 61 Abs. 2 aF entsprechende Ausnahme von der Zuzahlungspflicht von vornherein mehr kennt.[3] Vielmehr werden grundsätzlich alle Versicherten rechtlich und tatsächlich zu Zuzahlungen herangezogen und werden erst durch die Belastungsgrenze vor einer Überforderung bewahrt. Hiergegen bestehen keine verfassungsrechtlichen Bedenken.[4] Dem **Gesetzgeber** ist es vielmehr im Rahmen seines **Gestaltungsspielraums** grundsätzlich erlaubt, den Versicherten über den Beitrag hinaus zur Entlastung der Krankenkassen und zur Stärkung des Kostenbewusstseins in der Form von Zuzahlungen zu bestimmten Leistungen zu beteiligen, jedenfalls soweit dies dem Einzelnen finanziell zugemutet werden kann.[5] Dies gilt auch für Kindererziehende Versicherte.[6]

7 Erreicht die Gesamtheit der geleisteten Zuzahlungen die kalenderjährliche Belastungsgrenze, entstehen zwar dennoch weitere Ansprüche auf Zuzahlung, diese sind aber mit diesem Zeitpunkt unmittelbar kraft Gesetzes (Abs. 1 S. 1 Hs. 1) nicht mehr tatsächlich durch Leistung zu erfüllen (§ 362 Abs. 1 BGB). Der Versicherte kann sich also mit Wirkung ab diesem Zeitpunkt auf einen gesetzlichen **Erfüllungseinwand** berufen. Schon weil auch für die Ermittlung der Belastungsgrenze einschlägiger Bezugszeitraum dasjenige Kalenderjahr ist, für das Entlastung begehrt wird, muss die Belastungsgrenze entge-

---

1 BSG, 22.4.2008, B 1 KR 5/07 R, SozR 4-2500 § 62 Nr. 5.
2 BSG, 19.9.2007, B 1 KR 7/07 R, SozR 4-2500 § 62 Nr. 3.
3 Vgl. BT-Dr. 15/1525, 71.
4 Vgl. zu krankenversicherten Beziehern von Arbeitslosengeld II BSG, 22.4.2008, B 1 KR 10/07 R, BSGE 100, 221 ff.
5 BSG, 22.4.2008, B 1 KR 10/07 R, BSGE 100, 221 ff. mwN.
6 BSG, 16.12.2003, B 1 KR 26/01 R, BSGE 92, 46 ff.

gen dem von Abs. 1 Hs. 2 erweckten Eindruck stets und nicht etwa nur ausnahmsweise („bereits") unterjährig erreicht werden. Als Folge dieses einheitlichen materiellen Kriteriums entsteht auf der Rechtsfolgenseite stets *qua lege* der Erfüllungseinwand des Versicherten. Abs. 1 S. 1 stellt unter diesen Umständen – ohne dies allerdings hinreichend deutlich zu machen – auf einen anderen Umstand ab: Nur wenn das Überschreiten der Belastungsgrenze während des Kalenderjahrs sowohl geltend gemacht als auch aufgrund des zur Verfügung stehende Zahlenmaterials eine hinreichend sichere Prognosegrundlage gegeben ist, ist die dort allein angesprochene Feststellung der Zuzahlungsfreiheit für den Rest des Kalenderjahrs sinnvoll. Können die erforderlichen Feststellungen dagegen erst im Nachhinein getroffen werden oder wird der erforderliche Antrag erst nach Ablauf des Kalenderjahres gestellt, kommt nur in Betracht, die Erstattung des Werts von Zuzahlungen zu begehren, die ungeachtet der auch dann kraft Gesetzes bereits unterjährig eingetretenen Freiheit geleistet wurden.

Sobald das unterjährige Erreichen der Belastungsgrenze bereits während des Bezugszeitraums prognostisch festgestellt werden kann, erteilt die Kasse dem Versicherten auf Antrag hierüber einen deklaratorischen feststellenden Verwaltungsakt („**Bescheinigung**"), mit dem er künftige Zuzahlungen vermeiden kann (Abs. 1 S. 1). Schon weil der hiernach zu erteilende Verwaltungsakt in der Regel schriftlich ergeht und daher grundsätzlich einer Begründung bedarf (§ 35 SGB X), ist er – trotz Verwendung desselben Wortbegriffs – mit der nach Abs. 3 S. 1 zu erteilenden „Bescheinigung" nicht identisch. Diese dient insbesondere gegenüber Leistungserbringern als Nachweis der Zuzahlungsfreiheit und darf zum Schutz der persönlichen Daten des Versicherten keine Angaben über das Einkommen des Versicherten oder anderer zu berücksichtigender Personen enthalten (Abs. 3 S. 2). 8

(Ebenfalls) zu Unrecht erweckt der Wortlaut des Abs. 3 („Bescheinigung über die Befreiung") den Eindruck, der Versicherte würde entgegen Abs. 1 S. 1 erst und nur durch eine konstitutiv wirkende „Befreiung" zur Geltendmachung des Erfüllungseinwandes berechtigt. Dem steht bereits die von der Rechtsprechung über den Wortlaut von Abs. 1 S. 1 Hs. 2 hinaus angenommene weitere Rechtsfolge entgegen. Ist nämlich ein feststellender Verwaltungsakt nach dieser Vorschrift überhaupt nicht ergangen oder ist die Kasse zulasten des Versicherten von einer unzutreffenden Höhe der Belastungsgrenze ausgegangen und hat der Versicherte im Bezugszeitraum Zuzahlungen oberhalb der Befreiungsgrenze zu Unrecht erbracht, kann er die Erstattung des überschießenden Betrages auf der Grundlage des allgemeinen öffentlich-rechtlichen Erstattungsanspruchs begehren.[7] An einem Rechtsgrund für die geleisteten Zuzahlungen fehlt es auch in diesen Fällen von vornherein und nicht etwa erst, weil ein Verwaltungsakt dies konstitutiv feststellt. 9

Wegen des haushaltsbezogenen Vergleichs der Summe der Zuzahlungen und der Summe der Einnahmen zum Lebensunterhalt tritt bei Erfüllung der tatbestandlichen Voraussetzungen auch die gesetzliche Rechtsfolge des **Erfüllungseinwandes zugleich zugunsten aller versicherten Haushaltsmitglieder** ein. Dies gilt gleichermaßen bei Anwendbarkeit der reduzierten Belastungsgrenze (1 % der kalenderjährlichen Bruttoeinnahmen zum Lebensunterhalt). Andernfalls würden wegen der stets maßgeblichen Verhältnisse der Haushaltsgemeinschaft in ihrer Gesamtheit begünstigte chronisch Kranke über die die für sie maßgebliche Grenze hinaus belastet.[8] 10

Jedem Versicherten einer **Haushaltsgemeinschaft** ist auf dessen Antrag ein feststellender Verwaltungsakt über die kraft Gesetzes eingetretene Freiheit von weiteren Zuzahlungen (Abs. 1 S. 1 Hs. 2) und eine entsprechende Bescheinigung als Nachweis (Abs. 3) zu erteilen. Im Fall der (teilweisen) Ablehnung kann der feststellende Verwaltungsakt ggf. im Wege der kombinierten Anfechtungs- und Leistungsklage gerichtlich erwirkt werden.[9] Soweit ein Verwaltungsakt nicht ergangen ist, besteht hinsichtlich der über die Belastungsgrenze hinaus geleisteten Zuzahlungen ein Erstattungsanspruch, der ggf. im Wege der kombinierten Anfechtungs- und Leistungsklage durchzusetzen ist.[10] Für Verwaltungsakt, Bescheinigung und Erstattung ist bei durchgehender Zugehörigkeit des Versicherten während des Kalenderjahres zu nur einer Kasse zweifellos diese verbandszuständig. Eine normative Regelung für den Fall der Mitgliedschaft in mehreren Kassen fehlt. Die großzügigen Regelungen in den Ver- 11

---

7 BSG, 22.4.2008, B 1 KR 18/07 R, USK 2008-8.
8 Vgl. diesem Sinne auch die gemeinsame Verlautbarung v. 19.1.2004 zu Fragen einzelner Leistungsvorschriften der Spitzenverbände der Krankenkassen v. 28.7.2004.
9 BSG, 22.4.2008, B 1 KR 10/07 R, BSGE 100, 221 ff.; anders ohne Auseinandersetzung BSG, 25.6.2009, B 3 KR 3/08 R, BSGE 103, 275 ff.: kombinierte Anfechtungs- und Leistungsklage, mit der die Erteilung einer „Befreiungserklärung", also einer Leistung iS des § 54 Abs. 4 SGG begehrt werde.
10 BSG, 22.4.2008, B 1 KR 10/07 R, BSGE 100, 221 ff. mwN.

fahrensgrundsätzen der Spitzenverbände[11] (insbesondere grundsätzliche Zuständigkeit nur einer Kasse und Fortgeltung eines bereits erteilten Verwaltungsakts bei Kassenwechsel) mögen im Fall unstreitiger/ positiver Entscheidungen ausreichen; die nicht ansatzweise vorhandenen verwaltungsverfahrensrechtlichen und prozessrechtlichen Regelungen vermögen sie nicht zu ersetzen.

IV. Die Höhe der Belastungsgrenze sowie Zeitpunkt der Feststellung der Bemessungsgrößen

12 Den Sätzen 2 bis 4 des Abs. 1 ist zu entnehmen, dass sich die Belastungsgrenze jeweils als **konkreter Euro-Betrag** 1. aus dem einschlägigen Vom-Hundert-Satz und 2. aus den jährlichen Bruttoeinnahmen zum Lebensunterhalt ergibt. Zeitlich ist hinsichtlich beider Größen auf das laufende Kalenderjahr, für das Zuzahlungsfreiheit begehrt wird, abzustellen.[12] Die näheren Regelungen zur Bestimmung des Vom-Hundert-Satzes ergeben sich aus den Sätzen 2 bis 10 des Abs. 1. Abs. 2 enthält die Regelungen zur Festsetzung der Bruttoeinnahmen zum Lebensunterhalt.

13 Nicht unmittelbar aus dem Gesetzeswortlaut, wohl aber aus dem systematischen Zusammenhang der genannten Normen ergibt sich, dass der Gesetzgeber jedenfalls für den typischen Fall des Ergehens eines feststellenden Verwaltungsakts während des Bezugszeitraums (Abs. 1 S. 1 Hs. 2) davon ausgeht, dass eine lediglich **hypothetische Schätzung**[13] der Bruttoeinnahmen zum Lebensunterhalt auf der Basis aller bis zum Ende des Verwaltungsverfahrens verfügbaren einschlägigen Umstände genügt. Diese ist dann abschließende und endgültige (tatsächliche) Grundlage einer hierauf beruhenden endgültigen und vorbehaltslosen Entscheidung.[14] Die Regelung bliebe andernfalls ohne Anwendungsbereich. Weder sind nämlich während des Kalenderjahres selbst bei im Wesentlichen gleicher Höhe des Arbeitsentgelts (§ 14 SGB IV) bereits alle auf das Kalenderjahr bezogenen Beträge zugeflossen und stehen damit zum Lebensunterhalt tatsächlich zur Verfügung noch kann schon wegen des steuerrechtlichen Jährlichkeitsprinzips (§ 2 Abs. 7 S. 2 EStG) für sonstige Einnahmen wie insbesondere das Arbeitseinkommen (§ 15 SGB IV) vor Ablauf des Kalenderjahres auf verlässliche Feststellungen zurückgegriffen werden. Entsprechend kommt ggf. auch als Grundlage eines Erstattungsanspruchs eine Schätzung der Einnahmen zum Lebensunterhalt in Betracht solange es an Feststellungen des Finanzamts fehlt.[15] Stets iS des Vollbeweises nachzuweisen sind indessen die angefallenen Zuzahlungen.

V. Der maßgebliche Vom-Hundert-Satz

14 Der maßgebliche Vom-Hundert-Satz beträgt grundsätzlich 2 % (Abs. 1 S. 2 Hs. 1). Für chronisch Kranke, die wegen derselben schwerwiegenden Krankheit (S. 10) in Dauerbehandlung (zu deren Nachweis s. Abs. 1 S. 6 bis 9) sind, beträgt er – solange dieser Zustand andauert – ausnahmsweise nur 1 v. H. (Abs. 1 S. 2 Hs. 2). Abs. 2 S. 3 sieht für unter den dortigen Nummern 1 und 2 abschließend bestimmte Gruppen chronisch Erkrankter, bei denen es an einer ausreichenden eigenen Vorsorge fehlt, eine Rückausnahme mit der Folge vor, dass bei ihnen der Satz von 2 % zur Anwendung kommt. S. 4, 5 bestimmen insofern Rück-Rückausnahmen in dem Sinne, dass es dennoch bei der Anwendung des Satzes von 1 % bleibt, wenn Versicherte ihre mangelnde Vorsorge durch ihr nachträgliches Therapieverhalten kompensieren und an einem strukturierten Behandlungsprogramm teilnehmen oder sich aus einer Richtlinie des Gemeinsamen Bundesausschusses ergibt, dass Gesundheitsuntersuchungen ausnahmsweise nicht zwingend durchgeführt werden müssen.

VI. Die Anwendbarkeit der reduzierten Belastungsgrenze im Einzelnen

15 Die allgemeine Bestimmung einer schwerwiegenden chronischen Erkrankung überträgt Abs. 1 S. 10 dem Gemeinsamen Bundesausschuss in der Form von Richtlinien nach § 92.[16] Um eine „Dauerbehandlung" in diesem Sinne handelt es sich im Umkehrschluss bereits, wenn im laufenden Kalenderjahr das Vorliegen einer schwerwiegenden chronischen Erkrankung festgestellt wird. Ausdrücklich bezieht

---

11 Verfahrensgrundsätze zur Vorschrift über die Erstattung bzw. Befreiung von gesetzlichen Zuzahlungen gemäß § 62 Abs. 1, 2 und 3 SGB V vom 4./5.102010.
12 BSG, 19.9.2007, B 1 KR 7/07 R, SozR 4-2500 § 62 Nr. 3.
13 BSG, 19.9.2007, B 1 KR 7/07 R, SozR 4-2500 § 62 Nr. 3.
14 Vgl. BSG, 25.1.2001, B 4 RA 110/00 R, SozR 3-2600 § 97 Nr. 3.
15 BSG, 19.9.2007, B 1 KR 7/07 R, SozR 4-2500 § 62 Nr. 3.
16 Vgl. Richtlinie zur Umsetzung der Regelungen in § 62 für schwerwiegend chronisch Erkrankte v. 22.1.2004 (BAnz Nr. 18, 1343), letzte Änderung v. 19.6.2008, BAnz Nr. 124, 3017, Chroniker-Richtlinie. Jedenfalls aus verfassungsrechtlicher Sicht ist allerdings über die demokratische Legitimation dieses Gremiums unverändert nicht abschließend entschieden.

sich nämlich die formalisierte Nachweispflicht der Sätze 6 bis 8 des Abs. 1 nur auf den Nachweis der „weiteren" Dauer „nach Ablauf des Kalenderjahrs".[17]

Trotz Zugehörigkeit zum Personenkreis der schwerwiegend chronisch Erkrankten in Dauerbehandlung und ungeachtet der wirtschaftlichen Belastung kommt nicht der reduzierte Vom-Hundert-Satz, sondern „Abweichend von Satz 2" (Halbsatz 2) der allgemeine von 2 % zur Anwendung, wenn nach dem 1.4.1972 Geborene – trotz des in Abs. 2 S. 9 vorgeschriebenen Hinweises der Kassen – die in § 25 Abs. 1 genannten Gesundheitsuntersuchungen (zu den Ausnahmen s. Abs. 1 S. 5) nicht in Anspruch genommen haben (Abs. 1 S. 3 Nr. 1) oder nach dem 1.4.1987 Geborene weibliche und nach dem 1.4.1962 geborene männliche Versicherte, die nach § 25 Abs. 2 vorgesehene Früherkennungsuntersuchungen nicht regelmäßig in Anspruch genommen haben (Abs. 1 S. 3 Nr. 2). Nach Abs. 1 S. 4 wird allerdings die hiernach erhöhte Eigenbelastung des genannten Personenkreises wieder reduziert, wenn die Obliegenheitsverletzungen des S. 3 durch ein vom Arzt bestätigtes (Abs. 2 S. 7 Hs. 1) therapiekonformes Verhalten iS des Abs. 1 S. 4 kompensiert werden. Ein therapiekonformes Verhalten wird nach Maßgabe von Richtlinien des Gemeinsamen Bundesausschusses (Abs. 1 S. 8) ausnahmsweise nicht gefordert, wenn es dem Versicherten nicht zumutbar ist (Abs. 2 S. 7 Hs. 2). Das Gesetz geht hiervon exemplarisch („insbesondere") aus, wenn Pflegebedürftigkeit nach den Pflegestufen II und III des SGB XI oder ein Grad der Behinderung von mindestens 60 vorliegt.

VII. Bruttoeinnahmen zum Lebensunterhalt

Die Einnahmen zum Lebensunterhalt werden grundsätzlich nach Abs. 2 S. 1 bis 3 und in Anknüpfung an die Rechtsprechung zu § 180 Abs. 4 RVO ermittelt.[18] Die nachfolgenden S. 4 bis 6 enthalten abschließende Konkretisierungen. Insbesondere für Bezieher von Hilfe zum Lebensunterhalt nach dem SGB XII bestimmt S. 5 spezialgesetzlich ein fiktives (Haushalts-)Einkommen für maßgeblich. Eine entsprechende Regelung enthält S. 6 für die Bezieher von Leistungen zur Sicherung des Lebensunterhalts nach dem SGB II.

Entsprechend der für die GKV typischen Anknüpfung an die Einnahmen – und nicht das Vermögen – sind zweite Bemessungsgröße der Belastungsgrenze neben dem Prozentsatz die „jährlichen Bruttoeinnahmen zum Lebensunterhalt". Der Begriff wurde bereits in § 180 Abs. 4 RVO und § 61 Abs. 2 Nr. 1 iVm Abs. 4 aF in derselben Bedeutung verwendet. Er erfasst damit ohne Berücksichtigung steuerlicher Abzüge alle im laufenden Kalenderjahr tatsächlich zur Verfügung stehenden Einnahmen, die für den allgemeinen Lebensunterhalt bestimmt sind.[19] Dies sind neben der Summe der Einkünfte iS des EStG auch alle sonstigen Einnahmen, die dem Versicherten bei wirtschaftlicher Betrachtungsweise zur Bestreitung seines Lebensunterhalts zur Verfügung stehen. Es genügt die Geeignetheit zu diesem Zweck, unabhängig davon, ob sie konkret zum Lebensunterhalt benötigt werden.[20]

Zu den Einnahmen zum Lebensunterhalt gehören unabhängig von seinem Umfang von vornherein nicht das **Vermögen und seine Umschichtungen**. Nicht zu berücksichtigen sind daher bloße Kapitalumschichtungen sowie Entnahmen aus der Vermögenssubstanz. Ebenso wenig ist der Kapitalanteil einer Leibrente sowie die Erstattung von Beiträgen, die der Versicherte aus seinem Vermögen geleistet hatte. Erst recht kommt nicht in Betracht, lediglich fiktive Einnahmen zugrunde zu legen.[21]

Obwohl laufende Einnahmen, sind Beträge nicht zu berücksichtigen, die nicht zum allgemeinen Lebensunterhalt zur Verfügung stehen. Nicht einbezogen werden daher solche **zweckgebundenen Sozialleistungen, die einen schädigungs- oder behinderungsbedingten Mehrbedarf abdecken** sollen.[22] Aus-

---

17 Anders die Chroniker-Richtlinie und BSG, 19.2.2002, B 1 KR 20/00 R, SozR 3-2500 § 62 Nr. 1.
18 BSG, 19.9.2007, B 1 KR 1/07 R und BT-Dr. 15/1525, 95.
19 BSG, 9.6.1998, B 1 KR 22/96 R, SozR 3-2500 § 61 Nr. 8: Ausgleichszahlungen des früheren Arbeitgebers für die Zeit von der Entlassung bis zum Beginn der Rente; BSG, 19.9.2007, B 1 KR 1/07 R, SozR 4-2500 § 62 Nr. 4: Zuschüsse der Eltern zu Besuchsfahrten.
20 BSG, 9.6.1998, B 1 KR 22/96, SozR 3-2500 § 61 Nr. 8.
21 Siehe insgesamt BSG, 19.9.2007, B 1 KR 1/07 R, SozR 4-2500 § 62 Nr. 4 mwN.
22 BSG, 8.12.1992, 1 RK 11/92, BSGE 71, 299 ff. Verletztenrente aus der gesetzlichen Unfallversicherung, soweit sie der bei gleicher MdE zu gewährenden Beschädigtengrundrente nach dem BVG entspricht; BSG, 16.12.2003, B 1 KR 26/01 R, BSGE 92, 46 ff., 10.5.2007, B 10 1/06 R, SozR 4-2500 § 62 Nr. 1 und BSG, 22.4.2008, B 1 KR 20/07 R, USK 2008-10: Kindergeldleistungen ungeachtet der Umstellung des Systems des Familienlastenausgleichs, dem zufolge das Kindergeld keine zweckbestimmte Sozialleistung mehr ist, sondern der Förderung der Familie nur insoweit dient, wie es zur gebotenen steuerlichen Freistellung des Einkommens in Höhe des Existenzminimums des Kindes einschließlich der Bedarfe für Betreuung und Erziehung und Ausbildung nicht erforderlich ist (§ 32 S. 2 EStG).

drücklich nicht erfasst werden nach Abs. 2 S. 4 Grundrenten, die Beschädigte nach dem BVG oder nach anderen Gesetzen in entsprechender Anwendung des BVG erhalten sowie Renten oder Beihilfen, die nach dem BEntschG für Schäden an Körper und Gesundheit gezahlt werden, bis zur Höhe der vergleichbaren Grundrente nach dem BVG. Fiktive Bruttoeinnahmen oder bloße Vermögensumschichtungen sind dem zufolge nicht zugrunde zu legen.[23]

21 Der Begriff „Bruttoeinnahmen zum Lebensunterhalt" gebietet es, von den Einnahmen die zu ihrer Erzielung **notwendigen Aufwendungen abzuziehen**, denn nur dasjenige, das dem Versicherten nach Saldierung von Einnahmen und zu deren Erwirtschaftung erforderlichen Aufwendungen verbleibt, steht ihm zum „Lebensunterhalt" zur Verfügung.[24] Anders als bei Renten aus der gesetzlichen Rentenversicherung (vgl. § 237 S. 1 Nr. 1) und bei Arbeitsentgelt (§ 14 SGB IV), für die ausdrückliche Regelungen die grundsätzliche Zugrundelegung eines ungeminderten Bruttobetrages gebieten, sind daher etwa bei Einnahmen aus Vermietung und Verpachtung Werbungskosten zu berücksichtigen. Nur der Gewinnanteil des Entgelts für die Nutzungsüberlassung ist Einnahme zum Lebensunterhalt.[25]

22 Zum Schutz der Solidargemeinschaft vor einer unbilligen Inanspruchnahme von Zuzahlungsbefreiungen ist ein **Ausgleich der Verluste** aus unterschiedlichen Einnahmearten ebenso wenig zulässig wie im Beitragsrecht der Freiwillig Versicherten. Verluste wirken sich daher bei den anderen Einnahmen weder beitragsmindernd aus noch können sie im Rahmen des § 62 SGB V mit Arbeitsentgelt verrechnet werden. Ebenso ist es trotz des Grundsatzes, die Einnahmen auch des Ehegatten zu einem Familieneinkommen heranzuziehen, nicht statthaft, Verluste der Ehefrau des Klägers aus Vermietung und Verpachtung mit den positiven Einkünften des Klägers aus dieser Einkommensart zu verrechnen.[26]

23 Fehlt es bei der Antragstellung auf Zuzahlungsbefreiung an einer **Feststellung des Finanzamtes**, sind die laufenden Einnahmen zum Lebensunterhalt des laufenden Kalenderjahres von der zuständigen Krankenkasse von Amts wegen zu ermitteln (§ 20 SGB X). Hierzu ist sie regelmäßig auf die tätige Mithilfe des Versicherten angewiesen. Diesem obliegt es gemäß § 60 Abs. 1 SGB I, alle Tatsachen anzugeben, auf Verlangen des zuständigen Trägers (hier: der Krankenkasse) der Erteilung der erforderlichen Auskünfte durch Dritte (zB Steuerberater) zuzustimmen, Beweismittel zu bezeichnen (Gewinn- und Verlustrechnung, Buchführungsunterlagen usw), diese auf Verlangen des zuständigen Trägers vorzulegen oder ihrer Vorlage zuzustimmen. Stellt sich nach Ablauf des Kalenderjahres heraus, dass von einem unzutreffenden Sachverhalt ausgegangen wurde, ist die getroffene Entscheidung nach Maßgabe der §§ 44 ff. SGB X ggf. zu korrigieren.[27] Insofern ist allerdings zu beachten, dass eine ursprüngliche Rechtswidrigkeit auf hypothetischer Grundlage ergangener Verwaltungsakte nur auf der Grundlage bereits bei ihrem Erlass objektiv verfügbarer Erkenntnisse angenommen werden kann, die notwendig zu einer anderen hypothetischen bzw. ggf. abschließenden Einschätzung der laufenden Einnahmen zum Lebensunterhalt hätte führen müssen. Dagegen ist das bloße nachträgliche Vorliegen besserer Erkenntnismöglichkeiten allenfalls dann eine rechtlich wesentliche Änderung iS von § 48 Abs. 1 S. 1 SGB X, wenn auch der – auf die Zukunft beschränkte – aufhebende und ersetzende Verwaltungsakt seinerseits noch während des laufenden Kalenderjahres ergeht.[28]

VIII. Haushaltsgemeinschaft

24 Personell ist die Belastungsgrenze auf die Gesamtheit der mit dem Versicherten im selben Haushalt lebenden Angehörigen des Versicherten und des Lebenspartners bezogen (Abs. 2 S. 1). Hierbei sind die jährlichen Bruttoeinnahmen zum Lebensunterhalt für den ersten in dem gemeinsamen Haushalt lebenden Angehörigen des Versicherten und des Lebenspartners um 15 % der jährlichen Bezugsgrenze (§ 18 SGB IV) und für jeden weiteren Angehörigen um 10 % der Bezugsgrenze zu vermindern (S. 2). Für jedes (im Haushalt lebende) Kind des Versicherten und seines Lebenspartners sind die jährlichen Bruttoeinnahmen um den sich nach § 32 Abs. 6 S. 1 und 2 EStG ergebenden Betrag zu vermindern; die nach S. 2 bei der Ermittlung der Belastungsgrenze vorgesehene Berücksichtigung entfällt (S. 3). Der Freibetrag nach S. 3 iVm § 32 Abs. 6 S. 1 u. 2 EStG, von dem ggf. das gezahlte Kindergeld abzuziehen ist,

---

23 BSG, 19.9.2007, B 1 KR 1/07 R, SozR 4-2500 § 62 Nr. 4.
24 BSG, 19.9.2007, B 1 KR 7/07 R, SozR 4-2500 § 62 Nr. 3.
25 BSG, 19.9.2007, B 1 KR 7/07 R, SozR 4-2500 § 62 Nr. 3.
26 BSG, 19.9.2007, B 1 KR 7/07 R, SozR 4-2500 § 62 Nr. 3.
27 Vgl. insgesamt BSG, 9.9.2007, B 1 KR 7/07 R, SozR 4-2500 § 62 Nr. 3.
28 Vgl. BSG, 25.1.2001, B 4 RA 110/00 R, SozR 3-2600 § 97 Nr. 3.

verdrängt als speziellere Regelung den nach S. 2 abzuziehenden Betrag von 10 v. H. der Bezugsgrenze für weitere Angehörige.[29]

Den laufenden Einnahmen aller (auch der nicht gesetzlich krankenversicherten) Mitglieder der Haushaltsgemeinschaft werden die Zuzahlungen (nur) der gesetzlich Krankenversicherten gegenübergestellt.[30] Hiergegen bestehen keine verfassungsrechtlichen Bedenken.[31] Dies gilt auch insofern, als ggf. beihilferechtliche Vorschriften eine kostenträgerübergreifende Berücksichtigung von „Zuzahlungen" vorsehen und daher Mitglieder einer Haushaltsgemeinschaft je nach Zugehörigkeit zu einem System unterschiedlich behandelt werden.[32]

Angehörige im hier maßgeblichen Sinn sind jedenfalls solche Angehörige, bei denen dem Grunde nach eine gesetzliche Unterhaltspflicht besteht oder die tatsächliche Übernahme der Unterhaltslast zumindest typisierend unterstellt werden kann. Hierzu zählen Ehefrau und (Stief-)Kinder.[33] Für einen Ausschluss weiterer „Angehöriger" gibt der unbestimmte Wortlaut allerdings keinen Anlass, so dass grundsätzlich jeder Verwandtschaftsgrad und der Zusammenschluss zu einer Haushaltsgemeinschaft genügen.[34] Von weiteren Umständen ist die Berücksichtigung des Angehörigen nicht abhängig. Es ist daher davon auszugehen, dass die Wirtschaftskraft, an die § 62 Abs. 2 S. 1 bis 3 anknüpft, durch das berücksichtigungsfähige Einkommen aller in diesem Sinne Familienangehörigen bestimmt wird, die zu einer Wirtschaftsgemeinschaft zusammengeschlossen sind.

Von S. 3 sind daher nicht nur familienversicherte Kinder erfasst („jedes Kind"). Die Freistellung von Zuzahlungen soll in Konkretisierung des vom Sozialrecht insgesamt bezweckten Schutzes der Familien (§ 1 Abs. 1 SGB I) und des Solidarprinzips der gesetzlichen Krankenversicherung sicherstellen, dass die haushaltsbezogene Zumutbarkeitsgrenze bei typisierender Betrachtung die wirtschaftliche Benachteiligung von Versicherten mit Kindern gegenüber Versicherten ohne unterhaltsberechtigte Kinder berücksichtigt. Zuzahlungen sollen daher nicht dazu führen, dass das den unterhaltsberechtigten Kindern von Verfassung wegen zustehende und ua durch steuerliche Freibeträge geschützte finanzielle Existenzminimum[35] gefährdet wird.[36]

Nicht anders als die Bedarfsgemeinschaft im SGB II[37] ist auch die Haushaltsgemeinschaft des § 62 Abs. 2 S. 1 weder selbst Zuordnungssubjekt der Freiheit von Zuzahlungen noch ist ein einzelnes Mitglied der Haushaltsgemeinschaft ermächtigt, den Feststellungsanspruch aller anderen Mitglieder geltend zu machen. Ungeachtet des Umstands, dass sich die gesetzliche Rechtsfolge der Zuzahlungsfreiheit bei Vorliegen der auf das Kollektiv bezogenen Voraussetzungen einheitlich für alle Mitglieder ergibt, erfolgt die hierauf basierende Feststellung jeweils auf Antrag des Einzelnen individuell und durch die für ihn zuständige Kasse. Dies führt zu einer Vielzahl im Gesetz schon ansatzweise kaum erfasster – und durch „Auslegung" nicht kompensierbarer – Probleme. Insbesondere fehlt jede Grundlage für eine kassenübergreifende Zusammenarbeit und die Bindung an ein einheitliches Ergebnis in der Sache.

§ 62 a (aufgehoben)

Zehnter Abschnitt
Weiterentwicklung der Versorgung

§ 63 Grundsätze

(1) Die Krankenkassen und ihre Verbände können im Rahmen ihrer gesetzlichen Aufgabenstellung zur Verbesserung der Qualität und der Wirtschaftlichkeit der Versorgung Modellvorhaben zur Weiterent-

---

29 LSG BW, 24.11.2006, L 4 KR 3780.
30 Vgl. BSG, 19.2.2002, B 1 KR 20/00 R, SozR 3-2500 § 62 Nr. 1 und BSG, 10.8.2010, B 1 KR 58/10 B.
31 BSG, 19.2.2002, B 1 KR 20/00 R, SozR 3-2500 § 62 Nr. 1.
32 Vgl. VG Magdeburg, 5.10.2009, 5 A 355/08.
33 BSG, 15.12.1971, 3 RK 95/68, SozR Nr. 49 zu § 182.
34 Vgl. etwa LSG BW, 24.11.2006, L 4 KR 3780.
35 BVerfG, 29.5.1990, 1 BvL 2084 ua, BVerfGE 82, 60 ff. und BVerfG, 10.11.1998, 2 BvL 42/93, BVerfGE 99, 246 ff.
36 BSG, 26.6.2007, B 1 KR 41/06 R, SozR 4-2500 § 62 Nr. 2.
37 Siehe etwa BSG, 7.11.2006, B zb AS 8/06 R, BSGE 97, 217 ff.

wicklung der Verfahrens-, Organisations-, Finanzierungs- und Vergütungsformen der Leistungserbringung durchführen oder nach § 64 vereinbaren.

(2) Die Krankenkassen können Modellvorhaben zu Leistungen zur Verhütung und Früherkennung von Krankheiten, zur Krankenbehandlung sowie bei Schwangerschaft und Mutterschaft, die nach den Vorschriften dieses Buches oder auf Grund hiernach getroffener Regelungen keine Leistungen der Krankenversicherung sind, durchführen oder nach § 64 vereinbaren.

(3) ¹Bei der Vereinbarung und Durchführung von Modellvorhaben nach Absatz 1 kann von den Vorschriften des Vierten und des Zehnten Kapitels dieses Buches, soweit es für die Modellvorhaben erforderlich ist, und des Krankenhausfinanzierungsgesetzes, des Krankenhausentgeltgesetzes sowie den nach diesen Vorschriften getroffenen Regelungen abgewichen werden; der Grundsatz der Beitragssatzstabilität gilt entsprechend. ²Gegen diesen Grundsatz wird insbesondere für den Fall nicht verstoßen, daß durch ein Modellvorhaben entstehende Mehraufwendungen durch nachzuweisende Einsparungen auf Grund der in dem Modellvorhaben vorgesehenen Maßnahmen ausgeglichen werden. ³Einsparungen nach Satz 2 können, soweit sie die Mehraufwendungen überschreiten, auch an die an einem Modellvorhaben teilnehmenden Versicherten weitergeleitet werden. ⁴Satz 1 gilt mit der Maßgabe, dass von § 284 Abs. 1 Satz 5 nicht abgewichen werden darf.

(3 a) ¹Gegenstand von Modellvorhaben nach Absatz 1, in denen von den Vorschriften des Zehnten Kapitels dieses Buches abgewichen wird, können insbesondere informationstechnische und organisatorische Verbesserungen der Datenverwendung, einschließlich der Erweiterungen der Befugnisse zur Erhebung, Verarbeitung und Nutzung von personenbezogenen Daten sein. ²Von den Vorschriften des Zehnten Kapitels dieses Buches zur Erhebung, Verarbeitung und Nutzung personenbezogener Daten darf nur mit schriftlicher Einwilligung des Versicherten und nur in dem Umfang abgewichen werden, der erforderlich ist, um die Ziele des Modellvorhabens zu erreichen. ³Der Versicherte ist vor Erteilung der Einwilligung schriftlich oder elektronisch darüber zu unterrichten, inwieweit das Modellvorhaben von den Vorschriften des Zehnten Kapitels dieses Buches abweicht und aus welchen Gründen diese Abweichungen erforderlich sind. ⁴Die Einwilligung des Versicherten hat sich auf Zweck, Inhalt, Art, Umfang und Dauer der Erhebung, Verarbeitung und Nutzung seiner personenbezogenen Daten sowie die daran Beteiligten zu erstrecken; die Einwilligung kann widerrufen werden. ⁵Beim Einsatz mobiler personenbezogener Speicher- und Verarbeitungsmedien gilt § 6 c des Bundesdatenschutzgesetzes entsprechend.

(3 b) ¹Modellvorhaben nach Absatz 1 können vorsehen, dass Angehörige der im Krankenpflegegesetz und im Altenpflegegesetz geregelten Berufe
1. die Verordnung von Verbandsmitteln und Pflegehilfsmitteln sowie
2. die inhaltliche Ausgestaltung der häuslichen Krankenpflege einschließlich deren Dauer

vornehmen, soweit diese auf Grund ihrer Ausbildung qualifiziert sind und es sich bei der Tätigkeit nicht um selbständige Ausübung von Heilkunde handelt. ²Modellvorhaben nach Absatz 1 können vorsehen, dass Physiotherapeuten mit einer Erlaubnis nach § 1 Abs. 1 Nr. 2 des Masseur- und Physiotherapeutengesetzes die Auswahl und die Dauer der physikalischen Therapie und die Frequenz der Behandlungseinheiten bestimmen, soweit die Physiotherapeuten auf Grund ihrer Ausbildung qualifiziert sind und es sich bei der Tätigkeit nicht um selbständige Ausübung von Heilkunde handelt. ³Satz 2 gilt im Bereich ergotherapeutischer Behandlungen entsprechend für Ergotherapeuten mit einer Erlaubnis nach § 1 Absatz 1 des Ergotherapeutengesetzes.

(3 c) ¹Modellvorhaben nach Absatz 1 können eine Übertragung der ärztlichen Tätigkeiten, bei denen es sich um selbständige Ausübung von Heilkunde handelt und für die die Angehörigen der im Krankenpflegegesetz geregelten Berufe auf Grund einer Ausbildung nach § 4 Abs. 7 des Krankenpflegegesetzes qualifiziert sind, auf diese vorsehen. ²Satz 1 gilt für die Angehörigen des im Altenpflegegesetz geregelten Berufes auf Grund einer Ausbildung nach § 4 Abs. 7 des Altenpflegegesetzes entsprechend. ³Der Gemeinsame Bundesausschuss legt in Richtlinien fest, bei welchen Tätigkeiten eine Übertragung von Heilkunde auf die Angehörigen der in den Sätzen 1 und 2 genannten Berufe im Rahmen von Modellvorhaben erfolgen kann. ⁴Vor der Entscheidung des Gemeinsamen Bundesausschusses ist der Bundesärztekammer sowie den maßgeblichen Verbänden der Pflegeberufe Gelegenheit zur Stellungnahme zu geben. ⁵Die Stellungnahmen sind in die Entscheidungen einzubeziehen.

(4) ¹Gegenstand von Modellvorhaben nach Absatz 2 können nur solche Leistungen sein, über deren Eignung als Leistung der Krankenversicherung der Gemeinsame Bundesausschuss nach § 91 im Rahmen der Beschlüsse nach § 92 Abs. 1 Satz 2 Nr. 5 oder im Rahmen der Beschlüsse nach § 137 c Abs. 1 keine ablehnende Entscheidung getroffen hat. ²Fragen der biomedizinischen Forschung sowie For-

schungen zur Entwicklung und Prüfung von Arzneimitteln und Medizinprodukten können nicht Gegenstand von Modellvorhaben sein.

(5) ¹Die Modellvorhaben sind im Regelfall auf längstens acht Jahre zu befristen. ²Verträge nach § 64 Abs. 1 sind den für die Vertragsparteien zuständigen Aufsichtsbehörden vorzulegen. ³Modellvorhaben nach Absatz 1, in denen von den Vorschriften des Zehnten Kapitels dieses Buches abgewichen werden kann, sind auf längstens fünf Jahre zu befristen; personenbezogene Daten, die in Abweichung von den Regelungen des Zehnten Kapitels dieses Buches erhoben, verarbeitet oder genutzt worden sind, sind unverzüglich nach Abschluss des Modellvorhabens zu löschen. ⁴Über Modellvorhaben nach Absatz 1, in denen von den Vorschriften des Zehnten Kapitels dieses Buches abgewichen wird, sind der Bundesbeauftragte für den Datenschutz oder die Landesbeauftragten für den Datenschutz, soweit diese zuständig sind, rechtzeitig vor Beginn des Modellvorhabens zu unterrichten.

(6) ¹Modellvorhaben nach den Absätzen 1 und 2 können auch von den Kassenärztlichen Vereinigungen im Rahmen ihrer gesetzlichen Aufgabenstellung mit den Krankenkassen oder ihren Verbänden vereinbart werden. ²Die Vorschriften dieses Abschnitts gelten entsprechend.

Literatur:

Dahlhoff, Erprobungsregelungen sollen Experimentierfelder öffnen, BABl. 4/1989, 36; *Di Bella*, Entwurf eines Pflegeberufsgesetzes, RDG 2015, 192; *ders.*, Entwurf eines Gesetzes zur Stärkung der Heil- und Hilfsmittelversorgung, RDG 2016, 248; *Dreier/Hoffmann*, Aufgabenumverteilung im Gesundheitswesen – Anforderungen an die Qualifikation von Gesundheitsfachberufen am Beispiel der Pflege, G + G Wissenschaft 2013, 23; *Günter*, Delegationsmöglichkeiten ärztlicher Leistungen, AZR 2/2009, 31; *Hansen*, Vergaberecht in der gesetzlichen Krankenversicherung ab 18.4.2016, NZS 2016, 814; *Heberlein*, Neuordnung der Verantwortung in der Heilkunde? – Die Richtlinie nach § 63 Abs. 3 c SGB V zwischen Substitution und Delegation und ihre Folgen, PflR 2012, 67 ff (Teil 1), 147 ff (Teil 2); *ders.*, Arzthaftung bei Modellvorhaben nach § 63 Abs. 3 c SGB V – Delegation impliziert Haftung!, ZMGR 2012, 75; *ders.*, Selbständige Ausübung von Heilkunde durch Pflegekräfte – Die Richtlinie des G-BA nach § 63 Abs. 3 c SGB V, GuP 2011, 86; *Hensel*, Selektivverträge im vertragsärztlichen Leistungserbringungsrecht, 2010; *Mischker*, Neues Modellvorhaben Physiotherapie nach § 63 SGB V, KrV 2011, 232; *Möller*, Verantwortungsverteilung bei der Versorgung chronischer Wunden – Änderungen infolge der Übertragungsrichtlinie, PKR 2014, 24; *Oldiges*, Strukturverträge und Erprobungsregelungen, DOK 1997, 710; *Orlowski*, Modellvorhaben in der Gesetzlichen Krankenversicherung, BKK 1997, 110; *ders.*, Neue Versorgungs- und Vergütungsstrukturen aus Sicht des Gesetzgebers, VSSR 1998, 265; *Roters*, Risse im Arztvorbehalt? – Modellvorhaben nach § 63 Abs. 3 c SGB V, ZMGR 2009, 171; *Schanz*, Politisches Interesse erwacht – Bundestag beschäftigt sich mit Wundversorgung, RDG 2016, 94; *Schauenburg*, Modellvorhaben für die Akupunktur, BKK 2003, 345; *Schirmer*, Das Kassenarztrecht im 2. GKV-Neuordnungsgesetz, MedR 1997, 431; *Siebig*, Übertragung von Heilkunde: Eine schwierige Geburt, KrV 2011, 316; *Spaetgens*, Der Grundsatz der persönlichen Leistungserbringung, RDG 2014, 12; *Szepan*, Neue Rolle für die Pflege, G + G 2013, 37; *Wigge*, Erprobungsregelungen außerhalb des Budgets, MedR 1996, 172; *Witt et.al.*, Wirksamkeit, Sicherheit und Wirtschaftlichkeit der Akupunktur, DÄBl 2006, A-196.

I. Entstehungsgeschichte... 1	b) Modellvorhaben zur selbstständigen Ausübung der Heilkunde durch nichtärztliche Heilberufsträger (Abs. 3 c) ... 22
II. Normzweck und Normstruktur, Freiwilligkeit der Teilnahme... 2	aa) Gesetzliche Vorgaben ... 22
III. Strukturmodelle (Abs. 1, 3 bis 3 c)... 6	bb) Umsetzung durch den G-BA .. 25
1. Abweichung von den gesetzlichen Bestimmungen (Abs. 3) ... 9	IV. Leistungsmodelle (Abs. 2, 4) ... 30
2. Modifikation der Datennutzung (Abs. 3 a) ... 13	1. Möglicher Leistungsinhalt ... 32
3. Modellvorhaben zur Leistungserbringung durch Pflegeberufe und Physiotherapeuten (Abs. 3 b und 3 c)... 15	2. Ausschluss von Leistungen... 35
	V. Verfahren (Abs. 5)... 36
	VI. Modellvorhaben der KVen (Abs. 6)... 37
a) Modellvorhaben zur Erweiterung der Kompetenzen nichtärztlicher Heilberufsträger (Abs. 3 b)... 17	VII. Geplante Änderung durch das Pflegeberufereformgesetz... 38

I. Entstehungsgeschichte

1 § 63 wurde zusammen mit den §§ 64 und 65 mit Wirkung zum 30.6.1997 durch das 2. GKV-NOG[1] eingeführt. Sie ersetzten die durch das GRG[2] vom 20.12.1988 eingeführten sog Erprobungsregelungen der §§ 64 bis 67. Im Rahmen des GKV-SolG[3] wurde in Abs. 5 S. 1 die bisherige Regelung dahin gehend ergänzt, dass nicht nur die Ziele und Dauer von Modellvorhaben, sondern auch ihre Art in den Satzungen zu bestimmen ist. Erweitert wurde Abs. 5 zudem um S. 3, der eine Vorlagepflicht der von den Vertragspartnern nach § 64 getroffenen Vereinbarung bei den zuständigen Aufsichtsbehörden vorschreibt. Mit dem GKV-GRG[4] von 1999 wurde Abs. 4 S. 1 als notwendige Folgeänderung der Schaffung des Ausschusses zur Bewertung neuer Untersuchungs- und Behandlungsmethoden (heute: G-BA; vgl. § 137c) novelliert. Im Rahmen der Einführung der diagnoseabhängigen Fallpauschalenvergütung für stationäre Leistungen durch das Fallpauschalengesetz[5] wurde 2002 Abs. 3 S. 1 dahin gehend geändert, dass im Rahmen von Modellvorhaben auch von den Vorgaben des KHEntgG abgewichen werden kann. Mit dem Gesetz zur Änderung des Apothekengesetzes[6] wurde Abs. 3 geändert, Abs. 3a eingefügt und Abs. 5 S. 4 und 5 angefügt. Durch das GMG[7] wurde der Gemeinsame Bundesausschuss als sektorenübergreifendes Rechtssetzungsgremium der gemeinsamen Selbstverwaltung implementiert. Als Folge wurde in Abs. 4 S. 1 die Formulierung „die Bundesausschüsse" durch „der Gemeinsame Bundesausschuss" geändert, von dessen ablehnenden Entscheidungen im Sinne der §§ 92 Abs. 1 S. 2, 137c die Modellvorhaben nunmehr nicht abweichen dürfen. Mit dem Pflegeweiterentwicklungsgesetz[8] wurden die Absätze 3b und 3c eingefügt, welche die Zulässigkeit einer Delegation ärztlicher Tätigkeiten auf Pflegefachkräfte zum Gegenstand haben. Mit der Ergänzung des Abs. 2 im Rahmen des Pflege-Neuausrichtungsgesetzes[9] von 2012 wurde der Anwendungsbereich des Abs. 2 um Leistungen bei Schwangerschaft und Mutterschaft erweitert. Im Rahmen des GKV-Versorgungsstärkungsgesetzes (GKV-VSG)[10] wurde mit Wirkung zum 23.0.2015 das Erfordernis, die Einzelheiten der Modellvorhaben in der Satzung zu regeln, aus Gründen der Entbürokratisierung gestrichen. Stattdessen können die Regelungen über die Einzelheiten im Vertrag mit den Leistungserbringern und in den Teilnahmeerklärungen der Versicherten geregelt werden. Mit Wirkung zum 29.12.2015 wurde durch Gesetz über sichere digitale Kommunikation und Anwendungen im Gesundheitswesen (E-HealthG)[11] Abs. 3 a S. 5 gestrichen, da seit dem 1.1.2015 die Krankenversichertenkarte ungültig ist und deshalb für die Regelung zur Erweiterung der Krankenversichertenkarte kein Bedarf mehr besteht. Mit der elektronischen Gesundheitskarte nach den §§ 291, 291a wird im Übrigen die im bisherigen S. 5 geforderte informationstechnische Trennung technisch umgesetzt. Mit dem Gesetz zum Abbau verzichtbarer Anordnungen der Schriftform im Verwaltungsrecht des Bundes[12] wurde Abs. 3a dahin gehend modifiziert, dass Versicherte vor Erteilung der Einwilligung auch elektronisch – und nicht weiter lediglich schriftlich – darüber unterrichtet werden können, inwieweit das Modellvorhaben von den Vorschriften des Zehnten Kapitels dieses Buches abweicht und aus welchen Gründen diese Abweichungen erforderlich sind.

II. Normzweck und Normstruktur, Freiwilligkeit der Teilnahme

2 Die §§ 63 bis 65 verfolgen ausweislich der amtlichen Überschrift des Abschnitts den Zweck der „Weiterentwicklung der Versorgung" in der gesetzlichen Krankenversicherung. Dazu wird es den Krankenkassen ermöglicht, im Rahmen von Modellvorhaben neue Verfahrens-, Organisations-, Finanzierungs- und Vergütungsformen und bislang nicht zum Leistungskatalog gehörende Leistungen zu erproben.

---

1 2. GKV-Neuordnungsgesetz vom 23.6.1997 (BGBl. I, 1520).
2 Gesundheitsreformgesetz vom 20.12.1988 (BGBl. I, 2477); vgl. zu den Erprobungsregelungen nach alter Rechtslage Orlowski, BKK 1997, 110; ders., VSSR 1998, 265; Schirmer, MedR 1997, 431, 434 ff.
3 GKV-Solidaritätsstärkungsgesetz vom 19.12.1998 (BGBl. I, 3853).
4 GKV-Gesundheitsreformgesetz vom 22.12.1999 (BGBl. I, 2626).
5 Fallpauschalengesetz vom 23.4.2002 (BGBl. I, 1412).
6 Gesetz zur Änderung des Apothekengesetzes vom 21.8.2002 (BGBl. I, 3352).
7 GKV-Modernisierungsgesetz vom 14.11.2003 (BGBl. I, 2190).
8 Pflegeweiterentwicklungsgesetz vom 25.8.2008 (BGBl. I, 874).
9 Pflege-Neuausrichtungsgesetz vom 23.10.2012 (BGBl. I, 2246).
10 GKV-Versorgungsstärkungsgesetz vom 16.7.2015 (BGBl. I, 1211).
11 Gesetz für sichere digitale Kommunikation und Anwendungen im Gesundheitswesen sowie zur Änderung weiterer Gesetze vom 21.12.2015 (BGBl. I, 2408).
12 Gesetz zum Abbau verzichtbarer Anordnungen der Schriftform im Verwaltungsrecht des Bundes vom 29.3.2017 (BGBl. I, 626).

Ziel der Regelungen ist es insgesamt, die Innovationsfähigkeit des Gesundheitswesens und den **medizinischen Fortschritt voranzutreiben**.[13]

Die Einführung von Modellvorhaben ist für die Krankenkassen freiwillig, was sich unmittelbar daraus ergibt, dass sie diese nach Abs. 1 durchführen „können". Ob sie dies tun, steht also in ihrem Ermessen.[14] Auch für die Versicherten ist eine **Teilnahme freiwillig**. Zwar ist dies im Gegensatz zu vergleichbaren Strukturverträgen im Sinne der § 73a und der integrierten Versorgung (§§ 140a ff.) in § 63 nicht explizit angeordnet. Gleichwohl ist die Freiwilligkeit allgemein anerkannt, wenn mit dem Modellvorhaben eine Änderung der gesetzlichen Ansprüche des Versicherten verbunden ist, wie etwa das Recht zur freien Wahl des Leistungserbringers nach § 2 Abs. 3 SGB V, § 33 SGB I.[15] Denn **Sozialleistungsansprüche** dürfen nach § 31 SGB I **nur durch Gesetz** oder aufgrund eines Gesetzes eingeschränkt oder geändert werden. Die Verpflichtung zur Teilnahme würde hingegen auf der Grundlage der Satzung der jeweiligen Krankenkasse erfolgen.[16] Mittlerweile lässt sich die Freiwilligkeit der Teilnahme auch aus § 53 Abs. 8 S. 1 Hs. 2 ableiten.[17] Nicht verwehrt ist es den Krankenkassen jedoch, ihre Mitglieder über das Bestehen und die Vorteile von bestimmten Modellvorhaben hinzuweisen und ihnen in diesem Zusammenhang eine Liste der beteiligten Ärzte zu übermitteln.[18]

3

Modellvorhaben im Sinne der §§ 63 ff. haben nach zahlreichen gesetzgeberischen Aktivitäten an praktischer **Bedeutung verloren**.[19] Dies liegt zum einen an der Implementierung der Sondervertragskompetenz in § 73a. Insbesondere wurden in den letzten Jahren aber auch vermehrt Regelungen zu speziellen neuen Versorgungsformen im ambulanten Bereich geschaffen, die unabhängig von den Modellvorhaben im Sinne der §§ 63 ff. bestehen. Hierzu zählen etwa die hausarztzentrierte Versorgung (§ 73b), die ambulante spezialärztliche Versorgung (§ 116b), die Desease-Management-Programme (§ 137f und § 137g), die integrierte Versorgung (§ 140a) und die Zulassung medizinischer Versorgungszentren nach § 95 Abs. 1.[20]

4

§ 63 differenziert zwischen den sog **Strukturmodellen** nach Abs. 1 iVm Abs. 3 bis 3c und den **Leistungsmodellen** nach Abs. 2 und 4. Strukturverträge ermöglichen die Weiterentwicklung der Verfahrens-, Organisations-, Finanzierungs- und Vergütungsformen der Leistungserbringung mit dem Ziel einer Verbesserung der Qualität und Wirtschaftlichkeit der Versorgungsformen. Bei den Leistungsmodellen geht es hingegen um die Erprobung von Leistungen, die noch nicht zum Katalog der gesetzlichen Krankenversicherung gehören. Im Unterschied zu anderen neuen Versorgungsformen der ambulanten Versorgung, wie etwa der hausarztzentrierten Versorgung (§ 73b) oder der integrierten Versorgung (§§ 140a ff.), sollen die Modellvorhaben dabei **keine dauerhaften Alternativen zur Regelversorgung** darstellen. Ziel ist vielmehr eine experimentelle Erweiterung bereits existierender Versorgungsformen und Versorgungsinhalte, um mithilfe der dadurch gewonnenen Erkenntnisse über eine Integration in das Leistungs- und Leistungserbringerrecht zu entscheiden.[21] Gesetzlich verankert ist dies in Abs. 5 S. 2. Hiernach sind die Modellvorhaben im Regelfall auf längstens acht Jahre zu befristen.

5

III. Strukturmodelle (Abs. 1, 3 bis 3c)

Nach Abs. 1 wird den Krankenkassen und ihren Verbänden die Möglichkeit eingeräumt, zur Verbesserung von Wirtschaftlichkeit und Qualität der Versorgung Modellvorhaben durchzuführen oder nach § 64 zu vereinbaren. Zielen die Vorhaben dabei auf die Weiterentwicklung der Verfahrens-, Organisations-, Finanzierungs- und Vergütungsformen der Leistungserbringung ab, so spricht man von Strukturmodellen. Weitere Vorgaben in Bezug auf die Strukturmodelle finden sich in Abs. 3 bis 3c.

6

Teilweise wird verlangt, dass die Strukturmodelle **kumulativ eine Verbesserung von Wirtschaftlichkeit und Qualitätssicherung** herbeiführen müssen.[22] Auch wenn der Wortlaut des Abs. 1, der insoweit von

7

---

13 BT-Dr. 13/6087, 18.
14 LSG Bln-Bbg, 5.11.2009, L 9 KR 115/04.
15 BSG NZS 2003, 654, 656; Roters in: KassKomm, § 63 SGB V Rn. 3; Huster in: Becker/Kingreen, § 63 Rn. 6; Quaas/Zuck, § 11 Rn. 40, Igl/Welti in: GK-SGB V, § 63 Rn. 7.
16 BSG NZS 2003, 654, 656.
17 Scholz in: BeckOK SozR, SGB V, § 63 Rn. 12.
18 OLG München BeckRS 2000, 30147073.
19 Hierzu Leopold in: Hauck/Noftz, SGB V, § 63 Rn. 8.
20 Zu den neuen Versorgungsformen: Schwanenflügel, NZS 2005, 285; speziell zum durch das GKV-VStG novellierten § 116b SGB V: Stollmann, NZS 2012, 485.
21 Hensel, Selektivverträge im vertragsärztlichen Leistungserbringerrecht, 2010, 141.
22 Koch in: jurisPK-SGB V, § 63 Rn. 9; Nebendahl in: Spickhoff, Medizinrecht, § 63 SGB V Rn. 2.

„und" spricht, in diese Richtung geht, kann dies **nicht überzeugen**.[23] Denn Zweck der Norm ist das Vorantreiben des medizinischen Fortschrittes.[24] Dieser kann sich aber auch jeweils isoliert in einer Optimierung der Behandlungsqualität oder in der Ausschöpfung von Wirtschaftlichkeitsreserven widerspiegeln. Zu strenge Anforderungen werden den gesetzgeberischen Zielen damit nicht gerecht. Selbst mit Blick auf ggf. befürchtete Kostensteigerungen ist eine strenge Auslegung darüber hinaus auch nicht erforderlich. Denn Abs. 3 S. 1 Hs. 2 regelt explizit, dass der Grundsatz der Beitragssatzstabilität (§ 71) entsprechend gilt, so dass auch bei Modellen zur Qualitätssicherung die Wirtschaftlichkeitsaspekte nie außer Acht bleiben dürfen.

8 Durchführen können die Krankenkassen die Modellvorhaben zum einen selbst bzw. durch ihre Verbände. Bedeutsamer dürfte aber die Durchführung unter Einbeziehung der Leistungserbringer sein. In einem solchen Fall ist eine Vereinbarung nach § 64 erforderlich.

9 **1. Abweichung von den gesetzlichen Bestimmungen (Abs. 3).** Abs. 3 S. 1 sieht vor, dass bei der Durchführung von Modellvorhaben von den Vorschriften des 4. Kapitels (§§ 69 bis 140 h) und des 10. Kapitels (§§ 28 bis 305 b) des SGB V abgewichen werden kann.

10 Abweichungen vom **4. Kapitel** des SGB V betreffen das **Leistungserbringerrecht**. Hier kommen insbesondere Erweiterungen der Schnittstellen von ambulanter und stationärer Versorgung und Modifikationen der ansonsten bestehenden Vergütungsregelungen in Betracht.[25] In diesem Zusammenhang steht auch die eingeräumte Abweichungsmöglichkeit von den Vorgaben des Krankenfinanzierungsgesetzes, des Krankenhausentgeltgesetzes und der nach diesen Vorschriften getroffenen Regelungen. Zu Letzteren zählt primär die Bundespflegesatzverordnung. Nicht abgewichen werden kann hingegen von den Vorschriften des Apothekenrechts außerhalb des SGB V, da die in Betracht kommenden Vorschriften nicht in § 63 aufgenommen wurden.[26]

11 Das **10. Kapitel** enthält hingegen Regelungen zum **Datenschutz**. Solche Abweichungen können erforderlich werden, um den Vorgaben des § 65 gerecht zu werden. Hiernach haben die Krankenkassen oder ihre Verbände eine wissenschaftliche Begleitung und Auswertung der Modellvorhaben durchzuführen, was eine umfassende Erhebung und koordinierte Verarbeitung der Patientendaten erforderlich machen kann. Abs. 3 S. 4 schließt allerdings eine Abweichung von den Vorgaben des § 284 Abs. 1 S. 5 aus. Damit soll sichergestellt werden, dass der **Sozialdatenschutz** der Versicherten nach Maßgabe von § 35 SGB I und der §§ 67 f. SGB V gewährleistet ist. Abweichungen sind nach § 63 Abs. 3 S. 1 Hs. 2 zudem nur zulässig, soweit sie **erforderlich** sind. Dieser Zusatz ist allerdings nur **deklaratorischer Natur**, da die Modifikation von ansonsten geltenden Vorgaben des SGB V auf der Grundlage einer Satzung ohnehin nur im Falle ihrer Verhältnismäßigkeit zulässig ist, was den Aspekt der Erforderlichkeit mit einschließt.[27]

12 Abs. 3 S. 1 Hs. 2 legt fest, dass der Grundsatz der **Beitragssatzstabilität** (§ 71) beachtet werden muss. Dies wird durch **Abs. 3 S. 2** konkretisiert, wonach Mehraufwendungen, die das Modellvorhaben verursacht, durch Einsparungen an anderer Stelle innerhalb kompensiert werden müssen. Der insoweit eindeutige Wortlaut schließt dabei eine Quersubventionierung kostspieliger durch andere und preisgünstige Modellvorhaben aus.[28] Soweit das Modellvorhaben effektiv zu Kosteneinsparungen führt, können diese nach **Abs. 3 S. 3** an die Versicherten weitergeleitet werden. Dies dient als Anreiz für die Patienten, an dem Modellvorhaben teilzunehmen.[29] Ausgeschlossen ist hingegen eine Weiterleitung an die Leistungserbringer. Dem steht der insoweit eindeutige Wortlaut entgegen.[30]

13 **2. Modifikation der Datennutzung (Abs. 3 a).** Abs. 3 a konkretisiert das, worum es dem Gesetzgeber bei der Durchführung von allgemeinen Strukturmodellen mittlerweile wohl primär gehen wird: Den **Einsatz moderner Informationstechnologie** im Gesundheitswesen. Hierzu wird in § 63 **Abs. 3 a S. 1** festgelegt, dass Gegenstand von Modellvorhaben auch informationstechnische und organisatorische Verbesserungen der Datenverwendung, einschließlich der Erweiterungen der Befugnisse zur Erhebung, Verarbeitung und Nutzung von personenbezogenen Daten sein können. Als Beispiele werden in den Gesetzgebungsmaterialien die elektronische Gesundheitskarte oder das elektronische Rezept ge-

---

23 Wie hier schon: Quaas/Zuck, § 11 Rn. 10.
24 So schon der Fraktionsentwurf zur Einführung der Norm: BT-Dr. 13/6087, 18.
25 Koch in: jurisPK-SGB V, § 63 Rn. 13.
26 Orlowski, VSSR 1998, 265, 269.
27 Nebendahl in: Spickhoff, Medizinrecht, § 63 SGB V Rn. 4; Roters in: KassKomm, § 63 SGB V Rn. 3.
28 Koch in: jurisPK-SGB V, § 63 Rn. 17.
29 BT-Dr. 13/6087, 26; ausführlich zu den Bonusregelungen: Orlowski, VSSR 1998, 272 ff.
30 Wie hier: Huster in: Becker/Kingreen, § 63 Rn. 7; aA Krauskopf in: Krauskopf, § 63 SGB V Rn. 18.

nannt.[31] Insofern stellte Abs. 3 a einen **Vorgriff** auf den später eingefügten § 291 a[32] dar, ohne dass zum Zeitpunkt der Einführung eine Entscheidung über die flächendeckende Einführung der elektronischen Gesundheitskarte entschieden werden sollte.[33]

§ 63 **Abs. 3 a S. 2 bis 6** wiederum dienen dem Schutz der **personenbezogenen Daten der Versicherten** bei den informationstechnischen Neuerungen. So sieht § 63 Abs. 3 a S. 2 zwingend eine explizite Einwilligung der Patienten darüber vor, dass von den Vorgaben des 10. Kapitels abgewichen werden darf. Dem muss nach § 63 Abs. 3 a S. 3 eine ausführliche schriftliche oder elektronische Aufklärung über Art und Umfang der datenschutzrechtlichen Modifikationen vorangegangen sein. Außerdem sind Erweiterungen der Krankenversichertenkarte, die von § 291 abweichen, nur zulässig, wenn die zusätzlichen Daten informationstechnisch von den Daten, die in § 291 Abs. 2 genannt sind, getrennt werden. Als Beispiel kommt hier in Betracht, dass sie nur nach einer PIN-Eingabe des Versicherten zugänglich sind.[34] Beim Einsatz mobiler personenbezogener Speicher- und Verarbeitungsmedien gilt § 6 c BDSG entsprechend. Die Norm sieht vor, dass für den Betroffenen die Funktionsweise des jeweiligen Mediums und die Kommunikationsvorgänge eindeutig erkennbar sein müssen. 14

3. Modellvorhaben zur Leistungserbringung durch Pflegeberufe und Physiotherapeuten (Abs. 3 b und 3 c). Abs. 3 b und 3 c gehen auf ein Gutachten des Sachverständigenrates zur Begutachtung der Entwicklung im Gesundheitswesen aus dem Jahre 2007 zurück.[35] In diesem hatte der Rat eine Verankerung einer Modellklausel zur stärkeren Integration nicht-ärztlicher Gesundheitsberufe in die medizinische Versorgung angeregt, was durch die Schaffung der Absätze im Rahmen des Pflege-Weiterentwicklungsgesetzes umgesetzt wurde.[36] Ziel ist dabei eine **Entlastung der Mediziner** und damit letztendlich auch die Entschärfung der Konsequenzen eines in Zukunft möglicherweise bestehenden Ärztemangels. Dies soll durch die **Ausweitung** der zulässig ausgeübten **Tätigkeiten des nichtärztlichen Personals** erreicht werden.[37] 15

Im Hinblick auf den **Regelungsgegenstand** ist dabei zu differenzieren: Modellvorhaben nach Abs. 3 b haben die Erweiterung des Aufgabenbereiches der Kranken- und Altenpfleger sowie Physiotherapeuten zum Gegenstand. Entscheidend ist dabei, dass die dort genannten Tätigkeiten unterhalb der Schwelle der selbstständigen Ausübung von Heilkunde liegen. Modellvorhaben im Sinne des Abs. 3 c betreffen Tätigkeiten oberhalb dieser Schwelle. Es geht hier also um die Übertragung ärztlicher Tätigkeiten auf die im Alten- und Krankenpflegegesetz genannten Berufe. 16

a) **Modellvorhaben zur Erweiterung der Kompetenzen nichtärztlicher Heilberufsträger (Abs. 3 b).** Nach **Abs. 3 b S. 1** können Modellvorhaben durchgeführt werden, in deren Rahmen Angehörige der im Krankenpflegegesetz und im Altenpflegegesetz geregelten Berufe die Verordnung von Verbandsmitteln und Pflegehilfsmitteln sowie die inhaltliche Ausgestaltung der häuslichen Krankenpflege einschließlich ihrer Dauer vornehmen können, soweit sie aufgrund ihrer Ausbildung hinreichend qualifiziert sind. Hs. 2 der Vorschrift normiert hierbei den entscheidenden Unterschied zu Modellvorhaben nach Abs. 3 c, indem er festschreibt, dass es sich bei den so vorgenommenen Tätigkeiten nicht um die **selbstständige Ausübung von Heilkunde** handeln darf. 17

Die somit entscheidende Frage, was unter die selbstständige Ausübung von Heilkunde fällt, beantwortet § 63 nicht eigenständig. Hier ist allerdings auch nach dem gesetzgeberischen Willen[38] ein **Rückgriff auf § 1 Abs. 2 des Heilpraktikergesetzes** möglich.[39] Umfasst ist danach jede berufs- oder gewerbsmäßig vorgenommene Tätigkeit zur Feststellung, Heilung oder Linderung von Krankheiten, Leiden oder Körperschwächen bei Menschen, auch wenn sie im Dienste von anderen ausgeübt wird. Unterhalb dieser Schwelle ist eine selbstständige Ausübung der in Abs. 3 b genannten **Tätigkeiten** möglich. Die zulässigen Handlungen sind dabei **abschließend** geregelt. Ihre Erweiterung ist angesichts der präzisen Beschreibung im Gesetz nicht zulässig. 18

---

31 BT-Dr. 14/8930, 5.
32 Eingefügt im Rahmen des GMG vom 23.11.2003 (BGBl. I, 2190).
33 Leopold in: Hauck/Noftz, SGB V, § 63 Rn. 20; BT-Dr. 14/8930, 6.
34 BT-Dr. 14/8930, 6.
35 „Kooperation und Verantwortung – Voraussetzungen einer zielorientierten Gesundheitsversorgung", abgedruckt in BT-Dr. 16/6339.
36 BT-Dr. 16/6339, 66.
37 So der RegE zum Pflege-Weiterentwicklungsgesetz in: BT-Dr. 16/7439, 97.
38 BT-Dr. 16/7439, 97.
39 In diesem Sinne auch BVerfG, 24.10.2003, 2 BvF 1/01, Rn. 162 f.

19 Möglich ist nach § 63 Abs. 3 b S. 1 die **Verordnung von Verbandsmitteln und Pflegehilfsmitteln**. Mit Blick auf die entsprechenden Gesetzgebungsmaterialien[40] und der Verwendung des Terminus „Verordnen" wird dabei angenommen, dass es hierfür keiner einmalig vorhergehenden – ggf. allgemein gehaltenen – ärztlichen Verordnung bedarf.[41] Dies wird wohl tatsächlich so gewollt sein. Die Einordnung dieser Tätigkeiten in Abs. 3 b, in dem es um die unselbstständige Ausübung der Heilkunde geht, ist dann aber nicht unproblematisch und zumindest normsystematisch zweifelhaft.[42] Denn eine vollständig eigenverantwortliche Beurteilung durch die jeweilige Alten- und Pflegefachkraft, ob das Verbands- oder Pflegehilfsmittel erforderlich ist, geht gerade in die Richtung der selbstständigen Heilkunde. Insofern wäre eine Einordnung der Tätigkeit in Abs. 3 c vorzugswürdig gewesen. Die Berechtigung zur **inhaltlichen Ausgestaltung der häuslichen Krankenpflege** besteht hingegen zweifelsfrei nur nach einer entsprechenden Erstverordnung durch einen Arzt. Das Gesetz spricht hier nicht von einer Verordnung durch die Pflegefachkraft, sondern nur von einer Bestimmung der Ausgestaltung.[43]

20 Im Rahmen der Modellvorhaben dürfen die Pflegefachkräfte nur Tätigkeiten übernehmen, zu deren Ausübung sie hinreichend qualifiziert sind. Entscheidend ist, dass die Qualifikation „**aufgrund ihrer Ausbildung**" bestehen muss. Als „Ausbildung" im Sinne der Norm und damit als Maßstab für eine hinreichende Qualifikation kann dabei nur das gelten, was auf der Grundlage der jeweiligen Normen zum vorgegeben Ausbildungsinhalt der Pflegefachkräfte zählt. Die im Rahmen der Tätigkeit – ggf. auch über Jahre – gesammelte Erfahrung einer Pflegefachkraft kann hingegen für eine Beurteilung nicht herangezogen werden.[44] Alles andere würde zu Entscheidungsunsicherheiten und Gefahren mit Blick auf die Qualitätssicherung führen.[45] In der Praxis stellt das Kriterium allerdings kein wirkliches Hindernis dar, da Krankenpfleger nach § 3 Abs. 2 Nr. 1 lit. a Krankenpflegegesetz und Altenpfleger nach § 3 Abs. 1 Altenpflegegesetz die entsprechenden Befähigungen im Rahmen ihrer Ausbildung erlernen müssen. Befähigt sind sie somit ohnehin zu diesen Tätigkeiten, im Rahmen eines Modellvorhabens dürfen sie diese nunmehr auch eigenständiger ausüben.[46]

21 **Abs. 3 b S. 2** schafft eine vergleichbare Regelung für **Physiotherapeuten** mit einer Erlaubnis nach § 1 Abs. 1 Nr. 2 des Masseur- und Physiotherapeutengesetzes. Sie können im Rahmen von Modellvorhaben zur Bestimmung der Auswahl und Dauer einer physikalischen Therapie und der Frequenz der Behandlungseinheiten ermächtigt werden, soweit sie aufgrund ihrer Ausbildung qualifiziert sind und es sich bei der Tätigkeit nicht um selbstständige Ausübung von Heilkunde handelt. Vor dem Hintergrund des wiederum eindeutigen Wortlautes ist eine Ausweitung des Leistungsspektrums über die genannten Tätigkeiten hinaus ausgeschlossen.

22 b) **Modellvorhaben zur selbstständigen Ausübung der Heilkunde durch nichtärztliche Heilberufsträger (Abs. 3 c). aa) Gesetzliche Vorgaben.** Gegenstand von Modellvorhaben kann nach **Abs. 3 c S. 1** auch die Übertragung von ärztlichen Tätigkeiten auf die im Kranken- und Altenpflegegesetz jeweils genannten Personen sein.[47] Wie im Abs. 3 a ist auch hier Voraussetzung, dass die Pflegefachkräfte „aufgrund ihrer Ausbildung" hinreichend qualifiziert sind. Grundlage hierfür ist ein vom Bundesministerium für Gesundheit im Einvernehmen mit dem Bundesministerium für Familie, Senioren, Frauen und Jugend zu genehmigender Ausbildungsplan.[48] Im Gegensatz zu den Modellvorhaben nach Abs. 3 b wird sich dies in der Praxis als nicht unproblematisch darstellen. Hintergrund ist, dass zur Umsetzung der Vorgaben des Abs. 3 c in den jeweiligen Pflegegesetzen die §§ 3 des Alten- und des Krankenpflegegesetzes ergänzt wurden. So heißt es nunmehr in § 3 Abs. 3 S. 1 KrPflG und § 3 Abs. 2 AltenPflG: „Soweit in Modellvorhaben nach § 4 Abs. 7 erweiterte Kompetenzen zur Ausübung heilkundlicher Tätigkeiten erprobt werden, hat sich die Ausbildung *auch* auf die Befähigung zur Ausübung der Tätigkeiten zu erstrecken, für die das Modellvorhaben qualifizieren soll."[49] Hieraus folgt, dass der Ausbildungskatalog über den bisherigen Lehrplan nach Maßgabe des § 3 Abs. 1, 2 KrPflG, § 4 Abs. 1 AltenPflG erweitert werden muss, sofern die Pflegefachkräfte an entsprechenden Modellvorhaben teilnehmen wollen. Dies

---

40 BT-Dr. 16/7439, 96.
41 Roters in: KassKomm, § 63 SGB V Rn. 15; Scholz in: BeckOK SozR, SGB V, § 63 Rn. 6.
42 In diesem Sinne auch Heberlein, PflR 2012, 143, 155.
43 Scholz in: BeckOK SozR, SGB V, § 63 Rn. 6.
44 So zur in diesem Punkt vergleichbaren Parallelvorschrift des § 63 Abs. 3 c: Heberlein, PflR 20012, 143, 143.
45 So im Ergebnis auch Roters in: KassKomm, § 63 SGB V Rn. 16.
46 Hierzu BT-Dr. 16/7439 97.
47 Zu den in diesem Zusammenhang bestehenden Fragestellungen mit Blick auf den Grundsatz der persönlichen Leistungserbringung: Spaetgens, RDG 2014, 12.
48 §§ 4 Abs. 7 KrPflG, 4 Abs. 7 AltPflG.
49 Hervorhebung durch den Autor.

ist konsequent, geht es doch bei den Tätigkeiten um einen Aufgabenbereich, der bislang nicht zu dem der Pflegefachkräfte gehörte, was eine weiterreichende Qualifikation voraussetzt. Allerdings muss auch hier erneut der Grundsatz gelten, dass ein entsprechender Nachweis lediglich im Rahmen einer Prüfung erbracht werden kann, während die im Laufe der Zeit gesammelte praktische Erfahrung einer Pflegefachkraft nicht ausreicht. Dies könnte zu einer Verzögerung der Umsetzungsfähigkeit eines Modellvorhabens führen, da damit als taugliche Pflegefachkräfte primär Berufsanfänger in Betracht kommen, die die erweiterten Kompetenzen bereits im Rahmen ihrer Ausbildung erworben haben. Eine Alternative böten allenfalls nachträgliche Prüfungen, die Berufserfahrene ablegen könnten.[50] Ob seitens der Betroffenen hieran Interesse besteht und wie sich dies in der Praxis umsetzen lässt, bleibt abzuwarten.

Erfüllen die Pflegefachkräfte die Anforderungen des Abs. 3 c S. 1 iVm den berufsrechtlichen Regelungen, so berechtigt sie das Gesetz, **ohne eine vorhergehende Verordnung** bestimmte ärztliche Leistungen zu erbringen. Sie treten dann als eigenständige Leistungserbringer in der gesetzlichen Krankenversicherung auf, so dass hieraus eine Erweiterung der Leistungserbringerseite folgt. Dies wurde auch in § 15 Abs. 1 Hs. 2 berücksichtigt.[51]

23

Abs. 3 c S. 3 berechtigt und verpflichtet den G-BA, im Rahmen einer **Richtlinie** (§ 91 f.) die Einzelheiten zu konkretisieren.

24

bb) Umsetzung durch den G-BA. Auf der Grundlage des Abs. 3 c S. 3 hat der **G-BA** am 20.10.2011 die „Richtlinie über die Festlegung ärztlicher Tätigkeiten zur Übertragung auf Berufsangehörige der Alten- und Krankenpflege zur selbstständigen Ausübung von Heilkunde im Rahmen von Modellvorhaben nach § 63 Abs. 3 c SGB V" beschlossen (im Folgenden: RL),[52] die am 17.2.2012 durch das zuständige Bundesministerium für Gesundheit genehmigt wurde.[53] Sie gliedert sich in zwei Teile. Zunächst werden in einem allgemeinen Teil die Grundlagen der Modellvorhaben festgeschrieben. Dem folgt ein Listenteil, der die einzelnen übertragbaren ärztlichen Tätigkeiten und Qualifikationsanforderungen des Pflegefachpersonals festschreibt.

25

Die im **Allgemeinen Teil** der Richtlinie normierten **§§ 2 und 3 konkretisieren** die Voraussetzungen und Konsequenzen der **Übertragung** ärztlicher Tätigkeiten. Danach üben die berechtigten Berufsgruppen die Heilkunde aufgrund der Richtlinie aus (§ 2 Abs. 1 S. 1 RL). Der Begriff der Heilkunde wird in § 2 Abs. 1 S. 2 der Richtlinie definiert; er orientiert sich an § 1 Abs. 2 Heilpraktikergesetz. Werden die Pflegefachkräfte im Rahmen eines Modellvorhabens tätig, so tragen sie nach § 2 Abs. 2 S. 2 der RL die fachliche, wirtschaftliche und rechtliche Verantwortung.[54] Diese umfasst den Aspekt, ob und in welchem Umfang die Ausübung der Heilkunde medizinisch geboten ist (§ 2 Abs. 2 S. 3 der RL). In diesem Umfang ist dann nach Abs. 3 S. 1 der RL die Verantwortlichkeit des Arztes ausgeschlossen, bleibt jedoch für die eigenen Entscheidungen unberührt. Entscheidend ist, dass eine eigenständige Ausübung der Heilkunde allerdings nur nach einer Übertragung der ärztlichen Tätigkeiten durch den Arzt möglich sein soll (§ 2 Abs. 2 S. 3 RL?). Sie setzt zudem eine ärztliche Diagnose und Indikationsstellung voraus, an die die Pflegefachkraft gebunden ist (§ 3 Abs. 1 S. 1 und 2 der RL). Die Befugnis wird darüber hinaus durch anderweitige entgegenstehende Entscheidungen oder Maßnahmen eines Arztes zur Vermeidung einer kontraindizierten Behandlung (§ 3 Abs. 2 S. 1 der RL) eingeschränkt. Sofern die Pflegefachkraft zu Erkenntnissen kommt, die einer Vornahme der ihnen übertragenen ärztlichen Tätigkeit entgegenstehen oder die die ärztliche Diagnose oder Indikationsstellung betreffen, ist der behandelnde Arzt umgehend dokumentiert zu informieren (§ 3 Abs. 3 der RL). Der **Besondere Teil** der Richtlinie listet dann die zulässigerweise von den Pflegefachkräften auszuübenden ärztlichen Tätigkeiten teils diagnosebezogen[55] (Teil 1), teils prozedurenbezogen[56] (Teil 2) auf.

26

---

50 Diese Rechtslage kritisiert Heberlein, PflR 2012, 143, 143.
51 Kritisch hierzu die Stellungnahme des Bundesrates, abgedruckt als Anlage zur BT-Dr. 16/7439, 120; vgl. hierzu auch die Stellungnahme der BReg in BT-Dr. 16/7486, 4.
52 BAnz. Nr. 46 (S. 1128) v. 21.3.2012.
53 Schreiben des BMG vom 17.2.2012, abrufbar unter http://www.g-ba.de/downloads/40-268-1881/2011-10-20 _RL_§-63_Abs-3c_Erstfassung_BMG.pdf (zuletzt abgerufen am 1.5.2017).
54 Allg. zum Versicherungsschutz bei Delegation ärztlicher Tätigkeiten: Knoch, RDG 2011, 146 f.
55 Etwa: Diabetes (Typ 1 und 2), Demenz, Chronische Wunden und Hypertonie.
56 Exemplarisch: Infusionstherapie/Injektionen, Ernährung/Ausscheidung und Schmerztherapie.

27 Die Richtlinie ist teilweise auf **Kritik** gestoßen, der aber im Ergebnis **nicht gefolgt** werden kann.[57] Sie besteht im Kern darin, dass der G-BA den in § 63 Abs. 3 c vorgegeben Umfang der übertragbaren ärztlichen Tätigkeiten systemwidrig eingeschränkt habe und damit seinem gesetzlichen Auftrag nicht hinreichend nachgekommen sei. So sollten Modellvorhaben die *selbstständige* Ausübung der Heilkunde zum Gegenstand haben, was nur ohne eine vorherige ärztliche Veranlassung der Fall sein könne. Dies sei mit der Richtlinie nicht hinreichend umgesetzt worden, da das Tätigwerden der Pflegefachkraft eine vorgelagerte Diagnostik und Indikationsstellung durch einen Arzt zwingend voraussetze.[58] Diese erforderlichen Handlungen des Arztes führten dann auch bei der Umsetzung der Modellvorhaben dazu, dass jener weiterhin die Anordnungs- und Überwachungsverantwortung trage. Somit werde zwar im Rahmen der Modellvorhaben der Handlungsspielraum des Pflegefachpersonals erweitert, dies geschehe aber im Ergebnis durch eine Delegation ärztlicher Tätigkeiten und nicht als eigenständige Ausübung der Heilkunde.[59]

28 Die dargelegte Feststellung, dass die Umsetzung des § 63 c durch die Richtlinie ein Minus im Vergleich zur gesetzlich vorgegebenen Aufgabenerweiterung darstellt, ist zwar zutreffend. Dies widerspricht allerdings nicht dem Normzweck des § 63, da die insoweit einschränkenden Vorgaben der Richtlinie in erster Linie der Qualitätssicherung dienen und in der Sache auch geboten sind.[60] So war bislang allgemein anerkannt, dass die Diagnostik und Indikationsstellung ausnahmslos als nicht delegationsfähige ärztliche Tätigkeiten einzustufen sind, da sie wegen ihrer Komplexität, Gefährlichkeit oder wegen der Unvorhersehbarkeit etwaiger Reaktionen ärztliches Fachwissen voraussetzen.[61] Diese Tätigkeiten im Rahmen von Modellvorhaben nun gänzlich vom Arztvorbehalt freizustellen, ist mit dem Aspekt der Patientensicherheit nur schwerlich vereinbar. Dass die Patientensicherheit auch im Rahmen der Modellvorhaben stets gewährleistet werden muss, verdeutlicht Abs. 1, wonach Modellvorhaben zur Verbesserung der Qualität der Versorgung durchgeführt werden können. Die eigenständige Übertragung von Tätigkeiten auf Pflegefachkräfte, die außerhalb von Modellvorhaben nicht einmal delegationsfähig wären, liefe aber im Ergebnis auf eine erhebliche Verschlechterung der Behandlungsqualität hinaus. Dies dennoch im Rahmen der Richtlinie vorzusehen, wäre mit den Zielen des Abs. 1, an denen sich alle Modellvorhaben messen lassen müssen, nicht vereinbar.

29 Die Richtlinie legt im besonderen Teil neben den übertragungsfähigen Tätigkeiten auch die von den Pflegefachkräften nachzuweisenden **Qualifikationen** fest. Hiefür werden detailliert für jeden einzelnen Aufgabenbereich die erforderlichen Kenntnisse aufgelistet. In diesem Punkt ist die Richtlinie allerdings **rechtswidrig** und entfaltet daher **keinerlei Bindungswirkung**. Grund hierfür ist, dass der G-BA mit der Normierung den gesetzlich vorgegebenen Ermächtigungsrahmen überschritten hat. Dies ergibt sich aus dem Zusammenspiel von § 63 Abs. 3 c SGB V mit § 4 Abs. 7 KrPflG bzw. § 4 Abs. 7 KrPflG. Nach Maßgabe von § 63 Abs. 3 c ist der G-BA zwar berechtigt, die einzelnen substitutionsfähigen Tätigkeiten festzuschreiben. Im Hinblick auf Bestimmung der dafür erforderlichen fachlichen Eignung des Pflegefachpersonals liegt die Kompetenz jedoch alleinig bei den für die berufliche Qualifikation zuständigen Ausbildungsstätten und in Abhängigkeit von der Regelungsmaterie letztendlich beim Bundesministerium für Familie, Senioren, Frauen und Jugend (§ 4 Abs. 7 KrPflG) bzw. dem Bundesministerium für Gesundheit (§ 4 Abs. 7 AltPflG). Hiergegen wird teilweise eingewandt, dass der zivil- und strafrechtlich bestehende Arztvorbehalt auch in den Modellvorhaben nur dann hinreichende Beachtung finde, wenn eine prospektive Setzung neuer Standards hinsichtlich der Verantwortungsübernahme auf

---

57 Ausführlich zu dieser Thematik: Heberlein, PflR 2012, 67 ff. und 143 ff.; zust. hingegen: Siebig, KrV 2011, 316, 319 f.
58 Heberlein, PflR 2012, 143, 147 f.
59 Heberlein, ZMGR 2012, 75, 82; ders., PflR 2012, 143, 154 f. mit Hinweis auf Siebig, KrV 2011, 316 ff. Die Frage, ob mit der Richtlinie die gesetzlichen Vorgaben unterlaufen würden, war auch bereits Gegenstand von Kontroversen im Rahmen des Beratungsverfahrens zu der Richtlinie; vgl. hierzu die Stellungnahmen des Bundesverbandes privater Anbieter sozialer Dienste und der Dekanekonferenz Pflegewissenschaft, die die mangelhafte Umsetzung der gesetzlichen Vorgaben rügten; abgedruckt im Rahmen der Tragenden Gründe zu der Richtlinie ab S. 14 ff., 33 ff., abrufbar unter http://www.g-ba.de/downloads/40-268-1807/2011-10-20_RL_§-6 3_Abs-3c_Erstfassung_TrG.pdf (zuletzt abgerufen am 1.5.2017).
60 Vgl. hierzu die „Tragenden Gründe" des GBA zu § 3 der Richtlinie nach § 63 Abs. 3 c SGB V, in denen darauf abgestellt wird, dass es sich bei der Diagnostik und Indikationsstellung um den „Kernbereich ärztlichen Handelns" geht; abrufbar unter http://www.g-ba.de/downloads/40-268-1807/2011-10-20_RL_§-63_Abs-3c_Erstfassung_TrG.pdf (zuletzt abgerufen am 1.5.2017).
61 Kern in: Laufs/Kern, HdB ArztR, § 45 Rn. 6 mwN Zur Delegation aus Sicht der Bundesärztekammer: Bundesärztekammer, Kassenärztliche Bundesvereinigung: Persönliche Leistungserbringung. Möglichkeiten und Grenzen der Delegation ärztlicher Leistungen, Deutsches Ärzteblatt 2008, 105 (41), A2173-A2177.

Basis einheitlicher Vorgaben und deren Umsetzung erfolge. Zu dieser einheitlichen Umsetzung sei nach § 63 Abs. 3 c S. 3 der G-BA beauftragt, womit es ihm zugleich auferlegt sei, über den Wortlaut hinaus auch in Bezug auf die erforderliche Qualifikation Standards zu setzen.[62] Diese Argumentation vermengt jedoch materiellrechtliche Fragen mit denen der Zuständigkeit. Richtig ist zwar, dass der G-BA mit der Festlegung der zulässigen Tätigkeiten indirekt auch definiert, welche Qualifikationen die Pflegefachkräfte vorweisen müssen, um diese überhaupt ausführen zu können. Der Gesetzgeber hat aber mit den Vorgaben in § 4 KrPflG und § 4 AltPflG eindeutig festgelegt, dass die Letztentscheidungskompetenz über die fachliche Eignung alleine den zuständigen Bundesministerien und nicht dem Ausschuss obliegt. Der Ausschuss ist lediglich berechtigt, die substitutionsfähigen Aufgaben zu definieren. Hat er dies getan, so müssen Ausbildungspläne erstellt werden, die gewährleisten, dass ein ausreichendes Qualifikationsniveau erreicht wird. Ob dies der Fall ist, beurteilt nach Maßgabe der insoweit eindeutigen §§ 4 Abs. 7 KrPflG, 4 Abs. 7 AltPflG aber das jeweils zuständige Ministerium. Dem kann mangels einer entsprechenden Ermächtigungsgrundlage nicht durch vom G-BA festgelegten verbildlichen Qualifikationsanforderungen vorgegriffen werden.[63] Die entsprechenden Vorgaben der Richtlinie können daher allenfalls als **unverbindliche sachverständige Vorschläge** angesehen werden, die das jeweilige Ministerium berücksichtigen kann, aber nicht muss.

IV. Leistungsmodelle (Abs. 2, 4)

Abs. 2 und 4 regeln die Einzelheiten zu den Leistungsmodellen. Sie können nach Abs. 2 von den Krankenkassen durchgeführt oder nach Maßgabe des § 64 vereinbart werden. Gegenstand ist die Erprobung von Leistungen zur Verhütung und Früherkennung von Krankheiten, zur Krankenbehandlung sowie bei Schwangerschaft und Mutterschaft, die noch nicht zum Leistungskatalog der gesetzlichen Krankenversicherung zählen und nicht durch eine Richtlinie des G-BA ausgeschlossen wurden. 30

Im **Unterschied zu anderen neuen ambulanten Versorgungsformen** – wie etwa der integrierten Versorgung – geht es auch bei Leistungsmodellen nicht darum, Alternativen zur Regelversorgung dauerhaft zu etablieren. Vielmehr sollen die existierenden Versorgungsformen und -inhalte experimentell erweitert werden, um mithilfe der dadurch gewonnenen Erkenntnisse über eine Integration in das Leistungs- und Leistungserbringerrecht zu entscheiden.[64] 31

1. Möglicher Leistungsinhalt. Bei den Leistungsmodellen nach **Abs. 2** geht es um die Erprobung von **Leistungen**, die noch nicht zum Katalog in der gesetzlichen Krankenversicherung gehören. Die Krankenkassen sind dabei – wie sich aus Abs. 1 und 2 ergibt – berechtigt, die Modellvorhaben eigenständig mit eigenem Personal und somit ohne die nach Maßgabe einer vertraglichen Vereinbarung erfolgende Einbeziehung von medizinischen Leistungserbringern durchzuführen.[65] Schließen sie **Kooperationsvereinbarungen** mit Leistungserbringern nach § 63 Abs. 1, 2 iVm § 64 ab, so handelt es sich hierbei um öffentlich-rechtliche Verträge im Sinne der §§ 53 ff. SGB X.[66] 32

Bedeutung für das Leistungsrecht im Sinne einer **Ausweitung der Leistungsansprüche** der Versicherten erlangen die Modellvorhaben primär in der vertragsärztlichen Versorgung. Obwohl wenn Leistungsmodelle auch isoliert sowohl im ambulanten als auch im stationären Bereich durchgeführt werden können, so bieten sie in erster Linie für die Vertragsärzte und die sich in einer ambulanten Versorgung befindenden Versicherten Vorteile gegenüber der Regelversorgung. Hintergrund ist, dass bei der Durchführung von Modellvorhaben das ansonsten für die ambulante Anwendung neuer Untersuchungs- und Behandlungsmethoden geltende Verbot mit Erlaubnisvorbehalt des § 135 nicht gilt. Im stationären Sektor besteht hingegen ohnehin nach Maßgabe der §§ 137 c, 137 e eine Erlaubnis mit Verbotsvorbehalt, so dass Produkt- und Prozessinnovationen zumindest grundsätzlich[67] bis zu einem 33

---

62 Roters in: KassKomm, § 63 SGB V Rn. 21 mit Hinweis auf Roters, ZMGR 2009. 171.
63 Dies stellte das Bundesministerium für Gesundheit in seinem Genehmigungsbescheid zu der Richtlinie vom 17.2.2012 ausdrücklich klar; abrufbar unter http://www.g-ba.de/downloads/40-268-1881/2011-10-20_RL_§-63_Abs-3c_Erstfassung_BMG.pdf (zuletzt abgerufen am 1.5.2017); so auch: Heberlein, GuP 2011, 86, 89.
64 Hensel, Selektivverträge im vertragsärztlichen Leistungserbringerrecht, 2010, 141.
65 Hierzu Kneips in: Schnapp/Wigge, § 12 Rn. 9.
66 Hensel, Selektivverträge im vertragsärztlichen Leistungserbringerrecht, 2010, 141 mwN
67 Das BSG verneint indes ein Monopol des GBA bei der Methodenbewertung, was mit den Vorgaben der §§ 137c, 137e nur schwerlich zu vereinbaren ist; so zuletzt in: BSG, Urteil vom 17.12.2013 – B 1 KR 70/12 R mwN; zutreffend kritisch: Felix, MedR 2011, 67 ff.; zu den in diesem Zusammenhang bestehenden Auswirkungen des GKV-VStG: Deister/Felix, NZS 2013, 81 ff.

Negativvotum des G-BA (§ 92) von einer Klinik angewandt und mit den Krankenkassen abgerechnet werden können.[68]

34 Nach der gesetzgeberischen Intention ist **Voraussetzung** für die Durchführung eines Vorhabens, dass aufgrund von **tragfähigem Erkenntnismaterial** die Erwartung gerechtfertigt ist, die zu erprobenden Leistungen seien nach den Vorschriften des SGB V für eine ausreichende, zweckmäßige und wirtschaftliche Versorgung der Versicherten geeignet. Ausgeschlossen von der Anwendung im Rahmen eines Modellvorhabens sollen damit nach der Gesetzesbegründung Leistungen sein, deren Nutzen und Risiken insoweit noch nicht hinreichend beurteilt werden können.[69] Im **Gesetzestext** haben diese strengen Evidenzanforderungen allerdings **keinen Niederschlag** gefunden, was im Ergebnis vielfach nicht beachtet wird, mit der Folge, dass die Kriterien als unmittelbar geltende Tatbestandsvoraussetzungen angesehen werden.[70] Ableiten lässt sich eine gewisse **normative** Verankerung der Anforderungen allerdings aus Abs. 4 iVm der **Verfahrensordnung des G-BA**,[71] der als normkonkretisierende Verwaltungsvorschrift eine gewisse Außenwirkung zukommt.[72] Abs. 4 stellt im Ergebnis klar, dass die Befugnis des G-BA, über die Eigenschaft einer NUB als Teil des Leistungskataloges zu entscheiden, von den Modellvorhaben unberührt bleiben soll.[73] Der G-BA wiederum hat sich bei der Umsetzung der Norm im Rahmen seiner Verfahrensordnung an den gesetzgeberischen Willensbekundungen orientiert und mit Kap. 2 § 14 Abs. 4 VerfO-G-BA eine auf die Modellvorhaben zugeschnittene Vorgehensweise festgeschrieben. Danach kann der Ausschuss zu Methoden, bei denen noch keine ausreichende Evidenz vorliegt, aber zu erwarten ist, dass aussagekräftige Studien in naher Zukunft vorgelegt werden können, unter anderem Beschlüsse treffen, nach denen im Hinblick auf die Leistungserbringung der Methode in der ambulanten vertragsärztlichen Versorgung eine Beschlussfassung im Sinne des § 135 Abs. 1 SGB V ausgesetzt wird. Dies soll mit der Maßgabe geschehen, dass insbesondere durch Modellvorhaben im Sinne der §§ 63 bis 65 die erforderlichen aussagekräftigen Unterlagen beschafft werden. Zu beachten ist allerdings, dass nach § 64 Abs. 4 S. 2 die Durchführung medizinischer Forschungsvorhaben als Gegenstand von Modellvorhaben ausgeschlossen sind. Diese gehören nicht zum Leistungsgegenstand der gesetzlichen Krankenversicherung.[74]

35 **2. Ausschluss von Leistungen.** Nach **Abs. 4 S. 1** können nur solche Leistungen im Rahmen von Modellvorhaben erbracht werden, über deren Eignung als Leistung der Krankenversicherung der Gemeinsame Bundesausschuss nach § 91 im Rahmen der Beschlüsse nach § 92 Abs. 1 S. 2 Nr. 5 oder im Rahmen der Beschlüsse nach § 137c Abs. 1 keine ablehnende Entscheidung getroffen hat.[75] Aus dieser Formulierung ergibt sich für die **ambulante Versorgung** ein **Wegfall des Verbots mit Erlaubnisvorbehalt**. Insofern ist es den Krankenkassen und Leistungserbringern nicht verwehrt, Modellvorhaben zu vereinbaren, obwohl der G-BA sich mit der Methode noch nicht befasst hat.[76]

V. Verfahren (Abs. 5)

36 Abs. 5 S. 1 schrieb bis zum Inkrafttreten des GKV-VSG am 27.7.2015 vor, dass die Ziele und das Vorgehen bei Modellvorhaben in der Satzung der jeweiligen Krankenkasse (§ 194) zu regeln sind. Dies wurde mit der Begründung gestrichen, dass Einzelheiten im Interesse der Entbürokratisierung stattdessen im Vertrag mit den Leistungserbringern und in den Teilnahmeerklärungen der Versicherten geregelt werden können.[77] Unangetastet geblieben ist die Prüfung der Verträge seitens der zuständigen Aufsichtsbehörden (Abs. 5 S. 2). Ihnen stehen dazu die allgemeinen Mittel der Rechtsaufsicht zur Verfügung (§ 89 SGB IV). Abs. 5 S. 3 und 4 haben schließlich **datenschutzrechtliche Regelungen** zum Gegenstand.

---

68 Ausführlich hierzu: Ullrich, Finanzierungslücken bei medizinischen Innovationen? – Rechtliche Rahmenbedingungen der Finanzierung neuer Untersuchungs- und Behandlungsmethoden sowie innovativer Arzneimittel, 2013, 135 ff.
69 Entwurf zum 2. GKV-NOG BT-Dr. 13/6087, 26.
70 Huster in: Becker/Kingreen, § 63 Rn. 11.
71 Verfahrensordnung des Gemeinsamen Bundesausschusses vom 18.12.2008 (BAnz. Nr. 84a [Beilage] vom 10.6.2009), zuletzt geändert am 21.6.2012 (BAnz. AT 6.9.2012 B5).
72 Zimmermann, Der Gemeinsame Bundesausschuss, 2012, 258.
73 Roters in: KassKomm, § 63 SGB V Rn. 10.
74 BSG MedR 2005, 305.
75 Die Richtlinien sind einsehbar auf dem Internetauftritt des GBA: www.g-ba.de (zuletzt abgerufen am 1.5.2017).
76 Hierzu allgemein Roters in: KassKomm, § 63 SGB V Rn. 10 f.
77 BT-Dr. 18/4095, 82.

VI. Modellvorhaben der KVen (Abs. 6)

Nach Abs. 6 können auch Kassenärztliche Vereinigungen Modellvorhaben im Sinne der Absätze 1 und 2 vereinbaren. Die Vorschriften des 10. Abschnitts (§§ 63 ff.) gelten entsprechend. Die KV kann Modellvorhaben aber nur im Rahmen ihrer Aufgabenstellung vereinbaren, die in der Sicherstellung der vertragsärztlichen Versorgung liegt (§§ 72 und 75). Abs. 6 verschafft den KVen ein Initiativrecht und berechtigt sie, als Modellträger und als Vertragspartner im Sinne des § 64 aufzutreten.

VII. Geplante Änderung durch das Pflegeberufereformgesetz

Der Bundestag hat am 22.6.2017 das Gesetz zur Reform der Pflegeberufe (Pflegeberufereformgesetz – PflBRefG) verabschiedet,[78] das sich mWv 1.1.2020 wie folgt auf § 63 auswirken soll:

In Absatz 3 b Satz 1 sollen im Satzteil vor der Aufzählung nach den Wörtern „dass Angehörige der" die Wörter „im Pflegeberufegesetz," eingefügt werden.

Darüber hinaus soll Absatz 3 c wie folgt gefasst werden:

„(3 c) ¹Modellvorhaben nach Absatz 1 können eine Übertragung der ärztlichen Tätigkeiten, bei denen es sich um selbstständige Ausübung von Heilkunde handelt und für die die Angehörigen des im Pflegeberufegesetz geregelten Berufs auf Grundlage einer Ausbildung nach § 14 des Pflegeberufegesetzes qualifiziert sind, auf diese vorsehen. ²Die Krankenkassen und ihre Verbände sollen entsprechende Vorhaben spätestens bis zum Ablauf des 31. Dezember 2020 vereinbaren oder durchführen. ³Der Gemeinsame Bundesausschuss legt in Richtlinien fest, bei welchen Tätigkeiten eine Übertragung von Heilkunde auf die Angehörigen des in Satz 1 genannten Berufs im Rahmen von Modellvorhaben erfolgen kann. ⁴Vor der Entscheidung des Gemeinsamen Bundesausschusses ist der Bundesärztekammer sowie den maßgeblichen Verbänden der Pflegeberufe Gelegenheit zur Stellungnahme zu geben. ⁵Die Stellungnahmen sind in die Entscheidungen einzubeziehen. ⁶Durch den Gemeinsamen Bundesausschuss nach den Sätzen 2 bis 4 festgelegten Richtlinien gelten für die Angehörigen des in Satz 1 geregelten Berufs fort."

Mit der Novellierung wird die aktuelle Fassung des Abs. 3 c an das neue Pflegeberufsgesetz und die damit neu eingeführte Pflegeausbildung angepasst. Durch S. 6 wird deutlich gemacht, dass bereits vom Gemeinsamen Bundesausschuss festgelegte Richtlinien, die sich noch auf die Absolventen der bisherigen Krankenpflege und Altenpflegeausbildungen beziehen, auch für die Absolventen der neuen Pflegeausbildung fortgelten. Da seit Einführung dieser Regelung im Jahr 2008 keine Modelle gestartet sind, werden die Krankenkassen und ihre Verbände nunmehr verpflichtet, entsprechende Vorhaben bis zum 31.12.2020 und damit ein Jahr nach Inkrafttreten des Pflegeberufsgesetzes umzusetzen. Eine Überschreitung der Frist ist nur bei Vorliegen außergewöhnlicher Umstände zulässig.

§ 64 Vereinbarungen mit Leistungserbringern

(1) ¹Die Krankenkassen und ihre Verbände können mit den in der gesetzlichen Krankenversicherung zugelassenen Leistungserbringern oder Gruppen von Leistungserbringern Vereinbarungen über die Durchführung von Modellvorhaben nach § 63 Abs. 1 oder 2 schließen. ²Soweit die ärztliche Behandlung im Rahmen der vertragsärztlichen Versorgung betroffen ist, können sie nur mit einzelnen Vertragsärzten, mit Gemeinschaften dieser Leistungserbringer oder mit Kassenärztlichen Vereinigungen Verträge über die Durchführung von Modellvorhaben nach § 63 Abs. 1 oder 2 schließen.
(2) (aufgehoben)
(3) ¹Werden in einem Modellvorhaben nach § 63 Abs. 1 oder § 64 a Leistungen außerhalb der für diese Leistungen geltenden Vergütungen nach § 85 oder § 87 a, der Ausgabenvolumen nach § 84 oder der Krankenhausbudgets vergütet, sind die Vergütungen oder der Behandlungsbedarf nach § 87 a Absatz 3 Satz 2, die Ausgabenvolumen oder die Budgets, in denen die Ausgaben für diese Leistungen enthalten sind, entsprechend der Zahl und der Morbiditäts- oder Risikostruktur der am Modellversuch teilnehmenden Versicherten sowie dem in den Verträgen nach Absatz 1 jeweils vereinbarten Inhalt des Modellvorhabens zu bereinigen; die Budgets der teilnehmenden Krankenhäuser sind dem geringeren Leistungsumfang anzupassen. ²Kommt eine Einigung der zuständigen Vertragsparteien über die Bereinigung der Vergütungen, Ausgabenvolumen oder Budgets nach Satz 1 nicht zustande, können auch die

---
[78] BR-Dr. 511/17 v. 23.6.2017.

Krankenkassen oder ihre Verbände, die Vertragspartner der Vereinbarung nach Absatz 1 sind, das Schiedsamt nach § 89 oder die Schiedsstelle nach § 18 a Abs. 1 des Krankenhausfinanzierungsgesetzes anrufen. ³Vereinbaren alle gemäß § 18 Abs. 2 des Krankenhausfinanzierungsgesetzes an der Pflegesatzvereinbarung beteiligten Krankenkassen gemeinsam ein Modellvorhaben, das die gesamten nach der Bundespflegesatzverordnung oder dem Krankenhausentgeltgesetz vergüteten Leistungen eines Krankenhauses für Versicherte erfaßt, sind die vereinbarten Entgelte für alle Benutzer des Krankenhauses einheitlich zu berechnen. ⁴Bei der Ausgliederung nach Satz 1 sind nicht auf die einzelne Leistung bezogene, insbesondere periodenfremde, Finanzierungsverpflichtungen in Höhe der ausgegliederten Belegungsanteile dem Modellvorhaben zuzuordnen. ⁵Für die Bereinigung des Behandlungsbedarfs nach § 87 a Absatz 3 Satz 2 gilt § 73 b Absatz 7 entsprechend; falls eine Vorabeinschreibung der teilnehmenden Versicherten nicht möglich ist, kann eine rückwirkende Bereinigung vereinbart werden. ⁶Die Krankenkasse kann bei Verträgen nach Satz 1 auf die Bereinigung verzichten, wenn das voraussichtliche Bereinigungsvolumen einer Krankenkasse für ein Modellvorhaben geringer ist als der Aufwand für die Durchführung dieser Bereinigung. ⁷Der Bewertungsausschuss hat in seinen Vorgaben gemäß § 87 a Absatz 5 Satz 7 zur Bereinigung und zur Ermittlung der kassenspezifischen Aufsatzwerte des Behandlungsbedarfs auch Vorgaben zur Höhe des Schwellenwertes für das voraussichtliche Bereinigungsvolumen, unterhalb dessen von einer basiswirksamen Bereinigung abgesehen werden kann, zu der pauschalen Ermittlung und Übermittlung des voraussichtlichen Bereinigungsvolumens an die Vertragspartner nach § 73 b Absatz 7 Satz 1 sowie zu dessen Anrechnung beim Aufsatzwert der betroffenen Krankenkasse zu machen.

(4) ¹Die Vertragspartner nach Absatz 1 Satz 1 können Modellvorhaben zur Vermeidung einer unkoordinierten Mehrfachinanspruchnahme von Vertragsärzten durch die Versicherten durchführen. ²Sie können vorsehen, daß der Vertragsarzt, der vom Versicherten weder als erster Arzt in einem Behandlungsquartal noch mit Überweisung noch zur Einholung einer Zweitmeinung in Anspruch genommen wird, von diesem Versicherten verlangen kann, daß die bei ihm in Anspruch genommenen Leistungen im Wege der Kostenerstattung abgerechnet werden.

Literatur:
Siehe § 63.

I. Entstehungsgeschichte	1	IV. Vergütungsvorgaben (Abs. 3)	7
II. Normzweck und Normstruktur	2	V. Modellvorhaben gegen unkoordinierte mehrfache Inanspruchnahme von Vertragsärzten (Abs. 4)	11
III. Vereinbarung mit den Leistungserbringern (Abs. 1)	4		

I. Entstehungsgeschichte

1 Bei der Einführung des § 64 durch das GRG[1] regelte die Vorschrift zunächst die Kostenerstattung. Vorgaben zum heutigen Regelungsgegenstand macht die Norm erst seit dem 2. GKV-NOG[2] aus 1997. Weitere Änderungen: Abs. 1, Abs. 2 S. 1 neu gefasst, S. 3 und S. 4 aufgehoben, Abs. 3 S. 1 geändert mWv 1.1.2000 durch das GKV-GRG;[3] Abs. 3 S. 1 und 2 geändert mWv 31.12.2001durch das ABAG; Abs. 3 S. 3 geändert mWv 30.4.2002 durch das FPG;[4] Abs. 3 S. 1 neu gefasst, S. 2 geändert mWv 1. 1. 2004 durch das GMG;[5] Abs. 2 aufgehoben mWv 1.7.2008 GKV-WSG;[6] Abs. 3 S. 1 Hs. 1 geändert mWv 1. 1. 2012 durch das GKV-VStG;[7] Abs. 3 S. 1 Hs. 1, S. 2 und 3 geändert, S. 4 angefügt mWv 1.8.2012 durch das PsychEntgG,[8] Abs. 3 S. 2 geänd., S. 5–7 angef. mWv 23.7.2015 durch das GKV-VSG.[9]

---

[1] Gesundheitsreformgesetz vom 20.12.1988 (BGBl. I, 2477).
[2] 2. GKV-Neuordnungsgesetz vom 23.6.1997 (BGBl. I, 1520).
[3] GKV-Gesundheitsreformgesetz vom 22.12.1999 (BGBl. I, 2626).
[4] Fallpauschalengesetz vom 23.4.2002 (BGBl. I, 1412).
[5] GKV-Modernisierungsgesetz vom 14.11.2003 (BGBl. I, 2190).
[6] GKV-Wettbewerbsstärkungsgesetz vom 26.3.2007 (BGBl. I, 378).
[7] GKV-Versorgungsstrukturgesetz vom 22.12.2011 (BGBl. I, 2983).
[8] Psych-Entgeltgesetz vom 21.7.2012 (BGBl. I, 1613).
[9] GKV-Versorgungsstärkungsgesetz vom 16. 7. 2015 (BGBl. I, 1211).

II. Normzweck und Normstruktur

Die meisten Modellvorhaben nach § 63 werden unter Beteiligung von Leistungserbringern durchgeführt, was eine **vertragliche Vereinbarung** mit den Krankenkassen erforderlich macht. § 64 normiert für diese Fälle die **Besonderheiten** und macht in Abs. 1 gleichzeitig Vorgaben zu den in Frage kommenden Vertragspartnern. Dies sind die Krankenkassen und ihre Verbände sowie die Leistungserbringer im Sinne des 4. Kapitels des SGB V oder Gruppen von ihnen. In Abs. 3 werden finanzierungsrechtliche Besonderheiten bei solchen Modellvorhaben geregelt. Abs. 4 enthält schließlich eine besondere Form eines Strukturmodells, das die unkoordinierte Mehrfachinanspruchnahme von Vertragsärzten verhindern soll.

Verwiesen auf § 64 wird in § 63 Abs. 1 und Abs. 2. Aber auch für den Fall, dass Modellvorhaben nach Maßgabe des § 63 Abs. 6 durchgeführt werden sollen, ist § 64 einschlägig. Zum Normzweck der Modellvorhaben vgl. § 63 Rn. 2.

III. Vereinbarung mit den Leistungserbringern (Abs. 1)

Abs. 1 legt fest, mit welchen Vertragspartnern die Krankenkassen Modellvorhaben vereinbaren können, soweit sie diese nicht eigenständig durchführen. Grundsätzlich zulässig sind nach **S. 1** Vereinbarungen mit allen im **4. Kapitel des SGB V genannten Leistungserbringern** oder Gruppen von Leistungserbringern. Dies bedeutet gleichzeitig, dass Vereinbarungen mit Leistungserbringern, die nicht in der GKV zugelassen sind – wie etwa Heilpraktiker, Selbsthilfegruppen, Fitnessstudios – ausgeschlossen sind.[10] Als „Gruppe" von Leistungserbringern ist jede Form von organisierten Zusammenschlüssen anzusehen.[11]

Indem **S. 1** als Vertragspartner alle zugelassenen Leistungserbringer und damit auch einzelne **Vertragsärzte** vorsieht, wird gleichzeitig klargestellt, dass die Krankenkassen zur Vereinbarung von Modellvorhaben, die die vertragsärztliche Versorgung betreffen, Selektivverträge unter Umgehung der Kassenärztlichen Vereinigungen oder der Kassenärztlichen Bundesvereinigung abschließen können. Dem steht auch § 63 Abs. 6 nicht entgegen, weil dort die Vereinbarung von Modellvorhaben nach § 63 Abs. 1 und 2 mit den Kassenärztlichen Vereinigungen nur als Möglichkeit, nicht aber als Verpflichtung geregelt ist.[12] Soweit die ärztliche Behandlung im Rahmen der vertragsärztlichen Versorgung betroffen ist, legt **S. 2** fest, dass Vereinbarungen nur mit einzelnen Vertragsärzten, mit Gemeinschaften dieser Leistungserbringer oder mit Kassenärztlichen Vereinigungen geschlossen werden können. Ziel der Regelung ist es, dass die ambulante ärztliche Versorgung im Rahmen der Modellvorhaben nicht in die **Krankenhäuser** abwandert; diese sind deswegen **nicht aufgelistet**.[13] Jener Ausschluss gilt aber wiederum nicht uneingeschränkt. Vielmehr lässt sich aus der Formulierung, dass „die ärztliche Behandlung" innerhalb der vertragsärztlichen Versorgung betroffen sein muss, auf das Erfordernis einer tätigkeitsbezogenen Differenzierung schließen: Lediglich der explizit so in § 73 Abs. 2 Nr. 1 bezeichnete Kernbereich ärztlicher Behandlung ist von § 64 Abs. 1 S. 2 erfasst, nicht jedoch die übrigen in § 73 Abs. 2 Nr. 3 bis 12 aufgeführten ärztlichen Tätigkeiten.[14]

Die Vereinbarungen mit Leistungserbringern sind öffentlich-rechtliche Verträge im Sinne der 53 ff. SGB X.[15] Der Ausschluss eines Vertragsarztes aus einem Modellvorhaben ist somit nur im Rahmen einer Kündigung nach Maßgabe des § 59 SGB X möglich.[16] Dies führt – im Gegensatz zu einer Beendigung durch Verwaltungsakt – zum Nichteintritt des Suspensiveffekts, sofern der Betroffene dagegen vorgeht. Ihm bleibt somit nur die Möglichkeit, den Erlass einer Sicherungsanordnung (§ 86 b Abs. 2 S. 1 SGG) vor den Sozialgerichten zu beantragen.[17]

IV. Vergütungsvorgaben (Abs. 3)

Abs. 3 macht Vorgaben zu **Auswirkungen auf die Vergütungsstruktur der Regelversorgung**, sofern medizinische Leistungen im Rahmen von Modellvorhaben erbracht werden. Die Vorschrift ist dabei vor

---

10 So schon der Fraktionsentwurf zum 2. GKV-NOG in BT-Dr. 13/6087, 27.
11 Roters in: KassKomm, § 64 SGB V Rn. 2.
12 Nebendahl in: Spickhoff, Medizinrecht, § 64 SGB V Rn. 4.
13 Huster in: Becker/Kingreen, § 64 Rn. 4.
14 So auch: Nebendahl in: Spickhoff, Medizinrecht, § 64 SGB V Rn. 4; offen gelassen: Huster in: Becker/Kingreen, § 64 Rn. 5.
15 LSG NRW, 10.2.2003, L 16 B 121/02 KR ER.
16 LSG NRW, 19.5.2004, L 16 B 31/04 KR ER, GesR 2004, 528.
17 LSG NRW, 19.5.2004, L 16 B 31/04 KR ER, GesR 2004 528.

dem Hintergrund zu sehen, dass die Modellvorhaben als Selektivverträge durchgeführt und die Leistungen daher außerhalb des ansonsten bestehenden Systems gesondert vergütet werden. Hier bestünde die Gefahr von Doppelvergütungen bzw. zumindest von Ausweitungen der Gesamtvergütung der Vertragsärzte sowie Ausgabenvolumen- und Budgetsteigerungen der Krankenhäuser. Dem soll nach Maßgabe Abs. 3 entgegengewirkt werden. S. 1 normiert daher, dass die Vergütungen, die **Ausgabevolumen** nach § 84 oder die Krankenhausbudgets, in denen die entsprechenden Leistungen abgebildet sind, entsprechend der Zahl und der Morbiditäts- oder Risikostruktur der am Modellversuch teilnehmenden Versicherten sowie dem in den Verträgen nach Abs. 1 jeweils vereinbarten Inhalt des Modellvorhabens zu **bereinigen** sind; die **Budgets** der teilnehmenden **Krankenhäuser** sind dem geringeren Leistungsumfang **anzupassen**. Die Vorschrift konkretisiert damit die Vorgabe des § 63 Abs. 3 S. 1, wonach bei Modellvorhaben der Grundsatz der Beitragsstabilität zu beachten ist. Die Anknüpfung an die Morbiditäts- und Risikostruktur der teilnehmenden Versicherten soll eine Risikoselektion im Rahmen von Modellvorhaben verhindern.[18]

8   Zu beachten ist in diesem Kontext, dass eine **Bereinigung** der Vergütung nach Abs. 3 S. 1 **nur bei** einer Teilnahme an **Strukturmodellen, nicht** jedoch **bei Leistungsmodellen**, in Betracht kommt. Dies ergibt sich daraus, dass die Vorschrift nur auf § 63 Abs. 1, nicht aber auf dessen Abs. 2 verweist. Ein sachlicher Grund dieser gesetzlich vorgenommenen Differenzierung wird teilweise angezweifelt.[19] In der Tat hat die Vorschrift in der vertragsärztlichen Versorgung nur deklaratorische Bedeutung. Denn neue Untersuchungs- und Behandlungsmethoden, zu denen der G-BA noch keine Richtlinie im Sinne des § 135 erlassen hat, können nicht Gegenstand der ambulanten Regelversorgung sein, so dass deren Einsatz im Rahmen von Leistungsmodellen ein Zusatzangebot der Krankenkassen und Leistungserbringer darstellt. Die Leistungen werden daher gar nicht auf der Grundlage der Kollektivverträge vergütet.[20]

9   **Abs. 3 S. 2** sieht ein **Schiedsverfahren** vor, sofern sich die für die Vergütung zuständigen Vertragspartner nicht über die Auswirkungen des Modellvorhabens auf die Verringerung der Vergütung, das Ausgabenvolumen oder Budget einigen können. Möglich ist dann im Bereich der vertragsärztlichen Versorgung die Anrufung des Schiedsamtes nach § 89 SGB V und im Bereich der Krankenhausbudgets der Schiedsstelle nach § 18 a Abs. 1 KHG. **Abs. 3 S. 3** regelt den **Sonderfall**, dass alle an der Pflegesatzvereinbarung nach § 18 Abs. 2 KHG beteiligten Krankenkassen, also diejenigen, die mindestens 5 % der im Krankenhaus aufgenommenen Patienten vertreten, ein Modellvorhaben vereinbaren. Betrifft dieses Vorhaben auch alle Budgetleistungen des Krankenhauses für die jeweilige Behandlung, werden die vereinbarten Entgelte dann auf alle Krankenhausbenutzer erstreckt. Zur Vermeidung einer Benachteiligung von den nicht an den Modellverfahren beteiligten Trägern sind die für das Modellvorhaben vereinbarten **Entgelte** dann nach Maßgabe der Norm für alle Benutzer des Krankenhauses **einheitlich zu berechnen**. Ziel ist es also, Verträge zulasten Dritter zu vermeiden.[21] In den übrigen Fällen bleibt es hingegen dabei, dass im Hinblick auf die Vergütungsstruktur zwischen den an dem Modellvorhaben teilnehmenden und den regulären Patienten differenziert wird, deren Krankenhausleistungen nach Maßgabe der pflegesatzrechtlichen Vorschriften differenziert wird.[22]

10 Weitere Einzelheiten zum Bereinigungsverfahren regeln die durch das GKV-VSG eingefügten Abs. 3 S. 5–7. Nach S. 5 orientiert sich die Bereinigung des Behandlungsbedarfs an der Regelung des § 73 b Abs. 7 und ist auch rückwirkend möglich, wenn eine Vorabeinschreibung der an einem Modellvorhaben teilnehmenden Versicherten und damit eine ex-ante-Festlegung der Bereinigungsbeträge nicht oder nur sehr ungenau möglich ist.[23] Die auf Initiative des Gesundheitsausschusses in Abs. 3 aufgenommenen S. 6 und 7 ermöglichen den Verzicht auf die Bereinigung und verpflichten den Bewertungsausschuss zur Erstellung allgemeiner Vorgaben für die Durchführung der Bereinigung.[24]

V. Modellvorhaben gegen unkoordinierte mehrfache Inanspruchnahme von Vertragsärzten (Abs. 4)

11 Abs. 4 ermöglicht es den Vertragsparteien, Modellvorhaben zu vereinbaren, deren Gegenstand die **Vermeidung** des „**Doctor-Hoppings**", also das Aufsuchen mehrerer Vertragsärzte durch einen Versicher-

---

18 BT-Dr. 14/1977, 162.
19 Etwa Huster in: Becker/Kingreen, § 64 Rn. 7.
20 So im Ergebnis auch Nebendahl in: Spickhoff, Medizinrecht, § 64 SGB V Rn. 6.
21 BT-Dr. 13/7264, 63; kritisch hierzu Quaas/Zuck, § 11 Rn. 53.
22 Leopold in: Hauck/Noftz, SGB V, § 64 Rn. 19.
23 BT-Dr. 18/4095, 82.
24 Vgl. BT-Dr. 18/5123, 122 f.

ten, ist.[25] Die Vorschrift dient damit auch dazu, den Vorgaben des § 76 Abs. 3 mehr Geltung zu verschaffen, wonach die Versicherten den an der vertragsärztlichen Versorgung teilnehmenden Arzt innerhalb eines Kalendervierteljahres nur bei Vorliegen eines wichtigen Grundes wechseln sollen. Nach S. 2 soll dies erreicht werden, indem ein in einem Quartal nicht zuerst oder aufgrund einer Überweisung angegangener Vertragsarzt die Behandlung des an dem Modellvorhabens teilnehmenden Versicherten als Sachleistung ablehnen und den Versicherten stattdessen auf eine **Kostenerstattung nach § 13** verweisen kann. Lässt sich der Patient hierauf ein und zahlt die angefallenen Kosten selbst, wird dann ein sich anschießender Antrag auf Kostenerstattung in den meisten Fällen von der Krankenkasse zurückzuweisen sein. Denn erfolgte die Behandlung unkoordiniert steht das mit dem Wirtschaftlichkeitsgebot des § 12 nicht im Einklang, so dass dem Versicherte kein Leistungsanspruch im Sinne der §§ 27 ff. zustand.[26] Etwas anderes muss allerdings gelten, soweit der Grund des Arztbesuches im Einholen einer **Zweitmeinung** liegt. Hier ist die Behandlung nicht unkoordiniert, da sie sachlich gerechtfertigt ist.[27]

Mit der Einführung des § 73 b dürfte sich die Bedeutung des § 64 Abs. 4 deutlich minimiert haben. Denn diese Vorschrift regelt nunmehr spezialgesetzlich die Pflicht der Krankenkassen, ihren Versicherten Verträge zur hausarztzentrierten Versorgung anzubieten, welche diese dann für mindestens ein Jahr an die von ihnen gewählten Hausärzte bindet.[28]

12

§ 64 a Modellvorhaben zur Arzneimittelversorgung

(1) ¹Die Kassenärztliche Vereinigung und die für die Wahrnehmung der wirtschaftlichen Interessen maßgebliche Organisation der Apotheker auf Landesebene gemeinsam können mit den für ihren Bezirk zuständigen Landesverbänden der Krankenkassen und den Ersatzkassen gemeinsam die Durchführung eines Modellvorhabens nach § 63 zur Verbesserung der Qualität und Wirtschaftlichkeit der Arzneimittelversorgung für eine Zeitdauer von bis zu drei Jahren vereinbaren. ²Werden Modellvorhaben in mehreren Bezirken der Kassenärztlichen Vereinigungen vereinbart, sollen sich die Kassenärztlichen Vereinigungen auf die Durchführung des Modellvorhabens in einem Bezirk einigen. ³Überschüsse aufgrund von Minderaufwendungen, die durch Maßnahmen des Modellvorhabens nach Satz 1 bei den Krankenkassen realisiert werden, sind in Teilen an die Leistungserbringer weiterzuleiten. ⁴Die durch das Modellvorhaben den Krankenkassen entstehenden Mehraufwendungen sind auszugleichen. ⁵Die Vereinbarung nach Satz 1 umfasst das Nähere zu dem Modellvorhaben, insbesondere
1. einen Katalog für eine wirtschaftliche Wirkstoffauswahl in allen versorgungsrelevanten Indikationen,
2. die im Modellprojekt zu erbringenden Leistungen und deren Dokumentation,
3. die Grundsätze zur Ermittlung von Überschüssen und deren teilweise Weiterleitung an die Leistungserbringer nach Satz 3 sowie zum Ausgleichsverfahren nach Satz 4.

⁶Im Übrigen gilt für die Vereinbarung nach Satz 1 § 63 Absatz 3 und 4 bis 6 entsprechend. ⁷§ 65 gilt entsprechend mit der Maßgabe, dass die Begleitung und Auswertung von den Vertragspartnern nach Satz 1 veranlasst wird. ⁸Für das Modellvorhaben ist eine Vereinbarung nach § 106 b Absatz 1 Satz 1 zu treffen. ⁹Die Kassenärztliche Bundesvereinigung und die Vertragspartner nach § 129 Absatz 2 können gemeinsame Empfehlungen insbesondere zum Inhalt und zur Durchführung des Modellvorhabens vereinbaren, die in der Vereinbarung nach Satz 1 zu beachten sind.

(2) ¹Soweit keine Einigung über die Durchführung eines Modellvorhabens nach Absatz 1 erzielt wird, kann jede Vertragspartei das Schiedsamt für die vertragsärztliche Versorgung nach § 89 Absatz 2 zur Festsetzung des Inhalts der Vereinbarung nach Absatz 1 anrufen. ²Die Festsetzung soll unterbleiben, wenn in dem Bezirk einer anderen Kassenärztlichen Vereinigung bereits ein Modellvorhaben vereinbart wurde. ³Das Schiedsamt wird um Vertreter der für die Wahrnehmung der wirtschaftlichen Interessen gebildeten maßgeblichen Spitzenorganisation der Apotheker in der gleichen Zahl erweitert, wie sie jeweils für die Vertreter der Krankenkassen und der Kassenärztlichen Vereinigung vorgesehen ist. ⁴Das so erweiterte Schiedsamt beschließt mit einer Mehrheit von zwei Dritteln der Stimmen der Mitglieder.

---

25 Unter Verwendung dieses Terminus der Ausschussbericht zum 2. GKV-NOG, BT-Dr. 13/7264, 63.
26 Roters in: KassKomm, § 64 SGB V Rn. 7; Scholz in: BeckOK SozR, SGB V, § 64 Rn. 8.
27 So schon der Ausschussbericht zum 2. GKV-NOG, BT-Dr. 13/7264, 63.
28 Roters in: KassKomm, § 64 SGB V, Rn. 7.

Literatur:
Siehe § 63.

I. Entstehungsgeschichte und Normzweck

1 § 64a wurde durch das GKV-Versorgungstrukturgesetz[1] mWv 1.1.2012 in das SGB V eingefügt. Die Norm geht zurück auf das sog **Zukunftskonzept Arzneimittelversorgung**, das die Bundesvereinigung Deutscher Apothekerverbände und die Kassenärztliche Bundesvereinigung (KBV) im April 2011 vorstellten.[2] Im Rahmen des parlamentarischen Beratungsverfahrens zum GKV-VStG wurde es dann – entgegen der Empfehlung des GKV-Spitzenverbandes und der Interessensvertreter der pharmazeutischen Industrie[3] – durch den Ausschuss für Gesundheit in die Gesetzesempfehlung[4] eingefügt und trat in dieser Form in Kraft. Durch das GKV-Versorgungsstrukturgesetz wurde Abs. 1 S. 8 geringfügig modifiziert.[5]

2 Gesetzgeberisches **Ziel** der Regelung ist es, zu einer **Verbesserung der Therapietreue** der Patienten und der **Arzneimitteltherapiesicherheit** beizutragen. Dies soll insbesondere durch ein Medikationsmanagement auf Wirkstoffbasis zur Vermeidung arzneimittelbezogener Probleme und zur Verminderung von Arzneimittelrisiken erreicht werden, die etwa durch unerwünschte Interaktionen hervorgerufen können. Gleichzeitig soll das Modellvorhaben zur Verbesserung der Wirtschaftlichkeit der Arzneimittelversorgung und dadurch zu Einsparungen für die gesetzliche Krankenversicherung führen. Ärzte und Apotheker können durch eine Teilhabe an Erlösen aus den Minderaufwendungen für Arzneimittel zu einer kontinuierlichen Erfassung und Kontrolle der Gesamtmedikation bewegt werden.[6]

II. Vertragspartner und Dauer der Modellvorhaben (Abs. 1 S. 1 und 2)

3 **Abs. 1 S. 1** legt die Vertragsparteien fest, die an den Modellvorhaben teilnehmen können. Dies sind auf der einen Seite die Kassenärztliche Vereinigung gemeinschaftlich mit der für die Wahrnehmung der wirtschaftlichen Interessen maßgeblichen Organisation der Apotheker auf Landesebene und auf der anderen Seite ebenfalls gemeinschaftlich die für die Bezirke der KVen zuständigen Landesverbände der Krankenkassen und die Ersatzkassen. Vor dem Hintergrund, dass die Bezirke der KVen sich jeweils auf das Gebiet eines Bundeslandes erstrecken, sind die Modellvorhaben im Ergebnis länderbezogen; nur in Nordrhein-Westfalen bestehen zwei KVen, hier könnte ein Vorhaben auf nur einen Teil des Landes erstreckt werden. Aus **Abs. 1 S. 6**, der auf § 63 Abs. 6 verweist, ließe sich schließen, dass vertragliche Vereinbarungen auch nur mit einzelnen Kassenärztlichen Vereinigungen und Krankenkassen zustande kommen können. Da dies den detaillierten und eindeutigen Vorgaben des Abs. 1 S. 1 widerspricht, dürfte es sich bei dem Verweis allerdings um ein **redaktionelles Versehen** des Gesetzgebers handeln, so dass es bei dem genannten Kreis bleibt.[7]

4 **Abs. 1 S. 2** regelt die Konstellation, dass ein identisches Modellvorhaben in mehreren Bezirken durchgeführt werden soll. Hier ordnet die Norm an, dass sich die Vertragsparteien **auf einen Bezirk** zu einigen haben. Diese auf Vorschlag des GKV-Spitzenverbandes[8] durch den Gesundheitsausschuss des Bundestages nachträglich eingeführte Vorgabe soll zu einem wirtschaftlichen Ressourceneinsatz führen und ist im Ergebnis auch Ausdruck der bestehenden Befürchtung, dass das Vorhaben nicht die gewünschten Resultate hervorbringen. Gleiches gilt im Ergebnis auch für die in S. 1 festgelegte kurze **Dauer** der Vorhaben: Diese ist auf **drei Jahre** begrenzt und damit stark verkürzt im Verhältnis zu den ansonsten nach § 63 Abs. 5 sonst üblichen maximal acht bzw. fünf Jahren. Hierdurch soll eine rasche Evaluierung der Vorhaben ermöglicht werden.[9]

---

1 GKV-Versorgungsstrukturgesetz vom 22.12.2011 (BGBl. I, 2983).
2 www.abda.de/zukunftskonzept.html.
3 Vgl. hierzu die Stellungnahmen der entsprechenden Vertreter in der Ausschusssitzung: Wortprotokoll der 53. Sitzung des Ausschusses für Gesundheit, Protokoll-Nr. 17/53, S. 62 f.
4 BT-Dr. 17/8005.
5 GKV-Versorgungsstärkungsgesetz vom 16.7.2015 (BGBl. I, 1211).
6 Ausschussbericht zum GKV-VStG, BT-Dr. 17/8005, 106.
7 Roters in: KassKomm, § 64a SGB V Rn. 2.
8 Stellungnahme des GKV-Spitzenverbandes zum GKV-VStG in: Deutscher Bundestag, Ausschuss für Gesundheit, Ausschussdrucksache 17(14)0188(59).5, S. 11.
9 BT-Dr. 17/8005, 106.

III. Aufwendungsausgleich und Kostenneutralität (Abs. 1 S. 3 und 4)

Abs. 1 S. 3 und 4 machen Vorgaben zu den finanziellen Auswirkungen der Modellvorhaben. S. 4 schreibt dabei deren **Kostenneutralität** für die gesetzliche Krankenversicherung fest. Dies wird dadurch erreicht, dass den Krankenkassen möglicherweise entstehende **Mehraufwendungen** auf der Grundlage eines in der Vereinbarung festzulegenden Verfahrens in voller Höhe **auszugleichen** sind. Führt das Modellvorhaben hingegen zu **Überschüssen** im Vergleich zur Regelversorgung, sind die Leistungserbringer nach S. 3 hieran zu **beteiligen**. Im Gegensatz zu dem Ausgleichsanspruch der Krankenkassen erstreckt sich dieser Anspruch jedoch nur auf einen Teil des eingesparten Betrages.

IV. Inhalt der Modellvorhaben (Abs. 1 S. 5 bis 9)

Abs. 1 S. 5 legt die Mindestinhalte eines zu vereinbarenden Modellvorhabens fest. **Abs. 1 S. 5 Nr. 1** gibt dabei vor, dass ein Katalog für eine wirtschaftliche Wirkstoffauswahl in allen versorgungsrelevanten Indikationen vereinbart werden muss. Dieser leitlinienkonforme **Medikationskatalog auf Wirkstoffbasis**, der beinhalten kann, dass anstelle von spezifischen Präparaten ausschließlich Wirkstoffe verordnet werden, soll dann Grundlage für die Verordnungen von Arzneimitteln sein.[10] Durch die zu vereinbarenden Vorgaben in Bezug auf die Auswahl wirtschaftlicher Wirkstoffe besteht etwa die Möglichkeit, die Verordnung kostenintensiver me-too-Präparate einzudämmen.[11] Gleichzeitig ist es aber aufgrund der Verweisung des Abs. 1 S. 6 auf § 63 Abs. 3 S. 1 **ausgeschlossen**, die **Leistungsansprüche** der Versicherten im Rahmen eines Modellvorhabens **zu verkürzen**. Insofern sind für die Verordnung nach Wirkstoffen zwingend **Ausnahmetatbestände** vorzusehen, die es dem Vertragsarzt ermöglichen, etwa bei Komorbiditäten oder Medikamentenunverträglichkeiten des Patienten angemessen reagieren zu können. Derartige Informationen im Rahmen des Modellvorhabens ganz generell an den Apotheker weiterzugeben verstieße gegen die ärztliche Schweigepflicht, so dass die Vereinbarungen dem Vertragsarzt vielmehr die Möglichkeit offen lassen müssen, die aut-idem-Abgabe (§ 129) auf der Verordnung auszuschließen.[12]

Abs. 1 S. 5 Nr. 2 ist denkbar allgemein gehalten. Hiernach muss die Vereinbarung des Modellvorhabens die zu erbringenden Leistungen und deren Dokumentation zum Gegenstand haben. Vor dem Hintergrund, dass es sich bei § 64a um ein Strukturmodell zur Arzneimittelversorgung handelt, werden hiermit primär Regelungen zum **Medikationsmanagement** gemeint sein.[13] Um die gesetzgeberisch intendierten Ziele zu erreichen, muss der Vertrag ein System zum Gegenstand haben, durch das die Ärzte und Apotheker einen Gesamtüberblick über die dem teilnehmenden Patienten verordneten Arzneimittel haben. Möglich ist dies nur, sofern sich der Patient auf die **Wahl eines Apothekers und eines Arztes festlegt**, der – insoweit vergleichbar mit der hausarztzentrierten Versorgung (§ 73b) – die Behandlung koordiniert.[14] Als medizinisch sinnvoll wird dies insbesondere bei multimorbid und chronisch Kranken angesehen; die entsprechende Schwelle sieht der Gesetzgeber bei einer dauerhaften Einnahme von mindestens 5 Arzneimitteln als erreicht.[15] **Finanzielle Anreize** für die Inkaufnahme der Einschränkungen für die Patienten und des Mehraufwandes der Leistungserbringer können sowohl auf Seiten der Versicherten nach §§ 64a Abs. 1 S. 6, 63 Abs. 3 S. 3 als auch auf Seiten der Leistungserbringer nach § 63a Abs. 1 S. 3 vereinbart werden.

Nach **Abs. 1 S. 5 Nr. 3** sind die Grundsätze für die Ermittlung und den Ausgleich von Mehr- oder Minderaufwendungen zu regeln. In diesem Kontext steht auch die Vorgabe des **Abs. 1 S. 8**, wonach der Vertragsarzt für die Teilnehme an dem Modellvorhaben eine **Vereinbarung nach § 106b Abs. 1 S. 1** zwingend zu treffen hat; diese ist in der Regelversorgung freiwillig.

Abs. 1 S. 6 erklärt die entsprechende Anwendbarkeit der wesentlichen Grundsätze des § 63. Aus der Verweisung explizit ausgenommen wurde dabei § 63 Abs. 5, so dass ein Modellvorhaben weder in die Satzung der Krankenkasse aufzunehmen, noch der zuständigen Aufsichtsbehörde vorzulegen ist. Auch die in Abs. 5 S. 5 niedergelegte Information der Datenschutzbeauftragten entfällt, obgleich die Angaben über die Medikation datenschutzrechtlich sensibel sind.

---

10 BT-Dr. 17/8005, 106.
11 Roters in: KassKomm, § 64a SGB V Rn. 5.
12 Scholz in: BeckOK SGB V, § 64a SGB V Rn. 5.
13 Roters in: KassKomm, § 64a SGB V Rn. 5.
14 Dies sieht das „Zukunftskonzept Arzneimittelversorgung" der Bundesvereinigung Deutscher Apothekerverbände und die Kassenärztliche Bundesvereinigung (KBV), das nunmehr in Thüringen umgesetzt wird; vgl. Pressemitteilung der Bundesvereinigung Deutscher Apothekerverbände vom 25.1.2013.
15 BT-Dr. 17/8005, 106.

10 Abs. 1 S. 9 ermächtigt die Kassenärztliche Bundesvereinigung, den GKV-Spitzenverbund und die Landesapothekerverbände bzw. ihren Dachverband, Empfehlungen über die Einzelheiten des Modellvorhabens zu geben. Dies dient vor dem Hintergrund der Komplexität der Regelungsmaterie in erster Linie der Qualitätssicherung. S. 9 normiert dabei, dass die Empfehlungen „zu beachten" und nicht bloß „zu berücksichtigen" sind. Dies spricht für eine weitestgehende Bindungswirkung der dort enthaltenen Vorgaben für die Vertragsparteien auf Landesebene. Abweichungen bedürften daher eines erhöhten Begründungsaufwandes.[16]

V. Verfahren vor dem Schiedsamt (Abs. 2)

11 Abs. 2 S. 1 sieht ein Verfahren vor dem Schiedsamt nach § 89 Abs. 2 vor, sofern zwischen den Vertragsparteien keine Einigung zustande kommt. Das Schiedsamt ist dann berechtigt, den Vertragsinhalt nach Abs. 1 festzulegen. Im Vergleich zu anderen Verfahren gilt hier jedoch nach **Abs. 2 S. 2** die Besonderheit, dass eine Festsetzung **unterbleiben** soll, wenn bereits in einem anderen Bezirk ein Modellvorhaben durchgeführt wurde. Der Norm liegen dabei zwei Überlegungen zugrunde: Zum einen soll der **Druck auf die Vertragsparteien zur Vereinbarung** zumindest eines Strukturmodells erhöht werden. Nicht zuletzt aufgrund der bestehenden Zweifel, ob die Modellvorhaben nach § 64 a den vom Gesetzgeber gewünschten Erfolg auch tatsächlich erzielen, wird offenkundig die Durchführung nur eines Vorhabens als ausreichend angesehen, um die damit verbundenen finanziellen Risiken möglichst gering zu halten. Nach **Abs. 2 S. 3** wird das jeweils zuständige Landesschiedsamt um Vertreter der Apothekerverbände erweitert, so dass eine **Drittelparität** geschaffen wird.

§ 64 b Modellvorhaben zur Versorgung psychisch kranker Menschen

(1) [1]Gegenstand von Modellvorhaben nach § 63 Absatz 1 oder 2 kann auch die Weiterentwicklung der Versorgung psychisch kranker Menschen sein, die auf eine Verbesserung der Patientenversorgung oder der sektorenübergreifenden Leistungserbringung ausgerichtet ist, einschließlich der komplexen psychiatrischen Behandlung im häuslichen Umfeld. [2]In jedem Land soll unter besonderer Berücksichtigung der Kinder- und Jugendpsychiatrie mindestens ein Modellvorhaben nach Satz 1 durchgeführt werden; dabei kann ein Modellvorhaben auf mehrere Länder erstreckt werden. [3]Eine bestehende Verpflichtung der Leistungserbringer zur Versorgung bleibt unberührt. [4]§ 63 Absatz 3 ist für Modellvorhaben nach Satz 1 mit der Maßgabe anzuwenden, dass von den Vorgaben der §§ 295, 300, 301 und 302 sowie des § 17 d Absatz 9 des Krankenhausfinanzierungsgesetzes nicht abgewichen werden darf. [5]§ 63 Absatz 5 Satz 1 gilt nicht. [6]Die Meldung nach Absatz 3 Satz 2 hat vor der Vereinbarung zu erfolgen.

(2) [1]Die Modellvorhaben nach Absatz 1 sind im Regelfall auf längstens acht Jahre zu befristen. [2]Unter Vorlage des Berichts nach § 65 können die Krankenkassen und die Vertragsparteien bei den zuständigen Aufsichtsbehörden eine Verlängerung beantragen.

(3) [1]Dem DRG-Institut der Selbstverwaltungspartner nach § 17 b Absatz 2 des Krankenhausfinanzierungsgesetzes sind neben den nach § 21 des Krankenhausentgeltgesetzes zu übermittelnden Daten von den Vertragsparteien des Modellvorhabens insbesondere auch Informationen zur vereinbarten Art und Anzahl der Patientinnen und Patienten, zu spezifischen Leistungsinhalten und den der verhandelten Vergütungen zugrunde gelegten Kosten sowie zu strukturellen Merkmalen des jeweiligen Modellvorhabens einschließlich der Auswertung nach § 65 mitzuteilen. [2]Über Art und Umfang der zu meldenden Daten sowie zur Meldung von Modellvorhaben beim DRG-Institut schließen die Selbstverwaltungspartner nach § 17 b Absatz 2 des Krankenhausfinanzierungsgesetzes bis zum 31. Dezember 2012 eine Vereinbarung. [3]§ 21 Absatz 4, 5 Satz 1 und 2 sowie Absatz 6 des Krankenhausentgeltgesetzes ist für die Vereinbarung und die Datenübermittlung entsprechend anzuwenden. [4]Für die Finanzierung der Aufgaben des DRG-Instituts gilt § 17 d Absatz 5 des Krankenhausfinanzierungsgesetzes entsprechend.

(4) Private Krankenversicherungen und der Verband der privaten Krankenversicherung können sich an Modellvorhaben nach Absatz 1 und deren Finanzierung beteiligen.

Literatur:
Siehe § 63.

---

[16] Roters in: KassKomm, § 64 a SGB V Rn. 9; vgl. zur Bindungswirkung für den Fall einer bloßen Berücksichtigungspflicht BVerwGE 105, 97, 101.

I. Entstehungsgeschichte und Normzweck

§ 64 b wurde durch das Psych-Entgeltgesetz[1] mWv 1.8.2012 eingefügt. Änderungen der Vorschrift sind bislang nicht erfolgt.

§ 64 b hat die **Verbesserung** der **sektorenübergreifenden Versorgung** psychisch erkrankter Menschen zum Ziel. Hierzu werden Rahmenbedingungen zur Vereinbarung neuer, neben den bisherigen auf diesem Gebiet durchgeführten Modellvorhaben geschaffen, in denen neuartige Konzepte erprobt werden können. Dabei sollen insbesondere auch die Leistungen der vertragsärztlichen Versorgung und der Institutsambulanzen nach § 118 einbezogen werden. Ziel ist es, mit der neuen Rechtsgrundlage den **Besonderheiten** der **psychiatrischen** und psychosomatischen **Versorgung** von Versicherten Rechnung zu tragen. Bei dieser ist eine Behandlung im Vergleich zu anderen Erkrankungen oftmals durch eine überproportional lange Betreuungsdauer und das Erfordernis wiederholter Kontakte mit einer Vielzahl unterschiedlicher Leistungserbringer – etwa Psychiatern und Psychotherapeuten – gekennzeichnet. § 64 a schafft hier die rechtlichen Voraussetzungen, damit unterschiedliche Konzepte zu einer koordinierten Betreuung und Verbesserung der Versorgung der Patienten erprobt werden können.[2] Ein besonderes Augenmerk soll dabei darauf liegen, bei Kindern und Jugendlichen auch eine komplexe Behandlung im häuslichen Umfeld durchzuführen, um den Umfang und die Dauer der stationären Versorgung zu vermeiden bzw. zu verkürzen und den Übergang zur ambulanten Behandlung zu optimieren, Trennungen und Beziehungsabbrüche zu vermeiden, Bindungen aufrecht zu erhalten und Familienkompetenzen zu entwickeln und dadurch die Nachhaltigkeit der Behandlung zu stärken.[3]

II. Gegenstand und Vertragspartner der Modellvorhaben (Abs. 1)

§ 64 b erweitert den Kreis der nach § 63 Abs. 1 und 2 ohnehin möglichen Modellvorhaben. Die Vorgaben der §§ 63 und 64 gelten somit auch bei ihnen, soweit die Norm keine abweichenden Regelungen trifft.

Gegenstand der Modellvorhaben im Sinne des § 64 b ist nach **Abs. 1 S. 1** die Erprobung neuer Versorgungs- und Leistungsformen im Bereich der Behandlung psychisch kranker Menschen. Die Vorhaben sollen eine Verbesserung der Patientenversorgung oder der sektorenübergreifenden Leistungserbringung zum Ziel haben. Explizit genannt wird dabei die **komplexe psychiatrische Behandlung im häuslichen Umfeld**. Gemeint ist damit eine Behandlung, die in ihrem Umfang, ihrem Leistungsspektrum und ihrer Komplexität einer vollstationären Behandlung gleicht, der Patient jedoch von den jeweiligen Leistungserbringern aufgesucht wird.[4] Ziel soll es nach **Abs. 1 S. 2** sein, in jedem Land ein Modellvorhaben durchzuführen.

Der **Kreis der möglichen Vertragspartner** für die Modellvorhaben wird in § 64 b nicht ausdrücklich benannt. Hier ist ein Rückgriff auf § 63 Abs. 1 und 2 nötig. Möglich ist damit, dass Verträge von einzelnen Krankenkassen oder ihren Verbänden mit einzelnen zugelassenen Leistungserbringern oder Gruppen von Leistungserbringern geschlossen werden. infrage kommen hierbei alle in der gesetzlichen Krankenversicherung zugelassenen Leistungserbringer. Zu den zum Vertragsschluss berechtigten Leistungserbringern zählen damit neben den stationären Einrichtungen auch die zur Teilnahme an der vertragsärztlichen Versorgung berechtigten Ärzte und Einrichtungen. S. 3 stellt klar, dass durch Modellvorhaben eine bestehende Versorgungsverpflichtung nicht abbedungen werden kann. So hat etwa eine durch die Krankenhausplanung des Landes vorgegebene regionale Versorgungsverpflichtung weiterhin Bestand.[5]

III. Modifikationen zu § 63

Die in Abs. 1 S. 4 bis 6 und in Abs. 2 bis 5 normierten Abweichungen zu den Vorgaben des § 63 betreffen im Wesentlichen die **Erhebung und Auswertung der Behandlungsdaten** von Patienten, regeln aber auch Besonderheiten zum Beginn und zur Dauer eines Modellvorhabens.

Abs. 1 S. 4 schränkt die nach § 63 Abs. 3 bestehende Möglichkeit zur Abweichung von Vorschriften des Zehnten Kapitels des SGB V sowie von krankenhausfinanzierungsrechtlichen Vorschriften ein, in

---

1 Psych-Entgeltgesetz vom 21.7.2012 (BGBl. I, 1613).
2 Entwurfsbegründung der BReg zum Psych-Entgeltgesetz, BT-Dr. 17/8986, 106.
3 Beschlussempfehlung und Bericht des Ausschusses für Gesundheit zum Psych-Entgeltgesetz, BT-Dr. 17/9002, 29.
4 BT-Dr. 17/9002, 29.
5 BT-Dr. 17/8986, 49.

denen es um die bei sonstigen Modellvorhaben reduzierte Verpflichtung zur Übermittlung von Leistungsdaten geht. Dies dient zum einen der Verbesserung der Transparenz des Leistungsgeschehens und soll es zum anderen dem IQWiG ermöglichen, auf der Grundlage der übermittelten Daten den **DRG-Entgeltkatalog fortzuentwickeln.**[6] In diese Richtung gehen auch die Vorgaben des **Abs. 3**, wonach dem Institut neben den nach § 21 KHEntgG ohnehin zu übermittelnden Daten auch Informationen zur vereinbarten Art und Anzahl der Patientinnen und Patienten, zu Leistungsinhalten, verhandelten Vergütungen sowie zu strukturellen Merkmalen des jeweiligen Modellvorhabens einschließlich der Auswertung nach § 65 mitzuteilen sind. Die Einzelheiten haben die Selbstverwaltungspartner auf Bundesebene, also die Deutsche Krankenhausgesellschaft, der Spitzenverband Bund der Krankenkassen sowie der Verband der privaten Krankenversicherung im Benehmen mit dem Bundesbeauftragten für den Datenschutz und die Informationsfreiheit im Rahmen einer Vereinbarung zu regeln (**Abs. 1 S. 2 und 3**). Dem sind die Selbstverwaltungspartner mit einem entsprechenden Vertrag nachgekommen.[7]

8 Nach **Abs. 1 S. 5** sind die Krankenkassen nicht verpflichtet, das Modellvorhaben in ihre Satzungen aufzunehmen und dies von der jeweils zuständigen Aufsichtsbehörde genehmigen zu lassen. Hiermit soll eine beschleunigte Durchführung der Vorhaben und damit eine Weiterentwicklung der psychiatrischen und psychosomatischen Versorgung gefördert werden.[8]

9 Im Hinblick auf die Dauer der Modellvorhaben eröffnet **Abs. 2 S. 2** die Möglichkeit der Verlängerung von Modellvorhaben über die sonst übliche Zeitspanne von acht Jahren. Über den Antrag wird durch Verwaltungsakt entschieden.[9] Ziel ist es, erfolgreiche Modellvorhaben bis zur Übernahme in die Regelversorgung nicht unterbrechen zu müssen, sondern weiter führen zu können.[10]

10 **Abs. 4** normiert die Möglichkeit, dass sich private Krankenkassen an den Modellvorhaben beteiligen können. Begründet wird dies mit dem besonderen Interesse an einer Beteiligung möglichst vieler Krankenkassen, da im Falle eines Erfolges auch alle Kassen von dem Erkenntnisgewinn und der Übernahme in die Regelversorgung profitieren.[11]

§ 64 c Modellvorhaben zum Screening auf 4MRGN

(1) ¹Die in § 115 Absatz 1 Satz 1 genannten Vertragspartner vereinbaren gemeinsam und einheitlich im Einvernehmen mit dem Robert Koch-Institut die Durchführung eines Modellvorhabens nach § 63, um Erkenntnisse zur Effektivität und zum Aufwand eines Screenings auf 4MRGN (Multiresistente gramnegative Stäbchen mit einer Resistenz gegen vier der vier Antibiotikagruppen) im Vorfeld eines planbaren Krankenhausaufenthaltes zu gewinnen. ²Das Modellvorhaben ist insbesondere auf die Risikopersonen nach Maßgabe der Empfehlungen der Kommission für Krankenhaushygiene und Infektionsprävention auszurichten. ³Die Kassenärztlichen Vereinigungen verständigen sich auf die Durchführung eines Modellvorhabens in mindestens einer Kassenärztlichen Vereinigung. ⁴Soweit eine überbezirkliche Versorgung besteht, soll das Modellvorhaben in den betroffenen Kassenärztlichen Vereinigungen gemeinsam durchgeführt werden. ⁵Das Modellvorhaben kann in mehreren Kassenärztlichen Vereinigungen durchgeführt werden, insbesondere um ausreichende Fallzahlen zu gewährleisten und um regionale Unterschiede in der Bevölkerungsstruktur zu berücksichtigen. ⁶§ 65 gilt mit der Maßgabe, dass die wissenschaftliche Begleitung und Auswertung des Modellvorhabens im Einvernehmen mit dem Robert Koch-Institut zu erfolgen hat.

(2) ¹Soweit bis zum 31. Dezember 2015 keine Einigung über die Durchführung eines Modellvorhabens nach Absatz 1 erzielt wird, kann jede Vertragspartei die Landesschiedsstelle nach § 114 anrufen. ²§ 115 Absatz 3 Satz 2 gilt entsprechend. ³Die Anrufung der Schiedsstelle soll unterbleiben, wenn in einer anderen Kassenärztlichen Vereinigung bereits ein Modellvorhaben nach Absatz 1 vereinbart wur-

---

6 BT-Dr. 17/8986, 49.
7 Vereinbarung nach § 64 b Abs. 3 SGB V über Art und Umfang der zu meldenden Daten zu Modellvorhaben zur Versorgung psychisch kranker Menschen sowie zur Meldung von Modellvorhaben an das DRG-Institut vom 06.03.13; abrufbar auf der Internetseite des GKV-Spitzenverbandes unter www.gkv-spitzenverband.de (zuletzt abgerufen am 1.5.2017).
8 BT-Dr. 17/8986, 49.
9 Scholz in: BeckOK SozR, SGB V, § 64 b Rn. 5.
10 BT-Dr. 17/8986, 50.
11 Vgl. BT-Dr. 17/8986, 50.

de, keine überbezirkliche Versorgung besteht oder eine Durchführung in mehreren Kassenärztlichen Vereinigungen aus wissenschaftlichen Gründen nicht erforderlich ist.

I. Entstehungsgeschichte und Normzweck

Die Vorschrift wurde durch Art. 2a des Ersten Gesetzes zur Stärkung der pflegerischen Versorgung und zur Änderung weiterer Vorschriften (Erstes Pflegestärkungsgesetz – PSG I) vom 17.12.2014 (BGBl. I 2014, 2222) mit Wirkung zum 24.12.2014 (Art. 4 Abs. 1 PSG I) in das SGB V eingefügt. Änderungen der Norm wurden seitdem nicht vorgenommen.

Zweck der Norm ist es, im Rahmen eines Modellvorhabens Erkenntnisse zur Effektivität, zum Nutzen und zum Aufwand und zu geeigneten Rahmenbedingungen eines präklinischen Screenings auf 4MRGN (**Multiresistente gramnegative Stäbchen** mit einer Resistenz gegen vier der vier Antibiotikagruppen) bei Vertragsärzten im Vorfeld eines planbaren Krankenhausaufenthaltes zu gewinnen. Sie greift einen einstimmigen Beschluss der 87. Gesundheitsministerkonferenz auf und stellt eine Finanzierung des Screenings sicher.[1] Die Kommission für Krankenhaushygiene und Infektionsprävention (KRINKO) beim Robert Koch-Institut empfiehlt derzeit, alle Patienten mit Risiko für eine Besiedelung oder Infektion mit 4MRGN bei der Aufnahme in das Krankenhaus durch Abstrichnahme im Nasen-/Rachenraum und rektal sowie, wenn vorhanden, von chronischen Wunden und/oder Kathetern zu screenen und bis zum Vorliegen eines negativen Ergebnisses vorsorglich zu isolieren. Nur auf diese Weise könne die Weiterverbreitung der Bakterien zurzeit wirksam verhindert werden.[2] In dem Modellvorhaben soll unter Berücksichtigung der Empfehlungen der KRINKO ein gezieltes Screening im ambulanten Bereich bereits vor einer elektiven Krankenhausaufnahme erprobt und hiermit Erkenntnisse über die Effektivität und den Aufwand dieser Maßnahme gewonnen werden.[3]

II. Inhalt des Modellvorhabens und Einvernehmen mit dem RKI

Gegenstand des Modellvorhabens ist das Screening auf 4MRGN im Vorfeld eines planbaren Krankenhausaufenthalts. Als **Screening** im Sinne der Norm ist die aktive und gezielte Suche nach 4MRGN-besiedelten Personen unabhängig von klinischen Symptomen zu verstehen. Ziel der Untersuchung ist es, asymptomatische 4MRGN-Träger zu identifizieren, um anschließend entscheiden zu können, ob die betreffenden Personen isoliert werden müssen.[4] Das Modellvorhaben ist dabei ausweislich des Abs. 1 S. 2 auf **Risikopatienten** nach Maßgabe der Empfehlungen der Kommission für Krankenhaushygiene und Infektionsprävention auszurichten. Nach den Empfehlungen der KRINKO sind dies Patienten mit kürzlichem Kontakt zum Gesundheitssystem in Ländern mit endemischem Auftreten des 4MRGN-Phänotyps (zB Südeuropa, Naher Osten, Indien, Pakistan) sowie Patienten, die in Deutschland bei einem früheren Krankenhausaufenthalt Kontakt mit entsprechend erkrankten Patienten hatten, also im gleichen Zimmer gepflegt wurden.[5] Allerdings legt die Verwendung der Worte „insbesondere" und „auszurichten" nahe, dass es sich insoweit um eine Schwerpunktsetzung handelt und die Einbeziehung weiterer Personenkreise indes nicht ausgeschlossen sein dürfte.[6]

Vor dem Hintergrund, dass das Screening-Programm auf Empfehlungen der beim Robert Koch-Institut angesiedelten KRINKO zurückgeht, normiert das Gesetz, dass die Durchführung des Modellvorhabens (Abs. 1 S. 1) ebenso wie die wissenschaftliche Begleitung und Auswertung (Abs. 1 S. 5) mit dessen **Einvernehmen** zu erfolgen hat. Von einem Einvernehmen wird man nur dann ausgehen können, wenn eine völlige Willensübereinstimmung gegeben ist.[7]

III. Vereinbarung des Modellvorhabens

Die Modellvorhaben werden auf Grundlage **dreiseitiger Verträge** der jeweiligen Landesverbände der Krankenkassen und der Ersatzkassen mit den jeweiligen Kassenärztlichen Vereinigungen und Landeskrankenhausgesellschaften durchgeführt und finanziert. Die Vereinbarung stellt dabei einen öffentlich-

---

1 Beschluss der 87. Gesundheitsministerkonferenz vom 26. und 27.3.2014, abrufbar auf www.gmkonline.de (zuletzt abgerufen am 1.5.2017); BT-Dr. 18/2909, 45.
2 Bundesgesundheitsblatt 2012, S. 131.
3 BT-Dr. 18/2909, 45.
4 Scholz, in BeckOK-Sozialrecht, § 64c SGB V Rn. 2.
5 Bundesgesundheitsblatt 2012, 1311.
6 Koch, in jurisPK-SGB V, § 64c Rn. 8.
7 Leopold in: Hauck/Noftz, § 64c SGB V Rn. 12; zum Terminus des Einvernehmens vgl. BVerwGE 11, 195, 200; BVerwGE 57, 98, 101; Sachs in: Stelkens/Bonk/Sachs, VwVfG, § 44 Rn. 184.

rechtlichen Vertrag im Sinne der §§ 53 ff. SGB X dar.[8] Eine Beteiligung der privaten Krankenversicherung ist nicht vorgesehen. Weil **bundesweit insgesamt nur ein Modellvorhaben** durchgeführt werden soll, sieht Abs. 1 S. 3 vor, dass sich die Kassenärztlichen Vereinigungen auf die Durchführung des Modellvorhabens in mindestens einer Kassenärztlichen Vereinigung einigen sollen. Zur Verhinderung der Weiterverbreitung von 4MRGN kann es bei einer überbezirklichen Versorgung aber erforderlich sein, auch überregional die Durchführung der Screening-Maßnahmen vor Aufnahme in das Krankenhaus in Modellvorhaben zu ermöglichen (Abs. 1 S. 5). Die Notwendigkeit einer überregionalen Durchführung des Modellvorhabens kann sich insbesondere auch deshalb ergeben, um ausreichende Fallzahlen zu gewährleisten und um regionale Unterschiede in der Bevölkerungsstruktur zu berücksichtigen.[9]

IV. Schiedsverfahren (Abs. 2)

6 § 64c Abs. 2 SGB V sieht vor, die Durchführung eines Modellvorhabens im Rahmen eines **Schiedsverfahrens** vor der Landesschiedsstelle nach § 114 SGB V zu erzwingen, sofern bis zum 31.12.2015 keine Einigung über die Durchführung mindestens eines Modellvorhabens zustande kommt. Zu beachten ist hierbei, dass diese Option mit Blick auf die systematische Zusammenschau mit § 64c Abs. 2 Satz 3 SGB V nur möglich ist, wenn sich die potenziellen Vertragsparteien in *keiner* Kassenärztlichen Vereinigung auf die Durchführung eines solchen Modellprojekts einigen können. Wird bereits in einer anderen Kassenärztlichen Vereinigung ein Modellvorhaben nach § 64c Abs. 1 SGB V durchgeführt, soll die Anrufung der Landesschiedsstelle unterbleiben.

7 **Anrufungsberechtigt** sind ausweislich des insoweit eindeutigen Wortlautes des Abs. 2 S. 1 lediglich die Vertragsparteien. Das Robert Koch-Institut, mit welchem hinsichtlich des Modellvorhabens nach § 64c SGB V Einvernehmen herzustellen ist, ist zur Anrufung der Landesschiedsstelle hingegen auch dann nicht befugt, sofern es von den Vertragsparteien insoweit übergangen und mit ihm das gesetzlich geforderte Einvernehmen nicht hergestellt wird. Mit Blick auf die dem Institut dann offenstehende Möglichkeit, die Rechtswidrigkeit der Vereinbarung vor den Sozialgerichten feststellen zu lassen, bestehen keine Rechtsschutzlücken, die eine analoge Anwendung des Abs. 2 rechtfertigen würden.[10]

§ 64d Modellvorhaben zur Heilmittelversorgung

(1) ¹Die Landesverbände der Krankenkassen und die Ersatzkassen haben gemeinsam und einheitlich mit den für die Wahrnehmung der Interessen der Heilmittelerbringer maßgeblichen Verbänden auf Landesebene zur Stärkung der Verantwortung der Heilmittelerbringer die Durchführung von Modellvorhaben nach Satz 3 zu vereinbaren. ²Dabei kann ein Modellvorhaben auch auf mehrere Länder erstreckt werden. ³In den Modellvorhaben ist vorzusehen, dass die Heilmittelerbringer auf der Grundlage einer vertragsärztlich festgestellten Diagnose und Indikation für eine Heilmittelbehandlung selbst die Auswahl und die Dauer der Therapie sowie die Frequenz der Behandlungseinheiten bestimmen. ⁴In der Vereinbarung nach Satz 1 ist die mit dem Modellvorhaben verbundene höhere Verantwortung der Heilmittelerbringer, insbesondere im Hinblick auf zukünftige Mengenentwicklungen und auf die Anforderungen an die Qualifikation der Heilmittelerbringer, zu berücksichtigen. ⁵Zudem ist in der Vereinbarung festzulegen, inwieweit die Heilmittelerbringer bei der Leistungserbringung von den Vorgaben der Richtlinien des Gemeinsamen Bundesausschusses nach § 92 Absatz 2 Satz 2 Nummer 6 abweichen dürfen. Vereinbarungen nach Satz 1 sind den zuständigen Aufsichtsbehörden vorzulegen. ⁶§ 211a gilt entsprechend.

(2) Voraussetzung für die Teilnahme der Heilmittelerbringer ist, dass sie
1. nach § 124 Absatz 2 zur Versorgung zugelassen sind,
2. auf Grund ihrer Ausbildung über die notwendige Qualifikation verfügen und gegebenenfalls weitere von den Vertragspartnern nach Absatz 1 vertraglich vereinbarte Qualifikationsanforderungen erfüllen und
3. ihre Tätigkeit nicht als selbständige Heilkunde ausüben.

---

8 Leopold in: Hauck/Noftz, § 64c SGB V Rn. 8.
9 BT-Dr. 18/2909, 45.
10 Anders wohl Koch in: jurisPK-SGB V, § 64c Rn. 6; Leopold in: Hauck/Noftz, SGB, 12/16, § 64c SGB V Rn. 24.

(3) ¹Die Modellvorhaben nach Absatz 1 sind im Regelfall auf längstens drei Jahre zu befristen. ²§ 65 gilt entsprechend. ³§ 63 Absatz 3 b Satz 2 und 3 bleibt unberührt.

(4) Im Übrigen gilt für Heilmittel, die nach der Richtlinie des Gemeinsamen Bundesausschusses gemäß § 92 Absatz 1 Satz 2 Nummer 6 zur Behandlung krankheitsbedingter Schädigungen nur verordnungsfähig sind, wenn die Schädigungen auf Grund bestimmter Grunderkrankungen eintreten, dass auch ihre Anwendung bei anderen ursächlichen Grunderkrankungen Gegenstand von Modellvorhaben nach § 63 Absatz 2 sein kann.

I. Entstehungsgeschichte

Die Vorschrift wurde mit dem Gesetz zur Stärkung der Heil- und Hilfsmittelversorgung (Heil- und Hilfsmittelversorgungsgesetz – HHVG) vom 4.4.2017 (BGBl. I, 778) mit Wirkung zum 11.4.2017 eingefügt.

II. Zweck der Vorschrift

Bereits vor der Einführung der Norm konnten Krankenkassen und ihre Verbände gemäß § 63 Abs. 3 b S. 2 und 3 SGB V mit zugelassenen Leistungserbringern oder Gruppen von Leistungserbringern Modellvorhaben vereinbaren, bei denen die Physiotherapeuten und die Ergotherapeuten unter bestimmten Bedingungen selbst über die Auswahl und die Dauer der Therapie sowie die Frequenz der Behandlungseinheiten bestimmten. Nachdem erste Modellvorhaben durchgeführt worden waren, zeigte sich aus Sicht des Gesetzgebers, dass die Bewertung – in Abhängigkeit von der jeweiligen Konzeption des Modellvorhabens – im Detail durchaus auch unterschiedlich ausfallen konnte. Um für die Entscheidung, ob die im Rahmen eines Modellvorhabens erprobte Versorgungsform für eine Überführung in die Regelversorgung geeignet ist, eine verlässliche, breitere Informationsgrundlage zu schaffen und das Verfahren zu beschleunigen, sollten vor diesem Hintergrund auf der Grundlage des § 64 d in allen Ländern – und bei entsprechendem Bedarf landesübergreifend – Modellvorhaben durchgeführt werden, mit denen die Heilmittelerbringer größere Handlungsspielräume erhalten.¹

III. Modellvorhaben und Vertragsparteien (Abs. 1)

Gegenstand des Modellvorhabens ist nach Abs. 1 S. 3 ist eine im allgemeinen Sprachgebrauch mit dem Begriff der „Blankoverordnung" bezeichnete Versorgungsform. Diese ist dadurch gekennzeichnet, dass der Heilmittelerbringer selbstständig über die Auswahl und die Dauer der Therapie sowie die Frequenz der Behandlungseinheiten bestimmt. Grundlage ist aber – wie aus der ausdrücklichen gesetzlichen Formulierung hervorgeht – nach wie vor die Diagnose eines Arztes und die von ihm festgestellte Indikation für eine Heilmittelbehandlung.

Vertragsparteien der Modellvorhaben sind nach S. 1 auf der einen Seite die Landesverbände der Krankenkassen und die Ersatzkassen gemeinsam und auf der anderen Seite die für die Wahrnehmung der Interessen der Heilmittelerbringer maßgeblichen Verbände auf Landesebene. Dadurch, dass die Modellvorhaben kassenartenübergreifend zu vereinbaren sind, soll nach der gesetzgeberischen Intention ein einheitlicher Rahmen geschaffen werden, der die Aussagekraft der Ergebnisse im Vergleich zu den bisher auf der Grundlage der § 63 Abs. 3 b S. 2 und 3 SGB V durchgeführten Modelle erhöht. Mit dem aus der Zusammenschau der Evaluationsergebnisse vermittelten Gesamtüberblick soll dann auf der Grundlage einer deutlich verbesserten Tatsachengrundlage über die künftige Aufnahme in den Regelleistungskatalog entschieden werden.²

Da im Rahmen des Modellvorhabens die Verantwortung für die **Versorgung** des Versicherten in gewissem Umfang **vom Arzt auf den Heilmittelerbringer verlagert** wird, haben die Vertragspartner nach S. 4 auch zu berücksichtigen, welche Konsequenzen sich daraus ergeben. Dies gilt etwa in Bezug auf die **Wirtschaftlichkeitsverantwortung** und die Qualifikationsanforderungen, die an den Heilmittelerbringer gestellt werden. Klar geregelt werden muss auch, inwiefern die Heilmittelerbringer von den Vorgaben der Heilmittelrichtlinie abweichen und zum Beispiel andere als die von dort vorgegebenen Verordnungsmengen oder Kombinationsmöglichkeiten erbringen können. Vorzusehen sind Regelungen zum Informationsaustausch zwischen Heilmittelerbringern und Vertragsärzten.

---

1 BT-Dr. 18/10186, 28.
2 BT-Dr. 18/10186, 28.

IV. Qualifikationsanforderungen der Heilmittelerbringer (Abs. 2)

6   Abs. 2 führt die **Qualifikationsanforderungen** auf, unter denen Heilmittelerbringer an den Modellvorhaben teilnehmen können. Die Nummern 2 und 3 übernehmen im Wesentlichen die in § 63 Abs. 3 b aufgeführten Voraussetzungen. Die Voraussetzung unter Nummer 1, dass der Leistungserbringer nach § 124 Abs. 2 zur Versorgung zugelassen sein muss, war zwar bisher nicht ausdrücklich genannt, ergibt sich aber bereits jetzt mittelbar aus § 64 SGB V. Nummer 2 behandelt die die Ausbildung betreffenden Anforderungen und übernimmt insoweit die Formulierung des § 63 Abs. 3 b S. 2 SGBV. Sofern die Vertragspartner in Bezug auf die Qualifikation **zusätzliche Anforderungen** vereinbaren, haben die Heilmittelerbringer auch diese zu erfüllen. Neben den in Abs. 2 genannten Grundvoraussetzungen können die Vertragspartner bei der Vereinbarung der Rahmenbedingungen des Modellvorhabens (zum Beispiel aufgrund von Schwerpunktsetzungen, tatsächlichen Gegebenheiten bei den Leistungserbringern, wie etwa deren Tätigkeitsspektrum, die örtliche Verteilung und so weiter) weitere Zusatzanforderungen aufstellen, die Auswirkungen auf den potenziellen Teilnehmerkreis haben.

V. Befristung der Modellvorhaben (Abs. 2)

7   Die Modellvorhaben sollen nach S. 1 auf in der Regel längstens **drei Jahre befristet** werden. Nach der gesetzgeberischen Intention soll damit das Verfahren zur Generierung notwendiger Evidenz beschleunigt werden, um beurteilen zu können, ob das Modell der sogenannten „Blankoverordnung" in die Regelversorgung überführt werden könnte.[3] Darüber hinaus soll so gewährleistet werden, dass mögliche Erkenntnisse aus den Modellvorhaben in die Weiterentwicklung des Rechts der Gesundheitsberufe einfließen können. S. 2 stellt klar, dass die einzelnen Modellvorhaben wissenschaftlich evaluiert werden müssen. S. 3 stellt klar, dass die bisher schon in § 63 Abs. 3 b S. 2 und 3 bestehende Möglichkeit zur Durchführung von Modellvorhaben unangetastet bleiben soll. Dementsprechend können die bereits laufenden Modellvorhaben unabhängig von den Neuregelungen fortgeführt werden.

VI. Zulässige Abweichungen von der Heilmittel-Richtlinie des G-BA (Abs. 4)

8   Grundsätzlich sind Heilmittel unabhängig von der ursächlichen Grunderkrankung als medizinisch notwendige Dienstleistungen zur Behandlung bestimmter krankheitsbedingter Schädigungen oder Funktionsstörungen nach der Heilmittel-Richtlinie des Gemeinsamen Bundesausschusses (G-BA) verordnungsfähig. Krankenkassen können in Fällen, in denen die Verordnungsfähigkeit eines Heilmittels auf bestimmte Grunderkrankungen – ausnahmsweise – vorgesehen ist (insbesondere die podologische Therapie zur Behandlung krankhafter Schädigungen am Fuß infolge Diabetes mellitus), diese Heilmittel im Rahmen der Modellvorhaben nach § 64 d SGB V auch für andere Grunderkrankungen mit ebenso behandlungsbedürftigen krankhaften Schädigungen oder Funktionsstörungen erstatten. Dem Gesetzgeber in diesem Kontext insbesondere podologische Maßnahmen, zB auch bei Erkrankungen des Stütz- und Bewegungsapparates, des Nervensystems oder bei sonstigen Erkrankungen, wenn Patientinnen und Patienten ohne diese Behandlung unumkehrbare Folgeschädigungen der Füße wie Entzündungen und Wundheilungsstörungen erleiden würden, vor. Für die Modellvorhaben gelten die allgemeinen Regeln für sog Leistungsmodelle nach § 63 Abs. 2 SGB V eigentlich ohnehin. Denn danach können Krankenkassen Modellvorhaben nach dem geltenden Recht zu Leistungen der Krankenbehandlung durchführen, die nach den Vorschriften des Fünften Buches Sozialgesetzbuch oder aufgrund hiernach getroffener Regelungen noch keine erstattungsfähigen Leistungen sind. Abs. 4 hat damit primär klarstellenden Charakter.[4]

§ 65 Auswertung der Modellvorhaben

¹Die Krankenkassen oder ihre Verbände haben eine wissenschaftliche Begleitung und Auswertung der Modellvorhaben im Hinblick auf die Erreichung der Ziele der Modellvorhaben nach § 63 Abs. 1 oder Abs. 2 nach allgemein anerkannten wissenschaftlichen Standards zu veranlassen. ²Der von unabhängigen Sachverständigen zu erstellende Bericht über die Ergebnisse der Auswertung ist zu veröffentlichen.

---

[3] BT-Dr. 18/10186, 29.
[4] BT-Dr. 18/11205, 62.

I. Entstehungsgeschichte und Normzweck

Bei der Einführung des SGB V durch das GRG[1] regelte § 65 die Beitragsrückzahlung. In der heutigen Fassung besteht die Norm seit dem 2. GKV-NOG.[2] Sie blieb unverändert. 1

§ 65 normiert die Verpflichtung zur wissenschaftlichen Auswertung der nach Maßgabe der §§ 63 bis 64b durchgeführten Modellvorhaben. Zweck ist es, auf fundierter Grundlage bewerten zu können, ob Teile der durchgeführten Struktur- oder Leistungsmodelle die erhofften positiven Wirkungen auf die Qualität und Wirtschaftlichkeit der Versorgung haben. Davon soll die Aufnahme in den Regelleistungskatalog abhängig gemacht werden.[3] 2

II. Regelungsgehalt

Nach S. 1 besteht die Verpflichtung zur wissenschaftliche Begleitung und Auswertung der Modellvorhaben im Hinblick auf das Erreichen der Ziele der Modellvorhaben nach allgemein anerkannten wissenschaftlichen Standards. Dies ist vor dem Hintergrund zu sehen, dass Modellvorhaben stets den Zweck verfolgen, Erkenntnisse über den Zusatznutzen von Produkt- oder Prozessinnovationen zu erlangen. Dies kann nur erreicht werden, wenn die Modellvorhaben auf wissenschaftlich hohem Niveau evaluiert werden. Deswegen muss die Auswertung den allgemein anerkannten wissenschaftlichen Standards genügen und die Abschlussbeurteilung so konkret gefasst sein, dass sie verwertbare Informationen über die Frage des Zweckerreichens der Modellvorhaben liefert.[4] 3

S. 2 normiert eine Veröffentlichungspflicht der Ergebnisse der Auswertung. Der entsprechende Bericht ist dabei von unabhängigen Sachverständigen zu erstellen. Somit kommen insbesondere Bedienstete der Vertragsparteien als Sachverständige nicht in Betracht, da bei ihnen nicht von der erforderlichen Unabhängigkeit auszugehen ist. Gutachter können daher nur aus dem Bereich der Hochschulen oder anderen Forschungseinrichtungen kommen.[5] Ziel ist es, die Resultate allgemein zugänglich zu machen und damit eine Diskussion über die Aufnahme in den Regelleistungskatalog der gesetzlichen Krankenversicherung auszulösen sowie eine unnötige Wiederholung zu vermeiden.[6] 4

§ 65a Bonus für gesundheitsbewusstes Verhalten

(1) ¹Die Krankenkasse soll in ihrer Satzung bestimmen, unter welchen Voraussetzungen Versicherte, die

1. regelmäßig Leistungen zur Erfassung von gesundheitlichen Risiken und Früherkennung von Krankheiten nach den §§ 25 und 26 in Anspruch nehmen,
2. Leistungen für Schutzimpfungen nach § 20i in Anspruch nehmen oder
3. regelmäßig Leistungen der Krankenkassen zur verhaltensbezogenen Prävention nach § 20 Absatz 5 in Anspruch nehmen oder an vergleichbaren, qualitätsgesicherten Angeboten zur Förderung eines gesundheitsbewussten Verhaltens teilnehmen,

²Anspruch auf einen Bonus haben, der zusätzlich zu der in § 62 Absatz 1 Satz 2 genannten abgesenkten Belastungsgrenze zu gewähren ist.

(2) Die Krankenkasse soll in ihrer Satzung auch vorsehen, dass bei Maßnahmen zur betrieblichen Gesundheitsförderung durch Arbeitgeber sowohl der Arbeitgeber als auch die teilnehmenden Versicherten einen Bonus erhalten.

(3) ¹Die Aufwendungen für Maßnahmen nach Absatz 1 müssen mittelfristig aus Einsparungen und Effizienzsteigerungen, die durch diese Maßnahmen erzielt werden, finanziert werden. ²Die Krankenkassen haben regelmäßig, mindestens alle drei Jahre, über diese Einsparungen gegenüber der zuständi-

---

1 Gesundheitsreformgesetz vom 20.12.1988 (BGBl. I, 2477).
2 2. GKV-Neuordnungsgesetz vom 23.6.1997 (BGBl. I, 1520).
3 Vgl. den Fraktionsentwurf zum 2. GKV-NOG, BT-Dr. 13/6087, 27.
4 Leopold in: Hauck/Noftz, SGB V, § 65 Rn. 6.
5 Roters in: KassKomm, § 65 SGB V Rn. 5.
6 BT-Dr. 13/6087, 27; Krauskopf in: Krauskopf, § 65 SGB V Rn. 4.

gen Aufsichtsbehörde Rechenschaft abzulegen. ³Werden keine Einsparungen erzielt, dürfen keine Boni für die entsprechenden Versorgungsformen gewährt werden.

Literatur:
Bödeker/Friedel/Frerichs, Ökonomischer Nutzen der BKK Bonusprogramme, BKK 2008, 214; *Drupp/Osterholz*, Prospektiver Beitragsbonus – Ein anreizgestütztes Verfahren des betrieblichen Gesundheitsmanagements, SozSich 2003, 295; *Friedel/Nürnberg*, Bonusprogramme als Differenzierungsmerkmal im Wettbewerb der Krankenkassen, GSP 2010, Nr. 3, 40; *Grimmeisen/Leiber*, Zwischen Kostenprivatisierung und PatientInnenautonomie – Eigenverantwortung in der Gesundheitspolitik, TuP 2008, 244; *Kluth/Bauer*, Grundlagen und Grenzen der Mitwirkungspflichten der Versicherten und Anreizsysteme für Prävention in der Gesetzlichen Krankenversicherung, VSSR 2010, 341; *Linke*, Selbstbehalt und Bonus in der solidarischen Krankenversicherung?, NZS 2003, 126; *Scherenberg/Greiner*, Bonusprogramme – Zwischen Wettbewerb und Prävention, GSP 2008, Nr. 3, 19; *Sundmacher*, Fördern und Fordern auch in der Gesetzlichen Krankenversicherung?, Sozialer Fortschritt 2006, 168.

I. Entstehungsgeschichte und Normzweck 1	2. Betriebliche Gesundheitsförderung (Abs. 2) 10
II. Regelungsgehalt 4	3. Mittelfristige Kostenneutralität (Abs. 3) 11
1. Versichertenbonus bei Inanspruchnahme von Früherkennungs- und Präventionsleistungen (Abs. 1) 5	

I. Entstehungsgeschichte und Normzweck

1 § 65 a wurde mit dem GKV-GRG 2000[1] mWv 1.1.2000 in das SGB V eingefügt. Gegenstand der Vorschrift war zunächst der Versichertenbonus in der hausärztlichen Versorgung. Durch das GMG[2] wurde die Vorschrift mWv 1.4.2004 neu gefasst. Dabei wurde den Krankenkassen die Option eröffnet, in ihre Satzung Bonusregelungen für die Inanspruchnahme von Früherkennung und primärer Prävention und für betriebliche Gesundheitsförderung einzufügen. Zudem wurde die Möglichkeit geschaffen, dass die Zuzahlungen von Patienten, die an einer hausarztzentrierten Versorgung nach § 73 b, an einem strukturierten Behandlungsprogramm bei chronischen Krankheiten nach § 137 f oder an einer integrierten Versorgung nach § 140 a teilnehmen, ermäßigt werden können. Dies wurde durch das GKV-WSG[3] allerdings wieder abgeschafft. Die Abs. 1 und 2 wurden durch das Präventionsgesetz[4] mit Wirkung vom 25.7.2015 neu gefasst und hierbei insbesondere die Kann-Regelungen durch Soll-Regelungen ersetzt. Dadurch soll die Inanspruchnahme der Leistungen gefördert werden.[5]

2 Die Norm verfolgt den Zweck, die Versicherten zu einem gesundheitsbewussten Verhalten zu animieren, indem sie finanzielle Anreize für eine freiwillige Inanspruchnahme gesundheitserhaltender Angebote der Krankenkassen und der betrieblichen Gesundheitsförderung setzt. Trotz dieser dann an die Versicherten auszuzahlenden Prämien geht es bei § 65 a ausweislich der Vorgaben des Absatzes 3 mittelfristig um die **Erschließung von Einsparpotentialen**, so dass die Norm im Ergebnis dem Wirtschaftlichkeitsgebot des § 12 dient. Gleichzeitig begünstigt die Vorschrift auch den **Wettbewerb** unter den Krankenkassen.[6] Denn diese entscheiden im Rahmen ihres Satzungsermessens darüber, ob und welche Bonusprogramme sie auflegen, mit dem sie dann ein gewisses Alleinstellungsmerkmal am Markt vorweisen können.[7]

3 In systematischer Hinsicht ist § 65 a nicht den §§ 63 bis 65 zuzurechnen. Die Auszahlung von Boni ist daher nicht nur im Rahmen von Modellvorhaben möglich.[8]

---

1 GKV-Gesundheitsreformgesetz 2000 vom 22.12.1999 (BGBl. I, 2626).
2 GKV-Modernisierungsgesetz vom 14.11.2003 (BGBl. I, 2190).
3 GKV-Wettbewerbsstärkungsgesetz vom 26.3.2007 (BGBl. I, 378).
4 Präventionsgesetz vom 17.7.2015 (BGBl. I, 1368).
5 BT-Dr. 18/4282, 43.
6 Hierzu Friedel/Nürnberg, Bonusprogramme als Differenzierungsmerkmal im Wettbewerb der Krankenkassesn, GSP 2010, Nr. 3, 40 ff.; Scherenberg/Greiner, Bonusprogramme – Zwischen Wettbewerb und Prävention, GSP 2008, Nr. 3, 19 ff.; Sundmacher, Fördern und Fordern auch in der Gesetzlichen Krankenversicherung?, Sozialer Fortschritt 2006, 168 ff.
7 Scholz in: BeckOK SozR, SGB V, § 65 a Rn. 1.
8 Leopold in: Hauck/Noftz, SGB V, § 65 a Rn. 5.

II. Regelungsgehalt

Abs. 1 berechtigt die Krankenkassen, in ihren Satzungen Bonusregelungen einzufügen, die finanzielle Leistungen an die Versicherten im Falle eines gesundheitsbewussten Verhaltens vorsehen. Abs. 2 erweitert den Kreis der Berechtigten auf Arbeitgeber von Versicherten, sofern die Arbeitgeber Maßnahmen zur betrieblichen Gesundheitsförderung durchführen. Abs. 3 schreibt die mittelfristig zu erreichende Kostenneutralität des Bonusprogramms vor.

1. Versichertenbonus bei Inanspruchnahme von Früherkennungs- und Präventionsleistungen (Abs. 1). Nach Abs. 1 soll die Krankenkasse in ihrer Satzung bestimmen, unter welchen Voraussetzungen Versicherte, die regelmäßig Leistungen zur Erfassung von gesundheitlichen Risiken und zur Früherkennung von Krankheiten nach den §§ 25 und 26 oder Leistungen der Krankenkasse für Schutzimpfungen bzw. zur verhaltensbezogenen Prävention nach § 20 Absatz 5 SGB V in Anspruch nehmen oder an vergleichbaren, qualitätsgesicherten Angeboten zur Förderung eines gesundheitsbewussten Verhaltens teilnehmen, einen Bonusanspruch haben. Die Norm spricht dabei von „soll", so dass die Entscheidung über die Einrichtung eines Bonusprogramms im – intendierten – **Ermessen** der Krankenkasse steht. Das Ermessen bezieht sich dabei auch auf den Zeitpunkt, die Dauer und die Anzahl der Programme.[9]

Als **Bonus** ist ein finanzieller Vorteil für ein bestimmtes Verhalten zu verstehen. Das Gesetz legt dabei nicht abschließend fest, wie dieser ausgestaltet sein kann. Zumindest ein prozentualer Beitragsnachlass dürfte jedoch die gewollte Steuerungswirkung insbesondere für Versicherte mit geringerem Einkommen erheblich herabsetzen, so dass ein Bonus nach Abs. 1 **nur in Gestalt einer Prämie oder Ermäßigung von Zuzahlungen** in einer für alle Versicherten gleichen Höhe wirklich sinnvoll ist.[10] Entscheidet sich die Krankenkassen für die Ermäßigung der Zuzahlungen, soll diese Bonusregelung unabhängig von der nach § 62 für alle Versicherten möglichen abgesenkten Belastungsgrenze bestehen.[11] Als „Versicherte" sind sowohl die **Mitglieder** einer Krankenkasse als auch deren **mitversicherte Familienangehörigen** zur Teilnahme an dem Bonusprogramm berechtigt.[12]

Die Einzelheiten des Bonusprogramms hat die Krankenkasse nach Abs. 1 in ihrer **Satzung** zu regeln. Hierdurch wird sichergestellt, dass die Selbstverwaltungspartner die Entscheidungskompetenz über die Durchführung eines Programms haben.[13] Im Anschluss ist die Satzungsänderung gemäß der §§ 34 Abs. 1 SGB IV, 195 Abs. 1 SGB V von der zuständigen Aufsichtsbehörde zu genehmigen.[14] In der Satzung sind Vorgaben zur Art und Höhe des Bonus, Beginn, Dauer und Anzahl der Bonusprogramme, Nachweisverfahren für die Regelmäßigkeit der Teilnahme und der Auszahlungszeitpunkt der Leistungen an die Versicherten zu treffen.[15] Unzulässig ist hingegen mit Blick auf § 53 Abs. 2 eine Satzungsregelung, durch die der Erhalt einer Bonuszahlung ergänzend an die Voraussetzung gekoppelt wird, dass keine anderweitigen Leistungen der Krankenkasse in Anspruch genommen werden.[16]

Bonusberechtigt nach Abs. 1 können die Versicherten der jeweiligen Krankenkasse sein. Diese müssen regelmäßig Leistungen zur **Früherkennung** von Krankheiten nach den §§ 25 und 26 (Nr. 1), Leistungen für Schutzimpfungen nach § 20 i (Nr. 2) oder regelmäßig Leistungen der Krankenkassen zur verhaltensbezogenen Prävention nach § 20 Absatz 5 in Anspruch nehmen oder an vergleichbaren, qualitätsgesicherten Angeboten zur Förderung eines gesundheitsbewussten Verhaltens teilnehmen (Nr. 3). Der Unterschied zwischen den in Nr. 1 und Nr. 3 genannten Gruppen liegt darin, dass eine Leistung zur Früherkennung von Krankheiten als sekundäre Prävention in einem Stadium ansetzt, in der die Krankheit bereits aufgetreten sein ist. Beispiele sind Krebsvorsorgeuntersuchungen, Mammographie-Screening, Kinder- und Jugenduntersuchungen oder zahnärztliche Vorsorgeuntersuchungen. Bei der primären Prävention handelt es sich hingegen im Wesentlichen um Maßnahmen der Krankheitsverhütung, die noch vor dem Eintritt einer Krankheit durchgeführt werden. Dies sind etwa Schutzimpfungen.[17]

Für **Leistungen** der Prävention schreibt Abs. 1 explizit vor, dass diese qualitätsgesichert sein müssen. Hieraus wird teilweise gefolgert, dass etwa der regelmäßige Besuch eines Fitnessstudios nicht als sol-

---

9 Koch in: jurisPK-SGB V, § 65 a Rn. 4.
10 Welti in: Becker/Kingreen, § 65 a Rn. 3.
11 BT-Dr. 16/3100, 111.
12 Vgl. zu den Begrifflichkeiten §§ 173 Abs. 1, 10 Abs. 1.
13 Koch in: jurisPK-SGB V, § 65 a Rn. 5.
14 Die Zuständigkeit bestimmt sich nach §§ 90 Abs. 2 und 3, 90 a SGB IV.
15 Scholz in: BeckOK SozR, SGB V, § 65 a Rn. 2.
16 HessLSG, 4.12.2008, L 1 KR 150/08 KL, juris, insbes. Rn. 20.
17 Roters in: KassKomm, § 65 a SGB V Rn. 4.

che Maßnahme angesehen werden kann.[18] Hier ist allerdings – nicht zuletzt aufgrund der Bedeutung des Breitensports für die Gesundheit der Bevölkerung – zu differenzieren: Die Mitgliedschaft in einem Fitnessstudio als solche dürfte in der Tat mangels Gewährleistung von Qualitätsstandards nicht per se einen Anspruch auf einen Bonus begründen können. Schließt die Krankenkasse jedoch mit Kooperationspartnern Verträge ab, die gerade auch die einzuhaltenden Qualitätsstandards zum Gegenstand haben, dürfte gegen eine Anrechnung nichts sprechen. Zu denken ist etwa an die Teilnahme an Kursen zur Stärkung der Rückenmuskulatur im Rahmen eines Fitnessstudiobesuchs, die von hierfür qualifizierten Personen geleitet werden. Die Gewährung von Rabatten oder Sonderkonditionen bei Dritten ohne Gesundheitsbezug ist im Verhältnis der gesetzlichen Krankenkassen untereinander indes wettbewerbswidrig.[19]

9 Vor dem Hintergrund, dass es andernfalls zu missbräuchlichem Verhalten der Versicherten kommen könnte, ist die regelmäßige Inanspruchnahme durch den jeweiligen Leistungserbringer zu **dokumentieren**. Eine gegenüber der Krankenkasse abgegebene Erklärung des Versicherten, er habe die Leistungen regelmäßig in Anspruch genommen, reicht hingegen nicht.[20] **Regelmäßig** ist die **Teilnahme**, wenn die Leistungen in Abständen in Anspruch genommen werden, die eine Gewähr für eine sachgemäße Krankheitsverhütung oder Früherkennung bietet. Sofern der G-BA im Rahmen seiner Richtlinienbefugnis die Häufigkeit bestimmter Untersuchungen normiert hat, kann dies als Anhaltspunkt dienen. Die Aufgabe der Konkretisierung dieser Voraussetzung obliegt aber der Krankenkasse.[21]

10 **2. Betriebliche Gesundheitsförderung (Abs. 2).** Nach Abs. 2 sollen die Krankenkassen in ihren Satzungen festlegen, dass bei Maßnahmen der betrieblichen Gesundheitsförderung durch den Arbeitgeber sowohl dieser als auch die teilnehmenden Versicherten einen Bonus erhalten. Grundlage für die Leistung der Boni muss dabei ein freiwilliges Verhalten im Bereich der betrieblichen Gesundheitsförderung außerhalb der ohnehin durchzuführenden Arbeitschutzmaßnahmen sein, weil die Bonusgewährung nur in einem solchen Fall die vom Gesetzgeber beabsichtigte verhaltenssteuernde Funktion entfalten kann.[22] Bei der Festlegung der Art des Bonus sind die Krankenkassen frei. Dem Gesetzgeber schwebte hier die Gewährung eines Beitragsbonus vor, der hälftig dem Arbeitgeber und Arbeitnehmer zugutekommt.[23]

11 **3. Mittelfristige Kostenneutralität (Abs. 3).** Abs. 3 S. 1 schreibt vor, dass sich Bonusprogramme nach Abs. 1 mittelfristig selbst finanzieren müssen und nicht aus den allgemeinen Beitragsmitteln getragen werden dürfen. Zweck der Vorgabe ist es, einer unwirtschaftlichen Ausweitung der Bonuszahlungen durch die Krankenkassen zu Werbezwecken vorzubeugen.[24] Spiegelbildlich hierzu regelt Abs. 3 S. 3, dass keine Boni nach Ablauf der Phase gezahlt werden dürfen, wenn die erhofften Einsparungen nicht erreicht wurden. Mittelfristig in diesem Zusammenhang soll dabei ein Zeitrahmen von bis zu fünf Jahren sein.[25]

12 Um dies zu gewährleisten, haben die Krankenkassen nach Abs. 3 S. 2 mindestens alle drei Jahre gegenüber der zuständigen Aufsichtsbehörde **Rechenschaft** über die genannten Einsparungen abzulegen. Hierzu wird die Krankenkasse statistisches Datenmaterial erheben und der Aufsichtsbehörde vorlegen müssen.[26]

§ 65 b Förderung von Einrichtungen zur Verbraucher- und Patientenberatung

(1) ¹Der Spitzenverband Bund der Krankenkassen fördert Einrichtungen, die Verbraucherinnen und Verbraucher sowie Patientinnen und Patienten in gesundheitlichen und gesundheitsrechtlichen Fragen qualitätsgesichert und kostenfrei informieren und beraten, mit dem Ziel, die Patientenorientierung im Gesundheitswesen zu stärken und Problemlagen im Gesundheitssystem aufzuzeigen. ²Der Spitzenverband Bund der Krankenkassen darf auf den Inhalt oder den Umfang der Beratungstätigkeit keinen

---

18 Scholz in: BeckOK SozR, SGB V, § 65 a Rn. 3.
19 LSG Bln-Bbg, 10.12.2014, L 1 KR 361/12.
20 LSG BW, 19.5.2009, L 11 KR 3718/08 KL; aA HessLSG, 8.2.2010, L 8 KR 294/09 B.
21 Roters in: KassKomm, § 65 a SGB V Rn. 5.
22 Nebendahl in: Spickhoff, Medizinrecht, § 65 a SGB V Rn. 6.
23 Begr. des Fraktionsentwurfs zum GMG, BT-Dr. 15/1525, 96.
24 Leopold in: Hauck/Noftz, SGB V, § 65 a Rn. 13.
25 Begr. des Fraktionsentwurfs zum GMG, BT-Dr. 15/1525, 96.
26 Koch in: jurisPK-SGB V, § 65 a Rn. 12.

Einfluss nehmen. ³Die Förderung einer Einrichtung zur Verbraucher- und Patientenberatung setzt deren Nachweis über ihre Neutralität und Unabhängigkeit voraus. ⁴Die Vorbereitung der Vergabe der Fördermittel und die Entscheidung darüber erfolgt durch den Spitzenverband Bund der Krankenkassen im Einvernehmen mit der oder dem Beauftragten der Bundesregierung für die Belange der Patientinnen und Patienten; die Fördermittel werden jeweils für eine Laufzeit von sieben Jahren vergeben. ⁵Die oder der Beauftragte der Bundesregierung für die Belange der Patientinnen und Patienten und der Spitzenverband Bund der Krankenkassen werden bei der Vergabe und während der Förderphase durch einen Beirat beraten. ⁶Der Beirat tagt unter der Leitung der oder des Beauftragten der Bundesregierung für die Belange der Patientinnen und Patienten mindestens zweimal jährlich; ihm gehören Vertreterinnen und Vertreter der Wissenschaften und Patientenorganisationen, zwei Vertreterinnen oder Vertreter des Bundesministeriums für Gesundheit und eine Vertreterin oder ein Vertreter des Bundesministeriums der Justiz und für Verbraucherschutz sowie im Fall einer angemessenen finanziellen Beteiligung der privaten Krankenversicherungen an der Förderung nach Satz 1 eine Vertreterin oder ein Vertreter des Verbandes der privaten Krankenversicherung an. ⁷Der Spitzenverband Bund der Krankenkassen hat den Beirat jährlich über Angelegenheiten betreffend die Förderung nach Satz 1 zu unterrichten. ⁸Der nach Satz 1 geförderten Beratungseinrichtung ist auf Antrag die Gelegenheit zu geben, sich gegenüber dem Beirat zu äußern.

(2) ¹Die Fördersumme nach Absatz 1 Satz 1 beträgt im Jahr 2016 insgesamt 9 000 000 Euro und ist in den Folgejahren entsprechend der prozentualen Veränderung der monatlichen Bezugsgröße nach § 18 Absatz 1 des Vierten Buches anzupassen. ²Sie umfasst auch die für die Qualitätssicherung und die Berichterstattung notwendigen Aufwendungen. ³Die Fördermittel nach Satz 1 werden durch eine Umlage der Krankenkassen gemäß dem Anteil ihrer eigenen Mitglieder an der Gesamtzahl der Mitglieder aller Krankenkassen erbracht. ⁴Die Zahl der Mitglieder der Krankenkassen ist nach dem Vordruck KM6 der Statistik über die Versicherten in der gesetzlichen Krankenversicherung jeweils zum 1. Juli eines Jahres zu bestimmen.

Literatur:

Dehlinger, Unabhängige Patientenberatung in Deutschland, SozSich 2005, 325; *Francke/Mühlenbruch*, Patientenberatung in Deutschland – Zum Ende der ersten Förderphase nach § 65 b, GesR 2004, 161; *Heberlein*, SGB V und Interessenkollisionen – Konflikt mit dem Kartellvergaberecht?, SGb 2016, 426; *Hölling*, Unabhängige Patientenberatung – vom Modell zum Regelangebot, BKK 2011, 336; *Krause/Schaeffer*, Unabhängige Patentenberatung und Nutzerinformation in Deutschland – Resultate der dreijährigen Modellphase nach § 65 b SGB V, G+G Beilage 2005 Wissenschaft, Nr. 1, 14; *Krüger-Brand/Rieser*, Vom Modellprojekt zum regulären Beratungsangebot – Patientenberatung, DÄ 2011, A 304.

I. Entstehungsgeschichte und Normzweck

§ 65 b wurde durch das GKV-GRG 2000[1] eingefügt und hatte die im Rahmen eines Modellvorhabens vorzunehmende Einrichtung einer Verbraucher- und Patientenberatung zum Gegenstand. Änderungen erfolgten durch das Achte Euro-Einführungsgesetz[2] und das GKV-WSG.[3] Seinen **Modellcharakter** verlor § 65 b mit dem AMNOG,[4] das die Vorschrift grundlegend neu fasste. Seither ist die Finanzierung der unabhängigen Patientenberatung eine dauerhafte Aufgabe des Spitzenverbandes Bund der Krankenkassen.

Die Schaffung des § 65 b geschah vor dem Hintergrund, dass der Gesetzgeber von der Existenz verschiedener Einrichtungen zur Verbraucher- und Patientenberatung ausging, jedoch annahm, dass diese im Hinblick auf die Schwerpunktsetzung bei ihren Aktivitäten, auf ihre ideelle und finanzielle Basis und ihren Wirkungsbereich sehr unterschiedlich und teils intransparent seien. Dem sollte durch die Förderung neutraler Verbraucher- und Patientenberatungsstellen entgegengewirkt werden.[5] Die Versicherten sollen durch die Einrichtung solcher Stellen, die niedrigschwellige und qualitativ hochwertige Informationen bieten, in die Lage versetzt werden, ihre **Rechte gegenüber den Krankenkassen und Leistungserbringern** souverän wahrzunehmen.[6]

---

1 GKV-Gesundheitsreformgesetz vom 22.12.1999 (BGBl. I, 2626).
2 Achtes Euro-Einführungsgesetz vom 23.10.2001 (BGBl. I, 2702).
3 GKV-Wettbewerbsstärkungsgesetz vom 26.3.2007 (BGBl. I, 378).
4 Arzneimittelneuordnungsgesetz vom 22.12.2010 (BGBl. I, 2262).
5 Fraktionsentwurf zum GKV-GRG 2000, BT-Dr. 14/1245, 67.
6 Fraktionsentwurf zum AMNOG, BT-Dr. 17/2413, 25.

II. Voraussetzungen und Vergabeverfahren (Abs. 1)

3 Abs. 1 regelt die Voraussetzungen, unter denen Einrichtungen gefördert werden können und das dazugehörigen Vergabeverfahren.

4 Gefördert werden nach Abs. 1 S. 1 **Einrichtungen zur Verbraucher- und Patientenberatung**. Dabei spielt es keine Rolle, ob die Beratungsstellen in privater und öffentlich-rechtlicher Trägerschaft geführt werden.[7] Der Terminus „Verbraucher" knüpft an die Legaldefinition in § 13 BGB an. Erfasst sind also natürliche Personen, die ein Rechtsgeschäft zu einem Zwecke abschließen, der weder ihrer gewerblichen noch ihrer selbstständigen beruflichen Tätigkeit zugerechnet werden kann. Der Begriff „**Patient**" ist hingegen im Kontext des § 27 zu sehen. Es geht hier also um Personen, die medizinische Leistungen in Anspruch nehmen oder dies zumindest beabsichtigen.[8]

5 Um als förderungsfähig in Betracht zu kommen, muss die Einrichtung nach Abs. 1 S. 1 in gesundheitlichen und gesundheitsrechtlichen Fragen qualifiziert und kostenfrei informieren und beraten. **Beratung** ist dabei im Sinne des § 14 SGB I zu verstehen. Gemeint ist damit die Vermittlung von auf den Einzelfall bezogenen Informationen, die der Betroffene zur Wahrnehmung seiner Rechte und die Erfüllung seiner Verpflichtungen benötigt.[9] Der Begriff der gesundheitlichen **Information** ist noch weiter auszulegen und umfasst die allgemeine Unterrichtung der Versicherten über medizinische und andere erhebliche Tatsachen.[10] Die Informationen und Beratungen müssen stets unmittelbar gesundheitliche oder gesundheitsrechtliche Fragen betreffen, da ansonsten ein Zusammenhang zu den in § 1 festgelegten Aufgaben der gesetzlichen Krankenversicherung nicht hergestellt werden könnte und die Finanzierung durch die Solidargemeinschaft der gesetzlichen Krankenversicherung nicht zu rechtfertigen wäre.[11] Nach der gesetzgeberischen Intention sollen Beratung und Information in erster Linie telefonisch oder internetbasiert verfolgen, da dies den im Modellvorhaben untersuchten Nachfrageverhalten am stärksten entspricht und zudem kostengünstiger umzusetzen ist als der Aufbau eines Geschäftsstellennetzes.[12]

6 Die Beratung und Informationen müssen nach Abs. 1 S. 1 kostenfrei und qualitätsgesichert sein. Erforderlich ist damit, dass sie durchweg sachlich korrekt und auf der Basis der **höchsten verfügbaren Evidenz** erfolgen. Nur so können sie den Ratsuchenden bei seiner Entscheidungsfindung in Gesundheitsfragen und der Wahrnehmung ihrer Rechte gegenüber Leistungserbringern und Kostenträgern tatsächlich helfen. Vor dem Hintergrund, dass es sich bei den Betroffenen in der Regel um medizinische und juristische Laien handelt, sind die Informationen so verständlich aufzubereiten, dass sie zu einer Orientierung der Ratsuchenden und Klärung ihrer Anliegen führen.[13]

7 Eine Förderung setzt weiterhin den Nachweis von **Neutralität** und **Unabhängigkeit** voraus. Neutralität untersagt eine weltanschauliche Prägung, ideelle Ausrichtung oder finanzielle Abhängigkeit von Interessengruppen im Gesundheitssystem.[14] Grundsätzlich ausgeschlossen sind damit Einrichtungen, die von den Verbänden der Leistungserbringer oder von Patientenvereinigungen betrieben werden. Auch Abs. 1 S. 2 ist vor diesem Hintergrund zu sehen, wonach der Spitzenverband Bund der Krankenkassen auf den Inhalt oder den Umfang der Beratungstätigkeit keinen Einfluss nehmen darf.

8 Über die Förderung einer Einrichtung wird im Anschluss an eine Ausschreibung im Rahmen eines **Vergabeverfahrens** nach Maßgabe von **Abs. 1 S. 4 bis 8** entschieden. Die Entscheidung erfolgt danach im Einvernehmen mit dem Patientenbeauftragten der Bundesregierung (§ 140h). Vor der Entscheidung ist nach S. 4 ein zu diesem Zweck einzurichtender **Beirat** zu hören, dem neben dem Patientenbeauftragten noch Vertreter der Wissenschaft und der nach § 140g anerkannten Patientenorganisationen, des Bundesministeriums für Gesundheit, des Bundesministeriums für Ernährung, Landwirtschaft und Verbraucherschutz sowie des Verbandes der privaten Krankenversicherung angehören, sofern sich Letztere finanziell an den Beratungsangeboten beteiligen.

9 2011 wurde die Förderung an die Verbraucherzentrale Bundesverband eV, den Sozialverband VdK Deutschland eV und den Verbund Unabhängige Patientenberatung eV vergeben, die gemeinsam die sog **Unabhängige Patientenberatung Deutschland** (UPD) betreiben, die auch bereits Vertragspartnerin

---

[7] Leopold in: Hauck/Noftz, SGB V, § 65b Rn. 14.
[8] Roters in: KassKomm, § 65b SGB V Rn. 3.
[9] Hase in: BeckOK SozR, SGB I, § 14 Rn. 1.
[10] Roters in: KassKomm, § 65b SGB V Rn. 5.
[11] Kaempfe in: Becker/Kingreen, § 65b Rn. 6.
[12] Fraktionsentwurf zum AMNOG, BT-Dr. 17/2413, 26.
[13] Vgl. BT-Dr. 17/2413, 25.
[14] Hierzu BT-Dr. 14/1245, 67.

des entsprechenden Modellvorhabens war.[15] Der Auftrag wurde für einen Zeitraum von fünf Jahren erteilt. Der GKV-Spitzenverband hat sich im **September 2015** im Einvernehmen mit dem Patientenbeauftragten der Bundesregierung im Rahmen eines europaweiten Ausschreibungsverfahrens anschließend gegen die bisherige Bietergemeinschaft und für die **Sanvartis** GmbH als neuen Auftragnehmer der UPD entschieden. Zuvor hatte das konkurrierende Bieterkonsortium die Vergabekammer beim Bundeskartellamt angerufen. Der Überprüfungsantrag wurde jedoch mit Beschluss vom 3.9.2015 zurückgewiesen.[16] Das Duisburger Unternehmen betreibt ua Callcenter für Krankenkassen und Unternehmen aus der Pharmabranche, weswegen seine Unabhängigkeit als Voraussetzung für eine gesetzeskonforme Aufgabenwahrnehmung teilweise in Zweifel gezogen wird.[17]

III. Inhalt der Förderung (Abs. 2)

Abs. 2 S. 1 schreibt für das Jahr 2016 eine Förderung in Gestalt einer Zahlung von insgesamt 9.000.000 EUR vor. Abs. 2 S. 2 normiert, dass hiervon auch die Kosten der Qualitätssicherung und der Berichterstattung zu finanzieren sind. Es handelt sich damit um eine absolute Obergrenze. Gleichzeitig ist aber vor dem Hintergrund, dass die Höhe der Zahlungen nicht zur Disposition des Spitzenverbandes Bund der Krankenkassen steht, eine dauerhafte Unterschreitung des Förderbetrages ebenfalls unzulässig.[18] Aufgebracht werden die Mittel nach Abs. 2 S. 3 durch eine **Umlage** der Krankenkassen gemäß dem Anteil ihrer eigenen Mitglieder an der Gesamtzahl der Mitglieder aller Krankenkassen. Die Anpassung der Förderungshöhe erfolgt nach Abs. 2 S. 4 durch die Bezugnahme auf die monatliche Bezugsgröße nach § 18 Abs. 1 SGB IV entsprechend der Lohn- und Gehaltsentwicklung.

10

§ 65c Klinische Krebsregister

(1) ¹Zur Verbesserung der Qualität der onkologischen Versorgung richten die Länder klinische Krebsregister ein. ²Die klinischen Krebsregister haben insbesondere folgende Aufgaben:
1. die personenbezogene Erfassung der Daten aller in einem regional festgelegten Einzugsgebiet stationär und ambulant versorgten Patientinnen und Patienten über das Auftreten, die Behandlung und den Verlauf von bösartigen Neubildungen einschließlich ihrer Frühstadien sowie von gutartigen Tumoren des zentralen Nervensystems nach Kapitel II der Internationalen statistischen Klassifikation der Krankheiten und verwandter Gesundheitsprobleme (ICD) mit Ausnahme der Daten von Erkrankungsfällen, die an das Deutsche Kinderkrebsregister zu melden sind,
2. die Auswertung der erfassten klinischen Daten und die Rückmeldung der Auswertungsergebnisse an die einzelnen Leistungserbringer,
3. den Datenaustausch mit anderen regionalen klinischen Krebsregistern bei solchen Patientinnen und Patienten, bei denen Hauptwohnsitz und Behandlungsort in verschiedenen Einzugsgebieten liegen, sowie mit Auswertungsstellen der klinischen Krebsregistrierung auf Landesebene,
4. die Förderung der interdisziplinären, direkt patientenbezogenen Zusammenarbeit bei der Krebsbehandlung,
5. die Beteiligung an der einrichtungs- und sektorenübergreifenden Qualitätssicherung des Gemeinsamen Bundesausschusses nach § 136 Absatz 1 Satz 1 Nummer 1 in Verbindung mit § 135a Absatz 2 Nummer 1,
6. die Zusammenarbeit mit Zentren in der Onkologie,
7. die Erfassung von Daten für die epidemiologischen Krebsregister,
8. die Bereitstellung notwendiger Daten zur Herstellung von Versorgungstransparenz und zu Zwecken der Versorgungsforschung.

³Die klinische Krebsregistrierung erfolgt auf der Grundlage des bundesweit einheitlichen Datensatzes der Arbeitsgemeinschaft Deutscher Tumorzentren und der Gesellschaft der epidemiologischen Krebsregister in Deutschland zur Basisdokumentation für Tumorkranke und ihn ergänzender Module flächendeckend sowie möglichst vollzählig. ⁴Die Daten sind jährlich landesbezogen auszuwerten. ⁵Eine flächendeckende klinische Krebsregistrierung kann auch länderübergreifend erfolgen. ⁶Die für die Ein-

---

15 Nähere Informationen unter www.upd.de.
16 BKartA, Beschluss v. 3. 9. 2015 – VK 1–74/15.
17 BT-Dr. 18/7042; BT-Dr. 18/07136; ebenfalls kritisch Heberlein, SGB V und Interessenkollisionen – Konflikt mit dem Kartellvergaberecht?, SGb 2016, 426.
18 Kaempfe in: Becker/Kingreen, § 65b Rn. 3.

richtung und den Betrieb der klinischen Krebsregister nach Satz 2 notwendigen Bestimmungen einschließlich datenschutzrechtlicher Regelungen bleiben dem Landesrecht vorbehalten.

(2) ¹Die Krankenkassen fördern den Betrieb klinischer Krebsregister nach Absatz 1 Satz 2, indem sie eine Pauschale nach Absatz 4 Satz 2 bis 4 zahlen. ²Der Spitzenverband Bund der Krankenkassen beschließt bis zum 31. Dezember 2013 einheitliche Voraussetzungen für diese Förderung. ³Er hat in den Fördervoraussetzungen insbesondere Folgendes festzulegen:

1. die sachgerechte Organisation und Ausstattung der klinischen Krebsregister einschließlich eines einheitlichen Datenformates und entsprechender Schnittstellen zur Annahme, Verarbeitung und Weiterleitung der Daten,
2. die Mindestanforderungen an den Grad der Erfassung und an die Vollständigkeit der verschiedenen Datenkategorien nach Absatz 1 Satz 2 Nummer 1 sowie über notwendige Verfahren zur Datenvalidierung,
3. ein einheitliches Verfahren zur Rückmeldung der Auswertungsergebnisse an die Leistungserbringer,
4. die notwendigen Verfahren zur Qualitätsverbesserung der Krebsbehandlung,
5. die erforderlichen Instrumente zur Unterstützung der interdisziplinären Zusammenarbeit nach Absatz 1 Satz 2 Nummer 4,
6. die Kriterien, Inhalte und Indikatoren für eine landesbezogene Auswertung, die eine länderübergreifende Vergleichbarkeit garantieren,
7. die Modalitäten für die Abrechnung der klinischen Krebsregister mit den Krankenkassen.

⁴Über die Festlegungen nach den Sätzen 2 und 3 entscheidet der Spitzenverband Bund der Krankenkassen im Benehmen mit zwei von der Gesundheitsministerkonferenz der Länder zu bestimmenden Vertretern. ⁵Soweit die Länder Einwände gegen die Festlegungen haben, sind diese dem Bundesministerium für Gesundheit vorzulegen, das in diesem Fall die entsprechenden Fördervoraussetzungen festlegen kann.

(3) ¹Bei der Erarbeitung der Fördervoraussetzungen hat der Spitzenverband Bund der Krankenkassen folgende Organisationen und Personen zu beteiligen:

1. die Kassenärztlichen Bundesvereinigungen,
2. die Deutsche Krankenhausgesellschaft,
3. den Gemeinsamen Bundesausschuss,
4. die Deutsche Krebsgesellschaft,
5. die Deutsche Krebshilfe,
6. die Arbeitsgemeinschaft Deutscher Tumorzentren,
7. die Gesellschaft der epidemiologischen Krebsregister in Deutschland,
8. die Bundesärztekammer,
9. die Arbeitsgemeinschaft der Wissenschaftlichen Medizinischen Fachgesellschaften sowie
10. die für die Wahrnehmung der Interessen der Patientinnen und Patienten und der Selbsthilfe chronisch kranker und behinderter Menschen maßgeblichen Organisationen.

²Der Verband der Privaten Krankenversicherung ist an der Erarbeitung der Fördervoraussetzungen zu beteiligen, wenn die privaten Krankenversicherungsunternehmen den Betrieb der klinischen Krebsregister fördern, indem sie die Pauschale nach Absatz 4 Satz 2 bis 4 für Meldungen in Bezug auf privat krankenversicherte Personen zahlen. ³Gleiches gilt für die Träger der Kosten in Krankheits-, Pflege- und Geburtsfällen nach beamtenrechtlichen Vorschriften, wenn sie für Meldungen in Bezug auf die nach diesen Vorschriften berechtigten Personen einen Teil der fallbezogenen Krebsregisterpauschale nach Absatz 4 Satz 2 bis 4 zahlen.

(4) ¹Auf Antrag eines klinischen Krebsregisters oder dessen Trägers stellen die Landesverbände der Krankenkassen und die Ersatzkassen gemeinsam und einheitlich mit Wirkung für ihre Mitgliedskassen fest, dass

1. das klinische Krebsregister die Fördervoraussetzungen nach Absatz 2 Satz 2 und 3 erfüllt und
2. in dem Land, in dem das klinische Krebsregister seinen Sitz hat, eine flächendeckende klinische Krebsregistrierung und eine Zusammenarbeit mit den epidemiologischen Krebsregistern gewährleistet sind.

²Weist ein klinisches Krebsregister auf Grund der Feststellungen nach Satz 1 nach, dass die Fördervoraussetzungen erfüllt sind, so zahlt die Krankenkasse an dieses Register oder dessen Träger einmalig für jede verarbeitete Meldung zur Neuerkrankung an einem Tumor nach Absatz 1 Nummer 1 mit Ausnahme der Meldungen von nicht-melanotischen Hautkrebsarten und ihrer Frühstadien eine fallbezogene Krebsregisterpauschale in Höhe von 119 Euro. ³Ab dem Jahr 2015 erhöht sich die fallbezogene

Krebsregisterpauschale nach Satz 2 jährlich entsprechend der prozentualen Veränderung der monatlichen Bezugsgröße nach § 18 Absatz 1 des Vierten Buches. [4]Die Landesverbände der Krankenkassen und die Ersatzkassen gemeinsam und einheitlich können mit Wirkung für ihre Mitgliedskassen mit dem Land eine von Satz 2 abweichende Höhe der fallbezogenen Krebsregisterpauschale vereinbaren, wenn dies auf Grund regionaler Besonderheiten erforderlich ist. [5]Im Falle des Absatzes 3 Satz 2 tritt der jeweilige Landesausschuss des Verbandes der Privaten Krankenversicherung bei der Vereinbarung nach Satz 4 an die Seite der Landesverbände der Krankenkassen und der Ersatzkassen. [6]Der Spitzenverband Bund der Krankenkassen passt die Pauschale nach Satz 2 an, wenn die Anpassung erforderlich ist, um 90 Prozent der durchschnittlichen Betriebskosten der nach Absatz 2 Satz 1 geförderten klinischen Krebsregister abzudecken. [7]Die erstmalige Überprüfung der Pauschale erfolgt spätestens bis zum Ablauf des Jahres 2017; Absatz 2 Satz 4 und 5 gilt entsprechend.

(5) [1]In einer Übergangsphase bis zum 31. Dezember 2017 zahlt die Krankenkasse die Pauschale nach Absatz 4 Satz 2 bis 4 unabhängig von den Feststellungen nach Absatz 4 Satz 1 an die klinischen Krebsregister, die von den Ländern für ein festgelegtes Einzugsgebiet als zuständig bestimmt worden sind. [2]Eine anderweitige Finanzierung der klinischen Krebsregister aus Mitteln der gesetzlichen Krankenversicherung ist in diesen Fällen ausgeschlossen. [3]Die Landesverbände der Krankenkassen und die Ersatzkassen gemeinsam und einheitlich können mit dem Land für die Übergangsphase Vereinbarungen über den Prozess zur Einrichtung und Weiterentwicklung der klinischen Krebsregister treffen. [4]Erfüllt ein klinisches Krebsregister die Anforderungen nach Absatz 4 Satz 1 Nummer 1 nach Ablauf der Übergangsphase nach Satz 1 oder zu einem späteren Zeitpunkt nicht, hat das klinische Krebsregister die Möglichkeit der Nachbesserung innerhalb eines Jahres. [5]Für diesen Zeitraum gilt Satz 1 entsprechend.

(6) [1]Für jede landesrechtlich vorgesehene Meldung der zu übermittelnden klinischen Daten an ein klinisches Krebsregister, das nach Absatz 4 Satz 1 förderfähig ist, ist den Leistungserbringern vom jeweiligen klinischen Krebsregister eine Meldevergütung zu zahlen, wenn die zu übermittelnden Daten vollständig gemeldet wurden. [2]Satz 1 gilt nicht für Meldungen, die nicht-melanotische Hautkrebsarten und ihre Frühstadien betreffen. [3]Die Krankenkasse des gemeldeten Versicherten hat dem klinischen Krebsregister die nach Satz 1 entstandenen Kosten zu erstatten. [4]Die Übergangsregelung nach Absatz 5 gilt entsprechend. [5]Die Höhe der einzelnen Meldevergütungen vereinbart der Spitzenverband Bund der Krankenkassen mit der Deutschen Krankenhausgesellschaft und den Kassenärztlichen Bundesvereinigungen bis zum 31. Dezember 2013. [6]Wenn die privaten Krankenversicherungsunternehmen den klinischen Krebsregistern die Kosten für Vergütungen von Meldungen von Daten privat krankenversicherter Personen erstatten, tritt der Verband der Privaten Krankenversicherung bei der Vereinbarung nach Satz 5 an die Seite des Spitzenverbandes Bund der Krankenkassen. [7]Gleiches gilt für die Träger der Kosten in Krankheits-, Pflege- und Geburtsfällen nach beamtenrechtlichen Vorschriften, wenn sie den klinischen Krebsregistern einen Teil der Kosten für Vergütungen von Meldungen von Daten der nach diesen Vorschriften berechtigten Personen erstatten. [8]Kommt eine Vereinbarung bis zu dem in Satz 5 genannten Zeitpunkt nicht zustande, haben sich die Vereinbarungspartner nach Satz 5 auf eine unabhängige Schiedsperson zu verständigen, die die Höhe der einzelnen Meldevergütungen festlegt. [9]Einigen sich die Vereinbarungspartner nicht auf eine Schiedsperson, so wird diese vom Bundesministerium für Gesundheit bestellt. [10]Die Kosten des Schiedsverfahrens tragen die Vereinbarungspartner zu gleichen Teilen. [11]Klagen gegen die Bestimmung der Schiedsperson haben keine aufschiebende Wirkung. [12]Klagen gegen die Festlegung der Höhe der einzelnen Meldevergütungen richten sich gegen einen der Vereinbarungspartner, nicht gegen die Schiedsperson.

(7) [1]Klinische Krebsregister und Auswertungsstellen der klinischen Krebsregistrierung auf Landesebene arbeiten mit dem Gemeinsamen Bundesausschuss bei der Qualitätssicherung der onkologischen Versorgung zusammen. [2]Der Gemeinsame Bundesausschuss lässt notwendige bundesweite Auswertungen der klinischen Krebsregisterdaten durchführen. [3]Hierfür übermitteln die Auswertungsstellen der klinischen Krebsregistrierung auf Landesebene dem Gemeinsamen Bundesausschuss oder dem nach Satz 4 benannten Empfänger auf Anforderung die erforderlichen Daten in anonymisierter Form. [4]Der Gemeinsame Bundesausschuss bestimmt durch Beschluss die von den Auswertungsstellen der klinischen Krebsregistrierung auf Landesebene zu übermittelnden Daten, den Empfänger dieser Daten sowie Inhalte und Kriterien für Auswertungen nach Satz 2; § 92 Absatz 7e gilt entsprechend. [5]Bei der Erarbeitung und Festlegung von Kriterien und Inhalten der bundesweiten Auswertungen nach Satz 2 ist der Deutschen Krebsgesellschaft, der Deutschen Krebshilfe und der Arbeitsgemeinschaft Deutscher Tumorzentren Gelegenheit zum Einbringen von Vorschlägen zu geben.

(8) ¹Bei Maßnahmen der einrichtungs- und sektorenübergreifenden Qualitätssicherung nach § 135 a Absatz 2 Nummer 1 in Verbindung mit § 136 Absatz 1 Satz 1 Nummer 1 in der onkologischen Versorgung soll der Gemeinsame Bundesausschuss die klinischen Krebsregister unter Einhaltung der Vorgaben des § 299 bei der Aufgabenerfüllung einbeziehen. ²Soweit den klinischen Krebsregistern Aufgaben nach Satz 1 übertragen werden, sind sie an Richtlinien nach § 92 Absatz 1 Nummer 13 gebunden.

(9) ¹Der Gemeinsame Bundesausschuss gleicht erstmals bis zum 31. Dezember 2013 die Dokumentationsanforderungen, die für die Zulassung von strukturierten Behandlungsprogrammen für Brustkrebs nach § 137 f Absatz 2 Satz 2 Nummer 5 geregelt sind, an den bundesweit einheitlichen Datensatz der Arbeitsgemeinschaft Deutscher Tumorzentren und der Gesellschaft der epidemiologischen Krebsregister in Deutschland zur Basisdokumentation für Tumorkranke und ihn ergänzende Module an. ²Leistungserbringer, die an einem nach § 137 g Absatz 1 zugelassenen, strukturierten Behandlungsprogramm für Brustkrebs in koordinierender Funktion teilnehmen, können die in dem Programm für die Annahme der Dokumentationsdaten nach § 137 f Absatz 2 Satz 2 Nummer 5 zuständige Stelle mit der Meldung der entsprechenden Daten an das klinische Krebsregister beauftragen, wenn die Versicherte nach umfassender Information hierin schriftlich eingewilligt hat. ³Die Einwilligung kann widerrufen werden. ⁴Macht der Leistungserbringer von der Möglichkeit nach Satz 2 Gebrauch, erhält er insoweit keine Meldevergütungen nach Absatz 6.

(10) ¹Der Spitzenverband Bund der Krankenkassen veröffentlicht ab dem Jahr 2018 alle fünf Jahre einen Bericht über die bundesweiten Ergebnisse der klinischen Krebsregistrierung in patientenverständlicher Form, wozu auch die barrierefreie Bereitstellung des Berichtes gehört. ²Der Bericht ist auf der Grundlage der Landesauswertungen nach Absatz 1 Satz 3 und der Ergebnisse von Bundesauswertungen des Gemeinsamen Bundesausschusses nach Absatz 9 Satz 2 zu erstellen. ³Die Auswertungsstellen der klinischen Krebsregistrierung auf Landesebene und der Gemeinsame Bundesausschuss liefern dem Spitzenverband Bund der Krankenkassen die Auswertungen, die zum Erstellen des Berichts benötigt werden.

Literatur:

Bahr, Die Bundesregierung sagt dem Krebs den Kampf an – Nationaler Krebsplan, ersatzkassen magazin 2012, Nr. 9/10, 30; *Bauer*, Krebsvorsorge per Gesetz, ZM 2012, Nr. 18, 22; *Bertram*, Ineffektive Strukturen auflösen – Krebsfrüherkennungs- und Registergesetz, ersatzkassen magazin 2012, Nr. 9/10, 32; *Bruns*, „Quo Vadis" Nationaler Krebsplan in Deutschland, KrV 2011, 284; *ders./Follmann/Klinkhammer-Schalke/Kowalski/Wesselmann*, Hochwertige Versorgung von Krebspatienten unter deutschen Strukturvorgaben, G+G Beilage 2105 Wissenschaft, Nr. 1, 7; *Büttner*, Gesetzliche Meldepflicht von Krebserkrankungen, Journal KVMV 2015, Nr. 276, 16; *Deutsche Krankenhausgesellschaft*, Krebsfrüherkennungs- und -registergesetz – KFRG, Vorläufige Stellungnahme der DKG zum Gesetzentwurf der Bundesregierung, KH 2012, 983; *Harney/Huster/Recktenwald*, Das Recht der Qualitätssicherung im SGB V – rechtliche Grundlagen und Systematisierung, MedR 2014, 273 und 365; *Kraywinkel/Barnes/Dahm/Haberland/Nennecke/Stabenow*, Von regionalen Daten zu bundesweiten Aussagen – Die Methoden im Zentrum für Krebsregisterdaten, Bundesgesundheitsblatt 2014, 13; *Kraywinkel/Franke/Schönfeld/Wienecke*, Wo stehen wir heute? – Krebserkrankungen in Deutschland, ersatzkasse magazin 2014, Nr. 3/4, 34; *Ludwig/Nettekoven*, Die Entwicklung des Krebsregistergesetzes in Deutschland, GuP 2014, 22; *Meißner*, Ein wichtiger Schritt für die Versorgung – Krebsfrüherkennungs- und -registergesetz, DÄ 2012, A 2568; *Müller*, Kampf dem Krebs, ZM 2013, Nr. 6, 22; *Mund*, Wird mit dem neuen Gesetz alles besser?, DÄ 2012, A 2513; *Tillack*, Qualität messen und verbessern – Klinische Krebsregister, ersatzkasse magazin 2014, Nr. 3/4, 38.

I. Entstehungsgeschichte und Normzweck

1 § 65 c wurde durch das Gesetz zur Weiterentwicklung der Krebsfrüherkennung und zur Qualitätssicherung durch klinische Krebsregister Krebsfrüherkennungs- und -registergesetz mit Wirkung zum 09.04.13 eingefügt.¹ Durch das GKV-Versorgungsstärkungsgesetz wurden geringfügige Änderungen an Abs. 1 S. 2 Nr. 5 und Abs. 8 S. 1 vorgenommen.²

2 Die Norm geht auf eine Empfehlung des Nationalen Krebsplanes zurück, der die flächendeckende klinische Krebsregistrierung als eine wesentliche Voraussetzung für die **Sicherung der Qualität und die**

---

1 Gesetz vom 03.04.13 (BGBl. I, 617).
2 GKV-Versorgungsstärkungsgesetz vom 10.12.2015 (BGBl. I, 2229).

Weiterentwicklung der onkologischen Versorgung sieht.[3] Zur Umsetzung dieser Forderung sollen mit § 65 c die finanziellen und rechtlichen Rahmenbedingungen für die flächendeckende Einrichtung und den Betrieb klinischer Krebsregister geschaffen werden.[4]

II. Einrichtung klinischer Krebsregister (Abs. 1)

Abs. 1 sieht vor, dass die Länder zur Verbesserung der onkologischen Versorgung klinische Krebsregister einrichten. Der Aufgabenbereich der klinischen Krebsregister wird durch die Nummern 1 bis 8 festgelegt.

Klinische Krebsregister dienen insgesamt der Qualitätssicherung bei der Versorgung krebskranker Menschen. Sie sind fachlich unabhängige Einrichtungen, die alle wichtigen Daten, welche im Verlauf einer Krebserkrankung und ihrer Behandlung anfallen, erfassen. Abs. 1 S. 1 Nr. 1 führt dabei auf, welche Datenkategorien von den klinischen Krebsregistern zum Zweck einer personenbezogenen Verlaufsdokumentation zu erfassen sind. Die Daten werden den klinischen Krebsregistern von den an der Behandlung beteiligten Leistungserbringern übermittelt. Ihre **Aufgabe** besteht dann in der **Auswertung** der Informationen und einer entsprechenden Rückmeldung der Auswertungsergebnisse an die Leistungserbringer (Nr. 2). Gegenstand ist dabei unter anderem die Frage, ob **bei der Behandlung** die bestehenden **Leitlinien** der medizinischen Fachgesellschaften **eingehalten** wurden. Die Analyse der therapeutischen und diagnostischen Entscheidungen der Behandlungseinrichtungen ermöglicht es zudem, Qualitätsunterschiede zu erkennen und diesen entgegenzuwirken. Zu unterscheiden sind die klinischen Krebsregister von den sog **epidemiologischen Krebsregistern**. Bei diesen geht es um die Generierung von Erkenntnissen über das Auftreten und die Häufigkeit von Krebserkrankungen, ihre Verteilung nach Alter, Geschlecht und Wohnort der Patientinnen und Patienten sowie über deren Überlebenszeit. Die den klinischen Krebsregistern zugeleiteten Daten sind auch für die Arbeit dieser epidemiologischen Register relevant, so dass hier ein Informationsaustausch festgeschrieben wird (vgl. Nr. 7).[5]

Zur Prozessoptimierung legt Abs. 1 S. 3 für die klinische Krebsregistrierung fest, dass die Dokumentation auf Grundlage eines bundesweit **einheitlichen Datensatzes** der Arbeitsgemeinschaft Deutscher Tumorzentren zur Basisdokumentation von Tumorkranken und ihn ergänzender organspezifischer Module zu erfolgen hat.

Nach Abs. 1 S. 6 obliegt es den **Ländern**, die im Zusammenhang mit der **organisatorischen Umsetzung** der gesetzlichen Vorgaben verbundenen notwendigen Regelungen zu treffen. Dies ist vor dem Hintergrund zu sehen, dass die Länder für die Umsetzung der klinischen Krebsregistrierung verantwortlich sind und einen Teil der für die klinische Krebsregistrierung anfallenden Investitions- und Betriebskosten zu tragen haben. Bei der gesetzlichen Ausgestaltung sind sie in weiten Teilen frei, haben aber sicherzustellen (Abs. 1 S. 4), dass die klinische Krebsregistrierung flächendeckend und möglichst vollzählig erfolgen muss. Gemeint ist damit, dass jeder Kontakt einer Krebspatientin oder eines Krebspatienten zu einem Leistungserbringer in einem klinischen Krebsregister erfasst wird.[6]

III. Förderungskriterien, Förderungsentscheidung und Finanzierung (Abs. 2 bis 4)

Die Krankenkassen fördern den Betrieb klinischer Krebsregister, indem sie eine **Pauschale** in Höhe von **119 EUR** für jede verarbeitete Meldung zur Neuerkrankung an einem Tumor mit Ausnahme der Meldungen von nicht-melanotischen Hautkrebsarten und ihrer Frühstadien (Abs. 2 S. 1 iVm Abs. 4 S. 2) an das Register auszahlen. Darüber hinaus werden die Landesverbände der Krankenkassen und die Ersatzkassen gemeinsam und einheitlich berechtigt, mit Wirkung für ihre Mitgliedskassen mit dem Land eine hiervon abweichende Höhe der fallbezogenen Krebsregisterpauschale zu vereinbaren, wenn dies aufgrund regionaler Besonderheiten erforderlich ist (Abs. 4 S. 4). Diese Finanzierungsregelung bezieht sich dabei ausschließlich auf die Betriebskosten der Krebsregister, nicht hingegen auf die für ihre Er-

---

3 Gesundheit Sicherstellung einer effizienten Arzneimittelversorgung in der Onkologie – Gutachten im Auftrag des Bundesministeriums, Bremen, August 2010; abrufbar unter www.bmg.bund.de (zuletzt abgerufen am 1.5.2017).
4 RegE zum Krebsfrüherkennungs- und -registergesetz, BT-Dr. 17/11267, 26.
5 Hierzu insgesamt: Anlage 2 zur Pressemitteilung Nr. 61 des BMG vom 22.8.2012; abrufbar unter www.bmg.bund.de (zuletzt abgerufen am 1.5.2017).
6 Hierzu: Anlage 2 zur Pressemitteilung Nr. 61 des BMG vom 22.8.2012, S. 3; abrufbar unter www.bmg.bund.de (zuletzt abgerufen am 1.5.2017).

richtung aufzuwendenden Investitionskosten.[7] Übergangsregelungen bis zum 31.12.2017 bestehen nach Maßgabe des Abs. 5.

8 Abs. 2 S. 2 verpflichtet den **Spitzenverband Bund der Krankenkassen**, bis zum 31.12.2013 unter Beteiligung der in Abs. 3 genannten Institutionen die **Voraussetzungen für eine Förderung** einzelner klinischer Krebsregister zu **bestimmen**.[8] Die Verbindlichkeit der so beschlossenen Fördervoraussetzungen für die einzelnen Kassen regelt § 217e Abs. 2. Bei der Bestimmung der Kriterien hat der Spitzenverband Bund der Krankenkassen Festlegungen in Bezug auf die in Abs. 3 benannten Inhalte zu treffen. Abs. 4 benennt über die Vergütungsregelung hinaus die wesentlichen Inhalte, zu denen der Spitzenverband Bund der Krankenkassen in den Fördervoraussetzungen in jedem Falle Festlegungen zu treffen hat.[9]

IV. Wesentliche Vorgaben zur Arbeit der klinischen Krebszentren (Abs. 6 bis 10)

9 Leistungserbringer, die Daten ihrer Patienten an ein klinisches Krebsregister übermitteln, erhalten nach Maßgabe des **Abs. 6** zum Ausgleich des zusätzlich entstehenden Aufwandes eine **Meldevergütung** von den klinischen Krebsregistern, der ebenfalls aus den Mitteln die ebenfalls die gesetzlichen Krankenversicherung zu finanzieren ist. Die entsprechende Höhe ist zwischen dem GKV-Spitzenverband, der Deutschen Krankenhausgesellschaft und den Kassenärztlichen Bundesvereinigungen zu vereinbaren. Die Krebsregister-Meldevergütung-Vereinbarung der DKG, KBV, KZBV und des GKV-Spitzenverbandes vom 15.12.2014 sowie die Ergänzungsvereinbarung vom 24.2.2015 und der Schiedsspruch vom selben Tag setzen diesen gesetzlichen Auftrag um.[10] **Abs. 7 und 9** machen Vorgaben zur Qualitätssicherung in Bezug auf die Tätigkeit der klinischen Krebsregister. **Abs. 10** normiert eine Berichtspflicht des Spitzenverbandes Bund der Krankenkassen über die bundesweiten Ergebnisse der klinischen Krebsregistrierung. Das entsprechende Gutachten zum aktuellen Umsetzungsstand des KFRG vom 18.8.2016 von prognos im Auftrag des GKV-Spitzenverbandes ist einsehbar unter www.gkv-spitzenverband.de/media/dokumente/presse/pressekonferenzen_gespraeche/2016_2/pk_20160825/20160818_Schlussversion-Gutachten_KKR_Prognos.pdf (zuletzt abgerufen am 1.5.2017).

V. Geplante Änderung durch das Blut- und Gewebegesetz

10 Der Bundestag hat am 1.6.2017 das Gesetz zur Fortschreibung der Vorschriften für Blut- und Gewebezubereitungen und zur Änderung anderer Vorschriften verabschiedet,[11] wonach ein Tag nach seiner Verkündung in § 65c Abs. 4 S. 4 die Angabe „2017" durch die Angabe „2019" ersetzt werden soll.

Die mit der Novellierung verbundene Verlängerung der Frist zur Festsetzung einer fallbezogenen Krebsregisterpauschale erklärt sich ausweislich der Gesetzesbegründung damit, dass sich die klinischen Krebsregister in den Ländern aktuell noch im Aufbau befinden und die vom Spitzenverband Bund der Krankenkassen erarbeiteten Fördervoraussetzungen zur (weiteren) Finanzierung der klinischen Krebsregister durch die gesetzliche Krankenversicherung erst bis zum 31.12.2017 (mit einer Verlängerungsoption von einem Jahr bis Ende 2018) erfüllt sein (vgl. Abs. 5) müssen. Um eine Neukalkulation der fallbezogenen Krebsregisterpauschale zum derzeit vorgegebenen Zeitpunkt bis spätestens zum Ablauf des Jahres 2017 vorzunehmen, müsste der Erhebungszeitpunkt für die Kalkulation allerdings bereits im 2. Quartal 2017 liegen. Nach der Einschätzung des Gesetzgebers dürften der Aufbau vieler Register zu diesem Zeitpunkt aber noch nicht abgeschlossen sein wird, so dass ein Kostenüberblick noch nicht möglich ist. Eine Verschiebung der erstmaligen Überprüfung auf das Ende des Jahres 2019 wurde deswegen als erforderlich angesehen, zumal zu diesem späteren Zeitpunkt der Aufbau der klinischen Register voraussichtlich abgeschlossen sein wird und sich die Register außerdem mindestens ein Jahr im Routinebetrieb befinden werden.[12]

---

7 BT-Dr. 17/11267, 28.
8 Dem ist er mit den „Kriterien zur Förderung klinischer Krebsregister des GKV-Spitzenverbandes vom 20.12.2013" nachgekommen; abrufbar unter www.gkv-spitzenverband.de (zuletzt abgerufen am 1.5.2017).
9 Vgl. hierzu BT-Dr. 17/11267, 28 f.
10 Hierzu ausführlich Koch in: jurisPK-SGB V, § 65c SGB V Rn. 66 mwN.
11 BR-Dr. 456/17 v. 16.6.2017.
12 BT-Dr. 18/11488, 56.

§ 65 d Förderung besonderer Therapieeinrichtungen

(1) ¹Der Spitzenverband Bund der Krankenkassen fördert ab 1. Januar 2017 mit insgesamt fünf Millionen Euro je Kalenderjahr im Rahmen von Modellvorhaben Leistungserbringer, die Patienten mit pädophilen Sexualstörungen behandeln. ²Förderungsfähig sind an der vertragsärztlichen Versorgung teilnehmende Leistungserbringer, die ein freiwilliges Therapieangebot vorhalten und die vom Spitzenverband Bund der Krankenkassen als förderungsfähig anerkannt werden. ³Für die Erhebung, Verarbeitung und Nutzung personenbezogener Daten im Rahmen der Modellvorhaben gilt § 63 Absatz 3 Satz 1 und 4, Absatz 3 a und 5 entsprechend mit der Maßgabe, dass die Anonymität der Patienten zu gewährleisten ist. ⁴Die Anonymität darf nur eingeschränkt werden, soweit die Patienten dazu ihre Einwilligung erteilen.

(2) ¹Der Spitzenverband Bund der Krankenkassen hat eine wissenschaftliche Begleitung und Auswertung der Modellvorhaben im Hinblick auf die Erreichung der Ziele der Modellvorhaben nach allgemein anerkannten wissenschaftlichen Standards zu veranlassen. ²Ziel dieser wissenschaftlichen Begleitung und Auswertung ist die Erreichung möglichst hochwertiger Evidenz zur Wirksamkeit der Therapieangebote nach Absatz 1 unter Berücksichtigung der Besonderheiten der pädophilen Sexualstörungen.

(3) ¹Der von unabhängigen Sachverständigen zu erstellende Bericht über die Ergebnisse der Auswertung nach Absatz 2 ist zu veröffentlichen. ²Die Sachverständigen dürfen nicht für Krankenkassen, Kassenärztliche Vereinigungen oder deren Verbände tätig oder als Leistungserbringer oder deren Angestellte am Modellvorhaben beteiligt sein.

(4) ¹Die Finanzierung der Fördermittel nach Absatz 1 erfolgt durch eine Umlage der Krankenkassen gemäß dem Anteil ihrer Versicherten an der Gesamtzahl der in der gesetzlichen Krankenversicherung Versicherten. ²Das Nähere zur Umlage und zur Vergabe der Fördermittel bestimmt der Spitzenverband Bund der Krankenkassen. ³An Modellvorhaben nach Absatz 1 und ihrer Finanzierung können sich über die Fördersumme nach Absatz 1 Satz 1 hinaus weitere Einrichtungen beteiligen, insbesondere private Krankenversicherungen und der Verband der Privaten Krankenversicherung sowie öffentliche Stellen. ⁴Das Verfahren nach § 64 Absatz 3 ist nicht anzuwenden.

Literatur:
Siehe § 63 SGB V.

I. Entstehungsgeschichte und Zweck der Norm

§ 65 d SGB V wurde mit Wirkung zum 1.1.2017 durch das Gesetz zur Weiterentwicklung der Versorgung und der Vergütung für psychiatrische und psychosomatische Leistungen (PsychVVG) vom 19.12.2016 (BGBl. I S. 2986) eingefügt.

Zweck der Vorschrift ist es, einen präventiven Beitrag zur Verhinderung von sexuellen Übergriffen auf Kinder zu leisten, indem pädophile Neigungen kontrolliert und therapiert und damit sexuelle Übergriffe auf Kinder verhindert werden. Der Gesetzgeber geht dabei davon aus, dass 40 Prozent der Täter, die Kinder sexuell misshandeln, Menschen mit pädophilen Neigungen sind, während geschätzte 60 Prozent der Täter nicht pädophil und ihre Missbrauchshandlungen eher eine Art Ersatzhandlung, oftmals bedingt durch anderweitige psychische Störungen, sind.[1] Neben der konsequenten strafrechtlichen Sanktionierung begangener sexueller Übergriffe auf Kinder mit den geltenden Regelungen des Strafrechts muss nach Auffassung des Gesetzgebers aber darüber hinaus auch präventiv darauf hingewirkt werden, dass mögliche drohende sexuelle Übergriffe auf Kinder gar nicht erst begangen werden. Bei Missbrauchshandlungen, die auf pädophile Neigungen zurückzuführen sind, könne hierzu auch im Gesundheitswesen ein wichtiger Beitrag geleistet werden.[2]

II. Gegenstand der Modellvorhaben (Abs. 1)

Die Förderung des GKV-Spitzenverbandes soll Leistungserbringern zu Gute kommen, an die sich Menschen mit einer pädophilen Sexualpräferenz wenden können, die sich freiwillig in Therapie begeben wollen. Förderungsfähig sind nur **Leistungserbringer**, die an der vertragsärztlichen Versorgung teilnehmen. Dies sind beispielsweise Vertragsärzte (§ 95 Abs. 1 SGB V), Psychotherapeuten (§ 72 Abs. 1 S. 2

---
[1] BT-Dr. 18/10289, 52.
[2] BT-Dr. 18/10289, 52.

SGB V) oder ermächtigte Ärzte und Einrichtungen (§ 95 Abs. 1 S. 1 SGB V) wie Hochschulambulanzen (§ 117 SGB V) oder psychiatrische Institutsambulanzen (§ 118 SGB V).

4 Die Modellvorhaben sind zeitlich auf acht Jahre zu **befristen**; es gelten also die in § 63 Abs. 5 SGB V festgelegten Zeiträume. Für die Erhebung, Verarbeitung und Nutzung personenbezogener Daten der Patienten gelten die Vorgaben nach den Vorschriften des § 63 Abs. 3 S. 1 und 4, Abs. 3a und 5 SGB V entsprechend. Damit kann in den Modellvorhaben von den Vorgaben des Zehnten Kapitels mit einer schriftlich erteilten Einwilligung der an den Modellvorhaben teilnehmenden Patienten abgewichen werden, soweit es für das Modellvorhaben erforderlich ist. Soweit in Modellvorhaben von den Vorgaben des Zehnten Kapitels abgewichen wird, sind die Modellvorhaben auf längstens fünf Jahre zu befristen, personenbezogene Daten der Patienten, die in Abweichung vom Zehnten Kapitel erhoben, verarbeitet und genutzt worden sind, sind unverzüglich nach Abschluss des Modellvorhabens zu löschen und die Bundesbeauftrage für den Datenschutz und die Informationsfreiheit oder die Landesbeauftragten für den Datenschutz sind – soweit zuständig – rechtzeitig vor Beginn des Modellvorhabens zu unterrichten (§ 63 Abs. 5 SGB V).

5 Da die Wahrung der Anonymität der teilnehmenden Patienten beim Leistungsbezug und bei der Leistungsabrechnung aus Sicht des Gesetzgebers eine wichtige Bedingung für die Inanspruchnahme des Angebotes medizinisch-therapeutischer Leistungen für Menschen mit pädophilen Störungen darstellt, gelten die Regelungen zur Erhebung, Verarbeitung und Nutzung personenbezogener Daten nach den Vorschriften des § 63 Abs. 3 S. 1 und 4, Abs. 3a und 5 SGB V mit der Maßgabe, dass die Anonymität der an diesen Modellvorhaben teilnehmenden Patienten zu gewährleisten ist.[3] Eine Einschränkung der Anonymität kommt nur in Betracht, soweit die Patienten darin einwilligen, zB für die Nutzung pseudonymisierter Daten im Rahmen der Evaluation oder ein freiwilliger Übergang in den Leistungsbezug in der Regelversorgung.

III. Wissenschaftliche Begleitung (Abs. 2 und 3)

6 Die wissenschaftliche Begleitung und Auswertung ist ein zentrales Element dieser Modellvorhaben. Abs. 2 sieht daher eine wissenschaftliche Begleitung und Auswertung der Modellvorhaben im Hinblick auf die Erreichung ihrer Ziele nach allgemein anerkannten wissenschaftlichen Standards und die Erreichung möglichst hochwertiger Evidenz zur Wirksamkeit der modellhaft erprobten Therapieangebote nach Abs. 1 vor. Dabei sind die Besonderheiten der pädophilen Sexualstörungen zu berücksichtigen. Diese können sich etwa daraus ergeben, dass sich mit Blick auf den Charakter der Pädophilie als eine mit potenziell strafrechtlich relevantem Verhalten verbundene psychische Störung methodische – und auch ethische – Grenzen der Evaluierung denkbar sind. Damit einhergehende methodische Beschränkungen sind nach der gesetzgeberischen Intention genauso wie die sich aus der zu beachtenden Anonymität der Betroffenen ergebenen Beschränkungen zu tolerieren.[4]

7 Abs. 3 S. 1, der die Pflicht zur Veröffentlichung des nach Abs. 2 zu erstellenden Evaluationsbericht normiert, entspricht seinem Wortlaut nach dem des § 65 S. 2 SGB V, wird aber durch Abs. 3 S. 2 in Bezug auf die geforderte Unabhängigkeit des (oder eines Teams von) Sachverständigen konkretisiert. Diese dürfen weder in einem Beschäftigungsverhältnis zu Krankenkassen oder Kassenärztlichen Vereinigungen stehen, noch im Bereich der vertragsärztlichen Versorgung tätig oder bei solchen Leistungserbringern angestellt sein; der Gesetzgeber benennt als mögliche unabhängige Einrichtung, die den Bericht erstellen könnte, das Institut für Qualität und Wirtschaftlichkeit im Gesundheitswesen nach § 139a SGB V.[5]

IV. Finanzierung (Abs. 4)

8 Mit Blick auf die den an Patienten in den Modellvorhaben zugesicherten Anonymität ist eine Abrechnung der Leistungen des Leistungserbringers über die Kassenärztlichen Vereinigungen oder unmittelbar gegenüber den Krankenkasse kaum möglich. Daher werden die besonderen Therapieeinrichtungen vom GKV-Spitzenverband institutionell mit jährlich 5 Mio. EUR gefördert (Abs. 1 S. 1), ohne dass es zu einer Bereinigung der morbiditätsbedingten Gesamtvergütung bzw. des ihr zugrunde liegenden Behandlungsbedarfs kommt (Abs. 4 S. 4). Dabei wird über ein Umlageverfahren erreicht, dass sich alle Krankenkassen an den Kosten entsprechend des Anteils der bei ihnen im Verhältnis zur Gesamtzahl

---

3 BT-Dr. 18/10289, 53.
4 BT-Dr. 18/10289, 53.
5 BT-Dr. 18/10289, 53.

der in der gesetzlichen Krankenversicherung Versicherten beteiligen (Abs. 4 S. 1). Eine Kofinanzierung durch weitere private oder öffentliche Einrichtungen oder Spenden, zB für Zwecke der Öffentlichkeitsarbeit, ist nicht ausgeschlossen. Das gilt auch für Finanzierungsbeiträge aus dem Bereich der Privaten Krankenversicherung, weil die Anonymität auch den Versicherungsstatus einschließt.[6]

§ 66 Unterstützung der Versicherten bei Behandlungsfehlern

¹Die Krankenkassen sollen die Versicherten bei der Verfolgung von Schadensersatzansprüchen, die bei der Inanspruchnahme von Versicherungsleistungen aus Behandlungsfehlern entstanden sind und nicht nach § 116 des Zehnten Buches auf die Krankenkassen übergehen, unterstützen. ²Die Unterstützung der Krankenkassen nach Satz 1 kann insbesondere die Prüfung der von den Versicherten vorgelegten Unterlagen auf Vollständigkeit und Plausibilität, mit Einwilligung der Versicherten die Anforderung weiterer Unterlagen bei den Leistungserbringern, die Veranlassung einer sozialmedizinischen Begutachtung durch den Medizinischen Dienst nach § 275 Absatz 3 Nummer 4 sowie eine abschließende Gesamtbewertung aller vorliegenden Unterlagen umfassen. ³Die auf Grundlage der Einwilligung des Versicherten bei den Leistungserbringern erhobenen Daten dürfen ausschließlich zum Zwecke der Unterstützung des Versicherten bei Behandlungsfehlern verwendet werden.

Literatur:
Esser/Heinrich, Unterstützung der Versicherten bei Behandlungsfehlern (§ 66 SGB V) – Ergebnisse Expertenanhörung, KrV 1994, 68; *Finn*, Unterstützung gesetzlich Versicherter durch Kranken- und Pflegekassen bei der Verfolgung von Schadensersatzansprüchen, WsZ 2015, 99; *Hahn*, Neue Patientenrechte im Krankenversicherungsrecht, SGb 2015, 144; *Hart*, Ein Patientenrechtegesetz ohne Eigenschaften – über den Mangel an legislativer Eigenständigkeit, GesR 2012, 385; *Hart*, Patientensicherheit nach dem Patientenrechtegesetz, MedR 2013, 159; *Katzenmeier*, Die Rahmenbedingungen der Patientenautonomie, MedR 2012, 576; *Katzenmeier*, Das Patientenrechtegesetz auf dem Prüfstand, SGb 2012, 125; *Katzenmeier/Jansen*, die Rolle der GKV bei Arzt-Patient-Streitigkeiten – Überlegungen zu einer „Materialisierung" des § 66 SGB V, in: FS Dahm 2017, 261; *Kellner*, Das neue Patientenrechtegesetz, ZMGR 2013, 228; *Preis/Schneider*, Das Patientenrechtegesetz – eine gelungene Kodifikation?, NZS 2013, 281; *Lemke*, Erfahrungen und Perspektiven des Medizinischen Dienstes der Krankenkassen bei der Unterstützung gesetzlich Versicherter bei Verdacht auf Heilbehandlungsfehler, in: Arbeitsgemeinschaft Rechtsanwälte im Medizinrecht (Hrsg.), Waffen-Gleichheit 2002, 127; *Meinecke*, Unterstützung bei Behandlungsfehlern durch die Krankenkassen, KrV 1994, 315; *Psathakis/Hildebrand*, Die Rolle des MDK bei Beratung und Prüfung vorgeworfener ärztlicher Behandlungs- und Pflegefehler, ASR 2008, 79; *Rehborn*, Das Patientenrechtegesetz, GesR 2013, 257; *Schultze-Zeu/Riehn*, Ärztliche Behandlungsfehler – Die Unterstützungspflicht der gesetzlichen Krankenversicherung gemäß § 66 SGB V und die Mitwirkungspflicht der Versicherten, VersR 2013, 1482; *Sikorski*, Die Begutachtung von Behandlungsfehlern durch den MDK, MedR 2001, 188; *Thole*, Das Patientenrechtegesetz – Ziele der Politik, MedR 2013, 145; *Thole/Schanz*, Die Rechte der Patienten – transparent, verlässlich und ausgewogen, RDG 2013, 64; *Wenner*, Mehr Klarheit und einige neue Rechtsansprüche – Was der Entwurf für ein Patientenrechtegesetz vorsieht, SozSich 2012, 105; *Wenner*, Patientenrecht im Krankenversicherungsrecht, SGb 2013, 162; *Wenzel*, Patientenrechtegesetz, 2017.

I. Entstehungsgeschichte 1	5. Verfolgung 11
II. Verhältnis zu anderen Vorschriften 2	6. Unterstützung 12
III. Normtext 4	7. Soll-Regelung 17
1. Anspruchsgegner 4	8. Rechtspolitische Erwägungen 19
2. Behandlungsfehler 5	9. Mögliche Unterstützungsmaßnahmen
3. Schadensersatzansprüche 6	und Datenschutz (S. 2 und 3) 21
4. Kausalität als Anspruchsvoraussetzung? 10	

I. Entstehungsgeschichte

§ 66 wurde durch das GRG vom 20.12.1988[1] mit Wirkung zum 1.1.1989 in das SGB V eingefügt; eine Vorgänger-Vorschrift gab es nicht. Durch das Gesetz zur Verbesserung der Rechte von Patientin-

---
6 BT-Dr. 18/10289, 53.
1 BGBl. I, 2477.

nen und Patienten vom 20.2.2013[2] wurde die Regelung geändert; das Wort „sollen" ersetzte das Wort „können".

II. Verhältnis zu anderen Vorschriften

2   Gegenüber § 15 SGB I, der allgemein zur „Auskunft" verpflichtet, ist § 66 SGB V *lex specialis*.[3]

3   § 284 Abs. 1 Nr. 5 SGB V legitimiert die Krankenkasse, die zur Erbringung der Unterstützungsleistung erforderlichen Sozialdaten zu erheben und zu speichern.

III. Normtext

4   **1. Anspruchsgegner.** Anspruchsgegner sind „die Krankenkassen"; Im Einzelfall ist darunter die konkrete Kasse zu verstehen, bei der der Versicherte im Zeitpunkt des Unterstützungsbegehrens versichert ist; auf den Zeitpunkt des möglichen Behandlungsfehlers kommt es nicht an.

5   **2. Behandlungsfehler.** § 630a Abs. 2 BGB verpflichtet Behandelnde, die Behandlung nach den zum Zeitpunkt der Behandlung bestehenden, allgemein anerkannten fachlichen Standards vorzunehmen. Der Standard entspricht dem Erkenntnisstand der medizinischen Wissenschaft, anerkannt durch die Profession.[4] Der Behandlungsfehler stellt demgemäß eine Um- oder Abkehr des vom Behandelten Geschuldeten in Form einer Standardabweichung.[5] Angesichts des Normzweckes – den Versicherten soll die Durchsetzung haftungsrechtlicher Schadenersatzansprüche durch Bereitstellung der Fachkompetenz der Krankenkasse erleichtert werden[6] – ist es sachgerecht, als Behandlungsfehler im Sinne des § 66 SGB V nicht nur medizinische Fehlleistungen im eigentlichen Sinne (insbesondere Diagnose- und Therapiefehler durch fehlerhaftes Handeln oder Unterlassen, Organisationsfehler) anzusehen, sondern auch Aufklärungsmängel.

6   **3. Schadensersatzansprüche.** Hierzu gehören alle zivilrechtlichen Ansprüche (insbesondere Schmerzensgeld, Verdienstausfall, Haushaltsführungsschaden, selbst zu tragende Aufwendungen für Folgebehandlungen, Sachschäden), die dem Versicherten (nicht: Dritten, beispielsweise den Erben) zustehen können. Dabei ist die Anspruchsgrundlage nachrangig; die Ansprüche können sowohl auf Vertrag (§ 280 Abs. 1 BGB iVm §§ 630a ff. BGB) als auch auf Delikt (§ 823 Abs. 1, 2, §§ 831, 839 BGB) beruhen.

7   Schadensersatzansprüche iSd § 66 SGB V sind zivil-, nicht hingegen sozialrechtliche Ansprüche. Demgemäß ist die Krankenkasse auch nicht verpflichtet, für den Patienten im Rahmen eines „Mängelrügeverfahrens", dh bei Prüfung eines Schadensregresses wegen Mängeln prothetischer Leistungen, tätig zu werden.[7]

8   Umfasst sind nur solche Schadenersatzansprüche, die bei der Inanspruchnahme von Versicherungsleistungen entstanden sind. Versicherungsleistungen sind Leistungen im Sinne der §§ 11 bis 68. Umfasst davon sind nicht nur die – im Haftungsrecht meist im Vordergrund stehenden – Ansprüche gegen Ärzte, Zahnärzte oder Krankenhäuser, sondern auch andere Leistungserbringer, so Medizinische Versorgungszentren, Psychotherapeuten, Heil- und Hilfsmittelerbringer, Apotheken, Erbringer von Haushaltshilfe, Schutzimpfungen, Krankentransporten und Hebammenleistungen). Unmaßgeblich ist, ob es sich bei diesen um „Behandelnde" im Sinne des § 630a Abs. 1 BGB handelt, wozu nur diejenigen gerechnet werden, die eine „medizinische Behandlung" erbringen (insbesondere Ärzte, Zahnärzte, Psychologische Psychotherapeuten, Kinder- und Jugendlichenpsychotherapeuten, Hebammen, Masseure, Medizinische Bademeister, Ergotherapeuten, Logopäden, Physiotherapeuten, Heilpraktiker, Podologen, Träger von Krankenhäusern und Medizinischen Versorgungszentren einschließlich ihrer Zusammenschlüsse),[8] während pflegerische, pharmakologische oder Betreuungsleistungen nicht erfasst werden.[9]

9   Beruhen hingegen die Schäden auf Umständen, die nicht bei der „Inanspruchnahme von Versicherungsleistungen" iSd SGB V entstanden sind (insbesondere medizinisch nicht indizierten Operationen),

---

2   BGBl. I, 277.
3   Koch in: jurisPK-SGB V, § 66 Rn. 2.
4   Rehborn/Gescher in: Erman, BGB, 2014, § 630a Rn. 35.
5   Rehborn/Gescher in: Erman, BGB, 2014, vor § 630h, Rn. 3 mwN.
6   Nebendahl in: Spickhoff, Medizinrecht, § 66 SGB V Rn. 1.
7   BayLSG, 20.1.2005, L 4 KR 25/02, juris Rn. 36; Koch in: jurisPK-SGB V, § 66 Rn. 7.
8   Vgl. im Einzelnen Rehborn/Gescher in: Erman, BGB, 2014, § 630a BGB Rn. 16 ff.
9   Rehborn/Gescher in: Erman, § 630a BGB, Rn. 15; BT-Dr. 17/488, 17 f.; Wagner, VersR 2012, 789, 790.

besteht nach § 66 auch keine Unterstützungspflicht der Krankenkasse. Erst recht gilt das bei Schädigungen, die durch krankenversicherungsfremde Ursachen (zB Verkehrsunfälle, vorsätzliche Körperverletzungen) entstanden sind.

4. Kausalität als Anspruchsvoraussetzung? Dem Wortlaut nach erfasst das Gesetz nur „Schadensersatzansprüche, die ... aus Behandlungsfehlern" entstanden sind, verlangt also eine Kausalität des Behandlungsfehlers für den Schadenersatzanspruch. Eine so strenge Sichtweise hat der Gesetzgeber indes nicht gewollt; in aller Regel wird die Kausalität eines Behandlungsfehlers für einen Schaden erst in einem gesonderten Verfahren (vor den Gutachter- oder Schlichtungsstellen, im Zivilprozess nach den dafür geltenden besonderen Regelungen)[10] festgestellt. § 66 setzt nicht voraus, dass diese Feststellung bereits stattgefunden hat; er soll sie gerade erst ermöglichen; abgestellt wird mithin darauf, ob Schadenersatzansprüche bestehen „könnten".[11]

5. Verfolgung. Der Begriff der „Verfolgung" von Schadenersatzansprüchen umfasst jedwede Art der Geltendmachung; diese kann sowohl vorgerichtlich als auch gerichtlich erfolgen, ebenso in Verfahren vor den Gutachter- und/oder Schlichtungsstellen, die bei den jeweiligen (Landes-)Ärztekammern eingerichtet sind.[12]

6. Unterstützung. „Unterstützung" beinhaltet terminologisch ein Miteinander, eine Interaktion zwischen Versichertem und Krankenkasse. Unterstützungsleistungen können die Krankenkassen daher sowohl auf Anforderung durch den Versicherten als auch von Amts wegen erbringen;[13] geht die Krankenkasse aufgrund eigener Erkenntnisse primär auf den Versicherten zu, der indessen nicht reagiert oder von einer Anspruchsverfolgung absehen will, besteht für die Krankenkasse – vom Vorliegen neuer Erkenntnisse abgesehen – keine Veranlassung, erneut und ggf. nachdrücklich an den Versicherten heranzutreten.

Jedenfalls im Kontext mit § 15 SGB I wird zur Unterstützung auch die allgemeine Beratung gehören. Diese umfasst Hinweise auf die Möglichkeit anwaltlicher Inanspruchnahme, die (für Patienten kostenlose) Geltendmachung von Ansprüchen vor Gutachter- oder Schlichtungsstellen der Ärztekammern, die Beratung hinsichtlich der Einsichtnahme in die Patientenakte (§ 630 d BGB), aber auch das Aufzeigen des Weges einschließlich der damit verbundenen Kosten einer Klage vor den Zivilgerichten.

Nach allgemeiner Auffassung wird zudem auch die Prüfung des medizinischen Sachverhaltes durch die Krankenkasse, im Allgemeinen durch Auftrag an den Medizinischen Dienst, § 275, umfasst. Dessen Mitarbeiter oder von dort beauftragte Dritte (zB niedergelassene oder auch im Ruhestand befindliche Ärzte) erstellen dann anhand der Patienteninformationen, zweckmäßigerweise zumindest aber auch auf Basis der zuvor beigezogenen Patientenakte, ein Gutachten zu der Frage, ob ein Behandlungsfehler vorliegt und dieser für Schäden des Patienten kausal geworden ist. Dabei ist es rechtlich zulässig – und in der Praxis häufig vorkommend –, dass der MDK nicht nur ein sog Erstgutachten erstellt, sondern im Zuge der weiteren Auseinandersetzung ggf. auch von Behandlerseite oder gerichtlich eingeholte Gutachten inhaltlich auf deren medizinische Richtigkeit überprüft und ggf. Ergänzungsgutachten einholt. Hingegen steht weder der Krankenkasse noch dem MDK ein Recht auf Nebenintervention (§§ 66 ff. ZPO) im Rechtsstreit des Versicherten gegen Behandelnde zu.[14]

Unterstützung zielt nach Auffassung des Hess. LSG darauf ab, dem Versicherten Leistungen zu gewähren, die ihm die Beweisführung erleichtern, dh ihm die für eine Rechtsverfolgung essentiellen Informationen zugänglich zu machen. Unterstützungsleistungen beschränken sich regelmäßig auf die Verschaffung von Auskünften über die vom Arzt gestellten Diagnosen, die angewandte Therapie, die Namen der Behandler, die Anforderung ärztlicher Unterlagen einschließlich Röntgen-Aufnahmen etc von der Behandlung und die Begutachtung durch den MDK nach § 275 Abs. 3 Nr. 4.[15]

Fraglich ist, ob Krankenkassen darüber hinaus Leistungen zu erbringen haben. Insbesondere stellt sich die Frage nach einer finanziellen Unterstützung des Versicherten, zB durch Übernahme oder Teilüber-

---

10 Vgl. Rehborn/Gescher in: Erman, BGB, 2014, vor § 630 a Rn. 9 ff.
11 Lang in: Becker/Kingreen, § 66 Rn. 1.
12 Lang in: Becker/Kingreen, § 66 Rn. 1; BayLSG, 9.7.1988, L 4 KR 4/98, juris Rn. 14.
13 Schultze-Zeu/Riehn, VersR 2013, 1482, 1483; kritisch hierzu die Resolution des 116. Dt. Ärztetages, Beschlussprotokoll S. 248, www.bundesaerztekammer.de/downloads/116Beschlussprotokoll20130604.pdf (zuletzt abgerufen am 1.3.2017).
14 OLG Koblenz, 14.4.2009, 5 U 309/09, juris Rn. 7, 8 = GesR 2009, 329 ff.
15 Hess. LSG, 4.5.2015, L 1 KR 381/13, juris Rn. 17 = KRS 2016, 181 ff.; vgl. auch LSG Schleswig-Holstein, Beschl. v. 20.3.2015, L 5 KR 40/15 B ER = GesR 2015, 372 ff.

nahme von Prozess- oder Gutachterkosten. Der Gesetzeswortlaut schließt das explizit nicht aus; eine historische Auslegung[16] ergibt aber, dass das nicht gewollt war.[17] Demgegenüber überzeugt ein Verweis auf haushaltsrechtliche Überlegungen[18] jedenfalls für sich allein nicht. Ebenso wenig trägt das alleinige Argument, die gesetzliche Krankenversicherung dürfe ihre Mittel nur zur Erfüllung öffentlich-rechtlicher Aufgaben verwenden;[19] dem ist nämlich entgegenzuhalten, dass der Gesetzgeber mit § 66 gerade eine Anordnung getroffen hat, auch innerhalb des Systems der öffentlich-rechtlichen Krankenversicherung (ausnahmsweise) Privatinteressen mit Mitteln der Krankenversicherung zu unterstützen.

17 **7. Soll-Regelung.** Mit der Umstellung der Regelung von einer „Kann"-Regelung auf eine „Soll"-Regelung[20] hat der Gesetzgeber die Unterstützung durch die Krankenkasse zum Regelfall gemacht. Vom Grundsatz her ist die Krankenkasse daher zur Unterstützung verpflichtet.[21] Nur in Sonderfällen, so beispielsweise bei *offensichtlich* fehlender Kausalität, bei durch anderweitige Gutachten *offenkundig* bereits widerlegter Fehlerhaftigkeit,[22] wird man hiervon abzusehen haben. Angesichts der strengen Rechtsprechung des BGH zur Verjährung im Arzthaftungsrecht, die idR eine Kenntnis von Fehler, Schaden und dessen Kausalität sowie des Schädigers fordert (§ 199 Abs. 1 Nr. 2 BGB)[23] wird eine Verjährung der Schadensersatzansprüche des Versicherten eher selten als Grund für eine Versagung der Unterstützung in Betracht kommen.

18 Da der Gesetzgeber die Unterstützung nunmehr als Regelfall ausgeformt hat, wird die Krankenkasse im Streitfall mit dem Versicherten um die Gewährung von Unterstützungsleistungen die Darlegungs- und ggf. Beweislast treffen, warum eine Ausnahme gegeben ist, die ausnahmsweise eine Unterstützung nicht erfordert.

19 **8. Rechtspolitische Erwägungen.** Primär ist die Regelung systemwidrig; sie dient nicht dem in § 1 S. 1 – quasi in Form eines Obersatzes – definierten Zweck der Krankenversicherung, nämlich in Form einer Solidargemeinschaft „die Gesundheit der Versicherten zu erhalten, wiederherzustellen oder ihren Gesundheitszustand zu bessern". Mit derselben Rechtfertigung, wie man nach mehr als 100 Jahren das Sterbegeld als „versicherungsfremd"[24] gestrichen hat, ist auch diese Regelung verzichtbar. Krankenkassen sind keine Rechtsschutzversicherung.[25] Hinzu kommt, das System der gesetzlichen Krankenversicherung auf einer partnerschaftlichen Zusammenarbeit zwischen Krankenkassen und Leistungserbringern, insbesondere Ärzten, beruht.[26] Mit diesem Gedanken ist eine einseitige Positionierung der Krankenkasse, erst recht im Sinne einer „Soll"-Regelung, wie sie die Vorschrift vorsieht, nur schwer vereinbar.

20 Unbeschadet dessen war der Gesetzgeber zu einer solchen Regelung befugt. Auch erscheint die Kritik, die Gesetzgebung sei „unaufrichtig", es fehle an einer Konkretisierung[27] verfehlt. Die Ausgestaltung als „Soll"-Regelung reicht aus, um das Regel-Ausnahmeverhältnis sowohl hinsichtlich eines „Ob" als auch des „Wie" von Unterstützungsleistungen deutlich zu machen.

21 **9. Mögliche Unterstützungsmaßnahmen und Datenschutz (S. 2 und 3).** Im Rahmen des im April 2017 in Kraft getretenen Heil- und Hilfsmittelversorgungsgesetzes (HHVG)[28] wurde § 66 um die Sätze 2 und 3 ergänzt. Diese konkretisieren den in S. 1 statuierten Unterstützungsauftrag.[29] Durch die Verwendung der Formulierung „insbesondere" wird zum Ausdruck gebracht, dass die Unterstützung der Krankenkassen nicht nur die Prüfung der von den Versicherten vorgelegten Unterlagen auf Vollständigkeit und Plausibilität, die Anforderung weiterer Unterlagen bei Leistungserbringern, die Veranlas-

---

16 Vgl. BT-Dr. 11/2237, 89: „Die Unterstützungsleistung der Krankenkasse umfasst keine Übernahme der Kosten der Rechtsverfolgung".
17 So auch Lang in: Becker/Kingreen, § 66 Rn. 4; BSG NZS 2012, 557 mwN; zu Überlegungen de lege ferenda Katzenmeier/Jansen, FS Dahm 2017, 261 ff.
18 So BayLSG, 9.7.1998, L 4 KR 4/98, juris Rn. 16.
19 Koch in: jurisPK-SGB V, § 66 Rn. 9.
20 Vgl. Rn. 1.
21 Lang in: Becker/Kingreen, § 66 Rn. 3; Preis/Schneider, NZS 2013, 281, 286; Rehborn, GesR 2013, 257, 272.
22 Rehborn, GesR 2013, 257, 272.
23 Vgl. auch BGH, 10.11.2009, VI ZR 247/08, juris 6, 7 = VersR 2010, 214.
24 BT-Dr. 15/1525, 91.
25 Preis/Schneider, NZS 2013, 281, 287.
26 Zu Recht Wenner, SozSich 2012, 105, 108; zustimmend Preis/Schneider, NZS 2013, 281, 287, wohl auch Katzenmeier in: Lorenz (Hrsg.), Karlsruher Forum 2013: Patientenrechte und Arzthaftung 2014, 31.
27 Preis/Schneider, NZS 2013, 281, 287.
28 BGBl. I 2017, 778.
29 Wenzel, Patientenrechtegesetz, Rz. 1139 ff.

sung einer sozialmedizinischen Begutachtung durch den Medizinischen Dienst sowie eine abschließende Gesamtbewertung aller vorliegenden Unterlagen umfasst, sondern im Rahmen des oben genannten Umfanges eine einzelfallbezogene Unterstützung des Versicherten stattzufinden hat. Der S: 3 begrenzt die Datenweitergabe auf Zwecke der Unterstützung des Versicherten im Sinne dieser Vorschrift.

§ 67 Elektronische Kommunikation

(1) Zur Verbesserung der Qualität und Wirtschaftlichkeit der Versorgung soll die papiergebundene Kommunikation unter den Leistungserbringern und mit den Krankenkassen so bald und so umfassend wie möglich durch die elektronische und maschinell verwertbare Übermittlung von Befunden, Diagnosen, Therapieempfehlungen, Behandlungsberichten und Unterlagen in Genehmigungsverfahren, die sich auch für eine einrichtungsübergreifende fallbezogene Zusammenarbeit eignet, ersetzt werden.
(2) Die Krankenkassen und Leistungserbringer sowie ihre Verbände sollen den Übergang zur elektronischen Kommunikation nach Absatz 1 finanziell unterstützen.

I. Allgemeines und Entstehungsgeschichte

§ 67 wurde durch Art. 1 Nr. 44 Gesetz zur Modernisierung der gesetzlichen Krankenversicherung, GMG (BGBl. I, 2190) mit Wirkung zum 1.1.2004 eingeführt. Mit Wirkung vom 29.12.2005 ist durch das E-Health-Gesetz die Vorschrift auch auf die Kommunikation zwischen Leistungserbringern und Krankenkassen ausgedehnt worden.
Die Vorschrift bringt in erster Linie eine Wunschvorstellung des Gesetzgebers zum Ausdruck. Es geht um die **Umstellung von einer papiergebundenen zu einer elektronischen Kommunikation** der Leistungserbringer untereinander sowie mit den Krankenkassen und zwar „so bald und so umfassend wie möglich". Dass diese Wunschvorstellung in der Praxis offensichtlich nur schwer zu realisieren ist, führt die Geschichte der elektronischen Gesundheitskarte seit Jahren eindrücklich vor Augen, deren Einführung in § 291a geregelt ist.

Die Vorschrift ist im Zusammenhang mit § 291a zu lesen; die praktische Relevanz ist im Vergleich zu letzterer Vorschrift gering, da weder eine Verpflichtung begründet noch irgendwelche zeitlichen Vorgaben gemacht werden (bloßer „**gesetzgeberischer Appell**").[1] Gemäß § 291a müssen die für den elektronischen Arztbrief, die Arzneimitteldokumentation, die elektronische Patientenakte sowie weitere Telematikanwendungen erforderlichen Informations-, Kommunikations- und Sicherheitsinfrastrukturen geschaffen werden; darauf aufbauend sollen nach dem Willen des Gesetzgebers **bisher auf Papierform basierende Kommunikationsprozesse so umfassend wie möglich auf eine elektronische Form umgestellt werden**.[2]

Die Erwartungen, die an die elektronische Kommunikation gerichtet werden, sind hoch. Der Gesetzgeber erhofft sich von ihrer Einführung in erster Linie eine **Verbesserung der Qualität und Wirtschaftlichkeit in der medizinischen Versorgung**. Tatsächlich bringt die elektronische Übermittlung zahlreiche Vorteile mit sich: Patientendaten sind besser, schneller und im Zweifel vollständiger verfügbar, wodurch sich insbesondere Doppeluntersuchungen vermeiden und Krankheitszusammenhänge besser verstehen lassen.[3] Die ärztliche Zusammenarbeit wird gefördert, weil die Patientendaten anderer Leistungserbringer unkompliziert und ohne zusätzlichen Aufwand genutzt werden können.[4] Notwendig ist die Einrichtung einer elektronischen Kommunikationsstruktur insbesondere auch für die **integrierte Versorgung** nach §§ 140a ff. und für strukturierte Behandlungsprogramme gem. § 137f.[5]

II. Übergang zur elektronischen Kommunikation (Abs. 1)

Abs. 1 erfasst die **Kommunikation „unter den Leistungserbringern"** und – seit der Änderung durch das E-Health-Gesetz – auch die Kommunikation **„mit den Krankenkassen"**. Adressaten sind also alle Leistungserbringer, auch die Angehörigen nicht verkammerter Berufe, sowie die Krankenkassen.[6] Letztere

---

1 Nebendahl in: Spickhoff, Medizinrecht, SGB V § 67 Rn. 2.
2 BT-Dr. 15/1525, 96.
3 Scholz in: BeckOK SozR, SGB V § 67 Rn. 1.
4 Scholz in: BeckOK SozR, SGB V § 67 Rn. 1.
5 BT-Dr. 15/1525, 96.
6 Michels in: Becker/Kingreen, § 67 Rn. 3.

waren vor der Erweiterung durch das E-Health-Gesetz lediglich in Abs. 2 angesprochen, wonach sie den Übergang zur elektronischen Kommunikation finanziell unterstützen sollen. Die Erweiterung des Adressatenkreises nimmt einen Vorschlag des GKV-Spitzenverbandes auf, wonach es mit Blick auf die bisher papiergebundenen Genehmigungsverfahren sinnvoll sei, dass einzelne Arztpraxen mit einer Krankenkasse direkt und sicher kommunizieren können.[7]

5 Elektronische Kommunikation ist dadurch gekennzeichnet, dass Patientendaten auf elektronischem Wege ausgetauscht werden, um eine **patientenbezogene Zusammenarbeit auf Grundlage wechselseitiger Information** zu ermöglichen.[8] Nach § 67 Abs. 1 soll die elektronische Kommunikation **Befunde, Diagnosen, Therapieempfehlungen, Behandlungsberichte** sowie – in der Kommunikation mit den Krankenkassen – **Unterlagen in Genehmigungsverfahren** erfassen. Die Vorschrift knüpft damit insbesondere auch an § 291a Abs. 3 S. 1 Nr. 2, Nr. 4 an (elektronischer Arztbrief und elektronische Patientenakte).[9]

6 Datenschutzrechtlich ist die Vorschrift ohne Relevanz. Mit „elektronischer Kommunikation" bezieht sie sich in erster Linie auf die elektronische Datenübermittlung im Sinne des § 67 Abs. 6 Nr. 3 SGB X, begründet selbst jedoch **keinen gesetzlichen Erlaubnistatbestand** für eine solche Datenübermittlung.[10] Es gelten daher für die elektronische Kommunikation die **allgemeinen datenschutzrechtlichen Vorgaben** (nicht nur des SGB X und des SGB V, sondern auch des BDSG) sowie die Grundsätze der ärztlichen Schweigepflicht. Aufgrund ihrer besonderen Sensitivität gehören Patientendaten zu den besonderen Arten personenbezogener Daten im Sinne von § 67 Abs. 12 SGB X und unterliegen deshalb teils strengeren datenschutzrechtlichen Beschränkungen.

III. Unterstützung der Finanzierung (Abs. 2)

7 Bei Abs. 2 handelt es sich wie schon bei Abs. 1 um eine „Soll-Vorschrift". Auch diese Vorschrift hat mithin lediglich Appellcharakter und enthält weder eine bindende Verpflichtung noch nähere Festlegungen über Höhe oder Form der zu gewährenden finanziellen Unterstützung.[11] Krankenkassen und Leistungserbringer sowie ihre Verbände sollen den Übergang zur elektronischen Kommunikation „unterstützen", also nicht etwa die Kosten vollständig übernehmen.[12] Es liegt im **Ermessen der Regelungsadressaten**, ob, in welchem Umfang und in welcher Form sie durch ihre finanzielle Unterstützung den Übergang zur elektronischen Kommunikation fördern wollen.[13]

8 Abs. 2 richtet sich an **Krankenkassen, Leistungserbringer sowie ihre Verbände**. Der Begriff der Verbände ist umfassend zu verstehen; Verbände der Krankenkassen, KV und KZV fallen ebenso darunter wie auch privatrechtliche Zusammenschlüsse von Leistungserbringern.[14]

9 Für die Krankenkassen und deren Verbände schafft Abs. 2 die Befugnis, finanzielle Anreize zur Förderung der elektronischen Kommunikation aus eigenen Mitteln zur Verfügung zu stellen.[15]

§ 68 Finanzierung einer persönlichen elektronischen Gesundheitsakte

[1]Zur Verbesserung der Qualität und der Wirtschaftlichkeit der Versorgung können die Krankenkassen ihren Versicherten zu von Dritten angebotenen Dienstleistungen der elektronischen Speicherung und Übermittlung patientenbezogener Gesundheitsdaten finanzielle Unterstützung gewähren. [2]Das Nähere ist durch die Satzung zu regeln.

Literatur:

Caumanns, Datenschutz und Datennutz bei elektronischen Patientenakten, DuD 2013, 137.

---

7 Stellungnahme des GKV-Spitzenverbandes vom 12.10.2015 zum Entwurf eines Gesetzes für sichere digitale Kommunikation und Anwendungen im Gesundheitswesen, S. 37.
8 Nebendahl in: Spickhoff, Medizinrecht, SGB V § 67 Rn. 4.
9 Krauskopf in: Krauskopf, § 67 SGB V Rn. 5.
10 Michels in: Becker/Kingreen, § 67 Rn. 4.
11 Nebendahl in: Spickhoff, Medizinrecht, SGB V § 67 Rn. 5.
12 Scholz in: BeckOK SozR, SGB V § 67 Rn. 3.
13 Michels in: Becker/Kingreen, § 67 Rn. 7.
14 Krauskopf in: Krauskopf § 67 SGB V Rn. 6.
15 Nebendahl in: Spickhoff, Medizinrecht, SGB V § 67 Rn. 5.

I. Allgemeines und Entstehungsgeschichte

§ 68 wurde durch Art. 1 Nr. 44 Gesetz zur Modernisierung der gesetzlichen Krankenversicherung, GMG (BGBl. I, 2190) eingeführt und trat am 1.1.2004 in Kraft. Die Vorschrift ist seit ihrem Inkrafttreten nicht geändert worden.

§ 68 ermöglicht es Krankenkassen, zur Verbesserung der Qualität und der Wirtschaftlichkeit der Versorgung ihren Versicherten für die Nutzung einer persönlichen elektronischen Gesundheitsakte finanzielle Unterstützung zu gewähren und so für die Versicherten einen **Anreiz zu schaffen, die eigenen Gesundheitsdaten möglichst umfassend zu dokumentieren**. Die gesetzgeberischen Hoffnungen, die mit solch einer persönlichen elektronischen Gesundheitsakte einhergehen, sind dieselben, wie sie auch im Zusammenhang mit der elektronischen Gesundheitskarte gehegt werden: mehr **Patientensouveränität und Eigenverantwortung** sowie ein besserer **Informationsaustausch zwischen Leistungserbringern**. Der Versicherte soll in die Lage versetzt werden, sektorübergreifend den Leistungserbringern die relevanten medizinischen Informationen einschließlich früherer Befunde zur Verfügung zu stellen.[1] Ziel ist der Aufbau einer vollständigen Dokumentation, die unabhängig von dem einzelnen Behandler ist und einen Gesamtüberblick über die Krankheitsgeschichte des Patienten vermittelt.

§ 291a Abs. 3 S. 1 Nr. 4 sieht für die elektronische Gesundheitskarte ebenfalls die **Zusatzfunktion einer elektronischen Patientenakte** vor. Wenngleich Gesundheitsakte im Sinne von § 68 und Patientenakte im Sinne von § 291a nicht identisch sind, verfolgen sie doch im Grunde die gleiche Zielsetzung: eine möglichst umfassende Dokumentation aller Patienten- bzw. Gesundheitsdaten, um die Behandlungsqualität und -sicherheit zu steigern. Man kann daher durchaus die Frage aufwerfen, ob es Sinn macht, wenn der Gesetzgeber dieses Ziel auf mehrerlei Wegen erreichen bzw. fördern möchte. Die Probleme bei der Einführung der elektronischen Gesundheitskarte machen deutlich, welch riesige Herausforderungen die elektronische Dokumentation und Kommunikation von Gesundheitsdaten unter den Aspekten des Datenschutzes und der Datensicherheit mit sich bringen. Ressourcen, Kompetenzen und Aufmerksamkeiten sollten daher besser gebündelt werden, anstatt sich in einer Vielzahl von Projekten zu verlieren.

II. Elektronische Gesundheitsakte

Bei der elektronischen Gesundheitsakte handelt es sich um eine **elektronische Sammlung von Gesundheitsdaten** des Versicherten unabhängig von bestehenden Dokumentationspflichten der Leistungserbringer. Was Inhalt und Form der Gesundheitsakte angeht, macht § 68 keine genaueren Vorgaben. Gespeichert werden können sämtliche relevanten Gesundheitsdaten, egal um welche Dokumente es sich handelt (Arztberichte, Verordnungen, Begutachtungen etc) und woher diese stammen (Behandlungsfälle der GKV, privatärztliche Behandlungen, Auslandsbehandlungen etc).[2] Teils wird der Begriff der elektronischen Gesundheitsakte auch noch weiter gefasst im Sinne eines **multifunktionalen elektronischen Dienstes**, der über die klassische Dokumentationsfunktion hinaus auch Informations- und Erinnerungsdienste umfasst (zB Hinweise per E-Mail oder SMS auf Vorsorge- und Impftermine).[3]

Von der elektronischen Patientenakte nach § 291a Abs. 3 S. 1 Nr. 4 soll sich die elektronische Gesundheitsakte vor allem dadurch unterscheiden, dass über Letztere der **Patient die alleinige Verfügungsgewalt hat**; er allein entscheide im Falle der Gesundheitsakte darüber, wer welche Daten in der Akte speichert, ändert und wer Einsicht in die Akte erhält.[4] Die elektronische Patientenakte werde hingegen anders als die Gesundheitsakte bei den Leistungserbringern selbst geführt.[5] Zudem könnten in der elektronischen Gesundheitsakte umfangreichere Informationen gespeichert werden als in der Patientenakte.[6] Woher diese Überzeugungen rühren, ist jedoch nicht so recht ersichtlich. Tatsächlich zeichnet sich auch die elektronische Patientenakte durch weitestgehende „Patientenhoheit" aus – ohne Einverständnis und Autorisierung des Patienten ist jegliche Form einer Datenverwendung im Rahmen der Patientenakte unzulässig (siehe § 291a Abs. 5 S. 1 und 2).[7] Aus § 291a Abs. 3 Nr. 5 ergibt sich zudem, dass Art und Menge der Informationen auch in der Patientenakte durchaus umfangreich sein können, da auch von Versicherten selbst oder für sie zur Verfügung gestellte Daten Aufnahme finden können.

---

1 BT-Dr. 15/1525, 96.
2 Michels in: Becker/Kingreen, § 68 Rn. 4.
3 In diesem Sinne Koch in: jurisPK-SGB V, § 68 Rn. 5.
4 Krauskopf in: Krauskopf, § 68 SGB V Rn. 3.
5 Nebendahl in: Spickhoff, Medizinrecht, SGB V, § 68 Rn. 2.
6 Michels in: Becker/Kingreen, § 68 Rn. 4.
7 Vgl. Caumanns, DuD 2013, 137, 140 f.

III. Förderungsvoraussetzungen, finanzielle Unterstützung

5 Regelungsgegenstand des § 68 S. 1 ist die finanzielle Unterstützung der „von Dritten angebotenen Dienstleistungen". Regelmäßig handelt es sich bei diesen Dritten um private Dienstleister, die mit den Krankenkassen kooperieren; die Krankenkassen selbst können jedenfalls die elektronische Gesundheitsakte nicht unmittelbar anbieten.[8] Voraussetzung für eine finanzielle Unterstützung ist jeweils, dass die konkret angebotene Dienstleistung einer elektronischen Speicherung und Übermittlung von Patientendaten auch tatsächlich zu einer „Verbesserung der Qualität und Wirtschaftlichkeit der Versorgung" beiträgt. Es muss daher nicht nur gewährleistet sein, dass die in der Patientenakte gespeicherten Daten richtig sind, sondern auch, dass der Versicherte jederzeit auf diese Daten Zugriff hat und diese vor allem Eingang in die medizinische Behandlung des Patienten finden.[9]

6 Die Entscheidung über das Ob und Wie einer finanziellen Unterstützung von Dienstleistungen der elektronischen Speicherung und Übermittlung von Patientendaten liegt im **Ermessen der Krankenkassen** (pflichtgemäßes Ermessen gemäß § 39 Abs. 1 SGB I).[10] Die näheren Voraussetzungen zur Förderung der elektronischen Gesundheitsakte sind nach S. 2 durch **Satzung** (§ 194) zu regeln. Regelungsgegenstand sind insbesondere die technischen und qualitativen Mindestanforderungen an die Gesundheitsakte, das Bewilligungsverfahren sowie der Umfang der finanziellen Unterstützung (bis hin zur vollen Kostenübernahme).[11] Auch kann in der Satzung die finanzielle Förderung von der Bereitschaft der Versicherten abhängig gemacht werden, die Inhalte der Akte den Leistungserbringern zur Verfügung zu stellen.[12] Soweit sich der Versicherte nicht der Hilfe Dritter bedient, werden die Kosten für eine Speicherung oder Übermittlung durch den Versicherten selbst nicht ersetzt.[13] Auch folgt aus dem Dienstleistungsbegriff, dass der Kauf von elektronischen Geräten nicht finanziert werden darf.[14] Förderungsfähig sind aber von Fachfirmen angebotene spezielle Rechnerprogramme mit den dazu gehörenden Datenträgern.[15]

Viertes Kapitel
Beziehungen der Krankenkassen zu den Leistungserbringern
Erster Abschnitt
Allgemeine Grundsätze

§ 69 Anwendungsbereich

(1) ¹Dieses Kapitel sowie die §§ 63 und 64 regeln abschließend die Rechtsbeziehungen der Krankenkassen und ihrer Verbände zu Ärzten, Zahnärzten, Psychotherapeuten, Apotheken sowie sonstigen Leistungserbringern und ihren Verbänden, einschließlich der Beschlüsse des Gemeinsamen Bundesausschusses und der Landesausschüsse nach den §§ 90 bis 94. ²Die Rechtsbeziehungen der Krankenkassen und ihrer Verbände zu den Krankenhäusern und ihren Verbänden werden abschließend in diesem Kapitel, in den §§ 63, 64 und in dem Krankenhausfinanzierungsgesetz, dem Krankenhausentgeltgesetz sowie den hiernach erlassenen Rechtsverordnungen geregelt. ³Für die Rechtsbeziehungen nach den Sätzen 1 und 2 gelten im Übrigen die Vorschriften des Bürgerlichen Gesetzbuches entsprechend, soweit sie mit den Vorgaben des § 70 und den übrigen Aufgaben und Pflichten der Beteiligten nach diesem Kapitel vereinbar sind. ⁴Die Sätze 1 bis 3 gelten auch, soweit durch diese Rechtsbeziehungen Rechte Dritter betroffen sind.

---

8 Koch in: jurisPK-SGB V, § 68 Rn. 6.
9 Krauskopf in: Krauskopf, § 68 SGB V Rn. 4; Nebendahl in: Spickhoff, Medizinrecht, SGB V § 68 Rn. 3.
10 Nebendahl in: Spickhoff, Medizinrecht, SGB V § 68 Rn. 4.
11 BT-Dr. 15/1525, 96; Krauskopf in: Krauskopf, § 68 SGB V Rn. 5; Joussen in: Kreikebohm/Spellbrink/Waltermann, SGB V § 68 Rn. 2; Roters in: KassKomm, § 68 SGB V Rn. 5; gegen die Zulässigkeit einer vollständigen Kostenübernahme allerdings Scholz in: BeckOK SozR, SGB V § 68 Rn. 3; Michels in: Becker/Kingreen, § 68 Rn. 7; Nebendahl in: Spickhoff, Medizinrecht, SGB V § 68 Rn. 4.
12 Scholz in: BeckOK SozR, SGB V § 68 Rn. 4.
13 Nebendahl in: Spickhoff, Medizinrecht, SGB V, § 68 Rn. 4.
14 Joussen in: Kreikebohm/Spellbrink/Waltermann, SGB V, § 68 Rn. 2; Nebendahl in: Spickhoff, Medizinrecht, SGB V, § 68 Rn. 4.
15 Roters in: KassKomm, § 68 SGB V Rn. 5.

(2) ¹Die §§ 1, 2, 3 Absatz 1, §§ 19, 20, 21, 32 bis 34a, 48 bis 80, 81 Absatz 2 Nummer 1, 2a und 6, Absatz 3 Nummer 1 und 2, Absatz 4 bis 10 und §§ 82 bis 95 des Gesetzes gegen Wettbewerbsbeschränkungen gelten für die in Absatz 1 genannten Rechtsbeziehungen entsprechend. ²Satz 1 gilt nicht für Verträge und sonstige Vereinbarungen von Krankenkassen oder deren Verbänden mit Leistungserbringern oder deren Verbänden, zu deren Abschluss die Krankenkassen oder deren Verbände gesetzlich verpflichtet sind. ³Satz 1 gilt auch nicht für Beschlüsse, Empfehlungen, Richtlinien oder sonstige Entscheidungen der Krankenkassen oder deren Verbände, zu denen sie gesetzlich verpflichtet sind, sowie für Beschlüsse, Richtlinien und sonstige Entscheidungen des Gemeinsamen Bundesausschusses, zu denen er gesetzlich verpflichtet ist.

(3) Auf öffentliche Aufträge nach diesem Buch sind die Vorschriften des Teils 4 des Gesetzes gegen Wettbewerbsbeschränkungen anzuwenden.

(4) ¹Bei der Vergabe öffentlicher Dienstleistungsaufträge nach den §§ 63 und 140a über soziale und andere besondere Dienstleistungen im Sinne des Anhangs XIV der Richtlinie 2014/24/EU des Europäischen Parlaments und des Rates vom 26. Februar 2014, die im Rahmen einer heilberuflichen Tätigkeit erbracht werden, kann der öffentliche Auftraggeber abweichend von § 119 Absatz 1 und § 130 Absatz 1 Satz 1 des Gesetzes gegen Wettbewerbsbeschränkungen sowie von § 14 Absatz 1 bis 3 der Vergabeverordnung andere Verfahren vorsehen, die die Grundsätze der Transparenz und der Gleichbehandlung gewährleisten. ²Ein Verfahren ohne Teilnahmewettbewerb und ohne vorherige Veröffentlichung nach § 66 der Vergabeverordnung darf der öffentliche Auftraggeber nur in den Fällen des § 14 Absatz 4 und 6 der Vergabeverordnung vorsehen. ³Von den Vorgaben der §§ 15 bis 36 und 42 bis 65 der Vergabeverordnung, mit Ausnahme der §§ 53, 58, 60 und 63, kann abgewichen werden. ⁴Der Spitzenverband Bund der Krankenkassen berichtet dem Bundesministerium für Gesundheit bis zum 17. April 2019 über die Anwendung dieses Absatzes durch seine Mitglieder.

Literatur:

Becker/Schweitzer, Wettbewerb im Gesundheitswesen – Welche gesetzlichen Regelungen empfehlen sich zur Verbesserung eines Wettbewerbs der Versicherer und Leistungserbringer im Gesundheitswesen? Gutachten B zum 69. DJT, 2012; *Bull,* Die Krise der Verwaltungstheorie. Vom New Public Management zum Governance-Ansatz – und wie weiter?, VerwArch 2012, 1; *Burholt,* Gesundheitskartellrecht in der 8. GWB-Novelle, WuW 2013, 1164; *Baier,* Kartellrechtliche Auswirkungen des Arzneimittelmarktneuordnungsgesetzes auf die Beziehungen der Leistungserbringer zu gesetzlichen Krankenkassen sowie der Krankenkassen untereinander, MedR 2011, 345; *Becker ua,* Strukturen und Prinzipien der Leistungserbringung im Sozialrecht VSSR 2011, 323 sowie 2012, 1, 103; *Buchner,* Die Anwendung des europäischen Wettbewerbsrechts auf Träger sozialer Sicherungssysteme. Der Wettbewerbsrechtliche Unternehmensbegriff zwischen funktionaler Auslegung und der mitgliedstaatlichen Kompetenz zur Ausgestaltung sozialer Sicherungssysteme, 2008; *Burgi,* Europa- und verfassungsrechtlicher Rahmen der Vergaberechtsreform, VergabeR 2016, 261; *Dobmann,* Das neue Vergaberecht, 2016; *Ebsen,* Die gesetzliche Krankenversicherung auf dem Pfad der Marktorientierung, in: Gellner/Schmöller (Hrsg.), Solidarität und Wettbewerb: Gesetzliche Krankenversicherungen auf dem Weg zu profitorientierten Versicherungsunternehmen – Zukunftsoptionen und Probleme, 2009, 75; *Ebsen,* Ausschreibungspflichten für selektivvertragliche ärztliche Versorgung in der GKV, KrV 2010, 139, 189; *Forst,* Die Krankenkassen als Unternehmen im Wirtschaftsrecht der Europäischen Union, ZESAR 2014, 163; *Frenz,* Sozialversicherungsträger unter Kartellrecht. Zur Europarechtskonformität von § 69 Abs. 2 SGB 5, ZESAR 2013, 107; *Gaßner/Eggert,* Wettbewerb in der GKV – Kartellrecht versus Sozialrecht, NZS 2011, 249; *Hansen,* Vergaberecht in der gesetzlichen Krankenversicherung ab 18.4.2016, NZS 2016, 814; *Heilig/Hansen,* Beschaffung von Arzneimitteln durch die Krankenkassen im vergaberechtsfreien Zulassungsverfahren, NZS 2017, 290; *Hernekamp,* Die Liberalisierung von Gesundheitsdienstleistungen nach dem Weltdienstleistungshandelsabkommen GATS. Auswirkungen auf das deutsche Gesundheitssystem, 2011; *Kaeding,* Europäisches Wettbewerbsrecht und gemeinsame europäische Werte in der Gesundheitsversorgung; ZESAR 2016, 259; *Kaltenborn,* Vergabe in der Gesetzlichen Krankenversicherung, SDSRV 60 (2011), 47; *Kersting/Faust,* Krankenkassen im Anwendungsbereich des Europäischen Kartellrechts, WuW 2011, 6; *Kingreen,* Soziale und private Krankenversicherung. Gemeinschaftsrechtliche Implikationen eines Annäherungsprozesses, ZESAR 2007, 139; *Krajewski,* Grundstrukturen des Rechts öffentlicher Dienstleistungen, 2010; *Luthe,* Die Vergabe sozialer Dienstleistungen nach § 130 GWB, SGb 2016, 489; *Möller,* Die Unternehmenseigenschaft deutscher Sozialversicherungsträger in der Rechtsprechung des Europäischen Gerichtshofes, ZESAR 2006, 200; *Pollmann,* Der verfassungsrechtliche Gleichbehandlungsgrundsatz im öffentlichen Vergaberecht, 2009; *Rixen,* Sozialrecht als öffentliches Wirtschaftsrecht. Am Beispiel des Leistungserbringerrechts der gesetzlichen Krankenversicherung, 2005; *Roth,* Kartellrechtliche Aspekte der Gesundheitsreform nach deutschem und europäischem Recht, GRUR

2007, 645; *Säcker/Kaeding*, Die wettbewerbsrechtliche Kontrolle von Vereinbarungen zwischen Krankenkassen und Leistungserbringern nach Maßgabe des § 69 Abs. 2 SGB V n.F., MedR 2012, 15; *Schenke*, Die Lehre von der Doppelnatur des Verwaltungshandelns, VerwArch 2013, 486; *Scherer*, Realakte mit „Doppelnatur", NJW 1989, 2724; *Sormani-Bastian*, Vergaberecht und Sozialrecht – unter besonderer Berücksichtigung des Leistungserbringungsrechts im SGB V (Gesetzliche Krankenversicherung), 2007; *v. Danwitz*, Bedeutung der Rechtsprechung des Gerichtshofes der Europäischen Union für die Krankenversicherung, MedR 2016, 571; *Wallrabenstein*, Das Wettbewerbsrecht der gesetzlichen Krankenversicherung, NZS 2015, 48.

I. Allgemeines 1	2. Kein Ausschluss der Anwendbarkeit wegen gemäß Art. 3 Abs. 2 S. 1 VO(EG) Nr. 1/2003 oder § 22 Abs. 2 GWB 25
1. Änderungsgeschichte 1	
2. § 69 als Kompromiss in einer sozial- und wirtschaftspolitischen Spannungslage in europarechtlichem Kontext 3	3. Die anzuwendenden Vorschriften im Einzelnen 26
II. Die ausschließlich öffentlich-rechtliche Qualifikation der Leistungserbringungsbeziehungen nach § 69 Abs. 1 6	a) Der Anwendungsbereich der Verweisung auf das Kartellrecht 26
1. Der Tatbestand: Die von § 69 Abs. 1 S. 1 und 2 erfassten Rechtsbeziehungen 6	aa) Die Anwendungsausnahme nach § 69 Abs. 2 S. 2 27
a) Die Leistungserbringer und die Kassen als Beteiligte der geregelten Rechtsbeziehungen 6	bb) Die Anwendungsausnahme nach § 69 Abs. 1 S. 3 31
b) Die Einbeziehung der Verbände von Kassen und Leistungserbringern 9	b) Die Anwendung des § 69 Abs. 2 S. 1 32
c) Nicht von § 69 Abs. 1 erfasste Rechtsbeziehungen der Kassen 10	IV. Geltung des Kartellvergaberechts und seine Modifikation nach Abs. 3 und 4 35
d) Die Einbeziehung der Beschlüsse des G-BA und der Landesausschüsse 12	1. Die grundsätzliche unmittelbare Geltung des Kartellvergaberechts nach Abs. 3 36
2. Die Rechtsfolge: Die „abschließende" Regelung 13	a) Krankenkassen als öffentliche Auftraggeber 38
a) Normierung allein öffentlich-rechtlichen Charakters der Rechtsbeziehungen des Leistungserbringungsrechts 13	b) Beschaffung durch Selektivvertrag als Voraussetzung für einen öffentlichen Auftrag bzw. eine Rahmenvereinbarung 39
b) Insbesondere: Der prinzipielle Ausschluss von Wettbewerbsrecht für die Leistungserbringungsbeziehungen 16	c) Unterschiedliche Regeln für Liefer- und Dienstleistungsaufträge 44
c) Ausschluss der „Doppelqualifizierung" des öffentlich-rechtlichen Handelns der Kassen 17	d) Abgrenzung von Rahmenvereinbarungen und Dienstleistungskonzessionen 45
d) Die „entsprechende" Anwendbarkeit von Vorschriften des BGB 18	2. Vergaberechtliche Erleichterungen für bestimmte Dienstleistungsaufträge nach Abs. 4 SGB V 46
e) Zur Anwendbarkeit des Wettbewerbsrechts gegenüber Leistungserbringern 19	3. Vergaberecht außerhalb des GWB 47
III. Entsprechende Anwendbarkeit von Vorschriften des Kartellrechts nach Abs. 2 S. 1–3 21	
1. Die „entsprechende" Geltung gegenüber den Kassen und ihren Verbänden 22	

I. Allgemeines

1. Änderungsgeschichte. Die Vorschrift leitet das Vierte Kapitel „Beziehungen der Krankenkassen zu den Leistungserbringern" und innerhalb desselben den Ersten Abschnitt „Allgemeine Grundsätze" ein. Sie hat wesentliche Veränderungen erfahren, so dass sie mit der durch das GRG geschaffenen Fassung

von 20.12.1988 (BGBl. I, 2477) nur noch wenig gemein hat. In dieser Ursprungsfassung, die noch eine gewisse Ähnlichkeit mit § 368 Abs. 1 S. 2 RVO[1] hatte, lautete § 69 schlicht folgendermaßen:
„Dieses Kapitel regelt die Rechtsbeziehungen der Krankenkassen zu Ärzten, Zahnärzten, Krankenhäusern, Apotheken und sonstigen Leistungserbringern."
Ersichtlich hatte diese Vorschrift keinen wirklichen Regelungsgehalt. Sie war eine Hinweisbestimmung, dass das Vierte Kapitel das sogenannte Leistungserbringungsrecht der GKV regle.
Praktische rechtliche Bedeutung erhielt § 69 SGB V erst im Laufe seiner insgesamt 8 Änderungen,[2] nämlich durch

1. das Einführungsgesetz zum PsychThG,[3]
2. das GKV-GesundheitsreformG 2000,[4]
3. das FPG,[5]
4. das GMG,[6]
5. das GKV-WSG,[7]
6. das GKV-OrgWG,[8]
7. das AMNOG[9] sowie
8. das Zweite Gesetz zur Änderung des Buchpreisbindungsgesetzes.[10]

2. § 69 als Kompromiss in einer sozial- und wirtschaftspolitischen Spannungslage in europarechtlichem Kontext. § 69 steht im Kontext eines politischen Konflikts um das angemessene Verständnis der Krankenkassen. Die Krankenkassen sind einerseits mit gesetzlichem Auftrag und durch diesen Auftrag auch in ihrem Handeln begrenzte (siehe § 30 Abs. 1 SGB IV) Einheiten, die als öffentlich-rechtliche Körperschaften zur mittelbaren Staatsverwaltung gehören. Andererseits sind sie aber auch in vielfältiger Weise – insbesondere durch den planvoll gesetzgeberisch geschaffenen Wettbewerb der Kassen untereinander und ihre Möglichkeiten zu selektivem Vertragshandeln – zu unternehmerischem Denken und Verhalten angehalten.[11] Sie sind dazu sogar gezwungen, wenn sie nicht ihre Existenz auf Spiel setzen wollen.[12]

Diese Spannungslage hat schon lange in der Gesetzgebung des Bundes, in der Rechtsprechung und in der rechtswissenschaftlichen Literatur geradezu zu „Lagern" geführt, die um die Zuordnung der Krankenkassen zum Begriff des Unternehmens und sich daraus ergebende Konsequenzen für die Anwendbarkeit des europäischen und deutschen Wettbewerbsrechts streiten. Besonders deutlich wird diese politische Kontroverse in Äußerungen im Kontext des Gesetzgebungsverfahrens zur 8. GWB-Novelle, nämlich einerseits im Sondergutachten der Monopolkommission zum ursprünglichen Referentenentwurf für dieses Gesetz, in welchem sie ua auf aus ihrer Sicht bestehende Defizite bei der wettbewerbs-

---

1 § 368 Abs. 1 S. 1 und 2 RVO in der bis Ende 1988 geltenden Fassung lautete: „(1) Ärzte, Zahnärzte und Krankenkassen (§ 225 und § 44 des Gesetzes über die Krankenversicherung der Landwirte) wirken zur Sicherstellung der ärztlichen Versorgung der Versicherten und ihrer Angehörigen (kassenärztliche Versorgung) zusammen. Ihre Beziehungen regeln sich nach den Vorschriften der §§ 368 a bis 368 s ...".
2 Zu den Einzelheiten der jeweiligen Änderungen siehe Klückmann in: Hauck/Noftz, SGB V, § 69 Rn. 1–2 i; zur letzten Änderung durch das Zweite Gesetz zur Änderung des BuchpreisbindungsG → Rn. 35 ff.
3 Art. 2 Nr. 3 Gesetz über die Berufe des Psychologischen Psychotherapeuten und des Kinder- und Jugendlichenpsychotherapeuten, zur Änderung des Fünften Buches Sozialgesetzbuch und anderer Gesetze vom 16. Juni 1998 (BGBl. I, 1311).
4 Art. 1 Nr. 26 GKV-GesundheitsreformG v. 22.12.1999 (BGBl. I, 2626).
5 Art. 1 Nr. 1 c FPG v. 23.4.2002 (BGBl. I, 1412).
6 Art. 1 Nr. 45 GMG v. 14. 11.2003 (BGBl. I, 2190).
7 Art. 1 Nr. 40 a GKV-WSG v. 26.3.2007 (BGBl. I, 378).
8 Art. 1 Nr. 1 e GKV-OrgWG v. 15.12.2008 (BGBl. I, 2426).
9 Art. 1 Nr. 9 AMNOG v. 22.12.2010 (BGBl. I, 2262).
10 Art. 1 a Zweites Gesetz zur Änderung des BuchpreisbindungsG v. 31.7.2016 (BGBl. I, 1937). Die geringfügige Textänderung durch das Vergaberechtsmodernisierungsgesetz (VergRModG) v. 17.2.2016 (BGBl. I, 203) sei nur an dieser Stelle erwähnt. Durch dessen Art. 2 Abs. 12 Nr. 1 wurden im inzwischen aufgehobenen § 69 Abs. 2 S. 4 SGB V die Wörter „Vierten Teils" durch die Angabe „Teils 4" ersetzt.
11 Dazu Ebsen in: Gellner/Schmöller (Hrsg.), Solidarität und Wettbewerb: Gesetzliche Krankenversicherungen auf dem Weg zu profitorientierten Versicherungsunternehmen – Zukunftsoptionen und Probleme, 2009, 75–98.
12 Das bedeutet nur ganz ausnahmsweise die inzwischen nach § 171 b mögliche Insolvenz, sondern eher das Aufgehen im Wege erzwungener Fusion mit einer im Wettbewerb erfolgreicheren Kasse; dazu Martin Krasney, Das Insolvenzrecht und gesetzliche Krankenkassen, NZS 2010, 443–449. Zu einem praktischen Fall siehe auch Rehm, KrV 2013, 12–15.

rechtlichen Einordnung der Krankenkassen hinwies,[13] andererseits in der Stellungnahme des Bundesrats[14] zum letztlich nicht durchgesetzten Plan, nicht nur bestimmte Rechtsbeziehungen des Leistungserbringungsrechts in § 69 Abs. 2, sondern auch die Beziehungen der Kassen untereinander in § 4 dem Kartellrecht, der Kartellaufsicht und der Kartellgerichtsbarkeit zu unterwerfen (siehe die Kommentierung zu §§ 3 und 4).[15]

5 Diese Zitate weisen deutlich auf den Kern der Kontroverse um die Krankenkassen und ihre Rolle in der „Gesundheitsversorgung" hin, die zugleich im Modus eines „Gesundheitsmarktes" stattfindet. Sind die gesetzlich geschaffenen Elemente von Wettbewerb zwischen Kassen noch als Elemente von „New Public Management" zu begreifen, also lediglich als marktlicher Ansporn zu wirtschaftlichem und unternehmerischen Denken in der öffentlichen Verwaltung,[16] oder können sie angemessen nur als – möglicherweise noch unvollkommener – Weg in die Überleitung auch der sozialen Krankenversicherung in einen letztlich privatwirtschaftlichen Gesundheitsmarkt begriffen werden?[17] Dieser Disput hat eine Entsprechung in der Europäischen Union[18] und sogar darüber hinaus.[19] Während allgemein die europarechtliche Diskussion um Daseinsvorsorge und Wettbewerb darum geht, inwieweit die generell geltenden Vorschriften zur Sicherung des Wettbewerbs und des grenzüberschreitenden Wirtschaftsverkehrs für Unternehmen relativierbar sind, die mit Dienstleistungen von allgemeinem wirtschaftlichen Interesse betraut sind,[20] ist die Konfliktlinie bei den Krankenkassen und auch anderen Sozialversicherungsträgern[21] gewissermaßen noch näher beim Staat. Hier geht es noch um die Qualifikation als Unternehmen und damit um die Voraussetzung, überhaupt das beim Unternehmensbegriff ansetzende europäische Wettbewerbsrecht in Stellung zu bringen.

II. Die ausschließlich öffentlich-rechtliche Qualifikation der Leistungserbringungsbeziehungen nach § 69 Abs. 1

6 1. Der Tatbestand: Die von § 69 Abs. 1 S. 1 und 2 erfassten Rechtsbeziehungen. a) Die Leistungserbringer und die Kassen als Beteiligte der geregelten Rechtsbeziehungen. § 69 Abs. 1 S. 1 und 2 bestimmen, für wessen Rechtsbeziehungen die dort gesetzten Rechtsfolgen gelten sollen. Es sind auf der einen Seite die Krankenkassen und ihre Verbände und auf der anderen Seite die Leistungserbringer und deren Verbände. Wer die Krankenkassen und ihre Verbände sind, ist im Wesentlichen klar und ergibt sich aus dem Organisationsrecht des 6. und 7. Kapitels. Dasselbe gilt im Prinzip auch für die Frage, wer Leistungserbringer ist. Schon aus dem Wortlaut des § 69 Abs. 1 S. 1 ist klar, dass die dort benannten Gruppen (Ärzte, Zahnärzte, Psychotherapeuten und Apotheken) nur Beispiele sind. Entscheidend ist damit der Rechtsbegriff des Leistungserbringers.

7 Ersichtlich sind „Leistungserbringer" diejenigen, für welche das Vierte Kapitel (und eventuell zusätzlich die weiteren in § 69 Abs. 1 S. 1 und 2 genannten Regelungsbereiche) Vorschriften darüber enthält, wie sie in das Leistungssystem der GKV einbezogen sind. E sind diejenigen, welche in das System der

---

13 BT-Dr. 17/8541, 33 ff.; ausführliche Darlegung schon im Hauptgutachten 2008/2009, BT-Dr. 17/2600, 394 ff.
14 BR-Dr. 641/12.
15 Siehe den (kritischen) Bericht von Burholt, WuW 2013, 1164 ff.; umfassend zur Entfaltung eines Wettbewerbsrechts der GKV in mehreren Schüben partieller Übernahme von materiellen, verwaltungsverfahrensrechtlichen und prozessualen Normen des Kartell-, Lauterkeits- und Vergaberechts Wallrabenstein, NZS 2015, 48–55.
16 Dazu Ebsen (Fn. 11); siehe auch Hans Peter Bull, Die Krise der Verwaltungstheorie – Vom New Public Management zum Governance-Ansatz – und wie weiter? VerwArch 2012, 1–30.
17 Sie dazu das Sondergutachten der Monopolkommission zur 8. GWB-Novelle vom Februar 2012, Abschnitt 7 (s. http://www.monopolkommission.de/aktuell_sg63.html, zuletzt abgerufen am 1.5.2017); 18. Hauptgutachten der Monopolkommission 2008/2008, BT-Dr. 17/2600, Kapitel VI, Abschnitt 7 (400 ff.).
18 Dort rechtsdogmatisch angesiedelt bei Art. 106 Abs. 2 AEUV; ausführlich zu diesem europarechtlichen Rahmen Markus Krajewski, Grundstrukturen des Rechts öffentlicher Dienstleistungen, 2010; aus jüngerer Zeit Kaeding, ZESAR 2016, 259–265; v. Dannwitz, MedR 2016, 571–576.
19 Siehe etwa Hernekamp, Die Liberalisierung von Gesundheitsdienstleistungen nach dem Weltdienstleistungshandelsabkommen GATS. Auswirkungen auf das deutsche Gesundheitssystem, 2011.
20 Siehe dazu mit Nachweisen Becker/Schweitzer, Wettbewerb im Gesundheitswesen – Welche gesetzlichen Regelungen empfehlen sich zur Verbesserung eines Wettbewerbs der Versicherer und Leistungserbringer im Gesundheitswesen? Gutachten B zum 69. DJT, 2012.
21 Insbesondere auch den Berufsgenossenschaften; siehe dazu EuGH, 5.3.2009, C-350/07, Rs. Kattner Stahlbau, Slg 2000 I-1513.

Sachleistungserbringung in der GKV durch Dritte[22] einbezogen sind und für welche sich im Vierten Kapitel des SGB V (und für Krankenhäuser noch in den in § 69 Abs. 1 S. 2 genannten Vorschriften)[23] spezifische Vorschriften finden. E sind unabhängig von einer Erwähnung in § 69 Abs. 1 S. 1 zweifelsfrei die folgenden Erbringer von Gesundheitsleistungen, sofern nach den für sie geltenden Vorschriften tatsächlich ihre Leistungen als Sachleistung gelten, sie also durch Zulassung, Ermächtigung oder Vertrag in das Sachleistungssystem der GKV einbezogen sind, oder soweit sie eine solche Einbeziehung anstreben (zu dieser Einschränkung noch → Rn. 8):

- Alle zur vertrags(zahn)ärztlichen Versorgung zugelassenen oder ermächtigten Personen und Einrichtungen;
- die zugelassenen Krankenhäuser im Sinne von § 108 SGB V;
- die Träger stationärer oder ambulanter Vorsorge und Rehabilitation im Sinne von §§ 111, 111 a, 111 c mit denen Verträge bestehen;
- die zugelassenen Erbringer von Heilmitteln im Sinne von § 124 SGB V;
- die Erbringer von Hilfsmitteln, mit denen Verträge bestehen (§§ 126, 127 SGB V);
- die Apotheker, für welche der Rahmenvertrag nach § 129 Abs. 3 SGB V gilt;
- die selbstständigen Erbringer von Haushaltshilfe, mit denen Verträge nach § 132 Abs. 1 S. 2 SGB V bestehen;[24]
- die Erbringer häuslicher Krankenpflege, mit denen Verträge nach § 132 a Abs. 2 SGB V bestehen;
- die Erbringer von Soziotherapie, mit denen Verträge nach § 132 b SGB V bestehen;
- die Erbringer sozialmedizinischer Nachsorgemaßnahmen, mit denen Verträge nach § 132 c SGB V bestehen;
- die Erbringer von spezialisierter ambulanter Palliativversorgung, mit denen Verträge nach § 132 d SGB V bestehen;
- die Erbringer der Versorgung mit Schutzimpfungen nach § 20i SGB V, mit denen Verträge nach § 132 e Abs. 1 SGB V bestehen;[25]
- Betriebsärzte, soweit mit ihnen Verträge nach § 132 f SGB V zur Gesundheitsförderung bestehen;
- zugelassene Pflegeeinrichtungen im Sinne von § 43 SGB V auch, soweit mit ihnen Verträge nach § 132 g SGB V über Angebote einer gesundheitliche Versorgungsplanung für die letzte Lebensphase bestehen;
- Einrichtungen, mit denen Verträge nach § 132 h SGB V über Kurzzeitpflege nach § 39 c SGB V bestehen;
- die Erbringer von Rettungsdienst- und Krankentransportleistungen, soweit diese Leistungen aufgrund von Verträgen nach § 133 Abs. 1 SGB V erfolgen;[26]
- die Erbringer von Hebammenhilfe, für welche Verträge nach § 134 a Abs. 1 SGB V bestehen.

Wegen der Einbeziehung in das Vierte Buch sind – auch wenn sie nicht unmittelbar ein Sachleistungsdreieck mit den Kassen und Versicherten bilden – auch die pharmazeutischen Unternehmen (§§ 130 a–131 SGB V), sowie die Zahntechniker (§§ 88, 89 Abs. 7 und 8 SGB V) insofern Leistungserbringer, als sich aufgrund des SGB V Rechtsbeziehungen zwischen diesen Gruppen oder ihren Verbänden mit den Kassen oder ihren Verbänden ergeben.

Der jeweilige Verweis in → Rn. 7 auf die Einbeziehung in das System der GKV, welche für die einzelnen Gruppen unterschiedlich ist (Zulassung, Ermächtigung, Vertrag) stellt klar, dass „Leistungser-

---

22 Zum sog „Dreieck der Sachleistungserbringung" siehe U. Becker ua, VSSR 2011, 323 ff. Abschnitt B. III.; Rixen, Sozialrecht als öffentliches Wirtschaftsrecht. Am Beispiel des Leistungserbringerrechts der gesetzlichen Krankenversicherung, 2005, Kapitel 1, Abschnitt 2; Ebsen in: v. Maydell/Ruland/Becker, SRH, 5. Aufl. 2012, § 15 Rn. 128 f.
23 Dazu wird man auch die später eingefügten §§ 64 a bis 64 c zählen müssen.
24 Hingegen ist im Falle von § 132 Abs. 1 S. 1 SGB V, also der Anstellung von Personen zur Gewährung von Haushaltshilfe, nicht von Leistungserbringung im Sinne des § 69 SGB V auszugehen, sondern von einer Ausnahme von Dreieck der Leistungserbringung. Für die Rechtsbeziehungen im Rahmen des § 132 Abs. 1 S. 1 ist daher nicht etwa die Anwendbarkeit des Arbeitsrechts durch § 69 Abs. 1 ausgeschlossen.
25 Damit sind diejenigen Leistungserbringer zusätzlich erfasst, die nicht ohnehin als Erbringer vertragsärztlicher Versorgung Leistungserbringer sind.
26 Hier ergibt sich aus § 133 Abs. 1 und Abs. 2 SGB V eine implizite Ausnahme von der Normierung von Ausschließlichkeit nach § 69 Abs. 1 SGB V durch die (partielle) Anerkennung vorrangiger Geltung von Landesrecht, was hinsichtlich der Rettungsdienste auch der verfassungsrechtlichen Aufteilung der Gesetzgebungskompetenz zwischen Bund und Ländern nach Art. 70 Abs. 1 GG geschuldet ist; dazu Krömer, RPG 2013, 92–95.

bringer" nicht jeder Angehörige der erwähnten Berufsgruppe ist, sondern, dass hierzu der Bezug zu den Sachleistungen der GKV gehört. Allerdings geht es, wie sich aus § 69 Abs. 1 S. 1 und 2 SGB V ergibt, generell um die im Vierten Kapitel geregelten Rechtsbeziehungen der genannten Berufsgruppen zu den Kassen, also auch um die Frage, ob und wie eine Einbeziehung in das Sachleistungssystem der GKV stattfindet oder verlangt werden kann. Damit ist zB auch der Arzt, der eine Eintragung in das Arztregister gem. § 95 Abs. 2 SGB V. beantragt, im Hinblick auf dieses Verfahren Leistungserbringer im Sinne der Vorschrift. Entsprechendes gilt etwa für die verschiedenen Anbieter von nichtärztlichen Leistungen, die keinen der jeweils vorgesehenen Verträge erhalten haben, dies aber anstreben, in den sich daraus ergebenden Rechtsbeziehungen.

9 b) **Die Einbeziehung der Verbände von Kassen und Leistungserbringern.** Auch die Auslegung von „Verbände" im Sinne von § 69 Abs. 1 S. 2 hat sich an dem Ziel zu orientieren, die Rechtsbeziehungen nach dem Vierten Buch usw dem „abschließenden" Regime zu unterwerfen. Darum sind immer, wenn Gemeinschaften von Kassen oder Leistungserbringern nach diesen Vorschriften in Rechtsbeziehungen treten, diese Gemeinschaften „Verbände" im Sinne des § 69 Abs. 1 S. 1 und 2 SGB V.

10 c) **Nicht von § 69 Abs. 1 erfasste Rechtsbeziehungen der Kassen.** Das Kriterium, dass es sich um Rechtsbeziehungen handeln muss, die sich aus den im Vierten Kapitel und den in § 69 Abs. 1 S. 2 SGB V genannten Vorschriften ergeben, gilt zugleich negativ, dh zum Ausschluss von Rechtsbeziehungen aus dem Anwendungsbereich von § 69 Abs. 1 SGB V. Das betrifft neben den sog „fiskalischen Hilfsgeschäften" der Kassen und ihrer Verbände[27] bestimmte Rechtsverhältnisse aufgrund von Aktivitäten, zu denen die Kassen außerhalb des Leistungserbringungsrechts ermächtigt oder verpflichtet sind (siehe etwa § 194 Abs. 1a SGB V mit der Ermächtigung zur Vermittlung privater Zusatzversicherungen der PKV, welche den gesetzlichen Versicherungsschutz ergänzen).[28] Und es betrifft das Verhältnis der Kassen zu den Versicherten, also das Leistungsrecht, sowie der Kassen untereinander, auch soweit es Wettbewerbsbeziehungen sind (jetzt von § 4 Abs. 3 S. 2 und 3 SGB V erfasst). In all diesen Fällen ist die Qualifikation der Rechtsbeziehungen als privat- oder öffentlich-rechtlich (mit den Folgen für die Anwendbarkeit oder Nichtanwendbarkeit von UWG und GWB) nach den allgemein geltenden Kriterien vorzunehmen.[29]

11 Grundsätzlich werden Rechtsbeziehungen (etwa Verträge) zwischen der Kassen- und der Leistungserbringerseite nicht erfasst, wenn sie nicht zumindest in Form einer Kann-Regelung im Leistungserbringungsrecht vorgesehen sind. So sind zB für die Versorgung mit Haushaltshilfe (§ 132 SGB V), häuslicher Krankenpflege (§ 132a SGB V), Soziotherapie (§ 132b SGB V), sozialmedizinischen Nachsorgemaßnahmen (§ 132c, hier immerhin auf der Kassenseite auch die Landesverbände vorgesehen) und spezialisierter ambulanter Palliativversorgung (§ 132d SGB V) keine Kollektivverträge mit Verbänden der Leistungserbringer vorgesehen. Allerdings können sich die Leistungserbringer ebenso wie die Kassen für „Individualverträge", die dann unter § 69 Abs. 1 S. 1 SGB V fallen, durch Verbände vertreten lassen, so dass praktisch auch hier dem § 69 unterfallende Rahmenverträge möglich sind, zu denen bei entsprechender Gestaltung auch ein Beitritt möglich ist.[30] Ebenso wird man auf der Kassenseite durch Anwendung von § 197b SGB V dazu kommen können, dass Verträge der Beauftragten mit Leistungserbringern dem § 69 Abs. 1 unterfallen.

12 d) **Die Einbeziehung der Beschlüsse des G-BA und der Landesausschüsse.** Nach § 69 Abs. 1 S. 1 SGB V sind in die Rechtsbeziehungen der Kassen und ihrer Verbände zu den Leistungserbringern und ihren Verbänden auch die Beschlüsse des G-BA und der Landesverbände nach den §§ 90–94 SGB V einbezogen. Diese Regelung ist überflüssig. Die Beschlüsse des G-BA (§ 91 Abs. 1 S. 2 SGB V) sind nämlich keine „Rechtsbeziehungen", sondern durchweg Rechtsnormen, welche nach § 91 Abs. 6 SGB V für Kassen, Leistungserbringer und Versicherte unmittelbar verbindlich sind. Bei den Beschlüssen der Landesausschüsse ist zu unterscheiden. Soweit diese nach 99 Abs. 2 SGB gewissermaßen wie eine Schiedsstelle das fehlende Einvernehmen für den Bedarfsplan ersetzen, teilen sie dessen Rechtsnatur sind also letztlich Planungsinstrumente ohne Außenwirkung. Soweit sie Außenwirkung haben, dürften

---

27 Problemlos typischerweise privatrechtliche Rechtsgeschäfte; dazu Engelmann, jurisPK, § 69 Rn. 29.
28 Siehe hierzu die amtliche Begründung zu Art. 1 Nr. 136 GMG (BT-Dr. 15/1525, 138) die explizit hervorhebt, dass hier die Vorschriften des Wettbewerbs- und Kartellrechts unmittelbar gelten.
29 Zur dabei zu beachtenden Richtlinie 2005/29/EG (UPG-RL) unter Berücksichtigung der Rechtsprechung des EuGH in der Rechtssache BKK Mobil Oil (C-59/12) siehe Becker/Schweitzer, NJW 2014, 269–272; siehe auch die Kommentierung zu § 4.
30 Siehe auch Rixen in: Becker/Kingreen, SGB V, § 132b Rn. 7.

auch sie untergesetzliche Rechtsnormen sein. Die Regelung ist zu verstehen aus der Zielsetzung des Gesetzgebers des GKV-GesundheitsreformG 2000, in der damaligen Unsicherheit, ob die Zivilgerichte weiterhin das Leistungserbringungsrecht (jedenfalls auch) privatrechtlich qualifizieren würden (dazu → Rn. 16), die allein öffentlich-rechtliche Einordnung möglichst „wasserdicht" zu machen.[31]

2. Die Rechtsfolge: Die „abschließende" Regelung. a) Normierung allein öffentlich-rechtlichen Charakters der Rechtsbeziehungen des Leistungserbringungsrechts. Den Charakter einer praktisch rechtsfolgelosen Einweisungsvorschrift (→ Rn. 1) hat § 69 mit dem GKV-GesundheitsreformG 2000 (→ Rn. 2) verloren. Seither ist normiert, dass (heute in Abs. 1 S. 1 und 2 und relativiert durch Abs. 2–4) die in Abs. 1 S. 1 und 2 angeführten Normen die in → Rn. 6–12 erläuterten Rechtsbeziehungen „abschließend" regeln. Strikt nach dem Wortlaut müsste dies eigentlich bedeuten, dass – abgesehen von Abs. 2–4 – keine anderen Rechtsvorschriften diese Rechtsbeziehungen regeln. 13

Die Entstehungsgeschichte der Norm zeigt aber, dass dies nicht gemeint war, sondern dass es allein darum ging, den ausschließlich öffentlich-rechtlichen Charakter dieser Rechtsbeziehungen festzuschreiben, um die Rechtsprechung des BGH und anderer Zivilgerichte zu korrigieren, welche auf diese Rechtsbeziehungen unmittelbar das Wettbewerbsrecht des UWG und des GWB anwendeten. In der amtlichen Begründung zum GKV-GesundheitsreformG 2000[32] heißt es hierzu, mit der Regelung werde gewährleistet, dass die Rechtsbeziehungen „allein sozialversicherungsrechtlicher und nicht privatrechtlicher Natur" seien. Die Kassen handelten insoweit in Erfüllung ihres „öffentlich-rechtlichen Versorgungsauftrags und ... nicht als Unternehmen im Sinne des Privatrechts, einschließlich des Wettbewerbs- und Kartellrechts". Diese Qualifizierung der Rechtsbeziehungen des Leistungserbringungsrechts – also auch der Vertragsbeziehungen zwischen Kassen und Leistungserbringern oder deren Verbänden, die ihrerseits privatrechtlich sind – als öffentlich-rechtlich hat der Gesetzgeber im Übrigen noch dadurch auch klar im Wortlaut des Gesetzes verankert, dass nach Abs. 1 S. 3 das BGB nur entsprechend gilt. Damit wurde im Verhältnis zur Praxis bis zu der Rechtsänderung sogar wohl konstitutiv bestimmt, dass auch Verträge mit Leistungserbringern, die bisher als privatrechtlich angesehen wurden, nunmehr öffentlich-rechtlich sind.[33] 14

Wegen dieser beschränkten Zielsetzung ist es angemessen, „abschließend" nicht als Ausschluss öffentlich-rechtlicher Vorschriften zu verstehen, welche mit dem geschilderten Ziel nichts zu tun haben. So ist nicht ersichtlich, warum die Systematik generell ausgeschlossen sein sollte, die dem Kodifikationskonzept des SGB zugrunde liegt. Darum ist trotz der Normierung „abschließenden" Charakters öffentliches Recht nur insoweit ausgeschlossen, als dieses Regelungsziel spezifisch erkennbar ist. Insbesondere sind die einschlägigen allgemeinen Vorschriften des SGB I, IV und X prinzipiell anwendbar.[34] Dass die Normierung des „abschließenden" Charakters der in § 69 Abs. 1 S. 1 und 2 genannten Vorschriften nicht wörtlich, sondern nach Sinn und Zweck einschränkend auszulegen ist, dürfte Konsens sein.[35] 15

b) Insbesondere: Der prinzipielle Ausschluss von Wettbewerbsrecht für die Leistungserbringungsbeziehungen. Der wesentliche praktische Zweck der öffentlich-rechtlichen Qualifizierung ist der Ausschluss der Möglichkeit, das Handeln der Krankenkassen als solches von Unternehmen zu qualifizieren und damit – abgesehen von den Verweisungen hierauf im SGB V – dem Wettbewerbsrecht des GWB oder des UWG zu unterwerfen, welches nach ganz überwiegender Auffassung nur privatrechtliches Handeln von Unternehmen erfasst.[36] Praktischer Hintergrund dieses Regelungsziels waren Auseinandersetzungen um die Qualifikation von Handlungen der Kassenseite im Leistungserbringungsverhältnis als solche von Unternehmen. Nachdem schon seit den 60er Jahren Zivilgerichte Aktivitäten von Kranken- 16

---

31 Siehe dazu die Begründung des Regierungsentwurfs BT-Dr. 14/1245, 68.
32 BT-Dr. 14/1245, 67 f.
33 Siehe dazu vom 3. Senat des BSG, der in seinem Zuständigkeitsbereich (Krankenhäuser und nichtärztliche Leistungserbringer) bis dahin von privatrechtlichen Verträgen ausgegangen war, Urt. v. 25.9.2001, B3 Kr 3/01 R, BSGE 89, 24; siehe auch BSG, 6.9.2007, B 3 SF 1/07 R, SozR 4-1720 § 17 a Nr. 3.
34 Siehe zur Anwendbarkeit des SGB X etwa BSG, 7.10.2010, B 3 Kr 12/09 R, SozR 4-2500 § 124 Nr. 2; zum öffentlich-rechtlichen Vertrag BSG, 10.3.2010, B 3 KR 26/08 R, BSGE 106, 29, juris-Rn. 42.
35 Siehe Becker/Kingreen, SGB V, § 69 Rn. 37; wohl auch Hess, Kass-Komm, § 69 SGB V Rn. 2–3 a; Klückmann, Hauck/Noftz, § 69 SGB V, Rn. 5 j.
36 Siehe spezifisch zu § 69 SGB V Krasney, NZS 2007, 574, 576, generell Emmerich in: Immenga/Mestmäcker, GWB, 4. Aufl. 2007, § 130 Rn. 9.

kassen im Leistungserbringungsverhältnis am Maßstab sowohl des Kartellrechts[37] als auch des UWG[38] geprüft, aber gegebenenfalls auch die eigene Zuständigkeit verneint hatten, wenn die öffentlich-rechtlichen Normen im Vordergrund standen,[39] begannen Kartellgerichte hoheitliche Handlungen der Kassenseite und sogar des damaligen Bundesausschusses der Ärzte und Krankenkassen am Maßstab des Kartellverbots zu prüfen.[40] Hierauf war die Neufassung des § 69 SGB V eine Antwort.

17   c) Ausschluss der „Doppelqualifizierung" des öffentlich-rechtlichen Handelns der Kassen. Nach § 69 Abs. 1 S. 4 SGB V gelten die in der Vorschrift gesetzten Rechtsfolgen auch, soweit durch die von S. 1 und 2 erfassten Rechtsbeziehungen Rechte Dritter betroffen sind. Auch diese Regelung ist vor dem Hintergrund der in → Rn. 16 zitierten zivilgerichtlichen Rechtsprechung zu verstehen, welche die Anwendbarkeit von UWG und GWB auf öffentlich-rechtliches Handeln von Krankenkassen mit dem Kunstgriff erreichte, dass sie von der Möglichkeit einer „Doppelnatur" von Handlungen von Hoheitsträgern ausging. Eine Verhaltensweise wie das öffentlich-rechtliche Abgeben von Brillengestellen an Leistungserbringer[41] oder der Erlass von Arzneimittelrichtlinien,[42] sollte zugleich auch privatrechtliches Handeln sein, soweit Privatpersonen davon betroffen seien, die außerhalb der öffentlich-rechtlichen Rechtsbeziehung stünden. Dieses Konzept ist generell sehr angreifbar.[43] Damit hat sich der Gesetzgeber aber nicht auseinandergesetzt, sondern einfach den „abschließenden" Charakter der einschlägigen Vorschriften durch Schaffung von § 69 Abs. 1 S. 4 abgesichert.

18   d) Die „entsprechende" Anwendbarkeit von Vorschriften des BGB. Nach § 69 Abs. 1 S. 3 gelten für die von S. 1 und 2 der Vorschrift erfassten Rechtsbeziehungen die Vorschriften des BGB entsprechend, „soweit sie mit den Vorgaben des § 70 und den übrigen Aufgaben und Pflichten der Beteiligten nach diesem [dem Vierten, I.E.] Kapitel vereinbar sind". Darauf dass die gesetzlich angeordnete Analogie Konsequenz aus der allein öffentlich-rechtlichen Qualifikation dieser Beziehungen ist und zugleich ein zusätzliches Argument zur Abstützung dieser Auslegung ergibt, wurde schon hingewiesen (→ Rn. 14). Es fragt sich, ob ähnlich wie bei der Auslegung von „abschließend" in den S. 1 und 2 die Abstützungsfunktion für die öffentlich-rechtliche Qualifikation der alleinige Zweck der Regelung ist oder ob die Bestimmung eine Spezialregelung im Verhältnis zur allgemeinen Verweisung auf das BGB in § 61 SGB X und damit sogar gegenüber den Vorschriften zum öffentlich-rechtlichen Vertrag in §§ 53 ff. SGB X darstellt. Da sich hierzu in den Gesetzesmaterialien des GKV-GesundheitsreformG 2000 (→ Rn. 14) nichts findet, spricht nichts für diese spezifische Zielsetzung. Darum ist nicht davon auszugehen, dass § 69 Abs. 1 S. 4 als Ausschluss des allgemeinen öffentlichen Schuldrechts – insbesondere des SGB X und des SGB I (ins bes. §§ 38–59) zu verstehen ist. Dem folgt auch im Wesentlichen die Praxis.[44] Insofern gelten die folgenden Spezialitätsverhältnisse: Das BGB ist grundsätzlich nur für die öffentlich-rechtlichen Verträge und nur nach Maßgabe des SGB X anwendbar. Folglich gelten die Sonderbestimmungen der §§ 53 ff. SGB X. Zusätzlich gilt gegenüber der Verweisung des § 61 SGB X auf das BGB die Einschränkung nach dem 2. Halbsatz von § 69 Abs. 1 S. 3. Diese Einschränkung dürfte allerdings ohnehin nur klarstellenden Charakter haben, da für jede analoge Anwendung von Rechtsvorschriften zu prüfen ist, inwieweit diese an den Kontext anzupassen sind, in den sie aufgrund der Verweisung einbezogen werden. Schließlich gelten ohnehin mit Vorrang sowohl vor den durch Verweisung einbezogenen Normen des BGB als auch vor dem allgemeinen Sozialverfahrensrecht die Sonderbestimmungen des Vierten Buchs und der anderen in S. 1 und 2 genannten Rechtsbereiche.

19   e) Zur Anwendbarkeit des Wettbewerbsrechts gegenüber Leistungserbringern. Der Ausschluss des Wettbewerbsrechts nach § 69 Abs. 1 SGB V bezieht sich auf die Rechtsbeziehungen nach dem Vierten Buch usw der Krankenkassen und ihrer Verbände zu den Leistungserbringern und ihren Verbänden.

---

37   Grundlegend BGH, 26.10.1961, KZR 1/61, BGH 36, 91 (Gummistrümpfe); siehe etwa auch OLG Frankfurt, 13.7.1993, 6 W 64/93, MedR 1994, 203.
38   BGH, 18.12.1981, 1 ZR 34/80 BGHZ 82, 375 (Brillen-Selbstabgabestellen).
39   Siehe etwa BGH, 15.9.1999, 1 ZM 59/98, NJW 2000, 874.
40   OLG Düsseldorf, 2.9.1997, U (KART) 11/97, NJWE-WettbR 1998, 263, v. 28.8.1998, U (Kart) 19/98, NZS 1998, 567, und v. 27.7.1999, U (Kart) 36/98, Pharma Recht 1999, 283; LG Hamburg, 31.3.1999, 315 O 115/99 ua – MedR 1999, 268 (Leitsatz) zu einer Richtlinie des Bundesausschusses.
41   Siehe BGH (Fn. 51).
42   LG Hamburg (Fn. 53).
43   Grundlegende Kritik von Scherer, NJW 1989, 2724 ff.; aus jüngerer Zeit, RP. Schenke, VerwArch 2013, 486 ff.
44   Siehe etwa zur Frage einschlägiger Verjährungsbestimmungen BSG, 12.5.2005, B 3 Kr 32/04 R, SozR 4-2000 § 69 Nr. 1; siehe auch mwN Engelmann, jurisPK § 69 SGB V, Rn. 44.

Dies ist nach innerstaatlichem Recht insofern konsequent, als das nationale Wettbewerbsrecht auf öffentlich-rechtliche Rechtsbeziehungen nicht unmittelbar anwendbar ist (→ Rn. 16) und es darum erst auf die Unternehmenseigenschaft eines am Wirtschaftsverkehr Beteiligten ankommt, wenn dieser privatrechtlich handelt. Darum ist nach nationalem Wettbewerbsrecht auch das Handeln von Leistungserbringern in den Rechtsbeziehungen des Abs. 1 nur in analoger Anwendung und nur in dem von Abs. 2 normierten Umfang dem Wettbewerbsrecht des GWB unterworfen.

Allerdings ist hier die vorrangige und unmittelbare Anwendbarkeit des Unionsrechts zu berücksichtigen. Für das Unionsrecht der Artt. 101 ff. AEUV und auch der EG-Verordnung 1/2003 kommt es auf die Qualifikation von Rechtsbeziehungen als öffentlich-rechtlich oder privatrechtlich nicht an. Dies hat keine praktische Bedeutung, soweit nach § 69 Abs. 2 SGB V das GWB anwendbar ist, wenn auch „nur" entsprechend. Soweit hingegen nach Abs. 2 S. 2 die entsprechende Anwendbarkeit ausgeschlossen ist – für die in Abs. 2 S. 3 geregelten Beschlüsse usw kommt eine Anwendbarkeit auf die Leistungserbringer ohnehin nicht in Betracht –, ist im Einzelfall zu prüfen, ob zwar nicht der jeweilige Kollektivvertrag selbst, wohl aber das Verhalten von Leistungserbringern auf dem Weg zum Abschluss dieses Vertrages am Maßstab des Unions-Wettbewerbsrechts zu prüfen ist. Soweit das der Fall ist, dürfte das auch aus § 22 GWB ersichtliche Ziel der Parallelität von GWB und Unions-Wettbewerbsrecht dafür sprechen, dies Ziel im Wege entsprechend restriktiver Auslegung des § 69 Abs. 1 SGB V zu erreichen. Insoweit kommt es dann auf eine Qualifizierung der Mitwirkung von Leistungserbringern in den zu Kollektivverträgen führenden Beziehungen als öffentlich-rechtlich oder privatrechtlich nicht an.[45]

III. Entsprechende Anwendbarkeit von Vorschriften des Kartellrechts nach Abs. 2 S. 1–3

Die (begrenzte) Anwendbarkeit des Wettbewerbsrechts des GWB auf die von § 69 Abs. 1 SGB V erfassten Leistungserbringungsbeziehungen wurde durch das GKV-WSG und das AMNOG (→ Rn. 2) in zwei Etappen normiert. Während im ersten Schritt lediglich auf das materielle Wettbewerbsmissbrauchsrecht der §§ 19–21 GWB verwiesen wurde, weitete das AMNOG die Anwendbarkeit materiell auf die Kartellverbote der §§ 1–3 GWB und in verfahrens- sowie bußgeldrechtlicher Hinsicht umfassend auf die zur Durchsetzung dieser materiellrechtlichen Vorschriften geltenden Regelungen aus. Dem korrespondierte, dass das AMNOG durch Änderung der §§ 51 SGG und 87 GWB den gerichtlichen Rechtsschutz im Zusammenhang mit dem GWB in vollem Umfang an die Zivilgerichte verwies.[46]

1. Die „entsprechende" Geltung gegenüber den Kassen und ihren Verbänden. Mit der Normierung „entsprechender" Geltung des GWB wird die Konsequenz aus der Verneinung der Unternehmenseigenschaft von Kassen in den Leistungserbringungsbeziehungen und dem öffentlich-rechtlichen Charakter ihres Handelns gezogen. Da die Befugnisse der Kartellbehörden unmittelbar grundsätzlich nur gegenüber Unternehmen und deren Vereinigungen bestehen,[47] ist auch insoweit die „entsprechende" Geltung konsequent. Allerdings wären der Ausschluss des nationalen Wettbewerbsrechts nach § 69 Abs. 1 und die nur entsprechende und begrenzte Anwendbarkeit nach Abs. 2 S. 1 wenig stimmig, wenn die Krankenkassen in den von § 69 Abs. 1 erfassten Leistungserbringungsbeziehungen[48] als Unternehmen im Sinne des Unions-Wettbewerbsrechts anzusehen wären. Dies ist aber gemäß der Rechtsprechung des EuGH nicht der Fall, wie in zwei Schritten zu begründen ist. Zum einen üben Kassen in ihrer Hauptfunktion, der Versorgung der Versicherten mit Gesundheitsleistungen, keine wirtschaftliche, sondern eine soziale Tätigkeit aus. Dies hat der EuGH auf der Basis früherer Rechtsprechung in der Rechtssache AOK Bundesverband[49] entschieden. Zu diesem Thema und zur Frage, ob nicht jedenfalls in bestimmten Tätigkeitsfeldern auch ausgehend von der Rechtsprechung in der Rs. AOK-Bundesverband Krankenkassen doch als Unternehmen im Sinne von Art. 101 ff. AEUV anzusehen seien,

---

45 So im Ergebnis auch OLG Düsseldorf, 4.5.2011, VI-Kart 7/10 (V), Kart 7/10 (V), WUW E DE-R.
46 Einfügung von § 51 Abs. 3 SGG, Streichung von § 87 S. 3 GWB durch Art. 2 Nr. 3 und Art. 3 Nr. 1 AMNOG.
47 Siehe dazu auch Bechtold, GWB, 6. Aufl. 2010.
48 Dazu dass es für die Qualifikation von Tätigkeiten als wirtschaftlich und der Akteure als Unternehmen auf die jeweilige Tätigkeit ankommt (funktionaler oder relativer Unternehmensbegriff), siehe EuGH, 23.4.1991, C-41/90 (Höfner u. Elser), Slg 1991 I-1979, Rn. 21; EuGH, 16.3.2004, C-264/01 ua (AOK Bundesverband u. a), Slg 2004, I-2493, Rn. 58; siehe auch W.-H. Roth, GRUR 2007, 645, 650.
49 EuGH (AOK-Bundesverband); zum Kontext dieser Entscheidung mit den Vorläufern zur Abgrenzung von „wirtschaftlicher" und „rein sozialer" Tätigkeit siehe, den EuGH kritisierend, Möller, ZESAR 2006, 200 ff.

sind die Stellungnahmen in der Literatur kaum noch zu überblicken.[50] Allerdings hat sich der EuGH bis in die jüngste Zeit unbeirrt gezeigt.[51]

23 Der zweite Schritt ist derjenige von den Krankenkassen als Anbieter von Gesundheitsleistungen gegenüber ihren Versicherten zu ihrer Tätigkeit als Nachfrager im Verhältnis zu den Leistungserbringern. Hier ist seit der FENIN-Rechtsprechung des EuGH[52] gemeinschaftsrechtlich geklärt, dass eine Einheit, soweit sie für die Erfüllung bestimmter Aufgaben nicht als Anbieter auf einem Markt Unternehmen im unionsrechtlichen Sinne ist, nicht durch ihre Tätigkeit als Nachfrager zum Erwerb der für diese Aufgaben dienenden Dienste und Gegenstände zum Unternehmen wird.[53]

24 Beide Linien der EuGH-Rechtsprechung zusammen ergeben, dass der durch § 69 Abs. 1 bewirkte Ausschluss des GWB-Wettbewerbsrechts zwar nach innerstaatlichem Recht für die Rechtsbeziehungen konstitutiv gewesen sein mag, die ohne der Normierung des „abschließenden" Charakters, zivilrechtlich qualifiziert wurden, dass dies aber unionsrechtlich nur eine Klarstellung ist. Dass dies bei einer jederzeit möglichen Änderung der Rechtsprechung des EuGH neu zu beurteilen wäre, ändert nichts an der jetzt gegebenen unionsrechtlichen Rechtslage, sondern ist Ausdruck der quasi-legislativen Funktion des Gerichtshofs.[54]

25 **2. Kein Ausschluss der Anwendbarkeit wegen gemäß Art. 3 Abs. 2 S. 1 VO(EG) Nr. 1/2003 oder § 22 Abs. 2 GWB.** Nach Art. 3 Abs. 2 S. 1 VO(EG) Nr. 1/2003, der sog „Kartellverordnung"[55] darf „die Anwendung des einzelstaatlichen Wettbewerbsrechts ... nicht zum Verbot von Vereinbarungen zwischen Unternehmen, Beschlüssen von Unternehmensvereinigungen und aufeinander abgestimmten Verhaltensweisen führen, welche den Handel zwischen Mitgliedstaaten zu beeinträchtigen geeignet sind, aber den Wettbewerb im Sinne des Artikels 81 Abs. 1 des Vertrags nicht einschränken oder die Bedingungen des Artikels 81 Abs. 3 des Vertrags erfüllen oder durch eine Verordnung zur Anwendung von Art. 81 Abs. 3 des Vertrags erfasst sind." Für das Verhältnis von § 69 Abs. 2 SGB V zu dieser Vorschrift wird bisweilen vertreten, dass ausgehend von einer Interpretation des Unionsrechts wie in → Rn. 22–24 wiedergegeben § 69 Abs. 2 S. 1 SGB V insoweit gegen Unionsrecht verstoße, als nunmehr das prinzipielle Kartellverbot für Krankenkassen gelte.[56] Allerdings spricht wohl mehr für als gegen die Kompetenz des nationalen Gesetzgebers, zur Normierung jedenfalls einer Regelung wie § 69 Abs. 2 SGB V.[57] Eine am Wortlaut des Art. 3 Abs. 1 S. 1 der Kartellverordnung orientierte Auslegung kommt zum Ergebnis, dass diese Vorschrift sich auf Unternehmen im Sinne des Unionsrechts bezieht, und darum gerade nicht Krankenkassen erfasst.[58] In der Sache hat der Gesetzgeber mit der praktisch auf Selektivverträge beschränkten Anwendbarkeit des Kartellverbots und dessen lediglich entsprechenden Anwendung das spezifische Wettbewerbsregulierungsrecht geschaffen, welches von den Kritikern

---

50 Siehe dazu aus jüngerer Zeit die Unternehmensqualifikation bejahend Forst, ZESAR 2014, 163 ff.; Frenz, ZESAR 2013, 107 ff.; Säcker/Kaeding, MedR 2012, 15 ff.; Baier, MedR 2011, 345 ff.; Kersting/Faust, WuW 2011, 6 ff.; Bucher, Die Anwendung des europäischen Wettbewerbsrechts auf Träger sozialer Sicherungssysteme, 2008, 29 ff., 72 ff.; Badke, WuW 2007, 726 ff.; Kluckert in: Sodan (Hrsg.), Handbuch des Krankenversicherungsrechts, 2. Aufl. 2014, S. 392 ff. (Rn. 51 ff.; 88 ff.); verneinend Bernhardt, ZESAR 2008, 128 ff. (131 f.); Knispel, GesR 2008, 181 ff.; Roth, GRUR 2007, 645 ff. (650), wenn auch rechtspolitisch den EuGH kritisierend; Kingreen, ZESAR 2007, 139 ff., wenn auch warnend, dass Maßnahmen wie Selbstbehalte (§ 53 Abs. 1 SGB V), Beitragsrückerstattung (§ 3 Abs. 2 SGB V) und Steuerfinanzierung des Solidarausgleichs (§ 221 [heute auch § 221b] SGB V) irgendwann zu einem Umschlagen hinsichtlich des Unternehmensbegriffs führen könnten.
51 Allgemeiner zur Sozialversicherung siehe noch Kattner Stahlbau (Fn. 21).
52 EuGH, 4.3.2003, T 319/99, Slg 2003 II-357; EuGH, 11.7.2006, C-205/03 P, Slg 2006, I-6295; dazu Roth, GRUR 2007, 645, 652.
53 Siehe die Bestätigung und Verallgemeinerung dieser Rechtsprechung in der Rechtssache Selex systemi integrati, EuGH, 26.3.2009, C-113/07, Slg I-02207, Rn. 102 f.
54 Zum Richterrecht des EuGH siehe Callies, NJW 2005, 929 ff.; ausführlich Grosche, Rechtsfortbildung im Unionsrecht. Eine Untersuchung zum Phänomen richterlicher Rechtsfortbildung durch den Gerichtshof der Europäischen Union, 2011; Walter, Rechtsfortbildung durch den EuGH. Eine rechtsmethodische Untersuchung ausgehend von der deutschen und französischen Methodenlehre, 2009.
55 Verordnung (EG) Nr. 1/2003 des Rates vom 16. Dezember 2002 zur Durchführung der in den Artikeln 81 und 82 des Vertrags niedergelegten Wettbewerbsregeln, ABl. L 1 vom 4.1.2003, S. 1 ff.
56 Siehe insbes. Becker/Kingreen, NZS 2010, 417, 421; Kingreen, SozSich 2010, 391 ff.; zu Stellungnahmen im Gesetzgebungsverfahren zum AMNOG einschließlich eines Gutachtens von Bechtold/Brinker/Holzmüller siehe Gaßner/Eggert, NZS 2011, 249, 252.
57 W.-H. Roth, GRUR 2007, 645, 654; siehe auch Baier, MedR 2011, 345, 347.
58 Ebenso auch Gaßner/Eggert, ebd. (Fn. 81); siehe auch Baier, MedR 2011, 345, 347.

gefordert wird. Ob dieses spezifische Regulierungsrecht beim Bundeskartellamt und den Kartellgerichten in den angemessenen Händen liegt, ist eine rechtspolitische und keine unionsrechtliche Frage.

3. Die anzuwendenden Vorschriften im Einzelnen. a) Der Anwendungsbereich der Verweisung auf das Kartellrecht. Der Anwendungsbereich der Verweisung auf das Kartellrecht ergibt sich neben den in § 69 Abs. 2 S. 1 genannten Vorschriften aus den Anwendungsausnahmen der Sätze 2 und 3. Einigermaßen einfach ist (positiv) der innerhalb des GWB gegebene Anwendungsbereich umschrieben. Es sind materiell das Kartellverbot und die Missbrauchsverbote und das dazu gehörende Verfahrensrecht und Bußgeldrecht, also das gesamte Kartellrecht mit Ausnahme der Fusionskontrolle. Einen etwas größeren Interpretationsaufwand verlangen die Anwendungsausnahmen. 26

aa) Die Anwendungsausnahme nach § 69 Abs. 2 S. 2. Nach S. 2 gilt die Verweisung nicht für Vereinbarungen der Krankenkasse oder ihrer Verbände mit Leistungserbringern, zu deren Abschluss die Kassen oder ihre Verbände gesetzlich verpflichtet sind. Dieses Tatbestandsmerkmal ist unklar. Die Verpflichtung könnte sich, wenn man allein den Wortlaut betrachtet, sowohl auf einen Vertragstyp beziehen – zB Hilfsmittelverträge nach § 127 Abs. 2 SGB V, die gesetzlich geboten sind, soweit Verträge nach Abs. 1 nicht geschlossen werden – als auch auf einen konkreten Vertrag mit bestimmten Leistungserbringern. Das Erfordernis einer „gesetzlichen" Verpflichtung könnte sich sowohl auf spezifische Normierungen im Vierten Buch oder den übrigen in Abs. 1 genannten Bereichen beziehen, als auch generell auf rechtliche Verpflichtungen, die letztlich immer einem Gesetz zuzuordnen sind, und wenn es die Grundrechte des Grundgesetzes sind.[59] 27

Hinweise auf die gesetzgeberische Zielsetzung gibt die Entstehungsgeschichte. Durch das AMNOG (→ Rn. 2) wurde das bis dahin für die Anwendungsausnahme erforderliche zusätzliche Kriterium gestrichen, dass für den jeweiligen Vertrag eine Schiedsamtsregelung für den Fall der Nichteinigung gilt. Somit waren bis Ende 2010 nur Verträge mit gesetzlicher Zwangsschlichtung ausgeschlossen, wobei noch die Frage offen war, ob „Schiedsamt" wörtlich zu verstehen und damit „Schiedsstellen" und „Schiedspersonen" nicht erfasst waren.[60] Jedenfalls ist aufgrund dieser Änderungsgeschichte klar, dass jetzt auch Verträge ohne Zwangsschlichtung erfasst sind. In der Begründung des Ausschusses für Gesundheit, der die Gesetz gewordene Fassung vorgeschlagen hatte, heißt es dazu: „Satz 2 nimmt alle Verträge, zu deren Abschluss die Krankenkassen oder ihre Verbände gesetzlich verpflichtet sind, vom Anwendungsbereich des Kartellrechts aus. Dies betrifft alle Versorgungsverträge, die entweder die Krankenkassen oder die jeweiligen Verbände mit den Leistungserbringern oder deren Verbänden zur Sicherstellung der Versorgung der Versicherten abzuschließen haben. Solche zwingenden Vertragsverpflichtungen finden sich zB in der Heilmittelversorgung im § 125 Abs. 2 SGB V und in der Hilfsmittelversorgung im § 127 Abs. 2 SGB V. Die Ausnahme vom Kartellrecht trägt der Versorgungsrealität in der GKV Rechnung. So werden etwa in Teilbereichen der Hilfsmittelversorgung die Verträge regelhaft nach § 127 Abs. 2 SGB V auf Verbandsebene und damit kollektivvertraglich geschlossen." 28

Aus dieser Begründung ist zu schließen, dass es für den Ausnahmetatbestand genügt, dass überhaupt entweder die Kassen oder ihre Verbände rechtlich verpflichtet sind, Verträge einer bestimmten Art zu schließen. Allerdings sprechen die angeführten Beispiele dafür, dass, wenn schon nicht eine Zwangsschlichtung vorgesehen ist (wie bei den Heilmittelverträgen), doch zumindest ein Beitrittsrecht nicht am Vertrag beteiligter Leistungserbringer gegeben sein muss (wie gemäß § 127 Abs. 2a bei den Hilfsmittelverträgen nach § 127 Abs. 2). Dies lässt sich dahin gehend zusammenfassen, dass immer dann, wenn Verträge in dem Sinne selektiv sind, dass die Kasse entweder frei ist, ob sie überhaupt einen Vertrag schließen will, oder in dem Sinne, dass sie ein Ermessen hat, mit welchen Leistungserbringern sie kontrahieren will, der Ausnahmetatbestand nicht erfüllt ist. Ob dies der Fall ist, muss in generalisierender Auslegung der entsprechenden Tatbestände geklärt werden. Beispielsweise wäre ein Vertrag über Versorgung mit Haushaltshilfe nach § 132 Abs. 1 S. 2 SGB V kein Selektivvertrag, wenn auf seinen Abschluss generell ein Anspruch bestünde.[61] Hingegen bliebe es immer noch ein Selektivvertrag, wenn es allenfalls im Einzelfall wegen Ermessensreduktion auf null zum Anspruch eines Leistungserbringers auf Vertragsabschluss kommen kann.[62] 29

Das Ziel des Gesetzgebers, die „Versorgungsrealität" gemeinsamen Handelns von Kassen zu berücksichtigen, wo sie dies zwar können, aber nicht müssen, ließe sich dadurch erreichen, bei im Prinzip der 30

---

59 Dazu auch Becker/Kingreen, SGB V, § 69 Rn. 48; Kingreen, SozSich 2010, 391, 393.
60 So Engelmann, jurisPK, § 69 SGB V, Rn. 107.
61 So Rixen in: Becker/Kingreen, SGB V, § 132 Rn. 4.
62 So für § 132 Abs. 1 S. 2 SGB V BSG, 17.7.2008, B 3 KR 23/07 R, BSGE 101, 342, juris-Rn. 21.

Verweisung auf das Kartellrecht unterfallenden Verträgen, im Leistungserbringungsrecht selbst vorgesehene Optionen zu gemeinsamem Handeln im Rahmen der Auslegung der Verweisung auf § 1 GWB berücksichtigt wird, nämlich als spezifische Ausnahme gerade zum Kartellverbot, nicht aber als generelle Ausnahme von der Verweisung insgesamt.

31 **bb) Die Anwendungsausnahme nach § 69 Abs. 1 S. 3.** Ausgenommen von der Verweisung auf das Kartellrecht sind auch die in § 69 Abs. 2 S. 3 genannten Entscheidungen. Das sind zum einen Entscheidungen zu denen die Krankenkassen oder Verbände gesetzlich verpflichtet sind, und zum anderen solche Entscheidungen zu denen der G-BA gesetzlich verpflichtet ist. In beiden Fällen ergibt sich aus dem Gesetz, ob der Ausnahmetatbestand erfüllt ist. Das ist nicht dann erst der Fall, wenn der konkrete Entscheidungsinhalt gesetzlich geboten ist, sondern schon dann wenn die genannten Stellen verpflichtet sind, über die jeweiligen Gegenstände Entscheidungen zu treffen. Folglich sind etwa alle in § 92 Abs. 1 S. 2 SGB V angeführten Richtlinien, alle sonstigen gebotenen Beschlüsse des G-BA (zB § 137 Abs. 1 S. 2), alle im Zusammenhang mit Bedarfsplanung Unterversorgung und Überversorgung vorgesehenen Entscheidungen der Landesausschüsse nach §§ 99–104 SGB V und alle gesetzlich gebotenen Entscheidungen des GKV-Spitzenverbandes einschließlich etwa der Festsetzung von Festbeträgen nach § 35 Abs. 3 SGB V oder von Rahmenempfehlungen (§§ 132 Abs. 1, 132 c Abs. 2, 132 d Abs. 2) nicht Gegenstand der Verweisung in § 69 Abs. 2 S. 1 SGB V.

32 **b) Die Anwendung des § 69 Abs. 2 S. 1.** Soweit nicht die Anwendungsausschlüsse nach § 69 Abs. 2 S. 2 und 3 greifen, gilt für die Rechtsbeziehungen des Abs. 1 die in Abs. 2 S. 1 bestimmte Rechtsfolge: Die dort genannten Vorschriften gelten „entsprechend". Die hierdurch normierte Abweichung von direkter Geltung hat zwei Elemente. Erstens ist die Geltung angeordnet, obwohl die für eine für eine direkte Anwendung nötigen Tatbestandsmerkmale der Unternehmenseigenschaft der Kassen und privatrechtlichen Handelns fehlen. Alle anderen jeweiligen Tatbestandsvoraussetzungen müssen aber gegeben sein. Bezogen auf diese handelt es sich darum um eine Rechtsgrundverweisung.[63] Zweitens ergibt sich aus der Normierung „entsprechender" Anwendung das selbstverständliche Gebot, die sich aus der direkten Anwendung ergebenden Rechtsfolgen eventuell dem Recht anzupassen, in welches die verwiesenen Normen zu integrieren sind.[64]

33 Während die entsprechende Anwendung der Missbrauchsverbote der §§ 19–21 GWB auf Krankenkassen schon deshalb ganz unproblematisch ist, weil diesen als Hoheitsträgern die Grundrechte, insbesondere Art. 3 Abs. 1 GG sowie das Gebot pflichtgemäßer Ausübung von eingeräumtem Ermessen, mindestens ebenso strenge Verhaltensanforderungen auferlegen,[65] bedürfen die Kooperationsverbote des § 1 GWB auch bei den Selektivverträgen, auf welche allein das GWB entsprechend anzuwenden ist, im Einzelfall einer Abwägung mit dem Kooperationsgebot des § 4 Abs. 1 S. 3 SGB V, welche wohl nur in Orientierung an den spezifischen Zielen des Kassenwettbewerbs zu leisten ist und damit zu den oben (→ Rn. 3 ff.) dargelegten unterschiedlichen Sichtweisen zurückführen dürfte. Da diese Aufgabe nun von den Kartellbehörden und den Kartellgerichten umzusetzen ist, wird sich erst im Laufe der Zeit zeigen, ob und gegebenenfalls wie diese spezifische Konsequenz entsprechender Geltung zum Tragen kommen wird. Soweit ersichtlich hat es bisher noch keinen Testfall hierfür gegeben.

34 Das übrige durch § 69 Abs. 2 S. 1 SGB V verwiesene Recht des GWB betrifft die Zuständigkeit und das Verfahren der Kartellbehörden, den gerichtlichen Rechtsschutz durch die Kartellgerichte und die für die hier in Betracht kommenden – also insbesondere nicht die Fusionskontrolle betreffenden – Bußgeldtatbestände des GWB. Zu ihnen wird auf die einschlägigen Kommentierungen zum GWB verwiesen. In einer Hinsicht ist die Unterwerfung der Krankenkassen unter die Aufsichtskompetenzen des Bundeskartellamts, welches nach § 48 Abs. 2 GWB regelmäßig zuständig sein dürfte, verfassungsrechtlich problematisch. Die Kompetenzen nach §§ 32–34 und 57–60 GWB enthalten vielfältige Eingriffsbefugnisse. Im Verhältnis zu den Kassen sind dies Eingriffsbefugnisse des Bundes in die Hoheitstätigkeit eines Trägers mittelbarer Staatsverwaltung. Und im Verhältnis zu den nach Art. 87 Abs. 2 GG landesunmittelbaren Kassen ist dies eine mit Eingriffsbefugnissen verbundene Aufsichtskompetenz des

---

63 Siehe auch Engelmann, jurisPK § 69 Rn. 70.
64 Dieses Gebot hatte § 69 Abs. 2 S. 3 SGB V in der bis zum AMNOG geltenden Fassung ausdrücklich normiert: „Die in S. 1 genannten Vorschriften gelten mit der Maßgabe, dass der Versorgungsauftrag der gesetzlichen Krankenkassen besonders zu berücksichtigen ist." Der Gesetzgeber des AMNOG hatte den S. mit der ausdrücklichen Begründung gestrichen, dass das Gebot selbstverständlich sei und deshalb weiter gelte (siehe BT-Dr. 17/2413, 27; BT-Dr. 17/3698, 52).
65 Dazu ausführlich Pollmann, Der verfassungsrechtliche Gleichbehandlungsgrundsatz im öffentlichen Vergaberecht, 2009; zum Meinungsstand siehe auch Sormani-Bastian, Vergaberecht und Sozialrecht, 2006, 23.

Bundes über die Landesverwaltung, die den für die hoheitliche Einwirkung der Bundesverwaltung auf die Landesverwaltung nach Art. 84 Abs. 2–5 GG geltenden Anforderungen offensichtlich nicht entspricht.[66]

IV. Geltung des Kartellvergaberechts und seine Modifikation nach Abs. 3 und 4

Mit § 69 Abs. 3 und 4 SGB V – eingefügt durch das Zweite Gesetz zur Änderung des Buchpreisbindungsgesetzes (→ Rn. 2) – hat das Recht der Vergabe öffentlicher Aufträge im Sachleistungssystem der GKV eine neue Wendung genommen. Nachdem es zunächst mit dem GKV-OrgWG im Jahre 2008 und dem AMNOG im Jahre 2010 eine schrittweise Ausweitung der Verweisung auf das Kartellvergaberecht gegeben und dies zu einer politisch gewollten Intensivierung der Vergabekontrolle im Verwaltungsverfahren der Vergabekammern und durch die Zivilgerichtsbarkeit geführt hatte,[67] gibt es sowohl auf der europäischen Ebene als auch innerstaatlich eine gewisse generelle gegenläufige Tendenz zur Lockerung der vergaberechtlichen Bindungen öffentlicher Auftraggeber, welche dazu dient, die Verfolgung bestimmter „strategischer", insbesondere auch sozialer Ziele nicht durch vergaberechtliche Beschränkungen zu behindern. Dies wurde auf der Ebene der EU im Jahre 2014 umgesetzt durch drei Richtlinien, die weithin an die Stelle des bisherigen EU-Vergaberechts traten.[68] Dieses neue EU-Recht hat der deutsche Gesetzgeber durch das Vergaberechtsmodernisierungsgesetz v. 17.2.2016[69] umgesetzt, welches den gesamten Teil 4 des GWB neu formuliert hat.[70] Für das Vergaberecht der GKV kommt eine weitere Neuerung hinzu, nämlich eine Aufspaltung des anzuwendenden Rechts. Im Grundsatz normiert nun § 69 Abs. 3 SGB V weiterhin eine umfassende Verweisung auf das Kartellvergaberecht. Abweichend davon normiert nun aber Abs. 4 der Vorschrift für bestimmte Bereiche eine über die ohnehin erfolgten Lockerungen und Vereinfachungen des allgemeinen Vergaberechts und der ohnehin geltenden Lockerungen für Verträge über Gesundheitsleistungen hinaus eine zusätzliche Ausweitung von Spielräumen in der GKV.

1. Die grundsätzliche unmittelbare Geltung des Kartellvergaberechts nach Abs. 3. Nach § 69 Abs. 3 SGB V sind auf „öffentliche Aufträge nach diesem Buch ... die Vorschriften des Teils 4 des GWB anzuwenden". Diese Bestimmung entspricht inhaltsgleich dem vorherigen durch dasselbe Gesetz gestrichenen § 69 Abs. 2 S. 4 SGB V. Damit gilt grundsätzlich sowohl für die Anwendungsvoraussetzungen als auch die Anwendung selbst für Beschaffungen nach dem SGB V unmittelbar das sogenannte „Kartellvergaberecht" der §§ 97–184 GWB. Das Kartellvergaberecht ist anzuwenden, wenn seine Tatbestandsvoraussetzungen erfüllt sind. Da es sich also um eine umfassende Rechtsgrundverweisung handelt, hat sich durch die jetzige Regelung gegenüber der Fassung des AMNOG (→ Rn. 2) nichts geändert. Im Gegenteil ist dies durch die Aufnahme des Begriffs der „öffentlichen Aufträge" in den Text des Abs. 3 noch deutlicher als zuvor. Zum anzuwendenden Kartellvergaberecht gehören auch die nun aufgrund der Ermächtigungen in §§ 113 und 114 GWB erlassenen Rechtsverordnungen, nämlich insbesondere die ihrerseits durch die Vergaberechtsmodernisierungsverordnung v. 12.4.2016[71] der neuen Rechtslage angepasste Vergabeverordnung VgV sowie die neue Konzessionsvergabeverordnung (KonzVgV).

Soweit nicht die sogleich zu behandelnde Ausnahmeregelung des Abs. 4 greift, ist das gesamte Kartellvergaberecht einschließlich des zivilgerichtlichen Rechtsschutzes in gleicher Weise anzuwenden, als wenn es insoweit die Normierung „abschließender" Geltung in § 69 Abs. 1 S. 1 und 2 nicht gäbe. Es richtet sich insofern allein nach dem Kartellvergaberecht, ob dieses im Einzelfall anwendbar ist und welche Anforderungen im Falle der Anwendbarkeit für Verträge von Kassen mit Leistungserbringern gelten. Für die vielen sich daraus ergebenden Rechtsfragen ist auf die einschlägige Literatur zum Ver-

---

66 Siehe auch Becker/Kingreen, NZS 2010, 417, 422 f.; Kingreen, SozSich 2010, 391, 394 f.; Ebsen, GuP 2011, 41, 46 f.
67 Zu diesen Entwicklungen siehe Kemmler, NZS 2015, 401–410; Wallrabenstein, NZS 2015, 48–55.
68 Nämlich die Richtlinien 2014/23/EU (Konzessionsrichtlinie); 2014/24/EU (Vergaberichtlinie) und 2014/25/EU (Sektorenrichtlinie), alle v. 26.2.2014; dazu Neun/Otting, EuZW 2014, 446–452; Ziekow, DÖV 2015, 897–904; Höfer/Nolte, NZS 2015, 441–447; Burgi, VergabeR 2016, 261–269; Bungenberg/Schellhaas, WuW 2017, 72–79; Gerner, NZS 2016, 492–498; Lutze, SGb 2016, 489–495; Mohr, EuZA 2017, 23–46; Krönke, NVwZ 2016, 568–575; speziell für die GKV Hansen, NZS 2016, 814–820.
69 BGBl. I, 203.
70 Hierzu – insbesondere zur Frage, was neue und was lediglich eine Umformulierung des schon bisher geltenden Rechts ist – wird auf das auf das einschlägige Kartellvergaberecht verwiesen; siehe zB Dobmann, Das neue Vergaberecht, 2016. Die bekannten größeren Kommentare zum GWB mit dem geänderten Teil 4 dürften im Laufe des Jahres 2017 in neuer Auflage erscheinen.
71 BGBl. I, 624.

gaberecht zu verweisen. An dieser Stelle müssen einige Stichworte zu vergaberechtlichen Fragen im Kontext der GKV-Leistungserbringungsbeziehungen genügen.

38 a) **Krankenkassen als öffentliche Auftraggeber.** Da das Vergaberecht nach § 97 Abs. 1 GWB nur für öffentliche Aufträge oder Konzessionen gilt und hierfür die Beschaffung durch öffentliche Auftraggeber Voraussetzung ist, kommt es darauf an, ob Krankenkassen nach § 99 Nr. 2 GWB – die anderen Ziffern kommen nicht in Betracht – öffentliche Auftraggeber sind. Dies ist seit der Entscheidung des EuGH in der Rechtssache Oymanns[72] unstreitig.

39 b) **Beschaffung durch Selektivvertrag als Voraussetzung für einen öffentlichen Auftrag bzw. eine Rahmenvereinbarung.** Öffentliche Aufträge im Leistungserbringungsbereich sind entgeltliche Verträge über die Beschaffung von entweder Lieferungen (also Waren) oder Dienstleistungen (§ 103 Abs. 1 GWB). Nach Sinn und Zweck des Vergaberechts ist „Beschaffung" dahin gehend zu verstehen, dass der Auftraggeber unter im Wettbewerb stehenden Anbietern eine Auswahlentscheidung trifft, diese also gegenüber den Mitbewerbern bevorzugt. Dies ist überall zu verneinen, wo den Kassen als Auftraggebern diese Wahlmöglichkeit fehlt, also sowohl in den Fällen, in denen die Vertragspartner gesetzlich festgelegt sind wie beim Hausärztevertrag nach § 73 b Abs. 4 SGB V, als auch in den Fällen, denen Mitbewerber ein Beitrittsrecht zum jeweiligen Vertrag haben wie bei den Hilfsmittelverträgen nach § 127 Abs. 2 SGB V gemäß Abs. 2 a.[73] Damit kommen praktisch nur die Verträge als öffentliche Aufträge in Betracht, die als selektive Verträge auch dem Regime des Kartellrechts unterworfen sind (→ Rn. 28 f.). Das Tatbestandsmerkmal „Vertrag" ist nach überwiegender Ansicht insofern konstitutiv, als eine Ermöglichung der Erbringung von Leistungen durch Verwaltungsakt wie zB die Ermächtigungen durch den Zulassungsausschuss (§ 96 SGB V) keine Beschaffung sein kann.[74] Hierfür wird man allerdings den Vorbehalt machen müssen, dass eine derartige Ausgestaltung im nationalen Recht nicht als missbräuchliche Umgehung des unionsrechtlichen Begriffs der Beschaffung zu verstehen ist. Dafür sind im SGB V aber keine Kandidaten ersichtlich. Im Einzelfall ist auch das Kriterium der Entgeltlichkeit von Bedeutung. So sind Versorgungsverträge für Krankenhäuser nach §§ 108 Nr. 3, 109 SGB V, Vorsorge- und Rehabilitationseinrichtungen nach § 111 SGB V sowie Einrichtungen zur Vorsorge oder Rehabilitation für Mütter und Väter nach § 111 a SGB V zwar insofern für die entscheidungsbefugten Einheiten in dem Sinne „selektiv", dass im Einzelfall eine Auswahl unter verschiedenen Interessenten in Betracht kommt. Jedoch ist die Vergütung der zu erbringenden Leistungen hiervon abgekoppelt und Systemen kollektiver Zwangsschlichtung zugeordnet. Damit ist jeweils das Verhältnis von Leistung und Gegenleistung nicht Gegenstand des Vertrages. Solche Verträge sind nicht entgeltlich.

40 Sofern ein Vertrag geschlossen wird, durch welchen die Bedingungen (insbesondere der Preis) für öffentliche Aufträge fixiert werden, die während eines bestimmten Zeitraums vergeben werden sollen, ist dies eine Rahmenvereinbarung (§ 103 Abs. 5 GWB), für welche grundsätzlich dieselben Vorschriften gelten wie für die Vergabe entsprechender öffentlicher Aufträge.

41 Im beschriebenen Sinne selektive entgeltliche Verträge zur Leistungserbringung und darum Beschaffungen oder Rahmenverträge über diese sind die folgenden Verträge:
- Verträge über Modellvorhaben gem. § 63 Abs. 1 oder 2 SGB V nach § 64 Abs. 1 SGB V;
- Verträge über hausarztzentrierte Versorgung nach § 73 b Abs. 4 S. 3 SGB V, die abgeschlossen werden „können", sofern bereits ein nicht selektiver Vertrag nach Abs. 4 S. 1 der Vorschrift besteht;
- Verträge über die Lieferung von Hilfsmitteln nach § 127 Abs. 1 SGB V und (allerdings wohl nur ausnahmsweise die Schwelle für das GWB-Vergaberecht[75] erreichend) Einzelverträge nach § 127 Abs. 3 SGB V;

---

72 EuGH, 11.6.2009, C-300/07, Slg 2009-I, 4779; der EuGH hatte das Tatbestandsmerkmal des Art. 1 Abs. 9 lit. c EGRL 18/2009 überwiegender staatlicher Finanzierung bejaht; nach deutschem Recht läge mindesten ebenso nahe, das Tatbestandsmerkmal staatlicher Aufsicht über die Leitung zu bejahen, welches nach § 99 Nr. 2 GWB eine Alternative zur staatlichen Finanzierung darstellt; dazu auch Sormani-Bastian, NZS 2010, 13, 14 f. mit Hinweis darauf, dass dies für die Zuständigkeit der Vergabekammern nicht irrelevant ist.
73 Dies dürfte heute unstrittig sein; siehe die Nachweise bei Becker-Kingreen, SGB V, § 69 Rn. 55.
74 Siehe Becker-Kingreen, SGB V, § 69 Rn. 54.
75 Da hier, wo es um die Lieferung von Waren geht, die Ausnahme für soziale Dienstleistungsaufträge (→ Rn. 43) nicht greift, nach § 106 GWB iVm Art. 4 lit. c Vergabe-RL und Art. 1 VO (EU) 2015/2170 209.000 Euro.

- Rabattverträge mit pharmazeutischen Unternehmen nach § 130 Abs. 8 SGB V, sofern diese selektiv sind, also nicht Wettbewerbern gleichen Zugang gewähren („open house");[76]
- Erstattungsverträge mit pharmazeutischen Unternehmen nach § 130 c SGB V, soweit sie Arzneimittel betreffen, hinsichtlich welcher Wettbewerb zwischen pharmazeutischen Unternehmern stattfindet, und die zwischen solchen selektiv gestaltet sind;
- Verträge über die Versorgung mit sozialmedizinischen Nachsorgemaßnahmen nach § 132 c SGB V;
- Verträge nach § 132 e Abs. 2 SGB V über Versorgung mit Impfstoffen mit einzelnen pharmazeutischen Unternehmern (hingegen sind die Verträge nach § 132 e Abs. 1 nicht selektiv);
- Verträge über Gesundheitsuntersuchungen und Gesundheitsförderung durch Betriebsärzte nach § 132 f SGB V;
- Verträge über Kurzzeitpflege (§ 30 c SGB V) nach § 132 h SGB V;
- Verträge über besondere Versorgung nach § 140 a SGB V, auch im Zusammenhang mit § 132 d Abs. 3 SGB V;
- Verträge mit Leistungserbringern gem. § 13 Abs. 4 S. 2 SGB V aus anderen europäischen Staaten nach § 140 e SGB V.

Zweifelhaft ist die Qualifikation von Verträgen mit Erbringern von Hilfsmitteln nach § 127 Abs. 2 SGB V. Hier ist einerseits die Entscheidung ob und mit welchen Erbringern solche entgeltlichen Verträge geschlossen werden, selektiv. Andererseits können aber andere Leistungserbringer solchen Verträgen zu den jeweils gleichen Bedingungen beitreten (§ 127 Abs. 2 a SGB V). Dies gilt jedoch wiederum nur für solche anderen Leistungserbringer, die nicht schon aufgrund eines bestehenden Vertrages zur Leistungserbringung berechtigt sind. Wären solche Verträge öffentliche Aufträge, wäre § 127 Abs. 2 SGB V mit dem einschlägigen Recht der EU Vergabe-RL und dem seiner Umsetzung dienenden Kartellvergaberecht bei Verträgen oberhalb des Schwellenwertes (dazu → Rn. 41) kaum zu vereinbaren, da nicht ersichtlich wäre, warum eine korrekte Ausschreibung mit korrektem Auswahlverfahren aus Gründen der „Zweckmäßigkeit" (§ 127 Abs. 1 und 1 a SGB V) unterbleiben dürfte.[77] Entgegen der zitierten Entscheidung des OLG Düsseldorf fehlt es wegen des prinzipiellen Beitrittsrechts an der (exklusiven) Auswahlentscheidung.[78] Daran ändert das Negativkriterium eines schon bestehenden Vertrags nichts. Die Interessenten, die sich durch Kündigung aus ihrer Vertragsbindung befreien können, sind nicht ausgeschlossen, und solange die Vertragsbindung besteht, ist es diese und nicht eine Selektivität des neuen Vertrages, die dem Beitritt entgegensteht.

42

Ebenfalls zweifelhaft ist die Qualifikation der Verträge über die Versorgung mit Soziotherapie nach § 132 b SGB V und mit spezialisierter ambulanter Palliativversorgung nach § 132 d Abs. 1 SGB V. Diese beiden Vertragstypen zeichnen sich dadurch aus, dass einerseits die Verträge unter dem Vorbehalt entsprechenden Bedarfs stehen, also gegebenenfalls eine Auswahl unter möglichen geeigneten Leistungserbringern stattzufinden hat, dass aber andererseits das Gesetz einen Mechanismus der Streitschlichtung durch Schiedsperson vorsieht. Man wird das Gesetz dahin gehend auslegen müssen, dass die Schiedsperson gegebenenfalls auch über das Ob eines Vertrages zu entscheiden, also eine Zulassungsentscheidung zu treffen hat. Damit wird man nicht von einem selektiven Vertrag ausgehen können. Folglich liegt keine Beschaffung durch die Kassenseite vor.[79]

43

c) **Unterschiedliche Regeln für Liefer- und Dienstleistungsaufträge.** Lieferaufträge dienen der Beschaffung von Waren, während Dienstleistungsaufträge die Beschaffung von Leistungen zum Gegenstand haben, die weder Waren noch Bauleistungen zum Gegenstand haben (§ 103 Abs. 2 und 4 GWB). Die Unterscheidung ist im Prinzip, abgesehen von gemischten Aufträgen (zu verschiedenen Weisen gemischter Aufträge §§ 110–112 GWB), klar. Für Dienstleistungsaufträge ua im Gesundheitswesen und zugehörige Dienstleistungen ermöglicht das Unionsrecht (Art. 74–77 iVm Anhang XIV Vergabe-RL) eine weitreichend Freistellung von den Vergabeanforderungen, was durch § 130 GWB und §§ 64–66 VgV umgesetzt wurde. Dies geht von einem relativ hohen Schwellenwert für die Anwendbarkeit des

44

---

76 Dazu EuGH, 2.6.2016, C-410/14, NZS 2016, 542–543; siehe auch Gaßner, NZS 2016, 767–770; Heilig/Hansen, NZS 2017, 290–296.
77 Dazu das obiter dictum des OLG Düsseldorf, 21.12.2016, VII-Verg 26/16, GuP 2017, 78–79.
78 So auch LSG NRW, 14.10.2010, L 21 KR 69/09 SFB, NZBau 2010, 653–656; Becker-Kingreen, SGB V, § 69 Rn. 55.
79 Das OLG Düsseldorf, welches zu § 132 d SGB V abweichend entschieden hatte, hatte noch zur Rechtslage vor der Einfügung von § 132 d Abs. 1 S. 3–5 SGB V durch das Hospiz- und Palliativgesetz v. 1.12.2015 (BGBl. I, 2114) entschieden.

Kartellvergaberechts⁸⁰ über einen großen Spielraum für die Wahl des Vergabeverfahrens – grundsätzlich auch Verhandlungsverfahren mit Teilnahmewettbewerb (§ 119 Abs. 4 GWB) gem. § 130 Abs. 1 S. 1 GWB – bis zu Verhandlungsverfahren ohne Teilnahmewettbewerb in bestimmten in § 14 VgV aufgelisteten Fällen (auch diese Öffnungen durch die VgV sind, wie § 130 Abs. 1 S. 2 GWB verlangt, „aufgrund" des GWB gestattet) und bedeutet praktisch eine Reduktion der materiellen und verfahrensmäßigen Anforderungen bis auf das ohnehin durch den Gleichheitsgrundsatz des Art. 3 Abs. 1 GG Gebotene.⁸¹ Aufrechterhalten bleiben allerdings gem. Art. 75 Vergabe-RL, § 66 VgV einigermaßen strikte Transparenzerfordernisse. Diese Privilegierungen gelten nicht für Lieferaufträge.

45 **d) Abgrenzung von Rahmenvereinbarungen und Dienstleistungskonzessionen.** Wenn ein Vertrag über Dienstleistungen als Dienstleistungskonzession (§ 105 Abs. 1 Nr. 2 GWB) zu qualifizieren ist, gelten – im Wesentlichen in gleicher Weise im Gesundheitswesen wie in anderen Bereichen (§ 153 GWB iVm Anhang IV Konzessionsrichtlinie) – außer der Pflicht zur Bekanntgabe der Absicht, eine Konzession zu vergeben, nur geringe Verfahrensanforderungen (§§ 151, 152, 154 GWB VgV). Die Dienstleistungskonzession – für Lieferaufträge gibt es die Konzession als besondere Vergabeform nicht – zeichnet sich nach § 105 GWB dadurch aus, dass der öffentliche Auftraggeber in erster Linie dem Auftragnehmer nur die Möglichkeit eröffnet, durch Leistung an Dritte zu Entgelten zu kommen, und selbst das wirtschaftliche Risiko trägt, ob die Dritten seine Leistungen nachfragen. Wenn hingegen der Auftraggeber ihm dieses Risiko abnimmt und faktisch einen bestimmten Umsatz gewährleistet, handelt es sich um einen Dienstleistungsauftrag in der Form einer Rahmenvereinbarung. Bei den oben aufgelisteten Selektivverträgen hängt – exemplarisch Verträge über besondere Versorgung nach § 140a SGB V – zwar wegen der weitgehenden Wahlfreiheit der Versicherten, der Umsatz der Leistungserbringers von der Nachfrage der Versicherten ab, so dass er ein wirtschaftliches Risiko trägt. Jedoch werden die Leistungserbringer regelmäßig in der Lage sein, ihr Risiko so zu kalkulieren, dass bestimmte Umsatzerfolge faktisch gesichert sind. Da die Konzessionsrichtlinie ebenso wie das GWB die Abgrenzung einer Abwägung im Einzelfall überantworten (siehe Art. 5 Nr. 1 S. 2–4 Konzessionsrichtlinie, § 105 Abs. 2 GWB), wird sich die Kasuistik nicht vermeiden lassen. Dies ist angesichts der relativ milden materiellen und verfahrensmäßigen Anforderungen an öffentliche Aufträge und Rahmenvereinbarungen im Gesundheitswesen nicht wirklich problematisch. Insofern dürfte es eine naheliegende Strategie sein, in allen Zweifelsfällen von vornherein den Anforderungen an Rahmenvereinbarungen zu genügen.

46 **2. Vergaberechtliche Erleichterungen für bestimmte Dienstleistungsaufträge nach Abs. 4 SGB V.** Für Dienstleistungsaufträge nach § 63 SGB V (Modellvorhaben) sowie nach § 140a SGB V (besondere Versorgung) sieht das Gesetz über die ohnehin bestehenden Erleichterungen im Gesundheitswesen hinaus zusätzliche Vereinfachungen und Flexibilisierungen vor, durch welche erreicht werden soll, „den Dialogprozess zwischen den Beteiligten zu vereinfachen und den konzeptionellen Besonderheiten und regionalen Versorgungsstrukturen gerecht zu werden" und ihnen daran „angepasste Vergabeverfahren" („hauseigene Verfahren") zu ermöglichen.⁸² Die in Abs. 4 S. 1–3 im Einzelnen aufgeführten Abweichungsmöglichkeiten laufen letztlich darauf hinaus, abgesehen von den Anforderungen an Bekanntmachungen und Transparenz die Erfordernisse aufrecht zu erhalten, die eine dem allgemeinen Gleichheitssatz genügende Vergabe ohnehin genügen muss.⁸³

47 **3. Vergaberecht außerhalb des GWB.** Sofern wegen Nichterreichung eines der Schwellenwerte das Kartellvergaberecht nicht gilt, gibt es doch ähnliche Anforderungen auf verfassungsrechtlicher oder unionsrechtlicher Grundlage.⁸⁴ Sowohl aus Art. 3 Abs. 1 GG als auch (bei grenzüberschreitendem Be-

---

80 750.000 Euro gemäß § 106 Abs. 2 Nr. 1 GWB, Art. 4 lit. d Vergab-RL.
81 Dazu im Einzelnen Luthe, SGb 2016, 489–495.
82 Siehe Ausschussempfehlung und -bericht zum Zweiten Änderungsgesetz zum Buchpreisbindungsgesetz (BT-Dr. 18/8260, 7).
83 Siehe auch die amtliche Begründung (Fn. 82): „Diese „hauseigenen" Verfahren der Krankenkassen müssen sicherstellen, dass die nach Art. 76 Abs. 1 der Richtlinie 2014/24/EU vorgegebenen Grundsätze der Gleichbehandlung und Transparenz gewährleistet sind. Die Pflicht zur Einhaltung des Grundsatzes der Gleichbehandlung ergibt sich für die Krankenkassen als Hoheitsträger auch aus den allgemeinen sozialverfahrensrechtlichen Bestimmungen des Zehnten Buches Sozialgesetzbuch – SGB X – und dem Leistungserbringerrecht des Fünften Buches Sozialgesetzbuch – SGB V (jeweils auch in Verbindung mit Art. 3 Abs. 1 des Grundgesetzes)."
84 Hingegen ist das haushaltsrechtliche Vergaberecht mit Verweis auf die Verdingungsordnungen allein auf die fiskalischen Hilfsgeschäfte beschränkt, da § 22 der Verordnung über das Haushaltswesen in der Sozialversicherung (SVHV) „Verträge, die der Erbringung gesetzlicher oder satzungsmäßiger Versicherungsleistungen dienen", vom Anwendungsbereich ausschließt.

zug) aus den europäischen Grundfreiheiten ergibt sich für Krankenkassen das Gebot gerechter Auswahl nach sachlichen – gegebenenfalls auch gesetzlich vorgegebenen (siehe etwa generell § 2 Abs. 3 SGB V) – Kriterien sowie hinreichender Information aller potenziellen Bieter.[85] Im Falle von Streitigkeiten im Unterschwellenbereich gilt nicht die Verweisung auf den Rechtsschutz nach dem Kartellvergaberecht. Folglich sind für diese gemäß § 69 Abs. 1 SGB V öffentlich-rechtlichen Streitigkeiten (→ Rn. 13 ff.) gem. § 51 Abs. 1 Nr. 2 SGG die Sozialgerichte zuständig.

§ 70 Qualität, Humanität und Wirtschaftlichkeit

(1) ¹Die Krankenkassen und die Leistungserbringer haben eine bedarfsgerechte und gleichmäßige, dem allgemein anerkannten Stand der medizinischen Erkenntnisse entsprechende Versorgung der Versicherten zu gewährleisten. ²Die Versorgung der Versicherten muß ausreichend und zweckmäßig sein, darf das Maß des Notwendigen nicht überschreiten und muß in der fachlich gebotenen Qualität sowie wirtschaftlich erbracht werden.

(2) Die Krankenkassen und die Leistungserbringer haben durch geeignete Maßnahmen auf eine humane Krankenbehandlung ihrer Versicherten hinzuwirken.

Literatur:
Baltzer, Das Gebot humaner Krankenbehandlung aus § 70 Absatz 2 SGB V – eine Gesetzesschimäre? KHR 2007, 1.

§ 70 hat mit einer Ausnahme noch die ursprüngliche Fassung des GRG.[1] Die einzige Änderung ist die Einfügung des Erfordernisses auch der „fachlich gebotenen Qualität" in Abs. 1 S. 2 durch das GKV-GesundheitsreformG 2000.[2] 1

Die Vorschrift normiert in Abs. 1 eine Reihe von Grundsätzen, die durch eine Vielzahl von Bestimmungen an anderer Stelle weit genauer geregelt sind. Im Übrigen beziehen sich die meisten dieser Grundsätze auf Pflichten, welche die Kasse vorrangig gegenüber ihren Versicherten – also im Leistungsrecht – haben bzw. welche schon im Verhältnis zu den Versicherten entsprechend den Leistungsanspruch beschränken (siehe zB § 2 Abs. 1 S. 2 zu Qualität und Wirksamkeit gemäß dem allgemein anerkannten Stand der medizinischen Erkenntnisse und § 12 Abs. 1 zur Begrenzung durch das Wirtschaftlichkeitsprinzip). Ähnliches gilt für das Gebot bedarfsgerechter Versorgung, welches als Gebot, Unterversorgung zu vermeiden, eine leistungsrechtliche Pflicht ist, und mit dem Gebot der Vermeidung von Überversorgung einen Aspekt von Wirtschaftlichkeit erfasst. Das Gebot gleichmäßiger Versorgung hat neben dem der Bedarfsgerechtigkeit kaum einen eigenen Sinn. Insgesamt wird man, wenn man überhaupt dem § 70 eine eigene rechtliche Funktion zuschreiben will, diese am ehesten in der Einbeziehung von Grundsätzen des Leistungsrechts in die Leistungserbringungsbeziehungen finden können. 2

Einen spezifisch leistungserbringungsrechtlichen Bezug hat das Gebot der Erbringung von Leistungen in der fachlich gebotenen Qualität. Auch dieses fügt allerdings den vielfach im Vierten Buch hierzu vorhandenen Regelungen nichts hinzu; immerhin hat dieser Grundsatz durch die einschlägigen Regelungen des SGB V sowie Ermächtigungen des G-BA zur Qualitätssicherung[3] eine zentrale Bedeutung erhalten. Jedenfalls ist aber § 70 Abs. 1 weiterhin eine Vorschrift ohne praktische Bedeutung. Das zeigt sich auch in der Verwendung der Vorschrift in der Rechtsprechung. Regelmäßig wird § 70 Abs. 1 nur im Wege ergänzender Erwähnung zu anderen konkreteren Vorschriften zitiert.[4] 3

Gewissermaßen ein Solitär innerhalb dieser Prinzipien ist das Gebot des Abs. 2, durch geeignete Maßnahmen auf eine humane Krankenbehandlung hinzuwirken. Das Erfordernis humaner Krankenbehandlung wird an keiner Stelle des SGB V thematisiert oder gar konkretisiert – vielleicht noch am ehesten in dem Gebot des § 2 a zur besonderen Berücksichtigung der Belange behinderter und chro- 4

---

85 Siehe Ebsen, KrV 2010, 139, 140 f.; aus der Rspr. siehe BVerfG, 13.6.2006, 1 BvR 1160/03, BVerfGE 116, 135, und EuGH, 13.9.2007, C-260/04, Slg 2007-I, 7089.
1 GRG v. 20.12.1988 (BGBl. I, 2477).
2 BGBl. I, 2626.
3 Dazu generalisierend Harney/Huster, MedR 2014, 273–282, 365–372.
4 Siehe zum Prinzip der Wirtschaftlichkeit etwa BSG, 17.9.2013, B 1 KR 21/12 R, SozR 4-2500 § 115 a Nr. 4; BSG, 28.9.2016, B 6 KA 44/15 R, SozR 4-2500 § 106 Nr. 55; zur Bedarfsgerechtigkeit typisch BSG, 9.12.2004, B 6 KA 84/03 R, USK 2004-146.

nisch kranker Menschen. § 70 Abs. 2 hat insofern eine gewisse praktische Bedeutung, als es bei entsprechender Thematisierung im Grenzbereich des Anspruchs auf Krankenbehandlung Anlass gibt, die vagen einschlägigen Begriffe der Notwendigkeit und der Wirtschaftlichkeit gegeneinander abzuwägen. Am deutlichsten wird dies bei der Frage der Notwendigkeit etwa eines Hilfsmittels oder eines Arzneimittels zur Linderung von Krankheitsbeschwerden (§ 27 Abs. 1 SGB V).[5] Angesichts der geringen Zahl von Entscheidungen, die § 70 Abs. 2 wirklich argumentativ bemühen, hat allerdings auch diese Bestimmung kaum eine praktische Bedeutung.[6]

§ 71 Beitragssatzstabilität

(1) [1]Die Vertragspartner auf Seiten der Krankenkassen und der Leistungserbringer haben die Vereinbarungen über die Vergütungen nach diesem Buch so zu gestalten, dass Beitragserhöhungen ausgeschlossen werden, es sei denn, die notwendige medizinische Versorgung ist auch nach Ausschöpfung von Wirtschaftlichkeitsreserven nicht zu gewährleisten (Grundsatz der Beitragssatzstabilität). [2]Ausgabensteigerungen auf Grund von gesetzlich vorgeschriebenen Vorsorge- und Früherkennungsmaßnahmen oder für zusätzliche Leistungen, die im Rahmen zugelassener strukturierter Behandlungsprogramme (§ 137g) auf Grund der Anforderungen der Richtlinien des Gemeinsamen Bundesausschusses nach § 137f oder der Rechtsverordnung nach § 266 Abs. 7 erbracht werden, verletzen nicht den Grundsatz der Beitragssatzstabilität.

(2) [1]Um den Vorgaben nach Absatz 1 Satz 1 Halbsatz 1 zu entsprechen, darf die vereinbarte Veränderung der jeweiligen Vergütung die sich bei Anwendung der Veränderungsrate für das gesamte Bundesgebiet nach Absatz 3 ergebende Veränderung der Vergütung nicht überschreiten. [2]Abweichend von Satz 1 ist eine Überschreitung zulässig, wenn die damit verbundenen Mehrausgaben durch vertraglich abgesicherte oder bereits erfolgte Einsparungen in anderen Leistungsbereichen ausgeglichen werden.

(3) [1]Das Bundesministerium für Gesundheit stellt bis zum 15. September eines jeden Jahres für die Vereinbarungen der Vergütungen des jeweils folgenden Kalenderjahres die nach den Absätzen 1 und 2 anzuwendende durchschnittliche Veränderungsrate der beitragspflichtigen Einnahmen aller Mitglieder der Krankenkassen je Mitglied für den gesamten Zeitraum der zweiten Hälfte des Vorjahres und der ersten Hälfte des laufenden Jahres gegenüber dem entsprechenden Zeitraum der jeweiligen Vorjahre fest. [2]Grundlage sind die monatlichen Erhebungen der Krankenkassen und die vierteljährlichen Rechnungsergebnisse des Gesundheitsfonds, die die beitragspflichtigen Einnahmen aller Mitglieder der Krankenkassen ausweisen. [3]Die Feststellung wird durch Veröffentlichung im Bundesanzeiger bekannt gemacht. [4]Bei der Ermittlung der durchschnittlichen Veränderungsrate nach Satz 1 werden für die Jahre 2017 und 2018 die Mitglieder nicht berücksichtigt, die nach § 5 Absatz 1 Nummer 2a in der am 31. Dezember 2015 geltenden Fassung vorrangig familienversichert gewesen wären.

(4) [1]Die Vereinbarungen über die Vergütung der Leistungen nach § 57 Abs. 1 und 2, §§ 83 und 85 sind den für die Vertragsparteien zuständigen Aufsichtsbehörden vorzulegen. [2]Die Aufsichtsbehörden können die Vereinbarungen bei einem Rechtsverstoß innerhalb von zwei Monaten nach Vorlage beanstanden.

(5) Die Vereinbarungen nach Absatz 4 Satz 1 und die Verträge nach den §§ 73b und 140a sind unabhängig von Absatz 4 auch den für die Sozialversicherung zuständigen obersten Verwaltungsbehörden der Länder, in denen sie wirksam werden, zu übermitteln, soweit diese nicht die Aufsicht über die vertragsschließende Krankenkasse führen.

(6) [1]Wird durch einen der in den §§ 73b und 140a genannten Verträge das Recht erheblich verletzt, kann die Aufsichtsbehörde abweichend von § 89 Absatz 1 Satz 1 und 2 des Vierten Buches alle Anordnungen treffen, die für eine sofortige Behebung der Rechtsverletzung geeignet und erforderlich sind. [2]Sie kann gegenüber der Krankenkasse insbesondere anordnen, den Vertrag dafür zu ändern oder aufzuheben. [3]Die Krankenkasse kann bei einer solchen Anordnung den Vertrag auch außerordentlich kündigen. [4]Besteht die Gefahr eines schweren, nicht wieder gutzumachenden Schadens insbesondere für die Belange der Versicherten, kann die Aufsichtsbehörde einstweilige Maßnahmen anordnen. [5]Ein Zwangsgeld kann bis zu einer Höhe von 10 Millionen Euro zugunsten des Gesundheitsfonds nach

---

5 Siehe hierzu etwa Sächsisches LSG, 21.9.2011, L 1 KR 226/10; SG Hannover, 28.4.2010, S 19 KR 961/08, KRS 10.079; LSG Nds-Brem, 16.7.2003, L 4 KR 162/01, Breith. 2003, 769 ff.
6 Siehe auch – allerdings kritisch dazu – Baltzer, KHR 2007, 1 ff.

§ 271 festgesetzt werden. ⁶Die Aufsichtsbehörde kann eine erhebliche Rechtsverletzung auch feststellen, nachdem diese beendet ist, sofern ein berechtigtes Interesse an der Feststellung besteht. ⁷Rechtsbehelfe gegen Anordnungen nach den Sätzen 1 bis 4 haben keine aufschiebende Wirkung. ⁸Die Sätze 1 bis 7 gelten auch für Verträge nach § 140 a Absatz 1 Satz 3. ⁹Verträge zwischen Krankenkassen und Leistungserbringern dürfen keine Vorschläge in elektronischer oder maschinell verwertbarer Form für die Vergabe und Dokumentation von Diagnosen für den Vertragspartner beinhalten. ¹⁰Die Krankenkassen haben auf Verlangen der zuständigen Aufsichtsbehörde bezüglich der Einhaltung Nachweise zu erbringen.

Literatur:

Axer, Beitragssatzstabilität und vertragszahnärztlich Gesamtvergütung, GesR 2013, 135; *Keil-Löw*, Selektivverträge unter aufsichtsrechtlichen Gesichtspunkten, ZMGR 2015, 297; *Plate/Herbst*, Die Interventionsmöglichkeiten der Aufsichtsbehörde nach dem GKV-VSG im Bereich der Selektivverträge, NZS 2016, 488.

I. Allgemeines

1. Änderungsgeschichte. In der durch das GRG in Kraft gesetzten Ursprungsfassung war § 71 – damals in Verbindung mit § 141 Abs. 2 SGB V – einfach und klar. Die Vorschrift normierte schlicht, dass die Krankenkassen und Leistungserbringer in ihren Vergütungsvereinbarungen den in § 141 Abs. 2 geregelten Grundsatz der Beitragssatzstabilität „zu beachten" hätten. Der Grundsatz selbst war nach § 141 Abs. 2 durch die seinerzeitige „Konzertierte Aktion" durch Empfehlungen für die verschiedenen Versorgungsbereiche umzusetzen, die inhaltlich so zu gestalten waren, „dass Beitragssatzerhöhungen vermieden (würden), es sei denn, die notwendige medizinische Versorgung (sei) auch unter Ausschöpfen von Wirtschaftlichkeitsreserven ohne Beitragssatzerhöhungen nicht zu gewährleisten". Dieser Grundsatz, der praktisch heute noch inhaltlich gleich in § § 71 Abs. 1 S. 1 formuliert ist, war also ursprünglich durch konkrete Vorgaben der Konzertierten Aktion im Gesundheitswesen für die einzelnen Versorgungsbereiche zu operationalisieren, während er heute – allerdings nach Maßgabe der vom BMG gemäß Abs. 3 zu publizierenden Angabe über die Veränderungsrate der GKV-weit durchschnittlichen beitragspflichtigen Einnahmen der Mitglieder – die Umsetzung des Prinzips unmittelbar in den Händen der Vertragsparteien liegt.

Seither haben insgesamt zwölf Änderungsgesetze[1] die Vorschrift erheblich um- und teilweise auch wieder zurückgestaltet. In materieller Hinsicht brachte das GKV-GesundheitsreformG 2000 die wichtigste Änderung, indem es an die Stelle der Bindung an die Empfehlungen der – später durch das GMG abgeschafften – konzertierten Aktion nach § 141 Abs. 2 eine unmittelbare Bindung aller Vertragspartner der Leistungserbringungsverträge an den Grundsatz der Beitragssatzstabilität brachte und diesen selbst durch Einfügung der (dann) Abs. 2 und 3 zum Grundsatz der Orientierung an der Veränderung der durchschnittlichen beitragspflichtigen Einnahmen der Versicherten (Grundlohn) konkretisierte – bis Ende 2010 (GKV-FinG) mit Sonderregelungen für Ostdeutschland. Das andere Thema, welchem die meisten Gesetzesänderungen dienten, war die schrittweise Weiterentwicklung der staatlichen Überwachung der Einhaltung des Grundsatzes, wie sie sich jetzt in den Absätzen 4–6 geregelt ist.

2. Der Grundsatz der Beitragssatzstabilität als Lenkungselement in den Sektoren der Leistungserbringung. Im Grundsatz der Beitragssatzstabilität (Abs. 1 und 2), der gemäß seiner systematischen Stellung im Ersten Abschnitt des Vierten Kapitels grundsätzlich, also abgesehen von jeweiligen Sonderbestimmungen, für alle auszuhandelnden Leistungserbringervergütungen gilt, ist von Anfang an eine Spannung zwischen zwei gegensätzlichen politischen Orientierungen der sozialen Gesundheitsversorgung angelegt, nämlich diejenige zwischen einer Orientierung der Ausgaben an einem einzuhaltenden Gesamtbudget oder der Orientierung der Einnahmen an einem inhaltlich zu bestimmenden Bedarf.

---

1 Art. 1 Nr. 29 GSG v. 21.12.1992 (BGBl. I, 2266); Art. 1 Nr. 28 lit. a–c GKV-GesundheitsreformG v. 22.12.1999 (BGBl. I, 2626); Art. 1 Nrn. 2 FPG v. 23.4.2002 (BGBl. I, 1412); Art. 1 Nr. 5 BSSichG v. 32.12.2002 (BGBl. I, 4637); Art. 1 Nr. 46 GMG v. 14.11.2003 (BGBl. I, 2190); Art. 1 Nr. 41 lit. a und b GKV-WSG v. 26.3.2007 (BGBl. I, 378); Art. 1 Nr. 4 lit. a–e GKV-FinG v. 22.12.2010 (BGBl. I, 2309); Art. 1 Nr. 11 lit. a–d GKV-VStG v. 22.12.2011 (BGBl. I, 2983); Art. 3 Nr. 2 Drittes Gesetz zur Änderung arzneimittelrechtlicher und anderer Vorschriften v. 7.8.2013 (BGBl. I 3108); siehe im einzelnen dazu Klückmann, in: Hauck/Noftz, SGB V, § 71 Rn. 3-8;; Art. 1 Nr. 24 GKV-VSG v. 16.7.2015 (BGBl. I, 1211); Art. 2 a AWStG v. 18.7.2016 (BGBl. I, 1710); Art. 1 Nr. 4 b HHG v. 4.4.2017 (BGBl. I, 778). Zwei auf das BMG bezogenen Namensanpassungen je nach der Zuständigkeit auch generell für soziale Sicherung oder nicht (8. und 9. Zuständigkeitsanpassungs-VO v. 25.11.2003 (BGBl. I, 2304) und v. 31.10.2006 (BGBl. I, 2407) – können hier außer Acht bleiben).

Diese Spannung in einer juristisch sauber anwendbaren Regel aufzulösen, entspricht der Quadratur des Kreises. Das zeigt sich schon in der Verknüpfung des im Prinzip klaren Gebots der Begrenzung der GKV-Ausgaben[2] durch die gegebenen einkommensabhängigen Beiträge[3] mit der bereits in § 71 Abs. 1 S. 1 vorgesehenen Ausnahme von diesem Gebot, dass die notwendige medizinische Versorgung auch nach Ausschöpfung von Wirtschaftlichkeitsreserven nicht zu gewährleisten ist.

4 Trotz seiner Vagheit hat der Grundsatz der Beitragssatzstabilität insbesondere dann eine erhebliche Lenkungswirkung, wenn sich Vertragsparteien der Leistungserbringungsverträge nicht einigen und es zu einem Verfahren der Zwangsschlichtung kommt. Denn nach der Rechtsprechung des BSG gilt dieser Grundsatz zum einen generell in allen Versorgungsbereichen unabhängig von einer Verweisung auf ihn in dem jeweiligen spezielleren Recht und hat zum anderen vorrangige Bedeutung gegenüber anderen Gesichtspunkten, sofern sich dem Gesetz nichts anderes entnehmen lässt.[4] Sofern darum ein Schiedsamt, eine Schiedsstelle oder eine Schiedsperson über die Vorgaben des § 71 Abs. 2 und 3 hinausgeht und dies nicht mit gesetzlich vorgesehenen Begründungen plausibel rechtfertigt, kann der Schiedsspruch sowohl im Aufsichtswege als auch durch die belastete Vertragspartei rechtlich angegriffen werden.[5]

II. Das materielle Gebot der Beitragssatzstabilität

5 Adressaten der Pflicht aus § 71 Abs. 1 und 2 sind „die Vertragsparteien auf Seiten der Krankenkassen und der Leistungserbringer", soweit sie Vereinbarungen über Vergütungen nach dem Vierten Buch schließen. Das umfasst mit Ausnahme der Versorgung mit Arzneimitteln, wo weder mit den Apothekern noch mit den Pharmaunternehmen Vergütungsvereinbarungen geschlossen werden[6] und des Krankenhausbereichs, wo es mit § 17 KHG eine eigenständige entsprechende Regelung durch Verweisung auf § 71 SGB V gibt, praktisch alle Versorgungsbereiche.

6 Das Gebot des Abs. 1, die Vergütungsvereinbarungen so zu gestalten, dass grundsätzlich, also soweit nicht Ausnahmen greifen, Beitragserhöhungen vermieden werden, bedeutet durch die Konkretisierung in Abs. 2 praktisch nichts anderes als eine Begrenzung auszuhandelnder Vergütungserhöhungen auf den pro Jahr festzusetzenden Prozentsatz, welchen nach Abs. 3 das BMG jährlich zu ermitteln und im Bundesanzeiger bekanntzugeben hat.[7] Das ist die Begrenzung der Vergütungsveränderungen nach oben durch die Entwicklung der Grundlohnsumme. Demgegenüber ergibt sich aus § 71 Abs. 1–3 keine Pflicht, die durch die Entwicklung der Grundlohnsumme gegebene Möglichkeit von Vergütungssteigerungen auch zu realisieren. § 71 normiert insofern für die auszuhandelnde angemessene Vergütung lediglich eine – gegebenenfalls nach Abs. 1 und 2 oder dem Recht der jeweiligen Versorgungsbereiche zu modifizierende – Obergrenze.

7 Aus dem Spezialitätsverhältnis des Rechts der jeweiligen Versorgungsbereiche ergibt sich, dass die dortigen Regelungen Vorrang vor § 71 Abs. 1–3 haben. Entsprechend sind auch die Ausnahmen des § 71 Abs. 1 S. 2 Sonderregelungen für die dort genannten Versorgungsbereiche, während die Möglichkeit der Kompensation durch Einsparungen nach Abs. 2 S. 2 den Grundsatz der Beitragssatzstabilität unberührt lässt. Insofern ist zB durch § 87a Abs. 3 S. 2, 2. Halbsatz der Grundsatz der Beitragssatzstabili-

---

2 Neben den von § 71 SGB V und § 17 Abs. 3 S. 1 KHG erfassten Ausgaben für die Leistungserbringung gehören dazu auch noch die vom entsprechenden § 4 Abs. 1 S. 1 SGB V erfassten Verwaltungsausgaben der Kassen.
3 Seit der Normierung staatlicher Festsetzung des allgemeinen Beitragssatzes nach § 241 durch das GMG ist in § 71 Abs. 1 S. 1 das Gebot der Vermeidung von Erhöhungen des Beitragssatzes durch dasjenige der Vermeidung von Beitragserhöhungen ersetzt worden. In der Sache geht es aber, wie § 71 Abs. 3 zeigt, weiterhin um die Begrenzung durch die sich aus dem staatlich normierten Beitragssatz ergebenden Einnahmen.
4 Dazu grundlegend BSG, 10.5.2000, B 6 KA 20/99, BSGE 86, 126 Rn. 38 ff.; BSG, 19.7.2006, B 6 KA 44/05 R, SozR 4-2500 § 88 Nr. 1 Rn. 17; BSG, 29.11.2006, B 6 KA 4/06 R, SozR 4-2500, § 83 Nr. 3, Rn. 30; siehe aber auch zwei Parallelentscheidungen des BSG, 23.6.2016 (B 3 KR 25/15 R und B 3 KR 26/15 R), welche den auch schon zuvor vom BSG vertretenen Grundsatz detaillierter als bisher ausgeführt haben, dass die Notwendigkeit einer Vergütungserhöhung zur Ermöglichung einer wirtschaftlichen Betriebsführung (hier der häuslichen Krankenpflege) eine Ausnahme vom Grundsatz der Beitragssatzstabilität gem. § 71 Abs. 1 S. 1 SGB V rechtfertigen kann; dazu auch Philipp, Sozialrecht aktuell 2017, 25 f.
5 Siehe etwa BSG, 23.6.2010, B 6 KA 4/09 R, SozR 4-2500 § 85 Nr. 56;BSG, 27.6.2012, B 6 KA 33/11 R, SozR 4-2500 § 83 Nr. 5 Rn. 14, 22 f.
6 Siehe auch Engelmann, jurisPK-SGB V § 71 Nr. 29.
7 Damit hat das Gesetz implizit auch das von der Rechtsprechung entwickelte Prinzip der Vorjahresanknüpfung inkorporiert, wonach grundsätzlich eine gültige Vergütungsfestsetzung des Vorjahres der Ausgangspunkt für die Vereinbarung und die rechtliche Beurteilung der Vergütungsänderung für das Folgejahr darstellt; siehe BSG, 27.4.2005, B 6 KA 42/04 R, SozR 4-2500 § 85 Nr. 16 Rn. 16 ff.

tät für die vertragsärztliche Vergütung weitgehend relativiert und ebenso für die vertragszahnärztliche Vergütung durch die Bestimmung des § 85 Abs. 3 S. 2, nach welcher dieser lediglich „neben" den in S. 1 genannten Gesichtspunkten zu „berücksichtigen" ist.[8] Siehe auch zur Versorgung mit Hebammenhilfe § 134 a SGB V mit einem ganzen Bündel von Sonderregelungen mit Vorrang vor § 71 Abs. 1 und 2.

Innerhalb des § 71 ist einigermaßen einfach eine etwaige Kompensation nach Abs. 2 S. 2 zu prüfen. Die Vertragsparteien müssen gegebenenfalls die Einsparungen konkret nachweisen. Schwieriger sind schon die Ausnahmen nach Abs. 1 S. 2 zu belegen, weil es hier auch darauf ankommt, ob die Ausgabensteigerungen gerade den jeweiligen Rechtsvorschriften geschuldet, also unvermeidlich sind. Am schwierigsten ist (siehe schon Rn. 3 und 4) zu beurteilen, ob ohne eine Missachtung des Grundsatzes der Beitragssatzstabilität die notwendige medizinische Versorgung gefährdet wäre und ob, wenn dies zu bejahen wäre, dies nicht auch noch durch Ausschöpfung von Wirtschaftlichkeitsreserven zu vermeiden wäre. Allerdings haben alle diese Ausnahmeregelungen dadurch, dass ihr Vorliegen im Einzelfall darzutun wäre, letztlich nur in klaren Fällen eine praktische Bedeutung, sofern sich die jeweiligen Vertragsparteien nicht einigen. Und unter den Bedingungen des § 242 SGB V und der Konsequenzen, welche kassenindividuelle Zusatzbeiträge im Kassenwettbewerb haben, durften diese Mechanismen sicherstellen, dass einvernehmliche Anerkennungen von Ausnahmen vom Grundsatz nur in unabweisbaren Fällen erfolgen werden.

III. Die Durchsetzung der Beitragssatzstabilität durch die Aufsichtsbehörden

Zur Absicherung des Grundsatzes der Beitragssatzstabilität gibt es in § 71 Abs. 4 ein das allgemeine Aufsichtsrecht (§§ 87 ff. SGB IV) ergänzendes Instrumentarium durch die Pflicht zur Vorlage von Vergütungsvereinbarungen nach § 57 Abs. 1 und 2 SGB V in der vertragszahnärztlichen Versorgung (einschließlich der Höchstpreise für zahntechnische Leistungen der Regelversorgung) und nach §§ 83, 85 SGB V in der vertragsärztlichen Versorgung. Vorzulegen sind die Vereinbarungen den Aufsichtsbehörden, welche es nur insoweit gibt, als Vertragsparteien als Körperschaften des öffentlichen Rechts staatlicher Aufsicht unterliegen. Soweit dies für beide Vertragsparteien gilt, gibt es eine parallele Zuständigkeit der jeweils zuständigen Behörden. Die Aufsichtsbehörden können binnen 2 Monaten den jeweiligen Vertrag beanstanden. Im Übrigen gelten die allgemeinen Vorschriften über die Aufsicht, also für verpflichtende Maßnahmen § 89 SGB IV. Die Beanstandung suspendiert allerdings nicht die Wirksamkeit der betroffenen Vertragsregelung. Eine solche Aufhebungskompetenz sehen weder die Aufsichtsregelungen des SGB V noch § 89 SGB IV vor.[9] Allerdings dürften die Befugnisse nach § 89 SGB IV ausreichen, die jeweils aufsichtsunterworfene Vertragspartei zu verpflichten, sich gegen den Vertrag zu wenden und seine Rechtmäßigkeit gerichtlich prüfen zu lassen. Für den Fall der Beanstandung einer vertragsersetzenden Schiedsamtsentscheidung hat das BSG im zitierten Urteil im Wege überzeugender teleologischer Rechtsfortbildung entschieden, dass das BVA als Aufsichtsbehörde über bundesunmittelbare Vertragsparteien auch die Kompetenz zur Beanstandung einer Landesschiedsamtsentscheidung habe.

Zusätzlich zu den Vorlagepflichten gegenüber den Aufsichtsbehörden sind die in Rn. 9 genannten Verträge sowie die Verträge über hausarztzentrierte Versorgung (§ 73 b SGB V) und über besondere Versorgung (§ 140 a SGB V) auch den – nicht als Aufsichtsbehörden zuständigen – jeweiligen für die Sozialversicherung zuständigen obersten Landesbehörden zu übermitteln, in denen diese Verträge wirksam werden. Damit erhalten diese Behörden die Möglichkeit, Aufsichtsmaßnahmen anzuregen. Das betrifft Verträge mit nach Art. 87 Abs. 2 S. 1 GG bundesunmittelbaren Krankenkassen oder mit landesunmittelbaren Kassen, deren aufsichtführendes Land nach Art. 87 Abs. 2 S. 2 GG sie nicht sind.

IV. Zusätzliche staatliche Aufsichtskompetenzen gegenüber Verträgen über hausarztzentrierte und über besondere Versorgung

Bei Verträgen nach §§ 73 b und 140 a sieht § 71 Abs. 6, eingefügt durch das GKV-VSG (→ Rn. 1) zusätzliche Aufsichtsmaßnahmen vor, welche berücksichtigen, dass es sich hier um zwar öffentlich-rechtliche Verträge (§ 69 Abs. 1 SGB V) handelt, aber um solche, wo die Vertragspartner der Kassen Private sind. Unter der – nicht sonderlich klaren Voraussetzung – dass solche Verträge „erhebliche" Rechtsverstöße enthalten, kann die Aufsichtsbehörde der Kasse „alle Maßnahmen treffen, die für eine sofor-

---

8 Hierzu Axer, GesR 2013, 135 ff.
9 Siehe auch BSG, 17.8.2011, B 6 KA 32/10 R, BSGE 109, 34 ff. Rn. 32.

tige Behebung der Rechtsverletzung geeignet und erforderlich sind". Dies allein geht noch nicht über die Möglichkeiten von § 89 SGB IV hinaus, der ebenfalls dazu ermächtigt, die Kasse zu verpflichten, die Rechtsverletzung zu beheben. Anders sieht es mit der Einräumung eines besonderen Rechts zur außerordentlichen Kündigung durch Abs. 6 S. 3 aus, zu deren Ausübung die Kasse verpflichtet werden kann. Dies ist eine Sonderregelung zum Recht des öffentlich-rechtlichen Vertrages nach §§ 53 ff. SGB X, welches grundsätzlich für die genannten Selektivverträge gilt. Das besondere Kündigungsrecht kann eine praktische Bedeutung insbesondere haben, wenn keine Nichtigkeitsgründe nach § 58 SGB X vorliegen oder diese auch nur zweifelhaft sind. Ergänzt wird das Instrumentarium durch die Möglichkeit der Anordnung einstweiliger Maßnahmen und die Verhängung eines Zwangsgeldes in Höhe von bis zu 10 Millionen Euro. Dieses ganze Arsenal von Möglichkeiten hat sicherlich vor allem die Funktion eines Droh- und Abschreckungsinstruments. Und dieses ist wiederum zu verstehen als Kompensation für die Beseitigung der zuvor bestehenden präventiven Kontrolle durch eine Vorlagepflicht an die Aufsichtsbehörde der Kasse und zweimonatige Beanstandungsfrist auch für Selektivverträge nach (damals noch) § 73 c Abs. 3 und § 140 a und die Möglichkeit präventiver Kontrolle dieser Verträge durch die zuständige Landesbehörde nach § 71 Abs. 4 S. 2 und 4 SGB V durch das GKV-VSG.[10]

Zweiter Abschnitt
Beziehungen zu Ärzten, Zahnärzten und Psychotherapeuten

Erster Titel Sicherstellung der vertragsärztlichen und vertragszahnärztlichen Versorgung

§ 72 Sicherstellung der vertragsärztlichen und vertragszahnärztlichen Versorgung

(1) ¹Ärzte, Zahnärzte, Psychotherapeuten, medizinische Versorgungszentren und Krankenkassen wirken zur Sicherstellung der vertragsärztlichen Versorgung der Versicherten zusammen. ²Soweit sich die Vorschriften dieses Kapitels auf Ärzte beziehen, gelten sie entsprechend für Zahnärzte, Psychotherapeuten und medizinische Versorgungszentren, sofern nichts Abweichendes bestimmt ist.

(2) Die vertragsärztliche Versorgung ist im Rahmen der gesetzlichen Vorschriften und der Richtlinien des Gemeinsamen Bundesausschusses durch schriftliche Verträge der Kassenärztlichen Vereinigungen mit den Verbänden der Krankenkassen so zu regeln, daß eine ausreichende, zweckmäßige und wirtschaftliche Versorgung der Versicherten unter Berücksichtigung des allgemein anerkannten Standes der medizinischen Erkenntnisse gewährleistet ist und die ärztlichen Leistungen angemessen vergütet werden.

(3) Für die knappschaftliche Krankenversicherung gelten die Absätze 1 und 2 entsprechend, soweit das Verhältnis zu den Ärzten nicht durch die Deutsche Rentenversicherung Knappschaft-Bahn-See nach den örtlichen Verhältnissen geregelt ist.

Literatur:

Boecken/Bristle, § 19 Sicherstellung der vertrags(zahn)ärztlichen Versorgung, in: Sodan (Hrsg.), Handbuch des Krankenversicherungsrechts, 2. Aufl. 2014, 588; Bogan, Der Sicherstellungsauftrag der Kassenärztlichen Vereinigungen, 2012; *Hess*, Die Zukunft des Sicherstellungsauftrages durch die KVen unter Berücksichtigung neuer Versorgungsformen – aus Sicht der Kassenärztlichen Vereinigungen, MedR 2003, 137; *Knieps/Schütz*, Wettbewerb in der ambulanten vertragsärztlichen Versorgung, ZRP 2012, 164; Kühl, Sicherstellung ambulanter medizinischer Versorgung in ländlichen Regionen, 2012; *Muschallik*, Die Zukunft des Sicherstellungsauftrages durch die Kassenzahnärztlichen Vereinigungen unter Berücksichtigung neuer Versorgungsformen – aus Sicht der kassenzahnärztlichen Vereinigungen, MedR 2003, 139; *Rebscher*, Die Zukunft des Sicherstellungsauftrags und die Zukunft der Gemeinsamen Selbstverwaltung – aus Sicht der Krankenkassen, MedR 2003, 145; *ders.*, Der Sicherstellungsauftrag – seine Einordnung in eine Systematik zentraler ordnungspolitischer Grundentscheidungen, in: Perspektiven des Gesundheitswesens, Festschrift für Wiegand, 2003, S. 107; *Bauer-Schade*, Die flächendeckende vertragsärztliche Versorgung, 2013; Zier-

---

10 Siehe auch die amtliche Begründung, BT-Dr. 18/4095, 82 f.; siehe auch Keil-Löw, ZMGR 2015, 297–306; Plate/Herbst, NZS 2016, 488–492.

mann, Sicherstellung der vertragsärztlichen Versorgung durch medizinische Versorgungszentren, MedR 2004, 540.

I. Allgemeines

Die Vorschrift leitet den Abschnitt des SGB V (§§ 72 ff.) über die Sicherstellung der ambulanten Leistungserbringung durch Zusammenwirken von Krankenkassen zu Ärzten, Zahnärzten, Psychotherapeuten und ihnen gleich stehenden Leistungserbringern ein. Sie formuliert als Einweisungsnorm[1] die Sicherstellung als gemeinsame Aufgabe der Krankenkassen und Leistungserbringer (Abs. 1), die Standards, denen die sicherzustellende vertragsärztliche Versorgung entsprechen muss, sowie den Grundsatz einer angemessenen Vergütung (Abs. 2 aE). § 72 normiert außerdem die gemeinsame Verantwortung von Krankenkassen und ärztlichen sowie ihnen gleich stehenden Leistungserbringern (Abs. 1) für die Aufgabe der Sicherstellung. Schließlich transponiert § 72 den in § 2 Abs. 1 und § 12 leistungsrechtlich formulierten Standard der vertragsärztlichen Versorgung und die allgemeinen leistungserbringungsrechtlichen Grundsätze des § 70 in das Recht der ärztlichen Leistungserbringung. Die in § 72 ausgeprägten Prinzipien werden in anderen Vorschriften, ua in §§ 72a bis 106a, präzisiert und mit Verbindlichkeit versehen.

Die Vorschrift wurde durch das GRG[2] mWv 1.1.1989 aus der RVO (§ 368 Abs. 1, § 368g Abs. 1) ins SGB V übernommen und seitdem inhaltlich kaum verändert. Durch das Gesundheitsstrukturgesetz[3] wurde mWv 1.1.1993 eine sich auf Verträge zwischen Ersatzkassen und Kassenärztlichen Vereinigungen (KÄV) beziehende Verweisung in Abs. 3 gestrichen, die aufgrund der Angleichung der Kassenarten entbehrlich geworden war. Mit dem Gesetz über die Berufe des Psychologischen Psychotherapeuten und des Kinder- und Jugendlichenpsychotherapeuten[4] wurden mWv 1.1.1999 in Abs. 1 die Psychotherapeuten und mit dem GMG[5] mWv 1.1.2004 die Medizinischen Versorgungszentren (MVZ) in den Kooperationsauftrag einbezogen. Weitere geringfügige Änderungen betrafen in Abs. 2 die Ersetzung der Bundesausschüsse durch den G-BA (GMG mWv 1.1.2004) sowie in Abs. 3 die Ersetzung der Bundesknappschaft durch die Deutsche Rentenversicherung Knappschaft-Bahn-See (RVOrgG mWv 1.10.2005).[6]

II. Auftrag zur Sicherstellung der vertragsärztlichen Versorgung und Zusammenwirken (Abs. 1 S. 1)

Abs. 1 S. 1 normiert die Aufgabe der Sicherstellung der vertragsärztlichen Versorgung der Versicherten als Zweck und Auftrag der vertragsärztlichen Leistungserbringung. Der Begriff der Sicherstellung wird nicht präzisiert, die Aufgabe der **Sicherstellung** nur generalklauselartig benannt und in anderen Vorschriften, v.a. in § 75 (→ § 75 Rn. 22 ff.),[7] ausgestaltet. Eine Sonderregelung für den Fall des kollektiven Zulassungsverzichts enthält § 72a. Aus dem Sicherstellungsauftrag ausgenommen ist der selektivvertraglich vereinbarte Versorgung (vor allem §§ 140a ff.). Den Begriff der **vertragsärztlichen Versorgung** regelt § 73 (→Gesetz über die Berufe des Psychologischen Psychotherapeuten und des Kinder- und Jugendlichenpsychotherapeuten § 73 Rn. 13 ff.); aus der Stellung des § 72 ergibt sich die Beschränkung des Sicherstellungsauftrags auf die ärztliche und die ihr gleichstehende, im Wesentlichen ambulante Behandlung. Als **Versicherte** gelten neben pflichtversicherten (§ 5) und freiwillig versicherten Mitgliedern (§ 9) auch die nach § 10 beitragsfrei versicherten Angehörigen.

Adressiert wird der Sicherstellungsauftrag an Krankenkassen iSv § 4 Abs. 2 sowie an Ärzte, Zahnärzte und (nichtärztliche) Psychotherapeuten, dh über Approbation und eine Zulassung oder Ermächtigung gem. §§ 95, 95c durch die KÄV verfügende Berufsträger, seit 2004 auch an zur vertragsärztlichen Ver-

---

1 Hess in: KassKomm, § 72 SGB V Rn. 2; vergleichbar für § 69 SGB XI → SGB XI § 69 Rn. 3.
2 Gesetz zur Strukturreform im Gesundheitswesen (Gesundheitsreformgesetz – GRG) vom 20.12.1988, BGBl. I, 2477, im Gesetzgebungsverfahren noch als § 80, vgl. Gesetzentwurf BR-Dr. 200/88 sowie BT-Dr. 11/2237.
3 Gesetz zur Sicherung und Strukturverbesserung der gesetzlichen Krankenversicherung (Gesundheitsstrukturgesetz) vom 21.12.1992, BGBl. I, 2266.
4 Gesetz über die Berufe des Psychologischen Psychotherapeuten und des Kinder- und Jugendlichenpsychotherapeuten, zur Änderung des Fünften Buches Sozialgesetzbuch und anderer Gesetze vom 16.6.1998, BGBl. I, 1311.
5 Gesetz zur Modernisierung der gesetzlichen Krankenversicherung (GKV-Modernisierungsgesetz) vom 14.11.2003, BGBl. I, 2190.
6 Gesetz zur Organisationsreform in der gesetzlichen Rentenversicherung vom 9.12.2004, BGBl. I, 3242.
7 Zum Verhältnis von § 72 Abs. 1 S. 1 und § 75 näher Bogan, Der Sicherstellungsauftrag der Kassenärztlichen Vereinigungen, 2012, S. 83 ff.; Wahl, Kooperationsstrukturen im Vertragsarztrecht, 2001, S. 223 ff.

sorgung zugelassene MVZ. Einbezogen sind nach dem 1.1.2004 auch angestellte Ärzte, Zahnärzte und Psychotherapeuten. Nach älterem Recht (§ 368 RVO) zugelassene Dentisten sind aufgrund einer Übergangsregelung wie Zahnärzte einbezogen.[8] Die in §§ 117 ff. aufgeführten Einrichtungen sind nicht ausdrücklich genannt, aber der Sache nach mit gemeint,[9] da sich das Recht der ambulanten Leistungserbringung im Übrigen auf sie erstreckt. Krankenhäuser erfasst § 72 nur als Mitglieder eines MVZ (vgl. § 95 Abs. 1a S. 1).

5 Krankenkassen und Leistungserbringer haben den Sicherstellungsauftrag im Zusammenwirken wahrzunehmen. Abs. 2 und andere Vorschriften (etwa § 75) lassen erkennen, dass nicht ein Zusammenwirken im Wege einzelvertraglicher Vereinbarungen, sondern **kollektivvertragliche Kooperation** in den strukturierten Formen der gemeinsamen Selbstverwaltung gemeint ist. Die allgemeine Fassung des Abs. 1 S. 1 und ihre Stellung als Einweisungsnorm lassen die Ableitung justiziabler Pflichten oder gar Ansprüche nicht zu.

III. Erstreckung der Vorschriften des Kapitels auf Zahnärzte, nichtärztliche Psychotherapeuten und MVZ (Abs. 1 S. 2)

6 Abs. 1 S. 2 erweitert den persönlichen Geltungsbereich der Vorschriften über die Beziehungen von Leistungserbringern und Krankenkassen, die das Vierte Kapitel des SGB V (§§ 69 bis 140h) ordnet. Soweit sich diese Vorschriften auf Ärzte beziehen, gelten sie für Zahnärzte, nichtärztliche Psychotherapeuten und MVZ, sofern nichts Abweichendes bestimmt ist. Mit der Zulassung oder Ermächtigung dieser Leistungserbringer nach §§ 95, 95c wird folglich einheitliches Statusrecht begründet (vgl. § 95 Abs. 3), von dem der Gesetzgeber nur zur Regelung berufsspezifischer Vorgaben abweichen muss. Ob eine Norm des Vierten Kapitels „etwas Abweichendes bestimmt", ist durch Auslegung zu ermitteln. Die Grenzen der Auslegung überschreitet das BSG, das eine Prüfung verlangt, ob die jeweilige Bestimmung von ihrem Sinngehalt her auf die jeweilige Berufsgruppe „passt", und dabei den Wortlaut mit Bezug auf den Willen des Gesetzgebers „überspielt".[10]

IV. Kollektivvertragliche Regelung der Versorgung (Abs. 2)

7 **1. Kollektivvertragliche Regelungsform.** Das in Abs. 1 S. 1 enthaltene Strukturgebot des „Zusammenwirkens" präzisiert der seinerseits ausfüllungsbedürftige und im Vierten Kapitel vielfach konkretisierte Abs. 2. Er ermächtigt und verpflichtet die KÄV und die Verbände der Krankenkassen zum Abschluss schriftlicher Verträge. Die in Abs. 2 angesprochenen Strukturen der gemeinsamen Selbstverwaltung reichen bis in die Weimarer Zeit zurück: 1931 erklärte eine Notverordnung die Kassenärztliche Vereinigung zum Vertragspartner der Krankenkassen und begründete so das bis heute bestehende **Kollektivvertragssystem**.[11] Dieses wird in §§ 82 ff. näher ausgestaltet.

8 Den Rahmen des Kollektivvertragswesens bilden nach Abs. 2 die gesetzlichen Vorschriften und die Richtlinien des **Gemeinsamen Bundesausschusses** (G-BA). Die Anordnung des Vorrangs gesetzlicher Regelungen gegenüber der untergesetzlichen kollektivvertraglichen Normsetzung prägt die durch Art. 20 Abs. 3 GG verfassungsrechtlich vorgegebenen Normenhierarchie einfachrechtlich aus. Mit dem Vorrang der Richtlinien des G-BA normiert Abs. 2 eine Binnendifferenzierung innerhalb des untergesetzlichen Normgefüges der gemeinsamen Selbstverwaltung, da die Richtlinien selbst Teil der Bundesmantelverträge sind (§ 92 Abs. 8). Diese Hierarchie ist nicht durch das Rechtsstaatsprinzip vorgeprägt, sondern durch die Aufteilung der Funktionen innerhalb der gemeinsamen Selbstverwaltung bedingt.

9 **2. Inhaltliche Vorgaben.** Mit der Regelungsvorgabe einer **ausreichenden, zweckmäßigen** und **wirtschaftlichen Versorgung** nimmt Abs. 2 Zielsetzungen und Vorgaben aus dem Leistungsrecht (vgl. §§ 2, 12) auf, ohne sie für das Leistungserbringungsrecht näher zu konkretisieren. Konkretisierende Ermächtigungen bestehen zB in § 135 Abs. 2 oder § 83 Abs. 1.

---

8 Dalichau, SGB V, § 72 Anm. II. 1.
9 Hesral in: jurisPK-SGB V, § 72 Rn. 16.
10 BSGE 100, 144, Rn. 17 ff.; BSG, 23.3.2011, B 6 KA 8/10 R, Rn. 23, SozR 4-2500 § 103 Nr. 7. Kritisch Huster in: Becker/Kingreen, § 72 Rn. 2.
11 Notverordnung des Reichspräsidenten und der Reichsregierung v. 8.12.1931, RGBl. I, 718; zur Historie des Kollektivvertragssystems Hess in: KassKomm, § 72 SGB V Rn. 4 ff.; Hänlein/Tennstedt, Geschichte des Sozialrechts, in: v. Maydell/Ruland/Becker, S. 67, 76 f.

Kollektivvertragliche Regelungen müssen darüber hinaus eine **angemessene Vergütung** ärztlicher und 10
ihnen gleich stehender (Abs. 1 S. 2) Leistungen gewährleisten. Auf eine bestimmte ärztliche oder ihr
gleich stehende Leistung bezieht sich Abs. 2 nicht. Sie bezweckt vielmehr eine angemessene Vergütung
der Leistungen in ihrer Gesamtheit als Funktionsbedingung des vertragsärztlichen Versorgungssystems. Sinn und Zweck der Vorschrift sei es, so das BSG, die Sicherstellung der vertragsärztlichen Versorgung zu gewährleisten, in dem die Vergütungsregelungen den Ärzten einen hinreichenden Anreiz
zur vertragsärztlichen Zulassung bieten. Das BSG misst Abs. 2 deshalb objektiv-rechtliche Bedeutung
zu und verneint den Anspruch auf eine bestimmte („angemessene") Vergütung als subjektives Recht
einzelner Leistungserbringer. Einen Schutz individueller Rechte zieht es nur ausnahmsweise in Betracht
für den Fall, dass durch eine zu niedrige Vergütung das vertragsärztliche Versorgungssystem und die
berufliche Existenz der an diesem Versorgungssystem teilnehmenden Leistungserbringer gefährdet wären.[12] Die Partner der kollektiven Selbstverwaltung haben daher in der Festlegung der angemessenen
Vergütung einen weiten Spielraum. Der Inhalt von Vergütungsvereinbarungen wird ua durch § 85 näher strukturiert.

V. Knappschaftliche Krankenversicherung (Abs. 3)

Die ehemals knappschaftliche Krankenversicherung, heute Krankenversicherung (vgl. § 4 Abs. 2),[13] 11
wird von der Deutschen Rentenversicherung Knappschaft-Bahn-See getragen (vgl. § 167). Als Krankenversicherung, die allen Versicherten offen steht, wäre sie auch ohne Abs. 3 in den Geltungsbereich
von Abs. 1 und 2 einbezogen. Abs. 3 hat insoweit nur noch klarstellende Funktion. Er ermöglicht der
DRV KBS aber weiterhin, ihr Verhältnis zu Ärzten und ihnen gleichstehenden Leistungserbringern
(Abs. 1 S. 2) nach den örtlichen Verhältnissen abweichend zu regeln.

§ 72 a Übergang des Sicherstellungsauftrags auf die Krankenkassen

(1) Haben mehr als 50 vom Hundert aller in einem Zulassungsbezirk oder einem regionalen Planungsbereich niedergelassenen Vertragsärzte auf ihre Zulassung nach § 95 b Abs. 1 verzichtet oder die vertragsärztliche Versorgung verweigert und hat die Aufsichtsbehörde nach Anhörung der Landesverbände der Krankenkassen, der Ersatzkassen und der Kassenärztlichen Vereinigung festgestellt, daß dadurch die vertragsärztliche Versorgung nicht mehr sichergestellt ist, erfüllen insoweit die Krankenkassen und ihre Verbände den Sicherstellungsauftrag.
(2) An der Erfüllung des Sicherstellungsauftrags nach Absatz 1 wirkt die Kassenärztliche Vereinigung insoweit mit, als die vertragsärztliche Versorgung weiterhin durch zugelassene oder ermächtigte Ärzte sowie durch ermächtigte Einrichtungen durchgeführt wird.
(3) [1]Erfüllen die Krankenkassen den Sicherstellungsauftrag, schließen die Krankenkassen oder die Landesverbände der Krankenkassen und die Ersatzkassen gemeinsam und einheitlich Einzel- oder Gruppenverträge mit Ärzten, Zahnärzten, Krankenhäusern oder sonstigen geeigneten Einrichtungen. [2]Sie können auch Eigeneinrichtungen gemäß § 140 Abs. 2 errichten. [3]Mit Ärzten oder Zahnärzten, die in einem mit anderen Vertragsärzten aufeinander abgestimmten Verfahren oder Verhalten auf ihre Zulassung als Vertragsarzt verzichteten (§ 95 b Abs. 1), dürfen keine Verträge nach Satz 1 abgeschlossen werden.
(4) [1]Die Verträge nach Absatz 3 dürfen mit unterschiedlichem Inhalt abgeschlossen werden. [2]Die Höhe der vereinbarten Vergütung an Ärzte oder Zahnärzte soll sich an Inhalt, Umfang und Schwierigkeit der zugesagten Leistungen, an erweiterten Gewährleistungen oder eingeräumten Garantien oder vereinbarten Verfahren zur Qualitätssicherung orientieren. [3]Ärzten, die unmittelbar nach der Feststellung der Aufsichtsbehörde nach Absatz 1 Verträge nach Absatz 3 abschließen, können höhere Vergütungsansprüche eingeräumt werden als Ärzten, mit denen erst später Verträge abgeschlossen werden.

---

12 BSG, 12.10.1994, 6 RKa 5/94, Rn. 14 ff., SozR 3-2500, § 72 Nr. 5, S. 6 ff., mN zur älteren Rspr.; BSG, 9.12.2004, B 6 KA 44/03 R, Rn. 130 ff., insbes. Rn. SozR 4-2500, § 72 Nr. 2, S. 45 ff. Kritik bei Isensee, VSSR 1995, 321 ff.; Wimmer, in: Sodan (Hrsg.), Finanzielle Stabilität der gesetzlichen Krankenversicherung und Grundrechte der Leistungserbringer, 2004, S. 45, 48 ff., mwN.
13 In der Fassung des GKV-WSG, das die ehemals knappschaftliche Versicherung für alle Versicherten geöffnet hat, vgl. § 173 Abs. 2 S. 1 Nr. 4 a.

(5) Soweit für die Sicherstellung der Versorgung Verträge nach Absatz 3 nicht ausreichen, können auch mit Ärzten und geeigneten Einrichtungen mit Sitz im Ausland Verträge zur Versorgung der Versicherten geschlossen werden.

(6) Ärzte oder Einrichtungen, mit denen nach Absatz 3 und 5 Verträge zur Versorgung der Versicherten geschlossen worden sind, sind verpflichtet und befugt, die für die Erfüllung der Aufgaben der Krankenkassen und die für die Abrechnung der vertraglichen Vergütung notwendigen Angaben, die aus der Erbringung, der Verordnung sowie der Abgabe von Versicherungsleistungen entstehen, aufzuzeichnen und den Krankenkassen mitzuteilen.

Literatur:
Altendorfer, Der kollektive Zulassungsverzicht: Ein fataler Irrglaube an automatisch mehr Honorar, Pflege- und Krankenhausrecht 2009, 29; *Andrés*, BKK stellt kieferorthopädische Versorgung in Niedersachsen sicher, BKK 2004, 212; *Galas/Andrés*, Krankenkassen stellen kieferorthopädische Versorgung in Niedersachsen sicher, GSP 2004, Nr. 9/10, 35; *Platzer/Maschiner*, Konsequenzen der kollektiven Rückgabe der Kassenzulassung durch Vertragsärzte, NZS 2008, 244; *Rabbata*, Spiel mit hohem Einsatz, DÄ 2007, A-2165; *Raichle*, Der Sicherstellungsauftrag der Kassenärztlichen Vereinigungen im System der gesetzlichen Krankenversicherung, Hamburg 2011; *Riege*, Eine adäquate Kampfmaßnahme?, SGb 1993, 8; *Ruland*, Folgen eines „Streiks der Kassenärzte", JuS 2011, 286; *Schinnenburg*, Zur Verfassungsmäßigkeit der Sanktionen bei kollektivem Zulassungsverzicht von Vertragsärzten, MedR 2005, 26; *Schmidt*, Nürnberger Protestversammlung: Aufstand der bayerischen Hausärzte, DÄ 2008, A-249; *Sohns*, Krankenkassen übernehmen erstmals Sicherstellungsauftrag in der ambulanten medizinischen Versorgung, Kompass/BKn 2004, Nr. 9/10, 18.

I. Allgemeines	1	2. Der Übergang des Sicherstellungsauftrags als Rechtsfolge (Abs. 1)	17
1. Normzweck und Entstehungsgeschichte	1	3. Mitwirkung der Kassenärztlichen Vereinigung (Abs. 2)	18
2. Systematische Einbindung	7	4. Teilnehmende Leistungserbringer (Abs. 3 S. 1 und 2, Abs. 5)	19
II. Regelungsgehalt	8	5. Ausschluss der Verweigerer (Abs. 3 S. 3)	23
1. Voraussetzungen des Übergangs (Abs. 1)	8	6. Vertragsgestaltung und Vergütung (Abs. 4)	25
a) Massenverzicht oder Massenverweigerung	9	7. Datenschutz (Abs. 6)	26
b) Feststellung eines Versorgungsdefizits	14		

I. Allgemeines

1. Normzweck und Entstehungsgeschichte. Die Vorschrift wurde in ihrer ursprünglichen Fassung durch Art. 1 Nr. 32 des Gesundheits-Strukturgesetzes – GSG – vom 21.12.1992 mit Wirkung zum 1.1.1993 (BGBl. I, 2266) eingefügt. Sie regelt den Übergang des Sicherstellungsauftrags auf die KKen als Folge eines kollektiven Zulassungsverzichts der Vertragsärzte nach § 95 b. Ein mit der Norm verfolgtes Ziel ist, den KKen ein geeignetes Instrumentarium in die Hand zu geben, damit die ärztliche Versorgung ihrer Versicherten bei einem Zulassungsverzicht der Vertragsärzte nicht gefährdet wird (BT-Dr. 12/3608, 83). Einer in dieser Situation ggf. entstandenen Unterversorgung soll dadurch abgeholfen werden können, dass die KKen Anreize setzen, um genügend Ärzte in das unterversorgte Gebiet zu lenken (BT-Dr. 12/3608, 83). Daneben sollen die Vertragsärzte präventiv durch drohende Sanktionen von einem missbräuchlichen Zulassungsverzicht abgehalten werden.

Anlass für den Gesetzgeber, die Norm zu schaffen, waren Boykottbestrebungen zahnärztlicher Berufsverbände im Vorfeld der Verabschiedung des GSG.[1] Diese drohten an, im Rahmen sog Korbmodelle[2] kollektiv auf ihre vertragszahnärztlichen Zulassungen zu verzichten, realisierten diese Bestrebungen aber nicht. Im Frühjahr 2004 kam die Regelung erstmals anlässlich eines Zulassungsverzichts von Kie-

---

[1] Riege, SGb 1993, 8.
[2] Eine Erläuterung des Korbmodells findet sich zB bei Altendorfer, Pflege- und Krankenhausrecht 2009, 29: „In einem ‚Korb' werden zunächst die Verzichtserklärungen aller potentiell ausstiegswilligen Ärzte eingesammelt. Dabei gilt das Prinzip der Vertraulichkeit ... Über den Korb wacht ein Rechtsanwalt, Treuhänder oder Notar, der zur Verschwiegenheit verpflichtet ist. Das erschwert vor allem den KVen, Sanktionen gegen die Korb-Teilnehmer zu verhängen. Ab einer bestimmten Quote (zB 70 % der Kassensitze in einer Region) wird zu einer Vollversammlung eingeladen, in der dann der Beschluss über den kollektiven Zulassungsverzicht herbeigeführt wird ...".

ferorthopäden in Niedersachsen zur Anwendung.[3] Ein weiterer Versuch eines kollektiven Zulassungsverzichts im Zusammenhang mit den Konflikten um die hausärztliche Versorgung Ende 2010 in Bayern scheiterte.[4]

Der zuletzt durch Art. 1 Nr. 42 des GKV-Wettbewerbsstärkungsgesetz – GKV-WSG – vom 26.3.2007 mit Wirkung zum 1.7.2008 (BGBl. I, 378) geringfügig geänderte Abs. 1 regelt die tatbestandlichen Voraussetzungen eines Überganges des Sicherstellungsauftrags auf die KKen und ihre Verbände. Die Streichung der Worte „Verbände der" vor den Ersatzkassen war eine Anpassung an die neuen Organisationsstrukturen der KKen (BT-Dr. 16/3100, 111). 3

Mit Art. 6 Nr. 16 des Gesetzes zur strukturellen Weiterentwicklung der Pflegeversicherung – Pflege-Weiterentwicklungsgesetz – vom 28.8.2008 mit Wirkung zum 1.7.2008 (BGBl. I, 874) wurden die Wörter „ärztlich geleitete" vor dem Wort „Einrichtungen" in Abs. 2 gestrichen. Als Folgeänderung zu § 119b besteht nun die Möglichkeit, auch stationäre Pflegeeinrichtungen mit in die Vorschrift einzubeziehen, da diese regelmäßig nicht ärztlich geleitet werden (BT-Dr. 16/7439). 4

Der in der Fassung des Art. 1 Nr. 42 GKV-WSG seit dem 1.7.2008 gültige Abs. 3 sieht den gemeinsamen und einheitlichen Abschluss von Einzel- und Gruppenverträgen der KKen, ihrer Landesverbände und den Ersatzkassen mit unterschiedlichen Leistungserbringern vor. Bei deren Aushandlung haben die KKen einen weiten Gestaltungsspielraum (BT-Dr. 12/3608, 83). 5

Abs. 4 regelt die möglichen Inhalte der abzuschließenden Verträge. In Ergänzung zu Abs. 3 erlaubt Abs. 5 den Abschluss von Verträgen mit Ärzten und Einrichtungen im Ausland. Erst im Rahmen der Beratung des Ausschusses für Gesundheit wurde Abs. 6 angefügt, um den Wünschen des Bundesbeauftragten für Datenschutz Rechnung zu tragen (BR-Dr. 856/92, 9, BT-Dr. 12/3937, 12). Die Ergänzung schafft die ausdrückliche datenschutzrechtliche Legitimation für die Aufzeichnung und Weitergabe von Patientendaten durch die nach Abs. 3 und 5 verpflichteten Ärzte und Einrichtungen (BT-Dr. 12/3937, 12). 6

2. Systematische Einbindung. § 72a gehört zu den Vorschriften, die die Beziehungen der Krankenkassen zu den Leistungserbringern normieren. Die Vorschrift regelt zusammen mit den anderen Normen des ersten Titels dieses Abschnitts die Sicherstellung in der vertragsärztlichen und vertragszahnärztlichen Versorgung. Sie korrespondiert mit der Regelung des § 95b, der sowohl die Voraussetzungen als auch die Pflichtwidrigkeit eines kollektiven Verzichts der Vertragsärzte auf ihre Zulassung bestimmt. Die §§ 140 Abs. 2, 76 Abs. 1 verweisen ihrerseits auf § 72a. 7

II. Regelungsgehalt

1. Voraussetzungen des Übergangs (Abs. 1). Im Tatbestand des Abs. 1 sind zwei Voraussetzungen für den Übergang des Sicherstellungsauftrags festgeschrieben: Der Massenverzicht bzw. die Massenverweigerung durch Vertrags(zahn)ärzte sowie die Feststellung eines Versorgungsdefizits. Liegen beide Merkmale vor, so dass eine erhebliche Störung des vertragsärztlichen Systems gegeben ist, kommt es zum Übergang des Sicherstellungsauftrags auf die KKen und ihre Verbände. 8

a) Massenverzicht oder Massenverweigerung. Ein Massenverzicht liegt vor, wenn mehr als 50 % der niedergelassenen Vertragsärzte auf ihre Zulassung verzichten. Für die näheren Voraussetzungen verweist Abs. 1 auf § 95b Abs. 1. Dieser bestimmt, dass es nicht mit den vertragsärztlichen Pflichten vereinbar ist, in einem unter mehreren Ärzten aufeinander abgestimmten Verfahren oder Verhalten auf die Zulassung zu verzichten. Daraus folgt das zusätzliche Erfordernis des aufeinander abgestimmten Verhaltens der Vertragsärzte für die Annahme der Voraussetzungen des Abs. 1, das nach Auffassung des BSG regelmäßig allein anhand von Indizien festgestellt werden kann, da Umstände oder Hintergründe eines Kollektivverzichts zumeist nicht offen gelegt werden.[5] Erforderlich, aber auch ausreichend ist, wenn es in zeitlichem Zusammenhang mit entsprechenden, auf eine grundlegende Änderung des vertragsärztlichen Systems gerichteten Aktionen der Ärzteschaft bzw. einzelner Arztgruppen zu einer im Vergleich zum Üblichen signifikant angestiegenen Anzahl von Verzichtserklärungen kommt. Die indizielle Wirkung der zeitgleichen, deutlich gehäuften Abgabe wird durch die zeitliche Nähe zu spezifischen berufspolitischen Forderungen oder dem Aufbau einer „Drohkulisse" in der Ärzteschaft noch verstärkt. Für die Annahme eines aufeinander abgestimmten Verhaltens muss dagegen nicht in jedem Einzelfall nachgewiesen werden, dass eine verzichtende Person sich mit einer bestimmten Grup- 9

---

3 Andrés, BKK 2004, 212; Galas/Andrés, GSP 2004, Nr. 9/10, 35; Sohns, Kompass/BKn 2004, Nr. 9/10, 18.
4 Schmidt, DÄ 2008, A-249.
5 BSG, 17.6.2009, B 6 KA 16/08 R, BSGE 103, 243.

pe gesammelt, ihr Verfahren entsprechend strategisch ausgerichtet und dabei mit anderen kommuniziert hat.[6]

10 Der Verzicht ist eine einseitige **Willenserklärung**, die der Vertrags(zahn)arzt an den zuständigen Zulassungsausschuss richtet. Die zeitliche Wirksamkeit eines Zulassungsverzichts tritt nach § 28 Ärzte-/ Zahnärzte-ZV erst mit Ablauf des auf die Verzichtserklärung folgenden Kalendervierteljahres ein. Abs. 1 sieht dagegen keine zeitliche Eingrenzung des Zulassungsverzichts – insbesondere keine Bindung an die in einem bestimmten Kalenderjahr abgegebenen Verzichtserklärungen – vor. Daher ist für die Annahme des Massenverzichts nur der Zugang der Verzichtserklärung und nicht ihre Wirksamkeit ausschlaggebend. Auch die individuellen Motive der verzichtenden Vertrags(zahn)ärzte sind unerheblich.

11 Der maßgebliche **Schwellenwert** des Abs. 1 ist erreicht, wenn ein Zulassungsverzicht von über 50 % zu verzeichnen ist. Entgegen dem Wortlaut ist bei der Ermittlung des Schwellenwertes nicht auf die Gesamtheit der Ärzteschaft abzustellen, sondern nach Fachgruppen zu differenzieren.[7] § 72 a soll den KKen die Möglichkeit geben, die Versorgung auch bei einem missbräuchlichen Zulassungsverzicht sicherzustellen. Dieser Zweck könnte nicht erreicht werden, wäre auf die Gesamtheit abzustellen. Die Vertragsärzteschaft hätte es ansonsten in der Hand, die Versorgung in mehreren einzelnen Fachgebieten durch ein abgestimmtes Verhalten einzustellen, ohne dass den KKen gleichzeitig Instrumente zur Sicherung der Versorgung der Versicherten bereit stehen.[8] In der Berechnung des Schwellenwertes sind neben den zugelassenen Vertrags(zahn)ärzten auch die ermächtigten Ärzte sowie die in MVZen und ermächtigten Einrichtungen tätigen Ärzte zu berücksichtigen. Erstrecken und summieren sich die Zulassungsverzichtserklärungen über einen längeren Zeitraum, so sind neu erteilte Zulassungen nach herrschender Ansicht zu saldieren.[9] Liegt die Systemstörung im Umfang unter dem Schwellenwert, so kann der Sicherstellungsauftrag nicht übergehen. Die K(Z)Ven und KBVen müssen andere Maßnahmen ergreifen, um dieser zu begegnen.

12 Dem Zulassungsverzicht ist die **Verweigerung der vertragsärztlichen Versorgung** durch die Vertrags(zahn)ärzte (Massenverweigerung) gleichgestellt. Eine Verweigerung liegt vor, wenn der Sachleistungsanspruch eines Versicherten nicht erfüllt wird. Die Summen der verweigernden und der auf ihre Zulassung verzichtenden Ärzte bzw. Zahnärzte sind für die Ermittlung des Schwellenwertes von 50 % zu addieren.

13 Örtlich können Massenverzicht oder -verweigerung entweder in einem Zulassungsbezirk einer KV oder in einem regionalen Planungsbereich innerhalb eines Zulassungsbezirks (als kleinerer Einheit) vorliegen. Die Zulassungsbezirke werden durch die Partner der gemeinsamen Sicherstellung gebildet (§§ 1, 11 der Zulassungsverordnung für Vertragsärzte bzw. Vertragszahnärzte, ZV-Ä bzw. ZV-Z), die regionalen Planungsbereiche durch den GB-A (vgl. § 101 Abs. 1 S. 6 iVm der Bedarfsplanungs-Richtlinie des GB-A).[10]

14 **b) Feststellung eines Versorgungsdefizits.** Die zweite Tatbestandsalternative des Abs. 1 ist die Feststellung durch die jeweilige Aufsichtsbehörde, dass die vertragsärztliche Versorgung in dem betroffenen Bereich nicht mehr sichergestellt ist und in Folge dessen ein Versorgungsdefizit besteht. Zwischen beiden Voraussetzungen muss ein Kausalzusammenhang bestehen („dadurch"). Die Aufsichtsbehörde ist die nach § 78 Abs. 1 für die Sozialversicherung zuständige oberste Landesverwaltungsbehörde, in der die KV oder KZV ihren Sitz hat. Sie muss zur Ermittlung eines Versorgungsdefizits nach Abs. 1 die involvierten Körperschaften (Landesverbände der KKen, Ersatzkassen und KVen) anhören. Hat die Aufsichtsbehörde alle erreichbaren Informationen eingeholt und ist in Folge dessen das Vorliegen eines Versorgungsdefizites zu bejahen, so ist es umgehend mit einem förmlichen Bescheid festzustellen.

15 Die Feststellung qualifiziert das BSG als Verwaltungsakt im Sinne des § 31 SGB X, da die Rechtsfolge des § 72 a, der Übergang des Sicherstellungsauftrags, unmittelbar ohne weitere Rechtsakte eintritt.[11]

---

6 LSG Nds-Brem, 9.4.2008, L 3 KA 139/06, NZS 2008, 500.
7 BSG, 17.6.2009, B 6 KA 16/08 R, BSGE 103, 243.
8 Bäune in: Eichenhofer/Wenner, § 72 a, Rn. 5.
9 Raichle, Sicherstellungsauftrag, 15; Hess in: KassKomm, § 72 a SGB V Rn. 4; Raichle, Sicherstellungsauftrag, S. 155; Schinnenburg, MedR 2005, 26; aA Sproll in: Krauskopf, § 72 a SGB V Rn. 4.
10 Abrufbar unter https://www.g-ba.de/downloads/40-268-2501/2012-12-20_Bedarfsplanung-Neufassung-VStG _ZD.pdf (abgerufen im November 2016).
11 BSG, 17.6.2009, B 6 KA 18/08 R, MedR 2010, 652; dieser Ansicht folgen Huster in: Becker/Kingreen, § 72 a Rn. 2; Hesral in: jurisPK-SGB V, § 72 a, Rn. 33; nunmehr auch Hess in: KassKomm, § 72 a SGB V Rn. 7; Sproll in: Krauskopf, § 72 a SGB V Rn. 5.

Durch die Neubestimmung der für die Sicherstellung zuständigen Körperschaft und die Änderung der Zuständigkeitsverteilung zwischen K(Z)Ven und KKen kommt der Feststellung eine unmittelbare und nach außen gerichtete rechtsgestaltende Wirkung zu. Zudem ist eine Tatbestandswirkung bzw. Drittbindungswirkung für die Gremien in den Wiederzulassungsverfahren des § 95 b Abs. 2 und die Gerichte im Rahmen der Kontrolle dieser Entscheidungen anzunehmen.[12] Die Rechtmäßigkeit eines wirksamen und nicht nichtigen Feststellungsbescheids ist daher in diesen Verfahren nicht erneut inzident zu überprüfen.

Das BSG verneint die Berechtigung einzelner am kollektiven Verzicht teilnehmender Vertrags(zahn)ärzte zur Anfechtung des Feststellungsbescheids, da § 72 a keine drittschützende Wirkung zukommt und keine subjektiven öffentlichen Rechte begründet werden.[13] Die Norm bezweckt nach Ansicht des BSG in keiner Weise den Schutz individueller Interessen einzelner Ärzte. Ein Drittschutz kann auch nicht aus dem oben angeführten Zweck abgeleitet werden, die Vertrags(zahn)ärzte von einem kollektiven Zulassungsverzicht abzuhalten. Anfechtungsberechtigt sind daher nur die Partner der Sicherstellung, denen § 72 a ein Anhörungsrecht einräumt. 16

2. Der Übergang des Sicherstellungsauftrags als Rechtsfolge (Abs. 1). Der Sicherstellungsauftrag geht als Folge der Feststellung eines Versorgungsdefizits in den Grenzen der betroffenen Arztgruppen und Planungsbereichen auf die KKen und ihre Verbände über. Die Abs. 3 bis 5 stellen einen umfangreichen Katalog an zulässigen Instrumenten bereit, derer sich die KKen nunmehr bedienen können, um die Versorgung ihrer Versicherten zu sichern. Die Rechtsfolgen für die verzichtenden Vertrags(zahn)ärzte ergeben sich aus Abs. 3 S. 3 und den §§ 95, 95 b. 17

3. Mitwirkung der Kassenärztlichen Vereinigung (Abs. 2). Trotz des Übergangs auf die KKen bleibt der Sicherstellungsauftrag der KVen nach Abs. 2 insoweit erhalten, als die vertragsärztliche Versorgung weiterhin durch zugelassene oder ermächtigte Ärzte oder ermächtigte Einrichtungen durchgeführt wird. Das bedeutet, dass die Vertrags(zahn)ärzte, die sich nicht an dem Massenverzicht oder der Massenverweigerung beteiligt haben, weiterhin tätig bleiben und die KVen insoweit ihren gesetzlichen Sicherstellungsauftrag – quasi als Erfüllungsgehilfen der KKen[14] – erfüllen. In den betroffenen Zulassungsbezirken oder Planungsbereichen existieren damit zwei Sicherstellungssysteme zur gleichen Zeit nebeneinander, denn das alte Zulassungssystem wird in der Region nicht endgültig beseitigt.[15] 18

4. Teilnehmende Leistungserbringer (Abs. 3 S. 1 und 2, Abs. 5). Der Abschluss sog Sicherstellungsverträge[16] durch die regionalen KKen, ihre Landesverbände oder die Ersatzkassen kann nach Abs. 3 S. 1 in Form von Einzel- oder Gruppenverträgen mit Ärzten, Zahnärzten, Krankenhäusern oder sonstigen geeigneten Einrichtungen im Rahmen sog Einkaufsmodelle erfolgen. Zu dem möglichen Kreis der Ärzte zählen die verbleibenden sowie ausschließlich approbierte oder neu zugelassene Ärzte, nicht dagegen jene, die zur Gruppe der aktuellen Verzichtenden gehören (siehe Abs. 3 S. 3 und unten → Rn. 23) oder einer Zulassungssperre nach § 95 b Abs. 2 unterliegen. Durch die Streichung des Zusatzes „ärztlich geleitete" durch das Pflege-Weiterentwicklungsgesetz im Jahre 2008 können auch ermächtigte stationäre Pflegeeinrichtungen im Sinne des § 119 b Vertragspartner eines Sicherstellungsvertrages sein. 19

Die Sicherstellungsverträge kommen unmittelbar zwischen den Parteien ohne die sonst notwendige Zwischenschaltung der KVen zustande.[17] Durch die Möglichkeit des Abschlusses von Einzelverträgen bildet § 72 a daher eine Ausnahme von dem Kollektivvertragssystem der ambulanten Versorgung. Die Verträge müssen nach Abs. 3 S. 1 gemeinsam und einheitlich geschlossen werden, so dass sich die Parteien auf ihren Abschluss und Inhalt im Einzelfall zu verständigen haben. Ihre rechtliche Qualifizierung ist umstritten. Nach einer Auffassung handelt es sich um private Dienstverträge nach §§ 611 ff. BGB.[18] Da das Vertragsarztrecht als Teil des Leistungserbringungsrechts aber im Sinne von § 69 Abs. 1 20

---

12 BSG, 17.6.2009, B 6 KA 16/08 R, BSGE 103, 243; BSG, 17.6.2009, B 6 KA 18/08 R, MedR 2010, 652.
13 BSG, 17.6.2009, B 6 KA 16/08 R, BSGE 103, 243; BSG, 17.6.2009, B 6 KA 18/08 R, MedR 2010, 652 (das BSG bejaht an dieser Stelle allerdings die Zulässigkeit der Klage und verneint den Anspruch erst in der Begründetheit; kritisch dazu Vießmann in: Spickhoff, Medizinrecht, § 72 a Rn. 3).
14 Vießmann in: Spickhoff, Medizinrecht, § 72 a Rn. 6.
15 BT-Dr. 12/3608, 83.
16 Begriff bei BSG, 27.6.2007, B 6 KA 37/06 R, BSGE 98, 294.
17 Zu einem (paradoxerweise) in Niedersachsen entstandenen Einzelvertragswettbewerb auf Anbieterseite siehe Sohns, Kompass/BKn 2004, Nr. 9/10, 18.
18 Raichle, Sicherstellungsauftrag, S. 164.

SGB V öffentlich-rechtlich geprägt ist, sind sie als öffentlich-rechtliche (Austausch-)Verträge im Sinne des § 55 iVm § 53 SGB X, gerichtet auf Sachleistungsbereitstellung, zu qualifizieren.[19]

21 Die KKen oder ihre Verbände können nach S. 2 Eigeneinrichtungen im Sinne des § 140 Abs. 2 errichten, die unmittelbar in Trägerschaft der gesetzlichen Krankenversicherung stehen. § 140 Abs. 2 S. 2 verweist seinerseits ausdrücklich auf § 72 a.

22 Unter der Voraussetzung, dass die Maßnahmen nach Abs. 3 für die Sicherstellung der Versorgung nicht ausreichen, können Sicherstellungsverträge im Sinne des Abs. 3 nach Abs. 5 auch mit Leistungserbringern mit Sitz im Ausland abgeschlossen werden. Dies dürfte vornehmlich in grenznahen Zulassungsbezirken bzw. regionalen Planungsbereichen oder aber unter der Voraussetzung möglich sein, dass die KKen ihren Mitgliedern die entstehenden Fahrtkosten bei weiten Entfernungen erstatten.

23 **5. Ausschluss der Verweigerer (Abs. 3 S. 3).** Abs. 3 S. 3 der Norm verbietet den Abschluss von Einzelverträgen im Sinne des Abs. 3 S. 1 zwischen KKen und verzichtenden Vertrags(zahn)ärzten nach dem Übergang des Sicherstellungsauftrags. Das BSG hält diese Regelung für verfassungsmäßig und schließt sich einer Auffassung in der Literatur nicht an, die sowohl diese Sanktion eines kollektiven Zulassungsverzichts als auch die sechsmonatige Zulassungssperre des § 95 b Abs. 2 als unverhältnismäßigen Eingriff in die Berufsfreiheit der betroffenen Vertrags(zahn)ärzte ansieht.[20] Der Zweck der Regelungen, einen kollektiven Zulassungsverzicht zunächst möglichst zu verhindern und die Mitwirkung der ausgeschiedenen Leistungserbringer – im Falle eines bereits vorliegenden Verzichts – auf ein Minimum zu beschränken und ihn hierdurch finanziell unattraktiv zu machen, rechtfertige diese Eingriffe.

24 Im Zuge der Zulassungsverzichte niedersächsischer Kieferorthopäden im Jahre 2004 beschäftigte sich die Rechtsprechung mit der Frage, ob weiterhin zulasten der gesetzlichen KKen Leistungen durch die Verzichtenden erbracht werden durften.[21] Das BSG hält dies nur in engen Grenzen für zulässig und setzt voraus, dass die für die Behandlung durch nicht zugelassene Leistungserbringer zu § 13 Abs. 3 entwickelten Maßstäbe erfüllt sind.[22] Diese sind das Bestehen eines Systemversagens oder eines Notfalles. Ein Systemversagen im Sinne des § 13 Abs. 3 kann aufgrund der Feststellung eines Versorgungsdefizits durch die Aufsichtsbehörde nicht automatisch angenommen werden, sondern ist nur dann zu bejahen, wenn die Versorgung den KKen tatsächlich nicht mehr möglich ist. Im Regelfall verbleibt den verzichtenden Vertrags(zahn)ärzten somit nur die Befugnis zur Behandlung von Privatpatienten. Die vom LSG Niedersachsen-Bremen zuvor im selben Verfahren angenommene Behandlungsberechtigung der verzichtenden Vertrags(zahn)ärzte bis zur Neubesetzung der frei gewordenen Sitze bestätigte das BSG nicht.[23]

25 **6. Vertragsgestaltung und Vergütung (Abs. 4).** Vorgaben für den Inhalt der Sicherstellungsverträge werden in Abs. 4 geregelt. Den KKen kommt insgesamt ein weiter Spielraum bei der Gestaltung etwa hinsichtlich des Leistungsangebots (Abs. 4 S. 1), eingeräumter Garantien oder vereinbarter Qualitätssicherungsverfahren zu (vgl. Abs. 4 S. 2). Die Vergütung muss sich nicht nach den §§ 85 Abs. 4, 87 b richten. Den Ärzten kann eine höhere Vergütung zugesichert werden, die sich an der jeweils angebotenen Leistung orientiert (Abs. 4 S. 2). Abs. 4 S. 3 bietet die Möglichkeit, Ärzten, die sofort an der Versorgung teilnehmen, höhere Ansprüche einzuräumen als solchen, mit denen erst später bei nachlassendem Bedarf Verträge abgeschlossen werden. Diese Regelung soll Anreize für eine frühzeitige Beteiligung setzen.[24]

26 **7. Datenschutz (Abs. 6).** Die ausdrückliche datenschutzrechtliche Legitimation für die nach Abs. 3 und Abs. 5 verpflichteten Ärzte und Einrichtungen, Patientendaten aufzuzeichnen und an die KKen weiterzugeben, schafft Abs. 6, da der ansonsten für die Aufzeichnung und Verwendung von Daten einschlägige § 294 nicht gilt. Die Befugnis ist gleichzeitig eine Verpflichtung, alle Daten aufzunehmen, die für die Erfüllung der Aufgaben der KKen und die Abrechnung der vertraglichen Vergütung erforderlich sind.

---

19 So auch Hesral in: jurisPK-SGB V, § 72 a Rn. 50.
20 BSG, 27.6.2007, B 6 KA 37/06 R, BSGE 98, 294; BSG, 17.6.2009, B 6 KA 16/08 R, BSGE 103, 243; die Verfassungswidrigkeit bejahend Schinnenburg, MedR 2005, 26.
21 LSG Nds-Brem, 13.9.2006, L 3 Ka 90/05; BSG, 27.6.2007, B 6 KA 37/06 R, BSGE 98, 294; parallel für eine ermächtigte Kieferorthopädin BSG, 27.6.2007, B 6 KA 38/06 R, MedR 2008, 384; dem folgend BSG, 9.7.2009, B 1 KR 18/09 B.
22 BSG, 27.6.2007, B 6 KA 37/06 R, BSGE 98, 294; so auch Galas/Andrés, GSP 2004, Nr. 9/10, 35.
23 LSG Nds-Brem, 13.9.2006, L 3 Ka 90/05.
24 BT-Dr. 12/3608, 83.

§ 73 Kassenärztliche Versorgung, Verordnungsermächtigung

(1) ¹Die vertragsärztliche Versorgung gliedert sich in die hausärztliche und die fachärztliche Versorgung. ²Die hausärztliche Versorgung beinhaltet insbesondere
1. die allgemeine und fortgesetzte ärztliche Betreuung eines Patienten in Diagnostik und Therapie bei Kenntnis seines häuslichen und familiären Umfeldes; Behandlungsmethoden, Arznei- und Heilmittel der besonderen Therapierichtungen sind nicht ausgeschlossen,
2. die Koordination diagnostischer, therapeutischer und pflegerischer Maßnahmen,
3. die Dokumentation, insbesondere Zusammenführung, Bewertung und Aufbewahrung der wesentlichen Behandlungsdaten, Befunde und Berichte aus der ambulanten und stationären Versorgung,
4. die Einleitung oder Durchführung präventiver und rehabilitativer Maßnahmen sowie die Integration nichtärztlicher Hilfen und flankierender Dienste in die Behandlungsmaßnahmen.

(1 a) ¹An der hausärztlichen Versorgung nehmen
1. Allgemeinärzte,
2. Kinderärzte,
3. Internisten ohne Schwerpunktbezeichnung, die die Teilnahme an der hausärztlichen Versorgung gewählt haben,
4. Ärzte, die nach § 95 a Abs. 4 und 5 Satz 1 in das Arztregister eingetragen sind und
5. Ärzte, die am 31. Dezember 2000 an der hausärztlichen Versorgung teilgenommen haben,

teil (Hausärzte). ²Die übrigen Fachärzte nehmen an der fachärztlichen Versorgung teil. ³Der Zulassungsausschuss kann für Kinderärzte und Internisten ohne Schwerpunktbezeichnung eine von Satz 1 abweichende befristete Regelung treffen, wenn eine bedarfsgerechte Versorgung nicht gewährleistet ist. ⁴Hat der Landesausschuss der Ärzte und Krankenkassen für die Arztgruppe der Hausärzte, der Kinderärzte oder der Fachinternisten eine Feststellung nach § 100 Absatz 1 Satz 1 getroffen, fasst der Zulassungsausschuss innerhalb von sechs Monaten den Beschluss, ob eine Regelung nach Satz 3 getroffen wird. ⁵Kinderärzte mit Schwerpunktbezeichnung können auch an der fachärztlichen Versorgung teilnehmen. ⁶Der Zulassungsausschuss kann Allgemeinärzten und Ärzten ohne Gebietsbezeichnung, die im Wesentlichen spezielle Leistungen erbringen, auf deren Antrag die Genehmigung zur ausschließlichen Teilnahme an der fachärztlichen Versorgung erteilen.

(1 b) ¹Ein Hausarzt darf mit schriftlicher Einwilligung des Versicherten, die widerrufen werden kann, bei Leistungserbringern, die einen seiner Patienten behandeln, die den Versicherten betreffenden Behandlungsdaten und Befunde zum Zwecke der Dokumentation und der weiteren Behandlung erheben. ²Die einen Versicherten behandelnden Leistungserbringer sind verpflichtet, den Versicherten nach dem von ihm gewählten Hausarzt zu fragen und diesem mit schriftlicher Einwilligung des Versicherten, die widerrufen werden kann, die in Satz 1 genannten Daten zum Zwecke der bei diesem durchzuführenden Dokumentation und der weiteren Behandlung zu übermitteln; die behandelnden Leistungserbringer sind berechtigt, mit schriftlicher Einwilligung des Versicherten, die widerrufen werden kann, die für die Behandlung erforderlichen Behandlungsdaten und Befunde bei dem Hausarzt und anderen Leistungserbringern zu erheben und für die Zwecke der von ihnen zu erbringenden Leistungen zu verarbeiten und zu nutzen. ³Der Hausarzt darf die ihm nach den Sätzen 1 und 2 übermittelten Daten nur zu dem Zweck verarbeiten und nutzen, zu dem sie ihm übermittelt worden sind; er ist berechtigt und verpflichtet, die für die Behandlung erforderlichen Daten und Befunde an die den Versicherten auch behandelnden Leistungserbringer mit dessen schriftlicher Einwilligung, die widerrufen werden kann, zu übermitteln. ⁴§ 276 Abs. 2 Satz 1 Halbsatz 2 bleibt unberührt. ⁵Bei einem Hausarztwechsel ist der bisherige Hausarzt des Versicherten verpflichtet, dem neuen Hausarzt die bei ihm über den Versicherten gespeicherten Unterlagen mit dessen Einverständnis vollständig zu übermitteln; der neue Hausarzt darf die in diesen Unterlagen enthaltenen personenbezogenen Daten erheben.

(1 c) (aufgehoben)

(2) ¹Die vertragsärztliche Versorgung umfaßt die
1. ärztliche Behandlung,
2. zahnärztliche Behandlung und kieferorthopädische Behandlung nach Maßgabe des § 28 Abs. 2,
2a. Versorgung mit Zahnersatz einschließlich Zahnkronen und Suprakonstruktionen, soweit sie § 56 Abs. 2 entspricht,
3. Maßnahmen zur Früherkennung von Krankheiten,
4. Ärztliche Betreuung bei Schwangerschaft und Mutterschaft,
5. Verordnung von Leistungen zur medizinischen Rehabilitation,

Schuler-Harms

6. Anordnung der Hilfeleistung anderer Personen,
7. Verordnung von Arznei-, Verband-, Heil- und Hilfsmitteln, Krankentransporten sowie Krankenhausbehandlung oder Behandlung in Vorsorge- oder Rehabilitationseinrichtungen,
8. Verordnung häuslicher Krankenpflege,
9. Ausstellung von Bescheinigungen und Erstellung von Berichten, die die Krankenkassen oder der Medizinische Dienst (§ 275) zur Durchführung ihrer gesetzlichen Aufgaben oder die die Versicherten für den Anspruch auf Fortzahlung des Arbeitsentgelts benötigen,
10. medizinische Maßnahmen zur Herbeiführung einer Schwangerschaft nach § 27 a Abs. 1,
11. ärztlichen Maßnahmen nach den §§ 24 a und 24 b,
12. Verordnung von Soziotherapie,
13. Zweitmeinung nach § 27 b,
14. Verordnung von spezialisierter ambulanter Palliativversorgung nach § 37 b.

²Satz 1 Nummer 2 bis 4, 6, 8, 10, 11 und 14 gilt nicht für Psychotherapeuten; Satz 1 Nummer 9 gilt nicht für Psychotherapeuten, soweit sich diese Regelung auf die Feststellung und die Bescheinigung von Arbeitsunfähigkeit bezieht. ³Satz 1 Nummer 5 gilt für Psychotherapeuten in Bezug auf die Verordnung von Leistungen zur psychotherapeutischen Rehabilitation. ⁴Satz 1 Nummer 7 gilt für Psychotherapeuten in Bezug auf die Verordnung von Krankentransporten sowie Krankenhausbehandlung. ⁵Das Nähere zu den Verordnungen durch Psychotherapeuten bestimmt der Gemeinsame Bundesausschuss in seinen Richtlinien nach § 92 Absatz 1 Satz 2 Nummer 6, 8 und 12.

(3) In den Gesamtverträgen ist zu vereinbaren, inwieweit Maßnahmen zur Vorsorge und Rehabilitation, soweit sie nicht zur kassenärztlichen Versorgung nach Absatz 2 gehören, Gegenstand der kassenärztlichen Versorgung sind.

(4) ¹Krankenhausbehandlung darf nur verordnet werden, wenn eine ambulante Versorgung der Versicherten zur Erzielung des Heil- oder Linderungserfolgs nicht ausreicht. ²Die Notwendigkeit der Krankenhausbehandlung ist bei der Verordnung zu begründen. ³In der Verordnung von Krankenhausbehandlung sind in den geeigneten Fällen auch die beiden nächsterreichbaren, für die vorgesehene Krankenhausbehandlung geeigneten Krankenhäuser anzugeben. ⁴Das Verzeichnis nach § 39 Abs. 3 ist zu berücksichtigen.

(5) ¹Der an der kassenärztlichen Versorgung teilnehmende Arzt und die ermächtigte Einrichtung sollen bei der Verordnung von Arzneimitteln die Preisvergleichsliste nach § 92 Abs. 2 beachten. ²Sie können auf dem Verordnungsblatt oder in dem elektronischen Verordnungsdatensatz ausschließen, dass die Apotheken ein preisgünstigeres wirkstoffgleiches Arzneimittel anstelle des verordneten Mittels abgeben. ³Verordnet der Arzt ein Arzneimittel, dessen Preis den Festbetrag nach § 35 überschreitet, hat der Arzt den Versicherten über die sich aus seiner Verordnung ergebende Pflicht zur Übernahme der Mehrkosten hinzuweisen.

(6) Zur kassenärztlichen Versorgung gehören Maßnahmen zur Früherkennung von Krankheiten nicht, wenn sie im Rahmen der Krankenhausbehandlung oder der stationären Entbindung durchgeführt werden, es sei denn, die ärztlichen Leistungen werden von einem Belegarzt erbracht.

(7) ¹Es ist Vertragsärzten nicht gestattet, für die Zuweisung von Versicherten oder für die Vergabe und Dokumentation von Diagnosen ein Entgelt oder sonstige wirtschaftliche Vorteile sich versprechen oder sich gewähren zu lassen oder selbst zu versprechen oder zu gewähren. ²§ 128 Absatz 2 Satz 3 gilt entsprechend.

(8) ¹Zur Sicherung der wirtschaftlichen Verordnungsweise haben die Kassenärztlichen Vereinigungen und die Kassenärztlichen Bundesvereinigungen sowie die Krankenkassen und ihre Verbände die Vertragsärzte auch vergleichend über preisgünstige verordnungsfähige Leistungen und Bezugsquellen, einschließlich der jeweiligen Preise und Entgelte zu informieren sowie nach dem allgemeinen anerkannten Stand der medizinischen Erkenntnisse Hinweise zu Indikation und therapeutischen Nutzen zu geben. ²Die Informationen und Hinweise für die Verordnung von Arznei-, Verband- und Heilmitteln erfolgen insbesondere auf der Grundlage der Hinweise nach § 92 Abs. 2 Satz 3, der Rahmenvorgaben nach § 84 Abs. 7 Satz 1 und der getroffenen Arzneimittelvereinbarungen nach § 84 Abs. 1. ³In den Informationen und Hinweisen sind Handelsbezeichnung, Indikationen und Preise sowie weitere für die Verordnung von Arzneimitteln bedeutsame Angaben insbesondere auf Grund der Richtlinien nach § 92 Abs. 1 Satz 2 Nr. 6 in einer Weise anzugeben, die unmittelbar einen Vergleich ermöglichen; dafür können Arzneimittel ausgewählt werden, die einen maßgeblichen Anteil an der Versorgung der Versicherten im Indikationsgebiet haben. ⁴Die Kosten der Arzneimittel je Tagesdosis sind nach den Angaben der anatomisch-therapeutisch-chemischen Klassifikation anzugeben. ⁵Es gilt die vom Deutschen Institut für me-

dizinische Dokumentation und Information im Auftrage des Bundesministeriums für Gesundheit herausgegebene Klassifikation in der jeweils gültigen Fassung. [6]Die Übersicht ist für einen Stichtag zu erstellen und in geeigneten Zeitabständen, im Regelfall jährlich, zu aktualisieren.

(9) [1]Vertragsärzte dürfen für die Verordnung von Arzneimitteln nur solche elektronischen Programme nutzen, die mindestens folgende Inhalte mit dem jeweils aktuellen Stand enthalten:
1. die Informationen nach Absatz 8 Satz 2 und 3,
2. die Informationen über das Vorliegen von Rabattverträgen nach § 130 a Absatz 8,
3. die Informationen nach § 131 Absatz 4 Satz 2,
4. die zur Erstellung und Aktualisierung des Medikationsplans nach § 31 a notwendigen Funktionen und Informationen sowie
5. die Informationen nach § 35 a Absatz 3 a Satz 1

und die von der Kassenärztlichen Bundesvereinigung für die vertragsärztliche Versorgung zugelassen sind. [2]Das Bundesministerium für Gesundheit wird ermächtigt, durch Rechtsverordnung ohne Zustimmung des Bundesrates das Nähere insbesondere zu den Mindestanforderungen der Informationen nach Satz 1 Nummer 5 und zur Veröffentlichung der Beschlüsse nach § 35 a Absatz 3 a zu regeln. [3]Es kann in der Rechtsverordnung auch das Nähere zu den weiteren Anforderungen nach Satz 1 regeln. [4]Es kann dabei Vorgaben zur Abbildung der für die vertragsärztliche Versorgung geltenden Regelungen zur Zweckmäßigkeit und Wirtschaftlichkeit der Verordnung von Arzneimitteln im Vergleich zu anderen Therapiemöglichkeiten machen. [5]Es kann auch Vorgaben zu semantischen und technischen Voraussetzungen zur Interoperabilität machen. [6]Weitere Einzelheiten sind in den Verträgen nach § 82 Absatz 1 zu vereinbaren. [7]Die Vereinbarungen in den Verträgen nach § 82 Absatz 1 sind innerhalb von drei Monaten nach dem erstmaligen Inkrafttreten der Rechtsverordnung nach den Sätzen 2 bis 4 sowie nach dem jeweiligen Inkrafttreten einer Änderung der Rechtsverordnung anzupassen. [8]Sie sind davon unabhängig in regelmäßigen Abständen zu überprüfen und bei Bedarf anzupassen.

(10) [1]Für die Verordnung von Heilmitteln dürfen Vertragsärzte ab dem 1. Januar 2017 nur solche elektronischen Programme nutzen, die die Informationen der Richtlinien nach § 92 Absatz 1 Satz 2 Nummer 6 in Verbindung mit § 92 Absatz 6 und über besondere Verordnungsbedarfe nach § 106b Absatz 2 Satz 4 enthalten und die von der Kassenärztlichen Bundesvereinigung für die vertragsärztliche Versorgung zugelassen sind. [2]Das Nähere ist in den Verträgen nach § 82 Absatz 1 zu vereinbaren.

Literatur:

Ebsen, Das System der Gliederung in haus- und fachärztliche Versorgung als verfassungsrechtliches Problem, VSSR 1996, 351; *Herweg-Behnsen*, Das Gliederungsprinzip des § 73 in seiner gesetzlichen und untergesetzlichen Einzelausgestaltung unter Einbeziehung gesundheitspolitischer, berufsrechtlicher und kassenarztrechtlicher Aspekte, VSSR 1996, 375; *Hufen*, Zur verfassungsrechtlichen Beurteilung der Gebietsabgrenzung Hausarzt/Facharzt in § 73 SGB V, 1997; *Reiter*, Haus- und fachärztliche Versorgung: Statusfragen und Rechtsprobleme der Bedarfsplanung, MedR 2001, 163; *Schneider*, Rechtsfragen zur Hausarzt- und Facharztregelung, MedR 1995, 175; *Wenner*, Vertragsarztrecht nach der Gesundheitsreform, 2008; *Wigge*, Wahlfreiheit oder Bindung des Versicherten, VSSR 1996, 399.

I. Allgemeines 1	3. Verordnung von Krankenhausbehandlung (Abs. 4 iVm Abs. 2 S. 1 Nr. 7) 19
II. Gliederung der vertragsärztlichen Versorgung in haus- und fachärztliche Versorgung 3	4. Verordnung von Arzneimitteln (Abs. 5 iVm Abs. 2 S. 1 Nr. 7) 20
III. Hausärztliche Versorgung 6	5. Maßnahmen zur Früherkennung von Krankheiten (Abs. 6 iVm Abs. 2 S. 1 Nr. 3) 22
1. Inhalt (Abs. 1 S. 2) 7	
2. Teilnehmende (Abs. 1a) 8	
3. Datenschutz (Abs. 1b) 11	
IV. Vertragsärztliche Versorgung (Abs. 2–4, 6) 13	V. Verbot von Zuweisungen (Abs. 7) 23
1. Überblick 13	VI. Informationspflichten (Abs. 8) 25
2. Verordnung von Maßnahmen der Vorsorge und Rehabilitation (Abs. 3 iVm Abs. 2 S. 1 Nr. 4, 7) 18	VII. Anforderungen an die Verwendung elektronischer Programme 28

I. Allgemeines

Die Vorschrift bildet eine Zentralnorm für den Inhalt der vertragsärztlichen Versorgung. Sie regelt in Abs. 1, 1a sowie in Abs. 2, 3, 4 und 6 die Gliederung der vertragsärztlichen Versorgung in haus- und fachärztliche Versorgung und zählt Inhalte des jeweiligen Versorgungsbereichs auf. Daneben enthält § 73 eine Fülle unterschiedlicher, nicht immer im sachlichen Zusammenhang stehender Vorschriften in 1

Bezug auf die Ordnung und Durchführung der Versorgung. Abs. 1 b normiert für die hausärztliche Versorgung Anforderungen an den Dokumentationsfluss zwischen Hausärzten und anderen Leistungserbringern. Abs. 5 regelt Pflichten der Vertragsärzte und ermächtigten Einrichtungen bei der Verordnung von Arzneimitteln, Abs. 8 Maßgaben zur Sicherung einer wirtschaftlichen Verordnung von Arznei-, Verbands- und Heilmitteln. Abs. 7 normiert ein Verbot der Vorteilsnahme für die Zuweisung von Versicherten. Abs. 9 idF des AMVSG vom 4.5.2017[1] regelt nunmehr die Voraussetzungen für die Verwendung von elektronischen Programmen für die Verordnung von Arzneimitteln, ein durch das AMVSG angefügter Abs. 10 die Voraussetzungen für die Verwendung von elektronischen Programmen für die Verordnung von Heilmitteln in der vertragsärztlichen Versorgung. In Abs. 9 S. 2–4 wurde eine Verordnungsermächtigung aufgenommen und mit einer Ergänzung der amtlichen Überschrift des § 73 kenntlich gemacht. Die Regelungen in Abs. 9 und 10 mit Ausnahme der Verordnungsermächtigung waren bereits durch das sog E-Health-Gesetz[2] eingefügt worden.

2 Die Vorschrift wurde als Nachfolgeregelung von § 368 RVO in das SGB V eingefügt und befindet sich aufgrund ihrer zentralen Stellung in laufender Änderung. Die wichtigsten Änderungen werden im sachlichen Zusammenhang der konkreten Regelungen dargestellt.

II. Gliederung der vertragsärztlichen Versorgung in haus- und fachärztliche Versorgung

3 Abs. 1 S. 1 enthält die allgemeine und in den Folgeabsätzen konkretisierte Vorgabe der Gliederung der vertragsärztlichen Versorgung in haus- und fachärztliche Versorgung. Ausnahmen von der strikten Trennung hat das BSG stets ausgeschlossen.[3] Den verfassungsrechtlichen Bedenken in der Literatur hinsichtlich der strikten Trennung von haus- und fachärztlicher Versorgung[4] sind BSG[5] und BVerfG[6] nicht gefolgt. Der Regelungsschwerpunkt der strikten Trennung der Versorgungsbereiche liegt nicht im Berufsrecht, sondern im Vergütungsrecht und dient gesundheitspolitischen Zielsetzungen. Die Regelung konnte deshalb durch den Bundesgesetzgeber, gestützt auf Art. 74 Abs. 1 Nr. 12 GG, und ohne Verstoß gegen Art. 12, 14 GG getroffen werden.

4 Hausärzte bilden mit Ausnahme der Kinderärzte eine Arztgruppe bei der Bedarfsplanung im Falle der Überversorgung (§ 101 Abs. 5). § 101 Abs. 1 S. 1 Nr. 2 verpflichtet den G-BA, Bestimmungen über Maßstäbe für eine ausgewogene hausärztliche und fachärztliche Versorgung zu beschließen. Dieser Verpflichtung ist der G-BA in §§ 35 ff. der Bedarfsplanungs-Richtlinie[7] nachgekommen. Die Trennung in haus- und fachärztliche Versorgung wird in den Vorschriften über die Honorarverteilung (§ 87 b Abs. 1 S. 1) und die Vergütung (§ 87) wieder aufgenommen. § 79 c verpflichtet die KBV zur Bildung eines beratenden Fachausschusses für die hausärztliche Versorgung. Die Regelungen über den Umfang der vertragsärztlichen Versorgung (§§ 72, 73) sind Grundlage der besonderen Sicherstellungspflicht nach § 75.

5 § 73 b ermöglicht als Sonderversorgungsform der hausärztlichen Versorgung in Abweichung von § 73 die hausarztzentrierte Versorgung in Abweichung von der vertragsärztlichen Regelversorgung. Hausarztzentrierte Versorgung besteht als Wahlmöglichkeit der Versicherten mit jeweils einjähriger Bindung. Die fachärztliche Versorgung wird primär durch einen besonders qualifizierten Hausarzt koordiniert. Abweichungen sind auch auf Grundlage von Strukturverträgen nach § 73 a möglich.

III. Hausärztliche Versorgung

6 Der in der Vorgängervorschrift des § 368 Abs. 3 S. 2 RVO enthaltene Auftrag, bei der Bedarfsplanung auf ein ausgewogenes Verhältnis zwischen Haus- und Fachärzten hinzuwirken, wurde als § 73 Abs. 1 S. 2 aF in das SGB V übernommen. Da eine Konkretisierung von Inhalt und Umfang der hausärztli-

---

1 Gesetz zur Stärkung der Arzneimittelversorgung in der GKV (GKV-Arzneimittelversorgungsstärkungsgesetz – AMVSG) vom 4.5.2017, BGBl. I, 1050.
2 Gesetz für sichere digitale Kommunikation und Anwendungen im Gesundheitswesen sowie zur Änderung weiterer Gesetze vom 21.12.2015, BGBl. I, 2408.
3 Zuletzt BSG, 28.10.2009, B 6 KA 22/08 R, mwN.
4 Hufen, Zur verfassungsrechtlichen Beurteilung der Gebietsabgrenzung Hausarzt/Facharzt in § 73 SGB V, 1997, passim.
5 BSG, 18.6.1997, 6 RKa 58/96, BSGE 80, 257, 261 ff.; vgl. auch BSG, 11.11.2005, B 6 KA 12/05 B.
6 BVerfG, 17.6.1999, 1 BvR 2507/97, NJW 1999, 2730 f.
7 Richtlinie über die Bedarfsplanung sowie die Maßstäbe zur Feststellung von Überversorgung und Unterversorgung in der vertragsärztlichen Versorgung idF v. 15.2.2007, zuletzt geändert am 18.8.2011, BAnz 2011, 3810, 9.

chen Versorgung in den Bundesmantelverträgen unterblieb, übernahm der Gesetzgeber diese Aufgabe selbst und konkretisierte die hausärztliche Versorgung mWv 1.1.1993 durch Aufnahme der heutigen Abs. 1 S. 2, Abs. 1 a, b als Grundlage der künftigen Bedarfsplanung.[8] Mit dieser Neuregelung verfolgte er zugleich das Ziel, die hausärztliche Tätigkeit aufzuwerten, ohne jedoch ein echtes Primärarztsystem einzurichten.[9] Das GKV-GRG 2000[10] ordnete mWv 1.1.2000 die teilnehmenden Ärztegruppen in Abs. 1 a neu und beseitigte hierbei die Befugnis von Internisten ohne Gebietsbezeichnung zum Wechsel von der haus- in die fachärztliche Versorgung ohne Prüfung der planungsrechtlichen Voraussetzungen. Geändert wurden auch die Regelungen zur Dokumentationsbefugnis der Hausärzte in Abs. 1 b. Das GMG[11] fügte mWv 1.1.2004 in Abs. 1 S. 2 Nr. 1 den Hinweis ein, dass Behandlungsmethoden, Arznei- und Heilmittel der besonderen Therapierichtungen in die hausärztliche Versorgung eingeschlossen sind. Das GKV-WSG[12] beseitigte mWv 1.7.2008 die in Abs. 1 c geregelte Verpflichtung der Spitzenverbände der Krankenkassen und der Kassenärztlichen Bundesvereinigung, Näheres zur hausärztlichen Versorgung zu vereinbaren. Das GKV-VSG[13] fügte mWv 23.7.2015 einen neuen S. 4 in Abs. 1 a ein, der die Steuerung der bedarfsgerechten Versorgung im Falle einer Unterversorgung verbessern soll: Der Zulassungsausschuss der Ärzte und Krankenkassen soll im Fall einer Unterversorgung innerhalb von sechs Monaten einen Beschluss fassen, ob die grundsätzliche Trennung in haus- und fachärztliche Versorgung, wie in S. 3 vorgesehen, vorübergehend aufgehoben werden soll. Der Katalog der vertragsärztlichen Versorgung wurde um die Zweitmeinung nach § 27 b erweitert (Abs. 2 S. 1 Nr. 13).

1. Inhalt (Abs. 1 S. 2). Abs. 1 S. 2 umschreibt die Leistungen der hausärztlichen Versorgung beispielhaft und nicht abschließend („insbesondere"). **Hausärztliche Versorgung** ist hiernach eine umfassende und fortgesetzte ärztliche Betreuung, die Diagnostik und Therapie umfasst, das häusliche und familiäre Umfeld der Versicherten (zum Begriff → § 72 Rn. 3) berücksichtigt, diagnostische, therapeutische und pflegerische Maßnahmen koordiniert, wesentliche Behandlungsdaten, Befunde und Berichte dokumentiert sowie präventive und rehabilitative Maßnahmen einleitet, durchführt und nichtärztliche Maßnahmen in die ärztliche Behandlung integriert. Abs. 1 S. 2 Nr. 1 Hs. 2 stellt klar, dass die hausärztliche Versorgung Behandlungsmethoden, Arznei- und Heilmittel der besonderen Therapierichtungen einschließt. Die Klarstellung verdeutlicht die Relevanz einer ganzheitlichen Sicht der Betreuung und das gesteigerte Bedürfnis der Patienten nach psychosomatischer Betreuung und persönlicher Zuwendung.[14]

2. Teilnehmende (Abs. 1 a). Abs. 1 a bestimmt abschließend, wer an der hausärztlichen Versorgung teilnimmt. S. 1 führt auf, wer „Hausarzt" im vergütungsrechtlichen Sinn sein kann. S. 2 stellt klar, dass andere Fachärzte als die in S. 1 aufgeführten der fachärztlichen Versorgung zugewiesen sind. Die S. 3–6 regeln die Möglichkeiten abweichender Zuweisung.

Allgemeinarzt (Abs. 1 a S. 1 Nr. 1) ist ein Arzt mit mindestens fünfjähriger allgemeinmedizinischer Weiterbildung in Deutschland, die zum Führen der Facharztbezeichnung für Allgemeinmedizin berechtigt. Ihm stehen Ärzte gleich, die aufgrund einer vergleichbaren, im Ausland abgeleisteten Ausbildung ins Ärzteregister eingetragen wurden (Abs. 1 a Nr. 4 iVm § 95 Abs. 5 S. 1). Inhaltlich muss die Weiterbildung mindestens den Anforderungen in Art. 28 der RL 2005/36/EG (Berufsanerkennungsrichtlinie)[15] entsprechen. Zur Gruppe der Hausärzte zählen auch Ärzte ohne abgeschlossene Weiterbildung, die bis zum 31.12.1995 die Bezeichnung als „Praktischer Arzt" erworben haben und diese Bezeichnung weiter führen (Abs. 1 a Nr. 4 iVm § 95 Abs. 4). Zur hausärztlichen Versorgung rechnen sowohl zugelassene und ermächtigte als auch angestellte[16] Ärzte. Abs. 1 a S. 5 ermöglicht Allgemeinärzten und Ärzten ohne spezielle Gebietsbezeichnung auf Antrag den Wechsel in die fachärztliche Versorgung, wenn sie im Wesentlichen spezielle Leistungen erbringen. Der Wechsel bedarf der Genehmigung durch

---

8 Gesundheitsstrukturgesetz vom 21.12.1992, BGBl. I, 2266.
9 BT-Dr. 12/3608, S. 83 (zu Art. 1 Nr. 33); Huster in: Becker/Kingreen, § 72 Rn. 2; Hess in: KassKomm, § 73 SGB V Rn. 11 (mit Bezug auf Stärkung der hausärztlichen Versorgung in GKV-GRG 2000).
10 Gesetz zur Reform der gesetzlichen Krankenversicherung ab dem Jahr 2000 (GKV-Gesundheitsreformgesetz 2000) vom 22.12.1999, BGBl. I, 2626.
11 GKV-Modernisierungsgesetz vom 14.11.2003, BGBl. I, 2190.
12 GKV-Wettbewerbsstärkungsgesetz vom 26.3.2007, BGBl. I, 378.
13 Gesetz zur Stärkung der Versorgung in der gesetzlichen Krankenversicherung (GKV-Versorgungsstärkungsgesetz – GKV-VSG) vom 16.7.2015, BGBl. I, 1211.
14 Vgl. amtl. Begr. zum GMG, BT-Dr. 15/1525 zu Nr. 48 a).
15 RL 2005/36/EG des Europäischen Parlaments und des Rates vom 7.9.2005 über die Anerkennung von Berufsqualifikationen, ABl.EU Nr. L 255 S. 22, 2007 Nr. L 271, S. 18.
16 Einschließlich der Ärzte nach § 95 Abs. 9 a.

den Zulassungsausschuss. Überwiegend oder ausschließlich **psychotherapeutisch tätige Allgemeinärzte** bilden mit den Psychotherapeuten eine Arztgruppe (§ 101 Abs. 4 S. 1) und sind deshalb ohne Wahlrecht in die fachärztliche Versorgung eingegliedert. Die Übergangsregelung in Abs. 1 a S. 2 Nr. 5 gewährleistet, dass Hausarzt bleiben kann, wer am 31.12.2000 an der hausärztlichen Versorgung teilgenommen hat.

10 Die durch das PsychThG in die vertragsärztliche Versorgung aufgenommenen nichtärztlichen **Psychotherapeuten** (§ 72 Abs. 1 S. 2) sind der fachärztlichen Versorgung zuzurechnen. **Kinderärzte mit Schwerpunktbezeichnung** können wählen, ob sie nur an der hausärztlichen (Abs. 1 a S. 1 Nr. 2) oder zusätzlich an der fachärztlichen Versorgung (S. 4) teilnehmen. Diese Sonderregelung sichert insbes. Kinderkardiologen eine wirtschaftliche Existenzgrundlage.[17] **Internisten ohne Schwerpunktbezeichnung** können wählen, ob sie an der hausärztlichen Versorgung teilnehmen (vgl. Abs. 1 a S. 1 Nr. 3). Die Entscheidung ist gegenüber dem Zulassungsausschuss zu erklären. Ein Wechsel in die jeweils andere Versorgung ist nur dann zulässig, wenn keine Zulassungsbeschränkungen nach § 103 Abs. 1 bestehen (§ 101 Abs. 5 S. 6). Von der Zuordnung von Kinderärzten und Hausärzten nach Abs. 1 a S. 1 kann der Zulassungsausschuss vorübergehend abweichen, wenn eine bedarfsgerechte Versorgung nicht gewährleistet ist (S. 3). Hat ein Landesausschuss Unterversorgung eines Versorgungsgebiets festgestellt (§ 100 Abs. 1), so verpflichtet S. 4 den Zulassungsausschuss, über eine abweichende Zuordnung nach S. 3 binnen sechs Monaten nach der Feststellung zu entscheiden.

11 **3. Datenschutz (Abs. 1 b).** Der durch das GSG 1993 eingeführte und mit GKV-GRG zum 30.6.2000 wesentlich geänderte Abs. 1 b regelt Befugnisse und Pflichten für den Umgang mit Patientendaten im Zusammenhang mit der hausärztlichen Behandlung. Die Vorschrift sichert die Schweigepflicht, steht im Zusammenhang mit den Vorschriften zum Sozialdatenschutz und gewährleistet bestmögliche Behandlung durch umfassend informierte Leistungserbringer. Die Erhebung von Behandlungsdaten zum Zwecke der Dokumentation und weiteren Behandlung sowie ihre Weitergabe bedürfen einer schriftlichen, jederzeit widerruflichen Einwilligung der Versicherten (zum Begriff → § 5 Rn. 5 ff.).

12 Abs. 1 b steht in einem Spannungsverhältnis zu der durch das PatRG in § 630 f BGB eingeführten vertraglichen Nebenpflicht behandelnder Ärzte zur Führung einer **Patientenakte**, die nach einer Auffassung direkte, nach anderer Auffassung analoge Anwendung auf die Behandlung im Rahmen der vertragsärztlichen Versorgung findet. Das umfassende und sich dem Wortlaut der Regelung nach auf jeden Vorgang der Erhebung, Speicherung und Übermittlung beziehende Einwilligungserfordernis lässt sich mit dieser ebenfalls umfassenden Pflicht zur Dokumentation und Speicherung der Behandlungsdaten nur schwer vereinbaren. Auch in den praktischen Behandlungsabläufen wäre das Erfordernis steter Einwilligung wenig praktikabel. Abs. 1 a ist deshalb so zu verstehen, dass eine praktikable Erhebung, Speicherung und Weitergabe von Daten möglich bleibt. In der Zustimmung zur Behandlung wird deshalb die Einwilligung in die Führung der Patientenakte nach § 630 f BGB (analog) und in der Zustimmung zur Überweisung an einen anderen Haus- oder Facharzt eine konkludente Einwilligung in die damit zwingend verbundene Weitergabe von Behandlungsdaten zu sehen sein.[18] Keiner Einwilligung bedarf die Übermittlung von Daten nach § 276 Abs. 2 S. 1 Hs. 2 an den MDK auf dessen Anforderungen zum Zweck der gutachtlichen Stellungnahme oder Prüfung.

IV. Vertragsärztliche Versorgung (Abs. 2–4, 6)

13 **1. Überblick.** Die vertragsärztliche (dh haus- und fachärztliche) Versorgung umfasst die eigenhändige Leistungserbringung, die Vermittlung der Leistungen anderer Leistungserbringer und eine gewisse Berichts- und Gutachtertätigkeit (Abs. 2, 3). Abs. 4 und 6 enthalten Sonderbestimmungen für die Verordnung von Leistungen, deren finanzielle Bedeutung im Gesundheitswesen diejenige der eigenhändigen Leistungserbringung deutlich überwiegt.[19] Für nichtärztliche Psychotherapeuten ist der Umfang der Leistungserbringung eingeschränkt (Abs. 2 S. 2).

14 Der Inhalt der vertragsärztlichen Versorgung wird in Abs. 2 S. 1 abschließend beschrieben. Der Katalog steht in sachlichem Zusammenhang mit den leistungsrechtlichen Vorschriften der §§ 27 ff. über den Umfang der Sachleistungen bei Krankheit. Den Umfang der ärztlichen und zahnärztlichen Behandlung (Abs. 2 S. 1 Nr. 1–4 und 6) definieren leistungsrechtlich § 28 sowie für Maßnahmen zur Früherkennung von Krankheiten §§ 25, 26. Abs. 2 S. 1 ist insofern enger, als er sich auf die ambulante

---

[17] Adolf, in: jurisPK-SGB V, § 73 Rn. 86.
[18] Für letzteres Hess in: KassKomm, § 73 SGB V Rn. 9; Adolf, in: jurisPK-SGB V, § 73 Rn. 95.
[19] Hess in: KassKomm, § 73 SGB V Rn. 12.

Behandlung bezieht. Ärztliche Behandlung als Teil der Krankenhausbehandlung ist aber ausnahmsweise Teil der vertragsärztlichen Versorgung, wenn sie durch belegärztlich tätige Vertragsärzte erbracht wird (§ 121 Abs. 3). Dies gilt auch für Maßnahmen zur Früherkennung von Krankheiten (Abs. 6). Die vertragsärztliche Versorgung umfasst außerdem Maßnahmen zur künstlichen Befruchtung (Abs. 2 S. 1 Nr. 10 iVm § 27 a Abs. 1), zur Sterilisation und zum Schwangerschaftsabbruch (Abs. 2 S. 1 Nr. 11 iVm §§ 24 a, 24 b).

Zur vertragsärztlichen Versorgung zählt die **Verordnung** von Leistungen der medizinischen Rehabilitation (Abs. 2 S. 1 Nr. 5, 7), der Behandlung in Krankenhäusern, Vorsorge- und Rehabilitationseinrichtungen (Abs. 2 S. 1 Nr. 7), der Soziotherapie (Abs. 2 S. 1 Nr. 12), spezialisierter ambulanter Palliativversorgung nach § 37 b (Abs. 2 S. 1 Nr. 14)[20] sowie nichtärztlicher Leistungserbringung (Nr. 7, 8). Die Verordnung von Arznei- und Verbandsmitteln (Abs. 2 S. 1 Nr. 7) bezieht sich auf den Anspruch nach § 31 und die Versorgung auf Grundlage der §§ 129 bis 131. Ansprüche auf Heil- und Hilfsmittel sind in §§ 32, 33 geregelt, die Voraussetzungen der Zulassung finden sich in §§ 124 bzw. §§ 126, 127. Die Verordnung von Krankentransporten steht leistungsrechtlich mit § 60 und leistungserbringungsrechtlich mit § 133 in sachlichem Zusammenhang. Die ebenfalls verordnungsfähigen Krankenhausbehandlungen richten sich leistungsrechtlich nach § 39, verordnungsfähig sind Behandlungen in nach § 108 zugelassenen Krankenhäusern. Den Anspruch auf Behandlung in Vorsorge- und medizinischen sowie anderen Rehabilitationseinrichtungen (Abs. 2 S. 1 Nr. 5, 7) regeln §§ 23 Abs. 4, 40, 42, 43. Besondere Regelungen bestehen für die Leistungserbringung in zugelassenen Einrichtungen des Müttergenesungswerks (§§ 111, 111 a). Auch die Verordnung häuslicher Krankenpflege zählt zur vertragsärztlichen Versorgung (Abs. 2 S. 1 Nr. 8); die Versorgung ist leistungsrechtlich in § 37 und leistungserbringungsrechtlich in § 132 geregelt. Soziotherapie (Abs. 2 S. 1 Nr. 12) kann nach § 37 a beansprucht werden; ihr zulässiger Umfang wird durch eine Richtlinie des G-BA geregelt (§ 92 Abs. 1 S. 2 Nr. 6).

Ärztliche Berichte und Gutachten sind Gegenstand vertragsärztlicher Versorgung (Abs. 2 S. 1 Nr. 9), wenn die Krankenkassen oder der MDK (§ 275) sie zur Durchführung ihrer gesetzlichen Aufgaben oder wenn die Versicherten sie für den Anspruch auf Lohnfortzahlung benötigen. Andere Gutachten können aufgrund besonderer Regelungen vergütet werden; Teil der vertragsärztlichen Versorgung werden sie nur, wenn sie im Rahmen von Tätigkeiten nach Abs. 2 S. 1 erfolgen (zB der Krankheitsbericht oder Arztbrief als Teil der ärztlichen Behandlung) oder aufgrund gesonderter Vorschrift der vertragsärztlichen Versorgung zugewiesen sind. Abs. 2 S. 1 Nr. 13, aufgenommen durch GKV-VSG mWv 23.7.2015, zählt zur vertragsähnlichen Versorgung auch die **Zweitmeinung** nach § 27 b.

Für psychologische Psychotherapeuten sowie Kinder- und Jugendlichenpsychotherpeuten, die der vertragsärztlichen Versorgung zurechnen (§ 72 Abs. 1 S. 2), wird der Umfang der in der GKV abrechnungsfähigen Leistungen auf die Behandlung sowie die Ausstellung von Bescheinigungen und Gutachten für Belange der Krankenkassen und des MDK sowie auf die Abgabe von Zweitmeinungen beschränkt. Die Abrechnungsfähigkeit psychotherapeutischer Leistungen ist zusätzlich in einem Gutachterverfahren zu Beginn und nach bestimmten Behandlungsintervallen festzustellen.[21] Ein Gutachterverfahren ist auch für die Abrechnung kieferorthopädischer Leistungen vorgesehen.[22]

2. Verordnung von Maßnahmen der Vorsorge und Rehabilitation (Abs. 3 iVm Abs. 2 S. 1 Nr. 4, 7). Abs. 3 ermöglicht es den Vertragspartnern der Gesamtverträge, die vertragsärztliche Versorgung um ambulante Vorsorgekuren (§ 23 Abs. 2) und Rehabilitationskuren (§ 40 Abs. 1) zu erweitern, die in Abs. 2 S. 1 Nr. 5, 7 noch nicht erfasst sind. Ein Anspruch auf solche Leistungen besteht nur, wenn ärztliche Behandlung und ambulante Rehabilitationsmaßnahmen nicht ausreichen, um den Leistungserfolg zu sichern. Durch entsprechende Verträge wurde die ambulante ärztliche Behandlung durch Badeärzte zum Bestandteil der ärztlichen Behandlung nach Abs. 2 S. 1 Nr. 1 erklärt.

3. Verordnung von Krankenhausbehandlung (Abs. 4 iVm Abs. 2 S. 1 Nr. 7). Die Verordnung von Krankenhausbehandlung als Teil der vertragsärztlichen Versorgung (Abs. 2 S. 1 Nr. 7) wird in Abs. 4 präzisiert. Die Regelung nimmt in S. 1 den leistungsrechtlich verankerten Nachrang von stationärer gegenüber ambulanter Behandlung (§ 39 Abs. 1) auf und trifft weitere Vorkehrungen zur Sicherung

---

20 Eingefügt durch Hospiz- und Palliativgesetz (HPG) vom 1.12.2015, BGBl. I, 2114,.
21 Vgl. §§ 25 bis 25 b der Psychotherapie-Richtlinie des G-BA, abrufbar zB unter http://www.kvwl.de/arzt/recht/kbv/richtlinien/richtl_psycho.pdf (zuletzt abgerufen am 1.5.2017).
22 Vereinbarung zwischen KZBV und GKV-Spitzenverband, abrufbar unter http://www.gkv-spitzenverband.de/media/dokumente/krankenversicherung_1/zahnaerztliche_versorgung/zae_bmv_z/07_Gutachterwesen_Kieferorthopaedie_2014.pdf (zuletzt abgerufen am 1.5.2017).

einer wirtschaftlichen Verordnung. So ist die Verordnung zu begründen (S. 2) und es sind geeignetenfalls auch die beiden nächsterreichbaren, für die vorgesehene Krankenhausbehandlung geeigneten Krankenhäuser anzugeben (S. 3). Diese Angaben schränken zwar nicht das Wahlrecht der Versicherten ein, bewirken aber, dass diese unter Umständen Mehrkosten zu tragen haben, die bei der Wahl eines anderen Krankenhauses entstehen (§ 39 Abs. 2). Hierauf sollten Versicherte auch ohne Rechtspflicht des verordnenden Leistungserbringers hingewiesen werden. Bei seiner Verordnung hat der Vertragsarzt das von Landesverbänden der Krankenkassen, den Ersatzkassen und der Rentenversicherung Knappschaft-Bahn-See gem. § 39 erstellte „Verzeichnis stationärer Leistungen und Entgelte" zu berücksichtigen (Abs. 4 S. 4). Eine verbindliche Ausrichtung der Verordnung am Verzeichnis ist ihm damit nicht aufgegeben, vielmehr die Nutzung des Verzeichnisses als Informationsgrundlage, die um andere, den Versicherten betreffende und für ihn bedeutsame Entscheidungskriterien ergänzt werden darf.

20 **4. Verordnung von Arzneimitteln (Abs. 5 iVm Abs. 2 S. 1 Nr. 7).** Nähere Vorgaben finden sich zur Sicherung der Wirtschaftlichkeit auch für die Verordnung von Arzneimitteln. Die verordnenden Leistungserbringer „sollen" bei ihrer Verordnung die Preisvergleichsliste nach § 92 Abs. 2 „beachten" (Abs. 5 S. 1). Es handelt sich um eine Zusammenstellung des G-BA in der Arzneimittel-Richtlinie unter Berücksichtigung der Kosten-Nutzen-Bewertungen nach §§ 35 a, 35 b. Wie bei der Krankenhaus-Vergleichsliste nach Abs. 4 S. 4 sind die verordnenden Leistungserbringer nur gehalten, die Liste als Informationsquelle zu nutzen, wobei der Wortlaut des Abs. 5 in der Anordnung der Verbindlichkeit („sollen") noch hinter Abs. 4 S. 4 zurückbleibt. S. 2 sah bis zum 22.2.2002 die Möglichkeit vor, in der Verordnung die Abgabe eines preisgünstigeren wirkstoffgleichen Mittels anstelle des verordneten ausdrücklich zuzulassen (sog aut-idem-Verschreibung). Seit der Änderung des S. 2 durch das Arzneimittelausgabenbegrenzungsgesetz vom 15.2.2002[23] ist das Regel- Ausnahme-Verhältnis in sein Gegenteil verkehrt und der Ausschluss der Abgabe eines anderen als des verordneten Arzneimittels in der Verordnung zu vermerken. Diese Änderung steht in sachlichem Zusammenhang mit § 129 Abs. 1 Nr. 1, der Apotheker im Falle austauschbarer Arzneimittel zur Abgabe eines preisgünstigeren, wirkstoffgleichen Arzneimittels verpflichtet.

21 Überschreitet der Preis eines verordneten Arzneimittels den Festbetrag nach § 35, so sind die Mehrkosten durch den Versicherten zu tragen. S. 3 normiert für diesen Fall eine Hinweispflicht des Arztes. Die Pflicht umfasst nicht mehr als den Hinweis auf mögliche Mehrkosten ohne nähere Betragsangabe, da die Mehrkosten wegen der Befugnis der Krankenkassen zum Abschluss von Rabattvereinbarungen (§§ 129, 130 a Abs. 8) der Arzneimittelliste nach § 92 Abs. 2 häufig nicht zu entnehmen sind. Die Hinweispflicht geht grundsätzlich konform mit der vertraglichen Nebenpflicht aus § 630 c Abs. 3 BGB. Schriftform ist für den Hinweis nach § 73 Abs. 5 S. 3, anders als nach § 630 c Abs. 3 BGB, nicht vorgeschrieben; ein entsprechender Vermerk auf der Verordnung empfiehlt sich aber schon aus Beweisgründen.

22 **5. Maßnahmen zur Früherkennung von Krankheiten (Abs. 6 iVm Abs. 2 S. 1 Nr. 3).** Maßnahmen zur Früherkennung von Krankheiten sind vom Versorgungsauftrag der Krankenhäuser (§ 39 Abs. 1) nicht ausdrücklich umfasst. Abs. 6 stellt deshalb klar, dass Maßnahmen zur Früherkennung, die im Rahmen der Krankenhausbehandlung oder stationären Entbindung erfolgen, grundsätzlich nicht der vertragsarztrechtlichen Versorgung, sondern der stationären Behandlung zurechnen. Anderes gilt, vergleichbar der ärztlichen Behandlung (vgl. § 121 Abs. 3), für Maßnahmen, die von einem Belegarzt erbracht werden. Die Vorschrift betrifft vor allem die Erstuntersuchung von Neugeborenen durch einen hinzugezogenen Kinderarzt im unmittelbaren Anschluss an eine stationäre Entbindung.

V. Verbot von Zuweisungen (Abs. 7)

23 Der durch GKV-VStG[24] eingefügte Abs. 7 verbietet **Zuweisungen** von Versicherten sowie seit dem HHVG vom 4.4.2017 auch die **Vergabe und Dokumentation von Diagnosen**[25] gegen das Versprechen

---

23 Gesetz zur Begrenzung der Arzneimittelausgaben der gesetzlichen Krankenversicherung, BGBl. I, 684.
24 Gesetz zur Verbesserung der Versorgungsstrukturen in der gesetzlichen Krankenversicherung (GKV-Versorgungsstrukturgesetz – GKV-VStG) vom 22.12.2011, BGBl. I, 2983.
25 Gesetz zur Stärkung der Heil- und Hilfsmittelversorgung (Heil- und Hilfsmittelversorgungsgesetz) vom 4.4.2017, BGBl. I, 778. Der während der Gesetzesberatungen aufgenommene Zusatz soll verdeutlichen, dass vertragsärztliches Fehlverhalten gegeben ist, wenn sich Vertragsärzte allein für die Vergabe und Dokumentation von Diagnosen eine zusätzliche Vergütung (ergänzend zur regulären Vergütung) oder sonstige wirtschaftliche Vorteile versprechen oder sich gewähren lassen oder selbst versprechen oder gewähren, vgl. BT-Dr. 18/11205, 63.

oder die Gewährung von Entgelt oder sonstigen Vorteilen und ebenso das Versprechen und die Gewährung entsprechender Vorteile für die Zuweisung von Patienten. „Zuweisungen" sind Überweisungen nach § 24 BMV-Ä. Einem Entgelt oder sonstigen wirtschaftlichen Vorteil stehen gem. Abs. 7 S. 2 iVm § 128 Abs. 2 S. 3 die dort aufgeführten Leistungen und Überlassungen gleich.

Der sachliche Bezug zu den übrigen Regelungen des § 73 ist gering. Abs. 7 transponiert die bereits in § 31 der Musterberufsordnung (MBO-Ä) enthaltene berufsrechtliche Bindung in ein vertragsarztrechtliches Verbot, das vergleichbar auch im Krankenhausrecht enthalten ist.[26] Es bezweckt die Sicherung der therapeutischen Unabhängigkeit der Ärzte und sichert die freie Arztwahl der Patienten bzw. Versicherten. Die Übertragung ins Vertragsarztrecht ermöglicht die **disziplinarische Ahndung von Verstößen** gem. § 81 Abs. 5. Nach Vorstellung des Gesetzgebers soll außerdem im Verfahren der Zulassung von Teil-Berufsausübungsgemeinschaften nach § 33 Ärzte-ZV die Prüfung möglich sein, ob eine Gemeinschaft allein zu dem Zweck gegründet wird, gem. § 33 Abs. 2 S. 4 Ärzte-ZV unzulässige Zuweisungen gegen Entgelt oder wirtschaftliche Vorteile zu verschleiern.[27] Die Zuweisung gegen das Versprechen, den Erhalt oder gar die Einforderung von Prämien und anderen Vorteilen kann auch wettbewerbs- und strafrechtlich geahndet werden.[28]

VI. Informationspflichten (Abs. 8)

Abs. 8 statuiert in seiner aktuellen Fassung Informationspflichten von Krankenkassen und kassenärztlichen Vereinigungen im Zusammenhang mit der Verordnungstätigkeit als Teil der vertragsärztlichen Versorgung. Die Pflichten dienen der Sicherung einer wirtschaftlichen Verordnungsweise (vgl. S. 1). Die zunächst in Abs. 8 S. 7 und 8 enthaltenen, nach und nach erweiterten Vorgaben zur Nutzung elektronischer Programme für die Verordnung von Arzneimitteln wurden durch das HHVG vom 4.4.2017 und das AMVSG vom 4.5.2017 in einen neuen Abs. 9 überführt und die Verwendung elektronischer Programme für die Verordnung von Heilmitteln in Abs. 10 neu geregelt (→ Rn. 28 ff.).

Abs. 8 wurde durch das Arzneimittelbudget-Ablösegesetz[29] mWv 31.12.2001 eingefügt. Das GMG[30] änderte mWv 14.11.2003 S. 2 und fügte die S. 3-6 an. Das GKV-WSG[31] erweiterte mWv 1.4.2007 die in S. 1 geregelte Informationspflicht von Leistungen auf Bezugsquellen. Abs. 8 mit seinem aktuellen Inhalt regelt die Pflicht der KÄV sowie der Krankenkassen und ihrer Verbände zur **Bereitstellung vergleichender Informationen** (S. 1). S. 2 und 3 nehmen für das Verfahren und die Anforderungen an den Inhalt von Informationen und Hinweisen bei der Verordnung von Arznei-, Verband- und Heilmitteln Bezug auf die Preisvergleichsliste nach § 92 Abs. 2 sowie auf die Rahmenvorgaben nach § 84 Abs. 7, die Arzneimittelvereinbarungen nach § 84 Abs. 1 und die Richtlinien des G-BA über die Verordnung von Arznei-, Verbands- und Heilmitteln (§ 92 Abs. 1 S. 2 Nr. 6). Die vergleichende Information von Arzneimitteln darf sich auf solche Arzneimittel konzentrieren, die einen maßgeblichen Anteil an der Versorgung der Versicherten im Indikationsgebiet haben. Kosten für Arzneimittel sind nach den Angaben der anatomisch-therapeutisch-chemischen Klassifikation anzugeben (vgl. S. 4), und zwar nach der Klassifikation, die das DIMDI im Auftrag des BMG herausgibt (S. 5). Die Bereitstellungspflicht bezieht sich auch auf Informationen über preisgünstige Bezugsquellen (vgl. S. 1) zur Ausnutzung vereinbarter Rabatte. Die Pflicht zur Bereitstellung vergleichender Informationen ergänzt S. 6 um den Auftrag zu fortlaufender Aktualisierung.

---

26 Huster in: Becker/Kingreen, § 73 Rn. 7; Stollmann, § 31 a KHGG NRW – Krankenhausrechtliche Sanktionsmöglichkeiten unzulässiger Zuweisungsprämien, GesR 2011, 136.
27 BT-Dr. 17/6906 zu § 73 Abs. 7.
28 Dahm, Zusammenarbeit von Vertragsärzten und Krankenhäusern im Spannungsfeld der Rechtsbereiche, in: Düsseldorfer Krankenhausrechtstag 2010, 2011, S. 29; Makoski, Zusammenarbeit zwischen Krankenhäusern und Vertragsärzten – sozialrechtlich erwünscht, berufsrechtlich verboten?, MedR 2009, 376; Scholz, Die Unzulässigkeit von Zuwendungen und Vorteilen nach § 73 Abs. 7 und § 128 Abs. 2 S. 3 SGB V, GesR 2013, 12; Schütze, Die Sachwalterstellung der Vertragsärzte – Grenze für Boni, Fangprämien und andere Interessenverquickungen, FS für R. Jaeger, 2011, S. 539.
29 Gesetz zur Ablösung des Arznei- und Heilmittelbudgets (Arzneimittelbudget-Ablösegesetz – ABAG) vom 19.12.2001, BGBl. I, 3773.
30 Gesetz zur Modernisierung der gesetzlichen Krankenversicherung (Gesundheitsmodernisierungsgesetz – GMG) vom 14.11.2003, BGBl. I, 2190.
31 Gesetz zur Stärkung des Wettbewerbs in der gesetzlichen Krankenversicherung (GKV-Wettbewerbsstärkungsgesetz – GKV-WSG) vom 26.3.2007, BGBl. I, 378.

27 Hersteller von Arznei-, Verband- oder Heilmitteln sind durch fehlerhafte Informationen nach Abs. 8 S. 2, 3 beschwert und im sozialgerichtlichen Verfahren (§ 69) klagebefugt. Zuständig sind nach § 51 Abs. 1 S. 2 SGG die Sozialgerichte.

VII. Anforderungen an die Verwendung elektronischer Programme

28 Abs. 9 und 10 regeln in sachlichem Zusammenhang mit Abs. 8 inhaltliche Anforderungen an die von Vertragsärzten für die Verordnung von Arznei- und Heilmitteln genutzte **Praxissoftware**. Der Gesetzgeber berücksichtigt die Verbreitung sowie die Möglichkeiten der elektronischen Kommunikation für die Berücksichtigung von Preis- und Produktinformationen einschließlich der Bewertungen des jeweiligen Nutzens und stellt konkrete Anforderungen an die Ausgestaltung und den Einsatz der einschlägigen digitalen Infrastruktur in der Verordnungspraxis. Wie bei Abs. 8 steht der Zweck der Wirtschaftlichkeit im Vordergrund; berücksichtigt wird aber, dass die Verordnungspraxis auch von Nutzenerwägungen bestimmt wird. Mit Ermächtigungen zur untergesetzlichen Rechtssetzung und der Aufnahme von Beobachtungspflichten der Normgeber wurde für den wachsenden Bereich der elektronischen Information und Kommunikation im Gesundheitswesen die Rechtssetzung dynamisiert und damit die laufende Anpassung an die rasche Entwicklung der Digitalisierung des Gesundheitswesens ermöglicht.

29 Abs. 9 S. 1 und 2 wurden durch das Gesetz zur Verbesserung der Wirtschaftlichkeit in der Arzneimittelversorgung[32] mWv vom 1.5.2006 als Abs. 8 S. 7 und 8 eingefügt. Abs. 8 S. 7 sah vor, dass Vertragsärzte nur solche Computerprogramme verwenden durften, die die nach Abs. 8 S. 3 und 4 gegebenen Informationen berücksichtigten. S. 8 delegierte die Konkretisierung der Anforderungen an die Partner der Gesamtverträge und setzte eine Frist bis Ende 2006; die Datumsangabe hatte sich beim Erlass des GKV-VStG[33] erledigt und wurde gestrichen. Die Anforderungen in Abs. 8 S. 7 an die Praxissoftware der Vertragsärzte wurden ergänzt durch das GKV-WSG[34] um Informationen über das Vorliegen von Rabattverträgen nach § 130 Abs. 8 SGB V (heute § 75 Abs. 9 S. 1 Nr. 2) und durch das E-Health-Gesetz[35] mWv 29.12.2015 um Informationen nach § 131 Abs. 4 S. 2 über Preise und Produkte von Fertigarzneimittel; außerdem muss das System nun die Erstellung eines Medikationsplans nach § 31 a SGB V ermöglichen, der durch dieses Gesetz ebenfalls geregelt worden war. Das HHVG[36] erweiterte mWv 31.7.2018 die Anforderungen an die in der vertragsärztlichen Versorgung verwendete Praxissoftware auf die Verordnung von Verbandmitteln und flexibilisierte den Anwendungsbereich der Regelung durch einen Bezug auf Produkte, die gemäß der Richtlinie nach § 92 Abs. 1 Nr. 6, also im Zusammenhang mit Heilmitteln, Krankenhausbehandlung, Krankenpflege und Soziotherapie auf Kosten zulasten der GKV, verordnet werden. Das AMVSG[37] überführte mWv 13.5.2017 Abs. 8 S. 7 in Abs. 9 S. 1 und ergänzte die inhaltlichen Anforderungen um Informationen nach dem ebenfalls neu eingeführten § 35 a Abs. 3 a S. 1. In Abs. 9 S. 2–5 wurde eine Ermächtigung des BMG zum Erlass einer Rechtsverordnung aufgenommen und für so bedeutsam erachtet, dass auch die Überschrift des § 73 „Kassenärztliche Versorgung" um den Zusatz „, Verordnungsermächtigung" ergänzt wurde. Die bisher in Abs. 8 S. 8 geregelte Delegation der weiteren Normsetzung an die Partner der Gesamtverträge findet sich nun in Abs. 9 S. 6; sie wurde in S. 7–8 auf die Ermächtigung nach S. 2–5 abgestimmt und dynamisiert.

30 Die heute in Abs. 10 geregelten Anforderungen an die Verordnung von Heilmitteln wurden durch das E-Health-Gesetz[38] zum 1.1.2016 erlassen und durch das AMVSG mWv 13.5.2017 nahezu unverändert in den Abs. 10 überführt. Die Regelung sieht vor, dass ab dem 1.1.2017 auch die Verordnung von Heilmitteln nur noch mit Software möglich ist, die von der KBV zugelassen wurde und die die Heilmittelrichtlinie (§ 92 Abs. 1 S. 2 Nr. 6, Abs. 6) sowie die von den Partnern der Gesamtverträge verein-

---

32 Vom 24.4.2006, BGBl. I, 984.
33 Gesetz zur Verbesserung der Versorgungsstrukturen Stärkung der Versorgung in der gesetzlichen Krankenversicherung (GKV-Versorgungsstärkungsgesetz – GKV-VStG) vom 22.12.2011, BGBl. I, 2983.
34 Gesetz zur Stärkung des Wettbewerbs in der gesetzlichen Krankenversicherung (GKV-Wettbewerbsstärkungsgesetz – GKV-WSG) vom 26.3.2007, BGBl. I, 378.
35 Gesetz für sichere digitale Kommunikation und Anwendungen im Gesundheitswesen vom 21.12.2015, BGBl. I, 2408.
36 Gesetz zur Stärkung der Heil- und Hilfsmittelversorgung (Heil- und Hilfsmittelversorgungsgesetz) vom 4.4.2017, BGBl. I, 778.
37 Gesetz zur Stärkung der Arzneimittelversorgung in der GKV (GKV-Arzneimittelversorgungsstärkungsgesetz – AMVSG) vom 4.5.2017, BGBl. I, 1050.
38 Gesetz für sichere digitale Kommunikation und Anwendungen im Gesundheitswesen vom 21.12.2015, BGBl. I, 2408.

barten weiteren anzuerkennenden besonderen Versorgungsbedarfe auf Grundlage von § 106 b Abs. 2 S. 4 berücksichtigen. Die inhaltlichen Vorgaben für die elektronischen Programme sind im BMV-Ä zu vereinbaren. Die im E-Health-Gesetz enthaltene Datumsangabe hat sich durch Aufnahme entsprechender Vereinbarungen erledigt und ist mit dem AMVSG entfallen.

Abs. 9 S. 1 normiert Vorgaben für die **Inhalte, die elektronische Programme zur Verordnung von Arzneimitteln mindestens enthalten müssen**. Neben Informationen zu verordnungsfähigen Produkten und ihren Bezugsquellen, die im Fall der Arzneimittel auch vergleichend ausfallen sollen (Nr. 1), sind dies Informationen über existierende Rabattverträge für Arzneimittel nach § 130 a Abs. 8 (Nr. 2). In Nr. 3 werden die Vorgaben an die Praxissoftware auf die Bereitstellung maschinenlesbarer Informationen des G-BA über Nutzenbewertungen nach § 35 a Abs. 3 erstreckt, zu der § 35 a Abs. 3 mit ausdrücklichem Bezug auf die Anforderungen in § 73 Abs. 9 verpflichtet. Nr. 5 erstreckt die Informationen, die geeignete Praxissoftware mindestens zu enthalten hat, auf Angaben zu Preisen, Produkten und Rabattverträgen für Fertigarzneimittel, die die pharmazeutischen Hersteller gem. § 131 Abs. 4 S. 2 dem SpiBuKK, dem Spitzenverband der Apotheker, der KBV dem G-BA „im Wege elektronischer Datenübertragung und maschinell verwertbar auf Datenträgern zur Verfügung zu stellen" haben. Nr. 3 und 5 normieren damit Punkte eines sich aufbauenden **Informationsnetzes**, über das sich die Wirtschaftlichkeit der Versorgung durch den Gesetzgeber, BMG und die Organe der korporativen Selbstverwaltung schneller und effektiver als bisher steuern lässt. Die Aufnahme von Nutzenbewertungen in den Katalog der Mindestanforderungen deutet darauf hin, dass dieses Netzwerk auch zur Steuerung anderer Zwecke, v.a. der Qualität der Leistungserbringung, nutzbar werden könnte. 31

Inhaltliche Mindestanforderungen für die **Verordnung von Heilmitteln** enthält der mWv 1.1.2017 eingefügte Abs. 10 S. 1. Aufzunehmen sind digitalisierte Informationen insbesondere über die Verordnungsfähigkeit von Heilmitteln, die Indikationen sowie Besonderheiten zu Wiederholungsindikationen (vgl. § 92 Abs. 1 S. 2 Nr. 6 iVm Abs. 6) und zu besonderen, in der Wirtschaftlichkeitsprüfung anzuerkennenden Verordnungsbedarfen (§ 106 b Abs. 2 S. 4). 32

Abs. 9 S. 1 und Abs. 10 S. 1 normieren außerdem einen **Zulassungsvorbehalt** für die von Vertragsärzten einzusetzende **Praxissoftware**. Die Prüfung der Mindestanforderungen als Voraussetzungen der Zulassung obliegt der KBV. Das Zulassungsverfahren regeln Abs. 9 und 10 nicht, sondern überantworten es den Partnern der Gesamtverträge (Abs. 9 S. 6–8, Abs. 10 S. 2) sowie im Falle der Verordnung von Arzneimitteln dem BMG (Abs. 9 S. 2–5). Eine Richtlinie der KBV regelt mWv 23.5.2017 Gegenstand, Bezug und Anforderungen an das Zulassungsverfahren.[39] Die Zertifizierungs-RL sieht ein Antragsverfahren und eine Befristung der Zulassung auf drei Jahre vor. Als Gegenstand der Zertifizierung kommen Software, Softwareteile und Komponenten in Betracht. Die KBA behält sich außerdem laufende Überprüfungen vor. Die Zulassung eines Softwareprodukts ist ein Verwaltungsakt nach § 31 SGB X. Die Ablehnung der Erteilung einer Zulassung kann durch den Hersteller der Software angefochten werden; zuständig ist wegen des engen Bezugs zur vertragsärztlichen Versorgung gem. § 51 Abs. 1 Nr. 2, Abs. 2 SGG die Sozialgerichtsbarkeit. 33

Die in Abs. 9, 10 an elektronische Programme, die zum Einsatz für die vertragsärztliche Verordnung bestimmt sind, normierten Anforderungen greifen in die **Berufsfreiheit der Hersteller** aus Art. 12 Abs. 1 GG ein. Als Regelungen der Berufsausübung lassen sich sich durch den Zweck der Funktionsfähigkeit der Krankenversicherung, die eine effektive Steuerung der Wirtschaftlichkeit und Qualität von Verordnungen bedingt, rechtfertigen. Die durch GKV-VSG aufgeschobene Bindungswirkung verschaffte den Herstellern eine Übergangsfrist bis zum Beginn des Jahres 2017 zur Leistung der erforderlichen Programmentwicklungen. Eine ähnliche Übergangsfrist räumt das HHVG für die Verordnung von Verbandsmitteln und weiteren Produkten ein, für die die Anforderungen in Abs. 9 erst zum 31.7.2018 in Kraft treten sollen (→ Rn. 28). Die **Übergangsfristen** liegen im Interesse der vertragsärztlichen Versorgung, deren laufende Funktionsfähigkeit im Innovationsprozess durch sie gewährleistet wird. 34

Die Konkretisierung wurde früh den **Partnern der Gesamtverträge** anvertraut. KBV und GKV-Spitzenverband regeln die Mindestanforderungen in Vereinbarungen für die Verordnung von Arzneimitteln 35

---

[39] Zertifizierungsrichtlinie vom 3.5.2017, in Kraft getreten am 23.5.2017, abrufbar unter ftp://ftp.kbv.de/ita-update/Allgemein/KBV_ITA_RLEX_Zert.pdf (zuletzt abgerufen am 1.6.2017).

als Anlage 23 zu § 29 BMV-Ä[40] und für die Verordnung von Heilmitteln als Anlage 29 zu § 30 BMV-Ä.[41]

36 Die Verordnungsermächtigung in Abs. 9 S. 2–5 geht zurück auf einen Dialog zwischen dem BMG, dem BMBF sowie dem BMWi mit Vertretern der pharmazeutischen Verbände, der Wissenschaft und der Industriegewerkschaft Bergbau, Chemie, Energie, der in den Jahren 2014 bis 2016 geführt worden war mit dem Ziel, den Standort Deutschland für die pharmazeutische Industrie im Hinblick auf Forschung und Produktion zu erhalten.[42] Im sog **Pharmadialog** war die Notwendigkeit einer besseren Information der Vertragsärzte über die Ergebnisse der frühen Nutzenbewertung von Arzneimitteln nach § 35 a deutlich geworden.[43] Die Abbildung solcher Informationen soll vorangetrieben und dabei insbesondere Hinweise zur Wirtschaftlichkeit der Verordnung von Arzneimitteln im Vergleich zu anderen Therapiemöglichkeiten aufgenommen werden. Mit der Aufnahme einer Verordnungsermächtigung verzichtet der Gesetzgeber auf eine eigene Regelung und delegiert sie an das BMG auch mit dem Ziel, dass die Anforderungen an die Praxissoftware auf weitere Informationen erstreckt werden können. Das Ministerium habe, so die Gesetzesbegründung, in diesem Zusammenhang zugesagt, die Dialogpartner bei der Erarbeitung eines entsprechenden Konzepts zu beteiligen; die amtliche Begründung knüpft hieran an und gibt die Durchführung eines Konsultationsprozesses vor Erlass einer entsprechenden Rechtsverordnung vor.[44]

§ 73 a (aufgehoben)
§ 73 b Hausarztzentrierte Versorgung

(1) Die Krankenkassen haben ihren Versicherten eine besondere hausärztliche Versorgung (hausarztzentrierte Versorgung) anzubieten.

(2) Dabei ist sicherzustellen, dass die hausarztzentrierte Versorgung insbesondere folgenden Anforderungen genügt, die über die vom Gemeinsamen Bundesausschuss sowie in den Bundesmantelverträgen geregelten Anforderungen an die hausärztliche Versorgung nach § 73 hinausgehen:
1. Teilnahme der Hausärzte an strukturierten Qualitätszirkeln zur Arzneimitteltherapie unter Leitung entsprechend geschulter Moderatoren,
2. Behandlung nach für die hausärztliche Versorgung entwickelten, evidenzbasierten, praxiserprobten Leitlinien,
3. Erfüllung der Fortbildungspflicht nach § 95 d durch Teilnahme an Fortbildungen, die sich auf hausarzttypische Behandlungsprobleme konzentrieren, wie patientenzentrierte Gesprächsführung, psychosomatische Grundversorgung, Palliativmedizin, allgemeine Schmerztherapie, Geriatrie,
4. Einführung eines einrichtungsinternen, auf die besonderen Bedingungen einer Hausarztpraxis zugeschnittenen, indikatorengestützten und wissenschaftlich anerkannten Qualitätsmanagements.

(3) ¹Die Teilnahme an der hausarztzentrierten Versorgung ist freiwillig. ²Die Teilnehmer verpflichten sich schriftlich gegenüber ihrer Krankenkasse, nur einen von ihnen aus dem Kreis der Hausärzte nach Absatz 4 gewählten Hausarzt in Anspruch zu nehmen sowie ambulante fachärztliche Behandlung mit Ausnahme der Leistungen der Augenärzte und Frauenärzte nur auf dessen Überweisung; die direkte Inanspruchnahme eines Kinderarztes bleibt unberührt. ³Die Versicherten können die Teilnahmeerklärung innerhalb von zwei Wochen nach deren Abgabe in Textform oder zur Niederschrift bei der Krankenkasse ohne Angabe von Gründen widerrufen. ⁴Zur Fristwahrung genügt die rechtzeitige Absendung der Widerrufserklärung an die Krankenkasse. ⁵Die Widerrufsfrist beginnt, wenn die Krankenkas-

---

40 Anforderungen an Datenbanken und Software zur Verordnung von Arzneimitteln für Vertragsarztpraxen – Anlage 23 zu § 29 Bundesmantelvertrag – Ärzte, abrufbar unter http://www.kbv.de/media/sp/23_AVWG.pdf (zuletzt abgerufen am 1.6.2017).
41 IT in der Arztpraxis – Anforderungskatalog nach § 73 Abs. 8 SGB V für die Verordnung von Heilmitteln – Anforderungen an die Software zur Verordnung von Heilmitteln in Arztpraxen – Anlage 29 zu § 30 Bundesmantelvertrag – Ärzte, abrufbar unter http://www.kbv.de/media/sp/Anlage_29_Anforderungskatalog_Heilmittel.pdf (zuletzt abgerufen am 1.6.2017).
42 BT-Dr. 18/10208, 1, 28. Die Ergebnisse des Dialogs hält ein Abschlussbericht fest, abrufbar unter https://www.bundesgesundheitsministerium.de/fileadmin/Dateien/3_Downloads/P/Pharmadialog/Pharmadialog_Abschlussbericht.pdf (zuletzt abgerufen am 1.6.2017).
43 BT-Dr. 18/10208, 1.
44 BT-Dr. 18/10208, 28.

se dem Versicherten eine Belehrung über sein Widerrufsrecht in Textform mitgeteilt hat, frühestens jedoch mit der Abgabe der Teilnahmeerklärung. ⁶Wird das Widerrufsrecht nicht ausgeübt, ist der Versicherte an seine Teilnahmeerklärung und an die Wahl seines Hausarztes mindestens ein Jahr gebunden; er darf den gewählten Hausarzt nur bei Vorliegen eines wichtigen Grundes wechseln. ⁷Das Nähere zur Durchführung der Teilnahme der Versicherten, insbesondere zur Bindung an den gewählten Hausarzt, zu weiteren Ausnahmen von dem Überweisungsgebot und zu den Folgen bei Pflichtverstößen der Versicherten, regeln die Krankenkassen in den Teilnahmeerklärungen. ⁸Die Satzung der Krankenkasse hat Regelungen zur Abgabe der Teilnahmeerklärung zu enthalten; die Regelungen sind auf der Grundlage der Richtlinie nach § 217f Absatz 4 a zu treffen.

(4) ¹Zur flächendeckenden Sicherstellung des Angebots nach Absatz 1 haben Krankenkassen allein oder in Kooperation mit anderen Krankenkassen spätestens bis zum 30. Juni 2009 Verträge mit Gemeinschaften zu schließen, die mindestens die Hälfte der an der hausärztlichen Versorgung teilnehmenden Allgemeinärzte des Bezirks der Kassenärztlichen Vereinigung vertreten. ²Können sich die Vertragsparteien nicht einigen, kann die Gemeinschaft die Einleitung eines Schiedsverfahrens nach Absatz 4 a beantragen. ³Ist ein Vertrag nach Satz 1 zustande gekommen oder soll ein Vertrag zur Versorgung von Kindern und Jugendlichen geschlossen werden, können Verträge auch abgeschlossen werden mit
1. vertragsärztlichen Leistungserbringern, die an der hausärztlichen Versorgung nach § 73 Abs. 1 a teilnehmen,
2. Gemeinschaften dieser Leistungserbringer,
3. Trägern von Einrichtungen, die eine hausarztzentrierte Versorgung durch vertragsärztliche Leistungserbringer, die an der hausärztlichen Versorgung nach § 73 Abs. 1 a teilnehmen, anbieten,
4. Kassenärztlichen Vereinigungen, soweit Gemeinschaften nach Nummer 2 sie hierzu ermächtigt haben.

⁴Finden die Krankenkassen in dem Bezirk einer Kassenärztlichen Vereinigung keinen Vertragspartner, der die Voraussetzungen nach Satz 1 erfüllt, haben sie zur flächendeckenden Sicherstellung des Angebots nach Absatz 1 Verträge mit einem oder mehreren der in Satz 3 genannten Vertragspartner zu schließen. ⁵In den Fällen der Sätze 3 und 4 besteht kein Anspruch auf Vertragsabschluss; die Aufforderung zur Abgabe eines Angebots ist unter Bekanntgabe objektiver Auswahlkriterien auszuschreiben. ⁶Soweit die hausärztliche Versorgung der Versicherten durch Verträge nach diesem Absatz durchgeführt wird, ist der Sicherstellungsauftrag nach § 75 Abs. 1 eingeschränkt. ⁷Satz 6 gilt nicht für die Organisation der vertragsärztlichen Versorgung zu den sprechstundenfreien Zeiten.

(4 a) ¹Beantragt eine Gemeinschaft gemäß Absatz 4 Satz 2 die Einleitung eines Schiedsverfahrens, haben sich die Parteien auf eine unabhängige Schiedsperson zu verständigen, die den Inhalt des Vertrages nach Absatz 4 Satz 1 festlegt. ²Einigen sich die Parteien nicht auf eine Schiedsperson, so wird diese von der für die Krankenkasse zuständigen Aufsichtsbehörde bestimmt. ³Die Kosten des Schiedsverfahrens tragen die Vertragspartner zu gleichen Teilen. ⁴Klagen gegen die Bestimmung der Schiedsperson haben keine aufschiebende Wirkung. ⁵Klagen gegen die Festlegung des Vertragsinhalts richten sich gegen eine der beiden Vertragsparteien, nicht gegen die Schiedsperson.

(5) ¹In den Verträgen nach Absatz 4 sind das Nähere über den Inhalt und die Durchführung der hausarztzentrierten Versorgung, insbesondere die Ausgestaltung der Anforderungen nach Absatz 2, sowie die Vergütung zu regeln; in Verträgen, die nach dem 31. März 2014 zustande kommen, sind zudem Wirtschaftlichkeitskriterien und Maßnahmen bei Nichteinhaltung der vereinbarten Wirtschaftlichkeitskriterien sowie Regelungen zur Qualitätssicherung zu vereinbaren. ²Eine Beteiligung der Kassenärztlichen Vereinigung bei der Ausgestaltung und Umsetzung der Anforderungen nach Absatz 2 ist möglich. ³Die Verträge können auch Abweichendes von den im Dritten Kapitel benannten Leistungen beinhalten, soweit sie die in § 11 Absatz 6 genannten Leistungen, Leistungen nach den §§ 20d, 25, 26, 37a und 37b sowie ärztliche Leistungen einschließlich neuer Untersuchungs- und Behandlungsmethoden betreffen, soweit der Gemeinsame Bundesausschuss nach § 91 im Rahmen der Beschlüsse nach § 92 Absatz 1 Satz 2 Nummer 5 keine ablehnende Entscheidung getroffen hat. ⁴Die Einzelverträge können Abweichendes von den Vorschriften dieses Kapitels sowie den nach diesen Vorschriften getroffenen Regelungen regeln. ⁵§ 106 d Absatz 3 gilt hinsichtlich der arzt- und versichertenbezogenen Prüfung der Abrechnungen auf Rechtmäßigkeit entsprechend. ⁶Zugelassene strukturierte Behandlungsprogramme nach §§ 137f und 137g sind, soweit sie die hausärztliche Versorgung betreffen, Bestandteil der Verträge nach Absatz 4. ⁷Vereinbarungen über zusätzliche Vergütungen für Diagnosen können nicht Gegenstand der Verträge sein.

(6) Die Krankenkassen haben ihre Versicherten in geeigneter Weise umfassend über Inhalt und Ziele der hausarztzentrierten Versorgung sowie über die jeweils wohnortnah teilnehmenden Hausärzte zu informieren.

(7) ¹Die Vertragspartner der Gesamtverträge haben den Behandlungsbedarf nach § 87a Absatz 3 Satz 2 zu bereinigen. ²Die Bereinigung erfolgt rechtzeitig zu dem Kalendervierteljahr, für welches die Gesamtvergütung bereinigt werden soll, entsprechend der Zahl und der Morbiditätsstruktur der für dieses Kalendervierteljahr eingeschriebenen Versicherten sowie dem vertraglich vereinbarten Inhalt der hausarztzentrierten Versorgung nach Maßgabe der Vorgaben des Bewertungsausschusses nach § 87a Absatz 5 Satz 7. ³Dabei können die Bereinigungsbeträge unter Beachtung der Maßgaben nach Satz 2 auch pauschaliert ermittelt werden. ⁴Kommt eine rechtzeitige Einigung über die Bereinigung des Behandlungsbedarfs nicht zustande, können auch die Vertragspartner der Verträge über eine hausarztzentrierte Versorgung das Schiedsamt nach § 89 anrufen. ⁵Die für die Bereinigungsverfahren erforderlichen arzt- und versichertenbezogenen Daten übermitteln die Krankenkassen den zuständigen Gesamtvertragspartnern bis spätestens drei Wochen vor dem Kalendervierteljahr, für welches die Gesamtvergütung für die in diesem Kalendervierteljahr eingeschriebenen Versicherten bereinigt werden soll. ⁶Die Krankenkasse kann, falls eine rechtzeitige Bereinigung nicht festgesetzt worden ist, den Behandlungsbedarf unter Beachtung der Maßgaben nach Satz 2 vorläufig bereinigen. ⁷Sie kann auch die Anerkennung und Umsetzung des geltenden Bereinigungsverfahrens für die Bereinigung der Gesamtvergütung für an der hausarztzentrierten Versorgung teilnehmende Versicherte mit Wohnort im Bezirk anderer Kassenärztlichen Vereinigungen von diesen Kassenärztlichen Vereinigungen verlangen. ⁸Für die Bereinigung des Behandlungsbedarfs nach Satz 7 sowie für den Fall der Rückführung von Bereinigungsbeträgen bei Beendigung der Teilnahme eines Versicherten sind die Verfahren gemäß § 87a Absatz 5 Satz 9 anzuwenden. ⁹Die Kassenärztlichen Vereinigungen haben die zur Bereinigung erforderlichen Vorgaben im Rahmen ihrer gesetzlichen Aufgaben umzusetzen.

(8) Die Vertragsparteien nach Absatz 4 können vereinbaren, dass Aufwendungen für Leistungen, die über die hausärztliche Versorgung nach § 73 hinausgehen und insoweit nicht unter die Bereinigungspflicht nach Absatz 7 fallen, aus Einsparungen und Effizienzsteigerungen, die aus den Maßnahmen von Verträgen nach Absatz 4 erzielt werden, finanziert werden.

(9) Die Einhaltung der nach Absatz 5 Satz 1 vereinbarten Wirtschaftlichkeitskriterien muss spätestens vier Jahre nach dem Wirksamwerden der zugrunde liegenden Verträge nachweisbar sein; § 88 Absatz 2 des Vierten Buches gilt entsprechend.

Literatur:

Alemann/Scheffczyk, Selektivverträge in der GKV – Aktuelle Rechtsfragen der hausarztzentrierten Versorgung, NZS 2012, 45; *Huster*, Die qualifizierte Gemeinschaft als Partner der Verträge zur Durchführung einer hausarztzentrierten Versorgung nach § 73b Abs. 4 S. 1 SGB V, NZS 2010, 69; *Huster/Schütz*, Die Neuordnung der selektivvertraglichen Versorgung durch das GKV-Versorgungsstärkungsgesetz, NZS 2016, 645; *Kingreen/Temizel*, Zur Neuordnung der vertragsärztlichen Versorgungsstrukturen durch die hausarztzentrierte Versorgung (§ 73b SGB V), ZMGR 2009, 134; *Mehdorn*, Überblick über die aktuelle Vertragssituation in der hausarztzentrierten Versorgung, ZMGR 2012, 3; *Schröder/Rompf*, Das GKV-Finanzierungsgesetz aus vertragsarztrechtlicher Sicht, GuP 2011, 11, 19; *Schütz/Knieps*, Wettbewerb in der ambulanten vertragsärztlichen Versorgung, ZRP 2012, 164; *Walter*, Neue gesetzgeberische Akzente in der hausarztzentrierten Versorgung, NZS 2009, 307.

I. Allgemeines 1	b) Leistungsumfang und Versorgungsqualität (Abs. 5 S. 1, 3 und S. 6, Abs. 5 S. 7) 10
1. Entstehungsgeschichte 1	
2. Gesundheitspolitische Problemstellungen 2	c) Vergütung 13
3. Systematik der Norm 4	d) Sonstiges Leistungserbringungsrecht (Abs. 4 S. 7, Abs. 5 S. 1 und S. 5) .. 14
4. Abgrenzung zu anderen Versorgungsformen 5	
5. Praktische und gesundheitspolitische Bedeutung 6	e) Versicherungsverhältnis (Abs. 1, 3 und 6) 16
II. Auslegung der Norm 7	4. Vertragspartner (Abs. 4 S. 1 und S. 3) .. 18
1. Normzweck 7	5. Vertragsverfahren 20
2. Anwendungsbereich (Abs. 1 und 2) 8	a) Allgemeinarztgemeinschaften (Abs. 4 S. 1 f. und Abs. 4a) 20
3. Vertragliche Gestaltungsbefugnisse 9	
a) Gestaltungsfreiheit und Gestaltungsschranken (Abs. 5 S. 4) 9	

b) Versorgungsverträge Kinder- und Jugendliche und nachrangige Vertragspartner (Abs. 4 S. 3 und 5) 23
c) Ausschreibungspflicht und -verfahren (Abs. 4 S. 5) 27
d) Kartellrecht 33
e) Behördliche Vorlagepflichten und Aufsicht 34
f) Nachweispflichten (Abs. 9) 35
6. Verhältnis zum Kollektivvertragssystem (Abs. 4 S. 6 f. und Abs. 7) 36
III. Rechtsschutz................................ 37

I. Allgemeines

1. Entstehungsgeschichte. § 73 b wurde auf der Grundlage des GKV-Modernisierungsgesetzes[1] zum 1.1.2004[2] wirksam. Die hausarztzentrierte Versorgung (HzV) war schon damals Gegenstand der Norm;[3] allerdings mit Einbindung in das Kollektivvertragsrecht, was die praktische Bedeutung verhinderte.[4] Das heutige Grundgerüst entsprang dem GKV-Wettbewerbsstärkungsgesetz vom 26.3.2007[5] mit Wirkung zum 1.4.2007.[6] Dem schloss sich eine Entwicklung im Spannungsfeld zwischen Berufsverbänden, KVen, Krankenkassen und Landesregierungen an.[7] Mit Wirkung zum 1.1.2009 wurde durch das GKV-Organisationsstrukturenweiterentwicklungsgesetz vom 15.12.2008[8] im Rahmen der Ausschussberatungen[9] Abs. 3 (Überweisungsfreiheit von Kinderarztbesuchen) geändert; außerdem Abs. 4 und Abs. 4a eingeführt, um verbandsmächtigen Berufsverbänden ein Kontrahierungsprivileg einzuräumen. Das sollte der zögerlichen Umsetzung der HzV entgegenwirken. Da Privilegien naturgemäß Missbrauch herausfordern, erfolgte ebenso naturgemäß die Gegenreaktion im wiederum naturgemäßen Übermaß im GKV-Finanzierungsgesetz vom 22.12.2010[10] mit Rückwirkung auf den 22.9.2010. Eingefügt wurden Abs. 5 und 9, sowie Abs. 8 verschärft, um für zukünftige Vertragsabschlüsse Kostensteigerung jenseits des Beitragssatzstabilitätsgrundsatzes zu unterbinden.[11] Dem folgte eine Klarstellung zur Rechtsnatur der Schiedsverfahren in Abs. 4a durch das GKV-Versorgungsstrukturgesetz vom 22.12.2011[12] mit Wirkung zum 1.1.2012. Weiterhin erfolgte durch das Patientenrechtegesetz vom 20.2.2013[13] mit Wirkung zum 26.3.2013 eine Ergänzung zur Verbesserung des Verbraucherschutzes durch Einführung eines Widerrufsrechtes.[14] Schließlich wurde durch das 14. SGB V-Änderungsgesetz vom 20.2.2014[15] mit Wirkung zum 1.4.2014 Abs. 5 wieder aufgehoben,[16] die bisherige Fassung des Abs. 8 wieder hergestellt und Abs. 5 S. 1 sowie Abs. 9 S. 3 geändert. Mit dem GKV-Versorgungsstärkungsgesetz vom 16.7.2015[17] gingen verschiedene Änderungen mit dem Ziel der Wiederherstellung bzw. Erweiterung der Gestaltungsmöglichkeiten einher.[18] Neben der Neuerung, die Details der HzV nicht mehr in den Satzungen der KKen, sondern in den jeweiligen Teilnahmeerklärungen zu regeln (Abs. 3), wurden weiterhin die Verortung der Notdienstorganisation bei der Kassenärztlichen Vereinigung klargestellt (Abs. 4), die Abweichungsbefugnis in Abs. 5 erweitert, die Bereinigung der Vergütung nach Abs. 7 vereinfacht sowie die Vorlagepflicht nach Abs. 9 aufgehoben und lediglich die Nachweisbarkeit der Einhaltung der Wirtschaftlichkeitskriterien zur Bedingung gemacht. Schließlich ist jüngst durch das Heil- und Hilfsmittelversorgungsgesetz[19] mit Wirkung ab 11.4.2017 Abs. 5 um S. 7 ergänzt worden, der im Anschluss auf aufsichtsbehördliche Ermittlungen im Herbst 2016 ua

1

---

1 BGBl. I 2003, 2190, 2202.
2 BGBl. I 2003, 2190, 2257.
3 Zur Begründung BT-Dr. 15/1525, 97.
4 Klückmann in: Hauck/Noftz, SGB V, § 73 b Rn. 6.
5 BGBl. I 2007, 378, 390.
6 BGBl. I 2007, 378, 471. Zur Begründung BT-Dr. 16/3100, 14 und 111 ff.; BT-Dr. 16/4200, 30 ff; BT-Dr. 16/42447, 36.
7 Siehe iE Klückmann in: Hauck/Noftz, SGB V, § 73 b Rn. 3 ff.
8 BGBl. I 2008, 2426.
9 BT-Dr. 16/10609, 8 f, 53 f.
10 BGBl. I 2010, 2309.
11 Zur Begründung s. BT-Dr. 17/3040, 8 f., 22 f.; BT-Dr. 17/3696, 14 f, 46.
12 BGBl. I 2011, 2983.
13 BGBl. I 2013, 277, 279.
14 Zur Begründung s. BT-Dr. 17/11710, 16, 41; BT-Dr. 17/10488, 7, 32.
15 BGBl. I 2014, 261.
16 Zur Auslegung der Regelung s. SG München, 16.7.2014, S 28 KA 696/12, Rn. 38 ff.
17 Zur Begründung s. BT-Dr. 18/606, 3, 11 f.
18 Vgl. Engelmann in: Prütting, MedR-Komm, § 73 b SGB V Rn. 5 c.
19 BGBl. I 2017, 778.

zu Vereinbarungen in Gesamtverträgen auch für HzV-Verträge Vergütungen zwecks Diagnosebeeinflussung als Vertragsinhalt ausdrücklich ausschließt.[20]

2 **2. Gesundheitspolitische Problemstellungen.** Ursprünglich sollte durch § 73 b die hausarztzentrierte Versorgung befördert werden, welche die **hausärztlichen Steuerungsmöglichkeiten** im Interesse von Qualität und Effizienz ausschöpft. Dieses Ziel sollte durch die **Herauslösung** aus dem Kollektivvertragsrecht unterstützt werden. Im Gegensatz zu anderen neuen Versorgungsformen[21] mussten die Kassen jedoch hausarztzentrierte Systeme organisieren. Diese Pflicht führte in den **Fundamentalwiderspruch** jeglicher kollektiv- und selektivvertraglicher **Parallelstrukturen.**[22] Die Kassen begeben sich in das Selektivvertragssystem nur, wenn es günstiger ist und/oder einen Wettbewerbsvorteil bei den Versicherten verspricht; die Ärzte nur, wenn es bessere Erträge für die Einzelleistungen und/oder die Leistungsmengen verspricht. Beide Seiten haben die Alternative, es beim Kollektivvertrag zu belassen. Entsprechend schmal sind die überschneidenden Interessen und entsprechend schmal ist das Potenzial für freiwillige Vertragsabschlüsse gewesen, was die Entwicklung bremste.

3 Dieser Zustand erschien dem Gesetzgeber unbefriedigend.[23] Er half durch einen Kontrahierungszwang zugunsten privater Berufsverbände nach, denen der Gesetzgeber ein Gebietsmonopol verschaffte.[24] Damit wurde § 73 b nur zu einem anderen Kollektivvertragssystem[25] mit den bekannten Stärken und Schwächen von Kollektivverträgen. Das verschärfte die eben aufgezeigte Problematik[26] mit der Folge, dass aus Kassensicht Inadäquates umgesetzt wurde und eine wenig vorteilhafte Verhandlungsposition für die Kassen sowie erhebliche Mehrausgaben verursacht wurden.[27] Das erzwang die Gegenbewegung, nämlich Bestimmungen zur Budgetierung der Vergütung. Dabei war man jedoch über das Ziel hinausgeschossen[28] und hob die Budgetierung auf. Zugleich wollte man mit den Anpassungen bis einschließlich 2015 die **hausärztliche Versorgung** selbst – nicht nur die hausarztzentrierte Versorgung der Patienten – stärken und die Niederlassung junger Hausärzte befördern.[29] Dazu sah man die herkömmliche Selbstverwaltung nicht mehr ausreichend in der Lage.

4 **3. Systematik der Norm.** Der Gegenstand des § 73 b, die HzV, ist durch Abs. 1 und Abs. 2 bestimmt (→ Rn. 8). Der weite Gestaltungsspielraum der Vertragsparteien folgt aus Abs. 5 S. 4 (→ Rn. 9), der durch verschiedene Regelungen für den Leistungskatalog (Abs. Abs. 5 S. 3 s. Rn. 10), die Vergütung und Wirtschaftlichkeit (Abs. 5 S. 1, Abs. 9, → Rn. 13, 35), die Organisation der Leistungserbringung (Abs. 5 S. 5, → Rn. 14), das Vertragsverfahren (Abs. 4, Abs. 4 a) und das Versicherungsverhältnis (Abs. 1–3, 6, → Rn. 16 ff.) eingeschränkt ist. Die Folgerungen für das Kollektivvertragssystem ergeben sich aus Abs. 4 S. 6 f. und Abs. 7 (→ Rn. 27).

Aus dem übrigen Normkontext tritt insbesondere der § 69 Abs. 1 S. 3 (subsidiärer Verweis auf das BGB) und Abs. 2 (Verweis auf Kartell(vergabe)recht – beschränkt auf die Beziehungen zu den nachgeordneten Vertragspartnern nach Abs. 4 S. 3) hinzu. Weiterhin erlangen für das Versicherungsverhältnis die Regelungen des § 53 Abs. 3, 8 und 9 Relevanz, welche eine Verpflichtung zum Angebot von Wahltarifen für Verträge nach § 73 b und spezifische Finanzierungsbedingungen enthalten, die auf die Realisierbarkeit von Verträgen nach § 73 b durchschlagen können. Auf der Ebene der Umsetzung sind die Datenübermittlungs- und -schutzregelungen zu beachten; außerdem die spezifischen Vorgabemöglichkeiten für Bereinigungsverfahren nach § 87 a Abs. 5 S. 9. Begleitregelung zur Klarstellung der Einhaltung der Versorgungsverpflichtung und Schranken bei Leistungserbringungen auf der Grundlage des § 73 b finden sich in § 73 Abs. 7 S. 1 sowie in § 20 Abs. 1 S. 2 Ärzte-/Zahnärzte-ZV.

---

20 Zur Begründung s. BT-Dr. 18/11205, 63 f.
21 Beispielsweise § 140 a sowie §§ 73 a und 73 c aF, die die Möglichkeit zum Abschluss von Selektivverträgen auf freiwilliger Basis eröffneten (siehe § 73 c SGB V Rn. 2 der Vorauflage).
22 Vgl. Huster in: Becker/Kingreen, § 73 b Rn. 5; Engelmann in: Prütting, MedR-Komm, § 73 b SGB V Rn. 5.
23 BT-Dr. 16/10609, 53.
24 Adolf in: jurisPK-SGB V, § 73 b Rn. 4 und Rn. 52; Huster in: Becker/Kingreen, § 73 b Rn. 11; GKV-Komm/Orlowski, § 73 b Rn. 4; Engelmann in Prütting, MedR-Komm, § 73 b SGB V Rn. 25, wobei Engelmann ohnehin von einem faktischen Monopol der privilegierten Verbände ausgeht.
25 Vgl. Bayrisches LSG, 21.12.2011, L 12 KA 62/11 B ER, Rn. 26; SG Marburg, 3.8.2011, S 12 KA 237/10, Rn. 38; Adolf in: jurisPK-SGB V, § 73 b Rn. 17 und 39.
26 Zur Kritik Klückmann in: Hauck/Noftz, SGB V, § 73 b Rn. 3 a; Huster in: Becker/Kingreen, § 73 b Rn. 11 mwN; vgl. auch das Votum des 69. DJT 2012 für die Abschaffung.
27 Vgl. BT-Dr. 18/5164, 1.
28 BT-Dr. 18/606, 11.
29 Siehe zu diesem einhelligen und vorrangigen Motiv in der Bundestagsdebatte: Plenarprotokoll 18/17, 1330 f., 1333 f.

4. Abgrenzung zu anderen Versorgungsformen. Gegenüber den sonstigen „neuen Versorgungsformen" weist § 73 b diverse Unterschiede auf. Neue Versorgungsformen in diesem Sinne sind neben § 73 b die Modellvorhaben (§§ 63 ff.) sowie nunmehr nur noch die Integrierte Versorgung (§ 140 a). Im Bereich dieser neuen Versorgungsformen ist zwischenzeitlich die bisherige Regelung des § 73 a (Strukturverträge) ersatzlos weggefallen und die Anwendungsfälle des bisherigen § 73 c können nun auf § 140 a gestützt werden. In § 140 a war bisher die integrierte Versorgung geregelt. Nun sind dort allgemeine Regelungen zur sog Besonderen Versorgung enthalten.[30] Gegenüber diesen weiteren Fällen der neuen Versorgungsformen unterscheidet sich § 73 b von den **Modellvorhaben** durch die fehlende Befristung. Im Unterschied zur **Besonderen Versorgung** (§ 140 a), erlaubt § 73 b keine sektorenübergreifende Gestaltung von Versorgungsaufträgen. Wegen der Verpflichtung zum Angebot der HzV besteht im Anwendungsbereich des § 73 b jedoch keine praktische Bedeutung des § 140 a.

5

5. Praktische und gesundheitspolitische Bedeutung. Die praktische Bedeutung des § 73 b erscheint auch ein Jahrzehnt nach der Einführung deutlich ausbaufähig, je nach Perspektive sind immerhin oder erst 6 % der Versicherten in HzV-Systeme eingeschrieben.[31] Die gesundheitspolitische Bedeutung der HzV hat weiterhin ua zwei wichtig erscheinende Dimensionen. Neben der Frage der Qualitäts- und Effizenzförderung durch die **Hausarztzentrierung** tritt die Förderung der hausärztlichen Versorgung durch die **organisatorische Verselbstständigung** hervor. Das Anliegen, die HzV flächendeckend einzuführen, wurde mit Mitteln angestrebt, welche mit den Schwächen eines Kollektivvertragssystems einherging. Damit stehen für ein zukunftsweisendes Ziel an sich nur rückwärtsgewandte Instrumentarien zur Verfügung. Das Mittel, die hausärztliche Versorgung durch Schaffung eines zweiten, verselbstständigten Kollektivvertragssystems als solche zu fördern (→ Rn. 3), nährt daneben die Zweifel an der ausreichenden Funktionsfähigkeit der herkömmlichen ärztlichen Selbstverwaltung. Die in ihr verbundenen Interessen wurden jedenfalls im Hinblick auf die hausärztliche Versorgung offenbar als so heterogen eingeschätzt, dass kein hinreichend sachgerechter Ausgleich der Interessen mehr erwartet wurde. Durch die HzV könnte folglich eine Spaltung der ärztlichen Selbstverwaltung in Facharzt-KVen und hausärztliche Kollektive forciert werden.

6

Es überrascht damit nicht, dass die Beurteilung der Versorgung auch lange nach ihrer Einführung uneinheitlich bleibt, wobei gesicherte Datengrundlagen zudem weiterhin fehlen.[32] Zumindest hat aber der Sachverständigenrat die Evaluationen der Versorgung für Baden-Württemberg als vielversprechend eingestuft.[33] Wollte man die beobachteten Vorteile auf strukturelle Unterschiede zurückführen, verbliebe allerdings nur die Trennung der hausärztlichen von den fachärztlichen Kollektiven als relevanter struktureller Unterschied. Möglicherweise erleichtert die organisatorische Verselbstständigung die Verbesserung der hausärztlichen Rahmenbedingungen auch jenseits der Hausarztzentrierung. Verfestigen sich qualitative und wirtschaftliche Vorteile der HzV, stellt sich zwar weiterhin die Frage, ob mit anderen Strukturen noch mehr erreicht werden könnte. Noch nachdrücklicher bestätigt sich dann aber, dass die Strukturen der herkömmlichen ärztlichen Selbstverwaltung problematisch sind, zumal der Gesetzgeber die Existenz von gravierenden Interessengegensätzen ohnehin einräumt.[34] Die Fortentwicklung der HzV mag folglich gerade im Erfolgsfall indizieren, dass das Ausmaß der Interessengegensätze in den herkömmlichen Strukturen nicht nur zweckwidrig, sondern auch im Hinblick auf das erforderliche Niveau demokratischer Legitimation ärztlicher Selbstverwaltung bedenklich erscheint.

---

30 Zur bisherigen Fassung der §§ 73 a, 73 c SGB V wird auf die Kommentierung dieser Paragraphen in der Vorauflage verwiesen.
31 Zu der Bundesregierung nur über den Hausärzteverband verfügbare Daten sowie deren Einschätzung s. BT-Dr. 18/5164. Demnach entwickelte sich die Zahl der Versicherten im Bereich von 2,9 (IV/2009) bis 4,4 Mio (4/2010) Versicherte (zuletzt angegeben für 2/2015 mit 3,7 Mio) mit bundesweit lückenhafter Versorgung. Zuletzt meldete der Deutsche Hausärzteverband am 5.1.2017 einen Stand von 4,28 Mio Versicherten, was bei einer Gesamtversichertenzahl in 2016 von ca. 71,4 Mio. Versicherten einen Anteil von knapp über 6 % der Versicherten bedeutete. Auch das finanzielle Volumen, das 2014 erstmals 1 Milliarde p.a. überschritt (BT-Dr. 18/5164, 8), bleibt bisher in Relation der Gesamtausgaben für die vertragsärztliche Versorgung überschaubar.
32 Vgl. BT-Dr. 18/5164, 1 f., aaO S. 16 ff. auch zu weithin fehlenden Datengrundlagen; Rademacker in: Kass-Komm, § 73 b SGB V Rn. 4; Legde in: Hänlein/Schuler, § 73 b Rn. 1.
33 BT-Dr. 18/1940, 391.
34 Vgl. BT-Dr. 18/10605, 31, zur Begründung des dritten Vorstandes der KBV als Bestandteil des GKV-Selbstverwaltungsstärkungsgesetzes.

II. Auslegung der Norm

1. Normzweck. Ausgehend von der Fassung durch das GKV-Wettbewerbsstärkungsgesetz hatte die Regelung den Zweck, eine qualifizierte, flächendeckende HzV zu realisieren. Zugleich sollte eine Verbesserung der Versorgungsqualität und der Wirtschaftlichkeit erreicht werden. Die Maßnahmen hierzu sind Abs. 2[35] und Abs. 3 S. 2 zu entnehmen. Letzterer soll durch die Einschränkung der Arztwahlfreiheit eine Steuerungsverantwortung, die „Lotsenfunktion", des Hausarztes ermöglichen.[36] Hinzugetreten ist mit dem GKV-VSG der Zweck der Wettbewerbsstärkung der HzV durch Ausbau der Gestaltungsmöglichkeiten.[37]

2. Anwendungsbereich (Abs. 1 und 2). Der Anwendungsbereich folgt aus Abs. 1 und 2 iVm § 73 Abs. 1 S. 2. Nach Abs. 1 ist Gegenstand eine besondere hausärztliche Versorgung. Hierfür werden in Abs. 2 **Mindestanforderungen** gestellt,[38] die über § 73 Abs. 1 S. 2 hinausgehen. Aus der Maßgabe der Mindestanforderungen selbst folgt, dass die Vertragspartner über die Inhalte der §§ 73 Abs. 1 S. 2, 73 b Abs. 2 hinausgehen können,[39] jedoch nicht müssen.[40] Die Grenze zur fachärztlichen Versorgung ist nicht näher definiert. Es liegt nahe, die Grenze dort zu ziehen, wo die an der hausärztlichen Versorgung Beteiligten (vgl. § 73 Abs. 1 a) ihre Fachgebietsgrenzen überschreiten, wie sie sich aus den jeweiligen Weiterbildungsordnungen ergeben, soweit aus den ausdrücklichen Erweiterungsoptionen (s. u. Rn. 10) nichts anderes folgt.

3. Vertragliche Gestaltungsbefugnisse. a) Gestaltungsfreiheit und Gestaltungsschranken (Abs. 5 S. 4). Im Rahmen des Anwendungsbereichs bestehen umfassende Gestaltungsbefugnisse.[41] Dies folgt aus Abs. 5 S. 4, der als Generalklausel vorsieht, dass Abweichendes von den §§ 69-140 h vereinbart werden kann, so dass auch Abweichungen von den Richtlinien des G-BA und den Maßgaben der Bundesmantelverträge möglich sind,[42] aber beispielsweise nicht von den Regelungen zur Datenübermittlung.[43] Auch die Abweichungsbefugnis gegenüber den übrigen Bestimmungen der §§ 69 bis 140 h bedarf Einschränkungen, namentlich wo spezielle, auf § 73 b bezogene Bestimmungen existieren (zB Pflicht zur Übermittlung der Verträge an die örtlich zuständige oberste Verwaltungsbehörde des Landes, in dem sie wirksam werden, § 71 Abs. 5) oder als zwingend anzusehende Regelungen existieren.[44] Die Abgrenzung zwischen dispositiven und zwingenden Regelungen der §§ 69 ff. liegt allerdings nicht auf der Hand. Zu bejahen ist der zwingende Charakter beispielsweise für die Anwendbarkeit des Kartellrechts gem. § 69 Abs. 2,[45] soweit Verträge mit sekundären Vertragspartnern (Abs. 4 S. 3) betroffen sind. § 69 Abs. 2 ist für die Sicherung der wettbewerblichen Verhältnisse, wie sie in diesem Rahmen vorliegen (Rn. 19 ff.), unentbehrlich.[46] Das gilt alleine nicht für HzV-Verträge mit qualifizierten Allgemeinarztgemeinschaften infolge des Verfahrens zur Kontrahierungspflicht[47] (→ Rn. 20 f.). Ebenso als zwingend müssen sodann Bestimmungen sein, die Ansprüche der Versicherten zum Gegenstand haben. Diese können nicht mit Wirkung zulasten der Versicherten unterlaufen werden.[48] Umgekehrt bleibt für die Auslegung der Abweichungsbefugnisse im Rahmen der Gestaltung der Leistungserbringungsbeziehungen gemäß des vierten Kapitel eine Einbeziehung der übrigen Bestimmungen zum Leistungsumfang geboten, sofern deren Realisierung zB zur Erweiterung der Versorgungsleistungen über die Regelversorgung hinaus (Rn. 10) korrespondierende Gestaltungsfreiheiten bei der Leistungserbringung erfordert.

---

35 BT-Dr. 16/3100, 112.
36 BT-Dr. 16/3100, 112; BT-Dr. 18/5164, 3; Klückmann in: Hauck/Noftz, SGB V, § 73 b Rn. 4; Adolf in: jurisPK-SGB V, § 73 b Rn. 45; Rademacker in: KassKomm, SGB V, § 73 b Rn. 11.
37 BT-Dr. 18/5164, 3 f.
38 Hierzu Rademacker in: KassKomm, § 73 b SGB V Rn. 6 f.; Huster in: Becker/Kingreen, § 73 b Rn. 6.
39 Engelmann in: Prütting, MedR-Komm, § 73 b SGB V Rn. 13.
40 LSG NRW, 6.9.2010, L 11 KA 3/10 B ER, Rn. 58.
41 Klückmann in: Hauck/Noftz, SGB V, § 73 b Rn. 20.
42 Adolf in: jurisPK-SGB V, § 73 b Rn. 12.
43 Siehe GKV-Komm/Orlowski, SGB V, § 73 b Rn. 68 ff.
44 Damit erledigen sich verfassungsrechtliche Bedenken (dazu Hess in: KassKomm, SGB V), § 73 b Rn. 28).
45 Zu Einzelheiten Shirvani, VSSR 2011, 361, 372 ff.; Kluckert, NZS 2012, 808 ff.
46 Zur Notwendigkeit kartellrechtlicher Regulationsmechanismen Penner, Leistungserbringerwettbewerb, S. 99.
47 SG Magdeburg, 16.5.2012, S 1 KA 5/10, Rn. 51.
48 Vgl. GKV-Komm/Orlowski, SGB V, § 73 b Rn. 66; Adolf in: jurisPK-SGB V, § 73 b Rn. 81; Engelmann in Prütting, MedR-Komm, § 73 b SGB V Rn. 33.

b) Leistungsumfang und Versorgungsqualität (Abs. 5 S. 1, 3 und S. 6, Abs. 5 S. 7). Der nötige wie 10 mögliche Leistungsumfang der hausarztzentrierten Versorgung folgt aus den Bestimmungen zum Anwendungsbereich (Rn. 8).[49] Der Mindestumfang darf nicht unterschritten werden,[50] auch nicht im Hinblick auf die in die HzV eingeschlossenen Versichertenkreise.[51] Aus Abs. 2 S. 1 Hs. 1 folgt außerdem, dass die Anforderungen des G-BA und aus den Bundesmantelverträgen für die allgemeine hausärztliche Versorgung Mindestvoraussetzungen sind.[52] Grenzen für den maximalen Umfang werden ergänzend durch Abs. 5 S. 3 gezogen, der mittels Verweis auf § 92 Abs. 1 S. 2 Nr. 5 die Erbringung von abgelehnten NUB ausschließt. Hierzu ist durch Ergänzung des Abs. 5 S. 3 zwischenzeitlich klargestellt, dass damit die Überschreitung des Regelversorgungsumfangs ausdrücklich gebilligt ist,[53] soweit es ärztliche Leistungen inklusive NUB betrifft.[54] Zugleich wurde durch diese Ergänzung der Anwendungsbereich erweitert auf Leistungen im Sinne der §§ 20 d (Prävention), 25 u. 26 (Früherkennung), 37 a (Soziotherapie), 37 b (Palliativversorgung) und § 11 Abs. 6: Das sind nicht ausgeschlossene, indes zusätzliche Leistungen jenseits der Regelversorgung der Vorsorge und Rehabilitation, §§ 23 u. 40, Hebammen, § 24 d, künstlichen Befruchtung, § 27 a, zahnärztliche Behandlung ohne Zahnersatz, § 28 Abs. 2, bei der Versorgung mit nicht verschreibungspflichtigen apothekenpflichtigen Arzneimitteln, § 34 Abs. 1 S. 1, Heil- und Hilfsmittel, § 32 f., häusliche Krankenpflege und Haushaltshilfe, § 37 f.

Mit diesem sehr großen Umfang sollen umfangreiche Gestaltungsmöglichkeiten für eine Verbesserung der Stellung der besonderen Versorgungsangebote im Wettbewerb geschaffen werden.[55] Damit erscheint für nicht-ärztliche Leistungen ausweislich der Beispiele in der Gesetzesbegründung die Erweiterung der Verordnungsmöglichkeiten gemeint zu sein. Die Verordnung würde aber noch nicht die Leistungserbringung selbst ermöglichen und – soweit die Leistungserbringung anderweitig jenseits der Regelversorgung ermöglicht wird – keiner gesonderten Befugnis zugunsten der HzV bedürfen. Folglich berechtigt die Regelung zur Erbringung dieser Leistungen aufgrund eines Vertrages zur HzV, regelmäßig zu realisieren durch Einbindung entsprechender weiterer Leistungserbringer, um die allgemeinen personellen Qualifikationsvoraussetzungen zu erfüllen. Damit könnten umfangreiche Versorgungssysteme auf Basis der HzV geschaffen werden. Die Frage, inwieweit das im Konflikt per Schiedsverfahren erzwungen werden kann, ist allerdings ungeklärt. Ergänzend ist zur Sicherstellung der Qualität für Verträge, die ab dem 31.3.2014 abgeschlossen werden, in Abs. 5 S. 1 im Übrigen bestimmt, dass Regelungen zur Qualitätssicherung zu vereinbaren sind. Diese müssen über die allgemeinen Qualitätssicherungsvorgaben hinausgehen.[56]

Offen ist nach wie vor die Frage, ob die Verträge nach § 73 b zwingend sog **Vollversorgungsverträge** 11 sein mussten, also die Versorgung nach § 73 Abs. 1 S. 2 mit einzuschließen hatten, oder ob sog **Add-on-Verträge** hinreichten, die alleine die weitergehenden Anforderungen nach Abs. 2 erfüllten. Hierzu wurde zwischenzeitlich der Wille des Gesetzgebers erkennbar, Add-on-Verträge zu billigen.[57] Nach anderer Ansicht erscheinen Add-on-Verträge gleichwohl zweifelhaft. Das BSG hat insoweit die Gestaltung als Vollversorgungsvertrag aufgrund Schiedsspruch infolge deren unstrittiger Zulässigkeit zwar als beurteilungsfehlerfreie Entscheidung der Schiedsperson betrachtet,[58] die Frage der Zulässigkeit von Add-on-Verträgen aber ausdrücklich offengelassen.[59] Zwischenzeitlich hat der Gesetzgeber sodann klargestellt, dass sich Verträge nicht auf bloße Kodierleistungen beschränken dürfen (Abs. 5 S. 7). Es bedarf zumindest der Vereinbarung konkreter Versorgungsleistungen.[60] Diese Klarstellung wäre bei Annahme der Unzulässigkeit von Add-on-Verträgen überflüssig, was sie als zulässiges Gestaltungsmittel bestätigt.

---

49 Zu Beispielen s. GKV-Komm/Orlowski, SGB V, § 73 b Rn. 14 ff.
50 Klückmann in: Hauck/Noftz, SGB V, § 73 b Rn. 8,.
51 Bayrisches LSG, 1.12.2010, L 5 KR 261/10 KL ER, Rn. 17 ff.
52 Hess in: KassKomm, § 73 b SGB V Rn. 5.
53 So bereits zuvor BSG, 8.9.2015, B 1 KR 19/15 B, Rn. 11.
54 BT-Dr. 18/4095, 85.
55 BT-Dr. 18/4095, 85.
56 BT-Dr. 18/606, 11.
57 BT-Dr. 17/3040, 23; für die Zulässigkeit: SG München, 16.7.2014, S 28 KA 696/12, Rn. 65; SG Marburg, 3.8.2011, S 12 KA 237/10, Rn. 29 ff.; Adolf in: jurisPK-SGB V, § 73 b Rn. 89 ff.; Huster in: Becker/Kingreen, § 73 b Rn. 22 mwN; krit. demgegenüber Klückmann in: Hauck/Noftz, SGB V, § 73 b Rn. 61; ablehnend: Alemann/Scheffczyk, NZS 2012, 45, 46.
58 Ebenso Bay LSG, 14.9.2016, L 12 KA 149/15, Rn. 86; Bay LSG, 5.10.2015, L 12 KA 83/15 B ER, Rn. 108; SG München, 16.7.2014, S 28 KA 696/12, Rn. 65.
59 BSG, 25.3.2015, B 6 KA 9/14 R, Rn. 85.
60 BT-Dr. 18/11205, 63.

12 Zwingender Bestandteil sind sodann nach der Neuregelung des Abs. 5 S. 6 strukturierte Behandlungsprogramme, wobei die Bedeutung der Regelung unklar ist. Offen ist, ob die Regelungskompetenz und die Vergütungspflichten für die Programme unberührt bleiben oder ob diese qua Gesetz auf die Vertragsparteien übergehen. Möglicher Bestandteil auch mit Allgemeinarztgemeinschaften (→ Rn. 18) ist die Versorgung von **Kindern- und Jugendlichen**. Aus der Möglichkeit, hierzu gesonderte Verträge abzuschließen (→ Rn. 23) folgt keine Exklusivität.[61] Ausgeschlossen ist hingegen der **Notdienst**. Dieser soll infolge paralleler Änderungen (vgl. § 75 Abs. 1 b) zwecks einheitlicher Organisation und Koordination mit den Krankenhäusern wieder ausschließliche Aufgabe der Kassenärztlichen Vereinigungen sein (Abs. 5 S. 7).[62]

13 **c) Vergütung.** Für die Vergütung fanden sich für Verträge, die bis zum 22.9.2010 abgeschlossen wurden, keine Vorgaben. Der **Beitragssatzstabilitätsgrundsatz** galt nicht.[63] Alleine Abs. 8 idF bis zum 21.9.2010 bestimmte eine Kann-Regelung zur Refinanzierung von HzV-Leistungen. Fraglich blieb, ob die Finanzierungsregelungen für die Wahltarife (§ 53 Abs. 9) zu beachten waren.[64] Nach dem 22.9.2010 griffen verschiedene Budgetierungsinstrumente, die in Abs. 5a und Abs. 8 in der bis zum 31.3.2014 geltenden Fassung niedergelegt waren.[65] Nun gilt zwecks Innovationsförderung wieder der Stand ex-ante, also das allgemeine **Wirtschaftlichkeitsgebot**,[66] der Beitragssatzstabilitätsgrundsatz weiterhin nicht. Für die Folgerungen daraus könnten namentlich Entscheidungen zur Vergütung der stationären Pflege Anhaltspunkte bieten.[67] Es besteht kein Anspruch auf Selbstkostendeckung, aber ein Anspruch auf angemessene Vergütung bei wirtschaftlicher Versorgung. Der zu diesem Zweck notwendige Vergütungsvergleich zur Ermittlung der Wirtschaftlichkeit kann nach der Streichung des Abs. 5a nicht dazu führen, dass erneut eine Orientierung an der Vergütung im KV-System erfolgt. Es wird bestenfalls ein Vergleich der HzV-Verträge untereinander möglich sein.

14 **d) Sonstiges Leistungserbringungsrecht (Abs. 4 S. 7, Abs. 5 S. 1 und S. 5).** Einschränkungen der Gestaltungsbefugnisse für das sonstige Leistungserbringungsrecht ergeben sich aus der in Abs. 5 S. 5 vorgesehenen Anwendbarkeit des § 106 d Abs. 3 für die **Rechnungsprüfung**, mit der insbesondere Doppelabrechnungen entgegengewirkt werden soll.[68] Weiterhin stellt Abs. 4 S. 7 klar, dass die Organisation des ärztlichen Notdienstes im Rahmen des Sicherstellungsauftrags der Kassenärztlichen Vereinigungen (§ 75 Abs. 1 SGB V) verbleibt. Jenseits der §§ 69 bis 140 h sind sodann insbesondere die zwingenden Regelungen zur Abrechnung in Verbindung mit den Maßgaben zur Datenübermittlung aus den §§ 295 Abs. 1 b, 295 a zu beachten.[69] Die damit in Zusammenhang stehenden Abrechnungsbeziehungen sind unselbstständiger Bestandteil von Selektivverträgen.[70]
Hinzu tritt die Möglichkeit nach Abs. 5 S. 2, die KV an der Qualitätssicherung zu beteiligen.[71] Auch diese Regelung befugt eine KV jedoch nicht, bei Fehlen der Voraussetzungen des Abs. 4 S. 3 die Abrechnung bei mit Dritten abgeschlossenen HzV-Vertrages zu übernehmen.[72] Private Dritte können im Rahmen der **Auftragsdatenverarbeitung** beigezogen werden.[73]

---

61 Bay LSG, 14.9.2016, L 12 KA 149/15, Rn. 88; Bay LSG Urt. v. 12.7.2016, L 5 KR 330/13 KL, Rn. 20 ff.; SG München, 16.7.2014, S 28 KA 696/12, Rn. 70 ff.
62 BT-Dr. 18/4095, 85.
63 Vgl. BSG, 25.3.2015, B 6 KA 9/14 R, Rn. 67 ff.; LSG Nds-Brem, 3.11.2011, L 3 KA 104/10 B ER, Rn. 47; LSG BW, 2.8.2011, L 5 KA 1601/11 ER-B, Rn. 187; Klückmann in: Hauck/Noftz, SGB V, § 73 b Rn. 22 f. Zur Erstreckung auf Folgeverträge s. Bay LSG, 14.9.2016, L 12 KA 149/15, Rn. 73.
64 Ablehnend: SG München, 16.7.2014, S 28 KA 696/12, Rn. 46 ff.; LSG Nds-Brem, 3.11.2011, L 3 KA 104/10 B ER, Rn. 48; Bay LSG, 14.9.2016, L 12 KA 149/15, Rn. 75. Offen lassend: LSG BW, 2.8.2011, L 5 KA 1601/11 ER-B, Rn. 183.
65 Siehe hierzu Klückmann in: Hauck/Noftz, SGB V, § 73 b Rn. 22 a; Adolf in: jurisPK-SGB V, § 73 b Rn. 95; Engelmann in: Prütting, MedR-Komm, § 73 b SGB V Rn. 73 ff.
66 BT-Dr. 18/606, 11; BSG, 25.3.2015, B 6 KA 9/14 R, Rn. 82. Zum daraus folgenden – denkbar zurückhaltenden – Prüfungsmaßstab: Bay LSG, 14.9.2016, L 12 KA 149/15, R.
67 Siehe zB BSG, 16.5.2013, B 3 P 2/12 R.
68 BT-Dr. 16/3100, 114; zu den Sanktionen und Schranken s. Adolf in: jurisPK-SGB V, § 73 b Rn. 101.
69 Siehe hierzu BSG, 25.3.2015, B 6 KA 9/14 R, Rn. 90 ff.
70 SG Magdeburg, 16.5.2012, S 1 KA 5/10, Rn. 46; aA OLG Düsseldorf, 3.8.2011, Verg 6/11, Rn. 71.
71 S. BT-Dr. 16/4247, 36.
72 SG Magdeburg, 16.5.2012, S 1 KA 5/10, Rn. 55 ff.; aA OLG Düsseldorf, 3.8.2011, Verg 6/11, Rn. 79. Zur Versagung des Drittschutzes s. SG Magdeburg, aaO, Rn. 67 ff.
73 LSG BW, 2.8.2011, L 5 KA 1601/11 ER-B, Rn. 189; zu den Gestaltungsschranken s. OVG Schleswig, 12.1.2011, 4 MB 56/10, Rn. 23 ff. (zu § 295 Abs. 1 b S. 6 aF – jetzt neu gefasst in § 295 a Abs. 2); zur Kritik Klückmann in: Hauck/Noftz, SGB V, § 73 b Rn. 21 a f. mwN.

Ergänzend ist in Abs. 5 S. 1 für die Verträge ab dem 31.3.2014 die Verpflichtung zur Definition und Sanktion von **Wirtschaftlichkeitskriterien** vorgesehen. Die Regelung ist von der Frage der Angemessenheit der Vergütung (Rn. 13) zu unterscheiden. Sie ist als Auftrag zur Konkretisierung der Wirtschaftlichkeit der Leistungserbringung unter Berücksichtigung der Rechtsgedanken des § 106 zu sehen.[74] Im Hinblick auf den systematischen Zusammenhang mit Abs. 9 fokussiert sich der Auftrag aber auf die globale Wirtschaftlichkeit.[75] In diesem Zusammenhang ist die Gegenfinanzierung von Leistungen, die über die hausärztliche Versorgung hinausgehen, nach Abs. 8 alleine eine Option. Aus der nachgelagerten Wirtschaftlichkeitskontrolle (Rn. 25) folgt, dass die Wirtschaftlichkeit nicht ex-ante belegt werden muss. 15

e) **Versicherungsverhältnis (Abs. 1, 3 und 6).** Das Verhältnis zwischen den Kassen und Versicherten ist Gegenstand der Absätze 1 bis 3 und 6.[76] Aus Abs. 1 folgt, dass die HzV ein Pflichtangebot gegenüber den Versicherten ist. Zur Erfüllung der Pflicht kann die Aufsicht anregen (§ 71 Abs. 6). Sichergestellt wird die Erfüllung allein durch den Kontrahierungsanspruch der qualifizierten Allgemeinarztgemeinschaften (Rn. 20).[77] 16

Abs. 2 bestimmt den Mindestumfang des Pflichtangebotes (Rn. 10). Abs. 3 S. 1 legt die Freiwilligkeit der Teilnahme fest, sieht bei Entscheidung für eine HzV aber eine Begrenzung der Arztwahlfreiheit auf einen Hausarzt aus dem Kreis des Vertragspartners und einem Überweisungsvorbehalt ausgenommen Augenärzte, Frauenärzte und Kinderärzte (Abs. 3 S. 2) vor. Deren Leistungen gelten als Bestandteil der Grundversorgung,[78] deren Steuerung entbehrlich erscheint. Weiterhin ist eine Mindestbindung von einem Jahr vorgesehen (Abs. 3 S. 6).[79] 17
Die Sicherung der Freiwilligkeit der Teilnahme wird durch Informationspflichten (Abs. 6),[80] das Schriftformgebot für die Teilnahmeerklärung (Abs. 3 S. 2), Konkretisierungsbefugnisse für die Teilnahmeerklärung (Abs. 3 S. 8 f. iVm § 217f Abs. 4a) sowie ein den §§ 355 ff. BGB entlehntes Widerrufsrecht gestärkt (Abs. 3 S. 3-6). Abweichend zu § 360 BGB sind die Voraussetzungen für eine ordnungsgemäße Widerrufsbelehrung nicht gesetzlich bestimmt. Näheres findet sich alleine in der Gesetzesbegründung.[81] Außerdem unterliegt es Zweifeln, ob tatsächlich die Rückabwicklung gewährter Leistungen gewollt oder die Wirkungen gleich einem vorzeitigen Kündigungsrecht auf die Zukunft beschränkt werden sollten.[82]

Die **Rechtsnatur** der Teilnahme wird mitunter als öffentlich-rechtlicher Vertrag[83] mitunter als hoheitliches Verwaltungsrechtsverhältnis mit Ermächtigung zum Erlass von Verwaltungsakten[84] eingestuft. Die Folgen werden jedenfalls im Wesentlichen durch die entsprechenden Regelungen in der Teilnahmeerklärung überantwortet[85] und der Satzung, insoweit aber zwecks Entbürokratisierung[86] nunmehr beschränkt auf die Modalitäten der Abgabe der Teilnahmeerklärung (Abs. 3 S. 7 f.). Bei dieser Konkretisierung sind neben den gesetzlichen Maßgaben außerdem die vorgehenden Maßgaben der Vereinbarung mit den Leistungserbringern zu beachten.[87] Zudem geht die Rechtsprechung – wie auch für das allgemeine Kollektivvertragsrecht – davon aus, dass durch die HzV-Regelungen verbindliche Bestim-

---

74 § 106 ist nicht anwendbar, Adolf in: jurisPK-SGB V, § 73b Rn. 101.
75 Vgl. BT-Dr 18/606, 11.
76 Zur Begründung s. BT-Dr. 16/3100, 112.
77 Klückmann in: Hauck/Noftz, SGB V, § 73b Rn. 7 f. Gegen eine Ableitung eines Rechtsanspruchs der Versicherten: SG Augsburg, 26.1.2012, S 10 KR 170/11, Rn. 19.
78 Vgl. BT-Dr. 16/10609, 53; BT-Dr. 16/4247, 36.
79 Hierzu Rademacker in: KassKomm, § 73b SGB V Rn. 16.
80 Zu der Erfordernissen und Schranken der Informationspflichten vgl. SG Berlin, 13.10.2010, S 83 KA 443/08, Rn. 49 ff.
81 BT-Dr. 17/10488, 32 f.
82 Der Wortlaut und die Systematik sprechen wegen ihrer Anlehnung an die §§ 355 ff. BGB für eine Wirkung ex nunc bei Rückabwicklung erbrachter Leistungen (vgl. § 357 BGB), die Gesetzesbegründung für eine ausschließliche Ex-nunc-Wirkungen unter Verzicht auf die Rückabwicklung (BT-Dr. 17/10488, 33).
83 Engelmann in Prütting, MedR-Komm, § 73b SGB V Rn. 21; Adolf in: jurisPK-SGB V, § 73b Rn. 104 mwN; krit. GKV-Komm/Orlowski, SGB V, § 73b Rn. 18. Beide Autoren gehen an anderer Stelle aber von einer Verwaltungsaktermächtigung der Kassen ausgeht (Engelmann, aaO, Rn. 23; Adolf, aaO, Rn. 46 bzw. 108).
84 So für § 73b SG Augsburg, 26.1.2012, S 10 KR 170/11; zustimmend Huster in: Becker/Kingreen, § 73b Rn. 7.
85 Krit. gegenüber dem Umfang der daraus folgenden Regelungsbefugnis: Legde in: Hänlein/Schuler, § 73b Rn. 2.
86 BT-Dr. 18/4095, 85.
87 Vgl. BSG, 25.3.2015, B 6 KA 9/14 R, Rn. 86.

mungen des Leistungsumfangs auch im Verhältnis zwischen den Versicherten und der Krankenkasse erfolgen.[88]

18   **4. Vertragspartner (Abs. 4 S. 1 und S. 3).** Potenzielle Vertragspartner für die HzV-Verträge sind ggf. miteinander kooperierende Kassen,[89] die (qualifizierten) **Allgemeinarztgemeinschaften** iSd Abs. 4 S. 1[90] und (nachrangig) die Vertragspartner iSd Abs. 4 S. 3 Nr. 1 bis 4. Die Vertragspartner nach Abs. 4 S. 3 entsprechen denjenigen des § 140a Abs. 3 Nr. 1,2 und 7. Vertragspartner können sämtliche Kassen sein (Abs. 3 S. 1 Hs. 1); auf Seiten der Leistungserbringer bestimmt Abs. 3 S. 1 Nr. 1 bis 4 die Vertragsbeteiligten. Unter der Voraussetzung, dass die Versorgung jeweils nur durch Leistungserbringer erbracht werden kann, welche an der hausärztlichen Versorgung nach § 73 Abs. 1a bereits teilnehmen, sind das neben den vertragsärztlichen Leistungserbringern (Nr. 1), Gemeinschaften solcher Leistungserbringer (Nr. 2); Träger von Einrichtungen, die Leistungen nach § 73b durch an der hausärztlichen Versorgung teilnehmende Leistungserbringer anbieten wollen (Nr. 3); und Kassenärztliche Vereinigungen (Nr. 4), die dann gleich einem Träger iSd Nr. 3 fungieren. Auszulegen sind die Nr. 2 und 3 wie vormals § 140b Abs. 1 S. 1 Nr. 4 und 6 aF, die der Gesetzgeber hier nachgebildet hat,[91] die nun § 140a Abs. 3 Nr. 1 und 2 neue Fassung entsprechen. In jedem Fall setzen die Nr. 2 bis 4 voraus, dass wiederum Vertragsverhältnisse[92] mit vertragsärztlichen Leistungserbringern iSd Nr. 1 begründet werden,[93] was indes die Begründung von Ansprüchen unmittelbar zwischen den Leistungserbringern und der Krankenkasse nicht ausschließt.[94] Das verlangt indes nicht, dass die Träger von Vertragsärzten beherrscht werden.[95] Eine Berechtigung zur unmittelbaren Leistungserbringung durch nicht zugelassene Ärzte folgt aus Abs. 3 jedoch nicht.[96] Zu beachten bleibt außerdem, dass die KV stets einer ausdrücklichen vorherigen Ermächtigung[97] durch Leistungserbringergemeinschaften nach § 73b Abs. 4 S. 3 Nr. 2 bedarf.[98]

19   Voraussetzung für die Anerkennung als Allgemeinarztgemeinschaft ist, dass sie mindestens die Hälfte der Allgemeinärzte in dem jeweiligen KV-Bezirk vertritt.[99] Als Allgemeinärzte gelten nur jene iSd § 73 Abs. 1a S. 1 Nr. 1[100] unter Ausschluss sonstiger Ärzte nach § 73 Abs. 1a Nr. 2 bis 5[101] unbeschadet deren Befugnis, sich an einem Vertrag von Allgemeinarztgemeinschaften zu beteiligen.[102] Vertreten ver-

---

88 BSG, 8.9.2015, B 1 KR 19/15 B, Rn. 13.
89 Engelmann in: Prütting, MedR-Komm, § 73b SGB V Rn. 24; GKV-Komm/Orlowski, § 73b Rn. 6.
90 Engelmann in: Prütting, MedR-Komm, § 73b SGB V Rn. 34, sieht diese nunmehr als privatrechtliche Zusammenschlüsse an, denen insoweit keine behördliche Stellung zukommt.
91 BT-Dr. 16/3100, 114.
92 Im Fall der Beteiligung an einem Kassen-KV-Vertrag gem. § 73c idF vor dem GKV-WSG wurde durch das LSG NRW, 9.5.2012, L 11 KA 48/09, von einem VA ausgegangen. Das ist zweifelhaft, da insofern ein hoheitlicher Akt erforderte (vgl. Engelmann in: von Wulffen, SGB X, 8. Aufl., § 31 Rn. 10), der nicht vorliegt, wenn die gleiche Maßnahme durch einen Privaten vorgenommen werden könnte (Stelkens in: Stelkens/Bonk/Sachs, Verwaltungsverfahrensgesetz, 8. Aufl. 2014, § 35 Rn. 104). Dies ist hier der Fall, da auch private Vereinigungen iSd § 73b die Beteiligung eines Arztes ablehnen könnten.
93 Vgl. SG Berlin, 13.10.2010, S 83 KA 443/08, Rn. 36 und 42; Rademacker in: KassKomm, § 73b SGB V Rn. 31 f.
94 Vgl. zu Vergütungsansprüchen und verbleibenden Prozessführungsbefugnissen des unmittelbaren Vertragspartners: SG München, 27.2.2015, S 38 KA 111/15 ER, Rn. 32 ff. Die Rechtsnatur (Normvertrag, Verträge zugunsten Dritter, unmittelbare Ansprüche kraft Vertretung, gesellschaftsrechtliche Grundlagen) erscheint insoweit aber weithin ungeklärt.
95 SG Berlin, 13.10.2010, S 83 KA 443/08, Rn. 36 ff.
96 Vgl. BT-Dr. 16/3100, 114; SG Berlin, 13.10.2010, S 83 KA 443/08, Rn. 43.
97 S. BT-Dr. 16/4247, 36. Zum generellen Ausschluss der privilegierten Stellung nach Abs. 4 S. 1: GKV-Komm/Orlowsk, SGB V, § 73b Rn. 33.
98 Str., Huster in: Becker/Kingreen, § 73b Rn. 17 mwN.
99 Zum Verfahren Adolf in: jurisPK-SGB V, § 73b Rn. 68. Zum maßgeblichen Beurteilungszeitpunkt der Schiedsentscheidung bzw. des Vertragsschlusses s. BSG, 25.3.2015, B 6 KA 9/14 R, Rn. 62.
100 Zum Begriff: LSG NRW, 11.10.2010, L 11 KA 61710 B ER, Rn. 35 ff.; LSG LSA, 25.11.2010, L 9 KA 2/10 ER KL, Rn. 25 f.; BSG, 25.3.2015, B 6 KA 9/14 R, Rn. 63. Zur Unschädlichkeit der Führung weiterer Facharztbezeichnungen und Zuordnung zu anderen Fachgruppenkodes: LSG RhPf, 3.6.2014, L 7 KA 12/14 B ER, Rn. 8.
101 Zur Rechtfertigung: BT-Dr. 16/10609, 53 f.; LSG NRW, 3.11.2010, L 21 SF 208/10 Verg, Rn. 36 ff.; Adolf in: jurisPK-SGB V, § 73b Rn. 52 ff. Zur Kritik Klückmann in: Hauck/Noftz, SGB V, § 73b Rn. 13; Huster in: Becker/Kingreen, § 73b Rn. 12 mwN Sofern man die Privilegierung rechtfertigt, ist jedoch die Inhaltskontrolle zu intensivieren: Penner, Leistungserbringerwettbewerb, S. 618 ff., 648 und 663.
102 SG München, 16.7.2014, S 28 KA 696/12, Rn. 68 f.

langt nur die Mitgliedschaft, keine Bevollmächtigung,[103] wie auch die soziale Mächtigkeit genügt, ohne dass eine spezifische Organisationsstruktur vorgegeben wird.[104] Zu beachten ist hierfür das Ziel, schnell eine flächendeckende Versorgung aufzubauen. Den Fall der Doppelmitgliedschaften ausgenommen[105] soll nur je eine Allgemeinarztgemeinschaft das Mandat erhalten. Kooperationen von Gemeinschaften sollen hierfür nach mitunter vertretender Auffassung genügen;[106] eine Delegation des Mandates jedoch ausscheiden.[107]

5. Vertragsverfahren. a) Allgemeinarztgemeinschaften (Abs. 4 S. 1 f. und Abs. 4 a). Mit Ausnahme der Verträge über die Versorgung von Kindern und Jugendlichen ist für das Verfahrensrecht zwischen den Maßgaben für die Allgemeinarztgemeinschaften und sonstigen Vertragspartnern zu unterscheiden. Die Allgemeinarztgemeinschaften haben seit dem 30.6.2009[108] einen einseitigen Kontrahierungsanspruch gegen die Kassen (Abs. 4 S. 1). Vorherige Verträge von Dritten lassen den Anspruch nicht entfallen.[109]

[110]Der Vollzug des Kontrahierungsanspruchs ist durch Schiedsverfahren gesichert (Abs. 4 S. 2, Abs. 4 a), welches die Allgemeinarztgemeinschaften einseitig einleiten können (Abs. 4 a S. 1). Ist es eingeleitet, soll eine einverständliche Einigung auf die Schiedsperson erfolgen (Abs. 4 a S. 1), im Fall der Nichteinigung wird die Schiedsperson durch die Aufsichtsbehörde der Kasse bestimmt (Abs. 4 a S. 2). Aufgabe der Schiedsperson ist es, die Vertragsinhalte als Vertragshelfer nach billigem Ermessen festzulegen.[111] Die Kosten des Verfahrens werden geteilt (Abs. 4 a S. 3).

Zu unterscheiden von dem Verhältnis zwischen Allgemeinarztgemeinschaften und Kassen ist das Verhältnis zwischen Leistungserbringern und den Allgemeinarztgemeinschaften.[112] Grundsätzlich besteht hier zwar Kontrahierungsfreiheit,[113] jedoch nur in Grenzen des § 69 Abs. 2 S. 1 iVm §§ 19, 20 GWB, soweit es Vereinigungen nach Abs. 4 S. 3 Nr. 2 und 3 betrifft bzw. das inhaltsgleiche Ergebnis folgt für die KVen aus Art. 12 Abs. 1 GG iVm Art. 3 Abs. 1 GG.[114]

b) Versorgungsverträge Kinder- und Jugendliche und nachrangige Vertragspartner (Abs. 4 S. 3 und 5). Soll ein Vertrag über die Versorgung von Kinder- und Jugendlichen abgeschlossen werden gilt ein abweichendes Verfahren. Es ist kein qualifizierter Vertragspartner vorgesehen,[115] kein Kontrahierungsanspruch, aber eine Ausschreibungspflicht (Abs. 4 S. 3 und 5).

Gleiches gilt im Fall der hausärztlichen Versorgung für die nicht-privilegierten Vertragspartner nach Abs. 4 S. 3, wenn ein Vertrag mit einer privilegierten Allgemeinarztgemeinschaft zustande gekommen ist (Abs. 4 S. 3 Hs. 1)[116] oder keine privilegierte Allgemeinarztgemeinschaft zur Verfügung steht

---

103 BSG, 25.3.2015, B 6 KA 9/14 R, Rn. 64; LSG Nds-Brem, 3.11.2011, L 3 KA 104/10 B ER, Rn. 31; LSG BW, 2.8.2011, L 5 KA 1601/11 ER-B, Rn. 123; LSG NRW 11.10.2010, L 11 KA 61710 B ER, Rn. 40; Klückmann in: Hauck/Noftz, SGB V, § 73 b Rn. 13 a; Adolf in: jurisPK-SGB V, § 73 b Rn. 67; Huster in: Becker/Kingreen, § 73 b Rn. 12; Engelmann in Prütting, MedR-Komm, § 73 b SGB V Rn. 31. Zu Problemfällen: GKV-Komm/Orlowski, SGB V, § 73 b Rn. 38 ff.
104 BSG, 25.3.2015, B 6 KA 9/14 R, Rn. 66.
105 Hierzu Klückmann in: Hauck/Noftz, SGB, § 73 b Rn. 13 a.
106 LSG BW, 2.8.2011, L 5 KA 1601/11 ER-B, Rn. 124.
107 Bayrisches LSG, 27.6.2009, L 12 KA 33/09 B ER, Rn. 61 ff.; Huster in: Becker/Kingreen, § 73 b Rn. 12 mwN Zu Grenzfällen Huster, NZS 2010, 69 ff.
108 Zur zeitlichen Erstreckung Huster in: Becker/Kingreen, § 73 b Rn. 10; GKV-Komm/Orlowski, SGB V, § 73 b Rn. 44 f.
109 BT-Dr. 16/10609, 54; Klückmann in: Hauck/Noftz, SGB V, § 73 b Rn. 7 a.
110 BSG, 25.3.2015, B 6 KA 9/14 R, Rn. 85.
111 Adolf in: jurisPK-SGB V, § 73 b Rn. 73; zum notwendigen Festsetzungsumfang: Bay LSG, 5.10.2015, L 12 KA 83/15 B ER, Rn. 109 ff.
112 Adolf in: jurisPK-SGB V, § 73 b Rn. 60, der in diesem Verhältnis von der ausschließlichen Geltung der privatrechtlichen Regelungen zwischen der Gemeinschaft und deren Mitgliedern ausgeht.
113 Vgl. LSG Nds-Brem, 3.11.2011, L 3 KA 104/10 B ER, Rn. 33; BT-Dr. 16/4247, 36.
114 Vgl. Penner, Leistungserbringerwettbewerb, S. 556, 657 ff. Die Frage, ob die KVen auch mittels § 130 GWB oder § 69 Abs. 2 S. 1 den §§ 19, 20 GWB unterliegen, kann dahingestellt bleiben. Abzulehnen ist LSG NRW, 9.5.2012, L 11 KA 48/09, Rn. 43, das die Grundrechtsbeeinträchtigung mit dem Argument verneint, die Ausübung der vertragsärztlichen Tätigkeit würde nicht generell beschränkt (ebenso LSG NRW, 12.8.2013, L 11 KA 92/12 ER, Rn. 53). Darauf kommt es für den Beeinträchtigungsbegriff nicht an (vgl. Penner, aaO, S. 556).
115 Zu den Gründen s. BT-Dr. 16/10609, 54.
116 Dass in diesem Fall ein objektiver Bedarf für solche Verträge vorliegen müsste (so wohl LSG NRW, 22.7.2010, L 21 SF 77/10 Verg, Rn. 35), erscheint zweifelhaft.

(Abs. 4 S. 4).[117] Im letztgenannten Fall müssen die Krankenkassen entsprechende Verträge abschließen, gleichwohl besteht nach Abs. 3 S. 5 kein Kontrahierungsanspruch.[118]

25 Abs. 4 S. 5 sieht allseitige Kontrahierungsfreiheit vor. Das ist verfassungsrechtlich unbedenklich.[119] Diskriminierungen steht allerdings § 69 Abs. 2 S. 1 iVm §§ 19, 21 GWB entgegen. Schließt eine Kasse Verträge ab, bedarf es im Fall einer marktmächtigen Stellung sachgerechter Gründe für die Ablehnung weiterer Verträge.[120]

26 Die Kontrahierungsfreiheit gilt auch im Innenverhältnis zwischen Vertragsärzten und Vertragspartnern nach Abs. 3 S. 1 Nr. 2–4. Dort bestehen die gleichen Einschränkungen nach den §§ 19, 20 GWB, soweit es Vereinigungen nach § 73 b Abs. 4 S. 3 Nr. 2 und 3 betrifft, bzw. das inhaltsgleiche Ergebnis folgt für die KVen aus Art. 12 Abs. 1 GG iVm Art. 3 Abs. 1 GG.

27 c) **Ausschreibungspflicht und -verfahren (Abs. 4 S. 5).** Die Frage der Ausschreibungspflicht- und deren Ausgestaltung für neue Versorgungsformen (s. o. Rn. 4) wie auch der HzV war bisher weithin strittig.[121] Dieser Streit mag infolge der **Reform des europäischen Vergaberechts** durch die Richtlinie 2014/24/EU und deren Umsetzung in den §§ 97 ff. GWB sowie Neufassung der Vergabeverordnung (VgV) und der Unterschwellenverordnung (UVgO) weiterer Klärung zugeführt werden können. Diese Reformen bestätigen und erweitern den Anwendungsbereich auf **soziale Dienstleistungen**[122] auch im Hinblick auf die vorliegend relevanten Konstellationen. Zu verweisen ist hierzu auf die §§ 130 ff. GWB (Erfassung mit Sonderregelungen für soziale Dienstleistungen und breiter **Flexibilisierung** der Verfahrensarten gemäß § 64 f. iVm §§ 17 ff. VgV), einem angehobenen Schwellenwert (§ 106 GWB), der Gleichstellung von Rahmenvereinbarungen mit Aufträgen (§ 103 Abs. 5 GWB), sowie die Erfassung per Sonderregelungen für Konzessionen (§ 101 iVm 148 ff. GWB). Damit wird die Verfahrensgestaltung sowohl oberhalb wie unterhalb von Schwellenwerten flexibilisiert. Zudem wird dem nationalen **Gesetzgeber** die Möglichkeit eröffnet, noch weiter zu flexibilisieren (Art. 76 Abs. 1 RiLi 2014/24/EU), sofern nur die Grundsätze der **Transparenz und Gleichbehandlung** gewährleistet sind. Im Kern bleiben alleine Geheimvergaben und intransparente wie manipulierte Verfahren und Vergabekriterien verboten. Diesen Maßgaben zu folgen, kann kaum kritikwürdig sein. Formale Anforderungen sind zudem deutlich gemildert und auch innovative Gestaltungen sind realisierbar. Folglich ist fraglich, was noch mit einer grundsätzlichen Ablehnung vergaberechtlicher Maßgaben verteidigt werden sollte. Der Qualität und Effizienz der Versorgung könnte also mehr gedient werden, wenn sich der Streit auf die lohnendere Frage des Wie der Vergabe, nicht mehr das Ob des Vergaberechts fokussiert.

Auf diesen neugefassten Grundlagen ist für die HzV weiterhin zu vertreten, dass ein **Kontrahierungsanspruch ohne Auswahlermessen** eine **Ausschreibungspflicht** ausschließt.[123] Der Abschluss mit Allgemeinarztgemeinschaften unterfällt nicht dem Auftragsbegriff. Weiterhin ist zu vertreten, dass für den Abschluss eines Vertrages nach Abs. 4 S. 5 diese Bestimmung als **lex specialis** eine Ausschreibungspflicht nach den dortigen Maßgaben erzwingt[124] unabhängig von den Voraussetzungen des Vergaberechts nach § 69 Abs. 2 S. 4 SGB V iVm §§ 97 ff. GWB.[125] Damit ist für die Fälle des Abs. 4 S. 5 insgesamt ein dezidierteres Vergaberegime vorgesehen als nach dem Vergaberecht für Unterschwellenfälle,

---

117 Zur Problematik einer Sperrwirkung in der Schwebephase und das Schicksal von Alt-Verträgen Klückmann in: Hauck/Noftz, SGB V, § 73 b Rn. 13 b.
118 AA wohl Adolf in: jurisPK-SGB V, § 73 b Rn. 57; krit. im Hinblick auf das Risiko der Aushöhlung der hausärztlichen Regelversorgung; Legde in: Hänlein/Schuler, § 73 b Rn. 8.
119 Penner, Leistungserbringerwettbewerb, S. 657 f.; so auch zu § 73 c aF GKV-Komm/Orlowski, SGB V, § 73 c Rn. 15.
120 So wohl zu § 73 c aF auch Adolf in: jurisPK-SGB V, 2. Auflage 2012, § 73 c Rn. 32. Zur Parallelproblematik im europäischen Kartellrecht Penner, Leistungserbringerwettbewerb, S. 385 ff.
121 Zur Diskussion zB Klückmann in: Hauck/Noftz, SGB V, § 73 b Rn. 14 a ff. mwN.
122 Siehe die eingehende Begründung in BT-Dr. 18/6281, 114 ff.
123 So zB LSG NRW, 3.11.2010, L 21 SF 208/10 Verg, Rn. 30 f.; BSG, 25.3.2015, B 6 KA 9/14 R, Rn. 89; Huster in: Becker/Kingreen, § 73 b Rn. 20 mwN; Engelmann in: jurisPK-SGB V, § 73 b Rn. 128; aA Stolz/Kraus, MedR 2010, 86 ff.; Csaki/Freundt, NZS 2011, 766 ff. Auch aus dem 4. Erwägungsgrund zur RiLi 2014/24/EU zur Auftragsvergabe verneint den Auftragsbegriff, wenn jegliche Selektivität fehlt und sich die Bedingungen auf eine ausschließliche Zulassung beschränken, worauf der deutsche Gesetzgeber auch aufbaut (vgl. Begründung zu § 130 GWB nF BT-Dr 18/6281, 114). Davon zu unterscheiden ist die Frage, ob die Schaffung eines Monopols wie dem vorliegenden mit europäischem Kartellrecht vereinbar ist. Das ist zu verneinen, was angesichts der abweichenden Rechtsprechung indes eine ausschließlich theoretische Überlegung bleibt.
124 BT-Dr. 16/3100, 114; Adolf in: jurisPK-SGB V, § 73 b Rn. 74.
125 OLG Düsseldorf, 7.12.2011, Verg 77/11, Rn. 49.

wie umgekehrt eine etwas geringere Flexibilität bei Überschreitung der Schwellenwerte besteht. Von der Möglichkeit weiterer Vereinfachungen, wie sie für Modellvorhaben und allgemeine Selektivverträge iSd §§ 63, 140a nach § 69 Abs. 4 vorgesehen sind, wurde vom Gesetzgeber hingegen abgesehen. Das ist rechtspolitisch erläuterungsbedürftig. Die Motivlage, die für die Ausnahme zugunsten der §§ 63, 140a ausschlaggebend war,[126] liegt bei den ausschreibungspflichtigen HzV-Konstellationen ebenfalls vor.

Im Einzelnen:

Unverändert sind die Kassen gemäß §§ 97 ff. GWB **Auftraggeber** iSd § 99 Nr. 2 GWB.[127] Verträge nach § 73b Abs. 4 S. 3 stellen öffentliche Dienstleistungs-(Rahmen)verträge iSd § 103 GWB mit Beschaffungs- und Entgeltcharakter dar.[128] Dies gilt auch im Fall eines Abschlusses mit einer Vereinigung iSd § 73 Abs. 3 S. 1 Nr. 2–4.[129] 28

Die Ausschreibungspflicht nach den §§ 97 ff. GWB und dem Abs. 4 S. 6 kann jedoch ausnahmsweise verneint werden, wenn ein Vertrag sämtlichen Ärzten diskriminierungsfrei offensteht.[130] Das Entfallen der Ausschreibungspflicht in solchen sog „**Open house**"-Gestaltungen hat der EuGH bestätigt.[131] Die Voraussetzung, dass eine Auswahlentscheidung entfällt, ist gleichwohl nicht erfüllt, wenn der Vertrag mit einer Vereinigung iSd § 73 Abs. 3 S. 1 Nr. 2 bis 4 abgeschlossen wird. Dann findet zwischen den Vereinigungen eine wettbewerbliche Auswahl statt.[132] 29

Weiterhin sind die **Schwellenwerte** des Vergaberechts angesichts der aktuell hier relevanten Höhe von 750.000 Euro[133] mitunter, aber nicht zwingend überschritten.[134] Darauf kommt es angesichts der generellen Ausschreibungspflicht nach Abs. 4 S. 5 für die Ausschreibung dem Grunde nach indes nicht an. Differenzierungen ergeben sich nur für das Wie der Ausschreibung. Abs. 4 S. 5 sieht eine öffentliche Ausschreibung unter Bekanntgabe objektiver Kriterien bei Auswahl nach pflichtgemäßem Ermessen vor,[135] ohne nachfolgend ein Verhandlungsverfahren auszuschließen.[136] 30

Diese Maßgaben des Abs. 4 S. 5 für das Wie sind einschränkungslos vorgesehen und gelten damit auch im **Unterschwellenbereich**. Außerdem waren schon bisher die sonstigen Grundsätze des Vergaberechts anzuwenden (zB Verbot unbefristeter Verträge;[137] Grundsatz des Geheimwettbewerbs).[138] Diese Grundsätze sind durch die Unterschwellenvergabeverordnung (UVgO) nunmehr konkretisiert worden. Allerdings sind sie für die hier relevanten Dienstleistungen nur konturlose Anforderungen vorgesehen. Demnach sei so viel Wettbewerb zu schaffen, wie dies nach Natur des Geschäfts oder den besonderen 31

---

126 BT-Dr. 18/8260, 7. Dort sind in einem Motivbündel ua genannt: innovative Konzepte, die Qualität, Wirksamkeit und Wirtschaftlichkeit der Versorgung verbessern sollen; Weiterentwicklung der Leistungserbringung; Leistungen jenseits der Regelversorgung.
127 Vgl. zur vergleichbaren, bisherigen Rechtslage: EuGH, 11.6.2009, C-300/07; OLG Düsseldorf, 3.8.2011, Verg 6/11, Rn. 40; LSG NRW, 22.7.2010, L 21 SF 77/10 Verg, Rn. 31; Kaltenborn, GesR 2011, 1.
128 Vgl. zur vergleichbaren, bisherigen Rechtslage: Zum Auftragsbegriff – OLG Düsseldorf, 7.12.2011, Verg 77/11, Rn. 27; Greb/Stenzel, VergabeR 2012, 409, 412 f.; Kaltenborn, GesR 2011, 1, 2; zum Beschaffungscharakter – Kaltenborn, GesR 2011, 1, 2. Zum Entgeltcharakter – OLG Düsseldorf, 7.12.2011, Verg 77/11, Rn. 28 ff.; OLG Düsseldorf, 3.8.2011, Verg 6/11, Rn. 41 (für HzV-Verträge nach § 73 b); Greb/Stenzel, VergabeR 2012, 409, 413 f.; aA Kaltenborn, GesR 2011, 1, 6; Huster in: Becker/Kingreen, § 73 b Rn. 21; Adolf in: jurisPK-SGB V, § 73 b Rn. 78. Sofern der Entgeltcharakter verneint wird, läge nur eine Dienstleistungskonzession vor, die bisher nicht dem Anwendungsbereich der § 97 ff. GWB unterfiel (vgl. Weyand, Vergaberecht, 4. Aufl. 2013, § 99 GWB Rn. 343 mwN). Nunmehr werden aber auch Dienstleistungskonzessionen, wenn auch mit einem gesonderten Verfahren, erfasst, §§ 105, 153 iVm 151 f. GWB.
129 Vgl. OLG Düsseldorf, 7.12.2011, Verg 77/11, Rn. 37; aA Greb/Stenzel, VergabeR 2012, 409, 413, der die Vereinigungen als Erfüllungshilfen der Krankenkassen ansieht.
130 Bisher strittig, vgl. OLG Düsseldorf, 7.12.2011, Verg 77/11, Rn. 36 mwN; Greb/Stenzel, VergabeR 2012, 409, 415.
131 Bestätigend: EuGH, 10.6.2016, C 410/14.
132 Vgl. OLG Düsseldorf, 7.12.2011, Verg 77/11, Rn. 36 f.
133 § 106 Abs. 2 Nr. 1 GWB iVm Art. 4 lit. d iVm Anhang XiV RiLi 2014/24/EU, CPV-Codes 85121000-3 Dienstleistungen von Arztpraxen.
134 Zur Berechnung s. § 3 VgV – nach dessen Abs. 11 ist der Gesamtwert über die gesamte Laufzeit von bis zu 48 Monaten zu Grunde zu legen.
135 Zu den Auswahlkriterien Adolf in: jurisPK-SGB V, § 73 b Rn. 79; Rademacker in: KassKomm, § 73 b SGB V Rn. 33 f.
136 So für die Parallelregelung in § 73 b OLG Düsseldorf, 3.8.2011, Verg 6/11, Rn. 61.
137 OLG Düsseldorf, 7.12.2011, Verg 77/11, Rn. 54.
138 LSG Bln-Bbg, 6.3.2009, L 9 KR 72/09 ER.

Umständen möglich sei, § 50 UVgO. Damit ergeben sich aus Abs. 4 S. 5 im Unterschwellenbereich spezifischere Vorgaben.

32 Im Bereich **oberhalb** der Schwellenwerte treten die Bestimmungen des § 130 GWB iVm §§ 64 ff. Vergabeverordnung (VgV) hinzu. Diese Bestimmungen erlauben grundsätzlich flexible Verfahrensgestaltungen, schließen einen Verzicht auf jeglichen Teilnahmewettbewerb aber regelmäßig aus (vgl. die engen Ausnahmen in § 14 Abs. 4 VgV). Zwar sind insoweit die §§ 130 GWB, 64 ff. VgV nicht auf die spezielle Regelung des Abs. 4 S. 5 abgestimmt. Gleichwohl wird jedenfalls im Wege einer europarechtskonformen Auslegung nicht von einer Verdrängung des GWB und der VgV auszugehen sein. Dagegen spricht nach wie vor § 69 Abs. 3 und insbesondere die nachgetragene Bestimmung des § 69 Abs. 4. Diese Regelung des § 69 Abs. 4 zeigt, dass bei Vergabepflichtigkeit von der unumschränkten Geltung des Kartellvergaberechts ausgegangen wurde, nur dessen Ausnahmetatbestände sollten innerhalb der SGB V-Fälle bereichsspezifisch ausgeschöpft werden. Zwecks Konkordanz sind die Bestimmungen der §§ 97 ff. GWB und der VgV folglich in ihrem jeweiligen Anwendungsbereich auch für Abs. 4 S. 5 konkretisierend heranzuziehen. Im allerdings kaum ersichtlichen Konfliktfall wäre ihnen zudem der Vorrang einzuräumen.

Der **Rechtsschutz** richtet sich schließlich ober- wie unterhalb der Schwellenwerte statt nach dem SGB X und dem SGG ausschließlich nach den §§ 97 ff. GWB. Ausnahmetatbestände im Vergaberecht erlauben keine Ausnahme im Bereich des Rechtsschutzes,[139] wie die Verletzung der Grundsätze des Vergaberechts auch im Unterschwellenbereich nicht vom Rechtsschutz dagegen dispensiert.[140]

33 **d) Kartellrecht.** Daneben bleibt, betreffend der Verträge mit den sekundären Vertragspartnern das Kartellbildungsverbot aus § 69 Abs. 2 S. 1 iVm den §§ 1, 2, 3 Abs. 1 GWB einschlägig;[141] ebenso die Missbrauchsverbote aus den §§ 19 bis 21 GWB.[142] Diese kartellrechtlichen Regelungen werden durch das Ausschreibungsverfahren nicht entbehrlich.[143]

34 **e) Behördliche Vorlagepflichten und Aufsicht.** Die Vorlagepflichten nach § 71 Abs. 4 S. 2 und 5 aF gegenüber den Aufsichtsbehörden der vertragsschließenden Kassen und den für die Sozialversicherungen zuständigen obersten Aufsichtsbehörden der Länder bestehen für Verträge nach § 73 b nicht mehr.[144] Stattdessen besteht eine Übermittlungspflicht gegenüber den entsprechenden Behörden der Bundesländer, in denen die Verträge wirksam werden, soweit die betreffenden Behörden nicht die Aufsicht über die am Vertragsschluss beteiligte Krankenkasse führen (§ 71 Abs. 5). In dem Verantwortungsbereich der entsprechenden Aufsichtsbehörde muss diese mithin nicht über den Vertrag informiert werden. Diese Informationspflicht erstreckt sich jedoch nicht auf das Verhältnis zur originär zuständigen Aufsichtsbehörde. Diese verfügt nunmehr jedoch über verschärfte Sanktionsmöglichkeiten gemäß § 71 Abs. 6 SGB V. Zu unterscheiden von dieser Vorlagepflicht sind evtl. Anzeigepflichten eines Vertragsarztes gegenüber einer KV, soweit er sich an einem Vertrag nach § 73 b oder sonstigen Selektivverträgen beteiligt.[145]

35 **f) Nachweispflichten (Abs. 9).** Mit dem Versorgungsstärkungsgesetz wurden auch die im § 73 b festgelegten Vorlagepflichten gem. Abs. 9 aufgegeben. Lediglich die Einhaltung der Wirtschaftlichkeitskriterien muss entsprechend der Neufassung in § 140 a Abs. 2 spätestens vier Jahre nach Wirksamwerden der Verträge nachweisbar sein.

36 **6. Verhältnis zum Kollektivvertragssystem (Abs. 4 S. 6 f. und Abs. 7).** Für das Verhältnis zum Kollektivvertragssystem sind Abs. 4 S. 6 f. (Einschränkung Sicherstellungsauftrag, wenn und soweit HzV-Verträge bestehen, ausgenommen Notdienst) und Abs. 7 (Bereinigung Gesamtvergütung) maßgeblich, der die Bereinigung für die allgemeinen hausärztlichen Leistungen regelt.[146] Nach Abs. 4 S. 6 ist die KV im Umfang der Versorgung nach § 73 b von ihrem **Sicherstellungsauftrag** nach § 75 Abs. 1 entbunden, wobei die Wirkungen im Verhältnis zwischen der KV und deren Mitgliedern in Einzelpunkten unge-

---

139 Davon geht auch der nationale Gesetzgeber aus – s. zB BT-Dr. 18/8260, 7.
140 Siehe zum bisherigen, insoweit unveränderten Recht zB OLG Düsseldorf, 7.12.2011, Verg 77/11; OLG Düsseldorf, 7.12.2011 Verg 79/11.
141 Baier, MedR 2011, 345, 348.
142 Ebsen, KrV 2010, 139, 141.
143 Penner, Leistungserbringerwettbewerb, S. 299.
144 Vgl. Huster/Schütz, NZS 2016, 645, 648.
145 Die Zulässigkeit bejahend: LSG Bln-Bbg, 26.9.2012, L 7 KA 60/10.
146 BT-Dr. 16/4247, 36; BT-Dr. 16/3100, 113. Hierzu iE Klöck/Klein, NZS 2012, 87 ff.

klärt sind.[147] Nicht entbunden bleibt die Kassenärztliche Vereinigung von der Notdienstorganisation für die sprechstundenfreien Zeiten, Abs. 4 S. 7. An diesem Notdienst müssen sich auch HzV-Ärzte beteiligen aufgrund ihrer fortbestehenden Stellung als Vertragsärzte.[148]

Abs. 7 S. 2 bis 9 konkretisieren die Bereinigung für die **Gesamtvergütung** zwecks Vermeidung von Doppelvergütungen. Die Bereinigung wird im Verhältnis der Gesamtvertragspartner der Verträge nach § 83 Abs. 1 durchgeführt (Abs. 7 S. 1 Hs. 1) und gehört zu den Aufgaben auch der Kassenärztlichen Vereinigungen, Abs. 7. S. 9, was Aufwandsersatz gegen die Krankenkasse[149] wie auch besondere Gebühren oder Beitragserhöhungen gegenüber Vertragsärzten ausschließt.[150] Grundlage ist die Bereinigung gem. § 87 a Abs. 5 S. 7, der den Bewertungsausschuss zu Vorgaben berechtigt und verpflichtet. Die Basis bildet die Datenübermittlung nach Abs. 7 S. 5. Zu bereinigen ist nur der Behandlungsbedarf, wie er in der kollektivvertraglichen Versorgung zu erbringen gewesen wäre, also unter Ausklammerung evtl. Leistungsausweitungen in einem Vertrag nach § 73 b.[151] Die Anwendung bereitete bisher erhebliche Probleme.[152] Die neu geschaffenen Möglichkeiten zur pauschalierten Ermittlung der Bereinigungsbeträge, S. 3, die in S. 5 vorgesehenen Fristen zur Datenübermittlung, die vorläufige Bereinigungsmöglichkeit nach S. 6 sowie die Vereinfachung des Fremdkassenausgleichs nach S. 7 f. verfolgen das Ziel Wartezeiten für die Teilnahme an der HzV vorzubeugen und erleichtert dabei die praktische Umsetzung der Bereinigung.[153] Kommt es zu keiner Einigung über die Höhe der Beträge, können neben den Partnern der Gesamtverträge und den an § 73b-Vereinbarungen beteiligten Kassen nunmehr auch die an der HzV beteiligten Vertragspartner auf Leistungserbringerseite das Schiedsamt nach § 89 anrufen (Abs. 7 S. 4).[154]

III. Rechtsschutz

Im Verhältnis zwischen den Krankenkassen und den Leistungserbringern richtet sich der Rechtsschutz nach den allgemeinen Regelungen des SGB X und des SGG (§ 51 Abs. 1 Nr. 2, Abs. 2 SGG ggf. iVm §§ 1 Abs. 1 S. 1, 62 SGB X),[155] soweit nicht für kartell(vergabe)rechtliche Streitigkeiten die zuständigkeitsabweisende Regelung des § 51 Abs. 3 SGG durchgreift. Diese führt in Vergaberechtsstreitigkeiten zur Zuständigkeit der Vergabekammern und nachfolgend der Vergabekammern bei den Oberlandesgerichten (§§ 160 ff., 171 ff. GWB).

Ergänzungsbedürftig für § 73 b Abs. 4 a S. 4 und 5 ist, dass Klagen gegen die Bestimmung der Schiedsperson, die ein Verwaltungsakt ist,[156] keine aufschiebende Wirkung haben.[157] Klargestellt wurde zwischenzeitlich, dass die Schiedsperson selbst keinen **Verwaltungsakt** erlässt.[158] Angesprochen wurden von der Rechtsprechung in Zusammenhang mit Schiedsentscheidungen sodann Fragen der Reichweite

---

147 Siehe zB zu den strittigen Folgen bei Inanspruchnahme eines Facharztes unter Missachtung des Überweisungsvorbehaltes Legde in: Hänlein/Schuler, § 73 b Rn. 4.
148 BT-Dr. 18/4095, 85.
149 Die Klarstellung in S. 9 soll dem Ausschluss von Aufwandsersatzansprüchen der KV gegen die KK dienen, BT-Dr. 18/4095, 86.
150 LSG Bln-Bbg, 27.6.2014, L 24 KA 10/13, Rn. 22 u. 24.
151 Vgl. BT-Dr. 16/3100, 114; Klückmann in: Hauck/Noftz, SGB V, § 73 b Rn. 25.
152 Rademacker in: KassKomm, § 73 b SGB V Rn. 58 ff.
153 Vgl. Huster/Schütz, NZS 2016, 645, 651; BT-Dr. 18/4095, 85 f.
154 Vgl. Huster/Schütz, aaO.
155 Adolf in: jurisPK-SGB V, § 73 b Rn. 109.
156 Adolf in: jurisPK-SGB V, § 73 b Rn. 110; Engelmann in Prütting, MedR-Komm, § 73 b SGB V Rn. 47 a; Klückmann in: Hauck/Noftz, SGB V, § 73 b Rn. 15 g, dort auch zur Problematik des Vorverfahrens.
157 Auch dies soll der schnellen Umsetzung der HzV dienen (BT-Dr. 16/10609, 54).
158 BT-Dr. 17/6906, 56; BSG, 25.3.2015, B 6 KA 9/14 R, Rn. 23 ff.; Engelmann in Prütting, MedR-Komm, § 73 b SGB V Rn. 49. Zu anderweitigen Gerichtsentscheidungen s. zB LSG RhPf, 3.6.2014, L 7 KA 12/14 B ER, Rn. 6 (Bejahung VA-Qualität), LSG Nds-Brem, 3.11.2011, L 3 KA 104/10 B ER, Rn. 25; LSG BW, 2.8.2011, L 5 KA 1601/11 ER-B, Rn. 84 ff.; zur Diskussion Klückmann in: Hauck/Noftz, SGB V, § 73 b Rn. 15 b f.

einstweiligen Rechtsschutzes,[159] der statthaften Klagearten,[160] der funktionellen Zuständigkeit,[161] der Entbehrlichkeit der notwendigen Beiladung der Schiedsperson,[162] der Prüfungsdichte,[163] des maßgeblichen Zeitpunkts für die Beurteilung der Sach- und Rechtslage,[164] des Auswahlermessens bei der Bestimmung von Schiedspersonen[165] und der Streitwertbestimmung.[166]

§§ 73 c, 73 d (aufgehoben)

§ 74 Stufenweise Wiedereingliederung

Können arbeitsunfähige Versicherte nach ärztlicher Feststellung ihre bisherige Tätigkeit teilweise verrichten und können sie durch eine stufenweise Wiederaufnahme ihrer Tätigkeit voraussichtlich besser wieder in das Erwerbsleben eingegliedert werden, soll der Arzt auf der Bescheinigung über die Arbeitsunfähigkeit Art und Umfang der möglichen Tätigkeiten angeben und dabei in geeigneten Fällen die Stellungnahme des Betriebsarztes oder mit Zustimmung der Krankenkasse die Stellungnahme des Medizinischen Dienstes (§ 275) einholen.

Literatur:

Anton-Dyck, Stufenweise Wiedereingliederung nach § 28 SGB IX, § 74 SGB V, 2011; *Berchtold*, Krankengeld, 2004; *Brams*, Zur Wiedereingliederung des arbeitsunfähigen Arbeitnehmers: Tatsächlich ein Fall für die Krankentagegeldversicherung?, ZfV 2009, 817; *Braun*, Teilweise krank? Gute Arbeit 2016, 20; *Fuhrmann*, Stufenweise Wiedereingliederung – Umdenken bei der Anrechnung des Wiedereingliederungsentgeltes auf das Krankengeld, NZS 2008, 299; *Gagel*, Stufenweise Wiedereingliederung – Einordnungsprobleme in der Gemengelage zweier Rechtsgebiete und dreier Rechtsverhältnisse, Behindertenrecht 2011, 66; *Gawlick*, Die stufenweise Wiedereingliederung arbeitsunfähiger Arbeitnehmer in das Erwerbsleben nach § 28 SGB IX/§ 74 SGB V, 2009; *Geiger*, Soziale Absicherung während der stufenweisen Wiedereingliederung (Hamburger Modell), info also 2012, 195; *v. Hoyningen-Huene*, Das Rechtsverhältnis zur stufenweisen Wiedereingliederung arbeitsunfähiger Arbeitnehmer (§ 74 SGB V), NZA 1992, 49; *Kamps*, Arbeits(wieder)aufnahme trotz bescheinigter Arbeitsunfähigkeit, MedR 2011, 350; *Laux*, Kein Anspruch auf Krankentagegeld während einer Wiedereingliederungsmaßnahme gemäß § 74 SGB V, jurisPR-MedizinR 8/2015 Anm. 5; *Luthin*, Peu á peu – zurück in den Job, Gute Arbeit 2016, Nr. 9, 36; *Luik*, Möglicher Bezug von Arbeitslosengeld trotz Arbeitsunfähigkeit während einer stufenweisen Wiedereingliederung, jurisPR-SozR 14/2014 Anm. 2; *Nebe*, (Re-)Integration von Arbeitnehmern: Stufenweise Wiedereingliederung und Betriebliches Eingliederungsmanagement – ein neues Kooperationsverhältnis, DB 2008, 1801; *dieselbe*, Die Stufenweise Wiedereingliederung, SGb 2015, 125: *Sanwald/ Drenkpohl/Wessling/Hohmann*, Krankengeld – Entwicklung, Ursachen und Steuerungsmöglichkeiten, GSP 2016, 42; *Ungerer*, Unterhaltssichernde Leistungen bei Wiedereingliederung, SuP 2008, 387.

---

159 Zulässigkeit einer Regelungsanordnung: Bay LSG, 5.10.2015, L 12 KA 83/15 B ER, Rn. 103; LSG Nds-Brem, 3.11.2011, L 3 KA 104/10 B ER, Rn. 36. AA LSG BW, 2.8.2011, L 5 KA 1601/11 ER-B, Rn. 91.
160 BSG, 25.3.2015, B 6 KA 9/14 R, Rn. 47 ff: Ausschluss von gerichtlichen Ersetzungen, stattdessen Feststellungsklage gegen Vertragspartner mit ggf. daraus folgender Verpflichtung der Vertragsparteien zur Vertragsanpassung; vgl. auch Adolf in: jurisPK-SGB V, § 73 b Rn. 110; Engelmann in Prütting, MedR-Komm, § 73 b SGB V Rn. 66 ff. AA SG München, 16.7.2014, S 28 KA 696/12, Rn. 28.
161 SG Dresden, 15.10.2010, S 18 KR 481/10, Rn. 4 ff. (LSG als I. Instanz); aA LSG LSA, 25.11.2010, L 9 KA 2/10 ER KL, Rn. 17 ff; Klückmann in: Hauck/Noftz, SGB V, § 73 b Rn. 15 f; Ulrich, NZS 2011, 448 ff. Vom BSG wird nun die Zuständigkeit der LSG gem. § 29 Abs. 2 SGG verneint, BSG, 25.3.2015, B 6 KA 9/14 R, Rn. 21.
162 BSG, 25.3.2015, B 6 KA 9/14 R, Rn. 55.
163 BSG, 25.3.2015, B 6 KA 9/14 R, Rn. 58: eingeschränkter Umfang wie bei Schiedsamtsentscheidungen; dem folgend Bay LSG, 14.9.2016, L 12 KA 149/15, Rn. 71; Bay LSG, 5.10.2015, L 12 KA 83/15 B ER, Rn. 106; vgl. zuvor LSG Nds-Brem, 3.11.2011, L 3 KA 104/10 B ER, Rn. 45 (offen gelassen, ob eingeschränkt entsprechend Schiedsamt oder mit Billigkeitskontrolle); LSG BW, 2.8.2011, L 5 KA 1601/11 ER-B, Rn. 113 (eingeschränkt entsprechend Schiedsamt). AA SG München, 16.7.2014, S 28 KA 696/12, Rn. 34 f: zusätzliche Billigkeitskontrolle entsprechend Schiedssprüchen nach § 132 a.
164 BSG, 25.3.2015, B 6 KA 9/14 R, Rn. 56: Zeitpunkt der Schidesentscheidung; vgl. auch LSG Bln-Bbg, 17.1.2011, L 7 KA 66/10 B ER, Rn. 5.
165 LSG Bln-Bbg, 17.1.2011, L 7 KA 66/10 B ER, Rn. 6 f; LSG NRW, 11.10.2010, L 11 KA 61710 B ER, Rn. 46 ff; LSG LSA, 25.11.2010, L 9 KA 2/10 ER KL, Rn. 29 f.
166 LSG RhPf, 21.7.2014, L 7 KA 12/14 B ER.

I. Entstehungsgeschichte	1	2. Deckungsverhältnis der Sozialversicherung	12
II. Normzweck	2		
III. Die Norm im Einzelnen	4	3. Leistungsrechtliche Konsequenzen	14
IV. Regelungen im Umfeld der Wiedereingliederungsempfehlung	9		
1. Arbeitsrecht	9		

I. Entstehungsgeschichte

Die Vorschrift ist aufgrund von Art. 1 des Gesetzes zur Strukturreform im Gesundheitswesen v. 20.12.1988 (BGBl. I, 2477) eingeführt worden. Änderungen sind seither nicht erfolgt. 1

II. Normzweck

Der Normzweck ist dunkel. § 74 steht rechtssystematisch in einer Reihe von Vorschriften, welche die Sicherstellung der vertragsärztlichen und vertragszahnärztlichen Versorgung zum Inhalt haben.[1] Er regelt dort (nur) besondere Prüfungs- und Feststellungspflichten des Vertragsarztes zu Art und Umfang trotz einer bestehenden Arbeitsunfähigkeit möglicher Erwerbstätigkeiten, deren Verrichtung prognostisch die Möglichkeiten einer Wiedereingliederung verbessert. Auf dieser Feststellung beruhende Rechtsverhältnisse („Wiedereingliederungsverhältnis") gestaltet § 74 nicht aus. Krankenversicherungsrechtliche Konsequenzen der Norm werden auch sonst im SGB V nicht benannt. Dies gilt auch, soweit Träger der gesetzlichen Krankenversicherung außerhalb des Krankengeldrechts mit Fragen der „stufenweisen Wiedereingliederung" befasst sind. Den sog Materialien[2] ist folgerichtig bei positiver Hervorhebung der rechtspolitischen Erwägung, dass „eine stufenweise Wiederaufnahme der Beschäftigung für den Kranken hilfreich sein kann", lediglich eine Summierung jeweils verneinter krankenversicherungsrechtlicher Konsequenzen zu entnehmen. Die – ihrerseits nur bruchstückhaft geregelten – Voraussetzungen und die Rechtsfolgen der Norm beschränken sich folglich auf ärztliche Feststellungspflichten, deren Unterlassen folgenlos ist und in deren Folge eventuelle Konsequenzen auch unterlassen werden können. 2

Eventuelle arbeitsrechtliche Folgerungen sind allein Gegenstand der einschlägigen Regelungen dieses Rechtsgebiets und hängen grundsätzlich und in aller Regel von freiwilligen Absprachen der Vertragsparteien ab. Soweit deckungsrechtliche Regelungen im SGB III (§ 27 Abs. 2 S. 2 Nr. 3) und im SGB VI (§ 5 Abs. 2 S. 3) § 74 zitieren, geschieht dies ersichtlich außerhalb von dessen unmittelbarem Regelungszusammenhang. Letztendlich begnügt sich der Gesetzgeber vorliegend damit, den Begriff der „stufenweisen Wiedereingliederung" im Rahmen einer symbolischen Gesetzgebung überhaupt erwähnt zu haben. 3

III. Die Norm im Einzelnen

„Arzt" iS des § 74 ist nach Wortlaut und Normzusammenhang nur der Vertragsarzt. Ein dem § 74 entsprechendes Verfahren bei Feststellung der Arbeitsunfähigkeit durch sonstige Ärzte, die aufgrund ihrer Approbation oder einer vergleichbaren Qualifikation ermächtigt sind, durch die Feststellung von Arbeitsunfähigkeit (AU) den ersten Anspruch auf Krankengeld zu begründen (§ 44 Abs. 1 S. 1 Regelung 1),[3] fehlt. Ein hierin liegender Verstoß gegen Art. 3 Abs. 1 GG dürfte allerdings schon wegen der Bedeutungslosigkeit von § 74 in aller Regel folgenlos bleiben. 4

Der Vertragsarzt hat entsprechend dem (allein verlautbarten) Normbefehl 5
- stets auch zu prüfen, ob arbeitsunfähige Versicherte ihre bisherige Tätigkeit teilweise verrichten können und
- ob sie durch eine stufenweise Wiederaufnahme ihrer Tätigkeit voraussichtlich besser wieder in das Erwerbsleben eingegliedert werden können,
- um ggf. grundsätzlich gleichzeitig mit der Feststellung von Arbeitsunfähigkeit und mit dieser zusammen schriftlich verkörpert („… auf der Bescheinigung …") Art und Umfang der möglichen Tätigkeit anzugeben.

Voraussetzung der weitergehenden Feststellungen zu Wiedereingliederung und mit deren Feststellung grundsätzlich und in aller Regel räumlich und zeitlich verbunden („auf der Bescheinigung über die Arbeitsunfähigkeit") ist das Vorliegen von Arbeitsunfähigkeit. Vom Erfordernis einer derartigen äußeren

---

1 Siehe die Überschrift des Ersten Titels des Zweiten Abschnitts im Vierten Kapitel des SGB V.
2 BT-Dr. 11/2237, 192.
3 BSG, 24.2.1976, 5 RKn 26/75, SozR 2200 § 182 Nr. 12.

Verbindung muss notwendig abgesehen werden, wenn es der eigenständigen Feststellung von Arbeitsunfähigkeit nicht (mehr) bedarf, etwa weil nach Ablauf der Höchstbezugsdauer von 78 Wochen Abs. 1 S. 1) weitere Rechte und Ansprüche auf Krankengeld zunächst ohnehin nicht mehr entstehen/fortbestehen können.[4]

6 „In geeigneten Fällen" soll „dabei" auch die Stellungnahme des Betriebsarztes oder mit Zustimmung der Krankenkasse die Stellungnahme des Medizinischen Dienstes (§ 275) eingeholt werden. Schon wegen der zwangsläufigen Verzögerung durch Einholung derartiger Stellungnahmen ist in den genannten Fällen der räumliche und zeitliche Zusammenhang der ärztlichen Feststellung von Arbeitsunfähigkeit und den Feststellungen gelöst. „Dabei" kann daher insofern nur noch iS eines sachlichen Zusammenhanges verstanden werden. „Empfehlungen zur Umsetzung der stufenweisen Wiedereingliederung" enthalten die Richtlinien des Gemeinsamen Bundesausschusses über die Beurteilung der Arbeitsunfähigkeit und die Maßnahmen zur stufenweisen Wiedereingliederung nach § 92 Abs. 1 S. 2 Nr. 7 SGB V (Arbeitsunfähigkeits-Richtlinien) in der Fassung v. 1.12.2003,[5] zuletzt geändert am 21.6.2012[6] in der Anlage.

7 Noch weitergehend als bei ärztlichen Feststellungen im Zusammenhang des Rechtsbegriffs AU[7] bedarf es hinsichtlich der berufskundlichen Feststellungen im Rahmen der Wiedereingliederung (aus ärztlicher Sicht) **fachfremden Sachverstandes**. Wodurch er in das Feststellungsverfahren des § 74 eingeführt werden könnte, lässt die Norm ebenso offen wie die nähere Funktion der Stellungnahmen von Betriebsarzt und Ärztlichem Dienst. Wie bestimmen sich die „geeigneten Fälle", in denen sie einzuholen ist. Was ist die Fehlerfolge, wenn der Arzt diese Stellungnahmen nicht eingeholt hat? Welcher Grad an Verbindlichkeit kommt ihnen ggf. zu? Wovon hängt die „Zustimmung der Krankenkasse" zur Einholung einer Stellungnahme des Medizinischen Dienstes ab? Ist die (Verweigerung) dieser Zustimmung überprüfbar?

8 Anders als der Erstfeststellung von AU kommt den Feststellungen zur Wiedereingliederung im Krankengeldrecht (§§ 44ff) insofern keine vom Gesetz vorgegebene rechtliche Funktion zu. Für letztere ist in § 74 nicht ansatzweise bestimmt, dass hierdurch ein neuer Begriff der Arbeitsunfähigkeit eingeführt werden sollte[8] oder Rechte und Ansprüche auf Krankengeld sonst von der Vorschrift abhängig sein könnten.[9] Umgekehrt begründet oder gestaltet § 74 schon nach seinem Wortlaut auch keine Rechtsfolge „stufenweise Wiedereingliederung"[10] oder begründet ein „Wiedereingliederungsverhältnis".[11] Da die Norm auch nicht etwa im Wege der Verweisung in Bezug genommen wird, hindert das Fehlen hiernach getroffener Feststellungen zudem nicht etwa die Durchführung anderweitig vorgesehener „Maßnahmen zur Wiedereingliederung".

IV. Regelungen im Umfeld der Wiedereingliederungsempfehlung

9 **1. Arbeitsrecht.** § 74 lässt sozial- wie arbeitsrechtlich offen, wie die vertragsärztliche Empfehlung zur Wiedereingliederung umgesetzt werden soll. Da die Norm ersichtlich vom insofern deckungsgleichen arbeits- und sozialrechtlichen Begriff der Arbeitsunfähigkeit ausgeht, legt sie zugrunde, dass es eine "Teilarbeitsunfähigkeit" nicht gibt und daher der Arbeitgeber nach § 266 BGB grundsätzlich nicht verpflichtet ist, eine nur eingeschränkt angebotene Arbeitsleistung anzunehmen.[12] Hiervon unabhängig steht es auf der Grundlage der nach § 74 getroffenen Feststellungen – aber auch sonst – den Arbeitsvertragsparteien grundsätzlich frei, neben dem wegen Arbeitsunfähigkeit ruhenden Arbeitsverhältnis durch Abschluss einer entsprechenden Vereinbarung ein Wiedereingliederungsverhältnis als Rechtsverhältnis eigener Art zu begründen. Dieses ist im Interesse des Versicherten bzw. der Krankenkasse vom Rehabilitationszweck geprägt und hat mit dem Versuch, sich bei qualitativ verringerten Anforderungen zu erproben, ein aliud gegenüber den arbeitsvertraglich versprochenen Diensten (§ 611 BGB) zum Gegenstand, für das eine Vergütung nicht iS von § 612 Abs. 1 BGB zu erwarten ist.[13] Eben-

---

4 Vgl. etwa den BSG, 21.3.2007, B 11 a AL 31/06 R, SozR 4-4300 § 118 Nr. 1 zugrunde liegenden Sachverhalt.
5 BAnz 2004 Nr. 62 S. 6 501.
6 BAnz AT 7.9.2012 B 24.
7 Vgl. im Einzelnen Berchtold, Krankengeld, Rn. 467 ff.
8 Berchtold, Krankengeld, Rn. 362.
9 So aber BSG, 28.7.1999, B 5a/5 R 26/07 R, SozR 4-3250 § 51 Nr. 1.
10 So aber BSG, 5.2.2009, B 13 R 27/08 R, SozR 4-3250 § 28 Nr. 3.
11 Anders BAG, 28.7.1999, 4 AZR 192/98, BAGE 92, 140 ff.
12 Vgl. BAG, 29.1.1992, 5 AZR 37/91, BAGE 69, 272.
13 BAG, 29.1.1992, 5 AZR 37/91, BAGE 69, 272 ff.

so wenig besteht ein Anspruch auf Aufwendungsersatz.[14] Solange allerdings der rehabilitative Hauptzweck der Maßnahme feststeht, ändert auch die Zahlung von „Bezügen wie für eine Halbtagsbeschäftigung"[15] nichts am Charakter einer therapeutischen Maßnahme.

Das BAG hat den **Grundsatz der Freiwilligkeit** auch zuletzt im Urteil v. 13.6.2006[16] ausdrücklich bestätigt und hält an ihm ungeachtet der Einführung eines „Eingliederungsmanagements" mit der Änderung von § 84 Abs. 2 SGB IX zum 5.2004 grundsätzlich fest. Nur wenn die Arbeitsvertragsparteien den Arbeitsvertrag einverständlich in der Weise (vorübergehend) ändern, dass in zeitlich vermindertem Umfang oder mit einem anderen Gegenstand gegen Entgelt gearbeitet wird, unterliegt auch diese Vereinbarung dem Arbeitsrecht.[17] Ebenso kommt in Betracht, dass zu dem in seinen Hauptpflichten ruhenden Arbeitsverhältnis ein weiteres (befristetes) Arbeitsverhältnis mit zeitlich und/oder inhaltlich geänderter Arbeitspflicht begründet wird.[18]

Lediglich **schwerbehinderte Arbeitnehmer** können nach der neueren Rechtsprechung des BAG[19] unabhängig von vertraglichen Festlegungen der Arbeitspflicht auf der Grundlage von § 81 Abs. 4 Satz 1, Abs. 4, 5 SGB IX eine anderweitige Tätigkeit auch im Rahmen einer Wiedereingliederung verlangen. Die besondere Mitwirkungspflicht des Arbeitgebers setzt voraus, dass der Arbeitnehmer einer formalisierten Vortragslast genügt. Allein insofern kommt mittelbar § 74 SGB V Bedeutung zu. Der Arbeitnehmer muss nämlich nach Auffassung des BAG eine „nach den Vorschriften des Sozialrechts" (einschließlich der Arbeitsunfähigkeits-Richtlinien) erstellte ärztliche Bescheinigung vorlegen.

2. Deckungsverhältnis der Sozialversicherung. § 74 verhält sich nicht zu Fragen der Versicherungspflicht. Es gelten daher die auch sonst einschlägigen Regelungen. In der gesetzlichen Krankenversicherung und in der sozialen Pflegeversicherung bleibt die Mitgliedschaft daher aufrechterhalten, solange Anspruch auf Krankengeld besteht (§§ 192 Abs. 1 Nr. 1 SGB V, 49 Abs. 2 SGB XI). Begründen die Parteien des wegen Arbeitsunfähigkeit ruhenden Arbeitsverhältnisses daneben ein gesondertes Rechtsverhältnis eigener Art zum Zwecke der Rehabilitation, ist dessen Durchführung schon nicht auf die Erbringung nichtselbstständiger (Erwerbs-)Arbeit iS von § 7 Abs. 1 SGB IV gerichtet. Damit fehlt es schon deshalb an einer eigenständig die Versicherungspflicht begründenden „Beschäftigung". (§ 5 Abs. 1 Nr. 1 SGB V, § 20 Abs. 1 S. 1 SGB XI), ohne dass es auf die Zahlung eines „Entgelts" ankäme. Erst wenn ausnahmsweise an Stelle des oder neben dem ruhenden Arbeitsverhältnis ein weiteres/neues mit einem der vertragsärztlichen Empfehlung entsprechenden Inhalt begründet wird, liegt mit dessen Aufnahme eine neue Beschäftigung iS von § 7 Abs. 1 S. 1 vor.

Der Versicherungsschutz in den anderen Zweigen der Sozialversicherung ist in der Zeit bis zum Ende der arbeitsrechtlichen Entgeltfortzahlung auf der Grundlage von § 7 Abs. 1 S. 1 SGB IV im Rahmen der Beschäftigtenversicherung, in der Zeit des Krankengeldbezuges nach Maßgabe der jeweiligen spezialgesetzlichen Regelungen sicher gestellt.[20] Sowohl nach dem SGB III (§ 26 Abs. 2 Nr. 1) als auch nach dem SGB VI (§ 3 S. 1 Nr. 3) sind Bezieher von Krankengeld als solche grundsätzlich pflichtversichert. Die bloße Vereinbarung und Durchführung eines gesonderten Wiedereingliederungsverhältnisses ist auch insofern von vornherein unerheblich. Wird ausnahmsweise eine neue entgeltliche Beschäftigung zur Umsetzung von Feststellungen nach § 74 SGB V aufgenommen, begründet diese Versicherungspflicht, auch wenn es sich um eine geringfügige Beschäftigung iS von § 8 Abs. 1 SGB IV handelt (§ 27 Abs. 2 S. 2 Nr. 3 SGB III, § 5 Abs. 2 S. 3 SGB VI). Den letztgenannten Normen kann ungeachtet ihres unterschiedlichen Wortlauts jeweils nicht etwa umgekehrt entnommen werden, dass die tatsächliche Umsetzung eines jeden Rechtsverhältnisses zur Durchführung von Empfehlungen nach § 74 SGB V zur Versicherungspflicht führen könnte. Als Rückausnahmen zum Ausnahmetatbestand der Versicherungsfreiheit setzten sie jeweils einen zur Begründung von Versicherungspflicht geeigneten Sachverhalt voraus und begründen ihn nicht selbst.

3. Leistungsrechtliche Konsequenzen. Mit dem Inkrafttreten des SGB IX sind auch im Rahmen der gesetzlichen Krankenversicherung erweiterte Wiedereingliederungspflichten begründet worden. Allerdings hat § 74 auch hierdurch nicht an Bedeutung gewonnen. Träger der gesetzlichen Krankenversicherung sind hinsichtlich der Leistungen zur medizinischen Rehabilitation (§ 5 Nr. 1 SGB IX) sowie

---

14 BAG, 28.7.1999, 4 AZR 192/98, AP § 74 SGB V Nr. 3.
15 BAG, 19.4.1994, 9 AZR 462/92, AP Nr. 2 zu § 74 SGB V.
16 BAG, 13.6.2006, 9 AZR 229/05, BAGE 118, 252.
17 BAG, 29.1.1992, 5 AZR 37/91, BAGE 69, 272 ff. mwN.
18 BAG, 29.1.1992, 5 AZR 37/91, BAGE 69, 272 ff.
19 BAG, 13.6.20069, AZR 229/05, BAGE 118, 252.
20 Siehe im Einzelnen Berchtold, Krankengeld, Rn. 860 ff.

unterhaltssichernder und anderer ergänzender Leistungen (§ 5 Nr. 3 SGB IX) auch Rehabilitationsträger (§ 11 Abs. 2 S. 1 SGB V, § 6 Abs. 1 Nr. 1 SGB IX). Die entsprechenden Leistungen werden aufgrund der konstitutiven Anweisung im SGB V unter Beachtung des Neunten Buchs erbracht, soweit das SGB V nichts anderes bestimmt (§ 7 SGB XI, § 11 Abs. 2 S. 3 SGB V). Insbesondere kommt daher nach § 51 Abs. 5 SGB IX die Zahlung von Krankengeld nunmehr über die Zeit des Aufenthalts in einer Rehabilitationseinrichtung (§§ 40 Abs. 2, 41 SGB V) hinaus bis zu deren Ende Betracht, wenn im unmittelbaren Anschluss[21] an Leistungen zur medizinischen Rehabilitation eine stufenweise Wiedereingliederung (§ 28 SGB IX) erforderlich wird.[22] Nach § 28 SGB XI gilt: "Können arbeitsunfähige Leistungsberechtigte nach ärztlicher Feststellung ihre bisherige Tätigkeit teilweise verrichten und können sie durch eine stufenweise Wiederaufnahme ihrer Tätigkeit voraussichtlich besser wieder in das Erwerbsleben eingegliedert werden, sollen die medizinischen und die sie ergänzenden Leistungen entsprechend dieser Zielsetzung erbracht werden." Der ausdrücklich allein in Bezug genommene § 28 SGB IX, der zudem in Abhängigkeit von der ärztlichen Feststellung eine vollständige Rechtsfolgenanordnung enthält, lässt für § 74 SGB V keinen Anwendungsbereich.

15 Für das Krankengeldrecht bleibt § 74 grundsätzlich und in aller Regel auch ohne Bedeutung, wenn es um die Durchführung der hiernach getroffenen Feststellungen geht. „Entgelt" aus einem von den von den Arbeitsvertragsparteien begründeten Rehabilitationsverhältnis unterliegt mangels Versicherungspflicht nicht der Beitragspflicht und führt daher auch nicht zum Ruhen des Krankengeldanspruchs (§ 49 Abs. 1 Nr. 1). Ein Ruhen kommt allenfalls in Betracht, wenn ausnahmsweise eine neue entgeltliche Beschäftigung begründet wird. Wird die neue (versicherungspflichtige) Beschäftigung anstelle der bisherigen und nicht nur parallel zum ruhenden Arbeitsverhältnis begründet, kann hierin eine Lösung von der bisherigen Tätigkeit liegen, die zur Folge hat, dass künftig bei der Beurteilung von Arbeitsunfähigkeit nur noch von der neuen beruflichen Tätigkeit auszugehen ist.[23] Die bis dahin bestehende Arbeitsunfähigkeit endet ggf.

16 Im Leistungsrecht der Arbeitslosenversicherung begründet jedenfalls die unentgeltliche Tätigkeit im Rahmen eines besonderen Rehabilitationsverhältnisses kein die Arbeitslosigkeit ausschließendes „leistungsrechtliches Beschäftigungsverhältnis".[24] Nichts anders dürfte sich bei Wahrung des Rehabilitationszwecks trotz Zahlung von „Entgelt" ergeben.[25]

§ 75 Inhalt und Umfang der Sicherstellung

(1) ¹Die Kassenärztlichen Vereinigungen und die Kassenärztlichen Bundesvereinigungen haben die vertragsärztliche Versorgung in dem in § 73 Abs. 2 bezeichneten Umfang sicherzustellen und den Krankenkassen und ihren Verbänden gegenüber die Gewähr dafür zu übernehmen, daß die vertragsärztliche Versorgung den gesetzlichen und vertraglichen Erfordernissen entspricht. ²Kommt die Kassenärztliche Vereinigung ihrem Sicherstellungsauftrag aus Gründen, die sie zu vertreten hat, nicht nach, können die Krankenkassen die in den Gesamtverträgen nach § 85 oder § 87 a vereinbarten Vergütungen teilweise zurückbehalten. ³Die Einzelheiten regeln die Partner der Bundesmantelverträge.

(1 a) ¹Der Sicherstellungsauftrag nach Absatz 1 umfasst auch die angemessene und zeitnahe Zurverfügungstellung der fachärztlichen Versorgung. ²Hierzu haben die Kassenärztlichen Vereinigungen bis zum 23. Januar 2016 Terminservicestellen einzurichten; die Terminservicestellen können in Kooperation mit den Landesverbänden der Krankenkassen und den Ersatzkassen betrieben werden. ³Die Terminservicestelle hat Versicherten bei Vorliegen einer Überweisung zu einem Facharzt innerhalb einer Woche einen Behandlungstermin bei einem Leistungserbringer nach § 95 Absatz 1 Satz 1 zu vermitteln; einer Überweisung bedarf es nicht, wenn ein Behandlungstermin bei einem Augenarzt oder einem Frauenarzt zu vermitteln ist. ⁴Die Wartezeit auf den zu vermittelnden Behandlungstermin darf vier Wochen nicht überschreiten. ⁵Die Entfernung zwischen Wohnort des Versicherten und dem vermittel-

---

21 Vgl. insofern BSG, 5.2.2009, B 13 R 27/08 R, SozR 4-3250 § 28 Nr. 3.
22 Vgl. BSG, 29.1.2008, B 5a/5 R 26/07 R, wo allerdings zu Unrecht davon ausgegangen wird, § 28 SGB IX, der ausdrücklich nur eine erweiterte Zielbestimmung vorhandener Leistungen begründet, komme selbst als Anspruchsgrundlage weiterer Leistungen in Betracht. Der Rechtsprechung des 5. Senats hat sich der 13. Senat ausdrücklich angeschlossen: BSG, 5.2.2009, B 13 R 27/08 R, SozR 4-3250 § 28 Nr. 3.
23 Berchtold, Krankengeld, Rn. 378 ff.
24 BSG, 21.3.2007, B 11 a AL 31/06 R, SozR 4-4300 § 118 Nr. 1.
25 BSG, 21.3.2007, B 11 a AL 31/06 R, SozR 4-4300 § 118 Nr. 1.

ten Facharzt muss zumutbar sein. ⁶Kann die Terminservicestelle keinen Behandlungstermin bei einem Leistungserbringer nach § 95 Absatz 1 Satz 1 innerhalb der Frist nach Satz 4 vermitteln, hat sie einen ambulanten Behandlungstermin in einem zugelassenen Krankenhaus anzubieten; die Sätze 3 bis 5 gelten entsprechend. ⁷Satz 6 gilt nicht bei verschiebbaren Routineuntersuchungen und in Fällen von Bagatellerkrankungen sowie bei weiteren vergleichbaren Fällen. ⁸Für die ambulante Behandlung im Krankenhaus gelten die Bestimmungen über die vertragsärztliche Versorgung. ⁹In den Fällen von Satz 7 hat die Terminservicestelle einen Behandlungstermin bei einem Leistungserbringer nach § 95 Absatz 1 Satz 1 in einer angemessenen Frist zu vermitteln. ¹⁰Im Bundesmantelvertrag nach § 82 Absatz 1 sind bis zum 23. Oktober 2015 insbesondere Regelungen zu treffen

1. zum Nachweis des Vorliegens einer Überweisung,
2. zur zumutbaren Entfernung nach Satz 5, differenziert nach Arztgruppen,
3. über das Nähere zu den Fällen nach Satz 7,
4. zur Notwendigkeit weiterer Behandlungen nach § 76 Absatz 1 a Satz 2.

¹¹Im Bundesmantelvertrag können zudem ergänzende Regelungen insbesondere zu weiteren Ausnahmen von der Notwendigkeit des Vorliegens einer Überweisung getroffen werden. ¹²Die Sätze 2 bis 11 gelten nicht für Behandlungen nach § 28 Absatz 2 und § 29. ¹³Ab Inkrafttreten des Beschlusses des Gemeinsamen Bundesausschusses nach § 92 Absatz 6 a Satz 3 gelten die Sätze 2 bis 11 für Behandlungen nach § 28 Absatz 3 hinsichtlich der Vermittlung eines Termins für ein Erstgespräch im Rahmen der psychotherapeutischen Sprechstunden und der sich aus der Abklärung ergebenden zeitnah erforderlichen Behandlungstermine; einer Überweisung bedarf es nicht. ¹⁴Die Kassenärztliche Bundesvereinigung kann die Kassenärztlichen Vereinigungen durch das Angebot einer Struktur für ein elektronisch gestütztes Wartezeitenmanagement bei der Terminvermittlung unterstützen. ¹⁵Die Kassenärztliche Bundesvereinigung evaluiert die Auswirkungen der Tätigkeit der Terminservicestellen insbesondere im Hinblick auf die Erreichung der fristgemäßen Vermittlung von Facharztterminen, auf die Häufigkeit der Inanspruchnahme und auf die Vermittlungsquote. ¹⁶Über die Ergebnisse hat die Kassenärztliche Bundesvereinigung dem Bundesministerium für Gesundheit jährlich, erstmals zum 30. Juni 2017, zu berichten.

(1 b) ¹Der Sicherstellungsauftrag nach Absatz 1 umfasst auch die vertragsärztliche Versorgung zu den sprechstundenfreien Zeiten (Notdienst), nicht jedoch die notärztliche Versorgung im Rahmen des Rettungsdienstes, soweit Landesrecht nichts anderes bestimmt. ²Die Kassenärztlichen Vereinigungen sollen den Notdienst auch durch Kooperation und eine organisatorische Verknüpfung mit zugelassenen Krankenhäusern sicherstellen; hierzu sollen sie entweder Notdienstpraxen in oder an Krankenhäusern einrichten oder Notfallambulanzen der Krankenhäuser unmittelbar in den Notdienst einbinden. ³Nicht an der vertragsärztlichen Versorgung teilnehmende zugelassene Krankenhäuser und Ärzte, die aufgrund einer Kooperationsvereinbarung mit der Kassenärztlichen Vereinigung in den Notdienst einbezogen sind, sind zur Leistungserbringung im Rahmen des Notdienstes berechtigt und nehmen zu diesem Zweck an der vertragsärztlichen Versorgung teil. ⁴Satz 3 gilt entsprechend für nicht an der vertragsärztlichen Versorgung teilnehmende Ärzte im Rahmen der notärztlichen Versorgung des Rettungsdienstes, soweit entsprechend Satz 1 durch Landesrecht bestimmt ist, dass auch diese Versorgung vom Sicherstellungsauftrag der Kassenärztlichen Vereinigung umfasst ist. ⁵Die Kassenärztlichen Vereinigungen sollen mit den Landesapothekerkammern in einen Informationsaustausch über die Organisation des Notdienstes treten, um die Versorgung der Versicherten im Notdienst zu verbessern; die Ergebnisse aus diesem Informationsaustausch sind in die Kooperationen nach Satz 2 einzubeziehen. ⁶Die Kassenärztlichen Vereinigungen sollen mit den Rettungsleitstellen der Länder kooperieren.

(2) ¹Die Kassenärztlichen Vereinigungen und die Kassenärztlichen Bundesvereinigungen haben die Rechte der Vertragsärzte gegenüber den Krankenkassen wahrzunehmen. ²Sie haben die Erfüllung der den Vertragsärzten obliegenden Pflichten zu überwachen und die Vertragsärzte, soweit notwendig, unter Anwendung der in § 81 Abs. 5 vorgesehenen Maßnahmen zur Erfüllung dieser Pflichten anzuhalten.

(3) ¹Die Kassenärztlichen Vereinigungen und die Kassenärztlichen Bundesvereinigungen haben auch die ärztliche Versorgung von Personen sicherzustellen, die auf Grund dienstrechtlicher Vorschriften über die Gewährung von Heilfürsorge einen Anspruch auf unentgeltliche ärztliche Versorgung haben, soweit die Erfüllung dieses Anspruchs nicht auf andere Weise gewährleistet ist. ²Die ärztlichen Leistungen sind so zu vergüten, wie die Ersatzkassen die vertragsärztlichen Leistungen vergüten. ³Die Sätze 1 und 2 gelten entsprechend für ärztliche Untersuchungen zur Durchführung der allgemeinen Wehr-

pflicht sowie Untersuchungen zur Vorbereitung von Personalentscheidungen und betriebs- und fürsorgeärztliche Untersuchungen, die von öffentlich-rechtlichen Kostenträgern veranlaßt werden.

(3 a) ¹Die Kassenärztlichen Vereinigungen und die Kassenärztlichen Bundesvereinigungen haben auch die ärztliche Versorgung der in den brancheneinheitlichen Standardtarifen nach § 257 Abs. 2 a in Verbindung mit § 314 und nach § 257 Abs. 2 a in Verbindung mit § 315 sowie dem brancheneinheitlichen Basistarif nach § 152 Absatz 1 des Versicherungsaufsichtsgesetzes und dem Notlagentarif nach § 153 des Versicherungsaufsichtsgesetzes Versicherten mit den in diesen Tarifen versicherten ärztlichen Leistungen sicherzustellen. ²Solange und soweit nach Absatz 3 b nichts Abweichendes vereinbart oder festgesetzt wird, sind die in Satz 1 genannten Leistungen einschließlich der belegärztlichen Leistungen nach § 121 nach der Gebührenordnung für Ärzte oder der Gebührenordnung für Zahnärzte mit der Maßgabe zu vergüten, dass Gebühren für die in Abschnitt M des Gebührenverzeichnisses der Gebührenordnung für Ärzte genannten Leistungen sowie für die Leistung nach Nummer 437 des Gebührenverzeichnisses der Gebührenordnung für Ärzte nur bis zum 1,16fachen des Gebührensatzes der Gebührenordnung für Ärzte, Gebühren für die in den Abschnitten A, E und O des Gebührenverzeichnisses der Gebührenordnung für Ärzte genannten Leistungen nur bis zum 1,38fachen des Gebührensatzes der Gebührenordnung für Ärzte, Gebühren für die übrigen Leistungen des Gebührenverzeichnisses der Gebührenordnung für Ärzte nur bis zum 1,8fachen des Gebührensatzes der Gebührenordnung für Ärzte und Gebühren für die Leistungen des Gebührenverzeichnisses der Gebührenordnung für Zahnärzte nur bis zum 2fachen des Gebührensatzes der Gebührenordnung für Zahnärzte berechnet werden dürfen. ³Für die Vergütung von in den §§ 115 b und 116 b bis 119 genannten Leistungen gilt Satz 2 entsprechend, wenn diese für die in Satz 1 genannten Versicherten im Rahmen der dort genannten Tarife erbracht werden.

(3 b) ¹Die Vergütung für die in Absatz 3 a Satz 2 genannten Leistungen kann in Verträgen zwischen dem Verband der privaten Krankenversicherung einheitlich mit Wirkung für die Unternehmen der privaten Krankenversicherung und im Einvernehmen mit den Trägern der Kosten in Krankheits-, Pflege- und Geburtsfällen nach beamtenrechtlichen Vorschriften mit den Kassenärztlichen Vereinigungen oder den Kassenärztlichen Bundesvereinigungen ganz oder teilweise abweichend von den Vorgaben des Absatzes 3 a Satz 2 geregelt werden. ²Für den Verband der privaten Krankenversicherung gilt § 158 Absatz 2 des Versicherungsaufsichtsgesetzes entsprechend. ³Wird zwischen den Beteiligten nach Satz 1 keine Einigung über eine von Absatz 3 a Satz 2 abweichende Vergütungsregelung erzielt, kann der Beteiligte, der die Abweichung verlangt, die Schiedsstelle nach Absatz 3 c anrufen. ⁴Diese hat innerhalb von drei Monaten über die Gegenstände, über die keine Einigung erzielt werden konnte, zu entscheiden und den Vertragsinhalt festzusetzen. ⁵Die Schiedsstelle hat ihre Entscheidung so zu treffen, dass der Vertragsinhalt

1. den Anforderungen an eine ausreichende, zweckmäßige, wirtschaftliche und in der Qualität gesicherte ärztliche Versorgung der in Absatz 3 a Satz 1 genannten Versicherten entspricht,
2. die Vergütungsstrukturen vergleichbarer Leistungen aus dem vertragsärztlichen und privatärztlichen Bereich berücksichtigt und
3. die wirtschaftlichen Interessen der Vertragsärzte sowie die finanziellen Auswirkungen der Vergütungsregelungen auf die Entwicklung der Prämien für die Tarife der in Absatz 3 a Satz 1 genannten Versicherten angemessen berücksichtigt.

⁶Wird nach Ablauf einer von den Vertragsparteien nach Satz 1 vereinbarten oder von der Schiedsstelle festgesetzten Vertragslaufzeit keine Einigung über die Vergütung erzielt, gilt der bisherige Vertrag bis zu der Entscheidung der Schiedsstelle weiter. ⁷Für die in Absatz 3 a Satz 1 genannten Versicherten und Tarife kann die Vergütung für die in den §§ 115 b und 116 b bis 119 genannten Leistungen in Verträgen zwischen dem Verband der privaten Krankenversicherung einheitlich mit Wirkung für die Unternehmen der privaten Krankenversicherung und im Einvernehmen mit den Trägern der Kosten in Krankheits-, Pflege- und Geburtsfällen nach beamtenrechtlichen Vorschriften mit den entsprechenden Leistungserbringern oder den sie vertretenden Verbänden ganz oder teilweise abweichend von den Vorgaben des Absatzes 3 a Satz 2 und 3 geregelt werden; Satz 2 gilt entsprechend. ⁸Wird nach Ablauf einer von den Vertragsparteien nach Satz 7 vereinbarten Vertragslaufzeit keine Einigung über die Vergütung erzielt, gilt der bisherige Vertrag weiter.

(3 c) ¹Die Kassenärztlichen Bundesvereinigungen bilden mit dem Verband der privaten Krankenversicherung je eine gemeinsame Schiedsstelle. ²Sie besteht aus Vertretern der Kassenärztlichen Bundesvereinigung oder der Kassenzahnärztlichen Bundesvereinigung einerseits und Vertretern des Verbandes der privaten Krankenversicherung und der Träger der Kosten in Krankheits-, Pflege- und Geburtsfällen

nach beamtenrechtlichen Vorschriften andererseits in gleicher Zahl, einem unparteiischen Vorsitzenden und zwei weiteren unparteiischen Mitgliedern sowie je einem Vertreter des Bundesministeriums der Finanzen und des Bundesministeriums für Gesundheit. ³Die Amtsdauer beträgt vier Jahre. ⁴Über den Vorsitzenden und die weiteren unparteiischen Mitglieder sowie deren Stellvertreter sollen sich die Vertragsparteien einigen. ⁵Kommt eine Einigung nicht zu Stande, gilt § 89 Abs. 3 Satz 4 bis 6 entsprechend. ⁶Im Übrigen gilt § 129 Abs. 9 entsprechend. ⁷Die Aufsicht über die Geschäftsführung der Schiedsstelle führt das Bundesministerium der Finanzen; § 129 Abs. 10 Satz 2 gilt entsprechend.

(4) ¹Die Kassenärztlichen Vereinigungen und die Kassenärztlichen Bundesvereinigungen haben auch die ärztliche Behandlung von Gefangenen in Justizvollzugsanstalten in Notfällen außerhalb der Dienstzeiten der Anstaltsärzte und Anstaltszahnärzte sicherzustellen, soweit die Behandlung nicht auf andere Weise gewährleistet ist. ²Absatz 3 Satz 2 gilt entsprechend.

(5) Soweit die ärztliche Versorgung in der knappschaftlichen Krankenversicherung nicht durch Knappschaftsärzte sichergestellt wird, gelten die Absätze 1 und 2 entsprechend.

(6) Mit Zustimmung der Aufsichtsbehörden können die Kassenärztlichen Vereinigungen und Kassenärztlichen Bundesvereinigungen weitere Aufgaben der ärztlichen Versorgung insbesondere für andere Träger der Sozialversicherung übernehmen.

(7) ¹Die Kassenärztlichen Bundesvereinigungen haben
1. die erforderlichen Richtlinien für die Durchführung der von ihnen im Rahmen ihrer Zuständigkeit geschlossenen Verträge aufzustellen,
2. in Richtlinien die überbezirkliche Durchführung der vertragsärztlichen Versorgung und den Zahlungsausgleich hierfür zwischen den Kassenärztlichen Vereinigungen zu regeln, soweit nicht in Bundesmantelverträgen besondere Vereinbarungen getroffen sind,
3. Richtlinien über die Betriebs-, Wirtschafts- und Rechnungsführung der Kassenärztlichen Vereinigungen aufzustellen und
4. Richtlinien für die Umsetzung einer bundeseinheitlichen Notdienstnummer aufzustellen.

²Die Richtlinie nach Satz 1 Nr. 2 muss sicherstellen, dass die für die erbrachte Leistung zur Verfügung stehende Vergütung die Kassenärztliche Vereinigung erreicht, in deren Bezirk die Leistung erbracht wurde; eine Vergütung auch auf der Basis bundesdurchschnittlicher Verrechnungspunktwerte ist zulässig. ³Die Richtlinie nach Satz 1 Nr. 2 kann auch Regelungen über die Abrechnungs-, Wirtschaftlichkeits- und Qualitätsprüfung sowie über Verfahren bei Disziplinarangelegenheiten bei überörtlichen Berufsausübungsgemeinschaften, die Mitglieder in mehreren Kassenärztlichen Vereinigungen haben, treffen, soweit hierzu nicht in den Bundesmantelverträgen besondere Vereinbarungen getroffen sind.

(7 a) ¹Abweichend von Absatz 7 Satz 2 muss die für die ärztliche Versorgung geltende Richtlinie nach Absatz 7 Satz 1 Nr. 2 sicherstellen, dass die Kassenärztliche Vereinigung, in deren Bezirk die Leistungen erbracht wurden (Leistungserbringer-KV), von der Kassenärztlichen Vereinigung, in deren Bezirk der Versicherte seinen Wohnort hat (Wohnort-KV), für die erbrachten Leistungen jeweils die entsprechenden Vergütungen der in der Leistungserbringer-KV geltenden Euro-Gebührenordnung nach § 87 a Abs. 2 erhält. ²Dabei ist das Benehmen mit dem Spitzenverband Bund der Krankenkassen herzustellen.

(8) Die Kassenärztlichen Vereinigungen und die Kassenärztlichen Bundesvereinigungen haben durch geeignete Maßnahmen darauf hinzuwirken, daß die zur Ableistung der Vorbereitungszeiten von Ärzten sowie die zur allgemeinmedizinischen Weiterbildung in den Praxen niedergelassener Vertragsärzte benötigten Plätze zur Verfügung stehen.

(9) Die Kassenärztlichen Vereinigungen sind verpflichtet, mit Einrichtungen nach § 13 des Schwangerschaftskonfliktgesetzes auf deren Verlangen Verträge über die ambulante Erbringung der in § 24 b aufgeführten ärztlichen Leistungen zu schließen und die Leistungen außerhalb des Verteilungsmaßstabes nach den zwischen den Kassenärztlichen Vereinigungen und den Einrichtungen nach § 13 des Schwangerschaftskonfliktgesetzes oder deren Verbänden vereinbarten Sätzen zu vergüten.

Literatur:
Axer, Einbeziehung der PKV in die GKV – Standard- und Basistarif als Gegenstand der Sicherstellung in der vertragsärztlichen Versorgung, MedR 2008, 482; *Bielitz*, Die Verpflichtung niedergelassener Ärzte zur Teilnahme am allgemeinen ärztlichen Notfalldienst, NJW 2012, 1253; *Bogan*, Der Sicherstellungsauftrag der Kassenärztlichen Vereinigungen, 2012; *Hess*, MedR 2003, 137; *Brockmann*, Ambulante Krankenversorgung ohne Kassenärztliche Vereinigungen?, 2011; *Huster/Schütz*, Die Neuordnung der selektivvertraglichen Versorgung durch das GKV-Versorgungstärkungsgesetz, NZS 2012, 645; *Kluth*, Kassenärztliche Vereinigungen – Körperschaften des öffentlichen Rechts, MedR 2003, 123; *ders.*, Funktionsgerechte Organ-

strukturen – ein Verfassungsgebot, VerwArch 2011, 525; *Merten*, Zum Selbstverwaltungsrecht Kassenärztlicher Vereinigungen, 1995; *Plagemann*, Der Schadensersatzanspruch der Krankenkasse gegen den Kassenarzt bei ärztlichem Kunstfehler, NJW 1984, 1377; *Merten*, Zum Selbstverwaltungsrecht Kassenärztlicher Vereinigungen, 1995; *Muschallik*, Die Zukunft des Sicherstellungsauftrags durch die Kassenärztlichen Vereinigungen unter Berücksichtigung neuer Versorgungsformen – aus Sicht der Kassenärztlichen Vereinigungen, MedR 2003, 139; *Raichle*, Der Sicherstellungsauftrag der Kassenärztlichen Vereinigungen im System der gesetzlichen Krankenversicherung, 2011; *Sodan*, Handbuch des Krankenversicherungsrechts, 2. Auflage, 2014; *Steinhilper/Schiller*, Maulkorb für KVen und Vertragsärzte?, MedR 2003, 661; *Wigge/Harney*, Selektivverträge zwischen Ärzten und Krankenkassen nach dem GKV-WSG, MedR 2008, 139.

I. Allgemeines 1	6. Versorgung der Privatversicherten in einem Standard- oder Basistarif (Abs. 3 a bis 3 c) 68
1. Entstehungsgeschichte 1	a) Sicherstellungsauftrag (Abs. 3 a) 68
2. Systematische Einbindung 18	b) Rechtsgrundlage für abweichende vertragliche Vergütungsregelungen (Abs. 3 b) 74
II. Regelungsgehalt 22	c) Zusammensetzung der Schiedsstelle (Abs. 3 c) 78
1. Der Sicherstellungsauftrag (Abs. 1, Abs. 1 a, Abs. 1 b) 22	7. Versorgung der Gefangenen in Justizvollzugsanstalten (Abs. 4) 80
a) Zweck und Herleitung 22	8. Versorgung der knappschaftlich Krankenversicherten (Abs. 5) 81
b) Umfang (Abs. 1 S. 1) 23	9. Fakultative Übernahme weiterer Aufgaben (Abs. 6) 82
c) Durchbrechungen des Sicherstellungsauftrags durch neue Versorgungsformen 27	10. Richtlinien (Abs. 7) 83
d) Zeitnahe fachärztliche Versorgung (Abs. 1 a) 29	a) Vertragsrichtlinien 84
e) Notdienst (Abs. 1 b) 34	b) Richtlinien zum Fremdkassenzahlungsausgleich 85
f) Einbehaltung der Gesamtvergütung (Abs. 1 S. 2 und 3) 44	c) Richtlinien über die Betriebs-, Wirtschafts- und Rechnungsführung 88
2. Der Gewährleistungsauftrag (Abs. 1 S. 1 Hs. 2) 45	d) Richtlinien für die Umsetzung einer bundeseinheitlichen Notdienstnummer 89
a) Zweck und Herleitung 45	11. Vorbereitungszeiten und Weiterbildung von Ärzten (Abs. 8) 90
b) Umfang 46	12. Verträge mit Einrichtungen nach § 13 Schwangerschaftskonfliktgesetz (Abs. 9) 91
3. Rechtswahrnehmung und Interessenvertretung (Abs. 2 S. 1) 51	
a) Zweck und Herleitung 51	
b) Umfang 52	
c) Spannungsverhältnis zu den anderen Aufgaben 59	
4. Überwachung der Vertragsärzte und Disziplinargewalt (Abs. 2 S. 2) 60	
a) Zweck und Herleitung 60	
b) Umfang 61	
5. Sicherstellung der Versorgung von Versicherten mit dienstrechtlichen Ansprüchen auf freie Heilfürsorge (Abs. 3) 63	

I. Allgemeines

1 **1. Entstehungsgeschichte.** Die Vorschrift wurde in ihrer ursprünglichen Fassung durch Art. 1 des Gesundheits-Reformgesetzes – GRG – vom 20.12.1988 mit Wirkung zum 1.1.1989 (BGBl. I, 2477) geschaffen und seitdem vielmals in ihren Details geändert und ergänzt. Ihre Vorgängernormen fanden sich in den § 368 Abs. 3 S. 1 (eingefügt durch Art. 1 des Gesetzes zur Weiterentwicklung des Kassenarztrechts – KVWG – vom 28.12.1976, BGBl. I, 3871) und § 368n Abs. 1, 2, 4, 7 RVO (eingefügt durch Art. 1 des Gesetzes über das Kassenarztrecht – GKAR – vom 17.8.1955, BGBl. I, 513).

2 Abs. 1 S. 1 entspricht der Fassung des GRG mit Ausnahme des früher verwendeten Begriffs der kassenärztlichen Versorgung, der mit Geltung des Gesundheits-Strukturgesetzes – GSG – vom 21.12.1992 mit Wirkung zum 1.1.1993 (BGBl. I, 2266) durch den nun verwendeten Begriff der vertragsärztlichen Versorgung ersetzt wurde (Art. 1 Nr. 34 b). Der Inhalt der Norm wurde § 368 n Abs. 1 unter Einbeziehung von § 368 Abs. 3 S. 1 RVO entnommen (BT-Dr. 11/2237, 192, im Entwurf § 83). Mit der Zuweisung des Sicherstellungsauftrags auf die KVen und die KBVen ist im ersten Halbsatz eine der zentralen Grundentscheidungen der GKV und ein Kernstück des Vertragsarztrechts geregelt. Im zweiten Halbsatz von Abs. 1 S. 1 ist der Gewährleistungsauftrag festgeschrieben.

3 Die durch Art. 1 Nr. 51 des Gesundheits-Modernisierungsgesetzes – GMG – vom 14.11.2003 mit Wirkung zum 1.1.2004 (BGBl. I, 2190) geschaffenen früheren S. 3 und 4 des Abs. 1 sind seit Geltung des

GKV-Versorgungsstärkungsgesetz – GKV-VSG vom 16.7.2015 mit Wirkung zum 23.7.2015 (BGBl. I, 1211) als S. 2 und 3 hochgerückt. S. 2 umfasst die Befugnis der KKen, die in den Gesamtverträgen geregelten Vergütungen nach den §§ 85, 87a (damals § 85a) teilweise zurückzubehalten, wenn die KVen ihrem Sicherstellungsauftrag aus von ihnen zu vertretenden Gründen nicht nachkommen (BT-Dr. 15/1525, 98). S. 3 enthält die Verpflichtung, Einzelheiten dazu in den Bundesmantelverträgen zu regeln. Die vormaligen S. 2 bis 4 wurden durch Art. 1 Nr. 29 lit. a des GKV-VSG aufgehoben. Regelungen zur fachärztlichen Versorgung und zum Notdienst in S. 2 und 3 finden sich nunmehr in den Abs. 1a und 1b. S. 4, der die Vertragspartner dazu verpflichtete, in den Gesamtverträgen zu regeln, welche Zeiten noch eine zeitnahe fachärztliche Versorgung darstellten, wurde ersatzlos gestrichen.

Abs. 1a wurde mit dem GKV-VSG neu eingefügt. S. 1, der den früheren Abs. 1 S. 2 1. Hs. idF des Versorgungsstrukturgesetzes – GKV-VStG – vom 22.12.2011 mit Wirkung zum 1.1.2012 (BGBl. I, 2983) aufgreift, stellt klar, dass der Sicherstellungsauftrag auch die angemessene und zeitnahe Zurverfügungstellung der fachärztlichen Versorgung umfasst. Mit den neuen S. des Abs. 1a sollen weitere Maßnahmen ergriffen werden, die gewährleisten, dass alle Patientinnen und Patienten in einer angemessenen Frist einen Facharzttermin erhalten (BR-Dr. 641/14, 102). Die Regelung ist eine Reaktion des Gesetzgebers auf Berichte von Patientinnen und Patienten über teilweise sehr lange Wartezeiten (BR-Dr. 641/14, 102). Kernstück des Abs. 1a ist die Einrichtung von Terminservicestellen durch die Kassenärztlichen Vereinigungen bis zum 23.1.2016, die in Kooperation mit den Landesverbänden der KKen und den Ersatzkassen betrieben werden können und die Aufgabe haben, Versicherten innerhalb von einer Woche einen Behandlungstermin zu vermitteln (S. 2 und 3). Die Wartezeit auf den Termin darf vier Wochen nicht überschreiten (S. 4); die Entfernung zwischen Wohnort des Versicherten und vermitteltem Facharzt muss zumutbar sein (S. 5). Ist die Vermittlung bei einem Leistungserbringer nach § 95 Abs. 1 Satz 1 nicht möglich, so kann die Terminservicestelle nachrangig, unter Geltung der S. 3 bis 5 einen ambulanten Behandlungstermin in einem Krankenhaus anbieten, soweit es sich nicht um verschiebbare Routineuntersuchungen, Bagatellerkrankungen oder vergleichbare Fälle handelt (S. 6 und 7). In den Fällen des S. 6 gelten die Regelungen über die vertragsärztliche Versorgung (S. 8). Um bundesweit eine möglichst einheitliche Verfahrensweise bei den Terminservicestellen zu gewährleisten verpflichtet S. 10 die Vertragspartner, im Bundesmantelvertrag nach § 82 Abs. 1 Regelungen zu den unbestimmten Rechtsbegriffen der S. 3 bis 7 (BR-Dr. 641/14, 104) zu treffen. Die Vereinbarung erfolgte am 16.12.2015 und wurde rückwirkend zum 23.10.2015 in Anlage 28 des Bundesmantelvertrages-Ärzte (BMV-Ä) in Kraft gesetzt. S. 11 gewährt den Vertragspartnern zudem die Möglichkeit, ergänzende Regelungen zu treffen. Für die Vermittlung von Terminen für zahnärztliche und kieferorthopädische Behandlungen nach § 28 Abs. 2 und 29 gelten die S. 2 bis 11 nicht (S. 12). Die S. 13 bis 15 wurden im Gesetzgebungsverfahren erst mit der Beschlussempfehlung des Gesundheitsausschusses eingefügt (BT-Dr. 18/5123, 123). In S. 13 schuf der Gesetzgeber auf Initiative des Gesundheitsausschusses eine Sonderregelung für die Vermittlung eines Termins für ein Erstgespräch bei einer psychotherapeutischen Behandlung nach § 28 Abs. 3, nachdem der ursprüngliche Gesetzesentwurf noch den vollständigen Ausschluss dieser Behandlungen vorgesehen hatte (BR-Dr. 641/14,105; BT-Dr. 18/5123, 123). Für die Geltung der S. 2 bis 11 bedurfte es des Beschlusses für die Regelung in einer Richtlinie des G-BA („Psychotherapie-Richtlinie") nach § 29 Abs. 6a S. 3, die dieser am 16.6.2016 mit Geltung zum 8.10.2016 traf. Nach S. 14 ist die Einführung eines elektronisch gestützten Wartezeitenmanagements als Angebot möglich, mit der die KBV die KVen unterstützen kann. Zuletzt enthält die Norm eine Evaluations- und Berichtspflicht der KVen (S. 15 und 16).

Abs. 1b wurde ebenfalls mit dem GKV-VSG neu eingefügt. S. 1 regelt die Verpflichtung der KVen und KBVen zur Sicherstellung des vertragsärztlichen ambulanten Notdienstes in Form eines Bereitschaftsdienstes (BT-Dr. 11/2237, 192), die sich zuvor in Abs. 1 S. 2 befand. Dessen Vorgängernorm war § 368 Abs. 3 RVO. Mit dem Zweiten Gesetz zur Neuordnung von Selbstverwaltung und Eigenverantwortung in der Gesetzlichen Krankenversicherung – 2. GKV-NOG – vom 23.6.1997 mit Wirkung zum 1.7.1997 (BGBl. I, 1520) wurde eine Legaldefinition des Notdienstes formuliert (→ Rn. 34). Die Sicherstellung der notärztlichen Versorgung im Rahmen des Rettungsdienstes wurde gleichzeitig mit Inkrafttreten dieses Gesetzes aus dem Sicherstellungsauftrag ausgegliedert; es besteht aber die Option, davon abweichende landesrechtliche Regelungen zu treffen, wenn der Landesgesetzgeber dies für zweckmäßig hält (BT-Dr. 13/7264, 63). Durch das GKV-VSG wurden die Rahmenbedingungen der ambulanten Notfallversorgung weiter entwickelt.

Durch das GKV-VSG wurden die Rahmenbedingungen der ambulanten Notfallversorgung weiter entwickelt. Die KVen behalten den Sicherstellungsauftrag für den vertragsärztlichen Notdienst. Die bereits zuvor bestehende Möglichkeit, diesen durch Kooperationen und eine organisatorische Verknüpfung mit zugelassenen Krankenhäusern (Abs. 1 S. 3 aF durch Art. 1 Nr. 14 a bb) des GKV-VSG sicherzustellen, wurde durch eine Kooperationsverpflichtung der KVen ersetzt (S. 2 1. Hs.). Diese Verpflichtung soll dazu führen, dass Doppelstrukturen abgebaut werden (BR-Dr. 641/14, 105). Bereits bestehende Versorgungsstrukturen durch Kooperationen der KVen mit zugelassenen Krankenhäusern (zB Notdienstpraxen in den Räumen der Krankenhäuser oder durch die unmittelbare Einbeziehung der Krankenhausambulanzen) werden gestärkt und nicht zerstört (S. 2 2. Hs, BR-Dr. 614/14, 105). Bei noch fehlenden Kooperationen erhalten die KVen einen entsprechenden Auftrag. Der Klarstellung dient S. 3, dass Krankenhäuser und Nichtvertragsärztinnen und -vertragsärzte, die freiwillig am Notdienst teilnehmen, für diesen Zweck zur Leistungserbringung im Rahmen der vertragsärztlichen Versorgung berechtigt sind (BR-Dr. 614/14, 106). Entsprechendes gilt nach S. 4 für die notärztliche Versorgung im Rettungsdienst. Um die Versorgung mit Arzneimitteln der Versicherten, die außerhalb der üblichen Sprechstundenzeiten den Notdienst in Anspruch nehmen, zu erleichtern, sollen die KVen mit den Landesapothekerkammern in einen Informationsaustausch in die Organisation des Notdienstes treten (S. 5). Die Ergebnisse sollen in die Kooperationen nach S. 2 einbezogen werden. Zuletzt sollen die KVen mit den Rettungsleitstellen der Länder kooperieren und gemeinsame Leitstellen errichten, um unnötige Kosten im Rettungsdienst zu vermeiden (S. 6, BR-Dr. 614/14, 106).

7 **Abs. 2** normiert den Auftrag der KVen und der KBVen, die Rechte der Vertragsärzte gegenüber den KKen wahrzunehmen (Rechtswahrnehmungsauftrag, S. 1). Daneben überträgt S. 2 ihnen die Aufgabe, die Erfüllung der den Vertragsärzten obliegenden Pflichten zu überwachen und die Vertragsärzte, auch unter Anwendung der in § 81 Abs. 5 vorgesehenen Maßnahmen, zur Erfüllung dieser Pflichten anzuhalten (Disziplinargewalt). Die Norm entspricht der Fassung des GRG, mit Ausnahme des früher verwendeten Begriffs des Kassenarztes, der mit dem GSG durch den nun verwendeten Begriff des Vertragsarztes ersetzt wurde. Vorgängernorm war § 368 n Abs. 2 S. 1 RVO.

8 Der Sicherstellungsauftrag der KVen und der KBVen wird durch **Abs. 3** auf die Versorgung von Heilfürsorgeberechtigten mit Ansprüchen auf eine unentgeltliche ärztliche Versorgung ausgedehnt. Diese Übertragung wurde mit dem Krankenversicherungs-Kostendämpfungsgesetz – KVLG – vom 27.6.1977 mit Wirkung zum 1.7.1977 (BGBl. I, 1069) gültig. Vorrangiges Ziel war, die steigenden volkswirtschaftlichen Belastungen durch den Gesundheitsaufwand nachhaltig zu begrenzen und die Ausgaben der Krankenversicherung mit der Einkommensentwicklung der Versicherten in Einklang zu bringen, die Vergütungssätze also anzupassen (BT-Dr. 8/166, 22; BT-Dr. 8/338, 49). Die Leistungen in diesem Bereich sowie bestimmte ärztliche Untersuchungen, die von öffentlich-rechtlichen Kostenträgern veranlasst werden (S. 3), sind nach den Regeln der Ersatzkassen für entsprechende Leistungen zu vergüten. Das zuvor in § 368 n Abs. 2 S. 4 RVO durch das KVKG gewählte Verfahren, das an die Vergütung durch die Ortskasse am jeweiligen Niederlassungsort des Arztes anknüpfte, war nach Ansicht des Gesetzgebers nicht sachgerecht (BT-Dr. 11/2237, 192). Die mit der Neuregelung durch das GSG ursprünglich bezweckte Bundeseinheitlichkeit der Vergütung (BT-Dr. 11/2493, 62), ist in Folge der Regionalisierung der Ersatzkassenvergütung (§ 82 Abs. 2) ab 1996 entfallen. Abs. 3 entspricht noch der ursprünglichen Fassung des GRG.

9 **Abs. 3 a, 3 b** und **3 c** wurden durch Art. 1 Nr. 48 b) des GKV-Wettbewerbsstärkungsgesetz – GKV-WSG – vom 26.3.2007 mit Wirkung zum 1.7.2007 (BGBl. I, 378) neu geschaffen und fanden im Gesundheitsausschuss ihre Gestalt (BT-Dr. 16/4247, 37 f). Abs. 3 a S. 1 erhielt seine heutige Fassung durch das GKV-WSG mit Wirkung zum 1.1.2009 (Art. 2 Nr. 8 a lit. a) sowie Art. 1 Nr. 2 des Gesetzes zur Beseitigung sozialer Überforderung bei Beitragsschulden in der Krankenversicherung vom 15.7.2013 mit Wirkung zum 1.8.2013 (BGBl. I, 2423 f.) und Art. 2 Abs. 21 Nr. 1 lit. a des Gesetzes zur Modernisierung der Finanzaufsicht über Versicherungen vom 1.4.2015 mit Wirkung zum 1.1.2016. Mit letzterem Gesetz erhielt auch Abs. 3 b Satz 2 seine derzeitige Fassung. Abs. 3 a erstreckt den Sicherstellungsauftrag der KVen und KBVen auf die ärztliche und zahnärztliche Versorgung der Privatversicherten, die in einem zum 1.7.2007 bereits bestehenden Standardtarif nach § 257 Abs. 2 a iVm § 314, in dem zum 1.7.2007 neu einzuführenden brancheneinheitlichen Standardtarif für Personen, die bisher keinen Versicherungsschutz hatten (§ 315), im Basistarif nach § 152 Abs. 1 VAG oder im Notlagentarif nach § 153 VAG versichert sind. Den in diesen Tarifen Versicherten soll eine den Versicherten der GKV vergleichbare Sicherstellung ihrer Versorgung geboten werden (BT-Dr. 16/3100, 116) Die Sätze 2 und 3 des Abs. 3 a regeln die einheitliche Vergütung der in diesen Tarifen der PKV erbrachten Leistungen auf Grundlage von vertraglichen Vereinbarungen zwischen den KBVen und dem Verband der PKV. Die Höchstsätze nach S. 2 liegen über den bisher für den brancheneinheitlichen Standardtarif in

der PKV in § 5b GOÄ und § 5a GOZ vorgesehenen Vergütungshöchstsätzen. Der Kritik der Ärzte und Zahnärzte an aus ihrer Sicht zu geringen Honoraren in diesem Bereich soll damit nach dem Gesetzgeber Rechnung getragen werden (BT-Dr. 16/4274, 37). Die noch im Gesetzesentwurf vom 24.10.2006 vorgesehene Orientierung an der Vergütung durch die Ersatzkassen (BT-Dr. 16/3100, 39) wurde durch einen Beschluss des Gesundheitsausschuss durch die Vergütung nach den privatärztlichen Gebührenordnungen ersetzt (BT-Dr. 16/4200, 41 f.). Die Einbeziehung der belegärztlichen Leistungen nach § 121 in Abs. 3a S. 2 soll dem Entstehen einer Regelungslücke entgegenwirken (BT-Dr. 16/4247, 37). Abs. 3b eröffnet die Möglichkeit, von Abs. 3a S. 2 und 3 abweichende Vergütungsregelungen zu vereinbaren. Sie schafft den jeweiligen Vertragsparteien den notwendigen Gestaltungsspielraum für eine flexible und zeitnahe Anpassung der Vergütungen und Vergütungsstrukturen an Veränderungen im Leistungsgeschehen (BT-Dr. 16/4247, 38). Abs. 3c gibt zudem Vorgaben zur Bildung einer gemeinsamen Schiedsstelle dieser Verbände, die im Falle einer fehlenden Einigung über die Vergütungsregelungen angerufen werden und eine Entscheidung treffen kann (Abs. 3b S. 3–6). Die getroffene Regelung hinsichtlich der Besetzung der Schiedsstelle wurde durch den Ausschuss für Gesundheit im Rahmen seiner Beschlussempfehlung in das Gesetzgebungsverfahren eingebracht (BT-Dr. 16/4200, 38).

Der Sicherstellungsauftrag wird durch **Abs. 4** auf die ärztliche Versorgung von Gefangenen in Justizvollzugsanstalten in Notfällen außerhalb der Dienstzeiten der Anstaltsärzte und Anstaltszahnärzte ausgedehnt. Diese Einbeziehung beruht auf einem Beschluss des Ausschusses für Arbeit und Sozialordnung (11. Ausschuss) (BT-Dr. 11/3320, 48, BT-Dr. 11/3480, 58). Abs. 4 entspricht noch der ursprünglichen Fassung des GRG.

Abs. 5 ordnet die Geltung der Abs. 1 und 2 für die knappschaftliche Krankenversicherung an, soweit die ärztliche Versorgung der Versicherten nicht durch Knappschaftsärzte sichergestellt wird. § 204a Reichsknappschaftsgesetz, der die teilweise Einbeziehung der Bundesknappschaft in das alte Kassenarztrecht beinhaltete, war durch Art. 9 Nr. 17 des GRG gestrichen und durch § 72 Abs. 3 ersetzt worden, der seinerseits für die Sicherstellung auf das vertragsärztliche System in § 72 Abs. 1 und 2 verweist. Die Eigenständigkeit des knappschaftlichen Systems wurde damit betont und gleichzeitig die Versorgung der knappschaftlich Versicherten durch Abs. 5 unmittelbar sichergestellt. Die Regelung entspricht noch der ursprünglichen Fassung des GRG.

Der mit dem GRG geschaffene und seither nicht geänderte **Abs. 6** gibt den KVen und KBVen die Möglichkeit, mit Zustimmung der Aufsichtsbehörden weitere Aufgaben der ärztlichen Versorgung, insbesondere für andere Träger der Sozialversicherung, zu übernehmen. Seine Vorgängernorm war § 368n Abs. 2 S. 3 RVO.

Bereits mit Geltung des GRG wurden in **Abs. 7** Verpflichtungen der KBVen geschaffen, Richtlinien für die Durchführung der von ihnen geschlossenen Verträge (S. 1, jetzt S. 1 Nr. 1) und über die Betriebs-, Wirtschafts- und Rechnungsführung der KVen (S. 3, jetzt S. 1 Nr. 3) aufzustellen. Mit Art. 1 Nr. 0 des Gesetzes zur Einführung des Wohnortprinzips bei Honorarvereinbarungen für Ärzte und Zahnärzte vom 11.12.2001 mit Wirkung zum 1.1.2002 (BGBl. I, 3526) erhielten Abs. 7 S. 1 Nr. 1 und S. 2 ihre aktuelle Fassung. Nach dem neu geschaffenen S. 1 Nr. 2 sollten die KBVen bis zum 30. Juni 2002 die überbezirkliche Durchführung der vertragsärztlichen Versorgung und den Zahlungsausgleich hierfür (Fremdkassenzahlungsausgleich) in Richtlinien regeln. Zudem wurde in S. 2 die Verpflichtung festgeschrieben, durch die Richtlinie nach S. 1 Nr. 2 sicherzustellen, dass die für die erbrachte Leistung zur Verfügung stehende Vergütung die KV in dem entsprechenden Wohnort erreicht. Dieses Wohnortprinzip wurde erst auf Vorschlag des Bundesrates verbindlich vorgegeben (BT-Dr. 14/6410, 6) und nach der Beschlussempfehlung des 14. Ausschusses endgültig formuliert (BT-Dr. 14/6595, 4). Mit dem Vertragsrechtsänderungsgesetz – VÄndG – vom 22.12.2006 mit Wirkung zum 1.1.2007 (BGBl. I, 3439) wurde Abs. 7 durch S. 3 ergänzt. Dieser erweitert die zulässigen Inhalte der Richtlinie nach S. 1 Nr. 2 und erlaubt im Falle der Bildung überörtlicher Berufsausübungsgenossenschaften von Ärzten und Zahnärzten über die Bezirksgrenzen von KVen/KZVen hinaus, Regelungen über die Durchführung von Abrechnungs-, Wirtschaftlichkeits- und Qualitätsprüfung oder über das Verfahren in Disziplinarangelegenheiten zu treffen. Zuletzt wurde durch Art. 1 Nr. 14b) GKV-VStG die Nr. 4 in S. 1 eingefügt, die die Aufstellung von Richtlinien zur Umsetzung einer bundeseinheitlichen Notdienstnummer verlangt. Die Nummern 2 und 3 wurden durch dasselbe Gesetz geringfügig geändert und erhielten ihre aktuelle Fassung.

Der durch Art. 1 Nr. 48c) des GKV-WSG mit Wirkung zum 1.4.2007 neu eingefügte und durch Art. 1 Nr. 14c) des GKV-VStG vom 22.12.2011 mit Wirkung zum 1.1.2012 zuletzt geänderte **Abs. 7a** regelt eine Abweichung im Fremdkassenzahlungsausgleichssystem von Abs. 7 S. 2 seit dem 1.1.2009. Hierdurch soll sichergestellt werden, dass dieses Verfahren auch nach der Einführung des neuen Honorarsystems ab dem Jahre 2009 bei den KBVen verbleibt und nicht auf den Bewertungsausschuss übergeht (BT-Dr. 16/4247, 38). Im Entwurf des GKV-WSG war ursprünglich vorgesehen, das Verfahren bei den KBVen in Abs. 7 S. 1 Nr. 2 zu ersetzen und auf den Bewertungsausschuss zu übertragen (BT-Dr. 16/3100, 19, 123). Davon wurde Abstand genommen, da das System bei den KBVen reibungslos laufe und ohne große Brüche fortgesetzt werden könne (BT-Dr. 16/4247, 38).

15 **Abs. 8** umfasst seit Geltung des GRG die Verpflichtung der KVen und KBVen, für die Vorbereitungszeiten von Ärzten auf eine ausreichende Anzahl von Plätzen in den Praxen niedergelassener Kassenärzte hinzuwirken. Seine heutige Fassung erhielt Abs. 8 durch Art. 1 Nr. 34 d) des GSG mit Wirkung zum 1.1.1994, der diese Pflicht auf die allgemeinmedizinische Weiterbildung ausdehnte. Mit dem gleichen Gesetz wurde mit Wirkung zum 1.1.1993 der Begriff des Kassenarztes durch den neuen Begriff des Vertragsarztes ersetzt.

16 Durch das Schwangeren- und Familienhilfeänderungsgesetz – SFHÄndG – vom 21.8.1995 mit Wirkung zum 1.10.1995 (BGBl. I, 1050) wurde **Abs. 9** eingefügt (Art. 4 Nr. 4). Er umfasst die Voraussetzungen für den Abschluss mit Verträgen mit Einrichtungen nach § 13 Schwangerschaftskonfliktgesetz (SchKG) und Regelungen zu den Vergütungen der in diesem Zusammenhang erbrachten Leistungen. Abs. 9 ist eine Folgeänderung zu dem durch Art. 2 des Schwangeren- und Familienhilfegesetzes vom 27.7.1992 mit Wirkung zum 5.8.1992 (BGBl. I, 1398) eingefügten § 24 b, der den Umfang der Leistungspflicht bei Schwangerschaftsabbrüchen bestimmt (BT-Dr. 13/1850, S. 23). Der gesamte Regelungskomplex ist eine gesetzgeberische Anpassung an das Urteil des BVerfG über die verfassungsrechtlichen Anforderungen an eine für das gesamte Deutschland geltende Regelung des Schwangerschaftsabbruchs.[1]

17 Der frühere **Abs. 10** wurde mit Wirkung zum 1.1.2000 durch Art. 1 Nr. 30 des Gesetzes zur Reform der gesetzlichen Krankenversicherung ab dem Jahr 2000 – GKV-Gesundheitsreformgesetz 2000 – vom 22.12.1999 (BGBl. I, 2626) aufgehoben. Die Regelung umfasste das Recht der KVen und der KBVen zur Information der Vertragsärzte über verordnungsfähige Leistungen und deren Preise oder Entgelte sowie Hinweise zu Indikation und therapeutischem Nutzen. Sie war durch Art. 1 Nr. 12 iVm Art. 26 Abs. 2 des GKV-Solidaritätsstärkungsgesetzes (GKV-SolG) vom 19.12.1998 mit Wirkung zum 1.1.1999 eingefügt worden (BGBl. I 3853, 3855, 3863). Zwischenzeitlich fand sich eine wortgleiche Regelung in § 305 a Abs. 1, bis dessen Inhalt durch das Gesetz zur Ablösung des Arznei- und Heilmittelbudgets – ABAG – vom 19.12.2001 mit Wirkung zum 21.12.2001 (BGBl. I 3773) in § 73 Abs. 8 S. 1 aufgenommen wurde (BT-Dr. 14/6309, 11).

18 **2. Systematische Einbindung.** § 75 gehört zu den Vorschriften im zweiten Abschnitt („Beziehungen zu Ärzten, Zahnärzten und Psychotherapeuten") des vierten Kapitels des SGB V, das die Beziehungen der KKen zu den Leistungserbringern normiert. Die Vorschrift regelt zusammen mit den anderen Normen des ersten Titels dieses Abschnitts die Sicherstellung in der vertragsärztlichen und vertragszahnärztlichen Versorgung und ist eine Konkretisierung des § 72 Abs. 1. § 75 verweist seinerseits hinsichtlich des Umfangs der vertragsärztlichen Versorgung auf § 73 Abs. 2. Der Sicherstellungsauftrag der KVen wird ergänzt durch § 105, nach denen die KVen Maßnahmen zur Förderung der vertragsärztlichen Versorgung ergreifen können. Abweichend von Abs. 1 S. 1 regeln die §§ 72 a, 73 b, 73 c den Übergang des Sicherstellungsauftrags auf die KKen.

19 Der Gewährleistungsauftrag nach Abs. 1 S. 1 Hs. 2 wird durch die Sanktionsbefugnisse in § 81 Abs. 5 ergänzt. Die Überwachung der Wirtschaftlichkeit ist nach § 106 eine gemeinsame Aufgabe mit den KKen und erweitert die Verpflichtung der KVen und KBVen, die Erfüllung der den Vertragsärzten obliegenden Pflichten nach Abs. 2 S. 2 zu überwachen.

20 Jedes Bundesland verfügt über eine landesrechtliche Regelung des Rettungsdienstes im Zusammenhang mit Abs. 1 b Satz 1. Daneben werden Einzelheiten zur Regelung des Notdienstes in den Kammer- und Heilberufsgesetzen der Länder geregelt.

21 Untergesetzliche Vorschriften zu § 75 enthalten die nach Abs. 7 in der Rechtsform der Verwaltungsvorschriften erlassenen Richtlinien der KBVen. Nach Abs. 7 S. 1 Nr. 1 wurden die Richtlinien der KBV zur Vergabe der Arzt- und Betriebsstättennummern vom 1.7.2008, die Verfahrensrichtlinie der KBV zur Umsetzung des Kostennachweises von Laborgemeinschaften nach § 28 Abs. 3 des Bundesmantelvertrages Ärzte/Ersatzkassen/§ 25 Abs. 3 des Bundesmantelvertrages-Ärzte vom 1.10.2008, geändert zum 1.7.2010, und die Richtlinien zum EDV-Einsatz zum Zwecke der Arztabrechnung vom 23.5.2005

---

[1] BVerfG, 28.5.1993, 2 BvF 2/90, 2 BvF 4/92, 2 BvF 5/92, BVerfGE 88, 203, NJW 1993, 1751.

erlassen. Nach Abs. 7 S. 1 Nr. 2 wurde die Richtlinie der KBV über die Durchführung der vertragsärztlichen Versorgung bei einer den Bereich einer Kassenärztlichen Vereinigung übergreifenden Berufsausübung (KV-übergreifende Berufsausübungs-Richtlinie) vom 29.5.2007, geändert zum 8.3.2011, erlassen.[2] Vor Inkrafttreten des Abs. 7a galt die Richtlinie der KBV zur Durchführung des bundeseinheitlichen Zahlungsausgleichsverfahrens (Fremdkassenzahlungsausgleich) mit den KVen vom 19.9.2005 auf Grundlage des Abs. 7 S. 1 Nr. 2.[3] Die Richtlinien der KBV für Verfahren zur Qualitätssicherung vom 22.12.2010 entstanden auf Grundlage des Abs. 7 S. 3.[4] Für die einzelnen KV-Bezirke erlassen die KVen ebenfalls Richtlinien und auch Satzungen, etwa über die Ausgestaltung des vertragsärztlichen Notdienstes.

II. Regelungsgehalt

1. Der Sicherstellungsauftrag (Abs. 1, Abs. 1 a, Abs. 1 b). a) Zweck und Herleitung. Der Sicherstellungsauftrag ist Folge des Umstandes, dass die KKen die erforderlichen Leistungen für ihre Versicherten grundsätzlich nicht selbst erbringen dürfen, so dass eine Zuweisung an die KVen bzw. die KBVen erforderlich ist. Diese sind – unter Ausnahme neuerer Versorgungsformen (→ Rn. 27 f.) – exklusive (Kollektiv-)Vertragspartner der KKen, so dass jene keine eigenen Verträge mit den Leistungserbringern abschließen dürfen. Die KKen benötigen daher eine Garantie, dass die den Versicherten geschuldeten Sachleistungen erbracht werden. In der Historie des Systems der GKV war die Zuweisung des Sicherstellungsauftrags ein politischer Ausgleich für den Verzicht der Vertragsärzte auf streikähnliche Honorarkämpfe im Rahmen eines Schiedsabkommens mit den Verbänden der KKen. 22

b) Umfang (Abs. 1 S. 1). Die KVen und die KBVen haben die vertragsärztliche Versorgung für den ambulanten Bereich sicherzustellen. Ihnen kommt als Kollektiv der zusammengeschlossenen Vertragsärzte nach der Rechtsprechung des BSG das Primat für die vertragsärztliche Versorgung zu.[5] Der Sicherstellungsauftrag wird weit im Sinne einer umfassenden Sicherstellungsverantwortung verstanden.[6] Sowohl eine Unterversorgung als auch eine Überversorgung der Versicherten sollen vermieden werden. Das Ziel des Sicherstellungsauftrags formulierte § 368 Abs. 3 RVO als die bedarfsgerechte und gleichmäßige ärztliche Versorgung der Versicherten und ihrer Familienangehörigen in zumutbarer Entfernung unter Berücksichtigung des jeweiligen Standes der medizinischen Wissenschaft und Technik sowie der Möglichkeiten der Rationalisierung und Modernisierung. 23

Im Einzelnen wird der Umfang der Versorgung im sog **12-Punkte-Katalog** des § 73 Abs. 2 festgelegt, auf den Abs. 1 S. 1 verweist. Aufgaben, die den KVen und der KBVen darüber hinaus zugewiesen werden (vgl. Abs. 6), können nicht auf gesetzlicher, sondern nur auf vertraglicher Grundlage übertragen werden. 24

Die KVen erfüllen den Sicherstellungsauftrag durch die Vertragsärzte einschließlich der zugelassenen nichtärztlichen Psychotherapeuten. Mit steigender Tendenz sind zudem seit Einführung des GMG angestellte Ärzte in Medizinischen Versorgungszentren daran beteiligt (vgl. § 95 Abs. 1). Nur im Falle eines speziellen Bedarfes und nach Durchführung einer Bedarfsprüfung dürfen andere ermächtigte Ärzte oder ärztliche Einrichtungen teilnehmen (§ 95 Abs. 1, Abs. 4). 25

Maßnahmen, die die KVen mit Unterstützung der KBVen ergreifen können, um die Sicherstellung der vertragsärztlichen Versorgung zu gewährleisten, zu verbessern oder zu fördern, regelt § 105 Abs. 1. Darunter fallen finanzielle und sonstige Maßnahmen, zum Beispiel Sicherstellungszuschläge (§ 105 Abs. 1 S. 1) oder Maßnahmen der Qualitätssicherung (§§ 135 ff.). 26

c) Durchbrechungen des Sicherstellungsauftrags durch neue Versorgungsformen. Neue Versorgungsformen ermöglichen den KKen zunehmend Abschlüsse von Selektiv- oder Individualverträgen mit einzelnen Vertragsärzten. Der Sicherstellungsauftrag der KVen wird entsprechend dem Inhalt des jeweiligen Vertrags durchbrochen und geht insoweit auf die KKen über. In der Folge wird in der Literatur darüber diskutiert, ob durch den Übergang des Sicherstellungsauftrags die verfassungsrechtliche Legi- 27

---

2 Alle bei juris bzw. http://www.kbv.de/html/2757.php (zuletzt abgerufen a. 1.3.2017).
3 Unter http://www.aok-gesundheitspartner.de/imperia/md/gpp/by/arztundpraxis/richtlinien/by_ap_richtlinien_fremdkassenzahlungsausgleich_050919.pdf (zuletzt abgerufen a. 1.3.2017).
4 Unter http://www.kbv.de/html/qs-vereinbarungen.php (zuletzt abgerufen a. 1.3.2017).
5 BSG, 17.11.1999, B 6 KA 15/99 R, BSGE 85, 145 ff.
6 BSG, 9.6.1999, B 6 KA 76/97 R, MedR 2000, 198.

timation der KVen als öffentlich-rechtliche Körperschaften in Frage zu stellen sei, da ihnen womöglich kein substantieller Bereich an Aufgaben mehr verbleibe („Erosion des Sicherstellungsauftrags").[7]

28 Die ersten entsprechenden Versorgungsformen waren die mit dem GKV-Gesundheitsreformgesetz 2000 geschaffenen Möglichkeiten, Selektivverträge bei Modellvorhaben nach den §§ 63 ff. und innerhalb der integrierten Versorgung nach den §§ 140 a ff. abzuschließen. Im Jahre 2007 mit Einführung des GKV-WSG folgten die Formen der hausarztzentrierten Versorgung in § 73 b und der besonderen ambulanten Versorgung in § 73 c. Durch das GKV-VSG erfolgte eine Neuordnung der selektivvertraglichen Versorgung.[8] Dabei blieb die Formulierung auf Betreiben des Gesundheitsausschusses erhalten, dass der Sicherstellungsauftrag der KVen eingeschränkt ist, soweit die Versorgung der Versicherten nach diesen Verträgen durchgeführt wird (§ 140 a Abs. 1 Satz 4) (BT-Dr. 18/5123, 137).

29 d) Zeitnahe fachärztliche Versorgung (Abs. 1 a). Der Sicherstellungsauftrag umfasst seit Geltung des GKV-VStG ausdrücklich die Verpflichtung der KVen, eine angemessene und zeitnahe fachärztliche Versorgung zur Verfügung zu stellen; mit dem GKV-VSG wurde diese Verpflichtung weiter konkretisiert (S. 1). Die in der Öffentlichkeit bemängelten unterschiedlichen Wartezeiten von gesetzlich und privat Versicherten und andere Defizite in der fachärztlichen Versorgung, besonders in unterversorgten Gebieten, sollen durch ein aktives Tun der KVen vermindert werden. Damit wird das aktiv fördernde Element des Sicherstellungsauftrags besonders hervorgehoben.[9] Zentrale Neuerung ist die Einführung sog **Terminservicestellen**, die bis zum 23.1.2016 durch die Kassenärztlichen Vereinigungen einzurichten waren (Satz 2). Diese können allein oder in Kooperation mit den Landesverbänden der KKen sowie den Ersatzkassen betrieben werden (Satz 2 2. Hs.). Durch das Angebot einer Struktur für ein elektronisch gestütztes Wartezeitenmanagement darf die KBV die KVen unterstützen (S. 14). Sie ist zudem dazu verpflichtet, die Auswirkungen der Tätigkeiten der Terminservicestellen auf die fachärztlichen Behandlungen unter verschiedenen Gesichtspunkten zu evaluieren und dem Bundesministerium darüber jährlich zu berichten (S. 15 und 16).

30 Die Terminservicestellen haben die Aufgabe, dem anfragenden Versicherten einen Termin zur fachärztlichen Verhandlung bei einem Leistungserbringer nach § 95 Abs. 1 S. 1 (zugelassene Vertragsärzte und medizinische Versorgungszentren sowie ermächtigte Ärzte und Einrichtungen) zu vermitteln. Es besteht kein Anspruch auf die Vermittlung bei einem bestimmten Arzt. Auf der anderen Seite ist der Versicherte an das Angebot der Terminservicestelle nicht gebunden, sondern kann im Rahmen des § 76 weiterhin frei wählen (BR-Dr. 641/14, 103) und eigenständig einen späteren fachärztlichen Termin bei einem Wunscharzt vereinbaren.[10] In der Regel ist die Vermittlung vom Vorliegen einer Überweisung zu einem Facharzt notwendig; für den Nachweis trifft der BMV-Ä Regelungen (S. 10 Nr. 1). Einer Überweisung bedarf es nicht bei einem Behandlungstermin für einen Frauen- oder Augenarzt, was § 3 Abs. 3 der Anlage 28 BMV-Ä bestätigt (basierend auf Satz 11, der weitere Ausnahmen zulässt).

31 Nach der Anfrage des Versicherten hat die Terminservicestelle innerhalb einer Woche einen Behandlungstermin zu vermitteln (S. 3). Die Wartezeit auf den Termin darf nach S. 4 vier Wochen nicht überschreiten. Diese Frist zwischen dem Bekanntwerden des Vermittlungswunsches und dem Facharzttermin ist eine Obergrenze.[11] Je nach Gesundheitszustand des Versicherten im konkreten Einzelfall kann auch eine wesentlich kürzere Wartezeit geboten sein (BR-Dr. 641/14, 103). Des Weiteren muss die Entfernung zwischen dem Wohnort des Versicherten und dem Behandlungsangebot zumutbar sein (S. 5). Dabei sind auf der einen Seite die örtlichen Verhältnisse im Planungsbereich der jeweiligen Facharztgruppe sowie die öffentliche Verkehrsanbindung zu berücksichtigen (BT-Dr. 18/4095, 87). Andererseits sind die individuellen Belange der betroffenen Patientengruppe zu würdigen, etwa bei gebrechlichen Personen oder Menschen mit Behinderungen (BT-Dr. 18/4095, 87). Nähere nach Arztgruppen differenzierte Regelungen zur zumutbaren Entfernung sind gemäß S. 10 Nr. 2 im BMV-Ä zu treffen.

32 Kann eine Terminservicestelle innerhalb der vierwöchigen Frist keinen Termin bei einem Leistungserbringer vermitteln, so greift die Ausnahmeregelung des S. 6. Dann ist sie dazu verpflichtet, einen ambulanten Behandlungstermin in einem zur stationären Versorgung nach § 108 zugelassenen Krankenhaus anzubieten. Ein bloßer Verweis auf eine Behandlungsmöglichkeit ist nicht ausreichend (BR-Dr. 641,14, 103) Die S. 3 bis 5 gelten entsprechend (S. 6 2. Hs.), so dass der angebotene Termin innerhalb

---

7 Problematisierend Brockmann, Ambulante Versorgung ohne Kassenärztliche Vereinigungen, S. 212 ff.; verneinend Wigge/Harney, MedR 2008, 144.
8 Huster/Schütz, NZS 2016, 647.
9 Hesral in: jurisPK-SGB V, § 75 Rn. 51.
10 Wendtland in: BeckOK SozR, SGB V, § 75 Rn. 7 b.
11 Hesral in: jurisPK-SGB V, § 75 Rn. 62.

der Vierwochenfrist und das Krankenhaus in zumutbarer Entfernung liegen müssen. Nach S. 8 folgen die ambulanten Behandlungen den Bestimmungen über die vertragsärztliche Versorgung, etwa hinsichtlich der leistungsrechtlichen Vorgaben oder der Qualitäts- und Wirtschaftlichkeitsprüfung.[12] § 76 Abs. 1 a S. 2 stellt klar, dass die einem vermittelten Termin folgenden notwendigen Behandlungen von der Inanspruchnahme des Krankenhauses umfasst sind, wenn sie dazu dienen, den Behandlungserfolg zu sichern oder zu festigen. Nach S. 10 Nr. 4 sind zu der Notwendigkeit weiterer Behandlungen Regelungen im BMV-Ä zu treffen. Die ambulante Behandlung kann danach in der Regel sechs Wochen nach dem ersten Termin andauern und ist auf die Leistungen des Fachgebiets beschränkt, auf das die Überweisung ausgestellt ist (§ 7 Abs. 1 S. 4 und 5 Anlage 28 BMV-Ä). Bei verschiebbaren Routineerkrankungen, in Fällen von Bagatellerkrankungen sowie in vergleichbaren weiteren Fällen gilt die Ausnahmeregelung des S. 6 nicht (S. 7). Auch für diese unbestimmten Rechtsbegriffe schreibt S. 10 Nr. 3 Konkretisierungen durch den BMV-Ä vor. Als verschiebbare Untersuchungen werden insbesondere Früherkennungsuntersuchungen, Verlaufskontrollen bei medizinisch nicht akuten Erkrankungen sowie Untersuchungen zur Feststellung der körperlichen oder psychischen Leistungsfähigkeit eingeordnet (§ 4 Abs. 3 der Anlage 28 BMV-Ä). Eine Bagatellerkrankung liegt vor, wenn ein Zuwarten von mehr als vier Wochen hingenommen werden kann, ohne dass sich der Gesundheitszustand ohne Behandlung verschlechtert oder der Behandlungserfolg beeinträchtigt werden kann (§ 4 Abs. 4 der Anlage 28 BMV-Ä). In der Folge gilt die Vierwochenfrist für diese Fälle nicht. Ein Termin ist dann zeitnah nach dem allgemeinen Grundsatz des S. 1, also in angemessener Frist zu vermitteln (S. 9).

S. 12 schließt die Anwendung der S. 2-11 für Termine für zahnärztliche und kieferorthopädische Behandlungen aus, so dass sich die Versicherten insoweit nicht an die Terminservicestellen wenden können. Eine Sonderregelung gilt nach S. 13 für das Verfahren bei Psychotherapeuten, da sich eine dortige Behandlung regelmäßig nicht in einer einmaligen Diagnostik und Therapie erschöpft.[13] Für ein Erstgespräch und zeitnah erforderliche Behandlungstermine gelten die S. 2-11 seit der Anpassung der Psychotherapie-Richtlinie des G-BA am 16.6.2016 mit Geltung zum 8.10.2016. Eine Überweisung ist nicht erforderlich (S. 13 2. Hs.).

e) **Notdienst (Abs. 1 b).** Der Sicherstellungsauftrag der KBVen und KVen umfasst auch die Versorgung im **Notdienst** (auch Notfall- oder Bereitschaftsdienst). Diesen definiert Abs. 1 b S. 1 als vertragsärztliche Versorgung zu den sprechstundenfreien Zeiten, da die Versicherten durchgehend, also unabhängig von Tages- und Wochenzeiten, zu versorgen sind. Die Notdienstordnungen der KVen regeln in Form von Satzungen oder Richtlinien (gemeinsam mit den Ärztekammern, dazu → Rn. 42) die Organisation des Notdienstes. Den KVen kommt bei deren näherer Ausgestaltung ein weiter Spielraum zu.[14] Eine von der KV vorgegebene Pflicht des Vertragsarztes, während der Dienstzeiten in der Praxis ständig präsent zu sein, ist daher nicht zu beanstanden.[15] Gegebenenfalls muss der zuständige Arzt auch Hausbesuche außerhalb der Notfallpraxis einschließlich des Fahrdienstes durchführen.[16]

Nicht unter den Sicherstellungsauftrag fällt nach S. 1 2. Hs. die notärztliche Versorgung im Rahmen des Rettungsdienstes, es sei denn, landesrechtliche Vorschriften ordnen ihn dem vertragsärztlichen Notdienst ausdrücklich zu (sog Öffnungsklausel). S. 4 stellt in Verbindung mit S. 3 klar, dass die teilnehmenden Ärzte zur Leistungserbringung im Rahmen der notärztlichen Versorgung im Rahmen des Rettungsdienstes berechtigt sind und zu diesem Zweck an der vertragsärztlichen Versorgung teilnehmen.

Durchzuführende Behandlungsmaßnahmen im Notdienst sind auf solche der **Erstversorgung** zu beschränken.[17] Zu beheben ist nur die akute Notfallsituation, so dass dafür erforderliche Behandlungsmaßnahmen ergriffen werden müssen und eine Weiterversorgung den behandelnden Ärzten zu überlassen ist. Die sog Erste Hilfe, welche in einer Notfallsituation geleistet werden muss, die eine umgehende Behandlung erforderlich macht,[18] ist dem Rettungsdienst zuzurechnen.

Der Notdienst wird durch die **niedergelassenen Vertragsärzte** ausgeführt. Die Teilnahme daran ist zugleich ihre Berechtigung und ihre Verpflichtung. Mit der Heranziehung werden den Vertragsärzten kei-

---

12 Wendtland in: BeckOK SozR, SGB V, § 75 Rn. 7 d.
13 Hesral in: jurisPK-SGB V, § 75 Rn. 72.
14 BSG, 11.5.2011, B 6 KA 23/10 R, NZS 2012, 398; die gegen das Urteil eingelegte Verfassungsbeschwerde wurde nicht zur Entscheidung angenommen, BVerfG, 29.8.2011, 1 BvR 1867/11.
15 BSG, 11.5.2011, B 6 KA 23/10 R, NZS 2012, 398.
16 LSG NRW, 29.8.2011, L 11 KA 55/11 B ER, GesR 2011, 20.
17 BSG, 17.9.2008, B 6 KA 51/07 R, SozR 4-2500 § 75 Nr. 10.
18 BSG, 1.2.1995, 6 RKa 9/94, SozR 3-2500 § 76 Nr. 2.

ne neuen, im Gesetz nicht vorgesehenen Berufspflichten auferlegt; vielmehr wird lediglich eine der vertragsärztlichen Tätigkeit von vornherein immanente Einschränkung der Berufsfreiheit näher konkretisiert.[19] Die Verpflichtung verstößt daher nicht gegen Verfassungsrecht, insbesondere Art. 2 Abs. 2 und Art. 12 GG.[20]

38   Nähere Einzelheiten zur Teilnahmeverpflichtung sowie die Möglichkeiten einer Befreiung werden in den Kammer- und Heilberufsgesetzen der Länder geregelt. Befreiungsgründe können etwa wichtige familiäre oder gesundheitliche Gründe, das Lebensalter, eine Mutterschaft oder die Teilnahme an einem klinischen Bereitschaftsdienst sein. In der Regel folgt aus der Zulassung des Vertragsarztes, unabhängig von seiner fachärztlichen Spezialisierung, die Eignung zur Teilnahme am Notdienst (vgl. § 95 Abs. 3 S. 1).[21] Fehlt diese Eignung, so obliegt es dem Vertragsarzt, zunächst einen Vertreter zu beauftragen; erst wenn die Belastungen zu einer deutlichen Einschränkung der Praxistätigkeit führen und durch geringere Einkünfte der Einsatz eines Vertreters unzumutbar werden, kann eine vollständige Befreiung in Betracht kommen.[22] Das Fehlen eines fachärztlichen Notdienstes im Bezirk einer KV entbindet die Fachärzte nicht von der Pflicht zur Teilnahme am hausärztlichen Notdienst,[23] ggf. auch zu einer spezifischen Fortbildung. Auch ein ausschließlich psychotherapeutischer Arzt, der zehn Jahre lang von der Teilnahme am ärztlichen Bereitschaftsdienst befreit war, kann nach einer Übergangszeit zur Fortbildung wieder zur Mitwirkung herangezogen werden.[24] Eine generelle Freistellung für bestimmte Fachgruppen (zB Dermatologen) ist nicht zulässig.[25]

39   Auf der Kehrseite zur Verpflichtung setzt sich die Rechtsprechung auch mit den Fragen auseinander, ob und wann Ansprüche der Leistungserbringer auf eine Teilnahme am Notdienst bestehen können. Ein dahin gehendes subjektiv-öffentliches Recht lehnt das BSG ab.[26] Im Rahmen des bestehenden Ermessens der KVen können die Leistungserbringer aber ein derivatives Teilnahmerecht unter Gesichtspunkten der Gleichbehandlung.[27] Ein nicht niedergelassener Arzt ohne Praxis hat keinen entsprechenden Rechtsanspruch.[28]

40   Die Vergütung der am Notdienst teilnehmenden Vertragsärzte erfolgt nach den allgemeinen Grundsätzen über die jeweils geltenden Gebührenordnungen, derzeit also dem Einheitlichen Bewertungsmaßstab für ärztliche Leistungen (EBM-Ä). Dies gilt auch für Leistungen, die innerhalb des Notdienstes durch nicht an der vertragsärztlichen Versorgung teilnehmende Privatärzte oder Krankenhäuser erbracht werden.[29] Das BSG leitete dieses Ergebnis bereits unter Geltung der RVO aus dem Regelungszusammenhang der Vorschriften über die (damals) kassenärztliche Versorgung und die Beziehungen zwischen KKen, KVen und Ärzten her.[30] Für den Fall, dass ein Arzt aufgrund einer besonderen Absprache mit dem Träger ausnahmsweise am Rettungsdienst beteiligt war, bejahte das BSG ebenfalls eine Honorarvergütung nach den allgemeinen Grundsätzen des (damaligen) Kassenarztrechts.[31] Bei einer ambulanten Notfallbehandlung in einem öffentlich geförderten Krankenhaus hielt das BSG eine Beschränkung der Vergütung in Höhe von 10 Prozent in analoger Anwendung des § 120 Abs. 3 S. 2 für sachlich gerechtfertigt, da sich dieses in einer günstigeren Kostensituation als frei praktizierende Ärzte befinde.[32]

41   S. 2 2. Hs. ordnet seit Geltung des GKV-VSG an, dass der Notdienst auch durch Kooperationen und eine organisatorische Verknüpfung mit Krankenhäusern gestaltet werden soll (Kooperationsverpflichtung); die Vorgängerregelung in Abs. 1 S. 3 hatte nur deklaratorische Bedeutung.[33] Möglich ist die Kooperation durch die Einrichtung von Notfallpraxen in den Räumen der Krankenhäuser oder die Einbeziehung der Krankenhausambulanzen in den Notdienst.

---

19   BSG, 12.10.1994, 6 RKa 29/93.
20   LSG BW, 16.7.2003, L 5 KA 3081/02, Der Kassenarzt 2004, Nr. 12, 56.
21   BSG, 15.9.1977, 6 RKa 8/77, NJW 1978, 1213; zuletzt etwa LSG NRW, 29.8.2011, L 11 KA 75/11 B ER.
22   BSG, 6.2.2008, B 6 KA 13/06, ZGMR 2008, 231.
23   BSG, 6.9.2006, B 6 KA 43/05 R, MedR 2007, 504.
24   BSG, 19.8.2015, B 6 KA 41/14 R, BSGE 119, 248.
25   BSG, 6.9.2006, B 6 KA 43/05 R, MedR 2007, 504.
26   BSG, 24.1.1974, 6 RKa 30/73, SGb 1974, 530; aA etwa Hess in: KassKomm, § 75 SGB V Rn. 26.
27   BSG, 24.1.1974, 6 RKa 30/73, SGb 1974, 530.
28   BSG, 28.9.2005, B 6 KA 73/04 R, MedR 2006, 491.
29   Etwa BSG, 17.9.2008, B 6 KA 46/07 R, MedR 2009, 755.
30   BSG, 24.10.1961, 6 RKa 19/60, NJW 1962, 700, BSGE 15, 169.
31   BSG, 27.10.1987, 6 RKa 60/86, MedR 1988, 106.
32   BSG, 19.8.1992, 6 RKA 6/91, MedR 1994, 76, BSGE 71, 117.
33   Wendtland in: BeckOK SozR, SGB V, § 75 Rn. 8 a.

Regelmäßig werden neben den KVen die Ärztekammern durch Landesrecht zur Sicherstellung des Notdienstes verpflichtet. Aus diesem Grund besteht die Möglichkeit der **gemeinsamen Durchführung durch mehrere Träger**, um eine unnötige Doppelgleisigkeit zu vermeiden. In einigen Bezirken wurden daher – rechtlich gebilligt durch BSG, BVerwG und BGH[34] – gemeinsame Notfalldienstordnungen von Ärztekammern und KVen in Form von Richtlinien erlassen (etwa in Nordrhein und Westfalen-Lippe). In der Folge müssen dort tätige Privatärzte, die nicht Mitglieder einer KV sind, ebenfalls am Notdienst teilnehmen.[35] Ausdrücklich stellt S. 3 seit Geltung des GKV-VSG klar, dass diese Ärzte zur Leistungserbringung im Rahmen des Notdienstes berechtigt sind und zu diesem Zweck an der vertragsärztlichen Versorgung teilnehmen. Nach dem BSG ist es im Rahmen der Kooperation zulässig, dass über Befreiungsanträge zunächst die Ärztekammern und anschließend im Widerspruchsverfahren die KVen entscheiden.[36]   42

Neue Regelungen, die Kooperationen der KVen mit anderen Beteiligten im Not- und Rettungsdienst verstärken sollen, finden sich in den S. 5 und 6. Die KVen sollen in einen Erfahrungsaustausch mit den Landesapothekerkammern treten, um die Versorgung der Versicherten mit Medikamenten im Notdienst zu verbessern. Zudem soll eine stärkere Kooperation der KVen mit den Leitstellen der Länder gefördert werden, um Kosten zu sparen, die etwa durch eine vermehrte Inanspruchnahme des Rettungsdienstes für einfache Erkrankungen entstehen. Damit bietet sich eine gemeinsame Leitstelle für den vertragsärztlichen Notdienst und den Rettungsdienst an, die in manchen Regionen bereits praktiziert wird.   43

f) **Einbehaltung der Gesamtvergütung (Abs. 1 S. 2 und 3).** Die KKen haben die Befugnis, die in den Gesamtverträgen nach den §§ 85, 87a vereinbarten Vergütungen teilweise zurückzubehalten, wenn die KVen aus von ihnen zu vertretenden Gründen den Sicherstellungsauftrag nicht erfüllen und damit ihre Pflichten verletzen. Das sog Leistungsverweigerungsrecht der KKen ist nur vorübergehend und führt zu keinem Erlöschen von Gesamtvergütungsansprüchen.[37] Es setzt eine schwere Leistungsstörung, also einen schuldhaften, andauernden und erheblichen Verstoß von Seiten der Vertragsärzte voraus. Die Einzelheiten über die allgemeinen Voraussetzungen des Zurückbehaltungsrechts müssen die Spitzenverbände der KVen und die KBVen im Bundesmantelvertrag regeln.   44

2. Der Gewährleistungsauftrag (Abs. 1 S. 1 Hs. 2). a) Zweck und Herleitung. Die KVen und die KBVen haben nach Abs. 1 S. 1 Hs. 2 gegenüber den KKen und ihren Verbänden die Gewähr dafür zu übernehmen, dass die vertragsärztliche Versorgung den gesetzlichen und vertraglichen Erfordernissen entspricht. Der **Gewährleistungsauftrag** korrespondiert mit der Übertragung des Sicherstellungsauftrags. Er ist deren notwendiges Gegenstück, da die KKen aufgrund fehlender direkter Rechtsbeziehungen im Kollektivvertragssystem nicht dazu befugt sind, auf einzelne Vertragsärzte einzuwirken oder selbst ärztliche Leistungen zu erbringen, aber für die Versicherten dennoch die Leistungsträger bleiben. Aus diesem Grund bedarf es einer Deckungsverpflichtung der KVen.   45

b) **Umfang.** Der Gewährleistungsauftrag umfasst **Einstands- und Garantiepflichten** der KVen sowohl für die ordnungsgemäße Leistungserbringung durch die Vertragsärzte als auch für die ordnungsgemäße Abrechnung dieser Leistungen. Sie besteht gegenüber den KKen und ihren Verbänden. Die KVen geben ihre Pflichten an ihre Mitglieder weiter und nutzen die ihnen zur Verfügung stehenden Instrumente, um auf deren pflichtgemäßes Verhalten hinzuwirken. Zulässige Instrumente bestehen im Erlass von Satzungsrecht sowie in der Überwachung, Aufklärung und Beratung der Vertragsärzte einschließlich möglicher Disziplinarmaßnahmen (s. u. → Rn. 60 ff.).   46

Die ordnungsgemäße Leistungserbringung muss den **für die vertragsärztliche Versorgung maßgebenden rechtlichen Vorgaben** entsprechen. Gefordert ist eine Versorgung der Versicherten, die zur Heilung oder Linderung nach den Regeln der ärztlichen Kunst zweckmäßig und ausreichend ist, also den Anforderungen des allgemein anerkannten Standes der medizinischen Erkenntnisse Genüge leistet, und zudem ausreichend, zweckmäßig und wirtschaftlich erbracht wird.[38] Im Falle einer nicht ordnungsgemäßen Leistung im Verhältnis Vertragsarzt/Kassenpatient in Gestalt eines ärztlichen Behandlungsfehlers leitete das BSG aus dem Gewährleistungsauftrag der KVen einen öffentlich-rechtlichen Schadens-   47

---

34 BSG, 28.9.2005, B 6 KA 73/04 R, MedR 2006, 491, 492; BVerwG, 9.6.1982, 3 C 21/81, BVerwGE 65, 362, NJW 1983, 1387; BGH 25.1.1990, III ZR 283/88.
35 Etwa BVerwG, 9.6.1982, 3 C 21/81, BVerwGE 65, 362, NJW 1983, 1387.
36 BSG, 28.10.1992, 6 RKa 2/92, SozR 3-2500 § 75 Nr. 2.
37 BayLSG, 3.12.2008, L 12 KA 5/08.
38 BSG, 22.6.1983, 6 RKa 3/81, BSGE 55, 144, MedR 1984, 31.

ersatzanspruch der KKen ab.³⁹ Dieses Ergebnis wird in der Literatur unterschiedlich bewertet.⁴⁰ In Ablehnung der Rechtsprechung des BSG sollte der Schadensausgleich allein auf zivilrechtlichem Wege zwischen Arzt und Patient erfolgen, da nur diesem und nicht der KK im Falle eines Behandlungsfehlers ein Schaden entsteht.

48 Von den **Leistungsstörungen** im Verhältnis Vertragsarzt/Kassenpatient können Leistungsstörungen im Verhältnis Vertragsarzt/KV unterschieden werden. Solche liegen vor, wenn ein Mitglied der KV gegen die vertragsärztlichen Pflichten verstößt, die sich aus den einschlägigen gesetzlichen und vertraglichen Vorschriften ergeben. Die KV kommt ihrem Gewährleistungsauftrag in diesen Fällen dadurch nach, dass sie den KKen zustehende Schadensersatzansprüche gegen den Vertragsarzt im Wege der Aufrechnung mit den Honoraransprüchen geltend macht, ein Disziplinarverfahren durchführt oder in extremen Fällen die Entziehung der Kassenzulassung beantragt. Daneben stellt sich die Frage, ob eine Haftung der vertragsärztlichen Gesamtvergütung für solche Schäden in Betracht kommt. Das BSG hat dies bisher offen gelassen.⁴¹ Als Gegenargument wird vorgebracht, dass bei einer solchen Haftung die Gesamtheit der Vertragsärzte für Verfehlungen eines einzelnen einstehen müsste.⁴²

49 Die **ordnungsgemäße Abrechnung** der vertragsärztlichen Leistungen bezieht sich auf die sachliche und rechnerische Richtigkeit der Abrechnungen der Vertragsärzte unter Einschluss der arztbezogenen Plausibilitätsprüfung. Die Prüfung der sachlich-rechnerischen Richtigkeit erstreckt sich auf die Frage, ob die abgerechneten Leistungen ordnungsgemäß – also ohne Verstoß gegen gesetzliche oder vertragliche Bestimmungen mit Ausnahme des Wirtschaftlichkeitsgebotes – erbracht worden sind.⁴³ Solche Verstöße können zum Beispiel darin liegen, dass die Leistungen überhaupt nicht, nicht in vollem Umfang, ohne die zur Leistungserbringung erforderliche spezielle Genehmigung oder unter Überschreitung des Fachgebietes erbracht worden sind.⁴⁴ Im Einzelnen erstreckt sich die Prüfung der Abrechnung auf die Einhaltung des EBM/BMZ und der dazu vereinbarten Abrechnungsbestimmungen anhand des jeweiligen Regelwerks, auf das Vorliegen von Fachkundenachweisen,⁴⁵ auf die Erfüllung von Qualitätsanforderungen sowie auf die Einhaltung der Fachgebietsgrenzen, des Ermächtigungsumfangs und der Grenzen des Überweisungsauftrags. Die Plausibilitätsprüfung nach § 106a ist eine besondere Form der sachlich-rechnerischen Prüfung (§ 106a Abs. 2). Da die Prüfung der Wirtschaftlichkeit anderen Instanzen übertragen worden ist (§ 106 Abs. 4), fällt sie nicht in den Aufgabenbereich der KVen.

50 Nach dem BSG schließt der Gewährleistungsauftrag die Verpflichtung der KVen ein, Honoraransprüche an die KKen zu erstatten, wenn die Gesamtvergütung nach § 85 infolge fehlerhafter Abrechnungen oder Unwirtschaftlichkeiten einzelner Vertragsärzte zu hoch errechnet worden ist.⁴⁶ Der Anspruch der KKen wird als öffentlich-rechtlicher Erstattungsanspruch qualifiziert und besteht auch dann, wenn der Rückgriff auf den Vertragsarzt selbst – etwa wegen dessen Vermögenslosigkeit – nicht mehr möglich ist.⁴⁷

51 **3. Rechtswahrnehmung und Interessenvertretung (Abs. 2 S. 1). a) Zweck und Herleitung.** Der Rechtswahrnehmungsauftrag der KVen und KBVen ist in Abs. 2 S. 1 normiert und verpflichtet diese dazu, die Rechte der Vertragsärzte gegenüber den KKen wahrzunehmen. Er ist Folge der gesetzlichen Systematik, in der zwischen den Vertragsärzten und den KKen keine unmittelbaren Rechtsbeziehungen gegeben und die KVen zudem als Zwangskörperschaften ausgebildet sind.

52 **b) Umfang.** Sowohl formale Rechte als auch sonstige rechtlichen Interessen der Vertragsärzte werden vom Rechtswahrnehmungsauftrag erfasst. Er wird daher auch weitergehender als **Interessenvertretungsauftrag** bezeichnet,⁴⁸ so dass die KVen als Interessen- und Berufsverbände angesehen werden können. Entscheidend für die Zuordnung zu Abs. 2 S. 2 ist, dass es sich um Rechte und Interessen der Gesamtheit der Vertragsärzteschaft handelt. Der Auftrag beinhaltet keine Verpflichtung, die Belange einzelner

---

39 BSG, 22.6.1983, 6 RKa 3/81, BSGE 55, 144, MedR 1984, 31 für § 368 n Abs. 1 RVO; zuletzt ablehnend LSG München, 3.12.2088, L 12 KA 5/08.
40 Ablehnend Hess in: KassKomm, § 75 SGB V Rn. 11; Plagemann, NJW 1984, 1377; Boecken/Bristle in: Sodan, HdB KrVersR, § 19 Rn. 48; zustimmend Huster in: Becker/Kingreen, § 75 Rn. 14.
41 BSG, 21.11.1986, 6 RKa 5/86, BSGE 61, 19.
42 Hess in: KassKomm, § 75 SGB V Rn. 13.
43 BSG, 31.7.1991, 6 RKa 20/90, BSGE 69, 154, SozR 3-2500 § 106 Nr. 8.
44 BSG, 1.7.1998, B 6 KA 48/97 R, SozR 3-2500 § 75 Nr. 10.
45 BSG, 28.10.2009, B 6 KA 22/08 R, SozR 4-2500 § 73 Nr. 4.
46 BSG, 10.5.1995, 6 RKa 18/94, BSGE 76, 120, NZS 1996, 133.
47 BSG, 10.5.1995, 6 RKa 18/94, BSGE 76, 120, NZS 1996, 133.
48 Steinhilper/Schiller, MedR 2003, 661.

Ärzte oder Arztgruppen, die keinen Bezug zu dem allgemeinen Interesse der Vertragsärzteschaft an einer gesetzes- und vertragskonformen Entscheidungspraxis aufweisen, im Zulassungsstreit geltend zu machen und zu vertreten.[49] Die KV muss daher nicht zugunsten einzelner Vertragsärzte gegen eine rechtswidrige Ermächtigung einschreiten.[50]

Die Interessenwahrnehmung muss sich auf **Angelegenheiten der vertragsärztlichen Versorgung** beziehen. Die KVen dürfen sich nicht wie wirtschaftliche Unternehmen zur Wahrung rein wirtschaftlicher Interessen ihrer Mitglieder betätigen und in den freien Wettbewerb eingreifen.[51] Gleichfalls ist keine Vertretungsaufgabe im Sinne einer allgemeinen berufspolitischen Zielsetzung übertragen, da sich ein derartiges Mandat mit der notwendigen Beschränkung auf den eng begrenzten gesetzlich definierten Aufgabenbereich der öffentlich-rechtlichen Körperschaft nicht vereinbaren ließe und umfassend in die Freiheitsrechte der Mitglieder eingreifen würde.[52]

Das BVerfG verneint grundsätzlich die **Grundrechtsfähigkeit der KVen** als Körperschaften des öffentlichen Rechts und erlaubt Ausnahmen von dieser Regel nur, wenn eine juristische Person des öffentlichen Rechts unmittelbar einem durch die Grundrechte geschützten Lebensbereich zuzuordnen sei.[53] Eine Ansicht in der Literatur leitet aus dem Rechtswahrnehmungsauftrag des Abs. 2 S. 1 die Grundrechtsfähigkeit der KVen ab. Die Geltung der Grundrechte sei davon abhängig zu machen, ob deren Aufgaben und Funktionen die Gewährleistung von Freiheit gegenüber beeinträchtigenden Maßnahmen des Staates einfordern.[54] Dies sei hier der Fall, da die KVen der Berufsausübung der Vertragsärzte und damit der Verwirklichung des Grundrechts der Berufsfreiheit dienten. Der einzelne Vertragsarzt sei vor allem angesichts „dirigistischer Maßnahmen zur Begrenzung der Kostensteigerung in der GKV"[55] zunehmend unfähig, seine Grundrechte gegenüber der Staatsorganisation selbst zu behaupten, und auf die Einschaltung zuständiger übergeordneter Zusammenschlüsse angewiesen.[56] Dem ist zuzustimmen, zumal auch das BVerfG in einer späteren Entscheidung für die Grundrechtsfähigkeit auf die jeweiligen Funktionen und Aufgaben der öffentlich-rechtlichen Körperschaft abstellt und sie verneint, wenn die Körperschaft öffentliche Aufgaben erfüllt.[57]

Die Wahrnehmung der Rechte erfolgt vornehmlich **im Rahmen der gemeinsamen Selbstverwaltung**, also in den vertragsärztlichen Gremien und durch den Abschluss von Kollektivverträgen. Daneben können weitere Mittel der Interessenvertretung in der Öffentlichkeits- und Lobbyarbeit durch Stellungnahmen und Informationen der KBVen und KVen wahrgenommen werden. Sie unterliegen dabei als Zwangskörperschaften des öffentlichen Rechts dem Gebot strikter Neutralität und dem Gleichbehandlungsgrundsatz, so dass sie sich beispielsweise nicht an einem Ärztenetz beteiligen und dieses bewerben dürfen.[58] Ein ausdrückliches Informationsrecht ist in § 73 Abs. 8 geregelt.

Die Pflicht der KVen und KBVen zur Rechtswahrnehmung besteht nicht allein gegenüber den KKen, sondern in gleicher Weise gegenüber rechtlich verselbstständigten Gremien der gemeinsamen Selbstverwaltung von Ärzten und KKen, denen, wie den Zulassungs- oder den Prüfungseinrichtungen, Entscheidungsbefugnisse im Zusammenhang mit der Aufnahme und der Ausübung der vertragsärztlichen Tätigkeit übertragen sind.[59] Den KVen wird ein gewerkschaftsähnlicher Charakter zugesprochen; sie sind aber nicht dazu befugt, zur Wahrnehmung der Rechte ihrer Mitglieder Arbeitskämpfe zu führen oder vergleichbare Maßnahmen zu organisieren.[60]

Auf Bundesebene schließen die KBVen Verträge mit den Spitzenverbänden der GKV und den überbereichlichen KKen ab. Sie sind in den paritätisch besetzten Ausschüssen (Gemeinsamer Bundesausschuss (G-BA), Bundesschiedsamt, Bewertungsausschuss) vertreten. Gegen Entscheidungen der Gemeinsamen Selbstverwaltung steht ihnen ein Widerspruchs- und Klagerecht zu. Die KBVen sind nur dann klagebefugt, im Wege einer Normfeststellungsklage gegen die Rechtmäßigkeit von Beschlüssen des G-BA vorzugehen, wenn sie einen Verstoß des G-BA gegen die ihr als Trägerorganisation des

---

49 BSG, 2.10.1996, 6 BKa 54/95.
50 BSG, 2.10.1996, 6 BKa 54/95.
51 Etwa LSG Bln, 5.12.2001, L 7 KA 17/99, NZS 2002, 386.
52 SchlHLSG, 26.6.2000, L 6 B 61/00 KA ER; Hesral in: jurisPK-SGB V, § 75 Rn. 87.
53 BVerfG, 8.12.1982, 2 BvR 12/79, BVerfGE 62, 354, BGBl. I 1983, 81, zu § 368 n Abs. 2 RVO.
54 Huster in: Becker/Kingreen, § 75 Rn. 15; Raichle, Sicherstellungsauftrag, S. 132 ff.
55 Merten, Zum Selbstverwaltungsrecht Kassenärztlicher Vereinigungen, S. 37.
56 Raichle, Sicherstellungsauftrag, S. 132.
57 BVerfG, 31.10.1984, 1 BvR 35/82, 1 BvR 356/82, 1 BvR 794/82, BVerfGE 68, 193.
58 LSG BW, 24.7.2001, L 5 KA 5097/00 ER-B, MedR 2002, 212.
59 BSG, 2.10.1996, 6 BKa 54/95.
60 LSG Bln, 5.12.2001, L 7 KA 17/99, NZS 2002, 386; Steinhilper/Schiller, MedR 2003, 661 f.

G-BA oder als Trägerin des Sicherstellungsauftrags für die vertragsärztliche Versorgung gesetzlich zugewiesenen Kompetenzen geltend machen können.[61] Eine generelle Klagebefugnis gegen alle Entscheidungen des G-BA kommt ihnen nicht zu.

58 Die KVen schließen auf Landesebene Gesamtverträge und Prüfvereinbarungen und arbeiten in den auf KV-Ebene gebildeten Ausschüssen mit (Zulassungs- und Prüfinstanzen, Schiedsämter, Landesausschüsse der Ärzte und KKen).

59 **c) Spannungsverhältnis zu den anderen Aufgaben.** In Abs. 2 S. 2 zeigt sich die Doppelfunktion der KVen und KBVen einerseits als Körperschaften des öffentlichen Rechts zur Sicherstellung und Gewährleistung der vertragsärztlichen Versorgung und andererseits als genossenschaftliche Zusammenschlüsse der Vertragsärzte zur Wahrung derer Rechte. Zwischen diesen Aufgaben, die einerseits Gemeinwohlinteressen und andererseits spezifische Rechte und Interessen der Vertragsärzteschaft zum Inhalt haben, besteht ein gewisses Spannungsverhältnis. Die KVen und KBVen müssen bei der Wahrnehmung ihrer Aufgaben auf einen Ausgleich bedacht sein.

60 **4. Überwachung der Vertragsärzte und Disziplinargewalt (Abs. 2 S. 2). a) Zweck und Herleitung.** Nach Abs. 2 S. 2 haben die KVen und KBVen die Erfüllung der den Vertragsärzten obliegenden Pflichten zu überwachen und sie soweit notwendig unter Anwendung entsprechender disziplinarischer Maßnahmen durchzusetzen. Diese Aufgaben sind ein Korrelat des Gewährleistungsauftrags gegenüber den KKen. Daneben sind sie ein Gebot aus der Schutzpflicht gegenüber ihren Mitgliederinteressen, da die ordnungsgemäß handelnden Vertragsärzte ein Recht darauf haben, vor den rechtswidrigen und ihnen gegenüber nachteiligen Verhaltensweisen anderer Vertragsärzte bewahrt zu werden.

61 **b) Umfang.** Die Überwachung durch die KVen erstreckt sich auf jene Gebiete vertragsärztlicher Tätigkeit, die auch dem Gewährleistungsauftrag unterfallen, also auf die gesetzes- und vertragskonforme Leistungserbringung und Leistungsabrechnung.

62 Mögliche **Überwachungsinstrumente** sind etwa die gezielte Beratung der Mitglieder über vertragsärztliche Pflichten und Geschäftspraktiken, die Überprüfung der Abrechnungen auf sachlich-rechnerische Richtigkeit, Plausibilität und Honorarverteilungsgerechtigkeit sowie die Einleitung von Wirtschaftlichkeitsprüfungen. Daneben können die KVen ein Verfahren auf Entziehung der Kassenzulassung nach § 95 Abs. 6 einleiten. Disziplinarmaßnahmen, die die KVen zur Sanktionierung ihrer Mitglieder in ihren Satzungen treffen können, werden im Katalog des § 81 Abs. 5 geregelt, auf den Abs. 2 S. 2 verweist. Diese sind Verwarnung, Verweis, Geldbuße oder die Anordnung des Ruhens der Zulassung oder der vertragsärztlichen Beteiligung bis zu zwei Jahre (§ 81 Abs. 5 S. 2). Die im jeweiligen Einzelfall getroffene Maßnahme muss an die Intensität des vertragsärztlichen Pflichtenverstoßes anknüpfen und auch im Übrigen verhältnismäßig sein.[62]

63 **5. Sicherstellung der Versorgung von Versicherten mit dienstrechtlichen Ansprüchen auf freie Heilfürsorge (Abs. 3).** Durch Abs. 3 S. 1 wird der Sicherstellungsauftrag der KVen und der KBVen auf die Personengruppen ausgedehnt, die einen Anspruch auf unentgeltliche ärztliche Versorgung aufgrund der freien Heilfürsorge gegen ihre Dienstherren haben. Das vorhandene System der gesetzlichen Krankenversicherung soll für diesen Leistungsbereich genutzt werden, um die Vergütungssätze in diesem Bereich zu verringern und die anfallenden Kosten für die Volkswirtschaft zu begrenzen. Die KBVen haben aufgrund des Sicherstellungsauftrags Verträge mit den zuständigen Bundesministerien (Bundesverteidigungs- und Bundesinnen-ministerium) und Landesbehörden abgeschlossen.[63]

64 Die Gesetzgebungskompetenz des Bundes für die Übertragung des Sicherstellungsauftrags sieht das BVerfG in den Kompetenzen für die Verteidigung, das öffentliche Dienstrecht und die Besoldung im öffentlichen Dienst aus Art. 73 Nr. 1, 8 GG und Art. 74a Abs. 1 GG in ihrer Zusammenfassung.[64] Die Zuweisung dieser Pflichtaufgabe an die KVen und KBVen sei trotz einer gewissen Distanz zu ihren übrigen Aufgabenfeldern von der gesetzgeberischen Gestaltungsfreiheit getragen. Verletzungen verfassungsmäßiger Rechte der KVen und Grundrechte der Ärzte und ihrer Verbände durch die Übertragung verneint das BVerfG.

---

61 BSG, 3.2.2010, B 6 KA 31/09 R, BSGE 105, 243, MedR 2011, 52.
62 Dazu LSG NRW, 15.12.2010, L 11 KA 100/08.
63 Die Verträge finden sich unter http://www.kbv.de/html/93.php (abgerufen im November 2016).
64 BVerfG, 8.12.1982, 2 BvL 12/79, BVerfGE 62, 354, BGBl. I 1983, 81, zur Vorgängerregelung des § 368 n Abs. 2 S. 4.

Abs. 3 erfasst die Angehörigen der **Bundeswehr** und des **Bundesgrenzschutzes**, die **Polizeivollzugsbe-** 65
amten der Länder, unter Umständen Angehörige der **Feuerwehr** und früher die Zivildienstleistenden.
Bei diesen handelt es sich um Personen außerhalb des Systems der gesetzlichen Krankenversicherung,
die mit der originären Aufgabenstellung der KVen an sich nicht in Zusammenhang stehen.[65] Die freie
Heilfürsorge beinhaltet – im Gegensatz zu den Beihilferegelungen – einen Sachleistungsanspruch der
Berechtigten auf die erforderlichen ärztlichen Leistungen gegen den jeweiligen Dienstherren, der durch
die KVen und KBVen –in ähnlicher Weise wie bei den Versicherten der GKV[66] – sicherzustellen ist.
Der Sicherstellungsauftrag besteht allerdings nach Abs. 3 S. 1 nur subsidiär, soweit die Erfüllung der
Heilfürsorge nicht auf andere Weise, etwa durch einen eigenen ärztlichen Dienst abgedeckt wird. Da
die KKen nicht an der Erfüllung beteiligt sind, handelt es sich um eine reine Angelegenheit der Vertragsärzte. Die KKen überwachen daher die Leistungserbringer in diesem Bereich nicht. Im sozialgerichtlichen Verfahren fungieren ausschließlich Vertreter der Vertragsärzteschaft als ehrenamtliche
Richter.[67]

Die **Vergütung** der erbrachten Leistungen ergibt sich nach Abs. 3 S. 2 aus den regionalen Vergütungs- 66
sätzen der Ersatzkassen am Ort der Leistungserbringung[68] und ist entgegen des ursprünglichen gesetzgeberischen Willens nicht (mehr) bundeseinheitlich geregelt (→ Rn. 8). Einen Bestandsschutz hinsichtlich des Fortbestehens der höheren Vergütungssätze vor der Neuregelung durch das GSG hat das BSG
verneint.[69] Die an der Versorgung teilnehmenden Ärzte rechnen ihre Leistungen über die KVen und
KBVen ab. Die Abrechnung muss gegenüber dem Kostenträger unentgeltlich erfolgen.[70] Die Absenkung der Punktwerte für zahnärztliche und kieferorthopädische Leistungen im Jahre 1993 ist auch für
die Honorierung dieser Leistungen im Rahmen der freien Heilfürsorge gültig.[71]

Der Erweiterung des Sicherstellungsauftrags gilt nach Abs. 3 S. 3 entsprechend für Untersuchungen zur 67
Vorbereitung von Personalentscheidungen sowie für betriebs- und fürsorgeärztliche Untersuchungen,
die von öffentlich-rechtlichen Kostenträgern veranlasst werden. Daneben erfasst Abs. 3 S. 3 die Untersuchungen im Rahmen der allgemeinen Wehrpflicht,[72] die von Seiten der Kreiswehrersatzämter im
Rahmen der Musterungsuntersuchungen angefordert werden. Die praktische Relevanz der Regelung
ist gering, entsprechende Verträge wurden bisher nicht abgeschlossen, da der Kreis der möglichen Vertragspartner sehr weit gefasst ist. Eine Vergütung dieser Untersuchungen hätte nach den Vergütungssätzen der Ersatzkassen zu erfolgen (Abs. 3 S. 3 verweist auf Abs. 3 S. 1 und 2).

6. Versorgung der Privatversicherten in einem Standard- oder Basistarif (Abs. 3 a bis 3 c). a) Sicherstel- 68
lungsauftrag (Abs. 3 a). Die KVen und KBVen haben nach Abs. 3 a S. 1 die ärztliche Versorgung der
Personen sicherzustellen, die in der PKV in den brancheneinheitlichen Standardtarifen gemäß § 257
Abs. 2 a iVm § 314 und gemäß § 257 Abs. 2 a iVm § 315, im brancheneinheitlichen Basistarif nach
§ 152 Abs. 1 VAG oder im Notlagentarif nach § 153 VAG versichert sind.[73]

Der Standardtarif ist ein Vorläufer des Basistarifs, der sich nur auf einen gesetzlich beschränkten Per- 69
sonenkreis aus überwiegend älteren Versicherten bezieht und zudem eine längere Vorversicherungszeit
erfordert, so dass seine praktische Relevanz gering geblieben ist.[74] Er wurde mit dem GSG eingeführt
und ab dem 1.7.2007 durch das GKV-WSG modifiziert. Auf Antrag der Versicherten kann seit
1.1.2009 ein Wechsel in den Basistarif erfolgen (§ 314); der Standardtarif muss aber aus Gründen des
Vertrauensschutzes auch nach diesem Zeitpunkt in der PKV weiterhin angeboten werden. Den betroffenen Versicherten steht ein Wahlrecht zwischen den Tarifen zu.

Die Pflicht der Unternehmen der PKV, einen branchenweit einheitlichen und verbindlichen Basistarif 70
anzubieten, gilt seit dem 1.1.2009. Dieser Tarif soll Personen einen Versicherungsschutz bieten, die
vorher nicht krankenversichert waren (sog substitutive Krankenversicherung) § 152 Abs. 2 Nr. 2). Er

---

65 BSG, 17.11.1999, B 6 KA 14/99 R, SGb 2001, 680.
66 BSG, 17.11.1999, B 6 KA 14/99 R, SGb 2001, 680.
67 BSG, 5.2.1985, 6 RKa 9/84, SozR 1500 § 12 Nr. 4; BSG, 14.5.1997, 6 RKa 57/96, NZS 1998, 147.
68 BSG, 14.5.1997, 6 RKa 57/96, NZS 1998, 147.
69 BSG, 2.12.1992, 14a/6 RKa 44/91, BSGE 71, 285.
70 BSG, 17.11.1999, B 6 KA 14/99 R, SGb 2001, 680.
71 BSG, 14.5.1997, 6 RKa 57/96, NZS 1998, 147.
72 Der Grundwehrdienst wurde durch das Gesetz zur Änderung wehrrechtlicher Vorschriften – WehrRÄndG
2011 – 28.4.2011 mit Wirkung zum 1.7.2011 (BGBl. I, 678) ausgesetzt; der freiwillige Wehrdienst wurde mit
dem gleichen Gesetz weiterentwickelt.
73 Nähere Informationen zum Basistarif bietet die Antwort der Bundesregierung auf eine Kleine Anfrage von Abgeordneten der Fraktion DIE LINKE, BT-Dr. 17/4782.
74 Siehe etwa Axer, MedR 2008, 482.

kann auch von anderen Personen gewählt werden, etwa zuvor freiwillig in der GKV Versicherten
§ 152 Abs. 2 Nr. 1), beihilfeberechtigten Personen (§ 152 Abs. 2 Nr. 3) und privat Versicherten (§ 152
Abs. 2 Nr. 4) unter jeweils unterschiedlichen Voraussetzungen. Im Übrigen unterliegen die Unternehmen der PKV einem Kontrahierungszwang, so dass die Berechtigten den Abschluss eines entsprechenden Vertrags verlangen können (§ 193 Abs. 5 S. 1 VVG).Die Einführung des Kontrahierungszwangs im Basistarif verletzt die Versicherungsunternehmen nach Ansicht des BVerfG nicht in ihrer Berufsfreiheit aus Art. 12 Abs. 1 GG.[75]

71 Der Sicherstellungsauftrag umfasst die jeweils in den Tarifen versicherten ärztlichen Leistungen. Die Leistungen im Basistarif sind nach § 152 Abs. 2 VAG in Art, Umfang und Höhe mit den Leistungen nach dem 3. Kapitel des SGB V, auf die ein Anspruch besteht, vergleichbar. Dasselbe gilt für den modifizierten Standardtarif nach § 257 Abs. 2 a Nr. 2 in der bis zum 31.12.2008 geltenden Fassung. Der Notlagentarif nach § 153 VAG umfasst nur eingeschränkte Leistungen zur Behandlung in akuten Erkrankungen und Schmerzzuständen oder von Schwangeren, Kindern und Jugendlichen. Den KVen und KBVen bleibt ein Gestaltungsspielraum, in welcher Art und Weise sie den Auftrag am zweckmäßigsten erfüllen.[76] Eine Behandlungspflicht der Leistungserbringer besteht nach der Rechtsprechung des BVerfG in diesem Bereich nicht, die Vertragsärzte sind nur zur Teilnahme an der vertragsärztlichen Versorgung nach § 95 Abs. 3 S. 1 verpflichtet.[77] Dementsprechend wurde die Verfassungsbeschwerde eines Vertragsarztes unmittelbar gegen die gesetzliche Neuregelung wegen eines vorgebrachten Verstoßes gegen Art. 12 Abs. 1 GG nicht angenommen, da deren Adressaten nur die KVen und KBVen sind.[78]

72 Nach Abs. 3 a S. 2 gelten für die Vergütung der erbrachten Leistungen die dort aufgeführten leistungsbereichsspezifisch differenzierten Gebührensätze der Gebührenordnungen für Ärzte und Zahnärzte als Höchstsätze, soweit nach Abs. 3 b keine abweichenden Vergütungsregelungen vertraglich vereinbart wurden. Eingeschlossen werden die belegärztlichen Leistungen nach § 121. Im Einzelnen dürfen die ärztlichen Leistungen nach Abschnitt M GOÄ sowie die Leistung nach Nr. 437 GOÄ höchstens mit dem 1,16fachen Gebührensatz, Leistungen nach den Abschnitten A, E und O GOÄ höchstens mit dem 1,38fachen Gebührensatz und alle übrigen Leistungen der GOÄ höchstens mit dem 1,8fachen Gebührensatz berechnet werden. Für zahnärztliche Leistungen gilt demgegenüber die Höchstgrenze des zweifachen Gebührensatzes der GOZ.

73 Zur Vermeidung von Regelungslücken überträgt Abs. 3 a S. 3 die Vergütungsregelungen von S. 2 auf bestimmte **ambulante ärztliche Leistungen**, die Krankenhäuser oder vergleichbare Einrichtungen zugunsten der in den Tarifen des S. 1 Versicherten erbringen. Darunter fallen das ambulante Operieren im Krankenhaus (§ 115 b), die ambulante Behandlung im Krankenhaus in der spezialfachärztlichen Versorgung (§ 116 b), die Leistungen der Hochschulambulanzen, psychiatrischen und geriatrischen Institutsambulanzen (§§ 117, 118, 118 a) und die ärztlichen Leistungen in den sozialpädiatrischen Zentren (§ 119). § 120 Abs. 1 verweist für diese Leistungen auf eine Vergütung nach vertragsärztlichen Grundsätzen.

74 b) **Rechtsgrundlage für abweichende vertragliche Vergütungsregelungen (Abs. 3 b).** Um die Vergütung der in Abs. 3 a S. 2 genannten Leistungen ganz oder teilweise abweichend zu gestalten, können die KVen und KBVen nach der Öffnungsklausel des Abs. 3 b S. 1 mit dem Verband der PKV Verträge schließen. Diese gelten anschließend einheitlich und verbindlich mit Wirkung für die Versicherungsunternehmen der PKV. Sie müssen im Einvernehmen mit den Kostenträgern der Beihilfe in Krankheits-, Pflege- und Geburtsfällen nach beamtenrechtlichen Vorschriften abgeschlossen werden.

75 Der Verband der PKV und die KBV vereinbarten am 28.1.2010, für die Behandlung von Basistarifversicherten künftig abweichende, gegenüber der gesetzlichen Regelung abgesenkte **Vergütungsmultiplikatoren** anzuwenden. Die Vereinbarung erfolgte im Verlauf der mündlichen Verhandlung der nach Abs. 3 c gebildeten Schiedsstelle. Für Laborleistungen nach Kapitel M und die Leistung nach Nr. 437 GOÄ gilt nun das 0,9-fache des Satzes der GOÄ, für technische Leistungen der Kapitel A, E und O das

---

75 BVerfG, 10.6.2009, 1 BvR 706/08, 1 BvR 814/08, 1 BvR 819/08, 1 BvR 832/08, 1 BvR 837/08, BVerfGE 123, 186.
76 BVerfG, 5.5.2008, 1 BvR 807/08.
77 BVerfG, 5.5.2008, 1 BvR 807/08; aA Hesral in: jurisPK-SGB V, § 75 Rn. 107; Raichle, Sicherstellungsauftrag, S. 145; zur Behandlungssituation siehe auch BT-Dr. 17/4782, 5 ff.
78 BVerfG, 5.5.2008, 1 BvR 807/08; abweichend Axer, MedR 2008, 490, der eine Behandlungspflicht und die objektive berufsregelnde Tendenz der Regelung noch bejahte.

1,0-fache und für alle übrigen Leistungen der 1,2-fache Steigerungssatz.⁷⁹ Die Vergütung des Basistarifs soll damit stärker an das entsprechende Niveau in der GKV angeglichen werden. Die Vereinbarung galt seit dem 1.4.2010 zunächst bis zum 31.12.2012; ohne Kündigung verlängert sie sich jeweils um ein Jahr. Für den Fall, dass die Anzahl der im PKV-Basistarif versicherten Personen die Anzahl von 100.000 überschreitet, besteht ein Sonderkündigungsrecht ohne Befristung.

Abs. 3 b S. 2 verweist auf die Regelung des § 158 Abs. 2 VAG, der die staatliche Beleihung des Verbandes der PKV normiert und diesen verpflichtet, Art, Umfang und Höhe der Leistungen nach Maßgabe der Bestimmungen der §§ 512 Abs. 1, 153 VAG über Basis- und Notlagentarif festzulegen. Durch die Verweisung soll gesichert werden, dass die geschlossenen Verträge nach Abs. 3 b S. 1 auch die Unternehmen der PKV binden, die dem Verband nicht als Mitglieder anhören.⁸⁰ 76

Für den Fall, dass eine Einigung über den Vertragsschluss zwischen den Vertragspartnern im Sinne des Abs. 3 b S. 1 nicht zustande kommt, kann derjenige Beteiligte, der die Abweichung verlangt, die nach Abs. 3 c gebildete **Schiedsstelle** zur Lösung des Konfliktes anrufen (Abs. 3 b S. 3). Die Schiedsstelle muss nach Abs. 3 b S. 4 innerhalb von drei Monaten die streitigen Vertragsinhalte im Wege der Ersatzvornahme regeln. Sie hat Ermessen, allerdings begrenzt durch die Vorgaben des Abs. 3 b S. 5. Nach Abs. 3 b S. 6 gilt der bisherige Vertrag bis zu einer Entscheidung der Schiedsstelle weiter, wenn sich die Vertragspartner über eine Anschlussregel nicht einigen können. Parallelregelungen für die in Abs. 3 a S. 3 genannten Leistungsbereiche finden sich in den Sätzen 6 und 7 des Abs. 3 b; die Bildung einer Schiedsstelle ist für diese Bereiche nicht vorgesehen. 77

c) **Zusammensetzung der Schiedsstelle (Abs. 3 c).** Der Verband der PKV und die KBVen werden durch Abs. 3 c S. 1 dazu verpflichtet, jeweils eine Schiedsstelle für den Bereich der ärztlichen und für den Bereich der zahnärztlichen Versorgung zu bilden. Eine Schiedsstelle setzt sich aus Vertretern des Verbandes der PKV und der KBV/KZBV sowie den Kostenträgern der Beihilfe in Krankheits-, Pflege- und Geburtsfällen nach beamtenrechtlichen Vorschriften zu gleicher Zahl, einem unparteiischen Vorsitzenden, zwei weiteren unparteiischen Mitgliedern und je einem Vertreter des Bundesministeriums für Finanzen und für Gesundheit zusammen (Abs. 3 c S. 2). Die Besetzung der Schiedsstelle und insbesondere die in den Schiedsstellen des SGB V sonst nicht übliche Ergänzung durch die beiden stimmberechtigten Ministeriumsvertreter hält die Literatur teilweise für verfassungsrechtlich bedenklich⁸¹ und argumentiert, es werde eine atypische Organisationsstruktur geschaffen, die die demokratische Legitimation und die Funktionsgerechtigkeit in Frage stelle und zudem Ausdruck einer willkürlichen, dem Rechtsstaatsprinzip widersprechenden Gesetzgebung sei.⁸² Dem ist zuzustimmen, da beide Ministerien am Vertragsschluss selbst nicht beteiligt sind und auf die Tätigkeit der Schiedsstelle keinen Einfluss nehmen sollten. 78

Die Amtsdauer der Mitglieder beträgt nach Abs. 3 c S. 3 vier Jahre. Regelungen über die Einigung hinsichtlich des Vorsitzenden und der unparteiischen Mitglieder finden sich in Abs. 3 c S. 4 und 5. Für die Geschäftsordnung der Schiedsstelle, den Status ihrer Mitglieder und Abstimmungsmodalitäten verweist Abs. 3 c S. 6 auf § 129 Abs. 9. Die Aufsicht über die Geschäftsführung führt das Bundesministerium der Finanzen. § 129 Abs. 10 gilt entsprechend und ist Ermächtigungsgrundlage für eine Rechtsverordnung des Bundesministeriums für Gesundheit, in der Näheres über die Mitgliedschaft in der Schiedsstelle geregelt werden kann. 79

7. **Versorgung der Gefangenen in Justizvollzugsanstalten (Abs. 4).** Der Sicherstellungsauftrag der KVen und der KBVen wird durch Abs. 4 S. 1 auf die ärztliche Notfallbehandlung von Gefangenen in Justizvollzugsanstalten außerhalb der Dienstzeiten der Anstaltsärzte und -zahnärzte ausgedehnt. Er besteht subsidiär, soweit die Behandlung nicht auf andere Weise gewährleistet ist. Die KVen dürfen die Sicherstellung dieser Versorgung im Rahmen ihrer Notdienstverantwortung des Abs. 1 S. 2 wahrnehmen. Der Sicherstellungsauftrag besteht auch ohne Abschluss eines öffentlich-rechtlichen Vertrags mit dem Anstaltsträger oder einen an die KVen herangetragenen Bedarf durch die Vollzugsanstalten.⁸³ Die Vergütung erfolgt durch den Verweis in Abs. 4 S. 2 auf die Regelung des Abs. 3 S. 2 auf Grundlage der mit den Ersatzkassen vereinbarten Vergütungssätzen für die vertragsärztliche Versorgung. 80

---

79 S. http://www.kbv.de/media/sp/Vereinbarung_Honorierung_Leistungen_PKV.pdf (zuletzt abgerufen am 1.3.2017); PKV-Publik 2/2010, 9.
80 BT-Dr. 16/4247, 38.
81 Axer, MedR 2008, 491.
82 Kluth, VerwArch 2011, 539 ff.
83 So auch Hesral in: jurisPK-SGB V, § 75 Rn. 126; die Notwendigkeit bejaht Sproll in: Krauskopf, § 75 SGB V Rn. 36.

81　**8. Versorgung der knappschaftlich Krankenversicherten (Abs. 5).** Ein subsidiärer Sicherstellungsauftrag der KVen und KBVen besteht nach Abs. 5 auch für die ärztliche Versorgung in der knappschaftlichen Krankenversicherung, soweit diese nicht durch die Knappschaftsärzte sichergestellt wird. Die knappschaftliche Krankenversicherung ist die der Deutschen Rentenversicherung Knappschaft-Bahn-See (frühere Bundesknappschaft). Die Absätze 1 und 2 gelten entsprechend. Wegen des Sicherstellungsauftrags für diesen Bereich aufgrund der Verweisung des § 72 Abs. 3 auf § 72 Abs. 1 und 2 ist die Regelung in Abs. 5 überflüssig.[84] Ihr Regelungsinhalt erschöpft sich in der rechtlichen Absicherung des Knappschafts- oder Sprengelarztsystems gegenüber dem Sicherstellungsauftrag der KVen.[85]

82　**9. Fakultative Übernahme weiterer Aufgaben (Abs. 6).** Die Möglichkeit der KVen und KBVen, weitere Aufgaben im Rahmen der ärztlichen Versorgung zu übernehmen, wird durch Abs. 6 eröffnet. Sie bezieht sich nur auf freiwillige Aufgabenerweiterungen, in denen nicht bereits eine gesetzliche Sicherstellungsverpflichtung besteht. Insbesondere können Aufgaben für andere Träger der Sozialversicherung übernommen werden. Die Wahrnehmung erfolgt aufgrund eines öffentlich-rechtlichen Vertrags. Sie setzt die Zustimmung der Aufsichtsbehörden voraus. Auf Bundesebene werden zur Zeit Versorgungsaufgaben für die Berufsgenossenschaften, Bundesbahnbeamten, Postbeamten sowie die Beamten des Bundeseisenbahnvermögens[86] und auf regionaler vertraglicher Grundlage für die Heilfürsorgeberechtigten nach dem SGB XII durchgeführt. Die von den Vereinbarungen umfassten Personen erhalten zwar in diesem Rahmen eine Krankenbehandlung durch Vertragsärzte, werden jedoch dadurch nicht zu Versicherten in der vertragsärztlichen Versorgung.[87]

83　**10. Richtlinien (Abs. 7).** Abs. 7 sieht den Erlass von Richtlinien durch die KBVen in mittlerweile vier Bereichen vor. Die Satzungen der KVen müssen nach § 81 Abs. 3 Nr. 2 Bestimmungen enthalten, nach denen die Richtlinien sowohl für die KVen selbst als auch für die an der vertragsärztlichen Versorgung teilnehmenden Ärzte verbindlich werden. Über diesen Weg der Rechtstransformation erlangen sie gleichzeitig Normcharakter, soweit konkrete Tatbestände geregelt werden. Die Richtlinien werden nicht als Verwaltungsakte qualifiziert,[88] wohl aber besteht die Möglichkeit, dass ein gegen einen Vertragsarzt gerichteter Verwaltungsakt auf einer solchen beruht. Da das SGG keine abstrakte Normenkontrolle kennt,[89] kann nur eine inzidente sozialgerichtliche Überprüfung der Richtlinien – etwa im Rahmen einer Anfechtungsklage – erfolgen.

84　**a) Vertragsrichtlinien.** Die Verpflichtung der KBVen, die erforderlichen Richtlinien für die Durchführung aller im Rahmen ihrer Zuständigkeit geschlossenen Verträge aufzustellen, begründet Abs. 7 S. 1 Nr. 1. Mit ihnen soll eine einheitliche Auslegung der Verträge herbeigeführt werden. Einschlägig sind die Bundesmantelverträge, die Gesamtverträge, Verträge mit der Bundeswehr, aber auch die nach Abs. 6 geschlossenen Verträge mit den Sozialversicherungsträgern zur Übernahme weiterer Aufgaben. Über die Erforderlichkeit der Durchführungsrichtlinien haben die KBVen selbst zu entscheiden, soweit nicht ausdrücklich in den Verträgen entsprechende Richtlinien vorgesehen sind. Die Aufsichtsbehörden können die KBVen ggf. zum Erlass anhalten, wenn die Erforderlichkeit bejaht wird und die KBVen ihren Gesetzesauftrag dennoch nicht ausführen. Die Richtlinien nach Abs. 7 S. 1 Nr. 1 binden nur die KVen und ihre Mitglieder, nicht dagegen die KKen und ihre Versicherten. Zu aufgrund dieser Vorschrift erlassenen Richtlinien → Rn. 21.

85　**b) Richtlinien zum Fremdkassenzahlungsausgleich.** Richtlinien über die überbezirkliche Durchführung der vertragsärztlichen Versorgung und den Zahlungsausgleich für diese (Fremdkassenzahlungsausgleich) haben die KBVen nach Abs. 7 S. 1 Nr. 2 zu erlassen, soweit in den Bundesmantelverträgen keine besonderen Vereinbarungen getroffen werden. Eine überbezirkliche Durchführung der vertragsärztlichen Versorgung liegt vor, wenn Versicherte oder deren Angehörige – vor allem Pendler und Urlauber – Leistungen außerhalb des Bezirks ihrer zuständigen KV erhalten. Wegen der vollen Freizügigkeit der Versicherten hinsichtlich der Leistungserbringer nach § 76 Abs. 1 muss gewährleistet sein, dass eine Behandlung durch Vertragsärzte in einem anderen KV-Bezirk erfolgen kann. Die Abrechnung und Vergütung dieser Fremdfälle erfolgt nach Maßgabe der dort geltenden Bestimmungen über die KV, bei welcher der Vertragsarzt Mitglied ist. Zwischen der KV, in deren Bezirk der Versicherte wohnt, und

---

84　Huster in: Becker/Kingreen, § 75 Rn. 12.
85　Hess in: KassKomm, § 75 SGB V Rn. 40.
86　Die Verträge finden sich unter http://www.kbv.de/html/93.php (abgerufen im November 2016).
87　LSG Bln-Bbg, 2.6.2010, L 7 KA 12/06.
88　Hess in: KassKomm, § 75 SGB V Rn. 46.
89　BVerfG, 18.4.1984, 1 BvL 43/81, BVerfGE 67, 36.

dem leistenden Vertragsarzt bestehen keine Rechtsbeziehungen. Da beide KVen aber in der Regel abweichende Vergütungsmodalitäten haben, ist der Fremdkassenzahlungsausgleich erforderlich. In der Richtlinie der KBV vom 19.9.2005 war für diesen ein einheitlicher Punktwert eingeführt worden (→ Rn. 21), der aber für die ärztliche Versorgung durch die neue Regelung des Abs. 7 a hinfällig wurde.

Weitere Vorgaben über die Richtlinien zum Fremdkassenzahlungsausgleich werden in den Sätzen 2 und 3 des Abs. 7 getroffen. Mit S. 2 werden die KBVen dazu verpflichtet, durch die Richtlinie sicherzustellen, dass die Vergütung auch die KV erreicht, in deren Bezirk die Leistung erbracht wurde („Geld folgt Leistung").[90] Ausdrücklich erlaubt Abs. 7 S. 2 Hs. 2 eine Vergütung auf der Basis bundesdurchschnittlicher Verrechnungspunkte. Durch S. 3 wird die Richtlinienkompetenz der KBVen erweitert; er begründet keine Pflicht, aber die Kompetenz, Richtlinien über die Abrechnungs-, Wirtschaftlichkeits- und Qualitätsprüfung und über das Disziplinarverfahren bei überörtlichen Berufsgenossenschaften zu erlassen. Diese Regelungsbereiche sind nur eröffnet, soweit zu ihnen keine besonderen Vereinbarungen in den Bundesmantelverträgen getroffen sind. Zu aufgrund dieser Vorschrift erlassenen Richtlinien → Rn. 21.

Für die Zeit seit dem 1.1.2009 regelt Abs. 7 a S. 1 eine Abweichung von Abs. 7 S. 2 für den Fremdkassenzahlungsausgleich im Hinblick auf das neue Honorarsystem der Euro-Gebührenordnung nach § 87 a Abs. 2 im ärztlichen Bereich. Die Regelung für die vertragszahnärztliche Versorgung bleibt davon unberührt und richtet sich weiterhin nach Abs. 7 S. 2. Die Richtlinie nach Abs. 7 S. 2 Nr. 1 muss sicherstellen, dass die Leistungserbringer-KV, in deren Bezirk die Leistungen erbracht wurden, die entsprechende Vergütung von der Wohnort-KV, in deren Bezirk der Versicherte seinen Wohnort hat, erhält (zum Wohnortprinzip vgl. § 83 S. 1). Die Leistungen sind mit den Euro-Preisen zu vergüten, die im Bezirk der Leistungserbringer-KV gelten;[91] eventuelle Preisdifferenzen müssen durch Nachzahlungen bzw. Erstattungen ausgeglichen werden.[92] Eine Vergütung auf der Basis bundesdurchschnittlicher Verrechnungspunkte ist nunmehr unzulässig. Bei der Aufstellung der Richtlinien ist gemäß Abs. 7 a S. 2 das Benehmen mit dem Spitzenverband Bund der KKen herzustellen. Die Klage einer KV auf Feststellung, dass die Änderung der Richtlinien zum Fremdkassenzahlungsausgleich vom 29.1.2010 rechtswidrig ist, hielt das BSG für zulässig, aber unbegründet.[93]

c) **Richtlinien über die Betriebs-, Wirtschafts- und Rechnungsführung.** Die KBVen haben nach Abs. 7 S. 1 Nr. 3 Richtlinien über die Betriebs-, Wirtschafts- und Rechnungsführung aufzustellen, um die Wahrung einheitlicher Grundsätze in diesen Bereichen zu sichern. Für das Haushalts- und Rechnungswesen der KVen können diese Richtlinien die vorrangigen Regelungen des SGB IV, auf die § 78 Abs. 3 S. 3 verweist, ergänzen.

d) **Richtlinien für die Umsetzung einer bundeseinheitlichen Notdienstnummer.** Im Zusammenhang mit der Aufgabe der KBVen zur Sicherstellung des Notdienstes begründet der mit dem GKV-VStG eingefügte Abs. 7 Nr. 4 eine Verpflichtung, Richtlinien für die Umsetzung einer bundeseinheitlichen Notdienstnummer aufzustellen, unter der der ärztliche Bereitschaftsdienst zu jeder Tageszeit kostenfrei erreichbar ist. Die Europäische Kommission bestimmte die Rufnummer 116 117 für diesen Zweck. Nach einem öffentlichen Ausschreibungsverfahren erteilte die Bundesnetzagentur der KBV mit einer Entscheidung vom Juni 2010 den Zuschlag für deren Betrieb.[94]

11. Vorbereitungszeiten und Weiterbildung von Ärzten (Abs. 8). Die Vorschrift in Abs. 8 regelt das Gebot der KBVen und KVen, durch geeignete Maßnahmen auf die Bereitstellung ausreichender Plätze für die Vorbereitungszeiten und die Weiterbildung von Ärzten hinzuwirken. Vorbereitungszeiten mussten in der ärztlichen Versorgung nur bis zum 31.12.1993 geleistet werden; seitdem bezieht sich diese Alternative nur noch auf die Zulassung der Vertragszahnärzte (§ 95 Abs. 2 S. 3 Nr. 2). Für die Eintragung in das Arztregister ist seit dem 1.1.1994 eine abgeschlossene Weiterbildung im allgemeinmedizinischen Bereich gemäß § 95 a Abs. 1 Nr. 2 nachzuweisen, für die ausreichende Plätze zur Verfügung stehen sollen. Eine Verpflichtung einzelner Vertragsärzte, Assistenzarztstellen zur Vorbereitung einzurichten, lässt sich aus der Norm im Hinblick auf Art. 12 Abs. 1 GG nicht ableiten; es dürfen nur An-

---

90 BT-Dr. 14/6410, 6.
91 Zum früheren Recht vgl. BSG, 21.5.2003, B 6 KA 31/01 R, SozR 4-2500 § 85 Nr. 1, NZS 2003, 672 (Ls.).
92 BT-Dr. 14/4247, 38.
93 BSG, 15.6.2016, B 6 KA 27/15 R.
94 BT-Dr. 17/8005, 107; Pressemitteilung der Bundesnetzagentur unter http://www.bundesnetzagentur.de/cln_19 32/SharedDocs/Pressemitteilungen/DE/2010/100616Zuteilung116erNummern.html (zuletzt abgerufen am 1.3.2017).

reize durch geeignete Maßnahmen der Förderung und Beratung in Sinne des § 105 Abs. 1 gesetzt werden.[95] Dementsprechend müssen die KVen und KBVen nicht gewährleisten, dass das Ziel auch tatsächlich erreicht wird. Eine finanzielle Förderung der Weiterbildung in der Allgemeinmedizin durch die KKen wurde durch Art. 8 GKV-SolG eingeführt. § 75 a, der mit dem GKV-VSG neu eingefügt wurde, konkretisiert den Auftrag der KVen zur Förderung der Weiterbildung.

91　12. **Verträge mit Einrichtungen nach § 13 Schwangerschaftskonfliktgesetz (Abs. 9).** Abs. 9 begründet eine ausschließliche Verpflichtung der KVen, Verträge mit den staatlich zugelassenen Einrichtungen nach § 13 SchKG auf deren Verlangen über die ambulante Erbringung der in § 24 b aufgeführten ärztlichen Leistungen des Schwangerschaftsabbruchs und der Sterilisation zu schließen. Die in diesem Rahmen abgeschlossenen Verträge sind als statusbegründende öffentlich-rechtliche und koordinationsrechtliche Ermächtigungsverträge zu qualifizieren, so dass bei einer Klage auf den Abschluss eines solchen die Sozialgerichtsbarkeit zuständig ist.[96] Eine Bedarfsprüfung von Seiten der KVen ist ausgeschlossen; die Einrichtung muss aber über eine staatliche Zulassung nach § 13 SchKG, über geeignetes Personal und Räumlichkeiten sowie über die notwendige medizinische Ausstattung verfügen. Durch den Vertrag werden nur die Einrichtungen nach § 13 SchKG ermächtigt, die Leistungen des § 24 b zu erbringen; eine daneben bestehende Ermächtigung einzelner Angestellter ist nur dann möglich, soweit es sich um Leistungen handelt, die von Abs. 9 nicht erfasst werden.[97]

92　Die Leistungen sind nach Abs. 9 außerhalb des Verteilungsmaßstabs des § 85 Abs. 4 nach den zwischen den KVen und den Einrichtungen nach § 13 SchKG oder deren Verbänden vereinbarten Sätzen zu vergüten. Die Vertragsparteien haben dabei den Bedarf der Leistungserbringer und die Leistungsfähigkeit der Vergütungspflichtigen wirtschaftlich gegeneinander abzuwägen und die ihnen zweckmäßig erscheinende Vergütung festzusetzen.[98]

§ 75 a   Förderung der Weiterbildung

(1) ¹Die Kassenärztlichen Vereinigungen und die Krankenkassen sind zur Sicherung der hausärztlichen Versorgung verpflichtet, die allgemeinmedizinische Weiterbildung in den Praxen zugelassener Ärzte und zugelassener medizinischer Versorgungszentren zu fördern. ²Die Kassenärztlichen Vereinigungen und die Krankenkassen tragen die Kosten der Förderung für die Weiterbildung in der Allgemeinmedizin im ambulanten Bereich je zur Hälfte. ³Die Zuschüsse der Krankenkassen werden außerhalb der Gesamtvergütung für die vertragsärztliche Versorgung gewährt. ⁴Die Förderung ist von der Weiterbildungsstelle auf die im Krankenhaus übliche Vergütung anzuheben und an den Weiterzubildenden in voller Höhe auszuzahlen.

(2) ¹Die Krankenkassen sind zur Sicherung der hausärztlichen Versorgung auch verpflichtet, die allgemeinmedizinische Weiterbildung in zugelassenen Krankenhäusern und in Vorsorge- und Rehabilitationseinrichtungen, für die ein Versorgungsvertrag nach § 111 besteht, zu fördern. ²Die Zuschüsse der Krankenkassen werden außerhalb der mit den Krankenhäusern vereinbarten Budgets gewährt.

(3) ¹Die Anzahl der zu fördernden Stellen soll bundesweit insgesamt mindestens 7 500 betragen. ²Die Kassenärztlichen Vereinigungen dürfen die Anzahl der zu fördernden Weiterbildungsstellen nicht begrenzen.

(4) ¹Die Kassenärztliche Bundesvereinigung vereinbart mit dem Spitzenverband Bund der Krankenkassen und der Deutschen Krankenhausgesellschaft bis zum 23. Oktober 2015 das Nähere über den Umfang und die Durchführung der finanziellen Förderung nach den Absätzen 1 bis 3. ²Sie haben insbesondere Vereinbarungen zu treffen über
1. die Höhe der finanziellen Förderung,
2. die Sicherstellung einer durchgängigen Förderung auch bei einem Wechsel in eine andere Weiterbildungsstelle in einem Bezirk einer anderen Kassenärztlichen Vereinigung,
3. die Verteilung der zu fördernden Stellen auf die Kassenärztlichen Vereinigungen,
4. ein finanzielles Ausgleichsverfahren, wenn in einem Bezirk einer Kassenärztlichen Vereinigung mehr oder weniger Weiterbildungsstellen gefördert werden, als nach Nummer 3 vorgesehen sind, sowie

---

95　LSG Nds-Brem, 25.6.2008, L 3 KA 158/06.
96　LSG für das Saarland, 1.12.2004, L 3 KA 1/01.
97　SG Marburg, 18.6.2008, S 12 KA 129/08; anders offenbar Wendtland in: BeckOK SozR, SGB V, § 75 Rn. 20.
98　LSG für das Saarland, 1.12.2004, L 3 KA 1/01.

5. die zu fördernden Fachärzte aus dem Bereich der allgemeinen fachärztlichen Versorgung, die an der Grundversorgung teilnehmen (grundversorgende Fachärzte).

³Mit der Bundesärztekammer ist das Benehmen herzustellen.

(5) ¹Die Höhe der finanziellen Beteiligung der Krankenkassen an den Kosten der Förderung der allgemeinmedizinischen Weiterbildung vermindert sich um den von den privaten Krankenversicherungsunternehmen gezahlten Betrag. ²Über die Verträge nach Absatz 4 ist das Einvernehmen mit dem Verband der Privaten Krankenversicherung anzustreben.

(6) ¹Die nach Absatz 4 Satz 2 Nummer 1 zu vereinbarende Höhe der finanziellen Förderung ist so zu bemessen, dass die Weiterzubildenden in allen Weiterbildungseinrichtungen nach den Absätzen 1 und 2 eine angemessene Vergütung erhalten. ²In Gebieten, für die der Landesausschuss der Ärzte und Krankenkassen für den Bereich der hausärztlichen Versorgung eine Feststellung nach § 100 Absatz 1 Satz 1 getroffen hat, soll eine höhere finanzielle Förderung vorgesehen werden. ³Die Vertragspartner haben die Angemessenheit der Förderung regelmäßig zu überprüfen und soweit erforderlich anzupassen.

(7) In den Verträgen nach Absatz 4 kann auch vereinbart werden, dass
1. die Fördermittel durch eine zentrale Stelle auf Landes- oder Bundesebene verwaltet werden,
2. eine finanzielle Beteiligung an regionalen Projekten zur Förderung der Allgemeinmedizin erfolgt,
3. bis zu 5 Prozent der vorgesehenen Fördermittel überregional für die Errichtung und Organisation von Einrichtungen, die die Qualität und Effizienz der Weiterbildung verbessern können, bereitgestellt werden,
4. in einem Förderungszeitraum nicht abgerufene Fördermittel in den darauffolgenden Förderzeitraum übertragen sowie überregional und unabhängig von der Art der Weiterbildungseinrichtung bereitgestellt werden.

(8) Die Kassenärztlichen Vereinigungen können zur Erfüllung der in Absatz 1 genannten Aufgaben kooperieren oder eine Kassenärztliche Vereinigung mit der Durchführung der Aufgaben nach Absatz 1 beauftragen.

(9) ¹Die Absätze 1 und 4 bis 8 gelten für die Förderung der Weiterbildung in der ambulanten grundversorgenden fachärztlichen Versorgung nach Maßgabe der Vereinbarung nach Absatz 4 Satz 2 Nummer 5 entsprechend. ²Es sind bundesweit bis zu 1 000 Stellen zu fördern.

Literatur:

Orlowski, Vertragsärztliche Fragen des Regierungsentwurfes eines Versorgungsstärkungsgesetzes, MedR 2015, 147; *Pawlita*, Zulassungsrechtliche Änderungen durch das GKV-VSG, NZS 2015, 727.

I. Allgemeines	1
1. Entstehungsgeschichte	1
2. Gesundheitspolitische Funktion	2
3. Normsystematik	5
4. Praktische Bedeutung	8
II. Auslegung der Norm	9
1. Normzweck	9
2. Anspruch auf gesetzmäßige Förderung der Weiterbildung	10
3. Kostentragung, Aufstockung und Höhe der Weiterbildungsförderung	11
4. Anzahl und Gegenstand der zu fördernden Weiterbildungsstellen Allgemeinmedizin	14
5. Fördervereinbarungen (Abs. 4, Abs. 7)	17
a) Allgemeines	17
b) Zwingende Vereinbarungsinhalte	19
aa) Förderhöhe	20
bb) Durchgängiger Wechsel der Weiterbildungsstelle	24
cc) Verteilung der Weiterbildungsstellen	25
dd) Finanzieller Ausgleichsmechanismus	26
ee) Fachärztliche Grundversorgung	27
c) Fakultativ zu vereinbarender Inhalt	28
6. Kooperation der Kassenärztlichen Vereinigungen	33
7. Förderung der Weiterbildung in stationären Einrichtungen	34
8. Ambulante grundversorgende fachärztliche Versorgung (Abs. 9)	37
III. Rechtsschutz	39

I. Allgemeines

1. Entstehungsgeschichte. § 75 a ist durch das Gesetz zur Stärkung der Versorgung in der gesetzlichen Krankenversicherung (GKV-VSG)[1] in das Fünfte Buch Sozialgesetzbuch eingefügt worden. Der Paragraf führt eine Regelung fort, die bereits in Art. 8 des Gesetzes zur Stärkung der Solidarität in der gesetzlichen Krankenversicherung (GKV-SolG)[2] enthalten war und nun durch die Bestimmungen in § 75 a ersetzt worden ist.[3] Die in der Bestimmung verankerte **Ausbildungsförderung der Allgemeinmedizin** soll wie bereits im Rahmen der Vorgängerregelung die Gewährung angemessener Vergütungen von Weiterbildungsassistenten im ambulanten und stationären Bereich erlauben, so dass sich diese nicht aus ausschließlich finanziellen Gründen gegen den Abschluss einer allgemeinmedizinischen Weiterbildung entscheiden.[4] Diese Zielsetzung wird weiterhin verfolgt und die Mittel hierfür ausgebaut. Daneben ist mit grundsätzlich gleicher Zielsetzung die **Förderung grundversorgender Fachärzte** hinzugetreten.

2. Gesundheitspolitische Funktion. Erkenntnissen der Bundesregierung zufolge besteht gesetzgeberischer Handlungsbedarf zur Verbesserung der ambulanten medizinischen Versorgung. Grund dafür ist die demographische Entwicklung, die sich aus dem medizinisch-technischen Fortschritt ergebenden neuen Behandlungsmöglichkeiten sowie die großen Unterschiede hinsichtlich der Versorgungssituation in Ballungsräumen und strukturschwachen Regionen. Ziel des GKV-VSG und die damit verbundene Einfügung des § 75 a in das SGB V ist die Sicherstellung einer bedarfsgerechten, hochwertigen und gut erreichbaren medizinischen Versorgung der Versicherten durch Anpassung der Rahmenbedingungen der Gesundheitsversorgung an die sich ändernden Strukturen.[5]

Nach Auffassung des Sachverständigenrates erfordert der geschätzte, ungedeckte **Nachbesetzungsbedarf für die hausärztliche Versorgung** zum einen den Abbau von Über- und Unterversorgung in den verschiedenen Regionen, sowie eine bedarfsgerechte Weiterentwicklung der Teilnahmeform, zum anderen aber insbesondere auch eine verbesserte Förderung der Weiterbildung in der Allgemeinmedizin. Der Gesetzgeber hat diesem Erfordernis zur Förderung der Weiterbildung bereits im Rahmen des GKV-SolG erstmals Rechnung getragen.[6] Die bisherigen Regelungen waren aber nicht ausreichend zur Gewährleistung der Sicherung der Versorgung. Aus diesem Grund wurde die Diskussion um weitergehende Fördermechanismen im Rahmen des Regierungsentwurfes eines Versorgungsstärkungsgesetzes erneut aufgegriffen und die bisherige Regelung des Art. 8 GKV-SolG in den neuen § 75 a SGB V mit Änderungen und Konkretisierungen überführt.[7] Die Weiterentwicklung und die klarere Fassung der bisherigen Regelungen sollen zu einer stärkeren und verlässlicheren Förderung der Weiterbildung in der Allgemeinmedizin und damit dazu beitragen, dass sich mehr junge Ärztinnen und Ärzte für den Beruf des Hausarztes entscheiden.[8]

Im Kern wird damit allerdings nur eine bisher als nicht zufriedenstellend eingeschätzte Regelung ausgebaut und verfeinert. Grundlegende Änderungen erfolgen nicht. Hemmnisse, die in der Ausgestaltung beruflichen Rahmenbedingungen nach Abschluss der Weiterbildung liegen und die Fachrichtungswahl gravierender als die vorübergehenden Ausbildungsbedingungen beeinflussen, bleiben unberührt.[9] Au-

---

1 Gesetz zur Stärkung der Versorgung in der gesetzlichen Krankenversicherung (GKV-VSG) v. 16.7.2015, BGBl. I 2015, 1211.
2 Gesetz zur Stärkung der Solidarität in der gesetzlichen Krankenversicherung (GKV-Solidaritätsstärkungsgesetz – GKV-SolG) v. 19.12.1998, BGBl. I 1998, 3853, 3859.
3 Zu den Änderungen durch das GKV-VSG vgl. Pawlita, NZS 2015, 727 ff.
4 BT-Dr. 16/10609, 67.
5 BT-Dr. 18/5123, 2 f.; BT-Dr. 18/4095, 1 f.
6 BGBl. I 1998, 3859.
7 Orlowski, MedR 2015, 152.
8 BT-Dr. 18/4095, 90.
9 So bestätigen Umfragen unter Studierenden, dass die geringere Vergütung nur einen von vielen Gründen darstellt, warum sich junge Mediziner gegen eine Laufbahn als Allgemeinmediziner entscheiden, vgl. bspw. http://www.aerztezeitung.de/praxis_wirtschaft/junge-aerzte/article/908407/umfrage-darum-wollen-medizinstudierende-kein-hausarzt.html (zuletzt abgerufen am 1.5.2017). Im Übrigen haben sich zB die Unterschiede in der Ertragslage niedergelassener Hausärzte im Vergleich zu anderen Fachgruppen deutlich gemindert. Im vertragsärztlichen Bereich liegen die Überschüsse (Einnahmen abzgl. Ausgaben vor Steuern, Aufwendungen für soziale Absicherung etc) über diversen anderen Fachgruppen (vgl. aktuell KBV Honorarbericht 2014, S. 59). Die Gesamterträge im Bundesschnitt über alle Fachgruppen bleiben allerdings hinter vielen anderen traditionellen Facharztgruppen, wenn auch nicht allen, mitunter deutlich zurück (vgl. aktuell Zi-Praxis-Panel Jahresbericht 2014, S. 120).

ßerdem wird mit der finanziellen Förderung nicht notwendigerweise die Weiterbildung selbst attraktiver. Sie wird nur häufiger möglich, weil durch einen geringen Eigenanteil des weiterbildenden Arztes die Weiterbildungsbereitschaft gefördert wird.[10]

3. Normsystematik. In Abs. 75 a Abs. 1, 5, 9 S. 1 werden die Grundverpflichtungen (Wer, Was und Wie der Förderung) für die ambulante Versorgung, in Abs. 2 für die stationäre Versorgung bestimmt. Die Anzahl der zu fördernden Weiterbildungsstellen wird in Abs. 3 und Abs. 9 S. 2 normiert. Die Abs. 4, 6 und 7 gehen auf die Ausgestaltung per Fördervereinbarungen zwischen der Kassenärztlichen Bundesvereinigung, dem Spitzenverband Bund der Krankenkassen und der Deutschen Krankenhausgesellschaft ein. In Abs. 8 werden hierzu für die Kassenärztlichen Vereinigungen kv-übergreifende Kooperationsmöglichkeiten bestimmt.

§ 75 a ist als eine Konkretisierung des **allgemeinen Sicherstellungsauftrags** der Kassenärztlichen Vereinigungen und der Krankenkassen einzustufen. Dabei erweitert die Förderung das bestehende Instrumentarium zum allgemeinen Sicherstellungsauftrag, sieht ihn aber weiterhin als gemeinsame Aufgabe der ambulanten und stationären Kostenträger wie der ambulanten und stationären Leistungserbringer. Die gesetzessystematische Einordnung nach § 75 (Sicherstellungsauftrag der Kassenärztlichen Vereinigung) statt nach § 72 (gemeinsamer Sicherstellungsauftrag) verbirgt dies.[11]

Parallel zu § 75 a wurde § 32 Abs. 3 Zulassungsverordnung-Ärzte (**Ärzte-ZV**) geändert. Durch die Anpassung wurde eine weitere Förderungsmöglichkeit normiert. Danach erlaubt die Beschäftigung eines nach § 75 a geförderten Weiterbildungsassistenten nunmehr auch im Grundsatz eine Vergrößerung des Praxisumfangs. Das soll durch Regelungen im Honorarverteilungsmaßstab gelingen, die Leistungsausweitungen insbesondere unter Berücksichtigung des Eigenanteils nach § 75 a Abs. 1 S. 4 erlauben, um die Refinanzierung dieses Eigenanteils zu ermöglichen.[12]

4. Praktische Bedeutung. Die praktische Bedeutung lässt sich aus der bisherigen Regelung ableiten. Deren konkrete Umsetzung wurde zuletzt im Evaluationsbericht für das Jahr 2015 eingehender dargestellt.[13] Danach wurden mit zunehmendem Ausbau insbesondere der ambulanten Stellen ausgehend von 2010 mit 1.809 Vollzeitäquivalenten ambulant und 1.173 stationär in 2015 Stellen im Umfang von 3.023 Vollzeitäquivalenten ambulant und 1.714 stationär mit einem Volumen von 127 Mio. EUR für den ambulanten Bereich und 16,2 Mio. für den stationären Bereich gefördert. Ausgangsbasis waren damals Regularien, die zumindest eine Förderung von 5.000 Stellen vorsahen. Nunmehr sollen zumindest 7.500 Stellen in der Allgemeinmedizin sowie 1.000 Stellen in der Grundversorgung gefördert werden.

II. Auslegung der Norm

1. Normzweck. Unterstellt man die aktuelle Bedarfsplanung als zutreffend, so wird das bislang unausgewogene Verhältnis zwischen haus- und fachärztlicher Versorgung als eine zentrale Herausforderung im Rahmen der Sicherstellung und Verbesserung einer bedarfsgerechten und wohnortnahen medizinischen Versorgung begriffen. Dazu wurde bereits mit Art. 8 GKV-SolG eine Förderung der Weiterbildung in der Allgemeinmedizin gesetzlich verankert und anschließend weiterentwickelt. Da sich bislang eine durchgreifende Änderung der Situation nicht eingestellt hat, bedarf es nach Auffassung des Gesetzgebers einer noch stärkeren und verlässlicheren Förderung der Weiterbildung in der Allgemeinmedizin.[14]

2. Anspruch auf gesetzmäßige Förderung der Weiterbildung. Abs. 1 regelt die ausdrückliche Verpflichtung der Kassenärztlichen Vereinigungen und der Krankenkassen, die allgemeinmedizinische Weiterbildung in Weiterbildungsstellen der ambulanten Versorgung finanziell zu fördern. Zur Rechtsnatur dieser Verpflichtung ist weder der Vorschrift noch der Gesetzesbegründung eindeutiges zu entnehmen. Insbesondere stellt sich die Frage, ob die potenziell begünstigten Ärzte und Einrichtungen, welche die Weiterbildung durchführen, einen **subjektiven** Anspruch auf Förderung haben. Mitunter wird dritt-

---

10 Vgl. BT-Dr. 18/4095, 90, 4. Absatz.
11 Deswegen kritisch: Huster in: Becker/Kingreen, § 75 a Rn. 2.
12 BT-Dr. 18/4095, 146.
13 Abzurufen zB unter: http://www.bundesaerztekammer.de/fileadmin/user_upload/downloads/pdf-Ordner/Weiterbildung/EvB_2015.pdf (zuletzt abgerufen am 1.5.2017).
14 Hesral in: juris PK-SGB V, 3. Aufl. 2016, § 75 a Rn. 6; Rademacker in: KassKomm SGB V, 90. EL 2016, § 75 a Rn. 2.

schützende Wirkung verneint.[15] Das überzeugt jedenfalls nicht, soweit darauf das Ergebnis gestützt werden sollte, dass das Ob und Wie der Förderung den Selbstverwaltungsträgern im Verhältnis zu den Weiterbildungsstellen freigestellt wäre. Das erscheint mit den Zwecksetzungen der Förderung, namentlich der Verlässlichkeit im Interesse der Weiterbildenden (→ Rn. 9) und der absichtsvoll gesteigerten Bestimmtheit der Maßgaben nicht vereinbar. Weiterhin spricht hierfür die reziprok angenommene Verbindlichkeit von Bestimmungen wie Abs. 1 S. 4 (Aufstockungs- und Auszahlungspflicht) sowie der Fördervereinbarung über § 81 Abs. 3 Nr. 1 gegenüber den Vertragsärzten.[16] Jedenfalls soweit – wie aktuell gegeben – eine Umsetzung per Fördervereinbarungen besteht, kann beansprucht werden, dass sich diese im Rahmen der gesetzlichen Maßgaben bewegt, wie die Förderung gemäß der Bestimmungen in der Fördervereinbarung zu gewähren ist. Voraussetzung bleibt alleine, dass die jeweiligen Bestimmungen die Förderung der Weiterbildung selbst zum Gegenstand haben und sich nicht auf Maßgaben der Organisation und Finanzierung im Verhältnis zwischen den Selbstverwaltungsträgern beschränken. Bei den im Übrigen bestehenden subjektiven Rechten ist in der Auslegung sodann den Gestaltungsspielräumen, welche den Vertragsparteien auch nach der Regelung des § 75a im großen Umfang verbleiben, Rechnung zu tragen.

11   **3. Kostentragung, Aufstockung und Höhe der Weiterbildungsförderung.** Die **Krankenkassen** und die **Kassenärztlichen Vereinigungen** haben die Kosten der Förderung für die Weiterbildung in der Allgemeinmedizin im ambulanten Bereich je zur Hälfte zu tragen. Diese Art der Kostentragung war bereits im Rahmen der bisherigen Regelung des Art. 8 VSG-SolG vorgesehen. Der Förderbeitrag der Kassenärztlichen Vereinigungen und der Krankenkassen muss dabei so bemessen sein, dass damit annähernd die Summe erreicht wird, die erforderlich ist, um einer der tarifvertraglichen Vergütung im Krankenhaus entsprechenden Vergütung zu entsprechen. Die von den Krankenkassen aufzubringenden Förderbeiträge werden – wie bereits in der bisherigen Förderregelung vorgesehen – **außerhalb der Gesamtvergütung** für die vertragsärztliche Versorgung gewährt, fallen also als zusätzliche Aufwendungen an. Die genaue Höhe der zu leistenden Förderung ist Gegenstand der Fördervereinbarung gemäß Abs. 4 S. 2 Nr. 1, Abs. 6.

12   Der Anteil der Krankenkassen mindert sich nach Abs. 5 um die von den **privaten Krankenversicherungsunternehmen** zu leistenden Zahlungen. Eine Verpflichtung ergibt sich aus der Vorschrift nicht. Allerdings bringt bereits die Begründung zu der wortgleichen Vorgängerregelung des Art. 8 Abs. 3 GKV-SolG die Erwartung des Gesetzgebers zum Ausdruck, dass sich die privaten Krankenversicherungsunternehmen „entsprechend ihrem Marktanteil" an der Mitfinanzierung beteiligen sollen, da ihnen die Vorteile der Weiterbildungsförderung ebenso zugutekämen.[17] Voraussetzung hierfür ist ein Einvernehmen, wobei ein Scheitern die Vereinbarung nach Abs. 4 im Übrigen unberührt lässt.[18] Sowohl in der aktuellen Fördervereinbarung, die am 1.7.2016 in Kraft getreten ist,[19] als auch in der vorherigen Fördervereinbarung auf der Grundlage von Art. 8 Abs. 2 GKV-SolG, zuletzt in der Fassung mit Wirkung zum 1.11.2014,[20] wurde allerdings das Einvernehmen mit dem Verband der Privaten Krankenversicherung hergestellt. Die Förderanteile selbst ergeben sich sodann aus gesonderten Vereinbarungen zwischen den Kassen.

13   Die **vertragsärztliche Weiterbildungsstelle** ist – so wie bereits im Rahmen des Art. 8 GKV-SolG – verpflichtet, ebenfalls einen Beitrag zu leisten, Abs. 1 S. 4. Der demnach notwendige **Aufstockungsbeitrag** durch die Weiterbildungsstelle soll allerdings nur gering ausfallen, um negative Auswirkungen auf die Weiterbildungsbereitschaft der Hausärzte zu verhindern.[21] Außerdem stellt Abs. 1 S. 4 klar, dass die Weiterbildungsstelle den erhaltenen Förderbetrag an den Weiterzubildenden in voller Höhe auszuzahlen hat (**Auszahlungspflicht**). Der Förderbetrag ist ein Zuschuss zum Bruttogehalt der jeweiligen Ärztinnen und Ärzte in Weiterbildung und nach Auffassung der Vertragspartner als fester Anteil ihrer Vergütung zu sehen.[22]

---

15 Hesral in: juris PK-SGB V, 3. Aufl. 2016, § 75a Rn. 14.
16 BT-Dr. 18/4095, 90, 5. Absatz, 91, 5. Absatz.
17 BT-Dr. 14/24, 23.
18 Rademacker in: KassKomm SGB V, 90. EL 2016, § 75a Rn. 11.
19 Vereinbarung zur Förderung der Weiterbildung gemäß § 75a SGB V, in Kraft getreten am 1.7.2016, abgedruckt in: Deutsches Ärzteblatt, 11.7.2016, A 1330–A 1353.
20 Rademacker in: KassKomm SGB V, 90. EL 2016, § 75a Rn. 11.
21 BT-Dr. 18/4095, 90.
22 Vereinbarung zur Förderung der Weiterbildung gemäß § 75a SGB V, § 5 Abs. 7, idF ab 1.7.2016.

Mit dieser Bestimmung in Abs. 1 S. 4 reagiert der Gesetzgeber auf Fälle, in denen Mittel zweckwidrig verwendet und dabei in rechtswidriger Weise nicht ordnungsgemäß an den Weiterzubildenden ausgezahlt wurden.[23] Gleichwohl folgt hieraus, entgegen anderer Ansicht,[24] **kein subjektiver Anspruch** des Auszubildenden gegenüber der Weiterbildungsstelle, sondern nur eine Verpflichtung im Verhältnis zur fördernden Stelle. Ein vorbehaltloser Eingriff in die arbeitsrechtlichen Beziehungen lässt sich nämlich nicht erkennen. Folglich wird man weiterhin davon ausgehen können, dass soweit zB arbeitsrechtlich die Voraussetzungen für die Versagung von Entgeltfortzahlung vorliegen (zB Überschreiten der Fortzahlungshöchstdauer aus § 3 Abs. 3 S. 1 EFZG), die Entgeltfortzahlung auch dann versagt werden kann, wenn die Förderbeträge gleichwohl ausbezahlt werden. Eine andere Frage ist in solchen Fällen gleichwohl unzweifelhaft die bestehende Rückzahlungspflicht wegen fehlender zweckgerechter Verwendung.

4. Anzahl und Gegenstand der zu fördernden Weiterbildungsstellen Allgemeinmedizin. Die Anzahl der zu fördernden allgemeinmedizinischen Weiterbildungsstellen wird von derzeit 5.000 Stellen (Art. 8 Abs. 4 GKV-SolG) um 50 Prozent auf mindestens 7.500 Stellen im gesamten Bundesgebiet angehoben. Da schon die bisherigen Ziele - zumindest bis zum Jahr 2014 – nicht erreicht wurden, dürfte die Erhöhung in § 75 a Abs. 3 auf 7.500 Stellen jedenfalls zunächst ebenfalls nicht erreicht werden.[25] Dennoch ist eine Begrenzung der Anzahl der zu fördernden Stellen durch die Kassenärztlichen Vereinigungen nicht zulässig. Dieses **Begrenzungsverbot** ist insbesondere für die Antragsverfahren von Bedeutung, da Antragstellern damit nunmehr keine Mittelerschöpfung mehr entgegengehalten werden kann,[26] was unbeschadet einer ausbleibenden Ausschöpfung der bundesweiten 7.500 Stellen regional bei Ausschöpfung der prima facie zugeordneten Stellen Relevanz erlangen kann. Etwaige regionale Ungleichgewichte sind dann zwischen den Selbstverwaltungsträgern auszugleichen.

Die Regelung geht nicht ausdrücklich auf die Frage ein, ob bei der **Berechnung der Weiterbildungsstellen** die Zahl der weiterzubildenden Ärzte maßgebend ist oder ob auf die betreffenden Vollzeitstellen abzustellen ist. Die Vereinbarung zur Förderung der Weiterbildung gemäß § 75 a SGB V zwischen den Vertragspartnern legt aber fest, dass die Zählung der Stellen auf Basis der geförderten Vollzeitäquivalente durchgeführt wird und die Förderung für jede besetzte Stelle erfolgt.[27] Dies ist eine konsequent förderfreundliche, dem Zweck entsprechende Auslegung unbeschadet der Unerheblichkeit im Hinblick auf das Begrenzungsverbot.

Gegenstand können sodann ausschließlich **allgemeinmedizinische Weiterbildungsstellen** sein. Damit deckt diese Fördermöglichkeit nicht sämtliche Facharztrichtungen ab, welche sich an der hausärztlichen Versorgung beteiligen können (neben den Allgemeinmedizinern auch die in § 73 Abs. 1 a S. 1 Nr. 2 bis 5 Genannten). Dies erscheint im Hinblick auf die Zielsetzung der Sicherung der hausärztlichen Versorgung nicht notwendig schlüssig. Es ist aber im Hinblick auf die doppelten Einsatzmöglichkeiten der weiteren Fachgruppen nachvollziehbar und erscheint als ausreichender Differenzierungsgrund (zur Parallelproblematik → § 73 b Rn. 8 ff.).

5. Fördervereinbarungen (Abs. 4, Abs. 6, Abs. 7). a) Allgemeines. Abs. 4 enthält den bindenden Auftrag für die Selbstverwaltungspartner (**Kassenärztliche Bundesvereinigung, Spitzenverband Bund der Krankenkassen und Deutsche Krankenhausgesellschaft**), das Nähere über Umfang und Durchführung der finanziellen Förderung bis zum 23.10.2015 im Rahmen einer Fördervereinbarung zu vereinbaren. Hierzu ist nach Abs. 4 S. 3 das Benehmen mit der Bundesärztekammer herzustellen. Entsprechend der üblichen Auslegung des Benehmens setzt dies zwar keine Zustimmung oder ein Einvernehmen voraus, das Benehmen darf sich aber auch nicht in einer bloßen Anhörung erschöpfen. Das Benehmen setzt vielmehr eine Kenntnisnahme und ggf. Berücksichtigung der Belange und Bedenken voraus. Bleiben

---

23 BT-Dr. 18/4095, 90.
24 So Hesral in: jurisPK-SGB V, 3. Aufl. 2016, § 75 a Rn. 13.
25 Vgl. Förderung der Weiterbildung in der Allgemeinmedizin in der ambulanten und stationären Versorgung, Evaluationsbericht für das Jahr 2014, S. 5, 7: Bei einem Vollzeitäquivalent von 2814 Stellen im ambulanten Bereich und von 1614 Stellen im stationären Bereich ergab sich eine Gesamtzahl von 4428 Stellen.
26 Dementsprechend sind Auswahlkriterien zwischen Antragstellern auch nur noch für die Förderung der fachärztlichen Weiterbildung nach Abs. 9 vorgesehen (vgl. § 3 Abs. 3 Anlage 1 zur Vereinbarung nach § 75 a ab dem 1.7.2016).
27 Vereinbarung zur Förderung der Weiterbildung gemäß § 75 a SGB V, § 2 Abs. 1, in Kraft getreten am 1.7.2016, abgedruckt in: Deutsches Ärzteblatt, 11.7.2016, A 1330.

dennoch unüberwindbare Meinungsverschiedenheiten bestehen, ist der Wille der Selbstverwaltungspartner maßgeblich, als derjenigen, die die Fördervereinbarung zu schließen haben.[28]

18 Entsprechende Fördervereinbarungen existierten auch schon nach dem Art. 8 GKV-SolG. Nunmehr wurde auch eine aktuelle **Fördervereinbarung** zwischen den Vertragsparteien auf der Grundlage des § 75 a SGB V in der Fassung mit Wirkung ab 1.7.2016 geschlossen (abgedruckt in: Deutsches Ärzteblatt 11.7.2016, A 1330-A1353). Deren Anlage I enthält die operativen Ausführungsbestimmungen zur Förderung der Weiterbildung im vertragsärztlichen Bereich, insbesondere, die jeweiligen Fördervoraussetzungen und die Formalien des Förderantrages. Bestimmte Inhalte der Fördervereinbarungen waren dabei obligatorisch festzulegen (Abs. 4), andere hingegen lediglich fakultativ zu regeln (Abs. 7). Es handelt sich dabei um einen öffentlich-rechtlichen Vertrag im Sinne des § 53 SGB X. Die Fördervereinbarung ist nach der Gesetzesbegründung gemäß § 81 Abs. 3 Nr. 1 SGB V für die Kassenärztlichen Vereinigungen und ihre Mitglieder verbindlich.[29]

19 **b) Zwingende Vereinbarungsinhalte.** Als verbindlich zu vereinbarenden Inhalt gibt Abs. 4 vor:

20 **aa) Förderhöhe.** Die Fördervereinbarung muss insbesondere Vorgaben zur Höhe der finanziellen Förderung enthalten (Abs. 4 S. 2 Nr. 1). Abs. 6 konkretisiert die diesbezüglichen Vorgaben und entspricht der bisherigen Regelung des Art. 8 Abs. 4 GKV-SolG. Die Vorgängerregelung wurde eingeführt, weil die Vergütung der Weiterbildungsassistenten in den Praxen niedergelassener Vertragsärztinnen und Vertragsärzte wesentlich geringer ausfiel als die Vergütung in stationären Einrichtungen und daher die allgemeinmedizinische Weiterbildung für viele junge Ärztinnen und Ärzte regelmäßig mit deutlichen finanziellen Einschnitten verbunden war.[30]

21 Nach Abs. 6 S. 1 muss die Höhe der finanziellen Förderung so bemessen sein, dass die Weiterzubildenden in den Weiterbildungseinrichtungen (sowohl den ambulanten nach Abs. 1, als auch den stationären nach Abs. 2) in Verbindung mit einer nach Abs. 1 S. 4 erfolgenden Anhebung der Förderung durch die Weiterbildungsstelle eine **angemessene Vergütung** erhalten. Maßstab für eine angemessene Vergütung sind nach der Gesetzesbegründung die tarifvertraglichen Regelungen im Bereich der stationären Versorgung, um auf diese Weise für junge Ärztinnen und Ärzte die allgemeinmedizinische Weiterbildung jedenfalls aus finanzieller Sicht attraktiver zu gestalten. Grundlage des Förderbetrags im ambulanten Bereich ist dieser Maßgabe folgend nach § 5 Abs. 4 der Vereinbarung zur Förderung der Weiterbildung gemäß § 75 a SGB V der **Tarifvertrag Ärzte der Vereinigung kommunaler Arbeitgeberverbände (VKA)**, Entgeltgruppe I Mittelwert des Stufen 1–5.[31] Gemäß § 5 Abs. 2 und 3 der Vereinbarung zur Förderung der Weiterbildung gemäß § 75 a SGB V beträgt der Förderbetrag der Kostenträger je besetzter Stelle im ambulanten Bereich monatlich 2.400 Euro. Dieser Betrag wird durch die jeweils zuständige Kassenärztliche Vereinigung auf monatlich 4.800 Euro erhöht.[32]

22 Für Gebiete, für die der Landesausschuss der Ärzte und Krankenkassen für den Bereich der hausärztlichen Versorgung eine **Unterversorgung** nach § 100 Abs. 1 S. 1 SGB V festgestellt hat, wird darüber hinaus gemäß Abs. 6 S. 2 die Vorgabe gemacht, dass eine höhere Förderung vorgesehen werden soll.[33] Auf diese Weise soll für junge Ärztinnen und Ärzte ein Anreiz geschaffen werden, ihre Tätigkeit in diesen zumeist weniger attraktiven Orten auszuüben.[34] Gemäß § 5 Abs. 6 der Vereinbarung zur Förderung der Weiterbildung gemäß § 75 a SGB V beträgt der Erhöhungsbetrag der Förderung je besetzter Stelle in unterversorgten Gebieten monatlich 500 Euro, in Gebieten mit drohender Unterversorgung monatlich 250 Euro. Der Förderbetrag je besetzter Teilzeitstelle ist entsprechend des Umfanges der Teilzeittätigkeit anteilig zu bemessen.[35]

---

28 Vgl. BSG, Urt. v. 24.8.1994, 6 RKa 15/93, juris Rn. 21.
29 BT-Dr. 18/4095, 91.
30 Laut Gesetzesbegründung zur Vorgängerregelung lag die Vergütung für die Tätigkeit in Praxen niedergelassener Ärzte häufig nur halb so hoch wie die Vergütung im stationären Bereich, vgl. BT-Dr. 16/10609, 67.
31 Vereinbarung zur Förderung der Weiterbildung gemäß § 75 a SGB V, § 5 Abs. 4, idF ab 1.7.2016.
32 Vereinbarung zur Förderung der Weiterbildung gemäß § 75 a SGB V, § 5 Abs. 2–3, idF ab 1.7.2016.
33 BT-Dr. 18/4095, 91.
34 Bereits im Gutachten des Sachverständigenrats zur Begutachtung der Entwicklung im Gesundheitswesen „Bedarfsgerechte Versorgung – Perspektiven für ländliche Regionen und ausgewählte Leistungsbereiche" wurde nach gezielten Fördermöglichkeiten gesucht. So wurde unter anderem der Vorschlag unterbreitet jedem jungen Arzt in Weiterbildung zum Facharzt für Allgemeinmedizin ein bei Stellenwechsel ortsgebunden portablen persönlichen Förderbudgets für die Weiterbildungszeit von 60 Vollzeitmonaten sicherzustellen, Kurzfassung Gutachten 2014, Rn. 167 Nr. 2.
35 Vereinbarung zur Förderung der Weiterbildung gemäß § 75 a SGB V, § 5 Abs. 6, idF ab 1.7.2016.

Nach Abs. 6 S. 3 ist die Förderhöhe regelmäßig durch die Vertragspartner zu **überprüfen** und soweit 23
erforderlich anzupassen. Damit soll sichergestellt werden, dass die Förderhöhe nicht statisch festgeschrieben ist und Tarifsteigerungen nicht einseitig zulasten der Weiterbildungsstellen gehen.[36]

bb) **Durchgängiger Wechsel der Weiterbildungsstelle.** Im Rahmen der Fördervereinbarung sind weiterhin Regelungen zu treffen zur Sicherstellung, dass Ärztinnen und Ärzte auch dann eine durchgängige 24
Förderung erhalten, wenn diese in eine andere Weiterbildungsstelle **wechseln**. Dies gilt ausdrücklich
auch für einen Wechsel in einen Bezirk einer anderen Kassenärztlichen Vereinigung. Der Gesetzgeber
schlägt hierfür die Einführung eines vereinfachten und beschleunigten Verfahrens vor.[37] Die Vorschrift
erfasst nicht nur den Wechsel zwischen unterschiedlichen Praxen, sondern auch den Wechsel aus
einem Krankenhaus in eine Praxis. Gemäß der Vereinbarung zur Förderung der Weiterbildung gemäß
§ 75 a SGB V zwischen den Vertragspartnern, ist eine Unterbrechung der Förderung beim Übergang in
einen Bereich einer anderen Kassenärztlichen Vereinigung oder beim Wechsel vom stationären in den
ambulanten Bereich zu vermeiden.[38] Ob die Begrifflichkeit „vermeiden" hier aber bereits die Anforderungen des Gesetzes genügend umsetzt ist zweifelhaft. So drückt der Begriff „vermeiden" lediglich aus,
dass der durchgängige Wechsel angestrebt werden soll. Eine klare Vorgabe für eine verlässliche Umsetzung wie zB eine vereinfachte Anerkennung unter Anknüpfung an schon erfolgte Förderbescheide ist
darin allerdings nicht enthalten. Dies ist keine überzeugende Umsetzung der gesetzlichen Maßgaben
angesichts der hohen formalen Anforderung für die Anträge, der jedenfalls bisher festzustellenden Bearbeitungsdauer und des im Bereich von Untätigkeitsfällen ohnehin verzögerungsanfälligen Rechtsschutzes. Das kann jedoch nicht von einer entsprechenden Verpflichtung – auch im Verhältnis zu den
Weiterbildungsstellen – entbinden (→ Rn. 10).

cc) **Verteilung der Weiterbildungsstellen.** Die Vertragspartner müssen festlegen, wie sich die 7500 bundesweit mindestens zu fördernden Stellen im Bereich der allgemeinmedizinischen Weiterbildung auf 25
die jeweiligen Kassenärztlichen Vereinigungen verteilen. Nach der Gesetzesbegründung kommt grundsätzlich eine Verteilung in Betracht, die sich an den in der Kassenärztlichen Vereinigung zu versorgenden Einwohnern orientiert oder sich an dem in der Kassenärztlichen Vereinigung festgestellten oder
errechneten bedarfsplanungsrechtlichen Bedarf an Hausärztinnen und Hausärzten bemisst. Die anhand dessen ermittelten Förderstellen der jeweiligen Kassenärztlichen Vereinigungen entsprechen den
mindestens zu fördernden Stellen.[39] Im Rahmen der Vereinbarung zur Förderung der Weiterbildung
gemäß § 75 a SGB V, wurde festgelegt, dass die Verteilung der zu fördernden Stellen auf die Bezirke
der Kassenärztlichen Vereinigung nach **Bevölkerungsanteil** gemäß der zuletzt veröffentlichten amtlichen Statistik (DESTATIS-Erhebung; ggf. amtliche Statistiken auf Landesebene NRW) des jeweiligen
Bezirks erfolgt.[40]

dd) **Finanzieller Ausgleichsmechanismus.** Eine Begrenzung der Anzahl der zu fördernden Stellen ist 26
nach Abs. 3 S. 2 unzulässig. Dies kann unter Umständen dazu führen, dass in manchen Kassenärztlichen Vereinigungen mehr oder weniger Stellen gefördert werden, als nach dem Länderverteilungsschlüssel mindestens zu fördern wären. Deshalb sieht Abs. 4 S. 2 Nr. 4 vor, dass, soweit in einem Bezirk einer Kassenärztlichen Vereinigung mehr oder weniger Weiterbildungsstellen gefördert werden,
als im Rahmen der Verteilung vorgesehen, Vereinbarungen zu treffen sind über ein finanzielles Ausgleichsverfahren. Dieses Verfahren soll für den Fall gelten, dass in einigen Kassenärztlichen Vereinigungen der jeweilige Anteil an den 7500 Stellen nicht ausgefüllt, in anderen Kassenärztlichen Vereinigungen hingegen übererfüllt wird. Ein solcher verbindlicher Ausgleichsmechanismus soll sicherstellen,
dass die Kassenärztlichen Vereinigungen und die Krankenkassen nicht in den Regionen, in denen überproportional viele Ausbildungsstellen gefördert werden, finanziell wesentlich stärker mit den Kosten
für die Weiterbildung belastet sind als in anderen Regionen.[41] Der finanzielle Ausgleich von Mehr-
und Minderförderung wird im Rahmen der jährlichen Abrechnung vorgenommen.[42] Die Vorschrift
gilt für die Förderung der fachärztlichen Grundversorgung entsprechend.

---

36 BT-Dr. 18/4095, 91.
37 BT-Dr. 18/4095, 91.
38 Vereinbarung zur Förderung der Weiterbildung gemäß § 75 a SGB V, § 2 Abs. 2, in Kraft getreten am 1.7.2016, abgedruckt in: Deutsches Ärzteblatt, 11.7.2016, A 1330.
39 BT-Dr. 18/4095, 91.
40 Vereinbarung zur Förderung der Weiterbildung gemäß § 75 a SGB V, § 6 Abs. 1, idF ab 1.7.2016.
41 BT-Dr. 18/4095, 91.
42 Vereinbarung zur Förderung der Weiterbildung gemäß § 75 a SGB V, § 6 Abs. 3, idF ab 1.7.2016.

27 **ee) Fachärztliche Grundversorgung.** Abs. 4 S. 2 Nr. 5 verpflichtet die Vertragspartner zu bestimmen, welche Arztgruppen als sogenannte „grundversorgende Fachärzte" – also Fachärzte aus dem Bereich der allgemeinen fachärztlichen Versorgung, die an der Grundversorgung teilnehmen – in die Förderung einbezogen werden. Diese Einbeziehung beruht auf der Empfehlung des Gesundheitsausschusses. Jedoch ist der Begriff der grundversorgenden Fachärzte bisher nicht im SGB V gesetzlich definiert. Bezug genommen wird in der Gesetzesbegründung als Ausgangspunkt im Sinne einer äußersten Grenze auf den Begriff der **allgemeinen fachärztlichen Versorgung** im Sinne des § 12 der **Bedarfsplanungsrichtlinie**.[43] Anhand der dort genannten Arztgruppen sollen sich die Vertragspartner auf diejenigen Facharztgebiete verständigen, die sie als grundversorgend ansehen und die aufgrund des bestehenden oder zukünftigen Mangels an Weitergebildeten besonders förderungswürdig erscheinen. Vor dem Hintergrund, dass die Förderung der Weiterbildung dazu dient, den Bedarf der ambulanten Versorgung zu decken, soll insbesondere die Weiterbildung für Kinder- und Frauenärzte sowie konservativ tätige Augenärzte gefördert werden.[44]

Nach der Vereinbarung zur Förderung der Weiterbildung gemäß § 75 a SGB V erfolgt dementsprechend die Feststellung der Förderfähigkeit von Facharztgruppen auf regionaler Ebene gemeinsam und einheitlich von den Kassenärztlichen Vereinigungen und den Landesverbänden der Krankenkassen sowie den Ersatzkassen, wobei Empfehlungen der Landesausschüsse zu berücksichtigen sind. Die Feststellung erfolgt erstmals drei Monate nach Inkrafttreten der Vereinbarung und wird jährlich zum 31. März überprüft. Sofern eine einvernehmliche Entscheidung bzw. Empfehlung innerhalb einer Frist von drei Monaten nicht zustande kommt, gelten automatisch und ausschließlich die Facharztgruppen der **Kinder- und Jugendmedizin, Frauenheilkunde und Geburtshilfe** sowie **Augenheilkunde** als förderfähig.[45] Die Förderung in den ausgewählten Fachgebieten ist in der Fördervereinbarung sodann der Voraussetzung unterstellt, dass die beantragende Praxis überwiegend konservativ und nicht spezialisiert tätig ist.[46]

28 **c) Fakultativ zu vereinbarender Inhalt.** Die Fördervereinbarungen können nach Abs. 7 weitere Regelungen enthalten. Hiermit wird die bisherige Regelung des Art. 8 Abs. 5 GKV-SolG, erweitert um die auf Empfehlung des Gesundheitsausschusses neu aufgenommene Ziffer 3, übernommen. Anders als die verbindlich zu regelnden Vereinbarungen nach Abs. 4, sind die Vereinbarungen nach Abs. 7 unverbindlich und geben den Vertragspartnern lediglich mögliche weitere festzulegende Inhalte an die Hand um die Förderung der Weiterbildung flexibler und bedarfsgerechter auszugestalten.[47] Daraus lässt sich allerdings nicht ableiten, dass weitere Regelungen über diese beiden Absätze hinaus im Rahmen der Fördervereinbarung nicht möglich sind. Die Wortwahl macht deutlich, dass der Gesetzgeber den Vertragsparteien die Möglichkeit einräumen wollte, über die Inhalte der Abs. 4 und 7 hinaus noch weitere Inhalte festzulegen, soweit die **Grenzen des Regelungsauftrages** des § 75 a nicht überschritten werden. In Abs. 7 ist lediglich eine Klarstellung zu sehen, dass die dort angeführten möglichen zu vereinbarenden Inhalte innerhalb der Grenzen der Ermächtigung zur Vertragsgestaltung liegen.[48]

29 In den Verträgen kann vereinbart werden, dass die Fördermittel durch eine **zentrale Stelle** auf Landes- oder Bundesebene verwaltet werden (Abs. 7 Nr. 1). Die Vertragspartner erhalten dadurch die Möglichkeit, die Verwaltung der Fördermittel beispielsweise auf eine einzelne Kassenärztliche Vereinigung oder die Kassenärztliche Bundesvereinigung oder eine sonstige Einrichtung zu übertragen. Eine solche Vereinbarung enthält die aktuelle Vereinbarung zur Förderung der Weiterbildung gemäß § 75 a SGB V jedoch nicht. Statt der Festlegung einer zentralen Stelle auf Bundes- oder Landesebene zur Verwaltung der Fördermittel, wurde aber in § 7 der Vereinbarung zur Förderung der Weiterbildung gemäß § 75 a SGB V eine sogenannte **Koordinierungsstelle** eingerichtet. Beteiligte einer Koordinierungsstelle sind die jeweils zuständige Kassenärztliche Vereinigung sowie die Landeskrankenhausgesellschaft, wobei die Landesärztekammern einzubeziehen sind und die Vertreter der Kostenträger auf Landesebene die Möglichkeit der Beteiligung haben. Aufgabe der Koordinierungsstelle ist die Gewährleistung der Koordination und Organisation der Förderung der Weiterbildung in der Allgemeinmedizin auf regionaler und ggf. überregionaler Ebene.[49]

---

43 BT-Dr. 18/5123, 124 f.
44 BT-Dr. 18/5123, 125.
45 Vereinbarung zur Förderung der Weiterbildung gemäß § 75 a SGB V, § 3 Abs. 8, idF ab 1.7.2016.
46 Vereinbarung zur Förderung der Weiterbildung gemäß § 75 a SGB V, § 3 Abs. 5, idF ab 1.7.2016.
47 Vgl. die Begründung zu dem bisherigen Art. 8 Abs. 5 GKV-SolG, BT-Dr. 16/10609, 67.
48 Hesral in: jurisPK-SGB V, 3. Aufl. 2016, § 75 a SGB V Rn. 27.
49 Vereinbarung zur Förderung der Weiterbildung gemäß § 75 a SGB V, § 7, idF ab 1.7.2016.

Weiterhin möglich bleibt eine finanzielle Beteiligung an **regionalen Projekten** zur Förderung der Allgemeinmedizin bzw. der fachärztlichen Grundversorgung (Abs. 7 Nr. 2). Darunter fallen zum Beispiel Vereinbarungen über die Förderung von Kompetenzzentren an Universitäten.[50] 30

Es kann außerdem vereinbart werden, dass bis zu 5 Prozent der vorgesehenen Fördermittel überregional für die Errichtung und Organisation von Einrichtungen, die die **Qualität und Effizienz der Weiterbildung** verbessern können, bereitgestellt werden (Abs. 7 Nr. 3). Dies soll laut Empfehlung des Gesundheitsausschusses der Stärkung der Attraktivität und der Qualität der Weiterbildung in der Allgemeinmedizin dienen. Zu fördernde Einrichtungen in diesem Sinne wären zum Beispiel universitär angebundene Kompetenzzentren. Dem Gesundheitsausschuss zur Folge soll – zur weiteren Stärkung und Straffung der Förderung der Weiterbildung in der Allgemeinmedizin und der grundversorgenden fachärztlichen Versorgung – perspektivisch die Ausgestaltung einer bundesweiten Stiftung geprüft werden.[51] Genauere Vorgaben an die Einrichtungen enthält die Vereinbarung zur Förderung der Weiterbildung gemäß § 75 a SGB V. So müssen sie unter anderem bei der Etablierung strukturierter, kontinuierlicher und verlässlicher Rotationen mitwirken sowie das eigene Angebot und die Qualitätssicherung kontinuierlich evaluieren.[52] Wichtig im Rahmen des Abs. 7 Nr. 3 ist die Abgrenzung zu Abs. 7 Nr. 2. Während rein regionale Projekte nur nach Ziffer 2 förderfähig sein können, muss die Verbesserung nach Ziffer 3 überregionale Bedeutung haben. 31

Abs. 7 Nr. 4 ermöglicht eine Übertragung **nicht abgerufener Fördermittel** in die Zukunft, indem die Fördervereinbarung festlegen kann, dass die in einem Förderzeitraum nicht abgerufenen Fördermittel in den darauffolgenden Förderzeitraum übertragen sowie überregional und unabhängig von der Art der Weiterbildungseinrichtung bereitgestellt werden. Dies soll sicherstellen, dass beispielsweise Fördermittel, die in einem Land zur Verfügung gestellt, hier jedoch nicht abgerufen werden, in einem anderen Land zur Förderung der Allgemeinmedizin eingesetzt werden können.[53] 32

6. Kooperation der Kassenärztlichen Vereinigungen. Abs. 8 enthält die ausdrückliche Möglichkeit der Kassenärztlichen Vereinigungen im Bereich der Weiterbildungsförderung stärker miteinander zu kooperieren. Danach kann eine Kassenärztliche Vereinigung die Aufgabe für eine oder mehrere Kassenärztliche Vereinigungen übernehmen. Davon wurde jenseits der Koordinierung mit den übrigen Beteiligten (→ Rn. 29) kein Gebrauch gemacht. 33

7. Förderung der Weiterbildung in stationären Einrichtungen. Absatz 2 entspricht dem bisherigen Art. 8 Abs. 1 GKV-SolG. Danach sind die Krankenkassen zur Sicherung der hausärztlichen Versorgung auch verpflichtet, die allgemeinmedizinische Weiterbildung in zugelassenen Krankenhäusern gemäß § 108 SGB V und in Vorsorge- und Rehabilitationseinrichtungen, für die ein Versorgungsvertrag nach § 111 SGB V besteht, zu fördern. Im Wesentlichen erfolgt die Ausgestaltung dabei entsprechend den vorstehenden Ausführungen, wobei es einige Abweichungen gibt. 34

Anders als im ambulanten Bereich, erfolgt die Förderung im stationären Bereich allein durch die **Krankenkassen** unter etwaiger Beteiligung an den Kosten durch die privaten Versicherungsunternehmen, nicht hingegen durch die Kassenärztlichen Vereinigungen. Vergleichbar mit Abs. 1 S. 3, wonach die Zuschüsse für den ambulanten Bereich außerhalb der Gesamtvergütung gezahlt werden, werden die Zuschüsse der Krankenkassen für die Weiterbildung im stationären Bereich ebenfalls außerhalb der mit den Krankenhäusern vereinbarten Budgets gewährt (Abs. 2 S. 2). Nicht normiert wurde eine mit Abs. 1 S. 4 vergleichbare Aufstockungs- und Auszahlungspflicht.[54] 35

Die Vereinbarung zur Förderung der Weiterbildung gemäß § 75 a SGB V enthält in Anlage II einige weitere Abweichungen. Diese normiert die Verfahrenswege und operativen Ausführungsbestimmungen zur Förderung der Weiterbildung gemäß § 75 a SGB V im stationären Bereich in gleicher Funktion aber abweichender Ausgestaltung zur Anlage I für den ambulanten Bereich. Gemäß § 5 Abs. 1 der Vereinbarung zur Förderung der Weiterbildung gemäß § 75 a SGB V beträgt der **Förderbetrag** der Kostenträger je besetzter Stelle im stationären Bereich aktuell monatlich 1.360 Euro im Gebiet der inneren Medizin mit ihren Spezialisierungen und im Gebiet der Allgemeinmedizin. Dieser Betrag wird monat- 36

---

50 BT-Dr. 18/4095, 91.
51 BT-Dr. 18/5123, 124.
52 Vereinbarung zur Förderung der Weiterbildung gemäß § 75 a SGB V, § 8, idF ab 1.7.2016.
53 Vgl. die Begründung zu dem bisherigen Art. 8 Abs. 5 GKV-SolG, BT-Dr. 16/10609, 67 f.
54 Hesral in: jurisPK-SGB V, 3. Aufl. 2016, § 75 a Rn. 17, zieht zur Begründung heran, dass der Gesetzgeber mutmaßlich die Rechtsbeziehungen in arbeits- und tarifvertraglicher Hinsicht als im Allgemeinen seriöser ausgestaltet einstuft.

lich um 980 Euro erhöht, soweit die Ärztinnen und Ärzte in Weiterbildung den stationären Teil der allgemeinmedizinischen Weiterbildung in einem anderen Gebiet der unmittelbaren Patientenversorgung ableisten.[55] Anders als im ambulanten Bereich besteht zur Durchführung der Förderung der Weiterbildung im stationären Bereich eine **zentrale Registrierstelle** bei der Deutschen Krankenhausgesellschaft, die als Verwaltungshelfer der Vertragsparteien handelt. Diese nimmt die Anträge der Krankenhäuser an. Anschließend kehrt sie die auf das einzelne Krankenhaus entfallenden Förderbeträge aus.[56]

37 8. **Ambulante grundversorgende fachärztliche Versorgung (Abs. 9).** Die Förderung der Weiterbildung wurde nun erstmals, auf Empfehlung des Gesundheitsausschusses, auf die ambulante fachärztliche Grundversorgung ausgeweitet (zur Definition → Rn. 27). Mit der Ausweitung der Förderung auf den Bereich der fachärztlichen Grundversorger soll nach Auffassung des Gesundheitsausschusses sichergestellt werden, dass auch zukünftig genügend Nachwuchs für das entsprechende Facharztgebiet zur Verfügung steht. So soll einerseits ausreichend Bereitschaft bestehen zur Niederlassung in der ambulanten fachärztlichen Versorgung und andererseits die für den ambulanten Bereich besonderen Kenntnisse und Fähigkeiten vermittelt werden.[57]

Abs. 9 normiert eine entsprechende Anwendung der Abs. 1, sowie Abs. 4 bis 8, nicht hingegen der Abs. 2 und 3, für die Förderung der Weiterbildung in der ambulanten grundversorgenden fachärztlichen Versorgung. Damit ist die Förderung der grundversorgenden fachärztlichen Weiterbildung auf den **ambulanten Bereich** nach Abs. 1 beschränkt, wohingegen eine entsprechende Förderung stationärer Einrichtungen im Sinne des Abs. 2 ausgeschlossen ist.

38 Die Geltung der entsprechenden Absätze besteht aber ausdrücklich nur „nach Maßgabe der Vereinbarung nach Abs. 4 S. 2 Nr. 5". Gemäß Abs. 4 S. 2 Nr. 5 ist im Rahmen der Fördervereinbarung festzulegen, welche fachärztliche Tätigkeit als grundversorgend anzusehen und damit zu fördern ist. Für die Weiterbildung in der ambulanten fachärztlichen Grundversorgung legt Abs. 9 demgegenüber fest, dass bundesweit bis zu 1.000 Stellen zu fördern sind, also insoweit eine **Förderhöchstgrenze** besteht. Für die hiernach festgelegten grundversorgenden Fachärzte folgt dann aber aus Abs. 9 in diesem Umfang eine Förderverpflichtung,[58] die bei überschreitendem Antragsvolumen zur ermessensfehlerfreien Auswahl zwingt.[59]

III. Rechtsschutz

39 Bei der Ablehnung eines Antrages auf Förderung der allgemeinmedizinischen Weiterbildung ist der Rechtsweg zu den **Sozialgerichten** nach § 51 Abs. 1 Nr. 2 SGG eröffnet. Zu unterscheiden ist für die Ausgestaltung zwischen der Förderung im ambulanten und im stationären Bereich.

40 Die Entscheidung über die Förderung im ambulanten Bereich durch die Kassenärztlichen Vereinigungen ergeht durch **Verwaltungsakt** im Sinne des § 31 SGB X. Daraus folgen die statthaften Klagearten nach den allgemeinen Grundsätzen, also zB im Falle der Klage gegen die Versagung einer Förderung die kombinierte Anfechtungs- und Verpflichtungsklage gemäß § 54 Abs. 1 SGG.

41 Im stationären Bereich ergeht die Entscheidung über die Förderung formal durch die **zentrale Registrierstelle** bei der Deutschen Krankenhausgesellschaft nach Anlage II der Vereinbarung zur Förderung der Weiterbildung gemäß § 75 a SGB V. Diese handelt nach Nr. 2.1 der Anlage II der Vereinbarung jedoch nur als **Verwaltungshelfer** der Vertragsparteien. Nach 2.3 dieser Anlage sollen Widersprüche von Krankenhäusern gegen Entscheidungen der Registrierstelle von der Deutschen Krankenhausgesellschaft und dem GKV-Spitzenverband einvernehmlich entschieden werden. Demnach gehen die Vertragsparteien davon aus, dass auch die stationäre Förderung in Gestalt von Verwaltungsakten erfolgt. Diese sollen aber möglicherweise durch die Registrierstelle nicht als behördliche Akte dieser Registrierstelle, sondern namens und im Auftrag der Vertragsparteien erfolgen. Zugleich soll aber – ohne ausdrückliche Regelung – die Kassenärztliche Bundesvereinigung offenbar keine Vertragspartei im Sinne der Bestimmung der Nr. 2.1 der Anlage II sein. Dementsprechend wären Rechtsmittel jeweils gegen den GKV-Spitzenverband und die Deutsche Krankenhausgesellschaft – ihrerseits möglicherweise in der Funktion als vom GKV-Spitzenverband Beliehene – zu richten.

---

55 Vereinbarung zur Förderung der Weiterbildung gemäß § 75 a SGB V, § 5 Abs. 1, idF ab 1.7.2016.
56 Vereinbarung zur Förderung der Weiterbildung gemäß § 75 a SGB V, Anlage II, idF ab 1.7.2016.
57 BT-Dr. 18/5123, 124 f.
58 BT-Dr. 18/5123, 124.
59 Zu den Kriterien s. Vereinbarung zur Förderung der Weiterbildung gemäß § 75 a SGB V, Anlage I § 3 Abs. 3, idF ab 1.7.2016.

Diese Konstruktion mag zwar noch im Einklang mit § 75 a Abs. 2 stehen, weil die Förderverpflichtung dort nur gegen die Krankenkassen gerichtet ist und diese sich im Rahmen der Gestaltungsmöglichkeiten nach den Absätzen 4 und 7 mit den weiteren Vertragsparteien koordinieren und zentralisieren dürfen. Im Hinblick auf Eindeutigkeit und Effektivität des Rechtsschutzes treffen die vorstehenden Regelungen allerdings auf Bedenken. Diese Unklarheit gebietet es im Sinne des Meistbegünstigungsgrundsatzes im Rechtsmittelrecht jedenfalls auch Rechtsmittel unmittelbar gegenüber der zentralen Registrierstelle als möglich wie ausreichend einzustufen, bis eindeutigere Regelungen gefunden sind.

§ 76 Freie Arztwahl

(1) ¹Die Versicherten können unter den zur vertragsärztlichen Versorgung zugelassenen Ärzten, den medizinischen Versorgungszentren, den ermächtigten Ärzten, den ermächtigten oder nach § 116 b an der ambulanten Versorgung teilnehmenden Einrichtungen, den Zahnkliniken der Krankenkassen, den Eigeneinrichtungen der Krankenkassen nach § 140 Abs. 2 Satz 2, den nach § 72 a Abs. 3 vertraglich zur ärztlichen Behandlung verpflichteten Ärzten und Zahnärzten, den zum ambulanten Operieren zugelassenen Krankenhäusern sowie den Einrichtungen nach § 75 Abs. 9 frei wählen. ²Andere Ärzte dürfen nur in Notfällen in Anspruch genommen werden. ³Die Inanspruchnahme der Eigeneinrichtungen der Krankenkassen nach § 140 Abs. 1 und 2 Satz 1 richtet sich nach den hierüber abgeschlossenen Verträgen. ⁴Die Zahl der Eigeneinrichtungen darf auf Grund vertraglicher Vereinbarung vermehrt werden, wenn die Voraussetzungen des § 140 Abs. 2 Satz 2 erfüllt sind.

(1 a) ¹In den Fällen des § 75 Absatz 1 a Satz 6 können Versicherte auch zugelassene Krankenhäuser in Anspruch nehmen, die nicht an der vertragsärztlichen Versorgung teilnehmen. ²Die Inanspruchnahme umfasst auch weitere auf den Termin folgende notwendige Behandlungen, die dazu dienen, den Behandlungserfolg zu sichern oder zu festigen.

(2) Wird ohne zwingenden Grund ein anderer als einer der nächsterreichbaren an der vertragsärztlichen Versorgung teilnehmenden Ärzte, Einrichtungen oder medizinische Versorgungszentren in Anspruch genommen, hat der Versicherte die Mehrkosten zu tragen.

(3) ¹Die Versicherten sollen den an der vertragsärztlichen Versorgung teilnehmenden Arzt innerhalb eines Kalendervierteljahres nur bei Vorliegen eines wichtigen Grundes wechseln. ²Der Versicherte wählt einen Hausarzt. ³Der Arzt hat den Versicherten vorab über Inhalt und Umfang der hausärztlichen Versorgung (§ 73) zu unterrichten; eine Teilnahme an der hausärztlichen Versorgung hat er auf seinem Praxisschild anzugeben.

(3 a) Die Partner der Verträge nach § 82 Abs. 1 haben geeignete Maßnahmen zu vereinbaren, die einer unkoordinierten Mehrfachinanspruchnahme von Vertragsärzten entgegenwirken und den Informationsaustausch zwischen vor- und nachbehandelnden Ärzten gewährleisten.

(4) Die Übernahme der Behandlung verpflichtet die in Absatz 1 genannten Personen oder Einrichtungen dem Versicherten gegenüber zur Sorgfalt nach den Vorschriften des bürgerlichen Vertragsrechts.

(5) ¹Die Versicherten der knappschaftlichen Krankenversicherung können unter den Knappschaftsärzten und den in Absatz 1 genannten Personen und Einrichtungen frei wählen. ²Die Absätze 2 bis 4 gelten entsprechend.

I. Entstehungsgeschichte... 1	d) Verhinderungen von Mehrfachinanspruchnahmen nach Abs. 3 a ... 11
II. Freie Arztwahl... 2	e) Einschränkungen aufgrund freiwilliger Entscheidung... 12
1. Materieller Grundsatz und verfassungsrechtliche Verankerung... 2	III. Notfallbehandlung... 13
2. Beschränkungen... 5	IV. Sorgfaltsanforderungen an die Leistungserbringer... 15
a) Inhaltliche Beschränkungen nach Abs. 1 ... 6	V. Freie Arztwahl in der knappschaftlichen Krankenversicherung... 17
b) Räumliche Beschränkungen nach Abs. 2 ... 9	
c) Zeitliche Beschränkungen nach Abs. 3 ... 10	

I. Entstehungsgeschichte

1 § 76 wurde anknüpfend an die Vorgängerregelung in § 368 d RVO mit dem Gesetz zur Strukturreform im Gesundheitswesen vom 20.12.1988[1] in das SGB V eingefügt. In der Folge wurde die Vorschrift zahlreichen Änderungen unterworfen,[2] namentlich durch das Gesetz zur Sicherung und Strukturverbesserung der gesetzlichen Krankenversicherung vom 21.12.1992,[3] durch das Schwangeren- und Familienhilfeänderungsgesetz vom 21.8.1995,[4] durch das Zweite Gesetz zur Neuordnung von Selbstverwaltung und Eigenverantwortung in der gesetzlichen Krankenversicherung vom 23.6.1997,[5] durch das Gesetz zur Reform der gesetzlichen Krankenversicherung ab dem Jahr 2000,[6] durch das Gesetz zur Modernisierung der gesetzlichen Krankenversicherung vom 14.11.2003,[7] durch das Gesetz zur Vereinfachung der Verwaltungsverfahren im Sozialrecht vom 21.3.2005[8] und durch das Gesetz zur strukturellen Weiterentwicklung der Pflegeversicherung vom 28.5.2008.[9] Im Zuge der Einrichtung sog Terminservicestellen (§ 75 Abs. 1 a) wurde durch das Gesetz zur Stärkung der Versorgung in der gesetzlichen Krankenversicherung vom 16.7.2015[10] Abs. 1 a eingefügt, der die Möglichkeit vorsieht, dass Versicherte auch zugelassene Krankenhäuser in Anspruch nehmen können, die nicht an der vertragsärztlichen Versorgung teilnehmen.

II. Freie Arztwahl

2 **1. Materieller Grundsatz und verfassungsrechtliche Verankerung.** § 76 SGB V vermittelt den in der gesetzlichen Krankenversicherung Versicherten ein subjektives Wahlrecht und statuiert zugleich einen objektiv-rechtlichen Grundsatz. Die nach Abs. 1 S. 1 freie Arztwahl soll als Ausdruck der „Patientensouveränität"[11] sicherstellen, dass sich die Versicherten grundsätzlich den Arzt ihres Vertrauens frei auswählen und sich von diesem behandeln lassen können.[12] Hiermit korrespondiert die Verpflichtung der in Abs. 1 S. 1 genannten Leistungserbringer, den Versicherten auch zu behandeln.[13]

3 Verfassungsrechtlich ist die freie Arztwahl des Versicherten als Schutzgut der allgemeinen Handlungsfreiheit gemäß Art. 2 Abs. 1 GG garantiert,[14] erfährt darüber hinaus aber mit Blick auf das besondere Vertrauensverhältnis zwischen Arzt und Patient auch eine persönlichkeitsrechtliche Prägung.[15] Im Vordergrund der grundrechtlich geschützten freien Arztwahl steht eine grundrechtliche Abwehrposition, die sich gegen übermäßig reglementierende Eingriffe des Staates richtet. Das Recht auf freie Arztwahl umfasst keinen gegen den Arzt oder den Staat gerichteten Verschaffungsanspruch.[16] In diesem Sinne hat das Bundesverfassungsgericht entschieden, dass den Versicherten der gesetzlichen Krankenversicherung nur ein Anspruch auf ausreichende ärztliche Versorgung zustehe und der Gesetzgeber das Recht der freien Arztwahl grundsätzlich auf den Kreis der zugelassenen Ärzte beschränken dürfe.[17] Ein wichtiges Abwägungskriterium ist hierbei das Interesse der Solidargemeinschaft vor unkalkulierbarer Kostenausweitung.[18]

4 Zudem ist die freie Arztwahl Ausdruck der freiberuflichen Tätigkeit des Vertragsarztes. Sie ermöglicht ihm, seine Praxis im freiberuflichen Sinne aufzubauen, zu entwickeln und neue Patienten zu gewin-

---

1 BGBl. I 1988, 2477.
2 Ausführlich dazu Klückmann in: Hauck/Noftz, SGB V, § 76 Rn. 2 ff.; Hesral in: jurisPK-SGB V, § 76 Rn. 2 ff.
3 BGBl. I 1992, 2266.
4 BGBl. I 1995, 1050.
5 BGBl. I 1997, 1520.
6 BGBl. I 1999, 2626.
7 BGBl. I 2003, 2190.
8 BGBl. I 2005, 818.
9 BGBl. I 2008, 874.
10 BGBl. I 2015, 1211.
11 Klückmann in: Hauck/Noftz, SGB V, § 76 Rn. 9; GKV-Komm/Orlowski, § 76 SGB V Rn. 2.
12 Lang in: Becker/Kingreen, § 76 Rn. 3; Hesral in: jurisPK-SGB V, § 76 Rn. 11; Quaas in: Quaas/Zuck, Medizinrecht, § 14 Rn. 16.
13 Hesral in: jurisPK-SGB V, § 76 Rn. 12.
14 So etwa auch Lang in: Becker/Kingreen, § 76 Rn. 4; offen gelassen von BVerfG, Urt. v. 23.7.1963, 1 BvL 1, 4/61, BVerfGE 16, 286, 303 f.; ferner BVerwG, Urt. v. 4.9.1980, 5 C 42/79, BVerwGE 60, 367, 370.
15 Lang in: Becker/Kingreen, § 76 Rn. 4.
16 Wigge, VSSR 1996, 399, 413 f.; Lang in: Becker/Kingreen, § 76 Rn. 4.
17 BVerfG, Urt. v. 23.7.1963, 1 BvL 1, 4/61, BVerfGE 16, 286, 303 f.
18 BVerwG, Urt. v. 4.9.1980, 5 C 42/79, BVerwGE 60, 367, 371.

nen.[19] Die freie Arztwahl ist damit auch vom Grundrecht der Berufsfreiheit iSd Art. 12 Abs. 1 GG des Vertragsarztes geschützt.

2. Beschränkungen. Der Grundsatz der freien Arztwahl wird durch die gesetzliche Regelung in § 76 SGB V in vielerlei Hinsicht eingeschränkt. Die Beschränkungen sind sowohl inhaltlicher als auch räumlicher und zeitlicher Natur.

a) Inhaltliche Beschränkungen nach Abs. 1. Das Recht auf freie Arztwahl des Versicherten der gesetzlichen Krankenversicherung erstreckt sich nur auf die in Abs. 1 S. 1 genannten Ärzte und Einrichtungen. Die Versicherten der gesetzlichen Krankenversicherung können hiernach aus dem Kreis der zur vertragsärztlichen Versorgung zugelassenen Ärzte (§§ 95 ff.) wählen, wobei die Vertragsarztzulassung für eine bestimmte Gebiets- oder Teilgebietsbezeichnung das Leistungsangebot des jeweils ausgewählten Arztes beschränkt.[20] Die Rechtsprechung hat die Beschränkung auf das jeweilige Fachgebiet nicht in Frage gestellt.[21] Auch bei Berufsausübungsgemeinschaften kann der Versicherte unter den verschiedenen Vertragsärzten der Berufsausübungsgemeinschaft grundsätzlich frei wählen, da jeder einzelne Vertragsarzt über einen Zulassungsstatus verfügt. Das Recht auf freie Arztwahl besteht zudem im Hinblick auf die zur vertragsärztlichen Versorgung zugelassenen **medizinischen Versorgungszentren** im Sinne des § 95 Abs. 1 S. 2 und ebenso im Hinblick auf Ärzte (insbesondere in Krankenhäusern und Einrichtungen der beruflichen Rehabilitation) und Einrichtungen, die nach § 31 Ärzte-ZV von den Zulassungsausschüssen zur Teilnahme an der vertragsärztlichen Versorgung **ermächtigt** sind; es erstreckt sich jedoch angesichts des klaren Wortlauts der Regelungen und ihres abschließenden Charakters nicht auf Ärzte, die – ohne persönlich ermächtigt zu sein – in Krankenhäusern oder anderen (ggf. ermächtigten oder zugelassenen) Einrichtungen oder bei Vertragsärzten oder in medizinischen Versorgungszentren angestellt sind. Das Wahlrecht gilt demgegenüber gemäß § 72 Abs. 1 S. 2 auch für die Inanspruchnahme von **Zahnärzten** und **Psychotherapeuten**.

Abs. 1 S. 1 nennt darüber hinaus auch die Zahnkliniken der Krankenkassen sowie die **Eigeneinrichtungen** der Krankenkassen nach § 140 Abs. 2 S. 2. Hier soll sich die freie Arztwahl indes auf die Wahl der Klinik bzw. der Einrichtung beschränken und nicht auch im Hinblick auf die dort tätigen Ärzte gelten.[22] Nach Abs. 1 S. 3 können die Eigeneinrichtungen der Krankenkassen nach § 140 Abs. 1 und 2 S. 1 jedoch nur nach den hierüber abgeschlossenen Verträgen in Anspruch genommen werden.[23]

Der Grundsatz der freien Arztwahl gilt auch bei ambulanten Operationen im Sinne des § 115 b und darüber hinaus auch in dem Fall, dass die Krankenkassen den Sicherstellungsauftrag nach § 72 a Abs. 3 erfüllen und die Krankenkassen oder die Landesverbände der Krankenkassen und die Ersatzkassen gemeinsam und einheitlich Einzel- oder Gruppenverträge mit Ärzten, Zahnärzten, Krankenhäusern oder sonstigen geeigneten Einrichtungen schließen. Abs. 1 S. 1 erfasst auch den in den letzten Jahren durch den Gesetzgeber ausgebauten Bereich der ambulanten spezialfachärztlichen Versorgung im Krankenhaus gemäß § 116 b.[24] Schließlich können die Versicherten auch Einrichtungen nach § 75 Abs. 9, die im Zusammenhang mit Schwangerschaftskonflikten Leistungen erbringen (vgl. § 13 Schwangerschaftskonfliktgesetz), frei wählen. Andere als die in Abs. 1 S. 1 genannten Ärzte und Einrichtungen kann der Versicherte nur auf eigene Kosten in Anspruch nehmen, es sei denn, es handelt sich um einen Notfall im Sinne des Abs. 1 S. 2 (vgl. dazu unten Rn. 13).

b) Räumliche Beschränkungen nach Abs. 2. Nimmt der Versicherte ohne zwingenden Grund einen anderen als einer der nächsterreichbaren[25] an der vertragsärztlichen Versorgung teilnehmenden Ärzte, Einrichtungen oder medizinische Versorgungszentren in Anspruch, hat er nach Abs. 2 die **Mehrkosten** zu tragen. Die Vorschrift ist Ausdruck des Wirtschaftlichkeitsgebots.[26] Ein Beispiel für Mehrkosten im

---

19 Bäune in: Eichenhofer/Wenner, SGB V, § 76 Rn. 3; Sproll in: Krauskopf, § 76 SGB V Rn. 4.
20 Lang in: Becker/Kingreen, § 76 Rn. 6.
21 BVerfG, Beschl. v. 9.5.1972, 1 BvR 518/62 u. 308/64, BVerfGE 33, 125, 168; BSG, Urt. v. 19.12.1984, 6 RKa 27/83, BSGE 58, 18, 22.
22 Klückmann in: Hauck/Noftz, SGB V, § 76 Rn. 16 a; Lang in: Becker/Kingreen, § 76 Rn. 13.
23 Eingehend dazu Klückmann in: Hauck/Noftz, SGB V, § 76 Rn. 16 ff.
24 VG Aachen Urt. v. 7.9.2012, 7 K 2347/11, juris Rn. 17: Kein Anspruch des Patienten, im Rahmen der Notfallversorgung in ein Wunschkrankenhaus transportiert zu werden.
25 BSG, Urt. v. 20.1.1982, 3 RK 72/80, NJW 1982, 1350: Einer der "nächsterreichbaren" Ärzte ist ein solcher Arzt, bei dessen Inanspruchnahme durch den Versicherten – gegenüber den durch die Inanspruchnahme des nächsterreichbaren Arztes entstehenden Fahrkosten (= Mindestkosten) – nur geringfügige Mehrkosten entstanden sind. Siebenfache Mehrkosten sind jedenfalls nicht mehr als geringfügig anzusehen.
26 BSG, Urt. v. 20.1.1982, 3 RK 72/80, NJW 1982, 1350; siehe auch Lang in: Becker/Kingreen, § 76 Rn. 16.

genannten Sinne sind (höhere) Fahrtkosten des Patienten, wobei sich die Bedeutung dieses Kostenfaktors angesichts der Einschränkungen des Leistungsbereichs für Fahrtkosten nach § 60 deutlich relativiert.[27] Auch Besuchsfahrten des Arztes zum Wohnort des Patienten können Mehrkosten verursachen.[28] Entstehen derartige Mehrkosten durch Wahl eines räumlich weiter entfernten Leistungserbringers, hängt die Einbeziehung der Kosten in den Leistungsumfang der gesetzlichen Krankenversicherung davon ab, ob ein zwingender Grund für die Konsultierung des weiter entfernt praktizierenden Arztes gegeben ist. Zwingende Gründe wurzeln regelmäßig in der Behandlungsebene, etwa wenn ein besonderer Behandlungsbedarf die Inanspruchnahme eines bestimmten Arztes zwingend erfordert.[29] Ein besonderes Vertrauensverhältnis, das sich aus positiven Erfahrungen in der Vergangenheit speist, genügt hierfür aber in aller Regel nicht.[30] Ausnahmsweise können aber objektiv fundierte, besonders schwerwiegende Störungen des Vertrauensverhältnisses zwischen Arzt und Patient ausreichen, wenn sie den Behandlungserfolg gefährden und dem Versicherten deshalb die Inanspruchnahme des Arztes unzumutbar ist.[31]

10 c) **Zeitliche Beschränkungen nach Abs. 3.** Abs. 3 S. 1 regelt, dass die Versicherten ihren behandelnden Arzt innerhalb eines Quartals nur bei Vorliegen eines wichtigen Grundes wechseln sollen.[32] Ein wichtiger Grund liegt etwa vor, wenn dem Versicherten eine weitere Behandlung nicht mehr zumutbar ist.[33] Die Vorschrift hat jedoch bloßen Appellcharakter („soll").[34] Seitdem die **Krankenversicherungskarte** eingeführt ist (vgl. § 291), ist eine unerwünschte Mehrfachinanspruchnahme nicht mehr kontrollierbar.[35] Die Krankenkassen erhalten von dem Arztwechsel regelmäßig erst nachträglich Kenntnis. Abs. 3 S. 2 normiert als Programmsatz, dass der Versicherte einen Hausarzt wählen soll. Eine rechtliche Verpflichtung ist für den Versicherten damit aber nicht verbunden.[36] Er kann daher auch einen Facharzt aufsuchen, ohne zuvor einen Hausarzt gewählt zu haben. Der Grundsatz freier Arztwahl kann ferner auch dadurch zeitlich beschränkt sein, dass sich die Versicherten etwa im Rahmen der hausarztzentrierten Versorgung nach § 73 b gegenüber ihrer Krankenkasse verpflichten, für mindestens ein Jahr nur einen von ihnen aus dem Kreis der Hausärzte nach § 73 b Abs. 4 gewählten Hausarzt in Anspruch zu nehmen sowie ambulante fachärztliche Behandlung mit Ausnahme der Leistungen der Augenärzte und Frauenärzte nur auf dessen Überweisung (näher dazu Rn. 12).

11 d) **Verhinderungen von Mehrfachinanspruchnahmen nach Abs. 3 a.** Eine bedeutsame Einschränkung erfährt der Grundsatz der freien Arztwahl durch Überweisungsvorbehalte. Die Partner der Bundesmantelverträge haben gemäß Abs. 3 a geeignete Maßnahmen zu vereinbaren, die einer unkoordinierten Mehrfachinanspruchnahme von Vertragsärzten entgegenwirken und den Informationsaustausch zwischen vor- und nachbehandelnden Ärzten gewährleisten. Dementsprechend sehen die Bundesmantelverträge **Überweisungsvorbehalte** für die Inanspruchnahme einzelner Fachgruppen vor (§ 13 Abs. 4, 5 BMV-Ä). Wirksam einschränken ließe sich die unkoordinierte Mehrfachinanspruchnahme von Ärzten durch die Versicherten jedoch nur dadurch, dass das Recht aus der Krankenversicherungskarte zur unmittelbaren Inanspruchnahme aller Vertragsärzte nach § 291 eine Einschränkung durch den Gesetzgeber erfahren würde.[37] Anreize, ärztliche Leistungen zurückhaltend in Anspruch zu nehmen, können

---

27 Vgl. dazu auch BSG Urt. v. 8.9.2015, B 1 KR 27/14 R, juris Rn. 14.
28 Siehe Wendtland in: BeckOK SozR, SGB V, § 76 Rn. 24.
29 BSG, Urt. v. 8.9.2015, B 1 KR 27/14 R, juris Rn. 19; vgl. zu den Maßstäben BSG, Urt. v. 17.2.2010, B 1 KR 14/09 R, juris Rn. 24 ff.
30 BSG, Urt. v. 8.9.2015, B 1 KR 27/14 R, juris Rn. 19; weniger streng Lang in: Becker/Kingreen, § 76 Rn. 16: Fortsetzung der Behandlung bei Umzug stellt zwingenden Grund dar.
31 BSG, Urt. v. 8.9.2015, B 1 KR 27/14 R, juris Rn. 20.
32 Siehe dazu auch BSG, Urt. v. 22.3.2006, B 6 KA 76/04 R, juris Rn. 18: „Die für die Patienten einer Gemeinschaftspraxis selbstverständliche Auswahl zwischen mehreren Ärzten der Praxis, die bei fachgebietsgleichen Praxen auch durch Umstände wie die zufällig kürzere Wartezeit beeinflusst werden kann [...], stellt bei einer Praxisgemeinschaft einen Arztwechsel [...] dar, der nach dieser Norm nur ‚bei Vorliegen eines wichtigen Grundes' stattfinden soll."
33 Vgl. BSG, Urt. v. 29.11.2006, B 6 KA 21/06 R, juris Rn. 17; BSG, Urt. v. 11.2.2015, B 6 KA 15/14 R, juris Rn. 41.
34 Hesral in: jurisPK-SGB V, § 76 Rn. 40; Klückmann in: Hauck/Noftz, SGB V, § 76 Rn. 19.
35 Klückmann in: Hauck/Noftz, SGB V, § 76 Rn. 19; GKV-Komm/Orlowski, § 76 SGB V Rn. 41 f.; siehe auch Legde in: LPK-SGB V, § 76 Rn. 12; ferner Wendtland in: BeckOK SozR, SGB V, § 76 Rn. 26.
36 BSG, Urt. v. 22.3.2006, B 6 KA 76/04 R, juris Rn. 25.
37 Rademacker in: Kasseler Kommentar zum Sozialversicherungsrecht, § 76 SGB V Rn. 30.

derzeit im Zusammenhang mit Modellvorhaben nach § 64 Abs. 4, im Rahmen der hausarztzentrierten Versorgung nach § 73 b oder der besonderen Versorgung nach § 140 a geschaffen werden.[38]

e) Einschränkungen aufgrund freiwilliger Entscheidung. Schließlich kann der Grundsatz der freien Arztwahl dadurch eingeschränkt werden, dass sich der Versicherte freiwillig dazu entscheidet, an hausarztzentrierten Versorgungsverträgen nach § 73 b (vgl. hierzu bereits → Rn. 10) oder besonderen Versorgungsverträgen nach § 140 a teilzunehmen.[39] Die Teilnahme an solchen **Selektivverträgen** ist für die Versicherten freiwillig (vgl. §§ 73 b Abs. 3 S. 1, 140 a Abs. 4 S. 1). Hat der Versicherte jedoch seine Teilnahmeerklärung abgegeben, ist er an die selektivvertraglichen Regelungen gebunden.

III. Notfallbehandlung

In Notfällen dürfen die Versicherten nach Abs. 1 S. 2 auch nicht zugelassene Vertragsärzte in Anspruch nehmen. Ein **Notfall** iS der Vorschrift liegt dann vor, wenn eine dringende medizinische Behandlungsbedürftigkeit des Patienten besteht und ein Vertragsarzt nicht in der gebotenen Eile herbeigerufen oder aufgesucht werden kann.[40] Dies ist insbesondere dann der Fall, wenn ohne sofortige Behandlung durch einen Nichtvertragsarzt Gefahren für Leib oder Leben drohen oder heftige Schmerzen unzumutbar lange andauern würden.[41] Ein Notfall ist auch dann anzunehmen, wenn die Beteiligten vor Beginn der Behandlung von einem Notfall ausgehen (durften), sich im Zuge der Behandlung aber herausstellt, dass eine Notfallsituation nicht gegeben ist.[42] Allein der Wunsch eines Versicherten, unter Geltendmachung akuten Behandlungsbedarfs im Krankenhaus ambulant behandelt zu werden, stellt zu Zeiten regulärer vertragsärztlichen Sprechstunden keinen "Notfall" dar.[43]

Behandeln nicht zur vertragsärztlichen Versorgung zugelassene Ärzte oder Krankenhäuser Versicherte der gesetzlichen Krankenversicherung in einem Notfall, sind diese erbrachten Leistungen der vertragsärztlichen Versorgung zuzurechnen und von den Kassenärztlichen Vereinigungen aus der Gesamtvergütung zu vergüten.[44] Der Vergütungsanspruch für Nichtvertragsärzte und Krankenhäuser ergibt sich dann dem Grunde nach aus den Vorschriften des Vertragsrechts über die Honorierung ärztlicher Leistungen; die Vergütungshöhe richtet sich jedoch nach den Vergütungsregelungen innerhalb des GKV-Systems, dh idR nach der vertragsärztlichen Vergütung, wobei grundsätzlich alle Leistungserbringer hinsichtlich der Erbringung von Notfallbehandlungen gleichmäßig zu vergüten sind.[45] Liegt hingegen erkennbar kein Notfall vor, kann der nicht zugelassene Vertragsarzt oder das Krankenhaus eine Vergütung auch nicht nach den Vorschriften über die ungerechtfertigte Bereicherung nach §§ 812 ff. BGB bzw. nach den Grundsätzen des öffentlich-rechtlichen Erstattungsanspruchs oder nach den Vorschriften zur Geschäftsführung ohne Auftrag verlangen.[46]

IV. Sorgfaltsanforderungen an die Leistungserbringer

Die Übernahme der Behandlung verpflichtet nach Abs. 4 die in Abs. 1 genannten Personen oder Einrichtungen, gegenüber dem Versicherten der gesetzlichen Krankenversicherung die **Sorgfaltsanforderungen** nach den Vorschriften des bürgerlichen Vertragsrechts einzuhalten. Lange Zeit war umstritten, wie die Rechtsbeziehungen zwischen dem behandelnden Arzt und dem gesetzlich Versicherten rechtlich zu qualifizieren sind. Nach der Vertragskonzeption, die insbesondere vom Bundesgerichtshof ver-

---

38 Lang in: Becker/Kingreen, § 76 Rn. 21; Rademacker in: Kasseler Kommentar zum Sozialversicherungsrecht, § 76 SGB V Rn. 30.
39 Dies gilt auch für die Teilnahme an Strukturverträgen und Verträgen über eine besondere ambulante Versorgung oder eine integrierte Versorgung auf Basis der §§ 73 a, 73 c, 140 a ff. aF.
40 St. Rspr. des BSG, vgl. jüngst BSG, Urt. v. 8.9.2015, B 1 KR 14/14 R, juris Rn. 14; aus früherer Zeit BSG, Urt. v. 31.7.1963, 3 RK 92/59, BSGE 19, 270, 272; BSG Urt. v. 24.5.1972, 3 RK 25/69, BSGE 34, 172, 174; BSG, Urt. v. 1.2.1995, 6 RKa 9/94, juris Rn. 17.
41 BSG Urt. v. 12.12.2012, B 6 KA 5/12 R, juris Rn. 15; BSG, Urt. v. 24.5.1972, 3 RK 25/69, BSGE 34, 172; vgl. auch BSG Urt. v. 13.9.2011, B 1 KR 4/11 R, juris Rn. 22; vgl. dazu auch Hess in: KassKomm, § 76 SGB V Rn. 10.
42 BSG, Urt. v. 1.2.1995, 6 RKa 9/94, juris Rn. 18 ff.
43 BSG, Urt. v. 2.7.2014, B 6 KA 30/13 R, juris Rn. 13.
44 BSG, Urt. v. 8.9.2015, B 1 KR 14/14 R, juris Rn. 14; BSG, Urt. v. 13.9.2011, B 1 KR 4/11 R, juris Rn. 22; BSG, Urt. v. 18.7.2006, B 1 KR 9/05 R, juris Rn. 18 mwN.
45 Siehe hierzu näher BSG, Urt. v. 17.9.2008, B 6 KA 46/07 R, juris Rn. 26; Wendtland in: BeckOK SozR, SGB V, § 76 Rn. 20 mwN.
46 BSG, Urt. v. 17.9.2008, B 6 KA 46/07 R, juris Rn. 26; BSG, Urt. v. 24.9.2003, B 6 KA 51/02 R, juris Rn. 13; vgl. auch Hesral in: jurisPK-SGB V, § 76 Rn. 28; Sproll in: Krauskopf, § 76 SGB V Rn. 15.

treten wurde,⁴⁷ kommt zwischen dem Arzt und dem Versicherten der gesetzlichen Krankenversicherung ein zivilrechtlicher Behandlungsvertrag zustande, wie es auch für den selbstzahlenden privatversicherten Patienten typisch ist. Der Vertragskonzeption gegenüber stand die Auffassung des Bundessozialgerichts, das ein gesetzliches Schuldverhältnisses öffentlich-rechtlicher Natur annahm.⁴⁸

16 Mit der Einführung der §§ 630a ff. BGB durch das Patientenrechtegesetz vom 26.2.2013⁴⁹ hat sich der Gesetzgeber für die Vertragskonzeption entschieden. Die Formulierung in § 630a Abs. 1 BGB, wonach „durch den Behandlungsvertrag" derjenige, welcher die medizinische Behandlung eines Patienten zusagt (Behandelnder), zur Leistung der versprochenen Behandlung, der andere Teil (Patient) zur Gewährung der vereinbarten Vergütung verpflichtet wird, „soweit nicht ein Dritter zur Zahlung verpflichtet ist", kann nur so verstanden werden, dass ein Behandlungsvertrag auch dann zustande kommt, wenn der gesetzlich versicherte Patient zur Gewährung einer vereinbarten Vergütung nicht verpflichtet ist, weil einen Dritten, die Krankenkasse, diese Zahlungspflicht trifft.⁵⁰ Dafür spricht auch die Gesetzesbegründung, wonach der klassische Anwendungsfall des § 630a BGB den privat krankenversicherten Patienten betreffe, aber auch der gesetzlich krankenversicherte Patient und der Arzt einen privatrechtlichen Behandlungsvertrag abschließen würden. Das Recht der gesetzlichen Krankenversicherung überlagere in diesen Fällen das Privatrecht mit der Folge, dass sich der ansonsten synallagmatische Behandlungsvertrag zwischen dem Arzt und dem Patienten in ein partiell einseitiges Vertragsverhältnis umwandele.⁵¹

V. Freie Arztwahl in der knappschaftlichen Krankenversicherung

17 Die Regelung in Abs. 5 S. 1 bestimmt, dass die Versicherten der knappschaftlichen Krankenversicherung über die in Abs. 1 genannten Personen und Einrichtungen hinaus auch unter den Knappschaftsärzten und den Abs. 1 frei wählen können. Auch wenn der Wortlaut etwas missverständlich formuliert ist, soll nach der gesetzgeberischen Intention nicht nur die freie Arztwahl auf die Versicherten der knappschaftlichen Krankenversicherung ausgedehnt werden, sondern sämtliche in Abs. 1 getroffenen Regelungen der vertragsärztlichen Versorgung sollen in die knappschaftliche Versorgung übernommen werden.⁵² Verwiesen wird damit etwa auch auf die Inanspruchnahme von anderen Ärzten in Notfällen.

Zweiter Titel Kassenärztliche und Kassenzahnärztliche Vereinigungen

§ 77 Kassenärztliche Vereinigungen und Bundesvereinigungen

(1) ¹Zur Erfüllung der ihnen durch dieses Buch übertragenen Aufgaben der vertragsärztlichen Versorgung bilden die Vertragsärzte für den Bereich jedes Landes eine Kassenärztliche und eine Kassenzahnärztliche Vereinigung (Kassenärztliche Vereinigungen). ²Bestehen in einem Land mehrere Kassenärztliche Vereinigungen, können sich diese nach Absatz 2 vereinigen.
(2) ¹Mit Zustimmung der für die Sozialversicherung zuständigen obersten Verwaltungsbehörden der Länder können sich Kassenärztliche Vereinigungen auf Beschluss ihrer Vertreterversammlungen auch für den Bereich mehrerer Länder vereinigen. ²Der Beschluss bedarf der Genehmigung der vor der Vereinigung zuständigen Aufsichtsbehörden. ³§ 144 Absatz 2 bis 4 gilt entsprechend. ⁴Die Bundesvereinigung nach Absatz 4 ist vor der Vereinigung zu hören. ⁵Die gemeinsame Kassenärztliche Vereinigung kann nach Bereichen der an der Vereinigung beteiligten Kassenärztlichen Vereinigungen getrennte Ge-

---

47 BGH, Urt. v. 29.6.1999, VI ZR 24/98, BGHZ 142, 126, 130; BGH, Urt. v. 18.3.1980, VI ZR 247/78, BGHZ 76, 259, 261.
48 BSG, Urt. v. 19.11.1985, 6 RKa 14/83, juris Rn. 16; vgl. zum Ganzen Klückmann in: Hauck/Noftz, SGB V, § 76 Rn. 23 ff.; Sproll in: Krauskopf, § 76 SGB V Rn. 24 ff., jeweils mwN; weitere Nachweise auch in der Vorauflage Rn. 15.
49 BGBl. I 2013, 277.
50 Rademacker in: Kasseler Kommentar zum Sozialversicherungsrecht, § 76 SGB V Rn. 32; Spickhoff in: Spickhoff, Medizinrecht, § 630a BGB Rn. 20; Sproll in Krauskopf, § 76 SGB V Rn. 25; aA Hauck, SGb 2014, 8, 11 f., der eine nur entsprechende Anwendung von Vorschriften zum Behandlungsvertrag befürwortet; ebenso zur zahnärztlichen Behandlung Versicherter in einer rechtlich unselbstständigen Eigeneinrichtung der Krankenkasse: BSG, Urt. v. 8.9.2015, B 1 KR 36/14 R, juris Rn. 16.
51 BT-Dr. 17/10488, S. 18 f.; vgl. dazu auch Lang in: Becker/Kingreen, § 76 Rn. 23; Preis/Schneider, NZS 2013, 281, 282; Spickhoff, ZRP 2012, 65, 66.
52 Klückmann in: Hauck/Noftz, SGB V, § 76 Rn. 33.

samtverträge längstens für bis zu vier Quartale anwenden. ⁶Darüber hinaus können die Vertragspartner der Gesamtverträge unterschiedliche Vergütungen im Einvernehmen mit der zuständigen Aufsichtsbehörde vereinbaren, soweit es zum Ausgleich unterschiedlicher landesrechtlicher Bestimmungen oder aus anderen besonderen Gründen erforderlich ist.

(3) ¹Die zugelassenen Ärzte, die im Rahmen der vertragsärztlichen Versorgung in den zugelassenen medizinischen Versorgungszentren tätigen angestellten Ärzte, die bei Vertragsärzten nach § 95 Abs. 9 und 9a angestellten Ärzte, die in Eigeneinrichtungen nach § 105 Absatz 1 Satz 2 und Absatz 5 Satz 1 angestellten Ärzte und die an der vertragsärztlichen Versorgung teilnehmenden ermächtigten Krankenhausärzte sind Mitglieder der für ihren Arztsitz zuständigen Kassenärztlichen Vereinigung. ²Voraussetzung der Mitgliedschaft angestellter Ärzte in der für ihren Arztsitz zuständigen Kassenärztlichen Vereinigung ist, dass sie mindestens zehn Stunden pro Woche beschäftigt sind.

(4) ¹Die Kassenärztlichen Vereinigungen bilden die Kassenärztliche Bundesvereinigung und die Kassenzahnärztliche Bundesvereinigung (Kassenärztliche Bundesvereinigungen). ²Die Kassenärztlichen Vereinigungen und Kassenärztlichen Bundesvereinigungen können die für sie zuständigen obersten Bundes- und Landesbehörden insbesondere in Fragen der Rechtsetzung kurzzeitig personell unterstützen. ³Dadurch entstehende Kosten sind ihnen grundsätzlich zu erstatten; Ausnahmen werden in den jeweiligen Gesetzen zur Feststellung der Haushalte von Bund und Ländern festgelegt.

(5) Die Kassenärztlichen Vereinigungen und die Kassenärztlichen Bundesvereinigungen sind Körperschaften des öffentlichen Rechts.

(6) ¹§§ 88, 94 Abs. 1a bis 4 und § 97 Abs. 1 Satz 1 bis 4 des Zehnten Buches gelten entsprechend. ²Wenn eine Kassenärztliche Vereinigung eine andere Kassenärztliche Vereinigung nach Satz 1 in Verbindung mit § 88 des Zehnten Buches beauftragt, eine ihr obliegende Aufgabe wahrzunehmen und hiermit eine Erhebung, Verarbeitung und Nutzung von Sozialdaten durch die Beauftragte verbunden ist, wird die Beauftragte mit dem Empfang der ihr nach § 285 Absatz 3 Satz 7 übermittelten Sozialdaten verantwortliche Stelle nach § 67 Absatz 9 Satz 1 des Zehnten Buches. ³§ 80 Absatz 3 Satz 1 Nummer 1 bis 3 und Satz 2 des Zehnten Buches gilt entsprechend, Satz 1 Nummer 1 jedoch mit der Maßgabe, dass nur der Auftragnehmer anzuzeigen ist.

I. Entstehungsgeschichte.................... 1	VI. Körperschaften des öffentlichen Rechts (Abs. 5)...................................... 9
II. Kassenärztliche Vereinigungen (Abs. 1)..... 2	VII. Zusammenarbeit von KVen (Abs. 6)........ 11
III. Freiwillige Vereinigung von KVen (Abs. 2).. 4	
IV. Mitgliedschaft (Abs. 3)..................... 5	
V. Kassenärztliche Bundesvereinigungen (Abs. 4)................................... 7	

I. Entstehungsgeschichte

Die Vorschrift wurde durch das GRG zum 1.1.1989 eingeführt und durch das GKV-VStG zum 1.1.2012 in Abs. 2 und Abs. 3 S. 1 sowie Abs. 6 wesentlich geändert. Mit Wirkung ab 1.3.2017 wurde Abs. 3 S. 2 durch das GKV-Selbstverwaltungsstärkungsgesetz geändert. 1

II. Kassenärztliche Vereinigungen (Abs. 1)

Abs. 1 regelt zunächst, dass für jedes Bundesland eine KV und eine KZV zu bilden sind. Beide werden durch den Klammerzusatz in S. 1 als „Kassenärztliche Vereinigung" legal definiert. Dieser Begriff wird im Gesetz übergreifend verwendet, soweit nicht nur KVen oder KZVen betroffen sind (zB § 85 Abs. 2a, 3, § 87b Abs. 5). 2

Anders als Abs. 1 S. 1 vermuten lässt, bestehen in den 16 Bundesländern 17 KVen. In Nordrhein-Westfalen bestehen mit der KV Nordrhein und der KV Westfalen-Lippe zwei KVen. Nach Abs. 1 S. 2 könnten sich diese KVen gemäß Abs. 2 vereinigen.

In Verbindung mit § 77 Abs. 5 begründet die Vorschrift die Existenz der KVen als Körperschaft des öffentlichen Rechts. Sie bestehen daher auf einfach gesetzlicher Grundlage und genießen keinen verfassungsrechtlich geschützten Bestandsschutz, wie etwa Gemeinden (Art. 28 Abs. 2 GG). Infolgedessen können KVen auch keine Verfassungsbeschwerden erheben.[1] Mangels Bestandsgarantie können KVen durch den Gesetzgeber aufgelöst werden. Dann wäre ggf. die Rechtsnachfolge zu regeln, die ansonsten den Staat treffen würde. 3

---

[1] Vgl. BVerfGE 62, 354, 369; 68, 193, 208; 70, 1, 16, 18.

III. Freiwillige Vereinigung von KVen (Abs. 2)

4 Abs. 2 regelt nunmehr, wie eine Vereinigung sowohl innerhalb des Bundeslandes NRW als auch in mehreren Bundesländern zu vollziehen ist. Denkbar ist auch, dass eine der nordrhein-westfälischen KVen sich mit einer KV in einem anderen Bundesland vereinigt, so wie es bei den Krankenkassen die AOK Nordrhein mit der AOK Hamburg vollzogen hat.

IV. Mitgliedschaft (Abs. 3)

5 Nach Abs. 3 sind zugelassene Ärzte und die in zugelassenen Medizinischen Versorgungszentren sowie bei niedergelassenen Ärzten angestellten Ärzte Mitglieder der KVen. Satz 2 bestimmt dabei, dass es sich mindestens um eine Anstellung mit zehn Stunden pro Woche handeln muss. Während die frühere Voraussetzung, dass eine Beschäftigung mindestens „halbtags" sein muss, der Auslegung und einer Satzungsregelung zugänglich war, ist die jetzige Fassung eindeutig. Sie führt zu einer einheitlichen Handhabung in den KVen. Allerdings werden auch Ärzte in nennenswertem Umfang nicht Mitglieder, weil öfter Beschäftigungen auch unter zehn Stunden festzustellen sind.

Außer zugelassenen und angestellten Ärzten sind auch ermächtigte Krankenhausärzte (nicht sonstige ermächtigte Ärzte s. § 31 Abs. 1 ÄrzteZV) Mitglieder der KVen.

6 Beginn und Ende der Mitgliedschaft sind nicht näher bestimmt, insbesondere für die Wahlen aber bedeutsam. In der Satzung kann insofern geregelt werden, wann die Mitgliedschaft einsetzt bzw. endet, etwa für den Beginn mit der Bestandskraft der Zulassung bzw. Genehmigung der Anstellung und für das Ende mit dem Ende der Zulassung (§ 95 Abs. 7).

V. Kassenärztliche Bundesvereinigungen (Abs. 4)

7 Nach Abs. 4 bilden die K(Z)Ven die KBVen, deren Mitglieder sie sind. In Satz 1 definiert der Gesetzgeber die KBV und die KZBV als „KBVen". Auch die KBVen sind Körperschaften des öffentlichen Rechts (Abs. 5).

8 Die Sätze 2 und 3 des Abs. 4 regeln die personelle Unterstützung der obersten Bundes- bzw. Landesbehörden insbesondere bei der Rechtsetzung durch die KVen/KBVen und den dafür zu zahlenden Ausgleich. Die Vorschriften legitimieren damit die Mitarbeit von Personal der von der Gesetzgebung ggf. betroffenen Körperschaft bei der Rechtsetzung. Die Regelungen entsprechen denen für die Sozialversicherung (§ 30 Abs. 3 SGB IV). Die Mitwirkung soll dazu beitragen, operationalisierbare Vorschriften zu schaffen und gewährleistet die Berücksichtigung praktischer Erfahrungen.

VI. Körperschaften des öffentlichen Rechts (Abs. 5)

9 Abs. 5 bestimmt, dass KVen und KBVen juristische Personen des öffentlichen Rechts in der Form einer Körperschaft sind. Das bedeutet, dass sie mitgliedschaftlich organisiert sind. Mitglieder der KVen sind die in Abs. 3 definierten Teilnehmer an der Versorgung (nicht gleichbedeutend mit den Teilnehmern iSd § 95 Abs. 1). Mitglieder der KBVen sind die KVen, es handelt sich bei den KBVen mithin um Verbandskörperschaften.

10 Als Körperschaften des öffentlichen Rechts sind die KVen und die KBVen auf den ihnen zugewiesenen Aufgabenkreis beschränkt. Dieser ergibt sich aus § 75 Abs. 1. Im Rahmen des ihnen dort übertragenen Sicherstellungsauftrages, Gewährleistungsauftrages und der Interessenvertretung gegenüber den Krankenkassen können sie agieren. Die Körperschaften haben jedoch kein allgemeinpolitisches Mandat.[2]

VII. Zusammenarbeit von KVen (Abs. 6)

11 Durch das GKV-VStG wurde Abs. 6 wesentlich erweitert. Nachdem schon zuvor (2005) eine Verweisung auf die §§ 94, 97 SGB X erfolgt war, wurden die damit eröffneten Möglichkeiten noch erheblich erweitert. Zunächst bedeutet die Regelung in Satz 1, dass KVen Arbeitsgemeinschaften bilden können (§ 94 SGB X) und Aufgaben auch auf andere KVen übertragen dürfen (§ 88 SGB X). Es kommt dabei sowohl eine Funktionsübertragung, als auch eine Datenverarbeitung im Auftrag in Betracht.[3] Es müssen jeweils die Voraussetzungen, die in den in Bezug genommenen Vorschriften des SGB X genannt werden, vorliegen. So ist ggf. zu begründen, warum die Übertragung des Auftrages im „wohlverstan-

---

2 So auch Hencke in: Peters, HdB KrV, § 77 SGB V Rn. 18; LSG Bln, 5.12.2001, L 7 KA 17/99, NZS 2002, 386 ff., mwN.
3 Begr. zum Gesetzentwurf der Bundesregierung zum GKV-VStG, BT-Dr. 17/6906, 57.

denen Interesse des Betroffenen" (§ 88 Abs. 2 Nr. 3 SGB X) zweckmäßig ist. Gemäß § 97 SGB X sind bei Auftragsübertragungen idR die Aufsichtsbehörden zur Prüfung zu informieren. In Anbetracht der Zweckmäßigkeitsanforderung in § 88 Abs. 2 SGB X erhält die ansonsten auf Rechtsaufsicht beschränkte Prüfung ein fachaufsichtsrechtliches Element.

Die Aufgabenübertragung kann im Übrigen nur für einzelne Aufgaben erfolgen – so ausdrücklich § 88 Abs. 2 SGB X. Des gesamten Aufgabenfeldes oder wesentlicher, ihren Charakter ausmachender Teile, kann sich eine KV nicht entledigen.[4]

Mit Abs. 6 S. 2 wollte der Gesetzgeber datenschutzrechtliche Bedenken – wie sie bei der Datenverarbeitung durch Dritte insbesondere in der Entscheidung des BSG vom 10.12.2008[5] zum Ausdruck gekommen sind – Rechnung tragen und die Auftragsübertragung der Datenverarbeitung im Auftrag (§ 80 SGB X) gleichstellen.[6] Im Ergebnis wird damit der Weg für eine effektive Aufgabenübertragung auf eine Arbeitsgemeinschaft oder eine andere KV geebnet und etwa die Bildung von Kompetenzzentren ermöglicht. Bei sonstigen Übertragungen verbleibt es bei der Möglichkeit der Auftragsdatenverarbeitung gemäß § 80 SGB X. Abs. 6 erlaubt ausschließlich die Übertragung von Aufgaben auf andere KVen und Arbeitsgemeinschaften. Dies ergibt sich aus der entsprechenden Anwendung des § 88 SGB X, der seinerseits lediglich die Übertragung einer Aufgabe auf andere Leistungsträger, die in § 12 SGB I legal definiert sind, zulässt. Entsprechendes gilt für die Aufgabenwahrnehmung durch von Leistungsträgern gegründete Arbeitsgemeinschaften. Die Übertragung von Aufgaben an sonstige Dritte, zB Gesellschaften im Wege des outsourcing, folgt den hierfür geltenden Regeln in § 77 a SGB X bzw. regelt sich nach den allgemeinen Grundsätzen.[7]

§ 77 a Dienstleistungsgesellschaften

(1) Die Kassenärztlichen Vereinigungen und die Kassenärztlichen Bundesvereinigungen können zur Erfüllung der in Absatz 2 aufgeführten Aufgaben Gesellschaften gründen.

(2) Gesellschaften nach Absatz 1 können gegenüber vertragsärztlichen Leistungserbringern folgende Aufgaben erfüllen:
1. Beratung beim Abschluss von Verträgen, die die Versorgung von Versicherten mit Leistungen der gesetzlichen Krankenversicherung betreffen,
2. Beratung in Fragen der Datenverarbeitung, der Datensicherung und des Datenschutzes,
3. Beratung in allgemeinen wirtschaftlichen Fragen, die die Vertragsarzttätigkeit betreffen,
4. Vertragsabwicklung für Vertragspartner von Verträgen, die die Versorgung von Versicherten mit Leistungen der gesetzlichen Krankenversicherung betreffen,
5. Übernahme von Verwaltungsaufgaben für Praxisnetze.

(3) ¹Gesellschaften nach Absatz 1 dürfen nur gegen Kostenersatz tätig werden. ²Eine Finanzierung aus Mitteln der Kassenärztlichen Vereinigungen oder Kassenärztlichen Bundesvereinigungen ist ausgeschlossen.

I. Entstehungsgeschichte

Die Vorschrift wurde durch Art. 1 Nr. 49 des GKV-WSG zum 1.4.2007 eingeführt. Sie hat in die Diskussion um die Berechtigung von KBVen und KVen zur Gründung von Dienstleistungsgesellschaften eingegriffen, ohne diese jedoch zu beenden.[1]

II. Gründung von Gesellschaften (Abs. 1)

Die Bestimmung regelt positiv-rechtlich, dass KVen und KBVen Gesellschaften gründen können. Dies kann zur Erfüllung der in Abs. 2 aufgelisteten Aufgaben geschehen. Die Gesellschaftsform bleibt dabei offen, in erster Linie kommt die GmbH in Betracht. Diese kann mit einer KBV oder einer KV als Alleingesellschafter gegründet werden oder aber in einer Kombination der Gründungsberechtigten mit

---
4 Vgl. auch Engelmann in: v. Wulffen, SGB X, 7. Aufl. 2010, § 88 Rn. 16 mwN.
5 BSG, 10.12.2008, B 6 KA 37/07 R, GesR 2009, 305 ff.
6 Begr. zum Gesetzentwurf der Bundesregierung zum GKV-VStG, BT-Dr. 17/6906, 57.
7 Vgl. zu § 77 a Rn. 4; anders für KV-Consult GmbH Vahldiek in: Hauck/Noftz, SGB V, § 77 Rn. 21.
1 Vgl. Vahldiek in: Hauck/Noftz, SGB V, § 77 a Rn. 8.

mehreren Gesellschaftern erfolgen. Bei einer Alleingesellschafterstellung kommt eine steuerrechtliche Organschaft in Betracht.

3 KVen oder KBVen können sich auch später an einer Gesellschaft einer anderen KV/KBV beteiligen. Hierbei kann eine Ausschreibung, die notwendig wäre, falls die Aufgaben auch von Dritten wahrgenommen werden könnten, unterbleiben, wenn eine paritätische oder eine mehrheitliche Beteiligung erfolgt, da es sich dann um Outsourcing in eine eigene Gesellschaft handelt.

III. Aufgabenkatalog (Abs. 2)

4 Der Gesetzgeber hat es unterlassen, den in Abs. 1 Bezug genommenen Aufgabenkatalog ausdrücklich als abschließend zu bezeichnen. Gemeinhin wird der Katalog als enumerativ angesehen. Zur Begründung wird auf die Gesetzesbegründung zu § 77a verwiesen. Danach soll die Aufzählung in Abs. 2 abschließend sein.[2] Eine hierauf gestützte historisch-teleologische Interpretation in dem dargestellten Sinn erscheint in Anbetracht des insofern ergebnisoffenen Wortlauts nicht zwingend. Vorrangig ist aus systematischen Gründen festzustellen, dass Abs. 2 ohnehin eine nicht abschließende Regelung trifft, indem dort nur von Aufgaben gegenüber vertragsärztlichen Leistungserbringern die Rede ist. Ausgeklammert ist der gesamte Bereich der Aufgabenwahrnehmung von „Tochtergesellschaften" für eine KV. Beispiele sind der Betrieb von Notdienstpraxen, in denen Vertragsärzte zum Dienst eingeteilt werden, oder der Betrieb eines Callcenters zum Managen der zentralen Notdienstnummer nach § 75 Abs. 7 Nr. 4 in der Region oder zur gemeinsamen Softwareentwicklung und dem Betrieb von Datenverarbeitungsanlagen durch mehrere KVen (§ 77 Abs. 6). Wenn der Gesetzgeber solche Aktivitäten hätte unterbinden wollen, hätte er dies klar zum Ausdruck bringen müssen, da es allgemein anerkannt und üblich ist, derartige Dienstleistungsgesellschaften zu betreiben.

5 Wenn damit festzustellen ist, dass sowieso nur ein Teilbereich geregelt werden sollte, so hätte sich der Gesetzgeber auch der Mühe unterziehen sollen, für den von ihm geregelten Bereich klar zu stellen, ob die Regelung abschließend sein soll. Bei der gewählten Textfassung lässt sich die – auch ansonsten nicht zu unterstellende – Ausschließlichkeit aufgrund des Wortlauts nicht als einzig zulässige Auslegung vertreten. Es bleibt mithin bei der Diskussion, welche Aufgaben eine Körperschaft durch Ausgründungen auslagern kann; jedenfalls die in Abs. 2 genannten.

6 Der Aufgabenkatalog enthält neben **Beratungsaufgaben** (Nr. 1 bis 3) auch **Managementfunktionen** (Nr. 4 und 5). Bei der Vertragsabwicklung für Partner von Verträgen im Rahmen der gesetzlichen Krankenversicherung (Nr. 4) kann es sich nicht nur um solche handeln, bei denen ausschließlich Dritte Vertragspartner sind. Wenn schon solche Verträge abgewickelt werden können, dann auch solche, an denen die KV ebenfalls beteiligt ist. Die Grenze der Vertragsabwicklung durch die Tochter-Gesellschaft ist bei der Abwicklung von Gesamtverträgen (§ 83) erreicht, da sich die Körperschaft der Durchführung ihrer Kernaufgaben nicht durch outsourcing und damit Privatisierung entledigen kann. Wohl aber von Teilen davon, zB dem Versand von Bescheiden.

IV. Finanzierung (Abs. 3)

7 Die Vorschrift regelt, dass Dienstleistungsgesellschaften iSv Abs. 2, also solche mit Aufgabenwahrnehmung gegenüber vertragsärztlichen Leistungserbringern, nur gegen Kostenersatz tätig werden dürfen und nicht durch Haushaltsmittel der sie tragenden Körperschaften finanziert werden können. Dies schließt die Vorfinanzierung von Investitionen jedoch nicht aus. Ebenso wenig ausgeschlossen ist das Generieren von (steuerpflichtigen) Gewinnen.

§ 77 b Besondere Regelungen zu Einrichtungen und Arbeitsgemeinschaften der Kassenärztlichen Bundesvereinigungen

(1) [1]Vor der Entscheidung des Vorstandes der Kassenärztlichen Bundesvereinigungen über die Errichtung, Übernahme oder wesentliche Erweiterung von Einrichtungen im Sinne des § 85 Absatz 1 des Vierten Buches sowie über eine unmittelbare oder mittelbare Beteiligung an solchen Einrichtungen ist die Vertreterversammlung der Kassenärztlichen Bundesvereinigungen durch den Vorstand auf der Grundlage geeigneter Daten umfassend über die Chancen und Risiken der beabsichtigten Betätigung

---

2 Begr. zum GKV-WSG, BT-Dr. 17/3100 zu Nr. 49, § 77a; vgl. Rompf in: Eichenhofer/Wenner, § 77a Rn. 5.

zu unterrichten. ²Die Entscheidung des Vorstandes nach Satz 1 bedarf der Zustimmung der Vertreterversammlung.

(2) ¹Der Vorstand hat zur Information der Vertreterversammlung der Kassenärztlichen Bundesvereinigungen jährlich einen Bericht über die Einrichtungen zu erstellen, an denen die Kassenärztlichen Bundesvereinigungen beteiligt sind. ²Der Beteiligungsbericht muss zu jeder Einrichtung mindestens Angaben enthalten über

1. den Gegenstand der Einrichtung, die Beteiligungsverhältnisse, die Besetzung der Organe der Einrichtung und die Beteiligungen der Einrichtung an weiteren Einrichtungen,
2. den fortbestehenden Zusammenhang zwischen der Beteiligung an der Einrichtung und den gesetzlichen Aufgaben der Kassenärztlichen Bundesvereinigungen,
3. die Grundzüge des Geschäftsverlaufs der Einrichtung, die Ertragslage der Einrichtung, die Kapitalzuführungen an und die Kapitalentnahmen aus der Einrichtung durch die Kassenärztlichen Bundesvereinigungen, die Auswirkungen der Kapitalzuführungen und Kapitalentnahmen auf die Haushaltswirtschaft der Kassenärztlichen Bundesvereinigungen und die von den Kassenärztlichen Bundesvereinigungen der Einrichtung gewährten Sicherheiten,
4. die im Geschäftsjahr gewährten Gesamtbezüge der Mitglieder der Geschäftsführung, des Aufsichtsrates, des Beirates oder eines ähnlichen Gremiums der Einrichtung für jedes einzelne Gremium sowie die im Geschäftsjahr gewährten Bezüge eines jeden Mitglieds dieser Gremien unter Namensnennung.

³Der Bericht über das abgelaufene Geschäftsjahr ist der Vertreterversammlung der Kassenärztlichen Bundesvereinigungen und der Aufsichtsbehörde spätestens am 1. Oktober des folgenden Jahres vorzulegen.

(3) Für die Aufsicht über die Arbeitsgemeinschaften nach § 94 Absatz 1a des Zehnten Buches in Verbindung mit § 77 Absatz 6 Satz 1, an denen die Kassenärztlichen Bundesvereinigungen beteiligt sind, gilt § 89 des Vierten Buches entsprechend.

(4) Die Absätze 1 und 2 gelten entsprechend für Dienstleistungsgesellschaften nach § 77a, an denen die Kassenärztlichen Bundesvereinigungen beteiligt sind, und für Arbeitsgemeinschaften nach § 94 Absatz 1a des Zehnten Buches in Verbindung mit § 77 Absatz 6 Satz 1, an denen die Kassenärztlichen Bundesvereinigungen beteiligt sind.

I. Entstehungsgeschichte

Die Regelung wurde zum 1.3.2017 durch das GKV-Selbstverwaltungsstärkungsgesetz eingeführt. 1

II. Unterrichtung vor Errichtung/Beteiligung (Abs. 1)

Abs. 1 der besonderen Regelungen zu Einrichtungen der KBVen sieht zunächst eine umfassende Unterrichtung der Vertreterversammlungen vor, bevor der Vorstand eine Entscheidung über Errichtung oder Beteiligung an Einrichtungen trifft. Die Informationspflicht bezieht sich auf Grundstücke, Gebäude und Datenverarbeitungsanlagen (§ 85 Abs. 1 SGB IV). Die Vorschrift ergänzt § 85 Abs. 1 SGB IV, der nach § 78 Abs. 5 für die KBVen gilt, da über die dort geregelte Genehmigungspflicht durch die Aufsichtsbehörde hinaus eine vorherige Informationspflicht gegenüber der Vertreterversammlung statuiert wird. Die Information muss auf der Grundlage geeigneter, dh aussagekräftiger, Daten erfolgen und eine Prognose zu Chancen und Risiken der Einrichtung umfassen. Im Hinblick auf den Grundsatz der Wirtschaftlichkeit und Sparsamkeit (§ 78 Abs. 5 S. 2 iVm § 69 SGB IV) wird ein ausführliches Wirtschaftsgutachten notwendig sein. 2

Erfasst werden durch die Vorschrift nicht nur Errichtung der Einrichtung, sondern auch Übernahme, Erweiterung und Beteiligung. Die Notwendigkeit der Genehmigung entsprechender Vorstandsbeschlüsse durch die Vertreterversammlung nach S. 2 geht damit über § 79 Abs. 3 S. 1 Nr. 7 hinaus. Danach hat die Vertreterversammlung nur über den Erwerb, die Veräußerung oder Belastung von Grundstücken sowie über die Errichtung von Gebäuden zu beschließen. 3

Der Gesetzgeber hat mit der Vorschrift auf Entwicklungen bei der KBV reagiert und für eine höhere Transparenz gesorgt. 4

III. Jährlicher Beteiligungsbericht (Abs. 2)

Der Vorstand hat jährlich der Vertreterversammlung über die Beteiligung an Einrichtungen und Unterbeteiligungen detailliert zu berichten. Die Kleinteiligkeit des Berichts bis hin zur Angabe von Bezügen 5 jedes Mitglieds der Geschäftsführung, des Aufsichtsrates und eines Beirates oder dergleichen unter Namensnennung ergibt sich aus dem Gesetz zu den einzelnen Nrn. 1 bis 4 des Abs. 2. Sie soll der Transparenz innerhalb der Selbstverwaltung dienen und eine Prüfung ermöglichen. Die bisher bestehenden Prüfungsmöglichkeiten wurden als nicht ausreichend angesehen. Der Bericht ist bis zum 1. Oktober des Folgejahres auch der Aufsichtsbehörde vorzulegen.

IV. Aufsicht über Arbeitsgemeinschaften (Abs. 3)

6   Die Regelung erweitert für die Aufsicht über Arbeitsgemeinschaften (vgl. hierzu § 94 Abs. 2 SGB X) in den Fällen, in denen die KBVen beteiligt sind, die Optionen um die in § 89 SGB IV genannten Aufsichtsmittel. Bisher galten lediglich die §§ 85, 88, 90 und 90 a. Rechtsverstöße konnten daher bisher nur gegen die KBVen als Beteiligte an der Arbeitsgemeinschaft durchgesetzt werden; jetzt können sich die Aufsichtsmittel auch gegen entsprechende Arbeitsgemeinschaften richten. Mit der Regelung wird sichergestellt, dass die für die Körperschaften bestehenden Aufsichtsrechte nicht durch eine Auslagerung auf eine Arbeitsgemeinschaft als Gesellschaft privaten Rechts umgangen werden.

V. Erstreckung des Anwendungsbereiches von Abs. 1 und 2 (Abs. 4)

7   Die Anwendungsbereiche der Vorschriften über die Unterrichtung vor Errichtung einer Einrichtung (Abs. 1) und den jährlichen Beteiligungsbericht (Abs. 2) wird durch Abs. 4 auf Dienstleistungsgesellschaften und Arbeitsgemeinschaften mit KBV Beteiligung erweitert. Damit soll das gesamte Beteiligungsfeld erfasst werden und auch für eine privatrechtliche Beteiligung Transparenz geschaffen werden.

§ 78 Aufsicht, Haushalts- und Rechnungswesen, Vermögen, Statistiken

(1) Die Aufsicht über die Kassenärztlichen Bundesvereinigungen führt das Bundesministerium für Gesundheit, die Aufsicht über die Kassenärztlichen Vereinigungen führen die für die Sozialversicherung zuständigen obersten Verwaltungsbehörden der Länder.

(2) ¹Die Aufsicht über die für den Bereich mehrerer Länder gebildeten gemeinsamen Kassenärztlichen Vereinigungen führt die für die Sozialversicherung zuständige oberste Verwaltungsbehörde des Landes, in dem diese Vereinigungen ihren Sitz haben. ²Die Aufsicht ist im Benehmen mit den zuständigen obersten Verwaltungsbehörden der beteiligten Länder wahrzunehmen.

(3) ¹Die Aufsicht erstreckt sich auf die Beachtung von Gesetz und sonstigem Recht. ²Die §§ 88 und 89 des Vierten Buches gelten entsprechend.

(4) Für die Vollstreckung von Aufsichtsverfügungen gegen die Kassenärztlichen Bundesvereinigungen kann die Aufsichtsbehörde ein Zwangsgeld bis zu einer Höhe von 10 000 000 Euro zugunsten des Gesundheitsfonds nach § 271 festsetzen.

(5) ¹Die Kosten der Tätigkeit der Kassenärztlichen Bundesvereinigungen werden nach Maßgabe des Haushaltsplans durch die Beiträge der Kassenärztlichen Vereinigungen gemäß den Vorgaben der Satzungen der Kassenärztlichen Bundesvereinigungen aufgebracht, soweit sie nicht durch sonstige Einnahmen gedeckt werden. ²Für die Kassenärztlichen Bundesvereinigungen gelten für das Haushalts- und Rechnungswesen einschließlich der Statistiken die §§ 67 bis 70 Absatz 1 und 5, die §§ 72 bis 77 Absatz 1 und 1 a und die §§ 78 und 79 Absatz 1 und 2 in Verbindung mit Absatz 3 a, für das Vermögen die §§ 80 bis 83 und 85 des Vierten Buches sowie § 220 Absatz 1 Satz 2 und für die Verwendung der Mittel § 305 b entsprechend. ³Die Jahresrechnung nach § 77 Absatz 1 a des Vierten Buches ist für das abgelaufene Haushaltsjahr bis zum 1. Oktober des Folgejahres aufzustellen und der Aufsichtsbehörde vorzulegen. ⁴Betriebsmittel dürfen die Ausgaben nicht übersteigen, die nach dem Haushaltsplan der Kassenärztlichen Bundesvereinigungen auf eineinhalb Monate entfallen. ⁵Rücklagen sind zulässig, sofern sie angemessen sind und für einen den gesetzlichen Aufgaben dienenden Zweck bestimmt sind. ⁶Soweit Vermögen nicht zur Rücklagenbildung erforderlich ist, ist es zur Senkung der Beiträge der Kassenärztlichen Vereinigungen zu verwenden oder an die Kassenärztlichen Vereinigungen zurückzuzahlen.

(6) Für die Kassenärztlichen Vereinigungen gelten für das Haushalts- und Rechnungswesen einschließlich der Statistiken die §§ 67 bis 70 Absatz 1 und 5, die §§ 72 bis 77 Absatz 1 und die §§ 78 und 79 Absatz 1 und 2 in Verbindung mit Absatz 3 a, für das Vermögen die §§ 80 und 85 des Vierten Buches und für die Verwendung der Mittel § 305 b entsprechend.

Literatur:
Gaßner/Bonmann, Zur Strafbarkeit wegen unterlassener Beitragssatzerhöhung nach § 266 StGB.

I. Entstehungsgeschichte...................	1	V. Zwangsgeld (Abs. 4)........................	11
II. Aufsichtsbehörden (Abs. 1)	2	VI. Haushaltsrecht der KBVen (Abs. 5).........	13
III. Aufsicht über mehrere KVen (Abs. 2).......	3	VII. Haushaltsrecht der KVen (Abs. 6)..........	14
IV. Umfang der Aufsicht (Abs. 3)..............	4	VIII. Besondere Verfahrenshinweise.............	15

I. Entstehungsgeschichte

Die Vorschrift wurde durch das GRG mit Wirkung zum 1.1.1989 eingeführt und durch das GSG durch Übertragung der Zuständigkeit für die Aufsicht über die KBV vom Bundesminister für Arbeit und Sozialordnung auf den Bundesminister für Gesundheit geändert. Später wurde die Bezeichnung in Bundesministerium für Gesundheit und danach in Bundesministerium für Gesundheit und Soziale Sicherung angepasst. Hier zeigt sich, dass der Gesetzgeber bei der Bezeichnung der Aufsicht über die KVen mit einer abstrakten Fassung besser beraten war. Die Vorschrift wurde zum 1.3.2017 durch das GKV-Selbstverwaltungsstärkungsgesetz geändert. Die Änderungen entsprechen den Änderungen für den GBA (§ 91a) und für den Spitzenverband Bund der Krankenkassen (§ 217a ff.). 1

II. Aufsichtsbehörden (Abs. 1)

Abs. 1 regelt die Zuständigkeit für die Aufsicht auf Bundesebene konkret und auf Länderebene abstrakt. In den einzelnen Bundesländern sind die nach dem Landesrecht für die Sozialversicherung zuständigen Verwaltungsbehörden zur Aufsicht berufen. 2

III. Aufsicht über mehrere KVen (Abs. 2)

Abs. 2 enthält Bestimmungen für den Fall, dass KVen für mehrere Länder gebildet werden. Die Vorschrift läuft gegenwärtig leer, da es diesen Fall nicht gibt. Er kann aber gemäß § 77 Abs. 2 S. 1 bis 4 eintreten. 3

IV. Umfang der Aufsicht (Abs. 3)

Abs. 3 S. 1 bestimmt, dass lediglich eine **Rechtsaufsicht** besteht, das heißt, dass nur die Beachtung des Rechts durch die KBVen und die KVen der jeweiligen Aufsicht unterliegt. Die Beachtung des Rechts bedeutet dabei auch die Einhaltung sämtlicher Rechtsvorschriften, auch wenn sie von der KV für nichtig gehalten werden sollten. Den KBVen und den KVen kommt keine Verwerfungskompetenz zu. Diese haben gemäß Art. 100 GG nur die Gerichte bzw. das Bundesverfassungsgericht. Insbesondere sind die KVen aus diesem Grund (und ergänzend aufgrund von § 81 Abs. 3 und § 75 Abs. 3) an die Vorgaben auf Bundesebene (KBV, G-BA, BewA) gebunden. 4

Im Rahmen der Rechtsaufsicht ist für die von der Fachaufsicht umfassten Gesichtspunkte der Zweckmäßigkeit kein Raum. Erst wenn eine Unzweckmäßigkeit dazu führt, dass nicht mehr wirtschaftlich und sparsam gehandelt wird (§ 69 Abs. 2 SGB IV) kann dies im Rahmen der Rechtsaufsicht gewürdigt werden bzw. zur Strafbarkeit führen.[1]

Abs. 3 S. 2 bestimmt, dass die im Einzelnen für die Krankenkassen genannten Vorschriften des SGB IV entsprechende Anwendung finden. Ausdrücklich werden mit §§ 88 und 89 SGB IV die Vorschriften über die Geschäftsführung und Rechnungsprüfung über die Aufsichtsmittel in Bezug genommen. 5

Diese Vorschriften erlauben der Aufsichtsbehörde gem. § 88 Abs. 1 SGB IV die Prüfung der Geschäftsführung und der Rechnungsführung. Die Vorschrift wird ergänzt um § 274. Durch § 88 Abs. 2 SGB IV wird die Verpflichtung zur Vorlage von Unterlagen und der Erteilung von Auskünften gegenüber der Aufsichtsbehörde oder ihren Beauftragten begründet. Nach § 89 SGB IV kann die Aufsichtsbehörde Aufsichtsverfügungen erlassen, mit denen sie nach Beratung eine Verpflichtung ausspricht (§ 89 Abs. 1 SGB IV),[2] und verlangen, dass Sitzungen der Selbstverwaltungsorgane – mithin der Vertreterversammlungen (§ 79 Abs. 1) – einberufen werden. Wenn dies nicht erfolgt, kann die Aufsichtsbehörde solche Sitzungen selbst anberaumen und leiten (§ 89 Abs. 3 SGB IV). 6

---

1 Vgl. LSG NRW, 29.1.2014, L 11 Kr 399/12 KL zum Regress und KG Berlin ZWS 298/14, 161 AR 16/14 zur Untreue, sa Gaßner/Bonmann, NZS 2009, S. 15 ff.
2 Vgl. BSG, 31.5.2016, B 1 A 2/15 R zur vorherigen Beratung und Ermessensausübung.

7 Aufsichtsmittel ist gem. § 89 SGB IV – nach erfolgloser Beratung – die **Aufsichtsverfügung**. Die Aufsichtsverfügung ist ein Verwaltungsakt im Sinne des § 31 SGB X. § 89 Abs. 1 S. 3 SGB IV bestimmt, dass eine von der Aufsichtsbehörde erlassene Handlungsverpflichtung mit den Mitteln des **Verwaltungsvollstreckungsrechts** durchgesetzt werden kann. Ein spezifischer Verweis auf das Verwaltungsvollstreckungsgesetz des Bundes oder des jeweiligen Landes wird nicht vorgenommen.

8 Die föderalistische Verfassung der BRD bringt es jedoch mit sich, dass das Verwaltungsvollstreckungsgesetz des Bundes (VwVG Bund) unmittelbar nur für die Bundesbehörden gilt. Ist demnach eine Landesbehörde Vollstreckungsbehörde findet das Verwaltungsvollstreckungsgesetz des jeweiligen Landes (bspw. VwVG NRW) Anwendung. Da sich aus dem Gesetzestext nichts anderes ableiten lässt und nur generell auf das Vollstreckungsrecht verwiesen wird, verbleibt es bei dem beschriebenen Grundsatz der Anwendung der verschiedenen Vollstreckungsgesetze.

9 § 89 Abs. 1 S. 3 SGB IV bestimmt als Voraussetzung, dass die Verpflichtung mit Mitteln des Vollstreckungsrechts nur durchgesetzt werden kann, wenn die sofortige Vollziehung der Verfügung angeordnet worden ist oder die Verfügung unanfechtbar ist. Diese Voraussetzung entspricht zB der Regelung des § 55 Abs. 1 VwVG NRW. Als **Zwangsmittel** stehen der Aufsichtsbehörde nach § 57 Abs. 1 VwVG NRW drei Maßnahmen zur Verfügung: Zwangsgeld, Ersatzvornahme und unmittelbarer Zwang.

10 Die **Ersatzvornahme** ist eine Möglichkeit der Verwaltung, vertretbare Handlungen (§ 887 ZPO) durchzusetzen. Nimmt ein Pflichtiger eine vertretbare Handlung nicht vor, so kann die Vollzugsbehörde die Maßnahme vornehmen lassen (Fremdvornahme) oder selbst vornehmen (Selbstvornahme, Selbsteintritt). Ob eine Selbstvornahme möglich ist, hängt von der jeweiligen Regelung ab. Während VwVG Bund nur die Fremdvornahme zulässt, sieht zB § 59 Abs. 1 VwVG NRW vor, dass auch eine Selbstvornahme durch die Aufsichtsbehörde zulässig ist. Das VwVG Bund ordnet die Selbstvornahme demgegenüber in § 12 VwVG Bund dem unmittelbaren Zwang zu. **Vertretbare Handlungen** sind solche, deren Ausführung nicht an eine bestimmte natürliche Person gebunden ist, die also auch von einem anderen als dem Pflichtigen ausgeführt werden können. Dies dürfte bei den hier in Rede stehenden Aufsichtsmaßnahmen in der Regel der Fall sein. Von der Möglichkeit einer Ersatzvornahme hat das Bundesministerium für Gesundheit zur Durchsetzung des § 79 Abs. 3a (Parität von Haus- und Fachärzten bei der Abstimmung) durch Einfügung des § 7c in die Satzung der KBV Gebrauch gemacht.[3]

V. Zwangsgeld (Abs. 4)

11 Abs. 4 regelt dadurch, dass bei der Zwangsvollstreckung gegen die KBVen ein Zwangsgeld bis zu 10 Millionen Euro zugunsten des Gesundheitsfonds festgesetzt werden kann, einerseits die Zwangsgeldhöhe abweichend von § 11 Abs. 3 VwVG Bund, andererseits wird die Verwendung festgelegt. Die Regelung ist lex specialis zu § 11 Abs. 3 VwVG Bund. Die mögliche Höhe des Zwangsgeldes beträgt das 400fache des nach dem VwVG Bund geltenden Betrages. Zuvor konnten gegen die KBVen lediglich 25.000 Euro festgesetzt werden. Das war weniger als zB nach § 60 Abs. 1 VwVG NRW, der 100.000 Euro, etwa bei Vollstreckungen gegen die in NRW ansässigen KVen, vorsieht.

12 Die Vorschrift des Abs. 4 wurde dem durch das GKV VSG geänderten § 71 Abs. 6 S. 6 nachgebildet, der seinerseits dem Wettbewerbsrecht (§ 86a des Gesetzes gegen Wettbewerbsbeschränkungen) folgt. Damit wird dem Gedanken Rechnung getragen, dass im Wirtschaftsleben ebenso wie bei großen Körperschaften anders als bei Einzelpersonen nur entsprechend hohe Beträge Zwang ausüben vermögen.

VI. Haushaltsrecht der KBVen (Abs. 5)

13 Die Bestimmung enthält detaillierte und strenge Vorgaben für die Finanzierung der Verwaltungskosten der KBVen. Neu ist insbesondere der Verweis auf die Finanzierungsgrundsätze des § 220 und die Veröffentlichung der Jahresrechnungsergebnisse gemäß § 305b. Außerdem gelten nunmehr die Anforderungen an den Rechnungsabschluss nach § 77 Abs. 1a SGB IV. Schließlich gilt für abgelaufene Haushaltsjahre künftig eine Frist bis zum 1. Oktober des Folgejahres für Aufstellung und Vorlage des Haushaltsplans bei der Aufsichtsbehörde.

VII. Haushaltsrecht der KVen (Abs. 6)

14 Abs. 6 schreibt das bisher für KBVen und KVen geltende Haushaltsrecht fort. Verwiesen wird auf Vorschriften des SGB IV für die Krankenkassen. Unterschiedliche Verhältnisse bei KKen und KVen beste-

---

3 Siehe Deutsches Ärzteblatt, 11.1.2016, S. A40.

hen zB im Hinblick auf den nach § 67 SGB IV aufzustellenden Haushaltsplan. Während etwa bei den KKen die Beitragseinnahmen und Ausgaben erfasst werden, gilt dies bei den KVen nicht für die vertragsgemäße Anforderung und gesetzmäßige Verteilung der Gesamtvergütung, da dies „durchlaufende" Posten sind. Einnahmen idS sind Beitragseinnahmen gem. § 81 Abs. 1 Nr. 5.[4]

VIII. Besondere Verfahrenshinweise

Gegen Aufsichtsanordnungen kann ohne vorheriges Widerspruchsverfahren Anfechtungsklage nach § 54 Abs. 3 SGG erhoben werden. Diese hat grundsätzlich aufschiebende Wirkung, soweit nicht die sofortige Vollziehung angeordnet ist (§ 89 Abs. 1 S. 3 SGB IV, § 86 a SGG). Über Aufsichtsangelegenheiten entscheiden im ersten Rechtszug die Landessozialgerichte (§ 29 Abs. 2 Nr. 2 SGG). Eine Beratung der KV ist keine mit der Anfechtungsklage anfechtbare Anordnung im Sinne des § 54 Abs. 3 SGG.[5]

Nicht jede Maßnahme einer Aufsichtsbehörde ist jedoch als Aufsichtsverfügung zu qualifizieren. So ist zB die Bestimmung einer Schiedsperson gem. § 73 b Abs. 4 a SGB V keine Aufsichtsverfügung in dem Sinne.[6]

§ 78 a Aufsichtsmittel in besonderen Fällen bei den Kassenärztlichen Bundesvereinigungen

(1) ¹Ergibt sich nachträglich, dass eine Satzung nicht hätte genehmigt werden dürfen, oder bedarf eine Satzung wegen nachträglich eingetretener rechtlicher oder tatsächlicher Umstände, die zur Rechtswidrigkeit der Satzung führen, einer Änderung, so kann die Aufsichtsbehörde anordnen, dass die Kassenärztlichen Bundesvereinigungen innerhalb einer bestimmten Frist die erforderlichen Änderungen vornehmen. ²Kommen die Kassenärztlichen Bundesvereinigungen der Anordnung innerhalb der Frist nicht nach, so kann die Aufsichtsbehörde die erforderlichen Änderungen selbst vornehmen.
(2) ¹Ist zur Umsetzung von gesetzlichen Vorschriften oder aufsichtsrechtlichen Verfügungen ein Beschluss der Vertreterversammlung erforderlich, so kann die Aufsichtsbehörde anordnen, dass dieser Beschluss innerhalb einer bestimmten Frist gefasst wird. ²Wird der erforderliche Beschluss innerhalb der Frist nicht gefasst, so kann die Aufsichtsbehörde den Beschluss der Vertreterversammlung ersetzen.
(3) ¹Verstößt ein Beschluss der Vertreterversammlung der Kassenärztlichen Bundesvereinigungen gegen ein Gesetz oder gegen sonstiges für die Kassenärztlichen Bundesvereinigungen maßgebendes Recht, so kann die Aufsichtsbehörde anordnen, den Beschluss innerhalb einer bestimmten Frist aufzuheben. ²Mit Zugang der Anordnung darf der Beschluss nicht vollzogen werden. ³Die Aufsichtsbehörde kann verlangen, dass Maßnahmen, die aufgrund des Beschlusses getroffen wurden, rückgängig gemacht werden. ⁴Kommen die Kassenärztlichen Bundesvereinigungen der Anordnung innerhalb der Frist nicht nach, so kann die Aufsichtsbehörde den Beschluss aufheben.
(4) ¹Einer Anordnung mit Fristsetzung bedarf es nicht, wenn ein Beschluss nach Absatz 1 oder Absatz 2 auf Grund gesetzlicher Regelungen innerhalb einer bestimmten Frist zu fassen ist. ²Klagen gegen Anordnungen und Maßnahmen der Aufsichtsbehörde nach den Absätzen 1 bis 3 haben keine aufschiebende Wirkung.

I. Entstehungsgeschichte

Die Vorschrift wurde durch das GKV-Selbstverwaltungsstärkungsgesetz zum 1.3.2017 neu in das SGB V eingefügt.

II. Ersatzvornahme bei Satzungsbestimmungen (Abs. 1)

Die Bestimmung regelt eine Aufsichtsanordnung und deren Ersatzvornahme als lex specialis für notwendige Satzungsänderungen. Es dürfte sich dabei um die – fragwürdige – Reaktion auf eine verweigerte Satzungsänderung durch die Vertreterversammlung der KBV handeln. Diese Reaktion scheint überflüssig, da die durch die Spezialregelung verdrängten Aufsichtsmittel ausgereicht hätten.

---

4 Hess in: KassKomm, § 78 SGB V Rn. 7.
5 Keller in: Meyer/Ladewig, SGG, 11. Aufl. 2014, § 29 SGG Rn. 5 a SGG mwN.
6 So auch Hencke in: Peters, HdB KrV, § 78 Rn. 8.

III. Selbsteintrittsrecht der Aufsicht (Abs. 2)

3 Die Bestimmung regelt für den Fall, dass einer gesetzlichen Vorschrift oder einer aufsichtsrechtlichen Anordnung nicht durch Beschluss der Vertreterversammlung gefolgt wird, dass die Aufsichtsbehörde die Beschlussfassung ersetzen, dh in die Funktion der Vertreterversammlung eintreten kann. Bezüglich der Bewertung der Vorschrift gilt das zu Abs. 1 Ausgeführte entsprechend.

IV. Aufhebung von Beschlüssen (Abs. 3)

4 Die Vorschrift regelt gegenüber Abs. 1 und 2 den umgekehrten Fall. Es geht hier nicht darum, dass ein Beschluss von der Vertreterversammlung der KBV nicht gefasst wird, sondern darum, einen gefassten Beschluss aufzuheben und ggf. dadurch begründete Maßnahmen rückgängig zu machen. Wird entsprechenden Anordnungen nicht gefolgt, so kann auch hier die Aufsichtsbehörde den Beschluss aufheben. Hier stellt sich ebenfalls die Frage, ob die Mittel der Aufsicht nicht ausgereicht hätten. Die Vorschriften der Abs. 1–3 erscheinen allein unter dem Gesichtspunkt der Verfahrensbeschleunigung gerechtfertigt.

V. Besondere Verfahrenshinweise (Abs. 4)

5 Der Abs. 4 regelt, dass es der in den Absätzen 1–3 vorgesehenen Fristsetzung für die Beschlussfassung nicht bedarf, wenn eine gesetzliche Regelung bereits eine Frist vorsieht. Außerdem wird angeordnet, dass Klagen gegen Aufsichtsmaßnahmen nach Abs. 1–3 keine aufschiebende Wirkung haben. Ein Widerspruchsverfahren findet nicht statt, da es sich um Maßnahmen einer obersten Bundesbehörde iSd § 78 Abs. 1 Nr. 2 SGG handelt. Für die Klage zuständig ist das Landessozialgericht nach § 29 Abs. 2 Nr. 2 SGG, da es sich um speziell geregelte Aufsichtsangelegenheiten handelt. Die Vorschrift ergänzt damit die vom Gesetzgeber für notwendig gehaltenen kleinteiligen Regelungen hinsichtlich der Beschlüsse der Vertreterversammlung der KBV bzw. deren Unterlassen. Es ist eine Spezialvorschrift zu § 86 a SGG.

§ 78 b Entsandte Personen für besondere Angelegenheiten bei den Kassenärztlichen Bundesvereinigungen

(1) ¹Solange und soweit die ordnungsgemäße Verwaltung bei den Kassenärztlichen Bundesvereinigungen gefährdet ist, kann die Aufsichtsbehörde eine Person an die Kassenärztlichen Bundesvereinigungen entsenden, diese Person mit der Wahrnehmung von Aufgaben bei den Kassenärztlichen Bundesvereinigungen betrauen und ihr hierfür die erforderlichen Befugnisse übertragen. ²Die ordnungsgemäße Verwaltung ist insbesondere gefährdet, wenn

1. ein Mitglied des Vorstandes interne oder externe Maßnahmen ergreift, die nicht im Einklang mit den eigenen Verwaltungsvorschriften oder satzungsrechtlichen oder gesetzlichen Vorschriften stehen,
2. ein Mitglied des Vorstandes Handlungen vornimmt, die die interne Organisation der Verwaltung oder auch die Zusammenarbeit der Organe untereinander erheblich beeinträchtigen,
3. die Umsetzung von Aufsichtsverfügungen nicht gewährleistet ist oder
4. hinreichende Anhaltspunkte dafür vorliegen, dass eine Pflichtverletzung eines Organmitglieds oder eines ehemaligen Organmitglieds einen Schaden der Körperschaft verursacht hat.

³Die Aufsichtsbehörde kann die Person in diesen Fällen zur Beratung und Unterstützung des Vorstandes oder der Vertreterversammlung, zur Überwachung der Umsetzung von Aufsichtsverfügungen oder zur Prüfung von Schadensersatzansprüchen gegen Organmitglieder oder ehemalige Organmitglieder entsenden. ⁴Die Aufsichtsbehörde bestimmt, in welchem Umfang die entsandte Person im Innenverhältnis anstelle der Organe handeln darf. ⁵Die Befugnisse der Organe im Außenverhältnis bleiben unberührt. ⁶Die Entsendung erfolgt durch Verwaltungsakt gegenüber den Kassenärztlichen Bundesvereinigungen.

(2) ¹Die nach Absatz 1 entsandte Person ist im Rahmen ihrer Aufgaben berechtigt, von den Mitgliedern der Organe und von den Beschäftigten der Kassenärztlichen Bundesvereinigungen Auskünfte und die Vorlage von Unterlagen zu verlangen. ²Sie kann an allen Sitzungen der Organe und sonstigen Gremien der Kassenärztlichen Bundesvereinigungen in beratender Funktion teilnehmen, die Geschäftsräume der Kassenärztlichen Bundesvereinigungen betreten und Nachforschungen zur Erfüllung ihrer Auf-

gaben anstellen. ³Die Organe und Organmitglieder haben die entsandte Person bei der Wahrnehmung von deren Aufgaben zu unterstützen. ⁴Die entsandte Person ist verpflichtet, der Aufsichtsbehörde Auskunft über alle Erkenntnisse zu geben, die sie im Rahmen ihrer Tätigkeit gewonnen hat.
(3) ¹Die Kassenärztlichen Bundesvereinigungen gewähren der nach Absatz 1 entsandten Person eine Vergütung und angemessene Auslagen. ²Die Höhe der Vergütung wird von der Aufsichtsbehörde durch Verwaltungsakt gegenüber den Kassenärztlichen Bundesvereinigungen festgesetzt. ³Die Kassenärztlichen Bundesvereinigungen tragen zudem die übrigen Kosten, die durch die Entsendung entstehen.
(4) ¹Der Entsendung der Person hat eine Anordnung vorauszugehen, mit der die Aufsichtsbehörde den Kassenärztlichen Bundesvereinigungen aufgibt, innerhalb einer bestimmten Frist das Erforderliche zur Gewährleistung einer ordnungsgemäßen Verwaltung zu veranlassen. ²Klagen gegen die Anordnung nach Satz 1 oder gegen die Entsendung der Person haben keine aufschiebende Wirkung.

I. Entstehungsgeschichte

Die Vorschrift wurde durch das GKV-Selbstverwaltungsstärkungsgesetz zum 1.3.2017 neu in das SGB V aufgenommen. 1

II. Entsandte Person (Abs. 1)

Nach der Regelung kann die Aufsichtsbehörde zur Wahrnehmung von (bestimmten) Aufgaben eine Person an die KBVen entsenden und mit den erforderlichen Befugnissen ausstatten, wenn die ordnungsgemäße Verwaltung gefährdet ist. Über die Qualifikationsanforderungen an diese Person wird keine Aussage getroffen; sie muss auf jeden Fall aber für die Aufgaben geeignet erscheinen. Wann dies insbesondere der Fall ist, wird in den Nrn. 1–4 katalogisiert. Es handelt sich dabei im Wesentlichen um Fehlverhalten des Vorstandes. Die Person kann zur Beratung und Unterstützung sowohl des Vorstandes als auch der Vertreterversammlung der KBVen entsandt werden sowie zur Überwachung der Ausführung von Aufsichtsverfügungen oder zur Prüfung von Schadenersatzansprüchen gegen aktive oder ehemalige Mitglieder von Organen. Diese regeln sich nach § 79 Abs. 6 S. 1 iVm § 42 Abs. 2 SGB IV. Die Regelung der – auf das Innenverhältnis beschränkten – Befugnisse der Person erfolgt, wie die Entsendung selbst, durch Verwaltungsakt. 2

Die Norm fügt sich zwischen die Aufsichtsmittel und die Bestellung eines Beauftragten gem. § 79a. Sie erscheint als dessen wesensgleiches Minus. Ob es der Regelung bedurft hätte oder ob sie nur eine plakative Reaktion auf Ereignisse bei der KBV darstellt, erscheint fraglich. Eine Rechtfertigung könnte sich aus einer Verfahrensbeschleunigung ergeben. 3

III. Rechte der beauftragten Person (Abs. 2)

Abs. 2 regelt die Berechtigung der entsandten Person, um sie in die Lage zu versetzen, ihre Aufgaben zu erledigen. Hierzu ist auch ein Benutzungsrecht für die Geschäftsräume vorgesehen.[1] Die entsandte Person wird zur Auskunftserteilung gegenüber der Aufsichtsbehörde verpflichtet. 4

IV. Vergütung der entsandten Person (Abs. 3)

Durch Verwaltungsakt gegenüber den KBVen kann die Höhe einer Vergütung der entsandten Person sowie eine angemessene Erstattung derer Auslagen festgesetzt werden. Vergütung und Auslagen sowie übrigen Kosten sind von den KBVen zu tragen. 5

V. Besondere Verfahrenshinweise

Vor Entsendung der Person hat eine Anordnung vorauszugehen, innerhalb einer bestimmten Frist das Erforderliche zur Gewährleistung einer ordnungsgemäßen Verwaltung zu tun. Diese als Verwaltungsakt iSd § 31 SGB X zu qualifizierende Anordnung muss hinreichend bestimmt sein. 6

Klagen gegen die Entsendung nach Abs. 1 haben keine aufschiebende Wirkung. Es handelt sich um eine Klage in Aufsichtsangelegenheiten (→ § 78a Rn. 5). Der Verwaltungsakt gem. Abs. 3 ist hingegen nicht als Aufsichtsmittel zu qualifizieren. Er ergeht als Hilfsanordnung im Verfahren und ist im normalen Rechtsbehelfsverfahren angreifbar (→ § 78 Rn. 16). 7

---

1 Vgl. hierzu Jarass in: Jarass/Pieroth, Grundgesetz, Art. 13 Rn. 25.

§ 78 c Berichtspflicht des Bundesministeriums für Gesundheit

Sofern schutzwürdige Belange Dritter nicht entgegenstehen, hat das Bundesministerium für Gesundheit dem Ausschuss für Gesundheit des Deutschen Bundestages jährlich zum 1. März, erstmalig zum 1. März 2018, einen Bericht über aufsichtsrechtliche Maßnahmen nach § 78 a Absatz 1 bis 3, § 78 b Absatz 1 und 4 Satz 1 und § 79 a Absatz 1 a und 2 Satz 1, über den Erlass von Verpflichtungsbescheiden nach § 89 Absatz 1 Satz 2 des Vierten Buches in Verbindung mit § 78 Absatz 3 Satz 2 sowie über den Sachstand der Aufsichtsverfahren vorzulegen.

1 Die Vorschrift wurde durch das GKV-Selbstverwaltungsstärkungsgesetz zum 1.3.2017 eingeführt. Geregelt wird eine Berichtspflicht des BMG gegenüber dem Gesundheitsausschuss des Deutschen Bundestages.

§ 79 Organe

(1) Bei den Kassenärztlichen Vereinigungen und den Kassenärztlichen Bundesvereinigungen werden eine Vertreterversammlung als Selbstverwaltungsorgan sowie ein hauptamtlicher Vorstand gebildet.
(2) ¹Die Satzungen bestimmen die Zahl der Mitglieder der Vertreterversammlung der Kassenärztlichen Vereinigungen und Kassenärztlichen Bundesvereinigungen. ²Die Vertreterversammlung der Kassenärztlichen Vereinigungen hat bis zu 30 Mitglieder. ³Bei mehr als 5 000 Mitgliedern der Kassenärztlichen Vereinigung oder mehr als 2 000 Mitgliedern der Kassenzahnärztlichen Vereinigung kann die Zahl der Mitglieder auf bis zu 40, bei mehr als 10 000 Mitgliedern der Kassenärztlichen Vereinigung oder mehr als 5 000 Mitgliedern der Kassenzahnärztlichen Vereinigung auf bis zu 50 erhöht werden. ⁴Die Vertreterversammlung der Kassenärztlichen Bundesvereinigungen hat bis zu 60 Mitglieder.
(3) ¹Die Vertreterversammlung hat insbesondere
1. die Satzung und sonstiges autonomes Recht zu beschließen,
2. den Vorstand zu überwachen,
3. alle Entscheidungen zu treffen, die für die Körperschaft von grundsätzlicher Bedeutung sind,
4. den Haushaltsplan festzustellen,
5. über die Entlastung des Vorstandes wegen der Jahresrechnung zu beschließen,
6. die Körperschaft gegenüber dem Vorstand und dessen Mitgliedern zu vertreten,
7. über den Erwerb, die Veräußerung oder die Belastung von Grundstücken sowie über die Errichtung von Gebäuden zu beschließen.

²Sie kann sämtliche Geschäfts- und Verwaltungsunterlagen einsehen und prüfen. ³Die Vertreterversammlung der Kassenärztlichen Bundesvereinigungen kann von dem Vorstand jederzeit einen Bericht über die Angelegenheiten der Körperschaft verlangen. ⁴Der Bericht ist rechtzeitig und in der Regel schriftlich zu erstatten. ⁵Die Vertreterversammlung der Kassenärztlichen Bundesvereinigungen kann die Rechte nach den Sätzen 2 und 3 auch mit einem Viertel der abgegebenen Stimmen ihrer Mitglieder geltend machen. ⁶Der Vorstand hat die Vertreterversammlung der Kassenärztlichen Bundesvereinigungen über die Nebentätigkeit in ärztlichen Organisationen zu informieren.
(3 a) ¹In der Vertreterversammlung der Kassenärztlichen Bundesvereinigung stimmen über die Belange, die ausschließlich die hausärztliche Versorgung betreffen, nur die Vertreter der Hausärzte, über die Belange, die ausschließlich die fachärztliche Versorgung betreffen, nur die Vertreter der Fachärzte ab. ²Bei gemeinsamen Abstimmungen einschließlich der Wahlen nach § 80 Absatz 2 sind die Stimmen so zu gewichten, dass insgesamt eine Parität der Stimmen zwischen Vertretern der Hausärzte und Vertretern der Fachärzte in der Vertreterversammlung besteht. ³Das Nähere zur Abgrenzung der Abstimmungsgegenstände nach Satz 1 und zur Stimmengewichtung nach Satz 2 regelt die Satzung bis spätestens zum 1. November 2015; der Satzungsbeschluss bedarf der Mehrheit von zwei Dritteln der Stimmen der Mitglieder der Vertreterversammlung.
(3 b) ¹Die Vertreterversammlung der Kassenärztlichen Bundesvereinigungen hat ihre Beschlüsse nachvollziehbar zu begründen. ²Sie hat ihre Sitzungen zu protokollieren. ³Die Vertreterversammlung der Kassenärztlichen Bundesvereinigungen kann ein Wortprotokoll verlangen. ⁴Abstimmungen in der Vertreterversammlung der Kassenärztlichen Bundesvereinigungen erfolgen in der Regel nicht geheim. ⁵Eine geheime Abstimmung findet nur in besonderen Angelegenheiten statt. ⁶Eine namentliche Abstimmung erfolgt über die in der Satzung nach § 81 Absatz 1 festzulegenden haftungsrelevanten Ab-

stimmungsgegenstände. ⁷Die Sitzungen der Vertreterversammlung sind in der Regel öffentlich. ⁸Die Öffentlichkeit kann nur in besonderen Fällen ausgeschlossen werden, insbesondere wenn berechtigte Interessen Einzelner einer öffentlichen Sitzung entgegenstehen.

(3 c) ¹Verpflichtet sich ein Mitglied der Vertreterversammlung der Kassenärztlichen Bundesvereinigungen außerhalb seiner Tätigkeit in der Vertreterversammlung durch einen Dienstvertrag, durch den ein Arbeitsverhältnis nicht begründet wird, oder durch einen Werkvertrag gegenüber den Kassenärztlichen Bundesvereinigungen zu einer Tätigkeit höherer Art, so hängt die Wirksamkeit des Vertrages von der Zustimmung der Vertreterversammlung ab. ²Gewähren die Kassenärztlichen Bundesvereinigungen aufgrund des Dienstvertrages oder des Werkvertrages dem Mitglied der Vertreterversammlung eine Vergütung, ohne dass die Vertreterversammlung diesem Vertrag zugestimmt hat, so hat das Mitglied der Vertreterversammlung die Vergütung zurückzugewähren, es sei denn, dass die Vertreterversammlung den Vertrag nachträglich genehmigt. ³Ein Anspruch des Mitglieds der Vertreterversammlung gegen die Kassenärztlichen Bundesvereinigungen auf Herausgabe der durch die geleistete Tätigkeit erlangten Bereicherung bleibt unberührt. ⁴Der Anspruch kann jedoch nicht gegen den Rückgewähranspruch aufgerechnet werden.

(3 d) Die Höhe der jährlichen Entschädigungen der einzelnen Mitglieder der Vertreterversammlung einschließlich Nebenleistungen sind in einer Übersicht jährlich zum 1. März, erstmals zum 1. März 2017, von den Kassenärztlichen Bundesvereinigungen im Bundesanzeiger und gleichzeitig in den jeweiligen Mitteilungen der Kassenärztlichen Bundesvereinigungen zu veröffentlichen.

(4) ¹Der Vorstand der Kassenärztlichen Vereinigungen und der Kassenzahnärztlichen Bundesvereinigung besteht aus bis zu drei Mitgliedern. ²Der Vorstand der Kassenärztlichen Bundesvereinigung besteht aus drei Mitgliedern. ³Bei Meinungsverschiedenheiten im Vorstand der Kassenärztlichen Bundesvereinigung entscheidet der Vorstand mit der Mehrheit seiner Mitglieder. ⁴Bei Stimmengleichheit entscheidet der Vorsitzende. ⁵Die Mitglieder des Vorstandes vertreten sich gegenseitig. ⁶Sie üben ihre Tätigkeit hauptamtlich aus. ⁷Wird ein Arzt in den hauptamtlichen Vorstand gewählt, kann er eine ärztliche Tätigkeit als Nebentätigkeit in begrenztem Umfang weiterführen oder seine Zulassung ruhen lassen. ⁸Die Amtszeit beträgt sechs Jahre, es sei denn, ein Vorstandsmitglied wird während der laufenden Amtsdauer der Vertreterversammlung gewählt; die Wiederwahl ist möglich. ⁹Die Höhe der jährlichen Vergütungen der einzelnen Vorstandsmitglieder einschließlich Nebenleistungen sowie die wesentlichen Versorgungsregelungen sind in einer Übersicht jährlich zum 1. März, erstmalig zum 1. März 2005 im Bundesanzeiger und gleichzeitig getrennt nach den kassenärztlichen und kassenzahnärztlichen Organisationen in den jeweiligen ärztlichen Mitteilungen der Kassenärztlichen Bundesvereinigungen zu veröffentlichen. ¹⁰Die Art und die Höhe finanzieller Zuwendungen, die den Vorstandsmitgliedern im Zusammenhang mit ihrer Vorstandstätigkeit von Dritten gewährt werden, sind dem Vorsitzenden und den stellvertretenden Vorsitzenden der Vertreterversammlung mitzuteilen.

(5) ¹Der Vorstand verwaltet die Körperschaft und vertritt sie gerichtlich und außergerichtlich, soweit Gesetz oder sonstiges Recht nichts Abweichendes bestimmen. ²In der Satzung oder im Einzelfall durch den Vorstand kann bestimmt werden, dass auch einzelne Mitglieder des Vorstandes die Körperschaft vertreten können.

(6) ¹§ 35 a Abs. 1 Satz 3 und 4, Abs. 2, 5 Satz 1, Abs. 6 a, 7 und § 42 Abs. 1 bis 3 des Vierten Buches gelten entsprechend. ²Die Vertreterversammlung hat bei ihrer Wahl darauf zu achten, dass die Mitglieder des Vorstandes die erforderliche fachliche Eignung für ihren jeweiligen Geschäftsbereich besitzen. ³Die Aufsichtsbehörde kann vor ihrer Entscheidung nach § 35 a Absatz 6 a des Vierten Buches in Verbindung mit Satz 1 verlangen, dass ihr die Kassenärztlichen Bundesvereinigungen eine unabhängige rechtliche und wirtschaftliche Bewertung der Vorstandsdienstverträge vorlegen.

(7) ¹Der Vorstand der Kassenärztlichen Bundesvereinigungen hat geeignete Maßnahmen zur Herstellung und Sicherung einer ordnungsgemäßen Verwaltungsorganisation zu ergreifen. ²In der Verwaltungsorganisation ist insbesondere ein angemessenes internes Kontrollverfahren mit einem internen Kontrollsystem und mit einer unabhängigen internen Revision einzurichten. ³Die interne Revision berichtet in regelmäßigen Abständen dem Vorstand sowie bei festgestellten Verstößen gegen gesetzliche Regelungen oder andere wesentliche Vorschriften auch der Aufsichtsbehörde. ⁴Beziehen sich die festgestellten Verstöße auf das Handeln von Vorstandsmitgliedern, so ist auch der Vertreterversammlung zu berichten.

Literatur:

Kaltenborn, Die Binnenorganisation der Kassenärztlichen Vereinigungen, GesR 2008, 337; *Hantel*, Dienstverhältnisse der hauptamtlichen Vorstandsmitglieder der ärztlichen Selbstverwaltung, NZS 2005, 580; *Hesse*, Die Veröffentlichungspflicht für Vorstandsvergütung, 2013.

I. Entstehungsgeschichte	1	VI. Vorstand (Abs. 4)	23
II. Organe (Abs. 1)	2	VII. Aufgaben des Vorstands (Abs. 5)	28
III. Größe der Vertreterversammlung (Abs. 2)	6	VIII. Amtsführung des Vorstands (Abs. 6)	29
IV. Zuständigkeit der Vertreterversammlung (Abs. 3)	7	IX. Ordnungsgemäße Verwaltungsorganisation (Abs. 7)	35
V. Paritätische Abstimmung Hausärzte/Fachärzte, Begründung der Beschlüsse der VV, Abstimmungsverhalten (Abs. 3 a–3 d)	20		

I. Entstehungsgeschichte

1 Die Vorschrift wurde durch das GMG zum 1.1.2005 eingeführt und durch das GKV-VStG zum 1.1.2012 in Abs. 4 S. 5 ergänzt. Mit der Einführung eines hauptamtlichen Vorstands wurden die bei den Krankenkassen schon früher bestehenden Verhältnisse für KVen und KBVen nachvollzogen. Aufgrund der Einfügung eines Absatzes 6 a in § 35 a SGB IV durch das Dritte Gesetz zur Änderung arzneimittelrechtlicher und anderer Vorschriften müssen Vorstandsverträge ab dem 13.8.2013 durch die Aufsichtsbehörde genehmigt werden. Durch das GKV-VSG wurde Abs. 3 a) mit Wirkung ab 23.7.2015 eingefügt. Mit dem GKV-Selbstverwaltungsstärkungsgesetz wurden dann ab 1.3.2017 Abs. 3 und 3 a ergänzt und die Abs. 3 b–3 d eingefügt. Außerdem wurde Abs. 4 S. 1 ersetzt und Abs. 6 ergänzt. Schließlich wurde noch Abs. 7 angefügt.

II. Organe (Abs. 1)

2 Abs. 1 bestimmt als gesetzliche Organe der KBVen und der KVen als Körperschaften des öffentlichen Rechts eine **Vertreterversammlung (VV)** und einen **hauptamtlichen Vorstand**. Die Hauptamtlichkeit des Vorstands wurde mit dem GMG erstmals eingeführt, bis dahin gab es einen ehrenamtlichen Vorstand. Bis zu diesem Zeitpunkt waren Vorstand und VV Organe der Selbstverwaltung, nunmehr wird nur noch die VV als Selbstverwaltungsorgan bezeichnet. Seit der Neuregelung gibt es erstmals gesetzliche Vorgaben für die Größe von Vorstand und VV. Bis dahin hatten die Organe idR deutlich mehr Mitglieder als nunmehr gesetzlich zulässig.

3 Die **Hauptamtlichkeit des Vorstands** bedingt, dass die Mitglieder des Vorstands in einem Dienstverhältnis zur Körperschaft stehen. Andererseits werden die Vorstandsmitglieder von der VV gewählt (§ 80 Abs. 2 Nr. 2, 3), so dass parallele Rechtsverhältnisse aufgrund von Wahl und Dienstvertrag bestehen. Dabei sollte dem Kandidaten für eine Wahl zum Vorstand der Inhalt des Dienstvertrags vorher bekannt sein, so dass er entscheiden kann, ob er sich zu diesen Bedingungen zur Wahl stellen möchte. Andersherum würde sonst die Wahl den Kandidaten zum Amtswalter machen. Mit diesem wären dann noch die Bedingungen auszuhandeln. Dienstverhältnis und Wahlamt sind zu harmonisieren. Dazu empfiehlt es sich, im Dienstvertrag den Rücktritt bzw. die Amtsenthebung als Beendigungstatbestand (ordentliche/außerordentliche Kündigung) zu regeln und die Kündigung des Dienstvertrages dort als Ausdruck eines Rücktritts vom Vorstandsamt zu definieren.

4 Für den Fall, dass eine Neuwahl nach Ablauf der Amtszeit nicht gelingt, kann die übergangsweise Fortführung der Amtsgeschäfte und entsprechende Verlängerung des Dienstvertrages in der Satzung bzw. im Dienstvertrag geregelt werden. Dies entspräche der Regelung für die VV in § 80 Abs. 3 S. 3, wonach die Mitglieder der VV bis zur Amtsübernahme ihrer Nachfolger im Amt bleiben.

5 Das **Dienstverhältnis der Vorstandsmitglieder** regelt die Wahrnehmung der Organfunktion und ist mithin kein Arbeitsverhältnis mit Vorgesetztem und Arbeitnehmer; die Arbeitnehmerschutzvorschriften finden keine Anwendung. Die VV überwacht zwar den Vorstand gemäß Abs. 3 Nr. 2, sie ist jedoch nicht Vorgesetzte. Vielmehr verwaltet der Vorstand die Körperschaft nach Abs. 5 S. 1 grundsätzlich weisungsfrei. Wesentliche Ausnahmen bildet die Rechtsetzungsbefugnis der VV (Abs. 3 S. 2) und der Vorbehalt, dass sie Entscheidungen von grundsätzlicher Bedeutung trifft (Abs. 3 Nr. 3, 7). Da es sich bei den Vorstandsmitgliedern nicht um Arbeitnehmer handelt, entscheiden über Streitigkeiten aus dem Dienstvertrag nicht die Arbeitsgerichte, sondern die Gerichte der allgemeinen Zivilgerichtsbarkeit.

III. Größe der Vertreterversammlung (Abs. 2)

Abs. 2 setzt den Rahmen für die Anzahl der Mitglieder der VV von KV und KBV, die in der Satzung zu konkretisieren ist. Eine Strukturierung ergibt sich darüber hinaus aus § 80 Abs. 1 S. 3 und kann im Übrigen in der Satzung gem. § 81 Abs. 1 Nr. 2 erfolgen. Eine Mindestzahl ist nicht vorgeschrieben. Es ergibt sich aber aus der Funktion der VV als Selbstverwaltungsorgan, dass ein Mindestmaß an Repräsentanz der Mitglieder der Körperschaften im Sinne von Selbstverwaltung geschaffen wird.

IV. Zuständigkeit der Vertreterversammlung (Abs. 3)

Abs. 3 regelt in einem nicht abschließenden Katalog („insbesondere"), welche Rechte und Pflichten die VV hat. Die Auflistung ist als Aufzählung von Regelbeispielen zu verstehen, so dass weitere Aufgaben und Befugnisse durch die Satzung nach § 80 Abs. 1 Nr. 4 der VV nur übertragen werden dürfen, wenn sie den aufgezählten Rechten und Pflichten gleichwertig sind. Ansonsten würde die „Allzuständigkeit" des Vorstands (Abs. 5) in systematisch unzulässiger Weise eingeschränkt.

Nach **Nr. 1** sind Satzung und sonstiges autonomes Recht von der VV zu beschließen. **Satzung** im formellen Sinn ist dabei die in § 81 bezeichnete Satzung ggf. mit ihren Bestandteilen (zB Wahlordnung, Disziplinarordnung). Diese ist nach § 81 Abs. 1 S. 2 von der Aufsichtsbehörde zu genehmigen.

Bei **sonstigem autonomen Recht** handelt es sich um sonstige generell abstrakte Regelungen, mithin um Satzungsrecht im materiellen Sinn. Diese Regelungen bedürfen keiner aufsichtsbehördlichen Genehmigung. Inhalt solcher Regelungen ist die Honorarverteilung im HVM (§ 87 b Abs. 1 S. 2). Auch die Verpflichtung zum Notdienst und dessen Organisation kann durch autonomes Recht geregelt werden.

Nach **Nr. 2** hat die VV den Vorstand zu überwachen. Überwachung kann dabei nur bedeuten, dass die Einhaltung gesetzlich und dienstvertraglich bestimmter Pflichten oder solcher, die gemäß § 81 Abs. 1 Nr. 4 in der Satzung zu regeln sind, geprüft werden können. Die Kontrollfunktion ist dabei auf die bestehenden Pflichten beschränkt, ohne sie erweitern zu können. Sie gibt kein Weisungsrecht, die Reaktion auf Verstöße ist erforderlichenfalls die Amtsenthebung gem. Abs. 6 iVm § 35 a Abs. 7 SGB IV. Der Kontrollfunktion dienen die Berichtspflicht des Vorstands an die VV nach Abs. 6 in Verbindung mit § 35 a Abs. 2 SGB IV sowie das Einsichtsrecht nach Abs. 6 S. 2.

Gemäß **Nr. 3** hat die VV die **Entscheidungen** zu treffen, die für die Körperschaft **von grundsätzlicher Bedeutung** sind. Nach dem Text bezieht sich die grundsätzliche Bedeutung auf die Körperschaft, dh andere grundsätzliche Fragen stehen nicht zur Disposition, die VV hat ohnehin kein allgemeinpolitisches Mandat.[1] Grundsätzliche Bedeutung für die Körperschaft haben Fragen, die ihren Bestand oder ihr Vermögen betreffen. Dementsprechend ist in Nr. 7 ausdrücklich geregelt, dass Grundstücksgeschäfte, die regelmäßig das Vermögen im Wesentlichen betreffen, von der VV zu beschließen sind. Auch die Honorierung der Mitglieder erscheint von grundsätzlicher Bedeutung, da dies ein zentrales Tätigkeitsfeld der KV betrifft. Mithin ist der HVM von der VV zu beschließen, was im Übrigen bereits daraus folgt, dass es sich um autonomes Rechts (Nr. 1) handelt. Nicht von grundsätzlicher Bedeutung erscheinen Personal- und Organisationsfragen, aber auch solche der Verträge mit Krankenkassen, abgesehen von allgemeinen Grundsätzen oder abstrakten Vorgaben.[2] Dies entspricht der Verwaltungs- und Außenvertretungskompetenz des Vorstands gemäß Abs. 6.

Wer darüber entscheidet, was von grundsätzlicher Bedeutung ist, ist nicht geregelt. Denkbar erscheint damit, dass die VV sich einer Beschlussfassung berühmt, da sie deren Gegenstand als von grundsätzlicher Bedeutung ansieht. Hält der Vorstand einen entsprechenden Beschluss für nichtig, müsste er davon abweichen, ein eventuell daraus resultierendes Amtsenthebungsverfahren riskieren und ggf. gegen die Amtsenthebung vorgehen. Dann müssten letztlich die Gerichte entscheiden, was von grundsätzlicher Bedeutung ist oder der VV – wozu zunächst kein Anlass besteht – eine Einschätzungsprärogative zubilligen. Zu einem entsprechenden Verfahrensgang kann es auch dann kommen, wenn der Vorstand handelt, und die VV der Auffassung ist, dass sie wegen der grundsätzlichen Bedeutung mit dem Gegenstand zu befassen gewesen sei. Von grundsätzlicher Bedeutung kann allerdings nie ein Einzelfall sein.[3]

Der Vorstand kann sich in allen ihm wichtig erscheinenden Fragen von der VV beraten lassen. Dies fördert die vertrauensvolle Zusammenarbeit.

---

1 BVerfG, 20.9.1995, B 1 BVR 597/95, NJW 1996, 1588; LSG Bln, 5.12.2001, L 7 KA 17/99, MedR 2002, 370 ff.
2 BSG, 30.10.2013, B 6 KA 48/12 R; anders zT noch Kaltenborn, GesR 2008, 337, 343.
3 Entsprechend zu § 160 SGG Leiterer in: Meyer-Ladewig/Keller/Leitherer, SGG, § 160 Rn. 6 ff.

12 Nach **Nr. 4** hat die VV den **Haushaltsplan** festzustellen. Die Aufstellung des Haushaltsplans hingegen erfolgt durch den Vorstand. Der Haushaltsplan schafft die Grundlage für die Mittelverwendung, andererseits kann er aber nicht dazu führen, dass Zahlungen, für die eine rechtliche Verpflichtung besteht, unterbleiben. Sollte die VV daher etwa Mittel zur Bedienung eines vom Vorstand geschlossenen Vertrages nicht im Haushalt zur Verfügung stellen, muss der Vertrag gleichwohl erfüllt werden. Fehlende Haushaltmittel bedeuten insofern lediglich eine Missbilligung des Handelns des Vorstandes.

13 Die nach **Nr. 5** ua vorgesehene **Entlastung des Vorstands** bewirkt, dass eine Abberufung aus wichtigem Grund ausscheidet und Ansprüche gegen den Vorstand entfallen (Präklusionswirkung).[4]

14 Nach **Nr. 6** hat die VV die Körperschaft gegenüber dem Vorstand und dessen Mitgliedern zu vertreten. Auf dieser Grundlage schließt die Körperschaft, vertreten durch die VV, insbesondere die Dienstverträge mit den Vorstandsmitgliedern. Ansonsten obliegt die **Vertretung der Körperschaft** dem Vorstand nach Abs. 5.

Die Vertretung erstreckt sich über den Abschluss des Dienstvertrages hinaus auf das Rechtsverhältnis zwischen Vorstand und KV. Sie macht im Übrigen deutlich, dass die KV repräsentativ-demokratisch verwaltet wird. Wahl des Vorstands und Willensbildung ihm gegenüber sowie rechtliche Regelung mit dem Vorstand obliegen der VV; die Mitglieder der Körperschaft sind nur an der Wahl der VV beteiligt. Anders verhält es sich in den Gebietskörperschaften, soweit zB der Oberbürgermeister einer Gemeinde durch Kommunalwahl bestimmt und von den Einwohnern gewählt und abgewählt werden kann.

15 Gemäß **Nr. 7** sind **Grundstücksgeschäfte und die Errichtung von Gebäuden** von der VV zu beschließen. Festzustellen ist, dass es weitere Genehmigungspflichten gibt, wonach die Aufsicht nicht nur Grundstückserwerb, sondern auch weitere Vermögensanlagen zu genehmigen hat (§ 85 SGB IV). Ein ohne aufsichtsbehördliche Genehmigung vorgenommener Grundstückserwerb ist schwebend unwirksam.[5] Eine fehlende Beschlussfassung durch die VV dürfte mangels Offenkundigkeit nicht zur Unwirksamkeit des Geschäfts im Außenverhältnis führen.[6]

16 Der Vollzug der Beschlussfassung obliegt dem Vorstand als außenvertretungsberechtigtes Organ. Der notarielle Vertrag über Grundstücksgeschäfte (§ 311b BGB) wird daher vom Vorstand geschlossen. Die Eigenschaft als gewählter Vorstand kann dabei gemäß Abs. 3 durch Bestätigung der VV oder der Aufsicht gegenüber dem Notar nachgewiesen werden.

17 **Abs. 3 S. 2** gibt der VV das Recht, sämtliche **Geschäfts- und Verwaltungsunterlagen** einzusehen und zu prüfen. Es handelt sich dabei um ein kollektives Recht für die VV („Sie"), nicht um ein Recht eines einzelnen Mitglieds der VV. Die Ausübung des kollektiven Rechts erfolgt zweckmäßigerweise durch Bericht von Beauftragten über die Einsicht und Prüfung in der Sitzung der VV. Als Beauftragter kommt dabei insbesondere der Vorsitzende der VV in Betracht.

18 Fraglich ist, ob datenschutzrechtliche Grenzen das Einsichtsrecht einschränken. Jedenfalls wenn personenbezogene Daten nur insoweit zu offenbaren sind, als diese zur Prüfung notwendig sind, ist das der Fall. Sollten individuelle Abrechnungen eingesehen werden, so ist die Notwendigkeit des Individualbezugs zu prüfen. Sollten individuelle Daten auch in der Sitzung der VV zu offenbaren sein, ist für diesen Teil der Sitzung jedenfalls die Öffentlichkeit auszuschließen.

19 Die Ergänzung des Abs. 3 durch das GKV-Selbstverwaltungsstärkungsgesetz führt eine jederzeitige Berichtspflicht des Vorstandes gegenüber der Vertreterversammlung der KBVen ein. Außerdem hat der Vorstand die Vertreterversammlungen der KBV über Nebentätigkeiten in ärztlichen Organisationen zu informieren. Andere Nebentätigkeiten – soweit sie nicht aufgrund des Dienstvertrages anzugeben sind – müssen demnach nicht gemeldet werden. Die Regelungen bringen den Wunsch zum Ausdruck, größere Transparenz in die Zusammenhänge bei den KBVen zu bringen. Anlass waren unklare Vorgänge bei der KBV. Der Wunsch nach Transparenz nur für die Bundesebene ist nur dadurch erklärbar. Eine Notwendigkeit ähnlicher Pflichten für die Landesebene wurde nicht angenommen.

V. Paritätische Abstimmung Hausärzte/Fachärzte, Begründung der Beschlüsse der VV, Abstimmungsverhalten (Abs. 3 a–3 d)

20 Die Vorschrift sieht zur Sicherstellung der Funktionsfähigkeit der Selbstverwaltungskörperschaft vor, dass in der Vertreterversammlung der KBV Hausärzte und Fachärzte in gemeinsamen Belangen paritätisch abstimmen. Die Regelung wird mit dem Minderheitenschutz namentlich der Hausärzte begrün-

---

[4] Anders positiv-rechtlich geregelt in § 120 Abs. 2 S. 2 AktG.
[5] Ellenberger in: Palandt, § 134 BGB Rn. 11 a.
[6] Ellenberger in: Palandt, Einf. v. 164 BGB Rn. 5 a.

det.[7] Über versorgungsbereichsspezifische Fragen stimmen nur die Vertreter der Haus- bzw. Fachärzte in der Vertreterversammlung der KBV ab. Die Regelung ist vom Anwendungsbereich auf die KBV begrenzt, weil dort die grundsätzlichen Entscheidungen für den hausärztlichen und fachärztlichen Bereich getroffen werden.

Nähere Bestimmungen über die Abstimmungsgegenstände und Stimmengewichtung waren in der Satzung der KBV bis zum 1.11.2015 zu regeln. Da das mit der gesetzlich vorgeschriebenen 2/3-Mehrheit nicht geschah, hat die Aufsichtsbehörde schließlich im Wege der Ersatzvornahme eine Satzungsregelung getroffen, die über den Gesetzeswortlaut hinausgeht.

Den eingefügten Abs. 3 b bis 3 d ist gemein, dass sie die Beschlussfassungen der Vertreterversammlungen durch Begründungspflicht, Wortprotokoll und namentliche Abstimmung in bestimmten Fällen sowie weitgehende Öffentlichkeit detailliert regeln (Abs. 3 b). Weiterhin müssen Dienstverträge (zB Beraterverträge) sowie Werkverträge von Mitgliedern der Vertreterversammlung mit den KBVen beurteilt und genehmigt werden (Abs. 3 c). Schließlich ist außer den – bisher schon zu veröffentlichenden Bezügen der Vorstandsmitglieder (Abs. 4 S. 6) – auch die jährliche Entschädigung der einzelnen Mitglieder der Vertreterversammlung zu veröffentlichen. Die Entschädigung war generell schon zu veröffentlichen, da sie nach § 81 Abs. 1 Nr. 8 Satzungsbestandteil ist. Dieser Vorschrift ist aber nicht durchgängig gefolgt worden. Zum Teil wurden nur Grundlagen genannt. Insgesamt dienen die Abs. 3 b bis 3 d einer vom Bundesgesetzgeber angenommenen Notwendigkeit einer Disziplinierung der Vertreterversammlungen der KBVen.

VI. Vorstand (Abs. 4)

Die **Höchstzahl der Mitglieder des Vorstands** wird in Abs. 4 S. 1 geregelt. Die Festlegung der Zahl erfolgt durch die Satzung gem. § 81 Abs. 1 Nr. 2. Zulässig erscheint es an dieser Stelle auch, anstelle einer Festlegung das Verfahren zu regeln, ob ein drittes Vorstandsmitglied gewählt werden soll. Zwei Vorstände müssen auf jeden Fall gewählt werden, damit Vorsitzender und Stellvertreter bestimmt sind (§ 80 Abs. 2 Nr. 3) und die Sitze in den VVen der KBVen besetzt werden können (§ 80 Abs. 1 a).

Dass mindestens **zwei Vorstandsmitglieder** gewählt werden müssen ergibt sich außerdem aus der gegenseitigen Vertretung von Vorstandsmitgliedern gemäß Abs. 4 S. 2. Ob ein drittes Vorstandsmitglied gewählt wird, kann ggf. gemäß entsprechender Satzungsregelung mit der für eine Satzungsänderung notwendigen Mehrheit beschlossen werden. Aus Abs. 4 S. 3 ergibt sich, dass auf jeden Fall auch ein Vertragsarzt Vorstandsmitglied sein und die nach Abs. 6 S. 2 erforderliche fachliche Eignung besitzen kann.

Für die KBVen ist durch das GKV-Selbstverwaltungsstärkungsgesetz bestimmt worden, dass der Vorstand aus drei Mitgliedern bestehen muss. Außerdem wird für den Vorstand (nur) der KBV die im Übrigen durch Verweisung in Abs. 6 S. 1 auf § 35 a Abs. 1 S. 4 SGB IV geltende Regelung, wonach bei Meinungsverschiedenheiten der Vorstand und bei Stimmengleichheit der Vorsitzende entscheidet, ausdrücklich aufgenommen.

Wird mit der hM die Wahl als Unterfall der Abstimmung begriffen, so hat sie auch gewichtet zu erfolgen. Der Wahlrechtsgrundsatz der Wahlgleichheit, der nach der Rechtsprechung grundsätzlich jedenfalls bei der Wahl zu den Selbstverwaltungsorganen gilt,[8] wäre damit gesetzlich determiniert. Dazu ist zu bemerken, dass bei der Wahl des hauptamtlichen Vorstandes die Gleichheit der Wahl nicht ausdrücklich erwähnt ist (§ 80 Abs. 2 Nr. 2), gem. § 79 Abs. 1 es sich nicht um die Wahl eines Selbstverwaltungsorgans handelt und im Übrigen eine gesetzliche Regelung des Wahlrechts möglich ist (BSG aaO). Die Regelung könnte mithin zur Wahlrechtsgleichheit der Stimme von haus- und fachärztlichen Vertretern in der KBV VV führen. Eine Alternative zu der Gewichtung könnten differenzierte Vorschlagsrechte sein, dh, dass nur gewählt werden kann, wer mit genügend Unterstützern von einer Gruppierung vorgeschlagen wird.

Abs. 4 S. 4 bestimmt für den Fall, dass ein Arzt als Mitglied des hauptamtlichen Vorstands der KV gewählt wird, dass dieser „eine ärztliche Tätigkeit als Nebentätigkeit in begrenztem Umfang weiterführen oder seine Zulassung ruhen lassen" kann. Eine Tätigkeit in geringem Umfang wird in der Regel bei Vorstandsmitgliedern dann angenommen, wenn sie im Jahresdurchschnitt den Umfang von 13 Wochenstunden nicht überschreitet.[9]

---

7 BT-Dr. 18/4095 und 1815123 jeweils zu § 79 Abs. 3 a.
8 BSG, 28.1.1098, B 5 KA 96/96 R, BSGE 81, 268, 272.
9 Vgl. Hantel, NZS 2005, 580, 582.

Mit der vorgenannten Vorschrift hat der Gesetzgeber einem Arzt, der als Vorstandsmitglied gewählt ist, freigestellt, ob er seine ärztliche Tätigkeit weiterführen will oder seine Zulassung zum Ruhen bringen will. Er hat in diesem Zusammenhang nicht angeordnet, dass bei Fortführung der ärztlichen Tätigkeit die Zulassung zur Hälfte ruhen muss. Er hat lediglich diese Option in § 95 Abs. 5 S. 1 auf Antrag des Arztes vorgesehen. Mithin kann ein Arzt sich auch entscheiden, eine volle Zulassung neben einer hauptamtlichen Vorstandstätigkeit zu behalten. Dies führt allerdings dazu, dass er seinen Versorgungsauftrag voll erfüllen muss. Hierzu ist es erforderlich, dass er gemäß § 17 Abs. 1 a) Bundesmantelvertrag-Ärzte eine mindestens 20-stündige Sprechstundentätigkeit ausübt.

Entscheidet sich der Arzt für eine volle Zulassung neben einem hauptamtlichen Vorstandsamt, so stellt sich die Frage, wie ihm ermöglicht werden soll, von seinem Recht auf Vollzulassung einerseits Gebrauch zu machen und andererseits die vertragsärztliche Tätigkeit sicherzustellen. Als Lösungsmöglichkeit kommt in Betracht, dem Arzt in dem Umfang, in dem ihm eine Nebentätigkeit nicht gestattet ist, einen Vertreter aus Sicherstellungsgründen zu genehmigen.[10]

26 Abs. 4 S. 5 legt die **Amtszeit des Vorstands** mit sechs Jahren fest (anders bei den Krankenkassen: „bis zu sechs Jahren" – § 35 a Abs. 3 SGB IV). Durch das GKV VStG ist allerdings eine kürzere Amtsperiode für den Fall vorgesehen, dass ein Vorstandsmitglied während der laufenden Amtszeit gewählt wird, zB als Nachfolger für ein zurückgetretenes oder abgewähltes Vorstandsmitglied. Dies hat dann zur Folge, dass die Amtszeiten von VV und Vorstand parallel verlaufen. S. 5 sieht im Übrigen eine Wiederwahl ausdrücklich vor.

27 Abs. 4 S. 6 regelt detailliert eine **Veröffentlichungspflicht für die Jahresvergütung** einschließlich Nebenleistungen und Versorgungsregelungen für Vorstandsmitglieder.[11]

Finanzielle Zuwendungen, die Vorstandsmitglieder von Dritten wegen ihrer Vorstandstätigkeit gewährt werden, sind nach Abs. 4 S. 7 dem Vorsitzenden und stellvertretenden Vorsitzenden der VV mitzuteilen. In Betracht kommen hier Aufwandsentschädigungen für auf dem Vorstandsamt beruhende Mitgliedschaften in Gremien nahestehender Organisationen. Außerdem kommen Vortragstätigkeiten in Betracht, soweit sie nicht bereits als Bestandteil der Vorstandstätigkeit erscheinen müssen. Aufgrund etwaiger Bedenken, zB wegen der Höhe der Entschädigung, hat die VV ggf. gem. Abs. 3 Nr. 2 zu reagieren.

VII. Aufgaben des Vorstands (Abs. 5)

28 Nach Abs. 5 S. 1 verwaltet der Vorstand die Körperschaft. Unter **Verwaltung** wird gemeinhin jede staatliche Tätigkeit verstanden, die nicht Gesetzgebung oder Rechtsprechung ist. Nach diesem umfassenden Grundverständnis ist dem Vorstand nur die Rechtsetzung verwehrt; dies entspricht dem Vorbehalt des Erlasses generell-abstrakten Rechts durch die VV (Abs. 3 Nr. 1). Daneben gelten die übrigen gesetzlichen Vorbehalte. Der Vorstand ist jedoch verpflichtet, Richtlinien zu erlassen (§ 35 a Abs. 1 S. 3 SGB IV), die über Art. 3 GG – soweit dadurch eine Selbstbindung der Verwaltung eintritt – quasi-normative Wirkung entfalten. Entsprechendes gilt für den Abschluss von Verträgen, die die Mitglieder der Körperschaft binden.

Abs. 5 S. 1 regelt die grundsätzliche **Vertretung der Körperschaft** durch ihren Vorstand. In der Regel findet keine Gesamtvertretung, sondern eine Einzelvertretung gem. S. 2 im jeweiligen Geschäftsbereich statt. Bevollmächtigung durch Vorstandsmitglieder ist nach allgemeinen Regeln zulässig. Vertretung bedeutet rechtliche Vertretung, dh Meinungsäußerungen, die nicht rechtsrelevant sind, können zB auch als Ausdruck berufspolitischer Willensbildung vom Vorsitzenden der VV abgegeben werden.

VIII. Amtsführung des Vorstands (Abs. 6)

29 Abs. 6 verweist auf den dort bestimmten Teil der für die Vorstände von Krankenkassen geltenden Regeln des SGB IV. Aus § 35 a Abs. 2 SGB IV ergibt sich dabei vor allem die Pflicht des Vorstands zum Erlass von Richtlinien, die Letztentscheidungsbefugnis des Vorstandsvorsitzenden, die Berichtspflicht des Vorstands gegenüber der VV über die Umsetzung von Entscheidungen von grundsätzlicher Bedeutung und die finanzielle Situation sowie eine Berichtspflicht aus wichtigen Anlässen gegenüber dem Vorsitzenden der VV.

30 Der in Bezug genommene § 35 a Abs. 5 S. 1 SGB IV entspricht zunächst § 80 Abs. 2 Nr. 3, hat aber durch die Formulierung „aus seiner Mitte" zur Folge, dass zunächst ein Vorstand zu wählen ist und

---

10 Ähnliches auch Steinmann-Munzinger in: jurisPK-SGB V, § 79 Rn. 15.
11 Siehe Hesse, S. 29 ff.

nicht zuerst ein Vorsitzender gewählt werden kann, dem weitere Vorstandsmitglieder hinzugewählt werden.

§ 35 a Abs. 6 a SGB IV enthält einen Zustimmungsvorbehalt für Vorstandsverträge sowie den Grundsatz der Angemessenheit der Vorstandsvergütung an Aufgabenbereich, Größe und Bedeutung der Körperschaft. Bei der Beurteilung der der Größe ist insbesondere gem. S. 3 die Mitgliederzahl zu berücksichtigen. 31

Eine Vorlagepflicht für Vorstandsverträge besteht für die Körperschaft, die beim Abschluss des Vertrages durch die Vertreterversammlung vertreten wird (Abs. 3 Nr. 6, → Rn. 14). Die Vertreterversammlung hat daher auch die vorherige Genehmigung für den von ihr mit den Vorstandsmitgliedern beabsichtigten Vertragsschluss herbeizuführen.

Durch das GKV-Selbstverwaltungsstärkungsgesetz wurde eingeführt, dass die Aufsichtsbehörde unabhängige rechtliche und wirtschaftliche Bewertungen der Entwürfe der Vorstandsdienstverträge der KBVen verlangen kann.

§ 35 a Abs. 7 SGB IV regelt Amtsenthebung und Amtsentbindung. Zur Feststellung des dort ua als Voraussetzung genannten Vertrauensentzuges kommt eine Abwahl durch die VV mit qualifizierter Mehrheit, die in der Satzung zu regeln ist, in Betracht. 32

Der nach Abs. 6 anzuwendende § 42 Abs. 1–3 SGB IV regelt Haftungsfragen der Organe. Er verweist auf § 839 BGB und Art. 34 GG und ordnet damit die Staatshaftung im Außenverhältnis an. Im Innenverhältnis beschränkt § 42 Abs. 2 SGB IV die Haftung von Organmitgliedern auf Pflichtverstöße mit Vorsatz oder grober Fahrlässigkeit. Die Verweisung gilt für VV und Vorstand. Besondere Haftungsvorschriften finden sich darüber hinaus in § 106 Abs. 4 b S. 1 und § 106 a Abs. 7.[12] 33

Anstelle der auf die Verhältnisse bei Krankenkassen abgestimmten Regelung über die fachliche Eignung von Vorstandsmitgliedern in § 35 a Abs. 6 SGB IV, enthält S. 2 eine eigene Regelung. Nicht näher bestimmt ist, was „erforderliche fachliche Eignung" für den jeweiligen Geschäftsbereich bedeutet. Der Vorschrift lässt sich entnehmen, dass eine geschäftsbereichsbezogene Eignung gegeben sein muss. Umfassende Kenntnisse sind nicht erforderlich; Führungs- und Organisationskompetenz stehen im Vordergrund. 34

IX. Ordnungsgemäße Verwaltungsorganisation (Abs. 7)

Die Vorstände der KBVen werden durch den mit dem GKV-Versorgungsstärkungsgesetz angefügten Abs. 7 verpflichtet, einer Selbstverständlichkeit Genüge zu tun, nämlich eine ordnungsgemäße Verwaltungsorganisation mit internem Kontrollsystem und unabhängiger Revision herzustellen und zu sichern. Der Bundesgesetzgeber sah sich wohl durch Vorgänge bei der KBV veranlasst, eine „Herstellung" zu fordern. Außerdem hat er eine Berichtspflicht bei Verstößen eingeführt. 35

§ 79 a Verhinderung von Organen; Bestellung eines Beauftragten

(1) ¹Solange und soweit die Wahl der Vertreterversammlung und des Vorstandes der Kassenärztlichen Vereinigungen nicht zustande kommt oder die Vertreterversammlung oder der Vorstand der Kassenärztlichen Vereinigungen sich weigert, ihre oder seine Geschäfte zu führen, nimmt auf Kosten der Kassenärztlichen Vereinigungen die Aufsichtsbehörde selbst oder ein von ihr bestellter Beauftragter die Aufgaben der Kassenärztlichen Vereinigungen wahr. ²Auf deren Kosten werden die Geschäfte durch die Aufsichtsbehörde selbst oder durch den von ihr bestellten Beauftragten auch dann geführt, wenn die Vertreterversammlung oder der Vorstand die Funktionsfähigkeit der Körperschaft gefährden, insbesondere wenn sie die Körperschaft nicht mehr im Einklang mit den Gesetzen und der Satzung verwalten, die Auflösung der Kassenärztlichen Vereinigung betreiben oder das Vermögen gefährdende Entscheidungen beabsichtigen oder treffen.

(1 a) ¹Solange und soweit die Wahl der Vertreterversammlung und des Vorstandes der Kassenärztlichen Bundesvereinigungen nicht zustande kommt oder die Vertreterversammlung oder der Vorstand der Kassenärztlichen Bundesvereinigungen sich weigert, ihre oder seine Geschäfte zu führen, kann die Aufsichtsbehörde die Geschäfte selbst führen oder einen Beauftragten bestellen und ihm ganz oder teilweise die Befugnisse eines oder mehrerer Organe der Kassenärztlichen Bundesvereinigungen übertragen. ²Dies gilt auch, wenn die Vertreterversammlung oder der Vorstand die Funktionsfähigkeit der Körper-

---

12 Vgl. auch Schmidt/Schantz, Vorstandshaftung in der GKV, NZS 2014, 5 ff.

schaft gefährdet, insbesondere wenn sie oder er die Körperschaft nicht mehr im Einklang mit den Gesetzen oder mit der Satzung verwaltet, die Auflösung der Kassenärztlichen Bundesvereinigungen betreibt oder das Vermögen gefährdende Entscheidungen beabsichtigt oder trifft.

(1 b) ¹Die Bestellung eines Beauftragten nach Absatz 1a erfolgt durch Verwaltungsakt gegenüber den Kassenärztlichen Bundesvereinigungen. ²Die Befugnisse und Rechte des Organs, für das der Beauftragte bestellt wird, ruhen in dem Umfang und für die Dauer der Bestellung im Innen- und Außenverhältnis. ³Die Kassenärztlichen Bundesvereinigungen gewähren dem nach Absatz 1a bestellten Beauftragten eine Vergütung und angemessene Auslagen. ⁴Die Höhe der Vergütung wird von der Aufsichtsbehörde durch Verwaltungsakt gegenüber den Kassenärztlichen Bundesvereinigungen festgesetzt. ⁵Die Kassenärztlichen Bundesvereinigungen tragen zudem die übrigen Kosten, die durch die Bestellung des Beauftragten entstehen. ⁶Werden dem Beauftragten Befugnisse des Vorstandes übertragen, ist die Vergütung des Vorstandes entsprechend zu kürzen.

(2) ¹Der Führung der Geschäfte durch die Aufsichtsbehörde oder der Bestellung eines Beauftragten hat eine Anordnung vorauszugehen, mit der die Aufsichtsbehörde den Kassenärztlichen Vereinigungen oder den Kassenärztlichen Bundesvereinigungen aufgibt, innerhalb einer bestimmten Frist das Erforderliche zu veranlassen. ²Klagen gegen die Anordnung nach Satz 1, gegen die Entscheidung über die Bestellung eines Beauftragten oder gegen die Wahrnehmung der Aufgaben der Kassenärztlichen Vereinigungen oder der Kassenärztlichen Bundesvereinigungen durch die Aufsichtsbehörde haben keine aufschiebende Wirkung. ³Die Aufsichtsbehörde oder die von ihr bestellten Beauftragten haben die Stellung des Organs der Kassenärztlichen Vereinigung, für das sie die Geschäfte führen.

I. Verhinderung von Organen (Abs. 1)

1 **1. Allgemeines.** Die Vorschrift wurde zum 1.1.1993 durch Artikel 1 Nr. 38 des GSG eingeführt und durch Art. 1 Nr. 56 GMG dahin gehend redaktionell angepasst, dass nach Einführung eines hauptamtlichen Vorstands das Wort „Selbstverwaltungsorgan" durch die Worte „Vertreterversammlung" und „Vorstand" ersetzt wurden.

Die Vorschrift erweitert die Möglichkeiten der Aufsichtsbehörden insbesondere dadurch, dass nicht mehr nur einzelne Aufsichtsverfügungen erlassen und vollstreckt werden können, sondern die Aufgaben der Körperschaft durch die Aufsicht selbst oder einen von ihr Beauftragten übernommen werden können. Sie ist als gesetzgeberische Reaktion darauf zu werten, dass KVen und vor allem KZVen wie keine andere Selbstverwaltungskörperschaft ihre Bindung der Verwaltung – hier in Form der mittelbaren Verwaltung – an Recht und Gesetz gemäß Art. 20 GG in Frage gestellt haben. § 79a wurde durch das GKV-Selbstverwaltungsstärkungsgesetz in Abs. 1 und 2 neu gefasst und um Abs. 1a und 1b ergänzt.

2 **2. Fehlende Wahl.** Die Vorschrift enthält die Alternativen, dass entweder die Wahl des Vorstands und der Vertreterversammlung nicht zu Stande kommt oder diese Organe die Geschäftsführung verweigern. Nur die zweite Alternative enthält mit der Verweigerung ein subjektives Element. Aus dem Sinn der Vorschrift, eine funktionierende Verwaltung sicherzustellen, folgt jedoch, dass es sich auch dann, wenn Wahlen nicht zu Stande kommen, um eine Verweigerungshaltung handeln muss. Die Vorschrift findet daher zB keine Anwendung, wenn die Wahl eines Mitgliedes des Vorstands sich mangels Kandidaten hinauszögert. Allerdings ist die Vorschrift – ungeachtet subjektiver Elemente – anwendbar, wenn objektiv überhaupt kein Organwalter mehr vorhanden ist, etwa wenn bei einem zweiköpfigen Vorstand beide Mitglieder mit sofortiger Wirkung zurücktreten oder versterben. In diesem Fall liegt es nahe, dass die Aufsichtsbehörde einen leitenden Mitarbeiter mit der übergangsweisen Führung der Geschäfte beauftragt. Zwar handelt es sich in diesem Fall nicht um das „Nichtzustandekommen" von Wahlen im engeren Sinn. Nach der Überschrift ist jedoch auch diese Form der Verhinderung als erfasst anzusehen.

3 „Auflösung der KV betreiben" ist insbesondere die Aufforderung zum kollektiven Ausstieg aus dem Sachleistungsprinzip. Damit dürfte für die KVen auch die Bewerbung von Selektivverträgen fragwürdig sein, da diese – wenn auch gesetzlich implementiert – zur erheblichen Beeinträchtigung der vertragsärztlichen Versorgung führen können.

Die Regelungen des Abs. 1 wurden durch das GKV-Selbstverwaltungsstärkungsgesetz differenziert zwischen den (bisherigen) Regelungen für die KVen und wesentlich schärferen Regelungen in Abs. 1a) und 1b) für die KBVen.

II. Bestellung eines Beauftragten (Abs. 2)

1. Allgemeines. Die Vorschrift stellt ein aliud und keine (verdrängende) lex spezialis dar. Geregelt wird die Übernahme sämtlicher Geschäfte ungeachtet sonstiger Aufsichtsmaßnahmen, die als Verwaltungsakte individuell konkrete Regelungen treffen. Dies gilt selbst dann, wenn in dem einzelnen Bundesland ein Selbsteintrittsrecht nach dem Landesvollstreckungsgesetz vorgesehen ist, weil es dann nur um die Selbstvornahme einzelner Handlungen (zB Änderung der Entschädigungsregelung in der Satzung) geht und nicht um den Eintritt in alle Rechtshandlungen im Rahmen der Geschäftsführung.[1]

2. Eingriff der Aufsichtsbehörde. Ob die Aufsicht im Wege der Verfügung nach § 78 iVm § 89 SGB IV oder nach § 79 a vorgeht, ist in erster Linie danach zu entscheiden, ob die Voraussetzungen des § 79 a überhaupt vorliegen. Dabei ist die vorangehende Anordnung keine Aufsichtsverfügung mit anschließender Vollstreckung, sondern Voraussetzung für den Selbsteintritt.

Insbesondere die Beurteilung, ob die Funktionsfähigkeit der Körperschaft gefährdet ist, dürfte nicht einfach sein. Die Gefährdung muss kein „Totalversagen" sein, was daraus zu folgern ist, dass der Übernahme der Geschäfte eine Anordnung vorauszugehen hat, die das Erforderliche anordnet. Es muss sich demnach um bestimmte Einzelmaßnahmen handeln. Steht dabei sowohl der Weg des Selbsteintritts, als auch der Weg einer Aufsichtsverfügung offen, so ist nach dem Grundsatz der Verhältnismäßigkeit zu prüfen, welches Mittel in Betracht kommt. Für § 79 a bedeutet dies die Prüfung von Geeignetheit, Erforderlichkeit (dh Fehlen eines milderen Mittels) und Verhältnismäßigkeit im engeren Sinne, dh der Angemessenheit der Übernahme der Geschäftsführung im Verhältnis zur gesetzlich vorgesehenen Selbstständigkeit der Körperschaft des öffentlichen Rechts.[2]

Widerspruch und Klage gegen Maßnahmen nach § 79 a haben nach Abs. 2 S. 2 keine aufschiebende Wirkung. Der Gesetzgeber hat mit der Neufassung über die Führung (zuvor „Übernahme") der Geschäfte klargestellt, dass es gegen die Aufsichtsmaßnahmen kein Widerspruchsverfahren gibt. Dies war zuvor diskutiert worden (vgl. die Vorauflage mwN)

Die Zuständigkeit der Aufsicht aufgrund eines Eintritts oder des Beauftragten richtet sich nach der Zuständigkeit des Organs, für das eingesetzt wurde. Die Verwendung des Plurals in Abs. 2 S. 3 nötigt nicht dazu, für mehrere Organe ggf. auch mehrere Beauftragte einzusetzen. Der Wortlaut von Abs. 1 S. 1, wonach ein Beauftragter einzusetzen ist, spricht eher dafür, dass nicht mehrere einzusetzen sind. Schließlich kann die Aufsichtsbehörde selbst alle Organe gleichzeitig ersetzen. Es kann daher auch ein Beauftragter für mehrere Organe eingesetzt werden.[3]

III. Besondere Verfahrenshinweise

Obwohl es sich nicht um eine rein interne Angelegenheit von KV/KBV handelt, ist bei Entscheidungen über Maßnahmen nach § 79 a das Gericht mit zwei ehrenamtlichen Richtern aus dem Kreis der Vertragsärzte zu besetzen.[4]

Die vom Gesetz angeordnete aufschiebende Wirkung kann im Wege vorläufigen Rechtsschutzes nach § 86 b Abs. 1 S. 2 SGG beseitigt werden.

§ 79 b Beratender Fachausschuß für Psychotherapie

¹Bei den Kassenärztlichen Vereinigungen und der Kassenärztlichen Bundesvereinigung wird ein beratender Fachausschuß für Psychotherapie gebildet. ²Der Ausschuß besteht aus fünf Psychologischen Psychotherapeuten und einem Kinder- und Jugendlichenpsychotherapeuten sowie Vertretern der Ärzte in gleicher Zahl, die von der Vertreterversammlung aus dem Kreis der Mitglieder ihrer Kassenärztlichen Vereinigung in unmittelbarer und geheimer Wahl gewählt werden. ³Für die Wahl der Mitglieder des Fachausschusses bei der Kassenärztlichen Bundesvereinigung gilt Satz 2 mit der Maßgabe, daß die von den Psychotherapeuten gestellten Mitglieder des Fachausschusses zugelassene Psychotherapeuten sein müssen. ⁴Dem Ausschuß ist vor Entscheidungen der Kassenärztlichen Vereinigungen und der Kassenärztlichen Bundesvereinigung in den die Sicherstellung der psychotherapeutischen Versorgung berührenden wesentlichen Fragen rechtzeitig Gelegenheit zur Stellungnahme zu geben. ⁵Seine Stellung-

---

1   So zB ausdrücklich für Satzungsänderungen bei Krankenkassen § 195 Abs. 2 S. 2.
2   Vgl. BSG, 27.6.2001, B 6 KA 7/00 R, SozR 3-2500 § 79 a Nr. 1.
3   BSG, 27.6.2001, B 6 KA 7/00 R, SozR 3-2500 § 79 a Nr. 1.
4   BSG, 27.6.2001, B 6 KA 7/00 R, SozR 3-2500 § 79 a Nr. 1 SGG; LSG Bln 5.12.2001, L 7 KA 17/99 mwN.

nahmen sind in die Entscheidungen einzubeziehen. ⁶Das Nähere regelt die Satzung. ⁷Die Befugnisse der Vertreterversammlungen der Kassenärztlichen Vereinigungen und der Kassenärztlichen Bundesvereinigung bleiben unberührt.

Literatur:
Behnsen, Die Neuordnung der psychotherapeutischen Versorgung, SGb 1998, 614; *Schirmer*, Eingliederung der Psychologischen Psychotherapeuten und Kinder- und Jugendlichenpsychotherapeuten in das System der vertragsärztlichen Versorgung, MedR 1998, 435; *Schmidbauer*, Die Rechtsstellung und Aufgaben des Beratenden Fachausschusses für Psychotherapie nach § 79 b SGB V, P.u.R. 2001, 150.

I. Entstehungsgeschichte

1 Die Vorschrift wurde zum 1.1.1999 durch Art. 2 Nr. 7 des PsychThG eingeführt. Durch Art. 1 Nr. 57 GMG wurde ab 1.1.2005 die Unterscheidung zwischen ordentlichen und außerordentlichen Mitgliedern aufgehoben. Die Regelung hat keine Vorgängervorschrift, sie findet eine Entsprechung in § 79 c.

II. Beratender Fachausschuss für Psychotherapie

2 Der beratende Fachausschuss dient der Einbindung von Psychotherapeuten (§ 28 Abs. 3) und Ärzten in die Entscheidungsfindung der KVen und der KBV, mithin ihrer Organe Vertreterversammlung und Vorstand (§ 79). Die Mitglieder des Ausschusses werden unmittelbar und geheim (→ § 80 Rn. 2, 3) von der Vertreterversammlung der KVen bzw. der KBV gewählt, wobei die Vorschrift Vorgaben zur Besetzung des Ausschusses trifft und nach S. 7 weitergehende Regelungen in der Satzung vorgenommen werden können. Die Wahl kann als Einzelwahl oder aufgrund eines Gesamtvorschlages erfolgen; für die Berufung der Mitglieder für die erste Amtszeit hatte der Gesetzgeber spezielle Vorgaben gemacht.

3 Die Vorschrift gibt ein Anhörungsrecht vor Entscheidungen, die die Sicherstellung der psychotherapeutischen Versorgung betreffen. Es ist dazu rechtzeitig Gelegenheit zur Stellungnahme zu geben. Daraus folgt, dass Fragen bereits zur Entscheidung anstehen müssen. Der Ausschuss ist mithin nicht zur unaufgeforderten Stellungnahme berufen.[1]

4 Als wesentliche, die psychotherapeutische Versorgung berührende Fragen, sind solche der Sicherstellung, die über den Einzelfall hinausgehen, anzusehen. Auch Fragen der Honorierung werden als derartige Fragestellungen begriffen, was angesichts der Vergütungsgarantie in § 87 b Abs. 2 S. 3 nicht zwingend erscheint.[2]

5 Die Stellungnahmen sind in die Entscheidungen einzubeziehen, dh sie müssen berücksichtigt werden, es muss ihnen aber nicht gefolgt werden. Dies ergibt sich nicht nur aus S. 8, sondern bereits aus dem Charakter der Stellungnahme als Teil des Meinungsbildungsprozesses.

6 Folge unterlassener oder fehlerhafter Anhörung ist die Unwirksamkeit der beschlossenen Regelung. Auf diesen Verfahrensfehler sind die von der Rechtsprechung entwickelten Grundsätze zur Benehmensherstellung mit den Krankenkassen bei Erlass eines Honorarverteilungsmaßstabes (§ 87 b Abs. 1 S. 2) anzuwenden. Danach muss eine Beteiligung an der Willensbildung durch Anhörung vor der Beschlussfassung erfolgen oder es muss durch nachgeholte Anhörung noch eine Einflussnahme auf den Willensbildungsprozess gegeben sein.[3]

III. Besondere Verfahrenshinweise

7 Im Falle einer Beschlussfassung unter Verstoß gegen die Anhörung kann der Fachausschuss mangels Beteiligteneigenschaft diesen Mangel nicht gerichtlich geltend machen. Er hat aber die Möglichkeit, die zuständige Aufsichtsbehörde anzurufen, die dann aufsichtsrechtlich tätig werden kann. Der Anhörungsfehler kann außerdem inzidenter in Verfahren geltend gemacht werden.

---

1 So auch Vahldiek in: Hauck/Noftz, SGB V, § 79 b Rn. 19 mwN.
2 Hess in: KassKomm, § 79 b SGB V Rn. 4.
3 BSGE 75, 37 ff., und BSGE 77, 288 ff.

§ 79 c Beratender Fachausschuss für hausärztliche Versorgung; weitere beratende Fachausschüsse

¹Bei den Kassenärztlichen Vereinigungen und der Kassenärztlichen Bundesvereinigung wird jeweils ein beratender Fachausschuss gebildet für
1. die hausärztliche Versorgung,
2. die fachärztliche Versorgung und
3. angestellte Ärztinnen und Ärzte.

²Die Fachausschüsse nach Satz 1 Nummer 1 und 2 bestehen aus Mitgliedern, die an der jeweiligen Versorgung teilnehmen und nicht bereits Mitglied in einem Fachausschuss nach § 79 b sind. ³Der Fachausschuss nach Satz 1 Nummer 3 besteht aus Mitgliedern, die angestellte Ärztinnen und Ärzte nach § 77 Absatz 3 Satz 2 sind. ⁴Weitere beratende Fachausschüsse, insbesondere für rehabilitationsmedizinische Fragen können gebildet werden. ⁵Die Mitglieder der beratenden Fachausschüsse sind von der Vertreterversammlung aus dem Kreis der Mitglieder der Kassenärztlichen Vereinigungen in unmittelbarer und geheimer Wahl zu wählen. ⁶Das Nähere über die beratenden Fachausschüsse und ihre Zusammensetzung regelt die Satzung. ⁷§ 79 b Satz 5 bis 8 gilt entsprechend.

I. Entstehungsgeschichte

Die Vorschrift wurde durch das GRG zum 1.1.2000 eingeführt. Damals ist lediglich ein beratender Fachausschuss hausärztliche Versorgung auf Bundesebene vorgesehen worden. Ein beratender Fachausschuss für fachärztliche Versorgung war lediglich optional. Trotzdem waren in den KVen aufgrund entsprechender Satzungsregelungen die Bildung beratender Fachausschüsse für hausärztliche und fachärztliche Versorgung die Regel. Später (Einführung des SGB X zum 1.7.2001) wurde die Möglichkeit der Bildung eines Ausschusses für rehabilitationsmedizinische Fragen in den Gesetzestext aufgenommen. Ursprünglich wurde – entgegen dem Vorschlag des 14. Ausschusses im Gesetzgebungsverfahren – kein beratender Ausschuss hausärztliche Versorgung auf Ebene der KVen vorgeschrieben. Durch das GKV-VStG ist § 79 c mit Wirkung zum 1.1.2012 geändert worden, indem nunmehr neben dem beratenden Fachausschuss hausärztliche Versorgung der beratende Fachausschuss fachärztliche Versorgung vorgesehen wurde und dies sowohl auf Bundes- als auch auf Landesebene. Das GKV-VSG hat S. 1 und 2 durch S. 1–3 zum 23.7.2015 ersetzt. Eingeführt wurde ein beratender Fachausschuss angestellte Ärzte und Ärztinnen, weil deren Zahl stetig steigt.

II. Zusammensetzung der Ausschüsse

Die Ausschüsse bestehen aus Mitgliedern, die an der haus- bzw. fachärztlichen Versorgung teilnehmen bzw. angestellte Ärztinnen oder Arzt sind. Nach § 73 Abs. 1 a nehmen an der hausärztlichen Versorgung Allgemeinärzte, Kinderärzte, Internisten ohne Schwerpunkt, die die hausärztliche Versorgung gewählt haben, Allgemeinärzte aufgrund europarechtlicher Vorschriften sowie Ärzte, die Ende 2000 bereits Hausärzte waren, teil. Es wird dabei, anders als in § 95, nicht zwischen zugelassenen und ermächtigten Ärzten unterschieden. Es kommt mithin nur auf die Arztgruppenzugehörigkeit an, jedoch nicht auf die ausschließliche, zB bei Kinderärzten mit Schwerpunkt. Eine Teilnahme an der hausärztlichen Versorgung ist jedoch nicht mehr gegeben, wenn eine ausschließliche Teilnahme an der fachärztlichen Versorgung gem. § 73 Abs. 1 a S. 5 stattfindet. Durch die Negativdefinition des § 73 Abs. 2 sind alle Ärzte, die nicht an der hausärztlichen Versorgung teilnehmen, automatisch Teilnehmer an der fachärztlichen Versorgung, somit auch Psychotherapeuten (§ 28 Abs. 3 S. 1), für die § 73 entsprechend gilt (§ 72 Abs. 1 S. 2). Eine gleichzeitige Mitgliedschaft in den Ausschüssen nach § 79 b und § 79 c Satz 1 Nr. 1 und 2 ist gesetzlich ausgeschlossen (S. 2).

Die Verpflichtung zur Einrichtung beratender Fachausschüsse (§ 79 b und c) trifft nicht die KZBV, da die Bundesvereinigung nicht – wie etwa in §§ 75, 80 – im Plural genannt wird. Vom Sinn der Regelung, die unterschiedlichen Hauptgruppen Haus- und Fachärzte an der Verwaltung beratend zu beteiligen, gilt sie auch nicht für KZVen.

III. Wahl der Ausschussmitglieder

Die Mitglieder der beratenden Fachausschüsse werden in unmittelbarer und geheimer Wahl (→ § 80 Rn. 2, 3) gewählt. Das schließt die Möglichkeit der Personenwahl und der ebenfalls (geheimen) Abstimmung über einen Gesamtvorschlag ein.

5 Nähere Bestimmungen über die beratenden und ihre Zusammensetzung trifft die Satzung. Danach können etwa Anzahl und stellvertretende Mitglieder sowie zB Substrukturen vorgegeben werden. Zum Beispiel kann bei der Mitgliedschaft im beratenden Fachausschuss hausärztliche Versorgung vorgesehen werden, dass die Hausarztstruktur des § 73 – Allgemeinärzte, Kinderärzte und hausärztlich tätiger Internisten – abgebildet wird. Es kann auch bestimmt werden, dass neben zugelassenen Ärzten beispielsweise ein ermächtigter Arzt aus dem entsprechenden Versorgungsbereich Mitglied im beratenden Fachausschuss sein muss; für angestellte Ärzte erscheint dies entbehrlich, da es für sie einen eigenen Ausschuss gibt.

6 Bezüglich der Amtszeit empfiehlt sich eine Anknüpfung an die Amtsperiode der Vertreterversammlung durch Satzungsregelung. Hinsichtlich der Gruppenzugehörigkeit sollte auf diese abgestellt werden. Das heißt, wer beispielsweise als zugelassener Gynäkologe in den beratenden Fachausschuss fachärztliche Versorgung gewählt wurde, sollte diese Mitgliedschaft verlieren, wenn er Angestellter eines MVZ wird, falls es die Gruppen Fachärzte und angestellte Ärzte gibt.

7 Für die beratenden Fachausschüsse hausärztliche bzw. fachärztliche Versorgung oder für angestellte Ärztinnen und Ärzte gelten die Bestimmungen für den beratenden Fachausschuss Psychotherapie in § 79 b S. 5–8 entsprechend. Den beratenden Fachausschüssen ist zu Sicherstellungsfragen Gelegenheit zur Stellungnahme zu geben. Da die Satzung Näheres regeln kann, ist die Definition, dass zur Sicherstellung auch die Honorierung zu zählen ist, möglich (→ § 79 b Rn. 4).

IV. Besondere Verfahrenshinweise

8 Zur Folge fehlender Anhörung und zu Verfahrensfragen → § 79 b Rn. 6.

§ 80 Wahl und Abberufung

(1) ¹Die Mitglieder der Kassenärztlichen Vereinigungen wählen in unmittelbarer und geheimer Wahl die Mitglieder der Vertreterversammlung. ²Die Wahlen erfolgen nach den Grundsätzen der Verhältniswahl auf Grund von Listen- und Einzelwahlvorschlägen. ³Die Psychotherapeuten wählen ihre Mitglieder der Vertreterversammlung entsprechend den Sätzen 1 und 2 mit der Maßgabe, dass sie höchstens mit einem Zehntel der Mitglieder in der Vertreterversammlung vertreten sind. ⁴Das Nähere zur Wahl der Mitglieder der Vertreterversammlung, einschließlich des Anteils der übrigen Mitglieder der Kassenärztlichen Vereinigungen, bestimmt die Satzung.

(1 a) ¹Der Vorsitzende und jeweils ein Stellvertreter des Vorsitzenden der Kassenärztlichen Vereinigungen sind Mitglieder der Vertreterversammlung der Kassenärztlichen Bundesvereinigungen. ²Die Mitglieder der Vertreterversammlungen der Kassenärztlichen Vereinigungen wählen in unmittelbarer und geheimer Wahl aus ihren Reihen die weiteren Mitglieder der Vertreterversammlung der Kassenärztlichen Bundesvereinigungen. ³Absatz 1 gilt entsprechend mit der Maßgabe, dass die Kassenärztlichen Vereinigungen entsprechend ihrem jeweiligen Anteil ihrer Mitglieder an der Gesamtzahl der Mitglieder der Kassenärztlichen Vereinigungen berücksichtigt werden.

(2) ¹Die Vertreterversammlung wählt in unmittelbarer und geheimer Wahl
1. aus ihrer Mitte einen Vorsitzenden und einen stellvertretenden Vorsitzenden,
2. die Mitglieder des Vorstandes,
3. den Vorsitzenden des Vorstandes und den stellvertretenden Vorsitzenden des Vorstandes.

²Der Vorsitzende der Vertreterversammlung und sein Stellvertreter dürfen nicht zugleich Vorsitzender oder stellvertretender Vorsitzender des Vorstandes sein. ³Für jeweils ein Mitglied des Vorstandes der Kassenärztlichen Vereinigungen und der Kassenärztlichen Bundesvereinigung erfolgt die Wahl auf der Grundlage von getrennten Vorschlägen der Mitglieder der Vertreterversammlung, die an der hausärztlichen Versorgung teilnehmen, und der Mitglieder der Vertreterversammlung, die an der fachärztlichen Versorgung teilnehmen. ⁴Mindestens ein Mitglied des Vorstandes der Kassenärztlichen Bundesvereinigung darf weder an der hausärztlichen noch an der fachärztlichen Versorgung teilnehmen. ⁵Für die Wahl des Vorstandsvorsitzenden der Kassenärztlichen Bundesvereinigung ist eine Mehrheit von zwei Dritteln der Stimmen der Mitglieder der Vertreterversammlung erforderlich. ⁶Kommt eine solche Mehrheit nicht zustande, so genügt im dritten Wahlgang die einfache Mehrheit der Stimmen der Mitglieder der Vertreterversammlung.

(3) ¹Die Mitglieder der Vertreterversammlung der Kassenärztlichen Vereinigungen und der Kassenärztlichen Bundesvereinigungen werden für sechs Jahre gewählt. ²Die Amtsdauer endet ohne Rücksicht

auf den Zeitpunkt der Wahl jeweils mit dem Schluß des sechsten Kalenderjahres. ³Die Gewählten bleiben nach Ablauf dieser Zeit bis zur Amtsübernahme ihrer Nachfolger im Amt.

(4) ¹Die Vertreterversammlung der Kassenärztlichen Bundesvereinigungen kann ihren Vorsitzenden oder dessen Stellvertreter abberufen, wenn bestimmte Tatsachen das Vertrauen der Mitglieder der Vertreterversammlung zu der Amtsführung des Vorsitzenden oder des stellvertretenden Vorsitzenden ausschließen, insbesondere wenn der Vorsitzende oder der stellvertretende Vorsitzende seine Pflicht als Willensvertreter der Vertreterversammlung verletzt hat oder seine Informationspflichten gegenüber der Vertreterversammlung verletzt hat. ²Für die Abberufung ist die einfache Mehrheit der abgegebenen Stimmen erforderlich. ³Mit dem Beschluss über die Abberufung muss die Vertreterversammlung gleichzeitig einen Nachfolger für den Vorsitzenden oder den stellvertretenden Vorsitzenden wählen. ⁴Die Amtszeit des abberufenen Vorsitzenden oder des abberufenen stellvertretenden Vorsitzenden endet mit der Abberufung.

I. Entstehungsgeschichte........................ 1	IV. Wahlen durch die Vertreterversammlung (Abs. 2) 15
II. Wahlen zur Vertreterversammlung der KVen (Abs. 1)................................. 2	V. Amtszeit (Abs. 3) 23
III. Wahlen zur Vertreterversammlung der KBVen (Abs. 1 a) 5	VI. Abberufung (Abs. 4) 25

I. Entstehungsgeschichte

Die Vorschrift ist durch das GRG zum 1.1.1989 eingeführt und durch das PsychThG ab 1.1.1999 sowie das GMG mit Wirkung ab 1.1.2005 geändert worden. Sie regelt die Wahlen zu den Organen (Vertreterversammlung, Vorstand) der KVen und der KBVen. Abs. 2 wurde durch das GKV-VStG zum 1.1.2012 um S. 3 ergänzt. Mit Wirkung ab 1.3.2017 wurde Abs. 2 noch einmal ergänzt und Abs. 4 angefügt. Es handelt sich dabei um Regelungen des GKV-Selbstverwaltungsstärkungsgesetz. 1

II. Wahlen zur Vertreterversammlung der KVen (Abs. 1)

Für die Wahl zur Vertreterversammlung der KVen gelten die Grundsätze der unmittelbaren und geheimen Wahl. Die Wahl wird in der Regel als Briefwahl aufgrund von Wahlordnungen, die regelmäßig Satzungsbestandteil sind, durchgeführt. Eine Friedenswahl, die aufgrund ausdrücklicher gesetzlicher Regelung an anderer Stelle zulässig ist (§ 46 Abs. 2 SGB IV, dort ist die Wahl nicht „unmittelbar" sondern „frei") findet nicht statt. Für die Wahl gelten im Übrigen selbstverständlich die jeder Wahl immanenten Grundsätze der Freiheit, Allgemeinheit und Gleichheit.[1] 2

Mit dem Grundsatz der Unmittelbarkeit der Wahl ist es unvereinbar, wenn die Mitgliedschaft in der Vertreterversammlung während des Amtes als Vorstand ruht.[2] Zulässig ist allerdings eine Satzungsregelung, nach der die Mitgliedschaft in der Vertreterversammlung bei Übernahme eines Vorstandsamtes endet. Eine derartige Regelung ist zwar üblich, jedoch nicht zwingend.[3]

Mit dem Grundsatz der Unmittelbarkeit erscheint es auch unvereinbar, für Mitglieder der Vertreterversammlung Stellvertreter zu wählen, da es auch in diesem Fall für den Wähler nicht erkennbar ist, inwieweit das Mandat wahrgenommen wird.[4] 3

Wahlberechtigt sind die Mitglieder der jeweiligen KV (wegen Beginn und Ende der Mitgliedschaft vgl. zu § 77 Abs. 3). Für die Wahl zu den Vertreterversammlungen der KVen empfiehlt sich eine Stichtagsregelung bzgl. des Mitgliedschaftsstatus, außerdem eine Klarstellung dazu, ob diese Mitgliedschaft bzw. deren Beendigung zum Stichtag bestandskräftig sein muss. In der Wahlordnung – bzw. in der Satzung – ist gemäß Abs. 1 S. 4 die Wahl im Einzelnen zu regeln. Insbesondere müssen Bestimmungen getroffen werden zu: Wahlvorstand, Wählerverzeichnis, aktives und passives Wahlrecht, Wahlvorschläge, Fristen, Veröffentlichungen, Auszählung (Hare-Niemeyer, dHondt etc), Ungültigkeit von Wahlvorschlägen und Stimmen, Wahlanfechtung. Daneben gibt es noch die Wahlanfechtung vor dem Sozialgericht nach § 131 Abs. 4 SGG. 4

---

1 BSG, 28.1.1998, B 6 KA 96/96 R, BSGE 81, 268, 272.
2 BSGE 79, 105, 108 ff.
3 Vgl. Wenner, Das Vertragsarztrecht nach der Gesundheitsreform, 2008, § 8 Rn. 17.
4 BVerfGE 7, 63, 72 ff.; vgl. auch Pieroth in: Jarass/Pieroth, Grundgesetz für die Bundesrepublik Deutschland, Art. 38 Rn. 8.

Abs. 1 enthält zwingende Vorgaben: Die Anwendung des Verhältniswahlrechts, die Wahl nach Listen und Einzelwahlvorschlägen sowie die Wahl von bis zu 10 % Psychotherapeuten. Eine Orientierung an den Wahlvorschriften zu den Sozialwahlen (§§ 45 ff. SGB IV) ist zulässig, aber nicht zwingend.[5]

III. Wahlen zur Vertreterversammlung der KBVen (Abs. 1a)

5 Die Vertreterversammlungen der KBVen setzen sich zum einen aus geborenen Mitgliedern, dh den Vorsitzenden und jeweils einem stellvertretendem Vorsitzenden des Vorstands jeder KV zusammen. Das ergibt sich nicht nur aus dem Wortlaut von Abs. 1a, sondern auch aus § 79 Abs. 5, da es sich um Außenvertretung der KV als Mitglied einer anderen Körperschaft (KBV) handelt. Trotzdem sind sie nach den Satzungen der KBVen an Weisungen der sie entsendenden Körperschaften nicht gebunden. Zum anderen werden gekorene Mitglieder in die Vertreterversammlungen der KBVen in unmittelbarer und geheimer Wahl aus dem Kreis der Mitglieder der Vertreterversammlungen der einzelnen KVen gewählt. Der Logik der Außenvertretung folgend, sind diese Wahlen entsprechend den Wahlen zum Vorstand der jeweiligen KV durchzuführen.

6 Nach Abs. 1 S. 3 gilt ein **Proporz** für die (maximal) 60 Sitze in der Vertreterversammlung nach Maßgabe der Mitgliederzahl in den KVen. Allerdings sind von den 60 Sitzen in der KBV-Vertreterversammlung auch 10 % der Sitze mit Psychotherapeuten zu besetzen. Diese werden nach § 3 Abs. 4 der Satzung der KBV durch einen eigenen Wahlkörper – gebildet aus den psychotherapeutischen Mitgliedern aller 17 KVen – gewählt. Konsequent ist, wenn dann Psychotherapeuten in den Vertreterversammlungen der KVen die gekorenen ärztlichen Mitglieder in die KBV-Vertreterversammlung nicht mehr mit wählen.[6]

7 Fraglich ist, ob der Proporz in den Vertreterversammlungen der KVen auch in der Vertreterversammlung der KBV abzubilden ist. Dies könnte aufgrund einer Verhältniswahl mit reservierten Sitzen zB für Hausärzte und Fachärzte geschehen. Dann müsste nach Abs. 9 S. 3 aufgrund der entsprechenden Anwendung von Abs. 1 die bezuggenommene Verhältniswahl auch insoweit gelten.

8 Die Verpflichtung, das Verhältniswahlrecht anzuwenden, besteht zunächst nur für die Wahl in die Vertreterversammlung der jeweiligen KV. Der Gesetzesbegründung ist zu entnehmen, dass beim Mehrheitswahlrecht Minderheitengruppen im verbandspolitischen Geschehen unterrepräsentiert bleiben könnten und daher das Verhältniswahlrecht verbindlich eingeführt wird. Damit würden maßgeblichen Interessengruppen Möglichkeiten eingeräumt, mit Vertretern auch in den nunmehr verkleinerten Vertreterversammlungen repräsentiert zu sein.[7] Bei der Wahl zur Vertreterversammlung der KBV handelt es sich indes um eine Wahl zur Vertreterversammlung einer Verbandskörperschaft, deren Mitglieder die einzelnen KVen sind. Diesen KBV-Vertreterversammlungen sollen nicht nur die hauptamtlichen Vorstände als Vertreter ihrer KV angehören, sondern weitere ehrenamtliche Vertreter der Vertreterversammlungen der KVen.[8] Dabei geht es im Wesentlichen um das Verhältnis der Repräsentanz der KVen untereinander. Deshalb bestimmt Abs. 1a S. 3, dass Abs. 1 entsprechend nur mit der Maßgabe gilt, dass die KVen entsprechend ihrem jeweiligen Anteil ihrer Mitglieder an der Gesamtzahl der Mitglieder der KVen berücksichtigt werden.

9 Im Übrigen ist festzustellen, dass – im Gegensatz zur Satzung der KBV – die Satzung der KZBV in § 7 Abs. 1 S. 2 bestimmt, dass die weiteren Mitglieder der Vertreterversammlung der KZBV von den Mitgliedern der Vertreterversammlungen der KZVen in unmittelbarer und geheimer Wahl aus ihren Reihen gewählt werden und die Wahlen nach den Grundsätzen der Verhältniswahl aufgrund von Listen- und Einzelwahlvorschlägen erfolgen.

10 Schließlich entspricht es durchaus nicht parlamentarischer Gepflogenheit, alle Gruppen bei Wahlen zu berücksichtigen. Als Beispiel mag die Bildung von Regierungen gelten sowie die Repräsentanz im Bundesrat, die ausschließlich durch die Regierungen der jeweiligen Länder erfolgt. Auch sonst kommt das Verhältniswahlrecht in der Regel nur bei der Bildung der direkt vom Wahlvolk gewählten Mitglieder zum Tragen. Hierzu sei bemerkt, dass das Verhältniswahlrecht mangels gesetzlicher Anordnung weder bei der Wahl des Vorstands der KV noch bei der Bildung gesetzlich vorgeschriebener Fachausschüsse zum Tragen kommt.

---

5 So auch Vahldieck, in: Hauck/Noftz, SGB V, § 80 Rn. 9.
6 Vgl. zB § 6 Abs. 9 d Satzung KVNo.
7 BT-Dr. 15/1525, 99.
8 Vgl. BT-Dr. 15/1525, 99, zu b.

Problematisch erscheint, dass aufgrund der Anzahl der KVen bereits 34 von maximal 60 Mitgliedern 11
der Vertreterversammlung gesetzlich bestimmt sind. Die weiteren 26 Mitglieder (bzw. nur noch 20,
wenn die Psychotherapeuten gesondert betrachtet werden) sind durch Wahl zu bestimmen.

Innerhalb der KBV-Vertreterversammlung sollen nach dem Gesetzeswortlaut die Stimmgewichte der 12
Länder den Tatbestand unterschiedlicher Ländergrößen bzw. Mitgliederzahlen der KVen berücksichtigen.
Eine wirklich proportionale Vertretung der KVen ist mit dieser Systematik jedoch nicht zu erreichen.
Die Gewichte der KVen in den KBV – Vertreterversammlungen entsprechen in etwa den Stimmen
der Länder im Bundesrat. Den tatsächlichen Größenverhältnissen wird dies jedoch nicht gerecht.
Wenn zB Bremen in der KBV – Vertreterversammlung zwei Delegierte stellen darf, so müsste Bayern
als größte KV rechnerisch 27 Mitglieder entsenden. Würde man die prozentualen Stimmgewichte nach
Mitgliederzahlen vergeben, mit denen das Votum des entsprechenden Vertreters einer Länder – KV zu
multiplizieren wäre, so würde dieses Verfahren die Interessen der kleineren KVen, zB Bremen, nicht
wirksam gewährleisten und könnte zu Konflikten im Rahmen des Minderheitenschutzes führen. Die
kleineren KVen könnten bei einer Stimmgewichtung nach Mitgliederzahlen einen Anspruch auf
Gleichbehandlung und Chancengleichheit geltend machen. Vergleichbar ist ihre Situation mit der der
politischen Parteien, die sich auch in bestimmten Fällen auf den materiellen Gleichheitssatz und die
Chancengleichheit berufen.

Grundsätzlich haben die KVen einen Anspruch auf **Gleichbehandlung**, ihnen sollen auch bei der 13
Stimmverteilung und Stimmgewichtung die gleichen Chancen eingeräumt werden. Eine Abstufung ist
bis zu dem Maße zulässig, bis zu dem der Zweck, also die Beteiligung am Willensbildungsprozess,
noch erreicht werden kann. Das Kriterium dafür findet sich in den abweichenden Mitgliederzahlen der
KVen. Daraus lässt sich die Rechtfertigung der Ungleichbehandlung in Verbindung mit dem Prinzip
der abgestuften Chancengleichheit ableiten. Das Prinzip der abgestuften Chancengleichheit fände dabei
insoweit Anwendung, als der Umfang der Gewährung des Stimmgewichts nach der Mitgliederzahl
abgestuft würde. Das heißt vereinfacht, je kleiner die KV ist, desto weniger Stimmgewicht käme ihr in
der KBV – Vertreterversammlung zu.

Alternativ zu diesem System der Stimmvergabe und -gewichtung könnte das **Prinzip der „doppelten** 14
Mehrheit" angewandt werden. Diese Form einer qualifizierten Mehrheit wird sowohl in der Schweiz,
als auch ab dem Jahr 2014, im EU-Rat praktiziert. Der Begriff der doppelten Mehrheit bezeichnet ein
Abstimmungsverfahren, bei dem für eine Beschlussfassung Stimmenmehrheiten nach zwei unterschiedlichen
Kriterien notwendig sind. Kennzeichnend für dieses System ist, dass bei der Übertragung auf
das KV-System eine Mehrheit der repräsentierten KV-Mitglieder, als auch eine Mehrheit der Länder-
KVen notwendig wäre. Diesem System liegt das Prinzip der Mehrheitsentscheidungen zugrunde. Die
Vertreterversammlung würde dann grundsätzlich mit der einfachen Mehrheit ihrer Mitglieder entscheiden,
wobei jeder KV eine Stimme zukommen würde. Für eine qualifizierte Mehrheit im EU-Rat
ist erforderlich, dass mindestens 55 % der Mitgliedstaaten einem Beschlussvorschlag zustimmen, wobei
jedes Land eine Stimme hat. Des Weiteren müssen die zustimmenden Mitgliedstaaten insgesamt
mindestens 65 % der EU-Bevölkerung repräsentieren (Art. 238 AEUV). Auf das System der KV übertragen
konnten die dort geforderten Zustimmungshürden allerdings zu hoch sein. Es bestünde die
Möglichkeit, für beide Komponenten der doppelten Mehrheit geringere Zustimmungsquoten (in beiden
Fällen zB 50 %) ausreichen zu lassen.

IV. Wahlen durch die Vertreterversammlung (Abs. 2)

Für die Wahlen durch die Vertreterversammlung gelten die Wahlrechtsgrundsätze der unmittelbaren 15
und geheimen Wahl (vgl. zu Abs. 1). Die Unmittelbarkeit schließt auch dabei die Friedenswahl sowie
Stimmübertragungen auf andere Mitglieder der Vertreterversammlung aus. Da die Wahl – anders als
die Wahl zur Vertreterversammlung nach Abs. 1 – in aller Regel nicht als Briefwahl erfolgt, sondern in
der Sitzung der Vertreterversammlung, müssen zur Wahrung der Geheimhaltung dort Wahlkabinen
und Stimmzettel angeboten werden, die eine verdeckte Stimmabgabe erlauben.

Nr. 1 sieht die Wahl des Vorsitzenden und eines stellvertretenden Vorsitzenden vor, die Mitglieder der 16
Vertreterversammlung sein müssen. Das Wort „einen" vor dem „stellvertretenden Vorsitzenden" bezeichnet
keine Zahl, sondern ist unbestimmter Artikel.[9] Das Ergebnis folgt als Umkehrschluss aus
Nr. 3. Dort ist für den Vorstand ausdrücklich „den stellvertretenden Vorsitzenden" formuliert, was
nur singulär gemeint sein kann. Sofern weitere stellvertretende Vorsitzende der Vertreterversammlung

---

9 AA Krauskopf in: Krauskopf, § 80 SGB V Rn. 16.

(satzungsgemäß) gewählt werden, gilt für diese selbstverständlich auch, dass sie Mitglieder der Vertreterversammlung sein müssen.

17 Fraglich erscheint, ob bei den von der Vertreterversammlung der KBV durchzuführenden Wahlen eine **Stimmübertragung** zulässig ist. Diese ist – im Gegensatz zur KZBV – für die Vorstände der KVen in der KBV-Vertreterversammlung vorgesehen. Dem steht der gesetzlich höherrangige Grundsatz der Unmittelbarkeit der Wahl entgegen. Dieser erscheint auch nicht disponibel und eine andere Ansicht kann auch nicht damit begründet werden, dass bei der Wahl der Wille der einzelnen KV als Mitglied der Verbandskörperschaft durchgesetzt werden soll, da jedenfalls das einzelne Mitglied der Vertreterversammlung weisungsfrei ist.

18 Die Vertreterversammlung wählt in unmittelbarer und geheimer Wahl nach Nr. 2 die Mitglieder des Vorstands und nach Nr. 3 den Vorsitzenden und stellvertretenden Vorsitzenden des Vorstands. Dabei hat gemäß § 79 Abs. 6 S. 1 iVm § 35 a Abs. 5 SGB IV zunächst die Wahl des Vorstands und dann „aus dessen Mitte" die Wahl des Vorsitzenden und des stellvertretenden Vorsitzenden zu erfolgen. Die Wahl eines Vorsitzenden und eines stellvertretenden Vorsitzenden – ohne vorherige Vorstandswahl – ist danach ausgeschlossen.

19 Die **Anzahl der Vorstandsmitglieder** – bis zu drei – ist in § 79 Abs. 4 geregelt. Zum Wahlverfahren finden sich keine weiteren gesetzlichen Bestimmungen bis auf das Vorschlagsrecht in S. 3. Danach erfolgt für jeweils ein Mitglied des Vorstands die Wahl aufgrund von getrennten Vorschlägen der Mitglieder der Vertreterversammlung, die an der hausärztlichen bzw. fachärztlichen Versorgung teilnehmen. Die Teilnahme an der haus- bzw. fachärztlichen Versorgung ergibt sich aus § 73 Abs. 1 a. Psychotherapeuten (§ 28 Abs. 3) werden danach in Verbindung mit § 72 Abs. 1 S. 2 der fachärztlichen Versorgung zugerechnet, da sie weder ausdrücklich genannt sind noch der hausärztlichen Versorgung sonst zugerechnet werden können. Entsprechendes gilt für ermächtigte Krankenhausärzte und angestellte Ärzte (§ 77 Abs. 3 S. 1). Lediglich die Angestellten eines ausschließlich hausärztlichen MVZs (Hausarzt/Kinderarzt, vgl. § 95 Abs. 1 S. 4) sind als Hausärzte anzusehen.

20 Das **Vorschlagsrecht** führt dazu, dass nur die von der jeweiligen Gruppe Vorgeschlagenen gewählt werden können. Die Wahl erfolgt jedoch durch die gesamte Vertreterversammlung. Soweit der Vorstand aus drei Mitgliedern besteht, ist für das dritte Mitglied kein Vorschlagsrecht geregelt. Das Vorschlagsrecht lässt nicht den Schluss zu, der zu Wählende müsse einer der Gruppen angehören. Er muss weder Mitglied der Vertreterversammlung sein (keine Wahl „aus der Mitte der Vertreterversammlung") noch muss er Haus- oder Facharzt sein. Letzteres folgt im Übrigen aus einem Umkehrschluss aus § 79 Abs. 4 S. 4. Der hauptamtliche Vorstand (§ 79 Abs. 1) kann demnach aus Ärzten bestehen, muss es aber nicht.

21 Nach Abs. 2 S. 2 sind die Ämter des Vorsitzenden und stellvertretenden Vorsitzenden des Vorstands mit dem Amt des Vorsitzenden und stellvertretenden Vorsitzenden der Vertreterversammlung inkompatibel. Es ergibt sich die Frage, ob diese Bestimmung abschließend ist mit der Folge, dass sonstige **Unvereinbarkeiten** nicht bestehen. Man könnte daran denken, dass bei einem dreiköpfigen Vorstand das Vorstandsmitglied, das weder Vorsitzender noch stellvertretender Vorsitzender ist, das Amt des Vorsitzenden oder stellvertretenden Vorsitzenden der Vertreterversammlung ausüben könnte. Und dass, obwohl nach § 79 Abs. 3 Nr. 2, 5 und 6 Überwachungs- und Vertretungsfunktionen von der Vertreterversammlung (idR vertreten durch den Vorsitzenden) gegenüber dem Vorstand wahrgenommen werden. Richtig ist daher vielmehr eine Trennung von Vertreterversammlung und Vorstand aus systematischen Gründen und daher eine Inkompatibilität von Vorstandsamt und Amt in der Vertreterversammlung.[10]

22 Bei den Mitgliedern des Vorstandes der KBV darf ein Mitglied weder an der haus- noch an der fachärztlichen Versorgung teilnehmen. In Betracht kommt, dass die Bestimmungen über die Teilnahme an der vertragsärztlichen Versorgung in § 95 Abs. 1 S. 1 im Vordergrund steht. Dann dürfte das dritte Vorstandsmitglied weder zugelassen noch ermächtigt sein. Demgegenüber ist bei Maßgeblichkeit des § 73 Abs. 1 a S. 1 und 2 ausgeschlossen, dass das dritte Vorstandsmitglied bei der KBV einer der dort bezeichneten Arztgruppen angehört oder gemäß § 72 Abs. 1 S. 2 Psychotherapeut iSd § 28 Abs. 3 S. 1, dh psychologischer Psychotherapeut oder Kinder- und Jugendlichenpsychotherapeut ist. Als ärztliches Vorstandsmitglied käme daher etwa nur ein Sozialmediziner oder ein Arbeitsmediziner in Betracht. In Anbetracht der Einführung der Vorschrift durch das GKV-Selbstverwaltungsstärkungsgesetz darf un-

---

10 AA Wenner, Das Vertragsarztrecht nach der Gesundheitsreform, 2008, § 8 Rn. 17.

ter teleologischen Aspekt davon ausgegangen werden, dass das dritte Vorstandsmitglied (möglichst) kein Arzt, egal ob zugelassen oder nicht, sein sollte.

V. Amtszeit (Abs. 3)

Die Amtszeit der Vertreterversammlung beträgt sechs Jahre. Sie beginnt in Folge von Art. 37 Abs. 8 GMG seit dem 1.1.2005 jeweils am 1. Januar. Nach Ende der Amtszeit bleiben die Mitglieder der Vertreterversammlung bis zur Amtsübernahme durch ihre Nachfolger im Amt. Für den Vorstand fehlt eine entsprechende Vorschrift. 23

Die Vertreterversammlung kann sich mangels ausdrücklicher Vorschrift (anders als der Bundestag nach Art. 68 GG) nicht auflösen. Treten alle Mitglieder und ihre Nachrücker zurück, sind vielmehr für den Rest der Amtszeit Nachwahlen durchzuführen. Die Amtsdauer der Nachgewählten endet auch dann ohne Rücksicht auf die Wahl (Abs. 3 S. 2) am Ende des sechsten Kalenderjahres der Amtszeit. 24

VI. Abberufung (Abs. 4)

Die Vorschrift regelt die Möglichkeit der Abberufung des Vorsitzenden und/oder stellvertretenden Vorsitzenden der KBVen mit einfacher Mehrheit. Für die entsprechenden Ämter in den KVen kann die Satzung gem. § 81 Abs. 1 Regelungen treffen. 25

§ 81 Satzung

(1) ¹Die Satzung muss insbesondere Bestimmungen enthalten über
1. Namen, Bezirk und Sitz der Vereinigung,
2. Zusammensetzung, Wahl und Zahl der Mitglieder der Organe,
3. Öffentlichkeit und Art der Beschlussfassung der Vertreterversammlung,
4. Rechte und Pflichten der Organe und der Mitglieder,
5. Aufbringung und Verwaltung der Mittel,
6. jährliche Prüfung der Betriebs- und Rechnungsprüfung und Abnahme der Jahresrechnung,
7. Änderung der Satzung,
8. Entschädigungsregelung für Organmitglieder,
9. Art der Bekanntmachungen,
10. die vertragsärztlichen Pflichten zur Ausfüllung des Sicherstellungsauftrags.
²Die Satzung bedarf der Genehmigung der Aufsichtsbehörde.
(2) Sollen Verwaltungs- und Abrechnungsstellen errichtet werden, müssen die Satzungen der Kassenärztlichen Vereinigungen Bestimmungen über Errichtung und Aufgaben dieser Stellen enthalten.
(3) Die Satzungen der Kassenärztlichen Vereinigungen müssen Bestimmungen enthalten, nach denen
1. die von den Kassenärztlichen Bundesvereinigungen abzuschließenden Verträge und die dazu gefaßten Beschlüsse sowie die Bestimmungen über die überbezirkliche Durchführung der vertragsärztlichen Versorgung und den Zahlungsausgleich zwischen den Kassenärztlichen Vereinigungen für die Kassenärztlichen Vereinigungen und ihre Mitglieder verbindlich sind,
2. die Richtlinien nach § 75 Abs. 7, § 92,[1] § 136 Absatz 1 und § 136a Absatz 4 für die Kassenärztlichen Vereinigungen und ihre Mitglieder verbindlich sind.
(4) Die Satzungen der Kassenärztlichen Vereinigungen müssen Bestimmungen enthalten über die Fortbildung der Ärzte auf dem Gebiet der vertragsärztlichen Tätigkeit, das Nähere über die Art und Weise der Fortbildung sowie die Teilnahmepflicht.
(5) ¹Die Satzungen der Kassenärztlichen Vereinigungen müssen ferner die Voraussetzungen und das Verfahren zur Verhängung von Maßnahmen gegen Mitglieder bestimmen, die ihre vertragsärztlichen Pflichten nicht oder nicht ordnungsgemäß erfüllen. ²Maßnahmen nach Satz 1 sind je nach der Schwere der Verfehlung Verwarnung, Verweis, Geldbuße oder die Anordnung des Ruhens der Zulassung oder der vertragsärztlichen Beteiligung bis zu zwei Jahren. ³Das Höchstmaß der Geldbußen kann bis zu fünfzigtausend Euro betragen. ⁴Ein Vorverfahren (§ 78 des Sozialgerichtsgesetzes) findet nicht statt.

---

1 Nichtamtliche Zeichensetzung.

Literatur:
Schiller, Erhebung von Beiträgen und Gebühren durch die Kassenärztlichen Vereinigungen, MedR 2004, 348.

I. Entstehungsgeschichte 1	IV. Verbindlichkeit von Richtlinien und Verträ-
II. Katalog für notwendige Satzungsbestim-	gen (Abs. 3) 15
mungen (Abs. 1) 2	V. Fortbildungspflicht (Abs. 4) 16
III. Verwaltungs- und Abrechnungsstellen	VI. Disziplinarrecht (Abs. 5) 17
(Abs. 2) 14	VII. Besondere Verfahrenshinweise 22

I. Entstehungsgeschichte

1 Die Vorschrift wurde mit dem GRG zum 1.1.1989 eingeführt. Sie wurde mehrfach angepasst, zB durch das GSG wurde „vertragsärztlich" an die Stelle von „kassenärztlich" gesetzt und durch das 8. Euro-EinführungsG wurde „DM" in „EUR" geändert. Die Norm wurde durch das GMG zum 1.1.2005 neu gefasst. Dabei wurde vorgeschrieben, die vertragsärztlichen Pflichten zur Erfüllung des Sicherstellungsauftrages in der Satzung zu regeln und es wurde die Bestimmung über die Entschädigungsregelung für Organmitglieder als Satzungsbestandteil neu aufgenommen.
Durch das GKV-VSG wurde die Höchstgrenze der Geldbuße in Abs. 5 S. 3 auf 50.000 EUR heraufgesetzt. Durch das KHSG wurde in Abs. 3 Nr. 2 eine Folgeänderung vorgenommen.

II. Katalog für notwendige Satzungsbestimmungen (Abs. 1)

2 Abs. 1 S. 1 regelt den Inhalt der Satzung der KVen und der KBVen. Die Regelung ist nicht abschließend („insbesondere"). Aufgrund der Normenhierarchie müssen die Satzungsbestimmungen mit höherrangigem Recht, insbesondere dem SGB V, in Einklang stehen.

- **Nr. 1:** Nach Nr. 1 sind **Name, Bezirk und Sitz** in der Satzung zu bestimmen. Die Namen der einzelnen KV'en folgen dem Muster, dass nach der Bezeichnung als „Kassenärztliche Vereinigung" der Name des Bundeslandes oder Landesteils folgt. Dies erscheint indes nicht zwingend. Es erscheint zulässig eine Namensänderung in „Vertragsärztliche Vereinigung" vorzunehmen oder durch einen anderen Namen zum Ausdruck zu bringen, dass auch Psychotherapeuten Mitglieder sind. Dies umso mehr, wenn der übliche Hinweis auf den Typ der juristischen Person, Körperschaft des öffentlichen Rechts, beibehalten wird.

  Der Bezirk der KV'en ist gem. § 77 Abs. 1 idR das Bundesland; eine Ausnahme besteht in NRW mit der KV Nordrhein und der KV Westfalen-Lippe. Der Sitz der KV kann durch die Satzung festgelegt werden. Wenn Föderalismus Sinn machen soll, muss er im Bezirk der jeweiligen KV liegen.

3 - **Nr. 2** greift § 80 Abs. 1 S. 4 auf. Die Vorschrift regelt **Zusammensetzung, Wahl und Zahl der Organmitglieder**. Bei der Regelung der Zusammensetzung kann über die gesetzlich vorgegebene Struktur der Vertreterversammlung (nach § 80 Abs. 1 S. 3 reservierte Sitze für Psychotherapeuten) hinaus eine Strukturierung erfolgen, zB für Haus- und Fachärzte sowie ermächtige Krankenhaus-Ärzte und angestellte Ärzte. Dies erscheint jedenfalls solange unproblematisch, wie durch die Zusammensetzung die Mitgliedschaftsstruktur abgebildet wird, indem zB die Anzahl der auf die jeweiligen Gruppierungen entfallenden Sitze nach d'Hondt oder Hare-Niemeyer festgelegt werden.

  Die Wahl wird idR in einer WahlO, die Bestandteil der Satzung ist, geregelt. Im Einzelnen handelt es sich um Bestimmungen zum aktiven und passiven Wahlrecht, Aufstellung von Wahlvorschlägen usw. (vgl. zu § 80). Es hat eine Orientierung an allgemeinen Wahlrechtsgrundsätzen zu erfolgen.

  Die Zahl der Mitglieder der Organe kann im Rahmen von §§ 79 Abs. 2 und 3, 80 Abs. 1 festgelegt werden. Die dort für die Vertreterversammlung, den Anteil der Psychotherapeuten in der Vertreterversammlung und den Vorstand bestimmte oder bestimmbare Höchstzahl bildet die obere Grenze. Dies kann im Einzelfall zu Disproportionalität führen, wenn der Anteil der Psychotherapeuten an den Mitgliedern der KV höher als 10 % ist. Andererseits gibt es für sonstige Mitgliedergruppen, zB Hausärzte, keine festgelegten Anteile, so dass die Regelung für Psychotherapeuten mit Privilegierung einerseits und Limitierung andererseits zur Berücksichtigung der Psychotherapeuten in der Vertreterversammlung gerechtfertigt erscheint.

4 Die Bildung von Fraktionen kann in der Satzung vorgesehen werden. In diesem Fall sind insbesondere Faktionsstärke, Bildung und Auflösung, Bezeichnung sowie Anzeigen gegenüber dem Vorsitzenden der Vertreterversammlung und die Rechte von Fraktionen zu regeln. Wenn Fraktionen gebildet werden können, ist der vom Bundesverfassungsgericht entwickelte Grundsatz der Spielbild-

lichkeit[2] zu beachten. Das bedeutet, dass entsprechend der Zusammensetzung der Vertreterversammlung eine angemessene Repräsentanz der in der Vertreterversammlung gebildeten Fraktionen gewährleistet sein muss.[3] Dies kann jedoch nicht dazu führen, dass gesetzliche Vorschriften für die Besetzung von Ausschüssen (zB § 79 b) unbeachtlich werden.

■ **Nr. 3:** Nach Nr. 3 bedarf die **Öffentlichkeit** einer Satzungsregelung. Die Öffentlichkeit kann teilweise ausgeschlossen werden, zB für Finanz- und Personalangelegenheiten, oder beschränkt werden, beispielsweise auf Ärzte und Psychotherapeuten oder auf Mitglieder der jeweiligen KV. Ein genereller Ausschluss jeglicher Öffentlichkeit scheidet indes aus, da die Bestimmung einer Nichtöffentlichkeit nicht der Norm entspricht.[4] Die Öffentlichkeit kann auch für einzelne Beratungsgegenstände durch Beschluss oder aufgrund des Hausrechts für einzelne Besucher ausgeschlossen werden. Als Beschränkung der Öffentlichkeit ist der vollständige oder teilweise Ausschluss von Ton-, Bild- und/oder Filmaufnahmen zulässig.

Regelmäßig wird die Öffentlichkeit für *Personal-, Finanz- und Grundstücksangelegenheiten* ausgeschlossen. Bei Personalangelegenheiten kann es sich nur um Fragen des Beschäftigungsverhältnisses mit dem Vorstand handeln, da die Zuständigkeit der Vertreterversammlung gemäß § 79 Abs. 3 Nr. 2 und Nr. 6 insoweit beschränkt ist. Für alle anderen Personalangelegenheiten ergibt sich aus § 79 Abs. 5 die Zuständigkeit des Vorstands.

Bei *Personalangelegenheiten* haben Mitglieder des Vorstands grundsätzlich kein Recht auf Teilnahme ihres Rechtsbeistandes bei Besprechungen ihres Dienstverhältnisses in Vertreterversammlungen. Etwas anderes sollte gelten, wenn die Vertreterversammlung sich ihrerseits in der Sitzung rechtlich beraten lässt, da ansonsten keine Waffengleichheit besteht.

Bei *Finanzangelegenheiten* handelt es sich um solche des Haushaltsrechts und solche mit Relevanz für das Vermögen der KV. Bei *Grundstücksangelegenheiten* handelt es sich um Sachverhalte, bei denen die Vertreterversammlung nach § 79 Abs. 3 Nr. 7 zu entscheiden hat.

Auch die **Art der Beschlussfassung** ist gemäß Nr. 3 in der Satzung zu regeln. Dies beinhaltet die Festlegung von Mehrheiten (einfach/qualifiziert) und die Stimmabgabe (öffentlich, namentlich, geheim) sowie deren Form (Handzeichen, schriftlich, elektronisch). Soweit nicht vorgeschrieben ist, dass eine geheime Stimmabgabe notwendig ist, wird diese öffentlich und auf Verlangen auch namentlich durchgeführt. Gründe für eine geheime und damit unbeeinflussbare Stimmabgabe sind nur anzuerkennen, wenn dies vorgeschrieben ist wie zB bei Wahlen. Öffentliche Verantwortung und Geheimhaltung des Abstimmungsverhaltens stehen in einem Regel-Ausnahmeverhältnis für Organmitglieder, bei denen es kein Beratungsgeheimnis gibt. Es erscheint vertretbar, die geheime Abstimmung mit Mehrheit zu beschließen, während die namentliche Abstimmung bereits auf Verlangen eines Mitgliedes erfolgen sollte, da sich dadurch die Verantwortlichkeit für Gremienentscheidungen im Hinblick auf mögliche straf- und haftungsrechtliche Konsequenzen dokumentieren lässt.

Für die KBVen hat der Gesetzgeber mit dem GKV-Selbstverwaltungsstärkungsgesetz in § 79 Abs. 3 b) hierzu konkrete Regelungen getroffen.

■ **Nr. 4:** Nach Nr. 4 sind in der Satzung sowohl **Rechte und Pflichten** der Organe, das heißt der Vertreterversammlung und des Vorstands, als auch der Mitglieder zu regeln. Dies ist nur im gesetzlichen Rahmen möglich, weil eine Kompetenzverschiebung nicht zulässig ist. Wenn die Vertreterversammlung zB gemäß § 79 Abs. 3 Nr. 1 das autonome Recht der KV – wie den HVM – zu beschließen hat, kann dies durch Satzung nicht auf den Vorstand übertragen werden. Rechte und Pflichten der Organe sind weitgehend durch gesetzliche Regelungen vorbestimmt. Darüber hinaus könnte etwa eine Reisekostenregelung für Ehrenamtsträger zusätzlich zur Entschädigungsordnung (§ 81 Abs. 1 Nr. 8) oder die Einrichtung eines ärztlichen Hilfswerks für in Not geratene Mitglieder sowie eine Notfalldienstordnung beschlossen werden.

Die Rechte und Pflichten der Mitglieder ergeben sich im Wesentlichen aus der Satzung und sonstigen Vorschriften, insbesondere dem BMV-Ä, der in das Satzungsrecht zu transformieren ist (§§ 81 Abs. 3 Nr. 1, 82 Abs. 1). Darüber hinaus können eine Teilnahmepflicht am Notdienst oder bestimmten Veranstaltungen zur Information über Rechte und Pflichten sowie die Pflicht zur Vorlage von Unterlagen und die Teilnahme an Sitzungen geregelt werden. Schließlich können auch Rechte

---

2 BVerfGE 135, 317 Rn. 153; 130, 318, 354; 112, 118, 133; 80, 188, 222.
3 BSG, 11.2.2015, B 6 KA 4/14 R.
4 Im Ergebnis ebenso in Peters, HdB KrV, § 81 Rn. 5.

eingeschränkt werden, wie zB das Recht zur Abtretung von Honoraransprüchen, die von einer Genehmigung durch den Vorstand abhängig gemacht werden kann.[5] Einzig in Bezug auf den Sicherstellungsauftrag erwähnt das Gesetz in Nr. 10 vertragsärztliche Pflichten, die in der Satzung auszufüllen sind.

7 ■ **Nr. 5:** In der Satzung sind nach Nr. 5 die **Aufbringung und Verwaltung der Mittel** zu regeln. Da die KVen als Körperschaften des öffentlichen Rechts mitgliedschaftlich organisiert sind, ist der Mitgliedsbeitrag das gängige Modell der Finanzierung. Zur Festsetzung der Beiträge stehen unterschiedliche Maßstäbe zur Verfügung.

Üblich ist es, die Beiträge als prozentualen Anteil der über die KV abgerechneten Beträge zu erheben. Dabei werden auf alle Umsätze Beiträge erhoben, auch auf solche von Nicht-Mitgliedern[6] und auch auf Sachkosten.[7]

Die Beitragsbemessung orientiert sich nicht notwendig am Aufwand, der insbesondere mit der Abrechnung verbunden ist. So können hohe Abrechnungsbeträge von Laborärzten oder Radiologen mit geringem Aufwand verbunden sein, während die Abrechnung zB von Fachärzten bei geringerem Volumen mit einem höheren Aufwand einhergehen kann. Es ist aber zulässig, sich von einem reinen Wirklichkeitsmaßstab zu lösen und sich an dem wirtschaftlichen Vorteil zu orientieren, den die Mitgliedschaft in der KV für das einzelne Mitglied mit sich bringt. Demgemäß können zur Beitragsbemessung auch Beträge herangezogen werden, die sich aufgrund dessen ergeben, dass der Mitgliedschaftsstatus weitere Einnahmequellen erschließt, zB über Selektivverträge gemäß § 73 b, an denen nur Vertragsärzte teilnehmen können.

Weil aufgrund von Selektivverträgen Abrechnungen über die KVen abnehmen könnten, erscheint es auch denkbar, feste Beiträge zu erheben. Dies könnte allerdings Geringabrechner benachteiligen. Alternativ kommt ein Beitrag aus einer Kombination aus einem festen Beitrag, wegen gleichen Grundaufwandes für alle Mitglieder und einem variablen Teil mit einem Prozentsatz auf das GKV-Honorar in Betracht.

Darüber hinaus können unterschiedliche Beiträge je nach Aufwand erhoben werden. Besondere Beiträge (Umlagen) erscheinen zB zur Finanzierung des Notdienstes, insbesondere beim Betrieb regionaler Notdienstpraxen, zulässig.

Nach dem BSG ist auch eine Gebührenerhebung zulässig.[8]

Die Festsetzung der konkreten Beitrags- und Gebührenhöhe muss nicht in der Satzung selbst geregelt werden, sondern kann auch durch Beschluss der Vertreterversammlung festgesetzt werden. So ist es üblich, mit dem Erlass des Haushaltsplanes jährlich den Beitrag (Verwaltungskostensatz) festzusetzen.

Die ebenfalls in Nr. 5 geregelte Verwaltung der Mittel hat vom Vorstand im Rahmen des von der Vertreterversammlung zu erlassenden Haushaltsplans (§ 79 Abs. 3 Nr. 4) zu erfolgen. Zusätzlich sind nach § 78 Abs. 3 S. 3 die §§ 80, 85 SGB IV und § 305 b zu beachten.

Die Mittel dürfen nur für Zwecke der KV eingesetzt werden. Die Mittelverwendung schließt die Bildung von Rückstellungen für eine Förderung nach § 105 und Ausgaben für Öffentlichkeitsarbeit ein; eine Verwendung für KV-fremde Zwecke, zB für eine allgemeinpolitische Kampagne, scheidet jedoch aus.

8 ■ **Nr. 6:** Nach Nr. 6 ist eine jährliche Prüfung der **Betriebs- und Rechnungsprüfung** und Abnahme der Jahresrechnung in der Satzung zu regeln. Dies bildet die Grundlage für die nach § 79 Abs. 3 Nr. 5 der VV vorbehaltenen Entlastung des Vorstands.

9 ■ **Nr. 7:** Auch Bestimmungen über die **Änderung der Satzung** sind gemäß Nr. 7 in diese aufzunehmen. Das bedeutet, dass Verfahren, zB Ladungsfristen, qualifizierte Mehrheit und Inkrafttreten sowie Bekanntmachung (sa Nr. 9) in der Satzung zu regeln sind. Die Zuständigkeit der Vertreterversammlung zur Satzungsänderung ergibt sich aus § 79 Abs. 3 Nr. 1.

10 ■ **Nr. 8:** Die Satzung hat auch **Entschädigungsregelungen für Organmitglieder** zu enthalten. Die Entschädigungsregelung kann sich dabei auf die Entschädigung für das Ehrenamt beschränken, während Reisekosten etc gesondert geregelt werden können. Die Höhe der Entschädigung kann auch

---

5 Grüneberg in: Palandt, § 398 BGB Rn. 9.
6 Vgl. BSG, 24.9.2003, B 6 KA 51/02 R, MedR 2004, 277 ff.
7 Vgl. BSG, 28.11.2007, B 6 KA 1/07 R, MedR 2008, 526 ff.; BSG, 17.8.2011, B 6 KA 2/11 R, SozR 4-2500 § 81 SGB V.
8 BSG, 6.2.2013, B 6 KA 2/12 R; sa Schiller, MedR 2004, 348 f.

nur dem Grunde nach normiert werden, während sie konkret durch Beschluss der Vertreterversammlung festgesetzt werden kann. Die Entschädigung für Organmitglieder betrifft nur die Mitglieder der Vertreterversammlung, nicht die des Vorstands. Letztere erhalten als hauptamtlicher Vorstand gemäß ihrer Dienstverträge eine Vergütung.

- **Nr. 9:** Gemäß Nr. 9 ist die **Art der Bekanntmachung in der Satzung** zu regeln. Als Arten der Bekanntmachung kommen die Veröffentlichung in einem Presseorgan, zB einem „Ärzteblatt", Mitglieder-Rundschreiben oder amtliche Bekanntmachungsorgane in Betracht. Entscheidend ist, dass die Mitglieder von der Bekanntmachung Kenntnis nehmen können.

Von daher kommt auch eine Veröffentlichung im Internet in Betracht, wenn hierauf in einer sonst allgemeinen Bekanntmachungsquelle hingewiesen wird. Diese Bekanntmachungsart hat der Gesetzgeber selbst in § 87 Abs. 6 S. 9 gewählt. Eine Bekanntmachung ausschließlich im Internet ist vertretbar, da davon ausgegangen werden darf, dass sämtliche Mitglieder das Internet nutzen.

Bei der Auswahl der Art der Bekanntmachung ist – wie bei jeglichem Verwaltungshandeln – wirtschaftlich und sparsam zu verfahren, womit eine Internet-Bekanntmachung mit gleichzeitigem Hinweis darauf in einem „Ärzteblatt", Rundschreiben etc den Vorzug verdient.

Bekanntzumachen ist die ausgefertigte Beschlussfassung der Norm. Das Erfordernis der Bekanntmachung betrifft jedoch nicht nur die Satzung, sondern jedes autonome generell abstrakte Recht (§ 79 Abs. 3 Nr. 1) mit Außenwirkung, da derartige Rechtsnormen zu ihrer Wirksamkeit der Veröffentlichung bedürfen. Bestandteil der Bekanntmachung ist auch – soweit erforderlich – die Genehmigung durch die Aufsichtsbehörde, zB bei der Satzung nach S. 2.

- **Nr. 10:** Die **vertragsärztlichen Pflichten zur Ausfüllung des Sicherstellungsauftrages** werden in Nr. 10 (über Nr. 4 hinaus) ausdrücklich hervorgehoben, wobei die Vorschrift nur an die KVen adressiert sein kann und nicht an die KBVen, da deren Mitglieder, die KVen keine vertragsärztlichen Pflichten sondern gesetzliche Aufträge zur Sicherstellung und Gewährleistung (§ 75 Abs. 1) haben.

Die vertragsärztlichen Pflichten ergeben sich im Wesentlichen aus den Bundesmantelverträgen, die nach Nr. 1 für die Mitglieder der KVen gelten. Die Satzung hat derartige Pflichten aufzunehmen.

Wegen des Sicherstellungsauftrages ist die Erstreckung notwendiger Pflichten auf Nicht-Mitglieder der KVen, die zur Sicherstellung an der Versorgung teilnehmen, (zB angestellte Ärzte mit weniger als der Hälfte der regelmäßigen Arbeitszeit) erforderlich.

Nach Abs. 1 S. 2 bedarf die Satzung der **Genehmigung durch die Aufsichtsbehörde**. Die Genehmigung erfolgt durch Verwaltungsakt. Die Versagung der Genehmigung erfolgt ebenfalls durch Verwaltungsakt. Rechtsschutz hiergegen erfolgt durch Klageerhebung. Ein Widerspruchsverfahren findet nicht statt, da Aufsichtsbehörden jeweils oberste Behörde sind (§ 78 Abs. 1, § 78 Abs. 1 Nr. 2 SGG). Zur Genehmigung hat die Aufsicht im Rahmen ihrer Rechtsaufsicht (§ 78 Abs. 3 S. 1) Fragen des ordnungsgemäßen Zustandekommens (formelle Rechtmäßigkeit) und der Gesetzmäßigkeit (materielle Rechtmäßigkeit) zu prüfen. Zweckmäßigkeitsgesichtspunkte kommen bei der Prüfung aufgrund der Rechtsaufsicht nicht in Betracht (→ § 78 Rn. 4).

III. Verwaltungs- und Abrechnungsstellen (Abs. 2)

Für den Fall, dass Verwaltungs- und Abrechnungsstellen errichtet werden, ist dies nach Abs. 2 durch Satzungsbestimmung zulässig. Dabei sind nähere Bestimmungen über Errichtung und Aufgabe zu treffen. Es handelt sich um nachgeordnete organisatorische Einheiten. Deren Führung durch gewählte ehrenamtliche Mitglieder ist nur zulässig, soweit deren Wahl der Bestätigung des Vorstands bedarf. Der Vorstand muss das uneingeschränkte Recht zur Stellenbesetzung haben. Sofern Mitglieder in Verwaltungs- und Abrechnungsstellen tätig sind, stehen sie zum Vorstand in einem Über-/Unterordnungsverhältnis und können deshalb nicht zugleich Mitglieder der den Vorstand überwachenden Vertreterversammlung sein.

IV. Verbindlichkeit von Richtlinien und Verträgen (Abs. 3)

Abs. 3 Nr. 1 verpflichtet die KVen in ihrer Satzung Bestimmungen aufzunehmen, nach denen die von den KBVen abzuschließenden Verträge, zB der BMV-Ä (§ 82 Abs. 1), dazu gefasste Beschlüsse sowie die Regelung des sog Fremdkassenzahlungsausgleichs für die KVen und ihre Mitglieder verbindlich sind. Es hätte allerdings näher gelegen, die Verbindlichkeit für die KVen in der Satzung der KBVen zu regeln. Die Geltung der Bundesmantelverträge für die KVen ergibt sich im Übrigen aus § 83 iVm § 82 Abs. 1, für den EBM darüber hinaus zusätzlich aus § 87 Abs. 1. Hinsichtlich ermächtigter Ärzte, soweit sie nicht als Krankenhausärzte ermächtigt und damit Mitglied der KV sind (vgl. § 77 Abs. 3), sowie ermächtigter Einrichtungen ergibt sich die Verbindlichkeit von Bestimmungen der vertragsärztlichen Versorgung aus § 95 Abs. 4 S. 2.

Abs. 3 Nr. 2 bestimmt, dass die Richtlinien zur Durchführung der Verträge und des Fremdkassenzahlungsausgleichs sowie der Betriebs- und Rechnungsprüfung und über die Einführung einer bundeseinheitlichen Notdienstnummer (§ 75 Abs. 1), die Richtlinien des Gemeinsamen Bundesausschusses (§ 92) sowie Vorschriften zur Qualitätssicherung (§ 137) ebenfalls in der Satzung für verbindlich zu erklären sind.

V. Fortbildungspflicht (Abs. 4)

16 Die Satzungen der KVen müssen Bestimmungen über die Fortbildung auf dem Gebiet der vertragsärztlichen Versorgung enthalten. Es kann dort zB die Verpflichtung zur Teilnahme an einem Einführungslehrgang in die vertragsärztliche Versorgung (früher in der Ärzte-ZV geregelt) bestimmt werden. Die Verpflichtung zur fachlichen Fortbildung ergibt sich aus § 95 d und ist mit der Fortbildung aufgrund von Abs. 4 nicht identisch.

VI. Disziplinarrecht (Abs. 5)

17 Der Gesetzgeber gibt den KVen eine Disziplinargewalt über ihre Mitglieder (§ 77 Abs. 3). Darüber hinaus erstreckt sich die Disziplinargewalt nach § 95 Abs. 4 S. 3 auf sonstige ermächtigte oder in ermächtigten Einrichtungen tätige Ärzte. Das Disziplinarverfahren dient dabei der Gewährleistung der vertragsärztlichen Versorgung (§ 75 Abs. 1 S. 1). In den Satzungen der KVen sind Voraussetzungen und das Verfahren zur Verhängung einer Disziplinarmaßnahme zu regeln, während die Maßnahmen selbst in S. 2 vorgegeben sind.

18 Voraussetzung ist stets die **Verletzung vertragsärztlicher Pflichten**, zB die Pflicht zur ordnungsgemäßen Abrechnung, Beantwortung von Anfragen, Pflicht zur Teilnahme am Notdienst, Pflicht zur Beachtung des Wirtschaftlichkeitsgebots und – neu ab 1.1.2012 – die Pflicht zur Einhaltung des Verbots der Annahme von Zuwendungen (§ 73 Abs. 7 iVm § 128 Abs. 2 S. 3, Abs. 5 a). Die vertragsärztliche Pflicht zur Vermeidung von Zuweisungen gegen Entgelt, der Forderung oder Annahme unzulässiger Zuwendungen sowie des Drängens in die Privatbehandlung entsprechen dabei den berufsrechtlichen Pflichten. Beide Maßnahmen verfolgen erzieherische Ziele, haben darüber hinaus aber auch einen Sanktionscharakter. Zur Vermeidung der verfassungsrechtlich durch das Rechtsstaatsprinzip oder Artikel 103 GG verbotenen mehrfachen Sanktion eines Verhaltens[9] ist eine gegenseitige Information zwischen KV und Ärztekammer notwendig, soweit eine mehrfache Bestrafung zu befürchten ist. Hierzu dient die Informationsbefugnis nach § 285 Abs. 3 a. Das Verhältnis der Disziplinarmaßnahme zur Zulassungsentziehung ist darin zu sehen, dass hier ein Stufenverhältnis besteht. Während das Disziplinarverfahren generalpräventive Wirkung auf andere Mitglieder und spezialpräventiv darauf gerichtet ist, den Betroffenen zu ordnungsgemäßem Verhalten anzuhalten, hat die Zulassungsentziehung zum Ziel, den Betroffenen aus dem System zu entfernen, da eine weitere Zusammenarbeit nicht zumutbar erscheint. In geeigneten Fällen ist das Disziplinarverfahren einer Zulassungsentziehung vorzuschalten.

19 Bei der Maßnahme „Ruhen der Zulassung" sind Beginn und Ende festzusetzen, zB Beginn in dem Quartal nach Eintritt der Bestandskraft. Bei Verhängung dieser Maßnahme gegen Mitglieder einer Berufsausübungsgemeinschaft ist auf Zeitgleichheit zu achten, da die Maßnahme sonst uneffektiv ist.

20 Zum Strafverfahren ist das Disziplinarverfahren ein aliud und kommt insoweit in Betracht, als ein sog disziplinarrechtlicher Überhang besteht. Zweifelhaft etwa bei unterlassener Hilfeleistung (§ 323 c StGB) und Verletzung der Behandlungspflicht oder bei Betrug (§ 263 StGB) und der Pflicht zur genauen Abrechnung. Ein Disziplinarverfahren wegen Nichtausübung des Notdienstes neben einer Bestrafung wegen einer Trunkenheitsfahrt, die zur Beendigung des Notdienstes geführt hat, kommt hingegen in Betracht.

21 Die Disziplinarmaßnahme erfolgt aufgrund einer **Verwaltungsentscheidung** durch Verwaltungsakt. Die Verwaltungsentscheidung kann dabei durch einen Disziplinarausschuss getroffen werden.[10] Das Verfahren wird grundsätzlich durch das SGB X dirigiert. Die Mitwirkungspflicht im Verwaltungsverfahren ist dabei aufgrund eines Rückschlusses aus § 22 Abs. 1 SGB X limitiert. Wenn danach noch nicht einmal ein Zeuge bei einer gerichtlichen Vernehmung Aussagen machen muss, die ihm zum Nachteil

---

9 Vgl. Jarras/Pieroth, GG, 12. Aufl. 2012, Art. 103 Rn. 59.
10 BSG, 9.12.2004, B 6 KA 70/04 B.

gereichen, muss dies erst recht für den von einem Disziplinarvorwurf Betroffenen gelten. Im Übrigen entspricht dies rechtsstaatlichen Grundsätzen.

Für das Disziplinarverfahren können **Verfahrenskosten** festgesetzt werden, da § 81 Abs. 5 S. 1 insofern auch § 64 SGB X verdrängt.[11]

Bzgl. der Maßnahmen kommt auch ein **Regelmaßnahmenkatalog** in Betracht, der für einzelne Verfehlungen bestimmte Sanktionen vorsieht. Ein solcher Katalog kann insbesondere die generalpräventive Wirkung des Disziplinarwesens verstärken. Die Disziplinarmaßnahmen sind mit Ausnahme einer Verwarnung zu den Arztakten zu nehmen und dort nach fünf Jahren zu löschen (§ 6 Abs. 3 Ärzte-ZV).

VII. Besondere Verfahrenshinweise

Gegen Disziplinarmaßnahmen findet Rechtsschutz ohne Vorverfahren statt (Abs. 5 S. 4). Eine Klagemöglichkeit besteht auch für eine KV ggf. gegen ihren unabhängigen Disziplinarausschuss, wenn dessen Maßnahme nicht ausreichend erscheint.[12] Bei Verhängung einer Geldbuße gilt die Beschränkung von § 144 Abs. 1 Nr. 1 SGG für die Einlegung der Berufung zum LSG nicht.[13]

22

§ 81 a Stellen zur Bekämpfung von Fehlverhalten im Gesundheitswesen

(1) ¹Die Kassenärztlichen Vereinigungen und die Kassenärztlichen Bundesvereinigungen richten organisatorische Einheiten ein, die Fällen und Sachverhalten nachzugehen haben, die auf Unregelmäßigkeiten oder auf rechtswidrige oder zweckwidrige Nutzung von Finanzmitteln im Zusammenhang mit den Aufgaben der jeweiligen Kassenärztlichen Vereinigung oder Kassenärztlichen Bundesvereinigung hindeuten. ²Sie nehmen Kontrollbefugnisse nach § 67 c Abs. 3 des Zehnten Buches wahr.

(2) ¹Jede Person kann sich in den Angelegenheiten des Absatzes 1 an die Kassenärztlichen Vereinigungen und Kassenärztlichen Bundesvereinigungen wenden. ²Die Einrichtungen nach Absatz 1 gehen den Hinweisen nach, wenn sie auf Grund der einzelnen Angaben oder der Gesamtumstände glaubhaft erscheinen.

(3) ¹Die Kassenärztlichen Vereinigungen und die Kassenärztlichen Bundesvereinigungen haben zur Erfüllung der Aufgaben nach Absatz 1 untereinander und mit den Krankenkassen und ihren Verbänden zusammenzuarbeiten. ²Die Kassenärztlichen Bundesvereinigungen organisieren für ihren Bereich einen regelmäßigen Erfahrungsaustausch mit Einrichtungen nach Absatz 1 Satz 1, an dem die Vertreter der Einrichtungen nach § 197 a Absatz 1 Satz 1, der berufsständischen Kammern und der Staatsanwaltschaft in geeigneter Form zu beteiligen sind. ³Über die Ergebnisse des Erfahrungsaustausches sind die Aufsichtsbehörden zu informieren.

(3 a) ¹Die Einrichtungen nach Absatz 1 dürfen personenbezogene Daten, die von ihnen zur Erfüllung ihrer Aufgaben nach Absatz 1 erhoben oder an sie weitergegeben oder übermittelt wurden, untereinander und an Einrichtungen nach § 197 a Absatz 1 übermitteln, soweit dies für die Feststellung und Bekämpfung von Fehlverhalten im Gesundheitswesen beim Empfänger erforderlich ist. ²Der Empfänger darf diese nur zu dem Zweck verarbeiten und nutzen, zu dem sie ihm übermittelt worden sind.

(4) Die Kassenärztlichen Vereinigungen und die Kassenärztlichen Bundesvereinigungen sollen die Staatsanwaltschaft unverzüglich unterrichten, wenn die Prüfung ergibt, dass ein Anfangsverdacht auf strafbare Handlungen mit nicht nur geringfügiger Bedeutung für die gesetzliche Krankenversicherung bestehen könnte.

(5) ¹Der Vorstand hat der Vertreterversammlung im Abstand von zwei Jahren über die Arbeit und Ergebnisse der organisatorischen Einheiten nach Absatz 1 zu berichten. ²In den Berichten sind zusammengefasst auch die Anzahl der Mitglieder der Kassenärztlichen Vereinigung, bei denen es im Berichtszeitraum Hinweise auf Pflichtverletzungen gegeben hat, die Anzahl der nachgewiesenen Pflichtverletzungen, die Art und Schwere der Pflichtverletzung und die dagegen getroffenen Maßnahmen, einschließlich der Maßnahmen nach § 81 Absatz 5, sowie der verhinderte und der entstandene Schaden zu nennen; wiederholt aufgetretene Fälle sowie sonstige geeignete Fälle sind als anonymisierte Fallbeispiele zu beschreiben. ³Die Berichte sind der zuständigen Aufsichtsbehörde zuzuleiten; die Berichte der Kassenärztlichen Vereinigungen sind auch den Kassenärztlichen Bundesvereinigungen zuzuleiten.

---

11 BSG, 28.6.2000, B 6 KA 1/00 B.
12 BSG, SozR 4-1500 § 70 Nr. 1.
13 BSG, SozR 3-1500 § 144 Nr. 17.

(6) ¹Die Kassenärztlichen Bundesvereinigungen treffen bis zum 1. Januar 2017 nähere Bestimmungen über
1. die einheitliche Organisation der Einrichtungen nach Absatz 1 Satz 1 bei ihren Mitgliedern,
2. die Ausübung der Kontrollen nach Absatz 1 Satz 2,
3. die Prüfung der Hinweise nach Absatz 2,
4. die Zusammenarbeit nach Absatz 3,
5. die Unterrichtung nach Absatz 4 und
6. die Berichte nach Absatz 5.

²Die Bestimmungen nach Satz 1 sind dem Bundesministerium für Gesundheit vorzulegen. ³Die Kassenärztlichen Bundesvereinigungen führen die Berichte nach Absatz 5, die ihnen von ihren Mitgliedern zuzuleiten sind, zusammen, gleichen die Ergebnisse mit dem Spitzenverband Bund der Krankenkassen ab und veröffentlichen ihre eigenen Berichte im Internet.

Literatur:

Steinhilper, Stellen zur Bekämpfung von Fehlverhalten im Gesundheitswesen, MedR 2005, 131; *Rixen*, Die Stelle zur Bekämpfung von Fehlverhalten im Gesundheitswesen, ZfSH/SGB 2005, 131.

I. Entstehungsgeschichte.................... 1	V. Datenaustausch (Abs. 3 a).................. 12
II. Organisatorische Einheiten (Abs. 1) 2	VI. Strafanzeige (Abs. 4)....................... 13
III. Anzeigeerstatter (Abs. 2) 9	VII. Berichtspflicht (Abs. 5)..................... 16
IV. Zusammenarbeit (Abs. 3) 11	VIII. Einheitliche Vorgaben (Abs. 6)............. 17

I. Entstehungsgeschichte

1 Die Vorschrift wurde durch das GMG mit Wirkung zum 1.1.2004 eingeführt. Die Regelung hatte in NRW im sog. Heinemann-Erlass (nach dem damaligen Gesundheitsminister des Landes NRW) einen Vorläufer. Bei diesem Erlass stellte sich die Frage, ob eine derartige Regelung durch die *Rechts*aufsicht zulässig ist. Nunmehr besteht eine gesetzliche Grundlage. Aus § 138 StGB kann dabei kein Argument gegen eine Anzeigepflicht hergeleitet werden, da dort nur geplante Straftaten Gegenstand sind, während es hier um den Verdacht begangener Straftaten geht. Die Vorschrift des Abs. 3 a wurde durch das GKV-VStG mit Wirkung zum 1.1.2012 eingeführt. Zu § 81 a besteht eine Parallelvorschrift in § 197 a. Durch das Gesetz zur Bekämpfung von Korruption im Gesundheitswesen wurde § 81 in Abs. 3, 5 und 6 mit Wirkung ab 4.6.2016 geändert.

II. Organisatorische Einheiten (Abs. 1)

2 KVen und KBVen haben „organisatorische Einheiten" zu bilden. Das bedeutet, dass eine – gewisse – Verselbstständigung stattfinden muss. Damit ist jedoch keine hierarchische Heraushebung verbunden. Die dort tätigen Mitarbeiter haben keinen besonderen Kündigungsschutz. Sie haben damit eine schwächere Stellung als etwa als Personalratsmitglieder.

3 Hinsichtlich der Weisungen aufgrund des Direktionsrechts des Arbeitgebers gilt, dass das Gesetz bereits die Aufgabe festlegt. Die Frage des Nachgehens von Verdachtsmomenten ist damit dem Direktionsrecht entzogen. Dieses kann sich nur noch auf das „wie" beziehen, dessen Regelung aber die Aufgabenerfüllung nicht verunmöglichen darf. Insofern besteht also insgesamt eine weitgehende Weisungsfreiheit.

4 Die organisatorische Einheit hat „Fällen" und „Sachverhalten" nachzugehen. Fälle betreffen dabei individuell-konkretes Geschehen, während Sachverhalte generell-konkret aufzufassen sind. Wenn zB einer anonymen Anzeige gegen einen Arzt oder Psychotherapeuten wegen behaupteter Abrechnung nicht erbrachter Leistungen nachzugehen ist, handelt es sich danach um die Bearbeitung eines Falles. Um das Prüfen eines **Sachverhaltes** handelt es sich, wenn der Verdacht einer Falschabrechnung durch eine – zunächst anonyme – Gruppe aufgeklärt wird, etwa wenn der Zeitabstand zwischen den einzelnen Vorsorgeuntersuchungen nicht eingehalten wird und hierzu zunächst eine Betrachtung des Abrechnungsverhaltens einer ganzen Fachgruppe erfolgt.

5 Die organisatorische Einheit hat nach dem Wortlaut der Vorschrift Hinweisen auf „Unregelmäßigkeiten" oder „rechtswidrige oder zweckwidrige Nutzung von Finanzmitteln" nachzugehen. Semantisch weist dabei nur die rechtswidrige oder zweckwidrige Nutzung einen Finanzbezug auf. Der Wortlaut der Vorschrift geht weiter, als die Gesetzesbegründung, nach der der effiziente Einsatz von Finanzmit-

teln im Bereich der GKV gestärkt werden soll.[1] Der Begriff „Finanzmittel" ist nach dem Wortlaut umfassend und beinhaltet damit sowohl Mittel aus dem Haushalt, als auch aus der Honorarverteilung.[2]
Neben der rechtswidrigen Verwendung von Mitteln soll ausdrücklich auch die zweckwidrige Verwendung von Mitteln verfolgt werden. Der Begriff der **Zweckwidrigkeit** ist dabei von dem Begriff der Unzweckmäßigkeit zu unterscheiden. Letzteres ist zB der Fall, wenn Mittel zwar ihrem Zweck entsprechend eingesetzt werden (etwa zur Sicherstellung), aber den Zweck schlechter zu erreichen vermögen als ein alternativer Einsatz. Die zweckwidrige Mittelverwendung stellt in aller Regel zugleich eine rechtswidrige Mittelverwendung dar.

Die **Unregelmäßigkeiten**, denen die organisatorische Einheit nachzugehen hat, müssen im Zusammenhang mit den Aufgaben der jeweiligen KVen bzw der KBVen stehen. Das bedeutet, dass es nicht um Verstöße bei einer anderen KV gehen kann. Dies relativiert sich zB dann, wenn bei einem Abrechnungsbetrug eines Mitglieds dessen KV über den sog. Fremdkassenzahlungsausgleich (vgl § 81 Abs. 3 Nr. 1) eine andere KV belastet. Keine Ermittlungsbefugnis besteht hingegen, wenn sich ein Mitglied fehlerhaft in einem anderen Rechtskreis verhält, zB wenn ein Mitglied einer KV für seine Angestellten keine Sozialversicherungs-Beiträge abführt oder Steuern verkürzt. Nachgehen bedeutet Ermittlungen zu führen, insbesondere Daten zu verarbeiten, wofür in Abs. 3a eine ausdrückliche Grundlage geschaffen wurde. Allerdings dürfen die Ermittlungen eventuelle staatsanwaltschaftliche Ermittlungstätigkeiten nicht erschweren oder gar vereiteln.

Das „Nachgehen" ist nicht nur bei dem Verdacht einer strafbaren Handlung erforderlich, da Abs. 4 die Unterrichtung der Staatsanwaltschaft nur als eine Reaktionsmöglichkeit ausdrücklich nennt. Auch nachdem der BGH[3] festgestellt hat, dass die Gewährung von Gegenleistungen für ärztliches Handeln nicht strafbar ist, liegt gegebenenfalls ein Verdacht iSd § 81a Abs. 1 vor, bei dessen Bestätigung eine disziplinarische Folge in Betracht kommt, → § 81 Rn 17.

III. Anzeigeerstatter (Abs. 2)

Person im Sinne dieser Vorschrift ist nach dem auch in der Gesetzesbegründung zum Ausdruck gelangten Sinn einer Absicherung effizienten Mitteleinsatzes weit aufzufassen und schließt damit neben natürlichen Personen auch juristische Personen ein.

Die Person braucht sich nach dieser Zielsetzung auch nicht zu offenbaren. Auch anonymen Anzeigen – sofern sie geeignet sind – ist nachzugehen. Dem Problem fehlender Rückfragemöglichkeiten bei anonymen Anzeigen wird dabei zunehmend durch Einsatz sog. Whistle-blower-Systeme, die eine anonyme Kontaktaufnahme mit Rückfragemöglichkeit eröffnen, entgegengewirkt.

Hinweise müssen nach Abs. 2 S. 2 aufgrund der einzelnen Angaben oder der Gesamtumstände glaubhaft erscheinen. Das kann auch bei einer anonymen Anzeige der Fall sein, wenn sie hinreichend substantiiert ist. Aus systemischen Erwägungen sind an die Hinweise geringere Anforderungen zu stellen als an den Anfangsverdacht iSv § 152 Abs. 2 iVm § 160 StPO, weil bei Vorliegen eines Anfangsverdachts nach Abs. 4 in der Regel unverzüglich die Staatsanwaltschaft zu unterrichten ist.

Abs. 2 beschränkt die organisatorische Einheit nicht auf ein Hinweisgeber-System. Es ist nicht nur Hinweisen von Personen nachzugehen, es können auch **eigene Ermittlungen** angestellt werden, sofern Auffälligkeiten vorliegen, denen im Sinne von Abs. 1 S. 1 nachzugehen ist.

IV. Zusammenarbeit (Abs. 3)

Die Vorschrift verpflichtet grds. zur gegenseitigen Zusammenarbeit. Dies kann im Bereich einer KV insbesondere bei Zusammenarbeit zwischen KZV und KV bei gemeinsamen Sachverhalten, zB bezüglich Mund-Kiefer-Gesichtschirurgen, die sowohl eine vertragsärztliche als auch eine vertragszahnärztliche Zulassung haben, zielführend sein. Dies ist möglich geworden durch Einführung von Abs. 3a. Bisher war mangels der Möglichkeit des Austauschs von Daten eine Beschränkung auf allgemeine Hinweise und Erfahrungen gegeben. Außerdem haben nach Schaffung der Möglichkeit von KV-übergreifenden Berufsausübungsgemeinschaften sowie Zweigpraxen in anderen KVen die Zusammenarbeit und der Datenaustausch an Bedeutung gewonnen. Schließlich haben die KBVen einen Erfahrungsaustausch unter Beteiligung der Krankenkassen, Ärztekammern und Staatsanwaltschaften zu organisieren, über deren Ergebnisse die Aufsichtsbehörden zu unterrichten sind.

---

[1] BT-Dr. 15/1525, 99.
[2] HM; aA Steinhilper, MedR 2005, 131.
[3] BGH, 29.3.2012, GSSt 2/11.

V. Datenaustausch (Abs. 3 a)

12 Die Vorschrift ermöglicht die Zusammenarbeit zwischen den organisatorischen Einheiten auch im Einzelfall, die ohne Datenaustausch nicht durchführbar war. Während Abs. 3 die Zusammenarbeit zwischen den dort genannten Körperschaften anordnet, enthält Abs. 3 a eine Erlaubnisnorm für einen Datenaustausch unter den Einrichtungen nach § 81 a und § 197 a. Der Datenaustausch ist nach S. 2 streng zweckgebunden.

VI. Strafanzeige (Abs. 4)

13 Bei Bestehen eines **Anfangsverdachts** sollen die KVen und KBVen unverzüglich die Staatsanwaltschaft unterrichten. Der Begriff des Anfangsverdachts entspricht dem des Strafverfahrensrechtes in §§ 152 Abs. 2, 160 Abs. 1 StPO. Danach müssen zureichende tatsächliche Anhaltspunkte für das Vorliegen einer verfolgbaren Straftat gegeben sein, reine Vermutungen reichen nicht aus. „Sollen" bedeutet dabei, dass in der Regel Anzeige zu erstatten ist und nur in Ausnahmefällen davon abgesehen werden kann. Die Pflicht zur Unterrichtung der Staatsanwaltschaft setzt weiterhin voraus, dass die strafbare Handlung nicht nur geringfügige Bedeutung für die gesetzliche Krankenversicherung haben kann. Geringfügige Bedeutung ist nicht gleichzusetzen mit geringer Schuld im Sinne von § 153 StPO und auch nicht mit der Geringwertigkeit nach § 248 a StGB, da auf die Bedeutung für die gesetzliche Krankenversicherung abzustellen ist. Die Beurteilung, ob eine geringfügige Bedeutung vorliegt, ist aufgrund einer Gesamtwürdigung vorzunehmen. Kriterien, die alternativ oder kumulativ vorliegen können, sind dabei neben der Schadenshöhe auch die Art der Begehung, insbesondere, ob ihr ein systematisches oder ein in einer Berufsgruppe abgestimmtes Verhalten zugrunde liegt. Umgekehrt ist allerdings bei geringem Wert oder Schaden eine geringfügige Bedeutung naheliegend. Ebenso bei geringer Schuld.
„Unverzüglich" dürfte nach der Legaldefinition des § 121 Abs. 1 S. 1 BGB zu verstehen sein, dh im Sinne von „ohne schuldhaftes Zögern". Danach ist eine „Über-Ermittlung" zur Ausräumung jeden Zweifels ausgeschlossen.

14 Die **Anzeigepflicht** richtet sich an die KVen und KBVen, also an die Vorstände und nicht an die organisatorischen Einheiten. Trifft der Verdacht Vorstandsmitglieder, ist aufgrund der Überwachungspflicht der Vertreterversammlung (§ 79 Abs. 3 Nr. 2) diese berufen, die Staatsanwaltschaft zu unterrichten. Sie wird dabei vom Vorsitzenden der Vertreterversammlung aufgrund eines Beschlusses, der einen entsprechenden Beschluss der Vertreterversammlung ausführt, vertreten.

15 Bei **Unterlassen einer Strafanzeige** kommt eine Strafbarkeit nach § 258 StGB wegen Strafvereitelung durch Unterlassen in Betracht. Dabei kommt es darauf an, wer als Garant die Anzeigepflicht wahrzunehmen hat. Diese hat idR als Organ im Sinne von § 14 Abs. 1 Nr. 1 StGB der Vorstand. Soweit die organisatorische Einheit in eigener Verantwortung Aufgaben wahrzunehmen hat, die dem Vorstand obliegen, ist § 14 Abs. 2 Nr. 2 StGB einschlägig. Wenn die organisatorische Einheit den Vorstand über seine Anzeigepflicht im konkreten Fall nicht informiert, geht sie selbst Strafbarkeitsrisiken ein.

VII. Berichtspflicht (Abs. 5)

16 Alle zwei Jahre hat der Vorstand der Vertreterversammlung über die Arbeit der organisatorischen Einheit sowie die Ergebnisse zu berichten. Dieser Bericht ist auch der zuständigen Aufsichtsbehörde und der zuständigen KBV zuzuleiten. Der Inhalt der Berichte ist an den gesetzlichen Anforderungen des Abs. 5 S. 2 auszurichten.

VIII. Einheitliche Vorgaben (Abs. 6)

17 Die Vorschrift bestimmt, dass die KBVen und mit welchen Inhalten Vorgaben zu machen haben und wie sie zu veröffentlichen sind.

Dritter Titel Verträge auf Bundes- und Landesebene

§ 82 Grundsätze

(1) ¹Den allgemeinen Inhalt der Gesamtverträge vereinbaren die Kassenärztlichen Bundesvereinigungen mit dem Spitzenverband Bund der Krankenkassen in Bundesmantelverträgen. ²Der Inhalt der Bundesmantelverträge ist Bestandteil der Gesamtverträge.

(2) ¹Die Vergütungen der an der vertragsärztlichen Versorgung teilnehmenden Ärzte und Einrichtungen werden von den Landesverbänden der Krankenkassen und den Ersatzkassen mit den Kassenärztlichen Vereinigungen durch Gesamtverträge geregelt. ²Die Verhandlungen können auch von allen Kassenarten gemeinsam geführt werden.

(3) Die Kassenärztlichen Bundesvereinigungen können mit nicht bundesunmittelbaren Ersatzkassen, der Deutschen Rentenversicherung Knappschaft-Bahn-See und der landwirtschaftlichen Krankenkasse von § 83 Satz 1 abweichende Verfahren zur Vereinbarung der Gesamtverträge, von § 85 Abs. 1 und § 87a Abs. 3 abweichende Verfahren zur Entrichtung der in den Gesamtverträgen vereinbarten Vergütungen sowie von § 291 Abs. 2 Nr. 1 abweichende Kennzeichen vereinbaren.

I. Allgemeines

§ 82 ist zusammen mit § 72 Abs. 2 die Grundnorm des Kollektivvertragsrechts im SGB V und in seiner Grundstruktur bereits seit dem 1.1.1989 im SGB V enthalten (BGBl. I, 2477).[1] Die Regelung geht zurück auf die Vorschrift des § 368g RVO.[2] Abs. 3 wurde im Jahr 2001 eingefügt.[3] Darüber hinaus gab es überwiegend kleinere, vor allem redaktionelle und organisationsstrukturelle Veränderungen in den Jahren 2003,[4] 2004,[5] 2007,[6] 2008[7] sowie 2013,[8] in denen die Norm der Entwicklung der Selbstverwaltung angepasst wurde.

Die Regelung baut auf der Anordnung in § 72 Abs. 2 auf, wonach die vertragsärztliche Versorgung im Rahmen der gesetzlichen Vorschriften und der Richtlinien des Gemeinsamen Bundesausschusses durch schriftliche Verträge zu regeln ist. Die Norm ist damit konstitutives Element des in Deutschland herrschenden Grundsatzes der Selbstverwaltung im Gesundheitswesen. Dieses System basiert auf zwei Grundentscheidungen, die der Gesetzgeber bereits in Zeiten des wilhelminischen Kaiserreichs dem Grunde nach getroffen hat. Der Gesetzgeber hat sich auf der einen Seite in über hundertdreißigjähriger Kontinuität für das Sachleistungsprinzip entschieden.[9] Auf der anderen Seite herrscht das Leitbild des niedergelassenen Arztes – heute ergänzt um Medizinische Versorgungszentren und Berufsausübungsgemeinschaften – als Träger der ambulanten Versorgung im Gesundheitswesen. Folge dieser beiden Säulen des deutschen Gesundheitswesens ist die Selbstverwaltung. Wenn nämlich der Gesetzgeber niedergelassene – freie und nichtstaatliche – Praxen die Versorgung durchführen lassen will, bedarf es zur Ausdifferenzierung der Versorgung eines grundlegenden Regelungsinstruments, das zur Vereinfachung der Umsetzung sinnvoller Weise kollektive Elemente hat.[10] Erst dieses Regelungsinstrument – das aufgrund der Einbeziehung von niedergelassenen Ärzten notwendig ein vertragliches sein muss, wenn man keine rein staatliche Struktur vorgeben will – ermöglicht es den Vertragsparteien verbindliche Vorgaben für die Normadressaten zu machen.[11] Darüber hinaus erweist sich die höhere Sachnähe der vertragsschließenden Parteien als Vorteil: Weil die gesetzliche Krankenversicherung ihrerseits die Interessen der Beitragszahler bündelt und die Vertragsärzte durch Kassenärztliche Vereinigungen und die Kassenärztliche Bundesvereinigung vertreten werden, sind die unmittelbar in die ambulante Versorgung eingebundenen Parteien in die Ausdifferenzierung der ambulanten Versorgung integriert und können somit ihre praktischen Erfahrungen in den Vertragsschluss einfließen lassen. Im Zusammenhang mit § 72 Abs. 2 ergibt sich die sog Normenhierarchie im Kassenarztrecht, die bedeutet, dass die

---

1 Zur Entstehungsgeschichte Sproll in: Krauskopf, § 82 SGB V Rn. 1; Freudenberg in: jurisPK-SGB V, § 82 Rn. 1 ff.
2 Vgl. hierzu Freudenberg in: jurisPK-SGB V, § 82 Rn. 5.
3 BGBl. I 2001, 2477.
4 Anpassung des Abs. 3 an die Neuregelung des Vergütungssystems, BGBl. I 2003, 2241.
5 Sprachliche Anpassung des Abs. 3 an die Organisationsstruktur der Rentenversicherungsträger, BGBl. I 2004, 3242.
6 Redaktionelle Veränderungen durch BGBl. I 2007, 378; BGBl. I 2007, 3024 sowie die Anpassung an die Einführung des GKV-Spitzenverbandes in BGBl. I 2007, 3374.
7 Streichung der Begriffe „ärztlich geleitet", BGBl. I 2008, 874.
8 Sprachliche Anpassung an die Neuordnung der landwirtschaftlichen Sozialversicherung, BGBl. I 2012, 579.
9 Wigge in: Schnapp/Wigge, § 2 Rn. 39; Freudenberg in: jurisPK-SGB V § 82 Rn. 10 sieht § 82 als Ausfluss des Sachleistungsprinzips.
10 Es ist darauf hinzuweisen, dass eine isolierte Vertragsbeziehung Krankenkasse – Arzt selbst bei den Selektivverträgen – zumal den größeren wie etwa der HzV – aus Praktikabilitätsgründen heraus unüblich ist und dass auch dort im Ergebnis auf dem Kollektivvertrag vergleichbare Gestaltungsprinzipien zurückgegriffen wird.
11 Vgl. BSG, 16.9.1997, 1 RK 32/95, BSGE 81, 73, 83.

nachrangige Norm an die Regelungen der vorrangigen gebunden ist.[12] Diese Rangfolge[13] lautet: Gesetz, G-BA-Richtlinie, Bundesmantelvertrag (nebst den Richtlinien des G-BA und dem EBM als gesetzlich zwingende Bestandteile des BMV), Gesamtverträge und schließlich Satzungen der KVen und Krankenkassen.

2   § 82 gliedert die zu schließenden Verträge in die Bundesmantelverträge und die Gesamtverträge und legt die Vertragsparteien der jeweiligen Verträge fest. Abs. 1 bestimmt dabei, dass der allgemeine Inhalt der Gesamtverträge in Bundesmantelverträgen zu regeln ist, weswegen in der Konsequenz der Bundesmantelvertrag Bestandteil der Gesamtverträge ist. Abs. 2 regelt, dass die Vergütung der an der vertragsärztlichen Versorgung teilnehmenden Ärzte in den Gesamtverträgen festzulegen ist, wobei Abs. 2 S. 2 durch § 87a Abs. 1 für die vertragsärztliche Versorgung abbedungen und Abs. 2 insgesamt im Hinblick auf die Vergütung im vertragsärztlichen Bereich durch § 87a nur von untergeordneter Bedeutung ist. Abs. 3 ermöglicht – systematisch allerdings nicht passend[14] – die Vereinbarung von Sonderregelungen der Kassen(zahn)ärztlichen Bundesvereinigung mit bestimmten Krankenversicherungsträgern. Gleichwohl es sich bei der Regelung, wie ausgeführt, um die Grundnorm des Kollektivvertragsrechts handelt, hat der Gesetzgeber in § 83 den Inhalt der Gesamtverträge über die Vergütungsregelung des Abs. 2 hinaus normiert, anstatt diese Regelungen folgerichtig in § 82 zu treffen, weswegen die Zweckbestimmung des § 82, eine Grundsatznorm zu sein, nicht erreicht wurde und § 82 nur gemeinsam mit § 83 verständlich ist.[15]

II. Verträge und Vertragspartner

3   In § 82 sind unmittelbar drei Vertragstypen des „mehrstufigen Kollektivismus"[16] des deutschen Gesundheitssystems ausdrücklich benannt. Die Bundesmantelverträge (Abs. 1), die Gesamtverträge (Abs. 2) und die Sonderregelungen (Abs. 3), die von der Kassen(zahn)ärztlichen Bundesvereinigung mit den dort genannten Krankenversicherungsträgern getroffen werden können. Allen Verträgen gemein ist zunächst, dass sie schriftlich zu schließen sind, § 72 Abs. 2. Aus ihnen ergeben sich untergesetzliche Rechtsnormen,[17] aber auch schuldrechtliche Verpflichtungen, die nur die Vertragsparteien binden,[18] wobei erstere überwiegen. Die Frage nach der Einordnung und verfassungsrechtlicher Zulässigkeit von untergesetzlichen Rechtsnormen in den Normenkatalog des Grundgesetzes war lange Zeit Gegenstand wissenschaftlicher Auseinandersetzung, ist jedoch praktisch als nicht mehr relevant zu charakterisieren.[19] Das BSG[20] selbst geht mittlerweile in ständiger Rechtsprechung von der Zulässigkeit des Regelungsinstruments aus, während das BVerfG die Frage nach Einordnung und Zulässigkeit der untergesetzlichen Rechtsnorm durch Vertrag zwar offengelassen hat,[21] dieses Offenlassen jedoch vor dem Hintergrund verschiedener Möglichkeiten zur Entscheidung als „beredtes Schweigen" im Sinne einer Zustimmung zu charakterisieren ist. Die Verbindlichkeit des BMV gegenüber den Vertragsärzten ergibt sich über deren (Zwangs-)Mitgliedschaft in den Kassenärztlichen Vereinigungen und den Satzungen von K(Z)BV und K(Z)V, § 81 Abs. 3 Nr. 1. Gegenüber den einzelnen Krankenkassen ergibt sich die Verbindlichkeit aus § 210 Abs. 2. Die Verbindlichkeit der Gesamtverträge für die Vertragsärzte ergibt sich direkt aus § 82 Abs. 2 und für die einzelnen Krankenkassen aus § 83. Eine unmittelbare Wirkung gegenüber den Versicherten entfalten Bundesmantelverträge und Gesamtverträge nicht, jedoch findet über eine Bindung der Krankenkassen auch eine Bindung der Versicherten statt.[22]

---

12 Hess in: KassKomm, § 82 SGB V Rn. 4.
13 Hess in: KassKomm, § 82 SGB V Rn. 4; Scholz in: Becker/Kingreen, § 82 Rn. 82.
14 So auch Wenner in: Eichenhofer/Wenner, § 82 Rn. 1.
15 So auch Hess in: KassKomm, § 82 SGB V Rn. 3; Freudenberg in: jurisPK-SGB V, § 82 Rn. 17.
16 Axer in: Schnapp/Wigge, § 8 Rn. 5.
17 Vgl. statt Vieler BSG, 13.8.2014, B 6 KA 46/13 R, GesR 2015, 105 mwN.
18 Axer in: Schnapp/Wigge, § 8 Rn. 13.
19 So auch Wenner in: Eichenhofer/Wenner, § 82 Rn. 5; vgl. hierzu ausführlich Nebenfahl in: Spickhoff, Medizinrecht, § 82 Rn. 11 ff.
20 Vgl. zur verfassungsrechtlichen Rechtfertigung untergesetzlicher Normgebung aus Sicht des BSG: BSG, 6.5.2009, B 6 KA 1/08 R, SozR 4-2500 § 94 Nr. 2.
21 Vgl. statt vieler zum EBM BVerfG, 23.8.2010, 1 BvR 1141/10, SozR 4-2500 § 87 Nr. 23.
22 Freudenberg in: jurisPK-SGB V, § 82 Rn. 33 und 59; zur Bindung der Versicherten ausführlich Sproll in: Krauskopf, § 82 SGB V Rn. 6.

Bei den Verträgen handelt es sich um **öffentlich-rechtliche Verträge**, auf die die §§ 53 ff. SGB X Anwendung finden,[23] sofern im SGB V keine spezielle Regelung getroffen ist, § 37 SGB I. Dies trifft insbesondere auf § 57 SGB X zu. Wegen des Umstandes, dass es sich bei den Verträgen nach § 82 um sog Normsetzungsverträge handelt, kann es für deren Wirksamkeit nicht auf die Zustimmung von Dritten ankommen.[24] Dieses durch das BSG gefundene Ergebnis wird durch die Anwendung des § 37 SGB I im Hinblick auf § 89 bestätigt. In § 89 sind Regelungsmöglichkeiten von (Rechts-)aufsicht und Schiedsamt als Dritte ausdrücklich geregelt, so dass sich schon hieraus ergibt, dass das SGB V mit Blick auf den Dritten speziellere Regelungen getroffen hat.

Weil aus den in § 82 genannten Verträgen untergesetzliche Rechtsnormen resultieren, sind die geschlossenen Verträge für ihre Wirksamkeit zu **veröffentlichen**. Die Notwendigkeit der Publikation ergibt sich dabei nicht aus einer unmittelbaren Anordnung im einfachen Recht sondern aus dem verfassungsrechtlichen Rechtsstaatsprinzip. Aus Art. 20 GG leitet das BVerfG den Grundsatz ab, dass sich der Betroffene verlässlich und ohne unzumutbare Erschwernisse vom Inhalt der jeweiligen Norm Kenntnis verschaffen können muss.[25] Die Art und Weise der Publikation ist damit nicht vorgegeben. Sowohl eine Bekanntgabe in den offiziellen Veröffentlichungen von KBV und KVen, aber auch eine Veröffentlichung per Rundschreiben ist als zulässig anzusehen und hängt letztlich vom Binnenrecht der jeweiligen Organisation ab. Auch eine Bekanntgabe allein im Internet ist – sofern binnenrechtlich zulässig – als hinreichende Publikation zu charakterisieren, sofern die an Internetbekanntmachung zu stellenden Anforderungen erfüllt sind.

1. Bundesmantelvertrag. Die Bundesmantelverträge haben die **Funktion**, den „allgemeinen Inhalt" der Gesamtverträge zu regeln. Damit ist die in § 82 enthaltene Ermächtigungsnorm zur untergesetzlichen Normgebung vergleichsweise weit, wird aber normativ durch § 72 Abs. 2 dahin gehend beschränkt, dass die zu vereinbarenden Regelungen sich im Rahmen der gesetzlichen Regelungen und der Richtlinien des Gemeinsamen Bundesausschusses zu bewegen haben. Weiterhin ist der Gestaltungsspielraum durch die Abgrenzung der Bundesmantelverträge zu den Gesamtverträgen beschränkt. Der „allgemeine Inhalt" ist dahin gehend zu verstehen, dass nur das geregelt werden darf, was zu einer einheitlichen Versorgung der gesetzlich Krankenversicherten notwendig ist.[26] Hierbei muss den Gesamtverträgen ein substanzieller Gestaltungsspielraum belassen werden.[27] Diese Interpretation belässt den Bundesmantelvertragspartner einen großen Regelungsraum und darf in ihrer begrenzenden Wirkung nicht überspannt werden, da von diesem grundsätzlichen Regelungsspielraum alle grundlegenden Fragestellungen betroffen sind, sofern keine ausdrückliche gesetzliche Zuweisung an die Gesamtvertragspartner getroffen ist. Sofern der Gesetzgeber anderen untergesetzlichen Normgebern – wie etwa dem G-BA oder dem Bewertungsausschuss – Aufgaben übertragen hat, besteht in dieser Sachmaterie ebenfalls keine Regelungsbefugnis.[28] Eine weitere wichtige Begrenzung des Gestaltungsspielraums der Bundesmantelvertragspartner folgt aus § 72 Abs. 2 im Hinblick auf das **Wirtschaftlichkeitsgebot**, so dass der Grundsatz der Beitragssatzstabilität aus § 71 Abs. 1 auch für die Bundesmantelvertragspartner Geltung hat. **Weitere Vorgaben, die den Gestaltungsspielraum der Bundesmantelvertragspartner einschränken**, ergeben sich aus inhaltlichen Vorgaben des Gesetzgebers, die dieser in den §§ 85, 87 (vor allem organisatorisch) 73 Abs. 8, 130 b Abs. 2 130 c Abs. 5 (Arzneimittel), 295 Abs. 3 und 296 Abs. 3 (Abrechnung) gemacht hat. Zusätzliche Normsetzungsbefugnisse kommen den Bundesmantelvertragspartnern demgegenüber aus § 135 Abs. 2 sowie aus denn §§ 31 Abs. 2 Ärzte-ZV und 31 Abs. 2 Zahnärzte-ZV zu, wobei im Rahmen von möglichen Konkurrenzen der Ermächtigungsgrundlage eine strikte Auseinanderhaltung nicht geboten ist.[29] Aus dem nach den vorgenannten Beschränkungen sich ergebenden weiten Gestaltungsspielraum folgt, dass die Bundesmantelvertragspartner auch über die gesetzlichen Vorgaben hinausgehende Vereinbarungen schließen dürfen, soweit der Gesetzgeber keine

---

23 Freudenberg in: jurisPK-SGB V, § 82 Rn. 38; Scholz in: Becker/Kingreen, § 82 Rn. 9 mwN; aA Axer in: Schnapp/Wigge, § 8 Rn. 11 unter Verweis auf den Normencharakter.
24 BSG, 15.3.1995, 6 RKa 36/96, BSGE 76, 48–52.
25 BVerfG, 22.11.1983, 2 BvK 25/81, BVerfGE 65, 283–292 mwN.
26 Axer in: Schnapp/Wigge, § 8 Rn. 19; Scholz in: Becker/Kingreen, § 82 Rn. 7.
27 Hess in: KassKomm, § 82 SGB V Rn. 5; Freudenberg in: jurisPK-SGB V, § 82 Rn. 28; Sproll in: Krauskopf, § 82 SGB V Rn. 15 sieht die Grenze je näher die Regelungen an Vergütungsregelungen heranreichen; aA Nebenfahl in: Spickhoff, Medizinrecht, § 82 SGB V Rn. 4, der aus § 82 Abs. 1 herleitet, dass den Gesamtvertragspartnern kein Raum zur Konkretisierung gewährt werden muss.
28 Axer in: Schnapp/Wigge, § 8 Rn. 24.
29 Vgl. Wenner in: Eichenhofer/Wenner, § 82 Rn. 8 mit Verweis auf die der Rechtsprechung zugrunde liegende Vorstellung.

konkreten inhaltlichen Vorgaben gemacht hat und etwa im Bereich der Qualitätssicherung Regelungen treffen dürfen, die sogar über die berufsrechtlichen Anforderungen hinausgehen können.[30] Neben den eigenständig getroffenen Regelungen der Bundesmantelvertragspartner sind interessanterweise auch **untergesetzliche Normen anderer Normgeber** Teile des jeweiligen Bundesmantelvertrags. Gesetzlicher Bestandteil des Bundesmantelvertrages sind dabei zum einen der Einheitliche Bewertungsmaßstab (EBM), § 87 Abs. 1, der durch das eigenständige Vertragsorgan „Bewertungsausschuss" geschlossen wird, zum anderen die Richtlinien des Gemeinsamen Bundesausschusses, § 92 Abs. 8. Seit dem 1.10.2013 gibt es im vertragsärztlichen Bereich einen einheitlichen Bundesmantelvertrag Ärzte, der die bis dahin geltenden Bundesmantelverträge unterteilt nach Primär- und Ersatzkassen abgelöst hat. Im kassenzahnärztlichen Bereich gibt es demgegenüber weiterhin einen Bundesmantelvertrag-Zahnärzte und einen Ersatzkassenvertrag-Zahnärzte, was auf die frühere Unterscheidung zwischen Primär- (AOK, BKK, IKK, Knappschaft) und Ersatzkassen zurückzuführen und durch § 217 f Abs. 5 legitimiert ist. Vertragsparteien des Bundesmantelvertrages sind die Kassenärztlichen Bundesvereinigungen auf der einen, der GKV-Spitzenverband auf der anderen Seite, die jeweils als Körperschaften des öffentlichen Rechts konstituiert sind.

7 **2. Gesamtverträge.** Gesamtverträge sind die zwischen Kassenärztlichen Vereinigungen auf der einen und Landesverbänden der Krankenkassen sowie den Ersatzkassen auf der anderen Seite geschlossene Verträge über die vertragsärztliche Versorgung und deren Vergütung, §§ 83 und 82 Abs. 2. Die Ersatzkassen, die traditionell bundesweit organisiert sind und keine Landesverbände bilden, müssen nach § 212 Abs. 5 für gesamtvertragliche Regelungen jeweils einen Bevollmächtigten mit Abschlusskompetenz benennen. Nach § 212 Abs. 5 S. 6 ist für die gesamtvertraglichen Regelungen, die „gemeinsam und einheitlich" zu treffen sind, zwingend ein Bevollmächtigter mit Abschlusskompetenz gemeinsam von allen Ersatzkassen zu benennen. Dies ist heute regelhaft der Verband der Ersatzkassen (VdEK). Wie unter → Rn. 6 dargelegt, ergibt sich die Regelungskompetenz der Gesamtvertragspartner, denen ebenfalls ein weiter Gestaltungsspielraum zuzugestehen ist, aus der Normenhierarchie des Kassenarztrechts. Dh deren Kompetenz ergibt sich im Ergebnis aus der Abgrenzung zum Bundesmantelvertrag, aus Beschränkungen durch gesetzliche Vorgaben und Regelungszuweisungen (zB in § 73 Abs. 3 für Maßnahmen der Vorsorge und der Rehabilitation, § 73 a für sog Strukturverträge) sowie aus allgemeinen gesetzlichen Vorgaben wie dem Grundsatz der Beitragssatzstabilität nach § 72 Abs. 2 iVm § 71 Abs. 1, der auch nach § 85 Abs. 3 auf die Gesamtverträge Anwendung findet. Hierbei ist allerdings anzumerken, dass im Rahmen der Fortentwicklung der Gesamtvergütung im vertragsärztlichen Bereich die Vertragsparteien auf regionaler Ebene durch § 87 a Abs. 1 an die spezielleren Regelungen des § 87 a Abs. 2 bis 6 gebunden sind, so dass für die hier geregelte Gesamtvergütung, die nicht Teil des Gesamtvertrages ist, der Grundsatz der Beitragssatzstabilität nur eingeschränkt gilt. Hintergrund dieser Regelung ist die durch Gesetzgeber gewünschte Übertragung des Morbiditätsrisikos an die Krankenkassen, die bis heute jedoch nicht vollständig vollendet ist. Auf der anderen Seite sind die Gesamtvertragspartner auch daran gebunden, den Grundsatz der Angemessenheit der Vergütung zu beachten (§ 72 Abs. 2), wobei aus diesem Rechtssatz nach der ständigen Rechtsprechung des BSG kein subjektives Recht auf ein höheres Honorar folgt, so lange ein ausreichender finanzieller Anreiz für eine vertragsärztliche Tätigkeit besteht und die Funktionalität der vertragsärztlichen Versorgung nicht gefährdet ist.[31] Diese Definition ist daher als Untergrenze für die Regelungsmöglichkeit der Gesamtvertragspartner im Hinblick auf die Honorierung der ärztlichen Leistungen zu beachten. Die Gesamtvertragsparteien können vor diesem Hintergrund also der Regelungen des Bundesmantelvertrages konkretisieren oder ergänzen – wobei ihnen eine Abweichung verwehrt ist – und sie dürfen im Übrigen unter Beachtung der vorgenannten Begrenzungen Regelungen für den gesamten Bereich der vertragsärztlichen Versorgung treffen.[32] Die inhaltlichen Grenzen des Gestaltungsspielraums ergeben sich dabei weiterhin aus den allgemeinen Grenzen für Gestaltungsspielräume untergesetzlicher Normgeber.[33]

8 **3. Abweichende Verträge nach Abs. 3.** Nach Abs. 3 ist es den Kassenärztlichen Bundesvereinigungen mit den hier ausdrücklich benannten Krankenkassen gestattet, von § 83 Abs. 1 abweichende Verfahren zur Vereinbarung von Gesamtverträgen, von den §§ 85 Abs. 1 und 87 a Abs. 3 abweichende Verfahren zur Entrichtung der Gesamtvergütung sowie von § 291 Abs. 2 Nr. 1 abweichende Kennzeichnungen zu

---

30 Vgl. nur BSG, 8.9.2004, B 6 KA 18/03 R, SozR 4-2500 § 82 Nr. 1.
31 Vgl. statt Vieler BSG, 8.12.2012, B 6 KA 42/09 R, SozR 4-2500, § 85 Nr. 61 mwN.
32 Hess in: KassKomm, § 82 SGB V Rn. 9; Scholz in: Becker/Kingreen, § 82 Rn. 8.
33 Vgl. zum Gestaltungsspielraum des Bewertungsausschusses Reuter/Weinrich, Der Gestaltungsspielraum des Bewertungsausschusses, MedR 2013, 584.

vereinbaren. Durch den Umstand, dass es keine nicht bundesunmittelbaren Ersatzkassen mehr gibt, findet die Regelung nur noch für die Deutsche Rentenversicherung Knappschaft-Bahn-See sowie die Landwirtschaftliche Krankenkasse Anwendung und hat damit eine nur sehr eingeschränkte Bedeutung. Die Regelung bietet die Möglichkeit, vom geltenden Wohnortprinzip im Zusammenhang mit dem Abschluss von Gesamtverträgen und der Entrichtung der Vergütung abzuweichen und bietet damit die Möglichkeit für die beiden benannten Krankenversicherungen, ihre Regelungen nach dem bis 2002 geltenden Kassensitzprinzip mit den jeweils örtlichen Kassenärztlichen Vereinigungen zu treffen – so dies durch eine Vereinbarung mit den Kassenärztlichen Bundesvereinigungen legitimiert ist.[34] Praktisch umgesetzt wird diese Form des Abschlusses von Gesamtverträgen durch die Deutsche Rentenversicherung Knappschaft-Bahn-See, die alleine mit der Kassenärztlichen Vereinigung Westfalen-Lippe einen Gesamtvertrag schließt, der für alle KV-Bezirke gilt und auch die Aufteilung der Gesamtvergütung auf die einzelnen KV-Bezirke übernimmt.[35]

III. Rechtsschutz gegen kollektivvertragliche Regelungen

Da das SGG keine Normenkontrollklage kennt, kann gegen die in § 82 aufgeführten kollektivvertraglichen Regelungen nicht direkt gerichtlich vorgegangen werden.[36] Zulässig ist hingegen nach allgemeiner Ansicht der gerichtliche Angriff gegen vertraglich entstandenen untergesetzlichen Rechtsnormen im Rahmen vom Verfahren, die der Klärung von Rechtsfragen im Zusammenhang mit der Anwendung der untergesetzlichen Normen dienen (sog Inzidentkontrolle).[37] Ebenfalls zulässig ist die Klage Dritter, die nicht zu den unmittelbar Normunterworfenen zählen, sofern sie geltend machen können, in ihren Rechten verletzt worden zu sein, zB Heil- und Hilfsmittelhersteller.[38] Im Rahmen der Überprüfung der kollektivvertraglichen Regelungen ist die Kontrolle der Gerichte durch den untergesetzlichen Normgebern zugestandenen Gestaltungsspielraum auf die Frage beschränkt, ob der Normgeber gegen höherrangige Normen anderer untergesetzlicher Normgeber, gesetzliche oder übergesetzliche Regelungen verstoßen hat oder aber seine Normsetzungsbefugnis missbräuchlich ausgenutzt hat.[39]

§ 83 Gesamtverträge

¹Die Kassenärztlichen Vereinigungen schließen mit den für ihren Bezirk zuständigen Landesverbänden der Krankenkassen und den Ersatzkassen Gesamtverträge über die vertragsärztliche Versorgung der Mitglieder mit Wohnort in ihrem Bezirk einschließlich der mitversicherten Familienangehörigen; die Landesverbände der Krankenkassen schließen die Gesamtverträge mit Wirkung für die Krankenkassen der jeweiligen Kassenart. ²Für die Deutsche Rentenversicherung Knappschaft-Bahn-See gilt Satz 1 entsprechend, soweit die ärztliche Versorgung durch die Kassenärztliche Vereinigung sichergestellt wird. ³§ 82 Abs. 2 Satz 2 gilt entsprechend. ⁴Kassenindividuelle oder kassenartenspezifische Vereinbarungen über zusätzliche Vergütungen für Diagnosen können nicht Gegenstand der Gesamtverträge sein; § 71 Absatz 6 gilt entsprechend. ⁵Satz 4 gilt nicht für vertragszahnärztliche Leistungen.

I. Allgemeines

§ 83, der auf § 368g Abs. 2 RVO zurückgeht, schließt sich der „Grundnorm" des § 82 an und regelt die Gesamtverträge, die im Hinblick auf die Vergütung der vertragsärztlichen Leistungen schon in § 82 Abs. 2 aufgegriffen sind. Die Norm wurde 1989 in das SGB V eingefügt[1] und aktuell durch das HHVG geändert.[2] Wie § 82 wurde auch diese Regelung mehrfach in redaktioneller Hinsicht, aber auch den strukturellen Wandlungen – insbesondere im Hinblick auf die Zuständigkeiten zum Abschluss der Gesamtverträge – des Gesundheitssystems entsprechend, angepasst.[3] Außerdem spiegelt

---

34 Vgl. Wenner in: Eichenhofer/Wenner, § 82 Rn. 11.
35 Hess in: KassKomm, § 82 SGB V Rn. 11.
36 BSG, 20.3.1996, 6 RKa 21/95; SozR 3-5540 § 25 Nr. 2.
37 Axer in: Schnapp/Wigge, § 8 Rn. 50.
38 Freudenberg in: jurisPK-SGB V, § 82 Rn. 47.
39 Am Beispiel des Bewertungsausschusses Reuter/Weinrich, MedR 2013, 584.
1 BGBl. I 1988, 2477.
2 BGBl. I 2017, 778.
3 Zur Entstehungsgeschichte Sproll in: Krauskopf, § 83 SGB V Rn. 1; Freudenberg in: jurisPK-SGB V, § 83 Rn. 1 ff.

sich in der Entwicklung der Norm, wie unter → Rn. 2 dargelegt, die Abkehr vom Kassensitzprinzip hin zum Wohnortprinzip wieder. „**Gesamtvertrag**" heißen die so geschlossenen untergesetzlichen Normen in historischer Abgrenzung zu den **Einzelverträgen**, die eine Krankenkasse vor über hundert Jahren mit dem einzelnen Arzt schließen konnte.[4] Hauptgegenstände der Regelung des § 83 sind zum einen die Festlegung auf das Wohnortprinzip im Hinblick auf die zu zahlende Gesamtvergütung und die Festlegung der Gesamtvertragspartner der Kassen(zahn)ärztlichen Vereinigungen nebst Sonderregelung für die Deutsche-Rentenversicherung Knappschaft-Bahn-See zum anderen. Mit der Vorschrift wird damit die Wirkung der auf regionaler Ebene geschlossenen Verträge normativ festgelegt. Die in § 83 getroffenen Festlegungen sind dabei für die Funktionsfähigkeit des deutschen Gesundheitssystems von nicht zu unterschätzender Bedeutung: Da der Gesetzgeber sich im Jahr 1996 entschieden hat, das freie Kassenwahlrecht der Versicherten einzuführen, wäre es ohne die in § 83 getroffenen Regelungen erforderlich, dass jede Krankenkasse mit allen Kassenärztlichen Vereinigungen gesamtvertragliche Regelungen treffen müsste, so dass durch die Regelung letztlich die Funktionsfähigkeit des Kollektivvertragssystems gewährleistet wird.[5]

II. Wohnortprinzip

2   Das Wohnortprinzip regelt den Kreis der Versicherten, für deren vertragsärztliche Versorgung der jeweilige Gesamtvertrag gilt.[6] Dies sind die Mitglieder, die im jeweiligen KV-Bezirk wohnen, nebst den bei ihnen familienversicherten Angehörigen, wobei es bei letzteren nicht auf den Wohnort ankommt und sich die Einbeziehung aus dem Wohnort des Mitglieds ergibt. Motiv der Regelung ist es, den Vertragspartnern zu ermöglichen, die ärztliche Versorgung auf die regionalen Bedürfnisse auszurichten.[7] Ohne den historischen Hintergrund ist die Bedeutung des Wohnortprinzips für die vertragsärztliche Versorgung kaum zu verstehen. Vor dem Gesetz zur Einführung des Wohnortprinzips bei Honorarvereinbarungen für Ärzte und Zahnärzte vom 11.12.2001 (BGBl. I, 3526), das zum 1.1.2002 in Kraft getreten ist, galt das Kassensitzprinzip. Demnach waren Gesamtverträge – und auch die Gesamtvergütung – dort mit Wirkung für die vertragsschließenden Parteien zu vereinbaren, wo die für den Versicherten zuständige Krankenkasse ihren Sitz hatte. Nachdem der Gesetzgeber 1996 das Recht der freien Kassenwahl eingeführt hatte, erhöhte sich das Ausgleichsbedürfnis unter den Kassenärztlichen Vereinigungen deswegen, weil immer mehr Versicherte Leistungen an Orten außerhalb des KV-Bereichs des Kassensitzes ihre Krankenkasse in Anspruch nahmen. Da für diese Leistungen keine Gesamtvergütung gezahlt war, musste dieser Ausgleich im Fremdkassenzahlungsausgleich stattfinden, was angesichts der umzuverteilenden hohen Summen nicht mehr funktional war.[8]

III. Wirkung für die Kassenart

3   Die Gesamtverträge binden nach dem Wortlaut des § 83 alle Krankenkassen der jeweiligen Kassenart. Unter Geltung des Kassensitzprinzips bis zum Jahr 2002 wurden nur die Mitgliedskassen der jeweiligen Landesverbände gebunden, seither werden alle Krankenkassen verpflichtet, deren Versicherte von Mitgliedern der vertragsschließenden K(Z)V behandelt werden.[9] Dies hat zur Folge, dass die Regelungen der Gesamtverträge auch für Krankenkassen gelten, die nicht Mitglied des vertragsschließenden Landesverbandes auf Seiten der Krankenkassen sind.[10] Eine Einzelabschlusskompetenz für Primärkassen gibt es nicht mehr.[11] Ausnahmen von der Bindung der Krankenkassen an die Gesamtverträge kommen nach der Rechtsprechung dabei nur in engen Grenzen in Betracht, wozu etwa die Nichtigkeit des Vertrags zu zählen sein dürfte.[12] Damit ist der Rechtsschutz der einzelnen Krankenkassen im Übrigen auf eine Intervention bei der Rechtsaufsicht beschränkt.[13]

---

4 Wenner in: Eichenhofer/Wenner, § 83 Rn. 3.
5 BSG, 28.9.2005, B 6 KA 71/04 R, SozR 4-2500 § 83 Nr. 2.
6 Vgl. LSG Hmb, 1.4 2015, L 5 KA 58/13 Rn. 15, juris.
7 Wenner in: Eichenhoff/Wenner, § 83 Rn. 6.
8 Scholz in: Becker/Kingreen, § 83 Rn. 5, spricht von einem Anteil von 16 % an der Gesamtvergütung.
9 Vgl. für die Gesamtvergütung zuletzt BSG, 27.6.2012, B 6 KA 33/11 R, SozR 4-2500 § 85 Nr. 72 mwN.
10 BSG, 5 11.2008, B 6 KA 55/07 R, SozR 4-2500 § 83 Nr. 5; BSG, 28. 9.2005, B 6 KA 71/04 R, SozR 4-2500 § 83 Nr. 2.
11 BSG, 28. 9.2005, B 6 KA 71/04 R, SozR 4-2500 § 83 Nr. 2; so auch Hess in: KassKomm, § 83 SGB V Rn. 5 a.
12 Unter Benennung von Voraussetzungen BSG, 27. 6 2012, B 6 KA 33/11 R, SozR 4-2500 § 85 Nr. 72; Erwogen in BSG, 28.9.2005, B 6 KA 71/04 R, SozR 4-2500 § 83 Nr. 2.
13 BSG, 31.8 2005, B 6 KA 6/04 R, SozR 4-2500 § 85 Nr. 21.

IV. Sonderregelung für die Deutschen Rentenversicherung Knappschaft-Bahn-See

Die Sonderregelung für die Deutsche Rentenversicherung Knappschaft-Bahn-See beruht auf dem Umstand, dass diese Krankenversicherung auch Leistungen durch sog **Knappschaftsärzte** außerhalb der vertragsärztlichen Versorgung erbringt. Mit der Regelung wird also klargestellt, dass für Behandlungen dieser Ärzte gesamtvertragliche Regelungen keine Anwendung finden.

V. Gesamtvertragliche Regelungen

Die Bundesmantelverträge sind nach § 82 Abs. 1 als „Allgemeiner Inhalt" Bestandteil der Gesamtverträge, so dass damit auch der EBM und die Richtlinien des G-BA von ihnen umfasst sind (vgl. hierzu die Kommentierung zum Bundesmantelvertrag in → § 82 Rn. 6). Die Gesamtverträge können im Rahmen ihres Gestaltungsspielraums (→ § 82 Rn. 7) eine große Bandbreite an Regelungen zur vertragsärztlichen Versorgung treffen, wobei sich aus der Regelung keine Vorgabe dahin gehend ergibt, dass die gesamtvertraglich getroffenen Regelungen in einem Gesamtvertrag zusammengeführt sein müssen.[14] Gesamtvertragliche Regelungen gibt es dabei zB – neben den Vorgaben zur Vergütung und deren Organisation (also zB Zahlungsziele) – in Regelungen zum Sprechstundenbedarf (also den Behandlungsmaterialien und vor allem auch Impfstoffen, die der Vertragsarzt in seiner Praxis vorrätig hält, nebst der Regelung der diesbezüglichen Abrechnung), zu Sprechstundenzeiten oder in Vereinbarungen zu Form und Inhalt der Abrechnungsunterlagen und der erforderlichen Vordrucke für die sonstigen ermächtigten ärztlich geleiteten Einrichtungen, § 120 Abs. 3. Durch die Aufsichtsrechte der Länder ist insofern ein nicht unerheblicher Einfluss der Länder auf die Gesundheitsversorgung gewährleistet. Nicht zu den Gesamtverträgen gehören die sog „Selektivverträge", also die Regelungen über die vertragsärztliche Versorgung, die von einzelnen Krankenkassen mit unterschiedlichen Vertragspartnern auch neben den Kassenärztlichen Vereinigungen abgeschlossen werden dürfen, §§ 63,64 (Modellvorhaben), 64a (Modellvorhaben zur Arzneimittelversorgung) 73b (Hausarztzentrierte Versorgung), 140a (Besondere Versorgung). Ebenfalls gehört die nach §§ 106 Abs. 1 S. 2, 106b Abs. 1 und 106d Abs. 5 zu schließende Prüfvereinbarung nicht zu den Gesamtverträgen.[15] Durch das HHVG hat der Gesetzgeber in S. 4 klargestellt, dass Verträge über die zusätzliche Vergütung von Diagnosen unzulässig sind. Hintergrund war, dass es nach Auffassung des Gesetzgebers zu Verträgen gekommen ist, deren Hauptzweck es gewesen sein soll, Diagnosen zu optimieren, um die Zuweisung der vertragsschließenden Krankenkasse aus dem Gesundheitsfonds zu erhöhen.[16] Dabei ist darauf hinzuweisen, dass Verträge, deren Vergütung keine medizinische Leistung gegenüber steht, schon bisher unzulässig waren, weswegen der Gesetzgeber zu recht selbst von einer „Klarstellung" spricht.[17] Demgegenüber bleiben vertragliche Regelungen – im Rahmen ihrer kompetenzrechtlichen Zulässigkeit – statthaft, die eine zusätzliche Vergütung mit einer medizinischen Leistung verknüpfen, selbst wenn es hierdurch zu Auswirkungen auf Zuweisungen aus dem Fonds kommen kann.[18] Weiterhin ist darauf aufmerksam zu machen, dass durch die Klarstellung strafrechtliche Risiken im Hinblick sowohl auf § 263 StGB als auch auf § 266 StGB bei Nichteinhaltung der gesetzlichen Vorgaben vertieft werden, da Zahlungen auf der Basis unzulässiger bzw. verbotener Verträge die Verletzung einer Vermögensbetreuungspflicht darstellen können.[19] Der Verweis auf § 71 Abs. 6 SGB V schließlich bewirkt, dass sich die Aufsichtsbefugnisse ausschließlich auf die vertragsschließende Krankenkasse, nicht aber auf die Kassenärztliche Vereinigung erstreckt.[20]

VI. Schiedsamtsfähigkeit

Gesamtverträge sind als „Verträge über die vertragsärztliche Versorgung" schiedsfähig, was sich schon aus dem Wortlaut des § 89 Abs. 1 ergibt.[21] Schiedsfähig ist vor dem Hintergrund der Vielfältigkeit der

---

14 Scholz in: Becker/Kingreen, § 83 Rn. 7.
15 Scholz in: Becker/Kingreen, § 83 Rn. 7; Freudenberg in: jurisPK-SGB V, § 83 Rn. 40.
16 BT-Dr. 18/11205, 64.
17 BT-Dr. 18/11205, 64.
18 Beispiel: Höhervergütung von Betreuungsleistungen bei bestimmten Indikationen, denen ein tatsächlicher medizinischer Mehraufwand gegenüber steht.
19 Insofern ist allerdings kritisch darauf hinzuweisen, dass der Gesetzgeber selbst durch die Ausgestaltung des MRSA und den Wettbewerb der Krankenkassen um Haushaltsmittel über diesen die entsprechenden Tatanreize (mit-)geschaffen hat.
20 BT-Dr. 18/11205, 64.
21 Zur Schiedsfähigkeit Hess in: KassKomm, § 89 SGB V Rn. 5.

denkbaren gesamtvertraglichen Regelungen jede Regelung für sich. Damit ergibt sich für die Gesamtverträge ein Eskalationsinstrument, das den früheren Einzelverträgen aber auch den heutigen Selektivverträgen systematisch – jenseits der politisch motivierten, aber dort systemfremden Regelung zum Schiedsamt in § 73 b – fremd ist. Weil der Gesetzgeber ausschließen will, dass sich Streitigkeiten zwischen Kassen(zahn)ärztlichen Vereinigungen und den Gesamtvertragspartnern auf Kassenseite auf die Versorgung der Versicherten und auf die Gewährleistung des Sachleistungsprinzips auswirkt, muss er in der Konsequenz die hierfür notwendigen Verträge einem gesetzlich vorgegebenen Konfliktmanagement zuführen. Insofern unterliegen gesamtvertragliche Regelungen also nicht der Gefahr, dass eine Gesamtvertragspartei den Vertragsschluss dauerhaft blockieren könnte.

§ 84 Arznei- und Heilmittelvereinbarung

(1) ¹Die Landesverbände der Krankenkassen und die Ersatzkassen gemeinsam und einheitlich und die Kassenärztliche Vereinigung treffen zur Sicherstellung der vertragsärztlichen Versorgung mit Leistungen nach § 31 bis zum 30. November für das jeweils folgende Kalenderjahr eine Arzneimittelvereinbarung. ²Die Vereinbarung umfasst
1. ein Ausgabenvolumen für die insgesamt von den Vertragsärzten nach § 31 veranlassten Leistungen,
2. Versorgungs- und Wirtschaftlichkeitsziele und konkrete, auf die Umsetzung dieser Ziele ausgerichtete Maßnahmen, insbesondere Verordnungsanteile für Wirkstoffe und Wirkstoffgruppen im jeweiligen Anwendungsgebiet, auch zur Verordnung wirtschaftlicher Einzelmengen (Zielvereinbarungen), insbesondere zur Information und Beratung und
3. Kriterien für Sofortmaßnahmen zur Einhaltung des vereinbarten Ausgabenvolumens innerhalb des laufenden Kalenderjahres.

³Kommt eine Vereinbarung bis zum Ablauf der in Satz 1 genannten Frist nicht zustande, gilt die bisherige Vereinbarung bis zum Abschluss einer neuen Vereinbarung oder einer Entscheidung durch das Schiedsamt weiter. ⁴Die Landesverbände der Krankenkassen und die Ersatzkassen teilen das nach Satz 2 Nr. 1 vereinbarte oder schiedsamtlich festgelegte Ausgabenvolumen dem Spitzenverband Bund der Krankenkassen mit. ⁵Die Krankenkasse kann mit Ärzten abweichende oder über die Regelungen nach Satz 2 hinausgehende Vereinbarungen treffen.

(2) Bei der Anpassung des Ausgabenvolumens nach Absatz 1 Nr. 1 sind insbesondere zu berücksichtigen
1. Veränderungen der Zahl und Altersstruktur der Versicherten,
2. Veränderungen der Preise der Leistungen nach § 31,
3. Veränderungen der gesetzlichen Leistungspflicht der Krankenkassen,
4. Änderungen der Richtlinien des Gemeinsamen Bundesausschusses nach § 92 Abs. 1 Nr. 6,
5. der wirtschaftliche und qualitätsgesicherte Einsatz innovativer Arzneimittel,
6. Veränderungen der sonstigen indikationsbezogenen Notwendigkeit und Qualität bei der Arzneimittelverordnung auf Grund von getroffenen Zielvereinbarungen nach Absatz 1 Nr. 2,
7. Veränderungen des Verordnungsumfangs von Leistungen nach § 31 auf Grund von Verlagerungen zwischen den Leistungsbereichen und
8. Ausschöpfung von Wirtschaftlichkeitsreserven entsprechend den Zielvereinbarungen nach Absatz 1 Nr. 2.

(3) ¹Überschreitet das tatsächliche, nach Absatz 5 Satz 1 bis 3 festgestellte Ausgabenvolumen für Leistungen nach § 31 das nach Absatz 1 Nr. 1 vereinbarte Ausgabenvolumen, ist diese Überschreitung Gegenstand der Gesamtverträge. ²Die Vertragsparteien haben dabei die Ursachen der Überschreitung, insbesondere auch die Erfüllung der Zielvereinbarungen nach Absatz 1 Nr. 2 zu berücksichtigen. ³Bei Unterschreitung des nach Absatz 1 Nr. 1 vereinbarten Ausgabenvolumens kann diese Unterschreitung Gegenstand der Gesamtverträge werden.

(4) Werden die Zielvereinbarungen nach Absatz 1 Nr. 2 erfüllt, entrichten die beteiligten Krankenkassen auf Grund einer Regelung der Parteien der Gesamtverträge auch unabhängig von der Einhaltung des vereinbarten Ausgabenvolumens nach Absatz 1 Nr. 1 einen vereinbarten Bonus an die Kassenärztliche Vereinigung.

(4 a) Die Vorstände der Krankenkassenverbände sowie der Ersatzkassen, soweit sie Vertragspartei nach Absatz 1 sind, und der Kassenärztlichen Vereinigungen haften für eine ordnungsgemäße Umsetzung der vorgenannten Maßnahmen.

(5) ¹Zur Feststellung des tatsächlichen Ausgabenvolumens nach Absatz 3 erfassen die Krankenkassen die während der Geltungsdauer der Arzneimittelvereinbarung veranlassten Ausgaben arztbezogen, nicht versichertenbezogen. ²Sie übermitteln diese Angaben nach Durchführung der Abrechnungsprüfung dem Spitzenverband Bund der Krankenkassen, der diese Daten kassenartenübergreifend zusammenführt und jeweils der Kassenärztlichen Vereinigung übermittelt, der die Ärzte, welche die Ausgaben veranlasst haben, angehören; zugleich übermittelt der Spitzenverband Bund der Krankenkassen diese Daten den Landesverbänden der Krankenkassen und den Ersatzkassen, die Vertragspartner der jeweiligen Kassenärztlichen Vereinigung nach Absatz 1 sind. ³Ausgaben nach Satz 1 sind auch Ausgaben für Leistungen nach § 31, die durch Kostenerstattung vergütet worden sind. ⁴Zudem erstellt der Spitzenverband Bund der Krankenkassen für jede Kassenärztliche Vereinigung monatliche Berichte über die Entwicklung der Ausgaben von Leistungen nach § 31 und übermitteln diese Berichte als Schnellinformationen den Vertragspartnern nach Absatz 1 insbesondere für Abschluss und Durchführung der Arzneimittelvereinbarung sowie für die Informationen nach § 73 Abs. 8. ⁵Für diese Berichte gelten Satz 1 und 2 entsprechend; Satz 2 gilt mit der Maßgabe, dass die Angaben vor Durchführung der Abrechnungsprüfung zu übermitteln sind. ⁶Die Kassenärztliche Bundesvereinigung erhält für die Vereinbarung der Rahmenvorgaben nach Absatz 7 und für die Informationen nach § 73 Abs. 8 eine Auswertung dieser Berichte. ⁷Die Krankenkassen sowie der Spitzenverband Bund der Krankenkassen können eine Arbeitsgemeinschaft nach § 219 mit der Durchführung der vorgenannten Aufgaben beauftragen. ⁸§ 304 Abs. 1 Satz 1 Nr. 2 gilt entsprechend.

(6) ¹Die Kassenärztliche Bundesvereinigung und der Spitzenverband Bund der Krankenkassen vereinbaren bis zum 30. September für das jeweils folgende Kalenderjahr Rahmenvorgaben für die Inhalte der Arzneimittelvereinbarungen nach Absatz 1 sowie für die Inhalte der Informationen und Hinweise nach § 73 Abs. 8. ²Die Rahmenvorgaben haben die Arzneimittelverordnungen zwischen den Kassenärztlichen Vereinigungen zu vergleichen und zu bewerten; dabei ist auf Unterschiede in der Versorgungsqualität und Wirtschaftlichkeit hinzuweisen. ³Von den Rahmenvorgaben dürfen die Vertragspartner der Arzneimittelvereinbarung nur abweichen, soweit dies durch die regionalen Versorgungsbedingungen begründet ist.

(7) ¹Die Absätze 1 bis 6 sind für Heilmittel unter Berücksichtigung der besonderen Versorgungs- und Abrechnungsbedingungen im Heilmittelbereich entsprechend anzuwenden. ²Veranlasste Ausgaben im Sinne des Absatzes 5 Satz 1 betreffen die während der Geltungsdauer der Heilmittelvereinbarung mit den Krankenkassen abgerechneten Leistungen.

(8) Das Bundesministerium für Gesundheit kann bei Ereignissen mit erheblicher Folgewirkung für die medizinische Versorgung zur Gewährleistung der notwendigen Versorgung mit Leistungen nach § 31 die Ausgabenvolumen nach Absatz 1 Nr. 1 durch Rechtsverordnung mit Zustimmung des Bundesrates erhöhen.

Literatur:

Becker, Die Steuerung der Arzneimittelversorgung im Recht der GKV, 2006; *Francke*, Die regulatorischen Strukturen der Arzneimittelversorgung nach dem SGB V, MedR 2006, 683; *Peikert*, Richtgrößen und Richtgrößenprüfungen nach dem ABAG, MedR 2003, 29.

I. Zweckbestimmung, Allgemeines	1
1. Steuerungsebenen	2
2. Rechtscharaktere der Vereinbarungen	3
3. Schiedsfähigkeit	4
4. Zusammenhänge mit der Wirtschaftlichkeitsprüfung	5
II. Arzneimittelvereinbarung (Abs. 1)	6
1. Vertragspartner	7
2. Inhalte	8
a) Ausgabenvolumen	8
aa) Veränderung der Altersstruktur	9
bb) Veränderungen der Preise	10
cc) Veränderungen des Leistungskatalogs	11
dd) Änderungen der G-BA-Richtlinien	12
ee) Innovative Arzneimittel	13
ff) Zielvereinbarungen	14
gg) Verlagerungen zwischen Leistungsbereichen	15
hh) Wirtschaftlichkeitsreserven	16
ii) Weitere denkbare Kriterien	17
b) Zielvereinbarung	18
c) Sofortmaßnahmen	19
3. Abweichende Vereinbarungen der Krankenkassen	20
4. Feststellung des Ausgabenvolumens, Konsequenzen aus Über- und Unterschreitung des Ausgabenvolumens	21
5. Haftung für die Durchführung	26
III. Richtgrößenvereinbarung, Abs. 6 idF bis zum 1.1.2017	27
1. Vertragspartner	28
2. Inhalte	29
3. Auswirkungen auf den Vertragsarzt	30

IV. Heilmittelvereinbarung...................	31	c) Praxisbesonderheiten...............	36
V. Rahmenvereinbarungen...................	32	d) Rahmenvereinbarung Richtgrößen	37
1. Vertragspartner........................	33	3. Verbindlichkeit...........................	38
2. Inhalte...................................	34	VI. Rechtsschutz gegen die Vereinbarungen.....	39
a) Rahmenvorgaben Arzneimittel.....	34	VII. Verordnungen des Bundesgesundheitsministeriums..................................	40
b) Rahmenvorgaben Heilmittel........	35		

I. Zweckbestimmung, Allgemeines

1 § 84 wurde mit Wirkung zum 1.1.1989[1] in das SGB V eingefügt und in den verschiedenen Reformgesetzgebungen zum SGB V – zuletzt mit dem GKV-VStG zum 1.1.2012[2] und schließlich mit dem GKV-VSG zum 1.1.2017[3] – zum Teil erheblich geändert.[4] Gegenstand der einzelnen Veränderungen war die Umsetzung verschiedener (Ausgaben-)Steuerungsmethoden,[5] die vor allem immer wieder und in unterschiedlicher Ausprägung Budget- und Haftungskomponenten beinhalteten. Gleichzeitig gewährten die Reformen in unterschiedlichem Umfang Regelungsmöglichkeiten und Spielräume der Selbstverwaltung. Zuletzt rückte, nach Jahren rein monetärer Betrachtung, verstärkt auch die bedarfsgerechte Versorgung der Versicherten im Rahmen der Ausgabensteuerung in den Fokus der Gesetzgebung. Schließlich brachten die Auswirkungen der Reform der Wirtschaftlichkeitsprüfung durch das GKV-VSG erhebliche Veränderungen auch für die Regelungen des § 84. Die Vorschrift regelt die Steuerung des Verordnungsverhaltens der Vertragsärzte im Bereich der Arznei- und Heilmittel durch Verträge.[6] Der Bedarf hierzu ergibt sich schon aus dem enormen Ausgabenvolumen dieser Bereiche der veranlassten Leistungen,[7] welches einen Wunsch zur Steuerung auf allen denkbaren Ebenen – und damit auch auf der Verordnungsebene – begründet.[8] Die Verordnungsebene ist dabei deswegen für Steuerungsansätze interessant, weil den Vertragsärzten mit der Verordnung die medizinische Beurteilung einer wirtschaftlichen Therapie und damit letztlich auch die – zumindest medizinische – Verantwortung für die Kostenentwicklung im Bereich der ambulanten Versorgung der Versicherten zukommt.[9] Allerdings schwindet zumindest die monetäre Komponente dieser Stellung und damit auch der Verantwortung wegen der zunehmenden Bedeutung anderer Kostensteuerungsinstrumente – etwa der Rabattverträgen –, da in Bezug auf die Kosten eine immer geringere Transparenz für die Vertragsärzte besteht. Deswegen ist es letztlich auch konsequent, wenn finanziell orientierte Steuerungsansätze auf Arztebene – etwa durch die Reform der Wirtschaftlichkeitsprüfung – in ihrer Bedeutung „zurückgefahren" werden. Im Heilmittelbereich liegt die Steuerungsmöglichkeit des Vertragsarztes darin, dass der Vertragsarzt im Einzelfall zu prüfen hat, in welchem Umfang eine Heilmittelverordnung erfolgt.[10] Für den vertragszahnärztlichen Bereich hielt der Gesetzgeber offenbar wegen der untergeordneten Bedeutung der sonstigen veranlassten Leistungen eine Verordnungssteuerung über die Vorschrift des § 84 nicht für notwendig. Die Steuerung von Leistungen über Verträge entspricht dem Regelungskonzept der vertragsärztlichen Versorgung in Deutschland, in dem der Gesetzgeber die (Detail-)Ausgestaltung der vertragsärztlichen Versorgung der Selbstverwaltung von Vertragsärzten und Krankenkassen überlässt. Durch die Übertragung von Aufgaben an die Selbstverwaltung im Bereich der Steuerung des Verordnungsverhaltens soll dabei vor allem die Akzeptanz dieser Steuerung bei den Vertragsärzten und Kassenärztlichen Vereinigungen erhöht werden und die Möglichkeit zur Ausdifferenzierung der Verordnungssteuerung geschaffen werden.[11]

---

1 BGBl. I 1988, 2477.
2 BGBl. I 2011, 2983.
3 BGBl. I 2015, 1211.
4 Zur Entstehungsgeschichte ausführlich Freudenberg in: jurisPK-SGB V, § 84 Rn. 1 ff.; Sproll in: Krauskopf, § 84 Rn. 1 ff.; Engelhard in: Hauck/Noftz, SGB V, § 84 Rn. 1 sowie Rn. 3 ff.
5 Zu den beiden grundsätzlich denkbaren Steuerungsmethoden, nämlich Budgetierung und Regress, vgl. Freudenberg in: jurisPK-SGB V, § 84 Rn. 10.
6 Pflugmacher in: Eichenhofer/Wenner, § 84 Rn. 3; Freudenberg in: jurisPK-SGB V, § 84 Rn. 24; Hess in: KassKomm § 84 SGB V Rn. 2; Sproll in: Krauskopf, § 84 SGB V Rn. 9 ff.; zur Ausgabensteuerung im Arzneimittelbereich umfassend Engelhard in: Hauck/Noftz, SGB V, § 84 Rn. 17 ff.; Francke, MedR 206, 688 ff.
7 Laut amtlicher Statistik KJ 1 für Arzneimittel insgesamt 38,84 Mrd. EUR für das Jahr 2015, für Heilmittel 6,1 Mrd. EUR.
8 Vgl. BT-Dr. 14/6309, 6; Vießmann in: Spickhoff, Medizinrecht, § 84 SGB V Rn. 1.
9 Vgl. Freudenberg in: jurisPK-SGB V, § 84 Rn. 9.
10 Engelhard in: Hauck/Noftz, SGB V, § 84 Rn. 160.
11 BT-Dr. 14/6309, 6.

1. Steuerungsebenen. § 84 enthält unterschiedliche Steuerungsebenen, -funktionen und Ansatzpunkte. Zum einen liegen diese im Zusammenspiel zwischen Rahmenvorgaben und regionalen Vereinbarungen. Abs. 6 und Abs. 7 (iVm Abs. 6) schreiben Vereinbarungen auf der Bundesebene vor, während die Abs. 1, 3 und 7 (iVm 1 und 3) regionale Vereinbarungen regeln. Auch unterschiedliche Steuerungsfunktionen sind zu charakterisieren. Während der Vorschrift des § 84 insgesamt eine Steuerungsfunktion zukommt (Verordnungssteuerung im weiteren Sinne) sind auch konkrete Vorgaben für die Art und Weise der Steuerung als Inhalte der einzelnen Vereinbarungen benannt (Steuerung im engeren Sinne). Die Steuerung im engeren Sinne umfasst dabei in der Systematik nur diejenigen Bereiche, die unmittelbar über die Vertragsärzte kontrolliert werden können. Die Steuerung im weiteren Sinne dient demgegenüber vorrangig der prognostischen Ausgabenplanung. Während weiterhin Rahmenvereinbarungen, Arzneimittelvereinbarung und Heilmittelvereinbarung in der Steuerung unmittelbar nur bei den Selbstverwaltungspartnern ansetzen, wird es nunmehr im Zusammenhang mit der Neuausrichtung der Wirtschaftlichkeitsprüfung nach § 106 b darauf ankommen, welchen Steuerungsansatz die Vertragsparteien – in Abweichung von der bisherigen Steuerung über Richtgrößen – auf der Ebene der Vertragsärzte wählen.

2. Rechtscharaktere der Vereinbarungen. Die Vereinbarungen nach § 84 haben nach hier vertretener Auffassung unterschiedlichen Rechtscharakter. § 84 beinhaltet zum einen untergesetzliche Normenverträge, zum anderen öffentlich-rechtliche Verträge mit Bindungswirkung alleine für die beteiligten Vertragsparteien. Zu unterscheiden sind die Verträge nach ihrem Adressatenkreis. Die Arzneimittelvereinbarung stellt einen öffentlich-rechtlichen Vertrag dar, der ausschließlich die Vertragsparteien bindet.[12] Gleiches gilt für die Heilmittelmittelvereinbarungen und ebenfalls für die Zielvereinbarungen,[13] sofern in ihnen keine unmittelbar drittwirkenden Maßnahmen enthalten sind. Die Einordnung der Rahmenvorgaben ist demgegenüber nicht unproblematisch. Da die regionalen Vertragsparteien von ihnen abweichen können, binden sie die Gesamtvertragsparteien nicht wie der BMV-Ä unmittelbar.[14] Allerdings ist die Abweichungsbefugnis eng begrenzt (→ Rn. 38) und für die in Abs. 6 S. 2 genannten Inhalte ist die unmittelbare Verbindlichkeit ohne Ausnahme gesondert angeordnet, so dass im Ergebnis für die Rahmenvorgaben von einer Einordnung als untergesetzliche Rechtsnormen auszugehen ist.[15] Gleiches gilt für die (Bundes-)Vereinbarung von Praxisbesonderheiten. Auch der Inhalt der bisherigen Richtgrößenvereinbarung ist als untergesetzliche Norm zu qualifizieren, da sie für die niedergelassenen Vertragsärzte gilt und damit normative Wirkung entfaltet.[16] Gleiches wird nunmehr auch für die neuen Vereinbarungen zur Wirtschaftlichkeitsprüfung gelten, mit denen neue Steuerungsmethoden – zB Zielerreichungsquoten – für die Vertragsärzte angeordnet werden. Auf alle Vereinbarungen sind nach hM die Vorschriften der §§ 53 ff. SGB X anwendbar,[17] wobei dies für die Verträge, die keine untergesetzlichen Rechtsnormen beinhalten, schon aus den §§ 53 ff. SGB X selbst folgt. Im Hinblick auf die Bekanntgabe der Verträge ist für alle Verträge, die untergesetzliche Rechtsnormen beinhalten, deren **Veröffentlichung** Voraussetzung der Wirksamkeit. Jeder Normadressat muss die Möglichkeit haben, von der ihn betreffenden Norm verlässlich Kenntnis zu erlangen. Für die Vereinbarungen – insbesondere für die bisherige Richtgrößenvereinbarung, aber wohl auch für die nunmehr neu aufzustellenden Steuerungsinstrumente nach § 106 b – ist dabei zu beachten, dass wegen ihrer Steuerungsfunktion in der Regel eine Bekanntgabe vor Beginn des Jahres, für das sie gelten soll, erforderlich ist, wobei im Falle der Nichteinhaltung dieser Vorgabe lediglich eine unzulässige echte Rückwirkung der Vereinbarung ausscheidet.[18]

3. Schiedsfähigkeit. Bei den Vereinbarungen nach § 84 handelt es sich sämtlich um Verträge über die vertragsärztliche Versorgung, so dass im Falle der Nichteinigung das Schiedsamt als Eskalationsmechanismus zur Anwendung kommt.[19]

---

12 Wie hier: Freudenberg in: jurisPK-SGB V, § 84 Rn. 28; aA Axer in: Becker/Kingreen, § 84 Rn. 7, der auch in der Arzneimittelvereinbarung einen öffentlich-rechtlichen Normenvertrag sieht; so auch Engelhard in: Hauck/Noftz, SGB V, § 84 Rn. 176.
13 Pflugmacher in: Eichenhofer/Wenner, § 84 Rn. 9.
14 Hess in: KassKomm, § 84 SGB V Rn. 31.
15 So auch Axer in: Becker/Kingreen, § 84 Rn. 12.
16 Peikert, MedR 2003, 32.
17 AA Axer in: Becker/Kingreen, § 84 Rn. 7.
18 BSG, 2.11.2005, B 6 KA 63/04 R, SozR 4-2500 § 106 Nr. 11; zur ausnahmsweisen Zulässigkeit einer Rückwirkung und deren Grenzen vgl. BSG, 23.3.2011, B 6 KA 9/10 R, SozR 4-2500 Nr. 2.
19 Sproll in: Krauskopf, § 84 SGB V Rn. 60.

5 **4. Zusammenhänge mit der Wirtschaftlichkeitsprüfung.** Die Wirtschaftlichkeitsprüfung ist ohne die Vereinbarungen nach § 84 nicht denkbar. Von besonderer Bedeutung war dabei bisher der Zusammenhang zwischen der Auffälligkeitsprüfung nach § 106 Abs. 2 Nr. 1 aF und der Richtgrößenvereinbarung. Weil nämlich aus den Richtgrößenvereinbarungen letztlich ein arztgruppenspezifisches Individualbudget folgte, das das von einem Arzt entsprechend seiner Arztgruppe für jeden einzelnen Behandlungsfall zur Verordnung zur Verfügung stehende Ausgabenvolumen beschreibt, war eine Wirtschaftlichkeitsprüfung nach § 106 Abs. 2 Nr. 1 bei Überschreitung dieses Ausgabenvolumens um einen in § 106 festgelegten relativen Betrag die logische Konsequenz der Regelung von Richtgrößen.[20] Gleiches wird auch künftig – wenn auch in veränderter Form – gelten: Die Wirtschaftlichkeitsprüfung wird durch § 106 b SGB V nunmehr regionalisiert, so dass die Partner der Vereinbarungen nach § 106 b Abs. 1 die Möglichkeit erhalten, eigene Steuerungsmechanismen zu vereinbaren, die in der Konsequenz auch mit den in § 84 getroffenen Vereinbarungen korrespondieren werden. Zwar können die Parteien auch künftig Richtgrößenvereinbarungen abschließen, jedoch steht zu erwarten, dass sich die Parteien in den KV-Bezirken auf mehr qualitätsorientierte Steuerungsmechanismen verständigen werden. In jedem Fall aber werden diese weiterhin im engen Zusammenhang mit den Vereinbarungen nach § 84 stehen – etwa mit möglichen auf diese abgestimmten Zielvereinbarungen.

II. Arzneimittelvereinbarung (Abs. 1)

6 Abs. 1 normiert als ersten der in § 84 aufgeführten Verträge die Arzneimittelvereinbarung,[21] die nach dem ausdrücklichen Wortlaut der Vorschrift der **Sicherstellung der vertragsärztlichen Versorgung** dienen soll. Hierzu hat der Gesetzgeber den notwendigen Inhalt der Arzneimittelvereinbarungen vorgegeben.[22] Strittig ist, wie die Zweckbestimmung zu verstehen ist. Während hierzu die Auffassung vertreten wird, dass mit den Arzneimittelvereinbarungen keine Versorgungsdefizite behoben werden sollen,[23] ist vor dem Hintergrund des Wortlauts der Regelung, der Gesetzesbegründung aber auch der Entstehungsgeschichte davon auszugehen, dass die Arzneimittelvereinbarung den realen und medizinischen Versorgungsbedarf der Bevölkerung abdecken und damit auch ggf. bestehende Versorgungsdefizite beseitigen soll.[24] Die Regelung beinhaltet dabei mehr als das, was unmittelbar von ihrer Benennung her dem Wortsinn nach unter „Arzneimittelvereinbarung" zu verstehen wäre: Sie erfasst alle in § 31 aufgeführten Leistungen, worunter nach § 31 Abs. 1 Arzneimittel, aber auch Verbandmittel, Harn- und Blutteststreifen zu verstehen sind. Die Arzneimittelvereinbarung ist nach dem Wortlaut der Vorschrift jeweils bis zum 30. November für das jeweils folgende Kalenderjahr zu schließen. Allerdings ist bei dieser **Frist** zu beachten, dass eine Überschreitung die Arzneimittelvereinbarung weder unwirksam noch rechtswidrig werden lässt und nach Fristablauf auch keine ausschließliche Festlegungskompetenz des Schiedsamtes besteht.[25] Dies ergibt sich unmittelbar aus Abs. 1 S. 3, in dem geregelt ist, dass die „alte" Arzneimittelvereinbarung bis zum Zustandekommen einer „neuen" – durch Entscheidung des Schiedsamtes oder durch Vereinbarung der Parteien – Vereinbarung fort gilt. Eine Auswirkung hat der „verspätete" Abschluss einer Arzneimittelvereinbarung jedoch: Wegen des Umstandes, dass Steuerungsmaßnahmen – etwa im Bereich der „alten" Richtgrößenvereinbarung, aber auch nach nunmehr neu zu vereinbarenden Steuerungsmechanismen etwa im Zusammenhang mit möglichen Zielvereinbarungen – arztindividuell nur ex nunc in Kraft gesetzt werden dürfen, wird man im Ergebnis die (bis zum Zeitpunkt des Abschlusses) schon erfolgten Ausgabenentwicklungen im jeweiligen Jahr nachvollziehen müssen.

7 **1. Vertragspartner.** Vertragspartner der Arzneimittelvereinbarung sind „gemeinsam und einheitlich" die Landesverbände der Krankenkassen und die Ersatzkassen einerseits, sowie die jeweilige Kassenärztliche Vereinigung andererseits. Diese Regelung soll verhindern, dass einzelne Krankenkassen oder Kassenarten bzw. deren Versicherte wegen des etwaigen Verbrauchs eigener Kontingente benachteiligt werden und eine kassenartenübergreifende und damit letztlich einheitliche Wirtschaftlichkeitsprüfung gewährleisten.[26]

---

20 Vgl. Axer in: Becker/Kingreen, § 84 Rn. 1.
21 Zu den Hintergründen der Regelung der Arzneimittelvereinbarung Peikert, MedR 2003, 29 ff.
22 Engelhard in: Hauck/Noftz, SGB V, § 84 Rn. 43.
23 Vießmann in: Spickhoff, Medizinrecht, § 84 SGB V Rn. 2.
24 So auch Hess in: KassKomm, § 84 SGB V Rn. 2.
25 LSG NRW, 12.2.2007, L 10 B 35/06 KA ER, MedR 2008, 108, 113.
26 Hess in: KassKomm, § 84 SGB V Rn. 3; Freudenberg in: jurisPK-SGB V, § 84 Rn. 27.

2. Inhalte. a) Ausgabenvolumen. Vorangestellter Inhalt der Arzneimittelvereinbarung ist die Anpassung des Ausgabenvolumens nach Abs. 1 S. 2 Nr. 1 iVm Abs. 2, dh das Volumen aller Ausgaben nach § 31. Die Vereinbarung des Arzneimittelvolumens hat – anders als die früheren Arzneimittelbudgets, die eine Ausgabenobergrenze abbildeten – nur eine mittelbare Wirkung für den einzelnen Vertragsarzt.[27] Bisher bildete es die Grundlage insbesondere für die Richtgrößenvereinbarung, aber auch für Zielvereinbarungen und Sofortmaßnahmen. Es steht auch künftig zu erwarten, dass die neu zu entwickelnden Steuerungsansätze – insbesondere im Zusammenspiel mit den Zielvereinbarungen – einen solchen Zusammenhang aufrechterhalten. Die Vereinbarung des Ausgabenvolumens bildete und bildet also den wirtschaftlichen Rahmen dieser Vereinbarungen.[28] In Abs. 2 sind die bei der Anpassung des Ausgabenvolumens zu berücksichtigenden Kriterien benannt. Hierbei ist anzumerken, dass diese nach allgA nicht abschließend sind, was aus dem Wortlaut der Regelung – „insbesondere" – abzuleiten ist.[29] In den durch den Gesetzgeber normierten **Anpassungskriterien** kommt zum Ausdruck, dass der Gesetzgeber keine rein ökonomisch basierte Ausgabensteuerung im Blick hatte, sondern den medizinischen Versorgungsbedarf sichergestellt wissen wollte.[30] Daher besteht ein Unterschied zwischen den einzelnen Kriterien. Diese sind nämlich in die vorgenannte Steuerung im engeren und im weiteren Sinn zu unterteilen. Während die Kriterien der Ziff. 1 (Veränderung der Zahl und Altersstruktur der Versicherten), Ziff. 2 (Veränderung der Preise der Leistungen nach § 31), Ziff. 3 (Veränderung der Leistungspflicht der Gesetzlichen Krankenkassen), Ziff. 4 (Änderungen der Richtlinien des G-BA) und Ziff. 7 (Veränderung des Verordnungsumfangs wegen Verlagerungen zwischen den Leistungsbereichen) als Steuerung im weiteren Sinne zu charakterisieren sind und damit selbst keine unmittelbare Steuerungsfunktion haben (sie vollziehen als sog zahlenförmige Normen Entwicklungen nach bzw. prognostizieren sie), kommt Ziff. 5 (wirtschaftlicher und qualitätsgesicherter Einsatz innovativer Arzneimittel), Ziff. 6 (Veränderungen aufgrund von Zielvereinbarungen) und Ziff. 8 (Ausschöpfung von Wirtschaftlichkeitsreserven aufgrund von Zielvereinbarungen) eine unmittelbare Steuerungsfunktion zu. Sie sind als Steuerung im engeren Sinne zu charakterisieren. Bei der Anpassung des Arzneimittelvolumens haben die Vertragsparteien das reale Ausgabenvolumen des Vorjahres als Ausgangspunkt zu nehmen,[31] und auf dieser Basis unter Einbeziehung der Anpassungskriterien eine prognostische Vereinbarung[32] über das Folgejahr zu treffen. Zu den Ausgaben gehören dabei alle Ausgaben der Krankenkassen in den jeweiligen KVen inklusive der Ausgaben der ermächtigten Ärzte und der ärztlich geleiteten Einrichtungen, soweit die Ermächtigung die Möglichkeit zu Verordnungen umfasst.[33] Bei der Anpassung des Ausgabenvolumens ist den Parteien auch der Blick in die Vergangenheit nicht verwehrt, sofern es um **Versorgungsdefizite** geht, da insofern der ausdrücklich geregelte Zweck der Vorschrift – die „Sicherstellung" der ambulanten Versorgung – den Rückgriff auf allgemeine Versorgungsgesichtspunkte gestattet. Ansonsten würden Versorgungsdefizite fortgeschrieben, was nach dem klaren Wortlaut nicht gewollt ist.[34] Dies wird auch durch die Gesetzesbegründung gestützt, die eine Berücksichtigung der Morbidität und der Qualität in die Vereinbarung des Ausgabenvolumens einbezieht[35] und findet sich darüber hinaus in den Fortschreibungsklauseln der Rahmenvertragspartner.[36] Die einzelnen durch den Gesetzgeber vorgezeichneten Anpassungsfaktoren sind:[37]

---

27 Hess in: KassKomm, § 84 SGB V Rn. 6; Sproll in: Krauskopf, § 84 SGB V Rn. 14; Engelhard in: Hauck/Noftz, SGB V, § 84 Rn. 24.
28 Sproll in: Krauskopf, § 84 SGB V Rn. 14.
29 BT-Dr. 14/6309, 8; Pflugmacher in: Eichenhofer/Wenner, § 84 Rn. 14; Vießmann in: Spickhoff, Medizinrecht, § 84 SGB V Rn. 5; Engelhard in: Hauck/Noftz, SGB V, § 84 Rn. 52.
30 Sproll in: Krauskopf, § 84 SGB V Rn. 20; aA offenbar Vießmann in: Spickhoff, Medizinrecht, § 84 SGB V Rn. 2.
31 Hess in: KassKomm, § 84 SGB V Rn. 5; Vießmann in: Spickhoff, Medizinrecht, § 84 SGB V Rn. 5; Francke, MedR 2006, 688.
32 Die Rahmenvertragspartner betonen mit den Fortschreibungsklauseln selbst den Prognosecharakter, vgl. Ziff. 4 der Rahmenvorgaben nach § 84 Abs. 7 SGB V – Arzneimittel – für das Jahr 2014 vom 26.9.2013.
33 Hess in: KassKomm, § 84 SGB V Rn. 5.
34 AA Vießmann in: Spickhoff, Medizinrecht, § 84 SGB V Rn. 5, der eine unwiderlegliche Vermutung für die Angemessenheit der Arzneimittelversorgung aus der abgelaufenen Vereinbarung ableitet; wohl auch Engelhard in: Hauck/Noftz, SGB V, § 84 Rn. 53, die auch für neu aufgenommene Kriterien alleine eine Berücksichtigung für die Zukunft für möglich hält, da das Gesetz von „Anpassung" spreche.
35 BT-Dr. 14/6309, 6.
36 Vgl. Ziff. 4 der Rahmenvorgaben nach § 84 Abs. 7 SGB V – Arzneimittel – für das Jahr 2014 vom 26.9.2013.
37 Vgl. hierzu auch Becker, S. 272 ff.

9 **aa) Veränderung der Altersstruktur.** Die Veränderung der Zahl und Altersstruktur der Versicherten wird sinnvoll dadurch bemessen, dass das Ausgabenvolumen entweder in die Gruppen der Versicherten und Rentner aufgeteilt und verglichen wird oder aber Altersgruppen gebildet werden.[38] Wie ausgeführt, handelt es sich hier um eine Steuerung im weiteren Sinne, da es bei der Anpassung auf eine veränderte Altersstruktur um die bloße Nachvollziehung einer Änderung des Versichertenklientels geht. Insofern obliegt den Vertragsparteien vor dem Hintergrund der Rechtsprechung zu den zahlenförmigen Normen eine Beobachtungspflicht dahingehend, ob die von ihnen getroffenen prognostischen Einschätzungen eingetreten sind. Die entsprechenden Werte für tatsächliche Verhältnisse sind dabei unter Kontrolle zu halten und ggf. nachzubessern.[39]

10 **bb) Veränderungen der Preise.** Die Entwicklung der Preise kann ebenfalls anhand von Zahlen bemessen werden, so dass im Hinblick auf Überwachung der der Prognose zugrundeliegenden Tatsachenannahmen das unter → Rn. 9 ausgeführte gilt. Durch die Festbeträge kommt es allerdings in den Marktsegmenten, in denen Festbeträge gelten, zu keiner Preisentwicklung. Die bei der Neueinführung von Arzneimitteln zu verzeichnenden Preise fließen in den Bereich der Innovationen (→ Rn. 13) in die Anpassung ein.

11 **cc) Veränderungen des Leistungskatalogs.** Vor allem der Ausschluss von Arzneimitteln aus dem Leistungskatalog der Gesetzlichen Krankenversicherung wird unter diesem Kriterium bemessen. Da es sich auch hier um tatsächliche Verhältnisse handelt, gilt das unter → Rn. 9 ausgeführte.

12 **dd) Änderungen der G-BA-Richtlinien.** Dann, wenn der G-BA Anforderungen an die Arzneimitteltherapie in den Arzneimittelrichtlinien nach § 92 Abs. 1 regelt, kann es zu Veränderungen der Ausgaben kommen. Dies kann zB im Rahmen der Neueinführung von Impfleistungen der Fall sein. Auch hier gelten die Kontrollobliegenheiten wie unter → Rn. 9.

13 **ee) Innovative Arzneimittel.** Neu eingeführte Arzneimittel unterliegen der Nutzenbewertung nach § 35 a. Nichts desto trotz kann es in diesem Bereich zu signifikanten Kostensteigerungen kommen, die nur schwer vorhersehbar sind (zB nach der Markteinführung von Biologica). Daher ist in diesem Bereich ebenfalls eine Prognoseentscheidung zu treffen, die ebenfalls beobachtet und im Folgejahr ggf. korrigiert werden muss (wie → Rn. 9).

14 **ff) Zielvereinbarungen.** Ein zentrales Steuerungsinstrument im engeren Sinne können Zielvereinbarungen sein (vgl. die Ausführungen unter Zielvereinbarungen, → Rn. 18). Da es sich hier um eine Steuerung im engeren Sinne handelt, kommt den Vertragsparteien hier ein weiter Gestaltungsspielraum zu.

15 **gg) Verlagerungen zwischen Leistungsbereichen.** Durch die durch den Gesetzgeber gewünschte Verlagerung von Leistungen insbes. aus dem stationären in den ambulanten Sektor kommt es auch in diesem Bereich zu Veränderungen des Ausgabenvolumens, die anhand der Zunahme entsprechender Diagnosen im ambulanten Bereich zu messen ist. Auch hier gilt das unter → Rn. 9 Ausgeführte.

16 **hh) Wirtschaftlichkeitsreserven.** Die Ausschöpfung von Wirtschaftlichkeitsreserven wird durch das Gesetz selbst an die Zielvereinbarungen nach Abs. 1 Nr. 2 geknüpft. Damit wird deutlich, dass der Gesetzgeber hier selbst von einer Steuerung im engeren Sinne, dh einer unmittelbaren Beeinflussbarkeit des Leistungsgeschehens durch Zielvereinbarungen ausgeht und daher die Wirtschaftlichkeitsreserven eng an die Zielvereinbarungen anknüpft.

17 **ii) Weitere denkbare Kriterien.** Neben den ausdrücklich durch den Gesetzgeber aufgeführten Kriterien ist eine Vielzahl weiterer Kriterien denkbar, um das Ausgabenvolumen möglichst nah am medizinisch notwendigen Bedarf auszurichten. In dem die Regelung des Abs. 2 jedoch die Hebung von Wirtschaftlichkeitsreserven unmittelbar an die Zielvereinbarung nach Abs. 1 Nr. 2 anknüpft und damit eine gewollte Steuerung durch die Gesamtvertragspartner ausdrückt, erscheint eine pauschale Anbringung von Wirtschaftlichkeitsreserven neben den vorgenannten Kriterien ausgeschlossen, da sie ansonsten letztlich eine ausdrücklich nicht gewollte Anknüpfung der Anpassung des Ausgabenvolumens an rein monetäre Interessen bedeuten würde.

18 **b) Zielvereinbarung.** Zielvereinbarungen sind als Teile der Arzneimittelvereinbarung die zentralen in § 84 genannten Steuerungsinstrumente (hier als Steuerungsinstrumente im engeren Sinne qualifiziert)

---

38 Hess in: KassKomm, § 84 SGB V Rn. 8.
39 Im Zusammenhang mit der Vergütung der Psychotherapeuten: BSG, 28.5.2008, B 6 KA 41/07 R, USK 2008-62.

die auf die Art und Weise der ärztlichen Berufsausübung Einfluss nehmen sollen.[40] In diesem Sinne sollen Zielvereinbarungen nach Abs. 1 Nr. 2 Versorgungs- und Wirtschaftlichkeitsziele vorgeben und mit konkreten Maßnahmen verbinden. Damit wird letztlich ein Dreiklang aus Zieldefinition, Umsetzungsmaßnahme und Bemessung bei jedem Versorgungs- und Wirtschaftlichkeitsziel geschaffen. Versorgungsziele stellen dabei auf die Qualität der Arzneimittelversorgung ab und sind vor diesem Hintergrund nicht notwendig ausgabenmindernd,[41] wobei der Gesetzgeber insbesondere die Arzneimittelversorgung chronisch Kranker vor Augen hatte.[42] Die **Qualität der Arzneimittelversorgung** kann dabei zB in Bereichen Gegenstand der Vereinbarung sein, in denen eine bedarfsgerechte Versorgung noch zu schaffen ist oder aber in denen die Verordnung von Arzneimitteln durch geeignete Maßnahmen vermieden werden kann. Wirtschaftlichkeitsziele haben einen ausgabenorientierten Bezug. Hierzu können zB Verordnungsanteile von Arzneimittelgruppen an der Versorgung geregelt werden.[43] Beispiel für eine solche Zielvereinbarung ist die bevorzugte Verordnung von Generika. Auch die Vereinbarung sog Me-too-Listen – also die Listung von Arzneimitteln, die durch eine leichte Modifikation der Substituierbarkeit mit Generika zu entgehen suchten – durch die Vertragspartner kommt in Betracht.[44] Weiterhin wurde durch den Gesetzgeber klargestellt, dass auch wirkstoffbezogene Verordnungen geregelt werden können, die die Auswahl des konkreten Arzneimittels in die Apotheke verlagern.[45] Sowohl Versorgungs- als auch Wirtschaftlichkeitsziele zielen damit auf den Verordnungsanteil von Arzneimittelgruppen[46] und sind damit in der Regel nach relativen Verordnungsanteilen zu bemessen. Als konkrete Maßnahmen, die in den Zielvereinbarungen vereinbart werden können, kommen wegen ihrer Nennung in Abs. 1 Nr. 2 vor allem Information und Beratung von Versicherten und Vertragsärzten in Betracht, wenngleich hier die Vertragsparteien einen besonders weiten Gestaltungsspielraum haben und sich folglich auch auf vollkommen neue Maßnahmen einigen können. Für die Erfüllung der Zielvereinbarung ist in Abs. 4 – unabhängig von der Einhaltung des Ausgabenvolumens – die Zahlung eines **Bonus** an die Kassenärztliche Vereinigung vorgesehen, der zwischen den Vertragsparteien der Zielvereinbarung vereinbart wird. Hintergrund der Bestimmung der Kassenärztlichen Vereinigungen und nicht direkt der Vertragsärzte als Zahlungsempfänger der Bonuszahlung ist, dass Bonuszahlung für Einsparungen bei veranlassten Leistungen in Teilen als ethisch umstritten angesehen werden und somit das Problem eines direkten Geldflusses für die Zielerreichung behoben wird.[47] In der Festlegung der Verwendung des Bonus – also etwa der Weiterreichung an die Vertragsärzte – haben die Vertragspartner einen weiten Gestaltungsspielraum.[48] Im Zusammenhang mit der Reform der Wirtschaftlichkeitsprüfung durch § 106 b könnte es in der Zukunft zu einer stärkeren Verknüpfung von Zielvereinbarungen und der Wirtschaftlichkeitsprüfung kommen. Hier werden dann die entsprechenden Regelungen in den Ländern zu beobachten sein.

c) **Sofortmaßnahmen.** Die Sofortmaßnahmen sind ein Instrument, das eine **drohende Überschreitung** des vereinbarten Arzneimittelvolumens verhindern soll. Nach Abs. 1 Nr. 2 sind damit letztlich **Controllinginstrumente**[49] zur Gewährleistung der Einhaltung des vereinbarten Ausgabenvolumens zu vereinbaren, da die Vereinbarung von Sofortmaßnahmen auch eine stetige Ausgabenüberwachung und -steuerung erfordert. Grundlage der Sofortmaßnahmen sind die von den Krankenkassen zur Verfügung gestellten Arzneimittel-Schnellinformationen (GAmSi).[50] Dabei kommen sowohl Maßnahmen gegen einzelne Vertragsärzte als auch gegen Versicherte in Betracht.[51] Insbesondere vorgezogene Information der Vertragsärzte über nicht einhaltbare Zielvereinbarungen, Beratungen der Vertragsärzte, aber auch Wirtschaftlichkeitsprüfungen gehören hier zu den naheliegenden Möglichkeiten.[52]

3. Abweichende Vereinbarungen der Krankenkassen. Nach Abs. 1 S. 5 können die Krankenkassen mit Ärzten abweichende oder über die Regelung der Arzneimittelvereinbarung hinausgehende Vereinba-

---

40 Vießmann in: Spickhoff, Medizinrecht, § 84 SGB V Rn. 7.
41 Hess in: KassKomm, § 84 SGB V Rn. 18.
42 BT-Dr. 14/6309, 7.
43 Engelhard in: Hauck/Noftz, SGB V, § 84 Rn. 46.
44 LSG NRW, 12.2.2007, L 10 B 35/06 KA ER, MedR 2008, 108.
45 BT-Dr. 17/2413, 27.
46 Vießmann in: Spickhoff, Medizinrecht, § 84 SGB V Rn. 7.
47 Hess in: KassKomm, § 84 SGB V Rn. 19.
48 Engelhard in: Hauck/Noftz, SGB V, § 84 Rn. 74.
49 So auch Engelhard in: Hauck/Noftz, SGB V, § 84 Rn. 50.
50 Hess in: KassKomm, § 84 SGB V Rn. 20; Pflugmacher in: Eichenhofer/Wenner, § 84 Rn. 10.
51 Sproll in: Krauskopf, § 84 SGB V Rn. 17.
52 Hess in: KassKomm, § 84 SGB V Rn. 20.

rungen treffen. Nach der Gesetzesbegründung kommen dabei neben den ausdrücklich benannten Vertragsparteien auch Zusammenschlüsse mehrerer Krankenkassen, Gruppen von Ärzten und Kassenärztliche Vereinigungen[53] in Betracht.[54] Damit wird letztlich das Vertragsmonopol der Kassenärztlichen Vereinigungen aufgeweicht,[55] wenngleich das Regelungskonzept aufgrund der dann bestehenden Ungleichgewichts hinsichtlich der den Vertragsparteien zur Verfügung stehenden Daten fragwürdig erscheint. Die Regelung wird als eine **Stärkung wettbewerblicher Strukturen** verstanden.[56] Allerdings wird aus dem Wortlaut nicht ersichtlich, welche inhaltlichen Anforderungen an eine solche Vereinbarung zu stellen sind. Die Anforderungen können jedoch aus dem systematischen Zusammenhang entwickelt werden: Vor dem Hintergrund des auch künftig bestehenden Zusammenhangs mit der Wirtschaftlichkeitsprüfung, muss festgestellt werden, dass die abweichenden Vereinbarungen jedenfalls die regionalen Prüfvereinbarungen nicht gefährden oder den vereinbarten Maßnahmen der Arzneimittelvereinbarung zuwiderlaufen dürfen. Damit sind in der Konsequenz nur solche Vereinbarungen rechtlich zulässig, die über die Arzneimittelvereinbarung nach Abs. 1 hinausgehen und deren Ziele nicht gefährden.[57]

21 **4. Feststellung des Ausgabenvolumens, Konsequenzen aus Über- und Unterschreitung des Ausgabenvolumens.** Die Abs. 5 und 3 regeln, nach welchen Kriterien das **tatsächliche Ausgabenvolumen** bestimmt wird und welche Konsequenzen aus dem Vergleich des tatsächlichen mit dem vereinbarten Ausgabenvolumen entstehen können, wobei eine starre Regelung vermieden wurde.[58]

22 Abs. 5 bestimmt dabei zunächst, wie das Ausgabenvolumen festzustellen ist, da für die anzustellenden Vergleiche und die hieraus zu ziehenden Konsequenzen eine exakte Datengrundlage Voraussetzung ist. Dabei wird in Abs. 5 zunächst bestimmt, dass die Krankenkassen, die im Jahr, für das ein Arzneimittelvolumen vereinbart wurde, veranlassten Ausgaben arztbezogen erheben. Ausgangspunkt dieser Erhebung sind die von den Apotheken bzw. ihren Rechenzentren nach § 300 übermittelten Daten. Die Problematik dieser Datenerhebung besteht dabei in der Zusammenführung derjenigen Verordnungen, die von Vertragsärzten des jeweiligen KV-Bezirks verordnet wurden, aber ggf. andernorts eingelöst wurden oder aber Versicherten verschrieben wurden, die einer Krankenkasse angehören, die ihren Sitz nicht im jeweiligen KV-Bezirk hat.[59] Daher erfolgt die Datenerhebung durch die Krankenkassen nach Durchführung der Abrechnungsprüfung zunächst kassenartenbezogen[60] über den GKV-Spitzenverband, der – dann wieder regionalisiert- kassenartenübergreifend an die Gesamtvertragspartner übermittelt, in deren KV-Bezirk die jeweiligen Vertragsärzte ihren Sitz haben. Auch diejenigen Ausgaben, die im Wege der Kostenerstattung vergütet worden sind gehören nach Abs. 5 S. 3 zu den zu erhebenden Ausgaben. Auf diesem Wege lässt sich nach der Übermittlung an die regionalen Vertragsparteien dann das vereinbarte mit dem tatsächlichen Ausgabenvolumen vergleichen.

23 Über die Erhebung der Daten für die Feststellung des tatsächlichen Ausgabenvolumens für das Jahr der jeweiligen Arzneimittelvereinbarung hinaus stellt § 84 Abs. 5 die Ermächtigungsgrundlage für die Erhebung der **Arzneimittelschnellinformationen** – monatliche Berichte über Entwicklung der Ausgaben nach § 31 – und deren Übermittlung dar. Diese Daten dienen im Zusammenhang mit § 84 dem unterjährigen Controlling der Ausgaben und vor allem der Durchführung der Sofortmaßnahmen. Die Erhebung der Arzneimittelschnellinformationen erfolgt vergleichbar der Erhebung des tatsächlichen Ausgabenvolumens, allerdings mit dem Unterschied, dass die Daten von den Krankenkassen vor der Durchführung der Abrechnungsprüfung zu übermitteln sind.

24 Entsprechend der Verweisungsnorm in Abs. 5 S. 8 sind die vorgenannten Daten nach § 304 Abs. 1 Nr. 2 nach vier Jahren zu löschen. Die Frist beginnt dabei nach § 304 Abs. 1 S. 2 mit Ende des Geschäftsjahres, in dem die Leistung gewährt oder abgerechnet wurde.

---

53 Zu den Kassenärztlichen Vereinigungen skeptisch Engelhard in: Hauck/Noftz, SGB V, § 84 Rn. 93 c.
54 BT-Dr. 16/3100, 117.
55 Freudenberg in: jurisPK-SGB V, § 84 Rn. 30.
56 Hess in: KassKomm, § 84 SGB V Rn. 4.
57 So im Ergebnis auch Freudenberg in: jurisPK-SGB V, § 84 Rn. 30; Vießmann in: Spickhoff, Medizinrecht, § 84 SGB V Rn. 3, sieht hingegen nur die Bedingung, dass das Effizienzniveau der Arzneimittelvereinbarung nicht unterschritten werden darf; aA Engelhard in: Hauck/Noftz, SGB V, § 84 Rn. 93 d, der auch die Möglichkeit zu einer völlig eigenständigen Regelung sieht.
58 Vießmann in: Spickhoff, Medizinrecht, § 84 SGB V Rn. 6.
59 Hess in: KassKomm, § 84 SGB V Rn. 25.
60 Hess in: KassKomm, § 84 SGB V Rn. 25.

Die **Konsequenzen aus einer Über- oder Unterschreitung der tatsächlichen Arzneimittelausgaben** verglichen mit dem vereinbarten Ausgabenvolumen ergeben sich aus den jeweiligen Gesamtverträgen, Abs. 3 S. 1 und 3. Bei Überschreitungen müssen die Vertragsparteien dabei nach S. 2 die Ursachen in die Konsequenzen einbeziehen, wobei die Erfüllung von Zielvereinbarungen hier zu berücksichtigen ist. Verlangt ist also eine differenzierte Ursachenbetrachtung, die im Hinblick auf Konsequenzen gegenüber den Vertragsärzten dahin gehend zu erfolgen hat, dass das Verordnungsverhalten der Ärzte Ursache für eine Überschreitung des Ausgabenvolumens gewesen sein muss.[61] Aus der Ursachenanalyse können dann Konsequenzen gezogen werden, wobei der Gesetzgeber keine inhaltlichen Vorgaben hinsichtlich der Ausgestaltung der Konsequenzen gemacht hat. Sie liegen damit im Ermessen der Gesamtvertragsparteien.[62] Ob auch eine **direkt auf die Gesamtvergütung bezogene Maßnahme** ergriffen werden kann, bzw. zwingend ergriffen werden muss, ist umstritten,[63] jedoch im Ergebnis abzulehnen. Eine undifferenzierte Absenkung, bzw. Anhebung der Gesamtvergütung wäre mit der durch § 84 gewollten differenzierten Ausgabensteuerung unvereinbar,[64] so dass im Ergebnis aus Sinn und Zweck des § 84 wie auch aus der Systematik des Abs. 3 zu verlangen ist, dass die zu treffenden Maßnahmen auf die jeweiligen Ursachen der Ausgabenüberschreitung abgestimmt sind. Dabei wird in erster Linie die Intensivierung und auf die entsprechenden Ursachen abgestimmte Beratung der Vertragsärzte in Betracht kommen. Im Falle der Unterschreitung hat es der Gesetzgeber den Gesamtvertragsparteien überlassen, eine Regelung zu treffen. Ihnen steht hierbei ein weiter Gestaltungsspielraum zu. Diese Regelung soll die Kassenärztlichen Vereinigungen zur zusätzlichen Ausgabenminimierung motivieren.[65] Ein subjektives Recht des einzelnen Vertragsarztes auf eine konkrete Art der Verwendung des Bonus entsteht allerdings nicht.[66]

5. Haftung für die Durchführung. Mit der Regelung des Abs. 4a soll die Umsetzungsbereitschaft der Gesamtvertragspartner im Hinblick auf die Ausgabensteuerung erhöht werden. Weil die Regelung jedoch eine Haftung an die „ordnungsgemäße Durchführung" anknüpft, ist ein tatsächlicher Haftungsfall nur schwer vorstellbar,[67] da die Frage, ab wann eine Durchführung als nicht mehr „ordnungsgemäß" zu qualifizieren ist, kaum zu beantworten sein wird. Insofern ist bei dieser Regelung davon auszugehen, dass ihr vor allem eine symbolische Bedeutung zukommt[68] und den politischen Druck auf die Vorstände der Gesamtvertragspartner erhöhen soll, die gesetzgeberisch gewollte Ausgabensteuerung effektiv umzusetzen.

III. Richtgrößenvereinbarung, Abs. 6 idF bis zum 1.1.2017

Die Richtgrößen dienten nach Abs. 6 S. 3 idF bis zum 1.1.2017 dazu, den Vertragsarzt bei der Verordnung von Leistungen nach § 31 sowie nach Abs. 8 iVm Abs. 6 aF auch bei der Verordnung von Heilmitteln nach dem Wirtschaftlichkeitsgebot zu leiten. Damit waren die Richtgrößen das Instrument des § 84, dem eine vorrangige ausgabensteuernde Wirkung zukommt.[69] Gegenstand der Richtgrößenvereinbarung war das Richtgrößenvolumen, das nach der Legaldefinition des § 84 Abs. 6 S. 1 aF das auf das Kalenderjahr bezogene Volumen der je Arzt verordneten Leistungen nach § 31 ist. Jedoch wurde nicht das Richtgrößenvolumen des einzelnen Arztes vereinbart, sondern arztgruppenspezifische fallbezogene (§ 21 BMV-Ä) Richtgrößen als Durchschnittswerte, die ihrerseits multipliziert mit der Fallzahl dann das Richtgrößenvolumen ergaben. Durch Art. 2 des GKV-VSG wurden die Richtgrößen zum 1.1.2017 aus § 84 getilgt. Allerdings ordnet § 106b Abs. 3 S. 3 an, dass § 84 in der bis zum 31.12.2016 gültigen Fassung – und damit auch die Regelung zu den Richtgrößen – fortgilt, bis eine Vereinbarung nach § 106b Abs. 1 geschlossen wird. Damit kommt es letztlich auf den Stand der regionalen Vereinbarungen an, so dass die Kommentierung einstweilen fortbesteht.

---

61 So auch Hess in: KassKomm, § 84 SGB V Rn. 23.
62 Freudenberg in: jurisPK-SGB V, § 84 Rn. 55; Engelhard in: Hauck/Noftz, SGB V, § 84 Rn. 70.
63 Befürwortend Vießmann in: Spickhoff, Medizinrecht, § 84 SGB V Rn. 6; Engelhard in: Hauck/Noftz, SGB V, § 84 Rn. 70; Freudenberg in: jurisPK-SGB V, § 84 Rn. 55, geht zumindest von einer grundsätzlichen Reaktionspflicht aus; ablehnend Hess in: KassKomm, § 84 SGB V Rn. 23; Pflugmacher in: Eichenhofer/Wenner, § 84 Rn. 20; Sproll in: Krauskopf, § 84 SGB V Rn. 22 sieht eine Verpflichtung, einen Ausgleich der Überschreitung ernsthaft anzustreben.
64 Hess in: KassKomm, § 84 SGB V Rn. 24.
65 BT-Dr. 14/6309 S. 8.
66 Freudenberg in: jurisPK-SGB V, § 84 Rn. 60.
67 So auch Sproll in: Krauskopf, § 84 SGB V Rn. 30; Vießmann in: Spickhoff, Medizinrecht, § 84 SGB V Rn. 4.
68 Engelhard in: Hauck/Noftz, SGB V, § 84 Rn. 31.
69 Engelhard in: Hauck/Noftz, SGB V, § 84 Rn. 22.

28 **1. Vertragspartner.** Vertragspartner der Richtgrößenvereinbarung des Abs. 6 aF waren entsprechend der Verweisung auf Abs. 1 die Landesverbände der Krankenkassen und die Ersatzkassen auf der einen sowie die Kassenärztlichen Vereinigungen auf der anderen Seite. Ob dabei unterschiedliche Richtgrößen für die einzelnen Kassenarten vereinbart werden konnten, wurde uneinheitlich gesehen.[70] Wegen der umfassenden Verweisung auf Abs. 1, vor allem aber wegen der Ausgestaltung der Richtgröße als Durchschnittswert erschien aber eine nach Kassenarten verschiedene Richtgrößenvereinbarung nicht als möglich.[71]

29 **2. Inhalte.** Die Richtgrößen setzten auf dem in der Arzneimittelvereinbarung vereinbarten Ausgabenvolumen auf, wobei wegen des Zwecks der Sicherstellung (Abs. 6 S. 1 aF) eine Berechnung der Richtgrößen alleine aus dem Ausgabenvolumen nicht erforderlich war.[72] Abs. 6 aF gab dabei bereits eine gewisse Ausgestaltung der Richtgrößenvereinbarung vor. So sollten die Richtgrößen arztgruppenspezifisch erfolgen, altersmäßig gegliederte Patientengruppen sollten gebildet werden und auch Krankheitsarten bestimmt werden. Die Rahmenvorgaben für das Jahr 2002 für Richtgrößenvereinbarungen der damaligen Spitzenverbände und der KBV vom 31.1.2002 gaben hierzu – neben der Beschreibung der Entwicklung von Richtgrößen – Arzt- und Altersgruppen vor. Ebenfalls wurde die Herstellung des Fallbezugs und die Heranziehung der Behandlungsfälle getrennt nach Mitgliedern, Familienangehörigen und Rentnern angeordnet. Eine Differenzierung nach Krankheitsarten erfolgte jedoch nicht, was von Teilen der Literatur kritisch gesehen wurde,[73] jedoch wegen der hierzu bestehenden Vorgabe („soll") und der langen Praxis, vor allem aber im Hinblick auf den durch den Gesetzgeber selbst gesehenen langen Umsetzungszeitraum[74] unproblematisch gewesen sein dürfte. Die Richtgrößenvereinbarung diente entsprechend Abs. S. 1 aF der Sicherstellung der vertragsärztlichen Versorgung. Die Richtgrößen sollten den Vertragsarzt aber zu einer wirtschaftlichen Versorgung anleiten (Abs. 6 S. 3 aF), so dass diese im Gesetz selbst verankerte Zweckbestimmungen auch in der Auslegung der Anforderungen an die Richtgrößenvereinbarung selbst besonders zu berücksichtigen war. Diesem Zweck diente ua, dass seit der Richtgrößenempfehlungsvereinbarung vom 21.2.2000 (Stand 30.9.2001) zwischen den ehemaligen Spitzenverbänden und der KBV bestimmte Arzneimittel aus den Richtgrößen ausgenommen wurden. Vor diesem Hintergrund war auch der Umstand zu sehen, dass die Richtgrößen nach Abs. 6 S. 1 aF für das jeweilige Folgejahr zu vereinbaren waren. Zwar führte eine Fristüberschreitung nicht zur Nichtigkeit der Vereinbarung,[75] jedoch waren die Vertragsparteien daran gehalten, die steuernde Funktion der Richtgrößenvereinbarung dahin gehend zu berücksichtigen, dass eine Steuerung der neuen Richtgrößenvereinbarung sich erst nach ihrem Abschluss entfalten kann.[76] Eine die Vertragsärzte benachteiligende Wirkung der Richtgrößenvereinbarung konnte damit allenfalls ex nunc eintreten. Darüber hinaus hatten die Vertragsparteien der Richtgrößenvereinbarung wie alle untergesetzlichen Normgeber einen weiten Gestaltungsspielraum, der an dessen allgemeinen Grenzen zu messen ist.

30 **3. Auswirkungen auf den Vertragsarzt.** Die nach den vorgenannten Grundsätzen gebildeten Richtgrößen bildeten letztlich für den Vertragsarzt eine Ausgabenbegrenzung, die – je nach Höhe der Überschreitung (vgl. hierzu § 106 aF) – in der Folge eine Wirtschaftlichkeitsprüfung auslösen konnte. Dies war letztlich logische Konsequenz einer Verordnungssteuerung über Richtgrößen, die durch schwindende Transparenz der Preise und schwindende Akzeptanz der Konsequenzen der Steuerung über Richtgrößen dazu führte, dass diese Form der Wirtschaftlichkeitsprüfung auf der Bundesebene abgelöst wurde.

IV. Heilmittelvereinbarung

31 Abs. 7 ordnet an, dass für Heilmittel – unter Berücksichtigung der Besonderheiten bei Versorgungs- und Abrechnungsbedingungen – die gleichen Vorgaben wie für die Arzneimittel gelten sollen, so dass dem Grunde nach auf die vorangestellte Kommentierung verwiesen werden kann. Für die Heilmittel

---

70 Befürwortend: Freudenberg in: jurisPK-SGB V, § 84 Rn. 77; ablehnend: Hess in: KassKomm, § 84 SGB V Rn. 29.
71 Hess in: KassKomm, § 84 SGB V Rn. 29.
72 So auch Sproll in: Krauskopf, § 84 SGB V Rn. 41.
73 Pflugmacher in: Eichenhofer/Wenner, § 84 Rn. 29.
74 Engelhard in: Hauck/Noftz, SGB V, § 84 Rn. 128.
75 BSG, 2.11.2005, B 6 KA 63/04 R, SozR 4-2500 § 106 Nr. 11.
76 BSG, 2.11.2005, B 6 KA 63/04 R, SozR 4-2500 § 106 Nr. 11; BSG, 23.3.2011, B 6 KA 9/10 R, SozR 4-2500 § 84 Nr. 2.

ist dabei eine gesonderte Vereinbarung mit gesondertem Ausgabenvolumen zu vereinbaren. Besonderheiten für die Heilmittelversorgung im Unterschied zur Arzneimittelversorgung ergeben sich zB aus langfristigen Behandlungsserien mit verspäteter Abrechnung,[77] so dass im Heilmittelbereich zur Datenerhebung auf die abgerechneten Heilmittel und nicht auf die Verordnungen abzustellen ist. Das Berichtswesen basiert auf dem GKV-Heilmittel-Informationssystem. Zu beachten ist im Rahmen der Heilmittelverordnung auch, dass im Rahmen der Wirtschaftlichkeitsprüfungen die Vorgaben nach § 106 b Abs. 2 S. 4 einzuhalten sind, da insofern eine Überprüfung der Wirtschaftlichkeit bereits im Genehmigungsverfahren erfolgt ist. Eine weitere Besonderheit in der Heilmittelversorgung besteht im Hinblick auf die Praxisbesonderheiten, die vor dem Hintergrund hierzu bestehender Unsicherheiten in der Vertragsärzteschaft Schwierigkeiten in der Versorgung chronisch Kranker aufgewiesen hatte. Hier hatte der Gesetzgeber der Bundesebene zunächst eine Regelungskompetenz übertragen, um die Regelungen zu den Praxisbesonderheiten zu vereinheitlichen (→ Rn. 32).[78] Diese Regelung ist nunmehr nach § 106 b Abs. 2 S. 4 verlagert worden.[79]

V. Rahmenvereinbarungen

Nach Abs. 6 sowie Abs. 7 iVm Abs. 6 sind auf der Bundesebene Rahmenvereinbarungen zu schließen, die die Aufgabe haben, die Arzneimittelvereinbarung und die Heilmittelvereinbarung vorzustrukturieren und sich auf sämtliche Inhalte der Vereinbarungen erstrecken können.[80] Weiterhin haben die Rahmenvorgaben die Versorgung zwischen den Kassenärztlichen Vereinigungen zu vergleichen und auf Unterschiede in Versorgungsqualität und Wirtschaftlichkeit hinzuweisen. Nach Abs. 6 S. 1 sind dabei bis zum 30. September Rahmenvorgaben für die Inhalte der Arzneimittelvereinbarung sowie die Inhalte für die Informationen und Hinweise nach § 73 Abs. 8 zu vereinbaren. Gleiches gilt nach Abs. 7 S. 1 für die Heilmittel. Die bisherige Regelung zu den Praxisbesonderheiten nach Abs. 8 S. 3 aF ist nunmehr in § 106 b Abs. 2 S 4 zu finden. Alle Fristen in diesem Zusammenhang stellen Ordnungsfristen dar. Insbesondere ist es den Vertragsparteien auch möglich, noch nach Fristablauf eine entsprechende Vereinbarung abzuschließen. Allerdings wird vor dem Hintergrund der auf den Rahmenvorgaben und den regionalen Vereinbarungen basierenden Vereinbarungen ein rechtzeitiger Abschluss ratsam sein, da entsprechende Veränderungen lediglich ex nunc auf die Vertragsärzte wirken (→ Rn. 29). 32

1. Vertragspartner. Vertragspartner der in § 84 genannten Rahmenvereinbarungen sind die KBV auf der einen und der GKV-Spitzenverband auf der anderen Seite. Eine **Abschluss- bzw. Abweichungskompetenz** einzelner Kassenverbände vergleichbar den Abweichungsmöglichkeiten der Krankenkassen bei der Arzneimittelvereinbarung **besteht nicht.** 33

2. Inhalte. a) Rahmenvorgaben Arzneimittel. Kern der Rahmenvorgaben für Arzneimittel ist die Beurteilung von Anpassungsfaktoren für das Ausgabenvolumen, die einer bundeseinheitlichen Beurteilung zugänglich sind. Dies sind insbesondere die in Abs. 2 aufgeführten Faktoren der Nr. 2 bis 5 und 7,[81] während die übrigen Faktoren grundsätzlich der regionalen Ebene zugewiesen sind. Daneben haben die Vertragspartner im Jahr 2014 als Maßnahmen zur Ausschöpfung von Wirtschaftlichkeitsreserven für verordnungsstarke Anwendungsgebiete Arzneimittelgruppen und Leitsubstanzen festgelegt und Arzneimittelgruppen bzw. Arzneimittelgruppen bestimmt, in denen Verordnungshöchstquoten oder Verordnungsmindestquoten gelten sollen.[82] 34

b) Rahmenvorgaben Heilmittel. Auch für die Rahmenvorgaben zu den Heilmitteln gilt, dass ihr bedeutendstes Element die Beurteilung derjenigen Faktoren im Rahmen der Anpassung des Ausgabenvolumens darstellt, die einer bundesweiten Beurteilung zugänglich sind. Allerdings haben sich die Vertragsparteien hier auf einen im Vergleich zu den Rahmenvorgaben Arzneimittel unterschiedlichen Katalog der bundesweit festzulegenden Anpassungsfaktoren geeinigt: Hier werden die Faktoren nach Abs. 2 Nr. 3, 4, 5 und 7 bundesweit festgelegt, während die Preisentwicklung (Nr. 2) hier regional eingepreist wird.[83] 35

---

77 Axer in: Becker/Kingreen, § 84 Rn. 14.
78 BT-Dr. 17/6906 58.
79 BT-Dr. 18/4095 111.
80 Freudenberg in: jurisPK-SGB V, § 84 Rn. 83.
81 Vgl. Ziff. 2 der Rahmenvorgaben nach § 84 Abs. 7 SGB V für das Jahr 2014 vom 26.9.2013.
82 Vgl. Ziff. 2 der Rahmenvorgaben nach § 84 Abs. 7 SGB V für das Jahr 2014 vom 26.9.2013.
83 Vgl. Ziff. 3 der Rahmenvorgaben nach § 84 Abs. 7 iVm Abs. 8 SGB V für das Jahr 2014 vom 30. September 2013.

36 **c) Praxisbesonderheiten.** Bis zum 30.9.2012 war erstmals eine Liste von Praxisbesonderheiten für die Verordnung von Heilmitteln festzulegen, die bei der Prüfung nach § 106 aF anzuerkennen war. Diese Vereinbarung wurde tatsächlich am 12.11.2012 abgeschlossen.[84] Die Vereinbarung diente nach dem Willen der Vertragsparteien dem Zweck, die Versorgung von Patienten mit besonders schweren Erkrankungen zu verbessern und legte hierzu eine Liste von Diagnosen fest, die als Praxisbesonderheit galten. Weiterhin regelte die Vereinbarung Indikationen mit einem langfristigen Heilmittelbedarf gem. § 32 Abs. 1a. Die Regelungskompetenz für diese Vereinbarung wurde durch das GKV-VSG in § 106b Abs. 4 S. 2 und die dort zu schließenden Rahmenvorgaben verlagert.[85] Die Vertragspartner auf Bundesebene haben dies in Anlage 2 – dort insbesondere Anhang 1 – der Rahmenvorgaben für die Wirtschaftlichkeitsprüfung umgesetzt, womit die Rahmenvorgaben nach § 84 Abs. 8 aF außer Kraft getreten sind.

37 **d) Rahmenvereinbarung Richtgrößen.** Mit den Rahmenvorgaben nach Abs. 7 aF für das Jahr 2002 für Richtgrößenvereinbarungen vom 31.1.2002[86] hatten die damaligen Spitzenverbände der Krankenkassen und die KBV Arzt- und Altersgruppen, sowie das nähere zum Fallbezug und die zu betrachtenden Versichertengruppen festgelegt. Daneben galt die Empfehlung zu Richtgrößen vom 21.2.2000 (zuletzt aktualisiert am 30.9.2001), in der Grundsätze zur Bildung von Richtgrößen niedergelegt waren.

38 **3. Verbindlichkeit.** Von den Rahmenvorgaben für die Arzneimittel und die Heilmittelvereinbarung dürfen die Vertragspartner abweichen, sofern diese Abweichungen durch **regionale Versorgungsbedingungen** begründet sind (Abs. 6 S. 3). Dies bedeutet, dass die regionalen Vertragsparteien sich für den Fall, dass sie von den Rahmenvorgaben abweichen wollen, auch auf objektivierbare regionale Versorgungsbedingungen – etwa eine abweichende Morbiditätsverteilung – berufen können müssen, um von den Rahmenvorgaben abweichen zu dürfen.[87] Die Möglichkeit zur Abweichung und ihre Nutzung unterliegen dabei im Falle des Rechtsschutzes gegen die regionalen Vereinbarungen der gerichtlichen Überprüfung.

VI. Rechtsschutz gegen die Vereinbarungen

39 Sofern die Vereinbarungen des § 84 durch ein Schiedsamt festgelegt wurden, können die jeweiligen Vertragsparteien, da es sich bei den entsprechenden Schiedssprüchen um einen Verwaltungsakt handelt, im Wege der Anfechtungsklage gegen den Schiedsspruch vorgehen.[88] Eine direkte Klage gegen die in § 84 normierten Vereinbarungen bleibt denjenigen verwehrt, die nicht unmittelbare Partner der Vereinbarung sind: Weder können die regionalen Vertragsparteien gegen die Rahmenvereinbarungen der Bundesebene in diesem Sinne vorgehen, noch ist es einzelnen Krankenkassen oder Vertragsärzten möglich, eine Anfechtungsklage gegen die Vereinbarungen zu erheben. Für diese bleibt die Möglichkeit der inzidenten Überprüfung im Rahmen der gerichtlichen Auseinandersetzung etwa um die Wirtschaftlichkeitsprüfung. Etwas anderes kann aus ausnahmsweise für Dritte gelten, wobei hier vor allem die Arzneimittelindustrie in Betracht kommt. Einem betroffenen Dritten kann – sofern die übrigen Voraussetzungen vorliegen – hier ggf. der Weg der Feststellungsklage unmittelbar gegen die entsprechende Vereinbarung, etwa gegen eine Zielvereinbarung, selbst eröffnet sein. Sofern es in einem Verfahren um die gerichtliche Überprüfung der hier aufgeführten Vereinbarungen geht, ist zu beachten, dass den Vertragsparteien grundsätzlich ein – den vertraglichen Strukturen des SGB V immanenter – Gestaltungsspielraum zukommt. Entscheidend ist aber, dass dann, wenn Zahlen den Ausgangspunkt für den Inhalt der Vereinbarung darstellen, diese Daten auch zutreffend sind[89] und auch die übrigen Kriterien, die das Gesetz selbst an die Vereinbarung anlegt, eingehalten wurden.[90]

VII. Verordnungen des Bundesgesundheitsministeriums

40 Abs. 8 ermöglicht es schließlich dem Bundesgesundheitsministerium mit Zustimmung des Bundesrates die vereinbarten Arzneimittelvolumen zu erhöhen. Voraussetzung hierfür ist ein Ereignis mit erhebli-

---

84 Vereinbarung über Praxisbesonderheiten für Heilmittel nach § 84 Abs. 8 Satz 3 SGB V unter Berücksichtigung des langfristigen Heilmittelbedarfs gemäß § 32 Abs. 1a SGB V vom 12.11.2012.
85 BT-Dr. 18/4095 111.
86 Vgl. hierzu ausführlich Peikert, MedR 2003, 31 f.
87 Engelhard in: Hauck/Noftz, SGB V, § 84 Rn. 150.
88 Axer in: Becker/Kingreen, § 84 Rn. 7.
89 Engelhard in: Hauck/Noftz § 84 Rn. 178; Peikert, MedR 2003, 32.
90 So für die Richtgrößenvereinbarung Freudenberg in: juris-PK SGB V, § 84 Rn. 80.

cher Folgewirkung für die medizinische Versorgung. Damit bezieht sich die Regelung auf mögliche Epidemien und dem in diesem Zusammenhang bestehenden Arzneimittelbedarf der Bevölkerung.[91] Da auch den Vertragspartnern der Arzneimittelvereinbarung ein entsprechendes Anpassungsrecht zukommt,[92] ist die Regelung letztlich ein Ausdruck des Misstrauens des Gesetzgebers gegen die Selbstverwaltung, die aus monetären Interessen bestrebt sein könnte, eine notwendige zeitgerechte Ausgabenerhöhung zu verweigern.

§ 85 Gesamtvergütung

(1) Die Krankenkasse entrichtet nach Maßgabe der Gesamtverträge an die jeweilige Kassenärztliche Vereinigung mit befreiender Wirkung eine Gesamtvergütung für die gesamte vertragsärztliche Versorgung der Mitglieder mit Wohnort im Bezirk der Kassenärztlichen Vereinigung einschließlich der mitversicherten Familienangehörigen.

(2) [1]Die Höhe der Gesamtvergütung wird im Gesamtvertrag vereinbart; die Landesverbände der Krankenkassen treffen die Vereinbarung mit Wirkung für die Krankenkassen der jeweiligen Kassenart. [2]Die Gesamtvergütung ist das Ausgabenvolumen für die Gesamtheit der zu vergütenden vertragsärztlichen Leistungen; sie kann als Festbetrag oder auf der Grundlage des Bewertungsmaßstabes nach Einzelleistungen, nach einer Kopfpauschale, nach einer Fallpauschale oder nach einem System berechnet werden, das sich aus der Verbindung dieser oder weiterer Berechnungsarten ergibt. [3]Die Vereinbarung unterschiedlicher Vergütungen für die Versorgung verschiedener Gruppen von Versicherten ist nicht zulässig. [4]Die Vertragsparteien haben auch eine angemessene Vergütung für nichtärztliche Leistungen im Rahmen sozialpädiatrischer und psychiatrischer Tätigkeit und für eine besonders qualifizierte onkologische Versorgung zu vereinbaren; das Nähere ist jeweils im Bundesmantelvertrag zu vereinbaren. [5]Die Vergütungen der Untersuchungen nach den §§ 22, 25 Abs. 1 und 2, § 26 werden als Pauschalen vereinbart. [6]Beim Zahnersatz sind Vergütungen für die Aufstellung eines Heil- und Kostenplans nicht zulässig. [7]Soweit die Gesamtvergütung auf der Grundlage von Einzelleistungen vereinbart wird, ist der Betrag des Ausgabenvolumens nach Satz 2 zu bestimmen. [8]Ausgaben für Kostenerstattungsleistungen nach § 13 Abs. 2 und nach § 53 Abs. 4 mit Ausnahme der Kostenerstattungsleistungen nach § 13 Abs. 2 Satz 6 und Ausgaben auf Grund der Mehrkostenregelung nach § 28 Abs. 2 Satz 3 sind auf das Ausgabenvolumen nach Satz 2 anzurechnen.

(2 a) [1]Für die Vereinbarung der Vergütungen vertragszahnärztlicher Leistungen im Jahr 2013 ermitteln die Landesverbände der Krankenkassen und die Ersatzkassen einmalig gemeinsam und einheitlich mit der jeweiligen Kassenzahnärztlichen Vereinigung bis zum 31. Dezember 2012 die durchschnittlichen Punktwerte des Jahres 2012 für zahnärztliche Leistungen ohne Zahnersatz, gewichtet nach den gegenüber der jeweiligen Kassenzahnärztlichen Vereinigung abgerechneten Punktmengen. [2]Soweit Punktwerte für das Jahr 2012 bis zum 30. September 2012 von den Partnern der Gesamtverträge nicht vereinbart sind, werden die Punktwerte des Jahres 2011 unter Berücksichtigung des Absatzes 3 g und unter Anwendung der um 0,5 Prozentpunkte verminderten für das Jahr 2012 nach § 71 Absatz 3 für das gesamte Bundesgebiet festgestellten Veränderungsrate zugrunde gelegt. [3]Erfolgt die Vergütung nicht auf der Grundlage von vereinbarten Punktwerten, legen die Vertragspartner nach Satz 1 für die jeweiligen Leistungsbereiche einen fiktiven Punktwert fest, der sich aus dem Verhältnis der abgerechneten Punktmenge zur vereinbarten Gesamtvergütung im Jahr 2012 ergibt. [4]Die Partner der Gesamtverträge passen die für das Jahr 2012 vereinbarte Gesamtvergütung auf der Grundlage der nach den Sätzen 1 bis 3 festgestellten Punktwerte an und legen diese als Ausgangsbasis für die Vertragsverhandlungen für das Jahr 2013 zugrunde.

(2 b) (aufgehoben)

(2 c) [1]Die Vertragspartner nach § 82 Abs. 1 können vereinbaren, daß für die Gesamtvergütungen getrennte Vergütungsanteile für die an der vertragsärztlichen Versorgung beteiligten Arztgruppen zugrunde gelegt werden; sie können auch die Grundlagen für die Bemessung der Vergütungsanteile regeln. [2]§ 89 Abs. 1 gilt nicht.

(2 d) Die am 31. Dezember 2010 geltenden Punktwerte für zahnärztliche Leistungen ohne Zahnersatz dürfen sich im Jahr 2011 höchstens um die um 0,25 Prozentpunkte verminderte und im Jahr 2012

---

91 Pflugmacher in: Eichenhofer/Wenner, § 84 Rn. 39.
92 So auch Pflugmacher in: Eichenhofer/Wenner, § 84 Rn. 39.

höchstens um die um 0,5 Prozentpunkte verminderte nach § 71 Absatz 3 für das gesamte Bundesgebiet festgestellte Veränderungsrate verändern; dies gilt nicht für Leistungen der Individualprophylaxe und Früherkennung.

(3) ¹In der vertragszahnärztlichen Versorgung vereinbaren die Vertragsparteien des Gesamtvertrages die Veränderungen der Gesamtvergütungen unter Berücksichtigung der Zahl und Struktur der Versicherten, der Morbiditätsentwicklung, der Kosten- und Versorgungsstruktur, der für die vertragszahnärztliche Tätigkeit aufzuwendenden Arbeitszeit sowie der Art und des Umfangs der zahnärztlichen Leistungen, soweit sie auf einer Veränderung des gesetzlichen oder satzungsmäßigen Leistungsumfangs beruhen. ²Bei der Vereinbarung der Veränderungen der Gesamtvergütungen ist der Grundsatz der Beitragssatzstabilität (§ 71) in Bezug auf das Ausgabenvolumen für die Gesamtheit der zu vergütenden vertragszahnärztlichen Leistungen ohne Zahnersatz neben den Kriterien nach Satz 1 zu berücksichtigen. ³Absatz 2 Satz 2 bleibt unberührt. ⁴Die Krankenkassen haben den Kassenzahnärztlichen Vereinigungen die Zahl ihrer Versicherten vom 1. Juli eines Jahres, die ihren Wohnsitz im Bezirk der jeweiligen Kassenzahnärztlichen Vereinigung haben, gegliedert nach den Altersgruppen des Vordrucks KM 6 der Statistik über die Versicherten in der gesetzlichen Krankenversicherung bis zum 1. Oktober des Jahres mitzuteilen. ⁵Bei den Verhandlungen über die Vereinbarungen nach Satz 1 für das Jahr 2013 sind die gegenüber der jeweiligen Kassenzahnärztlichen Vereinigung für das Jahr 2012 abgerechneten Punktmengen für zahnärztliche Leistungen ohne Zahnersatz nach sachlich-rechnerischer Berichtigung angemessen zu berücksichtigen.

(3 a)–(3 e) (aufgehoben)

(3 f) Die nach Absatz 3 zu vereinbarenden Veränderungen der Gesamtvergütungen als Ausgabenvolumen für die Gesamtheit der zu vergütenden vertragszahnärztlichen Leistungen ohne Zahnersatz dürfen sich im Jahr 2011 höchstens um die um 0,25 Prozentpunkte verminderte und im Jahr 2012 höchstens um die um 0,5 Prozentpunkte verminderte nach § 71 Absatz 3 für das gesamte Bundesgebiet festgestellte Veränderungsrate verändern; dies gilt nicht für Leistungen der Individualprophylaxe und Früherkennung.

(3 g) ¹Zur Angleichung der Vergütung für zahnärztliche Leistungen ohne Zahnersatz werden die für das Jahr 2011 vereinbarten Punktwerte und Gesamtvergütungen im Jahr 2012 zusätzlich zu der nach Absatz 3 in Verbindung mit den Absätzen 2 d und 3 f vereinbarten Veränderung im Gebiet der in Artikel 1 Absatz 1 des Einigungsvertrages genannten Länder um 2,5 Prozent und im Land Berlin um 2 Prozent erhöht. ²Die sich daraus ergebenden Punktwerte und Gesamtvergütungen des Jahres 2012 werden im Jahr 2013 im Gebiet der in Artikel 1 Absatz 1 des Einigungsvertrages genannten Länder zusätzlich zu der nach Absatz 3 vereinbarten Veränderung um weitere 2,5 Prozent und im Land Berlin um weitere 2 Prozent erhöht. ³Die Veränderungen der Gesamtvergütungen des Jahres 2014 sind auf die nach Satz 2 erhöhten Gesamtvergütungen zu beziehen.

(4) ¹Die Kassenzahnärztliche Vereinigung verteilt die Gesamtvergütungen an die Vertragszahnärzte. ²Sie wendet dabei in der vertragszahnärztlichen Versorgung den im Benehmen mit den Landesverbänden der Krankenkassen und den Ersatzkassen festgesetzten Verteilungsmaßstab an. ³Bei der Verteilung der Gesamtvergütungen sind Art und Umfang der Leistungen der Vertragszahnärzte zugrunde zu legen; dabei ist jeweils für die von den Krankenkassen einer Kassenart gezahlten Vergütungsbeträge ein Punktwert in gleicher Höhe zugrunde zu legen. ⁴Der Verteilungsmaßstab hat sicherzustellen, dass die Gesamtvergütung gleichmäßig auf das gesamte Jahr verteilt werden. ⁵Der Verteilungsmaßstab hat Regelungen zur Verhinderung einer übermäßigen Ausdehnung der Tätigkeit des Vertragszahnarztes entsprechend seinem Versorgungsauftrag nach § 95 Absatz 3 Satz 1 vorzusehen. ⁶Widerspruch und Klage gegen die Honorarfestsetzung sowie ihre Änderung oder Aufhebung haben keine aufschiebende Wirkung.

(4 a) (aufgehoben)

(4 b) ¹Ab einer Gesamtpunktmenge je Vertragszahnarzt aus vertragszahnärztlicher Behandlung einschließlich der kieferorthopädischen Behandlung von 262 500 Punkten je Kalenderjahr verringert sich der Vergütungsanspruch für die weiteren vertragszahnärztlichen Behandlungen im Sinne des § 73 Abs. 2 Nr. 2 um 20 vom Hundert, ab einer Punktmenge von 337 500 je Kalenderjahr um 30 vom Hundert und ab einer Punktmenge von 412 500 je Kalenderjahr um 40 vom Hundert; für Kieferorthopäden verringert sich der Vergütungsanspruch für die weiteren vertragszahnärztlichen Behandlungen ab einer Gesamtpunktmenge von 280 000 Punkten je Kalenderjahr um 20 vom Hundert, ab einer Punktmenge von 360 000 Punkten je Kalenderjahr um 30 vom Hundert und ab einer Punktmenge von 440 000 Punkten je Kalenderjahr um 40 vom Hundert. ²Satz 1 gilt für ermächtigte Zahnärzte, für bei

Vertragszahnärzten nach § 95 Abs. 9 Satz 1 angestellte Zahnärzte und für in medizinischen Versorgungszentren angestellte Zahnärzte entsprechend. ³Die Punktmengengrenzen bei Berufsausübungsgemeinschaften richten sich nach der Zahl der zahnärztlichen Mitglieder. ⁴Die Punktmengen erhöhen sich um 25 vom Hundert für Entlastungs-, Weiterbildungs- und Vorbereitungsassistenten. ⁵Bei Teilzeit oder nicht ganzjähriger Beschäftigung verringert sich die Punktmengengrenze nach Satz 1 oder die zusätzlich zu berücksichtigende Punktmenge nach Satz 4 entsprechend der Beschäftigungsdauer. ⁶Die Punktmengen umfassen alle vertragszahnärztlichen Leistungen im Sinne des § 73 Abs. 2 Nr. 2. ⁷In die Ermittlung der Punktmengen sind die Kostenerstattungen nach § 13 Abs. 2 einzubeziehen. ⁸Diese werden den Kassenzahnärztlichen Vereinigungen von den Krankenkassen mitgeteilt.

(4c) Die Kassenzahnärztliche Vereinigung hat die zahnprothetischen und kieferorthopädischen Rechnungen zahnarzt- und krankenkassenbezogen nach dem Leistungsquartal zu erfassen und mit den abgerechneten Leistungen nach § 28 Abs. 2 Satz 1, 3, 7, 9 und den gemeldeten Kostenerstattungen nach § 13 Abs. 2 und nach § 53 Abs. 4 zusammenzuführen und die Punktmengen bei der Ermittlung der Gesamtpunktmenge nach Absatz 4b zugrunde zu legen.

(4d) ¹Die Kassenzahnärztlichen Vereinigungen teilen den Krankenkassen bei jeder Rechnungslegung mit, welche Vertragszahnärzte, welche bei Vertragszahnärzten nach § 95 Abs. 9 Satz 1 angestellten Zahnärzte und welche in medizinischen Versorgungszentren angestellten Zahnärzte die Punktmengengrenzen nach Absatz 4b überschreiten. ²Dabei ist für diese Zahnärzte die Punktmenge sowie der Zeitpunkt anzugeben, ab dem die Überschreitung der Punktmengengrenzen eingetreten ist. ³Die Zahl der Entlastungs-, Weiterbildungs- und Vorbereitungsassistenten einschließlich ihrer Beschäftigungsdauer sind, bezogen auf die einzelne Praxis, ebenfalls mitzuteilen.

(4e) ¹Die Kassenzahnärztlichen Vereinigungen haben die Honorareinsparungen aus den Vergütungsminderungen nach Absatz 4b an die Krankenkassen weiterzugeben. ²Die Durchführung der Vergütungsminderung durch die Kassenzahnärztliche Vereinigung erfolgt durch Absenkung der vertraglich vereinbarten Punktwerte ab dem Zeitpunkt der jeweiligen Grenzwertüberschreitungen nach Absatz 4b. ³Die abgesenkten Punktwerte nach Satz 2 sind den auf dem Zeitpunkt der Grenzwertüberschreitungen folgenden Abrechnungen gegenüber den Krankenkassen zugrunde zu legen. ⁴Überzahlungen werden mit der nächsten Abrechnung verrechnet. ⁵Weitere Einzelheiten können die Vertragspartner der Vergütungsverträge (§ 83) regeln.

(4f) ¹Die Krankenkasse hat ein Zurückbehaltungsrecht in Höhe von 10 vom Hundert gegenüber jeder Forderung der Kassenzahnärztlichen Vereinigung, solange die Kassenzahnärztliche Vereinigung ihren Pflichten aus den Absätzen 4c bis 4e nicht nachkommt. ²Der Anspruch auf Auszahlung der nach Satz 1 einbehaltenen Beträge erlischt, wenn die Kassenzahnärztliche Vereinigung bis zur letzten Quartalsabrechnung eines Jahres ihre Verpflichtungen für dieses Jahr nicht oder nicht vollständig erfüllt.

Literatur:
Muschallik, Neuausrichtung des vertragszahnärztlichen Vergütungssystems durch das Versorgungsstrukturgesetz GesR 2012, 724; *Axer*, Beitragssatzstabilität und vertragszahnärztliche Gesamtvergütung, GesR 2013, 135; *Axer*, Abrechnungs- und Wirtschaftlichkeitsprüfungen durch Kassenzahnärztliche Vereinigungen im vertragszahnärztlichen Festzuschusssystem, NZS 2006, 225.

I. Entstehungsgeschichte und Struktur	1	
II. Geltung für vertragsärztlichen Bereich	5	
III. Regelungsgehalt	7	
1. Grundsätze zur Gesamtvergütung (Abs. 1 und 2)	7	
2. Vereinbarung der vertragszahnärztlichen Gesamtvergütung	13	
a) Vertragspartner	14	
b) Ausgangsbasis für 2013 (Abs. 2a)	16	
c) Anpassung der Gesamtvergütung (Abs. 3)	19	
aa) Neue Kriterien	21	
bb) Grundsatz der Beitragssatzstabilität	25	
cc) Tatsächlich abgerechnete Punktmenge	28	
3. Sonderregelungen für die Jahre 2011 und 2012 (Abs. 2d, 3f)	30	
4. Ost-West-Angleichung der Vergütung (Abs. 3g)	31	
5. Verteilung der Gesamtvergütung (Abs. 4)	32	
a) Honorarverteilungsmaßstab (Abs. 4 S. 2)	33	
b) Leistungsproportionalen Vergütung (Abs. 4 S. 3)	36	
c) Übermäßigen Ausdehnung der Tätigkeit (Abs. 4 S. 5)	40	
6. Punktwertdegression (Abs. 4b–4f)	43	
a) Degressionsabführung gegenüber Krankenkasse	48	
b) Degressionsabzug gegenüber Vertragsarzt	51	

I. Entstehungsgeschichte und Struktur

1 § 85 wurde durch das Gesundheitsreformgesetz v. 20.12.1988 mit Wirkung zum 1.1.1989 eingefügt. In der Folgezeit war die Norm zahlreichen gesetzlichen Anpassungen unterworfen.[1] § 85 war bis zum GKV-WSG v. 26.3.2007 die zentrale Norm zur Vergütung der vertragsärztlichen Leistungen. Von der Regelung waren die beiden zentralen formal getrennten Rechtskreise der vertragsärztlichen Vergütung umfasst.[2] § 85 regelte sowohl die Berechnung und Anpassung der von den Krankenkassen zu zahlenden Gesamtvergütung als auch die Verteilung der Gesamtvergütung.

2 Mit dem GKV-Wettbewerbsstärkungsgesetz (GKV-WSG) v. 26.3.2007 wurden wesentliche Regelungsbereiche aus § 85 im Hinblick auf den vertragsärztlichen Bereich in die §§ 87a und 87b überführt. Diese Entwicklung wurde mit dem GKV-Versorgungsstrukturgesetze (GKV-VStG) v. 22.12.2011 fortgeführt, so dass die Norm nunmehr im Wesentlichen für die vertragszahnärztliche Versorgung von Bedeutung ist.

3 Für den vertragszahnärztlichen Bereich wird in § 85 sowohl die Berechnung und Anpassung der Gesamtvergütung als auch die Verteilung der Gesamtvergütung geregelt. Zudem enthält die Norm Regelungen zur Punktwertdegression, die eine besondere Form der Mengensteuerung im vertragszahnärztlichen Bereich darstellt.

4 Die Berechnung und Anpassung der Gesamtvergütung wurde im Vertragszahnarztrecht durch das GKV-VStG teilweise den Regelungen im vertragsärztlichen Bereich nachgebildet. Insbesondere wurde nunmehr auch im vertragszahnärztlichen Bereich das Morbiditätsrisiko auf die Krankenkassen verlagert und die Bindung an den Grundsatz der Beitragssatzstabilität gemäß § 71 Abs. 1 gelockert.

II. Geltung für vertragsärztlichen Bereich

5 Gemäß § 87a Abs. 1 gelten abweichend von § 82 Abs. 2 S. 2 und § 85 für die Vergütung vertragsärztlicher Leistungen die Regelung in § 87a Abs. 2 bis 6. Soweit dementsprechend § 87a eine Regelung trifft, geht diese den Regelungen des § 85 vor. Im Hinblick auf die Berechnung und Anpassung der Gesamtvergütung enthält § 87a ein in sich geschlossenen eignes Regelungskonzept, so dass für diesen Bereich nur noch die Grundsätze zur Gesamtvergütung in § 85 Abs. 1und Abs. 2 S. 1 Hs. 1, S. 2 Hs. 1 und S. 3 gelten. Darüber hinaus trifft Abs. 2 S. 4 und 5 für den vertragsärztlichen Bereich Regelung zur Vergütung für nichtärztliche Leistungen im Rahmen sozialpädiatrischer und psychiatrischer Tätigkeit und für eine besonders qualifizierte onkologische Versorgung[3] sowie zur Vergütung der Untersuchungen nach den §§ 22, 25 und 26.[4]

6 Im Hinblick auf die Honorarverteilung im vertragsärztlichen Bereich trifft § 85 keine Regelungen mehr. Hierfür ist alleine § 87b maßgebend.

III. Regelungsgehalt

7 **1. Grundsätze zur Gesamtvergütung (Abs. 1 und 2).** Gemäß Abs. 1 hat die Krankenkasse nach Maßgabe der Gesamtverträge an die jeweilige Kassenärztliche Vereinigung mit befreiender Wirkung eine Gesamtvergütung für die gesamte vertragsärztliche Versorgung der Mitglieder mit Wohnort im Bezirk der Kassenärztlichen Vereinigung einschließlich der mitversicherten Familienangehörigen.

8 Mit Abs. 1 wird das zentrale Strukturprinzip in der vertragsärztlichen und vertragszahnärztlichen Vergütung benannt. Hiernach gilt, dass grundsätzlich mit der Vereinbarung der Gesamtvergütung im Gesamtvertrag die Gesamtheit der vertragsärztlichen Leistungen abgegolten ist und die Zahlung der Gesamtvergütung für die Krankenkassen eine befreiende Wirkung hat.[5] Das bedeutet, dass mit der Zahlung der Gesamtvergütung die Krankenkassen grundsätzlich von ihren finanziellen Lasten für die vertragsärztliche Versorgung befreit sind.[6]

9 In diesem Sinne kann der einzelne Vertragsarzt oder Vertragszahnarzt gegenüber der Krankenkasse keine Vergütung fordern, sondern die Kassen(zahn)ärztliche Vereinigung ist allein Inhaber des An-

---

1 Siehe zur Entwicklung: Freundenberg in: jurisPK-SGB V, § 85 Rn. 2 ff.
2 Vgl. zu den formal getrennten Rechtskreisen: BSG, 17.9.2008, B 6 KA 48/07 R, juris Rn. 32 mwN; Hess in: KassKomm, § 85 SGB V Rn. 3.
3 Geregelt in Anlage 11 und Anlage 7 zum Bundesmantelvertrag-Ärzte.
4 Vgl. zu den für die vertragsärztliche Versorgung geltenden Regelungen auch: Scholz in: Becker/Kingreen, § 85 Rn. 1.
5 BSG, 27.6.2012, B 6 KA 28/11 R, juris 59.
6 So schon BSG, 31.7.1963, 3 RK 92/59, Rn. 21.

spruchs auf die Gesamtvergütung.[7] Anspruchsgegner sind grundsätzlich die Krankenkassen, die im Bezirk der Kassen(zahn)ärztlichen Vereinigung ihren Wohnort haben. Hierbei gilt das sog Wohnortprinzip,[8] das bedeutet, dass die Krankenkasse die Gesamtvergütung für die Versicherten mit Wohnort im Bezirk der Kassenärztlichen Vereinigung zu zahlen hat.

Mit der Gesamtvergütung wird gemäß Abs. 2 S. 1 Hs. 1 das Ausgabenvolumen für die Gesamtheit der zu vergütenden vertrags(zahn)ärztlichen Leistungen festgelegt. Der Umfang der vertrags(zahn)ärztlichen Versorgung ergibt sich aus § 73 Abs. 2.[9] Jede Vergütung vertrags(zahn)ärztlicher Leistungen außerhalb der vereinbarten Gesamtvergütung bedarf einer besonderen gesetzlichen und ggf. gesamtvertraglichen Regelung.[10]

Aus dem Vergütungssystem mit einer begrenzten Gesamtvergütung folgt, dass der einzelne Vertragsarzt keinen Anspruch auf ein Honorar in einer bestimmten Höhe hat, sondern nur einen Anspruch auf einen angemessenen Anteil an der Gesamtvergütung.[11] Ein Rechtsanspruch auf einen höheren bzw. zumindest garantierten Punktwert kann auch nicht auf das objektiv-rechtliche Gebot der angemessenen Vergütung ärztlicher Leistungen gestützt werden.[12]

Diese Grundsätze gelten auch für das vertragsärztliche Vergütungssystem ergänzend zu § 87a, der zum Teil gleichlautende Formulierungen enthält.[13]

2. Vereinbarung der vertragszahnärztlichen Gesamtvergütung. Die vertragszahnärztliche Gesamtvergütung kann gemäß Abs. 2 S. 2 Hs. 2 als Festbetrag oder auf der Grundlage des Bewertungsmaßstabes nach Einzelleistungen, nach einer Kopfpauschale oder nach einem System berechnet werden, das sich aus der Verbindung dieser oder weiterer Berechnungsarten ergibt.[14] Dass im vertragszahnärztlichen Bereich weiterhin diese verschiedenen Gestaltungsmöglichkeiten hinsichtlich der Vereinbarung der Gesamtvergütung bestehen, wird durch Abs. 3 S. 3 klargestellt. Soweit die Gesamtvergütung auf der Grundlage von Einzelleistungen vereinbart wird, sind ein Gesamtausgabenvolumen zu bestimmen sowie eine Regelung zur Vermeidung von Überschreitungen dieses Betrages. Die Vereinbarung unterschiedlicher Vergütungen für die Versorgung verschiedener Gruppen von Versicherten ist gemäß Abs. 2 S. 3 unzulässig.[15]

a) Vertragspartner. Die Vertragspartner für die Vereinbarung der Gesamtvergütungen sind auf der einen Seite die Kassenzahnärztlichen Vereinigungen und auf der anderen Seite die Landesverbände der Krankenkassen und die Ersatzkassen. Hierbei gilt im vertragszahnärztlichen Bereich weiterhin, dass diese Vereinbarung nicht einheitlich zwischen allen Landesverbänden der Krankenkassen und den Ersatzkassen und der Kassenzahnärztlichen Vereinigung getroffen werden muss, sondern auch kassenartenspezifische Verträge möglich sind. Die Landesverbände der Krankenkassen schließen in diesem Fall die Gesamtverträge mit Wirkung für die Krankenkassen der jeweiligen Kassenart (Abs. 1 S. 1 Hs. 2).

Für die Versorgung mit Zahnersatz einschließlich Zahnkronen und Suprakonstruktionen gilt gemäß §§ 55 ff. bereits seit 2005 ein besonderes System der befundbezogenen Festzuschüsse, innerhalb derer die zahnärztliche Vergütung bei den Regelversorgungen gemäß § 57 Abs. 1 auf Bundesebene vereinbart wird[16] (siehe hierzu auch die Kommentierung zu § 88).

b) Ausgangsbasis für 2013 (Abs. 2a). Als Ausgangsbasis für die Anpassung der Gesamtvergütungen für das Jahr 2013 sind die kassenartenspezifischen Punktwerte zu vereinheitlichen. In diesem Sinne haben gemäß Abs. 2a die Landesverbände der Krankenkassen und die Ersatzkassen einmalig gemeinsam und einheitlich mit den jeweiligen Kassenzahnärztlichen Vereinigungen im Jahr 2013 die durchschnittlichen Punktwerte des Jahres 2012 für zahnärztliche Leistungen ohne Zahnersatz, gewichtet nach den

---
[7] BSG, 17.9.2008, B 6 KA 48/07 R, juris Rn. 32 mwN; vgl. auch: BSG, 10.5.1996, 6 RKa 17/94, juris Rn. 18.
[8] Siehe zu den Ausnahmen vom Wohnortprinzip: Freudenberg in: jurisPK-SGB V, § 85 Rn. 37.
[9] Zu den Einzelheiten: Engelhard in: Hauck/Noftz, SGB V, § 85 Rn. 29 ff.
[10] In § 87a Abs. 3 S. 5 SGB V ist die Möglichkeit vorgesehen, dass die Gesamtvertragspartner vereinbaren, Leistungen außerhalb der Gesamtvergütung zu vergüten, wenn sie besonders gefördert werden sollen oder soweit dies medizinisch oder auf Grund von Besonderheiten bei der Veranlassung und Ausführung der Leistungen erforderlich ist.
[11] BSG, 3.3.1999, B 6 KA 8/98, juris Rn. 17; BSG, 14.3.2001, B 6 KA 54/00 R, juris Rn. 28; BSG, 3.3.1999, B 6 KA 8/98, juris Rn. 20.
[12] BSG, 3.3.1999, B 6 KA 8/98 R; BSG, 7.2.1996, 6 RKa 6/95.
[13] BSG, 27.6.2012, B 6 KA 28/11 R, juris Rn. 68.
[14] Zu dein einzelnen Berechnungsarten siehe: Freudenberg in: jurisPK-SGB V, § 85 Rn. 57 ff.
[15] Siehe hierzu: BSG, 25.8.1999, B 6 KA 58/98 R; BSG, 29.1.1997, 6 RKa 3/96.
[16] Vgl. hierzu: Axer, NZS 2006, 225.

jeweils abgerechneten Punktmengen, zu ermitteln. Soweit für das Bezugsjahr 2012 noch keine Punktwerte vereinbart wurden, werden die Punktwerte des Vorjahres herangezogen und um die um 0,5 Prozentpunkte verminderte nach § 71 Abs. 3 für 2012 festgestellte Veränderungsrate erhöht. In den neuen Bundesländern und Berlin ist zusätzlich die für das Jahr 2012 in § 85 Abs. 3g vorgesehene Anpassung zu berücksichtigen. Bei der Gewichtung der abgerechneten Punktemenge und für die Ermittlung fiktiver Punktwerte ist von der Menge der für die Versicherten der jeweiligen Krankenkasse für das Jahr 2012 gegenüber der jeweiligen Kassenzahnärztlichen Vereinigung abgerechneten Punkte für zahnärztliche Leistungen ohne Zahnersatz nach erfolgter sachlich-rechnerischer Berichtung auszugehen.[17]

17 Hintergrund der Regelung ist, dass in der Vergangenheit die Ersatzkassen höhere Punktwerte und damit auch höhere Gesamtvergütungen gezahlt haben als die anderen Kassenarten. Dies erklärte sich dadurch, dass die Versicherten der Ersatzkassen regelmäßig über ein höheres Einkommen verfügten, so dass den Ersatzkassen gegenüber den übrigen Kranklenkassen auch höhere Einnahmen zur Verfügung standen.[18] Die Zuweisungen aus dem Gesundheitsfonds zur Deckung der standardisierten Leistungsausgaben beruhen hingegen auf den standardisierten Leistungsausgaben der Versicherten in der gesetzlichen Krankenversicherung, so dass den Ersatzkassen keine höheren Einnahmen mehr zur Verfügung stehen.

18 Nach der Gesetzesbegründung sollen daher durch die Neuregelung die durch die unterschiedliche Höhe der Punktwerte und Gesamtvergütungen bewirkten Belastungsunterschiede bei den verschiedenen Krankenkassen und Kassenarten abgebaut und dadurch Chancengleichheit im Wettbewerb zwischen den Krankenkassen hergestellt werden.[19] Der Gesetzgeber geht davon aus, dass die Gesamtvertragspartner bei der Berechnung der Ausgangsgrundlage sicherstellen, dass die Summe der Gesamtvergütungen einschließlich eventuell berücksichtigter Sonderzahlungen kassenartenübergreifend unverändert bleibt.

19 **c) Anpassung der Gesamtvergütung (Abs. 3).** Das GKV-VStG hat die Anpassung der vertragszahnärztlichen Gesamtvergütungen in Abs. 3 neu geregelt. Die Kriterien für die Vereinbarung der Veränderungen der Gesamtvergütungen in Abs. 3 S. 1 wurde dabei neu gefasst. Gemäß Abs. 3 S. 1 in der Fassung bis zum 1.1.2013 waren die Praxiskosten, die aufzuwendende Arbeitszeit sowie der Art und der Umfang der Leistungen, soweit sie auf einer Veränderung des gesetzlichen oder satzungsmäßigen Leistungsumfangs beruhen, zu berücksichtigen.

20 Nach der Gesetzesbegründung ist das Ziel der Regelung, den Vertragsparteien für die Gesamtvergütungsvereinbarungen größere Verhandlungsspielräume zu eröffnen und Veränderungen der Gesamtvergütungen zu ermöglichen, die den morbiditätsbedingten Leistungsbedarf der Versicherten einer Krankenkassen widerspiegeln und nicht allein und vorrangig von der Einnahmesituation der Krankenkassen bestimmt werden.[20] Den Vertragspartner werden daher für die Gesamtvergütungsvereinbarungen neue Kriterien – die Zahl und Struktur der Versicherten, die Morbiditätsentwicklung sowie die Kosten- und Versorgungsstruktur – vorgegebene, auf deren Grundlage die Vertragsparteien nach der Gesetzesbegründung zielgenauer eine angemessene Vergütungshöhe vereinbaren sollen.

21 **aa) Neue Kriterien.** Ein neu aufgenommenes Kriterium ist die Zahl und Struktur der Versicherten. Hierdurch soll nach der Gesetzesbegründung den Vertragspartnern ermöglicht werden, zukünftig auch die Zahl der Familienversicherten sowie die sich durch Zu- und/ oder Abwanderungen ergebenden Veränderungen der Versichertenstruktur zu berücksichtigen.[21] Damit kann ein unterschiedlicher Behandlungs- und Leistungsbedarf verschiedener Altersgruppen – in der vertragszahnärztlichen Versorgung haben Versicherte höheren Alters zB einen geringeren Bedarf an konservierend-chirurgischen Leistungen als Jüngere – in den Vereinbarungen über die Gesamtvergütung abgebildet werden.

22 Ebenfalls neu in S. 1 aufgenommen ist das Kriterium der Morbiditätsentwicklung. Beispielhaft wird hierzu in der Gesetzesbegründung genannt, dass im Rahmen dieses Kriteriums ein morbiditätsbedingter Rückgang (zB weitere Abnahme von Zahnextraktionen und Füllungen infolge einer sich weiter verbessernden Mundgesundheit) oder ein Anstieg bestimmter Leistungen sowie Verschiebungen zwischen

---

17 BT-Dr. 17/6906, 58.
18 Siehe hierzu: Muschallik, GesR 2012, 724, 725.
19 BT-Dr. 17/6906, 58.
20 BT-Dr. 17/6906, 58.
21 BT-Dr. 17/6906, 60.

den verschiedenen Leistungsbereichen der vertragszahnärztlichen Versorgung (ohne Zahnersatz) berücksichtigt werden kann.[22]

Anstelle des bisherigen Kriteriums der Praxiskosten wird das Kriterium der Kosten- und Versorgungsstruktur gesetzt. Auch hierzu nennt die Gesetzesbegründung Beispiele. So kann damit regionalen Unterschieden und auch Veränderungen sowohl in der Kostenstruktur (wie zB das Lohn- und Gehaltsniveau der Praxisangestellten, Mietniveau) als auch in der Versorgungsstruktur – wie zB Veränderungen der Praxisstrukturen (zB Zunahme von Gemeinschaftspraxen), der Angebotsstrukturen (zB aufgrund von Spezialisierungen), der Zahnarztdichte – Rechnung getragen werden.[23] 23

Daneben bleibt es bei den bisherigen Kriterien „Arbeitszeit" sowie „Art und Umfang der zahnärztlichen Leistungen."[24] 24

bb) **Grundsatz der Beitragssatzstabilität.** Zudem wird in der Neufassung von Abs. 3 auf die vorrangige Geltung des Grundsatzes der Beitragsstabilität verzichtet. Nunmehr ist dieser Grundsatz nicht mehr zu „beachten", sondern gemäß Abs. 3 S. 2 nur noch zu berücksichtigen. 25

„Berücksichtigen" meint im Sprachgebrauch des SGB V, dass die Kriterien abwägend zu würdigen sind.[25] Die Formulierung „berücksichtigen" steht im Gegensatz zu dem Wort „beachten". In der Vergangenheit hatte das Bundessozialgericht aufgrund des Wortes „beachten" entscheiden, dass der Grundsatz der Beitragssatzstabilität „eine verbindliche gesetzliche Vorgabe für den Inhalt von Vergütungsvereinbarungen darstelle, dem im Verhältnis zu den anderen Kriterien für die Festsetzung der Gesamtvergütung Vorrang zukomme".[26] 26

Der Grundsatz der Beitragssatzstabilität wird daher durch die neue Formulierung in Abs. 3 S. 2 relativiert, ihm kommt nunmehr bei der Vereinbarung der vertragszahnärztlichen Vergütung kein absoluter und strikter Vorrang mehr zu.[27] Die Gesamtvertragspartner sind daher zukünftig nicht mehr auf eine bloße Fortschreibung der Gesamtvergütungen unter Zugrundelegung der jeweiligen Grundlohnsummensteigerungen beschränkt, sondern haben sämtliche Kriterien des Abs. 3 S. 1 und 2 gleichwertig zu berücksichtigen. 27

cc) **Tatsächlich abgerechnete Punktmenge.** Zudem ist in Abs. 3 S. 5 für die Vergütungsverhandlungen bestimmt, dass für das Jahr 2013 die gegenüber der jeweiligen Kassenzahnärztlichen Vereinigung für das Jahr 2012 abgerechneten Punktmengen für zahnärztliche Leistungen ohne Zahnersatz nach sachlich-rechnerischer Berichtigung angemessenen zu berücksichtigen sind. 28

Hierdurch wird einmalig für das Jahr 2013 angeordnet, dass auch die tatsächlich abgerechneten Punktmengen bei der Anpassung der Gesamtvergütungen zu berücksichtigen sind. In diesem Sinne heißt es in der Gesetzesbegründung, dass die für die Versicherten einer Krankenkasse oder Kassenart gegenüber der jeweiligen Kassenzahnärztlichen Vereinigung abgerechneten Punktmengen nach erfolgter sachlich-rechnerischer Berichtigung einen wichtigen Anhaltspunkt über den tatsächlichen Leistungsbedarf der Versicherten dieser Krankenkasse oder Kassenart im Vorjahr gibt, der für die Veränderungen der Gesamtvergütungen für das Jahr 2013 im Hinblick auf eine bedarfsorientierte Anpassung der Vergütungen Bedeutung hat.[28] Muschallik weist in diesem Zusammenhang darauf hin, dass dementsprechend „für das Jahr 2013 eine retrospektive Berücksichtigung der zurückliegenden tatsächlichen Leistungsmengen des Jahres 2012 vorzunehmen ist, da nach der Bewertung des Gesetzgebers die diesbezüglichen Vergütungen nicht mehr angemessen waren."[29] Das mit der Regelung verknüpfte gesetzgeberische Ziel einer bedarfsorientierten Vergütungsanpassung für das Jahr 2013 könne nur erreicht werden, wenn diese diesen Aspekt umfassend zusätzlich zu den übrigen Bemessungsparametern berücksichtigen.[30] 29

3. Sonderregelungen für die Jahre 2011 und 2012 (Abs. 2 d, 3 f). Durch das GKV-FinG v. 22.12.2010 wurden Sonderregelungen getroffen, die den Ausgabenzuwachs in den Jahren 2011 und 2012 in der 30

---

22 BT-Dr. 17/6906, 60.
23 BT-Dr. 17/6906, 60.
24 Siehe hierzu: Engelhard in: Hauck/Noftz, SGB V, § 85 Rn. 52–53 a.
25 Vgl. hierzu BSG, 15.3.2012, B 3 KR 13/11 R, juris Rn. 64; BSG, 14.5.1992, 6 RKa 41/91, juris Rn. 37.
26 BSG, 10.5.2000, B 6 KA 20/99 R, siehe auch: BSG, 29.11.2006, B 6 KA 4/06 R; BSG, 23.6.2010, B 6 KA 4/09 R.
27 Siehe hierzu: Axer, GesR 2013, 135, 143.
28 BT-Dr. 17/6906, 60.
29 Muschallik, GesR 2012, 724, 727.
30 Muschallik, GesR 2012, 724, 727.

vertragszahnärztlichen Versorgung begrenzen sollten.[31] Hiernach dürfen die am 31. Dezember 2010 geltenden Punktwerte für zahnärztliche Leistungen ohne Zahnersatz im Jahr 2011 höchstens um die um 0,25 Prozentpunkte verminderte für das gesamte Bundesgebiet festgestellte Veränderungsrate gemäß § 71 Abs. 3 erhöht werden. Im Jahr 2012 dürfen sich die geltenden Punktwerte für zahnärztliche Leistungen ohne Zahnersatz höchstens um die um 0,5 Prozentpunkte verminderte für das gesamte Bundesgebiet festgestellte Veränderungsrate gemäß § 71 Abs. 3 erhöhen. Korrespondierend hierzu regelt § 85 Abs. 3 f einen entsprechend Anstieg für die Veränderungen der Gesamtvergütungen. Ähnliche Regelungen enthält § 87 d für den vertragsärztlichen Bereich.

31 **4. Ost-West-Angleichung der Vergütung (Abs. 3 g).** Ebenfalls durch das GKV-FinG v. 22.12.2010 wurden in Abs. 3 g Regelungen zur Ost-West-Angleichung der zahnärztlichen Vergütungen in den Jahren 2012 und 2013 eingefügt. Dabei werden die für das Jahr 2012 nach Maßgabe des Absatzes 3 sowie der Absätze 2 d und 3 f vereinbarten Punktwerte und Gesamtvergütungen in den neuen Ländern zusätzlich um 2,5 % und im Land Berlin um 2 % erhöht. Für das Jahr 2013 wird zusätzlich zu der erhöhten Ausgangsbasis und der vereinbarten Veränderung für 2013 noch einmal eine Erhöhung um weitere 2,5 % in den neuen Ländern und 2,0 % in Berlin durch den Gesetzgeber vorgeschrieben. Diese Zuschläge sind gemäß Abs. 3 g S. 3 im Hinblick auf weitere Anpassung der Gesamtvergütungen durch die Gesamtvertragspartner in den Folgejahren basiswirksam.

32 **5. Verteilung der Gesamtvergütung (Abs. 4).** Gemäß Abs. 1 verteilt die Kassenzahnärztliche Vereinigung die Gesamtvergütungen an die Vertragszahnärzte. Diese Regelung entspricht im Wesentlichen die Vorgaben für die Honorarverteilung im vertragsärztlichen Bereich gemäß § 87 b Abs. 1. Insofern wird auf die Kommentierung zu § 87 b verwiesen.

33 **a) Honorarverteilungsmaßstab (Abs. 4 S. 2).** Mit der Neuregelung in Abs. 4 S. 2 wird an den bis zum 1. Juli 2004 bestehenden Rechtszustand angeknüpft. Hiernach haben die Kassenzahnärztlichen Vereinigungen den Honorarverteilungsmaßstab in eigener Verantwortung als Satzung[32] zu beschließen. Der Beschluss des Honorarverteilungsmaßstabes fällt gemäß § 79 Abs. 3 Nr. 1 in die Zuständigkeit der Vertreterversammlung. Der Honorarverteilungsmaßstab enthält abstrakt-generelle Regelungen zur Verteilung der Gesamtvergütung zwischen den an der vertragsärztlichen Versorgung teilnehmenden Ärzten und Einrichtungen und ist für diese verbindlich.

34 Die für die Honorarverteilung wesentlichen Grundsätze müssen im Honorarverteilungsmaßstab selbst geregelt werden und dürfen nicht dem Vorstand der KÄV im Wege von Einzelfallentscheidungen überlassen bleiben. Andernfalls würde es zu einer dem Gesetz widersprechenden Kompetenzverlagerung von der Vertreterversammlung zum Vorstand sowie zum Unterlaufen der Einbeziehung der Krankenkassen in die Honorarverteilung kommen.[33]

35 Zur Wirksamkeit des Honorarverteilungsmaßstabes muss grundsätzlich das Benehmen mit den Landesverbänden der Krankenkassen und den Ersatzkassen hergestellt werden. Benehmen bedeutet keine Willensübereinstimmung, sondern lediglich den Versuch einer Verständigung. Soweit allerdings unüberbrückbare Meinungsverschiedenheiten bestehen bleiben, gibt der Wille der Kassenärztlichen Vereinigung den Ausschlag.[34] In Ausnahmesituationen ist auch die nachträgliche Herstellung des Benehmens ausreichend.[35]

36 **b) Leistungsproportionalen Vergütung (Abs. 4 S. 3).** Gemäß Abs. 4 S. 3 sind bei der Verteilung der Gesamtvergütungen Art und Umfang der Leistungen der Vertragszahnärzte zugrunde zu legen. § 87 b Abs. 1 S. 1 enthält für die Verteilung der Gesamtvergütung im vertragsärztlichen Bereich nicht mehr die Vorgabe, dass bei der Verteilung Art und Umfang der Leistungen zugrunde zu legen sind.[36]

37 Den Grundsatz der leistungsproportionalen Vergütung enthielt schon § 368 f RVO in der Fassung des Gesetzes über das Kassenarztrecht vom 17.8.1955. So hießt es in § 386 f Abs. 1 S. 4 RVO, dass bei der Verteilung Art und Umfang der Leistungen des Kassenarztes zugrunde zu legen seien. Die strenge Einhaltung des Grundsatzes der leistungsproportionalen Vergütung führt aber in einem System mit einer zunehmend budgetierten Gesamtvergütung zu Honorarverwerfungen und Honorarverschiebungen.

---

31 Siehe hierzu BT-Dr. 17/3040.
32 Vgl. hierzu BSG, 13.3.2002, B 6 KA 1/01 R, juris Rn. 15.
33 BSG, 21.10.1998, B 6 KA 71/97 R, juris Rn. 28; siehe auch: BSG, 3.2.2010, B 6 KA 1/09 R, juris mwN.
34 BSG, 24.8.1994, 6 RKa 15/93, juris Rn. 21.
35 BSG, 24.8.1994, 6 RKa 15/93, juris Rn. 25.
36 Vgl. die Kommentierung zu § 87 b.

Diejenige Arztgruppe und Ärzte, die ihre Leistungen besonders ausweiten können, vergrößern sukzessive ihren Anteil an der Gesamtvergütung zulasten anderer Arztgruppen und Ärzte.

Die Rechtsprechung hat daher schon früh erklärt, dass § 386 f Abs. 1 S. 4 RVO die Verteilungskriterien nicht abschließend festlege und daher der Bestimmung auch nicht die Forderung entnommen werden könne, die Leistungen müssten nach Art und Umfang stets gleichmäßig, dh mit einem für alle einheitlichen Punktwert, vergütet werden.[37] 38

Ein dem Grundsatz der leistungsproportionalen Vergütung gegenläufiges Prinzip ist die Bildung von Honorarkontingenten. Durch die Einführung von sog Honorarkontingenten bzw. Honorartöpfen kann erreicht werden, dass die begrenzte Gesamtvergütung sich in den verschiedenen Arztgruppen bzw. Leistungsbereichen gleichmäßig verteilt. Honorarkontingente können so verhindern, dass sich die Anteile an den Gesamtvergütungen für einzelne Arztgruppen verringern, weil andere Gruppen durch Mengenausweitungen ihre Anteile an den Gesamtvergütungen absichern oder sogar vergrößern.[38] Aus der Bildung von Honorartöpfen ergibt sich aber auch die Konsequenz, dass die vertragsärztlichen Leistungen nicht mehr entsprechend dem Einheitlichen Bewertungsmaßstab (EBM) im selben Verhältnis, sondern, abhängig von der Mengenentwicklung im jeweiligen Leistungsbereich, mit verschiedenen Punktwerten unterschiedlich hoch vergütet werden.[39] 39

c) **Übermäßigen Ausdehnung der Tätigkeit (Abs. 4 S. 5).** Gemäß Abs. 4 S. 5 hat der Verteilungsmaßstab Regelungen zur Verhinderung einer übermäßigen Ausdehnung der Tätigkeit des Vertragsarztes entsprechend seinem Versorgungsauftrag nach § 95 Abs. 3 S. 1 vorzusehen. Ebenfalls diese Vorgabe enthielt schon § 368 f RVO in der Fassung Gesetzes über das Kassenarztrecht vom 17. August 1955. Durch die Rechtsprechung wurden an die Voraussetzung, wann eine „übermäßige Ausdehnung" im Sinne des Gesetzes vorliegt, strenge Anforderungen gestellt.[40] Eine „übermäßigen Ausdehnung" der vertragsärztlichen Tätigkeit wurde erst dann als erfüllt angesehen, wenn angesichts des Umfangs der von einem Vertragsarzt abgerechneten Leistungen davon auszugehen sei, dass die einzelnen Leistungen nicht mehr in einer der Leistungsbeschreibung entsprechenden Art und Weise erbracht worden sein können, mithin Qualitätsmängel zu befürchten seien. 40

Arztindividuelle Honorarbegrenzungsmaßnahmen wurden aber daneben auch auf die Generalermächtigung zur Honorarverteilung gestützt. Dies wurde damit gerechtfertigt, dass die Kassen(zahn)ärztlichen Vereinigungen berechtigt sind, die gesetzliche Budgetierung der Gesamtvergütungen im Rahmen der Honorarverteilung an die Vertragsärzte weiterzugeben.[41] Diese arztindividuellen Honorarbegrenzungsmaßnahmen mussten nicht den strengen Anforderungen genügen, die die Rechtsprechung für Maßnahmen zur Verhinderung einer übermäßigen Ausdehnung der vertragsärztlichen Tätigkeit aufgestellt hatte. In der Folgezeit ist so ein eigenständiger Anwendungsbereich für Maßnahmen zur Verhinderung einer übermäßigen Ausdehnung entfallen. § 85 Abs. 4 S. 7 aF und § 87 b Abs. 2 S. 1 aF benutzten den Begriff der „übermäßigen Ausdehnung" auch nicht mehr als ein von anderen Honorarbegrenzungsmaßnahmen verschiedenes Instrument, sondern im Zusammenhang mit der klassischen Honorarbegrenzungsmaßnahmen der Regelleistungsvolumen. 41

Nunmehr umfasst daher der Begriff der übermäßigen Ausdehnung der vertragsärztlichen Tätigkeit alle Konstellationen, in denen honorarbegrenzende Maßnahmen erforderlich werden.[42] Die alte Rechtsprechung zu den Voraussetzungen und Erfordernissen von Maßnahmen zur Verhinderung einer übermäßigen Ausdehnung der vertragsärztlichen Tätigkeit ist nicht mehr anwendbar. 42

6. Punktwertdegression (Abs. 4 b–4 f). Abs. 4 b bis 4 f treffen Sonderregelungen für die Vergütung im vertragszahnärztlichen Bereich. Die Regelungen zur Punktwertdegression haben schon vom 1.1.1993 bis 30.6.1997 bestanden und sind durch das GKV-SolG v. 19.12.1998 wieder eingeführt worden.[43] 43

Abs. 4 b enthält die Vorgabe, dass sich ab einer bestimmten Gesamtpunktmenge der Vergütungsanspruch des Vertragszahnarztes für die weiteren vertragszahnärztlichen Behandlungen um einen bestimmten Prozentsatz verringert. Abs. 4 b beinhaltet damit die Einführung eines degressiven Punktwer- 44

---

37 Siehe BSG, 29.9.1993, 6 RKa 65/91, juris Rn. 21 mwN.
38 BSG, 11.9.2002, B 6 KA 30/01 R, juris Rn. 13 mwN.
39 BSG, 3.12.1997, 6 RKa 21/97, juris Rn. 17.
40 BSG, 13.3.2002, B 6 KA 48/00 R; BSG, 12.3.2002, B 6 KA 1/01 R, juris Rn. 13 mwN.
41 Siehe hierzu: BSG, 3.12.1997, 6 RKa 21/97, juris Rn. 19; BSG, 21.10.1998, B 6 KA 71/97 R, juris Rn. 17.
42 So auch: Engelhard in: Hauck/Noftz, SGB V, § 87 b Rn. 99.
43 Siehe hierzu: BT-Dr. 14/24, 19.

tes im Sinne einer Abstaffelungsregelung.⁴⁴ Die sich aus der Vergütungsminderung ergebenden Honorareinsparungen verbleiben nicht bei den Kassenzahnärztlichen Vereinigungen, sondern sind gemäß Abs. 4 e S. 1 an die Krankenkassen weiterzugeben. Zur Durchsetzung dieser Verpflichtung steht den Krankenkassen gemäß Abs. 4 f ein Zurückbehaltungsrecht zu.

45 Die Degressionsregelungen wurden von der Rechtsprechung gebilligt.⁴⁵ Hiernach erweisen sich die Regelungen über die Punktwertdegression als verfassungskonforme Regelung der Berufsausübung der Vertragszahnärzte iS von Art. 12 Abs. 1 S. 2 GG und verletzen auch nicht das Gleichbehandlungsgebot des Art. 3 Abs. 1 GG oder das Rechtsstaatsprinzip (Art. 20 Abs. 3, Art. 28 Abs. 1 GG).⁴⁶ Die mit den Degressionsregelungen verbundene Begrenzung der vertragszahnärztlichen Vergütung ist hiernach rechtmäßig, weil sie wichtigen Gemeinwohlbelangen dient. Ihr Ziel ist es vor allem, Einsparungen bei den Krankenkassen zu erreichen und die finanzielle Stabilität der gesetzlichen Krankenversicherung zu sichern. Die Bestimmungen sollen zusätzlich Fehlentwicklungen bei der Qualität der zahnärztlichen Versorgung entgegensteuern, indem Zahnärzten mit umsatzstarken Praxen ein Anreiz gegeben wird, Patienten an andere, die Punktmengengrenzen nicht erreichende Zahnärzte abzugeben und so der Gefahr von Qualitätsdefiziten infolge übermäßiger Leistungserbringung entgegenzuwirken.⁴⁷

46 Die Degression ist gemäß Abs. 4 b S. 1 auf das Kalenderjahr bezogen und findet daher nicht quartalsweise statt. Hiervon wird abgewichen, wenn ein Vertragszahnarzt im Laufe des Kalenderjahres die Praxis wechselt oder nur einzelne Quartale tätig ist.⁴⁸

47 In die Berechnung der Punktmengen werden gemäß Abs. 4 b S. 6 alle vertragszahnärztlichen Leistungen einbezogen.⁴⁹ Ebenfalls einbezogen sind gemäß § 87 Abs. 4 b S. 7 Kostenerstattung nach § 13 Abs. 2.

48 a) **Degressionsabführung gegenüber Krankenkasse.** Die Punktwertdegression kann in zwei Rechtskreise unterteilt werden. Einerseits hat die Kassenzahnärztliche Vereinigung die aufgrund der Punktwertdegression erfolgten Honorareinsparungen an die Krankenkassen weiterzugeben. Andererseits hat die Kassenzahnärztliche Vereinigung gegenüber den Vertragszahnärzte den Degressionsabzug gelten zu machen.

49 Im Hinblick auf die Degressionsabführung an die Krankenkasse ist die Honorarverteilung unbeachtlich. Es entspricht der ständigen Rechtsprechung, dass die unmittelbar im Gesetz geregelte Degressionsabführung vorrangig gegenüber der auf den untergesetzlich auszugestaltenden Honorarverteilung ist.⁵⁰ Das bedeutet, dass die Degressionsabführung gegenüber den Krankenkassen unabhängig davon ist, welcher Punktwert nach dem Honorarverteilungsmaßstab der Kassenzahnärztliche Vereinigung zugrunde gelegt wird.

50 Im Regelfall werden die Punktwerte, die der Berechnung der Degressionsabführung von der Kassenzahnärztlicher Vereinigung an die Krankenkasse zugrunde zu legen sind, in einer Degressionsvereinbarung zwischen der Kassenzahnärztlichen Vereinigung und den Krankenkassen gemäß Abs. 4 e S. 5 ff. festgelegt.⁵¹ Falls bzw. soweit die Degressionsvereinbarung zwischen Kassenzahnärztlicher Vereinigung und Krankenkasse keine oder keine vollständige Regelung zu den geltenden Punktwerte enthält, darf die Lücke durch Rückgriff auf einen Durchschnittspunktwert geschlossen werden.⁵²

51 b) **Degressionsabzug gegenüber Vertragsarzt.** Von der Degressionsabführung an die Krankenkasse ist der Degressionsabzug gegenüber dem einzelnen Vertragsarzt zu unterscheiden. Diesbezüglich steht der Kassenzahnärztlichen Vereinigung ein weiter Gestaltungsspielraum zu.

52 In dem Honorarverteilungsmaßstab kann geregelt werden, dass der Degressionsabzug die durch HVM-Bemessungsgrenzen nicht honorierten Punktmengen berücksichtigt. Diese Korrekturberechnungen können dazu führen, dass der gesamte zunächst gegenüber dem Zahnarzt erfolgte Degressionsab-

---

44 So Freundenberg in: jurisPK-SGB V, § 85 Rn. 226.
45 BSG, 14.5.1997, 6 RKa 25/96.
46 BSG, 14.5.1997, 6 RKa 25/96; siehe auch BSG, 5.5.2010, B 6 KA 21/09 R mit weiteren umfangreichen Nachw. zur Rspr.
47 Vgl. BSG, 5.5.2010, B 6 KA 21/09 R.
48 BSG, 5.5.2010, B 6 KA 21/09 R; BSG, 3.12.1997, 6 RKa 79/96.
49 BSG, 13.5.1998, B 6 KA 39/97 R; BSG, 14.5.1997, 6 RKa 25/6.
50 BSG, 16.12.2009, B 6 KA 39/08 R, juris Rn. 14 mwN.
51 Siehe zu dem Gestaltungsspielraum der Gesamtvertragspartner: BSG, 16.1.2009, B 6 KA 39/08 R, juris Rn. 15; siehe auch BSG, 21.3.2003, B 6 KA 25/02 R.
52 BSG, 16.12.2009, B 6 KA 39/08 R, juris Rn. 16.

zug wieder gutgeschrieben wird.[53] Eine Bemessung nach den konkreten Auszahlungspunktwerten ist nach der Rechtsprechung jedoch unzulässig.[54] Dies würde der Betrachtung widersprechen, dass Honorarbegrenzungsregelungen nicht dazu führen, dass für einzelne Leistungen oder Teile von ihnen überhaupt keine Vergütung gezahlt wird; sondern lediglich das Ausmaß der Vergütungen insgesamt der Höhe nach begrenzt wird, so dass das auf die einzelne Leistung entfallende Honorar um einen entsprechenden Bruchteil sinkt.[55]

Ebenfalls wäre aber eine Regelung im Honorarverteilungsmaßstab zulässig, die keine Rücksicht auf die im HVM bestimmten Bemessungsgrenzen nimmt. Das Bundessozialgericht führt insoweit aus, „dass der Normgeber des HVM nicht gehindert ist, der Verantwortlichkeit des die Degressionsabführung verursachenden Zahnarztes so großes Gewicht beizumessen, dass dieser die daraus resultierende Finanzlast alleine tragen muss".[56]

§§ 85 a bis 86 (aufgehoben)
§ 87 Bundesmantelvertrag, einheitlicher Bewertungsmaßstab, bundeseinheitliche Orientierungswerte

(1) ¹Die Kassenärztlichen Bundesvereinigungen vereinbaren mit dem Spitzenverband Bund der Krankenkassen durch Bewertungsausschüsse als Bestandteil der Bundesmantelverträge einen einheitlichen Bewertungsmaßstab für die ärztlichen und einen einheitlichen Bewertungsmaßstab für die zahnärztlichen Leistungen, im ärztlichen Bereich einschließlich der Sachkosten. ²In den Bundesmantelverträgen sind auch die Regelungen, die zur Organisation der vertragsärztlichen Versorgung notwendig sind, insbesondere Vordrucke und Nachweise, zu vereinbaren. ³Bei der Gestaltung der Arzneiverordnungsblätter ist § 73 Abs. 5 zu beachten. ⁴Die Arzneiverordnungsblätter sind so zu gestalten, daß bis zu drei Verordnungen je Verordnungsblatt möglich sind. ⁵Dabei ist für jede Verordnung ein Feld für die Auftragung des Kennzeichens nach § 300 Abs. 1 Nr. 1 sowie ein weiteres Feld vorzusehen, in dem der Arzt seine Entscheidung nach § 73 Abs. 5 durch Ankreuzen kenntlich machen kann. ⁶Die Kassenärztlichen Bundesvereinigungen und der Spitzenverband Bund der Krankenkassen prüfen, inwieweit bislang papiergebundene Verfahren zur Organisation der vertragsärztlichen Versorgung durch elektronische Kommunikationsverfahren ersetzt werden können. ⁷Das Ergebnis der Prüfung ist dem Bundesministerium für Gesundheit spätestens am 31. Dezember 2016 vorzulegen.

(1 a) ¹In dem Bundesmantelvertrag haben die Kassenzahnärztliche Bundesvereinigung und der Spitzenverband Bund der Krankenkassen festzulegen, dass die Kosten für Zahnersatz einschließlich Zahnkronen und Suprakonstruktionen, soweit die gewählte Versorgung der Regelversorgung nach § 56 Abs. 2 entspricht, gegenüber den Versicherten nach Absatz 2 abzurechnen sind. ²Darüber hinaus sind im Bundesmantelvertrag folgende Regelungen zu treffen: Der Vertragszahnarzt hat vor Beginn der Behandlung einen kostenfreien Heil- und Kostenplan zu erstellen, der den Befund, die Regelversorgung und die tatsächlich geplante Versorgung auch in den Fällen des § 55 Abs. 4 und 5 nach Art, Umfang und Kosten beinhaltet. ³Im Heil- und Kostenplan sind Angaben zum Herstellungsort des Zahnersatzes zu machen. ⁴Der Heil- und Kostenplan ist von der Krankenkasse vor Beginn der Behandlung insgesamt zu prüfen. ⁵Die Krankenkasse kann den Befund, die Versorgungsnotwendigkeit und die geplante Versorgung begutachten lassen. ⁶Bei bestehender Versorgungsnotwendigkeit bewilligt die Krankenkasse die Festzuschüsse gemäß § 55 Abs. 1 oder 2 entsprechend dem im Heil- und Kostenplan ausgewiesenen Befund. ⁷Nach Abschluss der Behandlung rechnet der Vertragszahnarzt die von der Krankenkasse bewilligten Festzuschüsse mit Ausnahme der Fälle des § 55 Abs. 5 mit der Kassenzahnärztlichen Vereinigung ab. ⁸Der Vertragszahnarzt hat bei Rechnungslegung eine Durchschrift der Rechnung des gewerblichen oder des praxiseigenen Labors über zahntechnische Leistungen und die Erklärung nach Anhang VIII der Richtlinie 93/42/EWG des Rates vom 14. Juni 1993 über Medizinprodukte (ABl. EG Nr. L 169 S. 1) in der jeweils geltenden Fassung beizufügen. ⁹Der Bundesmantelvertrag regelt auch das Nähere zur Ausgestaltung des Heil- und Kostenplans, insbesondere muss aus dem Heil- und Kostenplan erkennbar sein, ob die zahntechnischen Leistungen von Zahnärzten erbracht werden oder nicht.

---

53 BSG, 21.3.2003, B 6 KA 25/02 R.
54 So BSG, 16.12.2009, B 6 KA 39/08, juris Rn. 21.
55 BSG, 5.11.2008, B 6 KA 21/07 B, juris Rn. 12 mwN.
56 BSG, 16.12.2009, B 6 KA 39/08, juris Rn. 31.

(1 b) ¹Die Kassenärztliche Bundesvereinigung und der Spitzenverband Bund der Krankenkassen vereinbaren im Bundesmantelvertrag erstmals bis spätestens zum 30. Juni 2016 die Voraussetzungen für eine besonders qualifizierte und koordinierte palliativ-medizinische Versorgung. ²Im Bundesmantelvertrag sind insbesondere zu vereinbaren:
1. Inhalte und Ziele der qualifizierten und koordinierten palliativ-medizinischen Versorgung und deren Abgrenzung zu anderen Leistungen,
2. Anforderungen an die Qualifikation der ärztlichen Leistungserbringer,
3. Anforderungen an die Koordination und interprofessionelle Strukturierung der Versorgungsabläufe sowie die aktive Kooperation mit den weiteren an der Palliativversorgung beteiligten Leistungserbringern, Einrichtungen und betreuenden Angehörigen,
4. Maßnahmen zur Sicherung der Versorgungsqualität.
³Der Bundesärztekammer und der Bundespsychotherapeutenkammer sowie den in § 92 Absatz 7 b genannten Organisationen ist vor Abschluss der Vereinbarung Gelegenheit zur Stellungnahme zu geben. ⁴Die Stellungnahmen sind in den Entscheidungsprozess einzubeziehen. ⁵Auf der Grundlage der Vereinbarung hat der Bewertungsausschuss den einheitlichen Bewertungsmaßstab für ärztliche Leistungen nach Absatz 2 Satz 2 zu überprüfen und innerhalb von sechs Monaten nach dem in Satz 1 genannten Zeitpunkt anzupassen. ⁶Der Bewertungsausschuss hat dem Bundesministerium für Gesundheit erstmals bis zum 31. Dezember 2017 und danach jährlich über die Entwicklung der abgerechneten palliativ-medizinischen Leistungen auch in Kombination mit anderen vertragsärztlichen Leistungen, über die Zahl und Qualifikation der ärztlichen Leistungserbringer, über die Versorgungsqualität sowie über die Auswirkungen auf die Verordnung der spezialisierten ambulanten Palliativversorgung zu berichten. ⁷Das Bundesministerium für Gesundheit kann das Nähere zum Inhalt des Berichts und zu den dafür erforderlichen Auswertungen bestimmen.
(2) ¹Der einheitliche Bewertungsmaßstab bestimmt den Inhalt der abrechnungsfähigen Leistungen und ihr wertmäßiges, in Punkten ausgedrücktes Verhältnis zueinander; soweit möglich, sind die Leistungen mit Angaben für den zur Leistungserbringung erforderlichen Zeitaufwand des Vertragsarztes zu versehen; dies gilt nicht für vertragszahnärztliche Leistungen. ²Die Bewertungsmaßstäbe sind in bestimmten Zeitabständen auch daraufhin zu überprüfen, ob die Leistungsbeschreibungen und ihre Bewertungen noch dem Stand der medizinischen Wissenschaft und Technik sowie dem Erfordernis der Rationalisierung im Rahmen wirtschaftlicher Leistungserbringung entsprechen, wobei in die Überprüfung des einheitlichen Bewertungsmaßstabes für ärztliche Leistungen auch die Regelung nach § 33 Absatz 9 erstmalig bis spätestens zum 31. Oktober 2012 einzubeziehen ist; bei der Bewertung der Leistungen ist insbesondere der Aspekt der wirtschaftlichen Nutzung der bei der Erbringung von Leistungen eingesetzten medizinisch-technischen Geräte zu berücksichtigen. ³Im Bewertungsmaßstab für die ärztlichen Leistungen ist die Bewertung der Leistungen nach Satz 1 und die Überprüfung der wirtschaftlichen Aspekte nach Satz 2 unter Berücksichtigung der Besonderheiten der jeweils betroffenen Arztgruppen auf der Grundlage von sachgerechten Stichproben bei vertragsärztlichen Leistungserbringern auf in bestimmten Zeitabständen zu aktualisierender betriebswirtschaftlicher Basis durchzuführen; die Bewertung der von einer Arztpraxis oder einem medizinischen Versorgungszentrum in einem bestimmten Zeitraum erbrachten Leistungen kann dabei insgesamt so festgelegt werden, dass sie ab einem bestimmten Schwellenwert mit zunehmender Menge sinkt. ⁴Die Bewertung der Sachkosten kann abweichend von Satz 1 in Eurobeträgen bestimmt werden.
(2 a) ¹Die im einheitlichen Bewertungsmaßstab für ärztliche Leistungen aufgeführten Leistungen sind entsprechend der in § 73 Abs. 1 festgelegten Gliederung der vertragsärztlichen Versorgung in Leistungen der hausärztlichen und Leistungen der fachärztlichen Versorgung zu gliedern mit der Maßgabe, dass unbeschadet gemeinsam abrechenbarer Leistungen Leistungen der hausärztlichen Versorgung nur von den an der hausärztlichen Versorgung teilnehmenden Ärzten und Leistungen der fachärztlichen Versorgung nur von den an der fachärztlichen Versorgung teilnehmenden Ärzten abgerechnet werden dürfen; die Leistungen der fachärztlichen Versorgung sind in der Weise zu gliedern, dass den einzelnen Facharztgruppen die von ihnen ausschließlich abrechenbaren Leistungen zugeordnet werden. ²Bei der Bestimmung der Arztgruppen nach Satz 1 ist der Versorgungsauftrag der jeweiligen Arztgruppe im Rahmen der vertragsärztlichen Versorgung zugrunde zu legen. ³Der einheitliche Bewertungsmaßstab für ärztliche Leistungen hat eine Regelung zu enthalten, nach der ärztliche Leistungen zur Diagnostik und ambulanten Eradikationstherapie einschließlich elektronischer Dokumentation von Trägern mit dem Methicillin-resistenten Staphylococcus aureus (MRSA) vergütet werden. ⁴Die Kassenärztliche Bundesvereinigung berichtet dem Bundesministerium für Gesundheit quartalsbezogen über Auswer-

tungsergebnisse der Regelung nach Satz 3. ⁵Das Bundesministerium für Gesundheit kann das Nähere zum Inhalt des Berichts nach Satz 4 sowie zur Auswertung der anonymisierten Dokumentationen zum Zwecke der Versorgungsforschung und zur Förderung der Qualität bestimmen; es kann auch den Bewertungsausschuss mit der Vorlage des Berichts beauftragen. ⁶Im Übrigen gilt die Veröffentlichungspflicht gemäß § 135b Absatz 1 Satz 2. ⁷Bei der Überprüfung nach Absatz 2 Satz 2 prüft der Bewertungsausschuss bis spätestens zum 31. Oktober 2012, in welchem Umfang ambulante telemedizinische Leistungen erbracht werden können; auf dieser Grundlage beschließt er bis spätestens zum 31. März 2013, inwieweit der einheitliche Bewertungsmaßstab für ärztliche Leistungen anzupassen ist. ⁸In die Überprüfung nach Absatz 2 Satz 2 ist auch einzubeziehen, in welchem Umfang delegationsfähige Leistungen durch Personen nach § 28 Absatz 1 Satz 2 qualifiziert erbracht und angemessen vergütet werden können; auf dieser Grundlage ist eine Anpassung des einheitlichen Bewertungsmaßstabes für ärztliche Leistungen unter Berücksichtigung der unterschiedlichen Versorgungsstrukturen bis zum 23. Januar 2016 zu beschließen. ⁹Nach Inkrafttreten der Bestimmungen nach § 27b Absatz 2 Satz 2 ist im einheitlichen Bewertungsmaßstab für ärztliche Leistungen durch den Bewertungsausschuss gemäß Absatz 5a eine Regelung zu treffen, nach der Leistungen und Kosten im Rahmen der Einholung der Zweitmeinungen nach § 27b abgerechnet werden können. ¹⁰Sofern drei Monate nach Inkrafttreten der Bestimmungen des Gemeinsamen Bundesausschusses nach § 27b Absatz 2 keine Regelung im einheitlichen Bewertungsmaßstab für ärztliche Leistungen getroffen wurde, können Versicherte die Leistungen nach § 27b bei den dafür berechtigten Leistungserbringern im Wege der Kostenerstattung nach § 13 Absatz 1 in Anspruch nehmen. ¹¹Die Kosten sind von der Krankenkasse in der entstandenen Höhe zu erstatten. ¹²Die Möglichkeit der Inanspruchnahme im Wege der Kostenerstattung nach § 13 Absatz 1 endet, sobald die Regelung nach Satz 9 in Kraft getreten ist. ¹³Bis spätestens zum 31. Dezember 2015 ist mit Wirkung zum 1. April 2016 eine Regelung zu treffen, nach der die zusätzlichen ärztlichen Kooperations- und Koordinationsleistungen in Kooperationsverträgen, die den Anforderungen nach § 119b Absatz 2 entsprechen, vergütet werden. ¹⁴Das Bundesministerium für Gesundheit kann für den Fall, dass Beschlüsse des Bewertungsausschusses zu telemedizinischen Leistungen nicht oder teilweise nicht oder nicht innerhalb einer vom Bundesministerium für Gesundheit gesetzten Frist zustande kommen, den erweiterten Bewertungsausschuss nach Absatz 4 mit Wirkung für die Vertragspartner anrufen; Absatz 6 gilt. ¹⁵Der Bewertungsausschuss legt dem Bundesministerium für Gesundheit im Abstand von zwei Jahren beginnend zum 31. Oktober 2016 einen Bericht über den Stand der Beratungen nach Satz 7 vor, in dem der Stand der Arbeiten der vom Bewertungsausschuss erfassten und bearbeiteten Leistungen dargestellt wird. ¹⁶Das Bundesministerium für Gesundheit leitet den Bericht an den Deutschen Bundestag weiter. ¹⁷Der Bewertungsausschuss prüft bis zum 30. Juni 2016, inwieweit durch den Einsatz sicherer elektronischer Informations- und Kommunikationstechnologien konsiliarische Befundbeurteilungen von Röntgenaufnahmen und bis zum 30. September 2016, inwieweit durch den Einsatz sicherer elektronischer Informations- und Kommunikationstechnologien Videosprechstunden telemedizinisch erbracht werden können. ¹⁸Auf der Grundlage dieser Prüfung beschließt er bis zum 31. Dezember 2016 mit Wirkung zum 1. April 2017 für konsiliarische Befundbeurteilungen von Röntgenaufnahmen und bis zum 31. März 2017 mit Wirkung zum 1. Juli 2017 für Videosprechstunden entsprechende Anpassungen des einheitlichen Bewertungsmaßstabes für ärztliche Leistungen. ¹⁹Die Anpassung erfolgt auf der Grundlage der Vereinbarung nach § 291g. ²⁰Sofern der Bewertungsausschuss für konsiliarische Befundbeurteilungen von Röntgenaufnahmen bis zum 31. Dezember 2016 und für Videosprechstunden bis zum 31. März 2017 auf der Grundlage der Vereinbarung nach § 291g die erforderlichen Beschlüsse nicht getroffen hat, gilt § 291 Absatz 2b Satz 7 bis 9 entsprechend für die Kassenärztliche Bundesvereinigung und den Spitzenverband Bund der Krankenkassen. ²¹Bis zum 30. Juni 2016 ist mit Wirkung zum 1. Oktober 2016 eine Regelung zu treffen, nach der ärztliche Leistungen nach § 31a vergütet werden. ²²Bis zum 30. September 2017 ist mit Wirkung zum 1. Januar 2018 eine Regelung zu treffen, nach der ärztliche Leistungen zur Erstellung und Aktualisierung von Datensätzen nach § 291a Absatz 3 Satz 1 Nummer 1 vergütet werden. ²³Der Bewertungsausschuss nach Absatz 5a hat bis spätestens zum 31. Dezember 2016 die Regelungen für die Versorgung im Notfall und im Notdienst im einheitlichen Bewertungsmaßstab für ärztliche Leistungen nach dem Schweregrad der Fälle zu differenzieren. ²⁴Zwei Jahre nach Inkrafttreten dieser Regelungen hat der Bewertungsausschuss nach Absatz 5a die Entwicklung der Leistungen zu evaluieren und hierüber dem Bundesministerium für Gesundheit zu berichten; Absatz 3a gilt entsprechend. ²⁵Der Bewertungsausschuss überprüft, in welchem Umfang Diagnostika zur schnellen und zur qualitätsgesicherten Antibiotikatherapie eingesetzt werden können, und beschließt auf dieser Grundlage erstmals bis spätestens zum 1. Dezember 2017 entsprechende Anpassungen des einheitlichen Bewertungsmaßstabes für ärztliche Leistungen.

(2 b) ¹Die im einheitlichen Bewertungsmaßstab für ärztliche Leistungen aufgeführten Leistungen der hausärztlichen Versorgung sollen als Versichertenpauschalen abgebildet werden; für Leistungen, die besonders gefördert werden sollen oder nach Absatz 2 a Satz 7 und 8 telemedizinisch oder im Wege der Delegation erbracht werden können, sind Einzelleistungen oder Leistungskomplexe vorzusehen. ²Mit den Pauschalen nach Satz 1 sollen die gesamten im Abrechnungszeitraum regelmäßig oder sehr selten und zugleich mit geringem Aufwand im Rahmen der hausärztlichen Versorgung eines Versicherten erbrachten Leistungen einschließlich der anfallenden Betreuungs-, Koordinations- und Dokumentationsleistungen vergütet werden. ³Die Pauschalen nach Satz 1 sollen einerseits nach Patienten, die in der jeweiligen Arztpraxis erstmals diagnostiziert und behandelt werden, sowie andererseits nach Patienten, bei denen eine begonnene Behandlung fortgeführt wird, und soweit möglich nach weiteren insbesondere auf der Grundlage von Abrechnungsdaten empirisch ermittelten Morbiditätskriterien insbesondere zur Abbildung des Schweregrads der Erkrankung differenziert werden, um mit dem Gesundheitszustand verbundene Unterschiede im Behandlungsaufwand der Versicherten zu berücksichtigen. ⁴Zudem können Qualitätszuschläge vorgesehen werden, mit denen die in besonderen Behandlungsfällen erforderliche Qualität vergütet wird.

(2 c) ¹Die im einheitlichen Bewertungsmaßstab für ärztliche Leistungen aufgeführten Leistungen der fachärztlichen Versorgung sollen arztgruppenspezifisch und unter Berücksichtigung der Besonderheiten kooperativer Versorgungsformen als Grund- und Zusatzpauschalen abgebildet werden; Einzelleistungen sollen vorgesehen werden, soweit dies medizinisch oder auf Grund von Besonderheiten bei Veranlassung und Ausführung der Leistungserbringung, einschließlich der Möglichkeit telemedizinischer Erbringung gemäß Absatz 2 a Satz 7 oder der Erbringung im Wege der Delegation nach Absatz 2 a Satz 8, erforderlich ist. ²Mit den Grundpauschalen nach Satz 1 sollen die regelmäßig oder sehr selten und zugleich mit geringem Aufwand von der Arztgruppe in jedem Behandlungsfall erbrachten Leistungen vergütet werden; die Grundpauschalen sollen dabei soweit möglich und sachgerecht einerseits nach Patienten, die in der jeweiligen Arztpraxis erstmals diagnostiziert und behandelt werden, sowie andererseits nach Patienten, bei denen eine begonnene Behandlung fortgeführt wird, sowie nach insbesondere auf der Grundlage von Abrechnungsdaten empirisch ermittelten Morbiditätskriterien insbesondere zur Abbildung des Schweregrads der Erkrankung, falls dieser nicht durch die Zusatzpauschalen nach Satz 3 berücksichtigt wird, differenziert werden. ³Mit den Zusatzpauschalen nach Satz 1 wird der besondere Leistungsaufwand vergütet, der sich aus den Leistungs-, Struktur- und Qualitätsmerkmalen des Leistungserbringers und, soweit dazu Veranlassung besteht, in bestimmten Behandlungsfällen ergibt. ⁴Abweichend von Satz 3 kann die Behandlung von Versichertengruppen, die mit einem erheblichen therapeutischen Leistungsaufwand und überproportionalen Kosten verbunden ist, mit arztgruppenspezifischen diagnosebezogenen Fallpauschalen vergütet werden. ⁵Für die Versorgung im Rahmen von kooperativen Versorgungsformen sind spezifische Fallpauschalen festzulegen, die dem fallbezogenen Zusammenwirken von Ärzten unterschiedlicher Fachrichtungen in diesen Versorgungsformen Rechnung tragen. ⁶Die Bewertungen für psychotherapeutische Leistungen haben eine angemessene Höhe der Vergütung je Zeiteinheit zu gewährleisten.

(2 d) ¹Im einheitlichen Bewertungsmaßstab für ärztliche Leistungen sind Regelungen einschließlich Prüfkriterien vorzusehen, die sicherstellen, dass der Leistungsinhalt der in den Absätzen 2 a Satz 3, 2 a bis 2 c genannten Leistungen und Pauschalen jeweils vollständig erbracht wird, die jeweiligen notwendigen Qualitätsstandards eingehalten, die abgerechneten Leistungen auf den medizinisch notwendigen Umfang begrenzt sowie bei Abrechnung der Fallpauschalen nach Absatz 2 c Satz 5 die Mindestanforderungen zu der institutionellen Ausgestaltung der Kooperation der beteiligten Ärzte eingehalten werden; dazu kann die Abrechenbarkeit der Leistungen an die Einhaltung der vom Gemeinsamen Bundesausschuss und in den Bundesmantelverträgen beschlossenen Qualifikations- und Qualitätssicherungsanforderungen sowie an die Einhaltung der gegenüber der Kassenärztlichen Vereinigung zu erbringenden Dokumentationsverpflichtungen geknüpft werden. ²Zudem können Regelungen vorgesehen werden, die darauf abzielen, dass die Abrechnung der Versichertenpauschalen nach Absatz 2 b Satz 1 sowie der Grundpauschalen nach Absatz 2 c Satz 1 für einen Versicherten nur durch einen Arzt im Abrechnungszeitraum erfolgt, oder es können Regelungen zur Kürzung der Pauschalen für den Fall eines Arztwechsels des Versicherten innerhalb des Abrechnungszeitraums vorgesehen werden.

(2 e) Im einheitlichen Bewertungsmaßstab für ärztliche Leistungen ist jährlich bis zum 31. August ein bundeseinheitlicher Punktwert als Orientierungswert in Euro zur Vergütung der vertragsärztlichen Leistungen festzulegen.
(2 f) (aufgehoben)
(2 g) Bei der Anpassung des Orientierungswertes nach Absatz 2 e sind insbesondere
1. die Entwicklung der für Arztpraxen relevanten Investitions- und Betriebskosten, soweit diese nicht bereits durch die Weiterentwicklung der Bewertungsrelationen nach Absatz 2 Satz 2 erfasst worden sind,
2. Möglichkeiten zur Ausschöpfung von Wirtschaftlichkeitsreserven, soweit diese nicht bereits durch die Weiterentwicklung der Bewertungsrelationen nach Absatz 2 Satz 2 erfasst worden sind, sowie
3. die allgemeine Kostendegression bei Fallzahlsteigerungen, soweit diese nicht durch eine Abstaffelungsregelung nach Absatz 2 Satz 3 berücksichtigt worden ist,
zu berücksichtigen.
(2 h) ¹Die im einheitlichen Bewertungsmaßstab für zahnärztliche Leistungen aufgeführten Leistungen können zu Leistungskomplexen zusammengefasst werden. ²Die Leistungen sind entsprechend einer ursachengerechten, zahnsubstanzschonenden und präventionsorientierten Versorgung insbesondere nach dem Kriterium der erforderlichen Arbeitszeit gleichgewichtig in und zwischen den Leistungsbereichen für Zahnerhaltung, Prävention, Zahnersatz und Kieferorthopädie zu bewerten. ³Bei der Festlegung der Bewertungsrelationen ist wissenschaftlicher Sachverstand einzubeziehen.
(2 i) ¹Im einheitlichen Bewertungsmaßstab für zahnärztliche Leistungen ist eine zusätzliche Leistung vorzusehen für das erforderliche Aufsuchen von Versicherten, die einem Pflegegrad nach § 15 des Elften Buches zugeordnet sind, Eingliederungshilfe nach § 53 des Zwölften Buches erhalten und die die Zahnarztpraxis aufgrund ihrer Pflegebedürftigkeit, Behinderung oder Einschränkung nicht oder nur mit hohem Aufwand aufsuchen können. ²§ 71 Absatz 1 Satz 2 gilt entsprechend.
(2 j) ¹Für Leistungen, die im Rahmen eines Vertrages nach § 119 b Absatz 1 erbracht werden, ist im einheitlichen Bewertungsmaßstab für zahnärztliche Leistungen eine zusätzliche, in der Bewertung über Absatz 2 i Satz 1 hinausgehende Leistung vorzusehen. ²Voraussetzung für die Abrechnung dieser zusätzlichen Leistung ist die Einhaltung der in der Vereinbarung nach § 119 b Absatz 2 festgelegten Anforderungen. ³Die Leistung nach Absatz 2 i Satz 1 ist in diesen Fällen nicht berechnungsfähig. ⁴§ 71 Absatz 1 Satz 2 gilt entsprechend.
(3) ¹Der Bewertungsausschuß besteht aus drei von der Kassenärztlichen Bundesvereinigung bestellten Vertretern sowie drei vom Spitzenverband Bund der Krankenkassen bestellten Vertreter. ²Den Vorsitz führt abwechselnd ein Vertreter der Ärzte und ein Vertreter der Krankenkassen. ³Die Beratungen des Bewertungsausschusses einschließlich der Beratungsunterlagen und Niederschriften sind vertraulich. ⁴Die Vertraulichkeit gilt auch für die zur Vorbereitung und Durchführung der Beratungen im Bewertungsausschuss dienenden Unterlagen der Trägerorganisationen und des Instituts des Bewertungsausschusses.
(3 a) ¹Der Bewertungsausschuss analysiert die Auswirkungen seiner Beschlüsse insbesondere auf die Versorgung der Versicherten mit vertragsärztlichen Leistungen, auf die vertragsärztlichen Honorare sowie auf die Ausgaben der Krankenkassen. ²Das Bundesministerium für Gesundheit kann das Nähere zum Inhalt der Analysen bestimmen. ³Absatz 6 gilt entsprechend.
(3 b) ¹Der Bewertungsausschuss wird bei der Wahrnehmung seiner Aufgaben von einem Institut unterstützt, das gemäß der vom Bewertungsausschuss nach Absatz 3 e zu vereinbarenden Geschäftsordnung die Beschlüsse nach den §§ 87, 87 a und 116 b Absatz 6 sowie die Analysen nach Absatz 3 a vorbereitet. ²Träger des Instituts sind die Kassenärztliche Bundesvereinigung und der Spitzenverband Bund der Krankenkassen. ³Ist das Institut nicht oder nicht in einer seinen Aufgaben entsprechenden Weise errichtet, kann das Bundesministerium für Gesundheit eine oder mehrere der in Satz 2 genannten Organisationen zur Errichtung des Instituts verpflichten oder eine oder mehrere der in Satz 2 genannten Organisationen oder einen Dritten mit den Aufgaben nach Satz 1 beauftragen. ⁴Satz 3 gilt entsprechend, wenn das Institut seine Aufgaben nicht in dem vorgesehenen Umfang oder nicht entsprechend den geltenden Vorgaben erfüllt oder wenn es aufgelöst wird. ⁵Abweichend von den Sätzen 1 und 2 können die in Satz 2 genannten Organisationen einen Dritten mit den Aufgaben nach Satz 1 beauftragen. ⁶Sie haben im Zeitraum bis zur Herstellung der vollständigen Arbeitsfähigkeit des Instituts oder des von ihnen beauftragten Dritten sicherzustellen, dass der Bewertungsausschuss die in Satz 1 genannten Aufgaben in vollem Umfang und fristgerecht erfüllen kann. ⁷Hierzu hat der Bewertungsausschuss festzustellen, ob und in welchem Umfang das Institut oder der beauftragte Dritte arbeitsfähig ist und ob abwei-

chend von Satz 2 die dort genannten Aufgaben zwischen dem Institut oder dem beauftragten Dritten und der Kassenärztlichen Bundesvereinigung und dem Spitzenverband Bund der Krankenkassen aufgeteilt werden sollen; Absatz 6 gilt entsprechend.

(3 c) ¹Die Finanzierung des Instituts oder des beauftragten Dritten nach Absatz 3 b erfolgt durch die Erhebung eines Zuschlags auf jeden ambulant-kurativen Behandlungsfall in der vertragsärztlichen Versorgung. ²Der Zuschlag ist von den Krankenkassen außerhalb der Gesamtvergütung nach § 85 oder der morbiditätsbedingten Gesamtvergütung nach § 87 a zu finanzieren. ³Das Nähere bestimmt der Bewertungsausschuss in seinem Beschluss nach Absatz 3 e Satz 1 Nr. 3.

(3 d) ¹Über die Ausstattung des Instituts oder des beauftragten Dritten nach Absatz 3 b mit den für die Aufgabenwahrnehmung erforderlichen Sachmitteln, die Einstellung des Personals und die Nutzung der Daten gemäß Absatz 3 f durch das Institut oder den beauftragten Dritten entscheidet der Bewertungsausschuss; Absatz 6 gilt entsprechend. ²Die innere Organisation ist jeweils so zu gestalten, dass sie den besonderen Anforderungen des Datenschutzes nach § 78 a des Zehnten Buches gerecht wird.

(3 e) ¹Der Bewertungsausschuss beschließt
1. bis spätestens zum 31. August 2017 eine Verfahrensordnung, in der er insbesondere die Antragsberechtigten, methodische Anforderungen und Fristen in Bezug auf die Vorbereitung und Durchführung der Beratungen sowie die Beschlussfassung über die Aufnahme in den einheitlichen Bewertungsmaßstab insbesondere solcher neuer Laborleistungen und neuer humangenetischer Leistungen regelt, bei denen es sich jeweils nicht um eine neue Untersuchungs- oder Behandlungsmethode nach § 135 Absatz 1 Satz 1 handelt,
2. eine Geschäftsordnung, in der er Regelungen zur Arbeitsweise des Bewertungsausschusses und des Instituts gemäß Absatz 3 b trifft, insbesondere zur Geschäftsführung und zur Art und Weise der Vorbereitung der in Absatz 3 b Satz 1 genannten Beschlüsse, Analysen und Berichte, sowie
3. eine Finanzierungsregelung, in der er Näheres zur Erhebung des Zuschlags nach Absatz 3 c bestimmt.

²Die Verfahrensordnung, die Geschäftsordnung und die Finanzierungsregelung bedürfen der Genehmigung des Bundesministeriums für Gesundheit. ³Die Verfahrensordnung und die Geschäftsordnung sind im Internet zu veröffentlichen. ⁴Der Bewertungsausschuss ist verpflichtet, im Einvernehmen mit dem Gemeinsamen Bundesausschuss hinsichtlich einer neuen Leistung auf Verlangen Auskunft zu erteilen, ob die Aufnahme der neuen Leistung in den einheitlichen Bewertungsmaßstab in eigener Zuständigkeit des Bewertungsausschusses beraten werden kann oder ob es sich dabei um eine neue Methode handelt, die nach § 135 Absatz 1 Satz 1 zunächst einer Bewertung durch den Gemeinsamen Bundesausschuss bedarf. ⁵Eine Auskunft können pharmazeutische Unternehmer, Hersteller von Medizinprodukten, Hersteller von Diagnostikleistungen und deren jeweilige Verbände, einschlägige Berufsverbände, medizinische Fachgesellschaften und die für die Wahrnehmung der Interessen der Patientinnen und Patienten und der Selbsthilfe chronisch kranker und behinderter Menschen auf Bundesebene maßgeblichen Organisationen nach § 140 f verlangen. ⁶Das Nähere regeln der Bewertungsausschuss und der Gemeinsame Bundesausschuss im gegenseitigen Einvernehmen in ihrer jeweiligen Verfahrensordnung.

(3 f) ¹Die Kassenärztlichen Vereinigungen und die Krankenkassen erfassen jeweils nach Maßgabe der vom Bewertungsausschuss zu bestimmenden inhaltlichen und verfahrensmäßigen Vorgaben die für die Aufgaben des Bewertungsausschusses nach diesem Gesetz erforderlichen Daten, einschließlich der Daten nach § 73 b Absatz 7 Satz 5 und § 140 a Absatz 6, arzt- und versichertenbezogen in einheitlicher pseudonymisierter Form. ²Die Daten nach Satz 1 werden jeweils unentgeltlich von den Kassenärztlichen Vereinigungen an die Kassenärztliche Bundesvereinigung und von den Krankenkassen an den Spitzenverband Bund der Krankenkassen übermittelt, die diese Daten jeweils zusammenführen und sie unentgeltlich dem Institut oder dem beauftragten Dritten gemäß Absatz 3 b übermitteln. ³Soweit erforderlich hat der Bewertungsausschuss darüber hinaus Erhebungen und Auswertungen nicht personenbezogener Daten durchzuführen oder in Auftrag zu geben oder Sachverständigengutachten einzuholen. ⁴Für die Erhebung und Verarbeitung der Daten nach den Sätzen 2 und 3 kann der Bewertungsausschuss eine Datenstelle errichten oder eine externe Datenstelle beauftragen; für die Finanzierung der Datenstelle gelten die Absätze 3 c und 3 e entsprechend. ⁵Personenbezogene Daten nach Satz 1 sind zu löschen, sobald sie nicht mehr benötigt werden. ⁶Das Verfahren der Pseudonymisierung nach Satz 1 ist vom Bewertungsausschuss im Einvernehmen mit dem Bundesamt für Sicherheit in der Informationstechnik zu bestimmen.

(3 g) Die Regelungen der Absätze 3 a bis 3 f gelten nicht für den für zahnärztliche Leistungen zuständigen Bewertungsausschuss.

(4) ¹Kommt im Bewertungsausschuß durch übereinstimmenden Beschluß aller Mitglieder eine Vereinbarung ganz oder teilweise nicht zustande, wird der Bewertungsausschuß auf Verlangen von mindestens zwei Mitgliedern um einen unparteiischen Vorsitzenden und zwei weitere unparteiische Mitglieder erweitert. ²Für die Benennung des unparteiischen Vorsitzenden gilt § 89 Abs. 3 entsprechend. ³Von den weiteren unparteiischen Mitgliedern wird ein Mitglied von der Kassenärztlichen Bundesvereinigung sowie ein Mitglied vom Spitzenverband Bund der Krankenkassen benannt.

(5) ¹Der erweiterte Bewertungsausschuß setzt mit der Mehrheit seiner Mitglieder die Vereinbarung fest. ²Die Festsetzung hat die Rechtswirkung einer vertraglichen Vereinbarung im Sinne des § 82 Abs. 1. ³Zur Vorbereitung von Maßnahmen nach Satz 1 für den Bereich der ärztlichen Leistungen hat das Institut oder der beauftragte Dritte nach Absatz 3 b dem zuständigen erweiterten Bewertungsausschuss unmittelbar und unverzüglich nach dessen Weisungen zuzuarbeiten. ⁴Absatz 3 Satz 3 und 4 gilt entsprechend; auch für die Unterlagen der unparteiischen Mitglieder gilt Vertraulichkeit.

(5 a) ¹Bei Beschlüssen zur Anpassung des einheitlichen Bewertungsmaßstabes zur Vergütung der Leistungen der spezialfachärztlichen Versorgung nach § 116 b sind der Bewertungsausschuss für ärztliche Leistungen nach Absatz 3 sowie der erweiterte Bewertungsausschuss für ärztliche Leistungen nach Absatz 4 jeweils um drei Vertreter der Deutschen Krankenhausgesellschaft und jeweils um drei weitere Vertreter des Spitzenverbandes Bund der Krankenkassen zu ergänzen. ²Für den erweiterten Bewertungsausschuss nach Satz 1 ist darüber hinaus jeweils ein weiteres unparteiisches Mitglied von der Deutschen Krankenhausgesellschaft und vom Spitzenverband Bund der Krankenkassen zu benennen. ³Die Benennung soll bis spätestens zum 31. März 2016 erfolgen. ⁴Bis zur Benennung gilt die Besetzung in der bis zum 31. Dezember 2015 geltenden Fassung fort.

(5 b) ¹Der einheitliche Bewertungsmaßstab für ärztliche Leistungen ist innerhalb von sechs Monaten nach Inkrafttreten der Beschlüsse des Gemeinsamen Bundesausschusses über die Einführung neuer Untersuchungs- und Behandlungsmethoden nach § 92 Absatz 1 Satz 2 Nummer 5 in Verbindung mit § 135 Absatz 1 anzupassen. ²Satz 1 gilt entsprechend für weitere Richtlinienbeschlüsse des Gemeinsamen Bundesausschusses, die eine Anpassung des einheitlichen Bewertungsmaßstabes für ärztliche Leistungen erforderlich machen. ³In diesem Zusammenhang notwendige Vereinbarungen nach § 135 Absatz 2 sind zeitgleich zu treffen. ⁴Für Beschlüsse des Gemeinsamen Bundesausschusses, die vor dem 23. Juli 2015 in Kraft getreten sind, gelten die Sätze 1 bis 3 entsprechend mit der Maßgabe, dass die Frist nach Satz 1 mit dem 23. Juli 2015 beginnt. ⁵Der einheitliche Bewertungsmaßstab für ärztliche Leistungen ist zeitgleich mit dem Beschluss nach § 35 a Absatz 3 Satz 1 anzupassen, sofern die Fachinformation des Arzneimittels zu seiner Anwendung eine zwingend erforderliche Leistung vorsieht, die eine Anpassung des einheitlichen Bewertungsmaßstabes für ärztliche Leistungen erforderlich macht. ⁶Das Nähere zu ihrer Zusammenarbeit regeln der Bewertungsausschuss und der Gemeinsame Bundesausschuss im gegenseitigen Einvernehmen in ihrer jeweiligen Verfahrensordnung. ⁷Für Beschlüsse nach § 35 a Absatz 3 Satz 1, die vor dem 13. Mai 2017 getroffen worden sind, gilt Satz 5 entsprechend mit der Maßgabe, dass der Bewertungsausschuss spätestens bis 13. November 2017 den einheitlichen Bewertungsmaßstab für ärztliche Leistungen anzupassen hat.

(6) ¹Das Bundesministerium für Gesundheit kann an den Sitzungen der Bewertungsausschüsse, des Instituts oder des beauftragten Dritten nach Absatz 3 b sowie der von diesen jeweils gebildeten Unterausschüssen und Arbeitsgruppen teilnehmen; ihm sind die Beschlüsse der Bewertungsausschüsse zusammen mit den den Beschlüssen zugrunde liegenden Beratungsunterlagen und den für die Beschlüsse jeweils entscheidungserheblichen Gründen vorzulegen. ²Das Bundesministerium für Gesundheit kann die Beschlüsse innerhalb von zwei Monaten beanstanden; es kann im Rahmen der Prüfung eines Beschlusses vom Bewertungsausschuss zusätzliche Informationen und ergänzende Stellungnahmen dazu anfordern; bis zum Eingang der Auskünfte ist der Lauf der Frist unterbrochen. ³Die Nichtbeanstandung eines Beschlusses kann vom Bundesministerium für Gesundheit mit Auflagen verbunden werden; das Bundesministerium für Gesundheit kann zur Erfüllung einer Auflage eine angemessene Frist setzen. ⁴Kommen Beschlüsse der Bewertungsausschüsse ganz oder teilweise nicht oder nicht innerhalb einer vom Bundesministerium für Gesundheit gesetzten Frist zustande oder werden die Beanstandungen des Bundesministeriums für Gesundheit nicht innerhalb einer von ihm gesetzten Frist behoben, kann das Bundesministerium für Gesundheit die Vereinbarungen festsetzen; es kann dazu Datenerhebungen in Auftrag geben oder Sachverständigengutachten einholen. ⁵Zur Vorbereitung von Maßnahmen nach Satz 4 für den Bereich der ärztlichen Leistungen hat das Institut oder der beauftragte Dritte oder die vom Bundesministerium für Gesundheit beauftragte Organisation gemäß Absatz 3 b dem Bundesministerium für Gesundheit unmittelbar und unverzüglich nach dessen Weisungen zuzuarbei-

ten. ⁶Die mit den Maßnahmen nach Satz 4 verbundenen Kosten sind von dem Spitzenverband Bund der Krankenkassen und der Kassenärztlichen Bundesvereinigung jeweils zur Hälfte zu tragen; das Nähere bestimmt das Bundesministerium für Gesundheit. ⁷Abweichend von Satz 4 kann das Bundesministerium für Gesundheit für den Fall, dass Beschlüsse der Bewertungsausschüsse nicht oder teilweise nicht oder nicht innerhalb einer vom Bundesministerium für Gesundheit gesetzten Frist zustande kommen, den erweiterten Bewertungsausschuss nach Absatz 4 mit Wirkung für die Vertragspartner anrufen. ⁸Der erweiterte Bewertungsausschuss setzt mit der Mehrheit seiner Mitglieder innerhalb einer vom Bundesministerium für Gesundheit gesetzten Frist die Vereinbarung fest; Satz 1 bis 6 gilt entsprechend. ⁹Die Beschlüsse und die entscheidungserheblichen Gründe sind im Deutschen Ärzteblatt oder im Internet bekannt zu machen; falls die Bekanntmachung im Internet erfolgt, muss im Deutschen Ärzteblatt ein Hinweis auf die Fundstelle veröffentlicht werden.

Literatur:

Axer, Sozialgerichtliche Kontrolle untergesetzlicher Rechtsnormen, SGb 2013, 669; *Altmicks*, Normsetzung durch besondere Vertragsorgane: Die Bewertungsausschüsse nach § 87 SGB V und der Qualitätsausschuss Pflege gemäß § 113 b SGB XI, WzS 2016, 9; *Behnsen*, Neue vertragsärztliche Leistung: Wann Sachleistungsanspruch, wann Kostenerstattungsanspruch, NZS 2012, 770; *Liebold/Zalweski* (Hrsg.), Kassenarztrecht, 6. Auflage 2013; *Preis*, Der Arzt zwischen grundrechtlicher Freiheit und staatlicher Regulierung, MedR 2010, 139; *Reuter/Weinrich*, Der Gestaltungsspielraum des Bewertungsausschusses, MedR 2013. 584; *Rixen*, Steuerung der Versorgung durch Vergütung? Zu den Änderungen des vertrags(zahn)ärztlichen Vergütungsrechts durch das GKV-Versorgungsstrukturgesetz (GKV-VStG), GesR 2012, 337; *Rompf*, Der Erweiterte Bewertungsausschuss – spezielles Schiedsorgan oder untergesetzlicher Normgeber, GesR 2003, 65; *Wenner*, Vertragsarztrecht nach der Gesundheitsreform, 2008.

I. Allgemeines 1	b) Anpassung des Orientierungswertes (Abs. 2 g) 45
II. Bundesmantelverträge 2	IV. Besondere Vorgaben für den Bema
1. Bewertungsmaßstäbe als Teil der Bundesmantelverträge (Abs. 1 S. 1) 3	(Abs. 2 h, 2 i und 2 j) 46
2. Organisation der Versorgung und Vordrucke (Abs. 1 S. 2) 5	V. Bewertungsausschuss und Erweiterter Bewertungsausschuss 50
3. Besondere Vorgaben für Zahnersatz (Abs. 1 a) 8	1. Organisation des Bewertungsausschusses (Abs. 3) 54
4. Palliativmedizinische Versorgung (Abs. 1 b) 10	2. Analysen des Bewertungsausschusses (Abs. 3 a) 55
III. Einheitlicher Bewertungsmaßstab (EBM)... 12	3. Institut des Bewertungsausschusses (Abs. 3 b und 3 c) 56
1. Grundsätzliches 13	a) Aufgaben 57
2. Einführung und Bewertung von Leistungen (Abs. 2) 17	b) Finanzierung, Ausstattung und Personal 58
a) Verhältnis zu § 135 Abs. 1 18	4. Verfahrens- und Geschäftsordnung des Bewertungsausschusses und des Instituts (Abs. 3 e) 59
b) Bewertung der Leistung 19	
c) Überprüfungspflicht 22	5. Datengrundlagen (Abs. 3 f) 60
3. Aufteilung des EBM und haus- und fachärztliche Leistungen und weitere Regelungsaufträge (Abs. 2 a) 28	6. Erweiterter Bewertungsausschuss 61
	a) Zuständigkeit 62
a) Aufteilung in haus- und fachärztliche Versorgung 30	b) Zusammensetzung (Abs. 4) 64
b) Bestimmung der Arztgruppen 31	c) Beschlussfassung (Abs. 5) 66
c) Weitere Regelungsaufträge 32	d) Besonderheiten bei der spezialfachärztlichen Versorgung (Abs. 5 a) 67
4. Besondere Vorgaben für den hausärztlichen Teil des EBM (Abs. 2 b) 33	e) Anpassungsfrist (Abs. 5 b) 68
5. Besondere Vorgaben für den fachärztlichen Teil des EBM (Abs. 2 c) 36	7. Verhältnis zum BMG (Abs. 6) 69
	a) Teilnahmeberechtigungen des BMG 70
a) Arztgruppenspezifische Gliederung ... 37	b) Vorlagepflicht, Beanstandungsrecht ... 71
b) Grund- und Zusatzpauschalen, Einzelleistungen, Fallpauschalen 38	c) Auflagen 72
c) Besonderheiten kooperativer Versorgungsformen 39	d) Festsetzungsrecht des BMG 73
d) Psychotherapeutische Leistungen... 40	e) Rechtsschutz gegen Aufsichtsmaßnahmen 74
6. Prüfkriterien (Abs. 2 d) 41	8. Rechtsschutz gegen Beschlüsse des Bewertungsausschusses 75
7. Orientierungswert und dessen Anpassung (Abs. 2 e bis Abs. 2 g) 43	VI. Geplante Änderung durch das Blut- und Gewebegesetz 77
a) Orientierungswert (Abs. 2 e) 44	

I. Allgemeines

§ 87, der durch das Gesundheitsreformgesetz zum 1.1.1989[1] in das SGB V aufgenommen wurde, geht in seinem Regelungskern auf § 368g Abs. 4 RVO sowie auf § 368i Abs. 8–10 RVO zurück.[2] Die Norm war Gegenstand fast aller Änderungsgesetze des SGB V,[3] zuletzt des AMVSG, die vor allem im Hinblick auf die in der Vorschrift geregelten Bewertungsmaßstäbe bedeutsam waren. § 87 ist eine der zentralen Vorschriften des SGB V,[4] die mit ihrem Ineinandergreifen unterschiedlicher Regelungskompetenzen, der variierenden Detailtiefe der gesetzlichen Vorgaben, aber auch den insbesondere in Abs. 6 geregelten Eingriffsmöglichkeiten des Bundesgesundheitsministeriums, ein Symbol der rechtlichen Ausgestaltung des ambulanten deutschen Gesundheitswesens ist. Die Norm hat ihren Schwerpunkt darin, Teil des Regelungskonzepts der vertragsärztlichen Vergütung zu sein, das als die „ewige Baustelle" des SGB V gilt[5] und in den vergangenen Jahren vor allem im Hinblick auf die Kompetenzzuweisungen pendelartige Entwicklungen vor allem im Hinblick auf die Regelungszuständigkeiten zu verzeichnen hatte. Derzeit beinhaltet die Norm zentrale Regelungsinstrumente der Bundesebene, die im Vergleich zu den in §§ 87a und 87b geregelten Kompetenzen in den Ländern durch das GKV-VStG an Bedeutung eingebüßt haben. Die Vorschrift stellt weiterhin eine ergänzende Rechtsgrundlage zu § 82 zur Vereinbarung von Bundesmantelverträgen dar. Sie verbindet die Bundesmantelverträge außerdem mit den Bewertungsmaßstäben, indem sie anordnet, dass die Bundesmantelverträge Bewertungsmaßstäbe für ärztliche und zahnärztliche Leistungen enthalten,[6] mit denen vertragsärztliche Leistungen und deren Vergütung grundlegend geordnet werden. Dieser Regelungsgegenstand, also die Bewertungsmaßstäbe, ist gleichzeitig der Ort, an dem die Norm eine im Vergleich zu anderen Vorschriften des Vertragsarztrechts hohe Detailtiefe hat: Die Vorschrift enthält in diesem Zusammenhang inhaltliche Vorgaben für die Ausgestaltung der Bewertungsmaßstäbe bis hin zu weitgehenden Vorgaben des Gesetzgebers zur konkreten Ausgestaltung einzelner Bereiche aber auch formelle Anordnung über Zuständigkeiten und Verfahren. Auch zur Ausgestaltung und Weiterentwicklung des Orientierungswerts werden Regelungen getroffen, so dass die Auswirkung der nach § 87 getroffenen Regelungen zusätzlich zu den vorgenannten Aufgaben auch ein zentraler Treiber in der Kostenentwicklung der ambulanten Versorgung ist. In ihrem Schwerpunkt ist die Vorschrift des § 87 nach all dem mit ihren Vorgaben zur ärztlichen Vergütung das zentrale Bindeglied zwischen Leistungserbringer- und Leistungsrecht im SGB V, da sie die Rechtsbeziehungen zwischen Krankenkassen und Kassenärztlichen Vereinigungen sowie zwischen Kassenärztlicher Vereinigung und Vertragsarzt verknüpft.[7] Mit der Norm wird es dem Gesetzgeber letztlich auch ermöglicht, dass Leistungsgeschehen in der ambulanten Versorgung (mit) zu steuern, was in den Veränderungen der Regelung in den jeweiligen Reformgesetzen einen deutlichen Niederschlag findet.

II. Bundesmantelverträge

Weil das ambulante Gesundheitssystem in Deutschland im Wesentlichen auf einer **Versorgungssteuerung durch Verträge** basiert, ist es nicht weiter verwunderlich, dass § 87 als eine der zentralen Normen des Vertragsarztrechts mit den Bundesmantelverträgen verbunden ist. Im Hinblick auf diese ist § 87 im Zusammenhang mit § 82 zu sehen. Die Regelungen des § 87 stellen insofern also eine Ergänzung des § 82 dar. So ergeben sich – neben weiteren, verstreut im SGB V enthaltenen Regelungen – erst aus § 87 inhaltliche Vorgaben für die Bundesmantelverträge, die in § 82 Abs. 1 S. 1 nur dem Grunde nach als „allgemeine(r)n Inhalt der Gesamtverträge" beschrieben werden. § 87 beinhaltet im Hinblick auf die Bundesmantelverträge eine Vorgabe zur Einbeziehung der Bewertungsmaßstäbe in die Verträge (Abs. 1), Regelungen zur Organisation der Versorgung und Vordrucke durch die Bundesmantelvertragspartner nebst detaillierten Vorgaben zu den Arzneiverordnungsblättern und einer Regelung zur Überprüfung papiergebundener Verfahren zur Organisation der vertragsärztlichen Versorgung (Abs. 1) sowie Anordnungen für Regelungen zum Zahnersatz (Abs. 1a). Daneben wird den Bundesmantelver-

---

1 BGBl. I 1988, 2477.
2 Zur Entstehungsgeschichte vgl. Freudenberg in: jurisPK-SGB V, § 87 Rn. 1 ff.; detailliert Engelhard in: Hauck/Noftz, SGB V, § 87 Rn. 1.
3 Vgl. Rompf in: Liebold/Zalewski, § 87 Rn. C 87–1.
4 Dies zeigt sich auch daran, dass die Norm Gegenstand fast sämtlicher Änderungsgesetze des SGB V war, vgl. Rompf in: Liebold/Zalewski, § 87 Rn. C 87–1.
5 Rixen, GesR 2012, 337.
6 Hess in: KassKomm, § 87 SGB V Rn. 2.
7 Reuter/Weinrich, MedR 2013, 585.

tragspartnern vorgegeben, Anforderungen an die palliativmedizinische Versorgung zu regeln (Abs. 1 b). Besonders interessant ist, dass § 87 Abs. 1 S. 1 vorgibt, dass die jeweiligen Bewertungsmaßstäbe, die mit den Bewertungsausschüssen von gesonderten Vertragsorganen (hierzu → Rn. 46 ff.) geschlossen werden, Teil der Bundesmantelverträge sind. Darin kommt – wie auch im Falle der Richtlinien des G-BA nach § 92 Abs. 8 – das Ineinandergreifen der verschiedenen Selbstverwaltungsorgane des deutschen Gesundheitswesens zum Ausdruck. Zweck ist damit eine Einheit der unterschiedlichen Vertragswerke und untergesetzlichen Normen zu gewährleisten – im Hinblick auf EBM und Bundesmantelvertrag auch der Normgeber – und ein Auseinanderfallen der Vorgaben zu verhindern. Mit der gesetzlich angeordneten Einbeziehung der Bewertungsmaßstäbe in die Bundesmantelverträge wird aber auch gesetzessystematisch die Einheit von Bewertungsausschuss und Bundesmantelvertragspartnern als Normgeber demonstriert, so dass hier das benannte Ineinandergreifen der Normsetzungsprozesse als besonders eng zu charakterisieren ist.

3   **1. Bewertungsmaßstäbe als Teil der Bundesmantelverträge (Abs. 1 S. 1).** Abs. 1 S. 1 gibt zunächst vor, dass KZBV und KBV mit dem GKV-Spitzenverband Bewertungsmaßstäbe als Teil der Bundesmantelverträge vereinbaren. Dies soll im ärztlichen Bereich einschließlich der Sachkosten erfolgen.[8] Gefordert ist von der Norm damit die Schaffung einer Grundlage für die vertrags(zahn)ärztliche Abrechnung. Bereits aus dieser Anordnung ergeben sich rechtliche Konsequenzen für die vertragsärztliche wie für die vertragszahnärztliche Versorgung. So ergibt sich schon aus S. 1 der Rechtscharakter der Bewertungsmaßstäbe.[9] Diese sind als Teile der Bundesmantelverträge als untergesetzliche Rechtsnormen zu qualifizieren[10] (zum Rechtscharakter der Bundesmantelverträge → § 82 Rn. 3), weswegen sie neben der rechtlichen Bindung der Bundesmantelvertragspartner selbst auch für die einzelnen Krankenkassen und auch für die Vertragsärzte rechtliche Wirksamkeit entfalten. Schon hierdurch ist vor dem Hintergrund des Rechtsstaatsgebots aus Art. 20 GG weiterhin die Notwendigkeit der **Bekanntgabe** der Bewertungsmaßstäbe für deren Wirksamkeit bestimmt – die ausdrückliche gesetzliche Anordnung der Verpflichtung zur Bekanntgabe in Abs. 6 S. 9 ist damit allenfalls deklaratorisch zu charakterisieren.

4   Indem die Bewertungsmaßstäbe als Teile der Bundesmantelverträge definiert werden, ergibt sich hieraus auch das Verhältnis zwischen Bewertungsmaßstäben und Bundesmantelverträgen im Hinblick auf die Kompetenzverteilung zu den Regelungsinhalten zwischen Bundesmantelvertragspartnern und Bewertungsausschuss: Die Bundesmantelvertragspartner haben aufgrund der Kompetenzzuweisung an den Bewertungsausschuss grundsätzlich keine eigene Regelungsbefugnis im Zusammenhang mit den Bewertungsmaßstäben.[11] Dies bedeutet jedoch nicht, dass den Bundesmantelvertragspartnern jegliche Regelung im Bereich der Vergütung vertragsärztlicher Leistungen verwehrt wäre. So hat das BSG den Bundesmantelvertragspartnern etwa zugestanden, Übergangsregelungen im Zuge der Neugestaltung der Bewertungsmaßstäbe zu treffen, so lange sie nicht in das Bewertungsgefüge der Bewertungsmaßstäbe eingreifen.[12] Auch weitere Vereinbarungen im Zusammenhang mit der Leistungserbringung sind unter gewissen Rahmenbedingungen möglich (hierzu → Rn. 13 zu Abrechnungs- und Qualitätsvereinbarungen). Umgekehrt ist zu beachten, dass die in § 87 geregelten Kompetenzen des Bewertungsausschusses keine Generalermächtigung für diesen begründen, sondern wegen des Spezialitätsverhältnisses ein Vorrang der Bundesmantelvertragspartner besteht, so keine ausdrückliche Kompetenzzuweisung an den Bewertungsausschuss getroffen wurde.[13] Im Ergebnis lässt sich damit festhalten, dass im Zweifelsfall eher eine Regelungskompetenz der Bundesmantelvertragspartner als des Bewertungsausschusses anzunehmen ist, wenngleich hier immer die genauen Umstände des Einzelfalls zu berücksichtigen sein werden.

5   **2. Organisation der Versorgung und Vordrucke (Abs. 1 S. 2).** Abs. 1 S. 2 ermächtigt die Bundesmantelvertragspartner zunächst, Regelungen zur Organisation der vertragsärztlichen Versorgung zu treffen und enthält damit eine neben § 82 tretende grundsätzliche Ermächtigungsnorm, der es kaum bedurft hätte. Hierbei ist anzumerken, dass die Systematik der Anordnungen zum BMV im SGB V zu Recht kritisiert wird, da sie über das ganze SGB V hinweg verstreut sind,[14] weswegen ein systematischer Ge-

---

8   Die Sachkosten wurden bis zum GKV-VSG – insbesondere im Bereich der Dialyse – durch die Bundesmantelvertragspartner geregelt, so dass im Ergebnis weiterhin der gleiche Normgeber tätig ist.
9   Sproll in: Krauskopf, § 87 SGB V Rn. 4.
10 St. Rspr., vgl. statt vieler BSG, 9.12.2004, B 6 KA 44/03 R, SozR 4-2500 § 72 Nr. 2.
11 Vießmann in: Spickhoff, Medizinrecht, § 87 SGB V Rn. 7; Engelhard in: Hauck/Noftz, SGB V, § 87 Rn. 285.
12 BSG, 20.1.1999, B 6 KA 78/97 R, SozR 3-2500 § 87 Nr. 20.
13 BSG, 27.6.2012, B 6 KA 28/11 R, SozR 4-2500 § 87 Nr. 26.
14 Hess in: KassKomm, § 87 SGB V Rn. 3.

samtblick auf die Regelungen zum Bundesmantelvertrag hätte einfacher ausgestaltet werden können. Die Reichweite möglicher Regelungen auf Basis der Ermächtigungsnorm des Abs. 1 S. 2 ist ebenso weit zu sehen, wie der Gestaltungsspielraum der Bundesmantelvertragspartner insgesamt, so dass – zumindest insoweit keine expliziten gesetzlichen Anordnungen gegeben sind – im Hinblick auf den Gestaltungsspielraum der Bundesmantelvertragspartner auf die Kommentierung zu § 82 verwiesen werden kann.

Neben der allgemeinen Ermächtigung zur Vereinbarung von Organisationsregelungen hat der Gesetzgeber in Abs. 1 S. 2 auch die Befugnis zur Schaffung des **Vordruckwesens** ausdrücklich geregelt. Vor diesem Hintergrund haben die Bundesmantelvertragsparteien die Vordruckvereinbarung (Anlage 2 zum BMV-Ä) abgeschlossen. Die Regelung des Abs. 1 S. 3 ff. zeigt, wie weit ins Detail gehend der Gesetzgeber die vertragsärztliche Versorgung über die Vorschrift des § 87 steuern kann. Hier sind konkrete Anordnungen für das Arzneimittelverordnungsblatt getroffen, zB in dem vorgegeben wird, dass ein Feld zur aut-idem-Verordnung auf dem Arzneimittelverordnungsblatt enthalten sein muss. Auch die Vereinbarung eines elektronischen Verordnungsdatensatzes ist vorgegeben. An der Regelung des Abs. 1 lässt sich damit insgesamt gut die Verbindung zwischen der Ausgestaltung der Vertragsärztlichen Versorgung durch die Selbstverwaltung und durch den Gesetzgeber selbst zeigen.

Durch das E-Health-Gesetz[15] wurde die Regelung des Abs. 1 S. 6 und 7 eingefügt. Ziel ist es, bisher papiergebundene Verfahren, sofern dies sinnvoll ist, schrittweise durch elektronische Kommunikationsverfahren zu ersetzen.[16] Daher wird den Bundesmantelvertragspartnern ein entsprechender Prüfauftrag erteilt. Im Rahmen dieser Prüfung kommt den Bundesmantelvertragspartnern der übliche weite Gestaltungsspielraum untergesetzlicher Normgeber zu. Dabei wird zum gegenwärtigen Zeitpunkt auch abzuwarten sein, wie es gelingt, den Prozess auch im Hinblick auf den Empfänger – für den in Teilen keine Regelungskompetenz besteht, so er nicht an der vertragsärztlichen Versorgung teilnimmt oder sonst zulässiger Regelungsadressat ist – praktikabel auszugestalten.

3. Besondere Vorgaben für Zahnersatz (Abs. 1 a). Abs. 1 a trifft besondere Regelungen für den Zahnersatz. Hintergrund der Norm ist die Beschränkung des Anspruchs der Versicherten auf befundorientierte Festzuschüsse in § 55 und die hierdurch aufgeworfene Frage nach der Abrechnung und der Finanzierung der über die Zuschüsse hinausgehenden Leistungen und Beträge. Soweit der Versicherte die Kosten des Zahnersatzes selbst zu tragen hat, trifft die Regelung eine Anordnung zum Abrechnungsregime, dass in den zu regelnden Fällen dem Bema unterliegt. Nach Abs. 1 a haben die Bundesmantelvertragspartner Regelungen darüber zu treffen, dass nach Bema abzurechnen ist, soweit die Kosten für den Zahnersatz der Regelversorgung nach § 56 Abs. 2 entsprechen. Damit bleibt die Bema Abrechnungsgrundlage – und nicht die GOZ – sofern es sich bei der gewählten Versorgung um die durch die Vertragsparteien zu definierende Regelversorgung handelt. Nur dann, wenn Versicherte einen über die Regelversorgung hinausgehenden Zahnersatz wählen, haben sie die Mehrkosten selbst zu tragen. Die Kosten, die dabei über die einzelnen Leistungen der Regelversorgung nach § 56 Abs. 2 S. 10 hinausgehen – hier ist angeordnet, dass die einzelnen Leistungen getrennt aufzulisten sind – können durch den Zahnarzt dann nach der GOZ abgerechnet werden.[17]

Abs. 1 a macht darüber hinaus Vorgaben, die der für den Versicherten – wegen dessen direkter Beteiligung an den Kosten und der Abrechnung des Zahnersatzes (nur die bewilligten Festzuschüsse werden über die KZV abgerechnet) – gebotenen Transparenz der Leistungsberingung und Abrechnung und damit dem Schutz des Versicherten dienen. So hat der Zahnarzt einen kostenfreien Heil- und Kostenplan zu erstellen, in dem auch Angaben über den Herstellungsort des Zahnersatzes zu machen sind. Hiermit soll Benachteiligungen der Versicherten durch überlegenes Wissen der Zahnärzte entgegengewirkt werden.[18] Die Bundesmantelvertragspartner in Abs. 1 a S. 10 ermächtigt, das Nähere zu Heil- und Kostenplänen zu vereinbaren. Die Krankenkassen haben den Heil- und Kostenplan zu prüfen und im Anschluss zu bewilligen. Sie können eine Begutachtung über seinen Inhalt durchführen lassen. In der Abrechnung hat der Zahnarzt den verwandten Zahnersatz über die Beifügung der Abrechnung des Labors erneut offen zu legen.

---

15 BGBl. I 2015, 2408.
16 BT-Dr. 18/5293, 39.
17 BT-Dr. 15/1525, 104.
18 Der Gesetzgeber spricht davon, Abrechnungsmanipulationen zu verhindern, vgl. BT-Dr. 15/1525, 104.

10 **4. Palliativmedizinische Versorgung (Abs. 1 b).** Durch das Hospiz- und Palliativgesetz[19] hat der Gesetzgeber den Bundesmantelvertragspartnern eine neue Aufgabe übertragen. Diese besteht darin, die Anforderung einer besonders qualifizierten und koordinierten palliativ-medizinischen Versorgung zu regeln. Dies soll zum 30. Juni 2016 erfolgen. Hintergrund der Regelung ist der Wunsch des Gesetzgebers nach einer Stärkung der Palliativversorgung auch in der Regelversorgung.[20] Im Bundesmantelvertrag sind dabei insbesondere die folgenden Regelungen zu treffen:

- Inhalte und Ziele der Versorgung und deren Abgrenzung zu anderen Leistungen: Damit soll offenbar insbesondere eine Abgrenzung zur SAPV (§§ 37 b und 132 d SGB V) vorgegeben werden.
- Anforderung an die Qualifikation der Leistungserbringer: Hiermit wird eine umfassende Kompetenznorm im Hinblick auch auf die Fortbildung geschaffen,[21] da es Ziel des Gesetzgebers war, eine spezifische Qualifikation der Ärzte zur Palliativmedizin sicherzustellen.[22]
- Koordinations- und Kooperationsanforderungen: Nach dem Willen des Gesetzgebers soll es dabei Aufgabe der palliativmedizinisch tätigen Ärzte sein, die verschiedenen Leistungserbringer im Rahmen der palliativmedizinischen Versorgung zu integrieren, wobei auch ein entsprechender Informationsaustausch gewährleistet werden soll.[23]
- Maßnahmen zur Sicherung der Versorgungsqualität: Diese Regelung ist insofern als klarstellend zu qualifizieren, weil die Bundesmantelvertragspartner ohnehin die Kompetenz zum Abschluss von Qualitätssicherungsvereinbarungen haben, was im hier gegenständlichen Themenfeld auch als besonders notwendig zu charakterisieren ist.

11 Es bleibt den Bundesmantelvertragspartnern aufgrund der Formulierung („insbesondere") überlassen, weitergehende Anforderungen zu vereinbaren. Im Rahmen der Vereinbarung ist nach S. 3 der Bundesärztekammer, der Bundespsychotherapeutenkammer sowie den in § 92 Abs. 7 b genannten Organisationen Gelegenheit zur Stellungnahme zu geben. Die Stellungnahmen sind nach S. 4 in den Entscheidungsprozess einzubeziehen, was bedeutet, dass dem Grunde nach eine dem Prozess der Benehmensherstellung vergleichbare Regelung getroffen wird. Das heißt, dass sich die Bundesmantelvertragspartner mit den Stellungnahmen auseinandersetzen und sie im Normgebungsprozess reflektieren müssen. Eine Bindung an die Stellungnahmen besteht jedoch schon dem Wortlaut nach nicht. Die Bundesmantelvertragspartner haben zum 1.1.2017 eine entsprechende Regelung abgeschlossen.

III. Einheitlicher Bewertungsmaßstab (EBM)

12 Die Bewertungsmaßstäbe für die ärztliche und für die zahnärztliche Versorgung sind vertraglich zustande gekommene Abrechnungsverzeichnisse, jedoch weiterhin keine – mit der Ausnahme der durch das GKV-VSG für den ärztlichen Bereich aufgenommenen Sachkosten – Gebührenordnung im eigentlichen Sinne.[24] Wesentliche Aufgabe der Verzeichnisse ist es, eine Relation zwischen den einzelnen Leistungen herzustellen,[25] die durch die seit dem GKV-VStG wieder erstarkten Kompetenzen der Gesamtvertragspartner die Basis für die Bepreisung der Leistung bildet. Die Bewertungsmaßstäbe bilden die Grundlage der vertrags(zahn)ärztlichen Abrechnung gegen die Kassen(zahn)ärztliche Vereinigung, aber auch für eine leistungsgerechte Verteilung der Gesamtvergütung unter den Vertragsärzten[26] und dienen damit nach der Rechtsprechung des BVerfG dem Gemeinwohlbelang der Funktionsfähigkeit und Wirtschaftlichkeit der Gesetzlichen Krankenversicherung.[27] Den Bewertungsmaßstäben kommt als Teil der jeweiligen Bundesmantelverträge der Charakter untergesetzlicher Rechtsnormen zu (hierzu → Rn. 3) Die Verbindlichkeit der Bewertungsmaßstäbe ergibt sich für die Parteien der Bundesmantelverträge unmittelbar aus § 87 Abs. 1 für die Vertragsärzte aus § 83 Abs. 1 iVm § 82 Abs. 2 und für die Krankenkassen aus § 83 (zur Verbindlichkeit und zum Normcharakter im Weiteren → § 82 Rn. 3). Im vertragsärztlichen Bereich firmiert der Bewertungsmaßstab unter der Abkürzung EBM während der Bewertungsmaßstab im zahnärztlichen Bereich Bema heißt. Die folgende Kommentierung zum EBM bezieht sich auch auf den Bema, sofern nicht im weiteren Verlauf Besonderheiten beschrieben werden.

---

19 BGBl. I 2015, 2114.
20 BT-Dr. 18/5170, 26.
21 Vgl. Freudenberg in: jurisPK-SGB V, § 87 Rn. 72.
22 BT-Dr. 18/5170, 27.
23 BT-Dr. 18/5170, 27.
24 Rompf in: Liebold/Zalewski Rn. C 87-4, hatte vor dem Hintergrund der bis zum 31.12.2012 geltenden Systematik eine Nähe zu einem Gebührenverzeichnis konstatiert.
25 Freudenberg in: jurisPK-SGB V, § 87 Rn. 95.
26 Engelhard in: Hauck/Noftz, SGB V, § 87 Rn. 5.
27 BVerfG, 22.10.2004, 1 BvR 528/04, SozR 4-2500, § 87 Nr. 6.

1. Grundsätzliches. In seinen Grundlagen wurde der EBM 1983 zur Vereinheitlichung der bis dato zwischen Primär- und Ersatzkassen unterschiedlichen Gebührenordnungen eingeführt.[28] Der EBM bildet den Leistungskatalog der ärztlichen Leistungen in der gesetzlichen Krankenversicherung ab und regelt deren wertmäßiges, in Punkten ausgedrücktes Verhältnis zueinander, mir Ausnahme der Sachkosten im ärztlichen Bereich nicht aber den absoluten Wert einer Leistung. Damit ist der EBM letztlich das **zentrale Instrument der vertragsärztlichen Vergütung**, das die Einnahmen- mit der Ausgabenseite verknüpft.[29] Im Hinblick auf die vertragsärztliche Vergütung sichert der EBM dabei – neben anderen Instrumenten – die in § 72 Abs. 2 als abstrakte Zielvorgabe, nicht jedoch als subjektive Anspruchsgrundlage[30] vorgegebene Angemessenheit der ärztlichen Vergütung. Daneben erfüllt der EBM mehrere **qualitative und ökonomische Ziele**: Die vertragsärztliche Gebührenordnung unterstützt die bedarfsgerechte und gleichmäßige, dem allgemein anerkannten Stand der medizinischen Erkenntnisse entsprechende, humane Versorgung der Versicherten und dient der wirtschaftlichen Erbringung der zu einer derartigen Versorgung zählenden Leistungen.[31] Schon an dieser Charakterisierung wird deutlich, dass die dem EBM vorgegebenen Zielvorgaben nicht unbedingt miteinander Harmonieren, sondern teilweise – insbesondere im Hinblick auf Wirtschaftlichkeit auf der einen und Angemessenheit der Vergütung auf der anderen Seite – sogar gegenläufig sind. Damit ist der EBM Regelungsort des Ausgleichs zwischen diesen divergierenden Zielen, da er letztlich Teil eines komplexen Vergütungssystems ist, in dem die unterschiedlichen Ziele bestmöglich in Einklang zu bringen sind.

Neben der Verknüpfung von Einnahmen- und Ausgabenseite kommt dem EBM auch eine **Steuerungsfunktion**[32] zu, die nach Auffassung des BSG unabhängig von der konkreten Ausgestaltung des Vergütungssystems unverzichtbar ist.[33] Vor dem Hintergrund, dass Steuerungsmaßnahmen im Ergebnis der Förderung der Wirtschaftlichkeit der Leistungserbringung und der Gewährleistung einer angemessenen Vergütung der Arztgruppen dienen,[34] verfolgen Steuerungsmaßnahmen, die über den EBM erfolgen, letztlich direkten mit dem EBM verbundene Zwecke. Damit fallen diese Maßnahmen auch in den Kompetenzbereich des Bewertungsausschusses und schränken damit die Versorgungssteuerung der regionalen Ebene ein. Eine Abgrenzung gegenüber den Kompetenzen der Kassenärztlichen Vereinigungen im Rahmen der Honorarverteilung erfolgt dabei danach, dass eine Kompetenz zur Regelung über den EBM durch die Rechtsprechung dann bejaht wird, wenn eine bundeseinheitliche Regelung zur Wirksamkeit der Steuerungsmaßnahme notwendig ist.[35]

Grundsätzlich sind die **Leistungen im EBM abschließend**. Die Rechtsprechung,[36] wie auch die allgemeine Auffassung in der Literatur,[37] hält dabei die einzelnen Gebührenordnungsziffern nicht für analogiefähig, da es sich beim EBM zwar um eine Rechtsnorm handelt, die Regelungen jedoch wegen ihres auf Interessenausgleich gerichteten Vertragscharakters nicht auf andere Regelungsgebiete übertragbar sind.[38] Dies bedeutet jedoch im Umkehrschluss nicht, dass eine Auslegung von Gebührenordnungsziffern und deren Inhalten generell verwehrt wäre. In eng umgrenzten Ausnahmefällen hält sowohl das BSG als auch die Literatur[39] einzelne Gebührenordnungspositionen für auslegungsfähig. Nach ständiger Rechtsprechung des BSG ist dabei für die Auslegung in erster Linie der Wortlaut der Regelung maßgeblich.[40] Nur dann, wenn nach der Prüfung des Wortlautes weiterhin Zweifel in der Auslegung bestehen, bleibt Raum für eine systematische Auslegung, die auch die Bedeutung anderer

---

28 Expertise des IGES-Instituts: Plausibilität der Kalkulation des Einheitlichen Bewertungsmaßstabs (EBM), 2010, 9.
29 Reuter/Weinrich, MedR 2013, 586.
30 St. Rspr., vgl. BSG, 9.12.2004, B 6 KA 44/03 R, SozR 4-2500 § 72 Nr. 2 mwN; kritisch hierzu Wimmer, Der Rechtsanspruch von Vertragsärzten auf angemessene Vergütung, MedR 1998, 533.
31 Vgl. zu den Zielvorgaben des EBM: BSG, 9.12.2004, B 6 KA 44/03 R, SozR 4-2500 § 72 Nr. 2.
32 BSG, 23.2.2005, B 6 KA 55/03 R, SozR 4-2500 § 87 Nr. 9; BSG, 16.5.2001, B 6 KA 20/00 R, SozR 3-2500 § 87 Nr. 29 mwN; vgl. zur Steuerungsfunktion ausführlich: Engelhard in: Hauck/Noftz, SGB V, § 87 Rn. 36 ff.
33 BSG, 20.3.1996, 6 RKa 51/95, SozR 3-2500 § 87 Nr. 12.
34 Vießmann in: Spickhoff, Medizinrecht, § 87 SGB V Rn. 13; zur Zulässigkeit der Steuerung mit dem Ziel einer angemessenen Vergütung vgl. BSG, 9.12.2004, B 6 KA 44/03 R, SozR 4-2500 § 72 Nr. 2.
35 BSG, 8.3.2000, B 6 KA 7/99 R, SozR 3-2500 § 87 Nr. 23.
36 St. Rspr. des BSG, vgl. statt vieler: BSG, 25.8.1999, B 6 KA 32/98 R SozR 3-5533 Nr. 2449 Nr. 1.
37 Vgl. statt vieler Hess in: KassKomm, § 87 SGB V Rn. 10; Freudenberg in: jurisPK-SGB V, § 87 Rn. 90.
38 BSG, 19.8.1992, 6 RKa 18/91, SozR 3-2500 § 87 Nr. 5; BSG, 11.10.2006, B 6 KA 35/05 R, SozR 4-5533 Nr. 40 Nr. 2.
39 Vießmann in: Spickhoff, Medizinrecht, § 87 SGB V Rn. 26 ff.
40 BSG, 11.2.2015, B 6 KA 15/14 R, SozR 4-2500 § 106 a Nr. 13; BSG, 7. 2.2007, B 6 KA 32/05 R, GesR2007, 326–327; BSG, 11.10.2006, B 6 KA 35/05 R, SozR 4-5533 Nr. 40 Nr. 2.

Gebührenordnungspositionen umfassen darf.[41] Auch eine historische Auslegung ist möglich, jedoch daran gebunden, dass die herangezogenen Dokumente aus dem Normsetzungsprozess selbst stammen.[42]

16 Im begrenzten Umfang können die Bundesmantelvertragspartner in bundesmantelvertraglichen Normen Regelungen vereinbaren, die die Abrechenbarkeit von EBM-Ziffern beeinflussen.[43] Dies betrifft nach der Auffassung des BSG vor allem solche Bestimmungen, die Vorgaben hinsichtlich der Ausführungen von EBM-Bestimmungen machen und den EBM mithin **ergänzen**. Die Bundesmantelvertragspartner sind bei diesen Regelungen zwar daran gehindert, in das Bewertungsgefüge des EBM einzugreifen, dürfen jedoch Regelungen treffen, die Ausführungsbestimmungen beinhalten.[44] Insbesondere dürfen die Bundesmantelvertragspartner Vereinbarungen zu Qualifikationsanforderungen treffen.[45] Nach hier vertretener Auffassung ist die hierdurch entstehende Verschränkung der Kompetenzen zwischen Bewertungsausschuss und Bundesmantelvertragsparteien unproblematisch. Die extensive Annahme von Kompetenzen des Bewertungsausschusses ist demgegenüber – wegen dessen spezieller Zuständigkeit – als unzutreffend anzusehen.

17 **2. Einführung und Bewertung von Leistungen (Abs. 2).** Abs. 2 definiert den EBM, beschreibt den notwendigen Inhalt des EBM und macht verschiedene Vorgaben zur Ausgestaltung des Bewertungsmaßstabes. Nach der Definition in S. 1 bestimmt der EBM den Inhalt der abrechnungsfähigen Leistungen und ihr wertmäßiges in Punkten ausgedrücktes Verhältnis zueinander. Damit ist er ein Leistungsverzeichnis, das alle Leistungen beinhaltet, die in der vertragsärztlichen Versorgung erbracht werden dürfen, eine Leistungsbeschreibung dieser Leistungen sowie die Herstellung einer Gewichtung der einzelnen Leistung über die mit der Leistung verknüpfte Punktzahl beinhaltet.[46]

18 **a) Verhältnis zu § 135 Abs. 1.** Abs. 2 ist die Regelung, nach der neue Leistungen in den EBM aufgenommen werden. Bei der Beurteilung neuer Untersuchungs- und Behandlungsmethoden im Hinblick auf ihre Zuordnung zur vertragsärztlichen Versorgung kommt dem G-BA nach allgA[47] ein in § 135 Abs. 1 begründeter **Vorrang** zu. Nach § 135 Abs. 1 entscheidet der G-BA darüber, ob eine neue Leistung in der vertragsärztlichen Versorgung erbracht werden darf, während die Entscheidung des Bewertungsausschusses gemäß § 87 Abs. 2 den Inhalt der abrechnungsfähigen Leistungen und damit die abrechnungstechnische Umsetzung der Leistung betrifft. Im Spannungsfeld dieser beiden Vorschriften ist strittig, wann eine Leistung letztlich zur „Kassenleistung" wird, dh ab welchem Zeitpunkt sie zulasten der Gesetzlichen Krankenversicherung erbracht werden darf. Mit dieser Frage verbunden ist die Diskussion, ob dem Bewertungsausschuss nach erfolgter G-BA-Entscheidung noch ein eigener Gestaltungsspielraum zukommen kann. Hierzu bestehen im Wesentlichen drei Auffassungen: Während auf der einen Seite vertreten wird, der Leistungsanspruch des Versicherten erst mit der Aufnahme der Leistung in den EBM,[48] ist die wohl herrschende Auffassung in der Literatur der Meinung, dass trotz des Vorrangs der G-BA-Entscheidung nach § 135 Abs. 1 ein zeitlichen Spielraum des Bewertungsausschusses bei der Regelung von neuen Gebührenordnungspositionen besteht.[49] Lediglich dann, wenn der Bewertungsausschuss die Einleitung eines Verfahrens willkürlich oder aus sachfremden Erwägungen blockiert oder verzögert, soll nach dieser Auffassung ein Fall des Systemversagens entstehen.[50] Das BSG hat sich bisher nur sehr zurückhaltend zur Frage geäußert: Implizit hat es dem Bewertungsausschuss eine Berechtigung zur Prüfung etwaig notwendiger finanzieller Umschichtungen eingeräumt und die Honorierung von Leistungen an die Entscheidung des Bewertungsausschusses angeknüpft.[51] Nach hier in der ersten Auflage vertretenen Auffassung entsteht der Leistungsanspruch des

---

41 BSG, 11.2.2015, B 6 KA 15/14 R, SozR 4-2500 § 106 a Nr. 13; BSG, 7. 2.2007, B 6 KA 32/05 R, GesR 2007, 326–327; BSG, 11.10.2006, B 6 KA 35/05 R, SozR 4-5533 Nr. 40 Nr. 2.
42 BSG, 11.2.2015, B 6 KA 15/14 R, SozR 4-2500 § 106 a Nr. 13; BSG, 7. 2.2007, B 6 KA 32/05 R, GesR 2007, 326–327; BSG, 11.10.2006, B 6 KA 35/05 R, SozR 4-5533 Nr. 40 Nr. 2.
43 Kritisch hierzu insgesamt Engelhard in: Hauck/Noftz, SGB V, § 87 Rn. 119.
44 BSG, 20.1.1999, B 6 KA 78/97 R, SozR 3-2500 § 87 Nr. 20.
45 BSG, 31.1.2001, B 6 KA 24/00 R, SozR 3-2500 § 135 Nr. 16; BSG, 30.1.2002, B 6 KA 73/00 R, SozR 3-2500 § 135 Nr. 21.
46 Engelhard in: Hauck/Noftz, SGB V, § 87 Rn. 24.
47 Vgl. statt vieler Hess in: KassKomm, § 87 SGB V Rn. 10; Freudenberg in: jurisPK-SGB V, § 87 Rn. 91.
48 Behnsen, NZS 2012, 770.
49 Engelhard in: Hauck/Noftz, SGB V, § 87 Rn. 114; Vießmann in: Spickhoff, Medizinrecht, § 87 SGB V Rn. 12; Hess in: KassKomm, § 87 SGB V Rn. 14.
50 Engelhard in: Hauck/Noftz, SGB V, § 87 Rn. 53.
51 BSG, 10.12.2008, B 6 KA 66/07 R Rn. 25.

Versicherten jedoch unmittelbar mit dem Beschluss des G-BA, was bis zur Einführung des Abs. 5 b S. 1 mit dem Wortlaut des § 135 Abs. 1 begründet werden konnte. Ebenfalls wurde auf den Zweck des Leistungserbringerrechts im Verhältnis zum Leistungsrecht abgestellt. Durch die Einfügung des Abs. 5 b S. 1 ist dieser Streit entschieden: In der Regelung wird ausdrücklich angeordnet, dass neue Leistungen innerhalb von sechs Monaten nach Inkrafttreten der Beschlüsse des Gemeinsamen Bundesausschusses über die Einführung neuer Untersuchungs- und Behandlungsmethoden im EBM aufzunehmen sind. Diese Regelung dient ausweislich der Gesetzesbegründung auch dazu, Unsicherheiten, ob eine Leistung bereits zulasten der Gesetzlichen Krankenkassen erbracht werden können, zu beseitigen.[52] Insofern ist dem Bewertungsausschuss in der Seit dem Jahr 2015 geltenden Rechtslage im Rahmen der Einführung von neuen Leistungen ein Zeitraum von sechs Monaten zuzubilligen.[53] In dieser Zeit ist die Entscheidungen des G-BA nachzuvollziehen und eine Bewertung durchzuführen. Es bleibt dem Bewertungsausschuss allerdings unbenommen, eine Rückwirkung der Eingliederung einer Leistung in den EBM anzuordnen. Sofern Versicherte nach dem Ablauf der Frist des Abs. 5 b S. 1 eine Leistung in Anspruch nehmen wollen, ist nach den Grundsätzen von § 13 Abs. 3 im Wege der Kostenerstattung vorzugehen. Da jedoch die vorherige Antragsstellung in diesem Falle (besondere Form des Systemversagens) bloße Förmelei wäre, kommt lediglich die Anwendung der Grundsätze, nicht jedoch der Form des § 13 Abs. 3 in Betracht.

b) **Bewertung der Leistung.** Jeder Leistung ist im EBM eine bestimmte **Anzahl von Punkten** zuzuordnen. Der Vergleich der den Leistungen jeweils zugeordneten Punkte ergibt das **wertmäßige Verhältnis** der Leistungen zueinander. Die Bestimmung der der Leistung zugeordneten Punkte erfolgt dabei danach, dass Kosten, die bei der Erbringung einer Leistung entstehen, sowie der Zeitaufwand des Arztes für die entsprechende Leistung in die Bewertung der Leistung einbezogen werden.[54] Der Wert einer Leistung in Punkten ergibt sich damit aus einer Betrachtung von für die Leistungserbringung notwendigen Aufwendungen und dem einzukalkulierenden Arztlohn.[55] Die Kostenermittlung erfolgt dabei in einem werdenden Prozess durch den Bewertungsausschuss. Abs. 2 S. 3 gibt hier die Heranziehung von Stichproben auf betriebswirtschaftlicher Basis vor, wobei diese in regelmäßigen Abständen zu aktualisieren ist, was durch das GKV-VSG nochmals klargestellt wurde.[56] Weiterhin sind nach Abs. 2 S. 3 die Besonderheiten der Arztgruppen zu berücksichtigen, womit sichergestellt wird, dass die teilweise erheblichen Unterschiede in den Betriebskosten in die Kostenermittlung einfließen.[57] Insbesondere ist bei der Beurteilung des Kostenanteils medizinisch-technischer Leistungen darauf zu achten, dass auch die Investitionsbereitschaft der Vertragsärzte durch die Bewertung nicht aufgehoben wird.[58] Eine weitere Möglichkeit eröffnet Abs. 2 S. 3 im Bezug auf die Bewertung von Leistungen bei steigender Leistungsmenge: Nach der fakultativen Regelung kann die Bewertung so ausgestaltet werden, dass sie ab einem Schwellenwert bei steigender Menge sinkt. Hintergrund ist offenbar die Vermutung, dass bei steigender Menge auch die Kosten einer Leistung sinken.

Das BSG billigt dem Bewertungsausschuss im Rahmen der Kostenermittlung einen **Gestaltungsspielraum** zu, wobei jedoch grundsätzlich strengere Kontrollmaßstäbe angelegt werden, als dies bei Entscheidungen der Fall ist, die keine Tatsachengrundlage zum Ausgang haben.[59] Insbesondere ist die Einbeziehung der Kosten daran zu messen, dass alle Arztgruppen nach denselben Maßstäben beurteilt werden und dass die Festsetzung frei von Willkür ist.[60] Diese Maßstäbe entsprechen letztlich den Rahmenbedingungen, die auch das BVerfG für sog „zahlenförmige Normen" einfordert.[61] Dies bedeutet jedoch nicht, dass der Bewertungsausschuss bis zum Vorliegen entsprechender Zahlen an einer Entscheidung gehindert wäre, da dies heißen würde, dass dem Bewertungsausschuss notwendige Entschei-

---

52 BT-Dr. 18/4095, 95.
53 So offenbar auch Axer, KV 2016, 86.
54 Scholz in: Becker/Kingreen, § 87 Rn. 6.
55 Motz in: Eichenhofer/Wenner, § 87 Rn. 19; Scholz in: Becker/Kingreen, § 87 Rn. 6; zur grundlegenden Systematik der Einbeziehung des Arztlohns: Expertise des IGES-Instituts: Plausibilität der Kalkulation des Einheitlichen Bewertungsmaßstabs (EBM), 2010.
56 BT-Dr. 18/4095, 93.
57 Vgl. Vießmann in: Spickhoff, Medizinrecht, § 87 SGB V Rn. 30.
58 Scholz in: Becker/Kingreen, § 87 Rn. 6.
59 So schon zu den Praxisbudgets BSG, 15.5.2002, B 6 KA 33/01 R, SoR 3-2500, § 87 Nr. 34.
60 BSG, 9.5.2012, B 6 KA 24/11 R, SozR 4-2500, § 85 Nr. 70; BSG, 15.5.2002, B 6 KA 33/01 R, SozR 3-2500, § 87 Nr. 34.
61 Vgl. etwa zur Hochschulzugangsberechtigung BVerfG, 22. 10.1991, 1 BvR 393/85, 1 BvR 610/85, BVerfGE 85, 36.

dungen zu verwehren. Stattdessen wird die Frage nach dem Umgang mit unvollständigem Zahlenmaterial systematisch dem Gestaltungsspielraum (und dessen Beurteilung) des Bewertungsausschusses zugeordnet, der dann entsprechend erweitert ist. Mit dem Gestaltungsspielraum, der es dem Bewertungsausschuss auch ermöglicht, aufgrund unvollständiger (weil nicht vorhandener) Daten Entscheidungen zu treffen,[62] korrespondiert jedoch eine Beobachtungs- und Reaktionspflicht des Bewertungsausschusses,[63] die insofern eine eigene – neben Abs. 2 S. 2 stehende – Überprüfungspflicht des EBM darstellt, jedoch in zeitlicher Hinsicht nicht überspannt werden darf.[64]

21 Nach Abs. 2 S. 1 Hs. 2 sind den Leistungen die **für die Leistungserbringung erforderlichen Zeitaufwände zuzuordnen**, was jedoch nur in der vertragsärztlichen Versorgung gilt. Hintergrund der Regelung ist die Ermöglichung der Plausibilitätsprüfung nach § 106 d sowie die durch den Gesetzgeber gewünschte Erhöhung der Transparenz der Leistungsbewertung.[65] Die Zeitbewertungen werden in Anhang 3 des EBM dokumentiert. In der Praxis hat sich dabei eine Unterteilung zwischen Prüfzeiten für die Prüfung nach § 106 d und den Zeiten entwickelt, die in die Kalkulation der einzelnen Gebührenordnungspositionen eingeflossen sind. Letztere basieren auf dem kalkulatorischen Arztlohn, der mit der Kalkulation zu Grunde gelegten wöchentlichen Arbeitszeit der Vertragsärzte verbunden ist.

22 **c) Überprüfungspflicht.** Die Vorschrift des Abs. 2 S. 2 gibt verschiedene Überprüfungspflichten im Hinblick auf den EBM vor. Sie beinhaltet zum einen eine allgemeine Überprüfungspflicht, dann eine auf Rationalisierung bezogene Überprüfungspflicht und schließlich eine besondere Regelung für Intraokularlinsen. Im Zusammenhang mit diesen Verpflichtungen des Bewertungsausschusses steht die in Abs. 2 a S. 7 geregelte Überprüfungspflicht im Hinblick auf telemedizinische Leistungen, die nunmehr in Abs. 2 a S. 14 ff. mit umfangreichen Einzelanweisungen belegt sind. Auch im Zusammenhang mit Abs. 2 S. 2 steht die Regelung nach Abs. 2 a S 8 zur Überprüfung delegationsfähiger Leistungen. Ebenfalls im Zusammenhang mit der Regelung des Abs. 2 S. 2 sind die Regelungsaufträge in Abs. 2 a S. 12 zu den Kooperations- und Koordinationsleistungen nach § 119 b zu sehen. Indem Abs. 2 S. 2 eine Überprüfungspflicht dahin gehend anordnet, die Leistungen nach dem Stand der medizinischen Wissenschaft und der Wirtschaftlichkeit der Leistungserbringung zu überprüfen, entspricht die Regelung systematisch den Vorgaben des § 70 Abs. 1 S. 1 und Abs. 2 S. 1. Im Ergebnis sind die Überprüfungspflichten damit auf der einen Seite Konsequenz des Gestaltungsspielraums des Bewertungsausschusses und auf der anderen Seite Ausfluss des Wirtschaftlichkeitsprinzips und verhindern damit, dass der EBM nach einer Entscheidung des Bewertungsausschusses trotz veränderter Rahmenbedingungen in seiner beschlossenen Form erstarrt. Die in Abs. 2 normierten Überprüfungspflichten begründen jedoch im Hinblick auf Leistungen, die aus dem Leistungskatalog der GKV ausgeschlossen werden sollen, allenfalls eine Randkompetenz des Bewertungsausschusses. In Abgrenzung zu den Kompetenzen des G-BA kann eine Leistung nur dann nach Abs. 2 S. 2 aus dem Leistungskatalog ausgeschlossen werden, sofern sie tatsächlich nicht erbracht wird oder der Leistung klar dem Stand der medizinischen Wissenschaft nicht mehr entspricht, das Ergebnis der Entscheidung also offensichtlich ist. Immer dann, wenn zur Klärung dieser Frage eine Untersuchung der Leistung erforderlich ist, ist nach der hier vertretenen Auffassung hingegen der G-BA zuständig.[66]

23 Die durch den Gesetzgeber in Abs. 2 S. 2 angeordnete **allgemeine Überprüfungspflicht** ist vor dem Hintergrund des Wortlauts der Vorschrift als umfassend zu charakterisieren – immer dann, wenn zum Bewertungsprozess neue Erkenntnisse vorliegen, die die bestehenden Verhältnisse zwischen den einzelnen Leistungen in Frage stellen, fällt dieser Sachverhalt ebenfalls unter die Überprüfungspflicht.[67] Mit dieser Interpretation wird letztlich die Annahme einer allgemeinen aus dem Gestaltungsspielraum resultierenden Beobachtungs- und Reaktionspflicht des Bewertungsausschusses bestätigt. Sollten auf die

---

62 BSG, 9.12. 2004, B 6 KA 44/03 R SozR 4-2500, § 72 Nr. 2; BSG, 9.5.2012, B 6 KA 24/11 R, SozR 4-2500, § 85 Nr. 70.
63 Vgl. BSG, 9.5.2012, B 6 KA 24/11 R, SozR 4-2500, § 85 Nr. 70.
64 BSG, 9.5.2012, B 6 KA 24/11 R, SozR 4-2500 § 85 Nr. 70 sah unter Verweis auf BSG, 15.5. 2002, SozR 3-2500 § 87 Nr. 34 jedenfalls einen Überprüfungszeitraum von zwei Quartalen plus zwei Quartale zur Neufestsetzung als „angemessen" an.
65 BT-Dr. 15/1525, 104.
66 AA Engelhard in: Hauck/Noftz, SGB V, § 87 Rn. 116, der lediglich von einem Vorrang des G-BA ausgeht, dem Bewertungsausschuss aber eine Kompetenz zum Leistungsausschluss zubilligt, so der G-BA noch keine Entscheidung getroffen hat; Hess in: KassKomm, § 87 SGB V Rn. 15.
67 Freudenberg in: jurisPK-SGB V, § 87 Rn. 111; Sproll in: Krauskopf, § 87 SGB V Rn. 19, spricht insofern davon, dass der medizinische Fortschritt nicht durch den EBM gehemmt werden soll.

Überprüfung Korrekturen erforderlich werden, so erfolgen diese grundsätzlich mit Wirkung für die Zukunft.

Das in Abs. 2 S. 2 ebenfalls unter die Überprüfungspflicht fallende Erfordernis der **Rationalisierung** 24
bezieht sich auf die Auslastung kostenintensiver Geräte sowie auf die Chancen von ärztlichen Zusammenschlüssen,[68] wobei an die entsprechenden Kalkulationen die gleichen Anforderungen zu stellen sind, wie sie auch für die übrigen Prognoseentscheidungen des § 87 gelten. Vor dem Hintergrund der vorgenannten Überprüfungspflicht erscheint die Möglichkeit einer Regelung nach Abs. 2 S. 3 fragwürdig, da nicht ersichtlich ist, in welchen Bereichen über die hier angesprochenen hinaus eine steigende Fallzahl Rationalisierungsreserven eröffnen sollte.

Eine besondere Anordnung hat der Gesetzgeber in Abs. 2 S. 2 für die Überprüfung der Versorgung mit 25
Intraokularlinsen getroffen. Hier wurde dem Bewertungsausschuss vorgegeben zu untersuchen, welche Leistungen im Rahmen der Mehrkostenregelung des § 33 Abs. 9 der Regelversorgung zuzuordnen sind.[69]

Einen Verweis auf die Überprüfungspflicht nach Abs. 2 S. 2 enthalten – systematisch nicht korrekt ver- 26
ortet – Abs. 2a S. 7 ff. Hier wird dem Bewertungsausschuss vorgegeben zu überprüfen, in welchem Umfang **ambulante telemedizinische Leistungen** erbraucht werden können und inwieweit diese in den EBM integriert werden können. Hintergrund dieser Regelung ist, dass der Gesetzgeber sich von telemedizinischen Leistungen Vorteile für die ambulante Versorgung im ländlichen Raum verspricht.[70] Gleiches gilt für die delegationsfähigen Leistungen nach Abs. 2 a S. 8 sowie für die Kooperations- und Koordinationsleistungen nach § 119 in Abs. 2a S. 12.

Abweichend von den Leistungen im EBM können die Sachleistungen nach S. 4 auch in Eurobeträgen 27
bestimmt werden. Die Ergänzung des Abs. 2 wurde an dieser Stelle durch die Änderung des GKV-VSG erforderlich, mit der der Gesetzgeber die Kompetenzen – zuvor wurden die Sachkostenpauschalen durch die Bundesmantelvertragspartner geregelt – beim Bewertungsausschuss bündeln wollte.

3. Aufteilung des EBM und haus- und fachärztliche Leistungen und weitere Regelungsaufträge 28
(Abs. 2 a). Abs. 2 a entwickelt sich zu einem Absatz für in Teilen sehr detaillierte Regelungsaufträge an den Bewertungsausschuss. Der Gesetzgeber hat sich in Abs. 2a zunächst zu einer strikten **Trennung der hausärztlichen und fachärztlichen Kapitel** des EBM entschlossen, die rechtlich nicht zu beanstanden ist.[71] Politischer Hintergrund waren bestehende Differenzen zwischen Haus- und Fachärzten in den Kassenärztlichen Vereinigungen und der KBV aber auch die unterschiedliche Struktur der Leistungserbringung. Der Gesetzgeber hat mit der Trennung der Kapitel auch – ebenfalls rechtlich zulässig – angeordnet, dass hausärztliche Leistungen nur von an der hausärztlichen Versorgung teilnehmenden Ärzten, fachärztliche Leistungen demgegenüber nur von an der fachärztlichen Versorgung teilnehmenden Ärzten erbracht werden dürfen.[72] Im EBM hat die Trennung der Versorgungsbereiche unterschiedliche Vergütungsstrukturen zur Folge,[73] so dass in den einzelnen Bereichen auch unterschiedlichen Steuerungsmechanismen der Vorzug gegeben werden kann und in der Praxis auch gegeben worden ist.

Neben den Vorgaben zur Aufteilung des EBM enthält Abs. 2a Vorgaben zur Berücksichtigung der 29
MRSA-Therapie im EBM, zur Überprüfung telemedizinischer Leistungen (zu Letzterer → Rn. 26), zur Überprüfung delegationsfähiger Leistungen zur Abrechnung von ärztlichen Leistungen im Rahmen der Zweitmeinung, zur Differenzierung der Fälle in Notdienst und Notfalldienst nach Schweregrad, zu Kooperations- und Koordinationsleistungen nach § 119b sowie nunmehr auch eine Überprüfungsverpflichtung zum Einsatz von Diagnostika im Rahmen der Antibiotikatherapie. Kennzeichnend für die Regelungs- und Prüfaufträge ist insofern jeweils die Regelung einer zeitlichen Vorgabe zur Durchführung des Auftrages.

a) Aufteilung in haus- und fachärztliche Versorgung. Wesentlich für die Aufteilung des EBM in die 30
haus- und fachärztliche Versorgung ist die **Bestimmung des haus- wie auch des fachärztlichen Versorgungsbereichs**, die in § 73 getroffen wird. Während § 73 Abs. 2 S. 2 dabei die hausärztliche Versorgung beschreibt, gibt § 73 Abs. 1a die Arztgruppen vor, die an der hausärztlichen Versorgung teilnehmen. Neben den EBM-Ziffern, die den einzelnen Fachgruppen zugeordnet werden können und damit

---

68 Hess in: KassKomm § 87 SGB V Rn. 16; Freudenberg in: jurisPK-SGB V § 87 Rn. 109.
69 BT-Dr. 17/8005, 108.
70 BT-Dr. 17/6906, 44.
71 BSG,18.6.1997, 6 RKa 58/96, SozR 3-2500 § 73 Nr. 1.
72 BSG,17.9.1997, 6 RKa 90/96, SozR 3-2500 § 87 Nr. 17.
73 Hess in: KassKomm, § 87 SGB V Rn. 22.

alleine von diesen abrechenbar sind, bestehen auch fachübergreifende Leistungen, die von allen Fachgruppen abgerechnet werden können.

31 **b) Bestimmung der Arztgruppen.** Sowohl für den hausärztlichen als auch für den fachärztlichen Versorgungsbereich sind Arztgruppen zu bestimmen, da der hausärztliche Versorgungsbereich ausweislich des § 73 Abs. 1 a, Nr. 1–5 neben den Allgemeinmedizinern aus weiteren Arztgruppen besteht. Abs. 2 a S. 2 macht zur Bestimmung der Arztgruppen die Vorgabe, dass der Versorgungsauftrag der jeweiligen Arztgruppe bei deren Bestimmung zugrunde zu legen ist. Damit ist die Facharztgruppe Ausgangspunkt der Zuordnung von Leistungen, die dann durch den Versorgungsauftrag konkretisiert wird. Die Arztgruppe definiert sich in diesem Zusammenhang nach dem ärztlichen Weiterbildungsrecht, dass in der (Muster) Weiterbildungsordnung niedergelegt ist und wird durch den Versorgungsauftrag modifiziert.[74] Eine Kompetenz des Bewertungsausschuss zur selbstständigen Definition von Facharztgruppen – also ohne diese in Zusammenhang mit der Weiterbildungsordnung zu bringen – besteht daneben nicht.[75] Über den Begriff des Versorgungsauftrags ist es dem Bewertungsausschuss aber möglich, eine engere oder weitere Zuordnung von Leistungen vorzunehmen, als dies nach dem Weiterbildungsrecht der Fall ist,[76] womit ihm letztlich ein **Spielraum in der Zuordnung der vertragsärztlichen Leistungen** eröffnet wird. Eine über die Weiterbildungsordnung hinausgehende Zuordnung von Leistungen erfordert allerdings die Vorgabe entsprechender Qualifikationsnachweise,[77] um den in der vertragsärztlichen Versorgung erforderlichen Standard zu gewährleisten. Demgegenüber findet eine Einengung der zugeordneten Leistungen im Vergleich zum Weiterbildungsrecht neben den allgemeinen Anforderungen an die Rechtmäßigkeit der Entscheidungen des Bewertungsausschusses, insbesondere also das Willkürverbot und Gleichbehandlungsgebot, ihre – absoluten – Grenzen, wo der Kernbereich des entsprechenden Fachgebiets berührt ist.[78]

32 **c) Weitere Regelungsaufträge.** Die – neben der Trennung der Kapitel – weiteren Regelungs- und Prüfaufträge sind in Abs. 2 a weitgehend unsystematisch aneinander gereiht und stellen überwiegend Reaktionen auf kurzfristige Ereignisse und politische Willensbildungsprozesse dar.
So wollte der r Gesetzgeber im Hinblick auf den Regelungsauftrag im Bezug auf MRSA-Infektionen dem vermehrten Auftreten von MRSA-Infektionen auch im ambulanten Bereich – idR nach Infektion im stationären Bereich – begegnen, weil er die entsprechenden Therapien nicht hinreichend im EBM berücksichtigt sah.[79] Deswegen gab er dem Bewertungsausschuss auf, bis zum 31. Oktober eine Regelung in der Frage zu treffen und fügte gleichzeitig eine Evaluationsregelung ein. Die vorgenannte Regelung ist vor dem Hintergrund des gesetzlichen Eingriffs in eine originäre Aufgabe der Selbstverwaltung kritisch zu beurteilen. Gleichwohl rechtlich kaum zu beanstanden, stellt die Regelung einen Ausdruck des offenbaren Auseinanderfallens zwischen gesetzgeberischem Willen und ursprünglichem Handeln der Selbstverwaltung dar, so dass der Regelung nach Schaffung der entsprechenden Lösung im EBM der Apell anhaftet, Lösungen für aufgeworfene Fragen künftig verstärkt in der Selbstverwaltung zu suchen. Von den übrigen Prüf- und Regelungsaufträgen ist der Prüfauftrag zu den telemedizinischen Leistungen besonders herauszuheben. Dies liegt darin begründet, dass der Gesetzgeber hier im Rahmen des E-Health-Gesetzes[80] direkte Steuerungsmöglichkeiten für das Bundesministerium für Gesundheit vorgesehen hat. So kann das Bundesministerium für Gesundheit nun selbst den Erweiterten Bewertungsausschuss anrufen, sofern Beschlüsse zu telemedizinischen Leistungen nicht oder nicht innerhalb einer durch das Ministerium gesetzten Frist zustande kommen. Weiterhin wird der Bewertungsausschuss verpflichtet, einen Umsetzungsbericht zu telemedizinischen Leistungen vorzulegen. Schließlich wurden durch das E-Health-Gesetz mit dem Auftrag zur Regelung der telemedizinischen konsiliarischen Befundbeurteilung von Röntgenaufnahmen und der Videosprechstunde zwei Leistungen mit besonderen Fristen belegt, für die auch die Sanktionen des § 291 Abs. 2 b S. 7 bis 9 entsprechend gelten sollen. Im Hinblick auf diese Sanktionen ist zweifelnd anzumerken – gleichwohl die Fristen durch den Bewertungsausschuss eingehalten wurden –, ob und inwiefern die entsprechenden Sanktionen (Haushaltskürzungen) rechtswirksam festgesetzt werden können. Jedenfalls stellen die Regelungen ein

---

74 Scholz in: Becker/Kingreen, § 87 Rn. 10.
75 Hess in: KassKomm, § 87 SGB V Rn. 23.
76 Hess in: KassKomm, § 87 SGB V Rn. 23; Scholz in: Becker/Kingreen, § 87 Rn. 10 spricht insofern von „dem die Vorgaben der ärztl. Weiterbildungsordnung modifizierenden Versorgungsauftrag".
77 Hess in: KassKomm, § 87 SGB V Rn. 23.
78 Vgl. zur sog Kernbereichsrechtsprechung BSG, 28.10.2009, B 6 KA 26/08 R, SozR 4-2500 § 87 Nr. 19 mwN.
79 BT-Dr. 17/5178, 20.
80 BGBl. I 2015, 2408.

Beispiel dar, in dem das Bundesministerium für Gesundheit selbst unmittelbaren Einfluss auf das Versorgungsgeschehen zu nehmen scheint. Es wird abzuwarten bleiben, inwiefern ein etwaiger Erfolg der entsprechenden Leistungen diesen Bruch mit der grundlegenden Aufgabenverteilung in der Selbstverwaltung (grundlegende Beurteilung einer Leistung durch die sachnähere Ebene) zu rechtfertigen vermag. Sofern die weiteren Regelungsaufträge Fristen für Vergütungsregelungen enthalten, ist darüber hinaus davon auszugehen, dass nach deren Fristüberschreitung die entsprechenden Leistungen durch die Versicherten beansprucht werden können. Insofern besteht dann ein Anspruch des Versicherten gegen seine Krankenkasse auf Kostenerstattung in entsprechender Anwendung des § 13 Abs. 3 SGB V.

4. Besondere Vorgaben für den hausärztlichen Teil des EBM (Abs. 2 b). In Abs. 2 b macht das Gesetz – zuletzt geändert durch das GKV-VSG – besondere Vorgaben für den hausärztlichen Teil des EBM, die nach Auffassung des Gesetzgebers kostenneutral sein sollten.[81] Die Regelung ist als Versuch des Gesetzgebers zu qualifizieren, in die Diskussion um die Optimierung der Ausgestaltung der hausärztlichen Vergütung einzugreifen, wobei in der Rechtsentwicklung insbesondere auf Forderungen des Hausärzteverbandes Bezug genommen wurde.[82] Dem Gesetzgeber ging es bei den jeweiligen Reformen im Wesentlichen um die Verteilungsgerechtigkeit unter den Ärzten.[83] Die Regelung benennt dabei ausdrücklich drei Wege der hausärztlichen Vergütung: Die **Versichertenpauschale**, in denen die Leistungen der hausärztlichen Versorgung abgebildet werden „sollen", die **Einzelleistungen**, die für telemedizinische und besonders zu fördernde Leistungen vorgesehen werden sollen sowie die **Leistungskomplexe**, die ebenfalls für zu fördernde oder telemedizinische Leistungen vorgesehen werden können. Mit dieser seit dem GKV-VStG bestehenden Regelung wurde eine Neugewichtung des Verhältnisses zwischen Pauschalvergütung und anderen an der einzelnen Leistung anknüpfenden Vergütungsformen vorgenommen. Die Pauschalen sind durch den Gesetzgeber dazu bestimmt, den in Einzelleistungen begründeten Anreiz zur Mengenausweitung zu begrenzen.[84] Hintergrund der gegenüber der vorherigen Regelung bestehenden Schwächung der Stellung der Pauschalen in der hausärztlichen Vergütung ist der Wunsch des Gesetzgebers, zur Stärkung förderungswürdiger Einzelleistungen und von Leistungskomplexen.[85] Hieraus wird ersichtlich, dass der Gesetzgeber es für notwendig erachtet, bestimmte Leistungen aus pauschalierenden Regelungen herauszunehmen. Eine letzte Änderung erfuhr Abs. 2 b durch das GKV-VSG dahin gehend, dass auch für Leistungen, die im Wege der Delegation erbracht werden können Einzelleistungen oder Leistungskomplexe vorzusehen sind.

Abs. 2 b S. 2 gibt vor, welche Leistungen aus Sicht des Gesetzgebers in die Pauschalen einzubeziehen sind, und grenzt damit diese Leistungen von Leistungen ab, für die Einzelleistungsvergütung oder eine Vergütung nach Leistungskomplexen vorgesehen werden sollen. Hier geht es insbesondere um die **Betreuungs-, Koordinations- und Dokumentationsleistungen** sowie um regelmäßige oder sehr seltene Leistungen, die mit geringem Aufwand verbunden sind. Im Ergebnis sollen damit – mit Ausnahme der seltenen Erkrankungen mit geringem Aufwand sowie der telemedizinischen Leistungen und der Leistungen, die im Wege der Delegation erbracht werden – die Standardleistungen der hausärztlichen Praxis über Pauschalen abgebildet werden, während die vom Standard abweichenden Leistungen den anderen Vergütungsformen zugeordnet werden. Die Berechtigung zur Abrechnung einer solchen Pauschale entsteht durch den Arzt-Patienten-Kontakt, was sie im Ergebnis als Behandlungspauschale qualifizieren lässt.[86] Abs. 2 b S. 2 ordnet schließlich an, dass die Pauschalen nach verschiedenen Kriterien differenziert werden sollen, wobei diese Differenzierung am Patienten ansetzen soll, gleichzeitig aber auch Qualitätszuschläge ermöglicht werden. Vor dem Hintergrund, dass der Gesetzgeber die Vorgabe des Abs. 2 b S. 2 kostenneutral umgesetzt sehen will, ist die Regelung nicht frei von Kritik, da mit ihr letztlich lediglich eine Umverteilung der Vergütungspositionen erzeugt wird.

Die durch den Gesetzgeber mit dem GKV-VStG getroffenen Regelungen zum Hausarzt-EBM sind durch den Bewertungsausschuss mit Wirkung zum 1.10.2013 umgesetzt worden. Erneute Veränderungen wurden bereits zum 1.1.2014 vereinbart. Inwieweit die Neugestaltung der hausärztlichen Vergütung hierdurch ihren Abschluss findet, wird abzuwarten sein. Jedoch ist ein Andauern von Nachjustierungen wahrscheinlich, da sich die Auswirkungen einzelner Reformschritte im Detail kaum vorhersagen lassen. Insbesondere besteht die Frage fort, für welche Leistungen ggf. eine Herausnahme aus der

---

81 BT-Dr. 17/8005, 109.
82 Sproll in: Krauskopf § 87 SGB V Rn. 21 zur Abs. 2 b in der Fassung des GKV-WSG.
83 BT-Dr. 17/8005, 109.
84 BT-Dr. 15/1525, 106.
85 BT-Dr. 17/6906, 61.
86 Engelhard in: Hauck/Noftz, SGB V, § 87 Rn. 148.

gedeckelten Gesamtvergütung angebracht ist, da insbesondere im hausärztlichen Bereich extrabudgetäre Vergütungsanteile eine untergeordnete Bedeutung haben.

36 **5. Besondere Vorgaben für den fachärztlichen Teil des EBM (Abs. 2 c).** In Abs. 2 c finden sich Vorgaben für die fachärztliche Vergütung. Hierbei wird sowohl die Gliederung des Facharzt-EBM nach Arztgruppen als auch die Form der Vergütung, Besonderheiten für kooperative Versorgungsformen sowie Einzelheiten zu psychotherapeutischen Leistungen geregelt.

37 **a) Arztgruppenspezifische Gliederung.** Die Vorgabe des Abs. 2 c S. 1 zur arztgruppenspezifischen Gliederung stellt eine Wiederholung der Anordnung des Abs. 2 a dar, so dass im Hinblick auf die Bestimmung der Arztgruppen auf → Rn. 27 verwiesen werden kann.

38 **b) Grund- und Zusatzpauschalen, Einzelleistungen, Fallpauschalen.** Für den fachärztlichen Versorgungsbereich hat der Gesetzgeber eigenständige Vergütungsformen vorgesehen, wobei die Vorgaben an den Bewertungsausschuss hier – von Ausnahmen abgesehen – geringer ausgestaltet sind, als dies im hausärztlichen Versorgungsbereich der Fall ist. In der Formulierung „soll" kommt dabei im Hinblick auf die **Grund- und Zusatzpauschalen** eine Vorrangstellung gegenüber den Einzelleistungen zum Ausdruck,[87] wobei jedoch – wie im hausärztlichen Bereich auch – ein Rückgang der Bedeutung der Pauschalen zu konstatieren ist.[88] Die Grundpauschale entspricht dabei im Wesentlichen der hausärztlichen Versichertenpauschale. Sie ist nach S. 2 auf den Behandlungsfall bezogen. Mit der Zusatzpauschale wird ein besonderer Leistungsaufwand vergütet, der sich ggf. auch auf die Qualität der Leistungserbringung beziehen kann. **Einzelleistungen** wiederum sollen dann vorgesehen werden, soweit dies medizinisch oder aufgrund von Besonderheiten bei Veranlassung oder Erbringung der Leistung erforderlich ist, wobei hier die telemedizinischen Leistungen und die Leistungen, die im Wege der Delegation erbracht werden, besonders erwähnt werden. Mit der Festlegung der Erforderlichkeit als Kriterium für die Möglichkeit zur Regelung von Einzelleistungen wird dem Bewertungsausschuss bei der Regelung von Einzelleistungen ein weiter Gestaltungsspielraum eröffnet.[89] Mit der **Fallpauschale** wollte der Gesetzgeber schließlich eine Möglichkeit schaffen, diagnosebezogene Vergütungen – also die Zusammenfassung von Teilleistungen zu Komplexen, die anstelle der Zusatzpauschalen treten können[90] – einzuführen. Fallpauschalen, sie bis dato vor allem aus der Krankenhausversorgung bekannt sind, sollen dabei dazu dienen, Anreize zur Mengenausweitung zu begrenzen.[91]

39 **c) Besonderheiten kooperativer Versorgungsformen.** Abs. 2 c S. 1 und S. 5 treffen besondere Aussagen für kooperative Versorgungsformen, die sich im Ergebnis für diese begünstigend auswirken. Die kooperativen Versorgungsformen sollen nach S. 1 bei der Ausgestaltung des Facharzt-EBM besonders berücksichtigt werden. S. 5 gibt vor, dass spezifische Fallpauschalen festzulegen sind, die dem Zusammenwirken verschiedener Ärzte Rechnung tragen. Der Gesetzgeber geht davon aus, dass der Behandlungsaufwand kooperativer Versorgungsformen höher als in einer Einzelpraxis ist,[92] so dass durch die Vorschrift des S. 1 Regelungen im EBM gerechtfertigt sind, die kooperative Versorgungsformen abrechnungstechnisch gegenüber der Einzelpraxis besser zu stellen. Auch die Regelung in S. 5 zur Schaffung von Fallpauschalen soll im Ergebnis kooperative Versorgungsformen begünstigen.[93]

40 **d) Psychotherapeutische Leistungen.** Für psychotherapeutische Leistungen werden in Abs. 2 c S. 6 zwei konkrete Anweisungen zur Vergütung formuliert: Diese sollen zum einen je Zeiteinheit vergütet werden, zum anderen wird die vorzusehende „angemessene Vergütung" besonders betont. Die Vorgaben werden im Zusammenhang mit der Honorarverteilung in § 87 b Abs. 2 S. 3 wiederholt. Der Hintergrund dafür, dass die psychotherapeutische Vergütung an zwei Stellen Gegenstand ausdrücklicher gesetzlicher Vorgaben ist, ist in der Rechtsprechung des BSG[94] zu sehen.[95] Das BSG hatte aufgrund der Eigenarten der psychotherapeutischen Leistungserbringung – nämlich der Bedeutung der antrags- und

---

[87] Engelhard in: Hauck/Noftz, SGB V, § 87 Rn. 165.
[88] Vgl. zu den mit der hausärztlichen Versorgung identischen Motiven des Gesetzgebers: BT-Dr. 17/8005, 109.
[89] Engelhard in: Hauck/Noftz, SGB V, § 87 Rn. 65 sieht einen größeren Gestaltungsspielraum als zuvor.
[90] Freudenberg in: jurisPK-SGB V, § 87 Rn. 191.
[91] Freudenberg in: jurisPK-SGB V, § 87 Rn. 193.
[92] BT-Dr. 15/1525, 105.
[93] Engelhard in: Hauck/Noftz, SGB V, § 87 Rn. 182.
[94] Vgl. nur BSG, 20.1.1999, B 6 KA 46/97 R, SozR 3-2500 § 85 Nr. 29.
[95] BSG, 28.5.2008, B 6 KA 9/07 R, SozR 4-2500 § 85 Nr. 42 konstatiert eine normative Übertragung der Überwachungsfunktion von der Rechtsprechung auf den Bewertungsausschuss; Engelhard in: Hauck/Noftz, SGB V, § 87 Rn. 189.

genehmigungspflichtigen Leistungen auf der einen und dem direkten Zusammenhang mit dem Faktor Zeit auf der anderen Seite[96] – bereits Vorgaben für die psychotherapeutische Vergütung entwickelt. Zu den von der Anordnung von Abs. 2 c S. 6 erfassten psychotherapeutischen Leistungen, die je Zeiteinheit zu vergüten sind, gehörten bisher nach zutreffender Ansicht allein die antrags- und genehmigungspflichtigen Leistungen, so dass für die übrigen psychotherapeutischen Leistungen durch den Bewertungsausschuss andere Regelungen getroffen werden können.[97] Die neuen Psychotherapie-Richtlinie des GBA, die zum 16.2.2017 in Kraft getreten ist,[98] sieht jedoch nunmehr umfassende Verpflichtungen der Psychotherapeuten zum Angebot von probatorischen, Sprechstunden- und Akutleistungen vor. Dies führt dazu, dass man auch diese Leistungen nunmehr – im Rahmen der Vollauslastungshypothese des BSG – in einen einheitlichen Zusammenhang mit der Anordnung des Abs. 2 c S. 6 stellen muss, so dass nunmehr von einer einheitlichen Betrachtung auszugehen ist. Zur Angemessenheit der psychotherapeutischen Vergütung – bei vollausgelasteter psychotherapeutischer Praxis – hat sich die Rechtsprechung ebenfalls bereits mehrfach geäußert.[99] Angemessen ist die psychotherapeutische Vergütung demnach dann, wenn der mit einer vollausgelasteten psychotherapeutischen Praxis zu erzielende Umsatz die Chance beinhaltet, einen Überschuss zu erzielen, der dem einer Facharztgruppe im unteren Bereich entspricht.[100] Das BSG verweist in diesem Zusammenhang vor allem auf die Nervenärzte.[101] Besonderheiten bestehen im Hinblick auf die Kostenermittlung, die im Bereich der Psychotherapie nach Auffassung des BSG nicht alleine aus den verfügbaren Daten ermittelt werden können: Für den Bereich der Personalkosten hat das BSG hier eine normative Kostenermittlung (dh aus Tarifverträgen abgeleitete) bestätigt, da der vollausgelasteten psychotherapeutischen Praxis eine tarifvertraglich vergütete Halbtagskraft zugebilligt wird,[102] so dass aus Gründen, die alleine mit der durch das BSG gewünschten Versorgung, nicht aber mit der Versorgungsrealität zu erklären sind, von dem sonst üblichen Herleitung der Kosten aus Echtdaten abgewichen wird. Der (Erweiterte) Bewertungsausschuss ist mit Beschluss vom 22.9.2015 von dieser Grundstruktur mit der Begründung abgewichen, dass es einer Abbildung der entsprechenden Kosten nur in Praxen bedürfe, in denen eine Halbtagskraft auch erforderlich sei – also bei entsprechender Auslastung. Es wird abzuwarten bleiben, wie das BSG mit dieser Entscheidung umgeht.

6. Prüfkriterien (Abs. 2 d). Abs. 2 d enthält Regelungen, mit denen gewährleistet werden soll, dass Leistungsinhalte im EBM auch tatsächlich erbracht werden. Mithin wird mit der Vorschrift letztlich sichergestellt, dass die im EBM enthaltenen Steuerungsmechanismen auch tatsächliche Wirkung in der vertragsärztlichen Versorgung entfalten. Dies erfolgt zum einen über die Regelung der Leistungsinhalte selbst, zum anderen aber auch über die Festlegung von Prüfkriterien, mit denen die Einhaltung der Regelungsinhalte nachgehalten werden kann. Weiterhin sind Regelungen zu treffen, die die Einhaltung von Mindestanforderungen zu Ausgestaltung von Kooperationsgemeinschaften im Rahmen der Regelung von Fallpauschalen vorzusehen. Daneben beinhaltet die Vorschrift eine Ermächtigung zur Regelung von Qualitätssicherungsvorschriften und zur Sicherstellung der Einhaltung der Dokumentationspflichten. In der Praxis erfolgt die Regelung der Leistungsinhalte im EBM über die Festlegung von fakultativen und obligatorischen Leistungsinhalten, wobei letztere Voraussetzung der Abrechenbarkeit der entsprechenden Gebührenordnungsziffer (GOP) des EBM sind. Hiermit wird bei den Pauschalvergütungen erreicht, dass sie – ihrer Zweckbestimmung folgend – mehr sind als die Summe der ihnen zugeordneten Leistungen,[103] jedoch dennoch einer gewissen Kontrolle hinsichtlich ihrer Umsetzung in der Versorgung unterliegen. Hinsichtlich der Regelungen zu den Qualitätsanforderungen ist darauf hinzuweisen, dass solche Regelungen nach zutreffender Auffassung[104] zu treffen sind, da sowohl die Richtlinien des G-BA als auch die Qualitätssicherungsvereinbarungen der Bundesmantelvertragspartner die Vertragsärzte normativ binden.

---

96 Hierdurch ist eine Leistungsausweitung nur sehr begrenzt möglich, vgl. Vießmann in: Spickhoff, Medizinrecht, § 87 SGB V Rn. 21.
97 BSG, 28.5.2008, B 6 KA 9/07 R, SozR 4-2500 § 85 Nr. 42. Engelhard in: Hauck/Noftz, SGB V, § 87 Rn. 192; Freudenberg in: jurisPK-SGB V, § 87 Rn. 201.
98 BAnz AT, 15.2.2017 B2.
99 Zuletzt umfassend: BSG, 28.5.2008, B 6 KA 9/07 R, SozR 4-2500 § 85 Nr. 42 mwN.
100 BSG, 28.1.2004, B 6 KA 52/03 R, SozR 4-2500 § 85 Nr. 8.
101 BSG, 28.1.2004, B 6 KA 52/03 R, SozR 4-2500 § 85 Nr. 8.
102 BSG, 28.5.2008, B 6 KA 9/07 R, SozR 4-2500 § 85 Nr. 42.
103 Vgl. Hess in: KassKomm, § 87 SGB V Rn. 38.
104 Hess in: KassKomm, § 87 SGB V Rn. 39.

42 Abs. 2 d enthält schließlich eine Regelung, wonach im Hinblick auf die Versicherten- oder Grundpauschale Abrechnungsausschlüsse oder -begrenzungen durch den Bewertungsausschuss festgelegt werden können, sofern der Versicherte mehrere Vertragsärzte im Quartal in Anspruch nimmt. Ob und wenn ja welche Regelung getroffen wird, liegt aufgrund des Wortlautes im Gestaltungsspielraum des Bewertungsausschusses.[105] Die entsprechenden Regelungen im EBM sind dabei in der Praxis nicht immer unproblematisch: Dann, wenn – wie etwa im Fall der Mutterschaftsvorsorgepauschale – für den Vertragsarzt eine vorherige Behandlung durch einen weiteren Vertragsarzt nicht ersichtlich ist, kann es dennoch zu einer Absetzung der GOP kommen, was allerdings letztlich durch das BSG bestätigt wurde.[106]

43 **7. Orientierungswert und dessen Anpassung (Abs. 2 e bis Abs. 2 g).** In den Abs. 2 e und 2 g wird der Orientierungswert definiert und dessen jährliche Anpassung nach bestimmten Faktoren bestimmt.[107] Damit enthalten diese Absätze die zentralen Regelungen zur Preisentwicklung in der vertragsärztlichen Versorgung. Weil nämlich die Mengenentwicklung im Rahmen der morbiditätsbedingten Gesamtvergütung zulasten der Gesetzlichen Krankenversicherung erfolgt und damit vorgefundene Tatsachen abzubilden hat, ist die Anpassung des Orientierungswertes – gerade auch im Zusammenhang mit der nach § 87a Abs. 2 regional zu treffenden Vereinbarung über den vor Ort anzuwendenden Punktwert, aus dem sich im Zusammenspiel mit dem festgestellten Behandlungsbedarf die morbiditätsbedingte Gesamtvergütung ergibt – die zentrale Variable im Zusammenhang der vertragsärztlichen Vergütung.

44 **a) Orientierungswert (Abs. 2 e).** Nach Abs. 2 e ist der Orientierungswert ein bundeseinheitlicher Punktwert in Euro. Wesentlicher Regelungsinhalt des Abs. 2 e ist damit die Vorgabe eines kassenübergreifenden Punktwertes, so dass im Ergebnis für die Versorgung der Versicherten unabhängig von der Kassenzugehörigkeit die „gleichen Preise" gelten.[108] In der Multiplikation mit den im EBM niedergelegten Punkten lassen sich den einzelnen Leistungen Preise zuordnen,[109] denen jedoch wegen der regionalen Punktwertvereinbarungen – hier können nach § 87a Abs. 2 Zu- und Abschläge vereinbart werden – und der gedeckelten Gesamtvergütung lediglich eine grundlegende und orientierende Bedeutung zukommt.

45 **b) Anpassung des Orientierungswertes (Abs. 2 g).** Abs. 2 g gibt vor, welche Kriterien bei der jährlich zum 31. August vorzunehmenden Anpassung des Orientierungswertes zu berücksichtigen sind. Die in Abs. 2 g genannten Kriterien sind vor dem Hintergrund des eindeutigen Wortlautes der Regelung nach allgemeiner Ansicht nicht als abschließend anzusehen.[110] Dabei ist eine Auseinandersetzung mit den einzelnen Kriterien im Rahmen der Anpassung des Orientierungswertes zwingend,[111] was sich ebenfalls aus dem Wortlaut der Regelung ergibt. Zu den einzelnen in Abs. 2 g genannten Faktoren gilt zunächst, dass diese nur insofern Berücksichtigung finden, als sie nicht bereits in die Ausgestaltung des EBM Eingang gefunden haben. Die Entwicklung der für Arztpraxen relevanten Investitions- und Betriebskosten (Nr. 1) ist dabei wegen der Einheitlichkeit des Orientierungswertes auf arztgruppenübergreifende bundeseinheitliche Werte angewiesen.[112] Vor dem Hintergrund, dass mit den im EBM aufgeführten Leistungen auch eine **angemessene Vergütung** erreicht werden soll, sind bei der Kalkulation abweichende überdurchschnittliche Kostenentwicklungen zu berücksichtigen (zB Mietpreisentwicklungen in Großstädten). Möglichkeiten zur Ausschöpfung von Wirtschaftlichkeitsreserven (Nr. 2) sind wegen der Anbindung an deren (fehlende) Berücksichtigung im Rahmen der Zuordnung von Punkten zu den Leistungen auch hier wohl vor allem im Hinblick auf Kooperationsmöglichkeiten zB bei der Nutzung teurer Großgeräte und hierdurch freiwerdende Ressourcen gemeint. Mit der allgemeinen Kostendegression bei Fallzahlsteigerungen (Nr. 3) führt der Gesetzgeber schließlich einen allgemeinen Erfahrungssatz der Betriebswirtschaft in die Abs. 2 g genannten Kriterien ein. Hierbei ist jedoch zu berücksichtigen, dass dieser betriebswirtschaftliche Erfahrungssatz in der ärztlichen Praxis nur begrenzte Wirkung entfaltet, da die ärztliche Leistung nicht die Produktion von Waren beinhaltet und

---

105 Freudenberg in: jurisPK-SGB V, § 87 Rn. 215; vgl. auch Hess in: KassKomm, § 87 SGB V Rn. 41, der Abgrenzungen bei den Pauschalen für „dringend erforderlich" hält.
106 Vgl. am Beispiel der GOP 01770 EBM BSG, 11.2.2015, B 6 KA 15/14 R, SozR 4-2500 § 106a Nr. 13.
107 Zur Entwicklung durch das GKV-VStG Rixen, GesR 2012, 338.
108 Zur Einführung des EBM mit dem bereits 1983 das gleiche Ziel verfolgt wurde: Expertise des IGES-Instituts: Plausibilität der Kalkulation des Einheitlichen Bewertungsmaßstabs (EBM), 2010, 9.
109 Vgl. Freudenberg in: jurisPK-SGB V, § 87 Rn. 238.
110 Freudenberg in: jurisPK-SGB V, § 87 Rn. 245; Sproll in: Krauskopf, § 87 SGB V Rn. 34.
111 Sproll in: Krauskopf, § 87 SGB V Rn. 34.
112 Vgl. Hess in: KassKomm, § 87 SGB V Rn. 44.

besonders die verstärkte Nutzung von Geräten eine Kostendegression nur sehr eingeschränkt begründet. Dies hat offenbar auch der Gesetzgeber gesehen, als er anmerkte, dass mit der Regelung die gewollte Übertragung des Morbiditätsrisikos auf die Krankenkassen nicht unterlaufen werden dürfe.[113] Im Rahmen der Entwicklung des Orientierungswertes ist auch die allgemeine Entwicklung der Arztgehälter einzupreisen, da im weitgehend gesteuerten Markt der vertragsärztlichen Versorgung auch die Weiterentwicklung des ärztlichen Einkommens in die Entwicklung des Orientierungswertes eingepreist werden muss.

IV. Besondere Vorgaben für den Bema (Abs. 2 h, 2 i und 2 j)

Die Abs. 2 h, i und j enthalten Vorgaben für besondere Regelungen im zahnärztlichen Bewertungsmaßstab (Bema). Durch Abs. 2 h wird es dem Bewertungsausschuss für die zahnärztliche Versorgung ermöglicht, Leistungskomplexe zu bilden. Die Regelung ist als „Kann-" Regelung ausgestaltet und begründet damit keine Verpflichtung des Bewertungsausschusses zur Einführung von Leistungskomplexen.[114] Auch im Zusammenhang mit den Vorgaben zum Bema wird deutlich, wie weit die direkte Steuerung des Gesetzgebers durch die Vorgaben an den Bewertungsausschuss reicht: Besonders zu erwähnen ist hier die Festlegung eines Versorgungsziels auf der einen aber auch die Regelung zur Leistung für Besuche bei pflegebedürftigen und behinderten Menschen (Abs. 2 i).

46

S. 2 des Abs. 2 h beinhaltet die Vorgabe, nach welchen Kriterien die einzelnen Leistungen des Bema zu bewerten sind. Dabei wird als Versorgungsziel die ursachengerechte, zahnsubstanzschonende und präventionsorientierte Versorgung festgelegt, vor deren Hintergrund die für die Leistung notwendige Arbeitszeit zwischen den einzelnen Leistungsbereichen „gleichgewichtig" zu bewerten ist. Damit besteht im zahnmedizinischen Bereich die Besonderheit, dass der Gesetzgeber dem Bewertungsmaßstab selbst die (Zahn-)prävention als Versorgungsziel vorgibt.

47

Für das erforderliche **Aufsuchen von pflegedürftigen und behinderten Menschen** gibt **Abs. 2 i** die Regelung einer zusätzlichen Leistung im Bema vor. Die Voraussetzung einer entsprechenden Leistung hat der Gesetzgeber direkt geregelt: Demnach ermöglicht ein Pflegegrad, nach § 15 SGB XI, und Eingliederungshilfe nach § 53 SGB XII dann eine zusätzliche Vergütung, wenn der Versicherte die Praxis nicht oder nur unter „hohem Aufwand" aufsuchen kann, wobei hinsichtlich des hohen Aufwands und der Ausgestaltung der Vergütung eine Konkretisierungsbefugnis des Bewertungsausschusses besteht,[115] nicht jedoch im Hinblick auf die vorgenannten Ausgangsvoraussetzungen. Ausgabensteigerungen, die durch die Zusatzleistungen begründet sind, verletzen den Grundsatz der Beitragssatzstabilität nicht.

48

Schließlich hat der Gesetzgeber in Abs. 2 j für Leistungen im Zusammenhang mit der ambulanten zahnärztlichen Behandlung in Pflegeheimen eine Regelung getroffen, wonach eine über die Zusatzleistung nach Abs. 2 i hinausgehende Vergütung bei Versorgung in Pflegeheimen vorzusehen ist. Damit stellt der Gesetzgeber im Ergebnis sicher, dass eine ausreichende zahnärztliche Versorgung in Pflegeheimen gewährleistet ist. Auch diese Leistungen verletzen in der Konsequenz den Grundsatz der Beitragssatzstabilität nicht, wenngleich im Hinblick auf den Umstand, dass Leistungen im Pflegeheim im vertragsärztlichen Bereich keine Kostensteigerungen begründen, insofern eine Ungleichbehandlung der Vertragsärzte festzustellen ist.

49

V. Bewertungsausschuss und Erweiterter Bewertungsausschuss

Mit der Schaffung der Bewertungsausschüsse und des Erweiterten Bewertungsausschusses hat der Gesetzgeber ein in den Normsetzungsvorgang inkorporiertes Schiedsverfahren geschaffen.[116] Ihm ging es dabei darum, die Einheitlichkeit der Bewertungsmaßstäbe für alle Kassenarten zu gewährleisten.[117] Von Bedeutung in der Betrachtung des Bewertungsausschusses wie auch des Erweiterten Bewertungsausschusses ist, dass einfacher und erweiterter Bewertungsausschuss rechtlich als eine Einheit zu betrachten sind,[118] so dass letztlich der Erweiterte Bewertungsausschuss trotz seiner Entscheidungskompetenzen – auch gegen den Willen einer Partei – immer noch das gleiche Vertragsorgan wie der Bewertungsausschuss ist.

50

---

113 BT-Dr. 16/3100, 130.
114 Hess in: KassKomm, § 87 SGB V Rn. 46; Freudenberg in: jurisPK-SGB V, § 87 Rn. 184.
115 Freudenberg in: jurisPK-SGB V, § 87 Rn. 222 ff.
116 BSG, 11.9.2002, B 6 KA 34/01 R, SozR 3-2500, § 87 Nr. 35; zur Historie und den Hintergründen vgl. Altmicks, WzS 2016, 9.
117 Hess in: KassKomm, § 87 SGB V Rn. 48.
118 Wenner, § 8 Rn. 44.

51 Die **Qualifizierung der Bewertungsausschüsse** erfolgt in Rechtsprechung und Literatur uneinheitlich, was wohl im Zusammenhang mit der rechtlichen Verselbstständigung der Bewertungsausschüsse in ihrer Entwicklung zu sehen ist. Diese hat jedoch nicht dazu geführt, dass ein unabhängiges Normsetzungsorgan entstanden ist. Der Bewertungsausschuss wird dabei als Unterausschuss der Bundesmantelvertragspartner[119] und als „verlängerte Arm der Vertragspartner"[120] charakterisiert, bzw. repräsentiert nach Auffassung des BSG den Normgeber des Bundesmantelvertrags in der besonderen Organisationsform **„Vertragsorgan"**.[121] Die Diskussion um die genaue Einordnung des Rechtscharakters des Bewertungsausschusses hat jedoch so gut wie keine praktische Bedeutung. Sowohl der Bewertungsausschuss als auch der Erweiterte Bewertungsausschuss sind nach der zutreffenden Rechtsprechung des BSG beteiligtenfähig.[122] In der Praxis werden im Fall der Beiladung regelhaft statt dem Bewertungsausschuss die Trägerorganisationen im Wege der einfachen Beiladung nach § 75 Abs. 1 SGG beigeladen, was durch das BSG – im Gegensatz zur Beiladung des (Erweiterten) Bewertungsausschusses – auch als sachgerecht qualifiziert wird.[123] Dies ist vor dem Hintergrund des Charakters des Bewertungsausschusses als Vertragsorgan auch zielführend. Da im Bewertungsausschuss die unterschiedlichen Interessen der Vertragsparteien aufeinandertreffen, kommt es im Streitfall auch auf die unterschiedlichen Sichtweisen an, die sinnvoller Weise von den Parteien selbst vorgetragen werden. Der Bewertungsausschuss selbst lässt sich im Fall der Beiladung in der Praxis nicht zur Sache ein, sondern überlässt den Vortrag den jeweiligen Bundesmantelvertragspartnern. Vor diesem Hintergrund erscheint eine Beiladung des Bewertungsausschusses regelmäßig als entbehrlich.

52 Wie allen untergesetzlichen Normgebern kommt dem (Erweiterten) Bewertungsausschuss ein weiter **Gestaltungsspielraum** zu,[124] der neben seiner Begrenzung durch die jeweilige Ermächtigungsnorm im Wesentlichen durch den zu gewährleistenden Minderheitenschutz beschränkt wird. Dementsprechend werden Entscheidungen des Bewertungsausschusses durch die Rechtsprechung daran gemessen, ob der Bewertungsausschuss den ihm zustehenden Entscheidungsspielraum überschritten hat oder aber seine Bewertungskompetenz missbräuchlich ausgenutzt wurde.[125] Daneben jedoch ist der Bewertungsausschuss frei und die Anforderungen an sein Handeln dürfen nicht überspannt werden. Dies gilt umso mehr, als der Bewertungsausschuss ein Ort der Verhandlung ist, dessen Beschlüsse notwendig auch Ausdruck des Ausgleichs von Interessen sein müssen. Keine Frage des Gestaltungsspielraums ist hingegen die Frage, ob eine Regelung dem Kompetenzbereich des Bewertungsausschusses unterfällt. Ein Gestaltungsspielraum untergesetzlicher Normgeber besteht nur innerhalb der erteilten Normsetzungsbefugnisse,[126] nicht jedoch im Hinblick auf die eigenen Kompetenzen. Insofern ist auch im Hinblick auf die vertragsärztliche Vergütung zu beachten, dass die Regelung des § 87 keine Generalermächtigung des Bewertungsausschusses in Vergütungsfragen begründet, da die Befugnisse des Bewertungsausschusses in einem Spezialitätsverhältnis zu den Kompetenzen der Bundesmantelvertragspartner aus § 87 stehen.[127]

53 Der Bewertungsausschuss hat im Rahmen seiner Entscheidungen zwar keine Pflicht zur lückenlosen Dokumentation, jedoch eine aus Abs. 6 S. 9 resultierende Verpflichtung zur **Bekanntmachung der entscheidungserheblichen Gründe**. Dies liegt darin begründet, dass Normsetzung zwar grundsätzlich keiner Begründung seitens der Normgeber bedarf,[128] der Gesetzgeber jedoch entschieden hat, für den Bewertungsausschuss entsprechende Vorgaben zu machen. Eine weitergehende Verpflichtung zur Transparenz trifft den Bewertungsausschuss – insbesondere auch vor dem Hintergrund der dem Bewertungsausschuss ebenfalls gesetzlich zugebilligten Vertraulichkeit – nicht. Dies bedeutet jedoch nicht, dass eine weitergehende Dokumentation nicht ggf. sogar zielführend sein kann, um die Normen des

---

119 Rompf in: Liebold/Zalewski, § 87 Rn. C 87-3, der den Bewertungsausschuss als spezielle Arbeitsgruppe der Bundesmantelvertragspartner ansieht; Scholz in: Becker/Kingreen, § 87 Rn. 20.
120 Hess in: KassKomm, § 87 SGB V Rn. 48; Sproll in: Krauskopf, § 87 SGB V Rn. 39.
121 BSG, 10.12.2008, B 6 KA 37/08 B Rn. 11; so auch Vießmann in: Spickhoff, Medizinrecht, § 84 SGB V Rn. 34.
122 BSG, 11.9.2002, B 6 KA 34/01 R, SozR 3-2500, § 87 Nr. 35; Wenner, § 8 Rn. 42.
123 BSG, 24.9.2003, B 6 KA 37/02 R, SozR 4-2500, § 87 Nr. 3.
124 Hierzu ausführlich: Reuter/Weinrich, MedR 2013, 584.
125 BSG, 9.12.2004, B 6 KA 44/03 R, SozR 4-2500 § 72 Nr. 2; BSG, 12.12.2012, B 6 KA 3/12 R, SozR 4-2500 § 75 Nr. 13, jeweils mwN.
126 BSG, 27.6.2012, B 6 KA 28/11 R, SozR 4-2500 § 87 Nr. 26; BSG, 14.12.2011, B 6 KA 6/11 R, SozR 4-2500 § 85 Nr. 68.
127 BSG, 27.6.2012, B 6 KA 28/11 R, SozR 4-2500 § 87 Nr. 26; vgl. auch Altmicks, WzS 2016, 10.
128 Vgl. zur alten Rechtslage: BSG, 9.12.2004, B 6 KA 84/03 R Rn. 84; Vießmann in: Spickhoff, Medizinrecht, § 87 SGB V Rn. 31.

EBM im Nachgang gegen etwaige Angriffe zu verteidigen. Gerade dann, wenn es um die Verwendung der sog „zahlenförmigen Normen" geht, erscheint es in der Praxis naheliegend, eine entsprechende Dokumentation zu führen, um so auch die Transparenz und Akzeptanz der Entscheidungsfindung zu erhöhen.

1. Organisation des Bewertungsausschusses (Abs. 3). Abs. 3 gibt vor, dass der Bewertungsausschuss aus je drei weisungsgebundenen, jederzeit abberufbaren,[129] Vertretern je Bundesmantelvertragspartei besteht (zu den Besonderheiten für die spezialfachärztliche Versorgung → Rn. 63), wobei der Vorsitz abwechselnd geführt wird. Die Beratungen des Bewertungsausschusses einschließlich der Vorbereitungshandlungen der Trägerorganisationen sind **vertraulich**,[130] Abs. 3 S. 3 und 4. Die Regelung dient dazu, Offenlegungspflichten aus dem IFG zu begegnen, um den auf Vertraulichkeit basierenden Spielraum für Verhandlungen nicht zu gefährden.[131] Vor diesem Hintergrund ist die Vorschrift weit auszulegen. Sie greift immer dann, wenn die in Frage stehenden Unterlagen in einem funktionalen Zusammenhang mit den Beratungen des Bewertungsausschusses stehen, kann also auch Beratungen der Bundesmantelvertragspartner einschließen, so ein Verhandlungszusammenhang zu Gegenständen des Bewertungsausschusses besteht. Das Benennungsrecht für die Mitglieder des Bewertungsausschusses kommt alleine den jeweiligen Vorständen der Bundesmantelvertragspartner zu, da nach zutreffender Auffassung des BSG der Abschluss von Verträgen in den Zuständigkeitsbereich der Vorstände der Selbstverwaltung fällt, die durch die jeweiligen Vertreterversammlungen/Verwaltungsräte diesen wegen ihrer originären Außenvertretungskompetenz auch nicht genommen werden kann.[132] In der Praxis finden zentrale und für die Entscheidungsfindung notwendige Aufgaben des Bewertungsausschusses im Arbeitsausschuss des Bewertungsausschusses statt, der von den Bundesmantelvertragsparteien eingerichtet wurde (hierzu → Rn. 55). 54

2. Analysen des Bewertungsausschusses (Abs. 3 a). Abs. 3 a gibt vor, dass der Bewertungsausschuss die Auswirkungen seiner Beschlüsse zu analysieren hat. Damit wird der Bewertungsausschuss zur Transparenz im vertragsärztlichen Vergütungssystem verpflichtet.[133] Die Verpflichtung zur Analyse betrifft drei Themenbereiche: Die Versorgung der Versicherten, die Honorare und die Ausgaben der Krankenkassen. Das BMG wird ermächtigt, dass Nähere zu den Analysen zu bestimmen. 55

3. Institut des Bewertungsausschusses (Abs. 3 b und 3 c). Abs. 3 b bestimmt die Einrichtung eines Instituts, das den Bewertungsausschuss bei seinen Aufgaben unterstützen soll. Träger des Instituts sind der GKV-Spitzenverband sowie die Kassenärztliche Bundesvereinigung. Da das Institut seit 2006 besteht, sind die übrigen Regelungen zur Errichtung oder zur Beauftragung Dritter in Abs. 3 b obsolet. 56

a) Aufgaben. Das Institut des Bewertungsausschusses bereitet die Beschlüsse nach §§ 87, 87a, 116 b Abs. 6 sowie die Analysen nach § 87 Abs. 3 a vor. Damit ist eine umfassende Unterstützungsfunktion für die Aufgaben des Bewertungsausschusses normiert, was auch darin zum Ausdruck kommt, dass die Regelung bei gesetzlichen Veränderungen jeweils den (aktuellen) Aufgaben des Bewertungsausschusses angepasst wird.[134] 57

b) Finanzierung, Ausstattung und Personal. Das Institut wird dadurch finanziert, dass auf den ambulant-kurativen Behandlungsfall ein Zuschlag außerhalb der Gesamtvergütung erhoben wird. Der Bewertungsausschuss ist nach der Regelung in Abs. 3 c S. 3 befugt, dass Näheres zur Finanzierung selbst zu regeln. Ebenfalls wird der Bewertungsausschuss dazu ermächtigt, über Ausstattungsfragen sowie das Personal des Instituts des Bewertungsausschusses zu entscheiden (Abs. 3 d). Der Einfluss des BMG wird über die entsprechende Anwendung der Regelung des Abs. 6 gewährleistet. Ebenfalls in Abs. 3 d ist angeordnet, dass die Organisation so zu gestalten ist, dass sie den Datenschutzanforderungen nach § 78 a gerecht wird. 58

4. Verfahrens- und Geschäftsordnung des Bewertungsausschusses und des Instituts (Abs. 3 e). Abs. 3 e ist zunächst eine Ermächtigungsnorm zum Beschluss einer Verfahrens- und Geschäftsordnung für Bewertungsausschuss und Institut. In der Verfahrensordnung, die durch das GKV-VSG vorgegeben wur- 59

---

129 Freudenberg in: jurisPK-SGB V, § 87 Rn. 256.
130 Kritisch hierzu Rixen, GesR 2012, 339.
131 Vgl. BT-Dr. 17/6906, 61.
132 BSG, 31.10.2013, B 6 KA 48/12 R zur KZV im Bereich der Selektivverträge.
133 Hess in: KassKomm, § 87 SGB V Rn. 50.
134 Freudenberg in: jurisPK-SGB V, § 87 Rn. 273.

de,[135] sollen insbesondere die Antragsberechtigten, methodischen Anforderungen und Fristen in Bezug auf die Vorbereitung und Durchführung der Beratung sowie die Beschlussfassung über die Aufnahme in den EBM geregelt werden. Die Vorgabe zur Verfahrensordnung, die insbesondere bei neuen Laborleistungen und humangenetischen Untersuchungen greifen soll, soll nach dem Willen des Gesetzgebers auf den bis dahin bestehenden Vereinbarungen des Bundesmantelvertragspartners im Hinblick auf Leistungen des Kapitels 32 aufbauen.[136] Ziel der Regelung ist es, Transparenz und Geschwindigkeit der Beschlussfassungen des Bewertungsausschusses insbesondere bei innovativen Leistungen zu erhöhen.[137] In der Geschäftsordnung soll das Nähere zur Arbeitsweise inhaltlich und verfahrenstechnisch ausgestaltet werden. Eine in der Praxis bedeutende Regelung in der Geschäftsordnung ist die Einrichtung von Arbeitsausschüssen und Arbeitsgruppen des Bewertungsausschusses. Diesen können bestimmte Aufgaben übertragen werden, wobei hiermit jedoch nicht die dem Bewertungsausschuss alleine obliegenden Beschlüsse,[138] sondern im Wesentlichen deren Vorbereitung gemeint ist.[139] Weiteres Beispiel für eine zulässige Delegation auf den Arbeitsausschuss sind Auslegungsfragen, wobei jedoch eine Änderung des Norminhalts hierbei ausgeschlossen bleiben muss,[140] da hierzu – wie auch zu den übrigen abschließend durch den Bewertungsausschuss zu entscheidenden Fragen – keine hinreichende Legitimation besteht.

60 **5. Datengrundlagen (Abs. 3 f).** Die Regelung des Abs. 3 f demonstriert die Stellung, die der Gesetzgeber einer auf Daten fundierten Entscheidung des Bewertungsausschusses beimisst. Hintergrund der Regelung ist, dass das bei den Krankenkassen liegende Morbiditätsrisiko, wie auch die übrigen Elemente der vertragsärztlichen Vergütung auf eine hinreichend valide Datengrundlage angewiesen sind.[141] Die datenschutzrechtliche Erlaubnisnorm des Abs. 3 f ermöglicht die Datenerhebung, -verarbeitung und -nutzung der für die Arbeit des Bewertungsausschusses notwendigen Daten. Diese Daten sind von den Kassenärztlichen Vereinigungen an die KBV und von den Krankenkassen an den GKV-Spitzenverband zu liefern, die diese wiederum an das Institut des Bewertungsausschusses weiterzureichen haben. Ausdrücklich zu den zu liefernden Daten gehören dabei auch die Daten aus der Versorgung im Zusammenhang mit den Selektivverträgen. Die Anordnung der Unentgeltlichkeit der Datenlieferung hat den Hintergrund, Verzögerungen wegen Streitigkeiten über Vergütung der Datenlieferung zu vermeiden.[142] Die Erfassung und Weiterleitung der Daten erfolgt arzt- und versichertenbezogen sowie in pseudonymisierter einheitlicher Form. Der Bewertungsausschuss wird dazu ermächtigt, dass Nähere zur Datenerhebung und -nutzung zu regeln, wobei ihm aufgegeben wird, das Verfahren zur Pseudonymisierung im Einvernehmen mit dem Bundesamt für Sicherheit in der Informationstechnik zu regeln.

61 **6. Erweiterter Bewertungsausschuss.** Der Erweiterte Bewertungsausschuss stellt das in die Normsetzung des Bewertungsausschusses integrierte „Schiedsamt" dar, das letztlich eine im Vergleich zum Zuständigkeitsbereich des Bundesschiedsamts effektivere Normsetzung gewährleistet.

62 **a) Zuständigkeit.** Der Erweiterte Bewertungsausschuss wird dann zuständig, wenn mindestens zwei Mitglieder des Bewertungsausschusses dies verlangen. Da nicht vorgeschrieben ist, dass diese unterschiedlichen Bänken angehören müssen, ergibt sich die Zuständigkeit des Bewertungsausschusses de facto immer dann, wenn eine Partei eine Entscheidung herbeiführen will, die sie aufgrund des für den (einfachen) Bewertungsausschuss geltenden Einstimmigkeitsgebots nicht herbeiführen kann.

63 Weiterhin wird der Erweiterte Bewertungsausschuss nach Abs. 6 dann zuständig, wenn er durch das **BMG** angerufen wird. Dies ist dann möglich, wenn Beschlüsse des Bewertungsausschusses nicht oder teilweise nicht oder nicht innerhalb einer vom BMG gesetzten Frist zustande kommen. Mit dieser Regelung wird damit dem BMG dann die Möglichkeit eröffnet, direkt in den Normsetzungsprozess einzugreifen, falls die Parteien des Bewertungsausschusses sich gemeinschaftlich einer Lösung verweigern sollten.

---

135 Vgl. zur Vorbildfunktion des Verfahrensordnung des GBA Altmicks, WzS 2016, 10.
136 BT-Dr. 18/5123, 126.
137 BT-Dr. 18/5123, 126.
138 Vgl. Engelhard in: Hauck/Noftz, SGB V, § 87 Rn. 345.
139 Freudenberg in: jurisPK-SGB V, § 87 Rn. 257.
140 BSG, 22.6.2005, B 6 KA 80/03 R, SozR 4-2500, § 87 Nr. 10; Engelhard in: Hauck/Noftz, SGB V, § 87 Rn. 346; Freudenberg in: jurisPK-SGB V, § 87 Rn. 247.
141 Vgl. Hess in: KassKomm, § 87 SGB V Rn. 56.
142 Vgl. Freudenberg in: jurisPK-SGB V, § 87 Rn. 288.

b) **Zusammensetzung (Abs. 4).** Nach dem Wortlaut des Abs. 4 wird der Bewertungsausschuss im Falle 64 seiner Zuständigkeit um einen unparteiischen Vorsitzenden und zwei weitere unparteiische Mitglieder „erweitert", womit zum Ausdruck kommt, dass es sich weiterhin um den mit dem Bewertungsausschuss identischen Normgeber handelt. „Unparteiisch" im Sinne der Vorschrift bedeutet dabei, dass diese Mitglieder des Bewertungsausschusses keine Mitarbeiter der im Bewertungsausschuss vertretenen Organisationen sein dürfen.[143] Der Vorsitzende des Bewertungsausschusses wird nach den in § 89 Abs. 3 niedergelegten Regelungen zum Schiedsamt bestimmt. Dies bedeutet, dass die im Bewertungsausschuss repräsentierten Parteien sich entweder auf einen Vorsitzenden einigen oder aber dieser aus einer gemeinsam erstellten Liste per Los bestimmt wird – in diesem Fall ergibt sich aus § 89 Abs. 3 eine Amtsdauer von nur einem Jahr.

Die unparteiischen Mitglieder des Erweiterten Bewertungsausschusses sind – unabhängig davon, ob es 65 sich um den Vorsitzenden oder um die von den Parteien benannten „Mitglieder" handelt – weisungsfrei.[144] Dennoch kann die Benennung der unparteiischen Mitglieder – von den jeweiligen Organisationen (beim Vorsitzenden nur gemeinsam) widerrufen werden.[145] Im Zusammenhang mit einer ggf. nicht gewünschten Entscheidung steht dies zwar auf den ersten Blick im Konflikt mit der Weisungsfreiheit. Vor dem Hintergrund, dass der Erweiterte Bewertungsausschuss aber als Konfliktgremium der Akzeptanz der ihn tragenden Organisationen bedarf, ist dies hinzunehmen. Schwieriger ist hingegen das Problem, wenn nur eine Partei mit dem Wirken des Vorsitzenden unzufrieden ist. Wenn diese „Unzufriedenheit" objektivierbar ist, ist sie über die allgemeinen (Rechts-)Grundsätze der Befangenheit aufzulösen. Weder die Geschäftsordnung des Erweiterten Bewertungsausschusses noch die Bundesschiedsamtsordnung beinhalten aber eine Regelung zu einem Befangenheitsantrag. Vor dem Hintergrund, dass der Neutralität des Vorsitzenden des (Erweiterten) Bewertungsausschusses besondere Bedeutung zukommt, aber auch wegen des Umstandes, dass die Entscheidungen des Erweiterten Bewertungsausschusses gegenüber den Bundesmantelvertragsparteien als Verwaltungsakt ergehen, sind daher die für das allgemeinen für das Verwaltungs- und Gerichtsverfahren entwickelten Befangenheitsgrundsätze anzuwenden.[146]

c) **Beschlussfassung (Abs. 5).** In der Konsequenz der Qualität des Erweiterten Bewertungsausschusses 66 als in die Normsetzung integriertes Schiedsamt ergibt sich, dass der Erweiterte Bewertungsausschuss auch die Kompetenz haben muss, Mehrheitsentscheidungen zu treffen. Dies wird in Abs. 5 ausdrücklich festgehalten und ist auch im Hinblick auf die demokratische Legitimation des Bewertungsausschusses unproblematisch.[147] Bei neun Mitgliedern des Bewertungsausschusses ergibt sich eine Mehrheit bei einer Zustimmung von fünf stimmberechtigten Mitgliedern. Den Entscheidungen der Erweiterten Bewertungsausschüsse kommt eine Doppelnatur zu, da sie gegenüber den am Bewertungsausschuss beteiligten KBVen und dem GKV-Spitzenverband als Verwaltungsakt ergehen, während sie gegenüber Dritten untergesetzliche Rechtsnormen darstellen.[148] Sofern der Erweiterte Bewertungsausschuss der Zuarbeit bedarf, ist diese durch die Verpflichtung des Instituts zur weisungsabhängigen Zuarbeit nach Abs. 5 S. 2 sichergestellt. Die Weisungsbefugnis kommt dabei dem Vorsitzenden des Bewertungsausschusses zu, der im Regelfall den Ausschlag bei umstrittenen Entscheidungen gibt.[149]

d) **Besonderheiten bei der spezialfachärztlichen Versorgung (Abs. 5 a).** Sowohl der Bewertungsaus- 67 schuss (für ärztliche Leistungen) als auch der Erweiterte Bewertungsausschuss sind dann zu erweitern, wenn es um Beschlüsse zur Anpassung der Vergütung der Leistungen der spezialfachärztlichen Versorgung nach § 116 b geht. Dann sind diese Gremien um drei Mitglieder der Deutschen Krankenhausgesellschaft und drei Mitglieder des GKV-Spitzenverbandes zu erweitern, bzw. zu ergänzen. Weiterhin ist der Erweiterte Bewertungsausschuss um ein weiteres Mitglied seitens der DKG und des GKV-SV zu erweitern. Hintergrund dieser Regelung ist, dass in der spezialfachärztlichen Versorgung sowohl Krankenhäuser als auch Vertragsärzte ambulant tätig sein können, womit auch die Interessen der Kranken-

---

143 Freudenberg in: jurisPK-SGB V, § 87 Rn. 263.
144 Engelhard in: Hauck/Noftz, SGB V, § 87 Rn. 352.
145 Engelhard in: Hauck/Noftz, SGB V, § 87 Rn. 355.
146 Vgl. im Zusammenhang mit Schiedsämtern: Schnapp, Die Ablehnung wegen Befangenheit und die Abberufung von Schiedsamtsmitgliedern – verfahrensrechtliche Fragen, SGb 2007, 633; Buchner/Bosch, Befangenheitsanträge gegen Schiedsamtsmitglieder – Verfahrensrechtliche Fragestellungen, SGb 2011, 21.
147 BSG, 9.12.2004, B 6 KA 44/03 R, SozR 4-2500, § 72 Nr. 2.
148 BSG, 11.9.2002, B 6 KA 34/01 R, SozR 3-2500, § 87 Nr. 35; BSG, 27.6.2012, B 6 KA 28/11 R, SozR 4-2500, § 87 Nr. 26; Freudenberg in: jurisPK-SGB V, § 87 Rn. 77.
149 Vgl. Hess in: KassKomm, § 87 SGB V Rn. 59.

häuser bei der Normsetzung zu berücksichtigen sind. Unabhängig von der Erweiterung/Ergänzung ist auch der so verändert zusammengesetzte Bewertungsausschuss schon aufgrund des Wortlautes kein von den Parteien wesensverschiedenes Organ sondern repräsentiert in dieser Form die Bundesmantelvertragspartner und die Deutsche Krankenhausgesellschaft. Deswegen ist für den Normgeber auch das Institut des Bewertungsausschusses zuständig und es braucht kein eigenständiges Institut errichtet zu werden. Die Geschäftsführung des Bewertungsausschusses für die spezialfachärztliche Versorgung obliegt jedoch in Abweichung zum Bewertungsausschuss zur vertragsärztlichen Versorgung der DKG.

68 e) **Anpassungsfrist (Abs. 5 b).** Nach der Regelung des durch das GKV-VSG neugeschaffenen Abs. 5 b ist der EBM innerhalb von sechs Monaten nach dem Inkrafttreten der Beschlüsse des GBA über die Einführung von neuen Untersuchung- und Behandlungsmethoden anzupassen. Gleichzeitig sollen die ggf. erforderlichen Vereinbarungen nach § 135 Abs. 2 getroffen werden. Die Regelung baut auf einer zuvor erfolgten Selbstbindung des Bewertungsausschusses auf, legt das Fristenziel jedoch auf die entsprechende Beschlussfassung.[150] Die Regelung soll das Verfahren innerhalb des Bewertungsausschusses beschleunigen und insofern einer aus Sicht der Versicherten zu langen Verfahrensdauer begegnen (zu den Auswirkungen der Neuregelung im Hinblick auf die Ansprüche der Versicherten → Rn 15).[151] Durch das GKV-AMVSG hat der Gesetzgeber dem Bewertungsausschuss weiterhin aufgegeben, den EBM zeitgleich mit einem Beschluss nach § 35 a Abs. 3 S. 1 anzupassen, sofern die Fachinformation eines Arzneimittels zu seiner Anwendung eine zwingend erforderliche Leistung vorsieht. Bewertungsausschuss und GBA wird vorgegeben, das hierzu erforderliche im gegenseitigen Einvernehmen in ihren Verfahrensordnungen zu regeln, die sich zum gegenwärtigen Zeitpunkt in der Abstimmung der Parteien des Bewertungsausschusses befindet.

69 **7. Verhältnis zum BMG (Abs. 6).** Durch die Regelung des Abs. 6 werden dem Bundesgesundheitsministerium verschiedene Aufsichtsrechte gegenüber dem Bewertungsausschuss eingeräumt, die im Zuge steigender Bedeutung des Bewertungsausschusses durch das GKV-WSG durch den Gesetzgeber gestärkt wurden.[152] Sie dienen dazu, die der Selbstverwaltung überlassene Konkretisierung der ambulanten Versorgung im Rahmen der Vorstellungen des Gesetzgebers zu halten, so dass Eingriffsmöglichkeiten des Staates selbst – zumindest mittelbar über die Aufsicht – gewährleistet bleiben.[153] Diese Eingriffsmöglichkeiten sind jedoch – wie auch im Zusammenhang mit dem Handeln des G-BA[154] – auf eine bloße Rechtsaufsicht beschränkt,[155] so dass im Rahmen der Rechtsaufsicht auch der rechtliche Gestaltungsspielraum des (Erweiterten) Bewertungsausschusses durch das BMG zu beachten ist.[156]

70 a) **Teilnahmeberechtigungen des BMG.** Das Bundesgesundheitsministerium ist berechtigt, an allen Sitzungen des Bewertungsausschusses, seiner Unterausschüssen und Arbeitsgruppen sowie denen des Instituts des Bewertungsausschusses teilzunehmen. Damit wird dem BMG eine weitgehende Einsicht in die unmittelbaren Entscheidungsfindungsprozesse ermöglicht, die wiederum eine entsprechende Überwachung des Normsetzungsprozesses ermöglichen.[157]

71 b) **Vorlagepflicht, Beanstandungsrecht.** Dem Bundesgesundheitsministerium sind sowohl die Beschlüsse des Bewertungsausschusses als auch die den Beschlüssen zugrunde liegenden Beratungsunterlagen und die entscheidungserheblichen Gründe vorzulegen, wobei die Unterlagen auch hier dem Vertraulichkeitsschutz nach Abs. 3 unterfallen. Innerhalb von zwei Monaten kann das BMG einen Beschluss des (Erweiterten) Bewertungsausschusses beanstanden. Die Frist wird dabei durch die Anforderung von ergänzenden Unterlagen „unterbrochen", was iS einer „Fristhemmung" zu verstehen ist.[158]

---

150 BT-Dr. 18/4095, 95.
151 BT-Dr. 18/4095, 95.
152 Vgl. BT-Dr. 16/3100, 132; vgl. auch Engelhard in: Hauck/Noftz, SGB V, § 87 Rn. 413, der von einer „Angleichung" an Aufsichtsrechte spricht.
153 Scholz in: Becker/Kingreen, § 87 Rn. 23, verweist insofern auf eine Reaktion des Gesetzgebers auf das Scheitern der Vergütungsreform des GMG.
154 BSG, 6.5.2009, B 6 A 1/08 R, SozR 4-2500, § 94 Nr. 2; BSG, 11.5.2011, B 6 KA 25/10 R, SozR 4-2500 § 92 Nr. 12.
155 Engelhard in: Hauck/Noftz, SGB V, § 87 Rn. 423 a.
156 BSG, 6.5.2009, B 6 A 1/08 R, SozR 4-2500, § 94 Nr. 2; BSG, 11.5.2011, B 6 KA 25/10 R, SozR 4-2500 § 92 Nr. 12.
157 Vgl. BT-Dr. 16/3100, 132.
158 Freudenberg in: jurisPK-SGB V, § 87 Rn. 298.

c) **Auflagen.** Das BMG kann eine Nichtbeanstandung auch mit Auflagen verbinden, wobei in diesem Fall die Nichtbeanstandung von Teilen der Literatur als Bescheid angesehen wird,[159] wohl aber eher als bloße Aufforderung zur Abänderung von Beschlüssen anzusehen ist. Mit der Auflage kann der Bewertungsausschuss aufgefordert werden, seinen Beschluss zB zu modifizieren, wobei diese Auflage mit einer Frist verbunden werden kann.

d) **Festsetzungsrecht des BMG.** Vor dem Hintergrund der im Zusammenhang mit gesetzlich eingeräumten Selbstverwaltungsrechten gebotenen zurückhaltenden Ausübung von Aufsichtsrechten kommt die in Abs. 6 ebenfalls geregelte Ersatzvornahme, die hier Festsetzung heißt, nur als ultima ratio in Betracht. Nach der Vorschrift kommt eine Festsetzung dann in Betracht, wenn Beschlüsse nicht in der vom Ministerium gesetzten Frist zustande kommen oder aber Beanstandungen nicht innerhalb einer gesetzten Frist behoben werden.

e) **Rechtsschutz gegen Aufsichtsmaßnahmen.** Aufsichtsmaßnahmen, die die Kompetenzen der Rechtsaufsicht überschreiten, können im Klageweg angegriffen werden.[160] Gegen Aufsichtsmaßnahmen ist die Aufsichtsklage als Unterfall der Anfechtungsklage die statthafte Klageart, § 54 Abs. 3 SGG. Beanstandungen von Beschlüssen des Bewertungsausschusses waren bis zur Neuregelung durch das Blut- und Gewebegesetz rechtlich als Aufforderungen des BMG zur Abänderung der Beschlüsse zu interpretieren und hemmten damit die Wirkung der Beschlüsse des Bewertungsausschusses nicht.[161] Sie entfalteten damit keine aufschiebende Wirkung auf die Beschlüsse. Das vorstehende wird man nach der Neuregelung durch das Blut- und Gewebegesetz anders sehen müssen. Durch die Neuregelung wird nunmehr der Maßnahmencharakter der Beanstandung verdeutlicht, weswegen nunmehr im Ergebnis von einem Suspensiveffekt der Beanstandung auszugehen ist.

8. Rechtsschutz gegen Beschlüsse des Bewertungsausschusses. Im Hinblick auf den Rechtsschutz[162] gegen Beschlüsse des Bewertungsausschusses rückt einmal mehr der Rechtscharakter der Beschlüsse in den Vordergrund. Soweit es um Beschlüsse des jeweiligen Erweiterten Bewertungsausschusses geht – unabhängig ob sie den EBM oder andere Gegenstände betreffen – die gegenüber den Vertragspartnern als Verwaltungsakte ergehen,[163] ist diesen die Anfechtungsklage gegen die Beschlüsse möglich.[164] In diesen Verfahren ist das LSG Berlin-Brandenburg nach § 29 Abs. 4 Nr. 1 SGG erstinstanzlich zuständig. Demgegenüber ist den Bundesmantelvertragspartnern bei einfachen Beschlüssen des Bewertungsausschusses der Rechtsweg verwehrt,[165] weil die potenziell Anfechtungsberechtigten wegen des Einstimmigkeitsprinzips den Beschlüssen zugestimmt haben müssen und insofern kein Rechtsschutzbedürfnis besteht.[166] Die übrigen Normadressaten sind – in Ermangelung einer Normenkontrollklage im SGG – grundsätzlich darauf verwiesen, die Beschlüsse des (Erweiterten) Bewertungsausschusses inzident im Streit um die Anwendung der entsprechenden Rechtsnorm anzugreifen.[167] Es ist in diesem Zusammenhang (erneut) darauf hinzuweisen, dass die Rechtsprechung durch die Ausgestaltung der untergesetzlichen Normsetzung durch Vertrag, die letztlich eine vergleichsweise kostengünstige Versorgung der gesetzlich krankenversicherten Patienten gewährleistet, die untergesetzlichen Rechtsnormen mit äußerster Zurückhaltung prüft und einen weitgehenden Gestaltungsspielraum der Vertragspartner beachtet.[168] Nach der bisheriger Auffassung des Bundesmantelvertragspartners haben Klagen gegen Beschlüsse des Erweiterten Bewertungsausschusses aufschiebende Wirkung. Die Rechtsprechung des BSG könnte insofern allerdings gegenteilig zu interpretieren sein.[169]

---

159 Engelhard in: Hauck/Noftz, SGB V, § 87 Rn. 425.
160 Für den G-BA: BSG, 6.5.2009, B 6 A 1/08 R, SozR 4-2500, § 94 Nr. 2; BSG, 11.5.2011, B 6 KA 25/10 R, SozR 4-2500 § 92 Nr. 12.
161 Was der Gesetzgeber zwar offenbar anders sieht, sich allerdings dennoch zur Neuregelung veranlasst sah, vgl. hierzu BT-Dr. 18/12587, 57.
162 Vgl. zum Rechtsschutz gegen Bewertungsmaßstäbe unter Auflistung einer umfangreichen Kasuistik Engelhard in: Hauck/Noftz, SGB V, § 87 Rn. 444 ff.
163 BSG, 11.9.2002, B 6 KA 34/01 R, SozR 3-2500 § 87 Nr. 35.
164 BSG, 27.6.2012, B 6 KA 28/11 R, SozR 4-2500 § 87 Nr. 26.
165 Freudenberg in: jurisPK-SGB V, § 87 Rn. 71.
166 BSG, 11.9.2002, B 6 KA 34/01 R, SozR 3-2500, § 87 Nr. 35.
167 Zum Rechtsschutz gegen untergesetzliche Rechtsnormen ausführlich Axer, SGb 2013, 669 ff.
168 Vgl. statt vieler mit Begründung zur Zurückhaltung der Rechtsprechung BSG, 16.5.2001, B 6 KA 20/00 R, SozR 3-2500 § 87 Nr. 29.
169 BSG, 6.2.2013, B 6 KA 50/12 B (nv), führt insofern aus: „Die mit einem Schiedsamt vergleichbare Stellung des EBewA (...) dürfte für eine Übertragung des Grundsatzes streiten, dass die Klage keine aufschiebende Wirkung hat."

76 In der Praxis werden Bestimmungen des EBM im Rahmen ihrer inzidenten Überprüfung entweder mit dem Argument angegriffen, der Bewertungsausschuss fehle es an einer hinreichenden Ermächtigungsgrundlage, eine bestimmte Regelung verstoße gegen das Gebot der Angemessenheit der Vergütung oder aber es handele sich bei der angegriffenen Bestimmung um eine willkürliche Regelung. Demgegenüber begründet der Vortrag eine Leistung könne nicht kostendeckend erbracht werden, keine Rechtswidrigkeit der angegriffenen Gebührenordnungsposition.[170] Vor dem Hintergrund des durch die Rechtsprechung anerkannten Gestaltungsspielraums des Bewertungsausschusses findet ein Eingriff in die Bewertungsmaßstäbe durch die Gerichte nur selten statt. Dies gilt umso mehr, wenn es sich um eine sogenannte Anfangs- und Erprobungsregelung handelt. Dann nämlich billigt die Rechtsprechung dem Bewertungsausschuss einen besonders weiten Gestaltungsspielraum zu – mit dem auf der anderen Seite jedoch eine verstärkte Pflicht zur Beobachtung und Reaktion korrespondiert.[171] Allerdings ist an dieser Stelle darauf hinzuweisen, dass eine Überschreitung der durch die Ermächtigungsnormen zugebilligten Kompetenzen nicht in den Bereich des Gestaltungsspielraums gehört,[172] so dass eine Überschreitung der aus der Kompetenzen des Bewertungsausschusses – dem insofern keine Einschätzungsprärogative zukommt – immer die Rechtswidrigkeit der Entscheidung zur Folge haben muss.

VI. Geplante Änderung durch das Blut- und Gewebegesetz

77 Der Bundestag hat am 1.6.2017 das Gesetz zur Fortschreibung der Vorschriften für Blut- und Gewebezubereitungen und zur Änderung anderer Vorschriften verabschiedet, das sich nach seiner Verkündung wie folgt auf § 87 auswirken soll: Der Vorschrift soll ein neuer Abs. 7 angefügt werden, nach dem Klagen gegen Maßnahmen des Bundesministeriums für Gesundheit nach Abs. 2a S. 14 sowie nach Abs. 6 keine aufschiebende Wirkung haben. Praktischer Hintergrund der Neuregelung war insbesondere die Diskussion um die Auswirkungen von Beanstandungen gegenüber dem Bewertungsausschuss, wobei der Bewertungsausschuss davon ausgegangen war, dass eine Beanstandung die Wirkung seiner Beschlüsse nicht hemmt.

§ 87a Regionale Euro-Gebührenordnung, Morbiditätsbedingte Gesamtvergütung, Behandlungsbedarf der Versicherten

(1) Abweichend von § 82 Abs. 2 Satz 2 und § 85 gelten für die Vergütung vertragsärztlicher Leistungen die in Absatz 2 bis 6 getroffenen Regelungen; dies gilt nicht für vertragszahnärztliche Leistungen.

(2) ¹Die Kassenärztliche Vereinigung und die Landesverbände der Krankenkassen und die Ersatzkassen gemeinsam und einheitlich vereinbaren auf der Grundlage des Orientierungswertes gemäß § 87 Absatz 2e jeweils bis zum 31. Oktober eines jeden Jahres einen Punktwert, der zur Vergütung der vertragsärztlichen Leistungen im Folgejahr anzuwenden ist. ²Die Vertragspartner nach Satz 1 können dabei einen Zuschlag auf den oder einen Abschlag von dem Orientierungswert gemäß § 87 Absatz 2e vereinbaren, um insbesondere regionale Besonderheiten bei der Kosten- und Versorgungsstruktur zu berücksichtigen. ³Darüber hinaus können auf der Grundlage von durch den Bewertungsausschuss festzulegenden Kriterien zur Verbesserung der Versorgung der Versicherten, insbesondere in Planungsbereichen, für die Feststellungen nach § 100 Absatz 1 oder Absatz 3 getroffen wurden, Zuschläge auf den Orientierungswert nach § 87 Absatz 2e für besonders förderungswürdige Leistungen sowie für Leistungen von besonders zu fördernden Leistungserbringern vereinbart werden. ⁴Bei der Festlegung des Zu- oder Abschlags ist zu gewährleisten, dass die medizinisch notwendige Versorgung der Versicherten sichergestellt ist. ⁵Aus dem vereinbarten Punktwert nach diesem Absatz und dem einheitlichen Bewertungsmaßstab für ärztliche Leistungen gemäß § 87 Absatz 1 ist eine regionale Gebührenordnung mit Euro-Preisen (regionale Euro-Gebührenordnung) zu erstellen. ⁶Besonders förderungswürdige Leistungen nach Satz 3 können auch vertragsärztliche Leistungen sein, die telemedizinisch erbracht werden.

(3) ¹Ebenfalls jährlich bis zum 31. Oktober vereinbaren die in Absatz 2 Satz 1 genannten Vertragsparteien gemeinsam und einheitlich für das Folgejahr mit Wirkung für die Krankenkassen die von den Krankenkassen mit befreiender Wirkung an die jeweilige Kassenärztliche Vereinigung zu zahlenden

---

170 Freudenberg in: jurisPK-SGB V, § 87 Rn. 116.
171 Vgl. statt vieler: BSG, 16.5.2001, B 6 KA 20/00 R, SozR 3-2500 § 87 Nr. 29.
172 BSG, 5.6.2013, B 6 KA 47/12 Rn. 33; BSG, 27.6.2012, B 6 KA 28/11 R, SozR 4-2500, § 87 Nr. 26; BSG, 16.5.2001, B 6 KA 20/00 R, SozR 3-2500 § 87 Nr. 29.

morbiditätsbedingten Gesamtvergütungen für die gesamte vertragsärztliche Versorgung der Versicherten mit Wohnort im Bezirk der Kassenärztlichen Vereinigung. ²Hierzu vereinbaren sie als Punktzahlvolumen auf der Grundlage des einheitlichen Bewertungsmaßstabes den mit der Zahl und der Morbiditätsstruktur der Versicherten verbundenen Behandlungsbedarf und bewerten diesen mit dem nach Absatz 2 Satz 1 vereinbarten Punktwert in Euro; der vereinbarte Behandlungsbedarf gilt als notwendige medizinische Versorgung gemäß § 71 Abs. 1 Satz 1. ³Die im Rahmen des Behandlungsbedarfs erbrachten Leistungen sind mit den Preisen der Euro-Gebührenordnung nach Absatz 2 Satz 5 zu vergüten. ⁴Darüber hinausgehende Leistungen, die sich aus einem bei der Vereinbarung der morbiditätsbedingten Gesamtvergütung nicht vorhersehbaren Anstieg des morbiditätsbedingten Behandlungsbedarfs ergeben, sind von den Krankenkassen zeitnah, spätestens im folgenden Abrechnungszeitraum unter Berücksichtigung der Empfehlungen nach Absatz 5 Satz 1 Nr. 1 ebenfalls mit den in der Euro-Gebührenordnung nach Absatz 2 Satz 5 enthaltenen Preisen zu vergüten. ⁵Vertragsärztliche Leistungen bei der Substitutionsbehandlung der Drogenabhängigkeit gemäß den Richtlinien des Gemeinsamen Bundesausschusses sind von den Krankenkassen außerhalb der nach Satz 1 vereinbarten Gesamtvergütungen mit den Preisen der Euro-Gebührenordnung nach Absatz 2 zu vergüten; in Vereinbarungen nach Satz 1 kann darüber hinaus geregelt werden, dass weitere vertragsärztliche Leistungen außerhalb der nach Satz 1 vereinbarten Gesamtvergütungen mit den Preisen der Euro-Gebührenordnung nach Absatz 2 vergütet werden, wenn sie besonders gefördert werden sollen oder soweit dies medizinisch oder auf Grund von Besonderheiten bei Veranlassung und Ausführung der Leistungserbringung erforderlich ist.

(3 a) ¹Für den Fall der überbezirklichen Durchführung der vertragsärztlichen Versorgung sind die Leistungen abweichend von Absatz 3 Satz 3 und 4 von den Krankenkassen mit den Preisen zu vergüten, die in der Kassenärztlichen Vereinigung gelten, deren Mitglied der Leistungserbringer ist. ²Weichen die nach Absatz 2 Satz 5 vereinbarten Preise von den Preisen nach Satz 1 ab, so ist die Abweichung zeitnah, spätestens bei der jeweils folgenden Vereinbarung der Veränderung der morbiditätsbedingten Gesamtvergütung zu berücksichtigen. ³Die Zahl der Versicherten nach Absatz 3 Satz 2 ist entsprechend der Zahl der auf den zu Grunde gelegten Zeitraum entfallenden Versichertentage zu ermitteln. ⁴Weicht die bei der Vereinbarung der morbiditätsbedingten Gesamtvergütung zu Grunde gelegte Zahl der Versicherten von der tatsächlichen Zahl der Versicherten im Vereinbarungszeitraum ab, ist die Abweichung zeitnah, spätestens bei der jeweils folgenden Vereinbarung der Veränderung der morbiditätsbedingten Gesamtvergütung zu berücksichtigen. ⁵Ausgaben für Kostenerstattungsleistungen nach § 13 Abs. 2 und nach § 53 Abs. 4 mit Ausnahme der Kostenerstattungsleistungen nach § 13 Abs. 2 Satz 5 sind auf die nach Absatz 3 Satz 1 zu zahlende Gesamtvergütung anzurechnen.

(4) ¹Grundlage der Vereinbarung über die Anpassung des Behandlungsbedarfs jeweils aufsetzend auf dem insgesamt für alle Versicherten mit Wohnort im Bezirk einer Kassenärztlichen Vereinigung für das Vorjahr nach Absatz 3 Satz 2 vereinbarten und bereinigten Behandlungsbedarf sind insbesondere Veränderungen

1. der Zahl der Versicherten der Krankenkasse mit Wohnort im Bezirk der jeweiligen Kassenärztlichen Vereinigung,
2. der Morbiditätsstruktur der Versicherten aller Krankenkassen mit Wohnort im Bezirk der jeweiligen Kassenärztlichen Vereinigung,
3. von Art und Umfang der ärztlichen Leistungen, soweit sie auf einer Veränderung des gesetzlichen oder satzungsmäßigen Leistungsumfangs der Krankenkassen oder auf Beschlüssen des Gemeinsamen Bundesausschusses nach § 135 Absatz 1 beruhen,
4. des Umfangs der vertragsärztlichen Leistungen aufgrund von Verlagerungen von Leistungen zwischen dem stationären und dem ambulanten Sektor und
5. des Umfangs der vertragsärztlichen Leistungen aufgrund der Ausschöpfung von Wirtschaftlichkeitsreserven bei der vertragsärztlichen Leistungserbringung;

dabei sind die Empfehlungen und Vorgaben des Bewertungsausschusses gemäß Absatz 5 zu berücksichtigen. ²Bei der Ermittlung des Aufsatzwertes für den Behandlungsbedarf nach Satz 1 für eine Krankenkasse ist ihr jeweiliger Anteil an dem insgesamt für alle Versicherten mit Wohnort im Bezirk der Kassenärztlichen Vereinigung für das Vorjahr vereinbarten, bereinigten Behandlungsbedarf entsprechend ihres aktuellen Anteils an der Menge der für vier Quartale abgerechneten Leistungen jeweils nach sachlich-rechnerischer Richtigstellung anzupassen. ³Die jeweils jahresbezogene Veränderung der Morbiditätsstruktur im Bezirk einer Kassenärztlichen Vereinigung ist auf der Grundlage der vertragsärztlichen Behandlungsdiagnosen gemäß § 295 Absatz 1 Satz 2 einerseits sowie auf der Grundlage demografischer Kriterien (Alter und Geschlecht) andererseits durch eine gewichtete Zusammenfassung der vom Bewertungsausschuss als Empfehlungen nach Absatz 5 Satz 2 bis 4 mitgeteilten Raten zu vereinbaren. ⁴Falls erforderlich, können weitere für die ambulante Versorgung relevante Morbiditätskriterien herangezogen werden.

(4 a) ¹Über eine mit Wirkung ab dem 1. Januar 2017 einmalige basiswirksame Erhöhung des nach Absatz 4 Satz 1 für das Jahr 2016 angepassten Aufsatzwertes ist in den Vereinbarungen nach Absatz 3 Satz 1 im Jahr 2016 zu verhandeln, wenn die jeweils für das Jahr 2014 und jeweils einschließlich der Bereinigungen zu berechnende durchschnittliche an die Kassenärztliche Vereinigung entrichtete morbiditätsbedingte Gesamtvergütung je Versicherten mit Wohnort im Bezirk der Kassenärztlichen Vereinigung die durchschnittliche an alle Kassenärztlichen Vereinigungen im Bundesgebiet entrichtete morbiditätsbedingte Gesamtvergütung je Versicherten unterschreitet. ²Die Berechnungen nach Satz 1 werden durch das Institut nach § 87 Absatz 3 b Satz 1 durchgeführt. ³Es teilt den Vertragsparteien nach Absatz 2 Satz 1 und dem Bundesministerium für Gesundheit das Ergebnis bis spätestens zum 15. September 2016 mit. ⁴Eine einmalige basiswirksame Erhöhung des Aufsatzwertes ist nur dann zu vereinbaren, wenn in den Verhandlungen nach Satz 1 festgestellt wird, dass der Aufsatzwert im Jahr 2014 unbegründet zu niedrig war. ⁵Ob und in welchem Umfang der Aufsatzwert im Jahr 2014 unbegründet zu niedrig war, ist von der Kassenärztlichen Vereinigung auch unter Berücksichtigung der Inanspruchnahme des stationären Sektors nachzuweisen. ⁶Der Aufsatzwert ist in dem Umfang zu erhöhen, wie der Aufsatzwert im Jahr 2014 unbegründet zu niedrig war. ⁷Die durch die vereinbarte Erhöhung des Aufsatzwertes einschließlich der Bereinigungen sich ergebende morbiditätsbedingte Gesamtvergütung je Versicherten mit Wohnort im Bezirk der betroffenen Kassenärztlichen Vereinigung im Jahr 2014 darf die für das Jahr 2014 berechnete durchschnittliche an alle Kassenärztlichen Vereinigungen im Bundesgebiet einschließlich der Bereinigung entrichtete morbiditätsbedingte Gesamtvergütung je Versicherten nicht übersteigen. ⁸Die Erhöhung erfolgt um einen im Bezirk der Kassenärztlichen Vereinigung für alle Krankenkassen einheitlichen Faktor. ⁹Die vereinbarte Erhöhung kann auch schrittweise über mehrere Jahre verteilt werden. ¹⁰Die zusätzlichen Mittel sind zur Verbesserung der Versorgungsstruktur einzusetzen. ¹¹Umverteilungen zu Lasten anderer Kassenärztlicher Vereinigungen sind auszuschließen.

(5) ¹Der Bewertungsausschuss beschließt Empfehlungen
1. zur Vereinbarung des Umfangs des nicht vorhersehbaren Anstiegs des morbiditätsbedingten Behandlungsbedarfs nach Absatz 3 Satz 4,
2. zur Vereinbarung von Veränderungen der Morbiditätsstruktur nach Absatz 4 Satz 1 Nummer 2 sowie
3. zur Bestimmung von Vergütungen nach Absatz 3 Satz 5.

²Bei der Empfehlung teilt der Bewertungsausschuss den in Absatz 2 Satz 1 genannten Vertragspartnern die Ergebnisse der Berechnungen des Instituts des Bewertungsausschusses zu den Veränderungen der Morbiditätsstruktur nach Absatz 4 Satz 1 Nummer 2 mit. ³Das Institut des Bewertungsausschusses errechnet für jeden Bezirk einer Kassenärztlichen Vereinigung zwei einheitliche Veränderungsraten, wobei eine Rate insbesondere auf den Behandlungsdiagnosen gemäß § 295 Absatz 1 Satz 2 und die andere Rate auf demografischen Kriterien (Alter und Geschlecht) basiert. ⁴Die Veränderungsraten werden auf der Grundlage des Beschlusses des erweiterten Bewertungsausschusses vom 2. September 2009 Teil B Nummer 2.3 bestimmt mit der Maßgabe, die Datengrundlagen zu aktualisieren. ⁵Zur Ermittlung der diagnosebezogenen Rate ist das geltende Modell des Klassifikationsverfahrens anzuwenden. ⁶Der Bewertungsausschuss kann das Modell in bestimmten Zeitabständen auf seine weitere Eignung für die Anwendung in der vertragsärztlichen Versorgung überprüfen und fortentwickeln ⁷Der Bewertungsausschuss hat zudem Vorgaben für ein Verfahren zur Bereinigung des Behandlungsbedarfs in den durch dieses Gesetz vorgesehenen Fällen sowie zur Ermittlung der Aufsatzwerte nach Absatz 4 Satz 1 und der Anteile der einzelnen Krankenkassen nach Absatz 4 Satz 2 zu beschließen; er kann darüber hinaus insbesondere Empfehlungen zur Vereinbarung von Veränderungen nach Absatz 4 Satz 1 Nummer 3 bis 5 und Satz 3 und 4 sowie ein Verfahren zur Bereinigung der Relativgewichte des Klassifikationsverfahrens im Falle von Vergütungen nach Absatz 3 Satz 5 beschließen. ⁸Die Empfehlungen nach Satz 1 sowie die Vorgaben nach Satz 7 sind jährlich bis spätestens zum 31. August zu beschließen; die Mitteilungen nach Satz 2 erfolgen jährlich bis spätestens zum 15. September. ⁹Der Bewertungsausschuss beschließt geeignete pauschalierende Verfahren zur Bereinigung des Behandlungsbedarfs in den Fällen des § 73 b Absatz 7 Satz 7 und 8. ¹⁰In den Vorgaben zur Ermittlung der Aufsatzwerte nach Absatz 4 Satz 1 sind auch Vorgaben zu beschließen, die die Aufsatzwerte einmalig und basiswirksam jeweils in dem Umfang erhöhen, der dem jeweiligen Betrag der Honorarerhöhung durch die Aufhebung

des Investitionskostenabschlags nach § 120 Absatz 3 Satz 2 in der bis einschließlich 31. Dezember 2015 geltenden Fassung entspricht.

(6) Der Bewertungsausschuss beschließt erstmals bis zum 31. März 2012 Vorgaben zu Art, Umfang, Zeitpunkt und Verfahren der für die Vereinbarungen und Berechnungen nach den Absätzen 2 bis 4 erforderlichen Datenübermittlungen von den Kassenärztlichen Vereinigungen und Krankenkassen an das Institut des Bewertungsausschusses, welches den Vertragspartnern nach Absatz 2 Satz 1 die jeweils erforderlichen Datengrundlagen bis zum 30. Juni eines jeden Jahres zur Verfügung stellt; § 87 Absatz 3 f Satz 2 gilt entsprechend.

Literatur:

Reuter/Volmering/Weinrich, Das GKV-VSG aus Sicht des Vertragsarztes, GesR 2015, 449; *Rixen*, Steuerung der Versorgung durch Vergütung, GesR 2012, 337; *Walendzik/Trottmann/Leonhardt/Wasem*, Honorarverteilung – sollte die morbiditätsbedingte Gesamtvergütung auch morbiditätsadjustiert verteilt werden?, GesundWes 2013, 225; *Halbe/Orlowski/Preusker/Schiller/Wasem*, Versorgungsstrukturgesetz (GKV-VStG); 2013; *Rompf/Lindemann*, Aktuelle Entwicklungen zur Vergütung und Honorarverteilung nach dem GKV-Versorgungsstrukturgesetz, GesR 2012, 669; *Reuter/Weinrich*, Der Gestaltungsspielraum des Bewertungsausschusses, MedR 2013, 584.

I.	Entstehungsgeschichte und Struktur	1	a) Befreiende Wirkung der Gesamtvergütung	35
	1. Begrenzte Gesamtvergütung	4	b) Nachforderungen an Krankenkassen	36
	2. Morbiditätsrisiko	6	c) Extrabudgetären Leistungen	42
	3. Zuschläge	9	4. Anpassung des Behandlungsbedarfs (Abs. 4)	47
	4. Vertragspartner und Gestaltungsspielraum	10	a) Anpassungskriterien	48
	5. Rechtschutz der Vertragspartner	13	b) Vorjahresanknüpfung und Abs. 4a	51
	6. Rechtschutz der Vertragsärzte	16	c) Vorgaben des Bewertungsausschusses (Abs. 5)	56
II.	Regelungsgehalt	21	5. Fremdkassenzahlungsausgleich (Abs. 3a)	60
	1. Regionaler Punktwert (Abs. 2)	21	6. Datenübermittlungen (Abs. 6)	62
	a) Allgemeine Zuschläge	22		
	b) Spezielle Zuschläge	25		
	c) Finanzierung der Zuschläge	28		
	2. Euro-Gebührenordnung	30		
	3. Morbiditätsbedingte Gesamtvergütung (Abs. 3)	31		

I. Entstehungsgeschichte und Struktur

§ 87a wurde durch das GKV-Wettbewerbsstärkungsgesetz (GKV-WSG) v. 26.3.2007 mit Wirkung zum 1.4.2007 in das SGB V eingefügt. Die Norm hat für den vertragsärztlichen Bereich in weiten Teilen die Regelungen des § 85 aF bzw. § 85a aF abgelöst. 1

In der Vergangenheit stellte § 85 die zentrale Norm für die Vergütung der vertragsärztlichen Leistungen dar. Nunmehr ist diese Norm vornehmlich noch für die vertragszahnärztliche Versorgung von Bedeutung. In § 85 waren sowohl die Vereinbarung der vertragsärztlichen Vergütung als auch die Honorarverteilung geregelt. Die Berechnung und Zahlung der Gesamtvergütung sowie die darauf folgenden Verteilung der Gesamtvergütung stellen zwei getrennte Rechtskreise im Rahmen des vertragsärztlichen Vergütungssystems dar.[1] Nunmehr sind diese in § 87a (Vereinbarung der Gesamtvergütung) und § 87b (Verteilung der Gesamtvergütung) auch getrennt geregelt. 2

Mit dem GKV-VStG vom v. 22.12.2011 mit Wirkung zum 1.1.2012 wurde die Grundstruktur von § 87a zwar nicht geändert; jedoch wurden den regionalen Vertragspartner mehr Gestaltungsspielräume überlassen. Die Kompetenzen des Bewertungsausschuss für verbindliche bundeseinheitliche Vorgaben sind überwiegend entfallen, so dass seine Beschlüssen nunmehr hauptsächlich Empfehlungscharakter haben. In der Gesetzesbegründung heißt es dementsprechend, dass durch die Neufassung die deutlich gestärkte Gestaltungsverantwortung der regionalen gemeinsamen Selbstverwaltung, das heißt der jeweiligen Kassenärztlichen Vereinigung und der Landesverbände der Krankenkassen sowie der Ersatzkassen, bei den Vereinbarungen über die Anpassung des notwendigen Behandlungsbedarfs verdeutlicht werde.[2] 3

---

1 BSG, 17.9.2008, B 6 KA 48/07 R, juris Rn. 32 mit Verweis auf: BSG, 21.11.1986, 6 RKa 5/86, juris Rn. 13; siehe auch Hess in: KassKomm, § 85 SGB V Rn. 3.
2 BT-Dr. 17/6906, 63.

4   **1. Begrenzte Gesamtvergütung.** § 87a hält an dem zentralen Strukturprinzip des vertragsärztlichen Vergütungssystems in Form einer begrenzten Gesamtvergütung fest. So gilt weiterhin, dass die Zahlung der Gesamtvergütung für die Krankenkassen eine befreiende Wirkung hat (Abs. 3 S. 1) und hiermit grundsätzlich die Gesamtheit der vertragsärztlichen Leistungen abgegolten ist.[3] Die Krankenkassen sind damit mit der Zahlung der Gesamtvergütung von ihren finanziellen Lasten für die vertragsärztliche Versorgung befreit.[4] Der Anspruch auf Zahlung der Gesamtvergütung steht in diesem Sinne ausschließlich der jeweiligen Kassenärztlichen Vereinigung zu und nicht den einzelnen Vertragsärzten oder ärztlich geleiteten Einrichtungen.[5]

5   Aus dem Vergütungssystem mit einer begrenzten Gesamtvergütung folgt, dass der einzelne Vertragsarzt keinen Anspruch auf ein Honorar in einer bestimmten Höhe hat, sondern nur einen Anspruch auf einen angemessenen Anteil an der Gesamtvergütung.[6] Ein Rechtsanspruch auf ein Einkommen in einer bestimmten Höhe kann auch nicht auf das objektiv-rechtliche Gebot der angemessenen Vergütung ärztlicher Leistungen gestützt werden.[7]

6   **2. Morbiditätsrisiko.** Durch das GKV-WSG v. 26.3.2007 wurde das Verfahren zur Vereinbarung der Gesamtvergütung auf eine neue Grundlage gestellt. Nach der Gesetzesbegründung ist das zentrales Kennzeichen des neuen Vergütungssystems, dass die Krankenkassen das Morbiditätsrisiko tragen, dh sie tragen alle finanziellen Lasten, die aus der Erbringung medizinisch notwendiger vertragsärztlicher Leistungen entstehen.[8]

7   Dies soll dadurch erreicht werden, dass zunächst ein mit der Zahl und der Morbiditätsstruktur verbundener Behandlungsbedarf als Punktzahlvolumen vereinbart wird, welcher bewertet mit dem regionalen Punktwert die morbiditätsbedingte Gesamtvergütung ergibt. Dieser Behandlungsbedarf soll die medizinische notwendige Versorgung abbilden. Der Grundsatz der Beitragssatzstabilität begrenzt die Höhe des so gebildeten Behandlungsbedarfs nicht mehr. Dies wird durch die Formulierung in Abs. 3 S. 2 letzter Hs. zum Ausdruck gebracht, der bestimmt, dass der vereinbarte Behandlungsbedarf als notwendige medizinische Versorgung gemäß § 71 Abs. 1 S. 1 gilt.

8   Dieses neue System löst die Berechnung der Gesamtvergütung nach Kopfpauschalen ab. In diesem Sinne heißt es in der Gesetzesbegründung, dass das von Budgets und veralteten – oftmals nicht mehr leistungsgerechten – Mitglieder-Kopfpauschalen geprägten bisherigen Vergütungssystem, in dem ein Großteil des Morbiditätsrisikos bei den Ärzten liege, durch ein neues Vergütungssystem abgelöst werde, in dem das Morbiditätsrisiko auf die Krankenkasse übergehe.[9] Zudem solle das Verfahren der Vergütungsvereinbarungen sich erheblich vereinfachen und transparenter und einheitlicher werden.

9   **3. Zuschläge.** Bei der Vereinbarung des regionalen Punktwertes können die Vertragspartner gemäß § 87a Zuschlägen auf den Orientierungswert gemäß § 87 Abs. 2 e vorsehen. Aufgrund der Einführung eines bundesweiten Orientierungswertes durch das GKV-WSG musste der Landesebene die Möglichkeit gegeben werden, hiervon abzuweichen, um insbesondere regionalen Besonderheiten bei der Kosten- und Versorgungsstruktur zu berücksichtigen. Nach der Gesetzesbegründung sei diese Differenzierung erforderlich, da sich zwischen den Ländern Unterschiede der für Arztpraxen relevanten Kostenstrukturen (wie zB Lohn- und Gehaltsniveau der Praxisangestellten, Mietniveau etc) ebenso wie Unterschiede in der Versorgungsstruktur (zB Behandlungsfälle, haus- versus fachärztliches Angebotsstrukturen) feststellen lassen.[10]

10 **4. Vertragspartner und Gestaltungsspielraum.** Die morbiditätsbedingte Gesamtvergütungen und die Vereinbarung von Zuschlägen auf den Orientierungswert haben gemäß Abs. 2 S. 1 jeweils die Kassenärztlichen Vereinigungen mit den Landesverbänden der Krankenkassen und den Ersatzkassen zu vereinbaren. Hierbei besteht im Hinblick auf die unterschiedlichen Kassenarten eine Verpflichtung zu einer gemeinsamen und einheitlichen Vereinbarung (Abweichung von §§ 82 Abs. 2 S. 1 iVm 85 Abs. 2

---

3   BSG, 27.6.2012, B 6 KA 28/11 R, juris 59, siehe hierzu auch § 85 Abs. 2 S. 2 Hs. 1.
4   So schon BSG, 31.7.1963, § RK 92/59, Rn. 21.
5   BSG, 17.9.2008, B 6 KA 48/07 R, juris Rn. 32 mwN; vgl. auch BSG, 10.5.1996, 6 RKa 17/94, juris Rn. 18.
6   BSG, 3.3.1999, B 6 KA 8/98, juris Rn. 18; BSG, 14.3.2001, B 6 KA 54/00 R, juris Rn. 28; BSG, 3.3.1999, B 6 KA 8/98, juris Rn. 20.
7   BSG, 3.3.1999, B 6 KA 8/98 R, juris Rn. 18; BSG, 7.2.1996, 6 RKa 6/95.
8   BT-Dr. 16/3100, 120.
9   BT-Dr. 16/3100, 119.
10 BT-Dr. 16/3100, 120.

S. 1 Hs. 2).[11] Ergänzend zu § 87 a gilt weiterhin die gesetzliche Vorgabe in §§ 82 und 85, dass die „Vergütungen der an der vertragsärztlichen Versorgung teilnehmenden Ärzte und Einrichtungen" durch Gesamtverträge geregelt werden (§ 82 Abs. 2 S. 1) und die Gesamtvergütungen „nach Maßgabe der Gesamtverträge" entrichtet werden (§ 85 Abs. 1).[12] Die Gesamtverträge sind gemäß § 71 Abs. 4 der jeweils zuständigen Aufsichtsbehörde vorzulegen.

Die Vertragsabschlusskompetenz bei der Kassenärztlichen Vereinigung liegt beim Vorstand. Das Bundessozialgericht hat unlängst entschieden, dass die Vertreterversammlung nicht in die dem Vorstand zugewiesenen Kernkompetenzen, wie beispielsweise die Vertragsabschlusskompetenz, eingreifen darf.[13] Sofern aber Fragen von grundsätzlicher Bedeutung für die Kassenärztliche Vereinigung betroffen sind, kann die Vertreterversammlung gemäß § 79 Abs. 3 S. 1 Nr. 3 SGB V zu diesen Fragen Grundsatzentscheidungen bzw. Leitentscheidungen treffen. Der Vorstand ist in diesem Fall an die Grundsatzentscheidungen der Vertreterversammlung gebunden.

Soweit die Vertragspartner nicht zu einer Einigung gelangen, können sie das Schiedsamt gemäß § 89 Abs. 1 anrufen. Das Schiedsamt verfügt über die gleiche Gestaltungsmacht wie die Vertragspartner, so dass auch fakultative Vertragsbestandteile durch das Schiedsamt festgesetzt werden können.[14]

5. Rechtsschutz der Vertragspartner. Die Vertragspartner können jeweils den Schiedsspruch mit der Anfechtungs- und Verpflichtungsklage zur Neubescheidung gemäß §§ 54 Abs. 1 iVm § 131 Abs. 3 SGG (sog Bescheidungsklage) angreifen.[15] Dies ergibt sich daraus, dass die Festsetzung des Vertragsinhalts durch ein Schiedsamt gegenüber den Vertragspartnern einen Verwaltungsakt darstellt.[16] Das Landessozialgericht entscheidet gemäß § 29 Abs. 2 Nr. 1 SGG im ersten Rechtszug über Klagen gegen Entscheidungen der Landesschiedsämter. Eines Vorverfahrens bedarf es gemäß § 78 Abs. 1 S. 2 SGG iVm § 89 Abs. 1 S. 6 und Abs. 1 a S. 4 nicht.[17]

Hierbei sind die Schiedssprüche gemäß § 89 nur in eingeschränktem Umfang einer gerichtlichen Kontrolle zugänglich.[18] Die Schiedsämter haben einen weiten Gestaltungsspielraum, da deren Sprüche fehlende Vereinbarungen der zum Vertragsabschluss berufenen Vertragspartner ersetzen. Der weite Gestaltungsspielraum der Vertragspartner und des Schiedsamt ergibt sich aus dem in den Vertragsverhandlungen angelegten Interessenausgleich und Kompromisscharakter.[19] Eine Verhandlung ohne einen entsprechenden Gestaltungsspielraum würde der Verhandlung ihres konstitutiven Elements berauben.[20]

In formeller Hinsicht ist durch die Gerichte zu prüfen, ob das Schiedsamt den von ihm zugrunde gelegten Sachverhalt in einem fairen Verfahren unter Wahrung des rechtlichen Gehörs ermittelt hat und sein Schiedsspruch die Gründe für das Entscheidungsergebnis ausreichend erkennen lässt. Die inhaltliche Kontrolle ist darauf beschränkt, dass der vom Schiedsamt zugrunde gelegte Sachverhalt zutrifft und dass Schiedsamt den ihm zustehende Gestaltungsspielraum eingehalten, insbesondere die maßgeblichen Rechtsmaßstäbe beachtet hat.[21]

6. Rechtsschutz der Vertragsärzte. Problematischer ist die Frage, ob auch der einzelne Vertragsarzt die Vereinbarung zur morbiditätsbedingten Gesamtvergütung inzident im Rahmen der Anfechtung seines Honorarbescheides angreifen kann.

In der Vergangenheit ist das Bundessozialgericht davon ausgegangen, dass dem einzelnen Vertragsarzt keine Überprüfungsmöglichkeit der Höhe der Gesamtvergütung zusteht.[22] Dies wurde damit begründet, dass es im vertragsärztlichen Vergütungssystem zwei eigenständige formal getrennte Rechtskreise gebe, nämlich die Berechnung und Zahlung der Gesamtvergütungen auf der einen und der Verteilung

---

11 § 211 a S. 1 SGB bestimmt, dass sich die Landesverbände und Ersatzkassen einigen sollen und enthält in S. 2 eine Konfliktlösung für den Fall der Nichteinigung.
12 BSG, 27.6.2012, B 6 KA 28/11 R, juris Rn. 68.
13 BSG, 30.10.2013, B 6 KA 48/12 R, juris Rn. 20.
14 BSG, 21.3.2012, B 6 KA 21/11 R, juris Rn. 27.
15 LSG Nds, 17.10.2012, L 3 KA 1/09 KL, juris Rn. 24; bei zwischenzeitlicher Erledigung ist auch Umstellung auf Fortsetzungsfeststellungsklage gemäß § 131 Abs. 1 S. 3 SGG zulässig.
16 BSG, 16.7.2003, B 6 KA 29/02 R.
17 BSG, 21.3.2012, B 6 KA 21/11 R.
18 BSG, 14.12.2000, B 3 P19/00 R.
19 BSG, 16.7.2003, B 6 KA 29/02 R.
20 Siehe umfassend zum Gestaltungsspielraum: Reuter/Weinrich, MedR 2013, 584.
21 BSG, 27.3.2013, B 1 KR 16/13 R, juris Rn. 27 mwN zur diesbezüglichen Rspr.
22 BSG, 31.8.2005, B 6 KA 6/04; siehe auch BSG, 17.9.2008, B 6 KA 48/07 R.

der Gesamtvergütungen auf der anderen Seite.[23] Bei der Vereinbarung der Höhe der Gesamtvergütung handele es sich im Gegensatz zur Verteilung der Gesamtvergütung nicht um einen normativ auch gegenüber nicht am Vertragsschluss beteiligte Dritte wirkenden Vertrag. Dieser Vertrag habe lediglich obligatorische Wirkung zwischen den Vertragsschließenden und könne nur durch die Aufsichtsbehörden und – im Falle eines Schiedsspruches – auf Anfechtung eines Vertragspartners überprüft werden.[24] Die Vereinbarung der Gesamtvergütung wirke sich für die Vertragsärzte allenfalls mittelbar bzw. faktisch aus. Die Rechtschutzposition des einzelnen Vertragsarztes sei bezogen auf die Gesamtvergütung darauf beschränkt, dass er bei ihrer Verteilung angemessen berücksichtigt werde.

18 Die Beschränkung der Überprüfung der Höhe der Gesamtvergütung durch die Aufsichtsbehörden bzw. auf Anfechtung eines Vertragspartners hin – und nicht im Rahmen eines Honorarstreits eines Vertragsarztes – sei auch vor dem Hintergrund der Funktionsfähigkeit des vertragsärztlichen Vergütungssystems erforderlich, da sonst die Kalkulierbarkeit der Ausgaben der Krankenkassen entfiele. In diesem Sinne hat das Bundessozialgericht ausgeführt: „Wenn in jedem Vergütungsrechtsstreit inzidenter die Rechtmäßigkeit der vereinbarten Veränderungen der Gesamtvergütung geprüft werden könnte, stünde oft nahezu 10 Jahre nach Abschluss des betroffenen Quartals die Höhe der von der einzelnen Krankenkasse zu leistenden Gesamtvergütung noch nicht fest. Das wäre zunächst nicht mit der notwendigen Kalkulierbarkeit der Ausgaben der Krankenkassen und der befreienden Wirkung der Entrichtung der Gesamtvergütung gemäß § 85 Abs. 1 vereinbar."[25]

19 Mit Urteil vom 11.12.2013 hat das Bundessozialgericht klargestellt, dass – soweit etwa die Ermittlung der morbiditätsbedingten Gesamtvergütung oder des Orientierungswertes rechtlich determiniert und nicht Gegenstand von Verhandlungen der Partner der Gesamtverträge sei – der einzelne Vertragsarzt mit der Anfechtung des Honorarbescheides bzw. des Bescheides über das ihm zugewiesene RLV gerichtlich klären lassen könne, ob die maßgeblichen gesetzlichen Vorschriften richtig umgesetzt worden sind.[26] Dies steht vor dem Hintergrund, dass die Höhe der Gesamtvergütungen nicht mehr – unter Beachtung des Grundsatzes der Beitragssatzstabilität – "frei" ausgehandelt werden kann, sondern sich (weitgehend) aus den Vorgaben des Gesetzes und – jedenfalls in der Zeit zwischen 2009 bis Ende 2011 – des Bewertungsausschusses ergibt.[27]

20 In diesem Sinne sind alle gesetzlichen Vorgaben des vertragsärztlichen Vergütungssystems inzident im Rahmen eines Honorarstreits eines Vertragsarztes vom Gericht zu überprüfen.[28] Lediglich der eigentliche Aushandlungsprozess der Partner der Gesamtverträge hinsichtlich der Höhe der Gesamtvergütungen ist der gerichtlichen Kontrolle auf Klagen von Vertragsärzten sowie von einzelnen Krankenkassen entzogen.[29]

II. Regelungsgehalt

21 **1. Regionaler Punktwert (Abs. 2).** Die Vertragsparteien haben gemäß Abs. 2 S. 1 einen regionalen Punktwert zu vereinbaren, der zusammen mit dem morbiditätsbedingten Behandlungsbedarf die morbiditätsbedingte Gesamtvergütung ergibt.

22 **a) Allgemeine Zuschläge.** Bei der Festlegung des regionalen Punktwertes kann gemäß Abs. 2 S. 2 ein Zuschlag oder ein Abschlag auf den Orientierungswert gemäß § 87 Abs. 2 e vereinbart werden. Die Vereinbarung von Zuschlägen wird so nicht verpflichtend vorgegeben, sondern steht im jeweiligen Ermessen der Gesamtvertragspartner. Die Materie ist aber ausschließlich den regionalen Gesamtvertragspartner zugewiesen. Der Bewertungsausschuss auf Bundesebene ist nicht berechtigt, in die Kompetenz der regionalen Vertragspartner zur Vereinbarung von Zuschlägen sowie zur Vereinbarung der Gesamtvergütungen einzugreifen.[30]

---

23 BSG, 17.9.2008, B 6 KA 48/07 R, juris Rn. 32 mwN; Hess in: KassKomm, § 85 SGB V Rn. 3.
24 BSG, 31.8.2005, B 6 KA 6/04 R, juris Rn. 17.
25 BSG, 31.8.2005, B 6 KA 6/04 R, juris Rn. 22.
26 BSG, 11.12.2013, B 6 KA 4/12 R, juris Rn. 11; aA Engelhard in: Hauck/Noftz, SGB V, § 87a Rn. 142 für die Rechtslage nach GKV-VStG.
27 Siehe hierzu: BSG, 27.6.2012, B 6 KA 28/11 R, juris Rn. 62 f.
28 In der Entscheidung vom 31.8.2013, B 6 KA 6/04 R, juris Rn. 21, heißt es, dass nur die Vertragspartner selber die Gesamtvergütungsvereinbarung einer gerichtlichen Kontrolle unterziehen lassen können, ob das Schiedsamt die gesetzlichen Grenzen und Vorgaben beachtet hat.
29 BSG, 11.12.2013, B 6 KA 4/12 R, juris Rn. 11.
30 BSG, 27.6.2012, B 6 KA 28/11 R, juris Rn. 41.

Bei der Vereinbarung von Zuschlägen sind gemäß Abs. 2 S. 2 insbesondere regionale Besonderheiten 23
bei der Kosten- und Versorgungsstruktur zu berücksichtigen.[31] Zudem ist nach Abs. 2 S. 4 zu gewährleisten, dass die medizinische Versorgung der Versicherten sichergestellt ist. Damit wird deutlich, dass den Gesamtvertragspartner hinsichtlich der Bestimmung von Zu- und Abschlägen ein weiter Gestaltungsspielraum zukommt. Durch das Wort „insbesondere" wird zum Ausdruck gebracht, dass die regionale Besonderheiten bei der Kosten- und Versorgungsstruktur nicht abschließend die Gründe für ein Abweichen vom Orientierungswert vorgeben. Die äußere Grenze des Gestaltungsspielraumes bildet die Sicherstellung der medizinischen Versorgung der Versicherten.

An diesen weiten Gestaltungsspielraum anknüpfend hat das Bundessozialgericht entschieden, dass Zu- 24
schläge auch für einzelne Leistungen zulässig sind.[32] Die Vertragspartner dürften bei der Vereinbarung von Zuschlägen berücksichtigen, dass ein Absinken der Vergütung für besonders förderungswürdige Leistungen zu Sicherstellungsproblemen führen könnte.[33]

b) **Spezielle Zuschläge.** Mit dem GKV-VStG wurde in Abs. 1 ein neuer S. 3 eingefügt. Hiernach kön- 25
nen auf der Grundlage von durch den Bewertungsausschuss festzulegenden Kriterien zur Verbesserung der Versorgung der Versicherten, insbesondere in Planungsbereichen, für die Feststellungen nach § 100 Abs. 1 oder 3 getroffen wurden, Zuschläge von besonders sowie für Leistungen von besonders zu fördernden Leistungserbringern vereinbart werden.

Nach der Gesetzesbegründung werden hierdurch die Instrumente zur Sicherstellung der ärztlichen Ver- 26
sorgung ausgebaut und die Regelungen zur Steuerung des Niederlassungsverhaltens von Vertragsärzten über Vergütungsanreize weiterentwickelt. Zudem eröffne die Regelung auch den rechtlichen Spielraum der besonderen Leistungsfähigkeit von Ärztinnen und Ärzten insbesondere im Hinblick auf eine überdurchschnittliche Qualität, die an definierte Versorgungsziele geknüpft sei (zB Verbesserung des Blutzuckerwertes bei Diabetikern), adäquat Rechnung zu tragen.[34] Die Vorschrift soll damit den Wegfall eines gesonderten Orientierungswertes im Falle von Über- und Unterversorgung kompensieren.[35]

Da die Rechtsprechung aber bereits aufgrund von Abs. 2 S. 2 leistungsbezogene Zuschläge gebilligt 27
hat,[36] kommt Abs. 2 S. 3 letztlich nur eine Klarstellungfunktion zu.[37]

c) **Finanzierung der Zuschläge.** Soweit die Zuschläge Leistungen der morbiditätsbedingten Gesamt- 28
vergütung betreffen, führt die Vereinbarung von Zuschlägen zu einer Erhöhung der Gesamtvergütung. Das ergibt sich aus der Systematik des Gesetzes, da durch die Vereinbarung der Zuschläge der regionale Punktwert steigt, welcher wiederum in Verbindung mit dem Behandlungsbedarf die morbiditätsbedingte Gesamtvergütung ergibt. Dieses Ergebnis wird auch durch die Gesetzesbegründung unterstrichen. So heißt es, dass sich aus dem Regelungszusammenhang mit Abs. 3 ergebe, dass aus der Möglichkeit, für bestimmte Leistungen Zuschläge zu vereinbaren, eine ausgabenwirksame Anhebung der von den Krankenkassen zu zahlenden Gesamtvergütung resultiere.[38]

Soweit die Zuschläge extrabudgetäre Leistungen betreffen, führt das nicht zu einer Erhöhung der Ge- 29
samtvergütung. In diesem Fall werden auch die Zuschläge extrabudgetär finanziert.[39]

2. Euro-Gebührenordnung. Die regionale Gebührenordnung mit Euro-Preisen (regionale Euro-Ge- 30
bührenordnung) wird gemäß Abs. 1 S. 5 aus dem vereinbarten Punktwert sowie dem einheitlichen Bewertungsmaßstab für ärztliche Leistungen gemäß § 87 Abs. 1 S. 1 erstellt. Rechtstechnisch wird in diesem Sinne keine Euro-Gebührenordnung durch die Gesamtvertragspartner vereinbart, vielmehr wird ausschließlich ein Punktwert auf der Grundlage des Orientierungspunktwertes festgelegt, welcher dann im Zusammenspiel mit dem einheitlichen Bewertungsmaßstab die regionale Euro-Gebührenordnung ergibt.

---

31 Nach der Rspr. kann die Wendung „regional" nur planungsbereichsbezogen gemeint sein, weil Gesamtverträge ohnehin nur – mit Ausnahme von NRW – für ein Bundesland geschlossen werden, siehe BSG, 11.12.2013, B 6 KA 4/12 R, juris Rn. 26.
32 Vgl. BSG, 21.3.2012, B 6 KA 21/11 R, juris 35.
33 BSG, 11.12.2013, B 6 KA 4/13 R, juris Rn. 78.
34 BT-Dr. 17/6906, 62.
35 Siehe hierzu Rixen, GesR 2012, 337, 340.
36 Vgl. BSG, 21.3.2012, B 6 KA 21/11 R, juris 35.
37 In diesem Sinne auch Rompf/Lindemann, GesR 2012, 669, 673.
38 BT-Dr. 17/6906, 62.
39 So auch BSG, 27.6.2012, B 6 KA 28/11 R, juris Rn. 57.

31 **3. Morbiditätsbedingte Gesamtvergütung (Abs. 3).** Abs. 3 beschreibt das Verfahren zur Bildung der morbiditätsbedingten Gesamtvergütung. Die Gesamtvergütung ergibt sich hierbei grundsätzlich aus einem jährlich fortzuentwickelnden Behandlungsbedarf, der die Zahl und die Morbiditätsstruktur der Versicherten abbilden soll, und dem gemäß § 87 a Abs. 2 S. 1 vereinbarten Punktwert. Hierbei gilt gemäß Abs. 4 S. 1 das Wohnortprinzip, dh dass die Krankenkassen die Gesamtvergütung für die Versicherten mit Wohnort im Bezirk der Kassenärztlichen Vereinigung zahlen.

32 Der Grundsatz der Beitragssatzstabilität begrenzt hierbei nicht mehr das Ausgabevolumen, vielmehr soll sich dieses unter anderem an der Morbiditätsentwicklung orientieren.[40] In diesem Sinne heißt es in Abs. 3 S. 2 Hs. 2, dass der vereinbarte Behandlungsbedarf als notwendige medizinische Versorgung gem. § 71 Abs. 1 S. 1 gilt. Damit ist die Beitragssatzstabilität der Berücksichtigung der Morbiditätsstruktur im Rahmen der Anpassung des Behandlungsbedarfs nachgeordnet bzw. der vereinbarte Behandlungsbedarf gilt stets den Grundsatz der Beitragssatzstabilität wahrend.

33 Für das Jahr 2009 und 2010, in dem erstmals nach dem neuen Vergütungssystems des GKV-WSG die Gesamtvergütung zu berechnen war, traf § 87 c aF Sonderregelungen. Von der Rechtsprechung ist bereits entschieden, dass die Vorgaben des (Erweiterten) Bewertungsausschusses für die erstmalige Bildung der Gesamtvergütung in seinem Beschluss vom 27./28.8.2008 rechtmäßig waren.[41]

34 Ebenfalls für die Jahre 2011 und 2012 ordnete § 87 d von § 87 a Abs. 3 und 4 abweichende Regelungen zur Anpassung der morbiditätsbedingten Gesamtvergütung an. Diese Regelung war durch das GKV-Finanzierungsgesetz vom 22.12.2010 mit Wirkung zum 1.1.2011 (GKV-FinG) eingefügt worden. Die Regelung sollte zur Begrenzung des Ausgabenzuwachses in der vertragsärztlichen Versorgung in den Jahren 2011 und 2012 beitragen.[42]

35 a) **Befreiende Wirkung der Gesamtvergütung.** Im Hinblick auf die Vereinbarung der Gesamtvergütung wird an dem zentralen Strukturprinzip des vertragsärztlichen Vergütungssystems in Form einer begrenzten Gesamtvergütung festgehalten. So gilt gem. Abs. 3 S. 1, dass die Gesamtvertragspartner die von den Krankenkassen mit befreiender Wirkung an die jeweilige Kassenärztliche Vereinigung zu zahlende morbiditätsbedingte Gesamtvergütung für die gesamte vertragsärztliche Versorgung der Versicherten mit Wohnort im Bezirk der Kassenärztlichen Vereinigung vereinbaren. Das heißt, dass mit der Zahlung der Gesamtvergütung grundsätzlich alle Vergütungsansprüche aus den im Rahmen der vertragsärztlichen Versorgung erbrachten Leistungen für den jeweiligen Vergütungszeitraum abgegolten sind und die Krankenkassen von ihren finanziellen Lasten für die vertragsärztliche Versorgung befreit sind.[43]

36 b) **Nachforderungen an Krankenkassen.** Grundsätzlich sind im vertragsärztlichen Vergütungssystem Nachforderungen der Kassenärztlichen Vereinigungen gegenüber den Krankenkassen ausgeschlossen.[44] Das ist darin begründet, dass auch die Krankenkassen ihrerseits von den Versicherten nachträglich keine höheren Beiträge einziehen können und daher Nachforderungen von einem anders zusammengesetzten Versichertenkollektiv zu finanzieren wären. Die Befreiungswirkung ist daher nach der Rechtsprechung weiterhin ein zentrales und unverzichtbares Element des vertragsärztlichen Vergütungssystems.[45]

37 § 87 a sieht aber für zwei Fallkonstellationen explizit eine Durchbrechung des Grundsatzes der befreienden Wirkung der Zahlung der Gesamtvergütung vor. So ist in Abs. 3 S. 4 bei einem unvorhersehbaren Anstieg des morbiditätsbedingten Behandlungsbedarfs eine Nachschusspflicht der Krankenkassen vorgesehen. Ein weiter gesetzlich geregelten Fall, in dem eine Anpassungspflicht für die Krankenkassen besteht, ist gemäß Abs. 3 a S. 4, wenn die bei der Vereinbarung der morbiditätsbedingten Gesamtvergütung zu Grunde gelegte Zahl der Versicherten von der tatsächlichen Zahl der Versicherten im Vereinbarungszeitraum abweicht. Auch in diesem Fall ist die Abweichung zeitnah von den Gesamtvertragspartnern zu berücksichtigen.

---

40 Siehe hierzu BT-Dr. 16/3100, 120: „Zentrale Kennzeichen des neuen Vergütungssystems ist, dass die Krankenkassen das Morbiditätsrisiko tragen, dh sie tragen alle finanziellen Lasten, die aus der Erbringung medizinisch notwendiger vertragsärztlicher Leistungen entstehen."
41 Vgl. BSG, 21.3.2012, B 6 KA 21/11 R, juris Rn. 39 ff.
42 Siehe hierzu BT-Dr. 17/3040, 24.
43 BSG, 27.6.2012, B 6 KA 28/11 R, juris 59; siehe auch Engelhard in: Hauck/Noftz, SGB V, § 87 a Rn. 42.
44 StRspr. des BSG, vgl. BSG, 28.9.2005, B 6 KA 71/04 R, juris Rn. 23 mwN.
45 BSG, 27.6.2012, B 6 KA 28/11 R, juris 62 f.

Problematisch ist, ob neben den gesetzlichen Sonderregelungen ein Raum für Nachschusspflichten der Krankenkassen ist. Hierzu ist in der Rechtsprechung anerkannt, dass eine Nachschusspflicht auf besondere Ausnahmesituationen beschränkt bleiben müsse, um nicht den Grundsatz einer befreienden Wirkung auszuhöhlen. 38

Eine solche Ausnahmesituation soll nach der Rechtsprechung dann vorliegen, wenn das Vergütungsniveau einer Gruppe von Leistungserbringern maßgeblich durch verbindliche Vorgaben des Bewertungsausschusses beeinflusst wird und sich diese Vorgaben nachträglich als rechtswidrig herausstellen.[46] Soweit hiernach ein Anspruch der Kassenärztlichen Vereinigungen auf eine Nachschusspflicht besteht kann dieser nach der Rechtsprechung über das Schiedsamt oder gerichtlich im Wege einer Leistungsklage durchgesetzt werden.[47] 39

Dies bedeutet, dass teilweise rechtswidrige Vergütungsregelungen des Einheitlichen Bewertungsmaßstabes nicht direkt zu einer rechtswidrigen Gesamtvergütungsvereinbarung führen. Vielmehr erhalten die Kassenärztlichen Vereinigungen in einem solchen Fall einen Anspruch auf Nachschüsse, welchen sie gesondert geltend machen müssen. Anspruchsgrundlage ist in diesem Fall ein Wegfall der Geschäftsgrundlage im Sinne von § 59 SGB X[48] vor. § 59 regelt im Sozialrecht den allgemeinen Rechtsgrundsatz, dass die Bindung an einen Vertrag unter dem Vorbehalt gleichbleibender Verhältnisse steht (*clausula rebus sic stantibus*).[49] 40

Zudem führt eine rechtswidrige Berechnung und Anpassung der Gesamtvergütung immer zu Nachschusspflichten der Krankenkassen, soweit der Rechtsverstoß nur so geheilt werden kann. Dies gilt auch dann, wenn die Rechtswidrigkeit der Gesamtvergütungsvereinbarung im Rahmen eines Honorarstreits eines Vertragsarztes festgestellt worden ist.[50] 41

c) **Extrabudgetären Leistungen.** Gemäß Abs. 3 S. 5 können die Gesamtvertragspartner vereinbaren, dass vertragsärztliche Leistungen außerhalb der Gesamtvergütung mit den Preisen der regionalen Euro-Gebührenordnung vergütet werden, wenn sie besonders gefördert werden sollen oder soweit dies medizinisch oder aufgrund von Besonderheiten bei der Veranlassung und Ausführung der Leistungserbringung erforderlich ist. Diese Leistungen werden von den gesetzlichen Krankenkassen ohne Mengenbegrenzung zu einem festen Preis entsprechend der regionalen Euro-Gebührenordnung vergütet.[51] 42

Diese Form der extrabudgetären Vergütung ist durch Abs. 3 S. 5 für die vertragsärztlichen Leistungen bei der Substitutionsbehandlung der Drogenabhängigkeit gemäß den Richtlinien des Gemeinsamen Bundesausschusses vorgeschrieben. Von den Gesamtvertragspartnern wurde regelmäßig beschlossen, die Leistungen des ambulanten Operierens sowie belegärztliche Leistungen extrabudgetär zu vergüten. Zudem wurde mit Beschluss des Bewertungsausschusses in seiner 288. Sitzung am 22.10.2013 erklärt, dass die Leistungen der Psychotherapie in die Liste der extrabudgetären Leistungen überführt werden. 43

Problematisch ist, inwieweit sich schon aus dem AOP-Vertrag gemäß § 115 b eine extrabudgetäre Vergütung für die Leistungen des ambulanten Operierens ergibt. Der dreiseitige AOP-Vertrag sieht in § 7 eine außerbudgetäre Vergütung der AOP-Leistungen vor. Die Entscheidung des SG Berlin,[52] welche eine außerbudgetäre Vergütung als rechtswidrig eingestuft hat, bezog sich auf die Rechtslage gemäß § 85 aF. Ab dem Jahr 2010 gilt daher wieder gemäß § 7 des AOP-Vertrages eine extrabudgetäre Vergütung für die Leistungen des ambulanten Operierens.[53] 44

Die Regelung im AOP-Vertrag muss aber noch von den regionalen Gesamtvertragspartnern umgesetzt werden. Eine Umsetzung ist notwendig, da nur Gesamtvertragspartner gemäß Abs. 3 S. 5 die Kompetenz zur Bestimmung extrabudgetärer Leistungen haben und die vertragsärztlichen Vergütungsvorschriften auch im Bereich des ambulanten Operierens gemäß § 115 b für die Vertragsärzte gelten.[54] 45

---

46 BSG, 27.6.2012, B 6 KA 28/11 R, juris Rn. 65, mit Verweis auf BSG, 28.1.2004, B 6 KA 52/03 R; vgl. auch Engelhard in: Hauck/Noftz, SGB V, § 87 a Rn. 47.
47 BSG, 27.6.2012, B 6 KA 28/11 R, juris Rn. 68.
48 Zur Geltung der Vorschriften der §§ 53 ff. SGB X hinsichtlich der Gesamtverträge siehe die Kommentierung von Weinrich zu § 82.
49 Vgl. § 313 BGB.
50 Vgl. hierzu § 87 a Rn. 16 [[I.6]] zur Entscheidung des BSG, 11.12.2013, B 6 KA 4/12 R.
51 BT-Dr. 16/4247, 41.
52 SG Berlin, 19.1.2011, S 79 KA 977/06.
53 Vgl. die Entscheidung des Bundesschiedsamt vom 24.12.2012, durch das die Zeiträume von 2007–2009 neu gefasst worden sind.
54 Vgl. insoweit LSG Bln-Bbg, 15.7.2009, L 7 B 74/08 ER; SG Berlin, 19.1.2011, S 79 KA 977/06, juris Rn. 29.

46 Ebenso hat der Bewertungsausschuss keine Kompetenz, die extrabudgetär zu finanzierenden Leistungen verpflichtend vorzugeben.[55] Nach dem GKV-VStG hat jedoch der Bewertungsausschuss gemäß Abs. 5 S. 1 Nr. 3 Empfehlungen zur extrabudgetären Vergütungen von ärztlichen Leistungen zu beschließen.

47 **4. Anpassung des Behandlungsbedarfs (Abs. 4).** Für die jährliche Anpassung des Behandlungsbedarfs enthält Abs. 4 spezifische Vorgaben. Allgemeine Rechtsgrundlage für die Vereinbarung des Behandlungsbedarfs bleibt aber Abs. 3 S. 2.

48 a) *Anpassungskriterien.* Der Behandlungsbedarf ist gemäß Abs. 4 Nr. 1–5 insbesondere im Hinblick auf Veränderungen der Zahl der Versicherten im Bezirk der jeweiligen Kassenärztlichen Vereinigung, der Morbiditätsstruktur der Versicherten, von Art und Umfang der ärztlichen Leistungen, soweit sie auf einer Veränderung des gesetzlichen oder satzungsmäßigen Leistungsumfangs der Krankenkassen oder auf Beschlüsse des Gemeinsamen Bundesausschusses beruhen, des Umfangs der vertragsärztlichen Leistungen aufgrund von Verlagerungen von Leistungen zwischen dem stationären und ambulanten Sektor und des Umfangs der vertragsärztlichen Leistungen aufgrund der Ausschöpfung von Wirtschaftlichkeitsreserven bei der vertragsärztlichen Leistungserbringung anzupassen.

49 Gemäß Abs. 4 S. 3 ist die jeweils jahresbezogene Veränderung der Morbiditätsstruktur im Bezirk einer Kassenärztlichen Vereinigung auf der Grundlage der vertragsärztlichen Behandlungsdiagnosen gemäß § 295 Abs. S. 1 einerseits sowie auf Grundlage demografischer Kriterien (Alter und Geschlecht) andererseits durch ein gewichtete Zusammenfassung der vom Institut des Bewertungsausschusses als Empfehlungen mitgeteilten Raten zu vereinbaren. Hierbei sind eine Addition der demografischen Rate und der diagnosebezogenen Rate sowie eine Veränderung dieser Raten ausgeschlossen.[56]

50 Durch die einleitende Formulierung in Abs. 4 S. 1 „Grundlage der Vereinbarung über die Anpassung des Behandlungsbedarfs [...] sind insbesondere Veränderungen" wird deutlich, dass die aufgeführten Tatbestände bei der Anpassung des Behandlungsbedarfes nicht als abschließend zu verstehen sind und demensprechend noch weitere Kriterien berücksichtigt werden können.[57] In diesem Sinne ist auch die Formulierung in Abs. 4 S. 4 zu verstehen, nach der weitere für die ambulante Versorgung relevante Morbiditätskriterien herangezogen werden können. Hierdurch wird deutlich, dass über die Berücksichtigung der mitgeteilten jahresbezogenen Veränderungsrate des Instituts des Bewertungsausschusses noch weitere Faktoren bei der Anpassung des Behandlungsbedarfs einfließen können. So kann beispielsweise in diesem Zusammenhang das Morbiditätskriterium „Arbeitslosigkeit" berücksichtigt werden.

51 b) *Vorjahresanknüpfung und Abs. 4 a.* Gemäß Abs. 4 S. 1 ist der Ausgangspunkt für die Anpassung der für das Vorjahr vereinbarte und bereinigte Behandlungsbedarf.

52 Bei der Weiterentwicklung des Behandlungsbedarfs entsprechend der Morbiditätsentwicklung gem. § 87a Abs. 4 gilt das Prinzip der Vorjahresanknüpfung. Hiernach ist davon auszugehen, dass die Höhe der im Vorjahr vereinbarten oder gesetzlich festgelegten Gesamtvergütung angemessen ist und dass diese Gesamtvergütung deshalb im darauffolgenden Jahr als maßgeblicher Ausgangspunkt zugrunde zu legen ist und dass bei der neuen Vereinbarung allein die eingetretenen Veränderungen zu berücksichtigen sind.

53 Aufgrund dieser Rechtsprechung des Bundessozialgerichts wurde mit dem GKV-VSG den Gesamtvertragspartner in § 87a Abs. 4a die Möglichkeit eingeräumt, die morbiditätsbedingte Gesamtvergütung über die regelmäßige jährliche Anpassung einmalig zu erhöhen. Verhandlungen für eine basiswirksame Anhebung der morbiditätsbedingten Gesamtvergütung (MGV) kommen jedoch nur dann in Betracht, wenn gem. § 87a Abs. 4a die jeweils für das Jahr 2014 und jeweils einschließlich der Bereinigung zu berechnende durchschnittliche an die Kassenärztliche Vereinigung entrichtete morbiditätsbedingte Gesamtvergütung je Versicherten mit Wohnort im Bezirk der Kassenärztlichen Vereinigung die durchschnittliche an alle Kassenärztlichen Vereinigungen im Bundesgebiet entrichtete morbiditätsbedingte Gesamtvergütung je Versicherten unterschreitet. Sollte dies der Fall sein, wird eine einmalige basiswirksame Erhöhung des Aufsatzwertes vereinbart, wenn die Gesamtvertragspartner feststellen, dass der Aufsatzwert im Jahr 2014 unbegründet zu niedrig war. Aber auch die Erhöhung des Aufsatzwertes darf die durchschnittliche an alle Kassenärztlichen Vereinigungen (KVen) im Bundesgebiet einschließ-

---

55 BSG, 21.3.2012, B 6 KA 21/11 R, juris Rn. 25.
56 So BT-Dr. 17/6906, 63.
57 Siehe hierzu BSG, 21.3.2012, B 6 KA 21/11 R, juris Rn. 35.

lich der Bereinigung entrichtete morbiditätsbedingte Gesamtvergütung pro Versicherten nicht überschreiten.

Der Gesetzgeber gibt so einen Korridor für die Verhandlungen zur Anpassung der morbiditätsbedingten Gesamtvergütung vor. An diesen Korridor wird geknüpft, welche Kassenärztliche Vereinigung überhaupt über eine Anpassung verhandeln darf und wie hoch die Anpassung maximal sein darf. Die Berechnungen für diesen Verhandlungskorridor hat gem. § 87a Abs. 4a S. 2 SGB V das Institut des Bewertungsausschusses durchzuführen. Gem. § 87a Abs. 4a S. 3 SGB V hat es den Gesamtvertragspartner und dem Bundesministerium für Gesundheit das Ergebnis bis spätestens zum 15.9.2016 mitzuteilen.

Die in diesem Zusammenhang erforderliche Mitteilung der Berechnungen des Instituts des Bewertungsausschusses gemäß § 87a Abs. 4a S. 2 SGB V stellt allerdings keine untergesetzliche Rechtsnorm und auch keine Allgemeinverfügung gemäß § 31 Abs. 1 S. 2 SGB X dar. Die Berechnungen sind vielmehr als sachverständiges Gutachten als Grundlage für die Verhandlungen der Gesamtvertragspartner zu bewerten. Soweit die Berechnungen nicht mit den Vorgaben in § 87a Abs. 4a SGB V übereinstimmen, können die Gesamtvertragspartner davon abweichen.

c) **Vorgaben des Bewertungsausschusses (Abs. 5).** Der Bewertungsausschuss hat gem. Abs. 5 Empfehlungen zum Umfang des nicht vorhersehbaren Anstiegs des morbiditätsbedingten Behandlungsbedarfs, zur Veränderung der Morbiditätsstruktur und zur extrabudgetären Vergütung zu beschließen. Gemäß Abs. 5 S. 7 Hs. 2 kann er zu den weiteren von den regionalen Vertragspartner zu berücksichtigen Kriterien Empfehlungen beschließen. Dies stellt jedoch eine „Kann-Vorschrift" dar, so dass er hierzu nicht verpflichtet ist.

Die Empfehlungen des Bewertungsausschusses sind für die regionalen Vertragspartner nicht verbindlich.[58] Dies wird auch dadurch zum Ausdruck gebracht, dass diese von den Gesamtvertragspartnern zu berücksichtigen sind. „Berücksichtigen" meint im Sprachgebrauch des SGB V, dass die Kriterien lediglich abwägend zu würdigen sind.[59] Die Formulierung „berücksichtigen" steht im Gegensatz zu dem Wort „beachten", das eine Verbindlichkeit anordnet. Über das System der Schiedsvereinbarungen erhalten die Empfehlungen aber dennoch eine stark steuernde Funktion, da die Schiedsämter sich oftmals bei ihren Entscheidungen an den Empfehlungen des Bewertungsausschusses orientieren.

Zudem hat der Bewertungsausschuss gemäß Abs. 5 S. 7 und S. 9 Vorgaben zur Bereinigung des Behandlungsbedarfs sowie zur Ermittlung der Aufsatzwerte und der Anteile der einzelnen Krankenkassen zu beschließen. Weiterhin hat der Bewertungsausschuss Vorgaben zu beschließen, die die Aufsatzwerte einmalig und basiswirksam jeweils in dem Umfang erhöhen, der dem jeweiligen Betrag der Honorarerhöhung durch die Aufhebung des Investitionskostenabschlags nach § 120 Abs. 3 S. 2 in der bis einschließlich 31.12.2015 geltenden Fassung entspricht.

Die Empfehlungen und Verfahrensvorgaben des Bewertungsausschusses sowie Mitteilungen von auf den Bezirk einer Kassenärztlichen Vereinigung bezogenen Berechnungsergebnissen an die Vertragspartner stellen die wesentliche Verhandlungsgrundlage für die regionalen Gesamtvertragspartner dar.[60]

5. **Fremdkassenzahlungsausgleich (Abs. 3a).** Der Fremdkassenzahlungsausgleich regelt Ausgleichszahlungen zwischen den Kassenärztlichen Vereinigungen, die dann notwendig werden, wenn die Versicherten außerhalb ihres Wohnorts (KV-Bezirk) Vertragsärzte in Anspruch nehmen. Abs. 3a bestimmt hierzu, dass im Fall der überbezirklichen Durchführung der vertragsärztlichen Versorgung die Leistungen von den Krankenkassen jeweils mit den Preisen zu vergüten sind, die in der Kassenärztlichen Vereinigung gelten, deren Mitglied der Leistungserbringer ist. § 87a Abs. 3a greift aber nur dann ein, wenn in der Wohnort-KV und der Leistungserbringer KV voneinander abweichende regionale Euro-Gebührenordnungen vereinbart worden sind. Zu der Quotierung, die eingreift, wenn das Volumen der abgerechneten Leistungen den vereinbarten Behandlungsbedarf übersteigt, trifft dagegen § 87a Abs. 3a keine Aussage.[61]

Die gesetzlich Regelung zur überbezirklichen vertragsärztlichen Versorgung gemäß Abs. 3a richtet sich allein an die Kassenärztlichen Vereinigungen bzw. Krankenkassen; die Richtlinie der Kassenärztlichen Bundesvereinigung gemäß § 75 Abs. 7 Nr. 2 iVm Abs. 7a an die Kassenärztlichen Vereinigungen. Hier-

---

58 So BT-Dr. 17/6906, 63.
59 Vgl. hierzu BSG, 15.3.2012, B 3 KR 13/11 R, juris Rn. 64; BSG, 14.5.1992, 6 RKa 41/91, juris Rn. 37.
60 BT-Dr. 17/6906, 63.
61 So: BSG, 15.6.2016, B 6 KA 27/15 R, juris Rn. 39 ff.

aus ergeben sich keine Vorgaben für die Vergütung der Vertragsärzte.[62] Nach der Rechtsprechung des Bundessozialgerichts erfolgt die Vergütung von Fremdkassenfällen des einzelnen Vertragsarztes allein auf der Grundlage des Honorarverteilungsmaßstabes seiner zuständigen Kassenärztlichen Vereinigung.[63]

62 6. **Datenübermittlungen (Abs. 6).** Gemäß Abs. 6 hat der Bewertungsausschuss Vorgaben zu Art, Umfang, Zeitpunkt und Verfahren der für die Vereinbarung und Berechnungen der morbiditätsbedingten Gesamtvergütung erforderlichen Datenübermittlungen von den Kassenärztlichen Vereinigungen und Krankenkassen an das Institut des Bewertungsausschusses zu beschließen. Das Institut des Bewertungsausschuss hat dann wiederum den Gesamtvertragspartner die aufbereiteten Daten für Ihre Verhandlungen zur Verfügung zu stellen.

§ 87b Vergütung der Ärzte (Honorarverteilung)

(1) [1]Die Kassenärztliche Vereinigung verteilt die vereinbarten Gesamtvergütungen an die Ärzte, Psychotherapeuten, medizinischen Versorgungszentren sowie ermächtigten Einrichtungen, die an der vertragsärztlichen Versorgung teilnehmen, getrennt für die Bereiche der hausärztlichen und der fachärztlichen Versorgung; dabei sollen die von fachärztlich tätigen Ärzten erbrachten hausärztlichen Leistungen nicht den hausärztlichen Teil der Gesamtvergütungen und die von hausärztlich tätigen Ärzten erbrachten fachärztlichen Leistungen nicht den fachärztlichen Teil der Gesamtvergütungen mindern. [2]Die Kassenärztliche Vereinigung wendet bei der Verteilung den Verteilungsmaßstab an, der im Benehmen mit den Landesverbänden der Krankenkassen und den Ersatzkassen festgesetzt worden ist. [3]Die Vergütung der Leistungen im Notfall und im Notdienst erfolgt aus einem vor der Trennung für die Versorgungsbereiche gebildeten eigenen Honorarvolumen mit der Maßgabe, dass für diese Leistungen im Verteilungsmaßstab keine Maßnahmen zur Begrenzung oder Minderung des Honorars angewandt werden dürfen. [4]Bisherige Bestimmungen, insbesondere zur Zuweisung von arzt- und praxisbezogenen Regelleistungsvolumen, gelten bis zur Entscheidung über einen Verteilungsmaßstab vorläufig fort.

(2) [1]Der Verteilungsmaßstab hat Regelungen vorzusehen, die verhindern, dass die Tätigkeit des Leistungserbringers über seinen Versorgungsauftrag nach § 95 Absatz 3 oder seinen Ermächtigungsumfang hinaus übermäßig ausgedehnt wird; dabei soll dem Leistungserbringer eine Kalkulationssicherheit hinsichtlich der Höhe seines zu erwartenden Honorars ermöglicht werden. [2]Der Verteilungsmaßstab hat der kooperativen Behandlung von Patienten in dafür gebildeten Versorgungsformen angemessen Rechnung zu tragen. [3]Für Praxisnetze, die von den Kassenärztlichen Vereinigungen anerkannt sind, müssen gesonderte Vergütungsregelungen vorgesehen werden; für solche Praxisnetze können auch eigene Honorarvolumen als Teil der morbiditätsbedingten Gesamtvergütungen nach § 87a Absatz 3 gebildet werden. [4]Im Verteilungsmaßstab sind Regelungen zur Vergütung psychotherapeutischer Leistungen der Psychotherapeuten, der Fachärzte für Kinder- und Jugendpsychiatrie und -psychotherapie, der Fachärzte für Psychiatrie und Psychotherapie, der Fachärzte für Nervenheilkunde, der Fachärzte für psychosomatische Medizin und Psychotherapie sowie der ausschließlich psychotherapeutisch tätigen Ärzte zu treffen, die eine angemessene Höhe der Vergütung je Zeiteinheit gewährleisten. [5]Im Verteilungsmaßstab dürfen keine Maßnahmen zur Begrenzung oder Minderung des Honorars für anästhesiologische Leistungen angewandt werden, die im Zusammenhang mit vertragszahnärztlichen Behandlungen von Patienten mit mangelnder Kooperationsfähigkeit bei geistiger Behinderung oder schwerer Dyskinesie notwendig sind. [6]Widerspruch und Klage gegen die Honorarfestsetzung sowie gegen deren Änderung oder Aufhebung haben keine aufschiebende Wirkung.

(3) [1]Hat der Landesausschuss der Ärzte und Krankenkassen einen Beschluss nach § 100 Absatz 1 oder 3 getroffen, dürfen für Ärzte der betroffenen Arztgruppe im Verteilungsmaßstab Maßnahmen zur Fallzahlbegrenzung oder -minderung nicht bei der Behandlung von Patienten des betreffenden Planungsbereiches angewendet werden. [2]Darüber hinausgehend hat der Verteilungsmaßstab geeignete Regelungen vorzusehen, nach der die Kassenärztliche Vereinigung im Einzelfall verpflichtet ist, zu prüfen, ob und in welchem Umfang diese Maßnahme ausreichend ist, die Sicherstellung der medizinischen Versorgung zu gewährleisten. [3]Die Kassenärztliche Vereinigung veröffentlicht einmal jährlich in geeig-

---

62 Vgl. BSG, 21. 05.2003, B 6 KA 31/01 R, juris Rn. 18.
63 Vgl. BSG, 21. 05.2003, B 6 KA 31/01 R, juris Rn. 18.

neter Form Informationen über die Grundsätze und Versorgungsziele des Honorarverteilungsmaßstabs.

(4) ¹Die Kassenärztliche Bundesvereinigung hat Vorgaben zur Festlegung und Anpassung des Vergütungsvolumens für die hausärztliche und fachärztliche Versorgung nach Absatz 1 Satz 1 sowie Kriterien und Qualitätsanforderungen für die Anerkennung besonders förderungswürdiger Praxisnetze nach Absatz 2 Satz 2 als Rahmenvorgabe für Richtlinien der Kassenärztlichen Vereinigungen, insbesondere zu Versorgungszielen, im Einvernehmen mit dem Spitzenverband Bund der Krankenkassen zu bestimmen. ²Darüber hinaus hat die Kassenärztliche Bundesvereinigung Vorgaben insbesondere zu den Regelungen des Absatzes 2 Satz 1 bis 4 und zur Durchführung geeigneter und neutraler Verfahren zur Honorarbereinigung zu bestimmen; dabei ist das Benehmen mit dem Spitzenverband Bund der Krankenkassen herzustellen. ³Die Vorgaben nach den Sätzen 1 und 2 sind von den Kassenärztlichen Vereinigungen zu beachten. ⁴Die Kassenärztlichen Vereinigungen haben bis spätestens zum 23. Oktober 2015 Richtlinien nach Satz 1 zu beschließen.

(5) Die Regelungen der Absätze 1 bis 4 gelten nicht für vertragszahnärztliche Leistungen.

Literatur:

Bäune/Dahm/Flassbarth, Vertragsärztliche Versorgung unter dem GKV-Versorgungsstrukturgesetz, MedR 2012, 77; *Clemens*, Regelungen der Honorarverteilung – Der Stand der Rechtsprechung, MedR 2000, 17; *Halbe/Orlowski/Preusker/Schiller/Wasem*, Versorgungsstrukturgesetz (GKV-VStG); 2013; *Reuter*, Aktuelle Entscheidungen des Bundessozialgerichts zum vertragsärztlichen Vergütungsrecht, GesR 2016, 409; *ders./Volmering/Weinrich*, Das GKV-VSG aus Sicht des Vertragsarztes, GesR 2015, 449; *Rixen*, Das Vergütungsrecht der Vertragsärzte: ein juristisch filigran konstruiertes Knappheitsverteilungsproblem, SGb 2006, 497; *Rompf/Lindemann*, Aktuelle Entwicklungen zur Vergütung und Honorarverteilung nach dem GKV-Versorgungsstrukturgesetz, GesR 2012, 669.

I. Entstehungsgeschichte und Struktur 1	a) Getrennte Verteilung 42
1. Begrenzte Gesamtvergütung 5	b) Mengensteuerung und Kalkulationssicherheit 45
2. Aufgabe der Honorarverteilung 7	c) Übermäßige Ausdehnung der vertragsärztlichen Tätigkeit 47
II. Regelungsgehalt 11	d) Formen der Honorarbegrenzung ... 50
1. Honorarverteilung durch KV (Abs. 1) .. 11	aa) Honorartöpfe 51
a) Gestaltungsspielraum 12	bb) Honorarbegrenzungsregelungen auf Arztebene 56
b) Leistungsproportionale Vergütung 14	e) Kooperative Behandlungsformen und Praxisnetze 59
c) Feste Punktwerte............ 19	f) Angemessene Vergütung für psychotherapeutische Leistungen 62
2. Grundsatz der Honorarverteilungsgerechtigkeit 23	g) Maßnahmen gegen Unterversorgung (Abs. 3)............ 64
a) Teilhaberecht............ 25	5. Vorgaben der Kassenärztlichen Bundesvereinigung (Abs. 4) 65
b) Strikt zeitgebundene Leistungen.... 31	6. Rechtsschutz 71
c) Unterdurchschnittlich abrechnende Praxen............ 33	
d) Praxisbesonderheiten 35	
e) Härtefallregelung 37	
3. Der Honorarverteilungsmaßstab (Abs. 1)............ 39	
4. Besondere gesetzliche Vorgaben für Honorarverteilung (Abs. 1, 2, 3)........ 42	

I. Entstehungsgeschichte und Struktur

§ 87b wurde durch das GKV-Wettbewerbsstärkungsgesetz (GKV-WSG) vom 26.3.2007 mit Wirkung vom 1.4.2007 eingefügt. § 87b sollte die Honorarverteilung durch die Einführung des Systems der Regelleistungsvolumina reformieren. Einher ging hiermit der Versuch einer Vereinheitlichung der vertragsärztlichen Vergütung auf Bundesebene, die insbesondere durch verbindliche Vorgaben durch den Bewertungsausschuss erreicht werden sollte. 1

Die Norm hat für den vertragsärztlichen Bereich in weiten Teilen die Regelungen des § 85 aF abgelöst. In der Vergangenheit stellte § 85 die zentrale Norm für die Vergütung der vertragsärztlichen Leistungen dar. Nunmehr ist diese Norm vornehmlich noch für die vertragszahnärztliche Versorgung von Bedeutung. 2

Durch das Gesetz zur Verbesserung der Versorgungsstrukturen in der gesetzlichen Krankenversicherung (GKV-VStG) vom 22.12.2011 mit Wirkung vom 1.1.2012 wurde § 87b völlig neu gefasst. Im Zentrum stand hier eine Regionalisierung der Honorarverteilung. In diesem Sinne wird in der Geset- 3 zesbegründung ausgeführt, dass die Regelungen eine Regionalisierung und Flexibilisierung der Honorarverteilung begründen.[1] Mit der Neufassung wird in wesentlichen Punkten an die bis zum 1.7.2004 geltende Rechtslage angeknüpft. Dem Bewertungsausschuss kommen keine Kompetenzen mehr im Bereich der Honorarverteilung zu; bundesweite Kriterien werden vielmehr von der Kassenärztlichen Bundesvereinigung vorgegeben. Die Verteilung der Gesamtvergütung wird nicht mehr durch gesetzlich vorgegebene Regelleistungsvolumen bestimmt, sondern erfolgt autonom durch Regelungen der Kassenärztlichen Vereinigungen in Honorarverteilungsmaßstäben.

4 § 87 b regelt die Verteilung der Gesamtvergütung, während die Vereinbarung der Höhe der Gesamtvergütung in § 87 a geregelt wird. Die Berechnung und Zahlung der Gesamtvergütung sowie die darauf folgenden Verteilung der Gesamtvergütung stellen die beiden zentralen Rechtskreise im Rahmen des vertragsärztlichen Vergütungssystems dar.[2] Die §§ 87 a iVm § 87 b halten dabei an dem klassischen Strukturprinzip des vertragsärztlichen Vergütungssystems fest, in dem die Krankenkassen nicht jede ärztliche Leistungen gesondert honorieren, sondern mit befreiender Wirkung gemäß § 87 a Abs. 3 S. 1 eine von den Kassenärztlichen Vereinigungen zu verteilende Gesamtvergütung entrichten.

5 **1. Begrenzte Gesamtvergütung.** § 87 a hält an dem zentralen Strukturprinzip des vertragsärztlichen Vergütungssystems in Form einer begrenzten Gesamtvergütung fest. So gilt weiterhin, dass die Zahlung der Gesamtvergütung für die Krankenkassen eine befreiende Wirkung hat (§ 87 a Abs. 3 S. 1) und hiermit grundsätzlich die Gesamtheit der vertragsärztlichen Leistungen abgegolten ist.[3] Die Krankenkassen sind damit mit der Zahlung der Gesamtvergütung von ihren finanziellen Lasten für die vertragsärztliche Versorgung befreit.[4] Der Anspruch auf Zahlung der Gesamtvergütung steht in diesem Sinne ausschließlich der jeweiligen Kassenärztlichen Vereinigung zu und nicht den einzelnen Vertragsärzten oder ärztlich geleiteten Einrichtungen.[5]

6 Folge einer begrenzten Gesamtvergütung ist zwingend, dass nicht jede Leistung mit einem festen Preis honoriert werden kann. Soweit die Menge der Leistungen steigt, reichen bei einer begrenzten Gesamtvergütung nicht mehr die finanziellen Mittel aus, um jede Leistung mit dem festen Preis zu bezahlen. Die Garantie fester Preise ist daher mit einer begrenzten Gesamtvergütung nicht kompatibel.[6] Aus dem Vergütungssystem mit einer begrenzten Gesamtvergütung folgt auch, dass der einzelne Vertragsarzt keinen Anspruch auf ein Honorar in einer bestimmten Höhe hat, sondern nur einen Anspruch auf einen angemessenen Anteil an der Gesamtvergütung.[7] Ein Rechtsanspruch auf einen höheren bzw. zumindest garantierten Preis bzw. Punktwert kann auch nicht auf das objektiv-rechtliche Gebot der angemessenen Vergütung ärztlicher Leistungen gestützt werden.[8] Durch eine begrenzte Gesamtvergütung sind damit Begrenzungen der Vergütung letztlich präjudiziert.

7 **2. Aufgabe der Honorarverteilung.** Ausgangspunkt für die Honorarverteilungsmaßnahmen sind in der Regel Mengenausweitungen der ärztlichen Leistungen. Soweit die Menge der abgerechneten ärztlichen Leistungen und damit die Menge der abgerechneten Punkte konstant bleiben würden, könnte jede Leistung mit einem entsprechend konstanten Punktwert vergütet werden. Die Honorarverteilung würde nicht zu Kürzungen oder Budgetierungen des ärztlichen Honorars führen.

8 Der ärztliche Bereich ist aber regelmäßig aufgrund des medizinischen Fortschritts und der demographischen Entwicklung von Leistungsausweitungen betroffen. Diese Leistungsausweitungen führen bei einer nicht entsprechenden Steigerung der Gesamtvergütung dazu, dass die Preise für die einzelnen Leistungen sinken. Diese sinkenden Preise äußern sich in einem Punktwertverfall (sog floatende Punktwerte).

9 Eine streng leistungsproportionale Vergütung, dh das alle Leistungen mit dem gleichen Punktwert vergütet werden, führt bei Mengenausweitungen zu starken Punktwertrückgängen. Wenn jede Leistung einheitlich bezahlt wird, müssen zwangsläufig bei einer Mengenentwicklung die Preise bzw. Punktwerte einheitlich für jede Leistung sinken. Zudem ergeben sich aufgrund der Leistungsausweitung Hono-

---

1 BT-Dr. 17/6906, 65.
2 Vgl. zu den formal getrennten Rechtskreisen: BSG, 17.9.2008, B 6 KA 48/07 R, juris Rn. 32, mit Verweis auf BSG, 21.11.1986, 6 RKa 5/86, juris Rn. 13; siehe auch: Hess in: KassKomm, § 85 SGB V Rn. 3.
3 BSG, 27.6.2012, B 6 KA 28/11 R, juris Rn. 59, siehe hierzu auch § 85 Abs. 2 S. 2 Hs. 1.
4 So schon BSG, 31.7.1963, § RK 92/59, Rn. 21.
5 BSG, 17.9.2008, B 6 KA 48/07 R, juris Rn. 32 mwN; vgl. auch BSG, 10.5.1996, 6 RKa 17/94, juris Rn. 18.
6 So auch BSG, 11.12.2013, B 6 KA 6/13 R, juris Rn. 29; BSG, 17.7.2013, B 6 KA 45/12 R, juris Rn. 26.
7 BSG, 3.3.1999, B 6 KA 8/98, juris Rn. 18; BSG, 14.3.2001, B 6 KA 54/00 R, juris Rn. 28; BSG, 3.3.1999, B 6 KA 8/98, juris Rn. 20.
8 BSG, 3.3.1999, B 6 KA 8/98 R, juris Rn. 17; BSG, 7.2.1996, 6 RKa 6/95.

rarverschiebungen zwischen den einzelnen Arztgruppen und Ärzten. Diejenigen Arztgruppen und Ärzte, die ihre Leistungen ausdehnen können, sichern sich sukzessive einen immer größeren Anteil an dem Gesamthonorarvolumen zulasten anderer Arztgruppen und Ärzte.

Vor diesem Hintergrund muss die Honorarverteilung einen Ausgleich zwischen einer einerseits leistungsproportionalen Vergütung der vertragsärztlichen Leistungen und andererseits entsprechenden Korrektiven schaffen, die Honorarverschiebungen bzw. Honorarverwerfungen zwischen den einzelnen Arztgruppen und Ärzten verhindert, und eine gewisse Punktwertstabilität gewährleisten.

II. Regelungsgehalt

1. Honorarverteilung durch KV (Abs. 1). Gemäß Abs. 1 S. 1 verteilt die Kassenärztliche Vereinigung die vereinbarte Gesamtvergütung an die Ärzte, Psychotherapeuten, medizinische Versorgungszentren sowie ermächtige Einrichtungen, die an der vertragsärztlichen Versorgung teilnehmen.

a) Gestaltungsspielraum. Der Kassenärztlichen Vereinigung steht im Rahmen der gesetzlichen Vorgaben nach ständiger Rechtsprechung ein weiter Gestaltungsspielraum bei der Honorarverteilung zu.[9] Dieser ist ähnlich dem Gestaltungsspielraum des Gesetzgebers. Die Kassenärztliche Vereinigung hat grundsätzlich selbstverantwortlich und aufgrund eigner Sachkunde und Willensbildung zu beurteilen, wie die gestellten Aufgaben am zweckmäßigsten zu lösen sind.[10] Dabei kommt der Honorarverteilung auch eine Lenkungs- und Steuerungsfunktion zu.[11] Bei der Neuregelung komplexer Sachverhalte steht dem Normgeber zudem unter dem Gesichtspunkt der Anfangs- und Erprobungsregelung ein besonders weiter Spielraum in Form von Ermittlungs-, Erprobungs- und Umsetzungsspielräumen zu, so dass für einen Übergangszeitraum auch an sich rechtlich problematische Regelungen hingenommen werden müssen.[12]

Aufgrund des weiten Gestaltungsspielraumes ist nicht durch die Gerichte nachzuprüfen, ob der Normgeber jeweils die zweckmäßigste, vernünftigste und gerechteste Lösung gefunden hat.[13] Der Gestaltungsspielraum wird nach der Rechtsprechung erst dann rechtswidrig ausgeübt, wenn die jeweilige Gestaltung in Anbetracht des Zwecks der konkreten Ermächtigung unvertretbar oder unverhältnismäßig ist. Der Honorarverteilungsmaßstab muss in diesem Sinne mit der Ermächtigungsgrundlage in Einklang stehen sowie den aus Art. 12 Abs. 1 iVm Art. 3 Abs. 1 GG herzuleitenden Grundsatz der Honorarverteilungsgerechtigkeit beachten.[14]

b) Leistungsproportionale Vergütung. Abs. 1 S. 1 enthält nicht mehr die Vorgabe, dass bei der Verteilung Art und Umfang der Leistungen zugrunde zu legen sind. Hierdurch wird der Tatsache Rechnung getragen, dass eine streng leistungsproportionale Vergütung bei begrenzten Finanzmitteln zu Honorarverschiebungen zwischen den Ärzten und Arztgruppen führt.

Den Grundsatz der leistungsproportionalen Vergütung enthielt schon § 368 f RVO in der Fassung des Gesetzes über das Kassenarztrecht vom 17.8.1955. So hieß es in § 386 f Abs. 1 S. 4 RVO, dass bei der Verteilung Art und Umfang der Leistungen des Kassenarztes zugrunde zu legen sind. An dieses System der leistungsproportionalen Vergütung anknüpfend hat das Bundesverfassungsgericht erklärt: „In Wahrheit ist der Spielraum der Kassenärztlichen der KV bei der Festsetzung des Honorarverteilungsmaßstabes recht begrenzt, da einerseits der Betrag der zu verteilenden Gesamtvergütung und andererseits die Summe der nach Art und Umfang der ärztlichen Leistungen zu berechnenden, meist auf der Grundlage von Gebührenordnungen ermittelten Honorarforderungen festliegen und innerhalb dieses Rahmens eine prinzipiell gleichmäßige Verteilung zu erfolgen hat."[15]

Die strenge Einhaltung des Grundsatzes der leistungsproportionalen Vergütung führt aber in einem System mit einer zunehmend budgetierten Gesamtvergütung zu Honorarverwerfungen und Honorarverschiebungen. Diejenige Arztgruppe und Ärzte, die ihre Leistungen besonders ausweiten können,

---

9 BSG, 27.6.2012, B 6 KA 37/11 R, juris Rn. 22 mwN Zum Rechtscharakter des Gestaltungsspielraumes siehe Reuter/Weinrich, Der Gestaltungsspielraum des Bewertungsausschusses, MedR 2013, 584.
10 Vgl. BVerfG, 10.5.1972, 1 BvR 286/65, juris Rn. 33.
11 BSG, 23.3.2011, B 6 KA 6/10 R, juris Rn. 25 mwN.
12 BSG, 16.5.2001, B 6 KA 20/00 R, juris Rn. 39.
13 BVerfG, 10.5.1972, 1 BvR 286/65, juris Rn. 42.
14 BSG, 28.1.2009, B 6 KA 5/08 R, juris Rn. 16 mwN; siehe auch BSG, 29.8.2007, B 6 KA 43/06 R, juris Rn. 17.
15 BVerfG, 10.5.1972, 1 BvR 286/65, juris Rn. 31.

vergrößerten sukzessive ihren Anteil an der Gesamtvergütung zulasten anderer Arztgruppen und Ärzte.

17 Die Rechtsprechung hat daher schon früh erklärt, dass § 386 f Abs. 1 S. 4 RVO die Verteilungskriterien nicht abschließend festlege und daher der Bestimmung auch nicht die Forderung entnommen werden könne, die Leistungen müssten nach Art und Umfang stets gleichmäßig, dh mit einem für alle einheitlichen Punktwert, vergütet werden.[16]

18 Ein dem Grundsatz der leistungsproportionalen Vergütung gegenläufiges Prinzip ist die Bildung von Honorarkontingenten. Durch die Einführung von sog Honorarkontingenten bzw. Honorartöpfen kann erreicht werden, dass die begrenzte Gesamtvergütung sich in den verschiedenen Arztgruppen bzw. Leistungsbereichen gleichmäßig verteilt. Honorarkontingente können so verhindern, dass sich die Anteile an den Gesamtvergütungen für einzelne Arztgruppen verringern, weil andere Gruppen durch Mengenausweitungen ihre Anteile an den Gesamtvergütungen absichern oder sogar vergrößern.[17] Aus der Bildung von Honorartöpfen ergibt sich aber auch die Konsequenz, dass die vertragsärztlichen Leistungen nicht mehr entsprechend dem Einheitlichen Bewertungsmaßstab (EBM) im selben Verhältnis, sondern, abhängig von der Mengenentwicklung im jeweiligen Leistungsbereich, mit verschiedenen Punktwerten unterschiedlich hoch vergütet werden.[18]

19 c) Feste Punktwerte. Gemäß § 87 a Abs. 2 S. 1 vereinbaren die Kassenärztlichen Vereinigungen und die Landesverbände der Krankenkassen und die Ersatzkassen auf der Grundlage des Orientierungspunktwertes eine Punktwert, der zur Vergütung der vertragsärztlichen Leistungen im Folgejahr anzuwenden ist. Weiter heißt es in § 87 a Abs. 3 S. 3, dass die im Rahmen des Bundeshandlungsbedarfs erbrachten Leistungen mit den Preisen der Euro-Gebührenordnung zu vergüten sind.

20 Aus diesen Vorgaben folgt jedoch nicht eine Garantie fester Punktwerte. Die Garantie fester Preise ist nicht mit einer begrenzten Gesamtvergütung kompatibel.[19] So führt das Bundessozialgericht zutreffend aus, dass eine begrenzte Gesamtvergütung die Vergütung aller vertragsärztlichen Leistungen mit einem festen Punktwert ausschließe.[20]

21 In diesem Sinne bedeutet Behandlungsbedarf iS des § 87 a Abs. 3 nicht das faktische Behandlungsaufkommen, sondern allein der durch Vereinbarung festgelegte Bedarf.[21] Soweit das faktische Behandlungsaufkommen größer ist als der durch Vereinbarung festgelegte Bedarf, kann es im Rahmen der Honorarverteilung zu Punktwerte unter dem regionalen Punktwert gemäß § 87 a Abs. 2 S. 1 kommen.

22 Ebenso ist es zulässig, dass der Auszahlungspunktwert im Rahmen der Honorarverteilung über dem Punktwert nach § 87 a Abs. 2 S. 1 liegt. Nur hierdurch kann gewährleistet werden, dass die als Honorarvolumen zur Verfügung stehende Gesamtvergütung vollständig verteilt wird. Das durch §§ 87 a und 87 b ausgeformte Regelungssystem der Vergütung vertragsärztlicher Leistungen im Rahmen einer begrenzten Gesamtvergütung setzt so der Anwendung eines festen Punktwertes immanent Grenzen.

23 **2. Grundsatz der Honorarverteilungsgerechtigkeit.** Honorarverteilungsregelungen müssen nach ständiger Rechtsprechung dem Grundsatz der Honorarverteilungsgerechtigkeit gemäß Art. 12 Abs. 1 iVm Art. 3 Abs. 1 GG genügen.[22] Der Grundsatz der Honorarverteilungsgerechtigkeit ist dann verletzt, wenn vom Prinzip der gleichmäßigen Vergütung abgewichen wird, obwohl zwischen den betroffenen Ärzten bzw. Arztgruppen keine Unterschiede von solcher Art und von solchem Gewicht bestehen, dass eine ungleiche Behandlung gerechtfertigt ist.

24 Andererseits gebiete die Honorarverteilungsgerechtigkeit aber auch, von dem Prinzip der gleichmäßigen Vergütung abzuweichen, soweit wesentliche Unterschiede vorliegen, die eine sachgerechte Differenzierung gebieten. Zwei Gruppen, die sich in verschiedener Lage befinden, dürfen nur bei Vorliegen zureichender Gründe gleich behandelt werden, und es ist mit Art. 3 Abs. 1 GG unvereinbar, Ungleiches gegen ein zwingendes Gebot gleich zu behandeln.[23]

---

16 Siehe BSG, 29.9.1993, 6 RKa 65/91, juris Rn. 21 mwN.
17 BSG, 11.9.2002, B 6 KA 30/01 R, juris Rn. 13 mwN.
18 BSG, 3.12.1997, 6 RKa 21/97, juris Rn. 17.
19 So auch BSG, 11.12.2013, B 6 KA 6/13 R, juris Rn. 29; BSG, 17.7.2013, B 6 KA 45/12 R, juris Rn. 26.
20 BSG, 17.7.2013, B 6 KA 45/12 R, juris Rn. 26 mit Verweis auf die Rspr. zu § 85 Abs. 4 S. 7 aF.
21 BSG, 11.12.2013, B 6 KA 6/13 R, juris Rn. 27.
22 Siehe schon BVerfG, 10.5.1972, 1 BvR 286/65, juris Rn. 33. Zum Grundsatz der Honorarverteilungsgerechtigkeit instruktiv BSG, 29.9.1993, 6 RKa 65/92, Rn. 22.
23 BSG, 21.10.1998, B 6 KA 71/97 R, juris Rn. 22 mit Verweis auf die verfassungsgerichtliche Rspr.

a) Teilhaberecht. Das Gebot zur Ungleichbehandlung hat im Rahmen der Honorarverteilung in der Vergangenheit eine wesentlich größere Relevanz erlangt als das Gleichbehandlungsgebot. In diesem Sinne wurde insbesondere dem Normgeber aufgeben, Regelungen zu schaffen, die den einzelnen Arztgruppen und Ärzten einen angemessenen Anteil an der Gesamtvergütung sichern.

Dies macht deutlich, dass es im Rahmen der Honorarverteilungsgerechtigkeit nicht um eine abwehrrechtliche Position geht, sondern um ein Teilhaberecht. Zwar wird in der Rechtsprechung ausgeführt, dass „Honorarverteilungsregelungen an Art. 12 Abs. 1 iVm Art. 3 Abs. 1 GG zu messen seien, weil Honorarverteilungsmaßnahmen, mit denen die Vergütung für bestimmte Leistungen oder Leistungskomplexe begrenzt werden soll, unabhängig von dem damit verfolgten Zweck objektiv eine berufsregelnde Tendenz entfalten und damit mittelbar in die Berufsausübung der betroffenen Kassen- und Vertragsärzte eingreifen."[24] Dies lässt eine abwehrrechtliche Sichtweise erkennen. Auf der andere Seite hat das Bundesverfassungsgericht aber bereits 1972 festgestellt, dass es entgegen dem irreführenden Ausdruck „Honorarverteilungsmaßstab" nicht eigentlich um die Kürzung eines dem Arzt vertragsrechtlich zustehenden Honoraranspruchs geht, sondern um die Verteilung der Gesamtvergütung, die im Rahmen eines für den Arzt vorteilhaften öffentlich-rechtlichen Sozialsystem auf gesetzlicher Grundlage festgesetzt wird."[25] Nach diesem Verständnis setzt Art. 12 Abs. 1 GG der Ausgestaltung des vertragsärztlichen Vergütungssystem nur insofern eine Grenze, als das Grundrecht die Funktionsfähigkeit des regulierten Gesundheitsmarktes mit ausreichenden Marktchancen für alle teilnehmenden Vertragsärzte gewährleistet. Art. 12 Abs. 1 GG schützt in diesem Sinne nicht die „vorstaatlichen" Freiheiten der Ärzte, sondern die durch den Normgeber durch Rechtsnormen erst geschaffene Marktstruktur und Wettbewerbsordnung.[26]

Der Grundsatz der Honorarverteilungsgerechtigkeit garantiert zwar kein gleichmäßiges Einkommen aller vertragsärztlich tätigen Ärzte.[27] Letztlich läuft der Grundsatz aber darauf hinaus, jeder Arztgruppen und jedem Arzt einen angemessenen Anteil an der Gesamtvergütung zu sichern. Aus dem Grundsatz der Honorarverteilungsgerechtigkeit ergibt sich so, Verschiebungen der Anteile an der Gesamtvergütung zulasten bestimmter Arztgruppen und Ärzte entgegenzuwirken.

Die bedeutet beispielsweise, dass eine unbegrenzte Mengenentwicklung im Bereich unbudgetierter Leistungen zulasten budgetierter Leistungsbereiche zu verhindern ist.[28] Wie das SG Marburg zutreffend ausführt, können nicht alle Fachgruppen von ihrem Leistungsspektrum aus betrachtet gleichermaßen an unbudgetierten und vorweg abziehbaren Leistungen partizipieren. Folge einer unbegrenzten Mengenentwicklung ist dann aber, dass diejenigen Fachgruppen mit einem hohen Anteil vorweg abziehbarer Leistungen unmittelbar zulasten anderer Fachgruppen eine höhere Vergütung erhalten.[29]

Solange das vertragsärztliche Vergütungssystem auf einer begrenzten Gesamtvergütung beruht, ist es unzulässig, für bestimmte Leistungen eine vollständige unbudgetierte Vergütung zulasten anderer Ärzte oder Arztgruppen zu fordern. Dies würde mittelfristig zu nicht mehr vertretbaren Honorarverwerfungen führen und in der Folge das System der vertragsärztlichen Vergütung erodieren. In diesem Sinne ergibt sich aus dem Grundsatz der Honorarverteilungsgerechtigkeit, dass zwischen den einzelnen Arztgruppen und Ärzten ein Gleichgewicht herzustellen ist und der Normgeber Mengenentwicklungen entgegenzuwirken hat, die zu Honorarverschiebungen zwischen den Arztgruppen und Ärzten führen.

Auch Kostenerstattungen sowie Pauschalkosten, die in Euro-Beträgen ausgewiesen sind, können einer Steuerung durch Honorarverteilungsregelungen unterzogen und quotiert vergütet werden. In einem System mit begrenzten Gesamtvergütungen sind Leistungen, die ohne Mengenbegrenzung und ohne Preissteuerung vergütet werden, nicht vereinbar. Deswegen ist auch der von den Partnern der Bundesmantelverträge gestaltete Bereich der Kostenerstattungen und Pauschalkosten nicht einer Beeinflussung durch Regelungen der Honorarverteilung entzogen.[30]

b) Strikt zeitgebundene Leistungen. Die Rechtsprechung hat den Grundsatz der Honorarverteilungsgerechtigkeit als verletzt angesehen, wenn die Honorierung aller ärztlicher Leistungen nach einem einheitlichen Punktwert infolge eines starken Anstiegs der Menge der abgerechneten Punkte zu einem

---

24 BSG, 29.9.1993, 6 RKa 65/92, juris Rn. 22.
25 BVerfG, 10.5.1972, 1 BvR 286/65, juris Rn. 33.
26 Siehe hierzu: Reuter, Aktuelle Entscheidungen des Bundessozialgerichts zum vertragsärztlichen Vergütungsrecht, 409, 413 f.
27 BSG, 8.12.2010, B 6 KA 42/09 R, juris Rn. 26.
28 Vgl. hierzu SG Marburg, 6.10.2010, S 11 KA 340, 09, juris Rn. 147.
29 SG Marburg, 6.10.2010, S 11 KA 340/09, juris Rn. 146.
30 BSG, 19.8.2015, B 6 KA 34/14 R, juris Rn. 30 ff.

massiven Absinken des Punktwertes und als dessen Konsequenz zu einer schwerwiegenden Benachteiligung einer Arztgruppe führt.[31] Dies wurde von der Rechtsprechung für die antrags- und genehmigungspflichtigen psychotherapeutischen Leistungen angenommen, die wegen ihrer strikten Zeitgebundenheit nicht ausgeweitet werden können.[32]

32 Im Ergebnis muss nach der Rechtsprechung im Hinblick auf den Grundsatz der Honorarverteilungsgerechtigkeit ein in einer voll ausgelasteten Praxis unter vollem Einsatz seiner Arbeitskraft tätiger Psychotherapeut die Chance haben, einen Überschuss aus seiner vertragspsychotherapeutischen Tätigkeit zu erzielen, der demjenigen anderer Arztgruppen entspricht.[33]

33 c) Unterdurchschnittlich abrechnende Praxen. Weiter hat die Rechtsprechung den Grundsatzes der Honorarverteilungsgerechtigkeit als verletzt angesehen, wenn ein Honorarverteilungsmaßstab bei der Begrenzung von Vergütungsansprüchen auf das in der Vergangenheit erreichte Punktzahlvolumen Praxen mit unterdurchschnittlicher Fallzahl genauso wie durchschnittliche bzw. überdurchschnittlich große Praxen behandelt. Das Bundessozialgericht führt hierzu aus: „Zwischen kleinen Praxen insbesondere in der Gründungsphase und seit längerem bestehenden, etablierten Praxen finden sich hinsichtlich der Bedeutung des in einem bestimmten in der Vergangenheit liegenden Zeitraum erreichten Umsatzes Unterschiede von solchem Ausmaß und solchem Gewicht, dass sie einer schematischen Gleichbehandlung entgegenstehen."[34] Es sei mit dem aus Art. 12 Abs. 1 iVm Art. 3 Abs. 1 GG abzuleitenden Grundsatz der Honorarverteilungsgerechtigkeit unvereinbar, wenn die mit der individuellen Bemessungsgrenze beabsichtigte Vergütungsbegrenzung solche Praxen faktisch daran hindert, ihren Umsatz durch einen Zugewinn von Patienten zumindest bis zum durchschnittlichen Umsatz der Arztgruppe zu steigern.[35]

34 Im Ergebnis dürfen daher die Regelungen der Honorarverteilung Praxen mit einem unterdurchschnittlichen Umsatz nicht daran hindern, ihr Honorar innerhalb von fünf Jahren bis zum Durchschnitt ihrer Fachgruppe zu steigern. In der Aufbauphase sind Praxen von Wachstumsbeschränkungen vollständig freizustellen.[36]

35 d) Praxisbesonderheiten. Zudem gebiete nach der Rechtsprechung der Grundsatz der Honorarverteilungsgerechtigkeit, bei der Einführung von Honorarbudgets auf Arztebene eine unterschiedliche Praxisausrichtung zu berücksichtigen. So muss eine Kassenärztliche Vereinigung grundsätzlich bei der Festlegung von arzt- oder praxisbezogenen Honorarbudgets die verschiedenen Ausübungsformen der ärztlichen Tätigkeit berücksichtigen, um sich nicht dem Vorwurf einer sachwidrigen gleichen Behandlung strukturell unterschiedlicher Sachverhalte auszusetzen.[37]

36 Soweit dementsprechend bei Honorarbegrenzungsmaßnahmen auf den Fachgruppendurchschnitt abgestellt wird, ist es erforderlich, Ausnahmetatbestände für Praxen vorzusehen, bei denen eine besondere Spezialisierung im Sinne eines Versorgungsschwerpunkts vorliegt.[38] Zudem sind praxisbezogene Honorarbegrenzungsregelungen für solche Leistungen nicht zulässig, die keiner beliebigen Mengenausweitung zugänglich sind und das Ziel vollständiger Mengenausschöpfung verfolgen.[39] Als Spezialleistungen können allerdings solche Leistungen nicht berücksichtigt werden, die zu den Kernleistungen des jeweiligen Fachgebiets gehören.[40]

37 e) Härtefallregelung. Zudem ist nach der Rechtsprechung im Hinblick auf den Grundsatz der Honorarverteilungsgerechtigkeit im Wege der ergänzenden gesetzeskonformen Auslegung eine ungeschriebene Härteklausel in die Honorarverteilungsbestimmungen hineinzuinterpretieren ist, da der Normgeber nicht alle denkbaren Konstellationen vorhersehen kann.[41]

---

31 BSG, 3.3.1999, B 6 KA 8/98 R, juris Rn. 21.
32 BSG, 20.1.1999, B 6 KA 46/97 R.
33 BSG, 28.1.2004, B 6 KA 52/03 R, juris Rn. 24; siehe hierzu auch BSG, 20.1.1999, B 6 KA 46/97 R; BSG, 25.8.1999, B 6 KA 14/98 R, BSG, 28.5.2008, B 6 KA 9/07 R; BSG, 8.12.2010, B 6 KA 42/09 R, juris Rn. 29.
34 BSG, 21.10.1998, B 6 KA 71/97 R, juris Rn. 24, BSGE 83, 52–62.
35 BSG, 21.10.1998, B 6 KA 71/97 R, juris Rn. 22 mwN.
36 BSG, 28.1.2009, B 6 KA 5/08 R, juris Rn. 28 mwN.
37 BSG, 3.12.1997, 6 RKa 21/97, juris Rn. 25.
38 Vgl. BSG, 24.9.1994, 6 RKa 15/93, juris Rn. 29; BSG, 3.12.1997, 6 RKa 21/97, juris Rn. 27.
39 BSG, 11.9.2002, B 6 KA 30/01 R, juris Rn. 20.
40 BSG, 3.8.2016, B 6 KA 12/16 B.
41 BSG, 29.06.2011, B 6 KA 17/10 R, juris Rn. 28; BSG, 8.2.2006, B 6 KA 25/05 R, juris Rn. 39.

Die Kompetenz des Vorstandes ist dabei nicht auf die Statuierung von Ausnahmen für "echte Härten" beschränkt, sondern gilt generell für atypische Versorgungssituationen.[42] Soweit aber der Honorarverteilungsmaßstab bereits Härtefallregelungen enthält, mit denen einerseits besondere Versorgungsstrukturen und andererseits existenzbedrohende Honorarminderungen berücksichtigt werden, kann ein ungeschriebener Härtefall nur noch im seltenen Ausnahmefall in Betracht kommen, wenn sowohl die wirtschaftliche Existenz der Praxis gefährdet ist als auch ein spezifischer Sicherstellungsbedarf besteht. Ansonsten können allenfalls noch gravierende Verwerfungen der regionalen Versorgungsstruktur zur Anerkennung einer Härte führen.[43]

3. Der Honorarverteilungsmaßstab (Abs. 1). Die Honorarverteilung erfolgt aufgrund eines Honorarverteilungsmaßstabes (HVM). Der Honorarverteilungsmaßstab ist in der Rechtsform einer Satzung[44] gemäß § 79 Abs. 3 Nr. 1 von der Vertreterversammlung zu beschließen. Der Honorarverteilungsmaßstab enthält abstrakt-generelle Regelungen zur Verteilung der Gesamtvergütung zwischen den an der vertragsärztlichen Versorgung teilnehmenden Ärzten und Einrichtungen und ist für diese verbindlich.

Die für die Honorarverteilung wesentlichen Grundsätze müssen im Honorarverteilungsmaßstab selbst geregelt werden und dürfen nicht dem Vorstand der Kassenärztlichen Vereinigung im Wege von Einzelfallentscheidungen überlassen bleiben. Andernfalls würde es zu einer dem Gesetz widersprechenden Kompetenzverlagerung von der Vertreterversammlung zum Vorstand sowie zum Unterlaufen der Einbeziehung der Krankenkassen in die Honorarverteilung kommen.[45]

Zur Wirksamkeit des Honorarverteilungsmaßstabes muss grundsätzlich das Benehmen mit den Landesverbänden der Krankenkassen und den Ersatzkassen hergestellt werden.[46] Benehmen bedeutet keine Willensübereinstimmung, sondern lediglich den Versuch einer Verständigung. Soweit allerdings unüberbrückbare Meinungsverschiedenheiten bestehen bleiben, gibt der Wille der Kassenärztlichen Vereinigung den Ausschlag.[47] In Ausnahmesituationen ist auch die nachträgliche Herstellung des Benehmens ausreichend.[48]

4. Besondere gesetzliche Vorgaben für Honorarverteilung (Abs. 1, 2, 3). a) Getrennte Verteilung. Gemäß Abs. 1 S. 1 hat die Kassenärztliche Vereinigung die vereinbarte Gesamtvergütung getrennt für die Bereiche der hausärztlichen und der fachärztlichen Versorgung zu verteilen. Diese Voraussetzung war bis zum GKV-VStG in § 85 Abs. 4 normiert. Die Trennung der Gesamtvergütung entspricht der Aufteilung der vertragsärztlichen Versorgung in eine hausärztliche und fachärztliche Versorgung gemäß § 73 Abs. 1 S. 1.[49]

Durch das GKV-VSG wurde § 87 b Abs. 1 S. 1 SGB V insoweit ergänzt, dass die von fachärztlich tätigen Ärzten erbrachten hausärztlichen Leistungen nicht den hausärztlichen Teil der Gesamtvergütung und die von hausärztlich tätigen Ärzten erbrachten fachärztlichen Leistungen nicht den fachärztlichen Teil der Gesamtvergütung mindern sollen. Hierdurch wird klargestellt, dass bei der Frage, ob eine fachärztliche oder hausärztliche Leistung vorliegt, auf den erbringenden Arzt und nicht auf den Leistungsinhalt abzustellen ist.

Vor dem Hintergrund der gesetzlichen Regelungen zur Trennung der Vergütung ist es dennoch zulässig, für spezifischen Bereiche wie die Labor- oder die Notfallleistungen ein versorgungsbereichsübergreifendes Honorarkontingent vorzusehen. Der Kassenärztlichen Bundesvereinigung muss bei den Trennungsvorgaben ein weiter Gestaltungsspielraum zukommen, da sie nur so den unterschiedlichen und gegenläufigen Interessen der Haus- und Fachärzte gerecht werden kann. Für den Bereich der Notfallvergütung ist ein einheitlicher Honorartopf gesetzlich in § 87 b Abs. 1 S. 3 SGB V vorgesehen. Aber auch im Laborbereich liegen Spezifika wie die Möglichkeit der Leistungserbringung in einer Laborgemeinschaft vor, die einen einheitlichen Honorartopf rechtfertigen.

b) Mengensteuerung und Kalkulationssicherheit. Gemäß Abs. 2 S. 1 hat der Verteilungsmaßstab Regelungen vorzusehen, die verhindern, dass die Tätigkeit des Leistungserbringers über seinen Versor-

---

42 BSG, 3.2.2010, B 6 KA 1/09 R.
43 BSG, 29.6.2011, B 6 KA 17/10 R, juris Rn. 29.
44 BSG, 13.3.2002, B 6 KA 1/01 R, juris Rn. 15.
45 BSG, 21.10.1998, B 6 KA 71/97 R, juris Rn. 28; siehe auch BSG, 03.02. 2010, B 6 KA 1/09 R.
46 Sie zur Frage, ob sich ein Vertragsarzt auf eine fehlendes Benehmen berufen kann: BSG, 21.10.1998, B 6 KA 60/97 R.
47 BSG, 24.8.1994, 6 RKa 15/93, juris Rn. 21.
48 BSG, 24.8.1994, 6 RKa 15/93, juris Rn. 25.
49 Siehe zu einzelnen Problemen der Trennung: Rompf/Lindemann, GesR 2012, 669, 670.

gungsauftrag nach § 95 Abs. 3 oder seinen Ermächtigungsumfang hinaus übermäßig ausgedehnt wird; dabei soll dem Leistungserbringer eine Kalkulationssicherheit hinsichtlich der Höhe seines Honorars ermöglicht werden.

46 Honorarbegrenzungsregelungen und Kalkulationssicherheit stehen hierbei in einem inneren Zusammenhang. Unter der Geltung einer begrenzten Gesamtvergütung kann für den einzelnen Vertragsarzt Kalkulationssicherheit für sein zu erwartendes Honorar nur eintreten, wenn die Leistungsmenge in der vertragsärztlichen Versorgung nicht überproportional ausgeweitet wird und damit genügend Geld für die Leistungen zur Verfügung steht. Dementsprechend verfolgt jede Honorarbegrenzungsregelung das Ziel, den Vertragsärzten Kalkulationssicherheit zu geben.[50]

47 c) **Übermäßige Ausdehnung der vertragsärztlichen Tätigkeit.** Schon § 368 f RVO in der Fassung Gesetzes über das Kassenarztrecht vom 17. August 1955 sah vor, dass der Verteilungsmaßstab zugleich sicherstellen solle, dass eine übermäßige Ausdehnung der Tätigkeit des Kassenarztes verhütet wird. Durch die Rechtsprechung wurden an die Voraussetzung, wann eine „übermäßige Ausdehnung" im Sinne des Gesetzes vorliegt, strenge Anforderungen gestellt.[51] Eine „übermäßigen Ausdehnung" der vertragsärztlichen Tätigkeit wurde erst dann als erfüllt angesehen, wenn angesichts des Umfangs der von einem Vertragsarzt abgerechneten Leistungen davon auszugehen sei, dass die einzelnen Leistungen nicht mehr in einer der Leistungsbeschreibung entsprechenden Art und Weise erbracht worden sein können, mithin Qualitätsmängel zu befürchten seien.

48 Arztindividuelle Honorarbegrenzungsmaßnahmen wurden daneben aber auch auf die Generalermächtigung zur Honorarverteilung gestützt. Dies wurde damit gerechtfertigt, dass die Kassenärztlichen Vereinigungen berechtigt sind, die gesetzliche Budgetierung der Gesamtvergütungen im Rahmen der Honorarverteilung an die Vertragsärzte weiterzugeben.[52] Diese arztindividuellen Honorarbergenzungenmaßnahmen mussten nicht mehr den strengen Anforderungen genügen, die die Rechtsprechung für Maßnahmen zur Verhinderung einer übermäßigen Ausdehnung der vertragsärztlichen Tätigkeit aufgestellt hatte. In der Folgezeit ist so ein eigenständiger Anwendungsbereich für Maßnahmen zur Verhinderung einer übermäßigen Ausdehnung entfallen. § 85 Abs. 4 S. 7 aF und § 87 b Abs. 2 S. 1 aF benutzten den Begriff der „übermäßigen Ausdehnung" auch nicht mehr als ein von anderen Honorarbegrenzungsmaßnahmen verschiedenes Instrument, sondern im Zusammenhang mit der klassischen Honorarbegrenzungsmaßnahmen der Regelleistungsvolumen.

49 Nunmehr umfasst daher der Begriff der übermäßigen Ausdehnung der vertragsärztlichen Tätigkeit alle Konstellationen, in denen honorarbegrenzende Maßnahmen erforderlich werden.[53] Die alte Rechtsprechung zu den Voraussetzungen und Erfordernissen von Maßnahmen zur Verhinderung einer übermäßigen Ausdehnung der vertragsärztlichen Tätigkeit ist nicht mehr anwendbar.

50 d) **Formen der Honorarbegrenzung.** Im Folgenden sollen die verschiedenen zulässigen Instrumente der Honorarsteuerung bzw. -begrenzung dargestellt werden. Im Ergebnis wird durch sämtliche Honorarbegrenzungsregelungen die gesetzliche Budgetierung der Gesamtvergütung im Rahmen der Honorarverteilung an die Vertragsärzte weitergegeben.[54]

51 aa) **Honorartöpfe.** Die Bildung von Honorarkontingente (Honorartöpfe) ist grundsätzlich im Rahmen des § 87 b zulässig.[55] Hiernach können für die einzelnen Arztgruppen jeweils eigene Honorarkontingente vorgesehen werden. Ebenfalls sind Honorartöpfe für Versorgungsgebiete oder Leistungsbereiche sowie Mischsysteme zulässig.[56] Die Bildung eines Honorartopfs ist zudem nicht an eine bestimmte Mindestanzahl von Ärzte oder Leistungen gebunden, so dass ein Honorartopf auch für eine sehr kleine Arztgruppe gebildet werden kann.[57] Auch Leistungen, die überweisungsgebunden sind, können einem Honorartopf zugeordnet werden, ebenso solche, die einer Mengenausweitung nicht zugänglich sind.[58] Die Honorartöpfe können an einem einige Jahre zurückliegenden Abrechnungsvolumina der Arztgruppe bzw. des Leistungsbereich anknüpfen.[59]

---

50 BSG, 9.5.2012, B 6 KA 30/11 R, juris Rn. 26 mwN.
51 BSG, 13.3.2002, B 6 KA 48/00 R; BSG, 12.3.2002, B 6 KA 1/01 R, juris Rn. 13 mwN.
52 Siehe hierzu: BSG, 3.12.1997, 6 RKa 21/97, juris Rn. 19; BSG, 21.10.1998, B 6 KA 71/97 R, juris Rn. 17.
53 So BSG, 11.12. 2013, B 6 KA 6/13 R, Engelhard in: Hauck/Noftz, SGB V, § 87 b Rn. 99.
54 Siehe hierzu BSG, 2.12.1997, 6 RKa 21/97.
55 Zu Honorartöpfen grundlegend: BSG, 9.9.1998, B 6 KA 55/97 R; BSG, 29.9.1993, 6 RKa 65/91.
56 BSG, 9.9.1998, B 6 KA 55/97 R.
57 BSG, 20.10.2004, B 6 KA 30/03 R.
58 BSG, 11.9.2002, B 6 KA 30/01 R, juris Rn. 13 mwN.
59 BSG, 11.9.2002, B 6 KA 30/01 R, juris Rn. 13 mwN.

Auch das System der Regelleistungsvolumen des § 87b aF basierte letztlich auf Honorartöpfen. Die 52
Regelleistungsvolumen sahen für alle Arztgruppen spezifische Vergütungsvolumen vor. Dieses arztgruppenspezifische Vergütungsvolumen können mit Honorarkontingenten oder -töpfen verglichen werden.[60] Die arztgruppenspezifischen Vergütungsvolumen dienten – wie Honorarkontingente – dem Zweck, die Folgen einer Leistungsmengenausweitung auf die jeweilige Teilgruppe zu beschränken und Honorarminderungen für solche Gruppen zu verhindern, die zu einer Leistungsausweitung nicht beitragen.[61]

Bei der Bildung von Honorartöpfen besteht für die Kassenärztlichen Vereinigungen eine gesonderte 53
Beobachtungs- und Reaktionspflicht. Diese begründet insbesondere eine Verpflichtung zum Eingreifen, wenn sich bei einer Arztgruppe ein honorarmindernd wirkender dauerhafter Punktwertabfall von mehr als 15 % unter das sonstige Durchschnittsniveau ergibt, von dem Punktwertabfall ein wesentlicher Leistungsbereich betroffen ist, die dem Punktwertabfall zugrunde liegende Mengenausweitung nicht von der Arztgruppe selbst zu verantworten ist und die Honorarrückgänge in dem wesentlichen Leistungsbereich nicht durch andere Effekte kompensiert werden.[62]

Aus der Bildung von Honorartöpfen ergibt sich die Konsequenz, dass die vertragsärztlichen Leistungen 54
nicht mehr entsprechend dem Einheitlichen Bewertungsmaßstab (EBM) im selben Verhältnis, sondern, abhängig von der Mengenentwicklung im jeweiligen Leistungsbereich, mit verschiedenen Punktwerten unterschiedlich hoch vergütet werden. Diese Entwicklung wurde von der Rechtsprechung akzeptiert.[63]

Das Bundessozialgericht hat zuletzt zur Bildung von Honorartöpfen wie folgt ausgeführt: „Sogenannte 55
Honorartöpfe begrenzen die Auswirkungen der Leistungsdynamik auf einzelne Arztgruppen und bestimmte Leistungen. Sie setzen über ein absinkendes Vergütungsniveau potenziell Anreize zu zurückhaltender Leistungserbringung, schützen aber vorrangig Ärzte oder Arztgruppen vor einem Absinken der für die Honorierung ihrer Leistungen zur Verfügung stehenden Anteile der Gesamtvergütung."[64]

bb) Honorarbegrenzungsregelungen auf Arztebene. Honorarbergenzungen auf Arztebene können 56
Punktzahlobergrenzen oder Fallwertgrenzen vorsehen. Weiter zulässig sind Fallzahlzuwachsbegrenzungen,[65] in der Regel aber nicht reine Fallzahlobergrenzen.[66] Zudem können sich Honorarbegrenzungsregelungen nach den Abrechnungsergebnissen des einzelnen Vertragsarztes in vergangenen Zeiträumen bemessen (sog Individualbudgets).[67] Ebenso zulässig sind Regelleistungsvolumen, bei denen sich die abrechenbare Leistungsmenge aus der arztindividuellen Fallzahl und dem durchschnittlichen Fallwert der Arztgruppe ergibt.[68] Die Regelleistungsvolumen müssen nicht so groß sein, dass die wesentlichen Leistungen des Fachgebiets rechnerisch in jedem Behandlungsfall mit den Preisen der Euro-Gebührenordnung vergütet werden.[69]

Im Rahmen der oben genannten Bemessungsgrenzen sind Abstaffelungsregelungen zulässig, bei denen 57
ab der bestimmten Grenze nur ein Prozentsatz des vollen Punktwertes vergütet wird.[70] Die Kassenärztlichen Vereinigungen sind aber auch berechtigt, die Individualbudgets oder individuelle Bemessungsgrenzen so auszugestalten, dass die Restvergütungsquote auf null sinkt.[71]

Es besteht kein Numerus clausus bestimmter zulässiger Honorarbegrenzungsregelungen. Dementsprechend 58
kann als Anknüpfungspunkt das Gesamtpunktzahlvolumen, eine Kombination von Fallzahl

---

60 So BSG, 11.12.2013, B 6 KA 6/13 R, juris Rn. 31.
61 BSG, 11.12.2013, B 6 KA 6/13 R, juris Rn. 31.
62 BSG, 17.9.2008, B 6 KA 62/07 B; vgl. auch grundlegend BSG, 29.8.2007, B 6 KA 43/06 R, sowie BSG, 9.9.1998, B 6 KA 55/97 R.
63 Vgl. hierzu BSG, 3.12.1997, 6 RKa 21/97, juris Rn. 17; vgl. BSG, 11.9.2002, B 6 KA 30/01 R, juris Rn. 13 mwN.
64 BSG, 17.7.2013, B 6 KA 45/12 R, juris Rn. 31.
65 Hierbei sind die Besonderheiten für unterdurchschnittlich abrechnende Praxen zu beachten. Siehe hierzu Rn. 32.
66 BSG, 3.12.1997, 6 RKa 21/97.
67 Vgl. hierzu BSG, 10.12.2003, B 6 KA 54/02 R, juris Rn. 17 mwN.
68 Siehe zu der genauen Berechnung der Regelleistungsvolumen auf Basis des § 87b aF: Beschluss des Bewertungsausschusses in seiner 218. Sitzung vom 26.3.2010, Teil F, zur Berechnung von arzt- und praxisbezogenen Regelleistungsvolumen; veröffentlicht unter: http://www.institut-des-bewertungsausschusses.de/ba/babeschluesse (Abruf am 20.5.2014).
69 Siehe hierzu BSG, 11.12.2013, B 6 KA 6/13 R, juris Rn. 21.
70 BSG, 3.3.1999, B 6 KA 15/98 R.
71 BSG, 28.1.2009, B 6 KA 5/08 R.

und Fallwert oder ein Euro-Betrag dienen. Es besteht grundsätzlich kein funktionaler und wirtschaftlicher Unterschied, ob die Honorarbegrenzungsregelungen an die Punktzahl, den Punktwert oder einen Euro-Betrag anknüpft.[72]

Für alle Honorarbegrenzungsregelungen gilt nach der Rechtsprechung, dass sie nicht dazu führen, dass für einzelne Leistungen oder Teile von ihnen überhaupt keine Vergütung gezahlt wird; vielmehr wird lediglich das Ausmaß der Vergütungen insgesamt der Höhe nach begrenzt, so dass das auf die einzelne Leistung entfallende Honorar um einen entsprechenden Bruchteil sinkt.[73]

59 **e) Kooperative Behandlungsformen und Praxisnetze.** Der Honorarverteilungsmaßstab soll weiterhin der kooperativen Behandlung von Patienten angemessen Rechnung tragen. In diesem Zusammenhang ist entscheidend, dass die Tätigkeit von verschiedenen Ärzten innerhalb einer Praxis durch den Behandlungsfall im Sinne von § 21 Abs. 1 BMV-Ä nicht sachgerecht abgebildet wird. In fachgleichen Berufsausübungsgemeinschaften wird daher in der Regel ein 10-%-Zuschlag auf das praxisbezogene Honorarbudget gewährt. Dies entspricht der Zuschlagshöhe gemäß Nr. 5.1 der Allgemeinen Bestimmungen des EBM in arztgruppen- und schwerpunktgleichen Berufsausübungsgemeinschaften auf die jeweiligen Versicherten-, Grund- oder Konsiliarpauschalen. In fachgruppenverschiedenen Berufsausübungsgemeinschaften biete sich eine Zuschlagshöhe an, die auf den Kooperationsgrad in der fachübergreifenden Berufsausübungsgemeinschaft abstellt.[74]

60 Im Honorarverteilungsmaßstab müssen gesonderte Vergütungsregelungen für vernetzte Praxen als auch ein eigenes Honorarvolumen als Teil der morbiditätsbedingten Gesamtvergütung für diese vorgesehen werden. Nach der Gesetzesbegründung könne mit solchen Zusammenschlüssen von Vertragsärzten verschiedener Fachrichtungen zur interdisziplinären, kooperativen und medizinischen ambulanten insbesondere wortortnahen Betreuung und Versorgung der Patienten die ambulanten Versorgungsstrukturen verbessert werden. Ziel solcher Kooperationen sei die Optimierung ambulanter Versorgungsstrukturen, wodurch die Qualität sowie Effizienz und Effektivität der vertragsärztlichen Versorgung im Rahmen einer intensivierten fachlichen Zusammenarbeit gesteigert werden könne.[75] Ebenfalls ist es möglich, für das Praxisnetz ein eigenes Honorarbudget und damit eine eigene Honorarverteilung vorzusehen.

61 Die Kassenärztliche Bundesvereinigung hat zum 1.5.2013 Rahmenvorgaben für die Anerkennung von Praxisnetzen gemäß Abs. 4 erlassen.[76]

62 **f) Angemessene Vergütung für psychotherapeutische Leistungen.** Im Honorarverteilungsmaßstab sind Regelungen zur Vergütung psychotherapeutischer Leistungen zu treffen, die eine angemessene Höhe der Vergütung je Zeiteinheit gewährleisten.[77] Die Formulierung „angemessen" lehnt sich an die Rechtsprechung des Bundessozialgerichts zur Vergütung psychotherapeutischer Leistungen an. Hiernach ist von einer angemessenen Vergütung psychotherapeutischer Leistungen dann auszugehen, wenn der erreichbare Honorarüberschuss ärztlicher und nichtärztlicher Psychotherapeuten, die ausschließlich oder ganz überwiegend zeitgebundene und genehmigungsbedürftige Leistungen erbringen, dem durchschnittlichen Überschuss der vergleichbaren Arztgruppen entspricht.[78]

63 Mit Beschluss des Bewertungsausschusses in seiner 288. Sitzung am 22. Oktober 2013 wurde entschieden, dass die Leistungen der Psychotherapie aus der morbiditätsbedingten Gesamtvergütung herausgenommen werden. Mit dem zitierten Beschluss wurden sie in die Liste der extrabudgetären Leistungen überführt.

64 **g) Maßnahmen gegen Unterversorgung (Abs. 3).** Um die Versorgungssituation in Gebieten, in denen eine (drohende) Unterversorgung oder ein lokaler Versorgungsbedarf besteht, zu verbessern, dürfen im Honorarverteilungsmaßstab Maßnahmen zur Fallzahlbegrenzung oder -minderung nicht bei der Behandlung von Patienten des betreffenden Planungsbereichs angewendet werden. Um gezielt den festge-

---

72 Vgl. BSG, 11.9.2002, B 6 KA 30/01 R, juris Rn. 18.
73 BSG, 5.11.2008, B 6 KA 21/07 B, juris Rn. 12 mwN.
74 Siehe hierzu die Vorgaben der KBV gemäß § 87 b Abs. 4, Teil D; veröffentlicht unter: http://www.kbv.de/rechtsquellen (Abruf am 20.5.2014).
75 BT-Dr. 17/8005, 109.
76 Die Rahmenvorgaben sind veröffentlicht unter: http://www.kbv.de/rechtsquellen (Abruf am 20.5.2014).
77 Für die Ebene der Bewertung der psychotherapeutischen Leistungen im EBM trifft § 87 Abs. 2 c S. 6 eine entsprechende Vorgabe.
78 Vgl. BSG, 28.1.2004, B 6 KA 52/03 R, juris Rn. 24; siehe hierzu auch: BSG, 20.1.1999, B 6 KA 46/97 R; BSG, 25.8.1999, B 6 KA 14/98 R, BSG, 28.5.2008, B 6 KA 9/07 R; BSG, 8.12.2010, B 6 KA 42/09 R, juris Rn. 29.

stellten Versorgungsengpässen entgegenzuwirken, erstreckt sich die Regelung auf die Behandlung von Versicherten mit Wohnsitz in dem betroffenen Planungsbereich. Nach der Gesetzesbegründung hat somit die Kassenärztliche Vereinigung die Ausnahme möglicher Begrenzungsregelungen in den Fällen auszuschließen, in denen beispielsweise die Leistungserbringer aus Abrechnungsgründen in eine Zweigpraxis in einem unterversorgten Gebiet verlagert werden.[79] In Abs. 3 S. 2 wird zudem die Kassenärztliche Vereinigung verpflichtet, in den Honorarverteilungsmaßstab eine Regelung aufzunehmen, nach der im Einzelfall eine Prüfung erfolgt, ob und in welchem Umfang die Ausnahme von der Fallzahlbegrenzung ausreichend ist, die Sicherstellung der medizinischen Versorgung zu gewährleisten.

5. Vorgaben der Kassenärztlichen Bundesvereinigung (Abs. 4). Die Kassenärztliche Bundesvereinigung wird verpflichtet, im Einvernehmen mit dem Spitzenverband Bund der Krankenkassen Vorgaben zur Trennung des Vergütungsvolumens in einem haus- und einen fachärztlichen Vergütungsanteil sowie Kriterien und Qualitätsanforderungen für die Anerkennung besonders förderungswürdiger Praxisnetze als Rahmenvorgabe für Richtlinien der Kassenärztlichen Vereinigungen zu bestimmen. 65

Weiterhin hat die Kassenärztliche Bundesvereinigung im Benehmen mit dem Spitzenverband Bund der Krankenkassen insbesondere Vorgaben zur Mengensteuerung, zur angemessenen Berücksichtigung einer kooperativen ärztlichen Behandlung sowie zur Vergütung psychotherapeutischer Leistungen zu bestimmen. Durch das Wort „insbesondere" wird deutlich, dass die Kassenärztliche Bundesvereinigung berechtigt ist, für sämtliche Bereiche der Honorarverteilung im Sinne von § 87 b Vorgaben zu machen und damit nicht auf bestimmte Aufgabenbereiche beschränkt ist. In der Gesetzesbegründung wird ausdrücklich ausgeführt, dass die Kassenärztliche Bundesvereinigung weitere Vorgaben treffen kann, soweit dies sachgerecht und von den Kassenärztlichen Vereinigungen als notwendig erachtet wird.[80] Aus § 87 b Abs. 4 S. 2 iVm § 87 b Abs. 2 SGB V ergibt sich so für die Kassenärztliche Bundesvereinigung eine umfassende Regelungskompetenz für Vorgaben zur Honorarverteilung. Hierbei werden von der Formulierung „Verhinderung einer übermäßigen Ausdehnung der vertragsärztlichen Tätigkeit" in § 87 b Abs. 2 SGB V nach der Rechtsprechung alle Konstellationen erfasst, in denen – aus welchen Gründen auch immer – honorarbegrenzende Maßnahmen erforderlich werden. Eine solche zulässige Mengenbegrenzungsregelung stellt beispielsweise auch die Abstaffelungsquote für Laborleistungen gemäß Teil E der KBV-Vorgaben dar. 66

Der Begriff „Vorgaben" ist prinzipiell sehr weit und ermöglicht insbesondere auch Detailregelungen."[81] 67

Im Ergebnis sind so die Kompetenzen des Bewertungsausschusses zu bundesweit geltenden Honorarverteilungsregelungen mit dem GKV-VStG zum 1.1.2012 auf die Kassenärztliche Bundesvereinigung übergegangen (§ 87 b Abs. 4 SGB V).

Diese KBV-Vorgaben sind gem. Abs. 4 S. 3 von den Kassenärztlichen Vereinigungen zu beachten. „Beachten" meint im Sprachgebrauch des SGB V, dass die Regelungen verbindlich zu Grunde zu legen sind.[82] Die Formulierung „beachten" steht im Gegensatz zu dem Wort „berücksichtigen". Soweit das Wort „berücksichtigen" gewählt wird, bedeutet dies, dass die genannten Inhalte zwar abwägend zu würdigen sind, nicht dagegen verpflichtend sind. Im Ergebnis sind daher die KBV-Vorgaben gemäß Abs. 4 für die Kassenärztlichen Vereinigungen verbindlich. 68

Die KBV-Vorgaben gem. § 87 Abs. 4 stellen jedoch keine untergesetzlichen Rechtsnormen dar. Sie sind als Verwaltungsinnenrecht – vergleichbar mit Verwaltungsrichtlinien – zu qualifizieren, welches sich ausschließlich an die Kassenärztlichen Vereinigungen und nicht die Vertragsärzte richtet. 69

Soweit aber die Kassenärztlichen Vereinigungen die KBV-Vorgaben nicht beachten, verstoßen sie gleichzeitig gegen die Norm des § 87 b Abs. 4 S. 3, nach der die KBV-Vorgaben für sie verbindlich sind. Auf diesen gesetzlichen Verstoß können sich wiederum die Vertragsärzte beziehen. In diesem Sinne können die Vertragsärzte in einem Honorarstreit eine Verletzung der KBV-Vorgaben geltend machen. 70

6. Rechtsschutz. Im Rahmen der Klage gegen einen Honorarbescheid wird inzident über die Rechtmäßigkeit des Honorarverteilungsmaßstabes entschieden. Zur Frage, ob hierbei auch die Vereinbarung zur Höhe der Gesamtvergütung inzident überprüft wird, → § 87 a Rn. 16. 71

---

[79] BT-Dr. 17/6906, 65–66.
[80] BT-Dr. 17/6906, 66.
[81] So BSG, 27.6.2012, B 6 KA 28/11 R, juris Rn. 36.
[82] Vgl. hierzu BSG, 15.3.2012, B 6 KR 13/11 R, juris Rn. 64; BSG, 14.5.1992, 6 RKA 41/91, juris Rn. 37.

§ 87c Transparenz der Vergütung vertragsärztlicher Leistungen

¹Die Kassenärztliche Bundesvereinigung veröffentlicht für jedes Quartal zeitnah nach Abschluss des jeweiligen Abrechnungszeitraumes sowie für jede Kassenärztliche Vereinigung einen Bericht über die Ergebnisse der Honorarverteilung, über die Gesamtvergütungen, über die Bereinigungssummen und über das Honorar je Arzt und je Arztgruppe. ²Zusätzlich ist über Arztzahlen, Fallzahlen und Leistungsmengen zu informieren, um mögliche regionale Honorarunterschiede zu erklären. ³Die Kassenärztlichen Vereinigungen übermitteln der Kassenärztlichen Bundesvereinigung hierzu die erforderlichen Daten. ⁴Das Nähere bestimmt die Kassenärztliche Bundesvereinigung.

I. Entstehungsgeschichte und Struktur

1 § 87c wurde in der gegenwärtigen Form durch das GKV-Versorgungsstrukturgesetz (GKV-VStG) v. 22.12.2011 eingeführt. Durch § 87c wird die ursprünglich dem Bewertungsausschusses gemäß § 87 Abs. 3 a S. 2 bis 4 aF zugewiesene Berichtspflicht auf die Kassenärztliche Bundesvereinigung übertragen.

2 § 87c regelt die Informationspflichten über die Honorarentwicklungen in der vertragsärztlichen Versorgung durch die Kassenärztliche Bundesvereinigung. Dies soll zum Zwecke der Transparenz sowie des Wettbewerbs im Sinne eines Benchmarks erfolgen.[1]

II. Regelungsgehalt

3 Die Kassenärztliche Bundesvereinigung hat jedes Quartal zeitnah nach Abschluss des jeweiligen Abrechnungszeitraums die wichtigsten Daten zur vertragsärztlichen Vergütung zu veröffentlich. Hierzu hat sich über die Ergebnisse der Honorarverteilung, über die Gesamtvergütungen, über die Bereinigungssummen aufgrund Selektivverträgen und über das Honorar je Arzt und je Arztgruppe zu informieren. Darüber hinaus hat sie zusätzlich über Arztzahlen, Fallzahlen und Leistungsmengen zu informieren, um mögliche Honorarunterschiede zu erklären. Der Pflicht zur Veröffentlichung kann die Kassenärztliche Bundesvereinigung im Deutschen Ärzteblatt oder in anderer geeigneter Form, zB auf ihrer Internetseite, nachkommen.[2]

4 Die für die für die Informationen und Berichte erforderlichen Daten haben die Kassenärztlichen Vereinigungen der Kassenärztliche Bundesvereinigung zu übermitteln. Das Nähere hierzu kann gemäß Abs. 1 S. 4 durch die Kassenärztliche Bundesvereinigung bestimmt werden.

§ 87d Vergütung vertragsärztlicher Leistungen im Jahr 2012

(1) ¹Für das Jahr 2012 ist kein Beschluss nach § 87 Absatz 2 g zur Anpassung des Orientierungswertes nach § 87 Absatz 2 e zu treffen. ²Der in § 87a Absatz 2 Satz 1 genannte Punktwert wird für das Jahr 2012 nicht angepasst. ³Die nach § 87a Absatz 2 Satz 2 bis 5 für das Jahr 2010 vereinbarten Zuschläge dürfen mit Wirkung für das Jahr 2012 in der Höhe nicht angepasst und darüber hinausgehende Zuschläge auf den Orientierungswert nicht vereinbart werden.

(2) ¹Der Behandlungsbedarf für das Jahr 2012 ist je Krankenkasse zu ermitteln, indem der für das Jahr 2011 vereinbarte, bereinigte Behandlungsbedarf je Versicherten um 1,25 Prozent erhöht wird. ²§ 87a Absatz 3 Satz 5 zweiter Halbsatz bleibt unberührt. ³Der sich aus Satz 1 ergebende Behandlungsbedarf für das Jahr 2012 wird mit dem in Absatz 1 Satz 2 genannten Punktwert in Euro bewertet. ⁴Die Regelungen nach § 87a Absatz 3 Satz 4 sowie nach § 87a Absatz 4 Nummer 2, 4 und 5 werden für das Jahr 2012 nicht angewendet.

I. Entstehungsgeschichte und Struktur

1 Die Norm wurde durch das GKV-Finanzierungsgesetz (GKV-FinG) v. 22.10.2010 eingeführt. Die Norm enthielt Sonderregelungen für die Jahren 2011 und 2012 sowie eine geplante Ausgabenbegren-

---

1 BT-Dr. 17/6906, 66.
2 So BT-Dr. 17/6906, 66; die Honorarberichte sind veröffentlich unter: http://www.kbv.de (zuletzt abgerufen am 20.5.2014).

zung für extrabudgetäre Leistungen. Hierdurch sollte eine Begrenzung des Ausgabenzuwachses in der vertragsärztlichen Versorgung erreicht werden.[1]

Durch das GKV-VStG v. 22.12.2011 wurden die Sonderregelung für das Jahr 2012 in § 87 d redaktionell angepasst sowie die Vorgaben zur Ausgabenbegrenzung für extrabudgetäre Leistungen gestrichen. Hierdurch sollte insbesondere das Ambulante Operieren als ambulante Leistung weiter gefördert werden.[2] Die Norm hat damit nur Bedeutung für den genannten Zeitraum. Über das Jahr 2012 hinaus finden die Regelungen des § 87 d keine Anwendung.

II. Regelungsgehalt

Für das Jahr 2012 ist der Orientierungswert gemäß § 87 e durch den Bewertungsausschuss nicht anzupassen. In der Folge dürfen auch nicht die Gesamtvertragspartner den Punktwert der Euro-Gebührenordnung anpassen. Zudem dürfen die für das Jahr 2010 vereinbarten Zuschläge für das Jahr 2012 nicht in der Höhe angepasst und darüber hinausgehende Zuschläge auf den Orientierungswert nicht vereinbart werden.

Korrespondierend hierzu ist in § 87 d Abs. 2 geregelt, wie die Gesamtvergütung im Jahr 2012 anzupassen ist. Hierzu ist der für das Jahr 2011 vereinbarte und bereinigte Behandlungsbedarf je Versicherten um 1,25 Prozentpunkte zu erhöhen. Dieser fortentwickelte Behandlungsbedarf ist nach den Grundsätzen gemäß § 87 a Abs. 3 mit dem konstanten Punktwert zu bewerten und ergibt die morbiditätsbedingte Gesamtvergütung. Bei der Ermittlung der Gesamtvergütung für das Jahr 2012 sind jedoch weiterhin im Sinne von § 87 a Abs. 4 Nr. 1 und 3 die Veränderungen der Zahl der Versicherten einer Krankenkasse sowie Veränderungen von Art und Umfang der ärztlichen Leistungen zu berücksichtigen.

§ 87 e Zahlungsanspruch bei Mehrkosten

[1]Abrechnungsgrundlage für die Mehrkosten nach § 28 Abs. 2 Satz 2 und § 55 Abs. 4 ist die Gebührenordnung für Zahnärzte. [2]Der Zahlungsanspruch des Vertragszahnarztes gegenüber dem Versicherten ist bei den für diese Mehrkosten zu Grunde liegenden Leistungen auf das 2,3fache des Gebührensatzes der Gebührenordnung für Zahnärzte begrenzt. [3]Bei Mehrkosten für lichthärtende Composite-Füllungen in Schicht- und Ätztechnik im Seitenzahnbereich nach § 28 Abs. 2 Satz 2 ist höchstens das 3,5fache des Gebührensatzes der Gebührenordnung für Zahnärzte berechnungsfähig. [4]Die Begrenzung nach den Sätzen 2 und 3 entfällt, wenn der Gemeinsame Bundesausschuss seinen Auftrag gemäß § 92 Abs. 1 a und der Bewertungsausschuss seinen Auftrag gemäß § 87 Abs. 2 h Satz 2 erfüllt hat. [5]Maßgebend ist der Tag des Inkrafttretens der Richtlinien und der Tag des Beschlusses des Bewertungsausschusses.

§ 87 e normiert die Abrechnungsgrundlage und Begrenzung für die über die Regelversorgung hinausgehende Behandlung bei Zahnfüllungen und Zahnersatz bis zur erfolgten Umsetzung der in S. 3 und 4 benannten Aufträge an G-BA und Bewertungsausschuss. Die Regelung, die seit ihrer Einführung im Jahr 1999 weitgehend unverändert geblieben ist,[1] beschränkt die für diese Leistungen fälligen Honorare bis zu dem Zeitpunkt, in dem der G-BA und der Bewertungsausschuss ihre Aufgaben nach § 92 Abs. 1 a und § 87 Abs. 2 h erfüllt haben.[2] Die Neustrukturierung der Bema ist zwischenzeitlich zum 1. Januar 2004 ebenso erfolgt, wie die Neufassung der Richtlinie des G-BA, so dass die Begrenzung der Honorare gegenstandslos geworden ist.[3] Der Umstand, dass dies in den Kommentierungen bisher weitgehend unberücksichtigt blieb, ist mit der heute untergeordneten Bedeutung der Norm zu erklären. Hintergrund der Regelung war die Diskussion um Amalgamfüllungen, die Versicherte in zunehmendem Maße nach anderen, nicht von der vertragszahnärztlichen Versorgung umfassten, Methoden nachfragen ließ.[4]

---

1 BT-Dr. 17/3040, 24.
2 BT-Dr. 17/6906, 66.
1 Vgl. zur Entwicklung Freudenberg in: jurisPK-SGB V, § 87 Rn. 1 ff.; Engelhard in: Hauck/Noftz, § 87 e Rn. 1 ff.
2 BT-Dr. 14/1245, 74.
3 Schnittstellen zwischen Bema und GOZ, KZBV, 2013, S. 11.
4 Vgl. Sproll in: Krauskopf, § 87 SGB V Rn. 3 ff.

2 Für Leistungen, nach § 28 Abs. 2 S. 2, also die Mehrkosten bei Zahnfüllungen, die über die Regelversorgung hinausgehen und für Leistungen nach § 56 Abs. 4, dh diejenigen Leistungen, die bei über die Regelversorgung hinausgehendem Zahnersatz nicht von § 56 Abs. 2 S. 10 erfasst werden, wird die Abrechnung nach der GOZ angeordnet.[5] Der nach GOZ abrechenbare Betrag wird grundsätzlich auf den Steigerungsfaktor 2,3 begrenzt, wobei der Gesetzgeber sich hierbei darauf berief, dass die Mehrheit der Zahnärzte zu diesem Satz abrechne.[6] Die Regelung ist dabei so zu verstehen, dass der 2,3fache Satz in Abweichung vom nach der GOZ möglichen 3,5fachen Höchstsatz als Höchstpreis gilt.[7] Ausnahmsweise ist der 3,5fache Höchstsatz bei Composite-Füllungen in Schicht- und Ätztechnik im Seitenzahnbereich als Höchstsatz festgesetzt. Die Notwendigkeit der Begründung für die Anwendung des 3,5fachen Satzes nach § 5 Abs. 2 GOZ bleibt hiervon unberührt.[8]

3 Die Geltung der Begrenzung der Abrechnung von Mehrkosten auf den 2,3fachen bzw. 3,5fachen Satz der GOZ ist durch die Norm selbst auf den Zeitraum beschränkt, bis zu dem der G-BA eine Richtlinie über die zahnärztliche Versorgung, die den Anforderungen des § 92 Abs. 1a genügt, beschlossen hat und der Bewertungsausschuss einen neuen Bewertungsmaßstab erlassen hat. Der Gesetzgeber wollte mit dieser Regelung auch auf eine Beschleunigung der entsprechenden Normsetzungsprozesse hinwirken.[9] Die untergesetzlichen Normgeber sind ihren Normsetzungsaufträgen, die kumulativ zu erfüllen waren,[10] zwischenzeitlich nachgekommen, so dass die Abrechnungsbegrenzung des § 87e nicht mehr gilt.

Vierter Titel Zahntechnische Leistungen

§ 88 Bundesleistungsverzeichnis, Vergütungen

(1) ¹Der Spitzenverband Bund der Krankenkassen vereinbart mit dem Verband Deutscher Zahntechniker-Innungen ein bundeseinheitliches Verzeichnis der abrechnungsfähigen zahntechnischen Leistungen. ²Das bundeseinheitliche Verzeichnis ist im Benehmen mit der Kassenzahnärztlichen Bundesvereinigung zu vereinbaren.

(2) ¹Die Landesverbände der Krankenkassen und die Ersatzkassen vereinbaren mit den Innungsverbänden der Zahntechniker die Vergütungen für die nach dem bundeseinheitlichen Verzeichnis abrechnungsfähigen zahntechnischen Leistungen, ohne die zahntechnischen Leistungen beim Zahnersatz einschließlich Zahnkronen und Suprakonstruktionen. ²Die vereinbarten Vergütungen sind Höchstpreise. ³Die Krankenkassen können die Versicherten sowie die Zahnärzte über preisgünstige Versorgungsmöglichkeiten informieren.

(3) ¹Preise für zahntechnische Leistungen nach Absatz 1, ohne die zahntechnischen Leistungen beim Zahnersatz einschließlich Zahnkronen und Suprakonstruktionen, die von einem Zahnarzt erbracht werden, haben die Preise nach Absatz 2 Satz 1 und 2 um mindestens 5 vom Hundert zu unterschreiten. ²Hierzu können Verträge nach § 83 abgeschlossen werden.

Literatur:

Zuck, Kommentar zum Zahntechnikrecht im SGB V, 2010; *Schnapp*, Die Stellung der Zahntechniker im Leistungssystem der gesetzlichen Krankenversicherung, SGb 1989, 361; *Plagemann*, Zahnersatz – Umbau eines Versorgungsbereichs GesR 2006, 488; *Altmiks*, Krankenversicherung – zahntechnische Versorgung – durchschnittliche bundeseinheitliche Preise für 2008 – Schiedsspruch durch Bundesschiedsamt KrV 2012, *Axer*, Abrechnungs- und Wirtschaftlichkeitsprüfungen durch Kassenzahnärztliche Vereinigungen im vertragszahnärztlichen Festzuschusssystem, NZS 2006, 225.

---

5 Diese Anordnung ist jedoch als deklaratorisch zu bezeichnen, vgl. Freudenberg in: jurisPK-SGB V, § 87e Rn. 19.
6 BT-Dr. 14/1245, 74.
7 Freudenberg in: jurisPK-SGB V, § 87e Rn. 22.
8 Freudenberg in: jurisPK-SGB V, § 87e Rn. 23.
9 BT-Dr. 14/1245, 74.
10 Freudenberg in: jurisPK-SGB V, § 87 Rn. 26.

I. Entstehungsgeschichte und Struktur	1	2. Vergütung (Abs. 2)	9
II. Einzelne Tatbestände.......................	5	3. Eigenlaborleistungen (Abs. 3)..........	14
1. Verzeichnis zahntechnischer Leistungen (Abs. 1).................................	5		

I. Entstehungsgeschichte und Struktur

Die Norm wurde mit dem heutigen Regelungsinhalt durch das GKV-SolG v. 19.12.1998 in das SGB V eingefügt.[1] Die Vorgängervorschrift war § 368 g Abs. 5 a RVO, diese sah allerdings noch vor, dass das Bundesleistungsverzeichnis entsprechend dem Einheitlichen Bewertungsmaßstab zwischen der Kassenzahnärztliche Bundesvereinigung und den Verbänden Krankenkassen vereinbart wird. An die Stelle der Kassenzahnärztlichen Bundesvereinigung ist die Verband Deutscher Zahntechniker-Innungen getreten. Hiermit sollte dem Umstand Rechnung getragen werden, dass zahntechnische Leistungen überwiegend durch gewerbliche zahntechnische Laboratorien erbracht werden.[2]

Die Norm entspricht aber weiterhin der typischen Struktur des vertrags(zahn)ärztlichen Vergütungssystems. Hiernach ist zunächst ein in Punkten bewertetes Leistungsverzeichnis auf Bundesebene zu vereinbaren. In einem zweiten Schritt wird dann auf Landesebene die konkrete Vergütung für die Leistungen vereinbar.

Mit dem GMG v. 14.11.2003 wurde die Vorschrift an die neuen Regelung hinsichtlich der Versorgung mit Zahnersatz gemäß §§ 55 ff. angepasst.[3] Für die Versorgung mit Zahnersatz einschließlich Zahnkronen und Suprakonstruktionen ist seit dem GKV-GMG gemäß § 57 Abs. 2 S. 2–5 vorgesehen, dass innerhalb des Systems befundbezogener Festzuschüsse der GKV-Spitzenverband und der Verband der Zahntechniker-Innungen die bundeseinheitlichen durchschnittlichen Preise für die zahntechnischen Leistungen ermitteln.[4] Darauf aufbauend vereinbaren gemäß § 57 Abs. 2 S. 1 die Landesverbände der Krankenkassen und die Ersatzkassen gemeinsam und einheitlich mit den Innungsverbänden der Zahntechniker-Innungen die Höchstpreise für die zahntechnischen Leistungen bei den Regelversorgungen; hierbei dürfen sie die ermittelten bundeseinheitlichen Preise um bis zu 5 % unter- oder überschreiten.

Infolge des GKV-WSG v. 26.3.1007 wurde die Norm an die neue Organisationsstruktur der Verbände der Krankenkassen angepasst und als Verhandlungspartner auf Bundesebene der GKV-Spitzenverband etabliert.

II. Einzelne Tatbestände

1. Verzeichnis zahntechnischer Leistungen (Abs. 1). Der Spitzenverband Bund der Krankenkassen hat gemäß Abs. 1 S. 1 mit dem Verband Deutscher Zahntechniker-Innungen ein bundeseinheitliches Verzeichnis zahntechnischer Leistungen (BEL) zu vereinbaren.

Dieses Verzeichnis ist vergleichbar mit dem Einheitlichen Bewertungsmaßstab für ärztliche und zahnärztliche Leistungen gemäß § 87 Abs. 1 S. 1. Gemäß § 87 Abs. 2 definiert auch der Einheitliche Bewertungsmaßstab den Inhalt der abrechnungsfähigen Leistungen. Ebenso wie im Einheitlichen Bewertungsmaßstab werden die Leistungen zunächst nicht mit Euro-Beträgen bewertet, sondern mit Punktzahlen. Das Bundesleistungsverzeichnis hat wie der EBM normativen Charakter und ist als ungesetzliche Rechtsnorm zu qualifizieren.[5]

Der BEL ist im Benehmen mit der Kassenzahnärztlichen Bundesvereinigung zu vereinbaren. Benehmen bedeutet keine Willensübereinstimmung, sondern lediglich den Versuch einer Verständigung. Soweit allerdings unüberbrückbare Meinungsverschiedenheiten bestehen bleiben, gibt der Wille der Vertragsparteien den Ausschlag.[6] In Ausnahmesituationen ist auch die nachträgliche Herstellung des Benehmens ausreichend.[7]

Soweit die Vertragsparteien nicht zu einer Einigung gelangen, entscheidet ein gemäß § 89 Abs. 6 zu bildendes Bundesschiedsamt. Dieses Bundesschiedsamt besteht aus Vertretern des Verbandes Deut-

---

1 Dadurch wurde die durch das 2. GKV-NOG aufgehobene Fassung des GSG weitgehend wieder hergestellt.
2 Vgl. Freudenberg in: jurisPK-SGB V, § 88 Rn. 20.
3 Sieh zum neuen Versorgungskonzept bei Zahnersatz Axer, NZS 2006, 225.
4 Vgl. zu den Grenzen des Gestaltungsspielraumes der Vertragspartner auf Bundeseben: LSG Bln-Bbg, 21.12.2001, L 24 KA 39/08 KL, sowie die Anm. von Altmiks, KrV 2012, 82.
5 Siehe hierzu die Kommentierung von Weinrich zu § 87 (→ § 87 Rn. 1 ff.).
6 BSG, 24.8.1994, 6 RKa 15/93, juris Rn. 21.
7 BSG, 24.8.1994, 6 RKa 15/93, juris Rn. 25.

scher Zahntechniker-Innungen und des Spitzenverbandes Bund der Krankenkassen in gleicher Zahl sowie einem unparteiischen Vorsitzenden und zwei weiteren unparteiischen Mitgliedern.

9 **2. Vergütung (Abs. 2).** Die Landesverbände der Krankenkassen und die Ersatzkassen haben mit den Innungsverbänden der Zahntechniker auf der Basis des Bundesleistungsverzeichnis (BEL) die Vergütungen zu vereinbaren. Ein gemeinsamer und einheitlicher Vertragsschluss ist nicht vorgesehen, es sind daher entsprechend zu § 85 Abs. 2 Hs. 2 kassenartenspezifische Verträge zu schließen. Ebenfalls die Vergütungsvereinbarungen nach § 88 Abs. 2 sind als untergesetzliche Rechtsnorm einzustufen.[8]

10 Der Grundsatz der Beitragssatzstabilität gilt auch für die Vergütungsvereinbarungen nach Abs. 2.[9] Dabei erstreckt sich die Anwendung des Grundsatzes der Beitragssatzstabilität auch auf das Ausgabenvolumen und bezieht damit Mengenentwicklungen ein.[10]

11 Die in den Vereinbarungen festgesetzten Preise sind gemäß Abs. 2 S. 2 Höchstpreise.[11] Hierbei ist zu beachten, dass der Vertrag zwischen Zahnarzt und Zahntechniker ein Werkvertrag beleibt, der sich nur hinsichtlich der Höchstpreise nach öffentlichem Recht richtet. Soweit der übliche Preis unter dem Höchstpreis liegt, ist im Rahmen von § 632 Abs. 2 BGB der übliche Preis als vereinbart anzusehen.[12]

12 Soweit sich die Vertragsparteien nicht einigen können, sind gemäß § 89 Abs. 8 entsprechende Landesschiedsämter zu bilden. Diese Schiedsämter bestehen aus Vertretern der Innungsverbände der Zahntechniker und der Krankenkassen in gleicher Zahl sowie einem unparteiischen Vorsitzenden und zwei weiteren unparteiischen Mitgliedern.

13 § 88 Abs. 2 hat jedoch durch das GMG v. 14.11.2003 weitgehend an Bedeutung verloren, da nunmehr für die Vergütung von zahntechnischen Leistungen für Zahnersatz einschließlich Zahnkronen und Suprakonstruktionen § 57 Abs. 2 die entsprechenden Regelungen trifft.

14 **3. Eigenlaborleistungen (Abs. 3).** Soweit der Zahnarzt selber ein Labor betreibt (sog Eigenlaborerbringer), müssen seine Preise die Höchstpreise gemäß Abs. 2 um 5 % unterschreiten. Diese Regelung wurde durch die Rechtsprechung ausdrücklich gebilligt.[13] Gemäß § 57 Abs. 2 S. 7 gilt für zahntechnische Leistungen für Zahnersatz einschließlich Zahnkronen und Suprakonstruktionen ebenfalls eine 5 % Minderung von den vereinbarten Höchstpreisen.

Fünfter Titel Schiedswesen

§ 89 Schiedsamt

(1) ¹Kommt ein Vertrag über die vertragsärztliche Versorgung ganz oder teilweise nicht zustande, setzt das Schiedsamt mit der Mehrheit seiner Mitglieder innerhalb von drei Monaten den Vertragsinhalt fest. ²Kündigt eine Vertragspartei einen Vertrag, hat sie die Kündigung dem zuständigen Schiedsamt schriftlich mitzuteilen. ³Kommt bis zum Ablauf eines Vertrages ein neuer Vertrag nicht zustande, setzt das Schiedsamt mit der Mehrheit seiner Mitglieder innerhalb von drei Monaten dessen Inhalt fest. ⁴In diesem Fall gelten die Bestimmungen des bisherigen Vertrages bis zur Entscheidung des Schiedsamts vorläufig weiter. ⁵Kommt ein Vertrag bis zum Ablauf von drei Monaten durch Schiedsspruch nicht zu Stande und setzt das Schiedsamt auch innerhalb einer von der zuständigen Aufsichtsbehörde bestimmten Frist den Vertragsinhalt nicht fest, setzt die für das Schiedsamt zuständige Aufsichtsbehörde den Vertragsinhalt fest. ⁶Die Klage gegen die Festsetzung des Schiedsamts hat keine aufschiebende Wirkung.

(1 a) ¹Kommt ein gesetzlich vorgeschriebener Vertrag über die vertragsärztliche Versorgung ganz oder teilweise nicht zustande und stellt keine der Vertragsparteien bei dem Schiedsamt den Antrag, eine Einigung herbeizuführen, können die zuständigen Aufsichtsbehörden nach Ablauf einer von ihnen gesetzten angemessenen Frist oder nach Ablauf einer für das Zustandekommen des Vertrags gesetzlich vorgesehenen Frist das Schiedsamt mit Wirkung für die Vertragsparteien anrufen. ²Das Schiedsamt setzt mit der Mehrheit seiner Mitglieder innerhalb von drei Monaten den Vertragsinhalt fest. ³Absatz

---

8 Vgl. BSG, 1.7.1992, 14a/6 RKa 1/90; BSG, 13.1.1993, 14a/6 RKa 67/91.
9 BSG, 19.7.2006, B 6 KA 44/05 R.
10 LSG Bln-Bbg, 21.12.2001, L 24 KA 39/08 K, juris Rn. 20.
11 Zur Verfassungsmäßigkeit: BVerfG, 31.1.1993, 1 BvR 35/82.
12 BSG, 13.1.1993, 14a/6 RKa 67/91, juris Rn. 40.
13 BSG, 20.11.1986, 6 RKa 7/86.

¹Satz 5 gilt entsprechend. ⁴Die Klage gegen die Festsetzung des Schiedsamts hat keine aufschiebende Wirkung.

(2) ¹Die Kassenärztlichen Vereinigungen, die Landesverbände der Krankenkassen sowie die Ersatzkassen bilden je ein gemeinsames Schiedsamt für die vertragsärztliche und die vertragszahnärztliche Versorgung (Landesschiedsamt). ²Das Schiedsamt besteht aus Vertretern der Ärzte und der Krankenkassen in gleicher Zahl sowie einem unparteiischen Vorsitzenden und zwei weiteren unparteiischen Mitgliedern. ³Bei der Entscheidung über einen Vertrag, der nicht alle Kassenarten betrifft, wirken nur Vertreter der betroffenen Kassenarten im Schiedsamt mit. ⁴Die in Satz 1 genannten Krankenkassen und Verbände der Krankenkassen können von Satz 3 abweichende Regelungen vereinbaren.

(3) ¹Über den Vorsitzenden und die zwei weiteren unparteiischen Mitglieder sowie deren Stellvertreter sollen sich die Kassenärztlichen Vereinigungen, die Landesverbände der Krankenkassen und die Ersatzkassen einigen. ²§ 213 Abs. 2 in der bis zum 31. Dezember 2008 geltenden Fassung gilt für die Landesverbände der Krankenkassen und die Ersatzkassen entsprechend. ³Die Amtsdauer beträgt vier Jahre. ⁴Soweit eine Einigung nicht zustande kommt, stellen die Beteiligten eine gemeinsame Liste auf, die mindestens die Namen für zwei Vorsitzende und je zwei weitere unparteiische Mitglieder sowie deren Stellvertreter enthalten muß. ⁵Kommt es nicht zu einer Einigung über den Vorsitzenden, die unparteiischen Mitglieder oder die Stellvertreter aus der gemeinsam erstellten Liste, entscheidet das Los, wer das Amt des Vorsitzenden, der weiteren unparteiischen Mitglieder und der Stellvertreter auszuüben hat. ⁶Die Amtsdauer beträgt in diesem Fall ein Jahr. ⁷Die Mitglieder des Schiedsamts führen ihr Amt als Ehrenamt. ⁸Sie sind an Weisungen nicht gebunden.

(4) ¹Die Kassenärztlichen Bundesvereinigungen und der Spitzenverband Bund der Krankenkassen bilden je ein gemeinsames Schiedsamt für die vertragsärztliche und die vertragszahnärztliche Versorgung. ²Absatz 2 Satz 2 bis 4 und Absatz 3 gelten entsprechend.

(5) ¹Die Aufsicht über die Schiedsämter nach Absatz 2 führen die für die Sozialversicherung zuständigen obersten Verwaltungsbehörden der Länder oder die von den Landesregierungen durch Rechtsverordnung bestimmten Behörden; die Landesregierungen können diese Ermächtigung auf die obersten Landesbehörden weiterübertragen. ²Die Aufsicht über die Schiedsämter nach Absatz 4 führt das Bundesministerium für Gesundheit. ³Die Aufsicht erstreckt sich auf die Beachtung von Gesetz und sonstigem Recht. ⁴Die Entscheidungen der Schiedsämter über die Vergütung der Leistungen nach § 57 Abs. 1 und 2, §§ 83, 85 und 87a sind den zuständigen Aufsichtsbehörden vorzulegen. ⁵Die Aufsichtsbehörden können die Entscheidungen bei einem Rechtsverstoß innerhalb von zwei Monaten nach Vorlage beanstanden. ⁶Für Klagen der Vertragspartner gegen die Beanstandung gelten die Vorschriften über die Anfechtungsklage entsprechend.

(6) Das Bundesministerium für Gesundheit bestimmt durch Rechtsverordnung[1] mit Zustimmung des Bundesrates das Nähere über die Zahl, die Bestellung, die Amtsdauer, die Amtsführung, die Erstattung der baren Auslagen und die Entschädigung für Zeitaufwand der Mitglieder der Schiedsämter, die Geschäftsführung, das Verfahren, die Erhebung und die Höhe der Gebühren sowie über die Verteilung der Kosten.

(7) ¹Der Verband Deutscher Zahntechniker-Innungen und der Spitzenverband Bund der Krankenkassen bilden ein Bundesschiedsamt. ²Das Schiedsamt besteht aus Vertretern des Verbandes Deutscher Zahntechniker-Innungen und des Spitzenverbandes Bund der Krankenkassen in gleicher Zahl sowie einem unparteiischen Vorsitzenden und zwei weiteren unparteiischen Mitgliedern. ³Im übrigen gelten die Absätze 1, 1a, 3 und 5 Satz 2 und 3 sowie die auf Grund des Absatzes 6 erlassene Schiedsamtsverordnung entsprechend.

(8) ¹Die Innungsverbände der Zahntechniker, die Landesverbände der Krankenkassen und die Ersatzkassen bilden ein Landesschiedsamt. ²Das Schiedsamt besteht aus Vertretern der Innungsverbände der Zahntechniker und der Krankenkassen in gleicher Zahl sowie einem unparteiischen Vorsitzenden und zwei weiteren unparteiischen Mitgliedern. ³Im übrigen gelten die Absätze 1, 1a und 3 sowie Absatz 5 entsprechend.

Literatur:

Axer, Normsetzung der Exekutive in der Sozialversicherung 2000; *Bast,* Die rechtliche Stellung des Schiedsamtes im Kassenarztrecht, Diss. Würzburg 1965; *Becker, P.,* Das Schiedsstellenverfahren im Sozialrecht, in: Becker/Dalichau (Hrsg.), Festschrift für Wiegand, 2003, 271; *Buchner/Bosch,* Befangenheitsanträge gegen

---

[1] Siehe die SchiedsamtsVO.

Schiedsamtsmitglieder – Verfahrensrechtliche Fragestellungen, SGb 2011, 27; *Düring*, Das Schiedswesen in der gesetzlichen Krankenversicherung 1992; *Hofmann, Matthias*, Das Schiedsamt im Kassenarztrecht nach dem Sozialgesetzbuch Teil V, 1994; *Imbeck*, Zum Verhältnis zwischen Vertragsarzt und gesetzlicher Krankenversicherung in: Schiller/Tsambikakis (Hrsg.), Kriminologie und Medizinrecht, Festschrift für Gernot Steinhilper, 2013, S. 77; *Joussen*, Die Rechtsnatur der Entscheidungsbefugnis des Schiedsamts nach § 89 SGB V, SGb 2003, 200; *Lüke*, Das Schiedsverfahren nach § 89 SGB V und § 18 a KHG. Eine vergleichende Darstellung unter besonderer Berücksichtigung von Verfahrensfragen, 2010; *Schimmelpfeng-Schütte*, Die Schiedsverfahren in der gesetzlichen Krankenversicherung, insbesondere im Heil- und Hilfsmittelbereich, NZS 1997, 503; *Schmiedl*, Das Recht des vertrags(zahn)ärztlichen Schiedswesens. Historische Entwicklung, Rechtsnatur, Anforderungen an die Tätigkeit und Kontrolle der Entscheidungen der Schiedsämter im Vertrags(zahn)arztrecht nach § 89 SGB V, 2002; *Schnapp*, Das Schiedsamt (§ 89 SGB V) als Behörde, GesR 2007, 392; *Schnapp*, Das sozialrechtliche Schiedsverfahren im Aufwind. Einführung unter besonderer Berücksichtigung der Schiedsämter gem. § 89 SGB V, GesR 2014, 193; *Schnapp*, Der Einfluss der Schiedsämter auf die kassenärztliche Vergütung – aktuelle Probleme, NZS 2007, 561; *Schnapp*, Die Ablehnung wegen Befangenheit und die Abberufung von Schiedsamtsmitgliedern – verfahrensrechtliche Fragen, SGb 2007, 633; *Schnapp*, Einmal Behörde – immer Behörde? Überlegungen zum Behördenbegriff im Sozialrecht, NZS 2010, 241; *Schnapp*, Gesamtverträge und Schiedsverfahren mit Ersatzkassenbeteiligung. Rechtsprobleme und Aufsichtskonfusionen, NZS 2003, 1; *Schnapp* (Hrsg.), Handbuch des sozialrechtlichen Schiedsverfahrens, 2. Aufl. 2016; *Schnapp*, Müssen Schiedsämter bei ihren Entscheidungen die Auswirkungen des Risikostrukturausgleichs berücksichtigen?, NZS 2003, 337; *Schnapp*, Rechtssetzung durch Schiedsämter und gerichtliche Kontrolle von Schiedsamtsentscheidungen, in: Schnapp (Hrsg.), Probleme der Rechtsquellen im Sozialversicherungsrecht II 1999, 77; *Seewald*, Gestaltungsfreiheit und rechtliche Bindungen von Schiedsamt und Vertragspartei im SGB V, VSSR 2015, 27; *Simmler*, Die Ablehnung des Schiedsamtsvorsitzenden im Schiedsverfahren nach dem SGB wegen Besorgnis der Befangenheit, GesR 2007, 249; *Simmler*, Noch einmal: Die Ablehnung des Schiedsamtsvorsitzenden, GesR 2008, 77.

I. Entstehungsgeschichte	1
II. Verhältnis zu anderen Vorschriften	6
III. Norminhalt	15
1. Schiedsamt	15
2. Landesschiedsamt (Abs. 2)	16
a) Rechtsform	18
b) Trägerschaft	19
c) Berufung, Mitgliedschaft	21
aa) Parteivertreter	22
bb) Unparteiische Mitglieder	26
(1) Bestellung im Einvernehmen; Amtsdauer	27
(2) Bestellung bei fehlendem Einvernehmen; Amtsdauer	30
cc) Abberufung	35
dd) Niederlegung	39
ee) Ehrenamt, Vergütung, Kostentragung	41
ff) Weisungsfreiheit	43
gg) Amtspflichten	44
hh) Haftung	45
d) Tätigkeitsvoraussetzungen	46
e) Verfahren	50
aa) Verfahrensvorschriften	51
(1) Antrag	51
(2) Verfahrensgestaltung	53
(3) Befangenheit	61
bb) Verfahrensziel: Einigung	64
cc) Beratung	65
dd) Entscheidung	67
ee) Gebührenfestsetzung	74
ff) Geschäftsführung	76
3. Bundesschiedsamt (Abs. 4)	79
4. Aufsicht	82
5. Rechtsschutz	87
6. Anwendung auf Zahntechnische Leistungen (Abs. 7, 8)	95
7. Verordnungsermächtigung (Abs. 6)	96

I. Entstehungsgeschichte

1 Die aktuelle Regelung des § 89 beruht im Wesentlichen auf dem GRG vom 20.12.1988.[2]

2 Sie fasst die zuvor geltenden §§ 368 h und 368 i RVO zusammen. In der ursprünglichen Version der RVO von 1911,[3] in Kraft getreten zum 1.1.1914, war das Schiedsamt noch nicht enthalten. Zwischen Krankenkassen und Ärzten wurden Einzelverträge geschlossen, die den Arzt zur Versorgung der Versicherten berechtigten, wohingegen die Vergütung faktisch durch die Krankenkassen diktiert wurde. Zur Abwendung eines deshalb beabsichtigten unbefristeten Ärztestreikes wurde deshalb am 23.12.1913 das „Berliner Abkommen" geschlossen, wodurch die Krankenkassen das einseitige Bestimmungsrecht über die Vertragsmodalitäten verloren. Zudem wurde ein Schiedsamt für den Fall

---

2 BGBl. I, 2477.
3 RGBl. 1911, 509.

einer Nichteinigung über einen Vertrag zwischen Arzt und Krankenkasse implementiert.[4] Nach Kündigung des „Berliner Abkommens" wurde mit der „Verordnung über Ärzte und Krankenkassen"[5] eine Änderung der RVO herbeigeführt, die die Schaffung von Schiedsämtern auf der Ebene eines jeden Oberversicherungsamts sowie eines Reichsschiedsamt als Berufungsinstanz vorsah; alternativ konnten die Landesbehörden für den Fall, dass auf ihrem Gebiet ein Landesversicherungsamt und Landesausschüsse bestanden, ein Landesschiedsamt schaffen, das anstelle des Reichsversicherungsamtes als Berufsinstanz diente.[6] In dieser Zeit wandelte sich das Vertragsverhältnis zwischen Ärzten und Krankenkassen zu einem des öffentlichen Rechts; den Entscheidungen des Schiedsamts wurde Bindungswirkung in Form eines Verwaltungsaktes zugesprochen.[7] Im Zuge der Gleichschaltungen und Zentralisierungen in der NS-Zeit wurden die Landesschiedsämter aufgelöst, das Reichsschiedsamt in seinen Zuständigkeiten beschränkt.[8]

Die wesentlichen Strukturen der heute tätigen Landes- und Bundesschiedsämter wurden 1955 mit dem Gesetz über Kassenarztrecht[9] durch die Einführung der §§ 368 h und 368 i RVO festgelegt. Unter anderem wurden Kassenärzte von Kassenzahnärzten getrennt und bekamen ihre eigenen Schiedsämter. Das Bundesschiedsamt war nicht mehr Berufungsinstanz für Entscheidungen der Landesschiedsämter, die Kompetenzen des Bundesschiedsamt betreffen seitdem bundesweite Verträge, während die Landesschiedsämter für Verträge in ihrem jeweiligen Zuständigkeitsbezirk zuständig sind.[10]

Mit Inkrafttreten des GRG[11] wurden die bestehenden Schiedsamtsregelungen im Wesentlichen in § 89 übernommen; einzig ein eigenes Schiedsamt für zahntechnische Leistungen (Abs. 7, 8) wurde zusätzlich eingerichtet.[12]

In der Folgezeit wurde die Vorschrift um Abs. 1 a ergänzt;[13] daneben hat sich eine Vielzahl eher kleinerer Änderungen ergeben.[14]

II. Verhältnis zu anderen Vorschriften

§ 89 gilt explizit nur für vertragsärztliche und -zahnärztliche sowie zahntechnische Versorgung (Abs. 1, 1 a, 4, 7, 8). Er ist spezifisch, so insbesondere auch mit der Besetzung des jeweiligen Schiedsamts, hierauf zugeschnitten.

Das SGB V weist dem Bundesschiedsamt neben den in § 89 genannten **weitere Schiedskompetenzen** zu, so in § 39 Abs. 1 a S. 9 (Rahmenvertrag Entlassmanagement);[15] § 115 b Abs. 3 S. 1 (Katalog und Vergütung für Ambulantes Operieren im Krankenhaus); § 118 Abs. 2 S. 3 (Patientenkreis für Psychiatrische Institutsambulanzen), § 118 a Abs. 2 S. 2 (Vergütung Geriatrische Institutsambulanz); § 291 a Abs. 7 b S. 4, Abs. 7 d S. 2 (Kosten der elektronischen Gesundheitskarte).

Dem Landesschiedsamt sind neben den in § 89 genannten ebenfalls **weitere Zuständigkeiten** zugewiesen, nämlich in § 64 Abs. 3 S. 2 (Budgetbereinigung bei Modellvorhaben), § 64 a Abs. 2 S. 1 (Durchführung von Modellvorhaben zur Arzneimittelversorgung), § 73 b Abs. 7 (Budgetbereinigung bei hausarztzentrierter Versorgung), § 73 c Abs. 6 S. 3 (Budgetbereinigung bei besonderer ambulanter ärztlicher Versorgung), § 84 Abs. 1 S. 2, 3 (Ausgabenvolumen für von Vertragsärzten nach § 31 veranlasste Leistungen), § 84 Abs. 8 S. 3 (Ausgabenvolumen für Arzneimittel), § 116 b Abs. 6 S. 7 (Vergütung ambulante spezialfachärztliche Versorgung), § 140 d Abs. 1 S. 2 (Budgetbereinigung bei Integrierter Versorgung).

Die jeweiligen Kompetenzen sind abschließend; eine Kompetenzerweiterung unter dem Gesichtspunkt der Analogie kommt angesichts der weiteren und vielfältigen gesetzgeberischen Regelungen im SGB V (Rn. 7, 8, 11 f.) und andernorts (Rn 13) nicht in Betracht.

---

4 Nähere Einzelheiten zur Geschichte der GKV bei Düring, S. 39 ff.
5 RGBl. I 1923, 1051.
6 § 368 q RVO idF vom 15.12.1924, RGBl. I, 779.
7 § 368 m RVO idF vom 15.12.1924, RGBl. I, 779.
8 Näher hierzu Ziermann in: Sodan, HdB KrVersR, § 22 Rn. 2.
9 BGBl. I, 513, 517.
10 Ziermann in: Sodan, HdB KrVersR, § 22 Rn. 3.
11 BGBl. I, 2477.
12 Dazu und zur Entwicklung ab 1988 Ziermann in: Sodan, HdB KrVersR, § 22 Rn. 3.
13 Gesetz vom 21.12.1992, BGBl. I, 2266; ergänzt um Satz 3 durch Gesetz vom 14.11.2003, BGBl. I, 2190.
14 Vgl. im Einzelnen die Nachweise bei juris, FNA 860-5.
15 Vgl. hierzu zB die Klage der DKG beim LSG Bln-Bbg gegen den Schiedsspruch des Erweiterten Bundesschiedsamtes vom 13.10.2016 (http://www.dkgev.de/media/file/37861.2017-01-12_PM_DKG_zur_Klage_Entlassmanagement.pdf, zuletzt abgerufen am 1.3.2017).

10 Neben den **Schieds**ämtern des § 89 weist allein das SGB V einer Vielzahl weiterer Institutionen Schiedsaufgaben nach diesem Gesetz zu.

11 Das sind zunächst die sog Schieds*personen* (zuständig gem. § 39a Abs. 1 S. 6 für Hospizleistungen, § 65c Abs. 6 S. 8 für die Meldevergütung betr. Krebsregister, § 125 Abs. 2 für die Vergütung von Heilmittel, § 127 Abs. 1a für die Vergütung von Hilfsmitteln, § 132a Abs. 2 S. 5 für Häusliche Krankenpflege, § 132e Abs. 1 S. 3 für Schutzimpfungen und § 211 Abs. 4 S. 4 für Vereinbarungen der Landesverbände der Krankenkassen über deren Finanzierung). Kennzeichnend ist insoweit die Entscheidung durch eine Person, nicht wie bei den Schiedsämtern des § 89 durch ein Gremium.

12 Daneben kennt das Gesetz diverse Schieds*stellen*, gebildet nach dem SGB V. Das sind die Schiedsstelle gem. § 75 Abs. 3b S. 3, Abs. 3c (Versorgung des Personenkreises des § 257 Abs. 2a), die Schiedsstelle gem. § 92 Abs. 1a S. 4, bestehend aus den Mitgliedern des G-BA (Richtlinien für die zahnärztliche Versorgung, Zahnersatz und kieferorthopädische Behandlung), die (Landes-)Schiedsstelle nach § 111b (Leistungen stationärer Vorsorge- und Rehabilitation gem. § 111 Abs. 5 S. 2; Leistungen des Müttergenesungswerks uä Einrichtungen gem. § 111a Abs. 1 S. 2; Leistungen der ambulanten Rehabilitation iSd § 40 Abs. 1 gem. § 111c Abs. 3 S. 2), die (Landes-)Schiedsstelle nach § 114 (Landesverträge betr. Krankenhausbehandlung gem. § 112 Abs. 3; Prüferbestellung für Qualitäts- und Wirtschaftlichkeitsprüfung gem. § 113 Abs. 1; Dreiseitige Verträge zwischen Krankenkassen/Kassenärztlicher Vereinigung/Landeskrankenhausgesell-schaft gem. § 115 Abs. 3; Vergütung auch ambulant angewandter neuer Untersuchungs- und Behandlungsmethoden gem. § 137e Abs. 4 S. 5 iVm § 115 Abs. 3), die Schiedsstelle nach § 129 Abs. 8 (Rahmenvertrag zur Arzneimittelversorgung gem. § 129 Abs. 7; Finanzierung der Telematikinfrastruktur betr. Arzneimittelversorgung. gem. § 291a Abs. 7b S. 5; Arzneimittelabrechnungsvereinbarung gem. § 300 Abs. 4), die Schiedsstelle nach § nach § 130b (Erstattungsbeträge für Arzneimittel gem. § 130b Abs. 1, 2), die Schiedsstelle nach § 134 Abs. 4 (Hebammenhilfe).

13 Neben den im SGB V originär vorgesehenen Schiedsinstitutionen greift das Gesetz auch auf Schiedsinstitutionen aus anderen Gesetzen zurück, so die Schiedsstelle nach § 18a Abs. 1 KHG („Landesschiedsstelle Krankenhaus", nach dem SGB V zusätzlich zuständig für die Budgetbereinigung bei Modellvorhaben gem. § 64 Abs. 3 S. 2-4; Vergütung vor- und nachstationärer Behandlung gem. § 115a Abs. 3 S. 5; Vergütung ambulanter pädiatrischer Krankenhausleistungen, Vergütung PIA und SPZ gem. § 120 Abs. 4), die Schiedsstelle nach § 18a Abs. 6 KHG („Bundesschiedsstelle Krankenhaus", nach dem SGB V zusätzlich zuständig für den Telematikinfrastrukturzuschlag gem. § 291a Abs. 7a S. 4; Dokumentation der PIA gem. § 295 Abs. 1b S. 5 iVm § 21 Abs. 4–6 KHG; Vergütung idR nur stationär angewandter neuer Untersuchungs- und Behandlungsmethoden gem. § 137e Abs. 4 S. 3 SGB V iVm § 13 KHEntgG).

14 Mit einer unterschiedlichen Besetzung der vorgenannten Gremien, teilweise einzelfallbezogen noch ergänzt um weitere Personen (vgl. zB § 64a Abs. 2 S. 3, § 116b Abs. 2 S. 7, § 118 Abs. 2 S. 4, § 118a Abs. 2 S. 2), soll deren jeweilige fallspezifische Sachkompetenz gewährleistet werden. Zudem achtet der Gesetzgeber stets auf eine Parität zwischen Mitgliedern der Kostenträger und Leistungserbringer. In Einzelfällen bestehen Sonderkompetenzen nur für die sog unparteiischen Mitglieder (→ Rn. 26 ff.), vgl. zB § 130b Abs. 9 S. 5.

III. Norminhalt

15 **1. Schiedsamt.** Abs. 1 sieht vor, dass „das Schiedsamt" in bestimmten Konstellationen tätig wird. Der Begriff ist hier als Oberbegriff zu verstehen; er umfasst die Landesschiedsämter (Abs. 2) ebenso wie die Bundesschiedsämter (Abs. 4).

16 **2. Landesschiedsamt (Abs. 2).** Als Landesschiedsamt bezeichnet das Gesetz ein Schiedsamt, das für den Bereich einer Kassenärztlichen Vereinigung (§ 77 Abs. 1) gebildet wurde, Abs. 2 S. 1.[16]

17 Demgegenüber sieht § 1 Abs. 4 SchAVO[17] die Möglichkeit vor, ein Landesschiedsamt für die Bezirke mehrerer Kassenärztlicher bzw. Kassenzahnärztlicher Vereinigungen zu errichten. Da es hierfür keine gesetzliche Grundlage gibt – die Verordnungsermächtigung in Abs. 6 sieht so etwas nicht vor –, ist sie angesichts Art. 80 Abs. 1 S. 2 GG als nichtig anzusehen.

---

16 Vgl. zum Gegenstand und zur Zuständigkeit im Bereich der Pflege → SGB XI § 76 Rn. 4 ff.

17 Verordnung über die Schiedsämter für die vertragsärztliche (vertragszahnärztliche) Versorgung (Schiedsamtsverordnung) vom 28.5.1957 (BGBl. I, 570), zuletzt geändert durch Gesetz vom 16.7.2015, BGBl. I, 1211.

a) Rechtsform. Teilweise werden die Landesschiedsämter als „Ausschuss" oder ausschussgleich angesehen.[18] Demgegenüber spricht ihnen die hM zu Recht Behördeneigenschaft iSd Verwaltungsverfahrensrechts[19] (vgl. § 1 Abs. 2 SGB X), nicht aber im Sinne des Staatsorganisationsrechts,[20] zu. 18

b) Trägerschaft. Die Schiedsämter sind eine Einrichtung der gemeinsamen Selbstverwaltung; sie werden (unbeschadet ihrer gesetzlichen Ausgestaltung und der unparteiischen Mitglieder) von den Vertragsparteien, dh den Kassenärztlichen Vereinigungen, den Landesverbänden der Krankenkassen und den Ersatzkassen (Abs. 2 S. 1) gebildet; ihnen obliegt auch die Besetzung mit den unparteiischen Mitgliedern (Abs. 3). 19

Die vorgenannten Körperschaften sind mithin auch als Träger der Schiedsstelle anzusehen.[21] 20

c) Berufung, Mitgliedschaft. Gemäß Abs. 2 S. 2 besteht das Schiedsamt aus einem unparteiischen Vorsitzenden, zwei unparteiischen weiteren Mitgliedern, oft bezeichnet als „Beisitzer", und Vertretern der Ärzte und Krankenkassen in gleicher Anzahl; § 1 Abs. 1 S. 1 ScHAVO sieht hierfür jeweils 4 Vertreter, in ihrer Gesamtheit oft bezeichnet als „Bank", vor. Je Vertreter gibt es zudem 2 Stellvertreter, § 1 Abs. 1 S. 2 ScHAVO. 21

aa) Parteivertreter. Aus dem Umstand, dass Abs. 2 S. 2 sie als „Vertreter" der Ärzte bzw. Krankenkassen bezeichnet, ferner im Umkehrschluss aus § 4 Abs. 2 ScHAVO, ist zu folgern, dass diese von der jeweiligen Seite nach den für ihre Innenorganisation geltenden Regeln[22] (allein und ohne notwendige Abstimmung mit der anderen „Seite") bestimmt und vom Vertretungsorgan (§ 35 a Abs. 1 SGB IV, § 79 Abs. 5 SGB V) nach Abgabe einer – formlosen – Annahmeerklärung[23] ernannt werden; mit der Ernennung beginnt die Mitgliedschaft. Ob Bestimmung und Annahmeerklärung ordnungsgemäß waren, hat auf die zwischenzeitliche Mitgliedschaft keinen Einfluss. 22

Eine besondere Qualifikation oder Eigenschaft ist für die Parteivertreter nicht vorgeschrieben; demgemäß kann die Kassenärztliche Vereinigung auch Nicht-Ärzte bestellen,[24] die ihrerseits auch nicht Mitarbeiter der jeweiligen Kassenärztlichen Vereinigung sein müssen; Entsprechendes hat für die Krankenkassenvertreter zu gelten. 23

Weder das SGB V noch die ScHAVO enthalten indessen Regelungen dazu, wie im Falle der Nichtbestellung von Vertretern durch die Parteien zu verfahren ist. Dass die Nichtübernahme des § 368 i Abs. 6 S. 3 iVm § 368 b Abs. 8 S. 2 RVO idF vom 22.12.1981, wonach nicht benannte Vertreter letztlich durch die Aufsicht bestellt werden sollten, in das SGB V bzw. die ScHAVO auf einem gesetzgeberischen Versehen beruhen soll,[25] überzeugt nicht. Zudem ist durch die Nichtbenennung einer „Bank" ein Boykott des gesamten Verfahrens nicht möglich angesichts des Umstandes, dass es für eine Beschlussfassung letztendlich der Anwesenheit von mehr als der Hälfte der Mitglieder des Schiedsamtes bedarf (§ 16 a Abs. 2 S. 2 ScHAVO), die bei Regelbesetzung (→ Rn. 21) mit der Anwesenheit von 4 Vertretern der anderen „Bank" und den 3 unabhängigen Mitgliedern gewährleistet ist. Auch eine analoge Anwendung des § 1 Abs. 1 S. 4 ScHAVO – Reduzierung der Zahl der Vertreter der Ärzte bei Reduzierung der Zahl der Vertreter der Krankenkassen) kommt nicht in Betracht; hierbei handelt es sich um eine Ausnahmeregelung, die sich nur auf den Fall einer Vereinbarung der Krankenkassen über eine reduzierte Anzahl zu bestellender Vertreter ihrer „Seite" (§ 1 Abs. 1 S. 3 ScHAVO) bezieht. Bestellt also eine Seite ihre Vertreter nicht, kommt eine Ersatzbestellung durch die Aufsichtsbehörde über die betreffende Körperschaft angesichts einer fehlenden gesetzlichen Ermächtigung hierzu nicht in Betracht. 24

---

18 Simmler, GesR 2007, 249, 251 f.; zurückhaltender dies., GesR 2008, 77 f.
19 BSG, 30.10.1963, 6 RKa 4/62, juris = BSGE 20, 73 ff.; BSG, 19.3.1997, 6 RKa 36/95, juris = SozR 3-1500 § 161 Nr. 12; LSG Hmb, 20.11.2008, L 2 KA 25/08 KL ER, juris Rn. 24; Düring, S. 53 ff.; Joussen, SGb 2003, 200, 204; Schmiedl, S. 108 ff.; Schneider, Handbuch des Kassenarztrechts, 1994, S. 311 f.; kritisch Lindemann in: Wannagat, § 89 SGB V Rn. 12.
20 Becker, FS Wiegand 2003, S. 271, 272; Düring, S. 58; Schnapp, GesR 2007, 392, 395; aA Schmiedl, S. 114 ff.
21 So bezeichnet das BVerwG, 20.1.2005, 3 C 1/04, juris Rn. 15 = GesR 2006, 20 ff., als Träger der Schiedsstelle nach § 18 a KHG die sie bildenden Institutionen (Landeskrankenhausgesellschaften und Landesverbände der Krankenkassen); ähnlich OVG Lüneburg, 22.9.2005, 11 LC 133/05, juris Rn. 52 mwN = GesR 2006, 22 ff.
22 So auch Düring, S. 89 f.
23 AA Schmiedl, S. 135, der in der Benennung auch die Bestellung sieht, ohne dass es einer Einverständniserklärung bedürfe. Gerade aber dann, wenn die Mitglieder gewählt werden sollten, erscheint diese erforderlich; sie kann aber auch konkludent, zumindest mit Antritt des Amtes, erfolgen.
24 So für die parallele Situation im Berufungsausschuss BSG, 25.11.1998, B 6 KA 81/97 R, juris Rn. 17 ff. = SozR 3-2500 § 97 Nr. 2.
25 So Schmiedl, S. 136.

25 Gegenüber der jeweiligen Entsendungskörperschaft (vgl. Rn. 22) können die Parteivertreter auch ihr Amt niederlegen (§ 5 S. 1 SchAVO); von ihr können sie abberufen werden (§ 4 Abs. 2 SchAVO).

26 **bb) Unparteiische Mitglieder.** Angesichts des Umstandes, dass die Parteimitglieder in der Rechtspraxis im Allgemeinen nach „Bänken" und im Sinne der Anträge ihrer Entsendungskörperschaft abstimmen, kommt den unparteiischen Mitgliedern besondere Bedeutung zu; auf ihre Stimme kommt es an, da das Schiedsamt mit der (absoluten) Mehrheit seiner Mitglieder abstimmt (Abs. 1 S. 1).

27 **(1) Bestellung im Einvernehmen; Amtsdauer.** Für sie gilt gem. Abs. 3 S. 1 primär das Konsensgebot. In der Rechtspraxis ziehen sich die Bestellungsprozesse gelegentlich hin; oft wird nur Konsens im Zuge einer „Paketlösung", die die gleichzeitige Einigung über alle 3 unabhängigen Mitglieder, ggf. auch deren Vertreter (Abs. 3 S. 1, § 2 SchAVO) beinhaltet, erzielt. Die Kassenärztliche Vereinigung einerseits soll hierzu mit den Landesverbänden der Krankenkassen (§ 207) andererseits einen Konsens erzielen. Fehlt es an einer Einigung zwischen den Landesverbänden ihrerseits, verweist Abs. 3 S. 2 auf § 231 Abs. 2 idF bis 31.12.2008.[26] Der Konsens zwischen Kassenärztlicher Vereinigung und Landesverbänden der Krankenkassen begründet indessen noch keine Mitgliedschaft des/der Benannten; vielmehr bedarf es ihrer – formlosen[27] – Annahmeerklärung gegenüber den (allen) beteiligten Körperschaften (§ 2 SchAVO).

28 Ein einmal erzielter Konsens ist für die Beteiligten bindend; nur wenn der Benannte die Annahmeerklärung nicht abgibt oder durch Abberufung (Rn. 35) bzw. Amtsniederlegung (Rn. 39) ausscheidet, kommt eine Neubenennung – auch nur für das zu ersetzende Mitglied, nicht des Schiedsamts insgesamt (vgl. § 3 S. 2 SchAVO) – in Betracht. In der Rechtspraxis versichert sich die vorschlagende Körperschaft idR zuvor der Bereitschaft der zu Benennenden.

29 Bei einvernehmlicher Bestellung beträgt die Amtsdauer 4 Jahre (Abs. 3 S. 3); für in der Amtsperiode ersatzweise bestellte Mitglieder läuft sie anteilig (§ 3 S. 2 SchAVO). Die Amtsperiode endet durch Zeitablauf, nicht erst (konstitutiv) durch eine Neubesetzung des Schiedsamts. Zur Berechnung verweist § 3 S. 3 SchAVO auf § 26 SGB X.

30 **(2) Bestellung bei fehlendem Einvernehmen; Amtsdauer.** Auch hier fordert Abs. 3 S. 4, 5 ein Konsensverfahren durch das Gebot, eine gemeinsame Liste aufzustellen, aus der dann gelost wird. Das Losverfahren gem. Abs. 3 S. 5 kommt zum Zuge, soweit sich die Beteiligten nicht einigen; auch Teileinigungen gehen vor, wie der Begriff „oder" in Abs. 3 S. 5 verdeutlicht.

31 Hingegen enthalten weder das SGB V noch die SchAVO eine Regelung, wie zu verfahren ist, sollten sich die Beteiligten auch auf eine Liste iSd Abs. 3 S. 4 nicht verständigen können. Angesichts der Forderung des Gesetzgebers nach einer gemeinsamen Liste (Abs. 3 S. 4), liegt eine solche nicht vor, wenn eine „Seite" sich an deren Aufstellung nicht beteiligt; solchenfalls bedarf es aufsichtsrechtlicher Maßnahmen,[28] an deren Ende (äußerstenfalls) auch die Ersatzvornahme stehen kann.

32 Abs. 3 S. 3 fordert für jede der zu besetzenden Positionen mindestens jeweils 2 Vorschläge. „Mindestens" beinhaltet, dass es auch mehr Vorschläge sein können. Benennt eine „Seite" mehr Personen, so wird dieses Recht in entsprechendem Umfang auch der anderen „Seite" zuzugestehen sei.[29] Durch die Benennung vieler Personen kann indessen erreicht werden, dass das „Risiko", dass das Los auf einen von der anderen Seite benannten, besonders unerwünschten Kandidaten fällt, verringert wird („Verwässern").

33 Die Regelung gilt für einige Schiedsstellen entsprechend (vgl. § 75 Abs. 3 c, § 134 Abs. 5 S. 5).

34 Die Amtsdauer ist in diesem Fall auf ein Jahr reduziert (Abs. 3 S. 6); zur Berechnung → Rn. 29.

---

26 Die Vorschrift lautet: „Die Spitzenverbände sollen sich über die von ihnen nach diesem Gesetz gemeinsam und einheitlich zu treffenden Entscheidungen einigen. Kommt eine Einigung nicht zustande, erfolgt die Beschlussfassung durch drei Vertreter der Ortskrankenkassen, zwei Vertreter der Ersatzkassen und je einen Vertreter der Betriebskrankenkassen, der Innungskrankenkassen, der landwirtschaftlichen Krankenkassen und der Deutschen Rentenversicherung Knappschaft-Bahn-See. Beschlüsse bedürfen der Mehrheit der in Satz 2 genannten Vertreter der Spitzenverbände. Das Verfahren zur Beschlussfassung regeln die Spitzenverbände in einer Geschäftsordnung."

27 AA Schmiedl, S. 134. Gegen die von ihm geforderte Schriftform spricht auch, dass die Verordnung diese (nur) an anderer Stelle (für die Amtsniederlegung durch die unparteiischen Mitglieder, § 5 S. 4 SchAVO) fordert.

28 So auch Schmiedl, S. 134.

29 Zutreffend Schmiedl, S. 133 f.

cc) **Abberufung.** Während die Vertreter der Parteien ohne Angabe von Gründen[30] jederzeit von der jeweiligen Körperschaft abberufen werden können (§ 4 Abs. 2 S. 1 SchAVO) – jedoch bis zur Nachbestellung im Amt bleiben (§ 4 Abs. 3 S. 2 SchAVO) –, erfordert die nur durch die Aufsichtsbehörde mögliche Abberufung der unparteiischen Mitglieder das Vorliegen eines wichtigen Grundes.[31] Als *actus contrarius* zur Bestellung wird man die Verordnungsermächtigung in Abs. 6 als ausreichend für diese Regelung erachten.[32] 35

Einen **wichtigen Grund** iSd § 4 Abs. 1 S. 1 SchAVO wird man dann anzunehmen haben, wenn die Schiedsamtsverfahren aus in der Person des unabhängigen Mitglieds liegenden Gründen die Durchführung des Schiedsverfahrens nach Sinn und Zweck nicht oder nur unter vom Gesetz oder der Verordnung nicht beabsichtigten Umständen nicht möglich ist. Das ist einerseits der Fall, wenn der Betreffende seine Mitwirkungspflichten dauerhaft grundlos verletzt (andauernde Untätigkeit, unbegründetes Nichterscheinen zur Verhandlung, unbegründetes Verlassen der Verhandlung, willkürliche Blockade der Beschlussfassung – evtl. durch Zusammenwirken mit anderen Mitgliedern –) oder bei der Beschlussfassung widergesetzlich agiert. Andererseits ist von einem wichtigen Grund auch dann auszugehen, wenn der Betreffende – insbesondere krankheitsbedingt – zur Mitwirkung dauerhaft nicht mehr in der Lage ist. Abzuwägen sind die jeweiligen Umstände gegenüber der Aufgabe, insbesondere auch angesichts gesetzlich vorgegebener Fristen (zum Beschleunigungsgrundsatz → Rn. 57) für die Entscheidung und der Bedeutung ihrer Einhaltung für die Funktionsfähigkeit der gesetzlichen Krankenversicherung. 36

Gemäß § 4 S. 3 SchAVO sind die beteiligten Körperschaften zuvor anzuhören; zu Recht wird gerügt, dass eine **Anhörung** des Betroffenen nicht vorgesehen ist;[33] sie ist indessen angesichts des § 24 SGB X nicht entbehrlich,[34] zumal sich die Abberufung ihm – wie auch den Benennungskörperschaften – gegenüber als Verwaltungsakt iSd § 31 SGB X darstellt. 37

Anders als bei der Abberufung von Parteivertretern endet die Mitgliedschaft mit der Bestandskraft der Abberufung oder der Anordnung der sofortigen Vollziehung iSd § 86 a Abs. 2 Nr. 5 SGG. 38

dd) **Niederlegung.** Parteivertreter können ihr Amt gegenüber der Bestellungskörperschaft niederlegen (§ 5 S. 1 SchAVO), die ihrerseits den Vorsitzenden zu benachrichtigen hat (§ 3 S. 2 SchAVO). Unbeschadet der Niederlegung bleiben sie bis zu einer Nachbenennung im Amt (§ 5 S. 2 iVm § 4 Abs. 2 S. 2 SchAVO). 39

Die unparteiischen Mitglieder bzw. ihre Stellvertreter (§ 5 S. 5 SchAVO) haben die Niederlegung gegenüber den (allen) beteiligten Körperschaften zu erklären (§ 5 S. 3 SchAVO); ihre Wirkung tritt erst, aber auch sofort – anders als bei Parteivertretern –, mit Zugang der letzten Erklärung bei diesen Körperschaften ein. Demgegenüber ist die bloße Pflicht (auch) zur Mitteilung gegenüber der Aufsichtsbehörde (§ 5 S. 3 SchAVO) rein deklaratorischer Natur. Aus Gründen der Rechtsklarheit ist (nur) für die Niederlegung Schriftform geboten (§ 5 S. 4 SchAVO). 40

ee) **Ehrenamt, Vergütung, Kostentragung.** Die Ausgestaltung als Ehrenamt (Abs. 3 S. 7) hebt hervor, dass es sich um ein nicht auf Entgelterzielung ausgerichtetes öffentliches Amt handelt; demgemäß steht den unparteiischen Mitgliedern ein Anspruch auf Reisekosten (§ 9 SchAVO), sonstige Barauslagen „und für Zeitverlust" (§ 10 S. 1 SchAVO) zu; angesichts fehlender Vorgaben im Gesetz und der SchAVO ist dieser in entsprechender Anwendung des § 315 BGB nach billigem Ermessen unter Berücksichtigung der Umstände des Einzelfalls zu bemessen.[35] Vielfach existierende sog „Entschädigungsvereinbarungen", getroffen zwischen den Verfahrensbeteiligten, werden dem Aufwand trotz der Ausgestaltung als Ehrenamt nicht gerecht; eine weitergehende Regelung in der SchAVO wäre wünschenswert, auch um qualifizierte Persönlichkeiten für die oft arbeitsintensive Tätigkeit gewinnen zu können. 41

---

30 Kritisch hierzu im Hinblick auf § 86 VwVfG, der einen wichtigen Grund verlangt, Schnapp, GesR 2014, 193, 198.
31 Angesichts der gem. § 89 Abs. 5 S 3 sonst eingeschränkten Aufsichtsmöglichkeiten kritisch zu dieser Gestaltung Schnapp, GesR 2014, 193, 198.
32 AA Schnapp, SGb 2007, 633 ff.; GesR 2014, 193, 198, der sowohl eine Verordnungsermächtigung für das „Ob" als auch das „Wie" (insoweit unter Hinweis auf BVerfG, Urt. v. 6.7.1999 – 2 BvF 3/90, juris) für erforderlich erachtet.
33 Schnapp, GesR 2014, 193, 198.
34 Schnapp, GesR 2014, 193, 198 f.
35 BSG, 27.6.2001, B 6 KA 86/00 B, juris Rn. 7 = RegNr. 25425 (BSG-Intern).

42 Die Parteivertreter erhalten ihre Barauslagen und ihren Zeitverlust nach den für die Bestellungskörperschaft geltenden Grundsätzen von diesen (§ 7 SchAVO); im Innenverhältnis verbleiben diese bei den Entsendungskörperschaften (§ 12 S. 1 SchAVO); die übrigen Kosten, insbes. auch der unparteiischen Mitglieder des Schiedsamts, tragen die beteiligten „Parteien" im Innenverhältnis hälftig (§ 12 S. 2 SchAVO), wiederum im Innenverhältnis zum Landesverband die Krankenkassen nach dem Verhältnis der Versicherten (§ 12 S. 3 SchAVO).

43 ff) **Weisungsfreiheit.** Abs. 3 S. 8 sieht eine Weisungsfreiheit aller Mitglieder – gleich ob Parteivertreter oder unparteiische – vor. Dieser Weisungsfreiheit bedarf es insbesondere gegenüber den Entsendungskörperschaften, sind doch die Parteivertreter, insbesondere auf Seiten der Krankenkassen, vielfach deren oder ihrer Landesverbände Arbeitnehmer. Wie bei Beauftragten[36] ist das arbeitsrechtliche Weisungsrecht des Arbeitgebers insoweit eingeschränkt; ist er unzufrieden, bleibt ihm allein die Abberufung. Hierdurch sollen sachfremde Erwägungen ausgeschaltet werden.

44 gg) **Amtspflichten.** Zu den Pflichten des Schiedsamtsmitglieds gehören zunächst geschäftsführende Tätigkeiten (typischerweise, zT nach „Verfahrensordnungen" im jeweiligen KV-Bereich, durch den Vorsitzenden), weiter die Teilnahme an den Sitzungen, im Verhinderungsfall die Benachrichtigung des Vertreters (§ 6 SchAVO). Das umfasst die Verpflichtung, an der Aufklärung des Sachverhalts (→ Rn. 55 ff.) und an der Beratung (→ Rn. 65) sowie an der Entscheidung (→ Rn. 67) mitzuwirken. Zu den Amtspflichten gehört aber auch die Absetzung eines Bescheides mit Begründung und Rechtsmittelbelehrung in angemessener Zeit sowie ggf. dessen Vorlage bei der Aufsichtsbehörde (§ 19 SchAVO).

45 hh) **Haftung.** Mitglieder des Schiedsamts werden in Ausübung eines ihnen anvertrauten öffentlichen Amtes tätig;[37] es gelten daher die Haftungsgrundsätze des § 839 Abs. 1 BGB iVm Art. 34 GG. Verantwortliche Körperschaften iSd Art. 34 S. 1 GG sind in diesem Fall die Trägerkörperschaften (→ Rn. 19 f.); sie haften für die von ihnen bestellten (Parteivertreter) bzw. mitbestellten (unparteiischen) Mitglieder des Schiedsamts.[38]

46 d) **Tätigkeitsvoraussetzungen.** Voraussetzung für ein Tätigwerden des Schiedsamts ist – neben gesetzlich einzelfallbezogenen Anordnungen – das **Nichtzustandekommen** eines Vertrages über die vertragsärztliche Versorgung (Abs. 1 S. 1; § 13 Abs. 1 SchAVO); gemeint sind hiermit nicht freiwillig, sondern verpflichtend abzuschließende Verträge.[39] Hierzu gehören insbesondere – und in der Rechtspraxis primär – die Gesamtverträge iSd § 83 einschließlich der Vereinbarung einer Gesamtvergütung iSd § 85, ferner Vereinbarungen iSd § 84[40] und Prüfvereinbarungen nach § 106 b.[41] Allerdings können sich die Parteien auch für einen nicht obligatorisch abzuschließenden Vertrag einer Entscheidung durch das Schiedsamt unterwerfen,[42] wie sich auch aus dem Kontext der Abs. 1 und 1 a ergibt.

47 Gleichgestellt ist die Situation eines Nicht(neu)zustandekommens nach Kündigung (Abs. 1 S. 3; § 13 Abs. 2 SchAVO); die hierfür in Abs. 1 S. 2, § 13 Abs. 2 S. 2 SchAVO statuierte Mitteilungspflicht in Schriftform ist nur ordnungsrechtlicher Natur. Geht eine solche Mitteilung ein, ist das Schiedsamt gehalten, sich bei Vertragsende bei den Parteien zu erkundigen, ob ein neuer Vertrag zustande gekommen ist.

48 In diesem Fall gelten die alten Regelungen bis zur Entscheidung durch das Schiedsamt vorläufig weiter (Abs. 1 S. 4); der Gesetzgeber will damit einen vertragslosen Zustand vermeiden. Eine analoge Anwendung auf befristete Verträge ist sachgerecht;[43] dass der Gesetzgeber diese bewusst nicht gewollt hat, ist nicht ersichtlich. Voraussetzung hierfür soll allerdings sein, dass ein Schiedsamtsverfahren eingeleitet ist.[44]

---

36 Vgl. zB für den Gewässerschutzbeauftragten Rehborn/Rehborn ZfW 1999, 363, 367 f.
37 Zutreffend Schnapp, GesR 2007, 392, 393; aA Simmler, GesR 2007, 249, 251.
38 Vgl. zum Parallelfall einer Amtspflichtverletzung durch den Berufungsausschuss BGH, 12.4.2006, III ZR 35/05, juris = GesR 2006, 325 f.; BGH, 10.2.2011, III ZR 310/09, juris = GesR 2012, 363 ff.; BGH, 10.2.2011, III ZR 37/10, juris = GesR 2012, 24 ff.
39 Schimmelpfenig-Schütte, NZS 1997, 503, 507; Wiegand in: jurisPK-SGB V, § 89 Rn. 18.
40 Schimmelpfenig-Schütte, NZS 1997, 503, 504.
41 Vgl. dazu § 106 b Rn. 14, 28 (Ossege).
42 So jedenfalls Schimmelpfenig-Schütte, NZS 1997, 503, 507; Wiegand in: jurisPK-SGB V, § 89 (Wiegand vertritt dies im Gegensatz zu Beier nicht).
43 So auch Hencke, in Peters, HdB KrV, Bd. III, Loseblatt (Stand 1.1.2017), § 89 SGB V Rn. 10.
44 LSG Bln, 20.1.2005, L 7 B 20/04 KA ER, juris Rn. 4 = MedR 2005, 487; zweifelnd wohl auch Wiegand in: jurisPK-SGB V, § 89 Rn. 40; Steinhilper, Anm. LSG Bln, 20.1.2005, L 7 B 20/05 KA ER, MedR 2005, 487, 488.

Die Prüfung vorstehender Verfahrensvoraussetzungen obliegt dem Schiedsamt schon angesichts des 49
Umstandes, dass es (vorab) seine Befugnis zum Tätigwerden zu prüfen hat („Vorfragenkompetenz");[45]
sind die Voraussetzungen nicht gegeben, hat es einen Antrag auf Tätigwerden durch rechtsmittelfähigen Bescheid zurückzuweisen.

e) **Verfahren.** Das Gesetz selbst macht keine Vorgaben für das Verfahren; auch die SchAVO regelt dieses nur ansatzweise. 50

aa) Verfahrensvorschriften. (1) Antrag. Eingeleitet wird das Verfahren entweder durch einen Antrag 51
einer der Vertragsparteien (§ 13 Abs. 1 S. 1 SchAVO), durch einen von der Aufsichtsbehörde mit Wirkung für die Parteien gestellten Antrag (Abs. 1 a; § 13 Abs. 1 S. 2 SchAVO) oder durch einen vertragslosen Zustand (§ 13 Abs. 2 SchAVO).

Für den Antrag besteht Schriftform; er ist beim Vorsitzenden des Schiedsamts (über dessen Geschäftsstelle, vgl. § 11 SchAVO) einzureichen (§ 14 S. 1 SchAVO). Der Antrag hat den Sachverhalt zu erläutern, ein zusammenfassendes Ergebnis der vorangegangenen Verhandlungen darzulegen sowie die Teile des Vertrages aufzuführen, über die eine Einigung nicht zustande gekommen ist (§ 14 S. 2 SchAVO). 52
Während ein mangelndes Schriftformerfordernis – schon aus Gründen der Rechtsklarheit – zur Unwirksamkeit des Antrags führt, sind die weiteren inhaltlichen Vorgaben nicht Voraussetzung für die Einleitung eines wirksamen Verfahrens; ggf. wird das Schiedsamt der antragstellenden Seite die Auflage machen, die fehlenden Angaben nachzuholen.

(2) Verfahrensgestaltung. Was mit dem Antrag zu geschehen hat, regelt die SchAVO nicht. Zurückzugreifen ist daher auf die allgemeinen verwaltungsverfahrensrechtlichen Vorschriften; § 9 S. 1 SGB X 53
stellt klar, dass das Verwaltungsverfahren angesichts fehlender spezifischer Verfahrensregelungen nicht an bestimmte Formen gebunden ist. Gemäß § 9 S. 2 SGB X ist es einfach, zweckmäßig und zügig durchzuführen. Indessen sind aber auch allgemein anerkannte Grundsätze für Entscheidungen durch Schiedsinstitutionen zu berücksichtigen; hierzu gehört insbesondere, das Verfahren fair und willkürfrei unter Wahrung des rechtlichen Gehörs durchzuführen.[46]

Danach ist geboten, dass der Vorsitzende der anderen Vertragspartei und den Mitgliedern des Schiedsamts zeitnah Abschriften übermittelt, zur Erwiderung auffordert und Termin für eine mündliche Verhandlung (§ 16 S. 1 SchAVO) anberaumt, ferner das Verfahren fördernde **Auflagen**, insbesondere zur 54
Vorlage von Unterlagen (§ 15 SchAVO) oder zur Erteilung weiterer Auskünfte, macht. Ob es einer vorbereitenden „konstituierenden" Sitzung des Schiedsamts bedarf, wird nach Ermessen von Fall zu Fall zu entscheiden sein.

Im Übrigen ist das Verfahren primär durch den **Beibringungsgrundsatz** geprägt; dieser kommt insbes. 55
in § 14 S. 2 SchAO zum Ausdruck. Zu Recht weist das BVerwG für das insoweit vergleichbare Verfahren vor der (Krankenhaus)Schiedsstelle nach § 18 a KHG darauf hin, dass sich diese schon aus Zeitgründen darauf beschränken müsse, dasjenige zu würdigen, was ihr die Beteiligten unterbreiten. Der Schiedsstelle sei damit nicht verwehrt, ihre Entscheidung auf das Vorbringen des Krankenhauses zu stützen, wenn die Kostenträger hiergegen keine substantiierten Einwendungen erheben.[47]

Dahinter tritt der **Amtsermittlungs- oder Untersuchungsgrundsatz** (vgl. § 15 SchAVO bzgl. der Vorlage 56
von Unterlagen und § 17 SchAVO, aus dem sich das Recht zur Anhörung von Zeugen und Beauftragung von Sachverständigen ergibt, im Übrigen § 20 SGB X) zurück;[48] das Schiedsamt kann hiervon Gebrauch machen, muss es aber allenfalls, soweit der Beschleunigungsgrundsatz (→ Rn. 57) hierdurch nicht verletzt wird. Insbesondere das Fairness-Gebot verpflichtet unter diesem Gesichtspunkt dazu, die Parteien – ggf. auch frühzeitig – auf Umstände hinzuweisen, die sie möglicherweise übersehen haben, die aus Sicht des Schiedsamts aber relevant werden.

Der dritte das Verfahren prägende Grundsatz ist der **Beschleunigungsgrundsatz**; er kommt in zahlreichen Regelungen zur Verfahrensdauer (vgl. insbes. Abs. 1 S. 3; Abs. 1 a S. 2) und zur Ersatzvornahme 57
durch die Aufsichtsbehörde (vgl. insbes. Abs. 1 S. 5, Abs. 1 a S. 3) zum Ausdruck, wird aber auch in § 9 SGB X („zügig") hervorgehoben.

---

45 Kingreen in: Becker/Kingreen, § 89 Rn. 11.
46 BVerwG, 1.12.1998, 5 C 17/97, juris = BVerwGE 108, 47 ff. für die Schiedsstelle nach § 94 BSHG; BVerwG, 20. 1.2005, 3 C 1/04, juris = GesR 2006, 20 ff. und OVG Lüneburg, 22. 9.2005, 11 LC 133/05, juris Rn. 72 = GesR 2006, 22 ff. für die (Krankenhaus-)Schiedsstelle nach § 18 a KHG; BSG, 14.12.2000, B 3 P 19/00 R, juris = SozR 3-3300 § 85 Nr. 1 für die (Pflege-)Schiedsstelle nach SGB XI.
47 BVerwG, 10.7.2008, 3 C 7/07, juris Rn. 31 = GesR 2009, 25 f.
48 Schnapp, GesR 2014, 193, 199 mwN, ähnlich Schmiedl, S. 176.

58 Mit der Verpflichtung zur **mündlichen Verhandlung** (§ 16 S. 1 SchAVO) in Anwesenheit der Parteien werden die Grundsätze der Unmittelbarkeit und Mündlichkeit[49] in das Verfahren eingeführt; allerdings kann auch in Abwesenheit Beteiligter verhandelt werden, falls in der Ladung darauf hingewiesen wurde (§ 16 S. 2 SchAVO).

59 In der mündlichen Verhandlung stellt der Vorsitzende zunächst die Anwesenheit aller Mitglieder des Schiedsamts oder ihrer Vertreter fest und protokolliert die daraus folgende Beschlussfähigkeit (§ 16 a Abs. 1 S. 1, 2 SchAVO); zur Weitergeltung während der Sitzung, auch wenn einzelne Mitglieder diese verlassen, vgl. § § 16 a Abs. 1 S. 2 Hs. 2 SchAVO. Bei fehlender Beschlussfähigkeit ist nach Maßgabe des § 16 a Abs. 2 SchAVO zu einem neuen Termin zu laden.

60 Parteivertreter vor dem Schiedsamt können die jeweiligen Vorstände der beteiligten Körperschaften oder von ihnen Beauftragte[50] sein; es bestehen keine Bedenken, dass diese sich der Unterstützung von Mitarbeitern oder von (Partei-)Sachverständigen sowie eines anwaltlichen Vertreters[51] bedienen.[52] Im Übrigen ist die Verhandlung vor dem Schiedsamt mangels anderweitiger Regelungen nicht öffentlich;[53] das gilt auch für eine Teilnahmemöglichkeit von Vertretern der Aufsichtsbehörde.

61 **(3) Befangenheit.** Auch Mitglieder des Schiedsamts können befangen sein; das gilt für die Parteivertreter, erst recht aber für die unparteiischen Mitglieder. Maßgeblich ist § 17 SGB X.[54] „Wegen der Justizähnlichkeit des Verfahrens"[55] kann materiellrechtlich auf die Regelungen in § 60 Abs. 3 SGG iVm § 42 Abs. 2 ZPO zurückgegriffen werden.[56] Angesichts ihrer „Parteilichkeit" kraft gesetzlicher Vorgabe wird bei den von den Parteien gestellten Mitgliedern („Parteivertreter", → Rn. 22) aber Zurückhaltung geboten sein.

62 Der Befangenheitsantrag muss im Verwaltungsverfahren unverzüglich, nicht erst nach Erlass einer Entscheidung oder gar vor Gericht, gestellt werden.[57]

63 Über den Antrag entscheidet das Schiedsamt als Ausschuss iSd § 17 Abs. 2 SGB X selbst,[58] und zwar ohne das abgelehnte Mitglied (§ 16 Abs. 4 S. 3 SGB X),[59] aber auch ohne dessen Vertreter.[60] Bis zu einer die Befangenheit feststellenden Entscheidung ist das abgelehnte Mitglied im Übrigen aber uneingeschränkt mitwirkungsberechtigt.[61]

64 **bb) Verfahrensziel: Einigung.** Primäres Verfahrensziel ist nicht eine Entscheidung des Schiedsamts durch Beschluss herbeizuführen, sondern eine Einigung der Parteien durch Schlichtung herbeizuführen (vgl. § 13 Abs. 1 S. 1 SchAVO), also die widerstreitenden Interessen zu einem Ausgleich zu bringen.[62] Das Schiedsamt hat daher primär die „Stellung eines Interessenmittlers".[63] Das entspricht meist nicht der Rechtspraxis, obwohl die Erzielung eines „Vergleichs" im Sinne einer Einigung der Parteien dem Schiedsamt wie einem Gericht möglich sein sollte; hinzu kommt noch, dass eine evtl. Entscheidung des Schiedsamts für die Parteien das Risiko einer nur eingeschränkten Überprüfbarkeit (→ Rn. 92) beinhaltet.

65 **cc) Beratung.** Da das Schiedsamt das Verfahren weitgehend frei gestalten kann, kann es jederzeit eine (Zwischen-)Beratung in Abwesenheit der Parteien (§ 18 Abs. 2 SchAVO) vornehmen; es kann auch das Ende der mündlichen Verhandlung, insbesondere angesichts des Beschleunigungsgebotes (→ Rn. 57), und den Beginn der Schlussberatung nach Ermessen festlegen.

---

49 Schnapp, GesR 2014, 193, 199.
50 AA wohl Düring, S. 109.
51 Düring, S. 109.
52 Zu möglichen Grenzen Schnapp, Rechtssetzung, S. 77, 86.
53 So auch Schnapp, Rechtssetzung, S. 77, 86.
54 Buchner/Bosch, SGb 2011, 21, 22.
55 Buchner/Bosch, SGb 2011, 21, 22.
56 Vgl. dazu umfassend und mit Fallgruppen Vollkommer in: Zöller, ZPO, 31. Aufl. 2016, § 42 Rn. 8 ff., 11 ff.
57 Schnapp, GesR 2014, 193, 198 mwN.
58 So überzeugend Buchner/Bosch, SGb 2011, 21, 22; Simmler, GesR 2007, 249, 251 f.; dazu tendierend auch LSG Hmb, 20.11.2008, L 2 KA 25/08 KL ER, juris Rn. 27; aA SG Kiel, 20.8.2004, S 13 KA 65/04 ER, nv, zitiert nach Buchner/Bosch, SGb 2011, 21, Fn. 11: Zuständigkeit der Aufsichtsbehörde.
59 Schnapp, GesR 2014, 193, 198.
60 Einzelheiten bei Buchner/Bosch, SGb 2011, 21, 25 mwN; Schnapp, GesR 2007, 392, 396; GesR 2014, 193, 198; aA Simmler, GesR 2007, 249, 251; GesR 2008, 77, 78.
61 Buchner/Bosch, SGb 2011, 21, 26; LSG Hmb, 20.11.2008, L 2 KA 25/08 KL ER, juris Rn. 25 f.: jedenfalls zur Geschäftsführung befugt.
62 Schnapp, NZS 2003, 337 mwN.
63 BSG, 10.5.2000, B 6 KA 20/99 R, juris Rn. 28 = SozR 3-2500 § 85 Nr. 37.

In der Rechtspraxis hat sich ein Bedürfnis herausgestellt, dass die unparteiischen Mitglieder des 66
Schiedsamts auch in Abwesenheit der Parteimitglieder beraten. Das entspricht angesichts der „Abhängigkeit" der Parteimitglieder einem praktischen Bedürfnis; auch ist in der Praxis zu beobachten, dass Ergebnisse einer Zwischenberatung aller Mitglieder an die Parteien „durchsickern". Deshalb wird gegen eine zeitweilige alleinige Beratung der unparteiischen Mitglieder nichts einzuwenden sein, solange die Parteimitglieder in eine abschließende und entscheidende Beratung als gleichwertige Mitglieder einbezogen sind. Das beinhaltet, sie über einen evtl. Konsens der unparteiischen Mitglieder zu informieren, damit sie noch Einfluss auf die Entscheidung nehmen können.

dd) Entscheidung. Kommt es zu keiner Einigung der Parteien durch das Schiedsamt, bedarf es einer 67
Entscheidung.

Dabei kann das Schiedsamt jedwede Regelung treffen, zu der auch die Parteien befugt wären; es hat 68
mithin lediglich die auch für die Parteien geltenden gesetzlichen Vorgaben und Grenzen einzuhalten.[64]

Das Schiedsamt muss eine ausgewogene Regelung treffen; diese soll „Kompromisscharakter"[65] haben. 69
Dabei ist eine Gesamtschau der Auswirkungen, insbesondere eine Vertrages, geboten. Deshalb ist das Schiedsamt auch an Teileinigungen der Parteien nicht gebunden,[66] mag es auch im Einzelfall opportun sein, diese nach Möglichkeit zu beachten. Wollen die Parteien einen Schiedsspruch nicht, ist es ihnen jederzeit unbenommen, den hierdurch zustande gekommenen Vertrag ganz oder teilweise einvernehmlich abzuändern.

Den Beschluss fasst das Schiedsamt mit einfacher Stimmenmehrheit (§ 18 Abs. 1 S. 1 SchAVO); Stimm- 70
enthaltungen sind unzulässig (§ 18 Abs. 1 S. 2 SchAVO). Ein Verstoß gegen das Verbot der Stimmenthaltung führt indessen nicht zur Rechtswidrigkeit oder gar Nichtigkeit des Beschlusses; vielmehr handelt es sich hierbei um eine bloße Ordnungsvorschrift.[67]

Weder das Gesetz noch die SchAVO kennen ein Beratungsgeheimnis; allein aus § 18 Abs. 2 SchAVO 71
(Beratung und Beschlussfassung in Abwesenheit der Vertragsparteien) lässt sich ein solches auch nicht herleiten.[68]

Die Entscheidung des Schiedsamts hat eine **Doppelnatur**; sie stellt sich im Verhältnis der Vertragspart- 72
ner zueinander und im Hinblick auf die Geltung gegenüber Dritten, insbesondere Ärzten und Krankenkassen,[69] als **normsetzender Vertrag**,[70] im Verhältnis des Schiedsamts zu den Parteien als **Verwaltungsakt**[71] dar.[72]

Aus der Charakterisierung als Verwaltungsakt, explizit aber auch aus § 19 S. 1 SchAVO folgt, dass der 73
Bescheid schriftlich zu erlassen, zu begründen und den Beteiligten zuzustellen ist. Während die Rechtsprechung früher eine Überprüfung der Gründe für eine Ermessensausübung negierte,[73] wird man –

---

64 Allg. Meinung, vgl. grundlegend BSG, 30.10.1963, 6 RKa 4/62, juris = BSGE 20, 73 ff.; BSG, 9.4.2008, B 6 KA 29/07 R, juris Rn. 14, 30 = SozR 4-2500 § 85 Nr. 41; Joussen, SGb 2003, 200, 201; Schnapp, GesR 2014, 193, 200.
65 BSG, 16.7.2003, B 6 KA 29/02 R, juris Rn. 21 = GesR 2004, 95 ff.
66 BSG, 27.4.2005, B 6 KA 22/04 R, juris Rn. 25 = USK 2005-106; Schmiedl, 207 f.; aA Bast, 35 ff.; Hencke in Peters, HdB KrV, Bd. III, Loseblatt (Stand: 1.1.2017), § 89 SGB V Rn. 6; Hofmann, S. 83 ff.
67 BSG, 30.10.1963, 6 RKa 4/62, juris Rn. 57 = BSGE 20, 73 ff.; BSG, 27.6.2001 – B 6 KA 7/00 R, juris Rn. 38 = SozR 3-2500 § 79 a Nr. 1; Schmiedl, S. 198.
68 Ebenso Düring, S. 22; Schnapp, Rechtssetzung, S. 77, 88.
69 Axer, Die Normsetzung der Exekutive im Sozialversicherungsrecht. Ein Beitrag zu den Voraussetzungen und Grenzen untergesetzlicher Normsetzung im Staat des Grundgesetzes, 2000, S. 97 f.
70 Vgl. dazu Schmiedl, S. 195.
71 St. Rspr. seit BSG, 30.10.1963, 6 RKa 4/62, juris = BSGE 20, 73 ff.; Joussen SGb 2003, 200, 203; Kingreen in: Becker/Kingreen, § 89 Rn. 17; Schmiedl, S. 195, jeweils mwN; zweifelnd zu Unrecht Simmler, GesR 2007, 249, 251 unter Hinweis auf Lindemann, in: Wannagat, § 89 SGB V Rn. 12.
72 Vgl. zur Rechtsnatur der Schiedsentscheidung im Bereich der Pflege → SGB XI § 76 Rn. 13.
73 BSG, 29.11.2006, B 6 KA 4/06 R, juris Rn. 18 = SozR 4-2500 § 83 Nr. 3: „Dementsprechend sind die Schiedssprüche von den Gerichten nur daraufhin zu überprüfen, ob sie … in inhaltlicher Hinsicht die zwingenden rechtlichen Vorgaben eingehalten haben. … Die inhaltliche Kontrolle beschränkt sich darauf, ob der vom Schiedsamt zugrunde gelegte Sachverhalt zutrifft und ob das Schiedsamt den ihm zustehenden Gestaltungsspielraum eingehalten, dh die maßgeblichen Rechtsmaßstäbe beachtet hat."

auch wenn sich die Schwelle niedrig halten mag[74] – doch fordern, dass die inhaltlich für die eine oder andere Seite sprechenden Gesichtspunkte, die zur Entscheidung geführt haben, genannt werden.[75]

74 **ee) Gebührenfestsetzung.** Sie erfolgt durch den Vorsitzenden nach der Bedeutung und Schwierigkeit des Falles (§ 20 S. 1 Hs. 2 SchAVO); der dort verwendete Begriff „Festsetzung" beinhaltet, dass auch das durch einen Bescheid in Form eines Verwaltungsaktes geschieht.

75 Die Höhe der Gebühr beträgt 200 EUR bis 600 EUR (§ 20 S. 1 Hs. 1 SchAVO). Nach Sinn und Zweck fließt diese der die Geschäftsstelle des Schiedsamts führenden Körperschaft (Rn. 76) zu; dadurch soll der dort entstehende Aufwand, nicht aber die Kosten für die Mitglieder des Schiedsamts (dazu Rn 41 f.), pauschal abgegolten werden.

76 **ff) Geschäftsführung.** Die Geschäftsführung für die Landesschiedsämter erfolgt bei den Landesverbänden der Ortskrankenkassen (§ 207), für die Bundesschiedsämter beim Spitzenverband Bund der Krankenkassen (§ 217a), soweit auf Landesebene nicht eine andere Stelle bestimmt wird. Ist nur eine Kassenart (§ 4 Abs. 2) betroffen, werden die Geschäfte beim betroffenen Landesverband geführt; sind – auf Landesebene – mehrere, aber nicht alle Kassenarten betroffen, bleibt es mithin bei der Zuständigkeit der Landesverbände der Ortskrankenkassen (§ 11 SchAVO).

77 Inhaltlich entspricht die Tätigkeit der Geschäftsführung im Wesentlichen derjenigen eines Sekretariats; sie ist auf Informationen des Vorsitzenden des Schiedsamts über eingehende Mitteilungen, im Übrigen auf die Ausführung seiner Weisungen (zB Ausführen von Diktaten, Versand von Unterlagen an die Vertragsparteien und die übrigen Mitglieder des Schiedsamts, Organisation von Räumlichkeiten für die Verhandlung etc) beschränkt. Selbstständige Entscheidungen sind ihr verwehrt; in organisatorischer Hinsicht kann ihr der Vorsitzende allerdings Aufgaben zur Ausübung nach Ermessen zuweisen.

78 Trotz Ansiedlung bei einer Körperschaft unterliegt sie einem Neutralitätsgebot wie das Schiedsamt selbst; insbesondere muss gewährleistet sein, dass dort eigehende Informationen nicht zuvor einer Vertragspartei (allein) bekannt werden.

79 **3. Bundesschiedsamt (Abs. 4).** Bundesschiedsämter sind für diejenigen Verträge zuständig, die auf Bundesebene geschlossen werden; das sind insbesondere die Bundesmantelverträge. Eine Kompetenz besteht ferner in den gesetzlich explizit genannten Fällen (→ Rn. 7).

80 Die Abs. 1 und 1a gelten unmittelbar für Bundesschiedsämter, Abs. 2 S. 2 bis 4 und Abs. 3 entsprechend.

81 Das erweiterte Bundesschiedsamt, das ergänzt wird um Vertreter der Deutschen Krankenhausgesellschaft, ist zuständig für die Festsetzung von Verträgen über ambulantes Operieren im Krankenhaus (§ 115 b Abs. 3) sowie bei Streitigkeiten im Zusammenhang mit dem Betrieb von PIA (§ 118 Abs. 2 S. 4).

82 **4. Aufsicht.** Aufsichtsbehörde für die Landesschiedsämter (Rn. 16 ff.) sind die für die Sozialversicherung zuständigen obersten Verwaltungsbehörden der Länder, also die für Soziales zuständigen Ministerien bzw. Senatoren, sofern die jeweilige Landesregierung durch Rechtsverordnung keine andere (Landes-)Behörde bestimmt hat (Abs. 5 S. 1 Hs. 2). Aufsichtsbehörde für die Bundesschiedsämter ist das Bundesministerium für Gesundheit (Abs. 5 S. 2).

83 Nach Auffassung des BSG[76] ist hinsichtlich der Kompetenz der Aufsichtsbehörden im Hinblick auf die Beanstandung von Schiedssprüchen zu differenzieren; die in Abs. 5 S. 1 erwähnte Kompetenz erfasse nur „organisatorische Maßnahmen und das verfahrensmäßige Vorgehen der Schiedsämter", erfasse hingegen nicht die inhaltliche Überprüfung vertragsersetzender Regelungen.[77] Vielmehr ordne Abs. 5 S. 4 an, Schiedssprüche in den dort genannten Fällen den zuständigen Aufsichtsbehörden vorzulegen. Zuständige Aufsichtsbehörde über bundesunmittelbare Krankenkassen sei aber das Bundesversicherungsamt (§ 90 Abs. 1 S. 1 SGB IV), dem auch die inhaltliche Überprüfung des Schiedsspruchs unterliege, wie es auch zuständig wäre, hätten die Vertragsparteien dieselbe Regelung ohne Einschaltung

---

74 Zu unterschiedlichen Begründungstiefen Engelmann in von Wulffen/Schütze (Hrsg.), SGB X, 8. Aufl. 2014, § 35 Rn. 5 ff.
75 Im Ergebnis zutreffend LSG Nds, 15.4.1998, L 5 KA 4/98 ER, juris Rn. 56 unter Hinweis auf § 35 Abs. 1 SGB X, und Littmann in Hauck/Noftz, SGB X, Stand: Januar 2017, § 35 Rn. 25; Axer, SGb 2004, 436, 438; kritisch gegenüber einem von der Rechtsprechung angenommenen „Gestaltungsermessen" Schnapp, Rechtssetzung, S. 77, 95; ders., NZS 2003, 337, 338 f.
76 BSG, 17.11.1999, B 6 KA 10/99 R, juris; BSG, 17.8.2011, B 6 KA 32/10 R, juris = BSGE 109, 34 = GesR 2012, 437.
77 BSG, 17.8.2011, B 6 KA 32/10 R, juris Rn. 21 = BSGE 109, 34 = GesR 2012, 437.

des Schiedsamts unmittelbar vereinbart. Das BSG spricht insofern von einer „Zweigleisigkeit des Aufsichtsverfahrens bei Vergütungsvereinbarungen".[78]

Unter dem Gesichtspunkt der Art. 30, 83, 84 GG ist an dieser Rechtsprechung auch verfassungsrechtliche Kritik[79] laut geworden. Indessen ist Adressat einer aufsichtsrechtlichen Beanstandung des Bundesversicherungsamts nicht das Landesschiedsamt, sondern die der Aufsicht des Bundesversicherungsamts unterstehende Krankenkasse. Der Schiedsspruch wird hiervon nur mittelbar erfasst.[80]   84

Die Aufsicht ist eine reine Rechtsaufsicht (Abs. 5 S. 3). Sie umfasst das Beanstandungsrecht iSd Abs. 5 S. 5 bei vergütungsbezogenen Entscheidungen als spezielle Regelung, im Übrigen die Aufsichtsmittel des § 89 SGB IV. Die zweimonatige Beanstandungsfrist beginnt mit der förmlichen Vorlage gem. Abs. 5 S. 4, nicht schon bei anderweitiger Kenntniserlangung der Aufsichtsbehörde.[81]   85

Bei Versagen des Schiedsamts auch nach Fristsetzung durch die für das Schiedsamt (→ Rn. 82 f.) zuständige Aufsichtsbehörde hat diese ausnahmsweise die Kompetenz, den Vertragsinhalt selbst festzusetzen. Der Gesetzgeber will hierdurch sicherstellen, dass auch eine Untätigkeit des Schiedsamts nicht in einen vertragslosen Zustand mündet.   86

5. Rechtsschutz. Ein Vorverfahren findet angesichts der Eigenart des Schiedsverfahrens nicht statt.[82]   87

Zuständig für Klagen gegen Entscheidungen der Landesschiedsämter und gegen Beanstandungen von Entscheidungen der Landesschiedsämter sind die Landessozialgerichte (§ 29 Abs. 2 Nr. 1 SGG); angesichts des Umstands, dass sie auch über Aufsichtsangelegenheiten gegenüber Trägern der Sozialversicherung und Kassenärztlichen Vereinigungen entscheiden (§ 29 Abs. 2 Nr. 2 SGG), ist die Zuständigkeit auch dann gegeben, wenn die Aufsicht in anderer Weise tätig wird (im Einzelnen oben → Rn. 82).[83]   88

Nicht geklärt ist die statthafte Klageart. Der 1. Senat des BSG sieht für Klagen eines Vertragspartners gegen einen Schiedsspruch nur die **Anfechtungsklage** als richtige Klageart an.[84] Diese trage dem Selbstverwaltungsrecht der Vertragspartner Rechnung. Nach einer gerichtlichen Teilaufhebung eines Schiedsspruchs obliege es dem Schiedsamt zu entschieden, ob die verbleibende Restregelung belassen oder eine abweichende Gesamtregelung getroffen werde. Bei einer vollständigen gerichtlichen Aufhebung eines Schiedsspruchs wegen Missachtung wesentlicher Grundlagen sei es ohnehin gesetzlich verpflichtet, erneut zu entscheiden, so dass es keiner zusätzlichen Bescheidungstenorierung iSv § 131 Abs. 3 SGG bedürfe. Zudem vermeide die Statthaftigkeit der Anfechtungsklage Probleme der beteiligtenbezogenen Teilrechtskraft bei Bescheidungsurteilen. Der 6. Senat des BSG geht von der **kombinierten Anfechtungs- und Verpflichtungsklage** als statthafter Klageart aus.[85] Nicht isoliert anfechtbar sind in analoger Anwendung von § 56 a SGG, § 44 a VwGO einzelne Verfahrensschritte auf dem Weg zur Sachentscheidung. Die Klage ist als kombinierte **Anfechtungs- und Verpflichtungsklage**, gerichtet auf eine Neubescheidung durch das Schiedsamt, gerichtet. Sie hat keinen Suspensiveffekt (Abs. 1 S. 6), wodurch Gerichtsverfahren mit dem alleinigen oder überwiegenden Zweck der Verzögerung vermieden werden.[86]   89

Klagebefugt sind die durch den Schiedsspruch gebundenen Vertragsparteien,[87] nicht dagegen Dritte, auch wenn sie – wie zB Vertragsärzte – durch den Schiedsspruch mittelbar betroffen werden. Selbst im Honorarrechtsstreit des Arztes mit seiner Kassen(zahn)ärztlichen Vereinigung soll eine inzidente Überprüfung nicht möglich sein.[88]   90

Das Schiedsamt ist gem. § 70 Nr. 4 SGG beteiligtenfähig.[89]   91

---

78 BSG, 17.8.2011, B 6 KA 32/10 R, juris Rn. 25 = BSGE 109, 34 = GesR 2012, 437.
79 Kingreen in: Becker/Kingreen, § 89 Rn. 27; Schnapp, NZS 2003, 1, 4 f.; Schuler in: Hänlein/Schuler, § 89 Rn. 21.
80 Kritisch hierzu Schnapp, NZS 2003, 1, 2 f.
81 BSG, 10.5.2000, B 6 KA 20/99 R, juris Rn. 35 = BSGE 86, 126.
82 BSG, 21.3.2012, B 6 KA 21/11 R, juris Rn. 21 = BSGE 110, 258 = MedR 2013, 124; Schnapp, GesR 2014, 193, 201 f.
83 Vgl. zum entsprechenden Rechtsschutz in der Pflege → SGB XI § 76 Rn. 14.
84 BSG, 4.3.2014, B 1 KR 16/13, juris Rn. 21 ff. = SozR 4-2500 § 115 b Nr. 4.
85 BSG, 13.8.2014, B 6 KA 6/14 R, juris Rn. 20 ff. = SozR 4-2500 § 87 a Nr. 2 Rn. 27.
86 *Wiegand* in: Schlegel/Voelzke, jurisPK-SGB V, 3. Aufl. 2016, § 89 SGB V Rn. 51.
87 Vgl. auch BSG, 17.8.2011, B 6 KA 32/10 R, juris Rn. 15 = BSGE 109, 34 = GesR 2012, 437.
88 BSG, 31.8.2005, B 6 KA 6/04 R, juris Rn. 17 = GesR 2006, 165 = SGb 2006, 493 mAnm Rixen.
89 Schnapp, GesR 2014, 193, 196.

92 Entscheidungen der Aufsichtsbehörde können nur durch die Vertragsparteien selbst, nicht aber das Schiedsamt, angefochten werden;[90] dafür spricht auch der Umstand, dass Abs. 5 S. 6 nur „Klagen der Vertragspartner" erwähnt.

93 Nach BSG soll sich die gerichtliche **Kontrolle des Schiedsspruchs in verfahrensrechtlicher Hinsicht** nur darauf erstrecken, ob „die grundlegenden verfahrensrechtlichen Anforderungen ... eingehalten"[91] wurden. Für eine solche Beschränkung der verfahrensmäßigen Regelungen besteht indessen weder ein Grund noch eine Rechtfertigung; Verfahrensverstöße gebieten vielmehr die Aufhebung des angefochtenen Schiedsspruchs, sofern der Verstoß Auswirkungen auf das Ergebnis gehabt oder hätte haben können.[92]

94 Der **Gegenstandswert** bei einem Neubescheidungsantrag soll sich auf „die Hälfte des optimal erlangbaren Betrags" belaufen, bei „finanziell nicht messbaren Grundsatzfragen" auf den Regelwert.[93]

95 **6. Anwendung auf Zahntechnische Leistungen (Abs. 7, 8).** Abs. 7 und 8 ordnen weitgehend die entsprechende Geltung der für die vertrags(zahn)ärztliche Versorgung geltenden Vorschriften auch auf die zahntechnische Versorgung an. Warum der Gesetzgeber allerdings die Anwendung der SchAVO durch Inbezugnahme in Abs. 7 S. 3 für das Bundesschiedsamt Zahntechnik, nicht aber (wegen fehlender Inbezugnahme) für das Landesschiedsamt Zahntechnik angeordnet hat, ist nicht nachvollziehbar.[94]

96 **7. Verordnungsermächtigung (Abs. 6).** Abs. 6 legitimiert das Bundesministerium für Gesundheit zum Erlass einer Rechtsverordnung zwecks Regelung des Näheren über die Zahl, die Bestellung, die Amtsdauer, die Amtsführung, die Erstattung der baren Auslagen und die Entschädigung für Zeitaufwand der Mitglieder der Schiedsämter, die Geschäftsführung, das Verfahren, die Erhebung und die Höhe der Gebühren sowie über die Verteilung der Kosten. Von dieser Verordnungsermächtigung hat der Gesetzgeber mit der SchAVO[95] Gebrauch gemacht. Deren Regelungen gehen den allgemeinen Verfahrensvorschriften des SGB X wegen der Vorbehaltsklausel des § 37 SGB I vor.[96] Fraglich ist allerdings, ob § 1 Abs. 4 SchAVO von dieser Ermächtigung gedeckt ist (→ Rn. 17).

Sechster Titel Landesausschüsse und Gemeinsamer Bundesausschuss

§ 90 Landesausschüsse

(1) ¹Die Kassenärztlichen Vereinigungen und die Landesverbände der Krankenkassen sowie die Ersatzkassen bilden für den Bereich jedes Landes einen Landesausschuß der Ärzte und Krankenkassen und einen Landesausschuß der Zahnärzte und Krankenkassen. ²Die Ersatzkassen können diese Aufgabe auf eine im Bezirk der Kassenärztlichen Vereinigung von den Ersatzkassen gebildete Arbeitsgemeinschaft oder eine Ersatzkasse übertragen.

(2) ¹Die Landesausschüsse bestehen aus einem unparteiischen Vorsitzenden, zwei weiteren unparteiischen Mitgliedern, neun Vertretern der Ärzte, drei Vertretern der Ortskrankenkassen, drei Vertretern der Ersatzkassen, je einem Vertreter der Betriebskrankenkassen und der Innungskrankenkassen sowie einem gemeinsamen Vertreter der landwirtschaftlichen Krankenkasse und der Knappschaft-Bahn-See. ²Über den Vorsitzenden und die zwei weiteren unparteiischen Mitglieder sowie deren Stellvertreter sollen sich die Kassenärztlichen Vereinigungen und die Landesverbände der Krankenkassen sowie die Ersatzkassen einigen. ³Kommt eine Einigung nicht zustande, werden sie durch die für die Sozialversicherung zuständige oberste Verwaltungsbehörde des Landes im Benehmen mit den Kassenärztlichen Vereinigungen, den Landesverbänden der Krankenkassen sowie den Ersatzkassen berufen. ⁴Besteht in dem Bereich eines Landesausschusses ein Landesverband einer bestimmten Kassenart nicht und verringert sich dadurch die Zahl der Vertreter der Krankenkassen, verringert sich die Zahl der Ärzte entsprechend. ⁵Die Ver-

---

90 BSG, 10.5.2000, B 6 KA 20/99 R, juris Rn. 24 = BSGE 86, 126; BSG, 31.8.2005, B 6 KA 6/04 R, juris = GesR 2006, 165 = SGb 2006, 493 mAnm Rixen.
91 BSG, 16.7.2003, B 6 KA 29/02 R, juris Rn. 21 = BSGE 91, 153 = GesR 2004, 95 = SGb 2004, 429 mAnm Axer und Schrinner; BSG, 14.12.2005, B 6 KA 25/04 R, juris Rn. 12; BSG, 29.11.2006, B 6 KA 4/06 R, juris Rn. 18 = SGb 2007, 753 mAnm Plagemann; BSG, 9.4.2008, B 6 KA 29/07 R, juris Rn. 13 = BSGE 100, 144.
92 Zu Recht kritisch insofern Axer, SGb 2004, 436, 437; wohl auch Kingreen in: Becker/Kingreen, § 89 Rn. 22.
93 BSG, 28.1.2009, B 6 KA 38/08 B, juris Rn. 14.
94 Zu Recht kritisch Kingreen in: Becker/Kingreen, § 89 Rn. 33.
95 Verordnung über die Schiedsämter für die vertragsärztliche (vertragszahnärztliche) Versorgung (Schiedsamtsverordnung) vom 28.5.1957, BGBl. I, 570, zuletzt geändert durch Gesetz vom 16.7.2015, BGBl. I, 1211.
96 So auch Schnapp, GesR 2014, 193, 195 f.

treter der Ärzte und ihre Stellvertreter werden von den Kassenärztlichen Vereinigungen, die Vertreter der Krankenkassen und ihre Stellvertreter werden von den Landesverbänden der Krankenkassen sowie den Ersatzkassen bestellt.

(3) ¹Die Mitglieder der Landesausschüsse führen ihr Amt als Ehrenamt. ²Sie sind an Weisungen nicht gebunden. ³Die beteiligten Kassenärztlichen Vereinigungen einerseits und die Verbände der Krankenkassen sowie die Ersatzkassen andererseits tragen die Kosten der Landesausschüsse je zur Hälfte. ⁴Das Bundesministerium für Gesundheit bestimmt durch Rechtsverordnung mit Zustimmung des Bundesrates nach Anhörung der Kassenärztlichen Bundesvereinigungen und des Spitzenverbandes Bund der Krankenkassen das Nähere über die Amtsdauer, die Amtsführung, die Erstattung der baren Auslagen und die Entschädigung für Zeitaufwand der Ausschußmitglieder sowie über die Verteilung der Kosten.

(4) ¹Die Aufgaben der Landesausschüsse bestimmen sich nach diesem Buch. ²In den Landesausschüssen sowie den erweiterten Landesausschüssen nach § 116 b Absatz 3 wirken die für die Sozialversicherung zuständigen obersten Landesbehörden beratend mit. ³Das Mitberatungsrecht umfasst auch das Recht zur Anwesenheit bei der Beschlussfassung.

(5) ¹Die Aufsicht über die Landesausschüsse führen die für die Sozialversicherung zuständigen obersten Verwaltungsbehörden der Länder. ²§ 87 Absatz 1 Satz 2 und die §§ 88 und 89 des Vierten Buches gelten entsprechend.

(6) ¹Die von den Landesausschüssen getroffenen Entscheidungen nach § 99 Absatz 2, § 100 Absatz 1 Satz 1 und Absatz 3 sowie § 103 Absatz 1 Satz 1 und Absatz 3 sind den für die Sozialversicherung zuständigen obersten Landesbehörden vorzulegen. ²Diese können die Entscheidungen innerhalb von zwei Monaten beanstanden. ³§ 94 Absatz 1 Satz 3 bis 5 gilt entsprechend.

Literatur:
Ebsen, Zur Rolle der Länder bei der Sicherstellung bedarfsgerechter Versorgung in der GKV, GSP 2011, 46; *Hess*, Von der Bedarfsplanungsrichtlinie zur Zulassungsentscheidung – Neue Zuständigkeiten und Befugnisse, KrV 2014, 246; *Kaltenborn/Völger*, Die Neuordnung des Bedarfsplanungsrechts durch das GKV-Versorgungsstrukturgesetz, GesR 2012, 129; *Möller*, Die Weiterentwicklung der Bedarfsplanung nach dem Versorgungsgesetz, insbesondere neue Beteiligungsrechte der Länder, SGb 2011, 557; *Schiller*, Zur Herstellung des Benehmens – insbesondere bei der Festsetzung des Honorarverteilungsmaßstabes gem. § 85 Abs. 4 S. 2 SGB V, NZS 1994, 402; *Schimmelpfeng-Schütte* in: Schnapp/Wigge, Handbuch des Vertragsarztrechts, § 7 Bundes- und Landesausschüsse, 2006; *Steinhilper*, Bedarfsplanung nach dem GKV-VStG, MedR 2012, 441; *Wahrendorf*, Aktuelle Probleme der Bedarfsplanung: Beschlüsse der Landesausschüsse, VSSR 2015, 241.

I. Entstehungsgeschichte, Allgemeines	1	IV. Amt, Kostentragung (Abs. 3)	8
II. Trägerorganisationen (Abs. 1)	3	V. Aufgaben, Mitberatungsrecht (Abs. 4)	10
III. Personelle Zusammensetzung, Bestimmung (Abs. 2)	5	VI. Rechtsaufsicht (Abs. 5 und 6)	12

I. Entstehungsgeschichte, Allgemeines

Die Regelung zu den Landesausschüssen ist in § 90 mit dem GRG vom 20.12.1988[1] aufgenommen worden und zum 1.1.1989 in Kraft getreten. In der zuvor geltenden RVO fand sie sich in § 368 o. § 90 ist mehrfach geändert worden. Relevante Änderungen erfolgten zuletzt mit dem GKV-VStG. Hinzugefügt wurden die Abs. 5 und 6, die die Rechtsaufsicht über die Landesausschüsse regeln. Vor in Kraft treten der mit dem GKV-VStG vorgenommenen Änderungen war die Aufsicht über die Geschäftsführung der Landesausschüsse in Abs. 4 S. 2 enthalten. Abs. 4 S. 2 wurde ersetzt sowie ein weiterer Satz hinzugefügt. Abs. 4 S. 2 und S. 3 betreffen nun die Beteiligungsrechte der Länder in den Landesausschüssen, die gestärkt worden sind.[2] Die Besetzung der Landesausschüsse, die in Abs. 2 S. 1 geregelt ist, wurde geändert.[3] Ebenso wie die Ortskrankenkassen, entsenden nunmehr auch die Ersatzkassen drei und nicht mehr nur zwei Vertreter in den Landesausschuss. Die Knappschaft-Bahn-See, die bisher nicht im Landesausschuss vertreten war, entsendet nunmehr zusammen mit den landwirtschaftlichen Krankenkassen einen gemeinsamen Vertreter.[4]

1

---

1 BGBl. I, 2477.
2 Vgl. BT-Dr. 17/6906, 66.
3 Vgl. BT-Dr. 17/8005, 32, 110.
4 Vgl. BT-Dr. 17/8005, 110.

2 § 90 bezieht sich auf die Landesausschüsse der (Zahn)Ärzte und Krankenkassen in institutioneller Hinsicht. Es finden sich dort Bestimmungen zur Trägerschaft und personellen Zusammensetzung sowie Verfahrensrechte und aufsichtsrechtliche Regelungen. Der Regelungsgehalt von § 90 ist mit dem von § 91 und § 91a als Regelungen für den Gemeinsamen Bundesausschuss (G-BA) vergleichbar (→ § 91 Rn. 3 ff., 72 Rn. ff., s. § 91a). Die Aufgaben und Befugnisse der Landesausschüsse der (Zahn)Ärzte und Krankenkassen ergeben sich nicht aus § 90 selbst, sondern aus anderweitigen Normen des SGB V (vgl. Abs. 4 S. 1).

II. Trägerorganisationen (Abs. 1)

3 Abs. 1 S. 1 zählt die Trägerorganisationen, aus denen sich die Landesausschüsse der (Zahn)Ärzte und Krankenkassen zusammen setzen, abschließend auf und verpflichtet sie zu deren Bildung. Der Landesausschuss der (Zahn)Ärzte und Krankenkassen setzt sich zusammen aus folgenden Trägerorganisationen: Kassenärztliche Vereinigungen (vgl. § 77 Abs. 1 S. 1), Landesverbände der Krankenkassen und Ersatzkassen. Die Ersatzkassen haben nach Abs. 1 S. 2 die Möglichkeit, die Aufgabe auf eine im Bezirk der Kassenärztlichen Vereinigung gebildete Arbeitsgemeinschaft der Ersatzkassen oder auf eine Ersatzkasse zu übertragen.

4 Dabei wird gemäß Abs. 1 S. 1 für jedes Bundesland in ärztlicher und zahnärztlicher Hinsicht jeweils ein Landesausschuss gebildet. Die Regelung knüpft damit an die Struktur an, die auch für die Kassenärztlichen Vereinigungen vorgesehen sind. Denn diese sind im Grundsatz ebenfalls bundeslandbezogen zu bilden, vgl. § 77 Abs. 1 S. 1. Zwingend ist dies jedoch nicht, wie sich bereits § 77 Abs. 1 S. 2 entnehmen lässt, der davon ausgeht, dass in einem Bundesland mehrere Kassenärztliche Vereinigungen vorhanden sein können. So besteht in Nordrhein-Westfalen die Besonderheit, dass dort im Einklang mit geltendem Recht zwei Kassenärztliche Vereinigungen (Westfalen-Lippe und Nordrhein) existieren.[5] Besteht nun in einem Bundesland eine solche von der Regel abweichende Struktur der Kassenärztlichen Vereinigung, so kann die Bildung der Landesausschüsse dieser Struktur rechtlich zulässig folgen. Es ist zudem wegen der ungeraden Zahl der Ärztevertreter praktikabel.

III. Personelle Zusammensetzung, Bestimmung (Abs. 2)

5 Abs. 2 regelt die personelle Zusammensetzung der Landesausschüsse sowie die Zuständigkeiten bei der Bestimmung der unparteiischen Mitglieder und der Vertreter der Trägerorganisationen. Ebenso wie bei dem Beschlussgremium des G-BA (→ § 91 Rn. 6) können zwei verschiedene Ebenen unterschieden werden: Die Ebene der unparteiischen Mitglieder und die Ebene der Vertreter der Trägerorganisationen, wobei bei letzterer zwischen der Seite der Ärzte und der Seite der Krankenkassen zu unterscheiden ist. Unparteiische Mitglieder gibt es insgesamt drei. Davon ist ein Mitglied der unparteiische Vorsitzende (Abs. 2 S. 1). Die unparteiischen Mitglieder verfügen über Stellvertreter. Die Seite der Ärzte und die Seite der Krankenkassen benennt jeweils 9 Mitglieder (Abs. 2 S. 1). Die verschiedenen Krankenkassenarten entsenden ihre Vertreter wie folgt: Drei Vertreter der Ortskrankenkassen, drei Vertreter der Ersatzkassen, je ein Vertreter der Betriebskrankenkassen und der Innungskrankenkassen und ein gemeinsamer Vertreter der landwirtschaftlichen Krankenkasse und der Knappschaft-Bahn-See. Im Landesausschuss besteht, vergleichbar mit den Mitgliedern der Trägerorganisationen im Beschlussgremium des G-BA (→ § 91 Rn. 6), eine paritätische Besetzung mit Ärzte- und Krankenkassenvertretern. Insgesamt ist der Landesausschuss folglich mit 21 Personen besetzt. Besteht allerdings in dem Bereich eines Landesausschusses ein Landesverband einer bestimmten Kassenart nicht, so verringert sich die Zahl der Vertreter der Krankenkassen entsprechend (Abs. 2 S. 4). Da sich in diesem Fall auch die Zahl der Vertreter der Ärzte entsprechend verringert (Abs. 2 S. 4), bleibt die paritätische Besetzung stets erhalten.

6 Über die unparteiischen Mitglieder sowie deren Stellvertreter sollen sich die Trägerorganisationen (Kassenärztliche Vereinigung, Landesverbände der Krankenkassen, Ersatzkassen) einigen (Abs. 2 S. 2). Bei fehlender Einigung erfolgt nach Abs. 2 S. 3 eine Berufung durch die für die Sozialversicherung zuständige oberste Verwaltungsbehörde des Landes (also durch das Ministerium, das gleichzeitig Aufsichtsbehörde ist, vgl. Abs. 5 S. 1) im „Benehmen" mit den Kassenärztlichen Vereinigungen, den Landesverbänden der Krankenkassen sowie den Ersatzkassen. **„Benehmen"** ist eine im öffentlichen Recht bekannte Begrifflichkeit, die eine bestimmte Art der Beteiligung weiterer (meist) Verwaltungsbehörden

---

5 Vgl. dazu näher und mwN Hess in: KassKomm, § 77 SGB V Rn. 4.

beschreibt[6] und die sich auch an zahlreichen weiteren Stellen im SGB V (zB: § 65 c Abs. 2 S. 4; § 71 Abs. 4 S. 3; § 75 Abs. 7 a S. 2; § 78 Abs. 2 S. 2; § 85 Abs. 4 S. 2; § 87 b Abs. 1 S. 2; § 92 Abs. 2 a S. 1; § 105 Abs. 1 S. 2; § 115 a Abs. 3 S. 1) findet.[7] Der Begriff des Benehmens setzt nicht voraus, dass das Ministerium mit den genannten Trägerorganisationen Einigkeit über die einzelnen unparteiischen Mitglieder und deren Stellvertreter erzielen muss. Das Letztentscheidungsrecht liegt allein beim Ministerium. Es muss sich jedoch bei seiner Berufungsentscheidung mit dem Vorbringen der Trägerorganisationen inhaltlich auseinandersetzen.

Die Vertreter der Ärzte und deren Stellvertreter werden von den Kassenärztlichen Vereinigungen bestellt, während die Bestellung der Vertreter der Krankenkassen und ihre Stellvertreter von den Landesverbänden der Krankenkassen sowie den Ersatzkassen erfolgt (Abs. 2 S. 5). 7

IV. Amt, Kostentragung (Abs. 3)

Für die Mitglieder der Landesausschüsse kommt allein eine Führung ihres Amtes als Ehrenamt in Frage (Abs. 3 S. 1). Anders als bei den Mitgliedern des G-BA (→ § 91 Rn. 11 ff.) wird folglich nicht zwischen einer haupt- und ehrenamtlichen Tätigkeit unterschieden. Abs. 3 S. 1 verwendet den Begriff „Mitglieder", obgleich in Abs. 2 S. 1 allein in Bezug auf die Unparteiischen von „Mitgliedern" die Rede ist, während die von den Ärzten und Krankenkassen entsendeten Personen als „Vertreter" bezeichnet werden. Es ist davon auszugehen, dass es sich hierbei nur um eine sprachliche Ungenauigkeit handelt und mit dem Begriff Mitglieder alle 21 Personen des jeweiligen Landesausschusses einschließlich ihrer Stellvertreter gemeint sind. Aus dem Sinn und Zweck des Abs. 3 S. 1 ergibt sich, dass der Gesetzgeber die Art der Amtsführung im Landesausschuss generell und nicht nur für die Unparteiischen regeln wollte. Gesetzlich bestimmt ist, dass die Mitglieder an Weisungen nicht gebunden sind (Abs. 3 S. 2). 8

Über Abs. 3 S. 4 wird das Bundesministerium für Gesundheit (BMG) zum Erlass einer **Rechtsverordnung** ermächtigt, in der das Nähere für die Amtsdauer, die Amtsführung, die Erstattung der baren Auslagen und die Entschädigung für den Zeitaufwand der Ausschussmitglieder sowie die Verteilung der Kosten geregelt wird. Die Rechtsverordnung bedarf der Zustimmung des Bundesrates sowie der Anhörung der Kassenärztlichen Bundesvereinigung (KBV) und des Spitzenverbandes der Gesetzlichen Krankenkassen (SpiBuKK). Auf der Grundlage dieser Ermächtigung ist bisher keine Rechtsverordnung erlassen worden (s. im Einzelnen die Ausführungen zu → § 91 Rn. 32). Maßgeblich ist die „Verordnung über die Amtsdauer, Amtsführung und Entschädigung der Mitglieder des Gemeinsamen Bundesausschusses und der Landesausschüsse der Ärzte (Zahnärzte) und Krankenkassen" (Ausschussmitglieder-Verordnung, AMV), die auf § 368 o Abs. 4 S. 3 RVO zurückgeht (→ § 91 Rn. 32). Die Amtsdauer der Mitglieder der Landesausschüsse beträgt vier Jahre (§ 1 S. 1 AMV). Zu ihrer Abberufung verhält sich § 3 AMV und zur Amtsniederlegung § 4 AMV. Regelungen zur Erstattung der baren Auslagen, zur Entschädigung für den Zeitaufwand sowie zur Erstattung von Reisekosten finden sich in den §§ 6, 8, 9, 10 AMV. Die Aufteilung der Kosten, die für die in die Landesausschüsse entsandten Personen anfallen, richtet sich nach § 11 AMV. 9

V. Aufgaben, Mitberatungsrecht (Abs. 4)

Die **Aufgaben** der Landesausschüsse ergeben sich aus dem SGB V (vgl. Abs. 4 S. 1). Sie sind an unterschiedlichen Stellen im SGB V geregelt, auf die nachfolgend beispielhaft eingegangen wird. So ergibt sich aus § 99 Abs. 2 und 3, dass bei einer fehlgeschlagenen Einigung über die Aufstellung des Bedarfsplans zwischen der Kassenärztlichen Vereinigung und den Krankenkassen, der Landesausschuss den Bedarfsplan aufstellt. Schließlich sind sie zuständig für die Feststellung, dass in bestimmten Gebieten eines Zulassungsbezirks eine ärztliche Unterversorgung eingetreten ist oder in absehbarer Zeit droht (§ 100 Abs. 1 S. 1). Sie können bei andauernder Unterversorgung Zulassungsbeschränkungen in anderen Gebieten anordnen (§ 100 Abs. 2). Ferner stellen die Landesausschüsse das Vorliegen eines zusätzlichen lokalen Versorgungsbedarfs fest (§ 100 Abs. 3). Angeordnet werden darüber hinaus Zulassungsbeschränkungen bei Vorliegen einer Überversorgung (§ 103 Abs. 1). In die Kompetenz der Landesausschüsse fällt es auch, die Zulassungsbeschränkungen wieder aufzuheben, wenn keine Überversorgung mehr vorliegt (§ 103 Abs. 3). Weiter stehen den Landesausschüssen Entscheidungskompetenzen für die 10

---

6 Vgl. mwN auch Schiller, Zur Herstellung des Benehmens – insbesondere bei der Festsetzung des Honorarverteilungsmaßstabes gem. § 85 Abs. 4 S. 2 SGB V, NZS 1994, 402.

7 Vgl. zu der Begrifflichkeit und mwN zur Literatur und Rechtsprechung: Schiller, NZS 1994, 401 ff.

Gewährung von Sicherstellungszuschlägen zu (§ 105 Abs. 4). Schließlich erfolgt gegenüber dem sog „erweiterten" Landesausschuss (anders als beim herkömmlichen Landesausschuss im Sinne von Abs. 1 werden Vertreter der Krankenhäuser hinzugenommen, vgl. § 116 b Abs. 3 S. 1) die Anzeige der Teilnahme an der ambulanten spezialfachärztlichen Versorgung. Der erweiterte Landesausschuss prüft, ob die Leistungserbringer die Teilnahmevoraussetzungen erfüllen.

11 Nach Abs. 4 S. 2 wirken in den Landesausschüssen sowie den erweiterten Landesausschüssen nach § 116 b Abs. 3 die für die Sozialversicherung zuständigen obersten Landesbehörden (Ministerium) beratend mit. Das **Mitberatungsrecht** erfasst dabei nach Abs. 4 S. 3 auch ausdrücklich das Recht zur Anwesenheit bei der Beschlussfassung. Der Gesetzgeber räumt Verfahrensbeteiligungsrechte an zahlreichen Stellen im SGB V ein (dazu auch → § 92 Rn. 3) und verwendet hierfür Begriffe wie „Stellungnahmerechte" oder auch „Mitberatungsrechte". Der Begriff des Mitberatungsrechts findet sich zB auch in § 92 Abs. 7 e (betrifft die Bedarfsplanungs-Richtlinie), wo das Recht zur Anwesenheit der Länder bei der Beschlussfassung ebenfalls ausdrücklich normiert wird (→ § 92 Rn. 57 ff.). Mit dem GKV-VStG sind insgesamt die Einwirkungsmöglichkeiten der Länder gezielt erweitert worden.[8]

VI. Rechtsaufsicht (Abs. 5 und 6)

12 Die Aufsicht über die Landesausschüsse führen die für die Sozialversicherung zuständigen obersten Verwaltungsbehörden der Länder, vgl. Abs. 5 S. 1. Abs. 5 S. 2 bestimmt die entsprechende Geltung der §§ 87 Abs. 1 S. 2, 88, 89 SGB IV. Der Verweis auf die Regelungen der allgemeinen Aufsicht über die Sozialversicherungsträger im SGB IV (§§ 87–90 a) ähnelt der aufsichtsrechtlichen Regelung für den G-BA in § 91 a, die allerdings teilweise auf andere Bestimmungen Bezug nimmt. Abs. 5 S. 2 ordnet für die Landesausschüsse ausdrücklich die entsprechende Geltung von § 87 Abs. 1 S. 2 SGB IV an, so dass, eindeutig gesetzlich geregelt ist, dass die Aufsicht als *Rechts*aufsicht besteht. Diese erstreckt sich auf die Einhaltung sämtlicher rechtlicher Bestimmungen, die für die Landesausschüsse gelten.[9] Über den Verweis auf § 88 SGB IV werden die Prüf- und Auskunftsrechte der obersten Verwaltungsbehörden der Länder geregelt und über § 89 SGB IV die Maßnahmen, die sie bei einer Rechtsverletzung der Landesausschüsse ergreifen können.

13 Nach Abs. 6 S. 1 sind die von den Landesausschüssen getroffenen Entscheidungen nach § 99 Abs. 2, § 100 Abs. 1 S. 1 und Abs. 3 sowie § 103 Abs. 1 S. 1 und Abs. 3 der Aufsichtsbehörde vorzulegen. Die Regelung entspricht der Vorlagepflicht des G-BA gegenüber dem BMG nach § 94 Abs. 1 S. 1. Die Beanstandungsfrist beträgt zwei Monate (Abs. 6 S. 2) und entspricht damit der Beanstandungsfrist des BMG gegenüber dem G-BA, vgl. § 94 Abs. 1 S. 2 Hs. 1. Abs. 6 S. 3 ordnet die entsprechende Geltung von § 94 Abs. 1 S. 3 bis 5 an (s. im Einzelnen die Ausführungen zu → § 94 Rn. 2 ff.).

§ 90 a Gemeinsames Landesgremium

(1) ¹Nach Maßgabe der landesrechtlichen Bestimmungen kann für den Bereich des Landes ein gemeinsames Gremium aus Vertretern des Landes, der Kassenärztlichen Vereinigung, der Landesverbände der Krankenkassen sowie der Ersatzkassen und der Landeskrankenhausgesellschaft sowie weiterer Beteiligten gebildet werden. ²Das gemeinsame Landesgremium kann Empfehlungen zu sektorenübergreifenden Versorgungsfragen abgeben; hierzu gehören auch Empfehlungen zu einer sektorenübergreifenden Notfallversorgung.

(2) Soweit das Landesrecht es vorsieht, ist dem gemeinsamen Landesgremium Gelegenheit zu geben, zu der Aufstellung und der Anpassung der Bedarfspläne nach § 99 Absatz 1 und zu den von den Landesausschüssen zu treffenden Entscheidungen nach § 99 Absatz 2, § 100 Absatz 1 Satz 1 und Absatz 3 sowie § 103 Absatz 1 Satz 1 Stellung zu nehmen.

Literatur:

Axer, Kooperationen nach dem GKV-Versorgungsstrukturgesetz aus verfassungsrechtlicher Sicht, GesR 2012, 714; *Ebsen,* Zur Rolle der Länder bei der Sicherstellung bedarfsgerechter Versorgung in der GKV, GuS 2011, 46; *Möller,* Die Weiterentwicklung der Bedarfsplanung nach dem Versorgungsgesetz, insbeson-

---

8 Vgl. BT-Dr. 17/6906, 43.
9 Vgl. BT-Dr. 17/6906, 66.

dere neue Beteiligungsrechte der Länder, SGb 2011, 557; *Steinhilper*, Bedarfsplanung nach dem GKV-VStG, MedR 2012, 441.

I. Entstehungsgeschichte, Allgemeines

Mit dem GKV-VStG vom 22.12.2011[1] ist § 90a durch Art. 1 Nr. 28 im SGB V eingefügt worden und zum 1.1.2012 in Kraft getreten.[2] § 90a ist eine der Regelungen, mit der die Zielsetzung des GKV-VStG, die Einwirkungsmöglichkeiten der Länder zu stärken,[3] umgesetzt wird.

II. Gemeinsames Landesgremium (Abs. 1)

Abs. 1 S. 1 sieht vor, dass nach Maßgabe der landesrechtlichen Bestimmungen für den Bereich eines Landes ein gemeinsames Gremium gebildet werden kann. Die Überwindung der Sektorengrenzen zwischen der ambulanten und stationären Versorgung ist seit langem gesundheitspolitisches Anliegen und Anstrengung zahlreicher Reformen im Gesundheitswesen. Der Bundesgesetzgeber hat auf Initiative der Länder nunmehr in § 90a die gesetzliche Grundlage für ihre institutionelle Verankerung durch ein Gremium auf Landesebene geschaffen, das „Empfehlungen" zu sektorenübergreifenden Versorgungsfragen, also etwa zu § 116b,[4] abgeben kann (vgl. Abs. 1 S. 2). Mit dem Krankenhausstrukturgesetz (KHSG) vom 10.12.2015[5] ist Abs. 1 um den letzten Halbsatz „hierzu gehören auch Empfehlungen zu einer sektorenübergreifenden Notfallversorgung" ergänzt worden. Es handelt sich um eine Klarstellung, dass sich die Empfehlungen auch auf die Notfallversorgung erstrecken können.[6] Sie steht im Zusammenhang mit der Regelung in § 75 Abs. 1b S. 2, die auf eine kooperative Verflechtung der Kassenärztlichen Vereinigungen mit zugelassenen Krankenhäusern im Bereich des vertragsärztlichen Notdienstes setzt.[7] Das Gremium setzt sich zusammen aus Vertretern des Landes, der Kassenärztlichen Vereinigung, der Krankenkassen (Landesverbände der Krankenkassen sowie der Ersatzkassen) und der Landeskrankenhausgesellschaften sowie weiteren Beteiligten. Die Länder entscheiden selbst darüber, ob sie ein gemeinsames Landesgremium einrichten und § 90a durch entsprechende landesgesetzliche Regelungen (auch zur Organisation, zur Zusammensetzung, zur Anzahl der Mitglieder, zu den Stimmrechten und zu den verfahrensrechtlichen Vorgaben) umsetzen. Welche „weiteren Beteiligten" Teil des Gremiums werden, spezifiziert (ggf) das Landesrecht. Denkbar sind „zB andere Sozialleistungsträger, Landesärztekammern, Patientenorganisationen oder Landesbehörden".[8] Da das gemeinsame Landesgremium lediglich „Empfehlungen" zu sektorenübergreifenden Versorgungsfragen abgeben kann, ist sein Einfluss auf nicht rechtsverbindliche Vorschläge beschränkt.

Mittlerweile existieren in zahlreichen Bundesländern gemeinsame Landesgremien, die auf der Grundlage von § 90a errichtet worden sind (zB: Berlin, Hamburg, Saarland, Hessen, Sachsen-Anhalt, Schleswig-Holstein, Thüringen).[9] In anderen Bundesländern, wie zB in Nordrhein-Westfalen oder in Baden-Württemberg, existieren ähnliche Landesgremien, allerdings teilweise ohne dass diese Länder dafür eine landesrechtliche Grundlage geschaffen hätten.[10]

III. Stellungnahmerechte (Abs. 2)

Das Landesrecht nach Abs. 2 S. 1 bestimmen, dass dem gemeinsamen Landesgremium ein Stellungnahmerecht zu folgenden Angelegenheiten eingeräumt wird:
- Aufstellung und Anpassung der Bedarfspläne (§ 99 Abs. 1),
- Entscheidungen der Landesausschüsse
- über den Bedarfsplan bei fehlgeschlagener Einigung der Kassenärztlichen Vereinigungen und der Krankenkassen (§ 99 Abs. 2),
- über die eingetretene oder drohende Unterversorgung (§ 100 Abs. 1 S. 1),

---

1 BGBl. I, 2983.
2 Art. 12 Abs. 1 GKV-VStG.
3 Vgl. BT-Dr. 17/6906, 43.
4 Vgl. BT-Dr. 17/6906, 66.
5 BGBl. I, 2229.
6 BT-Dr. 18/6586, 117.
7 BT-Dr. 18/6586, 117; vgl. zu § 75 Abs. 1b S. 2 BT-Dr. 18/4095, 89.
8 BT-Dr. 17/6906, 66.
9 Vgl. mwN Wiegand in: jurisPK-SGB V, § 90a Rn. 4.
10 BayLT-Dr. 16/16162, 2.

- über das Bestehen eines zusätzlichen lokalen Versorgungsbedarfs (§ 100 Abs. 3) oder
- über das Bestehen einer Überversorgung (§ 103 Abs. 1 S. 1).

Nach der Gesetzesbegründung können die Länder vorsehen, dass die Stellungnahmen des gemeinsamen Landesgremiums einzuholen und zu berücksichtigen sind.[11]

§ 91 Gemeinsamer Bundesausschuss

(1) [1]Die Kassenärztlichen Bundesvereinigungen, die Deutsche Krankenhausgesellschaft und der Spitzenverband Bund der Krankenkassen bilden einen Gemeinsamen Bundesausschuss. [2]Der Gemeinsame Bundesausschuss ist rechtsfähig. [3]Er wird durch den Vorsitzenden des Beschlussgremiums gerichtlich und außergerichtlich vertreten.

(2) [1]Das Beschlussgremium des Gemeinsamen Bundesausschusses besteht aus einem unparteiischen Vorsitzenden, zwei weiteren unparteiischen Mitgliedern, einem von der Kassenzahnärztlichen Bundesvereinigung, jeweils zwei von der Kassenärztlichen Bundesvereinigung und der Deutschen Krankenhausgesellschaft und fünf von dem Spitzenverband Bund der Krankenkassen benannten Mitgliedern. [2]Für die Berufung des unparteiischen Vorsitzenden und der weiteren unparteiischen Mitglieder sowie jeweils zweier Stellvertreter einigen sich die Organisationen nach Absatz 1 Satz 1 jeweils auf einen Vorschlag und legen diese Vorschläge dem Bundesministerium für Gesundheit spätestens zwölf Monate vor Ablauf der Amtszeit vor. [3]Als unparteiische Mitglieder und deren Stellvertreter können nur Personen benannt werden, die im vorangegangenen Jahr nicht bei den Organisationen nach Absatz 1 Satz 1, bei deren Mitgliedern, bei Verbänden von deren Mitgliedern oder in einem Krankenhaus beschäftigt oder selbst als Vertragsarzt, Vertragszahnarzt oder Vertragspsychotherapeut tätig waren [4]Das Bundesministerium für Gesundheit übermittelt die Vorschläge an den Ausschuss für Gesundheit des Deutschen Bundestages. [5]Der Ausschuss für Gesundheit des Deutschen Bundestages kann einem Vorschlag nach nichtöffentlicher Anhörung der jeweils vorgeschlagenen Person innerhalb von sechs Wochen mit einer Mehrheit von zwei Dritteln seiner Mitglieder durch Beschluss widersprechen, sofern er die Unabhängigkeit oder die Unparteilichkeit der vorgeschlagenen Person als nicht gewährleistet ansieht. [6]Die Organisationen nach Absatz 1 Satz 1 legen innerhalb von sechs Wochen, nachdem das Bundesministerium für Gesundheit den Gemeinsamen Bundesausschuss über einen erfolgten Widerspruch unterrichtet hat, einen neuen Vorschlag vor. [7]Widerspricht der Ausschuss für Gesundheit des Deutschen Bundestages nach Satz 5 auch dem neuen Vorschlag innerhalb von sechs Wochen oder haben die Organisationen nach Absatz 1 Satz 1 keinen neuen Vorschlag vorgelegt, erfolgt die Berufung durch das Bundesministerium für Gesundheit. [8]Die Unparteiischen üben ihre Tätigkeit in der Regel hauptamtlich aus; eine ehrenamtliche Ausübung ist zulässig, soweit die Unparteiischen von ihren Arbeitgebern in dem für die Tätigkeit erforderlichen Umfang freigestellt werden. [9]Die Stellvertreter der Unparteiischen sind ehrenamtlich tätig. [10]Hauptamtliche Unparteiische stehen während ihrer Amtszeit in einem Dienstverhältnis zum Gemeinsamen Bundesausschuss. [11]Zusätzlich zu ihren Aufgaben im Beschlussgremium übernehmen die einzelnen Unparteiischen den Vorsitz der Unterausschüsse des Gemeinsamen Bundesausschusses. [12]Der Vorsitzende nach Absatz 1 Satz 3 stellt übergreifend die Einhaltung aller dem Gemeinsamen Bundesausschuss auferlegten gesetzlichen Fristen sicher. [13]Zur Erfüllung dieser Aufgabe nimmt er eine zeitliche Steuerungsverantwortung wahr, er erstattet auch den nach Absatz 11 jährlich vorzulegenden Bericht. [14]Die Organisationen nach Absatz 1 Satz 1 schließen die Dienstvereinbarungen mit den hauptamtlichen Unparteiischen; § 35 a Absatz 6 Satz 2 und Absatz 6 a Satz 1 und 2 des Vierten Buches gilt entsprechend. [15]Die von den Organisationen benannten sonstigen Mitglieder des Beschlussgremiums üben ihre Tätigkeit ehrenamtlich aus; sie sind bei den Entscheidungen im Beschlussgremium an Weisungen nicht gebunden. [16]Die Organisationen nach Absatz 1 Satz 1 benennen für jedes von ihnen benannte Mitglied bis zu drei Stellvertreter. [17]Die Amtszeit im Beschlussgremium beträgt ab der am 1. Juli 2012 beginnenden Amtszeit sechs Jahre.

(2 a) [1]Bei Beschlüssen, die allein einen der Leistungssektoren wesentlich betreffen, werden ab dem 1. Februar 2012 alle fünf Stimmen der Leistungserbringerseite anteilig auf diejenigen Mitglieder übertragen, die von der betroffenen Leistungserbringerorganisation nach Absatz 1 Satz 1 benannt worden sind. [2]Bei Beschlüssen, die allein zwei der drei Leistungssektoren wesentlich betreffen, werden ab dem 1. Februar 2012 die Stimmen der von der nicht betroffenen Leistungserbringerorganisation benannten

---

11 BT-Dr. 17/6906, 67, 73. Dazu im Einzelnen kritisch Hess in: KassKomm, § 90 a SGB V Rn. 3.

Mitglieder anteilig auf diejenigen Mitglieder übertragen, die von den betroffenen Leistungserbringerorganisationen benannt worden sind. ³Der Gemeinsame Bundesausschuss legt in seiner Geschäftsordnung erstmals bis zum 31. Januar 2012 fest, welche Richtlinien und Entscheidungen allein einen oder allein zwei der Leistungssektoren wesentlich betreffen. ⁴Bei Beschlüssen zur Bewertung ärztlicher Untersuchungs- und Behandlungsmethoden wird die Stimme des von der Kassenzahnärztlichen Bundesvereinigung benannten Mitglieds ab dem 1. Januar 2012 anteilig auf die von der Kassenärztlichen Bundesvereinigung und der Deutschen Krankenhausgesellschaft benannten Mitglieder übertragen.

(3) ¹Für die Tragung der Kosten des Gemeinsamen Bundesausschusses mit Ausnahme der Kosten der von den Organisationen nach Absatz 1 Satz 1 benannten Mitglieder gilt § 139c entsprechend. ²Im Übrigen gilt § 90 Abs. 3 Satz 4 entsprechend mit der Maßgabe, dass vor Erlass der Rechtsverordnung außerdem die Deutsche Krankenhausgesellschaft anzuhören ist.

(3 a) ¹Verletzen Mitglieder oder deren Stellvertreter, die von den in Absatz 1 Satz 1 genannten Organisationen benannt oder berufen werden, in der ihnen insoweit übertragenen Amtsführung die ihnen einem Dritten gegenüber obliegende Amtspflicht, gilt § 42 Absatz 1 bis 3 des Vierten Buches mit der Maßgabe entsprechend, dass die Verantwortlichkeit den Gemeinsamen Bundesausschuss, nicht aber die in Absatz 1 Satz 1 genannten Organisationen, trifft. ²Dies gilt auch im Falle einer Berufung der unparteiischen Mitglieder und deren Stellvertreter durch das Bundesministerium für Gesundheit nach Absatz 2 Satz 7. ³Soweit von den in Absatz 1 Satz 1 genannten Organisationen für die Vorbereitung von Entscheidungen des Gemeinsamen Bundesausschusses Personen für die nach seiner Geschäftsordnung bestehenden Gremien benannt werden und diese Personen zur Wahrung der Vertraulichkeit der für den Gemeinsamen Bundesausschuss geheimhaltungspflichtigen, ihnen zugänglichen Unterlagen und Informationen verpflichtet werden, gilt Satz 1 entsprechend. ⁴Das Gleiche gilt für nach § 140 f Absatz 2 Satz 1 zweiter Halbsatz benannte sachkundige Personen, denen zur Ausübung ihres Mitberatungsrechts für den Gemeinsamen Bundesausschuss geheimhaltungspflichtige Unterlagen und Informationen zugänglich gemacht werden, wenn sie durch den Gemeinsamen Bundesausschuss zur Wahrung der Vertraulichkeit dieser Unterlagen verpflichtet worden sind. ⁵Das Nähere regelt der Gemeinsame Bundesausschuss in seiner Geschäftsordnung.

(4) ¹Der Gemeinsame Bundesausschuss beschließt

1. eine Verfahrensordnung, in der er insbesondere methodische Anforderungen an die wissenschaftliche sektorenübergreifende Bewertung des Nutzens, einschließlich Bewertungen nach den §§ 35 a und 35 b, der Notwendigkeit und der Wirtschaftlichkeit von Maßnahmen als Grundlage für Beschlüsse sowie die Anforderungen an den Nachweis der fachlichen Unabhängigkeit von Sachverständigen und das Verfahren der Anhörung zu den jeweiligen Richtlinien, insbesondere die Feststellung der anzuhörenden Stellen, die Art und Weise der Anhörung und deren Auswertung, regelt,
2. eine Geschäftsordnung, in der er Regelungen zur Arbeitsweise des Gemeinsamen Bundesausschusses insbesondere zur Geschäftsführung, zur Vorbereitung der Richtlinienbeschlüsse durch Einsetzung von in der Regel sektorenübergreifend gestalteten Unterausschüssen, zum Vorsitz der Unterausschüsse durch die Unparteiischen des Beschlussgremiums sowie zur Zusammenarbeit der Gremien und der Geschäftsstelle des Gemeinsamen Bundesausschusses trifft; in der Geschäftsordnung sind Regelungen zu treffen zur Gewährleistung des Mitberatungsrechts der von den Organisationen nach § 140 f Abs. 2 entsandten sachkundigen Personen.

²Die Verfahrensordnung und die Geschäftsordnung bedürfen der Genehmigung des Bundesministeriums für Gesundheit. ³Die Genehmigung gilt als erteilt, wenn das Bundesministerium für Gesundheit sie nicht innerhalb von drei Monaten nach Vorlage des Beschlusses und der tragenden Gründe ganz oder teilweise versagt. ⁴Das Bundesministerium für Gesundheit kann im Rahmen der Genehmigungsprüfung vom Gemeinsamen Bundesausschuss zusätzliche Informationen und ergänzende Stellungnahmen anfordern; bis zum Eingang der Auskünfte ist der Lauf der Frist nach Satz 3 unterbrochen. ⁵Wird die Genehmigung ganz oder teilweise versagt, so kann das Bundesministerium für Gesundheit insbesondere zur Sicherstellung einer sach- und funktionsgerechten Ausgestaltung der Arbeitsweise und des Bewertungsverfahrens des Gemeinsamen Bundesausschusses erforderliche Änderungen bestimmen und anordnen, dass der Gemeinsame Bundesausschuss innerhalb einer bestimmten Frist die erforderlichen Änderungen vornimmt. ⁶Kommt der Gemeinsame Bundesausschuss der Anordnung innerhalb der Frist nicht nach, so kann das Bundesministerium für Gesundheit die erforderlichen Änderungen selbst vornehmen. ⁷Die Sätze 5 und 6 gelten entsprechend, wenn sich die Erforderlichkeit der Änderung einer bereits genehmigten Regelung der Verfahrensordnung oder der Geschäftsordnung erst nachträglich er-

gibt. [8]Klagen gegen Anordnungen und Maßnahmen des Bundesministeriums für Gesundheit nach den Sätzen 3 bis 7 haben keine aufschiebende Wirkung.

(5) [1]Bei Beschlüssen, deren Gegenstand die Berufsausübung der Ärzte, Psychotherapeuten oder Zahnärzte berührt, ist der jeweiligen Arbeitsgemeinschaft der Kammern dieser Berufe auf Bundesebene Gelegenheit zur Stellungnahme zu geben. [2]§ 136 b Absatz 2 Satz 2 bleibt unberührt.

(5 a) Bei Beschlüssen des Gemeinsamen Bundesausschusses, die die Erhebung, Verarbeitung oder Nutzung personenbezogener oder personenbeziehbarer Daten regeln oder voraussetzen, ist dem Bundesbeauftragten für den Datenschutz und die Informationsfreiheit Gelegenheit zur Stellungnahme zu geben; die Stellungnahme ist in die Entscheidung einzubeziehen.

(6) Die Beschlüsse des Gemeinsamen Bundesausschusses mit Ausnahme der Beschlüsse zu Entscheidungen nach § 136 d sind für die Träger nach Absatz 1 Satz 1, deren Mitglieder und Mitgliedskassen sowie für die Versicherten und die Leistungserbringer verbindlich.

(7) [1]Das Beschlussgremium des Gemeinsamen Bundesausschusses nach Absatz 2 Satz 1 fasst seine Beschlüsse mit der Mehrheit seiner Mitglieder, sofern die Geschäftsordnung nichts anderes bestimmt. [2]Beschlüsse zur Arzneimittelversorgung und zur Qualitätssicherung sind in der Regel sektorenübergreifend zu fassen. [3]Beschlüsse, die nicht allein einen der Leistungssektoren wesentlich betreffen und die zur Folge haben, dass eine bisher zulasten der Krankenkassen erbringbare Leistung zukünftig nicht mehr zu deren Lasten erbracht werden darf, bedürfen einer Mehrheit von neun Stimmen. [4]Der unparteiische Vorsitzende und die weiteren unparteiischen Mitglieder können dem Beschlussgremium gemeinsam einen eigenen Beschlussvorschlag zur Entscheidung vorlegen. [5]Mit der Vorbereitung eines Beschlussvorschlags können sie die Geschäftsführung beauftragen. [6]Die Sitzungen des Beschlussgremiums sind in der Regel öffentlich. [7]Die nichtöffentlichen Beratungen des Gemeinsamen Bundesausschusses, insbesondere auch die Beratungen in den vorbereitenden Gremien, sind einschließlich der Beratungsunterlagen und Niederschriften vertraulich.

(8) (aufgehoben)

(9) [1]Jedem, der berechtigt ist, zu einem Beschluss des Gemeinsamen Bundesausschusses Stellung zu nehmen und eine schriftliche oder elektronische Stellungnahme abgegeben hat, ist in der Regel auch Gelegenheit zu einer mündlichen Stellungnahme zu geben. [2]Der Gemeinsame Bundesausschuss hat in seiner Verfahrensordnung vorzusehen, dass die Teilnahme jeweils eines Vertreters einer zu einem Beschlussgegenstand stellungnahmeberechtigten Organisation an den Beratungen zu diesem Gegenstand in dem zuständigen Unterausschuss zugelassen werden kann.

(10) [1]Der Gemeinsame Bundesausschuss ermittelt spätestens ab dem 1. September 2012 die infolge seiner Beschlüsse zu erwartenden Bürokratiekosten im Sinne des § 2 Absatz 2 des Gesetzes zur Einsetzung eines Nationalen Normenkontrollrates und stellt diese Kosten in der Begründung des jeweiligen Beschlusses nachvollziehbar dar. [2]Bei der Ermittlung der Bürokratiekosten ist die Methodik nach § 2 Absatz 3 des Gesetzes zur Einsetzung eines Nationalen Normenkontrollrates anzuwenden. [3]Das Nähere regelt der Gemeinsame Bundesausschuss bis zum 30. Juni 2012 in seiner Verfahrensordnung.

(11) [1]Der Gemeinsame Bundesausschuss hat dem Ausschuss für Gesundheit des Deutschen Bundestages einmal jährlich zum 31. März über das Bundesministerium für Gesundheit einen Bericht über die Einhaltung der Fristen nach § 135 Absatz 1 Satz 4 und 5, § 137 c Absatz 1 Satz 6 und 7 sowie § 137 h Absatz 4 Satz 5 vorzulegen, in dem im Falle von Fristüberschreitungen auch die zur Straffung des Verfahrens unternommenen Maßnahmen und die besonderen Schwierigkeiten einer Bewertung, die zu einer Fristüberschreitung geführt haben können, im Einzelnen dargelegt werden müssen. [2]Zudem sind in dem Bericht auch alle anderen Beratungsverfahren über Entscheidungen und Richtlinien des Gemeinsamen Bundesausschusses darzustellen, die seit förmlicher Einleitung des Beratungsverfahrens länger als drei Jahre andauern und in denen noch keine abschließende Beschlussfassung erfolgt ist.

Literatur:

Ebsen, Patientenpartizipation in der gemeinsamen Selbstverwaltung der GKV: Ein Irrweg oder ein Desiderat?, MedR 2006, 528; *Fischer*, Der Gemeinsame Bundesausschuss als „zentrale korporative Superorganisation", MedR 2006, 509; *Hänlein*, Rechtsquellen im Sozialversicherungsrecht, 2001; *Hess*, Darstellung der Aufgaben des Gemeinsamen Bundesausschusses, MedR 2005, 385; *Hoffmann-Riem/Schmidt-Aßmann/Voßkuhle* (Hrsg.), Grundlagen des Verwaltungsrechts, Bd. 1, Methoden, Maßstäbe, Aufgaben, Organisation, 2006 *Pitschas*, Mediatisierte Patientenbeteiligung im Gemeinsamen Bundesausschuss als Verfassungsproblem, MedR 2006, 451; *Rixen*, Was sich durch das GKV-Selbstverwaltungsstärkungsgesetz bei den Spitzenorganisationen der Krankenversicherung ändert, SozSich 2017, 115; *Seeringer*, Der Gemeinsame Bundesausschuss nach dem SGB V, 2006; *Stelkens*, Rechtsetzungen der europäischen und nationalen Verwaltungen in: Veröffentlichung der Vereinigung Deutscher Staatsrechtslehrer 71, 2012, S. 369; *Ziermann*, Inhaltsbestimmung und Abgrenzung der Normsetzungskompetenzen des Gemeinsamen Bundesausschusses und der Bewertungsausschüsse im Recht der gesetzlichen Krankenversicherung, 2007; *Zimmermann*, Der Gemeinsame Bundesausschuss, 2012.

I. Entstehungsgeschichte, Allgemeines	1	X. Verbindlichkeit der Beschlüsse des G-BA (Abs. 6)	64
II. Trägerorganisationen und Rechtsfähigkeit des G-BA (Abs. 1)	3	XI. Mehrheitsverhältnisse, Vorschlagsrecht der Unparteiischen, Öffentlichkeit der Sitzungen (Abs. 7)	67
III. Beschlussgremium des G-BA (Abs. 2)	5		
IV. Übertragung von Stimmen (Abs. 2 a)	21		
V. Kosten des G-BA (Abs. 3)	31	XII. Rechtsaufsicht des Bundesministeriums für Gesundheit (Abs. 8)	72
VI. Amtshaftung (Abs. 3 a)	33		
VII. Verfahrens- und Geschäftsordnung (Abs. 4)	43	XIII. Mündliche Stellungnahme, Teilnahme Unterausschuss (Abs. 9)	75
VIII. Stellungnahmerecht der berufsständischen Kammern (Abs. 5)	55	XIV. Bürokratiekosten (Abs. 10)	78
IX. Stellungnahmerecht des Bundesbeauftragten für Datenschutz (Abs. 5 a)	61	XV. Berichtspflichten (Abs. 11)	80

I. Entstehungsgeschichte, Allgemeines

§ 91 ist mit dem Gesetz zur Strukturreform im Gesundheitswesen (GRG) vom 20.12.1988[1] am 1.1.1989 in Kraft getreten. In der RVO fanden sich Regelungen zu den Bundesausschüssen in § 368 o. Seit dem GRG hat es diverse gesetzliche Änderungen gegeben. So ist etwa mit dem GKV-Modernisierungsgesetz (GMG) vom 14.11.2003 zum 1.1.2004 der Gemeinsame Bundesausschuss (G-BA) entstanden, der die bis dahin vorhandenen selbstständigen Bundesausschüsse (Bundesausschuss der Ärzte und Krankenkassen, Bundesausschuss der Zahnärzte und Krankenkassen, Ausschuss Krankenhaus und Koordinierungsausschuss) ablöste. Das GKV-Wettbewerbsstärkungsgesetz (GKV-WSG) vom 26.3.2007[2] ersetzte die insgesamt sechs Gremien durch ein einziges Beschlussgremium des G-BA. Mit dem Gesetz zur Verbesserung der Versorgungsstrukturen in der gesetzlichen Krankenversicherung (GKV-VStG)[3] gab es verschiedene weitere Neuerungen. So wurde etwa das Verfahren zur Bestimmung der unparteiischen Mitglieder und deren Stellvertreter wesentlich geändert (→ Rn. 7 ff.), um deren Neutralität zu stärken. Ferner ist Abs. 2 a, der die Stimmrechte betrifft, neu eingeführt worden (→ Rn. 21 ff.). Zuletzt ist Abs. 2 S. 12 mit Art. 3 des dritten Gesetzes zur Änderung arzneimittelrechtlicher und anderer Vorschriften vom 7.8.2013[4] neu gefasst worden. 1

Die Regelungsgegenstände in § 91 sind unterschiedlicher Art, betreffen aber vor allem den G-BA als Institution und ihre Organisation. Die ihn treffenden Aufgaben und Befugnisse sind im Wesentlichen in anderen Vorschriften geregelt,[5] wenngleich die Ermächtigung zum Erlass der VerfO (Abs. 4 Nr. 1) weitreichende Bedeutung hat (→ Rn. 43 ff.). Seine Aufgaben und Befugnisse finden sich in § 92, jedoch auch in zahlreichen weiteren Normen des SGB V. Der G-BA sieht sich bis heute grundlegender Kritik ausgesetzt, vgl. zur verfassungsrechtlichen Legitimation seiner Rechtsetzung (mwN) → Rn. 66 und → § 92 Rn. 5 f.

Der G-BA ist das zentrale Beschlussgremium der sog gemeinsamen Selbstverwaltung (Organisationen der Leistungserbringer: Deutsche Krankenhausgesellschaft, Kassenärztliche Bundesvereinigung, Kassenzahnärztliche Bundesvereinigung; Kostenträger: Spitzenverband Bund der Krankenkassen; drei unparteiische Mitglieder). Er ist rechtlich selbstständiger Verwaltungsträger und Teil der mittelbaren Staatsverwaltung (→ Rn. 4). Die gemeinsame Selbstverwaltung folgt historisch aus dem Konflikt zwischen Ärzten und Krankenkassen, der seine Grundlage in der Einführung des Sachleistungsprinzips findet.[6] Dieses wurde mit einer Novelle des Krankenversicherungsgesetzes (KVG) im Jahr 1892 eingeführt und löste das Kostenerstattungsprinzip ab.[7] Das Kostenerstattungsprinzip bedeutete, dass der Arzt nur gegenüber dem Patienten seine wirtschaftlichen Interessen durchsetzen musste.[8] Dies änderte 2

---

1 BGBl. I, 2477.
2 BGBl. I, 378.
3 BGBl. I 2011, 2983.
4 BGBl. I, 3108.
5 Vgl. bereits Schmidt-De Caluwe in: Becker/Kingreen, § 91 Rn. 2.
6 So Zimmermann, S. 9 f.; vgl. auch Schnapp in: Schnapp/Wigge, § 1 Rn. 2 ff.
7 Vgl: Zimmermann, S. 10 f.; Schnapp in: Schnapp/Wigge, § 1 Rn. 3 ff.
8 So Zimmermann, S. 9 f.

sich durch die Einführung des Sachleistungsprinzips, denn dieses machte Vertragsschlüsse zwischen Ärzten und Krankenkassen erforderlich.[9] Die steigende Bedeutung der Krankenversicherung durch die Einführung der Pflichtversicherung verstärkte die Machtposition der Krankenkassen.[10] Im Gegenzug organisierten sich die Ärzte zur Durchsetzung ihrer Interessen in Verbänden. Die Auseinandersetzungen endeten schließlich in dem sog Berliner Abkommen (Dezember 1913) als rein privatrechtlicher Vertrag, mit dem die gemeinsame Selbstverwaltung eingeführt wurde.[11] Daraus resultierte 1923 die Gründung des Reichsausschusses.[12] Dieser war bereits mit der Befugnis ausgestattet, Richtlinien zu den wesentlichen Fragen zu erlassen und somit Rechtsfortbildung zu betreiben.[13] Nach dem 2. Weltkrieg wurden mit dem Gesetz über das Kassenarztrecht (GKAR) vom 17.8.1955 die Rechtsgrundlagen für die *Bundesausschüsse* (Bundesausschuss der Ärzte und Krankenkassen, Bundesausschuss der Zahnärzte und Krankenkassen) geschaffen.[14] Die Bundesausschüsse hatten die Befugnis zur Richtlinienengebung,[15] jedoch wurde den Richtlinien durch den Gesetzgeber keine normative Verbindlichkeit mehr zugestanden.[16] Mit dem GKV-Modernisierungsgesetz vom 14.11.2003[17] wurden die bis dahin bestehenden Bundesausschüsse durch den G-BA ersetzt.

II. Trägerorganisationen und Rechtsfähigkeit des G-BA (Abs. 1)

3   Abs. 1 S. 1 zählt die **Trägerorganisationen**, aus denen sich der G-BA zusammensetzt, abschließend auf und verpflichtet sie zur Bildung des G-BA. Bei den Trägerorganisationen handelt es sich um die Kassenärztlichen Bundesvereinigungen, die Deutsche Krankenhausgesellschaft (DKG) und den Spitzenverband Bund der Krankenkassen (SpiBuKK). Der G-BA vereint damit institutionell die bedeutsamsten Leistungserbringer (Ärzte, Zahnärzte, Psychotherapeuten und zugelassene Krankenhäuser) sowie die Krankenkassen. Nach § 77 Abs. 4 S. 1 sind die Kassenärztlichen Bundesvereinigungen die Kassenärztliche Bundesvereinigung (KBV) und die Kassenzahnärztliche Bundesvereinigung (KZBV), wobei sie aus den Kassenärztlichen Vereinigungen gebildet werden. Die Kassenärztlichen Bundesvereinigungen sind Körperschaften des öffentlichen Rechts, § 77 Abs. 5. In der Deutschen Krankenhausgesellschaft sind die Landeskrankenhausgesellschaften zusammengeschlossen, § 108 a S. 2. In einer Landeskrankenhausgesellschaft schließen sich die Träger zugelassener Krankenhäuser eines Bundeslandes zusammen, § 108 a S. 1. Den Krankenhausgesellschaften können auch Bundes- oder Landesverbände der Krankenhausträger angehören, § 108 a S. 3. Die Deutsche Krankenhausgesellschaft wie auch die Landeskrankenhausgesellschaften sind privatrechtlich in der Rechtsform eines privaten Vereins (vgl. §§ 21 ff. BGB) organisiert. Der SpiBuKK wird aus den Krankenkassen[18] gebildet, § 217 a Abs. 1. Er ist eine Körperschaft des öffentlichen Rechts, § 217 a Abs. 2.

4   Abs. 1 S. 2 bestimmt, dass der G-BA **rechtsfähig** ist.[19] Der G-BA ist eine juristische Person auf der Grundlage des öffentlichen Rechts, da seine Rechtsfähigkeit durch staatlichen Hoheitsakt (formelles Gesetz) entstanden ist.[20] Die ihm übertragenen Aufgaben führt er als rechtlich selbstständiger Verwaltungsträger aus (mittelbare Staatsverwaltung).[21] Der G-BA greift in seiner Geschäftsordnung[22] (§ 1 Abs. 2) die Regelung in Abs. 1 S. 2 auf und bezeichnet sich selbst als juristische Person des öffentlichen Rechts.[23] Eine nähere Klassifizierung des G-BA zu einer bestimmten öffentlich-rechtlichen Organisationsform nimmt das SGB V nicht vor. Ob der G-BA als Körperschaft, Anstalt, Stiftung oder als Organi-

---

9   Vgl. Zimmermann, S. 9 f.
10 So Zimmermann, S. 10 f.; vgl. auch Schnapp in: Schnapp/Wigge, § 1 Rn. 4 f.
11 Vgl. Schnapp in: Schnapp/Wigge, § 1 Rn. 11.
12 Vgl. Zimmermann, S. 14.
13 So Zimmermann, S. 15.
14 Vgl. mwN Zimmermann, S. 16.
15 Vgl. mwN Zimmermann, S. 16.
16 Dazu im Einzelnen Hänlein, S. 464 ff.
17 BGBl. I, 2190.
18 Diese sind nach § 4 Abs. 1 rechtsfähige Körperschaften des öffentlichen Rechts.
19 Die Regelung wurde mit dem GKV-Modernisierungsgesetz (BGBl. I 2003, 2190, 2210) eingeführt. Zuvor war die Rechtsfähigkeit des G-BA umstritten.
20 Zum Begriff der juristischen Person des öffentlichen Rechts: Peine, Allgemeines Verwaltungsrecht, S. 11; Burgi in: Erichsen/Ehlers, Allgemeines Verwaltungsrecht, § 8 Rn. 7, 11; Jestaedt in: Hoffmann-Riem/Schmidt-Aßmann/Voßkuhle, Bd. 1, § 14 Rn. 25 f.
21 Zum Begriff des Verwaltungsträgers und der mittelbaren Staatsverwaltung: Peine, Allgemeines Verwaltungsrecht, S. 11, 18.
22 BAnz Nr. 134 (S. 3256) vom 4.9.2008, zuletzt geändert am 20.6.2013, BAnz AT 30.7.2013 B3.
23 Vgl. Wiegand in: jurisPK-SGB V, § 91 Rn. 24.

sation „sui generis" einzuordnen ist, bleibt umstritten.[24] Nach Abs. 1 S. 3 wird der G-BA durch den Vorsitzenden des Beschlussgremiums gerichtlich und außergerichtlich vertreten. Der Vorsitzende des Beschlussgremiums ist der unparteiische Vorsitzende, vgl. Abs. 2 S. 1.

III. Beschlussgremium des G-BA (Abs. 2)

Als juristische Person benötigt der G-BA zur Erfüllung seiner Aufgaben Organe, um über sie handlungsfähig zu sein. Abs. 2 nennt das Beschlussgremium als Organ des G-BA. In der Geschäftsordnung des G-BA wird das Beschlussgremium als Plenum bezeichnet, vgl. § 3 Abs. 1 S. 3.

Seine **Zusammensetzung** regelt Abs. 2 S. 1. Es besteht aus insgesamt 13 (stimmberechtigten) Mitgliedern, wobei zwei verschiedene Ebenen unterschieden werden können: Die Ebene der unparteiischen Mitglieder und die Ebene der Mitglieder der Trägerorganisationen, wobei bei letzterer zwischen der Seite der Leistungserbringer und der Seite der Krankenkassen zu unterscheiden ist. Unparteiische Mitglieder gibt es insgesamt drei. Davon ist ein Mitglied der unparteiische Vorsitzende, Abs. 2 S. 1. Die unparteiischen Mitglieder haben jeweils zwei Stellvertreter (Abs. 2 S. 2). Die Seite der Leistungserbringer und der Krankenkassen benennt[25] jeweils fünf Mitglieder. Auf der Seite der Leistungserbringer benennt die KZBV ein Mitglied, die KBV zwei Mitglieder und die DKG ein Mitglied. Auf der Seite der Krankenkassen benennt der SpiBuKK fünf Mitglieder. Für jedes von der Seite der Leistungserbringer und der Seite der Krankenkassen benannte Mitglied werden bis zu drei Stellvertreter benannt (Abs. 2 S. 17). Die unparteiischen Mitglieder dienen dem Erhalt der Handlungsfähigkeit des Beschlussgremiums, da die Mitglieder der Leistungserbringer und der Krankenkassen über eine identische Anzahl an Stimmen verfügen.[26]

Während für das **Verfahren zur Bestimmung der Mitglieder** der Trägerorganisationen und deren Stellvertreter keine weiteren Vorgaben in Abs. 2 enthalten sind, ist das Verfahren zur Bestimmung der unparteiischen Mitglieder und deren Stellvertreter in Abs. 2 S. 2 bis S. 7 detailliert geregelt. Da für die Bestimmung der Mitglieder der Trägerorganisationen und deren Stellvertreter keine rechtlichen Vorgaben bestehen, können die Trägerorganisationen ihre Entscheidung, durch welche Person sie ihre Interessen im Beschlussgremium vertreten lassen möchten, völlig frei treffen.[27] Das Verfahren zur Bestimmung der unparteiischen Mitglieder und deren Stellvertreter hat mit dem GKV-VStG[28] wesentliche Änderungen erfahren. Diese liegen vor allem in der Erhöhung des Einflusses des Ausschusses für Gesundheit des Deutschen Bundestages auf die personelle Zusammensetzung der unparteiischen Mitglieder des G-BA. Der Gesetzgeber erhofft sich hierdurch eine Stärkung der Legitimation des G-BA, weil die unparteiischen Mitglieder ihre Legitimation unmittelbar vom Deutschen Bundestag ableiten.[29] Die KZBV, die KBV, die DKG und der SpiBuKK müssen sich in Bezug auf den unparteiischen Vorsitzenden, die weiteren unparteiischen Mitglieder sowie die Stellvertreter gemeinsam jeweils auf einen Vorschlag einigen. Diese personenbezogenen Vorschläge[30] sind dem BMG vorzulegen. Über jeden Vorschlag wird getrennt entschieden. Für die Einreichung der Vorschläge ist eine Frist vorgesehen. Sie müssen spätestens zwölf Monate vor Ablauf der Amtszeit der amtierenden unparteiischen Mitglieder beim BMG vorgelegt werden (Abs. 2 S. 2). Die Frist gegenüber dem BMG ist mit dem Präventionsge-

---

24 Vgl. zum Streitstand und mwN: Seeringer, S. 56 f.; Zimmermann, S. 65 f.
25 In § 91 (Abs. 2, 2 a, 3, 3 a) werden sowohl der Begriff der „Benennung" wie auch der Begriff der „Berufung" verwendet. In Bezug auf die Mitglieder der Trägerorganisationen, die einseitig von den jeweiligen Trägerorganisationen bestimmt werden, wird ausschließlich der Begriff der „Benennung" herangezogen (vgl.: Abs. 2 S. 1, S. 13, 14, Abs. 2 a S. 1, 2, 4, Abs. 3 S. 1). Hingegen ist hinsichtlich der unparteiischen Mitglieder sowohl von „Benennung" als auch von „Berufung" die Rede (Abs. 2 S. 2, S. 3). Bei einer Bestimmung der unparteiischen Mitglieder durch das BMG wird jedoch ausschließlich der Begriff der „Berufung" benutzt (Abs. 2 S. 7, Abs. 3 a S. 2).
26 Vgl. Zimmermann, S. 29; vgl. Hase, Verfassungsrechtliche Bewertung der Normsetzung durch den Gemeinsamen Bundesausschuss, MedR 2005, 391, 395.
27 Allein in Bezug auf die Abberufung, die Niederlegung und die Kostentragung finden sich in der Ausschussmitglieder-Verordnung (AMV) Regelungen.
28 BGBl. I 2011, 2983, 2992.
29 Vgl. BT-Dr. 17/6906, 67.
30 Da neun Personen vorgeschlagen werden (3 unparteiische Mitglieder mit jeweils zwei Stellvertretern) werden insgesamt neun Vorschläge eingereicht. In der BT-Dr. 17/6909, 67 wird darauf verwiesen, dass die Vorschläge nicht als Vorschlag eines Gesamtpersonaltableaus, sondern als Vorschläge für jede einzelne Funktion erfolgen.

setz vom 17.7.2015 (PrävG) von sechs auf zwölf Monate verlängert worden.[31] Hintergrund ist die in Abs. 2 S. 3 geregelte Karenzzeit, deren Einhaltung ermöglicht werden soll.[32]

8 Das BMG übermittelt die **Vorschläge** an den Ausschuss für Gesundheit des Deutschen Bundestages (Abs. 2 S. 4). Dem Ausschuss für Gesundheit steht hinsichtlich der einzelnen personenbezogenen Vorschläge jeweils die Möglichkeit des Widerspruchs zu (Abs. 2 S. 5). Die zulässige Ausübung des Widerspruchs setzt nach Abs. 2 S. 5 die nicht öffentliche Anhörung der vorgeschlagenen Person, die Einhaltung der Frist (sechs Wochen) sowie eine Mehrheit (zwei Drittel der Mitglieder des Ausschusses für Gesundheit) voraus. Für den Widerspruch muss ferner ein Widerspruchsgrund vorliegen. Dieser ist (nur) gegeben, wenn die Unabhängigkeit oder Unparteilichkeit der vorgeschlagenen Person vom Ausschuss für Gesundheit als nicht gewährleistet angesehen wird. Widerspricht der Ausschuss für Gesundheit einem Vorschlag oder mehreren Vorschlägen, legen die Trägerorganisationen für jeden eingereichten Widerspruch einen neuen Vorschlag vor. Für die Einreichung dieses Zweitvorschlages ist eine Frist von sechs Wochen vorgesehen. Der Fristlauf beginnt nach Unterrichtung des G-BA vom BMG für Gesundheit über den Widerspruch. Dem Ausschuss für Gesundheit steht ein erneutes Widerspruchsrecht zu, das unter denselben Voraussetzungen ausgeübt werden kann, wie der erstmalig erhobene Widerspruch. Dies folgt aus dem Verweis in Abs. 1 S. 7 auf Abs. 1 S. 5. Die Erwähnung der sechswöchigen Frist in Abs. 1 S. 7 ist daher überflüssig, da ihre Anwendbarkeit bereits aus dem Verweis auf Abs. 1 S. 5 folgt. Im Falle der Erhebung eines erneuten Widerspruchs oder bei fehlendem Zweitvorschlag der Trägerorganisationen, geht das Berufungsrecht auf das BMG über (Abs. 1 S. 7).

9 Die Benennungen der **unparteiischen Mitglieder** und deren Stellvertreter sind von ihrer Mitgliedsfähigkeit abhängig. Die Mitgliedsfähigkeit fehlt bei solchen Personen, die im vorangegangenen Jahr bei einer der Trägerorganisationen des G-BA (vgl. Abs. 1 S. 1), bei deren Mitgliedern oder bei Verbänden von deren Mitgliedern beschäftigt waren (Abs. 2 S. 3). Ebenso fehlt die Mitgliedsfähigkeit bei Personen, die in einem Krankenhaus beschäftigt waren oder selbst als Vertragsarzt, Vertragszahnarzt oder Vertragspsychotherapeut tätig waren. Die Regelung dient der Stärkung der Neutralität der Unparteiischen und deren Stellvertreter[33] und ist erst mit dem GKV-VStG eingeführt worden.[34] Abs. 2 S. 3 stellt auf den Zeitpunkt der Benennung ab, so dass die Karenzzeit ausgehend von diesem Zeitpunkt zu ermitteln ist. Es kommt folglich nicht auf den Beginn der Amtszeit oder auf die Unterzeichnung der Dienstvereinbarung an. Die Karenzzeit erstreckt sich auf das gesamte „vorangegangene" Jahr, so dass all diejenigen Kandidaten wegen ihrer Nichteinhaltung ausscheiden, die (irgendwann) im Laufe des Vorjahres der Benennung einer der genannten Tätigkeit nachgegangen sind.

10 Der Begriff der **Mitgliedsfähigkeit** ist von den Begriffen der Unabhängigkeit und der Unparteilichkeit zu unterscheiden, wenngleich alle drei Begriffe das Ziel vereint, einem Befangenheitsvorwurf der Unparteiischen entgegenzutreten. Die Mitgliedsfähigkeit einer Person lässt sich eindeutig feststellen, da sie allein auf deren frühere Tätigkeit abstellt. Die Begriffe der Unabhängigkeit und der Unparteilichkeit hingegen sind unschärfer und gehen zudem über den Begriff der Mitgliedsfähigkeit hinaus. Sie erfassen daher weitergehende Sachverhalte und ermöglichen somit die Ablehnung von Personen nicht allein wegen einer vorangegangenen Tätigkeit bei einer der Trägerorganisationen, deren Mitgliedern bzw. Verbänden. Fehlt die Mitgliedsfähigkeit, scheidet eine Benennung zudem zwingend aus. Hingegen steht die Ausübung des Widerspruchsrechts durch den Ausschuss für Gesundheit des Deutschen Bundestages bei fehlender **Unabhängigkeit** oder **Unparteilichkeit** in dessen Ermessen („kann", vgl. Abs. 2 S. 5). Die gesetzliche Festschreibung der Unabhängigkeit oder Unparteilichkeit von Personen erfolgt üblicherweise dann, wenn diese in einer Funktion tätig werden, die so bedeutsam ist, dass die Einhaltung der Unabhängigkeit oder Unparteilichkeit von grundlegendem Interesse ist.[35] Die gesetzliche Verankerung der Unabhängigkeit und Unparteilichkeit der unparteiischen Mitglieder des G-BA drückt daher aus, welche bedeutsame Funktion der Bundesgesetzgeber ihnen zu schreibt. Den unparteiischen Mitgliedern kommt die Rolle der „neutralen Dritten" zuteil. Ihre Unabhängigkeit besteht im Verhältnis zu jedem, dh gegenüber dem Staat, den Trägerorganisationen nach Abs. 1 S. 1 oder sonsti-

---

[31] BGBl. I, 1368, 1374.
[32] BT-Dr. 18/5261, 58.
[33] BT-Dr. 17/6906, 67. Dort war die sog Karenzzeit (vgl. BT-Dr. 17/8005, 110) noch auf die vorangegangenen drei Jahre angelegt. Da befürchtet wurde, hierdurch den Kreis möglicher Kandidaten zu stark einzuschränken, wurde diese auf das vorangegangene Jahr begrenzt, vgl. BT-Dr. 17/8005, 110.
[34] BGBl. I 2011, 2983, 2929.
[35] ZB: Die (verfassungsrechtlich) in Art. 97 GG garantierte richterliche Unabhängigkeit; die Unabhängigkeit und Unparteilichkeit des Notars nach notariellem Berufsrecht (BNotO).

gen Dritten. Unabhängigkeit bedeutet Selbstbestimmtheit und Ungebundenheit. Diese muss in sachlicher und persönlicher Hinsicht bestehen. Die sachliche Unabhängigkeit beinhaltet eine fachlich weisungsfreie Amtsausübung. Die persönliche Unabhängigkeit meint das Fernbleiben von beruflichen oder privaten Vor- oder Nachteilen für das unparteiische Mitglied selbst oder ihm nahestehender Personen. Die Begriffe der Unabhängigkeit und der Unparteilichkeit lassen sich nicht scharf voneinander abgrenzen. Der Begriff der Unabhängigkeit zielt eher auf die Umstände ab, die die Selbstbestimmtheit einer Person betreffen. Hingegen nimmt der Begriff der Unparteilichkeit primär die Rolle der unparteiischen Mitglieder im Verhältnis zu den Trägerorganisationen (Abs. 1 S. 1) in Bezug. Im Unterschied zu den Trägerorganisationen, die Interessengruppen repräsentieren, erfolgt über den Begriff der Unparteilichkeit eine Rollenzuschreibung, die durch Unvoreingenommenheit, Interessenunabhängigkeit und Neutralität gekennzeichnet ist. Letztendlich ist eine exakte begriffliche Trennung nicht erforderlich, weil es insgesamt um die Frage geht, „objektive Dritte" auf der Ebene der unparteiischen Mitglieder zu rekrutieren.

In Bezug auf die Tätigkeit der Mitglieder des G-BA wird zwischen **ehren- und hauptamtlicher Tätigkeit** unterschieden. 11

Die unparteiischen Mitglieder des G-BA sollen ihre Tätigkeit in der Regel hauptamtlich ausüben 12 (Abs. 2 S. 8). Eine Ausübung im Ehrenamt ist nur möglich, sofern sie von ihren Arbeitgebern für die Tätigkeit beim G-BA im erforderlichen Umfang freigestellt werden (Abs. 2 S. 8). Durch die Einführung einer in der Regel hauptamtlichen Wahrnehmung der Tätigkeit durch den unparteiischen Vorsitzenden und die zwei weiteren unparteiischen Mitglieder des Beschlussgremiums soll die Professionalisierung und die Stringenz der Arbeit des G-BA gestärkt werden.[36] Für die Stellvertreter der unparteiischen Mitglieder des G-BA kommt allein eine ehrenamtliche Tätigkeit in Betracht (Abs. 2 S. 9).

Die hauptamtliche Tätigkeit unparteiischer Mitglieder des G-BA führt dazu, dass zwischen ihnen und 13 dem G-BA jeweils ein Dienstverhältnis besteht, solange die Amtszeit andauert (Abs. 2 S. 10). Die Dienstvereinbarungen werden von den Trägerorganisationen mit den hauptamtlichen Unparteiischen geschlossen, wobei die Regelungen in § 35a Abs. 6 S. 2 und Abs. 6a S. 1 und S. 2 SGB IV entsprechend gelten (Abs. 2 S. 14). Die Regelung, die ursprünglich in Abs. 2 S. 12 enthalten war und sich seit dem Präventionsgesetz (PrävG) vom 17.7.2015 durch die Regelungen zur zeitlichen Steuerungsverantwortung des unparteiischen Vorsitzenden (Abs. 2 S. 12 und S. 13)[37] in Abs. 2 S. 14 findet, ist mit dem dritten Gesetz zur Änderung arzneimittelrechtlicher und anderer Vorschriften vom 7.8.2013[38] neu gefasst worden. Es haben sich hierdurch folgende Änderungen ergeben: Während nach bisheriger Rechtslage die Trägerorganisationen die Dienstvereinbarung allein mit dem unparteiischen *Vorsitzenden* schlossen, erstreckt sich der Abschluss der Dienstvereinbarungen nunmehr auch auf die weiteren unparteiischen Mitglieder („den…Unparteiischen"), sofern sie hauptamtlich tätig sind.[39] Bisher war der unparteiische Vorsitzende über Abs. 1 S. 3 befugt, die Dienstvereinbarungen mit den weiteren unparteiischen Mitgliedern abzuschließen.

Eine weitere Änderung liegt in dem Verweis auf § 35a Abs. 6a S. 1 und S. 2 SGB IV. § 35a Abs. 6a 14 SGB IV ist eine in § 35a SGB IV neu eingefügte Regelung, die erstmalig die Wirksamkeit von **Vorstandsdienstverträgen** von der Zustimmung der Aufsichtsbehörde abhängig macht („Zustimmungsvorbehalt").[40] Bisherige Streitigkeiten zwischen Aufsichtsbehörden und Selbstverwaltungskörperschaften um das Bestehen einer Vorlagepflicht vor Abschluss von Vorstandsdienstverträgen auf der Grundlage von § 88 Abs. 2 SGB IV sind damit hinfällig.[41] Die Regelung ist zu begrüßen, da es offenbar Selbstverwaltungskörperschaften gibt, die ohne eindeutige gesetzliche Verpflichtung nicht in der Lage sind, in eigenen inneren Angelegenheiten das Wirtschaftlichkeitsgebot ausreichend zu beachten.

Seit dem GKV-Selbstverwaltungsstärkungsgesetz vom 21.2.2017[42] wird nicht mehr nur auf § 35a Abs. 6a S. 1 und S. 2 SGB IV verwiesen, sondern darüber hinaus auch auf § 35a Abs. 6 S. 2 SGB IV. Damit besteht für die hauptamtlichen Unparteiischen des G-BA eine Pflicht zur Veröffentlichung ihrer

---

36 So BT-Dr. 16/4247, 58.
37 BGBl. I, 1368, 1374.
38 BGBl. I, 3108, 3111.
39 Da nach Abs. 2 S. 10 nur die hauptamtlich tätigen Mitglieder in einem Dienstverhältnis zum G-BA stehen, können sie, nicht jedoch die ehrenamtlich tätigen Mitglieder, eine Dienstvereinbarung schließen. Mit dem durch das dritte Gesetz zur Änderung arzneimittelrechtlicher und anderer Vorschriften eingefügte Wort „hauptamtlich" geht daher keine Änderung der bisherigen Rechtslage einher. Es dient nur der Klarstellung.
40 Vgl. BT-Dr. 17/13770, 28.
41 Vgl. BT-Dr. 17/13770, 28.
42 BGBl. I, 256, 269.

Vergütung. Hintergrund ist eine Anpassung an die auch für die Krankenkassen, den GKV-Spitzenverband und die Kassenärztlichen Bundesvereinigungen bestehende Verpflichtung, die jährlichen Vorstandsvergütungen offen zu legen.[43]

15 Der Verweis in Abs. 2 S. 14 auf § 35 a Abs. 6 a S. 1 SGB IV führt dazu, dass auch die Dienstvereinbarungen mit den hauptamtlichen Unparteiischen des G-BA dem Zustimmungsvorbehalt der Aufsichtsbehörde unterliegen, also nur dann wirksam abgeschlossen werden können, wenn eine vorherige Zustimmung der Aufsichtsbehörde (Bundesministerium für Gesundheit, BMG) vorliegt. Die Angemessenheit der Vergütung der hauptamtlichen Unparteiischen des G-BA richtet sich nach den in § 35 a Abs. 6 a S. 2 SGB IV genannten Kriterien, da sich der Verweis in Abs. 2 S. 14 auch auf sie erstreckt.

16 Werden **unparteiische Mitglieder des G-BA ehrenamtlich tätig**, was bei den Stellvertretern zwingend ist (Abs. 2 S. 9), so schließen diese mit dem G-BA eine „Vereinbarung", in der ihre wesentlichen Rechte und Pflichten geregelt sind (§ 5 Abs. 5 S. 1 Geschäftsordnung G-BA). Die für die hauptamtlichen unparteiischen Mitglieder des G-BA geltenden Regelungen der Geschäftsordnung G-BA in § 5 Abs. 3 S. 3 bis 5 sowie Abs. 4 gelten für die ehrenamtlichen unparteiischen Mitglieder des G-BA entsprechend, § 5 Abs. 5 S. 2 Geschäftsordnung G-BA. § 5 Abs. 6 Geschäftsordnung G-BA ordnet wiederum für die Stellvertreter unparteiischer Mitglieder die Geltung des § 5 Abs. 5 Geschäftsordnung G-BA an, so dass auch für diese § 5 Abs. 3 S. 3 bis 5 sowie Abs. 4 Geschäftsordnung G-BA Anwendung findet.

17 Für die **Mitglieder der Trägerorganisationen** ist gesetzlich vorgesehen, dass diese ihre Tätigkeit stets ehrenamtlich ausüben (Abs. 2 S. 15). Gesetzlich bestimmt ist, dass sie an Weisungen nicht gebunden sind (Abs. 2 S. 15). Während bei den unparteiischen Mitgliedern geregelt wird, dass ihren Tätigkeiten „Dienstvereinbarungen" oder „Vereinbarungen" zu Grunde liegen, fehlt eine solche Bestimmung für die Mitglieder der Trägerorganisationen. Nähere Bestimmungen zu ihrer Rechtsstellung – wie auch zu der Rechtsstellung der unparteiischen Mitglieder – finden sich in der Ausschussmitglieder-Verordnung (AMV). Diese enthält insbesondere Bestimmungen zur Amtsführung und zur Entschädigung der Mitglieder des Beschlussgremiums.

18 Die Dauer für die ab dem 1.7.2012 begonnene **Amtszeit im Beschlussgremium** ist auf sechs Jahre festgelegt worden (Abs. 2 S. 17).

19 Hinsichtlich der Möglichkeit für die Mitglieder des Beschlussgremiums, **weitere Amtszeiten** anzutreten, war bisher in Abs. 2 S. 16 geregelt, dass weitere Amtszeiten der unparteiischen Mitglieder ab der am 1.7.2018 beginnenden Amtszeit ausgeschlossen sind. Nach dieser Regelung waren für die drei derzeit im Amt befindlichen unparteiischen Mitglieder weitere Amtszeiten, da diese jeweils am 1.7.2018 beginnen würde, nicht möglich. Mit dem Präventionsgesetz (PrävG) vom 17.7.2015[44] ist die Regelung jedoch ersatzlos gestrichen worden Sie diente der Sicherung der Unabhängigkeit der unparteiischen Mitglieder, damit das Abstimmungsverhalten der Unparteiischen nicht zum Maßstab einer erneuten Berufung gemacht werden kann.[45] Der Gesetzgeber hält nunmehr jedoch die personelle Kontinuität auch mit Blick auf die vielfältigen fristgebundenen Aufgaben des G-BA für das gewichtigere Kriterium und ermöglicht damit weitere Amtszeiten der derzeit im Amt befindlichen unparteiischen Mitglieder.

20 Für die Stellvertreter der unparteiischen Mitglieder waren weitere Amtszeiten schon immer unbeschränkt möglich. Gleiches gilt für die Mitglieder der Trägerorganisationen. Die Regelung in Abs. 2 S. 17, die mit dem Präventionsgesetz (PrävG) vom 17.7.2015 zeitgleich mit Abs. 2 S. 16 gestrichen worden ist,[46] erklärte weitere Amtszeiten der Mitglieder der Trägerorganisationen für zulässig. Angesichts der Streichung von Abs. 2 S. 16 bedarf es in Abs. 2 S. 17 keiner klarstellenden Regelung mehr, die die Zulässigkeit weiterer Amtszeiten für die Mitglieder der Trägerorganisationen ausdrücklich feststellt.

20a Mit dem Präventionsgesetz (PrävG) vom 17.7.2015 sind in Abs. 2 die S. 12 und 13 neu eingefügt worden. Für die dem G-BA auferlegten gesetzlichen Fristen wird der unparteiische Vorsitzende in die Pflicht genommen; ihm wird eine „zeitliche Steuerungsverantwortung" auferlegt. Ziel ist eine zeitliche Verantwortungszuschreibung, die alle Aufgabenbereiche des G-BA erfasst und mit Blick auf Fristläufe die zeitliche Priorisierung oder Zurückstellung von unterausschussübergreifenden Verfahren ermöglicht.[47]

---

43 BT-Dr. 18/10605, 33.
44 BGBl. I, 1368, 1374.
45 So BT-Dr. 17/6906, 67.
46 BGBl. I, 1368, 1374.
47 BT-Dr 18/5261, 58 f.

IV. Übertragung von Stimmen (Abs. 2 a)

Abs. 2 a ist mit dem GKV-VStG[48] neu eingeführt worden und mit Wirkung zum 1.12.2011 in Kraft getreten.[49] Geregelt werden in Abs. 2 a die jeweiligen Stimmrechte der insgesamt fünf Mitglieder, die von den Trägerorganisationen auf Seiten der Leistungserbringer (KZBV, KBV und DKG, vgl. Abs. 1 S. 1) benannt werden. 21

Grundsätzlich steht jedem Mitglied (zunächst) je eine Stimme zu. Die Regelung in Abs. 2 a zielt jedoch darauf ab, einem Mitglied oder mehreren Mitgliedern die Stimme zu entziehen, um im Gegenzug die Anzahl der Stimmen eines anderen Mitglieds oder mehrerer anderer Mitglieder zu erhöhen, wenn die Entscheidung des G-BA allein einen oder allein zwei Leistungssektoren wesentlich betrifft, vgl. Abs. 2 a S. 1 und S. 2. Es hat nunmehr nicht mehr jedes Mitglied unabhängig von der Art des Entscheidungsgegenstandes des G-BA per se eine Stimme. Der Sinn und Zweck der Regelung besteht ausweislich des Gesetzesentwurfs der Bundesregierung zum GKV-VStG darin, nur die entsprechend tangierten Trägerorganisationen der Leistungserbringer in die Entscheidungsfindungen einzubeziehen.[50] 22

Für welche Entscheidungsgegenstände des G-BA die Stimmrechtsverteilung des Abs. 2 a gilt, klärt der Wortlaut der dortigen Regelungen leider nicht in der gewünschten Klarheit, da die Terminologie uneinheitlich ist. So sprechen Abs. 2 a S. 1 sowie S. 2 zwar einheitlich von „Beschlüssen" des G-BA, in Abs. 2 a S. 3 hingegen ist von „Richtlinien" und, darüber hinausgehend, ganz allgemein von „Entscheidungen" die Rede. 23

Die terminologische Unterscheidung zwischen „Richtlinien" und „Beschlüssen" ist altbekannt, da sich diese unterschiedlichen Begrifflichkeiten in Bezug auf den G-BA bereits an verschiedenen Stellen im SGB V finden. Eine nähere Beschäftigung mit ihnen erscheint daher auch deshalb angezeigt. 24

Es ließe sich überlegen, ob die beiden Begrifflichkeiten für unterschiedliche Entscheidungsformen des G-BA stehen, auf die er, je nach Entscheidungsgegenstand, zurückgreift. Aus Prozessordnungen ist eine solche Systematik bekannt. Gerichtliche Entscheidungen können in unterschiedlichen Entscheidungsformen (zB durch Urteil oder Beschluss) getroffen werden. Eine vergleichbare Systematik findet sich hier jedoch nicht, da, wie sich an § 92 Abs. 1 S. 1 und S. 2 ablesen lässt, auch Richtlinien *beschlossen* werden. Der Begriff „Beschluss" steht folglich nicht trennscharf neben dem Begriff „Richtlinie". Der Begriff „Richtlinie" hingegen ist klarer und steht allein für die rechtsetzende Tätigkeit des G-BA.[51] Allerdings wird seine rechtsetzende Tätigkeit nicht ausschließlich mit dem Begriff „Richtlinie" erfasst. So spricht zB die Qualitätssicherungsregelung für zugelassene Krankenhäuser in § 137 Abs. 3 (nur) von „Beschlüssen" des G-BA, während hingegen andere Qualitätssicherungsregelungen für zugelassene Krankenhäuser den Begriff „Richtlinien" benutzen, vgl. zB § 137 Abs. 1 oder § 137 c Abs. 1. Der Begriff „Beschluss" ist letztlich als Oberbegriff einzuordnen, wobei sich die Frage stellt, ob „Beschlüsse" allein im Zusammenhang mit der rechtsetzenden Tätigkeit des G-BA (sog administrative Rechtsetzung,[52] → § 92 Rn. 5) erfolgen.[53] 25

Dem steht jedoch der Wortlaut des Abs. 4 S. 1 Nr. 2 entgegen, wonach der G-BA ermächtigt wird, eine Geschäftsordnung zu *beschließen*. Die Geschäftsordnung[54] regelt den internen Ablauf der Arbeit des G-BA selbst und damit zB die Aufgaben und die Besetzung des Beschlussgremiums, die Einberufung von Sitzungen oder auch die Art und Weise, wie Entscheidungen in Unterausschüssen und Arbeitsausschüssen vorbereitet werden. Über sie wird eine einheitliche und strukturierte Arbeit des G-BA möglich. Ohne dass hier auf den genauen Rechtscharakter der Geschäftsordnung näher eingegangen werden soll, lässt sich festhalten, dass sie Regelungen mit rein verwaltungsinterner Bindungswirkung enthält und sie insoweit, mangels Außenwirkung, nicht als Rechtsetzung qualifizierbar ist. Der Begriff „Beschluss" ist jedoch auch im systematischen Zusammenhang mit den weiteren Regelungen zu sehen, in denen er verwandt wird. Deren Gesetzeszweck fordert es teilweise sogar zwingend, unter dem Begriff „Beschluss" allein die rechtsetzende Tätigkeit des G-BA zu verstehen (zB: Abs. 5, 5 a, 6, 9 a). 26

Die identische Auslegung des Begriffes „Beschluss" über Abs. 2 a hinaus für sämtliche G-BA-Beschlussregelungen im SGB V lässt sich offenbar, unabhängig zu welchem Auslegungsergebnis man ge- 27

---

48 BGBl. I 2011, 2983, 2993.
49 Art. 15 Abs. 4 des GKV-VStG.
50 Vgl. im Einzelnen BT-Dr. 17/6906, 67 f.
51 Mit „rechtsetzender Tätigkeit" des G-BA ist der Erlass von Rechtsnormen im materiellen Sinne (abstrakt-generelle Regelungen mit Außenwirkung) gemeint.
52 Vgl. allgemein zur administrativen Rechtsetzung: Stelkens, S. 369 ff.; Eberhard Schmidt-Assmann, S. 58 ff.
53 So im Ergebnis bereits Roters in: KassKomm, § 91 SGB V Rn. 19 b, 25 b.
54 Vgl. zur Geschäftsordnung von Selbstverwaltungsorganen § 63 Abs. 1 SGB IV.

langt, nicht konsistent durch halten. Dies ist letztlich dem Umstand geschuldet, dass den terminologischen Unterscheidungen des Gesetzgebers schlichtweg keine Systematik zugrunde liegt. Im Sinne notwendiger Rechtsklarheit wäre es daher wünschenswert, wenn er für begriffliche Ordnung sorgen könnte. Im Ergebnis ist der Begriff „Beschluss" als Oberbegriff in Bezug auf die rechtsetzende Tätigkeit des G-BA zu verstehen.[55] Diese Auslegung dürfte am ehesten dem Bestreben gerecht werden, zumindest soweit wie möglich zu einer einheitlichen Interpretation des Begriffs „Beschluss" in den G-BA-Beschlussregelungen zu gelangen.

28 Der Gesetzgeber verpflichtet über Abs. 2 a S. 3 den G-BA, in seiner **Geschäftsordnung**[56] festzulegen, welche Entscheidungen wesentlich allein einen Leistungssektor oder allein zwei Leistungssektoren betreffen,[57] wobei der Begriff der „wesentlichen Betroffenheit" mit einer deutlichen Unschärfe belegt ist. Dem G-BA selbst wird also die Kompetenz eingeräumt festzulegen, für welche Entscheidungsgegenstände welche Trägerorganisation(en) der Leistungserbringer stimmberechtigt ist (sind), woraus sich wiederum ergibt, wie sich die Anzahl der Stimmen auf die Mitglieder verteilt. Zu den Entscheidungsgegenständen, die der G-BA in die Anlage I seiner Geschäftsordnung aufnimmt, geben allein die Mitglieder von einer oder von zwei Trägerorganisationen der Leistungserbringer ihre Stimmen – mit entsprechend erhöhter Anzahl ihrer Stimmen – ab. Diejenigen Entscheidungsgegenstände, die in der Geschäftsordnung des G-BA (vgl. § 14 a Abs. 3 S. 2 Hs. 1 Geschäftsordnung G-BA) bzw. in deren Anlage I nicht ausdrücklich ausgeführt sind, betreffen nicht allein einen oder zwei der Leistungssektoren wesentlich. Sie unterfallen damit der „normalen" Stimmrechtsverteilung, wonach allen fünf Mitgliedern der insgesamt drei Trägerorganisationen der Leistungserbringer jeweils eine Stimme zusteht. Dies gilt etwa für die Regelungen der Geschäfts- und Verfahrensordnung des G-BA sowie für die Beschlüsse nach § 3 Abs. 2 Geschäftsordnung G-BA, die allein den G-BA als Institution betreffen. § 14 a Abs. 3 S. 2 Hs. 2 Geschäftsordnung G-BA stellt klar bzw. regelt, dass diese Entscheidungen nicht der Anlage I der Geschäftsordnung G-BA unterfallen.

29 Der G-BA hat in einer Stellungnahme zur Einführung der Stimmrechtsregelung in Abs. 2 a sinngemäß darauf verwiesen, dass diese keine ausreichende Regelung für den Fall trifft, dass in bestimmten Anwendungsbereichen einer Richtlinie eine sektorenübergreifende Betroffenheit bestehen kann, obgleich die Richtlinie insgesamt betrachtet eine rein sektorenbezogene Betroffenheit mit sich bringt.[58] Wegen der im Vorfeld zu treffenden Entscheidung des G-BA, bezogen auf seine Rechtsnormen insgesamt, führt dies dazu, dass bei einzelnen Beschlüsse keine Stimmrechte der Mitglieder bestehen, obwohl deren Trägerorganisation von dem Beschluss wesentlich betroffen ist.[59] Dies ist der Grund für die Regelungen in § 14 Abs. 3 S. 5 f Geschäftsordnung G-BA, um so die Einbeziehung der nicht stimmberechtigten Trägerorganisationen in das Beschlussverfahren zu sichern.[60]

30 Betreffen Entscheidungen wesentlich allein einen Leistungssektor oder allein zwei Leistungssektoren, verteilt sich die Anzahl der Stimmen nach Abs. 2 a S. 1 und S. 2 im Einzelnen wie folgt: Ist von einer Entscheidung zB nur die KBV betroffen, so werden die insgesamt drei Stimmen der Mitglieder der übrigen Trägerorganisationen der Leistungserbringer (KZBV: Ein Mitglied, DKG: Zwei Mitglieder) auf die zwei Mitglieder der KBV verteilt, das also jeweils 1,5 Stimmen zusätzlich zu ihrer jeweils eigenen Stimme erhalten. Die KBV vereint damit alle fünf Stimmen auf sich, wobei jedem Mitglied 2,5 Stimmen zu stehen. Ist von einer Entscheidung zB nur die DKG und die KBV betroffen, so wird die Stimme des einen Mitglieds der KZBV auf die jeweils zwei Mitglieder der DKG und der KBV verteilt. Damit erhält jedes Mitglied der KBV und der DKG zusätzlich eine Stimme mit einem Anteil von 0,25, so dass auf jedes Mitglied 1,25 Stimmen entfallen.

---

55 Vgl. bereits Roters in: KassKomm, § 91 SGB V Rn. 19 b, 25 b.
56 Die Geschäftsordnung, und damit auch die Festlegung, welche Entscheidungen welche Leistungssektoren wesentlich betreffen, bedarf der Genehmigung des BMG, vgl. § 91 Abs. 4.
57 Eine Ausnahme besteht nach Abs. 2 a S. 4 für Beschlüsse zur Bewertung ärztlicher Untersuchungs- und Behandlungsmethoden, wozu Bewertungen nach §§ 135, 137 c oder § 138 SGB V zählen (es sei denn die Methodenbewertung betrifft den vertragszahnärztlichen Bereich). Insoweit hat der Gesetzgeber selbst bestimmt, dass die Stimme des Mitglieds der KZBV anteilig auf die Mitglieder der KBV und der DKG übertragen wird. Der G-BA führt die genannten Methodenbewertungen rein klarstellend gleichwohl in der Anlage I seiner Geschäftsordnung auf. Betrifft die Methodenbewertung den vertragszahnärztlichen Bereich, verliert die KZBV ihre Stimme nicht. Dies folgt aus dem Wortlaut des Abs. 2 a S. 4, wo ausdrücklich nur von „ärztlichen" Untersuchungs- und Behandlungsmethoden die Rede ist, sowie aus dem Sinn und Zweck der Regelung.
58 Vgl. Ausschuss-Dr. 17(14)0188(65), 4. Dort wird im Übrigen auf weitere Umsetzungsprobleme hingewiesen.
59 So Roters in: KassKomm, § 91 SGB V Rn. 25 b.
60 So Roters in: KassKomm, § 91 SGB V Rn. 25 b.

V. Kosten des G-BA (Abs. 3)

Die Finanzierung des G-BA richtet sich nach § 139 c, da Abs. 3 S. 1 die entsprechende Geltung von § 139 c anordnet. Sie erfolgt hälftig durch einen Zuschlag auf jeden abzurechnenden Krankenhausfall und hälftig durch die prozentuale Anhebung der Vergütungen für die ambulante vertragsärztliche und vertragszahnärztliche Versorgung. Die Kosten der Mitglieder der Trägerorganisationen muss der G-BA hiervon nicht bestreiten, da er diese nach Abs. 3 S. 1 nicht trägt.

Über Abs. 3 S. 2 iVm § 90 Abs. 3 S. 4 wird das BMG zum Erlass einer Rechtsverordnung ermächtigt, in der die Rechtsstellung der Mitglieder des Beschlussgremiums (insbesondere in Bezug auf ihre Amtsführung, die Erstattung ihrer Auslagen und die Entschädigung ihres Zeitaufwandes) sowie die Verteilung der Kosten geregelt wird. In Bezug auf die in § 90 Abs. 3 S. 4 geregelte Verpflichtung zur Anhörung der dort genannten Institutionen ergänzt Abs. 3 S. 2, dass außerdem die Deutsche Krankenhausgesellschaft anzuhören ist. In Kraft ist derzeit die Ausschussmitglieder-Verordnung (AMV). Es handelt sich dabei nicht um eine Verordnung des BMG auf der Grundlage der in Abs. 3 S. 2 iVm § 90 Abs. 3 S. 4 enthaltenen Ermächtigung, da das Ministerium bisher von der Ermächtigung keinen Gebrauch gemacht hat.[61] Die AMV ist vielmehr eine auf § 368 o Abs. 4 S. 3 RVO zurückgehende Verordnung. Ihre ursprüngliche Überschrift „Verordnung über die Amtsdauer, Amtsführung und Entschädigung der Mitglieder der Bundesausschüsse und Landesausschüsse der Ärzte (Zahnärzte) und Krankenkassen" ist durch Art. 18 GMG[62] geändert worden und heißt seither „Verordnung über die Amtsdauer, Amtsführung und Entschädigung der Mitglieder des Gemeinsamen Bundesausschusses und der Landesausschüsse der Ärzte (Zahnärzte) und Krankenkassen".

VI. Amtshaftung (Abs. 3 a)

Die Regelungen in Abs. 3 a betreffen die amtshaftungsrechtliche Verantwortung des G-BA. Sie sind durch Art. 12 b Nr. 2 des zweiten Gesetzes zur Änderung arzneimittelrechtlicher und anderer Vorschriften[63] eingefügt worden und mit Wirkung zum 28.6.2012 in Kraft getreten.[64]

Abs. 3 a S. 1 ordnet die Geltung von § 42 Abs. 1 bis 3 SGB IV an und stellt gleichzeitig klar, dass die Verantwortlichkeit den G-BA und nicht die Trägerorganisationen, die in Abs. 1 S. 1 genannt werden, trifft. Folglich haftet der G-BA selbst – als rechtsfähige Körperschaft des öffentlichen Rechts – für drittbezogene Amtspflichtverletzungen seiner Mitglieder oder deren Stellvertreter.

Der Wortlaut des Abs. 3 a S. 1 ist dabei insoweit einschränkend, als er sich nur auf diejenigen Mitglieder bezieht, die von den in Abs. 1 S. 1 genannten Organisationen benannt oder berufen werden. Diese Regelung erstreckt die Haftung auf sämtliche Mitglieder und deren Stellvertreter, bezieht also sowohl die Ebene der unparteiischen Mitglieder als auch die Ebene der Mitglieder der Trägerorganisationen ein. Hingegen werden die unparteiischen Mitglieder und deren Stellvertreter, die durch das BMG nach Abs. 2 S. 7 bestimmt werden, nicht erfasst. Abs. 3 a S. 2 bestimmt jedoch, über die Regelung in Abs. 3 a S. 1 hinaus, dass die Haftung des G-BA auch im Falle einer Berufung der (unparteiischen) Mitglieder und deren Stellvertreter durch das BMG nach Abs. 2 S. 7 greift.

Die Regelungen in Abs. 3 a S. 1 und S. 2 erstrecken sich auf solche drittbezogenen Amtspflichtverletzungen der Mitglieder und deren Stellvertreter, die sie „in der ihnen insoweit übertragenen Amtsführung" begehen, vgl. Abs. 3 a S. 1. Übertragen wird ihnen von den Trägerorganisationen nach Abs. 1 S. 1 als Amt die mitgliedschaftliche Tätigkeit im G-BA. Folglich werden nur solche (drittbezogenen) Amtspflichtverletzungen erfasst, die im Rahmen dieser Amtsführung für den G-BA stattfinden. Die Haftungsüberleitung, die bei Amtshaftungsansprüchen über Art. 34 S. 1 GG auf den Staat oder die Körperschaft, in deren Dienst der hoheitlich Handelnde steht, erfolgt und die über Abs. 3 a S. 1 den G-BA trifft, entsteht folglich nur für ein Handeln der Mitglieder im Rahmen ihrer Amtsführung für den G-BA.

Abs. 3 a S. 1 verweist, vergleichbar mit der Regelung in § 79 Abs. 6 S. 1,[65] auf die entsprechende Anwendbarkeit von § 42 Abs. 1 bis 3 SGB IV. Dabei regelt § 42 Abs. 1 bis 3 SGB IV die Haftung der Mitglieder der Selbstverwaltungsorgane.

---

61 Vgl. Hess in: KassKomm, § 90 SGB V Rn. 5; Schmidt-De Caluwe in: Becker/Kingreen, § 90 Rn. 9.
62 BGBl. I 2003, 2190, 2248.
63 BGBl. I 2012, 2192, 2225.
64 Art. 15 Abs. 11 des zweiten Gesetzes zur Änderung arzneimittelrechtlicher und anderer Vorschriften.
65 Die Regelung betrifft die Haftung der Vorstandsmitglieder der Kassenärztlichen Vereinigungen sowie die Haftung der Mitglieder der Selbstverwaltungsorgane, vgl. Hess in: KassKomm, § 79 SGB V Rn. 35.

37 § 42 Abs. 1 SGB IV ordnet die **Geltung von § 839 BGB, Art. 34 GG** an, woraus sich die im Außenverhältnis bestehende Staatshaftung ergibt, die bei hoheitlichem Handeln wegen der schuldhaften Verletzung der einem Dritten gegenüber obliegenden Amtspflicht eintritt. Die Anwendbarkeit von § 839 BGB, Art. 34 GG wird in § 42 Abs. 1 SGB IV dabei nur deklaratorisch festgestellt, so dass die Amtshaftung nach § 839 BGB, Art. 34 GG auch ohne die ausdrückliche Geltungsanordnung in § 42 Abs. 1 SGB IV einträte.[66] Denn die Amtshaftung setzt lediglich die Ausübung einer öffentlich-rechtlichen Tätigkeit voraus, weil dort ein haftungsrechtlicher Beamtenbegriff (Funktionsbezeichnung) gilt, also kein Beamter im statusrechtlichen Sinne handeln muss.[67] Da die „Mitglieder der Selbstverwaltungsorgane" öffentlich-rechtlich Handeln, fallen sie also auch ohne die ausdrückliche Geltungsanordnung der Amtshaftung nach § 839 BGB, Art. 34 GG unter deren Anwendungsbereich und lösen Amtshaftungsansprüche unter den weiteren dortigen Voraussetzungen aus. Ebenso löst nicht erst der in Abs. 3 a S. 1 enthaltene Verweis auf § 42 Abs. 1 SGB IV die Anwendbarkeit von § 839 BGB, Art. 34 GG für das Handeln der Mitglieder des G-BA aus, weil sie, ebenso wie die Mitglieder der Selbstverwaltungsorgane, unter den haftungsrechtlichen Beamtenbegriff fallen und zwar schon vor der Einfügung des Abs. 3a S. 1. Die Amtshaftungsansprüche richten sich, wie sich aus Abs. 3 a S. 1 ergibt („... mit der Maßgabe..., dass die Verantwortlichkeit den G-BA, (...), trifft."), gegen den G-BA selbst. Amtshaftungsansprüche gegen den G-BA entstehen natürlich nur unter den weiteren Voraussetzungen des § 839 BGB, Art. 34 GG.

38 Besondere Bedeutung kommt dabei der Voraussetzung zu, dass eine **drittbezogene Amtspflicht** verletzt worden sein muss. Denn die Mitglieder des G-BA werden ausschließlich auf Rechtsetzungsebene tätig, so dass (etwaige) Amtspflichtverletzungen nicht in Einzelfallenscheidungen (konkret-individuellen Regelungen), sondern in Rechtsetzungen (abstrakt-generellen Regelungen) bestehen. Normatives Unrecht begründet nach der zivilgerichtlichen Rechtsprechung nur in Ausnahmefällen Amtshaftungsansprüche, weil der Rechtsetzer (parlamentarischer oder untergesetzlicher) in der Regel nur Amtspflichten gegenüber der Allgemeinheit wahrnimmt, der Rechtsetzung also die Drittgerichtetheit auf bestimmte Personen oder Personenkreise fehlt.[68] Ausnahmsweise ist vor allem dann eine Drittbezogenheit anerkannt worden, wenn die Rechtsetzung nach Adressatenkreis oder Regelungsgehalt einem Maßnahme- oder Einzelfallgesetz entspricht.[69] Der BGH hat jedoch, darüber hinausgehend, vertragsärztlich tätigen Laborärzten Amtshaftungsansprüche gegen die KBV (!)[70] wegen eines Überweisungsverbotes zugesprochen, welches auf einen Beschluss des Bewertungsausschusses (§ 87) zurückging.[71] Eine Amtspflichtverletzung der Mitglieder des Bewertungsausschusses, die von der KBV in den Bewertungsausschuss entsandt worden waren, wurde wegen der Verletzung des Zulassungsstatus bejaht.[72] Folglich erstreckt sich die Anerkennung einer Drittbezogenheit der Amtspflichtverletzungen bei Rechtsetzungsakten seither nicht primär auf die Fallgruppe „Maßnahme- oder Einzelfallgesetze". Vielmehr unterfallen die Rechtsetzungsakte der gemeinsamen Selbstverwaltung im Vertragsarztrecht dieser weiteren vom BGH

---

66 Vgl. Steinmann-Munzinger/Engelmann in: jurisPK-SGB V, § 79 Rn. 37; vgl. Baier in: Krauskopf, § 42 SGB IV Rn. 4.
67 BGH, 4.6.1992, III ZR 93/91, NJW 1992, 2882; vgl. Zimmerling in: jurisPK-BGB, § 839 Rn. 37, Stand: 18.9.2013; vgl. im Zusammenhang mit der Regelung in § 79 Abs. 6 S. 1: Steinmann-Munzinger/Engelmann in: jurisPK-SGB V, § 79 Rn. 26.
68 Vgl. Wöstmann in: Staudinger, § 839 BGB Rn. 179, 177; vgl. Kaltenborn, Staatshaftungsrechtliche Folgen rechtswidriger Normsetzung in der funktionalen Selbstverwaltung, SGb 2002, 659.
69 Vgl. Wöstmann in: Staudinger BGB, § 839 BGB Rn. 179, 177; vgl. Kaltenborn, SGb 2002, 659.
70 Daraus resultierte offenbar, worauf die Beschlussempfehlung und der Bericht des Ausschusses für Gesundheit verweist, eine Rechtsunsicherheit über die Frage, ob bei Amtspflichtverletzungen der von den Trägerorganisationen nach 1 S. 1 in den G-BA entsandten Mitgliedern, die Trägerorganisation(en) oder der G-BA selbst Anspruchsgegner ist (vgl. BT-Dr. 17/10156, 94). Dies hätte, auch wegen der gestiegenen Haftungsrisiken auf Grund der frühen Nutzenbewertung nach § 35 a (AMNOG), zur Folge gehabt, dass das Haftungsrisiko sowohl bei den Trägerorganisationen als auch beim G-BA hätte versichert werden müssen, vgl. BT-Dr. 17/10156, 94.
71 BGH, 14.3.2001, III ZR 302/00, NJW 2002, 1793; vgl. Kaltenborn, SGb 2002, 659. Auch in Bezug auf die rechtsetzende Tätigkeit der Organe der Kassenärztlichen Vereinigungen hat der BGH mehrfach entschieden, dass der Zulassungsstatus der Vertragsärzte nicht unzulässig beschränkt werden darf, vgl. BGH, 4.6.1981, III ZR 31/80; vgl. zum Amtshaftungsanspruch sowie zum Entschädigungsanspruch wegen eines enteignungsgleichen Eingriffs: BGHZ 81, 21 BGH, 22.9.2011, III ZR 217/10, GesR 2012, 79, mit der an der Entscheidung des BGH, III ZR 224/94, BGHZ 132, 181 festgehalten wird.
72 BGH, 14.3.2001, III ZR 302/00, NJW 2002, 1794.

entschiedenen Fallgruppe.[73] Bei statusverletzenden Entscheidungen lässt sich daher eine Drittbezogenheit der Amtspflicht nicht verneinen.

Der Amtshaftungsanspruch nach § 839 BGB, Art. 34 GG setzt weiter ein **Verschulden** der Mitglieder 39
des G-BA voraus, wobei sich der Verschuldensmaßstab nach § 276 BGB richtet. Der BGH geht von einer Nichtanwendbarkeit der „Kollegialitätsrichtlinie" für die Beschlussfassung im Bewertungsausschuss aus mit der Folge, dass ein Verschulden der Mitglieder des Bewertungsausschusses nicht schon mit der Erwägung verneint werden kann, dass ein mit mehreren Rechtskundigen besetztes Kollegialgericht die Amtstätigkeit als objektiv rechtmäßig ansieht.[74] Der BGH legt für die Mitglieder des Bewertungsausschusses also einen strengeren, über die „Kollegialitätsrichtlinie" hinausgehenden Haftungsmaßstab an, weil es sich um ein Gremium handele, von dem aufgrund seiner Zusammensetzung ein Höchstmaß an Sachkenntnis zu erwarten sei und von dem daher die Fähigkeit zur besonders gründlichen Prüfung verlangt werden könne.[75] Diese Erwägungen gelten für die Mitglieder des G-BA in gleicher Weise, so dass sie denselben Haftungsmaßstäben wie die Mitglieder des Bewertungsausschusses unterliegen.

§ 42 Abs. 2 SGB IV regelt die Haftung der Mitglieder der Selbstverwaltungsorgane gegenüber dem 40
Versicherungsträger und damit die **Haftung im Innenverhältnis**. Die Haftung der Mitglieder bezieht sich generell auf (vorsätzliche oder grob fahrlässige) Pflichtverletzungen, also nicht nur auf Amtspflichtverletzungen im Sinne von § 839 BGB, Art. 34 GG, sondern darüber hinaus auch auf weitere Pflichtverletzungen. § 42 Abs. 2 SGB IV ist über Abs. 3 a S. 1 nur für diejenigen Mitglieder des G-BA anwendbar, die drittbezogene Amtspflichten im Rahmen der ihnen übertragenen Amtsführung verletzen, vgl. Abs. 3 a S. 1. Für die (vorsätzliche oder grob fahrlässige) Verletzung dieser Pflichten werden sie vom G-BA bei einem Schaden in Regress genommen. Auf dessen Durchführung kann der G-BA nicht in eigener Entscheidungskompetenz verzichten. So ist ein im Voraus erklärter Verzicht auf Ersatz solcher Schäden nicht möglich, vgl. Abs. 3 a S. 1 iVm § 42 Abs. 3 Hs. 1 SGB IV. Auf einen bereits entstandenen Schadenersatzanspruch kann verzichtet werden, allerdings nur mit Genehmigung der Aufsichtsbehörde, also dem BMG, vgl. Abs. 3 a S. 1 iVm § 42 Abs. 3 Hs. 2 SGB IV.

Die amtshaftungsrechtliche **Verantwortung** des G-BA wird über Abs. 3 a S. 3 und S. 4 auf **weitere Per-** 41
sonenkreise ausgedehnt. Für die Personen, die von den Trägerorganisationen nach Abs. 1 S. 1 für die nach der Geschäftsordnung des G-BA bestehenden Gremien benannt werden, in denen die Entscheidungen des G-BA vorbereitet werden, haftet der G-BA ebenfalls, vgl. Abs. 3 a S. 3. Die Haftungsüberleitung auf den G-BA gilt allerdings nur dann, wenn die Personen zur Wahrung der Vertraulichkeit der für den G-BA geheimhaltungspflichtigen Unterlagen und Informationen verpflichtet worden sind und sie diese Verpflichtung zur Vertraulichkeit verletzt haben, vgl. Abs. 3 a S. 3. Darüber hinaus haftet der G-BA für die Verletzung der Verpflichtung zur Vertraulichkeit durch Patientenvertreter, die nach § 140 f Abs. 2 S. 1 Hs. 2 benannt worden sind. Diese müssen zur Wahrung der Vertraulichkeit der für den G-BA geheimhaltungspflichtigen Unterlagen, die ihnen zur Ausübung ihres Mitberatungsrechts zugänglich gemacht worden sind, verpflichtet worden sein.

Nach Abs. 3 a S. 5 wird der G-BA verpflichtet, das Nähere in seiner Geschäftsordnung zu regeln. Ausweislich der Beschlussempfehlung und des Berichtes des Ausschusses für Gesundheit zählen dazu insbesondere die Geheimhaltungspflichten der Personenkreise nach Abs. 3 a S. 3 und S. 4 sowie die vom G-BA zu treffenden Vorkehrungen zur Sicherung vertraulicher Unterlagen, etwa technischer Art.[76] 42

VII. Verfahrens- und Geschäftsordnung (Abs. 4)

Nach Abs. 4 S. 1 Nr. 1 gibt der G-BA sich selbst eine Verfahrensordnung (VerfO).[77] Diese gliedert sich 43
in folgende sieben Kapitel: 1. Allgemeiner Teil, 2. Bewertung medizinischer Methoden, 3. Verfahren für Richtlinienbeschlüsse nach § 116 b Abs. 4, 4. Bewertung von Arzneimitteln und Medizinprodukten, 5. Bewertung des Nutzens von Arzneimitteln nach § 35 a, 6. Verfahren für Richtlinienbeschlüsse nach § 137 f, 7. Verfahren für Richtlinienbeschlüsse nach § 92 Abs. 2 S. 1 Nr. 15 iVm § 20 d Abs. 1.

Dem Wortlaut der Ermächtigungsgrundlage für den Erlass der VerfO nach ist der G-BA nicht nur berechtigt, sondern auch verpflichtet, eine VerfO zu beschließen („beschließt"). Dabei gibt der formelle 44

---

73 Vgl. Kaltenborn, SGb 2002, 659.
74 BGH, 14.3.2001, III ZR 302/00, NJW 2002, 1796.
75 BGH, 14.3.2001, III ZR 302/00, NJW 2002, 1796.
76 Vgl. BT-Dr. 17/10156, 94.
77 Derzeit in der Fassung vom 18.12.2008, BAnz Nr. 84 a vom 10.6.2009, in Kraft getreten am 1.4.2009, zuletzt geändert am 18.4.2013, BAnz AT 25.11.2013 B2, in Kraft getreten am 26.11.2013.

Gesetzgeber in Abs. 4 S. 1 Nr. 1 nur in Grundzügen vor, welche Regelungen der G-BA in seiner VerfO zu treffen hat. Genannt werden insbesondere: 1. Die methodischen Anforderungen an die wissenschaftliche sektorenübergreifende Bewertung des Nutzens, einschließlich der Bewertungen nach den §§ 35 a und 35 b, der Notwendigkeit und der Wirtschaftlichkeit von Maßnahmen als Grundlage für die Beschlüsse und 2. Die Anforderungen an den Nachweis der fachlichen Unabhängigkeit von Sachverständigen und das Verfahren der Anhörung zu den jeweiligen Richtlinien, insbesondere die Feststellung der anzuhörenden Stellen, die Art und Weise der Anhörung und deren Auswertung.

45 Die Regelungen des G-BA müssen sich dabei (natürlich) innerhalb des gesetzlich vorgezeichneten Ermächtigungsrahmens halten und darüber hinaus dem Grundgesetz entsprechen. Ob die Ermächtigungsgrundlage selbst dem verfassungsrechtlichen Bestimmtheitsgebot genügt, wird angezweifelt.[78] Allerdings ist zu berücksichtigen, dass die Ermächtigung zum Erlass der VerfO im Kontext mit dem Ermächtigungsrahmen des G-BA insgesamt steht.[79] Die Anforderungen an den verfassungsrechtlichen Bestimmtheitsgrundsatz hängen nach der Rechtsprechung des BVerfG von den Besonderheiten des jeweiligen Regelungsgegenstandes ab.[80] Je schwerer die Grundrechtseingriffe wiegen, die mit den durch die Ermächtigungsgrundlage ermöglichten Regelungen einhergehen, desto höher sind die Anforderungen an die Bestimmtheit der Ermächtigungsgrundlage. Im Gegenzug sinken die Anforderungen, je komplexer die zu regelnden Sachverhalte sind.[81] Der Bestimmtheitsgrundsatz bezieht sich dabei auf den Inhalt, den Zweck und das Ausmaß der gesetzgeberischen Ermächtigung.[82]

46 Der Gesetzgeber ermächtigt den G-BA zum Erlass einer „*Verfahren*sordnung". Die Begriffsverwendung legt zunächst nahe, der G-BA würde über Abs. 4 S. 1 Nr. 1 allein zum Erlass verfahrensrechtlicher Regelungen im Sinne des formellen Rechts ermächtigt. Man könnte also meinen, der Begriff zielt auf die Unterscheidung zwischen formellem Recht einerseits und materiellem Recht andererseits ab. Dies trifft jedoch nicht zu, denn die Ermächtigung erstreckt sich auch auf Regelungen materiellrechtlicher Art, weil sie dem G-BA etwa die Befugnis einräumt, die methodischen Anforderungen an Bewertungsverfahren, wozu ausdrücklich auch die Nutzenbewertung und Kosten-Nutzen-Bewertung von Arzneimitteln (§§ 35 a, b) zählt, zu regeln.[83]

47 Der Begriff „*Verfahren*sordnung" trifft daher ihren Regelungsgehalt nur sehr unvollständig, bedenkt man zudem, dass sich die methodischen Anforderungen regelmäßig als wesentliche Hürde für den Eingang von Leistungen in die GKV erweisen. Diese Delegation der Rechtsetzung an den G-BA hat, wie ein Blick in die mittlerweile äußerst umfangreiche VerfO zeigt, dazu geführt, dass dieser, etwa durch die Einschränkung des Leistungskataloges über Bewertungsverfahren nach §§ 135 Abs. 1, 137c Abs. 1, besonders intensive Eingriffe in Grundrechte vornimmt und zwar vor allem zulasten von Versicherten (Art. 2 Abs. 2 S. 1 GG).

48 Der G-BA hat neben Verfahrensregelungen weitreichende **materiellrechtliche Voraussetzungen für die Anerkennung medizinischer Leistungen** implementiert. Die Höhe der methodischen Anforderungen bestimmt darüber, ob und welche medizinische Versorgung Versicherte erhalten.[84] Inhalt und Ausmaß der Regelungsbefugnis des G-BA in Bezug auf die Festlegung methodischer Anforderungen legt der Gesetzgeber weder in Abs. 4 S. 1 Nr. 1 noch in §§ 135 Abs. 1, 137c Abs. 1 ausdrücklich fest. Inhalt und Ausmaß der Regelungsbefugnis des G-BA ergeben sich auch nicht, was nach der Rechtsprechung des BVerfG[85] ausreichend wäre, durch Auslegung. Es bestehen daher Zweifel daran, dass die Ermächtigung in Abs. 4 S. 1 Nr. 1 an den G-BA dem verfassungsrechtlichen Bestimmtheitsgebot genügt. Die Anforderungen an das Bestimmtheitsgebot werden sich auch nicht mit Blick auf die sicherlich vorhandene Komplexität der zu regelnden Sachverhalte soweit reduzieren lassen, dass ein Verstoß verneint

---

78 Vgl. Schmidt-De Caluwe in: Becker/Kingreen, § 91 Rn. 42 mwN; Schimmelpfeng-Schütte in: Schnapp/Wigge, § 7 Rn. 33 ff.
79 So bereits Sproll in: Krauskopf, § 91 SGB V Rn. 20. Dieser schließt daraus, allerdings ohne konkretere Benennung des weiteren Ermächtigungsrahmens, der Abs. 4 S. 1 Nr. 1 zu einer ausreichenden Bestimmtheit verhelfen soll, dass das verfassungsrechtliche Bestimmtheitsgebot gewahrt ist.
80 BVerfG, 27.1.1979, 1 BvR 2325/73, BVerfGE 41, 251, 264; BVerfG, 19.4.1978, 2 BvL 2/75, BVerfGE 48, 210, 221 f.; BVerfG, 20.1.1981, 1 BvR 640/80, BVerfGE 58, 257, 277 f.; BVerfG, 1.7.1987, 1 BvL 21/82, BVerfGE 76, 130, 143.
81 BVerfG, 20.1.1981, 1 BvR 640/80, BVerfGE 58, 257, 277 f.
82 Vgl. im Einzelnen mwN Uhle in: Epping/Hillgruber, GG, Stand: 1.11.2013, Art. 80 GG Rn. 17.
83 Vgl. auch: Sproll in: Krauskopf, § 91 SGB V Rn. 20; Schimmelpfeng-Schütte in: Schnapp/Wigge, § 7 Rn. 35.
84 Vgl. auch Schimmelpfeng-Schütte in: Schnapp/Wigge, § 7 Rn. 35.
85 BVerfG, 20.1.1981, 1 BvR 640/80, BVerfGE 58, 257, 277; BVerfG, 7.11.1991, 1 BvR 1469/86, BVerfGE 85, 97, 105.

werden kann, weil es schließlich um die überaus bedeutsame Frage geht, welche medizinische Versorgung den Versicherten zur Verfügung gestellt wird.

In Bezug auf die Durchführung von Bewertungsverfahren nach den §§ 135 Abs. 1, 137c Abs. 1, hat der G-BA zB in Kapitel 2, § 13 Abs. 2 S. 2 VerfO geregelt, dass der Nutzen einer Methode – soweit wie möglich – durch Unterlagen der Evidenzstufe I zu belegen ist. Die **Evidenzklassifizierung** sowie (darüber hinaus) eine **Qualitätsbewertung** der Unterlagen wiederum nimmt der G-BA vor (vgl. Kapitel 2 § 11 Abs. 1 VerfO). Unklar ist, da dies weder der parlamentarische Gesetzgeber vorgegeben noch der G-BA selbst geregelt hat, nach welchen Kriterien und objektiv nachprüfbaren Verfahren die Evidenzklassifizierung und die Qualitätsbewertung *genau* erfolgt. Es fehlen die rechtlichen Maßstäbe normativer Art, die einerseits den Gestaltungsspielraum des G-BA begrenzen und andererseits den Sozialgerichten ermöglichen, den G-BA richterlich zu kontrollieren.[86] Diese sind, wie auch die Entscheidung des BSG zur hyperbaren Sauerstofftherapie[87] zeigt, dringend erforderlich.[88] Im Rahmen des Bewertungsverfahrens sind Studien vom G-BA auf die Evidenzstufe III herabgestuft worden, obwohl international anerkannte Studien der Evidenzstufe Ib vorlagen.[89] Diese Umklassifizierung ist für rechtmäßig erachtet und mit dem Gestaltungsspielraum des G-BA begründet worden.[90]

49

Verfahrensrechtliche Regelungen finden sich nicht nur in der VerfO des G-BA, sondern darüber hinaus zahlreich auf gesetzlicher Ebene verteilt über das gesamte SGB V. So werden den Leistungserbringern oder den Herstellern vor allem **Anhörungsrechte** eingeräumt, vgl. zB § 92 Abs. 7, 7a, 7b, 7c, 7d, 7f[91] An solche verfahrensrechtlichen Regelungen, die der parlamentarische Gesetzgeber selbst aufstellt,[92] ist der G-BA gebunden. Sie begrenzen seinen normativen Gestaltungsspielraum beim Erlass der VerfO. Gleichzeitig bindet sich der G-BA mit seiner VerfO selbst,[93] so dass seine Verfahren den eigens aufgestellten rechtlichen Anforderungen ebenfalls genügen müssen. Werden Verfahrensfehler verletzt, richten sich die Rechtsfolgen nach den Grundsätzen für Mängel in Normsetzungsverfahren auf exekutiver Ebene. Nach der Entscheidung des BVerfG zur Legehennenhaltungsverordnung haben wesentliche Mängel in Normsetzungsverfahren Auswirkungen auf die Rechtsgültigkeit der Norm.[94] Gegenstand der gerichtlichen Entscheidung war das ordnungsgemäße Zustandekommen einer Verordnung zur Haltung von Legehennen vor deren Erlass eine Tierschutzkommission anzuhören ist. Nach der Entscheidung des BVerfG leidet ein Anhörungsverfahren unter einem wesentlichen Mangel, wenn dieser die Funktionsfähigkeit der Anhörung beeinträchtigt.[95] Das Verfahrenserfordernis muss in funktionserheblicher Weise verletzt worden sein.[96] Der Verstoß gegen Anhörungs- und Beteiligungsrechte, die der Gesetzgeber für das Verfahren von Erlass von Rechtsverordnungen vorsieht, führt regelmäßig zur Ungültigkeit der Norm.[97] Dieser Grundsatz gilt auch für die gesetzgeberischen Verfahrensvorgaben gegenüber der rechtsetzenden Tätigkeit des G-BA.[98] Anhörungs- und Beteiligungsrechte sind in Anlehnung an die Rechtsprechung des BVerfG zur Legehennenhaltung immer dann funktionserheblich verletzt, wenn keine Beratungsoffenheit besteht, die sich durch die Möglichkeit oder Bereitschaft aus-

50

---

86 Vgl: Kingreen, Gerichtliche Kontrolle von Verfahren und Kriterien im Gesundheitsrecht, MedR 2007, 457, 461 mwN; Wigge, Neue Aspekte der Methodenbewertung nach § 135 Abs. 1 SGB V – am Beispiel der hyperbaren Sauerstofftherapie, Anm. zu BSG, 21.3.2012, B 6 KA 16/11 R, MPR 2013, 1, 5; Schimmelpfeng-Schütte in: Schnapp/Wigge, § 7 Rn. 39.
87 BSG, 21.3.2012, B 6 KA 16/11 R, MPR 2013, 17 ff.; Vorinstanz: LSG NRW, 27.10.2010, L 11 (10) KA 14/07.
88 Vgl. im Einzelnen Wigge, MPR 2013, 1, 5.
89 Vgl. im Einzelnen Wigge, MPR 2013, 1, 5.
90 Wigge, MPR 2013, 1, 5.
91 Die Leistungserbringer haben über § 92 Abs. 7a, 7b, 7c, 7d das Recht, in Richtlinienverfahren des G-BA Stellungnahmen abzugeben. Auch wenn die Stellungnahmen in die Entscheidungen des G-BA (zwingend) einzubeziehen sind, vermittelt das (reine) Stellungnahmerecht den Leistungserbringern eine eher schwache Rechtsposition.
92 Vgl. die näheren Regelungen des G-BA zu den gesetzlich vorgesehenen Stellungnahmeverfahren unter 1. Kapitel, 3. Abschnitt, §§ 8–14 VerfO.
93 So auch Beier in: jurisPK-SGB V, § 91 Rn. 55.
94 BVerfG, 12.10.2010, 2 BvF 1/07, NVwZ 2011, 289, 293 (Legehennenhaltung). Vgl. hierzu auch Stelkens, S. 391 ff.
95 BVerfG, 12.10.2010, 2 BvF 1/07, NVwZ 2011, 289, 293 (Legehennenhaltung).
96 BVerfG, 12.10.2010, 2 BvF 1/07, NVwZ 2011, 289, 293 (Legehennenhaltung).
97 BVerfG, 12.10.2010, 2 BvF 1/07, NVwZ 2011, 289, 293 (Legehennenhaltung), mwN auf die ganz hM in der verwaltungsgerichtlichen Rechtsprechung und Literatur.
98 Vgl. unter Hinweis auf das Urteil des BVerfG zur Legehennenhaltungsverordnung bereits Wigge, MPR 2013, 1, 2.

zeichnet, das Ergebnis der Anhörung in die Abwägungsentscheidung der Normsetzung des G-BA einzubeziehen.

51 Nach Abs. 4 S. 1 Nr. 2 gibt sich der G-BA ferner eine Geschäftsordnung.[99] Zu ihrem Erlass ist er nicht nur berechtigt, sondern auch verpflichtet („beschließt"). Die Geschäftsordnung regelt den internen Ablauf der Arbeit des G-BA selbst (→ Rn. 26). Über sie wird eine einheitliche und strukturierte Arbeit des G-BA möglich (→ Rn. 26). Da sie Regelungen mit rein verwaltungsinterner Bindungswirkung enthält, ist sie, mangels Außenwirkung, nicht als Rechtsetzung qualifizierbar (→ Rn. 65).

52 Die Regelungen des G-BA müssen sich innerhalb des **gesetzlich vorgezeichneten Ermächtigungsrahmens** halten. Gesetzlich vorgegeben werden Regelungen zur Arbeitsweise des G-BA, insbesondere zur Geschäftsführung, zur Vorbereitung der Richtlinienbeschlüsse durch Einsetzung von Unterausschüssen (in der Regel sektorenübergreifend), zum Vorsitz der Unterausschüsse durch die Unparteiischen des Beschlussgremiums sowie zur Zusammenarbeit der Gremien und der Geschäftsstelle. Ferner sind Regelungen zu treffen zur Gewährleistung des Mitberatungsrechts der von den Patientenorganisationen nach § 140f Abs. 2 entsandten sachkundigen Personen. Greift die Geschäftsordnung in ihren Bestimmungen gesetzliche Regelungen auf, so haben diese Bestimmungen nur deklaratorische Bedeutung.

53 Zum Konkurrenzverhältnis zwischen der VerfO und der GeschO bestimmt Kapitel 1 § 2 Abs. 2 S. 2 VerfO, dass die GeschO der VerfO vorgeht, soweit die VerfO nichts anderes bestimmt.

54 Nach Abs. 4 S. 2 bedürfen die VerfO und die GeschO der „Genehmigung" des BMG, dh sie müssen dem BMG zunächst vorgelegt werden. Eine Genehmigungsnotwendigkeit kann im Rahmen einer reinen Rechtsaufsicht nicht bestehen. Sie spricht daher dafür, dass die Befugnisse, die dem BMG in Bezug auf die VerfO und die GeschO zustehen, über diejenigen Befugnisse hinausgehen, die das BMG im Rahmen der Rechtsaufsicht, dh der allgemeinen Rechtsaufsicht nach § 91a (s. § 91a und → Rn. 72 f.) und der speziellen Rechtsaufsicht nach § 94 (→ § 94 Rn. 1), hat. Auch nach der Rechtsprechung des BSG eröffnet der Genehmigungsvorbehalt der Aufsichtsbehörde besondere, über die bloße Rechtmäßigkeitsprüfung hinausgehende Einwirkungsmöglichkeiten, um die Sicherstellung der Sozialversicherung als Ganzes unter gleichzeitiger Berücksichtigung einer sach- und funktionsgerechten Aufgabenerfüllung durch die Versicherungsträger zu ermöglichen.[100] Das BMG ist laut BSG befugt, an der abstrakt-generellen Grundlegung der Bewertungsmaßstäbe für die Richtlinienbeschlüsse des GBA und an der Ausgestaltung des Bewertungsverfahrens in der VerfO mit maßgeblichem Einfluss mitzuwirken.[101]

54a Der Gesetzesentwurf der Bundesregierung[102] zum GKV-Selbstverwaltungsstärkungsgesetz,[103] das den Abs. 4 um die S. 3 bis 8 ergänzt hat,[104] nimmt auf die BSG-Entscheidung explizit Bezug und macht ebenfalls deutlich, dass der Genehmigungsvorbehalt nicht auf eine Rechtmäßigkeitsprüfung beschränkt ist.[105] Kritisch angemerkt wird, dass die BSG-Entscheidung das Wort „Fachaufsicht" an der zitierten Stelle meidet.[106] Der Gesetzesentwurf der Bundesregierung führt aus: „Die Befugnis des BMG, gegenüber dem G-BA die Erforderlichkeit von Änderungen der Geschäftsordnung und der Verfahrensordnung geltend zu machen, werden daher nicht auf die Fälle beschränkt, in denen eine Genehmigung wegen Verstoßes gegen höherrangiges Recht versagt werden müsste oder nicht hätte erteilt werden dürfen. Stattdessen umfassen sie insbesondere auch die Fälle, in denen das BMG zur Sicherstellung einer sach- und funktionsgerechten Ausgestaltung des Bewertungsverfahrens einschließlich der Bewertungsmaßstäbe in der Verfahrensordnung entsprechende Änderungen für erforderlich ansieht."[107] Damit liegt im Anwendungsfeld von Abs. 4, also der G-BA-Regelungen die VerfO und die GeschO betreffend, eine fachaufsichtsrechtliche Struktur vor.

---

99 In der Fassung vom 17.7.2008, BAnz Nr. 134 (S. 256) vom 4.9.2008, zuletzt geändert am 20.6.2013, BAnz AT 30.7.2013 B3, in Kraft getreten am 16.7.2013.
100 BSG, 6.5.2009, B 6 A 1/08 R, juris Rn. 49, SozR 4-2500 § 94 Nr. 2.
101 BSG, 6.5.2009, B 6 A 1/08 R, juris Rn. 49, SozR 4-2500 § 94 Nr. 2.
102 BT-Dr. 18/10605.
103 BGBl. I 2017, 265; s. ausführlich zum Anlass der gesetzlichen Änderungen, zum Gesetzgebungsverfahren und zu den Veränderungen für die Spitzenorganisationen der Krankenversicherung: Rixen, SozSich 2017, 115, 121.
104 BGBl. I 2017, 265, 269.
105 BT-Dr. 18/10605, 33 f.
106 Rixen, SozSich 2017, 115, 121.
107 BT-Dr. 18/10605, 34.

Wie bereits erwähnt, ist Abs. 4 durch das GKV-Selbstverwaltungsstärkungsgesetz um die S. 3 bis 8 ergänzt worden.[108] Sie stehen im Kontext der Verschärfung von diversen aufsichtsrechtlichen Regelungen im SGB V und von Befugnissen des BMG gegenüber den Spitzenorganisationen der Krankenversicherung (KBV, KZBV, GKV-Spitzenverband der Krankenkassen, G-BA und MDS). Die neuen aufsichtsrechtlichen Regelungen in Abs. 4 hinsichtlich der Genehmigung der VerfO und der GeschO sind an die Neuregelungen der Aufsichtsmittel in besonderen Fällen angelehnt.[109] Diese finden sich für die KBV in § 78a Abs. 1 (s. § 78a) und für den GKV-Spitzenverband der Krankenkassen in § 217g Abs. 1 (s. § 217g). 54b

Zu den Neuregelungen in Abs. 4 im Einzelnen: 54c

Abs. 4 S. 3 enthält nunmehr eine Fiktion für die Genehmigung von G-BA-Regelungen der VerfO oder GeschO. Wird die Genehmigung seitens des BMG nicht innerhalb von drei Monaten nach Vorlage des Beschlusses und seiner tragenden Gründe versagt, gilt die VerfO bzw. GeschO als genehmigt. Ziel der Fristeinführung ist eine zeitliche Beschleunigung der Prüfung von Beschlüssen des G-BA die VerfO oder die GeschO betreffend.[110] Allerdings erfolgt eine Unterbrechung des Fristlaufs, wenn das BMG im Zuge seiner Genehmigungsprüfung zusätzliche Informationen und ergänzende Stellungnahmen anfordert (Abs. 4 S. 4).

Kommt es zu einer – ganz oder teilweisen – Versagung der Genehmigung durch das BMG, so kann es unter Fristsetzung gegenüber dem G-BA anordnen, dass dieser die erforderlichen Anordnungen vornimmt (Abs. 4 S. 5). Lässt der G-BA die Frist untätig verstreichen, hat das BMG die Möglichkeit ("kann"), die erforderlichen Änderungen selbst vorzunehmen (Abs. 4 S. 6). Aus Abs. 4 S. 7 ergibt sich, dass die „erforderlichen Änderungen" auch eine bereits genehmigte Regelung der VerfO oder GeschO betreffen können. Da S. 5 und S. 6 entsprechend gelten, kann auch in diesem Fall das BMG unter Fristsetzung anordnen, dass der G-BA Änderungen vornimmt und es kann bei fruchtlosem Fristablauf die Änderungen selbst vornehmen. Schließlich sieht Abs. 4 S. 8 vor, dass Klagen, die sich gegen die auf der Grundlage der S. 3 bis S. 7 getroffenen Anordnungen und Maßnahmen des BMG richten, keine aufschiebende Wirkung haben. Entsprechende Regelungen sind auch in § 78a Abs. 4 S. 2 (KBV, s. § 78a) und § 217g Abs. 4 S. 2 (GKV-Spitzenverband, s. § 217g) enthalten. Hintergrund ist die „Effektivität des aufsichtsrechtlichen Vorgehens" und die Verhinderung der Wiederherstellung „eines gesetzesmäßigen Zustandes nur mit erheblicher zeitlicher Verzögerung".[111]

Wie bereits ausgeführt, ist das BMG bei der Überprüfung von Regelungen der VerfO und der GeschO nicht auf eine Rechtmäßigkeitsprüfung beschränkt (→ Rn. 54f.). Dies war schon nach bisherigem Recht so, wird aber nun besonders deutlich durch die Neuregelung in Abs. 4 S. 5 (GKV-Selbstverwaltungsstärkungsgesetz), aufgrund derer es beurteilen kann, ob die Arbeitsweise und das Bewertungsverfahren – einschließlich der Bewertungskriterien[112] – des G-BA sach- und funktionsgerecht ausgestaltet ist (→ Rn. 54a).

VIII. Stellungnahmerecht der berufsständischen Kammern (Abs. 5)

Nach Abs. 5 S. 1 ist bei Beschlüssen des G-BA der jeweiligen Arbeitsgemeinschaft der Bundeskammer Gelegenheit zur Stellungnahme zu geben, allerdings nur unter der Voraussetzung, dass die Beschlüsse die Berufsausübung der Ärzte, Psychotherapeuten oder Zahnärzte berühren. Damit werden die berufsständischen Kammern, die landesrechtlich für das Berufsrecht zuständig sind, über ihre jeweilige Bundeskammer mit (gesetzlichen) Verfahrensbeteiligungsrechten ausgestattet. 55

Der G-BA konkretisiert die gesetzlichen Vorgaben in Abs. 5 über das 1. Kapitel, 3. Abschnitt, § 11 VerfO. Dort wird in Abs. 1 S. 2 in nicht abschließender Weise geregelt, dass die Berufsausübung insbesondere dann berührt ist, wenn die Beschlüsse Fragen des Berufs- oder Weiterbildungsrechts tangieren. Im Unterschied zu anderen gesetzlich eingeräumten Stellungnahmerechten (zB: Abs. 5a, → § 92 Rn. 57f.), wird nicht ausdrücklich geregelt, dass die Stellungnahme in die Entscheidung des G-BA einzubeziehen ist. 56

Abs. 5 S. 2 verweist seit dem Krankenhausstrukturgesetz vom 10.12.2015 (KHSG, Art. 6 Nr. 5 lit. a)[113] aufgrund redaktioneller Änderungen nicht mehr auf § 137 Abs. 3 S. 7, sondern auf § 136b 57

---

108 BGBl. I 2017, 265, 269.
109 BT-Dr. 18/10605, 33.
110 BT-Dr 18/11009, 42.
111 BT-Dr 18/10605, 29 zu § 78a Abs. 4.
112 BT-Dr 18/10605, 34.
113 BGBl. I, 2229.

Abs. 2 S. 2. Der Verweis in der früheren Gesetzesfassung auf § 137 Abs. 3 S. 7 macht der Sache nach keinen Sinn und war ein redaktioneller Fehler. Zutreffend wäre gewesen, auf 137 Abs. 3 S. 5 zu verweisen. Der redaktionelle Fehler setzt sich auch unter geltendem Recht fort (Verweis auf „§ 136 b Abs. 2 S. 2"). Richtig muss es „§ 136 b Abs. 1 S. 3" heißen. Abs. 5 S. 2 stellt folglich klar, dass die in § 136 b Abs. 1 S. 3 geregelten Beteiligungsrechte, die dort für berufsständische Kammern der Bundesärztekammer sowie der Bundespsychotherapeutenkammer ohne weitere Einschränkung vorgesehen sind, unberührt bleiben. Für die dort geregelten Beteiligungsrechte der Bundesärztekammer für Beschlüsse der Qualitätssicherung zugelassener Krankenhäuser nach § 136 b Abs. 1 S. 1 Nr. 1 bis 5 kommt es folglich nicht darauf an, dass sie die Berufsausübung der Ärzte berühren. Gleiches gilt für die Beteiligungsrechte der Bundespsychotherapeutenkammer für Beschlüsse der Qualitätssicherung zugelassener Krankenhäuser nach § 136 b Abs. 1 S. 1 Nr. 1 und 3. Unerheblich ist folglich auch hier, dass die Beschlüsse die Berufsausübung der Psychologischen Psychotherapeuten oder der Kinder- und Jugendlichenpsychotherapeuten berühren.

58 Das Stellungnahmerecht bezieht sich auf „Beschlüsse" des G-BA, womit seine rechtsetzende Tätigkeit gemeint ist (→ Rn. 24 ff., 27).

59 Das Verfahrensbeteiligungsrecht der Bundeskammern besteht nicht nur in der Möglichkeit, eine schriftliche Stellungnahme abzugeben, sondern es erstreckt sich nach Abs. 9 S. 1 auch darauf, sich mündlich zu äußern. Abs. 9 S. 1 (→ Rn. 75 f.) formuliert einschränkend, dass die Möglichkeit zur mündlichen Stellungnahme „in der Regel" und damit nicht zwangsläufig besteht. Im 1. Kapitel, 3. Abschnitt, § 12 Abs. 2 S. 2 VerfO regelt der G-BA in welchen (nicht abschließend genannten) Fällen von einer mündlichen Stellungnahme „in begründeten Einzelfällen" abgesehen werden kann.

60 Die Verletzung von gesetzlich eingeräumten schriftlichen oder mündlichen Stellungnahmerechten führt bei Vorliegen eines wesentlichen Verfahrensmangels zur Ungültigkeit der Norm (→ Rn. 50).

IX. Stellungnahmerecht des Bundesbeauftragten für Datenschutz (Abs. 5 a)

61 Das gesetzliche Stellungnahmerecht des Bundesbeauftragten für Datenschutz in Abs. 5 a ist mit dem GKV-VStG[114] eingeführt worden. Dieses besteht, sofern in Beschlüssen des G-BA die Erhebung, Verarbeitung oder Nutzung personenbezogener oder personenbeziehbarer Daten geregelt oder vorausgesetzt wird. Die Regelung ist eingeführt worden, weil die Erhebung, Verarbeitung und Nutzung personenbezogener oder -beziehbarer Daten in der GKV eine immer größere Rolle spielen.[115] Dies ist in der Tat richtig. Dabei sind die Beschlüsse des G-BA etwa im Bereich der externen Qualitätssicherung,[116] bereits heute von erheblicher datenschutzrechtlicher Relevanz. Diese Tendenz wird sich vor allem im Bereich der Qualitätssicherung, da diese weitreichend datenbasiert erfolgt, weiter fortsetzen.

62 Das Stellungnahmerecht bezieht sich auf „Beschlüsse" des G-BA, womit seine rechtsetzende Tätigkeit gemeint ist (→ Rn. 24 ff.).

63 Die Stellungnahme des Bundesbeauftragten für Datenschutz ist zwingend in die Entscheidung des G-BA einzubeziehen, Abs. 5 a letzter Hs. Dies erfordert eine inhaltliche Auseinandersetzung des G-BA mit der Stellungnahme des Bundesbeauftragten für Datenschutz und zwar in den tragenden Gründen des Beschlusses.[117] Weicht der G-BA von dessen Empfehlungen ab, so ist dies nachvollziehbar zu begründen.[118]

X. Verbindlichkeit der Beschlüsse des G-BA (Abs. 6)

64 Abs. 6 enthält die (bedeutsame) Verbindlichkeitsanordnung des Gesetzgebers in Bezug auf die Beschlüsse des G-BA, wobei von ihr ausdrücklich G-BA-Beschlüsse nach § 136 d ausgenommen werden. Die Verbindlichkeitsanordnung erstreckt sich auf folgende Organisationen und Personenkreise: (1.) KBV, KZBV, DKG, SpiBuKK, wobei sämtliche Mitglieder der genannten Trägerorganisationen und Mitgliedskassen erfasst werden, (2.) Versicherte, (3.) Leistungserbringer.

65 Der Gesetzgeber ordnet die Verbindlichkeit für die „Beschlüsse" des G-BA an. Von der **Verbindlichkeitsanordnung** werden allerdings nicht sämtliche „Beschlüsse" des G-BA erfasst. Der Begriff bezieht

---

114 BGBl. I 2011, 2983, 2993.
115 BT-Dr. 17/6906, 68.
116 Vgl. dazu generell Harney/Huster/Recktenwald, Rechtsstrukturen der externen Qualitätssicherung, WzS 2013, 295 ff. (Teil I) und WzS 2013, 327 ff. (Teil II).
117 So BT-Dr. 17/6906, 68.
118 So BT-Dr. 17/6906, 68.

sich allein auf die die rechtsetzende Tätigkeit des G-BA, also auf seine Richtlinien und weiteren normativen Regelungen (→ Rn. 25, 27). Die GeschO mit rein verwaltungsinterner Bindungswirkung wird folglich nicht erfasst (→ Rn. 26), die VerfO hingegen schon (→ Rn. 43 ff.). Allein für die vom G-BA erlassenen Rechtsnormen im materiellen Sinne (abstrakt-generelle Regelungen mit Außenwirkung), zu denen rein verwaltungsintern wirkende Regelungen nicht zählen, bestand nach der Entstehungsgeschichte und der ratio legis des Abs. 6 die Notwendigkeit einer gesetzlichen Verbindlichkeitsanordnung. Die mit dem GKV-Modernisierungsgesetz vom 14.11.2003 (GMG)[119] eingeführte Verbindlichkeitsanordnung im SGB V (Abs. 9 aF)[120] ist im Zusammenhang mit der intensiven verfassungsrechtlichen Diskussion zur *Rechtsetzungs*kompetenz des G-BA zu sehen, wenngleich sich der Gesetzgeber in den Gesetzesmaterialien zum GMG dazu (wohl lieber) nicht näher äußerte.[121]

Die gesetzliche Verbindlichkeitsanordnung konnte allerdings die in der Literatur bestehenden **Zweifel an der demokratischen Legitimation des G-BA zur materiellen Rechtsetzung** – vor allem gegenüber den Versicherten – nicht beseitigen.[122] Das BSG benötigte keine gesetzlich festgeschriebene Anerkennung der Beschlüsse des G-BA, um deren Rechtsverbindlichkeit anzunehmen. Seit der Methadon-Entscheidung, die bereits im Jahr 1996 erging, geht das BSG von ihrer Rechtsverbindlichkeit ohne rechtliche Zweifel an der Rechtsetzungskompetenz des G-BA aus.[123] Angesichts der höchstrichterlichen Linie des BSG steht seine Rechtsetzungskompetenz natürlich auch für die Sozialgerichtsbarkeit insgesamt außer Frage. Eine ausdrückliche Positionierung des BVerfG erfolgte bisher nicht.[124] Allerdings hat das BVerfG in einem jüngeren Beschluss die Gelegenheit genutzt, ua die Frage der demokratischen Legitimation des G-BA doch einmal näher zu beleuchten[125] und hat damit für eine deutliche Belebung der Legitimationsdiskussion gesorgt.[126] Weitere nähere Hinweise enthält die Entscheidung im Hinblick auf den subjektivrechtlichen Grundrechtsschutz auch bei gesetzlichen oder auf Gesetz beruhenden Leistungsausschlüssen und Leistungsbegrenzungen sowie bei der Ausgestaltung des Verfahrens der

66

---

119 BGBl. I, 2190.
120 Vgl. Art. 1 Ziffer 70 des GMG. Mit dem GKV-WSG, BGBl. I 2007, 378, ist die Regelung in Abs. 9 a aF ohne Änderung der Verbindlichkeitsanordnung in Abs. 6 überführt worden, vgl. Art. 1 Nr. 14 GKV-WSG.
121 Vgl. BT-Dr. 15/1525, 107. Er verwies aber, allerdings im Zusammenhang mit einer Änderung des § 92, auf die den Bundesausschüssen richterrechtlich eingeräumte Normsetzungskompetenz, vgl. BT-Dr. 15/1525, 107 zu Nr. 71 bb. Zitiert wird die Methadon-Entscheidung des BSG, 20.3.1996, 6 RKa 62/94, SozR 3-2500 § 92 Nr. 6 sowie die Bioresonanztherapie-Entscheidung des BSG, 19.2.2003, B 1 KR 12/01.
122 Vgl. zB: Schimmelpfeng-Schütte in: Schnapp/Wigge, § 7 Rn. 40; Schmidt-De Caluwe in: Becker/Kingreen, § 91 Rn. 98. Zu der Frage der verfassungsrechtlichen Legitimation existieren weitere zahlreiche Veröffentlichungen, vgl. z.B: Axer, Die verfassungsrechtliche Stellung des Gemeinsamen Bundesausschusses im System der Gesetzlichen Krankenversicherung, RPG 2013, 3 ff.; Butzer/Kaltenborn, Die demokratische Legitimation des Bundesausschusses der Ärzte und Krankenkassen, MedR 2001, 333 ff.; Engelmann, Untergesetzliche Normsetzung im Recht der gesetzlichen Krankenversicherung durch Verträge und Richtlinien, NZS 2000, 1 ff.; Hase, Verfassungsrechtliche Bewertung der Normsetzung durch den Gemeinsamen Bundesausschuss, MedR 2005, 391 ff.; Kingreen, Legitimation und Partizipation im Gesundheitswesen – Verfassungsrechtliche Kritik und Reform des Gemeinsamen Bundesausschusses, NZS 2007, 113 ff.; Kingreen, Verfassungsrechtliche Grenzen der Rechtsetzungsbefugnis des Gemeinsamen Bundesausschusses im Gesundheitsrecht, NJW 2006, 877 ff.; Seeringer, S. 180 ff.; Schimmelpfeng-Schütte, Richtliniengebung durch den Bundesausschuss der Ärzte und Krankenkassen und demokratische Legitimation, NZS 1999, 530 ff.; Wigge, Legitimation durch Partizipation, NZS 2001, 578 ff.; Ziermann, S. 73 ff.; Zimmermann, S. 107 ff.
123 BSG, 20.3.1996, 6 RKa 62/94, SozR 3-2500 § 92 Nr. 6 (Methadon); vgl. auch BSG, Urteile vom 16.9.1997, ua: BSGE 81, 54, 63 ff.; BSGE 81, 73, 81 ff. (Septemberurteile).
124 So blieb diese Frage ua in dem bekannten „Nikolaus-Beschluss" offen, vgl. BVerfG, 6.12.2005, 1 BvR 347/98, SozR 4-2500 § 27 Nr. 5; ausdrücklich blieb diese Frage erneut offen in der Entscheidung des BVerfG, 12.12.2012, 1 BvR 69/09, GesR 2013, 245, 249. Vgl. zur demokratischen Legitimation funktionaler Selbstverwaltung: BVerfGE 10, 89 (Erftverband) und BVerfGE 107, 59 (Lippeverband) sowie zur Vergleichbarkeit von Wasserverbänden und G-BA: Seeringer, Der Gemeinsame Bundesausschuss nach dem SGB V, 2006, S. 206 f. Zur Umsetzung des „Nikolaus-Beschlusses" durch die Rechtsprechung der Sozialgerichtsbarkeit siehe die Datenbank des Instituts für Sozial- und Gesundheitsrecht der Ruhr-Universität Bochum unter http://www.nikolaus-beschluss.de.
125 BVerfG, 10.11.2015, 1 BvR 2056/12, NZS 2016, 20; vgl. auch die spätere Entscheidung des BVerfG vom 6.10.2016, 1 BvR 292/16, NZS 2017, 37.
126 Gassner, NZS 2016, 121 ff.; Kingreen, MedR 2017, 8 ff.; Lege, JZ 2016, 464 ff.; Nitz, MedR 2016, 941 ff.; Zuck, GesR 2016, 673 ff.

Leistungsgewährung.[127] Dieser Grundrechtsschutz gehe über den im „Nikolaus-Beschluss"[128] anerkannten Extremfall der lebensbedrohlichen oder regelmäßig tödlichen Krankheit hinaus.[129] Allerdings eröffne (allein!) der beschriebene Extremfall einen verfassungsunmittelbaren Leistungsanspruch.[130] Das BVerfG zeigt sich damit bei der Zuerkennung verfassungsunmittelbarer Leistungsansprüche gegenüber dem „Nikolaus-Beschluss" restriktiver[131] und stellt klar, dass die gesetzliche Erweiterung auf „wertungsmäßig vergleichbare Erkrankungen" (vgl. § 2 Abs. 1 a) ihre Grundlage allein im einfachen Recht hat und über einen verfassungsunmittelbaren Anspruch hinausgeht.[132] Unterhalb der Schwelle einer lebensbedrohlichen oder regelmäßig tödlichen verlaufenden Erkrankung besteht „nur" ein Anspruch des Versicherten auf eine verfassungsmäßige Ausgestaltung und auf eine grundrechtsorientierte Auslegung des Leistungsrechts der gesetzlichen Krankenversicherung.[133] Im Hinblick auf die zentrale Rolle des G-BA und seiner Rechtsetzung für die GKV ist in der vorherigen Auflage die Vermutung geäußert worden, dass es sehr unwahrscheinlich erscheine, dass seine demokratische Legitimation beim BVerfG noch *grundsätzlich* in Frage gestellt werden könnte. Diese Einschätzung ist durch die Entscheidung vom BVerfG bestätigt sein, denn eine prinzipielle Verneinung der demokratischen Legitimation des G-BA, wie sie im Schrifttum vertreten worden ist, lehnt es ab.[134] Gleichwohl ist der – wie es Gassner treffend formuliert – „Weckruf an den Gesetzgeber" nicht zu überhören.[135] Das BVerfG bezeichnet die generellen und allgemeinen Zweifel an der demokratischen Legitimation des G-BA als „durchaus gewichtig", fordert allerdings, dass die Entscheidung über seine hinreichende Legitimation an der Ausgestaltung der betreffenden gesetzlichen Befugnisnorm („gesetzliche Anleitung") und der Richtlinie (Gehalt, Reichweite, Intensität, Beteiligte, Nichtbeteiligte) festzumachen ist.[136] So ist es nach der Auffassung des BVerfG denkbar, dass der G-BA für eine Richtlinie hinreichend legitimiert ist, während sie ihm für eine andere fehlt.[137]

XI. Mehrheitsverhältnisse, Vorschlagsrecht der Unparteiischen, Öffentlichkeit der Sitzungen (Abs. 7)

67 Während es in Abs. 2a um die Stimmrechtsverteilung der Trägerorganisationen auf Seiten der Leistungserbringer (KZBV, KBV und DKG) geht, regelt Abs. 7 in S. 1 und S. 3 die Mehrheitsverhältnisse, mit denen das Beschlussgremium des G-BA seine Beschlüsse fasst. Abs. 7 S. 2 gibt vor, dass Beschlüsse zur Arzneimittelversorgung und zur Qualitätssicherung regelmäßig sektorenübergreifend zu fassen sind. Die Regelung passt (mittlerweile) systematisch eher zu Abs. 2a.

68 Dem in Abs. 7 S. 1 enthaltenen Verweis auf das Beschlussgremium des G-BA „nach Absatz 2 Satz 1" lässt sich entnehmen, dass sich dieses aus allen 13 Mitgliedern (3 Unparteiische, 5 Mitglieder des SpiBuKK, 5 Mitglieder der Leistungserbringer) zusammensetzt, die jeweils stimmberechtigt sind. Es gilt der Grundsatz, dass die Beschlüsse des G-BA mit einfacher Mehrheit gefasst werden, wobei der Gesetzgeber dem G-BA die Möglichkeit einräumt, in seiner Geschäftsordnung abweichende Mehrheitsverhältnisse zu regeln (Abs. 7 S. 1). Die Geschäftsordnung des G-BA geht im Einklang mit Abs. 7 S. 1 davon aus, dass Beschlüsse grundsätzlich mit einfacher Mehrheit, also mit mindestens 7 Stimmen, gefasst werden, es sei denn, die Geschäftsordnung regelt die Mehrheitsverhältnisse abweichend, vgl. § 15 Abs. 1 S. 1 Geschäftsordnung G-BA.

---

127 BVerfG, 10.11.2015, 1 BvR 2056/12, juris Rn. 20. Siehe zur Entwicklung der Rspr. des BVerfG insgesamt Huster, VerfBlog, 2017/5/14, http://verfassungsblog.de/ein-gericht-rudert-zurueck-nikolaus-ohne-haus/ (zuletzt abgerufen am 15.5.2017).
128 Kingreen, NJW 2006, 877, 880.
129 BVerfG, 10.11.2015, 1 BvR 2056/12, juris Rn. 20. Bestätigt jüngst durch BVerfG, 11.4.2017, 1 BvR 452/17, juris Rn. 22.
130 BVerfG, 10.11.2015, 1 BvR 2056/12, juris Rn. 18. Bestätigt jüngst durch BVerfG, 11.4.2017, 1 BvR 452/17, juris Rn. 22.
131 Huster, VerfBlog, 2017/5/14, http://verfassungsblog.de/ein-gericht-rudert-zurueck-nikolaus-ohne-haus/ (zuletzt abgerufen am 15.5.2017).
132 BVerfG, 10.11.2015, 1 BvR 2056/12, juris Rn. 18 f. Bestätigt jüngst durch BVerfG, 11.4.2017, 1 BvR 452/17, juris Rn. 22 f.
133 BVerfG, 10.11.2015, 1 BvR 2056/12, juris Rn. 20. Bestätigt jüngst durch BVerfG, 11.4.2017, 1 BvR 452/17, juris Rn. 23.
134 Gassner, NZS 2016, 121, 126.
135 Gassner, NZS 2016, 121, 127.
136 BVerfG, 10.11.2015, 1 BvR 2056/12, juris Rn. 22.
137 BVerfG, 10.11.2015, 1 BvR 2056/12, juris Rn. 22.

Eine qualifizierte Mehrheit mit mindestens 9 Stimmen ist nach Abs. 7 S. 3 für solche Beschlüsse notwendig, die „nicht allein einen der Leistungssektoren wesentlich betreffen" und die dazu führen, dass „eine bisher zulasten der Krankenkassen erbringbare Leistung zukünftig nicht mehr zu deren Lasten erbracht werden darf". Es müssen also mindestens zwei der Leistungssektoren wesentlich betroffen sein müssen, wobei die Formulierung der „wesentlichen Betroffenheit von Leistungssektoren" aus Abs. 2 a bekannt ist. Der G-BA legt nach Abs. 2 a S. 3 fest, welche Beschlüsse allein einen Leistungssektor oder allein zwei der Leistungssektoren wesentlich betreffen (→ Rn. 28 ff.). Der Gesetzgeber selbst gibt allerdings in Abs. 7 S. 2 vor, dass Beschlüsse zur Arzneimittelversorgung und zur Qualitätssicherung in der Regel „sektorenübergreifend" zu fassen sind. Das bedeutet, dass bei diesen Beschlussgegenständen regelmäßig die Mitglieder von mindestens zwei Trägerorganisationen (auf Seiten der Leistungserbringer) Stimmrechte haben. Das Beschlussgremium entscheidet folglich in sektorenübergreifender Besetzung. Eine sektorenübergreifende Besetzung geht mit einer wesentlichen Betroffenheit von mindestens zwei der Leistungssektoren einher. Darüber hinaus müssen die Beschlüsse zur Folge haben, dass eine *bisher* zulasten der Krankenkasse *erbringbare* Leistung zukünftig nicht mehr zu deren Lasten erbracht werden kann. Der Wortlaut ist eindeutig: Allein für Leistungen, die bereits zulasten der GKV erbringbar waren, zukünftig jedoch (gänzlich) nicht mehr erbracht werden können, ist eine qualifizierte Mehrheit mit 9 Stimmen notwendig.

In Abs. 7 S. 4 wird das Vorschlagsrecht der Unparteiischen geregelt. Mit dem Präventionsgesetz vom 17.7.2015 (Art. 1 Nr. 16a lit. b) sind in § 91 Abs. 7 die S. 4 und S. 5 neu gefasst worden.[138] Während nach früherer Rechtslage die unparteiischen Mitglieder nur dann dem Beschlussgremium einen eigenen Beschlussvorschlag vorlegen konnten, wenn sie dessen Vorschlag nicht für sachgerecht hielten, ermöglicht ihnen Abs. 7 S. 4 nunmehr einen eigenen Beschlussvorschlag auch dann, wenn seitens des Beschlussgremiums keiner vorliegt.[139] Eigene Beschlussvorschläge der unparteiischen Mitglieder sind damit möglich geworden.[140] Er wird „zur Entscheidung" vorgelegt. Die Einflussmöglichkeiten der unparteiischen Mitglieder werden durch die gesetzliche Änderung deutlich gestärkt. Abs. 7 S. 5 ermöglicht ihnen den Beschlussvorschlag durch die Geschäftsführung vorbereiten zu lassen.

Gemäß Abs. 7 S. 6 sind die Sitzungen des Beschlussgremiums in der Regel öffentlich. Die Regelung in Abs. 7 S. 7 ist erstmalig mit dem GKV-VStG eingeführt worden. Danach sind die nichtöffentlichen Beratungen des G-BA, wozu insbesondere die Beratungen in den vorbereitenden Gremien zählen, einschließlich der Beratungsunterlagen und der Niederschriften vertraulich. Der Zweck der Regelung liegt ausweislich der Gesetzgebungsmaterialien darin, klarzustellen, dass diese vertraulichen Informationen nicht, und zwar auch nicht bei einem Antrag nach dem Informationsfreiheitsgesetz (IFG), mitzuteilen sind.[141]

XII. Rechtsaufsicht des Bundesministeriums für Gesundheit (Abs. 8)

Die allgemeine Rechtsaufsicht des BMG über den G-BA war bisher in Abs. 8 geregelt. Mit dem GKV-Selbstverwaltungsstärkungsgesetz vom 21.2.2017 ist Abs. 8 ersatzlos gestrichen (Art. 1 Nr. 8 lit. c.) und die allgemeine Rechtsaufsicht einer eigenen Regelung in § 91a zugeführt worden (Art. 1 Nr. 9, s. § 91a und → Rn. 54).

Das BSG verweist unter Verweis auf die rechtswissenschaftliche Literatur darauf, dass die Staatsaufsicht gegenüber Selbstverwaltungsträgern in der Sozialversicherung, auch ohne die verfassungsrechtliche Verbürgung dieser Selbstverwaltung, prinzipiell auf eine Rechtsaufsicht begrenzt ist und für eine weiterreichende Zweckmäßigkeitskontrolle nur dann Raum ist, wenn der Gesetzgeber dies ausdrücklich angeordnet hat.[142] In Bezug auf die Rechtsaufsicht des BMG über den G-BA ist zwischen der „allgemeinen Rechtsaufsicht" (§ 91a) und der „speziellen Rechtsaufsicht" (§ 94) zu unterscheiden.[143] Die Rechtsaufsicht des BMG in Bezug auf die rechtsetzende Tätigkeit des G-BA durch „Richtlinien" richtet sich nach der Regelung in § 94, die gegenüber der bisherigen Regelung in Abs. 8 aF spezieller war.[144] Gleiches gilt für das Verhältnis von § 94 zu der jetzigen Regelung der „allgemeinen Rechtsauf-

---

138 BGBl. I, 1368, 1374.
139 BT-Dr. 18/5261, 59.
140 BT-Dr. 18/5261, 59.
141 So BT-Dr. 17/6906, 69.
142 BSG, 6.5.2009, B 6 A 1/08 R (Protonentherapie), juris Rn. 43.
143 Vgl. den Gesetzesentwurf zum GMG (Abs. 10 aF): BT-Dr. 15/1525, 107. U.a. daran anknüpfend und unter Verweis auf rechtswissenschaftliche Literatur: BSG, 6.5.2009, B 6 A 1/08 R, juris Rn. 42.
144 BT-Dr. 15/1525, 107; BSG, 6.5.2009, B 6 A 1/08 R, juris Rn. 42 mwN.

sicht" in § 91a. Der Anwendungsbereich von § 91a erstreckt sich daher nicht auf seine rechtsetzende Tätigkeit durch Richtlinien.

74 Ebenso wenig erfasst werden die GeschO und die VerfO, da diese dem spezielleren Genehmigungserfordernis" in Abs. 4 S. 2 unterfallen (→ Rn. 54). Im Übrigen wird jedoch die (gesamte) Tätigkeit des G-BA erfasst.

XIII. Mündliche Stellungnahme, Teilnahme Unterausschuss (Abs. 9)

75 Die Regelungen in Abs. 9 sind im Zusammenhang mit den an unterschiedlichen Stellen im SGB V normierten Verfahrensbeteiligungsrechten (zB: Abs. 5, Abs. 5a, § 92 Abs. 7 bis 7f) zu sehen und ergänzen diese um das Recht zur mündlichen Stellungnahme (Abs. 9 S. 1) und dem Recht zur Teilnahme an den Beratungen im Unterausschuss (Abs. 9 S. 2).

76 Abs. 9 S. 1 eröffnet zwar nicht zwangsläufig, aber doch „in der Regel", die Möglichkeit zur mündlichen Stellungnahme. Im 1. Kapitel, 3. Abschnitt, § 12 Abs. 2 S. 2 VerfO regelt der G-BA in welchen (nicht abschließend genannten) Fällen von einer mündlichen Stellungnahme „in begründeten Einzelfällen" abgesehen werden kann. Die Möglichkeit zur Abgabe einer mündlichen Stellungnahme besteht nach Abs. 9 S. 1 nur dann, wenn eine schriftliche oder eine elektronische Stellungnahme abgegeben worden ist. Die Möglichkeit eine Stellungnahme nicht zwangsläufig „schriftlich", sondern nur „elektronisch" abzugeben, ist mit dem Gesetz zum Abbau verzichtbarer Anordnungen der Schriftform im Verwaltungsrecht des Bundes vom 29.3.2017 (Art. 161 Nr. 2)[145] eröffnet worden.

77 Darüber hinaus verpflichtet Abs. 9 S. 2 den G-BA in seiner VerfO die Teilnahme jeweils eines Vertreters einer stellungnahmeberechtigten Organisation an den Beratungen in dem zuständigen Unterausschuss zu regeln. Die entsprechende Regelung des G-BA, die im Grunde nur den Gesetzeswortlaut des Abs. 9 S. 2 wieder gibt, findet sich im 1. Kapitel, 3. Abschnitt, § 12 Abs. 5 VerfO. Es bleibt daher intransparent, unter welchen verfahrensrechtlichen Voraussetzungen die Teilnahme an den Beratungen im Unterausschuss möglich ist.

XIV. Bürokratiekosten (Abs. 10)

78 Nach Abs. 10 S. 1 ermittelt der G-BA spätestens ab dem 10.9.2012 die Bürokratiekosten im Sinne von § 2 Abs. 2 des Gesetzes zur Einsetzung eines Nationalen Normenkontrollrates (NKRG), die infolge seiner Beschlüsse zu erwarten sind.

Die Kosten sind vom G-BA allein in Bezug auf die Bürokratiekosten im Sinne von § 2 Abs. 2 NKRG zu ermitteln. Bürokratiekosten im Sinne der genannten Regelung sind solche Kosten, die durch Informationspflichten entstehen. Unter Informationspflichten werden aufgrund von Gesetz, Rechtsverordnung, Satzung oder Verwaltungsvorschrift bestehende Verpflichtungen verstanden, Daten und sonstige Informationen für Behörden oder Dritte zu beschaffen, verfügbar zu halten oder zu übermitteln. Umfangreiche Informationspflichten entstehen durch Beschlüsse des G-BA zB im Bereich der datenbasierten Qualitätssicherung wie der externen Qualitätssicherung. Denn die externe Qualitätssicherung geht mit umfangreichen Dokumentationspflichten der Vertragsärzte und zugelassenen Krankenhäuser einher.

79 Die Bürokratiekostenermittlung des G-BA erfolgt nach der Methodik, die in § 2 Abs. 3 NKRG vorgeschrieben wird (Standardkosten-Modell), da Abs. 10 S. 2 auf § 2 Abs. 3 NKRG verweist. Der G-BA wird berechtigt und verpflichtet, in seiner VerfO nähere Bestimmungen zu treffen, Abs. 10 S. 3. Diese finden sich in § 5a VerfO sowie in der Anlage II zum 1. Kapitel. Durch die Verpflichtung des G-BA zur Ermittlung der Bürokratiekosten entsteht wiederum eine Informationspflicht und zwar des G-BA selbst.

XV. Berichtspflichten (Abs. 11)

80 Abs. 11 ist mit dem GKV-Versorgungsstärkungsgesetz (GKV-VSG) vom 16.7.2015 (Art. 1 Nr. 38) als neuer Abs. dem § 91 hinzugefügt worden. Der G-BA sieht sich nunmehr einer jährlichen Berichtspflicht (31.3.) gegenüber dem Ausschuss für Gesundheit des Deutschen Bundestages ausgesetzt und zwar im Hinblick auf die Einhaltung von Fristen, die er im Zuge von Methodenbewertungsverfahren einzuhalten hat (§ 135 Abs. 1 S. 4, § 137c Abs. 1 S. 6 und S. 7 und § 137h Abs. 4 S. 5), Abs. 11 S. 1. Im Falle von Fristüberschreitungen hat der G-BA zu erläutern, welche Anstrengungen er unternom-

---

145 BGBl. I, 626, 650.

men hat, um das betroffene Verfahren zu straffen. Haben besondere Schwierigkeiten im Bewertungsverfahren die Fristüberschreitung veranlasst, sind diese zu erläutern, Abs. 11 S. 1. Hinsichtlich „aller anderen Bewertungsverfahren über Entscheidungen und Richtlinien" wird eine Berichtspflicht ebenfalls eingeführt. Sie entsteht allerdings erst dann, wenn das Beratungsverfahren länger als drei Jahre ohne abschließende Beschlussfassung andauert. Die 3-Jahres-Frist beginnt dabei erst mit der förmlichen Einleitung des Verfahrens. Ausweislich des Gesetzesentwurfs der Bundesregierung dient die Regelung der Transparenz gegenüber dem Parlament hinsichtlich der Durchführung und Erfüllung der Aufgaben, die der G-BA vom Gesetzgeber übertragen bekommen hat.[146]

§ 91a Aufsicht über den Gemeinsamen Bundesausschuss, Haushalts- und Rechnungswesen, Vermögen

(1) ¹Die Aufsicht über den Gemeinsamen Bundesausschuss führt das Bundesministerium für Gesundheit. ²Die §§ 87 bis 89 des Vierten Buches gelten entsprechend. ³Für das Haushalts- und Rechnungswesen gelten die §§ 67 bis 69 Absatz 1 und 2, § 70 Absatz 1 und die §§ 76 bis 77 Absatz 1 und 1a des Vierten Buches entsprechend. ⁴Der Gemeinsame Bundesausschuss übermittelt seinen Haushaltsplan dem Bundesministerium für Gesundheit. ⁵Er teilt dem Bundesministerium für Gesundheit mit, wenn er eine vorläufige Haushaltsführung, die Genehmigung überplanmäßiger oder außerplanmäßiger Ausgaben oder einen Nachtragshaushalt beschließt. ⁶Für das Vermögen gelten die §§ 80 bis 83 und 85 Absatz 1 Satz 1 und Absatz 2 bis 5 des Vierten Buches und für die Verwendung der Mittel § 305b entsprechend. ⁷Für das Verwaltungsvermögen gilt § 263 entsprechend. ⁸Für die Höhe der Betriebsmittel gilt § 260 Absatz 2 Satz 1 entsprechend. ⁹Soweit Vermögen nicht zur Rücklagenbildung erforderlich ist, ist es zur Senkung der nach § 91 Absatz 3 Satz 1 in Verbindung mit § 139c zu erhebenden Zuschläge zu verwenden.

(2) Für die Vollstreckung von Aufsichtsverfügungen gegen den Gemeinsamen Bundesausschuss kann die Aufsichtsbehörde ein Zwangsgeld bis zu einer Höhe von 10 000 000 Euro zugunsten des Gesundheitsfonds nach § 271 festsetzen.

(3) ¹Der Gemeinsame Bundesausschuss hat geeignete Maßnahmen zur Herstellung und Sicherung einer ordnungsgemäßen Verwaltungsorganisation zu ergreifen. ²In der Verwaltungsorganisation ist insbesondere ein angemessenes internes Kontrollverfahren mit einem internen Kontrollsystem einzurichten. ³Die Ergebnisse des internen Kontrollsystems sind dem Beschlussgremium nach § 91 Absatz 2 Satz 1 und dem Innovationsausschuss nach § 92b Absatz 1 in regelmäßigen Abständen sowie bei festgestellten Verstößen gegen gesetzliche Regelungen oder andere wesentliche Vorschriften auch der Aufsichtsbehörde mitzuteilen.

(4) Die Vorschriften über die Errichtung, Übernahme oder wesentliche Erweiterung von Einrichtungen sowie über eine unmittelbare oder mittelbare Beteiligung an Einrichtungen nach § 219 Absatz 2 bis 4 gelten entsprechend.

Literatur:
Kahl, Die Staatsaufsicht, 2000, *Rixen*, Was sich durch das GKV-Selbstverwaltungsstärkungsgesetz bei den Spitzenorganisationen der Krankenversicherung ändert, SozSich 2017, 115; *Schirmer/Kater/Schneider* (Hrsg.), Aufsicht in der Sozialversicherung, Loseblatt, 2016; *Schmehl*, Zur Kontrolle der Selbstverwaltung im Gesundheitswesen durch die Staatsaufsicht in: Schmehl/Wallrabenstein (Hrsg.), Steuerungsinstrumente im Recht des Gesundheitswesens, Band 3: Kontrolle, 2007.

I. Entstehungsgeschichte, Allgemeines	1	IV. Ordnungsgemäße Verwaltungsorganisation (Abs. 3)	11
II. Aufsicht, Haushalts- und Rechnungswesen, Vermögen, Betriebsmittel (Abs. 1)	3	V. Einrichtungen – Errichtung, Beteiligung (Abs. 4)	13
III. Vollstreckung von Aufsichtsverfügungen, Zwangsgeld (Abs. 2)	10		

I. Entstehungsgeschichte, Allgemeines

§ 91a ist durch Art. 1 Nr. 9 des Gesetzes zur Verbesserung der Handlungsfähigkeit der Selbstverwaltung der Spitzenorganisationen in der gesetzlichen Krankenversicherung sowie zur Stärkung der über 1

---

146 BT-Dr 18/4095, 99.

sie geführten Aufsicht (**GKV-Selbstverwaltungsstärkungsgesetz**) vom 21.2.2017[1] neu eingefügt worden. Zuvor war die allgemeine Rechtsaufsicht des BMG über den G-BA in § 91 Abs. 8 geregelt. Die dortige Regelung ist allerdings in Abs. 1 S. 1 bis S. 3 aufgegangen und daher im Zuge der Neuordnung gestrichen werden, vgl. Art. 1 Nr. 8 lit. c des GKV-Selbstverwaltungsstärkungsgesetzes (→ § 91 Rn. 72). Mit dem GKV-Selbstverwaltungsstärkungsgesetz ist die Selbstverwaltung diverser Spitzenorganisationen der gesetzlichen Krankenversicherung verschärften gesetzlichen Regelungen und Kontrollinstrumentarien unterstellt worden.[2] Diese treffen nicht nur den G-BA, sondern auch die KBV, die KZBV und den GKV-Spitzenverband. Hintergrund für das Gesetz waren die Veruntreuungsvorwürfe gegenüber der KBV.[3] Diese wurden vom Gesetzgeber zum Anlass genommen, ein größeres Arsenal rechtlicher Verschärfungen für diverse Spitzenorganisationen vorzunehmen. Allerdings gab es gegenüber den ursprünglichen Regelungsplänen deutliche Entschärfungen, vor allem auch für den G-BA.[4] Der G-BA übte deutlich Kritik, sah sich in „Sippenhaft" genommen.[5]

2 § 91 a enthält Regelungen zur allgemeinen Rechtsaufsicht des BMG, zum Haushalts- und Rechnungswesen, zum Vermögen, zum Verwaltungsvermögen sowie zu Betriebsmitteln des G-BA (Abs. 1). Darüber hinaus finden sich Vorgaben zu seiner Verwaltungsorganisation, zu seiner Errichtung von Einrichtungen und zu seiner Beteiligung an Einrichtungen (Abs. 3 und Abs. 4).

II. Aufsicht, Haushalts- und Rechnungswesen, Vermögen, Betriebsmittel (Abs. 1)

3 Abs. 1 S. 1 bestimmt zunächst, dass die **Aufsicht** über den G-BA beim BMG liegt. Die aufsichtsrechtlichen Bestimmungen ergeben sich aus den §§ 87 bis 89 SGB IV, da Abs. 1 S. 2 deren entsprechende Geltung anordnet. Die genannten aufsichtsrechtlichen Bestimmungen finden sich in den Regelungen der allgemeinen Aufsicht über die Sozialversicherungsträger (vierter Abschnitt, fünfter Titel, §§ 87-90 a SGB IV). Diverse Rechtsbereiche – wozu auch die Aufsicht zählt – sind für verschiedene Sozialversicherungszweige gemeinsam im vierten Buch des SGB geregelt worden.[6] Ein Teil der Regelungen gilt auch für die Aufsicht über den G-BA, wobei bereits die Vorläuferregelung in § 91 Abs. 8 aF (→ Rn. 1) die entsprechende Geltung der §§ 88, 89 SGB IV anordnete. Neu ist lediglich der Verweis auf § 87 SGB IV. Ausweislich der Gesetzgebungsmaterialien soll dieser neue Verweis lediglich deutlich machen, dass die Aufsicht über den G-BA – ebenso wie diejenige nach § 94 – als Rechtsaufsicht zu verstehen ist.[7] Es trifft zu, dass mit dem Verweis auf § 87 SGB IV keine Änderung der Rechtslage eingetreten ist, weil schon nach bisherigem Verständnis zu § 91 Abs. 8 aF (→ Rn. 1, → § 91 Rn. 72) eine „allgemeine Rechtsaufsicht" gegeben war. Eine über eine reine Rechtsaufsicht hinausgehende Aufsicht des BMG hinsichtlich der VerfO und der GeschO enthält § 91 Abs. 4 (→ § 91 Rn. 54 ff.), worauf die Gesetzgebungsmaterialien zum GKV-Selbstverwaltungsstärkungsgesetz ausdrücklich hinweisen.[8]

4 Für das **Haushalts- und Rechnungswesen** wird gleichsam auf die entsprechende Anwendbarkeit von Regelungen im SGB IV verwiesen. Im 3. Titel des 4. Abschnitts (§§ 67 bis 79 SGB IV) finden sich einheitliche Regelungen für das Haushalts- und Rechnungswesen der Sozialversicherungsträger.[9] Der Gesetzgeber hat für das Haushaltsrecht der Sozialversicherungsträger mithin eigenständige Regelungen jenseits des Haushaltsgrundsätzegesetzes (HGrG), der Bundeshaushaltsordnung (BHO) und Haushaltsordnungen der Länder (LHO) geschaffen. Auf der Grundlage von § 78 SGB IV existieren zudem weitere haushaltsrechtliche Regelungen und zwar der Bundesregierung in Form der Verordnung über das Haushaltswesen in der Sozialversicherung (SVHV) und der Sozialversicherungs-Rechnungsverordnung (SVRV). Letztere haben allerdings für den G-BA keine Bedeutung. Für sein Haushalts- und Rechnungswesen gelten allein die §§ 67 bis 69 Abs. 1 und Abs. 2, § 70 Abs. 1 und die §§ 76 bis 77 Abs. 1 und Abs. 1 a SGB IV.

---

1 BGBl. I, 265.
2 Siehe hierzu umfassend Rixen, SozSich 2017, 115.
3 BT-Dr. 11009, 40.
4 Siehe mwN Rixen, SozSich 2017, 115, 116.
5 Siehe hierzu die „Stellungnahme der unparteiischen Mitglieder des G-BA zur Anhörung zum Referentenentwurf des BMG für einen Entwurf eines Gesetzes zur Stärkung der Handlungsfähigkeit und Aufsicht über die Selbstverwaltung der Spitzenorganisationen in der GKV (GKV-Selbstverwaltungsstärkungsgesetz – GKV-SVSG)" vom 14.10.2016, S. 12. Die Stellungnahme ist auf der Homepage des G-BA verfügbar unter https://www.g-ba.de/institution/service/stellungnahmen (zuletzt abgerufen am 11.5.2017).
6 Vgl. im Einzelnen Baier in: Krauskopf, SGB IV, Vorbemerkung Rn. 2.
7 BT-Dr. 18/10605, 34.
8 BT-Dr. 18/10605, 34.
9 Baier in: Krauskopf, SGB IV, Vorbemerkung § 67 bis § 79 Rn. 1.

Der G-BA wird zur **Haushaltsplanung** nach Maßgabe des § 67 SGB IV verpflichtet. Dort sind einige 5
gängige Haushaltsgrundsätze ausdrücklich geregelt wie etwa die Jährlichkeit, die Einheitlichkeit, die
Vollständigkeit sowie die Fälligkeit. Die Geltung weiterer Haushaltsgrundsätze ergibt sich aus dem
Verweis auf § 69 Abs. 1 SGB IV (Grundsatz der Ausgeglichenheit) sowie dem Verweis auf § 69 Abs. 2
SGB IV (Grundsatz der Wirtschaftlichkeit und Sparsamkeit).

§ 68 Abs. 1 SGB IV bestimmt, wozu der Haushaltsplan „dient", welche Funktion ihm also zukommt. 6
Entsprechend dem dortigen S. 1 zielt er auf die Feststellung der Mittel, die zur Erfüllung der Aufgaben
des G-BA im Haushaltsjahr voraussichtlich erforderlich sind. Diese Funktion wird als „Bedarfsdeckungsfunktion" bezeichnet.[10] Es geht um die Feststellung und die Deckung des Finanzbedarfs, dh um
den Ausgleich der Ausgaben durch die Einnahmen. Der Begriff „Mittel" iSv § 68 Abs. 1 S. 1 SGB IV
wird weit verstanden und erfasst Einnahmen, Ausgaben, Verpflichtungsermächtigungen und Stellen.[11]
Wie § 68 Abs. 2 deutlich macht, werden durch den Haushaltsplan keine Ansprüche oder Verbindlichkeiten begründet oder aufgehoben. Er hat mithin keine Außenwirkung; es handelt sich um eine verwaltungsinterne Ermächtigung.[12] Aufstellung und Feststellung des Haushaltsplans im Sinne von § 70
Abs. 1 SGB IV erfolgen beim G-BA nicht durch Vorstand und Vertreterversammlung, sondern durch
den Finanzausschuss und das Beschlussgremium.[13]

Auf § 76 SGB IV wird vollständig verwiesen. Geregelt ist dort in Abs. 1, dass die **Einnahmen rechtzei-** 7
tig und vollständig zu erheben sind. Lediglich unter den in § 76 Abs. 2 ff. SGB IV geregelten Voraussetzungen sind Ausnahmen möglich. Weiter wird verwiesen auf § 77 Abs. 1, so dass der G-BA nach dem
dortigen S. 1 für jedes Kalenderjahr zur Rechnungslegung die Rechnungsbücher abschließen und auf
der Grundlage der Rechnungslegung eine Jahresrechnung aufstellen muss. § 77 Abs. 1 S. 2 SGB IV regelt die **Entlastung** wegen der **Jahresrechnung**. Die Entlastung dient der Billigung der rechtmäßigen
Haushaltsführung.[14] § 77 Abs. 1 a SGB IV enthält Kriterien für die Beurteilung der Jahresrechnung
und bestimmt vor allem, dass sie ein den tatsächlichen Verhältnissen entsprechendes Bild der Vermögens-, Finanz- und Ertragslage vermitteln muss. Die bei der Bewertung zu beachtenden Grundsätze
werden beispielhaft genannt (§ 77 Abs. 1a S. 3 SGB IV). Die Jahresrechnung muss von einem Wirtschaftsprüfer oder einem vereidigten Buchprüfer geprüft und testiert werden, § 77 Abs. 1a S. 5
SGB IV.

Abs. 1 S. 2 bestimmt, dass der G-BA seinen **Haushaltsplan** dem **BMG** übermitteln muss. Eine förmli- 8
che Vorlagepflicht mit einmonatiger Beanstandungsfrist des BMG besteht nicht, da die Geltung des
§ 70 Abs. 5 SGB IV nicht angeordnet wird.[15] Nach Abs. 1 S. 3 ist das BMG vom G-BA darüber zu informieren, sofern er eine vorläufige Haushaltsführung, die Genehmigung über- oder außerplanmäßiger
Ausgaben oder einen Nachtragshaushalt beschließt. Die im SGB IV geregelten Bestimmungen zur vorläufigen Haushaltsführung (§ 72 SGB IV), zu über- und außerplanmäßigen Ausgaben (§ 73 SGB IV)
und zum Nachtragshaushalt (§ 74 SGB IV) sind für den G-BA nicht anwendbar.[16]

Das SGB IV regelt in seinem vierten Abschnitt und vierten Titel in den §§ 80 bis 86 die Verwaltung der 9
Mittel der Sozialversicherungsträger. Für das Vermögen des G-BA bestimmt Abs. 1 S. 4 die entsprechende Anwendbarkeit der §§ 80 bis 83, 85 Abs. 1 S. 1 und Abs. 2 bis 5 SGB IV. Für die Verwendung
der Mittel gilt die Veröffentlichungspflicht aus § 305 b entsprechend. Für das Verwaltungsvermögen
ordnet Abs. 1 S. 5 die entsprechende Anwendbarkeit von § 263 an und Abs. 1 S. 6 bestimmt, dass für
die Höhe der Betriebsmittel der Rahmen des § 260 Abs. 2 S. 1 (Soll-Vorschrift) gilt (Eineinhalbfache
einer Monatsausgabe). In dem Umfang, in dem das Vermögen nicht zur Rücklagenbildung erforderlich
ist, muss es zur Senkung der Zuschläge, die nach § 91 Abs. 3 S. 1 iVm § 139 c erhoben werden, eingesetzt werden.

---

10 Burdinski in: jurisPK-SGB IV, § 68 Rn. 13.
11 Burdinski in: jurisPK-SGB IV, § 68 Rn. 13; Udsching in: Hauck/Noftz, SGB IV, § 68 Rn. 5.
12 Baier in: Krauskopf, SGB IV, § 68 Rn. 7.
13 BT-Dr. 18/10605, 34.
14 Theuerkauf in: jurisPK-SGB IV, § 77 Rn. 17.
15 BT-Dr 18/10605, 34. .
16 Vgl. hierzu die „Stellungnahme der unparteiischen Mitglieder des G-BA zur Anhörung zum Referentenentwurf des BMG für einen Entwurf eines Gesetzes zur Stärkung der Handlungsfähigkeit und Aufsicht über die Selbstverwaltung der Spitzenorganisationen in der GKV (GKV-Selbstverwaltungsstärkungsgesetz – GKV-SVSG)" vom 14.10.2016, S. 9. Die Stellungnahme ist auf der Homepage des G-BA verfügbar unter https://www.g-ba.de/institution/service/stellungnahmen (zuletzt abgerufen am 11.5.2017).

III. Vollstreckung von Aufsichtsverfügungen, Zwangsgeld (Abs. 2)

10 Das BMG kann gegenüber dem G-BA ein Zwangsgeld bis zu einer Höhe von **zehn Millionen Euro** festsetzen und zwar zugunsten des Gesundheitsfonds nach § 271. Der Gesetzgeber hält es für erforderlich einen sehr hohen Betrag ins Gesetz zu schreiben; offenbar muss die Durchsetzungsstärke der Aufsichtsbehörde untermauert werden. Die Zwangsgeldhöhen nach dem VwVG (§ 11 Abs. 3 VwVG – 25 000 Euro) werden für die Durchsetzung entsprechender Verpflichtungen gegenüber dem G-BA (wie auch gegenüber der KBV[17] und dem GKV-Spitzenverband)[18] als zu niedrig erachtet. Die Durchsetzung der Verpflichtungen sei „ineffizient" und „nicht zielführend".[19] In den Gesetzgebungsmaterialien heißt es dann jedoch beschwichtigend, es handele sich nur um die Angabe eines maximalen Rahmens für den Ausnahmefall und es müsse über die angemessene Höhe im konkreten Einzelfall unter Beachtung des **Verhältnismäßigkeitsgrundsatzes** entschieden werden.[20]

IV. Ordnungsgemäße Verwaltungsorganisation (Abs. 3)

11 Ebenso wie für die KBV und den GKV-Spitzenverband ausdrücklich eine Verpflichtung normiert worden ist, eine ordnungsgemäße Verwaltungsorganisation herzustellen und zu sichern (s. § 79 Abs. 7 und § 217b Abs. 2a), erfolgte eine solche Normierung auch für den G-BA in Abs. 3 S. 1. Wie eine solch ordnungsgemäße Verwaltungsorganisation aus der Sicht des Gesetzgebers „herstellbar" ist, wird über Abs. 3 S. 2 deutlich. Der G-BA wird verpflichtet, seine Abläufe systematisch zu erfassen, indem diese einem „internen Kontrollverfahren" unterzogen werden. Mithilfe eines „internen Kontrollsystems", das der G-BA einrichten muss (Abs. 3 S. 2), wird die ordnungsgemäße Verwaltungsorganisation „gesichert", weil sie überprüfbar und transparent wird. Die Verpflichtung dient ausweislich der Gesetzgebungsmaterialien dazu, Rechtsverstöße durch – immerhin – juristische Personen des öffentlichen Rechts (G-BA, KBV – § 79 Abs. 7, GKV-Spitzenverband – § 217b Abs. 2a) zu verhindern und dafür zu sorgen, dass sie Risiken entgegenwirken, die zu einem Verstoß gegen die Grundsätze ordnungsgemäßer Verwaltung führen.[21] Prinzipiell würde man bei juristischen Personen des öffentlichen Rechts eigentlich unterstellen, dass sie nicht zu spezifischen Kontrollmechanismen verpflichtet werden müssen, damit sie die genannten, eher selbstverständlichen Ziele erreichen. Der Gesetzgeber hat das offenbar kritischer gesehen. Interne Kontrollmechanismen in Form von verpflichtenden „Compliance-Strukturen"[22] sind nunmehr auch beim G-BA angekommen. Die Vorgänge bei der KBV hat der Gesetzgeber zum Anlass genommen, gesetzliche Verschärfungen nicht nur für die KBV, sondern auch für den G-BA und weitere Spitzenorganisationen auf Bundesebene einzuführen.[23]

12 Die Ergebnisse des internen Kontrollsystems, die Auskunft über die ordnungsgemäße Verwaltungsorganisation des G-BA gibt, sind dem Beschlussgremium des G-BA (vgl. 91 Abs. 2 S. 1) und dem Innovationsausschuss (vgl. § 92b Abs. 1) regelmäßig vorzulegen, § 91a Abs. 3 S. 3. Eine generelle Vorlagepflicht im Sinne einer Berichtspflicht zu den Ergebnissen des internen Kontrollsystems besteht also nach außen gegenüber der Aufsichtsbehörde nicht. Wird jedoch aufgrund der Ergebnisse des internen Kontrollsystems ein **Verstoß** gegen gesetzliche Regelungen oder andere wesentliche Vorschriften festgestellt, so sind diese dem **BMG** mitzuteilen.

V. Einrichtungen – Errichtung, Beteiligung (Abs. 4)

13 Abs. 4 verweist für die Errichtung, Übernahme oder wesentliche Erweiterung von **Einrichtungen** durch den G-BA sowie für seine unmittelbare oder mittelbare Beteiligung an Einrichtungen auf die entsprechende Geltung der Regelungen für den GKV-Spitzenverband nach § 219 Abs. 2 bis 4 (s. im Einzelnen § 219). Die entsprechenden Regelungen für die KBV wiederum finden sich in § 77b. Die Gesetzgebungsmaterialien verweisen für die G-BA-Regelungen auf die Ausführungen für den GKV-Spitzenverband und diese wiederum auf die Erläuterungen zur KBV-Regelung.[24] Es besteht gegenüber dem Beschlussgremium des G-BA (vgl. § 91 Abs. 2 S. 1), welches „analog" zur Vertreterversammlung als Or-

---

17 S. § 78 Abs. 4 und BT-Dr. 18/10605, 26.
18 S. § 217d Abs. 3 und BT-Dr. 18/10605, 36.
19 BT-Dr. 18/10605, 35, 26.
20 BT-Dr. 18/10605, 35.
21 BT-Dr. 18/10605 zu Nr. 10 (§ 91a) zu Abs. 4, 35 unter Verweis auf Nr. 5 (79 Abs. 7) zu lit. e, 31.
22 So Rixen, SozSich 2017, 115, 117.
23 Rixen mwN, SozSich 2017, 115, 116.
24 BT-Dr. 18/10605, Nr. 10 (§ 91a) zu Abs. 5 (wurde später zu Abs. 4), 35. Dieser verweist auf Nr. 15 (§ 219) lit. c, 37. Dieser wiederum auf Nr. 2 (§ 77b), 25.

gan der gesetzlichen Krankenkassen die wesentlichen Entscheidungen trifft (vgl. § 3 Abs. 2 GeschO), eine **Unterrichtungspflicht**. Diese muss auf der Grundlage „geeigneter Daten" erfolgen und beinhaltet eine umfassende Information hinsichtlich der Chancen und Risiken der Errichtung, Übernahme oder wesentlichen Erweiterung von Einrichtungen, vgl. § 219 Abs. 2 S. 1. Die in § 219 Abs. 3 geregelte Berichtspflicht über die Einrichtungen, an denen der G-BA beteiligt ist, soll ausweislich der Gesetzgebungsmaterialien den Informationsverlust ausgleichen, der sich regelmäßig aus der Verselbstständigung von Beteiligungsgesellschaften ergäbe.[25] Die Mindestinhalte, über die der Bericht informieren muss, werden in § 219 Abs. 3 S. 2 geregelt (s. § 219).

§ 92 Richtlinien des Gemeinsamen Bundesausschusses

(1) [1]Der Gemeinsame Bundesausschuss beschließt die zur Sicherung der ärztlichen Versorgung erforderlichen Richtlinien über die Gewähr für eine ausreichende, zweckmäßige und wirtschaftliche Versorgung der Versicherten; dabei ist den besonderen Erfordernissen der Versorgung behinderter oder von Behinderung bedrohter Menschen und psychisch Kranker Rechnung zu tragen, vor allem bei den Leistungen zur Belastungserprobung und Arbeitstherapie; er kann dabei die Erbringung und Verordnung von Leistungen oder Maßnahmen einschränken oder ausschließen, wenn nach allgemein anerkanntem Stand der medizinischen Erkenntnisse der diagnostische oder therapeutische Nutzen, die medizinische Notwendigkeit oder die Wirtschaftlichkeit nicht nachgewiesen sind; er kann die Verordnung von Arzneimitteln einschränken oder ausschließen, wenn die Unzweckmäßigkeit erwiesen oder eine andere, wirtschaftlichere Behandlungsmöglichkeit mit vergleichbarem diagnostischen oder therapeutischen Nutzen verfügbar ist. [2]Er soll insbesondere Richtlinien beschließen über die

1. ärztliche Behandlung,
2. zahnärztliche Behandlung einschließlich der Versorgung mit Zahnersatz sowie kieferorthopädische Behandlung,
3. Maßnahmen zur Früherkennung von Krankheiten und zur Qualitätssicherung der Früherkennungsuntersuchungen sowie zur Durchführung organisierter Krebsfrüherkennungsprogramme nach § 25 a einschließlich der systematischen Erfassung, Überwachung und Verbesserung der Qualität dieser Programme,
4. ärztliche Betreuung bei Schwangerschaft und Mutterschaft,
5. Einführung neuer Untersuchungs- und Behandlungsmethoden,
6. Verordnung von Arznei-, Verband-, Heil- und Hilfsmitteln, Krankenhausbehandlung, häuslicher Krankenpflege und Soziotherapie,
7. Beurteilung der Arbeitsunfähigkeit einschließlich der Arbeitsunfähigkeit nach § 44 a Satz 1 sowie der nach § 5 Abs. 1 Nr. 2 a versicherten erwerbsfähigen Hilfebedürftigen im Sinne des Zweiten Buches,
8. Verordnung von im Einzelfall gebotenen Leistungen zur medizinischen Rehabilitation und die Beratung über Leistungen zur medizinischen Rehabilitation, Leistungen zur Teilhabe am Arbeitsleben und ergänzende Leistungen zur Rehabilitation,
9. Bedarfsplanung,
10. medizinische Maßnahmen zur Herbeiführung einer Schwangerschaft nach § 27 a Abs. 1,
11. Maßnahmen nach den §§ 24 a und 24 b,
12. Verordnung von Krankentransporten,
13. Qualitätssicherung,
14. spezialisierte ambulante Palliativversorgung,
15. Schutzimpfungen.

(1 a) [1]Die Richtlinien nach Absatz 1 Satz 2 Nr. 2 sind auf eine ursachengerechte, zahnsubstanzschonende und präventionsorientierte zahnärztliche Behandlung einschließlich der Versorgung mit Zahnersatz sowie kieferorthopädischer Behandlung auszurichten. [2]Der Gemeinsame Bundesausschuss hat die Richtlinien auf der Grundlage auch von externem, umfassendem zahnmedizinisch-wissenschaftlichem Sachverstand zu beschließen. [3]Das Bundesministerium für Gesundheit kann dem Gemeinsamen Bundesausschuss vorgeben, einen Beschluss zu einzelnen dem Bundesausschuss durch Gesetz zugewiesenen Aufgaben zu fassen oder zu überprüfen und hierzu eine angemessene Frist setzen. [4]Bei Nichteinhal-

---

[25] BT-Dr. 18/10605, Nr. 2 (§ 77 b), 25. Die dortigen Ausführungen gelten über Nr. 10 (§ 91 a), 35 und Nr. 15 (§ 219) lit. c, 37 für den G-BA entsprechend.

tung der Frist fasst eine aus den Mitgliedern des Bundesausschusses zu bildende Schiedsstelle innerhalb von 30 Tagen den erforderlichen Beschluss. ⁵Die Schiedsstelle besteht aus dem unparteiischen Vorsitzenden, den zwei weiteren unparteiischen Mitgliedern des Bundesausschusses und je einem von der Kassenzahnärztlichen Bundesvereinigung und dem Spitzenverband Bund der Krankenkassen bestimmten Vertreter. ⁶Vor der Entscheidung des Bundesausschusses über die Richtlinien nach Absatz 1 Satz 2 Nr. 2 ist den für die Wahrnehmung der Interessen von Zahntechnikern maßgeblichen Spitzenorganisationen auf Bundesebene Gelegenheit zur Stellungnahme zu geben; die Stellungnahmen sind in die Entscheidung einzubeziehen.

(1 b) Vor der Entscheidung des Gemeinsamen Bundesausschusses über die Richtlinien nach Absatz 1 Satz 2 Nr. 4 ist den in § 134 a Absatz 1 genannten Organisationen der Leistungserbringer auf Bundesebene Gelegenheit zur Stellungnahme zu geben; die Stellungnahmen sind in die Entscheidung einzubeziehen.

(2) ¹Die Richtlinien nach Absatz 1 Satz 2 Nr. 6 haben Arznei- und Heilmittel unter Berücksichtigung der Bewertungen nach den §§ 35 a und 35 b so zusammenzustellen, daß dem Arzt die wirtschaftliche und zweckmäßige Auswahl der Arzneimitteltherapie ermöglicht wird. ²Die Zusammenstellung der Arzneimittel ist nach Indikationsgebieten und Stoffgruppen zu gliedern. ³Um dem Arzt eine therapie- und preisgerechte Auswahl der Arzneimittel zu ermöglichen, sind zu den einzelnen Indikationsgebieten Hinweise aufzunehmen, aus denen sich für Arzneimittel mit pharmakologisch vergleichbaren Wirkstoffen oder therapeutisch vergleichbarer Wirkung eine Bewertung des therapeutischen Nutzens auch im Verhältnis zu den Therapiekosten und damit zur Wirtschaftlichkeit der Verordnung ergibt; § 73 Abs. 8 Satz 3 bis 6 gilt entsprechend. ⁴Um dem Arzt eine therapie- und preisgerechte Auswahl der Arzneimittel zu ermöglichen, können ferner für die einzelnen Indikationsgebiete die Arzneimittel in folgenden Gruppen zusammengefaßt werden:
1. Mittel, die allgemein zur Behandlung geeignet sind,
2. Mittel, die nur bei einem Teil der Patienten oder in besonderen Fällen zur Behandlung geeignet sind,
3. Mittel, bei deren Verordnung wegen bekannter Risiken oder zweifelhafter therapeutischer Zweckmäßigkeit besondere Aufmerksamkeit geboten ist.

⁵Absatz 3 a gilt entsprechend. ⁶In den Therapiehinweisen nach den Sätzen 1 und 7 können Anforderungen an die qualitätsgesicherte Anwendung von Arzneimitteln festgestellt werden, insbesondere bezogen auf die Qualifikation des Arztes oder auf die zu behandelnden Patientengruppen. ⁷In den Richtlinien nach Absatz 1 Satz 2 Nr. 6 können auch Therapiehinweise zu Arzneimitteln außerhalb von Zusammenstellungen gegeben werden; die Sätze 3 und 4 sowie Absatz 1 Satz 1 dritter Halbsatz gelten entsprechend. ⁸Die Therapiehinweise nach den Sätzen 1 und 7 können Empfehlungen zu den Anteilen einzelner Wirkstoffe an den Verordnungen im Indikationsgebiet vorsehen. ⁹Der Gemeinsame Bundesausschuss regelt die Grundsätze für die Therapiehinweise nach den Sätzen 1 und 7 in seiner Verfahrensordnung. ¹⁰Verordnungseinschränkungen oder Verordnungsausschlüsse nach Absatz 1 für Arzneimittel beschließt der Gemeinsame Bundesausschuss gesondert in Richtlinien außerhalb von Therapiehinweisen. ¹¹Der Gemeinsame Bundesausschuss kann die Verordnung eines Arzneimittels nur einschränken oder ausschließen, wenn die Wirtschaftlichkeit nicht durch einen Festbetrag nach § 35 hergestellt werden kann. ¹²Verordnungseinschränkungen oder -ausschlüsse eines Arzneimittels wegen Unzweckmäßigkeit nach Absatz 1 Satz 1 dürfen den Feststellungen der Zulassungsbehörde über Qualität, Wirksamkeit und Unbedenklichkeit eines Arzneimittels nicht widersprechen.

(2 a) ¹Der Gemeinsame Bundesausschuss kann im Einzelfall mit Wirkung für die Zukunft vom pharmazeutischen Unternehmer im Benehmen mit der Arzneimittelkommission der deutschen Ärzteschaft und dem Bundesinstitut für Arzneimittel und Medizinprodukte oder dem Paul-Ehrlich-Institut innerhalb einer angemessenen Frist ergänzende versorgungsrelevante Studien zur Bewertung der Zweckmäßigkeit eines Arzneimittels fordern. ²Absatz 3 a gilt für die Forderung nach Satz 1 entsprechend. ³Das Nähere zu den Voraussetzungen, zu der Forderung ergänzender Studien, zu Fristen sowie zu den Anforderungen an die Studien regelt der Gemeinsame Bundesausschuss in seiner Verfahrensordnung. ⁴Werden die Studien nach Satz 1 nicht oder nicht rechtzeitig vorgelegt, kann der Gemeinsame Bundesausschuss das Arzneimittel abweichend von Absatz 1 Satz 1 von der Verordnungsfähigkeit ausschließen. ⁵Eine gesonderte Klage gegen die Forderung ergänzender Studien ist ausgeschlossen.

(3) ¹Für Klagen gegen die Zusammenstellung der Arzneimittel nach Absatz 2 gelten die Vorschriften über die Anfechtungsklage entsprechend. ²Die Klagen haben keine aufschiebende Wirkung. ³Ein Vorverfahren findet nicht statt. ⁴Eine gesonderte Klage gegen die Gliederung nach Indikationsgebieten

oder Stoffgruppen nach Absatz 2 Satz 2, die Zusammenfassung der Arzneimittel in Gruppen nach Absatz 2 Satz 4 oder gegen sonstige Bestandteile der Zusammenstellung nach Absatz 2 ist unzulässig.

(3 a) ¹Vor der Entscheidung über die Richtlinien zur Verordnung von Arzneimitteln nach Absatz 1 Satz 2 Nr. 6 und Therapiehinweisen nach Absatz 2 Satz 7 ist den Sachverständigen der medizinischen und pharmazeutischen Wissenschaft und Praxis sowie den für die Wahrnehmung der wirtschaftlichen Interessen gebildeten maßgeblichen Spitzenorganisationen der pharmazeutischen Unternehmer, den betroffenen pharmazeutischen Unternehmern, den Berufsvertretungen der Apotheker und den maßgeblichen Dachverbänden der Ärztegesellschaften der besonderen Therapierichtungen auf Bundesebene Gelegenheit zur Stellungnahme zu geben. ²Die Stellungnahmen sind in die Entscheidung einzubeziehen. ³Der Gemeinsame Bundesausschuss hat unter Wahrung der Betriebs- und Geschäftsgeheimnisse Gutachten oder Empfehlungen von Sachverständigen, die er bei Richtlinien zur Verordnung von Arzneimitteln nach Absatz 1 Satz 2 Nr. 6 sowie bei Therapiehinweisen nach Absatz 2 Satz 7 zu Grunde legt, bei Einleitung des Stellungnahmeverfahrens zu benennen und zu veröffentlichen sowie in den tragenden Gründen der Beschlüsse zu benennen.

(4) In den Richtlinien nach Absatz 1 Satz 2 Nr. 3 sind insbesondere zu regeln
1. die Anwendung wirtschaftlicher Verfahren und die Voraussetzungen, unter denen mehrere Maßnahmen zur Früherkennung zusammenzufassen sind,
2. das Nähere über die Bescheinigungen und Aufzeichnungen bei Durchführung der Maßnahmen zur Früherkennung von Krankheiten,
3. Einzelheiten zum Verfahren und zur Durchführung von Auswertungen der Aufzeichnungen sowie der Evaluation der Maßnahmen zur Früherkennung von Krankheiten einschließlich der organisierten Krebsfrüherkennungsprogramme nach § 25 a.

(5) ¹Vor der Entscheidung des Gemeinsamen Bundesausschusses über die Richtlinien nach Absatz 1 Satz 2 Nr. 8 ist den in § 111 b Satz 1 genannten Organisationen der Leistungerbringer, den Rehabilitationsträgern (§ 6 Abs. 1 Nr. 2 bis 7 des Neunten Buches) sowie der Bundesarbeitsgemeinschaft für Rehabilitation Gelegenheit zur Stellungnahme zu geben; die Stellungnahmen sind in die Entscheidung einzubeziehen. ²In den Richtlinien ist zu regeln, bei welchen Behinderungen, unter welchen Voraussetzungen und nach welchen Verfahren die Vertragsärzte die Krankenkassen über die Behinderungen von Versicherten zu unterrichten haben.

(6) ¹In den Richtlinien nach Absatz 1 Satz 2 Nr. 6 ist insbesondere zu regeln
1. der Katalog verordnungsfähiger Heilmittel,
2. die Zuordnung der Heilmittel zu Indikationen,
3. die Besonderheiten bei Wiederholungsverordnungen und
4. Inhalt und Umfang der Zusammenarbeit des verordnenden Vertragsarztes mit dem jeweiligen Heilmittelerbringer.

²Vor der Entscheidung des Bundesausschusses über die Richtlinien zur Verordnung von Heilmitteln nach Absatz 1 Satz 2 Nr. 6 ist den in § 125 Abs. 1 Satz 1 genannten Organisationen der Leistungserbringer Gelegenheit zur Stellungnahme zu geben; die Stellungnahmen sind in die Entscheidung einzubeziehen.

(6 a) ¹In den Richtlinien nach Absatz 1 Satz 2 Nr. 1 ist insbesondere das Nähere über die psychotherapeutisch behandlungsbedürftigen Krankheiten, die zur Krankenbehandlung geeigneten Verfahren, das Antrags- und Gutachterverfahren, die probatorischen Sitzungen sowie über Art, Umfang und Durchführung der Behandlung zu regeln. ²Die Richtlinien haben darüber hinaus Regelungen zu treffen über die inhaltlichen Anforderungen an den Konsiliarbericht und an die fachlichen Anforderungen des den Konsiliarbericht (§ 28 Abs. 3) abgebenden Vertragsarztes. ³Der Gemeinsame Bundesausschuss beschließt bis zum 30. Juni 2016 in den Richtlinien Regelungen zur Flexibilisierung des Therapieangebotes, insbesondere zur Einrichtung von psychotherapeutischen Sprechstunden, zur Förderung der frühzeitigen diagnostischen Abklärung und der Akutversorgung, zur Förderung von Gruppentherapien und der Rezidivprophylaxe sowie zur Vereinfachung des Antrags- und Gutachterverfahrens.

(7) ¹In den Richtlinien nach Absatz 1 Satz 2 Nr. 6 sind insbesondere zu regeln
1. die Verordnung der häuslichen Krankenpflege und deren ärztliche Zielsetzung,
2. Inhalt und Umfang der Zusammenarbeit des verordnenden Vertragsarztes mit dem jeweiligen Leistungserbringer und dem Krankenhaus,
3. die Voraussetzungen für die Verordnung häuslicher Krankenpflege und für die Mitgabe von Arzneimitteln im Krankenhaus im Anschluss an einen Krankenhausaufenthalt,

4. Näheres zur Verordnung häuslicher Krankenpflege zur Dekolonisation von Trägern mit dem Methicillin-resistenten Staphylococcus aureus (MRSA),
5. Näheres zur Verordnung häuslicher Krankenpflege zur ambulanten Palliativversorgung.

²Vor der Entscheidung des Gemeinsamen Bundesausschusses über die Richtlinien zur Verordnung von häuslicher Krankenpflege nach Absatz 1 Satz 2 Nr. 6 ist den in § 132a Abs. 1 Satz 1 genannten Leistungserbringern und zu den Regelungen gemäß Satz 1 Nummer 5 zusätzlich den maßgeblichen Spitzenorganisationen der Hospizarbeit und der Palliativversorgung auf Bundesebene Gelegenheit zur Stellungnahme zu geben; die Stellungnahmen sind in die Entscheidung einzubeziehen.

(7a) Vor der Entscheidung des Gemeinsamen Bundesausschusses über die Richtlinien zur Verordnung von Hilfsmitteln nach Absatz 1 Satz 2 Nr. 6 ist den in § 127 Absatz 6 Satz 1 genannten Organisationen der Leistungserbringer und den Spitzenorganisationen der betroffenen Hilfsmittelhersteller auf Bundesebene Gelegenheit zur Stellungnahme zu geben; die Stellungnahmen sind in die Entscheidung einzubeziehen.

(7b) ¹Vor der Entscheidung über die Richtlinien zur Verordnung von spezialisierter ambulanter Palliativversorgung nach Absatz 1 Satz 2 Nr. 14 ist den maßgeblichen Organisationen der Hospizarbeit und der Palliativversorgung sowie den in § 132a Abs. 1 Satz 1 genannten Organisationen Gelegenheit zur Stellungnahme zu geben. ²Die Stellungnahmen sind in die Entscheidung einzubeziehen.

(7c) Vor der Entscheidung über die Richtlinien zur Verordnung von Soziotherapie nach Absatz 1 Satz 2 Nr. 6 ist den maßgeblichen Organisationen der Leistungserbringer der Soziotherapieversorgung Gelegenheit zur Stellungnahme zu geben; die Stellungnahmen sind in die Entscheidung einzubeziehen.

(7d) ¹Vor der Entscheidung über die Richtlinien nach den §§ 135, 137c und § 137e ist den jeweils einschlägigen wissenschaftlichen Fachgesellschaften Gelegenheit zur Stellungnahme zu geben; bei Methoden, deren technische Anwendung maßgeblich auf dem Einsatz eines Medizinprodukts beruht, ist auch den für die Wahrnehmung der wirtschaftlichen Interessen gebildeten maßgeblichen Spitzenorganisationen der Medizinproduktehersteller und den jeweils betroffenen Medizinprodukteherstellern Gelegenheit zur Stellungnahme zu geben. ²Bei Methoden, bei denen radioaktive Stoffe oder ionisierende Strahlung am Menschen angewandt werden, ist auch der Strahlenschutzkommission Gelegenheit zur Stellungnahme zu geben. ³Die Stellungnahmen sind in die Entscheidung einzubeziehen.

(7e) ¹Bei Richtlinien nach Absatz 1 Satz 2 Nummer 9 erhalten die Länder ein Mitberatungsrecht. ²Es wird durch zwei Vertreter der Länder ausgeübt, die von der Gesundheitsministerkonferenz der Länder benannt werden. ³Die Mitberatung umfasst auch das Recht, Beratungsgegenstände auf die Tagesordnung setzen zu lassen und das Recht zur Anwesenheit bei der Beschlussfassung.

(7f) ¹Bei den Richtlinien nach Absatz 1 Satz 2 Nummer 13 und den Beschlüssen nach den §§ 136b und 136c erhalten die Länder ein Mitberatungsrecht, soweit diese Richtlinien und Beschlüsse für die Krankenhausplanung von Bedeutung sind; Absatz 7e Satz 2 und 3 gilt entsprechend. ²Vor der Entscheidung über die Richtlinien nach § 136 Absatz 1 in Verbindung mit § 136a Absatz 1 Satz 1 bis 3 ist dem Robert Koch-Institut Gelegenheit zur Stellungnahme zu geben. ³Das Robert Koch-Institut hat die Stellungnahme mit den wissenschaftlichen Kommissionen am Robert Koch-Institut nach § 23 des Infektionsschutzgesetzes abzustimmen. ⁴Die Stellungnahme ist in die Entscheidung einzubeziehen.

(8) Die Richtlinien des Gemeinsamen Bundesausschusses sind Bestandteil der Bundesmantelverträge.

Literatur:

Axer, Begründungspflichten des Gemeinsamen Bundesausschusses im Licht des SGB V, GesR 2013, 211; *Becker*, Die Steuerung der Arzneimittelversorgung im Recht der GKV, 2006; *Engelke*, Begründungspflichten des Gemeinsamen Bundesausschusses, NZS 2013, 219; *Francke/Hart*, Bewertungskriterien und -methoden nach dem SGB V, MedR 2008, 2; *Gassner*, Götterdämmerung des Gemeinsamen Bundesausschusses?, NZS 2016, 121; *Goecke*, Verfassungsrechtliche Vorgaben für die Leistungspflicht der Krankenkassen beim Off-Label-Use von Arzneimitteln, NZS 2006, 291; *Hannes*, Rechtsfolgen von Begründungsmängeln und sonstigen Fehlern im Verfahren der Normsetzung, GesR 2013, 219; *Hauck*, Gestaltung des Leistungsrechts der gesetzlichen Krankenversicherung durch das Grundgesetz? – Auswirkungen des Beschlusses des BVerfG vom 6.12.2005, NJW 2007, 1320; *Huster*, Anmerkung zu BVerfG v. 6.12.2005, 1 BvR 347/98, JZ 2006, 463; *Kingreen*, Der Gemeinsame Bundesausschuss vor dem BVerfG – Das Tor liegt in der Luft, MedR 2017, 8; *ders.*, Gerichtliche Kontrolle von Kriterien und Verfahren im Gesundheitsrecht, MedR 2007, 457; *ders.*, Verfassungsrechtliche Grenzen der Rechtsetzungsbefugnis des Gemeinsamen Bundesausschusses im Gesundheitsrecht, NJW 2006, 877; *Lege*, Anmerkung zum Urteil des BVerfG vom 10.11.2015 – 1 BvR 2056/12, Zur demokratischen Legitimation des Gemeinsamen Bundesausschusses, JZ 2016, 464; *Nitz*, Verfassungsunmittelbare Leistungsansprüche und demokratische Legitimation des G-BA, MedR 2016, 941;

Roters, Wie viel Evidenzbasierung braucht die Qualitätssicherung? Zugleich auch ein Beitrag zu den Begründungspflichten untergesetzlicher Normgebung, GesR 2012, 604; *Schlottmann*, *Haag*, Grenzen der Verbindlichkeit der Richtlinien des Gemeinsamen Bundesausschusses, NZS 2008, 524; *Schlottmann*, *Weddehage*, Verfügbarkeit medizinischer Leistungen zwischen individuellem Bedarf und allgemeiner Richtlinie des Gemeinsamen Bundesausschusses, NZS 2008, 411; *Schnapp/Wigge*, Handbuch des Vertragsarztrechts, 2006; *Seeringer*, Der Gemeinsame Bundesausschuss nach dem SGB V, 2006; *Steiner*, Verfassungsrechtliche Anforderungen an die Begründung von untergesetzlichen Rechtsnormen, GesR 2013, 193; *Stelkens*, Rechtsetzungen der europäischen und nationalen Verwaltungen in: Veröffentlichung der Vereinigung Deutscher Staatsrechtslehrer 71, 2012, S. 369; *von Wolff*, Zur Zulässigkeit von Mindestmengen am Beispiel der Versorgung von Frühgeborenen – zugleich ein Beitrag zur demokratischen Legitimation des GBA nach seiner Umstrukturierung, NZS 2009, 184; *Waldhoff*, Pflichten zur Begründung untergesetzlicher Normen im Lichte der verwaltungs- und sozialrechtlichen Rechtsprechung, GesR 2013, 197; *Wenner*, Kassen müssen jetzt bei Schwerstkranken auch für nicht anerkannte Behandlungsverfahren aufkommen, SozSich 2006, 174; *Wolff*, Die Legitimationsveränderungen des Richtlinienerlasses durch den Gemeinsamen Bundesausschuss auf der Grundlage des GKV-Modernisierungsgesetzes, NZS 2006, 281; *Wolff*, Die Steuerung der Arzneimittelverordnung des Vertragsarztes durch Therapiehinweise des Gemeinsamen Bundesausschusses, 2009; *Wolff*, Die Voraussetzungen für den Erlass selbständiger Therapiehinweise in Arzneimittel-Richtlinien gem. § 92 Abs. 2 Satz 7 SGB V, PharmR 2009, 596; *Ziermann*, Inhaltsbestimmung und Abgrenzung der Normsetzungskompetenzen des Gemeinsamen Bundesausschusses und der Bewertungsausschüsse im Recht der gesetzlichen Krankenversicherung, 2007; *Zimmermann*, Der Gemeinsame Bundesausschuss, 2012; *Zuck*, Ärztliche Masern-Impfaufklärung, GesR 2016, 673.

I. Allgemeines 1	2. Arzneimittelversorgung (Abs. 2, 2 a, 3, 3 a) 17
1. Entstehungsgeschichte, Struktur der Norm. 1	3. Früherkennung (Abs. 4) 38
2. Richtlinien 5	4. Rehabilitation (Abs. 5 S. 2) 41
a) Verbindlichkeit 5	5. Heilmittel (Abs. 6 S. 1) 42
b) Rechtsschutz 8	6. Psychotherapie (Abs. 6 a) 44
II. Basis-Ermächtigung (Abs. 1) 12	7. Häusliche Krankenpflege (Abs. 7 S. 1).. 56
III. Besondere gesetzliche Vorgaben 16	IV. Stellungnahmerechte, Mitberatungsrecht ... 57
1. Zahnärztliche Behandlung (Abs. 1 a) ... 16	

I. Allgemeines

1. Entstehungsgeschichte, Struktur der Norm. § 91 ist mit dem Gesetz zur Strukturreform im Gesundheitswesen (GRG) vom 20.12.1988[1] am 1.1.1989 in Kraft getreten. In der RVO fand sich die Regelung in § 368 p. § 91 hat zahlreiche Änderungen erfahren, mit denen vor allem der Umfang der Regelungsgegenstände zugenommen hat und die Richtlinienkompetenz des G-BA sukzessive erweitert worden ist.[2] Der Gesetzgeber erweiterte etwa mit dem Gesetz zur Weiterentwicklung der Krebsfrüherkennung und zur Qualitätssicherung durch klinische Krebsregister vom 3.4.2013 (Krebsfrüherkennungs- und -registergesetz – KFRG)[3] in Abs. 1 S. 2 Nr. 3 die Kompetenz des G-BA und zwar um die Qualitätssicherung von Früherkennungsuntersuchungen und Durchführung organisierter Krebsfrüherkennungsprogramme nach § 25 a einschließlich der systematischen Erfassung, Überwachung und Verbesserung der Qualität dieser Programme. Auf weitere gesetzliche Änderungen – vor allem jüngeren Datums – wird bei den Kommentierungen der einzelnen Abs. hingewiesen. 1

§ 92 ist für die dem G-BA gesetzlich zugewiesene Verpflichtung und Berechtigung, durch Rechtsetzung in Form von Richtlinien (→ § 91 Rn. 23 ff.) den Umfang der medizinischen Versorgung in der GKV festzulegen, die zentrale Norm.[4] Abs. 1 ist dabei die Basis-Ermächtigungsgrundlage für den G-BA. Während Abs. 1 S. 1 die materiellrechtlichen Eckpfeiler seiner Richtlinientätigkeit formuliert, enthält Abs. 1 S. 2 einen nicht abschließenden („insbesondere") Katalog an Regelungsgegenständen, zu denen der G-BA Richtlinien erlässt.

Die Basis-Ermächtigungsgrundlage steht nicht isoliert für sich, sondern sie ist im Zusammenhang mit weiteren gesetzlichen Regelungen zu sehen, durch die sie konkretisiert wird oder die weiter gehende Vorgaben formulieren. Diese Konkretisierungen oder weitergehenden Vorgaben finden sich in den übrigen Bestimmungen des § 92 (insbesondere in Abs. 1 a, 2, 2 a, 4, 5, 6 a, 7), aber darüber hinaus auch 2

---

1 BGBl. I, 2477.
2 Vgl. mwN Wiegand in: jurisPK-SGB V, § 92 Rn. 2 f.
3 BGBl. I, S. 617.
4 Vgl. Roters in: KassKomm, § 92 SGB V Rn. 2.

in weiteren Normen des SGB V, die an die Regelungsgegenstände des Richtlinienkatalogs anknüpfen. Es handelt sich dabei um Normen aus dem Leistungsrecht sowie aus dem Leistungserbringungsrecht.[5] Im Leistungserbringungsrecht sind die §§ 135 Abs. 1, 136, 137c von wesentlicher Bedeutung. Ein Schwerpunkt in den übrigen Bestimmungen des § 92 liegt in den Regelungen zur Arzneimittelversorgung. Die Abs. 2 bis 3a beziehen sich (fast) ausschließlich auf diese.

3 Des Weiteren enthält § 92 Verfahrensrechte. Eingeräumt werden richtlinienbezogene Stellungnahmerechte (Abs. 1a s. 6, 1b, 3a, 5, 6 S. 2, 7 S. 2, 7a, 7b, 7c, 7d, 7f) sowie ein richtlinienbezogenes Mitberatungsrecht der Länder (Abs. 7e). Die Einräumung von Stellungnahmerechten ist bereits aus § 91 bekannt (→ Rn. 55 ff., 61 ff., 75 ff.).

4 Schließlich regelt Abs. 8, dass die Richtlinien Bestandteil der Bundesmantelverträge sind (→ Rn. 7).

5 **2. Richtlinien. a) Verbindlichkeit.** Der Begriff „Richtlinie" steht für die rechtsetzende Tätigkeit des G-BA. Es handelt sich bei „Richtlinien" um Rechtsnormen im materiellen Sinne (abstrakt-generelle Regelungen mit Außenwirkung), vgl. → § 91 Rn. 23 ff., 65 und 7. Die rechtsetzende Tätigkeit des G-BA wird allerdings im SGB V nicht ausschließlich mit dem Begriff „Richtlinie" erfasst, vgl. → § 91 Rn. 25. Der G-BA ist Teil der mittelbaren Staatsverwaltung und übt sog administrative Rechtsetzung[6] aus.

6 Das BSG geht seit der Methadon-Entscheidung[7] von der **normgleichen Verbindlichkeit der Richtlinien** aus, vgl. die näheren Ausführungen unter → § 91 Rn. 66 mwN Die verfassungsrechtliche Legitimation des G-BA[8] zur verbindlichen Außenrechtsetzung wird weiterhin, trotz des zwischenzeitlich eingefügten § 91 Abs. 6 (→ § 91 Rn. 64 ff.), in der Literatur angegriffen (→ § 91 Rn. 66 mwN). Das BVerfG hat sich dazu in der Vergangenheit nicht eindeutig positioniert.[9] Allerdings hat die Debatte um die demokratische Legitimation des G-BA zur Rechtsetzung mit der Entscheidung des BVerfG vom 10.11.2015[10] neuen Wind bekommen.[11] Wichtige Hinweise enthält die Entscheidung zudem – inhaltlich jüngst noch mal bestätigt durch einen Beschluss vom 11.4.2017[12] – im Hinblick auf den subjektivrechtlichen Grundrechtsschutz (im Einzelnen → § 91 Rn. 66).

7 Nach Abs. 8 sind die Richtlinien des G-BA kraft Gesetzes Bestandteil der Bundesmantelverträge. Gemäß § 82 Abs. 1 S. 2 ist der Inhalt der Bundesmantelverträge Bestandteil der Gesamtverträge, so dass die Bundesmantelverträge an der normativen Wirkung der Gesamtverträge teilnehmen. Die normative Wirkung der Gesamtverträge besteht nicht nur zwischen den Vertragspartnern, sondern sie erstreckt sich auf die Krankenkassen (vgl. § 83 S. 1 „mit Wirkung für"). Auf Seiten der an der vertragsärztlichen Versorgung teilnehmenden Leistungserbringer sieht § 95 Abs. 3 S. 3 die Verbindlichkeit der vertraglichen Bestimmungen vor. Zudem regelt der Gesetzgeber in § 81 Abs. 3, dass die Satzungen der Kassenärztlichen Vereinigungen zwingend Bestimmungen enthalten müssen, nach denen die Verträge und die Richtlinien des G-BA für die Kassenärztliche Vereinigung und ihre Mitglieder verbindlich sind. Die Verbindlichkeit der Richtlinien des G-BA wird folglich mehrfach abgesichert, vgl. wie erwähnt auch § 91 Abs. 6 (→ Rn. 64 ff.).

---

5 Vgl. die Übersicht von Schmidt-De Caluwe in: Becker/Kingreen, § 92 Rn. 3.
6 Vgl. allg. zur administrativen Rechtsetzung: Stelkens, S. 369 ff.; Eberhard Schmidt-Assmann, S. 58 ff.
7 BSG, 20.3.1996, 6 RKa 62/94, SozR 3-2500 § 92 Nr. 6 (Methadon); vgl. auch BSG, 16.9.1997, ua: BSGE 81, 54, 63 ff.; BSGE 81, 73, 81 ff. (Septemberurteile).
8 Zu dieser Frage ist umfangreich veröffentlicht worden, zB: Axer, Die verfassungsrechtliche Stellung des Gemeinsamen Bundesausschusses im System der Gesetzlichen Krankenversicherung, RPG 2013, 3 ff.; Butzer/Kaltenborn, Die demokratische Legitimation des Bundesausschusses der Ärzte und Krankenkassen, MedR 2001, 333 ff.; Engelmann, Untergesetzliche Normsetzung im Recht der gesetzlichen Krankenversicherung durch Verträge und Richtlinien NZS 2000, 1 ff.; Hase, Verfassungsrechtliche Bewertung der Normsetzung durch den Gemeinsamen Bundesausschuss, MedR 2005, 391 ff.; Kingreen, Legitimation und Partizipation im Gesundheitswesen – Verfassungsrechtliche Kritik und Reform des Gemeinsamen Bundesausschusses, NZS 2007, 113 ff.; Kingreen, Verfassungsrechtliche Grenzen der Rechtsetzungsbefugnis im des Gemeinsamen Bundesausschusses im Gesundheitsrecht, NJW 2006, 877 ff.; Seeringer, S. 180 ff.; Schimmelpfeng-Schütte in: Schnapp/Wigge, § 7 Rn. 40; Schimmelpfeng-Schütte, Richtliniengebung durch den Bundesausschuss der Ärzte und Krankenkassen und demokratische Legitimation, NZS 1999, 530 ff.; Schmidt-De Caluwe in: Becker/Kingreen, § 91 Rn. 98; Wigge, Legitimation durch Partizipation, NZS 2001, 578 ff.; Ziermann, S. 73 ff.; Zimmermann, S. 107 ff.
9 Vgl. BVerfG, 12.12.2012, 1 BvR 69/09, GesR 2013, 245, 249.
10 BVerfG, 1 BvR 2056/12.
11 Gassner, NZS 2016, 121 ff.; Kingreen, MedR 2017, 8 ff.; Lege, JZ 2016, 464 ff.; Nitz, MedR 2016, 941 ff.; Zuck, GesR 2016, 673 ff.
12 BVerfG, 1 BvR 452/17, juris Rn. 22 f.

b) **Rechtsschutz.** Der sozialgerichtliche Rechtsschutz kann sich stets dann unmittelbar gegen die 8
Richtlinien des G-BA richten, sofern eine solche direkte Klagemöglichkeit gesetzlich ausdrücklich vorgesehen ist, vgl. zB § 92 Abs. 3 S. 1 (Klagen pharmazeutischer Unternehmer gegen die Zusammenstellung von Arzneimitteln), → Rn. 35.

Im Übrigen erfolgt der sozialgerichtliche Rechtsschutz gegen Richtlinien des G-BA,[13] qualifiziert als 9
untergesetzliche Rechtsnormen, grundsätzlich nur über ihre **inzidente Kontrolle**. Ein unmittelbares Vorgehen gegen die Richtlinien und den G-BA scheidet regelmäßig aus, so dass sich die Klage von Vertragsärzten, Krankenhäusern oder Versicherten meist gegen den individuellen *Vollzugs*akt, der gestützt auf die Richtlinie erlassen worden ist, selbst richten muss. Ausnahmsweise kann über eine Feststellungsklage (§ 55 SGG) unmittelbar gegen die Richtlinien und den G-BA vorgegangen werden, sofern nur so effektiver Rechtsschutz gewährt wird. Während in verwaltungsgerichtlichen Verfahren über § 47 VwGO die Möglichkeit einer eigenständigen Normenkontrollklage besteht, ist im SGG eine solche Klageart nicht vorgesehen.[14] Der Gesetzgeber sah für die Schaffung einer § 47 VwGO entsprechenden Norm im SGG im Zuge des Gesetzgebungsverfahrens zur Änderung des SGG und des Arbeitsgerichtsgesetzes vom 26.3.2008[15] keine Notwendigkeit.[16] Er hielt es für ausreichend, dass das BSG die Zulässigkeit solcher Rechtsstreitigkeiten, die als Feststellungsklage zu führen seien, im Einzelnen dargestellt[17] und dabei den Anforderungen des BVerfG, wonach fachgerichtlicher Rechtsschutz gegen untergesetzliche Rechtssätze in bestimmten Fällen unter Beachtung von Art. 19 Abs. 4 S. 1 GG möglich sein müsse, Rechnung getragen habe.[18] Die Einfügung der Zuständigkeitsregelung in § 29 Abs. 4 Nr. 3 SGG belegt im Übrigen, dass unmittelbarer Rechtsschutz gegen Richtlinien und Entscheidungen des G-BA möglich ist.[19]

In den Entscheidungen zu den gerichtlichen Verfahren von Krankenhäusern gegen den G-BA im Zu- 10
sammenhang mit den Mindestmengen hat das BSG seine ständige Rechtsprechung bestätigt, dass es die Rechtsschutzgarantie des Art. 19 Abs. 4 gebiete, die **Feststellungsklage gegen untergesetzliche Rechtsnormen des G-BA** als statthaft zuzulassen, wenn die Normbetroffenen ansonsten keinen effektiven Rechtsschutz erreichen könnten, etwa weil ihnen nicht zuzumuten ist, Vollzugsakte zur Umsetzung der untergesetzlichen Norm abzuwarten oder die Wirkung der Norm ohne anfechtbare Vollzugsakte eintritt.[20] Unter Heranziehung des Rechtsgedankens in § 54 Abs. 1 S. 2 SGG reiche es für das Feststellungsinteresse aus, wenn eine Rechtsverletzung möglich ist.[21] Eine Klagebefugnis in diesem Sinne sei bereits dann gegeben, wenn nicht ausgeschlossen werden könne, dass die Mindestmengenregelung eine eigene Rechtsverletzung des Krankenhauses begründe.[22]

Das BSG stellt in einer Entscheidung über die Klage eines Arzneimittelherstellers gegen die AM- 11
RL klar, dass mit der Feststellungsklage nicht nur die Unwirksamkeit einer untergesetzlichen Rechtsnorm, sondern auch deren **fehlerhafte Auslegung oder Anwendung** sowie ein Anspruch auf deren Änderung geltend gemacht werden kann.[23] Die Vorinstanz hatte hingegen die Rechtsauffassung vertreten, mit einer Feststellungsklage könne nur die Unwirksamkeit einer untergesetzlichen Rechtsnorm, nicht aber deren fehlerhafte Auslegung oder Anwendung geltend gemacht werden.[24] Unter ausdrücklicher Aufgabe seiner bisherigen Rechtsprechung geht das BSG ferner in seiner Entscheidung zur hyperbaren Sauerstofftherapie (HBO) davon aus, dass bei einem Klageziel, welches auf Erlass einer Norm oder auf Änderung einer Richtlinie des G-BA gerichtet ist, nicht mehr die allgemeine (echte) Leistungsklage nach § 54 Abs. 5 SGG die statthafte Klageart ist, sondern (im Einklang mit der Rechtsprechung des

---

13 Hierzu umfassend bereits: Wiegand in: jurisPK-SGB V, § 92 Rn. 89 ff.; Schmidt-De Caluwe in: Becker/Kingreen, § 92 Rn. 18 ff.
14 Vgl. aber die zwischenzeitlich in § 55 a SGG vorgesehene Klagemöglichkeit.
15 BGBl. I, 444.
16 BT-Dr. 16/7716, 16.
17 BT-Dr. 16/7716, 16 unter Verweis auf BSG, 31.5.2006, B 6 KA 13/05 R.
18 BT-Dr. 16/7716, 16 unter Verweis auf BVerfG, 17.1.2006, 1 BvR 541/02.
19 So BSG, 12.9.2012, B 3 KR 10/12 R (Knie-TEP), juris Rn. 24.
20 BSG, 12.9.2012, B 3 KR 10/12 R (Knie-TEP), juris Rn. 24 mwN; BSG, 18.12.2012, B 1 KR 34/12 R (Perinatalzentren), juris Rn. 11; beide Entscheidungen jeweils mwN zur Rspr. des BSG, ua: BSG, 14.12.2011, B 6 KA 29/10 R.
21 BSG, 18.12.2012, B 1 KR 34/12 R (Perinatalzentren), juris Rn. 16.
22 BSG, 18.12.2012, B 1 KR 34/12 R (Perinatalzentren), juris Rn. 16.
23 So BSG, 14.12.2011, B 6 KA 29/10 R, juris Rn. 19 ff.
24 Vgl. BSG, 14.12.2011, B 6 KA 29/10 R, juris Rn. 19.

BVerfG[25] und des BVerwG)[26] Feststellungsklage zu erheben ist.[27] In der HBO-Entscheidung verneinte das BSG ein Feststellungsinteresse der Anbieter von Druckkammern mit der Begründung, dass die Möglichkeit einer Verletzung in eigenen subjektiven Rechten unter keinem Gesichtspunkt gegeben sei.[28] Die Verweigerung einer positiven Empfehlung nach § 135 Abs. 1 sei kein Eingriff in ihr Grundrecht der Berufsausübungsfreiheit nach Art. 12 Abs. 1 GG und greife auch ansonsten nicht in deren eigenrechtlich geschützte Belange ein.[29] Insoweit bestünden zwischen den Anbietern von Druckkammern, den Herstellern und Vertreibern von Arzneimitteln, Medizinprodukten und Hilfsmitteln keine Unterschiede; alle seien potenzielle Marktteilnehmer.[30] Das BSG beruft sich dabei auf die Entscheidung des BVerfG zur Festbetragsfestsetzung.[31]

II. Basis-Ermächtigung (Abs. 1)

12 Die in Abs. 1 verankerte Basis-Ermächtigung an den G-BA stellt in Abs. 1 S. 1 materiellrechtliche Vorgaben für dessen Richtlinientätigkeit auf und enthält in Abs. 1 S. 2 einen Richtlinienkatalog, der Regelungsgegenstände beispielhaft benennt (→ Rn. 15).

13 Das Recht der GKV insgesamt wird durch verschiedene elementare Prinzipien bestimmt, die Abs. 1 S. 1 als materiellrechtliche Vorgaben für die Richtlinientätigkeit des G-BA aufgreift. Zu nennen ist das **Wirtschaftlichkeitsprinzip im weiteren Sinne**, welches sich aus den einzelnen Merkmalen „ausreichend", „zweckmäßig", „wirtschaftlich" und „notwendig" zusammensetzt (vgl. auch §§ 2 Abs. 4, 12 Abs. 1, 70 Abs. 1, 72 Abs. 2). Darüber hinaus müssen die Leistungen dem vom SGB V eingeforderten Qualitätsniveau, nämlich dem „allgemein anerkannten Stand der medizinischen Erkenntnisse" (vgl. auch §§ 2 Abs. 1 S. 3, 70 Abs. 1), entsprechen und sie müssen einen (medizinischen) „Nutzen" (vgl. auch § 135 Abs. 1 Nr. 1 Hs. 1) haben. Wenngleich eine begriffliche Äquivalenz zwischen den verschiedenen Begriffen nicht vorliegt, so können sie gleichwohl nicht separiert voneinander betrachtet werden, weil zwischen ihnen begriffliche Beziehungen bestehen.[32] Auf den Bedeutungsgehalt der jeweiligen Begriffe kann hier nicht näher eingegangen werden. Auf die entsprechenden Kommentierungen wird verwiesen. Es lässt sich jedoch festhalten, dass die Begrifflichkeiten, zu denen keine Legaldefinitionen vorhanden sind, unpräzise sind und es auch deshalb überaus schwierig ist, ihr begriffliches Verhältnis zueinander zu bestimmen. Aufgrund der vagen normativen Vorgaben kommt dem G-BA ein entsprechend weiter Gestaltungsspielraum zu. In diesem Rahmen ist es dem G-BA möglich, wie es Abs. 1 S. 1 auch ausdrücklich vorsieht, dass er Leistungen „einschränken" oder auch gänzlich „ausschließen" kann. Der Gestaltungsspielraum des G-BA wird wesentlich verstärkt durch § 91 Abs. 4 Nr. 1, wonach der G-BA zum Erlass einer VerfO ermächtigt wird, in der er ua die methodischen Anforderungen an die wissenschaftliche Bewertung des Nutzens, einschließlich der Bewertungen nach den §§ 35 a, 35 b, festlegen kann (→ § 91 Rn. 43 ff.).

14 Abs. 1 S. 1 Hs. 2 hebt weiter für jegliche Richtlinientätigkeit des G-BA hervor, dass er den besonderen Erfordernissen der Versorgung behinderter oder von Behinderung bedrohter Menschen und psychisch Kranker Rechnung zu tragen hat. Besonders soll dies für die Richtlinien gelten, die sich auf die Leistungen zur Belastungserprobung und Arbeitstherapie beziehen.

15 Abs. 1 S. 2 enthält einen Richtlinienkatalog, der Regelungsgegenstände beispielhaft benennt. Die derzeit in Kraft befindlichen, zahlreichen Richtlinien des G-BA werden hier nicht im Einzelnen aufgelistet. Stattdessen wird auf die Homepage des G-BA verwiesen, über die die Richtlinien abgerufen werden können.[33] Die nachfolgende Kommentierung beschränkt sich auf den Regelungsgehalt der weiteren Absätze des § 92. Darüber hinaus sind die Kommentierungen zu den weiteren Normen des SGB V heran zu ziehen, die an die Regelungsgegenstände des § 92 anknüpfen (→ Rn. 2).

---

25 BVerfGE 115, 81, 96.
26 BVerwG, 4.7.2002, 2 C 13/01, NVwZ 2002, 1505 ff.
27 BSG, 21.3.2012, B 6 KA 16/11 R.
28 BSG, 21.3.2012, B 6 KA 16/11 R, juris Rn. 30 ff. Dazu mit kritischer Anm. und Verweis auf den gegenüber der Diätassistenten-Entscheidung (BSG, 28.6.2000, NZS 2001, 590 ff.) erfolgten Rückschritt: Wigge, Neue Aspekte der Methodenbewertung nach § 135 Abs. 1 SGB V – am Beispiel der hyperbaren Sauerstofftherapie (HBO), MPR 2013, 1, 3.
29 BSG, 21.3.2012, B 6 KA 16/11 R, juris Rn. 32.
30 BSG, 21.3.2012, B 6 KA 16/11 R, juris Rn. 32.
31 Vgl. BVerfG, 17.12.2002, 1 BvL 28/95, 1 BvL 29/95, 1 BvL 30/95, BVerfGE 106, 275 ff.
32 Vgl. Huster, Qualitätssicherung als staatliche Aufgabe – Zum Verhältnis von Qualität und Wirtschaftlichkeit im Recht der gesetzlichen Krankenversicherung VSSR 2013, 327 ff.
33 S. www.g-ba.de (zuletzt abgerufen am 1.5.2017).

III. Besondere gesetzliche Vorgaben

1. Zahnärztliche Behandlung (Abs. 1 a). Abs. 1 a knüpft an die Richtlinienkompetenz des G-BA im Bereich der zahnärztlichen Behandlung nach Abs. 1 S. 2 Nr. 2 an. Der G-BA wird im Bereich der zahnärztlichen Behandlung konkreter gesteuert, als man dies bei anderen Regelungsgegenständen gewöhnt ist. Diese konkretere Steuerung wird dadurch erreicht, dass die Richtlinien zum einen auf der Grundlage (auch) von externem, zahnmedizinisch-wissenschaftlichem Sachverstand zu beschließen sind (Abs. 1 a S. 2) und zum anderen die Rechtsaufsicht des Bundesministeriums für Gesundheit (BMG) verschärft wird (Abs. 1 a S. 3). Das BMG kann gemäß Abs. 1 a S. 3 dem G-BA vorgeben, einen bestimmten Beschluss innerhalb einer angemessenen Frist zu fassen oder zu überprüfen. Durch diese Befugnis wird seine Rechtsaufsicht nach § 94 ergänzt. Ausweislich des Gesetzesentwurfs zur GKV-Gesundheitsreform 2000 soll „die Möglichkeit der jeweiligen Selbstverwaltungspartner, Entscheidungen zu blockieren", verringert werden.[34] Offenbar wurde die Notwendigkeit gesehen, die Kontrolle über die Selbstverwaltung zu intensivieren. Kommt der G-BA der Beschlussfassung oder Beschlussüberprüfung nicht fristgerecht nach, wird nach Abs. 1 a S. 4 eine Schiedsstelle aus den Mitgliedern des G-BA gebildet, die sehr zügig, nämlich innerhalb von 30 Tagen, die angeforderte Entscheidung trifft. Die Schiedsstelle besteht aus einem unparteiischen Vorsitzenden, den zwei weiteren unparteiischen Mitgliedern des G-BA und je einem von der KZBV und dem SpiBuKK bestimmten Vertreter, vgl. Abs. 1 a S. 5.

16

2. Arzneimittelversorgung (Abs. 2, 2 a, 3, 3 a). Die Regelungen in den Abs. 2, 2 a, 3 und 3 a stehen im Zusammenhang mit der Richtlinienkompetenz des G-BA zum Erlass einer Arzneimittel-Richtlinie (AM-RL)[35] nach Abs. 1 S. 2 Nr. 6. Die Richtlinie regelt die Arzneimittelverordnung in der vertragsärztlichen Versorgung[36] und gilt auch für die Versorgung mit Arzneimitteln in Einrichtungen nach § 116 b, vgl. § 1 AM-RL. Sie konkretisiert den Inhalt und Umfang der Leistungspflicht der GKV in den genannten Versorgungsbereichen auf der Grundlage des Wirtschaftlichkeitsgebots und des Qualitätsgebots,[37] vgl. § 2 Abs. 1 S. 1 AM-RL. Für diese Konkretisierungen stehen dem G-BA im verschiedene Konkretisierungsinstrumente zur Verfügung (Verordnungsausschluss, Verordnungseinschränkung, Therapiehinweis).[38] Die AM-RL stellt darüber hinaus auch zB die sich unmittelbar aus dem Gesetz ergebenden Verordnungseinschränkungen und -ausschlüsse zusammenfassend dar, vgl. § 2 Abs. 2 Nr. 2 AM-RL. Auf die in § 2 Abs. 2 AM-RL genannten weiteren Regelungsbereiche sowie auf die Anlagen I bis XII der AM-RL wird verwiesen. In der Richtlinie finden sich daher die zahlreichen Steuerungsinstrumente der Arzneimittelversorgung der GKV wieder.[39] Im Zuge der Erläuterung der Richtlinie und zur Klärung der Bedeutung ihrer Regelungen, die auf ganz unterschiedliche Rechtsgrundlagen zurückgehen, wird insofern auch auf einige Steuerungsinstrumente der Arzneimittelversorgung der GKV eingegangen. Dies erfolgt hier jedoch nur im Überblick und nicht abschließend. Im Übrigen wird auf die Kommentierungen zu den betreffenden Normen verwiesen.

17

Der Leistungsanspruch des Versicherten mit Arzneimitteln versorgt zu werden, ergibt sich aus § 27 Abs. 1 S. 2 Nr. 3 und wird gesetzlich insbesondere durch die §§ 31, 34 näher spezifiziert. Nach § 31 Abs. 1 S. 1 haben Versicherte Anspruch auf Versorgung mit apothekenpflichtigen Arzneimitteln, soweit sie nicht nach § 34 oder durch Richtlinien des G-BA nach § 92 Abs. 1 S. 2 Nr. 6 ausgeschlossen sind.

18

§ 31 Abs. 1 S. 1 setzt voraus, dass es sich um ein „apothekenpflichtiges" Arzneimittel[40] handelt. Freiverkäufliche Arzneimittel sind folglich von der Leistungspflicht der GKV ausgenommen. Die Rechtsprechung des BSG geht zudem davon aus, dass die Beanspruchung von Arzneimitteln zulasten der GKV grundsätzlich voraussetzt, dass diese über eine arzneimittelrechtliche Zulassung verfügen.[41] Eine

19

---

34 BT-Dr. 14/1245, 74.
35 In der Fassung vom 18.12.2008/22.1.2009, veröffentlicht im BAnz 2009, Nr. 49 a, zuletzt geändert am 5.12.2013, BAnz AT 27.12.2013 B3, in Kraft getreten am 5.12.2013.
36 Ohne Arzneimittelverordnung entsteht kein Anspruch auf die Versorgung mit einem Arzneimittel, vgl. BSG, 19.11.1996, 1 RK 15/96, SozR 3-2500 § 13 Nr. 13. Die Verordnung von Arzneimitteln ist nach § 73 Abs. 2 S. 1 Nr. 7 Teil der vertragsärztlichen Versorgung.
37 Allgemein anerkannter Stand der medizinischen Erkenntnisse, vgl. §§ 2 Abs. 1 S. 3, 70 Abs. 1.
38 Dazu näher Hauck, GesR 2011, 69 ff.
39 So Roters in: KassKomm, § 9 SGB V Rn. 33. Zu den Steuerungsinstrumenten insgesamt: Becker, Steuerungsinstrumente des G-BA im Rahmen der Arzneimittelversorgung, MedR 2010, 218 ff.; Becker, S. 145 ff.
40 Zum Begriff des Arzneimittels im Sinne des SGB V und des AMG sowie mit umfangreichen Nachweisen zur Rechtsprechung Nolte in: KassKomm, § 31 SGB V Rn. 9.
41 Mit umfangreichen Nachw. zur Rspr. Nolte in: KassKomm, § 31 SGB V Rn. 10 ff.

arzneimittelrechtliche Zulassung wird nur dann erteilt, wenn die Wirksamkeit und die Unbedenklichkeit des Arzneimittels nachgewiesen worden ist. Liegt keine Zulassung vor, obgleich das Arzneimittel zulassungspflichtig ist, steht die Wirksamkeit und Unbedenklichkeit des Arzneimittels nicht fest (sog „negative Vorgreiflichkeit" der Arzneimittelzulassung). Dies bedeutet gleichzeitig, dass dem Arzneimittel die Zweckmäßigkeit und Wirtschaftlichkeit im Sinne der GKV fehlt.[42] Liegt ein Off-Label-Use vor, kann das Arzneimittel gleichwohl von der Leistungspflicht der GKV erfasst sein, allerdings nur unter sehr eingeschränkten Voraussetzungen (→ Rn. 30).

20 Das Gesetz selbst schließt bestimmte Arzneimittel von der GKV-Versorgung gänzlich aus oder lässt ihre Inanspruchnahme in bestimmten Ausnahmefällen zu. **Nicht verschreibungspflichtige Arzneimittel** (sog OTC[43]-Arzneimittel) sind von der GKV-Versorgung nach § 34 Abs. 1 S. 1 **ausgeschlossen**. Verfassungsrechtlich ist der Ausschluss nicht zu beanstanden und zwar auch dann nicht, wenn der gesetzlich Versicherte an einer chronischen Erkrankung leidet.[44] Die Regelung gilt allerdings nach § 34 Abs. 1 S. 5 nicht für Kinder bis zum vollendeten 12. Lebensjahr und Jugendliche mit Entwicklungsstörungen bis zum vollendeten 18. Lebensjahr. Ferner wird der G-BA ermächtigt, in den AM-RL zu regeln, welche nicht verschreibungspflichtigen Arzneimittel, die bei der Behandlung schwerwiegender Erkrankungen als Therapiestandard gelten, **ausnahmsweise vom Vertragsarzt verordnet** werden können, vgl. § 34 Abs. 1 S. 2. Diese sog **OTC-Übersicht** findet sich in der Anlage I der AM-RL, die sich auf den Abschnitt F der AM-RL bezieht. Darüber hinaus schließt das Gesetz für Versicherte, die das 18. Lebensjahr vollendet haben, auch verschreibungspflichtige Arzneimittel von der GKV-Versorgung aus, vgl. § 34 Abs. 1 S. 6. Dieser **gesetzliche Ausschluss** bezieht sich auf bestimmte Indikationen (zB Erkältungskrankheiten, grippale Infekte) oder Gruppen von Arzneimitteln (zB Mund- und Rachentherapeutika), die eher dem **Bagatellbereich** zugeordnet werden. Der G-BA hat diese Regelung in § 13 AM-RL aufgegriffen und teilweise weiter konkretisiert. Nach § 34 Abs. 1 S. 7 sind ferner die sog **Life-Style-Arzneimittel**, bei deren Anwendung eine Erhöhung der Lebensqualität im Vordergrund steht (zB Arzneimittel zur Steigerung der sexuellen Potenz oder zur Raucherentwöhnung), von der GKV-Versorgung ausgeschlossen, vgl. § 14 AM-RL. Eine Übersicht der ausgeschlossenen Life-Style-Arzneimittel findet sich in der Anlage II der AM-RL.

21 Die untergesetzlichen Verordnungseinschränkungen und -ausschlüsse durch Rechtsverordnungen des Bundesministeriums für Gesundheit auf der Grundlage der gesetzlichen Ermächtigungen in § 34 Abs. 2 (aF) und Abs. 3 (aF) sind mit dem Inkrafttreten des AMNOG weggefallen und daher überholt (→ § 93 Rn. 1 ff. – Negativliste des G-BA). § 15 AM-RL ist an diese Rechtsentwicklung noch nicht angepasst.

22 Zu den untergesetzlichen Verordnungseinschränkungen und -ausschlüssen zählen auch diejenigen, die durch die AM-RL des G-BA selbst erfolgen, vgl. in der AMR-RL Abschnitt H, § 16 AM-RL, Anlage III. Diese Verordnungseinschränkungen und -ausschlüsse gehen auf die gesetzliche Ermächtigungsgrundlage in Abs. 1 S. 1 Hs. 4 zurück, die ausschließlich Arzneimittel betrifft und gegenüber der Regelung in Abs. 1 S. 1 Hs. 3 spezieller ist. Die materiellrechtlichen Anforderungen des Gesetzgebers sind dabei auf folgende Merkmale beschränkt: Der G-BA muss entweder die Unzweckmäßigkeit des Arzneimittels nachweisen oder es muss eine andere, wirtschaftlichere Behandlungsmöglichkeit mit vergleichbarem diagnostischen oder therapeutischen Nutzen verfügbar sein.

23 Erst im Zuge des AMNOG ist dem G-BA die Möglichkeit entzogen worden, die Verordnungsfähigkeit eines Arzneimittels über Abs. 1 wegen **fehlenden Nutzennachweises** durch den pharmazeutischen Unternehmer einzuschränken oder auszuschließen. Der G-BA hat diese gesetzliche Änderung mit umfangreicher Begründung kritisiert.[45] Bei anderen Leistungen als Arzneimittel besteht die Möglichkeit unverändert fort, vgl. Abs. 1 S. 1 Hs. 3. Im ursprünglichen Entwurf zum AMNOG war diese Beschränkung der Bewertungskompetenz des G-BA noch nicht enthalten.[46] Sie wurde erst im Laufe des Gesetzgebungsverfahrens eingebracht.[47] Ausweislich der Begründung ist der medizinische Nutzen eines zulassungspflichtigen Arzneimittels bereits durch seine Zulassung[48] belegt.[49] Die Bewertungskompetenz des

---

42 So zum Beispiel BSG (D-Ribose), 4.4.2006, B 1 KR 12/04 R, juris Rn. 22 mwN, SozR 4-2500, § 27 Nr. 7.
43 Over-the-counter.
44 So BVerfG, 12.12.2012, 1 BvR 69/09, GesR 2013, 245 ff.
45 G-BA-Newsletter Nr. 09, September 2010. Der Newsletter kann unter http://www.g-ba.de/institution/presse/newsletter/ abgerufen werden.
46 Vgl. BT-Dr. 17/2413, 8.
47 Vgl. BT-Dr. 17/3698, 19, 52.
48 Durch die europäische Zulassungsbehörde EMA oder das Bundesinstitut für Arzneimittel und Medizinprodukte.
49 So BT-Dr. 17/3698, 52.

G-BA beschränkt sich daher auf die Bewertung des *Zusatz*nutzens des Arzneimittels gegenüber Therapiealternativen und auf die Zweckmäßigkeit.[50] Für den Nachweis der Unzweckmäßigkeit gelten die Anforderungen in § 35 Abs. 1 b S. 4 und S. 5 entsprechend.[51] Bei unsicherer Datenlage wird ein Verordnungsausschluss als nicht verhältnismäßig angesehen.[52] Der G-BA kann in diesem Fall einen Therapiehinweis nach Abs. 2 beschließen.[53] Die eingeschränkte Bewertungskompetenz des G-BA nach Abs. 1 S. 3 Hs. 4 wird flankiert durch den im Zuge des AMNOG zeitgleich vorgeschlagenen Abs. 2 a (→ Rn. 33 f.).[54] Die Regelung ermächtigt den G-BA von dem pharmazeutischen Unternehmer ergänzende versorgungsrelevante Studien innerhalb einer angemessenen Frist zur Bewertung der Zweckmäßigkeit des Arzneimittels zu fordern. Die nicht oder nicht rechtzeitige Vorlage der Studien berechtigt den G-BA zum Verordnungsausschluss. Die Unzweckmäßigkeit des Arzneimittels muss mithin entgegen Abs. 1 S. 1 Hs. 4 nicht nachgewiesen werden.

Die genannten materiellrechtlichen Anforderungen an den G-BA in Abs. 1 S. 1 Hs. 4 wiederum werden ergänzt um diejenigen, die sich aus Abs. 2 S. 11 und S. 12 ergeben. Über Abs. 2 S. 11 muss die Wirtschaftlichkeit vorrangig über einen Festbetrag (§ 35) hergestellt werden. Diesem preisbezogenen Steuerungsinstrument kommt folglich ein rechtlicher Vorrang gegenüber Verordnungseinschränkungen oder -ausschlüssen zu. Der G-BA muss, bevor er eine Verordnungseinschränkung oder einen Verordnungsausschluss regelt, prüfen, ob die Wirtschaftlichkeit der Arzneimittelversorgung durch eine Festbetragsregulierung hergestellt werden kann. Mit dem Gesetz zur Stärkung der Arzneimittelversorgung in der GKV (GKV-Arzneimittelversorgungsstärkungsgesetz – AMVSG) vom 4.5.2017[55] ist der Halbsatz „oder durch die Vereinbarung eines Erstattungsbetrages nach § 130 b" gestrichen worden.[56] Die gesetzliche Regelung sollte ausweislich der Gesetzgebungsmaterialien nicht besagen, dass „sofern ein Erstattungsbetrag nach § 130 b zu vereinbaren ist, die Einschränkung oder der Ausschluss der Erstattung per se ausgeschlossen ist. Gleichwohl hat dieser Satz in der Praxis zu Missverständnissen geführt."[57] 24

Ferner bestimmt Abs. 2 S. 12, dass die Verordnungseinschränkungen oder -ausschlüsse nicht den Feststellungen der Arzneimittelzulassungsbehörde über Qualität, Wirksamkeit und Unbedenklichkeit eines Arzneimittels widersprechen dürfen.[58] Die Entscheidungen der Zulassungsbehörden über die Qualität, Wirksamkeit und Unbedenklichkeit eines Arzneimittels binden den G-BA (→ Rn. 19, 25). 25

Ein weiteres Konkretisierungsinstrument des G-BA sind **Therapiehinweise**, zu denen der Gesetzgeber in Abs. 2 S. 6 bis S. 10 nähere Regelungen getroffen hat. Therapiehinweise sind nicht als Verordnungseinschränkungen oder -ausschlüsse einzuordnen. Dies ergibt sich aus Abs. 2 S. 10, wonach Verordnungseinschränkungen oder Verordnungsausschlüsse vom G-BA gesondert in Richtlinien *außerhalb* von Therapiehinweisen zu regeln sind. Es handelt sich um unterschiedliche Konkretisierungsinstrumente des G-BA, die sich in ihrer Wirkungsintensität unterscheiden. Abs. 2 S. 10 verpflichtet daher den G-BA, die Regelungen zu den Therapiehinweisen von den Regelungen, die Verordnungseinschränkungen oder -ausschlüsse betreffen, zu trennen. Der Therapiehinweis ist gegenüber dem Verordnungsausschluss und der Verordnungseinschränkung das mildere Mittel.[59] Ausweislich des Gesetzesentwurfs zum AMNOG zu Abs. 2 S. 10 soll durch diese Regelung klargestellt werden, dass Therapiehinweise lediglich Empfehlungen zur wirtschaftlichen Verordnung von Arzneimitteln beinhalten, jedoch keine Verordnungseinschränkungen oder -ausschlüsse beinhalten.[60] Während Verordnungseinschränkungen und -ausschlüsse den Arzt in jedem Einzelfall unmittelbar binden, sei der G-BA bei der Erstellung von Therapiehinweisen lediglich befugt, das Nähere zu den Modalitäten einer wirtschaftlichen Versorgung der Versicherten mit Arzneimitteln durch den Vertragsarzt zu regeln, dh er regelt lediglich das „Wie", aber nicht das „Ob" der Arzneimittelversorgung.[61] 26

Im Zuge des AMNOG wurden diverse Regelungen in Abs. 2 überarbeitet, wobei ua S. 5 und S. 6 sowie die S. 8 bis 12 ergänzt worden sind. S. 5 verweist auf die entsprechende Geltung der Stellungnah- 27

---

50 So BT-Dr. 17/3698, 52.
51 So BT-Dr. 17/3698, 52.
52 So BT-Dr. 17/3698, 52.
53 So BT-Dr. 17/3698, 52.
54 So BT-Dr. 17/3698, 19, 20.
55 BGBl. I, 1050.
56 Art. 1 Nr. 6 AMVSG.
57 BT-Dr. 18/10208, 30.
58 Vgl. dazu schon BSG, 31.5.2006, B 6 KA 13/05 R, juris Rn. 71, SozR 4-2500 § 92 Nr. 5.
59 Roters in: KassKomm, § 92 SGB V Rn. 34.
60 So BT-Dr. 17/2413, 28.
61 So BT-Dr. 17/2413, 28.

meverfahren, wie sie bereits für Verordnungseinschränkungen und -ausschlüsse gelten (→ Rn. 60). Nach Abs. 2 S. 6 wird dem G-BA die Befugnis eingeräumt, Anforderungen an die qualitätsgesicherte Anwendung von Arzneimitteln festzulegen, wobei sich diese insbesondere auf die Qualifikation des Arztes oder auf die zu behandelnden Patientengruppen beziehen können. Die Regelung in Abs. 2 S. 7, wonach Therapiehinweise auch außerhalb von Zusammenstellungen gegeben werden können, ist mit dem AMNOG nicht geändert worden.[62] Entsprechend anwendbar sind die S. 3 und 4 sowie Abs. 1 S. 1 Hs. 3. Die Therapiehinweise können auch Empfehlungen zu den Anteilen einzelner Wirkstoffe an den Verordnungen im Indikationsgebiet vorsehen, vgl. Abs. 2 S. 8. Ausweislich der Gesetzesbegründung „darf und sollte" der G-BA „Patientengruppen auch quantifizieren".[63] Darin liegt jedoch eine verordnungseinschränkende Wirkung, so dass sich die geforderte Trennung zwischen einer Verordnungseinschränkung und einem Therapiehinweis kaum umsetzen lässt.[64]

28 Die Regelung zu den Therapiehinweisen findet sich in § 17 AM-RL. Sie werden in der Anlage IV der AM-RL zusammengestellt. Der G-BA wird schließlich verpflichtet, die Grundsätze für Therapiehinweise in seiner VerfO zu regeln, Abs. 2 S. 9. Die Regelung ist als Ergänzung der Ermächtigungsgrundlage zum Erlass der VerfO nach § 91 Abs. 4 S. 1 Nr. 1 zu sehen. Die Regelungen in der VerfO sollen die Transparenz und die Einheitlichkeit der Verfahren bei der Erstellung von Therapiehinweisen sichern.[65]

29 Der Gesetzgeber versieht den G-BA mit **Vorgaben hinsichtlich der Zusammenstellung der Arzneimittel in der AM-RL bzw. Heilmittel in der Heilmittel-RL.** Hingegen ist die Verpflichtung des G-BA eine Preisvergleichsliste zu erstellen, mit dem AMNOG aufgehoben worden, weil die zertifizierte Praxissoftware nach § 73 Abs. 8 S. 7 als ausreichende Informationsquelle angesehen wird.[66] Der G-BA wird über Abs. 2 S. 1 verpflichtet, die Arznei- bzw. Heilmittel in der AM-RL bzw. Heilmittel-Richtlinie unter Berücksichtigung der Bewertungen nach den §§ 35 a, 35 b so zusammenzustellen, dass dem Arzt die wirtschaftliche und zweckmäßige Auswahl der Arzneimitteltherapie ermöglicht wird. Die Zusammenstellung ist (zwingend) nach Indikationsgebieten und Stoffgruppen zu gliedern, vgl. Abs. 2 S. 2. Nach Abs. 2 S. 3 sind in Bezug auf die Indikationsgebiete Hinweise zu erteilen, die für vergleichbare Arzneimittel (pharmakologisch vergleichbarer Wirkstoff oder therapeutisch vergleichbare Wirkung)[67] eine Bewertung ihres therapeutischen Nutzens enthalten und diesen ins Verhältnis zu den Therapiekosten setzen. Das Gesetz knüpft an die Therapiekosten an, die nicht mit dem Apothekenabgabepreis identisch sind. Vielmehr müssen ausweislich der Gesetzesbegründung zum AMNOG insbesondere die Rabatte nach § 130a Abs. 1 bis 3 b berücksichtigt werden, aber auch Festbeträge sowie der Erstattungspreis nach § 130 b.[68] Über den Verweis auf § 73 Abs. 8 S. 3 bis 6 gelten ferner die dortigen Anforderungen. Die entsprechende Regelung zu den Hinweisen findet sich in der AM-RL in § 41 (Hinweise zu Analogpräparaten), wobei die Hinweise selbst in der Anlage VIII. der AM-RL stehen.

30 In § 30 AM-RL wird in Anknüpfung an die Regelung in § 35 c bestimmt, unter welchen Voraussetzungen zugelassene Arzneimittel, die in nicht zugelassenen Anwendungsgebieten eingesetzt werden (Off-Label-Use), ausnahmsweise zulasten der GKV verordnet werden können. Der G-BA kann Expertengruppen mit der Bewertung zum Stand der wissenschaftlichen Erkenntnisse über die Anwendung von Arzneimitteln außerhalb der zugelassenen Indikation beauftragen. Übernimmt der G-BA die „Empfehlung" der Expertengruppe in die AM-RL (Anlage VI, Teil A), so sind diese trotz fehlender Zulassung in der betreffenden Indikation verordnungsfähig. Anlage VI, Teil B der AM-RL hingegen enthält die Wirkstoffe, die in nicht zugelassenen Anwendungsgebieten nicht verordnungsfähig sind. Unangetastet

---

62 Vgl. zu der Regelung BSG, 31.5.2006, B 6 KA 13/05 R, juris Rn. 51, SozR 4-2500 § 92 Nr. 5.
63 So BT-Dr. 17/2413, 28.
64 So Roters in: KassKomm, § 92 SGB V Rn. 35.
65 BT-Dr. 17/2413, 28.
66 So BT-Dr. 17/2413, 27.
67 Vgl. zu den Begriffen die Festbetragsregelung in § 35 Abs. 1 Nr. 2, 3. § 35 Abs. 1 Nr. 2 spricht im Gegensatz zu § 92 Abs. 2 S. 3 allerdings einschränkend von „pharmakologisch-therapeutisch vergleichbaren Wirkstoffen".
68 BT-Dr. 17/2413, 27.

bleibt schließlich die Möglichkeit, Arzneimittel im Off-Label-Use unter den von der Rechtsprechung des BSG aufgestellten Voraussetzungen zulasten der GKV verordnet zu bekommen.[69]

Für Arzneimittel, die sich aufgrund ihrer Vergleichbarkeit in Gruppen zusammenfassen lassen, können Festbeträge[70] vorgesehen werden. Der G-BA wird über § 35 Abs. 1 Satz 1 ermächtigt in den AM-RL die Gruppen von Arzneimitteln zu bestimmen, für die Festbeträge festgesetzt werden können. Die näheren Regelungen des G-BA zu den Festbeträgen finden sich in §§ 42, 43 AM-RL sowie in der Anlage IX und X. Die Festsetzung des Festbetrags selbst erfolgt nach § 35 Abs. 3 S. 1 durch den Spitzenverband Bund der Krankenkassen. Sie führt in der Rechtsfolge dazu, dass die gesetzliche Krankenkasse die Kosten für das festbetragsregulierte Arzneimittel grundsätzlich bis zur Höhe des Festbetrages übernimmt, § 31 Abs. 2 Satz 1. Der Versicherte kann ein Arzneimittel, dessen Preis über dem Festbetrag liegt, beanspruchen und verordnet bekommen, allerdings mit der Einschränkung, dass er zur Übernahme der Mehrkosten verpflichtet ist.[71] Die Festsetzung von Festbeträgen ist folglich ein rein preisrechtlich ansetzendes Steuerungsinstrument der Arzneimittelversorgung, weil es keine Verordnungseinschränkung beinhaltet[72] (→ Rn. 24). Der Leistungsanspruch des Versicherten und die Verordnungsfähigkeit zulasten des GKV-Systems bleiben somit unangetastet.[73] Das BSG geht in Bezug auf § 35 davon aus, dass dieser darauf abziele, den Bereich verordnungsfähiger Arzneimittel zulasten der GKV de iure zu erweitern, um dabei die Leistungspflicht der gesetzlichen Krankenkasse auf den festgesetzten Festbetrag zu begrenzen.[74] 31

Schließlich sind die Beschlüsse des G-BA zur **frühen Nutzenbewertung von Arzneimitteln**[75] nach § 35a Bestandteil der AM-RL, vgl. § 35 a Abs. 3 S. 6 Hs. 1. Die frühe Nutzenbewertung nach § 35a wurde mit dem AMNOG eingeführt. Sie ist ausweislich der Gesetzesbegründung eine wissenschaftliche Begutachtung zur Zweckmäßigkeit eines Arzneimittels (§ 12) und beschreibt, welchen therapierelevanten medizinischen Nutzen ein Arzneimittel bei Anwendung in einem bestimmten Indikationsgebiet für bestimmte Gruppen von Patienten hat.[76] Über die Anlage XII werden sämtliche Beschlüsse abgebildet. Sie hat zur Konsequenz, dass das Arzneimittel entweder in eine Festbetragsgruppe eingeordnet wird oder ein Erstattungsbetrag nach § 130b zwischen dem pharmazeutischen Unternehmer und dem SpiBuKK vereinbart wird. Die frühe Nutzenbewertung ist daher, wie bereits erwähnt, ein Preisinstrument. Die Verordnung des Arzneimittels wird nicht eingeschränkt oder ausgeschlossen. 32

Wie bereits erläutert, wird die eingeschränkte Bewertungskompetenz des G-BA nach Abs. 1 S. 1 Hs. 4 durch den im Zuge des AMNOG zeitgleich vorgeschlagenen Abs. 2a flankiert (→ Rn. 23). Die Regelung ermächtigt den G-BA, von dem pharmazeutischen Unternehmer **ergänzende versorgungsrelevante Studien** innerhalb einer angemessenen Frist zur Bewertung der Zweckmäßigkeit des Arzneimittels zu fordern. Hintergrund für diese Regelung ist eine unbefriedigende Datenlage für neue Wirkstoffe.[77] Die nicht oder nicht rechtzeitige Vorlage der Studien berechtigt den G-BA zum Verordnungsausschluss wegen der Unzweckmäßigkeit des Arzneimittels. Auf den Nachweis der Unzweckmäßigkeit des Arzneimittels durch den G-BA wird in diesem Fall entgegen Abs. 1 S. 1 Hs. 4 verzichtet. Belegt eine rechtzeitig vorgelegte Studie den Nutzen des Arzneimittels nicht, bleibt ein Verordnungsausschluss gleichwohl 33

---

69 Vgl. (mwN) zB BSG, 13.10.2010, B 6 KA 48/09 R, GesR 2011, 308 ff. Das BSG setzt dort seine bisherige Rechtsprechung unter Heranziehung der Nikolaus-Entscheidung des BVerfG (6.12.2005, 1 BvR 347/98) fort. Dazu überzeugend und kritisch: Penner/Bohmeier, Off-Label-Use in der ambulanten Palliativmedizin: Keine Würde auf Rezept? GesR 9/2011, 526 ff.; vgl. zu Kostenregressen beim Off-Label-Use: Clemens, Zulässigkeit von Arzneiverordnungen und Kostenregresse gegen Ärzte – Off-Label-Use und Unlicensed Use, GesR 2011, 397 ff. Zur Umsetzung des „Nikolaus-Beschlusses" durch die Rechtsprechung der Sozialgerichtsbarkeit siehe die Datenbank des Instituts für Sozial- und Gesundheitsrecht der Ruhr-Universität Bochum unter http://www.nikolaus-beschluss.de (zuletzt abgerufen am 1.5.2017). Zu den aktuellen Entscheidungen des BVerfG im Kontext „Nikolaus-Beschluss" mwN → Rn. 6 und → § 92 Rn. 66.
70 Harney, A&R 2012, 253 ff.
71 Worauf ihn der verordnende Vertragsarzt hinzuweisen hat, § 73 Abs. 5 S. 3.
72 Becker, MedR 2010, 218, 220 f.; Hauck, GesR 2011, 69, 75.
73 Becker, MedR 2010, 218, 220 f.; Hauck, GesR 2011, 69, 75. Vgl. die drei Parallelentscheidungen des BSG zu den grundlegenden Rechtsfragen im Zusammenhang mit Festbeträgen: BSG, 1.3.2011, B 1 KR 7/10 R, B 1 KR 10/10 R, B 1 KR 13/10 R.
74 So BSG, 1.3.2011, B 1 KR 13/10 R, juris Rn. 38.
75 Dazu: Huster, Rechtsfragen der frühen Nutzenbewertung, GesR 2011, 76 ff.; Hess, Die frühe Nutzenbewertung und ihre rechtliche Herausforderung, GesR 2011, 56 ff.; Maassen, Rechte und Pflichten des pharmazeutischen Unternehmers bei der frühen Nutzenbewertung, GesR 2011, 82 ff.
76 So BT-Dr. 17/2413, 20.
77 Vgl. im Einzelnen BT-Dr. 17/3698, 52.

möglich.[78] Andernfalls wird die Durchführung von Scheinstudien befürchtet.[79] Die Gesetzesbegründung weist darauf hin, dass ein Verordnungsausschluss unangemessen sein kann, wenn der G-BA überzogene Anforderungen stellt, indem er zB Studien anfordert, die objektiv nicht durchführbar sind.[80]

34 Fordert der G-BA ergänzende versorgungsrelevante Studien, gilt das Stellungnahmeverfahren nach Abs. 3 a entsprechend, vgl. Abs. 2 a S. 2. Abs. 2 a S. 3 ermächtigt den G-BA nähere Bestimmungen (Voraussetzungen, Fristen, Anforderungen an die Studien) in seiner VerfO zu treffen. Schließlich findet sich in Abs. 3 a S. 5 eine prozessuale Regelung, die eine isolierte Klage gegen die Forderung des G-BA nach ergänzenden versorgungsrelevanten Studien ausschließt. Der pharmazeutische Unternehmer wird auf die Klage gegen einen etwaigen Verordnungsausschluss verwiesen, in deren Rahmen die Rechtmäßigkeit der Studienanforderung durch den G-BA gerichtlich geprüft wird.

35 **Abs. 3 enthält prozessrechtliche Regelungen.** In Abs. 3 S. 1 wird bestimmt, dass gegen die Zusammenstellung der Arzneimittel nach Abs. 2 Anfechtungsklage zu erheben ist. Die Zusammenstellung der Arzneimittel ist Teil der AM-RL, wobei die AM-RL als rechtsetzende Tätigkeit des G-BA einzuordnen ist. Da folglich kein belastender Verwaltungsakt vorliegt, ein solcher jedoch Gegenstand einer Anfechtungsklage (§ 54 SGG) ist, wird die Anfechtungsklage als statthafte Klageart gesetzlich ausdrücklich vorgesehen. Sie richtet sich gegen den G-BA, da dieser die AM-RL erlässt. Nach Abs. 3 S. 2 hat eine solche Anfechtungsklage keine aufschiebende Wirkung. Dem öffentlichen Interesse an einer verzögerungsfreien Veröffentlichung der Zusammenstellung der Arzneimittel wird damit von Gesetzes wegen ein Vorrang gegenüber den Interessen des pharmazeutischen Unternehmers eingeräumt. Die Veröffentlichung der Zusammenstellung der Arzneimittel in der AM-RL erfolgt daher solange unverändert, bis sie durch ein klagestattgebendes rechtskräftiges Urteil aufgehoben wird. Einstweiliger Rechtsschutz ist zwar möglich, allerdings nur unter den Voraussetzungen einer einstweiligen Anordnung nach § 86 b Abs. 2 SGG. Abs. 3 S. 3 schließt die Durchführung eines Vorverfahrens aus.

36 Gesetzlich ausgeschlossen wird schließlich über Abs. 3 S. 4 eine gesonderte Klage gegen die Gliederung nach Indikationsgebieten oder Stoffgruppen nach Abs. 2 S. 2, die Zusammenfassung der Arzneimittel in Gruppen nach Abs. 2 S. 4 oder gegen sonstige Bestandteile der Zusammenstellung nach Abs. 2.

37 Die in Abs. 3 enthaltenen prozessrechtlichen Regelungen finden sich in ähnlicher Weise auch an anderer Stelle im SGB V. So existieren zB zu den Festbeträgen vergleichbare Bestimmungen, vgl. § 35 Abs. 7 S. 2, 3 und 4.

38 **3. Früherkennung (Abs. 4).** Der Gesetzgeber hat dem G-BA die Kompetenz zugewiesen, in Richtlinien die Maßnahmen zur Früherkennung von Krankheiten und zur Qualitätssicherung der Früherkennungsuntersuchungen sowie zur Durchführung der *organisierten* Früherkennungsprogramme einschließlich der systematischen Erfassung, Überwachung und Verbesserung der Qualität der Früherkennungsprogramme zu regeln,[81] vgl. Abs. 1 S. 2 Nr. 3 und §§ 25 Abs. 4, Abs. 5, 25 a Abs. 2. Während der Richtlinienkatalog dem G-BA über Abs. 1 S. 2 Nr. 13 die Kompetenz zur Qualitätssicherung[82] ganz allgemein zuweist, wird sie über Abs. 1 S. 2 Nr. 3 näher eingegrenzt auf die Qualitätssicherung im Bereich von Früherkennungsuntersuchungen und organisierten Krebsfrüherkennungsprogrammen.

39 Mit dem Gesetz zur Weiterentwicklung der Krebsfrüherkennung und zur Qualitätssicherung durch klinische Krebsregister vom 3.4.2013 (Krebsfrüherkennungs- und -registergesetz – KFRG)[83] sind die organisierten Krebsfrüherkennungsprogramme (§ 25 a) weiterentwickelt worden und zudem klinische Krebsregister (§ 65 c) eingeführt worden.[84] § 25 a ist eine durch das KFRG neu entstandene Regelung. Nach § 25 a Abs. 1 S. 1 sollen Untersuchungen zur Früherkennung von Krebserkrankungen nach § 25 Abs. 2 SGB V, für die von der Europäischen Kommission veröffentlichte europäische Leitlinien zur

---

78 So Huster, GesR 2011, 76, 79; Roters in: KassKomm, § 92 SGB V Rn. 39 a.
79 So Roters in: KassKomm, § 92 SGB V Rn. 39 a.
80 So BT-Dr. 17/3698, 52.
81 Dazu näher Harney/Huster/Recktenwald, Das Recht der Qualitätssicherung im SGB V – rechtliche Grundlagen und Systematisierung, MedR 2014, Heft 6.
82 Hier sind die Kompetenzen des G-BA in den letzten Jahren weitreichend ausgebaut worden und zwar insbesondere auch im Bereich der externen Qualitätssicherung. Vgl. dazu insgesamt: Harney/Huster/Recktenwald, Rechtsstrukturen der externen Qualitätssicherung, WzS 2013, 295 ff. (Teil I) und 327 ff. (Teil II).
83 BGBl. I, 617.
84 Dazu näher Harney/Huster/Recktenwald, MedR 2014, 273, 276.

Qualitätssicherung von Krebsfrüherkennungsprogrammen vorliegen,[85] zukünftig als organisierte Krebsfrüherkennungsprogramme angeboten werden.

Weitere gesetzliche Vorgaben für die Richtlinien des G-BA enthält Abs. 4. Nach Abs. 4 Nr. 1 regelt der G-BA die Anwendung wirtschaftlicher Verfahren und legt die Voraussetzungen fest, unter denen mehrere Früherkennungsmaßnahmen zusammen zu fassen sind.[86] Gemäß Abs. 4 Nr. 2 hat er zudem die Dokumentationspflichten im Zusammenhang mit Früherkennungsmaßnahmen zu regeln. Über Abs. 4 Nr. 3 wird er schließlich verpflichtet, die Auswertung der Dokumentation sowie die Evaluierung der Früherkennungsmaßnahmen einschließlich der organisierten Früherkennungsprogramme nach § 25 a zu regeln. 40

4. Rehabilitation (Abs. 5 S. 2). Der Richtlinienkatalog weist dem G-BA über Abs. 1 S. 2 Nr. 8 die Richtlinienkompetenz für die Verordnung von Leistungen zur medizinischen Rehabilitation (vgl. §§ 40, 41) zu. Darüber hinaus regelt er die Beratung über Leistungen zur medizinischen Rehabilitation, Leistungen zur Teilhabe am Arbeitsleben und ergänzende Leistungen zur Rehabilitation. Abs. 5 S. 2 ergänzt die Ermächtigungsgrundlage um weitere Vorgaben an den G-BA. Danach hat er in Bezug auf Behinderungen von Versicherten das „Ob" und „Wie" der Informationspflichten der Vertragsärzte gegenüber den gesetzlichen Krankenkassen zu regeln. Abs. 5 S. 1 betrifft lediglich Stellungnahmeberechtigungen (→ Rn. 60). 41

5. Heilmittel (Abs. 6 S. 1). Abs. 6 S. 1 Nr. 1 bis 4 ergänzt die in Abs. 1 S. 2 Nr. 6 enthaltene Ermächtigungsgrundlage zur Regelung der Verordnung von Heilmitteln um nähere Vorgaben. Der G-BA regelt die Erstellung des Kataloges verordnungsfähiger Heilmittel, die Zuordnung der Heilmittel zu Indikationen, die Besonderheiten bei Wiederholungsverordnungen und den Inhalt und Umfang der Zusammenarbeit des verordnenden Vertragsarztes mit dem jeweiligen Heilmittelerbringer. Bei neuen Heilmitteln greift § 138, wonach sie von den an der vertragsärztlichen Versorgung teilnehmenden Ärzte nur verordnet werden dürfen, wenn der G-BA zuvor ihren therapeutischen Nutzen anerkannt und in seinen Richtlinien Empfehlungen für die Sicherung der Qualität bei der Leistungserbringung abgegeben hat.[87] Die leistungsrechtlichen Bestimmungen zu Heilmitteln finden sich in §§ 27 Abs. 1 Nr. 3, 32. Zur rechts- und verfassungswidrigen Einordnung der Neuropsychologie in die Heilmittel-Richtlinien → Rn. 46. 42

Der Regelungsgehalt von Abs. 6 S. 2 beinhaltet allein Stellungnahmerechte (→ Rn. 60). 43

6. Psychotherapie (Abs. 6 a). Abs. 6 a bestimmt, dass in den Richtlinien nach Abs. 1 S. 2 Nr. 1 insbesondere Einzelheiten im Zusammenhang mit psychotherapeutischen Erkrankungen geregelt werden. Der G-BA erlässt auf dieser Grundlage die Psychotherapie-Richtlinie.[88] Die ergänzenden Vorgaben in Abs. 6 a geben ihm weitreichende Kompetenzen. Der G-BA bestimmt das Nähere über die psychotherapeutisch behandlungsbedürftigen Krankheiten, die zur Krankenbehandlung geeigneten Verfahren, das Antrags- und Gutachterverfahren, die probatorischen Sitzungen sowie Art, Umfang und Durchführung der Behandlung. Mit dem Gesetz zur Stärkung der Versorgung in der gesetzlichen Krankenversicherung (GKV-Versorgungsstärkungsgesetz, GKV-VSG) vom 16.7.2015[89] ist in Abs. 6 a S. 3 hinzugefügt worden. Danach hatte der G-BA bis zum 30.6.2016 in den Richtlinien Regelungen zur Flexibilisierung des Therapieangebotes, insbesondere zur Einrichtung von psychotherapeutischen Sprechstunden, zur Förderung der frühzeitigen diagnostischen Abklärung und der Akutversorgung, zur Förderung von Gruppentherapien und der Rezidivprophylaxe sowie zur Vereinfachung des Antrags- und Gutachterverfahrens zu beschließen. Der G-BA hat in Umsetzung des gesetzlichen Auftrages die Psy- 44

---

85 S. hierzu https://cancer-code-europe.iarc.fr/index.php/de/12-moeglichkeiten/krebsfrueherkennung/1117-europ aeische-leitlinien-zur-qualitaetssicherung-von-krebsfrueherkennungsprogrammen (zuletzt abgerufen am 15.5.2017).
86 Hierzu kritisch im Hinblick auf die Gebietsgrenzen nach der ärztlichen Weiterbildungsordnung Roters in: KassKomm, § 92 SGB V Rn. 41.
87 Vgl. zur Klagebefugnis nichtärztlicher Leistungserbringer (Diätassistenten) und zum Eingriff in Art. 12 Abs. 1 GG die Entscheidung des BSG, 28.6.2000, B 6 KA 26/99 R, NZS 2001, S. 590 ff. (Diättherapie). Jedoch hat das BSG in seiner Entscheidung zur hyperbaren Sauerstofftherapie einen Eingriff in die Berufsfreiheit der Druckkammerbetreiber abgelehnt. BSG, 21.3.2012, B 6 KA 16/11 R. Vgl. zu der nach Auffassung von Wigge vollzogenen Änderung der BSG-Rechtsprechung: Wigge, MPR 2013, 1 ff.
88 In der Fassung v. 19.2.2009, veröffentlicht im BAnz Nr. 58 (S. 1399), 17.4.2009, in Kraft getreten am 18.4.2009, zuletzt geändert am 16.6.2016, veröffentlicht im BAnz AT 15.2.2017 B2, in Kraft getreten am 16.2.2017.
89 BGBl. I, 1211.

chotherapie-Richtlinie („Strukturreform der ambulanten Psychotherapie") überarbeitet und am 16.6.2016 einen Beschluss[90] getroffen, der vom BMG teilweise beanstandet und teilweise mit Auflagen versehen worden ist. Daraufhin hat es mit Datum vom 24.11.2016 einen entsprechenden Änderungsbeschluss des G-BA gegeben.[91] Als Psychotherapie*verfahren* im Sinne der Psychotherapie-Richtlinie sind psychoanalytisch begründete Verfahren[92] sowie die Verhaltenstherapie anerkannt, vgl. § 15 Psychotherapie-Richtlinie. Die Psychotherapie-Richtlinie unterscheidet zwischen „Verfahren", „Methode" und „Technik", vgl. §§ 5 bis 7 Psychotherapie-Richtlinie.[93]

45 Für neue psychotherapeutische Behandlungsformen, die als „Methode" im Sinne von § 135 Abs. 1 einzuordnen sind, ist ein Anerkennungsverfahren nach § 135 Abs. 1 (Verbot mit Erlaubnisvorbehalt) notwendig. Erst mit einer befürwortenden Entscheidung des G-BA können sie zulasten der GKV erbracht werden.

46 Im Zuge des Anerkennungsverfahrens zur ambulanten **Neuropsychologie**[94] standen Überlegungen an, die Neuropsychologie in der GKV als „neues Heilmittel" einzuordnen und die Neuropsychologen somit auf gleicher Stufe mit einem „Heilhilfsberuf" (Ergotherapeuten) in der Heilmittel-Richtlinie zu verankern. Zu Heilmitteln zählen jedoch allein nichtärztliche Leistungen (vgl. §§ 124 ff.). Die Neuropsychologie ist hingegen als heilkundliche Psychotherapie im Sinne von § 1 PsychThG einzuordnen. Krankenversicherungsrechtlich ist sie als Bestandteil der „ärztlichen Behandlung" (vgl. § 27 Abs. 1 Nr. 1) zu qualifizieren. Mit in Kraft treten des Psychotherapeutengesetzes zum 1.1.1999 hat der Gesetzgeber den Berufsstand der Psychologischen Psychotherapeuten mit den Ärzten, die psychotherapeutisch tätig sind, nahezu rechtlich gleichgestellt. Die Einordnung in die Heilmittel-Richtlinie wäre daher auch ein rechtswidriger Eingriff in die Berufsfreiheit der Neuropsychologen nach Art. 12 Abs. 1 GG gewesen, weil der G-BA das gesetzlich fixierte Berufsbild der Neuropsychologen als approbierte Psychologische Psychotherapeuten in verfassungswidriger Weise abgeändert hätte. Schließlich wären in verfahrensrechtlicher Hinsicht die Beteiligungsrechte der Bundespsychotherapeutenkammer nach § 91 Abs. 5 unterlaufen worden.

47 Zutreffend ist die Neuropsychologie, die als Disziplin selbst nie den Anspruch erhoben hat, ein Psychotherapie*verfahren* im Sinne der Psychotherapie-Richtlinie zu sein, schließlich mit Beschluss des G-BA vom 24.11.2011 als „neue Methode" im Sinne von § 135 Abs. 1 anerkannt worden.[95] In der Richtlinie Methoden vertragsärztliche Leistungen ist die Neuropsychologie als anerkannte Leistung in der Anlage I unter Ziffer 19 aufgeführt. Die Voraussetzungen, unter denen eine Leistungserbringung zulasten der GKV möglich ist, sind dort detailliert geregelt.

48 Ungeachtet des grundsätzlich nach § 135 Abs. 1 SGB V bestehenden Verbotes mit Erlaubnisvorbehalt besteht jedoch auch bei fehlender Empfehlung des G-BA ein Kostenerstattungsanspruch gesetzlich Versicherter gegen ihre Krankenkasse aus den Grundsätzen des sog **Systemversagens**,[96] wobei sich das BSG[97] explizit in Bezug auf die ambulante Neuropsychologie mit dem Vorliegen eines solchen Systemversagens beschäftigt hat. In der Diskussion um das Urteil ist seine Bedeutung für die Beanspruchbarkeit ambulanter neuropsychologischer Leistungen zulasten der GKV teilweise fehleingeschätzt worden ist. Das Urteil wird daher im Folgenden kurz erläutert, auch wenn es angesichts der zwischenzeitlich erfolgten Anerkennung der ambulanten Neuropsychologie primär von rechtshistorischem Interesse ist.

49 Für die Anerkennung der ambulanten Neuropsychologie nach § 135 Abs. 1 hatte das Urteil keine Bedeutung, weil sich das BSG ausschließlich mit dem Vorliegen eines Systemversagens beschäftigt hat. In

---

90 S. https://www.g-ba.de/informationen/beschluesse/2634/ (zuletzt abgerufen am 16.5.2017).
91 S. https://www.g-ba.de/informationen/beschluesse/2634/ (zuletzt abgerufen am 16.5.2017). Vgl. zu den Beanstandungen und Auflagen die Ausführungen in den tragenden Gründen.
92 Dazu zählen die „tiefenpsychologisch fundierte Psychotherapie" sowie die „analytische Psychotherapie", vgl. § 16 Abs. 2 Psychotherapie-Richtlinie.
93 Die Definitionen sind mit Beschluss des G-BA vom 20.12.2007 zur Änderung der Psychotherapie-Richtlinie eingeführt worden. Ferner hat der G-BA mit gleichem Datum die Einführung des sog Schwellenkriteriums beschlossen.
94 Behandelt werden Patienten mit erworbenen hirnorganischen Störungen wie zB nach einem Schädelhirntrauma oder einem Schlaganfall.
95 Auf der Homepage des G-BA können ua der Beschluss, die tragenden Gründe sowie der Schriftverkehr zwischen dem G-BA und dem BMG heruntergeladen werden: http://www.g-ba.de/informationen/beschluesse/1415/ (zuletzt abgerufen am 16.5.2017).
96 Sog. Quintett-Entscheidungen des BSG, 16.9.1997, 1 RK 32/95, BSGE 81, 54 ff., Parallelentscheidungen, 16.9.1997: 1 RK 17/95; 1 RK 30/95; 1 RK 14/96. Fortgeführt wurde damit die Rechtsprechung des BSG, 5.7.1995, 1 RK 6/95, BSGE 76, 194 ff. (Remedacen).
97 BSG, 26.9.2006, B 1 KR 3/06, SGb 2007, 363 ff. mit Anm. von Knispel.

dem der Entscheidung des BSG zugrundeliegenden Fall verneinte das Gericht ein solches deswegen, weil *zum damaligen Zeitpunkt* keine willkürliche oder sachfremde Untätigkeit oder Verfahrensverzögerung des G-BA angenommen werden konnte. Es ging (nur) um die Frage, ob dem G-BA für den streitgegenständlichen Behandlungszeitraum von *April 2003 bis November 2004* eine solche Untätigkeit bzw. Verfahrensverzögerung vorgeworfen werden konnte, also ob für das Jahr 2003/2004 ein Systemversagen vorliegt. Für die rechtliche Bewertung des BSG hinsichtlich des Vorliegens eines Systemversagens kam es entscheidend darauf an, ob eine rechtliche Verpflichtung des G-BA bestand, das Verfahren bereits *im Jahr 2000* aufgrund eines damals vorliegenden Gutachtens des Wissenschaftlichen Beirats vom 8.6.2000 einzuleiten, was das Gericht verneinte. Die sich hieraus ergebende Ablehnung eines Systemversagens durch das BSG für das Jahr 2003/2004 schließt es naturgemäß nicht aus, dass unter Heranziehung der Maßstäbe des BSG *zu einem späteren Zeitpunkt* ein Systemversagen im Bereich der ambulanten Neuropsychologie (doch noch) eingetreten ist. Maßgeblicher Zeitpunkt für die rechtliche Verpflichtung des G-BA zur Einleitung des Bewertungsverfahrens war der Antrag des Spitzenverbands der Krankenkassen VdAK/AEV nach § 135 Abs. 1, der am 1.7.2003 gestellt und mit Schreiben vom 30.8.2004 weiter ergänzt worden ist.

Erst nach dem Urteil des BSG zum Systemversagen bei der ambulanten Neuropsychologie ist mit dem GKV-WSG[98] zum 1.4.2007 das Systemversagen gesetzlich in § 135 Abs. 1 Satz 4 und Satz 5 verankert worden. Ob nach den gesetzlichen Voraussetzungen ein Systemversagen bei der ambulanten Neuropsychologie vorlag, hatte das BSG seinerzeit folglich nicht zu prüfen. Nach § 135 Abs. 1 Satz 6 hat der G-BA ab dem Zeitpunkt, an dem ihm die für die Entscheidung erforderliche Auswertung der wissenschaftlichen Erkenntnisse vorliegt, nur noch sechs Monate Zeit über die Anerkennung zu entscheiden. Liegt nach Ablauf der sechs Monate ein solcher Beschluss noch nicht vor, so können die Antragsberechtigten nach § 135 Abs. 1 S. 1 sowie das BMG vom G-BA die Beschlussfassung innerhalb weiterer sechs Monate verlangen, § 135 Abs. 1 S. 6. Kommt innerhalb dieses Zeitraums kein Beschluss zustande, so ist die Leistung zulasten der GKV erbringbar, § 135 Abs. 1 S. 7. Seit der gesetzlichen Änderung folgt mithin allein aus der Verfahrensdauer ein Systemversagen.

50

Das Bewertungsverfahren über die **Gesprächspsychotherapie** hingegen, die sich über Jahrzehnte (!) um eine Anerkennung als Psychotherapie*verfahren* bemüht hat, ist letztendlich beim G-BA gescheitert. Die Gesprächspsychotherapie kann nicht zulasten der GKV erbracht werden, vgl. Anlage Punkt II. Ziffer 1 Psychotherapie-Richtlinie. Wirksamkeit und Nutzen der Gesprächspsychotherapie wurden nur für die Indikation „Depression" als wissenschaftlich belegt angesehen.

51

Der G-BA hat zur Gesprächspsychotherapie zwei Beschlüsse gefasst (21.11.2006,[99] 24.4.2008).[100] Der Beschluss vom 21.11.2006 ist seinerzeit vom BMG am 30.1.2007 beanstandet und mit Datum vom 15.2.2007 begründet worden. In Kenntnis der Bewertungsergebnisse zur Gesprächspsychotherapie und vor einer erneuten Entscheidung über die Anerkennung der Gesprächspsychotherapie, hat der G-BA am 20.12.2007 eine wesentliche Änderung der Psychotherapie-Richtlinie beschlossen, mit der das sog Schwellenkriterium[101] eingeführt worden ist, vgl. § 17 Abs. 1 Nr. 2 Psychotherapie-Richtlinie.[102] Die Anerkennung der Gesprächspsychotherapie – wie natürlich auch anderer Psychotherapieformen – als Richtlinienverfahren setzt seither voraus, dass Wirksamkeit und Nutzen in einer bestimmten Indikationsbreite nachgewiesen werden, das Verfahren somit eine ausreichend breite Versorgungsrelevanz besitzt. Nachdem die neue Psychotherapie-Richtlinie (nunmehr mit Schwellenkriterium) in Kraft getreten war (21.3.2008), beschloss der G-BA am 24.4.2008,[103] die Gesprächspsychotherapie als GKV-Leistung nicht anzuerkennen. Die Anerkennung der Gesprächspsychotherapie als Psychotherapieverfahren scheiterte an dem neu eingefügten Schwellenkriterium. Dass die Entscheidung über die

52

---

98 BGBl. I, 378.
99 Der Beschluss, seine tragenden Gründe, die Beanstandung des Bundesministeriums für Gesundheit und weitere Dokumente können auf der Homepage des G-BA unter http://www.g-ba.de/informationen/beschluesse/343/ heruntergeladen werden (zuletzt abgerufen am 16.5.2017).
100 Der Beschluss, seine tragenden Gründe, die Nichtbeanstandung des Bundesministeriums für Gesundheit und weitere Dokumente können auf der Homepage des G-BA unter http://www.g-ba.de/informationen/beschluesse/661/ heruntergeladen werden (zuletzt abgerufen am 16.5.2017).
101 Der Beschluss, seine tragenden Gründe sowie die Prüfung des Bundesministeriums für Gesundheit können auf der Homepage des G-BA unter http://www.g-ba.de/informationen/beschluesse/576/ heruntergeladen werden (zuletzt abgerufen am 16.5.2017).
102 Für die Erwachsenen-Psychotherapie.
103 Vgl. dazu BSG (Gesprächspsychotherapie/Abrechnungsgenehmigung), 28.10.2009, B 6 KA 11/09 R, welches einen Verstoß gegen höherrangiges Recht verneinte.

Anerkennung der Gesprächspsychotherapie erst auf der Grundlage der geänderten Psychotherapie-Richtlinie erfolgt ist, stieß auf erhebliche Kritik. Das BMG hat zwar den Beschluss des G-B vom 20.12.2007 nicht beanstandet, allerdings die Nichtbeanstandung vom 3.3.2008 mit der Auflage verbunden, die Bewertung der Gesprächspsychotherapie auf der Grundlage der ursprünglichen sowie der geänderten Fassung der Psychotherapie-Richtlinie darzustellen. Der G-BA hat daher in seinen tragenden Gründen zu seinem Beschluss vom 24.4.2008 eine Abwägung sowohl anhand der bis zum 20.3.2008 gültigen Psychotherapie-Richtlinie (ohne Schwellenkriterium) wie auch anhand der ab dem 21.3.2008 gültigen Psychotherapie-Richtlinie (mit Schwellenkriterium) vorgenommen. Dabei kam er zu dem Ergebnis, dass die Gesprächspsychotherapie auch die Anforderungen der bis zum 20.3.2008 gültigen Psychotherapie-Richtlinie (ohne Schwellenkriterium) nicht erfüllt hat.

53 Der G-BA hat das Schwellenkriterium seinerzeit nicht erstmalig mit Beschluss vom 20.12.2007 eingeführt. Bereits am 20.6.2006 beschloss der G-BA Änderungen der Psychotherapie-Richtlinien, die die Einführung eines Schwellenkriteriums unter Abschnitt B I. Nr. 3.2 mit der Maßgabe vorsah, dass ein Psychotherapieverfahren nur dann Eingang in die Psychotherapie-Richtlinien haben kann, wenn es eine gewisse psychotherapeutische Breitbandversorgung abdeckt.[104] Dieser G-BA-Beschluss war vom BMG am 15.8.2006 beanstandet worden und daher nicht in Kraft getreten. Es vertrat seinerzeit die Rechtsauffassung, dass die Einführung eines Schwellenkriteriums (damals Nachweise zur Abdeckung der drei häufigsten Erkrankungen) gegen Verfassungsrecht (Art. 12 Abs. 1 GG) verstößt.

54 Die Nichtbeanstandung des Beschlusses des G-BA vom 24.4.2008 durch das BMG am 24.6.2008 erfolgte mit der Auflage zu prüfen, ob und ggf. unter welchen Voraussetzungen die Gesprächspsychotherapie indikationsbezogen (Depressionen) angewandt werden kann. Es kam nunmehr unter den geänderten Voraussetzungen der Psychotherapie-Richtlinie nur noch eine Anerkennung als „Psychotherapiemethode" in Betracht, vgl. § 17 Abs. 2 Psychotherapie-Richtlinie. Im Zuge des Stellungnahmeverfahrens des G-BA vertraten sämtliche Stellungnehmenden (Kammern, Fachgesellschaften) weiterhin die Auffassung, dass sich die Gesprächstherapie nicht als Psychotherapie*methode* im Sinne der Psychotherapie-Richtlinie einordnen ließe.[105] Sie sei vielmehr, da ihr eine „eigenständige verfahrensspezifische Störungs- und Behandlungstheorie" zugrunde liege, ein Psychotherapie*verfahren*, das sämtliche Voraussetzungen der Psychotherapie-Richtlinie für die Anerkennung als Psychotherapieverfahren mit Ausnahme des Schwellenkriteriums erfülle.[106] Folglich erhalten neue Psychotherapieverfahren mit (zu) geringer Indikationsbreite keinen Zugang zum GKV-System, auch wenn sie ihren Nutzen, ihre medizinische Notwendigkeit und Wirtschaftlichkeit für bestimmte Indikationen nachgewiesen haben. Ein Psychologischer Psychotherapeut, der die Gesprächspsychotherapie als vertiefte Ausbildung wählt, könnte den Fachkundenachweis nach § 95 c nicht erfüllen. Eine vertiefte Ausbildung in der Gesprächspsychotherapie wäre, da es sich um ein wissenschaftlich anerkanntes Verfahren im Sinne des PsychThG handelt, möglich. Sie würde jedoch zu einer Approbation führen, die zwar zur uneingeschränkten Berufsausübung berechtigt, jedoch praktisch keinen Wert hat, weil eine Berufsausübung ohne Zugang zu den GKV-Versicherten aus wirtschaftlichen Gründen von vornherein nicht realisierbar ist. Dieser Zugang zum GKV-System wird *gänzlich* verwehrt, auch wenn indikationsbezogen betrachtet der Nutzen, die medizinische Notwendigkeit und Wirtschaftlichkeit feststehen.

55 Die etablierten Richtlinienverfahren[107] waren bereits nach den alten Psychotherapie-Richtlinien (bis 31.12.1998) anerkannt und sind kraft Gesetzes seit dem 1.1.1999 Gegenstand der psychotherapeutischen Versorgung.[108] Sie sind daher bisher nicht auf ihren Nutzen, ihre medizinische Notwendigkeit und Wirtschaftlichkeit nach § 135 Abs. 1 geprüft worden. Der G-BA hat sich vor dem Hintergrund der Überprüfung der Gesprächspsychotherapie nach den Kriterien der evidenzbasierten Medizin verpflichtet, auch die Richtlinienverfahren über § 135 Abs. 1 S. 2 nach diesen Maßstäben zu überprü-

---

104 Der Beschluss, seine tragenden Gründe sowie die Prüfung des Bundesministeriums für Gesundheit können auf der Homepage des G-BA unter http://www.g-ba.de/informationen/beschluesse/287/ heruntergeladen werden (zuletzt abgerufen am 16.5.2017).
105 So die Erläuterungen auf der Homepage des G-BA unter http://www.g-ba.de/institution/themenschwerpunkte/psychotherapie/gespraechspsychotherapie/ (zuletzt abgerufen am 16.5.2017).
106 So die Erläuterungen auf der Homepage des G-BA unter http://www.g-ba.de/institution/themenschwerpunkte/psychotherapie/gespraechspsychotherapie/ (zuletzt abgerufen am 16.5.2017).
107 Psychoanalytisch begründete Verfahren und Verhaltenstherapie.
108 Dazu im Einzelnen BSG (Gesprächspsychotherapie/Arztregister), 28.10.2009, B 6 KA 45/08 R, juris Rn. 18 ff.

fen, um eine Gleichbehandlung zu gewährleisten.[109] Er verweist allerdings einschränkend darauf, dass die Prüfung der Richtlinienverfahren auf der Basis der rechtlichen Bewertung des BSG[110] erfolgen würde.[111] Der G-BA geht davon aus, dass es nach dem BSG-Urteil unzulässig sei, eines der Richtlinienverfahren aus der psychotherapeutischen Versorgung auszuschließen oder Einschränkungen vorzunehmen, die den Kernbereich der Richtlinienverfahren und damit die Berufsausübung der Richtlinientherapeuten betreffen.[112]

7. Häusliche Krankenpflege (Abs. 7 S. 1). Abs. 7 S. 1 Nr. 1 bis 5 ergänzt Abs. 1 S. 2 Nr. 6 (häusliche Krankenpflege) um weitere, nicht abschließend („insbesondere") genannte gesetzliche Vorgaben. Danach ist die ärztliche Zielsetzung der Verordnung häuslicher Krankenpflege, der Inhalt und Umfang der Zusammenarbeit des verordnenden Vertragsarztes mit dem Leistungsbringer und dem Krankenhaus, die Voraussetzungen unter denen häusliche Krankenpflege verordnet und Arzneimittel im Anschluss an einen Krankenhausaufenthalt mitgegeben werden können sowie die Dekolonisation von Trägern mit MRSA (Methicillin-resistente Staphylococcus aureus) im Rahmen der häuslichen Krankenpflege zu regeln. Abs. 7 S. 1 Nr. 5 ist durch das Gesetz zur Verbesserung der Hospiz- und Palliativversorgung in Deutschland (Hospiz- und Palliativgesetz – HPG) vom 1.12.2015 hinzugefügt worden.[113] Danach regelt der G-BA in den Richtlinien über die Verordnung häuslicher Krankenpflege auch Näheres zur Verordnung häuslicher Krankenpflege zur ambulanten Palliativversorgung. Die Regelung dient der Stärkung der ambulanten Palliativversorgung und der besseren Verflechtung der an der Versorgung beteiligten unterschiedlichen Leistungserbringer und Fachkräfte.[114] Abs. 7 S. 2 ist zudem mit dem HPG insofern ergänzt worden, als dass dort Stellungnahmerechte der entsprechenden Spitzenorganisationen der Hospizarbeit und der Palliativversorgung auf Bundesebene vorgesehen sind. Die leistungsrechtliche Bestimmung zur häuslichen Krankenpflege ist § 37. § 37 Abs. 6 ergänzt Abs. 7 S. 1 Nr. 1 bis 5. Der G-BA wird ermächtigt festzulegen, an welchen Orten und in welchen Fällen die Leistungen nach § 37 Abs. 1 und 2 außerhalb des Haushalts und der Familie des Versicherten erbracht werden können. Darüber hinaus hat er das Nähere über Art und Inhalt der verrichtungsbezogenen krankheitsspezifischen Pflegemaßnahmen nach § 37 Abs. 2 S. 1 zu bestimmen.

IV. Stellungnahmerechte, Mitberatungsrecht

Der Gesetzgeber räumt über § 92 Leistungserbringern, Herstellern, Sachverständigen und sonstigen Organisationen Verfahrensbeteiligungsrechte im Zusammenhang mit verschiedenen Entscheidungsgegenständen des G-BA ein (vgl. im Einzelnen die nachstehende Auflistung). Diese Verfahrensbeteiligungsrechte finden sich im Gesetz unter verschiedenen Begrifflichkeiten (zB: „Stellungnahmerecht", „Mitberatungsrecht").

§ 92 spricht fast durchgängig von „Stellungnahmerechten". Lediglich in Abs. 7e ist bezüglich der Länder im Zusammenhang mit den Bedarfsplanungs-Richtlinien sowie in Abs. 7f im Zusammenhang mit der für die Krankenhausplanung bedeutsamen Qualitätssicherung von einem „Mitberatungsrecht" die Rede. „Stellungnahmerechte" sind im SGB V nicht allein in § 92 geregelt, sondern finden sich auch in anderen Vorschriften. Beispielhaft verwiesen sei auf § 91 Abs. 5, 5a (→ Rn. 3). Die Stellungnahmerechte sind im Zusammenhang mit § 91 Abs. 9 (→ § 91 Rn. 75 ff.) zu sehen, wonach diese auch das Recht zur mündlichen Stellungnahme (§ 91 Abs. 9 S. 1) und Teilnahme an den Beratungen im Unterausschuss (§ 91 Abs. 9 S. 2) erfassen (→ § 91 Rn. 76, 77). Zum Stellungnahmeverfahren finden sich nähere Regelungen in der VerfO des G-BA (vgl. §§ 8 bis 14.). In Bezug auf die Stellungnahmerechte nach § 92 sowie § 91 Abs. 5a[115] verwendet der Gesetzgeber stets dieselben Formulierungen, so dass insoweit für alle Organisationen dieselben Kriterien gelten. Ihnen ist *„Gelegenheit zur Stellungnahme zu geben"* und *„die Stellungnahmen sind in die Entscheidung einzubeziehen"*. Dies erfordert eine in-

---

109 Homepage des G-BA unter http://www.g-ba.de/institution/themenschwerpunkte/psychotherapie/pruefung/ (zuletzt abgerufen am 16.5.2017).
110 BSG, 23.6.2010, B 6 KA 22/09 R, juris Rn. 31.
111 Homepage des G-BA unter http://www.g-ba.de/institution/themenschwerpunkte/psychotherapie/pruefung/ (zuletzt abgerufen am 16.5.2017).
112 Homepage des G-BA unter http://www.g-ba.de/institution/themenschwerpunkte/psychotherapie/pruefung/ (zuletzt abgerufen am 16.5.2017).
113 BGBl. I, 2114.
114 BT-Dr. 18/5170, 29.
115 Hingegen räumt § 91 Abs. 5 den Kammern auf Bundesebene nur die „Gelegenheit zur Stellungnahme" ein. Die Formulierung „die Stellungnahme ist in die Entscheidung einzubeziehen" fehlt.

haltliche Auseinandersetzung mit den Argumenten des Stellungnahmeberechtigten und zwar in den tragenden Gründen des Beschlusses.[116] Folgt der G-BA den Empfehlungen nicht, muss erkennbar sein und nachvollziehbar begründet werden, warum der G-BA diesen nicht folgt.[117] Das Letztendscheidungsrecht verbleibt allerdings beim G-BA.[118]

59 Der Begriff „Mitberatungsrecht" ist ebenfalls bereits aus anderen Regelungen bekannt, vgl. § 90 Abs. 4. Danach ist den für die Sozialversicherung zuständigen obersten Landesbehörden in den Landesausschüssen ein solches Mitberatungsrecht eingeräumt. Das Mitberatungsrecht der Länder über Abs. 7 e S. 3 beinhaltet ausdrücklich auch das Recht, Beratungsgegenstände auf die Tagesordnung setzen zu lassen und das Recht zur Anwesenheit bei der Beschlussfassung. Die Regelung gilt für das Mitberatungsrecht der Länder nach Abs. 7 f über den dortigen S. 1 letzter Hs. entsprechend. Daneben besteht ein Anwesenheitsrecht nicht nur im Plenum, sondern schon im Vorfeld bei den Beratungen im zuständigen Unterausschuss sowie in nachgeordneten Gremien wie Arbeitsausschüssen oder Arbeitsgruppen.[119] Ferner erhalten die Ländervertreter die jeweiligen Beratungsunterlagen.[120]

60 Beteiligungsrechte bestehen nach § 92 für folgende Organisationen und Angelegenheiten:
- Spitzenorganisationen Zahntechniker vor Erlass der Richtlinien über Zahnersatz nach Abs. 1 S. 2 Nr. 2 (Abs. 1 a S. 6)
- Organisationen auf Bundesebene nach § 134a Abs. 1 (Hebammen, Entbindungspfleger) vor Erlass der Richtlinien über die Betreuung bei Schwangerschaft und Mutterschaft (Abs. 1 b)
- Sachverständige der medizinischen und pharmazeutischen Wissenschaft und Praxis, Spitzenorganisationen pharmazeutischer Unternehmer, betroffene pharmazeutische Unternehmer, Berufsvertretungen der Apotheker, Dachverbände der Ärztegesellschaften der besonderen Therapierichtungen vor Erlass der AM-RL nach Abs. 1 S. 2 Nr. 6 (Abs. 3 a). Das Stellungnahmerecht nach Abs. 3 a gilt entsprechend für die Zusammenstellung von Arzneimitteln (Verweis in Abs. 2 S. 5) sowie für die Anforderung ergänzender versorgungsrelevanter Studien des G-BA (Verweis in Abs. 2 a S. 2).
- Organisationen der Leistungserbringer, Rehabilitationsträger und Bundesarbeitsgemeinschaft für Rehabilitation vor Erlass der Rehabilitationsrichtlinien nach Abs. 1 S. 2 Nr. 8 (Abs. 5 S. 1)
- Organisationen der Heilmittel-Leistungserbringer im Sinne von § 125 Abs. 1 S. 1 vor Erlass der Heilmittel-Richtlinien nach Abs. 1 S. 2 Nr. 6 (Abs. 6 S. 2)
- Leistungserbringer nach § 132 a Abs. 1 S. 1 vor Erlass der Richtlinien über die Verordnung von häuslicher Krankenpflege nach Abs. 1 S. 2 Nr. 6 und Spitzenorganisationen auf Bundesebene der Hospizarbeit und der Palliativversorgung (Abs. 7 S. 2)
- Organisationen der Leistungserbringer nach § 127 Abs. 6 S. 1, Spitzenorganisationen der betroffenen Hilfsmittelhersteller vor Erlass der Hilfsmittel-Richtlinien nach Abs. 1 S. 2 Nr. 6 (Abs. 7 a)
- -Organisationen der Hospizarbeit und der Palliativversorgung, Organisationen nach § 132 a Abs. 1 S. 1 vor Erlass der Richtlinien zur Verordnung von spezialisierter ambulanter Palliativversorgung nach Abs. 1 S. 2 Nr. 14 (Abs. 7 b)
- Organisationen der Leistungserbringer der Soziotherapieversorgung vor Erlass der Richtlinien zur Verordnung von Soziotherapie nach Abs. 1 S. 2 Nr. 6 (Abs. 7 c)
- Einschlägige wissenschaftliche Fachgesellschaften vor der Entscheidung über die Richtlinien nach § 135 (Bewertung von Untersuchungs- und Behandlungsmethoden), § 137 c (Bewertung von Untersuchungs- und Behandlungsmethoden im Krankenhaus) und § 137 e (Erprobung von Untersuchungs- und Behandlungsmethoden); Spitzenorganisation der Medizinprodukthersteller und betroffene Medizinproduktehersteller vor Entscheidungen über Methoden, deren technische Anwendung maßgeblich auf dem Einsatz eines Medizinproduktes beruht; Strahlenschutzkommission bei Methoden, bei denen radioaktive Stoffe oder ionisierende Strahlung am Menschen angewandt werden (Abs. 7 d)
- Länder vor Entscheidungen über die Bedarfsplanungs-Richtlinie nach Abs. 1 S. 2 Nr. 9 (Abs. 7 e)
- Länder bei den Richtlinien nach Abs. 1 S. 2 Nr. 13 (Qualitätssicherung) und den Beschlüssen nach § 136 b (Beschlüsse zur Qualitätssicherung im Krankenhaus) und § 136 c (Beschlüsse zu Qualitätssicherung und Krankenhausplanung) (Abs. 7 f S. 1)

---

116 So BT-Dr. 17/6906, 68; BT-Dr. 13/7264, 64.
117 So BT-Dr. 17/6906, 68; BT-Dr. 13/7264, 64.
118 So BT-Dr. 13/7264, 64.
119 So BT-Dr. 17/6906, 70.
120 So BT-Dr. 17/6906, 70.

- Robert-Koch-Institut vor Entscheidungen über Richtlinien nach § 136 Abs. 1 iVm § 136a Abs. 1 S. 1 bis 3 (Abs. 7 f)

92a Innovationsfonds, Grundlagen der Förderung von neuen Versorgungsformen zur Weiterentwicklung der Versorgung und von Versorgungsforschung durch den Gemeinsamen Bundesausschuss

(1) ¹Der Gemeinsame Bundesausschuss fördert neue Versorgungsformen, die über die bisherige Regelversorgung hinausgehen. ²Gefördert werden insbesondere Vorhaben, die eine Verbesserung der sektorenübergreifenden Versorgung zum Ziel haben und hinreichendes Potential aufweisen, dauerhaft in die Versorgung aufgenommen zu werden. ³Voraussetzung für eine Förderung ist, dass eine wissenschaftliche Begleitung und Auswertung der Vorhaben erfolgt. ⁴Förderkriterien sind insbesondere:
1. Verbesserung der Versorgungsqualität und Versorgungseffizienz,
2. Behebung von Versorgungsdefiziten,
3. Optimierung der Zusammenarbeit innerhalb und zwischen verschiedenen Versorgungsbereichen, Versorgungseinrichtungen und Berufsgruppen,
4. interdisziplinäre und fachübergreifende Versorgungsmodelle,
5. Übertragbarkeit der Erkenntnisse, insbesondere auf andere Regionen oder Indikationen,
6. Verhältnismäßigkeit von Implementierungskosten und Nutzen,
7. Evaluierbarkeit.

⁵Förderfähig sind nur diejenigen Kosten, die dem Grunde nach nicht von den Vergütungssystemen der Regelversorgung umfasst sind. ⁶Bei der Antragstellung ist in der Regel eine Krankenkasse zu beteiligen. ⁷Ein Anspruch auf Förderung besteht nicht.

(2) ¹Der Gemeinsame Bundesausschuss fördert Versorgungsforschung, die auf einen Erkenntnisgewinn zur Verbesserung der bestehenden Versorgung in der gesetzlichen Krankenversicherung ausgerichtet ist. ²Antragsteller für eine Förderung von Versorgungsforschung können insbesondere universitäre und nichtuniversitäre Forschungseinrichtungen sein. ³Für Verträge, die nach den §§ 73c und 140a in der am 22. Juli 2015 geltenden Fassung geschlossen wurden, kann auf Antrag der Vertragsparteien eine wissenschaftliche Begleitung und Auswertung gefördert werden, wenn die Vertragsinhalte hinreichendes Potential aufweisen, in die Regelversorgung überführt zu werden. ⁴Ein Anspruch auf Förderung besteht nicht. ⁵Die für Versorgungsforschung zur Verfügung stehenden Mittel können auch für Forschungsvorhaben zur Weiterentwicklung und insbesondere Evaluation der Richtlinien des Gemeinsamen Bundesausschusses eingesetzt werden.

(3) ¹Die Fördersumme für neue Versorgungsformen und Versorgungsforschung nach den Absätzen 1 und 2 beträgt in den Jahren 2016 bis 2019 jeweils 300 Millionen Euro. ²Sie umfasst auch die für die Verwaltung der Mittel und die Durchführung der Förderung einschließlich der wissenschaftlichen Auswertung nach Absatz 5 notwendigen Aufwendungen. ³Soweit hierfür bereits im Jahr 2015 Ausgaben anfallen, werden diese aus der Liquiditätsreserve des Gesundheitsfonds getragen; der Betrag nach § 271 Absatz 2 Satz 5 verringert sich für das Jahr 2016 um den im Jahr 2015 in Anspruch genommenen Betrag. ⁴Von der Fördersumme sollen 75 Prozent für die Förderung nach Absatz 1 und 25 Prozent für die Förderung nach Absatz 2 verwendet werden. ⁵Mittel, die im Haushaltsjahr nicht bewilligt wurden, sind entsprechend Absatz 4 Satz 1 anteilig an den Gesundheitsfonds (Liquiditätsreserve) und die Krankenkassen zurückzuführen. ⁶Die Laufzeit eines Vorhabens nach den Absätzen 1 und 2 kann bis zu vier Jahre betragen.

(4) ¹Die Mittel nach Absatz 3, verringert um den Finanzierungsanteil der landwirtschaftlichen Krankenkasse nach § 221 Absatz 3 Satz 1 Nummer 1, werden durch den Gesundheitsfonds (Liquiditätsreserve) und die nach § 266 am Risikostrukturausgleich teilnehmenden Krankenkassen jeweils zur Hälfte getragen. ²Das Bundesversicherungsamt erhebt und verwaltet die Mittel (Innovationsfonds) und zahlt die Fördermittel auf der Grundlage der Entscheidungen des Innovationsausschusses nach § 92b aus. ³Die dem Bundesversicherungsamt im Zusammenhang mit dem Innovationsfonds entstehenden Ausgaben werden aus den Einnahmen des Innovationsfonds gedeckt. ⁴Das Nähere zur Erhebung der Mittel für den Innovationsfonds durch das Bundesversicherungsamt bei den nach § 266 am Risikostrukturausgleich teilnehmenden Krankenkassen regelt die Rechtsverordnung nach § 266 Absatz 7 Satz 1; § 266 Absatz 6 Satz 7 gilt entsprechend. ⁵Das Nähere zur Weiterleitung der Mittel an den Innovations-

fonds und zur Verwaltung der Mittel des Innovationsfonds bestimmt das Bundesversicherungsamt im Benehmen mit dem Innovationsausschuss und dem Spitzenverband Bund der Krankenkassen.

(5) ¹Das Bundesministerium für Gesundheit veranlasst eine wissenschaftliche Auswertung der Förderung nach dieser Vorschrift im Hinblick auf deren Eignung zur Weiterentwicklung der Versorgung. ²Die hierfür entstehenden Ausgaben werden aus den Einnahmen des Innovationsfonds gedeckt. ³Das Bundesministerium für Gesundheit übersendet dem Deutschen Bundestag zum 31. März 2019 einen Zwischenbericht über die wissenschaftliche Auswertung. ⁴Einen abschließenden Bericht über das Ergebnis der wissenschaftlichen Auswertung legt das Bundesministerium für Gesundheit dem Deutschen Bundestag zum 31. März 2021 vor.

Literatur:

Baas, Innovationen in der GKV und die Rolle des Innovationsfonds, RPG 2015, 69; *Cassel/Jacobs*, Mehr Versorgungsinnovationen – aber wie?, RPG 2015, 55; *Galas*, Innovationsfonds nach einem Jahr – eine Zwischenbilanz des GKV-Spitzenverbandes, GSP 2017, 7; *ders.*, Der Innovationsfonds nach dem Start, GUP 2016, 167; *Gibis/Steiner*, Wie kommt das Neue in die (Gesundheits-)Welt?, GUS 2014, 20; *Knieps/Kunkel/Macherey*, Viele kleine Schritte zu einer besseren Versorgung – der Entwurf eines Versorgungsstärkungsgesetzes, GSP 2014, 15; *Nellessen-Martens/Hoffmann*, Versorgungsforschung – eine Disziplin im Aufschwung, G+G Beilage 2017 Wissenschaft, 7; *Schmacke*, Forschung und Entwicklung: eine unverhoffte Chance für die GKV, GuS 2014, 16; *Schrappe*, Innovationsfonds, Dr. Med.Mabuse 2016, 40; *Schroeder-Printzen*, GKV-VSG – Der große Entwurf für die Verstärkung der ambulanten Versorgung?, ZMGR 2016, 3; *Straub/Hübner/Graf*, 8 Thesen zum Innovationsfonds, GuS 2014, 26; *Ulrich/Maier/Trescher*, Wie wird der Innovationsfonds innovativ?, GuS 2014, 11; *Wille*, Ideenschmiede für Gesundheitsreformer, G+G 2016, 30.

I. Entstehungsgeschichte, Allgemeines, Struktur der Norm 1	2. Finanzierung, Verwaltung Innovationsfonds, Auszahlung der Mittel 19
II. Neue Versorgungsformen (Abs. 1) 2	V. BMG – Wissenschaftliche Auswertung der Förderungen (Abs. 5) 23
III. Versorgungsforschung (Abs. 2) 12	
IV. Innovationsfonds – Fördersummen, Mittel (Abs. 3 und Abs. 4) 16	
1. Fördersummen und Verteilung, Laufzeit Förderung, Haushaltsjahr 16	

I. Entstehungsgeschichte, Allgemeines, Struktur der Norm

1 Mit dem Gesetz zur Stärkung der Versorgung in der gesetzlichen Krankenversicherung (GKV-Versorgungsstärkungsgesetz, GKV-VSG) vom 16.7.2015 ist mit den neuen Regelungen in § 92 a und § 92 b der Innovationsfonds eingeführt worden.[1] Sie gehen zurück auf einen Vorschlag des Sachverständigenrates zur Begutachtung der Entwicklung im Gesundheitswesen.[2] Mit Geldern aus diesem Innovationsfonds werden Projekte zu neuen Versorgungsformen (Schwerpunkt: sektorenübergreifende Projekte) und zur Versorgungsforschung mit Mitteln der gesetzlichen Krankenversicherung öffentlich gefördert. Der Gesetzgeber sieht die Notwendigkeit der Veränderung von Versorgungsstrukturen mit Blick auf den demographischen Wandel und den medizinisch-technischen Fortschritt und intendiert über finanzielle Anreize diese Veränderungen voran zu treiben.[3] Die Förderung ist zunächst zeitlich bis 2019 und der Höhe nach auf jeweils 300 Millionen Euro für die Jahre 2016 bis 2019 begrenzt (Abs. 2 S. 1). Über die Vergabe von Fördermitteln aus dem Fonds entscheidet der Innovationsausschuss, der beim G-BA eingerichtet wird und der personell aus Mitgliedern des Beschlussgremiums des G-BA besteht.

Im Kern regelt § 92 a die förderfähigen Bereiche, die Förderkriterien, die Gesamtvolumina der jeweiligen Fördersummen in den förderfähigen Bereichen, die Verwaltung des Innovationsfonds durch das Bundesversicherungsamt sowie die wissenschaftliche Auswertung der Eignung der Förderung zur Weiterentwicklung von Versorgungsstrukturen. Wie bereits erwähnt, steht § 92 a im engen Zusammenhang mit § 92 b, der die Organisation und Durchführung der Förderung bestimmt. Geregelt wird dort die Bildung und Zusammensetzung des Innovationsausschusses, dessen Festlegung von Förderschwerpunkten und Förderkriterien in Förderbekanntmachungen, das Beschließen einer Geschäfts- und Ver-

---

1 BGBl. I, 1211.
2 Sondergutachten 2012, Wettbewerb an der Schnittstelle zwischen ambulanter und stationärer Gesundheitsversorgung.
3 BT-Dr. 18/4094, 55.

fahrensordnung, die Einrichtung und Organisation einer Geschäftsstelle sowie die Bildung eines Expertenrates.
Weitere Regelungen zum Innovationsfonds finden sich in § 221 Abs. 3 (Beteiligung des Bundes an Aufwendungen), in § 271 Abs. 2 (Gesundheitsfonds, Finanzierung Innovationsfonds) sowie in § 44 der Risikostruktur-Ausgleichsverordnung, wo die aufzubringenden Mittel der Krankenkassen für den Innovationsfonds bestimmt werden. Der Innovationsauschuss beim G-BA erlässt zudem einen VerfO Innovationsausschuss sowie eine Geschäftsordnung Innovationsausschuss (s. § 92 b).

II. Neue Versorgungsformen (Abs. 1)

In Abs. 1 und Abs. 2 werden die beiden förderfähigen Bereiche und deren Förderkriterien näher geregelt, nämlich die neuen Versorgungsformen und die Versorgungsforschung. **2**
Neue Versorgungsformen (Abs. 1) setzen voraus, dass sie über die bisherige Regelversorgung[4] hinausgehen (Abs. 1 S. 1, § 2 Nr. 3 VerfO Innovationsausschuss). Ein neues Handlungsinstrument wird nicht geschaffen; auf die im SGB V vorgesehenen Handlungsinstrumente (insbesondere auf die Selektivverträge) ist zurück zu greifen.[5]
Der Gesetzgeber hebt als neue Versorgungsformen solche Versorgungsmodelle hervor, die **sektorenübergreifend** angelegt sind und ein **hinreichendes Potential für die Versorgung** aufweisen (Abs. 1 S. 2).
Aus dem Wortlaut von Abs. 1 S. 2 („insbesondere") folgt zunächst, dass das Merkmal „**sektorenübergreifend**" keine zwingende Voraussetzung für die Förderfähigkeit von Vorhaben ist. Der Innovationsausschuss konzentriert sich jedoch bei der Förderung von Projekten auf sektorenübergreifende Versorgungsmodelle. Dies bestätigt ein Blick auf die bisher vom Innovationausschuss geförderten Projekte, die auf der Internetseite des G-BA veröffentlicht werden.[6] Abgesehen davon, dass hier ohnehin der Förderschwerpunkt liegt (s. o.), ist nach dem Innovationsausschuss der Begriff „**Versorgungsform**" so zu verstehen, dass es sich um eine „strukturierte und rechtlich verbindliche Zusammenarbeit unterschiedlicher Berufsgruppen und/oder Einrichtungen in der ärztlichen und nicht-ärztlichen Versorgung" handelt.[7] Damit beinhalten „Versorgungsformen" stets zumindest „**innersektorale Schnittstellen**" und sind damit ob ihrer eigenen Definition – und der weiten Definition des Begriffs sektorenübergreifend (→ Rn. 5) – sektorenübergreifend angelegt. Gefördert werden folglich (innovative) Versorgungsprozesse,[8] denn um diese geht es, wenn unterschiedliche Berufsgruppen und/oder Einrichtungen in der Versorgung zusammenwirken. Dementsprechend stellt § 5 Abs. 4 S. 1 VerfO Innovationsausschuss klar, dass Produktinnovationen nicht gefördert werden.[9] Da eine „Versorgungsform" eine „Zusammenarbeit" bedingt, kann es sich nicht um einzelne Produkte oder medizinische Leistungen handeln. **3**
Auch für das Merkmal „hinreichendes **Potential** für die dauerhafte Aufnahme in die Versorgung" deutet der Wortlaut von Abs. 1 S. 2 („insbesondere") auf den ersten Blick darauf hin, dass es sich nicht um eine zwingende Voraussetzung für die Förderfähigkeit des Vorhabens handelt. Allerdings wird man auch nach dem Sinn und Zweck der Regelung, die auf eine *qualitative Weiterentwicklung* der Versorgung in der gesetzlichen Krankenversicherung zielt,[10] zu fragen haben. Diejenigen Vorhaben, die noch nicht einmal ein hinreichendes Potential haben, um zukünftig Bestandteil der Versorgung zu werden, ist es perspektivisch von vornherein verwehrt, diese weiter zu entwickeln, geschweige denn, sie zu verbessern im Sinne einer „qualitativen" Weiterentwicklung. Dann sind sie aber auch nicht förderfähig. Denn es läuft dem Zweck des Innovationsfonds zuwider, Gelder für Vorhaben auszuschütten, denen a priori bereits die (bloße) Möglichkeit abgesprochen werden muss, dauerhaft Bestandteil der Versorgung zu werden, sie also weiter zu entwickeln („Innovation"). Auch in der Wendung „neue" Versorgungsformen (Abs. 1 S. 1) steckt diese Perspektive der qualitativen Weiterentwicklung. Im Ergebnis sind daher Vorhaben nur bei einem hinreichenden Potential für die dauerhafte Aufnahme **4**

---

4 Zur Definition vgl. § 2 Nr. 5 VerfO Innovationsausschuss.
5 BT-Dr. 18/4095, 101; § 5 Abs. 2 S. 3 und Abs. 3 VerfO Innovationsausschuss.
6 https://innovationsfonds.g-ba.de/projekte/ (18.5.2017).
7 „Leitfaden für die Erstellung von Anträgen zu den Förderbekanntmachungen zu themenspezifischen und themenoffenen Förderung von neuen Versorgungsformen gemäß § 92 a Abs. 1 SGB V zur Weiterentwicklung der Versorgung in der gesetzlichen Krankenversicherung" (8.4.2016) sowie „Leitfaden für die Erstellung von Anträgen zu den Förderbekanntmachungen zur themenoffenen Förderung von neuen Versorgungsformen gemäß § 92 a Abs. 1 SGB V zur Weiterentwicklung der Versorgung in der gesetzlichen Krankenversicherung" (20.2.2017), jeweils S. 1.
8 Huster in: Becker/Kingreen, § 92 a Rn. 3.
9 Vgl. auch BT-Dr. 18/4095, 101.
10 BT-Dr. 18/4096, 100.

in die Versorgung förderfähig.[11] Hiervon geht im Übrigen auch die Gesetzesbegründung[12] sowie der Innovationsausschuss aus. Schon für die Antragstellung wird die Vorlage eines Evaluationskonzeptes gefordert, aus dem sich ergibt, dass die Ergebnisse des Vorhabens und seine Effekte für die Versorgung im Hinblick auf eine Prüfung der dauerhaften Übernahme in die Versorgung auf valider und gesicherter Datengrundlage beurteilt werden können, § 5 Abs. 5 VerfO Innovationsausschuss.

5 Als sektorenübergreifende Versorgungsmodelle werden nicht nur solche verstanden, die Maßnahmen zur Überwindung der Sektoren (zB ambulant/stationär) beinhalten, sondern auch diejenigen, die nur „innersektorale Schnittstellen" optimieren, vgl. § 2 Nr. 4 VerfO Innovationsausschuss. Die Formulierung „innersektorale Schnittstellen" erfasst alle Schnittstellen innerhalb eines Sektors (zB ambulant, stationär). Schnittstellen sind Übergänge in der Versorgung, die entstehen, weil zB unterschiedliche Einrichtungen oder Fachrichtungen an ihr beteiligt sind.

6 Wonach bemisst sich, ob ein Vorhaben ein **hinreichendes Potential** hat, dauerhaft in die Versorgung aufgenommen zu werden? Der Begriff des „Potentials" ist ua bekannt aus der Bewertung von neuen Untersuchungs- und Behandlungsmethoden und deren Erprobung (§ 135 SGB V, § 137c SGB V, § 137e). Dort ist das „Potential" allerdings auf die neue Methode als Behandlungsalternative bezogen. Im Kontext von § 92a ist es – wie ausgeführt – auf die dauerhafte Aufnahme in die Versorgung bezogen, wobei es in der Gesetzesbegründung heißt, „dies bezieht sich zunächst auf eine Überführung in die *Regelversorgung*". Der Wortlaut „Versorgung" ist nicht auf die „Regelversorgung" (vgl. zur Definition § 2 Nr. 5 VerfO Innovationsausschuss) beschränkt und erfasst damit auch die selektivvertragliche Versorgung. Dementsprechend können auch Vorhaben, die auf eine dauerhafte Weiterentwicklung der selektivvertraglichen Versorgung beschränkt sind, ohne dass diese in die Regelversorgung überführt werden sollen, förderfähig sein.[13] Es muss sich dann allerdings auch um eine *Weiterentwicklung* der bestehenden selektivvertraglichen Versorgung handeln. Andernfalls fehlt es an einer Umsetzung des Innovationsgedankens des § 92a. § 5 Abs. 2 S. 2 VerfO Innovationsausschuss bestimmt daher auch, dass Vorhaben, die lediglich die selektivvertragliche Versorgung weiterentwickeln, ebenfalls gefördert werden können.

Der Innovationsausschuss spricht vom sog **Umsetzungspotential** und sieht für ihr Vorliegen als ausschlaggebend an, in welchem Umfang die erforderlichen Maßnahmen realisiert werden können und die Rahmenbedingungen des Vorhabens in die Versorgung übertragbar sind, vgl. § 2 Nr. 1 VerfO Innovationsausschuss. Ein Umsetzungspotential fehlt nicht allein deshalb, weil zur Überführung der neuen Versorgungsform in die Versorgung Änderungen (etwa rechtlicher oder ökonomischer Art) erforderlich sind.[14]

7 Weitere Fördervoraussetzung ist nach Abs. 1 S. 3 eine **wissenschaftliche Begleitung und Auswertung** des Vorhabens. Wie bereits erwähnt (→ Rn. 4), muss bereits bei der Antragstellung ein tragfähiges und ergebnisorientiertes Evaluationskonzept vorgelegt werden, vgl. § 5 Abs. 5 VerfO Innovationsausschuss.

8 Abs. 1 S. 4 zählt die **Förderkriterien** beispielhaft („insbesondere") auf. Im Zuge der verschiedenen Förderwellen veröffentlicht der Innovationsausschuss Förderbekanntmachungen. Diese können weitere Voraussetzungen für eine Förderung enthalten, § 5 Abs. 6 VerfO Innovationsausschuss. Aus den Förderbekanntmachungen ergibt sich Art, Umfang und Höhe der Förderung, § 6 Abs. 3 VerfO Innovationsausschuss. Die in Abs. 1 S. 4 genannten Förderkriterien bilden die Grundlagen für die Förderbekanntmachungen und für die Einzelfallentscheidungen.[15] Die Umsetzung der Förderkriterien wird durch die Evaluation geprüft.[16]

9 Entsprechend dem gesetzlichen Ziel der *Weiterentwicklung* der Versorgung in der gesetzlichen Krankenversicherung,[17] sind nur die **Kosten jenseits der Regelversorgung** förderfähig (Abs. 1 S. 5, § 6 Abs. 1 S. 1 VerfO Innovationsausschuss). Dies sind neben gesundheitlichen Versorgungsleistungen, die

---

11 So im Ergebnis mit allerdings abweichender Begründung auch Roters in: KassKomm, § 92a SGB V Rn. 6.
12 BT-Dr. 18/4095, 101.
13 BT-Dr. 18/4095, 100; vgl. auch Huster in: Becker/Kingreen, § 92a Rn. 3.
14 BT-Dr. 18/4095, 100; „Leitfaden für die Erstellung von Anträgen zu den Förderbekanntmachungen zur themenoffenen Förderung von neuen Versorgungsformen gemäß § 92a Abs. 1 SGB V zur Weiterentwicklung der Versorgung in der gesetzlichen Krankenversicherung" (20.2.2017), S. 8; Roters in: KassKomm, § 92a SGB V Rn. 7.
15 BT-Dr. 18/4095, 101.
16 BT-Dr. 18/4095, 101.
17 BT-Dr. 18/4095, 100.

über die Regelversorgung hinausgehen, zB Projektmanagementkosten, Koordinierungskosten und Evaluationskosten, § 6 Abs. 1 S. 2 VerfO Innovationsausschuss. Da die wissenschaftliche Begleitung und Auswertung der neuen Versorgungsform zwingende Fördervoraussetzung ist (Abs. 1 S. 3), ist die Förderfähigkeit der entstehenden Evaluationskosten konsequent. Investitions- und projektbegleitende Entwicklungskosten können nur unter den einschränkenden Voraussetzungen des § 6 Abs. 2 VerfO Innovationsausschuss gefördert werden (unabdingbar für die Umsetzung des medizinischen Konzeptes und wirtschaftlich im Verhältnis zum geförderten Versorgungsprojekt).

Eine Förderung nach Abs. 1 setzt einen **Antrag** voraus. Der Kreis der möglichen Antragsteller wird – entgegen ursprünglicher Planung[18] – vom Gesetz nicht vorgegeben. § 5 Abs. 1 S. 1 VerfO Innovationsausschuss erklärt alle rechtsfähigen und unbeschränkt geschäftsfähigen Personen und Personengesellschaften für antragsberechtigt. Diese müssen allerdings „in der Regel" eine Krankenkasse beteiligen. Die Beteiligung wird dadurch dokumentiert, dass ein gesetzlicher Vertreter der beteiligten Krankenkasse oder eines Krankenkassenverbandes seine Unterschrift leistet, § 5 Abs. 1 S. 3 VerfO Innovationsausschuss. Die Beteiligung der Krankenkasse ist nicht zwingend, allerdings muss bei fehlender Beteiligung diese begründet und dargelegt werden, wieso gleichwohl ein Bezug zur gesetzlichen Krankenversicherung besteht und wie die erforderliche Evaluation sichergestellt wird, § 5 Abs. 1 S. 4 VerfO Innovationsausschuss.

Ein Anspruch auf Förderung besteht nach Abs. 1 S. 7 nicht. Die Förderungsentscheidungen stehen im „Ermessen" des Innovationsausschusses, die natürlich nur im Rahmen der verfügbaren Mittel erfolgen können.[19]

III. Versorgungsforschung (Abs. 2)

Ebenfalls gefördert werden Projekte der **Versorgungsforschung**. Gefördert werden nach Abs. 2 S. 1 solche, die auf einen **Erkenntnisgewinn zur Verbesserung der bestehenden Versorgung in der gesetzlichen Krankenversicherung** ausgerichtet sind. Förderfähig sind mithin nur Forschungsprojekte, die die Versorgung in der gesetzlichen Krankenversicherung selbst betreffen.[20] Es werden Projekte der „Versorgungsforschung" gefördert. Der Begriff wird in der Gesetzesbegründung spezifiziert. Danach ist darunter die wissenschaftliche Untersuchung der gesundheitlichen Versorgung des Einzelnen und der Bevölkerung zu verstehen.[21] Die gesundheitliche Versorgung kann Produkte oder Dienstleistungen betreffen.[22] Zentral ist, dass sich die wissenschaftliche Untersuchung auf die gesundheitliche Versorgung unter Alltagsbedingungen bezieht und eine hohe praktische Relevanz mit besonderer Nähe zur Patientenversorgung hat.[23] Die generierten Forschungserkenntnisse müssen geeignet sein vom G-BA in seinen Richtlinien übernommen zu werden oder dem Gesetzgeber für strukturelle Änderungen dienen können.[24] Antragsteller können ua universitäre und nichtuniversitäre Forschungseinrichtungen sein, Abs. 2 S. 2 und § 7 Abs. 3 VerfO Innovationsausschuss.

Darüber hinaus sind **Evaluationsvorhaben für Verträge**, die nach den früheren Fassungen der §§ 73 c und 140 a (vor in Kraft treten des GKV-VSG) geschlossen wurden, nach Abs. 2 S. 3 förderfähig. Sie müssen allerdings hinreichendes Potential für eine Überführung in die *Regelversorgung* haben, Abs. 2 S. 3. Eine bloße Weiterentwicklung der selektivvertraglichen Versorgung reicht hier, anders als nach Abs. 1 (→ Rn. 6), nicht aus.[25] Antragsberechtigt sind hier nur die Vertragsparteien, Abs. 2 S. 3 und § 7 Abs. 3 VerfO Innovationsausschuss.

Im Rahmen der Förderung der Versorgungsforschung sind darüber hinaus Forschungsvorhaben unterstützungsfähig, die der **Weiterentwicklung**, insbesondere der **Evaluation**, von **Richtlinien des G-BA** dienen, Abs. 2 S. 5. Antragsteller können ua universitäre und nichtuniversitäre Forschungseinrichtungen sein, Abs. 2 S. 2 und § 7 Abs. 3 VerfO Innovationsausschuss.

Die näheren Voraussetzungen für eine Förderung ergeben sich aus den Förderbekanntmachungen des Innovationsausschusses, § 7 Abs. 4 VerfO Innovationsausschuss. Förderfähig sind im Rahmen der Forschungsprojekte nur diejenigen Kosten, die auf einem vorhabenbedingten Mehraufwand wie Personal-

---

18 Vgl. BT-Dr. 18/4095, 22.
19 BT-Dr. 18/4095, 101.
20 BT-Dr. 18/4095, 101.
21 BT-Dr. 18/4095, 101.
22 BT-Dr. 18/4095, 101.
23 BT-Dr. 18/4095, 101.
24 BT-Dr. 18/4095, 101.
25 Huster in: Becker/Kingreen, § 92 a Rn. 5.

und Sachmittel beruhen und nicht der Grundausstattung zugerechnet werden können, § 8 Abs. 1 VerfO Innovationsausschuss. Weitere Kosten sind nur förderfähig, soweit sie „unmittelbar für die Umsetzung des Forschungsvorhabens unabdingbar und wirtschaftlich im Verhältnis zu dem geförderten Forschungsprojekt sind, § 8 Abs. 1 VerfO. Das Nähere zu Art, Umfang und Höhe der Förderungen ergibt sich aus den Förderbekanntmachungen, § 8 Abs. 2 VerfO Innovationsausschuss.

IV. Innovationsfonds – Fördersummen, Mittel (Abs. 3 und Abs. 4)

16 **1. Fördersummen und Verteilung, Laufzeit Förderung, Haushaltsjahr.** Die Fördersumme für beide Fördertöpfe zusammen (Neue Versorgungsformen und Versorgungsforschung) wird mit 300 Millionen Euro jährlich für die Jahre 2016 bis 2019 veranschlagt, Abs. 3 S. 1. Mittel müssen im Haushaltsjahr bewilligt werden; andernfalls sind sie entsprechend Abs. 4 S. 1 anteilig an den Gesundheitsfonds (Liquiditätsreserve) und die Krankenkassen zurück zu führen, Abs. 3 S. 5. Die Regelung stellt seit dem Gesetz zur Errichtung eines Transplantationsregisters vom 11.10.2016 auf die „Bewilligung" und nicht mehr auf deren „Verausgabung" ab (Art. 2 Nr. 1).[26] Die Mittel, die ein Vorhaben insgesamt benötigt, können folglich im Haushaltsjahr der Bewilligung reserviert werden und im notwendigen Umfang auf die Folgejahre übertragen werden.[27] Die Laufzeit eines Vorhabens kann bis zu vier Jahre betragen, Abs. 3 S. 6. Die Regelung ist ebenfalls mit dem Gesetz zur Errichtung eines Transplantationsregisters vom 11.10.2016 eingeführt worden (Art. 2 Nr. 1)[28] und stellt klar, dass Vorhaben über das Jahr 2019 hinaus laufen können, solange sie im Förderzeitraum (2016 bis 2019) bewilligt worden sind. Aus den genannten Fördersummen müssen auch die Aufwendungen für die Verwaltung der Mittel durch das Bundesversicherungsamt (→ Rn. 20), für die Durchführung der Förderung durch den Innovationsausschuss sowie für die wissenschaftliche Auswertung durch das BMG (→ Rn. 23) beglichen werden.

17 Damit der Innovationsfonds schon mit Beginn des Jahres 2016 einsatzbereit sein konnte,[29] enthält Abs. 3 S. 3 eine Regelung, die Ausgaben schon im Jahr 2015 ermöglicht. Es mussten dann allerdings für das Jahr 2016 entsprechende Verrechnungen erfolgen. Das BMG, welches wissenschaftlich auswertet, ob die geförderten Projekte zur Weiterentwicklung der Versorgung geeignet waren, muss hierüber bis zum 31.3.2019 dem Deutschen Bundestag einen Zwischenbericht übersenden (→ Rn. 23). Auf dieser Basis wird über eine zeitliche Fortsetzung der Förderung entschieden.[30]

18 Die Fördersummen werden auf die beiden Fördertöpfe der Höhe nach unterschiedlich verteilt. Für Neue Versorgungsformen (Abs. 1) stehen 75 % der Fördersumme zur Verfügung, während für die Versorgungsforschung (Abs. 2) 25 % erhält. Es handelt sich um eine „Soll-Vorschrift", also eine Regelung, von der abgewichen werden kann. Die Gesetzesbegründung erläutert, dass von dieser Verteilung abgewichen werden kann, wenn Mittel für einen Förderbereich in einem Haushaltsjahr nicht verausgabt werden können.[31]

19 **2. Finanzierung, Verwaltung Innovationsfonds, Auszahlung der Mittel.** Die Finanzmittel des Innovationsfonds werden – nachdem der Finanzierungsanteil der landwirtschaftlichen Krankenkassen nach § 221 Abs. 3 S. 1 Nr. 1 abgezogen worden ist – je zur Hälfte aus der Liquiditätsreserve des Gesundheitsfonds und durch die nach § 266 am Risikostrukturausgleich teilnehmenden Krankenkassen getragen.

20 Das Bundesversicherungsamt ist ebenfalls in den Innovationsfonds eingebunden. Seine Ausgaben werden aus den Mitteln des Innovationsfonds gedeckt, Abs. 4 S. 3.

Das **Bundesversicherungsamt** erhebt und verwaltet die Mittel des Innovationsfonds und **zahlt** die Fördermittel auf der Grundlage der Entscheidungen des Innovationsausschusses (§ 92 b) **aus**, Abs. 4 S. 2. Das Bundesversicherungsamt ist im Hinblick auf die Zahlung an Förderempfänger also lediglich „Auszahlungsstelle". Eigene Entscheidungsbefugnisse bestehen nicht; es ist an die Entscheidungen des Innovationsausschusses gebunden.

21 Die Einzelheiten zur **Erhebung** der Mittel durch das Bundesversicherungsamt bei den Krankenkassen, die nach § 266 am Risikostrukturausgleich teilnehmen, regelt die Risikostruktur-Ausgleichsverord-

---

[26] BGBl. I, 2233.
[27] BT-Dr. 18/9083, 32.
[28] BGBl. I, 2233.
[29] BT-Dr. 18/4095, 102.
[30] BT-Dr. 18/4095, 102.
[31] BT-Dr. 18/4095, 102.

nung (RSAV) nach § 266 Abs. 7 S. 1, Abs. 4 S. 4. Für entsprechend anwendbar erklärt wird § 266 Abs. 6 S. 7. Klargestellt wird folglich, dass Klagen gegen den Einbehalt der Finanzmittel bei den Krankenkassen durch das Bundesversicherungsamt keine aufschiebende Wirkung haben.[32]

Im Benehmen mit dem Innovationsausschuss und dem Spitzenverband Bund der Krankenkassen bestimmt das Bundesversicherungsamt das Nähere zur **Weiterleitung** der Mittel an den Innovationsfonds und die **Verwaltung** der Mittel des Innovationsfonds. Hinsichtlich der Weiterleitung der Mittel geht es darum, auf welche Weise und in welchen Zeiträumen sie in den Innovationsfonds gelangen.[33] Die Verwaltung der Mittel meint vor allem die Geldanlage freier Finanzmittel des Innovationsfonds, wobei hier die gleichen Kriterien wie bei den Mitteln des Gesundheitsfonds zugrunde gelegt werden sollen.[34]

V. BMG – Wissenschaftliche Auswertung der Förderungen (Abs. 5)

Das BMG ist nach Abs. 5 S. 1 verpflichtet eine wissenschaftliche Auswertung der Förderungen durchzuführen, die überprüft, ob diese auch das eigentliche Ziel des Innovationsfonds, nämlich die Weiterentwicklung der Versorgung, erreicht haben. Aufgrund des Ergebnisses dieser **Evaluation** wird durch den Deutschen Bundestag entschieden werden, ob es zu einer Fortsetzung der Förderung kommen wird.[35] Die Entscheidung wird auf der Grundlage des Zwischenberichtes des BMG, der bis zum 31.3.2019 dem Deutschen Bundestag übersandt werden muss, getroffen,[36] Abs. 5 S. 3. Für den abschließenden Bericht ist der 31.3.2021 vorgesehen, Abs. 5 S. 4.

§ 92 b Durchführung der Förderung von neuen Versorgungsformen zur Weiterentwicklung der Versorgung und von Versorgungsforschung durch den Gemeinsamen Bundesausschuss

(1) ¹Zur Durchführung der Förderung wird beim Gemeinsamen Bundesausschuss bis zum 1. Januar 2016 ein Innovationsausschuss eingerichtet. ²Dem Innovationsausschuss gehören drei vom Spitzenverband Bund der Krankenkassen benannte Mitglieder des Beschlussgremiums nach § 91 Absatz 2, jeweils ein von der Kassenärztlichen Bundesvereinigung, der Kassenzahnärztlichen Bundesvereinigung und der Deutschen Krankenhausgesellschaft benanntes Mitglied des Beschlussgremiums nach § 91 Absatz 2, der unparteiische Vorsitzende des Gemeinsamen Bundesausschusses sowie zwei Vertreter des Bundesministeriums für Gesundheit und ein Vertreter des Bundesministeriums für Bildung und Forschung an. ³Die für die Wahrnehmung der Interessen der Patientinnen und Patienten und der Selbsthilfe chronisch kranker und behinderter Menschen auf Bundesebene maßgeblichen Organisationen erhalten ein Mitberatungs- und Antragsrecht. ⁴§ 140 f Absatz 2 Satz 2 bis 7, Absatz 5 sowie 6 gilt entsprechend.

(2) ¹Der Innovationsausschuss legt in Förderbekanntmachungen die Schwerpunkte und Kriterien für die Förderung nach § 92 a Absatz 1 und 2 Satz 1 bis 4 fest. ²Er führt auf der Grundlage der Förderbekanntmachungen Interessenbekundungsverfahren durch und entscheidet über die eingegangenen Anträge auf Förderung. ³Der Innovationsausschuss entscheidet auch über die Verwendung der Mittel nach § 92 a Absatz 2 Satz 5. ⁴Entscheidungen des Innovationsausschusses bedürfen einer Mehrheit von sieben Stimmen. ⁵Der Innovationsausschuss beschließt eine Geschäfts- und Verfahrensordnung, in der er insbesondere seine Arbeitsweise und die Zusammenarbeit mit der Geschäftsstelle nach Absatz 3 sowie das Förderverfahren nach Satz 2 regelt. ⁶Die Geschäfts- und Verfahrensordnung bedarf der Genehmigung des Bundesministeriums für Gesundheit.

(3) ¹Zur Vorbereitung und Umsetzung der Entscheidungen des Innovationsausschusses wird eine Geschäftsstelle eingerichtet. ²Der personelle und sachliche Bedarf des Innovationsausschusses und seiner Geschäftsstelle wird vom Innovationsausschuss bestimmt und ist vom Gemeinsamen Bundesausschuss in seinen Haushalt einzustellen.

---

32 BT-Dr. 18/4095, 103.
33 BT-Dr. 18/4095, 103.
34 BT-Dr. 18/4095, 103.
35 BT-Dr. 18/4095, 102.
36 BT-Dr. 18/4095, 102.

(4) Die Geschäftsstelle nach Absatz 3 untersteht der fachlichen Weisung des Innovationsausschusses und der dienstlichen Weisung des unparteiischen Vorsitzenden des Gemeinsamen Bundesausschusses und hat insbesondere folgende Aufgaben:
1. Erarbeitung von Entwürfen für Förderbekanntmachungen,
2. Möglichkeit zur Einholung eines Zweitgutachtens, insbesondere durch das Institut für Qualität und Wirtschaftlichkeit im Gesundheitswesen nach § 139a oder das Institut für Qualitätssicherung und Transparenz nach § 137a,
3. Erlass von Förderbescheiden,
4. Veranlassung der Auszahlung der Fördermittel durch das Bundesversicherungsamt,
5. Prüfung der ordnungsgemäßen Verwendung der Fördermittel und eventuelle Rückforderung der Fördermittel,
6. Veröffentlichung der aus dem Innovationsfonds geförderten Vorhaben.

(5) [1]Zur Einbringung wissenschaftlichen und versorgungspraktischen Sachverstands in die Beratungsverfahren des Innovationsausschusses wird ein Expertenbeirat gebildet. [2]Mitglieder des Expertenbeirats sind Vertreter aus Wissenschaft und Versorgungspraxis. [3]Die Zahl der Mitglieder soll zehn nicht überschreiten. [4]Der Expertenbeirat wird vom Bundesministerium für Gesundheit berufen. [5]Die Empfehlungen des Expertenbeirats sind vom Innovationsausschuss in seine Entscheidungen einzubeziehen. [6]Abweichungen vom Votum des Expertenbeirats sind vom Innovationsausschuss schriftlich zu begründen.

(6) Der Expertenbeirat hat insbesondere folgende Aufgaben:
1. Abgabe von Empfehlungen zum Inhalt der Förderbekanntmachungen auf Grundlage von Entwürfen der Geschäftsstelle nach Absatz 3,
2. Durchführung von Kurzbegutachtungen der Anträge auf Förderung,
3. Abgabe einer Empfehlung zur Förderentscheidung.

(7) [1]Klagen bei Streitigkeiten nach dieser Vorschrift haben keine aufschiebende Wirkung. [2]Ein Vorverfahren findet nicht statt.

Literatur:
Siehe § 92a.

I. Entstehungsgeschichte, Allgemeines, Struktur der Norm 1	IV. Geschäftsstelle (Abs. 3, Abs. 4) 11
II. Innovationsausschuss – Zusammensetzung, Mitberatungs- und Antragsrechte (Abs. 1) .. 2	V. Expertenbeirat (Abs. 5, Abs. 6) 13
III. Innovationsausschuss – Förderbekanntmachungen, Aufgaben, Entscheidungen (Abs. 2) 5	VI. Rechtsschutz (Abs. 7) 15

I. Entstehungsgeschichte, Allgemeines, Struktur der Norm

1 S. zur Entstehungsgeschichte, zu allgemeinen Vorgaben und zur Struktur dieser Regelung die Ausführungen bei § 92a.

II. Innovationsausschuss – Zusammensetzung, Mitberatungs- und Antragsrechte (Abs. 1)

2 Der Innovationsausschuss ist organisatorisch beim G-BA angesiedelt, dient zur „Durchführung der Förderung" und musste bis zum 1.1.2016 eingerichtet werden (Abs. 1 S. 1). Es ist also das Gremium, welches für die Förderverfahren zuständig ist, die entsprechenden Förderbekanntmachungen erarbeitet und bekanntmacht sowie darüber entscheidet, welche Vorhaben gefördert werden (vgl. Abs. 2 S. 1 und S. 2). Der Innovationsausschuss selbst ist keine juristische Person auf der Grundlage des öffentlichen Rechts, sondern vom Gesetzgeber aufgrund seiner Zuordnung zum G-BA als rechtlich unselbstständige Organisationseinheit ausgestaltet worden.[1] Allein der G-BA ist als juristische Person des öffentlichen Rechts rechtsfähig (→ § 91 Rn. 4). Während der G-BA normsetzend tätig wird, agiert der Innovationsausschuss bei der Förderung der Vorhaben administrativ („Verwaltungsaufgabe").[2]

3 Der Innovationsausschuss hat insgesamt zehn Mitglieder. Es sind zunächst die Mitglieder des Beschlussgremiums des G-BA vertreten (→ § 91 Rn. 5f.). Dementsprechend benennt der Spitzenverband

---
[1] Vgl. Roters in: KassKomm, § 92b SGB V Rn. 3.
[2] BT-Dr. 18/4095, 103.

Bund der Krankenkassen drei seiner Mitglieder aus dem Beschlussgremium, Abs. 2 S. 1. Spiegelbildlich ist die Leistungserbringerseite ebenfalls mit drei Mitgliedern aus dem Beschlussgremium vertreten (KBV, KZBV, DKG). Die genannten Trägerorganisationen des G-BA benennen jeweils ein Mitglied aus dem Beschlussgremium des G-BA, Abs. 2 S. 1. Ebenfalls ist der unparteiische Vorsitzende des G-BA Teil des Innovationsausschusses, Abs. 1 S. 2. Die G-BA-Zusammensetzung wird also in der personellen Struktur des Innovationsausschusses gespiegelt. Diese vom Gesetzgeber für den Innovationsausschuss gewählte G-BA-Struktur ist bisweilen kritisiert worden, weil die Stimmbänke auf Seiten der Leistungserbringer (KBV, KZBV und DKG) gerade für einen Fortbestand der Sektorentrennung und der kollektivvertraglichen Versorgung stehen.[3] Das Gegenteil, nämlich Schnittstellenprobleme überwinden und selektivvertragliche Versorgung vorantreiben, ist jedoch der Auftrag an den Innovationsausschuss und seine Förderentscheidungen.[4] Der Gesetzgeber hat es für die personelle Struktur des Innovationsausschusses nicht dabei belassen, ihn mit Mitgliedern des Beschlussgremiums des G-BA zu besetzen. Vielmehr werden auch Personen aus der staatlichen Exekutive (Rechtsaufsicht) Teil des Innovationsausschusses und damit Teil der gemeinsamen Selbstverwaltung.[5] Die Regelung steht im Kontext einer sich für die gemeinsame Selbstverwaltung abzeichnenden Gesamtentwicklung, die auf deren stärkere Kontrolle und Beeinflussung durch die unmittelbare Staatsverwaltung setzt.[6] Das BMG ist mit zwei Personen und das BMBF mit einer Person vertreten, Abs. 2 S. 2. Die Gesetzesbegründung verweist ua darauf, dass eine etwaige rechtliche Überführung der Ergebnisse der geförderten Projekte in die Versorgung vom BMG als das zuständige Ressort der Bundesregierung veranlasst wird.[7]

Ein Mitberatungs- und Antragsrecht besteht für die Bundesorganisationen für die Wahrnehmung der Interessen der Patientinnen und Patienten und der Selbsthilfe chronisch kranker und behinderter Menschen, Abs. 1 S. 3. Die Regelungen in § 140f Abs. 2 S. 2 bis 7, Abs. 5 und Abs. 6 gelten entsprechend, Abs. 1 S. 4. 4

III. Innovationsausschuss – Förderbekanntmachungen, Aufgaben, Entscheidungen (Abs. 2)

Eine der Kernaufgaben des Innovationsausschusses besteht darin, Förderbekanntmachungen zu erstellen. Sie werden im Bundesanzeiger und auf der Homepage des G-BA veröffentlicht. In diesen Förderbekanntmachungen werden die Förderschwerpunkte, Fördervoraussetzungen und Förderkriterien für Projekte zu neuen Versorgungsformen (s. § 92a Abs. 1) und zur Versorgungsforschung (s. § 92b Abs. 1) konkretisiert, Abs. 2 S. 1. Außerdem werden Antragsfristen festgelegt. 5

Der Innovationsausschuss geht bei der Förderung in mehreren Förderwellen mit verschiedenen Förderangeboten vor, die in zeitlicher Abfolge – getrennt für „neue Versorgungsformen" und „Versorgungsforschung" – jeweils eine themenoffene Förderung und mehrere themenbezogene Förderungen beinhalten. Förderbekanntmachungen werden zu jedem Förderangebot erstellt, wobei die verschiedenen themenbezogenen Förderungen einer Förderwelle in der Regel in einer Förderbekanntmachung zusammengefasst werden. Im Jahr 2016 sind zwei Förderwellen durchgeführt worden und im Zuge jeder einzelnen Förderwelle gab es für die Bereiche „neue Versorgungsformen" und „Versorgungsforschung" verschiedene Förderangebote (themenoffene und mehrere themenbezogene). Erstellt worden sind daher entsprechend viele Förderbekanntmachungen.[8]

Im Bereich neuer Versorgungsformen sind im Jahr 2016 für die themenspezifische Förderung nachfolgende Förderschwerpunkte festgelegt worden. In der 1. Förderwelle (veröffentlicht am 8.4.2016, Einreichungsfrist am 5.7.2016) handelt es sich um folgende Themen: Versorgungsmodelle in strukturschwachen oder ländlichen Gebieten, Modellprojekte zur Arzneimitteltherapie sowie Arzneimitteltherapiesicherheit, Versorgungsmodelle unter Nutzung von Telemedizin, Telematik und E-Health, Versorgungsmodelle für spezielle Patientengruppen (ältere Menschen, Menschen mit psychischen Erkrankungen, pflegebedürftige Menschen, Kinder und Jugendliche, Menschen mit seltenen Erkrankungen). In der 2. Förderwelle (veröffentlicht am 11.5.2016, Einreichungsfrist am 19.7.2016) waren folgende Themen vorgesehen: Modelle mit Delegation und Substitution von Leistungen, Auf- und Ausbau der 6

---

3 Cassel/Jacobs, RPG 2015, 55, 60.
4 Vgl. BT-Dr. 18/4095, 100.
5 Galas, G+S 1/2017, 7, 9.
6 Galas, G+S 1/2017, 7, 9. Dieser verweist beispielhaft auf die letzten Entwicklungen durch das GKV-Selbstverwaltungsstärkungsgesetz.
7 BT-Dr. 18/4095, 103.
8 S. https://innovationsfonds.g-ba.de/versorgungsformen/ und https://innovationsfonds.g-ba.de/versorgungsforschung/ (zuletzt abgerufen am 21.5.2017).

geriatrischen Versorgung, Verbesserung der Kommunikation mit Patientinnen und Patienten und Förderung der Gesundheitskompetenz, Versorgungsmodelle für Menschen mit Behinderungen.

Welche Projekte letztendlich gefördert worden sind, kann im Internet auf der Homepage des G-BA recherchiert werden, wo die geförderten Projekte (unter Angabe einer Projektbeschreibung, der Laufzeit und des Fördervolumens) gelistet werden.[9] Beispielhaft sei verwiesen auf einige wenige: AdAM – Anwendung digital-gestütztes Arzneimitteltherapie- und Versorgungsmanagement; FARKOR – Vorsorge bei familiärem Risiko für das kolorektale Karzinom (KRK); MGMB – Medikamentenmanagement und Gesundheitsvorsorge bei Menschen mit geistiger Behinderung; Rheuma-VOR – Verbesserung der rheumatologischen Versorgungsqualität durch koordinierte Kooperation; Rise-uP – Rücken innovative Schmerztherapie mit e-Health für unsere Patienten.

7   Im Bereich Versorgungsforschung sind im Jahr 2016 für die themenspezifische Förderung folgende Förderschwerpunkte festgelegt worden (veröffentlicht am 8.4.2016, Einreichungsfrist am 9.5.2016): Weiterentwicklung der Qualitätssicherung und/oder Patientensicherheit in der Versorgung; Verbesserung von Instrumenten zur Messung von Lebensqualität für bestimmte Patientengruppen; innovative Konzepte patientenorientierter Pflege unter besonderer Berücksichtigung der Arbeitsteilung und der Schnittstellen sowie der Integration ausländischer anerkannter Pflegefachkräfte in den Versorgungsalltag; Verbesserung der Bedarfsgerechtigkeit und/oder Wirtschaftlichkeit der GKV-Versorgung; Ursachen, Umfang und Auswirkungen administrativer und bürokratischer Anforderungen im Gesundheitswesen auf die Patientenversorgung sowie Entwicklung geeigneter Lösungsansätze; Einsatz und Verknüpfung von Routinedaten zur Verbesserung der Versorgung. Außerdem gab es einen Förderschwerpunkt für die Evaluation von Selektivverträgen (veröffentlicht am 8.4.2016, Einreichungsfrist am 5.7.2016) sowie zur Evaluation der SAPV-Richtlinie des G-BA (veröffentlicht am 8.4.2016, Einreichungsfrist am 5.7.2016).

Welche Projekte letztendlich gefördert worden sind, kann, wie bereits erwähnt, im Internet auf der Homepage des G-BA recherchiert werden.[10] Gefördert werden zB folgende Projekte: EMSE – Entwicklung von Methoden zur Nutzung von Routinedaten für ein sektorenübergreifendes Entlassmanagement; KARDIO – Linksherzkatheter bei Brustschmerzen und KHK: Analyse regionaler Variationen und Behandlungspfade zur Verbesserung der Indikationsqualität; ReVOn – Patientenbezogener Nutzen neuer Arzneimittel in der Onkologie (Register für Versorgungsforschung in der Onkologie).

8   Für das Jahr 2017 sind mehrere Förderwellen geplant.[11] Bisher sind drei Förderbekanntmachungen erstellt worden. Ein themenoffenes Förderangebot gibt es im Bereich neuer Versorgungsformen,[12] während für die Versorgungsforschung ein themenoffenes Förderangebot sowie ein Förderangebot für die Evaluation von Selektivverträgen existiert.[13] Die themenoffenen Förderangebote haben den Vorteil, dass sie nicht auf bestimmte Bereiche festgelegt sind und damit sinnvolle Innovationen außerhalb dieser Bereiche nicht von vornherein ausgeschlossen werden.[14]

9   Abs. 2 S. 2 sieht vor, dass der Innovationsausschuss auf der Grundlage der Förderbekanntmachungen ein **Interessenbekundungsverfahren** durchführt und über die eingegangenen Anträge entscheidet. § 9 Abs. 8 S. 1 Verfahrensordnung Innovationsausschuss spricht die Möglichkeit eines „zweistufigen Antragsverfahrens" an. Das Verfahren wird in der Förderbekanntmachung dargestellt, § 9 Abs. 8 S. 3. In Förderbekanntmachungen wird den Antragstellern die Möglichkeit eingeräumt, vor Einreichung eines vollständigen Antrages Projektskizzierungen/Kurzbeschreibungen des Projektes (Interessenbekundungen) vorzulegen.[15] Die Entscheidungen des Innovationsausschusses über die Anträge auf Förderung werden mit einer Mehrheit von sieben Stimmen getroffen, Abs. 2 S. 4.

10 Arbeitsweise, Zusammenarbeit mit der Geschäftsstelle (→ Rn. 11 f.) sowie das Förderverfahren (Abs. 3 S. 2) werden ua in der **Geschäfts- und Verfahrensordnung** geregelt, die der Innovationsausschuss beschließt, Abs. 3 S. 5. Die Geschäfts- und Verfahrensordnung des Innovationausschusses ist –

---

9   S. https://innovationsfonds.g-ba.de/projekte/ (zuletzt abgerufen am 21.5.2017).
10 S. https://innovationsfonds.g-ba.de/projekte/ (zuletzt abgerufen am 21.5.2017).
11 Power-Point-Präsentation des G-BA „Der Innovationsfonds – Stand der Dinge", Mai 2017, https://innovationsfonds.g-ba.de/ (zuletzt abgerufen am 22.5.2017).
12 S. https://innovationsfonds.g-ba.de/versorgungsformen/ (zuletzt abgerufen am 21.5.2017).
13 S. https://innovationsfonds.g-ba.de/versorgungsforschung/ (zuletzt abgerufen am 21.5.2017).
14 Galas, G+S 1/2017, 7, 10.
15 S. zB Förderbekanntmachung zur themenspezifischen Förderung von neuen Versorgungsformen vom 11.5.2016, S. 8.

ebenso wie diejenige des G-BA nach § 91 Abs. 4 S. 1 Nr. 1, S. 2 (→ § 91 Rn. 54) genehmigungspflichtig durch das BMG, Abs. 3 S. 6.

IV. Geschäftsstelle (Abs. 3, Abs. 4)

In den Abs. 3 und 4 werden die Einrichtung, die Organisationsstruktur, die Aufgaben und die Finanzierung der **Geschäftsstelle** des Innovationsausschusses geregelt. Die Vorbereitung und Umsetzung der Entscheidungen des Innovationsausschusses erfolgen durch eine eigenständige Geschäftsstelle, die eine selbstständige Verwaltungseinheit darstellt.[16] Da die Aufgaben des Innovationsausschusses zu denjenigen des G-BA strukturell unterschiedlich sind, soll auf die schon vorhandenen organisatorischen Einheiten des G-BA gerade nicht zurückgegriffen werden.[17] Der Innovationsausschuss bestimmt den personellen und sachlichen Bedarf, der für ihn und seine Geschäftsstelle besteht, Abs. 3 S. 2. Auf dieser Grundlage muss der G-BA die benötigten Mittel in seinen Haushalt einstellen, Abs. 3 S. 2. Die Kosten werden allerdings letztlich über den Innovationsfonds finanziert, § 92 a Abs. 3 S. 2. 11

Die Geschäftsstelle untersteht nach Abs. 4 S. 1 der **fachlichen Weisung** des Innovationsausschusses und der **dienstlichen Weisung** des unparteiischen Vorsitzenden. Zur Leitung der Geschäftsstelle wird ein **Geschäftsführer** bestellt, § 17 Abs. 2 S. 1 Geschäftsordnung Innovationsausschuss. Die Aufgaben der Geschäftsstelle sind beispielhaft in Abs. 4 S. 2 Nr. 1 bis 6 genannt. § 16 Geschäftsordnung Innovationsausschuss enthält einen darüber hinausgehenden, umfangreichen Aufgabenkatalog. Zur Unterstützung der Geschäftsstelle und des Expertenrates (→ Rn. 13 f.) sieht § 18 Geschäftsordnung Innovationsausschuss vor, dass diese durch **Projektträger** erfolgt. Beauftragt worden ist das Deutsche Zentrum für Luft- und Raumfahrt (DLR).[18] 12

V. Expertenbeirat (Abs. 5, Abs. 6)

Die Beratungsverfahren des Innovationsausschusses werden durch ein weiteres Gremium, nämlich den **Expertenbeirat**, unterstützt. Dieser dient nach Abs. 5 S. 1 dazu, in die Beratungen wissenschaftlichen und versorgungspraktischen Sachverstand einzubringen. Dazu werden Mitglieder des Expertenbeirats Vertreter aus Wissenschaft und Versorgungspraxis, Abs. 5 S. 2. Nach der Gesetzesbegründung soll der wissenschaftliche Bereich vor allem von versorgungswissenschaftlichen, klinischen und methodischen Experten besetzt werden.[19] Den Gegenpart bilden Experten aus der Versorgungspraxis.[20] Die Aufgaben des Expertenbeirats werden durch Abs. 6 konkretisiert, ohne dass diese abschließend genannt werden. Auf der Grundlage von Entwürfen der Geschäftsstelle gibt er Empfehlungen zum Inhalt der Förderbekanntmachungen ab (Abs. 6 Nr. 1). Ferner werden von ihm Anträge auf Förderungen kurzbegutachtet (Abs. 6 Nr. 2) und es werden Empfehlungen für Förderentscheidungen ausgesprochen (Abs. 6 Nr. 3). Die Empfehlungen des Expertenbeirats sind für den Innovationsausschuss nicht bindend; er muss sie aber in seine Entscheidung einbeziehen (Abs. 5 S. 5) und Abweichungen schriftlich begründen (Abs. 5 S. 6). 13

Das BMG beruft die **Mitglieder des Expertenbeirates** (Abs. 5 S. 4), wobei die Zahl von zehn Mitgliedern nicht überschritten werden „soll". Da es sich lediglich um eine „Soll-Vorschrift" handelt, stellt die Zahl von zehn Mitgliedern keine absolute Grenze nach oben dar, kann also folglich überschritten werden. Es bestehen insoweit also gewisse Entscheidungsspielräume des BMG. Für den Regelfall allerdings ist eine Begrenzung auf zehn Mitglieder vorgesehen, um die Arbeitsfähigkeit des Expertenbeirates zu sichern.[21] Derzeit sind zehn Mitglieder berufen. Sie sind auf der Internetseite des G-BA bekannt gegeben.[22] 14

VI. Rechtsschutz (Abs. 7)

Die Förderentscheidungen des Innovationsausschusses werden als Verwaltungsakte iSv § 31 SGB X eingeordnet.[23] Abs. 7 S. 1 bestimmt, dass **Klagen** bei Streitigkeiten nach dieser Vorschrift keine auf- 15

---

16 BT-Dr. 18/4095, 104.
17 BT-Dr. 18/4095, 104.
18 S. https://innovationsfonds.g-ba.de/versorgungsformen/; https://innovationsfonds.g-ba.de/versorgungsforschung/ (zuletzt abgerufen am 22.5.2017).
19 BT-Dr. 18/4095, 105.
20 BT-Dr. 18/4095, 105.
21 BT-Dr. 18/4095, 105.
22 S. https://innovationsfonds.g-ba.de/innovationsausschuss/expertenbeirat/ (zuletzt abgerufen am 22.5.2017).
23 Berner/Strüve, GesR 2015, 461, 466; Wiegand in: jurisPK-SGB V, § 92 b Rn. 28.

schiebende Wirkung haben. Die Regelung dient der zeitlichen Beschleunigung der Förderungsverfahren.[24] Ein Vorverfahren findet nicht statt, Abs. 7 S. 2. Ausweislich der Gesetzesbegründung soll sich für Klagen gemäß § 29 Abs. 4 Nr. 3 SGG eine erstinstanzliche Sonderzuständigkeit beim LSG Berlin-Brandenburg ergeben.[25] Die Anwendbarkeit von § 29 Abs. 4 Nr. 3 SGG wird allerdings bestritten, weil die Regelung lediglich auf die §§ 91 und 92, nicht jedoch auf die §§ 92 a, 92 b verweist und zudem keine Entscheidung des G-BA, sondern eine solche des Innovationsausschusses vorliege.[26] Es wird deshalb eine Zuständigkeit des Sozialgerichts nach § 57 a SGG angenommen.[27]

§ 93 Übersicht über ausgeschlossene Arzneimittel

(1) ¹Der Gemeinsame Bundesausschuss soll in regelmäßigen Zeitabständen die nach § 34 Abs. 1 oder durch Rechtsverordnung auf Grund des § 34 Abs. 2 und 3 ganz oder für bestimmte Indikationsgebiete von der Versorgung nach § 31 ausgeschlossenen Arzneimittel in einer Übersicht zusammenstellen. ²Die Übersicht ist im Bundesanzeiger bekanntzumachen.

(2) Kommt der Gemeinsame Bundesausschuß seiner Pflicht nach Absatz 1 nicht oder nicht in einer vom Bundesministerium für Gesundheit gesetzten Frist nach, kann das Bundesministerium für Gesundheit die Übersicht zusammenstellen und im Bundesanzeiger bekannt machen.

Literatur:
Becker, Die Steuerung der Arzneimittelversorgung im Recht der GKV, 2006; *Knispel*, Verordnungsfähigkeit eines auf der „Negativliste" verzeichneten Arzneimittels, NJW 2002, 871; *Wigge*, Zur Verfassungsmäßigkeit des Ausschlusses unwirtschaftlicher Arzneimittel (Negativliste) von der Arzneimittelversorgung, MedR 1994, 460.

I. Übersicht ausgeschlossener Arzneimittel (Abs. 1)

1 Die Regelung in Abs. 1, wonach der G-BA für die gesetzlich nach § 34 Abs. 1 oder durch Rechtsverordnung aufgrund von § 34 Abs. 2 und 3 von der gesetzlichen Krankenversicherung ausgeschlossene Arzneimittel in einer im Bundesanzeiger bekannt zu machenden Übersicht zusammen stellen soll („Negativliste"), ist bereits mit dem Gesetz zur Strukturreform im Gesundheitswesen (GRG) vom 20.12.1988 eingeführt worden.[1] Ausweislich der Gesetzesbegründung dient sie dazu, den Ärzten die Verordnungstätigkeit zu erleichtern.

2 Die Regelung hat bis heute keine inhaltlichen Anpassungen erfahren, obgleich diese wegen der zwischenzeitlich erfolgten Änderung von § 34 Abs. 2 und 3 notwendig wären. In die Negativliste, die als „Präparateliste" geführt wird, sollen nach Abs. 1 S. 1 solche Arzneimittel aufgenommen werden, die durch Rechtsverordnung von der Versorgung ausgeschlossen worden sind und zwar auf der Grundlage von § 34 Abs. 2 oder von § 34 Abs. 3.

3 Die Regelung in § 34 Abs. 2 ist (ebenso wie die Regelung in Abs. 5) mit dem Gesetz zur Neuordnung des Arzneimittelmarktes in der Gesetzlichen Krankenversicherung (AMNOG) vom 22.12.2010[3] weggefallen, so dass seither die Bezugnahme auf diese Vorschrift in Abs. 1 S. 1 ins Leere läuft und somit keinerlei Bedeutung mehr hat. Die in § 34 Abs. 2 (aF) enthaltene Ermächtigung des Bundesministeriums für Gesundheit (BMG), Arzneimittel gegen geringfügige Gesundheitsstörungen durch Rechtsverordnung auszuschließen, ist wegen des gesetzlichen Ausschlusses und der Regelungsbefugnisse des G-BA nicht mehr für erforderlich erachtet worden.[4]

4 § 34 Abs. 3, der nach dem Gesetzesentwurf der Fraktionen der CDU/CSU und FDP zum AMNOG ebenfalls vollständig aufgehoben werden sollte,[5] ist nur modifiziert worden. Denn in der Beschlussempfehlung und des Berichtes des Ausschusses für Gesundheit zu dem erwähnten Gesetzesentwurf der

---

24 BT-Dr. 18/4095, 105.
25 BT-Dr. 18/4095, 105.
26 Schroeder-Printzen, ZMGR 2016, 3, 5.
27 Schroeder-Printzen, ZMGR 2016, 3, 5.
1 BGBl. I, 2477.
2 BT-Dr. 11/2237, 195.
3 BGBl. I, 2262.
4 BT-Dr. 17/2413, 18.
5 BT-Dr. 17/2413, 18 f.

Fraktionen der CDU/CSU und FDP wurde die Befürchtung geäußert, eine vollständige Streichung des § 34 Abs. 3 (aF) könnte dazu führen, dass Arzneimittel wieder verordnungsfähig werden könnten, die bisher und auch weiterhin unwirtschaftlich sind.[6] Die in § 34 Abs. 3 (aF) enthaltene Ermächtigung des BMG, unwirtschaftliche Arzneimittel von der Versorgung auszuschließen, ist aufgehoben worden. Ebenso ist über Art. 4 AMNOG[7] die Verordnung über unwirtschaftliche Arzneimittel in der gesetzlichen Krankenversicherung des BMG aufgehoben worden.

Über § 34 Abs. 3 gelten nunmehr kraft gesetzlicher Anordnung diejenigen Arzneimittel, die in der Anlage 2 Nr. 2 bis 6 der Verordnung über unwirtschaftliche Arzneimittel in der gesetzlichen Krankenversicherung vom 21.2.1990,[8] die zuletzt durch die Verordnung vom 9.12.2002[9] geändert worden ist, aufgeführt sind, als Arzneimittelverordnungsausschlüsse des G-BA mittels Richtlinie nach § 92 Abs. 1 S. 2 Nr. 6. Arzneimittelverordnungsausschlüsse durch Rechtsverordnungen des BMG auf der Grundlage von § 34 Abs. 3 haben somit keine Bedeutung mehr. Die von der „Negativliste" des G-BA erfassten Arzneimittel fanden sich in Bezug auf die durch Rechtsverordnung nach § 34 Abs. 3 ausgeschlossenen Arzneimittel in der Arzneimittel-Richtlinie wieder und zwar als Bestandteil der Anlage III. Aus der Anlage III der Richtlinie ging dabei ausdrücklich hervor, dass die vom BMG ausgeschlossenen Arzneimittel „durch Rechtsverordnung", also nicht durch Richtlinien, von der Versorgung ausgeschlossen sind. Die Formulierung „durch Rechtsverordnung" findet sich in der Anlage III der Arzneimittel-Richtlinie[10] zwar weiterhin unverändert, sie trifft allerdings seit der modifizierten Fassung des § 34 Abs. 3 durch das AMNOG aus den erläuterten Gründen nicht mehr zu.

II. Ersatzvornahme des BMG (Abs. 2)

Abs. 2 ist mit dem Gesundheitsstrukturgesetz vom 21.12.1992[11] eingefügt worden. Die Regelung räumt dem BMG das Recht zur Ersatzvornahme für den Fall ein, dass der G-BA seiner Verpflichtung zur Erstellung und Veröffentlichung einer Negativliste nicht oder nicht innerhalb der gesetzten Frist nachkommt. Das Fehlen einer solchen Befugnis nach der Gesetzesfassung im Jahr 1991 erwies sich als schwierig. Der Bundesausschuss fürchtete seinerzeit aus Haftungsgründen eine Veröffentlichung der Negativliste mit dem Ergebnis, dass schließlich am 1.10.1991[12] eine Veröffentlichung durch das BMG erfolgte.[13] Das BVerfG sah in der Veröffentlichung durch das BMG einen Kompetenzverstoß.[14] Eine Kompetenz zur Ersatzvornahme konnte seinerzeit auch nicht auf eine analoge Anwendung von § 94 gestützt werden. Denn nach der im Oktober 1991 geltenden Gesetzesfassung stand eine Befugnis zur Ersatzvornahme nur dem Bundesminister für Arbeit und Sozialordnung, nicht jedoch dem BMG, zu.[15] Das Recht zur Ersatzvornahme nach Abs. 2 trat erst zum 1.1.1992 in Kraft. Die Regelung war jedoch nicht rückwirkend auf die Veröffentlichung am 1.10.1991 durch das BMG anwendbar.[16]

§ 94 Wirksamwerden der Richtlinien

(1) [1]Die vom Gemeinsamen Bundesausschuss beschlossenen Richtlinien sind dem Bundesministerium für Gesundheit vorzulegen. [2]Es kann sie innerhalb von zwei Monaten beanstanden; bei Beschlüssen nach § 35 Abs. 1 innerhalb von vier Wochen. [3]Das Bundesministerium für Gesundheit kann im Rahmen der Richtlinienprüfung vom Gemeinsamen Bundesausschuss zusätzliche Informationen und ergänzende Stellungnahmen anfordern; bis zum Eingang der Auskünfte ist der Lauf der Frist nach Satz 2 unterbrochen. [4]Die Nichtbeanstandung einer Richtlinie kann vom Bundesministerium für Gesundheit mit Auflagen verbunden werden; das Bundesministerium für Gesundheit kann zur Erfüllung einer Auflage eine angemessene Frist setzen. [5]Kommen die für die Sicherstellung der ärztlichen Versorgung erforderlichen Beschlüsse des Gemeinsamen Bundesausschusses nicht oder nicht innerhalb einer vom

---

6 BT-Dr. 17/ 3698, 50.
7 BGBl. I, 2262, 2271.
8 BGBl. I, 301.
9 BGBl. I, 4554.
10 Letzte Änderung in Kraft getreten am 14.6.2013.
11 BGBl. I, 2266.
12 Anlage zum BAnz vom 1.10.1991 (Nr. 184 b).
13 Vgl. im Einzelnen und mwN Becker, S. 158.
14 BVerfG, 25.2.1999, 1 BvR 1427/91 und 1 BvR 1510/91, NZS 1999, 338, 339 f.
15 BVerfG, 25.2.1999, 1 BvR 1427/91 und 1 BvR 1510/91, NZS 1999, 338, 339 f.
16 BVerfG, 25.2.1999, 1 BvR 1427/91 und 1 BvR 1510/91, NZS 1999, 338, 339.

Bundesministerium für Gesundheit gesetzten Frist zustande oder werden die Beanstandungen des Bundesministeriums für Gesundheit nicht innerhalb der von ihm gesetzten Frist behoben, erläßt das Bundesministerium für Gesundheit die Richtlinien.

(2) ¹Die Richtlinien sind im Bundesanzeiger und deren tragende Gründe im Internet bekanntzumachen. ²Die Bekanntmachung der Richtlinien muss auch einen Hinweis auf die Fundstelle der Veröffentlichung der tragenden Gründe im Internet enthalten.

Literatur:

Axer, Begründungspflichten des Gemeinsamen Bundesausschusses im Licht des SGB V, GesR 2013, 211; *Engelke*, Begründungspflichten des Gemeinsamen Bundesausschusses, NZS 2013, 219; *Hannes*, Rechtsfolgen von Begründungsmängeln und sonstigen Fehlern im Verfahren der Normsetzung, GesR 2013, 219; *Kaltenborn*, Richtliniengebung durch ministerielle Ersatzvornahme, VSSR 2000, 249; *Kellner*, Die Aufsicht des Bundesministeriums für Gesundheit über den Gemeinsamen Bundesausschuss, GesR 2006, 204; *Schnapp* in: Schnapp/Wigge, Handbuch des Vertragsarztrechts, § 24 Staatsaufsicht über die Kassen(zahn)ärztlichen Vereinigungen, 2006; *Seeringer*, Der Gemeinsame Bundesausschuss nach dem SGB V, 2006; *Steiner*, Verfassungsrechtliche Anforderungen an die Begründung von untergesetzlichen Rechtsnormen, GesR 2013, 193; *Tillmanns*, Die aufsichtsrechtlichen Befugnisse des Bundesgesundheitsministeriums gegenüber dem G-BA, A&R 2009, 219; *Waldhoff*, Pflichten zur Begründung untergesetzlicher Normen im Lichte der verwaltungs- und sozialrechtlichen Rechtsprechung, GesR 2013, 197; *Ziermann*, Inhaltsbestimmung und Abgrenzung der Normsetzungskompetenzen des Gemeinsamen Bundesausschusses und der Bewertungsausschüsse im Recht der gesetzlichen Krankenversicherung, 2007.

I. Allgemeines, Entstehungsgeschichte 1	IV. Rechtsschutz............................ 10
II. Vorlagepflicht, Beanstandungsrecht (Abs. 1) 2	V. Geplante Änderung durch das Blut- und Gewebegesetz............................ 13
III. Bekanntmachung (Abs. 2).................. 9	

I. Allgemeines, Entstehungsgeschichte

1 § 94 ist mit dem GRG vom 20.12.1988[1] ins SGB V aufgenommen worden und am 1.1.1989 in Kraft getreten. In der zuvor geltenden RVO fand sich die Regelung in § 368 p Abs. 2. Zuletzt ist § 94 durch das GKV-WSG vom 26.3.2007[2] geändert worden und zum 1.4.2007 in Kraft getreten. Die Änderungen bestanden im Wesentlichen im Folgenden: Nach Abs. 1 S. 2 sind Satz 3 (Auskunftsrechte des BMG gegenüber dem G-BA) und Satz 4 (Auflage) eingefügt worden. Abs. 2 sieht seither vor, dass die tragenden Gründe im Internet bekannt zu machen sind und die Bekanntmachung der Richtlinien im Bundesanzeiger auch einen Hinweis auf die Fundstelle der Veröffentlichung im Internet enthalten muss.

§ 94 regelt das Wirksamwerden der rechtsetzenden Tätigkeit des G-BA (→ § 91 Rn. 25 f., 65 f.) in Form von Richtlinien. Rechtsetzende Tätigkeit des G-BA außerhalb von Richtlinien erfasst § 94 nicht (→ § 91 Rn. 73). Da das Wirksamwerden der Richtlinien eng mit der (speziellen) Rechtsaufsicht des Bundesministeriums für Gesundheit (BMG) verwoben ist, ist diese gleichsam in § 94 geregelt (→ § 91 Rn. 72 f.). Hingegen richtet sich die (allgemeine) Rechtsaufsicht nach § 91 a (→ § 91 Rn. 72 f., § 91 a). Die Verfahrens- und Geschäftsordnung des G-BA wiederum unterfällt dem Genehmigungserfordernis nach § 91 Abs. 4 (→ § 91 Rn. 54). Zu beachten ist zudem stets, dass teilweise Sonderregelungen bestehen, so zB gemäß § 35 a Abs. 3 S. 6 letzter Hs. und § 35 b Abs. 3 S. 5. Beide Regelungen schließen die Anwendbarkeit von Abs. 1 aus.

II. Vorlagepflicht, Beanstandungsrecht (Abs. 1)

2 Die Wirksamkeit einer vom G-BA beschlossenen Richtlinie tritt nicht bereits mit dessen Beschlussfassung ein, sondern erst dann, wenn die Richtlinie, nachdem sie dem BMG vorgelegt worden ist, von diesem nicht beanstandet worden ist (vgl. Abs. 1) und darüber hinaus die Richtlinie durch Veröffentlichung (vgl. Abs. 2) in Kraft getreten ist.[3]

---

1 BGBl. I, 2477.
2 BGBl. I, 378.
3 Vgl. BSG, 19.2.2002, B 1 KR 16/00 R, juris Rn. 21, SozR 3-2500 § 92 Nr. 12, zur Irrelevanz der Beschlussfassung und zur Maßgeblichkeit des In Kraft Tretens durch Veröffentlichung für die Wirksamkeit der Richtlinie.

Die Frage, ob und inwieweit das BMG als Rechtsaufsichtsbehörde interveniert, steht in seinem pflichtgemäßen Ermessen. Es gilt, wie üblicherweise für Aufsichtsbehörden, das Opportunitätsprinzip. Nimmt das BMG eine Beanstandung vor, wird die Richtlinie nicht wirksam. 3

Das Beanstandungsrecht des BMG besteht allein im Rahmen seiner Rechtsaufsicht, so dass seine aufsichtsrechtlichen Befugnisse **auf eine Rechtskontrolle beschränkt** sind (→ § 91 Rn. 72 f., § 91 a).[4] Ihm sind Aufsichtsmaßnahmen aus rein fachaufsichtlichen Zweckmäßigkeitserwägungen heraus verwehrt.[5] Fachaufsichtliche Zweckmäßigkeitserwägungen und Rechtmäßigkeitskontrolle lassen sich nun häufig schwierig trennen. In Bezug auf den G-BA stellt sich diese (generell bestehende) Schwierigkeit in besonderer Weise, da die gesetzlichen Vorgaben mit einer ausgeprägten Unbestimmtheit einhergehen, vgl. etwa § 92 Abs. 1 S. 1 („ausreichend", „zweckmäßig", „wirtschaftlich"). Dass sich der Aufsichtsmaßstab auf eine Rechtmäßigkeitskontrolle beschränkt, entspricht der ständigen Rechtsprechung des BSG[6] und ist im Ergebnis auch zutreffend, da § 94 eine Fachaufsicht nicht hinreichend deutlich vorsieht. Es stellt sich die Frage, auf welche Arten von Rechtssätzen sich die Rechtmäßigkeitskontrolle erstreckt. Ohne dass hierauf abschließend eingegangen werden soll, wird der G-BA durch das Verfassungsrecht, durch Gesetze sowie durch Rechtsverordnungen gebunden, die somit jedenfalls den Aufsichtsmaßstab bilden. Für den Aufsichtsmaßstab ist weiter der Gestaltungsspielraum des G-BA von Bedeutung. Die Rechtsprechung des BSG räumt ihm einen „substanziellen Raum von Gestaltungsmöglichkeiten und von Weisungsfreiheit" ein, so dass er nur die „äußersten rechtlichen Grenzen der Rechtsetzungsbefugnis" einhalten muss.[7] Darin liegt eine weitergehende Beschränkung der Rechtsaufsicht des BMG, da dieses nicht bei jeglichen Rechtsverletzungen intervenieren kann, sondern nur bei solchen, die gänzlich unvertretbar sind. Denn nur dann dürfte die „äußerste rechtliche Grenze", wie es das BSG formuliert, überschritten sein. Dieser weitreichende Gestaltungsspielraum, den das BSG dem G-BA einräumt, führt zu einer geschwächten Kontrollmöglichkeit des G-BA. Für die Frage, wie ausgeprägt die Kontrolldichte letztendlich sein muss, wird ggf. zwischen der gerichtlichen Kontrolldichte und der aufsichtlichen Kontrolldichte zu unterscheiden sein.[8] 4

Die Beanstandung des BMG muss innerhalb der gesetzlichen **Beanstandungsfrist** erfolgen. Die Frist beträgt zwei Monate (vgl. Abs. 1 S. 2). Davon abweichend gilt jedoch für die Bestimmung der Gruppen von Arzneimitteln, für die Festbeträge festgesetzt werden, eine kürzere Frist. Sie beträgt lediglich vier Wochen (vgl. Abs. 1 S. 2 letzter Hs. iVm § 35 Abs. 1). Die genannten Fristen fangen nicht schon mit der Beschlussfassung des G-BA, sondern erst mit der Vorlage an das BMG an zu laufen. Dies ergibt sich daraus, dass die Fristenregelung in Abs. 1 S. 2 unmittelbar an die Vorlage beim BMG nach Abs. 1 S. 1 anknüpft. Das Beanstandungsrecht erlischt spätestens mit Ablauf der Beanstandungsfrist. Die Beanstandungsfrist muss jedoch nicht zwingend ausgeschöpft werden. Das BMG kann bereits vor Ablauf der Beanstandungsfrist mitteilen, dass es keine Beanstandung vornimmt.[9] Die Richtlinie wird dann mit der Veröffentlichung nach Abs. 2 wirksam, auch wenn sie zeitlich vor dem Ablauf der Beanstandungsfrist erfolgt. 5

Benötigt das BMG weitergehende Auskünfte zur Klärung der Sach- und Rechtslage in Bezug auf eine beschlossene Richtlinie,[10] bevor es über eine Beanstandung entscheidet, so kann es zunächst von seinen **Auskunftsrechten** gegenüber dem G-BA Gebrauch machen, die ihm Abs. 1 S. 3 einräumt. Danach kann es vom G-BA zusätzliche Informationen und ergänzende Stellungnahmen anfordern. In diesem Fall wird der Lauf der Beanstandungsfrist bis zum Eingang der angeforderten Auskünfte unterbrochen, vgl. Abs. 1 S. 3. 6

Als gegenüber der Beanstandung einer Richtlinie weniger einschneidendes Aufsichtsmittel[11] kann das BMG die Nichtbeanstandung der Richtlinie auch mit einer **Auflage** verbinden, zu deren Erfüllung es eine angemessene Frist setzen kann, vgl. Abs. 1 S. 4. Da die „Nichtbeanstandung unter Auflagen" gerade keine „Beanstandung" beinhaltet, verhindert sie nicht das Wirksamwerden der Richtlinie.[12] Er- 7

---

4 BSG, 6.5.2009, B 6 A 1/08 R (Protonentherapie), juris Rn. 34 ff.
5 BSG, 6.5.2009, B 6 A 1/08 R (Protonentherapie), juris Rn. 34.
6 BSG, 6.5.2009, B 6 A 1/08 R (Protonentherapie), juris Rn. 34 ff.; BSG, 11.5.2011, B 6 KA 25/10 R (Mistel-Präparate), juris Rn. 35.
7 BSG, 6.5.2009, B 6 A 1/08 R (Protonentherapie), juris Rn. 46 f.
8 Vgl. dazu BSG, 6.5.2009, B 6 A 1/08 R (Protonentherapie), juris Rn. 47.
9 Roters in: KassKomm, § 94 SGB V Rn. 5.
10 BT-Dr. 16/3100, 135.
11 Vgl. BT-Dr. 16/3100, 135.
12 So auch Schmidt-De Caluwe in: Becker/Kingreen, § 94 Rn. 5.

füllt der G-BA die Auflagen nicht oder nicht fristgerecht, kann das BMG ggf. auf weitere Aufsichtsmittel zurückgreifen.

8 Die **Trägerorganisationen des G-BA** können aus der möglichen Überschreitung der Rechtsaufsicht des BMG ebenfalls keine Klagebefugnis ableiten,[13] da die Möglichkeit eigener Rechtsverletzungen bestehen muss. Das BSG hat die Möglichkeit der gerichtlichen Überprüfung der Wirksamkeit von Richtlinien des G-BA durch die KBV für den Fall anerkannt, dass sie einen Verstoß gegen die ihr gesetzlich zugewiesenen Kompetenzen geltend machen kann, die ihr als Trägerorganisation des G-BA oder als Trägerin des Sicherstellungsauftrages für die vertragsärztliche Versorgung zustehen.[14]

III. Bekanntmachung (Abs. 2)

9 Gemäß Abs. 2 S. 1 sind die Richtlinien im Bundesanzeiger bekannt zu machen. Mit der Bekanntmachung im Bundesanzeiger liegt die notwendige Veröffentlichung vor und die Richtlinie tritt in Kraft. Zuvor stellt sie keine wirksame Rechtsgrundlage dar. Abgesehen vom Beanstandungsrecht, kann sie daher vom G-BA noch revidiert werden.[15] Darüber hinaus sind die tragenden Gründe im Internet bekannt zu machen (Abs. 2 S. 1), wobei die Bekanntmachung der Richtlinien im Bundesanzeiger nach Abs. 2 S. 2 auch einen Hinweis auf die Fundstelle der Veröffentlichung im Internet enthalten muss.

IV. Rechtsschutz

10 Gegen Aufsichtsmaßnahmen des Staates können sich beaufsichtigte Verwaltungsträger mit gerichtlichem Rechtsschutz wehren. Dies gilt natürlich auch für den G-BA, der sich als für die GKV in erster Linie zuständiger Normgeber darauf berufen kann, in seinem Selbstverwaltungsrecht verletzt zu sein.[16] Für Klagen in Aufsichtsangelegenheiten gegenüber dem G-BA besteht eine erstinstanzliche Sonderzuständigkeit des LSG Berlin-Brandenburg nach § 29 Abs. 4 Nr. 3 SGG. Aufsichtsrechtsstreitigkeiten sind gemäß § 10 Abs. 2 S. 2 Nr. 2 SGG Angelegenheiten des Vertragsarztrechts, für die folglich eine Zuständigkeit der Fachkammern (bzw. über § 40 S. 2 SGG des Fachsenats) für Vertragsarztrecht besteht. § 10 Abs. 2 S. 2 SGG ist mit dem Vierten Gesetz zur Änderung des Vierten Buches Sozialgesetzbuch und anderer Gesetze vom 22.12.2011[17] eingefügt worden und am 1.1.2012 in Kraft getreten.[18] Das BSG war bereits vor der ausdrücklichen Nennung der Aufsichtsstreitigkeiten in § 10 Abs. 2 S. 2 Nr. 2 SGG davon ausgegangen, dass in Aufsichtsangelegenheiten eine Zuständigkeit der Fachkammern bzw. des Fachsenats für Vertragsarztrecht besteht.[19] Der Gesetzgeber sah sich anlässlich der vom BVerfG geforderten Regelungsklarheit bei der Bestimmung des gesetzlichen Richters zu einer Änderung des § 10 Abs. 2 SGG veranlasst.[20] Der G-BA ist in sozialgerichtlichen Verfahren als rechtsfähige (vgl. § 91 Abs. 1 a S. 2) juristische Person des öffentlichen Rechts nach § 70 Nr. 1 SGG beteiligungsfähig.

11 Die in § 54 Abs. 3 SGG enthaltene Erwähnung der sog **Aufsichtsklage** hat nur deklaratorische Bedeutung.[21] Hinter ihr verbirgt sich lediglich eine besondere Form der Anfechtungsklage.[22] Möglich sollen aber auch andere Klagearten, wie zB die Verpflichtungsklage, sein.[23] Die Beanstandung, die mit der Nichtbeanstandung einhergehenden Auflagen und die Ersatzvornahme sind gegenüber dem G-BA als belastende Verwaltungsakte zu qualifizieren, gegen die er im Wege der Anfechtungsklage vorgehen kann.[24] Für die Klagebefugnis einer Aufsichtsklage des G-BA reicht die Möglichkeit aus, dass das

---

13 So bereits Schmidt-De Caluwe in: Becker/Kingreen, § 94 Rn. 15; Wiegand in: jurisPK-SGB V, § 94 Rn. 19.
14 BSG, 3.2.2010, B 6 KA 31/09 R, juris Rn. 33 ff.
15 BSG, 19.2.2002, B 1 KR 16/00 R, juris Rn. 21, SozR 3-2500 § 92 Nr. 12.
16 BSG, 16.12.2008, B 1 KN 3/07 KR R (Lorenzos Öl), juris Rn. 46; vgl. zu einer Aufsichtsstreitigkeit auch BSG, 11.5.2011, B 6 KA 25/10 R (Mistel-Präparate).
17 BGBl. I, 3057, 3063 f.
18 Art. 23 Abs. 1 des Vierten Gesetzes zur Änderung des Vierten Buches Sozialgesetzbuch und anderer Gesetze vom 22.12.2011.
19 BSG, 6.5.2009, B 6 A 1/08 R (Protonentherapie), juris Rn. 19 ff.; BSG, 11.5.2011, B 6 KA 25/10 R (Mistel-Präparate), juris Rn. 18 ff.
20 BT-Dr. 17/6764, 25.
21 Vgl. im Einzelnen und mwN Schnapp in: Schnapp/Wigge, § 24 Rn. 67.
22 Schnapp in: Schnapp/Wigge, § 24 Rn. 67.
23 Vgl. im Einzelnen und mwN Keller in: Meyer-Ladewig/Keller/Leitherer, SGG, § 54 Rn. 18.
24 Schmidt-De Caluwe in: Becker/Kingreen, § 94 Rn. 13 f. mwN; vgl. zur Ersatzvornahme BSG, 16.12.2008, B 1 KN 3/07 KR R (Lorenzos Öl), juris Rn. 44, 46; vgl. zur Beanstandung: BSG, 11.5.2011, B 6 KA 25/10 R (Mistel-Präparate), juris Rn. 29.

BMG seine Rechtsaufsicht überschritten und damit rechtswidrig in sein Selbstverwaltungsrecht eingegriffen hat, vgl. § 54 Abs. 3 SGG („Behauptung"). Die Aufsichtsklage hat als Anfechtungsklage gemäß § 86 a Abs. 1 SGG aufschiebende Wirkung. Die sofortige Vollziehung kann unter den Voraussetzungen des § 86 a Abs. 2 Nr. 5 SGG vom BMG angeordnet werden.

Wehren sich Normadressaten wie Versicherte gegen die durch Ersatzvornahme erlassenen Richtlinien des BMG, so sind sie auf die allgemeinen Möglichkeiten der gerichtlichen Richtlinienkontrolle beschränkt.[25] Im Rahmen solcher Klageverfahren können sie aus der Verletzung des Selbstverwaltungsrechts des G-BA nichts herleiten, sich aber auf den Verstoß der Richtlinie gegen höherrangiges Recht berufen, der inzident geprüft wird.[26] Aus der Verletzung des Selbstverwaltungsrechts des G-BA resultiert keine Klagebefugnis von Versicherten. Allgemeine Klagen von Versicherten sind nach wie vor dem Leistungsrecht der Krankenversicherung und nicht dem Vertragsarztrecht zuzuordnen. Daran hat sich durch die erwähnte Änderung des § 10 Abs. 2 SGG nichts verändert.[27] Unbenommen bleibt das natürlich eher stumpfe Schwert, gegenüber dem BMG die „Anregung" auszusprechen, Richtlinien des G-BA rechtsaufsichtlich zu überprüfen.

V. Geplante Änderung durch das Blut- und Gewebegesetz

Der Bundestag hat am 1.6.2017 das Gesetz zur Fortschreibung der Vorschriften für Blut- und Gewebezubereitungen und zur Änderung anderer Vorschriften verabschiedet,[28] das sich ein Tag nach seiner Verkündung wie folgt auswirken soll: § 94 wird um einen Abs. 3 ergänzt, der wie folgt lauten soll: „Klagen gegen Maßnahmen des Bundesministeriums für Gesundheit nach Absatz 1 haben keine aufschiebende Wirkung".

Siebter Titel Voraussetzungen und Formen der Teilnahme von Ärzten und Zahnärzten an der Versorgung

§ 95 Teilnahme an der vertragsärztlichen Versorgung

(1) ¹An der vertragsärztlichen Versorgung nehmen zugelassene Ärzte und zugelassene medizinische Versorgungszentren sowie ermächtigte Ärzte und ermächtigte Einrichtungen teil. ²Medizinische Versorgungszentren sind ärztlich geleitete Einrichtungen, in denen Ärzte, die in das Arztregister nach Absatz 2 Satz 3 eingetragen sind, als Angestellte oder Vertragsärzte tätig sind. ³Der ärztliche Leiter muss in dem medizinischen Versorgungszentrum selbst als angestellter Arzt oder als Vertragsarzt tätig sein; er ist in medizinischen Fragen weisungsfrei. ⁴Sind in einem medizinischen Versorgungszentrum Angehörige unterschiedlicher Berufsgruppen, die an der vertragsärztlichen Versorgung teilnehmen, tätig, ist auch eine kooperative Leitung möglich. ⁵Die Zulassung erfolgt für den Ort der Niederlassung als Arzt oder den Ort der Niederlassung als medizinisches Versorgungszentrum (Vertragsarztsitz).

(1 a) ¹Medizinische Versorgungszentren können von zugelassenen Ärzten, von zugelassenen Krankenhäusern, von Erbringern nichtärztlicher Dialyseleistungen nach § 126 Absatz 3, von gemeinnützigen Trägern, die aufgrund von Zulassung oder Ermächtigung an der vertragsärztlichen Versorgung teilnehmen, oder von Kommunen gegründet werden; die Gründung ist nur in der Rechtsform einer Personengesellschaft, einer eingetragenen Genossenschaft oder einer Gesellschaft mit beschränkter Haftung oder in einer öffentlich rechtlichen Rechtsform möglich. ²Die Zulassung von medizinischen Versorgungszentren, die am 1. Januar 2012 bereits zugelassen sind, gilt unabhängig von der Trägerschaft und der Rechtsform des medizinischen Versorgungszentrums unverändert fort. ³Für die Gründung von medizinischen Versorgungszentren durch Kommunen findet § 105 Absatz 5 Satz 1 bis 4 keine Anwendung.

(2) ¹Um die Zulassung als Vertragsarzt kann sich jeder Arzt bewerben, der seine Eintragung in ein Arzt- oder Zahnarztregister (Arztregister) nachweist. ²Die Arztregister werden von den Kassenärztlichen Vereinigungen für jeden Zulassungsbezirk geführt. ³Die Eintragung in ein Arztregister erfolgt auf Antrag

---

25 BSG, 16.12.2008, B 1 KN 3/07 KR R (Lorenzos Öl), juris Rn. 46.
26 BSG, 16.12.2008, B 1 KN 3/07 KR R (Lorenzos Öl), juris Rn. 46.
27 BT-Dr. 17/6764, 26.
28 BR-Dr. 456/17 v. 16.6.2017.

1. nach Erfüllung der Voraussetzungen nach § 95 a für Vertragsärzte und nach § 95 c für Psychotherapeuten,
2. nach Ableistung einer zweijährigen Vorbereitungszeit für Vertragszahnärzte.

⁴Das Nähere regeln die Zulassungsverordnungen. ⁵Um die Zulassung kann sich ein medizinisches Versorgungszentrum bewerben, dessen Ärzte in das Arztregister nach Satz 3 eingetragen sind. ⁶Für die Zulassung eines medizinischen Versorgungszentrums in der Rechtsform einer Gesellschaft mit beschränkter Haftung ist außerdem Voraussetzung, dass die Gesellschafter selbstschuldnerische Bürgschaftserklärungen oder andere Sicherheitsleistungen nach § 232 des Bürgerlichen Gesetzbuchs für Forderungen von Kassenärztlichen Vereinigungen und Krankenkassen gegen das medizinische Versorgungszentrum aus dessen vertragsärztlicher Tätigkeit abgeben; dies gilt auch für Forderungen, die erst nach Auflösung des medizinischen Versorgungszentrums fällig werden. ⁷Die Anstellung eines Arztes in einem zugelassenen medizinischen Versorgungszentrum bedarf der Genehmigung des Zulassungsausschusses. ⁸Die Genehmigung ist zu erteilen, wenn die Voraussetzungen des Satzes 5 erfüllt sind; Absatz 9 b gilt entsprechend. ⁹Anträge auf Zulassung eines Arztes und auf Zulassung eines medizinischen Versorgungszentrums sowie auf Genehmigung der Anstellung eines Arztes in einem zugelassenen medizinischen Versorgungszentrum sind abzulehnen, wenn bei Antragstellung für die dort tätigen Ärzte Zulassungsbeschränkungen nach § 103 Abs. 1 Satz 2 angeordnet sind. ¹⁰Für die in den medizinischen Versorgungszentren angestellten Ärzte gilt § 135 entsprechend.

(3) ¹Die Zulassung bewirkt, daß der Vertragsarzt Mitglied der für seinen Kassenarztsitz zuständigen Kassenärztlichen Vereinigung wird und zur Teilnahme an der vertragsärztlichen Versorgung im Umfang seines aus der Zulassung folgenden zeitlich vollen oder hälftigen Versorgungsauftrages berechtigt und verpflichtet ist. ²Die Zulassung des medizinischen Versorgungszentrums bewirkt, dass die in dem Versorgungszentrum angestellten Ärzte Mitglieder der für den Vertragsarztsitz des Versorgungszentrums zuständigen Kassenärztlichen Vereinigung sind und dass das zugelassene medizinische Versorgungszentrum insoweit zur Teilnahme an der vertragsärztlichen Versorgung berechtigt und verpflichtet ist. ³Die vertraglichen Bestimmungen über die vertragsärztliche Versorgung sind verbindlich. ⁴Die Einhaltung der sich aus den Sätzen 1 und 2 ergebenden Versorgungsaufträge sind von der Kassenärztlichen Vereinigung zu prüfen. ⁵Die Ergebnisse sind den Landes- und Zulassungsausschüssen mindestens jährlich zu übermitteln.

(4) ¹Die Ermächtigung bewirkt, daß der ermächtigte Arzt oder die ermächtigte Einrichtung zur Teilnahme an der vertragsärztlichen Versorgung berechtigt und verpflichtet ist. ²Die vertraglichen Bestimmungen über die vertragsärztliche Versorgung sind für sie verbindlich. ³Die Absätze 5 bis 7, § 75 Abs. 2 und § 81 Abs. 5 gelten entsprechend.

(5) ¹Die Zulassung ruht auf Beschluß des Zulassungsausschusses, wenn der Vertragsarzt seine Tätigkeit nicht aufnimmt oder nicht ausübt, ihre Aufnahme aber in angemessener Frist zu erwarten ist, oder auf Antrag eines Vertragsarztes, der in den hauptamtlichen Vorstand nach § 79 Abs. 1 gewählt worden ist. ²Unter den gleichen Voraussetzungen kann bei vollem Versorgungsauftrag das hälftige Ruhen der Zulassung beschlossen werden.

(6) ¹Die Zulasssung ist zu entziehen, wenn ihre Voraussetzungen nicht oder nicht mehr vorliegen, der Vertragsarzt die vertragsärztliche Tätigkeit nicht aufnimmt oder nicht mehr ausübt oder seine vertragsärztlichen Pflichten gröblich verletzt. ²Der Zulassungsausschuss kann in diesen Fällen statt einer vollständigen auch eine hälftige Entziehung der Zulassung beschließen. ³Einem medizinischen Versorgungszentrum ist die Zulassung auch dann zu entziehen, wenn die Gründungsvoraussetzung des Absatzes 1 Satz 4 und 5 oder des Absatzes 1 Satz 1 länger als sechs Monate nicht mehr vorliegt. ⁴Die Gründereigenschaft nach Absatz 1 a Satz 1 bleibt auch für die angestellten Ärzte bestehen, die auf ihre Zulassung zugunsten der Anstellung in einem medizinischen Versorgungszentrum verzichtet haben, solange sie in dem medizinischen Versorgungszentrum tätig sind und Gesellschafter des medizinischen Versorgungszentrums sind. ⁵Medizinischen Versorgungszentren, die unter den in Absatz 1 a Satz 2 geregelten Bestandsschutz fallen, ist die Zulassung zu entziehen, wenn die Gründungsvoraussetzungen des Absatzes 1 Satz 6 zweiter Halbsatz in der bis zum 31. Dezember 2011 geltenden Fassung seit mehr als sechs Monaten nicht mehr vorliegen oder das medizinische Versorgungszentrum gegenüber dem Zulassungsausschuss nicht bis zum 30. Juni 2012 nachweist, dass die ärztliche Leitung den Voraussetzungen des Absatzes 1 Satz 3 entspricht.

(7) ¹Die Zulassung endet mit dem Tod, mit dem Wirksamwerden eines Verzichts, mit dem Ablauf des Befristungszeitraumes oder mit dem Wegzug des Berechtigten aus dem Bezirk seines Kassenarztsitzes. ²Die Zulassung eines medizinischen Versorgungszentrums endet mit dem Wirksamwerden eines Ver-

zichts, der Auflösung, dem Ablauf des Befristungszeitraumes oder mit dem Wegzug des zugelassenen medizinischen Versorgungszentrums aus dem Bezirk des Vertragsarztsitzes.

(8) (aufgehoben)

(9) ¹Der Vertragsarzt kann mit Genehmigung des Zulassungsausschusses Ärzte, die in das Arztregister eingetragen sind, anstellen, sofern für die Arztgruppe, der der anzustellende Arzt angehört, keine Zulassungsbeschränkungen angeordnet sind. ²Sind Zulassungsbeschränkungen angeordnet, gilt Satz 1 mit der Maßgabe, dass die Voraussetzungen des § 101 Abs. 1 Satz 1 Nr. 5 erfüllt sein müssen. ³Das Nähere zu der Anstellung von Ärzten bei Vertragsärzten bestimmen die Zulassungsverordnungen. ⁴Absatz 5 gilt entsprechend.

(9a) ¹Der an der hausärztlichen Versorgung teilnehmende Vertragsarzt kann mit Genehmigung des Zulassungsausschusses Ärzte, die von einer Hochschule mindestens halbtags als angestellte oder beamtete Hochschullehrer für Allgemeinmedizin oder als deren wissenschaftliche Mitarbeiter beschäftigt werden und in das Arztregister eingetragen sind, unabhängig von Zulassungsbeschränkungen anstellen. ²Bei der Ermittlung des Versorgungsgrades in einem Planungsbereich sind diese angestellten Ärzte nicht mitzurechnen.

(9b) Eine genehmigte Anstellung nach Absatz 9 Satz 1 ist auf Antrag des anstellenden Vertragsarztes vom Zulassungsausschuss in eine Zulassung umzuwandeln, sofern der Umfang der Tätigkeit des angestellten Arztes einem ganzen oder halben Versorgungsauftrag entspricht; beantragt der anstellende Vertragsarzt nicht zugleich bei der Kassenärztlichen Vereinigung die Durchführung eines Nachbesetzungsverfahrens nach § 103 Absatz 4, wird der bisher angestellte Arzt Inhaber der Zulassung.

(10) ¹Psychotherapeuten werden zur vertragsärztlichen Versorgung zugelassen, wenn sie
1. bis zum 31. Dezember 1998 die Voraussetzungen der Approbation nach § 12 des Psychotherapeutengesetzes und des Fachkundennachweises nach § 95 c Satz 2 Nr. 3 erfüllt und den Antrag auf Erteilung der Zulassung gestellt haben,
2. bis zum 31. März 1999 die Approbationsurkunde vorlegen und
3. in der Zeit vom 25. Juni 1994 bis zum 24. Juni 1997 an der ambulanten psychotherapeutischen Versorgung der Versicherten der gesetzlichen Krankenversicherung teilgenommen haben.

²Der Zulassungsausschuß hat über die Zulassunganträge bis zum 30. April 1999 zu entscheiden.

(11) ¹Psychotherapeuten werden zur vertragsärztlichen Versorgung ermächtigt, wenn sie
1. bis zum 31. Dezember 1998 die Voraussetzungen der Approbation nach § 12 des Psychotherapeutengesetzes erfüllt und 500 dokumentierte Behandlungsstunden oder 250 dokumentierte Behandlungsstunden unter qualifizierter Supervision in Behandlungsverfahren erbracht haben, die der Gemeinsame Bundesausschuss in den bis zum 31. Dezember 1998 geltenden Richtlinien über die Durchführung der Psychotherapie in der vertragsärztlichen Versorgung anerkannt hat (Psychotherapie-Richtlinien in der Neufassung vom 3. Juli 1987 – BAnz. Nr. 156 Beilage Nr. 156 a –, zuletzt geändert durch Bekanntmachung vom 12. März 1997 – BAnz. Nr. 49 S. 2946), und den Antrag auf Nachqualifikation gestellt haben,
2. bis zum 31. März 1999 die Approbationsurkunde vorlegen und
3. in der Zeit vom 25. Juni 1994 bis zum 24. Juni 1997 an der ambulanten psychotherapeutischen Versorgung der Versicherten der gesetzlichen Krankenversicherung teilgenommen haben.

²Der Zulassungsausschuß hat über die Anträge bis zum 30. April 1999 zu entscheiden. ³Die erfolgreiche Nachqualifikation setzt voraus, daß die für die Approbation gemäß § 12 Abs. 1 und § 12 Abs. 3 des Psychotherapeutengesetzes geforderte Qualifikation, die geforderten Behandlungsstunden, Behandlungsfälle und die theoretische Ausbildung in vom Gemeinsamen Bundesausschuss anerkannten Behandlungsverfahren erbracht wurden. ⁴Bei Nachweis des erfolgreichen Abschlusses der Nachqualifikation hat der Zulassungsausschuß auf Antrag die Ermächtigung in eine Zulassung umzuwandeln. ⁵Die Ermächtigung des Psychotherapeuten erlischt bei Beendigung der Nachqualifikation, spätestens fünf Jahre nach Erteilung der Ermächtigung; sie bleibt jedoch bis zur Entscheidung des Zulassungsausschusses erhalten, wenn der Antrag auf Umwandlung bis fünf Jahre nach Erteilung der Ermächtigung gestellt wurde.

(11a) ¹Für einen Psychotherapeuten, der bis zum 31. Dezember 1998 wegen der Betreuung und der Erziehung eines Kindes in den ersten drei Lebensjahren, für das ihm die Personensorge zustand und mit dem er in einem Haushalt gelebt hat, keine Erwerbstätigkeit ausgeübt hat, wird die in Absatz 11 Satz 1 Nr. 1 genannte Frist zur Antragstellung für eine Ermächtigung und zur Erfüllung der Behandlungsstunden um den Zeitraum hinausgeschoben, der der Kindererziehungszeit entspricht, höchstens jedoch um drei Jahre. ²Die Ermächtigung eines Psychotherapeuten ruht in der Zeit, in der er wegen der Betreuung und der Erziehung eines Kindes in den ersten drei Lebensjahren, für das ihm die Personensorge zusteht und das mit ihm in einem Haushalt lebt, keine Erwerbstätigkeit ausübt. ³Sie verlängert sich längstens um den Zeitraum der Kindererziehung.

(11b) ¹Für einen Psychotherapeuten, der in dem in Absatz 10 Satz 1 Nr. 3 und Absatz 11 Satz 1 Nr. 3 genannten Zeitraum wegen der Betreuung und Erziehung eines Kindes in den ersten drei Lebensjahren, für das ihm die Personensorge zustand und mit dem er in einem Haushalt gelebt hat, keine Erwerbstätigkeit ausgeübt hat, wird der Beginn der Frist um die Zeit vorverlegt, die der Zeit der Kindererziehung in dem Dreijahreszeitraum entspricht. ²Begann die Kindererziehungszeit vor dem 25. Juni 1994, berechnet sich die Frist vom Zeitpunkt des Beginns der Kindererziehungszeit an.

(12) ¹Der Zulassungsausschuß kann über Zulassungsanträge von Psychotherapeuten und überwiegend oder ausschließlich psychotherapeutisch tätige Ärzte, die nach dem 31. Dezember 1998 gestellt werden, erst dann entscheiden, wenn der Landesausschuß der Ärzte und Krankenkassen die Feststellung nach § 103 Abs. 1 Satz 1 getroffen hat. ²Anträge nach Satz 1 sind wegen Zulassungsbeschränkungen auch dann abzulehnen, wenn diese bei Antragstellung noch nicht angeordnet waren.

(13) ¹In Zulassungssachen der Psychotherapeuten und der überwiegend oder ausschließlich psychotherapeutisch tätigen Ärzte (§ 101 Abs. 4 Satz 1) treten abweichend von § 96 Abs. 2 Satz 1 und § 97 Abs. 2 Satz 1 an die Stelle der Vertreter der Ärzte Vertreter der Psychotherapeuten und der Ärzte in gleicher Zahl; unter den Vertretern der Psychotherapeuten muß mindestens ein Kinder- und Jugendlichenpsychotherapeut sein. ²Für die erstmalige Besetzung der Zulassungsausschüsse und der Berufungsausschüsse nach Satz 1 werden die Vertreter der Psychotherapeuten von der zuständigen Aufsichtsbehörde auf Vorschlag der für die beruflichen Interessen maßgeblichen Organisationen der Psychotherapeuten auf Landesebene berufen.

Literatur:

Altendorfer/Unterholzner, Wie weit reichen die Kompetenzen des Ärztlichen Leiters eines Medizinischen Versorgungszentrums?, PKR 2015, 13; *Andreas/Morawietz*, 68-Jahresgrenze für Vertragsärzte ist keine verbotene Diskriminierung, ArztR 2008, 60; *Bäune/Dahm/Flasbarth*, Vertragsärztliche Versorgung unter dem GKV-Versorgungs-strukturgesetz – GKV-VStG, MedR 2012, 77; *Bäune/Dahm/Flasbarth*, GKV-Versorgungsstärkungsgesetz (GKV-VSG), MedR 2016, 4; *Beaucamp*, Vertragsärztliche Zulassung und Berufsfreiheit, JA 2003, 51; *Becker*, Zur verfassungsrechtlichen Stellung der Vertragsärzte am Beispiel der zulassungsbezogenen Altersgrenzen, NZS 1999, 521; *Bergmann*, Delegation und Substitution ärztlicher Leistungen auf/durch nichtärztliches Personal, MedR 2009, 1; *Berner/Strüve*, Das GKV-VSG aus Sicht der Versorgungsstruktur, GesR 2015, 461; *Blaurock*, Gestaltungsmöglichkeiten der Zusammenarbeit von Vertrags- und Privatarzt, MedR 2006, 643; *Braun*, U.K. Limited – eine Rechtsform für Ärzte?, MedR 2007, 218; *Braun/Richter*, Gesellschaftsrechtliche und steuerrechtliche Grundfragen der Ärzte-GmbH, MedR 2005, 685; *Butzer*, Verfassungsrechtliche Anmerkungen zum GKV-Gesundheitsmodernisierungs-gesetz 2004 (GMG), MedR 2004, 177; *Butzer*, § 95 SGB V und die Neuausrichtung des ärztlichen Berufsrechts, NZS 2005, 344; *Clemens*, Aufschiebende Wirkung und sofortige Vollziehbarkeit im sozialgerichtlichen Verfahren – insbesondere in Drittanfechtungsfällen, Festschrift 10 Jahre AG Medizinrecht im DAV, 2008, 323; *Cramer*, Praxisgemeinschaft versus Gemeinschaftspraxis – Auf den Gesellschaftszweck kommt es an!, MedR 2004, 552; *Dahm*, Ärztliche Kooperationsgemeinschaften und Beteiligungsmodelle – im Spannungsfeld der Berufsordnung („MRT-Koop" u.a.), MedR 1998, 70; *Dahm*, Die Bürgschaftserklärung nach § 95 II 6 SGB V als Gründungsvoraussetzung für die Zulassung eines Medizinischen Versorgungszentrums, MedR 2008, 257; *Dahm*, Erlaubnisse und Genehmigungen bei Medizinischen Versorgungszentren, MedR 2009, 720; *Dahm/Ratzel*, Liberalisierung der Tätigkeitsvoraussetzungen des Vertragsarztes und Vertragsrechtsänderungsgesetz – VÄndG, MedR 2006, 555; *Dorra*, Die Privilegierung des MVZ und ihre Zulässigkeit, ZMGR 2016, 89; *Dorra/Stellpflug*, Verlegung des Vertragsarztsitzes innerhalb des Planungsbereichs, MedR 2015, 239; *Ebsen*, Das System der Gliederung in haus- und fachärztliche Versorgung als verfassungsrechtliches Problem, VSSR 1996, 351; *Fiedler/Fürstenberg*, Entwicklung des Vertragsarztrechts, NZS 2007, 184; *Fiedler/Weber*, Medizinische Versorgungszentren, NZS 2004, 358; *Genzel*, Teilnahme von Krankenhäusern an der ambulanten Versorgung, ArztR 2008, 200; *Gleiniger*, Übergangsrechtliche Zulassungen und Ermächtigungen approbierter Psychotherapeuten, NZS 2000, 486; *Großbölting/Jaklin*, Formen ärztlicher Tätigkeit im Vertragsarztrecht, Zulassung und Konkurrentenstreit, NZS 2002, 130; *Großbölting/Jaklin*, Zulassungsentzug, NZS 2002, 525; *Haag*, Neues zum MVZ, das Krankenhaus 2010, 859; *Hanika*, Medizinische Versorgungszentren und Integrierte Versorgung – Rechtliche Vorgaben und neue Vergütungssysteme, PflR 2004, 433; *Häußermann/Dollmann*, Die Ärztegesellschaft mbH, MedR 2005, 255; *Hess*, Auswirkungen des Vertragsarztrechtsänderungsgesetzes auf die Bedarfsplanung, VSSR 2007, 199; *Jeschke*, MVZ-Trägerschaften – Veränderungen auf Gesellschafter- und Trägerebene, MedR 2009, 263; *Kamps*, Die

Beschäftigung von Assistenten in der Arztpraxis, MedR 2003, 63; *Klöck*, Das Medizinische Versorgungszentrum im GKV-Versor-gungsstrukturgesetz, NZS 2013, 368; *Klose*, Zulässigkeit von Kapital- und Personengesellschaften für Ärzte und andere Heilberufe ab 2004, BB 2003, 2702; *Koch*, Niederlassung und berufliche Kooperation – Neue Möglichkeiten nach der novellierten (Muster-)Berufsordnung für Ärzte, GesR 2005, 241; *Kroel/Baron*, Zur Reichweite des Bestandsschutzes der am 1. Januar 2012 zugelassenen Medizinischen Versorgungszentren, GesR 2013, 647; *Künnemann*, Medizinische Versorgungszentren: Rechtliche Rahmenbedingungen, DÄBl 2004, 1151; *Ladurner*, Ärzte-ZV. Zahnärzte-ZV, Kommentar, 2017; *Lindenau*, Medizinische Versorgungszentren – Gesetzesanspruch und Zulassungswirklichkeit, GesR 2004, 494; *Lippert*, Der Honorar-(Vertretungs-)Arzt – ein etwas anderer Freiberufler, GesR 2010, 665; *Maaß*, Die Entwicklung des Vertragsarztrechts in den Jahren 2015 und 2016, NZS 2017, 41 u. 88; *Makoski/Krapohl*, Ärztlicher Leiter des MVZ – sozial- und arbeitsrechtliche Fragen – (Teil 1), GesR 2013, 705; (Teil 2), GesR 2014, 6; *Makoski/Möller*, Bürgschaftsprobleme bei der Errichtung von Medizinischen Versorgungszentren, MedR 2007, 524; *Meschke*, MVZ-Trägergesellschaften – Veränderung auf Gesellschafter- und Trägerebene, MedR 2009, 263; *Michels/Ketteler-Eising*, Steuerliche Fragestellungen bei der Gründung Medizinischer Versorgungszentren, MedR 2007, 28; *Möller*, Der im zugelassenen Medizinischen Versorgungszentrum (MVZ) angestellte Arzt, GesR 2004, 456; *Möller*, Aktuelle Probleme bei Gründung und Betrieb von Gemeinschaftspraxen, MedR 2006, 621; *Möller*, Auswirkungen des VÄndG auf Medizinische Versorgungszentren, MedR 2007, 263; *Palsherm*, Das Vertragsarztrecht – die elementaren Grundzüge, ZfS 2006, 38; *Pawlita*, Zulassungsrechtliche Änderungen durch das GKV-VSG, NZS 2015, 727; *Pawlita*, Beziehungen zwischen Leistungserbringern und Krankenkassen, insbesondere vertragsärztliche Versorgung, JbSozR 36, 147; *Peikert*, Persönliche Leistungserbringungspflicht, MedR 2000, 352; *Penner/Nolden/Micha*, Der Transfer von MVZ-Vertragsarztstellen – nur noch ein Kinderspiel?, GuP 2013, 161; *Plagemann/Kies*, Approbation und Zulassung von Psychotherapeuten nach neuem Recht, MedR 1999, 413; *Plagemann, F./Ziegler*, Kommunale Trägerschaft von MVZ, DVBl 2016, 1432; 1443*Porten*, Die Verlegung von Arztstellen nach dem Versorgungsstärkungsgesetz, NZS 2015, 732; *Ratzel*, Risiken bei Gründung und Betrieb einer Teilberufsausübungsgemeinschaft, zugleich Besprechung der Urteile des BSG v. 25.3.2015 – B 6 KA 21/14 R, GesR 2015, 614 und BSG v. 25.3.2015 – B 6 KA 24/14 R, GesR 2015, 617, GesR 2015, 709; *Ratzel/Lippert*, Das Berufsrecht der Ärzte nach den Beschlüssen des 107. Deutschen Ärztetages in Bremen, MedR 2004, 525; *Rau*, Offene Rechtsfragen bei der Gründung Leiter Versorgungszentren?, MedR 2004, 667; *Rehborn*, Bürgschaften für die Gründung Medizinischer Versorgungszentren, in: Festschrift ARGE Medizinrecht im DAV 2008, S. 417; *Rehborn*, Neue ärztliche Kooperationsformen und arzthaftungsrechtliche Passivlegitimation, ZMGR 2008, 296; *Rehborn*, Beendigung Medizinischer Versorgungszentren, MedR 2010, 290; *Reiter*, Die Aufhebung von Zulassungsbeschränkungen und ihre Folgen, MedR 2001, 624; *v. Schwanenflügel*, Moderne Versorgungsformen im Gesundheitswesen – Förderung der Qualität und Effizienz, NZS 2006, 285; *Riedel*, Das Teilhabegrundrecht auf Zulassung zur vertragsärztlichen Versorgung, NZS 2009, 260; *Rixen*, In guter Verfassung? – Das Vertragsarztrechtsänderungsgesetz (VÄndG) auf dem Prüfstand der Gesetzgebungskompetenzen des Grundgesetzes, VSSR 2007, 213; *Rompf*, Der neue Bundesmantelvertrag-Ärzte (BMV-Ä), KrV 2014, 45; *Saenger*, Gesellschaftsrechtliche Gestaltung ärztlicher Kooperationsformen, NZS 2001, 234; *Schäfer*, Mangelnde Beteiligtenfähigkeit des MVZ (-Trägers?) – zugleich Anm. zu LSG Berlin-Brandenburg, Beschl. v. 27.1.2010 – L 7 KA 139/09, GesR 2010, 351; *Schäfer-Gölz*, Rechtsfragen um den angestellten Arzt, ZMGR 2009, 190; *Schirmer*, Eingliederung der Psychologischen Psychotherapeuten und Kinder- und Jugendlichenpsychotherapeuten in das System der vertragsärztlichen Versorgung, MedR 1998, 435; *Schnapp*, Konkurrenzschutz für niedergelassene Ärzte gegen medizinische Versorgungszentren?, NZS 2004, 449; *Schnapp/Kalten-born*, Die gemeinschaftliche Berufsausübung niedergelassener Ärzte aus berufsrechtlicher, vertragsarztrechtlicher und verfassungsrechtlicher Perspektive, SGb 2001, 101; *Scholz*, Geltungsanspruch des Berufsrechts gegenüber Ärzten in Krankenhäusern und Medizinischen Versorgungszentren, MedR 2015, 635; *Schroeder-Printzen*, Die Klage- und Widerspruchsbefugnis Dritter innerhalb des Vertragsarztrechts und seine Auswirkungen auf das verwaltungs- sowie sozialgerichtliche Verfahren, in: Festschrift 10 Jahre AG Medizinrecht im DAV, 2008, 453; *Schulenburg/Heckmann*, Die Beteiligung Dritter an einer Arztpraxis aus berufsrechtlicher Sicht, GesR 2010, 525; *Scholz*, Neuerungen im Leistungserbringungsrecht durch das GKV-Modernisierungsgesetz, GesR 2003, 369; *Scholz*, Die Unzulässigkeit von Zuwendungen und Vorteilen nach § 73 Abs. 7 und § 128 Abs. 2 S. 3 SGB V, GesR 2013, 12; *Sodan*, Verfassungsrechtliche Anforderungen an Regelungen gemeinschaftlicher Berufsausübung von Vertragsärzten – zum Spannungsverhältnis von Berufs- und Sozialversicherungsrecht, NZS 2001, 169; *Spellbrink*, Einstweiliger Rechtsschutz vor den Sozialgerichten in Zulassungssachen, MedR 1999, 304; *Steinbrück*, Praxisabgabe und Praxisübernahme, 2009; *Steinhilper*, Die „defensive Konkurrentenklage" im Vertragsarztrecht, MedR 2007, 469; *Steinhilper*, Konkurrenzschutz im Vertragsarztrecht, MedR 2008, 498; *Steinhilper/Schiller*, Zum Spannungsverhältnis Vertragsarzt/Privatarzt – Darf ein Vertragsarzt Leistungen bei einem Kassenpatienten ablehnen, sie aber zugleich privatärztlich anbieten?, MedR 2001, 29; *Steinhil-*

per/Weimer, Zur Anpassung des Vertragsarztrechts an die Musterberufsordnung Stand März 2006, GesR 2006, 200; *Vogl*, Rechtsfragen bei der Gründung und Betrieb eines zahnärztlichen MVZ, ZMGR 2010, 63; *Weiß*, Der Vertragsarzt zwischen Freiheit und Bindung, NZS 2005, 67; *Wenner*, Vertragsarzt: Hauptberuf oder Nebenjob?, GesR 2004, 353; *Wenner*, Strukturproblem der Gesundheitsversorgung in Deutschland – Herausforderungen für die Rechtsprechung des BSG, MedR 2015, 175; *Wigge*, Medizinische Versorgungszentren nach dem GMG, MedR 2004, 123; *Wigge/von Leoprechting* (Hrsg.), Handbuch Medizinische Versorgungszentren, 2011; *Wodarz*, Beteiligung von MVZ an MVZ, zugleich Anmerkung zu SG Marburg v. 20.1.2014 – S 12 KA 117/13, NZS 2014, 531; *Wollersheim*, Genehmigung von Zweigpraxen, GesR 2008, 281; *Wostry, H./ Wostry, Th.*, Wohlverhalten durch Zeitablauf? Die „Wohlverhaltensrechtsprechung" des Bundessozialgerichts bei der Entziehung der vertragsärztlichen Zulassung, GesR 2012, 577; *Zech*, Berechtigung von gemeinnützigen Trägern zur Gründung eines MVZ. Eine Analyse des § 95 Abs. 1a S. 1 Alt. 4 SGB V, MedR 2016, 118; *Ziermann*, Sicherstellung der vertragsärztlichen Versorgung durch Medizinische Versorgungszentren, MedR 2004, 540.

I. Entstehungsgeschichte	1
II. Normzweck und Systematik	2
III. Gesetzgebungskompetenz	3
1. Art. 74 Abs. 1 Nr. 12 GG	4
2. Art. 74 Abs. 1 Nr. 19 GG	10
IV. Wirtschaftliche Bedeutung	13
V. Normauslegung	15
1. Norminhalt	15
2. Normauslegung	16
a) Zulassung zur Teilnahme an der vertragsärztlichen Versorgung (Abs. 1)	16
aa) Zulassung von Ärzten	22
(1) Inhalt eines Zulassungsantrags	23
(2) Eintragung in das Arztregister	26
(3) Vertragsarztsitz	31
(4) Qualitätsnachweise	33
(5) Vorlage eines persönlichen Führungszeugnisses	34
(6) Persönliche Eignung	35
bb) Zulassung von Medizinischen Versorgungszentren (MVZ)	55
(1) Entwicklungen	59
(2) Gründer von MVZ	64
(3) Zulässige Rechtsformen	70
(4) Bestandsschutz	77
(5) Keine Anwendung des § 105 Abs. 5 Satz 1–4 für die Gründung von MVZ durch Kommunen Bestandsschutz	78
(6) Entziehung der Zulassung	79
(7) Zulassung des MVZ	80
(8) Weitere begriffliche Voraussetzungen	82
(a) Fachübergreifende Einrichtungen (alt)	83
(b) Ärztliche Leitung	88
(c) Selbstschuldnerische Bürgschaftserklärung	93
(9) Anstellung im MVZ	115
(10) Ausblick	120
cc) Zulassung von Zahnärzten	121
dd) Zulassung von Psychotherapeuten	125
b) Ermächtigung zur Teilnahme an der vertragsärztlichen Versorgung (Abs. 1, Abs. 4)	129
aa) Ermächtigte Ärzte	131
bb) Ermächtigte Einrichtungen	132
cc) Stufen- bzw. Rangverhältnis zwischen Zulassung und Ermächtigung	136
c) Rechtsfolgen der Zulassung (Abs. 3)	137
aa) Teilnahmeberechtigung und -verpflichtung	138
bb) Vergütungsanspruch	141
cc) Pflicht zur Teilnahme am Notdienst	142
dd) Beteiligtenfähigkeit von MVZ	147
ee) Unterlassungs-, Auskunfts- und Schadensersatzklage nach UWG	147a
d) Rechtsfolgen der Ermächtigung (Abs. 4)	148
aa) Teilnahmeberechtigung und -verpflichtung	149
bb) Vergütungsanspruch	151
cc) Ruhen, Entziehen, Ende der Ermächtigung und Disziplinarrecht	152
e) Ruhen der Zulassung (Abs. 5)	153
f) Entziehung der Zulassung (Abs. 6)	160
aa) Voraussetzungen für die Erteilung der Zulassung liegen nicht oder nicht mehr vor	166
bb) Nichtaufnahme oder Nichtausübung der vertragsärztlichen Tätigkeit	170
cc) Gröbliche Pflichtverletzung	171
dd) Anordnung der sofortigen Vollziehung	179
ee) Wohlverhaltensphase	180
ff) Beginn der Wohlverhaltensphase	186
g) Ende der Zulassung (Abs. 7)	192
h) Anstellung von Ärzten (Abs. 9, 9a, 9b)	207
aa) Nicht gesperrte Planungsbereiche	213
bb) Gesperrte Planungsbereiche	217
cc) Leistungsbeschränkung	227
dd) Begrenzungen und Einsatz an weiteren Tätigkeitsorten	230

ee)	Rechtfolgen der Anstellung ... 231
ff)	Anstellung von Hochschulleh-
	rern 234
gg)	Umwandlung einer Anstellung
	in eine Zulassung.............. 236

i) Besonderheiten bei der Zulassung und Ermächtigung von Psychotherapeuten (Abs. 10, 11, 12, 13)...... 242

I. Entstehungsgeschichte

Mit Wirkung zum 1.1.1989 ist § 95 SGB V im Rahmen des Gesundheitsreformgesetzes vom 20.12.1988 (GRG) als Nachfolgevorschrift von § 368 a RVO (Primärkassen) und § 525 c RVO (Ersatzkassen) in Kraft getreten (BGBl. I, 2477). Anschließend erfolgten folgende Änderungen: § 95 Überschrift: IdF d. Art. 1 Nr. 51 lit. a Gesetz v. 21.12.1992 (BGBl. I, 2266) mWv 1.1.1993; § 95 Abs. 1: IdF d. Art. 1 Nr. 74 lit. a Gesetz v. 14.11.2003 (BGBl. I, 2190) mWv 1.1.2004; § 95 Abs. 1 Satz 1: IdF d. Art. 6 Nr. 16 Gesetz v. 28.5.2008 (BGBl. I, 874) mWv 1.7.2008; § 95 Abs. 1 Satz 2: IdF d. Art. 1 Nr. 5 lit. a aa Gesetz v. 22.12.2006 (BGBl. I, 3439) Gesetz v. 22.12.2006 (BGBl. I, 3439) mWv 1.1.2007 u. d. Art. 1 Nr. 41 lit. a aa Gesetz v. 16.7.2015 (BGBl. I, 1211) mWv 23.7.2015; § 95 Abs. 1 Satz 3: Eingef. durch Art. 1 Nr. 31 lit. a aa Gesetz v. 22.12.2011 (BGBl. I, 2983) mWv 1.1.2012; § 95 Abs. 1 Satz 4: Eingef. als Satz 5 durch Art. 1 Nr. 5 lit. a bb Gesetz v. 22.12.2006 (BGBl. I, 3439) mWv 1.1.2007; früherer Satz 3 bis 5 wurde Satz 4 bis 6, früherer Satz 6 aufgeh. gem. Art. 1 Nr. 31 lit. a aa u. bb Gesetz v. 22.12.2011 (BGBl. I, 2983) mWv 1.1.2012; früherer Satz 6 jetzt Satz 4 gem. Art. 1 Nr. 41 lit. a bb Gesetz v. 16.7.2015 (BGBl. I, 1211) mWv 23.7.2015; § 95 Abs. 1 Satz 5: Früherer Satz 4 wurde Satz 7 gem. Art. 1 Nr. 5 lit. a bb Gesetz v. 22.12.2006 (BGBl. I, 3439) mWv 1.1.2007; früherer Satz 6 u. 7 aufgeh., früherer Satz 7 jetzt Satz 5 gem. Art. 1 Nr. 41 lit. a bb Gesetz v. 16.7.2015 (BGBl. I, 1211) mWv 23.7.2015; § 95 Abs. 1 a: Eingef. durch Art. 1 Nr. 31 lit. b Gesetz v. 22.12.2011 (BGBl. I, 2983) mWv 1.1.2012; § 95 Abs. 1 a Satz 1 Halbsatz 1 u. 2: IdF d. Art. 1 Nr. 41 lit. b aa Gesetz v. 16.7.2015 (BGBl. I, 1211) mWv 23.7.2015; § 95 Abs. 1 a Satz 3: Eingef. durch Art. 1 Nr. 41 lit. b bb Gesetz v. 16.7.2015 (BGBl. I, 1211) mWv 23.7.2015; § 95 Abs. 2 Satz 1: IdF d. Art. 1 Nr. 51 lit. c aa Gesetz v. 21.12.1992 (BGBl. I, 2266) mWv 1.1.1993; § 95 Abs. 2 Satz 3: IdF d. Art. 1 Nr. 51 lit. c bb Gesetz v. 21.12.1992 (BGBl. I, 2266) mWv 1.1.1994; § 95 Abs. 2 Satz 3 Nr. 1: IdF d. Art. 2 Nr. 11 lit. a Gesetz v. 16.6.1998 (BGBl. I, 1311) mWv 1.1.1999; § 95 Abs. 2 Satz 5: Eingef. durch Art. 1 Nr. 74 lit. b Gesetz v. 14.11.2003 (BGBl. I, 2190) mWv 1.1.2004; idF d. Art. 1 Nr. 31 lit. c aa Gesetz v. 22.12.2011 (BGBl. I, 2983) mWv 1.1.2012; § 95 Abs. 2 Satz 6: Eingef. durch Art. 1 Nr. 5 lit. b Gesetz v. 22.12.2006 (BGBl. I, 3439) mWv 1.1.2007; idF d. Art. 1 Nr. 31 lit. c bb Gesetz v. 22.12.2011 (BGBl. I, 2983) mWv 1.1.2012 u. d. Art. 1 Nr. 41 lit. c Gesetz v. 16.7.2015 (BGBl. I, 1211) mWv 23.7.2015 (Änderung wegen offensichtlicher Unrichtigkeit der Änderungsanweisung abweichend vom Bundesgesetzblatt eingearbeitet; § 95 Abs. 2 Satz 7 bis 10 (früher Satz 6 bis 9): Eingef. durch Art. 1 Nr. 74 lit. b Gesetz v. 14.11.2003 (BGBl. I, 2190) mWv 1.1.2004; früherer Satz 6 bis 9 jetzt Satz 7 bis 10 gem. Art. 1 Nr. 5 lit. b Gesetz v. 22.12.2006 (BGBl. I, 3439) mWv 1.1.2007; § 95 Abs. 2 Satz 8: IdF d. Art. 1 Nr. 31 lit. c cc Gesetz v. 22.12.2011 (BGBl. I, 2983) mWv 1.1.2012; § 95 Abs. 2 a: Aufgeh. durch Art. 1 Nr. 31 lit. d Gesetz v. 22.12.2011 (BGBl. I, 2983) mWv 1.1.2012; § 95 Abs. 3: IdF d. Art. 1 Nr. 51 lit. d Gesetz v. 21.12.1992 (BGBl. I, 2266) mWv 1.1.1993; § 95 Abs. 3 Satz 1: IdF d. Art. 1 Nr. 5 lit. c Gesetz v. 22.12.2006 (BGBl. I, 3439) mWv 1.1.2007; § 95 Abs. 3 Satz 2: Eingef. durch Art. 1 Nr. 74 lit. c aa Gesetz v. 14.11.2003 (BGBl. I, 2190) mWv 1.1.2004; § 95 Abs. 3 Satz 3: Früher Satz 2 gem. u. idF d. Art. 1 Nr. 74 lit. c aa u. bb Gesetz v. 14.11.2003 (BGBl. I, 2190) mWv 1.1.2004; § 95 Abs. 3 Satz 4 u. 5: Eingef. durch Art. 1 Nr. 41 lit. d Gesetz v. 16.7.2015 (BGBl. I, 1211) mWv 23.7.2015; § 95 Abs. 4: IdF d. Art. 1 Nr. 51 lit. e Gesetz v. 21.12.1992 (BGBl. I, 2266) mWv 1.1.1993; § 95 Abs. 4 Satz 1: IdF d. Art. 6 Nr. 16 Gesetz v. 28.5.2008 (BGBl. I, 874) mWv 1.7.2008; § 95 Abs. 5: IdF d. Art. 1 Nr. 51 lit. f. Gesetz v. 21.12.1992 (BGBl. I, 2266) mWv 1.1.1993; § 95 Abs. 5 Satz 1: IdF d. Art. 1 Nr. 74 lit. d Gesetz v. 14.11.2003 (BGBl. I, 2190) mWv 1.1.2005; § 95 Abs. 5 Satz 2: Eingef. durch Art. 1 Nr. 5 lit. c1 Gesetz v. 22.12.2006 (BGBl. I, 3439) mWv 1.1.2007; § 95 Abs. 6: Früherer Satz 2 aufgeh., früherer Satz 1 jetzt einziger Text gem. u. idF d. Art. 1 Nr. 51 lit. g Gesetz v. 21.12.1992 (BGBl. I, 2266) mWv 1.1.1993; § 95 Abs. 6 Satz 2: Eingef. durch Art. 1 Nr. 5 lit. d aa Gesetz v. 22.12.2006 (BGBl. I, 3439) mWv 1.1.2007; § 95 Abs. 6 Satz 3 (früher Satz 2): Eingef. durch Art. 1 Nr. 74 lit. e Gesetz v. 14.11.2003 (BGBl. I, 2190) mWv 1.1.2004; früherer Satz 2 jetzt Satz 3 gem. u. idF d. Art. 1 Nr. 5 lit. d aa u. bb Gesetz v. 22.12.2006 (BGBl. I, 3439) mWv 1.1.2007; idF d. Art. 1 Nr. 31 lit. e aa Gesetz v. 22.12.2011 (BGBl. I, 2983) mWv 1.1.2012; § 95 Abs. 6 Satz 4: Eingef. durch Art. 1 Nr. 41 lit. e Gesetz v. 16.7.2015 (BGBl. I, 1211) mWv 23.7.2015; § 95 Abs. 6 Satz 5 (früher Satz 4): Eingef. durch Art. 1 Nr. 31 lit. e bb Gesetz

v. 22.12.2011 (BGBl. I, 2983) mWv 1.1.2012; jetzt Satz 5 gem. Art. 1 Nr. 41 lit. e Gesetz v. 16.7.2015 (BGBl. I, 1211) mWv 23.7.2015; § 95 Abs. 7 Satz 1: IdF d. Art. 1 Nr. 31 lit. f. aa Gesetz v. 22.12.2011 (BGBl. I, 2983) mWv 1.1.2012; § 95 Abs. 7 Satz 2: Eingef. durch Art. 1 Nr. 74 lit. f. aa Gesetz v. 14.11.2003 (BGBl. I, 2190) mWv 1.1.2004; idF d. Art. 1 Nr. 31 lit. f. bb Gesetz v. 22.12.2011 (BGBl. I, 2983) mWv 1.1.2012; § 95 Abs. 7: Früherer Satz 3 bis 6 aufgeh. durch Art. 1 Nr. 31 lit. f. cc Gesetz v. 22.12.2011 (BGBl. I, 2983) mWv 1.1.2012; § 95 Abs. 8: Aufgeh. durch Art. 1 Nr. 51 lit. i Gesetz v. 21.12.1992 (BGBl. I, 2266) mWv 1.1.1993; § 95 Abs. 9: IdF d. Art. 1 Nr. 5 lit. f. Gesetz v. 22.12.2006 (BGBl. I, 3439) mWv 1.1.2007; § 95 Abs. 9 Satz 4: IdF d. Art. 1 Nr. 41 lit. f. Gesetz v. 16.7.2015 (BGBl. I, 1211) mWv 23.7.2015; § 95 Abs. 9a: Eingef. durch Art. 1 Nr. 5 lit. g Gesetz v. 22.12.2006 (BGBl. I, 3439) mWv 1.1.2007; § 95 Abs. 9b: Eingef. durch Art. 1 Nr. 31 lit. g Gesetz v. 22.12.2011 (BGBl. I, 2983) mWv 1.1.2012; § 95 Abs. 10: Eingef. durch Art. 2 Nr. 11 lit. c Gesetz v. 16.6.1998 (BGBl. I, 1311) mWv 24.6.1998; § 95 Abs. 11: Eingef. durch Art. 2 Nr. 11 lit. c Gesetz v. 16.6.1998 (BGBl. I, 1311) mWv 24.6.1998; § 95 Abs. 11 Satz 1 Nr. 1 u. Satz 3: IdF d. Art. 1 Nr. 74 lit. h Gesetz v. 14.11.2003 (BGBl. I, 2190) mWv 1.1.2004; § 95 Abs. 11a bis 13: Eingef. durch Art. 2 Nr. 11 lit. c Gesetz v. 16.6.1998 (BGBl. I, 1311) mWv 1.1.1999.

II. Normzweck und Systematik

2 § 95 kann als Grundnorm des Vertragsarztrechts verstanden werden; er benennt die wesentlichen Voraussetzungen, unter denen eine Teilnahme an der vertragsärztlichen Versorgung möglich ist. Die Vorschrift steht in engem Zusammenhang mit der Zulassungsverordnung für Ärzte[1] und der Zulassungsverordnung für Zahnärzte[2] nach § 98, durch die das Nähere über die Teilnahme an der vertragsärztlichen Versorgung sowie die zu ihrer Sicherstellung erforderliche Bedarfsplanung und die Beschränkung von Zulassungen geregelt wird. Darüber hinaus wird § 95 ergänzt durch den Bundesmantelvertrag–Ärzte (BMV-Ä). Schließlich gibt es noch zahlreiche weitere Regelungen, die grundsätzlich zwar nicht die Zulassung als solche betreffen, eine solche jedoch voraussetzen (zB Sicherung der Qualität der Leistungserbringung nach §§ 135 ff.).

III. Gesetzgebungskompetenz

3 Eine grundsätzliche Gesetzgebungskompetenz des Bundes für die Teilnahme von Ärzten, Zahnärzten und Psychotherapeuten an der vertraglichen Versorgung nach §§ 95 ff. gibt es nicht.[3] Eine solche Kompetenz ist vielmehr auf die in Art. 74 Abs. 1 Nr. 12 und 19 GG beschriebenen Gebiete der sog konkurrierenden Gesetzgebung beschränkt. Darüber hinaus sind die Länder zuständig. Dies ergibt sich bereits aus der Systematik des Grundgesetzes, das in Art. 70 Abs. 1 GG die Gesetzgebungskompetenz der Länder an erster Stelle benennt.[4] Auf der Grundlage des Art. 72 Abs. 1 GG bedeutet dabei konkurrierende Gesetzgebung, dass die Länder die Befugnis zur Gesetzgebung haben, solange und soweit der Bund von seiner Gesetzgebungszuständigkeit nicht durch Gesetz Gebrauch gemacht hat.[5]

4 **1. Art. 74 Abs. 1 Nr. 12 GG.** Gemäß Art. 74 Abs. 1 Nr. 12 GG hat der Bundesgesetzgeber die Kompetenz für den Bereich der Sozialversicherung. Das BVerfG geht in ständiger Rechtsprechung von einem „weitgefassten, verfassungsrechtlichen Gattungsbegriff"[6] aus; er umfasse alles, was sich „der Sache nach" als Sozialversicherung darstellen würde. Hierzu gehören insbesondere nicht nur die klassischen und althergebrachten Vorstellungen, sondern es können auch neue Leistungen einbezogen werden, wenn diese in der organisatorischen Durchführung und hinsichtlich der abzudeckenden Risiken dem Bild der klassischen Sozialversicherung entsprechen.[7] Auch das Vertragsarztrecht, insbesondere die in §§ 95 ff. geregelten Voraussetzungen und Formen der Teilnahme von Ärzten und Zahnärzten an der Versorgung, wird von der Kompetenzregelung des Art. 74 Abs. 1 Nr. 12 GG umfasst.[8]

---

1 Zulassungsverordnung für Vertragsärzte (Ärzte-ZV) vom 28.5.1957 (BGBl. I, 572, 608), zuletzt geändert durch Art. 4 V Gesetz vom 24.10.2015 (BGBl. I, 1789).
2 Zulassungsverordnung für Vertragszahnärzte (Zahnärzte-ZV) vom 28.5.1957 (BGBl. III, Glied.-Nr. 8230-26) zuletzt geändert durch Art. 15 Gesetz vom 16.7.2015 (BGBl. I, 1211).
3 Für das Gesundheitswesen vgl. Ratzel in: Ratzel/Luxenburger, § 4 Rn. 1.
4 So Ratzel in: Ratzel/Luxenburger, § 4 Rn. 1.
5 Vgl. zuletzt BVerfG, 18.12.2012, 1 BvL 8/11, 1 BvL 22/11, juris Rn. 48 = BVerfGE 132, 372 ff.
6 Vgl. nur BVerfG, 28.5.1993, 2 BvF 2/90, 2 BvF 4/92, 2 BvF 5/92, juris Rn. 316 = BVerfGE 88, 203 ff.
7 BVerfG, 28.5.1993, 2 BvF 2/90, 2 BvF 4/92, 2 BvF 5/92, juris Rn. 316 = BVerfGE 88, 203 ff.
8 Ebsen, VSSR 5/1996, 351, 355; Ratzel in: Ratzel/Luxenburger, § 4 Rn. 2.

Trotz dieser scheinbar klaren Regelung ergeben sich aus Art. 74 Abs. 1 Nr. 12 GG iVm §§ 95 ff. einige 5
problematische Bereiche: zum einen, wenn das bundesrechtlich geregelte Sozialversicherungsrecht für
die Leistungserbringung Beschränkungen vorsieht, die das landesrechtlich geregelte Berufsrecht nicht
kennt; zum anderen, wenn das Leistungserbringungsrecht Erleichterungen vorsieht, die berufsrechtlich
entweder nicht geregelt sind oder denen berufsrechtliche Verbote explizit entgegenstehen.[9]

Gerade der zunächst genannte Ansatz wird mit Blick auf die Einführung Medizinischer Versorgungs- 6
zentren (MVZ) in das SGB V durch das GKV-Modernisierungs-gesetzes zum 1.1.2004 besonders deutlich.[10] Die in der Gesetzesbegründung enthaltene Regelung, dass MVZ auch als juristische Personen
des Privatrechts, zB als GmbH, betrieben werden dürfen,[11] ist in einigen Bundesländern bzw. Landesbereichen noch nicht umgesetzt worden; mithin verstößt der Betrieb eines MVZ in der Rechtsform
einer GmbH dort nach wie vor gegen das berufsrechtliche Verbot zur Führung einer Praxis als juristische Person des Privatrechts,[12] obwohl die Musterberufsordnung (MBO)[13] im Anschluss an den 107.
Ärztetag in Bremen, der im Mai 2004 stattgefunden hat, eine entsprechende Regelung in § 23 a vorsieht.[14]

Vor diesen Hintergründen ist zu fragen, ob und **unter welchen Voraussetzungen in die jeweiligen Ge-** 7
setzgebungskompetenzen der Länder eingegriffen werden darf. Nach der Rechtsprechung des BVerfG
soll dies dann der Fall sein, wenn nach der Natur der Sache allein eine Bundesregelung in Betracht
komme, zum anderen, wenn der Bund von einer ihm ausdrücklich eingeräumten Kompetenz nicht ohne Zugriff auf eine den Ländern zustehende Materie sinnvoll Gebrauch machen könne (Annexkompetenz und Kompetenz kraft Sachzusammenhangs).[15] Das Bedürfnis nach einer bundeseinheitlichen Regelung allein reiche dafür nicht aus. Die Kompetenz kraft Sachzusammenhangs stütze und ergänze vielmehr eine zugewiesene Zuständigkeit nur dann, wenn die entsprechende Materie verständigerweise
nicht geregelt werden könne, ohne dass zugleich eine nicht ausdrücklich zugewiesene andere Materie
mitgeregelt würde, wenn also das Übergreifen unerlässliche Voraussetzung für die Regelung der zugewiesenen Materie sei. Dies gebe dem Bund aber nicht das Recht, die gesamte den Ländern vorbehaltene Materie an sich zu ziehen. Er dürfe vielmehr nur diejenigen Einzelregelungen treffen, ohne die er
seine ausdrücklich zugewiesene Kompetenz nicht sinnvoll nutzen könnte. Die umfassende Regelung eines den Ländern vorbehaltenen Bereichs wäre ihm daher in keinem Fall eröffnet. Wann ein solch
zwingend erforderlicher er Konnex zwischen der Wahrnehmung einer ausdrücklich zugewiesenen
Kompetenz und der punktuellen Inanspruchnahme einer Landeskompetenz bestehen würde, ließe sich
nicht generell und abstrakt bestimmen. Die Frage könne vielmehr nur unter Berücksichtigung der Besonderheiten des jeweiligen Regelungsgegenstandes beantwortet werden.[16]

Im Schrifttum ist man sich überwiegend einig, dass eine Annexkompetenz oder eine solche kraft Sach- 8
zusammenhangs für den Bereich der MVZ nicht bestanden habe.[17] Speziell der zwingende Konnex
wird beim Eingriff in die Länderzuständigkeit nicht gesehen. Dies liege vor allem an der Tatsache, dass
die Berufsausübungsregelungen der Länder zeitlich bereits vor den Bundesregelungen bestanden hätten. Dem Bund wird vorgeworfen, durch die Neuregelung eine nachträgliche Sperrwirkung der landesrechtlichen Regelungen bezweckt zu haben.[18] Dem Bund habe daher schlicht die Kompetenz für diese

---

9 Ratzel in: Ratzel/Luxenburger, § 4 Rn. 2.
10 GKV-Modernisierungsgesetz vom 14.11.2003 (BGBl. I, 2190).
11 Vgl. BT-Dr. 15/1525, 107.
12 ZB sieht die Berufsordnung der Ärztekammer Westfalen-Lippe eine entsprechende Regelung in § 23 a vor (Fassung vom 28.11.2015, MBl. NRW. 2016 S. 180), die Berufsordnung der Ärztekammer Nordrhein (Fassung vom 21.11.2015, MBl. NRW. 2016 S. 148) hingegen nicht; vgl. hierzu auch Ratzel/Knüpper in: Ratzel/Luxenburger, § 5 Rn. 145; Ratzel in: Kommentar zur Musterberufsordnung der Deutschen Ärzte (MBO), § 18/18 a Rn. 20 ff. iVm § 23a-d 2 f.; Scholz, MedR 2015, 635, 639.
13 (Muster-)Berufsordnung für die in Deutschland tätigen Ärztinnen und Ärzte – MBO-Ä 1997 – in der Fassung der Beschlüsse des 118. Deutschen Ärztetages 2015 in Frankfurt am Main Deutsches Ärzteblatt 2015, A1 ff.
14 Vgl. Ratzel/Knüpper in: Ratzel/Luxenburger, § 5 Rn. 142; weitere Bereiche der Mitregelung von ärztlichem Berufsrecht durch § 95 benennt Butzer, MedR 2004, 177, 178 f.
15 BVerfG, 27.10.1998, 1 BvR 2306/96, 1 BvR 2314/96, 1 BvR 1108/97, 1 BvR 1109/97, 1 BvR 1110/97, juris Rn. 158 = BVerfGE 98, 265 ff. unter Berufung auf BVerfG, Gutachten v. 16.6.1954, 1 PBvV 2/52, juris Rn. 65 = BVerfGE 3, 407 ff.; im Ergebnis ebenso Engelmann, GesR 2004, 113, 117.
16 BVerfG, 27.10.1998, 1 BvR 2306/96, 1 BvR 2314/96, 1 BvR 1108/97, 1 BvR 1109/97, 1 BvR 1110/97, juris Rn. 159 = BVerfGE 98, 265 ff.
17 Butzer, MedR 2004, 177, 181; Butzer, NZS 2005, 344, 348 f.; Pestalozza, GesR 2006, 389, 396.
18 Vgl. Butzer, NZS 2005, 344, 348.

Regelungen gefehlt;[19] man habe dem Bund vielmehr nur das „Mäntelchen [der] Sozialversicherung umgehängt".[20]

9 Dieser Streit hat sich wohl noch nicht erledigt. Zwar haben die meisten Länder in den jeweiligen Landesheilberufs- oder -kammergesetzen und darauf beruhend die Landesärztekammern mittlerweile eine Angleichung der Berufsordnung vorgenommen, jedoch gibt es nach wie vor Ärztekammern, die eine solche Angleichung entgegen der MBO-Ä nicht vornehmen.[21] Geht man allerdings mit dem BVerfG von einer Annexkompetenz aus, wären die fehlenden landesrechtlichen Regelungen angesichts des Art. 31 GG unerheblich.

10 **2. Art. 74 Abs. 1 Nr. 19 GG.** Gemäß Art. 74 Abs. 1 Nr. 19 GG erstreckt sich die konkurrierende Gesetzgebung ua auf die Zulassung zu ärztlichen und anderen Heilberufen und zum Heilgewerbe, wobei mit Blick auf § 95 allein die Zulassung zu ärztlichen Heilberufen zu betrachten ist.

11 Nach der Rechtsprechung des BVerfG umfasst der in Art. 74 Abs. 1 Nr. 19 GG verwendete Begriff der „ärztliche Heilberufe" den (Human-)Arzt, den Zahn- und den Tierarzt.[22] Der Facharzt zählt hingegen nicht dazu, da der Verfassungsgesetzgeber innerhalb der Humanmedizin von einem einheitlichen Beruf des Arztes ausgegangen ist.[23] Etwas anderes ergibt sich auch nicht aus der Rechtsprechung des BVerfG zu Art. 12 Abs. 1 GG, da bereits die Funktion der beiden Bestimmungen unterschiedlich ist. Während Art. 12 Abs. 1 GG eine freiheitssichernde Bedeutung zukommt, bezweckt Art. 74 Abs. 1 Nr. 19 GG eine möglichst eindeutige Abgrenzung der Gesetzgebungskompetenzen des Bundes und der Länder.[24]

12 Der in Art. 74 Abs. 1 Nr. 19 GG ebenfalls verwendete Begriff der „Zulassung" umfasst im Wesentlichen die Vorschriften, die sich auf die bloße Gestattung der Berufsausübung beziehen, dh auf die Erteilung, Zurücknahme und Verlust der Approbation oder die Befugnis zur Ausübung des ärztlichen Berufs.[25] Die Regelung der ärztlichen Weiterbildung nach Erteilung der Approbation und damit die gesamte Regelung des Facharztwesens gehören hingegen zur ausschließlichen Gesetzgebungszuständigkeit der Länder.[26] Nicht von Art. 74 Abs. 1 Nr. 19 GG umfasst werden die vertragsärztlichen Zulassungsregelungen nach §§ 95 ff.[27] Dies wird im Wesentlichen damit begründet, dass Versuche, dem Bundesgesetzgeber die Kompetenz für den Bereich „Arztrecht" zu geben, im Parlamentarischen Rat gescheitert sind.[28]

IV. Wirtschaftliche Bedeutung

13 Im Zeitraum 2016/2017 waren von 82,2 Mio. Einwohnern (Stand: 31.12.2015) in der Bundesrepublik Deutschland rund 70,7 Mio. bzw. 86,1 % in der GKV und 8,8 Mio. bzw. 10,7 % in der PKV versichert.[29] Die Höhe der Gesundheitsausgaben war von 2013 (314,7 Mrd. EUR) auf 2014 (328,0 Mrd. EUR) um 4,2 % gestiegen. Die GKV trug mit 191,8 Mrd. EUR den größten Anteil daran (58,5 %). Im Vergleich dazu fiel der Anteil der PKV mit 29,3 Mrd. EUR (8,9 %) deutlich geringer aus. Auch 2015 stiegen die Ausgaben der GKV weiter an und lagen mit 213,7 Mrd. EUR knapp 4 Prozent über 2014. 202,0 Mrd. EUR davon gab die GKV für die Versorgung der VN aus. Den mit Abstand größten Ausgabenblock in der GKV stellte 2015 mit 70,3 Mrd. EUR (34,8 % an den gesamten Leistungsausgaben) der Krankenhaussektor dar. Die Ausgaben in diesem Bereich waren damit mehr als doppelt so groß wie für den zweitgrößten Ausgabenbereich, die ambulante ärztliche Versorgung. Hierfür wendete die

---

19 Butzer, MedR 2004, 177, 181; Butzer, NZS 2005, 344, 348; Pestalozza, GesR 2006, 389, 396.
20 Pestalozza, GesR 2006, 389,393; von „Kompetenzerschleichung" sprechen Schnapp/Kaltenborn, SGb, 2001, 101, 104, hier allerdings in Bezug auf Regelungen zur gemeinschaftlichen Berufsausübung.
21 Vgl. Berufsordnung der Ärztekammer Nordrhein (Fassung vom 21.11.2015, MBl. NRW. 2016 S. 148).
22 Grundlegend BVerfG, 9.5.1972, 1 BvR 518/62, 1 BvR 308/64, juris Rn. 91 = BVerfGE 33, 125 ff.; Rehborn in: Berliner Kommentar zum GG, Art. 74 Abs. 1 Nr. 19 Rn. 42, Stand: 2012 mwN.
23 BVerfG, 9.5.1972, 1 BvR 518/62, 1 BvR 308/64, juris Rn. 90, 91 = BVerfGE 33, 125 ff.; Rehborn in: Berliner Kommentar zum GG, Art. 74 Abs. 1 Nr. 19 Rn. 43, Stand: 2016.
24 BVerfG, 9.5.1972, 1 BvR 518/62, 1 BvR 308/64, juris Rn. 90 = BVerfGE 33, 125 ff.; Rehborn in: Berliner Kommentar zum GG, Art. 74 Abs. 1 Nr. 19 Rn. 42, Stand 2016.
25 BVerfG, 9.5.1972, 1 BvR 518/62, 1 BvR 308/64, juris Rn. 90, 91 = BVerfGE 33, 125, 154 f.
26 BVerfG, 9.5.1972, 1 BvR 518/62, 1 BvR 308/64, juris Rn. 90, 91 = BVerfGE 33, 125, 155.
27 Rehborn in: Berliner Kommentar zum GG, Art. 74 Abs. 1 Nr. 19 Rn. 55, Stand: 2016; Ebsen in: VSSR 5/1996, 351/354.
28 Ebsen, VSSR 1996, 351, 354.
29 Sonstige: 2,7 Mio. bzw. 3,2 %.

GKV 2015 insgesamt 34,9 Mrd. EUR auf (17,3 % der Leistungsausgaben). Den drittgrößten Ausgabensektor stellten mit 34,8 Mrd. EUR und einem Anteil von 17,2 % die Arzneimittel dar.[30] Nachfolgende Tabellen geben die Anzahl und regionale Verteilung von Haus- und Fachärzten sowie von Therapeuten wieder:[31]

14

Von den Kassenärztlichen Vereinigungen zugelassene und ermächtigte Ärzte (Deutschland):

Jahr	An der vertragsärztlichen Versorgung				Angestellte Ärzte	Ermächtigte Ärzte
	Teilnehmende		Darunter: Kassen-/Vertrags-			
	Ärzte insgesamt	Einw. je Arzt	Ärzte insgesamt	Einw. je K./V.- Arzt		
	Anzahl					
1993	115.469	704	104.556	778		10.913
1994	118.339	689	106.240	767	1.032	11.067
1995	119.939	682	107.497	761	1.377	11.065
1996	121.876	673	109.118	752	1.633	11.125
1997	123.266	666	110.395	743	1.614	11.257
1998	125.071	656	112.683	728	1.525	10.863
1999	125.317	656	113.181	726	1.405	10.731
2000	126.832	649	114.491	718	1.572	10.769
2001	128.512	641	116.033	710	1.617	10.862
2002	129.478	637	116.837	706	1.764	10.877
2003	130.563	632	117.605	702	1.942	11.016
2004	131.119	629	118.085	699	2.040	10.994
2005	131.802	625	118.834	694	2.170	10.798
2006	132.895	619	119.554	689	2.266	11.075
2007	134.172	613	120.232	684	2.963	10.977
2008	135.388	606	120.472	681	4.292	10.624
2009	137.416	595	121.128	675	6.014	10.274
2010	138.472	590	121.414	673	7.036	10.022
2011	139.538	576	121.661	660	7.978	9.899
2012	141.038	571	122.190	659	9.193	9.655
2013	142.660	564	122.299	658	10.878	9.538
2014	143.635	562	122.537	658	11.615	9.483
2015	144.769	561	121.704	667	12.430	9.404

---

30 Angaben: vdek, Basisdaten des Gesundheitswesens 2016/17, https://www.vdek.com/presse/daten/_jcr_content/par/download_3/file.res/VDEK_Basisdaten16-17.pdf (zuletzt abgerufen am 1.3.2017).
31 Quelle: BMG, Daten des Gesundheitswesens 2016.

SGB V § 95 Viertes Kapitel | Beziehungen der Krankenkassen zu den Leistungserbringern

Vertragsärzte in der Haus- bzw. fachärztlichen Versorgung nach Kassenärztlichen Vereinigungen in Deutschland:

Arztgruppe bzw. Psychotherapeutengruppe	Baden-Württem-berg	Bayern	Berlin	Branden-burg	Bremen	Hamburg	Hessen	Mecklen-burg-Vorp.	Nieder-sachsen	Nord-rhein	Rhein-land-Pfalz	Saarland	Sachsen	Sachsen-Anhalt	Schles-wig-Holstein	Thü-ringen	West-falen-Lippe	Summe Arzt- bzw. Psychoth.-gruppen
Allgemeinärzte	5.089	5.906	1.366	994	253	745	2.800	753	3.475	2.993	2.052	430	1.749	916	1.255	970	3.147	34.893
Praktische Ärzte	361	1.338	237	148	36	160	241	150	432	1.197	57	65	181	137	208	140	343	5.431
Anästhesisten	531	756	167	66	51	108	311	52	333	500	174	47	159	81	146	93	370	3.945
Augenärzte	727	899	328	177	60	170	441	135	511	756	283	95	343	179	211	155	551	6.041
Chirurgen	824	880	257	188	53	116	440	141	644	745	284	85	342	173	177	173	605	6.127
Frauenärzte	1.559	1.817	652	312	136	368	878	222	1.107	1.552	568	150	605	323	401	308	1.159	12.117
HNO-Ärzte	505	642	279	128	59	136	315	103	409	580	186	60	253	125	144	114	415	4.453
Hautärzte	481	616	212	83	44	120	261	68	325	492	163	47	196	106	138	99	388	3.839
Humangenetiker	37	38	15	5	4	21	15	7	16	28	11	3	18	8	6	6	19	259
Internisten [1]	3.225	3.776	1.449	814	297	737	1.760	515	2.464	3.342	1.228	360	1.403	771	874	665	2.482	26.163
davon: Hausärztlich tätige Internisten [2]	1.687	1.907	927	442	162	437	977	265	1.130	2.074	597	170	783	394	363	343	1.403	14.061
Fachärztlich tätige Internisten [2]	1.169	1.637	500	301	117	283	696	200	1.066	988	491	145	489	309	450	273	825	9.939
Kinderärzte	996	1.086	360	197	94	193	504	158	685	898	365	100	434	202	242	200	699	7.415
Kinder- und Jugendpsychiater	122	159	59	22	21	65	41	12	123	136	34	10	32	22	50	19	111	1.038
Laborärzte	170	163	83	23	16	59	76	25	95	141	66	14	68	24	51	36	89	1.199
Mund-Kiefer-Gesichtschirurgen	152	197	64	16	28	69	72	19	125	160	29	11	42	18	53	31	125	1.211
Nervenärzte/Neurologen/Psychiater	615	882	367	146	73	224	346	112	545	736	267	74	306	155	199	152	498	5.699
Neurochirurgen	100	205	59	28	11	30	93	20	120	95	45	15	53	26	32	26	84	1.042
Nuklearmediziner	97	159	55	21	13	33	70	21	78	139	47	14	29	25	30	24	84	939
Orthopäden	888	1.108	386	174	80	203	476	114	576	880	306	100	345	192	236	196	619	6.879
Pathologen	129	160	66	29	7	55	71	21	97	135	51	14	43	28	41	29	72	1.048
Physikalische und Rehabilitative Mediziner	65	137	74	18	2	23	36	10	29	59	27	6	29	7	19	15	48	604
Ärztliche Psychotherapeuten	1.079	1.010	535	97	86	201	595	69	425	820	215	71	158	55	193	71	404	6.084
davon: Ärzte f. Psychosom. u. Psychoth.	555	493	241	34	32	113	266	17	163	260	123	16	50	18	96	12	102	2.591
Radiologen	475	584	240	134	53	112	271	88	339	513	169	54	206	91	115	98	394	3.956
Strahlentherapeuten	119	140	57	23	13	30	53	14	78	130	46	19	39	22	30	23	113	949
Transfusionsmediziner	26	16	12	5	3	7	11	6	8	36	6	5	14	6	8	3	3	175
Urologen	394	481	175	91	35	86	216	66	294	410	165	45	178	94	104	93	317	3.246
Übrige Arztgruppen [3]	0	0	3	0	0	0	0	1	4	1	2	0	1	1	0	3	1	17
Summe Arztgruppen	18.768	23.155	7.557	3.939	1.548	4.071	10.395	2.902	13.337	17.476	6.886	1.894	7.226	3.787	4.965	3.743	13.120	144.769
davon: Hausärzte (ohne Kinderärzte) [3,4]	7.082	9.115	2.518	1.579	445	1.337	3.997	1.155	5.014	6.199	2.692	662	2.704	1.446	1.819	1.449	4.881	54.094
PSYCHOTHERAPEUTEN OHNE ÄRZTLICHE PSYCHOTHERAPEUTEN																		
Kinder- und Jugendlichenpsychotherapeuten	730	796	287	99	56	146	440	57	517	549	203	54	212	97	118	119	462	4.942
Psychologische Psychotherapeuten	2.087	2.630	1.589	306	288	797	1.840	220	1.384	2.327	606	204	741	297	488	293	1.508	17.605
Summe Psychologische Psychotherapeutengruppen	2.817	3.426	1.876	405	344	943	2.280	277	1.901	2.876	809	258	953	394	606	412	1.970	22.547
Summe Arzt- und Psychotherapeutengruppen	21.585	26.581	9.433	4.344	1.892	5.014	12.675	3.179	15.238	20.352	7.695	2.152	8.179	4.181	5.571	4.155	15.090	167.316

1) seit dem 31.12.2013 werden Lungenärzte nicht mehr als separate Arztgruppe ausgewiesen, sondern der Arztgruppe der Internisten zugewiesen
2) Bei den hausärztlich tätigen Internisten, den fachärztlich tätigen Internisten und den Hausärzten sind keine ermächtigten Ärzte enthalten (siehe Tabelle 1.0)
3) Enthalten: Arbeitsmedizin
4) gemäß Bedarfsplanungsrichtlinie (zur Berechnung der Hausärzte nach § 73 Abs. 1a SGB V müssen noch die Kinderärzte hinzugezählt werden)

Teilnahme an der vertragsärztlichen Versorgung § 95 SGB V

Berufstätige Ärzte nach ausgewählten Fachrichtungen in den Jahren 2012 bis 2015:

Fachrichtungen	Berufstätige Ärzte und Ärztinnen					
	Insgesamt	darunter: Ärztinnen	Insgesamt	darunter: Ärztinnen	Insgesamt	darunter: Ärztinnen
	2013		2014		2015	
	Anzahl	%	Anzahl	%	Anzahl	%
Ärztinnen/Ärzte insgesamt	357.252	160.869	45,0	365.247	166.230	45,5	371.302	170.685	46,0
Ohne Gebietsbezeichnung	106.660	63.040	59,1	110.227	65.073	59,0	109.543	64.690	59,1
Allgemeinmedizin	43.248	19.222	44,4	43.206	19.539	45,2	43.569	20.143	46,2
Anästhesiologie	21.478	8.881	41,3	22.071	9.190	41,6	22.875	9.632	42,1
Anatomie	107	25	23,4	108	25	23,1	113	28	24,8
Arbeitsmedizin	3.006	1.418	47,2	3.112	1.473	47,3	3.194	1.559	48,8
Augenheilkunde	7.076	3.231	45,7	7.156	3.288	45,9	7.298	3.402	46,6
Biochemie	47	11	23,4	46	11	23,9	47	13	27,7
Chirurgie	33.621	5.969	17,8	34.276	6.285	18,3	35.324	6.715	19,0
Frauenheilkunde und Geburtshilfe	17.337	10.806	62,3	17.651	11.216	63,5	17.994	11.668	64,8
Hals-Nasen-Ohrenheilkunde	5.952	2.051	34,5	6.083	2.130	35,0	6.206	2.211	35,6
Haut- und Geschlechtskrankheiten	5.584	2.908	52,1	5.652	2.978	52,7	5.767	3.102	53,8
Humangenetik	320	202	63,1	322	201	62,4	341	208	61,0
Hygiene und Umweltmedizin	195	92	47,2	198	93	47,0	199	92	46,2
Innere Medizin	48.090	16.238	33,8	49.093	16.981	34,6	50.834	18.106	35,6
Kinder- und Jugendmedizin	13.464	7.519	55,8	13.718	7.748	56,5	14.162	8.115	57,3
Kinder- und Jugendpsychiatrie und -psychotherapie	1.965	1.217	61,9	2.039	1.279	62,7	2.168	1.387	64,0
Laboratoriumsmedizin	1.052	371	35,3	1.064	377	35,4	1.090	401	36,8
Mikrobiologie, Virologie und Infektionsepidemiologie	713	286	40,1	731	300	41,0	768	325	42,3
Mund-Kiefer-Gesichtschirurgie	1.582	184	11,6	1.633	195	11,9	1.654	202	12,2
Nervenheilkunde	3.211	1.142	35,6	3.073	1.090	35,5	3.012	1.066	35,4
Neurochirurgie	1.860	324	17,4	1.952	355	18,2	2.071	384	18,5
Neurologie	5.727	2.319	40,5	6.095	2.534	41,6	6.451	2.763	42,8
Nuklearmedizin	1.108	341	30,8	1.126	339	30,1	1.144	362	31,6
Öffentliches Gesundheitswesen	840	382	45,5	844	382	45,3	811	378	46,6
Pathologie	1.582	534	33,8	1.605	554	34,5	1.652	583	35,3
Pharmakologie	451	115	25,5	466	117	25,1	453	119	26,3
Physikalische und Rehabilitative Medizin	1.815	746	41,1	1.829	760	41,6	1.872	804	42,9
Physiologie	107	20	18,7	105	18	17,1	102	19	18,6
Psychiatrie und Psychotherapie	9.770	4.858	49,7	10.088	5.063	50,2	10.450	5.298	50,7
Psychosomatische Medizin und Psychotherapie	4.080	2.138	52,4	4.123	2.171	52,7	4.179	2.234	53,5
Radiologie	7.546	2.488	33	7.745	2.593	33,5	7.969	2.708	34,0
Rechtsmedizin	235	89	37,9	239	91	38,1	245	100	40,8
Strahlentherapie	1.192	563	47,2	1.228	581	47,3	1.257	594	47,3
Transfusionsmedizin	577	285	49,4	588	290	49,3	594	289	48,7
Urologie	5.521	789	14,3	5.635	854	15,2	5.771	931	16,1
Sonstige Gebietsbezeichnungen	133	65	48,9	120	56	46,7	123	54	43,9

Berufstätige Zahnärzte nach Tätigkeit:

Jahr	Zahnärzte/ Zahnärztinnen Insgesamt	Darunter: mit zahnärztlicher Tätigkeit insgesamt	Davon: nach zahnärztlichen Tätigkeiten			Ohne zahnärztliche Tätigkeit
			Niedergelassen	Assistenten u. Vertreter	Beamte u. Angestellte	
	Anzahl Deutschland					
1991	69.684	54.972	43.514	7.578	3.880	14.712
1992	71.528	56.342	44.328	8.128	3.886	15.186
1993	73.477	58.194	47.536	7.170	3.488	15.283
1994	74.643	59.211	48.337	7.725	3.149	15.432
1995	75.998	60.616	49.710	7.902	3.004	15.382
1996	76.390	61.404	50.423	8.023	2.958	14.986
1997	77.349	62.024	51.186	7.907	2.931	15.325
1998	77.895	62.277	51.961	7.430	2.886	15.618
1999	78.068	62.564	52.995	6.736	2.833	15.504
2000	78.742	63.202	53.885	k. A.	k. A.	k. A.
2001	78.726	63.854	54.485	6.373	2.871	14.997
2002	79.828	64.497	54.860	6.190	2.936	15.842
2003	80.552	64.609	55.347	6.383	2.799	16.023
2004	81.175	64.997	55.867	6.279	2.779	16.250
2005	81.824	65.207	56.100	6.223	2.834	16.667
2006	82.496	65.379	56.152	6.382	2.845	17.117
2007	83.401	65.842	55.778	7.209	2.855	17.559
2008	84.440	66.349	55.182	8.350	2.817	18.091
2009	85.563	67.167	54.935	9.356	2.876	18.396
2010	86.428	67.820	54.684	10.295	2.841	18.608
2011	87.539	68.502	54.286	11.216	3.000	19.037
2012	88.882	69.236	53.767	12.390	3.079	19.646
2013	89.920	69.886	53.459	13.263	3.164	20.034
2014	91.330	70.740	53.176	14.331	3.233	20.590

1) Ab 1992 wurde Berlin-Ost dem Früheren Bundesgebiet zugerechnet.
2) Niedersachsen: Keine Angaben zu 'Assistenten u. Vertreter' sowie Beamte u. Angestellte

Behandelnd tätige Zahnärzte nach Kammerbereichen, Geschlecht und Zahnarztdichte:

Kammerbereich	Zahnärzte			Einw. je Zahnarzt	Zahnärzte			Einw. je Zahnarzt	Zahnärzte			Einw. je Zahnarzt
	Insgesamt	männlich	weiblich		Insgesamt	männlich	weiblich		Insgesamt	männlich	weiblich	
	Stand: 31.12.2013				Stand: 31.12.2013				Stand: 31.12.2014			
Baden-Württberg	8.788	5.531	3.257	1.203	8.887	5.539	3.348	1.196	8.944	5.511	3.433	1.198
Bayern	10.991	6.822	4.169	1.139	11.263	6.830	4.433	1.119	11.370	6.814	4.556	1.116
Berlin	4.083	1.939	2.145	827	4.132	1.936	2.196	828	4.212	1.964	2.248	824
Brandenburg	1.938	794	1.144	1.264	1.965	806	1.159	1.246	1.980	800	1.180	1.241
Bremen	542	337	205	1.208	543	337	206	1.211	545	335	210	1.214
Hamburg	1.969	1.141	828	881	1.906	1.113	793	916	1.979	1.131	848	891
Hessen	5.408	3.197	2.211	1.113	5.437	3.182	2.255	1.112	5.507	3.209	2.298	1.107
Mecklenburg-Vorp.	1.461	587	874	1.095	1.456	597	859	1.097	1.465	591	874	1.092
Niedersachsen	6.500	3.995	2.505	1.197	6.587	4.007	2.580	1.183	6.602	3.974	2.628	1.186
Nordrhein-Westfalen	13.880	8.635	5.245	1.265	14.005	8.617	5.388	1.255	14.281	8.696	5.585	1.235
Nordrhein	7.788	4.728	3.060		7.871	4.713	3.158		7.937	4.715	3.222	
Westfalen-Lippe	6.092	3.907	2.185		6.134	3.904	2.230		6.344	3.981	2.363	
Rheinland-Pfalz	2.802	1.765	1.037	1.424	2.795	1.750	1.045	1.429	2.878	1.788	1.090	1.394
Saarland	682	445	237	1.458	685	447	238	1.446	687	442	245	1.440
Sachsen	3.872	1.588	2.284	1.046	3.892	1.590	2.302	1.040	3.937	1.602	2.335	1.030
Sachsen-Anhalt	1.919	804	1.115	1.177	1.917	797	1.120	1.171	1.926	804	1.122	1.161
Schleswig-Holstein	2.361	1.478	883	1.189	2.375	1.465	910	1.186	2.383	1.457	926	1.188
Thüringen	2.040	892	1.148	1.064	2.041	890	1.151	1.059	2.044	880	1.164	1.055
Deutschland	69.236	39.949	29.287	1.163	69.886	39.903	29.983	1.156	70.740	39.998	30.742	1.148
davon:												
Früh. Bundesg.	58.006	35.284	22.722	1.172	58.615	35.223	23.392	1.165	59.388	35.321	24.067	1.157
Neue Länder	11.230	4.665	6.565	1.116	11.271	4.680	6.591	1.109	11.352	4.677	6.675	1.102

V. Normauslegung

1. Norminhalt. Als eine der zentralen Vorschriften des Vierten Kapitels des SGB V beinhaltet § 95 unterschiedliche Einzelregelungen: **Abs. 1** regelt, wer an der vertragsärztlichen Versorgung teilnimmt: zugelassene Ärzte, zugelassene medizinische Versorgungszentren (MVZ), ermächtige Ärzte und ermächtige Einrichtungen. Darüber hinaus werden in Abs. 1 die Rechte und Pflichten von MVZ erläutert. Nach **Abs. 1a** können MVZ von zugelassenen Ärzten, von zugelassenen Krankenhäusern, von Erbringern nichtärztlicher Dialyseleistungen, von gemeinnützigen Trägern, die aufgrund von Zulassung oder Ermächtigung an der vertragsärztlichen Versorgung teilnehmen, oder von Kommunen gegründet werden; die Gründung ist nur in der Rechtsform einer Personengesellschaft, einer eingetragenen Genossenschaft einer Gesellschaft mit beschränkter Haftung oder in einer öffentlich rechtlichen Rechtsform möglich. Nach **Abs. 2** wird nur zugelassen, wer bereits ins Arztregister eingetragen ist; dies gilt für Ärzte eines MVZ entsprechend. Ebenfalls werden in Abs. 2 weitere Voraussetzungen für die Zulassung eines MVZ benannt. Insbesondere wird herausgestellt, dass ein MVZ zugelassen werden und dass eine Genehmigung der Anstellung eines Arztes im bereits zugelassenen MVZ vorliegen muss. Nach **Abs. 3** bewirkt die Zulassung, dass Vertragsärzte und auch die in MVZ angestellten Ärzte Mitglieder der für den Kassenarztsitz zuständigen Kassenärztlichen Vereinigung und als solche zur Teilnahme an der vertragsärztlichen Versorgung im Umfang seines Versorgungsauftrages berechtigt und verpflichtet sind. Nach **Abs. 4** sind auch ermächtigte Ärzte oder ermächtigte Einrichtungen zur Teilnahme an der vertragsärztlichen Versorgung berechtigt und verpflichtet. Nach **Abs. 5** ruht die Zulassung, wenn der Vertragsarzt seine Tätigkeit nicht aufnimmt oder nicht ausübt, ihre Aufnahme aber in angemessener Frist zu erwarten ist. Nach **Abs. 6** ist die Zulassung zu entziehen, wenn ihre Voraussetzungen nicht oder nicht mehr vorliegen, der Vertragsarzt die vertragsärztliche Tätigkeit nicht aufnimmt oder nicht mehr ausübt oder seine vertragsärztlichen Pflichten gröblich verletzt. Einem MVZ ist die Zulassung auch dann zu entziehen, wenn die Gründungsvoraussetzung länger als sechs Monate nicht mehr vorliegt. **Abs. 7** führt aus, wann im Übrigen eine Zulassung endet, nämlich mit dem Tod, mit dem Wirksamwerden eines Verzichts, mit dem Ablauf des Befristungszeitraumes oder mit dem Wegzug des Berechtigten aus dem Bezirk seines Kassenarztsitzes; entsprechend endet die Zulassung eines MVZ mit dem Wirksamwerden eines Verzichts, der Auflösung, dem Ablauf des Befristungszeitraumes oder mit dem Wegzug des zugelassenen MVZ aus dem Bezirk des Vertragsarztsitzes. Nach **Abs. 9** kann der Vertragsarzt Ärzte anstellen, sofern für die Arztgruppe, der der anzustellende Arzt angehört, keine Zulassungsbeschränkungen angeordnet sind; sind hingegen Zulassungsbeschränkungen angeordnet, gilt dies mit der Maßgabe, dass die Voraussetzungen des Jobsharing in der Anstellungsvariante erfüllt sein müssen. Nach **Abs. 9a** kann ein an der hausärztlichen Versorgung teilnehmender Vertragsarzt Ärzte, die von einer Hochschule mindestens halbtags als angestellte oder beamtete Hochschullehrer für Allgemeinmedizin oder als deren wissenschaftliche Mitarbeiter beschäftigt werden und in das Arztregister eingetragen sind, unabhängig von Zulassungsbeschränkungen anstellen. Nach **Abs. 9b** ist eine genehmigte Anstellung nach Abs. 9 S. 1 auf Antrag des anstellenden Vertragsarztes vom Zulassungsausschuss in eine Zulassung umzuwandeln, sofern der Umfang der Tätigkeit des angestellten Arztes einem ganzen oder halben Versorgungsauftrag entspricht. In **Abs. 10 bis 13** werden Besonderheiten bei der Zulassung und Ermächtigung von Psychotherapeuten erläutert.

16 2. Normauslegung. a) Zulassung zur Teilnahme an der vertragsärztlichen Versorgung (Abs. 1). An der vertragsärztlichen Versorgung nehmen gemäß Abs. 1 S. 1 zugelassene Ärzte und zugelassene Medizinische Versorgungszentren (MVZ) sowie ermächtigte Ärzte und ermächtigte Einrichtungen teil. Diese Aufzählung ist jedoch nicht abschließend. Denn in § 72 Abs. 1 S. 2 heißt es, soweit sich die Vorschriften dieses Kapitels – gemeint ist das Vierte Kapitel des SGB V, das die Beziehungen der Krankenkassen zu den Leistungserbringern regelt und das die §§ 69 bis 140h umfasst – auf Ärzte beziehen, gelten sie entsprechend für Zahnärzte, Psychotherapeuten und MVZ, sofern nichts Abweichendes bestimmt ist.[32] Die Zulassung ist grundsätzlich auf Dauer erteilt und berechtigt zur Teilnahme an der vertragsärztlichen Versorgung. Die Ermächtigung hingegen stellt eine nach Umfang und Dauer beschränkte Teilnahmeform dar;[33] insbesondere bei der Festsetzung des Endtermins haben die Zulassungsgremien einen Beurteilungsspielraum.[34] In der Regel beträgt die Befristung für die Ermächtigung zwei Jahre;[35] eine Ausnahme besteht gemäß § 9 Abs. 6 S. 1 der Anlage 9.1 BMV-Ä/EKV-Ä für die Ermächtigung von ärztlich geleiteten Dialyse-Einrichtungen. Diesen wird die Ermächtigung für die Dauer von 10 Jahren erteilt; nach Ablauf dieser Frist kann die Ermächtigung um jeweils 10 Jahre verlängert werden.[36]

17 Nach der Rechtsprechung gewährt die Zulassung zur vertragsärztlichen Versorgung ein höchstpersönliches Recht, dass sich auch auf ein MVZ erstreckt. Dies hat nach zutreffender Rechtsprechung des BSG zur Folge, dass der Status durch die Eröffnung des Insolvenzverfahrens nicht berührt wird und auch nicht auf den Insolvenzverwalter übergeht.[37]

18 Das BVerfG hat eine dagegen gerichtete Verfassungsbeschwerde nicht zur Entscheidung angenommen.[38] Soweit die Entziehung der Zulassung zur vertragsärztlichen Versorgung betroffen ist, mangele es einem Insolvenzverwalter an der für die prozessuale Handlungsfähigkeit vorausgesetzten materiellrechtlichen Handlungsfähigkeit. Letztere folgt jedenfalls nach Einstellung der vertragsärztlichen Tätigkeit des MVZ weder aus den aus der Zulassung abgeleiteten Rechten noch aus der Zulassung selbst. Bei der Zulassung handelt es sich auch dann um eine höchstpersönliche Rechtsposition, wenn sie einem in der Rechtsform einer juristischen Person des Privatrechts betriebenen MVZ erteilt wird. Auch die an die Trägergesellschaft eines MVZ gebundene ärztliche Zulassung ist nicht übertragbar.[39] Dies folgt schon daraus, dass für den vertragsärztlichen Teilnahmestatus des MVZ die Qualifikationsvoraussetzungen gleichwohl über die im MVZ tätigen Ärzte durchgesetzt werden. Zudem steht einer Übertragung bei Veräußerung der Trägergesellschaft die Verknüpfung der Zulassung mit der Gründungsgesellschaft entgegen.

19 Daraus folgt, dass der Zulassungsstatus als Grundlage der Teilnahme des Arztes an der vertragsärztlichen Versorgung nicht mit der Eröffnung des Insolvenzverfahrens erlischt und auch nicht auf den Insolvenzverwalter übergeht.[40] Jede Mitwirkung oder Einflussnahme des nicht zur Ausübung der Heil-

---

32 Vgl. Huster in: Becker/Kingreen, § 72 Rn. 2; Pawlita in: jurisPK-SGB V, § 95 Rn. 50.
33 Schallen, ZulVO, Vorbem. zu § 18 Rn. 1; BSG, 17.8.2011, B 6 KA 27/10 R, juris Rn. 27 = MedR 2012, 479 ff.
34 BSG, 27.2.1992, 6 RKa 15/91, juris Rn. 35 = NJW 1992, 2981 ff.; Schallen, ZulVO, § 31 Rn. 48; Ausnahme für Dialyseleistungen, BSG, 17.8.2011, B 6 KA 27/10 R, juris Rn. 27 = MedR 2012, 479 ff.
35 BSG, 27.2.1992, 6 RKa 15/91, juris Rn. 35 = NJW 1992, 2981 ff.
36 Vgl. BSG, 17.8.2011, B 6 KA 27/10 R, juris Rn. 27 = MedR 2012, 479 ff.
37 BSG, 15.7.2015, B 6 KA 30/14 R, juris Rn. 20 = SozR 4-2500 § 106 Nr. 50; BSG, 21.3.2012, B 6 KA 22/11 R, juris Rn. 21 = GesR 2012, 539 ff.
38 Nichtannahmebeschluss des BVerfG, 22.3.2013, 1 BvR 791/12, juris Rn. 9 ff. = GesR 2012, 355 ff.; Pawlita in: jurisPK-SGB V, § 95 Rn. 36.
39 Nach BSG (22.10.2014, B 6 KA 36/13 R, juris = SozR 4-2500 § 95 Nr. 28) bedarf der Wechsel der Gesellschafter der Trägergesellschaft nicht der Genehmigung der Zulassungsbehörden.
40 Ossege, GesR 2013, 16/18 ff.; aA noch BGH, 17.2.2005, IX ZB 62/04, juris Rn. 20 ff. = NJW 2005, 1505 ff.; Keller in: Kayser/Thole (Hrsg.), Insolvenzordnung, 8. Aufl. 2016, § 36 Rn. 29, Fn. 51; vgl. auch BSG, 23.3.2011, B 6 KA 14/10 R, juris = GesR 2011, 619 ff.

kunde am Menschen (§ 2 BOÄ) berechtigten Insolvenzverwalters ist ausgeschlossen. Ein Arzt, der nicht ohne Abstimmung mit einer anderen Person seine vertragsärztliche Tätigkeit ausüben darf, ist für diese Tätigkeit ungeeignet, so dass ihm die Zulassung nach Absatz 6 Satz 1 entzogen werden müsste.[41]

Die rechtlichen Grundlagen für eine Zulassung befinden sich in den §§ 95 ff. sowie in der **Zulassungsverordnung für Ärzte (Ärzte-ZV)**[42] und der **Zulassungsverordnung für Zahnärzte (Zahnärzte-ZV)**[43] nach § 98. 20

An der vertragsärztlichen Versorgung nehmen zugelassene Vertragsärzte, medizinische Versorgungszentren, Psychotherapeuten und Vertragszahnärzte teil. Ohne Zulassung sind diese von der Teilnahme an der vertragsärztlichen Versorgung grundsätzlich ausgeschlossen. 21

aa) Zulassung von Ärzten. Eine Zulassung erfolgt nicht von Amts wegen, sondern gemäß Abs. 2 S. 3 lediglich aufgrund eines **Antrags**. 22

(1) Inhalt eines Zulassungsantrags. Verfahrensrechtlich setzt die Zulassung gemäß Abs. 2 S. 3 einen Antrag voraus. Gemäß § 18 Ärzte-ZV muss der Antrag schriftlich gestellt werden. In dem Antrag ist anzugeben, für welchen Vertragsarztsitz und für welches Gebiet die Zulassung beantragt wird, wobei insoweit maßgeblich ist die jeweilige Weiterbildungsordnung der Landesärztekammern abgestellt wird.[44] Dem Antrag sind beizufügen 23

a) ein Auszug aus dem Arztregister, aus dem der Tag der Approbation,[45] der Tag der Eintragung in das Arztregister und gegebenenfalls der Tag der Anerkennung des Rechts zum Führen einer bestimmten Facharzt-, Schwerpunkt- oder Zusatzbezeichnung hervorgehen müssen,
b) Bescheinigungen über die seit der Approbation ausgeübten ärztlichen Tätigkeiten,
c) ggf. eine Erklärung nach § 19a Abs. 2 S. 1 Ärzte-ZV, mit der der aus der Zulassung folgende Versorgungsauftrag auf die Hälfte beschränkt wird,
d) ein Lebenslauf,
e) ein polizeiliches Führungszeugnis,
f) Bescheinigungen der Kassenärztlichen Vereinigungen, in deren Bereich der Arzt bisher niedergelassen oder zur Kassenpraxis zugelassen war, aus denen sich Ort und Dauer der bisherigen Niederlassung oder Zulassung und der Grund einer etwaigen Beendigung ergeben,
g) eine Erklärung über im Zeitpunkt der Antragstellung bestehende Dienst- oder Beschäftigungsverhältnisse unter Angabe des frühestmöglichen Endes des Beschäftigungsverhältnisses,
h) eine Erklärung des Arztes, ob er drogen- oder alkoholabhängig ist oder innerhalb der letzten fünf Jahre gewesen ist, ob er sich innerhalb der letzten fünf Jahre einer Entziehungskur wegen Drogen- oder Alkoholabhängigkeit unterzogen hat und dass gesetzliche Hinderungsgründe der Ausübung des ärztlichen Berufs nicht entgegenstehen.

Die meisten Kassenärztlichen Vereinigungen haben entsprechende **Antragsformulare** auf ihren Internetseiten veröffentlicht.

In Ausnahmefällen reicht es nach der Rechtsprechung des BSG aus, wenn noch fristgerecht ein Zulassungsantrag gestellt ist und materiellrechtlich alle Zulassungsvoraussetzungen erfüllt sind, lediglich eine weitere Zeit zur Beschaffung entsprechender Nachweise benötigt wird. Dieser **zusätzliche Zeitbedarf** als Folge von Verwaltungsverfahren bei anderen Behörden und deren Entscheidungsprozessen darf nicht zulasten des Zulassungsbewerbers gehen, weil dies nicht seine Sphäre betrifft und daher ihm nicht zugerechnet werden kann. Dies ist aber nur geboten, wenn der Zulassungsbewerber auch seinerseits alles ihm zumutbare tut, um die fehlenden Nachweise zu erhalten. Dies erfordert insbesondere, dass er die Realisierung der förmlichen Eintragung ins Arztregister nach Kräften betreibt und nicht verzögert oder behindert. Entspricht er diesen Anforderungen nicht, soll er seinen Anspruch, aufgrund des rechtzeitigen Zulassungsantrags noch die Zulassung zu erlangen, verlieren.[46] 24

---

41 Vgl. BSG, 15.7.2015, B 6 KA 30/14 R, juris Rn. 20 = MedR 2016, 154 ff.
42 Zulassungsverordnung für Vertragsärzte (Ärzte-ZV) vom 28.5.1957 (BGBl. I, 572, 608), zuletzt geändert durch Art. 4 V Gesetz vom 24.10.2015 (BGBl. I, 1789).
43 Zulassungsverordnung für Vertragszahnärzte (Zahnärzte-ZV) vom 28.5.1957 (BGBl. III, Glied.-Nr. 8230-26) zuletzt geändert durch Art. 15 Gesetz vom 24.10.2015 (BGBl. I, 1789).
44 Vgl. zur Arzt- bzw. Gebietsbezeichnung Schallen, ZulVO, § 18 Rn. 7 f.
45 Vgl. zum Erfordernis der Approbation BSG, 13.12.2016, B 6 KA 4/16 R, juris Rn. 9 ff. = KrV 2017, 27 ff.
46 BSG, 5.5.2010, B 6 KA 2/09 R, juris Rn. 20 = GesR 2010, 548 ff.

25 Ein Zulassungsbewerber ist im Rahmen des Bewerbungsverfahrens zur **Mitwirkung** verpflichtet. Insbesondere sollen die Zulassungsgremien von einem Zulassungsbewerber, der noch keine Praxisanschrift angegeben hat, nähere Einzelheiten zumindest über den Stand der Planung hinsichtlich der konkreten Umstände der Ausübung der vertragsärztlichen Tätigkeit erfragen dürfen. Verweigert der Zulassungsbewerber die sachliche und wahrheitsgemäße Beantwortung solcher Anfragen, könne dies zur Ablehnung des Zulassungsantrages gegebenenfalls wegen Verneinung des Sachentscheidungsinteresses im Verwaltungsverfahren bzw. wegen Fehlens des Rechtsschutzinteresses im gerichtlichen Verfahren führen.[47]

26 **(2) Eintragung in das Arztregister.** Um eine Zulassung als Vertragsarzt kann sich jeder Arzt bewerben, der seine Eintragung ins Arzt- oder Zahnarztregister nachweist, Abs. 2 S. 1.

27 In § 95 a werden die **Voraussetzungen** für die Eintragung in das Arztregister für Vertragsärzte benannt. Bei Ärzten setzt die Eintragung in das Arztregister voraus: (1.) die Approbation als Arzt und (2.) den erfolgreichen Abschluss entweder einer allgemeinmedizinischen Weiterbildung oder einer Weiterbildung in einem anderen Fachgebiet mit der Befugnis zum Führen einer entsprechenden Gebietsbezeichnung[48] oder den Nachweis einer Qualifikation, die gemäß den § 95 a Abs. 4 und 5 anerkannt ist. Eine allgemeinmedizinische Weiterbildung ist nachgewiesen, wenn der Arzt nach landesrechtlichen Vorschriften zum Führen der Facharztbezeichnung für Allgemeinmedizin berechtigt ist und diese Berechtigung nach einer mindestens fünfjährigen erfolgreichen Weiterbildung in der Allgemeinmedizin bei zur Weiterbildung ermächtigten Ärzten und in dafür zugelassenen Einrichtungen erworben hat. Unter bestimmten in der Vorschrift benannten Voraussetzungen ist eine dreijährige Weiterbildung ausreichend.

28 Die **Einzelheiten des Arztregisters** ergeben sich aus §§ 1 bis 10 Ärzte-ZV. Die bei den Kassenärztlichen Vereinigungen geführten Arztregister erfassen nach § 1 Abs. 2 Ärzte-ZV die zugelassenen Ärzte und Psychotherapeuten sowie Ärzte, die die Voraussetzungen der Eintragung nach § 3 Ärzte-ZV und Psychotherapeuten, die die Voraussetzungen des § 95 c SGB V erfüllen und ihre Eintragung nach § 4 Ärzte-ZV beantragt haben. Der Arzt ist nach § 4 Ärzte-ZV in das Arztregister des Zulassungsbezirks einzutragen, in dem er seinen Wohnort hat. Sofern er keinen Wohnort im Geltungsbereich der Ärzte-ZV hat, steht ihm die Wahl des Arztregisters frei.

29 Grundsätzlich ist die Vorlage folgender **Unterlagen** für einen Antrag auf Eintragung in das Arztregister erforderlich:
- vollständig ausgefülltes und unterschriebenes Antragsformular Ärzte bzw. Antragsformular Psychotherapeuten,
- Geburtsurkunde,
- Urkunde über Approbation als Arzt bzw. als Psychotherapeut,
- Urkunde über die Facharztanerkennung bzw. über die Qualifikation im Richtlinienverfahren,
- Zeugnis über ärztliche Tätigkeit und bestandene Prüfungen,
- Urkunde über abgeschlossene Weiterbildungen.

Für den Antrag auf Eintragung in das Arztregister muss gemäß § 46 Abs. 1 lit. a) Ärzte-ZV eine **Gebühr** von 100 EUR entrichtet werden.

30 Auf die Vorlage eines Auszugs aus dem Arztregister wird im Rahmen eines Antragsverfahrens auf Erteilung einer Zulassung oftmals verzichtet, soweit der Bezirk der Zulassung mit dem Bezirk der Kassenärztlichen Vereinigung, die das Arztregister führt, identisch ist.

31 **(3) Vertragsarztsitz.** Gemäß Abs. 1 S. 6 erfolgt die Zulassung für den Ort der Niederlassung als Arzt oder den Ort der Niederlassung als MVZ (Vertragsarztsitz). Vertragsarztsitz ist gem. § 1 a Nr. 16 BMV-Ä der Ort der Zulassung. Mit Blick auf § 24 Ärzte-ZV ist die Ausübung vertragsärztlicher Tätigkeit nach der Rechtsprechung des BSG an einen Vertragsarztsitz gebunden; notwendig hierfür ist eine enge Verknüpfung von Zulassung und Vertragsarztsitz. „Ort der Niederlassung" ist nicht eine Ortschaft im Sinne einer Verwaltungseinheit bzw. ein Teil einer Ortschaft, sondern der konkrete Ort der Praxis des Vertragsarztes, der durch die Praxisanschrift gekennzeichnet ist.[49] Insbesondere bedeutet Ort der Niederlassung die genehmigungsfreie Einrichtung einer mit den notwendigen räumlichen, sächlichen und personellen Voraussetzungen ausgestatteten Sprechstelle zur Ausübung ärztlicher Tätigkeit an einem – im Wesentlichen – frei gewählten Ort, mit der Folge, dass der Arzt in der Ausübung seiner Tätigkeit an diesen Niederlassungsort gebunden ist. Die Niederlassungspflicht ist nicht lediglich

---

47 BSG, 18.12.1996, 6 RKa 73/96, juris Rn. 13 = BSGE 80, 9 ff.
48 Vgl. hierzu BSG, 4.5.2016, B 6 KA 13/15 R, juris Rn. 19 ff.
49 BSG, 31.5.2006, B 6 KA 7/05 R, juris Rn. 12 = GesR 2006, 455 f.

die Kehrseite des Verbotes, den ärztlichen Beruf im Umherziehen auszuüben. Der ärztliche Beruf soll nicht nur überhaupt ortsgebunden, er soll im Grundsatz nur an einem Ort ausgeübt werden. Zweck dieser Beschränkung ist, im Interesse der Patienten sicherzustellen, dass der Arzt räumlich erreichbar ist. Es soll verhindert werden, dass der Arzt zum Pendler wird.[50] Vor diesen Hintergründen ist in dem Antrag anzugeben, für welchen genauen Vertragsarztsitz die Zulassung beantragt wird. Die Zulassungsbehörden nehmen diese in ihren Beschluss mit auf, was zur Folge hat, dass ab diesem Zeitpunkt für diesen Ort von dem Bestehen eines Vertragsarztsitzes auszugehen ist.[51]

Auch wenn nach Auffassung des BSG eine Praxisnachfolge grundsätzlich die Fortführung der Praxis in denselben Praxisräumen voraussetzt, so wird dem Bewerber zugebilligt, dass es im Einzelfall sachliche Gründe dafür gibt, die Praxis zumindest nicht am bisherigen Ort fortzuführen, etwa weil sich die Praxis im Einfamilienhaus des aus der vertragsärztlichen Versorgung ausscheidenden Arztes befindet; auch ist der Bewerber rechtlich nicht gehindert, nach kürzerer oder längerer Zeit die übernommene Praxis zu verlegen.[52] 32

(4) **Qualitätsnachweise.** Aus Qualitätsgesichtspunkten sind zusätzlich oftmals **besondere Genehmigungen** mit einzureichen, denn bestimmte vertragsärztliche Leistungen unterliegen einer besonderen Qualitätssicherung. Diese ergeben sich in der ambulanten Versorgung aus allgemeinen und aus bereichsspezifischen Vorschriften für die jeweils entsprechenden Akteure. Innerhalb dieser Bereiche ist zu differenzieren zwischen Strukturqualität (ua Qualifikation der Leistungserbringer), Prozessqualität (ua Anforderungen an Behandlungsmethoden) und Ergebnisqualität (ua Messen von gewollten Veränderungen).[53] Bei den Normgebern ist zu unterscheiden zwischen dem Gesetzgeber und anderen staatlichen Normgebern (zB SGB V bzw. Richtlinien des G-BA) auf der einen Seite, sowie der gemeinsamen Selbstverwaltung von Ärzten und Krankenkassen (zB Berufsordnungen, Weiterbildungsordnungen) und der ärztlichen Selbstverwaltung von Ärztekammern und Kassenärztlichen Vereinigungen) auf der anderen Seite. Der Vertragsarzt muss im Rahmen seiner vertragsärztlichen Tätigkeit sämtliche für ihn relevanten Vorgaben beachten. Um bestimmte Leistungen wirksam mit der jeweils zuständigen Kassenärztlichen Vereinigungen abrechnen zu können, wird eine vorherige Genehmigung benötigt, die isoliert anfechtbar ist. Genehmigungspflichtige Leistungen gibt es ua für folgende Bereiche: Akupunktur, ambulantes Operieren, Arthroskopie, Diabetes, Dialyse, HIV/AIDS, Langzeit-EKG, Onkologie, Psychotherapie, Schmerztherapie, Ultraschall oder Zytologie. 33

(5) **Vorlage eines persönlichen Führungszeugnisses.** Bei der Vorlage des Führungszeugnisses wird von den Zulassungsbehörden in der Regel zurecht gefordert, dass dies mit der Bezeichnung „O" (zur Vorlage bei einer Behörde) versehen ist und bei Aufnahme der Tätigkeit nicht älter als 6 Monate ist; ein Führungszeugnis mit der Bezeichnung „N" (persönliche Zwecke ausgestellte Führungszeugnis) ist nicht ausreichend. Das Führungszeugnis mit der Bezeichnung „O" wird nicht dem antragstellenden Arzt, sondern dem Zulassungsausschuss direkt vom Bundeszentralregister übermittelt, § 30 Abs. 5 BZRG. 34

(6) **Persönliche Eignung.** Die Zulassung setzt neben den fachlichen Voraussetzungen des Arztes auch dessen persönliche Eignung voraus. Diese wird anhand der §§ 20, 21 Ärzte-ZV geprüft. 35

Gemäß § 20 **Abs. 1** S. 1 Ärzte-ZV ist ein Arzt nicht geeignet, der aufgrund eines Beschäftigungsverhältnisses oder einer ehrenamtlichen Tätigkeit unter Berücksichtigung der Dauer und zeitlichen Lage dieser nicht seinem Versorgungsauftrag entsprechend persönlich zur Verfügung steht, insbesondere sofern er nicht in der Lage ist, Sprechstunden zu den üblichen Zeiten anzubieten (quantitative Beschränkungen). Ursprünglich hatte das BSG festgelegt, dass die Arbeitszeit in einem Beschäftigungsverhältnis bei vollzeitiger Zulassung maximal. 13 Wochenstunden betragen dürfe, wobei davon ausgegangen wurde, dass die Arbeitszeit in einem (Neben-)Beschäftigungsverhältnis maximal ein Drittel der üblichen wöchentlichen Arbeitszeit ausmachen dürfe. Offengelassen hat das BSG dabei, ob diese Grenze auch anzuwenden ist, wenn ein Zulassungsbewerber aus anderen Gründen hinsichtlich des zeitlichen Umfangs seiner beruflichen Tätigkeit eingeschränkt ist, etwa wegen Kindererziehung oder der Pflege naher Angehöriger.[54] Die zeitliche Inanspruchnahme durch ein Beschäftigungsverhältnis neben einem 36

---

50 LSG BW, 17.4.2013, L 5 R 3755/11, juris Rn. 123 = GesR 2013, 483 ff.
51 Vgl. Schallen, ZulVO, § 24 Rn. 3.
52 Vgl. BSG, 20.3.2013, B 6 KA 19/12 R, juris Rn. 34 und 55 = GesR 2013, 594 ff.
53 Vgl. Seewald in: Schnapp/Wigge, § 21, insbes. Rn. 19 ff.
54 BSG, 30.1.2002, B 6 KA 20/01 R, juris Rn. 24, 30 = NJW 2002, 3278 ff.; BSG, 11.9.2002, B 6 KA 23/01 R, juris Rn. 20, 21 = SozR 3-5520 § 20 Nr. 4; BSG, 5.2.2003, B 6 KA 22/02 R, juris Rn. 29 = GesR 2003 173 ff.

hälftigen Versorgungsauftrag in der vertragsärztlichen Versorgung durfte nicht mehr als 2/3 der üblichen wöchentlichen Arbeitszeit, mithin höchstens 26 Wochenstunden, betragen. Ausgeschlossen sein sollte insbesondere neben der Wahrnehmung eines hälftigen Versorgungsauftrags eine vollzeitige Beschäftigung.[55]

37 Diese Rechtsprechung hat der Gesetzgeber mit dem GKV-Versorgungsstrukturgesetzes zum 1.1.2012 korrigiert.[56] Nach der Neufassung des § 20 Abs. 1 S. 1 Ärzte-ZV steht ein Beschäftigungsverhältnis oder eine andere nicht ehrenamtliche Tätigkeit der Eignung für die Ausübung der vertragsärztlichen Tätigkeit entgegen, wenn der Arzt unter Berücksichtigung der Dauer und zeitlichen Lage der anderweitigen Tätigkeit den Versicherten nicht in dem seinem Versorgungsauftrag entsprechenden Umfang persönlich zur Verfügung steht und insbesondere nicht in der Lage ist, Sprechstunden zu den in der vertragsärztlichen Versorgung üblichen Zeiten anzubieten. Nach Auffassung der Bundesregierung soll die Neufassung eine weitere Flexibilisierung der vertragsärztlichen Berufsausübung bewirken und zu einer Lockerung der zeitlichen Grenzen für Nebenbeschäftigungen von Vertragsärzten führen. Die vormals vom BSG aufgestellten starren Zeitgrenzen stünden einer den jeweiligen Umständen des Einzelfalls angemessenen und flexiblen Anwendung der Regelung jedenfalls entgegen. Durch die Neufassung sollte deshalb klargestellt werden, dass es für die Zulässigkeit von weiteren Tätigkeiten neben einer vertragsärztlichen Tätigkeit maßgeblich darauf ankommt, dass der Vertragsarzt trotz der Arbeitszeiten in der Lage ist, den Patienten in einem dem Versorgungsauftrag entsprechenden Umfang zur Verfügung zu stehen und Sprechstunden zu den in der vertragsärztlichen Versorgung üblichen Zeiten anzubieten. Wird dies gewährleistet, ist eine Nebenbeschäftigung auch bei einer Überschreitung der zuvor von der Rechtsprechung entwickelten Zeitgrenzen möglich. Denn nach der Gesetzesbegründung[57] sollen die von der Rechtsprechung entwickelten zeitlichen Grenzen für Beschäftigungen, die neben der vertragsärztlichen Tätigkeit ausgeübt werden, nicht beseitigt, sondern nur "gelockert" werden.[58] Unabhängig davon bleibt es dabei, dass die vertragsärztliche Tätigkeit bei einem vollem Versorgungsauftrag grundsätzlich als Vollzeittätigkeit angelegt ist (§ 19a Abs. 1 Ärzte-ZV);[59] das beinhaltet, persönlich mindestens 20 Wochenstunden in Form von Sprechstunden abzuhalten, § 17 Abs. 1a BMV-Ä.

38 Gemäß § 20 Abs. 2 S. 1 Ärzte-ZV ist ein Arzt für die Ausübung vertragsärztlicher Tätigkeit nicht geeignet, der eine ärztliche Tätigkeit ausübt, die ihrem Wesen nach mit der Tätigkeit des Vertragsarztes am Vertragsarztsitz nicht zu vereinbaren ist. Ihrem Sinn und Zweck nach will die Norm Interessen- und Pflichtenkollisionen eines Arztes ausschließen, die durch zeitgleiche Tätigkeiten entstehen können; sie dient der Sicherstellung einer ordnungsgemäßen vertragsärztlichen Versorgung und damit gleichgewichtig auch dem Schutz der Versicherten, die solchen **Interessen- und Pflichtenkollisionen** auf Seiten des Vertragsarztes nicht ausgesetzt werden sollen.[60]

39 Nach der **Rechtsprechung des BSG**[61] sind solche Interessen- und Pflichtenkollisionen vor allem dann anzunehmen,
- wenn sich die anderweitige ärztliche Tätigkeit und vertragsärztliche Tätigkeit vermischen können und dies sich zum einen zum Nachteil der Versicherten ua wegen einer faktischen Beschränkung des Rechts auf freie Arztwahl (§ 76 Abs. 1 S. 1) und zum anderen zum Nachteil der Kostenträger auswirken kann, weil insoweit je nach persönlichem Interesse des Arztes Leistungen aus nicht sachgerechten Gründen von dem einen zum anderen Bereich verlagert werden können;
- oder wenn nicht gewährleistet ist, dass der Arzt aufgrund seiner anderweitigen ärztlichen Tätigkeit Inhalt und Umfang einer vertragsärztlichen Tätigkeit und den Einsatz der der Praxis zugeordneten sachlichen persönlichen Mittel selbst bestimmen kann.

40 Als **ebenfalls unvereinbar** wurden von der Rechtsprechung angesehen:
- die Tätigkeit als Werksarzt zumindest dann, wenn die Tätigkeit als Vertragsarzt ebenfalls in den Räumen der Werksarztpraxis ausgeübt wird und Teile der Einnahmen an den Arbeitgeber abzuführen sind;[62]

---

55 BSG, 13.10.2010, B 6 KA 40/09 R, juris Rn. 16, 19, 26, 30 = GesR 2011, 422 ff.
56 Gesetz zur Verbesserung der Versorgungsstrukturen in der gesetzlichen Krankenversicherung (GKV-Versorgungsstrukturgesetz – GKV-VStG) v. 22.12.2011 (BGBl. I, 2983).
57 BT-Dr. 17/6906, 44.
58 Vgl. BSG, 16.12.2015, B 6 KA 19/15 R, juris Rn. 26 ff., insbes. Rn. 28 = GesR 2016, 302 ff. mwN.
59 GesE der BReg zum GKV-VStG vom 5.9.2011, BT-Dr. 17/6906, 104.
60 BSG, 19.3.1997, 6 RKa 39/96, juris Rn. 15 = MedR 1997, 515 ff.
61 BSG, 5.11.1997, 6 RKa 52/97, juris Rn. 22 = MedR 1998, 279 ff.
62 BSG, 19.3.1997, 6 RKa 39/96, juris Rn. 18 ff. = MedR 1997, 515 ff.

- die Tätigkeit einer Psychologischen Psychotherapeutin in einem Suchthilfezentrum.[63]

Einen **Sonderfall** stellen die **Mund-, Kiefer- und Gesichtschirurgen (MKG-Chirurgen)** dar. Zum Berufsbild des MKG-Chirurgen gehört es, dass er in seiner Praxis sowohl ärztliche als auch zahnärztliche Tätigkeiten anbietet und ausübt. MKG-Chirurgen müssen sowohl ärztlich als auch zahnärztlich ausgebildet sein. Nach § 4 der Muster-WBO[64] setzt die Weiterbildung zum MKG-Chirurgen die Approbation zugleich als Zahnarzt voraus oder entsprechend § 1 Abs. 1 S. 3 des Gesetzes über die Ausübung der Zahnheilkunde[65] die Erlaubnis zur Ausübung des zahnärztlichen Berufes. Gleiches bestimmen die Weiterbildungsvorschriften der Länder.[66] Die Doppelqualifikation ist Ausdruck des gewachsenen Berufsbildes. Dessen Besonderheit besteht darin, dass die MKG-Chirurgie die Bereiche der Chirurgie und der Zahnheilkunde zu einem einheitlichen Beruf verbindet. Die Berufsausübung schließt typischerweise auch Leistungen ein, die nur Zahnärzte erbringen dürfen. So kann es medizinisch geboten oder jedenfalls sinnvoll sein und im Interesse der Patienten liegen, dass der MKG-Chirurg, bei dem ein Patient für einen chirurgischen Eingriff narkotisiert worden ist, ebenfalls fällige zahnärztliche Behandlungen vornimmt, die sonst eine erneute Anästhesie des Patienten erfordern würden. Dies gilt in besonderem Maße bei der Behandlung von Kindern und schwerbehandelbaren Erwachsenen.[67] 41

Der Verzicht eines für zwei Fachgebiete zugelassenen Vertragsarztes kann nur einheitlich erfolgen; unerheblich ist die Beschränkung des Verzichts auf nur ein Fachgebiet.[68] 42

Nach Auffassung des LSG Niedersachsen-Bremen verstößt das in Ziff. 6.3 der allgemeinen Bestimmungen des EBM normierte Splittingverbot, wonach Vertragszahnärzte, die auch als Vertragsärzte an der Versorgung teilnehmen (MKG-Chirurgen), erbrachte Leistungen entweder nur über die KZVen oder die KVen abrechnen dürfen, nicht gegen höherrangiges Recht. Das Splittingverbot hat mithin zur Folge, dass sich MKG-Chirurgen nach Ablauf des Quartals entscheiden müssen, ob sie ihre Leistungen vertragsärztlich oder vertragszahnärztlich abrechnen.[69] 43

Im Zuge des Vertragsarztrechtsänderungsgesetzes ist § 20 Abs. 2 Ärzte-ZV zum 1.1.2007 um einen S. 2 ergänzt worden.[70] Danach ist die Tätigkeit in oder die Zusammenarbeit mit einem zugelassenen Krankenhaus nach § 108 oder einer Vorsorge- oder Rehabilitationseinrichtung nach § 111 mit der Tätigkeit des Vertragsarztes vereinbar. 44

Nach Auffassung des Gesetzgebers[71] sollte diese Änderung zunächst ermöglichen, dass ein Vertragsarzt über die bereits von der Rechtsprechung anerkannten Fälle der nicht patientenbezogenen Tätigkeit hinaus[72] in einem Krankenhaus oder einer Vorsorge- oder Rehabilitationseinrichtung tätig sein oder mit einer solchen Einrichtung kooperieren könne, ohne dass damit seine Eignung als Vertragsarzt in Frage gestellt sei. Dies gelte sowohl für die Fälle, in denen der Arzt als angestellter Arzt der Organisationshoheit des Krankenhauses unterworfen sei, als auch für die Fälle, in denen der Arzt in anderer 45

---

63 SG Marburg, 6.6.2007, S 12 KA 941/06, juris; zur Vereinbarkeit mit einer „Lebensberatungsstelle" LSG Niedersachen-Bremen, 9.2.2005, L 3 KA 360/03, juris bzw. mit einer universitären psychotherapeutischen Beratungsstelle BSG, 30.1.2002, B 6 KA 20/01 R, juris = NJW 2002, 3278 ff.
64 In der Fassung vom 23.10.2015, http://www.bundesaerztekammer.de/fileadmin/user_upload/downloads/pdf-Ordner/Weiterbildung/MWBO.pdf (zuletzt abgerufen am 1.3.2017).
65 Neugefasst durch Bek. v. 16.4.1987 (BGBl. I, 1225), zuletzt geändert durch Gesetz vom 18.4.2016 (BGBl. I, 886).
66 Vgl. § 4 Abs. 1 S. 2 Weiterbildungsordnung der Ärztekammer Westfalen-Lippe vom 9.4.2005, in der Fassung vom 29.11.2014, http://www.aekwl.de/fileadmin/weiterbildung/WO/WO_2014_Sonderdruck_idF__2014-09-20-4.pdf (zuletzt abgerufen am 1.3.2017).
67 BSG, 17.11.1999, B 6 KA 15/99 R, juris Rn. 20 = MedR 2000, 282 ff.
68 Vgl. BSG, 28.9.2016, B 6 KA 32/15 R, juris (vgl. Terminbericht Nr. 37/16 vom 29.9.2016, http://juris.bundessozialgericht.de/cgi-bin/rechtsprechung/document.py?Gericht=bsg&Art=tm&Datum=2016&nr=14392 (zuletzt abgerufen am 1.3.2017)), vgl. hierzu SchlHLSG, 16.6.2015, L 4 KA 36/13, juris Rn. 22.
69 Vgl. LSG Nds-Bremen v. 25.2.2015, L 3 KA 123/11, juris Rn. 26 bzw. BSG, 30.11.2016, B 6 KA 30/15 R, Erledigung nach gerichtl. Hinweis, dass es nicht als gerechtfertigt angesehen werde, die Kürzung unabhängig vom wirtschaftlichen Schwerpunkt danach vorzunehmen, ob der MKG-Chirurg zeitlich zuerst vertragsärztliche oder vertragszahnärztliche Leistungen abgerechnet habe (vgl. Terminbericht Nr. 45/16 vom 1.12.2016, http://juris.bundessozialgericht.de/cgi-bin/rechtsprechung/document.py?Gericht=bsg&Art=tm&Datum=2016-11&nr=14441 (zuletzt abgerufen am 1.3.2017)).
70 Gesetz zur Änderung des Vertragsarztrechts und anderer Gesetze Vertragsarztrechtsänderungsgesetz – VÄndG) vom 22.12.2006 (BGBl. I, 3439).
71 So der Gesetzesentwurf der BReg vom 30.8.2006, BT-Dr. 16/2474, 29.
72 Vgl. BSG, 5.11.1997, 6 RKa 52/97, juris Rn. 24 = MedR 1998, 279 ff. für einen Arzt für Pathologie.

Form mit dem Krankenhaus oder der Rehabilitationseinrichtung kooperiere (zB als Konsiliararzt, der vom Krankenhaus zur Beratung oder Mitbehandlung herangezogen wird).

46 Mit der Änderung sollte weiter klargestellt werden, dass ein Arzt als Angestellter gleichzeitig in einem Krankenhaus und in einem MVZ tätig sein könne.[73] Dies ergibt sich bereits daraus, dass der Gesetzgeber die Regelungen zu den MVZ in Kenntnis der älteren Rechtsprechung des BSG[74] getroffen hat. Durch die Zulassung der Krankenhäuser als Gründer von MVZ in § 95 Abs. 1 S. 3 Hs. 2 hat der Gesetzgeber deutlich gemacht, dass er eine enge Verzahnung von Krankenhäusern und MVZ anstrebt. Diese enge Verzahnung durch Trägeridentität kann jedoch nur dann wirtschaftlich sinnvoll ausgestaltet werden, wenn es dem Träger auch gestattet ist, die personellen Ressourcen sinnvoll zu nutzen und qualifiziertes Personal sowohl im Krankenhaus als auch im MVZ einzusetzen. Es ist daher davon auszugehen, dass nach dem Willen des Gesetzgebers § 20 Abs. 2 Ärzte-ZV schon vor der Änderung so auszulegen war, dass das Zulassungsrecht der gleichzeitigen Anstellung eines Arztes im Krankenhaus und im MVZ nicht entgegensteht. Soweit § 20 Abs. 2 S. 2 Ärzte-ZV daher einem Vertragsarzt ausdrücklich ermöglicht, gleichzeitig in einem Krankenhaus tätig zu sein, gilt dies wegen § 1 Abs. 3 Ärzte-ZV auch für den in einem MVZ angestellten Arzt. Gleiches gilt für die gleichzeitige Tätigkeit als angestellter Arzt in einer Vorsorge- und Rehabilitationseinrichtung und in einem MVZ. Die gleichzeitige Anstellung in einer Vertragsarztpraxis nach § 95 Abs. 9 und in einem Krankenhaus oder einer Vorsorge- oder Rehabilitationseinrichtung ist ebenfalls möglich. Dies hat sich in der Vergangenheit daraus ergeben, dass eine entsprechende Geltung der Ärzte-ZV auf die in Vertragsarztpraxen angestellten Ärzte – anders als bei den in MVZ angestellten Ärzten (§ 1 Abs. 3 Ärzte-ZV) – nicht angeordnet war. Durch die Änderung des § 1 Abs. 3 Ärzte-ZV gilt § 20 Abs. 2 Ärzte-ZV indessen ausdrücklich auch für die bei Vertragsärzten angestellten Ärzte entsprechend.

47 Nach § 20 **Abs. 3 Ärzte-ZV** kann ein Arzt, bei dem Hinderungsgründe nach § 20 Abs. 1 oder 2 Ärzte-ZV vorliegen, unter der Bedingung zugelassen werden, dass der seiner Eignung entgegenstehende Grund spätestens drei Monate nach dem Zeitpunkt beseitigt wird, in dem die Entscheidung über die Zulassung unanfechtbar geworden ist, so insbesondere bei Kündigung von laufenden Beschäftigungsverhältnissen oder die Reduzierung der vertraglichen Arbeitszeit.[75]

48 Bei der Bedingung nach § 20 Abs. 3 Ärzte-ZV handelt es sich um eine Bedingung nach § 32 Abs. 2 Nr. 2 SGB X;[76] sie ist grundsätzlich isoliert anfechtbar.[77]

49 Nach **§ 21 S. 1 Ärzte-ZV** ist ein Arzt für die Ausübung der vertragsärztlichen Versorgung ungeeignet, der aus gesundheitlichen oder sonstigen in der Person liegenden schwerwiegenden Gründen nicht nur vorübergehend **unfähig** ist, die **vertragsärztliche Tätigkeit ordnungsgemäß auszuüben**. Das ist insbesondere zu vermuten, wenn er innerhalb der letzten fünf Jahre vor seiner Antragstellung drogen- oder alkoholabhängig war. Wenn es zur Entscheidung über die Ungeeignetheit zur Ausübung der vertragsärztlichen Tätigkeit erforderlich ist, verlangen die Zulassungsbehörden vom Betroffenen, innerhalb einer vom Zulassungsausschuss bestimmten angemessenen Frist das Gutachten eines vom Zulassungsausschuss bestimmten Arztes über seinen Gesundheitszustand vorzulegen.

50 Aufgrund des Wortes „insbesondere" in § 21 S. 2 Ärzte-ZV sind die Benennungen Drogen- oder Alkoholabhängigkeit nur als Regelbeispiele dafür zu verstehen, die vertragsärztliche Tätigkeit nicht ordnungsgemäß ausüben zu können.[78] Zur **Drogenabhängigkeit** zählt auch der Konsum von Cannabinoiden als „Schmerz-Medikament".[79] Als sonstiger schwerwiegender Grund kommt insbesondere auch eine Medikamentenabhängigkeit in Betracht, soweit diese in ihrer Schwere einer Alkohol- oder Drogenabhängigkeit gleichsteht.[80] Auch schwere Verfehlungen gegen das System der kassenärztlichen Versorgung können zu einer Nichteignung führen, *„wenn wegen einer gröblichen Pflichtenverletzung das Vertrauensverhältnis zur Kassenärztlichen Vereinigung und zu den Krankenkassen so schwer gestört*

---

73 So der Gesetzesentwurf der BReg vom 30.8.2006, BT-Dr. 16/2474, 29.
74 BSG, 5.11.1997, 6 RKa 52/97, juris = MedR 1998, 279 ff.
75 BSG, 11.9.2002, B 6 KA 23/01 R, juris Rn. 26 = SozR 3-5520 § 20 Nr. 4; Schallen, ZulVO, § 20 Rn. 27.
76 Schallen, ZulVO, § 20 Rn. 30.
77 BSG, 30.1.2002, B 6 KA 20/01 R, juris Rn. 20 = NJW 2002, 3278 ff.; SG Marburg, 1.7.2009, S 12 KA 886/08, juris Rn. 23 mwN.
78 LSG Saarl, 26.11.2010, L 3 KA 6/07, juris Rn. 37, nachgehend: BSG, 17.8.2011, B 6 KA 18/11, juris = GesR 2011, 682 f.
79 LSG Saarl, 26.11.2010, L 3 KA 6/07, juris Rn. 44, nachgehend: BSG, 17.8.2011, B 6 KA 18/11, juris = GesR 2011, 682 f.; zur Entziehung einer vertragsärztlichen Zulassung wegen Trunksucht LSG Schleswig, 30.3.2009, L 4 B 542/08 KA ER, juris Rn. 23 ff. = GesR 2010, 95 ff.
80 LSG BW, 27.1.2004, L 5 KA 4663/03 ER-B, juris, Leitsatz und Rn. 44 = Der Kassenarzt 2004, Nr. 21, 47.

ist, dass diesen eine (weitere) Zusammenarbeit mit dem (Vertrags-)Arzt nicht zugemutet werden kann".[81] Ebenso kommen charakterliche Mängel in Betracht, so zB nach einer Vielzahl in der Vergangenheit begangener Vermögensdelikte.[82]

Als Rechtsfolge bewirkt die Zulassung, dass der Vertragsarzt gemäß §§ 95 Abs. 3, 77 Abs. 3 Mitglied der für seinen Kassenarztsitz zuständigen Kassenärztlichen Vereinigung wird. Die Zulassung erfolgt für den Ort der Niederlassung als Arzt oder den Ort der Niederlassung eines MVZ, § 95 Abs. 1 S. 7 SGB V, § 24 Ärzte-ZV. Für ihn muss der Arzt die Zulassung beantragen, § 18 Abs. 1 S. 2 Ärzte-ZV. Unter dem „Ort der Niederlassung" wird zum Teil eine Ortschaft im Sinne einer Verwaltungseinheit bzw. ein Teil einer Ortschaft verstanden. Demgegenüber geht das BSG davon aus, dass der Begriff Ort der Niederlassung (Vertragsarztsitz) die Praxisanschrift des Vertragsarztes meint. Dies folgt daraus, dass der Ort der Niederlassung, für den der Vertragsarzt die Zulassung beantragt, hinreichend bestimmt sein muss, weil er hier zB gemäß § 24 Abs. 2 S. 1 Ärzte-ZV seine **Sprechstunde** halten muss. Diese notwendige Konkretisierung des Niederlassungsortes kann nur über die Praxisanschrift erfolgen.[83] 51

Durch die Zulassung wird der Vertragsarzt berechtigt und verpflichtet, an der vertragsärztlichen Versorgung teilzunehmen, § 95 Abs. 3 S. 1. Die Berechtigung umfasst vor allem den Zugang zu dem heute ca. 86,1 % der Bevölkerung ausmachenden Kreis der GKV-Versicherten als potenzielle Patienten.[84] Für deren Versorgung werden ihm sichere und insolvenzgeschützte, zudem jedenfalls in der Rechtsprechung auch als auskömmlich angesehene Einnahmen von öffentlich-rechtlichen Institutionen als Schuldnern gewährt.[85] Ebenso erhält er das Recht auf Teilnahme an der Honorarverteilung durch die Kassenärztliche Vereinigung, § 85 Abs. 4. 52

Neben der Verpflichtung des Vertragsarztes, an seinem Vertragsarztsitz Sprechstunden abzuhalten,[86] hat er die **Grenzen der Fachgebietsbezeichnung einzuhalten,**[87] wobei diese Grenzen nicht für die Notfallbehandlung gelten.[88] Weiterhin hat er das Gebot der „peinlich genauen Abrechnung"[89] und das Gebot der persönlichen Leistungserbringung zu beachten.[90] Schließlich ist der Vertragsarzt außerhalb seiner Sprechstunden zur Teilnahme am organisierten ärztlichen Notfalldienst verpflichtet.[91] 53

Nach der beispielhaft benannten Gemeinsamen Notfalldienstordnung der Ärztekammer Westfalen-Lippe und der Kassenärztlichen Vereinigung Westfalen-Lippe vom 11.11.2009/20.3.2010[92] sind zur Teilnahme am Notfalldienst sind verpflichtet: 54

- zugelassene Vertragsärzte – auch soweit sie mit hälftigem Versorgungsauftrag oder unter Job-Sharing-Bedingungen nach § 101 Abs. 1 S. 1 Nr. 4 SGB V an der vertragsärztlichen Versorgung teilnehmen -,
- niedergelassene ermächtigte Ärzte,
- niedergelassene privatärztlich tätige Ärzte.

---

81 LSG NRW, 26.6.1996, L 11 Ka 155/94, juris Rn. 37.
82 LSG NRW, 8.10.2003, L 11 KA 165/02, juris Rn. 36.
83 BSG, 10.5.2000, B 6 KA 67/98 R, juris Rn. 18 = MedR 2001, 159 ff.
84 Quelle: vdek, Daten zum Gesundheitswesen 2016/2017, veröffentlicht unter https://www.vdek.com/presse/daten/_jcr_content/par/download_3/file.res/VDEK_Basisdaten16-17.pdf (zuletzt abgerufen am 1.3.2017).
85 BSG, 14.3.2001, B 6 KA 54/00 R, juris Rn. 30 = MedR 2002, 37 ff.
86 § 17 Abs. 1 a S. 1, 2 BMV-Ä: „Der sich aus der Zulassung des Vertragsarztes ergebende Versorgungsauftrag ist dadurch zu erfüllen, dass der Vertragsarzt an seinem Vertragsarztsitz persönlich mindestens 20 Stunden wöchentlich in Form von Sprechstunden zur Verfügung steht. Für einen Teilversorgungsauftrag nach § 19 a Ärzte-ZV gelten die S. 1 festgelegten Sprechstundenzeiten entsprechend auf der Grundlage von zehn Stunden wöchentlich für den Vertragsarztsitz."
87 Vgl. BSG, 4.5.2016, B6 KA 13/15 R, juris Rn. 19 f.
88 Pawlita in: jurisPK-SGB V, § 95 Rn. 428, 428.1.
89 Vgl. BSG, 21.3.2012, B 6 KA 22/11 R, Rn. 34, 35 = GesR 2012, 539 ff.
90 Vgl. BSG, 21.3.2012, B 6 KA 22/11 R, Rn. 34, 37 = GesR 2012, 539 ff.; zur persönlichen Leistungserbringungspflicht vgl. auch Peikert, MedR 2000, 352 ff.; zur Beschäftigung von Assistenten in der Arztpraxis vgl. Kamps, MedR 2003, 63 ff.
91 BSG, 6.2.2008, B 6 KA 13/06 R, juris Rn. 12, 14 = MedR 2009, 428 ff.; dagegen kein Recht zur Teilnahme am Notfalldienst ohne eigene Praxis BSG, 28.9.2005, B 6 KA 73/04 R, juris Rn. 21 = GesR 2008, 228 ff.; vgl. auch die Gemeinsamen Notfalldienstordnungen der Landesärztekammern und der Kassenärztlichen Vereinigungen.
92 Gemeinsame Notfalldienstordnung der Ärztekammer Westfalen-Lippe und der Kassenärztlichen Vereinigung Westfalen-Lippe vom 11.11.2009/20.3.2010, geändert durch Beschl. der Vertreterversammlung der KVWL vom 3.12.2011 und der Kammerversammlung der ÄKWL vom 24.3.2012, http://www.kvwl.de/arzt/recht/kvwl/notfalldienst/notfalldienstordnung_ae_kvwl.pdf (zuletzt abgerufen am 1.3.2017)).

Sie werden jeweils mit dem Einteilungsfaktor 1,0 berücksichtigt, auch wenn sie im Rahmen einer Berufsausübungsgemeinschaft tätig sind. Zur Teilnahme am Notfalldienst sind auch Ärzte verpflichtet, die in einem Anstellungsverhältnis an der ambulanten Versorgung mitwirken. Zur Erfüllung dieser Pflicht wird der Einteilungsfaktor der anstellenden Ärzte im Umfang des jeweiligen Anstellungsverhältnisses wie folgt erhöht: Tätigkeit bis zu 10 Stunden pro Woche: Einteilungsfaktor 0,25, über 10 bis zu 20 Stunden pro Woche: Einteilungsfaktor 0,5, über 20 bis zu 30 Stunden pro Woche: Einteilungsfaktor 0,75, über 30 Stunden pro Woche: Einteilungsfaktor 1,0. Weiter ist der Vertragsarzt zur fachlichen Fortbildung gemäß § 95 d verpflichtet.

55 bb) **Zulassung von Medizinischen Versorgungszentren (MVZ).** Gemäß § 95 Abs. 1 S. 2 sind MVZ ärztlich geleitete Einrichtungen, in denen Ärzte, die in das Arztregister nach Abs. 2 S. 3 eingetragen sind, als Angestellte oder Vertragsärzte tätig sind.[93]

56 MVZ sind im Rahmen des Gesetzes zur Modernisierung der gesetzlichen Krankenversicherung vom 19.11.2003 (GKV-Modernisierungsgesetz – GMG) zum 1.1.2004 in das Gesetz eingefügt worden.[94] Das wesentliche Ziel des Gesetzgebers bestand darin, die sektoralen Grenzen bei der medizinischen Versorgung zu überwinden. Deshalb sollte ein Wettbewerb zwischen verschiedenen Versorgungsformen ermöglicht werden mit dem Ziel, dass Patienten jeweils in der ihren Erfordernissen am besten entsprechenden Versorgungsform versorgt werden können.[95]

57 Konkret hat der Gesetzgeber mit Blick auf MVZ vorgesehen: „Künftig werden medizinische Versorgungszentren zugelassen. Diese Einrichtungen zeichnen sich durch eine interdisziplinäre Zusammenarbeit von ärztlichen und nichtärztlichen Heilberufen aus, die den Patienten eine Versorgung aus einer Hand anbieten. Medizinische Versorgungszentren müssen unternehmerisch geführt und von zugelassenen Leistungserbringern gebildet werden. Dabei können Freiberufler und Angestellte in diesen Zentren tätig sein. Die medizinischen Versorgungszentren werden – wie niedergelassene Ärzte – im Rahmen der vertragsärztlichen Bedarfsplanung zugelassen."[96]

58 Weitere Vorteile der Schaffung von MVZ bestehen darin, dass mit diesen die Möglichkeit geschaffen worden ist, eine Versorgung *„aus einer Hand"* anzubieten, vergleichbar den damaligen Polikliniken in der DDR. Außerdem wurde insbesondere jungen Ärzten die Möglichkeit eröffnet, an der vertragsärztlichen Versorgung teilnehmen zu können, ohne die mit einer Praxisgründung verbundenen wirtschaftlichen Risiken eingehen zu müssen.[97]

59 **(1) Entwicklungen.** Die Anzahl von MVZ-Zulassungen betrug seit Inkrafttreten des GMG am 1.1.2004 nach Angaben der KBV zum 31.12.2015 genau 2.156, während die Anzahl der in MVZ tätigen Ärzte 14.317 betrug; davon waren 1.341 Vertragsärzte und 12.976 Ärzte im Anstellungsverhältnis. Die MVZ-Größe betrug durchschnittlich 6,6 Ärzte. Vorwiegend wurden MVZ von Vertragsärzten und Krankenhäusern gegründet, wobei der Trägeranteil mit Beteiligung von Vertragsärzten 40 %, der Trägeranteil mit Beteiligung von Krankenhausträgern 40 % betrug; die Anzahl sonstiger Träger belief sich auf 20 %. Als vorwiegende Rechtsformen haben sich die GmbH und die GbR herausgestellt. Die am häufigsten beteiligten Facharztgruppen waren Hausärzte, fachärztliche Internisten und Chirurgen.[98]

---

93 Vgl. zu den Unterschieden zwischen MVZ und BAG Pawlita in: jurisPK-SGB V, § 95 Rn. 63.1.
94 BGBl. I, 2190.
95 So die Begr. des GesE vom 8.9.2003, BT-Dr. 15/1525, 74.
96 BT-Dr. 15/1525, 74.
97 Vgl. BT-Dr. 15/1525, 108.
98 Stand: 31.12.2015; Quelle: http://www.kbv.de/media/sp/mvz_aktuell.pdf (zuletzt abgerufen am 1.3.2017).

Regional verteilt haben sich MVZ wie folgt:[99]

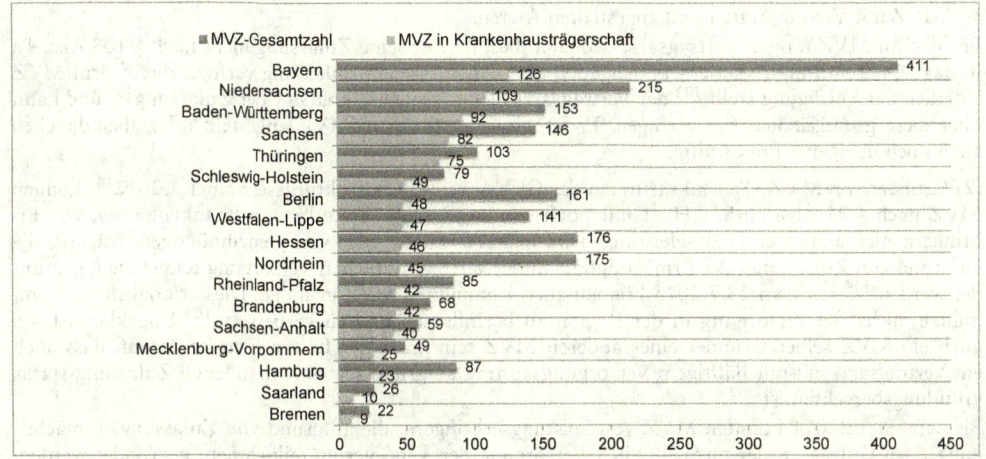

Die Verteilung der Fachgruppen ergibt sich aus nachfolgender Übersicht:[100]

Anzahl der MVZ-Ärzte	Fachgruppen	Anzahl der MVZ, in denen die jeweilige Arztgruppe vertreten ist
2.016	Hausärzte	1.158
1.727	fachärztliche Internisten	689
1.108	Chirurgen	476
981	Frauenärzte	433
848	Orthopäden	368
799	Radiologen	228
780	Nervenheilkunde/Neurologen/Psychiater	367
739	Laborärzte	277
623	Augenärzte	165
593	Anästhesisten	301
543	Strahlentherapeuten	143
429	Psychologische Psychotherapeuten	166
424	Kinderärzte	206
381	Neurochirurgen	144
317	Nuklearmediziner	175
296	Pathologen	92
288	Mikrobiologen	163
246	HNO-Ärzte	145
207	Urologen	113
196	Hautärzte	108
169	Humangenetiker	76
166	Ärztliche Psychotherapeuten	111
160	Phys. und rehab. Mediziner	127
106	Transfusionsmediziner	51
67	Kinder- und Jugendpsychiater	41
63	Kinder- u. Jugendlichenpsychotherapeuten	38
51	Mund-/Kiefer-/Gesichtschirurgen	26
9	Fachwissenschaftler	6
2	Phoniatrie und Pädaudiologie	2
2	Pharmakologie und Toxikologie	2
2	Hygiene und Umweltmedizin	2

Gemäß § 95 Abs. 1 S. 2 sind MVZ „ärztlich geleitete Einrichtungen, in denen Ärzte, die in das Arztregister nach Absatz 2 S. 3 eingetragen sind, als Angestellte oder Vertragsärzte tätig sind." Daher können in MVZ ärztliche Leistungen durch angestellte Ärzte oder auch durch Vertragsärzte erbracht werden,[101] so dass für den Betrieb von MVZ folgende Konstellationen denkbar sind:

---

99 Stand: 31.12.2015; Quelle: http://www.kbv.de/media/sp/mvz_aktuell.pdf (zuletzt abgerufen am 1.3.2017).
100 Stand: 31.12.2015; Quelle: http://www.kbv.de/media/sp/mvz_aktuell.pdf (zuletzt abgerufen am 1.3.2017).
101 Ursprünglich war das MVZ vom Gesetzgeber nur in der Anstellungsvariante vorgesehen; die Alterative „oder Vertragsärzte" ist erst kurz vor Verabschiedung des Gesetzes eingefügt worden; ausführlich zum Gesetzgebungsverfahren, Zach, MedR 2004, 208 ff.

- MVZ ausschließlich mit Vertragsärzten,
- MVZ ausschließlich mit angestellten Ärzten,
- MVZ mit Vertragsärzten und angestellten Ärzten.

63 Für den im MVZ tätigen Vertragsarzt bedeutet dies, dass er seine Zulassung nicht nach § 103 Abs. 4a in das MVZ einbringt, sondern immer noch über eine „eigene" Zulassung verfügt, die er dem MVZ lediglich zur Verfügung stellt;[102] der Vertragsarzt bleibt folglich „Inhaber" der Zulassung[103] und kann über diese grundsätzlich frei verfügen. Er ist entweder (nur) im MVZ angestellt oder aber daneben auch noch in eigener Praxis tätig.

64 **(2) Gründer von MVZ.** Seit Inkrafttreten des GKV-Versorgungsstrukturgesetz am 1.1.2012[104] können MVZ nach § 95 Abs. 1a S. 1 Hs. 1 nur noch von zugelassene Ärzte,[105] von Krankenhäuser, von Erbringern nichtärztlicher Dialyseleistungen nach § 126 Abs. 3 oder von gemeinnützigen Trägern, die aufgrund von Zulassung oder Ermächtigung an der vertragsärztlichen Versorgung teilnehmen, gegründet werden.[106] Seit dem 23.7.2015 können auch Kommunen MVZ gründen. Dies ermöglicht es Kommunen, aktiv die Versorgung in der Region zu beeinflussen und zu verbessern.[107] Ungeklärt ist, ob auch ein MVZ selber Gründer eines anderen MVZ sein kann.[108] Hinzuweisen ist darauf, dass auch ein Vertragsarzt mit nur hälftigem Versorgungsauftrag aufgrund seines vorhandenen Zulassungsstatus gründungsberechtigt ist.[109]

65 Bis zum 31.12.2011 konnten MVZ von Leistungserbringern, die aufgrund von Zulassung, Ermächtigung oder Vertrag an der medizinischen Versorgung der Versicherten teilnehmen, gegründet werden, so dass der Bereich der Gründer von MVZ relativ weit war. Im Fraktionsentwurf zum GKV-Modernisierungsgesetz vom 8.9.2003 (GMG) heißt es entsprechend:[110]

„Sie dürfen nur von Leistungserbringern, die an der medizinischen Versorgung der Versicherten der gesetzlichen Krankenversicherung teilnehmen, gegründet werden. An der Versorgung nehmen die Leistungserbringer entweder im Status der Zulassung (zB Vertragsärzte, Krankenhäuser, Heilmittelerbringer), im Status der Ermächtigung oder über Verträge (zB häusliche Krankenpflege, Apotheken) teil. Durch die Beschränkung auf die im System der gesetzlichen Krankenversicherung tätigen Leistungserbringer soll sichergestellt sein, dass eine primär an medizinischen Vorgaben orientierte Führung der Zentren gewährleisten wird."

66 Durch den zum 1.1.2012 neu eingefügten 1. Halbsatz des § 95 Abs. 1a **wurde der Gründerkreis für MVZ neu gefasst.** Nach Ansicht des Gesetzgebers hätten die Erfahrungen der letzten Jahre gezeigt, dass MVZ besonders in den kapitalintensiven Bereichen wie der Labormedizin oder der operierenden Augenheilkunde immer häufiger von Investoren gegründet würden, die keinen fachlichen Bezug zur medizinischen Versorgung hätten, sondern allein Kapitalinteressen verfolgten. In den MVZ, die von solchen Investoren gegründet werden, bestehe jedoch die Gefahr, dass medizinische Entscheidungen von Kapitalinteressen beeinflusst würden. Das mit der Beschränkung der Gründungsberechtigung für MVZ auf die an der medizinischen Versorgung der Versicherten teilnehmenden Leistungserbringer verfolgte Ziel, den medizinisch-fachlichen Bezug der Gründer zu gewährleisten, sei zuvor nicht vollständig erreicht worden, weil Kapitalgeber zB durch den Kauf eines Pflegedienstes oder eines Hilfsmittelerbringers die Voraussetzungen zur Gründung von MVZ im gesamten Bundesgebiet erfüllen könnten. Dadurch ständen in Bereichen wie zB der Augenheilkunde teilweise immer weniger Vertragsarztsitze für freiberuflich tätige Ärzte in eigener Praxis zur Verfügung. Diese Entwicklung berge Gefahren für

---

102 Vgl. Wigge in: Schnapp/Wigge, § 6 Rn. 78; Wigge/Boos/Ossege in: Wigge/von Leoprechting, 2011, 115; das SG Stuttgart, 20.1.2010, S 5 KA 7468/07, ZMGR 2010, 173 mAnm Jahn/Meurer spricht davon, dass die Zulassung des Arztes durch diejenige des MVZ „überlagert" werde.
103 Der Begriff „Inhaber", den auch § 32b Abs. 5 S. 1 Hs. 2 Ärzte-ZV verwendet, ist nicht klar, da es bereits rein sprachlich fraglich ist, ob es möglich ist, Inhaber einer öffentlich-rechtlichen Zulassung zu sein.
104 Gesetz zur Verbesserung der Versorgungsstrukturen in der gesetzlichen Krankenversicherung (GKV-Versorgungsstrukturgesetz – GKV-VStG) vom 22.12.2011 (BGBl. I, 2983).
105 Nicht aber Job-Sharing-Partner, SG Nürnberg, 12.10.2004, S 6 KA 17/04 ER = ZMGR 2005, 34 ff.
106 Zur Kritik an dieser durch das GKV-VStG eingeführten engeren Beschränkung, Meißner, DÄBl 2011; 108 (40) A-2064, 2064 f.
107 Vgl. BT-Dr. 18/4095, S. 105; vgl. die Überblicke von Plagemann, F./Ziegler, DVBl 2016, 1432 ff.; Bäune/Dahm/Flasbarth, MedR 2016, 6 f., Berner/Strüve, GesR 2015, 461, 463; Pawlita, NZS 2015, 727, 728 f.
108 Bejahend HessLSG, 30.11.2016, L 4 KA 20/14, juris Rn. 35-38 (Revision anhängig BSG, Az: B 6 KA 1/17 R, Stand: 1.3.2017); verneinend SG Marburg, 20.1.2014, S 12 KA 117/13, juris Rn. 22 = GesR 2014, 335 f.
109 Vgl. § 19a Abs. 2 S. 1 Ärzte-ZV; Pawlita in: jurisPK-SGB V, § 95 Rn. 83.
110 BT-Dr. 15/1525, 107, 108.

die Unabhängigkeit medizinischer Entscheidungen von Kapitalinteressen. Um dem entgegenzuwirken, könnten künftig MVZ nur noch von den zur vertragsärztlichen Versorgung zugelassenen Ärzten und von nach § 108 zugelassenen Krankenhäusern gegründet werden. Die Gründungsberechtigung werde dadurch auf Leistungserbringer konzentriert, die bisher den Großteil der ambulanten und stationären ärztlichen Versorgung der Versicherten geleistet hätten. Sonstige Leistungserbringer nach dem SGB V, die nicht an der vertragsärztlichen Versorgung teilnehmen, seien nicht mehr berechtigt, MVZ zu gründen. Damit sollten diejenigen Leistungserbringer ausgeschlossen werden, über deren Ankauf bisher Investoren ohne fachlichen Bezug zur medizinischen Versorgung die Voraussetzungen für die Gründung von MVZ erfüllt haben. Eine Ausnahme wurde für gemeinnützige Trägerorganisationen gemacht; da aufgrund der Gemeinnützigkeit keine Mittelabflüsse an private, rein gewinnorientierte Organisationen zu erwarten seien, sei eine Beeinflussung der ärztlichen Entscheidungen durch sachfremde Erwägungen nicht zu befürchten.[111]

Ob hierdurch tatsächlich dem Einfluss von Kapitalinteressen entgegengewirkt werden kann, darf angesichts der Tatsache, dass Träger von Krankenhausträger zunehmend sektorübergreifende Gesundheitskonzerne sind, bezweifelt werden.[112] 67

Die **Erstreckung der Gründerberechtigung auf Erbringer nichtärztlicher Dialyseleistungen** nach § 126 Abs. 3[113] ist erst kurz vor Abschluss des Gesetzgebungsverfahrens mit aufgenommen worden.[114] Einzelheiten sind geregelt in §§ 3 Abs. 5, 13-15 der Anl. 1 zum BMVÄ und in der Qualitätssicherungsvereinbarung zu den Blutreinigungsverfahren gem. § 135 Abs. 2. Sie soll den Besonderheiten in der Versorgung mit Dialyseleistungen Rechnung tragen. Nach § 126 Abs. 3 können nichtärztliche Dialyseleistungen auch außerhalb der vertragsärztlichen Versorgung erbracht werden. Bundesmantelvertragliche Regelungen sehen vor, dass Versorgungsaufträge zur nephrologischen Versorgung chronisch niereninsuffizienter dialysepflichtiger Patienten nur im Zusammenwirken zwischen Vertragsärzten und den in § 126 Abs. 3 iVm § 127 genannten Vertragspartnern erfüllt werden können. Bezogen auf die Möglichkeit zur Gründung von MVZ hat der Gesetzgeber deshalb eine unterschiedliche Behandlung dieser mit Vertragsärzten kooperierenden Leistungserbringer gegenüber Vertragsärzten als sachlich nicht gerechtfertigt erachtet. Deshalb bleiben auch die Erbringer der mit der vertragsärztlichen Versorgung eng verbundenen nichtärztlichen Dialyseleistungen nach § 126 Abs. 3 zur Gründung von MVZ berechtigt.[115] 68

Gründerberechtigt sind schließlich **gemeinnützige Träger**, die aufgrund von Zulassung oder Ermächtigung an der vertragsärztlichen Versorgung teilnehmen. Insoweit ist nicht klar, wer gesundheitsrechtlich damit gemeint sein soll. Daher hat eine Anlehnung an das Steuerrecht, insbesondere an § 52 Abs. 1 S. 1 AO zu erfolgen.[116] 69

(3) Zulässige Rechtsformen. Als zulässige **Rechtsformen** für MVZ sind seit dem 1.1.2012 aufgrund der Einfügung des 2. Halbsatzes in § 95 Abs. 1 a S. 1 nur noch Personengesellschaften (Gesellschaften bürgerlichen Rechts, offene Handelsgesellschaften, Kommanditgesellschaften [auch GmbH & Co. KG] oder Partnerschaftsgesellschaften),[117] eingetragene Genossenschaften oder Gesellschaften mit beschränkter Haftung möglich. 70

Zusätzlich ist die Gründung seit dem 23.7.2015 auch in einer öffentlich-rechtlichen Rechtsform möglich.[118] Die Gründung eines MVZ in der privatrechtlichen Gesellschaftsform der GmbH bereitet den Kommunen in der Praxis Schwierigkeiten, da an die nach § 95 beizubringende Bürgschaftserklärung nach Landesrecht unterschiedliche und zum Teil hohe Anforderungen gestellt werden. Auch die anderen Rechtsformen, in denen MVZ betrieben werden können (Personengesellschaften und eingetragene Genossenschaften), eignen sich nur bedingt für Kommunen. Deshalb wird Kommunen die Gründung eines MVZ nicht nur in der Rechtsform des privaten Rechts, sondern auch in der öffentlich-rechtlichen Rechtsform des Eigenbetriebs und des Regiebetriebs ermöglicht.[119] 71

---

111 Entwurf eines Gesetzes zur Verbesserung der Versorgungsstrukturen in der gesetzlichen Krankenversicherung (GKV-Versorgungsstrukturgesetz – GKV-VStG) vom 5.9.2011, BT-Dr. 17/6906, 70, 71.
112 Vgl. Pawlita in: jurisPK SGB V, § 95 Rn. 72; Ratzel, ZMGR 2004, 63, 64.
113 Sog. „limited care-Dialysen".
114 Bäune/Dahm/Flasbarth, MedR 2012, 77, 79.
115 Beschlussempfehlung und Bericht des Ausschusses für Gesundheit (14. Ausschusses) vom 30.11.2011, BT-Dr. 17/8005, 111.
116 Vgl. Pawlita in: jurisPK SGB V, § 95 Rn. 79.
117 Vgl. zu den Hintergründen Hellkötter-Backes in: Hänlein/Schuler, § 95 Rn. 41.
118 Vgl. GKV-VSG v. 16.7.2015 (BGBl. I, 1211).
119 Vgl. BT-Dr. 18/4095, S. 106, BT-Dr. 18/5123, S. 128.

72 Insbesondere durch den **Ausschluss von Aktiengesellschaften als zulässiger Rechtsform** für MVZ soll die Unabhängigkeit ärztlicher Entscheidungen von reinen Kapitalinteressen gewährleistet werden. Aktiengesellschaften weisen einen Gesellschafterverbund auf, der typischerweise lockerer ist als bei Personengesellschaften und GmbHs. Auch sind ihre Anteile generell umlauffähiger, der Einfluss der Mitglieder auf die Geschäftsführung ist geringer. Das führt dazu, dass bei der Aktiengesellschaft der Aspekt des kollektiven Kapitaleinsatzes zur Vermögensvermehrung typischerweise stärker als bei anderen Gesellschaftsformen im Vordergrund stehen kann. Gegen die Zulassung der Aktiengesellschaft als Gründer von MVZ spricht auch, dass die Regelungen zur Praxisnachfolge von MVZ nach § 103 Abs. 4a eine einfach zu treffende, eindeutige Aussage zu der Frage erfordern, ob die Mehrheit der Geschäftsanteile und der Stimmrechte Ärzten zusteht. Diesem Erfordernis kann in Aktiengesellschaften wegen der einfacheren Übertragbarkeit von Aktien regelmäßig nicht in gleicher Weise Rechnung getragen werden, wie in GmbHs.[120]

73 MVZ können auch in der Rechtsform der **eingetragenen Genossenschaft** gegründet werden. Grundlage ist insoweit das Genossenschaftsgesetz.[121] Die für die Genossenschaft charakteristischen Prinzipien der Selbsthilfe und der Selbstverantwortung stehen im Einklang mit der Zielsetzung, den medizinisch-fachlichen Bezug der Gründer von MVZ zu erhalten, um zu vermeiden, dass die Unabhängigkeit medizinischer Entscheidungen durch die Interessen von Investoren beeinträchtigt wird.[122]

74 Im Rahmen der Vereinheitlichung des europäischen Wirtschaftsraumes sind auch **europäische Gesellschaftsformen** zu berücksichtigen. Insbesondere sind für die Rechtsformen der Europäischen wirtschaftlichen Interessenvereinigung (EWIV) und der Societas Europea (SE) geschaffen worden. Allerdings dürfte die Gründung einer EWIV durch Ärzte nicht möglich sein, da eine freiberufliche Tätigkeit in dieser ausgeschlossen ist. Hingegen sind grundsätzlich auch weitere ausländische Rechtsformen, zB die englische Form der GmbH, die sog private company limited of shares (ltd.), für ein MVZ als Rechtsform denkbar; sie werden aber durch die Beschränkung zulässiger Rechtsformen in § 95 Abs. 1a Satz 1, 2. Hs. ausgeschlossen. Das erscheint unter europa- wie verfassungsrechtlichen Gesichtspunkten zweifelhaft, zumal nach der Rechtsprechung des EuGH eine Gesellschaftsform auch zulässig ist, wenn die Gesellschaft nur im Ausland Geschäfte macht[123]

75 Inwieweit aber allein die Rechtsform Rückschlüsse auf die Beeinflussung ärztlicher Entscheidungen zulässt, erscheint zweifelhaft. So sind beispielsweise Krankenhäuser, die als Aktiengesellschaft organisiert sind, als Gründer zulässig. Der Aktionärskreis wäre bei Ausgabe sog vinkulierter Namensaktien bekannt und einfach erfassbar. Statt des vom Gesetzgeber kritisierten Aufkaufs von Pflegediensten oder Hilfsmittelerbringern ist auch die Übernahme eines Plankrankenhauses kein Hindernis, will sich ein Investor Zugang zum Markt verschaffen. Schließlich liegen konkrete und belastbare Anhaltspunkte für eine Einflussnahme von Kapitalgebern auf ein MVZ nicht vor;[124] dasselbe Argument könnte im Übrigen gegen Krankenhausträger „in Kapitalhand", zB also börsennotierte Aktiengesellschaften, vorgebracht werden.

76 Schließlich ist zu fragen, ob MVZ überhaupt einer Rechtsform bedürfen. Dies scheint der Wortlaut des 2. Halbsatzes in § 95 Abs. 1a S. 1 nahe zu legen;[125] eine verfassungskonforme Auslegung im Lichte des Art. 12 Abs. 1 GG wird aber dazu führen, dass auch die Rechtsform des Einzelunternehmens (also zB ein MVZ, das in unmittelbarer Trägerschaft eines Vertragsarztes oder einer Kommune als Betreiber eines kommunalen Krankenhauses steht) zulässig sein muss.

77 **(4) Bestandsschutz.** Nach § 95 Abs. 1a S. 2 gilt die Zulassung von MVZ, die am 1.1.2012 bereits zugelassen sind, unabhängig von der Trägerschaft und der Rechtsform des MVZ unverändert fort. Die Vorschrift beinhaltet insoweit einen uneingeschränkten Bestandsschutz für MVZ, die zum Zeitpunkt des Inkrafttretens der Neuregelung am 1.1.2012 bereits zugelassen waren. Deren Zulassungen gelten unabhängig von der Rechtsform und der Trägerstruktur des bestehenden MVZ unverändert fort. Das

---

120 BT-Dr. 17/6906, 71.
121 Genossenschaftsgesetz in der Fassung der Bekanntmachung vom 16.10.2006 (BGBl. I, 2230), zuletzt geändert durch Gesetzes vom 15.7.2013 (BGBl. I, 2379).
122 Beschlussempfehlung und Bericht des Ausschusses für Gesundheit (14. Ausschusses) vom 30.11.2011, BT-Dr. 17/8005, 111.
123 Vgl. EuGH, 30.9.2003, C-167/01, NJW 2003, 3331 ff.
124 Antwort der BReg vom 1.10.2010 auf die Kleine Anfrage ua der Abgeordneten Mechthild Rawert, Dr. Marlies Volkmer und Bärbel Bas und der Fraktion der SPD (BT-Dr. 17/2932 vom 14.9.2010), BT-Dr. 17/3131, 111 zu Frage 14.
125 So auch SG Marburg, 25.10.2007, S 12 KA 40/07, GesR 2008, 30, 31.

bedeutet, dass ihnen auch künftig alle Handlungsoptionen eines MVZ offen stehen. So können sie frei werdende Arztstellen nachbesetzen, weitere Arztstellen durch Anstellung bisher niedergelassener Vertragsärzte (§ 103 Abs. 4a S. 1) hinzunehmen, sich auf nach § 103 Abs. 4 ausgeschriebene Vertragsarztsitze bewerben sowie Änderungen in der Organisationsstruktur des MVZ vornehmen, etwa bezüglich der Rechtsform, der Trägerstruktur oder der Gesellschaftsverhältnisse. Eine Ausnahme von diesem umfassenden Bestandsschutz bildet lediglich § 95 Abs. 6 S. 4 Alt. 2, der einen Entzug der Zulassung vorsieht, wenn das MVZ nicht innerhalb einer Frist von sechs Monaten nach Inkrafttreten der Neuregelung nachgewiesen hat, dass die ärztliche Leitung den Anforderungen von Abs. 1 S. 3 genügt.[126]

(5) **Keine Anwendung des § 105 Abs. 5 Satz 1–4 für die Gründung von MVZ durch Kommunen Bestandsschutz.** § 95 Abs. 1a S. 3 stellt klar, dass die für Kommunen beim Betrieb von Einrichtungen zur unmittelbaren medizinischen Versorgung nach § 105 Abs. 5 geltenden Einschränkungen (zB Zustimmungserfordernis der KVen) bei der Gründung von MVZ durch Kommunen nicht gelten. Die für die Gründung von MVZ im Übrigen geltenden Vorschriften finden hingegen uneingeschränkt Anwendung. So ist die Gründung eines MVZ durch eine Kommune zB nur nach Maßgabe der jeweiligen Bedarfsplanung möglich. Unberührt bleibt im Übrigen auch die Nachrangklausel des § 103 Abs. 4c S. 3. Auch für Kommunen gilt damit, dass sie in Verfahren zur Nachbesetzung eines Vertragsarztsitzes gegenüber den übrigen ärztlichen Bewerbern nachrangig zu berücksichtigen sind.[127] 78

(6) **Entziehung der Zulassung.** Gemäß § 95 Abs. 6 S. 3 ist einem MVZ die Zulassung zu entziehen, wenn die Gründungsvoraussetzungen des Abs. 1a S. 1 (Vorhandensein der Gründereigenschaft, zulässige Rechtsform) länger als sechs Monate nicht mehr vorliegen. Verliert ein Gründer diese Eigenschaften, besteht für einen Zeitraum von sechs Monaten die Möglichkeit, das Hindernis zu beseitigen.[128] Denn nur dann, wenn die Gründungsvoraussetzungen nicht nur im Stadium der Gründung vorliegen, sondern auch Voraussetzung für den Fortbestand des Zentrums sind, ist gewährleistet, dass sich die Führung des Zentrums dauerhaft primär an den vom Gesetzgeber in den Fokus genommenen medizinischen Vorgaben orientiert.[129] 79

(7) **Zulassung des MVZ.** Zugelassen wird nur das MVZ als Einrichtung im Sinne des SGB V, insbesondere nicht aber die Trägergesellschaft oder die Gründer;[130] Insoweit erfolgt bei der Zulassung des MVZ nur die inzidente Prüfung ihrer Eignung. 80

Die Beteiligtenfähigkeit eines MVZ in Verwaltungs-und/oder Gerichtsverfahren richtet sich jedoch nach dessen Rechtsträger. Nur wenn sich das MVZ einer Organisationsform bedient, die § 70 SGG zugeordnet werden kann, ist es beteiligtenfähig. Das MVZ als solches ist kein Rechtsträger, dem subjektive Rechte zugeordnet werden können.[131] 81

(8) **Weitere begriffliche Voraussetzungen.** Nach der begrifflichen Definition in § 95 Abs. 1 S. 2 zeichnen sich MVZ durch folgende Merkmale aus: 82
1. Einrichtungen,
2. ärztlich Leitung und
3. in denen Ärzte, die in das Arztregister eingetragen sind, als Angestellte oder Vertragsärzte tätig sind.

(a) **Fachübergreifende Einrichtungen (alt).** Bis zum Inkrafttreten des Versorgungsstärkungsgesetzes (GKV-VSG) am 12.6.2015[132] handelte es sich bei einem MVZ gemäß § 95 Abs. 1 S. 2, 4 und 5 um eine „fachübergreifende Einrichtung". Das Merkmal „fachübergreifend" war erfüllt, wenn mindestens zwei Ärzte verschiedener ärztlicher Fachgebiete in einem MVZ tätig waren.[133] 83

Mit der Streichung des Tatbestandsmerkmals „fachübergreifend" können nunmehr auch arztgruppengleiche MVZ gegründet werden. Damit sind auch reine Hausarzt- oder spezialisierte facharztgruppengleiche MVZ möglich. Da die Vorschriften des Vierten Kapitels des SGB V gemäß § 72 Abs. 1 S. 2 84

---

126 BT-Dr. 17/6906, 71; Kroel/Baron, GesR 2013, 647 ff.
127 Vgl. BT-Dr. 18/4095, S. 106.
128 Rehborn, MedR 2010, 290, 292.
129 BT-Dr. 15/1525, 108.
130 Joussen in: Becker/Kingreen, § 95 Rn. 14.
131 Vgl. BSG, 4.5.2016, B 6 KA 28/15, juris Rn. 11 f.; BayLSG, 26.8.2015, L 12 KA 69/15 B ER, juris Rn. 21 = GesR 2015, 675 f.
132 Gesetz zur Stärkung der Versorgung in der gesetzlichen Krankenversicherung – GKV-VSG vom 11.6.2015, BGBl. I, 1211.
133 Zu Einzelheiten vgl. die 1. Auflage Rn. 73 ff.

auch für Zahnärzte und Psychotherapeuten gelten, sind zudem reine Zahnarzt-MVZ sowie solche MVZ möglich, in denen ausschließlich Psychotherapeuten oder Ärzte tätig sind, die der psychotherapeutischen Arztgruppe nach § 101 Abs. 4 angehören. Bei rein psychotherapeutischen Versorgungszentren kann damit ärztlicher Leiter iSd § 95 Abs. 1 S. 3 auch ein Psychologischer Psychotherapeut sein, soweit kein psychotherapeutisch tätiger Arzt beschäftigt wird. Entsprechendes gilt für Kinder- und Jugendlichenpsychotherapeuten. Die Streichung der Sätze 4 und 5 ist eine Folgeänderung zur Streichung des Tatbestandsmerkmals fachübergreifend.[134]

85 Nach Auffassung des Gesetzgebers stellt die Änderung klar, dass **alle möglichen Kombinationen verschiedener Facharzt- oder Schwerpunktbezeichnungen** das Tatbestandsmerkmal „fachübergreifend" in § 95 Abs. 1 S. 2 erfüllen; angeknüpft wird dabei an die Definitionen der (Muster-)Weiterbildungsordnung der Bundesärztekammer (MWBO-Ä).[135] Das erleichtert die Anwendungspraxis der Zulassungsausschüsse und die Gründung medizinischer Versorgungszentren. Eine Ausnahme erfolgt in der hausärztlichen Versorgung: Ärzte mit verschiedenen Facharztbezeichnungen, die nach § 101 Abs. 5 der Arztgruppe der Hausärzte zugeordnet sind (zB Fachärzte für Allgemeinmedizin und Internisten ohne Schwerpunktbezeichnung, die die hausärztliche Versorgung gewählt haben), decken denselben Versorgungsbereich ab und können daher das gesetzgeberische Ziel der medizinischen Versorgungszentren, dem Versicherten in verschiedenen Fachbereichen eine Versorgung aus einer Hand anzubieten, nicht umsetzen. Eine weitere Ausnahme gilt für die überwiegend oder ausschließlich psychotherapeutisch tätigen Ärzte und die Psychotherapeuten, die nach § 101 Abs. 4 der Gruppe der Psychotherapeuten zugeordnet sind. Dagegen erbringen ein hausärztlicher und ein fachärztlich tätiger Internist ohne Schwerpunktbezeichnung, obwohl sie dieselben Facharztbezeichnungen führen, unterschiedliche Leistungen und können daher eine fachübergreifende Versorgung gewährleisten.[136] Entsprechendes hat zu gelten, wenn in einem MVZ ein Fachgebiet durch einen Facharzt ohne Schwerpunktbezeichnung (zB „Facharzt für Chirurgie" gemäß MWBO aF), ein weiteres durch einen Arzt desselben Gebietes, zusätzlich aber mit Schwerpunktbezeichnung (zB „Facharzt für Allgemeinchirurgie" oder „Facharzt für Gefäßchirurgie") abgedeckt wird; auch reicht es unter diesem Gesichtspunkt, wenn neben einem Facharzt ohne Schwerpunktbezeichnung (zB „Facharzt für Frauenheilkunde und Geburtshilfe") ein Arzt desselben Gebietes mit Schwerpunktbezeichnung (zB: „Facharzt für Frauenheilkunde und Geburtshilfe", Schwerpunktkompetenz: „Gynäkologische Onkologie" tätig wird; in beiden Fällen sind jeweils zwei Fachgebiete iSd § 95 Abs. 1 S. 2, 4 abgedeckt.

86 Unklar ist, ob in einem MVZ ein **Zusammenhang zwischen den Fachgebieten** bestehen muss. Mag das für Berufsausübungsgemeinschaften möglicherweise gelten,[137] kommt jedenfalls eine Übertragung auf MVZ nicht in Betracht; gegen eine solche Übertragung spricht bereits die Anknüpfung des Gesetzgebers an die Regelungen der MWBO-Ä.[138] Auch wäre hierdurch der langfristige Aufbau großer MVZ mit vielen verschiedenen Fachgebieten „unter einem Dach" praktisch kaum möglich.

87 Der fachübergreifende Charakter setzt voraus, dass für jedes der Fachgebiete mindestens eine halbe Arztstelle zur Verfügung steht, weil das SGB V und die Ärzte-ZV nur zeitlich volle und hälftige Versorgungsaufträge kennen;[139] ist das der Fall, ist dem Kriterium des „Fachübergreifenden" aber auch genügt.

88 (b) **Ärztliche Leitung.** Gemäß § 95 Abs. 1 S. 2 muss ein MVZ einen ärztlichen Leiter haben. Gemäß Abs. 1 S. 3 Hs. 1 muss der ärztliche Leiter in dem MVZ selbst als angestellter Arzt oder als Vertragsarzt tätig sein.[140] Die Leitung umfasst nicht nur die eigentlichen ärztlichen Tätigkeiten, sondern auch die organisatorischen Fragen des MVZ wie beispielsweise den Personaleinsatz oder die Unternehmensplanung.[141] Der ärztliche Leiter hat innerhalb des MVZ quasi eine Zentralposition inne. Zudem ist der ärztliche Leiter regelmäßig Ansprechpartner für Kassenärztliche Vereinigungen und Krankenkas-

---

134 Vgl. BT-Dr. 18/4095, S. 105.
135 http://www.bundesaerztekammer.de/fileadmin/user_upload/downloads/pdf-Ordner/Weiterbildung/MWBO.pdf (zuletzt abgerufen am 1.3.2017).
136 BT-Dr. 16/2474, 21.
137 BSG, 14.12.2012, B 6 KA 31/10 R, juris Rn. 21 = MedR 2012, 826 ff.
138 BT-Dr. 16/2474, 21; Wigge, MedR 2004, 123, 125 f.; Möller, MedR 2007, 263, 264; Möller/Dahm/Remplik in: Ratzel/Luxenburger, § 9 Rn. 25.
139 BSG, 19.10.2011, B 6 KA 23/11 R, juris Rn. 16 = GesR 2012, 179 ff.
140 So auch Kassenärztliche Bundesvereinigung, Medizinische Versorgungszentren – Ein Leitfaden für Gründer, 3. Aufl. 2013, S. 18, 19.
141 Klose, BB 2003, 2702, 2703.

sen. Er ist gemäß Abs. 1 S. 3 Hs. 2 in medizinischen Fragen weisungsfrei.[142] Die tatsächliche Weisungsfreiheit muss gesellschaftsrechtlich gesichert werden.[143] Sind in einem MVZ Angehörige unterschiedlicher Berufsgruppen, die an der vertragsärztlichen Versorgung teilnehmen, tätig, ist gemäß Abs. 1 S. 5 auch eine kooperative Leitung möglich. Bietet das MVZ sowohl ärztliche als auch zahnärztliche Leistungen an, sollen sowohl ein ärztlicher als auch ein zahnärztlicher Leiter zu bestellen sein.[144]

Mangels Konkretisierung in § 95 ist die Stellung des ärztlichen Leiters vergleichbar mit der Stellung des Ärztlichen Direktors[145] im Krankenhaus.[146] **89**

Nach der Rechtsprechung des BSG muss der ärztliche Leiter eines MVZ auch **selbst ärztlich als Angestellter oder als Vertragsarzt im MVZ tätig** sein.[147] Zu Recht weist das BSG darauf hin, dass nur ein ärztlicher Leiter, der in die Organisations- und Versorgungsstrukturen des MVZ eingebunden sei, tatsächlich Einwirkungsmöglichkeiten auf die dortigen Abläufe habe und sicherstellen könne, dass ärztliche Entscheidungen unabhängig von sachfremden Erwägungen getroffen würden. Darüber hinaus treffe den ärztlichen Leiter jedenfalls auch die Verantwortung für die ärztliche Steuerung der Betriebsabläufe und eine Gesamtverantwortung gegenüber der KÄV. Die erforderlichen tatsächlichen Einwirkungsmöglichkeiten habe ein Arzt nur, wenn er selbst in die Arbeitsabläufe eingebunden ist und aus eigener Anschauung das Verhalten der Mitarbeiter beurteilen könne. **90**

Unklar ist die Frage, in welchem **zeitlichen** Umfang der angestellte ärztliche Leiter[148] in dem MVZ tätig sein muss. Im Gesetz findet sich dazu keine klare Regelung. Anhaltspunkte bietet zum einen § 77 Abs. 3 S. 2, wonach Voraussetzung der Mitgliedschaft angestellter Ärzte in der für ihren Vertragsarztsitz zuständigen Kassenärztlichen Vereinigung ist, dass sie mindestens hälftig beschäftigt sind.[149] Der ärztliche Leiter sollte Mitglied der jeweiligen Kassenärztlichen Vereinigung sein, damit er die damit verbundenen Rechte und Pflichten unmittelbar nachvollziehen kann. Daher wird seitens des BSG angenommen, dass der ärztliche Leiter mindestens halbtags im MVZ beschäftigt sein müsse.[150] Insbesondere auch angesichts des Umstands, dass nur ein im MVZ mindestens halbtags beschäftigter Arzt Mitglied der Kassenärztlichen Vereinigung wird, also auch nur er ihrer Disziplinargewalt unterliegt, ist dem zuzustimmen. **91**

Das MVZ hat die Verantwortung für die Abrechnung. Dies bedeutet, bedeutet lediglich, dass das MVZ gegenüber den Institutionen der vertragsärztlichen Versorgung nicht auf ein eventuelles Fehlverhalten der dort tätigen Ärzte verweisen kann. Das bedeutet indes nicht, dass die Pflicht zur Abgabe einer ordnungsgemäßen Abrechnungssammelerklärung allein den Geschäftsführer des MVZ trifft. Die KVen haben dabei die Befugnis, die Pflicht zur Unterzeichnung der Sammelerklärung im Honorarverteilungsmaßstab dem ärztlichen Leiter des MVZ zuzuordnen. Das MVZ trifft insoweit die Verantwortung dafür, einen geeigneten ärztlichen Leiter zu bestellen und über ihn eine wahrheitsgemäße Sammelerklärung abzugeben.[151] **92**

(c) **Selbstschuldnerische Bürgschaftserklärung.** Seit Inkrafttreten des Vertragsarztrechtsänderungsgesetzes (VÄndG) ist gemäß § 95 Abs. 2 S. 6 für die Zulassung eines MVZ in der Rechtsform einer GmbH Voraussetzung, dass die Gesellschafter selbstschuldnerische Bürgschaftserklärungen für Forderungen von Kassenärztlichen Vereinigungen und Krankenkassen gegen das MVZ aus dessen vertragsärztlicher Tätigkeit abgeben; dies gilt auch für Forderungen, die erst nach Auflösung des MVZ fällig **93**

---

142 Vgl. § 2 Abs. 4 MBO: Ärztinnen und Ärzte dürfen hinsichtlich ihrer ärztlichen Entscheidungen keine Weisungen von Nichtärzten entgegennehmen.
143 Klose, BB 2003, 2702, 2703; Ramolla in: Liebold/Zalewski, § 95 SGB V, C 95-179.
144 Möller, MedR 2007, 263, 265.
145 ZT bezeichnet als an der Betriebsleitung beteiligter Leitender Arzt, vgl. zB § 31 Abs. 1 KHGG NRW.
146 Vgl. zB § 31 Abs. 1 S. 2 KHGG NRW, Art. 10 SAbs. 3 BayUniKlinG; Makoski/Krapohl, GesR 2013, 705, 705; Wigge/Boos/Ossege in: Wigge/von Leoprechting, 2011, 111.
147 BSG, 14.12.2011, B 6 KA 33/10 R, juris Rn. 13 ff. = MedR 2012, 695 ff.
148 Der selbständige Vertragsarzt ist immer Mitglied der Kassenärztlichen Vereinigung, da dieser in jedem Fall mindestens einen halben Versorgungsauftrag hat, vgl. § 19 a Ärzte-ZV.
149 Die Mitgliedschaft in den Kassenärztlichen Vereinigungen vermittelt nicht nur Rechte, sondern auch Pflichten, beispielsweise die Pflicht zur Teilnahme am Notfalldienst, der im MVZ teilzeitbeschäftigte Ärzte mit einem Anrechnungsfaktor von 0,25 nicht nachkommen müssen, vgl. BSG, 11.12.2013, B 6 KA 39/12 R, juris Rn. 17 = SozR 4-2500 § 75 Nr. 14; SG Dresden, 20.6.2012, S 11 KA 162/09, juris Rn. 62 ff.).
150 BSG, 11.12.2013, B 6 KA 39/12 R, juris Rn. 25 = GesR 2014, 354; BayLSG, 27.1.2016, L 12 KA 69/14, juris Rn. 25; aA SG Nürnberg, 9.4.2014, S 1 KA 2/14, GesR 2014, 505 f.
151 Vgl. LSG NRW, 24.2.2016, L 11 KA 58/15 B ER, juris Rn. 59 ff. = GesR 2016, 381 ff.; Pawlita in: jurisPK SGB V, § 95 Rn. 99.2.

werden. Seit Inkrafttreten des (GKV-Versorgungsstärkungsgesetz – GKV-VSG) sind auch andere Sicherheitsleistungen nach § 232 BGB zulässig. Die Beschränkung der Sicherheitsleitung auf die Abgabe einer selbstschuldnerischen Bürgschaftserklärung stellt insbesondere die öffentlich-rechtlichen Träger vor große rechtliche Schwierigkeiten. Um Schwierigkeiten in der Praxis abzumildern, werden die möglichen Sicherheitsleistungen auch auf solche nach § 232 BGB erweitert.[152]

94 Unklar und unter dem Gesichtspunkt einer Ungleichbehandlung zu hinterfragen ist, warum die **Gesellschafter eingetragener Genossenschaften** hiervon **ausgenommen** sind, denn auch bei der eingetragenen Genossenschaft ist die Haftung beschränkt; gemäß § 2 GenG[153] haftet für die Verbindlichkeiten der Genossenschaft den Gläubigern nur das Vermögen der Genossenschaft, mithin die Genossenschaftsmitglieder nicht persönlich. Zwar sieht § 105 GenG zwar eine unbeschränkte Nachschusspflicht für Mitglieder vor; diese kann jedoch durch die Satzung beschränkt oder ausgeschlossen werden.

95 Maßgeblicher Grund für die Einführung dieser zusätzlichen Voraussetzung war die Auffassung des Gesetzgebers, dass durch diese Regelung kooperative Versorgungsformen, die in der Rechtsform einer juristischen Person organisiert sind, haftungsrechtlich den als Personengesellschaft organisierten kooperativen Organisationsformen (Berufsausübungsgemeinschaft, MVZ in der Freiberuflervariante als GbR) in einem wichtigen Bereich gleichgestellt werden:[154] Vertragsärzte, die als Einzelpersonen oder als Gesamthand in vertragsarztrechtlichen Beziehungen zu einer Kassenärztlichen Vereinigung und zu Krankenkassen stehen würden, würden persönlich für Ansprüche dieser Institutionen mit ihrem Privatvermögen haften. Diese Haftungserstreckung müsse zum Schutze der Gemeinschaft der anderen in der Kassenärztlichen Vereinigung durch Pflichtmitgliedschaft organisierten vertragsärztlichen Leistungserbringer und zum Schutz der Solidargemeinschaft der Versicherten auch für Rechtsansprüche von Kassenärztlichen Vereinigungen und Krankenkassen gelten.[155]

96 Die Bürgschaft iSd § 95 Abs. 2 S. 6 stellt einen öffentlich-rechtlichen Vertrag dar;[156] gleichwohl wird mit dem **Begriff der „selbstschuldnerischen Bürgschaftserklärung"** in § 95 Abs. 2 S. 6 an die §§ 765 ff. BGB angeknüpft; sie sind entsprechend anzuwenden.

97 Durch die Bürgschaft verpflichtet sich der Bürge gegenüber dem Gläubiger eines Dritten, für die Erfüllung der Verbindlichkeit des Dritten einzustehen.[157] Dogmatisch handelt es sich bei der Bürgschaft um einen einseitig verpflichtenden Vertrag.[158]

98 Ungeklärt ist bislang, **ob die Bürgschaftserklärung der Höhe nach beschränkt werden darf**. Nach Auffassung der KBV soll die Frage, ob und ggf. in welcher Höhe die Bürgschaftserklärung zu beschränken ist, grundsätzlich zugunsten einer Unbeschränkbarkeit zu beantworten sein.[159] Andernfalls würde sich auch die Frage stellen, woran man die Höhe festmacht und ob neue Bürgschaftserklärungen abgegeben werden müssen, sollte sich die Größe eines MVZ verändern.

99 Die Position des Bürgen weist § 65 Abs. 2 S. 6 allen Gesellschaftern einer GmbH zu; das gilt unabhängig davon ob es sich hierbei um eine natürliche Person oder eine GmbH (zB die Krankenhaus-GmbH, die ein Plankrankenhaus betreibt), handelt. Nach zutreffender Auffassung des BSG ist angesichts des klaren Wortlauts der Vorschrift nicht darauf abzustellen, ob der bürgschaftspflichtige Gesellschafter seinerseits (zB als GmbH) beschränkt haftet; auch wenn das der Fall sein sollte, ist – nur – er bürgschaftspflichtig.[160]

100 Probleme bereiten die Bürgschaftsverpflichtungen von Körperschaften, Anstalten und Stiftungen des öffentlichen Rechts.

---

152 Vgl. BT-Dr. 18/5123, S. 128.
153 Genossenschaftsgesetz in der Fassung der Bekanntmachung vom 16.10.2006 (BGBl. I, 2230), zuletzt geändert durch Gesetzes vom 15.7.2013 (BGBl. I, 2379).
154 GesE der BReg vom 30.8.2006, BT-Dr. 16/2474, 21; zur Entstehungsgeschichte Steinhilper/Weimer, GesR 2006, 200, 202 f.; Dahm/Ratzel, MedR 2006, 555, 565 f.; Makoski/Möller, MedR 2007, 524, 525; Dahm, MedR 2008, 257, 258 f.
155 Vgl. Makoski/Möller, MedR 2007, 524, 525.
156 Rehborn in: FS ARGE Medizinrecht, DAV 2008, 417, 427.
157 Vgl. § 765 Abs. 1 BGB; Sprau in: Palandt, Einf. v. § 765 BGB Rn. 1 f.; E. Herrmann in: Erman, Vor § 765 BGB Rn. 1.
158 Sprau in: Palandt, § 765 BGB Rn. 1; E. Herrmann in: Erman, Vor § 765 BGB Rn. 2.
159 Vgl. Rechtsabteilung der KBV, Fragenkatalog VÄnG, Nr. 70, 71 ((Link lässt sich nicht öffnen); Möller, MedR 2007, 263, 267.
160 BSG, 22.10.2014, B 6 KA 36/13 R, juris.

Universitätskliniken sind in der Bundesrepublik Deutschland in der Regel als eigenständige Anstalten des öffentlichen Rechts[161] oder als unselbstständige Teile einer Universität, die wiederum Körperschaft des öffentlichen Rechts ist, organisiert.[162] Soweit die Universitätsklinik MVZ selber trägt,[163] ist grundsätzlich keine Bürgschaftserklärung erforderlich, da es sich bei dieser nicht um eine juristische Person des Privatrechts, sondern um eine solche des Öffentlichen Rechts handelt. Etwas anderes gilt jedoch für den Fall, dass eine Universitätsklinik für den Betrieb eines MVZ eine GmbH, mithin eine juristische Person des Privatrechts, gründet. Die Universitätsklinik unterliegt als landesunmittelbare Körperschaft grundsätzlich den (einschränkenden) Bestimmungen der jeweiligen Landeshaushaltsordnung, gelegentlich auch mit Ausnahmemöglichkeiten durch Zustimmung eines Ministeriums oder des Landtags[164]

Bei **kirchlich getragenen Krankenhäusern** ist nach der konkreten Trägerschaft zu unterscheiden. In Betracht kommen insoweit Pfarrkrankenhäuser, Ordenskrankenhäuser und Stiftungskrankenhäuser. Für Pfarrkrankenhäuser besteht die einzige materiellrechtliche Grenze im Gemeinnützigkeitsrecht der Abgabenordnung. Soweit Ordenskrankenhäuser[165] direkt vom Orden getragen werden, hat der entsprechende Obere, in der Regel der Abt oder die Äbtissin, zuzustimmen, can. 638 § 3 S. 1 CIC. Es ist nicht davon auszugehen, dass der Wert der Bürgschaft die vom Heiligen Stuhl festgesetzte Wertgrenze überschreitet;[166] gegebenenfalls wäre auch dessen Zustimmung erforderlich, can. 638 § 3 S. 2 CIC. Materiell ist vorgesehen, dass der Übernahme von Verpflichtungen, dh auch der Abgabe von Bürgschaftserklärungen, nur zugestimmt werden soll, wenn diese „nicht zu hoch sind" und das finanzielle Risiko überschaubar ist, can. 639 § 5 CIC. Wenn Krankenhäuser von Stiftungen getragen werden, besteht der rechtliche Rahmen in den §§ 80 ff. BGB, in den Stiftungsgesetzen der Länder und in den besonderen kirchenrechtlichen Regelungen.[167] Auch für diese gilt, dass die Stiftungsorgane die Stiftung so zu verwalten haben, dass die nachhaltige Verwirklichung des Stiftungszwecks gesichert ist. Dabei ist das Stiftungsvermögen ungeschmälert zu erhalten.[168]

Gelegentlich wird gefordert, die **Hauptverbindlichkeit** müsse **bestimmbar** sein, da bei Abgabe der Bürgschaftserklärung regelmäßig unklar sein wird, welches betragsmäßige Risiko der Bürge übernimmt.[169] Auf die Frage, ob eine sachliche Begrenzung insofern vorliegt, als es sowieso um Forderungen geht, die nur *bestimmte* Gläubiger aus *bestimmten* Rechtsverhältnissen geltend machen können und die Bürgschaft deshalb auch zivilrechtlich anzuerkennen wäre,[170] kommt es nicht an. In jedem Fall würde nämlich das spezifische Bürgschaftsgebot des § 95 Abs. 2 S. 6 als speziellere Norm vorgehen; eine entsprechende Anwendung zivilrechtlicher Erfordernisse würde hieran scheitern.

Darüber hinaus forderte der Gesetzgeber, dass die Bürgschaftserklärung **selbstschuldnerisch** sein müsse. Selbstschuldnerisch ist eine Bürgschaftserklärung dann, wenn ein Bürge gemäß § 773 Abs. 1 Nr. 1 BGB auf die ihm grundsätzlich zustehende Einrede der Vorausklage nach § 771 BGB verzichtet.[171] Die selbstschuldnerische Bürgschaft ist für den Bürgen besonders riskant, da sich der Gläubiger des Dritten unter Umständen unmittelbar an den Bürgen hält.[172] Das ist vom Gesetz gewollt; Kassenärztliche Vereinigungen und Krankenkassen sollen nicht erst versuchen müssen, ihre Forderung gegen die beschränkt haftende Kapitalgesellschaft geltend zu machen.

Offen ist die Frage, ob die **Bürgschaft befristet** werden darf. Insbesondere ist zu fragen, ob die Verpflichtung aus der Bürgschaft auch nach dem Ausscheiden eines Gesellschafters aus der MVZ weiter besteht. Zunächst gilt die Bürgschaft nach dem Wortlaut des § 95 Abs. 2 S. 6 Hs. 2 auch für Forderun-

---

161 Vgl. zB § 1 BayUniKlinG, § 41 Abs. 1 HochschulG NRW.
162 Makoski/Möller, MedR 2007, 524, 530; näher hierzu Houben, Die Rechtsformen des Universitätsklinikums 2014, 89 ff.
163 Unbeschadet der Frage, ob das angesichts einer fehlenden eigenen Rechtsform des MVZ zulässig ist, vgl. Rn. 68.
164 Näher hierzu Makoski/Möller, MedR 2007, 524 ff.
165 Vgl. zB den Alexianer- und den Franziskanerorden.
166 Vgl. jedoch zur Beinaheinsolvenz des Deutschen Ordens und seinem Rückzug aus dem Krankenhausbereich BayLT-Dr. 14/9955 (ww.
167 Vgl. Art. 21 BayStG, § 13 StiftG NRW.
168 Vgl. Art. 6 BayStG, § 4 StiftG NRW; im Einzelnen hierzu Makoski/Möller, MedR 2007, 524 ff.
169 Vgl. Makoski/Möller, MedR 2007, 524, 525.
170 BGH, 18.5.1995, IX ZR 108/94, juris Rn. 24 = BGHZ 130, 19 ff.; vgl. auch Sprau in: Palandt, § 765 BGB Rn. 7; Makoski/Möller, MedR 2007, 524, 525; aA Reinike/Tiedke, DB 1995, 2301, 2301.
171 Vgl. E. Herrmann in: Erman, § 773 BGB Rn. 2; Rehborn in: FS ARGE Medizinrecht im DAV 2008, 417, 426, 427.
172 Vgl. Sprau in: Palandt, § 773 BGB Rn. 2.

gen, die erst nach Auflösung des MVZ fällig werden. Unter Zugrundelegung dieser Formulierung kommt eine Bürgschaftshaftung grundsätzlich nur dann in Betracht, wenn
- die Grundlagen für die Entstehung der verbürgten Forderungen in der Zeit des Betriebes des MVZ begründet waren und
- der Bürge in dieser Zeit Gesellschafter des MVZ war oder sein Ausscheiden aus dem Gesellschafterkreis den Zulassungsgremien nicht angezeigt hat.

Angesichts dessen bedarf es keiner Befristung; das Gesetz sieht sie zudem nicht vor.

106 Ungeklärt ist schließlich bislang, ob und ggf. wie lange die Haftungsverpflichtung des ehemaligen Gesellschafters aus der Bürgschaft auch nach seinem Ausscheiden als Gesellschafter aus dem MVZ fortbesteht (**Nachhaftung des Bürgen**). Das Gesetz lässt diese Frage unbeantwortet. Zu berücksichtigen ist jedoch, dass der Gesetzgeber in seiner Begründung einen Vergleich mit zumeist als GbR organisierten Berufsausübungsgemeinschaften benennt.[173] Bei diesen ist die Nachhaftung ausgeschiedener Gesellschafter gemäß § 736 Abs. 2 BGB, § 160 Abs. 1 HGB auf fünf Jahre beschränkt. Es ist sachgerecht, diese Vorschriften entsprechend auf das MVZ anzuwenden; demgemäß sind die Bürgschaftserklärungen fünf Jahre nach Ausscheiden eines Gesellschafters zurück zu geben.[174]

107 Rechtlich nicht unerheblich ist auch die Frage, ob die **Bürgschaftsverpflichtung nur für neu die Zulassung beantragende MVZ oder auch für alle vor Inkrafttreten des VÄndG am 1.1.2007 bestehenden MVZ** gilt. Nach zutreffender Auffassung[175] sind die Zulassungsgremien gegenüber einem vor dem 1.1.2007 bestandskräftig zugelassenen MVZ nicht berechtigt, eine Verpflichtung zur Vorlage von selbstschuldnerischen Bürgschaften durch ihre Gesellschafter, verbunden mit der Androhung des Widerrufs der Zulassung für den Fall der Nichtabgabe, auszusprechen, da die Vorschrift über die selbstschuldnerische Bürgschaft erst mit dem VÄndG zum 1.1.2007 in Kraft getreten sei; die Bürgschaftserklärung sei nur Zulassungsvoraussetzung, diese bereits aber erteilt.

108 Hinsichtlich der **Gestaltungsfragen** der Bürgschaftserklärung sollte unmittelbar zu Beginn des Bürgschaftstextes klargestellt werden, dass die Erklärung abgegeben wird, um die Zulassungsvoraussetzungen des § 95 Abs. 2 S. 6 zu erfüllen. Eine solche Klarstellung ist jedenfalls wichtig, um zu bestimmen, wer allenfalls in den „Genuss" der Bürgschaftserklärung kommen kann.[176]

109 Darüber hinaus ist zu fragen, in welcher Form und wem gegenüber die Bürgschaftserklärung abzugeben ist.

110 Hinsichtlich der **Schriftform** ist zunächst auf die bürgschaftsrechtliche Vorschrift des § 766 S. 1 BGB zu verweisen. Darin heißt es: *„Zur Gültigkeit des Bürgschaftsvertrags ist schriftliche Erteilung der Bürgschaftserklärung erforderlich."* § 766 BGB bezweckt den Schutz des Bürgen. Sie hat wegen der Gefährlichkeit der Bürgschaft Warnfunktion und soll zugleich das übernommene Risiko des Bürgen eingrenzen.[177] Eine entsprechende Anwendung auf die Bürgschaft iSd § 95 Abs. 2 S. 6 ist daher angezeigt. Die Nichteinhaltung der Form macht die Bürgschaftserklärung gemäß § 125 S. 1 BGB nichtig, jedoch wird der Mangel der Form gemäß § 766 S. 3 BGB geheilt, soweit der Bürge die Hauptverbindlichkeit erfüllt.

111 Schließlich ist unklar, **wem gegenüber die Bürgschaftserklärung abzugeben** ist. Nach Auffassung der KBV wäre die Bürgschaftserklärung gegenüber dem Zulassungsausschuss abzugeben.[178] Dem steht zunächst nicht entgegen, dass der Wortlaut des § 95 Abs. 2 S. 6, wonach die Gesellschafter eines MVZ Bürgschaftserklärungen *„für Forderungen von Kassenärztlichen Vereinigungen und Krankenkassen"* gegen das MVZ abzugeben haben, insoweit nicht eindeutig ist. Zudem ist zu berücksichtigen, dass es in der Bundesrepublik Deutschland derzeit 17 Kassenärztliche Vereinigungen[179] und ca. 118 gesetzliche Krankenkassen gibt.[180] Soweit für die Zulassung eines MVZ im Vorfeld die Abgabe von Bürg-

---

173 Vgl. BT-Dr. 16/2474, 21.
174 Rehborn in: FS ARGE Medizinrecht, DAV 2008, 417, 423; ähnlich Makoski/Möller, MedR 2007, 524, 526; Möller, MedR 2007, 263, 268.
175 SG Marburg, 12.12.2007, S 12 KA 395/07, juris = MedR 2008, 240 ff.
176 Vgl. Kuhla, das Krankenhaus 2007, 460, 461.
177 Vgl. BGH, 29.2.1996, IX ZR 153/95, juris Rn. 7 = BGH NJW 1996, 1467 ff.; Palandt, § 766 Rn. 1.
178 Vgl. Rechtsabteilung der KBV, Fragenkatalog VÄndG, Nr. 68.
179 S. http://www.kbv.de/html/432.php (zuletzt abgerufen am 1.3.2017).
180 S. https://www.gkv-spitzenverband.de/presse/zahlen_und_grafiken/zahlen_und_grafiken.jsp#lightbox, Stand: 1.1.2016 (zuletzt abgerufen am 1.3.2017).

schaftserklärung an alle diese Körperschaften als erforderlich angesehen würde, wäre dieses mit einem erheblichen Aufwand verbunden.[181]

Die Bürgschaftsurkunde ist an den Bürgen wieder zurückzugeben, soweit keine „*Forderungen von Kassenärztlichen Vereinigungen und Krankenkassen gegen das medizinische Versorgungszentrum aus dessen vertragsärztlicher Tätigkeit*"[182] mehr bestehen oder entstehen können, § 371 BGB analog. Insoweit ist zu beachten, dass nach Auflösung des MVZ sämtliche Fristen beispielsweise für Forderungen aus Wirtschaftlichkeits-, Regress-, oder Plausibilitätsverfahren abgelaufen sein müssen; auch dürfen keine Verfahren mehr anhängig sein.[183] Nach Auffassung des SG Hannover die Entscheidung über die Herausgabe der Bürgschaftsurkunde, die im Rahmen des Zulassungsverfahrens nach § 95 Abs. 6 S. 2 abgegeben worden ist, als Verwaltungsakt zu werten. Das Ausscheiden eines Gesellschafters aus einem MVZ und die Abgabe einer weiteren Bürgschaftserklärung durch den neu eintretenden Gesellschafter führen nicht automatisch zu einem Herausgabeanspruch im Hinblick auf die alte Bürgschaftsurkunde.[184]

112

Unklar ist derzeit die Frage, wie die grundsätzliche **Rechtsverfolgung** der selbstschuldnerischen Bürgschaft erfolgen könnte. Insbesondere ist unklar, ob die Zivil- oder Sozialgerichte zuständig sind. Für die zivilrechtliche Lösung spricht zunächst, dass auch für die Inanspruchnahme aus Bürgschaften zur Absicherung öffentlich-rechtlicher Ansprüche der Zivilrechtsweg gegeben sein soll.[185] Hierfür spricht auch, dass es im abschließenden Gesetzentwurf der Bundesregierung vom 30.8.2006 heißt, „*dass die Gesellschafter als Zulassungsvoraussetzung selbstschuldnerische Bürgschaften gemäß § 773 BGB abzugeben haben.*"[186] Damit könnte eine Bezugnahme auf die Rechtsnatur des Anspruchs und damit auf den (Zivil-)Rechtsweg gegeben sein.[187] Für die sozialrechtliche Lösung spricht hingegen der Sachzusammenhang;[188] ihr ist der Vorzug zu geben.

113

Aus dem Umstand, dass § 95 Abs. 2 S. 6 nur von der Verpflichtung zur Abgabe einer Bürgschaft*serklärung* spricht, während die Bürgschaft selbst einen Vertrag (vgl. auch § 765 Abs. 1 BGB) darstellt, ist zu folgern, dass es noch einer Annahmeerklärung bedarf. Diese erfolgt erst im „Bürgschaftsfall", dh bei Inanspruchnahme aus der Bürgschaft durch Kassenärztliche Vereinigungen oder bestimmte Krankenkassen; bis dahin ist die Bürgschaftserklärung ihnen gegenüber als unwiderrufliches Angebot zu verstehen.[189]

114

(9) Anstellung im MVZ. Nach § 95 Abs. 2 S. 7 bedarf die Anstellung eines Arztes in einem zugelassenen MVZ der **Genehmigung des Zulassungsausschusses**. Verzichtet ein Vertragsarzt mit dem Ziel der Anstellung im MVZ auf seine vertragsärztliche Zulassung (§ 103 Abs. 4 a S. 1), so wandelt sich der Vertragsarztsitz in eine „Arztstelle" um, die dem MVZ zugeordnet ist. Mit dem Eintritt in das MVZ „überträgt" der betreffende Vertragsarzt seine Zulassung auf das MVZ und erhält eine Anstellung.[190]

115

Normativ offen ist die in der Praxis wesentliche Frage nach der Dauer der Angestelltentätigkeit. Aus der Tatsache, dass eine Anstellungsgenehmigung nach § 103 Abs. 4a S. 1 nur erteilt werden darf, wenn der anzustellende Arzt gerade mit dem Ziel auf seine Zulassung verzichtet hat, in dem MVZ tätig zu werden, aus dem Ausnahmecharakter der Regelung sowie den dargestellten systematischen Erwägungen folgt auch, dass nicht jede beliebig geringe Dauer einer angestrebten Angestelltentätigkeit den Anspruch auf die Erteilung einer Genehmigung nach dieser Vorschrift begründen kann. Als innerer Vorgang ist die Absicht des auf die Zulassung verzichtenden Arztes, in dem MVZ tätig zu werden, einer objektive Überprüfung nicht ohne Weiteres zugänglich. Zweifellos wird sich der Wille des Arztes, in einem MVZ tätig zu werden, aber jedenfalls nicht in einer "logischen Sekunde" erschöpfen dürfen; vielmehr muss die Tätigkeit als Angestellter tatsächlich ausgeübt werden, weil unter diesen Umständen feststeht, dass nicht der Wille des auf die Zulassung verzichtenden Arztes im Vordergrund steht, im MVZ tätig zu werden, sondern der Wille des MVZ, die Stelle nach eigener Wahl nachbeset-

116

---

181 Vgl. Kuhla, das Krankenhaus 2007, 460; Dahm, MedR 2008, 257, 262 f.
182 § 95 Abs. 2 S. 6 Hs. 1.
183 Vgl. Möller, MedR 2007, 263, 268.
184 2.9.2015, S 78 KA 505/10, juris Rn. 21, 22 = GesR 2015, 676 f.
185 BGH, 16.2.1984, IX ZR 45/83, juris Rn. 10 = NJW 1984, 1622 ff.
186 BT-Dr. 16/2474, 21.
187 Dahm, MedR 2008, 257, 267.
188 Kuhla, das Krankenhaus 2007, 460, 461.
189 Näher Rehborn in: FS ARGE Medizinrecht, DAV 2008, 417, 430 ff.
190 Wigge/Boos/Ossege in: Wigge/von Leoprechting, 2011, 200.

zen zu können.¹⁹¹ Konkrete Hinweise auf den zeitlichen Horizont, auf den sich der Wille zur Ausübung der Tätigkeit als Angestellter im MVZ zu beziehen hat, damit daraus auf einen entsprechenden Willen geschlossen werden kann, sind dem Wortlaut der Vorschrift allerdings nicht zu entnehmen. Der in Teilen der Literatur¹⁹² vertretenen Auffassung, nach der eine Dauer der Angestelltentätigkeit von ein oder zwei Quartalen ausreichen würde, um zu dokumentieren, dass auf die Zulassung gerade mit Ziel verzichtet wurde, in einem MVZ tätig zu werden, ist nach Auffassung des BSG nicht zu folgen.¹⁹³ Das BSG orientiert sich vielmehr an der § 103 Abs. 3 a S. 5 iVm S. 3 und Abs. 4 S. 5 Nr. 6 idF des GKV-VSG zugrunde liegenden Wertung: Die Privilegierung von Bewerbern, die bereits als Angestellte in der Praxis des bisherigen Vertragsarztes tätig waren oder die Praxis mit diesem gemeinschaftlich betrieben haben, werde dort an eine Kooperation mit einer Dauer von zumindest drei Jahren gebunden, um zu verhindern, dass die Regelungen zum Abbau von Überversorgung durch ein nur kurzzeitiges Anstellungs- oder Jobsharing-Verhältnis umgangen würden. Dieser Gedanke könne auf die Anstellungsgenehmigung nach § 103 Abs. 4a S. 1 übertragen werden. Die Genehmigung werde dem MVZ nicht erteilt, um ihm die Möglichkeit zu geben, die Stelle ohne Bindung an die Auswahlentscheidung eines Zulassungsgremiums zu besetzen, nachzubesetzen oder nach § 95 Abs. 2 S. 8 letzter Teilsatz, Abs. 9 b in eine Zulassung umzuwandeln, sondern weil der Vertragsarzt dort als Angestellter tätig werden möchte. Nach Ablauf von drei Jahren der Tätigkeit dieses Arztes im MVZ kann nach Auffassung des BSG davon ausgegangen werden, dass die gesetzlich vorgegebene Gestaltung auch tatsächlich gewollt und gelebt worden ist. Würde die Tätigkeit des Arztes, der unter Umwandlung seiner Zulassung in eine Anstellung bei einem MVZ "tätig werden wollte", vor Ablauf von drei Jahren enden, hänge das Nachbesetzungsrecht des MVZ davon ab, ob nach den Umständen davon ausgegangen werden könne, dass der ursprünglich zugelassene Arzt zunächst tatsächlich zumindest drei Jahre im MVZ tätig werden wollte, diese Absicht aber aufgrund von Umständen, die ihm zum Zeitpunkt des Verzichts auf die Zulassung noch nicht bekannt waren, nicht mehr realisieren konnte. Dies kann nach Auffassung des BSG der Fall sein, wenn er erkrankt oder aus zwingenden Gründen seine Berufs- oder Lebensplanung ändern musste. Gegen den Willen zur Fortsetzung der vertragsärztlichen Tätigkeit im MVZ für zumindest drei Jahre spricht dagegen zB, wenn der Arzt im Zuge des Verzichts auf die Zulassung und der Beantragung der Anstellungsgenehmigung durch das MVZ schon konkrete Pläne für das alsbaldige Beenden seiner Tätigkeit entwickelt hat, oder wenn das MVZ zu diesem Zeitpunkt schon Verhandlungen mit einem an der Nachbesetzung der betroffenen Arztstelle interessierten anderen Arzt geführt hat, die sich auf die unmittelbare Zukunft und nicht auf einen erst in drei Jahren beginnenden Zeitraum beziehen. Je kürzer die Angestelltentätigkeit des Arztes gewesen sei, desto höhere Anforderungen wären an den Nachweis der Umstände zu stellen, die die Absicht zur Ausübung der Angestelltentätigkeit in einer Dauer von zumindest drei Jahren dokumentieren. Wenn Änderungen der Verhältnisse, die eine Änderung der ursprünglich bestehenden Absichten nachvollziehbar erscheinen ließen, nicht festzustellen sind, gehe dies zulasten des an der Nachbesetzung der Arztstelle interessierten MVZ.¹⁹⁴

117 Um aber auch die Interessen der Ärzte zu wahren, die zwar tatsächlich noch in einem MVZ tätig werden, altersbedingt aber ihren Tätigkeitsumfang allmählich vermindern wollen, kann sich die angestrebte Anstellung für eine Dauer von wenigstens drei Jahren als zentraler Indikator für den Tätigkeitswillen im Sinne des § 103 Abs. 4a S. 1 nur auf die Tätigkeit als solche beziehen. Wenn ein solcher Arzt zunächst ein Jahr in dem Umfang im MVZ tätig war, in dem er zuvor als zugelassener Arzt an der Versorgung teilgenommen hat, seinen Beschäftigungsumfang in den beiden folgenden Jahren aber vermindert, etwa indem er jeweils seinen Beschäftigungsumfang schrittweise um den Anrechnungsfaktor 0,25 reduziert, wirkt sich dies nicht auf das Nachbesetzungsrecht des MVZ aus, so dass insoweit die allgemeinen Regelungen gelten.¹⁹⁵ Die Nachbesetzung einer Viertelstelle in einem MVZ muss grundsätzlich innerhalb eines Jahres nach ihrem Freiwerden betrieben werden.¹⁹⁶

118 Grundlage eines Anstellungsverhältnisses ist der den Zulassungsgremien in der Regel vorzulegende **schriftliche Anstellungsvertrag**. Inhaltlich umfasst dieser sowohl ärztliche als auch arbeits-, sozialversi-

---

191 BSG, 4.5.2016, B 6 KA 21/15 R, juris Rn. 27.
192 Z.B. Konerding, Der Vertragsarztsitz in MVZ, 2009, S. 132.
193 Vgl. Schäfer-Gölz, ZMGR 2009, 190, 194.
194 BSG, 4.5.2016, B 6 KA 21/15 R, juris Rn. 27-29; Willaschek (MedR 2016, S. 1011) bezeichnet diese Entscheidung als „eine der praktisch bedeutsamsten zulassungsrechtlichen der letzten Jahre."; vgl. auch Niggehoff, jurisPR-MedizinR 11/2016 Anm. 1; Reiter, ZMGR 2016, 340 ff.; Greve, ZMGR 2016, 379 ff.
195 BSG, 4.5.2016, B 6 KA 21/15 R, juris Rn. 30; BSG, 4.5.2016, B 6 KA 28/15 R, juris Rn. 21.
196 BSG, 4.5.2016, B 6 KA 28/15 R, juris Rn. 26.

cherungs- und steuerrechtliche Elemente; ärztliche Elemente sind beispielsweise solche, die sich aus der Bedarfsplanungsrichtlinie ergeben. Die Zulassungsgremien haben im Rahmen des Genehmigungsverfahrens aber lediglich arztrechtliche Elemente in ihre Prüfung mit einzubeziehen. Keinesfalls kann die Genehmigung einer Anstellung beispielsweise aus dem Grund versagt werden, dass der Vertrag gegen das Arbeitszeitgesetz verstoße – unabhängig davon, ob ein solcher Verstoß tatsächlich vorliegt.

Nicht nur Vertragsärzte, sondern auch MVZ haben die **Bedarfsplanungsrichtlinie (Bedarfsplanungs-RL)**[197] zu beachten. Dies folgt unmittelbar aus §§ 103, 101 Abs. 1 Nr. 4. Das bedeutet, dass sämtliche in einem MVZ tätigen Ärzte bedarfsplanungsrechtlich berücksichtigt werden müssen. Daraus folgt in gesperrten Planungsbereichen, dass Vertragsarztzulassungen ausschließlich durch 119

- Zulassungsverzicht zugunsten eines MVZ,
- Beteiligung eines MVZ an einem Nachbesetzungsverfahren

erlangt werden können.[198] Nach § 51 Bedarfsplanungs-Richtlinie[199] können je (Arzt-)Stelle maximal vier teilzeitbeschäftigte Ärzte mit einem Anrechnungsfaktor von je 0,25 angestellt werden. Nach § 51 sind grundsätzlich für die Feststellung des Versorgungsgrades genehmigte angestellte Ärzte in MVZ mit dem Faktor 1 zu berücksichtigen, soweit sie vollbeschäftigt sind. Teilzeitbeschäftigte Ärzte sind bei der Feststellung des örtlichen Versorgungsgrades der ambulanten Versorgung nach Maßgabe des konkreten Beschäftigungsumfangs in der ambulanten Versorgung zu berücksichtigen. Dabei gelten folgende Anrechnungsfaktoren:

Vertraglich vereinbarte Arbeitszeit	Anrechnungs-Faktor
bis 10 Stunden pro Woche	0,25
über 10 bis 20 Stunden pro Woche	0,5
über 20 bis 30 Stunden pro Woche	0,75
über 30 Stunden pro Woche	1,0

Werden Arbeitsstunden pro Monat vereinbart, ist der Umrechnungsfaktor 0,23 zur Errechnung der Wochenarbeitszeit anzuwenden.

(10) **Ausblick.** Nach dem Koalitionsvertrag zwischen CDU/CSU und SPD zur 18. Legislaturperiode vom 16.12.2013 sollen künftig auch arztgruppengleiche MVZ zugelassen werden.[200] Außerdem soll es auch Kommunen ermöglicht werden, MVZ zu gründen; davon unberührt gilt der Vorrang eines ärztlichen Bewerbers (§ 103 Abs. 4 c). Bei Vergütung und Zulassung dürfen MVZ im Rahmen des bestehenden Rechts nicht benachteiligt werden. 120

cc) **Zulassung von Zahnärzten.** Hinsichtlich der Zulassung von Zahnärzten werden nachfolgend nur die wesentlichen Punkte thematisiert, in denen die Zulassung von Zahnärzten von der Zulassung von Ärzten abweicht. Neben § 95 ist wesentlich die **Zahnärzte-ZV**.[201] 121

An der vertragsärztlichen Versorgung nehmen gemäß §§ 95 Abs. 1 S. 1, 72 Abs. 1 S. 2 auch zugelassene Zahnärzte teil. Nach § 95 Abs. 2 S. 3 Nr. 2 SGB V, § 3 Abs. 2 Ziff. b) Zahnärzte-ZV erfolgt die Eintragung in ein Arztregister auf Antrag nach Ableistung einer zweijährigen Vorbereitungszeit für Vertragszahnärzte. Die Kassenzahnärztlichen Vereinigungen (KZV) führen gemäß § 1 Zahnärzte-ZV für 122

---

197 Richtlinie des GBA über die Bedarfsplanung sowie die Maßstäbe zur Feststellung von Überversorgung und Unterversorgung in der vertragsärztlichen Versorgung (Bedarfsplanungs-Richtlinie) in der Neufassung vom 20.12.2012, veröffentlicht im BAnz AT vom 31.12.2012 B7 vom 31.12.2012, in Kraft getreten am 1.1.2013, zuletzt geändert am 16.6.2016, veröffentlicht im BAnz AT 14.9.2016 B3 vom 14.9.2016, in Kraft getreten am 15.9.2016.
198 Kassenärztliche Bundesvereinigung, Medizinische Versorgungszentren – Ein Leitfaden für Gründer, 2013, 20.
199 Richtlinie des GBA über die Bedarfsplanung sowie die Maßstäbe zur Feststellung von Überversorgung und Unterversorgung in der vertragsärztlichen Versorgung (Bedarfsplanungs-Richtlinie) in der Neufassung vom 20.12.2012, veröffentlicht im BAnz AT vom 31.12.2012 B7 vom 31.12.2012, in Kraft getreten am 1.1.2013, zuletzt geändert am 16.6.2016, veröffentlicht im BAnz AT 14.9.2016 B3 vom 14.9.2016, in Kraft getreten am 15.9.2016.
200 S. 76 des Koalitionsvertrages zwischen CDU/CSU und SPD vom 16.12.2013 (18. Legislaturperiode), https://www.bundesregierung.de/Content/DE/_Anlagen/2013/2013-12-17-koalitionsvertrag.pdf?__blob=publicationFile (zuletzt abgerufen am 1.3.2017).
201 Zulassungsverordnung für Vertragszahnärzte (Zahnärzte-ZV) vom 28.5.1957 (BGBl. III, Glied.-Nr. 8230-26) zuletzt geändert durch Art. 15 Gesetz vom 24.10.2015 (BGBl. I, 1789).

jeden Zulassungsbezirk ein Zahnarztregister, in dem sie die zugelassenen Zahnärzte und solche Zahnärzte erfassen, die eine Eintragung in das Zahnarztregister beantragt haben.

123 Die Vorbereitungszeit muss gemäß § 3 Abs. 3 Zahnärzte-ZV eine mindestens sechsmonatige Tätigkeit als Assistent oder Vertreter eines oder mehrerer Kassenzahnärzte umfassen. Die Zeit einer Tätigkeit als angestellter Zahnarzt bei einem privatärztlich tätigen, nicht zur vertragsärztlichen Versorgung zugelassenen Zahnarzt kann jedoch nicht auf die vor der Eintragung in das Zahnarztregister abzuleistende Vorbereitungszeit angerechnet werden.[202] Die Pflicht zur Vorbereitungszeit gilt gemäß § 3 Abs. 4 Zahnärzte-ZV nicht für Zahnärzte, die in einem Mitgliedstaat der Europäischen Union oder einem anderen Vertragsstaat des Abkommens über den Europäischen Wirtschaftsraum oder einem Vertragsstaat, dem Deutschland und die Europäische Gemeinschaft oder Deutschland und die Europäische Union vertraglich einen entsprechenden Rechtsanspruch eingeräumt haben, einen nach den gemeinschaftsrechtlichen Vorschriften anerkannten Ausbildungsnachweis erworben haben und zur Berufsausübung zugelassen sind.

124 Mit Inkrafttreten des GKV-Wettbewerbsstärkungsgesetzes am 1.4.2007 sind Zulassungsbeschränkungen für Vertragszahnärzte entfallen.[203] § 103, der die Anordnung von Zulassungsbeschränkungen regelt, gilt nicht mehr für Zahnärzte, § 103 Abs. 8. Zur Begründung wurde angeführt, für den Bereich der vertragszahnärztlichen Versorgung könne auf die Steuerung durch zwingende Zulassungsbeschränkungen verzichtet werden; indiesem Leistungsbereich stelle sich zum einen das Problem der Überversorgung nicht in gleicher Weise wie im Bereich der vertragsärztlichen, insbesondere der fachärztlichen Versorgung, zum anderen sei auch die Gefahr von Leistungsausweitungen und angebotsinduzierter Versorgung nicht in der Weise gegeben wie im Bereich der vertragsärztlichen Versorgung.[204] Trotzdem müssen auch Zahnärzte für eine Zulassung zur vertragszahnärztlichen Versorgung einen entsprechenden Antrag beim Zulassungsausschuss für Zahnärzte, der bei den jeweiligen Kassenzahnärztlichen Vereinigungen angesiedelt ist, stellen.

125 dd) **Zulassung von Psychotherapeuten.** Nachfolgend werden nur die wesentlichen Punkte thematisiert, in denen die Zulassung von Psychotherapeuten von der Zulassung von Ärzten abweicht.

126 An der vertragsärztlichen Versorgung nehmen gemäß §§ 95 Abs. 1 S. 1, 72 Abs. 1 S. 2 auch zugelassene Psychotherapeuten teil.

127 Bei Psychotherapeuten setzt die **Eintragung in das Arztregister** gemäß § 95 c voraus:
- die Approbation als Psychotherapeut nach §§ 2 oder 12 des Psychotherapeutengesetzes und
- den Fachkundenachweis.

Bei der Erteilung der Approbation ist zwischen § 2 PsychThG und § 12 PsychThG zu unterscheiden. Das Nähere zum Fachkundenachweis ist § 95 c S. 2 SGB V zu entnehmen.

128 Besondere Anforderungen werden an die gem. § 12 Abs. 4 S. 2 Nr. 1 PsychThG geforderten Dokumentationen über Behandlungsfälle gestellt; iSd sie müssen einen solchen Umfang an Informationen über den einzelnen Behandlungsfall enthalten, dass auf ihrer Grundlage eine Prüfung möglich ist, ob eine psychotherapeutische Behandlung in einem anerkannten Richtlinienverfahren durchgeführt worden ist.[205] Deshalb gehören zur **ordnungsgemäßen Dokumentation** Angaben über die zugrunde liegenden Gesundheitsstörungen, also die erhobenen Befunde, die angewandten therapeutischen Interventionen (Behandlungsmaßnahmen), der Tag der jeweiligen Behandlung sowie Angaben über Therapieverlauf und Therapieergebnis. Diese Auslegung des Begriffs der „dokumentierten Behandlungsfälle" ist schon deshalb geboten, weil die Behandlungsfälle an die Stelle der alternativen Voraussetzung treten, dass 4.000 Stunden psychotherapeutischer Tätigkeit einschließlich der dazu notwendigen Diagnostik und Fallbesprechungen nachzuweisen sind. Dieser Nachweis kann wiederum nur durch Bescheinigungen fachkompetenter Dritter, nicht durch Eigenangaben geführt werden.[206] Wollte man hingegen für das Tatbestandsmerkmal „dokumentiert" die chiffrierte Bezeichnung des Patienten, dessen Geschlecht, die

---

202 Schl.-Holst. LSG, 16.10.2008, L 4 B 497/08 KA ER, juris Rn. 23 = GesR 2009, 51 ff.
203 Gesetz zur Stärkung des Wettbewerbs in der gesetzlichen Krankenversicherung (GKV-Wettbewerbsstärkungsgesetz – GKV-WSG) v. 26.3.2007, BGBl. I, 378.
204 BT-Dr. 16/3100, 135, 136.
205 LSG NRW, 29.8.2012, L 11 KA 91/08, juris Rn. 45 ff., insbes. Rn. 49; das Verfahren wurde vor dem BSG verglichen (vgl. BSG, 2.4.2014, B 6 KA 7/13 R, Terminbericht Nr. 13/14 vom 3.4.2014, http://juris.bundessozialgericht.de/cgi-bin/rechtsprechung/document.py?Gericht=bsg&Art=tm&Datum=2014&nr=13353 (zuletzt abgerufen am 1.3.2017).
206 BSG, 7.2.2007, B 6 KA 11/06 R, juris Rn. 23 = GesR 2007, 260 ff.

Diagnose nach ICD-10 und die Anzahl der Sitzungen ausreichen lassen, liefe diese Voraussetzung ersichtlich leer, weil insoweit ein „Fall" lediglich benannt, nicht aber dokumentiert wird.

b) Ermächtigung zur Teilnahme an der vertragsärztlichen Versorgung (Abs. 1, Abs. 4). Gemäß Abs. 1 S. 1 nehmen neben zugelassenen Ärzte und zugelassenen MVZ auch ermächtigte Ärzte und ermächtigte Einrichtungen[207] an der vertragsärztlichen Versorgung teil. In dem Zusammenhang ist jedoch zu berücksichtigen, dass nicht alle Grundsätze, die der Gesetzgeber zur Ermächtigung entwickelt hat, auf alle Formen der Ermächtigung, insbes. Institutsermächtigungen, übertragen werden können: So passt zB der Grundsatz einer im Regelfall zweijährigen Befristung nicht für Ermächtigungen größerer Einrichtungen, die aufgrund hoher Investitionskosten und größerer Mitarbeiterstäbe auf Planungssicherheit für längere Zeiträume angewiesen sind.[208] 129

Gemäß Abs. 4 S. 1 bewirkt die Ermächtigung, dass der ermächtigte Arzt oder die ermächtigte Einrichtung zur Teilnahme an der vertragsärztlichen Versorgung berechtigt und verpflichtet ist. Gemäß Abs. 4 S. 2 sind die vertraglichen Bestimmungen über die vertragsärztliche Versorgung für sie verbindlich. Gemäß Abs. 4 S. 3 gelten Abs. 5 bis 7 (Ruhen der Zulassung, Zulassungsentziehen, Zulassungsende), Abs. 2 (Wahrnehmung der Rechte gegenüber Krankenkassen durch Kassenärztliche Vereinigungen) und § 81 Abs. 5 (Disziplinarrecht) entsprechend. 2014 hat der GBA beschlossen, § 22 Bedarfsplanungs-Richtlinie[209] zu ändern; seitdem werden auch die Leistungen ermächtigter Ärzte in der Bedarfsplanung berücksichtigt.[210] Die Regelung ist zunächst auf vier Jahre befristet und soll nach drei Jahren Laufzeit evaluiert werden. 130

aa) Ermächtigte Ärzte. Während § 95 Abs. 4 nur die Folgen der Ermächtigung von Ärzten benennt, sind die Voraussetzungen in § 116 SGB V, §§ 31, 31 a Ärzte-ZV, §§ 5 bis 8 BMV-Ä, §§ 10 a, 10 b BMV-Z, §§ 5, 6 EKV-Z geregelt.[211] Dabei ist grundsätzlich weiter zu differenzieren: Während § 31 Ärzte-ZV Ermächtigungen aus besonderen Sicherstellungsgründen betrifft, bezieht sich § 116 SGB V, § 31 a Ärzte-ZV auf Ermächtigungen aufgrund besonderer Untersuchungs- und Behandlungsmethoden oder Kenntnisse von Ärzten.[212] Typisch für die Ermächtigung ist, dass sie gegenüber der Zulassung beschränkt ist, mithin ein Weniger beinhaltet. Folge daraus ist, dass der ermächtigte Arzt nur einen bestimmten Teil des Leistungskataloges des SGB V erbringen darf.[213] Ermächtigungen werden in der Regel Krankenhausärzten erteilt, die bei Vorliegen quantitativer und qualitativer Versorgungslücken für bestimmte Behandlungen zur Teilnahme an der vertragsärztlichen Versorgung ermächtigt werden können.[214] § 31 Ärzte-ZV beschränkt Ermächtigungen aber nicht auf Krankenhausärzte, so dass auch Privatärzte ermächtigt werden können.[215] 131

bb) Ermächtigte Einrichtungen. Was unter ärztlichen Einrichtungen im Sinne des § 95 Abs. 1 S. 1 zu verstehen ist, wird im Gesetz nicht definiert. Jedoch wird man davon ausgehen können, dass die im vierten Kapitel im vierten Abschnitt des SGB V, dh die in §§ 115 bis 123 genannten Einrichtungen gemeint sind.[216] 132

Zudem können gemäß § 116 a zugelassene Krankenhäuser für das entsprechende Fachgebiet in den Planungsbereichen, in denen Unterversorgung oder einen zusätzlichen lokalen Versorgungsbedarf festgestellt hat, auf deren Antrag zur vertragsärztlichen Versorgung ermächtigt werden, soweit und solange dies zur Beseitigung der Unterversorgung oder zur Deckung des zusätzlichen lokalen Versorgungsbedarfs erforderlich ist. 133

---

207 Nach der Rspr. des BSG (2.10.1996, B 6 K 6 RKa 73/95, juris = SozR 3-5520 § 31 Nr. 8; 1.7.1998, B 6 KA 43/97 R, juris Rn. 26 = SozR 3-5520 § 31 Nr. 9) ist die Institutsermächtigung gegenüber der persönlichen Ermächtigung von Ärzten nachrangig.
208 Vgl. BSG, 29.6.2011, B 6 KA 34/10 R, juris Ls. 3 Rn. 15 = GesR 2012, 29 ff.
209 Richtlinie des GBA über die Bedarfsplanung sowie die Maßstäbe zur Feststellung von Überversorgung und Unterversorgung in der vertragsärztlichen Versorgung (Bedarfsplanungs-Richtlinie) in der Neufassung vom 20.12.2012, veröffentlicht im BAnz AT vom 31.12.2012 B7 vom 31.12.2012, in Kraft getreten am 1.1.2013, zuletzt geändert am 16.6.2016, veröffentlicht im BAnz AT 14.9.2015 B3 vom 14.9.2015, in Kraft getreten am 15.9.2015.
210 Bekanntmachung eines Beschlusses des GBA über eine Änderung der Bedarfsplanungs-Richtlinie: Berücksichtigung von ermächtigten Ärzten und anderen Faktoren vom: 17.4.2014 BAnz AT 1.8.2014 B3.
211 Pawlita in: jurisPK-SGB V, § 95 Rn. 117, 462.
212 Schallen, ZulVO, §§ 31 Rn. 2, 31 a Rn. 1 ff.
213 Joussen in: Becker/Kingreen, § 95 Rn. 17.
214 Pawlita in: jurisPK-SGB V, § 95 Rn. 117.
215 Pawlita in: jurisPK-SGB V, § 95 Rn. 119.
216 Vgl. die Auflistung bei Pawlita in: jurisPK-SGB V, § 95 Rn. 120 ff.

134 Ferner können in Ausnahmefällen ärztlich geleitete Einrichtungen aus Gründen der **Sicherstellung der vertragsärztlichen Versorgung** zur Durchführung bestimmter Leistungen ermächtigt werden (vgl. § 5 Abs. 1 BMV-Ä). Schließlich können die Zulassungsgremien ohne Prüfung eines Bedarfs auf Antrag für folgende Leistungsbereiche Ärzte und ärztlich geleitete Einrichtungen zur Teilnahme an der vertragsärztlichen Versorgung ermächtigen:
- Zytologische Diagnostik von Krebserkrankungen, wenn der Arzt oder die Einrichtung mindestens 6.000 Untersuchungen jährlich in der Exfoliativ-Zytologie durchführt und regelmäßig die zum Erwerb der Fachkunde in der zytologischen Diagnostik notwendigen eingehenden Kenntnisse und Erfahrungen vermittelt;
- ambulante Untersuchungen und Beratungen zur Planung der Geburtsleitung im Rahmen der Mutterschaftsvorsorge gemäß den Richtlinien des G-BA.

135 Eine **Sondersituation** besteht für den Bereich der **Dialyse**. In der Regel beträgt die Befristung für die Ermächtigung zwei Jahre:[217] Eine Ausnahme besteht gemäß § 9 Abs. 6 S. 1 der Anlage 9.1 BMV-Ä/EKV-Ä für Ermächtigung von ärztlich geleiteten Dialyse-Einrichtungen. Danach wird die Ermächtigung für die Dauer von 10 Jahren erteilt; nach Ablauf dieser Frist kann die Ermächtigung um jeweils 10 Jahre verlängert werden. Daran wird deutlich, dass auch bei ihnen der hohe sachliche und personelle Aufwand bei der Durchführung von Dialyseleistungen berücksichtigt wird. Anders als etwa der ermächtigte Krankenhausarzt, der für seine ambulanten Leistungen Mittel des Krankenhauses in Anspruch nehmen kann, muss eine ärztlich geleitete Einrichtung die gleichen Investitionen tätigen wie ein Nephrologe, der eine Dialysepraxis betreiben will. Sie erfüllt vom Umfang her den gleichen Versorgungsauftrag. Mit der Gleichstellung wird auch berücksichtigt, dass die ärztlich geleiteten Einrichtungen einen wesentlichen Teil der nephrologischen Versorgung chronisch niereninsuffizienter Patienten übernehmen. Auch ihnen soll daher in dem Zeitraum von 10 Jahren Gelegenheit gegeben werden, gewinnbringend zu arbeiten. Das kann aber nur gewährleistet werden, wenn sie für die Dauer ihrer Ermächtigung auf das Bestehen einer entsprechenden Versorgungsstruktur vertrauen und rechtswidrige Veränderungen abwehren können.[218]

136 cc) **Stufen- bzw. Rangverhältnis zwischen Zulassung und Ermächtigung.** Zwischen Zulassung und Ermächtigung besteht ein Stufen- bzw. Rangverhältnis, wobei die Zulassung, die zu einer umfassenden vertragsärztlichen Leistungserbringung innerhalb eines Fachgebiets berechtigt, auf der ersten Stufe steht. Auf der zweiten Stufe steht die Sonderbedarfszulassung und erst auf der dritten Stufe die Ermächtigung.[219] Nach der Rechtsprechung des BSG soll innerhalb der Ermächtigungen die persönliche Ermächtigung von Ärzten gegenüber der Institutsermächtigung vorrangig sein.[220]

137 c) **Rechtsfolgen der Zulassung (Abs. 3).** Nach Abs. 3 bewirkt die Zulassung, dass der Vertragsarzt Mitglied der für seinen Kassenarztsitz zuständigen Kassenärztlichen Vereinigung wird und zur Teilnahme an der vertragsärztlichen Versorgung im Umfang seines aus der Zulassung folgenden zeitlich vollen oder hälftigen Versorgungsauftrages berechtigt und verpflichtet ist. Die Zulassung eines MVZ bewirkt, dass die in einem MVZ angestellten Ärzte Mitglieder der für den Vertragsarztsitz des MVZ zuständigen Kassenärztlichen Vereinigung sind und dass das zugelassene MVZ insoweit zur Teilnahme an der vertragsärztlichen Versorgung berechtigt und verpflichtet ist. Die vertraglichen Bestimmungen über die vertragsärztliche Versorgung[221] sind verbindlich. Besonders hinzuweisen ist insoweit, dass der Vertragsarzt oder das MVZ verpflichtet ist, am Entlassmanagement gemäß § 39 Abs. 1a teilzunehmen; auf den Rahmenvertrag Entlassmanagement des Erweiterten Bundesschiedsamtes vom 13.10.2016,[222] der zum 1.7.2017 in Kraft treten soll, wird verwiesen.[223]

---

217 BSG, 27.2.1992, 6 RKa 15/91, juris Rn. 35 = NJW 1992, 2981 ff.
218 Vgl. BSG, 17.8.2011, B 6 KA 27/10 R, juris Rn. 27 = MedR 2012, 479 ff.
219 Köhler-Hohmann in: jurisPK-SGB V, § 116 Rn. 23.
220 BSG, 2.10.1996, B 6 K 6 RKa 73/95, juris = SozR 3-5520 § 31 Nr. 8; BSG, 1.7.1998, B 6 KA 43/97 R, juris Rn. 26 = SozR 3-5520 § 31 Nr. 9; kritisch Köhler-Hohmann in: jurisPK-SGB V, § 116 Rn. 30 Fn. 22, aufgrund der Zulassung von ärztlich-geleiteten Einrichtungen in Form von MVZ.
221 Nach BSG, 14.3.2001, B 6 KA 54/00 R, juris Rn. 30 = MedR 2002, 37 ff. handelt es sich hierbei um Verträge, Beschlüsse und sonstige Bestimmungen sowie Richtlinien.
222 Az. BSA-A 1-16.
223 Vgl. DÄ Heft 51-52, A 2396 ff.; die DKG hat am 9.1.2017 Klage beim LSG Bln-Bbg gegen die Festsetzung des Rahmenvertrages Entlassmanagement eingelegt; die DKG ist der Auffassung, dass die Klage die geplante Umsetzung zum 1.7.2017 bis zum Abschluss des Rechtsstreits aufschiebt; ergänzend beabsichtigt die DKG die Kündigung des festgesetzten Rahmenvertrages zum 30.6.2018 (http://www.dkgev.de/media/file/37861.20 17-01-12_PM_DKG_zur_Klage_Entlassmanagement.pdf, zuletzt abgerufen am 1.3.2017).

aa) **Teilnahmeberechtigung und -verpflichtung.** Nach zutreffender Auffassung des BSG[224] bewirkt die Zulassung aber auch weitere verschiedene **Begünstigungen:** So wird dem Vertragsarzt der Zugang zu dem heute ca. 86,1 % der Bevölkerung ausmachenden Kreis der GKV-Versicherten[225] als potenziellen Patientenkreis eröffnet, und es werden ihm sichere, insolvenzgeschützte und – auf der Basis statistischer Veröffentlichungen der KBV[226] – auch auskömmliche Einnahmen von öffentlich-rechtlichen Institutionen als Schuldnern gewährt. Im Gegenzug unterliegt der ärztliche Leistungserbringer dafür bei seiner Berufsausübung bestimmten Pflichten, die über diejenigen eines nur privatärztlich tätigen Behandlers hinausgehen. Neben den sich aus Abs. 3 ergebenden Rechten und Pflichten erstreckt sich die Zulassung nicht auf das gesamte vom betroffenen Arzt fachlich beherrschte medizinische Behandlungsfeld, sondern bezieht sich nur auf das jeweilige Fachgebiet, für das der Arzt zugelassen ist;[227] denn ein Arzt kann nur – insoweit anknüpfend an das ärztliche Berufsrecht – als Facharzt für Allgemeinmedizin oder als sonstiger Facharzt zugelassen werden. Die Teilnahmeverpflichtung in dem Fachgebiet, für das der Vertragsarzt zugelassen ist, hat zur Folge, dass er die wesentlichen Leistungen seines Fachgebietes im Rahmen der vertragsärztlichen Versorgung auch tatsächlich anbieten und erbringen muss,[228] und zwar grundsätzlich unabhängig von Vorbehalten und selbst gesetzten Erwartungen des Arztes sowie auch unabhängig von einer vermeintlich legitimierenden Honorarbestimmung. Erfüllt der Vertragsarzt seine Teilnahmeverpflichtung dagegen nicht oder nicht ordnungsgemäß, sieht das Gesetz hierfür abgestufte Reaktionsmöglichkeiten vor: Zunächst hat die Kassenärztliche Vereinigung, die den Krankenkassen gegenüber nach § 75 Abs. 1 zur Sicherstellung der vertragsärztlichen Versorgung verpflichtet ist, den Arzt – ggf. mit den Mitteln des Disziplinarrechts[229] – zur Einhaltung dieser Pflicht anzuhalten. Verhält sich der Arzt darüber hinaus in einer Art, die die Annahme rechtfertigt, dass er seine vertragsärztliche Tätigkeit nicht (mehr) ausübt, so ist ihm gemäß § 95 Abs. 6 die Zulassung zu entziehen.[230] Im Extremfall schließlich, nämlich dann, wenn mehr als 50 % aller in einem Zulassungsbezirk oder einem regionalen Planungsbereich zugelassenen Vertragsärzte die vertragsärztliche Versorgung verweigern und Maßnahmen der Rechtsaufsicht ohne Wirkung geblieben sind, kann der Sicherstellungsauftrag gemäß § 72 a auf die Krankenkassen und ihre Verbände übergehen.

138

Nach § 95 Abs. 3 bewirkt die Zulassung eines Vertragsarztes, dass dieser zur Teilnahme an der vertragsärztlichen Versorgung im Umfang des sich aus der Zulassung folgenden zeitlich vollen oder hälftigen Versorgungsauftrags nicht nur berechtigt, sondern auch verpflichtet ist. Entsprechendes gilt für die Zulassung von MVZ. Zur Unterstützung des mit der Errichtung einer Terminservicestelle (vgl. § 75 Abs. 1a) verfolgten Ziels einer Reduzierung der Wartezeiten für Patienten wird gem. Abs. 3 S. 4 zusätzlich klargestellt, dass die KVen insbesondere anhand der ihnen vorliegenden Leistungsdaten zu prüfen haben, ob Vertragsärzte und MVZ den sich aus ihrer Zulassung ergebenden Versorgungsauftrag erfüllen. Die Regelung gilt entsprechend für angestellte Ärzte. Bei Verstößen gegen vertragsärztliche Pflichten kommt eine Verhängung der in den Satzungen der KVen geregelten Sanktionsmaßnahmen in Betracht (§ 81 Abs. 5). Hierdurch wird sichergestellt, dass Vertragsärzte und MVZ in dem ihnen (gesetzlich) vorgegebenen Umfang für Versorgung der Versicherten zur Verfügung stehen.[231]

139

Neben einer Folgeänderung werden die KVen Vereinigungen ergänzend zu der bereits vorgesehenen Prüfpflicht hinsichtlich der Einhaltung des Versorgungsauftrages gem. Abs. 3 S. 5 verpflichtet, über die Ergebnisse ihrer Prüfungen die Landes- und Zulassungsausschüsse mindestens einmal jährlich zu informieren. Die Berichtspflicht stärkt die Landes- und Zulassungsausschüsse bei Zulassungsentscheidungen und Bedarfsfeststellungen vor Ort, da sie fundierter als bisher getroffen und begründet werden können, insbesondere auch bei Entscheidungen über einen gegebenenfalls bestehenden lokalen Versorgungsbedarf. Dies gilt auch für mögliche Abweichungen von der Bedarfsplanungsrichtlinie zur Berücksichtigung regionaler Besonderheiten.[232]

140

---

224 BSG, 14.3.2001, B 6 KA 54/00 R, juris Rn. 30 = MedR 2002, 37 ff.
225 Quelle: vdek, Daten zum Gesundheitswesen 2016/2017, veröffentlicht unter https://www.vdek.com/presse/daten/_jcr_content/par/download_3/file.res/VDEK_Basisdaten16-17.pdf (zuletzt abgerufen am 1.3.2017).
226 Quelle: KBV, http://www.kbv.de/html/gesundheitsdaten.php (zuletzt abgerufen am 1.3.2017).
227 §§ 18 Abs. 1 S. 1, 24 Abs. 3 Ärzte-ZV.
228 Vgl. BSG, 19.12.1984, 6 RKa 34/83, juris = USK 84272.
229 Vgl. § 81 Abs. 5 SGB V.
230 Vgl. BSG, 19.12.1984, 6 RKa 34/83, juris = USK 84272.
231 Vgl. BT-Dr. 18/4095, S. 106.
232 Vgl. BT-Dr. 18/5123, S. 128.

141 **bb) Vergütungsanspruch.** Als weitere Rechtsfolge ergibt sich aus der Zulassung auch ein Anspruch auf Vergütung erbrachter Leistungen, freilich beschränkt auf die Teilnahme an der Verteilung der Gesamtvergütung, §§ 72 Abs. 2, 85 Abs. 4, 87 b. Ein subjektives Recht auf höheres Honorar kommt erst dann in Betracht, wenn in einem fachlichen und/oder örtlichen Teilbereich kein ausreichender finanzieller Anreiz mehr besteht, vertragsärztlich tätig zu werden, und deshalb in diesem Bereich die Funktionsfähigkeit der vertragsärztlichen Versorgung gefährdet ist.[233]

142 **cc) Pflicht zur Teilnahme am Notdienst.** Schließlich ergibt sich aus der Zulassung nach § 95 Abs. 1 S. 3 sowohl die Pflicht,[234] aber auch die Berechtigung zur Teilnahme am Notdienst. Denn zur vertragsärztlichen Versorgung gehört nicht nur die ärztliche Behandlung während der Sprechstunden oder im Rahmen von Hausbesuchen, sondern auch die zu den sprechstundenfreien Zeiten, dh im Rahmen von Notdiensten nach § 75 Abs. 1 S. 2.[235]

143 Der Begriff „Notdienst" ist in § 75 Abs. 1 S. 2 im Rahmen einer Legaldefinition beschrieben. Er umfasst die Sicherstellung auch die angemessene und zeitnahe Zurverfügungstellung der fachärztlichen Versorgung und die vertragsärztliche Versorgung zu den sprechstundenfreien Zeiten.

144 Rechtsgrundlage für den Notdienst ist die **Gemeinsame Notfalldienstordnung** der jeweils zuständigen (Landes-)Ärztekammer und der jeweils zuständigen Kassenärztlichen Vereinigung (GNO).[236] Zur Teilnahme am Notfalldienst sind danach

- zugelassene Vertragsärzte – auch soweit sie mit hälftigem Versorgungsauftrag oder unter Job-Sharing-Bedingungen nach § 101 Abs. 1 Nr. 4 SGB V an der vertragsärztlichen Versorgung teilnehmen –,
- niedergelassene ermächtigte Ärzte (§ 31 Abs. 1 a Ärzte-ZV),
- niedergelassene privatärztlich tätige Ärzte sowie
- angestellte Ärzte in einem zugelassenen Medizinischen Versorgungszentren

verpflichtet.[237] Zur Teilnahme am Notfalldienst sind auch Ärzte verpflichtet, die in einem Anstellungsverhältnis an der ambulanten Versorgung mitwirken.[238]

145 Psychologische Psychotherapeuten und Psychologische Kinder- und Jugendlichenpsychotherapeuten nehmen nicht am ärztlichen Notfalldienst teil.

146 Ein **Sitzdienst** im allgemeinen Notfalldienst ist während der in der GNO explizit aufgeführten **Öffnungszeiten der Notfallpraxis** von der Notfallpraxis aus wahrzunehmen. Denn nach der Rechtsprechung des BSG können nur Ärzte, die über eine eigene Praxis verfügen oder denen die Infrastruktur einer Praxis zur Verfügung steht, darüber hinaus den Notdienst in der gebotenen Qualität und im Einklang mit den Grundsätzen der Wirtschaftlichkeit und Notwendigkeit (§ 70 Abs. 1 S. 2) gewährleisten.[239] Nur sie stellen sicher, dass die Versicherten auch außerhalb der Sprechstundenzeiten soweit wie möglich ambulant behandelt werden können und stationäre Aufnahmen außerhalb der üblichen Praxisöffnungszeiten nur dann erfolgen, wenn eine ambulante Behandlung wegen der Schwere der Gesundheitsstörungen des Patienten nicht ausreichend ist. Ein Arzt, der seinen Notdienst ohne die Infrastruktur einer Praxis versieht, müsste wegen fehlender diagnostischer Möglichkeiten Patienten vermehrt zu stationären Behandlungen einweisen oder an eine Krankenhausambulanz verweisen. Zudem müsste ein Arzt, der ohne die Verfügungsmöglichkeit über eine Praxis Notdienst versieht, vermehrt Hausbesuche erbringen, obwohl diese an sich medizinisch nicht indiziert sind. Durch Maßnahmen der Wirtschaftlichkeitsprüfung wäre dem nicht zu begegnen, weil Nichtvertragsärzte von der Wirtschaftlichkeitsprüfung nach § 106 nicht erfasst werden.

147 **dd) Beteiligtenfähigkeit von MVZ.** Beteiligtenfähig in sozial- bzw. verwaltungsrechtlichen gerichtlichen und vorgerichtlichen Verfahren ist die Trägergesellschaft (zB die GmbH) eines MVZ, da das MVZ selbst grundsätzlich keine Rechtsform beinhaltet. So geht auch das BSG bzgl. der Übertragung

---

233 BSG, 8.12.2010, B 6 KA 42/09 R, juris Rn. 20 = MedR 2012, 340 ff.
234 BSG, 6.2.2008, B 6 KA 13/06 R, juris Rn. 12, 14 = MedR 2009, 428 ff.
235 Vgl. LSG Nds-Brem, 15.8.2005, L 3 KA 78/05 ER, juris Rn. 11 = MedR 2005, 712.
236 Vgl. zB die Gemeinsame Notfalldienstordnung der Ärztekammer Westfalen-Lippe und der Kassenärztlichen Vereinigung Westfalen-Lippe vom 11.11.2009/20.3.2010, geändert durch Beschl. der Vertreterversammlung der KVWL vom 3.12.2011 und der Kammerversammlung der ÄKWL vom 24.3.2012, http://www.kvwl.de/arzt/recht/kvwl/notfalldienst/notfalldienstordnung_ae_kvwl.pdf (zuletzt abgerufen am 1.3.2017).
237 Vgl. Rehborn in: Prütting, FAnwK MedR, § 26 MBOÄ.
238 § 32 b Ärzte-ZV, § 95 Abs. 9 SGB V, § 101 Abs. 1 Nr. 5 SGB V, § 19 BerufsO.
239 Vgl. BSG, 28.9.2005, B 6 KA 73/04 R, juris Rn. 26 = MedR 2006, 491 ff.

von MVZ-Stellen von der Klagebefugnis der klagenden Trägergesellschaft aus.[240] Gesellschaftern kommt jedenfalls dann keine Klagemöglichkeit zu, wenn Adressat der Verpflichtung das MVZ selbst und nicht die Gesellschafter sind und wenn Rechtsschutz bereits durch die Gesellschaft selbst eingeholt werden kann.[241]

ee) **Unterlassungs-, Auskunfts- und Schadensersatzklage nach UWG.** Nach Auffassung des BSG kann ein zur vertragsärztlichen Versorgung zugelassener Nephrologe gegen einen anderen, ebenfalls zur vertragsärztlichen Versorgung zugelassenen Nephrologen keine Ansprüche nach § 8 iVm § 3 UWG mit der Behauptung geltend machen, dem anderen Vertragsarzt sei zu Unrecht von der Kassenärztlichen Vereinigung die Genehmigung für die Erbringung von Dialyseleistungen in einer Nebenbetriebsstätte erteilt worden. Soweit nach vertragsarztrechtlichen Grundsätzen kein Drittrechtsschutz gegenüber der als rechtswidrig angesehenen Begünstigung eines Konkurrenten geltend gemacht werden kann, kann ein abweichendes Ergebnis auch nicht über die entsprechende Anwendung von Vorschriften des UWG erreicht werden. Nicht die Vorschriften des UWG, sondern die vertragsarztrechtlichen Bestimmungen sollen die Leistungserbringung im Geltungsbereich des SGB V steuern.[242] 147a

d) **Rechtsfolgen der Ermächtigung (Abs. 4).** Die Ermächtigung bewirkt, dass der ermächtigte Arzt oder die ermächtigte Einrichtung zur Teilnahme an der vertragsärztlichen Versorgung berechtigt und verpflichtet ist. Die vertraglichen Bestimmungen über die vertragsärztliche Versorgung sind für sie verbindlich. Die Absätze 5 bis 7, § 75 Abs. 2 und § 81 Abs. 5 gelten entsprechend. 148

aa) **Teilnahmeberechtigung und -verpflichtung.** Die Ermächtigung bewirkt zum einen, dass der ermächtigte Arzt oder die ermächtigte Einrichtung zur Teilnahme an der vertragsärztlichen Versorgung berechtigt und verpflichtet ist. Zum anderen folgt aus ihr gemäß § 77 Abs. 3 aber auch, dass die an der vertragsärztlichen Versorgung teilnehmenden ermächtigten Krankenhausärzte Mitglieder der für ihren Arztsitz zuständigen Kassenärztlichen Vereinigung sind. 149

Darüber hinaus besteht zu Vertragsärzten lediglich eine beschränkte Gleichstellung, da die Ermächtigung nach § 31 Abs. 7 Ärzte-ZV zeitlich, räumlich und ihrem Umfang nach bestimmt – dh in der Regel: beschränkt – wird. Ist ein Krankenhausarzt bereits seit mehreren Jahren in einem im Wesentlichen gleichen Umfang ermächtigt worden, so bedarf es zur Ablehnung einer Ermächtigung einer Sachverhaltsermittlung, die Anlass zu einer gegenüber früher abweichenden Bedarfs- und Bedarfsdeckungssituation gibt.[243] 150

bb) **Vergütungsanspruch.** Als Rechtsfolge ergibt sich auch aus der Ermächtigung ein Vergütungsanspruch, beschränkt auf die Teilnahme an der Verteilung der Gesamtvergütung, §§ 72 Abs. 2, 85 Abs. 4, 87 b; vgl. näher § 120. Für zugelassene und ermächtigte Ärzte/Institutionen soll die Honorarverteilung unterschiedlich geregelt werden können.[244] 151

cc) **Ruhen, Entziehen, Ende der Ermächtigung und Disziplinarrecht.** Nach § 95 Abs. 4 S. 3 gelten für die Ermächtigung Abs. 5 (Ruhen), Abs. 6 (Entziehen der Zulassung), Abs. 7 (Ende der Zulassung) entsprechend. Die gilt auch für § 75 Abs. 2 (Wahrnehmung der Rechte durch Kassenärztliche Vereinigungen und Kassenärztliche Bundesvereinigung) sowie für § 81 Abs. 5 (Disziplinarrecht). 152

e) **Ruhen der Zulassung (Abs. 5).** Gemäß § 95 Abs. 5 SGB V, § 26 Ärzte-ZV ruht die Zulassung auf Beschluss des Zulassungsausschusses, 153

- wenn der Vertragsarzt seine Tätigkeit nicht aufnimmt oder nicht ausübt, ihre Aufnahme aber in angemessener Frist zu erwarten ist, oder
- auf Antrag eines Vertragsarztes, der in den hauptamtlichen Vorstand nach § 79 Abs. 1 gewählt worden ist.

Unter den gleichen Voraussetzungen kann bei vollem Versorgungsauftrag das hälftige Ruhen der Zulassung beschlossen werden.[245]

---

240 Vgl. BSG, 4.5.2016, B 6 KA 28/15, juris Rn. 11 f.; BSG, 23.3.2011, B 6 KA 8/10 R, juris Rn. 12 ff. = GesR 2011, 616 ff.; BayLSG, 26.8.2015, L 12 KA 69/15 B ER, juris Rn. 21 = GesR 2015, 675 f.
241 Vgl. LSG Bln-Bbg, 27.1.2010, L 7 KA 139/09, juris Rn. 29; SG Marburg, Gerichtsbescheid v. 1.4.2010, S 12 KA 834/09, juris Rn. 29; Schäfer, GesR 2010, 351 ff.; Pawlita in: jurisPK-SGB V, § 95 Rn. 116.
242 Vgl. BSG, 15.3.2017, B 6 KA 35/16 R, Terminbericht Nr. 6/17 vom 16.3.2017; LSG Saarl, 30.8.2016, L 3 KA 2/16 WA, juris Rn. 71; LSG Saarl, 24.5.2016, L 3 KA 1/13, juris.
243 SG Marburg, 8.2.2006, S 12 KA 21/06 ER, juris Rn. 27; Schallen, ZulVO, § 31 Rn. 51.
244 BSG, 20.10.2004, B 6 KA 30/03 R, juris Rn. 17 ff. = GesR 2005, 267.
245 Vgl. Pawlita in: jurisPK-SGB V, § 95 Rn. 478.

154 Ein Beschluss des Zulassungsausschusses über ein Ruhen der Zulassung bewirkt ein vorübergehendes (bei hälftigem Ruhen: zeitanteiliges) Ausübungsverbot der vertragsärztlichen Tätigkeit. Verstößt ein Vertragsarzt hiergegen, kann dies uU die dauerhafte Entziehung seiner Zulassung nach sich ziehen.

155 Für ein Ruhen der vertragsärztlichen Zulassung ist ein entsprechender Beschluss des Zulassungsausschusses erforderlich, in dem die Ruhenszeit festzusetzen ist.[246] Dieser wirkt konstitutiv. Wenn ein Ruhensgrund auch noch nach Ablauf der Ruhenszeit vorliegt, kann der Zulassungsausschuss wiederholte Ruhensbeschlüsse erlassen, die Ruhenszeit also „verlängern".[247]

156 Eine zeitliche Beschränkung der Ruhenszeit erfolgt über die Begriffe der „angemessenen Frist" und „Gründe der Sicherstellung der vertragsärztlichen Versorgung" gem. § 26 Abs. 1 Ärzte-ZV. Ausschlaggebend für die Bestimmung der Angemessenheit der Frist sind stets die Umstände des Einzelfalls;[248] keinesfalls kann von einer starren zeitlichen Festlegung, zB zwei Jahre, ausgegangen werden.[249]

157 Voraussetzung für einen Beschluss des Zulassungsausschusses ist das **Vorliegen eines Ruhensgrundes**. Ein Ruhensgrund liegt insbesondere dann vor, wenn der Vertragsarzt seine Tätigkeit nicht aufnimmt. Nach § 19 Abs. 2 Ärzte-ZV ist in dem Beschluss des Zulassungsausschusses der Zeitpunkt festzusetzen, bis zu dem die vertragsärztliche Tätigkeit aufzunehmen ist. Liegen wichtige Gründe vor, so kann der Zulassungsausschuss auf Antrag des Arztes nachträglich einen späteren Zeitpunkt festsetzen.

158 Denkbare Gründe sind dem privaten Bereich zuzuordnen (zB Erkrankung von Kindern, Eheprobleme), aber auch außerhalb der privaten Sphäre liegende Gründe kommen in Betracht, so zB verspätete Fertigstellung von Praxisräumen.[250]

159 Bei Vorliegen der Voraussetzungen hat der Vertragsarzt einen Anspruch auf Anordnung des Ruhens,[251] da während der Ruhenszeit auch eine Verpflichtung zur Teilnahme an der vertragsärztlichen Versorgung nicht besteht.

160 f) **Entziehung der Zulassung (Abs. 6).** Gemäß § 95 Abs. 6 SGB V, § 27 Ärzte-ZV ist die Zulassung zu entziehen, wenn

- ihre Voraussetzungen nicht oder nicht mehr vorliegen,
- Vertragsarzt oder MVZ die vertragsärztliche Tätigkeit nicht aufnehmen oder nicht mehr ausüben oder
- der Vertragsarzt oder MVZ ihre vertragsärztlichen Pflichten gröblich verletzt haben.

Der Zulassungsausschuss kann in diesen Fällen statt einer vollständigen auch eine hälftige Entziehung der Zulassung beschließen. Einem MVZ ist die Zulassung zudem zu entziehen, wenn die Gründungsvoraussetzungen des § 95 Abs. 1 S. 4 und 5 oder des Abs. 1 a S. 1 länger als sechs Monate nicht mehr vorliegen. Die Entziehung der Zulassung wirkt konstitutiv.[252]

161 MVZ, die unter den in Abs. 1 a S. 2 geregelten Bestandsschutz fallen, ist die Zulassung zu entziehen, wenn die Gründungsvoraussetzungen des Abs. 1 S. 6 Hs. 2 in der bis zum 31.12.2011 geltenden Fassung seit mehr als sechs Monaten nicht mehr vorliegen oder das MVZ gegenüber dem Zulassungsausschuss nicht bis zum 30.6.2012 nachweist, dass die ärztliche Leitung den Voraussetzungen des Abs. 1 S. 3 entspricht.

162 Nach Abs. 6 S. 4 bleibt die Gründereigenschaft nach Abs. 1 a S. 1 auch für die angestellten Ärzte bestehen, die auf ihre Zulassung zugunsten der Anstellung in einem MVZ verzichtet haben, solange sie in dem MVZ tätig sind und Gesellschafter des MVZ sind. Mit der Regelung wird klargestellt, dass die Gründereigenschaft von ehemals zugelassenen Vertragsärzten dann nicht entfällt, wenn der Vertragsarzt zugunsten seiner Anstellung in dem medizinischen Versorgungszentrum auf seine Zulassung verzichtet. Das betrifft sowohl den mitgründenden Vertragsarzt als auch den Vertragsarzt, der später unter Verzicht auf seine Zulassung das bereits bestehende MVZ erweitert. Die Gründereigenschaft wird jedoch weiterhin nur dann gewahrt, wenn der ehemalige Vertragsarzt in dem medizinischen Versorgungszentrum als Angestellter tätig ist und Gesellschaftsanteile an der Trägergesellschaft hält.[253]

---

246 § 26 Abs. 3 Ärzte-ZV.
247 Pawlita in: jurisPK-SGB V, § 95 Rn. 497.
248 Vgl. Joussen in: Becker/Kingreen, § 95 Rn. 20.
249 BayLSG, 11.7.1994, L 12 KA 20/84, juris Leitsatz Nr. 2 = Breith. 1985, 9 ff.
250 Weitere Beispiele benennt Pawlita in: jurisPK-SGB V, § 95 Rn. 483, 484.
251 Pawlita in: jurisPK-SGB V, § 95 Rn. 491.
252 Rehborn, MedR 2010, 290, 293 mwN.
253 Vgl. BT-Dr. 18/5123, S. 128.

Unter einer Zulassungsentziehung ist die **Aufhebung der Zulassung** zu verstehen. Der Arzt ist nicht mehr Vertragsarzt, das MVZ ggf. nicht mehr MVZ iSd § 95 Abs. 1. Damit entfällt insbesondere auch die Berechtigung zur Leistungserbringung. Ein Arzt, der dennoch seine Praxis nach außen **als Vertragsarzt fortführt**, erwirbt keine Ansprüche gegen die KV oder Krankenkassen und kann sich Forderungen der Krankenkassen wegen unzulässiger Arzneiverordnungen aussetzen.[254] 163

Gegen den Beschluss des Zulassungsausschusses kann Widerspruch beim Berufungsausschuss eingelegt werde. Statthaftes Rechtsmittel gegen dessen Entscheidung ist die Klage. 164

Für die Beurteilung der Rechtmäßigkeit der Entscheidung über die Entziehung der Zulassung zur vertragsärztlichen Versorgung ist grundsätzlich die Sach- und Rechtslage im Zeitpunkt der letzten Verwaltungsentscheidung maßgeblich.[255] 165

aa) **Voraussetzungen für die Erteilung der Zulassung liegen nicht oder nicht mehr vor.** Die Zulassung ist zu entziehen, wenn ihre Voraussetzungen nicht oder nicht mehr vorliegen. Dies ist ua der Fall bei dem Verlust einer uneingeschränkten Approbation, denn eine uneingeschränkte Approbation ist nach § 95 Abs. 2 S. 3 Nr. 1 iVm § 95a Abs. 1 Nr. 1 Voraussetzung für eine Zulassung zur Teilnahme an der vertragsärztlichen Versorgung, so dass ihr Wegfall nach § 95 Abs. 6 S. 1 die Entziehung der Zulassung rechtfertigt.[256] 166

Nach Auffassung des BSG müsste einem Arzt, der nicht ohne **Abstimmung mit einer anderen Person** seine vertragsärztliche Tätigkeit ausüben darf, die Zulassung nach § 95 Abs. 6 S. 1 entzogen werden, da er für diese Tätigkeit ungeeignet ist.[257] 167

Rücknahme (§ 5 Abs. 1 BÄO) oder Widerruf der Approbation (§ 5 Abs. 2 BÄO) sind primär durch hiergegen gerichtete Maßnahmen (Widerspruch und ggfls. Klage vor dem VG) anzugehen. Sie sind vorrangig; demgemäß kommt eine auch nur inzidente Überprüfung in einem folgenden oder parallelen Verfahren auf Entziehung der Zulassung nicht in Betracht.[258] 168

Zum Wegfall der Voraussetzungen und damit zu einer möglichen Zulassungsentziehung gehört auch der Wegfall der Eignung des Arztes, so insbesondere aufgrund einer Alkoholabhängigkeit.[259] 169

bb) **Nichtaufnahme oder Nichtausübung der vertragsärztlichen Tätigkeit.** Eine Nichtaufnahme oder Nichtausübung liegt dann vor, wenn Arzt oder MVZ die eigentliche vertragsärztliche Tätigkeit, nämlich das Abhalten von Sprechstunden und das Behandeln von Patienten, nicht ausüben oder den Willen zur kontinuierlichen Teilnahme an der vertragsärztlichen bzw- psychotherapeutischen Versorgung nicht haben.[260] Eine Nichtausübung liegt insbesondere vor, wenn ein Arzt – gleich warum, insbesondere aber aus persönlichen Gründen (zB Erkrankung, familiäre Verpflichtungen) – keinen geordneten Praxisbetrieb aufrecht erhält, er also nicht mehr täglich in der Praxis ist, keine Mitarbeiter beschäftigt, über Quartale hinweg nicht abrechnet, wochenlang eingehende Post nicht öffnet und nur 10 % des Fachgruppendurchschnitts an Patienten behandelt.[261] Eine Nichtausübung liegt in der Regel jedoch nicht vor, wenn ein Vertragsarzt Im Rahmen der gesetzlichen bzw. vertraglichen Vorgaben zwar Sprechstunden anbietet und auch gewillt ist, Patienten zu behandeln, diese im Rahmen der Zumutbarkeit das Angebot aber nicht annehmen, indem sie nicht oder nach Praxiseröffnung noch nicht erscheinen.[262] Maßgebend können nur die jeweiligen Umstände und Gründe des Einzelfalls sein. 170

---

254 Vgl. BSG v. 21.6.1995, 6 RKa 60/94, juris Rn. 13 ff. = NJW 1996, 3102 f.; BSG, 1.3.2011, B 6 KA 1/10 BH (PKH-Verfahren zu nachfolgender Entscheidung); HessLSG v. 11.8.2010, L 4 KA 36/10, juris Rn. 22; Pawlita in: jurisPK-SGB V, § 95 Rn. 503.
255 Vgl. BSG, 17.8.2011, B 6 KA 18/11 B, juris Rn. 11 = GesR 2011, 682 f.
256 BSG, 17.8.2011, B 6 KA 18/11 B, juris Rn. 9 = GesR 2011, 682 ff.
257 Vgl. BSG v.15.7.2015, B 6 KA 30/14 R, juris Rn. 20 = MedR 2016, 154 ff.; BSG, 17.8.2011, B 6 KA 18/11 B, juris Rn. 10 = GesR 2011, 682 f.
258 Vgl. zu den Gründen Braun, Der Widerruf und das Ruhen der ärztlichen Approbation, GesR 2014, 73.
259 SG Marburg, 17.3.2010, S 12 KA 236/09, juris Rn. 30.
260 LSG BW, 15.3.2006, L 5 KA 3995/04, juris Rn. 25.
261 Vgl. LSG BW, 20.10.2010, L 5 KA 2155/09, juris Rn. 37; BayLSG, 16.12.2015, L 12 KA 52/15, juris Rn. 20 ff. (Entziehung bei FA Chirurgie, wenn er in 4 aufeinanderfolgenden Quartalen lediglich insgesamt 21 Scheine abrechnet hat; SG Bremen, 20.8.2014, S 1 KA 22/13, juris Rn. 43 f. = MedR 2015, 745 ff. (bei wöchentlich weniger als 20 Therapiestunden sei nur noch ein halber Praxissitz vorhanden) m. krit. Anm. Moeck, MedR 2015, 749 f.
262 Entgegen BSG, 19.12.1984, 6 RKa 34/83, juris = USK 84272 und SG Marburg, 14.11.2012, S 12 KA 879/11, juris = GesR 2013, 243 wird man nicht nur auf objektive Gesichtspunkte wie die abgerechneten Leistungen, sondern immer auch die Gründe der Nicht- oder nur geringfügigen Inanspruchnahme und ggfls. deren Zurechnung gegenüber dem Leistungserbringer abzustellen haben.

171 cc) **Gröbliche Pflichtverletzung.** Die Zulassung ist auch zu entziehen, wenn eine gröbliche Pflichtverletzung vorliegt.Dies gilt gleichermaßen für alle zur vertragsärztlichen Versorgung zugelassenen Leistungserbringer; insbesondere gilt auch für ein MVZ, wie sich generell aus der Verweisung des § 72 Abs. 1 S. 2 und speziell aus dem Verhältnis von § 95 Abs. 6 zu dessen Abs. 1 ergibt.[263] Nach der Rechtsprechung des BVerfG ist die Zulassungsentziehung unter Beachtung des Grundrechts der Berufsfreiheit und des Grundsatzes der Verhältnismäßigkeit („ultima ratio")[264] auszulegen. Denn die Möglichkeit, einem Vertragsarzt oder MVZ die Zulassung wegen gröblicher Pflichtverletzung zu entziehen, schränkt die Berufsfreiheit in einem Maße ein, das in seiner Wirkung der Beschränkung der Berufswahl im Sinne des Art. 12 Abs. 1 GG nahe kommt. Gröbliche Pflichtverletzungen rechtfertigen eine Entziehung der Zulassung daher nur, wenn sie Arzt oder MVZ als ungeeignet für die Teilnahme an der vertragsärztlichen Versorgung erscheinen lassen. Ungeeignetheit liegt in der Regel dann vor, wenn die gesetzliche Ordnung der vertragsärztlichen Versorgung durch das Verhalten des Arztes in erheblichem Maße verletzt wird und das Vertrauensverhältnis zu den Krankenkassen und Versicherten tiefgreifend und nachhaltig gestört ist und den Kassenärztlichen Vereinigungen und Krankenkassen eine weitere Zusammenarbeit nicht zugemutet werden kann.[265] Wenn das Vertrauensverhältnis zerstört ist, kann dies grundsätzlich nicht durch eine spätere gewissenhafte Pflichterfüllung kompensiert werden, sondern nur die Basis für den Aufbau einer neuen Vertrauensbeziehung bilden und so – im Wege eines neuen Zulassungsantrags und dessen Stattgabe – zur Wiederzulassung führen.[266]

172 Zu beachten ist dabei, dass eine Entziehung dabei jedoch immer den vollen Versorgungsauftrag betrifft. Denn nach Auffassung des BSG wäre es widersinnig, bei Fallgestaltungen, die das Vorliegen einer so schwerwiegenden Pflichtverletzung voraussetzen, dass ihretwegen die Entziehung der vertragsärztlichen Zulassung zur Sicherung der vertragsärztlichen Versorgung notwendig ist, auch nur die Möglichkeit in Betracht zu ziehen, dass die vertragsärztliche Tätigkeit jedenfalls "zur Hälfte" fortgesetzt werden könnte. Denn eine Zulassungsentziehung ist notwendig, wenn die gesetzliche Ordnung der vertragsärztlichen Versorgung durch das Verhalten des Arztes in erheblichem Maße verletzt wird und das Vertrauensverhältnis zu den vertragsärztlichen Institutionen tiefgreifend und nachhaltig gestört ist, so dass ihnen eine weitere Zusammenarbeit mit dem Vertragsarzt nicht mehr zugemutet werden kann. Es sind keine Fallgestaltungen denkbar, die die Annahme eines nur zeitanteilig – etwa nur in den Vormittags- oder den Nachmittagsstunden – gestörten Vertrauensverhältnisses ermöglichen. Dies gilt umso mehr in Fallgestaltungen, in denen das Vertrauensverhältnis durch betrügerische Abrechnungen gestört ist. Die Zerstörung des Vertrauensverhältnisses besteht unabhängig davon, in welchem zeitlichen Umfang der Arzt tätig wird bzw. wie viele Patienten er behandelt.[267]

173 Ärzten eines MVZ ist es nach dessen Zulassungsentziehung jedoch grds. möglich, weiterhin im bisherigen Planungsbereich vertragsärztlich tätig zu sein, wenn ihnen selbst keine gröbliche Pflichtverletzung zur Last fällt.[268]

174 Eine gröbliche Pflichtverletzung wird zB angenommen[269] bei einem Verstoß gegen die Pflicht zur peinlich genauen Abrechnung[270] oder bei wiederholter unkorrekter Abrechnung,[271] insbesondere deswegen, weil das Abrechnungs- und Honorierungssystem der vertragsärztlichen Versorgung auf Vertrauen aufbaut und das Vertrauen auf die Richtigkeit der Angaben des Leistungserbringers ein Fundament des Systems der vertragsärztlichen Versorgung darstellt.[272] Eine gröbliche Pflichtverletzung ist auch anzunehmen bei dem Erhalt von Kick-Back-Zahlungen,[273] bei einer Weigerung an der Mitwirkung

---

263 Vgl. BSG, 13.5.2015, B 6 KA 25/14 R, juris Rn. 51 = GesR 2015, 737 ff.
264 Pawlita in: jurisPK-SGB V, § 95 Rn. 517.
265 BVerfG, 28.3.1985, 1 BvR 1245/84, 1 BvR 1254/84, juris Rn. 27 = MedR 1985, 219; so im Ergebnis auch BSG, 13.5.2015, B 6 KA 25/14 R, juris Rn. 51 = GesR 2015, 737 ff.; BSG, 17.6.2009, B 6 KA 16/08 R, juris Rn. 37 = SozR 4-2500 § 95 b Nr. 2; Hellkötter-Backes in: Hänlein/Schuler, § 95 Rn. 67.
266 Vgl. BSG, 13.5.2015, B 6 KA 25/14 R, juris Rn. 51 = GesR 2015, 737 ff.
267 BSG, 17.10.2012, B 6 KA 19/12 B, juris Rn. 9 = ArztR 2013, 191 f. (Kurzwiedergabe).
268 Vgl. BSG, 13.5.2015, B 6 KA 25/14 R, juris Rn. 11 = GesR 2015, 737 ff.; BSG, 21.3.2012 – B 6 KA 22/11 R, juris Rn 30 = GesR 2012, 539 ff.
269 Vgl. die Auflistung bei Pawlita in: jurisPK-SGB V, § 95 Rn. 519 ff.
270 BSG, 24.11.1993, 6 RKa 70/91, juris Rn. 23 = MedR 1994, 206 ff.
271 BSG, 20.10.2004, B 6 KA 67/03, juris Rn. 23 = MedR 2005, 311 ff.
272 BSG, 17.10.2012, B 6 KA 49/11 R, juris Rn. 21 = GesR 2013, 289 ff.
273 BSG, 5.11.2008, B 6 KA 59/08 B, juris, nicht zur Entscheidung angenommen von BVerfG, 22.12.2008, 1 BvR 3457/08, juris = SozR 4-2500 § 95 Nr. 18.

von Maßnahmen der Qualitätssicherung,[274] bei sexuellen Übergriffen auf Auszubildende[275] oder bei Verurteilung wegen eines Verbrechens (Vergewaltigung einer Ausbildungsplatzbewerberin in der Praxis),[276] Aber auch bei unsachgemäßer, dem ärztlichen Standard (§ 630a Abs. 1 BGB)[277] zu widerlaufender (dh: idR fehlerhafter) Behandlung, die den Versicherten Gesundheitsgefahren aussetzt.[278]

Unter welchen Voraussetzungen bei einem MVZ von einer gröblichen Pflichtverletzung auszugehen ist, die die Entziehung der Zulassung rechtfertigt, hat das BSG in Entscheidung vom 21.3.2012 im Einzelnen dargelegt.[279] Danach ist bei Pflichtverstößen zu unterscheiden, ob sie vorrangig oder ausschließlich in den Verantwortungsbereich des MVZ selbst fallen oder aber vorrangig in den Verantwortungsbereich der dort beschäftigten Ärzte. Das Fehlverhalten einzelner Ärzte im Bereich ihres Pflichtenkreises (zB Fehlverhalten gegenüber Patienten) muss nicht zwangsläufig die Entziehung der Zulassung zur Folge haben, wenn das MVZ glaubhaft machen kann, solche Verstöße weder gekannt noch geduldet zu haben. Dagegen trifft das MVZ die volle Verantwortung für die korrekte Organisation der Abläufe und für die Leistungsabrechnung.[280] 175

Die für den Betrieb eines MVZ notwendigen Räume fallen in die alleinige Verantwortung des MVZ selbst. Die Pflichtverletzung ist gröblich, wenn ein MVZ über einen Zeitraum von etwa 1 ½ Jahren Leistungen unter der Betriebsstätten-Nr. einer Einrichtung abrechnet, die tatsächlich nicht existiert, und die Geschäftsführerin versucht, die Täuschung durch wahrheitswidrige Angabe zur Existenz des MVZ und zum Ort der Leistungserbringung aufrechtzuerhalten.[281] 176

Die Annahme einer gröblichen Pflichtverletzung erfordert **kein Verschulden**; auch unverschuldete Pflichtverletzungen können zur Zulassungsentziehung führen.[282] 177

Nach der Rechtsprechung kann sich die Annahme gröblicher Pflichtverletzungen auf **Tatsachenfeststellungen in anderweitigen bestandskräftigen Entscheidungen** und deren Inhalt stützen, insbesondere auf Strafurteile und Strafbefehle, aber zB auch auf Disziplinarentscheidungen und Bußgeldbescheide wegen Qualitätsmängeln. Dabei ist zugleich anerkannt, dass es sich bei den Vorgängen, die gröbliche Pflichtverletzungen darstellen können, nicht um Straftaten handeln muss, sondern insoweit zB auch berufs- oder wettbewerbsrechtliche Verstöße herangezogen werden können. Ein Vorgang, der als Pflichtverstoß iSd § 95 Abs. 2 bewertet wird, kann auch längere Zeit zurückliegen; auf solche, die länger als fünf Jahre vor der Entscheidung des Berufungsausschusses zurückliegen, wird man allerdings nur ausnahmsweise zurückgreifen können, sofern sie sich als so gravierend erweisen, dass sich die Wiedererteilung der Zulassung auch nach einer „Regelzeit" von 5 Jahren verbieten würde. Zudem sollen die Gerichte berechtigt sein, auch solche Tatsachen zu berücksichtigen und ihrer Wertung als gröbliche Pflichtverletzung zugrunde zu legen, die von den Zulassungsgremien nicht herangezogen wurden.[283] 178

dd) Anordnung der sofortigen Vollziehung. Der Zulassungsausschuss kann nach § 86a Abs. 2 Nr. 5 SGG und der Berufungsausschuss nach § 97 Abs. 4 die sofortige Vollziehung seines Beschlusses hinsichtlich der Zulassungsentziehung anordnen.[284] Andernfalls haben Widerspruch und Klage gemäß § 86a Abs. 1 SGG, § 96 Abs. 4 S. 2 SGB V aufschiebende Wirkung, so dass der Vertragsarzt mit allen Rechten und Pflichten zunächst weiter tätig bleiben darf. Voraussetzung für die Anordnung der sofortigen Vollziehung ist das Vorliegen eines öffentlichen Interesses. Abzuwägen sind dabei das öffentliche Interesse an der sofortigen Vollziehung und das dem entgegenstehende Interesse des Vertragsarztes.[285] Ein solches überwiegendes Interesse des Vertragsarztes ist jedoch nur dann gegeben, wenn es um die 179

---

274 BSG, 20.10.2004, B 6 KA 67/03, juris Rn. 17 = GesR 2005, 168 ff.
275 BSG, 27.6.2007, B 6 KA 20/07 B, juris Rn. 11.
276 BSG, 5.5.2010, B 6 KA 23/09 B, juris Rn. 11.
277 Vgl. dazu eingehend Erman/Rehborn/Gescher 2014, § 630a Rn. 28ff.
278 BVerfG, 28.3.1985, 1 BvR 1245/84, 1 BvR 1254/84, juris Rn. 27 = MedR 1985, 219.
279 B 6 KA 22/11 R, juris Rn. 25 ff. = GesR 2012, 539 ff. mAnm Ossege, GesR 2014, 147.
280 Vgl. BSG, 13.5.2015, B 6 KA 25/14 R, juris Rn. 52 = GesR 2015, 737 ff.
281 BSG, 13.5.2015, B 6 KA 25/14 R, juris Rn. 53 = GesR 2015, 737 ff.
282 BSG, 17.10.2012, B 6 KA 49/11 R, juris Rn. 21 = GesR 2013, 289 ff.
283 BSG, 5.5.2010, B 6 KA 23/09 B, juris Rn. 12.
284 Pawlita in: jurisPK-SGB V, § 95 Rn. 543; Pawlita in: jurisPK-SGB V, § 97 Rn. 56.
285 Joussen in: Becker/Kingreen, § 97 Rn. 5.

Sicherstellung einer ordnungsgemäßen vertragsärztlichen Versorgung der Versicherten geht und diese gefährdet ist.[286]

180 ee) **Wohlverhaltensphase.** Grundsätzlich ist im Anschluss an einen Zulassungsentzug die erneute Erteilung einer Zulassung möglich. Diese ist als Neuzulassung zu werten,[287] die jedoch grundsätzlich erst nach Ablauf einer Wohlverhaltensphase des Arztes möglich ist. Dabei muss ein unmittelbarer inhaltlicher Zusammenhang zwischen dem Grund für die Zulassungsentziehung und dem Wohlverhalten bestehen.

181 Von einem Arzt, dem jegliche Unrechtseinsicht fehlt, kann in der Regel jedoch nicht sicher angenommen werden, dass er in Zukunft die Regeln einhalten wird.[288]

182 Die **Dauer** der Wohlverhaltensphase ist abhängig von den Umständen des Einzelfalls, insbesondere von dem Grund für die Zulassungsentziehung.[289] Nach Auffassung des BSG ist eine „Bewährungszeit" von fünf Jahren bereits eine lange Zeit, die in Anbetracht dessen, dass es sich bei der Entziehung der Vertragsarztzulassung um einen sehr schweren Eingriff in das Recht des Vertragsarztes auf freie Berufsausübung handelt, nur in besonders gravierenden Fällen überschritten werden sollte; in vielen Fällen wird schon eine kürzere Zeit genügen, um feststellen zu können, ob der Arzt wieder für die vertragsärztliche Versorgung geeignet ist.[290]

183 Das **BSG** differenziert dabei jedoch zwischen dem „Wohlverhalten" während der Dauer des die Rechtmäßigkeit der Zulassungsentziehung betreffenden Streitverfahrens und der „Bewährung" nach dessen rechtskräftigem Abschluss. Auch soweit ein rechtskräftiger Abschluss betroffen ist, führt bloßer Zeitablauf allein nicht zu einer Wiedererlangung der Eignung führt. Eine an sich indizierte Ungeeignetheit kann nur dann durch eine bloße lange Zeitdauer relativiert werden kann, wenn ein künftig rechtmäßiges Verhalten prognostiziert werden kann. Dies muss zweifelsfrei feststehen; jeder ernstliche Zweifel, dass eine Verhaltensbesserung eingetreten ist, führt zur Verneinung von Wohlverhalten. Welche Gesichtspunkte bei der Prüfung des sog Wohlverhaltens von Bedeutung sind, kann nach der Art der dem Vertragsarzt vorgeworfenen Pflichtverletzung unterschiedlich sein und ist einer generalisierenden Prüfung nicht zugänglich. Kommt es aber auf die Umstände des Einzelfalls an, kann ein generelles Moment wie ein Zeitablauf nicht ausschlaggebend sein.[291]

184 Nach Ablauf der Wohlverhaltensphase können die Zulassungsbehörden im Rahmen eines Antrags grundsätzlich eine Wieder- bzw. Neuzulassung erteilen.[292] Unerheblich ist in dem Zusammenhang, dass das Gesetz ein eigenständiges Wiedererteilungsverfahren nicht vorsieht, denn ein solches Verfahren ergibt sich bereits aus dem Umstand, dass bei Wiedervorliegen der Voraussetzungen grundsätzlich ein Anspruch auf erneute Zuerkennung der Erlaubnis besteht.[293]

185 Dabei ist jedoch zu beachten, dass bei besonders langer Dauer des gerichtlichen Verfahrens über die Rechtmäßigkeit einer Zulassungsentziehung die übliche „Bewährungszeit" abgelaufen sein kann, bevor die Zulassungsentziehung bestandskräftig ist. Allein der Umstand, dass noch ein gerichtliches Verfahren über die Zulassungsentziehung anhängig ist, hindert den betroffenen Arzt nicht, sich um eine erneute Zulassung zu bewerben. Kann er die zuständigen Zulassungsgremien davon überzeugen, dass er ungeachtet des noch nicht abgeschlossenen gerichtlichen Verfahrens jedenfalls wieder für die Ausübung der vertragsärztlichen Tätigkeit geeignet ist, kann er grundsätzlich erneut zugelassen werden. Von der neuen ärztlichen Zulassung darf der Vertragsarzt aber erst Gebrauch machen, wenn und soweit er zumindest auf die Rechte aus der entzogenen Zulassung verzichtet oder der Rechtsstreit über die Entziehung erledigt wird. Kein Arzt kann über zwei Zulassungen mit vollem Versorgungsauftrag verfügen.[294]

---

286 Bay. LSG, 1.2.1982, L 12 B 13/81, juris (Orientierungssätze); BVerfG, 8.11.2010, 1 BvR 722/10, juris Rn. 12, 13 = ZMGR 2011, 27; BSG, 17.10.2012, B 6 KA 49/11 R, juris Rn. 40 = GesR 2013, 289 ff.; Joussen in: Becker/Kingreen, § 97 Rn. 5.
287 Joussen in: Becker/Kingreen, § 95 Rn. 24.
288 Vgl. BSG, 22.3.2016, B 6 KA 69/15 B, juris Rn. 21.
289 Vgl. BSG, 9.2.2011, B 6 KA 49/10 B, juris Rn. 18 = SozR 4-5520 § 21 Nr. 1; BSG, 29.10.1986, 6 RKa 32/86, juris Rn. 18 = MedR 1987, 254 ff.
290 Vgl. BSG, 9.2.2011, B 6 KA 49/10 B, juris Rn. 18 = SozR 4-5520 § 21 Nr. 1; BSG, 29.10.1986, 6 RKa 32/86, juris Rn. 18 = MedR 1987, 254 ff.
291 BSG, 9.2.2011, B 6 KA 49/10 B, juris Rn. 19 = SozR 4-5520 § 21 Nr. 1.
292 BSG, 17.10.2012, B 6 KA 49/11 R, juris Rn. 53 = GesR 2013, 289 ff.
293 Vgl. BSG, 17.10.2012, B 6 KA 49/11 R, juris Rn. 29 = GesR 2013, 289 ff.; BVerwG, 28.4.2010, 3 C 22/09, juris Rn. 11 = GesR 2010, 699 ff.
294 BSG, 17.10.2012, B 6 KA 49/11 R, juris Rn. 54, 55 = GesR 2013, 289 ff.

ff) **Beginn der Wohlverhaltensphase.** Für den Beginn der Wohlverhaltensphase kommt es bei Anfechtungsklagen grundsätzlich auf den Zeitpunkt der letzten Verwaltungsentscheidung an.[295]

Nach der früheren Rechtsprechung des BSG[296] ist zu prüfen, ob sich die Sachlage während des Prozesses durch ein Wohlverhalten des Arztes in einer Weise zu seinen Gunsten geändert hat, dass eine Grundlage für eine erneute Vertrauensbasis zwischen dem Betroffenen und den vertragsarztrechtlichen Institutionen wieder aufgebaut worden ist und damit eine Entziehung nicht mehr als angemessen erscheint. Bei der Frage, bis zu welchem Zeitpunkt im Rahmen von Zulassungsentziehungsverfahren der Sachverhalt von den Tatsacheninstanzen aufzuklären ist, hat das BSG zwischen vollzogenen und nicht vollzogenen Entziehungsentscheidungen differenziert und angenommen, bei den Letzteren sei für die Beurteilung des Klagebegehrens die Sachlage im Zeitpunkt der letzten mündlichen Verhandlung vor dem Tatsachengericht und die Rechtslage im Zeitpunkt der Entscheidung in der Revisionsinstanz maßgebend.

Diese Rechtsprechung hat das BSG mit Urteil vom 20.10.2004 insoweit vereinheitlicht, dass für die Prüfung der Rechtmäßigkeit der Zulassungsentziehung sowohl bei vollzogenen als auch bei nicht vollzogenen Entziehungsentscheidungen grundsätzlich die Sach- und Rechtslage im Zeitpunkt der letzten Verwaltungsentscheidung maßgeblich ist.[297]

Diese Rechtsprechung zur Berücksichtigung eines etwaigen nachträglichen Wohlverhaltens hat das BSG nunmehr aufgegeben.[298] Dem Ausgangsgrundsatz entsprechend ist maßgeblich ausschließlich die Sach- und Rechtslage im Zeitpunkt der Entscheidung des Berufungsausschusses.

Die vormals vom BSG zum Schutze des Betroffenen angestellten Erwägungen und die damit eintretende Ungleichbehandlung zu Fällen des Approbationswiderrufes, in denen es nach der Rechtsprechung des BVerwG allein auf die Sach- und Rechtslage im Zeitpunkt der letzten Verwaltungsentscheidung ankomme,[299] ließen sich aufgrund geänderter Rahmenbedingungen nicht mehr aufrechterhalten. So seien insbesondere im vertragszahnärztlichen Bereich die für die „Wohlverhaltens-Rechtsprechung" angeführten Gründe entfallen, da der Gesetzgeber mit dem zum 1.4.2007 in Kraft getretenen GKV-Wettbewerbsstärkungsgesetz auf Zulassungsbeschränkungen verzichtet habe und einem Zahnarzt daher in einem Antragsverfahren auf erneute Erteilung einer Zulassung Zulassungsbeschränkungen nicht entgegengehalten werden könnten. Aber auch im vertragsärztlichen Bereich hätten sich in den letzten Jahren die beruflichen Chancen von Ärzten innerhalb und außerhalb der vertragsärztlichen Versorgung so deutlich verbessert, dass die Erwägung, eine Zulassungsentziehung stehe zumindest faktisch einer Beendigung der ärztlichen Tätigkeit im Sinne einer wirtschaftlich tragfähigen beruflichen Betätigung gleich, nicht mehr gerechtfertigt sei. Zu nennen wäre zum einen der Wegfall aller – einer (Wieder-)Zulassung ggf. entgegenstehenden – Altersgrenzen für die Teilnahme an der vertragsärztlichen Versorgung. Die Altersgrenze nach § 25 S. 1 Ärzte-ZV aF – danach wäre eine (Erst- und Wieder-)Zulassung ausgeschlossen, wenn ein Arzt das 55. Lebensjahr vollendet hatte – wäre durch das Vertragsarztrechtsänderungsgesetz vom 22.12.2006[300] mit Wirkung zum 1.1.2007 aufgehoben worden; § 95 Abs. 7 S. 3 aF, der die Beendigung der Zulassung eines Vertragsarztes mit Vollendung des 68. Lebensjahres vorgegeben habe, sei durch das GKV-OrgWG zum 1.10.2008 aufgehoben worden.[301] Zudem hätten sich die Neu- oder Wiederzulassungsmöglichkeiten in Deutschland erheblich gebessert. Für Hausärzte bestünden zahlreiche Zulassungsmöglichkeiten und auch fachärztliche Zulassungsbereiche außerhalb der Ballungsräume und besonders attraktiver Landkreise stünden offen. Der Gesetzgeber habe durch die Möglichkeit von Arztanstellungen in Praxen und MVZ und die Möglichkeit der Übernahme hälftiger Versorgungsaufträge die Aussichten von Ärzten, auch in fortgeschrittenem Lebensalter (neu oder wieder) vertragsärztlich tätig zu werden, auch ohne eine eigene Praxis eröffnen zu müssen, deutlich erweitert.

Der Zulassung entsprechend kann auch die Ermächtigung entzogen werden, da Abs. 6 gemäß Abs. 4 S. 3 für die Ermächtigung entsprechend gilt.[302]

---

295 Vgl. Keller in: Meyer-Ladewig/Keller/Leitherer, SGG, § 54 Rn. 33, mwN.
296 Darstellung bei BSG, 17.10.2012, B 6 KA 49/11 R, juris Rn. 25 bis 27 = GesR 2013, 289 ff.
297 Vgl. BSG, 20.10.2004, B 6 KA 67/03 R, juris Rn. 22 = GesR 2005, 168 ff.
298 BSG, 17.10.2012, B 6 KA 49/11 R, juris Rn. 24 ff. vgl. auch Anm. Bäune, jurisPR-MedizinR 4/2013 Anm. 1.
299 Vgl. BSG, 17.10.2012, B 6 KA 49/11 R, juris Rn. 29 = GesR 2013, 289 ff.; BVerwG, 28.4.2010, 3 C 22/09, juris Rn. 11 = GesR 2010, 699 ff.
300 BGBl. I, 3439.
301 GKV-OrgWG, 15.12.2008, BGBl. I, 2426.
302 LSG NRW, 1.7.2010, L 11 KA 68/07, juris Rn. 56, 57.

192 g) **Ende der Zulassung (Abs. 7).** Gemäß Abs. 7 S. 1 endet die Zulassung
- mit dem Tod,
- mit dem Wirksamwerden eines Verzichts,
- mit dem Ablauf des Befristungszeitraumes oder
- mit dem Wegzug des Berechtigten aus dem Bezirk seines Kassenarztsitzes.

Die Zulassung eines MVZ endet gemäß Abs. 7 S. 2 mit dem Wirksamwerden eines Verzichts, der Auflösung, dem Ablauf des Befristungszeitraumes oder mit dem Wegzug des zugelassenen MVZ aus dem Bezirk des Vertragsarztsitzes.

193 Die in S. 1 benannten Gründe sind nicht abschließend.[303]

194 Das Zulassungsende tritt **kraft Gesetzes** ein, so dass ein konstitutiver Verwaltungsakt insoweit nicht erforderlich ist.[304] Dennoch sollte zur Rechtssicherheit ein entsprechender deklaratorischer Beschluss der Zulassungsgremien erfolgen.[305]

195 Im Falle des **Todes eines Vertragsarztes** sieht § 4 Abs. 3 BMV-Ä trotz Fehlens einer entsprechenden *gesetzlichen* Regelung die aus Sicherstellungsgründen und zur Werterhaltung der Praxis gebotene Möglichkeit vor, die Praxis durch einen anderen Arzt bis zu einer Dauer von zwei Quartalen mit Genehmigung der Kassenärztlichen Vereinigung fortführen zu lassen.

196 Unter einem **Verzicht** ist eine einseitige, empfangsbedürftige Willenserklärung zu verstehen, die regelmäßig mit dem Zugang bei dem Erklärungsempfänger wirksam wird (vgl. § 130 Abs. 1 S. 1, Abs. 3 BGB).[306] Daraus folgt, dass der Vertragsarzt, der eine entsprechende Erklärung abgegeben hat, sich nicht mehr von dieser lösen kann. Höchstrichterlich nicht geklärt ist die Frage, ob eine Verzichtserklärung gegenüber dem Zulassungsausschuss auch im Fall der Durchführung eines Widerspruchsverfahrens wirksam ist. Für den Bescheid eines Zulassungsausschusses gilt, dass dieser nach der Entscheidung des Berufungsausschusses „rechtlich nicht mehr existent" ist.[307] Fraglich ist, ob dies auch für die Widerspruchsentscheidung vorbereitende Willenserklärung gilt. Dies ist wohl zu bejahen, da der Bescheid des Berufungsausschusses den Bescheid des Zulassungsausschusses einschließt, soweit er diesen bestätigt;[308] er geht mithin "*in der Entscheidung des Berufungsausschusses auf*".[309]

197 Diesen uU schwerwiegenden Folgen kann durch den **Verzicht unter der Bedingung** bestandskräftiger Nachbesetzung des Vertragsarztsitzes begegnet werden; zu Recht wird ein solcher von der Rechtsprechung als zulässig erachtet. Zwar ist der Verzicht als rechtsgestaltende Willenserklärung grundsätzlich bedingungsfeindlich. Davon gilt aber im Falle eines Verzichts, der im Zusammenhang mit einem Praxisnachfolgeverfahren erklärt wird, eine Ausnahme, wie Rechtsprechung und Schrifttum einhellig anerkennen. Eine solche Ausnahme entspricht einem dringenden praktischen Bedürfnis: Müsste der seine Praxis abgebende Vertragsarzt seinen Verzicht unbedingt erklären, käme danach aber letztlich keine Praxisnachfolge zustande – was aus vielerlei Gründen denkbar ist – so hätte er seine Praxis entgegen der Konzeption des § 103 Abs. 4 ohne jeden Wertausgleich verloren.[310] Alternativ kommt eine zunächst bloße Absichtserklärung[311] oder Hinterlegung einer unbedingten Verzichtserklärung bei der Kassenärztlichen Vereinigung mit der unwiderruflichen Anweisung, sie im Fall bestandskräftiger Zulassung an die Zulassungsgremien weiterzuleiten, in Betracht.

198 Gemäß § 28 Abs. 1 S. 1 Ärzte-ZV wird der Verzicht auf die Zulassung mit dem Ende des auf den Zugang der Verzichtserklärung des Vertragsarztes beim Zulassungsausschuss folgenden Kalendervierteljahrs wirksam. Diese Frist kann jedoch nach § 28 Abs. 1 S. 2 Ärzte-ZV verkürzt werden, wenn der Vertragsarzt nachweist, dass für ihn die weitere Ausübung der vertragsärztlichen Tätigkeit für die gesamte Dauer oder einen Teil der Frist unzumutbar ist.

---

303 Vgl. BSG, 13.5.2015, B 6 KA 25/14 R, juris Rn. 28 = GesR 2015, 737 ff.
304 Vgl. BVerfG, 26.9.2016, 1 BvR 1326/15, juris Rn. 33; anders bei der Entziehung nach § 95 Abs. 6, so auch Pawlita in: jurisPK-SGB V, § 95 Rn. 555.
305 Vgl. BSG, 5.2.2003, B 6 KA 22/02 R, juris Rn. 25 = SozR 4-2500 § 95 Nr. 2.
306 BSG, 8.5.1996, 6 RKa 20/96, juris Rn. 23, 28; Pawlita in: jurisPK-SGB V, § 95 Rn. 558.
307 Vgl. BSG, 22.10.2014, B 6 KA 36/13 R, juris Rn. 12 = MedR 2015, 617 ff.; LSG LSA, 15.12.2015, L 9 KA 18/15 B ER, juris Rn. 25 mAnm Ossege, GesR 2016, 424 f.
308 Vgl. BSG, 15.4.1986, 6 RKa 25/84, juris Rn. 10 = SozR 1500 § 96 Nr. 32.
309 Vgl. BSG, 17.10.2012, B 6 KA 49/11 R, juris Rn. 18 = GesR 2013, 289 ff.
310 BSG, 14.12.2011, B 6 KA 13/11 R, juris Rn. 14 = GesR 2012, 223.
311 Steinbrück, Praxisabgabe und Praxisübernahme, 2009, 95 ff. Rn. 277 ff.

199 Der Verzicht auf die Zulassung bedarf zu seiner Wirksamkeit keiner Annahme durch den Zulassungsausschuss; dessen Feststellung über das Ende der Zulassung hat nur deklaratorische Wirkung.[312] Vielmehr ist nur noch eine Anfechtung entsprechend §§ 119, 120, 123 BGB möglich.[313] Eine solche Anfechtung kommt aber nicht mehr in Betracht, wenn die vertragsärztliche Tätigkeit bereits beendet ist und zulassungs- oder bedarfsplanungsrechtlich Konsequenzen (zB Nachfolgezulassung, Aufhebung von Zulassungsbeschränkungen) getroffen worden sind.[314]

200 Auch nach Beendigung der Zulassung bestehen noch „Nachwirkungen" des entfallenen Zulassungsstatus in Form nachgehender Rechte und Pflichten des Vertragsarztes oder des MVZ. Daraus folgt, dass jedenfalls die Prüfungsgremien auch nach Beendigung der Zulassung noch für die Beurteilung des vertragsärztlichen Verhaltens zuständig bleiben; der sachliche Grund hierfür ist in der besonderen Sachkunde der fachlich spezialisierten Gremien, die die Kompetenz zur Beurteilung der Rechtmäßigkeit und Wirtschaftlichkeit der vertragsärztlichen Tätigkeit haben, zu suchen. Dieser entfällt auch nicht dadurch, dass der Arzt oder das MVZ keine vertragsärztliche Tätigkeit mehr ausüben (dürfen); sie hätten es andernfalls in der Hand, sich durch ein Ausscheiden aus der Versorgung einem Verfahren vor den Prüfgremien zu entziehen.[315] Demgegenüber endet die Kompetenz des Disziplinarausschusses mit dem Ende der Zulassung.

201 Mit Wirkung zum 1.1.2012 ermöglichen § 95 Abs. 7 SGB V, § 19 Abs. 4 Ärzte-ZV in der Fassung des GKV-VStG[316] die bis dahin nicht mögliche **Befristung vertragsärztlicher Zulassungen**.[317] Gemäß § 19 Abs. 4 Ärzte-ZV können die Zulassungsgremien Zulassungen in einem Planungsbereich ohne Zulassungsbeschränkungen mit einem allgemeinen bedarfsgerechten Versorgungsgrad ab 100 % befristen. Gemäß § 16 Abs. 4 Ärzte-ZV liegt ab einer Überschreitung des Versorgungsgrades von 10 % Überversorgung vor. Folge: Eine Befristung ist planungsbereichsbezogen und kommt nur bei einem Versorgungsgrad zwischen 100 % und 110 % in Betracht.[318] Eine Befristung ist im Beschluss der Zulassungsgremien explizit mit dem kalendermäßigen Beendigungsdatum zu benennen.[319] Ziel der Regelung soll es sein, perspektivisch die Entstehung und Festschreibung von Überversorgung zu reduzieren. Ein Nachbesetzungsverfahren nach § 103 Abs. 4 findet in dem Fall nicht statt.[320] Hingegen wird man eine Befristung, verknüpft mit einer Bedingung (zB befristet bis zur Wiederbesetzung eines anderen Vertragsarztsitzes, befristet bis zur Aufstellung einer neuen Bedarfsplanung oÄ) schon aus Gründen der Rechtsklarheit und Planungssicherheit des Zulassungsinhabers als unzulässig zu erachten haben.[321]

202 Endet die Zulassung aus anderen Gründen (§ 95 d Abs. 3 und 5 und § 95 Abs. 7), so ist der Zeitpunkt ihres Endes durch Beschluss des Zulassungsausschusses – mit rein deklaratorischer Wirkung – festzustellen.

203 Nach der vormaligen Rechtsprechung des BSG trat das Zulassungsende nach § 19 Abs. 3 Ärzte-ZV wegen Nichtaufnahme der vertragsärztlichen Tätigkeit kraft Gesetzes ein, ohne dass es einer Umsetzung durch Bescheid bedürfte.[322] Die Zulassung eines MVZ, das seine Tätigkeit nicht innerhalb von drei Monaten nach Zustellung des Beschlusses über die Zulassung aufgenommen hatte, endete. Die Leistungen der Ärzte, die auf ihre Zulassung verzichtet hatten, um als angestellte Ärzte im MVZ tätig zu werden, aber ihre Tätigkeit am Ort ihrer bisherigen Praxis fortgeführt hatten, weil das Gebäude, in dem das MVZ betrieben werden soll, noch nicht errichtet ist, konnten mithin nicht dem MVZ zugerechnet werden.[323]

---

312 BSG, 8.5.1996, 6 RKa 16/95, juris Rn. 30 = SozR 3-5407 Art. 3 § 3a Nr. 1; 657; Rehborn, MedR 2010, 290, 293 mwN.
313 LSG BW, 29.12.1997, L 5 KA 3737/97 eA-B, juris Rn. 46 ff.
314 LSG Bln, 10.4.2001, L 7 B 49/00 KA ER, NZS 2001, 502.
315 BSG, 20.3.2013, B 6 KA 17/12 R, juris Rn. 26 = GesR 2013, 540 ff.
316 Gesetz zur Verbesserung der Versorgungsstrukturen in der gesetzlichen Krankenversicherung (GKV-Versorgungsstrukturgesetz – GKV-VStG) vom 22.12.2011 (BGBl. I, 2983).
317 Ergänzend ist § 32 Abs. 2 Nr. 1 SGB X anzuwenden.
318 Pawlita in: jurisPK-SGB V, § 95 Rn. 347.
319 Pawlita in: jurisPK-SGB V, § 95 Rn. 564.
320 BT-Dr. 17/6906, 71.
321 Vgl. auch den Rechtsgedanken in BSG, 19.10.2011, B 6 KA 20/11 R, juris Rn. 25, 26 = MedR 2012, 540.
322 Vgl. BSG, 13.5.2015, B 6 KA 25/14 R, juris Rn. 19 = GesR 2015, 737 ff.
323 Das BVerfG (22.6.2015, 1 BvR 1326/15, juris = ZMGR 2015, 336 ff.) hatte die Vollziehung des Urt. d. BSG v. 15.5.2015, B 6 KA 25/14 R bis zur Entscheidung über die Verfassungsbeschwerde, längstens für die Dauer von 6 Monaten, vorläufig ausgesetzt.

204 Diese Rechtsprechung ist mittlerweile überholt. Nach Auffassung des BVerfG verstößt § 19 Abs. 3 Ärzte-ZV jedoch gegen Art. 12 Abs. 1 GG und ist daher nichtig. Die Freiheit der Berufsausübung, werde durch Art. 12 Abs. 1 GG umfassend geschützt. § 19 Abs. 3 Ärzte-ZV stelle jedoch keine den verfassungsrechtlichen Anforderungen genügende Grundlage für den Eingriff in die durch Art. 12 Abs. 1 GG geschützte Berufsfreiheit dar. Die Vorschrift ist nach Auffassung des BVerfG nichtig, weil sie nicht von der Ermächtigungsgrundlage des § 98 Abs. 1 SGB V gedeckt ist.[324]

205 Dabei ist jedoch zu beachten, dass es sich bei der Ärzte-ZV vormals um ein formelles Gesetz gehandelt hat, diese Auffassung ist aber mittlerweile überholt.[325] Darüber hinaus ist die Ärzte-ZV zwar mehrfach vom Bundesgesetzgeber, dh nicht vom Verordnungsgeber, geändert worden.[326] Das BVerfG hat die Änderung von Rechtsverordnungen durch den parlamentarischen Gesetzgeber jedoch ausdrücklich gebilligt. Aus Gründen der Normklarheit seien die Regelungen insgesamt auch hinsichtlich der durch den Gesetzgeber geänderten Teile als Rechtsverordnung zu qualifizieren.[327]

206 Gemäß § 95 Abs. 7 S. 2 endet die Zulassung eines MVZ mit dem Wirksamwerden eines Verzichts, der Auflösung, dem Ablauf des Befristungszeitraumes oder mit dem Wegzug des zugelassenen MVZ aus dem Bezirk des Vertragsarztsitzes. Es gelten die vorherigen Grundsätze entsprechend.[328] Maßgeblich für den Ablauf des Befristungszeitraumes ist nicht die Aufnahme (oder Fortführung) der Tätigkeit durch einzelne Ärzte, sondern ob das MVZ als Einrichtung seine Tätigkeit innerhalb der Frist aufnimmt. Daran fehlt es, wenn überhaupt keine Einrichtung im Sinne einer organisatorischen Einheit besteht und die Vertragsärzte, die ihre Zulassung in das MVZ eingebracht haben, ihre Tätigkeit mangels Räume am MVZ-Sitz in ihren alten Praxen lediglich fortführen.[329]

207 h) Anstellung von Ärzten (Abs. 9, 9 a, 9 b). Gemäß § 95 Abs. 9, 9 a SGB V, § 32 b Ärzte-ZV kann ein Vertragsarzt Ärzte anstellen. Nach § 4 Abs. 1 S. 2 BMV-Ä nehmen angestellte Ärzte in Vertragsarztpraxen und in MVZ an der vertragsärztlichen Versorgung im Rahmen ihres Status teil; sie haben die sich aus der Teilnahme an der vertragsärztlichen Versorgung ergebenden Pflichten zu beachten, auch wenn sie nicht Mitglied der Kassenärztlichen Vereinigung sind.

208 Nach Auffassung des BSG ist die Anstellungsmöglichkeit nicht als Recht des anzustellenden Arztes, sondern als ausschließliches Recht des MVZ bzw. des zugelassenen Praxisinhabers ausgestaltet. Adressat der Anstellungsgenehmigung ist also das MVZ, das durch diese zur Anstellung eines Arztes in einem abhängigen Beschäftigungsverhältnis berechtigt wird und nicht der angestellte Arzt. Aus diesem Grund ist der anzustellende oder bereits angestellte Arzt auch in einem Rechtsstreit über die Anstellungsgenehmigung nicht notwendig beizuladen.[330] Unerheblich ist dabei, ob der Arzt die Zulassung in das MVZ eingebracht hat.[331]

209 Durch § 95 Abs. 9, 9 a wird der Grundsatz der persönlichen Leistungserbringung erweitert.[332] Nach § 15 Abs. 1 BMV-Ä ist jeder an der vertragsärztlichen Versorgung teilnehmende Arzt verpflichtet, die vertragsärztliche Tätigkeit persönlich auszuüben. Dem Praxisinhaber werden die ärztlichen selbstständigen Leistungen des angestellten Arztes zugerechnet, auch wenn sie in der Betriebsstätte oder Nebenbetriebsstätte der Praxis in Abwesenheit des Vertragsarztes erbracht werden. Dasselbe gilt für fachärztliche Leistungen eines angestellten Arztes eines anderen Fachgebiets, auch wenn der Praxisinhaber sie nicht selbst miterbracht oder beaufsichtigt hat.

210 Die Frage, ob die Genehmigung für die Anstellung eines Arztes in einer Berufsausübungsgemeinschaft (BAG) einem der Mitglieder der BAG oder aber der BAG selbst zu erteilen ist, ist gesetzlich nicht ausdrücklich geregelt. Teile der Literatur gehen bisher davon aus, dass die Genehmigung nur dem einzel-

---

324 Vgl. BVerfG, 26.9.2016, 1 BvR 1326/15, juris mwN, umfassend hierzu die Kommentierung zu § 98 SGB V.
325 Vgl. die Nachweise in BSG, 13.5.2015, B 6 KA 25/14, juris Rn. 21, 22 = GesR 2015, 737 ff.
326 Vgl. ua Art. 14 d. GKV-VSG v. 15.7.2015, BGBl. 1211/1242, 1243; Schallen, ZulVO, Vorbemerkungen.
327 Vgl. BVerfG, 13.9.2005, 2 BvF 2/03, juris = MedR 2006, 45 ff.; BSG, 13.5.2015, B 6 KA 25/14 R, juris Rn. 22 = GesR 2015, 737 ff. (Hinweis: Das Urt. des BSG ist vom BVerfG gemäß § 93 c Abs. 2 iVm § 95 Abs. 2 BVerfGG aufgehoben worden [vgl. 26.9.2016, 1 BvR 1326/15, juris Rn. 48]).
328 Vgl. Pawlita in: jurisPK-SGB V, § 95 Rn. 565; Joussen in: Becker/Kingreen, § 95 Rn. 25.
329 Vgl. Pawlita in: jurisPK-SGB V, § 95 Rn. 565.1.
330 Vgl. BSG, 13.5.2015, B 6 KA 25/14 R, juris Rn. 15 = GesR 2015, 737 ff.
331 Vgl. Pawlita in: jurisPK-SGB V, § 95 Rn. 568.1, 588.1.
332 Zur Entwicklung bis 2004 anschaulich Möller, GesR 2004, 256, 257.

nen Arzt erteilt werden kann.[333] § 95 Abs. 9 S. 1 bestimmt ebenso wie § 32 Abs. 1 S. 1 Ärzte-ZV, dass *"der Vertragsarzt"* unter bestimmten Voraussetzungen Ärzte anstellen kann und § 103 Abs. 4 b S. 1 regelte den Verzicht auf die vertragsärztliche Zulassung mit dem Ziel, *"bei einem Vertragsarzt als nach § 95 Abs. 9 Satz 1 angestellter Arzt"* tätig zu werden. Daraus kann nach Auffassung des BSG jedoch nicht der Schluss gezogen werden, dass die Genehmigung auch für die Anstellung in einer BAG dem einzelnen Arzt zu erteilen wäre.[334] Die Genehmigung zur Anstellung eines Arztes ist nach Auffassung des BSG der BAG und nicht einem ihr angehörenden einzelnen Arzt zu erteilen.[335] Denn Adressat des Honorarbescheides im Falle der gemeinschaftlichen Ausübung der ärztlichen Tätigkeit ist die BAG und nicht der einzelne Arzt, der der BAG angehört. Die BAG tritt der KÄV wie ein Einzelarzt als einheitliche Rechtspersönlichkeit gegenüber. Dementsprechend ist sie rechtlich gesehen eine Praxis. Sie erwirbt gegenüber der KÄV Honoraransprüche und sie ist ggf. zur Rückzahlung überzahlten Honorars verpflichtet. Daran ändert sich auch durch den Wechsel ihrer Mitglieder oder durch das Ausscheiden eines Mitglieds aus einer mehr als zweigliedrigen Gemeinschaftspraxis im Grundsatz nichts.[336] Ausschlaggebend für die Auffassung des BSG indes, dass der anzustellende Arzt nicht nur vorübergehend unter der Abrechnungsnummer der BAG tätig wird und mit seiner Tätigkeit Rechte und Pflichten der in der Rechtsform einer GbR gemäß §§ 705 ff. BGB oder einer Partnerschaftsgesellschaft nach dem PartGG verbundene Mitglieder der BAG gegenüber der KÄV begründen kann.[337] Beim Abschluss von Behandlungsverträgen verpflichten sich die Mitglieder einer fachgleichen BAG, die nach außen gemeinschaftlich auftreten, grds. gemeinschaftlich gegenüber dem Patienten und auch Arbeitsverträge mit nichtärztlichem Personal werden regelmäßig mit der hinter der BAG stehenden Gesellschaft geschlossen. Für den Anstellungsvertrag mit einem Arzt gilt in der Regel nichts anderes. Wenn die Anstellungsgenehmigung der BAG und nicht deren Mitglied erteilt wird, werden Konflikte aufgrund voneinander abweichender Gestaltung der vertragsarztrechtlichen und der zivilrechtlichen Rechtsbeziehungen und daraus folgende Konflikte zB im Falle des Ausscheidens eines Arztes aus einer mehr als zweigliedrigen BAG soweit wie möglich vermieden. Wenn die Anstellungsgenehmigung einem einzelnen Mitglied der BAG erteilt würde, würde deren Verbleib in der Arztpraxis durch sein Ausscheiden in Frage gestellt.[338]

Arbeitsrechtlich ist auf angestellte Ärzte der allgemeine Arbeitnehmerbegriff anzuwenden.[339] Die Rechtsgrundlage für entsprechende Verträge ergibt sich aus §§ 611 ff. BGB.[340] 211

Gemäß § 95 Abs. 9 S. 1 und 2 ist zwischen Anstellungen in nicht gesperrten (S. 1) und Anstellungen in gesperrten Planungsbereichen (S. 2) zu unterscheiden. § 32 b Abs. 1 S. 2 Ärzte-ZV weist ausdrücklich darauf hin, dass in den Bundesmantelverträgen einheitliche Regelungen zu treffen sind über den zahlenmäßigen Umfang der Beschäftigung angestellter Ärzte unter Berücksichtigung der Versorgungspflicht des anstellenden Vertragsarztes. 212

aa) Nicht gesperrte Planungsbereiche. In nicht gesperrten Planungsbereichen (§ 95 Abs. 9 S. 1) ergeben sich aus den Bundesmantelverträgen weitere Einschränkungen. Neben zahlenmäßigen Begrenzungen sind bestimmte Facharztkombinationen ausgeschlossen. Zudem gibt es Regelungen zu Beschäftigungen an weiteren Tätigkeitsorten. 213

Hinsichtlich der **zahlenmäßigen Begrenzung** ergibt sich aus § 14 a Abs. 1 BMV-Ä, dass sicherzustellen ist, dass der Vertragsarzt die Arztpraxis persönlich leitet. Die persönliche Leitung ist anzunehmen, wenn je Vertragsarzt nicht mehr als drei vollzeitbeschäftigte oder teilzeitbeschäftigte Ärzte in einer Anzahl, welche im zeitlichen Umfang ihrer Arbeitszeit drei vollzeitbeschäftigten Ärzten entspricht, angestellt werden. Bei Vertragsärzten, welche überwiegend medizinisch-technische Leistungen erbringen, wird die persönliche Leitung auch bei der Beschäftigung von bis zu vier vollzeitbeschäftigten Ärzten 214

---

333 Vgl. Bedei/Zalewski in Liebold/Zalewski, Kassenarztrecht, Stand: 1/2011, § 33 Ärzte-ZV Rn. 33-2 b; Michels/Möller, Ärztliche Kooperationen, 3. Aufl. 2014, 100, Rompf/Schröder/Willaschek, Kommentar zum BMV-Ä, 2014, § 14 a Rn. 17; Schallen, Ärzte-ZV, 8. Aufl. 2012, § 32 b Rn. 63; Bonvie, GEsR 2008, 505, 506; Steinhilper in Halbe/Schirmer, Kooperation im Gesundheitswesen, A 1300, Stand: 11/2015, Rn. 53; aA Bäune in: Bäune/Meschke/Rothfuß, Kommentar Ärzte-ZV, 2008, § 32 b Rn. 35.
334 Vgl. BSG, 4.5.2016, B 6 KA 24/15 R, juris Rn. 13 = GesR 2016, 634 ff.
335 Vgl. BSG, 4.5.2016, B 6 KA 24/15 R, juris Rn. 15 = GesR 2016, 634 ff.
336 Vgl. BSG, 4.5.2016, B 6 KA 24/15 R, juris Rn. 14 = GesR 2016, 634 ff.
337 Vgl. BSG, 4.5.2016, B 6 KA 24/15 R, juris Rn. 15 = GesR 2016, 634 ff.
338 Vgl. BSG, 4.5.2016, B 6 KA 24/15 R, juris Rn. 15 = GesR 2016, 634 ff.
339 Vgl. Joussen in: Becker/Kingreen, § 95 Rn. 29; Küttner, Personalbuch 2016, Stichwort: Arbeitnehmer (Begriff) Nr. 26, ua Rn. 1 ff., 84.
340 So auch Joussen in: Becker/Kingreen, § 95 Rn. 29.

vermutet. Bei Vertragsärzten, welche eine Zulassung nach § 19 a Ärzte-ZV für einen hälftigen Versorgungsauftrag haben, vermindert sich die Beschäftigungsmöglichkeit auf einen vollzeitbeschäftigten oder zwei teilzeitbeschäftigte Ärzte je Vertragsarzt. Die Beschäftigung eines Weiterbildungsassistenten wird insoweit nicht angerechnet. Will der Vertragsarzt über den Umfang nach Sätzen 2 bis 4 hinaus weitere Ärzte beschäftigen, hat er dem Zulassungsausschuss vor der Erteilung der Genehmigung nachzuweisen, durch welche Vorkehrungen die persönliche Leitung der Praxis gewährleistet ist.

215 **Fachgebietsidentität** ist in nicht gesperrten Planungsgebieten **nicht erforderlich**. Eine solche ergibt sich weder aus § 95 Abs. 9 S. 1, noch aus § 32 b Abs. 1 S. 1 Ärzte-ZV. Allerdings untersagt § 14 a Abs. 2 S. 1, 2 BMV-Ä eine Anstellung, wenn einer der beteiligten Ärzte zur Gruppe derjenigen Ärzte gehört, die gemäß § 13 Abs. 4 BMV-Ä (Ärzte für Laboratoriumsmedizin, Mikrobiologie und Infektionsepidemiologie, Nuklearmedizin, Pathologie, Radiologische Diagnostik bzw. Radiologie, Strahlentherapie und Transfusionsmedizin) nur auf Überweisung in Anspruch genommen werden dürfen oder wenn durch diesen Facharzt Leistungen erbracht werden sollen, welche gemäß § 13 Abs. 5 BMV-Ä (hochspezialisierte Leistungen, die wegen besonderer apparativer und fachlicher Voraussetzungen oder zur Sicherung der Qualität der Versorgung) nur auf Überweisung in Anspruch genommen werden können. Der BGH hat eine entsprechende Regelung im ärztlichen *Berufs*recht (vgl. § 18 Abs. 1 S. 3 Fall 1 MBO-Ä) als mit der durch Art. 12 Abs. 1 GG gewährleisteten Berufsausübungsfreiheit unvereinbar und deshalb nichtig angesehen.[341]

216 Vertragsärztliche Anstellungen außerhalb des Vertragsarztsitzes an **weiteren Tätigkeitsorten** sind zulässig, wenn und soweit
- dies die Versorgung der Versicherten an den weiteren Orten verbessert und
- die ordnungsgemäße Versorgung der Versicherten am Ort des Vertragsarztsitzes nicht beeinträchtigt wird.

Weitere Tätigkeitsorte kommen im Rahmen von überörtlichen Berufsausübungsgemeinschaften/Gemeinschaftspraxen, Zweigpraxen oder ausgelagerten Praxisräumen in Betracht.[342]

217 bb) **Gesperrte Planungsbereiche.** In gesperrten Planungsbereichen gilt gemäß § 95 Abs. 9 S. 2 der Grundsatz der Fachgebietsidentität. Zudem ist der Leistungsumfang begrenzt. Schließlich gelten zahlenmäßige Begrenzungen und Einschränkungen zur Beschäftigung an weiteren Tätigkeitsorten.

218 Für Anstellungen in gesperrten Planungsgebieten müssen die Voraussetzungen nach § 101 Abs. 1 Nr. 5 erfüllt sein (Job-Sharing-Anstellung).[343] Danach beschließt der G-BA in Richtlinien Bestimmungen über Regelungen für die Anstellung von Ärzten bei einem Vertragsarzt **desselben Fachgebiets**, oder, sofern die Weiterbildungsordnungen Facharztbezeichnungen vorsehen, mit **derselben Facharztbezeichnung** in einem Planungsbereich, für den Zulassungsbeschränkungen angeordnet sind, sofern sich der Vertragsarzt gegenüber dem Zulassungsausschuss zu einer Leitungsbegrenzung verpflichtet, die den bisherigen Praxisumfang nicht wesentlich überschreitet, und Ausnahmen von der Leistungsbegrenzung, soweit und solange dies zur Deckung eines zusätzlichen lokalen Versorgungsbedarfs erforderlich ist; bei der Ermittlung des Versorgungsgrades sind die angestellten Ärzte nicht mitzurechnen.

219 Die im Rahmen des VÄndG[344] durchgeführte alternative Verwendung des Begriffs „Facharztbezeichnung" in § 101 Abs. 1 S. 1 Nr. 5 neben dem Begriff „Fachgebiet" ist die Konsequenz aus der MWBO-Ä, nach der – anders als bis dahin – die Fachgebietsinhalte nicht mehr in jedem Fall in vollem Umfang Gegenstand der Kenntnisse und Fähigkeiten sind, die ein Facharzt während seiner Weiterbildung erwerben und nachweisen muss; die Facharztbezeichnung beinhaltet dagegen alles das, was der Facharzt im Rahmen seines Fachgebiets erlernt hat und deshalb ausüben darf (Facharztkompetenz).[345] Nach § 2 Abs. 2 MWBO-Ä[346] wird ein Gebiet als ein *definierter Teil in einer Fachrichtung der Medizin* beschrieben. Die Gebietsdefinition bestimmt die Grenzen für die Ausübung der fachärztlichen Tätigkeit. Wer innerhalb eines Gebietes die vorgeschriebenen Weiterbildungsinhalte und -zeiten abgeleistet und in einer Prüfung die dafür erforderliche Facharztkompetenz nachgewiesen hat, erhält eine Facharztbe-

---

341 BGH, 15.5.2014, I ZR 137/12, juris = GesR 2014, 377.
342 Pawlita in: jurisPK-SGB V, § 95 Rn. 579.
343 Pawlita in: jurisPK-SGB V, § 95 Rn. 583.
344 Gesetz zur Verbesserung der Versorgungsstrukturen in der gesetzlichen Krankenversicherung (GKV-Versorgungsstrukturgesetz – GKV-VStG) vom 22.12.2011 (BGBl. I, 2983).
345 BT-Dr. 16/2474, 24.
346 (Muster-)Weiterbildungsordnung 2003 in der Fassung vom 23.10.2015, http://www.bundesaerztekammer.de/fileadmin/user_upload/downloads/pdf-Ordner/Weiterbildung/MWBO.pdf (zuletzt abgerufen am 1.3.2017).

zeichnung. Die in der Facharztkompetenz vorgeschriebenen Weiterbildungsinhalte beschränken nicht die Ausübung der fachärztlichen Tätigkeiten im Gebiet.

Dem Auftrag in § 101 Abs. 1 Nr. 5 entsprechend hat der G-BA die §§ 58-62 in die Bedarfsplanungs-Richtlinie[347] mit aufgenommen. Nach § 58 Abs. 1 Nr. 2 der Richtlinie kann der Vertragsarzt im Falle des Bestehens von Zulassungsbeschränkungen in seiner Praxis Ärzte gemäß § 95 Abs. 9 anstellen ua bei Fachidentität des anstellenden Vertragsarztes und des anzustellenden Arztes. 220

Fachidentität bei Anstellungen liegt nach § 59 BedarfsplanungsRL vor, wenn der anzustellende Arzt mit dem anstellenden Arzt in der Facharztkompetenz und, sofern eine entsprechende Bezeichnung geführt wird, in der Schwerpunktkompetenz übereinstimmt; die Regelungen nach § 41 Abs. 2 bis 7 der Richtlinie gelten entsprechend. 221

Gemäß § 41 Abs. 2 BedarfsplanungsRL besteht Übereinstimmung in den Arztgruppen, solange der Vertragsarzt an der hausärztlichen Versorgung nach § 101 Abs. 5 SGB V teilnimmt und sich als Allgemein-/Praktischer Arzt oder als Facharzt für Innere und Allgemeinmedizin (Hausarzt) mit einem Internisten mit Hausarztentscheidung oder als Internist mit Hausarztentscheidung mit einem Allgemein-/Praktischen Arzt oder einem Facharzt für Innere und Allgemeinmedizin (Hausarzt) zur gemeinsamen hausärztlichen Berufsausübung zusammenschließt. 222

Zudem besteht gemäß **§ 41 Abs. 3 BedarfsplanungsRL** Übereinstimmung, wenn sich 223
- ein Facharzt für Anästhesiologie mit einem Facharzt für Anästhesiologie und Intensivtherapie zusammenschließt oder
- ein Facharzt für Chirurgie mit einem Facharzt für Allgemeine Chirurgie zusammenschließt oder
- ein Facharzt für Orthopädie mit einem Facharzt für Orthopädie und Unfallchirurgie zusammenschließt oder
- ein Facharzt für Phoniatrie und Pädaudiologie mit einem Facharzt für Sprach-, Stimm- und kindliche Hörstörungen zusammenschließt oder
- ein Facharzt für Lungen- und Bronchialheilkunde (Lungenarzt) mit einem Facharzt für Innere Medizin mit Schwerpunkt Pneumologie oder einem Facharzt für Innere Medizin mit Schwerpunktbezeichnung Pneumologie oder mit Teilgebietsbezeichnung Lungen- und Bronchialheilkunde zusammenschließt oder
- ein Facharzt für Kinderheilkunde mit einem Facharzt für Kinder- und Jugendmedizin zusammenschließt oder
- ein Facharzt für Psychotherapeutische Medizin mit einem Facharzt für Psychosomatische Medizin und Psychotherapie zusammenschließt oder
- ein Facharzt für Kinder- und Jugendpsychiatrie mit einem Facharzt für Kinder- und Jugendpsychiatrie und -psychotherapie zusammenschließt oder
- ein Facharzt für Psychiatrie mit einem Facharzt für Psychiatrie und Psychotherapie zusammenschließt oder
- ein Facharzt für Chirurgie mit Schwerpunkt Unfallchirurgie mit einem Facharzt für Orthopädie und Unfallchirurgie zusammenschließt.

Weiter besteht auch Übereinstimmung, wenn sich Ärzte zusammenschließen 224
- aus dem Gebiet der Radiologie (§ 41 Abs. 4 BedarfsplanungsRL),
- aus dem Gebiet der Inneren Medizin und Allgemeinmedizin, deren Schwerpunkt Bestandteil der Gebietsbezeichnung ist, mit Internisten mit identischer Schwerpunktbezeichnung (nach altem WBO-Recht, § 41 Abs. 5 BedarfsplanungsRL),
- aus dem Gebiet der Chirurgie, deren Gebietsbezeichnung aus einer Schwerpunktbezeichnung hervorgegangen ist, mit Chirurgen mit identischer Schwerpunktbezeichnung (nach altem WBO-Recht); dies gilt nicht für die Fachärzte für Orthopädie und Unfallchirurgie (§ 41 Abs. 6 BedarfsplanungsRL).

Übereinstimmung besteht schließlich, wenn sich ein Facharzt für Nervenheilkunde (**Nervenarzt**) mit einem Arzt zusammenschließt, der gleichzeitig die Gebietsbezeichnungen Neurologie und Psychiatrie 225

---

347 Richtlinie des GBA über die Bedarfsplanung sowie die Maßstäbe zur Feststellung von Überversorgung und Unterversorgung in der vertragsärztlichen Versorgung (Bedarfsplanungs-Richtlinie) in der Neufassung vom 20.12.2012, veröffentlicht im BAnz AT vom 31.12.2012 B7 vom 31.12.2012, in Kraft getreten am 1.1.2013, zuletzt geändert am 16.6.2016, veröffentlicht im BAnz AT 14.9.2015 B3 vom 14.9.2015, in Kraft getreten am 15.9.2015.

oder gleichzeitig die Gebietsbezeichnungen Neurologie und Psychiatrie und Psychotherapie führt (§ 41 Abs. 7 BedarfsplanungsRL).

226 Gemäß § 61 BedarfsplanungsRL gelten die Bestimmungen der §§ 58 bis 59 der Richtlinie entsprechend für zugelassene **Psychologische Psychotherapeuten oder Kinder- und Jugendlichenpsychotherapeuten** zur Anstellung von Psychotherapeuten gemäß § 95 Abs. 9 SGB V mit folgender Maßgabe:

- In Planungsbereichen, in denen keine Zulassungsbeschränkungen angeordnet sind, ist auch eine gegenseitige Anstellung zwischen Psychologischen Psychotherapeuten und Kinder- und Jugendlichenpsychotherapeuten zulässig. Sind Zulassungsbeschränkungen angeordnet, gilt folgende Regelung: Ein Beschäftigungsverhältnis ist sowohl unter Psychologischen Psychotherapeuten einerseits oder Kinder- und Jugendlichenpsychotherapeuten andererseits als auch als gegenseitiges Beschäftigungsverhältnis zulässig, bei Beschäftigung eines Psychologischen Psychotherapeuten durch einen Kinder- und Jugendlichenpsychotherapeuten jedoch nur mit der Maßgabe der Beschränkung des angestellten Psychologischen Psychotherapeuten auf die Versorgung von Kinder- und Jugendlichen.
- Fachidentität im Sinne der §§ 58 und 59 ist bei Psychologischen Psychotherapeuten und Kinder- und Jugendlichenpsychotherapeuten der jeweilige Status als approbierter Psychologischer Psychotherapeut oder Kinder- und Jugendlichenpsychotherapeut.

227 cc) **Leistungsbeschränkung.** Gemäß § 60 Abs. 1 BedarfsplanungsRL legt der Zulassungsausschuss die Leistungsbeschränkung für die Arztpraxis fest. Für die Berechnung des abrechenbaren Gesamtpunktzahlvolumens gelten die Regelungen nach den §§ 42 bis 45 entsprechend mit der Maßgabe, dass der Umfang der Leistungsbeschränkung unabhängig vom Beschäftigungsumfang des (der) angestellten Arztes (Ärzte) zu bestimmen ist.

228 Die Berechnung des abrechenbaren Gesamtpunktzahlvolumens richtete sich nach §§ 42, 43 BedarfsplanungsRL. Danach legt der Zulassungsausschuss vor der Zulassung des Antragstellers in einer verbindlichen Feststellung zur Beschränkung des Praxisumfangs auf der Grundlage der gegenüber dem Vertragsarzt (den Vertragsärzten) in den vorausgegangenen mindestens vier Quartalen ergangenen Abrechnungsbescheiden quartalsbezogene Gesamtpunktzahlvolumina fest, welche bei der Abrechnung der ärztlichen Leistungen im Rahmen der Gemeinschaftspraxis von dem Vertragsarzt sowie dem Antragsteller nach seiner Zulassung gemeinsam als Leistungsbeschränkung maßgeblich sind (Obergrenze). Diese Gesamtpunktzahlvolumina sind so festzulegen, dass die in einem entsprechenden Vorjahresquartal gegenüber dem erstzugelassenen Vertragsarzt anerkannten Punktzahlanforderungen um nicht mehr als 3 v.H. überschritten werden. Das Überschreitungsvolumen von 3 v.H. wird jeweils auf den Fachgruppendurchschnitt des Vorjahresquartals bezogen. Das quartalsbezogene Gesamtpunktzahlvolumen (Punktzahlvolumen zuzüglich Überschreitungsvolumen) wird durch die KV angepasst. Bei Internisten ist zur Ermittlung des Fachgruppendurchschnittes auf die Entscheidung des bereits zugelassenen Vertragsarztes zur hausärztlichen oder fachärztlichen Versorgung abzustellen.

229 § 43 BedarfsplanungsRL beinhaltet die Berechnung des abrechenbaren Gesamtpunktzahlvolumens in Sonderfällen. Kann danach wegen der Kürze der bisherigen Tätigkeit des Vertragsarztes ein Vergleich über einen längeren Zeitraum nicht vorgenommen werden, so legt der Zulassungsausschuss das Punktzahlvolumen für die einzelnen Quartale nach Maßgabe des Durchschnitts der Fachgruppe des bereits zugelassenen Vertragsarztes als Obergrenze fest. Hat ein Vertragsarzt wegen der Betreuung und Erziehung von Kindern und/oder der Pflege eines pflegebedürftigen nahen Angehörigen in häuslicher Umgebung im Ausgangsberechnungszeitraum im Vergleich zur Fachgruppe geringere Punktzahlvolumina erreicht, gilt Satz 1 entsprechend. Soll der Antragsteller in eine bereits bestehende Gemeinschaftspraxis aufgenommen werden, so hat der Zulassungsausschuss die Berechnungen nach § 42 entsprechend der Zahl der bereits tätigen Vertragsärzte in der Gemeinschaftspraxis zu mindern; handelt es sich um eine fachverschiedene Gemeinschaftspraxis oder ein fachverschiedenes Medizinisches Versorgungszentrum, so ist für die Leistungsbeschränkung Bezugsgröße das Leistungsvolumen des fachidentischen Vertragsarztes. Satz 1 gilt auch in den Fällen, in denen ein bereits zugelassener Vertragsarzt über vier Quartale einen im Vergleich zur Fachgruppe unterdurchschnittlichen Praxisumfang nach § 101 Abs. 1 S. 1 Nr. 6 aufweist. Die Ermittlung der vorbenannten Obergrenze erfolgt unter den folgenden Maßgaben:

1. Die Ermittlung des Fachgruppendurchschnitts erfolgt ohne Berücksichtigung der Ärzte, die gemeinsam in Jobsharing-Praxen oder Angestelltenverhältnissen mit Leistungsbegrenzung nach § 101 Abs. 1 S. 1 Nr. 4 und 5 tätig sind.

2. Für Psychotherapeuten legt der Zulassungsausschuss als Obergrenze den Durchschnitt der von der Fachgruppe abgerechneten Punktzahlvolumina jeweils zuzüglich 25 v.H. fest.

Nach Ausführung in den Gründen[348] trägt die Nr. 2 dem ausdrücklichen Wunsch des Gesetzgebers im § 101 Abs. 1 S. 1 Nr. 6, wonach der GBA in RL Bestimmungen trifft über Ausnahmeregelungen zur Leistungsbegrenzung nach den Nrn. 4 und 5 im Fall eines unterdurchschnittlichen Praxisumfangs; für psychotherapeutische Praxen mit unterdurchschnittlichem Praxisumfang soll eine Vergrößerung des Praxisumfangs nicht auf den Fachgruppendurchschnitt begrenzt werden, Rechnung, für die Psychotherapeuten im Bereich Jobsharing Sonderregelung zu schaffen. Es wird den Psychotherapeuten ausdrücklich zugestanden, ihr Praxisvolumen auch über den Fachgruppendurchschnitt hinaus auszuweiten. Die unterschiedliche Behandlung von Ärzten und Psychotherapeuten durch den Gesetzgeber an dieser Stelle mag durch die Heterogenität der Versorgung und die besondere Struktur der Leistungserbringung im Bereich der Psychotherapie begründet sein. Die Festlegung einer pauschalen Obergrenze in Form einer vom-Hundert-Angabe ist rechtlich vertretbar. Die Rechtmäßigkeit folgt aus der jedem Normgeber zukommenden weiten Gestaltungsfreiheit, zu der insbesondere die Befugnis zur Generalisierung, Pauschalierung, Schematisierung und Typisierung gehört, insbesondere, wenn es um die Regelung von Sachverhalten geht, die einen vergütungsrechtlichen Bezug haben. Eine Obergrenze von 25 v.H. über dem Fachgruppendurchschnitt erscheint auch sachgerecht, um die strukturellen Unterschiede angemessen zu berücksichtigen und gleichzeitig eine unbegründete Ungleichbehandlung von Ärzten und Psychotherapeuten zu vermeiden. Der Höhe nach handelt es sich um eine maßvolle Vorgabe zur Vergrößerung des Praxisumfangs. Sie trägt damit auch dem der Festlegung von Abrechnungsobergrenzen nach §§ 101 Abs. 1 S. 1 Nr. 4 und 5 immanenten Zwecksetzung Rechnung, einer unwirtschaftlichen Leistungsmengenausweitung vorzubeugen.

dd) **Begrenzungen und Einsatz an weiteren Tätigkeitsorten.** Für zahlenmäßige Begrenzungen und Einschränkungen zur Beschäftigung an weiteren Tätigkeitsorten gelten die Ausführungen bei nicht gesperrten Planungsgebieten entsprechend. 230

ee) **Rechtfolgen der Anstellung.** Die Anstellung eines Arztes bedarf gem. § 95 Abs. 9 S. 3 SGB V, § 32 b Abs. 2 Ärzte-ZV der Genehmigung des Zulassungsausschusses. Den entsprechenden Antrag gemäß § 58 Bedarfsplanungsrichtlinie (BedarfsplanungsRL)[349] hat der anstellende Vertragsarzt zu stellen.[350] Insbesondere vorzulegen ist dabei gemäß § 58 Abs. 1 Nr. 3 der Richtlinie der schriftliche Anstellungsvertrag unter Angabe der Arbeitszeiten und des Anstellungsortes. Den Arbeitsvertrag kann der Zulassungsausschuss überprüfen, wobei mit Blick auf § 19 Abs. 3 MBO-Ä (angemessene Vergütung und Zeit zur Fortbildung sowie angemessene Ausgleichszahlung bei der Vereinbarung von Wettbewerbsverboten)[351] zu fragen ist, ob die Vertragsprüfung mit entsprechenden Folgen für die Genehmigung darüber hinausgehen darf, was mit Blick auf die allgemeine arbeitsrechtliche Zuständigkeit aber wohl verneint werden dürfte. 231

Eine Genehmigung der Zulassungsgremien hat statusbegründenden Charakter.[352] Sie kann nur für einen in der Zukunft liegenden Zeitraum, mithin nicht rückwirkend, erteilt werden.[353] 232

Der angestellte Arzt darf selbstständig und ohne Abhängigkeit von Weisungen und Aufsicht des Praxisinhabers Versicherte behandeln; er hat zahlreiche Pflichten zu erfüllen, die dem Vertragsarzt obliegen.[354] Der Gesetzgeber hat die Tätigkeit als angestellter Arzt in der vertragsärztlichen Praxis als vollwertige berufliche Beschäftigungsmöglichkeit für Ärzte angesehen, die keine Vertragsarztzulassung er- 233

---

348 S. https://www.g-ba.de/downloads/40-268-3847/2016-06-16_BPL-RL-Abschnitt-9_Zulassung-gemeinsame-Berufsausuebung_TrG.pdf (zuletzt abgerufen am 1.3.2017).
349 Richtlinie des GBA über die Bedarfsplanung sowie die Maßstäbe zur Feststellung von Überversorgung und Unterversorgung in der vertragsärztlichen Versorgung (Bedarfsplanungs-Richtlinie) in der Neufassung vom 20.12.2012, veröffentlicht im BAnz AT vom 31.12.2012 B7 vom 31.12.2012, in Kraft getreten am 1.1.2013, zuletzt geändert am 16.6.2016, veröffentlicht im BAnz AT 14.9.2016 B3 vom 14.9.2016, in Kraft getreten am 15.9.2016.
350 Schallen, ZulVO, § 32 b Rn. 63.
351 Schallen, ZulVO, § 32 b Rn. 70.
352 BSG, 20.9.1995, 6 RKa 37/94, juris Rn. 24 = MedR 1996, 470 ff.
353 BSG, 20.9.1995, 6 RKa 37/94, juris Rn. 21 = MedR 1996, 470 ff.
354 BSG, 20.9.1995, 6 RKa 37/94, juris Rn. 25 = MedR 1996, 470 ff.

halten,³⁵⁵ und das Betätigungsfeld dieser Ärzte damit deutlich über die eher untergeordnete Tätigkeit als Weiterbildungs- oder Entlastungsassistent herausgehoben.³⁵⁶

234 ff) **Anstellung von Hochschullehrern.** Gemäß § 95a kann der an der hausärztlichen Versorgung teilnehmende Vertragsarzt mit Genehmigung des Zulassungsausschusses Ärzte, die von einer Hochschule mindestens halbtags als angestellte oder beamtete Hochschullehrer für Allgemeinmedizin oder als deren wissenschaftliche Mitarbeiter beschäftigt werden und in das Arztregister eingetragen sind, unabhängig von Zulassungsbeschränkungen anstellen. Bei der Ermittlung des Versorgungsgrades in einem Planungsbereich sind diese angestellten Ärzte nicht mitzurechnen.

235 Zur Erhaltung und Fortentwicklung der praktischen hausärztlichen Kompetenz von Hochschullehrern³⁵⁷ für Allgemeinmedizin ist diesen im Rahmen des Vertragsarztrechtsänderungsgesetzes mit Wirkung zum 1.1.2007³⁵⁸ mit § 95a der Zugang zur hausärztlichen Versorgung der Versicherten dadurch ermöglicht worden, dass es den Hausärzten vertragsarztrechtlich gestattet wird, diese Ärzte als angestellte Ärzte außerhalb der Bedarfsplanung und ohne Beschränkung des Praxisumfangs zu beschäftigen. Um die Zulassungs- und Anstellungsmöglichkeiten anderer hausärztlich tätiger Ärzte nicht zu schmälern, werden diese angestellten Ärzte bei der Berechnung des Versorgungsgrades nicht berücksichtigt.³⁵⁹

236 gg) **Umwandlung einer Anstellung in eine Zulassung.** § 95 Abs. 9b ist mit Wirkung zum 1.1.2012 im Rahmen GKV-VStG³⁶⁰ in das SGB V eingefügt worden. Danach ist eine genehmigte Anstellung nach Abs. 9 S. 1 auf Antrag des anstellenden Vertragsarztes vom Zulassungsausschuss in eine Zulassung umzuwandeln, sofern der Umfang der Tätigkeit des angestellten Arztes einem ganzen oder halben Versorgungsauftrag entspricht; beantragt der anstellende Vertragsarzt nicht zugleich bei der Kassenärztlichen Vereinigung die Durchführung eines Nachbesetzungsverfahrens nach § 103 Abs. 4, wird der bisher angestellte Arzt Inhaber der Zulassung.

237 Bis zum Inkrafttreten des Abs. 9b am 1.1.2013 bestand allein die Möglichkeit der Nachbesetzung der Anstellung. Ab dem 1.1.2012 haben Vertragsärzte die Möglichkeit, Ärzte für eine Probephase zunächst anzustellen und sie nach Ablauf einer Bewährungsphase als Vertragsärzte in die Praxis zu integrieren.³⁶¹ Zudem besteht die Möglichkeit, nicht mehr benötigte Vertragsarztsitze durch Beantragung eines Nachbesetzungsverfahrens wirtschaftlich zu verwerten.³⁶²

238 Entsprechend der Gesetzesbegründung der Bundesregierung³⁶³ war bis zum 31.12.2011 die (Rück-)Umwandlung einer nach Abs. 9 S. 1 genehmigten Angestelltenstelle in einen eigenständigen Vertragsarztsitz nicht möglich; insbesondere bestand bis dahin allein die Möglichkeit der Nachbesetzung der Anstellung.³⁶⁴ Da eine solche Stelle auch in überversorgten Planungsbereichen nachbesetzt werden kann,³⁶⁵ trat ein Abbau von Überversorgung nicht ein. Aus Sicht der Bedarfsplanung machte es für die Bestimmung des Versorgungsgrades keinen Unterschied, ob ein an der vertragsärztlichen Versorgung teilnehmender Arzt als angestellter Arzt oder als niedergelassener Vertragsarzt tätig ist. Vertragsärzten kann es daher ohne negative Auswirkungen ermöglicht werden, eine nach Abs. 9 S. 1 genehmigte Anstellung zu einem späteren Zeitpunkt in eine Zulassung umwandeln zu lassen. Hierzu sieht die Vorschrift vor, dass die genehmigte Anstellung vom Zulassungsausschuss auf Antrag des anstellenden Vertragsarztes in eine Zulassung umzuwandeln ist. Als Inhaber der bisherigen Arztstelle für einen angestellten Arzt kann der anstellende Vertragsarzt entscheiden, ob er selbst oder der bisher angestellt Arzt Inhaber der neuen Zulassung werden möchte. Will der anstellende Vertragsarzt Inhaber der Zulassung werden, hat er zugleich die Durchführung eines Nachbesetzungsverfahrens bei der Kas-

---

355 BT-Dr. 12/3608 93.
356 BSG, 20.9.1995, 6 RKa 37/94, juris Rn. 25 = MedR 1996, 470ff.
357 Vgl. § 42 Hochschulrechtsrahmengesetz (HRG vom 19.1.1999 (BGBl. I, 18, zuletzt geändert durch Gesetzes vom 12.4.2007 [BGBl. I, 506]): Professoren und Juniorprofessoren.
358 Gesetz zur Änderung des Vertragsarztrechts und anderer Gesetze Vertragsarztrechtsänderungsgesetz – VÄndG) vom 22.12.2006 (BGBl. I, 3439).
359 BT-Dr. 16/2474, 23.
360 Gesetz zur Verbesserung der Versorgungsstrukturen in der gesetzlichen Krankenversicherung (GKV-Versorgungsstrukturgesetz – GKV-VStG) vom 22.12.2011 (BGBl. I, 2983).
361 Pawlita in: jurisPK-SGB V, § 95 Rn. 602.
362 Pawlita in: jurisPK-SGB V, § 95 Rn. 602.
363 BT-Dr. 17/6906, 71, 72.
364 Rehborn, MedR 2010, 290, 294ff.
365 Vgl. § 103 Abs. 4a S. 5, Abs. 4b S. 2.

senärztlichen Vereinigung nach § 103 Abs. 4 zu beantragen und kann dadurch eine nicht mehr benötigte Arztstelle im Zuge des Nachbesetzungsverfahrens wirtschaftlich verwerten. Beantragt der anstellende Vertragsarzt keine Nachbesetzung nach § 103 Abs. 4 hat der Zulassungsausschuss die Zulassung dem bisher angestellten Arzt zu erteilen. Hierdurch erhalten Vertragsärzte die flexible Möglichkeit, nach einer Bewährungsphase und bei entsprechendem Interesse zunächst angestellte Ärzte als Vertragsärzte gleichberechtigt in die Praxis zu integrieren. Voraussetzung für die Umwandlung ist darüber hinaus, dass der zeitliche Umfang der vertragsärztlichen Tätigkeit des angestellten Arztes der üblicherweise mit einer vollen oder halben Zulassung verbundenen Vertragsarzttätigkeit entspricht. Dabei ist nicht allein auf den in § 17 Abs. 1a BMV-Ä geregelten Mindestumfang von Sprechstunden abzustellen. Ausgehend davon, dass die vertragsärztliche Tätigkeit nach § 19a Abs. 1 Ärzte-ZV grundsätzlich als Vollzeittätigkeit angelegt ist, kommt die Umwandlung in eine Zulassung mit einem vollen Versorgungsauftrag nur in Betracht, wenn die Arbeitszeit des angestellten Arztes mindestens der durchschnittlichen Arbeitszeit von angestellten Ärzten bei einer Vollzeittätigkeit entspricht. Die Umwandlung in eine halbe Zulassung setzt voraus, dass mindestens 50 % dieser durchschnittlichen Arbeitszeit erreicht werden.

Die Regelung gilt auch für die Fälle des § 103 Abs. 4b. Hat demnach ein Vertragsarzt in einem gesperrten Planungsbereich auf seine Zulassung verzichtet, um bei einem anderen Vertragsarzt als angestellter Arzt zu arbeiten, kann die Angestelltenstelle zu einem späteren Zeitpunkt in eine Zulassung zurück umgewandelt werden.[366] 239

Durch die Ergänzung in § 95 Abs. 2 S. 8 sowie in § 103 Abs. 4a gilt die Regelung entsprechend für MVZ. Auch hier gilt daher, dass wenn ein Vertragsarzt in einem gesperrten Planungsbereich auf seine Zulassung verzichtet hat, um in einem MVZ als angestellter Arzt zu arbeiten, die Angestelltenstelle zu einem späteren Zeitpunkt in eine Zulassung zurück umgewandelt werden kann.[367] 240

§ 95 Abs. 9b regelt nicht die Nachbesetzung der vorhandenen genehmigten Anstellung, sondern die Verpflichtung des Zulassungsausschusses, unter bestimmten Voraussetzungen eine genehmigte Anstellung in eine Zulassung umzuwandeln. Dem Wortlaut der Vorschrift ist auch nicht zu entnehmen, dass mehrere genehmigte Anstellungen nicht soweit kumuliert werden können, dass die für eine Teil- oder Vollzulassung erforderliche wöchentliche Stundenzahl erreicht wird.[368] 241

i) Besonderheiten bei der Zulassung und Ermächtigung von Psychotherapeuten (Abs. 10, 11, 12, 13). Abs. 10 bis 13 sind mit dem PsychThG vom 16.6.1998 in das Gesetz eingefügt worden und am 1.1.1999 in Kraft getreten.[369] Bis dahin fehlte eine umfassende Regelung der Tätigkeiten von Psychologischen Psychotherapeuten sowie von Kinder- und Jugendpsychotherapeuten.[370] Sie beinhalten Besonderheiten bei der Zulassung und Ermächtigung von Psychotherapeuten. Sie sind als Übergangsvorschriften zu verstehen, deren Bedeutung im Laufe der Zeit deutlich abgenommen hat.[371] 242

Das PsychThG differenziert zwischen der Zulassung als Psychotherapeut aufgrund vorheriger Eintragung in das Arztregister und der Zulassung aufgrund der durch Antragstellung bis zum 31.12.1998 gekennzeichneten Übergangsregelung, die keine vorherige Eintragung in das Arztregister erfordert. Nur die Zulassung nach Abs. 10 begründet eine bedarfsunabhängige Zulassung. Für ab 1.1.1999 gestellte Anträge bedarf es der vorherigen Eintragung in das Arztregister gemäß Abs. 2 S. 3 Nr. 1 in Verbindung mit § 95c. Daraus folgt, dass gemäß Abs. 12 der Zulassungsausschuss über Zulassungsanträge, die nach dem 31.12.1998 gestellt werden, erst dann entscheiden kann, wenn der Landesausschuss der Ärzte und Krankenkassen die Feststellung einer Überversorgung nach § 103 Abs. 1 S. 1 getroffen hat.[372] 243

---

366 BT-Dr. 17/6906, 72.
367 BT-Dr. 17/6906, 72.
368 Bay. LSG, 14.11.2012, L 12 KA 145/12 B ER, juris Rn. 32 = AMK 2013 Nr. 3, 3.
369 Gesetz über die Berufe des Psychologischen Psychotherapeuten und des Kinder- und Jugendlichenpsychotherapeuten (Psychotherapeutengesetz – PsychThG) vom 16.6.1998 (BGBl. I, 1311), dazu BT-Dr. 13/733, BT-Dr. 12/1206, BT-Dr. 13/8035.
370 BT-Dr. 12/1206, 1.
371 Joussen in: Becker/Kingreen, § 95 Rn. 32.
372 Hess in: KassKomm, § 95 SGB V Rn. 120.

244 Mit Urteil vom 6.12.2007 hat der EuGH entschieden, dass die Bundesrepublik Deutschland dadurch gegen ihre Verpflichtungen aus Art. 43 EG (nunmehr Art. 49 AUEV)[373] verstoßen hat, dass sie die Übergangs- bzw. Bestandsschutzregelungen, aufgrund deren die Psychotherapeuten eine Zulassung bzw. eine Genehmigung zur Berufsausübung unabhängig von den geltenden Zulassungsbestimmungen erhalten, lediglich auf die Psychotherapeuten anwendet, die ihre Tätigkeit in einer Region Deutschlands im Rahmen der deutschen gesetzlichen Krankenkassen ausgeübt haben, und die vergleichbare bzw. gleichartige Berufstätigkeit von Psychotherapeuten in anderen Mitgliedstaaten nicht berücksichtigt.[374]

245 Aufgrund dieser Entscheidung ist zum 1.1.2009 der § 317 in das Gesetz eingeführt worden.[375] Danach werden abweichend von § § 95 Abs. 10 Psychotherapeuten zur vertragsärztlichen Versorgung zugelassen, wenn sie
- eine Approbation nach dem Psychotherapeutengesetz und den Fachkundenachweis nach § 95 c S. 2 Nr. 3 haben,
- in der Zeit vom 25.6.1994 bis zum 24.6.1997 an der ambulanten psychotherapeutischen Versorgung in einem anderen Mitgliedstaat der Europäischen Union oder in einem anderen Vertragsstaat des Abkommens über den Europäischen Wirtschaftsraum teilgenommen haben und diese Tätigkeit vergleichbar mit der in der gesetzlichen Krankenversicherung war und
- bis zum 30.6.2009 die Approbationsurkunde vorlegen und den Antrag auf Erteilung der Zulassung gestellt haben.

Der Zulassungsausschuss hat über die Zulassungsanträge bis zum 30.9.2009 zu entscheiden.

246 Gemäß Abs. 13 treten in Zulassungssachen der Psychotherapeuten und der überwiegend oder ausschließlich psychotherapeutisch tätigen Ärzte[376] in den Zulassungs- und Berufungsausschüssen im Rahmen einer Sonderregelung an die Stelle der Vertreter der Ärzte Vertreter der Psychotherapeuten und der Ärzte in gleicher Zahl; unter den Vertretern der Psychotherapeuten muss mindestens ein Kinder- und Jugendlichenpsychotherapeut sein.

§ 95 a Voraussetzung für die Eintragung in das Arztregister für Vertragsärzte

(1) Bei Ärzten setzt die Eintragung in das Arztregister voraus:
1. die Approbation als Arzt,
2. den erfolgreichen Abschluß entweder einer allgemeinmedizinischen Weiterbildung oder einer Weiterbildung in einem anderen Fachgebiet mit der Befugnis zum Führen einer entsprechenden Gebietsbezeichnung oder den Nachweis einer Qualifikation, die gemäß den Absätzen 4 und 5 anerkannt ist.

(2) ¹Eine allgemeinmedizinische Weiterbildung im Sinne des Absatzes 1 Nr. 2 ist nachgewiesen, wenn der Arzt nach landesrechtlichen Vorschriften zum Führen der Facharztbezeichnung für Allgemeinmedizin berechtigt ist und diese Berechtigung nach einer mindestens fünfjährigen erfolgreichen Weiterbildung in der Allgemeinmedizin bei zur Weiterbildung ermächtigten Ärzten und in dafür zugelassene Einrichtungen erworben hat. ²Bis zum 31. Dezember 2008 ist eine dem Satz 1 entsprechende mindestens dreijährige Weiterbildung ausnahmsweise ausreichend, wenn nach den entsprechenden landesrechtlichen Vorschriften eine begonnene Weiterbildung in der Allgemeinmedizin, für die eine Dauer von mindestens drei Jahren vorgeschrieben war, wegen der Erziehung eines Kindes in den ersten drei Lebensjahren, für das dem Arzt die Personensorge zustand und mit dem er in einem Haushalt gelebt hat, die Weiterbildung unterbrochen worden ist und nach den landesrechtlichen Vorschriften als mindestens dreijährige Weiterbildung fortgesetzt werden darf. ³Satz 2 gilt entsprechend, wenn aus den dort genannten Gründen der Kindererziehung die Aufnahme einer vertragsärztlichen Tätigkeit in der Allgemeinmedizin vor dem 1. Januar 2006 nicht möglich war und ein entsprechender Antrag auf Ein-

---

373 Vertrag über die Arbeitsweise der Europäischen Union, Fassung aufgrund des am 1.12.2009 in Kraft getretenen Vertrages von Lissabon (konsolidierte Fassung, bekanntgemacht im ABl. EG Nr. C 115 vom 9.5.2008, 47, konsolidierte Fassung vom 26.10.2012 (ABl. C 326, S. 47–390).
374 Rs. C-456/05, Slg 2007, I-10517-10572 = NZS 2008, 650 ff.
375 Gesetz zur Weiterentwicklung der Organisationsstrukturen in der gesetzlichen Krankenversicherung (GKV-OrgWG) vom 15.12.2008 (BGBl. I, 2426).
376 § 101 Abs. 3 S. 1.

tragung in das Arztregister auf der Grundlage einer abgeschlossenen mindestens dreijährigen Weiterbildung bis zum 31. Dezember 2008 gestellt wird.

(3) ¹Die allgemeinmedizinische Weiterbildung muß unbeschadet ihrer mindestens fünfjährigen Dauer inhaltlich mindestens den Anforderungen nach Artikel 28 der Richtlinie 2005/36/EG des Europäischen Parlaments und des Rates vom 7. September 2005 über die Anerkennung von Berufsqualifikationen (ABl. EU Nr. L 255 S. 22, 2007 Nr. L 271 S. 18) entsprechen und mit dem Erwerb der Facharztbezeichnung für Allgemeinmedizin abschließen. ²Sie hat insbesondere folgende Tätigkeiten einzuschließen:

1. mindestens sechs Monate in der Praxis eines zur Weiterbildung in der Allgemeinmedizin ermächtigten niedergelassenen Arztes,
2. mindestens sechs Monate in zugelassenen Krankenhäusern,
3. höchstens sechs Monate in anderen zugelassenen Einrichtungen oder Diensten des Gesundheitswesens, die sich mit Allgemeinmedizin befassen, soweit der Arzt mit einer patientenbezogenen Tätigkeit betraut ist.

(4) Die Voraussetzungen zur Eintragung sind auch erfüllt, wenn der Arzt auf Grund von landesrechtlichen Vorschriften zur Ausführung des Artikels 30 der Richtlinie 2005/36/EG des Europäischen Parlaments und des Rates vom 7. September 2005 über die Anerkennung von Berufsqualifikationen (ABl. EU Nr. L 255 S. 22, 2007 Nr. L 271 S. 18) bis zum 31. Dezember 1995 die Bezeichnung „Praktischer Arzt" erworben hat.

(5) ¹Einzutragen sind auf ihren Antrag auch im Inland zur Berufsausübung zugelassene Ärzte, wenn sie Inhaber eines Ausbildungsnachweises über eine inhaltlich mindestens den Anforderungen nach Artikel 28 der Richtlinie 2005/36/EG des Europäischen Parlaments und des Rates vom 7. September 2005 über die Anerkennung von Berufsqualifikationen (ABl. EU Nr. L 255 S. 22, 2007 Nr. L 271 S. 18) entsprechende besondere Ausbildung in der Allgemeinmedizin sind und dieser Ausbildungsnachweis in einem Mitgliedstaat der Europäischen Union oder einem anderen Vertragsstaat des Abkommens über den Europäischen Wirtschaftsraum oder einem Vertragsstaat, dem Deutschland und die Europäische Gemeinschaft oder Deutschland und die Europäische Union vertraglich einen entsprechenden Rechtsanspruch eingeräumt haben, ausgestellt worden ist. ²Einzutragen sind auch Inhaber von Bescheinigungen über besondere erworbene Rechte von praktischen Ärzten nach Artikel 30 der in Satz 1 genannten Richtlinie, Inhaber eines Ausbildungsnachweises über eine inhaltlich mindestens den Anforderungen nach Artikel 25 dieser Richtlinie entsprechende fachärztliche Weiterbildung oder Inhaber einer Bescheinigung über besondere erworbene Rechte von Fachärzten nach Artikel 27 dieser Richtlinie.

Literatur:

Godry, Qualitätssicherung durch Berufszulassung, MedR 2001, 348; *Haage*, Die Weiterbildung in der Allgemeinmedizin im Hinblick auf die Richtlinie 2001/19/EG, MedR 2002, 301; *Haage*, Das neue Medizinstudium, MedR 2002, 456; *Haage*, Anerkennung von ärztlichen Auslandsdiplomen, MedR 2013, 779; *Haage*, Folgen der Änderung der Berufsanerkennungsrichtlinie für Ärzte und Zahnärzte, MedR 2014, 469; *Kamps*, Weiterbildung Allgemeinmedizin: Diskriminierung deutscher Ärztinnen, DÄBl. 2002; 99 (8): A-483; *Kaufmann*, Die Ausübung medizinischer Berufe im Lichte des EG-Vertrages, MedR 2003, 82; *Wenner*, Auswirkungen des Weiterbildungsrechts von Ärzten und Psychotherapeuten auf das Vertragsarztrecht, GesR 2002, 1.

I. Entstehungsgeschichte........................ 1	2. Allgemeinmedizinische Weiterbildung
II. Normzweck und Systematik 2	(Abs. 2, Abs. 3)........................ 13
III. Norminhalt........................ 5	3. Bezeichnung praktischer Arzt (Abs. 4).. 18
1. Voraussetzung für die Eintragung in das Arztregister (Abs. 1) 5	4. Anerkennung von Berufsqualifikationen aus anderen nach EG-Ländern
a) Approbation (Abs. 1 Nr. 1)........ 7	(Abs. 5).................................. 19
b) Weiterbildung (Abs. 1 Nr. 2)........ 11	

I. Entstehungsgeschichte

Mit Wirkung zum 1.1.1994 ist § 95a im Rahmen des Gesetzes zur Sicherung und Strukturverbesserung der gesetzlichen Krankenversicherung (Gesundheitsstrukturgesetz – GSG) vom 21.12.1992 (BGBl. I, S. 2266) in Kraft getreten. Anschließend erfolgten folgende Änderungen: Abs. 2 S. 1: IdF d. Art. 1 Nr. 40 Gesetz v. 22.12.1999 (BGBl. I, 2626) mWv 1.1.2006; Abs. 2 S. 2 u. 3: Eingef. durch Art. 1 Nr. 5 a Gesetz v. 22.12.2006 (BGBl. I, 3439) mWv 1.1.2006; Abs. 3 S. 1: IdF d. Art. 1 Nr. 40 Gesetz v. 22.12.1999 (BGBl. I, 2626) mWv 1.1.2006 und. d. Art. 38 Nr. 1 lit. a Gesetz v. 2.12.2007 (BGBl. I, 2686) mWv 7.12.2007.

II. Normzweck und Systematik

2 § 95 a bezweckt dadurch die **Verbesserung der allgemeinen Qualifikation**, dass eine dreijährige strukturierte Weiterbildung in der Allgemeinmedizin als obligatorische Voraussetzung für die Kassenzulassung vorgesehen wird. Nach Auffassung des Gesetzgebers werde damit gleichzeitig die sich aus der EG-Richtlinie über ein spezifische Ausbildung in der Allgemeinmedizin ergebende Verpflichtung erfüllt, ab 1995 den Zugang von Ärzten (Fachärzte ausgenommen) zur gesetzlichen Krankenversicherung von einer spezifischen allgemeinmedizinischen Qualifikation abhängig zu machen. Der Bundesgesetzgeber schreibe dabei eine mindestens dreijährige Dauer für die allgemeinmedizinische Weiterbildung vor, überlasse aber die inhaltliche Ausgestaltung der Qualifikation den landesrechtlichen Bestimmungen nach dem Weiterbildungsrecht. Auf diese Weise bleibe die Autonomie der Ärztekammern zur Ausgestaltung der Weiterbildungsanforderungen in der Allgemeinmedizin erhalten. Die dreijährige Weiterbildung in der Allgemeinmedizin als Zulassungsvoraussetzung zum Kassenarzt sei unverzichtbar und in den letzten Jahren verstärkt und ohne Gegenstimmen gefordert worden. Die Neuregelung sei erforderlich, um sicherzustellen, dass auch in der Allgemeinmedizin ebenso wie in allen übrigen 28 ärztlichen Fachgebieten nur weitergebildete Ärzte die Versicherten der gesetzlichen Krankenversicherung betreuen. Die Stellung des hausärztlich tätigen Allgemeinmediziners im ärztlichen Versorgungssystem der GKV mache dies unausweichlich. Der Allgemeinmediziner besitze nach geltendem Recht eine einzigartige Steuerungsfunktion. Diese Steuerungsfunktion sei für die wirtschaftliche Leistungserbringung, die in der GKV zwingend vorgeschrieben sei, von ausschlaggebender Bedeutung. Neben den allgemeinmedizinischen Erfordernissen seien wesentliche Bereiche aus dem Gebiet der Inneren Medizin sowie der Allgemein- und Unfallchirurgie für den Allgemeinmediziner zu erlernen. Schließlich sei neben den genannten Kenntnissen nach der MWBO auch der Erwerb von Fachkunde in Laboruntersuchungen in der Allgemeinmedizin, in Mutterschaftsvorsorge und in Früherkennung von Krankheiten bis zum Ende des ersten Lebensjahres erforderlich. Es sei unstreitig, dass die genannten qualitativen Anforderungen, die an den Allgemeinmediziner im Rahmen der Versorgung der Versicherten der GKV zu stellen sind, keinesfalls in einem Zeitraum unterhalb von drei Jahren erlernt werden könnten. Es sei erforderlich, die dreijährige Weiterbildung in der Allgemeinmedizin zur Zulassungsvoraussetzung zu machen. Nur hierdurch könne den besonderen Erfordernissen, die an eine wirtschaftliche Leistungserbringung speziell in der gesetzlichen Krankenversicherung gestellt werden müssen, Rechnung getragen werden. Die wirtschaftliche Leistungserbringung setze eine funktionierende hausärztliche Versorgung zwingend voraus. Nur der Allgemeinmediziner könne durch seine Überwachungs- und Verteilungsfunktion den Versicherten vor unnötigen Behandlungen durch Dritte bewahren. Ebenso könne nur der Allgemeinmediziner das medizinisch Notwendige veranlassen und die erhobenen Befunde in sinnvoller und wirtschaftlicher Weise zusammenführen. Auf die dreijährige Weiterbildung in der Allgemeinmedizin würden entsprechende Zeiten als Arzt im Praktikum angerechnet. Mit der Einführung der dreijährigen Weiterbildung würd die bisherige Regelung über die Vorbereitungszeit gestrichen. In den Abs. 3 bis 5 trage die Regelung den Anforderungen des EG-Rechts Rechnung.[1] Mit der Anhebung der Weiterbildungszeit für den Allgemeinarzt von bisher drei Jahren würde diese entsprechend den Vorschlägen im „Initiativprogramm zur Sicherstellung der allgemeinmedizinischen Versorgung" auf fünf Jahre erhöht werden; die Weiterbildungsordnungen der Ärztekammern seien bereits entsprechend angepasst worden. Es sei deshalb davon auszugehen, dass ab dem Jahre 2006 die die Niederlassung anstrebenden Allgemeinärzte diese Anforderung erfüllen würden. Der Zeitraum von sechs Jahren zwischen Verkündung und Inkrafttreten dieser Regelung gebe den Allgemeinärzten mit dreijähriger Weiterbildung genügend zeitlichen Spielraum, um eventuelle Niederlassungsabsichten umzusetzen.[2]

3 § 95 a wird ergänzt von den verfahrensrechtlichen Regelungen in den §§ 1 bis 10 Ärzte-ZV. Um die Zulassung als Vertragsarzt kann sich nach § 95 Abs. 2 S. 1 jeder Arzt bewerben, der seine Eintragung in ein Arztregister nachweist. Um die Zulassung kann sich gemäß § 95 Abs. 2 S. 5 ein MVZ bewerben, dessen Ärzte in das Arztregister eingetragen sind. Die Vorschrift ist aufgrund besonderer Regelungen nicht für Zahnärzte und Psychotherapeuten anwendbar; insbesondere für Zahnärzte ergibt sich dies aus § 95 Abs. 2 S. 3 Nr. 2, § 3 Zahnärzte-ZV und für Psychotherapeuten aus § 95 c.

---

1 BT-Dr. 13/3808, 94.
2 BT-Dr. 14/1245, 76, 77.

Nach § 1 Abs. 1 Ärzte-ZV führt die Kassenärztliche Vereinigung für jeden Zulassungsbezirk ein Arztregister. Das Arztregister erfasst nach § 1 Abs. 2 lit. a Ärzte-ZV ua die zugelassenen Ärzte. Das Arztregister muss nach § 2 Abs. 1 Ärzte-ZV die Angaben über die Person und die berufliche Tätigkeit des Arztes enthalten, die für die Zulassung von Bedeutung sind.

III. Norminhalt

1. Voraussetzung für die Eintragung in das Arztregister (Abs. 1). Die Eintragung in das Arztregister setzt nach Abs. 1 Nr. 1 die Approbation als Arzt sowie nach Abs. 1 Nr. 2 den erfolgreichen Abschluss entweder einer allgemeinmedizinischen Weiterbildung (Alt. 1) oder einer Weiterbildung in einem anderen Fachgebiet mit der Befugnis zum Führen einer entsprechenden Gebietsbezeichnung (Alt. 2) oder den Nachweis einer Qualifikation, die gemäß den Absätzen 4 und 5 anerkannt ist (Alt. 3), voraus.

Der Eintragung ins Arztregister kommt Drittbindungswirkung gegenüber den Zulassungsbehörden dahin gehend zu, dass diese fehlende materielle Voraussetzungen über die Übertragung dem Zulassungsbewerber nicht entgegenhalten können.[3]

a) Approbation (Abs. 1 Nr. 1). Die Approbation ist die staatliche Erlaubnis zur Ausübung eines akademischen Heilberufes.[4] Es wird Verknüpfung von Approbation und Zulassung hergestellt, so dass die berufsrechtlichen Qualifikationsregeln, die in der BÄO[5] und in der ÄApprO[6] aufgeführt sind, zu beachten sind.[7] Es handelt sich bei dem Erfordernis der Approbation nicht bloß um eine spezifisch leistungserbringungsrechtliche Voraussetzung, sondern um eine vom SGB V als zwingende berufliche Mindestqualifikation aufgestellte Tatbestandsvoraussetzung für den Behandlungsanspruch. VN haben daher keinen Anspruch auf Behandlung durch nicht approbierte, als Heilpraktiker tätige Diplom-Psychologen.[8]

Die Approbation ist gem. § 3 Abs. I S. 1 Hs. 1 BÄO auf Antrag durch die zuständige Landesbehörde (§ 12 BÄO) zu erteilen, wenn der Antragsteller die in der BÄO und der ÄApprO benannten Voraussetzungen erfüllt.[9] Insbesondere darf sich der Antragsteller nicht eines Verhaltens schuldig gemacht haben, aus dem sich seine Unwürdigkeit oder Unzuverlässigkeit zur Ausübung des ärztlichen Berufs ergibt. Auch darf er nicht in gesundheitlicher Hinsicht zur Ausübung des Berufs ungeeignet sein. Weiter muss er nach einem Studium der Medizin an einer wissenschaftlichen Hochschule von mindestens sechs Jahren, von denen mindestens acht, höchstens zwölf Monate auf eine praktische Ausbildung in Krankenhäusern oder geeigneten Einrichtungen der ärztlichen Krankenversorgung entfallen müssen, die ärztliche Prüfung im Geltungsbereich dieses Gesetzes bestanden haben. Schließlich muss er über die für die Ausübung der Berufstätigkeit erforderlichen Kenntnisse der deutschen Sprache verfügen. Gemäß § 39 ÄApprO sind dem **Antrag beizufügen**

- ein kurz gefasster Lebenslauf,
- die Geburtsurkunde, bei Verheirateten auch die Eheurkunde,
- ein Identitätsnachweis,
- ein amtliches Führungszeugnis, das nicht früher als einen Monat vor der Vorlage ausgestellt sein darf,
- eine Erklärung darüber, ob gegen den Antragsteller ein gerichtliches Strafverfahren oder ein staatsanwaltschaftliches Ermittlungsverfahren anhängig ist,
- eine ärztliche Bescheinigung, die nicht älter als einen Monat sein darf, aus der hervorgeht, dass der Antragsteller nicht in gesundheitlicher Hinsicht zur Ausübung des Berufs ungeeignet ist und
- das Zeugnis über die Ärztliche Prüfung.

Die KÄV und die Zulassungsgremien sind an die Überprüfung der Approbationsvoraussetzungen durch die Approbationsbehörde gebunden.[10]

---

3 BSG, 6.11.2002, B 6 KA 37/01 R, juris Rn. 25 = GesR 2003, 112 ff.
4 Laufs in: Laufs/Kern, HdB ArztR, § 8 Rn. 1.
5 Bundesärzteordnung vom 16.4.1987 (BGBl. I, 1218), zuletzt geändert durch Gesetz vom 18.4.2016 (BGBl. I, 886).
6 Approbationsordnung für Ärzte vom 27.6.2002 (BGBl. I, 2405), zuletzt geändert durch Gesetz vom 18.4.2016 (BGBl. I, 886).
7 Hellkötter-Backes in: Hänlein /Schuler, § 95 a Rn. 3.
8 Vgl. BSG, 13.12.2016, B 6 KA 4/16 R, juris Rn. 9 ff. = KrV 2017, 27 ff.
9 Hellkötter-Backes in: Hänlein /Schuler, § 95 a Rn. 4.
10 BSG, 6.11.2002, B 6 KA 37/01 R, juris Rn. 25, 26 = GesR 2003, 112 ff.

10 Der Verlust einer uneingeschränkten Approbation kann zu einem Entzug der Zulassung führen. Denn das Vorliegen einer uneingeschränkten Approbation ist nach § 95 Abs. 2 S. 3 Nr. 1 iVm § 95 a Abs. 1 Nr. 1 Voraussetzung für eine Zulassung zur Teilnahme an der vertragsärztlichen Versorgung, so dass ihr Wegfall nach § 95 Abs. 6 S. 1 die Entziehung der Zulassung rechtfertigt.[11]

11 **b) Weiterbildung (Abs. 1 Nr. 2).** Abs. 1 Nr. 2 regelt den Grundsatz, während Abs. 2 und 3 die Einzelheiten regelt.[12]

12 Seit Inkrafttreten des § 95 a am 1.1.1994 hat der Arzt den erfolgreichen Abschluss
- entweder einer allgemeinmedizinischen Weiterbildung (Abs. 1 Nr. 2 Alt. 1) oder
- einer Weiterbildung in einem anderen Fachgebiet mit der Befugnis zum Führen einer entsprechenden Gebietsbezeichnung (Abs. 1 Nr. 2 Alt. 2) oder
- den Nachweis einer Qualifikation, die gem. den Absätzen 4 und 5 anerkannt ist (Abs. 1 Nr. 2 Alt. 1)

nachzuweisen.

13 **2. Allgemeinmedizinische Weiterbildung (Abs. 2, Abs. 3).** Eine allgemeinmedizinische Weiterbildung im Sinne des Abs. 1 Nr. 2 ist gemäß Abs. 2 nachgewiesen, wenn der Arzt nach landesrechtlichen Vorschriften zum Führen der Facharztbezeichnung für Allgemeinmedizin berechtigt ist und diese Berechtigung nach einer mindestens fünfjährigen erfolgreichen Weiterbildung in der Allgemeinmedizin bei zur Weiterbildung ermächtigten Ärzten und in dafür zugelassenen Einrichtungen erworben hat.

14 Bei den landesrechtlichen Vorschriften handelt es sich zunächst um die Kammergesetze der Länder[13] sowie den aufgrund einer Ermächtigung erlassenen Weiterbildungsordnung der Ärztekammern.[14]

15 Nach § 1 der M-WBO der Bundesärztekammer,[15] die lediglich empfehlenden Charakter für die Landesärztekammern hat, besteht das **Ziel der Weiterbildung** in dem geregelten Erwerb festgelegter Kenntnisse, Erfahrungen und Fertigkeiten, um nach Abschluss der Berufsausbildung besondere ärztliche Kompetenzen zu erlangen. Die Weiterbildung dient der Sicherung der Qualität ärztlicher Berufsausübung. Nach § 2 Abs. 1 M-WBO führt der erfolgreiche Abschluss der Weiterbildung zur Facharztbezeichnung in einem Gebiet, zur Schwerpunktbezeichnung im Schwerpunkt eines Gebietes oder zur Zusatzbezeichnung, wobei im vorliegenden Zusammenhang lediglich die Weiterbildung zur Facharztbezeichnung relevant sein dürfte. Nach § 2 Abs. 2 M-WBO wird ein Gebiet als ein definierter Teil in einer Fachrichtung der Medizin beschrieben. Die Gebietsdefinition bestimmt die Grenzen für die Ausübung der fachärztlichen Tätigkeit. Wer innerhalb eines Gebietes die vorgeschriebenen Weiterbildungsinhalte und -zeiten abgeleistet und in einer Prüfung die dafür erforderliche Facharztkompetenz nachgewiesen hat, erhält eine Facharztbezeichnung.

16 Neben der fünfjährigen Dauer der allgemeinmedizinischen Weiterbildung fordert § 95 Abs. 3 zusätzlich zu den Anforderungen nach § 95 a Abs. 2, dass die Weiterbildung inhaltlich mindestens den Anforderungen nach Art. 28 der Richtlinie 2005/36/EG des Europäischen Parlaments und des Rates vom 7.9.2005 über die Anerkennung von Berufsqualifikationen[16] entspricht und mit dem Erwerb der Facharztbezeichnung für Allgemeinmedizin abschließen hat. Sie hat gemäß § 95 a Abs. 3 S. 2 insbesondere folgende Tätigkeiten mit einzuschließen:
- mindestens sechs Monate in der Praxis eines zur Weiterbildung in der Allgemeinmedizin ermächtigten niedergelassenen Arztes (Nr. 1),
- mindestens sechs Monate in zugelassenen Krankenhäusern (Nr. 2) und
- höchstens sechs Monate in anderen zugelassenen Einrichtungen oder Diensten des Gesundheitswesens, die sich mit Allgemeinmedizin befassen, soweit der Arzt mit einer patientenbezogenen Tätigkeit betraut ist (Nr. 3).

---

11 BSG, 17.8.2011, B 6 KA 18/11 B, juris Rn. 9 = GesR 2011, 682 ff.
12 Joussen in: Becker/Kingreen, § 95 a Rn. 2, 4.
13 Beispielsweise in Westfalen-Lippe: Heilberufsgesetz Nordrhein-Westfalen vom 9.5.2000 (HeilBerG NRW, GV. NRW. 2000, 403 ff., Fassung v. 8.9.2015 GV. NRW 2015, 627 ff.), vgl. insbesondere die Ermächtigung in § 42 HeilBerG NRW.
14 Weiterbildungsordnung der ÄKWL vom 9.4.2005, zuletzt geändert am 20.9.2014 (MinBl NRW vom 28.11.2014.
15 (Muster)Weiterbildungsordnung Ärzte (Fassung vom 23.10.2015, http://www.bundesaerztekammer.de/filead min/user_upload/downloads/pdf-Ordner/Weiterbildung/MWBO.pdf (zuletzt abgerufen am 1.3.2017).
16 ABl. EU Nr. L 255, 22, 2007 Nr. L 271,18), zuletzt geändert durch die Verordnung (EG) Nr. 1430/2007 der Kommission vom 5.12.2007 (ABl. EU Nr. L 320, 3).

Das Ziel der Mitgliedstaaten der EG bestand (und besteht immer noch) darin, die Kluft zwischen Forschung und Ausbildung einerseits und der Praxis der Allgemeinmedizin andererseits durch eine Verbesserung der allgemeinmedizinischen Ausbildung zu verringern.[17]

3. Bezeichnung praktischer Arzt (Abs. 4). Nach Abs. 4 sind die Voraussetzungen zur Eintragung in das Arztregister auch erfüllt, wenn der Arzt bis zum 31.12.1995 die Bezeichnung „Praktischer Arzt" erworben hat. Maßgeblich ist insoweit der formelle Erwerb bzw. das Vorhandensein eines urkundlichen Nachweises.[18] Aufgrund von Zeitablauf dürfte Abs. 4 inzwischen weitgehend gegenstandslos sein.

4. Anerkennung von Berufsqualifikationen aus anderen nach EG-Ländern (Abs. 5). Abs. 5 S. 1 regelt die Eintragung von Ärzten, die einen Ausbildungsnachweis im Bereich Allgemeinmedizin besitzen, der unter Berücksichtigung von Art. 28 der Richtlinie 2005/36/EG ausgestellt worden ist.[19]

Insbesondere sind einzutragen auch im Inland zur Berufsausübung zugelassene Ärzte, wenn sie Inhaber eines Ausbildungsnachweises über eine inhaltlich mindestens den Anforderungen nach Art. 28 der Richtlinie 2005/36/EG entsprechende besondere Ausbildung in der Allgemeinmedizin sind und dieser Ausbildungsnachweis

- in einem Mitgliedstaat der Europäischen Union oder
- einem anderen Vertragsstaat des Abkommens über den Europäischen Wirtschaftsraum oder
- einem Vertragsstaat, dem Deutschland und die Europäische Gemeinschaft oder Deutschland und die Europäische Union vertraglich einen entsprechenden Rechtsanspruch eingeräumt haben,

ausgestellt worden ist.

Damit wird sichergestellt, dass Ärzte, die die spezifische Ausbildung in der Allgemeinmedizin in einem der in Abs. 5 benannten Staaten erworben haben, zur Versorgung in der GKV zugelassen werden.[20]

Dies gilt gemäß Abs. 5 S. 2 auch für Inhaber von Bescheinigungen über

- besondere erworbene Rechte von praktischen Ärzten nach Art. 30 der Richtlinie 2005/36/EG,[21]
- Inhaber eines Ausbildungsnachweises über eine inhaltlich mindestens den Anforderungen nach Art. 25 dieser Richtlinie entsprechende fachärztliche Weiterbildung oder
- Inhaber einer Bescheinigung über besondere erworbene Rechte von Fachärzten nach Art. 27 dieser Richtlinie.

§ 95 b Kollektiver Verzicht auf die Zulassung

(1) Mit den Pflichten eines Vertragsarztes ist es nicht vereinbar, in einem mit anderen Ärzten aufeinander abgestimmten Verfahren oder Verhalten auf die Zulassung als Vertragsarzt zu verzichten.

(2) Verzichten Vertragsärzte in einem mit anderen Vertragsärzten aufeinander abgestimmten Verfahren oder Verhalten auf ihre Zulassung als Vertragsarzt und kommt es aus diesem Grund zur Feststellung der Aufsichtsbehörde nach § 72 a Abs. 1, kann eine erneute Zulassung frühestens nach Ablauf von sechs Jahren nach Abgabe der Verzichtserklärung erteilt werden.

(3) ¹Nimmt ein Versicherter einen Arzt oder Zahnarzt in Anspruch, der auf seine Zulassung nach Absatz 1 verzichtet hat, zahlt die Krankenkasse die Vergütung mit befreiender Wirkung an den Arzt oder Zahnarzt. ²Der Vergütungsanspruch gegen die Krankenkasse ist auf das 1,0fache des Gebührensatzes der Gebührenordnung für Ärzte oder der Gebührenordnung für Zahnärzte beschränkt. ³Ein Vergü-

---

17 LSG BW, 5.2.1997, L 5 Ka 313/97, juris Rn. 37 = MedR 1997, 328 ff.
18 LSG BW, 5.2.1997, L 5 Ka 313/97, juris Rn. 39, 44 = MedR 1997, 328 ff.; Schallen, ZulVO, § 3 Rn. 27.
19 ABl. EU Nr. L 255/22, zuletzt geändert durch die Richtlinie 2013/55/EU der Kommission vom 28.12.2013 (ABl. EU Nr. L 354/132).
20 Vgl. Haage, MedR 2002, 301, 303.
21 ABl. EU Nr. L 255 S. 22, 2007 Nr. L 271 S. 18, zuletzt geändert durch die Verordnung (EG) Nr. 1430/2007 der Kommission vom 5.12.2007 (ABl. EU Nr. L 320 S. 3); vgl. VGH Mannheim, 22.12.2006, 9 S 1977/06, juris Rn. 27 = MedR 2007, 192 ff., wonach ein eigenständiges Prüfungsverfahren der zuständigen Kassenärztlichen Vereinigung durchzuführen ist, wenn eine Registereintragung nicht nach § 95 a Abs. 1, 2, also anknüpfend an die Facharztbezeichnung, sondern nach § 95 a Abs. 5, also anknüpfend an eine ausländische Ausbildung, indiziert wird, die Facharztbezeichnung also erkennbar nicht Folge einer im Zuständigkeitsbereich der Antragsgegnerin absolvierten Aus- oder Fortbildung ist. Grundlage der Eintragung sei in dem Fall das ausländische Diplom.

tungsanspruch des Arztes oder Zahnarztes gegen den Versicherten besteht nicht. [4]Abweichende Vereinbarungen sind nichtig.

Literatur:

Altendorfer, Der kollektive Zulassungsverzicht: Ein fataler Irrglaube an automatisch mehr Honorar, PKR 2009, 29; *Auktor*, Der „Chipkartenboykott" – ein legitimes Mittel der Ärzte im Streit mit Krankenkassen?, MedR 2003, 503; *Joussen*, Der kollektive Verzicht auf die Zulassung nach § 95 b SGB V, SGb 2008, 394; *Matschiner/Platzer*, Konsequenzen der kollektiven Rückgabe der Kassenzulassung durch Vertragsärzte, NZS 2008, 244; *Riege*, Eine adäquate Kampfmaßnahme? Zur kollektiven Rückgabe von Kassenzulassungen, SGb 1993, 8; *Ruland*, Anmerkung zu BSG vom 17.6.2009, JuS 2011, 286; *Schiller*, Anmerkung zu BSG vom 27.6.2007, MedR 2008, 389; *Schinnenburg*, Zur Verfassungsmäßigkeit der Sanktionen bei kollektivem Zulassungsverzicht von Vertragsärzten, MedR 2005, 26; *Schneider*, Die Auswirkungen des Gesundheitsstrukturgesetzes auf das Kassenarztrecht, MedR 1993, 83; *Sodan*, Das Verbot kollektiven Verzichts auf die vertragsärztliche Zulassung als Verfassungsproblem, Schriften zum Gesundheitsrecht, Bd. 21, 2010; *Sodan/Schaks*, Streikrecht für Vertragsärzte? Eine Studie zur Zulässigkeit kollektiver Maßnahmen von Vertragsärzten, VSSR 2014, 89; *Sydow*, Streik und Boykott der Ärzte gegen die Krankenkassen und der § 370 R.V.O., Diss. Jena 1920.

I. Entstehungsgeschichte	1	IV. Zulassungssperre (Abs. 2)	13
II. Normzweck und Systematik	2	V. Vergütungsregelung (Abs. 3)	18
III. Verbot eines kollektiven Zulassungsverzichts (Abs. 1)	7		

I. Entstehungsgeschichte

1 § 95 b wurde durch Art. 1 Nr. 53 des GSG v. 21.12.1992[1] mit Wirkung zum 1.1.1993 ins SGB V eingefügt. Die Norm ist ohne Vorläufer und bisher unverändert geblieben.

II. Normzweck und Systematik

2 Der Gesetzeber geht von einer Systemgefährdung aus, wenn mehrere Vertragsärzte in einem aufeinander abgestimmten Verfahren auf ihre Zulassung verzichten.[2] Insofern hat er mit dieser Vorschrift Vorsorge für den organisierten Zulassungsverzicht von Vertragsärzten getroffen. Hintergrund ist die Vorstellung, dass jeder Vertragsarzt, der sich schließlich bewusst für die Teilnahme am Kassenarztsystem entschieden hat, verpflichtet ist, „die Erfüllung des Sicherstellungsauftrags zu fördern und alles zu unterlassen, was die Sicherstellung und die Durchführung der vertragsärztlichen Versorgung gefährden oder ausschließen könnte".[3] Insbesondere sei der Vertragsarzt nicht befugt, sich „in wettbewerbswidriger Weise"[4] mit anderen Ärzten zur Durchsetzung eigener Interessen zusammenzuschließen; der an einer solchen Aktion beteiligte Vertragsarzt lege es auf die „Zerstörung des vertragsärztlichen Versorgungssystems"[5] an.

3 Anlass für diese Regelung war die „Korbaktion",[6] bei der im Herbst 1992 einige Vertragszahnärzte einen kollektiven Zulassungsverzicht in Aussicht gestellt hatten, um ihren politischen Forderungen im Hinblick auf das GSG Nachdruck zu verleihen. Dazu wurden Verzichtserklärungen an zentraler Stelle gesammelt und hinterlegt. Dies hat den Gesetzgeber ausweislich der drastischen Gesetzesbegründung zu konsequentem Durchgreifen veranlasst.[7] Ähnliche Gedanken in der Auseinandersetzung um Hausarztverträge in Bayern vor einigen Jahren stellen die Aktualität der Vorschrift unter Beweis.[8]

---

1 BGBl. I, 1992, 2266.
2 BT-Dr. 12/3608, 95.
3 BT-Dr. aaO.
4 BT-Dr. aaO.
5 BT-Dr. aaO; vgl. auch Sydow, S. 101 f., der im Falle eines Ärztestreiks ebenfalls von einer völligen Vernichtung des Kassenarztsystems ausgeht.
6 Näher dazu Klückmann in: Hauck/Noftz, SGB V, § 72 a Rn. 2 ff.
7 So stellt auch Klückmann, aaO, § 95 b Rn. 1 fest, die Vorschrift sei „nahezu kämpferisch-offensiv begründet". Hencke in: Peters, HdB KrV, § 95 b SGB V Rn. 2 spricht gar von einer „Überreaktion des Gesetzgebers". Die Norm sei „jedenfalls in Teilen systemfremd, überflüssig und auch verfassungsrechtlich bedenklich".
8 In dieser Auseinandersetzung hatte der bayrische Hausärzteverband eine kollektive Rückgabe der Zulassungen propagiert, näher hierzu Ruland, JuS 2011, 286, 288. Zu den – vor allem wirtschaftlichen – Risiken eines kollektiven Zulassungsverzichts Altendorfer, PKR 2009, 29.

Die Norm ist bislang erst ein Mal zur praktischen Anwendung gelangt. Anfang 2004 hatten insgesamt 23 Kieferorthopäden in drei niedersächsischen Planungsgebieten zum 30.6.2004 auf ihre Zulassung verzichtet. Folglich stellte die zuständige Aufsichtsbehörde fest, dass in diesen Planungsbereichen jeweils mehr als 50 % aller dort niedergelassenen Vertragszahnärzte, die kieferorthopädische Leistungen erbrachten, in einem mit anderen Zahnärzten aufeinander abgestimmten Verfahren auf ihre Zulassung verzichtet hätten und dadurch die vertragszahnärztliche, kieferorthopädische Versorgung ab dem 1.7.2004 nicht mehr sichergestellt sei.[9]

Die Vorschrift steht im Regelungszusammenhang mit § 72 a, der die Voraussetzungen normiert, unter denen der Sicherstellungsauftrag im Falle eines kollektiven Zulassungsverzichts nach § 95 b Abs. 1 auf die Krankenkassen übergeht. Gemäß § 13 Abs. 2 S. 8 ist eine Inanspruchnahme von Leistungserbringern nach § 95 b Abs. 3 S. 1 im Wege der Kostenerstattung – außer in den Fällen des sog „Systemversagens"[10] – ausgeschlossen.

So sieht das BSG auch eine Verletzung vertragsärztlicher Pflichten – mit disziplinarrechtlichen folgen –, wenn ein Vertragsarzt seine Praxis während der Sprechstundenzeiten schließt, um an einem vertragsärztlichen "Warnstreik" teilzunehmen. Vertragsärzte seien nach § 24 Abs. 2 Ärzte-ZV verpflichtet, am Vertragsarztsitz Sprechstunden anzubieten, also während der angegebenen Sprechstunden für die vertragsärztliche Versorgung ihrer Patienten zur Verfügung zu stehen (sogenannte "Präsenzpflicht"). Von dieser Verpflichtung seien sie nur in den Fällen entbunden, in denen die Ärzte-ZV eine Vertretung vorsehe. Ein „Warnstreik" gehören dazu nicht. Zudem sei das Recht der Vertragsärzte, Forderungen gegenüber den gesetzlichen Krankenkassen im Wege von "Arbeitskampfmaßnahmen" durchzusetzen, in verfassungsrechtlich nicht zu beanstandender Weise durch die Bestimmungen des Vertragsarztrechts beschränkt worden. Allerdings könnten auch Vertragsärzte die durch Art. 5 Abs. 1 und Art. 8 GG geschützten Grundrecht auf Meinung- und Versammlungsfreiheit in Anspruch nehmen, was „im Grundsatz auch eine vorübergehende Praxisschließung rechtfertigen" könne zur Vermeidung einer Umgehung des Streikverbots durch vorgebliche Demonstrationen müsse seitens der Kassenärztlichen Vereinigung deshalb einzelfallbezogen geprüft werden, ob es sich um eine durch Art. 8 GG geschützte Versammlung oder einen vertragsärztlichen Pflichten verletzenden Streit handle.[11]

III. Verbot eines kollektiven Zulassungsverzichts (Abs. 1)

Abs. 1 stellt klar,[12] dass die Teilnahme an einem kollektiven Zulassungsverzicht eine **Pflichtwidrigkeit** darstellt. Freilich bleibt es jedem Vertragsarzt unbenommen, eigenverantwortlich und selbstständig über sein Ausscheiden aus dem vertragsärztlichen Versorgungssystem zu entscheiden; diese Möglichkeit sieht § 95 Abs. 7 S. 1 ausdrücklich vor. Der individuelle Vorwurf an den kollektiv verzichtenden Vertragsarzt liegt aber darin, dass er sich zur Durchsetzung eigener Interessen mit anderen zusammenschließt und damit „seine eigene Sache über die Sache der Körperschaft stellt".[13]

Trotz des Verdikts der Pflichtwidrigkeit bleibt die Verzichtserklärung als solche wirksam.[14] Es gibt keine zwangsweise Inhaberschaft einer Vertragsarztzulassung.[15] Im Gegenteil ordnen die Abs. 2 und 3 ganz bestimmte Rechtsfolgen an, welche aber gerade nicht in der Nichtigkeit der Verzichtserklärung bestehen.

Ein kollektiver Verzicht nach Abs. 1 ist nicht erst dann gegeben, wenn zusätzlich die Voraussetzungen des § 72 a vorliegen.[16] Die Rechtsprechung geht davon aus, dass sich ein kollektiver Zulassungsverzicht nur anhand von Indizien feststellen lassen wird. Es sei lebensfremd anzunehmen, „dass die Umstände bzw. Hintergründe eines Kollektivverzichts (...) offen gelegt werden".[17]

Das BSG nimmt einen kollektiven Zulassungsverzicht an, wenn sich ein Vertragsarzt an einem gleichgerichteten **Verhalten** einer unbestimmten Vielzahl von Vertragsärzten beteiligt. Bei der Beurteilung,

---

9 BSG,17.6.2009, B 6 KA 16/08 R, juris Rn. 3 = BSGE 103, 243 ff.
10 Ebenso Pawlita in: jurisPK-SGB V, § 95 b Rn. 25.
11 BSG, 30.11.2016, B 6 KA 38/15 R, juris.
12 Der Gesetzgeber geht offenbar von einer rein deklaratorischen Wirkung aus, vgl. BT-Dr. 12/3608, 94.
13 BT-Dr. 12/3608, 95.
14 Hess in: KassKomm, § 95 b SGB V Rn. 3; Pawlita in: jurisPK SGB V, § 95 b Rn. 10.
15 Klückmann in: Hauck/Noftz, SGB V, § 95 b Rn. 8; Heinze in: GK-SGB V, Bd. 5, § 95 b S. 2.
16 Wie hier ua Klückmann, aaO, § 95 b Rn. 12; Sproll in: Krauskopf, § 95 b SGB V Rn. 4; Lindemann in: Wannagat, § 95 b Rn. 4; Schneider, MedR 1993, 83, 86, 97; aA wohl Hess in: KassKomm, § 95 b SGB V Rn. 3; Joussen in: Becker/Kingreen, § 95 b Rn. 2.
17 BSG, aaO, Rn. 27 in Übereinstimmung mit LSG Nds-Brem, 9.4.2008, L 3 KA 139/06, NZS 2008, 500 Rn. 35 (Vorinstanz).

ob ein solch gleichgerichtetes Verhalten vorliegt, dürfte es entscheidend auf den zeitlichen Zusammenhang zwischen „entsprechenden, auf eine grundlegende Änderung des vertragsärztlichen Systems gerichteten Aktionen der Ärzteschaft bzw. einzelner Arztgruppen und einer im Vergleich zum Üblichen signifikant angestiegenen Abgabe von Verzichtserklärungen"[18] ankommen. Eine hieraus folgende indizielle Wirkung wird nach Ansicht des BSG zu einer widerleglichen Vermutung eines abgestimmten Verfahrens oder Verhaltens verdichtet, „wenn die Verzichtserklärung in zeitlicher Nähe zu spezifischen berufspolitischen Forderungen erfolgt".[19] Im Hinblick auf den Gesetzeszweck, einer Gefährdung des Versorgungssystems vorzubeugen, besteht die Pflichtwidrigkeit richtigerweise bereits in der Vorbereitung und Durchführung einer kollektiven Aktion.[20]

11 Eine Mindestanzahl an beteiligten Ärzten lässt sich nicht von Vorneherein festlegen. Vielmehr ist eine teleologische Auslegung der Norm dahin gehend vorzunehmen, dass genug Ärzte teilnehmen müssen, um die **Funktionsfähigkeit des Versorgungssystems zu beeinträchtigen**.[21] Dabei ist auf die einzelne Arztgruppe abzustellen, die den Verzicht betreibt, da das Ausmaß der konkreten Versorgungslücke nur vom Verhalten der Mitglieder dieser spezifischen Arztgruppe abhängt.[22]

12 Erfasst wird durch Abs. 1 nur der Zulassungsverzicht, nicht aber andere Formen der Leistungsverweigerung.[23] Die Rechtsprechung zumindest wendet die Vorschrift – mit guten Gründen – auch auf ermächtigte Ärzte an;[24] eine analoge Anwendung auf andere Leistungerbringer kommt jedoch nicht in Betracht,[25] weil es insoweit an einer planwidrigen Regelungslücke fehlt.

IV. Zulassungssperre (Abs. 2)

13 Abs. 2 sieht für den kollektiv auf seine Zulassung verzichtenden Vertragsarzt eine Zulassungssperre von **sechs Jahren** vor. Ob dies nun formal als Disziplinarmaßnahme eingestuft wird oder nicht,[26] bleibt praktisch ohne Belang. Der Gesetzgeber jedenfalls geht davon aus, dass es aufgrund der Illoyalität des Vertragsarztes gerechtfertigt ist, diesen „beim Wort zu nehmen"[27] und für einen gewissen Zeitraum von jenem System, welches er durch seine kollektive Verzichtsaktion zu bekämpfen versucht hat, auszuschließen. Schließlich könnte der wiederzugelassene Vertragsarzt das System alsbald erneut in Frage stellen.

14 Um die Rechtsfolge des Abs. 2 auszulösen, muss dem eindeutigen Wortlaut nach zusätzlich ein entsprechender **Feststellungsbescheid** der Aufsichtsbehörde gem. § 72a vorliegen. Nach Auffassung des BSG reicht die Wirksamkeit dieses Bescheids aus; auf die Rechtmäßigkeit kommt es nicht an.[28] Ebenso wenig ist ein Verschulden erforderlich.[29] Allerdings wird ein Kausalzusammenhang zwischen dem Kollektivverzicht und der Feststellung verlangt.[30]

15 Die Sechs-Jahres-Frist läuft ab Abgabe der Verzichtserklärungen, womit letztlich der Zugang der Erklärung beim Zulassungsausschuss gemeint sein dürfte.[31] Hingegen spielt das Wirksamwerden des Verzichts als solchen gem. § 28 Ärzte-ZV im Hinblick auf den Beginn der Sperrfrist des Abs. 2 keine Rolle.[32]

16 Vor Ablauf von sechs Jahren darf durch die Zulassungsgremien keine neue Zulassung erteilt werden; die Norm räumt keinen Ermessensspielraum ein. Eine Wiedererteilung der Zulassung zu einem frühe-

---

18 BSG, 17.6.2009, B 6 KA 16/08 R, BSGE 103, 243 Rn. 28.
19 BSG aaO.
20 So auch Hess in: KassKomm, § 95b SGB V Rn. 3; Joussen in: Becker/Kingreen, § 95b Rn. 2; ders., SGb 2008, 388, 389; Klückmann in: Hauck/Noftz, SGB V, § 95b Rn. 8; Pawlita in: jurisPK SGB V, § 95b Rn. 11.
21 Hess in: KassKomm, § 95b SGB V Rn. 3; Klückmann in: Hauck/Noftz, SGB V, § 95b Rn. 11; Pawlita in: jurisPK SGB V, § 95b Rn. 15.
22 BSG, 17.6.2009, B 6 KA 16/08 R, BSGE 103, 243 Rn. 59.
23 Auktor, MedR 2003, 503, 506 in Bezug auf eine analoge Anwendung auf den Fall des „Chipkartenboykotts"; Klückmann in: Hauck/Noftz, SGB V, § 95b Rn. 13; Pawlita in: jurisPK SGB V, § 95b Rn. 18.
24 Hierzu im Einzelnen BSG, 17.6.2009, B 6 KA 16/08 R, BSGE 103, 243 Rn. 63.
25 Pawlita in: jurisPK SGB V, § 95b Rn. 13.
26 Für disziplinarischen Charakter Hess in: KassKomm, § 95b SGB V Rn. 4; Joussen in: Becker/Kingreen, § 95b Rn. 3; ders., SGb 2008, 388, 389; dagegen BSG, 17.6.2009, B 6 KA 16/08 R, BSGE 103, 243 Rn. 36; Klückmann in: Hauck/Noftz, SGB V, § 95b Rn. 16; Pawlita in: jurisPK SGB V, § 95b Rn. 19.
27 BT-Dr. 12/3608, 95.
28 BSG, 17.6.2009, B 6 KA 16/08 R, BSGE 103, 243 Rn. 40.
29 BSG, aaO, Rn. 36.
30 BSG, aaO, Rn. 83.
31 Pawlita in: jurisPK SGB V, § 95b Rn. 21; Schneider, MedR 1993, 83, 86.
32 AA offenbar GKV-Komm/Wiegand, SGB V, § 95b Rn. 2.

ren Zeitpunkt ist auch bei Wohlverhalten nicht möglich.[33] Die Anforderungen an eine erneute Zulassung nach dem Ende der Sperrzeit richten sich nach den allgemeinen Kriterien. Dabei kann die Tatsache, dass der Bewerber in der Vergangenheit an einem kollektiven Verzicht teilgenommen hat, durchaus berücksichtigt werden.[34] Es ist nur konsequent, wenn die Eignung des Bewerbers umfassend, dh insbesondere auch in Bezug auf seine Einstellung zum Vertragsarztsystem geprüft wird.

Im Schrifttum werden mitunter **verfassungsrechtliche Bedenken** geäußert, vor allem in Bezug auf die Dauer der Sperre von sechs Jahren.[35] Kritisiert wird vor allem, dass die Zulassung bei gröblicher Pflichtverletzung nach der Rechtsprechung längstens für 5 Jahre entzogen werden könne.[36] Gleichwohl ist die Norm mit dem GG vereinbar.[37] Während es nämlich bei der Zulassungsentziehung um einen individuellen Pflichtverstoß geht, der sich in der Person des betroffenen Vertragsarztes erschöpft, berührt der kollektive Zulassungsverzicht die Funktionsfähigkeit des gesamten vertragsärztlichen Versorgungssystems.[38] Im Rahmen der Eingriffsrechtfertigung ist außerdem zu berücksichtigen, dass der Arzt die Ursache für die Sperre mit einer bewussten Pflichtwidrigkeit selbst gesetzt hat.[39] Vor diesem Hintergrund hat der Gesetzgeber seine normative Gestaltungsmacht jedenfalls nicht überschritten. 17

V. Vergütungsregelung (Abs. 3)

Die Vergütungsregelung des Abs. 3 soll sicherstellen, dass der kollektiv verzichtende Vertragsarzt sein Ziel nicht auf Kosten der Versicherten erreicht.[40] Deshalb bleibt der ausscheidende Arzt dem Vertragsarztsystem zumindest insoweit verhaftet, als er die Behandlung eines Versicherten nur mit dem Einfachsatz nach der jeweils einschlägigen Gebührenordnung vergütet erhält und ihm auch nur ein Vergütungsanspruch gegen die Krankenkasse eingeräumt wird. Der Gesetzgeber spricht hier von „nachgehender Verantwortlichkeit".[41] 18

Wenn also der Versicherte einen Arzt, der kollektiv auf seine Zulassung verzichtet hat, in Anspruch nimmt, entsteht kein Vergütungsanspruch des Arztes gegen den Versicherten. Dies ist nach Abs. 3 S. 4 unabdingbar. Vielmehr muss sich der Vertragsarzt an die Krankenkasse halten, deren Zahlungsverpflichtung jedoch auf den einfachen Satz der Gebührenordnung reduziert ist. Die Gesamtvergütung nach § 85 Abs. 1 bleibt hiervon unberührt, da der ausgeschiedene Arzt schließlich gar nicht mehr am Vertragsarztsystem teilnimmt.[42] 19

Umstritten ist die Frage, ob der Versicherte nun nicht mehr berechtigt sein soll, einen ausgeschiedenen Vertragsarzt überhaupt in Anspruch zu nehmen. Das BSG ist der Auffassung, dass Ärzte, die kollektiv auf ihre Zulassung verzichtet haben, Versicherte grundsätzlich nicht mehr zulasten der Krankenkasse behandeln dürfen.[43] Eine „Inanspruchnahme" iSd Vorschrift liege nur dann vor, wenn der Versicherte zu einer solchen auch berechtigt war.[44] Die Inanspruchnahme von Nichtvertragsärzten ist nach den allgemeinen Regeln aber nur in Notfällen nach § 76 Abs. 1 S. 2 oder in Fällen des sog „Systemversagens" (§ 13 Abs. 3) möglich. 20

---

33 BSG, aaO, Rn. 82 ff. in Übereinstimmung mit LSG Nds-Brem, 9.4.2008, L 3 K 139/06, NZS 2008, 500 Rn. 47; Klückmann in: Hauck/Noftz, SGB V, § 95 b Rn. 17; Pawlita in: jurisPK SGB V, § 95 b Rn. 21; aA Schneider, MedR 1993, 83, 88.
34 Klückmann in: Hauck/Noftz, SGB V, § 95 b Rn. 19; Lindemann in: Wannagat, § 95 b Rn. 10; Sproll in: Krauskopf, § 95 b SGB V Rn. 10; aA Pawlita in: jurisPK SGB V, § 95 b Rn. 21.
35 Ausführlich zur Frage der Verfassungsmäßigkeit des § 95 b Schinnenburg, MedR 2005, 26; Schneider, MedR 1993, 83, 88; Sodan, Das Verbot kollektiven Verzichts auf die vertragsärztliche Zulassung als Verfassungsproblem 2010; GKV-Komm/Wiegand, SGB V, § 95 b Rn. 3.
36 Joussen, SGb 2008, 388, 392 f.; Schinnenburg, MedR 2005, 26, 27 f.; GKV-Komm/Wiegand, SGB V, § 95 b Rn. 3.
37 So auch die Rechtsprechung, vgl. BSG, 17.6.2009, B 6 KA 16/08 R, BSGE 103, 243 Rn. 68 ff.; LSG Nds-Brem, 9.4.2008, L 3 K 139/06, NZS 2008, 500, Rn. 43 ff.; ebenso Hellkötter-Backes in: Hänlein/ Schuler, § 95 b Rn. 6; Sproll in: Krauskopf, § 95 b SGB V Rn. 7.
38 Joussen in: Becker/Kingreen, § 95 b Rn. 4; Hellkötter-Backes, in: Hänlein/ Schuler, § 95 b Rn. 6.
39 BSG, 17.6.2009, B 6 KA 16/08 R, BSGE 103, 243 Rn. 75; vgl. hierzu auch Ruland, JuS 2011, 286, 287.
40 Diesen Gedanken stellte schon Sydow, S. 103, in den Mittelpunkt: Den Schaden einer ärztlichen Kampfmaßnahme zur Durchsetzung politischer Forderungen trügen die Versicherten. Dieser Erfolg könne durch „das edelste Motiv" nicht gedeckt werden.
41 BT-Dr. 12/3608, 95.
42 Hencke in: Peters, HdB KrV, § 95 b Rn. 7.
43 BSG, 27.6.2007, B 6 KA 37/06 R, BSGE 98, 294 Rn. 16.
44 BSG, aaO, Rn. 15.

21 Das LSG Niedersachsen Bremen[45] hat dies anders gesehen. Der aufgrund kollektiven Zulassungsverzichts ausgeschiedene Arzt bleibe auch im Anschluss nach Maßgabe des Abs. 3 berechtigt, Versicherte zulasten der Krankenkassen zu behandeln. Hierbei gebe es auch keine Beschränkung auf Altfälle.[46] Dieser Ansicht ist zuzustimmen: Es erscheint nicht sachgerecht, dem Versicherten den Schutz des Abs. 3 zu versagen und ihm damit letztlich dem Risiko einer Privatliquidation auszusetzen, wenn er sich an einen Arzt wendet, der zuvor wegen kollektiven Zulassungsverzichts ausgeschieden ist. Aus der Gesetzesbegründung geht eindeutig hervor, dass der Gesetzgeber den Arzt, der trotz Ausscheidens weiterhin Behandlungen gesetzlich Versicherter annimmt, in die Haftung genommen wird, um gerade den Versicherten aus der Konfliktsituation herauszuhalten.

22 Die **Rechtsfolgen des Abs. 3**[47] treten **unabhängig von einer Feststellung der Aufsichtsbehörde** nach § 72 a ein.[48] Dies folgt aus dem systematischen Zusammenhang: Abs. 3 nimmt lediglich Bezug auf Abs. 1 und nicht auf Abs. 2 – nur dort aber ist die Feststellung nach § 72 a Voraussetzung.

23 Im Schrifttum häufig kritisiert wird der Umstand, dass die Norm **keine zeitliche Befristung für die Geltung der Vergütungsregelungen** vorsieht.[49] Das LSG Niedersachsen-Bremen versucht das vermeintliche Problem dahin gehend zu lösen, dass der vorgesehene Zahlungsanspruch nur so lange besteht, bis alle im Rahmen des organisierten Zulassungsverzichts ausgeschiedenen Vertragsärzte durch erneut oder neu zugelassene Ärzte ersetzt sind.[50] Teilweise wird auch im Wege einer teleologischen Reduktion mit Blick auf Abs. 2 eine zeitliche Befristung von sechs Jahren befürwortet.[51] Letzteres mag zumindest gut vertretbar sein, einer solchen Befristung bedarf es jedoch gar nicht. Nach Ablauf der Zulassungssperre von sechs Jahren steht es dem Arzt ohnehin frei, eine neue Zulassung zu beantragen. Tut er dies nicht, wird er kaum auf Dauer und ohne Not Versicherte zum einfachen Gebührensatz behandeln. Eine unbegrenzte mittelbare Teilhabe kollektiv ausgeschiedener Ärzte am System der GKV steht damit nicht zu befürchten.

24 Auch die **Verfassungsmäßigkeit des Abs. 3** begegnet – anders als vielfach angenommen[52] – keinen durchgreifenden Bedenken. Zu Recht hat dies die Rechtsprechung zurückgewiesen.[53] Der kollektiv ausgeschiedene Arzt ist schließlich nicht verpflichtet, die Behandlung eines gesetzlich versicherten Patienten durchzuführen. Aus dem Umstand, dass er auch nicht mehr berechtigt ist, Leistungen zulasten der Krankenkasse zu erbringen, lässt sich ebenso wenig eine Verfassungswidrigkeit ableiten. Denn auf dieses Recht hat der Arzt bewusst verzichtet, als er dem Kassenarztsystem durch Teilnahme am Kollektivverzicht den Rücken gekehrt, es gar bekämpft hat. Wenn er nun doch einen gesetzlich versicherten Patienten behandelt, so stellt die Begrenzung auf den Einfachsatz der Gebührenordnung keinen Eingriff in die Berufsfreiheit, sondern im Gegenteil eine Begünstigung dar.[54] Eine solche liegt nämlich darin begründet, dass der Arzt für eine Leistung, die er eigentlich gar nicht mehr zulasten der Krankenkasse erbringen darf, gleichwohl eine Vergütung erhält, mag sie auch zumeist geringer ausfallen. Andernfalls wäre er auf eine Privatliquidation mit dem jeweiligen Patienten verwiesen, die sich im Einzelfall nicht immer durchsetzen lassen dürfte. Insofern wird wiederum der Schutzgedanke zugunsten des Versicherten bemüht, welcher sich gerade nicht mit einer Privatliquidation konfrontiert sehen soll.

---

45 LSG Nds-Brem, 6.1.2005, L 3 KA 237/04 ER, MedR 2005, 179.
46 LSG Nds-Brem, aaO Rn. 30. Im Urteil vom 30.9.2006, L 3 KA 90/05, juris Rn. 43 macht das LSG jedoch die Einschränkung, dass es im Einzelfall durchaus zu einer Versagung des Schutzes kommen könne, etwa wenn es dem Versicherten angesichts einer verhältnismäßig guten Versorgungslage zumutbar wäre, sich an einen Vertragsbehandler zu wenden. Kritisch hierzu Pawlita in: jurisPK SGB V, § 95 b Rn. 25.
47 Vgl. zu den Auswirkungen auf den Arzt insbesondere Schiller, MedR 2008, 389.
48 Ebenso BSG, 27.6.2007, B 6 KA 37/06 R, BSGE 98, 294 Rn. 23; mit selbiger Begründung wie hier auch Heinze in: GK SozV, Bd. 5, § 95 b S. 3; aA Hess in: KassKomm, § 95 b SGB V Rn. 5.
49 Klückmann in: Hauck/Noftz, SGB V, § 95 b Rn. 28 etwa meint, die nachgehende Bindung des Arztes bekomme auf diese Weise „praktisch Ewigkeitscharakter"; kritisch auch Schinnenburg, MedR 2005, 26, 29.
50 LSG Nds-Brem, 30.9.2006, L 3 KA 90/05, juris Rn. 50.
51 Problematik wird nur noch kurz abgehandelt, → Rn. 25.
52 Ausführlich dazu Schinnenburg, MedR 2005, 26, 28 f., der einen Verstoß sowohl gegen Art. 12 GG als auch gegen Art. 9 GG bejaht. Für eine Verfassungswidrigkeit auch Hess in: KassKomm, § 95 b SGB V Rn. 5.
53 Das BSG hat die Verfassungsmäßigkeit zwei Mal bestätigt, vgl. BSG, 17.6.2009, B 6 KA 16/08 R, BSGE 103, 243 Rn. 76; BSG, 27.6.2007, B 6 KA 37/06 R, BSGE 98, 294 Rn. 33 ff.
54 Völlig zutreffend Pawlita in: jurisPK SGB V, § 95 b Rn. 27.

§ 95 c Voraussetzung für die Eintragung von Psychotherapeuten in das Arztregister

¹Bei Psychotherapeuten setzt die Eintragung in das Arztregister voraus:
1. die Approbation als Psychotherapeut nach § 2 oder 12 des Psychotherapeutengesetzes und
2. den Fachkundenachweis.

²Der Fachkundenachweis setzt voraus
1. für den nach § 2 Abs. 1 des Psychotherapeutengesetzes approbierten Psychotherapeuten, daß der Psychotherapeut die vertiefte Ausbildung gemäß § 8 Abs. 3 Nr. 1 des Psychotherapeutengesetzes in einem durch den Gemeinsamen Bundesausschuss nach § 92 Abs. 6 a anerkannten Behandlungsverfahren erfolgreich abgeschlossen hat;
2. für den nach § 2 Abs. 2 und Abs. 3 des Psychotherapeutengesetzes approbierten Psychotherapeuten, daß die der Approbation zugrundeliegende Ausbildung und Prüfung in einem durch den Gemeinsamen Bundesausschuss nach § 92 Abs. 6 a anerkannten Behandlungsverfahren abgeschlossen wurden;
3. für den nach § 12 des Psychotherapeutengesetzes approbierten Psychotherapeuten, daß er die für eine Approbation geforderte Qualifikation, Weiterbildung oder Behandlungsstunden, Behandlungsfälle und die theoretische Ausbildung in einem durch den Gemeinsamen Bundesausschuss nach § 92 Abs. 1 Satz 2 Nr. 1 anerkannten Behandlungsverfahren nachweist.

Literatur:

Plagemann/Kies, Approbation und Zulassung von Psychotherapeuten nach neuem Recht, MedR 1999, 413; *Spellbrink*, Die Rechtsstellung des Psychotherapeuten nach dem Psychotherapeutengesetz – zugleich eine Einführung in das Psychotherapeutengesetz, NZS 1999, 1; *Stellpflug*, Zulassung als Vertragspsychotherapeut, in: Best/Gerlach/Mittelstaedt/Munz/Stellpflug/Wittmann, Approbiert was nun?, 2008; *Stock*, Die Situation der Psychotherapeuten ohne Psychologiediplom nach den Entscheidungen des Bundesverfassungsgerichts vom 16.3.2000 und 23.6.2000, MedR 2003, 554; *Tittelbach*, Art und Umfang der Teilnahme der nach Übergangsrecht zugelassenen Psychologischen Psychotherapeuten an der vertragsärztlichen Versorgung, SGb 2001, 364; *Wenner*, Auswirkungen des Weiterbildungsrechts von Ärzten und Psychotherapeuten auf das Vertragsarztrecht, GesR 2002, 1.

I. Entstehungsgeschichte	1	2. Normauslegung	6
II. Normzweck und Systematik	3	a) Approbation (S. 1 Nr. 1)	6
III. Norminhalt und Normauslegung	5	b) Fachkundennachweis (S. 1 Nr. 2)	12
1. Norminhalt	5	3. Verfahren	14

I. Entstehungsgeschichte

§ 95 c ist im Rahmen des PsychThG vom 16.6.1998 in das Gesetz eingefügt worden und mit Wirkung zum 1.1.1999 in Kraft getreten (BGBl. I, 1311). Anschließend erfolgten folgende Änderungen: S. 2 Nr. 1 bis 3: IdF d. Art. 1 Nr. 75 Gesetz v. 14.11.2003 (BGBl. I, 2190) mWv 1.1.2004. 1

Bis zum Inkrafttreten des § 95 c war die Psychotherapie-Vereinbarung vom 20.9.1990[1] für die Fachkunde der psychologischen Psychotherapeuten maßgeblich. Nach § 3 der Vereinbarung müssen Dipl.-Psychologen im Anschluss an eine akademische Ausbildung eine Zusatzausbildung an einem von der Kassenärztlichen Bundesvereinigung anerkannten Ausbildungsinstitut nachweisen. 2

II. Normzweck und Systematik

§ 95 c beinhaltet für Psychotherapeuten eine Abweichung von der entsprechenden Regelung in § 95 a. Als Psychotherapeut wird zugelassen, wer die berufsrechtlichen Voraussetzungen, und zwar auch aufgrund aufgrund der Übergangsregelungen, erfüllt und außerdem in der Lage ist, die Versicherten in den in der GKV anerkannten Behandlungsverfahren unter Beachtung des Gebots der Notwendigkeit, Zweckmäßigkeit und Wirtschaftlichkeit zu behandeln.[2] 3

---

1 Vereinbarung über die Anwendung von Psychotherapie in der vertragsärztlichen Versorgung vom 20.9.1990, Deutsches Ärzteblatt 87, Heft 44 vom 1.11.1990 S. A3438 ff. = http://www.kbv.de/media/sp/1990_10_01_Psycho_Vereinbarung_Primaer_fast_identisch_Ersatz_Info_DAe.pdf (zuletzt abgerufen am 1.3.2017).
2 Vgl. BT-Dr. 13/8035, 22.

4 Nach Auffassung des BSG wird mit der Approbation die fachliche Befähigung zur Ausübung eines akademischen Heilberufes, aber insbesondere auch die berufsrechtliche Würdigkeit und die gesundheitliche Eignung belegt. Hierbei handelt es sich insgesamt um Voraussetzungen des öffentlich-rechtlichen Berufsrechts, die dazu dienen, alle Patienten vor fachlich und/oder persönlich ungeeigneten Behandlern zu schützen und möglichen, sich daraus für die Gesundheit der Patienten und die finanziellen Mittel der Kostenträger ergebenden Gefahren vorzubeugen. Die GKV prüft dies nicht eigenständig, sondern knüpft an die Approbation als Ergebnis des Prüfungsvorgangs der zuständigen Landesbehörden an. Die Krankenkassen sind weder befugt, diese Grundqualifikation erneut zu überprüfen noch die Approbation durch eine eigene berufsrechtliche Bewertung zu ersetzen.[3]

III. Norminhalt und Normauslegung

5 **1. Norminhalt.** § 95 c führt die Voraussetzung für die Eintragung von Psychotherapeuten in das Arztregister auf. Abs. 1 besagt, dass die Eintragung in das Arztregister die Approbation als Psychotherapeut und den Fachkundenachweis voraussetzt. Die Approbation weist der Antragsteller durch die von den Landesbehörden ausgestellte Approbationsurkunde nach. Nach Abs. 2 werden die Einzelheiten des Fachkundenachweises in Richtlinien des GBA festgelegt. Dies ist rechtlich wegen der besonderen – auch gegenüber Dritten wirkenden – Legitimation zulässig, die die Richtlinien des GBA durch das in § 94 geregelte Beanstandungsrecht des BMG erlangen.[4]

6 **2. Normauslegung. a) Approbation (S. 1 Nr. 1).** Die Approbation richtete sich nach dem **Psychotherapeutengesetz**. Wer danach die heilkundliche Psychotherapie unter der Berufsbezeichnung
- „Psychologische Psychotherapeutin" oder „Psychologischer Psychotherapeut"
- oder die heilkundliche Kinder- und Jugendlichenpsychotherapie unter der Berufsbezeichnung „Kinder- und Jugendlichenpsychotherapeutin" oder „Kinder- und Jugendlichenpsychotherapeut"

ausüben will, bedarf nach § 1 Abs. 1 S. 1 PsychThG der Approbation als Psychologischer Psychotherapeut oder Kinder- und Jugendlichenpsychotherapeut.

7 Die Approbation kann dabei nach **§ 2 PsychThG** oder **§ 12 PsychThG** erteilt werden, wobei § 2 PsychThG den Regelfall und § 12 PsychThG den Ausnahmefall darstellt.

8 Nach § 12 PsychThG werden für Personen, die bereits zum 1.1.1999 psychotherapeutisch tätig gewesen sind, approbationsrechtliche Übergangsvorschriften vor. Insbesondere erhalten nichtärztliche Psychotherapeuten, die im Zeitpunkt des Inkrafttretens des Gesetzes im Delegationsverfahren nach den Psychotherapie-Richtlinien mitwirken oder die die Voraussetzungen für eine solche Mitwirkung erfüllen oder die nach den Psychotherapie-Richtlinien für die Mitwirkung vorausgesetzte Qualifikation innerhalb von drei Jahren bei Vollzeit- oder innerhalb von fünf Jahren bei Teilzeitausbildung nach Inkrafttreten des Gesetzes am 1.1.1999 erwerben, ohne Weiteres auf Antrag die Approbation, § 12 Abs. 1 PsychThG. § 12 Abs. 2 PsychThG betrifft die nach dem Recht der früheren DDR ausgebildeten „Fachpsychologen in der Medizin". Außer dem Nachweis einer erfolgreich abgeschlossenen Ausbildung bedürfen diese Personen eines Nachweises darüber, dass die Ausbildung ausschließlich auf die Vermittlung von Kenntnissen und Fähigkeiten in der Psychotherapie gerichtet war. Dies ist erforderlich, weil die Ausbildung von Diplompsychologen in der früheren DDR zu Fachpsychologen in der Medizin diesem Erfordernis nicht immer entsprochen hat.[5]

9 Eine Approbation ist nach der in § 2 Abs. 1 PsychThG aufgeführten Regel auf Antrag zu erteilen,
- wenn der Antragsteller die vorgeschriebene Ausbildung abgeleistet und die staatliche Prüfung bestanden hat (Nr. 2),
- sich nicht eines Verhaltens schuldig gemacht hat, aus dem sich die Unwürdigkeit oder Unzuverlässigkeit zur Ausübung des Berufs ergibt (Nr. 3),
- nicht in gesundheitlicher Hinsicht zur Ausübung des Berufs ungeeignet ist (Nr. 4) und
- über die für die Ausübung der Berufstätigkeit erforderlichen Kenntnisse der deutschen Sprache verfügt (Nr. 5).

10 Die Approbation bescheinigt nach den Regeln des Berufsrechts das **Vorliegen der psychotherapeutischen Grundqualifikation**. Die Voraussetzung des § 2 Abs. 1 Nr. 2 PsychThG gilt nach § 2 Abs. 2 S. 1 und 2 PsychThG als erfüllt, wenn aus einem in einem anderen Mitgliedstaat der Europäischen Union oder einem anderen Vertragsstaat des Abkommens über den Europäischen Wirtschaftsraum erworbe-

---
3 BSG, 13.12.2016, B 1 KR 4/16 R, juris Rn. 15.
4 Vgl. BT-Dr. 13/8035, 22.
5 Zu weiteren Einzelheiten vgl. BT-Dr. 13/8035, 19 f.

nen Diplom hervorgeht, dass der Inhaber eine Ausbildung erworben hat, die in diesem Staat für den unmittelbaren Zugang zu einem dem Beruf des Psychologischen Psychotherapeuten oder dem Beruf des Kinder- und Jugendlichenpsychotherapeuten entsprechenden Beruf erforderlich ist. Diplome im Sinne des PsychThG sind Ausbildungsnachweise gemäß Art. 3 Abs. 1 lit. c der Richtlinie 2005/36/EG des Europäischen Parlaments und des Rates vom 7.9.2005 über die Anerkennung von Berufsqualifikationen[6] in der jeweils geltenden Fassung, die dem in Art. 11 lit. d oder lit. e der Richtlinie genannten Niveau entsprechen.

Antragsteller mit einem **Ausbildungsnachweis aus einem Mitgliedstaat der Europäischen Union oder einem anderen Vertragsstaat des EWR** haben jedoch die Möglichkeit, eine Anpassungsmaßnahme abzuleisten, wenn beispielsweise ihre nachgewiesene Ausbildungsdauer mindestens ein Jahr unter der in § 5 Abs. 1 S. 1 PsychThG geregelten Ausbildungsdauer liegt.[7]

b) Fachkundennachweis (S. 1 Nr. 2). Der Fachkundenachweis setzt voraus

- für den nach § 2 Abs. 1 PsychThG approbierten Psychotherapeuten, dass der Psychotherapeut die vertiefte Ausbildung gemäß § 8 Abs. 3 Nr. 1 PsychThG in einem durch den GBA nach § 92 Abs. 6a SGB V anerkannten Behandlungsverfahren erfolgreich abgeschlossen hat (Nr. 1);
- für den nach § 2 Abs. 2 und 3 PsychThG approbierten Psychotherapeuten, dass die der Approbation zugrundeliegende Ausbildung und Prüfung in einem durch den GBA nach § 92 Abs. 6a SGB V anerkannten Behandlungsverfahren abgeschlossen wurden (Nr. 2);
- für den nach § 12 PsychThG approbierten Psychotherapeuten, dass er die für eine Approbation geforderte Qualifikation, Weiterbildung oder Behandlungsstunden, Behandlungsfälle und die theoretische Ausbildung in einem durch den GBA § 92 Abs. 1 S. 2 Nr. 1 SGB V anerkannten Behandlungsverfahren nachweist (Nr. 3).

Die Voraussetzungen für den Nachweis der Fachkunde sind gemäß § 95 c S. 2 unterschiedlich, je nachdem, auf welcher Rechtsgrundlage die Approbation erteilt worden ist. Bei Psychotherapeuten, die gemäß § 2 PsychThG approbiert worden sind, knüpft der Fachkundenachweis an die an das Psychologiestudium anschließende vertiefte Ausbildung nach § 8 PsychThG bzw. an die der Approbation zugrunde liegende Ausbildung und Prüfung an (§ 95 c S. 2 Nr. 1 und 2). Für Psychotherapeuten, deren Approbation auf der übergangsrechtlichen Regelung des § 12 PsychThG beruht, verweisen die Bestimmungen über den Fachkundenachweis auf die Anforderungen an Qualifikation und durchgeführte Behandlungen bzw. Falldokumentationen, die für die Approbation nachgewiesen werden müssen (§ 95 c S. 2 Nr. 3). In allen drei Varianten des § 95 c S. 2 ist der Gegenstand der Prüfung seitens der Kassenärztlichen Vereinigungen derselbe. Sie muss ermitteln und entscheiden, ob die der Approbation zugrunde liegende Ausbildung, Prüfung, Qualifikation bzw. Weiterbildung sowie ggfs. die erforderlichen Behandlungsstunden, Behandlungsfälle und theoretische Ausbildung für ein Behandlungsverfahren nachgewiesen sind, das der Bundesausschuss der Ärzte und Krankenkassen in Richtlinien auf der Grundlage des § 92 anerkannt hat. Die Fachkundeprüfung dient damit dem Zweck, anhand der im Approbationsverfahren nachgewiesenen Befähigung zu klären, ob Behandlungsverfahren erlernt oder in der Vergangenheit praktiziert worden sind, die zu den Leistungen der GKV gehören. Psychotherapeuten, die ihre Ausbildung in anderen Behandlungsverfahren absolviert oder diese in der Vergangenheit ausschließlich angewandt haben, dürfen zwar außerhalb der gesetzlichen Krankenversicherung Psychotherapie anbieten und durchführen, sollen aber nicht in das Arztregister eingetragen und nicht zur vertragspsychotherapeutischen Versorgung zugelassen werden können.[8]

3. Verfahren. Bei der Entscheidung, ob ein Psychotherapeut in das Arztregister eingetragen wird, haben die **Kassenärztlichen Vereinigungen** ein eigenständiges, wenn auch begrenztes **Prüfungsrecht**. Im Hinblick auf die von der Approbationserteilung ausgehende Bindungswirkung haben diese insbesondere keine unbeschränkte Befugnis zur Prüfung der Fachkunde. Beispielsweise bescheinigt die Approbation nach den Regeln des Berufsrechts das Vorliegen der psychotherapeutischen Grundqualifikation. Die Registerbehörde ist nicht befugt, diese Grundqualifikation eines Bewerbers für die Eintragung in das Arztregister erneut zu überprüfen. Der Grundsatz der Drittbindungswirkung von konstitutiv-feststellenden Verwaltungsentscheidungen hat vielmehr zur Folge, dass die Registerbehörde vom Inhalt einer verbindlichen Entscheidung der Approbationsbehörde nicht abweichen darf (sog Abweichungsverbot). Das Abweichungsverbot bezieht sich auf alle Entscheidungselemente und Sachverhaltsbewer-

---

6 ABl. EU Nr. L 255, 22, 2007 Nr. L 271, 18.
7 Vgl. Motz in: Eichenhofer/Wenner, § 95 c Rn. 4.
8 LSG BW, 29.10.2008, L 5 KA 2851/06, juris Rn. 85, 86 = ZMGR 2009, 30 ff.

tungen, die für die Registereintragung in gleicher Weise von Bedeutung sind wie für die Approbation, die also für den Erlass beider Verwaltungsakte deckungsgleich zur Anwendung gebracht werden müssen. Soweit jedoch für die Arztregistereintragung gegenüber der Approbation zusätzliche Voraussetzungen normiert sind, hat die Registerbehörde deren Vorliegen vollumfänglich und eigenverantwortlich zu untersuchen. Sie wird an der Wahrnehmung dieser spezifisch krankenversicherungsrechtlichen Aufgabe nicht dadurch gehindert, dass Ausbildungsbescheinigungen, die Bewerber zum Nachweis der Fachkunde vorlegen, bereits von der Approbationsbehörde zum Beleg der berufsrechtlichen Grundqualifikation akzeptiert worden sind.[9]

§ 95 d Pflicht zur fachlichen Fortbildung

(1) [1]Der Vertragsarzt ist verpflichtet, sich in dem Umfang fachlich fortzubilden, wie es zur Erhaltung und Fortentwicklung der zu seiner Berufsausübung in der vertragsärztlichen Versorgung erforderlichen Fachkenntnisse notwendig ist. [2]Die Fortbildungsinhalte müssen dem aktuellen Stand der wissenschaftlichen Erkenntnisse auf dem Gebiet der Medizin, Zahnmedizin oder Psychotherapie entsprechen. [3]Sie müssen frei von wirtschaftlichen Interessen sein.

(2) [1]Der Nachweis über die Fortbildung kann durch Fortbildungszertifikate der Kammern der Ärzte, der Zahnärzte sowie der Psychologischen Psychotherapeuten und Kinder- und Jugendlichenpsychotherapeuten erbracht werden. [2]Andere Fortbildungszertifikate müssen den Kriterien entsprechen, die die jeweilige Arbeitsgemeinschaft der Kammern dieser Berufe auf Bundesebene aufgestellt hat. [3]In Ausnahmefällen kann die Übereinstimmung der Fortbildung mit den Anforderungen nach Absatz 1 Satz 2 und 3 auch durch sonstige Nachweise erbracht werden; die Einzelheiten werden von den Kassenärztlichen Bundesvereinigungen nach Absatz 6 Satz 2 geregelt.

(3) [1]Ein Vertragsarzt hat alle fünf Jahre gegenüber der Kassenärztlichen Vereinigung den Nachweis zu erbringen, dass er in dem zurückliegenden Fünfjahreszeitraum seiner Fortbildungspflicht nach Absatz 1 nachgekommen ist; für die Zeit des Ruhens der Zulassung ist die Frist unterbrochen. [2]Endet die bisherige Zulassung infolge Wegzugs des Vertragsarztes aus dem Bezirk seines Vertragsarztsitzes, läuft die bisherige Frist weiter. [3]Erbringt ein Vertragsarzt den Fortbildungsnachweis nicht oder nicht vollständig, ist die Kassenärztliche Vereinigung verpflichtet, das an ihn zu zahlende Honorar aus der Vergütung vertragsärztlicher Tätigkeit für die ersten vier Quartale, die auf den Fünfjahreszeitraum folgen, um 10 vom Hundert zu kürzen, ab dem darauf folgenden Quartal um 25 vom Hundert. [4]Ein Vertragsarzt kann die für den Fünfjahreszeitraum festgelegte Fortbildung binnen zwei Jahren ganz oder teilweise nachholen; die nachgeholte Fortbildung wird auf den folgenden Fünfjahreszeitraum nicht angerechnet. [5]Die Honorarkürzung endet nach Ablauf des Quartals, in dem der vollständige Fortbildungsnachweis erbracht wird. [6]Erbringt ein Vertragsarzt den Fortbildungsnachweis nicht spätestens zwei Jahre nach Ablauf des Fünfjahreszeitraums, soll die Kassenärztliche Vereinigung unverzüglich gegenüber dem Zulassungsausschuss einen Antrag auf Entziehung der Zulassung stellen. [7]Wird die Zulassungsentziehung abgelehnt, endet die Honorarkürzung nach Ablauf des Quartals, in dem der Vertragsarzt den vollständigen Fortbildungsnachweis des folgenden Fünfjahreszeitraums erbringt.

(4) Die Absätze 1 bis 3 gelten für ermächtigte Ärzte entsprechend.

(5) [1]Die Absätze 1 und 2 gelten entsprechend für angestellte Ärzte eines medizinischen Versorgungszentrums, eines Vertragsarztes oder einer Einrichtung nach § 105 Absatz 1 Satz 2, Absatz 5 oder nach § 119 b. [2]Den Fortbildungsnachweis nach Absatz 3 für die von ihm angestellten Ärzte führt das medizinische Versorgungszentrum oder der Vertragsarzt; für die in einer Einrichtung nach § 105 Absatz 5 oder nach § 119 b angestellten Ärzte wird der Fortbildungsnachweis nach Absatz 3 von der Einrichtung geführt. [3]Übt ein angestellter Arzt die Beschäftigung länger als drei Monate nicht aus, hat die Kassenärztliche Vereinigung auf Antrag den Fünfjahreszeitraum um die Fehlzeiten zu verlängern. [4]Absatz 3 Satz 2 bis 5 und 7 gilt entsprechend mit der Maßgabe, dass das Honorar des medizinischen Versorgungszentrums, des Vertragsarztes oder der Einrichtung nach § 105 Absatz 1 Satz 2, Absatz 5 oder nach § 119 b gekürzt wird. [5]Die Honorarkürzung endet auch dann, wenn der Kassenärztlichen Vereinigung die Beendigung des Beschäftigungsverhältnisses nachgewiesen wird, nach Ablauf des Quartals, in dem das Beschäftigungsverhältnis endet. [6]Besteht das Beschäftigungsverhältnis fort und wird nicht

---

9 BSG, 31.8.2005, B 6 KA 68/04 R, juris Rn. 11 = SozR 4-2500 § 95 c Nr. 1; LSG NRW, 25.10.2006, L 10 KA 20/04, juris Rn. 32.

spätestens zwei Jahre nach Ablauf des Fünfjahreszeitraums für einen angestellten Arzt der Fortbildungsnachweis gemäß Satz 2 erbracht, soll die Kassenärztliche Vereinigung unverzüglich gegenüber dem Zulassungsausschuss einen Antrag auf Widerruf der Genehmigung der Anstellung stellen.

(6) ¹Die Kassenärztlichen Bundesvereinigungen regeln im Einvernehmen mit den zuständigen Arbeitsgemeinschaften der Kammern auf Bundesebene den angemessenen Umfang der im Fünfjahreszeitraum notwendigen Fortbildung. ²Die Kassenärztlichen Bundesvereinigungen regeln das Verfahren des Fortbildungsnachweises und der Honorarkürzung. ³Es ist insbesondere festzulegen, in welchen Fällen Vertragsärzte bereits vor Ablauf des Fünfjahreszeitraums Anspruch auf eine schriftliche oder elektronische Anerkennung abgeleisteter Fortbildung haben. ⁴Die Regelungen sind für die Kassenärztlichen Vereinigungen verbindlich.

Literatur:

Andreas, Die arbeitsrechtliche Stellung des Krankenhausträgers bei der ärztlichen Fortbildung, ArztR 2007, 144; *Balzer*, Die Akkreditierung industrieunterstützter Fortbildungsveranstaltungen nach Umsetzung des GKV-Modernisierungsgesetzes – eine Reform der Reform?, MedR 2004, 76; *Balzer*, „Industriesponsoring" und ärztliche Fortbildung – ein Auslaufmodell?, NJW 2003, 3325; *Geiger*, Die Anerkennung industriefinanzierter Fortbildungsveranstaltungen durch die Landesärztekammern, GesR 2015, 577; *Hübner/Loof*, Fortbildungspflicht der Fachärzte im Krankenhaus und damit verbundene berufs- und arbeitsrechtliche Implikationen, MedR 2010, 547; *Ingenhag/Wannenwetsch*, Ärztliche Fortbildung: Aus der Pflicht eine Tugend machen, BKK 2004, 6; *Scholze/Finkreißen*, Ärztliche Fortbildungspflicht in Deutschland, MedR 2004, 141; *Tettinger*, Zwangsfortbildung und „Ärzte-TÜV" – Juristische Anmerkungen zu Modellen der Kompetenzerhaltung und Rezertifizierung im Rahmen (zahn-)ärztlicher Tätigkeit, GesR 2003, 1; *Wienke*, Die „neue" ärztliche Fortbildung – Das Ende des Pharma-Sponsorings?, Hessisches Ärzteblatt 3/2005, 177.

I. Entstehungsgeschichte 1	c) Überprüfungszeitraum (Abs. 3 S. 1, 2 und 3) 20
II. Normzweck und Systematik 2	d) Sanktionen bei Verletzung der Fortbildungspflicht (Abs. 3 S. 4 ff.) 24
III. Norminhalt und Normauslegung 3	
1. Norminhalt 3	
2. Normauslegung 5	e) Ermächtigte und angestellte Ärzte (Abs. 4, Abs. 5) 33
a) Pflicht zur fachliche Fortbildung (Abs. 1) 5	f) Organisation der Fortbildung und deren Umfang (Abs. 6) 38
b) Nachweis der Fortbildung (Abs. 2) 18	

I. Entstehungsgeschichte

§ 95 c ist im Rahmen des GKB-Modernisierungsgesetzes (GMG) vom 14.11.2003 in das Gesetz eingefügt worden und mit Wirkung zum 1.1.2004 in Kraft getreten (BGBl. I, 2190). Anschließend erfolgten folgende Änderungen: Abs. 3 S. 3: Früherer S. 3 aufgeh., früherer S. 4 jetzt S. 3 gem. Art. 1 Nr. 32 lit. a Gesetz v. 22.12.2011 (BGBl. I, 2983) mWv 1.1.2012; Abs. 3 S. 4 bis 7: Früher S. 5 bis 8 gem. Art. 1 Nr. 32 lit. a Gesetz v. 22.12.2011 (BGBl. I, 2983) mWv 1.1.2012; Abs. 5 S. 1: IdF d. Art. 6 Nr. 9 lit. a Gesetz v. 28.5.2008 (BGBl. I, 874) mWv 1.7.2008 u. d. Art. 1 Nr. 32 lit. b aa G v. 22.12.2011 (BGBl. I, 2983) mWv 1.1.2012; Abs. 5 S. 2: IdF d. Art. 6 Nr. 9 lit. b Gesetz v. 28.5.2008 (BGBl. I, 874) mWv 1.7.2008 u. d. Art. 1 Nr. 32 lit. b bb Gesetz v. 22.12.2011 (BGBl. I, 2983) mWv 1.1.2012; Abs. 5 S. 4: IdF d. Art. 6 Nr. 9 lit. c Gesetz v. 28.5.2008 (BGBl. I, 874) mWv 1.7.2008 u. d. Art. 1 Nr. 32 lit. b cc aaa u. bbb Gesetz v. 22.12.2011 (BGBl. I, 2983) mWv 1.1.2012; Abs. 5 S. 6: IdF d. Art. 1 Nr. 32 lit. b dd Gesetz v. 22.12.2011 (BGBl. I, 2983) mWv 1.1.2012; Abs. 6 S. 3: IdF d. Art. 161 Gesetz v. 29.3.2017 (BGBl. I, 626) mWv 5.4.2017.

II. Normzweck und Systematik

Zum Normzweck wir verweisen auf die **Gesetzesbegründung vom 8.9.2003** im Fraktionsentwurf der Fraktionen SPD, Bündnis 90/DIE GRÜNEN und CDU/CSU.[1] Darin heißt es ua:

„Seit der Neuregelung durch das Gesundheitsstrukturgesetz aus dem Jahre 1992 sind nur noch weitergebildete Ärzte zur Versorgung der Versicherten zugelassen. Diese regelhafte Voraussetzung des Facharztstandards hat der Gesetzgeber damals eingeführt, weil die fachärztliche Weiterbildung die erforderliche Basisqualifikation für die qualitätsgesicherte Versorgung der Versicherten vermittelt. Das Krankenversicherungsrecht enthält jedoch bisher keine Regelung, die absichert, dass der Vertragsarzt

---

[1] BT-Dr. 15/1525, 109.

das Fachwissen, das er zu Beginn seiner Berufstätigkeit mitbringt, im Laufe seiner vertragsärztlichen Tätigkeit aktualisiert, indem er seine fachlichen Kenntnisse an die Fortschritte der Medizin anpasst. Das SGB V enthält bisher lediglich in § 135 Abs. 2 eine Kompetenz der Partner der Bundesmantelverträge, für die Erbringung spezieller Leistungen besondere (zusätzliche) Anforderungen an die Strukturqualität der Vertragsärzte zu stellen. Hiervon haben die Partner der Bundesmantelverträge in mehreren Vereinbarungen Gebrauch gemacht und dabei zum Teil auch geregelt, dass der Nachweis der fachlichen Befähigung nicht nur zu Beginn, sondern auch innerhalb festgelegter Zeiträume immer wieder nachgewiesen werden muss (vgl. zB die Vereinbarung zur invasiven Kardiologie sowie zur fachlichen Befähigung zur Kernspintomographie der Mamma). Eine generelle vertragsärztliche Pflicht, den Nachweis über die Übereinstimmung des eigenen Kenntnisstandes mit dem aktuellen medizinischen Wissen zu erbringen, besteht jedoch bisher nicht. Diese Lücke schließt die in § 95 d geregelte Pflicht zur fachlichen Fortbildung der Vertragsärzte. Die Fortbildungspflicht ist eine notwendige Voraussetzung dafür, dass die Vertragsärzte die Versicherten entsprechend dem aktuellen Stand der medizinischen Erkenntnisse behandeln. Zwar sehen bereits die Kammer- oder Heilberufsgesetze der Länder (zB § 30 des Heilberufsgesetzes von Nordrhein-Westfalen) eine Fortbildungspflicht für die Heilberufe und darauf fußend die Berufsordnungen (zB § 4 der (Muster-)Berufsordnung der Bundesärztekammer) eine Fortbildungspflicht für die Kammerangehörigen vor. Dennoch hat der Sachverständigenrat für die Konzertierte Aktion im Gesundheitswesen in seinem Gutachten 2000/2001 zB „Mängel im Fortbildungsangebot, in der Inanspruchnahme, in der Förderung und verpflichtenden Regelung der ärztlichen Fortbildung" festgestellt (vgl. Band II Ziffer 54). Der Sachverständigenrat führt aus: „Die vielfach konstatierte Verdoppelung des medizinischen Wissens pro Jahrzehnt betrifft zwar nicht immer Kenntnisse, die für jegliche ärztliche Tätigkeit versorgungsrelevant werden, dennoch verändern sich die Auffassungen von und die Anforderungen an die „gute ärztliche Praxis" deutlich innerhalb weniger Jahre. Umso gravierender sind die Mängel im Fortbildungsangebot, in der Inanspruchnahme, in der Förderung und verpflichtenden Regelung der ärztlichen Fortbildung zu betrachten. Auch ist in Deutschland wenig darüber bekannt, welche Ärzte diese Angebote in welcher Form und Häufigkeit und mit welcher Auswirkung auf die Patientenversorgung nutzen. Das Angebot ärztlicher Fortbildungsmöglichkeiten ist ebenso wie die Nachfrage sowohl quantitativ als auch qualitativ verbesserungsbedürftig. Zu kritisieren sind eine häufig unzureichende Praxisrelevanz, die Vernachlässigung praktischer und interpersoneller Kompetenzen sowie eine eingeschränkte Glaubwürdigkeit vieler Angebote durch mangelnde Neutralität oder Transparentmachung der Qualität der angeführten Evidenz. Darüber hinaus ist zu bemängeln, dass die Fortbildung ihre Funktion des Forschungstransfers zu langsam und zu unkritisch erfüllt habe." Diese Mängelanalyse, bezogen auf die bisher lediglich berufsrechtlich geregelte Pflicht zur fachlichen Fortbildung macht es notwendig, die Fortbildungsverpflichtung zur Absicherung der qualitätsgesicherten ambulanten Behandlung der Versicherten vertragsarztrechtlich zu verankern. Die Kompetenz des Bundesgesetzgebers nach Artikel 74 Abs. 1 Nr. 12 GG ist hierfür gegeben, denn wie das Bundessozialgericht in ständiger Rechtsprechung festgestellt hat (vgl. zB Zytologie-Entscheidung vom 18. März 1998 – B 6 Ka 23/97 R und Kernspintomographie-Entscheidung vom 31. Januar 2001 – B 6 KA 24/00 R), gehören gesetzliche Maßnahmen zur Qualitätssicherung als Ausfluss des Sicherstellungsauftrages wie dieser zum Kernbereich des Vertragsarztrechts, so dass der Kompetenzbereich des Artikels 74 Abs. 1 Nr. 12 GG nicht überschritten wird."

III. Norminhalt und Normauslegung

3　1. **Norminhalt.** § 95 d begründet sozialversicherungsrechtlich die Pflicht zur fachliche Fortbildung. Insbesondere begründet **Abs. 1** die Pflicht zur fachlichen Fortbildung. **Abs. 2** schließt daran an und regelt den Nachweis der Teilnahme über entsprechende Fortbildungszertifikate. **Abs. 3** beinhaltet grundsätzlich zwei Regelungen: zunächst gibt er an, in welchen zeitlichen Abständen die Fortbildung erfolgen muss, dann zeigt er auf, welche Rechtsfolgen sich ergeben, wenn er den Fortbildungsnachweis nicht oder nur unzureichend erbringt. **Abs. 4** regelt, dass die vorbenannten Regelungen auch für ermächtigte Ärzte gelten. **Abs. 5** beinhaltet eine entsprechende Geltung für angestellte Ärzte in MVZ, eines Vertragsarztes oder einer Eigeneinrichtung nach § 105 Abs. 1 S. 2, Abs. 5 oder einer Pflegeeinrichtungen nach § 119 b. Nach **Abs. 6** regeln die Kassenärztlichen Bundesvereinigungen den angemessenen Umfang der im Fünfjahreszeitraum notwendigen Fortbildung; sie regeln auch das Verfahren des Fortbildungsnachweises und der Honorarkürzung.

Die Fortbildungspflicht gemäß § 95 d gilt nicht nur für Vertragsärzte, sondern gemäß § 72 Abs. 1 S. 2 auch für Zahnärzte[2] und Psychotherapeuten,[3] die an der vertraglichen Versorgung teilnehmen.

2. Normauslegung. a) Pflicht zur fachliche Fortbildung (Abs. 1). Zusätzlich zur Fortbildungsverpflichtung gemäß § 4 MBO besteht eine Nachweispflicht der ärztlichen Fortbildung sowohl für Vertragsärzte (§ 95 d) als auch für Fachärzte im Krankenhaus (§ 137 Abs. 1 Nr. 2).

Gemäß Abs. 1 ist der Vertragsarzt verpflichtet, sich in dem Umfang fachlich fortzubilden, wie es zur Erhaltung und Fortentwicklung der zu seiner Berufsausübung in der vertragsärztlichen Versorgung erforderlichen Fachkenntnisse notwendig ist. Die Fortbildungsinhalte müssen dem aktuellen Stand der wissenschaftlichen Erkenntnisse auf dem Gebiet der Medizin, Zahnmedizin oder Psychotherapie entsprechen. Sie müssen frei von wirtschaftlichen Interessen sein.

Was dabei unter dem Begriff „Fortbildung" zu verstehen ist, wird im SGB V nicht geregelt, so dass davon auszugehen ist, dass die inhaltliche Ausgestaltung der Kriterien zur Anerkennung geeigneter Fortbildungsveranstaltungen und auch die Anrechenbarkeit von Fortbildungsnachweisen in der Regelungskompetenz der Ärzteschaft liegen.[4] Die Heilberufe- und Kammergesetze bilden die rechtliche Grundlage für die detaillierten Bestimmungen zur Fortbildung in der entsprechenden Satzung einer Landesärztekammer. Sie stellen die Ermächtigungsgrundlage für die satzungsrechtlichen Regelungen (Fortbildungssatzung oder -ordnung) dar. Die Fortbildungssatzungen oder -ordnungen der Landesärztekammern basieren strukturell und inhaltlich auf der (Muster-)Fortbildungsordnung. Rechtswirkung entfaltet die jeweilige Fortbildungssatzung oder -ordnung einer Ärztekammer. Wesentliche Regelungselemente der Fortbildungssatzung bzw. -ordnung sind das Fortbildungszertifikat der Ärztekammer, die Bewertung von Fortbildungsmaßnahmen und die Anerkennung von Fortbildungsmaßnahmen einschließlich des dafür vorgesehenen Verfahrens. Das Fortbildungszertifikat dient dem Nachweis der Fortbildung. Daneben ist auf § 4 MBO-Ä bzw. auf die entsprechenden Regelungen in den Berufsordnungen hinzuweisen. Danach besteht sowohl eine Verpflichtung der Ärztinnen und Ärzte, die ihren Beruf ausüben, sich in dem Umfang beruflich fortzubilden, wie es zur Erhaltung und Entwicklung der zu ihrer Berufsausübung erforderlichen Fachkenntnisse notwendig ist, als auch auf Verlangen ihre Fortbildung gegenüber der Ärztekammer durch ein Fortbildungszertifikat einer Kammer nachzuweisen. Weitere Nachweispflichten der ärztlichen Fortbildung für Vertragsärzte (§ 95 d) sowie für Fachärzte im Krankenhaus (§ 136 b Abs. 1 S. 1 Nr. 1) sind im SGB V verankert.[5]

Nach Auffassung des BSG dient die Fortbildungspflicht zudem der Sicherung der Qualität der vertragsärztlichen Versorgung. Auch stehen die für den Fall der Verletzung dieser Verpflichtung vorgesehenen Sanktionen bis hin zur Zulassungsentziehung im Einklang mit der Berufsfreiheit aus Art. 12 Abs. 1 GG.[6]

Die vertragsärztliche Fortbildungsverpflichtung steht jedoch nicht im Widerspruch zur berufsrechtlichen Fortbildungsverpflichtung, da sie durch die berufsrechtlichen Fortbildungsnachweise ausgefüllt wird und somit die landesrechtliche Kompetenz zur inhaltlichen Ausgestaltung berufsrechtlicher Tatbestände beachtet wird. Die Pflicht zur fachlichen Fortbildung kann deshalb durch Teilnahme an den von den Kammern anerkannten Fortbildungsmaßnahmen erfüllt werden. Aufgrund dieser inhaltlichen und institutionellen Verknüpfung der berufsrechtlichen mit den vertragsärztlichen Fortbildungsnachweisen wird eine Doppelbelastung der fortbildungspflichtigen Ärzte, Zahnärzte und Psychotherapeuten vermieden.[7]

Grundlage ist insoweit die **(Muster-)Fortbildungsordnung der Bundesärztekammer** in der vom 116. Deutschen Ärztetag verabschiedeten Fassung vom 29.5.2013.[8]

Darin ist ua geregelt, dass die Fortbildung dem Erhalt und der kontinuierlichen Weiterentwicklung der beruflichen Kompetenz zur Gewährleistung einer hochwertigen Patientenversorgung und Sicherung der Qualität ärztlicher Berufsausübung dient. Die Fortbildungsmaßnahmen werden mit Punkten be-

---

2 SG Marburg, 22.2.2012, S 12 KA 100/11, juris Rn. 23.
3 VG Regensburg, 28.9.2010, Rn. 5 K 09.1221, juris Rn. 40, 44, 47.
4 Vgl. Pawlita in: jurisPK-SGB V, § 95 d Rn. 15.
5 Empfehlungen der BÄK zur ärztlichen Fortbildung, 4. Auflage, Stand: 24.4.2015, http://www.bundesaerztekammer.de/fileadmin/user_upload/downloads/pdf-Ordner/Fortbildung/EmpfFortb_20150424.pdf (zuletzt abgerufen am 1.3.2017).
6 BSG, 28.10.2015, B 6 KA 36/15 B, juris Rn. 18.
7 BT-Dr. 15/1525, 110.
8 http://www.bundesaerztekammer.de/downloads/_Muster-_Fortbildungsordnung_29052013.pdf (zuletzt abgerufen am 1.3.2017).

wertet; die Kategorien und die Bewertungsskala ergeben sich im Einzelnen aus § 6 Abs. 3 der (Muster-)Fortbildungsordnung. Zum Nachweis für die Erfüllung der Fortbildungspflicht wird ein Fortbildungszertifikat erteilt, wenn der Arzt innerhalb eines der Antragstellung vorausgehenden Zeitraums von fünf Jahren Fortbildungsmaßnahmen abgeschlossen hat, welche in ihrer Summe die Mindestbewertung von 250 Punkten erreichen. Darüber hinaus erlässt die Ärztekammer nach § 6 Abs. 4 der (Muster-)Fortbildungsordnung „ergänzende Richtlinien zur Bewertung der Fortbildungsmaßnahmen", bei denen sie die bundeseinheitlichen Kriterien zugrunde legt.

12 Die bundeseinheitlichen Kriterien sind in den „Empfehlungen der Bundesärztekammer zur ärztlichen Fortbildung"[9] aufgeführt. In diesen Empfehlungen finden sich Ausführungen ua zu Fortbildungsinhalten und Fortbildungsarten sowie zu Qualitätsanforderungen an (Präsenz-) Fortbildungsangebote und zusätzliche Qualitätsanforderung an mediengestützte Fortbildungsangebote.

13 Maßstab ua für die Fortbildungsinhalte ist zunächst Abs. 1 S. 2. Danach müssen die Fortbildungsinhalte dem **aktuellen Stand der wissenschaftlichen Erkenntnisse** auf dem Gebiet der Medizin, Zahnmedizin oder Psychotherapie entsprechen. Darüber hinaus ergibt sich aus den „Empfehlungen der Bundesärztekammer zur ärztlichen Fortbildung",[10] dass ärztliche Fortbildungen wissenschaftliche und verfahrenstechnische Erkenntnisse berücksichtigen, die zum Erhalt und zur Fortentwicklung der Kompetenz notwendig sind.

14 Damit gemeint sind die **Vermittlung fachspezifischer, interdisziplinärer und fachübergreifender (Er-)Kenntnisse** sowie die **Einübung praktischer Fähigkeiten**. Lerninhalte, die der Verbesserung sozialer Kompetenzen, der Kommunikation und Führungskompetenz dienen sowie Methoden der Medizindidaktik sind ebenso Bestandteile ärztlicher Fortbildung wie die des Qualitätsmanagements und der evidenzbasierten Medizin. Der ärztlichen Berufsausübung dienende gesundheitssystembezogene, wirtschaftliche und rechtliche Inhalte können Berücksichtigung finden. Fortbildungsinhalte müssen unabhängig vom individuellen Fortbildungsbedürfnis folgenden Kriterien standhalten:[11]
- Nutzen für Patienten
- Verständlichkeit
- Relevanz und Aktualität
- Wissenschaftliche Evidenz / dem allgemeinen Stand der Wissenschaft entsprechend
- Anwendbarkeit des Erlernten in der beruflichen Praxis
- Nutzen für den Arbeitsablauf
- Transparenz (Kosten-Nutzen-Verhältnis / Qualitätssicherung / Fehlermanagement)
- Kritische Wertung im Kontext des Themenfeldes
- Unabhängigkeit von ideologischen und kommerziellen Interessen
- Konformität mit den Vorgaben der verfassten Ärzteschaft (Fortbildungssatzungen, Berufsordnungen)
- Konformität mit ethischen Grundsätzen (WHO-Deklaration).

15 Gemäß Abs. 1 S. 3 müssen die Fortbildungsinhalte **frei von wirtschaftlichen Interessen** sein. Dies ist nach der Gesetzesbegründung insbesondere dann nicht der Fall, wenn ein Unternehmen der pharmazeutischen Industrie, ein Medizinproduktehersteller, ein Unternehmen vergleichbarer Art oder eine Vereinigung solcher Unternehmen eine produktbezogene Informationsveranstaltung durchführt oder den Teilnehmern an einer solchen Veranstaltung entsprechende Mittel zuwendet. Mit der Teilnahme an einer Veranstaltung, die ein produktbezogenes Sponsoring darstellt, könne also der Vertragsarzt seiner Fortbildungspflicht nicht genügen. Außerdem müsse die Fortbildung ausschließlich fachliche Themen behandeln.[12] Dient die Fortbildungsveranstaltung dazu die Wettbewerbsfähigkeit eines niedergelassenen Arztes zu verbessern, kann diese nicht anerkannt werden; dies gilt auch dann, wenn durch die Fortbildungsveranstaltung als Nebeneffekt eine Verbesserung der Aufklärung des Patienten möglich aber keineswegs zwangsläufig ist.[13]

---

9 S. http://www.bundesaerztekammer.de/fileadmin/user_upload/downloads/pdf-Ordner/Fortbildung/EmpfFortb _20150424.pdf (zuletzt abgerufen am 1.3.2017).
10 S. http://www.bundesaerztekammer.de/fileadmin/user_upload/downloads/pdf-Ordner/Fortbildung/EmpfFortb _20150424.pdf (zuletzt abgerufen am 1.3.2017).
11 S. http://www.bundesaerztekammer.de/fileadmin/user_upload/downloads/pdf-Ordner/Fortbildung/EmpfFortb _20150424.pdf (zuletzt abgerufen am 1.3.2017).
12 BT-Dr. 15/1525, 110.
13 VG Hamburg, 21.1.2009, 17 K 1915/08, juris Rn. 24 = GesR 2009, 302 f.

Nach § 32 Abs. 3 Musterberufsordnung (MBO)[14] ist die Annahme von Beiträgen Dritter zur Durchführung von Veranstaltungen (**Sponsoring**) ausschließlich für die Finanzierung des wissenschaftlichen Programms ärztlicher Fortbildungsveranstaltungen und nur in angemessenem Umfang erlaubt. Das Sponsoring, dessen Bedingungen und Umfang sind bei der Ankündigung und Durchführung der Veranstaltung offen zu legen. 16

Nicht zu verwechseln ist die Fortbildung mit Weiterbildungsmaßnahmen. Nach § 2 Abs. 1 der (Muster-)Weiterbildungsordnung der Bundesärztekammer (MWBO-Ä)[15] führt der erfolgreiche Abschluss der Weiterbildung zur Facharztbezeichnung in einem Gebiet, zur Schwerpunktbezeichnung im Schwerpunkt eines Gebietes oder zur Zusatzbezeichnung. 17

b) Nachweis der Fortbildung (Abs. 2). Der Nachweis über die Fortbildung kann gemäß Abs. 2 durch Fortbildungszertifikate der Kammern der Ärzte, der Zahnärzte sowie der Psychologischen Psychotherapeuten und Kinder- und Jugendlichenpsychotherapeuten erbracht werden. Ein Vertragsarzt hat gemäß Abs. 3 alle fünf Jahre gegenüber der Kassenärztlichen Vereinigung den Nachweis zu erbringen, dass er in dem zurückliegenden Fünfjahreszeitraum seiner Fortbildungspflicht nachgekommen ist. 18

Der Nachweis kann auf drei unterschiedliche Arten erbracht werden: 19

- durch Fortbildungszertifikate der Kammern der Ärzte, Zahnärzte sowie der psychologischen Psychotherapeuten und Kinder- und Jugendlichenpsychotherapeuten (§ 95 d Abs. 2 S. 1 SGB V iVm § 2 Fortbildungsregelung KBV),[16]
- durch andere Fortbildungszertifikate, wenn sie den Kriterien der jeweiligen Arbeitsgemeinschaft der Kammern des Berufs entsprechen (§ 95 Abs. 2 S. 2 SGB V iVm § 3 Abs. 1 Fortbildungsregelung KBV) und
- in Ausnahmefällen durch sonstige Nachweise (§ 95 Abs. 2 S. 3 SGB V iVm § 3 Abs. 4 Fortbildungsregelung KBV).

c) Überprüfungszeitraum (Abs. 3 S. 1, 2 und 3). Für den Fortbildungsnachweis wird ein Fünfjahreszeitraum festgelegt. Der Fünfjahreszeitraum wird nur für die Zeit des Ruhens der Zulassung unterbrochen. Ein Vertragsarzt, der zB so schwer erkrankt, dass er die vertragsärztliche Tätigkeit vorübergehend nicht mehr ausüben kann, wird das Ruhen der Zulassung beantragen und ist nicht gezwungen, sich während der Erkrankung fortzubilden. Für Vertragsärzte, die sechs Monate nach Inkrafttreten des Gesetzes bereits zugelassen sind, ist der erste Fortbildungsnachweis fünf Jahre und sechs Monate nach Inkrafttreten zu führen.[17] 20

Das Gesetz stellt weniger auf die tatsächliche Durchführung der Fortbildung, als vielmehr auf die Verpflichtung zur Erbringung des Nachweises ab,[18] so dass für den Lauf der Fristen entscheidend auf die Erbringung des Nachweises abzustellen ist.[19] 21

Bei der gesetzlichen Regelung zur Erbringung des Nachweises handelt es sich damit um eine gesetzliche Ausschlussfrist. Daher besteht kein Anspruch auf Wiedereinsetzung in den vorigen Stand.[20] Insbesondere ist eine Wiedereinsetzung nach dem klaren Sinn und Zweck des Gesetzes, der Qualitätssicherung, ausgeschlossen.[21] Ein Arzt ist aber so zu behandeln, als hätte er von der Ärztekammer das Fortbildungszertifikat frühzeitig erhalten und an die KV zum vollständigen Nachweis seiner Fortbildung weitergereicht, wenn die Ärztekammer ihrer Verpflichtung zur rechtzeitigen Ausstellung des Fortbildungszertifikats nicht nachgekommen ist.[22] 22

---

14 (Muster-)Berufsordnung für die in Deutschland tätigen Ärztinnen und Ärzte – MBO-Ä 1997 – in der Fassung der Beschlüsse des 118. Deutschen Ärztetages 2015 in Frankfurt am Main, Dt. Ärzteblatt A1.
15 S. http://www.bundesaerztekammer.de/fileadmin/user_upload/downloads/pdf-Ordner/Weiterbildung/MWBO.pdf (zuletzt abgerufen am 1.3.2017).
16 Regelung der Kassenärztlichen Bundesvereinigung zur Fortbildungsverpflichtung der Vertragsärzte und Vertragspsychotherapeuten nach § 95 d SGB V vom 21.9.2016, http://www.kbv.de/media/sp/Fortbildungsregelung_der_KBV.pdf (zuletzt abgerufen am 1.3.2017).
17 BT-Dr. 15/1525, 110.
18 § 95 Abs. 2 S. 1 u. 3 Hs. 1, Abs. 3 S. 1 Hs. 1, 3, 5-7, Abs. 5 S. 2 u. 6, Abs. 6 S. 2.
19 SG Marburg, 7.12.2011, S 12 KA 854/10, juris Rn. 23 = GesR 2012, 366 ff.; Pawlita in: jurisPK-SGB V, § 95 d Rn. 22.
20 SG Marburg, 7.12.2011, S 12 KA 854/10, juris Rn. 32 f. = GesR 2012, 366 ff.
21 Vgl. BayLSG, 11.3.2015, L 12 KA 56/14, Rn. 26, die dagegen gerichtete NZB ist vom BSG zurückgewiesen worden (28.10.2015, B 6 KA 38/15 B, juris).
22 Vgl. SG Düsseldorf, 22.1.2014, S 2 KA 1/12, juris Rn. 33 = AMK 2014, Nr. 3, 5 (Kurzwiedergabe).

23 Zuständig für die Überprüfung des Fortbildungsnachweises ist die jeweils zuständige Kassenärztliche Vereinigung, §§ 95 d Abs. 3 S. 1, 77 Abs. 3.

24 **d) Sanktionen bei Verletzung der Fortbildungspflicht (Abs. 3 S. 4 ff.).** Weist ein Vertragsarzt nach Ablauf der Fünfjahresfrist nicht nach, dass er seiner Fortbildungsverpflichtung nachgekommen ist, erfolgen zunächst **Honorarkürzungen** von 10 % für vier Quartale, danach von 25 %. Die pauschalen Honorarkürzungen sind zum einen ein Abschlag für die schlechtere Qualität der ärztlichen Leistungen, zum anderen haben sie eine ähnliche Funktion wie ein Disziplinarverfahren und sollen den Vertragsarzt nachdrücklich zur Einhaltung seiner Fortbildungsverpflichtung anhalten.[23]

25 Erfasst wird nur das vertragsärztliche Honorar, das die Kassenärztlichen Vereinigungen verteilen, nicht das Honorar, das von den Krankenkassen aufgrund von Verträgen außerhalb der vertragsärztlichen Vergütung gewährt wird. Die Honorarkürzung bezieht sich nur auf das Honorar des Vertragsarztes, der den Fortbildungsnachweis nicht erbracht hat, dies gilt auch für Gemeinschaftspraxen und Jobsharing. Bestehen keine anderen Anhaltspunkte, ist das Honorar der Gemeinschaftspraxis durch die Anzahl der Vertragsärzte zu teilen und der rechnerische Anteil des Vertragsarztes, der den Fortbildungsnachweis nicht erbracht hat, zu kürzen.[24]

26 Der Vertragsarzt hat nach Ablauf des Fünfjahreszeitraums Gelegenheit, die fehlende **Fortbildung binnen zwei Jahren nachzuholen**, wobei die nachgeholte Fortbildung auf den Fünfjahreszeitraum angerechnet wird, dessen festgelegte Fortbildung sie vervollständigen soll, nicht auch auf den folgenden Fünfjahreszeitraum. Ein Vertragsarzt, der die Fortbildung in zwei Jahren nachholt, hat die für den folgenden Fünfjahreszeitraum abzuleistende Fortbildung dann binnen drei Jahren zu erbringen, wenn er erneute Honorarkürzungen vermeiden will.[25]

27 Die Honorarkürzung endet erst nach Ablauf des Quartals, in dem der vollständige Fortbildungsnachweis geführt wird.[26]

28 Holt der Vertragsarzt fehlende Fortbildungsanteile nicht binnen zwei Jahren nach Ablauf des Fünfjahreszeitraums nach und erbringt er nicht spätestens zwei Jahre nach Ablauf des Fünfjahreszeitraums den vollständigen Fortbildungsnachweis, so soll die Kassenärztliche Vereinigung die **Zulassungsentziehung** nach § 95 Abs. 6 beantragen. Die Verpflichtung zur Antragstellung wird für den Regelfall vorgeschrieben, weil die Nichterfüllung der Fortbildungspflicht in aller Regel eine gröbliche Verletzung vertragsärztlicher Pflichten darstellen wird. Ein Vertragsarzt, der fünf Jahre seiner Fortbildungsverpflichtung nicht oder nur unzureichend nachkommt und sich auch durch empfindliche Honorarkürzungen nicht beeindrucken lässt, verweigert sich hartnäckig der Fortbildungsverpflichtung und verletzt seine vertragsärztlichen Pflichten gröblich.[27]

29 Während des laufenden Zulassungsentziehungsverfahrens kann der Vertragsarzt in der Regel weiter vertragsärztlich tätig sein, er kann aber, da zwei Jahre vergangen sind, die fehlende oder lückenhafte Fortbildung des abgelaufenen Fünfjahreszeitraums nicht mehr nachholen, bzw. eine Fortbildung würde nicht mehr als Erfüllung der Fortbildungsverpflichtung des vergangenen Fünfjahreszeitraums angerechnet werden. Dies entspricht der sozialgerichtlichen Rechtsprechung, dass ein „Wohlverhalten" unter dem Druck eines laufenden Zulassungsentziehungsverfahrens in der Regel nicht bei der Entscheidung über die Zulassungsentziehung zu berücksichtigen ist, sondern erst bei einer Entscheidung über eine erneute Zulassung.[28]

30 Die Honorarkürzungen erfolgen auch während des laufenden Zulassungsentziehungsverfahrens weiter. Wird die Entziehung der Zulassung abgelehnt, dann erhält der Vertragsarzt erst dann wieder das volle Honorar, wenn er die Erfüllung der Fortbildungsverpflichtung für den folgenden Fünfjahreszeitraum nachgewiesen hat.[29]

31 Davon werden nicht die Fälle erfasst, dass die Kassenärztliche Vereinigung zu Unrecht von einem fehlenden Fortbildungsnachweis ausgegangen ist. In diesem Fall wird der Honorarkürzungsbescheid im Rahmen der Anfechtungsklage gegen diesen Bescheid aufgehoben und das einbehaltene Honorar zurückgezahlt werden. Es sind Ausnahmefälle denkbar, in denen die Zulassungsentziehung abgelehnt wird, weil dies zB aufgrund des Fehlens nur weniger Fortbildungsstunden unverhältnismäßig wäre. In

---

23 BT-Dr. 15/1525, 110.
24 BT-Dr. 15/1525, 110.
25 BT-Dr. 15/1525, 110.
26 BT-Dr. 15/1525, 110.
27 BT-Dr. 15/1525, 110.
28 BT-Dr. 15/1525, 110, 111.
29 BT-Dr. 15/1525, 111.

diesem Fall ist der Vertragsarzt seiner Fortbildungsverpflichtung dennoch nicht vollständig nachgekommen und die Honorarkürzung gerechtfertigt. Erst wenn er im folgenden Fünfjahreszeitraum seine Fortbildungsverpflichtung erfüllt und den vollen Nachweis erbringt, erhält er wieder das ungekürzte Honorar.[30]

Nach Auffassung des BSG gelten für eine Zulassungsentziehung wegen Verletzung der Fortbildungspflicht keine anderen Maßstäbe als für sonstige Verstöße gegen vertragsärztliche Pflichten. § 95 d normiert keinen eigenständigen Entziehungstatbestand, sondern verpflichtet die KV über § 95 d Abs. 3 S. 6 lediglich dazu, im Falle eines Verstoßes gegen die in § 95 d normierten Pflichten (im Regelfall) einen Antrag auf Entziehung der Zulassung zu stellen.[31] Ein Vertragsarzt verstößt gegen seine vertragsärztlichen Pflichten gröblich, wenn er insgesamt etwa 7 Jahre (nahezu) ungenutzt hat verstreichen lassen, um seiner Fortbildungspflicht nachzukommen, und er in dieser Zeit alle Hinweise und Anfragen der zuständigen KV ignoriert hat.[32] Auch unverschuldete Pflichtverletzungen können zur Zulassungsentziehung führen.[33] 32

e) Ermächtigte und angestellte Ärzte (Abs. 4, Abs. 5). Gemäß Abs. 4 gelten die Fortbildungsverpflichtungen und Fortbildungsnachweise sowie die in Abs. 3 geregelten Konsequenzen für den Fall des fehlenden Nachweises für ermächtigte Ärzte entsprechend.[34] 33

Gemäß Abs. 5 regelt die Fortbildungsverpflichtung und den Fortbildungsnachweis für angestellte Ärzte eines Vertragsarztes oder eines zugelassenen MVZ. Für Vertragsärzte, die in einem MVZ tätig sind, gilt Abs. 3 entsprechend. Die Fortbildungsverpflichtung gilt nur für Ärzte, die dauerhaft angestellt sind, nicht für Weiterbildungsassistenten.[35] 34

Den Fortbildungsnachweis für die angestellten Ärzte führt das MVZ oder der Vertragsarzt; für die in einer Einrichtung nach § 105 Abs. 5 oder nach § 119 b angestellten Ärzte wird der Fortbildungsnachweis von der Einrichtung geführt, § 95 d Abs. 5 S. 2. 35

Abs. 5 S. 3 ist eine Parallelregelung zur Regelung für die Zeit des Ruhens der Zulassung in Abs. 3 S. 1; Fehlzeiten von mehr als drei Monaten, zB aufgrund der Inanspruchnahme von Elternzeit oder einer Erkrankung, verlängern auf Antrag den Fünfjahreszeitraum.[36] 36

Bei fehlendem Fortbildungsnachweis wird der gesamte Honoraranspruch des Vertragsarztes oder des medizinischen Versorgungszentrums um 10 % bzw. 25 % reduziert, eine Quotierung zur Ermittlung des Anteils des angestellten Arztes, für den der Fortbildungsnachweis nicht erbracht wurde, findet nicht statt. Damit soll der Anreiz zur Überprüfung der Einhaltung der Fortbildungsverpflichtung der angestellten Ärzte erhöht werden. Das MVZ oder der Vertragsarzt kann als Arbeitgeber aufgrund seiner Weisungsbefugnis und durch organisatorische Maßnahmen, wie zB das Aufstellen eines Fortbildungsplans, frühzeitig dafür Sorge tragen, dass alle bei ihm angestellten Ärzte die Fortbildungspflicht erfüllen und im Falle hartnäckiger Weigerung das Beschäftigungsverhältnis kündigen und damit Honorarkürzungen vermeiden oder deren Laufzeit reduzieren.[37] 37

f) Organisation der Fortbildung und deren Umfang (Abs. 6). Die Kassenärztlichen Bundesvereinigungen regeln im Einvernehmen mit den zuständigen Arbeitsgemeinschaften der Kammern auf Bundesebene den angemessenen Umfang der im Fünfjahreszeitraum notwendigen Fortbildung. Die Kassenärztlichen Bundesvereinigungen regeln das Verfahren des Fortbildungsnachweises und der Honorarkürzung. Es ist insbesondere festzulegen, in welchen Fällen Vertragsärzte bereits vor Ablauf des Fünfjahreszeitraums Anspruch auf eine schriftliche Anerkennung abgeleisteter Fortbildung haben. Die Kas- 38

---

30 BT-Dr. 15/1525, 111.
31 Vgl. BSG, 28.10.2015, B 6 KA 36/15 B, juris Rn. 8.
32 Vgl. BSG, 28.10.2015, B 6 KA 36/15 B, juris Rn. 10.
33 Vgl. BSG, 28.10.2015, B 6 KA 36/15 B, juris Rn. 11.
34 BT-Dr. 15/1525, 111.
35 BT-Dr. 15/1525, 111.
36 BT-Dr. 15/1525, 111.
37 BT-Dr. 15/1525, 111.

senärztliche Bundesvereinigung ist dem nachgekommen,[38] ebenso die Kassenzahnärztliche Bundesvereinigung.[39]

39 Zum Abbau bestehender rechtlicher Hindernisse für elektronische Verfahren und zur Erleichterung der elektronischen Kommunikation in der Verwaltung wird mit der Änderung des Abs. 6 S. 3 neben der schriftlichen auch die elektronische Anerkennung der abgeleisteten Fortbildung ermöglicht. Eine inhaltsgleiche elektronische Anerkennung ist in gleicher Weise geeignet, den Inhalt der Erklärung zu dokumentieren. Die mündliche Form bleibt weiterhin ausgeschlossen.[40]

40 Gemäß Abs. 6 S. 4 sind die Regelungen für die Kassenärztlichen Vereinigungen verbindlich.

41 Im Falle von nicht durch die Kammern zertifizierter Fortbildung, zB im Ausland, ist es erforderlich, dass die der Fortbildungsverpflichtung unterliegenden Ärzte, Zahnärzte und Psychotherapeuten auf Antrag bereits vor Ablauf des Fünfjahreszeitraums eine schriftliche Mitteilung erhalten, ob die Fortbildung anerkannt wird. Das Verfahren sollte so ausgestaltet werden, dass jeder der Fortbildungsverpflichtung unterliegende Arzt, Zahnarzt und Psychotherapeut die Nichtanerkennung von Fortbildungszeiten nach Ablauf des Fünfjahreszeitraums und die daraus folgenden Honorarkürzungen vermeiden kann.[41]

§ 96 Zulassungsausschüsse

(1) Zur Beschlußfassung und Entscheidung in Zulassungssachen errichten die Kassenärztlichen Vereinigungen und die Landesverbände der Krankenkassen sowie die Ersatzkassen für den Bezirk jeder Kassenärztlichen Vereinigung oder für Teile dieses Bezirks (Zulassungsbezirk) einen Zulassungsausschuß für Ärzte und einen Zulassungsausschuß für Zahnärzte.

(2) ¹Die Zulassungsausschüsse bestehen aus Vertretern der Ärzte und der Krankenkassen in gleicher Zahl. ²Die Vertreter der Ärzte und ihre Stellvertreter werden von den Kassenärztlichen Vereinigungen, die Vertreter der Krankenkassen und ihre Stellvertreter von den Landesverbänden der Krankenkassen und den Ersatzkassen bestellt. ³Die Mitglieder der Zulassungsausschüsse führen ihr Amt als Ehrenamt. ⁴Sie sind an Weisungen nicht gebunden. ⁵Den Vorsitz führt abwechselnd ein Vertreter der Ärzte und der Krankenkassen. ⁶Die Zulassungsausschüsse beschließen mit einfacher Stimmenmehrheit, bei Stimmengleichheit gilt ein Antrag als abgelehnt.

(3) ¹Die Geschäfte der Zulassungsausschüsse werden bei den Kassenärztlichen Vereinigungen geführt. ²Die Kosten der Zulassungsausschüsse werden, soweit sie nicht durch Gebühren gedeckt sind, je zur Hälfte von den Kassenärztlichen Vereinigungen einerseits und den Landesverbänden der Krankenkassen und den Ersatzkassen andererseits getragen.

(4) ¹Gegen die Entscheidungen der Zulassungsausschüsse können die am Verfahren beteiligten Ärzte und Einrichtungen, die Kassenärztlichen Vereinigungen und die Landesverbände der Krankenkassen sowie die Ersatzkassen den Berufungsausschuß anrufen. ²Die Anrufung hat aufschiebende Wirkung.

Literatur:
Bohl, Der „ewige" Kampf des Rechtsanwalts um die Akteneinsicht, NVwZ 2005, 138; *Clemens*, Aufschiebende Wirkung und sofortige Vollziehbarkeit im sozialgerichtlichen Verfahren – insbesondere in Drittanfechtungsfällen, in: Festschrift ARGE Medizinrecht im DAV 2008, S. 323; *Ebsen*, Patientenpartizipation in der gemeinsamen Selbstverwaltung der GKV – Ein Irrweg oder ein Desiderat?, MedR 2006, 528; *Großenbölting/Jaklin*, Formen ärztlicher Tätigkeit im Vertragsarztrecht, Zulassung und Konkurrentenstreit, NZS 2002, 130; *Hollich*, Die Auswirkungen des Sechsten Gesetzes zur Änderung des Sozialgerichtsgesetzes (6. SGGÄndG) auf den Rechtsschutz des Vertragsarztes, MedR 2002, 235; *Kingreen*, Konkurrenzschutz im vertragsärztlichen Zulassungsrecht, Die Verwaltung 36 (2003), 33; *Koller*, Die Durchsetzung von Schadensersatzansprüchen wegen Amtspflichtverletzungen der Zulassungsgremien und Kassenärztlichen Vereini-

---

38 Regelung der Kassenärztlichen Bundesvereinigung zur Fortbildungsverpflichtung der Vertragsärzte und Vertragspsychotherapeuten nach § 95 d SGB V vom 21.9.2016, http://www.kbv.de/media/sp/Fortbildungsregelung_der_KBV.pdf (zuletzt abgerufen am 1.3.2017).
39 Kassenzahnärztliche Bundesvereinigung, Regelung des Fortbildungsnachweises nach § 95 d Abs. 6 SGB V vom 25.3.2009, http://www.kzbv.de/vertragszahnaerztliche-fortbildung.440.de.html (zuletzt abgerufen am 1.3.2017).
40 Vgl. BT-Dr. 18/10183, 131.
41 BT-Dr. 15/1525, 111.

gung, ZMGR 2011, 130; *Kremer/Wittmann*, Vertragsärztliche Zulassungsverfahren, 2. Aufl. 2015; *Langhoff*, Eintritt der aufschiebenden Wirkung bei Drittwidersprüchen gegen statusbegründende Entscheidungen erst ab Kenntniserlangen des Begünstigten, MedR 2010, 133; *Ossege*, Zum Umfang des Akteneinsichtsrechts in Zulassungsverfahren bei den Berufungsausschüssen, MedR, 2013, 89; *Schallen*, Zulassungsverordnung, 8. Aufl. 2012; *Schnapp/Wigge* (Hrsg.), Handbuch des Vertragsarztrechts, 2. Auflage 2006; *Spellbrink*, Einstweiliger Rechtsschutz vor den Sozialgerichten in Zulassungssachen gemäß § 96 Abs. 4 SGB V, MedR 1999, 304; *Wenner*, Vertragsarztrecht nach der Gesundheitsreform, 2008, § 18.

I. Entstehungsgeschichte 1	aa) Anordnung der sofortigen Vollziehbarkeit 25
II. Normzweck und Systematik 2	bb) Aufsicht, § 97 Abs. 5 28
III. Norminhalt und Normauslegung 11	cc) Haftung der Mitglieder des Zulassungsausschusses 29
1. Norminhalt 11	
2. Normauslegung 12	IV. Verwaltungsverfahren 30
a) Errichtung der Zulassungsausschüsse (Abs. 1) 12	1. Untersuchungsgrundsatz 38
b) Zusammensetzung der Zulassungsausschüsse (Abs. 2) 16	2. Anspruch auf Akteneinsicht und auf rechtliches Gehör 41
c) Geschäftsführung und Kosten der Zulassungsausschüsse (Abs. 3) 23	
d) Widerspruch und aufschiebende Wirkung der Entscheidungen der Zulassungsausschüsse (Abs. 4) 24	

I. Entstehungsgeschichte

§ 96 ist mit Wirkung zum 1.1.1989 im Rahmen des Gesundheitsreformgesetzes vom 20.12.1988 1
(GRG) als Nachfolgevorschrift von § 368b Abs. 1 bis 4 RVO[1] in Kraft getreten (BGBl. I, 2477). Anschließend erfolgten folgende Änderungen: Abs. 1: IdF d. Art. 1 Nr. 54 lit. a Gesetz v. 21.12.1992 (BGBl. I, 2266) mWv 1.1.1993 u. d. Art. 1 Nr. 64 lit. a Gesetz v. 26.3.2007 (BGBl. I, 378) mWv 1.7.2008; Abs. 2 S. 2: IdF d. Art. 1 Nr. 54 lit. b Gesetz v. 21.12.1992 (BGBl. I, 2266) mWv 1.1.1993 u. d. Art. 1 Nr. 64 lit. b Gesetz v. 26.3.2007 (BGBl. I, 378) mWv 1.7.2008; Abs. 2 S. 3 bis 6: Früherer S. 3 aufgeh., früherer S. 4 bis 7 jetzt S. 3 bis 6 gem. Art. 1 Nr. 76a Gesetz v. 14.11.2003 (BGBl. I, 2190) mWv 1.1.2005; Abs. 3 S. 2: IdF d. Art. 1 Nr. 54 lit. c Gesetz v. 21.12.1992 (BGBl. I, 2266) mWv 1.1.1993 u. d. Art. 1 Nr. 64 lit. b Gesetz v. 26.3.2007 (BGBl. I, 378) mWv 1.7.2008; Abs. 4 S. 1: IdF d. Art. 1 Nr. 54 lit. d Gesetz v. 21.12.1992 (BGBl. I, 2266) mWv 1.1.1993, d. Art. 1 Nr. 64 lit. a Gesetz v. 26.3.2007 (BGBl. I, 378) mWv 1.7.2008 u. d. Art. 6 Nr. 17 Gesetz v. 28.5.2008 (BGBl. I, 874) mWv 1.7.2008.

II. Normzweck und Systematik

Mit § 96 überlässt es der Gesetzgeber der gemeinsamen Selbstverwaltung von Vertragsärzten und 2
Krankenkassen, Entscheidungen in Zulassungsangelegenheiten zu fällen.[2] Damit obliegt der gemeinsamen Selbstverwaltung aber gleichzeitig auch eine entsprechende Verpflichtung.[3] Diese Selbstverwaltung untergliedert sich in Zulassungs- und Berufungsausschüsse (§§ 96, 97), die nach der Rechtsprechung des BSG rechtlich und organisatorisch selbstständig sind,[4] mithin keinen eigenständigen Körperschaftsstatus haben,[5] bei denen es sich aber um Behörden iSd § 1 Abs. 2 SGB X handelt, die als solche gemäß § 10 Nr. 3 SGB X, § 70 Nr. 3 SGG beteiligungsfähig sind.[6]

Darüber hinaus regelt § 96 die Grundzüge der Organisation, der Geschäftsführung und des Verfah- 3
rens. Die Vorschrift wird ergänzt durch §§ 34 ff. Ärzte-ZV bzw. Zahnärzte-ZV. Zudem müssen die

---

[1] Die weiteren vormals bestehenden Abs. 5 bis 8 sind in § 97 enthalten.
[2] Hess in: KassKomm, § 96 SGB V Rn. 2; Pawlita in: jurisPK-SGB V, § 96 Rn. 9; Kremer/Wittmann, Vertragsärztliche Zulassungsverfahren, 2. Aufl. 2015, Rn. 18.
[3] Pawlita in: jurisPK-SGB V, § 96 Rn. 9.
[4] BSG, 21.6.1994, 6 RKa 54/94, juris Rn. 14 = SozR 3-2500 § 106 Nr. 28; Schiller in: Schnapp/Wigge, § 5 D Rn. 85.
[5] Hartmannsgruber in: Ratzel/Luxenburger, § 7 Rn. 94.
[6] Pawlita in: jurisPK-SGB V, § 96 Rn. 8; Kremer/Wittmann, Vertragsärztliche Zulassungsverfahren, 2. Aufl. 2015, Rn. 17.

Zulassungsgremien die Regelungen des BMV-Ä beachten.[7] Soweit insoweit keine spezielle Regelung vorhanden ist, gelten nachrangig die Bestimmungen des SGB X.[8]

4 Ergänzend sollte auch noch eine Geschäfts- oder Verfahrensordnung der Zulassungsausschüsse erstellt werden; veröffentlicht ist eine solche „auf der Grundlage des § 96 Abs. 1 S. 1 SGB V" für die Zeit ab dem 1.5.2010 aber lediglich auf der Homepage der Kassenärztlichen Vereinigung Hessen.[9] Darin werden ua Regelungen über Sitzungstermine getroffen. Darüber hinaus heißt es in Abschnitt C. zu den Fristen ua, dass die vollständig ausgefüllten Formularvordrucke nebst den für den jeweiligen Antrag erforderlichen Anlagen sechs Wochen vor dem Sitzungstermin bei der Geschäftsstelle des Zulassungsausschusses eingegangen sein müssen, soweit ein anderer KV-Bereich betroffen ist.

5 Im SGB V werden die **Zulassungsangelegenheiten** nicht weiter benannt. Sie werden jedoch in verschiedenen Normen benannt, die nachfolgend – nicht abschließend – benannt werden:[10]

6 a) **Entscheidungen über die Teilnahme an der ambulanten Versorgung:**
   – Zulassung eines Arztes, Zahnarztes oder Psychotherapeuten: § 19 Abs. 1 S. 1 Ärzte-ZV:
     – im Fall eines zulassungsbeschränkten oder- unbeschränkten Planungsbereich: § 95 Abs. 1 S. 1. Abs. 10 bis 12;
     – Entscheidung über die Durchführung eines Nachbesetzungsverfahrens und die Nachbesetzung zur Praxisnachfolge: § 103 Abs. 3 a S. 1, Abs. 4 S. 9, 1. Hs.;
     – Bestimmung des Praxisnachfolgers in einen zulassungsbeschränkten Planungsbereich: § 103 Abs. 4 S. 3;
     – zur gemeinsamen Berufsausübung mit einem Vertragsarzt in einem zulassungsbeschränkten Planungsbereich bei Beschränkung des Leistungsumfangs: § 101 Abs. 1 S. 1 Nr. 4 SGB V, §§ 40, 41 BedarfsplanungsRL;[11] („Job-Sharing");
     – wegen eines Sonderbedarfs in einem zulassungsbeschränkten Planungsbereich: § 101 Abs. 1 Nr. 3 SGB V, § 36 BedarfsplanungsRL;[12]
     – zur Ermöglichung belegärztlicher Tätigkeit in einem zulassungsbeschränkten Planungsbereich: § 103 Abs. 7 S. 3;
     – im Einzelfall wegen unbilliger Härte als Ausnahme von einer Zulassungsbeschränkung wegen Unterversorgung (§ 16 Abs. 5 Ärzte-ZV).
   – Reduzierung des Versorgungsauftrags auf die Hälfte: § 19 a Abs. 2 S. 1 Ärzte-ZV.
   – Aufhebung der Reduzierung des Versorgungsauftrags auf die Hälfte: § 19 a Abs. 3 S. 1 Ärzte-ZV.
   – Zulassung eines MVZ: § 19 Abs. 1 S. 1 Ärzte-ZV, § 1 Abs. 3 Ärzte-ZV, § 95 Abs. 1 S. 1, Abs. 2 S. 5 SGB V.
   – Entscheidung über die Durchführung eines Nachbesetzungsverfahrens und die Nachbesetzung zur Praxisnachfolge, § 103 Abs. 3 a S. 1, Abs. 4 S. 9 Hs. 1.
   – Ermächtigung von Krankenhausärzten:
     – mit abgeschlossener Weiterbildung zur Deckung eines quantitativen oder qualitativen Versorgungsbedarfs: § 116 SGB V, § 31 a Abs. 1 Ärzte-ZV;
     – zur Durchführung bestimmter Versorgungsaufträge nach der Dialysevereinbarung: § 31 Abs. 3 Ärzte-ZV, §§ 11 Abs. 1, 12 Abs. 1 und 2 Dialysevereinbarung.

---

7 Bundesmantelvertrag-Ärzte vom 1.1.2017 (http://www.kbv.de/media/sp/BMV_Aerzte.pdf, zuletzt abgerufen am 1.3.2017); BSG, 6.2.2013, B 6 KA 39/12 B, juris Rn. 13 = RegNr. 30695 (BSG-Intern).
8 Hess in: KassKomm, § 96 SGB V Rn. 12; Kremer/Wittmann, Vertragsärztliche Zulassungsverfahren, 2. Aufl. 2015, Rn. 73.
9 S. https://www.kvhessen.de/fileadmin/media/documents/Mitglieder/Recht_und_Vertrag/Land/Verfahrensordnung_ZA.pdf (zuletzt abgerufen am 1.3.2017).
10 Vgl. Auflistung bei Pawlita in: jurisPK-SGB V, 2. Aufl. 2012, § 96 Rn. 10 ff. und Schallen, ZulVO, 37 Rn. 5 ff.
11 Richtlinie des GBA über die Bedarfsplanung sowie die Maßstäbe zur Feststellung von Überversorgung und Unterversorgung in der vertragsärztlichen Versorgung (Bedarfsplanungs-Richtlinie) in der Neufassung vom 20.12.2012, veröffentlicht im BAnz AT vom 31.12.2012 B7 vom 31.12.2012, in Kraft getreten am 1.1.2013, zuletzt geändert am 16.6.2016, veröffentlicht im BAnz AT 14.9.2016 B3 vom 14.9.2019, in Kraft getreten am 15.9.2016.
12 Richtlinie des GBA über die Bedarfsplanung sowie die Maßstäbe zur Feststellung von Überversorgung und Unterversorgung in der vertragsärztlichen Versorgung (Bedarfsplanungs-Richtlinie) in der Neufassung vom 20.12.2012, veröffentlicht im BAnz AT vom 31.12.2012 B7 vom 31.12.2012, in Kraft getreten am 1.1.2013, zuletzt geändert am 16.6.2016, veröffentlicht im BAnz AT 14.9.2016 B3 vom 14.9.2016, in Kraft getreten am 15.9.2016.

- Ermächtigung von Ärzten:
  - zur Abwendung drohender Unterversorgung: § 31 Abs. 1 lit. a) Ärzte-ZV;
  - zur Versorgung eines begrenzten Personenkreises: § 31 Abs. 1 lit. b) Ärzte-ZV;
  - für besondere Leistungen: § 31 Abs. 2 Ärzte-ZV, § 5 Abs. 1 BMV-Ä;
  - für besondere Leistungen der Zytodiagnostik bzw. Geburtsplanung: § 31 Abs. 2 Ärzte-ZV, § 5 Abs. 2 BMV-Ä.
- Ermächtigung von Ärzten aus EU-Mitgliedstaaten zur vorübergehenden Erbringung von Dienstleistungen: § 31 Abs. 5 Ärzte-TV, § 8 Abs. 1 BMV-Ä bzw. § 10 b Abs. 1 BMV-Z/§ 6 EKV-Z.
- Ermächtigung von Kieferchirurgen und anderer Fachzahnärzte zur vertragsärztlichen neben der vertragszahnärztlichen Teilnahme: § 6 Abs. 1 und Abs. 2 S. 1 BMV-Ä.
- Ermächtigung von Zahnärzten zur Durchführung kieferorthopädischer Behandlungen: § 31 Abs. 2 Zahnärzte-ZV, § 10 a Abs. 1 BMV-Z, § 5 Abs. 1 S. 1 Nr. 2 und Abs. 2 EKV-Z.
- Ermächtigung ärztlich geleiteter Einrichtungen:
  - zur Abwendung drohender Unterversorgung: § 31 Abs. 1 lit. a) Ärzte-ZV;
  - zur Versorgung eines begrenzten Personenkreises: § 31 Abs. 1 lit. b) Ärzte-ZV;
  - für besondere Leistungen: § 31 Abs. 2 Ärzte-ZV, § 5 Abs. 1 BMV-Ä;
  - für besondere Leistungen der Zytodiagnostik bzw. Geburtsplanung: § 31 Abs. 2 Ärzte-ZV, § 5 Abs. 2 BMV-Ä;
  - zur Durchführung bestimmter Versorgungsaufträge nach der Dialysevereinbarung: § 31 Abs. 2 Ärzte-ZV, §§ 9 Abs. 1, 10 Abs. 1 Dialysevereinbarung.
- Ermächtigung von Krankenhäusern bei Unterversorgung: § 116 a.
- Ermächtigung von Hochschulambulanzen: § 117 Abs. 1 S. 1.
- Ermächtigung von Hochschulambulanzen an Psychologischen Universitätsinstituten: § 117 Abs. 2 S. 1 iVm Abs. 1 S. 1.
- Ermächtigung von Psychiatrischen Krankenhäusern: § 118 Abs. 1 S. 1.
- Ermächtigung von Allgemeinkrankenhäusern mit psychiatrischen Abteilungen: § 118 Abs. 2 S. 1.
- Ermächtigung psychosomatische Krankenhäuser und Allgemeinkrankenhäuser mit selbstständig, fachärztlich geleiteten psychosomatischen Abteilungen mit regionaler Versorgungsverpflichtung, § 118 Abs. 3.
- Ermächtigung geriatrischer Fachkrankenhäuser, Allgemeinkrankenhäuser mit selbstständigen geriatrischen Abteilungen sowie Krankenhausärzte, § 118 a.
- Ermächtigung sozialpädiatrischer Zentren: § 119 Abs. 1 S. 1.
- Ermächtigung von Einrichtungen der Behindertenhilfe: § 119 a S. 1.
- Ermächtigung von Einrichtungen kommunaler Träger: § 105 Abs. 5 S. 3.

b) **Entscheidungen über die Ausübung der Teilnahme an der ambulanten Versorgung:** 7
  - Genehmigung eines Fachgebietswechsels: § 24 Abs. 6 Ärzte-ZV.
  - Genehmigung der Verlegung des Sitzes eines Vertragsarztes oder MVZ: § 24 Abs. 7 Ärzte-ZV, § 1 Abs. 3 Nr. 2 Ärzte-ZV.
  - Entscheidung über eine Ausnahme zur Altersgrenze von 68 Jahren:
  - § 95 Abs. 7 S. 4 und 5.
  - Teilnahme an der fachärztlichen Versorgung:
    - von Kinderärzten und Internisten ohne Schwerpunktbezeichnung: § 73 Abs. 1 a S. 3: dies gilt auch für Anträge von Allgemeinärzten;
    - ausschließliche Teilnahme von Allgemeinärzten und Ärzten ohne Gebietsbezeichnung an der fachärztlichen Versorgung: § 73 Abs. 1 a S. 5.
  - Genehmigung von angestellten Ärzten:
    - bei einem Vertragsarzt: § 32 b Abs. 2 S. 1 Ärzte-ZV, § 95 Abs. 9 S. 1;
    - bei einem Vertragsarzt an einem weiteren Ort: § 24 Abs. 3 S. 6 Ärzte-ZV;
    - Hochschullehrer für Allgemeinmedizin oder deren wissenschaftliche Mitarbeiter bei einem Vertragsarzt; § 95 Abs. 9 a S. 1;
    - in einem MVZ: § 95 Abs. 2 S. 7;
    - in einer Poliklinik nach § 311 Abs. 2 S. 1: § 311 Abs. 2 S. 2 iVm § 95 Abs. 2 S. 6;
    - in einem MVZ oder einer Poliklinik nach § 311 Abs. 2 S. 1 in einem zulassungsbeschränkten Planungsbereich zur gemeinsamen Berufsausübung mit einem Vertragsarzt bei Beschränkung des Leistungsumfangs: § 101 Abs. 1 S. 1 Nr. 4 SGB V, §§ 39 und 40 sowie 40 BedarfsplanungsRL („Job-Sharing").

- in einer stationären Pflegeeinrichtung: § 119 b Abs. 1 S. 3 Hs. 2.
- in Eigeneinrichtungen kommunaler Träger: § 105 Abs. 5 S. 4 iVm § 95 Abs. 2 S. 7.
- Entscheidung über das Ruhen:
  - der Zulassung (vollständige oder hälftig): § 26 Abs. 1 Ärzte-ZV, § 95 Abs. 5 SGB V,
  - einer Ermächtigung: § 95 Abs. 4 iVm Abs. 5.
- Genehmigung einer Berufsausübungsgemeinschaft: § 33 Abs. 3 S. 1 und 2 Ärzte-ZV.
- Neufestsetzung der festgestellten Gesamtpunktzahlvolumina im Rahmen eines sog Job-Sharing: § 44 S. 2 BedarfsplanungsRL.

8 c) **Entscheidung über das Ende der Teilnahme an der ambulanten Versorgung:**
- (feststellende) Entscheidungen über die Beendigung einer Zulassung und Ermächtigung: § 28 Ärzte-ZV, § 95 Abs. 7 SGB V.[13]
- Entscheidungen über das Entziehen einer Zulassung und Ermächtigung: § 27 Ärzte-ZV, § 95 Abs. 6 SGB V.
- Entscheidungen über das Entziehen einer Zulassung oder Beendigung einer Poliklinik nach § 311 Abs. 2 S. 1: § 311 Abs. 2 S. 2 iVm § 95 Abs. 6 und 7 S. 2 SGB V, § 27 Ärzte-ZV.

9 **Mitteilungspflichten an die Zulassungsausschüsse** bestehen für folgende Bereiche:
- Tatsachen, die das Ende der Zulassung bedingen, durch die KV, die Krankenkassen, und die Kassenverbände (§ 28 Abs. 2 Ärzte-ZV);
- Durchführung ambulanter Operationen eines Krankenhauses nach § 115 b Abs. 1, § 115 b Abs. 2 S. 2 Hs. 1;
- Wahlentscheidung der Internisten und Kinderärzte für die hausärztliche Versorgung, die bereits im Zulassungsantrag zu erklären ist: § 4 Abs. S. 1 und 2 Hausarztvertrag.[14]

10 **Abzugrenzen von Zulassungsangelegenheiten** sind solche Befugnisse, die den Kassenärztlichen Vereinigungen zugewiesen sind. **Die Kassenärztlichen Vereinigungen sind für folgende Bereiche zuständig:**
- Ermächtigung von Ärzten ohne Approbation mit einer Heilkundeerlaubnis: § 31 Abs. 3 Ärzte-ZV.
- Genehmigung der Beschäftigung von Assistenten (§ 32 Abs. 2 Ärzte-ZV).
- Genehmigung der Weiterführung einer Praxis bis zu zwei Quartalen nach dem Tod eines Praxisinhabers: § 4 Abs. 3 S. 1 BMV-Ä.
- Ermächtigung von Fachwissenschaftlern der Medizin: § 7 BMV-Ä.
- Genehmigung einer Zweigpraxis: § 15 a Abs. 2 S. 1 BMV-Ä. § 6 Abs. 6 S. 1 BMV-Z; die Regelung ist aber durch § 24 Abs. 2 S. 2 Ärzte-ZV idF des VÄndG überholt, der aber die Zuständigkeit für die Prüfung eines Anspruchs auf Tätigkeit an einem anderen Ort innerhalb des Bezirks bei der KV belässt; für eine Tätigkeit außerhalb des Bezirks ist der Zulassungsausschuss zuständig (§ 24 Abs. 3 S. 3 Ärzte-ZV).
- Anerkennung als Belegarzt: § 40 Abs. 2 S. 1 BMV-Ä.
- Genehmigung eines Versorgungsauftrags durch zugelassene Vertragsärzte nach § 3 Abs. 3 lit. a) Dialysevereinbarung: § 4 Abs. 1 S. 1 Dialysevereinbarung.
- Genehmigung aufgrund bundesmantelvertraglicher Vorschriften (§ 135 Abs. 2 SGB V), die dem Nachweis besonderer Qualifikationen verlangen, zB nach § 2 Psychotherapie-Vereinbarung (Anl. 1 zum BMV-Ä/EKV-Ä), § 5 Abs. 2 Sozialpsychiatrie-Vereinbarung (Anl. 11 zu den BMV), § 9 Onkologievereinbarung (Anl. 7 zu den BMV), § 6 Abs. 3 Schmerztherapievereinbarung (Anl. 12 zu den BMV), § 6 Abs. 1 Arthroskopie-Vereinbarung (Anl. 3 zu den BMV).

III. Norminhalt und Normauslegung

11 **1. Norminhalt.** § 96 regelt im SGB V die Befugnisse des Zulassungsausschusses. **Abs. 1** regelt, dass die Kassenärztlichen Vereinigungen und die Krankenkassen für jeden Zulassungsbezirk Zulassungsausschüsse errichten. In **Abs. 2** wird aufgeführt, woraus die Zulassungsausschüsse bestehen, nämlich aus Vertretern der Ärzte und Krankenkassen. Sie beschließen mit einfacher Stimmenmehrheit, bei Stimmengleichheit gilt ein Antrag als abgelehnt. Nach **Abs. 3** werden die Geschäfte der Zulassungsausschüsse bei den Kassenärztlichen Vereinigungen geführt; die Kosten werden grds. je zur Hälfte von

---

[13] Bei der Beendigung der Zulassung kraft Gesetzes hat die Feststellung des Zulassungsausschusses insoweit lediglich deklaratorischen Charakter (vgl. BVerfG, 26.9.2016, 1 BvR 1326/15, juris Rn. 34 = GesR 2016, 767 ff.).
[14] Anlage 5 BMV-Ä, Vertrag über die hausärztliche Versorgung vom 6.9.1993, in Kraft seit dem 1.10.2000, http://www.kbv.de/media/sp/05_Hausaerztl._Versorgung.pdf (zuletzt abgerufen am 1.3.2017).

den Kassenärztlichen Vereinigungen einerseits und den Landesverbänden der Krankenkassen und den Ersatzkassen andererseits getragen. Gegen die Entscheidungen der Zulassungsausschüsse können die am Verfahren beteiligten Ärzte und Einrichtungen, die Kassenärztlichen Vereinigungen und die Landesverbände der Krankenkassen sowie die Ersatzkassen gemäß **Abs. 4** den Berufungsausschuss anrufen; die Anrufung hat aufschiebende Wirkung.

2. Normauslegung. a) Errichtung der Zulassungsausschüsse (Abs. 1). Zur Beschlussfassung und Entscheidung in Zulassungssachen errichten die Kassenärztlichen Vereinigungen und die Landesverbände der Krankenkassen sowie die Ersatzkassen für den Bezirk jeder Kassenärztlichen Vereinigung oder für Teile dieses Bezirks (Zulassungsbezirk) einen Zulassungsausschuss für Ärzte und einen Zulassungsausschuss für Zahnärzte. 12

Ein **Zulassungsbezirk** ist in Abs. 1 legaldefiniert als Bezirk jeder Kassenärztlichen Vereinigung oder als Teile dieses Bezirks. Nach § 11 Abs. 2 Ärzte-ZV sind bei der Abgrenzung in der Regel die Grenzen der Stadt- und Landkreise zu berücksichtigen. Grund hierfür war § 2 Abs. 3 der bis zum 31.12.2012 in Kraft befindlichen Bedarfsplanungsrichtlinie,[15] die sich ebenfalls vornehmlich an Stadt- und Landkreise orientiert hat.[16] Dieser Ansatz hat sich mit der neuen Bedarfsplanungsrichtlinie[17] und den nunmehr vier Versorgungsebenen (§ 5) zwar geändert,[18] hat aber für die Bestimmung der Zulassungsbezirke wohl keine Auswirkungen. 13

Maßgeblich für die Bestimmung der **Landesverbände der Krankenkassen sowie der Ersatzkassen** sind die §§ 207, 212. Diese errichten gemeinsam mit der Kassenärztlichen Vereinigung Zulassungsausschüsse für Ärzte und gemeinsam mit den Kassenzahnärztlichen Vereinigungen Zulassungsausschüsse für Zahnärzte. 14

Vereinzelt werden Zulassungsausschüsse, die mit Zulassungssachen der Psychotherapeuten betraut sind, als „Zulassungsausschüsse für Psychotherapie" bezeichnet.[19] Dies ist gesetzlich nicht vorgesehen und deswegen rechtlich zumindest bedenklich, insbesondere wenn Schreiben o.ä. nach Außen gerichtet werden.[20] 15

b) Zusammensetzung der Zulassungsausschüsse (Abs. 2). Die Zulassungsausschüsse bestehen nach Abs. 2 S. 1 aus Vertretern der Ärzte und der Krankenkassen in gleicher Zahl. Insbesondere besteht er gemäß § 34 Abs. 1 Ärzte-ZV aus sechs Mitgliedern, und zwar aus je drei Vertretern der Ärzte und der Krankenkassen sowie aus Stellvertretern in der nötigen Zahl. Den Vorsitz führt abwechselnd ein Vertreter der Ärzte und der Krankenkassen (Abs. Abs. 2 S. 5). In einer Geschäfts- oder Verfahrensordnung könnten beispielsweise Regelungen über die Dauer des Vorsitzes aufgenommen werden, da solche weder im SGB V noch in der Ärzte-ZV enthalten sind. 16

Die **Vertreter der Ärzte** werden von den Kassenärztlichen Vereinigungen, die **Vertreter der Krankenkassen** und ihre Stellvertreter von den Landesverbänden der Krankenkassen und den Ersatzkassen bestellt (Abs. 2 S. 2). Kommt es nicht zu einer gemeinsamen Bestellung, so werden die Vertreter aus der Reihe der von den Landesverbänden der Krankenkassen und den Ersatzkassen vorgeschlagenen Personen ausgelost, § 34 Abs. 2 S. 2 Ärzte-ZV. Die Amtsdauer der Mitglieder beträgt gemäß § 34 Abs. 3 S. 1 Ärzte-ZV vier Jahre. Gemäß § 96 Abs. 2 S. 4 sind sie an Weisungen nicht gebunden. 17

---

15 Richtlinie des G-BA über die Bedarfsplanung sowie die Maßstäbe zur Feststellung von Überversorgung und Unterversorgung in der vertragsärztlichen Versorgung (Bedarfsplanungs-Richtlinie) in der Neufassung vom 15.2.2007, veröffentlicht im BAnz AT 2007, S. 3491, zuletzt geändert am 6.9.2012, veröffentlicht im BAnz AT 21.9.2012 B4, in Kraft getreten am 6.9.2012.
16 Vgl. Schallen, ZulVO, § 11 Rn. 3.
17 Richtlinie des GBA über die Bedarfsplanung sowie die Maßstäbe zur Feststellung von Überversorgung und Unterversorgung in der vertragsärztlichen Versorgung (Bedarfsplanungs-Richtlinie) in der Neufassung vom 20.12.2012, veröffentlicht im BAnz AT vom 31.12.2012 B7 vom 31.12.2012, in Kraft getreten am 1.1.2013, zuletzt geändert am 16.6.2016, veröffentlicht im BAnz AT 14.9.2016 B3 vom 14.9.2016, in Kraft getreten am 15.9.2016.
18 § 5 BedarfsplanungsRL.
19 Vgl. zB Bremen: Zulassungsausschuss Psychotherapie / Krankenkassen; Hessen: Zulassungsausschuss/Psychotherapie; Sachsen-Anhalt: Zulassungsausschuss für psychologische Psychotherapeuten und Kinder- und Jugendlichenpsychotherapeuten; Saarland: Zulassungsausschuss Psychotherapie; Zulassungsausschuss für Psychotherapie Westfalen-Lippe.
20 Kremer/Wittmann, Vertragsärztliche Zulassungsverfahren, 2. Aufl. 2015, Rn. 28.

18 Nach der Rechtsprechung des BSG können im Einzelfall auch **Nichtärzte** als Vertreter der Ärzte bestellt werden können, zB aufgrund ihrer besonderen Sachkunde.[21] Eine ausschließliche Besetzung der Ärzteseite mit Nichtärzten ist jedoch unzulässig.[22]

19 Ein Mitglied kann aus einem wichtigen Grund durch die Stelle **abberufen** werden, von der es bestellt ist, § 34 Abs. 5 S. 1 Ärzte-ZV. Als wichtige Gründe sind insoweit schwerwiegende persönliche Mängel, Pflichtverletzungen (ua Verletzung von Verschwiegenheitspflichten) oder die Nichtausübung des Amtes anzusehen.[23]

20 Die Mitglieder der Zulassungsausschüsse führen ihr Amt gemäß § 96 Abs. 2 S. 3 als Ehrenamt aus. Sie haben gemäß § 34 Abs. 7 S. 1 Ärzte-ZV lediglich Anspruch auf Erstattung ihrer baren Auslagen und auf eine Entschädigung für Zeitverlust nach den für die Mitglieder der Organe der bestellenden Körperschaften geltenden Grundsätzen. Der Anspruch richtet sich nach § 34 Abs. 7 S. 2 Ärzte-ZV gegen die bestellenden Körperschaften.

21 Eine **besondere Zusammensetzung** der Zulassungsausschüsse ergibt sich aus § 95 Abs. 13. Danach treten in **Zulassungssachen der Psychotherapeuten** und der überwiegend oder ausschließlich psychotherapeutisch tätigen Ärzte abweichend von § 96 Abs. 2 S. 1 SGB V und § 97 Abs. 2 S. 1 Ärzte-ZV an die Stelle der Vertreter der Ärzte Vertreter der Psychotherapeuten und der Ärzte in gleicher Zahl; unter den Vertretern der Psychotherapeuten muss mindestens ein Kinder- und Jugendlichenpsychotherapeut sein.[24]

22 Eine weitere Besonderheit ergibt sich für eine **Beteiligung von Interessenvertretungen der Patientinnen und Patienten** aus § 140f Abs. 3 S. 1 Nr. 3 und 4. Danach erhalten die auf Landesebene für die Wahrnehmung der Interessen der Patientinnen und Patienten und der Selbsthilfe chronisch kranker und behinderter Menschen maßgeblichen Organisationen erhalten ein Mitberatungsrecht
- in den Zulassungs- und den Berufungsausschüssen, soweit Entscheidungen betroffen sind über
  a) die ausnahmsweise Besetzung zusätzlicher Vertragsarztsitze nach § 101 Abs. 1 S. 1 Nr. 3,
  b) die Befristung einer Zulassung nach § 19 Abs. 4 Ärzte-ZV,
  c) die Ermächtigung von Ärzten und Einrichtungen,
- den Zulassungsausschüssen, soweit Entscheidungen betroffen sind über
  a) die Durchführung eines Nachbesetzungsverfahrens nach § 103 Abs. 3 a,
  b) die Ablehnung einer Nachbesetzung nach § 103 Abs. 4 S. 9.

Die Organisationen benennen hierzu **sachkundige Personen**. Das Mitberatungsrecht beinhaltet auch das Recht zur Anwesenheit bei der Beschlussfassung. Die Zahl der sachkundigen Personen soll höchstens der Zahl der von den Krankenkassen entsandten Mitglieder in diesen Gremien entsprechen. Die sachkundigen Personen werden einvernehmlich von den in der Verordnung nach § 140g genannten oder nach der Verordnung anerkannten Organisationen benannt. Durch diese Regelungen sollen die Versicherten stärker in die Entscheidungsprozesse der GKV, die die Versorgung betreffen, eingebunden werden.[25]

23 c) **Geschäftsführung und Kosten der Zulassungsausschüsse (Abs. 3).** Die Geschäfte der Zulassungsausschüsse werden bei den Kassenärztlichen Vereinigungen geführt. Die Kosten der Zulassungsausschüsse werden, soweit sie nicht durch Gebühren gemäß § 46 Ärzte-ZV gedeckt sind, je zur Hälfte von den Kassenärztlichen Vereinigungen einerseits und den Landesverbänden der Krankenkassen und den Ersatzkassen andererseits getragen.

24 d) **Widerspruch und aufschiebende Wirkung der Entscheidungen der Zulassungsausschüsse (Abs. 4).** Gegen die Entscheidungen der Zulassungsausschüsse können die am Verfahren beteiligten Ärzte und Einrichtungen, die Kassenärztlichen Vereinigungen und die Landesverbände der Krankenkassen sowie die Ersatzkassen Widerspruch bei dem Berufungsausschuss einlegen. Die Anrufung hat aufschiebende Wirkung.

25 aa) **Anordnung der sofortigen Vollziehbarkeit.** Der Beschlüsse der Zulassungsausschüsse können nicht für sofort vollziehbar erklärt werden. Denn der Gesetzgeber hat das Zulassungsverfahren in §§ 96, 97

---

[21] BSG, 25.11.1998, B 6 KA 81/97 R, juris Rn. 17 ff. = SozR 3-2500 § 97 Nr. 2.
[22] BSG, 25.11.1998, B 6 KA 81/97 R, juris Rn. 21 = SozR 3-2500 § 97 Nr. 2.
[23] Kremer/Wittmann, Vertragsärztliche Zulassungsverfahren, 2. Aufl. 2015, Rn. 35; Pawlita in: jurisPK-SGB V, § 96 Rn. 16.
[24] Vgl. zur Aufteilung der Besetzung Kremer/Wittmann, Vertragsärztliche Zulassungsverfahren, 2. Aufl. 2015, Rn. 29.
[25] BT-Dr. 15/1525, 132.

so ausgestaltet, dass gegen alle Entscheidungen der Zulassungsausschüsse die am Verfahren beteiligten Personen oder Institutionen den Berufungsausschuss anrufen können (Abs. 4 S. 1). Dessen Anrufung hat ausnahmslos aufschiebende Wirkung (Abs. 4 S. 2), weil der Zulassungsausschuss abweichend von der Grundregel des § 86a Abs. 2 Nr. 5 SGG gehindert ist, für eine von ihm erteilte Zulassung die sofortige Vollziehung anzuordnen. Dies folgt aus § 97 Abs. 4, der diese Entscheidungskompetenz ausschließlich dem Berufungsausschuss zuweist. Weder das Recht zur Anrufung des Berufungsausschusses noch die damit zwingend verbundene aufschiebende Wirkung dürfen durch Entscheidungen im Wege des einstweiligen Rechtsschutzes durch die Sozialgerichte überspielt werden.[26]

Gelegentlich wird von den Zulassungsausschüssen vorgetragen, die aufschiebende Wirkung entfalle neben den in § 86a Abs. 2 SGG normierten Fällen auch dann, wenn die Rechte des jeweiligen Widerspruchsführers durch die zugrunde liegende Entscheidung des Zulassungsausschusses *offensichtlich und eindeutig nach keiner Betrachtungsweise* verletzt sein können. Dabei berufen sich die Zulassungsausschüsse auf die Rechtsprechung des BSG.[27] Hierzu ist anzumerken, dass zum einen nicht geklärt ist, wann ein solcher Verletzungsausschluss vorliegt, zum anderen sind die Zulassungsausschüsse in den Fällen der Annahme verpflichtet, mit Blick auf § 86a Abs. 3 SGG ausführlich zu begründen, dass und warum im jeweils vorliegenden Fall Rechte des jeweiligen Widerspruchsführers durch die zugrunde liegende Entscheidung des Zulassungsausschusses *offensichtlich und eindeutig nach keiner Betrachtungsweise* verletzt sein können. Andernfalls könnte hierin eine Umgehung der Rechtsprechung der jeweiligen LSG gesehen werden. 26

Durch die vorbenannte spezialgesetzliche Beschränkung des vorläufigen Rechtsschutzes durch das SGB V dürfen für Zulassungsbewerber jedoch keine mit Art. 19 Abs. 4 GG nicht zu vereinbarenden Rechtsschutzlücken entstehen. **Einstweiliger Rechtsschutz** gegen die Zulassungsausschüsse darf deshalb **nicht schlechthin ausgeschlossen** werden, weil Zulassungsbewerber ansonsten rechtswidrigen und sogar willkürlichen Verzögerungen einer Entscheidung über ihre Zulassungsanträge ausgesetzt sein könnten, ohne sich hiergegen zur Wehr setzen zu können. Deshalb können Zulassungsbewerber vor einer Entscheidung des Zulassungsausschusses vorläufigen Rechtsschutz dadurch erhalten, dass der Zulassungsausschuss im Wege einstweiliger Anordnung zu einer Entscheidung bis zu einem von den Sozialgerichten zu bestimmenden Zeitpunkt verpflichtet wird. Eine sozialgerichtliche Eilentscheidung ist in diesem Fall auch nicht von dem Ablauf einer Frist von sechs Monaten gemäß § 88 Abs. 1 S. 1 SGG abhängig, weil § 88 Abs. 1 S. 1 SGG nur die Zulässigkeit der Klageerhebung, nicht jedoch die Gewährung vorläufigen Rechtsschutzes einschränkt. „Bescheidungserzwingungsentscheidungen" der Sozialgerichte sind deshalb sowohl geeignet als auch ausreichend, um die Zulassungsbewerber vor willkürlichen Entscheidungsverzögerungen durch die Zulassungsausschüsse zu schützen, ohne die oben zitierten Spezialregelungen des SGB V zum vorläufigen Rechtsschutz leer laufen zu lassen.[28] 27

bb) Aufsicht, § 97 Abs. 5. Die Aufsicht über die Geschäftsführung der Zulassungs- und der Berufungsausschüsse führen gemäß § 97 Abs. 5 die für die Sozialversicherung zuständigen obersten Verwaltungsbehörden der Länder. Diese berufen auch die Vertreter der Ärzte und der Krankenkassen, wenn und solange die KV oder die Krankenkassenverbände diese nicht bestellen. Die Aufsicht selbst umfasst aber nur Verfahrensfragen des Ausschusses, nicht jedoch Sachentscheidungen.[29] 28

cc) Haftung der Mitglieder des Zulassungsausschusses. Nach der Rechtsprechung des BGH unterliegen diejenigen Körperschaften, die Mitglieder in den Zulassungsausschuss entsenden (Kassenärztliche Vereinigung, Landesverband der Krankenkassen und Ersatzkassen), der Amtshaftung für die Fehler „ihrer" Mitglieder. Zum einen trifft die für das Abstimmungsverhalten der von ihr bestellten Mitglieder der Zulassungsgremien (Zulassungs- und Berufungsausschuss) in Haftung genommene Körperschaft mit Rücksicht darauf, dass nach § 41 Abs. 3 Ärzte-ZV über den Hergang der Beratungen und über das Stimmenverhältnis Stillschweigen zu bewahren ist, die Darlegungs- und Beweislast, dass ihre Mitglieder einer rechtswidrig ergangenen (Mehrheits-)Entscheidung des Kollegiums nicht zugestimmt 29

---

26 LSG NRW, 11.1.2013, L 11 KA 123/12 B ER, juris Rn. 22 = MedR 2013, 471 ff.; LSG NRW 5.12.2012, L 11 KA 121/12 B ER, juris Rn. 23, 24; Frehse in: Jansen, SGG, 4. Aufl. 2012, § 86b Rn. 24 und § 86a Rn. 68; Keller in: Meyer-Ladewig/Keller/Leitherer, SGG, § 86a Rn. 23; aA Pawlita in: jurisPK-SGB V, § 97 Rn. 56.
27 Vgl. BSG, 7.2.2007, B 6 KA 8/06 R, juris = GesR 2007, 369 ff. zur sog defensiven Konkurrentenklage.
28 LSG NRW, 5.12.2012, L 11 KA 121/12 B ER, juris Rn. 24.
29 Pawlita in: jurisPK-SGB V, § 97 Rn. 77; Bogan in: BeckOK SozR, SGB V, § 97 Rn. 19.

haben. Zum anderen stellte der BGH fest, dass der gegen die fehlerhafte Entscheidung eingelegte Widerspruch und die Klage die Hemmung der Verjährung der Amtshaftungsansprüche bewirken.[30]

IV. Verwaltungsverfahren

30 Verfahren vor den Zulassungsausschüssen erfolgen zumeist auf Antrag.[31] In Ausnahmefällen werden sie auch von Amts wegen eingeleitet.[32]

31 Über Zulassungen und über die Entziehung von Zulassungen beschließt der Zulassungsausschuss gemäß § 37 Ärzte-ZV nach mündlicher Verhandlung. In allen anderen Fällen kann der Zulassungsausschuss eine mündliche Verhandlung anberaumen. Die Kassenärztliche Vereinigung, die Landesverbände der Krankenkassen und die Ersatzkassen sowie die an dem Verfahren beteiligten Ärzte sind unter Einhaltung einer Frist von zwei Wochen zur mündlichen Verhandlung zu laden; die Ladung ist zuzustellen. Es kann auch in Abwesenheit Beteiligter verhandelt werden, falls in der Ladung darauf hingewiesen ist.

32 Die Zulassungsausschüsse beschließen gemäß § 96 Abs. 2 S. 6 mit **einfacher Stimmenmehrheit,** bei Stimmengleichheit gilt ein Antrag als abgelehnt. Beschlüsse können gemäß § 41 Abs. 2 S. 1 Ärzte-ZV jedoch nur bei vollständiger Besetzung des Zulassungsausschusses gefasst werden. Gemäß § 41 Abs. 1 S. 3 Ärzte-ZV nehmen die Patientenvertreterinnen und -vertreter in den Fällen des § 140 f Abs. 3 SGB V mit beratender Stimme an den Sitzungen teil und haben auch ein Recht auf Anwesenheit bei der Beschlussfassung; bei der Beschlussfassung haben sie jedoch kein Stimmrecht.

33 Entscheidungen der Zulassungsausschüsse sind als **Verwaltungsakte** im Sinne von § 31 SGB X zu werten.[33] Schriftliche Ausfertigungen der Beschlüsse werden dabei als Bescheid bezeichnet.[34] Der Beschluss ist mit Gründen zu versehen und vom Vorsitzenden und je einem Vertreter der Ärzte und der Krankenkassen zu unterzeichnen, § 41 Abs. 4 S. 3 Ärzte-ZV. Soweit die Begründung eine Ermessensentscheidung umfasst (zB Auswahl bei Nachbesetzungsverfahren nach § 103 Abs. 4 SGB X), muss die Begründung von Ermessensentscheidungen gemäß § 35 Abs. 2 S. 3 SGB X auch die Gesichtspunkte erkennen lassen, von denen die Behörde bei der Ausübung ihres Ermessens ausgegangen ist. Den Beteiligten wird alsbald je eine Ausfertigung des Beschlusses zugestellt, § 41 Abs. 5 S. 1 Hs. 1 Ärzte-ZV, wobei die Zustellung nach dem Verwaltungszustellungsgesetz erfolgt, § 65 SGB X.

34 Seitens der Zulassungsbehörden sollte es jedoch vermieden werden, einen insoweit vorhandenen Entscheidungsspielraum zu missbrauchen. Ein solcher Missbrauch könnte beispielsweise dann vorliegen, wenn die Ladungsfrist missachtet worden ist, der Antragsteller eine Verzichtserklärung auf Einhaltung der Ladungsfrist nicht abgibt und der Ausschuss am selben Tag ohne mündliche Verhandlung entscheidet. In einem solchen Fall könnte ein entsprechender Bescheid gegen die guten Sitten verstoßen und nichtig sein, 40 Abs. 2 Nr. 5 SGB X.[35] Insbesondere könnte ein Bescheid gegen den Grundsatz auf rechtliches Gehör verstoßen, zumindest soweit er überraschende tragende Entscheidungsgründe beinhaltet oder zu überraschenden Entscheidungsergebnissen führt.[36]

35 Die **Kosten** der Zulassungsausschüsse[37] werden, soweit sie nicht durch Gebühren nach § 46 Ärzte-ZV gedeckt sind, je zur Hälfte von der Kassenärztlichen Vereinigung einerseits und den Landesverbänden der Krankenkassen sowie den Ersatzkassen andererseits – von letzteren entsprechend der Anzahl der Versicherten ihrer Mitgliedskassen – getragen, § 34 Abs. 8 Ärzte-ZV.

36 Gegen Entscheidungen der Zulassungsausschüsse können die am Verfahren beteiligten Ärzte und Einrichtungen, die Kassenärztlichen Vereinigungen und die Landesverbände der Krankenkassen sowie die Ersatzkassen den **Berufungsausschuss** anrufen (Abs. 4). Solche Verfahren vor den Berufungsausschüssen sind jedoch keine Widerspruchsverfahren gemäß §§ 78, 83 ff. SGG, sondern selbstständige und

---

30 Vgl. BGH, 10.2.2011, III ZR 37/10, juris Rn. 26 = GesR 2012, 24 ff.; BGH, 12.4.2006, III ZR 35/05, juris Rn. 6 ff. = GesR 2006, 325 f.
31 Vgl. zB Antrag zur Zulassung gemäß § 18 Ärzte-ZV; Schiller in: Schnapp/Wigge, § 5 D Rn. 87.
32 Vgl. zB die Entziehung der Zulassung gemäß § 27 Ärzte-ZV; Schiller in: Schnapp/Wigge, 5 D Rn. 88.
33 BSG, 27.1.1993, 6 RKa 40/91, juris Rn. 17 = SozR 3-2500 § 96 Nr. 1.
34 Schallen, ZulVO, § 41 Rn. 7.
35 Vgl. Sachs in: Stelkens/Bonk/Sachs (Hrsg.), VwVfG, Kommentar, 8. Aufl. 2014, § 44 Rn. 157.
36 Vgl. BSG, 4.7.2013, B 2 U 79/13 B, juris Rn. 5 = SozR 4-1500 § 62 Nr. 15.
37 U.a. Kosten für die Geschäftsstellen, § 96 Abs. 3 S. 1.

uneingeschränkte Verwaltungsverfahren.[38] Die Regelung des § 97 Abs. 3 S. 2, dass diese als Vorverfahren im Sinne des § 78 SGG gelten, bedeutet nur, dass mit ihm diese Voraussetzung für eine gerichtliche Sachentscheidung erfüllt wird. Daraus folgt zunächst, dass ab dem Zeitpunkt der Anrufung des Berufungsausschusses nur noch dieser zuständig ist, so dass es den Zulassungsausschuss gleichsam nicht mehr gibt.[39] Daraus würde zum einen folgen, dass nach Anhängigkeit des Verfahrens beim Berufungsausschuss dieser auch dafür zuständig ist, über weitere modifizierte Anträge und Erklärungen (zB Zulassungsverzichtserklärung im Rahmen der Praxisnachfolge) zu befinden.[40] Mithin wären auch mögliche Verfahrensfehler im Verfahren vor dem Zulassungsausschuss grundsätzlich unbeachtlich.[41]

Die Zulassungsgremien haben weiter ua folgende Verfahrensgrundsätze zu beachten: 37

1. Untersuchungsgrundsatz. Rechtsgrundlage des zu beachtenden Untersuchungsgrundsatzes ist § 20 38 SGB X. Danach ermitteln die Zulassungsbehörden den Sachverhalt von Amts wegen. Sie bestimmen Art und Umfang der Ermittlungen; an das Vorbringen und an die Beweisanträge der Beteiligten sind sie nicht gebunden. Die Zulassungsbehörden haben alle für den Einzelfall bedeutsamen, auch die für die Beteiligten günstigen Umstände zu berücksichtigen. Die Zulassungsbehörden dürfen die Entgegennahme von Erklärungen oder Anträgen, die in ihren Zuständigkeitsbereich fallen, nicht deshalb verweigern, weil sie die Erklärung oder den Antrag in der Sache für unzulässig oder unbegründet hält.

Ergänzt wird dies durch § 39 Ärzte-ZV, wonach der Zulassungsausschuss die ihm erforderlich erscheinenden Beweise erhebt. 39

Eine Beweiserhebung durch Zeugenaussagen ist nur eingeschränkt durchführbar, da keine Verpflichtung für Zeugen besteht, zu den Sitzungen des Zulassungsausschusses zu erscheinen oder auszusagen.[42] 40

2. Anspruch auf Akteneinsicht und auf rechtliches Gehör. Der Anspruch auf rechtliches Gehör gemäß 41 § 24 SGB X kann grundsätzlich nur dann sinnvoll ausgeübt werden, wenn die Beteiligten zuvor von allen für die Entscheidung maßgeblichen Tatsachen in der im konkreten Fall gebotenen Zeit gemäß § 25 SGB X Kenntnis erlangen konnten.[43]

Der Umfang der maßgeblichen Tatsachen ist großzügig auszulegen. Es umfasst alle das Verwaltungs- 42 verfahren nach § 8 SGB X betreffenden Akten und Aktenteile.[44] Insbesondere handelt es sich dabei um die Gesamtheit der Unterlagen, die die Behörde für das jeweilige konkrete Verfahren angefertigt oder beigezogen hat. Was konkret zu den Akten gehört, ist grundsätzlich objektiv zu beurteilen und nicht vom Willen der Zulassungsbehörden abhängig.[45] Der Anspruch auf Akteneinsicht umfasst im Zweifel nicht nur die unmittelbaren Unterlagen des Zulassungsausschusses, sondern auch die Unterlagen der Kassenärztlichen Vereinigung. Beschließt der Zulassungsausschuss beispielsweise die Durchführung eines Nachbesetzungsverfahrens, umfassen die Akten auch die Unterlagen, mit denen die Kassenärztliche Vereinigung den Vertragsarztsitz ausschreibt.[46] Insoweit erstreckt sich das Akteneinsichtsrecht gegebenenfalls auch auf einen Anspruch auf Beiziehung.[47] Zur Verwaltungsakte, auf die sich das Akteneinsichtsrecht bezieht, gehören sowohl die an befragte Praxen gestellten Anfragen im Wortlaut als auch die darauf erfolgten Antworten. Soweit der Rechtsanspruch auf Akteneinsicht unter dem Vorbehalt steht, dass die Akteneinsicht zur Geltendmachung oder Verteidigung der rechtlichen Interessen notwendig ist, liegen diese Voraussetzungen im Regelfall vor.[48] Zur Vermeidung schwerer und nicht

---

38 Vgl. BSG, 27.1.1993, 6 RKa 40/91, juris Rn. 14, 17 = SozR 3-2500 § 96 Nr. 1; BSG, 9.6.1999, B 6 KA 76/97 R, juris Rn. 24, 25 = MedR 2000, 198 ff.; SG Düsseldorf, 28.11.2012, S 2 KA 242/12, juris Rn. 37, 38 = Niedergelassener Arzt 2013, Nr. 2, 6 (Kurzwiedergabe).
39 Vgl. BSG, 22.10. 2014, B 6 KA 36/13 R, juris Rn. 12; SächsLSG Anhalt, Beschl. v. 15.12.2015, L 9 KA 18/15 B ER, juris Rn. 25; kritisch Clemens in: jurisPK-SGB V, § 106 Rn. 442, 443.
40 Vgl. Clemens in: jurisPK-SGB V, § 106 Rn. 442.
41 Vgl. § 41 Abs. 1 Nr. 2 bis 6, Abs. 2 SGB X; SG Düsseldorf, 28.11.2012, S 2 KA 242/12, juris Rn. 37, 38.
42 Schiller in: Schnapp/Wigge, § 5 D Rn. 92.
43 Schiller in: Schnapp/Wigge, § 5 D Rn. 95.
44 Vgl. LSG NRW, 30.11.2005, L 10 KA 29/05, juris Rn. 44 = MedR 2006, 616 ff.
45 Vgl. BSG, 20.11.2003, B 13 RJ 41/03 R, juris Rn. 14; LSG NRW, 30.11.2005, L 10 KA 29/05, juris Rn. 44 = MedR 2006, 616 ff.; Ossege, MedR 2013, 89, 90.
46 LSG NRW, 30.11.2005, L 10 KA 29/05, juris Rn. 44 = MedR 2006, 616 ff.
47 Bonk/Kallerhoff in: Stelkens/Bonk/Sachs (Hrsg.), VwVfG, Kommentar, 8. Aufl. 2014, § 29 Rn. 8, 36.
48 Vgl. SG Gelsenkirchen, 23.10.2014, S 16 KA 1/12, juris Rn. 33 f.

anders abwendbarer Nachteile kann dieses Recht auch im Rahmen des vorläufigen Rechtsschutzes durchgesetzt werden.[49]

§ 97 Berufungsausschüsse

(1) [1]Die Kassenärztlichen Vereinigungen und die Landesverbände der Krankenkassen sowie die Ersatzkassen errichten für den Bezirk jeder Kassenärztlichen Vereinigung einen Berufungsausschuß für Ärzte und einen Berufungsausschuß für Zahnärzte. [2]Sie können nach Bedarf mehrere Berufungsausschüsse für den Bezirk einer Kassenärztlichen Vereinigung oder einen gemeinsamen Berufungsausschuß für die Bezirke mehrerer Kassenärztlicher Vereinigungen errichten.

(2) [1]Die Berufungsausschüsse bestehen aus einem Vorsitzenden mit der Befähigung zum Richteramt und aus Vertretern der Ärzte einerseits und der Landesverbände der Krankenkassen sowie der Ersatzkassen andererseits in gleicher Zahl als Beisitzern. [2]Über den Vorsitzenden sollen sich die Beisitzer einigen. [3]Kommt eine Einigung nicht zustande, beruft ihn die für die Sozialversicherung zuständige oberste Verwaltungsbehörde im Benehmen mit den Kassenärztlichen Vereinigungen und den Landesverbänden der Krankenkassen sowie den Ersatzkassen. [4]§ 96 Abs. 2 Satz 2 bis 5 und 7 und Abs. 3 gilt entsprechend.

(3) [1]Für das Verfahren sind § 84 Abs. 1 und § 85 Abs. 3 des Sozialgerichtsgesetzes anzuwenden. [2]Das Verfahren vor dem Berufungsausschuß gilt als Vorverfahren (§ 78 des Sozialgerichtsgesetzes).

(4) Der Berufungsausschuß kann die sofortige Vollziehung seiner Entscheidung im öffentlichen Interesse anordnen.

(5) [1]Die Aufsicht über die Geschäftsführung der Zulassungsausschüsse und der Berufungsausschüsse führen die für die Sozialversicherung zuständigen obersten Verwaltungsbehörden der Länder. [2]Sie berufen die Vertreter der Ärzte und der Krankenkassen, wenn und solange die Kassenärztlichen Vereinigungen, die Landesverbände der Krankenkassen oder die Ersatzkassen diese nicht bestellen.

Literatur:
Clemens, Aufschiebende Wirkung und sofortige Vollziehbarkeit im sozialgerichtlichen Verfahren – insbesondere in Drittanfechtungsfällen, in: Festschrift ARGE Medizinrecht im DAV 2008, 323; *Friederichs*, Berufungsausschuss ohne Vorsitzenden – Rechtsfolgen, MedR 1994, 433; *Hollich*, Die Auswirkungen des Sechsten Gesetzes zur Änderung des Sozialgerichtsgesetzes (6. SGGÄndG) auf den Rechtsschutz des Vertragsarztes, MedR 2002, 235; *Kingreen*, Konkurrenzschutz im vertragsärztlichen Zulassungsrecht, Die Verwaltung 36 (2003), 33; *Koller*, Die Durchsetzung von Schadensersatzansprüchen wegen Amtspflichtverletzungen der Zulassungsgremien und Kassenärztlichen Vereinigung, ZMGR 2011, 130; *Kremer/Wittmann*, Vertragsärztliche Zulassungsverfahren, 2. Aufl. 2015; *Schallen*, Zulassungsverordnung, 8. Aufl. 2012; *Krodek*, Der sozialgerichtliche einstweilige Rechtsschutz in Anfechtungssachen, NZS 2001, 449; *Kummer*, Das Sechste Gesetz zur Änderung des Sozialgerichtsgesetzes, SGb 2001, 705; *Schnapp/Wigge* (Hrsg.), Handbuch des Vertragsarztrechts, 2. Auflage 2006; *Schwinge*, Gelten für ärztliche Berufsgerichte die Vorschriften für Ausschließung und Ablehnung der Gerichtspersonen?, SGb 1977, 373; *Spellbrink*, Einstweiliger Rechtsschutz vor den Sozialgerichten in Zulassungssachen gemäß § 96 Abs. 4 SGB V, MedR 1999, 304; *Wenner*, Vertragsarztrecht nach der Gesundheitsreform, 2008, § 18.

I. Entstehungsgeschichte................ 1	c) Verfahren (Abs. 3) 15
II. Normzweck und Systematik 2	d) Sofortige Vollziehung (Abs. 4) 27
III. Norminhalt und Normauslegung 4	e) Aufsicht (Abs. 5) 35
1. Norminhalt.................... 4	IV. Kosten........................ 36
2. Normauslegung 5	V. Berufungsausschüsse im Klageverfahren 41
a) Errichtung der Berufungsausschüsse (Abs. 1) 5	VI. Verwaltungsverfahren 44
b) Zusammensetzung der Berufungsausschüsse (Abs. 2)................ 7	

---

49 Vgl. BVerfG, 24.10.1990, 1 BvR 1028/90, juris = SozR 3-1300 § 25 Nr. 1; Schallen, ZulVO, § 40 Rn. 9; Bohl, Der „ewige" Kampf des Rechtsanwalts um die Akteneinsicht, NVwZ 2005, 133, 138 f.

I. Entstehungsgeschichte

§ 97 ist mit Wirkung zum 1.1.1989 im Rahmen des Gesundheitsreformgesetzes vom 20.12.1988 **1**
(GRG) als Nachfolgevorschrift von § 368 b Abs. 5 bis 8 RVO[1] in Kraft getreten (BGBl. I, 2477). Anschließend erfolgten folgende Änderungen: Abs. 1 S. 1: IdF d. Art. 1 Nr. 55 lit. a Gesetz v. 21.12.1992 (BGBl. I, 2266) mWv 1.1.1993 u. d. Art. 1 Nr. 65 lit. a Gesetz v. 26.3.2007 (BGBl. I, 378) mWv 1.7.2008; Abs. 2 S. 1: IdF d. Art. 1 Nr. 55 lit. b Dlit. aa Gesetz v. 21.12.1992 (BGBl. I, 2266) mWv 1.1.1993 u. d. Art. 1 Nr. 65 lit. b Dlit. aa Gesetz v. 26.3.2007 (BGBl. I, 378) mWv 1.7.2008; Abs. 2 S. 3: IdF d. Art. 1 Nr. 55 lit. b Dlit. bb Gesetz v. 21.12.1992 (BGBl. I, 2266) mWv 1.1.1993 u. d. Art. 1 Nr. 65 lit. b Dlit. bb Gesetz v. 26.3.2007 (BGBl. I, 378) mWv 1.7.2008; Abs. 5 S. 2: IdF d. Art. 1 Nr. 55 lit. c Gesetz v. 21.12.1992 (BGBl. I, 2266) mWv 1.1.1993 u. d. Art. 1 Nr. 65 lit. c Gesetz v. 26.3.2007 (BGBl. I, 378) mWv 1.7.2008.

II. Normzweck und Systematik

§ 97 regelt neben § 96 das Verwaltungsverfahren der Zulassungsgremien. Insbesondere können die **2**
Verfahrensbeteiligten gemäß § 96 Abs. 4 S. 1 gegen die Entscheidungen der Zulassungsausschüsse Widerspruch bei den Berufungsausschüssen einlegen.[2]

Für die Berufungsausschüsse gelten grundsätzlich die Ausführungen zu den Zulassungsausschüssen ge- **3**
mäß § 96 entsprechend, sofern § 97 keine spezielleren Regelungen enthält.

III. Norminhalt und Normauslegung

1. Norminhalt. § 97 regelt im SGB V die Befugnisse des Berufungsausschusses. **Abs. 1** regelt, dass die **4**
Kassenärztlichen Vereinigungen und die Krankenkassen für jeden Bezirk Berufungsausschüsse errichten. In **Abs. 2** wird aufgeführt, woraus die Berufungsausschüsse bestehen, nämlich aus einem Vorsitzenden mit der Befähigung zum Richteramt und aus Vertretern der Ärzte einerseits und der Landesverbände der Krankenkassen sowie der Ersatzkassen andererseits in gleicher Zahl als Beisitzer. Nach **Abs. 3** gilt das Verfahren vor den Berufungsausschüssen als Vorverfahren nach § 78 SGG. Gemäß **Abs. 4** können die Berufungsausschüsse die sofortige Vollziehung ihrer Entscheidungen im öffentlichen Interesse anordnen. Nach **Abs. 5** führen die für die Sozialversicherung zuständigen obersten Verwaltungsbehörden der Länder die Aufsicht über die Geschäftsführung der Zulassungsausschüsse und der Berufungsausschüsse.

2. Normauslegung. a) Errichtung der Berufungsausschüsse (Abs. 1). Die Kassenärztlichen Vereinigun- **5**
gen und die Landesverbände der Krankenkassen sowie die Ersatzkassen errichten für den Bezirk jeder Kassenärztlichen Vereinigung einen Berufungsausschuss für Ärzte und einen Berufungsausschuss für Zahnärzte. Sie können nach Bedarf mehrere Berufungsausschüsse für den Bezirk einer Kassenärztlichen Vereinigung oder einen gemeinsamen Berufungsausschuss für die Bezirke mehrerer Kassenärztlicher Vereinigungen errichten.

Sollte ein gemeinsamer Berufungsausschuss errichtet werden, müssen alle Beteiligten an dem Errich- **6**
tungsvertrag, der als öffentlich-rechtlicher Vertrag iSd §§ 53 ff. SGB X zu werten ist, mitwirken.[3] Ein gemeinsamer Berufungsausschuss besteht derzeit wohl nicht.[4]

b) Zusammensetzung der Berufungsausschüsse (Abs. 2). Die Berufungsausschüsse bestehen gemäß **7**
§ 97 Abs. 2 S. 1 SGB V, § 35 Abs. 1 Ärzte-ZV zum einen aus einem Vorsitzenden mit der Befähigung zum Richteramt nach § 5 DRiG[5] und zum anderen aus Vertretern der Ärzte einerseits und der Landesverbände der Krankenkassen sowie der Ersatzkassen andererseits in gleicher Zahl als Beisitzern; die reguläre Anzahl der Mitglieder beträgt folglich sieben. Stellvertreter sind gemäß § 35 Abs. 1 S. 2 Ärzte-ZV in der nötigen Zahl zu bestellen.

Über den **Vorsitzenden** sollen sich die Beisitzer einigen (Abs. 2 S. 2). Kommt eine Einigung nicht zu- **8**
stande, beruft ihn die für die Sozialversicherung zuständige oberste Verwaltungsbehörde im Benehmen mit den Kassenärztlichen Vereinigungen und den Landesverbänden der Krankenkassen sowie den Er-

---

[1] Die weiteren vormals bestehenden Absätze 1 bis 4 sind in § 96 enthalten.
[2] Hess in: KassKomm, § 97 SGB V Rn. 1.
[3] Vgl. Bogan in: BeckOK SozR, SGB V, § 97 Rn. 2.
[4] Stand: 30.10.2016, vgl. Hess in: KassKomm, § 97 SGB V Rn. 2.
[5] Deutsches Richtergesetz vom 19.4.1972 (BGBl. I, 713), zuletzt geändert durch Gesetz vom 31.8.2015 (BGBl. I, 1474).

satzkassen (Abs. 2 S. 3). Das Benehmen darf als bloßes Anhörungserfordernis der Beteiligten verstanden werden, da andernfalls ein Entscheidungsrecht der obersten Verwaltungsbehörde sonst leerliefe.[6]

9 Die Befähigung zum Richteramt erwirbt nach § 5 Abs. 1 S. 1 Hs. 1 DRiG, wer ein rechtswissenschaftliches Studium an einer Universität mit der ersten Prüfung und einen anschließenden Vorbereitungsdienst mit der zweiten Staatsprüfung abschließt (sog Volljurist). Vielfach wird der Vorsitz ausgeübt durch Richter oder juristische Univ.-Professoren, soweit diese nicht mehr aktiv sind.[7]

10 Mitglieder eines Zulassungsausschusses können gemäß § 35 Abs. 3 Ärzte-ZV nicht gleichzeitig Beisitzer in dem für den Zulassungsausschuss zuständigen Berufungsausschuss sein.

11 Gemäß § 35 Abs. 2 Ärzte-ZV gelten die Vorschriften des § 34 Ärzte-ZV über die Zulassungsausschüsse entsprechend. Daraus folgt ua, dass auch die Ämter des Vorsitzenden und der Beisitzer Ehrenämter sind. Die Amtsdauer der Mitglieder der Berufungsausschüsse beträgt ebenfalls vier Jahre. Auch haben diese Anspruch auf Erstattung ihrer baren Auslagen und auf Entschädigung für den Zeitverlust nach den für die Mitglieder der bestellenden Körperschaften geltenden Grundsätzen.

12 Gemäß § 97 Abs. 2 S. 3 gilt § 96 Abs. 2 S. 2 bis 5 und 7 und Abs. 3 entsprechend, wobei darauf hinzuweisen ist, dass der Verweis insoweit „hinkt", als der Vorsitzenden die Befähigung zum Richteramt nach § 5 DRiG haben muss und in der Regel eben nicht ein Vertreter der Ärzte oder der Krankenkassen ist. Zudem gibt es keinen Abs. 7 in § 96.

13 Eine **besondere Zusammensetzung** der Berufungsausschüsse ergibt sich aus § 95 Abs. 13. Danach treten in **Zulassungssachen der Psychotherapeuten** und der überwiegend oder ausschließlich psychotherapeutisch tätigen Ärzte abweichend von § 97 Abs. 2 S. 1 SGB V an die Stelle der Vertreter der Ärzte Vertreter der Psychotherapeuten und der Ärzte in gleicher Zahl; unter den Vertretern der Psychotherapeuten muss mindestens ein Kinder- und Jugendlichenpsychotherapeut sein.

14 Eine weitere Besonderheit ergibt sich für eine **Beteiligung von Interessenvertretungen der Patientinnen und Patienten** aus § 140f Abs. 3 S. 1 Nr. 3. Danach erhalten die auf Landesebene für die Wahrnehmung der Interessen der Patientinnen und Patienten und der Selbsthilfe chronisch kranker und behinderter Menschen maßgeblichen Organisationen ein Mitberatungsrecht

- in den Zulassungs- und den Berufungsausschüssen, soweit Entscheidungen betroffen sind über
   a) die ausnahmeweise Besetzung zusätzlicher Vertragsarztsitze nach § 101 Abs. 1 S. 1 Nr. 3,
   b) die Befristung einer Zulassung nach § 19 Abs. 4 Ärzte-ZV,
   c) die Ermächtigung von Ärzten und Einrichtungen.

15 c) **Verfahren (Abs. 3).** Gemäß Abs. 3 S. 1 sind für das Verfahren vor dem Berufungsausschuss § 84 Abs. 1 SGG und § 85 Abs. 3 SGG anzuwenden.

16 Nach § 84 Abs. 1 SGG ist der **Widerspruch** binnen eines Monats, nachdem der Verwaltungsakt dem Beschwerten bekanntgegeben worden ist, schriftlich oder zur Niederschrift bei der Stelle einzureichen, die den Verwaltungsakt erlassen hat; dies ist der Zulassungsausschuss. Die Frist beträgt bei Bekanntgabe im Ausland drei Monate.

17 Eine fehlerhafte Rechtsbehelfsbelehrung verlängert die Widerspruchsfrist gemäß § 66 Abs. 2 SGG. Auch bei Nichtzustellung der Entscheidung an den Konkurrenten gilt im Interesse der Planungssicherheit für den von der Zulassung begünstigten Arzt und nicht zuletzt im Interesse der Funktionsfähigkeit der vertragsärztlichen Versorgung die Jahresfrist. Eine erteilte Zulassung kann nach Auffassung des BSG – mit Blick auf die Besonderheiten der Statusentscheidung im Vertragsarztrecht – nur innerhalb eines Jahres von dem Dritten angefochten werden, selbst wenn ihm der Bescheid nicht bekannt gegeben worden ist. Dies gilt nicht nur bezogen auf den statusbegründenden Verwaltungsakt, sondern auch bezogen auf eine Dialysegenehmigung und auf deren Zusicherung.[8] Der Widerspruch gilt als zurückgenommen, wenn die Gebühr gemäß § 46 Abs. 1 S. 1 lit. d Ärzte-ZV nicht innerhalb der gesetzten Frist entrichtet ist.

18 Nach § 44 Ärzte-ZV ist der Widerspruch schriftlich oder zur Niederschrift der Geschäftsstelle des Berufungsausschusses beim Berufungsausschuss einzulegen. Er muss den Beschluss bezeichnen, gegen den er sich richtet.

---

6 Joussen in: Becker/Kingreen, § 97 Rn. 3.
7 Pawlita in: jurisPK-SGB V, § 97 Rn. 10.
8 Vgl. BSG, 28.10.2015, B 6 KA 43/14 R, juris Rn. 21 = GesR 2016, 374 ff.

Die sich daraus ergebende Rechtsunsicherheit, wo der Widerspruch denn nun einzulegen ist, ob beim 19
Zulassungs- oder beim Berufungsausschuss, darf nicht zulasten des Widerspruchsführers gehen, so
dass der Widerspruch bei beiden Behörden rechtswirksam eingelegt werden kann.[9]

Der **Widerspruchsbescheid** ist schriftlich zu erlassen, zu begründen und den Beteiligten bekanntzuge- 20
ben. Nimmt die Behörde eine Zustellung vor, gelten die §§ 2 bis 10 VwZG. § 5 Abs. 4 VwZG und
§ 178 Abs. 1 Nr. 2 ZPO sind auf die nach § 73 Abs. 2 S. 2 Nr. 3 bis 9 als Bevollmächtigte zugelassenen
Personen entsprechend anzuwenden. Die Beteiligten sind hierbei über die Zulässigkeit der Klage, die
einzuhaltende Frist und den Sitz des zuständigen Gerichts zu belehren.

Gemäß § 97 Abs. 3 S. 2 gilt das Verfahren vor dem Berufungsausschuss als Vorverfahren (§ 78 SGG). 21
Dies bedeutet jedoch lediglich, dass mit dem Verfahren beim Berufungsausschuss diese Voraussetzung
für eine gerichtliche Sachentscheidung erfüllt wird. Gegenstand einer Klage ist nicht der ursprüngliche
Verwaltungsakt in der Gestalt des Widerspruchsbescheids, sondern allein der Bescheid des Berufungsausschusses, der eine eigene Sachentscheidung trifft.[10] Insbesondere ist die Entscheidung des Zulassungsausschusses nach Entscheidung des Berufungsausschusses rechtlich nicht mehr existent; die Entscheidung des Zulassungsausschusses geht vielmehr in der Entscheidung des Berufungsausschusses
auf.[11]

Gemäß § 45 Abs. 1 S. 1 Ärzte-ZV gilt der Widerspruch als zurückgenommen, wenn die Gebühr nach 22
§ 46 Ärzte-ZV nicht innerhalb der gesetzten Frist entrichtet ist.

Der Berufungsausschuss ist nicht an die Rechtsauffassung des Zulassungsausschuss gebunden. Bei 23
einer „Beschlussfassung und Entscheidung in Zulassungssachen" handelt es sich um ein hinsichtlich
des Sachergebnisses einheitliches, bezüglich des Beurteilungsvorgangs zweistufig verfasstes besonderes
Verwaltungsverfahren. Die Aufgabe, die der Zulassungs- und der Berufungsausschuss insoweit zu erfüllen haben, ist identisch. Sie sind je für sich sachlich dafür zuständig, die Zulassungssache in tatsächlicher wie rechtlicher Beziehung vollinhaltlich und umfassend zu prüfen.[12]

Diese Zuständigkeit erstreckt sich beispielsweise auch auf die Beifügung von Nebenbestimmungen im 24
Sinne des § 32 SGB X, so dass sowohl der Zulassungs- wie der Berufungsausschuss im Zulassungsverfahren erstmals eine Nebenbestimmung treffen kann. Dies kann im Widerspruchsverfahren ua zu
einer Verschlechterung der Rechtsposition des Widerspruchsführers (sog Verböserung oder *reformatio in
peius*) führen. Eine solche Verschlechterung ist aber nur dann zulässig, wenn gesetzliche Vorschriften
eine Durchbrechung der Bindungswirkung des Ausgangsbescheides des Zulassungsausschusses zulassen (zB § 32 SGB X oder §§ 44 ff. SGB X).[13]

Das Verfahren vor dem Berufungsausschuss wird in der Regel mit einem **Bescheid** abgeschlossen. Ge- 25
genstand einer Klage ist daher nicht der ursprüngliche Verwaltungsakt in der Gestalt des Widerspruchsbescheids, sondern allein der Bescheid des Berufungsausschusses.[14]

Der Widerspruch kann gemäß § 45 Abs. 2 Ärzte-ZV ohne mündliche Verhandlung zurückgewiesen 26
werden, wenn der Berufungsausschuss die Zurückweisung einstimmig beschließt.

d) **Sofortige Vollziehung (Abs. 4).** Gemäß 96 Abs. 4 S. 2 hat ein Widerspruch aufschiebende Wirkung. 27
Gemäß § 97 Abs. 4 kann der Berufungsausschuss jedoch die sofortige Vollziehung seiner Entscheidung
im öffentlichen Interesse anordnen.

Die **Anordnung der sofortigen Vollziehung** durch den Berufungsausschuss erfolgt auf Antrag oder von 28
Amts wegen. Es gehört insbesondere zu den Amtspflichten des Berufungsausschusses, jeweils zu erwägen, ob die Vollziehung anzuordnen ist.[15]

Auch bei deklaratorischen Feststellungen kann im Verfahren des einstweiligen Rechtsschutzes die auf- 29
schiebende Wirkung der Klage angeordnet werden. Bei Beendigung der Zulassung ist aber nicht lediglich die aufschiebende Wirkung der Klage anzuordnen, sondern muss auch eine einstweilige Anord-

---

9 Vgl. Murawski in: Hänlein/ Schuler, § 97 Rn. 13.
10 BSG, 11.12.2013, B 6 KA 49/12 R, juris Rn. 22 = GesR 2014, 290 ff.; BSG, 27.1.1993, 6 RKa 40/91, juris
Rn. 14 = SozR 3-2500 § 96 Nr. 1; LSG NRW, 19.5.2014, L 11 KA 99/13 B ER, juris Rn. 57.
11 BSG, 11.12.2013, B 6 KA 49/12 R, juris Rn. 22 = GesR 2014, 290 ff.; LSG NRW, 19.5.2014, L 11 KA 99/13
B ER, juris Rn. 57.
12 BSG, 27.1.1993, 6 RKa 40/91, juris Rn. 17 = SozR 3-2500 § 96 Nr. 1.
13 BSG, 13.5.2015, B 6 KA 25/14 R, juris Rn. 42 = GesR 2015, 737 ff.; BSG, 2.12.1992, 6 RKa 33/90, juris
Rn. 23 ff. = SozR 3-1500 § 85 Nr. 1; Murawski in: Hänlein/ Schuler, 97 Rn. 14.
14 BSG, 27.1.1993, 6 RKa 40/91, juris Rn. 14 = SozR 3-2500 § 96 Nr. 1.
15 BSG, 17.10.2007, B 6 KA 4/07 R, juris Rn. 19 = GesR 2008, 203 ff.

nung nach § 86 b Abs. 2 SGG des Inhalts erlassen werden, dass die Zulassung vorläufig zu verlängern bzw. zu erteilen ist.[16]

30 aa. Im Rahmen der Anordnung der sofortigen Vollziehung ist das öffentliche Interesse an der alsbaldigen Vollziehung des angefochtenen Bescheides und die private Interesse des Widerspruchsführers an der Aussetzung der Vollziehung gegeneinander abzuwägen. Unter dem Gesichtspunkt des öffentlichen Interesses sind ua die Erfolgsaussichten des Rechtsmittels zu berücksichtigen, jedenfalls insoweit, als es offensichtlich begründet oder aussichtslos erscheint. Denn es kann nicht im öffentlichen Interesse liegen, dass ein Verwaltungsakt vollzogen wird, dessen Rechtswidrigkeit offenkundig ist.[17] Umgekehrt verbietet das öffentliche Interesse eine Aussetzung bei einem offensichtlich aussichtslosen Rechtsmittel.[18]

31 Das öffentliche Interesse überwiegt in der Regel das private Interesse dann, wenn konkrete Gefahren für wichtige Gemeinschaftsgüter bestehen oder zu erwarten sind. Diese Gefahren werden zB bei Trunksucht oder Betäubungsmittelmissbrauch bejaht, aber auch bei gravierenden finanziellen Schädigungen der Krankenkassen und einschlägigen strafbaren Handlungen.[19] Maßgeblich sind jedoch immer die Umstände des konkreten Einzelfalls.[20]

32 bb. Die Anordnung der sofortigen Vollziehung wird zum Teil gestützt auf § 97 Abs. 4,[21] zum Teil auf § 86a Abs. 2 Nr. 5 SGG.[22] Zwar sind die jeweiligen Voraussetzungen ausweislich des Wortlautes beider Normen nicht deckungsgleich. Nach § 97 Abs. 4 kann die sofortige Vollziehung nur im öffentlichen Interesse angeordnet werden, demgegenüber sieht § 86a Abs. 2 Nr. 5 SGG diese Möglichkeit auch im überwiegenden Interesse eines Beteiligten vor. Im Hinblick auf Art. 19 Abs. 4 GG GG muss aber auch im Anwendungsbereich des § 97 Abs. 4 die sofortige Vollziehung im überwiegenden Interesse eines Beteiligten angeordnet werden können. Ausgehend hiervon ist § 97 Abs. 4 nicht obsolet, stellt vielmehr für das vertragsärztliche Zulassungsrecht eine Sonderregelung dar.[23]

33 An die Begründung eines auf § 97 Abs. 4 gestützten Sofortvollzugs sind im Hinblick auf die mit ihr verbundene Warnfunktion für die Behörde sowie die dadurch bezweckte Transparenz hohe Anforderungen zu stellen. Für den Sofortvollzug nach § 86a Abs. 2 Nr. 5 SGG gilt nichts anderes. Die Begründung muss erkennen lassen, warum im konkreten Fall das öffentliche Interesse oder das Individualinteresse eines Beteiligten am Sofortvollzug überwiegt und warum dies dem Prinzip der Verhältnismäßigkeit entspricht.[24] Das den Sofortvollzug tragende öffentliche oder individuelle Interesse ("besonderes Interesse") muss mehr als das den Erlass des Verwaltungsaktes rechtfertigende Interesse sein, denn die gesetzlichen Voraussetzungen für den Erlass des Verwaltungsaktes reichen für die Begründung des Sofortvollzugs nicht aus.[25] Etwas anders mag nur dann gelten, wenn das besondere Vollzugsinteresse schon aus der Eigenart der Regelung folgt.[26] Systematisch bedeutet dies, dass die auf der ersten Entscheidungsstufe herangezogenen und den Bescheid als solchen tragenden Gründe für die zweite Stufe verbraucht sind. Sie sind für den Sofortvollzug grundsätzlich irrelevant. Auf der zweiten Entscheidungsstufe muss die Behörde klären, ob und inwieweit sie den Sofortvollzug anordnet. Hier muss sie (1) das „Mehr" definieren, (2) mit gegenläufigen Individualinteressen abwägen und (3) schriftlich begründen.[27]

34 cc. Wenn ein Antrag auf Anordnung der sofortigen Vollziehung beim Berufungsausschuss gestellt und wieder zurückgenommen wird und auch der Berufungsausschuss die sofortige Vollziehung nicht ange-

---

16 Vgl. BSG, 13.5.2015, B 6 KA 25/14 R, juris Rn. 48 = GesR 2015, 737 ff.; Pawlita in: jurisPK-SGB V, § 97 Rn. 55.1, 72.
17 LSG NRW, 19.5.2014, L 11 KA 99/13 B ER, juris Rn. 39; LSG NRW, 10.11.2010, L 11 KA 87/10 B ER, juris Rn. 29; Krodek, NZS 2001, 449, 452 ff.; Kummer, SGb 2001, 705, 714 mwN.
18 BSG, 30.11.1956, 6 RKa 21/56, juris Rn. 15 = SozR Nr. 2 zu § 97 SGG.
19 Gerlach in: Krauskopf, § 97 SGB V Rn. 16.
20 Vgl. Hess in: KassKomm, SGB V § 97 Rn. 7.
21 Vgl. LSG NRW, 19.5.2014, L 11 KA 99/13 B ER, juris Rn. 71.
22 Vgl. BSG, 5.6.2013, B 6 KA 4/13 B, juris Rn. 20 = MedR 2013, 826 ff.
23 LSG NRW, 19.5.2014, L 11 KA 99/13 B ER, juris Rn. 71; Keller in: Meyer-Ladewig/Keller/Leitherer, SGG, § 86a Rn. 23; Frehse in: Jansen, SGG, § 86a Rn. 101.
24 LSG NRW, 19.5.2014, L 11 KA 99/13 B ER, juris Rn. 73; Keller in: Meyer-Ladewig/Keller/Leitherer, SGG, § 86a Rn. 21b; Frehse in: Jansen, SGG, § 86a Rn. 71 mwN.
25 LSG NRW, 19.5.2014, L 11 KA 99/13 B ER, juris Rn. 73; LSG NRW, 4.5.2011, L 11 KA 120/10 B ER, juris Rn. 121.
26 LSG NRW, 19.5.2014, L 11 KA 99/13 B ER, juris Rn. 73; LSG NRW, 6.1.2004, L 11 B 17/03 KA ER, juris Rn. 24 („Sicherungseinbehalt von ärztlichem Honorar").
27 LSG NRW, 30.5.2014, L 11 KA 101/13 B ER, (II., 3., b)) nv.

ordnet hat, ist ein weiterer Antrag nach Abschluss des Verfahrens vor dem Berufungsausschuss mangels Rechtsschutzbedürfnis unzulässig. Von einer Unzulässigkeit wird man auch dann auszugehen haben, wenn bereits ein Antrag auf Anordnung der sofortigen Vollziehung beim Sozialgericht oder beim Berufungsausschuss anhängig ist. Dies hat insbesondere zur Folge, dass jeder weitere Antrag bei der jeweils anderen Einrichtung unzulässig ist; insbesondere liegt für den Zweitantrag kein Rechtsschutzbedürfnis mehr vor.[28]

e) **Aufsicht (Abs. 5).** Die Aufsicht über die Geschäftsführung der Zulassungsausschüsse und der Berufungsausschüsse führen die für die Sozialversicherung zuständigen obersten Verwaltungsbehörden der Länder. Sie berufen die Vertreter der Ärzte und der Krankenkassen, wenn und solange die Kassenärztlichen Vereinigungen, die Landesverbände der Krankenkassen oder die Ersatzkassen diese nicht bestellen. Die Aufsicht selbst umfasst aber nur die Geschäftsführung des Ausschusses, nicht auch Sachentscheidungen.[29]

IV. Kosten

Soweit der Widerspruch erfolgreich ist, hat der Rechtsträger, dessen Behörde den angefochtenen Verwaltungsakt erlassen hat, demjenigen, der Widerspruch erhoben hat, die zur zweckentsprechenden Rechtsverfolgung oder Rechtsverteidigung notwendigen Aufwendungen zu erstatten, § 63 Abs. 1 S. 1 SGB X. Die Gebühren und Auslagen eines Rechtsanwalts oder eines sonstigen Bevollmächtigten im Vorverfahren sind erstattungsfähig, wenn die Zuziehung eines Bevollmächtigten notwendig war, § 63 Abs. 2 SGB X. Die Behörde, die die Kostenentscheidung getroffen hat, setzt auf Antrag den Betrag der zu erstattenden Aufwendungen fest, § 63 Abs. 3 S. 1 Hs. 1 SGB X. Die Kostenentscheidung bestimmt auch, ob die Zuziehung eines Rechtsanwalts oder eines sonstigen Bevollmächtigten notwendig war, § 63 Abs. 3 S. 2 SGB X.

Maßstab für die Gebühren eines Rechtsanwalts ist der Gegenstandswert.[30] Für die Bestimmung des Gegenstandswertes gelten die Werte für das Gerichtsverfahren, § 23 Abs. 1 S. 1 und 3 RVG.

Nach § 52 GKG Der Gegenstandswert ist anhand der Bedeutung der Sache nach Ermessen zu bestimmen. Bietet der Sach- und Streitstand für die Bestimmung des Streitwerts keine genügenden Anhaltspunkte, ist ein Streitwert von 5.000 EUR anzunehmen.

Das LSG Rheinland-Pfalz veröffentlicht regelmäßig einen sog Streitwertkatalog für die Sozialgerichtsbarkeit. Der Streitwertkatalog ist eine Empfehlung auf der Grundlage der Rechtsprechung der Gerichte der Sozialgerichtsbarkeit unter Berücksichtigung der einschlägigen Rechtsliteratur. Die Empfehlungen sind Vorschläge ohne verbindliche Wirkung für die Gerichte der Sozialgerichtsbarkeit.[31]

Ein Antrag für die Festsetzung des Gegenstandswertes ist nicht notwendig, kann jedoch gestellt werden, § 32 Abs. 2 RVG.

V. Berufungsausschüsse im Klageverfahren

Gegen den Bescheid des Berufungsausschuss kann vor dem Sozialgericht geklagt werden, § 51 Abs. 1 Nr. 2 SGG. Parteifähiger Beklagter ist der Berufungsausschuss gemäß § 71 Nr. 4 SGG, der durch seinen Vorsitzenden vertreten wird.[32]

Bei den auf Zulassung zur vertragsärztlichen Versorgung gerichteten Vornahmesachen sind grundsätzlich alle Änderungen der Sachlage bis zur mündlichen Verhandlung in der letzten Tatsacheninstanz sowie alle Rechtsänderungen, auch soweit sie erst in der Revisionsinstanz eintreten, zu berücksichtigen. Die grundsätzliche Beachtlichkeit aller Tatsachenänderungen bis zur mündlichen Verhandlung der letzten Tatsacheninstanz und aller Rechtsänderungen bis zum Abschluss der Revisionsinstanz führt dazu, dass im Regelfall sowohl vorteilhafte als auch nachteilige Sach- und Rechtsänderungen zu berücksichtigen sind. In Ausnahmefällen kann allerdings die Berücksichtigung nachteiliger Änderungen ver-

---

28 AA Clemens, in: Festschrift ARGE Medizinrecht im DAV 2008, S. 323, 331; Kremer/Wittmann, Vertragsärztliche Zulassungsverfahren, 2. Aufl. 2015, S. 106 Rn. 285.
29 Pawlita in: jurisPK-SGB V, § 97 Rn. 77; Bogan in: BeckOK SozR, SGB V, § 97 Rn. 19.
30 Vgl. Wenner/Bernard, NZS 2001, 57 ff.; dies., NZS 2003, 568 ff.; dies., NZS 2006, 1 ff.
31 Vgl. Streitwertkatalog, 4. Aufl. 2012, http://www.lsg.nrw.de/infos/Streitwertkatalog/Streitwertkatalog_2012.pdf (zuletzt abgerufen am 1.3.2017); LSG NRW, 17.12.2009, L 11 B 7/09 KA, juris; LSG LSA, 10.1.2011, L 10 KR 71/10 B, juris.
32 Pawlita in: jurisPK-SGB V, § 97 Rn. 62.

wehrt sein, wenn nämlich ein Arzt auf eine Entscheidung aufgrund einer früheren bestimmten Sach- und Rechtslage, die ihm Zulassungschancen bot, vertrauen durfte.[33]

43 Auf der Grundlage der Rspr. zur Drittanfechtung stellt das BSG für die Beurteilung der Fortführungsfähigkeit der Praxis aus Gründen der Effektivität des Rechtsschutzes auf den Zeitpunkt der Antragstellung auf Ausschreibung des Praxissitzes ab, nicht auf den Zeitpunkt des Beschlusses des Berufungsausschusses oder der letzten mündlichen Verhandlung vor dem Tatsachengericht.[34]

VI. Verwaltungsverfahren

44 Über Zulassungen und über die Entziehung von Zulassungen beschließt der Zulassungsausschuss gemäß § 37 Ärzte-ZV nach mündlicher Verhandlung. In allen anderen Fällen kann der Zulassungsausschuss eine mündliche Verhandlung anberaumen. Die Kassenärztliche Vereinigung, die Landesverbände der Krankenkassen und die Ersatzkassen sowie die an dem Verfahren beteiligten Ärzte sind unter Einhaltung einer Frist von zwei Wochen zur mündlichen Verhandlung zu laden; die Ladung ist zuzustellen. Es kann auch in Abwesenheit Beteiligter verhandelt werden, falls in der Ladung darauf hingewiesen ist.

45 Der Widerspruch kann ohne mündliche Verhandlung zurückgewiesen werden, wenn der Berufungsausschuss die Zurückweisung einstimmig beschließt, § 45 Abs. 2 Ärzte-ZV.

46 Die Berufungsausschüsse beschließen mit einfacher Mehrheit. Zwar fehlt eine Regelung, wie sie bei den Zulassungsausschüssen in § 96 Abs. 2 S. 6 vorhanden ist, wonach die Zulassungsausschüsse mit einfacher Stimmenmehrheit beschließen. Auch ist eine Verweisungsnorm weder im SGB V, noch in der Ärzte-ZV[35] gegeben. Unter Berücksichtigung der Regelung in §§ 45 Abs. 3, 41 Abs. 2 Ärzte-ZV, wonach

- Beschlüsse nur bei vollständiger Besetzung des Berufungsausschusses gefasst werden können und
- eine Stimmenthaltung unzulässig ist,

und auch unter Berücksichtigung dessen, dass Beschlüsse der Zulassungsausschüsse mit einfacher Stimmenmehrheit gefasst werden können, wird man auch für Beschlüsse des Berufungsausschusses davon auszugehen haben, dass analog § 96 Abs. 2 S. 6 eine einfache Stimmenmehrheit ausreicht. Da die reguläre Anzahl der Mitglieder des Berufungsausschusses sieben beträgt, reichen daher grundsätzlich vier Stimmen für eine Mehrheit aus.

§ 98 Zulassungsverordnungen

(1) ¹Die Zulassungsverordnungen regeln das Nähere über die Teilnahme an der vertragsärztlichen Versorgung sowie die zu ihrer Sicherstellung erforderliche Bedarfsplanung (§ 99) und die Beschränkung von Zulassungen. ²Sie werden vom Bundesministerium für Gesundheit mit Zustimmung des Bundesrates als Rechtsverordnung erlassen.

(2) Die Zulassungsverordnungen müssen Vorschriften enthalten über

1. die Zahl, die Bestellung und die Abberufung der Mitglieder der Ausschüsse sowie ihrer Stellvertreter, ihre Amtsdauer, ihre Amtsführung und die ihnen zu gewährende Erstattung der baren Auslagen und Entschädigung für Zeitaufwand,
2. die Geschäftsführung der Ausschüsse,
3. das Verfahren der Ausschüsse entsprechend den Grundsätzen des Vorverfahrens in der Sozialgerichtsbarkeit,
4. die Verfahrensgebühren unter Berücksichtigung des Verwaltungsaufwandes und der Bedeutung der Angelegenheit für den Gebührenschuldner sowie über die Verteilung der Kosten der Ausschüsse auf die beteiligten Verbände,
5. die Führung der Arztregister durch die Kassenärztlichen Vereinigungen und die Führung von Bundesarztregistern durch die Kassenärztlichen Bundesvereinigungen sowie das Recht auf Einsicht in diese Register und die Registerakten, insbesondere durch die betroffenen Ärzte und Krankenkassen,

---

33 Vgl. BSG, 23.3.2016, B 6 KA 9/15 R, juris Rn. 12 = GesR 2016, 628 ff.
34 Vgl. BSG, 23.3.2016, B 6 KA 9/15 R, juris Rn. 18 = GesR 2016, 628 ff.
35 Vgl. §§ 45 Abs. 3, 41 Ärzte-ZV.

6. das Verfahren für die Eintragung in die Arztregister sowie über die Verfahrensgebühren unter Berücksichtigung des Verwaltungsaufwandes und der Bedeutung der Angelegenheit für den Gebührenschuldner,
7. die Bildung und Abgrenzung der Zulassungsbezirke,
8. die Aufstellung, Abstimmung, Fortentwicklung und Auswertung der für die mittel- und langfristige Sicherstellung der vertragsärztlichen Versorgung erforderlichen Bedarfspläne sowie die hierbei notwendige Zusammenarbeit mit anderen Stellen, deren Unterrichtung und die Beratung in den Landesausschüssen der Ärzte und Krankenkassen,
9. die Ausschreibung von Vertragsarztsitzen,
10. die Voraussetzungen für die Zulassung hinsichtlich der Vorbereitung und der Eignung zur Ausübung der vertragsärztlichen Tätigkeit sowie die nähere Bestimmung des zeitlichen Umfangs des Versorgungsauftrages aus der Zulassung,
11. die Voraussetzungen, unter denen Ärzte, insbesondere in Krankenhäusern und Einrichtungen der beruflichen Rehabilitation, oder in besonderen Fällen Einrichtungen durch die Zulassungsausschüsse zur Teilnahme an der vertragsärztlichen Versorgung ermächtigt werden können, die Rechte und Pflichten der ermächtigten Ärzte und ermächtigten Einrichtungen sowie die Zulässigkeit einer Vertretung von ermächtigten Krankenhausärzten durch Ärzte mit derselben Gebietsbezeichnung,
12. die Voraussetzungen für eine Befristung von Zulassungen,
13. die Voraussetzungen, unter denen nach den Grundsätzen der Ausübung eines freien Berufes die Vertragsärzte angestellte Ärzte, Assistenten und Vertreter in der vertragsärztlichen Versorgung beschäftigen dürfen oder die vertragsärztliche Tätigkeit an weiteren Orten ausüben können,
13a. die Voraussetzungen, unter denen die zur vertragsärztlichen Versorgung zugelassenen Leistungserbringer die vertragsärztliche Tätigkeit gemeinsam ausüben können,
14. die Teilnahme an der vertragsärztlichen Versorgung durch Ärzte, denen die zuständige deutsche Behörde eine Erlaubnis zur vorübergehenden Ausübung des ärztlichen Berufes erteilt hat, sowie durch Ärzte, die zur vorübergehenden Erbringung von Dienstleistungen im Sinne des Artikels 50 des Vertrages zur Gründung der Europäischen Gemeinschaft oder des Artikels 37 des Abkommens über den Europäischen Wirtschaftsraum im Inland tätig werden,
15. die zur Sicherstellung der vertragsärztlichen Versorgung notwendigen angemessenen Fristen für die Beendigung der vertragsärztlichen Tätigkeit bei Verzicht.

(3) Absatz 2 Nummer 12 gilt nicht für die Zulassungsverordnung für Vertragszahnärzte.

Literatur:
Schallen, Zulassungsverordnung, 8. Auflage 2012; *Bäune/Meschke/Rothfuß*, Kommentar zur Zulassungsverordnung für Vertragsärzte und Vertragszahnärzte (Ärzte-ZV, Zahnärzte-ZV), 2008; *Ladurner*, Ärzte-ZV, Zahnärzte-ZV, 2017.

I. Entstehungsgeschichte	1
II. Normzweck und Systematik	2
III. Norminhalt und Normauslegung	6
1. Norminhalt	6
2. Normauslegung	7
a) Ermächtigung dem Grunde nach (Abs. 1)	7
b) Ermächtigungskatalog (Abs. 2)	9
aa) Ausschüsse (Abs. 2 Nr. 1)	10
bb) Geschäftsführung der Ausschüsse (Abs. 2 Nr. 2)	12
cc) Verfahren vor den Ausschüssen (Abs. 2 Nr. 3)	13
dd) Verfahrensgebühren (Abs. 2 Nr. 4)	14
ee) Führung der Arztregister (Abs. 2 Nr. 5)	17
ff) Eintragung ins Arztregister (Abs. 2 Nr. 6)	19
gg) Bildung und Abgrenzung der Zulassungsbezirke (Abs. 2 Nr. 7)	21
hh) Bedarfsplanung (Abs. 2 Nr. 8)	22
ii) Ausschreibung von Vertragsarztsitzen (Abs. 2 Nr. 9)	24
jj) Zulassungsvoraussetzungen (Abs. 2 Nr. 10)	27
kk) Ermächtigungen (Abs. 2 Nr. 11)	32
(1) Krankenhausärzte, § 116 SGB V, § 31 a Ärzte-ZV	39
(2) Weitere Ärzte, § 31 Abs. 1 Ärzte-ZV	41
(3) Institutsermächtigungen, §§ 117 bis 119 b SGB V, § 31 Abs. 1 lit. a und b Ärzte-ZV	46
ll) Befristung von Zulassungen (Abs. 2 Nr. 12)	47
mm) Anstellung von Ärzten, Assistenten und Vertretern und weitere Tätigkeitsorte (Abs. 2 Nr. 13)	49

(1)	Beschäftigung von angestellten Ärzten	52	nn)	Gemeinsame Berufsausübung (Abs. 2 Nr. 13 a) 72
(2)	Beschäftigung von Assistenten	56	oo)	Dienstleistungserbringung (Abs. 2 Nr. 14) 74
(3)	Beschäftigung von Vertretern	58	pp)	Fristen beim Zulassungsverzicht (Abs. 2 Nr. 15) 77
(4)	Ausübung der vertragsärztlichen Tätigkeit an weiteren Orten	66	c)	Sonderregelung in der Zulassungsverordnung für Vertragszahnärzte (Abs. 3) 79

I. Entstehungsgeschichte

1 § 98 ist mit Wirkung zum 1.1.1989 im Rahmen des Gesundheitsreformgesetzes vom 20.12.1988 (GRG) als Nachfolgevorschrift von § 368 c RVO in Kraft getreten (BGBl. I, 2477). Anschließend erfolgten folgende Änderungen: Abs. 1: IdF d. Art. 1 Nr. 56 lit. a Gesetz v. 21.12.1992 (BGBl. I, 2266) mWv 1.1.1993; Abs. 1 S. 2: IdF d. Art. 1 Nr. 26 lit. a Gesetz v. 20.12.1991 (BGBl. I, 2325) mWv 1.1.1992, d. Art. 216 Nr. 1 Verordnung v. 29.10.2001 (BGBl. I, 2785) mWv 7.11.2001, d. Art. 204 Nr. 1 Verordnung v. 25.11.2003 (BGBl. I, 2304) mWv 28.11.2003 u. d. Art. 256 Nr. 1 Verordnung v. 31.10.2006 (BGBl. I, 2407) mWv 8.11.2006; Abs. 2 Nr. 4: IdF d. Art. 1 Nr. 6 lit. a. Gesetz v. 22.12.2006 (BGBl. I, 3439) mWv 1.1.2007; Abs. 2 Nr. 6: IdF d. Art. 1 Nr. 6 lit. b Gesetz v. 22.12.2006 (BGBl. I, 3439) mWv 1.1.2007; Abs. 2 Nr. 8: IdF d. Art. 1 Nr. 56 lit. b. aa. Gesetz v. 21.12.1992 (BGBl. I, 2266) mWv 1.1.1993; Abs. 2 Nr. 9: IdF d. Art. 1 Nr. 56 lit. b bb Gesetz v. 21.12.1992 (BGBl. I, 2266) mWv 1.1.1993; Abs. 2 Nr. 10: IdF d. Art. 1 Nr. 56 lit. b cc Gesetz v. 21.12.1992 (BGBl. I, 2266) mWv 1.1.1993 u. d. Art. 1 Nr. 6 lit. c Gesetz v. 22.12.2006 (BGBl. I, 3439) mWv 1.1.2007; Abs. 2 Nr. 11: IdF d. Art. 1 Nr. 56 lit. b dd. Gesetz v. 21.12.1992 (BGBl. I, 2266) mWv 1.1.1993 u. d. Art. 6 Nr. 16 u. Nr. 17 Gesetz v. 28.5.2008 (BGBl. I, 874) mWv 1.7.2008; Abs. 2 Nr. 12: IdF d. Art. 1 Nr. 33 lit. a Gesetz v. 22.12.2011 (BGBl. I, 2983) mWv 1.1.2012; Abs. 2 Nr. 13: IdF d. Art. 1 Nr. 56 lit. b ee Gesetz v. 21.12.1992 (BGBl. I, 2266) mWv 1.1.1993 u. d. Art. 1 Nr. 6 lit. e Gesetz v. 22.12.2006 (BGBl. I, 3439) mWv 1.1.2007; Abs. 2 Nr. 13a: Eingef. durch Art. 1 Nr. 6 lit. f. Gesetz v. 22.12.2006 (BGBl. I, 3439) mWv 1.1.2007; Abs. 2 Nr. 14: IdF d. Art. 1 Nr. 26 lit. b Gesetz v. 20.12.1991 (BGBl. I, 2325) mWv 1.1.1992, d. Art. 1 Nr. 56 lit. b ff. Gesetz v. 21.12.1992 (BGBl. I, 2266) mWv 1.1.1993, d. Art. 104 Gesetz v. 27.4.1993 (BGBl. I, 512) iVm Bekanntmachung v. 16.12.1993 (BGBl. I, 2436) mWv 1.1.1994 u.d. Art. 38 Nr. 2 Gesetz v. 2.12.2007 (BGBl. I, 2686) mWv 7.12.2007; Abs. 2 Nr. 15: IdF d. Art. 1 Nr. 56 lit. b gg. Gesetz v. 21.12.1992 (BGBl. I, 2266) mWv 1.1.1993; Abs. 3: Eingef. durch Art. 1 Nr. 33 lit. b Gesetz v. 22.12.2011 (BGBl. I, 2983) mWv 1.1.2012.

II. Normzweck und Systematik

2 § 98 schafft eine Ermächtigungsgrundlage für die Ärzte-ZV im Sinne von Art. 80 GG.[1] Nach Art. 80 Abs. 1 S. 2 GG müssen „Inhalt, Zweck und Ausmaß" der erteilten Ermächtigung in dem Gesetz bestimmt sein. Nach der Rechtsprechung des BVerfG reicht es aus, wenn sich Inhalt, Zweck und Ausmaß der Ermächtigung aus dem ganzen Gesetz unter Berücksichtigung des Sinnzusammenhangs der Norm mit anderen Vorschriften und des Zieles der gesetzlichen Regelung entnehmen lassen.[2] Demnach ist bei Beachtung des Leitgedankens des gesamten Zulassungsrechts, nämlich der Sicherstellung der vertrags(-zahn)ärztlichen Versorgung, in Verbindung mit dem ausdrücklichen Hinweis auf die „Grundsätze der Ausübung eines freien Berufs" die in § 98 gegebene Ermächtigung so klar umgrenzt, dass sie als hinreichend bestimmt im Sinne des Art. 80 Abs. 1 S. 2 GG angesehen werden muss.[3]

3 Nach § 98 Abs. 1 S. 2 werden die Zulassungsordnungen vom Bundesministerium für Gesundheit mit Zustimmung des Bundesrates als Rechtsverordnung erlassen. Die Zulassungsordnungen sind jedoch mehrfach durch formelle Gesetze des Bundesgesetzgebers, dh nicht vom Verordnungsgeber, geändert

---

[1] Vgl. Pawlita in: jurisPK-SGB V, § 98 Rn. 14; Hess in: KassKomm, § 98 SGB V Rn. 2.
[2] Vgl. BVerfG, 26.9.2016, 1 BvR 1326/15, juris Rn. 26 ff.; BVerfG, 12.11.1958, 2 BvL 4/56, 2 BvL 26/56, 2 BvL 40/56, 2 BvL 1/57, 2 BvL 7/57, juris Rn. 134 = BVerfGE 8, 274 ff.
[3] Vgl. BSG, 14.7.1965, 6 RKa 1/63, juris Rn. 22 = SozR Nr. 4 zu § 368 c RVO.

worden.[4] Trotzdem handelt es sich bei den Zulassungsverordnungen nach Auffassung des BSG nicht um formelle Gesetze, sie haben folglich keinen Gesetzesrang.[5]

Der Gesetzgeber hat im SGB V wesentliche Voraussetzungen und Inhalte der Teilnahme an der vertragsärztlichen Versorgung sowie der Bedarfsplanung selbst geregelt und damit die Grenzen für die Ermächtigung in § 98 Abs. 1 definiert. So machen §§ 95, 95 a, 95 c, 96, 97 und 116 ff. umfassende Vorgaben für die Teilnahme an der vertragsärztlichen Versorgung; wesentliche Vorgaben für die Bedarfsplanung ergeben sich aus § 99 und für die Beschränkung der Zulassungen aus §§ 100, 101, 103 und 104. Dem Verordnungsgeber ist daher mit § 98 Abs. 1 lediglich die nähere Ausgestaltung als Ergänzung bezogen auf die Teilnahme an der vertragsärztlichen Versorgung, die zu ihrer Sicherstellung erforderliche Bedarfsplanung und die Beschränkung von Zulassungen übertragen worden. Der Gesetzgeber hat außerdem dort, wo er noch Regelungsbedarf durch die Zulassungsverordnungen gesehen hat, entsprechende Bestimmungen ausdrücklich angeordnet, etwa in § 95 Abs. 2 S. 4, wonach das Nähere über die Eintragung in das Arztregister die Zulassungsverordnungen regeln. Darüber hinaus macht § 98 Abs. 2 Vorgaben, welche Inhalte die Zulassungsverordnungen zwingend haben müssen.[6] Die Zulassungsordnungen werden wiederum ergänzt durch die Bundesmantelverträge[7] und die Bedarfsplanungsrichtlinie des GBA.[8]

Die Zulassungsordnungen bestehen aus **zwei eigenständigen Teilen**, zum einen die Zulassungsverordnung für Vertragsärzte (Ärzte-ZV) und die Zulassungsverordnung für Vertragszahnärzte (Zahnärzte-ZV). Beide Zulassungsordnungen sind vom Inhalt her ähnlich; Unterschiede bestehen hinsichtlich der Voraussetzungen für die Zulassung (§ 95 Abs. 2 S 3) und hinsichtlich der für Vertragszahnärzte aufgehobenen Zulassungsbeschränkungen (§§ 100 Abs. 4, 103 Abs. 8).[9] Soweit nicht ausdrücklich etwas anderes vermerkt ist, werden aus Vereinfachungsgründen ausschließlich die Regelungen der Ärzte-ZV benannt.

III. Norminhalt und Normauslegung

1. Norminhalt. § 98 schafft eine Ermächtigungsgrundlage für die Ärzte-ZV. Nach **Abs. 1** regeln die Zulassungsverordnungen das Nähere über die Teilnahme an der vertragsärztlichen Versorgung sowie die zu ihrer Sicherstellung erforderliche Bedarfsplanung und die Beschränkung von Zulassungen. Nach **Abs. 2** müssen die Zulassungsverordnungen Vorschriften enthalten ua über die Zahl, die Bestellung und die Abberufung der Mitglieder der Ausschüsse sowie ihrer Stellvertreter, ihre Amtsdauer, ihre Amtsführung und die ihnen zu gewährende Erstattung der baren Auslagen und Entschädigung für Zeitaufwand. Nach **Abs. 3** gilt die Regelung in Abs. 2 Nr. 12, nachdem die Zulassungsverordnungen Vorschriften über die Voraussetzungen für eine Befristung von Zulassungen enthalten müssen, nicht für die Zulassungsverordnung für Vertragszahnärzte.

2. Normauslegung. a) Ermächtigung dem Grunde nach (Abs. 1). Gemäß Abs. 1 regeln die Zulassungsverordnungen das Nähere über die Teilnahme an der vertragsärztlichen Versorgung sowie die zu ihrer Sicherstellung erforderliche Bedarfsplanung (§ 99) und die Beschränkung von Zulassungen. Sie werden vom Bundesministerium für Gesundheit mit Zustimmung des Bundesrates als Rechtsverordnung erlassen.

Das BVerfG sieht in Abs. 1 eine den verfassungsrechtlichen Anforderungen genügende Ermächtigungsgrundlage.[10] Der Wortlaut des § 98 Abs. 1 S. 1 allein enthält zwar keine hinreichenden Angaben zu Inhalt, Zweck und Ausmaß der Ermächtigung. Eine systematische Betrachtung unter Einbeziehung von § 95 ergäbe allerdings, dass mit "*Teilnahme an der vertragsärztlichen Versorgung*" die in § 95 Abs. 1 S. 1 genannten Teilnahmeformen der Zulassung und Ermächtigung gemeint seien. Darüber sollten in den Zulassungsverordnungen weitere Regelungen getroffen werden. Hinreichende Angaben zu Ausmaß und Zweck der durch Verordnung zu treffenden Regelungen ließen sich ebenfalls aus dem Sinnzusammenhang der Vorschrift mit den anderen Normen entnehmen. Nach Auffassung des BVerfG hat

---
4 Vgl. ua Art. 14 d. GKV-VSG v. 15.7.2015, BGBl. 1211/1242, 1243.
5 Vgl. BSG, 13.5.2015, B 6 KA 25/14 R, juris Rn. 21, 22 = GesR 2015, 737 ff.; aA noch BSG, 16.7.2003, B 6 KA 49/02 R, juris Rn. 22 = GesR 2004, 47 ff.; BSG, 27.2.1992, 6 RKa 15/91, juris Rn. 5 = SozR 3-2500 § 116 Nr. 2; Schallen, ZulVO, Vorbemerkungen.
6 Vgl. BVerfG, 26.9.2016, 1 BvR 1326/15, juris Rn. 30, 31; Hess in: KassKomm, § 98 SGB V Rn. 4.
7 Vgl. §§ 32 b Abs. 1, 33 Abs. 3 Ärzte-ZV.
8 Vgl. Hess in: KassKomm, § 98 SGB V Rn. 4.
9 So auch Hess in: KassKomm, § 98 SGB V Rn. 5.
10 Vgl. BVerfG, 26.9.2016, 1 BvR 1326/15, juris Rn. 25 ff. = GesR 2016, 767 ff.

der Gesetzgeber im SGB V wesentliche Voraussetzungen und Inhalte der Teilnahme an der vertragsärztlichen Versorgung sowie der Bedarfsplanung selbst geregelt und damit die Grenzen für die Ermächtigung in § 98 Abs. 1 definiert. So mache § 95 umfassende Vorgaben für die Teilnahme an der vertragsärztlichen Versorgung; wesentliche Vorgaben für die Bedarfsplanung ergeben sich aus § 99 und für die Beschränkung der Zulassungen aus §§ 100, 101, 103 und 104. Dem Verordnungsgeber sei daher mit § 98 Abs. 1 lediglich die nähere Ausgestaltung bezogen auf die Teilnahme an der vertragsärztlichen Versorgung, die zu ihrer Sicherstellung erforderliche Bedarfsplanung und die Beschränkung von Zulassungen übertragen worden.

9 b) **Ermächtigungskatalog (Abs. 2).** Der Ermächtigungskatalog des Abs. 2 bestimmt den **Mindestinhalt** der zu erlassenden Verordnungen.

10 aa) **Ausschüsse (Abs. 2 Nr. 1).** Nach Abs. 2 Nr. 1 müssen die Zulassungsverordnungen Vorschriften enthalten über die Zahl, die Bestellung und die Abberufung der Mitglieder der Ausschüsse sowie ihrer Stellvertreter, ihre Amtsdauer, ihre Amtsführung und die ihnen zu gewährende Erstattung der baren Auslagen und Entschädigung für Zeitaufwand.

11 Die Errichtung der Zulassungs- und Berufungsausschüsse ist unmittelbar im SGB V, nämlich in den §§ 96, 97 geregelt. Auf der Grundlage des § 98 Abs. 2 Nr. 1 regeln die §§ 34 bis 46 Ärzte-ZV das Nähere.

12 bb) **Geschäftsführung der Ausschüsse (Abs. 2 Nr. 2).** Nach Abs. 2 Nr. 2 müssen die Zulassungsverordnungen Vorschriften enthalten über die Geschäftsführung der Ausschüsse. Gemäß § 96 Abs. 3 S. 1 bzw. § 97 Abs. 2 S. 4 werden die Geschäfte der Ausschüsse bei den kassenärztlichen Vereinigung geführt. Die Ärzte-ZV enthalten hierzu keine weiteren Regelungen.

13 cc) **Verfahren vor den Ausschüssen (Abs. 2 Nr. 3).** Nach Abs. 2 Nr. 2 müssen die Zulassungsverordnungen Vorschriften enthalten über das Verfahren der Ausschüsse entsprechend den Grundsätzen des Vorverfahrens in der Sozialgerichtsbarkeit. Auch hier ist auf die Regelungen in §§ 34 bis 46 Ärzte-ZV zu verweisen.

14 dd) **Verfahrensgebühren (Abs. 2 Nr. 4).** Nach Abs. 2 Nr. 4 müssen die Zulassungsverordnungen Vorschriften enthalten über die Verfahrensgebühren unter Berücksichtigung des Verwaltungsaufwandes und der Bedeutung der Angelegenheit für den Gebührenschuldner sowie über die Verteilung der Kosten der Ausschüsse auf die beteiligten Verbände.

15 Nach § 96 Abs. 3 S. 2 bzw. § 97 Abs. 2 S. 4 werden die Kosten der Ausschüsse je zur Hälfte von den Kassenärztlichen Vereinigungen einerseits und den Landesverbänden der Krankenkassen und den Ersatzkassen andererseits getragen, soweit sie nicht durch Gebühren gedeckt sind.

16 Die Erhebung von Verfahrensgebühren erfolgt nach § 46 Ärzte-ZV. Danach werden Gebühren erhoben für Anträge von Ärzten auf Eintragungen ins Arztregister, für Zulassungen und sonstige Anträge, mit denen die Beschlussfassung des Zulassungsausschusses angestrebt wird sowie für Widersprüche, für durch die die Änderung von Bescheiden angestrebt wird.

17 ee) **Führung der Arztregister (Abs. 2 Nr. 5).** Nach Abs. 2 Nr. 5 müssen die Zulassungsverordnungen Vorschriften enthalten über die Führung der Arztregister durch die Kassenärztlichen Vereinigungen und die Führung von Bundesarztregistern durch die Kassenärztlichen Bundesvereinigungen sowie das Recht auf Einsicht in diese Register und Registerakten, insbesondere durch die betroffenen Ärzte und Krankenkassen.

18 Für jeden Zulassungsbezirk führt die Kassenärztliche Vereinigung neben dem Arztregister die Registerakten, § 95 Abs. 2 S. 2 SGB V, § 1 Abs. 1 Ärzte-ZV. Das Arztregister ist nach dem Muster der Anlage zur Ärzte-ZV zu führen, § 2 Abs. 2 Ärzte-ZV. Weitere Einzelheiten ergeben sich aus §§ 1 bis 10 Ärzte-ZV.

19 ff) **Eintragung ins Arztregister (Abs. 2 Nr. 6).** Nach Abs. 2 Nr. 6 müssen die Zulassungsverordnungen Vorschriften enthalten über das Verfahren für die Eintragung in die Arztregister sowie über die Verfahrensgebühren unter Berücksichtigung des Verwaltungsaufwandes und der Bedeutung der Angelegenheit für den Gebührenschuldner, die Bildung und Abgrenzung der Zulassungsbezirke.

20 Die Voraussetzungen für die Eintragung ins Arztregister sind in den §§ 95 Abs. 2 S. 3 Nr. 1, 95 a bzw. für Psychotherapeuten in den §§ 95 Abs. 2 S. 3 Nr. 1, 95 c geregelt. Diese Regelungen werden ergänzt von § 3 Ärzte-ZV.

gg) Bildung und Abgrenzung der Zulassungsbezirke (Abs. 2 Nr. 7). Nach Abs. 2 Nr. 7 müssen die Zulassungsverordnungen Vorschriften enthalten über die Bildung und Abgrenzung der Zulassungsbezirke. Die Bildung und Abgrenzung der Zulassungsbezirke wird in § 11 Ärzte-ZV geregelt. Sie haben Bedeutung für die Eintragung ins Arztregister, §§ 4 Abs. 1, 5 Abs. 1 und 2 Ärzte-ZV.

hh) Bedarfsplanung (Abs. 2 Nr. 8). Nach Abs. 2 Nr. 8 müssen die Zulassungsverordnungen Vorschriften enthalten über die Aufstellung, Abstimmung, Fortentwicklung und Auswertung der für die mittel- und langfristige Sicherstellung der vertragsärztlichen Versorgung erforderlichen Bedarfspläne sowie die hierbei notwendige Zusammenarbeit mit anderen Stellen, deren Unterrichtung und die Beratung in den Landesausschüssen der Ärzte und Krankenkassen.

Bedarfspläne werden gemäß §§ 99 ff. erstellt und durch §§ 12 bis 14 Ärzte-ZV ergänzt. Darüber hinaus ist wesentlich die Bedarfsplanungsrichtlinie (BedarfsplanungsRL) des GBA.[11]

ii) Ausschreibung von Vertragsarztsitzen (Abs. 2 Nr. 9). Nach Abs. 2 Nr. 9 müssen die Zulassungsverordnungen Vorschriften enthalten über die Ausschreibung von Vertragsarztsitzen.

Die Ausschreibung von Vertragsarztsitzen ist bei **Unterversorgung** geregelt in § 100 Abs. 2 SGB V, § 15 Ärzte-ZV. Eine solche ist dann gegeben, wenn der Bedarfsplan einen Bedarf an Vertragsärzten für einen bestimmten Versorgungsbereich ausweist und werden über einen Zeitraum von mehr als sechs Monaten Vertragsarztsitze dort nicht besetzt. In dem Fall hat die Kassenärztliche Vereinigung gemäß § 15 Ärzte-ZV spätestens nach Ablauf dieses Zeitraums Vertragsarztsitze in den für ihre amtlichen Bekanntmachungen vorgesehenen Blättern auszuschreiben.

Bei **Überversorgung** ist die Ausschreibung von Vertragsarztsitzen geregelt in § 103 Abs. 4. Hat danach der Zulassungsausschuss in einem Planungsbereich, für den Zulassungsbeschränkungen angeordnet sind, nach § 103 Abs. 3a einem Antrag auf Durchführung eines Nachbesetzungsverfahrens entsprochen, hat die Kassenärztliche Vereinigung den Vertragsarztsitz in den für ihre amtlichen Bekanntmachungen vorgesehenen Blättern unverzüglich auszuschreiben und eine Liste der eingehenden Bewerbungen zu erstellen. Unter mehreren Bewerbern, die die ausgeschriebene Praxis als Nachfolger des bisherigen Vertragsarztes fortführen wollen, hat der Zulassungsausschuss den Nachfolger nach pflichtgemäßem Ermessen auszuwählen. Bei der Auswahl der Bewerber sind folgende Kriterien zu berücksichtigen: die berufliche Eignung, das Approbationsalter, die Dauer der ärztlichen Tätigkeit, eine mindestens fünf Jahre dauernde vertragsärztliche Tätigkeit in einem Gebiet, in dem der Landesausschuss nach § 100 Abs. 1 das Bestehen von Unterversorgung festgestellt hat, ob der Bewerber Ehegatte, Lebenspartner oder ein Kind des bisherigen Vertragsarztes ist, ob der Bewerber ein angestellter Arzt des bisherigen Vertragsarztes oder ein Vertragsarzt ist, mit dem die Praxis bisher gemeinschaftlich betrieben wurde, ob der Bewerber bereit ist, besondere Versorgungsbedürfnisse, die in der Ausschreibung der Kassenärztlichen Vereinigung definiert worden sind, zu erfüllen.

jj) Zulassungsvoraussetzungen (Abs. 2 Nr. 10). Nach Abs. 2 Nr. 10 müssen die Zulassungsverordnungen Vorschriften enthalten über die Voraussetzungen für die Zulassung hinsichtlich der Vorbereitung und der Eignung zur Ausübung der vertragsärztlichen Tätigkeit sowie die nähere Bestimmung des zeitlichen Umfangs des Versorgungsauftrages aus der Zulassung. Mit Abs. 2 Nr. 10 existiert eine ausreichende Ermächtigungsgrundlage für § 21 Abs. 1 Ärzte-ZV.[12]

§ 18 Ärzte-ZV regelt das Antragsverfahren und zählt die beizufügenden Antragsunterlagen auf.

§ 19 Ärzte-ZV beinhaltet Regelungen über die Prüfung und Entscheidung eines Zulassungsantrages, den Zeitpunkt der Aufnahme der vertragsärztliche Tätigkeit, die Folgen verspäteter Aufnahme der Tätigkeit und Regelungen über eine befristete Zulassung. Insbesondere trat das Zulassungsende gemäß § 19 Abs. 3 Ärzte-ZV wegen Nichtaufnahme der vertragsärztlichen Tätigkeit kraft Gesetzes ein, ohne dass es einer Umsetzung durch Bescheid bedürfte.[13] Dies ist mittlerweile überholt. Nach Auffassung des BVerfG verstößt § 19 Abs. 3 Ärzte-ZV gegen Art. 12 Abs. 1 GG und ist daher nichtig.[14] Die Freiheit der Berufsausübung, also das Recht, eine Tätigkeit als Beruf zu ergreifen und möglichst unregle-

---

11 Richtlinie des GBA über die Bedarfsplanung sowie die Maßstäbe zur Feststellung von Überversorgung und Unterversorgung in der vertragsärztlichen Versorgung (Bedarfsplanungs-Richtlinie) in der Neufassung vom 20.12.2012, veröffentlicht im BAnz AT vom 31.12.2012 B7 vom 31.12.2012, in Kraft getreten am 1.1.2013, zuletzt geändert am 16.6.2016, veröffentlicht im BAnz AT 14.9.2016 B3 vom 14.9.2016, in Kraft getreten am 15.9.2016.
12 Vgl. BSG 16.12.2015, B 6 KA 19/15 R, juris Rn. 36 = GesR 2016, 302 ff.
13 Vgl. BSG, 13.5.2015, B 6 KA 25/14 R, juris Rn. 19 = GesR 2015, 737 ff.
14 Vgl. BVerfG, 26.9.2016, 1 BvR 1326/15, juris = GesR 2016, 767 ff.

mentiert auszuüben, werde durch Art. 12 Abs. 1 GG umfassend geschützt. Die Beendigung der Zulassung zur vertragsärztlichen Versorgung greife in das Recht aus Art. 12 Abs. 1 GG ein. Zwar handele es sich bei der Tätigkeit als Vertragsarzt nicht um einen eigenen Beruf, sondern nur um eine Ausübungsform des Berufs des frei praktizierenden Arztes. Ein Ausschluss von der vertragsärztlichen Tätigkeit beeinträchtige nicht nur die Berufsausübung des Arztes, sondern im Hinblick auf die Anzahl der in der GKV Versicherten[15] und die daher mit einem Ausschluss von der vertragsärztlichen Tätigkeit verbundenen Auswirkungen auf die Möglichkeit, ärztlich tätig zu sein, einer Beschränkung der Berufswahlfreiheit gleichkommt. In das durch Art. 12 Abs. 1 GG garantierte Grundrecht der Berufsfreiheit dürfe nach Auffassung des Gerichts nur auf gesetzlicher Grundlage und unter Beachtung des Grundsatzes der Verhältnismäßigkeit eingegriffen werden. Diesem Gesetzesvorbehalt könne nicht nur durch Normen des staatlichen Gesetzgebers genügt werden, vielmehr seien Beschränkungen innerhalb gewisser Grenzen auch in Gestalt von Satzungen und Rechtsverordnungen zulässig. § 19 Abs. 3 Ärzte-ZV stelle jedoch keine den verfassungsrechtlichen Anforderungen genügende Grundlage für den Eingriff in die durch Art. 12 Abs. 1 GG geschützte Berufsfreiheit dar. Die Vorschrift sei nichtig, weil sie nicht von der Ermächtigungsgrundlage des § 98 Abs. 1 SGB V gedeckt sei. Insbesondere halte sich die in § 19 Abs. 3 Ärzte-ZV getroffene Regelung nicht im Rahmen der parlamentarischen Ermächtigung. § 19 Abs. 3 Ärzte-ZV treffe zwar Regelungen zum Ende der Zulassung bei Nichtaufnahme der vertragsärztlichen Tätigkeit für von Zulassungsbeschränkungen betroffene Planungsbereiche und damit zur "*Teilnahme an der vertragsärztlichen Versorgung*". Es handele sich hierbei aber nicht um eine Vorschrift, die lediglich "*das Nähere*" über die Teilnahme an der vertragsärztlichen Versorgung im Sinne des § 98 Abs. 1 S. 1 regele. Sie füge vielmehr dem Katalog aus den Gesetzesnormen einen weiteren Beendigungstatbestand hinzu. Zur Regelung eines weiteren Zulassungsbeendigungstatbestandes wäre der Verordnungsgeber nach Auffassung des BVerfG im Rahmen der Ermächtigung jedoch nicht befugt. Die Exekutive werde in § 98 Abs. 1 nur zur näheren Ausgestaltung der gesetzlichen Regelungen ermächtigt. Es könne nicht davon ausgegangen werden, dass der Gesetzgeber die Fälle der Beendigung und Entziehung der Zulassung nur beispielhaft im Gesetz geregelt habe und es dem Verordnungsgeber im Übrigen überlassen hat, weitere Entziehungs- und Beendigungsgründe festzulegen. Würde die Ermächtigungsgrundlage so verstanden werden, dass die Exekutive beliebige Regelungen zur Teilnahme an der vertragsärztlichen Versorgung treffen dürfte, verstieße § 98 Abs. 1 wegen mangelnder Bestimmtheit gegen Art. 80 Abs. 1 S. 2 GG. Denn angesichts der mit der Entziehung oder Beendigung einhergehenden Grundrechtsbetroffenheit hätte es nach Auffassung des BVerfG hierzu einer hinreichend klaren Regelung bedurft.

30 § 19 a Ärzte-ZV regelt die Möglichkeit einen Versorgungsauftrag voll oder hälftig auszuüben. Der sich aus der Zulassung des Vertragsarztes ergebende volle Versorgungsauftrag ist dadurch zu erfüllen, dass der Vertragsarzt an seinem Vertragsarztsitz gemäß § 17 Abs. 1 a S. 1 und 2 BMV-Ä persönlich mindestens 20 Stunden wöchentlich in Form von Sprechstunden zur Verfügung steht; bei Teilzulassungen reduziert sich die Sprechstundenpflicht auf 10 Stunden. Für MVZ sind angestellte Ärzte nach § 51 Bedarfsplanungsrichtlinie (BedarfsplanungsRL)[16] grundsätzlich mit dem Faktor 1 zu berücksichtigen, soweit sie vollbeschäftigt sind. Teilzeitbeschäftigte Ärzte sind bei der Feststellung des örtlichen Versorgungsgrades der ambulanten Versorgung nach Maßgabe des konkreten Beschäftigungsumfangs in der ambulanten Versorgung zu berücksichtigen. Dabei gelten folgende Anrechnungsfaktoren:

Vertraglich vereinbarte Arbeitszeit	Anrechnungs-Faktor
bis 10 Stunden pro Woche	0,25
über 10 bis 20 Stunden pro Woche	0,5
über 20 bis 30 Stunden pro Woche	0,75
über 30 Stunden pro Woche	1,0

---

15 Im Zeitraum 2015/2016 waren von 81.198 Mio. Einwohnern (Stand: 31.12.2014) in der Bundesrepublik Deutschland rund 70,3 Mio. bzw. 86,6 % in der GKV und 8,8 Mio. bzw. 10,9 % in der PKV versichert (Quelle: vdek, Daten zum Gesundheitswesen 2015/2016, veröffentlicht unter https://www.vdek.com/presse/daten/_jcr_content/par/download_3/file.res/VDEK_Basisdaten015-016_210x280_RZ-X3_online.pdf, zuletzt abgerufen am 1.3.2017.

16 Richtlinie des GBA über die Bedarfsplanung sowie die Maßstäbe zur Feststellung von Überversorgung und Unterversorgung in der vertragsärztlichen Versorgung (Bedarfsplanungs-Richtlinie) in der Neufassung vom 20.12.2012, veröffentlicht im BAnz AT vom 31.12.2012 B7 vom 31.12.2012, in Kraft getreten am 1.1.2013, zuletzt geändert am 16.6.2016, veröffentlicht im BAnz AT 14.9.2016 B3 vom 14.9.2016, in Kraft getreten am 15.9.2016.

Die §§ 20, 21 Ärzte-ZV enthalten Gründe, die einer Eignung als Vertragsarzt entgegenstehen. 31

kk) **Ermächtigungen (Abs. 2 Nr. 11).** Nach Abs. 2 Nr. 11 müssen die Zulassungsverordnungen Vorschriften enthalten über die Voraussetzungen, unter denen Ärzte, insbesondere in Krankenhäusern und Einrichtungen der beruflichen Rehabilitation, oder in besonderen Fällen Einrichtungen durch die Zulassungsausschüsse zur Teilnahme an der vertragsärztlichen Versorgung ermächtigt werden können, die Rechte und Pflichten der ermächtigten Ärzte und ermächtigten Einrichtungen sowie die Zulässigkeit einer Vertretung von ermächtigten Krankenhausärzten durch Ärzte mit derselben Gebietsbezeichnung. 32

Gemäß 95 Abs. 1 S. 1 nehmen an der vertragsärztlichen Versorgung ua ermächtigte Ärzte und ermächtigte Einrichtungen teil. Gemäß §§ 95 Abs. 4 S. 1, 116 bewirkt die Ermächtigung, dass der ermächtigte Arzt oder die ermächtigte Einrichtung zur Teilnahme an der vertragsärztlichen Versorgung berechtigt und verpflichtet ist. 33

In der Ärzte-ZV ist die Ermächtigung geregelt in den §§ 31, 31a Ärzte-ZV. Gemäß **§ 31 Abs. 1 Ärzte-ZV** können die Zulassungsausschüsse über den Kreis der zugelassenen Ärzte hinaus weitere Ärzte, insbesondere in Krankenhäusern, Vorsorge- und Rehabilitationseinrichtungen, stationären Pflegeeinrichtungen und Einrichtungen der beruflichen Rehabilitation oder in besonderen Fällen Einrichtungen zur Teilnahme an der vertragsärztlichen Versorgung, ermächtigen, sofern dies notwendig ist, um 34
1. eine bestehende oder unmittelbar drohende Unterversorgung nach § 100 Abs. 1 abzuwenden oder einen nach § 100 Abs. 3 festgestellten zusätzlichen lokalen Versorgungsbedarf zu decken oder
2. einen begrenzten Personenkreis zu versorgen, beispielsweise Rehabilitanden in Einrichtungen der beruflichen Rehabilitation oder Beschäftigte eines abgelegenen oder vorübergehenden Betriebes.

Gemäß **§ 31a Abs. 1 Ärzte-ZV** können die Zulassungsausschüsse Ärzte, die
1. in einem Krankenhaus,
2. in einer Vorsorge- oder Rehabilitationseinrichtung, mit der ein Versorgungsvertrag nach § 111 Abs. 2 besteht, oder
3. nach § 119b Abs. 1 S. 3 und 4 in einer stationären Pflegeeinrichtung

tätig sind, zur Teilnahme an der vertragsärztlichen Versorgung der Versicherten ermächtigen, soweit sie über eine entsprechende abgeschlossene Weiterbildung verfügen und der Träger der Einrichtung, in der der Arzt tätig ist, zustimmt. Die Ermächtigung ist zu erteilen, soweit und solange eine ausreichende ärztliche Versorgung der Versicherten ohne die besonderen Untersuchungs- und Behandlungsmethoden oder Kenntnisse von hierfür geeigneten Ärzten nach S. 1 nicht sichergestellt wird.

Nach der Rechtsprechung des BSG ist von einem **Rangverhältnis der unterschiedlichen Formen der ambulanten vertragsärztlichen Versorgung** auszugehen. Insbesondere ist die Teilnahme in erster Linie durch niedergelassene Vertragsärzte zu gewährleisten.[17] Verbleibende Versorgungslücken, die die Heranziehung weiterer Ärzte erfordern, sind auf der Grundlage des § 116 in Verbindung mit dem nahezu wortgleichen § 31a Ärzte-ZV vorrangig durch Ermächtigungen von Krankenhausärzten zu schließen. In zweiter Linie sind sie gemäß § 31 Abs. 1 Ärzte-ZV durch Ermächtigungen weiterer Ärzte zu beseitigen. Erst danach können unter den Voraussetzungen des § 31 Abs. 1 lit. a und b Ärzte-ZV ärztlich geleitete Einrichtungen im Wege sog Institutsermächtigungen an der vertragsärztlichen Versorgung beteiligt werden.[18] Vor diesem Hintergrund ist im Rahmen von Ermächtigungen von folgender Rangfolge auszugehen: 35
1. niedergelassene Vertragsärzte,
2. Krankenhausärzte, § 116 SGB V, § 31a Ärzte-ZV,
3. weiterer Ärzte, § 31 Abs. 1 Ärzte-ZV,
4. Institutsermächtigungen, §§ 117 bis 119b SGB V, § 31 Abs. 1 lit. a und b Ärzte-ZV.

Ist eine Ermächtigung bereits mehrfach in einem wesentlich gleichen Umfang ausgesprochen worden, bedarf es zur Ablehnung einer Ermächtigung Sachverhaltsermittlungen, die Anlass zu einer im Vergleich zu früher abweichenden Situation geben[19] 36

Anträge auf Ermächtigungen sind schriftlich auf den Zulassungsausschuss zu richten, § 18 Ärzte-ZV. Im Falle von Ermächtigungen nach § 31a Abs. 1 Ärzte-ZV müssen die Antragsteller ergänzend eine schriftliche Zustimmungserklärung des Trägers der Einrichtung, in der der Arzt tätig ist, beizufügen, § 31a Abs. 2 S. 2 Ärzte-ZV. 37

---

17 Vgl. BVerfG, 17.8.2004, 1 BvR 378/00, juris Rn. 16 ff. = GesR 2004, 470 ff.
18 Vgl. BSG, 26.1.2000, B 6 KA 51/98 R, juris Rn. 16 = MedR 2000, 492 ff.
19 Vgl. SG Marburg, 8.2.2006, S 12 KA 21/06 ER, juris Rn. 27; Schallen, ZulVO, § 31 Rn. 51.

38 In den Ermächtigungsbeschlüssen sämtlicher Arten von Ermächtigungen ist die Ermächtigung zeitlich,[20] räumlich und ihrem Umfang nach zu bestimmen, in diesem muss auch festgelegt sein, ob der ermächtigte Arzt unmittelbar oder auf Überweisung in Anspruch genommen werden kann, § 31 Abs. 7 Ärzte-ZV. Insbesondere hat die Ermächtigung zu bestimmen, ob der ermächtigte Arzt nur auf Überweisung in Anspruch genommen werden darf, schließt Festlegungen zum Kreis der überweisungsberechtigten Ärzte ein. § 31 Abs. 7 Ärzte-ZV gilt nicht nur für die Ermächtigung der in § 31 Abs. 1 Ärzte-ZV genannten Personen und Einrichtungen, sondern auch für Ermächtigungen, die auf der Grundlage bundesmantelvertraglicher Regelungen nach § 31 Abs. 2 Ärzte-ZV erteilt worden sind.[21]

39 **(1) Krankenhausärzte, § 116 SGB V, § 31 a Ärzte-ZV.** Nach diesen Vorschriften kann der Zulassungsausschuss mit Zustimmung des Krankenhausträgers einen **Krankenhausarzt mit abgeschlossener Weiterbildung** zur Teilnahme an der vertragsärztlichen Versorgung der Versicherten ermächtigen, soweit und solange deren ausreichende ärztliche Versorgung ohne die besonderen Untersuchungs- und Behandlungsmethoden oder Kenntnisse von hierfür geeigneten Krankenhausärzten nicht sichergestellt wird. Der in dieser Formulierung zum Ausdruck kommende Vorrang der niedergelassenen Vertragsärzte gilt für den gesamten Bereich der ambulanten Krankenversorgung und mithin auch für diagnostische Leistungen auf Überweisungen von denjenigen Ärzten, die die Patienten unmittelbar behandeln. Nicht nur die eigenverantwortliche ambulante Behandlung, sondern auch die Beratung und Unterstützung eines anderen Vertragsarztes bei dessen Behandlung obliegen in erster Linie den entsprechend weitergebildeten und qualifizierten Vertragsärzten. Nach der Rechtsprechung setzt die Erteilung einer Ermächtigung gemäß § 116 SGB V, § 31 a Abs. 1 Ärzte-ZV an einen weitergebildeten Krankenhausarzt einen quantitativ-allgemeinen oder einen qualitativ-speziellen Versorgungsbedarf voraus, bei dessen Überprüfung und Feststellung die Zulassungsgremien über einen der gerichtlichen Nachprüfung nur eingeschränkt zugänglichen Beurteilungsspielraum verfügen. Ein quantitativ-allgemeiner Bedarf liegt vor, wenn in einem Planungsbereich in einer Arztgruppe zu wenige niedergelassene Ärzte vorhanden sind, um den Bedarf zu decken. Das Vorliegen eines qualitativ-speziellen Bedarfs setzt voraus, dass ein Krankenhausarzt besondere, für eine ausreichende Versorgung notwendige Untersuchungs- und Behandlungsleistungen anbietet, die von den niedergelassenen Ärzten nicht bzw. nicht in erforderlichem Umfang erbracht werden.[22]

40 Maßstab für die **Bedarfsprüfung** ist grundsätzlich der Planungsbereich. Bei der Ermittlung eines Bedarfs in quantitativ-allgemeiner Hinsicht sind als Voraussetzung für die Ermächtigung eines Krankenhausarztes, also der Prüfung, ob im jeweiligen Planungsbereich eine ausreichende Anzahl von Ärzten einer bestimmten Arztgruppe für die ambulante Versorgung zur Verfügung steht, die Angaben des Bedarfsplans zugrunde zu legen. Auch für die Prüfung des qualitativ-speziellen Bedarfs ist grundsätzlich der Zuschnitt der regionalen Planungsbereiche maßgeblich. Hierbei ist der Bedarf in der jeweiligen Gruppe der Gebietsärzte (Arztgruppe) maßgeblich, wobei auf den Bedarf in Teilgebieten gesondert abzustellen ist.[23] Dies hat seinen Grund vor allem darin, dass das Wissen in einzelnen Bereichen eines Teilgebietes derart speziell sein kann, dass Gebietsärzte mit „normalem" Wissensstand entsprechende Leistungen nicht anbieten können. Beispielsweise hat ein Facharzt für Orthopädie und Unfallchirurgie, der in seinem Bereich vornehmlich „normale" Leistungen erbringt, einen Wissensnachteil gegenüber einem entsprechenden Krankenhausarzt, der sich umfassend und ausschließlich mit dem Kniegelenk beschäftigt. Auch insoweit wird man einen qualitativ-speziellen Versorgungsbedarf annehmen können.

41 **(2) Weitere Ärzte, § 31 Abs. 1 Ärzte-ZV.** Gemäß § 31 Abs. 1 Ärzte-ZV können die Zulassungsausschüsse über den Kreis der zugelassenen Ärzte hinaus weitere Ärzte ermächtigen, sofern dies notwendig ist, um
1. eine bestehende oder unmittelbar drohende Unterversorgung nach § 100 Abs. 1 abzuwenden oder einen nach § 100 Abs. 3 festgestellten zusätzlichen lokalen Versorgungsbedarf zu decken oder
2. einen begrenzten Personenkreis zu versorgen, beispielsweise Rehabilitanden in Einrichtungen der beruflichen Rehabilitation oder Beschäftigte eines abgelegenen oder vorübergehenden Betriebes.

---

20 Vgl. BSG, 18.6.1997, 6 RKa 45/96, juris Rn. 17 ff. = SozR 3-5540 § 5 Nr. 4.
21 Vgl. BSG. 17.2.2016, B 6 KA 6/15 R, juris Rn. 47 = GesR 2016, 723 ff.; Schallen, ZulVO, § 31 Rn. 47.
22 SG Marburg, 8.2.2006, S 12 KA 21/06 ER, juris Rn. 25 mwN.
23 AA BSG, 14.7.1993, 6 RKa 71/91, juris = MedR 1994, 73 ff.; SG Marburg, 8.2.2006, S 12 KA 21/06 ER, juris Rn. 26 mwN.

Die Voraussetzungen für eine Ermächtigung zur Abwendung einer bestehenden oder unmittelbar drohenden Unterversorgung gemäß § 31 Abs. 1 Nr. 1 Ärzte-ZV ergeben sich aus der Bedarfsplanungsrichtlinien des G-BA[24] zu erteilen ist.

Eine Ermächtigung zur Versorgung eines begrenzten gemäß § 31 Abs. 1 Nr. 2 Ärzte-ZV setzt voraus, dass die Versorgung des begrenzten Personenkreis nicht durch Vertragsärzte erfolgen kann.[25] Die Beispiele der Rehabilitanden in Einrichtungen der beruflichen Rehabilitation oder Beschäftigte eines abgelegenen oder vorübergehenden Betriebes sind nicht abschließend, vielmehr kommt jeder andere abgrenzbare Personenkreis in Betracht,[26] als auch Altersheime, Hospize oder Ordensgemeinschaften.[27]

Die **Kompetenz eines Psychotherapeuten, mit Patienten Therapien in deren nichtdeutscher Muttersprache durchzuführen**, begründet uU einen entsprechenden Bedarf für dessen Ermächtigung. Andernfalls kann eine Leistungserbringung im Rahmen der §§ 27, 28 ggf. gar nicht möglich sein. Gerade im Bereich der Psychotherapie geht es um sprachliche Feinheiten. Außerdem kann es im Rahmen der §§ 27, 28 erforderlich sein, dass der Therapeut den Kulturkreis des Patienten kennt. Zudem kann es dem Wirtschaftlichkeitsgebot nach § 12 widersprechen, Leistungen zu erbringen, die prognostisch aller Voraussicht nach nicht wirksam sind.[28]

Nach § 31 Abs. 2 Ärzte-ZV kann der **Bundesmantelvertrag** Ermächtigungen zur Erbringung bestimmter ärztlicher Leistungen vorsehen. Nach der Rechtsprechung des BSG will die Vorschrift ihrer Zielrichtung nach den Partnern des Bundesmantelvertrages ebenfalls ermöglichen, besonderen Versorgungsbedürfnissen, die sich von vornherein einer konkreten Festlegung entziehen, Rechnung zu tragen.[29] Gemäß § 5 BMV-Ä können die Zulassungsausschüsse über die Ermächtigungstatbestände des § 31 Abs. 1 Ärzte-ZV hinaus gemäß § 31 Abs. 2 Ärzte-ZV geeignete Ärzte und in Ausnahmefällen ärztlich geleitete Einrichtungen zur Durchführung bestimmter, in einem Leistungskatalog definierter Leistungen, auf der Grundlage des EBM ermächtigen, wenn dies zur Sicherstellung der vertragsärztlichen Versorgung erforderlich ist. Insbesondere kann ohne Bedarfsprüfung zur zytologischen Diagnostik von Krebserkrankungen und Leistungen der Mutterschaftsvorsorge ermächtigt werden.

Nach Auffassung des LSG NRW ist ein Versorgungsauftrag nach § 3 Abs. 3 lit. a) Anl. 9.1 zum BMV-Ä örtlich an den Vertragsarztsitz zum Zeitpunkt der Erteilung des Versorgungsauftrags und im Übrigen auch an die dort von einer BAG betriebene Dialysepraxis gebunden. Ein Vertragsarzt, der aus der bisherigen BAG ausscheidet, hat keinen Anspruch auf Mitnahme des erteilten Auftrags zur Versorgung chronisch niereninsuffizienter Patienten, auch nicht aus Gründen des Vertrauensschutzes.[30]

(3) **Institutsermächtigungen**, §§ 117 bis 119b SGB V, § 31 Abs. 1 lit. a und b Ärzte-ZV. § 98 Abs. 2 Nr. 11 lässt schließlich „in besonderen Fällen" die Ermächtigung von Einrichtungen durch die Zulassungsbehörden zu.

ll) **Befristung von Zulassungen (Abs. 2 Nr. 12).** Nach Abs. 2 Nr. 12 müssen die Zulassungsverordnungen Vorschriften enthalten über die Voraussetzungen für eine Befristung von Zulassungen.

Durch die Vorschrift, die im Rahmen des Versorgungsstrukturgesetzes zum 1.1.2012[31] in das Gesetz eingefügt worden ist, wird erstmals die Möglichkeit geschaffen, Zulassungen zur vertragsärztlichen Versorgung zu befristen. Die Befristung dient dem Ziel, perspektivisch die Festschreibung von Überversorgung zu reduzieren.[32] Die Voraussetzungen für eine Befristung von Zulassungen werden durch den neuen § 19 Abs. 4 Ärzte-ZV geregelt. Nach der Vorschrift kann der Zulassungsausschuss die Zulassung befristen in einem Planungsbereich ohne Zulassungsbeschränkungen mit einem allgemeinen bedarfsgerechten Versorgungsgrad ab 100 %.

mm) **Anstellung von Ärzten, Assistenten und Vertretern und weitere Tätigkeitsorte (Abs. 2 Nr. 13).** Nach Abs. 2 Nr. 13 müssen die Zulassungsverordnungen Vorschriften enthalten über

---

24 Hess in: KassKomm, § 98 SGB V Rn. 4.
25 Hess in: KassKomm, § 98 SGB V Rn. 24.
26 Krauskopf in: Krauskopf, § 98 SGB V Rn. 20.
27 Hess in: KassKomm, § 98 SGB V Rn. 24.
28 AA BSG, 6.2.2008, B 6 KA 40/06 R, juris Rn. 17, 18 = MedR 1994, 73 ff.
29 BSG, 22.6.1994, 6 RKa 22/93, juris Rn. 30 = SozR 3-5540 § 5 Nr. 5.
30 Vgl. BSG, 15.3.2017, B 6 KA 13/16 R, Terminbericht Nr. 6/17 vom 16.3.2017; LSG NRW, 9.12.2015, L 11 KA 84/14, juris Rn. 44 ff., 49.
31 Gesetz zur Verbesserung der Versorgungsstrukturen in der gesetzlichen Krankenversicherung (GKV-Versorgungsstrukturgesetz – GKV-VStG) vom 22.12.2011 (BGBl. I, 2983).
32 Vgl. BT-Dr. 17/6906, 72.

die Voraussetzungen, unter denen nach den Grundsätzen der Ausübung eines freien Berufes die Vertragsärzte angestellte Ärzte, Assistenten und Vertreter in der vertragsärztlichen Versorgung beschäftigen dürfen oder die vertragsärztliche Tätigkeit an weiteren Orten ausüben können.

50 Die mit dem GKV-Modernisierungsgesetz vom 14.11.2003[33] eingeleitete Flexibilisierung der ambulanten Versorgungsstrukturen, die zu einer Lockerungen der bisherigen berufsrechtlichen Begrenzungen ärztlicher, zahnärztlicher und psychotherapeutischer Berufsausübung geführt haben, sollte nach dem Willen des Gesetzgebers im Rahmen des Vertragsarztrechtsänderungsgesetz fortgesetzt werden. Um diese durch die neuen (Muster-)Berufsordnungen geschaffenen Spielräume für die Berufsausübung der niedergelassenen Ärzte, Zahnärzte und Psychotherapeuten im vertragsärztlichen, vertragszahnärztlichen und vertragspsychotherapeutischen Alltag wirksam werden zu lassen, müssen die entsprechenden Regelungen des Vertragsarztrechts im SGB V und in den Zulassungsverordnungen mit gleichgerichteter Zielrichtung fortentwickelt werden.[34]

51 Abs. 2 Nr. 13 listet somit vier Varianten auf:
- Vertragsärzte dürfen in der vertragsärztlichen Versorgung angestellte Ärzte beschäftigen,
- Vertragsärzte dürfen in der vertragsärztlichen Versorgung Assistenten beschäftigen,
- Vertragsärzte dürfen in der vertragsärztlichen Versorgung Vertreter beschäftigen,
- die vertragsärztliche Tätigkeit kann an weiteren Orten ausgeübt werden.

52 **(1) Beschäftigung von angestellten Ärzten.** Die Möglichkeit der Anstellung bzw. deren Rückgängigmachung von Ärzten ist geregelt in § 95 Abs. 9, 9a, 9b SGB V, § 32b Ärzte-ZV. Im Rahmen der Vorbereitung zum Gesundheitsstrukturgesetz[35] hatte der Gesetzgeber festgestellt 1992, dass im bis dahin bestehenden Recht die Voraussetzungen, unter denen ein niedergelassener Arzt ua Assistenten in seiner Praxis beschäftigen kann, zu eng gefasst sind. Deshalb wurde die Beschäftigung eines ganztagsbeschäftigten Arztes oder zweier Ärzte beim Vertragsarzt zugelassen. Die Neuregelung war auch im Zusammenhang mit Zulassungsbegrenzungen zu sehen. Hierdurch wurden weitere Beschäftigungsmöglichkeiten für medizinische Hochschulabsolventen geschaffen, die keine eigene Kassenzulassung erhalten. Es ist erwartet worden, dass angestellte Ärzte vom niedergelassenen Arzt angemessen vergütet werden würden.[36]

53 Nach § 32b Abs. 1 S. 2 Ärzte-ZV sind in den Bundesmantelverträgen einheitliche Regelungen zu treffen über den zahlenmäßigen Umfang der Beschäftigung angestellter Ärzte unter Berücksichtigung der Versorgungspflicht des anstellenden Vertragsarztes.

54 Gemäß § 14a Abs. 1 BMV-Ä ist in Fällen, in denen nach § 95 Abs. 9 SGB V iVm § 32b Abs. 1 Ärzte-ZV der Vertragsarzt einen angestellten Arzt oder angestellte Ärzte beschäftigen darf, sicherzustellen, dass der Vertragsarzt die Arztpraxis persönlich leitet. Die **persönliche Leitung** ist anzunehmen, wenn je Vertragsarzt nicht mehr als drei vollzeitbeschäftigte oder teilzeitbeschäftigte Ärzte in einer Anzahl, welche im zeitlichen Umfang ihrer Arbeitszeit drei vollzeitbeschäftigten Ärzten entspricht, angestellt werden. Bei Vertragsärzten, welche überwiegend medizinisch-technische Leistungen erbringen, wird die persönliche Leitung auch bei der Beschäftigung von bis zu vier vollzeitbeschäftigten Ärzten vermutet. Bei Vertragsärzten, welche eine Zulassung nach § 19a Ärzte-ZV für einen hälftigen Versorgungsauftrag haben, vermindert sich die Beschäftigungsmöglichkeit auf einen vollzeitbeschäftigten oder zwei teilzeitbeschäftigte Ärzte je Vertragsarzt. Die Beschäftigung eines Weiterbildungsassistenten wird insoweit nicht angerechnet. Will der Vertragsarzt über den vorbenannten Umfang hinaus weitere Ärzte beschäftigen, hat er dem Zulassungsausschuss vor der Erteilung der Genehmigung nachzuweisen, durch welche Vorkehrungen die persönliche Leitung der Praxis gewährleistet ist. Für Vertragszahnärzte gilt dagegen, dass zwei vollzeitbeschäftigte oder bis zu vier halbzeitbeschäftigte Zahnärzte angestellt werden können, § 4 Abs. 1 S. 7 BMV-Z. Bei Teilzulassung gemäß § 19a Abs. 2 ZV-Z können entweder ein vollzeitbeschäftigter Zahnarzt, zwei halbzeitbeschäftigte Zahnärzte oder vier Zahnärzte mit insgesamt höchstens vollzeitiger Beschäftigungsdauer angestellt werden.

55 Dem Vertragsarzt ist es möglich, neben fachidentischen auch **fachfremde Ärzte** anzustellen. Dies ergibt sich allerdings nur im Umkehrschluss aus der Regelung zur Anstellung in überversorgten Gebieten so-

---

[33] Gesetz zur Modernisierung der gesetzlichen Krankenversicherung (GKV-Modernisierungsgesetz – GMG) vom 14.11.2003 (BGBl. I, 2190).
[34] Vgl. BT-Dr. 16/2474, 15.
[35] Gesetz zur Sicherung und Strukturverbesserung der gesetzlichen Krankenversicherung (Gesundheitsstrukturgesetz – GStrukG) vom 21.12.1992 (BGBl. I, 2266).
[36] BT-Dr. 12/3608, 93.

wie – mittelbar – aus der hierzu gegebenen Begründung; hier soll an dem Grundsatz der Fachgebietsidentität von anstellendem und angestelltem Arzt festgehalten werden.[37] Ausgenommen aus dieser Regelung sind diejenige Ärzte, die gem. § 13 Abs. 4 und 5 BMV-Ä nur auf Überweisung in Anspruch genommen werden können, § 14a Abs. 2 BMV-Ä.

(2) Beschäftigung von Assistenten. Die Möglichkeiten der Anstellung eines Assistenten sind in § 32 Abs. 2 Ärzte-ZV aufgeführt. Der Vertragsarzt darf einen Assistenten nur beschäftigen, 56
1. wenn dies im Rahmen der Aus- oder Weiterbildung oder aus Gründen der Sicherstellung der vertragsärztlichen Versorgung erfolgt,
2. während Zeiten der Erziehung von Kindern bis zu einer Dauer von 36 Monaten, wobei dieser Zeitraum nicht zusammenhängend genommen werden muss, und
3. während der Pflege eines pflegebedürftigen nahen Angehörigen in häuslicher Umgebung bis zu einer Dauer von sechs Monaten.

Die Kassenärztliche Vereinigung kann die in § 32 Abs. 2 S. 2 Nr. 2 und 3 Ärzte-ZV genannten Zeiträume verlängern. Für die Beschäftigung eines Assistenten ist die vorherige Genehmigung der Kassenärztlichen Vereinigung erforderlich. Die Dauer der Beschäftigung ist zu befristen. Die Genehmigung ist zu widerrufen, wenn die Beschäftigung eines Assistenten nicht mehr begründet ist; sie kann widerrufen werden, wenn in der Person des Vertreters oder Assistenten Gründe liegen, welche beim Vertragsarzt zur Entziehung der Zulassung führen können. Die Beschäftigung eines Assistenten darf jedoch nicht der Vergrößerung der Kassenpraxis oder der Aufrechterhaltung eines übergroßen Praxisumfangs dienen. 57

(3) Beschäftigung von Vertretern. Die Möglichkeiten der Beschäftigung eines Vertreters werden in § 32 Ärzte-ZV benannt. 58

Als Grundsatz ist danach festzustellen, dass der Vertragsarzt die vertragsärztliche Tätigkeit persönlich in freier Praxis auszuüben hat. Er kann sich jedoch bei 59
- Krankheit,
- Urlaub oder
- Teilnahme an ärztlicher Fortbildung oder
- an einer Wehrübung

innerhalb von zwölf Monaten bis zur Dauer von drei Monaten vertreten lassen. Eine Vertragsärztin kann sich in unmittelbarem zeitlichen Zusammenhang mit einer Entbindung bis zu einer Dauer von zwölf Monaten vertreten lassen. Dauert die Vertretung länger als eine Woche, so ist sie der Kassenärztlichen Vereinigung mitzuteilen.

Vor diesen Hintergründen ist zu unterscheiden zwischen kurzfristigen Vertretungen und langfristigen Vertretungen. **Kurzfristigen Vertretungen** sind grundsätzlich bei einer Dauer von drei Monaten innerhalb von zwölf Monaten anzunehmen; dauert die Vertretung länger als eine Woche, so ist sie der Kassenärztlichen Vereinigung mitzuteilen. **Langfristige Vertretungen** sind grundsätzlich solche von über drei Monaten (bzw. im Entbindungsfall sechs Monaten) innerhalb von zwölf Monaten; sie müssen durch die Kassenärztlichen Vereinigungen genehmigt werden. 60

Weitere Vertretungsfälle werden in § 32 Abs. 2 S. 2 Ärzte-ZV benannt. Danach darf der Vertragsarzt einen Vertreter nur beschäftigen, 61
1. wenn dies im Rahmen der Aus- oder Weiterbildung oder aus Gründen der Sicherstellung der vertragsärztlichen Versorgung erfolgt,
2. während Zeiten der Erziehung von Kindern bis zu einer Dauer von 36 Monaten, wobei dieser Zeitraum nicht zusammenhängend genommen werden muss, und
3. während der Pflege eines pflegebedürftigen nahen Angehörigen in häuslicher Umgebung bis zu einer Dauer von sechs Monaten.

Eine Besonderheit gilt für **Psychotherapeuten**. Wegen der besonders engen Patienten-Therapeuten-Beziehung ist eine Vertretung bei den probatorischen Sitzungen und bei der genehmigten Psychotherapie unzulässig, § 14 Abs. 3 S. 1 BMV-Ä. 62

Eine regelmäßige Vertretung (zB wöchentlich Freitags) dürfte unzulässig sein, sofern kein Vertretungsgrund nach § 32 Ärzte-ZV vorliegt. Rechtsprechung hierzu liegt aber nicht vor. 63

---

37 BSG, 14.12.2011, B 6 KA 31/10 R, juris Rn 39 = MedR 2012, 826 ff.; BT-Dr. 16/2474, 22; Schallen, ZulVO, § 32 b Rn. 9; Bäune in: Bäune/Meschke/Rothfuß, Ärzte-ZV, Zahnärzte-ZV, 2008, § 32 b Rn. 32.

64 Der Vertragsarzt darf sich grundsätzlich nur durch einen anderen Vertragsarzt oder durch einen Arzt, der die Voraussetzungen des § 3 Abs. 2 Ärzte-ZV[38] erfüllt, vertreten lassen. Überschreitet innerhalb von zwölf Monaten die Dauer der Vertretung einen Monat, kann die Kassenärztliche Vereinigung beim Vertragsarzt oder beim Vertreter überprüfen, ob der Vertreter die Voraussetzungen nach S. 5 erfüllt und keine Ungeeignetheit nach § 21 Ärzte-ZV vorliegt.

65 Für die Beschäftigung eines Vertreters ist die **vorherige Genehmigung der Kassenärztlichen Vereinigung** erforderlich. Die Dauer der Beschäftigung ist zu befristen. Die Genehmigung ist zu widerrufen, wenn die Beschäftigung eines Vertreters oder Assistenten nicht mehr begründet ist; sie kann widerrufen werden, wenn in der Person des Vertreters oder Assistenten Gründe liegen, welche beim Vertragsarzt zur Entziehung der Zulassung führen können.

66 **(4) Ausübung der vertragsärztlichen Tätigkeit an weiteren Orten.** Die Möglichkeiten der Ausübung der vertragsärztlichen Tätigkeit an weiteren Orten sind in § 24 Ärzte-ZV aufgeführt.

67 Grundsätzlich erfolgt die Zulassung für den Ort der Niederlassung als Arzt (Vertragsarztsitz), § 24 Abs. 1 Ärzte-ZV. Hier muss der Vertragsarzt seine Sprechstunde halten, § 24 Abs. 2 Ärzte-ZV.[39] Die § 24 Abs. 3 bis 7 Ärzte-ZV enthalten Ausnahmen von diesem Grundsatz.

68 Gemäß § 24 Abs. 3 Ärzte-ZV sind vertragsärztliche Tätigkeiten außerhalb des Vertragsarztsitzes an weiteren Orten zulässig, wenn und soweit
1. dies die Versorgung der Versicherten an den weiteren Orten verbessert und (kumulativ)
2. die ordnungsgemäße Versorgung der Versicherten am Ort des Vertragsarztsitzes nicht beeinträchtigt wird; geringfügige Beeinträchtigungen für die Versorgung am Ort des Vertragsarztsitzes sind unbeachtlich, wenn sie durch die Verbesserung der Versorgung an dem weiteren Ort aufgewogen werden.

69 Der Zulassungsausschuss darf den Antrag eines Vertragsarztes auf Verlegung seines Vertragsarztsitzes nur genehmigen, wenn Gründe der vertragsärztlichen Versorgung dem nicht entgegenstehen. § 24 Abs. 7 Ärzte-ZV.

70 Vertragsärztliche Tätigkeiten sind jedoch nicht auf den Vertragsarztsitz beschränkt. Als weitere Tätigkeitsorte kommen in Betracht:
- Vertragsarztsitze weiterer Mitglieder von überörtlichen Gemeinschaftspraxen, § 33 Abs. 3 S. 2 Ärzte-ZV,
- ausgelagerte Praxisräume, § 24 Abs. 5 Ärzte-ZV (spezielle Untersuchungs- und Behandlungsräume in räumlicher Nähe zum Vertragsarztsitz, gemäß § 1 a Nr. 20 BMV-Ä anzeigepflichtig),
- Zweigpraxen (gemäß § 1 a Nr. 19 BMV-Ä genehmigte weitere Tätigkeitsorte.

71 Insbesondere bei MVZ ist jedoch in allen Fällen der Ausübung vertragsärztlicher Tätigkeit an einem weiteren oder mehreren Tätigkeitsorten außerhalb des Vertragsarztsitzes zu beachten, dass gemäß § 17 Abs. 1 a S. 3 BMV-Ä die Tätigkeit am Vertragsarztsitz alle Tätigkeiten außerhalb des Vertragsarztsitzes zeitlich insgesamt überwiegen muss.

72 **nn) Gemeinsame Berufsausübung (Abs. 2 Nr. 13 a).** Nach Abs. 2 Nr. 13 a müssen die Zulassungsverordnungen Vorschriften enthalten über die Voraussetzungen, unter denen die zur vertragsärztlichen Versorgung zugelassenen Leistungserbringer die vertragsärztliche Tätigkeit gemeinsam ausüben können.

73 Abs. 2 Nr. 13 aF enthielt bereits bis zum Inkrafttreten des Vertragsarztrechtsänderungsgesetzes am 1.1.2007[40] die Ermächtigungsnorm für den Verordnungsgeber der Zulassungsverordnungen, die personelle Organisation der vertragsärztlichen Leistungserbringung zu regeln. Diese Befugnis wird einerseits erweitert um die Befugnis, nähere Regelungen zur Ausübung der vertragsärztlichen Tätigkeit an verschiedenen Orten zu treffen. Andererseits wird die Befugnis, nähere Regelungen zur gemeinsamen Ausübung der vertragsärztlichen Tätigkeit zu treffen, ab dem 1.1.2007 in den insoweit neuen Abs. 2 Nr. 13 a überführt.[41]

---

38 Voraussetzungen des § 3 Abs. 2 Ärzte-ZV: a) Approbation als Arzt und b) der erfolgreiche Abschluss entweder einer allgemeinmedizinischen Weiterbildung oder einer Weiterbildung in einem anderen Fachgebiet mit der Befugnis zum Führen einer entsprechenden Gebietsbezeichnung oder der Nachweis einer Qualifikation, die gemäß § 95 a Abs. 4 und 5 anerkannt ist.
39 Vgl. BSG, 31.5.2006, B 6 KA 7/05 R, juris Rn. 13 = GesR 2006, 455 f.; Schallen, ZulVO, § 24 Rn. 1.
40 Gesetz zur Änderung des Vertragsarztrechts und anderer Gesetze (VÄndG) vom 22.12.2006 (BGBl. I, 3439).
41 Vgl. BT-Dr. 16/2474, 23.

oo) **Dienstleistungserbringung (Abs. 2 Nr. 14).** Nach Abs. 2 Nr. 14 müssen die Zulassungsverordnungen Vorschriften enthalten über die Teilnahme an der vertragsärztlichen Versorgung durch Ärzte, denen die zuständige deutsche Behörde eine Erlaubnis zur vorübergehenden Ausübung des ärztlichen Berufes erteilt hat, sowie durch Ärzte, die zur vorübergehenden Erbringung von Dienstleistungen im Sinne des Artikel 50 des Vertrages zur Gründung der Europäischen Gemeinschaft oder des Artikels 37 des Abkommens über den Europäischen Wirtschaftsraum im Inland tätig werden. 74

Gemäß § 31 Abs. 3 Ärzte-ZV können die Kassenärztlichen Vereinigungen unter den Voraussetzungen des § 31 Abs. 1 Ärzte-ZV auch **Ärzte, die eine Approbation nach deutschen Rechtsvorschriften nicht besitzen**, zur Teilnahme an der vertragsärztlichen Versorgung ermächtigen, soweit ihnen von der zuständigen deutschen Behörde eine Erlaubnis zur vorübergehenden Ausübung des ärztlichen Berufs erteilt worden ist. 75

Gemäß § 31 Abs. 5 Ärzte-ZV haben die Kassenärztliche Bundesvereinigung und der Spitzenverband Bund der Krankenkassen im **Bundesmantelvertrag** Regelungen über die Ermächtigung von Ärzten zu treffen, die als Staatsangehörige eines Mitgliedstaats der Europäischen Union oder eines anderen Vertragsstaates des Abkommens über den Europäischen Wirtschaftsraum oder eines Vertragsstaates, dem Deutschland und die Europäische Gemeinschaft oder Deutschland und die Europäische Union vertraglich einen entsprechenden Rechtsanspruch eingeräumt haben, den ärztlichen Beruf im Inland zur vorübergehenden Erbringung von Dienstleistungen im Sinne des Artikels 50 des Vertrages zur Gründung der Europäischen Gemeinschaft oder des Artikels 37 des Abkommens über den Europäischen Wirtschaftsraum ausüben dürfen. 76

pp) **Fristen beim Zulassungsverzicht (Abs. 2 Nr. 15).** Nach Abs. 2 Nr. 15 müssen die Zulassungsverordnungen Vorschriften enthalten über die zur Sicherstellung der vertragsärztlichen Versorgung notwendigen angemessenen Fristen für die Beendigung der vertragsärztlichen Tätigkeit bei Verzicht. 77

Gemäß § 28 Ärzte-ZV wird ein Verzicht auf die Zulassung mit dem Ende des auf den Zugang der Verzichtserklärung des Vertragsarztes beim Zulassungsausschuss folgenden Kalendervierteljahrs wirksam. Diese Frist kann verkürzt werden, wenn der Vertragsarzt nachweist, dass für ihn die weitere Ausübung der vertragsärztlichen Tätigkeit für die gesamte Dauer oder einen Teil der Frist unzumutbar ist. Endet die Zulassung aus anderen Gründen (§ 95 d Abs. 3 und 5 und § 95 Abs. 7), so ist der Zeitpunkt ihres Endes durch Beschluss des Zulassungsausschusses festzustellen. Tatsachen, die das Ende der Zulassung bedingen, haben die Kassenärztliche Vereinigung, die Krankenkassen und die Landesverbände der Krankenkassen dem Zulassungsausschuss mitzuteilen. 78

c) **Sonderregelung in der Zulassungsverordnung für Vertragszahnärzte (Abs. 3).** Durch die Vorschrift des Abs. 3, die im Rahmen des Versorgungsstrukturgesetzes zum 1.1.2012[42] in das Gesetz eingefügt worden ist, gilt Abs. 2 Abs. 2 Nr. 12 nicht für die Zulassungsverordnung für Vertragszahnärzte. Dies ist darin begründet, dass es in der vertragszahnärztlichen Versorgung keine Zulassungssperren mehr gibt und daher eine Befristung keinen Sinn machen würde, weil der Vertragszahnarzt aufgrund der freien Zulassungsmöglichkeiten berechtigt wäre, eine neue Zulassung zu erhalten.[43] 79

Achter Titel Bedarfsplanung, Unterversorgung, Überversorgung

§ 99 Bedarfsplan

(1) ¹Die Kassenärztlichen Vereinigungen haben im Einvernehmen mit den Landesverbänden der Krankenkassen und den Ersatzkassen nach Maßgabe der vom Gemeinsamen Bundesausschuss erlassenen Richtlinien auf Landesebene einen Bedarfsplan zur Sicherstellung der vertragsärztlichen Versorgung aufzustellen und jeweils der Entwicklung anzupassen. ²Die Ziele und Erfordernisse der Raumordnung und Landesplanung sowie der Krankenhausplanung sind zu beachten. ³Soweit es zur Berücksichtigung regionaler Besonderheiten, insbesondere der regionalen Demografie und Morbidität, für eine bedarfsgerechte Versorgung erforderlich ist, kann von den Richtlinien des Gemeinsamen Bundesausschusses abgewichen werden. ⁴Den zuständigen Landesbehörden und den auf Landesebene für die Wahrnehmung der Interessen der Patientinnen und Patienten und der Selbsthilfe chronisch kranker und behin-

---

42 Gesetz zur Verbesserung der Versorgungsstrukturen in der gesetzlichen Krankenversicherung (GKV-Versorgungsstrukturgesetz – GKV-VStG) v. 22.12.2011 (BGBl. I, 2983).
43 Vgl. BT-Dr. 17/6906, 72.

derter Menschen maßgeblichen Organisationen ist Gelegenheit zur Stellungnahme zu geben. [5]Der aufgestellte oder angepasste Bedarfsplan ist der für die Sozialversicherung zuständigen obersten Landesbehörde vorzulegen. [6]Sie kann den Bedarfsplan innerhalb einer Frist von zwei Monaten beanstanden. [7]Der Bedarfsplan ist in geeigneter Weise zu veröffentlichen.
(2) [1]Kommt das Einvernehmen zwischen den Kassenärztlichen Vereinigungen, den Landesverbänden der Krankenkassen und den Ersatzkassen nicht zustande, kann jeder der Beteiligten den Landesausschuß der Ärzte und Krankenkassen anrufen. [2]Dies gilt auch für den Fall, dass kein Einvernehmen darüber besteht, wie einer Beanstandung des Bedarfsplans abzuhelfen ist.
(3) Die Landesausschüsse beraten die Bedarfspläne nach Absatz 1 und entscheiden im Falle des Absatzes 2.

Literatur:

Axer, Kooperationen nach dem GKV-Versorgungsstrukturgesetz aus verfassungsrechtlicher Sicht, GesR 2012, 714; *Boecken*, Vertragsärztliche Bedarfsplanung aus rechtlicher Sicht, NZS 1999, 417; *Ebsen*, Leistungssteuerung und Ressourcenplanung, in Festschrift für Werner Hoppe, 2000, S. 723; *Freese*, Versorgungsstrukturgesetz ist kein „Landärztegesetz", Landkreis 2012, 236; *Greß/Stegmüller*, Gesundheitliche Versorgung in Stadt und Land – ein Zukunftskonzept, KrV 2011, 141; *Kaltenborn/Völger*, Die Neuordnung des Bedarfsplanungsrechts durch das GKV-Versorgungsstrukturgesetz, GesR 2012, 129; *Kingreen*, Legitimation und Partizipation im Gesundheitswesen – Verfassungsrechtliche Kritik und Reform des Gemeinsamen Bundesausschusses, NZS 2007, 113; *Matzke/Schirmer*, Gesetz zur Weiterentwicklung des Kassenarztrechts, BKK 1977, 2; *Möller*, Die Weiterentwicklung der Bedarfsplanung nach dem Versorgungsgesetz, insbesondere neue Beteiligungsrecht der Länder, SGb 2011, 557; *Riedel*, Das Teilhabegrundrecht auf Zulassung zur vertragsärztlichen Versorgung, NZS 2009, 261; *Ruland*, Verfassungsmäßigkeit vertragsärztlicher Bedarfsplanung mit Zulassungsbeschränkungen in überversorgten Gebieten, JuS 2000, 509; *Stackelberg*, Sicherstellung der ambulanten und stationären Versorgung nach dem Versorgungsstrukturgesetz (GKV-VStG), GesR 2012, 321; *Wahrendorf*, Aktuelle Probleme der Bedarfsplanung – Beschlüsse der Landesausschüsse, VSSR 2015, 241.

I. Entstehungsgeschichte	1	a) Aufstellung des Bedarfsplans (Abs. 1)	9
II. Normzweck und Systematik	2	b) Fehlendes Einvernehmen (Abs. 2)	21
III. Norminhalt und Normauslegung	8	c) Beratung und Entscheidung durch den Landesausschuss (Abs. 3)	22
1. Norminhalt	8		
2. Normauslegung	9		

I. Entstehungsgeschichte

1 § 99 ist mit Wirkung zum 1.1.1989 im Rahmen des Gesundheitsreformgesetzes vom 20.12.1988 (GRG) als Nachfolgevorschrift von § 368 Abs. 4 und 5 RVO und § 368 r Abs. 1 RVO in Kraft getreten (BGBl. I, 2477). Anschließend erfolgten folgende Änderungen: Abs. 1: IdF d. Art. 1 Nr. 57 Gesetz v. 21.12.1992 (BGBl. I, 2266) mWv 1.1.1993; Abs. 1 S. 1: IdF d. Art. 1 Nr. 77 Gesetz v. 14.11.2003 (BGBl. I, 2190) mWv Gesetz v. 14.11.2003 (BGBl. I, 2190) m.W.v 1.1.2004, d. Art. 1 Nr. 66 Gesetz v. 26.3.2007 (BGBl. I, 378) mWv 1.7.2008 u. d. Art. 1 Nr. 34 lit. a aa Gesetz v. 22.12.2011 (BGBl. I, 2983) mWv 1.1.2012; Abs. 1 S. 3 bis 6: Eingef. durch Art. 1 Nr. 34 lit. a bb Gesetz v. 22.12.2011 (BGBl. I, 2983) mWv 1.1.2012; Abs. 1 S. 4: IdF d. Art. 2 Nr. 5 Gesetz v. 20.2.2013 (BGBl. I, 277) mWv 26.2.2013; Abs. 1 S. 7: Früher S. 3 gem. Art. 1 Nr. 33 lit. a bb Gesetz v. 22.12.2011 (BGBl. I, 2983) mWv 1.1.2012; Abs. 2 S. 2: Eingef. durch Art. 1 Nr. 33 lit. b Gesetz v. 22.12.2011 (BGBl. I, 2983) mWv 1.1.2012; Abs. 2: IdF d. Art. 1 Nr. 66 Gesetz v. 26.3.2007 (BGBl. I, 378) mWv 1.7.2008.

II. Normzweck und Systematik

2 § 99 regelt die Bedarfsplanung auf der Ebene der Kassenärztlichen Vereinigung, die nach Maßgabe der Bedarfsplanungsrichtlinie (BedarfsplanungsRL) des GBA[1] erfolgt. Durch die Bedarfsplanung sollen gemäß § 12 Abs. 1 Ärzte-ZV zum Zweck einer auch mittel- und langfristig wirksamen Sicherstellung der vertragsärztlichen Versorgung und als Grundlage für Sicherstellungsmaßnahmen umfassende und ver-

---

1 Richtlinie des GBA über die Bedarfsplanung sowie die Maßstäbe zur Feststellung von Überversorgung und Unterversorgung in der vertragsärztlichen Versorgung (Bedarfsplanungs-Richtlinie) in der Neufassung vom 20.12.2012, veröffentlicht im BAnz AT vom 31.12.2012 B7 vom 31.12.2012, in Kraft getreten am 1.1.2013, zuletzt geändert am 16.6.2016, veröffentlicht im BAnz AT 14.9.2016 B3 vom 14.9.2016, in Kraft getreten am 15.9.2016.

gleichbare Übersichten über den Stand der kassenärztlichen Versorgung und die absehbare Entwicklung des Bedarfs vermittelt werden.[2] Mit der Bedarfsplanung soll somit Bedarfsgerechtigkeit erreicht werden.[3] Ebsen bezeichnet die Bedarfsplanung als Instrument der Feinsteuerung im GKV-System.[4]
Zur Systematik der Bedarfsplanung:

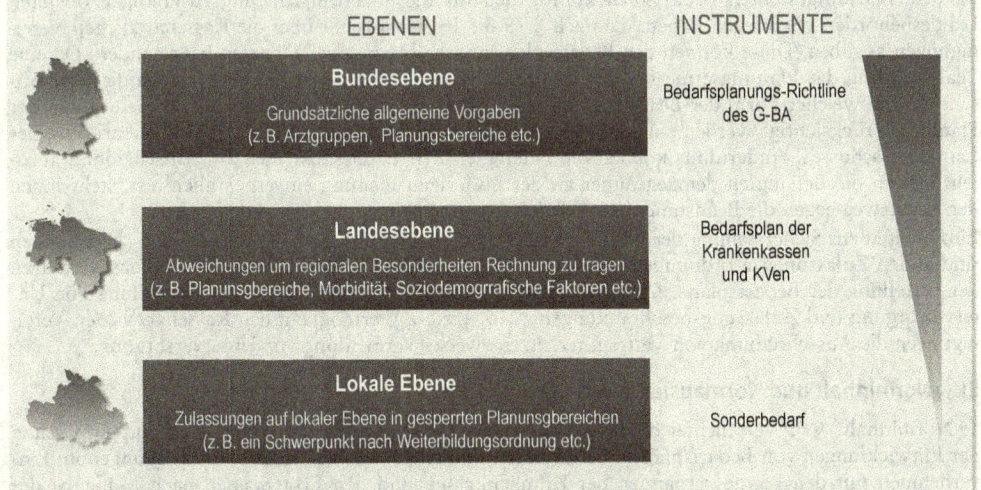

Quelle: KBV, Broschüre „Die neue Bedarfsplanung"

Der entsprechende Bedarfsplan weist für jeden Planungsbereich der Kassenärztlichen Vereinigungen die
- Zahl der zugelassenen Vertragsärzte

  sowie
- bei Unterversorgung den zusätzlichen Bedarf an Ärzten,
- bei Überschreitung des Versorgungsbedarfs um 10 % eine Überversorgung aus.[5]

Der Bedarfsplan enthält daher unterteilt nach Planungsbereichen und Facharztgruppen eine Übersicht über die Zahl der zur vertragsärztlichen Versorgung zugelassenen Ärzte (Ist-Verteilung) und Angaben über die zur Bedarfsdeckung erforderliche Zahl und Verteilung der Ärzte (Soll-Verteilung).[6]

Insbesondere ist den Beteiligten im Rahmen des GKV-Versorgungsstrukturgesetzes vom 22.12.2011[7] ein großer Gestaltungsspielraum für die Bedarfsplanung eingeräumt worden, um regionale Besonderheiten für eine bedarfsgerechte Versorgung berücksichtigen zu können. Solche Besonderheiten können sich insbesondere aus der regionalen demographischen Entwicklung und Morbiditätsstruktur der Versicherten ergeben, wenn sich nach Alter, Geschlecht und ergänzenden Morbiditätskriterien ein spezifischer oder überdurchschnittlicher regionaler Versorgungsbedarf ergibt. Zu diesem Zweck kann von der Bedarfsplanungsrichtlinie des GBA abgewichen werden (zB abweichende Abgrenzungen der Planungsbereiche oder abweichende Verhältniszahlen für den bedarfsgerechten Versorgungsgrad). Die BedarfsplanungsRL bleibt nach Auffassung des Gesetzgebers allerdings maßgeblich, wenn und soweit nicht regionale Besonderheiten die Abweichungen rechtfertigen; eine Ermächtigung des Gemeinsamen Bundesausschusses, in der Bedarfsplanungsrichtlinie die Voraussetzungen für das Vorliegen regionaler

---

2 Vgl. auch § 72.
3 Matzke/Schirmer, BKK 1977, 2, 8; Sproll in: Krauskopf, § 99 SGB V Rn. 2.
4 Ebsen, Leistungssteuerung und Ressourcenplanung, in: FS für Hoppe, 2000, 723, 725; Sproll in: Krauskopf, § 99 SGB V Rn. 2.
5 Schallen, ZulVO, § 12 Rn. 23.
6 Schallen, ZulVO, § 12 Rn. 23; Männle in: BeckOK SozR, SGB V, § 99 Rn. 23, 24.
7 Gesetz zur Verbesserung der Versorgungsstrukturen in der gesetzlichen Krankenversicherung (GKV-Versorgungsstrukturgesetz – GKV-VStG) vom 22.12.2011 (BGBl. I, 2983).

Besonderheiten zu regeln, besteht nicht. Die Abweichungen von der Bedarfsplanungsrichtlinie sind in dem Bedarfsplan zu kennzeichnen und die Besonderheiten darzustellen.[8]

6 Weiter ist die bisherige Benehmensregelung durch eine Regelung ersetzt worden, nach der die Kassenärztlichen Vereinigungen den im Einvernehmen mit den Landesverbänden der Krankenkassen und den Ersatzkassen aufgestellten Bedarfsplan künftig den für die Sozialversicherung zuständigen obersten Landesbehörden vorzulegen haben, die nach § 78 die Rechtsaufsicht über die Kassenärztlichen Vereinigungen ausüben. Diese können den Bedarfsplan innerhalb von zwei Monaten beanstanden. Da eine Beanstandung das Planungsermessen der Beteiligten in der Regel unberührt lässt, haben diese zu entscheiden, in welcher Form der Beanstandung abzuhelfen ist und wie die Einwände der Behörde in der Planung berücksichtigt werden sollen. Besteht darüber Einvernehmen, erübrigt sich die Anrufung des Landesausschusses. Andernfalls können die Beteiligten den Landesausschuss zur Entscheidung anrufen. Halten die Beteiligten demgegenüber an der bisherigen Planung einvernehmlich fest, steht ihnen der Rechtsweg gegen die Beanstandung offen.[9]

7 Einzelheiten zur Sicherstellung der Bedarfsplanung und zum Verfahren bei Zulassungsbeschränkungen sind in den Zulassungsverordnungen geregelt. §§ 12–14 Ärzte-ZV regeln den Inhalt und das Verfahren der Erstellung der Bedarfspläne. §§ 16, 16 b Ärzte-ZV regeln das Verfahren zur Feststellung von Unterversorgung und Zulassungsbeschränkungen. § 15 Ärzte-ZV ermöglicht den Kassenärztlichen Vereinigungen die Ausschreibung von Vertragsarztsitzen zwecks Vermeidung von Unterversorgung.

III. Norminhalt und Normauslegung

8 **1. Norminhalt.** § 99 verpflichtet die Kassenärztlichen Vereinigungen zur Aufstellung und Anpassung der Entwicklungen von Bedarfsplänen. Nach **Abs. 1** haben die Kassenärztlichen Vereinigungen im Einvernehmen mit den Landesverbänden der Krankenkassen und den Ersatzkassen nach Maßgabe der vom GBA erlassenen Richtlinien auf Landesebene einen Bedarfsplan zur Sicherstellung der vertragsärztlichen Versorgung aufzustellen und jeweils der Entwicklung anzupassen, wobei zur Berücksichtigung regionaler Besonderheiten von den Richtlinien des GBA abgewichen werden kann. Kommt das Einvernehmen zwischen den Beteiligten nicht zustande, kann nach **Abs. 2** jeder der Beteiligten den Landesausschuss der Ärzte und Krankenkassen anrufen. Nach **Abs. 3** beraten die Landesausschüsse die Bedarfspläne und entscheiden im Falle, dass ein Einvernehmen nicht zustande kommt.

9 **2. Normauslegung. a) Aufstellung des Bedarfsplans (Abs. 1).** Nach Abs. 1 S. 1 haben die Kassenärztlichen Vereinigungen im Einvernehmen mit den Landesverbänden der Krankenkassen und den Ersatzkassen nach Maßgabe der vom GBA erlassenen Richtlinien auf Landesebene einen Bedarfsplan zur Sicherstellung der vertragsärztlichen Versorgung aufzustellen und jeweils der Entwicklung anzupassen.

10 Insoweit ist zunächst zu unterscheiden zwischen dem zu veröffentlichenden Bedarfsplan und den nach Maßgabe der BedarfsplanungsRL zu erstellenden Planungsblättern für die einzelnen Planungsbereiche. Bei den **Planungsblättern** handelt es sich grundsätzlich um rein verwaltungsinterne Bedarfsanalysen.[10] Auch bei dem **Bedarfsplan** handelt es sich im Übrigen um eine verwaltungsinterne Bedarfsanalyse; insbesondere hat der Plan keine rechtlichen Auswirkungen auf die Zulassungsfähigkeit von Ärzten. Somit besteht grundsätzlich keine Möglichkeit der Klage von Ärzten gegen einen Bedarfsplan. Rechtsschutzmöglichkeiten sind lediglich dann gegeben, wenn es auf der Grundlage eines Bedarfsplanes zu Zulassungsbeschränkungen kommt und es mangels Bedarfs zu einer Ablehnung kommt. In diesen Fällen können/kann im Rahmen eines hiergegen gerichteten Rechtsmittels inzident auch die Planungsblätter und/oder der Bedarfsplan rechtlich überprüft werden.[11]

11 Die **BedarfsplanungsRL** des GBA vom 20.12.2012[12] definiert den Bedarfsplan in § 4 Abs. 1 S. 2 bis 6 wie folgt:

„²Der Bedarfsplan umfasst Grundsätze zur regionalen Versorgung, systematische Abweichungen von der Bundesrichtlinie sowie die Berichterstattung über die fachgruppenspezifischen Versorgungsgrade je

---

8 BT-Dr. 17/6906, 72, 73.
9 BT-Dr. 17/6906, 73.
10 Hess in: KassKomm, § 99 SGB V Rn. 7; Schallen, ZulVO, § 12 Rn. 25.
11 Hess in: KassKomm, § 99 SGB V Rn. 7; Murawski in: Hänlein/ Schuler, § 99 Rn. 4.
12 Richtlinie des GBA über die Bedarfsplanung sowie die Maßstäbe zur Feststellung von Überversorgung und Unterversorgung in der vertragsärztlichen Versorgung (Bedarfsplanungs-Richtlinie) in der Neufassung vom 20.12.2012, veröffentlicht im BAnz AT vom 31.12.2012 B7 vom 31.12.2012, in Kraft getreten am 1.1.2013, zuletzt geändert am 16.6.2016, veröffentlicht im BAnz AT 14.9.2016 B3 vom 14.9.2016, in Kraft getreten am 15.9.2016.

Planungsregion. ³Zur Sicherstellung der vertragsärztlichen Versorgung behinderter Menschen ist bei der Bedarfsplanung vor allem im Hinblick auf Neuzulassungen die Barrierefreiheit besonders zu beachten. ⁴Der Bedarfsplan ist kontinuierlich fortzuschreiben und dem Landesausschuss in elektronischer weiterverarbeitbarer Form zur Verfügung zu stellen. ⁵Von den Kassenärztlichen Vereinigungen werden in Zeitabständen von drei bis fünf Jahren, erstmals spätestens zum 30. Juni 2013, die Grundsätze zur regionalen Versorgung und systematische Abweichungen von der Bedarfsplanungsrichtlinie beschrieben (Grundsätze der Bedarfsplanung). ⁶Darüber hinaus wird von den Kassenärztlichen Vereinigungen in der Regel halbjährlich, erstmals spätestens zum 30. Juni 2013 die Berichterstattung über die arztgruppenspezifischen Versorgungsgrade je Planungsregion erstellt (Stand der Bedarfsplanung)."

Der **Bedarfsplan** hat gemäß § 12 Abs. 3 Ärzte-ZV **Feststellungen** zu enthalten insbesondere über

- die ärztliche Versorgung auch unter Berücksichtigung der Arztgruppen,
- Einrichtungen der Krankenhausversorgung sowie der sonstigen medizinischen Versorgung, soweit sie Leistungen der vertragsärztlichen Versorgung erbringen und erbringen können,
- Bevölkerungsdichte und -struktur,
- Umfang und Art der Nachfrage nach vertragsärztlichen Leistungen, ihre Deckung sowie ihre räumliche Zuordnung im Rahmen der vertragsärztlichen Versorgung,
- für die vertragsärztliche Versorgung bedeutsame Verkehrsverbindungen.

12

Einzelheiten sind in der BedarfsplanungsRL aufgeführt. Nach **§ 5 Abs. 1 BedarfsplanungsRL** werden als Grundstruktur der Bedarfsplanung vier Versorgungsebenen bestimmt, welche für die Zuordnung der Arztgruppen, den Zuschnitt der Planungsbereiche und dementsprechend für die Versorgungsgradfeststellung mittels Verhältnis zahlen maßgeblich sind:

13

1. Hausärztliche Versorgung (§ 11 BedarfsplanungsRL: ua Fachärzte für Allgemeinmedizin, praktische Ärzte, Internisten ohne Schwerpunktbezeichnung);
2. allgemeine fachärztliche Versorgung (§ 12 BedarfsplanungsRL: Augenärzte, Chirurgen, Frauenärzte, Hautärzte, HNO-Ärzte, Nervenärzte, Orthopäden, Psychotherapeuten, Urologen, Kinderärzte);
3. spezialisierte fachärztliche Versorgung (§ 13 BedarfsplanungsRL: Anästhesisten, Fachinternisten, Kinder- und Jugendpsychiater, Radiologen);
4. gesonderte fachärztliche Versorgung (§ 14 BedarfsplanungsRL: Humangenetiker, Laborärzte, Neurochirurgen, Nuklearmediziner, Pathologen, Physikalische- und Rehabilitationsmediziner, Strahlentherapeuten, Transfusionsmediziner).

Nach § 7 BedarfsplanungsRL ist räumliche Grundlage für die Ermittlungen zum Stand der vertragsärztlichen sowie für die Feststellungen zur Überversorgung oder Unterversorgung ist der Mittelbereich, die kreisfreie Stadt, der Landkreis, die Kreisregion oder die Raumordnungsregion in der Zuordnung des Bundesinstitutes für Bau-, Stadt- und Raumforschung (BBSR) bzw. der von einer KV umfasste Bereich (Planungsbereiche). Eine Zuordnung der Planungsbereiche erfolgt in den §§ 11 bis 14 BedarfsplanungsRL.[13]

---

13 Zur Kritik an der vormaligen Rechtslage Deutsches Ärzteblatt, Jg. 110 (2013), Heft 3, A 56: „Bislang war die Planung „raumblind" ...: Ob Hausarzt oder Fachinternist, es galt derselbe Planungsbereich, nämlich der Kreis oder die kreisfreie Stadt."

14 Zu den 4 Versorgungsebenen und ihre Raumzuschnitte:

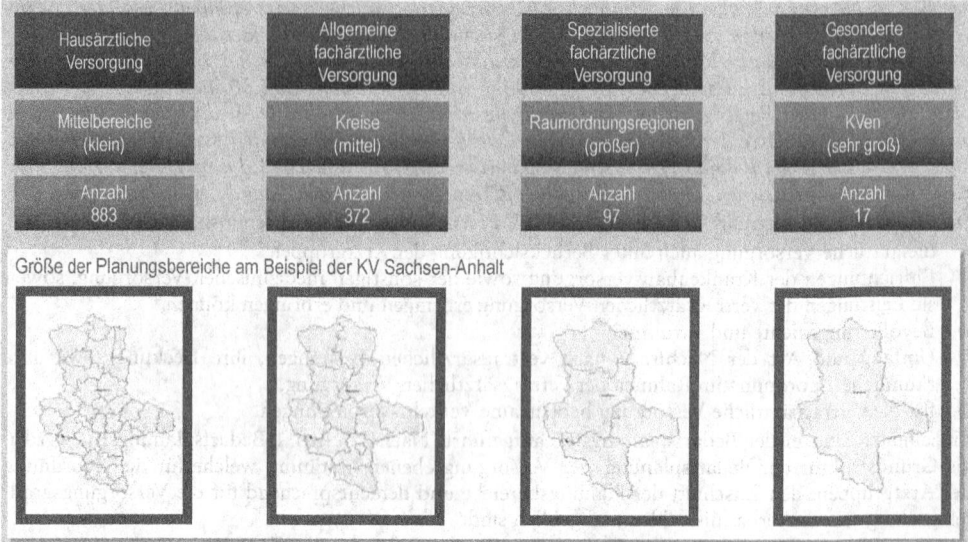

Quelle: KBV, Broschüre „Die neue Bedarfsplanung"

In §§ 8, 9 BedarfsplanungsRL werden die Verhältniszahlen geregelt, die durch einen Demografiefaktor modifiziert werden.

15 Von der BedarfsplanungsRL kann abgewichen werden, soweit dies zur Berücksichtigung regionaler Besonderheiten, insbesondere der regionalen Demografie und Morbidität, für eine bedarfsgerechte Versorgung erforderlich ist.[14] In den Gründen des GBA zu § 2 heißt es:[15]

„Soweit es zur Berücksichtigung regionaler Besonderheiten, insbesondere der regionalen Demografie und Morbidität, für eine bedarfsgerechte Versorgung erforderlich ist, kann auf der Ebene der Kassenärztlichen Vereinigungen (KVen) bei der Aufstellung der Bedarfspläne von der Richtlinie des G-BA abgewichen werden (§ 99 Abs. 1 Satz 3 SGB V). So können beispielsweise abweichende Abgrenzungen der Planungsbereiche oder abweichende Verhältniszahlen festgelegt werden. Während also die Richtlinie des G-BA zur Bedarfsplanung einen bundesweit vergleichbaren einheitlichen Rahmen der Bedarfsplanung darstellt, können aus vielfältigen Gründen Abweichungen von diesem einheitlichen Rahmen erforderlich werden. Hierzu gehören insbesondere die regionale Demografie bzw. Morbidität, räumliche Faktoren oder auch besondere Versorgungslagen. Gut gesichert ist auch der Zusammenhang zwischen sozioökonomischen Faktoren und der Morbidität einer Bevölkerung."

Insoweit besteht keine Ermächtigung des G-BA für eine verbindliche Regelung der Voraussetzungen für das Vorliegen regionaler Besonderheiten.[16]

16 Diese „Regionalen Besonderheiten" werden in § 2 S. 2 BedarfsplanungsRL näher ausgeführt. Dort heißt es:

„Regionale Besonderheiten im Sinne des § 99 Absatz 1 S. 3 SGB V können insbesondere sein:
1. die regionale Demografie (zB über- oder unterdurchschnittlicher Anteil von Kindern oder älteren Menschen),
2. die regionale Morbidität (zB auffällige Prävalenz -oder Inzidenzraten),
3. sozioökonomische Faktoren (zB Einkommensarmut, Arbeitslosigkeit und Pflegebedarf),

---

14 Vgl. Wahrendorf, VSSR 2015, 241, 248, der der Auffassung ist, dass keine Ermächtigung des GBA zur Regelung regionaler Besonderheiten besteht, so dass § 2 BedarfsplanungsRL nicht normkonkretisierend sei.
15 Vgl. https://www.g-ba.de/downloads/40-268-2154/2012-12-20_Bedarfsplanung-Neufassung-VStG_TrG.pdf (zuletzt abgerufen am 1.3.2017).
16 Vgl. BT-Dr. 17/6906, 73.

4. *räumliche Faktoren (zB Erreichbarkeit, Entfernung, geographische Phänomene wie Gebirgszüge oder Flüsse, Randlagen, Inseln oder eine besondere Verteilung von Wohn- und Industriegebieten) sowie*
5. *infrastrukturelle Besonderheiten (ua Verkehrsanbindung, Sprechstundenzeiten/Arbeitszeiten und Versorgungsschwerpunkte des Vertragsarztes, Barrierefreiheit, Zugang zu Versorgungsangeboten angrenzender Planungsbereiche unter Berücksichtigung von Über- und Unterversorgung und anderer Sektoren, zB in Krankenhäusern, Pflegeeinrichtungen etc)."*

Ist es aufgrund regionaler Besonderheiten für eine bedarfsgerechte Versorgung erforderlich, von diesen Richtlinien abzuweichen, sind die Abweichungen in den nach § 99 Abs. 1 S. 1 aufzustellenden Bedarfsplänen zu kennzeichnen und die Besonderheiten darzustellen, § 2 S. 3 BedarfsplanungsRL. 17

Die aufstellenden Einrichtungen haben den Bedarfsplan „im Einvernehmen" aufzustellen. Einvernehmen bedeutet, dass sämtliche Einrichtungen ihre Zustimmung erteilt haben.[17] 18

Auch haben die den Bedarfsplan aufstellenden Einrichtungen einen Beurteilungsspielraum hinsichtlich des aktuellen und zukünftigen Versorgungsbedarfs, da für die Feststellung des tatsächlichen Bedarfs keine wissenschaftlichen Methoden existieren.[18] 19

Nach Abs. 1 S. 7 ist der Bedarfsplan **in geeigneter Weise zu veröffentlichen**. Dies geschieht in der Regel durch regionale Ärzteblätter oder online auf der Homepage der jeweiligen Kassenärztlichen Vereinigung. Die Veröffentlichung ist keine Wirksamkeitsvoraussetzung, sondern bildet lediglich den Abschluss des Verfahrens.[19] 20

b) **Fehlendes Einvernehmen (Abs. 2).** Kommt das Einvernehmen zwischen den Beteiligten nicht zustande, kann jeder der Beteiligten den Landesausschuss der Ärzte und Krankenkassen (§ 90) anrufen. Dies gilt auch für den Fall, dass kein Einvernehmen darüber besteht, wie einer Beanstandung des Bedarfsplans abzuhelfen ist, § 99 Abs. 2 SGB V, § 14 Ärzte-ZV. 21

c) **Beratung und Entscheidung durch den Landesausschuss (Abs. 3).** Die Landesausschüsse beraten die Bedarfspläne nach Abs. 1 und entscheiden im Falle des Abs. 2. 22

Ein Einvernehmen zwischen den Beteiligten kann bis zum Zeitpunkt einer bestands- bzw. rechtskräftigen Entscheidung hergestellt werden. Insbesondere ist gegen die Entscheidung der Landesausschüsse der Rechtsweg zu den Sozialgerichten für die Beteiligten (nicht den beratenden Stellen nach § 13 Ärzte-ZV oder Ärzten) statthaft. 23

Klagegegenstand kann ausschließlich die Einhaltung des Verfahrens und des Planungsermessens sein.[20] 24

Da der Bedarfsplan verwaltungsinterne Wirkung entfaltet, kann er im Rahmen einer Klage gegen die Versagung einer Zulassung oder Ermächtigung lediglich inzident geprüft werden.[21] Dies folgt auch aus dem Umstand, dass die bloße Feststellung einer Über- oder Unterversorgung das Recht des Arztes auf Zulassung zur vertragsärztlichen Versorgung nicht berührt, dies geschieht vielmehr erst durch Zulassungsbeschränkungen gem. § 103.[22] 25

§ 100 Unterversorgung

(1) ¹Den Landesausschüssen der Ärzte und Krankenkassen obliegt die Feststellung, daß in bestimmten Gebieten eines Zulassungsbezirks eine ärztliche Unterversorgung eingetreten ist oder in absehbarer Zeit droht; die durch Ermächtigung an der vertragsärztlichen Versorgung teilnehmenden Ärzte sind bei der Feststellung einer Unterversorgung nicht zu berücksichtigen. ²Sie haben den für die betroffenen Gebiete zuständigen Kassenärztlichen Vereinigungen eine angemessene Frist zur Beseitigung oder Abwendung der Unterversorgung einzuräumen.

(2) Konnte durch Maßnahmen einer Kassenärztlichen Vereinigung oder durch andere geeignete Maßnahmen die Sicherstellung nicht gewährleistet werden und dauert die Unterversorgung auch nach Ablauf der Frist an, haben die Landesausschüsse mit verbindlicher Wirkung für die Zulassungsausschüsse

---

17 Vgl. Pawlita in: jurisPK-SGB V, § 99 Rn. 11 mwN.
18 Vgl. Hess in: KassKomm, § 99 SGB V Rn. 7.
19 Vgl. Sproll in: Krauskopf, § 99 SGB V Rn. 22.
20 Vgl. Pawlita in: jurisPK-SGB V, § 99 Rn. 22 mwN; Kaltenborn in: Becker/Kingreen, § 99 Rn. 8 mwN.
21 Vgl. Murawski in: Hänlein/Schuler, § 99 Rn. 4.
22 Vgl. Hess in: KassKomm, § 99 SGB V Rn. 7.

nach deren Anhörung Zulassungsbeschränkungen in anderen Gebieten nach den Zulassungsverordnungen anzuordnen.
(3) Den Landesausschüssen der Ärzte und Krankenkassen obliegt nach Maßgabe der Richtlinien nach § 101 Abs. 1 Nr. 3 a die Feststellung, dass in einem nicht unterversorgten Planungsbereich zusätzlicher lokaler Versorgungsbedarf besteht.
(4) Absatz 1 Satz 2 und Absatz 2 gelten nicht für Zahnärzte.

Literatur:

Bäune/Dahm/Flasbarth, Vertragsärztliche Versorgung unter dem GKV-Versorgungsstrukturgesetz – GKV-VStG, MedR 2012, 77; *Boecken*, Vertragsärztliche Bedarfsplanung aus rechtlicher Sicht, NZS 1999, 417; *Franzius*, Bedarfsplanung als spezifisches Regulierungsrecht, VSSR 2012, 49; *Kaltenborn/Völger*, Die Neuordnung des Bedarfsplanungsrechts durch das GKV-Versorgungsstrukturgesetz, GesR 2012, 129; *Möller*, Die Weiterentwicklung der Bedarfsplanung nach dem Versorgungsstrukturgesetz, insbesondere neue Beteiligungsrecht der Länder, SGb 2011, 557; *Reiter*, Vertragsärztliche Bedarfsplanung – Einführung eines Demografiefaktors, GesR 2011, 141; *Schliwen*, Methodenansätze und Konzepte zur Reform der ärztlichen Bedarfsplanung, IR 2012, 328; *Steinhilper*, Bedarfsplanung nach dem GKV-VStG, MedR 2012, 441; *Wallrabenstein*, Staatliche Gewährleistung einer angemessenen gesundheitlichen Versorgung im Bundesgebiet, ZMGR 2011, 197; *Wahrendorf*, Aktuelle Probleme der Bedarfsplanung – Beschlüsse der Landesausschüsse, VSSR 2015, 241; *Wrase*, Das GKV-Versorgungsstrukturgesetz, GuP 2012, 1.

I. Entstehungsgeschichte	1	c) Maßnahmen zur Beseitigung oder Abwendung der Unterversorgung (Abs. 1 S. 2)	17
II. Normzweck und Systematik	2		
III. Norminhalt und Normauslegung	7		
1. Norminhalt	7	d) Zulassungsbeschränkungen (Abs. 2)	20
2. Normauslegung	8		
a) Feststellung der Unterversorgung (Abs. 1 S. 1, 1. Hs.)	8	e) Lokaler Versorgungsbedarf (Abs. 3)	28
aa) Unterversorgung	8	f) Besonderheiten für Zahnärzte (Abs. 4)	32
bb) Feststellung der Unterversorgung	12		
b) Nichtberücksichtigung ermächtigter Ärzte (Abs. 1 S. 1, 2. Hs.)	16	g) Rechtsschutz gegen die Anordnung von Zulassungsbeschränkungen	34

I. Entstehungsgeschichte

1 § 100 ist mit Wirkung zum 1.1.1989 im Rahmen des Gesundheitsreformgesetzes vom 20.12.1988 (GRG) als Nachfolgevorschrift von § 368 r Abs. 2 und 3 RVO in Kraft getreten (BGBl. I, 2477). Anschließend erfolgten folgende Änderungen: Abs. 1 S. 1: IdF d. Art. 1 Nr. 67 lit. a Gesetz v. 26.3.2007 (BGBl. I, 378) mWv 1.4.2007 u. Art. 1 Nr. 42 Gesetz v. 23.7.2015 BGBl. I, 1211) mWv 23.7.2015; Abs. 3: Eingef. durch Art. 1 Nr. 7 Gesetz v. 22.12.2006 (BGBl. I, 3439) mWv 1.1.2007; Abs. 4: Eingef. durch Art. 1 Nr. 67 lit. b Gesetz v. 26.3.2007 (BGBl. I, 378) mWv 1.4.2007.

II. Normzweck und Systematik

2 § 100 soll eine ausreichende und zweckmäßige vertragsärztliche Versorgung auch in strukturschwachen Gebieten, soweit diese nicht mehr vollständig gewährleistet ist oder in absehbarer Zeit ein Versorgungsmangel droht.[1] Zur Beseitigung dieses Versorgungsmangels bestehen zumindest zwei Möglichkeiten:[2]

- Einleitung von Maßnahmen, die die Unterversorgung unmittelbar beseitigen oder abwenden, § 100 Abs. 1 S. 2;
- Einführung von Zulassungsbeschränkungen in nicht unterversorgten Gebieten, § 100 Abs. 2 SGB V, § 16 Abs. 4 Ärzte-ZV.

3 Eine Zulassungssteuerung durch Zulassungsbeschränkungen gemäß § 100 Abs. 2 SGB V, § 16 Abs. 4 Ärzte-ZV zugunsten der unterversorgten Gebiete sollte jedoch nur erfolgen, soweit keine milderen Mittel (ua Beratung, § 12 Abs. 4 Ärzte-ZV; Ausschreibung von Vertragsarztsitzen, § 15 Ärzte-ZV; finanzielle und sonstige Maßnahmen, § 105 Abs. 1) zur Verfügung stehen.[3]

---

1 Kaltenborn in: Becker/Kingreen, § 100 Rn. 1; Pawlita in: jurisPK-SGB V, § 100 Rn. 9.
2 Kaltenborn in: Becker/Kingreen, § 100 Rn. 1; Pawlita in: jurisPK-SGB V, § 100 Rn. 6.
3 Pawlita in: jurisPK-SGB V, § 100 Rn. 6.

Ist eine Unterversorgung festgestellt worden, können zusätzlich Einrichtungen ermächtigt werden, §§ 116a SGB V, 31 Abs. 1 Nr. 1 Ärzte-ZV. Auch können Sicherstellungszuschläge geleistet, § 105 Abs. 1 S. 1 Hs. 2, und Maßnahmen aus dem Strukturfonds finanzieren werden, § 105 Abs. 1a.[4]

§ 100 wird ergänzt durch §§ 15, 16 Ärzte-ZV und durch §§ 27 ff. der BedarfsplanungsRL des GBA vom 20.12.2012.[5]

§ 100 kam bislang eher selten zur Anwendung. Obwohl sowohl die hausärztliche als auch die fachärztliche Versorgung in der Bundesrepublik Deutschland bei globaler Betrachtung nicht gefährdet ist, zeichnet sich in den letzten Jahren immer deutlicher ab, dass insbesondere in den neuen Ländern in bestimmten Regionen (Planungsbereichen) oder Teilen hiervon kurz- und mittelfristig die Gefahr regionaler Versorgungslücken besteht.[6] Daher ist es möglich, dass § 100 in Zukunft größere praktische Bedeutung erfahren wird.[7]

III. Norminhalt und Normauslegung

1. Norminhalt. § 100 regelt die Feststellung der Unterversorgung durch die Landesausschüsse (§ 90) und ihre Folgen. Nach **Abs. 1** obliegt den Landesausschüssen der Ärzte und Krankenkassen die Feststellung, dass in bestimmten Gebieten eines Zulassungsbezirks eine ärztliche Unterversorgung eingetreten ist oder in absehbarer Zeit droht; sie haben den Kassenärztlichen Vereinigungen eine angemessene Frist zur Beseitigung oder Abwendung der Unterversorgung einzuräumen. Konnte durch Maßnahmen einer Kassenärztlichen Vereinigung die Sicherstellung nicht gewährleistet werden und dauert die Unterversorgung an, haben die Landesausschüsse gemäß **Abs. 2** Zulassungsbeschränkungen in anderen Gebieten nach den Zulassungsverordnungen anzuordnen. Nach **Abs. 3** obliegt den Landesausschüssen nach Maßgabe der Richtlinien nach § 101 Abs. 1 Nr. 3a die Feststellung, dass in einem nicht unterversorgten Planungsbereich zusätzlicher lokaler Versorgungsbedarf besteht. Nach **Abs. 4** gelten § 100 Abs. 1 S. 2 und Abs. 2 nicht für Zahnärzte.

2. Normauslegung. a) Feststellung der Unterversorgung (Abs. 1 S. 1, 1. Hs.). aa) Unterversorgung. Nach der Definition in § 28 BedarfsplanungsRL liegt eine Unterversorgung in der vertragsärztlichen Versorgung der Versicherten vor, „*wenn in bestimmten Planungsbereichen Vertragsarztsitze, die im Bedarfsplan für eine bedarfsgerechte Versorgung vorgesehen sind, nicht nur vorübergehend nicht besetzt werden können und dadurch eine unzumutbare Erschwernis in der Inanspruchnahme vertragsärztlicher Leistungen eintritt, die auch durch Ermächtigung von Ärzten und ärztlich geleiteten Einrichtungen nicht behoben werden kann.*"

Das **Vorliegen** einer Unterversorgung ist gemäß § 29 S. 1 BedarfsplanungsRL anzunehmen, wenn der Stand der hausärztlichen Versorgung (§ 11 BedarfsplanungsRL) den in den Planungsblättern ausgewiesenen Bedarf um mehr als 25 % und der Stand der fachärztlichen Versorgung in der allgemeinen fachärztlichen Versorgung (§ 12 BedarfsplanungsRL) und in der spezialisierten fachärztlichen Versorgung (§ 13 BedarfsplanungsRL) jeweils den ausgewiesenen Bedarf um mehr als 50 % unterschreitet.

Gemäß § 29 S. 2 BedarfsplanungsRL **droht eine Unterversorgung**, wenn insbesondere aufgrund der Altersstruktur der Ärzte eine Verminderung der Zahl von Vertragsärzten in einem Umfang zu erwarten ist, der zum Eintritt einer Unterversorgung nach den in § 29 S. 1 BedarfsplanungsRL genannten Kriterien führen würde.

In der **zahnärztlichen Versorgung** liegt nach § 6 Abs. 1 BedarfsplanungsRL-Z[8] eine Unterversorgung in der vertragszahnärztlichen Versorgung der Versicherten vor, wenn in bestimmten Gebieten eines Zulassungsbezirks Vertragszahnarztsitze, die im Bedarfsplan für eine bedarfsgerechte Versorgung vorgesehen sind, nicht nur vorübergehend nicht besetzt werden können und dadurch eine unzumutbare Er-

---

[4] Pawlita in: jurisPK-SGB V, § 100 Rn. 6; Beispiele, wie Länder und Kassenärztliche Vereinigungen einer drohenden Unterversorgung entgegen treten, sind zu finden bei Kaltenborn/Völger, GesR 2012, 129, 130 f.

[5] Richtlinie des GBA über die Bedarfsplanung sowie die Maßstäbe zur Feststellung von Überversorgung und Unterversorgung in der vertragsärztlichen Versorgung (Bedarfsplanungs-Richtlinie) in der Neufassung vom 20.12.2012, veröffentlicht im BAnz AT vom 31.12.2012 B7 vom 31.12.2012, in Kraft getreten am 1.1.2013, zuletzt geändert am 16.6.2016, veröffentlicht im BAnz AT 14.9.2016 B3 vom 14.9.2016, in Kraft getreten am 15.9.2016.

[6] BT-Dr. 16/2474, S. 2, 23; Kaltenborn in: Becker/Kingreen, § 100 Rn. 1.

[7] Kaltenborn in: Becker/Kingreen, § 100 Rn. 1.

[8] Richtlinie des Gemeinsamen Bundesausschusses über die Bedarfsplanung in der vertragszahnärztlichen Versorgung (Bedarfsplanungs-Richtlinie Zahnärzte), in der Fassung vom 14.8.2007 (BAnz 2007 S. 7673), zuletzt geändert am 17.6.2010 (BAnz 2010, S. 3098, in Kraft getreten am 10.9.2010.

schwernis in der Inanspruchnahme vertragszahnärztlicher Leistungen eintritt, die auch durch Ermächtigung anderer Zahnärzte und zahnärztlich geleiteter Einrichtungen nicht behoben werden kann. Das Vorliegen dieser Voraussetzungen ist zu vermuten, wenn der Bedarf den Stand der zahnärztlichen Versorgung um mehr als 100 % überschreitet. Eine Unterversorgung droht, wenn insbesondere aufgrund der Altersstruktur der Zahnärzte eine Verminderung der Zahl der Vertragszahnärzte in einem Umfang zu erwarten ist, der zum Eintritt einer Unterversorgung nach den in § 6 Abs. 1 BedarfsplanungsRL-Z genannten Kriterien führen würde.

12 bb) **Feststellung der Unterversorgung.** Die Landesausschüsse (§ 90) prüfen von Amts wegen, ob eine Unterversorgung besteht oder in absehbarer Zeit droht, § 16 Abs. 1 S. 1 Ärzte-ZV. Liegen Anhaltspunkte hierfür vor, so ist die Prüfung innerhalb einer angemessenen Frist, die gemäß § 30 S. 2 BedarfsplanungsRL drei Monate (bei Zahnärzten gem. § 6 Abs. 2 S. 2 BedarfsplanungsRL-Z zwei Monate) nicht überschreiten darf, vorzunehmen.

13 Bei der Prüfung sind gemäß § 31 Abs. 1 BedarfsplanungsRL folgende Kriterien der Unterversorgung zu berücksichtigen:
1. Bei allen Ärzten, deren Tätigkeitsgebiet, Leistungsfähigkeit und Altersstruktur sowie die Praxisstruktur (Einzelpraxis, Berufsausübungsgemeinschaft, Praxisgemeinschaft) und – soweit möglich – der Versorgungsbeitrag;
2. bei den Versicherten ihre Zahl, ihre Altersstruktur, ihre Nachfrage nach ärztlichen Leistungen sowie der Ort der tatsächlichen Inanspruchnahme der ärztlichen Leistungen;
3. Bei Prüfungen zum Versorgungsgrad der hausärztlichen Versorgung der Umfang, in welchem außer Allgemein-/Praktischen Ärzten andere teilnahmeberechtigte Fachärzte (Internisten mit Hausarztentscheidung sowie Kinderärzte) im Sinne des § 73 an der hausärztlichen Versorgung teilnehmen.

14 Ergibt sich gemäß § 31 Abs. 2 BedarfsplanungsRL aufgrund der vorgenannten Kriterien, dass trotz Unterschreitens von Allgemeinen Verhältniszahlen nach §§ 11 bis 14 BedarfsplanungsRL für einzelne Arztgruppen oder für die hausärztliche Versorgung weitere Arztsitze nicht oder nicht in der von den Verhältniszahlen vorgegebenen Größenordnung erforderlich sind, so ist aufgrund der Prüfung vor Ort der tatsächliche Bedarf auszuweisen.

15 Zur Versorgungssteuerung in besonderen Fällen wird auf § 67 BedarfsplanungsRL verwiesen.

16 b) **Nichtberücksichtigung ermächtigter Ärzte (Abs. 1 S. 1, 2. Hs.).** Ermächtigte Ärzte bzw. Ärzte in ermächtigten Einrichtungen sind nach § 101 Abs. 1 S. 1 Nr. 2 b in der Bedarfsplanung zu berücksichtigen. Ermächtigungen werden häufig dann erteilt, wenn ein ambulanter Versorgungsbedarf durch niedergelassene Leistungserbringer nicht gedeckt werden kann. So sollen die Zulassungsausschüsse zB verpflichtet werden, bei Unterversorgung zugelassene Krankenhäuser für das entsprechende Fachgebiet zu ermächtigen. Folge der Berücksichtigung solcher Ermächtigungen in der Bedarfsplanung kann sein, dass der Versorgungsgrad über die Unterversorgungsgrenze steigt und damit nicht nur die Ermächtigung in Frage gestellt würde, sondern auch viele Sicherstellungsmaßnahmen, die eine Unterversorgungsfeststellung voraussetzen, nicht mehr greifen. Um diese nicht gewollten Wirkungen auszuschließen, wird deshalb geregelt, dass die durch Ermächtigung an der vertragsärztlichen Versorgung teilnehmenden Ärzte bei der Feststellung einer Unterversorgung nicht zu berücksichtigen sind.[9]

17 c) **Maßnahmen zur Beseitigung oder Abwendung der Unterversorgung (Abs. 1 S. 2).** Die Landeverbände haben den für die betroffenen Gebiete zuständigen Kassenärztlichen Vereinigungen eine angemessene Frist zur Beseitigung oder Abwendung der Unterversorgung einzuräumen, Abs. 1 S. 2. Die Länge dieser Frist richtet sich nach der Schwere der Versorgungslücke und der zu berücksichtigenden Dauer der zu treffenden Maßnahmen.[10]

18 Als Mittel zur Beseitigung oder Abwendung der Unterversorgung kommen in Betracht:
- Zahlung von Sicherstellungszuschlägen gemäß § 105 Abs. 1 S. 1 Hs. 2,
- Finanzierung von Maßnahmen aus dem Strukturfonds, wobei solche insbesondere für Zuschüsse zu den Investitionskosten bei der Neuniederlassung oder der Gründung von Zweigpraxen, für Zu-

---
9 BT-Dr. 18/4095, 106.
10 Pawlita in: jurisPK-SGB V, § 100 Rn. 20.

schläge zur Vergütung und zur Ausbildung sowie für die Vergabe von Stipendien verwendet werden sollen, § 105 Abs. 1 a.[11]

Ferner kann die vorhandene vertragsärztliche Versorgung ergänzt werden mit ermächtigten Einrichtungen, §§ 116a SGB V, 31 Abs. 1 Nr. 1 Ärzte-ZV. Der Landesausschuss kann bestimmte Maßnahmen empfehlen, § 16 Abs. 2 S. 2 Ärzte-ZV.

Die Frist zur Beseitigung oder Abwendung der Unterversorgung gilt gemäß § 100 Abs. 4 nicht für Zahnärzte. 19

d) **Zulassungsbeschränkungen (Abs. 2).** Konnte durch Maßnahmen einer Kassenärztlichen Vereinigung oder durch andere geeignete Maßnahmen die Sicherstellung nicht gewährleistet werden und dauert die Unterversorgung auch nach Ablauf der Frist an, haben die Landesausschüsse mit verbindlicher Wirkung für die Zulassungsausschüsse nach deren Anhörung Zulassungsbeschränkungen in anderen Gebieten nach den Zulassungsverordnungen anzuordnen, § 100 Abs. 2. 20

§ 16 Abs. 3 Ärzte-ZV geht insoweit über § 100 SGB V hinaus, als bereits eine drohende Unterversorgung für eine Zulassungsbeschränkung ausreichend ist.[12] 21

Die Festsetzung von Zulassungsbeschränkungen erfolgt als *ultima ratio*.[13] 22

Gemäß § 16 Abs. 4 Ärzte-ZV sind für die Dauer der bestehenden oder in absehbarer Zeit drohenden Unterversorgung als Beschränkungen zulässig: 23
a) Ablehnung von Zulassungen in Gebieten von Zulassungsbezirken, die außerhalb der vom Landesausschuss als unterversorgt festgestellten Gebiete liegen;
b) Ablehnung von Zulassungen für bestimmte Arztgruppen in den in Buchstabe a bezeichneten Gebieten.

Im Einzelfall kann der Zulassungsausschuss eine **Ausnahme von einer Zulassungsbeschränkung** zulassen, wenn die Ablehnung der Zulassung für den Arzt eine unbillige Härte bedeuten würde, § 16 Abs. 5 Ärzte-ZV. Eine unbillige Härte liegt zB dann vor, wenn der betroffene Arzt noch vor Anordnung der Zulassungsbeschränkungen einen Praxiskaufvertrag geschlossen hat oder Praxisräume angemietet hat, aber erst hiernach die Zulassung beantragt hat.[14] Der unbestimmte Rechtsbegriff der unbilligen Härte der vollen gerichtlichen Nachprüfung. Den Zulassungsinstanzen ist insoweit kein gerichtsfreier Beurteilungsspielraum zuzubilligen, denn es geht im Wesentlichen um eine Bewertung der persönlichen Verhältnisse des antragstellenden Arztes und damit nicht um Fragen, deren Beantwortung der Verordnungsgeber erkennbar der speziellen Sachkenntnis oder der höchstpersönlichen Einschätzung der Mitglieder der Zulassungs- und Berufungsausschüsse überlassen wollte.[15] 24

Eine Befristung ist zwar nicht vorgesehen. Der Landesausschuss hat aber spätestens jeweils nach sechs Monaten zu prüfen, ob die Voraussetzungen für die Anordnung von Zulassungsbeschränkungen fortbestehen, § 16 Abs. 6 S. 1 Ärzte-ZV. Die Zulassungsausschüsse sind hierzu anzuhören, § 16 Abs. 6 S. 2, Abs. 3 S. 2 Ärzte-ZV. 25

Die Anordnung und Aufhebung von Zulassungsbeschränkungen ist in den für amtliche Bekanntmachungen der Kassenärztlichen Vereinigungen vorgesehenen Blättern zu veröffentlichen, § 16 Abs. 7 Ärzte-ZV. 26

§ 100 Abs. 2 gilt gemäß Abs. 4 nicht für Zahnärzte. 27

e) **Lokaler Versorgungsbedarf (Abs. 3).** Gemäß dem im Rahmen des VÄndG[16] zum 1.1.2007 in das SGB V eingefügten § 100 Abs. 3 obliegt den Landesausschüssen der Ärzte und Krankenkassen nach Maßgabe der Richtlinien nach § 101 Abs. 1 Nr. 3a die Feststellung, dass in einem nicht unterversorgten Planungsbereich zusätzlicher lokaler Versorgungsbedarf besteht. Ein entsprechender Feststellungsbeschluss führt dazu, dass Sicherstellungszuschläge an Vertragsärzte gezahlt werden können.[17] 28

Gemäß § 101 Abs. 1 Nr. 3a beschließt der GBA in Richtlinien Bestimmungen über allgemeine Voraussetzungen, nach denen die Landesausschüsse der Ärzte und Krankenkassen nach § 100 Abs. 3 einen 29

---

11 Pawlita in: jurisPK-SGB V, § 100 Rn. 6; Beispiele, wie die Länder und KVen einer drohenden Unterversorgung entgegen treten, findet man bei Kaltenborn/Völger, GesR 2012, 129, 130 f.
12 Pawlita in: jurisPK-SGB V, § 100 Rn. 22.
13 Murawski in: Hänlein/Schuler, § 100 Rn. 8; Neumann in: BeckOK SozR, SGB V, § 100 Rn. 11.
14 Schallen, ZulVO, § 16 Rn. 6.
15 BSG, 24.11.1993, 6 RKa 26/91, juris Rn. 30 = SozR 3-5520 § 25 Nr. 1.
16 Gesetz zur Änderung des Vertragsarztrechts und anderer Gesetze (Vertragsarztrechtsänderungsgesetz) v. 22.12.2006 (BGBl. I, 3439).
17 BT-Dr. 16/2474, 23.

zusätzlichen lokalen Versorgungsbedarf in nicht unterversorgten Planungsbereichen feststellen können.

30 § 101 Abs. 1 S. 1 Nr. 3 a ist in § 35 BedarfsplanungsRL umgesetzt worden. Danach legt der Landesausschuss (90) fest, für welche **Bezugsregionen** innerhalb eines Planungsbereiches er die Feststellung von zusätzlichem lokalem Versorgungsbedarf trifft. Die Bezugsregion ist von der Größe her so zu wählen, dass gemessen an ihrer flächenmäßigen Ausdehnung und unter Berücksichtigung der vorhandenen Struktur, Verkehrsanbindung und Lage eine versorgungsrelevante Bevölkerungszahl vorhanden ist. Dabei sollte die Verhältniszahl der jeweiligen Arztgruppe als Anhaltspunkt dienen. Darüber hinaus kann bei der Festlegung der Bezugsregion der Versorgungsbeitrag der dort bereits tätigen Ärzte berücksichtigt werden. Bei der Prüfung des zusätzlichen lokalen Versorgungsbedarfes sind insbesondere **folgende Kriterien als Beurteilungsmaßstäbe zu berücksichtigen:**
1. die regionale Demografie,
2. die regionale Morbidität,
3. sozioökonomische Faktoren,
4. die Versorgungsstrukturen,
5. räumliche Faktoren,
6. infrastrukturelle Besonderheiten.

Sie kann sich insbesondere auf **folgende Versorgungskonstellationen** beziehen:
1. Verbesserung der Versorgung in nicht gesperrten Planungsbereichen vorrangig vor gesperrten Planungsbereichen,
2. Förderung der Gründung/Erhaltung von (Zweig-) Praxen in Regionen, in denen für die Bezugsregion nach Abs. 2 Unterversorgung festgestellt wurde,
3. Förderung von Leistungen, die zum Zeitpunkt der Prüfung durch die Ärzte in oder um die Bezugsregionen nach Abs. 2 nicht oder nicht im ausreichenden Maße erbracht werden,
4. Förderung des Leistungsumfangs, der durch die vorhandenen Ärzte in der Bezugsregion nach Abs. 2 erbracht wird.

Der Landesausschuss prüft in regelmäßigen Abständen, ob die Voraussetzungen für die Entscheidungen nach § 35 Abs. 1 BedarfsplanungsRL (Feststellung des zusätzlichen lokalen Versorgungsbedarfs) weiterhin vorliegen. Die Feststellung nach § 35 Abs. 1 BedarfsplanungsRL kann befristet werden.

31 § 100 Abs. 2 gilt gemäß Abs. 4 auch für Zahnärzte.

32 **f) Besonderheiten für Zahnärzte (Abs. 4).** Gemäß dem im Rahmen des GKV-WSG[18] zum 1.4.2007 eingefügten Abs. 4 gelten Abs. 1 S. 2, Abs. 2 nicht für Zahnärzte. Daher können die Landesausschüsse der Zahnärzte und Krankenkassen im Falle einer Unterversorgung Zulassungsbeschränkungen nach Abs. 2 für Zahnärzte künftig nicht mehr anordnen. Entsprechend entfällt auch die Verpflichtung, den Kassenzahnärztlichen Vereinigungen – vor Anordnung von Zulassungsbeschränkungen – angemessene Fristen zur Beseitigung und Abwendung von Unterversorgung einzuräumen.[19]

33 Eine dem Abs. 4 entsprechende Regelung für den Fall einer Überversorgung enthält der § 103 Abs. 8. Entsprechend werden auch die weiteren Regelungen, die sich auf Zulassungsbeschränkungen beziehen, durch die neuen Vorschriften von § 101 Abs. 6 und § 104 Abs. 3 für den Bereich der vertragszahnärztlichen Versorgung aufgehoben. Diese Änderungen sind dadurch begründet, dass für den Bereich der vertragszahnärztlichen Versorgung auf die Steuerung durch zwingende Zulassungsbeschränkungen verzichtet werden kann. In diesem Leistungsbereich stellt sich zum einen das Problem der Überversorgung nicht in der gleichen Weise wie im Bereich der vertragsärztlichen Versorgung, insbesondere der fachärztlichen Versorgung, zum anderen ist auch die Gefahr von Leistungsausweitungen und angebotsinduzierter Versorgung nicht in der Weise gegeben wie im Bereich der vertragsärztlichen Versorgung.[20]

34 **g) Rechtschutz gegen die Anordnung von Zulassungsbeschränkungen.** Die Anordnung von Zulassungsbeschränkungen ist als ein „überwiegend interner Vorgang" zu werten, der die Außenwirkung und damit die gerichtliche Überprüfbarkeit abgesprochen wird.[21] Dem Arzt, der eine Zulassung begehrt, fehlt daher für eine sozialgerichtliche Klage die Klagebefugnis, da die Anordnung von Zulas-

---

18 Gesetz zur Stärkung des Wettbewerbs in der gesetzlichen Krankenversicherung (GKV-Wettbewerbsstärkungsgesetz) v. 26.3.2007 (BGBl. I, 378).
19 BT-Dr. 16/3100, 135; Pawlita in: jurisPK-SGB V, § 100 Rn. 28, 29.
20 Vgl. BT-Dr. 16/3100, 135; Pawlita in: jurisPK-SGB V, § 100 Rn. 28, 29.
21 Vgl. Wahrendorf, VSSR 2015, 241, 158; Sproll in: Krauskopf, § 100 SGB V Rn. 20.

sungsbeschränkungen keine unmittelbaren Rechtswirkungen auslöst, sondern erst einer Transformation durch die Zulassungsentscheidung bedarf.[22]

§ 101 Überversorgung

(1) ¹Der Gemeinsame Bundesausschuss beschließt in Richtlinien Bestimmungen über
1. einheitliche Verhältniszahlen für den allgemeinen bedarfsgerechten Versorgungsgrad in der vertragsärztlichen Versorgung,
2. Maßstäbe für eine ausgewogene hausärztliche und fachärztliche Versorgungsstruktur,
2a. Regelungen, mit denen bei der Berechnung des Versorgungsgrades die von Ärzten erbrachten spezialfachärztlichen Leistungen nach § 116 b berücksichtigt werden,
2b. Regelungen, mit denen bei der Berechnung des Versorgungsgrades die durch Ermächtigung an der vertragsärztlichen Versorgung teilnehmenden Ärzte berücksichtigt werden,
3. Vorgaben für die ausnahmsweise Besetzung zusätzlicher Vertragsarztsitze, soweit diese zur Gewährleistung der vertragsärztlichen Versorgung in einem Versorgungsbereich unerläßlich sind, um einen zusätzlichen lokalen oder einen qualifikationsbezogenen Versorgungsbedarf insbesondere innerhalb einer Arztgruppe zu decken,
3a. allgemeine Voraussetzungen, nach denen die Landesausschüsse der Ärzte und Krankenkassen nach § 100 Abs. 3 einen zusätzlichen lokalen Versorgungsbedarf in nicht unterversorgten Planungsbereichen feststellen können,
4. Ausnahmeregelungen für die Zulassung eines Arztes in einem Planungsbereich, für den Zulassungsbeschränkungen angeordnet sind, sofern der Arzt die vertragsärztliche Tätigkeit gemeinsam mit einem dort bereits tätigen Vertragsarzt desselben Fachgebiets oder, sofern die Weiterbildungsordnungen Facharztbezeichnungen vorsehen, derselben Facharztbezeichnung ausüben will und sich die Partner der Berufsausübungsgemeinschaft gegenüber dem Zulassungsausschuß zu einer Leistungsbegrenzung verpflichten, die den bisherigen Praxisumfang nicht wesentlich überschreitet, dies gilt für die Anstellung eines Arztes in einer Einrichtung nach § 311 Abs. 2 Satz 1 und in einem medizinischen Versorgungszentrum entsprechend; bei der Ermittlung des Versorgungsgrades ist der Arzt nicht mitzurechnen,
5. Regelungen für die Anstellung von Ärzten bei einem Vertragsarzt desselben Fachgebiets oder, sofern die Weiterbildungsordnungen Facharztbezeichnungen vorsehen, mit derselben Facharztbezeichnung in einem Planungsbereich, für den Zulassungsbeschränkungen angeordnet sind, sofern sich der Vertragsarzt gegenüber dem Zulassungsausschuß zu einer Leistungsbegrenzung verpflichtet, die den bisherigen Praxisumfang nicht wesentlich überschreitet, und Ausnahmen von der Leistungsbegrenzung, soweit und solange dies zur Deckung eines zusätzlichen lokalen Versorgungsbedarfs erforderlich ist; bei der Ermittlung des Versorgungsgrades sind die angestellten Ärzte nicht mitzurechnen,
6. Ausnahmeregelungen zur Leistungsbegrenzung nach den Nummern 4 und 5 im Fall eines unterdurchschnittlichen Praxisumfangs; für psychotherapeutische Praxen mit unterdurchschnittlichem Praxisumfang soll eine Vergrößerung des Praxisumfangs nicht auf den Fachgruppendurchschnitt begrenzt werden.

²Sofern die Weiterbildungsordnungen mehrere Facharztbezeichnungen innerhalb desselben Fachgebiets vorsehen, bestimmen die Richtlinien nach Nummer 4 und 5 auch, welche Facharztbezeichnungen bei der gemeinschaftlichen Berufsausübung nach Nummer 4 und bei der Anstellung nach Nummer 5 vereinbar sind. ³Überversorgung ist anzunehmen, wenn der allgemeine bedarfsgerechte Versorgungsgrad um 10 vom Hundert überschritten ist. ⁴Der allgemeine bedarfsgerechte Versorgungsgrad ist erstmals bundeseinheitlich zum Stand vom 31. Dezember 1990 zu ermitteln. ⁵Bei der Ermittlung des Versorgungsgrades ist die Entwicklung des Zugangs zur vertragsärztlichen Versorgung seit dem 31. Dezember 1980 arztgruppenspezifisch angemessen zu berücksichtigen. ⁶Die regionalen Planungsbereiche sind mit Wirkung zum 1. Januar 2013 so festzulegen, dass eine flächendeckende Versorgung sichergestellt wird. ⁷Der Gemeinsame Bundesausschuss trifft mit Wirkung zum 1. Januar 2017 die erforderlichen Anpassungen für eine bedarfsgerechte Versorgung nach Prüfung der Verhältniszahlen gemäß Absatz 2 Nummer 3 und unter Berücksichtigung der Möglichkeit zu einer kleinräumigen Planung, insbesondere

---

22 Vgl. Wahrendorf, VSSR 2015, 241, 158; Sproll in: Krauskopf, § 100 SGB V Rn. 20.

für die Arztgruppe nach Absatz 4. ⁸Bei der Berechnung des Versorgungsgrades in einem Planungsbereich sind Vertragsärzte mit einem hälftigen Versorgungsauftrag mit dem Faktor 0,5 sowie die bei einem Vertragsarzt nach § 95 Abs. 9 Satz 1 angestellten Ärzte, die in einem medizinischen Versorgungszentrum angestellten Ärzte und die in einer Einrichtung nach § 105 Absatz 1 Satz 2 angestellten Ärzte entsprechend ihrer Arbeitszeit anteilig zu berücksichtigen. ⁹Erbringen die in Satz 7 genannten Ärzte spezialfachärztliche Leistungen nach § 116b, ist dies bei der Berechnung des Versorgungsgrades nach Maßgabe der Bestimmungen nach Satz 1 Nummer 2a zu berücksichtigen. ¹⁰Die Berücksichtigung ermächtigter Ärzte und der in ermächtigten Einrichtungen tätigen Ärzte erfolgt nach Maßgabe der Bestimmungen nach Satz 1 Nummer 2b.

(2) Der Gemeinsame Bundesausschuss hat die auf der Grundlage des Absatzes 1 Satz 4 und 5 ermittelten Verhältniszahlen anzupassen oder neue Verhältniszahlen festzulegen, wenn dies erforderlich ist
1. wegen der Änderung der fachlichen Ordnung der Arztgruppen,
2. weil die Zahl der Ärzte einer Arztgruppe bundesweit die Zahl 1 000 übersteigt oder
3. zur Sicherstellung der bedarfsgerechten Versorgung; dabei sind insbesondere die demografische Entwicklung sowie die Sozial- und Morbiditätsstruktur zu berücksichtigen.

(3) ¹Im Falle des Absatzes 1 Satz 1 Nr. 4 erhält der Arzt eine auf die Dauer der gemeinsamen vertragsärztlichen Tätigkeit beschränkte Zulassung. ²Die Beschränkung und die Leistungsbegrenzung nach Absatz 1 Satz 1 Nr. 4 enden bei Aufhebung der Zulassungsbeschränkungen nach § 103 Abs. 3, spätestens jedoch nach zehnjähriger gemeinsamer vertragsärztlicher Tätigkeit. ³Endet die Beschränkung, wird der Arzt bei der Ermittlung des Versorgungsgrades mitgerechnet. ⁴Im Falle der Praxisfortführung nach § 103 Abs. 4 ist bei der Auswahl der Bewerber die gemeinschaftliche Praxisausübung des in Absatz 1 Satz 1 Nr. 4 genannten Arztes erst nach mindestens fünfjähriger gemeinsamer vertragsärztlicher Tätigkeit zu berücksichtigen. ⁵Für die Einrichtungen nach § 311 Abs. 2 Satz 1 gelten die Sätze 2 und 3 entsprechend.

(3 a) ¹Die Leistungsbegrenzung nach Absatz 1 Satz 1 Nr. 5 endet bei Aufhebung der Zulassungsbeschränkungen. ²Endet die Leistungsbegrenzung, wird der angestellte Arzt bei der Ermittlung des Versorgungsgrades mitgerechnet.

(4) ¹Überwiegend oder ausschließlich psychotherapeutisch tätige Ärzte und Psychotherapeuten bilden eine Arztgruppe im Sinne des Absatzes 2. ²Der allgemeine bedarfsgerechte Versorgungsgrad ist für diese Arztgruppe erstmals zum Stand vom 1. Januar 1999 zu ermitteln. ³Zu zählen sind die zugelassenen Ärzte sowie die Psychotherapeuten, die nach § 95 Abs. 10 zugelassen werden. ⁴Dabei sind überwiegend psychotherapeutisch tätige Ärzte mit dem Faktor 0,7 zu berücksichtigen. ⁵In den Richtlinien nach Absatz 1 ist für die Zeit bis zum 31. Dezember 2015 sicherzustellen, dass mindestens ein Versorgungsanteil in Höhe von 25 Prozent der allgemeinen Verhältniszahl den überwiegend oder ausschließlich psychotherapeutisch tätigen Ärzten und mindestens ein Versorgungsanteil in Höhe von 20 Prozent der allgemeinen Verhältniszahl den Leistungserbringern nach Satz 1, die ausschließlich Kinder und Jugendliche psychotherapeutisch betreuen, vorbehalten ist. ⁶Ab dem 1. Januar 2016 gelten die in Satz 5 vorgesehenen Mindestversorgungsanteile mit der Maßgabe fort, dass der Gemeinsame Bundesausschuss ihre Höhe aus Versorgungsgründen bedarfsgerecht anpassen kann; zudem können innerhalb des Mindestversorgungsanteils für überwiegend oder ausschließlich psychotherapeutisch tätige Ärzte weitere nach Fachgebieten differenzierte Mindestversorgungsanteile vorgesehen werden. ⁷Bei der Feststellung der Überversorgung nach § 103 Abs. 1 sind die ermächtigten Psychotherapeuten nach § 95 Abs. 11 mitzurechnen.

(5) ¹Hausärzte (§ 73 Abs. 1 a) bilden ab dem 1. Januar 2001 mit Ausnahme der Kinderärzte eine Arztgruppe im Sinne des Absatzes 2; Absatz 4 bleibt unberührt. ²Der allgemeine bedarfsgerechte Versorgungsgrad ist für diese Arztgruppe erstmals zum Stand vom 31. Dezember 1995 zu ermitteln. ³Die Verhältniszahlen für die an der fachärztlichen Versorgung teilnehmenden Internisten sind zum Stand vom 31. Dezember 1995 neu zu ermitteln. ⁴Der Gemeinsame Bundesausschuss hat die neuen Verhältniszahlen bis zum 31. März 2000 zu beschließen. ⁵Der Landesausschuss hat die Feststellungen nach § 103 Abs. 1 Satz 1 erstmals zum Stand vom 31. Dezember 2000 zu treffen. ⁶Ein Wechsel für Internisten ohne Schwerpunktbezeichnung in die hausärztliche oder fachärztliche Versorgung ist nur dann zulässig, wenn dafür keine Zulassungsbeschränkungen nach § 103 Abs. 1 angeordnet sind.

(6) Absatz 1 Satz 1 Nummer 2a, 2b, 3, 4, 5 und 6 und Absätze 3 und 3a gelten nicht für Zahnärzte.

Literatur:

Bäune/Dahm/Flasbarth, Vertragsärztliche Versorgung unter dem GKV-Versorgungsstrukturgesetz – GKV-VStG, MedR 2012, 77; *Bäune/Dahm/Flasbarth,* GKV-Versorgungsstärkungsgesetz (GKV-VSG), MedR 2016, 4; *Berner/Strüve,* Das GKV-VSG aus Sicht der Versorgungsstruktur, GesR 2015, 461; *Boecken,* Vertragsärztliche Bedarfsplanung aus rechtlicher Sicht, NZS 1999, 417; *Franzius,* Bedarfsplanung als spezifisches Regulierungsrecht, VSSR 2012, 49; *Frehse/Lauber,* Die Voraussetzungen der vertragsärztlichen Sonderbedarfszulassung – unter besonderer Berücksichtigung der sozialgerichtlichen Rechtsprechung, MedR 2012, 24; *Gleichner,* Job-Sharing in der Vertragsarztpraxis: Die geänderten Richtlinien, MedR 2000, 399; *Hess,* Auswirkungen des Vertragsarztrechtsänderungsgesetzes auf die Bedarfsplanung, VSSR 2007, 199; *Hess,* Perspektiven der Bedarfsplanung aus Sicht des Gemeinsamen Bundesausschusses, ZGMR 2011, 207; *Heun,* Die Neuordnung des Bedarfsplanungsrechts aus verfassungsrechtlicher Perspektive, VSSR 2015, 215; *Kaltenborn/Völger,* Die Neuordnung des Bedarfsplanungsrechts durch das GKV-Versorgungsstrukturgesetz, GesR 2012, 129; *Kleinke/Lauber,* Die Sonderbedarfszulassung aus anwaltlicher Sicht, ZMGR 2013, 8; *Lauber/Frehse,* Voraussetzungen der vertragsärztlichen Sonderbedarfszulassung – unter besonderer Berücksichtigung der sozialgerichtlichen Rechtsprechung, MedR 2012, 24; *Möller,* Die Weiterentwicklung der Bedarfsplanung nach dem Versorgungsstrukturgesetz, insbesondere neue Beteiligungsrecht der Länder, SGb 2011, 557; *Pawlita,* Zulassungsrechtliche Änderungen durch das GKV-VSG, NZS 2015, 727; *Pawlita,* Die neue Bedarfsplanung – ausgewählte Rechtsfragen aus dem Blickwinkel des bisherigen Systems, KrV 2014, 229; *Pflugmacher,* Bedarfsplanung in der anwaltlichen Beratung, VSSR 2015, 271; *Pitschas,* Die Gesundheitsreform 2011 – Ein komplexes Programm für die Re-Regulierung des Gesundheitsrechts, VSSR, 2012, 157; *Pitschas,* Innovative Versorgungsstrukturen im Lichte der Grundrechte und verfassungsrechtlichen Kompetenznormen, MedR 2015, 154; *Plagemann,* Gemeinsame Berufsausübung und Bedarfsplanung, KrV 2014, 249; *Reiter,* Haus- und fachärztliche Versorgung: Statusfragen und Rechtsprobleme der Bedarfsplanung, MedR 2001, 163; *Reiter,* Vertragsärztliche Bedarfsplanung – Einführung eines Demografiefaktors, GesR 2011, 141; *Schliwen,* Methodenansätze und Konzepte zur Reform der ärztlichen Bedarfsplanung, IR 2012, 328; *Schroeder-Printzen,* GKV-VSG – Der große Entwurf für die Verstärkung der ambulanten Versorgung?, Teil I, ZMGR 2015, 377; *Schroeder-Printzen,* GKV-VSG – Der große Entwurf für die Verstärkung der ambulanten Versorgung?, Teil II, ZMGR 2016, 3; *Steinhilper,* Bedarfsplanung nach dem GKV-VStG, MedR 2012, 441; *Stellpflug,* Update Psychotherapeutenrecht, ZMGR 2014, 391; *Wahrendorf,* Aktuelle Probleme der Bedarfsplanung – Beschlüsse der Landesausschüsse, VSSR 2015, 241; *Wallrabenstein,* Staatliche Gewährleistung einer angemessenen gesundheitlichen Versorgung im Bundesgebiet, ZMGR 2011, 197; *Wigge/Remmert,* Zur Zulässigkeit der Aufnahme unbeplanter Arztgruppen in die Bedarfsplanung und der Anordnung einer Entscheidungssperre durch den G-BA, MedR 2013, 228; *Wrase,* Das GKV-Versorgungsstrukturgesetz, GuP 2012, 1.

I. Entstehungsgeschichte	1
II. Normzweck und Systematik	2
III. Norminhalt und Normauslegung	15
1. Norminhalt	15
2. Normauslegung	18
a) Einheitliche Verhältniszahlen für den allgemeinen bedarfsgerechten Versorgungsgrad in der vertragsärztlichen Versorgung (Abs. 1 S. 1 Nr. 1, Abs. 2)	18
aa) Beschluss über einheitliche Verhältniszahlen (Abs. 1 S. 1 Nr. 1)	18
bb) Anpassung der Verhältniszahlen (Abs. 2)	40
b) Bestimmung von Maßstäben für eine ausgewogene haus- und fachärztliche Versorgungsstruktur (Abs. 1 S. 1 Nr. 2, 2a, 2b)	45
aa) Ausgewogene Versorgungsstruktur (Abs. 1 S. 1 Nr. 2)	45
bb) Spezialfachärztliche Leistungen nach § 116 b (Abs. 1 S. 1 Nr. 2a)	49
cc) Berücksichtigung von ermächtigten Ärzten (Abs. 1 S. 1 Nr. 2b)	51
c) Vorgaben für die ausnahmsweise Besetzung zusätzlicher Vertragsarztsitze (Abs. 1 S. 1 Nr. 3, 3a)	54
aa) Sonderbedarfszulassung (Abs. 1 S. 1 Nr. 3)	54
(1) § 36 BedarfsplanungsRL	57
(2) § 37 BedarfsplanungsRL	72
(3) § 38 BedarfsplanungsRL	76
(4) Drittschützende Wirkung	79
bb) Zusätzlicher lokaler Versorgungsbedarf (Abs. 1 S. 1 Nr. 3a)	81
d) Ausnahmezulassungen bei Bildung von Gemeinschaftspraxen – Job-Sharing-Partner (Abs. 1 S. 1 Nr. 4, Abs. 3)	99
aa) Ausnahmezulassungen (Abs. 1 S. 1 Nr. 4)	99
(1) § 40 BedarfsplanungsRL	104
(2) § 41 BedarfsplanungsRL	105
(3) § 42 BedarfsplanungsRL	109
(4) § 43 BedarfsplanungsRL	110

	(5) § 47 BedarfsplanungsRL	111	cc) Ende der Leistungsbegrenzung (Abs. 3a)	123
bb)	Beschränkte Zulassung (Abs. 3)	112	f) Feststellung des allgemein bedarfsgerechten Versorgungsgrades für Ärzte und Psychotherapeuten	
e)	Anstellung von Ärzten, Job-Sharing-Anstellungen (Abs. 1 S. 1 Nr. 5, Abs. 3 a)	114	(Abs. 4)	126
aa)	Anstellung von Ärzten (Abs. 1 S. 1 Nr. 5)	114	g) Bildung der planungsrechtlichen Arztgruppe der Hausärzte (Abs. 5)	133
bb)	Ausnahmeregelungen zur Leistungsbegrenzung (Abs. 1 S. 1 Nr. 6)	120	h) Geltung für Zahnärzte (Abs. 6)	136

I. Entstehungsgeschichte

1 § 101 ist mit Wirkung zum 1.1.1989 im Rahmen des Gesundheitsreformgesetzes vom 20.12.1988 (GRG) als Nachfolgevorschrift von § 368t Abs. 1 RVO in Kraft getreten (BGBl. I, 2477). Die Vorschrift ist neu gefasst worden durch Art. 1 Nr. 58 Gesundheitsstrukturgesetz v. 21.12.1992 (BGBl. I, 2266) mWv 1.1.1993; dabei sind §§ 101 bis 105 im Sinne einer Verschärfung der Zulassungsbeschränkungen geändert worden. Anschließend erfolgten folgende Änderungen: **Abs. 1:** Früher einziger Text gem. Art. 1 Nr. 35 lit. a nach Maßgabe d. Art. 1793 Gesetz v. 23.6.1997 (BGBl. I, 1520) mWv 1.7.1997; Abs. 1: IdF d. Art. 1 Nr. 58 Gesetz v. 21.12.1992 (BGBl. I, 2266) mWv 1.1.1993; **Abs. 1 S. 1 Eingangssatz:** IdF d. Art. 1 Nr. 78 lit. a aa Gesetz v. 14.11.2003 (BGBl. I, 2190) mWv 1.1.2004; **Abs. 1 S. 1 Nr. 2 a u. 2 b:** Eingef. durch Art. 1 Nr. 35 lit. a aa aaa Gesetz v. 22.12.2011 (BGBl. I, 2983) mWv 1.1.2012; **Abs. 1 S. 1 Nr. 3:** IdF d. Art. 1 Nr. 35 lit. a aa bbb Gesetz v. 22.12.2011 (BGBl. I, 2983) mWv 1.1.2012; **Abs. 1 S. 1 Nr. 3a:** Eingef. durch Art. 1 Nr. 8 lit. a aa aaa Gesetz v. 22.12.2006 (BGBl. I, 3439) mWv 1.1.2007; **Abs. 1 S. 1 Nr. 4:** Eingef. durch Art. 1 Nr. 35 lit. a aa nach Maßgabe d. Art. 17 Gesetz v. 23.6.1997 (BGBl. I, 1520) mWv 1.7.1997 mWv 1.7.1997; idF d. Art. 1 Nr. 18 lit. a Gesetz v. 19.12.1998 (BGBl. I, 3853) mWv 1.1.1999, d. Art. 1 Nr. 78 lit. a aa Gesetz v. 14.11.2003 (BGBl. I, 2190) mWv 1.1.2004, d. Art. 1 Nr. 8 lit. a aa bbb Gesetz v. 22.12.2006 (BGBl. I, 3439) mWv 1.1.2007 u. d. Art. 1 Nr. 68 lit. a aa Gesetz v. 26.3.2007 (BGBl. I, 378) mWv 1.4.2007; **Abs. 1 S. 1 Nr. 5:** Eingef. durch Art. 1 Nr. 35 lit. a aa nach Maßgabe d. Art. 17 Gesetz v. 23.6.1997 (BGBl. I, 1520) mWv 1.7.1997; idF d. Art. 1 Nr. 18 lit. b Gesetz v. 19.12.1998 (BGBl. I, 3853) mWv 1.1.1999, d. Art. 1 Nr. 8 lit. a aa ccc Gesetz v. 22.12.2006 (BGBl. I, 3439) mWv 1.1.2007; Änderung durch Art. 1 Nr. 68 lit. a bb Gesetz v. 26.3.2007 (BGBl. I, 378) mWv 1.4.2007 nicht ausführbar; **Abs. 1 S. 1 Nr. 6:** Eingef. durch Art. 1 Nr. 43 lit. a aa bbb Gesetz v. 16.7.2015 (BGBl. I, 1211) mWv 23.7.2015; **Abs. 1 S. 2:** Eingef. durch Art. 1 Nr. 8 lit. a bb Gesetz v. 22.12.2006 (BGBl. I, 3439) mWv 1.1.2007; **Abs. 1 S. 3 bis 6:** Früher S. 2 bis 5 gem. Art. 1 Nr. 8 lit. a bb Gesetz v. 22.12.2006 (BGBl. I, 3439) mWv 1.1.2007; **Abs. 1 S. 6:** IdF d. Art. 1 Nr. 35 lit. a bb Gesetz v. 22.12.2011 (BGBl. I, 2983) mWv 1.1.2012; Abs. 1 S. 7: Eingef. durch Art. 1 Nr. 43 lit. a bb Gesetz v. 16.7.2015 (BGBl. I, 1211) mWv 23.7.2015; § 101 Abs. 1 Satz 8: Eingef. als Satz 6 durch Art. 1 Nr. 78 lit. a Bb Gesetz v. 14.11.2003 (BGBl. I, 2190) mWv 1.1.2004; früherer Satz 6 wurde Satz 7 gem. u. idF d. Art. 1 Nr. 8 lit. a bb u. cc Gesetz v. 22.12.2006 (BGBl. I, 3439) mWv 1.1.2007; idF d. Art. 1 Nr. 35 lit. a cc Gesetz v. 22.12.2011 (BGBl. I, 2983) mWv 1.1.2012; jetzt Satz 8 gem. Art. 1 Nr. 43 lit. a bb Gesetz v. 16.7.2015 (BGBl. I, 1211) mWv 23.7.2015; § 101 Abs. 1 Satz 9 u. 10 (früher Satz 8 u. 9): Eingef. durch Art. 1 Nr. 35 lit. a dd Gesetz v. 22.12.2011 (BGBl. I, 2983) mWv 1.1.2012; jetzt Satz 9 u. 10 gem. Art. 1 Nr. 43 lit. a bb Gesetz v. 16.7.2015 (BGBl. I, 1211) mWv 23.7.2015; **Abs. 1 S. 7 (früher S. 6):** Eingef. durch Art. 1 Nr. 78 lit. a bb Gesetz v. 14.11.2003 (BGBl. I, 2190) mWv 1.1.2004; früherer S. 6 jetzt S. 7 gem. u. idF d. Art. 1 Nr. 8 lit. a bb u. cc Gesetz v. 22.12.2006 (BGBl. I, 3439) mWv 1.1.2007; idF d. Art. 1 Nr. 35 lit. a cc Gesetz v. 22.12.2011 (BGBl. I, 2983) mWv 1.1.2012; **Abs. 1 S. 8 u. 9:** Eingef. durch Art. 1 Nr. 35 lit. a dd Gesetz v. 22.12.2011 (BGBl. I, 2983) mWv 1.1.2012; **Abs. 2:** Eingef. durch Art. 1 Nr. 35 lit. b nach Maßgabe d. Art. 17 Gesetz v. 23.6.1997 (BGBl. I, 1520) mWv 1.7.1997; **Abs. 2 (früher S. 1) Eingangssatz:** IdF d. Art. 1 Nr. 78 lit. b Gesetz v. 14.11.2003 (BGBl. I, 2190) mWv 1.1.2004 u. d. Art. 1 Nr. 35 lit. b aa aaa Gesetz v. 22.12.2011 (BGBl. I, 2983) mWv 1.1.2012; **Abs. 2 (früher S. 1) Nr. 2:** IdF d. Art. 1 Nr. 41 lit. a aa Gesetz v. 22.12.1999 (BGBl. I, 2626) mWv 1.1.2000; **Abs. 2 (früher S. 1) Nr. 3:** Frühere Nr. 3 aufgeh., frühere Nr. 4 jetzt Nr. 3 gem. Art. 1 Nr. 41 lit. a bb Gesetz v. 22.12.1999 (BGBl. I, 2626) mWv 1.1.2000; idF d. Art. 1 Nr. 35 lit. b aa bbb Gesetz v. 22.12.2011 (BGBl. I, 2983) mWv 1.1.2012; IdF d. Art. 1 Nr. 43 lit. b Gesetz v. 16.7.2015 (BGBl. I, 1211) mWv 23.7.2015; **Abs. 2:** Früherer S. 2 aufgeh., früherer S. 1 jetzt einziger Text gem. Art. 1 Nr. 35 lit. b bb Gesetz v. 22.12.2011 (BGBl. I, 2983) mWv 1.1.2012;

Abs. 3: Eingef. durch Art. 1 Nr. 35 lit. b nach Maßgabe d. Art. 17 Gesetz v. 23.6.1997 (BGBl. I, 1520) mWv 1.7.1997; **Abs. 3 S. 1:** IdF d. Art. 1 Nr. 68 lit. b aa Gesetz v. 26.3.2007 (BGBl. I, 378) mWv 1.4.2007; **Abs. 3 S. 4:** IdF d. Art. 1 Nr. 68 lit. b bb Gesetz v. 26.3.2007 (BGBl. I, 378) mWv 1.4.2007; **Abs. 3 a:** Eingef. durch Art. 1 Nr. 8 lit. b Gesetz v. 22.12.2006 (BGBl. I, 3439) mWv 1.1.2007; **Abs. 4:** Eingef. durch Art. 2 Nr. 13 Gesetz v. 16.6.1998 (BGBl. I, 1311) mWv 1.1.1999; **Abs. 4 S. 1:** IdF d. Art. 1 Nr. 68 lit. c Gesetz v. 26.3.2007 (BGBl. I, 378) mWv 1.4.2007; **Abs. 4 S. 5:** IdF d. Art. 1 Nr. 2 lit. a Gesetz v. 15.12.2008 (BGBl. I, 2426) mWv 1.1.2009; Abs. 4 S. 5: IdF d. Art. 3 Nr. 5 lit. a Gesetz v. 7.8.2013 (BGBl. I, 3108) mWv 1.1.2014; **Abs. 4 S. 6:** IdF d. Art. 3 Nr. 5 lit. b Gesetz v. 7.8.2013 (BGBl. I, 3108) mWv 1.1.2014; Abs. 4 S. 6: IdF d. Art. 3 Nr. 5 lit. c Gesetz v. 7.8.2013 (BGBl. I, 3108) mWv 1.1.2014; Abs. 4 S. 6: IdF d. Art. 1 Nr. 2 lit. b Gesetz v. 15.12.2008 (BGBl. I, 2426) mWv 1.1.2009; **Abs. 5:** Eingef. durch Art. 1 Nr. 41 lit. b Gesetz v. 22.12.1999 (BGBl. I, 2626) mWv 1.1.2000; **Abs. 5 S. 1:** IdF d. Art. 1 Nr. 68 lit. c Gesetz v. 26.3.2007 (BGBl. I, 378) mWv 1.4.2007; **Abs. 5 S. 4:** IdF d. Art. 1 Nr. 78 lit. c Gesetz v. 14.11.2003 (BGBl. I, 2190) mWv 1.1.2004; **Abs. 6:** Eingef. durch Art. 1 Nr. 68 lit. d Gesetz v. 26.3.2007 (BGBl. I, 378) mWv 1.4.2007; idF d. Art. 1 Nr. 35 lit. c Gesetz v. 22.12.2011 (BGBl. I, 2983) mWv 1.1.2012; Art. 1 Nr. 43 lit. c Gesetz v. 16.7.2015 (BGBl. I, 1211) mWv 23.7.2015.

II. Normzweck und Systematik

§ 101 konkretisiert die Ermächtigung und Verpflichtung in § 92 Abs. 1 S. 2 Nr. 9, wonach der G-BA die zur Sicherung der ärztlichen Versorgung erforderlichen Richtlinien über die Gewährung für eine ausreichende, zweckmäßige und wirtschaftliche Versorgung der Versicherten beschließt. Der G-BA soll insbesondere Richtlinien beschließen über die Bedarfsplanung.

Insbesondere hat der Gesetzgeber dem G-BA die Befugnis zur Normkonkretisierung im Bereich der vertragsärztlichen Bedarfsplanung durch Erlass von Richtlinien übertragen. Der G-BA ist somit beauftragt, die erforderlichen Vorschriften für eine funktionsfähige und deren Sinn und Zweck verwirklichende Bedarfsplanung zu schaffen. Im Umkehrschluss folgt aus dieser Ermächtigung aber auch, aber auch eine „Normgebungsverpflichtung".[1]

Das BSG hat an der Zulässigkeit der Übertragung der Normsetzungsbefugnis an den G-BA keine Zweifel, *„zumal der Gesetzgeber Inhalt, Zweck und Ausmaß der Regelung präzise vorgegeben und damit die wesentlichen Fragen selbst entschieden hat"*.[2] Bereits vorher hatte das BSG ausgeführt, dass der Gesetzgeber dem G-BA in nicht zu beanstandender Weise die Befugnis zur Normkonkretisierung im Bereich der Bedarfsplanung durch Erlass von Richtlinien übertragen hat. Dasselbe gelte für die G-BA-Richtlinien zur Bedarfsplanung. Der parlamentarische Gesetzgeber habe dem G-BA in § 101 Abs. 1 und 2 ein detailliertes Normprogramm für die Ausgestaltung der Regelungen zur Bedarfsplanung und zu Ausnahmen von der Zulassungsbeschränkung in überversorgten Gebieten vorgegeben. Ergänzend sei in § 104 Abs. 2 bestimmt, dass das Nähere über das Verfahren bei der Anordnung von Zulassungsbeschränkungen bei vertragsärztlicher Überversorgung *„nach Maßgabe des § 101"* in den Zulassungsverordnungen nach § 98 zu regeln sei.[3]

Das „Gesetz zur Verbesserung der Versorgungsstrukturen in der gesetzlichen Krankenversicherung" (GKV-VStG) vom 22.12.2011, in Kraft getreten am 1.1.2012,[4] hat wesentliche Änderungen dieser Rechtsgrundlage gebracht. Mit den neuen gesetzlichen Vorgaben soll eine zielgenauere und den regionalen Besonderheiten Rechnung tragende, flexible Ausgestaltung der Bedarfsplanung mit erweiterten Einwirkungsmöglichkeiten der Länder eingeführt werden. Der Gesetzgeber hat dem G-BA mit dem GKV-VStG Spielräume gegeben, die vormalige BedarfsplanungsRL 2007 von einem bestehendem Informationssystem zu einem Steuerungsinstrument weiter zu entwickeln, die flexibler auf die geänderten Anforderungen an die ambulante Versorgung reagieren kann und zB besondere Probleme beim Zugang zur ambulanten Versorgung im ländlichen Raum besser berücksichtigen kann.[5]

Gemäß § 94 sind die vom G-BA beschlossenen Richtlinien dem Bundesministerium für Gesundheit (BMG) vorzulegen, das Beanstandungen aussprechen kann. Die Nichtbeanstandung einer Richtlinie kann vom BMG mit Auflagen verbunden werden.

---

1 Neumann in: BeckOK SozR, SGB V, § 101 Rn. 1.
2 BSG, 2.9.2009, B 6 KA 34/08 R, juris Rn. 11 = SozR 4-2500 § 101 Nr. 7.
3 BSG, 23.2.2005, B 6 KA 81/03 R, juris Rn. 18 = GesR 2005, 450 ff.; Pawlita in: jurisPK-SGB V, § 101 Rn. 28.
4 BGBl. I, 2983.
5 S. http://www.g-ba.de/downloads/40-268-2154/2012-12-20_Bedarfsplanung-Neufassung-VStG_TrG_2013-02-18.pdf, Tragende Gründe, Seite 3, 4 (zuletzt abgerufen am 1.3.2017).

7 Der G-BA ist dem Gesetzesauftrag durch die Neufassung der BedarfsplanungsRL-Ä[6] mit Beschluss vom 20.12.2012 und durch den Erlass der BedarfsplanungsRL-Z[7][8] mit Beschluss vom 14.8.2007 nachgekommen. Nachfolgend wird jedoch im Wesentlichen die BedarfsplanungsRL-Ä betrachtet.[9]

8 Mit Schreiben vom 21.12.2012 hat das BMG die BedarfsplanungsRL im Rahmen des Vorlageverfahrens nach § 94 SGB V mit zwei Auflagen versehen:[10] Zum einen ist dem G-BA aufgegeben worden, den § 25 BedarfsplanungsRL bis zum 31.12.2013 den gesetzlichen Regelungen des SGB V anzupassen. Zum anderen ist dem G-BA aufgegeben worden, dem BMG bis zum 30.9.2014 (mit Stand zum 30.6.2014) über die konkreten Auswirkungen der Einbeziehung bisher nicht beplanter Arztgruppen in die Bedarfsplanung zu berichten. Die erste Auflage, die Mindestversorgungsanteile in der psychotherapeutischen Versorgung regelt, ist erfüllt worden durch den Beschluss des G-BA vom 19.12.2013 und am 1.1.2014 in Kraft getreten.[11] Die zweite Auflage ist erfüllt worden durch den Bericht an das BMG über die Auswirkungen der Einbeziehung bislang nicht beplanter Arztgruppen in die Bedarfsplanung vom 5.11.2014.[12]

9 Gemäß § 5 BedarfsplanungsRL werden als **Grundstruktur der Bedarfsplanung vier Versorgungsebenen** bestimmt, welche für die Zuordnung der Arztgruppen, den Zuschnitt der Planungsbereiche und dementsprechend für die Versorgungsgradfeststellung mittels Verhältniszahlen maßgeblich sind:
1. hausärztliche Versorgung;
2. allgemeine fachärztliche Versorgung;
3. spezialisierte fachärztliche Versorgung;
4. gesonderte fachärztliche Versorgung.

---

6 Richtlinie des GBA über die Bedarfsplanung sowie die Maßstäbe zur Feststellung von Überversorgung und Unterversorgung in der vertragsärztlichen Versorgung (Bedarfsplanungs-Richtlinie) in der Neufassung vom 20.12.2012, veröffentlicht im BAnz AT vom 31.12.2012 B7 vom 31.12.2012, in Kraft getreten am 1.1.2013, zuletzt geändert am 16.6.2016, veröffentlicht im BAnz AT 14.9.2016 B3 vom 14.9.2016, in Kraft getreten am 15.9.2016.
7 Richtlinie des G-BA über die Bedarfsplanung in der vertragszahnärztlichen Versorgung (Bedarfsplanungs-Richtlinie Zahnärzte) vom 14.8.2007, veröffentlicht im BAnz 2007 S. 7 673, zuletzt geändert am 16.6.2016, veröffentlicht im BAnz AT 6.9.2016 B2, in Kraft getreten am 7.9.2016.
8 Soweit nicht ausdrücklich die BedarfsplanungsRL-Z benannt wird, gelten nachfolgend die Ausführungen der BedarfsplanungsRL-Ä entsprechend.
9 Nachfolgend: BedarfsplanungsRL.
10 http://www.g-ba.de/downloads/40-268-2160/2012-12-20_Bedarfsplanung-Neufassung-VStG_BMG.pdf; Abrufdatum: 1.3.2017.
11 BAnz AT 31.12.2013 B5.
12 S. https://www.g-ba.de/downloads/40-268-3147/2012-12-20_Bedarfsplanung-Neufassung-VStG_Bericht-an-B MG.pdf (zuletzt abgerufen am 1.3.2017).

Grundstruktur der Bedarfsplanung gem. § 5 BedarfsplanungsRL im Überblick:[13]

	Hausärztliche Versorgung, § 11 Bedarfs-planungsRL	Allgemeine fachärztliche Versorgung, § 12 Bedarfs-planungsRL	Spezialisierte fach-ärztliche Versor-gung, § 13 Bedarfs-planungsRL	Gesonderte fachärzt-liche Versorgung, § 14 Bedarfspla-nungsRL
Arztgruppen	Hausärzte	bisher beplan-te fachärztli-che Fachgrup-pen	bisher beplante fachärztliche Fach-gruppen	bisher unbeplante fachärztliche Fach-gruppe
Fachgruppen	Allgemeine und hausärzt-lich tätige In-ternisten	Kinderärzte, Augenärzte, Chirurgen, Frauenärzte, Hautärzte, HNO-Ärzte, Nervenärzte, Orthopäden, Psychotheapeu-ten, Urologen	Anästhesisten, Ra-diologen, Fachinter-nisten, Kinder- und Jugendpsychiater	Humangenetiker, La-borärzte, Neurochir-urgen, Nuklearmedi-ziner, Pathologen, Physik- u. Rehabili-tations-Mediziner, Strahlentherapeuten, Transfusionsmedizi-ner
Planungsbereich	883 Mittelbe-reiche	372 Kreise	97 Raumordnungs-regionen	17 KV-Bezirke

Die BedarfsplanungsRL beinhaltet folgende Regelungen:
- Berücksichtigung regionaler Besonderheiten (§§ 2 und 3),
- Bedarfsplan (§ 4),
- Festlegung der Versorgungsebenen, Arztgruppen und Planungsbereiche (§§ 5 bis 7),
- Versorgungsbereiche (hausärztliche, allgemeine fachärztliche, spezialisierte fachärztliche und gesonderte fachärztliche Versorgung) (§§ 12 bis 15),
- Feststellung des allgemeinen Versorgungsgrades aufgrund der Verhältniszahlen und des Demografiefaktors als Ausgangsrelation für die Prüfung von Überversorgung und Unterversorgung (§§ 8 und 9, 17 bis 22),
- Feststellung von Überversorgung (§§ 23 bis 26), Unterversorgung (§§ 27 bis 34) und eines zusätzlichen lokalen Versorgungsbedarfs in nicht unterversorgten Planungsbereichen (§ 35),
- Maßstäbe für qualitätsbezogene Sonderbedarfsfeststellungen (§§ 36 bis 38),
- Zulassung zur gemeinschaftlichen Berufsausübung bei Zulassungsbeschränkungen (§§ 40 bis 47),
- Maßstäbe für eine ausgewogene hausärztliche und fachärztliche Versorgungsstruktur iSd § 73 (§§ 48 und 49),
- Anrechnung der Tätigkeit in einem MVZ oder einer Einrichtung nach § 311 Abs. 2 (§§ 51 bis 57),
- Beschäftigung von angestellten Ärzten (§§ 58 bis 62),
- Inkrafttreten, die Behandlung von Anträgen in einem Übergangszeitraum (§ 63) und weitere Übergangsregelungen (§§ 65 bis 67).

Die §§ 27, 27, 39, 50 und 64 BedarfsplanungsRL sind unbesetzt.[14]

Die BedarfsplanungsRL hat zudem sechs Anlagen:
- Anlage 1: Arztzahlen,
- Anlage 2 (3 Unteranlagen): Bedarfsplan und Planungsblätter,
- Anlage 3 (3 Unteranlagen): Zuordnung der Planungsbereiche nach den §§ 10 bis 15,
- Anlage 4 (2 Unteranlagen): Demografiefaktor,

---

13 Hecken, Die Grundzüge der Bedarfsplanungsreform, Folienvortrag auf dem 5. Jahreskongress der KVWL am 15.6.2013 in Dortmund, http://www.kvwl.de/arzt/kv_dienste/info/berichte/2013_06_17_jahreskongress.htm (zuletzt abgerufen am 1.3.2017); Pawlita in: jurisPK-SGB V, § 101 Rn. 31, 32.
14 Stand: 1.1.2017.

- Anlage 5: Ermittlung der Verhältniszahlen,
- Anlage 6: Methodik der Typisierung der Kreise.

14 Die vertragsärztliche Überversorgung kennzeichnet eine „Fehlentwicklung", die im ärztlichen Versorgungsbereich zu Zulassungsbeschränkungen nach § 103 führen kann.[15] § 101 steht daher in direktem Zusammenhang mit §§ 103, 104.

III. Norminhalt und Normauslegung

15 **1. Norminhalt.** § 101 regelt die Überversorgung. Nach **Abs. 1** beschließt der G-BA in Richtlinien Bestimmungen
- über einheitliche Verhältniszahlen für den allgemeinen bedarfsgerechten Versorgungsgrad in der vertragsärztlichen Versorgung (Abs. 1 S. 1 Nr. 1),
- über Maßstäbe für eine ausgewogene hausärztliche und fachärztliche Versorgungsstruktur (Abs. 1 S. 1 Nr. 2),
- über Regelungen, mit denen bei der Berechnung des Versorgungsgrades die von Ärzten erbrachten spezialfachärztlichen Leistungen nach § 116 b berücksichtigt werden (Abs. 1 S. 1 Nr. 2 a),
- über Regelungen, mit denen bei der Berechnung des Versorgungsgrades die durch Ermächtigung an der vertragsärztlichen Versorgung teilnehmenden Ärzte berücksichtigt werden (Abs. 1 S. 1 Nr. 2 b),
- über Vorgaben für die ausnahmsweise Besetzung zusätzlicher Vertragsarztsitze, soweit diese zur Gewährleistung der vertragsärztlichen Versorgung in einem Versorgungsbereich unerlässlich sind, um einen zusätzlichen lokalen oder einen qualifikationsbezogenen Versorgungsbedarf insbesondere innerhalb einer Arztgruppe zu decken (Abs. 1 S. 1 Nr. 3),
- über allgemeine Voraussetzungen, nach denen die Landesausschüsse der Ärzte und Krankenkassen nach § 100 Abs. 3 einen zusätzlichen lokalen Versorgungsbedarf in nicht unterversorgten Planungsbereichen feststellen können (Abs. 1 S. 1 Nr. 3 a),
- über Ausnahmeregelungen für die Zulassung eines Arztes in einem Planungsbereich, für den Zulassungsbeschränkungen angeordnet sind, sofern der Arzt die vertragsärztliche Tätigkeit gemeinsam mit einem dort bereits tätigen Vertragsarzt ausüben will und sich die Partner der BAG gegenüber dem Zulassungsausschuss zu einer Leistungsbegrenzung verpflichten, die den bisherigen Praxisumfang nicht wesentlich überschreitet (Abs. 1 S. 1 Nr. 4),
- über Regelungen für die Anstellung von Ärzten bei einem Vertragsarzt in einem Planungsbereich, für den Zulassungsbeschränkungen angeordnet sind, sofern sich der Vertragsarzt gegenüber dem Zulassungsausschuss zu einer Leitungsbegrenzung verpflichtet, die den bisherigen Praxisumfang nicht wesentlich überschreitet, und Ausnahmen von der Leistungsbegrenzung, soweit und solange dies zur Deckung eines zusätzlichen lokalen Versorgungsbedarfs erforderlich ist (Abs. 1 S. 1 Nr. 5),
- über Ausnahmeregelungen zur Leistungsbegrenzung nach den Nrn. 4 und 5 im Fall eines unterdurchschnittlichen Praxisumfangs; für psychotherapeutische Praxen mit unterdurchschnittlichem Praxisumfang soll eine Vergrößerung des Praxisumfangs nicht auf den Fachgruppendurchschnitt begrenzt werden (Abs. 1 S. 1 Nr. 6).

16 Nach **Abs. 2** hat der G-BA die Verhältniszahlen anzupassen oder neue Verhältniszahlen festzulegen, wenn dies erforderlich ist
- wegen der Änderung der fachlichen Ordnung der Arztgruppen,
- weil die Zahl der Ärzte einer Arztgruppe bundesweit die Zahl 1.000 übersteigt oder
- zur Sicherstellung der bedarfsgerechten Versorgung; dabei ist insbesondere die demografische Entwicklung zu berücksichtigen.

17 Nach **Abs. 3** erhält der Arzt in einer Job-Sharing-Partnerschaft eine auf die Dauer der gemeinsamen vertragsärztlichen Tätigkeit beschränkte Zulassung. Die Beschränkung und die Leistungsbegrenzung enden bei Aufhebung der Zulassungsbeschränkungen nach § 103 Abs. 3, spätestens jedoch nach zehnjähriger gemeinsamer vertragsärztlicher Tätigkeit. Im Falle der Praxisfortführung nach § 103 Abs. 4 ist bei der Auswahl der Bewerber die gemeinschaftliche Praxisausübung des Arztes erst nach mindestens fünfjähriger gemeinsamer vertragsärztlicher Tätigkeit zu berücksichtigen. Nach **Abs. 3 a** endet die Leistungsbegrenzung bei einer Job-Sharing-Anstellung bei Aufhebung der Zulassungsbeschränkungen. Nach **Abs. 4** bilden überwiegend oder ausschließlich psychotherapeutisch tätige Ärzte und Psychotherapeuten eine Arztgruppe im Sinne von Abs. 2. Zu zählen sind die zugelassenen Ärzte sowie die Psy-

---

15 Sproll in: Krauskopf, § 101 SGB V Rn. 3.

chotherapeuten, die nach § 95 Abs. 10 zugelassen werden. Dabei sind überwiegend psychotherapeutisch tätige Ärzte mit dem Faktor 0,7 zu berücksichtigen. In den Richtlinien nach § 101 Abs. 1 ist für die Zeit bis zum 31.12.2015 sicherzustellen, dass mindestens ein Versorgungsanteil in Höhe von 25 % der allgemeinen Verhältniszahl den überwiegend oder ausschließlich psychotherapeutisch tätigen Ärzten und mindestens ein Versorgungsanteil in Höhe von 20 % der allgemeinen Verhältniszahl den Leistungserbringern nach § 101 Abs. 4 S. 1, die ausschließlich Kinder und Jugendliche psychotherapeutisch betreuen, vorbehalten ist. Ab dem 1.1.2016 gelten die in § 101 Abs. 4 S. 5 vorgesehenen Mindestversorgungsanteile mit der Maßgabe fort, dass der G-BA ihre Höhe aus Versorgungsgründen bedarfsgerecht anpassen kann; zudem können innerhalb des Mindestversorgungsanteils für überwiegend oder ausschließlich psychotherapeutisch tätige Ärzte weitere nach Fachgebieten differenzierte Mindestversorgungsanteile vorgesehen werden. Bei der Feststellung der Überversorgung nach § 103 Abs. 1 sind die ermächtigten Psychotherapeuten nach § 95 Abs. 11 mitzurechnen. Nach **Abs. 5** bilden Hausärzte (§ 73 Abs. 1 a) ab dem 1.1.2001 mit Ausnahme der Kinderärzte eine Arztgruppe im Sinne des § 101 Abs. 2. Der allgemeine bedarfsgerechte Versorgungsgrad ist für diese Arztgruppe erstmals zum Stand vom 31.12.1995 zu ermitteln. Die Verhältniszahlen für die an der fachärztlichen Versorgung teilnehmenden Internisten sind zum Stand vom 31.12.1995 neu zu ermitteln. Der G-BA hat die neuen Verhältniszahlen bis zum 31.3.2000 zu beschließen. Der Landesausschuss hat die Feststellungen nach § 103 Abs. 1 S. 1 erstmals zum Stand vom 31.12.2000 zu treffen. Ein Wechsel für Internisten ohne Schwerpunktbezeichnung in die hausärztliche oder fachärztliche Versorgung ist nur dann zulässig, wenn dafür keine Zulassungsbeschränkungen nach § 103 Abs. 1 angeordnet sind. Nach **Abs. 6** gelten § 101 Abs. 1 S. 1 Nr. 2 a, 2 b, 3, 4 und 5 und Abs. 3 und 3 a nicht für Zahnärzte.

2. Normauslegung. a) Einheitliche Verhältniszahlen für den allgemeinen bedarfsgerechten Versorgungsgrad in der vertragsärztlichen Versorgung (Abs. 1 S. 1 Nr. 1, Abs. 2). aa) Beschluss über einheitliche Verhältniszahlen (Abs. 1 S. 1 Nr. 1). Nach Abs. 1 S. 1 Nr. 1 beschließt der G-BA in Richtlinien Bestimmungen über einheitliche Verhältniszahlen für den allgemeinen bedarfsgerechten Versorgungsgrad in der vertragsärztlichen Versorgung. Nach Abs. 2 hat der G-BA die Verhältniszahlen anzupassen oder neue Verhältniszahlen festzulegen, wenn dies erforderlich ist wegen der Änderung der fachlichen Ordnung der Arztgruppen, weil die Zahl der Ärzte einer Arztgruppe bundesweit die Zahl 1.000 übersteigt oder zur Sicherstellung der bedarfsgerechten Versorgung; dabei ist insbesondere die demografische Entwicklung zu berücksichtigen.

Der allgemeine bedarfsgerechte Versorgungsgrad war erstmals bundeseinheitlich zum Stand vom 31.12.1990 zu ermitteln (Abs. 1 S. 4). Bei der Ermittlung des Versorgungsgrades ist die Entwicklung des Zugangs zur vertragsärztlichen Versorgung seit dem 31.12.1980 arztgruppenspezifisch angemessen zu berücksichtigen (Abs. 1 S. 5). Die regionalen Planungsbereiche sind mit Wirkung zum 1.1.2013 so festzulegen, dass eine flächendeckende Versorgung sichergestellt wird (Abs. 1 S. 5).

Die **Ermittlung der einheitlichen Verhältniszahlen** für den allgemeinen bedarfsgerechten Versorgungsgrad in der vertragsärztlichen Versorgung richtet sich nach der vom G-BA beschlossene Richtlinie nach § 92 Abs. 1 Nr. 9 und § 101 Abs. 1 S. 1 Nr. 1 über die Bedarfsplanung in der vertragsärztlichen Versorgung (BedarfsplanungsRL).[16]

Gemäß § 8 BedarfsplanungsRL wird der allgemeine bedarfsgerechte Versorgungsgrad durch arztgruppenspezifische Verhältniszahlen „Arzt zu Einwohner" ausgedrückt. Er ist Grundlage für die arztgruppenspezifische Feststellung von Über- und Unterversorgung im Planungsbereich. Eine Unterversorgung liegt nach der Definition in § 28 BedarfsplanungsRL vor, *„wenn in bestimmten Planungsbereichen Vertragsarztsitze, die im Bedarfsplan für eine bedarfsgerechte Versorgung vorgesehen sind, nicht nur vorübergehend nicht besetzt werden können und dadurch eine unzumutbare Erschwernis in der Inanspruchnahme vertragsärztlicher Leistungen eintritt, die auch durch Ermächtigung von Ärzten und ärztlich geleiteten Einrichtungen nicht behoben werden kann."* Eine Überversorgung ist nach § 101 Abs. 1 S. 3 anzunehmen, *„wenn der allgemeine bedarfsgerechte Versorgungsgrad um 10 vom Hundert überschritten ist".*

Maßgebend für die einheitliche Verhältniszahlen für den allgemeinen bedarfsgerechten Versorgungsgrad in der vertragsärztlichen Versorgung sind § 11 (hausärztliche Versorgung), § 12 (allgemeine fach-

---

16 Richtlinie des GBA über die Bedarfsplanung sowie die Maßstäbe zur Feststellung von Überversorgung und Unterversorgung in der vertragsärztlichen Versorgung (Bedarfsplanungs-Richtlinie) in der Neufassung vom 20.12.2012, veröffentlicht im BAnz AT vom 31.12.2012 B7 vom 31.12.2012, in Kraft getreten am 1.1.2013, zuletzt geändert am 16.6.2016, veröffentlicht im BAnz AT 14.9.2016 B3 vom 14.9.2016, in Kraft getreten am 15.9.2016.

ärztliche Versorgung), § 13 (spezialisierte fachärztliche Versorgung), § 14 (gesonderte fachärztliche Versorgung) und § 15 (weitere Arztgruppen) der BedarfsplanungsRL.

23 Gemäß § 11 BedarfsplanungsRL sind Arztgruppen der hausärztlichen Versorgung Hausärzte. Zur **Arztgruppe der Hausärzte** gehören gemäß § 101 Abs. 5:
1. Fachärzte für Allgemeinmedizin, Praktische Ärzte sowie Ärzte ohne Gebietsbezeichnung, sofern keine Genehmigung zur Teilnahme an der fachärztlichen Versorgung gemäß § 73 Abs. 1 a S. 5 vorliegt,
2. Internisten ohne Schwerpunktbezeichnung und ohne Weiteres Fachgebiet, welche die Teilnahme an der hausärztlichen Versorgung gemäß § 73 Abs. 1 a S. 1 Nr. 3 gewählt haben,
3. sofern sie nach dem maßgeblichen Weiterbildungsrecht eine entsprechende Bezeichnung erworben haben: Fachärzte für Innere und Allgemeinmedizin (Hausärzte).

24 Planungsbereich für die hausärztliche Versorgung ist der Mittelbereich in der Abgrenzung des Bundesinstituts für Bau, Stadt- und Raumforschung. Erstreckt sich der Mittelbereich über die Grenzen einer Kassenärztlichen Vereinigung, sind die Teile der Mittelbereiche getrennt zu beplanen. Zum Zwecke einer homogenen und stabilen Versorgung kann eine abweichende Raumgliederung (Zusammenlegung oder weitere Untergliederungen in Stadtteile, Ortsbereiche) nach § 99 Abs. 1 S. 3 vorgenommen werden. Die abweichende Raumgliederung ist bekannt zu geben. Die Planungsbereiche sind aus der Anlage 3.1 der BedarfsplanungsRL ersichtlich. Für die hausärztliche Versorgung wird die Verhältniszahl für die Arztgruppe der Hausärzte einheitlich mit dem Verhältnis: 1 Hausarzt zu 1.671 Einwohnern festgelegt, § 11 Abs. 4 S. 1 BedarfsplanungsRL.

25 Nach § 12 BedarfsplanungsRL sind Arztgruppen der allgemeinen fachärztlichen Versorgung:
1. Augenärzte,
2. Chirurgen,
3. Frauenärzte,
4. Hautärzte,
5. HNO-Ärzte,
6. Nervenärzte,
7. Orthopäden,
8. Psychotherapeuten,
9. Urologen,
10. Kinderärzte.

26 Dabei gelten folgende **Definitionen für die Arztgruppen:**
1. Zur Arztgruppe der Augenärzte gehören die Fachärzte für Augenheilkunde.
2. Zur Arztgruppe der Chirurgen gehören die Fachärzte für Chirurgie, die Fachärzte für Allgemeine Chirurgie, die Fachärzte für Kinderchirurgie, die Fachärzte für Plastische Chirurgie, die Fachärzte für Plastische und Ästhetische Chirurgie, die Fachärzte für Gefäßchirurgie sowie die Fachärzte für Visceralchirurgie. Nicht zu dieser Arztgruppe gehören die Fachärzte für Herzchirurgie, die Fachärzte für Thoraxchirurgie und die Fachärzte für Orthopädie und Unfallchirurgie.
3. Zur Arztgruppe der Frauenärzte gehören die Fachärzte für Frauenheilkunde und Geburtshilfe.
4. Zur Arztgruppe der Hautärzte gehören die Fachärzte für Haut- und Geschlechtskrankheiten.
5. Zur Arztgruppe der HNO-Ärzte gehören die Fachärzte für Hals-, Nasen-Ohrenheilkunde, die Fachärzte für Phoniatrie und Pädaudiologie und die Fachärzte für Sprach-, Stimm- und kindliche Hörstörungen.
6. Zur Arztgruppe der Nervenärzte gehören die Nervenärzte, Neurologen, Psychiater sowie Fachärzte für Psychiatrie und Psychotherapie.
7. Zur Arztgruppe der Orthopäden gehören die Fachärzte für Orthopädie und die Fachärzte für Orthopädie und Unfallchirurgie.
8. Zur Arztgruppe der Psychotherapeuten gehören gemäß § 101 Abs. 4 S. 1 die überwiegend oder ausschließlich psychotherapeutisch tätigen Ärzte, die Fachärzte für Psychotherapeutische Medizin, die Fachärzte für Psychosomatische Medizin und Psychotherapie, die Psychologischen Psychotherapeuten sowie Kinder-und Jugendlichenpsychotherapeuten. Überwiegend oder ausschließlich psychotherapeutisch tätige Ärzte sind Ärzte, welche als solche gemäß § 95 Abs. 13 zugelassen oder in diesem Umfang tätig sind. Für die Bemessung des Tätigkeitsumfangs im Einzelnen gilt § 18 BedarfsplanungsRL. Für die Bemessung wird bei überwiegend psychotherapeutisch tätigen Vertragsärzten ein Faktor von 0,7 zugrunde gelegt. Die Tätigkeit als überwiegend psychotherapeutisch tätiger Vertragsarzt ist nur zulässig, wenn der Vertragsarzt gleichzeitig in seinem Fachgebiet zugelas-

sen ist oder wird. Die Zuordnung zur Arztgruppe der ausschließlich psychotherapeutisch tätigen Ärzte berührt, unbeschadet der Regelung in § 19 Abs. 1 BedarfsplanungsRL, den Status als Hausarzt nicht, sofern keine Genehmigung zur Teilnahme an der fachärztlichen Versorgung gemäß § 73 Abs. 1a S. 5 vorliegt. Als Ärzte und Psychotherapeuten, die ausschließlich Kinder und Jugendliche psychotherapeutisch behandeln, gelten:
- ausschließlich als Kinder- und Jugendlichenpsychotherapeuten zugelassene Ärzte und Psychotherapeuten, die nicht berechtigt sind, Personen zulasten der GKV zu behandeln, deren Behandlung nach Vollendung des 21. Lebensjahres begonnen hat,
- Ärzte und Psychotherapeuten, deren psychotherapeutische Leistungen, die an Kindern und Jugendlichen erbracht werden, an ihren Gesamtleistungen den Anteil von 90 % erreichen bzw. überschreiten.

9. Zur Arztgruppe der Urologen gehören die Fachärzte für Urologie.
10. Zur Arztgruppe der Kinderärzte gehören die Fachärzte für Kinderheilkunde und die Fachärzte für Kinder- und Jugendmedizin.

Planungsbereich für die allgemeine fachärztliche Versorgung ist die kreisfreie Stadt, der Landkreis oder die Kreisregion. Kreisregionen sind Kreiszusammenfassungen in der Zuordnung des Bundesinstituts für Bau-, Stadt- und Raumforschung (BBSR). Für die Feststellung der Allgemeinen Verhältniszahlen und die Überversorgung werden die Planungsbereiche der allgemeinen fachärztlichen Versorgung fünf raumordnungsspezifischen Planungskategorien zugeordnet. Die Typisierung erfolgt auf Basis des Konzepts der Großstadtregionen des BBSR. Die Methodik zur Bestimmung der Kreistypen ist in Anlage 6 BedarfsplanungsRL beschrieben. Zum Zwecke einer homogenen und stabilen Versorgung kann auch für einzelne Arztgruppen eine abweichende Raumgliederung (Zusammenlegung oder weitere Untergliederungen) nach § 99 Abs. 1 S. 3 SGB V vorgenommen werden. Die Planungsbereiche und ihre Typisierung sind aus der Anlage 3.2 ersichtlich.

Die **Verhältniszahlen** (ein Arzt je Anzahl Einwohner) der Arztgruppen der allgemeinen fachärztlichen Versorgung bestimmen sich wie folgt:

	Typ 1	Typ 2	Typ 3	Typ 4	Typ 5
Augenärzte	13.399	20.229	24.729	22.151	20.664
Chirurgen	26.230	39.160	47.479	42.318	39.711
Frauenärzte	3.733	5.619	6.606	6.371	6.042
Hautärzte	21.703	35.704	42.820	41.924	40.042
HNO-Ärzte	17.675	26.943	34.470	33.071	31.768
Nervenärzte	13.745	28.921	33.102	31.938	31.183
Orthopäden	14.101	22.298	26.712	26.281	23.813
Psychotherapeuten	3.079	7.496	9.103	8.587	5.953
Urologen	28.476	45.200	52.845	49.573	47.189
Kinderärzte	2.405	3.587	4.372	3.990	3.859

Die Verhältniszahl der Kinderärzte bezieht sich auf die „bis unter 18-Jährigen". Die Verhältniszahl der Frauenärzte bezieht sich auf die weibliche Bevölkerung.

Für die Region **Ruhrgebiet** nach § 65 Abs. 3 BedarfsplanungsRL gelten gesonderte Verhältniszahlen.

Nach § 13 BedarfsplanungsRL gehören der spezialisierten fachärztlichen Versorgung folgende Arztgruppen an:
1. Anästhesisten,
2. Fachinternisten (fachärztlich tätig),
3. Kinder- und Jugendpsychiater,
4. Radiologen.

Dabei gelten folgende **Definitionen für die Arztgruppen**:
1. Zur Arztgruppe der Anästhesisten gehören die Fachärzte für Anästhesiologie und die Fachärzte für Anästhesiologie und Intensivtherapie.
2. Zur Arztgruppe der an der fachärztlichen Versorgung teilnehmenden Internisten gemäß § 101 Abs. 5 S. 3 gehören alle internistischen Fachärzte, die nicht an der hausärztlichen Versorgung teil-

nehmen. Die Fachärzte für Innere und Allgemeinmedizin (Hausärzte) können – unbeschadet der Regelung des § 73 Abs. 1 a S. 5 – nicht an der fachärztlichen Versorgung teilnehmen.
3. Zur Arztgruppe der Kinder- und Jugendpsychiater (KJPP) gehören die Fachärzte für Kinder- und Jugendpsychiatrie und -psychotherapie und die Fachärzte für Kinder- und Jugendpsychiatrie.
4. Zur Arztgruppe der Radiologen gehören die Fachärzte für Radiologie, die Fachärzte für Strahlentherapie und Radiologische Diagnostik, die Fachärzte für Radiologische Diagnostik sowie die Fachärzte für Diagnostische Radiologie.

31 Planungsbereich für die spezialisierte fachärztliche Versorgung ist die Raumordnungsregion in der Zuordnung des Bundesinstituts für Bau-, Stadt- und Raumforschung. Erstreckt sich die Raumordnungsregion über die Grenzen einer Kassenärztlichen Vereinigung sind die Teile der Raumordnungsregion getrennt zu beplanen. Zum Zwecke einer homogenen und stabilen Versorgung kann auch für einzelne Arztgruppen eine abweichende Raumgliederung (Zusammenlegung oder weitere Untergliederungen) nach § 99 Abs. 1 S. 3 vorgenommen werden.

Die **Verhältniszahlen** (ein Arzt je Anzahl Einwohner) bestimmen sich wie folgt:

Anästhesisten	46.917
Radiologen	49.095
Fachinternisten	21.508
Kinder- und Jugendpsychiater	16.909

32 Nach § 14 BedarfsplanungsRL gehören der gesonderten fachärztlichen Versorgung folgende Arztgruppen an:
1. Humangenetiker,
2. Laborärzte,
3. Neurochirurgen,
4. Nuklearmediziner,
5. Pathologen,
6. Physikalische- und Rehabilitations-Mediziner,
7. Strahlentherapeuten,
8. Transfusionsmediziner.

33 Dabei gelten folgende **Definitionen** für die Arztgruppen:
1. Zur Arztgruppe der Humangenetiker gehören die Fachärzte für Humangenetik.
2. Zur Arztgruppe der Laborärzte gehören die Fachärzte für Biochemie, die Fachärzte für experimentelle und diagnostische Mikrobiologie, die Fachärzte für Immunologie, die Fachärzte für Laboratoriumsmedizin, die Fachärzte für Mikrobiologie und Infektionsepidemiologie sowie die Fachärzte für Mikrobiologie, Virologie und Infektionsepidemiologie.
3. Zur Arztgruppe der Neurochirurgen gehören die Fachärzte für Neurochirurgie.
4. Zur Arztgruppe der Nuklearmediziner gehören die Fachärzte für Nuklearmedizin.
5. Zur Arztgruppe der Pathologen gehören die Fachärzte für Neuropathologie, die Fachärzte für Pathologie und die Fachärzte für pathologische Anatomie.
6. Zur Arztgruppe der Physikalischen-und Rehabilitations-Mediziner gehören die Fachärzte für physikalische und rehabilitative Medizin und die Fachärzte für Physiotherapie.
7. Zur Arztgruppe der Strahlentherapeuten gehören die Fachärzte für Strahlentherapie.
8. Zur Arztgruppe der Transfusionsmediziner gehören die Fachärzte für Blutspende-und Transfusionsmedizin und die Fachärzte für Transfusionsmedizin.

Planungsbereich für die gesonderte fachärztliche Versorgung ist der Bezirk der Kassenärztlichen Vereinigung. § 12 Abs. 2 S. 2 Ärzte-ZV bleibt unberührt.

Die **Verhältniszahlen** (ein Arzt je Anzahl Einwohner) der Arztgruppen der gesonderten fachärztlichen Versorgung bestimmen sich wie folgt:

Humangenetiker	606.384
Laborärzte	102.001
Neurochirurgen	161.207
Nuklearmediziner	118.468

Pathologen	120.910
Physikalische und Rehabilitations-Mediziner	170.542
Strahlentherapeuten	173.576
Transfusionsmediziner	1.322.452

Darüber hinaus prüft der G-BA gemäß § 15 BedarfsplanungsRL in Abständen von zwei Jahren, welche weiteren Arztgruppen entsprechend ihrer zahlenmäßigen Entwicklung oder aufgrund der Änderung der fachlichen Ordnung oder zur Sicherstellung der bedarfsgerechten Versorgung in die Planung einbezogen werden.

Nach § 101 Abs. 1 S. 6 sind die regionalen Planungsbereiche mit Wirkung zum 1.1.2013 so festzulegen, dass eine **flächendeckende Versorgung** sichergestellt wird. Die bisherige Regelung, die vorschrieb, dass die regionalen Planungsbereiche den Stadt- und Landkreisen entsprechen sollen, wird durch die flexiblere Regelung ersetzt. Nach der Neufassung hat der G-BA die Planungsbereiche allein nach der Maßgabe festzulegen, dass eine flächendeckende Versorgung sichergestellt wird. Die neue Regelung gibt dem G-BA damit einen weiten Entscheidungsspielraum. Maßgeblich für die Neugestaltung der Planungsbereiche ist die Sicherstellung einer wohnortnahen Versorgung. Aufgrund der unterschiedlichen Bedeutung der Wohnortnähe für verschiedene ärztliche Angebote ermöglicht die Neuregelung es daher auch, bei der Größe der Planungsbereiche nach Arztgruppen zu differenzieren. In Betracht kommt dabei auch eine Differenzierung zwischen hausärztlicher, allgemeiner fachärztlicher und spezialisierter fachärztlicher Versorgung. Letztere ist dabei von der ambulanten spezialärztlichen Versorgung, wie sie in § 116 b geregelt ist und für die keine Bedarfsplanung vorgesehen ist, zu trennen.[17]

In § 101 Abs. 1 S. 7 wird dem G-BA aufgegeben, die neue Bedarfsplanung weiterzuentwickeln und anzupassen, um dem tatsächlichen Versorgungsbedarf in der vertragsärztlichen Versorgung noch besser gerecht zu werden und eine flächendeckend bedarfsgerechte und wohnortnahe Versorgung mittels kleinräumiger Planung zu fördern. Der G-BA hat insbesondere zu klären, ob für einzelne Arztgruppen eine Anpassung der Verhältniszahlen oder der räumlichen Planung die neue Bedarfsplanung weiter verbessern kann. Bundesweit maßgebliche Kriterien wie die Sozial- und Morbiditätsstruktur sind nach Absatz 2 Nr. 3 bei der Ermittlung einer bedarfsgerechten Versorgung in die Beratungen einzubeziehen. Die Möglichkeit zur flexiblen Festlegung der Planungsbereiche nach Absatz 1 Satz 6, insbesondere einer kleinräumigen Planung, ist ebenfalls explizit mit in die Prüfung einzubeziehen mit dem Ziel, die wohnortnahe Versorgung zu stärken. Anpassungs- und Verbesserungsmöglichkeiten sind insbesondere im Hinblick auf die psychotherapeutische Versorgung zu prüfen.[18]

Bei der **Berechnung des Versorgungsgrades in einem Planungsbereich** sind nach § 101 Abs. 1 S. 8 Vertragsärzte mit einem hälftigen Versorgungsauftrag mit dem Faktor 0,5 sowie die bei einem Vertragsarzt nach § 95 Abs. 9 S. 1 angestellten Ärzte, die in einem MVZ angestellten Ärzte und die in einer Einrichtung nach § 105 Abs. 1 S. 2 angestellten Ärzte entsprechend ihrer Arbeitszeit anteilig zu berücksichtigen. Zum Hintergrund: Da bei der Ermittlung des Versorgungsgrades in einem Planungsbereich alle an der vertragsärztlichen Versorgung teilnehmenden Ärztinnen und Ärzte erfasst werden sollen, wird mit der Änderung auch die in Eigeneinrichtungen der Kassenärztlichen Vereinigungen tätigen angestellten Ärztinnen und Ärzte in die Berechnung des Versorgungsgrades in einem Planungsbereich einbezogen.[19]

Erbringen die in § 101 Abs. 1 S. 8 genannten Ärzte spezialfachärztliche Leistungen nach § 116 b, ist dies gemäß § 101 Abs. 1 S. 9 bei der Berechnung des Versorgungsgrades nach Maßgabe der Bestimmungen nach Abs. 1 S. 1 Nr. 2 a zu berücksichtigen. Die Regelung trägt der Verankerung einer ambulanten spezialärztlichen Versorgung Rechnung. Soweit an der vertragsärztlichen Versorgung teilnehmende Ärztinnen und Ärzte spezialärztliche Leistungen nach § 116 b erbringen, ist diese Tätigkeit hiernach bei der Berechnung des Versorgungsgrades nach Maßgabe der vom G-BA nach § 101 Abs. 1 S. 1 Nr. 2 a zu treffenden Bestimmungen zu berücksichtigen. Dies bedeutet, dass sich der Faktor, mit dem die betreffenden Ärzte in die Bedarfsplanung eingehen, entsprechend verringert.[20]

---

17 BT-Dr. 17/6906, 74.
18 BT-Dr. 18/5123, 129.
19 BT-Dr. 17/6906, 74.
20 BT-Dr. 17/6906, 74.

39 Die Berücksichtigung ermächtigter Ärzte und der in ermächtigten Einrichtungen tätigen Ärzte erfolgt gemäß Absatz 1 Satz 10 nach Maßgabe der Bestimmungen nach Absatz 1 Satz 1 Nr. 2 b. Satz 9 sieht eine Berücksichtigung von ermächtigten Ärzten und von in ermächtigten Einrichtungen tätigen Ärzten vor. Die Regelung nimmt dabei Bezug auf die vom G-BA nach Absatz 1 Satz 1 Nr. 2 b zu treffenden Bestimmungen. Eine Berücksichtigung der betreffenden Leistungserbringer erfolgt damit nach Maßgabe dieser Bestimmungen.[21]

40 bb) **Anpassung der Verhältniszahlen (Abs. 2)**. Nach Absatz 2 hat der G-BA die auf der Grundlage des Absatzes 1 Satz 4 und 5 ermittelten Verhältniszahlen anzupassen oder neue Verhältniszahlen festzulegen, wenn dies erforderlich ist
1. wegen der Änderung der fachlichen Ordnung der Arztgruppen,
2. weil die Zahl der Ärzte einer Arztgruppe bundesweit die Zahl 1.000 übersteigt oder
3. zur Sicherstellung der bedarfsgerechten Versorgung; dabei ist insbesondere die demografische Entwicklung zu berücksichtigen.

41 In Absatz 2 Nr. 3 wird dem G-BA ausdrücklich vorgegeben, dass eine zur Sicherstellung der bedarfsgerechten Versorgung erforderliche Anpassung der Verhältniszahlen insbesondere unter Berücksichtigung der demographischen Entwicklung vorzunehmen ist.[22]

42 Als weitere sachgerechte Kriterien für die Anpassung der Verhältniszahlen kommen im Übrigen solche Faktoren in Betracht, die Auswirkungen auf den tatsächlichen Versorgungsbedarf haben. Hierzu gehören auf regionaler Ebene auch die Sozialstruktur der Bevölkerung, die räumliche Ordnung im Planungsbereich sowie die vorhandenen Versorgungsstrukturen. Dadurch können den besonderen Anforderungen sowohl ländlicher als auch städtischer Regionen jeweils angemessen Rechnung getragen werden und die aus Patientensicht bedeutsamen Faktoren der Erreichbarkeit und Entfernung der Versorgungsangebote berücksichtigt werden.[23]

43 Die am 23.7.2015 in Kraft getretene Ergänzung des Absatz 2 Satz 3 um die *Sozial- und Morbiditätsstruktur* stellt klar, dass auf Bundesebene auch diese Faktoren einen Regelungsbedarf auslösen können. Bei der Sozial- und Morbiditätsstruktur handelt es sich nicht um regionale Versorgungsbesonderheiten, sondern um bundesweit gewichtige Aspekte der Bedarfsplanung. Folglich sind diese Determinanten in die Bedarfsplanung auf Bundesebene einzubeziehen. Die Möglichkeit zur Abweichung auf regionaler Ebene nach § 99 Abs. 1 S. 3 bleibt unberührt.[24]

44 Die Ermittlung der einheitlichen Verhältniszahlen für den allgemeinen bedarfsgerechten Versorgungsgrad in der vertragszahnärztlichen Versorgung richtet sich nach der vom G-BA beschlossene Richtlinie nach § 92 Abs. 1 Nr. 9 und § 101 Abs. 1 S. 1 Nr. 1 der Bedarfsplanung in der vertragszahnärztlichen Versorgung (BedarfsplanungsRL-Z).[25]

45 b) **Bestimmung von Maßstäben für eine ausgewogene haus- und fachärztliche Versorgungsstruktur (Abs. 1 S. 1 Nr. 2, 2 a, 2 b). aa) Ausgewogene Versorgungsstruktur (Abs. 1 S. 1 Nr. 2)**. Gemäß Abs. 1 S. 1 Nr. 2 beschließt der G-BA in Richtlinien Bestimmungen über Maßstäbe für eine ausgewogene hausärztliche und fachärztliche Versorgungsstruktur.

46 Dies hat der G-BA umgesetzt in § 48 BedarfsplanungsRL nF, der die Voraussetzungen für eine gleichmäßige und bedarfsgerechte vertragsärztliche Versorgung benennt. Ausgangspunkt für die Bestimmung einer ausgewogenen Versorgungsstruktur in einer KV-Region ist danach der gesetzlich definierte Versorgungsauftrag der vertragsärztlichen hausärztlichen Versorgung.[26] Eine ausgewogene Versorgungsstruktur ist insbesondere dann anzunehmen, wenn die Anzahl der Ärzte, die an der hausärztli-

---

21 BT-Dr. 17/6906, 74.
22 BT-Dr. 17/6906, 74.
23 BT-Dr. 17/6906, 74.
24 BT-Dr. 18/5123, 129.
25 Richtlinie des G-BA über die Bedarfsplanung in der vertragszahnärztlichen Versorgung (Bedarfsplanungs-Richtlinie Zahnärzte) vom 14.8.2007, veröffentlicht im BAnz 2007 S. 7 673, zuletzt geändert am 16.6.2016, veröffentlicht im BAnz AT 6.9.2016 B2, in Kraft getreten am 7.9.2016.
26 § 73 Abs. 1 S. 2: allgemeine und fortgesetzte Betreuung von Patienten in Diagnostik und Therapie bei Kenntnis des häuslichen und familiären Umfelds, Koordination diagnostischer, therapeutischer und pflegerischer Maßnahmen, Dokumentation, Bewertung und Aufbewahrung wesentlicher Behandlungsdaten, Befunde und Berichte aus der ambulanten und stationären Versorgung, Einleitung oder Durchführung präventiver und rehabilitativer Maßnahmen sowie die Integration nichtärztlicher Hilfen und flankierender Dienste in die Behandlungsmaßnahmen.

chen Versorgung nach § 73 Abs. 1 a teilnehmen, wesentlich überwiegt. Besonderen Versorgungslagen, wie sie sich durch Mitversorgungseffekte ergeben können, ist Rechnung zu tragen.

Bis zum 31.12.2012 war maßgeblich § 35 BedarfsplanungsRL aF.[27] Danach sollten für eine gleichmäßige und bedarfsgerechte vertragsärztliche Versorgung ua innerhalb der einzelnen Planungsbereiche für die fachärztliche Versorgung ein ausgewogenes Verhältnis zwischen den in der hausärztlichen Versorgung und den in der fachärztlichen Versorgung tätigen Ärzten bestehen, wobei der Anteil der in der hausärztlichen Versorgung tätigen Ärzte 60 v. H. der Gesamtzahl der im Planungsbereich tätigen Ärzte betragen sollte. 47

In der **Begründung zu § 48 BedarfsplanungsRL nF** heißt es:[28] 48

„*Historisch betonen die §§ 48 ff. der Richtlinie mit Blick auf das gesetzlich geforderte ausgewogene Verhältnis von Haus- zu Fachärzten die Bedeutung der Hausärzte im Gesamtgefüge der ambulanten Versorgung. Diese versorgungspolitische Grundausrichtung soll beibehalten werden. Gleichzeitig wurde hierzu in der Vergangenheit ein Zahlenverhältnis festgeschrieben, das jedoch bereits in der alten Planung kaum erreicht werden konnte. Angesichts der neuen Planungsgrundlagen, die die Versorgungsbedarfe regional wesentlich besser differenzieren und den Erfordernissen vor Ort besser Rechnung tragen, ist eine Fortsetzung simpler Zahlenverhältnisse nicht mehr sachgerecht. Vor diesem Hintergrund verweist die Neuformulierung hierzu auf qualitative Kriterien und quantitative Orientierungswerte. Im § 101 Absatz 1 S. 1 Nr. 2 SGB V fordert der Gesetzgeber den G-BA auf, Maßstäbe für eine ausgewogene hausärztliche und fachärztliche Versorgungsstruktur vorzugeben. Mit der Festlegung einer differenzierten Systematik von Planungsräumen und Verhältniszahlen liefert der G-BA für diesen Auftrag eine Ausgangsbasis. Der G-BA geht davon aus, dass als Ergebnis der Anwendung der Vorgaben der BPL-RL und unter Anwendung der regionalen Anpassungsmöglichkeiten nach § 2 BPL-RL eine angemessene und ausgewogene Versorgungsstruktur sichergestellt ist. Durch die Planung unterschiedlicher Arztgruppen wird dabei auch schon der Differenzierung nach Haus- und Fachärzten Rechnung getragen. Unbenommen davon sieht es der G-BA als erforderlich an, bestimmte Aspekte der durch die Bedarfsplanung angestrebten Versorgungsstruktur gesondert hervorzuheben. Damit ist das Ziel verbunden, dass diese Aspekte durch die Anwender der Richtlinie eine erhöhte Aufmerksamkeit erfahren und ggf. Maßnahmen zur Umsetzung dieser Aspekte ergriffen werden. Einer der aus Sicht des G-BA wesentlichen Aspekte der Bedarfsplanung ist die Bedeutung der Hausärzte im Gesamtgefüge der ambulanten Versorgung. Deren besondere Rolle und Lotsenfunktion im Gesundheitssystem soll hervorgehoben werden. Aus diesem Grund greift § 48 BPL-RL die Vorgaben des § 73 Absatz 1 SGB V auf. Darin wird der Versorgungsauftrag der Hausärzte sehr differenziert beschrieben. Diese Beschreibung soll eine wesentliche Grundlage bei der Bewertung der hausärztlichen Versorgungsstruktur auch in Abgrenzung zur fachärztlichen Versorgung bilden. Damit wird die bisher rein quantitative Vorgabe einer ausgewogenen haus- und fachärztlichen 4 Versorgungsstruktur um eine qualitative Dimension erweitert. Die Hausärzte einer Region sollen dem im § 73 Absatz 1 SGB V beschriebenen Versorgungsauftrag nachkommen können, um eine ausgewogene Versorgung zu gewährleisten. Die neue, regional differenzierte Planungssystematik macht eine Bewertung der Verteilung von Haus- und Fachärzten auf Ebene eines einheitlichen Planungsraumzuschnitts auf Ebene der Kreise und kreisfreien Städte unmöglich. Einige Arztgruppen werden oberhalb (zB Fachinternisten), einige unterhalb der Kreisebene beplant (zB Hausärzte). Aus diesem Grund legt der G-BA als räumliche Grundlage für die Bewertung der ausgewogenen haus- und fachärztlichen Versorgungsstrukturen die KV-Region fest, die als oberste Steuerungsebene alle kleinräumigeren Planungsbezüge in sich vereint. Neben den qualitativen Vorgaben zur haus- und fachärztlichen Versorgung soll § 48 BPL-RL aber auch eine quantitative Orientierung bieten. Analog zum Verweis auf § 73 Absatz 1 SGB V bei der qualitativen Beschreibung des Versorgungsauftrags wird bei der Abgrenzung der Arztgruppen, die der hausärztlichen Versorgung zugeordnet werden, auf § 73 Absatz 1 a SGB V verwiesen. Dieser Hinweis war bisher im alten § 49 idFv. 20.12.2012 enthalten und wird nun direkt in § 48 BPL-RL integriert. Bei der Bewertung der*

---

27 Richtlinie des GBA über die Bedarfsplanung sowie die Maßstäbe zur Feststellung von Überversorgung und Unterversorgung in der vertragsärztlichen Versorgung (Bedarfsplanungs-Richtlinie) in der Neufassung vom 20.12.2012, veröffentlicht im BAnz AT vom 31.12.2012 B7 vom 31.12.2012, in Kraft getreten am 1.1.2013, zuletzt geändert am 16.6.2016, veröffentlicht im BAnz AT 14.9.2016 B3 vom 14.9.2016, in Kraft getreten am 15.9.2016.
28 Tragende Gründe zum Beschluss des G-BA über eine Änderung der BedarfsplanungsRL vom 20.6.2013: http://www.g-ba.de/downloads/40-268-2368/2013-06-20_BPL-RL_gleichmaessige-Versorgung_TrG.pdf, Seite 3 ff. (zuletzt abgerufen am 1.3.2017).

ausgewogenen Versorgungsstruktur hatte sich die bisherige Vorgabe eines Verhältnisses Haus- zu Fachärzten von 60 zu 40, wie es bereits 1993 in der alten Bedarfsplanungsrichtlinie beschrieben wurde, als nicht erreichbar erwiesen. Die neue Bedarfsplanung muss daher von veränderten Rahmenbedingungen ausgehen. Würde auf Basis der Einwohnerzahlen zum Stichtag 31.12.2010 und auf Grundlage der Vorgaben der aktuellen Bedarfsplanung die Soll-Zahl der Ärzte ermittelt, wäre bundesweit mit einem Verhältnis Haus- zu Fachärzten von 53 zu 47 zu rechnen. Allerdings würde dieses Verhältnis in ländlich strukturierten KVen höher, in Stadt-KVen deutlich niedriger ausfallen. Ursache hierfür ist ua das gewollte hohe fachärztliche Versorgungsniveau in Städten, aus denen das Umland mitversorgt wird. Vor diesem Hintergrund macht der G-BA keine numerische Vorgabe zum angestrebten Verhältnis von Haus- zu Fachärzten. Unbenommen davon gibt der S. 2 des § 48 eine orientierende Vorgabe zur angestrebten Verteilung der Haus- und Fachärzte. Demnach soll der Anteil der Ärzte, die an der hausärztlichen Versorgung nach § 73 Absatz 1 a SGB V teilnehmen, wesentlich überwiegen. Ohne Nennung eines konkreten Zahlenwertes wird der Erwartung des G-BA Ausdruck verliehen, dass der Anteil der Hausärzte um einige Prozentpunkte über 50 % liegt. Angesichts von Hausarztanteilen von zT deutlich unter 50 % ist diese Vorgabe bereits ein ambitioniertes Ziel, welche umfangreiche Maßnahmen der KVen aber auch der anderen Partner der gemeinsamen Selbstverwaltung erforderlich machen kann. Gleichwohl ist diese Vorgabe insbesondere in den Stadt-KVen auch unter größten Anstrengungen nicht zu erreichen. Hier kann der hohe Anteil der mitversorgenden Fachärzte in der Stadt aufgrund der Festlegung der räumlichen Bezugsregion der KV rechnerisch nicht durch niedrigere Versorgungsniveaus im Umland kompensiert werden. Aus diesem Grund stellt S. 3 des § 48 klar, dass bei dieser Betrachtung Mitversorgungseffekte der Stadt-KVen zu berücksichtigen sind. Die Fachärzte können in solchen Konstellationen zB entsprechend ihres Mitversorgungsanteils für das Umland heraus gerechnet werden. Der § 101 Absatz 1 S. 1 Nr. 2 SGB V verweist explizit auf haus- und fachärztliche Versorgungsstrukturen. Vor diesem Hintergrund werden psychologische Psychotherapeuten und Kinder- und Jugendlichenpsychotherapeuten bei der Bewertung der Versorgungsstruktur nach § 48 nicht berücksichtigt."

49 bb) **Spezialfachärztliche Leistungen nach § 116 b (Abs. 1 S. 1 Nr. 2 a).** Gemäß Abs. 1 S. 1 Nr. 2 a beschließt der G-BA in Richtlinien Bestimmungen über Regelungen, mit denen bei der Berechnung des Versorgungsgrades die von Ärzten erbrachten spezialfachärztlichen Leistungen nach § 116 b berücksichtigt werden.

50 Die im Rahmen des Versorgungsstrukturgesetzes zum 1.1.2012 eingefügte Vorschrift trägt der Verankerung einer ambulanten spezialärztlichen Versorgung Rechnung.[29] An der vertragsärztlichen Versorgung teilnehmende Ärztinnen und Ärzte, die spezialärztliche Leistungen erbringen, stehen durch diese Leistungen nicht mehr im vollen Umfang zur Versorgung der Versicherten mit vertragsärztlichen Leistungen zur Verfügung. Ihre Tätigkeit im Rahmen der spezialärztlichen Versorgung ist daher bei der Berechnung des Versorgungsgrades in Abzug zu bringen. Der G-BA hat deshalb den Auftrag erhalten, in der BedarfsplanungsRL Bestimmungen über den Umfang der Berücksichtigung dieser Tätigkeit zu treffen. Dabei wird der G-BA auch festzulegen haben, wann Leistungen der spezialärztlichen Versorgung bei der Berechnung unberücksichtigt bleiben können, weil sie nur in einem vernachlässigbaren Umfang erbracht werden. Zudem wird der G-BA zu prüfen haben, inwieweit es nach Abs. 2 S. 1 einer Anpassung der Verhältniszahlen bedarf, weil spezialärztliche Leistungen nicht mehr im Rahmen der vertragsärztlichen Versorgung erbracht werden und damit nicht mehr von der Bedarfsplanung erfasst werden.[30]

51 cc) **Berücksichtigung von ermächtigten Ärzten (Abs. 1 S. 1 Nr. 2 b).** Gemäß Abs. 1 S. 1 Nr. 2 b beschließt der G-BA in Richtlinien Bestimmungen über Regelungen, mit denen bei der Berechnung des Versorgungsgrades die durch Ermächtigung an der vertragsärztlichen Versorgung teilnehmenden Ärzte berücksichtigt werden.

Hintergrund der im Rahmen des Versorgungsstrukturgesetzes zum 1.1.2012 eingefügten Vorschrift ist,[31] dass bei der Berechnung des Versorgungsgrades in einem Planungsbereich derzeit nur zugelassene und bei einer Vertragsärztin oder einem Vertragsarzt oder in einem MVZ angestellte Ärztinnen und

---

29 Gesetz zur Verbesserung der Versorgungsstrukturen in der gesetzlichen Krankenversicherung (GKV-VStG) vom 22.12.2011 (BGBl. I, 2983).
30 BT-Dr. 17/6906, 73.
31 Gesetz zur Verbesserung der Versorgungsstrukturen in der gesetzlichen Krankenversicherung (GKV-VStG) vom 22.12.2011 (BGBl. I, 2983).

Ärzte berücksichtigt werden. Um künftig alle an der vertragsärztlichen Versorgung teilnehmenden Ärzte in der Bedarfsplanung zu erfassen, sieht Abs. 1 S. 1 Nr. 2 b einen Auftrag an den G-BA vor, in der Bedarfsplanungsrichtlinie Bestimmungen zur Berücksichtigung auch der durch Ermächtigung an der vertragsärztlichen Versorgung teilnehmenden Ärzte bei der Berechnung des Versorgungsgrades zu treffen. Dies betrifft sowohl Ärztinnen und Ärzte, die über eine individuelle Ermächtigung verfügen (zB nach § 116 ermächtigte Krankenhausärzte) als auch Ärztinnen und Ärzte, die in einer ermächtigten Einrichtung (zB in einem Krankenhaus, einer Psychiatrischen Institutsambulanz oder einem sozialpädiatrischen Zentrum) tätig sind. Aufgabe des G-BA wird es sein, Regelungen darüber zu treffen, wie die betreffenden Ärztinnen und Ärzte ihrem jeweiligen Leistungsumfang in der vertragsärztlichen Versorgung entsprechend anteilig in die Berechnung des Versorgungsgrades eines Planungsbereiches eingehen. Der G-BA wird auch festzulegen haben, unter welchen Voraussetzungen Ärzte bei der Berechnung unberücksichtigt bleiben können, weil sie vertragsärztliche Leistungen nur in einem vernachlässigbaren Umfang erbringen.[32]

Gemäß § 22 Abs. 1 BedarfsplanungsRL werden ermächtigte Ärzte entsprechend ihrem tatsächlichen Tätigkeitsumfang pauschaliert auf den Versorgungsgrad angerechnet, soweit der Tätigkeitsumfang nicht vernachlässigbar ist. Vernachlässigbar sind Tätigkeitsumfänge, die insgesamt ungerundet ein Viertel eines Vollversorgungsauftrags für die jeweilige Arztgruppe nicht erreichen. Die Anrechnung setzt eine Ermächtigung für die Erbringung von mindestens drei vertragsärztlichen Leistungsziffern voraus. Tätigkeitsumfänge werden je nach vom Ermächtigten erbrachtem Tätigkeitsumfang mit dem Faktor 0,25; 0,5; 0,75 oder 1,0 auf den Versorgungsgrad der jeweiligen Arztgruppe angerechnet. Als Maßstab für die Anrechnung des Tätigkeitsumfanges ist auf das Verhältnis der vom ermächtigten Arzt erbrachten Fallzahl zu dem Fallzahldurchschnitt der niedergelassenen Vertragsärzte der entsprechenden Arztgruppe in der betreffenden KV-Region abzustellen; dabei wird auf den nächstliegenden Anrechnungsfaktor nach mathematischen Grundsätzen gerundet.

Gemäß § 22 Abs. 2 BedarfsplanungsRL werden Ärzte in ermächtigten Einrichtungen auf den Versorgungsgrad der jeweiligen Arztgruppe angerechnet. Keine Anrechnung erfolgt für ermächtigte Einrichtungen nach §§ 117 und 119 a SGB V und für Tätigkeitsumfänge von ermächtigten Einrichtungen, die insgesamt ungerundet ein Viertel eines Vollversorgungsauftrags für die jeweilige Arztgruppe nicht erreichen. Die Berücksichtigung der sonstigen ermächtigten Einrichtungen erfolgt entsprechend den folgenden Regelungen:

1. Krankenhäuser, die ambulante Behandlung nach §§ 116 a und 118 a SGB V erbringen, werden entsprechend einem Fallzahlquotienten in Schritten von jeweils 0,25 angerechnet. Der Fallzahlquotient ergibt sich aus dem Verhältnis der Fallzahlen der Einrichtung zu dem Fallzahldurchschnitt der niedergelassenen Vertragsärzte der entsprechenden Arztgruppe in der betreffenden KV-Region. Es wird mathematisch auf den nächstliegenden Anrechnungsfaktor auf- bzw. abgerundet.
2. Einrichtungen gemäß §§ 118 und 119 SGB V sind mit einem Anrechnungsfaktor von pauschal 0,5 je Einrichtung zu berücksichtigen. Sofern belastbare Daten über den Umfang der Leistungen der Einrichtungen aus dem fachgebietsspezifischen Versorgungsspektrum eines niedergelassenen Vertragsarztes vorliegen, erfolgt eine Anrechnung für diesen Anteil der Leistung entsprechend Absatz 2 Satz 3 Nr. 1. Hierfür können auch Daten oder Informationen aus einer freiwilligen Selbstauskunft der betroffenen Einrichtungen verwendet werden.

Gemäß § 22 Abs. 3 BedarfsplanungsRL erfolgt die Zuordnung nach § 22 Abs. 1 und 2 zum Versorgungsgrad der jeweiligen Arztgruppe auf Grundlage der Definitionen der Arztgruppen nach §§ 11 Abs. 2, 12 Abs. 2, 13 Abs. 2 und § 14 Abs. 2 BedarfsplanungsRL. Bei Anrechnungen nach § 22 Abs. 2 BedarfsplanungsRL erfolgt die Anrechnung bei der Arztgruppe, die den Schwerpunkt der Leistungen in der Einrichtung erbringt. Liegen keine Informationen über den Schwerpunkt der Einrichtung vor, erfolgt die Anrechnung nach § 22 Abs. 2 S. 3 Nr. 2 BedarfsplanungsRL für Einrichtungen gemäß § 118 SGB V bei den Psychotherapeuten, für Einrichtungen gemäß § 118 a SGB V bei den Fachinternisten und für Einrichtungen gemäß § 119 SGB V bei den Kinderärzten.

Gemäß § 22 Abs. 4 BedarfsplanungsRL kann von den Anrechnungsregelungen der § 22 Abs. 1 und 2 BedarfsplanungsRL abgewichen werden, sofern es zur Berücksichtigung regionaler Besonderheiten erforderlich ist. Ob solche Besonderheiten bestehen und inwieweit hieraus Abweichungen von den Anrechnungsfaktoren erfolgen können, obliegt der einvernehmlichen Entscheidung nach § 99 Abs. 1 S. 3 SGB V auf Landesebene. Gemäß § 22 Abs. 5 BedarfsplanungsRL werden nach Abschluss der noch

---

32 BT-Dr. 17/6906, 73.

ausstehenden Vereinbarung für die geriatrischen Institutsambulanzen nach § 118 a SGB V sowie der Psychosomatischen Institutsambulanz gem. § 118 Abs. 3 SGB V werden die Regelungen zur Anrechnung auf den Versorgungsgrad innerhalb von 6 Monaten auf Sachgerechtigkeit überprüft und ggf. angepasst. Gemäß § 22 Abs. 6 BedarfsplanungsRL evaluiert der G-BA die Auswirkungen der Regelung 3 Jahre nach ihrem Inkrafttreten und berät auf Grundlage der Ergebnisse über die Erforderlichkeit einer Anpassung der Regelung.

Hat der G-BA bis zum 31.5.2018 keine Anpassung oder unveränderten Fortgeltung beschlossen, so tritt diese Regelung gemäß § 22 Abs. 7 BedarfsplanungsRL mit diesem Datum außer Kraft.

53 Die **übergangsweise Zulassungssperre** für bislang nicht beplante Arztgruppen ist nicht zu beanstanden.[33] Nach SG Düsseldorf ist aufgrund des **Entscheidungsmoratoriums** des GBA vom 6.9.2012 ein Antrag wegen Zulassungsbeschränkungen auch dann abzulehnen, wenn diese noch nicht bei Antragstellung angeordnet waren. Dies gilt auch für Anträge auf Genehmigung von Anstellungen in MVZ.[34]

54 **c) Vorgaben für die ausnahmsweise Besetzung zusätzlicher Vertragsarztsitze (Abs. 1 S. 1 Nr. 3, 3 a). aa) Sonderbedarfszulassungen (Abs. 1 S. 1 Nr. 3).** Gemäß Abs. 1 S. 1 Nr. 3 beschließt der G-BA in Richtlinien Bestimmungen über Vorgaben für die ausnahmsweise Besetzung zusätzlicher Vertragsarztsitze (sog Sonderbedarfszulassungen), soweit diese zur Gewährleistung der vertragsärztlichen Versorgung in einem Versorgungsbereich unerlässlich sind, um einen zusätzlichen lokalen oder einen qualifikationsbezogenen Versorgungsbedarf insbesondere innerhalb einer Arztgruppe zu decken.

55 Mit der im Rahmen des Versorgungsstrukturgesetzes zum 1.1.2012 stattgefundenen Änderung des Abs. 1 S. 1 Nr. 3[35] ist der Auftrag an den G-BA, in der Bedarfsplanungsrichtlinie eine Bestimmung über Vorgaben für die ausnahmsweise Besetzung zusätzlicher Vertragsarztsitze in einem überversorgten Planungsbereich zu treffen (sog Sonderbedarfszulassungen), sprachlich präziser gefasst und erweitert worden. Unabhängig von den künftigen Möglichkeiten der zuständigen Gremien auf Landesebene, aufgrund regionaler Besonderheiten von der Bedarfsplanungsrichtlinie des G-BA zum Zwecke einer bedarfsgerechten Versorgung abweichen zu können, wird ergänzend auch die Sonderbedarfszulassung als Instrument zur Feinsteuerung der Versorgungssituation funktionstüchtig ausgestaltet. Anlass hierfür ist, dass von der Möglichkeit, Sonderbedarfszulassungen zur Gewährleistung der Sicherstellung der Versorgung zu erteilen, bislang von den Zulassungsausschüssen in sehr unterschiedlicher Weise Gebrauch gemacht worden ist. Die Umsetzung der entsprechenden Richtlinienregelungen bereitet in der Praxis offenbar Probleme. Es wird daher Aufgabe des G-BA sein, die Vorgaben und Konstellationen so zu konkretisieren, dass die Erteilung einer Sonderzulassung im Bedarfsfall erleichtert wird. Dieser Sonderbedarf kann entweder lokal (räumlich) begründet sein oder sich qualitätsbezogen auf bestimmte Leistungen bzw. Leistungsbereiche (zB HIV-Betreuung) beziehen, so dass in einem Versorgungsbereich des jeweiligen Planungsbezirks trotz bestehender Überversorgung die Sicherstellung der vertragsärztlichen Versorgung nicht in ausreichendem Umfang gewährleistet werden kann.[36]

56 Die Vorschrift ist in §§ 36, 37 und 38 BedarfsplanungsRL mit Wirkung zum 30.7.2013 umgesetzt worden.[37]

57 **(1) § 36 BedarfsplanungsRL.** § 36 BedarfsplanungsRL regelt die Zulassungstatbestände für den lokalen und qualifikationsbezogenen Sonderbedarf. Damit vollzieht die Vorschrift die dezidierte Trennung des lokalen und des qualifikationsbezogenen Sonderbedarfs nach, die im GKV-VStG angelegt ist. § 36 BedarfsplanungsRL nennt klare Kriterien, die mit Blick auf den Standort bei der Prüfung beider Arten von Sonderbedarf zu berücksichtigen sind. Darüber hinaus macht er Vorgaben zu Nutzung ausgewählter Analyseinstrumente, die bei der Prüfung eines Antrags auf Sonderbedarf zur Anwendung kommen sollen.[38]

58 Unbeschadet der Anordnung von Zulassungsbeschränkungen durch den Landesausschuss darf der Zulassungsausschuss nach Abs. 1 dem Zulassungsantrag eines Arztes der betreffenden Arztgruppe auf Sonderbedarf nach Prüfung entsprechen, wenn die nachstehenden Voraussetzungen erfüllt sind und

---

33 Vgl. Pawlita in: jurisPK-SGB V, § 101 Rn. 29.
34 Vgl. SG Düsseldorf, 14.10.2015, S 2 KA 9/14, juris Rn. 20 ff.
35 Gesetz zur Verbesserung der Versorgungsstrukturen in der gesetzlichen Krankenversicherung (GKV-VStG) vom 22.12.2011 (BGBl. I, 2983).
36 BT-Dr. 17/6906, 73, 74.
37 BAnz AT vom 29.7.2013 B3; in Kraft getreten am 30.7.2013.
38 Tragende Gründe zum Beschluss des G-BA vom 16.5.2013, http://www.g-ba.de/downloads/40-268-2319/2013-05-16_BPL-RL_lokaler-Versorgungsbedarf-Sonderbedarf_TrG.pdf (zuletzt abgerufen am 1.3.2017).

die ausnahmsweise Besetzung eines zusätzlichen Vertragsarztsitzes unerlässlich ist, um die vertragsärztliche Versorgung in einem Versorgungsbereich zu gewährleisten und dabei einen zusätzlichen lokalen oder einen qualifikationsbezogenen Versorgungsbedarf zu decken. Sonderbedarf ist als zusätzlicher Versorgungsbedarf für eine lokale Versorgungssituation oder als qualifikationsbezogener Versorgungsbedarf festzustellen (§ 101 Abs. 1 Nr. 3). Die Feststellung dieses Sonderbedarfs bedeutet die ausnahmsweise Zulassung eines zusätzlichen Vertragsarztes in einem Planungsbereich trotz Zulassungsbeschränkungen.

Die Zulassung aufgrund eines lokalen oder qualifikationsbezogenen Versorgungsbedarfs ist nach Abs. 2 an den Ort der Niederlassung gebunden. 59

Mit dieser Regelung wird die Verlegung eines Praxissitzes ausgeschlossen, dessen Zulassung auf lokalem oder qualifikationsbezogenem Sonderbedarf beruht. Da Sonderbedarf immer an bestimmte räumliche Konstellationen gebunden ist, ist jede Verlegung des Praxissitzes mit Veränderungen der räumlichen Konstellationen verbunden, die Grundlage für die Gewährung eines Sonderbedarfs war. Eine Verlegung setzt somit einen erneuten Antrag auf Sonderbedarf voraus. Die vormals mit dieser Regelung verbundene Aufhebung dieser Einschränkung auf den Praxissitz im Falle des Endes der Zulassungsbeschränkungen im jeweiligen Planungsbereich wird nicht fortgesetzt. Der G-BA erachtet diese Privilegierung von Inhabern einer Zulassung auf Grundlage von lokalem Sonderbedarf als nicht sachgerecht, da die Inhaber dieser Zulassung über diesen Sonderfall der Zulassung bereits über einen privilegierten Zugang zur vertragsärztlichen Versorgung verfügen. Darüber hinaus wird mit dieser Regelung der gesetzgeberisch gewollte Prüfvorbehalt des Zulassungsausschusses bei regulären Praxissitzverlegungen auch auf Praxissitze, die auf Grundlage von Sonderbedarf gewährt wurden, analog übertragen. Im Falle der Aufhebung von Zulassungsbeschränkungen können Inhaber von Sonderbedarfszulassungen somit eine volle oder hälftige Zulassung im Rahmen des regulären Verfahrens beantragen.[39]

Bei der Feststellung von Sonderbedarf sind nach Abs. 3 folgende **Mindestbedingungen** zu beachten: 60

1. Abgrenzung einer Region, die vom beantragten Ort der Niederlassung aus versorgt werden soll und Bewertung der Versorgungslage (Feststellung einer unzureichenden Versorgungslage).
2. Der Ort der Niederlassung muss für die beantragte Versorgung geeignet sein (Erreichbarkeit, Stabilität ua): Der Ort der Niederlassung muss strukturelle Mindestbedingungen erfüllen; der Einzugsbereich muss über eine ausreichende Anzahl an Patienten verfügen; dabei sind die Auswirkungen auf bestehende Versorgungsstrukturen zu berücksichtigen.

§ 36 Abs. 3 Nr. 1 BedarfsplanungsRL stellt klar, dass der Zulassungsausschuss die Versorgungslage in der Region, die vom Ort der beantragten Niederlassung aus versorgt werden soll, als unzureichend bewerten muss. Mithin ist für die Ermittlung des Sonderbedarfs allein auf den Einzugsbereich der Praxis, unabhängig von den Planungsbereichsgrenzen, abzustellen.[40] Soweit Patienten von außerhalb des Planungsbereichs kommen, ist zu prüfen, ob nicht auch außerhalb des Planungsbereichs eine Versorgung möglich ist. Immer dann, wenn besondere Bedarfe zu prüfen sind, hat die Prüfung nicht allein anhand des Bedarfs des Planungsbereichs allein zu erfolgen. Bei ergänzenden Zulassungen oder Ermächtigungen ist die Versorgung in angrenzenden Bereichen einzubeziehen, da die vermeintliche Versorgungslücke von Leistungserbringern anderer Planungsbereiche gedeckt werden kann. Die Versorgung in benachbarten Planungsbereichen ist zu berücksichtigen, weil es auf die lokalen und insoweit nicht durch die Grenzen des Planungsbereiches beschränkten Gegebenheiten ankommt.[41] Bei **qualifikationsbezogenem Sonderbedarf** ist diese Prüfung auf das jeweilige Versorgungsspektrum zu beziehen, das der Arzt gemäß Antrag abdecken will. Die Region, die vom Ort der Niederlassung aus versorgt werden soll, muss durch den Antragsteller beschrieben werden. Die Aufgabe des Zulassungsausschusses ist es, den Bezug der gewählten Region zum gestellten Antrag auf Sonderbedarf zu bewerten. Wird die Bezugsregion des Antragsstellers vom Zulassungsausschuss als für den Inhalt des Antrags nicht zulässig bewertet und in Fällen, in denen der Antragsteller keine Bezugsregion nennt, ist der Antrag abzulehnen.[42] 61

---

39 Tragende Gründe zum Beschluss des G-BA vom 16.5.2013, http://www.g-ba.de/downloads/40-268-2319/2013-05-16_BPL-RL_lokaler-Versorgungsbedarf-Sonderbedarf_TrG.pdf (zuletzt abgerufen am 1.3.2017).
40 Vgl. SG Marburg, 11.1.2017, S 12 KA 258/16, juris Rn. 41.
41 Vgl. SG Marburg, 11.1.2017, S 12 KA 258/16, juris Rn. 42.
42 Tragende Gründe zum Beschluss des G-BA vom 16.5.2013, http://www.g-ba.de/downloads/40-268-2319/2013-05-16_BPL-RL_lokaler-Versorgungsbedarf-Sonderbedarf_TrG.pdf (zuletzt abgerufen am 1.3.2017).

62 Die Kriterien nach § 36 Abs. 3 Nr. 2 BedarfsplanungsRL stellen sicher, dass der **Standort**, für den der Antrag auf Sonderbedarf gestellt wurde, bestimmte **Mindestanforderungen** erfüllt.[43] Diese Kriterien sind:
- Der Standort, für den der Antrag gestellt wird, hat bestimmte strukturelle Mindestbedingungen zu erfüllen, die für das beantragte Versorgungsspektrum angemessen sind. Dabei kann zB der Zentralitätsgrad des Standorts berücksichtigt werden. Je nach Spezialisierung kann beispielsweise die Klassifizierung des Standorts als Ober- oder Mittelzentrum als Prüfkriterium herangezogen werden. Mit diesem Prüfkriterium soll sichergestellt werden, dass der Standort beispielsweise über den öffentlichen Nah- oder Regionalverkehr erreichbar ist und innerhalb der regionalen Verflechtungsbeziehungen eine dem beantragten Versorgungsspektrum gegenüber angemessene Bedeutung besitzt.
- Der Standort muss einen Einzugsbereich aufweisen, in dem eine für das Versorgungsspektrum angemessene Zahl an Patienten zu erwarten ist. Anhaltspunkte für eine angemessene Zahl an Patienten können beispielsweise die Verhältniszahl einer Arztgruppe oder Fallzahlen von Ärzten mit einem vergleichbaren Versorgungsspektrum im KV-Gebiet sein. Dieses Kriterium erfüllt bei der Prüfung eines Antrags auf Sonderbedarf zwei wesentliche Funktionen. Zum einen stellt es sicher, dass die begrenzte Zahl an Ärzten nur in solchen Regionen Sonderbedarfszulassungen erhält, in denen sich ausreichend viele zu versorgende Patienten befinden. So kann beispielsweise die Versorgungslage in einer Region als unzureichend bewertet werden. Wenn in dieser Region jedoch bezogen auf das beantragte Versorgungsspektrum nur eine geringe Zahl an Patienten zu erwarten ist, ist idR keine Sonderbedarfszulassung erforderlich. Zum anderen sichert das Kriterium die wirtschaftliche Tragfähigkeit des geplanten Standorts für den antragstellenden Arzt.[44]
- Durch den beantragten Standort dürfen bestehende Versorgungsstrukturen nicht destabilisiert werden. Sonderbedarf soll nur dort gewährt werden, wo die Versorgung durch bestehende Versorger nicht ausreichend gewährleistet ist. Damit soll sichergestellt werden, dass keine Antragssteller zugelassen werden, deren geplanter Standort nur marginale Verbesserungen beim Zugang zur Versorgung mit sich bringen würde zulasten von bestehenden Versorgungsstandorten.

Mithilfe dieser einheitlichen Kriterien soll die Prüfung eines Antrags auf Sonderbedarf in Zukunft einem einheitlichen Schema folgen und so eine einheitlichere Praxis in den Zulassungsausschüssen gewährleisten.[45]

63 Der Zulassungsausschuss hat bei der Ermittlung aller entscheidungsrelevanten Tatsachen nach § 36 Abs. 4 BedarfsplanungsRL eine **umfassende Ermittlungspflicht**. Die Feststellung soll der Zulassungsausschuss auch unter Zuhilfenahme von geografischen Informationen, die die räumlichen Interaktionen zwischen Ärzten und Patienten abbilden, treffen. Ein lokaler oder qualifikationsbezogener Sonderbedarf setzt voraus, dass aufgrund von durch den Zulassungsausschuss festzustellenden Besonderheiten des maßgeblichen Planungsbereichs (zB in Struktur, Zuschnitt, Lage, Infrastruktur, geografische Besonderheiten, Verkehrsanbindung, Verteilung der niedergelassenen Ärzte), ein zumutbarer Zugang der Versicherten zur vertragsärztlichen Versorgung nicht gewährleistet ist und aufgrund dessen Versorgungsdefizite bestehen. Bei der Beurteilung ist den unterschiedlichen Anforderungen der Versorgungsebenen der §§ 11 bis 14 BedarfsplanungsRL Rechnung zu tragen.

64 Nach § 24 S. 1 lit. a BedarfsplanungsRL aF[46] durfte der Zulassungsausschuss dem Zulassungsantrag eines Vertragsarztes der betroffenen Arztgruppe entsprechen, wenn nachweislich ein lokaler Versorgungsbedarf in der vertragsärztlichen Versorgung in Teilen eines großstädtischen Planungsbereichs oder eines großräumigen Landkreises vorliegt. Insoweit hat das BSG bei der Prüfung des Versorgungs-

---

43 Tragende Gründe zum Beschluss des G-BA vom 16.5.2013, http://www.g-ba.de/downloads/40-268-2319/2013-05-16_BPL-RL_lokaler-Versorgungsbedarf-Sonderbedarf_TrG.pdf (zuletzt abgerufen am 1.3.2017).
44 Zur wirtschaftlichen Tragfähigkeit vgl. BSG, 2.9.2009, B 6 KA 34/08 R, juris = SozR 4-2500 § 101 Nr. 7, wonach auch für Sonderbedarfszulassungen das Kriterium der wirtschaftlichen Tragfähigkeit gilt; bei einer Beschränkung auf einen hälftigen Versorgungsauftrag gilt die wirtschaftliche Tragfähigkeit nur in eingeschränktem Umfang.
45 Tragende Gründe zum Beschluss des G-BA vom 16.5.2013, http://www.g-ba.de/downloads/40-268-2319/2013-05-16_BPL-RL_lokaler-Versorgungsbedarf-Sonderbedarf_TrG.pdf (zuletzt abgerufen am 1.3.2017).
46 Richtlinie des G-BA über die Bedarfsplanung sowie die Maßstäbe zur Feststellung von Überversorgung und Unterversorgung in der vertragsärztlichen Versorgung (Bedarfsplanungs-Richtlinie) in der Neufassung vom 15.2.2007, veröffentlicht im BAnz 3491, zuletzt geändert am 6.9.2012, veröffentlicht im BAnz AT 21.9.2012 B34, in Kraft getreten am 6.9.2012.

bedarfs allgemein die **Erreichbarkeit** herangezogen.[47] Welche Entfernungen zumutbar sind, hängt davon ab, ob es sich um allgemeine Leistungen oder um spezialisierte Leistungen handelt; je spezieller die Leistungen sind, desto größere Entfernungen können den Betroffenen zugemutet werden.[48] Für allgemeine Leistungen ist das BSG von einer zumutbaren Entfernung von bis zu 25 km ausgegangen.[49] Versorgungsangebote, die mehr als 25 km entfernt sind, sind grundsätzlich nicht zu berücksichtigen. Bei größeren Entfernungen kommt eine Sonderbedarfszulassung in Betracht.[50] Bei der Beurteilung der Zumutbarkeit von Entfernungen haben die Zulassungsgremien als fachkundig-sachverständige Gremien, die die konkreten Gegebenheiten zu bewerten haben, einen Beurteilungsspielraum, in den einzugreifen den Gerichten nur in engem Maße gestattet ist. Ihnen obliegt bis an die Grenzen der Vertretbarkeit die Beurteilung, welche Entfernungen im konkreten Fall noch zuzumuten sind.[51]

Mit der Erreichbarkeit im Zusammenhang steht die Frage nach den zumutbaren Wartezeiten. Dabei ist zu berücksichtigen, dass erhebliche Wartezeiten, die nur bei einzelnen Ärzten oder Praxen bestehen, für die Annahme eines noch nicht gedeckten Versorgungsbedarfs nicht ausreichen. Dementsprechend erfordert die Annahme unzumutbarer Wartezeiten, dass diese im betroffenen Planungsbereich bei der ganz überwiegenden Zahl der Ärzte des entsprechenden ärztlichen Fachgebiets bestehen.[52]

Die Sonderbedarfszulassung setzt nach § 36 Abs. 5 BedarfsplanungsRL ferner voraus, dass der **Versorgungsbedarf dauerhaft** erscheint. Bei vorübergehendem Bedarf ist von der Möglichkeit der Ermächtigung Gebrauch zu machen. Bei dem Begriff „dauerhaft" ist eine Prognose zu erstellen, ob das Versorgungsdefizit mehr als nur vorübergehend ist. „Dauerhaft" setzt dabei einen Zeitraum von mehr als zwei Jahren, auf den Ermächtigungen im Regelfall begrenzt werden, voraus. Die Dauer hat sich dabei längstens an einem Fünf-Jahreszeitraum zu orientieren.[53]

Die Zulassung wegen qualifikationsbezogenem Sonderbedarf hat nach § 36 Abs. 6 BedarfsplanungsRL mit der Maßgabe zu erfolgen, dass für den zugelassenen Vertragsarzt nur die ärztlichen Leistungen, welche im Zusammenhang mit dem Ausnahmetatbestand stehen, abrechnungsfähig sind.

Nach § 36 Abs. 7 BedarfsplanungsRL bedarf eine **Nachfolgebesetzung** nach § 103 Abs. 4 der erneuten Zulassung und kann nur bei Fortbestand der Sonderbedarfsfeststellungen mit Festsetzung einer erneuten Beschränkung erteilt werden. Die Regelungen in § 103 Abs. 3 a S. 3 Hs. 2 (Nachbesetzung durch privilegierte Personenkreise) und § 103 Abs. 3 a S. 8 (Entschädigung) finden keine Anwendung.

Der lokale und qualifikationsbezogene Sonderbedarf ist in seiner Konstellation **immer auf den Raum und den Arzt** bezogen. Bei qualifikationsbezogenen Sonderbedarf ist er zudem an ein bestimmtes Leistungsspektrum gebunden. Beim Ausscheiden des Inhabers der Sonderbedarfszulassung aus der Versorgung ist eine automatische Nachbesetzung nach § 103 Abs. 4 somit nicht sachgerecht. Die Fortsetzung des Sonderbedarfs bedarf der erneuten Zulassung und ggf. der erneuten Beschränkung auf bestimmte Leistungen. Diese Altregelung (§ 37 Abs. 3 idFv. 20.12.2012) wird hier fortgeführt. Die Regelung schließt auch die Zahlung von Entschädigungen im Falle der Nichtnachbesetzung nach § 103 Abs. 3 a S. 8 aus. Eine Zulassung auf Basis von Sonderbedarf erfolgt in jedem Fall unter der Maßgabe, dass eine Nachfolgebesetzung diese Praxis nur in Frage kommt, wenn die Voraussetzungen für den Sonderbedarf weiterhin vorliegen. Kommt der Zulassungsaus-schuss jedoch zu dem Ergebnis, dass diese Voraussetzungen nicht mehr erfüllt sind, ist dies nicht mit der Ablehnung von Nachbesetzung und damit verbundenen Entschädigungszahlungen im Sinne des § 103 Abs. 3a S. 8 gleichzusetzen. Die Anwendung dieser Regelung würde dem Charakter des Sonderbedarfs, der unter bestimmten engen Voraussetzungen in überversorgten Gebieten gewährt wird, nicht gerecht. Das Nachbesetzungsverfahren kann weiterhin in § 103 Abs. 3a S. 3 Hs. 2 nicht abgelehnt werden, wenn der potenzielle Praxisnachfolger privilegiert ist. Privilegiert sind der Ehegatte, Lebenspartner oder ein Kind des bisherigen Vertragsarztes sowie der angestellte Arzt des bisherigen Vertragsarztes oder der Berufsausübungsgemeinschaftspartner. Diese automatische Nachbesetzung durch privilegierte Personen ist im Bereich Sonderbedarf nicht sachgerecht, daher wird – wie bei der Entschädigung – darauf verwiesen, dass die Rege-

---

47 BSG, 2.9.2011, B 6 KA 21/08 R, juris Rn. 15 = SozR 4-2500 § 101 Nr. 7; Pawlita in: jurisPK-SGB V, § 101 Rn. 76.
48 BSG, 29.6.2011, B 6 KA 34/10 R, juris Rn. 17 = GesR 2012, 29 ff.
49 BSG, 29.6.2011, B 6 KA 34/10 R, juris Rn. 17 = GesR 2012, 29 ff.
50 Pawlita in: jurisPK-SGB V, § 101 Rn. 77.
51 BSG, 29.6.2011, B 6 KA 34/10 R, juris Rn. 18 = GesR 2012, 29 ff.
52 BSG, 2.9.2011, B 6 KA 21/08 R, juris Rn. 18 = SozR 4-2500 § 101 Nr. 7; Pawlita in: jurisPK-SGB V, § 101 Rn. 76.
53 Pawlita in: jurisPK-SGB V, § 101 Rn. 108.

lung in § 103 Abs. 3 a S. 3 Hs. 2 hier nicht zur Anwendung kommen kann. Dabei handelt es sich – wie bei der Entschädigung – um eine deklaratorische Regelung.[54]

70 Die Deckung des Sonderbedarfs kann nach § 36 Abs. 8 BedarfsplanungsRL auch durch **Anstellung eines weiteren Arztes** in der Vertragsarztpraxis des antragstellenden Vertragsarztes unter Angabe der vertraglich vereinbarten Arbeitszeit erfolgen. Die Vorschrift stellt als Fortführung der Altregelung nach § 36 Abs. 1 lit. f.) BedarfsplanungsRL idF vom 20.12.2012 klar, dass die Regelungen zum Sonderbedarf auch auf die Genehmigung von Angestellten in gesperrten Planungsbereichen zur Anwendung kommen. Dabei ist eine Teilanstellung mit dem Faktor 0,25 oder 0,75 auf Grundlage von Sonderbedarf auszuschließen. Voraussetzung für den Sonderbedarf ist, dass durch den antragstellenden Arzt eine angemessene Zahl an Patienten und eine angemessen Fläche versorgt werden. Dieser Versorgungsbeitrag lässt sich kaum auf Viertel- oder Dreiviertelstellen eingrenzen und herunterbrechen. Vor diesem Hintergrund sollten Sonderbedarfe auch für Angestellte nur im vollen oder hälftigen Umfang erfolgen.[55]

71 Bei der Prüfung auf Sonderbedarf nach § 36 Abs. 3 BedarfsplanungsRL bleibt nach § 36 Abs. 9 BedarfsplanungsRL eine mögliche stationäre Leistungserbringung in Krankenhäusern außer Betracht.
Die Vorschrift stellt die Fortsetzung der Altregelung des § 36 Abs. 1 lit. b) S. 5. BedarfsplanungsRL idFv. 20.12.2012 dar. Eine Weiterentwicklung ist hier notwendig, da gemäß dem Auftrag des VStG in der neuen Bedarfsplanung die Versorgung durch Ermächtigte und ermächtigte Institute in der Bedarfsplanung zu berücksichtigen ist (vgl. § 22 BedarfsplanungsRL). Somit sind deren Leistungen, die zT an Krankenhäusern erbracht werden, auch bei der Prüfung eines Antrags auf Sonderbedarf zu berücksichtigen. Ausgeschlossen bleiben soll jedoch weiterhin die stationäre Leistungserbringung in Krankenhäusern.[56]

72 **(2) § 37 BedarfsplanungsRL.** § 37 BedarfsplanungsRL regelt ergänzende Vorgaben für qualifikationsbezogene Sonderbedarfstatbestände. Die Anerkennung eines qualifikationsbezogenen Sonderbedarfs erfordert nach Abs. 1
a) die Prüfung und Feststellung einer bestimmten Qualifikation nach § 37 Abs. 2 BedarfsplanungsRL und
b) die Prüfung und Feststellung eines entsprechenden besonderen Versorgungsbedarfs in einer Region durch den Zulassungsausschuss.

73 Eine besondere Qualifikation ist nach § 37 Abs. 2 BedarfsplanungRL anzunehmen, wie sie durch den Inhalt des Schwerpunktes, einer fakultativen Weiterbildung oder einer besonderen Fachkunde für das Facharztgebiet nach der Weiterbildungsordnung beschrieben ist. Auch eine Zusatzweiterbildung oder eine Zusatzbezeichnung kann einen qualifikationsbezogenen Sonderbedarf begründen, wenn sie den vorgenannten Qualifikationen vom zeitlichen und qualitativen Umfang her gleichsteht. Ein besonderer qualifikationsbezogener Versorgungsbedarf kann auch bei einer Facharztbezeichnung vorliegen, wenn die Arztgruppe gemäß §§ 11 bis 14 BedarfsplanungsRL mehrere unterschiedliche Facharztbezeichnungen umfasst. Die Berufsbezeichnung Kinder- und Jugendlichenpsychotherapeut ist dabei einer Schwerpunktbezeichnung im Rahmen der ärztlichen Weiterbildung gleichgestellt. Eine Zusatzqualifikation und Abrechnungsmöglichkeit für die Behandlung von Kindern und Jugendlichen wird dem gleichgestellt.

74 Voraussetzung für eine ausnahmsweise Zulassung ist nach § 37 Abs. 3 BedarfsplanungRL, dass die ärztlichen Tätigkeiten des qualifizierten Inhalts in dem betreffenden Planungsbereich nicht oder nicht ausreichend zur Verfügung stehen und dass der Arzt die für den besonderen Versorgungsbedarf erforderlichen Qualifikationen durch die entsprechende Facharztbezeichnung sowie die besondere Arztbezeichnung oder Qualifikation (die Subspezialisierung muss Leistungen beinhalten, die die gesamte Breite des spezialisierten Versorgungsbereichs ausfüllen) nachweist.

75 Die Voraussetzungen für eine Ausnahme sind nach § 37 Abs. 4 BedarfsplanungRL auch gegeben, wenn durch die Kassenärztliche Vereinigung

---

54 Tragende Gründe zum Beschluss des G-BA vom 16.5.2013, http://www.g-ba.de/downloads/40-268-2319/2013-05-16_BPL-RL_lokaler-Versorgungsbedarf-Sonderbedarf_TrG.pdf (zuletzt abgerufen am 1.3.2017).
55 Tragende Gründe zum Beschluss des G-BA vom 16.5.2013, http://www.g-ba.de/downloads/40-268-2319/2013-05-16_BPL-RL_lokaler-Versorgungsbedarf-Sonderbedarf_TrG.pdf (zuletzt abgerufen am 1.3.2017).
56 Tragende Gründe zum Beschluss des G-BA vom 16.5.2013, http://www.g-ba.de/downloads/40-268-2319/2013-05-16_BPL-RL_lokaler-Versorgungsbedarf-Sonderbedarf_TrG.pdf (zuletzt abgerufen am 1.3.2017).

1. zur Sicherstellung der wohnortnahen Dialyseversorgung einem Vertragsarzt oder
2. aufgrund der Qualitätssicherungsvereinbarung zu den Blutreinigungsverfahren gemäß § 135 Abs. 2 SGB V einem weiteren Arzt in der Dialysepraxis (vgl. § 7 Abs. 1 und 2 der Anlage 9.1 BMV-Ä)

die Genehmigung zur Durchführung eines Versorgungsauftrags für die nephrologische Versorgung der von einer chronischen Niereninsuffizienz betroffenen Patienten mit Dialyseleistungen gemäß § 2 Abs. 7 BMV-Ä erteilt werden soll, der Zulassung jedoch Zulassungsbeschränkungen für die Zulassung von Fachärzten für Innere Medizin zur Teilnahme an der fachärztlich-internistischen Versorgung entgegenstehen. Die Anlage 9.1. BMV-Ä ist bei den Nummern 1 und 2 zu berücksichtigen. In diesem Falle wird die Zulassung mit der Maßgabe erteilt, dass sie auf den definierten Versorgungsauftrag beschränkt ist und im Falle gemeinsamer Berufsausübung auf die Dauer der gemeinsamen Berufsausübung.

(3) § 38 BedarfsplanungsRL. § 38 BedarfsplanungsRL regelt den Fachgebietswechsel. Danach gelten die Bestimmungen in § 36 BedarfsplanungsRL entsprechend, wenn der Zulassungsausschuss bei für eine Arztgruppe angeordneten Zulassungsbeschränkungen über den Antrag eines zugelassenen Vertragsarztes zu entscheiden hat, das Gebiet, für welches er zugelassen ist, in ein Gebiet zu ändern, für das Zulassungsbeschränkungen angeordnet worden sind. 76

Ergänzend zu den Ausführungen zu § 36 Abs. 4 BedarfsplanungsRL (zumutbare Entfernungen) steht den Gerichten bei der Feststellung, ob ein Sonderbedarf besteht, ein gerichtlich nur begrenzt überprüfbarer Beurteilungsspielraum zu. Dieser betrifft die Beurteilung, ob bzw. inwieweit bereits zugelassene Ärzte eine ausreichende Versorgung gewährleisten oder ob in diesem Versorgungsbereich der Versorgungsbedarf nicht gedeckt ist.[57] Soweit die Zulassungsgremien zB dem Umfang der Leistungserbringung durch bereits zugelassene Ärzte entscheidende Bedeutung beimessen, muss ihr Beurteilungsergebnis auf ausreichend fundierte Ermittlungen gegründet sein. Ihnen obliegt es, diejenigen Ärzte bzw. Praxen, die solche Leistungen möglicherweise bereits erbringen bzw. erbringen können, zu befragen und deren Angaben, da diese interessenorientiert sein könnten, anhand ihnen zugänglicher weiterer Unterlagen – insbesondere der sog Anzahlstatistiken – zu verifizieren. Soweit ein Versorgungsbedarf auch Bereiche umfasst, in denen die Leistungserbringung eine medizinisch-technische Ausstattung und/oder zusätzliche persönliche Qualifikationen erfordert, ist zu ermitteln, ob der Bewerber darüber verfügt. Bei der Bewertung, Gewichtung und Abwägung der ermittelten Tatsachen im konkreten Einzelfall haben sie einen Beurteilungsspielraum. 77

Einen Beurteilungsspielraum haben sie hingegen nicht bei der Frage, wie weit sie ihre Ermittlungen erstrecken. Denn der Umfang ihrer Ermittlungen ist durch § 21 SGB X vorgegeben; die Ermittlung des Sachverhalts muss das nach pflichtgemäßem Ermessen erforderliche Maß ausschöpfen, dh so weit gehen, wie sich weitere Ermittlungen als erforderlich aufdrängen. In diesem Bereich ist kein Raum für die Annahme eines Beurteilungsspielraums.[58] 78

(4) Drittschützende Wirkung. Den Vorschriften über die Sonderbedarfszulassung kommt drittschützende Wirkung zugunsten bereits zugelassener Vertragsärzte zu, soweit Kläger und Konkurrent im selben räumlichen Bereich die gleichen Leistungen anbieten.[59] Vertragsärztliche Konkurrenten sind grds. zur (Dritt-)Anfechtung einer Sonderbedarfszulassung berechtigt. Die Prüfung der Begründetheit solcher Drittanfechtungen erfolgt zweistufig. Zunächst ist zu klären, ob der Vertragsarzt bzw. die Berufsausübungsgemeinschaft berechtigt ist, die dem konkurrierenden Arzt erteilte Begünstigung (zB Zulassung, Ermächtigung) anzufechten. Ist das zu bejahen, so muss geprüft werden, ob die den Dritten begünstigende Entscheidung in formeller und materieller Hinsicht rechtmäßig war.[60] 79

Unter welchen Voraussetzungen Vertragsärzte berechtigt sind, zugunsten anderer Ärzte ergangene Entscheidungen anzufechten (sog defensive Konkurrentenklage), hat das BSG im Einzelnen dargestellt. Danach müssen kumulativ 80

1. der Kläger und der Konkurrent im selben räumlichen Bereich die gleichen Leistungen anbieten,

---

57 BSG, 2.9.2009, B 6 KA 21/08 R, juris Rn. 15 = SozR 4-2500 § 101 Nr. 7; Kaltenborn in: Becker/Kingreen, § 101 Rn. 5.
58 BSG, 2.9.2009, B 6 KA 21/08 R, juris Rn. 16 = SozR -2500 § 101 Nr. 7.
59 Vgl. zum Drittschutz auch die Kommentierung zu § 116.
60 BVerfG, 17.8.2004, 1 BvR 378/00, juris Rn. 17 ff. = GesR 2004, 470 ff.; BSG, 7.2.2007, B 6 KA 8/06 R, juris = GesR 2007, 369 ff.; BSG, 17.6.2009, B 6 KA 25/08 R, juris Rn. 24, 25 mwN = SozR 4-1500 § 54 Nr. 16; BSG, 17.8.2011, B 6 KA 26/10 R, juris Rn. 19 = SozR 4-2500 § 101 Nr. 11; BSG, 16.12.2015, B 6 KA 40/14 R, juris Rn. 22 = SozR 4-1500 § 54 Nr. 39 mAnm Reiter, GesR 2016, 559; Frehse/Lauber, MedR 2012, 24/31.

2. dem Konkurrenten die Teilnahme an der vertragsärztlichen Versorgung eröffnet oder erweitert und nicht nur ein weiterer Leistungsbereich genehmigt werden,
3. der dem Konkurrenten eingeräumte Status gegenüber demjenigen des Anfechtenden nachrangig sein.

Letzteres ist der Fall, wenn die Einräumung des Status an den Konkurrenten vom Vorliegen eines Versorgungsbedarfs abhängt, der von den bereits zugelassenen Leistungserbringern nicht abgedeckt wird.[61]

81 **bb) Zusätzlicher lokaler Versorgungsbedarf (Abs. 1 S. 1 Nr. 3 a).** Gemäß Abs. 1 S. 1 Nr. 3 a beschließt der G-BA in Richtlinien Bestimmungen über allgemeine Voraussetzungen, nach denen die Landesausschüsse der Ärzte und Krankenkassen nach § 100 Abs. 3 einen zusätzlichen lokalen Versorgungsbedarf in nicht unterversorgten Planungsbereichen feststellen können.

82 Hintergrund der seit dem 1.1.2007[62] in Kraft befindlichen Regelung ist, dass es in ländlichen Gebieten, insbesondere in denen der neuen Länder, absehbar ist, dass es zu **Versorgungsengpässen** kommen kann, für deren Behebung das bisherige Instrumentarium des Vertragsarztrechts ergänzt werden musste. So greift zB die durch das GKV-Modernisierungsgesetz eingeführte Möglichkeit, Sicherstellungszuschläge an niederlassungswillige Ärzte zu zahlen, erst in den Fällen, in denen der Landesausschuss in dem betreffenden Planungsbereich eine Unterversorgungsfeststellung getroffen hat. Dennoch bestand gerade in den – wegen ihrer Anknüpfung an die Stadt- und Landkreise – oft sehr großen Planungsbereichen die Gefahr, dass auch in Planungsbereichen, die rechnerisch ausreichend versorgt waren, erhebliche Versorgungslücken existieren. Diese können zB aufgrund schlechter infrastruktureller Anbindung begründet sein.[63]

83 Die Umsetzung der gesetzlichen Vorgaben ist erfolgt in § 35 BedarfsplanungsRL, der die Voraussetzungen für die Feststellung eines zusätzlichen lokalen Versorgungsbedarfs in nicht unterversorgten Planungsbereichen durch den Landesausschuss regelt. Ziel der Vorschrift ist die ausnahmsweise Feststellung eines zusätzlichen lokalen Versorgungsbedarfs aufgrund des Bestehens von Versorgungslücken, obwohl rein rechnerisch der Planungsbereich ausreichend versorgt ist. Die Absicht des Gesetzgebers war es dabei, mit dem zusätzlichen lokalen Versorgungsbedarf das bestehende Instrumentarium zu ergänzen, um absehbare Versorgungsengpässe in ländlichen Gebieten, insbesondere der neuen Länder, beheben zu können. Gerade in – wegen ihrer Anknüpfung an Stadt- und Landkreise – sehr großen Planungsbereichen wurde die Gefahr gesehen, dass trotz rechnerisch ausreichender Versorgung, erhebliche Versorgungslücken existieren können. Problematisch erscheint dies vor allem bei Versorgungsangeboten, die wohnortnah zur Verfügung stehen sollten, in erster Linie also für die hausärztliche Versorgung. Dabei ist allerdings zu berücksichtigen, dass die hausärztliche Versorgung mit der Neufassung der Bedarfsplanungs-Richtlinie zum 1.1.2013 neu strukturiert wurde. Künftig erfolgt die Planung nicht mehr auf Ebene der Kreise und kreisfreien Städte, sondern kleinteiliger auf der Ebene von Mittelbereichen. Es ist daher davon auszugehen, dass die Gefahr von Versorgungslücken aufgrund der Größe der Planungsbereiche in Zukunft seltener gegeben sein dürfte. Im Einzelfall kann es dennoch zu Fördertatbeständen kommen. In den spezialisierten Bereichen der fachärztlichen Versorgung ist davon auszugehen, dass aufgrund der Größe der Einzugsgebiete ein zusätzlicher lokaler Versorgungsbedarf nur in Ausnahmefällen in Frage kommt. Grundsätzlich sind die in der Richtlinie festgelegten Planungsbereiche sachgerecht und tragen den Versorgungsbeziehungen ausreichend Rechnung. Eine heterogene Verteilung von Ärzten innerhalb eines Planungsbereiches begründet allein keinen zusätzlichen lokalen Versorgungsbedarf. Dies gilt auch für die Verteilung der unterschiedlichen Fachgruppen oder Schwerpunkte innerhalb einer gemeinsamen bedarfs-planerischen Arztgruppe. Dennoch soll auch hier in den erforderlichen Einzelfällen die Möglichkeit bestehen, den zusätzlichen lokalen Versorgungsbedarf als Instrument zur Verbesserung der Versorgung einzusetzen.[64]

---

61 BVerfG, 17.8.2004, 1 BvR 378/00, juris Rn. 17 ff. = GesR 2004, 470 ff.; BSG, 7.2.2007, B 6 KA 8/06 R, juris = GesR 2007, 369 ff.; BSG, 17.6.2009, B 6 KA 25/08 R, juris Rn. 24, 25 mwN = SozR 4-1500 § 54 Nr. 16; BSG, 17.8.2011, B 6 KA 26/10 R, juris Rn. 19 = SozR 4-2500 § 101 Nr. 11; BSG, 16.12.2015, B 6 KA 40/14 R, juris Rn. 22 = SozR 4-1500 § 54 Nr. 39 mAnm Reiter, GesR 2016, 559; Frehse/Lauber, MedR 2012, 24/31.
62 Gesetz zur Änderung des Vertragsarztrechts und anderer Gesetze (Vertragsarztrechtsänderungsgesetz – VÄndG) vom 22.12.2006 (BGBl. I, 3439).
63 BT-Dr. 16/2474, 23, 24.
64 Tragende Gründe zum Beschluss des G-BA vom 16.5.2013, http://www.g-ba.de/downloads/40-268-2319/2013-05-16_BPL-RL_lokaler-Versorgungsbedarf-Sonderbedarf_TrG.pdf (zuletzt abgerufen am 1.3.2017).

Nach § 35 Abs. 1 BedarfsplanungsRL trifft der Landesausschuss nach § 100 Abs. 3 die **Feststellung, ob** 84
in einem nicht unterversorgten Planungsbereich ein zusätzlicher lokaler Versorgungsbedarf besteht.
Das vormalige Verfahren zur Feststellung eines zusätzlichen lokalen Versorgungsbedarfes wird grundsätzlich beibehalten. Der Landesausschuss kann einen zusätzlichen lokalen Versorgungsbedarf innerhalb eines Planungsbereiches in der vertragsärztlichen Versorgung feststellen, auch wenn in diesem Planungsbereich keine Unterversorgung vorliegt. Die Prüfung auf das Vorliegen eines zusätzlichen lokalen Versorgungsbedarfes wird dabei wie bisher auf Veranlassung der Kassenärztlichen Vereinigung oder eines Landesverbandes der Krankenkassen oder einer Ersatzkasse angestoßen. Darüber hinaus wird klargestellt, dass sich die vom Gesetzgeber vorgesehenen Möglichkeiten zur Abweichung von der BedarfsplanungsRL nicht beliebig potenzieren dürfen. So bestehen zum Zeitpunkt der Beschlussfassung die Möglichkeiten zur Anpassung der Bedarfspläne nach § 9 (Demografiefaktor) und nach § 2 (begründete Abweichungsmöglichkeiten der Landesebene). Des Weiteren können zusätzliche lokale Versorgungsbedarfe nach § 35 und Sonderbedarfe nach §§ 36 und 37 festgestellt werden. Diese Regelungen setzen an unterschiedlichen Regelungskreisen an und richten sich an verschiedene Akteure, so dass hier ein Risiko einer mangelnden Abstimmung besteht. So könnten möglicherweise jeweils dieselben Kriterien mehrfach berücksichtigt werden und zu einer ungerechtfertigten Mehrfachdynamisierung führen. Beispielsweise könnte die Demografie im Sinne eines höheren Durchschnittsalters der Bevölkerung zu einer Anpassung der Bedarfspläne über den Demografiefaktor führen. Dasselbe Argument könnte bei der Erstellung des Bedarfsplanes dazu herangezogen werden, um Planungsbereiche kleiner zu schneiden und die Verhältniszahlen abzusenken. Der Landesausschuss wiederum könnte das höhere Durchschnittsalter als Kriterium verwenden, um einen zusätzlichen lokalen Versorgungsbedarf in nicht unterversorgten Planungsbereichen festzustellen und – sofern der Planungsbereich gesperrt ist – könnte der Zulassungsausschuss auch einen Antrag auf Sonderbedarfszulassung unter dem Gesichtspunkt einer überdurchschnittlich alten Bevölkerung positiv bescheiden. Damit wäre dasselbe Kriterium insgesamt vierfach berücksichtigt, ohne dass die hieraus abgeleiteten Maßnahmen im Sinne einer Versorgungsverbesserung sinnvoll aufeinander abgestimmt sind. Vor diesem Hintergrund wird vorgegeben, dass Anpassungen auf Grundlage der §§ 2 und 9 BedarfsplanungsRL bei Entscheidungen nach § 35 BedarfsplanungsRL zu berücksichtigen sind. Die mehrfache Anwendung desselben Kriteriums ist zu vermeiden und bei Verwendung in jedem Fall besonders zu begründen. Diese Begründung hat dabei ausdrücklich auch Ausführungen darüber zu enthalten, welche Maßnahmen bereits zur Verbesserung der Versorgung ergriffen wurden (zB Anwendung des Demografiefaktors nach § 9 BedarfsplanungsRL, Anpassung der Bedarfspläne nach § 2 BedarfsplanungsRL, Sicherstellungszuschläge nach § 105, Sonderbedarfszulassungen nach § 36 BedarfsplanungsRL) und in wie fern diese zu einer Verbesserung der Versorgung beitragen konnten. Dadurch soll eine Transparenz über die zur Verbesserung der Versorgung auf den unterschiedlichen Ebenen bereits ergriffenen Maßnahmen hergestellt werden.[65]

Nach § 35 Abs. 2 BedarfsplanungsRL legt der Landesausschuss fest, für **welche Bezugsregionen inner-** 85
halb eines Planungsbereiches er die Feststellung von zusätzlichem lokalem Versorgungsbedarf trifft.
Die Bezugsregion ist von der Größe her so zu wählen, dass gemessen an ihrer flächenmäßigen Ausdehnung und unter Berücksichtigung der vorhandenen Struktur, Verkehrsanbindung und Lage eine versorgungsrelevante Bevölkerungszahl vorhanden ist. Dabei sollte die Verhältniszahl der jeweiligen Arztgruppe als Anhaltspunkt dienen. Darüber hinaus kann bei der Festlegung der Bezugsregion der Versorgungsbeitrag der dort bereits tätigen Ärzte berücksichtigt werden.

Der Landesausschuss hat zunächst nach § 35 Abs. 3 BedarfsplanungsRL die **Bezugsregion festzulegen,** 86
für die die Prüfung eines zusätzlichen lokalen Versorgungsbedarfs erfolgen soll. Hierbei kann der Landesausschuss als Bezugsregion je nach Versorgungsebene zum Beispiel Kreise, Mittelbereiche, Gemeindeverbände oder andere Bezugsregionen festlegen. Voraussetzung für die Bestimmung einer Bezugsregion ist weiterhin, dass gemessen an ihrer flächenmäßigen Ausdehnung eine versorgungsrelevante Bevölkerungszahl vorhanden ist. Um eine sachgerechte Größe der Bezugsregion zu erreichen, soll dabei insbesondere die Verhältniszahl der betreffenden Arztgruppe als Anhaltspunkt dienen. Sie stellen für diese Fragestellung einen belast-baren Anhaltspunkt dar, welche Bevölkerung durch einzelne Arztgruppen versorgt wird. Zum Beispiel könnte für bestimmte Versorgungskonstellationen im Bereich der hausärztlichen Versorgung die versorgungsrelevante Bevölkerungszahl auch das Dreifache der betreffenden Verhältniszahl betragen. Die Bezugsregionen sollten angemessen groß sein. Bei der Bildung der Bezugsregionen sind deren Struktur (zB ländliche Streusiedlung), deren Verkehrsanbindung (zB Busan-

---

65 Tragende Gründe zum Beschluss des G-BA vom 16.5.2013, http://www.g-ba.de/downloads/40-268-2319/2013-05-16_BPL-RL_lokaler-Versorgungsbedarf-Sonderbedarf_TrG.pdf (zuletzt abgerufen am 1.3.2017).

bindung zum Mittelzentrum) und deren Lage (zB im Einzugsbereich einer Großstadt) oder besonderen Versorgungsstrukturen (zB Praxisnetze gemäß § 87 b) zu berücksichtigen. Damit soll sichergestellt werden, dass die Bezugsregion für die jeweilige Fragestellung des zusätzlichen lokalen Versorgungsbedarfes eine ausreichende Relevanz besitzt. Die in der Richtlinie festgelegten Planungsbereiche sind grundsätzlich sachgerecht und tragen den Versorgungsbeziehungen ausreichend Rechnung. Eine heterogene Verteilung von Ärzten innerhalb eines Planungsbereiches allein begründet idR keinen zusätzlichen lokalen Versorgungsbedarf. Dies gilt auch für die Verteilung der unterschiedlichen Fachgruppen oder Schwerpunkte innerhalb einer gemeinsamen bedarfsplanerischen Arztgruppe. Kleinere Regionen mit geringer Bevölkerungszahl können für die Prüfung auf lokalen Versorgungsbedarf dennoch in Betracht kommen, zB wenn dies aufgrund einer besonderen geografischen Lage oder aufgrund besonderer Versorgungskonstellationen sachgerecht erscheint. Der Versorgungsbeitrag, der in einer Region bereits tätigen Ärzte, ist ein wichtiger Indikator zur Beurteilung der regionalen Versorgungssituation und kann beispielsweise anhand der Fallzahlen und des Leistungsbedarfs überprüft werden. Beispielsweise können in schlecht versorgten Regionen, in denen wenige Ärzte die Versorgung sicherstellen, überdurchschnittliche Fallzahlen oder ein überdurchschnittlicher Leistungsbedarf Anhaltspunkt für einen zusätzlichen lokalen Versorgungsbedarf sein.[66]

87 Nach § 35 Abs. 3 BedarfsplanungsRL hat der Landesausschuss das Vorliegen des lokalen Versorgungsbedarfs zu prüfen, soweit in der nach Abs. 2 von ihm festgelegten Bezugsregion die Kriterien der Unterversorgung erfüllt sind.

Nachdem § 35 Abs. 2 BedarfsplanungsRL die Bezugsregion abgegrenzt wurde, legt § 35 Abs. 3 BedarfsplanungsRL fest, dass ein zusätzlicher lokaler Versorgungsbedarf zu prüfen ist, soweit in der Bezugsregion die Kriterien für die Feststellung auf Unterversorgung erfüllt sind. Durch den direkten Verweis auf die Kriterien der Unterversorgung nach § 29 BedarfsplanungsRL (Hausärzte Versorgungsgrad < 75 %, Fachärzte Versorgungsgrad < 50 %) wird die Regelung nun klarer gefasst. Wenn also in der Bezugsregion Unterversorgung festgestellt wird, ist in jedem Fall auf Basis der Kriterien nach § 35 Abs. 5 BedarfsplanungsRL auf zusätzlichen lokalen Versorgungsbedarf zu prüfen. Durch den Verweis auf die §§ 32 und 33 BedarfsplanungsRL findet das dort geregelte Verfahren zur Beurteilung von Unterversorgung entsprechende Anwendung. Die Vorgaben des § 22 BedarfsplanungsRL und des geltenden Bedarfsplans zur Anrechnung angestellter und ermächtigter Ärzte und Einrichtungen finden Anwendung.[67]

88 Nach § 35 Abs. 4 BedarfsplanungsRL ist eine gemeinsame Prüfung der Struktur und des Standes der ärztlichen Versorgung in der Bezugsregion auch dann vorzunehmen, wenn die Kriterien nach § 35 Abs. 3 BedarfsplanungsRL in der Bezugsregion nicht erfüllt sind. Die Prüfung ist innerhalb angemessener Frist – die drei Monate nicht überschreiten darf – durchzuführen.

Bei dieser Regelung handelt es sich um eine Altregelung, die zur Anwendung kommt, wenn die Kriterien nach § 35 Abs. 3 BedarfsplanungsRL nicht erfüllt sind. Damit soll sichergestellt werden, dass auf Veranlassung der Kassenärztlichen Vereinigungen oder eines Landesverbandes der Krankenkassen oder einer Ersatzkasse auch in Bezugsregionen, in denen keine Unterversorgung nach § 29 BedarfsplanungsRL festgestellt wird, die Notwendigkeit eines zusätzlichen lokalen Versorgungsbedarfs geprüft werden kann. Dies trifft insbesondere auf Konstellationen zu, in denen sich der zusätzliche lokale Versorgungsbedarf zB nur auf eine bestimmte Leistung bezieht und nicht das komplette Spektrum einer Arztgruppe umfasst. Da für ausgewählte Behandlungsspektren einer Arztgruppe keine Verhältniszahl vorliegt, kann auch keine Prüfung der Kriterien auf Unterversorgung nach § 29 BedarfsplanungsRL erfolgen. Der § 35 Abs. 4 BedarfsplanungsRL lässt in solchen Fällen einen etwas längeren Zeitraum für die Prüfung zu, die innerhalb von drei Monaten zu erfolgen hat. Die Vorgaben des § 22 BedarfsplanungsRL und des geltenden Bedarfsplans zur Anrechnung angestellter und ermächtigter Ärzte und Einrichtungen finden auch hier Anwendung.[68]

89 Nach § 35 Abs. 5 BedarfsplanungsRL sind bei der Prüfung des zusätzlichen lokalen Versorgungsbedarfes insbesondere folgende Kriterien zu berücksichtigen:

---

[66] Tragende Gründe zum Beschluss des G-BA vom 16.5.2013, http://www.g-ba.de/downloads/40-268-2319/2013-05-16_BPL-RL_lokaler-Versorgungsbedarf-Sonderbedarf_TrG.pdf (zuletzt abgerufen am 1.3.2017).
[67] Tragende Gründe zum Beschluss des G-BA vom 16.5.2013, http://www.g-ba.de/downloads/40-268-2319/2013-05-16_BPL-RL_lokaler-Versorgungsbedarf-Sonderbedarf_TrG.pdf (zuletzt abgerufen am 1.3.2017).
[68] Tragende Gründe zum Beschluss des G-BA vom 16.5.2013, http://www.g-ba.de/downloads/40-268-2319/2013-05-16_BPL-RL_lokaler-Versorgungsbedarf-Sonderbedarf_TrG.pdf (zuletzt abgerufen am 1.3.2017).

1. die regionale Demografie,
2. die regionale Morbidität,
3. sozioökonomische Faktoren,
4. die Versorgungsstrukturen,
5. räumliche Faktoren,
6. infrastrukturelle Besonderheiten.

Sie kann sich **insbesondere auf folgende Versorgungskonstellationen beziehen:** 90
1. Verbesserung der Versorgung in nicht gesperrten Planungsbereichen vorrangig vor gesperrten Planungsbereichen,
2. Förderung der Gründung/Erhaltung von (Zweig-) Praxen in Regionen, in denen für die Bezugsregion nach Abs. 2 Unterversorgung festgestellt wurde,
3. Förderung von Leistungen, die zum Zeitpunkt der Prüfung durch die Ärzte in oder um die Bezugsregionen nach Abs. 2 nicht oder nicht im ausreichenden Maße erbracht werden,
4. Förderung des Leistungsumfangs, der durch die vorhandenen Ärzte in der Bezugsregion nach Abs. 2 erbracht wird.

Mit der **Neufassung des § 35 Abs. 5 BedarfsplanungsRL** werden die Kriterien, die zur Prüfung eines 91 zusätzlichen lokalen Versorgungsbedarfs herangezogen werden, deutlich erweitert. Dadurch wird klargestellt, dass ein zusätzlicher lokaler Versorgungsbedarf nicht nur wie bisher aufgrund der ärzteseitigen Versorgungsstrukturen sowie der Altersstruktur der Wohnbevölkerung begründet werden kann. Stattdessen können auch andere Faktoren wie zB die Morbidität, soziodemografische Faktoren oder infrastrukturelle Besonderheiten Ursache für einen zusätzlichen lokalen Versorgungsbedarf sein. Bei der Prüfung eines zusätzlichen lokalen Versorgungsbedarfs sind alle Kriterien nach § 35 Abs. 5 BedarfsplanungsRL zu prüfen. Dabei kann es allerdings auch Ergebnis der Prüfung sein, dass bestimmte Kriterien für den jeweils zu prüfenden Einzelfall des zusätzlichen lokalen Versorgungsbedarfs keine Rolle spielen. Beispielsweise: Wenn die erhöhte Morbidität einer Bevölkerung inner-halb einer Bezugsregion Grundlage eines zusätzlichen lokalen Versorgungsbedarfs ist, müssen nicht auch zwingend infrastrukturelle Besonderheiten vorliegen. Gleichwohl ist zu prüfen, ob diese für den jeweiligen zusätzlichen Versorgungsbedarf von Relevanz sind. Weitere Kriterien können hinzugezogen werden. Die Kriterien sind dabei flexibel gewählt, um den Landesausschüssen einen ausreichend großen Spielraum für die Festlegung von regional bedeutsamen Kriterien zu geben. Die Kriterien im § 35 Abs. 5 BedarfsplanungsRL orientieren sich an den Kriterien für die regionalen Abweichungsmöglichkeiten nach § 2 BedarfsplanungsRL. Sowohl für die Prüfung auf zusätzlichen lokalen Versorgungsbedarf, wie auch bei der Prüfung auf regionale Abweichungserfordernisse können dieselben Kriterien als Grundlage dienen. Allerdings sind, wie im § 35 Abs. 1 BedarfsplanungsRL dargestellt, die bereits beschlossenen regionalen Abweichungen nach § 2 BedarfsplanungsRL und die Anpassungen nach § 9 BedarfsplanungsRL bei der Prüfung auf zusätzlichen lokalen Versorgungsbedarf zu berücksichtigen.

Die Prüfung auf das Vorliegen eines zusätzlichen lokalen Versorgungsbedarfes anhand der genannten 92 Kriterien kann vor dem Hintergrund von bestimmten **Versorgungskonstellationen** erfolgen, die **für die Anwendung dieser Maßnahme besonders geeignet erscheinen**. Diese sind im zweiten Teil des § 35 Abs. 5 BedarfsplanungsRL beispielhaft dargestellt. Dadurch wird das mögliche Anwendungsspektrum des zusätzlichen lokalen Versorgungsbedarfs beschrieben. Die Aufzählung ist dabei nicht abschließend. Sie soll dem Landesausschuss lediglich als Orientierung und Unterstützung, sowie als Hilfestellung bei möglicherweise notwendigen Priorisierungen von verschiedenen förderungswürdigen Sachverhalten dienen. So soll der zusätzliche lokale Versorgungsbedarf vorrangig eingesetzt werden, um die Versorgungssituation in Planungsbereichen zu verbessern, die noch nicht von Überversorgung betroffen sind. Ziel kann die gezielte Niederlassungsförderung in Gebieten sein, die davon unter Versorgungsgesichtspunkten in besonderem Maße profitieren würden. In schlecht versorgten Regionen für die eine Unterversorgung nach § 35 Abs. 2 BedarfsplanungsRL festgestellt wurde, kann die Versorgung ggf. bereits dadurch verbessert werden, dass ein bereits niedergelassener Vertragsarzt eine Zweigpraxis gründet und dadurch tageweise eine Versorgung gewährleistet. Daneben kann es sachgerecht sein, einzelne Leistungen zu fördern, die in einer Region nicht in ausreichendem Maße zur Verfügung stehen, zB Verbesserung der Hausbesuchstätigkeit. Da gerade in schlechter versorgten Regionen durch die vorhandenen Ärzte oftmals deutlich höhere Fallzahlen und Leistungsbedarfe erbracht werden, kann es im Einzelfall zur Förderung der Versorgung gerechtfertigt sein, finanzielle Anreize zu setzen.[69]

---

69 Tragende Gründe zum Beschluss des G-BA vom 16.5.2013, http://www.g-ba.de/downloads/40-268-2319/2013-05-16_BPL-RL_lokaler-Versorgungsbedarf-Sonderbedarf_TrG.pdf (zuletzt abgerufen am 1.3.2017).

93 Nach § 35 Abs. 6 BedarfsplanungsRL sind die **Feststellungen** nach § 35 Abs. 1 BedarfsplanungsRL auf maximal 5 % der Ärzte einer Arztgruppe in einer KV-Region zu beziehen.

Der zusätzliche lokale Versorgungsbedarf ist ein Instrument, um in einer begrenzten Zahl von regionalen Einzelfällen gewünschte Versorgungsstrukturen zu fördern und/oder zu unterstützen. Sobald er als generelles Instrument in einer Vielzahl von Fällen zu Anwendung kommt, ist das mit ihm verbundene Ziel der Feinsteuerung nicht mehr zu erreichen.

94 **Relative Attraktivitätssteigerungen** von bedürftigen Regionen können keine Wirkung entfalten, wenn eine Vielzahl von Regionen dieselbe Attraktivitätssteigerung erfahren würde. Vor diesem Hintergrund wird in § 35 Abs. 6 BedarfsplanungsRL der Umfang des zusätzlichen lokalen Versorgungsbedarfs klar begrenzt. Die Feststellung auf zusätzlichen lokalen Versorgungsbedarf darf sich in ihrer Summe auf maximal 5 % der Ärzte einer Arztgruppe einer KV-Region beziehen. Unter Berücksichtigung der derzeitigen Häufigkeiten von Feststellungen eines zusätzlichen lokalen Versorgungsbedarfs und der zu erwartenden Notwendigkeiten regionaler Steuerung bewertet der G-BA einen Grenzwert in Höhe von 5 % als sachgerecht. Die Regelung zwingt den Landesausschuss in bestimmten Fällen, zwischen unterschiedlichen Bezugsregionen und Versorgungskonstellationen zu priorisieren und ggf. bestehende Feststellungen nach § 35 BedarfsplanungsRL zugunsten neuer Feststellungen aufzuheben. Diese Priorisierung kann beispielsweise auf Grundlage einer Bewertung der Versorgungslage in den Bezugsregionen erfolgen oder sich auf Regionen konzentrieren, in denen der zusätzliche lokale Versorgungsbedarf unter Berücksichtigung der Konstellationen nach § 35 Abs. 6 BedarfsplanungsRL ein erfolgversprechendes Instrument darstellt. Generell soll so sichergestellt werden, dass der zusätzliche lokale Versorgungsbedarf ein Instrument für Sondersituationen bleibt. Wenn der Landesausschuss allgemeine Verwerfungen in der Versorgungslandschaft mit großen Teilen der KV Regionen beobachtet, sollten eher systematische Abweichungen auf Grundlage von § 2 BedarfsplanungsRL vereinbart werden.[70]

95 Gemäß § 35 Abs. 7 BedarfsplanungRL gilt für die Prüfung des Landesausschusses § 33 Abs. 2 BedarfsplanungsRL (Grundlagen der Prüfung der Versorgungslage durch den Landesausschuss) entsprechend. Sofern das Landesrecht ein Gremium nach § 90 a eingerichtet hat und vorsieht, dass seine Stellungnahmen bei Entscheidungen des Landesausschusses einzuholen und zu berücksichtigen sind, gibt der Landesausschuss diesem Gremium gemäß § 90 a Abs. 2 Gelegenheit zur Stellungnahme. Der Landesausschuss gibt seine Feststellung bekannt und hat diese zu begründen. Die Feststellung des Vorliegens eines zusätzlichen lokalen Versorgungsbedarfs ist im Bedarfsplan zeitnah auszuweisen.

96 Bei der Prüfung nach § 35 Abs. 7 BedarfsplanungsRL berücksichtigt der Landesausschuss auch Erkenntnisse über die Patientenperspektive. Mit der Regelung wird zudem sichergestellt, dass das Gremium nach § 90 a bei Entscheidungen zum zusätzlichen lokalen Versorgungsbedarf Gelegenheit zur Stellungnahme erhält, soweit das Landesrecht dies vorsieht. Gleichzeitig ist hier die Veröffentlichung der Beschlüsse zum zusätzlichen lokalen Versorgungsbedarf geregelt. Mit beiden Regelungen wird klargestellt, dass auch beim zusätzlichen lokalen Versorgungsbedarf die Transparenz der Beschlüsse und Entscheidungen des Landesausschusses gewährleistet sein soll.[71]

97 Nach § 35 Abs. 8 BedarfsplanungRL prüft der Landesausschuss in regelmäßigen Abständen, ob die **Voraussetzungen für die Entscheidungen** nach § 35 Abs. 1 BedarfsplanungsRL **weiterhin vorliegen**. Die Feststellung nach § 35 Abs. 1 BedarfsplanungsRL kann befristet werden.

Die Vorschrift stellt die (ohnehin bestehende) Pflicht des Landesausschusses dar, seine Entscheidungen nach § 35 Abs. 1 BedarfsplanungsRL in regelmäßigen Zeitabständen zu überprüfen und ggf. auf Änderungen zu reagieren, um sicherzustellen, dass die Voraussetzungen hierfür fortbestehen. Insbesondere hat der Landesausschuss bei jeder Zulassung, die mit einer nach § 35 Abs. 1 BedarfsplanungsRL positiv beschiedenen Bezugsregion in Zusammenhang steht, anlassbezogen zu prüfen, ob die Voraussetzungen für die Entscheidungen nach § 35 Abs. 1 BedarfsplanungsRL weiterhin vorliegen. Je nach Versorgungskonstellation und -ziel kann der Landesausschuss die Feststellung eines zusätzlichen lokalen Versorgungsbedarfes auch von vornherein befristen. Insgesamt soll gewährleistet werden, dass die Sinnhaftigkeit und Wirksamkeit der zur Verbesserung der Versorgung eingesetzten Instrumente sichergestellt wird.[72]

---

70 Tragende Gründe zum Beschluss des G-BA vom 16.5.2013, http://www.g-ba.de/downloads/40-268-2319/2013-05-16_BPL-RL_lokaler-Versorgungsbedarf-Sonderbedarf_TrG.pdf (zuletzt abgerufen am 1.3.2017).
71 Tragende Gründe zum Beschluss des G-BA vom 16.5.2013, http://www.g-ba.de/downloads/40-268-2319/2013-05-16_BPL-RL_lokaler-Versorgungsbedarf-Sonderbedarf_TrG.pdf (zuletzt abgerufen am 1.3.2017).
72 Tragende Gründe zum Beschluss des G-BA vom 16.5.2013, http://www.g-ba.de/downloads/40-268-2319/2013-05-16_BPL-RL_lokaler-Versorgungsbedarf-Sonderbedarf_TrG.pdf (zuletzt abgerufen am 1.3.2017).

Nach Auffassung von *Wahrendorf*[73] ist bei Feststellung eines lokalen Versorgungsbedarfs die Bezugsregion von der Größe her so zu wählen, dass gemessen an ihrer flächenmäßigen Ausdehnung und unter Berücksichtigung der vorhandenen Struktur, Verkehrsanbindung und Lage eine versorgungsrelevante Bevölkerung vorhanden ist. Die Verhältniszahl der jeweiligen Arztgruppe bilde einen Anhaltspunkt. Darüber hinaus könne bei der Festlegung der Bezugsregion der Versorgungsbeitrag der dort bereits tätigen Ärzte berücksichtigt werden. 98

d) **Ausnahmezulassungen bei Bildung von Gemeinschaftspraxen – Job-Sharing-Partner (Abs. 1 S. 1 Nr. 4, Abs. 3).** aa) Ausnahmezulassungen (Abs. 1 S. 1 Nr. 4). Gemäß Abs. 1 S. 1 Nr. 4 beschließt der G-BA in Richtlinien Bestimmungen über Ausnahmeregelungen für die Zulassung eines Arztes in einem Planungsbereich, für den Zulassungsbeschränkungen angeordnet sind, sofern der Arzt die vertragsärztliche Tätigkeit gemeinsam mit einem dort bereits tätigen Vertragsarzt desselben Fachgebiets oder, sofern die Weiterbildungsordnungen Facharztbezeichnungen vorsehen, derselben Facharztbezeichnung ausüben will und sich die Partner der Berufsausübungsgemeinschaft gegenüber dem Zulassungsausschuss zu einer Leistungsbegrenzung verpflichten, die den bisherigen Praxisumfang nicht wesentlich überschreitet, dies gilt für die Anstellung eines Arztes in einer Einrichtung nach § 311 Abs. 2 S. 1 und in MVZ entsprechend; bei der Ermittlung des Versorgungsgrades ist der Arzt nicht mitzurechnen. 99

Ziel der Regelung ist die Flexibilisierung der Bedarfsplanung in der vertragsärztlichen Versorgung (regionale Versorgungsplanung). Insbesondere soll den Bedürfnissen vieler Ärzte nach individueller Festlegung ihres Arbeitseinsatzes nachzukommen und zusätzliche Beschäftigungsmöglichkeiten für Ärzte geschaffen werden, ohne mit diesen Regelungen die Gefahr einer Leistungsausweitung auszulösen.[74] 100

Abs. 1 S. 1 Nr. 4 ermöglicht in überversorgten Planungsbereichen, in denen nach geltendem Recht eine vertragsärztliche Zulassung nur in den Fällen der Praxisübergabe oder aufgrund von qualitätsbezogenen Sonderbedarfsfeststellungen möglich ist, die Zulassung eines weiteren Vertragsarztes, sofern er zusammen mit einem bereits niedergelassenen Arzt eine **Berufsausübungsgemeinschaft**[75] bildet. Für die sich zusammenschließenden Ärzte ist Fachgebietsidentität notwendig, da diese besondere Form der Berufsausübungsgemeinschaft voraussetzt, dass durch sie Art und Umfang der Leistungen des bisherigen Praxisinhabers nicht ausgeweitet werden, dh die Praxisidentität muss erhalten bleiben. Deshalb ist Voraussetzung für die Zulassung, dass sich die Praxisinhaber zu Leistungsbegrenzungen in Höhe des bisherigen Praxisumfangs verpflichten. Die Veränderung durch die zusätzliche Zulassung besteht lediglich darin, dass ein Teil der Leistungen, die der bisherige Praxisinhaber allein erbracht hat, jetzt von dem dazukommenden Arzt erbracht wird. Der Beitrag, den die Praxis oder die Einrichtung zur vertragsärztlichen Versorgung der Versicherten leistet, ändert sich durch das Hinzukommen des neuen Vertragsarztes nicht wesentlich. Dies rechtfertigt, die Neuzulassung bei den Feststellungen zum Versorgungsgrad nicht mitzurechnen. Die Praxisidentität wäre nicht gegeben bei fachfremden Partnern einer Berufsausübungsgemeinschaft. Deshalb ist eine fachübergreifende Berufsausübungsgemeinschaft in Form des Jobsharings nicht möglich. Auch in den Einrichtungen nach § 311 (Polikliniken usw.) in den neuen Bundesländern wird das Jobsharing entsprechend ermöglicht. Dies bedeutet, dass für jeden dort tätigen und in der Bedarfsplanung angerechneten Arzt ein weiterer Arzt angestellt werden kann. Voraussetzung ist auch hier die Fachgebietsidentität sowie die Pflicht der Einrichtung zur Leistungsbegrenzung. Jeder zusätzliche Arzt wird, wie die bereits dort tätigen Ärzte, ordentliches Mitglied der Kassenärztlichen Vereinigung.[76] 101

Die Ergänzung durch eine alternative Bezugnahme auf den Begriff „Facharztbezeichnung" neben dem Begriff „Fachgebiet" erfolgte mit Wirkung zum 1.1.2007 im Rahmen des VÄndG.[77] Es handelt sich dabei um die Konsequenz aus der neuen (Muster-)Weiterbildungsordnung der Bundesärztekammer (MWBO-Ä), nach der anders als bisher die Fachgebietsinhalte nicht mehr in jedem Fall in vollem Umfang Gegenstand der Kenntnisse und Fähigkeiten sind, die ein Facharzt während seiner Weiterbildung erwerben und nachweisen muss; die Facharztbezeichnung beinhaltet dagegen alles das, was der Facharzt im Rahmen seines Fachgebiets erlernt hat und deshalb ausüben darf (Facharztkompetenz).[78] 102

---

73 VSSR 2015, 241, 254.
74 BT-Dr. 13/7264, 65.
75 Vormalige Bezeichnung: Gemeinschaftspraxis, vgl. BT-Dr. 16/2474, 24.
76 BT-Dr. 13/7264, 65.
77 Gesetz zur Änderung des Vertragsarztrechts und anderer Gesetze (Vertragsarztrechtsänderungsgesetz – VÄndG) vom 22.12.2006 (BGBl. I, 3439).
78 BT-Dr. 16/2474, 24.

103 Die Umsetzung dieser gesetzlichen Vorlagen durch den G-BA erfolgte in den §§ 40 ff. BedarfsplanungsRL.

104 **(1) § 40 BedarfsplanungsRL.** Nach § 40 BedarfsplanungsRL hat der Zulassungsausschuss einen Arzt in einem Planungsbereich, für dessen Arztgruppe Zulassungsbeschränkungen angeordnet sind, zur gemeinsamen Berufsausübung mit einem bereits zugelassenen Arzt (Vertragsarzt) derselben Arztgruppe zuzulassen, wenn folgende **Voraussetzungen** erfüllt sind:
1. Der antragstellende Arzt erfüllt in seiner Person die Voraussetzungen der Zulassung.
2. Der Vertrag über die gemeinsame Berufsausübung stellt einen Vertrag zur Bildung einer Gemeinschaftspraxis dar, der die Voraussetzungen der Genehmigungsfähigkeit gemäß § 33 Abs. 2 S. 2 Ärzte-ZV erfüllt.
3. Der Antragsteller gehört derselben Arztgruppe wie der Vertragsarzt an, wobei im Einzelnen die Regelungen nach § 41 BedarfsplanungsRL zu beachten sind.
4. Der Vertragsarzt und der Antragsteller erklären sich gegenüber dem Zulassungsausschuss schriftlich bereit, während des Bestandes der Gemeinschaftspraxis mit dem Antragsteller den zum Zeitpunkt der Antragstellung bestehenden Praxisumfang nicht wesentlich zu überschreiten, und erkennen die dazu nach Maßgabe der nachfolgenden Bestimmungen vom Zulassungsausschuss festgelegte Leistungsbeschränkung an; soll der Antragssteller in eine bereits gebildete Gemeinschaftspraxis aufgenommen werden, so sind die Erklärungen von allen Vertragsärzten abzugeben.

105 **(2) § 41 BedarfsplanungsRL.** Nach § 41 BedarfsplanungsRL ist bei der gemeinsamen Berufsausübung eine **Fachidentität im Sinne des § 101 Abs. 1 Nr. 4** erforderlich. Fachidentität liegt vor, wenn die Facharztkompetenz und, sofern eine entsprechende Bezeichnung geführt wird, die Schwerpunktkompetenz übereinstimmen. Einer Übereinstimmung steht nicht entgegen, wenn nur einer der Ärzte über eine Schwerpunktbezeichnung oder Schwerpunktkompetenz verfügt. Sind mehrere Vertragsärzte bereits in gemeinsamer Berufsausübung (Gemeinschaftspraxis) zugelassen, genügt die Übereinstimmung des Gebietes oder der Facharztkompetenz des Antragstellers mit einem der in gemeinsamer Berufsausübung verbundenen Vertragsärzte. Nimmt der Vertragsarzt an der hausärztlichen oder an der fachärztlichen Versorgung gemäß § 73 teil, ist die Zulassung eines Antragstellers, welcher gemäß § 73 Abs. 1 a S. 2 wahlberechtigt ist, nur mit der Maßgabe zulässig, dass der Antragsteller sich für dieselbe Versorgungsfunktion entscheidet, welche der Vertragsarzt wahrnimmt, und beide Ärzte die Verpflichtung eingehen, Wahlentscheidungen für die hausärztliche oder fachärztliche Versorgung nur gemeinsam zu treffen. Der Zulassungsausschuss hat die Verpflichtung mit der Zulassung des Antragstellers als Auflage zu verbinden.

106 Übereinstimmung in den Arztgruppen besteht auch, solange der Vertragsarzt an der hausärztlichen Versorgung nach § 101 Abs. 5 teilnimmt und sich als Allgemein- / Praktischer Arzt oder als Facharzt für Innere und Allgemeinmedizin (Hausarzt) mit einem Internisten mit Hausarztentscheidung oder als Internist mit Hausarztentscheidung mit einem Allgemein- / Praktischen Arzt oder einem Facharzt für Innere und Allgemeinmedizin (Hausarzt) zur gemeinsamen hausärztlichen Berufsausübung zusammenschließt.

107 Übereinstimmung in den Arztgruppen besteht auch,
1. wenn sich ein Facharzt für Anästhesiologie mit einem Facharzt für Anästhesiologie und Intensivtherapie zusammenschließt oder
2. wenn sich ein Facharzt für Chirurgie mit einem Facharzt für Allgemeine Chirurgie zusammenschließt oder
3. wenn sich ein Facharzt für Orthopädie mit einem Facharzt für Orthopädie und Unfallchirurgie zusammenschließt oder
4. wenn sich ein Facharzt für Phoniatrie und Pädaudiologie mit einem Facharzt für Sprach-, Stimm- und kindliche Hörstörungen zusammenschließt oder
5. wenn sich ein Facharzt für Lungen- und Bronchialheilkunde (Lungenarzt) mit einem Facharzt für Innere Medizin mit Schwerpunkt Pneumologie oder einem Facharzt für Innere Medizin mit Schwerpunktbezeichnung Pneumologie oder mit Teilgebietsbezeichnung Lungen- und Bronchialheilkunde zusammenschließt oder
6. wenn sich ein Facharzt für Kinderheilkunde mit einem Facharzt für Kinder- und Jugendmedizin zusammenschließt oder
7. wenn sich ein Facharzt für Psychotherapeutische Medizin mit einem Facharzt für Psychosomatische Medizin und Psychotherapie zusammenschließt oder

8. wenn sich ein Facharzt für Kinder- und Jugendpsychiatrie mit einem Facharzt für Kinder- und Jugendpsychiatrie und -psychotherapie zusammenschließt oder
9. wenn sich ein Facharzt für Psychiatrie mit einem Facharzt für Psychiatrie und Psychotherapie zusammenschließt oder
10. wenn sich ein Facharzt für Chirurgie mit Schwerpunkt Unfallchirurgie mit einem Facharzt für Orthopädie und Unfallchirurgie zusammenschließt.

Übereinstimmung in den Arztgruppen besteht weiter,
- wenn sich Ärzte aus dem Gebiet der Radiologie zusammenschließen;
- wenn sich Ärzte aus dem Gebiet der Inneren Medizin und Allgemeinmedizin, deren Schwerpunkt Bestandteil der Gebietsbezeichnung ist, mit Internisten mit identischer Schwerpunktbezeichnung (nach altem WBO-Recht) zusammenschließen
- wenn sich Ärzte aus dem Gebiet der Chirurgie, deren Gebietsbezeichnung aus einer Schwerpunktbezeichnung hervorgegangen ist, mit Chirurgen mit identischer Schwerpunktbezeichnung (nach altem WBO-Recht) zusammenschließen; dies gilt nicht für die Fachärzte für Orthopädie und Unfallchirurgie;
- wenn sich ein Facharzt für Nervenheilkunde (Nervenarzt) mit einem Arzt zusammenschließt, der gleichzeitig die Gebietsbezeichnungen Neurologie und Psychiatrie oder gleichzeitig die Gebietsbezeichnungen Neurologie und Psychiatrie und Psychotherapie führt; Übereinstimmung kann auch bestehen, wenn sich Ärzte aus der Arztgruppe der Nervenärzte nach § 12 Abs. 2 Nr. 6 BedarfsplanungsRL zusammenschließen, sofern besondere Versorgungsbedürfnisse entsprechend § 103 Abs. 4 S. 5 Nr. 7 SGB V vorliegen;
- wenn sich ein Laborarzt mit einem Arzt aus dem Gebiet der Mikrobiologie zusammenschließt, sofern die Tätigkeit des Mikrobiologen auf die Labortätigkeit beschränkt wird.

(3) § 42 BedarfsplanungsRL. Die Berechnung des abrechenbaren Gesamtpunktzahlvolumens richtete sich nach §§ 42, 43 BedarfsplanungRL. Danach legt der Zulassungsausschuss vor der Zulassung des Antragstellers in einer verbindlichen Feststellung zur Beschränkung des Praxisumfangs auf der Grundlage der gegenüber dem Vertragsarzt (den Vertragsärzten) in den vorausgegangenen mindestens vier Quartalen ergangenen Abrechnungsbescheiden quartalsbezogene Gesamtpunktzahlvolumina fest, welche bei der Abrechnung der ärztlichen Leistungen im Rahmen der Gemeinschaftspraxis von dem Vertragsarzt sowie dem Antragsteller nach seiner Zulassung gemeinsam als Leistungsbeschränkung maßgeblich sind (Obergrenze). Diese Gesamtpunktzahlvolumina sind so festzulegen, dass die in einem entsprechenden Vorjahresquartal gegenüber dem erstzugelassenen Vertragsarzt anerkannten Punktzahlanforderungen um nicht mehr als 3 v.H. überschritten werden. Das Überschreitungsvolumen von 3 v.H. wird jeweils auf den Fachgruppendurchschnitt des Vorjahresquartals bezogen. Das quartalsbezogene Gesamtpunktzahlvolumen (Punktzahlvolumen zuzüglich Überschreitungsvolumen) wird durch die KV angepasst. Bei Internisten ist zur Ermittlung des Fachgruppendurchschnittes auf die Entscheidung des bereits zugelassenen Vertragsarztes zur hausärztlichen oder fachärztlichen Versorgung abzustellen.

(4) § 43 BedarfsplanungsRL. § 43 BedarfsplanungRL beinhaltet die Berechnung des abrechenbaren Gesamtpunktzahlvolumens in Sonderfällen. Kann danach wegen der Kürze der bisherigen Tätigkeit des Vertragsarztes ein Vergleich über einen längeren Zeitraum nicht vorgenommen werden, so legt der Zulassungsausschuss das Punktzahlvolumen für die einzelnen Quartale nach Maßgabe des Durchschnitts der Fachgruppe des bereits zugelassenen Vertragsarztes als Obergrenze fest. Hat ein Vertragsarzt wegen der Betreuung und Erziehung von Kindern und/oder der Pflege eines pflegebedürftigen nahen Angehörigen in häuslicher Umgebung im Ausgangsberechnungszeitraum im Vergleich zur Fachgruppe geringere Punktzahlvolumina erreicht, gilt Satz 1 entsprechend. Soll der Antragsteller in eine bereits bestehende Gemeinschaftspraxis aufgenommen werden, so hat der Zulassungsausschuss die Berechnungen nach § 42 entsprechend der Zahl der bereits tätigen Vertragsärzte in der Gemeinschaftspraxis zu mindern; handelt es sich um eine fachverschiedene Gemeinschaftspraxis oder ein fachverschiedenes MVZ, so ist für die Leistungsbeschränkung Bezugsgröße das Leistungsvolumen des fachidentischen Vertragsarztes. Satz 1 gilt auch in den Fällen, in denen ein bereits zugelassener Vertragsarzt über vier Quartale einen im Vergleich zur Fachgruppe unterdurchschnittlichen Praxisumfang nach § 101 Abs. 1 S. 1 Nr. 6 aufweist. Die Ermittlung der vorbenannten Obergrenze erfolgt unter den folgenden Maßgaben:
1. Die Ermittlung des Fachgruppendurchschnitts erfolgt ohne Berücksichtigung der Ärzte, die gemeinsam in Jobsharing-Praxen oder Angestelltenverhältnissen mit Leistungsbegrenzung nach § 101 Abs. 1 S. 1 Nr. 4 und 5 tätig sind.

2. Für Psychotherapeuten legt der Zulassungsausschuss als Obergrenze den Durchschnitt der von der Fachgruppe abgerechneten Punktzahlvoluminia jeweils zzgl. 25 v.H. fest.

Nach Ausführung in den Gründen[79] trägt die Nr. 2 dem ausdrücklichen Wunsch des Gesetzgebers im § 101 Abs. 1 S. 1 Nr. 6, wonach der GBA in RL Bestimmungen trifft über Ausnahmeregelungen zur Leistungsbegrenzung nach den Nrn. 4 und 5 im Fall eines unterdurchschnittlichen Praxisumfangs; für psychotherapeutische Praxen mit unterdurchschnittlichem Praxisumfang soll eine Vergrößerung des Praxisumfangs nicht auf den Fachgruppendurchschnitt begrenzt werden, Rechnung, für die Psychotherapeuten im Bereich Jobsharing Sonderregelung zu schaffen. Es wird den Psychotherapeuten ausdrücklich zugestanden, ihr Praxisvolumen auch über den Fachgruppendurchschnitt hinaus auszuweiten. Die unterschiedliche Behandlung von Ärzten und Psychotherapeuten durch den Gesetzgeber an dieser Stelle mag durch die Heterogenität der Versorgung und die besondere Struktur der Leistungserbringung im Bereich der Psychotherapie begründet sein. Die Festlegung einer pauschalen Obergrenze in Form einer vom-Hundert-Angabe ist rechtlich vertretbar. Die Rechtmäßigkeit folgt aus der jedem Normgeber zukommenden weiten Gestaltungsfreiheit, zu der insbesondere die Befugnis zur Generalisierung, Pauschalierung, Schematisierung und Typisierung gehört, insbesondere, wenn es um die Regelung von Sachverhalten geht, die einen vergütungsrechtlichen Bezug haben. Eine Obergrenze von 25 v.H. über dem Fachgruppendurchschnitt erscheint auch sachgerecht, um die strukturellen Unterschiede angemessen zu berücksichtigen und gleichzeitig eine unbegründete Ungleichbehandlung von Ärzten und Psychotherapeuten zu vermeiden. Der Höhe nach handelt es sich um eine maßvolle Vorgabe zur Vergrößerung des Praxisumfangs. Sie trägt damit auch dem der Festlegung von Abrechnungsobergrenzen nach § 101 Abs. 1 S. 1 Nr. 4 und 5 immanenten Zwecksetzung Rechnung, einer unwirtschaftlichen Leistungsmengenausweitung vorzubeugen.

111 (5) § 47 BedarfsplanungsRL. Nach § 47 BedarfsplanungsRL gelten die Bestimmungen der §§ 40 bis 46 BedarfsplanungsRL entsprechend für Anträge von **Psychologischen Psychotherapeuten oder Kinder- und Jugendlichenpsychotherapeuten** zur gemeinsamen Berufsausübung mit folgenden Maßgaben:
1. gemeinsame Berufsausübung im Sinne des § 40 ist nur unter zugelassenen Psychologischen Psychotherapeuten einerseits oder Kinder- und Jugendlichenpsychotherapeuten andererseits oder unter Angehörigen der beiden Berufsgruppen gemeinsam zulässig;
2. Arztgruppe im Sinne des § 41 BedarfsplanungsRL ist bei Psychologischen Psychotherapeuten und Kinder- und Jugendlichenpsychotherapeuten der Status als Psychotherapeut unabhängig von der Abrechnungsgenehmigung für die vom G-BA nach den maßgeblichen Psychotherapie-Richtlinien anerkannten Therapieverfahren.

Im Unterschied zur Altregelung wird klargestellt, dass unter gemeinsamer Berufsausübung auch das Zusammenwirken von psychologischen Psychotherapeuten und Kinder- und Jugendlichenpsychotherapeuten gewertet werden kann.[80]

112 bb) **Beschränkte Zulassung (Abs. 3).** Die Rechtsfolgen der Job-Sharing-Partnerschaft ergeben sich aus Abs. 3. Danach erhält der Arzt in dem Falle eine auf die Dauer der gemeinsamen vertragsärztlichen Tätigkeit beschränkte Zulassung. Die Beschränkung und die Leistungsbegrenzung enden bei Aufhebung der Zulassungsbeschränkungen nach § 103 Abs. 3, spätestens jedoch nach zehnjähriger gemeinsamer vertragsärztlicher Tätigkeit. Endet die Beschränkung, wird der Arzt bei der Ermittlung des Versorgungsgrades mitgerechnet. Im Falle der Praxisfortführung nach § 103 Abs. 4 ist bei der Auswahl der Bewerber die gemeinschaftliche Praxisausübung des Job-Sharing-Partners erst nach mindestens fünfjähriger gemeinsamer vertragsärztlicher Tätigkeit zu berücksichtigen. Für die Einrichtungen nach § 311 Abs. 2 S. 1 gelten die Sätze 2 und 3 des § 101 Abs. 3 entsprechend.[81]

113 Wird die Gemeinschaftspraxis aufgelöst, endet die Zulassung des Job-Sharing-Nehmers automatisch, der Zulassungsausschuss stellt dies nur noch deklaratorisch den Zeitpunkt des Zulassungsendes fest.[82]

114 e) **Anstellung von Ärzten, Job-Sharing-Anstellungen (Abs. 1 S. 1 Nr. 5, Abs. 3 a).** aa) Anstellung von Ärzten (Abs. 1 S. 1 Nr. 5). Gemäß Abs. 1 S. 1 Nr. 5 beschließt der G-BA in Richtlinien Bestimmungen

---

79 S. https://www.g-ba.de/downloads/40-268-3847/2016-06-16_BPL-RL-Abschnitt-9_Zulassung-gemeinsame-Berufsausuebung_TrG.pdf (zuletzt abgerufen am 1.3.2017).
80 Tragende Gründe zum Beschluss des G-BA vom 20.6.2013, http://www.g-ba.de/downloads/40-268-2154/2012-12-20_Bedarfsplanung-Neufassung-VStG_TrG_2013-02-18.pdf (zuletzt abgerufen am 1.3.2017).
81 BT-Dr. 13/7264, 66.
82 Pawlita in: jurisPK-SGB V, § 101 Rn. 167.

über Regelungen für die Anstellung von Ärzten bei einem Vertragsarzt desselben Fachgebiets oder, sofern die Weiterbildungsordnungen Facharztbezeichnungen vorsehen, mit derselben Facharztbezeichnung in einem Planungsbereich, für den Zulassungsbeschränkungen angeordnet sind, sofern sich der Vertragsarzt gegenüber dem Zulassungsausschuss zu einer Leitungsbegrenzung verpflichtet, die den bisherigen Praxisumfang nicht wesentlich überschreitet, und Ausnahmen von der Leistungsbegrenzung, soweit und solange dies zur Deckung eines zusätzlichen lokalen Versorgungsbedarfs erforderlich ist; bei der Ermittlung des Versorgungsgrades sind die angestellten Ärzte nicht mitzurechnen.

Abs. 1 S. 1 Nr. 5 enthält zu Abs. 1 S. 1 Nr. 4 vergleichbare Regelungen. Ziel ist auch hier die Flexibilisierung der Bedarfsplanung in der vertragsärztlichen Versorgung (regionale Versorgungsplanung). Insbesondere soll den Bedürfnissen vieler Ärzte nach individueller Festlegung ihres Arbeitseinsatzes nachzukommen und zusätzliche Beschäftigungsmöglichkeiten für Ärzte geschaffen werden, ohne mit diesen Regelungen die Gefahr einer Leistungsausweitung auszulösen.[83]

In Abs. 1 S. 1 Nr. 5 wird dem G-BA aufgegeben, Regelungen zu treffen, die die **Anstellung eines Arztes in einer Vertragsarztpraxis erleichtern**. Dadurch werden die Fachgebietsidentität festgeschrieben und die Tätigkeit des angestellten Arztes aus den Feststellungen zum örtlichen Versorgungsgrad ausgenommen. Dafür muss sich der Vertragsarzt, will er einen Arzt in seiner Praxis anstellen, zur Leistungsbegrenzung verpflichten. Denn Ziel der Regelung ist ua zwar die Flexibilisierung der Leistungserbringung, jedoch nicht die Ermöglichung von Leistungsausweitungen. Die Verpflichtung zur Leistungsbegrenzung hat nicht nur für die Anstellung eines Arztes in einem gesperrten Planungsbereich, sondern auch für die Anstellung in einem offenen Planungsbereich zu gelten. Anderenfalls müsste man den angestellten Arzt aus verfassungsrechtlichen Gründen bei der Feststellung zum örtlichen Versorgungsgrad in offenen Planungsbereichen mitrechnen. Dies würde die Zulassungschancen niederlassungswilliger Ärzte schmälern. Außerdem macht die ausnahmslose Leistungsbegrenzung deutlich, dass durch die Anstellung eines Arztes – ebenso wie durch die Beschäftigung eines Weiterbildungsassistenten – sich der Charakter der Tätigkeit des Praxisinhabers als die eines Freiberuflers nicht ändert. Auch die vom angestellten Arzt ausgeführten ärztlichen Tätigkeiten stehen unter der persönlichen Aufsicht des Praxisinhabers und werden von diesem medizinisch verantwortet. Sie gewinnen dadurch nicht den Charakter einer gewerblichen Tätigkeit, sondern bleiben eigenverantwortliche Ausübung der Heilkunde durch den Praxisinhaber.[84]

Nach der Gesetzesbegründung hat sich gezeigt, dass in einzelnen Planungsbereichen die auf einer den gesamten Planungsbereich bezogenen Betrachtung beruhen- den örtlichen Verhältniszahlen die Versorgungssituation vor Ort nicht immer sachgerecht abbilden. Dies gilt insbesondere für großräumige Landkreise. Aufgrund der ungleichen Verteilung der Ärzte auf den Planungsbereich ist – teilweise sogar in rechnerisch überversorgten Planungsbereichen – an einzelnen Orten eine Unterversorgungssituation gegeben. Die Neuregelung sieht daher – ergänzend zu bereits bestehenden Möglichkeiten (zB Sonderbedarfszulassungen) – vor, dass der derzeit maßgebliche Umfang der Leistungsbegrenzung in Höhe von 103 v. H., zu der sich der Vertragsarzt verpflichten muss, in Fällen lokaler Versorgungsdefizite erhöht werden kann. Eine gesetzliche Höchstgrenze für die Umfangserweiterung ist ausdrücklich nicht vorgesehen. Der Umfang der Leistungsbegrenzung ist vielmehr entsprechend dem lokalen Versorgungsbedarf angemessen zu erhöhen. Die Umfangserweiterung ist wieder zu reduzieren, sobald ein lokaler Versorgungsbedarf nicht mehr besteht.[85]

Nach Auffassung des LSG Sachsen-Anhalt ist nach dem klaren Wortlaut des § 36 Abs. 4 BedarfsplRL für die hausärztliche Versorgung ein noch geringerer Maßstab als eine Entfernung von 25 km anzulegen. Denn bei der Beurteilung sei den unterschiedlichen Anforderungen der Versorgungsebenen der §§ 11-14 Rechnung zu tragen.[86]

Hinsichtlich der Fachgebietsidentität und der Leistungsbegrenzung wird auf die vorherigen Ausführungen zu §§ 40 ff. BedarfsplanungsRL verwiesen.

bb) Ausnahmeregelungen zur Leistungsbegrenzung (Abs. 1 S. 1 Nr. 6). In Abs. 1 S. 1 Nr. 6 wird dem G-BA aufgegeben, Ausnahmeregelungen zur Leistungsbegrenzung nach den Nrn. 4 und 5 im Fall eines unterdurchschnittlichen Praxisumfangs zu treffen; für psychotherapeutische Praxen mit unterdurch-

---

[83] BT-Dr. 13/7264, 65.
[84] BT-Dr. 13/7264, 65, 66; zu den steuerrechtlichen Anforderungen an eine freiberufliche Tätigkeit, vgl. BFH, 1.2.1990, IV R 140/88 = MedR 1991, 50 ff.
[85] BT-Dr. 16/2474, 24.
[86] Vgl. LSG LSA, 8.1.2015, L 9 KA 1/15 B ER, juris Rn. 38 = GesR 2016, 446 ff.

schnittlichem Praxisumfang soll eine Vergrößerung des Praxisumfangs nicht auf den Fachgruppendurchschnitt begrenzt werden.

121 Bei dem 1. Halbsatz handelt es sich um eine Folgeregelung zu Absatz 1 Satz 1. Die nach Absatz 1 Satz 1 Nrn. 4 und 5 vom G-BA zu beschließenden Ausnahmeregelungen zur Leistungsbegrenzung gelten gemäß § 101 Abs. 6 nicht für Zahnärzte. Daher findet auch die Ergänzung in Absatz 1 Satz 1 Nr. 6 auf Zahnärzte keine Anwendung.[87]

122 Die Änderung übernimmt im 1. Halbsatz die bereits vorgesehene Regelung, die dem G-BA aufgibt, in der Bedarfsplanungs-Richtlinie Ausnahmeregelungen zur Leistungsbegrenzung bei Jobsharing-Verhältnissen nach § 101 Abs. 1 S. 1 Nr. 4 und Anstellungsverhältnissen nach § 101 Abs. 1 S. 1 Nr. 5 im Fall eines unterdurchschnittlichen Praxisumfangs zu bestimmen. Ziel der Regelung ist es, entsprechenden Praxen die Möglichkeit zu geben, den Praxisumfang in einem angemessenen Umfang (zB auf den Durchschnittsumsatz der Arztgruppe) zu steigern. Zur Verbesserung der psychotherapeutischen Versorgung wird es mit der nunmehr vorgesehenen Ergänzung psychotherapeutischen Praxen ausdrücklich zugestanden, den Praxisumfang auch über den Durchschnittsumsatz einer psychotherapeutischen Praxis zu steigern, wenn sie ein Jobsharing-Verhältnis oder ein Anstellungsverhältnis eingeht. Der G-BA hat die näheren Festlegungen, insbesondere zur Möglichkeit der Überschreitung des durchschnittlichen Praxisumfangs bei psychotherapeutischen Praxen zu treffen.[88]

123 cc) **Ende der Leistungsbegrenzung (Abs. 3 a).** Gemäß Abs. 3 a endet die Leistungsbegrenzung bei Aufhebung der Zulassungsbeschränkungen. Endet die Leistungsbegrenzung, wird der angestellte Arzt bei der Ermittlung des Versorgungsgrades mitgerechnet.

124 Wird das Anstellungsverhältnis beendet, endet damit auch die Zulassung des Job-Sharing-Nehmers automatisch, der Zulassungsausschuss stellt das Ende des Job-Sharing-Anstellungsverhältnisses nur noch deklaratorisch fest.

125 Nach § 52 BedarfsplanungsRL gelten für die Anstellung von Ärzten in MVZ nach § 95 Abs. 1 S. 2 SGB V bei angeordneten Zulassungsbeschränkungen die §§ 40 bis 46 BedarfsplanungsRL entsprechend; für die Anstellung von Psychotherapeuten in MVZ nach § 95 Abs. 1 S. 2 SGB V gelten bei angeordneten Zulassungsbeschränkungen die §§ 40 bis 46 BedarfsplanungsRL mit den Maßgaben des § 47 BedarfsplanungsRL entsprechend. Die Zulassungsbeschränkungen gelten nicht für den Fall einer Nachbesetzung im Sinne des § 103 Abs. 4 a S. 3 SGB V, wobei die Nachbesetzung nur im zeitlichen Umfang der Beschäftigung des ausgeschiedenen Arztes oder des ausgeschiedenen Psychotherapeuten möglich ist.

126 f) **Feststellung des allgemein bedarfsgerechten Versorgungsgrades für Ärzte und Psychotherapeuten (Abs. 4).** Gemäß Abs. 4 bilden überwiegend oder ausschließlich psychotherapeutisch tätige Ärzte und Psychotherapeuten eine Arztgruppe im Sinne des Abs. 2. Der allgemeine bedarfsgerechte Versorgungsgrad ist für diese Arztgruppe erstmals zum Stand vom 1.1.1999 zu ermitteln. Zu zählen sind die zugelassenen Ärzte sowie die Psychotherapeuten, die nach § 95 Abs. 10 zugelassen werden. Dabei sind überwiegend psychotherapeutisch tätige Ärzte mit dem Faktor 0,7 zu berücksichtigen. In den Richtlinien nach § 101 Abs. 1 ist für die Zeit bis zum 31.12.2015 sicherzustellen, dass mindestens ein Versorgungsanteil in Höhe von 25 % der allgemeinen Verhältniszahl den überwiegend oder ausschließlich psychotherapeutisch tätigen Ärzten und mindestens ein Versorgungsanteil in Höhe von 20 % der allgemeinen Verhältniszahl den Leistungserbringern nach Abs. 4 S. 1, die ausschließlich Kinder und Jugendliche psychotherapeutisch betreuen, vorbehalten ist. Ab dem 1.1.2016 gelten die in Abs. 4 S. 5 vorgesehenen Mindestversorgungsanteile mit der Maßgabe fort, dass der G-BA ihre Höhe aus Versorgungsgründen bedarfsgerecht anpassen kann; zudem können innerhalb des Mindestversorgungsanteils für überwiegend oder ausschließlich psychotherapeutisch tätige Ärzte weitere nach Fachgebieten differenzierte Mindestversorgungsanteile vorgesehen werden. Bei der Feststellung der Überversorgung nach § 103 Abs. 1 sind die ermächtigten Psychotherapeuten nach § 95 Abs. 11 mitzurechnen.

127 **Zum Hintergrund:** Mit der Neuregelung der psychotherapeutischen Versorgung im Gesetz vom 16.6.1998[89] wurden die Psychologischen Psychotherapeuten und die Kinder- und Jugendlichenpsychotherapeuten (Psychotherapeuten) als – grundsätzlich – den ärztlichen Leistungserbringern gleichgestellte Leistungserbringer in das vertragsärztliche Kollektivvertragssystem einbezogen (Integrationsmodell). Als Konsequenz dieser Integration wurde in der vertragsärztlichen Bedarfsplanung eine gemein-

---

87 BT-Dr. 18/4095, 107.
88 Vgl. 14. Aussch. für Gesundheit vom 10.6.2015, BT-Dr. 18/5123, 128, 129.
89 BGBl. I, 1311.

same planungsrechtliche Arztgruppe aus überwiegend oder ausschließlich psychotherapeutisch tätigen Ärzten sowie Psychotherapeuten gebildet. Da zu diesem Zeitpunkt keine gesicherten Erkenntnisse über das zahlenmäßige Verhältnis Gruppen zueinander bestanden, hat der Gesetzgeber die Quotenregelung eingeführt, da andernfalls aus seiner Sicht die Gefahr bestand, dass die überwiegend oder ausschließlich psychotherapeutisch tätigen Ärzte nach und nach in der vertragsärztlichen Versorgung zurückgedrängt würden.[90]

Insbesondere hat sich gezeigt, dass die Gruppe der überwiegend oder ausschließlich psychotherapeutisch tätigen Ärzte zahlenmäßig nicht flächendeckend dazu in der Lage ist, die bisher für sie reservierten Niederlassungsmöglichkeiten auch zu besetzen. Dadurch wurden zT Niederlassungsmöglichkeiten für Psychotherapeuten gesperrt, ohne dass insgesamt genügend psychotherapeutische Leistungserbringer vorhanden waren, um die bedarfsgerechte Versorgung der Versicherten sicherzustellen. Da der Versorgungsanteil der überwiegend oder ausschließlich psychotherapeutisch tätigen Ärzte durchschnittlich bei etwa 20 % liegt, wird eine Quotenregelung iHv 20 % als angemessen angesehen. Zu berücksichtigen ist, dass es sich dabei um eine Mindestquote handelt und daher auch mehr als 20 % ganz oder überwiegend psychotherapeutisch tätige Ärzte eine Zulassung beantragen können.[91]

Wer zur Gruppe der psychotherapeutisch tätigen Ärzte gehört, wird in § 18 Abs. 2 Bedarfsplanungs-RL festgelegt.[92] Danach sind **ausschließlich psychotherapeutisch tätige Ärzte**

- zugelassene Fachärzte für Psychosomatische Medizin und Psychotherapie,
- Fachärzte für Psychotherapeutische Medizin sowie
- Ärzte, welche als ausschließlich psychotherapeutisch tätige Ärzte zugelassen sind, sowie
- Ärzte, deren psychotherapeutische Leistungen an ihren Gesamtleistungen den Anteil von 90 % überschreiten.

Als **überwiegend psychotherapeutisch tätige Ärzte** gelten Ärzte, deren psychotherapeutische Leistungen mehr als 50 %, jedoch nicht mehr als 90 % ihrer ärztlichen Leistungen umfassen.

Nach Auffassung des BSG stimmt das Leistungsspektrum ärztlicher und psychologischer Psychotherapeuten weitgehend überein, so dass die Stelle eines psychotherapeutisch tätigen Arztes in einem MVZ auch mit einem psychologischen Psychotherapeuten nachbesetzt werden kann. Der spezifischen Besonderheit der durch Ärzte ausgeübten Psychotherapie trägt die Privilegierung der Zulassungsmöglichkeiten in § 101 Abs. 4 S. 5 Rechnung. Den spezifisch ärztlichen Rechten, die den psychologischen Psychotherapeuten nicht zustehen korrespondieren indessen spezifisch ärztliche Pflichten, wie etwa die Mitwirkung am Bereitschaftsdienst, die nicht für psychologische Psychotherapeuten gelten. Psychotherapeutisch tätige Ärzte sind und bleiben Ärzte.[93]

Bei der **psychotherapeutischen Versorgung von Kindern und Jugendlichen** kann davon ausgegangen werden, dass sie besondere Anforderungen an den Therapeuten stellt. Ein Therapeut, der ausschließlich Kinder und Jugendliche betreut, wird in aller Regel besser auf diese Patientengruppe eingehen können als ein Therapeut, der hiermit weniger Erfahrung hat. Für die psychotherapeutische Behandlung ernster psychischer Erkrankungen von Kindern und Jugendlichen sollten deshalb auch in der vertragsärztlichen Versorgung Spezialisten zur Verfügung stehen, um eine bestmögliche Versorgung zu ermöglichen.[94]

Eine Fortführung der bedarfsplanungsrechtlichen Quote für die Berufsgruppe der Psychotherapeuten wird hingegen aufgrund der deutlichen zahlenmäßigen Überlegenheit dieser Gruppe als entbehrlich angesehen.[95]

g) Bildung der planungsrechtlichen Arztgruppe der Hausärzte (Abs. 5). Gemäß Abs. 5 bilden Hausärzte (§ 73 Abs. 1 a) ab dem 1.1.001 mit Ausnahme der Kinderärzte eine Arztgruppe im Sinne des Abs. 2. Der allgemeine bedarfsgerechte Versorgungsgrad ist für diese Arztgruppe erstmals zum Stand vom 31.12.1995 zu ermitteln. Die Verhältniszahlen für die an der fachärztlichen Versorgung teilneh-

---

90 BT-Dr. 16/9559, 18; IGES-Gutachten vom 14.10.2016 zur Bedarfsplanung Psychotherapeuten, http://www.bptk.de/fileadmin/user_upload/News/BPtK/2016/20161117_1/IGES_Bericht_Bedarfsplanung_Psychotherapeuten.pdf (zuletzt abgerufen am 1.3.2017).
91 BT-Dr. 16/9559, 18; IGES-Gutachten vom 14.10.2016 zur Bedarfsplanung Psychotherapeuten, http://www.bptk.de/fileadmin/user_upload/News/BPtK/2016/20161117_1/IGES_Bericht_Bedarfsplanung_Psychotherapeuten.pdf (zuletzt abgerufen am 1.3.2017).
92 Vgl. Pawlita in: jurisPK-SGB V, § 101 Rn. 51.
93 Vgl. BSG, 19.8.2015, B 6 KA 41/14 R, juris Rn. 14 = GesR 2016, 222 f.
94 Vgl. BT-Dr. 16/9559, 18; BSG, 15.7.2015, B 6 KA 29/14 R, juris Rn. 45 ff.
95 Vgl. BT-Dr. 16/9559, 18.

menden Internisten sind zum Stand vom 31.12.1995 neu zu ermitteln. Der G-BA hat die neuen Verhältniszahlen bis zum 31.3.2000 zu beschließen. Der Landesausschuss hat die Feststellungen nach § 103 Abs. 1 S. 1 erstmals zum Stand vom 31.12.2000 zu treffen. Ein Wechsel für Internisten ohne Schwerpunktbezeichnung in die hausärztliche oder fachärztliche Versorgung ist nur dann zulässig, wenn dafür keine Zulassungsbeschränkungen nach § 103 Abs. 1 angeordnet sind.

134 In diese Gruppe werden die Kinderärzte jedoch nicht mit einbezogen. Sie werden zwar nach der Regelung in § 73 Abs. 1 a S. 1 funktional auch der hausärztlichen Versorgung zugeordnet, dennoch bilden sie bedarfsplanungsrechtlich eine eigene Arztgruppe, da sie nicht denselben Personenkreis versorgen wie die übrigen Hausärzte, sondern nur ein Segment daraus, nämlich Kinder bis zum 18. Lebensjahr. Der von ihnen zu versorgende Personenkreis ist also nicht identisch mit den Patienten, die die übrigen an der hausärztlichen Versorgung teilnehmenden Ärzte zu betreuen haben.[96]

135 Ebenfalls ausgenommen sind die überwiegend oder ausschließlich psychotherapeutisch tätigen Ärzte und Psychotherapeuten, da diese gemäß Abs. 4 eine eigene Arztgruppe bilden.

136 h) Geltung für Zahnärzte (Abs. 6). Nach Abs. 6 gelten Abs. 1 S. 1 Nr. 2 a, 2 b, 3, 4 und 5 sowie Abs. 3 und 3 a nicht für Zahnärzte. Dies folgt seit dem 1.4.2007[97] aus § 103 Abs. 8, wonach Zulassungsbeschränkungen bei einer Überversorgung[98] für Zahnärzte aufgehoben sind.[99]

§ 102 (aufgehoben)
§ 103 Zulassungsbeschränkungen

(1) ¹Die Landesausschüsse der Ärzte und Krankenkassen stellen fest, ob eine Überversorgung vorliegt; die durch Ermächtigung an der vertragsärztlichen Versorgung teilnehmenden Ärzte sind bei der Feststellung einer Überversorgung nicht zu berücksichtigen. ²Wenn dies der Fall ist, hat der Landesausschuß nach den Vorschriften der Zulassungsverordnungen und unter Berücksichtigung der Richtlinien des Gemeinsamen Bundesausschusses Zulassungsbeschränkungen anzuordnen. ³Darüber hinaus treffen die Landesausschüsse eine Feststellung, wenn der allgemeine bedarfsgerechte Versorgungsgrad um 40 Prozent überschritten ist.

(2) ¹Die Zulassungsbeschränkungen sind räumlich zu begrenzen. ²Sie können einen oder mehrere Planungsbereiche einer Kassenärztlichen Vereinigung umfassen. ³Sie sind arztgruppenbezogen unter angemessener Berücksichtigung der Besonderheiten bei den Kassenarten anzuordnen.

(3) Die Zulassungsbeschränkungen sind aufzuheben, wenn die Voraussetzungen für eine Überversorgung entfallen sind.

(3 a) ¹Wenn die Zulassung eines Vertragsarztes in einem Planungsbereich, für den Zulassungsbeschränkungen angeordnet sind, durch Tod, Verzicht oder Entziehung endet und die Praxis von einem Nachfolger weitergeführt werden soll, entscheidet der Zulassungsausschuss auf Antrag des Vertragsarztes oder seiner zur Verfügung über die Praxis berechtigten Erben, ob ein Nachbesetzungsverfahren nach Absatz 4 für den Vertragsarztsitz durchgeführt werden soll. ²Satz 1 gilt auch bei hälftigem Verzicht oder bei hälftiger Entziehung; Satz 1 gilt nicht, wenn ein Vertragsarzt, dessen Zulassung befristet ist, vor Ablauf der Frist auf seine Zulassung verzichtet. ³Der Zulassungsausschuss kann den Antrag ablehnen, wenn eine Nachbesetzung des Vertragsarztsitzes aus Versorgungsgründen nicht erforderlich ist; dies gilt nicht, sofern die Praxis von einem Nachfolger weitergeführt werden soll, der dem in Absatz 4 Satz 5 Nummer 4, 5 und 6 bezeichneten Personenkreis angehört oder der sich verpflichtet, die Praxis in ein anderes Gebiet des Planungsbereichs zu verlegen, in dem nach Mitteilung der Kassenärztlichen Vereinigung aufgrund einer zu geringen Ärztedichte ein Versorgungsbedarf besteht. ⁴Für einen Nachfolger, der dem in Absatz 4 Satz 5 Nummer 4 bezeichneten Personenkreis angehört, gilt Satz 3 zweiter Halbsatz mit der Maßgabe, dass dieser Nachfolger die vertragsärztliche Tätigkeit in einem Gebiet, in dem der Landesausschuss nach § 100 Absatz 1 das Bestehen von Unterversorgung festgestellt hat, nach dem 23. Juli 2015 erstmals aufgenommen hat. ⁵Für einen Nachfolger, der dem in Absatz 4 Satz 5

---

96 Vgl. BT-Dr. 14/1245, 78.
97 Gesetz zur Stärkung des Wettbewerbs in der gesetzlichen Krankenversicherung (GKV-Wettbewerbsstärkungsgesetz – GKV-WSG) vom 26.3.2007 (BGBl. I, 378).
98 Anders im Fall der Unterversorgung, § 100 Abs. 1 S. 1.
99 Vgl. Murawski in: Hänlein/Schuler, § 101 Rn. 38.

Nummer 6 bezeichneten Personenkreis angehört, gilt Satz 3 zweiter Halbsatz mit der Maßgabe, dass das Anstellungsverhältnis oder der gemeinschaftliche Betrieb der Praxis mindestens drei Jahre lang angedauert haben muss. [6]Satz 5 gilt nicht, wenn das Anstellungsverhältnis oder der gemeinschaftliche Praxisbetrieb vor dem 5. März 2015 begründet wurde. [7]Hat der Landesausschuss eine Feststellung nach Absatz 1 Satz 3 getroffen, soll der Zulassungsausschuss den Antrag auf Durchführung eines Nachbesetzungsverfahrens ablehnen, wenn eine Nachbesetzung des Vertragsarztsitzes aus Versorgungsgründen nicht erforderlich ist. [8]Im Fall des Satzes 7 gelten Satz 3 zweiter Halbsatz sowie die Sätze 4 bis 6 entsprechend; Absatz 4 Satz 9 gilt mit der Maßgabe, dass die Nachbesetzung abgelehnt werden soll. [9]Der Zulassungsausschuss beschließt mit einfacher Stimmenmehrheit; bei Stimmengleichheit ist dem Antrag abweichend von § 96 Absatz 2 Satz 6 zu entsprechen. [10]§ 96 Absatz 4 findet keine Anwendung. [11]Ein Vorverfahren (§ 78 des Sozialgerichtsgesetzes) findet nicht statt. [12]Klagen gegen einen Beschluss des Zulassungsausschusses, mit dem einem Antrag auf Durchführung eines Nachbesetzungsverfahrens entsprochen wird, haben keine aufschiebende Wirkung. [13]Hat der Zulassungsausschuss den Antrag abgelehnt, hat die Kassenärztliche Vereinigung dem Vertragsarzt oder seinen zur Verfügung über die Praxis berechtigten Erben eine Entschädigung in der Höhe des Verkehrswertes der Arztpraxis zu zahlen. [14]Bei der Ermittlung des Verkehrswertes ist auf den Verkehrswert abzustellen, der nach Absatz 4 Satz 8 bei Fortführung der Praxis maßgeblich wäre.

(4) [1]Hat der Zulassungsausschuss in einem Planungsbereich, für den Zulassungsbeschränkungen angeordnet sind, nach Absatz 3a einem Antrag auf Durchführung eines Nachbesetzungsverfahrens entsprochen, hat die Kassenärztliche Vereinigung den Vertragsarztsitz in den für ihre amtlichen Bekanntmachungen vorgesehenen Blättern unverzüglich auszuschreiben und eine Liste der eingehenden Bewerbungen zu erstellen. [2]Satz 1 gilt auch bei hälftigem Verzicht oder bei hälftiger Entziehung der Zulassung. [3]Dem Zulassungsausschuß sowie dem Vertragsarzt oder seinen Erben ist eine Liste der eingehenden Bewerbungen zur Verfügung zu stellen. [4]Unter mehreren Bewerbern, die die ausgeschriebene Praxis als Nachfolger des bisherigen Vertragsarztes fortführen wollen, hat der Zulassungsausschuß den Nachfolger nach pflichtgemäßem Ermessen auszuwählen. [5]Bei der Auswahl der Bewerber sind folgende Kriterien zu berücksichtigen:
1. die berufliche Eignung,
2. das Approbationsalter,
3. die Dauer der ärztlichen Tätigkeit,
4. eine mindestens fünf Jahre dauernde vertragsärztliche Tätigkeit in einem Gebiet, in dem der Landesausschuss nach § 100 Absatz 1 das Bestehen von Unterversorgung festgestellt hat,
5. ob der Bewerber Ehegatte, Lebenspartner oder ein Kind des bisherigen Vertragsarztes ist,
6. ob der Bewerber ein angestellter Arzt des bisherigen Vertragsarztes oder ein Vertragsarzt ist, mit dem die Praxis bisher gemeinschaftlich betrieben wurde,
7. ob der Bewerber bereit ist, besondere Versorgungsbedürfnisse, die in der Ausschreibung der Kassenärztlichen Vereinigung definiert worden sind, zu erfüllen,
8. Belange von Menschen mit Behinderung beim Zugang zur Versorgung.

[6]Ab dem 1. Januar 2006 sind für ausgeschriebene Hausarztsitze vorrangig Allgemeinärzte zu berücksichtigen. [7]Die Dauer der ärztlichen Tätigkeit nach Satz 5 Nummer 3 wird verlängert um Zeiten, in denen die ärztliche Tätigkeit wegen der Erziehung von Kindern oder der Pflege pflegebedürftiger naher Angehöriger in häuslicher Umgebung unterbrochen worden ist. [8]Die wirtschaftlichen Interessen des ausscheidenden Vertragsarztes oder seiner Erben sind nur insoweit zu berücksichtigen, als der Kaufpreis die Höhe des Verkehrswerts der Praxis nicht übersteigt. [9]Kommt der Zulassungsausschuss in den Fällen des Absatzes 3a Satz 3 zweiter Halbsatz bei der Auswahlentscheidung nach Satz 4 zu dem Ergebnis, dass ein Bewerber auszuwählen ist, der nicht dem in Absatz 3a Satz 3 zweiter Halbsatz in Verbindung mit Absatz 3a Satz 4 bis 6 bezeichneten Personenkreis angehört, kann er die Nachbesetzung des Vertragsarztsitzes mit der Mehrheit seiner Stimmen ablehnen, wenn eine Nachbesetzung aus Versorgungsgründen nicht erforderlich ist; Absatz 3a Satz 10, 11, 13 und 14 gilt in diesem Fall entsprechend. [10]Hat sich ein medizinisches Versorgungszentrum auf die Nachbesetzung des Vertragsarztsitzes beworben, kann auch anstelle der in Satz 5 genannten Kriterien die Ergänzung des besonderen Versorgungsangebots des medizinischen Versorgungszentrums berücksichtigt werden.

(4 a) [1]Verzichtet ein Vertragsarzt in einem Planungsbereich, für den Zulassungsbeschränkungen angeordnet sind, auf seine Zulassung, um in einem medizinischen Versorgungszentrum tätig zu werden, so hat der Zulassungsausschuss die Anstellung zu genehmigen, wenn Gründe der vertragsärztlichen Versorgung dem nicht entgegenstehen; eine Fortführung der Praxis nach Absatz 4 ist nicht möglich.

Ossege

[2]Nach einer Tätigkeit von mindestens fünf Jahren in einem medizinischen Versorgungszentrum, dessen Sitz in einem Planungsbereich liegt, für den Zulassungsbeschränkungen angeordnet sind, erhält ein Arzt unbeschadet der Zulassungsbeschränkungen auf Antrag eine Zulassung in diesem Planungsbereich; dies gilt nicht für Ärzte, die auf Grund einer Nachbesetzung nach Satz 5 oder erst seit dem 1. Januar 2007 in einem medizinischen Versorgungszentrum tätig sind. [3]Medizinischen Versorgungszentren ist die Nachbesetzung einer Arztstelle möglich, auch wenn Zulassungsbeschränkungen angeordnet sind. [4]§ 95 Absatz 9 b gilt entsprechend.

(4 b) [1]Verzichtet ein Vertragsarzt in einem Planungsbereich, für den Zulassungsbeschränkungen angeordnet sind, auf seine Zulassung, um bei einem Vertragsarzt als nach § 95 Abs. 9 Satz 1 angestellter Arzt tätig zu werden, so hat der Zulassungsausschuss die Anstellung zu genehmigen, wenn Gründe der vertragsärztlichen Versorgung dem nicht entgegenstehen; eine Fortführung der Praxis nach Absatz 4 ist nicht möglich. [2]Soll die vertragsärztliche Tätigkeit in den Fällen der Beendigung der Zulassung durch Tod, Verzicht oder Entziehung von einem Praxisnachfolger weitergeführt werden, kann die Praxis auch in der Form weitergeführt werden, dass ein Vertragsarzt den Vertragsarztsitz übernimmt und die vertragsärztliche Tätigkeit durch einen angestellten Arzt in seiner Praxis weiterführt, wenn Gründe der vertragsärztlichen Versorgung dem nicht entgegenstehen. [3]Die Nachbesetzung der Stelle eines nach § 95 Abs. 9 Satz 1 angestellten Arztes ist möglich, auch wenn Zulassungsbeschränkungen angeordnet sind. [4]§ 95 Absatz 9 b gilt entsprechend.

(4 c) [1]Soll die vertragsärztliche Tätigkeit in den Fällen der Beendigung der Zulassung durch Tod, Verzicht oder Entziehung von einem Praxisnachfolger weitergeführt werden, kann die Praxis auch in der Form weitergeführt werden, dass ein medizinisches Versorgungszentrum den Vertragsarztsitz übernimmt und die vertragsärztliche Tätigkeit durch einen angestellten Arzt in der Einrichtung weiterführt, wenn Gründe der vertragsärztlichen Versorgung dem nicht entgegenstehen. [2]Die Absätze 3 a, 4 und 5 gelten entsprechend. [3]Absatz 4 gilt mit der Maßgabe, dass bei der Auswahl des Praxisnachfolgers ein medizinisches Versorgungszentrum, bei dem die Mehrheit der Geschäftsanteile und der Stimmrechte nicht bei Ärzten liegt, die in dem medizinischen Versorgungszentrum als Vertragsärzte tätig sind, gegenüber den übrigen Bewerbern nachrangig zu berücksichtigen ist. [4]Dieser Nachrang gilt nicht für ein medizinisches Versorgungszentrum, das am 31. Dezember 2011 zugelassen war und bei dem die Mehrheit der Geschäftsanteile und der Stimmrechte bereits zu diesem Zeitpunkt nicht bei den dort tätigen Vertragsärzten lag.

(5) [1]Die Kassenärztlichen Vereinigungen (Registerstelle) führen für jeden Planungsbereich eine Warteliste. [2]In die Warteliste werden auf Antrag die Ärzte, die sich um einen Vertragsarztsitz bewerben und in das Arztregister eingetragen sind, aufgenommen. [3]Bei der Auswahl der Bewerber für die Übernahme einer Vertragsarztpraxis nach Absatz 4 ist die Dauer der Eintragung in die Warteliste zu berücksichtigen.

(6) [1]Endet die Zulassung eines Vertragsarztes, der die Praxis bisher mit einem oder mehreren Vertragsärzten gemeinschaftlich ausgeübt hat, so gelten die Absätze 4 und 5 entsprechend. [2]Die Interessen des oder der in der Praxis verbleibenden Vertragsärzte sind bei der Bewerberauswahl angemessen zu berücksichtigen.

(7) [1]In einem Planungsbereich, für den Zulassungsbeschränkungen angeordnet sind, haben Krankenhausträger das Angebot zum Abschluß von Belegarztverträgen auszuschreiben. [2]Kommt ein Belegarztvertrag mit einem im Planungsbereich niedergelassenen Vertragsarzt nicht zustande, kann der Krankenhausträger mit einem bisher im Planungsbereich nicht niedergelassenen geeigneten Arzt einen Belegarztvertrag schließen. [3]Dieser erhält eine auf die Dauer der belegärztlichen Tätigkeit beschränkte Zulassung; die Beschränkung entfällt bei Aufhebung der Zulassungsbeschränkungen nach Absatz 3, spätestens nach Ablauf von zehn Jahren.

(8) Die Absätze 1 bis 7 gelten nicht für Zahnärzte.

Literatur:

Arnold/Poetsch, Neues zum Nachbesetzungsverfahren im Vertragsarztrecht (§ 103 Abs. 4 SGB V), MedR 2013, 773; *Bäune/Dahm/Flasbarth*, GKV-Versorgungs-stärkungsgesetz (GKV-VSG), MedR 2016, 4; *Berner/Strüve*, Das GKV-VSG aus Sicht der Versorgungsstruktur, GesR 2015, 461; *Bonvie*, Bindung des Vertragsarztsitzes an das Unternehmen „Arztpraxis", GesR 2008, 505; *Bonvie/Gerdts*, Rechtsprobleme bei der Anwendung des § 103 Abs. 3a SGB V, ZMGR 2013, 67; *Braun/Richter*, Vertragsärztliche Gemeinschaftspraxis - zivil-, steuer- und sozialrechtliche Aspekte der Nachfolge von Todes wegen, MedR 2005, 446; *Cramer*, Praxisbewertung, GesR 2012, 675; *Cramer/Maier*, Praxisübergabe und Praxiswert (zwei Teile), MedR

2002, 549 ff. (I.) und 616 ff. (II.); *Cramer/Goldbach/Schlegelmilch*, Einziehung von Vertragsarztsitzen (§ 103 Abs. 3 a SGB V) – rechtliche Grundlagen, wirtschaftliche Auswirkungen, ZMGR 2014, 241; *Ertl*, Die Kriterien der Auswahlentscheidung im Praxisnachfolgeverfahren, NZS 2016, 13; *Fiedler*, Vertragsarztrechtliche Fragen beim Tod eines niedergelassenen Arztes, GesR 2011, 326; *Fiedler*, Zum Nachbesetzungsverfahren unter besonderer Berücksichtigung von Praxisgemeinschaften und anderen Kooperationen, NZS 2003, 574; Frehse/Lauber, Rechtsfragen der vertragsärztlichen Teilzulassungnach § 19 a Ärzte-ZV, GesR 2011, 278; *Gerdts/Arnold*, Das Nachbesetzungsverfahren im Lichte des GKV-VStG und der aktuellen BSG-Rechtsprechung, GuP 2014, 176; *Greve*, Die Auswahlkriterien im Nachbesetzungsverfahren nach den Änderungen durch das Versorgungsstrukturgesetz, ZMGR 2012, 95; *Gummert/Meier*, Zulässigkeit von Vereinbarungen der Gesellschafter einer Gemeinschaftspraxis zur Nachbesetzung, MedR 2007, 400; *Harney/Müller*, Bedarfsprüfung bei der ärztlichen Zweigpraxis?, NZS 2008, 286; *Kamps*, Die (Voll)zulassung nach partieller Öffnung des Planungsbereichs, MedR 2004, 40; *Klass*, Die „Fortführungsfähigkeit" von Vertragsarztpraxen, MedR 2004, 248; *Kroel/Baron*, Zur Reichweite des Bestandsschutzes der am 1. Januar 2012 zugelassenen Medizinischen Versorgungszentren, GesR 2013, 647; *Michels*, Die Ausscheidensvereinbarung bei Gemeinschaftspraxen: Von der Einnahmenüberschussrechnung zur Auseinandersetzungsbilanz – Teil 1, ZMGR 2014, 253; *Michels*, Die Ausscheidensvereinbarung bei Gemeinschaftspraxen: Von der Einnahmenüberschussrechnung zur Auseinandersetzungsbilanz – Teil 2, ZMGR 2015, 166; *Michels*, Abschreibungen auf den Praxiswert unter Berücksichtigung der aktuellen Rechtsprechung, GesR 2012, 529; *Michels/Ketteler-Eising*, Die Vertragsarztzulassung als praxiswertbildender Faktor, DStR 2008, 314; *OFD Münster*, Steuerliche Behandlung des Erwerbs kassenärztlicher Zulassungen, MedR 2009, 332; *Orlowski*, Vertragsärztliche Fragen des Regierungsentwurfes eines Versorgungsstärkungsgesetzes, MedR 2015, 147; *von der Osten*, Steuerung der Arztniederlassung, Städte- und Gemeinderat 2014, Heft 3, 12; *Paßmann*, Die Bildung von Berufsausübungsgemeinschaften zum Zweck der Einflussnahme im Nachbesetzungsverfahren. Missbrauchskontrolle durch die Zulassungsgremien?, ZMGR 2013, 155; *Pawlita*, Zulassungsrechtliche Änderungen durch das GKV-VSG, NZS 2015, 727; *Pflugmacher*, Bedarfsplanung in der anwaltlichen Beratung, VSSR 2015, 271; *Plagemann*, Gemeinsame Berufsausübung und Bedarfsplanung, KrV 2014, 249; *Porten*, Die Verlegung von Arztstellen nach dem Versorgungsstärkungsgesetz, NZS 2015, 732; *Reiter*, Die Aufhebung von Zulassungsbeschränkungen und ihre Rechtsfolgen, MedR 2001, 624; *Steiner*, Verfassungsfragen des Nachbesetzungsverfahrens nach § 103 Abs. 4 SGB 5, NZS 2011, 681; *Shirvani*, Vertragsärztliches Nachbesetzungsverfahren und Eigentumsschutz, NZS 2014, 641; *Stellpflug*, Update Psychotherapeutenrecht, ZMGR 2014, 391.

I. Entstehungsgeschichte		1
II. Normzweck und Systematik		2
III. Norminhalt und Normauslegung		6
1. Norminhalt		6
2. Normauslegung		7
a) Festlegung von Überversorgung und Anordnung von Zulassungsbeschränkungen (Abs. 1)		7
b) Begrenzung von Zulassungsbeschränkungen (Abs. 2)		17
c) Aufhebung von Zulassungsbeschränkungen (Abs. 3)		22
d) Besondere Voraussetzungen für ein Nachbesetzungsverfahren (Abs. 3 a)		35
e) Bestimmung eines Praxisnachfolgers (Abs. 4 S. 1 bis 3)		54
f) Bestimmung eines Praxisnachfolgers (Abs. 4 S. 4 bis 9)		57
aa) Grundlegende Voraussetzungen einer Praxisfortführung		57
bb) Fortführungskriterien (Abs. 4 S. 5)		68
cc) Berufliche Eignung (Abs. 4 S. 5 Nr. 1)		69
dd) Approbationsalter (Abs. 4 S. 5 Nr. 2)		75
ee) Dauer der ärztlichen Tätigkeit (Abs. 4 S. 5 Nr. 3)		76
ff) Fünfjährige Tätigkeit in unterversorgtem Gebiet (Abs. 4 S. 5 Nr. 4)		77
gg) Ehegatte, Lebenspartner, Kind des bisherigen Vertragsarztes (Abs. 4 S. 5 Nr. 5)		78
hh) Angestellter oder Mitglied einer Gemeinschaftspraxis (Abs. 4 S. 5 Nr. 6)		79
ii) Besondere Versorgungsbedürfnisse (Abs. 4 S. 5 Nr. 7)		80
jj) Belange von Menschen mit Behinderung (Abs. 4 S. 5 Nr. 8)		81
kk) Vorrangige Berücksichtigung von Allgemeinärzten (Abs. 4 S. 6)		82
ll) Berücksichtigung wirtschaftlicher Interessen, Abs. 4 S. 8		83
g) Medizinische Versorgungszentren (Abs. 4 a)		88
h) Angestellte Ärzte (Abs. 4 b)		95
i) Medizinische Versorgungszentren als Praxisnachfolger (Abs. 4 c)		97
j) Warteliste (Abs. 5)		99
k) Praxisnachfolge in Gemeinschaftspraxen (Abs. 6)		100
aa) Besonderheiten aus dem Status		103

| bb) Besonderheiten bei der Anstellung in einer Berufsausübungsgemeinschaft 107
| l) Zulassung aufgrund belegärztlicher Tätigkeit (Abs. 7) 109
| m) Keine Zulassungsbeschränkungen für Zahnärzte (Abs. 8) 118

I. Entstehungsgeschichte

1 § 103 ist mit Wirkung zum 1.1.1989 im Rahmen des Gesundheitsreformgesetzes vom 20.12.1988 (GRG) als Nachfolgevorschrift von § 368 t Abs. 6 bis 9 RVO in Kraft getreten (BGBl. I, 2477). Anschließend erfolgten folgende Änderungen: Abs. 1: IdF d. Art. 1 Nr. 60 lit. a Gesetz v. 21.12.1992 (BGBl. I, 2266) mWv 1.1.1993; Abs. 1 S. 1: IdF d. Art. 1 Nr. 44 lit. a aa Gesetz v. 16.7.2015 (BGBl. I, 1211) mWv 23.7.2015; Abs. 1 S. 2: IdF d. Art. 1 Nr. 80 lit. a Gesetz v. 14.11.2003 (BGBl. I, 2190) mWv 1.1.2004; Abs. 3: IdF d. Art. 1 Nr. 60 lit. b Gesetz v. 21.12.1992 (BGBl. I, 2266) mWv 1.1.1993; Abs. 3a: Eingef. durch Art. 1 Nr. 36 lit. a Gesetz v. 22.12.2011 (BGBl. I, 2983) mWv 1.1.2013; Abs. 4: IdF d. Art. 1 Nr. 60 lit. c Gesetz v. 21.12.1992 (BGBl. I, 2266) mWv 1.1.1993; Abs. 3a S. 3: IdF d. Art. 1 Nr. 44 lit. b aa Gesetz v. 16.7.2015 (BGBl. I, 1211) mWv 23.7.2015; Abs. 3a S. 4 bis 8: Eingef. durch Art. 1 Nr. 44 lit. b bb Gesetz v. 16.7.2015 (BGBl. I, 1211) mWv 23.7.2015; Abs. 3a S. 9 bis 13: Früher S. 4 bis 8 gem. Art. 1 Nr. 44 lit. b bb Gesetz v. 16.7.2015 (BGBl. I, 1211) mWv 23.7.2015; Abs. 3a S. 14: Eingef. durch Art. 1 Nr. 44 lit. b cc Gesetz v. 16.7.2015 (BGBl. I, 1211) mWv 23.7.2015; Abs. 4 S. 1: IdF d. Art. 1 Nr. 36 lit. b aa Gesetz v. 22.12.2011 (BGBl. I, 2983) mWv 1.1.2013; Abs. 4 S. 2: Eingef. durch Art. 1 Nr. 2a Gesetz v. 15.12.2008 (BGBl. I, 2426) mWv 1.1.2009; Abs. 4 S. 3 bis 5: Früher S. 2 bis 4 gem. Art. 1 Nr. 2a Gesetz v. 15.12.2008 (BGBl. I, 2426) mWv 1.1.2009; Abs. 4 S. 5: IdF d. Art. 1 Nr. 36 lit. b bb Gesetz v. 22.12.2011 (BGBl. I, 2983) mWv 1.1.2012; Abs. 4 S. 5 Nr. 7: IdF d. Art. 1 Nr. 44 lit. c aa aaa Gesetz v. 16.7.2015 (BGBl. I, 1211) mWv 23.7.2015; Abs. 4 S. 5 Nr. 8: Eingef. durch Art. 1 Nr. 44 lit. c aa bbb Gesetz v. 16.7.2015 (BGBl. I, 1211) mWv 23.7.2015; Abs. 4 S. 6 (früher S. 5): Eingef. durch Art. 1 Nr. 43 Gesetz v. 22.12.1999 (BGBl. I, 2626) mWv 1.1.2000; idF d. Art. 1 Nr. 80 lit. b Gesetz v. 14.11.2003 (BGBl. I, 2190) mWv 1.1.2004; früherer S. 5 jetzt S. 6 gem. Art. 1 Nr. 2a Gesetz v. 15.12.2008 (BGBl. I, 2426) mWv 1.1.2009; Abs. 4 S. 7: Eingef. durch Art. 1 Nr. 36 lit. c Gesetz v. 22.12.2011 (BGBl. I, 2983) mWv 1.1.2012; Abs. 4 S. 8 (früher S. 7): Früher S. 5 wurde S. 6 gem. Art. 1 Nr. 43 Gesetz v. 22.12.1999 (BGBl. I, 2626) mWv 1.1.2000, früherer S. 6 wurde S. 7 gem. Art. 1 Nr. 2a Gesetz v. 15.12.2008 (BGBl. I, 2426) mWv 1.1.2009, früherer S. 7 jetzt S. 8 gem. Art. 1 Nr. 36 lit. b cc Gesetz v. 22.12.2011 (BGBl. I, 2983) mWv 1.1.2012; Abs. 4 S. 9: Eingef. durch Art. 1 Nr. 36 lit. b dd Gesetz v. 22.12.2011 (BGBl. I, 2983) mWv 1.1.2013; idF d. Art. 1 Nr. 44 lit. c bb Gesetz v. 16.7.2015 (BGBl. I, 1211) mWv 23.7.2015; Abs. 4 S. 10: Eingef. durch Art. 1 Nr. 44 lit. c cc Gesetz v. 16.7.2015 (BGBl. I, 1211) mWv 23.7.2015; Abs. 4a: Eingef. durch Art. 1 Nr. 80 lit. c Gesetz v. 14.11.2003 (BGBl. I, 2190) mWv 1.1.2004; Abs. 4a S. 1: IdF d. Art. 1 Nr. 36 lit. c aa Gesetz v. 22.12.2011 (BGBl. I, 2983) mWv 1.1.2012; Abs. 4a S. 2 (früher S. 4): IdF d. Art. 1 Nr. 10 lit. a Gesetz v. 22.12.2006 (BGBl. I, 3439) mWv 1.1.2007; früherer S. 2 aufgeh., früherer S. 4 jetzt S. 2 gem. Art. 1 Nr. 36 lit. c bb Gesetz v. 22.12.2011 (BGBl. I, 2983) mWv 1.1.2012; Abs. 4a S. 3: Früher S. 5 gem. Art. 1 Nr. 36 lit. c bb Gesetz v. 22.12.2011 (BGBl. I, 2983) mWv 1.1.2012; Abs. 4a S. 4: Eingef. durch Art. 1 Nr. 36 lit. c cc Gesetz v. 22.12.2011 (BGBl. I, 2983) mWv 1.1.2012; Abs. 4b: Eingef. durch Art. 1 Nr. 10 lit. b Gesetz v. 22.12.2006 (BGBl. I, 3439) mWv 1.1.2007; Abs. 4b S. 1: IdF d. Art. 1 Nr. 36 lit. d aa Gesetz v. 22.12.2011 (BGBl. I, 2983) mWv 1.1.2012; Abs. 4b S. 2: Eingef. durch Art. 1 Nr. 36 lit. d bb Gesetz v. 22.12.2011 (BGBl. I, 2983) mWv 1.1.2012; Abs. 4b S. 3: Früher S. 2 gem. Art. 1 Nr. 36 lit. d bb Gesetz v. 22.12.2011 (BGBl. I, 2983) mWv 1.1.2012; Abs. 4b S. 4: Eingef. durch Art. 1 Nr. 36 lit. d cc Gesetz v. 22.12.2011 (BGBl. I, 2983) mWv 1.1.2012; Abs. 4c: Eingef. durch Art. 1 Nr. 36 lit. e Gesetz v. 22.12.2011 (BGBl. I, 2983) mWv 1.1.2012; idF d. Art. 1 Nr. 36 lit. e Gesetz v. 22.12.2011 (BGBl. I, 2983) mWv 1.1.2013; Abs. 5: Eingef. durch Art. 1 Nr. 60 lit. d Gesetz v. 21.12.1992 (BGBl. I, 2266) mWv 1.1.1993; Abs. 6: Eingef. durch Art. 1 Nr. 60 lit. e Gesetz v. 21.12.1992 (BGBl. I, 2266) mWv 1.1.1993; Abs. 7: Eingef. durch Art. 1 Nr. 36 nach Maßgabe d. Art. 17 Gesetz v. 23.6.1997 (BGBl. I, 1520) mWv 1.7.1997; Abs. 8: Eingef. durch Art. 1 Nr. 69 Gesetz v. 26.3.2007 (BGBl. I, 378) mWv 1.4.2007.

II. Normzweck und Systematik

§ 103 regelt das Verfahren bei Zulassungsbeschränkungen gegen vertragsärztliche Überversorgung. Die Vorschrift wird ergänzt durch § 16 b Ärzte-ZV. Beide Vorschriften sind jedoch weitgehend inhaltsgleich.

Nach Auffassung des Gesetzgebers besteht ein unmittelbarer Zusammenhang zwischen der Anzahl der Ärzte und der Finanzentwicklung der gesetzlichen Krankenversicherung, weshalb angesichts der angespannten finanziellen Lage der beitragsfinanzierten gesetzlichen Krankenversicherung Zulassungsbeschränkungen unausweichlich sind.[1] Ziel der Bedarfsplanung war somit die Steuerung der Zahlen der Ärzte.[2] Zwar besteht grundsätzlich ein Rechtsanspruch auf Zulassung zur vertragsärztlichen Versorgung. Jedoch sind gemäß § 95 Abs. 2 S. 9 Anträge auf Zulassung eines Arztes, eines MVZ und auf Genehmigung der Anstellung eines Arztes abzulehnen, wenn bei Antragstellung in dem betreffenden Planungsbereich für die Arztgruppe des Antragstellers Zulassungsbeschränkungen gemäß § 103 Abs. 1 S. 2 angeordnet sind.

Dagegen sah der Gesetzgeber diese Problematik bei den Zahnärzten als nicht mehr gegeben an und hat daher die entsprechende Regelung für die Überversorgung durch das GKV-WSG zum 1.4.2007 abgeschafft.[3] Dies wurde damit begründet, dass für den Bereich der vertragszahnärztlichen Versorgung auf die Steuerung durch zwingende Zulassungsbeschränkungen verzichtet werden kann. In diesem Leistungsbereich stellt sich zum einen das Problem der Überversorgung nicht in der gleichen Weise wie im Bereich der vertragsärztlichen Versorgung, insbesondere der fachärztlichen Versorgung, zum anderen ist auch die Gefahr von Leistungsausweitungen und angebotsinduzierter Versorgung nicht in der Weise gegeben wie im Bereich der vertragsärztlichen Versorgung.[4]

§ 103 verbindet somit die Vorgaben der Bedarfsplanung nach § 101 und der BedarfsplanungsRL mit den Entscheidungen der Zulassungsausschüsse, die wiederum an die Anordnung der Zulassungsbeschränkung gebunden sind. Dies ergibt sich unmittelbar aus §§ 103 Abs. 1 S. 2, 95 Abs. 2 S. 9.

III. Norminhalt und Normauslegung

1. Norminhalt. § 103 beinhaltet Regelungen zu Zulassungsbeschränkungen. Nach **Abs. 1** stellen die Landesausschüsse stellen fest, ob eine Überversorgung vorliegt. Wenn dies der Fall ist, hat der Landesausschuss Zulassungsbeschränkungen anzuordnen. Nach **Abs. 2** sind die Zulassungsbeschränkungen räumlich zu begrenzen. Sie sind arztgruppenbezogen unter angemessener Berücksichtigung der Besonderheiten bei den Kassenarten anzuordnen. Nach **Abs. 3** sind die Zulassungsbeschränkungen aufzuheben, wenn die Voraussetzungen für eine Überversorgung entfallen sind. Wenn nach **Abs. 3 a** die Zulassung eines Vertragsarztes in einem Planungsbereich, für den Zulassungsbeschränkungen angeordnet sind, endet und die Praxis von einem Nachfolger weitergeführt werden soll, entscheidet der Zulassungsausschuss, ob ein Nachbesetzungsverfahren für den Vertragsarztsitz durchgeführt werden soll. Der Zulassungsausschuss kann den Antrag ablehnen, wenn eine Nachbesetzung des Vertragsarztsitzes aus Versorgungsgründen nicht erforderlich ist; dies gilt nicht, sofern die Praxis von einem Nachfolger weitergeführt werden soll, der folgendem Personenkreis angehört: Bewerber Ehegatte, Lebenspartner oder ein Kind des bisherigen Vertragsarztes; ein angestellter Arzt des bisherigen Vertragsarztes oder ein Vertragsarzt ist, mit dem die Praxis bisher gemeinschaftlich betrieben wurde. Hat der Zulassungsausschuss den Antrag abgelehnt, hat die Kassenärztliche Vereinigung dem Vertragsarzt oder seinen zur Verfügung über die Praxis berechtigten Erben eine Entschädigung in der Höhe des Verkehrswertes der Arztpraxis zu zahlen. Hat der Zulassungsausschuss nach **Abs. 4** in einem Planungsbereich, für den Zulassungsbeschränkungen angeordnet sind, einem Antrag auf Durchführung eines Nachbesetzungsverfahrens entsprochen, hat die Kassenärztliche Vereinigung den Vertragsarztsitz in den für ihre amtlichen Bekanntmachungen vorgesehenen Blättern unverzüglich auszuschreiben und eine Liste der eingehenden Bewerbungen zu erstellen. Bei der Auswahl der Bewerber sind folgende Kriterien zu berücksichtigen: die berufliche Eignung, das Approbationsalter, die Dauer der ärztlichen Tätigkeit, eine mindestens fünf Jahre dauernde vertragsärztliche Tätigkeit in einem Gebiet, in dem der Landesausschuss nach § 100 Abs. 1 das Bestehen von Unterversorgung festgestellt hat, ob der Bewerber Ehegatte, Le-

---

1 Vgl. BT-Dr. 12/3608, 96 ff.; Pawlita in: jurisPK-SGB V, § 101 Rn. 19.
2 Neumann in: BeckOK SozR, SGB V, Vorbem. zu § 103.
3 Gesetz zur Stärkung des Wettbewerbs in der gesetzlichen Krankenversicherung (GKV-Wettbewerbsstärkungsgesetz – GKV-WSG) vom 26.3.2007 (BGBl. I, 378).
4 BT-Dr. 16/3100, 135.

benspartner oder ein Kind des bisherigen Vertragsarztes ist, ob der Bewerber ein angestellter Arzt des bisherigen Vertragsarztes oder ein Vertragsarzt ist, mit dem die Praxis bisher gemeinschaftlich betrieben wurde, ob der Bewerber bereit ist, besondere Versorgungsbedürfnisse, die in der Ausschreibung der Kassenärztlichen Vereinigung definiert worden sind, zu erfüllen. Verzichtet ein Vertragsarzt nach **Abs. 4a** in einem Planungsbereich, für den Zulassungsbeschränkungen angeordnet sind, auf seine Zulassung, um in einem MVZ tätig zu werden, so hat der Zulassungsausschuss die Anstellung zu genehmigen, wenn Gründe der vertragsärztlichen Versorgung dem nicht entgegenstehen; eine Fortführung der Praxis nach Abs. 4 ist nicht möglich. MVZ ist die Nachbesetzung einer Arztstelle möglich, auch wenn Zulassungsbeschränkungen angeordnet sind. Verzichtet ein Vertragsarzt nach **Abs. 4b** in einem Planungsbereich, für den Zulassungsbeschränkungen angeordnet sind, auf seine Zulassung, um bei einem Vertragsarzt als nach § 95 Abs. 9 S. 1 angestellter Arzt tätig zu werden, so hat der Zulassungsausschuss die Anstellung zu genehmigen, wenn Gründe der vertragsärztlichen Versorgung dem nicht entgegenstehen. Soll die Tätigkeit in den Fällen der Beendigung der Zulassung von einem Praxisnachfolger weitergeführt werden, kann die Praxis auch in der Form weitergeführt werden, dass ein Vertragsarzt den Vertragsarztsitz übernimmt und die vertragsärztliche Tätigkeit durch einen angestellten Arzt in seiner Praxis weiterführt, wenn Gründe der vertragsärztlichen Versorgung dem nicht entgegenstehen. Soll die vertragsärztliche Tätigkeit nach **Abs. 4c** in den Fällen der Beendigung der Zulassung von einem Praxisnachfolger weitergeführt werden, kann die Praxis auch in der Form weitergeführt werden, dass ein MVZ den Vertragsarztsitz übernimmt und die vertragsärztliche Tätigkeit durch einen angestellten Arzt in der Einrichtung weiterführt, wenn Gründe der vertragsärztlichen Versorgung dem nicht entgegenstehen. Nach **Abs. 5** führen die Registerstellen der Kassenärztlichen Vereinigungen für jeden Planungsbereich eine Warteliste ein, in der die Ärzte eingetragen werden, die sich um einen Vertragsarztsitz bewerben. Endet die Zulassung eines Vertragsarztes, der die Praxis bisher mit einem oder mehreren Vertragsärzten gemeinschaftlich ausgeübt hat, so gelten nach **Abs. 6** die Absätze 4 und 5 entsprechend. Die Interessen des oder der in der Praxis verbleibenden Vertragsärzte sind bei der Bewerberauswahl angemessen zu berücksichtigen. Nach **Abs. 7** haben Krankenhausträger in einem Planungsbereich, für den Zulassungsbeschränkungen angeordnet sind, das Angebot zum Abschluss von Belegarztverträgen auszuschreiben. Nach **Abs. 8** gelten die Absätze 1 bis 7 nicht für Zahnärzte.

7   2. Normauslegung. a) Festlegung von Überversorgung und Anordnung von Zulassungsbeschränkungen (**Abs. 1**). Nach Abs. 1 S. 1 Hs. 1 stellen die Landesausschüsse der Ärzte und Krankenkassen nach § 90 fest, ob eine Überversorgung vorliegt.

8   Eine Überversorgung ist gemäß § 101 Abs. 1 S. 3 SGB V, § 16b Abs. 1 S. 2 Ärzte-ZV anzunehmen, wenn der allgemeine bedarfsgerechte Versorgungsgrad um 10 vom Hundert überschritten ist.

9   Diese Prüfung hat der Landesausschuss gemäß § 16b Abs. 1 S. 1 Ärzte-ZV **von Amts wegen** vorzunehmen; insbesondere hat er zu prüfen, ob in einem Planungsbereich eine ärztliche Überversorgung vorliegt. Hierbei sind die in den Richtlinien des GBA vorgesehenen Maßstäbe, Grundlagen und Verfahren, die in §§ 23 ff. BedarfsplanungsRL geregelt sind, zu berücksichtigen, § 16b Abs. 1 S. 3 Ärzte-ZV.

10 Nach Abs. 1 S. 1 Hs. 2 sind die durch Ermächtigung an der vertragsärztlichen Versorgung teilnehmenden Ärzte bei der Feststellung einer Überversorgung nicht zu berücksichtigen. Ermächtigte Ärzte bzw. Ärzte in ermächtigten Einrichtungen sind nach § 101 Abs. 1 S. 1 Nr. 2b in der Bedarfsplanung zu berücksichtigen. Folge der Berücksichtigung solcher Ermächtigungen in der Bedarfsplanung kann sein, dass der Versorgungsgrad über 110 Prozent steigt und damit vom Landesausschuss nach Abs. 1 S. 1 das Vorliegen einer Überversorgung festzustellen ist. Der Planungsbereich ist damit für Neuzulassungen gesperrt. Niederlassungswillige Ärztinnen und Ärzte können sich damit nicht mehr niederlassen. Um auszuschließen, dass sich zB die Ermächtigung eines Krankenhauses auf die Niederlassungschancen von potenziellen Vertragsärztinnen und -ärzten auswirkt, wird deshalb geregelt, dass die durch Ermächtigung an der vertragsärztlichen Versorgung teilnehmenden Ärzte bei der Feststellung einer Überversorgung nicht zu berücksichtigen sind.[5]

11 Wenn eine Überversorgung festgestellt ist, hat der Landesausschuss gemäß § 103 Abs. 1 S. 2 SGB V, § 16b Abs. 2 Ärzte-ZV nach den Vorschriften der Zulassungsverordnungen und unter Berücksichtigung der Richtlinien des GBA Zulassungsbeschränkungen anzuordnen.

---

[5] BT-Dr. 18/4095, 107.

Der Landesausschuss ist insoweit gebunden („hat"), insbesondere besteht **kein Ermessen**.[6] Die Anordnung richtet sich ausschließlich an die Zulassungsbehörden und ist kein Verwaltungsakt,[7] sondern vielmehr eine „verwaltungsinterne Bindung der Zulassungsinstanzen an die Entscheidung des ihnen insoweit übergeordneten Landesausschusses".[8]

Maßgeblicher Zeitpunkt für das Wirksamwerden der Anordnung von Zulassungsbeschränkungen ist daher der Zeitpunkt der Beschlussfassung des Landesausschusses.[9]

Nach § 16 Abs. 4 Ärzte-ZV ist die Anordnung und Aufhebung von Zulassungsbeschränkungen in den für amtliche Bekanntmachungen der Kassenärztlichen Vereinigungen vorgesehenen Blättern zu veröffentlichen. Dieses **Publikationserfordernis** gilt jedoch lediglich für die Anordnung und die Aufhebung von Zulassungsbeschränkungen und nicht für die davon zu unterscheidende Feststellung einer Überversorgung im Sinne des § 16 b Abs. 2 Hs. 1 Ärzte-ZV sowie des § 103 Abs. 1 S. 1 SGB V. Angaben darüber, aufgrund welcher Bedarfszahlen der Landesausschuss für den betroffenen Planungsbereich eine Überversorgung in welcher Höhe festgestellt hat, betreffen die „Feststellung einer Überversorgung", während die „Anordnung von Zulassungsbeschränkungen" die Rechtsfolge der Feststellung der Überversorgung darstellt und für sich genommen einer näheren Begründung weder zugänglich ist noch bedarf. Gesetzliche Bestimmungen darüber, in welchem Umfang der Landesausschuss seine Ermittlungen hinsichtlich von Über- und Unterversorgung zu publizieren hat, bestehen jedoch nicht.[10]

Das Publikationserfordernis ist jedoch nicht Wirksamkeitsvoraussetzung für die Anordnung von Zulassungsbeschränkungen.[11] Insbesondere soll das Publikationserfordernis sicherstellen, dass die potenziellen Zulassungsbewerber über die nunmehr wieder bestehenden Zulassungsmöglichkeiten informiert werden. Hierin kommt deutlich die Verpflichtung zum Ausdruck, vor einer Entscheidung über Zulassungsanträge in dem bislang gesperrten Planungsbereich alle potenziellen Bewerber in gleichmäßiger Weise und so rechtzeitig über die Zulassungsmöglichkeiten in Kenntnis zu setzen, dass die Bewerber in der Lage sind, ihr Niederlassungsvorhaben zu konkretisieren und einen vollständigen Zulassungsantrag vorzulegen. Sie müssen daher, bevor nach der Veröffentlichung einer partiellen Entsperrung eine Auswahlentscheidung getroffen wird, eine reelle Chance haben, die jetzt erst sinnvollen Vorbereitungsmaßnahmen – zB Erschließung geeigneter Praxisräume, Abklärung der Finanzierung der Niederlassung und Beendigung eines bestehenden Beschäftigungsverhältnisses – einzuleiten und ihren Zulassungsantrag entsprechend zu gestalten.[12]

Nach Abs. 1 S. 3 treffen die Landesausschüsse eine Feststellung, wenn der allgemeine bedarfsgerechte Versorgungsgrad um 40 Prozent überschritten ist. Mit dieser Regelung wird den Landesausschüssen aufgegeben, neben der Feststellung, ob eine Überversorgung vorliegt, eine weitere Feststellung zu treffen, wenn der Versorgungsgrad in einzelnen Arztgruppen und Planungsbereichen den allgemeinen bedarfsgerechten Versorgungsgrad um 40 Prozent überschreitet. Die Regelung korrespondiert mit der Änderung in Abs. 3 a, wonach die Soll-Bestimmung zum Aufkauf von Arztsitzen erst ab einem Versorgungsgrad von 140 Prozent gilt (vgl. Abs. 3 a S. 7). Damit die Verschärfung ab einem Versorgungsgrad von 140 Prozent umgesetzt werden kann, bedarf es zunächst der Feststellung, dass ein entsprechender Versorgungsgrad erreicht wird. Unabhängig davon bleibt es bei der mit dem GKV-Versorgungsstrukturgesetz beschlossenen Regelung, dass der Zulassungsausschuss einen Antrag auf Durchführung eines Nachbesetzungsverfahrens in einem Planungsbereich mit einem Versorgungsgrad von 110 Prozent ablehnen kann, wenn eine Nachbesetzung aus Versorgungsgründen nicht erforderlich ist und keine gesetzlich geregelten Privilegierungstatbestände erfüllt sind.[13]

b) Begrenzung von Zulassungsbeschränkungen (Abs. 2). Gemäß Abs. 2 sind die Zulassungsbeschränkungen räumlich zu begrenzen. Sie können einen oder mehrere Planungsbereiche einer Kassenärztlichen Vereinigung umfassen. Sie sind arztgruppenbezogen unter angemessener Berücksichtigung der Besonderheiten bei den Kassenarten anzuordnen.

---

6 Pawlita in: jurisPK-SGB V, § 103 Rn. 24.
7 Flint in: Hauck/Noftz, SGB V, § 103 Rn. 41; Pawlita in: jurisPK-SGB V, § 103 Rn. 28.
8 Hess in: KassKomm, § 103 SGB V Rn. 9.
9 Pawlita in: jurisPK-SGB V, § 103 Rn. 28.
10 BSG, 2.10.1996, 6 RKa 52/95, juris Rn. 14 = MedR 1997, 282 ff.
11 Flint in: Hauck/Noftz, SGB V, § 103 Rn. 45; Hess in: KassKomm, § 103 SGB V Rn. 15; Murawski in: Hänlein/Schuler, § 103 Rn. 7.
12 BSG, 19.10.2011, B 6 KA 20/11 R, juris Rn. 19 = MedR 2012, 540 ff.
13 BT-Dr. 18/5123, 129.

18 Mit der Anordnung der Zulassungsbeschränkung ist eine Zulassung im Rahmen ihres Anordnungsinhaltes grundsätzlich ausgeschlossen.[14]

19 Zu den **Planungsbereichen** heißt es in § 7 BedarfsplanungsRL-Ä:[15]
„*Räumliche Grundlage für die Ermittlungen zum Stand der vertragsärztlichen sowie für die Feststellungen zur Überversorgung oder Unterversorgung ist der Mittelbereich, die kreisfreie Stadt, der Landkreis, die Kreisregion oder die Raumordnungsregion in der Zuordnung des Bundesinstitutes für Bau-, Stadt- und Raumforschung (BBSR) bzw. der von einer KV umfasste Bereich (Planungsbereiche). Die Planungsbereiche sind aus der Anlage 3 ersichtlich. Abweichend von Satz 1 kann der Landesausschuss mit 2/3 Mehrheit im Fall einer Gebietsreform beschließen, dass die Planungsbereiche hiervon unberührt bleiben und in ihrer bisherigen Form fortbestehen. Für die Mittelbereiche und Raumordnungsregionen, welche die Bezirke der jeweiligen Kassenärztlichen Vereinigung überschreiten, werden Anpassungen vorgenommen. Diese sind in Anlage 3 ersichtlich. Eine Zuordnung der Planungsbereiche erfolgt in den §§ 11 bis 14.*"

20 Zu den Arztgruppen heißt es in § 6 BedarfsplanungsRL ua, dass die **Bestimmung der Arztgruppen** nach ihrer Versorgungsausrichtung oder in Anlehnung an die (Muster-)Weiterbildungsordnung erfolgt.

21 Die Berücksichtigung der Besonderheiten bei den Kassenarten in Abs. 2 S. 3 ist historisch durch die Trennung von Primär- und Ersatzkassen bedingt; nach Öffnung der Kassenarten kommt dem kaum noch Bedeutung zu.[16]

22 c) **Aufhebung von Zulassungsbeschränkungen** (**Abs. 3**). Gemäß Abs. 3 sind die Zulassungsbeschränkungen aufzuheben, wenn die Voraussetzungen für eine Überversorgung entfallen sind.

23 Nach § 24 BedarfsplanungsRL ist eine Überversorgung anzunehmen, wenn ein Vergleich zwischen der für den Planungsbereich maßgeblichen Allgemeinen Verhältniszahl für die Arztgruppe und der für den Planungsbereich ermittelten lokalen Verhältniszahl eine Überschreitung von 10 % (die lokale Arzt/Einwohnerrelation übersteigt um 10 % die allgemeine Arzt/Einwohnerrelation) ergibt.

24 Kommt nach § 26 Abs. 1 BedarfsplanungsRL der Landesausschuss nach einer Feststellung von Überversorgung zu der Folgerung, dass Überversorgung nicht mehr besteht, so ist der Aufhebungsbeschluss hinsichtlich der Zulassungsbeschränkungen mit der Auflage zu versehen, dass Zulassungen nur in einem solchen Umfang erfolgen dürfen, bis für die Arztgruppe Überversorgung eingetreten ist. Wird der Überversorgungsgrad bereits mit einer hälftigen Zulassung überschritten, kommt nur eine Zulassung mit hälftigem Versorgungsauftrag oder eine hälftige Genehmigung in Betracht. Im Hinblick auf die Prospektivität der Bedarfsplanung eines Planungsbereiches sollen Möglichkeiten der Befristung von Zulassungen nach § 19 Abs. 4 Ärzte-ZV geprüft werden.

25 Für Ärzte, die gemäß § 101 Abs. 1 S. 1 Nr. 4 (**Job-Sharing-Partner**) in beschränkter Zulassung zur gemeinsamen Berufsausübung zugelassen sind, bewirkt die Aufhebung der Zulassungsbeschränkungen nach § 26 Abs. 1 BedarfsplanungsRL, dass für solche Ärzte die Beschränkung der Zulassung und die Leistungsbegrenzung für die Gemeinschaftspraxis nur nach Maßgabe der Bestimmung zum Umfang des Aufhebungsbeschlusses enden, und zwar in der Reihenfolge der jeweils längsten Dauer der gemeinsamen Berufsausübung, § 26 Abs. 2 BedarfsplanungsRL.

26 Unter Berücksichtigung der Vorrangigkeit der in § 26 Abs. 1 BedarfsplanungsRL geregelten Reihenfolge von Ärzten, deren Zulassungsbeschränkung und Leistungsbegrenzung aufgehoben wird, endet die Beschränkung der Leistungsbegrenzung bei **angestellten Ärzten** gemäß § 101 Abs. 1 S. 1 Nr. 5 nach Maßgabe der Bestimmung des Umfangs des Aufhebungsbeschlusses, und zwar in der Reihenfolge der jeweils längsten Dauer der Jahre der Anstellung.

27 Über **Anträge auf (Neu-)Zulassung** entscheidet gemäß § 26 Abs. 4 BedarfsplanungsRL der Zulassungsausschuss nach Maßgabe der folgenden Regelungen:

---

14 Sproll in: Krauskopf, § 103 SGB V Rn. 2.
15 Richtlinie des GBA über die Bedarfsplanung sowie die Maßstäbe zur Feststellung von Überversorgung und Unterversorgung in der vertragsärztlichen Versorgung (Bedarfsplanungs-Richtlinie) in der Neufassung vom 20.12.2012, veröffentlicht im BAnz AT vom 31.12.2012 B7 vom 31.12.2012, in Kraft getreten am 1.1.2013, zuletzt geändert am 16.6.2016, veröffentlicht im BAnz AT 14.9.2016 B3 vom 14.9.2016, in Kraft getreten am 15.9.2016.
16 Pawlita in: jurisPK-SGB V, § 103 Rn. 25; Hess in: KassKomm, § 103 SGB V Rn. 11; Flint in: Hauck/Noftz, SGB V, § 103 Rn. 44.

1. Der Beschluss des Landesausschusses gemäß § 26 Abs. 1 BedarfsplanungsRL ist zum nächstmöglichen Zeitpunkt in den für amtliche Bekanntmachungen der Kassenärztlichen Vereinigung vorgesehenen Blättern zu veröffentlichen.
2. In der Veröffentlichung sind die Entscheidungskriterien nach Nr. 3 und die Frist (in der Regel sechs bis acht Wochen) bekannt zu machen, innerhalb der potenzielle Bewerber ihre Zulassungsanträge abzugeben und die hierfür erforderlichen Unterlagen gemäß § 18 Ärzte-ZV beizubringen haben.[17] Der Zulassungsausschuss berücksichtigt bei dem Auswahlverfahren nur die nach der Bekanntmachung fristgerecht und vollständig abgegebenen Zulassungsanträge.
3. Unter mehreren Bewerbern entscheidet der Zulassungsausschuss nach pflichtgemäßem Ermessen unter Berücksichtigung folgender Kriterien:
   - berufliche Eignung,
   - Dauer der bisherigen ärztlichen Tätigkeit,
   - Approbationsalter,
   - Dauer der Eintragung in die Warteliste gemäß § 103 Abs. 5 S. 1 SGB V,
   - bestmögliche Versorgung der Versicherten im Hinblick auf die räumliche Wahl des Vertragsarztsitzes,
   - Entscheidung nach Versorgungsgesichtspunkten (siehe zB Fachgebietsschwerpunkt, Barrierefreiheit, Feststellung eines zusätzlichen lokalen Versorgungsbedarfs in nicht unterversorgten Planungsbereichen nach § 35 BedarfsplanungsRL).[18]

Es entspricht der Forderung nach einer fairen und transparenten Verfahrensgestaltung, dass der veröffentlichte **Beschluss die Kriterien und eine Frist benennen muss**, in der der vollständige Zulassungsantrag zu stellen ist. Auch haben die Zulassungsbehörden nach § 26 Abs. 4 Nr. 2 S. 2 BedarfsplRL nur fristgerecht und vollständig vorgelegte Zulassungsanträge zu berücksichtigen.[19] 28

Die für die Auswahl von Bewerbern in § 26 Abs. 4 Nr. 3 BedarfsplanungsRL benannten Kriterien sind abschließend festgelegt. Dort nicht vorgesehene zusätzliche Kriterien oder Anforderungen dürfen die Zulassungsgremien nicht aufstellen.[20] 29

Bei der Auswahl von mehreren Bewerbern können die Zulassungsbehörden nach pflichtgemäßem Ermessen neben den bislang definierten Kriterien ihre Entscheidung auch von **Versorgungsgesichtspunkten** abhängig machen. Hierzu gehört beispielsweise der geeignete Fachgebietsschwerpunkt bzw. auch Ausstattungsmerkmale der Praxis im Hinblick auf die Barrierefreiheit der Einrichtung. Bei der Bewertung der für die Versorgung erforderlichen Fachgebietsschwerpunkte können auch solche ermächtigten Ärzte einbezogen werden, die in der Bedarfsplanung berücksichtigt sind. Im Hinblick auf die Prospektivität der Bedarfsplanung eines Planungsbereiches sollen Möglichkeiten der Befristung von Zulassungen nach § 19 Abs. 4 Ärzte-ZV geprüft werden.[21] 30

Die Kriterien enthalten zudem keine Rangfolge der zu berücksichtigenden Faktoren; die Gewichtung liegt daher im pflichtgemäßen Ermessen der Zulassungsbehörden.[22] Insbesondere sind keine Vorgaben 31

---

17 Nach BSG (19.10.2011, B 6 KA 20/11 R, juris Rn. 19 = MedR 2012, 540 ff.) kann im Interesse einer raschen Sicherstellung der Versorgung der Versicherten ein beschleunigtes Verfahren gerechtfertigt sein, wenn der allgemeine bedarfsgerechte Versorgungsgrad in dem betroffenen Planungsbereich bereits unterschritten sein sollte.
18 Nach BSG (23.5.2005, B 6 KA 81/03 R, juris Rn. 33 = GesR 2005, 450 ff.) ist die bestmögliche Versorgung der Versicherten in dem betreffenden Planungsbereich zu gewährleisten. Nach SG Marburg (4.6.2014, S 12 KA 12/14, juris Rn. 34) kommt es für die Beurteilung des räumlichen Versorgungsbedarfs nicht auf die Patientenschaft einer Praxis, sondern abstrakt auf die im Einzugsbereich der Praxis lebenden VN an. Die Zulassungsgremien können die jeweilige Versorgungssituation an den Praxisstandorten im Hinblick auf Einwohnerzahl der Orte und Anzahl der vorhandenen Vertragsarztsitze miteinander vergleichen. In einer weiteren Entscheidung des SG Marburg (16.3.2016, S 12 KA 170/15, juris Rn. 48) hat eine Auswahlentscheidung nach partieller Öffnung eines Planungsbereichs auch die räumliche Verteilung der Ärzte der Fachgruppe innerhalb einer Raumordnungsregion zu berücksichtigen. Die Ermessensausübung muss berücksichtigen, ob bestehende Ermächtigungen durch eine Zulassung ganz oder teilweise abgebaut werden können und ob deren Umfang nicht gerade auf einen Bedarf am geplanten Sitz eines Bewerbers hindeutet (juris Rn. 53).
19 Vgl. BSG, 19.10.2011, B 6 KA 20/11 R, juris Rn. 23 = MedR 2012, 540 ff.
20 Vgl. zu § 103 Abs. 4 S. 5: LSG NRW, 21.6.2010, L 11 B 26/09 KA ER, juris Rn. 40 = GesR 2011, 108 ff.
21 https://www.g-ba.de/downloads/40-268-2154/2012-12-20_Bedarfsplanung-Neufassung-VStG_TrG.pdf, Tragende Gründe, Seite 19 zu § 26 (zuletzt abgerufen am 1.3.2017).
22 Vgl. BT-Dr. 17/6906, 75.

für die Gewichtung der Kriterien gemacht worden; dies ermöglicht eine an den besonderen Umständen jedes Einzelfalls orientierte Beurteilung.[23]

32 Zu den Kriterien im Einzelnen wird über den Wortlaut des § 26 Abs. 4 Nr. 3 BedarfsplanungsRL hinaus auf die Ausführungen / Kommentierungen zur Nachfolgezulassung auf § 103 Abs. 4 S. 5 SGB V verwiesen.

33 Gemäß § 26 Abs. 5 BedarfsplanungsRL ist über die Beendigung von Zulassungs- und Leistungsbegrenzungen gemäß § 101 Abs. 1 S. 1 Nr. 4 und 5 SGB V vorrangig vor Anträgen auf (Neu-)Zulassung, und zwar in der Reihenfolge der jeweils längsten Dauer der gemeinsamen Berufsausübung oder der Anstellung zu entscheiden.

34 Für alle Bewerber in einem **bislang gesperrten Planungsbereich** gilt bis zur Bekanntgabe einer partiellen Entsperrung, dass für diese die in der Ausschreibung bekannt gegebene Frist zur Verfügung steht, um sich zu bewerben und die hierfür erforderlichen Unterlagen beizubringen. Die Auswahl unter mehreren Zulassungsbewerbern allein nach Maßgabe der Reihenfolge des Eingangs der Zulassungsanträge (sog „Windhundprinzip") genügt den Anforderungen an ein faires Verfahren für den Berufszugang nicht.[24]

35 d) **Besondere Voraussetzungen für ein Nachbesetzungsverfahren (Abs. 3 a).** Zum Abbau von Überversorgung und zur Sicherstellung einer möglichst ausgewogenen und flächendeckenden Verteilung von Vertragsärzten wurde mit dem GKV-VStG geregelt, dass der Zulassungsausschuss im Vorfeld eines Verfahrens zur Nachbesetzung eines Vertragsarztsitzes in einem Planungsbereich, in dem Zulassungsbeschränkungen angeordnet sind, über die Frage zu entscheiden hat, ob ein Nachbesetzungsverfahren überhaupt erfolgen soll. Ihm wurde die Möglichkeit eingeräumt, Nachbesetzungsanträge abzulehnen, wenn eine Nachbesetzung des Vertragsarztsitzes aus Versorgungsgründen nicht erforderlich ist.

36 Von dieser Möglichkeit haben die Zulassungsausschüsse kaum Gebrauch gemacht. Um zu erreichen, dass Vertragsarztsitze, die für eine bedarfsgerechte Versorgung nicht benötigt werden, konsequent abgebaut werden und damit auch mehr Ärzte für die Versorgung der Patientinnen und Patienten in weniger gut versorgten Regionen zur Verfügung stehen, wird aus der bisherigen Kann-Regelung eine Soll-Regelung.

37 Aufgrund der Soll-Regelung haben die Zulassungsausschüsse nach wie vor die Möglichkeit, einem Antrag auf Nachbesetzung eines Vertragsarztsitzes auch in bedarfsplanungsrechtlich überversorgten Planungsbereichen zu entsprechen, wenn sie dies aus Versorgungsgründen für erforderlich halten. Versorgungsgründe für eine Nachbesetzung können beispielsweise dann anzunehmen sein, wenn ein besonderer lokaler oder qualifikationsbezogener Versorgungsbedarf besteht oder ein Arztsitz einer speziellen Fachrichtung weiterhin benötigt wird. Weitere Versorgungsgründe sind denkbar. Dabei können auch Mitversorgungsaspekte, Versorgungsbedürfnisse von Menschen mit Behinderung oder der Erhalt des besonderen Versorgungsangebots eines MVZ oder einer Berufsausübungsgemeinschaft eine Rolle spielen. Gleichzeitig werden die bestehenden Ausnahme-Regelungen ergänzt: So wird zur Sicherstellung einer besseren Verteilung der Ärzte in einem Planungsbereich eine Ausnahmeregelung für solche Ärztinnen und Ärzte geschaffen, die sich verpflichten, den zur Nachbesetzung anstehenden Vertragsarztsitz in ein schlechter versorgtes Gebiet des selben Planungsbereichs zu verlegen.

38 Hier besteht für die Kassenärztliche Vereinigung die Möglichkeit, den Zulassungsausschuss bei entsprechenden Erkenntnissen über einen solchen Versorgungsbedarf (zB aus der Tätigkeit ihrer Terminservicestelle) hierüber zu informieren. Denkbar sind hier insbesondere Fälle in sehr großen Planungsbereichen, in denen der Versorgungsgrad zwar insgesamt über 110 Prozent liegt, in denen aber beispielsweise erhebliche Unterschiede hinsichtlich der Arztdichte zwischen einzelnen Teilregionen (zB einzelnen Stadtteilen) innerhalb des Planungsbereichs bestehen.

39 Um zu erreichen, dass in diesen Fällen Vertragsarztsitze aus sehr gut versorgten Teilregionen in nicht ausreichend besetzte Teilregionen verlegt werden, gilt auch in diesem Fall eine Ausnahme von der grundsätzlichen Vorgabe zum Abbau von Überversorgung. Stellt sich allerdings im Rahmen des Nachbesetzungsverfahrens heraus, dass kein entsprechend geeigneter Bewerber zur Nachbesetzung zur Verfügung steht und damit das Ziel der neuen Ausnahmeregelungen nicht erfüllt wird, greift die Grund-

---

23 Vgl. Wenner, Vertragsarztrecht nach der Gesundheitsreform, 2008, S. 143.
24 Vgl. BSG, 19.10.2011, B 6 KA 20/11 R, juris Rn. 20 = MedR 2012, 540 ff.; BSG, 23.2.2005, B 6 KA 81/03 R, jurs Rn. 32 = GesR 2005, 450 ff.

satzregelung, dass keine Nachbesetzung erfolgen soll, soweit diese aus Versorgungsgründen nicht erforderlich ist.[25]

Endet nunmehr die Zulassung eines Vertragsarztes in einem Planungsbereich, für den Zulassungsbeschränkungen angeordnet sind, durch Tod, Verzicht oder Entziehung und soll die Praxis von einem Nachfolger weitergeführt werden, hat der Vertragsarzt oder seine zur Verfügung über die Praxis berechtigten Erben gemäß S. 1 einen **Antrag beim Zulassungsausschuss auf Durchführung eines Nachbesetzungsverfahrens** zu stellen. Dies gilt nicht, wenn ein Vertragsarzt, dessen Zulassung befristet ist, vor Ablauf der Frist auf seine Zulassung verzichtet. In diesem Fall ist ein Nachbesetzungsverfahren von vornherein ausgeschlossen.[26] 40

Liegt dem Zulassungsausschuss ein Antrag auf Durchführung eines Nachbesetzungsverfahrens vor, hat er zu prüfen, ob auf eine Nachbesetzung des Vertragsarztsitzes aus Versorgungsgründen verzichtet werden kann. Ist eine Nachbesetzung des Vertragsarztsitzes aus Versorgungsgründen nicht erforderlich, kann er den Antrag auf Durchführung eines Nachbesetzungsverfahrens ablehnen. Im Rahmen seiner Prüfung hat der Zulassungsausschuss auch wirtschaftliche Gesichtspunkte zu berücksichtigen. Hat er zB darüber zu entscheiden, ob ein Vertragsarztsitz innerhalb einer Berufsausübungsgemeinschaft nachbesetzt werden soll, sind auch die Auswirkungen seiner Entscheidung auf die Berufsausübungsgemeinschaft zu berücksichtigen.[27] 41

Daran anknüpfend stellt die Erforderlichkeit auf **bedarfsplanerische Gesichtspunkte**, dh auf eine flächendeckende und wohnortnahe medizinische Versorgung der Bevölkerung ab. Unter Bedarfsplanungsgesichtspunkten ist grundsätzlich davon auszugehen, dass in wegen Überversorgung gesperrten Planungsbereichen eine Nachbesetzung nicht erforderlich ist. Würde jedoch der Wegfall des Vertragsarztsitzes zu einer Sonderbedarfszulassung führen, so stehen der Ablehnung einer Nachbesetzung Versorgungsgründe entgegen. Die Erforderlichkeit bleibt auch bestehen, wenn die entstehende Versorgungslücke nicht durch eine Ermächtigung geschlossen werden kann.[28] 42

Dies gilt nach S. 2 auch bei hälftigem Verzicht oder bei hälftiger Entziehung; S. 1 gilt jedoch nicht, wenn ein Vertragsarzt, dessen Zulassung befristet ist, vor Ablauf der Frist auf seine Zulassung verzichtet. 43

Der Zulassungsausschuss kann den Antrag gemäß S. 3 Hs. 1 ablehnen, wenn eine Nachbesetzung des Vertragsarztsitzes aus Versorgungsgründen nicht erforderlich ist. 44

Hat der Vertragsarzt oder seine zur Verfügung über die Praxis berechtigten Erben dargelegt, dass sich als Praxisnachfolger eine oder mehrere Personen bewerben werden, die dem in Abs. 4 S. 5 Nr. 4, 5 und 6 bezeichneten Personenkreis (Nr. 4: mindestens fünf Jahre dauernde vertragsärztliche Tätigkeit in einem Gebiet, in dem das Bestehen von Unterversorgung festgestellt worden ist; Nr. 5: Ehegatte, Lebenspartner oder ein Kind des bisherigen Vertragsarztes; Nr. 6: angestellter Arzt des bisherigen Vertragsarztes oder ein Vertragsarzt, mit dem die Praxis bisher gemeinschaftlich betrieben worden ist) angehören, kann er die Durchführung eines Nachbesetzungsverfahrens gemäß S. 3 Hs. 2 jedoch nicht ablehnen. Durch diese Regelung wird dem familiären Interesse des Praxisinhabers an der Weitergabe der Arztpraxis an seine Kinder, den Ehegatten oder den Lebenspartner Rechnung getragen. Darüber hinaus wird verhindert, dass Ärzte, mit denen der ausscheidende Vertragsarzt zuvor gemeinsam tätig war, durch eine ablehnende Entscheidung der Zulassungsbehörden gezwungen werden, ggf. ihre vertragsärztliche Tätigkeit in der Praxis aufzugeben.[29] 45

Für einen Nachfolger, der dem in Abs. 4 S. 5 Nr. 4 bezeichneten Personenkreis angehört, gilt gemäß Abs. 3a S. 4 der 2. Hs. des S. 3 mit der Maßgabe, dass dieser Nachfolger die vertragsärztliche Tätigkeit in einem Gebiet, in dem der Landesausschuss nach § 100 Abs. 1 das Bestehen von Unterversorgung festgestellt hat, nach dem 23.7.2015 erstmals aufgenommen hat.[30] 46

Für einen Nachfolger, der dem in Abs. 4 S. 5 Nr. 6 bezeichneten Personenkreis angehört, gilt nach Abs. 3a S. 5 gemäß S. 3 Hs. 2 mit der Maßgabe, dass das Anstellungsverhältnis oder der gemeinschaftliche Betrieb der Praxis mindestens drei Jahre lang angedauert haben muss. Dies gilt gemäß S. 6 jedoch nicht, wenn das Anstellungsverhältnis oder der gemeinschaftliche Praxisbetrieb vor dem 5.3.2015 begründet wurde. Die in S. 5 getroffene Regelung soll verhindern, dass Vertragsärzte die Regelungen 47

---

25 BT-Dr. 18/4095, 108.
26 BT-Dr. 17/8005, 112.
27 BT-Dr. 17/8005, 112.
28 So Pawlita in: jurisPK-SGB V, § 103 Rn. 60.
29 BT-Dr. 17/8005, 112.
30 Vgl. BT-Dr. 18/4095, 108.

zum Abbau von Überversorgung durch ein nur kurzzeitiges Anstellungs- oder Jobsharing-Verhältnis umgehen. Die Ablehnung eines Nachbesetzungsantrages bei Bewerbern nach Nr. 6 ist künftig daher nur noch dann ausgeschlossen, wenn zuvor eine längerfristige (mindestens dreijährige) gemeinsame Zusammenarbeit in der Praxis erfolgt ist. Die Regelung gilt aus Gründen des Vertrauensschutzes nicht für Anstellungsverhältnisse bzw. gemeinschaftliche Praxisbetriebe, die vor der 1. Lesung dieses Gesetzes im Deutschen Bundestag am 5.3.2015 begründet wurden.[31]

48 Hat der Landesausschuss nach S. 7 eine Feststellung getroffen, dass der allgemeine bedarfsgerechte Versorgungsgrad um 40 Prozent überschritten ist, soll der Zulassungsausschuss den Antrag auf Durchführung eines Nachbesetzungsverfahrens ablehnen, wenn eine Nachbesetzung des Vertragsarztsitzes aus Versorgungsgründen nicht erforderlich ist.

49 Im Fall des Satzes 7 gelten S. 3 Hs. 2 sowie die S. 4 bis 6 entsprechend; Abs. 4 S. 9 gilt mit der Maßgabe, dass die Nachbesetzung abgelehnt werden soll.

50 Gemäß Abs. 3 a S. 9 beschließt der Zulassungsausschuss mit einfacher Stimmenmehrheit. Abweichend von der in § 96 Abs. 2 S. 6 getroffenen Regelung, die vorsieht, dass bei Stimmengleichheit ein Antrag als abgelehnt gilt, ist hier bei Stimmengleichheit einem Antrag zu entsprechen.

51 Entgegen § 96 Abs. 4 können die am Verfahren Beteiligten gemäß S. 10 nicht den Berufungsausschuss anrufen. Ein Vorverfahren (§ 78 SGG) findet gemäß S. 11 mithin nicht statt.

52 Klagen gegen einen Beschluss des Zulassungsausschusses, mit dem einem Antrag auf Durchführung eines Nachbesetzungsverfahrens entsprochen wird, haben gemäß S. 12 keine aufschiebende Wirkung. Hierdurch soll gewährleistet werden, dass bei einem positiven Votum des Zulassungsausschusses die Versorgung der Versicherten weiter gewährleistet ist und nicht durch ein Klageverfahren ggf. über einen längeren Zeitraum ausgesetzt wird.[32]

53 Hat der Zulassungsausschuss den Antrag abgelehnt, hat die Kassenärztliche Vereinigung dem Vertragsarzt oder seinen zur Verfügung über die Praxis berechtigten Erben gemäß S. 13 eine **Entschädigung in der Höhe des Verkehrswertes der Arztpraxis** zu zahlen. Bei der Ermittlung des Verkehrswertes ist gemäß S. 14 auf den Verkehrswert abzustellen, der nach Abs. 4 S. 8 bei Fortführung der Praxis maßgeblich wäre.[33] Diese Entschädigungsregelung orientiert sich an Abs. 4 S. 8, wonach die wirtschaftlichen Interessen des ausscheidenden Vertragsarztes oder seiner Erben nur insoweit zu berücksichtigen sind, als der Kaufpreis die Höhe des Verkehrswerts der Praxis nicht übersteigt.[34] Bei der Ermittlung des Verkehrswertes der Arztpraxis auf den Verkehrswert abzustellen ist, der bei der Fortführung der Praxis durch einen Praxisnachfolger nach Abs. 4 S. 8 anzusetzen gewesen wäre. Dabei gilt auch hier, dass der am Markt theoretisch erzielbare höhere Verkaufspreis im Sinne eines echten Marktwertes bei Praxisfortführung durch einen Nachfolger nicht in Ansatz zu bringen ist, wenn er den Verkehrswert der Praxis übersteigt. Zu berücksichtigen sind bei der Ermittlung des Verkehrswertes sowohl der materielle als auch der immaterielle Wert der Praxis. Die Entschädigung schließt den Ersatz von Folgeschäden, die zB aufgrund von längerfristigen Verträgen entstehen können, ein; der ausscheidende Vertragsarzt ist dabei zur Schadensminderung verpflichtet. Etwaige Vermögensvorteile des ausscheidenden Vertragsarztes sind auf die zu zahlende Entschädigung anzurechnen.[35]

54 e) **Bestimmung eines Praxisnachfolgers (Abs. 4 S. 1 bis 3).** Hat der Zulassungsausschuss in einem Planungsbereich, für den Zulassungsbeschränkungen angeordnet sind, nach Abs. 3 a einem Antrag auf Durchführung eines Nachbesetzungsverfahrens entsprochen, hat die jeweilige Kassenärztliche Vereinigung den Vertragsarztsitz in den für ihre amtlichen Bekanntmachungen vorgesehenen Blättern gemäß Abs. 4 unverzüglich auszuschreiben und eine Liste der eingehenden Bewerbungen zu erstellen. Dies gilt auch bei hälftigem Verzicht oder bei hälftiger Entziehung der Zulassung. Dem Zulassungsausschuss sowie dem Vertragsarzt oder seinen Erben ist eine Liste der eingehenden Bewerbungen zur Verfügung zu stellen.

55 Das Ausschreibungsverfahren ist ein Antragsverfahren, insbesondere wird der Vertragsarztsitz ohne Antrag nicht ausgeschrieben. Wird ein Antrag auf Ausschreibung des Vertragsarztsitzes nicht gestellt,

---

31 Vgl. BT-Dr. 18/4095, 108.
32 BT-Dr. 17/8005, 112.
33 BT-Dr. 17/8005, 112.
34 Vgl. Murawski in: Hänlein/Schuler, § 103 Rn. 12.
35 BT-Dr. 18/5123, 130.

so findet eine Ausschreibung nicht statt; Ausschreibungen von Amts wegen sind nicht vorgesehen. Der Vertragsarztsitz erlischt in diesem Fall.[36]

Weitere Voraussetzung für das Ausschreibungsverfahren ist das Zulassungsende durch Tod, Verzicht (95 Abs. 7 S. 1) oder Entziehung (§ 95 Abs. 6 S. 1). Von erheblicher praktischer Relevanz ist dabei der Verzicht, der als rechtsgestaltende Willenserklärung grundsätzlich bedingungsfeindlich ist. Davon gilt aber im Falle eines Verzichts, der im Zusammenhang mit einem Praxisnachfolgeverfahren erklärt wird, eine Ausnahme. Eine solche Ausnahme entspricht einem dringenden praktischen Bedürfnis: Müsste der seine Praxis abgebende Vertragsarzt seinen Verzicht unbedingt erklären, käme danach aber letztlich keine Praxisnachfolge zustande – was aus vielerlei Gründen denkbar ist –, so hätte er seine Praxis entgegen der Konzeption des § 103 Abs. 4 ohne jeden Wertausgleich verloren.[37]

f) **Bestimmung eines Praxisnachfolgers (Abs. 4 S. 4 bis 9). aa) Grundlegende Voraussetzungen einer Praxisfortführung.** In überversorgten Planungsbereichen ist aufgrund angeordneter Zulassungsbeschränkungen ein Hinzutreten weiterer Vertragsärzte grundsätzlich ausgeschlossen. Nach der gesetzlichen Konzeption ist in diesen Planungsbereichen auch die Nachbesetzung von Vertragsarztsitzen unerwünscht. Das Ausscheiden eines Arztes aus der vertragsärztlichen Versorgung in einem für Neuzulassungen wegen Überversorgung gesperrten Planungsbereich führt grundsätzlich dazu, dass der Vertragsarztsitz dieses Arztes entfällt, weil dieser nicht zur Versorgung der Versicherten benötigt wird. Das vermindert entweder die Zahl der zugelassenen Ärzte oder führt – auf kürzere oder längere Sicht – dazu, dass der Planungsbereich entsperrt wird.[38] Damit ist er dann auch wieder für solche Ärzte offen, die sich niederlassen wollen, ohne eine Praxis zu übernehmen und die damit verbundenen Lasten auf sich zu nehmen.[39]

Der Gesetzgeber lässt es mit der in Abs. 4 getroffenen Regelung demgegenüber zu, dass ein **bestehender – für die Versorgung nicht erforderlicher – Vertragsarztsitz nachbesetzt** werden kann. Mit dieser Ausnahme berücksichtigt der Gesetzgeber die finanziellen Interessen des bisherigen Praxisinhabers bzw. seiner Erben, welche andernfalls wegen der fehlenden Verwertungsmöglichkeit der Arztpraxis erhebliche Nachteile erleiden würden, und trägt damit den Erfordernissen des Eigentumsschutzes Rechnung. Weil typischerweise die Arztpraxis nicht veräußert werden kann, wenn der Erwerber den mit ihr verbundenen Sitz nicht erhält, bedarf es der Zulassung des Erwerbers. Nicht der Vertragsarztsitz, sondern die Arztpraxis ist veräußerbar. Wo die Praxis in Wirklichkeit gar nicht veräußert werden soll, weil jedenfalls der neu zuzulassende Arzt sie nicht fortführen kann oder will, besteht kein Grund für eine Nachfolgezulassung. Diese dient dann lediglich der Kommerzialisierung des Vertragsarztsitzes, die nach ständiger Rechtsprechung des Senats vom Gesetzgeber nicht gewollt ist.[40]

Satz 4 setzt voraus, dass überhaupt noch ein **Praxissubstrat vorhanden** ist bzw. dass es noch eine fortführungsfähige Praxis gibt. Daraus folgt zum einen, dass sich ein Vertragsarztsitz nur so lange für eine Praxisnachfolge eignet, als noch ein Praxissubstrat vorhanden ist, und impliziert zum anderen auch eine weitestmögliche Kontinuität des Praxisbetriebs.[41] Besteht ein Praxissubstrat nur für einen hälftigen Versorgungsauftrag, so kann die Ausschreibung auch nur für einen halben Praxissitz erfolgen.[42]

Satz 4 erfordert zudem von dem sich auf eine Praxisnachfolge bewerbenden Arzt einen „Fortführungswillen".[43] Dabei beinhaltet eine Praxisfortführung nach der Rechtsprechung des BSG sowohl eine „räumliche" als auch eine „personelle" Komponente.[44]

In räumlicher Hinsicht setzt ein Fortführungswille nach Auffassung der neueren Rechtsprechung des BSG – grundsätzlich – voraus, dass der Nachfolger eines ausscheidenden Vertragsarztes auf Dauer die bisherigen Patienten in denselben Praxisräumen mit Unterstützung desselben Praxispersonals und unter Nutzung derselben medizinisch-technischen Infrastruktur behandelt oder zumindest behandeln will. Eine Praxisfortführung wird daher nicht schon dann angestrebt, wenn ein Bewerber lediglich die

---

[36] BSG, 25.11.1998, B 6 KA 70/97 R, juris Rn. 12 = MedR 1999, 382 ff.
[37] BSG, 14.12.2011, B 6 KA 13/11 R, juris Rn. 14 = GesR 2012, 223 ff.
[38] Vgl. § 26 BedarfsPlRl.
[39] BSG, 20.3.2013, B 6 KA 19/12 R, juris Rn. 27 = GesR 2013, 594 ff.
[40] BSG, 20.3.2013, B 6 KA 19/12 R, juris Rn. 28 = GesR 2013, 594 ff.
[41] BSG, 20.3.2013, B 6 KA 19/12 R, juris Rn. 30, 31 = GesR 2013, 594 ff.; Murawski in: Hänlein/Schuler, § 103 Rn. 17.
[42] Vgl. BayLSG, 9.7.2014, L 12 KA 57/13, juris Rn. 32 = MedR 2015, 548 ff. mAnm Barufke, MedR 2015, 551 f.; SG Bremen, 20.8.2014, S 1 KA 22/13, juris Rn. 43 f.
[43] BSG, 20.3.2013, B 6 KA 19/12 R, juris Rn. 29, 33 ff. = GesR 2013, 594 ff.
[44] BSG, 20.3.2013, B 6 KA 19/12 R, juris Rn. 34 = GesR 2013, 594 ff.

vertragsärztliche Tätigkeit im selben medizinischen Fachgebiet und im selben Planungsbereich wie der ausscheidende Vertragsarzt ausüben will. Andererseits verlangt eine Praxisfortführung im Sinne des § 103 Abs. 4 nicht notwendig, dass der Nachfolger den Praxisbetrieb in der dargestellten Art und Weise auf Dauer fortführt. Auch mag es im Einzelfall sachliche Gründe dafür geben, die Praxis zumindest nicht am bisherigen Ort oder nicht mit dem bisherigen Personal fortzuführen, etwa weil sich die Praxis im Einfamilienhaus des aus der vertragsärztlichen Versorgung ausscheidenden Arztes befindet oder dessen Ehefrau als Arzthelferin beschäftigt war.[45]

62 Diese Aussagen des BSG sind eher vage und grundsätzlicher Natur. Sie stellen wohl eher auf den zugrundeliegenden Einzelfall ab, nachdem der Kläger zugunsten seines Sohnes auf seine Zulassung verzichtet hatte. Später hat er erneut eine Zulassung erhalten, auf diese jedoch zugunsten einer BAG verzichtet, um in dieser als angestellter Arzt tätig zu sein. Wiederum später bewarb sich der Kläger erneut; er beabsichtigte nunmehr, die Praxis nach Übernahme in anderen Räumen fortzuführen und sich hierzu mit der og BAG zusammenzuschließen.

63 Vor diesen Hintergründen ist davon auszugehen, dass an die „räumliche" Praxisfortführung keine zu hohen Anforderungen zu stellen sind.[46] Abzustellen ist vielmehr darauf, dass Praxisfortführung nicht notwendig verlangt, dass der Nachfolger eines ausscheidenden Vertragsarztes die bisherigen Patienten auf Dauer in denselben Praxisräumen mit Unterstützung desselben Praxispersonals und unter Nutzung derselben medizinisch-technischen Infrastruktur behandelt oder zumindest behandeln will.[47] Zum Teil wird von den Zulassungsgremien verlangt, dass ein Erwerber zumindest für ein Quartal in den vormaligen Räumen verbleibt. Dies ist abzulehnen, da hierfür keinerlei Sinn ersichtlich ist. Insbesondere wird ein Interessent bei entsprechendem Willen sowieso schnellstmöglich einen Verlegungsantrag nach § 24 Abs. 7 Ärzte-TV stellen, so dass ein Verbleib für ein Quartal als vermeidbare Förmelei anzusehen ist.[48]

64 Darüber hinaus scheiden Bewerber, die von vornherein an einer Praxisübernahme nicht interessiert sind, als geeignete Bewerber im Nachbesetzungsverfahren aus.[49] Dies gilt jedoch nicht im umgekehrten Fall, wenn ein Bewerber übernahmewillig ist, der Abgeber jedoch nicht bereit ist, seine Praxis gerade an diesen Bewerber abzugeben, obwohl der Bewerber bereit ist, den Verkehrswert zu bezahlen.

65 Unabhängig von der Standortkontinuität reicht es nach neuerer Rechtsprechung des BSG für eine „Fortführung" der Arztpraxis im Sinne des Abs. 4 nicht aus, dass der bisher an die Praxis gebundene Vertragsarztsitz in irgendeiner Variante zur Grundlage der vertragsärztlichen Tätigkeit im jeweiligen Planungsbereich genutzt wird. In „personeller" Hinsicht ist vielmehr erforderlich, dass der Nachfolger die Praxis in eigener Person weiter betreibt. Dabei genügt es nicht, dass dieser dort eine ärztliche Tätigkeit entfaltet, sondern der Begriff „Fortführung" beinhaltet auch, dass der Nachfolger den Praxisbetrieb als Inhaber – zumindest als Mitinhaber – der Praxis fortsetzt. Denn nur so hat dieser auch die rechtliche Möglichkeit, seinen Fortführungswillen umzusetzen. Es genügt daher nicht, wenn ein Bewerber beabsichtigt, den Praxisbetrieb zwar am bisherigen Standort, jedoch lediglich als angestellter Arzt in der Zweigpraxis einer Berufsausübungsgemeinschaft oder eines MVZ fortzusetzen, weil dann die Fortführung der Praxis tatsächlich ganz maßgeblich nicht von seinem Willen, sondern aufgrund des Direktionsrechts seines Arbeitgebers von dessen Willen abhängt. Damit wäre nicht gewährleistet, dass der „Nachfolger" tatsächlich für längere Zeit – oder überhaupt – am bisherigen Standort der Praxis tätig werden kann.[50]

66 Eine völlige Fachgebietsidentität zwischen ausscheidendem Vertragsarzt und präsumtivem Nachfolger muss nicht bestehen. Es reiche, wenn das Tätigkeitsspektrum des Nachfolgers dem des vorigen im Wesentlichen entspricht. Dies sei beispielsweise bei ärztlichen und psychologischen Psychotherapeuten der Fall, so dass die einem MVZ zugewiesene Arztstelle eines ärztlichen Psychotherapeuten mit einem

---

45 BSG, 20.3.2013, B 6 KA 19/12 R, juris Rn. 33 = GesR 2013, 594 ff.
46 Vgl. Pawlita in: jurisPK-SGB V, § 103 Rn. 90; Meschke in: Bäune/Meschke/Rothfuß, Ärzte-ZV, § 16 b Rn. 69.
47 BSG, 29.9.1999, B 6 KA 1/99 R, juris Rn. 40 = SozR 3-2500 § 103 Nr. 5; LSG Bln-Bbg, 14.11.2012, L 7 KA 81/11, juris Rn. 22; SchlHLSG, 21.2.2012, L 4 KA 13/10, juris Rn. 34; LSG BW, 8.5.2002, L 5 KA 382/02, juris Rn. 33; Arnold/Poetsch, MedR 2013, 773, 774 ff.
48 AA LSG NRW, 19.5.2014, L 11 KA 99/13 B ER, juris Rn. 60, 65, wonach lediglich ein Praxisumzug innerhalb desselben Gebäudes unter Beibehaltung der Praxisanschrift genehmigungsfrei, mithin unschädlich sein soll.
49 Vgl. BSG, 29.9.1999, B 6 KA 1/99 R, juris Rn. 41 = SozR 3-2500 § 103 Nr. 5; Pawlita in: jurisPK-SGB V, § 103 Rn. 89.
50 BSG, 20.3.2013, B 6 KA 19/12 R, juris Rn. 35 = GesR 2013, 594 ff.

Psychologischen Psychotherapeuten nachbesetzt werden kann. Maßgebend ist daher die partielle oder gänzliche Identität des Tätigkeitsspektrums.[51]

Zwischenzeitlich hat sich das BSG erneut mit der Fachgebietsidentität befasst.[52] Danach wird aus der Verwendung des Begriffs „Nachbesetzung" deutlich, dass es ausschließlich darum geht, – unter Inkaufnahme der fortbestehenden Überversorgung – die Fortführung der Einrichtung (zB MVZ oder BAG) in seiner bestehenden Struktur zu ermöglichen. Dem Ziel würde umfassend dadurch Rechnung getragen, dass auf der Stelle des Arztes, der aus dem MVZ ausscheide, ein Arzt beschäftigt werden könne, der bedarfsplanungsrechtlich derselben Arztgruppe zuzuordnen sei.[53] Dabei hätte der GBA die bedarfsplanungsrechtlich relevanten Arztgruppen in der BedarfsplRL normiert. Nach § 6 BedarfsplRL bestimme sich die Zusammensetzung der Arztgruppen nach der Versorgungsausrichtung oder erfolge in Anlehnung an die (Muster-)Weiterbildungsordnung. In §§ 11-14 BedarfsplRL hätte der GBA hierzu Fachgebiete und Tätigkeitsbereiche den verschiedenen Arztgruppen zugeordnet. Die Definition der Arztgruppen im Sinne der Bedarfsplanung beruhe weitgehend auf den nach den geltenden Weiterbildungsordnungen erworbenen Facharztbezeichnungen. Die bedarfsplanungsrechtliche Zuordnung entspreche nach Auffassung des BSG aber nicht vollständig der weiterbildungsrechtlichen Gliederung. Vielmehr würden teilweise verschiedene Fachgebiete mit übereinstimmender Versorgungsausrichtung bedarfsplanungsrechtlich zu einer Arztgruppe zusammengefasst. Somit müsse für die erforderliche Zuordnung zu derselben Arztgruppe nicht notwendig die Fachgebietsbezeichnung des Nachfolgers mit derjenigen des ausscheidenden Arztes übereinstimmen. Vorausgesetzt würde aber, dass der nachfolgende Arzt sich aufgrund der normierten Qualifikationen bzw. Kriterien in der BedarfsplRL der Arztgruppe des bisherigen Stelleninhabers zuordnen lasse.[54]

Da das BSG bei der Fachgebietsidentität jedoch nicht nur auf die Kriterien in der BedarfsplRL abstellt, sondern auch auf normierte Qualifikationen (dies sind zB in der (Muster-)Weiterbildungsordnung bzw. in den Weiterbildungsordnungen der Ärztekammern ausgewiesene Qualifikationen), scheidet eine völlige Fachgebietsidentität zB innerhalb der fachärztlichen Versorgung im Bereich Innere Medizin aus. Zwar sieht die (Muster-)Weiterbildungsordnung in Ziff. 13 eine Basisweiterbildung für die weiteren Facharztkompetenzen vor, beinhaltet jedoch auch die Aneignung besonderer fachspezifischer Kompetenzen. Z.B. hat ein Facharzt für Innere Medizin und Kardiologie ganz andere Kompetenzen, als ein Facharzt für Innere Medizin und Nephrologie oder ein Facharzt für Innere Medizin und Hämatologie und Onkologie oder ein Facharzt für Innere Medizin und Gastroenterologie. Dies ergibt sich beispielsweise aus den Regelungen über die Vertretungsvoraussetzungen nach § 32 Abs. 2 und 3 Ärzte-ZV iVm § 3 Abs. 2 Ärzte-ZV und auch vor dem Hintergrund, dass eine Nachbesetzung die bestehende Struktur der Einrichtung aufrecht zu erhalten. Es sollte mithin ein Ausdünnen bestimmter Bereiche der vertragsärztlichen Versorgung verhindert werden.

Die Qualifizierung bestimmter Leistungen als fachfremd mit der Folge des Verbots, sie vertragsärztlich zu erbringen und abzurechnen, ist mit Art. 12 Abs. 1 GG vereinbar. Zwar kann dadurch der Schutzbereich des Grundrechts der beruflichen Betätigungsfreiheit betroffen sein, darin liegt aber lediglich eine nicht statusrelevante Berufsausübungsregelung. Sie betrifft nur Leistungen, die nicht in den Kernbereich ihres Fachgebiets fallen bzw. für das Fachgebiet nicht wesentlich und nicht prägend sind. Deren Ausgrenzung ist bei Abwägung zwischen der Eingriffsintensität und den der Tätigkeitsbeschränkung zugrunde liegenden Gemeinwohlbelangen – fachkompetente Aufteilung fachärztlicher Zuständigkeiten mit Übersichtlichkeit für die anderen Ärzte und die Patienten sowie damit zugleich des Gesundheitsschutzes – von vernünftigen Gründen des Gemeinwohls gedeckt. Etwas anderes ergibt sich auch nicht aus der Rechtsprechung des BVerfG.[55] Das BVerfG hat einen Verstoß gegen den Grundsatz der Verhältnismäßigkeit wegen einer berufsrechtlichen Verurteilung angenommen, die ihren Grund in einer nur geringfügigen Erbringung fachfremder Leistungen hatte. Darum geht es im vorliegenden Verfahren nicht. Das BVerfG hat ausdrücklich unter Hinweis auf die Entscheidung zur zulässigen Begrenzung

---

51 Vgl. LSG NRW, 12.12.2012, L 11 KA 64/11, juris Rn. 14; LSG NRW, 21.6.2010, L 11 B 26/09 KA ER, juris Rn. 54 = GesR 2011, 108 ff.
52 Vgl. BSG, 28.9.2016, B 6 KA 40/15 R, juris.
53 Vgl. BSG, 28.9.2016, B 6 KA 40/15 R, juris Rn. 19.
54 Vgl. BSG, 28.9.2016, B 6 KA 40/15 R, juris Rn. 20.
55 Vgl. BVerfG, 1.2.2011, 1 BvR 2383/10, juris = GesR 2011, 231 ff.

der Facharzttätigkeit auf das eigene Fach ausgeführt, dass die Besonderheiten im vertragsärztlichen Bereich zusätzliche Beschränkungen erlauben.[56]

68 bb) **Fortführungskriterien (Abs. 4 S. 5).** Bei der Auswahl der Bewerber sind die in Abs. 4 S. 5 benannten Kriterien sowie die weiteren in § 103 genannten Kriterien (ua Berücksichtigung von Allgemeinärzten für Hausarztsitze, Abs. 4 S. 6; Berücksichtigung des Verkehrswertes, Abs. 4 S. 8; Dauer der Eintragung in der Warteliste, Abs. 5; Berücksichtigung der in einer BAG verbleibenden Vertragsärzte, Abs. 6 S. 2) zu berücksichtigen. Diese Kriterien sind nach der Rechtsprechung des BSG nicht abschließend festgelegt. Mithin dürfen die Zulassungsgremien dort nicht vorgesehene zusätzliche Kriterien oder Anforderungen aufstellen.[57] Die Kriterien enthalten zudem keine Rangfolge der zu berücksichtigenden Faktoren; die Gewichtung liegt daher im pflichtgemäßen Ermessen der Zulassungsbehörden.[58] Insbesondere sind keine Vorgaben für die Gewichtung der Kriterien gemacht worden; dies ermöglicht eine an den besonderen Umständen jedes Einzelfalls orientierte Beurteilung.[59]

69 cc) **Berufliche Eignung (Abs. 4 S. 5 Nr. 1).** Beim Kriterium der beruflichen Eignung ist zunächst nach der Qualifikation und dem zu erwartenden Leistungsspektrum zu fragen.[60] Die *Qualifikation* ist zunächst anhand der Weiterbildungsordnung zu bemessen, insbesondere, ob zusätzlich zur Gebietsbezeichnung auch das Recht zum Führen von Schwerpunktbezeichnungen erworben wurde. Darüber hinaus dürfen *Abrechnungsgenehmigungen, wissenschaftliche Tätigkeit oder Fachpublikationen* Eingang in die Bewertung finden. All dies müssen die Zulassungsgremien jedoch nur berücksichtigen, wenn die entsprechenden Nachweise von den Bewerbern im Zusammenhang mit ihrem Zulassungsantrag eingereicht werden.

70 Die berufliche Eignung ist darüber hinaus stets *bezogen auf den nachzubesetzenden Vertragsarztsitz* zu prüfen. Denn der Praxisübernehmer muss in der Lage sein, die Praxis im Wesentlichen fortzuführen, also den Teil der Sicherstellung der Versorgung zu gewährleisten, den zuvor der die Praxis abgebende Leistungserbringer erbracht hat. Neben den insoweit erforderlichen Schwerpunktbezeichnungen und Abrechnungsgenehmigungen darf daher auch auf eine Mitarbeit in der Praxis als Vertreter oder Assistent abgestellt werden, da unter Versorgungsaspekten auch die Kontinuität in der Betreuung der Patienten anerkennenswert sein kann.

71 Verfügt der Bewerber über eine *höhere Qualifikation*, als sie der ausscheidende Vertragsarzt besaß, darf dies ebenfalls berücksichtigt werden. Denn zum einen können ggf. erst diese die Vertretung eines höher qualifizierten Partners innerhalb einer BAG ermöglichen. Zum anderen sind auch im überversorgten Planungsbereich regelmäßig möglichst hoch qualifizierte Vertragsärzte im Interesse der Patientenversorgung, während dem Verwertungsinteresse des ausscheidenden Vertragsarztes und dem Erhaltungsinteresse der verbleibenden Partner einer BAG solche überschießenden Qualifikationen nicht entgegenstehen.

72 Zulasten eines Bewerbers darf freilich berücksichtigt werden, dass er bestimmte zu seinem Fachgebiet gehörenden *Leistungen über einen längeren Zeitraum nicht mehr erbracht* hat, weil insofern nach allgemeiner Lebenserfahrung in allen (auch nichtärztlichen) Berufsgruppen Kenntnisse und Fähigkeiten typischerweise in gewissem Umfang verloren gehen.

73 Für die Auswahlentscheidung ist unerheblich, ob aufgrund von privatrechtlichen Beschränkungen, zB einem mietvertraglichen Wettbewerbsverbot, in den Praxisräumen nur Röntgen-Leistungen erbracht werden dürfen. Denn bei der Bestimmung der Praxisstruktur des ausscheidenden Vertragsarztes bzw. der BAG, der er zuletzt angehört hat, sind nur öffentlich-rechtliche Beschränkungen relevant, zB in der Form von Leistungs- und Abrechnungsverboten wegen fehlender diesbezüglicher Genehmigungen, nicht hingegen privatrechtliche. Unabhängig davon, dass solche den Zulassungsgremien regelmäßig

---

56 Vgl. BSG, 4.5.2016, B 6 KA 13/15 R, juris Rn. 24 = SozR 4-2500 § 135 Nr. 25; die gegen die Entscheidung des BSG erhobene Verfassungsbeschwerde ist nicht zur Entscheidung angenommen worden (BVerfG, 11.1.2017, 1 BvR 2329/16 [3. Orientierungssatz der Entscheidung des BSG]).
57 BSG, 20.3.2013, B 6 KA 19/12 R, juris Rn. 50 = GesR 2013, 594 ff.; Arnold/Poetsch, MedR 2013, 773, 777 f.; aA LSG NRW, 21.6.2010, L 11 B 26/09 KA ER, juris Rn. 40 = GesR 2011, 108 ff.; LSG NRW, 30.11.2005, L 11 KA 29/05, juris Rn. 58; vgl. Frehse/Lauber, GesR 2011, S. 278, 282 f., die vertreten, § 106 Abs. 6 S. 2 sei analog anzuwenden, wenn eine BAG erst durch Teilzulassung eines Bewerbers entstehen würde.
58 Vgl. BT-Dr. 17/6906, 75; Arnold/Poetsch, MedR 2013, 773, 777; zur Privilegierung schwerbehinderter Menschen bei Auswahlentscheidungen durch § 129 SGB IX, BSG, 15.7.2015, B 6 KA 32/14 R, juris Rn. 59 = GesR 2016, 104 ff., BSG, 15.7.2015, B 6 KA 29/14 R, juris Rn. 59 = GesR 2016, 104 ff.
59 Vgl. Wenner, Vertragsarztrecht nach der Gesundheitsreform, 2008, S. 143.
60 LSG Bln-Bbg, 12.9.2012, L 7 KA 70/11, juris Rn. 109 ff. = NZS 2013, 240 (Leitsatz).

nicht bekannt sind oder offenbart werden, wären diese andernfalls gehalten, uU komplizierte zivilrechtliche Fragen im Rahmen ihrer Zulassungsentscheidungen klären zu müssen, was wenig praktikabel und dem Ziel einer zeitnahen Nachbesetzung abträglich wäre.

Nach Auffassung des BSG ist die Gleichstellung von Kinder- und Jugendlichenpsychotherapeuten und Psychologischen Psychotherapeuten nicht auf die Konstellation einer Sonderbedarfszulassung beschränkt, sondern beansprucht auch für andere Zulassungskonstellationen Geltung.[61] Psychologische Psychotherapeuten mit entsprechender Zusatzqualifikation können und müssen auf freie Therapeutensitze zur ausschließlichen Behandlung von Kindern und Jugendlichen uneingeschränkt und unbefristet zugelassen werden.[62] Erfolgt eine Zulassung auf einen Therapeutensitz, der zur ausschließlich psychotherapeutischen Versorgung von Kindern und Jugendlichen ausgeschrieben worden ist, so berechtigt diese Zulassung allein zur psychotherapeutischen Behandlung dieses Personenkreises. Auch ein Psychologischer Psychotherapeut mit Zusatzqualifikation, der auf einen entsprechenden Therapeutensitz zugelassen wird, hat dies zu beachten, so dass nicht zu besorgen ist, er werde tatsächlich vorrangig Erwachsene versorgen, wofür uU kein Bedarf besteht.[63] 74

dd) **Approbationsalter** (Abs. 4 S. 5 Nr. 2). Das Approbationsalter ist der *Zeitraum seit Erteilung der Approbation*. Das Lebensalter des Bewerbers zum Zeitpunkt der Approbation ist unerheblich. Ein länger zurückliegender Approbationszeitpunkt ist vorteilhafter. In der Regel wird in dem Fall eine längere Dauer der ärztlichen Tätigkeit vorliegen.[64] Nach Auffassung des BSG zielen die Kriterien Approbationsalter und Dauer der ärztlichen Tätigkeit darauf ab, einen gewissen Erfahrungsstand und den dadurch erworbenen Standard zu berücksichtigen; dieser dürfte in den meisten ärztlichen Bereichen nach ca. fünf Jahren in vollem Ausmaß erreicht sein, so dass das darüber hinausgehende höhere Alter eines Bewerbers und eine noch längere ärztliche Tätigkeit keinen zusätzlichen Vorzug mehr begründeten.[65] 75

ee) **Dauer der ärztlichen Tätigkeit** (Abs. 4 S. 5 Nr. 3). Unter Dauer der ärztlichen Tätigkeit ist die *Summe aller Zeiträume* zu verstehen, in denen der Bewerber nach Erteilung der Approbation bisher ärztlich tätig ist. Auch für der Dauer der ärztlichen Tätigkeit ist die Fünf-Jahres-Rechtsprechung des BSG zu beachten.[66] Zu berücksichtigen ist jedoch, dass nach Abs. 4 S. 7 die Dauer der ärztlichen Tätigkeit verlängert wird um Zeiten, in denen die ärztliche Tätigkeit wegen der Erziehung von Kindern oder der Pflege pflegebedürftiger naher Angehöriger in häuslicher Umgebung unterbrochen worden ist. Dies dient der besseren Vereinbarkeit von Familie und Beruf und verhindert, dass Ärztinnen und Ärzte, die ihre ärztliche Tätigkeit wegen Kindererziehung oder der Pflege pflegebedürftiger naher Angehöriger unterbrochen haben, bei der Auswahlentscheidung über die Nachbesetzung von Vertragsarztsitzen in gesperrten Planungsbereichen gegenüber Bewerberinnen und Bewerbern ohne Erziehungs- bzw. Pflegezeiten benachteiligt werden. Die zu berücksichtigende Dauer der ärztlichen Tätigkeit ist deshalb fiktiv um die Zeiträume zu verlängern, in denen eine ärztliche Tätigkeit wegen Erziehungs- oder Pflegeaufgaben vorübergehend nicht ausgeübt wurde[67] 76

ff) **Fünfjährige Tätigkeit in unterversorgtem Gebiet** (Abs. 4 S. 5 Nr. 4). Abs. 4 S. 5 Nr. 4 verpflichtet die Zulassungsgremien bei der Auswahlentscheidung auch zu berücksichtigen, wenn ein Bewerber zuvor mindestens fünf Jahre in einem unterversorgten Gebiet vertragsärztlich tätig war. Unerheblich ist dabei, ob es sich um eine freiberufliche vertragsärztliche Tätigkeit oder um eine Angestelltentätigkeit gehandelt hat. Durch diese Regelung soll ein *Anreiz für Ärzte* geschaffen werden, sich gerade zu Beginn ihres Berufslebens für eine vertragsärztliche Tätigkeit in unterversorgten Regionen zu entscheiden. Durch die Regelung werden die Chancen, zu einem späteren Zeitraum im Rahmen eines Nachbesetzungsverfahrens eine Zulassung in einer attraktiveren Region zu erhalten, erhöht.[68] 77

---

61 Vgl. BSG, 15.7.2015, B 6 KA 32/14 R, juris Rn. 47 = MedR 2016, 629 ff.; BSG, 15.7.2015, B 6 KA 29/14 R, juris Rn. 47 = MedR 2016, 629 ff.
62 Vgl. BSG, 15.7.2015, B 6 KA 32/14 R, juris Rn. 50 = MedR 2016, 629 ff.; BSG, 15.7.2015, B 6 KA 29/14 R, juris Rn. 50 = MedR 2016, 629 ff.
63 Vgl. BSG, 15.7.2015, B 6 KA 32/14 R, juris Rn. 55 = MedR 2016, 629 ff.; BSG, 15.7.2015, B 6 KA 29/14 R, juris Rn. 55 = MedR 2016, 629 ff.
64 Pawlita in: jurisPK-SGB V, § 103 Rn. 100.
65 BSG, 9.12.2010, B 6 KA 36/09 R, juris Rn. 39 = MedR 2012, 216 ff.
66 BSG, 9.12.2010, B 6 KA 36/09 R, juris Rn. 39 = MedR 2012, 216 ff.
67 BT-Dr. 17/6906, 75.
68 BT-Dr. 17/6906, 75.

78 **gg) Ehegatte, Lebenspartner, Kind des bisherigen Vertragsarztes (Abs. 4 S. 5 Nr. 5).** Im Rahmen des Abs. 4 S. 5 Nr. 5 ist in das Ermessen einzubeziehen, ob es sich bei dem Bewerber um einen Ehegatten, Lebenspartner oder Kind des bisherigen Vertragsarztes handelt. Durch diese Regelung wird dem *familiären Interesse* eines Verpflichteten an der Weitergabe der Arztpraxis an Kinder, Ehegatten oder Lebenspartner Rechnung getragen.[69]

79 **hh) Angestellter oder Mitglied einer Gemeinschaftspraxis (Abs. 4 S. 5 Nr. 6).** Bei der Auswahlentscheidung ist gemäß Abs. 4 S. 5 Nr. 6 zu berücksichtigen, ob der Bewerber ein angestellter Arzt des bisherigen Vertragsarztes oder ein Vertragsarzt ist, mit dem die Praxis bisher gemeinschaftlich betrieben wurde. Durch diese Regelung wird verhindert, dass Ärzte, mit denen die ausscheidende der ausscheidende Vertragsarzt zuvor gemeinsam tätig war, durch eine ablehnende Entscheidung der Zulassungsbehörden gezwungen werden, ggf. ihre vertragsärztliche Tätigkeit in der Praxis aufzugeben.[70] Die Regelung steht in unmittelbarem Zusammenhand mit Abs. 6 S. 2, wonach die Interessen des oder der in der Praxis verbleibenden Vertragsärzte bei der Bewerberauswahl angemessen zu berücksichtigen sind. Denn nach Auffassung des BSG sind bei der Nachfolgezulassung in einer Gemeinschaftspraxis die *Interessen der in der Praxis verbleibenden Vertragsärzte angemessen zu berücksichtigen*; einem Bewerber, mit dem diese ausdrücklich nicht zusammenarbeiten wollen, darf die Zulassung grundsätzlich nicht erteilt werden.[71]

80 **ii) Besondere Versorgungsbedürfnisse (Abs. 4 S. 5 Nr. 7).** Abs. 4 S. 5 Nr. 7 gibt dem Zulassungsausschuss über die berufliche Eignung zur Fortführung der ausgeschriebenen Arztpraxis hinaus die Möglichkeit, besondere Versorgungsgesichtspunkte *bereits bei der Ausschreibung des Vertragsarztsitzes* zu definieren und bei der Bewerberauswahl zu berücksichtigen, wer bereit ist, diese besonderen Versorgungsbedürfnisse zu erfüllen. Hierbei kann es sich um die Bereitschaft handeln, neben der Tätigkeit am Vertragsarztsitz im überversorgten Planungsbereich in gewissem Umfang auch in nahegelegenen schlechter versorgten Gebieten tätig zu sein, oder um die Verpflichtung, bestimmte Teile des Leistungsspektrums der betreffenden Facharztgruppe in einem bestimmten Umfang anzubieten.[72]

81 **jj) Belange von Menschen mit Behinderung (Abs. 4 S. 5 Nr. 8).** Nach Abs. 4 S. 5 Nr. 8 sind bei der Auswahl der Bewerber sind Belange von Menschen mit Behinderung beim Zugang zur Versorgung zu berücksichtigen. In der vertragsärztlichen Versorgung gibt es zwar bereits eine Vielzahl von barrierefreien Arztpraxen. Es bedarf jedoch weiterer Anstrengungen, um den Zugang zur Versorgung für Menschen mit Behinderungen zu verbessern. Daher kann es bei der Nachbesetzung eines Arztsitzes ein zu berücksichtigendes Auswahlkriterium sein, ob der Nachfolger bereit ist, Maßnahmen zum Beispiel zum Abbau von baulichen Barrieren oder Barrieren bei der Kommunikation oder Informationsweitergabe zu ergreifen. Hiermit soll die Zahl entsprechender Arztpraxen erhöht werden.[73]

82 **kk) Vorrangige Berücksichtigung von Allgemeinärzten (Abs. 4 S. 6).** Gemäß Abs. 4 S. 6 sind ab dem 1.1.2006 für ausgeschriebene Hausarztsitze **vorrangig** Allgemeinärzte zu berücksichtigen. Hierdurch wird verdeutlicht, dass bei der Nachbesetzung von Hausarztpraxen zwar vorrangig Allgemeinmediziner zu berücksichtigen sind, es jedoch auch möglich ist, in besonderen Fällen (zB wenn kein Allgemeinmediziner zur Verfügung steht) andere hausärztlich tätige Ärzte, zB Internisten, bei der Nachbesetzung zu berücksichtigen.[74]

83 **ll) Berücksichtigung wirtschaftlicher Interessen, Abs. 4 S. 8.** Gemäß Abs. 4 S. 8 sind die **wirtschaftlichen Interessen des ausscheidenden Vertragsarztes oder seiner Erben** nur insoweit zu berücksichtigen, als der Kaufpreis die Höhe des Verkehrswerts der Praxis nicht übersteigt.

84 Nach Auffassung des Gesetzgebers soll den Erfordernissen des Eigentumsschutzes dadurch Rechnung getragen werden, dass dem Inhaber einer Praxis deren wirtschaftliche Verwertung auch in einem für Neuzulassungen gesperrten Gebiet ermöglicht wird.[75] Der Gesetzgeber hat die Fortsetzung eines – an sich unerwünschten – Zustandes der Überversorgung nach der Beendigung der Zulassung eines Vertragsarztes nur deshalb hingenommen, weil andernfalls ein ausscheidender Vertragsarzt bzw. seine Er-

---

69 BT-Dr. 17/6906, 76.
70 BT-Dr. 17/8005, 112.
71 BSG, 14.12.2011, B 6 KA 13/11 R, juris Rn. 23 = GesR 2012, 223 ff.; BSG, 29.9.1999, B 6 KA 1/99 R, juris Rn. 42 = SozR 3-2500 § 103 Nr. 5.
72 BT-Dr. 17/6906, 75.
73 BT-Dr. 18/4095, 109.
74 BT-Dr. 15/1525, 112.
75 BT-Dr. 12/3937, 7.

ben keine Möglichkeit hätten, die oft einen erheblichen Wert repräsentierende Praxis zu verwerten. Regelmäßig würde sich ein Arzt für die Übernahme einer (auch) vertragsärztlichen Praxis nicht interessieren, sofern er für den jeweiligen Vertragsarztsitz keine Zulassung erhalten könnte. Der die Vorschriften über die vertragsärztliche Bedarfsplanung prägende Grundsatz, wonach Überversorgung zu vermeiden und – soweit möglich – abzubauen ist, tritt dann zurück, wenn und soweit die wirtschaftlichen Interessen des ausscheidenden Vertragsarztes bzw. seiner Erben – sowie die vom Gesetzgeber ebenfalls für schutzwürdig gehaltenen Belange der verbleibenden Mitglieder einer Gemeinschaftspraxis – die Erteilung einer Zulassung in einen gesperrten Gebiet als geboten erscheinen lassen. Daraus ergeben sich auch Konsequenzen für die Auswahlentscheidung der Zulassungsbehörden: Bewerber, die erklärtermaßen nur an dem Vertragsarztsitz des ausscheidenden Vertragsarztes interessiert sind und dessen Praxis im oben dargestellten Sinne nicht fortführen wollen und von vornherein nicht bereit sind, mit dem ausscheidenden Vertragsarzt über eine Praxisübernahme zu verhandeln, dürfen keine Zulassung erhalten.[76]

In welcher Weise der **Verkehrswert einer Praxis** zu ermitteln ist, ist dem Gesetz nicht zu entnehmen. 85
Die Rechtsprechung sieht zur Ermittlung des Verkehrswertes eine modifizierte Ertragswertmethode als grundsätzlich geeignet an. Dabei wird neben dem Substanzwert einer Praxis, dh dem Zeitwert der bewertbaren Wirtschaftsgüter, der immaterielle Wert in Form eines sog Goodwill berücksichtigt. Auch die von Juristen der Ärztekammern und betriebswirtschaftlichen Beratern der Kassenärztlichen Vereinigungen erarbeiteten „Hinweise zur Bewertung von Arztpraxen" vom 9.9.2008 legen die ertragswertorientierte Methode unter Berücksichtigung der Kosten zugrunde.[77] Eine Bemessung allein nach dem Substanzwert lässt zu Unrecht den auch bei psychotherapeutischen Praxen vorhandenen immateriellen Wert einer Praxis unberücksichtigt.[78]

Die Annahme eines **immateriellen Wertes bei psychotherapeutischen Praxen** ist nicht bereits deshalb 86
ausgeschlossen, weil nach der Rechtsprechung des BSG eine besondere Abhängigkeit des Ertrags von der Person des Praxisinhabers besteht.[79] Für alle Arztpraxen gilt, dass ihr die Person des Inhabers das Gepräge gibt. In den „Hinweisen zur Bewertung von Arztpraxen" ist ausgeführt, dass der ideelle Wert einer Praxis seinem Wesen nach etwas anderes ist als der Geschäftswert eines gewerblichen Unternehmens. Vertragsärzte erbringen immer eine höchstpersönliche Leistung (vgl. § 15 Abs. 1 S. 1 BMV-Ä), der Grad der Bindung der Patienten an die Person des Arztes ist lediglich in den einzelnen Arztgruppen unterschiedlich ausgeprägt. Die Bedeutung der Person des bisherigen Praxisinhabers ist umso größer, je enger die Bindung zwischen Behandler und Patient in einer Fachgruppe typischerweise ist. Auch wenn die Bindung im Rahmen einer psychotherapeutischen Behandlung, insbesondere einer psychoanalytischen Behandlung, als besonders eng anzusehen ist, schließt das einen über den Substanzwert hinausgehenden immateriellen Wert einer Praxis nicht aus. Dieser kann sich etwa aus Faktoren wie der Infrastruktur des Standortes, der Art und Zusammensetzung des Patientenstamms, der Konkurrenzsituation, einer etwaigen Warteliste sowie dem Ruf und Ansehen des bisherigen Praxisinhabers und seiner Vernetzung etwa mit potenziellen Überweisern ergeben. Auch eine psychotherapeutische Praxis wird als Wirtschaftsgut höher eingeschätzt, als es ihrem reinen Substanzwert entspricht.[80]

mm) Bewerbung eines MVZ um eine Arztstelle (Abs. 4 S. 10)

Hat sich ein MVZ auf die Nachbesetzung des Vertragsarztsitzes beworben, kann gemäß Abs. 4 S. 10 87
auch anstelle der in Abs. 4 S. 5 genannten Kriterien die Ergänzung des besonderen Versorgungsangebots des MVZ berücksichtigt werden. Bewerben sich MVZ auf eine ausgeschriebene Zulassung, können sie dies bisher nur, wenn sie im Nachbesetzungsverfahren bereits einen Arzt vorweisen können, weil im Rahmen der vom Zulassungsausschuss zu treffenden Auswahlentscheidung nur personenbezogene Kriterien berücksichtigt werden. In der Realität ist es häufig der Fall, dass MVZ erst dann eine Ärztin bzw. einen Arzt akquirieren, wenn sie tatsächlich auch eine Zulassung bzw. Anstellungsgenehmigung haben. Daher soll der Zulassungsausschuss bei der Nachbesetzung von Zulassungen, auf die sich ein MVZ bewirbt, auch berücksichtigen können, inwieweit durch die Erteilung der Zulassung das

---

76 BSG, 29.9.1999, B 6 KA 1/99 R, juris Rn. 41 = SozR 3-2500 § 103 Nr. 5.
77 DÄ 2008, A 2778, 2780 = http://www.kbv.de/media/sp/Hinweise_zur_Bewertung_von_Arztpraxen_Dt__Aerzteblatt_51_52_2008.pdf (zuletzt abgerufen am 1.3.2017).
78 BSG, 14.12.2011, B 6 KA 39/10 R, juris 22 = GesR 2012, 535 ff.; BGH, 9.2.2011, XII ZR 40/09, juris = MedR 2011, 580 ff.
79 BSG, 14.12.2011, B 6 KA 39/10 R, juris 22 = GesR 2012, 535 ff.
80 Vgl. Stellpflug, Niederlassung für Psychotherapeuten, 2005, Rn. 162; Mittelstaedt, in Rüping/Mittelstaedt, Abgabe, Kauf und Bewertung psychotherapeutischer Praxen, 129 ff.

besondere Versorgungsspektrum des MVZ zugunsten der Patientenversorgung verbessert wird. Dies kann insbesondere dann der Fall sein, wenn mit der neuen Zulassung ein besonderes Versorgungskonzept des MVZ ermöglicht oder ergänzt wird. MVZ erfüllen als eigenständige Leistungserbringer einen wichtigen Beitrag zur Versorgung der Versicherten. Insbesondere soweit das MVZ ein fachübergreifendes ärztliches Leistungsspektrum anbietet, steht dabei die „Versorgung unter einem Dach" als Leistungserbringungszweck beim MVZ im Vordergrund. Um diesen Versorgungszweck Rechnung zu tragen, bedarf es einer Regelung, die es dem MVZ ermöglicht, sich mit ihrem besonderen Versorgungskonzept auf einen ausgeschriebenen Vertragsarztsitz zu bewerben. Im Nachbesetzungsverfahren kann daher auch das besondere Versorgungsangebot eines MVZ geprüft werden.[81]

88 g) **Medizinische Versorgungszentren (Abs. 4 a).** Abs. 4a regelt Besonderheiten, die bei MVZ zu beachten sind.

89 Abs. 4a S. 1 ermöglicht, dass niedergelassene Ärzte in einer überversorgten Region ihren Zulassungsstatus aufgeben und künftig als angestellte Ärzte eines MVZ ihre Leistungen erbringen können.

90 Die Zulassungsbehörden haben diese Übertragung der Zulassung gemäß Abs. 4a S. 1 Hs. 1. jedoch nur dann zu genehmigen, wenn „Gründe der vertragsärztlichen Versorgung" dem nicht entgegenstehen. Die Regelung erfolgt in Anlehnung an die Vorschrift zur Verlegung eines Praxissitzes nach § 24 Ärzte-ZV und soll der Sicherstellung einer flächendeckenden Versorgung dienen. Führt daher die Übernahme einer Praxis in ein MVZ zu Versorgungsproblemen am bisherigen Sitz der Praxis, stehen diese Versorgungsprobleme einer solchen Übernahme entgegen. Seitens des MVZ wäre in diesem Fall ggf. zu prüfen, ob am bisherigen Praxissitz eine Zweigpraxis eingerichtet wird.[82] Den Zulassungsbehörden kommt insoweit ein Beurteilungsspielraum zu, da es sich im Ergebnis um Bedarfsgesichtspunkte handelt; dies setzt eine Bedarfsanalyse voraus.[83]

91 Eine Fortführung der Praxis nach Abs. 4 ist jedoch gemäß Abs. 4a S. 1 Hs. 2 nicht möglich. Dies ist die Konsequenz daraus, dass der in ein in ein MVZ wechselnde Vertragsarzt seine Zulassung in ein MVZ mitnimmt und deshalb eine Praxisübergabe seiner bisherigen Vertragsarztpraxis nicht möglich ist; anderenfalls würden trotz Zulassungsbeschränkungen zusätzliche Ärzte zugelassen werden.[84]

92 Abs. 4a S. 2 erlaubt **angestellten Ärzten eines MVZ,** die durch ihre Anstellung in einem MVZ dessen **Gründung oder die Erweiterung** dessen ärztlichen Behandlungsangebots **ermöglicht haben,** nach mindestens fünf Jahren in dem betreffenden Planungsbereich auch dann in die Niederlassung zu wechseln, wenn dieser Planungsbereich wegen Überversorgung gesperrt ist. Gleichzeitig darf das MVZ die durch den Wechsel in die Freiberuflichkeit im Zentrum frei werdende Arztstelle nachbesetzen. Diese Ausnahme von dem grundsätzlichen Verbot, in gesperrten Planungsbereichen neue Vertragsärzte zuzulassen, war notwendig, um die Gründung und Erweiterung von MVZ zu fördern.[85] Denn die besondere Niederlassungsmöglichkeit erhöht die Attraktivität des MVZ für junge Ärzte, da diese Ärzte durch eine fünfjährige Tätigkeit als angestellte Ärzte einer derartigen Einrichtung nicht nur Erfahrungen für eine spätere freiberufliche Tätigkeit sammeln, sondern aufgrund dieser Regelung auch die Möglichkeit erhalten, in einem gesperrten Gebiet in die Freiberuflichkeit zu wechseln, ohne den normalerweise notwendigen Weg über die Praxisübergabe nach Abs. 4 gehen zu müssen.[86] Dies gilt nach Abs. 4a S. 2 Hs. 2 jedoch nicht für Ärzte, die aufgrund einer Nachbesetzung nach Abs. 4 S. 5 oder erst seit dem 1.1.2007 in einem MVZ tätig sind. Bis vor Inkrafttreten des VÄndG am 1.1.2007[87] enthielt Abs. 4a das Privileg für Ärzte, die mindestens fünf Jahre in einem MVZ tätig waren, unbeschadet angeordneter Zulassungsbeschränkungen in demselben Planungsbereich eine Zulassung zu erhalten. Dieses Privileg ist gestrichen worden, da es zum einen die Überversorgung fördert und zum anderen auch eine Ungleichbehandlung derjenigen Ärzte darstellt, die nicht als Angestellte in einem MVZ, sondern als Angestellte in einer Arztpraxis tätig werden. Ärzte, die bereits vor Inkrafttreten des Gesetzes in einem MVZ tätig waren, werden aus Gründen des Bestandsschutzes von der Änderung ausgenommen.[88]

---

[81] BT-Dr. 18/4095, 109.
[82] BT-Dr. 17/6906, 77; Pawlita in: jurisPK-SGB V, § 103 Rn. 123.
[83] LSG Nds-Brem, 15.10.2009, L 3 KA 73/09 B ER, juris Rn. 19, 21, 31 = ZMGR 2010, 44 ff.; Pawlita in: jurisPK-SGB V, § 95 Rn. 233.
[84] BT-Dr. 15/1525, 112.
[85] BT-Dr. 15/1525, 112.
[86] BT-Dr. 15/1525, 112.
[87] VÄndG v. 22.12.2006 (BGBl. I, 3439).
[88] BT-Dr. 16/3157, 17.

MVZ ist die **Nachbesetzung einer Arztstelle** gemäß Abs. 4 a S. 3 möglich, auch wenn Zulassungsbeschränkungen angeordnet sind. Daraus folgt jedoch, dass das Recht auf Nachbesetzung einer Stelle gemäß Abs. 4 a nur für eine begrenzte Frist nach dem Freiwerden der Stelle bestehen kann. Als Frist, binnen derer die Nachbesetzung noch möglich ist, ist von sechs Monaten auszugehen. Dies ergibt sich aus einer Anlehnung an die in § 95 Abs. 6 S. 3 bestimmte Sechs-Monats-Frist. Zwar steht diese Regelung insofern in einem anderen Kontext, als dort bestimmt wird, wann einem MVZ die Zulassung zu entziehen ist, bei dem die Gründungsvoraussetzungen durch Ausscheiden eines Arztes weggefallen sind. Diese Vorschrift bietet aber insofern einen geeigneten Anknüpfungspunkt, als sie speziell MVZ betrifft: Sie zeigt, dass der Gesetzgeber im Hinblick auf die Zielvorgabe, ein „Ausbluten" von MVZ zu verhindern und diesen auch sonst einen möglichst breiten Aktionsrahmen mit möglichst wenig Hindernissen einzuräumen, für eine Wiederbesetzung nach einem Personalausfall aber doch eine Toleranzgrenze bei sechs Monaten zieht. Bei Wegfall der Gründungsvoraussetzungen für ein MVZ nimmt das Gesetz für sechs Monate eine Abweichung von den normativen Vorgaben in Kauf, bringt aber auch zum Ausdruck, dass er erwartet, dass binnen dieser Vorgaben und Realität wieder in Übereinstimmung gebracht werden. Dies ist entsprechend auf Nachbesetzungen gemäß Abs. 4 a zu übertragen, so dass auch hier von einer Höchstfrist von sechs Monaten für Vakanzen auszugehen ist. Gewahrt ist die Sechs-Monats-Frist, wenn der Antrag auf Nachbesetzung binnen dieser Frist den Zulassungsbehörden in vollständiger Form zugegangen ist und auch alle materiellen Voraussetzungen erfüllt hat. Allerdings ist den Zulassungsbehörden die Befugnis einzuräumen, die Frist in besonderen Fällen des Misslingens rechtzeitiger Nachbesetzbarkeit trotz erkennbar ernstlichen Bemühens nochmals um höchstens weitere sechs Monate zu verlängern.[89]

§ 95 Abs. 9 b gilt gemäß § 103 Abs. 4 a S. 4 entsprechend. Eine nach § 95 Abs. 9 S. 1 genehmigte Anstellung kann daher seit Inkrafttreten des GKV-VStrG am 1.1.2012[90] von den Zulassungsbehörden auf Antrag des anstellenden Vertragsarztes in eine Zulassung umgewandelt werden. Durch die Ergänzung in § 103 Abs. 4 a wird § 95 Abs. 9 b für entsprechend anwendbar erklärt. Hat demnach ein Vertragsarzt in einem gesperrten Planungsbereich auf seine Zulassung verzichtet, um in einem MVZ als angestellter Arzt tätig zu sein, kann die Angestelltenstelle zu einem späteren Zeitpunkt in eine Zulassung zurück umgewandelt werden.[91]

h) **Angestellte Ärzte (Abs. 4 b).** Verzichtet ein Vertragsarzt in einem Planungsbereich, für den Zulassungsbeschränkungen angeordnet sind, auf seine Zulassung, um bei einem Vertragsarzt als nach § 95 Abs. 9 S. 1 angestellter Arzt tätig zu werden, so haben die Zulassungsbehörden die Anstellung zu genehmigen, wenn Gründe der vertragsärztlichen Versorgung dem nicht entgegenstehen; eine Fortführung der Praxis nach § 103 Abs. 4 ist nicht möglich. Soll die vertragsärztliche Tätigkeit in den Fällen der Beendigung der Zulassung durch Tod, Verzicht oder Entziehung von einem Praxisnachfolger weitergeführt werden, kann die Praxis auch in der Form weitergeführt werden, dass ein Vertragsarzt den Vertragsarztsitz übernimmt und die vertragsärztliche Tätigkeit durch einen angestellten Arzt in seiner Praxis weiterführt, wenn Gründe der vertragsärztlichen Versorgung dem nicht entgegenstehen. Die Nachbesetzung der Stelle eines nach § 95 Abs. 9 S. 1 angestellten Arztes ist möglich, auch wenn Zulassungsbeschränkungen angeordnet sind. § 95 Abs. 9 b gilt entsprechend.

Mit der Änderung soll es daher künftig auch Vertragsärzten möglich sein, ausgeschriebene Sitze zu übernehmen und mit angestellten Ärzten in der eigenen Praxis fortzuführen. Die Regelung stellt damit Vertragsärzte bei der Übernahme einer Praxis künftig den MVZ gleich.[92]

i) **Medizinische Versorgungszentren als Praxisnachfolger (Abs. 4 c).** Soll die vertragsärztliche Tätigkeit in den Fällen der Beendigung der Zulassung durch Tod, Verzicht oder Entziehung von einem Praxisnachfolger weitergeführt werden, kann die Praxis auch in der Form weitergeführt werden, dass ein MVZ den Vertragsarztsitz übernimmt und die vertragsärztliche Tätigkeit durch einen angestellten Arzt in der Einrichtung weiterführt, wenn Gründe der vertragsärztlichen Versorgung dem nicht entgegenstehen. Abs. 4 und 5 gelten entsprechend. Abs. 4 gilt mit der Maßgabe, dass bei der Auswahl des Praxisnachfolgers ein MVZ, bei dem die Mehrheit der Geschäftsanteile und der Stimmrechte nicht bei Ärzten liegt, die in dem MVZ als Vertragsärzte tätig sind, gegenüber den übrigen Bewerbern nachrangig zu berücksichtigen ist. Dieser Nachrang gilt nicht für ein MVZ, das am 31.12.2011 zugelassen

---

89 BSG, 19.10.2011, B 6 KA 23/11 R, juris Rn. 25, 26 = GesR 2012, 179 ff.
90 Gesetz vom 22.12.2011 (BGBl. I, 2983).
91 BT-Dr. 17/6906, 75.
92 BT-Dr. 17/8005, 150.

war und bei dem die Mehrheit der Geschäftsanteile und der Stimmrechte bereits zu diesem Zeitpunkt nicht bei den dort tätigen Vertragsärzten lag.

98 Der Schutz freiberuflich tätiger Ärztinnen und Ärzte vor einer Verdrängung durch MVZ bei der Praxisnachfolge in überversorgten Planungsbereichen soll nicht über ein zunächst vorgesehenes Vorkaufsrecht gewährleistet werden, weil die praktische Umsetzung dieses Vorkaufsrecht sehr aufwändig wäre und die Gefahr bergen würde, dass am Ende eines Verfahrens keine fortführungsfähige Praxis mehr existiert. Deshalb soll der Nachrang von MVZ bereits bei der Auswahlentscheidung der Zulassungsbehörden um die Praxisnachfolge nach Abs. 4 berücksichtigt werden. Es bleibt dabei, dass der Nachrang nur die MVZ betrifft, die sich nicht mehrheitlich in der Hand der dort tätigen Vertragsärzte befinden und die auch nicht unter die Regelung zum Bestandsschutz fallen.[93]

99 **j) Warteliste (Abs. 5).** Die Registerstellen bei den Kassenärztlichen Vereinigungen führen für jeden Planungsbereich eine Warteliste. In die Warteliste werden auf Antrag die Ärzte, die sich um einen Vertragsarztsitz bewerben und in das Arztregister eingetragen sind, aufgenommen. Bei der Auswahl der Bewerber für die Übernahme einer Vertragsarztpraxis nach Abs. 4 ist die Dauer der Eintragung in die Warteliste zu berücksichtigen.

100 **k) Praxisnachfolge in Gemeinschaftspraxen (Abs. 6).** Endet die Zulassung eines Vertragsarztes, der die Praxis bis dahin mit einem oder mehreren Vertragsärzten gemeinschaftlich ausgeübt hat, so gelten gemäß Abs. 6 S. 1 die Absätze 4 und 5 des § 103 entsprechend. Die Interessen der in der Gemeinschaftspraxis verbleibenden Ärzte sind bei der Bewerberauswahl im Nachbesetzungsverfahren gemäß Abs. 6 S. 2 jedoch angemessen zu berücksichtigen.

101 Abs. 6 steht in unmittelbarem Zusammenhang mit Abs. 4 S. 5 Nr. 6, wonach bei der Bewerberauswahl zu berücksichtigen ist, ob der Bewerber ein angestellter Arzt des bisherigen Vertragsarztes oder ein Vertragsarzt ist, mit dem die Praxis bisher gemeinschaftlich betrieben wurde. Denn beide Vorschriften setzen eine gemeinsame ärztliche Tätigkeit voraus.

102 Nach Auffassung des BSG sind bei der Nachfolgezulassung in einer Gemeinschaftspraxis die **Interessen der in der Praxis verbleibenden Vertragsärzte** angemessen zu berücksichtigen; einem Bewerber, mit dem diese ausdrücklich nicht zusammenarbeiten wollen, darf die Zulassung grundsätzlich nicht erteilt werden.[94] Vor diesem Hintergrund ist zwingend Voraussetzung für eine Privilegierung nach Abs. 6 S. 2, dass bereits formell und materiell eine Gemeinschaftspraxis besteht. Insbesondere reicht es für eine Privilegierung nicht aus, wenn erst noch eine Gemeinschaftspraxis errichtet werden soll; eine Regelungslücke liegt nicht vor, so dass eine analoge Anwendung von Abs. 6 ausgeschlossen ist.[95]

103 **aa) Besonderheiten aus dem Status.** Im Zusammenhang mit Abs. 6 steht jedoch, ob überhaupt eine Gemeinschaftspraxis besteht. Von dieser Frage betroffen sind verschiedene Rechtsbereiche, zu nennen sind hier die Bereiche Arbeitsrecht, Steuerrecht, Gesellschaftsrecht und Sozialversicherungsrecht.[96]

104 An dieser Stelle soll das Sozialversicherungsrecht näher beleuchtet werden. Die Zuordnung des konkreten Lebenssachverhalts zum rechtlichen Typus der (abhängigen) Beschäftigung als nichtselbstständige Arbeit, insbesondere in einem Arbeitsverhältnis (§ 7 Abs. 1 S. 1 SGB IV) nach dem Gesamtbild der Arbeitsleistung erfordert nach Ansicht des BSG eine Gewichtung und Abwägung aller als Indizien für und gegen eine Beschäftigung bzw. selbstständige Tätigkeit sprechenden Merkmale der Tätigkeit im Einzelfall. Bei Vorliegen gegenläufiger, dh für die Bejahung und die Verneinung eines gesetzlichen Tatbestandsmerkmals sprechender tatsächlicher Umstände oder Indizien haben die Gerichte und die entsprechenden Behörden insoweit eine wertende Zuordnung aller Umstände im Sinne einer Gesamtabwägung vorzunehmen. Diese Abwägung darf allerdings nicht rein schematisch oder schablonenhaft erfolgen, etwa in der Weise, dass beliebige Indizien jeweils zahlenmäßig einander gegenübergestellt werden, sondern es ist in Rechnung zu stellen, dass manchen Umständen wertungsmäßig größeres Gewicht zukommen kann als anderen, als weniger bedeutsam einzuschätzenden Indizien. Eine rechtmäßige Gesamtabwägung setzt deshalb voraus, dass alle nach Lage des Einzelfalls wesentlichen Indizien festgestellt, in ihrer Tragweite zutreffend erkannt und gewichtet, in die Gesamtschau mit diesem Ge-

---

93 BT-Dr. 17/8005, 150.
94 BSG, 14.12.2011, B 6 KA 13/11 R, juris Rn. 23 = GesR 2012, 223 ff.; BSG, 29.9.1999, B 6 KA 1/99 R, juris Rn. 42 = SozR 3-2500 § 103 Nr. 5.
95 AA Frehse/Lauber, GesR 2011, S. 278, 282 f., die der Auffassung sind, § 106 Abs. 6 S. 2 sei analog anzuwenden, wenn eine BAG erst durch Teilzulassung eines Bewerbers entstehen würde.
96 Umfassend zB Küttner, Personalbuch 2017, 24. Aufl. 2017, Stichwort: Arbeitnehmer (Begriff).

wicht eingestellt und in dieser Gesamtschau nachvollziehbar, dh den Gesetzen der Logik entsprechend und widerspruchsfrei, gegeneinander abgewogen werden.[97]

Diese allgemeinen Abgrenzungsmaßstäbe gelten auch für die sozialversicherungsrechtliche Beurteilung der Tätigkeit als Arzt,[98] trotz des Umstandes, dass der ärztliche Beruf kein Gewerbe ist;[99] letzteres schließt nur die Anwendung des Gewerberechts aus (§ 6 GewO). Nach dem ärztlichen Berufsrecht wie nach dem Vertragsarztrecht kann die Tätigkeit des Arztes sowohl freiberuflich in freier Praxis als auch im Rahmen einer abhängigen Beschäftigung als angestellter Arzt bzw. Zahnarzt ausgeübt werden.[100] Das BSG hat für das Vertragsarztrecht näher festgelegt, unter welchen Voraussetzungen die vertragsärztliche Tätigkeit in „*freier Praxis*" iSd § 32 Abs. 1 S. 1 Ärzte-ZV und nicht im Rahmen eines Anstellungsverhältnisses iSd § 32 b Ärzte-ZV ausgeübt wird.[101] Die sozialversicherungsrechtliche Statusbeurteilung hat konkrete Tätigkeiten und nicht abstrakte Berufsbilder zum Gegenstand; maßgebend sind daher stets die Umstände des Einzelfalls.[102] Dass es im Vertragsarztrecht die Rechtsfigur des „*freien ärztlichen Mitarbeiters*" – neben dem in freier Praxis oder im Anstellungsverhältnis tätigen Vertragsarzt – nicht gibt, ist daher nicht ausschlaggebend. Es wird aber kaum in Betracht kommen können, eine ärztliche Tätigkeit, die aus vertragsärztlicher Sicht als Tätigkeit eines angestellten Arztes einzustufen ist, aus sozialversicherungsrechtlicher Sicht nicht als abhängige Beschäftigung iSd § 7 Abs. 1 SGB IV zu qualifizieren. Erfüllt die ärztliche Tätigkeit umgekehrt die Anforderungen, die das Vertragsarztrecht an die freiberufliche Berufsausübung in freier Praxis stellt, wird in sozialversicherungsrechtlicher Hinsicht vielfach auch eine selbstständige Erwerbstätigkeit anzunehmen sein. Entscheidungen der vertragsärztlichen Zulassungsbehörden, namentlich die Genehmigung einer BAG, sind für die sozialversicherungsrechtliche Statusbeurteilung oder die Nachforderung von Sozialabgaben nicht bindend; Tatbestandswirkung kommt ihnen insoweit nicht zu.[103]

Zur Auslegung des Merkmals „in freier Praxis" iSd § 32 Abs. 1 S. 1 Ärzte-ZV hat das BSG im Ausgangspunkt darauf abgestellt, dass der Arztberuf durch ein hohes Maß an eigener Verantwortlichkeit und eigenem Risiko in wirtschaftlicher Beziehung charakterisiert ist und dass das Berufsbild der freiberuflich Tätigen im Ganzen den „unternehmerischen Zug" trägt, der auf Selbstverantwortung, individuelle Unabhängigkeit und eigenes wirtschaftliches Risiko gegründet ist.[104] Der frei praktizierende Arzt hat die freie Verfügung über die eigene Arbeitskraft, kann insbesondere seine Arbeitszeit frei einteilen, und er trägt auch das volle wirtschaftliche Berufsrisiko. Mithin wird eine Tätigkeit in freier Praxis durch die Merkmale individueller Unabhängigkeit und Tragung des wirtschaftlichen Risikos konkretisiert. Das Merkmal der Tätigkeit „in freier Praxis" iSd § 32 Abs. 1 S. 1 Ärzte-ZV erfordert mehr, als nach den §§ 705 ff. BGB für die Stellung als Gesellschafter erforderlich ist. Die vertragsärztliche Tätigkeit muss in beruflicher und persönlicher Selbstständigkeit gesichert sein, erhebliche Einflussnahmen Dritter müssen ausgeschlossen sein und es darf insbesondere nicht in Wahrheit ein verstecktes Angestelltenverhältnis vorliegen. Zur erforderlichen eigenverantwortlichen Gestaltung ärztlicher Tätigkeit gehört es, dass der Arzt ein wirtschaftliches Risiko trägt, insoweit es maßgebend von seiner Arbeitskraft abhängen muss, in welchem Umfang seine freiberufliche Tätigkeit Einkünfte erbringt. Zudem muss der Arzt die Befugnis haben, den medizinischen Auftrag nach eigenem Ermessen zu gestalten sowie über die räumlichen und sächlichen Mittel, ggf. auch über den Einsatz von Hilfspersonal zu disponieren oder jedenfalls an der Disposition mitzuwirken; selbst wenn die Praxis und deren Inventar nicht unbedingt in seinem Eigentum stehen müssen, muss er neben der Gestaltung des medizinischen Auftrags und neben der Personalhoheit auch in einem gewissen Umfang die Sachherrschaft haben. Die Tätigkeit in freier Praxis beinhaltet damit zum einen eine wirtschaftliche Komponente – die Tragung des wirtschaftlichen Risikos wie auch eine Beteiligung an den wirtschaftlichen Erfolgen der Praxis – und zum anderen eine ausreichende Handlungsfreiheit in beruflicher und persönlicher Hinsicht. Der Vertragsarzt darf nicht wie ein Angestellter nur ein Festgehalt erhalten. Vielmehr muss ihm maßgeb-

---

97 Vgl. BSG, 24.5.2012, B 12 KR 14/10 R u. B 12 KR 24/10 R, juris = SozR 4-2400 § 7 Nr. 15; LSG BW, 23.11.2016, L 5 R 1176/15, juris Rn. 70 = PaPfleReQ 2016, 91 ff.
98 Die nachfolgenden Ausführungen gelten auch für Zahnärzte.
99 § 1 Abs. 2 BÄO, § 1 Abs. 4 ZHG.
100 Vgl. für BW etwa §§ 17, 19 BOÄ bzw. § 18 BBOZÄ sowie §§ 95 Abs. 9, 72 Abs. 1 S. 2 SGB V und § 32 b Ärzte-ZV/Zahnärzte-ZV.
101 BSG, 23.6.2010, B 6 KA 7/09 R, juris = GesR 2010, 615 ff.; BSG, 16.12.2015, B 6 KA 19/15 R, juris = GesR 2016, 392 ff.
102 Vgl. BSG, 23.3.2016, B 12 KR 20/14 R; juris = SozR 4-2400 § 7 Nr. 29.
103 Vgl. ua LSG BW, 23.11.2016, L 5 R 1176/15, juris Rn. 71 = PaPfleReQ 2016, 91 ff.
104 Vgl. BSG, 23.6.2010, B 6 KA 7/09 R, juris = GesR 2010, 615 ff.

lich der Ertrag seiner vertragsärztlichen Tätigkeit zugutekommen, ebenso wie ein eventueller Verlust zu seinen Lasten gehen muss. Diese Teilhabe an Gewinn und Verlust der laufenden Praxistätigkeit kann aber nicht allein auf den Kapitaleinsatz bezogen werden, der bei der ärztlichen Tätigkeit nicht die ausschlaggebende Rolle spielt. Fehlender wirtschaftlicher Erfolg einer Praxis wirkt sich im Übrigen vor allem in Gestalt einer Reduzierung des sogenannten Unternehmerlohns aus, weil die laufenden Praxiskosten nicht sogleich einem Umsatzrückgang angepasst werden können, und kann auch zum Auflaufen von Verbindlichkeiten führen.[105] Das BSG hat offen gelassen, ob im Falle von Gemeinschaftspraxen jeder Partner auch substantiell am Gesellschaftsvermögen beteiligt werden muss oder ob – ggf. nur für eine Übergangsfrist – auch eine sogenannte „Null-Beteiligung" unschädlich sein kann. Dieser Aspekt kann nach Ansicht des BSG lediglich dann Bedeutung haben, wenn die Bewertung des vorrangigen einkommensbezogenen Kriteriums der „Tragung des wirtschaftlichen Risikos" keine eindeutige Aussage erlaubt.[106] Allerdings sprechen gewisse Gesichtspunkte dafür, dass eine Beteiligung am Gesellschaftsvermögen nicht ausnahmslos erforderlich ist. Wenn ein Arzt sowohl am wirtschaftlichen Gewinn wie auch an einem etwaigen Verlust beteiligt ist, also das Einkommens-Risiko trägt, muss er nicht auch noch zwingend das weitere (Vermögens-)Risiko tragen. So könnten Gestaltungen zulässig sein, in denen Ärzte (gemeinsam) nicht nur die Praxisräume, sondern auch die komplette Praxisausstattung anmieten, ihr Kapitaleinsatz also gegen Null geht, oder in denen ein alteingesessener Vertragsarzt mit einem jungen Arzt, der in fernerer Zukunft die Praxis übernehmen soll, zunächst eine Gemeinschaftspraxis bildet, in der die gesamte Praxisausstattung dem „Alt-Arzt" gehört. Schließlich hat es das BSG außerdem für notwendig erachtet, dass dem Arzt bei Beendigung seiner vertragsärztlichen Tätigkeit eine Chance auf Verwertung des auch von ihm erarbeiteten Praxiswertes bleibt. Für die Annahme einer gemeinschaftlichen Berufsausübung im Rahmen einer Gemeinschaftspraxis ist – unabhängig von der Frage einer Beteiligung der Partner an den Investitionen und Kosten der Praxis – grundsätzlich eine Beteiligung am immateriellen Wert der Praxis (sog „Goodwill") erforderlich, da dies Ausfluss der mit einer Tätigkeit in „freier Praxis" verbundenen Chancen ist. Dabei kann die vertragliche Ausgestaltung im Einzelfall unterschiedlich sein, wobei bei Gemeinschaftspraxen die Rechte des Ausscheidenden häufig auf einen Anspruch auf Abfindungszahlungen reduziert werden.[107]

107 bb) **Besonderheiten bei der Anstellung in einer Berufsausübungsgemeinschaft.** Die Frage, ob die Genehmigung für die Anstellung eines Arztes in einer Berufsausübungsgemeinschaft (BAG) einem der Mitglieder der BAG oder aber der BAG selbst zu erteilen ist, ist gesetzlich nicht ausdrücklich geregelt. Teile der Literatur gehen bisher davon aus, dass die Genehmigung nur dem einzelnen Arzt erteilt werden kann.[108] § 95 Abs. 9 S. 1 bestimmt ebenso wie § 32 Abs. 1 S. 1 Ärzte-ZV, dass *"der Vertragsarzt"* unter bestimmten Voraussetzungen Ärzte anstellen kann und § 103 Abs. 4b S. 1 regelte den Verzicht auf die vertragsärztliche Zulassung mit dem Ziel, *"bei einem Vertragsarzt als nach § 95 Abs. 9 Satz 1 angestellter Arzt"* tätig zu werden. Daraus kann nach Auffassung des BSG jedoch nicht der Schluss gezogen werden, dass die Genehmigung auch für die Anstellung in einer BAG dem einzelnen Arzt zu erteilen wäre.[109]

108 Die Genehmigung zur Anstellung eines Arztes ist nach Auffassung des BSG der BAG und nicht einem ihr angehörenden einzelnen Arzt zu erteilen.[110] Denn Adressat des Honorarbescheides im Falle der gemeinschaftlichen Ausübung der ärztlichen Tätigkeit ist die BAG und nicht der einzelne Arzt, der der BAG angehört. Die BAG tritt der KÄV wie ein Einzelarzt als einheitliche Rechtspersönlichkeit gegenüber. Dementsprechend ist sie rechtlich gesehen eine Praxis. Sie erwirbt gegenüber der KÄV Honoraransprüche und sie ist ggf. zur Rückzahlung überzahlten Honorars verpflichtet. Daran ändert sich auch durch den Wechsel ihrer Mitglieder oder durch das Ausscheiden eines Mitglieds aus einer mehr als zweigliedrigen Gemeinschaftspraxis im Grundsatz nichts.[111] Ausschlaggebend für die Auffassung

---

105 Vgl. BSG, 23.6.2010, B 6 KA 7/09 R, juris Rn. 43 = GesR 2010, 615 ff.
106 Vgl. BSG, 23.6.2010, B 6 KA 7/09 R, juris Rn. 46 = GesR 2010, 615 ff.
107 Vgl. BSG, 23.6.2010, B 6 KA 7/09 R, juris Rn. 48 = GesR 2010, 615 ff.; LSG BW, 23.11.2016, L 5 R 1176/15, juris Rn. 72 = PaPfleReQ 2016, 91 ff.
108 Vgl. Bedei/Zalewski in Liebold/Zalewski, Kassenarztrecht, Stand: 1/2011, § 33 Ärzte-ZV Rn. 33-2 b; Michels/Möller, Ärztliche Kooperationen, 3. Aufl. 2014, 100, Rompf/Schröder/Willaschek, Kommentar zum BMV-Ä, 2014, § 14a Rn. 17; Schallen, Ärzte-ZV, 8. Aufl. 2012, § 32 b Rn. 63; Bonvie, GEsR 2008, 505, 506; Steinhilper in Halbe/Schirmer, Kooperation im Gesundheitswesen, A 1300, Stand: 11/2015, Rn. 53; aA Bäune in: Bäune/Meschke/Rothfuß, Kommentar Ärzte-ZV, 2008, § 32 b Rn. 35.
109 Vgl. BSG, 4.5.2016, B 6 KA 24/15 R, juris Rn. 13 = GesR 2016, 634 ff.
110 Vgl. BSG, 4.5.2016, B 6 KA 24/15 R, juris Rn. 15 = GesR 2016, 634 ff.
111 Vgl. BSG, 4.5.2016, B 6 KA 24/15 R, juris Rn. 14 = GesR 2016, 634 ff.

des BSG indes, dass der anzustellende Arzt nicht nur vorübergehend unter der Abrechnungsnummer der BAG tätig wird und mit seiner Tätigkeit Rechte und Pflichten der in der Rechtsform einer GbR gemäß §§ 705 ff. BGB oder einer Partnerschaftsgesellschaft nach dem PartGG verbundenen Mitglieder der BAG gegenüber der KÄV begründen kann.[112] Beim Abschluss von Behandlungsverträgen verpflichten sich die Mitglieder einer fachgleichen BAG, die nach außen gemeinschaftlich auftreten, grds. gemeinschaftlich gegenüber dem Patienten und auch Arbeitsverträge mit nichtärztlichem Personal werden regelmäßig mit der hinter der BAG stehenden Gesellschaft geschlossen. Für den Anstellungsvertrag mit einem Arzt gilt in der Regel nichts anderes. Wenn die Anstellungsgenehmigung der BAG und nicht deren Mitglied erteilt wird, werden Konflikte aufgrund voneinander abweichender Gestaltung der vertragsarztrechtlichen und der zivilrechtlichen Rechtsbeziehungen und daraus folgende Konflikte zB im Falle des Ausscheidens eines Arztes aus einer mehr als zweigliedrigen BAG soweit wie möglich vermieden. Wenn die Anstellungsgenehmigung einem einzelnen Mitglied der BAG erteilt würde, würde deren Verbleib in der Arztpraxis durch sein Ausscheiden in Frage gestellt.[113]

l) **Zulassung aufgrund belegärztlicher Tätigkeit (Abs. 7).** In einem Planungsbereich, für den Zulassungsbeschränkungen angeordnet sind, haben **Krankenhausträger** das Angebot zum Abschluss von Belegarztverträgen auszuschreiben. Kommt ein Belegarztvertrag mit einem im Planungsbereich niedergelassenen Vertragsarzt nicht zustande, kann der Krankenhausträger mit einem bisher im Planungsbereich nicht niedergelassenen geeigneten Arzt einen Belegarztvertrag schließen. Dieser erhält eine auf die Dauer der belegärztlichen Tätigkeit beschränkte Zulassung; die Beschränkung entfällt bei Aufhebung der Zulassungsbeschränkungen nach Abs. 3, spätestens nach Ablauf von zehn Jahren. 109

Will in einem gesperrten Planungsbereich ein Krankenhausträger eine belegärztliche Tätigkeit anbieten, so hat er dies **auszuschreiben.** Er darf einen Belegarztvertrag mit einem dort nicht bereits niedergelassenen Vertragsarzt nur abschließen, wenn sich in dem Planungsbereich kein Vertragsarzt für die Tätigkeit findet. Trotz Zulassungsbeschränkungen ist dem Arzt, mit dem der Krankenhausträger den Belegarztvertrag abgeschlossen hat, die Zulassung zur vertragsärztlichen Versorgung zu erteilen, da er anderenfalls die belegärztliche Tätigkeit nicht ausüben könnte.[114] 110

Diese ausnahmsweise mögliche Zulassung ist der belegärztlichen Tätigkeit nach Auffassung des Gesetzgebers grundsätzlich **akzessorisch;** dh sie erlischt, wenn die belegärztliche Tätigkeit endet. Allerdings bekommt der Arzt bei Aufhebung der Zulassungssperre eine Vollzulassung, da in einem nicht gesperrten Planungsbereich die Gefahr, dass die belegärztliche Tätigkeit als Durchgangsstation für die Erlangung einer Zulassung missbraucht werden könnte, nicht gegeben ist. Bei ununterbrochenem Fortbestand der Zulassungsbeschränkung entfällt nach zehnjähriger Dauer des Belegarztvertrages die Verknüpfung der Zulassung mit der belegärztlichen Tätigkeit. Diese Entkoppelung der Zulassung von der belegärztlichen Tätigkeit trägt den berechtigten Interessen des Belegarztes Rechnung, in der Ausübung seiner ambulanten ärztlichen Tätigkeit nicht auf Dauer von einem Belegarztvertrag abhängig zu sein.[115] 111

Bei der **Feststellung des Versorgungsgrades** im Planungsbereich nach Abs. 1 wird die beschränkte Zulassung voll mitberücksichtigt, da dieser Arzt wie jeder andere zur Versorgung der Versicherten beiträgt.[116] 112

Bei **Praxisübergabe** nach Abs. 4 geht die Bindung der Zulassung des abgebenden Arztes auf die Zulassung des Praxisübernehmers über. Voraussetzung für die Zulassung des Praxisübernehmers ist also, dass der Krankenhausträger einwilligt, dass der Praxisübernehmer in den bestehenden Belegarztvertrag eintritt.[117] 113

Nach Auffassung des BSG verlangt Abs. 7 nicht nur formell die Ausschreibung von Belegarztverträgen, sondern setzt voraus, dass tatsächlich eine belegärztliche Tätigkeit im Sinne des § 121 Abs. 2 am Krankenhaus ausgeübt werden soll. Das schließt es aus, eine Zulassung in Situationen zu erteilen, in denen das Unterlaufen von Zulassungsbeschränkungen der eigentliche Beweggrund für den Abschluss eines Belegarztvertrages ist, die belegärztliche Tätigkeit also nur pro forma ausgeübt und faktisch völlig gegenüber der Tätigkeit in der niedergelassenen Praxis in den Hintergrund treten soll.[118] 114

---

112 Vgl. BSG, 4.5.2016, B 6 KA 24/15 R, juris Rn. 15 = GesR 2016, 634 ff.
113 Vgl. BSG, 4.5.2016, B 6 KA 24/15 R, juris Rn. 15 = GesR 2016, 634 ff.
114 Vgl. BT-Dr. 13/7264, 66, 67.
115 BT-Dr. 13/7264, 66, 67.
116 BT-Dr. 13/7264, 66, 67.
117 BT-Dr. 13/7264, 66, 67.
118 BSG, 14.3.2001, B 6 KA 34/00 R, juris Rn. 45 = SozR 3-2500 § 103 Nr. 6.

115 Nicht ausreichend für eine ordnungsgemäße belegärztliche Tätigkeit, die nicht nur dem Erhalt einer Sonderbedarfszulassung dient, ist das Halten von drei Betten, die zudem noch der Disposition des Krankenhauses unterliegen.[119] Ebenso unzulässig ist es, wenn das Krankenhaus einen Arzt als Belegarzt anstellen will, dessen Tätigkeit aber nahezu ausschließlich am Krankenhaus stattfinden oder er auch seine ambulante Tätigkeit am Krankenhaus erbringen soll.[120]

116 Nach Auffassung des LSG Niedersachsen-Bremen ist für die Anerkennung als Belegarzt Voraussetzung, dass die geplante Tätigkeit sowohl mit dem vertragsärztlichen Versorgungsauftrag als auch mit dem Versorgungsauftrag des Krankenhauses übereinstimmt.[121]

117 Entscheidungen der Zulassungsgremien über Zulassungen zur Ausübung der belegärztlichen Tätigkeit nach Abs. 7 können von nicht berücksichtigten Bewerbern aus dem Kreis der bereits zugelassenen Vertragsärzte nicht nach Maßgabe der für sog defensive Konkurrentenklagen, die ausschließlich auf die Abwehr eines zusätzlichen Konkurrenten gerichtet ist, geltenden Grundsätze angegriffen werden. In Betracht kommt allein eine sog offensive Konkurrentenklage, bei der mehrere Bewerber um die Zuerkennung einer nur einmal zur vergebenden Berechtigung streiten.[122]

118 m) Keine Zulassungsbeschränkungen für Zahnärzte (Abs. 8). Abs. 1 bis 7 gelten seit dem GKV-WSG ab dem 1.4.2007 ausdrücklich nicht für Zahnärzte und daher können die Landesausschüsse auch keine Zulassungsbeschränkungen mehr im zahnärztlichen Bereich anordnen.

§ 104 Verfahren bei Zulassungsbeschränkungen

(1) Die Zulassungsverordnungen bestimmen, unter welchen Voraussetzungen, in welchem Umfang und für welche Dauer zur Sicherstellung einer bedarfsgerechten ärztlichen Versorgung in solchen Gebieten eines Zulassungsbezirks, in denen eine vertragsärztliche Unterversorgung eingetreten ist oder in absehbarer Zeit droht, Beschränkungen der Zulassungen in hiervon nicht betroffenen Gebieten von Zulassungsbezirken nach vorheriger Ausschöpfung anderer geeigneter Maßnahmen vorzusehen und inwieweit hierbei die Zulassungsausschüsse an die Anordnung der Landesausschüsse gebunden sind und Härtefälle zu berücksichtigen haben.
(2) Die Zulassungsverordnungen bestimmen nach Maßgabe des § 101 auch das Nähere über das Verfahren bei der Anordnung von Zulassungsbeschränkungen bei vertragsärztlicher Überversorgung.
(3) Die Absätze 1 und 2 gelten nicht für Zahnärzte.

Literatur:

Dahm, Voraussetzungen für die Genehmigung einer vertrags(zahn)ärztlichen Zweigpraxis, MedR 2008, 175; *Krölls,* Grundgesetz und ärztliche Niederlassungsfreiheit, GewArch 1993, 217; *Reiter,* Vertragsärztliche Bedarfsplanung – Einführung eines Demografiefaktors, GesR 2011, 141; *Rothfuß/von Prittwitz,* Wegfall einer Arztstelle bei längerfristiger Nichtbesetzung – zum Erfordernis fachübergreifender Tätigkeit, ZMGR 2012, 51; *Staschewski,* Vertragsarztzulassung und Besteuerung, Diss. Hamburg 2010; *Wallhäuser/Groß,* MVZ in Trägerschaft von Krankenhäusern – ein Erfolgsmodell für Versorgungsqualität, KH 2011, 701; *Wigge/Remmert,* Zur Zulässigkeit der Aufnahme unbeplanter Arztgruppen in die Bedarfsplanung und der Anordnung einer Entscheidungssperre durch den G-BA, MedR 2013, 228.

I. Entstehungsgeschichte

1 § 104 ist mit Wirkung zum 1.1.1989 im Rahmen des Gesundheitsreformgesetzes vom 20.12.1988 (GRG) als Nachfolgevorschrift von § 368 c Abs. 3 und 4 RVO in Kraft getreten (BGBl. I, 2477). Anschließend erfolgten folgende Änderungen: Abs. 1: IdF d. Art. 1 Nr. 61 lit. a Gesetz v. 21.12.1992 (BGBl. I, 2266) mWv 1.1.1993 u. d. Art. 1 Nr. 70 ilt. a Gesetz v. 26.3.2007 (BGBl. I, 378) mWv 1.4.2007; Abs. 2: Früherer S. 2 aufgeh., früherer S. 1 jetzt einziger Text gem. u. idF d. Art. 1 Nr. 61 lit. b Gesetz v. 21.12.1992 mWv 1.1.1993; idF d. Art. 1 Nr. 37 nach Maßgabe d. Art. 17 Gesetz v. 23.6.1997 (BGBl. I, 1520) mWv 1.7.1997; Abs. 3: Eingef. durch Art. 1 Nr. 70 lit. b Gesetz v. 26.3.2007 (BGBl. I, 378) mWv 1.4.2007.

---

119 Bayrisches LSG, 10.10.2007, L 12 KA 622/04, juris Rn. 19.
120 BSG, 14.3.2001, B 6 KA 34/00 R, juris Rn. 47 = SozR 3-2500 § 103 Nr. 6.
121 Vgl. Nds.-Bremen, 25.11.2015, L 3 KA 95/15 B ER, juris Rn. 25 = MedR 2016, 640 ff.
122 Vgl. BSG, 1.4.2015, B 6 KA 48/13 R, juris Rn. 9, 10 = GesR 2015, 629 ff.

II. Normzweck und Systematik

Die Vorschrift ergänzt § 98, der in Abs. 1 S. 1 bereits eine Regelungsbefugnis bzgl. der Bedarfsplanung vorsieht.[1]

III. Norminhalt und Normauslegung

1. Norminhalt. § 104 beinhaltet Verordnungsermächtigungen zum Verfahren bei Zulassungsbeschränkungen. Nach Abs. 1 bestimmen die Zulassungsverordnungen, wann Zulassungsbeschränkungen wegen Unterversorgung angeordnet werden dürfen, nämlich erst nach vorheriger Ausschöpfung anderer geeigneter Maßnahmen. Dies gilt nach Abs. 2 auch bei Überversorgung. Nach Abs. 3 gelten die Abs. 1 und 2 nicht für Vertragszahnärzte.

2. Normauslegung. a) Zulassungsbeschränkungen bei Unterversorgung (Abs. 1). Die Ermächtigung nach § 104 Abs. 1 SGB V ist in § 16 Ärzte-ZV umgesetzt worden und steht im Zusammenhang mit § 100 SGB V. Nach § 16 Abs. 1 S. 2 Ärzte-ZV ist die Prüfung nach den tatsächlichen Verhältnissen unter Berücksichtigung des Zieles der Sicherstellung und auf der Grundlage des Bedarfsplans vorzunehmen; die in den Richtlinien des Bundesausschusses der Ärzte und Krankenkassen zur Beurteilung einer Unterversorgung vorgesehenen einheitlichen und vergleichbaren Grundlagen, Maßstäbe und Verfahren sind zu berücksichtigen. Die entsprechenden Regelungen sind in den §§ 27 bis 35 der BedarfsplanungsRL-Ä getroffen.

b) Zulassungsbeschränkungen bei Überversorgung (Abs. 2). Die Zulassungsverordnung bestimmt in § 16 b Ärzte-ZV nach Maßgabe des § 101 das Nähere über das Verfahren bei der Anordnung von Zulassungsbeschränkungen bei Überversorgung. Nach § 16 b Abs. 1 S. 2 Ärzte-ZV sind dabei die in den Richtlinien des GBA vorgesehenen Maßstäbe, Grundlagen und Verfahren zu berücksichtigen.

c) Nichtgeltung für Vertragszahnärzte (Abs. 3). Da Zulassungsbeschränkungen für Zahnärzte im Falle der Unterversorgung nach § 100 Abs. 3 und im Falle der Überversorgung nach § 103 Abs. 8 nicht mehr angeordnet werden dürfen, gelten § 104 Abs. 1 und 2 nicht für Zahnärzte.

§ 105 Förderung der vertragsärztlichen Versorgung

(1) ¹Die Kassenärztlichen Vereinigungen haben mit Unterstützung der Kassenärztlichen Bundesvereinigungen entsprechend den Bedarfsplänen alle geeigneten finanziellen und sonstigen Maßnahmen zu ergreifen, um die Sicherstellung der vertragsärztlichen Versorgung zu gewährleisten, zu verbessern oder zu fördern; zu den möglichen Maßnahmen gehört auch die Zahlung von Sicherstellungszuschlägen an Vertragsärzte in Gebieten oder in Teilen von Gebieten, für die der Landesausschuss der Ärzte und Krankenkassen die Feststellung nach § 100 Abs. 1 und 3 getroffen hat. ²Zum Betreiben von Einrichtungen, die der unmittelbaren medizinischen Versorgung der Versicherten dienen, oder zur Beteiligung an solchen Einrichtungen bedürfen die Kassenärztlichen Vereinigungen des Benehmens mit den Landesverbänden der Krankenkassen und den Ersatzkassen. ³Die in den Einrichtungen nach Satz 2 erbrachten ärztlichen Leistungen sind aus der vertragsärztlichen Gesamtvergütung zu vergüten.
(1 a) ¹Die Kassenärztliche Vereinigung kann zur Finanzierung von Fördermaßnahmen zur Sicherstellung der vertragsärztlichen Versorgung einen Strukturfonds bilden, für den sie 0,1 Prozent der nach § 87 a Absatz 3 Satz 1 vereinbarten morbiditätsbedingten Gesamtvergütungen zur Verfügung stellt. ²Hat die Kassenärztliche Vereinigung einen Strukturfonds nach Satz 1 gebildet, haben die Landesverbände der Krankenkassen und die Ersatzkassen zusätzlich einen Betrag in gleicher Höhe in den Strukturfonds zu entrichten. ³Mittel des Strukturfonds sollen insbesondere für Zuschüsse zu den Investitionskosten bei der Neuniederlassung oder der Gründung von Zweigpraxen, für Zuschläge zur Vergütung und zur Ausbildung sowie für die Vergabe von Stipendien verwendet werden.
(2) ¹Die Kassenärztlichen Vereinigungen haben darauf hinzuwirken, daß medizinisch-technische Leistungen, die der Arzt zur Unterstützung seiner Maßnahmen benötigt, wirtschaftlich erbracht werden. ²Die Kassenärztlichen Vereinigungen sollen ermöglichen, solche Leistungen im Rahmen der vertragsärztlichen Versorgung von Gemeinschaftseinrichtungen der niedergelassenen Ärzte zu beziehen, wenn eine solche Erbringung medizinischen Erfordernissen genügt.

---

1 Pawlita in: jurisPK-SGB V, § 104 Rn. 6; Murawski in: Hänlein/Schuler, § 104 Rn. 1.

(3) ¹Die Kassenärztlichen Vereinigungen können den freiwilligen Verzicht auf die Zulassung als Vertragsarzt finanziell fördern. ²In einem Planungsbereich, für den Zulassungsbeschränkungen angeordnet sind, ist eine finanzielle Förderung auch durch den Aufkauf der Arztpraxis durch die Kassenärztliche Vereinigung möglich, wenn auf eine Ausschreibung zur Nachbesetzung nach § 103 Absatz 4 Satz 1 verzichtet wird.

(4) ¹Der Landesausschuss der Ärzte und Krankenkassen entscheidet über die Gewährung der Sicherstellungszuschläge nach Absatz 1 Satz 1 zweiter Halbsatz, über die Höhe der zu zahlenden Sicherstellungszuschläge je Arzt, über die Dauer der Maßnahme sowie über die Anforderungen an den berechtigten Personenkreis. ²Die für den Vertragsarzt zuständige Kassenärztliche Vereinigung und die Krankenkassen, die an diese Kassenärztliche Vereinigung eine Vergütung nach Maßgabe des Gesamtvertrages nach § 83 oder § 87a entrichten, tragen den sich aus Satz 1 ergebenden Zahlbetrag an den Vertragsarzt jeweils zur Hälfte. ³Über das Nähere zur Aufteilung des auf die Krankenkassen entfallenden Betrages nach Satz 2 auf die einzelnen Krankenkassen entscheidet der Landesausschuss der Ärzte und Krankenkassen.

(5) ¹Kommunen können mit Zustimmung der Kassenärztlichen Vereinigung in begründeten Ausnahmefällen eigene Einrichtungen zur unmittelbaren medizinischen Versorgung der Versicherten betreiben. ²Ein begründeter Ausnahmefall kann insbesondere dann vorliegen, wenn eine Versorgung auf andere Weise nicht sichergestellt werden kann. ³Sind die Voraussetzungen nach Satz 1 erfüllt, hat der Zulassungsausschuss die Einrichtung auf Antrag zur Teilnahme an der vertragsärztlichen Versorgung mit angestellten Ärzten, die in das Arztregister eingetragen sind, zu ermächtigen. ⁴§ 95 Absatz 2 Satz 7 bis 10 gilt entsprechend. ⁵In der kommunalen Eigeneinrichtung tätige Ärzte sind bei ihren ärztlichen Entscheidungen nicht an Weisungen von Nichtärzten gebunden.

I. Grundlagen 1	d) Betreiben von Einrichtungen (Abs. 1 S. 2) 11
II. Vorgängervorschriften 2	e) Vergütung aus der vertragsärztlichen Gesamtvergütung (Abs. 1 S. 3) 12
III. Normzweck und Systematik 3	
IV. Normauslegung 4	
1. Sicherstellungmaßnahmen und -zuschläge der Kassenärztlichen Vereinigungen (Abs. 1, 1a, 4) 4	2. Leistungsgemeinschaften (Abs. 2) 13
	3. Förderung von Zulassungsverzichten (Abs. 3) 18
a) Sicherstellungsmaßnahmen (Abs. 1 S. 1 Hs. 1) 4	
b) Strukturfonds (Abs. 1a) 5	4. Eigeneinrichtungen kommunaler Träger (Abs. 5) 26
c) Sicherstellungszuschläge (Abs. 1 S. 1 Hs. 2, Abs. 4) 7	

I. Grundlagen

1 Mit Wirkung zum 1.1.1989 ist § 105 im Rahmen des Gesundheitsreformgesetzes vom 20.12.1988 (GRG) in Kraft getreten (BGBl. I 2477). Anschließend erfolgten folgende Änderungen: Überschrift: IdF d. Art. 1 Nr. 62 lit. a Gesetz v. 21.12.1992 (BGBl. I, 2266) mWv 1.1.1993; **Abs. 1** S. 1: IdF d. Art. 1 Nr. 62 lit. b Gesetz v. 21.12.1992 (BGBl. I, 2266) mWv 1.1.1993, d. Art. 1 Nr. 81 lit. a Gesetz v. 14.11.2003 (BGBl. I, 2190) mWv 1.1.2004 u. d. Art. 1 Nr. 11 Gesetz v. 22.12.2006 (BGBl. 3439) mWv 1.1.2007; **Abs. 1** S. 2: IdF d. Art. 1 Nr. 71 lit. a Gesetz v. 26.3.2007 (BGBl. I, 378) mWv 1.7.2008; **Abs. 1** S. 3: Eingef. durch Art. 1 Nr. 37 lit. a Gesetz v. 22.12.2011 (BGBl. I, 2983) mWv 1.1.2012; **Abs. 1a:** Eingef. durch Art. 1 Nr. 37 lit. b Gesetz v. 22.12.2011 (BGBl. I, 2983) mWv 1.1.2012; **Abs. 1a S. 1:** IdF d. Art. 1 Nr. 45 Gesetz v. 16.7.2015 (BGBl. I, 1211) mWv 23.7.2015; **Abs. 2 S. 2:** IdF d. Art. 1 Nr. 62 lit. c Gesetz v. 21.12.1992 (BGBl. I, 2266) mWv 1.1.1993; **Abs. 3:** IdF d. Art. 1 Nr. 62 lit. d Gesetz v. 21.12.1992 (BGBl. I, 2266) mWv 1.1.1993; **Abs. 3 S. 1:** IdF d. Art. 1 Nr. 37 lit. c aa Gesetz v. 22.12.2011 (BGBl. I, 2983) mWv 1.1.2012; **Abs. 3 S. 2:** Eingef. durch Art. 1 Nr. 37 lit. c bb Gesetz v. 22.12.2011 (BGBl. I, 2983) mWv 1.1.2012; **Abs. 4:** Eingef. durch Art. 1 Nr. 81 lit. b Gesetz v. 14.11.2003 (BGBl. I, 2190) mWv 1.1.2004; **Abs. 4 S. 3:** Früherer S. 3 u. 4 aufgeh., früherer S. 5 jetzt S. 3 gem. Art. 1 Nr. 37 lit. d Gesetz v. 22.12.2011 (BGBl. I, 2983) mWv 1.1.2012; **Abs. 5:** Eingef. durch Art. 1 Nr. 37 lit. e Gesetz v. 22.12.2011 (BGBl. I, 2983) mWv 1.1.2012.

II. Vorgängervorschriften

Die ursprüngliche Fassung des § 105 entsprach wörtlich § 368 Abs. 7 und Abs. 8 S. 1 und 2 RVO.[1] § 105 Abs. 3 SGB V hat § 368 Abs. 9 RVO übernommen.[2]

III. Normzweck und Systematik

§ 105 regelt Maßnahmen der Kassenärztlichen Vereinigungen zur Förderung der ärztlichen Versorgung. Dabei liegen den einzelnen Absätzen verschiedene Vertragszwecke zugrunde. Während Abs. 1 die Sicherung einer bedarfsgerechten Versorgung bezweckt und Abs. 1a die Bildung eines Strukturfons regelt, ist Intention des Absatzes 2 in der Gewährleistung der Wirtschaftlichkeit der Erbringung medizinisch-technischer Leistungen zu sehen. Der Zweck des Absatzes 3 besteht darin, den freiwilligen Verzicht auf die Vertragsarztzulassung zur Existenzsicherung der nachfolgenden Ärzte zu sichern. Abs. 4 bezweckt die Gewährung von Sicherstellungszuschlägen in unterversorgten Regionen und Abs. 5 bezweckt, dass auch Kommunen in Ausnahmefällen eigene Einrichtungen zur medizinischen Versorgung betreiben können.

IV. Normauslegung

1. Sicherstellungmaßnahmen und -zuschläge der Kassenärztlichen Vereinigungen (Abs. 1, 1a, 4). a) Sicherstellungsmaßnahmen (Abs. 1 S. 1 Hs. 1). Die Kassenärztlichen Vereinigungen haben mit Unterstützung der Kassenärztlichen Bundesvereinigungen entsprechend den Bedarfsplänen gemäß Abs. 1 S. 1 Hs. 1 alle geeigneten finanziellen und sonstigen Maßnahmen zu ergreifen, um die Sicherstellung der vertragsärztlichen Versorgung zu gewährleisten, zu verbessern oder zu fördern.

b) Strukturfonds (Abs. 1a). Gemäß Abs. 1a kann die Kassenärztliche Vereinigung zur Finanzierung von Fördermaßnahmen zur Sicherstellung der vertragsärztlichen Versorgung einen Strukturfonds bilden, für die sie 0,1 Prozent der nach § 87a Abs. 3 S. 1 vereinbarten morbiditätsbedingten Gesamtvergütungen zur Verfügung stellt. Hat die Kassenärztliche Vereinigung einen Strukturfonds nach Abs. 1a S. 1 gebildet, haben die Landesverbände der Krankenkassen und die Ersatzkassen gemäß Abs. 1a S. 2 zusätzlich einen Betrag in gleicher Höhe in den Strukturfonds zu entrichten. Mittel des Strukturfonds sollen gemäß Abs. 1a S. 3 insbesondere für Zuschüsse zu den Investitionskosten bei der Neuniederlassung oder der Gründung von Zweigpraxen, für Zuschläge zur Vergütung und zur Ausbildung sowie für die Vergabe von Stipendien verwendet werden.

Abs. 1a gibt den Kassenärztlichen Vereinigungen die Möglichkeit, zur Finanzierung von Fördermaßnahmen einen Strukturfonds zu bilden. Mittel des Strukturfonds sollen insbesondere für Zuschüsse zu den Investitionskosten bei der Neuniederlassung oder der Gründung von Zweigpraxen, für Zuschläge zur Vergütung und zur Ausbildung sowie für die Vergabe von Stipendien verwendet werden (vgl. S. 3). Voraussetzung ist, dass der jeweilige Landesausschuss nach § 90 zuvor entweder einen Beschluss nach § 100 Abs. 1 (Feststellung einer eingetretenen oder in absehbarer Zeit drohenden Unterversorgung) oder nach § 101 Abs. 3 (Feststellung, dass in einem nicht unterversorgten Planungsbereich zusätzlicher lokaler Versorgungsbedarf besteht) getroffen hat. Vor dem Hintergrund, dass bislang bundesweit nur wenige dieser Beschlüsse getroffen wurden und es den Kassenärztlichen Vereinigungen erleichtert werden soll, entsprechende Fördermaßnahmen zu ergreifen, wird auf diese Voraussetzung verzichtet. Kassenärztliche Vereinigungen erhalten damit künftig die Möglichkeit, auch ohne Vorliegen entsprechender Beschlüsse des Landesausschusses zur Finanzierung von geeigneten Fördermaßnahmen zur Sicherstellung der vertragsärztlichen Versorgung einen Strukturfonds zu bilden. Die geltenden Regelungen zur Finanzierung des Strukturfonds bleiben unverändert.[3]

c) Sicherstellungszuschläge (Abs. 1 S. 1 Hs. 2, Abs. 4). Zu den möglichen Maßnahmen gehört gemäß Abs. 1 S. 1 Hs. 2 auch die Zahlung von Sicherstellungszuschlägen an Vertragsärzte in Gebieten oder in Teilen von Gebieten, für die der Landesausschuss der Ärzte und Krankenkassen (§ 90) die Feststellung nach § 100 Abs. 1 und 3 (Unterversorgung) getroffen hat.

Der Landesausschuss der Ärzte und Krankenkassen entscheidet gemäß Abs. 4 S. 1 über die Gewährung der Sicherstellungszuschläge nach Abs. 1 S. 1 Hs. 2, über die Höhe der zu zahlenden Sicherstel-

---

1 Krankenhaus-Kostendämpfungsgesetz vom 22.12.1981 (BGBl. I, 1568).
2 Art. 1 Nr. 3 Gesetz zur Verbesserung der kassenärztlichen Bedarfsplanung vom 19.12.1986 (BGBl. I, 2593).
3 Vgl. BT-Dr. 18/4095, 109.

lungszuschläge je Arzt, über die Dauer der Maßnahme sowie über die Anforderungen an den berechtigten Personenkreis.

9 Die für den Vertragsarzt zuständige Kassenärztliche Vereinigung und die Krankenkassen, die an diese Kassenärztliche Vereinigung eine Vergütung nach Maßgabe des Gesamtvertrages nach § 83 oder § 87 a entrichten, tragen gemäß § 105 Abs. 4 S. 2 den sich aus Abs. 4 S. 1 ergebenden Zahlbetrag an den Vertragsarzt jeweils zur Hälfte.

10 Über das Nähere zur Aufteilung des auf die Krankenkassen entfallenden Betrages nach Abs. 4 S. 2 auf die einzelnen Krankenkassen entscheidet gemäß Abs. 4 S. 3 der Landesausschuss der Ärzte und Krankenkassen.

11 **d) Betreiben von Einrichtungen (Abs. 1 S. 2).** Zum Betreiben von Eigeneinrichtungen, die der unmittelbaren medizinischen Versorgung der Versicherten dienen oder zur Beteiligung an solchen Einrichtungen bedürfen die Kassenärztlichen Vereinigungen gemäß Abs. 1 S. 2 des Benehmens mit den Landesverbänden der Krankenkassen und den Ersatzkassen.

12 **e) Vergütung aus der vertragsärztlichen Gesamtvergütung (Abs. 1 S. 3).** Die in den Einrichtungen nach Abs. 1 S. 2 erbrachten ärztlichen Leistungen sind gemäß Abs. 1 S. 3 aus der vertragsärztlichen Gesamtvergütung zu vergüten.

13 **2. Leistungsgemeinschaften (Abs. 2).** Die Kassenärztlichen Vereinigungen haben gemäß Abs. 2 S. 1 darauf hinzuwirken, dass medizinisch-technische Leistungen, die der Arzt zur Unterstützung seiner Maßnahmen benötigt, wirtschaftlich erbracht werden. Die Vorschrift bezweckt die Gewährleistung einer wirtschaftlicheren Nutzung von technischen Geräten.

14 Nach Auffassung des Gesetzgebers gibt die Regelung den Kassenärztlichen Vereinigungen als allgemeine Verpflichtung auf, auf eine wirtschaftliche Erbringung medizinisch-technischer Leistungen (zB Laboratoriumsuntersuchungen) hinzuwirken. Darüber hinaus sollen die Kassenärztlichen Vereinigungen auch ermöglichen, solche Leistungen von Gemeinschaftseinrichtungen niedergelassener Ärzte zu beziehen, wenn dabei medizinischen Erfordernissen genügt wird.[4]

15 Mit der beispielhaften Benennung von Laboratoriumsuntersuchungen verweist der Gesetzgeber auf einen Leistungsbereich. Bei diesem bestehen in besonderem Maße Wirtschaftlichkeitsreserven; insbesondere können die Kosten mit der Zunahme der Leistungsmengen gesenkt werden.[5]

16 Die Kassenärztlichen Vereinigungen sollen gemäß Abs. 2 S. 2 ermöglichen, solche Leistungen im Rahmen der vertragsärztlichen Versorgung von Gemeinschaftseinrichtungen der niedergelassenen Ärzte zu beziehen, wenn eine solche Erbringung medizinischen Erfordernissen genügt.

17 Hierin könnte die Berechtigung gesehen werden, von dem in § 32 Abs. 1 S. 1 Ärzte-ZV niedergelegten Grundsatz der persönlichen Leistungserbringung abzusehen;[6] davon ist allerdings bis heute nur für Laborgemeinschaften Gebrauch gemacht worden.[7]

18 **3. Förderung von Zulassungsverzichten (Abs. 3).** Gemäß Abs. 3 S. 1 können die Kassenärztlichen Vereinigungen den freiwilligen Verzicht auf die Zulassung als Vertragsarzt finanziell fördern. Der Zweck der Vorschrift besteht darin, Überversorgung abzubauen.[8]

19 Mit der Regelung wird klargestellt, dass der Sicherstellungsauftrag der Kassenärztlichen Vereinigungen auch Maßnahmen zur finanziellen Förderung des freiwilligen Verzichts auf die Zulassung vorsieht und dafür Finanzmittel der Kassenärztlichen Vereinigung bereitgestellt werden dürfen.[9]

20 Unter Verzicht ist eine einseitige Verfügung bzw. Willenserklärung zu verstehen, durch die Rechte oder eine Rechtsstellung aufgegeben werden, ohne dass diese auf eine andere Person übertragen werden. Der Verzicht führt zum Erlöschen des entsprechenden Rechts bzw. der Zulassung zur vertragsärztlichen Versorgung.

21 Der Verzicht ist freiwillig, wenn dieser aus eigenem freiem Willen geschieht und ohne Zwang ausgeführt wird.

22 Die finanziellen Fördermittel bestehen in Geld. Sie sind von der Kassenärztlichen Vereinigung zu tragen. Sie können einmalig oder für einen Zeitraum in Raten gezahlt werden, wobei deren Dauer und

---

[4] BT-Dr. 8/166, 29 (zu § 1 Nr. 34).
[5] Vgl. Pawlita in: jurisPK-SGB V, § 105 Rn. 36.
[6] Pawlita in: jurisPK-SGB V, § 105 Rn. 37.
[7] Hess in: KassKomm, § 105 SGB V Rn. 3.
[8] Vgl. BT-Dr. 17/6906, 78.
[9] Vgl BT-Dr. 10/5630, 11.

Höhe zeitlich vor der Verzichtserklärung bestimmt sein müssen. Erforderlich sind insoweit eine Satzungsregelung und ein Beschluss. Letzterer darf jedoch erst im Anschluss an die Verzichtserklärung erfolgen.

In einem Planungsbereich, für den Zulassungsbeschränkungen angeordnet sind, ist gemäß Abs. 3 S. 2 eine finanzielle Förderung auch durch den Aufkauf der Arztpraxis durch die Kassenärztliche Vereinigung möglich, wenn auf eine Ausschreibung zur Nachbesetzung nach § 103 Abs. 4 S. 1 verzichtet wird.

Durch den im Rahmen des GKV-VStG[10] zum 1.1.2012 in das Gesetz aufgenommenen Abs. 3 S. 2 wird klargestellt, dass in wegen Überversorgung gesperrten Planungsbereichen eine finanzielle Förderung auch durch den Aufkauf der Arztpraxis durch die Kassenärztliche Vereinigung bei Verzicht auf eine Ausschreibung zur Nachbesetzung nach § 103 Abs. 4 S. 1 möglich ist. Diese Handlungsmöglichkeit der Kassenärztlichen Vereinigungen dient dazu, gezielt Maßnahmen zum Abbau von Überversorgung zu ergreifen. Die Möglichkeit der finanziellen Förderung nach § 105 Abs. 3 ergänzt die Regelungen zum Vorkaufsrecht der Kassenärztlichen Vereinigungen in § 103 Abs. 4. Der Aufkauf der Arztpraxis durch die Kassenärztliche Vereinigung nach § 105 Abs. 3 S. 2 unterscheidet sich von der Ausübung des Vorkaufsrechts insofern, als eine finanzielle Förderung nach Abs. 3 S. 1 den freiwilligen Verzicht des Vertragsarztes auf seine Zulassung voraussetzt und eine Ausschreibung zur Nachbesetzung von vornherein unterbleibt.[11]

Die Maßnahmen nach Abs. 3 sind wie bisher allein aus Mitteln der Kassenärztlichen Vereinigung zu finanzieren.[12]

4. Eigeneinrichtungen kommunaler Träger (Abs. 5). Gemäß Abs. 5 S. 1 können Kommunen mit Zustimmung der Kassenärztlichen Vereinigung in begründeten Ausnahmefällen eigene Einrichtungen zur unmittelbaren medizinischen Versorgung der Versicherten betreiben. Ein begründeter Ausnahmefall kann gemäß Abs. 5 S. 2 insbesondere dann vorliegen, wenn eine Versorgung auf andere Weise nicht sichergestellt werden kann. Sind die Voraussetzungen nach Abs. 5 S. 1 erfüllt, hat der Zulassungsausschuss die Einrichtung gemäß Abs. 5 S. 3 auf Antrag zur Teilnahme an der vertragsärztlichen Versorgung mit angestellten Ärzten, die in das Arztregister eingetragen sind, zu ermächtigen. Gemäß Abs. 5 S. 4 gilt § 95 Abs. 2 S. 7 bis 10 entsprechend. In der kommunalen Eigeneinrichtung tätige Ärzte sind gemäß Abs. 5 S. 5 bei ihren ärztlichen Entscheidungen nicht an Weisungen von Nichtärzten gebunden.

Mit Inkrafttreten des Abs. 5 im Rahmen des GKV-VStG am 1.1.2012[13] können erstmals eigene Einrichtungen kommunaler Träger (Städte, Gemeinden und Landkreise) in Ausnahmefällen zur ambulanten ärztlichen Versorgung ermächtigt werden.[14]

Ein begründeter Ausnahmefall kann insbesondere dann vorliegen, wenn eine Versorgung auf andere Weise nicht sichergestellt werden kann. Dies kann zB dann der Fall sein, wenn die von der Kassenärztlichen Vereinigung zuvor ergriffenen Sicherstellungsmaßnahmen nicht gegriffen haben.[15]

Voraussetzung für die Gründung einer Eigeneinrichtung ist zudem, dass die Kassenärztlichen Vereinigungen deren Sicherstellungsauftrag nach § 75 Abs. 1 hiervon unberührt bleibt, zuvor der Gründung der Eigeneinrichtungen zustimmt.[16]

Das Zustimmungserfordernis bringt ebenfalls zum Ausdruck, dass die Gründung einer Eigeneinrichtung durch kommunale Träger subsidiär gegenüber Sicherstellungsmaßnahmen der Kassenärztlichen Vereinigung ist.[17]

Liegen die zuvor benannten Voraussetzungen vor, hat der Zulassungsausschuss den kommunalen Träger auf Antrag gemäß Abs. 5 S. 2 zur Teilnahme an der vertragsärztlichen Versorgung zu ermächtigen. In der Eigeneinrichtung können dann angestellte Ärzte tätig sein, die in das Arztregister eingetragen sind. Ebenso wie in MVZ bedarf die Anstellung der Genehmigung des Zulassungsausschusses, die zu versagen ist, wenn bei Antragstellung für die dort tätigen Ärzte Zulassungsbeschränkungen nach § 103 Abs. 1 S. 2 angeordnet sind.[18]

---

10 BGBl. I, 2983.
11 Vgl. BT-Dr. 17/6906, 78.
12 Vgl. BT-Dr. 17/6906, 78.
13 BGBl. I, 2983.
14 BT-Dr. 17/6906, 78.
15 BT-Dr. 17/6906, 78.
16 BT-Dr. 17/6906, 78.
17 BT-Dr. 17/6906, 78 f.
18 BT-Dr. 17/6906, 78 f.

32 Abs. 5 S. 4 stellt ausdrücklich klar, dass die in der kommunalen Eigeneinrichtung tätigen Ärzte bei ihren ärztlichen Entscheidungen nicht an Weisungen von Nichtärzten gebunden sind.[19]

33 Die Vergütung der in der kommunalen Eigeneinrichtung erbrachten ärztlichen Leistungen erfolgt nach § 120 Abs. 1 aus der vertragsärztlichen Gesamtvergütung und wird von dem kommunalen Träger mit der Kassenärztlichen Vereinigung abgerechnet.[20]

Neunter Titel Wirtschaftlichkeits- und Abrechnungsprüfung

Vorbemerkungen zu §§ 106 bis 106 d

1 Im System der gesetzlichen Krankenversicherung (GKV) haben die Gesundheitsausgaben nach Maßgabe der Broschüre „Daten des Gesundheitswesens 2016", die des Bundesministerium für Gesundheit (BMG) und das Statistische Bundesamt (destatis) jährlich erstellen, im Jahre 2014 ca. 328 Mrd. EUR (2013: ca. 314,6 EUR) betragen. Dies bedeutet einen Anstieg von ca. 13,4 Mrd. EUR oder 4,2 % gegenüber dem Jahr 2013. Auf jeden Einwohner entfielen ca. 4.050 Euro (2013: ca. 3.902 EUR). Alleine für den Bereich der ärztlichen Behandlungen sind im Jahr 2014 ca. 89,2 Mrd. EUR (= 27,7 %) ausgegeben worden.[1] Hinzu kommen Leistungsausgaben anderer Kostenträger (ua PKV). Vor diesen Hintergründen nimmt der niedergelassene Vertragsarzt innerhalb der GKV eine herausragende Stellung ein.

2 Auf der Grundlage des in § 12 niedergelegten Wirtschaftlichkeitsgebots müssen Leistungen ausreichend, zweckmäßig und wirtschaftlich sein; sie dürfen das Maß des Notwendigen nicht überschreiten. Leistungen, die nicht notwendig oder unwirtschaftlich sind, können Versicherte nicht beanspruchen, dürfen die Leistungserbringer nicht bewirken und die Krankenkassen nicht bewilligen. Vertragsärzte sind daher verpflichtet, nur solche Leistungen zu erbringen, zu verordnen oder zu veranlassen, die in Anlehnung an § 28 Abs. 1 zur Verhütung, Früherkennung und Behandlung von Krankheiten nach den Regeln der ärztlichen Kunst ausreichend und zweckmäßig sind.

3 Gerade im Verhältnis Arzt-Patient ist dieser Grundsatz stets von neuem zu beachten. Insbesondere bestehen oftmals individuelle Interessen, die dem Wirtschaftlichkeitsgebot nicht immer entsprechen. Dabei bestehe häufig sich widersprechende Interessen, wann eine Leistung ausreichend und zweckmäßig ist.

4 Nach § 75 haben die Kassenärztlichen Vereinigungen die vertragsärztliche Versorgung sicherzustellen und den Krankenkassen und ihren Verbänden gegenüber die Gewähr dafür zu übernehmen, dass die vertragsärztliche Versorgung den gesetzlichen und vertraglichen Erfordernissen entspricht. Die Kassenärztlichen Vereinigungen haben dabei auch die Erfüllung der den Vertragsärzten obliegenden Pflichten zu überwachen. Zu den Pflichten der Vertragsärzte gehört unter anderem auch eine ordnungsgemäße Abrechnung der von ihnen erbrachten Leistungen. Die Kassenärztlichen Vereinigungen haben die Wirtschaftlichkeit der vertragsärztlichen Versorgung zu überwachen. Sie stellen auch die sachliche und rechnerische Richtigkeit der Abrechnungen der Vertragsärzte fest; dazu gehört auch die arztbezogene Prüfung der Abrechnungen auf Plausibilität sowie die Prüfung der abgerechneten Sachkosten. Den Kassenärztlichen Vereinigungen obliegt es deshalb, die von den Vertragsärzten eingereichten Honoraranforderungen auf Wirtschaftlichkeit und Plausibilität zu prüfen und ggf. Maßnahmen einzuleiten.[2]

5 Daher ist es erforderlich, dass förmliche Verfahren zur Feststellung von Unwirtschaftlichkeit oder Implausibilität besteht. Diese Verfahren erfolgen seit dem 1.1.2017 durch die Wirtschaftlichkeits- und Plausibilitätsprüfungen in der vertragsärztlichen Versorgung gemäß §§ 106, 106 a, 106 b, § 106 c und 106 d.

6 Abrechnungsstreitigkeiten sind sowohl im SGB V, als auch in den untergesetzlichen Bundesmantelverträgen geregelt.

7 Innerhalb des SGB V sind die §§ 106, 106 a, 106 b, 106 c und 106 d systematisch angesiedelt im Vierten Kapitel (§§ 69 bis 140 h: „Beziehungen der Krankenkassen zu den Leistungserbringern") im Zweiten Abschnitt (§§ 72 bis 106 d: „Beziehungen zu Ärzten, Zahnärzten und Psychotherapeuten") und

---

19 BT-Dr. 17/6906, 79.
20 BT-Dr. 17/6906, 79.

1 Quelle: https://www.bundesgesundheitsministerium.de/fileadmin/Dateien/5_Publikationen/Gesundheit/Broschueren/161019_BMG_DdGW.pdf (zuletzt abgerufen am 1.3.2017).
2 Vgl. SG Marburg, 27.11.2013, S 12 KA 228/13, juris Rn. 52 mwN.

dort im Neunten Titel (§§ 106, 106 a, 106 b, 106 c und 106 d: *"Wirtschaftlichkeits- und Abrechnungsprüfung"*).

Die Wirtschaftlichkeitsprüfungen sollen der besseren Übersichtlichkeit halber in verschiedene Vorschriften (§§ 106 bis 106 c) aufgeteilt werden. In der Folge wird der bisherige § 106 a (Abrechnungsprüfung) zu § 106 d. § 106 a regelt die Prüfungsarten bei Wirtschaftlichkeitsprüfungen nur bezogen auf die ärztlichen Leistungen und wird neu eingeführt. Inhaltlich gibt es keine wesentlichen Änderungen zum bisherigen Prüfverfahren.[3]

Bei den Wirtschaftlichkeitsprüfungen ist seit dem 1.1.2017 zu unterscheiden zwischen den arztbezogenen Prüfungen ärztlicher Leistungen einerseits (§ 106 Abs. 2 Nr. 1) und ärztlich verordneter Leistungen andererseits (§ 106 Abs. 2 Nr. 2). Prüfungen nach Nr. 1 werden in § 106 a, Prüfungen nach Nr. 2 in § 106 b näher ausgestaltet. Sämtliche Prüfungen werden durch die Prüfungsstellen nach § 106 c durchgeführt. Die Neustrukturierung der Regelungen dient der Übersichtlichkeit in der Anwendung der Rechtsvorschriften. Die Trennung der Prüfungsarten von ärztlichen und ärztlich verordneten Leistungen in zwei unterschiedlichen Vorschriften trägt zugleich der Tatsache Rechnung, dass in diesen beiden Leistungsbereichen der GKV zukünftig unterschiedliche Prüfungsarten angewandt werden. Die Prüfungsarten zu ärztlichen Leistungen bleiben im Wesentlichen unverändert, werden jedoch nach § 106 a verschoben, so dass die vorherigen Regelungen in Abs. 2 gestrichen werden konnten. Hinsichtlich ärztlich verordneter Leistungen werden die heutigen Wirtschaftlichkeitsprüfungen durch regionale Vereinbarungen ersetzt (§ 106 b).[4]

Die Verschiebung des bisherigen § 106 a in den § 106 d ist eine Folge der Neufassung des § 106 a im Zusammenhang mit der Neuregelung der Wirtschaftlichkeitsprüfung.[5]

Für die Abgrenzung zwischen der Wirtschaftlichkeitsprüfung nach §§ 106 bis 106 c und der Abrechnungsprüfung nach § 106 d gilt:[6]

- Die Wirtschaftlichkeitsprüfung nach §§ 106 bis 106 c betrifft Fragen, ob die Behandlungs- und Verordnungstätigkeit des Arztes sich auf das medizinisch Ausreichende, Zweckmäßige und Notwendige beschränkt oder ob sie nach ihrem Umfang darüber hinausgeht und insoweit unwirtschaftlich ist.[7]
- Für Fragen, welchen Leistungstatbeständen Leistungen zuzuordnen sind und ob der Arzt sie erbringen durfte und auch korrekt erbrachte, sowie ob die von ihm an die Kassenärztliche Vereinigung eingereichte Honoraranforderung rechnerisch richtig ist, ist das Rechtsinstitut der sachlich-rechnerischen Richtigstellung einschlägig.

Die Abrechnungsprüfung gemäß § 106 d geht der Wirtschaftlichkeitsprüfung nach §§ 106 bis 106 c grundsätzlich vor. Dies folgt bereits aus § 1 Abs. 4 der Richtlinie über die Zufälligkeitsprüfung gemäß § 106 Abs. 2 S. 1 Nr. 2.[8] Dabei es jedoch nicht erkennbar, dass der Gesetzgeber der Abrechnungsprüfung gemäß § 106 d geringeren Stellenwert beimessen will als der Wirtschaftlichkeitsprüfung gemäß §§ 106, denn es war ausdrückliches Ziel der Kodifizierung, Effektivität und Effizienz der Verfahren der Abrechnungsprüfung zu verbessern.[9]

Die Prüfungen werden durch untergesetzliche Rechtsnormen auf Landes- und auf Bundesebene ergänzt. Für die Wirtschaftlichkeitsprüfung auf Bundesebene erfolgt diese Ergänzung aus Richtlinien nach § 106 Abs. 2 b, auf Landesebene aus Prüfvereinbarungen nach § 106 Abs. 3. Für die Abrechnungsprüfung auf Bundesebene erfolgt diese Ergänzung aus Richtlinien nach § 106 a Abs. 6, auf Landesebene aus Vereinbarungen nach § 106 Abs. 5.

Für Wirtschaftlichkeitsprüfungen nach § 106 ist gemäß § 106 Abs. 2 b insoweit die „Richtlinien über die Zufälligkeitsprüfung gemäß § 106 Abs. 2 S. 1 Nr. 2 SGB V" zu beachten.[10] Schließlich sind noch

---

3 Vgl. BT-Dr. 18/4095, 137 ff.
4 Vgl. BT-Dr. 18/4095, 137 ff.
5 Vgl. BT-Dr. 18/4095, 138.
6 Clemens in: jurisPK-SGB V, § 106 a Rn. 40; Clemens in: Schulin, HS-KV, § 35 Rn. 8 bis 12.
7 Vgl. Murawski in: Hänlein/Schuler, § 106 c Rn. 6.
8 Richtlinie über die Zufälligkeitsprüfung gemäß § 106 Abs. 2 S. 1 Nr. 2 SGB V vom 26.10.2005, in Kraft getreten am 1.4.2005, zuletzt geändert am 1.8.2008, in Kraft getreten am 1.7.2008, http://www.kbv.de/media/sp/Richtlinien__106Abs. 2Satz1Nr._2__SGB_V_Zufaelligkeitspruefung.pdf (zuletzt abgerufen am 1.3.2017); Scholz in: Becker/Kingreen, § 106 Rn. 5, § 106 a Rn. 10.
9 Vgl. BSG, 23.3.2016, B 6 KA 14/15 R, juris Rn. 20 = SozR 4-5555 § 17 Nr. 1.
10 Richtlinie über die Zufälligkeitsprüfung gemäß § 106 Abs. 2 S. 1 Nr. 2 SGB V vom 26.10.2005, in Kraft getreten am 1.4.2005, zuletzt geändert am 1.8.2008, in Kraft getreten am 1.7.2008, http://www.kbv.de/media/sp/Richtlinien__106Abs. 2Satz1Nr._2__SGB_V_Zufaelligkeitspruefung.pdf (zuletzt abgerufen am 1.3.2017).

die Prüfvereinbarungen auf Landesebene gemäß § 106 Abs. 3 zu beachten,[11] wobei nachfolgend beispielhaft auf die Prüfvereinbarung im Bezirk der Kassenärztlichen Vereinigung Nordrhein (KVNo) zu verweisen ist.

15 Für Abrechnungsprüfungen nach § 106 d ist gemäß § 106 d Abs. 6 ergänzend die zum 1.7.2008 vereinbarte „Richtlinie gemäß § 106 a SGB V" zu beachten.[12] Für die Abrechnungsprüfung auf Landesebene sind noch die Vereinbarungen auf Landesebene gemäß § 106 a Abs. 5 zu beachten,[13] wobei nachfolgend ebenfalls beispielhaft auf die Vereinbarung im Bezirk der Kassenärztlichen Vereinigung Nordrhein (KVNo) verwiesen werden soll.

16 Untergesetzlich ist auf den 12. Abschnitt des BMV-Ä[14] zu verweisen, wo die §§ 45 ff. die „Prüfung der Abrechnung und Wirtschaftlichkeit, Sonstiger Schaden" regeln.[15] Insbesondere beinhaltet § 45 BMV-Ä die Abrechnung (sachlich-rechnerische Richtigstellung), § 46 BMV-Ä die Plausibilitätskontrollen, § 47 BMV-Ä die Wirtschaftlichkeitsprüfung, § 48 BMV-Ä die Feststellung sonstigen Schadens durch Prüfungseinrichtungen und die Kassenärztliche Vereinigung, § 49 BMV-Ä die Prüfung und Feststellung von Schadenersatzansprüchen durch Schlichtungsstellen, § 50 BMV-Ä die Schadenersatzansprüche wegen Behandlungsfehler, § 51 BMV-Ä Bagatellgrenzen, § 52 BMV-Ä die Durchsetzung festgestellter Schadenersatzansprüche und § 53 BMV-Ä die Haftung der Kassenärztlichen Vereinigung aus der Gesamtvergütung.

17 Für Zahnärzte ist innerhalb der Bundesmantelverträge auf den BMV-Z und auf den EKV-Z zu verweisen.[16]

§ 106 Wirtschaftlichkeitsprüfung

(1) ¹Die Krankenkassen und die Kassenärztlichen Vereinigungen überwachen die Wirtschaftlichkeit der vertragsärztlichen Versorgung durch Beratungen und Prüfungen. ²Die Landesverbände der Krankenkassen und die Ersatzkassen gemeinsam und einheitlich und die Kassenärztlichen Vereinigungen vereinbaren Inhalt und Durchführung der Beratungen und Prüfungen nach Absatz 2 sowie die Voraussetzungen für Einzelfallprüfungen. ³Die Vertragspartner können die Prüfungsstelle mit der Prüfung ärztlich verordneter Leistungen in der ambulanten Versorgung außerhalb der vertragsärztlichen Versorgung beauftragen und tragen die Kosten. ⁴Die Krankenkassen übermitteln der Prüfungsstelle die Daten der in der ambulanten Versorgung außerhalb der vertragsärztlichen Versorgung verordneten Leistungen; dabei sind zusätzlich die Zahl der Behandlungsfälle und eine Zuordnung der verordneten Leistungen zum Datum der Behandlung zu übermitteln. ⁵Die §§ 296 und 297 gelten entsprechend.

(2) ¹Die Wirtschaftlichkeit der Versorgung wird von der Prüfungsstelle nach § 106 c geprüft durch
1. arztbezogene Prüfungen ärztlicher Leistungen nach § 106 a,
2. arztbezogene Prüfungen ärztlich verordneter Leistungen nach § 106 b.

---

11 Vgl. zB die seit dem 1.1.2008 in Kraft befindliche Prüfvereinbarung im Bereich der KVNO, veröffentlicht im Rheinischen Ärzteblatt 12/2007, 62 ff. (= http://www.kvno.de/downloads/pruefver2008.pdf (zuletzt abgerufen am 1.3.2017)) oder die ebenfalls seit dem 1.1.2008 in Kraft befindliche gemeinsame Prüfvereinbarung im Bereich der KVWL, http://www.kvwl.de/arzt/recht/kvwl/pruef/pruefvereinbarung.pdf (zuletzt abgerufen am 1.3.2017) sowie die seit dem 1.6.2013 in Kraft befindliche Ergänzungsvereinbarung zur gemeinsame Prüfvereinbarung im Bereich der KVWL, http://www.kvwl.de/arzt/recht/kvwl/pruef/pruefvereinbarung_ergaenzung.pdf (zuletzt abgerufen am 1.3.2017).
12 Richtlinie gemäß § 106 a SGB V, in Kraft getreten am 1.7.2008, DÄ 2008, A 1925 = http://www.kbv.de/media/sp/Richtlinien__106a__SGB_V_Plausibilitaetspruefung.pdf (zuletzt abgerufen am 1.3.2017).
13 Vgl. zB die seit dem 1.10.2010 in Kraft befindliche Prüfvereinbarung im Bereich der KVNO, veröffentlicht im Rheinischen Ärzteblatt 9/2011, 68 ff. (= http://www.aekno.de/downloads/archiv/2011.09.068.pdf (zuletzt abgerufen am 1.3.2017)) oder die ebenfalls seit dem 1.1.2008 in Kraft befindliche gemeinsame Prüfvereinbarung im Bereich der KVWL, http://www.kvwl.de/arzt/recht/kvwl/pruef/pruefvereinbarung.pdf (zuletzt abgerufen am 1.3.2017) sowie die seit dem 15.10.2009 und ab dem Abrechnungsquartal 3/2008 gültigen „Vereinbarung zur Abrechnungsprüfung nach § 106 a Abs. 5 SGB V", http://www.kvb.de/fileadmin/kvb/dokumente/Praxis/Rechtsquellen/Pruefung/KVB-RQ-Plausibilitaetspruefung-20091015.pdf (zuletzt abgerufen am 1.3.2017).
14 Rechtsgrundlage des BMV-Ä ist § 82 SGB V, zur systematischen Rangfolge der Rechtsnormen vgl. Hess in: KassKomm, § 82 SGB V Rn. 4.
15 Vgl. hierzu Hofmayer in: Schiller (Hrsg.), Bundesmantelvertrag Ärzte, 2014, §§ 45 ff.
16 Beide Verträge (Stand: 1.4.2014) sind hinterlegt auf der Seite http://www.kzbv.de/vertraege-und-abkommen.70.de.html (zuletzt abgerufen am 1.3.2017).

²Die Prüfungen werden auf der Grundlage der Daten durchgeführt, die der Prüfungsstelle nach § 106c gemäß § 296 Absatz 1, 2 und 4 sowie § 297 Absatz 1 bis 3 übermittelt werden. ³Hat die Prüfungsstelle Zweifel an der Richtigkeit der übermittelten Daten, ermittelt sie die Datengrundlagen für die Prüfung aus einer Stichprobe der abgerechneten Behandlungsfälle des Arztes und rechnet die so ermittelten Teildaten nach einem statistisch zulässigen Verfahren auf die Grundgesamtheit der Arztpraxis hoch.

(3) ¹Die Prüfungsstelle nach § 106c bereitet die für die Prüfungen nach Absatz 2 erforderlichen Daten und sonstigen Unterlagen auf, trifft Feststellungen zu den für die Beurteilung der Wirtschaftlichkeit wesentlichen Sachverhalten und entscheidet unter Beachtung der Vereinbarungen nach den §§ 106a und 106b, ob der Vertragsarzt, der ermächtigte Arzt oder die ermächtigte Einrichtung gegen das Wirtschaftlichkeitsgebot verstoßen hat und welche Maßnahmen zu treffen sind. ²Eine Maßnahme kann insbesondere auch die Festsetzung einer Nachforderung oder einer Kürzung sein. ³Gezielte Beratungen sollen weiteren Maßnahmen in der Regel vorangehen. ⁴Die Prüfungsstelle berät die Vertragsärzte auf der Grundlage von Übersichten über die von ihnen im Zeitraum eines Jahres oder in einem kürzeren Zeitraum erbrachten, verordneten oder veranlassten Leistungen über Fragen der Wirtschaftlichkeit und Qualität der Versorgung.

(4) ¹Werden Wirtschaftlichkeitsprüfungen nicht in dem vorgesehenen Umfang oder nicht entsprechend den für ihre Durchführung geltenden Vorgaben durchgeführt, haften die zuständigen Vorstandsmitglieder der Krankenkassenverbände und Kassenärztlichen Vereinigungen für eine ordnungsgemäße Umsetzung. ²Können Wirtschaftlichkeitsprüfungen nicht in dem vorgesehenen Umfang oder nicht entsprechend den für ihre Durchführung geltenden Vorgaben durchgeführt werden, weil die erforderlichen Daten nach den §§ 296 und 297 nicht oder nicht im vorgesehenen Umfang oder nicht fristgerecht übermittelt worden sind, haften die zuständigen Vorstandsmitglieder der Krankenkassen oder der Kassenärztlichen Vereinigungen. ³Die zuständige Aufsichtsbehörde hat nach Anhörung der Vorstandsmitglieder und der jeweils entsandten Vertreter im Ausschuss den Verwaltungsrat oder die Vertreterversammlung zu veranlassen, das Vorstandsmitglied auf Ersatz des aus der Pflichtverletzung entstandenen Schadens in Anspruch zu nehmen, falls der Verwaltungsrat oder die Vertreterversammlung das Regressverfahren nicht bereits von sich aus eingeleitet hat.

(5) Die Absätze 1 bis 4 gelten auch für die Prüfung der Wirtschaftlichkeit der im Krankenhaus erbrachten ambulanten ärztlichen und belegärztlichen Leistungen.

Literatur:

Altmiks, Wirtschaftlichkeitsprüfung § 106 SGB V, in: Bergmann/Pauge/Steinmeyer, Gesamtes Medizinrecht, 2. Auflage 2014, 990; *Ascher*, Die Wirtschaftlichkeitsprüfung mit Richtgrößenprüfung, 3. Auflage 2005; *Bachof*, Beurteilungsspielraum, Ermessen und unbestimmter Rechtsbegriff im Verwaltungsrecht, JZ 1955, 97; *Bahner*, Honorarkürzungen, Arzneimittelregresse, Heilmittelregresse – Ärzte in der Wirtschaftlichkeitsprüfung, 2006; *Bahner*, Wirtschaftlichkeitsprüfung bei Zahnärzten, 2006; *Becker*, Die Steuerung der Arzneimittelversorgung im Recht der gesetzlichen Krankenversicherung, Diss. 2006; *Becker/Kingreen*, SGB V, 5. Aufl. 2017; *Bossmann*, Vertragsarzt und Wirtschaftlichkeit, 1995; *Bossmann/Filler*, Die Wirtschaftlichkeit und die Prüfung in der vertragsärztlichen Versorgung, hrsg. vom Zentralinstitut für die Kassenärztliche Versorgung in der Bundesrepublik Deutschland, 2006; *Clemens*, Zulässigkeit von Arzneiverordnungen und Kostenregresse gegen Ärzte – Off-Label-Use und Unlicensed Use, GesR 2011, 397; *Clemens*, Wirtschaftlichkeitsprüfungen (Honorarkürzungen und Regresse), in: Laufs/Kern, 4. Auflage 2010, S. 535; *Clemens*, Der Kampf des Arztes gegen Arzneikostenregresse – Arzneizulassung, Off-Label-Use, Arzneimittel-Richtlinien, Wirtschaftlichkeitsprüfung, Richtgrößen, in: Hanau/Röller/Macher/Schlegel, Personalrecht im Wandel – Festschrift für Wolfdieter Küttner, 2006, 193; *Clemens*, Abrechnungsstreitigkeit, Wirtschaftlichkeitsprüfung, Schadensregreß, in: Schulin, Handbuch des Sozialversicherungsrechts, Band 1: Krankenversicherungsrecht, 1994, §§ 33 bis 35; *Christophers*, Richtgrößenprüfung – Beratung vor Regress, ZMGR 2014, 11; *Dahm/Hofmayer*, Wirtschaftlichkeitsprüfung, in: Rieger/Dahm/Steinhilper (Hrsg.), Heidelberger Kommentar Arztrecht Krankenhausrecht Medizinrecht, Loseblattausgabe, Nr. 5560, Stand: August 2010; *Friske*, Mehr Markt und Wettbewerb in der deutschen Arzneimittelversorgung, 2003; *Hohmann*, Erhalt der Therapiefreiheit ohne Angst vor Arzneimittelregressen, 2004; *Schütz/Christophers/Dietrich*, Arznei- und Heilmittel wirtschaftlich verordnen, 2004; *Funk*, Die Wirtschaftlichkeitsprüfung im Vertragsarztrecht, 1994; *Grütters*, Auswirkungen des Einheitlichen Bewertungsmaßstabes auf die Wirtschaftlichkeitsprüfung, 1998; *Hoßbach*, Wirtschaftlichkeitsprüfung und Praxisbesonderheiten im Kassenarztrecht, 2015; *Janda*, Medizinrecht, 3. Auflage 2016, S. 151; *Jungkunz*, Unerwünschte (legale und illegale) Verhaltensweisen im Bereich der Gesetzlichen Krankenversicherung, 1995; *von Langsdorff*, Wirtschaftlichkeits- und Abrechnungsprüfung, in: Sodan, Handbuch des Krankenversicherungsrechts, 2010, S. 663; *Mummenhoff*, Die sozialrechtlichen Grenzen einer Bewertung verschreibungsfähiger Arzneimittel durch die Verbände der gesetzlichen Krankenversicherung, 1999; *Neugebauer*, Das Wirtschaftlichkeitsgebot in der gesetzlichen Krankenversicherung, 1996; *Oehler*, Der Zahnarzt in der Wirtschaftlichkeitsprüfung, 2000; *Palsherm/Clemens*, Wirtschaftlichkeits- und Abrechnungsprüfung, in: Spickhoff, Medizinrecht, § 106 a SGB V, 2. Aufl. 2014, 2015; *Pawlita*, Beziehungen zwischen Leistungserbringern und Krankenkassen, insbesondere vertragsärztliche Versorgung, JbSozR 32 (2011), 145, und JbSozR 35 (2014), 151; *Peikert*, Wirtschaftlichkeitsprüfung, in: Schnapp/Wigge, Handbuch des Vertragsarztrechts, 2. Auflage 2006, S. 593; *Plagemann*, Wirtschaftlichkeitsprüfung, in: Wenzel, Handbuch des Fachanwalts Medizinrecht, 3. Auflage 2012, Kap. 11, Abschn. D. III., S. 1219; *Spellbrink*, Wirtschaftlichkeitsprüfung im Kassenarztrecht nach dem Gesundheitsstrukturgesetz, 1994; *Stellpflug*, Wirtschaftlichkeitsprüfungen, in: Stellpflug/Meier/Tadayon, Handbuch Medizinrecht, 2009, C 4000; *von Langsdorff*, Wirtschaftlichkeits- und Abrechnungsprüfung, in: Sodan, Handbuch des Krankenversicherungsrechts, 2. Aufl. 2014, § 24, 726 *Wenner*, Das Vertragsarztrecht nach der Gesundheitsreform, 2008, S. 293; *Zuck*, Wirtschaftlichkeitsprüfung, in: Quaas/Zuck, Medizinrecht, 3. Aufl. 2014, § 22.

I. Entstehungsgeschichte ... 1	ee) Prüfung ärztlich verordneter Leistungen ... 37
II. Vorgängervorschriften ... 3	b) Datengrundlage für Prüfungen (Abs. 2) ... 39
III. Normzweck und Systematik ... 4	c) Aufbereitung der Datengrundlage (Abs. 3) ... 51
IV. Norminhalt und Normauslegung ... 8	
1. Norminhalt ... 8	
2. Normauslegung ... 9	d) Haftung der Prüforgane bei unzureichenden Wirtschaftlichkeitsprüfungen (Abs. 4) ... 54
a) Überwachung der vertragsärztlichen Versorgung (Abs. 1) ... 9	
aa) Plausibilitätsprüfung ... 11	e) Wirtschaftlichkeit von im Krankenhaus erbrachten ambulanten ärztlichen und belegärztlichen Leistungen (Abs. 5) ... 55
bb) Sachlich-rechnerische Richtigstellung ... 12	
cc) Schadensersatzansprüche ... 15	
dd) Vereinbarungen auf Landesebene ... 23	

I. Entstehungsgeschichte

1 § 106 aF ist im Rahmen des Gesundheitsreformgesetzes vom 20.12.1988 (GRG) mit Wirkung zum 1.1.1989 ist in Kraft getreten.[1] Anschließend erfolgten zahlreiche Änderungen. Umfang und Unübersichtlichkeit der bis zu 31.12.2016 in Kraft befindlichen Vorschrift haben eine effektive Umsetzung der Wirtschaftlichkeitsprüfungen erschwert und daher zu Unsicherheiten und abnehmender Akzeptanz geführt. Um dem abzuhelfen, ist der Regelungsinhalt der bis zum 31.12.2016 in Kraft befindlichen Fassung des § 106 im Rahmen des GKV-VSG[2] mit Wirkung zum 1.1.2017 auf mehrere Paragrafen aufgeteilt worden. Eine inhaltliche Änderung ist damit jedoch grundsätzlich nicht einhergegangen. Die Überschrift wird im Hinblick auf die Neustrukturierung der Wirtschaftlichkeitsprüfungen angepasst.[3] Zu den bis dahin erfolgten Neufassungen wird auf die 1. Auflage verwiesen.

2 Bis zum 31.12.2016 bestand die Wirtschaftlichkeitsprüfung gemäß § 106 aF aus folgenden Einzelbereichen:
- Auffälligkeitsprüfungen (Richtgrößenprüfung), § 106 Abs. 2 S. 1 Nr. 1,
- Zufälligkeitsprüfungen, § 106 Abs. 2 S. 1 Nr. 2,
- Prüfung nach Durchschnittswerten, § 106 Abs. 2 S. 4,

In einigen Bereichen waren die Wirtschaftlichkeitsprüfungen den Krankenkassen statt den Prüfgremien zugewiesen. Diese Bereiche betreffen die Hochschulambulanzen (§ 117 iVm § 113 Abs. 4), die Institutsambulanzen (§ 118 iVm § 113 Abs. 4), die sozialpädiatrischen Zentren (§ 117 iVm § 113 Abs. 4), die medizinischen Behandlungszentren (§ 119 c iVm § 113 Abs. 4) sowie Krankenhäuser im Zusammenhang mit Leistungen des ambulanten Operierens (§ 115 b Abs. 2 S. 5 Hs. 1) und im Zusammenhang mit ambulanten hochspezialisierten Leistungen (§ 116 Abs. 6 S. 10).[4]

Regressansprüche bestanden wie folgt:
- Verordnungs-, insbes. Arzneikostenregresse als Schadensregress: Prüfung nach Durchschnittswerten durch Prüfgremien,

---

1 BGBl. I, 2477.
2 GKV-Versorgungsstärkungsgesetz – GKV-VSG vom 16.7.2015 (BGBl. I, 1211).
3 Vgl. BT-Dr. 19/4095, S. 38, 137.
4 Anders für Verordnungen gemäß § 116 b Abs. 7 S. 7 iVm § 113 Abs. 4, wobei jeweils abweichende Regelungen durch den GBA bzw. durch Vereinbarung der Krankenkasse mit Leistungserbringern zulässig sind (vgl. Clemens in: jurisPK-SGB V, § 106 Rn. 369).

- Regresse wegen unzulässiger Verordnung, insbes. von Arzneimitteln durch Prüfgremien,
- Regressansprüche nach den Bundesmantelverträgen.

II. Vorgängervorschriften

Vorgängervorschrift des § 106 aF war bis zum Inkrafttreten des SGB V am 1.1.1989[5] § 368n Abs. 5 RVO.[6] Der Klarstellung halber sei bereits an dieser Stelle verwiesen auf § 72 Abs. 1 S. 2, wonach § 106 unmittelbar nur für Ärzte gilt, entsprechend aber auch für Zahnärzte,[7] Psychotherapeuten und MVZ anzuwenden ist, sofern nichts Abweichendes bestimmt ist. Aus Gründen der Vereinfachung und der Übersichtlichkeit werden jedoch lediglich Ärzte und Kassenärztliche Vereinigungen benannt.

III. Normzweck und Systematik

§§ 106 bis 106c sind die zentralen Normen des Vertragsarztes zur Steuerung der Wirtschaftlichkeit der vertragsärztlichen Versorgung. Wesentlich ist insoweit zwar auch die Rückzahlung der tatsächlich zurückgeforderten Beträge für unwirtschaftliche Behandlungen; eine weitaus größere Bedeutung hat jedoch die präventive Funktion.[8]

Dem **Wirtschaftlichkeitsgebot** und dem Instrument der Wirtschaftlichkeitsprüfung kommt im Rahmen der vertragsärztlichen Versorgung ein hoher Stellenwert zu. Das Wirtschaftlichkeitsgebot des § 12 Abs. 1 S. 2 hat eine wichtige Ausprägung durch die Regelungen über die Wirtschaftlichkeitsprüfung in § 106 erfahren. Diese verpflichten die Träger der gemeinsamen Selbstverwaltung zur Überwachung der Wirtschaftlichkeit der Versorgung. Ihren hohen Rang hat der Gesetzgeber mit verschiedenen Regelungen deutlich gemacht. Er hat dem in § 12 Abs. 1 normierten Gebot, dass die Leistungserbringer unwirtschaftliche Leistungen nicht bewirken dürfen, zusätzlich durch §§ 2 Abs. 1 S. 3, 70 Abs. 1 S. 2, 72 Abs. 2, 75 Abs. 1 Ausdruck verliehen. Aus dem großen Gewicht wirtschaftlicher Leistungserbringung folgt, dass ein Vertragsarzt, bei dem in einem ordnungsgemäß durchgeführten Verfahren der Wirtschaftlichkeitsprüfung eine deutlich unwirtschaftliche Behandlungsweise festgestellt wurde, nicht von einer Honorarkürzung verschont werden darf, es sei denn, dafür gäbe es besondere Gründe (zB Anfängerpraxis), die im Prüfbescheid darzulegen wären. Grundsätzlich muss der Umfang der Honorarkürzungen in angemessener Weise mit dem Ausmaß der festgestellten Unwirtschaftlichkeit korrespondieren. Einem Vertragsarzt, der nach dem Ergebnis der Prüfung in großem Ausmaß unwirtschaftlich handelte, dürfen ohne Hinzutreten besonderer Umstände nicht die Früchte der von ihm zu verantwortenden unwirtschaftlichen Behandlungsweise vollständig oder überwiegend belassen werden. Dabei ist zu beachten, dass jeder Vertragsarzt sogleich von Beginn seiner Tätigkeit an zur Einhaltung des Wirtschaftlichkeitsgebots verpflichtet ist. Der Verstoß muss dabei weder „verschuldet" sein, noch muss irgendeine sonstige besondere Vorwerfbarkeit festgestellt werden.[9]

Im Rahmen des Wirtschaftlichkeitsgebots besonders zu beachten sind die Kosten. Insbesondere ist die Verpflichtung eines Vertragsarztes, bei zwei zur Behandlung einer bestimmten Gesundheitsstörung zur Verfügung stehenden, medizinisch gleichwertigen Therapieansätzen den kostengünstigeren zu wählen, Kernbestandteil des Wirtschaftlichkeitsgebotes. Nach der Rechtsprechung des BSG gebietet das Wirtschaftlichkeitsgebot, dass der Vertragsarzt sich die unterschiedlichen Kosten vergegenwärtigt und einzelfallbezogen abwägt, ob der Einsatz des preiswerteren Arzneimittels vertretbar ist, soweit für einen bestimmten therapeutischen Ansatz bzw. eine bestimmte medikamentöse Therapie zugelassene Arzneimittel mit entsprechender Indikation verfügbar sind.[10] Das betrifft nicht die ethisch und rechtlich umstrittene Kosten-Nutzenbewertung im weiteren Sinne, also die Frage, ob die Verordnung eines besonders teuren, aber therapeutisch alternativlosen Arzneimittels in dem Sinne wirtschaftlich ist, dass die

---

5 § 106 ist im Rahmen des Gesundheitsreformgesetzes vom 20.12.1988 (GRG) am 1.1.1989 in Kraft getreten (BGBl. I, 2477).
6 § 368n RVO in der Fassung des Gesetzes über das Kassenarztrecht (GKAR vom 17.8.1955 (BGBl. I, 513), in Kraft vom 20.8.1955 bis zum 31.12.1988.
7 Kassenzahnärztliche Vereinigung.
8 Murawski in: Hänlein/Schuler, § 106 Rn. 1.
9 BSG, 28.4.2004, B 6 KA 24/03 R, juris Rn. 21 f. = GesR 2004, 424 ff.; Clemens in: jurisPK-SGB V, § 106 Rn. 20.
10 BSG, 20.10.2004, B 6 KA 41/03, juris Rn. 44 = GesR 2005, 252 ff.

hohen Kosten den möglicherweise nur sehr begrenzten Nutzen (zB eine kurzfristige Verbesserung der Lebensqualität) rechtfertigen.[11]

7   Auf **vertraglicher Ebene** finden sich in § 47 BMV-Ä Regelungen zur Wirtschaftlichkeitsprüfung. Danach wird die vertragsärztliche Tätigkeit im Hinblick auf die Wirtschaftlichkeit der vertragsärztlichen Versorgung durch Prüfungseinrichtungen nach § 106 c überwacht. Bei der Prüfung der vertragsärztlichen Behandlungs- und Verordnungsweise ist die Wirtschaftlichkeit der gesamten vertragsärztlichen Tätigkeit des Vertragsarztes zu berücksichtigen. Sofern der Vertragsarzt an verschiedenen Betriebsstätten und/oder Nebenbetriebsstätten tätig ist, wird für die Beurteilung der Behandlungs- und Verordnungsweise seine Tätigkeit an allen Betriebsstätten einbezogen, es sei denn, es handelt sich um Fälle der Verordnung von Versicherungsleistungen bei Mitgliedern einer Berufsausübungsgemeinschaft (BAG), welche in Bereichen mehrerer Kassenärztlicher Vereinigungen tätig ist. Die Partner der Prüfvereinbarungen regeln Ausnahmen für Fälle einer weiteren Zulassung des Vertragsarztes oder seiner Tätigkeit in unterschiedlichen BAG in unterschiedlichen statusrechtlichen Verhältnissen.

IV. Norminhalt und Normauslegung

8   **1. Norminhalt.** § 106 begründet die Wirtschaftlichkeit in der vertragsärztlichen Versorgung. Nach **Abs. 1** überwachen die Krankenkassen und die Kassenärztlichen Vereinigungen die Wirtschaftlichkeit der vertragsärztlichen Versorgung durch Beratungen und Prüfungen. Nach **Abs. 2** wird die Wirtschaftlichkeit der Versorgung geprüft durch arztbezogene Prüfungen ärztlicher Leistungen (Nr. 1) und arztbezogene Prüfungen ärztlich verordneter Leistungen (Nr. 2). Nach **Abs. 3** bereitet die Prüfungsstelle nach § 106 c die für die Prüfung erforderlichen Daten und Unterlagen au, trifft Feststellungen zu den für die Beurteilung der Wirtschaftlichkeit wesentlichen Sachverhalten und entscheidet, ob ein Verstoß vorliegt und welche Maßnahmen zu treffen sind. **Abs. 4** regelt die Haftung der zuständigen Vorstandsmitglieder der Krankenkassenverbände und Kassenärztlichen Vereinigungen, wenn Wirtschaftlichkeitsprüfungen nicht in dem vorgesehenen Umfang oder nicht entsprechend den für ihre Durchführung geltenden Vorgaben durchgeführt werden. Nach **Abs. 5** gelten die vorherigen Absätze auch für die Prüfung der Wirtschaftlichkeit der im Krankenhaus erbrachten ambulanten ärztlichen und belegärztlichen Leistungen.

9   **2. Normauslegung. a) Überwachung der vertragsärztlichen Versorgung (Abs. 1).** Gemäß Abs. 1 überwachen die Krankenkassen und die Kassenärztlichen Vereinigungen die Wirtschaftlichkeit der vertragsärztlichen Versorgung durch Beratungen und Prüfungen.

10 Dabei ist zu beachten, dass die Überwachung oftmals mehrere Bereiche umfasst. Von § 106 werden jedoch nur solche Bereiche umfasst, die sich auf Wirtschaftlichkeit im Sinne von medizinischer Notwendigkeit und Effizienz beziehen.[12] Nachfolgend sollen beispielhaft einige Bereiche benannt werden, in denen die Wirtschaftlichkeitsprüfung von anderen Bereichen abzugrenzen ist. Neben den Plausibilitätsprüfungen gemäß § 106 d sind insbesondere zu nennen die sachlich-rechnerische Richtigstellung sowie Schadensersatzansprüche.

11 **aa) Plausibilitätsprüfung.** Gemäß § 106 d SGB V, § 46 BMV-Ä führen die Kassenärztlichen Vereinigungen und die Krankenkassen Plausibilitätsprüfungen gemäß den Richtlinien der Kassenärztlichen Bundesvereinigung und des GKV-Spitzenverbandes zum Inhalt und zur Durchführung der Abrechnungsprüfungen der Kassenärztlichen Vereinigungen und der Krankenkassen gemäß § 106 a Abs. 6 S. 1 sowie nach den ergänzenden gesamtvertraglichen Regelungen durch.[13] Ergänzend ist auf die zum 1.7.2008 vereinbarte „Richtlinie gemäß § 106 a SGB V" zu verweisen.[14] Danach erfolgen Plausibilitätsprüfungen ua bei Vertragsärzten und -therapeuten, die auf der Grundlage der Prüfzeiten ermittelte arbeitstägliche Zeit bei Tageszeitprofilen arbeitstäglich an mindestens drei Tagen im Quartal mehr als zwölf Stunden oder im Quartalszeitprofil mehr als 780 Stunden gearbeitet haben. Dies gilt für fachgruppengleiche Gemeinschaftspraxen und Arztpraxen mit angestellten Ärzten sowie fachgruppenüber-

---

11 BSG, 31.5.2006, B 6 KA 13/05 R, juris Rn. 44 = SozR 4-2500 § 92 Nr. 5; vgl. zur Kosten-Nutzenbewertung §§ 35 a, 35 b SGB.
12 Hess in: KassKomm, § 106 SGB V Rn. 4 ff. und § 106 a SGB V Rn. 4.
13 Die Richtlinien gemäß § 106 a SGB V sind trotz der Neufassung der §§ 106 bis 106 c SGB V noch nicht aktualisiert worden; der insoweit benannte § 106 a bezieht sich daher auf die bis zum 31.12.2016 in Kraft befindliche Fassung.
14 Richtlinie gemäß § 106 a SGB V, in Kraft getreten am 1.7.2008, DÄ 2008, A 1925 = http://www.kbv.de/media/sp/Richtlinien__106a__SGB_V_Plausibilitaetspruefung.pdf (zuletzt abgerufen am 1.3.2017).

greifende Gemeinschaftspraxen und MVZ entsprechend. Bei Praxisgemeinschaften gilt als weiteres Aufgreifkriterium eine Patientenidentität von mehr als 20 % bei versorgungsbereichsidentischen Praxen und 30 % bei versorgungsbereichsübergreifenden Praxen. Bei der Anstellung von Ärzten in Vertragsarztpraxen wird geprüft, ob die angestellten Ärzte die genehmigten Arbeitszeiten eingehalten haben.

bb) **Sachlich-rechnerische Richtigstellung.** Bei der sachlich-rechnerischen Richtigstellung geht es im Kern um die Vornahme von gebührenordnungsgemäßen oder rechnerischen Richtigstellungen von Honorarforderungen.[15] Grundlage der sachlich-rechnerischen Richtigstellung sind dabei die Unterlagen, die der Vertragsarzt auf der Grundlage des EBM bei der für ihn zuständigen Kassenärztlichen Vereinbarung einreicht, um von dieser Honorar für seine Leistungserbringung ausbezahlt zu bekommen.[16] Sachlich-rechnerische Prüfungen erfolgen primär durch die Kassenärztlichen Vereinigungen.[17]   12

Gemäß § 45 BMV-Ä bestätigt der Vertragsarzt, dass die abgerechneten Leistungen persönlich erbracht worden sind, und dass die Abrechnung sachlich richtig ist. Leistungen, deren Abrechnung aufgrund gesetzlicher oder vertraglicher Bestimmungen oder Richtlinien der Kassenärztlichen Bundesvereinigung (§ 135 Abs. 2 SGB V) an die Erfüllung besonderer Voraussetzungen geknüpft ist, werden nur vergütet, wenn der Vertragsarzt die Erfüllung dieser Voraussetzungen gegenüber der Kassenärztlichen Vereinigung nachgewiesen hat und – soweit vorgesehen – eine Genehmigung erteilt wurde. Der Kassenärztlichen Vereinigung obliegt die Prüfung der von den Vertragsärzten vorgelegten Abrechnungen ihrer vertragsärztlichen Leistungen hinsichtlich der sachlich-rechnerischen Richtigkeit. Dies gilt insbesondere für die Anwendung des Regelwerks. Die Kassenärztliche Vereinigung berichtigt die Honorarforderung des Vertragsarztes bei Fehlern hinsichtlich der sachlich-rechnerischen Richtigkeit. Die Gesamtverträge regeln das Nähere über das Antragsrecht der Krankenkassen für nachgehende sachlich-rechnerische Berichtigungen, insbesondere die dazu vorgesehenen Fristen. Im Übrigen gelten neben den gesamtvertraglichen Regelungen die Richtlinien der Kassenärztlichen Bundesvereinigung und des GKV-Spitzenverbandes zum Inhalt und zur Durchführung der Abrechnungsprüfungen der Kassenärztlichen Vereinigungen und der Krankenkassen gemäß § 106 a Abs. 6 S. 1 in der jeweiligen gültigen Fassung.   13

Trotz der grundsätzlichen Unterschiede zwischen **Wirtschaftlichkeitsprüfung** und **sachlich-rechnerischer Richtigstellung** gibt es zwischen beiden Instrumenten inhaltliche **Überschneidungen**. Regelmäßig ist eine sachlich-rechnerische Richtigstellung vorrangig, weil sinnvollerweise nur die Honorarforderung des Vertragsarztes der Prüfung auf ihre Wirtschaftlichkeit unterzogen werden kann, die sachlich-rechnerisch richtig und auch ansonsten rechtmäßig ist. Honoraranforderungen für fehlerhaft abgerechnete Leistungen, zB für ohne die erforderliche Genehmigung bzw. überhaupt nicht erbrachte Leistungen, sind unberechtigt und bedürfen keiner Prüfung auf ihre Wirtschaftlichkeit. Dieser grundsätzliche Vorrang der Abrechnungskorrekturen ist indessen praktisch vielfach nicht umsetzbar, weil für die zuständigen Behörden nicht von vornherein erkennbar ist, ob bei Auffälligkeiten der Honorarabrechnung fehlerhafte Ansätze der Gebührenordnung oder eine unwirtschaftliche Leistungserbringung bzw. -abrechnung vorliegen oder ob beides zusammentrifft. Vielfach zeigt erst eine nähere Untersuchung der Abrechnung im Rahmen der Wirtschaftlichkeitsprüfung, dass bestimmte, ggf. extreme Überschreitungen des Vergleichsgruppendurchschnitts hinsichtlich einzelner Leistungssparten oder – besonders deutlich – hinsichtlich von Einzelleistungen auf einen Fehlansatz einzelner Gebührenpositionen zurückgehen. In dieser Situation sind die Prüfgremien berechtigt, sachlich-rechnerische Richtigstellungen vorzunehmen, wenn diese neben der eigentlichen Wirtschaftlichkeitsprüfung von untergeordneter Bedeutung sind (sog Annexkompetenz: „Randzuständigkeit"). Liegt aber der Schwerpunkt der Beanstandungen bei einer fehlerhaften Anwendung der Gebührenordnung, müssen die Gremien der Wirtschaftlichkeitsprüfung das Prüfverfahren abschließen und der KÄV Gelegenheit geben, sachlich-rechnerische Richtigstellungen vorzunehmen. Ergeben sich im umgekehrten Fall der Abrechnungsprüfung durch die KÄV oder im Rahmen der von den Krankenkassen durchzuführenden Plausibilitätsprüfung der Abrechnungen (§ 106 a Abs. 3) Anhaltspunkte dafür, dass die der Prüfung unterzogenen Leistungen in   14

---

15 BSG, 12.12.2012, B 6 KA 50/11 R, juris Rn. 11 = SozR 4-2500 § 106 Nr. 38; BSG, 29.6.2011, B 6 KA 16/10 R, juris Rn. 16 ff. = GesR 2012, 148 ff.
16 Vgl. beispielhaft § 1 des Honorarverteilungsmaßstabes der Kassenärztlichen Vereinigung Nordrhein (https://www.kvno.de/downloads/honorar/hvm1701.pdf, zuletzt abgerufen am 1.3.2017).
17 Hess in: KassKomm, § 75 SGB V Rn. 15, § 106 SGB V Rn. 5.

einem unwirtschaftlichen Ausmaß erbracht worden sind, haben KÄV bzw. Krankenkassen die Einleitung eines Verfahrens der Wirtschaftlichkeitsprüfung gemäß § 106 zu veranlassen.[18]

15 **cc) Schadensersatzansprüche.** Soweit ein Vertragsarzt in Ausübung seiner vertragsärztlichen Tätigkeit bei einer Krankenkasse schuldhaft einen Schaden verursacht, könnte er seitens der Krankenkasse mit Schadensersatzansprüchen konfrontiert werden. Der Schaden läge in einem solchen Fall in aufgewendeten Behandlungskosten, die ohne die Handlung nicht entstanden wären, zB aufgrund Zahlung von Krankengeld.

16 In dem Zusammenhang setzt die Prüfung der Wirtschaftlichkeit bereits begrifflich voraus, dass der Vertragsarzt überhaupt kassenärztliche Leistungen erbringen wollte. Das ist aber nicht der Fall, wenn er solche **Leistungen bloß vortäuscht.** Denn eine entsprechende „Prüfung" hat nichts mit der Angemessenheit der einzelnen Behandlungs- und Verordnungsweise zu tun und wird daher vom Begriff der Wirtschaftlichkeitsprüfung auch nicht in einem weiteren Sinne – wie bei dem wirtschaftlichen Schaden der Krankenkasse, der durch Verletzung der Regeln der ärztlichen Kunst entsteht – umfasst. Eine solche über die Wirtschaftlichkeitsprüfung eindeutig hinausgehende „Prüfung" – sie überschreitet auch eine bloß „rechnerische" und „gebührenordnungsgemäße" Überprüfung, die von der KÄV vorzunehmen ist – hat die Kassenärztliche Vereinigung selbst vorzunehmen.[19]

17 Gemäß § 48 BMV-Ä wird der sonstige durch einen Vertragsarzt verursachte Schaden, der einer Krankenkasse aus der unzulässigen Verordnung von Leistungen, die aus der Leistungspflicht der gesetzlichen Krankenversicherung ausgeschlossen sind, oder aus der fehlerhaften Ausstellung von Bescheinigungen entsteht, durch die Prüfungseinrichtungen nach § 106 festgestellt.

18 Nach der Rechtsprechung des BSG ist bei **fehlerhafter Ausstellung von Arzneiverordnungen** ein Schadensfeststellungsverfahren gemäß § 48 BMV-Ä vor den Prüfgremien und kein Schlichtungsverfahren nach § 49 BMV-Ä durchzuführen, auch wenn der Arzt nicht mehr an der vertragsärztlichen Versorgung teilnimmt; Abgrenzungskriterien sind diejenigen Kriterien, die zur Abgrenzung des Verfahrens gemäß § 48 BMV-Ä von der Wirtschaftlichkeitsprüfung gemäß § 106 SGB V gelten: Regressverfahren wegen Fehler bei ärztlichen Verordnungen sind dann dem § 48 BMV-Ä zuzuordnen, wenn Mängel bei der Art und Weise der Ausstellung der Verordnung in Frage stehen, während die inhaltliche Fehlerhaftigkeit einer Verordnung – zB im Falle eines umstrittenen Off-Label-Use – im Verfahren gemäß § 106 SGB V geltend zu machen ist.[20]

19 Nach der weiteren Rechtsprechung des BSG kann eine Krankenkasse einen Vertragsarzt auch nach Beendigung der vertragsärztlichen Tätigkeit wegen eines „sonstigen Schadens" (zB Kick-Back-Zahlungen) nicht unmittelbar in Anspruch nehmen; zuständig sind die Prüfgremien.[21]

20 Gemäß § 49 BMV-Ä werden Schadensersatzansprüche, welche eine Krankenkasse gegen einen Vertragsarzt aus der schuldhaften Verletzung vertragsärztlicher Pflichten geltend macht und für deren Prüfung und Feststellung nicht die Verfahren nach §§ 45, 47 und 48 BMV-Ä vorgeschrieben sind, durch eine bei der Kassenärztlichen Vereinigung zu errichtende **Schlichtungsstelle** geprüft und dem Grunde und der Höhe nach aufgrund eines Vorschlags der Schlichtungsstelle durch die Kassenärztliche Vereinigung in einem Bescheid festgestellt. Dies gilt insbesondere für Schadensersatzansprüche, welche eine Krankenkasse auf den Vorwurf der Abrechnung nicht erbrachter Leistungen oder eines Verstoßes gegen das Gebot der persönlichen Leistungserbringung stützt.

21 Schadensersatzansprüche wegen **Behandlungsfehlern,** welche eine Krankenkasse aus eigenem oder übergeleitetem Recht gegen einen Vertragsarzt wegen des Vorwurfs der Verletzung der ärztlichen Sorgfalt bei der Untersuchung oder Behandlung erhebt, sind gemäß § 50 BMV-Ä nicht Gegenstand der Verfahren vor den Prüfungseinrichtungen oder den Schlichtungsstellen. Ansprüche der Versicherten und der Krankenkassen richten sich nach Bürgerlichen Recht (§§ 66 und 76 Abs. 4 SGB V, § 116 SGB X).

22 Ein Vertragsarzt, der ein **Arzneimittel** verordnet, das mangels Überprüfung der Qualität, Wirksamkeit und Unbedenklichkeit **nicht verordnungsfähig** ist, kann wegen der Verordnungskosten in Regress ge-

---

18 BSG, 6.9.2006, B 6 KA 40/05 R, juris Rn. 19 = GesR 2007, 174 ff.
19 BSG, 18.4.1984, 6 RKa 38/82, juris Rn. 5 = SozR 5540 § 34 Nr. 1.
20 BSG, 20.3.2013, B 6 KA 17/12 R, juris 21 ff. = GesR 2013, 540 ff.
21 BSG, 20.3.2013, B 6 KA 18/12 R, juris 16, 19, 21 = SozR 4-5545 § 23 Nr. 2.

nommen werden. Fehlt die Verordnungsfähigkeit, so ist Unwirtschaftlichkeit gegeben.[22] Das Vorliegen eines schuldhaften Verhaltens ist für die Vorwerfbarkeit nicht erforderlich.[23]

dd) Vereinbarungen auf Landesebene. Gemäß S. 2 vereinbaren die Landesverbände der Krankenkassen und die Ersatzkassen gemeinsam und einheitlich und die Kassenärztlichen Vereinigungen Inhalt und Durchführung der Beratungen und Prüfungen nach Abs. 2 sowie die Voraussetzungen für Einzelfallprüfungen.

Mit dieser Regelung wird bestimmt, dass die Landesverbände der Krankenkassen und die Ersatzkassen gemeinsam und einheitlich und die Kassenärztlichen Vereinigungen Inhalt und Durchführung der Beratungen und Prüfungen nach Abs. 2 sowie die Voraussetzungen für Einzelfallprüfungen vereinbaren. Damit wird den Vertragspartnern der Selbstverwaltung die Aufgabe zugewiesen, die genaue Ausgestaltung der Wirtschaftlichkeitsprüfung auf der Grundlage der gesetzlichen Regelungen zu vereinbaren. Die Formulierung ist angelehnt an den bis zum 31.12.2016 in Kraft befindlichen Abs. 3. Die Regelung stellt auch klar, dass es weiterhin die Möglichkeit zu Einzelfallprüfungen gibt. Die Vertragspartner müssen die entsprechenden Voraussetzungen regeln. Dazu gehört auch, dass festgelegt werden muss, wodurch eine entsprechende Einzelfallprüfung ausgelöst wird, also etwa wer antragsberechtigt ist. Die Regelung zum „sonstigen Schaden" nach § 48 BMV-Ä bleibt von der Neuregelung unberührt.[24]

Vereinbarungen der Selbstverwaltungspartner auf Landesebene sind derzeit nur vereinzelt ersichtlich.[25] Insoweit wird verwiesen auf die Prüfvereinbarung Schleswig-Holstein vom 31.7.2016, die sich derzeit im Unterschriftenverfahren befindet, gemäß §§ 106 Abs. 1, 106a Abs. 4 und 106b Abs. 1.[26] Ebenfalls verwiesen wird auf die zum 1.1.2017 in Kraft getretenen Prüfvereinbarung Baden-Württemberg gemäß §§ 106 bis 106c[27] und die Prüfvereinbarung für das Saarland gemäß § 106 in Verbindung mit §§ 106a, 106b und 106c.[28]

Beispielhaft für die Vereinbarungen auf Landesebene werden nachfolgend aus der Prüfvereinbarung Baden-Württemberg das Inhaltsverzeichnis und die Allgemeinen Bestimmungen wiedergegeben. In den weiteren Kommentierungen der §§ 106a bis 106c werden die besonderen Regelungen wiedergegeben.

„*Inhaltsverzeichnis*

Präambel 3

§ 1 Allgemeine Bestimmungen

§ 2 Gemeinsame Prüfungsstelle Baden-Württemberg

§ 3 Gemeinsamer Beschwerdeausschuss Baden-Württemberg und Kammern

§ 4 Prüfgegenstände und Prüfarten

§ 5 Konkurrenzbestimmungen

§ 6 Prüfung der Behandlungsweise im Einzelfall

§ 7 Prüfung ärztlicher Leistungen auf der Grundlage von Stichproben

§ 8 Prüfung der Behandlungsweise nach Durchschnittswerten

§ 9 Prüfung der Verordnungsweise im Einzelfall

§ 10 Prüfung auf Einhaltung der Richtlinien nach § 92 SGB V

§ 11 Prüfung der Verordnungsweise nach Richtwerten (statistische Prüfmethode)

§ 12 Prüfung der Verordnungsweise nach Durchschnittswerten (statistische Prüfmethode)

§ 13 Prüfung Wirtschaftlichkeitsziele

§ 14 Prüfung auf Feststellung eines sonstigen Schadens

§ 15 Maßnahmen

§ 16 Maßnahmen bei statistischen Prüfungen, erstmalige Auffälligkeit

---

22 BSG, 5.11.2008, B 6 KA 63/07 R, juris Rn. 25 = GesR 2009, 539 ff.
23 BSG, 28.4.2004, B 6 KA 24/03 R, juris Rn. 21 f. = GesR 2004, 424 ff.; Clemens in: jurisPK-SGB V, § 106 Rn. 20.
24 Vgl. BT-Dr. 18/40195, S. 38, 137.
25 Stand: 1.2.2017.
26 Vgl. https://www.kvsh.de/db2b/upload/downloads/Pruefvereinbarung_2017_20161216_Internet_A.pdf (zuletzt abgerufen am 1.3.2017).
27 Vgl. https://www.kvbawue.de/praxis/vertraege-recht/vertraege-von-a-z/wirtschaftlichkeit-plausibilitaet/, dort Prüfvereinbarung (gültig ab dem 1.1.2017) (zuletzt abgerufen am 1.3.2017).
28 Vgl. http://www.kvsaarland.de/documents/10184//480827//Pr%C3%BCfvereinbarung+-+ab+1.1.2017, dort Prüfvereinbarung (gültig ab dem 1.1.2017) (zuletzt abgerufen am 1.3.2017).

§ 17 Verfahren bei der Gemeinsamen Prüfungsstelle
§ 18 Widerspruchsverfahren
§ 19 Bekanntgabe und Zustellung
§ 20 Gerichtliches Verfahren
§ 21 Vollzug von Honorarkürzungen und Nachforderungen
§ 22 Kostenregelung
§ 23 Salvatorische Klausel
§ 24 Inkrafttreten, Kündigung
Anlagenverzeichnis
Anlage 1
Datenlieferung, Datenumfang und Statistiken für die Wirtschaftlichkeitsprüfung nach § 106 SGB V
Anlage 2
Durchführung der Zufälligkeitsprüfung
Anlage 3
Mitteilung der Verrechnungsbeträge aus Wirtschaftlichkeitsprüfungen über Formblatt 3

28 **Präambel**
(1) Gemäß § 106 Abs. 1 SGB V überwachen die Krankenkassen bzw. ihre Verbände und die Kassenärztlichen Vereinigungen die Wirtschaftlichkeit der vertragsärztlichen Versorgung durch Beratungen und Prüfungen.
(2) Mit den Vereinbarungen über die Errichtung der Gemeinsamen Prüfungsstelle und des Gemeinsamen Beschwerdeausschusses in der jeweils gültigen Fassung haben die Vertragspartner dieser Vereinbarung die organisatorischen Voraussetzungen zur Durchführung der Beratungen und Wirtschaftlichkeitsprüfungen geschaffen.
(3) Die KVBW und die Verbände vereinbaren nachfolgend auf der Grundlage des § 106 Abs. 1 SGB V sowie der Wirtschaftlichkeitsprüfungsverordnung (WiPrüfVO) die Inhalte und das Nähere zur Durchführung der Wirtschaftlichkeitsprüfungen nach § 106 Abs. 2 SGB V.

29 **§ 1 Allgemeine Bestimmungen**
(1) ¹Die Prüfvereinbarung regelt gemäß §§ 106 bis 106 c SGB V die Verfahren zur Prüfung der Wirtschaftlichkeit für die vertragsärztliche Tätigkeit der im Bereich der KVBW
1. zugelassenen Ärzte,
2. ermächtigten Ärzte,
3. ermächtigten ärztlich geleiteten Einrichtungen einschließlich Hochschulambulanzen nach § 117 SGB V,
4. medizinischen Versorgungszentren,
5. ermächtigten psychiatrischen Institutsambulanzen nach § 118 SGB V,
6. ermächtigten sozialpädiatrischen Zentren nach § 119 SGB V,
7. ermächtigten Einrichtungen der Behindertenhilfe nach § 119 a SGB V,
8. medizinischen Behandlungszentren nach § 119 c SGB V,
9. Nichtvertragsärzten, die am ärztlichen Bereitschaftsdienst teilnehmen im Rahmen der §§ 6, 9 (Einzelfallanträge) und § 14 (sonstiger Schaden) und
10. Krankenhäuser im Rahmen von §§ 106 Abs. 5, 76 Abs. 1 a und 39 Abs. 1 a SGB V
(im folgenden Arzt / Ärzte bzw. Einrichtung genannt).
²Soweit nicht durch anderweitige Bestimmungen ausgeschlossen, gelten die nachfolgenden Regelungen entsprechend für psychologische Psychotherapeuten und Kinder- und Jugendlichenpsychotherapeuten. ³Gemäß § 113 Abs. 4 SGB V wird die Wirtschaftlichkeit und Qualität der Versorgung durch Hochschulambulanzen nach § 117 SGB V, psychiatrische Institutsambulanzen nach § 118 SGB V, sozialpädiatrische Zentren nach § 119 SGB V sowie medizinische Behandlungszentren nach § 119 c SGB V von den Krankenkassen in entsprechender Anwendung der nach §§ 106 bis 106 b und 106 d sowie § 135 b SGB V geltenden Regelungen geprüft. ⁴Die Vertragspartner erklären übereinstimmend, dass die Zuständigkeit für die Prüfung der Wirtschaftlichkeit der ärztlich verordneten Leistungen der in Satz 3 genannten Einrichtungen von den Krankenkassen auf die Gemeinsamen Prüfungseinrichtungen, dh die Gemeinsame Prüfungsstelle und den Gemeinsamen Beschwerdeausschuss nach § 106 c SGB V entsprechend §§ 106 SGB V und 106 b SGB V übertragen werden kann. ⁵Die Vertragspartner erklären dies auch für die Prüfung von ärztlich verordneten Leistungen im Rahmen der Teilnahme an Verträgen

nach §§ 73 b, 73 c aF und 140 a SGB V (Selektivverträge), für die Verordnung von Impfstoffen entsprechend der Vereinbarung nach § 132 e SGB V und für die Prüfung der Verordnungen von Arznei-, Heil- und Hilfsmitteln im Rahmen der spezialisierten ambulanten Palliativversorgung nach § 132 d SGB V. 6Die Krankenkassen und/oder ihre Verbände vereinbaren in ihren Verträgen nach den Sätzen 3 und 5, dass sie die Gemeinsamen Prüfungseinrichtungen hierfür gemäß § 106 Abs. 1 S. 3 SGB V sowie nach § 2 Abs. 6 der bundesvertraglichen Rahmenvorgaben nach § 106 b Abs. 2 in den Vereinbarungen mit der Prüfung nach § 106 b Abs. 1 SGB V beauftragen können. 7Die Krankenkassen und / oder ihre Verbände beauftragen die Gemeinsamen Prüfungseinrichtungen mit der Prüfung der Wirtschaftlichkeit von ärztlich verordneten Leistungen in den in Satz 3 (vertragsärztlich) und Satz 5 (außervertragsärztlich) genannten Bereichen und Einrichtungen. Die Prüfung erfolgt nach gleichen Maßstäben. 8Die Wirtschaftlichkeit der Verordnungen der ambulanten spezialfachärztlichen Versorgung nach § 73 Absatz 2 Nummer 5 bis 9 und 12 SGB V wird gemäß § 116 b Abs. 7 Satz 7 SGB V in entsprechender Anwendung des § 113 Absatz 4 mit der Maßgabe geprüft, dass die Prüfung durch die Gemeinsamen Prüfungseinrichtungen gegen Kostenersatz durchgeführt wird, soweit die Krankenkasse mit den Leistungserbringern nach § 116 b Abs. 2 SGB V nichts anderes vereinbart hat. 9Die Vertragspartner treffen im Falle der Beauftragung der Gemeinsamen Prüfungseinrichtungen entsprechende Regelungen zum Kostenersatz (§ 22).

(2) Für die Wirtschaftlichkeitsprüfung einer den Bereich einer Kassenärztlichen Vereinigung übergreifenden vertragsärztlichen Tätigkeit gilt ergänzend die Richtlinie der Kassenärztlichen Bundesvereinigung nach § 75 Abs. 7 Nr. 2 SGB V über die „Durchführung der vertragsärztlichen Versorgung bei einer den Bereich der Kassenärztlichen Vereinigung übergreifenden Berufsausübung" in der jeweils gültigen Fassung.

(3) Im Folgenden wird die Bezeichnung Arzt geschlechtsneutral sowohl für Ärztinnen als auch für Ärzte sowie Vertragspsychotherapeutinnen und Vertragspsychotherapeuten verwendet. Soweit nicht ausdrücklich eine andere Formulierung gewählt wird, steht die Bezeichnung Arzt für eine Hauptbetriebsstätte. Die Prüfung der Wirtschaftlichkeit findet grundsätzlich auf der Ebene der Hauptbetriebsstättennummer (HBSNR) einer Praxis statt.

(4) Die Vertragspartner bilden eine Gemeinsame Prüfungsstelle und einen Gemeinsamen Beschwerdeausschuss (Gemeinsame Prüfungseinrichtungen – GPE). Die GPE führen die mit der Wirtschaftlichkeitsprüfung verbundenen Aufgaben durch. Der Gemeinsame Beschwerdeausschuss und dessen Kammern werden bei der Wahrnehmung ihrer Aufgaben durch die Gemeinsame Prüfungsstelle organisatorisch unterstützt.

(5) Für das Verwaltungsverfahren der Wirtschaftlichkeitsprüfung gelten die Regelungen dieser Vereinbarung i. V. mit den Regelungen des SGB X. Insbesondere ist den Betroffenen vor einer Entscheidung die Möglichkeit einzuräumen, sich zu den für die Entscheidung erheblichen Tatsachen zu äußern. Sie können sich in jedem Stand des Verfahrens eines Beistands bedienen.

(6) Grundlage für die Prüfungen auf Antrag oder von Amts wegen sind die auf der Basis des Vertrages über den Austausch auf Datenträgern nach § 295 Abs. 3 SGB V (Anlage 6 BMV-Ä), den Regelungen des SGB V (insbesondere §§ 106, 296 bis 298) und ggf. ergänzenden Vereinbarungen der Vertragspartner über die Bereitstellung der für die Prüfung notwendigen Daten an die Gemeinsame Prüfungsstelle in der jeweils gültigen Fassung übermittelten Leistungs- und Verordnungsdaten.

(7) Bei der Überprüfung der Wirtschaftlichkeit der vertragsärztlichen Versorgung ist in der Regel die Gesamttätigkeit des Arztes bzw. der Einrichtung zu berücksichtigen. Es gelten die von der Rechtsprechung entwickelten Grundsätze.

(8) Werden im Rahmen einer Wirtschaftlichkeitsprüfung der Behandlungsweise sachliche oder rechnerische Fehler vermutet oder festgestellt, wird der Vorgang zur weiteren Bearbeitung an die KVBW abgegeben und das Prüfverfahren bis zum Abschluss des Berichtigungsverfahrens ausgesetzt, es sei denn, es handelt sich um Richtigstellungen von untergeordneter Bedeutung. In diesen Fällen entscheiden die GPE. Fristen der Antragstellung zur sachlich-rechnerischen Berichtigung gelten als gewahrt.

(9) Werden den GPE Tatsachen bekannt, die einen weitergehenden Korrekturbedarf oder weitere über die Beurteilung der Wirtschaftlichkeit hinausgehende Verfahren erfordern, unterrichten sie hierüber die KVBW und die Verbände. Werden den GPE im Rahmen statistischer Prüfungen einzelne Auffälligkeiten hinsichtlich bestehender Unwirtschaftlichkeit bekannt, können sie hierüber die zuständige Krankenkasse bzw. deren zuständigen Landesverband über die Möglichkeit der Antragstellung im Rahmen einer Prüfung im Einzelfall informieren.

(10) Soweit in dieser Vereinbarung der Begriff Arzneimittel verwendet wird, bezieht er sich auf alle nach § 31 Abs. 1 SGB V in die Versorgung mit Arzneimitteln einbezogenen Produkte.
(11) Bei Prüfanträgen nach den §§ 6, 8, 9, 10, 12 und 14 sind die gesetzlichen bzw. die von der Rechtsprechung entwickelten Verjährungs- bzw. Ausschlussfristen zu beachten.

30 *§ 2 Gemeinsame Prüfungsstelle Baden-Württemberg*
(1) Die Aufgaben der Gemeinsamen Prüfungsstelle ergeben sich aus den gesetzlichen Regelungen nach §§ 106 bis 106 c SGB V und der WiPrüfVO; diese sind insbesondere die Feststellung, ob Ärzte oder Einrichtungen gegen das Gebot der Wirtschaftlichkeit verstoßen haben und welche Maßnahmen zu treffen sind.
(2) Die Struktur der Gemeinsamen Prüfungsstelle ergibt sich aus der Vereinbarung über die Errichtung der Gemeinsamen Prüfungsstelle in der jeweils gültigen Fassung.

31 *§ 3 Gemeinsamer Beschwerdeausschuss Baden-Württemberg und Kammern*
(1) Die Aufgaben des Gemeinsamen Beschwerdeausschusses und dessen Kammern ergeben sich aus den gesetzlichen Regelungen nach §§ 106 bis 106 c SGB V, der WiPrüfVO und der Geschäftsordnung des Gemeinsamen Beschwerdeausschusses und seiner Kammern.
(2) Die Struktur und Besetzung des Gemeinsamen Beschwerdeausschusses und dessen Kammern ergeben sich aus der Vereinbarung über die Errichtung des Gemeinsamen Beschwerdeausschusses in der jeweils gültigen Fassung sowie der Geschäftsordnung des Gemeinsamen Beschwerdeausschusses und seiner Kammern.

32 *§ 4 Prüfgegenstände und Prüfarten*
(1) Die Wirtschaftlichkeit ärztlicher Leistungen einschließlich Sachkosten (Behandlungsweise) wird geprüft
- *im Einzelfall (§ 6),*
- *aufgrund von Stichproben (Zufälligkeitsprüfung) (§ 7) und*
- *nach Durchschnittswerten (§ 8).*

(2) Die Wirtschaftlichkeit ärztlich verordneter bzw. veranlasster Leistungen wird geprüft
- *im Einzelfall,*
- *bezogen auf einzelne ärztliche Verordnungen von Arznei-, Heil- oder Hilfsmitteln sowie sonstige veranlasste Leistungen gemäß § 106 Abs. 1 Satz 2 SGB V (§§ 9, 10),*
- *bezogen auf einzelne verordnungsfähige Mittel des Sprechstundenbedarfs bezüglich der Menge und / oder des Preises (§ 9); die Bestimmungen der Sprechstundenbedarfsvereinbarung zur sachlich / rechnerischen Berichtigung bleiben unberührt,*
- *bezogen auf einzelne Verordnungen von planbaren Krankenhausbehandlungen, die auch ambulant hätten durchgeführt werden können (§ 9),*
- *bezogen auf die Verordnung von Impfstoffen gemäß des Vertrages über die Versorgung mit Schutzimpfungen (§ 9),*
- *bei medizinischer Rehabilitation (§ 73 Abs. 2 Nr. 5 SGB V),*
- *bei Krankentransporten (§ 73 Abs. 2 Nr. 7 SGB V),*
- *bei Krankenhausbehandlung (§ 73 Abs. 2 Nr. 7 SGB V),*
- *bei Behandlung in Vorsorge- oder Rehabilitationseinrichtungen (§ 73 Abs. 2 Nr. 7 SGB V),*
- *bei Soziotherapie (§ 73 Abs. 2 Nr. 12 SGB V),*
- *bei spezialisierter ambulanter Palliativversorgung (§ 73 Abs. 2 Nr. 14 SGB V),*
- *bei im Krankenhaus erbrachten ambulanten ärztlichen und belegärztlichen Leistungen,*
- *im Rahmen des Entlassmanagements (§ 39 Abs. 1 a Satz 5 SGB V),*
- *bei Inanspruchnahme eines Krankenhauses nach § 76 Abs. 1 a SGB V,*
- *bei häuslicher Krankenpflege (§ 73 Abs. 2 Nr. 8 SGB V),*
- *bei Verordnung von Hilfsmitteln (§ 73 Abs. 2 Nr. 8 SGB V),*
- *nach statistischen Prüfmethoden,*
- *bei Überschreitung des prüfrelevanten Richtwertvolumens für Arznei- bzw. für Heilmittel (§ 11),*
- *bei Nichterreichen der Zielwerte nach der Arznei- bzw. Heilmittelvereinbarung (§ 13),*
- *nach Durchschnittswerten.*

(3) Die Prüfung auf Feststellung eines sonstigen Schadens erfolgt gemäß § 48 Abs. 1 BMV-Ä (§ 14).
(4) Die Wirtschaftlichkeit verordneter Leistungen von Ärzten, die an einer Untersuchung nach § 67 Abs. 6 des Arzneimittelgesetzes beteiligt sind, wird im Einzelfall (§ 9), im Rahmen der Richtwertprü-

fung (§ 11) oder auf der Grundlage von arzt- und versichertenbezogenen Stichproben (§ 7) geprüft. Die Gemeinsame Prüfungsstelle entscheidet im Einzelfall, welches die geeignete Prüfmethode ist.
(5) Bei einer Prüfung im Einzelfall sind vom Antragsteller die antragsbegründenden Unterlagen vorzulegen. Sofern im Rahmen der Prüfung der Behandlungsweise Sachkosten geprüft werden sollen, gehören hierzu neben den Einzelfallnachweisen auch die Belege über die abgerechneten Sachkosten. Bei einer Prüfung im Einzelfall der Behandlungsweise einschließlich Sachkosten ist für die Bezifferung des der jeweiligen Krankenkasse eingetretenen Schadens die Summe der abgerechneten Sachkosten mit der entsprechenden Begründung des Verdachts auf Unwirtschaftlichkeit ausreichend. Die konkrete Schadensbezifferung der benannten Unwirtschaftlichkeit erfolgt nach Sichtung der zugehörigen Sachkostenbelege durch die Gemeinsame Prüfungsstelle. Liegen einer antragstellenden Kasse / einem Verband die Sachkostenbelege nicht vor, stellt die KVBW diese nach Anforderung durch die GPE ohne schuldhafte Verzögerung zur Verfügung. Falls erforderlich, fordert die KVBW die Belege beim Arzt bzw. bei der Einrichtung an. Dieses gilt auch im Rahmen der Zufälligkeitsprüfung nach § 106 a SGB V.

§ 5 Konkurrenzbestimmungen
(1) Ein Antrag auf Durchschnittswerteprüfung für Arznei- oder für Heilmittel (§ 12) für einen Zeitraum ist nicht zulässig, soweit für die maßgebliche Richtwertgruppe des Arztes bzw. der Einrichtung Arzneimitteltherapiebereichs-Richtwerte bzw. ein Richtwert für Heilmittel vereinbart wurden und die Voraussetzungen für eine Richtwerteprüfung erfüllt sind.
(2) Das bestandskräftige Ergebnis einer Einzelfallprüfung der Behandlungsweise (§ 6) ist bei einer Durchschnittswerteprüfung der Behandlungsweise (§ 8) zu berücksichtigen.
(3) Das bestandskräftige Ergebnis einer Einzelfallprüfung für Arznei- oder für Heilmittel (§ 9) und der Prüfung der Einhaltung der Richtlinien nach § 92 SGB V (§ 10) ist bei einer Richtwerteprüfung (§ 11) bzw. Durchschnittswerteprüfung (§ 12) zu berücksichtigen.
(4) Ein in Bezug auf Arznei- oder Heilmittel bestandskräftig festgestellter sonstiger Schaden (§ 14) ist bei der Richtwerteprüfung (§ 11) bzw. Durchschnittswerteprüfung (§ 12) zu berücksichtigen.
(5) Ist ein Arzt bzw. eine Einrichtung in eine Zufälligkeitsprüfung nach § 106 a Abs. 1 Satz 1 SGB V einbezogen, hat die Zufälligkeitsprüfung Vorrang gegenüber einer Prüfung nach Durchschnittswerten. Bestandskräftige Ergebnisse anderer Prüfverfahren sind bei der Zufälligkeitsprüfung zu berücksichtigen, soweit sie denselben Bereich betreffen. Im Übrigen sind Sachverhalte, die bereits Gegenstand einer Wirtschaftlichkeitsprüfung nach einer anderen Prüfungsmethode oder einer Abrechnungs- oder Qualitätsprüfung gewesen sind, nicht erneut im Rahmen der Zufälligkeitsprüfung zu prüfen.

§ 6 Prüfung der Behandlungsweise im Einzelfall
(1) Eine Prüfung auf Wirtschaftlichkeit einzelner Behandlungsfälle findet auf Antrag der KVBW, eines Verbandes oder einer Krankenkasse statt. Der Antrag ist schriftlich zu begründen und mit den erforderlichen Unterlagen einzureichen.
(2) Ein Antrag bis zu einem Betrag von 50 Euro (netto) je Arzt bzw. Einrichtung, Krankenkasse und Quartal ist unzulässig (Bagatellgrenze).
(3) Prüfanträge sind innerhalb einer Ausschlussfrist von vier Jahren nach Ablauf des in Prüfung stehenden Leistungsquartals zu stellen. Bezieht sich der Antrag auf mehrere Quartale, ist der Fristbeginn für jedes Quartal gesondert zu betrachten.

§ 23 Salvatorische Klausel
Sollten einzelne Bestimmungen dieser Vereinbarung unwirksam sein, gelten die übrigen Bestimmungen fort. Anstelle der unwirksamen Bestimmungen werden die Vertragspartner zeitnah eine neue Regelung vereinbaren.

§ 24 Inkrafttreten, Kündigung
(1) Diese Vereinbarung tritt am 1.1.2017 in Kraft. Für Wirtschaftlichkeitsprüfungsverfahren, die sich auf Leistungsquartale bis einschließlich 4/2016 beziehen, gilt das bis zum 31.12.2016 vereinbarte materielle Recht (dh die Prüfinhalte der jeweiligen Prüfvereinbarungen).
(2) Die Vereinbarung kann von jeder Vertragspartei durch eingeschriebenen Brief mit einer Frist von drei Monaten zum Ende eines Kalenderjahres gegenüber den übrigen Vertragspartnern gekündigt werden. Eine teilweise Kündigung ist zulässig. In diesem Fall kann der Empfänger der Kündigung mit einer Frist von vierzehn Tagen nach Zugang der Kündigung zum gleichen Termin ganz oder teilweise gegenkündigen.
(3) Im Falle einer Kündigung gilt die Prüfvereinbarung bis zum Abschluss einer Folgevereinbarung fort."

37 **ee) Prüfung ärztlich verordneter Leistungen.** Gemäß S. 3 können die Vertragspartner die Prüfungsstelle mit der Prüfung ärztlich verordneter Leistungen in der ambulanten Versorgung außerhalb der vertragsärztlichen Versorgung beauftragen und tragen die Kosten. S. 3 entspricht inhaltlich dem bis zum 31.12.2016 in Kraft befindlichen Abs. 2 S. 15 für die selektivvertragliche Versorgung. Gemäß S. 4 übermitteln die Krankenkassen der Prüfungsstelle die Daten der in der ambulanten Versorgung außerhalb der vertragsärztlichen Versorgung verordneten Leistungen; dabei sind zusätzlich die Zahl der Behandlungsfälle und eine Zuordnung der verordneten Leistungen zum Datum der Behandlung zu übermitteln. Gemäß S. 5 gelten die §§ 296 und 297 entsprechend. Hinsichtlich der Datenübermittlung wurden die Regelungen aus dem bis zum 31.12.2016 in Kraft befindlichen Abs. 2 S. 12 bis 14 übernommen.[29]

38 Zum Hintergrund: Leistungen, die aufgrund von Verträgen zur ambulanten Versorgung außerhalb der vertragsärztlichen Versorgung erbracht oder verordnet werden, sind nicht Gegenstand der Wirtschaftlichkeitsprüfungen. Dadurch können sich statistische Verzerrungen ergeben. Bei einem insgesamt steigenden Anteil von Verordnungen und vertraglichen Versorgungsformen wächst für Ärzte, die einen hohen Anteil von Leistungen innerhalb der vertragsärztlichen Versorgung verordnen, das Risiko, ihr Richtgrößenvolumen zu überschreiten. Es ist deshalb erforderlich, dass die Krankenkassen die Verordnungsdaten aus den vertraglichen Versorgungsformen übermitteln, auch wenn diese Verordnungen nicht von der Prüfungsstelle geprüft werden. Auf Grundlage dieser Daten kann die Prüfungsstelle eine statistische Bereinigung durchführen. Bei der Übermittlung der Zahl der Behandlungsfälle ist das Datum der Behandlung zu übermitteln, damit die Prüfungsstelle unterschiedliche Systematiken bei der Zählung der Behandlungsfälle bereinigen kann.[30]

39 **b) Datengrundlage für Prüfungen (Abs. 2).** Nach Abs. 2 S. 1 wird die Wirtschaftlichkeit der Versorgung von der Prüfungsstelle nach § 106 c geprüft durch
1. arztbezogene Prüfungen ärztlicher Leistungen nach § 106 a,
2. arztbezogene Prüfungen ärztlich verordneter Leistungen nach § 106 b.

Nach Abs. 2 S. 2 werden die Prüfungen auf der Grundlage der Daten durchgeführt, die der Prüfungsstelle nach § 106 c gemäß § 296 Abs. 1, 2 und 4 sowie § 297 Abs. 1 bis 3 übermittelt werden. Hat die Prüfungsstelle Zweifel an der Richtigkeit der übermittelten Daten, ermittelt sie gemäß Abs. 2 S. 3 die Datengrundlagen für die Prüfung aus einer Stichprobe der abgerechneten Behandlungsfälle des Arztes und rechnet die so ermittelten Teildaten nach einem statistisch zulässigen Verfahren auf die Grundgesamtheit der Arztpraxis hoch.

40 Im Rahmen der Neustrukturierung der Vorschrift ist Abs. 2 zum 1.1.2017 neu gefasst worden. Danach wird bei den Wirtschaftlichkeitsprüfungen unterschieden zwischen den arztbezogenen Prüfungen ärztlicher Leistungen einerseits (Nr. 1) und ärztlich verordneter Leistungen andererseits (Nr. 2). Prüfungen nach Nr. 1 werden in § 106 a, Prüfungen nach Nummer 2 in § 106 b näher ausgestaltet. Sämtliche Prüfungen werden durch die Prüfungsstellen nach § 106 c durchgeführt. Die Neustrukturierung der Regelungen dient der Übersichtlichkeit in der Anwendung der Rechtsvorschriften. Die Trennung der Prüfungsarten von ärztlichen und ärztlich verordneten Leistungen in zwei unterschiedlichen Vorschriften trägt zugleich der Tatsache Rechnung, dass in diesen beiden Leistungsbereichen der gesetzlichen Krankenversicherung unterschiedliche Prüfungsarten angewandt werden. Die Prüfungsarten zu ärztlichen Leistungen bleiben im Wesentlichen unverändert, werden jedoch nach § 106 a verschoben, so dass die entsprechenden Regelungen in dem bis zum 31.12.2016 in Kraft befindlichen Abs. 2 gestrichen werden konnten. Hinsichtlich ärztlich verordneter Leistungen werden die Wirtschaftlichkeitsprüfungen seit dem 1.1.2017 durch regionale Vereinbarungen ersetzt (§ 106 b), so dass auch diese Regelungen entfallen können.[31]

41 Die Regelungen in den Sätzen 2 und 3 entsprechen inhaltlich dem bis zum 31.12.2016 in Kraft befindlichen § 106 Abs. 2 c. Aus Gründen des Sachzusammenhangs werden diese seit dem 1.1.2017 in Abs. 2 geregelt.[32]

42 Gemäß S. 2 werden die Prüfungen auf der Grundlage der Daten durchgeführt, die der Prüfungsstelle nach § 106 c gemäß § 296 Abs. 1, 2 und 4 sowie § 297 Abs. 1 bis 3 übermittelt werden.

---

29 Vgl. BT-Dr. 18/4095, S. 38, 137.
30 BT-Dr. 17/2413, 28.
31 Vgl. BT-Dr. 18/40195, S. 38, 137.
32 Vgl. BT-Dr. 18/40195, S. 38, 137.

Gemäß § 296 Abs. 1 handelt es sich insoweit für jedes Quartal um folgende Daten: 43
1. Arztnummer, einschließlich von Angaben nach § 293 Abs. 4 S. 1 Nr. 2, 3, 6, 7 und 9 bis 14 und Angaben zu Schwerpunkt- und Zusatzbezeichnungen sowie zusätzlichen Abrechnungsgenehmigungen,
2. Kassennummer,
3. die abgerechneten Behandlungsfälle sowie deren Anzahl, getrennt nach Mitgliedern und Rentnern sowie deren Angehörigen,
4. die Überweisungsfälle sowie die Notarzt- und Vertreterfälle sowie deren Anzahl,
5. durchschnittliche Anzahl der Fälle der vergleichbaren Fachgruppe,
6. Häufigkeit der abgerechneten Gebührenposition unter Angabe des entsprechenden Fachgruppendurchschnitts,
7. in Überweisungsfällen die Arztnummer des überweisenden Arztes.

Gemäß § 296 Abs. 2 handelt es sich insoweit für jedes Quartal um folgende Daten: 44
1. Arztnummer des verordnenden Arztes,
2. Kassennummer,
3. Art, Menge und Kosten verordneter Arznei-, Verband-, Heil- und Hilfsmittel,
4. Häufigkeit von Krankenhauseinweisungen sowie Dauer der Krankenhausbehandlung.

Soweit es zur Durchführung der in den Vereinbarungen nach § 106 b Abs. 1 S. 1 vorgesehenen Wirtschaftlichkeitsprüfungen erforderlich ist, sind die an der vertragsärztlichen Versorgung teilnehmenden Ärzte und Einrichtungen gemäß § 296 Abs. 4 verpflichtet und befugt, auf Verlangen der Prüfungsstelle nach § 106 c die für die Prüfung erforderlichen Befunde vorzulegen. 45

Gemäß § 297 Abs. 1 übermitteln die KVen den Prüfungsstellen nach § 106 c für jedes Quartal eine Liste der Ärzte, die gemäß § 106 a Abs. 4 in die Prüfung nach § 106 a einbezogen werden. 46

Gemäß § 297 Abs. 2 übermitteln die KVen im Wege der elektronischen Datenübertragung oder maschinell verwertbar auf Datenträgern den Prüfungsstellen nach § 106 c aus den Abrechnungsunterlagen der in die Prüfung einbezogenen Vertragsärzte folgende Daten: 47
1. Arztnummer
2. Kassennummer,
3. Krankenversichertennummer,
4. abgerechnete Gebührenpositionen je Behandlungsfall einschließlich des Tages der Behandlung, bei ärztlicher Behandlung mit der nach dem in § 295 Abs. 1 S. 2 genannten Schlüssel verschlüsselten Diagnose, bei zahnärztlicher Behandlung mit Zahnbezug und Befunden, bei Überweisungen mit dem Auftrag des überweisenden Arztes. Die Daten sind jeweils für den Zeitraum eines Jahres zu übermitteln.

Gemäß § 297 Abs. 3 übermitteln die KKen im Wege der elektronischen Datenübertragung oder maschinell verwertbar auf Datenträgern den Prüfungsstellen nach § 106 c die Daten über die von den in die Prüfung nach § 106 a einbezogenen Vertragsärzten getroffenen Feststellungen der Arbeitsunfähigkeit jeweils unter Angabe der Arztnummer, der Kassennummer und der Krankenversichertennummer. Die Daten über die Feststellungen der Arbeitsunfähigkeit enthalten zusätzlich die gemäß § 295 Abs. 1 übermittelte Diagnose sowie die Dauer der Arbeitsunfähigkeit. Die Daten sind jeweils für den Zeitraum eines Jahres zu übermitteln. 48

Hat die Prüfungsstelle Zweifel an der Richtigkeit der übermittelten Daten, ermittelt sie gemäß S. 3 die Datengrundlagen für die Prüfung aus einer Stichprobe der abgerechneten Behandlungsfälle des Arztes und rechnet die so ermittelten Teildaten nach einem statistisch zulässigen Verfahren auf die Grundgesamtheit der Arztpraxis hoch. 49

Abs. 2 ist vor dem Hintergrund zu sehen, dass die Durchführung der Wirtschaftlichkeitsprüfungen, insbesondere bei der Prüfung von Arzneimittel-Verordnungen, oft dadurch erheblich erschwert worden ist, dass die Krankenkassen dem Prüfungsausschuss die Originalverordnungsbelege oder Kopien dieser Belege (zB Printausdrucke der Images) der zu prüfenden Ärzte routinemäßig vorzulegen hatten. Die arztbezogene Zusammenführung der Unterlagen bei einer Vielzahl von Krankenkassen ist mit einem nicht vertretbaren Verwaltungsaufwand verbunden und widerspricht der Intention des Gesetzgebers, der bei der Formulierung der Vorschriften für die Übermittlung der den Wirtschaftlichkeitsprüfungen zugrunde zu legenden Daten (§§ 296, 297) davon ausgegangen ist, dass die Prüfungen auf der Grundlage der in diesen Vorschriften aufgeführten Daten über die ärztlichen Leistungen bzw. Verordnungen – und nicht auf der Grundlage von Originalbelegen – durchgeführt werden. Effektiv und effizient können die Prüfungen nur durchgeführt werden, wenn die Daten auf elektronischen Datenträgern 50 übermittelt und in dieser Form für die Prüfungsverfahren genutzt werden. Es wird deshalb in Abs. 2 klargestellt, dass die Prüfungen grundsätzlich auf der Basis der auf elektronischen Datenträgern übermittelten Daten durchzuführen sind. Falls ein Arzt Zweifel an der Richtigkeit der vorgelegten Daten äußert, hat der Prüfungsausschuss über die Einlassungen des Arztes zu befinden und zu entscheiden, ob eine Stichprobe aus Originalbelegen oder Kopien dieser Belege heranzuziehen ist, um die Richtigkeit der Daten zu überprüfen. Mit dieser Stichprobenprüfung in begründeten Einzelfällen bleibt das Prüfverfahren einerseits handhabbar und schützt andererseits den Arzt vor ggf. unberechtigten Regressen.[33]

51 c) **Aufbereitung der Datengrundlage (Abs. 3)**. Gemäß Abs. 3 S. 1 bereitet die Prüfungsstelle nach § 106 c die für die Prüfungen nach Abs. 2 erforderlichen Daten und sonstigen Unterlagen auf, trifft Feststellungen zu den für die Beurteilung der Wirtschaftlichkeit wesentlichen Sachverhalten und entscheidet unter Beachtung der Vereinbarungen nach den §§ 106 a und 106 b, ob der Vertragsarzt, der ermächtigte Arzt oder die ermächtigte Einrichtung gegen das Wirtschaftlichkeitsgebot verstoßen hat und welche Maßnahmen zu treffen sind. Eine Maßnahme kann nach S. 2 insbesondere auch die Festsetzung einer Nachforderung oder einer Kürzung sein. Gezielte Beratungen sollen nach S. 3 weiteren Maßnahmen in der Regel vorangehen. Gemäß S. 4 berät die Prüfungsstelle die Vertragsärzte auf der Grundlage von Übersichten über die von ihnen im Zeitraum eines Jahres oder in einem kürzeren Zeitraum erbrachten, verordneten oder veranlassten Leistungen über Fragen der Wirtschaftlichkeit und Qualität der Versorgung.

52 Abs. 3 schildert somit das weitere Verfahren vor den Prüfungsstellen, deren genaue formale Ausgestaltung seit dem 1.1.2017 in § 106 c geregelt wird. Die Regelungen in den Sätzen 1, 2 und 4 fanden sich bis zum 31.12.2016 in den Absätzen 4 a, 5 und 1 a. Die ergänzende Regelung in S. 2, wonach eine Maßnahme insbesondere auch die Festsetzung einer Nachforderung oder einer Kürzung sein kann, stellt klar, dass die Prüfvereinbarungen der Länder entsprechende Konsequenzen haben können. Abs. 3 a in der bis zum 31.12.2016 in Kraft befindlichen Fassung entfällt seit dem 1.1.2017 als eine der Wirtschaftlichkeitsprüfung inhaltlich nicht zuzurechnende Thematik. Abs. 3 b wurde gestrichen, da die Vertragspartner auf Landesebene seit dem 1.1.2017 gemäß § 106 b Abs. 1 frei in der Ausgestaltung der Prüfverfahren sind.[34]

53 Dabei ist zu berücksichtigen, dass eine Kassenärztliche Vereinigung Ansprüche des Vertragsarztes gegen den Beschwerdeausschuss auf Kostenerstattung aus einem abgeschlossenen Gerichtsverfahren nicht gegen Honorarrückforderungsansprüche aus Wirtschaftlichkeitsprüfungen aufrechnen kann.[35]

54 d) **Haftung der Prüforgane bei unzureichenden Wirtschaftlichkeitsprüfungen (Abs. 4)**. Werden Wirtschaftlichkeitsprüfungen nicht in dem vorgesehenen Umfang oder nicht entsprechend den für ihre Durchführung geltenden Vorgaben durchgeführt, haften gemäß 4 S. 1 die zuständigen Vorstandsmitglieder der Krankenkassenverbände und Kassenärztlichen Vereinigungen für eine ordnungsgemäße Umsetzung dieser Regelung. Können Wirtschaftlichkeitsprüfungen nicht in dem vorgesehenen Umfang oder nicht entsprechend den für ihre Durchführung geltenden Vorgaben durchgeführt werden, weil die erforderlichen Daten nach den §§ 296 und 297 nicht oder nicht im vorgesehenen Umfang oder nicht fristgerecht übermittelt worden sind, haften gemäß S. 2 die zuständigen Vorstandsmitglieder der Krankenkassen oder der Kassenärztlichen Vereinigungen. Gemäß S. 3 hat die zuständige Aufsichtsbehörde nach Anhörung der Vorstandsmitglieder und der jeweils entsandten Vertreter im Ausschuss den Verwaltungsrat oder die Vertreterversammlung zu veranlassen, das Vorstandsmitglied auf Ersatz des aus der Pflichtverletzung entstandenen Schadens in Anspruch zu nehmen, falls der Verwaltungsrat oder die Vertreterversammlung das Regressverfahren nicht bereits von sich aus eingeleitet hat.

55 e) **Wirtschaftlichkeit von im Krankenhaus erbrachten ambulanten ärztlichen und belegärztlichen Leistungen (Abs. 5)**. Gemäß Abs. 6 gelten die Absätze 1 bis 4 auch für die Prüfung der Wirtschaftlichkeit der im Krankenhaus erbrachten ambulanten ärztlichen und belegärztlichen Leistungen. Damit ist gemeint, dass Wirtschaftlichkeitsprüfungen nach § 106 auch für im Krankenhaus erbrachte ambulante und belegärztliche Leistungen durchgeführt werden können, soweit die entsprechenden Leistungen aus der vertragsärztlichen Gesamtvergütung vergütet werden. Daraus folgt, dass die im Krankenhausbereich erbrachten stationären Leistungen von der Wirtschaftlichkeitsprüfung ausgeschlossen sind.[36]

---

33 Vgl. BT-Dr. 15/1525, 29, 114 f.
34 Vgl. BT-Dr. 18/40195, S. 38, 39, 138.
35 Vgl. LSG Nds.-Bremen, 9.1.2017, L 3 KA 87/16 B ER, juris Rn. 42.
36 Clemens in: jurisPK-SGB V, § 106 Rn. 475, 477.

§ 106 a Wirtschaftlichkeitsprüfung ärztlicher Leistungen

(1) ¹Die Wirtschaftlichkeit der Versorgung wird geprüft durch die arztbezogene Prüfung ärztlicher Leistungen auf der Grundlage von arztbezogenen und versichertenbezogenen Stichproben, die mindestens 2 Prozent der Ärzte je Quartal umfassen (Zufälligkeitsprüfung). ²Die Höhe der Stichprobe ist nach Arztgruppen gesondert zu bestimmen. ³Die Zufälligkeitsprüfung umfasst neben dem zur Abrechnung vorgelegten Leistungsvolumen auch Überweisungen, Feststellungen der Arbeitsunfähigkeit sowie sonstige veranlasste ärztliche Leistungen, insbesondere aufwändige medizinisch-technische Leistungen; honorarwirksame Begrenzungsregelungen haben keinen Einfluss auf die Prüfungen. ⁴Der einer Zufälligkeitsprüfung zugrunde zu legende Zeitraum beträgt mindestens ein Jahr.

(2) Gegenstand der Beurteilung der Wirtschaftlichkeit in den Zufälligkeitsprüfungen sind, soweit dafür Veranlassung besteht,
1. die medizinische Notwendigkeit der Leistungen (Indikation),
2. die Eignung der Leistungen zur Erreichung des therapeutischen oder diagnostischen Ziels (Effektivität),
3. die Übereinstimmung der Leistungen mit den anerkannten Kriterien für ihre fachgerechte Erbringung (Qualität), insbesondere mit den in den Richtlinien des Gemeinsamen Bundesausschusses enthaltenen Vorgaben,
4. die Angemessenheit der durch die Leistungen verursachten Kosten im Hinblick auf das Behandlungsziel,
5. bei Leistungen des Zahnersatzes und der Kieferorthopädie auch die Vereinbarkeit der Leistungen mit dem Heil- und Kostenplan.

(3) ¹Die Kassenärztlichen Bundesvereinigungen und der Spitzenverband Bund der Krankenkassen vereinbaren Richtlinien zum Inhalt und zur Durchführung der Zufälligkeitsprüfungen, insbesondere zu den Beurteilungsgegenständen nach Absatz 2, zur Bestimmung und zum Umfang der Stichproben sowie zur Auswahl von Leistungsmerkmalen. ²Die Richtlinien sind dem Bundesministerium für Gesundheit vorzulegen. ³Es kann sie innerhalb von zwei Monaten beanstanden. ⁴Kommen die Richtlinien nicht zustande oder werden die Beanstandungen des Bundesministeriums für Gesundheit nicht innerhalb einer von ihm gesetzten Frist behoben, kann das Bundesministerium für Gesundheit die Richtlinien erlassen.

(4) ¹Die Richtlinien nach Absatz 3 sind Inhalt der Vereinbarungen nach § 106 Absatz 1 Satz 2. ²In den Vereinbarungen nach § 106 Absatz 1 Satz 2 ist insbesondere das Verfahren der Bestimmung der Stichproben für die Zufälligkeitsprüfungen festzulegen; dabei kann die Bildung von Stichprobengruppen abweichend von den Fachgebieten nach ausgewählten Leistungsmerkmalen vorgesehen werden. ³Die in § 106 Absatz 1 Satz 2 genannten Vertragspartner können über die Zufälligkeitsprüfung hinaus Prüfungen ärztlicher Leistungen nach Durchschnittswerten oder andere arztbezogene Prüfungsarten vereinbaren; dabei dürfen versichertenbezogene Daten nur nach den Vorschriften des Zehnten Kapitels erhoben, verarbeitet oder genutzt werden.

(5) Ergeben die Prüfungen nach Absatz 1 sowie nach Absatz 4 Satz 3 und nach § 275 Absatz 1 Nummer 3 Buchstabe b, § 275 Absatz 1 a und 1 b, dass ein Arzt Arbeitsunfähigkeit festgestellt hat, obwohl die medizinischen Voraussetzungen dafür nicht vorlagen, kann der Arbeitgeber, der zu Unrecht Arbeitsentgelt gezahlt hat, und die Krankenkasse, die zu Unrecht Krankengeld gezahlt hat, von dem Arzt Schadensersatz verlangen, wenn die Arbeitsunfähigkeit grob fahrlässig oder vorsätzlich festgestellt worden ist, obwohl die Voraussetzungen dafür nicht vorgelegen hatten.

Literatur:
Siehe § 106.

I. Entstehungsgeschichte........................... 1	b) Gegenstand der Beurteilung der Wirtschaftlichkeit in den Zufälligkeitsprüfungen (Abs. 2)............. 15
II. Vorgängervorschriften........................... 2	
III. Normzweck und Systematik 3	
IV. Norminhalt und Normauslegung 10	c) Richtlinien zum Inhalt und zur Durchführung der Zufälligkeitsprüfungen (Abs. 3)...................... 16
1. Norminhalt 10	
2. Normauslegung 11	
a) Überwachung durch Zufälligkeitsprüfung (Abs. 1) 11	

Ossege

| d) Inhalt der Prüfvereinbarungen (Abs. 4) .... 18 | e) Schadensersatz bei unzutreffender Feststellung von Arbeitsunfähigkeit (Abs. 5) .... 25 |

I. Entstehungsgeschichte

1 § 106 aF ist im Rahmen des Gesundheitsreformgesetzes vom 20.12.1988 (GRG) mit Wirkung zum 1.1.1989 ist in Kraft getreten.[1] Anschließend erfolgten zahlreiche Änderungen. Umfang und Unübersichtlichkeit der bis zu 31.12.2016 in Kraft befindlichen Vorschrift haben eine effektive Umsetzung der Wirtschaftlichkeitsprüfungen erschwert und daher zu Unsicherheiten und abnehmender Akzeptanz geführt. Um dem abzuhelfen, ist der Regelungsinhalt der bis zum 31.12.2016 in Kraft befindlichen Fassung des § 106 im Rahmen des GKV-VSG[2] mit Wirkung zum 1.1.2017 auf mehrere Paragrafen aufgeteilt worden, ua auf § 106 a. Eine inhaltliche Änderung ist damit jedoch grundsätzlich nicht einhergegangen. Die Überschrift wird im Hinblick auf die Neustrukturierung der Wirtschaftlichkeitsprüfungen angepasst.[3] Zu den bis dahin erfolgten Neufassungen wird auf die 1. Auflage verwiesen.

II. Vorgängervorschriften

2 Vorgängervorschrift des § 106 aF war bis zum Inkrafttreten des SGB V am 1.1.1989[4] § 368 n Abs. 5 RVO.[5] Der Klarstellung halber sei bereits an dieser Stelle verwiesen auf § 72 Abs. 1 S. 2, wonach § 106 unmittelbar nur für Ärzte gilt, entsprechend aber auch für Zahnärzte,[6] Psychotherapeuten und MVZ anzuwenden ist, sofern nichts Abweichendes bestimmt ist. Aus Gründen der Vereinfachung und der Übersichtlichkeit werden jedoch lediglich Ärzte und Kassenärztliche Vereinigungen benannt.

III. Normzweck und Systematik

3 Seit dem 1.1.2017 regelt § 106 a die Prüfungsarten bei Wirtschaftlichkeitsprüfungen ausschließlich bezogen auf die ärztlichen Leistungen. Inhaltlich gibt es keine wesentlichen Änderungen zum bisherigen Prüfverfahren. § 106 a entspricht daher weitgehend den bis zum 31.12.2016 in § 106 geregelten Vorschriften zur Wirtschaftlichkeitsprüfung ärztlicher Leistungen. So entstammen die Regelungen zum Umfang der Zufälligkeitsprüfungen in Abs. 1 im Wesentlichen den bisherigen Regelungen in Abs. 2 zu dieser Thematik.[7]

4 Im Bereich der Wirtschaftlichkeitsprüfung der ärztlichen Leistungen sollen in diesem Zusammenhang ab dem 1.1.2017 keine neuen Gegenstände der Zufälligkeitsprüfung unterworfen werden. Daher entfällt hier das Prüfungsthema Krankenhauseinweisungen. Bei den sonstigen veranlassten Leistungen erfolgt eine Einschränkung insoweit, als es sich dabei um veranlasste ärztliche Leistungen handelt. Krankenhauseinweisungen und die sonstigen veranlassten ärztlich verordneten Leistungen können seit dem 1.1.2017 Gegenstand der Prüfungen nach § 106 b sein. Abs. 2 ist wortgleich mit dem bis zum 31.12.2016 in Kraft befindlichen Abs. 2 a. Abs. 3 ist nahezu identisch mit dem bis zum 31.12.2016 in Kraft befindlichen Abs. 2 b. Abs. 4 enthält Regelungen für die Wirtschaftlichkeitsprüfung ärztlicher Leistungen, die sich bis zum 31.12.2016 in Abs. 2 und 3 befunden haben. Abs. 5 ist wortgleich mit dem bisherigen Abs. 3 a.[8]

5 Wesentlich ist insoweit zwar auch die Rückzahlung der tatsächlich zurückgeforderten Beträge für unwirtschaftliche Behandlungen; eine weitaus größere Bedeutung hat jedoch die präventive Funktion.[9]

6 Dem Wirtschaftlichkeitsgebot und dem Instrument der Wirtschaftlichkeitsprüfung kommt im Rahmen der vertragsärztlichen Versorgung ein hoher Stellenwert zu. Das Wirtschaftlichkeitsgebot des § 12 Abs. 1 S. 2 hat eine wichtige Ausprägung durch die Regelungen über die Wirtschaftlichkeitsprüfung in § 106 erfahren. Diese verpflichten die Träger der gemeinsamen Selbstverwaltung zur Überwachung der

---

1 BGBl. I, 2477.
2 GKV-Versorgungsstärkungsgesetz – GKV-VSG vom 16.7.2015 (BGBl. I, 1211).
3 Vgl. BT-Dr. 19/4095, S. 38, 137.
4 § 106 ist im Rahmen des Gesundheitsreformgesetzes vom 20.12.1988 (GRG) am 1.1.1989 in Kraft getreten (BGBl. I, 2477).
5 § 368 n RVO in der Fassung des Gesetzes über das Kassenarztrecht (GKAR vom 17.8.1955 (BGBl. I, 513), in Kraft vom 20.8.1955 bis zum 31.12.1988.
6 Kassenzahnärztliche Vereinigung.
7 Vgl. BT-Dr. 19/4095, S. 38, 137.
8 Vgl. BT-Dr. 19/4095, S. 39, 40, 138.
9 Murawski in: Hänlein/Schuler, § 106 Rn. 1.

Wirtschaftlichkeit der Versorgung. Ihren hohen Rang hat der Gesetzgeber mit verschiedenen Regelungen deutlich gemacht. Er hat dem in § 12 Abs. 1 normierten Gebot, dass die Leistungserbringer unwirtschaftliche Leistungen nicht bewirken dürfen, zusätzlich durch §§ 2 Abs. 1 S. 3, 70 Abs. 1 S. 2, 72 Abs. 2, 75 Abs. 1 Ausdruck verliehen. Aus dem großen Gewicht wirtschaftlicher Leistungserbringung folgt, dass ein Vertragsarzt, bei dem in einem ordnungsgemäß durchgeführten Verfahren der Wirtschaftlichkeitsprüfung eine deutlich unwirtschaftliche Behandlungsweise festgestellt wurde, nicht von einer Honorarkürzung verschont werden darf, es sei denn, dafür gäbe es besondere Gründe (zB Anfängerpraxis), die im Prüfbescheid darzulegen wären. Grundsätzlich muss der Umfang der Honorarkürzungen in angemessener Weise mit dem Ausmaß der festgestellten Unwirtschaftlichkeit korrespondieren. Einem Vertragsarzt, der nach dem Ergebnis der Prüfung in großem Ausmaß unwirtschaftlich handelte, dürfen ohne Hinzutreten besonderer Umstände nicht die Früchte der von ihm zu verantwortenden unwirtschaftlichen Behandlungsweise vollständig oder überwiegend belassen werden. Dabei ist zu beachten, dass jeder Vertragsarzt sogleich von Beginn seiner Tätigkeit an zur Einhaltung des Wirtschaftlichkeitsgebots verpflichtet ist. Der Verstoß muss weder „verschuldet" sein, noch muss irgendeine sonstige besondere Vorwerfbarkeit festgestellt werden.[10]

Im Rahmen des Wirtschaftlichkeitsgebots besonders zu beachten sind die Kosten. Insbesondere ist die Verpflichtung eines Vertragsarztes, bei zwei zur Behandlung einer bestimmten Gesundheitsstörung zur Verfügung stehenden, medizinisch gleichwertigen Therapieansätzen den kostengünstigeren zu wählen, Kernbestandteil des Wirtschaftlichkeitsgebotes. Nach der Rechtsprechung des BSG gebietet das Wirtschaftlichkeitsgebot, dass der Vertragsarzt sich die unterschiedlichen Kosten vergegenwärtigt und einzelfallbezogen abwägt, ob der Einsatz des preiswerteren Arzneimittels vertretbar ist, soweit für einen bestimmten therapeutischen Ansatz bzw. eine bestimmte medikamentöse Therapie zugelassene Arzneimittel mit entsprechender Indikation verfügbar sind.[11] Das betrifft nicht die ethisch und rechtlich umstrittene Kosten-Nutzenbewertung im weiteren Sinne, also die Frage, ob die Verordnung eines besonders teuren, aber therapeutisch alternativlosen Arzneimittels in dem Sinne wirtschaftlich ist, dass die hohen Kosten den möglicherweise nur sehr begrenzten Nutzen (zB eine kurzfristige Verbesserung der Lebensqualität) rechtfertigen.[12] 7

Bei Wirtschaftlichkeitsprüfungen nach § 106a sind auf **Landesebene** die Prüfvereinbarungen gemäß Abs. 2 und 3 zu beachten, die die Prüfmethoden, das Prüfverfahren, die Prüfmaßstäbe und die vorangehende Beratung der Ärzte ergänzen bzw. weiter ausgestalten. 8

Auf **vertraglicher Ebene** finden sich in § 47 BMV-Ä Regelungen zur Wirtschaftlichkeitsprüfung. Danach wird die vertragsärztliche Tätigkeit im Hinblick auf die Wirtschaftlichkeit der vertragsärztlichen Versorgung durch Prüfungseinrichtungen nach § 106 überwacht. Bei der Prüfung der vertragsärztlichen Behandlungs- und Verordnungsweise ist die Wirtschaftlichkeit der gesamten vertragsärztlichen Tätigkeit des Vertragsarztes zu berücksichtigen. Sofern der Vertragsarzt an verschiedenen Betriebsstätten und/oder Nebenbetriebsstätten tätig ist, wird für die Beurteilung der Behandlungs- und Verordnungsweise seine Tätigkeit an allen Betriebsstätten einbezogen, es sei denn, es handelt sich um Fälle der Verordnung von Versicherungsleistungen bei Mitgliedern einer Berufsausübungsgemeinschaft (BAG), welche in Bereichen mehrerer Kassenärztlicher Vereinigungen tätig ist. Die Partner der Prüfvereinbarungen regeln Ausnahmen für Fälle einer weiteren Zulassung des Vertragsarztes oder seiner Tätigkeit in unterschiedlichen BAG in unterschiedlichen statusrechtlichen Verhältnissen. 9

IV. Norminhalt und Normauslegung

1. Norminhalt. § 106a begründet die Wirtschaftlichkeitsprüfung ärztlicher Leistungen. Nach **Abs. 1** wird die Wirtschaftlichkeit der Versorgung geprüft durch Zufälligkeitsprüfung, die neben dem zur Abrechnung vorgelegten Leistungsvolumen auch Überweisungen, Feststellungen der Arbeitsunfähigkeit sowie sonstige veranlasste ärztliche Leistungen, insbesondere aufwändige medizinisch-technische Leistungen umfassen. Gegenstand der Beurteilung der Wirtschaftlichkeit in den Zufälligkeitsprüfungen sind nach **Abs. 2** Indikation, Effektivität, Qualität, Angemessenheit und bei Leistungen des Zahnersatzes und der Kieferorthopädie auch die Vereinbarkeit der Leistungen mit dem Heil- und Kostenplan. Nach **Abs. 3** vereinbaren die Kassenärztlichen Vereinbarungen und der Spitzenverband Bund der KK 10

---

10 BSG, 28.4.2004, B 6 KA 24/03 R, juris Rn. 21 f. = GesR 2004, 424 ff.; Clemens in: jurisPK-SGB V, § 106 Rn. 20.
11 BSG, 20.10.2004, B 6 KA 41/03, juris Rn. 44 = GesR 2005, 252 ff.
12 BSG, 31.5.2006, B 6 KA 13/05 R, juris Rn. 44 = SozR 4-2500 § 92 Nr. 5; vgl. zur Kosten-Nutzenbewertung §§ 35a, 35b SGB.

Richtlinien zum Inhalt und zur Durchführung der Zufälligkeitsprüfungen. Nach **Abs. 5** kann der Arbeitgeber, der zu Unrecht Arbeitsentgelt gezahlt hat, und die KK, die zu Unrecht Krankengeld gezahlt hat, von dem Arzt Schadensersatz verlangen, wenn die Arbeitsunfähigkeit grob fahrlässig oder vorsätzlich festgestellt worden ist, obwohl die Voraussetzungen dafür nicht vorgelegen hatten.

11 **2. Normauslegung. a) Überwachung durch Zufälligkeitsprüfung (Abs. 1)**. Gemäß S. 1 wird die Wirtschaftlichkeit der Versorgung geprüft durch die arztbezogene Prüfung ärztlicher Leistungen auf der Grundlage von arztbezogenen und versichertenbezogenen Stichproben, die mindestens 2 Prozent der Ärzte je Quartal umfassen (Zufälligkeitsprüfung). S. 1 enthält danach eine Legaldefinition der Zufälligkeitsprüfung.

12 Gemäß S. 2 ist die Höhe der Stichprobe nach S. 1 nach Arztgruppen gesondert zu bestimmen. Die Regelung soll eine sachgerechte und effiziente Prüfung gewährleisten, indem die Definition der in die Prüfung einzubeziehenden Arztgruppen an den unter Prüfungsaspekten relevanten Tätigkeitsmerkmalen der Ärzte orientiert werden kann und eine für die jeweilige Arztgruppe adäquate Höhe der Stichprobe zu bestimmen ist.[13]

13 Die Zufälligkeitsprüfung umfasst gemäß S. 3 neben dem zur Abrechnung vorgelegten Leistungsvolumen auch Überweisungen, Feststellungen der Arbeitsunfähigkeit sowie sonstige veranlasste ärztliche Leistungen, insbesondere aufwändige medizinisch-technische Leistungen; honorarwirksame Begrenzungsregelungen haben keinen Einfluss auf die Prüfungen. Damit wird klargestellt, dass der Wirtschaftlichkeitsprüfung der ärztlichen Leistungen das vom Vertragsarzt zur Abrechnung eingereichte Leistungsvolumen zugrunde zu legen ist und etwaige Regelungen zur Honorarbegrenzung nicht vorab berücksichtigt werden. Dadurch sollen eine sachgerechte und unverfälschte Beurteilung der Behandlungs- und Verordnungsweise und ein transparentes Prüfungsverfahren gewährleistet werden.[14]

14 Der einer Zufälligkeitsprüfung zugrunde zu legende Zeitraum beträgt gemäß S. 4 mindestens ein Jahr.

15 **b) Gegenstand der Beurteilung der Wirtschaftlichkeit in den Zufälligkeitsprüfungen (Abs. 2)**. Gegenstand der Beurteilung der Wirtschaftlichkeit in den Zufälligkeitsprüfungen sind, soweit dafür Veranlassung besteht,
1. die medizinische Notwendigkeit der Leistungen (Indikation),
2. die Eignung der Leistungen zur Erreichung des therapeutischen oder diagnostischen Ziels (Effektivität),
3. die Übereinstimmung der Leistungen mit den anerkannten Kriterien für ihre fachgerechte Erbringung (Qualität), insbesondere mit den in den Richtlinien des Gemeinsamen Bundesausschusses enthaltenen Vorgaben,
4. die Angemessenheit der durch die Leistungen verursachten Kosten im Hinblick auf das Behandlungsziel,
5. bei Leistungen des Zahnersatzes und der Kieferorthopädie auch die Vereinbarkeit der Leistungen mit dem Heil- und Kostenplan.

Hiermit wird ergänzend zur Quantität von Leistungen deren Qualität Gegenstand der Wirtschaftlichkeitsprüfung.[15]

16 **c) Richtlinien zum Inhalt und zur Durchführung der Zufälligkeitsprüfungen (Abs. 3)**. Gemäß S. 1 vereinbaren die Kassenärztliche Bundesvereinigung und der Spitzenverband Bund der Krankenkassen Richtlinien zum Inhalt und zur Durchführung der Zufälligkeitsprüfungen, insbesondere zu den Beurteilungsgegenständen nach Abs. 2, zur Bestimmung und zum Umfang der Stichproben sowie zur Auswahl von Leistungsmerkmalen. Gemäß S. 2 sind die Richtlinien dem Bundesministerium für Gesundheit (BMG) vorzulegen. Es kann sie gemäß S. 3 innerhalb von zwei Monaten beanstanden. Kommen die Richtlinien nicht zustande oder werden die Beanstandungen des BMG nicht innerhalb einer von ihm gesetzten Frist behoben, kann gemäß S. 4 das BMG die Richtlinien erlassen.

17 Dieser Auftrag ist umgesetzt worden durch die „**Richtlinie über die Zufälligkeitsprüfung gemäß § 106 Abs. 2 S. 1 Nr. 2 SGB V**", die bereits am 1.4.2005 zu den Vorgängerregelung nach § 106 Abs. 2 b in Kraft getreten ist.[16] In dem Zusammenhang ist darauf hinzuweisen, dass gemäß § 1 Abs. 4 der RL die

---

13 BT-Dr. 14/1245, 80.
14 BT-Dr. 15/1525, 114.
15 Vgl. Clemens in: jurisPK-SGB V, § 106 Rn. 392.
16 Richtlinie über die Zufälligkeitsprüfung gemäß § 106 Abs. 2 S. 1 Nr. 2 SGB V vom 26.10.2005, in Kraft getreten am 1.4.2005, zuletzt geändert am 1.8.2008, in Kraft getreten am 1.7.2008, http://www.kbv.de/media/sp/Richtlinien__106Abs.2Satz1Nr.2__SGB_V_Zufaelligkeitspruefung.pdf (zuletzt abgerufen am 1.3.2017).

Ergebnisse der Zufälligkeitsprüfung Veranlassung geben können, eine Plausibilitätsprüfung nach § 106 a aF (§ 106 d nF) durchzuführen.

- Gemäß **§ 2 Abs. 1** der RL umfasst die Stichprobe mindestens 2 % der an der vertragsärztlichen Versorgung teilnehmenden Ärzte/Psychotherapeuten und ärztlich geleiteten Einrichtungen.
- Gemäß § 6 der RL vereinbaren die Vertragspartner der Prüfvereinbarung Prüfungsgegenstände. Prüfungsgegenstände sind insbesondere:
  - Prüfung der in Gebührenordnungsnummern des Einheitlichen Bewertungsmaßstabs abgebildeten ärztlichen Leistungen,
  - Prüfung von veranlassten Leistungen, insbesondere von aufwändigen Leistungen mit medizinisch-technischen Großgeräten,
  - Prüfung der Durchführung von Leistungen durch den Überweisungsempfänger,
  - Prüfungen ärztlicher Verordnungen von Arzneimitteln und Heilmitteln,
  - Prüfung der Feststellung von Arbeitsunfähigkeit und Krankenhauseinweisungen.
- Gemäß § 7 der RL werden durch die Prüfungsstelle die Prüfungsgegenstände ausgewählt, für die sich auf der Grundlage der Beurteilungskriterien nach § 106 Abs. 2 a eine Veranlassung zur Wirtschaftlichkeitsprüfung ergibt. Durch die Prüfungsstelle nach § 106 Abs. 4 a ist auf der Grundlage ausgewählter Beurteilungskriterien nach § 106 Abs. 2 a zu entscheiden, für welchen Arzt/Psychotherapeuten der Stichprobe eine Wirtschaftlichkeitsprüfung im Sinne der Richtlinien durchzuführen ist.
- Gemäß § 8 der RL beträgt der einer Zufälligkeitsprüfung zugrundeliegende Zeitraum mindestens ein Jahr vor der Stichprobenziehung. Die entsprechenden Zeiträume sind in den Vereinbarungen nach § 106 Abs. 3 zu bestimmen.
- Gemäß § 9 der RL kommen als Prüfungsmethoden in der Zufälligkeitsprüfung in Betracht:
  1. Einzelfallprüfung und repräsentative Einzelfallprüfung nach Maßgabe vorher festgelegter Prüfungsgegenstände.
  2. Statistische Durchschnittsprüfung bei Vorliegen von arztgruppenbezogenen Datenauswertungen und einer ausreichend großen Zahl an Ären/Psychotherapeuten bzw. ärztlich geleiteten Einrichtungen in der Vergleichsarztgruppe.
  3. Vertikalvergleich (zeitlicher Vergleich der Abrechnungsergebnisse verschiedener Quartale oder Jahre), soweit der Prüfungsgegenstand es zulässt.
- § 10 der RL beinhaltet die Einzelfallprüfung im Rahmen der Zufälligkeitsprüfung. Über den von den Vertragsparteien auf Landesebene festgelegten Prüfungsgegenstand kann eine umfassende Einzelfallprüfung oder eine repräsentative Einzelfallprüfung durchgeführt werden. Bei der umfassenden Einzelfallprüfung werden alle in Betracht kommenden Fälle im Rahmen des Prüfungsgegenstandes untersucht. Bei der repräsentativen Einzelfallprüfung wird die Wirtschaftlichkeit anhand einer repräsentativen Auswahl von 20 % der Behandlungsfälle oder der Versicherten im gesamten Prüfzeitraum, jedoch mindestens 100 Behandlungsfällen und höchstens 500 Behandlungsfälle, untersucht. Ist Prüfungsgegenstand die Wirtschaftlichkeit einer quartalsübergreifenden Behandlung von Versicherten, ist die Zahl der zu prüfenden Versichertenbehandlungen unter Beachtung der benannten Fallzahlkriterien zu ermitteln. Die Prüfungsstelle darf den Schluss ziehen, dass in einer weiteren Zahl von entsprechenden Fällen ebenfalls Unwirtschaftlichkeit besteht und den ermittelten unwirtschaftlichen Aufwand hochrechnen. Dabei ist ein Sicherheitsabschlag von 25 % vorzunehmen; werden weniger als 20 % der Behandlungsfälle geprüft, ist der Sicherheitsabschlag entsprechend zu erhöhen.
- § 11 der RL beinhaltet die Prüfung nach Durchschnittswerten im Rahmen der Zufälligkeitsprüfung. Danach werden ei einer Prüfung nach Durchschnittswerten die Abrechnungswerte und die Verordnungsweise des Arztes mit denjenigen der Fachgruppe oder mit denen einer nach verfeinerten Kriterien gebildeten engeren Vergleichsgruppe in demselben Prüfungszeitraum verglichen. Ergibt die Prüfung, dass der Behandlungsaufwand des Arztes je Fall bei dem Gesamtfallwert, bei Teilfallwerten oder Einzelleistungswerten in offensichtlichem Missverhältnis zu dem durchschnittlichen Aufwand der Vergleichsgruppe steht, ihn also in einem Ausmaß überschreitet, das sich im Regelfall nicht mehr durch Unterschiede in der Praxisstruktur oder in den Behandlungsnotwendigkeiten erklären lässt, hat dies die Wirkung eines Anscheinsbeweises der Unwirtschaftlichkeit. Der Vergleich ist einer bewertenden Betrachtung zu unterziehen und der Anscheinsbeweis kann vom Vertragsarzt durch den Beleg von Praxisbesonderheiten entkräftet werden. Die arztbezogene Prüfung nach Durchschnittswerten ist bei einer ausreichenden Vergleichbarkeit auch zur Überprüfung der Wirtschaftlichkeit des Ansatzes einzelner Leistungspositionen des EBM heranzuziehen. Dies ist

der Fall, wenn es sich um Leistungen handelt, die für die betreffende Vergleichsgruppe typisch sind, also von einem größeren Teil der Fachgruppenmitglieder regelmäßig in nennenswerter Zahl erbracht wird.
- § 12 der RL beinhaltet Regelungen bzgl. der Durchführung der Prüfung. Danach wird die Prüfung eingestellt, wenn die Prüfungsstelle bei der Wirtschaftlichkeitsprüfung feststellt, dass eine Unwirtschaftlichkeit nicht gegeben ist oder dass Ausschlusstatbestände zur Durchführung einer Zufälligkeitsprüfung vorliegen. Stellt die Prüfungsstelle Auffälligkeiten fest, wird das Prüfverfahren weitergeführt. Die Prüfungsstelle informiert den Arzt/Psychotherapeuten, die ärztlich geleitete Einrichtung sowie die Gesamtvertragspartner auf Landesebene schriftlich über das Ergebnis der Prüfung. Die Wirtschaftlichkeitsprüfung hat als Grundlage die Auswahl der zu prüfenden Ärzte/Psychotherapeuten sowie ärztlich geleitete Einrichtungen und die damit zusammenhängende Festlegung des oder der jeweiligen Prüfungsgegenstände und anzuwendenden Prüfungsmethoden durch die Prüfungsstelle. Die Prüfungsstelle trifft bei festgestellter Unwirtschaftlichkeit im Sinne des § 106 Abs. 2a eine Entscheidung über eine Prüfmaßnahme (zB Honorarkürzungen, Regresse oder Beratung). Bei erstmalig im Rahmen einer Zufälligkeitsprüfung festgestellter Unwirtschaftlichkeit soll einer Beratung der Vorzug gegeben werden. Im Falle festgestellter Unwirtschaftlichkeit bestimmt die Prüfungsstelle den zu berechnenden Mehraufwand. Ist ein Arzt innerhalb des Zeitraums der Zufälligkeitsprüfung in ein Prüfverfahren wegen Richtgrößenüberschreitung oder wegen Prüfung der Verordnungsweise nach Durchschnittswerten einbezogen, wird die Zufälligkeitsprüfung hinsichtlich dieser Prüfungsgegenstände und für den geprüften Zeitraum ausgeschlossen. Das gilt auch für Honorarkürzungen, soweit eine Prüfung der Behandlungsweise nach Durchschnittswerten in der Vereinbarung nach § 106 Abs. 3 geregelt ist. Im Übrigen sind Sachverhalte, die bereits Gegenstand einer Wirtschaftlichkeitsprüfung nach einer anderen Prüfungsmethode oder einer Abrechnungs- oder Qualitätsprüfung gewesen sind, nicht erneut zu prüfen. Im Weiteren richtet sich die Durchführung der Prüfung nach den Regelungen der Vereinbarung nach § 106 Abs. 3.

18 d) **Inhalt der Prüfvereinbarungen (Abs. 4).** Gemäß S. 1 sind die Richtlinien nach Abs. 3 Inhalt der Vereinbarungen nach § 106 Abs. 1 S. 2. In den Vereinbarungen nach § 106 Abs. 1 S. 2 ist gemäß S. 2 insbesondere das Verfahren der Bestimmung der Stichproben für die Zufälligkeitsprüfungen festzulegen; dabei kann die Bildung von Stichprobengruppen abweichend von den Fachgebieten nach ausgewählten Leistungsmerkmalen vorgesehen werden. Die in § 106 Abs. 1 S. 2 genannten Vertragspartner können gemäß S. 3 über die Zufälligkeitsprüfung hinaus Prüfungen ärztlicher Leistungen nach Durchschnittswerten oder andere arztbezogene Prüfungsarten vereinbaren; dabei dürfen versichertenbezogene Daten nur nach den Vorschriften des 10. Kapitels SGB V erhoben, verarbeitet oder genutzt werden.

19 Nach diesem Querverweis vereinbaren die Landesverbände der Krankenkassen und die Ersatzkassen gemeinsam und einheitlich und die Kassenärztlichen Vereinigungen nach § 106 Abs. 1 S. 2 Inhalt und Durchführung der Beratungen und Prüfungen nach § 106 Abs. 2 sowie die Voraussetzungen für Einzelfallprüfungen.

20 Im Anschluss an die entsprechende Kommentierung des § 106[17] werden nachfolgend aus der Prüfvereinbarung Baden-Württemberg[18] die besonderen Regelungen zur Wirtschaftlichkeit ärztlicher Leistungen wiedergegeben.

21 „*§ 7 Prüfung ärztlicher Leistungen auf der Grundlage von Stichproben*
(1) Eine Prüfung der Wirtschaftlichkeit der Versorgung hinsichtlich ärztlicher Leistungen auf Grundlage von Stichproben erfolgt von Amts wegen durch die Gemeinsame Prüfungsstelle (Zufälligkeitsprüfung).[19] *Hierbei können auch ärztlich verordnete Leistungen einbezogen werden.*
(2) Grundlage der Prüfung sind die Richtlinien der KBV und des Spitzenverbandes Bund der Krankenkassen nach § 106a Abs. 3 SGB V.
(3) Das weitere Verfahren ist in Anlage 2 geregelt.

22 *§ 8 Prüfung der Behandlungsweise nach Durchschnittswerten*
(1) Die Prüfung auf Wirtschaftlichkeit der Behandlungsweise nach Durchschnittswerten findet auf Antrag der KVBW statt. Darüber hinaus kann ein Verband bzw. können die Verbände im Bereich der

---

17 Vgl. § 106 Rn. 23 ff.
18 Vgl. https://www.kvbawue.de/praxis/vertraege-recht/vertraege-von-a-z/wirtschaftlichkeit-plausibilitaet/, dort Prüfvereinbarung (gültig ab dem 1.1.2017; zuletzt abgerufen am 1.3.2017).
19 Die Anlage 2 der Prüfvereinbarung Baden-Württemberg, die die Durchführung der Zufälligkeitsprüfung regelt, ist nicht ersichtlich (Stand: 1.3.2017).

Leistungen, die als Einzelleistungen vergütet und über die KVBW abgerechnet werden, Anträge stellen. Antragstellungen des jeweiligen Verbands sind nur für höchstens 5 % der Vertragsärzte je Leistungsquartal zulässig. Der Antrag ist schriftlich zu begründen.
(2) Die Prüfung erfolgt für den Zeitraum eines Leistungsquartals in der Regel durch einen Vergleich der entsprechend Anlage 1 aufbereiteten statistischen Werte des Arztes bzw. der Einrichtung.
(3) Die Prüfung kann die Gesamttätigkeit des Arztes bzw. der Einrichtung (Gesamtfallwert), die in einzelnen Leistungsgruppen zusammengefasste Tätigkeit (Anlage 1) und/oder einzelne Abrechnungsnummern umfassen. Die Prüfung kann sich auf ambulante Leistungen und auf stationäre ärztliche Leistungen beziehen.
(4) Prüfanträge sind innerhalb einer Ausschlussfrist von vier Jahren zu stellen. Die Frist beginnt mit Erlass des Honorarbescheids."

Nach einem weiteren Querverweis wird die Wirtschaftlichkeit der Versorgung gemäß § 106 Abs. 2 von der Prüfungsstelle nach § 106 c geprüft durch arztbezogene Prüfungen ärztlicher Leistungen nach § 106 a. Die Prüfungen werden dabei auf der Grundlage der Daten durchgeführt, die der Prüfungsstelle nach § 106 c gemäß § 296 Abs. 1, 2 und 4 sowie § 297 Abs. 1 bis 3 übermittelt werden. Hat die Prüfungsstelle Zweifel an der Richtigkeit der übermittelten Daten, ermittelt sie die Datengrundlagen für die Prüfung aus einer Stichprobe der abgerechneten Behandlungsfälle des Arztes und rechnet die so ermittelten Teildaten nach einem statistisch zulässigen Verfahren auf die Grundgesamtheit der Arztpraxis hoch.

Die Zufälligkeitsprüfung ist vorrangig im Rahmen der Einzelfallprüfung durchzuführen. Von dieser Vorgabe durften die Vertragspartner auch nicht durch Regelungen in der Prüfvereinbarung abweichen. Eine statische Durchschnittsprüfung darf von den Prüfgremien nur dann durchgeführt werden, wenn sich eine Einzelfallprüfung als nicht aussagekräftig oder nicht durchführbar erweist.[20]

e) Schadensersatz bei unzutreffender Feststellung von Arbeitsunfähigkeit (Abs. 5). Ergeben die Prüfungen nach Abs. 1 sowie nach Abs. 4 S. 3 und nach § 275 Abs. 1 Nr. 3 lit. b, § 275 Abs. 1a und 1b, dass ein Arzt Arbeitsunfähigkeit festgestellt hat, obwohl die medizinischen Voraussetzungen dafür nicht vorlagen, kann der Arbeitgeber, der zu Unrecht Arbeitsentgelt gezahlt hat, und die Krankenkasse, die zu Unrecht Krankengeld gezahlt hat, von dem Arzt Schadensersatz verlangen, wenn die Arbeitsunfähigkeit grob fahrlässig oder vorsätzlich festgestellt worden ist, obwohl die Voraussetzungen dafür nicht vorgelegen hatten.

Kommen die Krankenkassen, die Kassenärztlichen Vereinigungen und der MDK in ihren Überprüfungen im Rahmen der Wirtschaftlichkeitsprüfung oder im Rahmen der Arbeitsunfähigkeitsprüfung zu dem Ergebnis, dass ein einzelner Arzt in einer auffällig hohen Zahl von Fällen Arbeitsunfähigkeitsbescheinigungen ausgestellt hat oder Arbeitsunfähigkeit festgestellt hat, obwohl dafür die medizinischen Voraussetzungen nicht vorlagen, bestehen Schadensersatzpflichten des Arztes gegenüber dem Arbeitgeber und der Krankenkasse, die sich nach den zivilrechtlichen Regelungen richten. In den Fällen, in denen der Arzt – unabhängig von einem etwaigen Verschulden des Arbeitnehmers – vorsätzlich oder fahrlässig eine in Wahrheit nicht bestehende Arbeitsunfähigkeit attestiert, ist er zum Ersatz des vom Arbeitgeber geleisteten Arbeitsentgelts verpflichtet. Gleiches gilt gegenüber der Krankenkasse hinsichtlich des gezahlten Krankengeldes.[21]

§ 106 b Wirtschaftlichkeitsprüfung ärztlich verordneter Leistungen

(1) ¹Die Wirtschaftlichkeit der Versorgung mit ärztlich verordneten Leistungen wird ab dem 1. Januar 2017 anhand von Vereinbarungen geprüft, die von den Landesverbänden der Krankenkassen und den Ersatzkassen gemeinsam und einheitlich mit den Kassenärztlichen Vereinigungen zu treffen sind. ²Auf Grundlage dieser Vereinbarungen können Nachforderungen wegen unwirtschaftlicher Verordnungsweise nach § 106 Absatz 3 festgelegt werden. ³In den Vereinbarungen müssen Regelungen zu Wirtschaftlichkeitsprüfungen in allen Bereichen ärztlich verordneter Leistungen enthalten sein. ⁴Die Vereinbarungen nach Satz 1 gelten für Leistungen, die ab dem 1. Januar 2017 verordnet werden.
(2) ¹Die Kassenärztlichen Bundesvereinigungen und der Spitzenverband Bund der Krankenkassen vereinbaren einheitliche Rahmenvorgaben für die Prüfungen nach Absatz 1. ²Darin ist insbesondere fest-

---
20 Vgl. SG Hannover, 19.10.2016, S 78 KA 191/15, juris 18, 20 mwN.
21 Vgl. BT-Dr. 12/5262, 158; Clemens in: jurisPK-SGB V, § 106 Rn. 406.

zulegen, in welchem Umfang Wirtschaftlichkeitsprüfungen mindestens durchgeführt werden sollen. [3]Festzulegen ist auch ein Verfahren, das sicherstellt, dass individuelle Beratungen bei statistischen Prüfungen der Ärztinnen und Ärzte der Festsetzung einer Nachforderung bei erstmaliger Auffälligkeit vorgehen; dies gilt nicht für Einzelfallprüfungen. [4]Die Vereinbarungspartner nach Satz 1 legen zudem besondere Verordnungsbedarfe für die Verordnung von Heilmitteln fest, die bei den Prüfungen nach Absatz 1 anzuerkennen sind. [5]Die Vertragspartner nach Absatz 1 Satz 1 können darüber hinaus weitere anzuerkennende besondere Verordnungsbedarfe vereinbaren. [6]Kommt eine Vereinbarung nach Satz 1 erstmalig bis zum 31. Oktober 2015 nicht zustande, entscheidet das Schiedsamt nach § 89 Absatz 4. [7]Die Klage gegen die Festsetzung des Schiedsamts hat keine aufschiebende Wirkung.

(3) [1]Sofern Vereinbarungen nach Absatz 1 bis zum 31. Juli 2016 ganz oder teilweise nicht zustande kommen, wird der Vertragsinhalt durch das Schiedsamt nach § 89 festgesetzt. [2]Die Klage gegen die Festsetzung des Schiedsamts hat keine aufschiebende Wirkung. [3]Bis zu einer Vereinbarung nach Absatz 1 gelten die Regelungen in den §§ 84, 106, 296 und 297 in der am 31. Dezember 2016 geltenden Fassung fort.

(4) Wirtschaftlichkeitsprüfungen unterliegen nicht:
1. Verordnungen von Heilmitteln für Versicherte mit langfristigem Behandlungsbedarf nach § 32 Absatz 1 a;
2. Verordnungen von Arzneimitteln, für die der Arzt einem Vertrag nach § 130 a Absatz 8 beigetreten ist; die Krankenkasse übermittelt der Prüfungsstelle die notwendigen Angaben, insbesondere die Arzneimittelkennzeichen, die teilnehmenden Ärzte und die Laufzeit der Verträge.

(5) § 130 b Absatz 2 und § 130 c Absatz 4 bleiben unberührt.

Literatur:
Siehe § 106.

I. Entstehungsgeschichte................... 1	ee) § 5 Individuelle Beratungen als Maßnahme bei statistischen Prüfungen................. 24
II. Vorgängervorschriften.................. 2	
III. Normzweck und Systematik 3	
IV. Norminhalt und Normauslegung 4	ff) § 6 Weitere Maßnahmen bei statistischen Prüfungen........ 25
1. Norminhalt........................ 4	gg) § 7 Bereitstellung von Daten .. 26
2. Normauslegung 5	hh) § 8 Inkrafttreten................ 27
a) Überwachung der vertragsärztlichen Versorgung (Abs. 1) 5	ii) § 9 Kündigung................. 28
b) Rahmenvorgaben (Abs. 2) 16	jj) Anlagen....................... 29
aa) Ziel der Rahmenvorgaben 20	c) Festsetzung von Vereinbarungen durch Schiedsamt (Abs. 3).......... 30
bb) § 2 Geltungsbereich 21	d) Ausnahmen (Abs. 4)............... 31
cc) Umfang der Wirtschaftlichkeitsprüfungen................ 22	e) Praxisbesonderheiten (Abs. 5)........ 35
dd) § 4 Maßnahmen bei statistischen Prüfungen.............. 23	

I. Entstehungsgeschichte

1 § 106 aF ist im Rahmen des Gesundheitsreformgesetzes vom 20.12.1988 (GRG) mit Wirkung zum 1.1.1989 in Kraft getreten.[1] Anschließend erfolgten zahlreiche Änderungen. Umfang und Unübersichtlichkeit der bis zu 31.12.2016 in Kraft befindlichen Vorschrift haben eine effektive Umsetzung der Wirtschaftlichkeitsprüfungen erschwert und daher zu Unsicherheiten und abnehmender Akzeptanz geführt. Um dem abzuhelfen, ist der Regelungsinhalt der bis zum 31.12.2016 in Kraft befindlichen Fassung des § 106 im Rahmen des GKV-VSG[2] mit Wirkung zum 1.1.2017 auf mehrere Paragrafen aufgeteilt worden, ua auf § 106 b. Eine inhaltliche Änderung ist damit jedoch grundsätzlich nicht einhergegangen. Die Überschrift wird im Hinblick auf die Neustrukturierung der Wirtschaftlichkeitsprüfungen angepasst.[3] Zu den bis dahin erfolgten Neufassungen wird auf die 1. Auflage verwiesen.

---

1 BGBl. I, 2477.
2 GKV-Versorgungsstärkungsgesetz – GKV-VSG vom 16.7.2015 (BGBl. I, 1211).
3 Vgl. BT-Dr. 19/4095, S. 38, 137.

II. Vorgängervorschriften

Vorgängervorschrift des § 106 aF war bis zum Inkrafttreten des SGB V am 1.1.1989[4] § 368 n Abs. 5 RVO.[5] Der Klarstellung halber sei bereits an dieser Stelle verwiesen auf § 72 Abs. 1 S. 2, wonach § 106 b unmittelbar nur für Ärzte gilt, entsprechend aber auch für Zahnärzte,[6] Psychotherapeuten und MVZ anzuwenden ist, sofern nichts Abweichendes bestimmt ist. Aus Gründen der Vereinfachung und der Übersichtlichkeit werden jedoch lediglich Ärzte und Kassenärztliche Vereinigungen benannt.

III. Normzweck und Systematik

Umfang und Unübersichtlichkeit der bis zu 31.12.2016 in Kraft befindlichen Vorschrift erschweren eine effektive Umsetzung der Wirtschaftlichkeitsprüfungen und führen zu Unsicherheiten und abnehmender Akzeptanz. Um dem abzuhelfen, wird der Regelungsinhalt des § 106 auf mehrere Paragrafen aufgeteilt. Eine inhaltliche Änderung geht damit nicht einher. Die Überschrift wird im Hinblick auf die Neustrukturierung der Wirtschaftlichkeitsprüfungen angepasst.[7]

IV. Norminhalt und Normauslegung

1. Norminhalt. § 106 b beinhaltet die Wirtschaftlichkeitsprüfung ärztlich verordneter Leistungen. Nach **Abs. 1** wird die Wirtschaftlichkeit der Versorgung mit ärztlich verordneten Leistungen ab dem 1.1.2017 anhand von Vereinbarungen geprüft, die von den Landesverbänden der Krankenkassen und den Ersatzkassen gemeinsam und einheitlich mit den Kassenärztlichen Vereinigungen zu treffen sind. Nach **Abs. 2** vereinbaren die Kassenärztliche Bundesvereinigung und der Spitzenverband Bund der Krankenkassen einheitliche Rahmenvorgaben für die Prüfungen nach Abs. 1. Nach **Abs. 3** wird der Vertragsinhalt durch das Schiedsamt nach § 89 festgesetzt, sofern Vereinbarungen nach Abs. 1 bis zum 31.7.2016 ganz oder teilweise nicht zustande kommen. Nach **Abs. 4** unterliegen Wirtschaftlichkeitsprüfungen nicht Verordnungen der genehmigten Heilmittel für Versicherte mit langfristigem Behandlungsbedarf und Verordnungen von Arzneimitteln. Nach **Abs. 5** bleiben § 130 b Abs. 2 und § 130 c Abs. 4 unberührt.

2. Normauslegung. a) Überwachung der vertragsärztlichen Versorgung (Abs. 1). Nach S. 1 wird die Wirtschaftlichkeit der Versorgung mit ärztlich verordneten Leistungen ab dem 1.1.2017 anhand von Vereinbarungen geprüft, die von den Landesverbänden der Krankenkassen und den Ersatzkassen gemeinsam und einheitlich mit den Kassenärztlichen Vereinigungen zu treffen sind. Auf Grundlage der Vereinbarungen nach S. 1 können nach S. 2 Nachforderungen wegen unwirtschaftlicher Verordnungsweise nach § 106 Abs. 3 festgelegt werden. Nach S. 3 müssen in den Vereinbarungen Regelungen zu Wirtschaftlichkeitsprüfungen in allen Bereichen ärztlich verordneter Leistungen enthalten sein.

In der Vorschrift ist als wesentlicher Bestandteil der Neustrukturierung der Regelungen zu den Wirtschaftlichkeitsprüfungen der Grundsatz geregelt, dass ab 2017 die Wirtschaftlichkeit der Versorgung mit ärztlich verordneten Leistungen anhand von Vereinbarungen der Selbstverwaltungspartner auf Landesebene geprüft wird. Die Vertragspartner auf Landesebene sind bei der Ausgestaltung der Prüfungen grundsätzlich frei. Auf der Grundlage dieser Vereinbarungen können bei Verstößen gemäß § 106 Nachforderungen für die Vertragsärzte festgelegt werden. Die Vereinbarungen müssen Regelungen zu allen Bereichen ärztlich verordneter Leistungen enthalten (vgl. § 73 Abs. 2 Nrn. 5, 7, 8 und 12).[8]

Die vertragsärztliche Versorgung umfasst gemäß § 73 Abs. 2 insoweit die
- Verordnung von Leistungen zur medizinischen Rehabilitation (Nr. 5),
- Verordnung von Arznei-,[9] Verband-, Heil- und Hilfsmitteln, Krankentransporten sowie Krankenhausbehandlung oder Behandlung in Vorsorge- oder Rehabilitationseinrichtungen (Nr. 7),

---

[4] § 106 ist im Rahmen des Gesundheitsreformgesetzes vom 20.12.1988 (GRG) am 1.1.1989 in Kraft getreten (BGBl. I, 2477).
[5] § 368 n RVO in der Fassung des Gesetzes über das Kassenarztrecht (GKAR vom 17.8.1955 (BGBl. I, 513), in Kraft vom 20.8.1955 bis zum 31.12.1988.
[6] Kassenzahnärztliche Vereinigung.
[7] Vgl. BT-Dr. 19/4095, S. 38, 137.
[8] Vgl. BT-Dr. 19/4095, S. 26, 27, 110.
[9] Vgl. hierzu zB die Arzneimittel Richtwertvereinbarung nach § 106 b Abs. 1 SGB V für den Bereich der KVBW für das Jahr 2017, https://www.kvbawue.de/praxis/vertraege-recht/ (zuletzt abgerufen am 1.3.2017).

- Verordnung häuslicher Krankenpflege (Nr. 8),
- Verordnung von Soziotherapie (Nr. 12).

8 Nach S. 4 ist für die Anwendung der Regelungen der Verordnungszeitpunkt entscheidend. Leistungen, die nach dem 1.1.2017 verordnet werden, sind nach den Vereinbarungen nach S. 1 zu prüfen. Für Leistungen, die vor diesem Stichtag ärztlich verordnet werden, gelten die Regelungen in den §§ 84, 106, 296 und 297 in der bis zum 31.12.2016 geltenden Fassung. Sofern zum 1.12017 keine Vereinbarungen nach S. 1 getroffen worden sind, gilt Abs. 3 S. 3.[10]

9 Im Anschluss an die entsprechende Kommentierung des § 106[11] werden nachfolgend aus der Prüfvereinbarung Baden-Württemberg[12] die besonderen Regelungen zur Wirtschaftlichkeit ärztlich verordneter Leistungen wiedergegeben.

10 „§ 9 Prüfung der Verordnungsweise im Einzelfall
(1) Eine Prüfung auf Wirtschaftlichkeit einzelner Verordnungen einzelner Ärzte bzw. Einrichtungen findet auf Antrag der KVBW, eines Verbandes oder einer Krankenkasse statt. Der Antrag ist schriftlich zu begründen und mit den erforderlichen Unterlagen einzureichen.
(2) Die Prüfung auf Einhaltung der Richtlinien gemäß § 92 SGB V regelt § 10.
(3) Die Prüfung der Verordnungsweise für Arznei-, Heil- und Hilfsmittel erfolgt unter Berücksichtigung der jeweils maßgeblichen Richtlinie gemäß § 92 Abs. 1 Nr. 6 SGB V, Arzneimittelrichtlinien, Heilmittelrichtlinien inkl. des Heilmittelkatalogs bzw. der Hilfsmittelrichtlinien.
(4) Die Prüfung der Wirtschaftlichkeit der Verordnung von Impfstoffen bezieht sich auf die Einhaltung der Regelungen im Vertrag über die Versorgung mit Schutzimpfungen. Die Prüfungen betreffen insbesondere die Nichtwahrnehmung wirtschaftlicher Bezugswege und die Anforderung überhöhter/ unwirtschaftlicher Mengen.
(5) Erforderliche Unterlagen sind die entsprechenden Verordnungsblätter, entweder im Original oder als Rezeptimage. Im Antrag sind sowohl die entstandenen Brutto- als auch die Nettoverordnungskosten, unter Berücksichtigung aller Zuzahlungen der Versicherten sowie der gesetzlichen und vertraglichen Rabatte, getrennt je Arzt bzw. Einrichtung und Quartal sowie für die Einzelverordnungen auszuweisen.
(6) Ein Antrag bis zu einem Betrag von 50 Euro (netto) je Arzt bzw. Einrichtung, Krankenkasse und Quartal ist unzulässig (Bagatellgrenze).
(7) Prüfanträge sind innerhalb einer Ausschlussfrist von vier Jahren zu stellen. Die Frist beginnt mit Ablauf des jeweils in Prüfung stehenden Leistungsquartals dem die Verordnung kostenmäßig zugeordnet wird (Verordnungsdatum). Bezieht sich der Antrag auf mehrere Quartale, ist der Fristbeginn für jedes Quartal gesondert zu betrachten.

11 § 10 Prüfung auf Einhaltung der Richtlinien nach § 92 SGB V
(1) Eine Einzelfallprüfung auf Einhaltung der Richtlinien nach § 92 SGB V erfolgt von Amts wegen durch die GPE. Prüfgegenstände und zu prüfende Verordnungszeiträume werden von den Vertragspartnern festgelegt. Über die Festlegung ist der Arzt bzw. die Einrichtung durch die KVBW zu informieren. Eine Prüfung findet erstmals für das zweite auf die Information folgende Verordnungsquartal statt. Für die von den Vertragspartnern festgelegten Prüfgegenstände ist ab diesem Zeitpunkt eine Antragstellung gemäß § 9 auch für vorangegangene Verordnungszeiträume ausgeschlossen. Die Vertragspartner tragen damit dem Ergebnis einer Prüfung des Bundesrechnungshofs aus dem Jahre 2013 Rechnung, wonach die gesetzlichen Krankenkassen in sehr unterschiedlicher Intensität Einzelfallanträge auf Überprüfung der Einhaltung von Richtlinien nach § 92 SGB V stellten.
(2) Die Vertragspartner vereinbaren, dass keine Maßnahmen getroffen werden, wenn der festgestellte Verstoß den Betrag von 50 Euro (netto) je Arzt bzw. Einrichtung, Kasse und Quartal unterschreitet.
(3) Für die Prüfgegenstände, die nicht Gegenstand der Prüfung nach Abs. 1 sind, ist eine Einzelfallprüfung auf Antrag weiterhin möglich. Ein Antrag bis zu einem Betrag von 300 Euro (netto) je Arzt bzw. Einrichtung, Krankenkasse und Quartal ist hierbei unzulässig.

12 § 11 Prüfung der Verordnungsweise nach Richtwerten (statistische Prüfmethode)
(1) Eine Prüfung wegen der Überschreitung von Richtwertvolumen erfolgt getrennt für Arzneimittel und Heilmittel von Amts wegen durch die Gemeinsame Prüfungsstelle (Auffälligkeitsprüfung).

---

10 Vgl. BT-Dr. 19/4095, S. 26, 27, 110.
11 Vgl. § 106 Rn. 25 ff.
12 Vgl. https://www.kvbawue.de/praxis/vertraege-recht/vertraege-von-a-z/wirtschaftlichkeit-plausibilitaet/, dort Prüfvereinbarung (gültig ab dem 1.1.2017; zuletzt abgerufen am 1.3.2017).

(2) Die Überschreitung ergibt sich aus dem Vergleich des prüfrelevanten Richtwertvolumens mit dem entsprechenden Verordnungsvolumen. Bei der Prüfung werden die Verordnungsdaten eines Kalenderjahres und die jeweils geltende Richtwertvereinbarung zu Grunde gelegt.
(3) Kann eine Richtwertprüfung nicht durchgeführt werden, erfolgt die Prüfung auf Grundlage des jeweiligen Fachgruppen- bzw. Vergleichsgruppendurchschnitts mit ansonsten gleichen gesetzlichen Vorgaben. Die Absätze 1 und 2 gelten entsprechend.
(4) Das weitere Verfahren ist in der jeweils geltenden Richtwertvereinbarung geregelt.
(5) Ist eine Prüfung aus rechtlichen oder tatsächlichen Gründen nicht möglich, verständigen sich die Vertragspartner.
§ 12 Prüfung der Verordnungsweise nach Durchschnittswerten (statistische Prüfmethode)
(1) Die Prüfung auf Wirtschaftlichkeit der Verordnungsweise nach Durchschnittswerten findet nur auf Antrag der KVBW oder eines Verbandes / der Verbände statt, wenn die Prüfung nicht nach einer anderen statistischen Prüfmethode durchgeführt werden kann. Der Antrag ist schriftlich zu begründen. Die Prüfung erfolgt für den Zeitraum eines Verordnungsquartals in der Regel durch einen Vergleich der entsprechend Anlage 1 aufbereiteten statistischen Werte des Arztes bzw. der Einrichtung.
(2) Prüfanträge sind innerhalb einer Ausschlussfrist von vier Jahren zu stellen. Die Frist beginnt mit Ablauf des jeweils in Prüfung stehenden Leistungsquartals, dem die Verordnung kostenmäßig zugeordnet wird (Verordnungsdatum). Bezieht sich der Antrag auf mehrere Quartale, ist der Fristbeginn für jedes Quartal gesondert zu betrachten.
§ 13 Prüfung Wirtschaftlichkeitsziele
Die Einhaltung der in den jeweils maßgeblichen Arznei- bzw. Heilmittelvereinbarungen gemäß § 84 Abs. 1 und Abs. 7 SGB V definierten Wirtschaftlichkeitsziele wird nach den in diesen Vereinbarungen geregelten Maßstäben geprüft.
§ 14 Prüfung auf Feststellung eines sonstigen Schadens
(1) Die Prüfung auf Feststellung eines sonstigen Schadens im Sinne von § 48 Abs. 1 BMV-Ä findet in der Regel auf Antrag eines Verbandes oder einer Krankenkasse statt. Dieser kann gestellt werden, wenn vermutet wird, dass einer Krankenkasse durch die schuldhafte Verletzung vertragsärztlicher Pflichten durch einen Arzt bzw. eine Einrichtung ein Schaden entstanden ist.
(2) Prüfanträge sind abzulehnen, soweit sie nicht innerhalb der generellen Verjährungsfrist von vier Jahren gestellt werden und dies entsprechend als Einrede durch den Arzt bzw. die Einrichtung geltend gemacht ist. Die Verjährungsfrist beginnt mit Ablauf des Kalenderjahres des Schadenseintritts.
(3) Die zur Geltendmachung des vermuteten Schadens erforderlichen Unterlagen werden vom Antragsteller in einem für die Durchführung der Prüfung ausreichenden Umfang in Papierform oder auf Datenträger zur Verfügung gestellt.
(4) Die Vertragspartner vereinbaren, dass ein Antrag bis zu einem Betrag von 50 Euro (netto) je Arzt bzw. Einrichtung, Krankenkasse und Quartal unzulässig ist (Bagatellgrenze)."

b) **Rahmenvorgaben (Abs. 2).** Die Kassenärztlichen Bundesvereinigungen (KBV) und der Spitzenverband Bund der Krankenkassen (SpiBu) vereinbaren gemäß S. 1 einheitliche Rahmenvorgaben für die Prüfungen nach Abs. 1. Nach S. 2 ist darin insbesondere festzulegen, in welchem Umfang Wirtschaftlichkeitsprüfungen mindestens durchgeführt werden sollen. Festzulegen ist nach S. 3 auch ein Verfahren, das sicherstellt, dass individuelle Beratungen bei statistischen Prüfungen der Ärztinnen und Ärzte der Festsetzung einer Nachforderung bei erstmaliger Auffälligkeit vorgehen; dies gilt nicht für Einzelfallprüfungen. Die Vereinbarungspartner nach S. 1 legen gemäß S. 4 zudem besondere Verordnungsbedarfe für die Verordnung von Heilmitteln fest, die bei den Prüfungen nach Abs. 1 anzuerkennen sind. Nach S. 5 können die Vertragspartner nach Abs. 1 S. 1 darüber hinaus weitere anzuerkennende besondere Verordnungsbedarfe vereinbaren. Kommt eine Vereinbarung nach S. 1 erstmalig bis zum 31.10.2015 nicht zustande, entscheidet gemäß S. 6 das Schiedsamt nach § 89 Abs. 4. Die Klage gegen die Festsetzung des Schiedsamts hat nach S. 7 keine aufschiebende Wirkung.

Die Vertragspartner auf Bundesebene haben bis zum 31.10.2015 einheitliche Rahmenvorgaben zu vereinbaren, die den Vereinbarungen auf Landesebene nach Abs. 1 vorgelagert sind. Die Vereinbarungen sind schiedsfähig. Die Verlagerung der Vorgaben für Wirtschaftlichkeitsprüfungen im Bereich ärztlich verordneter Leistungen auf die regionale Ebene ermöglicht nach Ansicht des Gesetzgebers passgenauere Lösungen; dennoch ist es erforderlich, gewisse Mindeststandards bundeseinheitlich zu regeln. So wird den Vertragspartnern aufgegeben, ein Verfahren zu vereinbaren, um den Grundsatz "Beratung vor Regress", der im Rahmen der Richtgrößenprüfungen bis zum 31.12.2016 in § 106 Abs. 5 e festgeschrieben war, auch in den auf regionaler Ebene zu vereinbarenden Prüfungsarten sicherzustellen, sofern statistische Prüfungsmethoden gewählt werden. Dies dient dem Abbau von Niederlassungshemmnissen. Um die Anerkennung besonderer Verordnungsbedarfe für die Verordnung von Heilmitteln weiterhin sicherzustellen, wird der KBV und dem SpiBu der Krankenkassen aufgegeben, auf Bundesebene mit verbindlicher Wirkung für die Prüfungsstellen anzuerkennende besondere Verordnungsbedarfe vorab zu bestimmen. Die besonderen Verordnungsbedarfe bilden die bisher in § 84 Abs. 8 S. 3 vorgesehenen Praxisbesonderheiten ab. Dazu gehört insbesondere auch der langfristige Heilmittelbedarf gemäß § 32 Abs. 1 a. Zur Entlastung der verordnenden Vertragsärzte soll zeitnah ein Katalog bundesweit geltender besonderer Verordnungsbedarfe vorliegen. Zudem wird geregelt, dass die Vertragspartner nach Abs. 1 darüber hinaus weitere anzuerkennende besondere Verordnungsbedarfe auf regionaler Ebene vereinbaren können. Diese stehen ergänzend neben den Regelungen auf Bundesebene.[13]

18   Die Vereinbarungspartner sind dem nachgekommen mit den Rahmenvorgaben der KBV und des SpiBu der Krankenkassen nach § 106 b Abs. 2 SGB V für die Wirtschaftlichkeitsprüfung ärztlich verordneter Leistungen vom 30.11.2015, zuletzt geändert am 5.12.2016.[14]

19   Die Rahmenvorgaben nach § 106 b Abs. 2 bilden die Grundlage für die Vereinbarungen gemäß § 106 b Abs. 1 zwischen den Landesverbänden der Krankenkassen und den Ersatzkassen und den Kassenärztlichen Vereinigungen. Ziel dieser Rahmenvorgaben ist es, bundeseinheitlich gültige Mindeststandards für die regionalen Vereinbarungen zu schaffen, um in den wesentlichen Sachverhalten eine einheitliche Vorgehensweise bei den Wirtschaftlichkeitsprüfungen nach § 106 b zu gewährleisten. Sofern diese Rahmenvorgaben verbindliche Regelungen enthalten, gelten diese als Mindeststandard.

20   aa) **Ziel der Rahmenvorgaben.** Nach § 1 ist es Ziel der Rahmenvorgaben, eine Grundlage für die regionalen Vereinbarungen nach § 106 b Abs. 1 durch die Vorgabe von Mindeststandards für die Wirtschaftlichkeitsprüfungen nach § 106 Abs. 2 S. 1 Nr. 21 iVm § 106 b zu schaffen. Die Rahmenvorgaben unterstützen die Einhaltung des Wirtschaftlichkeitsgebots nach § 12 Für die Beurteilung der Wirtschaftlichkeit maßgeblich sind

- der allgemein anerkannte Stand der medizinischen Erkenntnisse (§ 2 Abs. 1 S. 3),
- die Indikation der verordneten Therapie sowie das Wirtschaftlichkeitsgebot gemäß § 12 und
- die für verordnete Leistungen anwendbaren Richtlinien nach § 92 Abs. 1 S. 2 maßgeblich.

21   bb) **§ 2 Geltungsbereich.** Die Rahmenvorgaben gelten gemäß § 2 für die regional zu vereinbarenden Prüfungen der Wirtschaftlichkeit der Versorgung aller Bereiche ärztlich verordneter Leistungen. In den Vereinbarungen nach § 106 b Abs. 1 müssen Regelungen zu Wirtschaftlichkeitsprüfungen in allen Bereichen ärztlich verordneter Leistungen (nachfolgend „Verordnungsbereiche") enthalten sein.
Dies betrifft zum Zeitpunkt der Vereinbarung dieser Rahmenvorgaben folgende in § 73 Abs. 2 abschließend genannte Verordnungsbereiche:

- Verordnung von Leistungen der medizinischen Rehabilitation (§ 73 Abs. 2 Nr. 5),
- Verordnung von Arznei- und Verbandmitteln einschließlich Sprechstundenbedarf (§ 73 Abs. 2 Nr. 7),
- Verordnung von Heilmitteln (§ 73 Abs. 2 Nr. 7),
- Verordnung von Hilfsmitteln (§ 73 Abs. 2 Nr. 7),
- Verordnung von Krankentransporten (§ 73 Abs. 2 Nr. 7),
- Verordnung von Krankenhausbehandlung (§ 73 Abs. 2 Nr. 7),
- Verordnung von Behandlung in Vorsorge- oder Rehabilitationseinrichtungen (§ 73 Abs. 2 Nr. 7),
- Verordnung von häuslicher Krankenpflege (§ 73 Abs. 2 Nr. 8),
- Verordnung von Soziotherapie (§ 73 Abs. 2 Nr. 12),
- Verordnung von Spezialisierter Ambulanter Palliativversorgung (§ 73 Abs. 2 Nr. 14).

Gemäß § 106 Abs. 5 SGB V gelten die Abs. 1 bis 4 des § 106 und damit die Rahmenvorgaben auch für die Prüfung der am Krankenhaus erbrachten ambulanten ärztlichen und belegärztlichen Leistungen.
Zudem unterliegen gemäß § 113 Abs. 4 S. 2 gegen Kostenersatz auch verordnete Leistungen im Rahmen

- des Entlassmanagements nach § 39 Abs. 1 a S. 5 und
- bei Inanspruchnahme eines Krankenhauses nach § 76 Abs. 1 a

---

13 Vgl. BT-Dr. 19/4095, S. 26, 27, 111.
14 S. http://www.kbv.de/media/sp/Rahmenvorgaben_Wirtschaftlichkeitspruefung.pdf (zuletzt abgerufen am 1.3.2017).

den Wirtschaftlichkeitsprüfungen durch die Prüfungsstellen nach § 106 c und somit diesen Rahmenvorgaben, soweit die Krankenkassen mit dem Krankenhaus bzw. Leistungserbringer nichts anderes vereinbart haben. Die Vereinbarungen nach § 106 b Abs. 1 müssen hierzu Regelungen, insbesondere zum Kostenersatz durch die Krankenkassen an die Prüfungsstellen nach § 106 c und zu den Datenlieferungen, enthalten.

Für die Prüfung der Wirtschaftlichkeit der Verordnungen im Rahmen der spezialfachärztlichen Versorgung nach § 116 b gelten § 113 Abs. 4 und somit die Rahmenvorgaben entsprechend mit der Maßgabe, dass die Prüfung durch die Prüfungsstellen gegen Kostenersatz durchgeführt wird, soweit die Krankenkasse mit dem Leistungserbringer nach § 116 b Abs. 2 nichts anderes vereinbart hat (§ 116 b Abs. 7 S. 7). Die Vereinbarungen nach § 106 b Abs. 1 müssen auch hierzu Regelungen, insbesondere zum Kostenersatz durch die Krankenkassen an die Prüfungsstellen nach § 106 c und zu den Datenlieferungen, enthalten.

Die Wirtschaftlichkeit ärztlich verordneter Leistungen durch
- Hochschulambulanzen nach § 117,
- Psychiatrische Institutsambulanzen nach § 118,
- Sozialpädiatrische Zentren nach § 119 sowie
- medizinische Behandlungszentren nach § 119 c

werden gemäß § 113 Abs. 4 S. 1 von den Krankenkassen in entsprechender Anwendung der nach §§ 106 und 106 b geltenden Regelungen geprüft. In den Vereinbarungen nach § 106 b Abs. 1 können Regelungen getroffen werden, wonach die Krankenkassen die Prüfungen nach Abs. 2 S. 1 auf die Prüfungsstellen nach § 106 c übertragen. Hierzu sind insbesondere Regelungen zum Kostenersatz durch die Krankenkassen an die Prüfungsstellen nach § 106 c und zu den Datenlieferungen zu treffen. Findet eine Beauftragung zur Prüfung dieser Einrichtungen statt, soll auf die Anwendung identischer Prüfgegenstände und Prüfsystematiken für alle Verordnungsbereiche hingewirkt werden.

Die regionalen Vertragspartner sollen gemäß § 106 Abs. 1 S. 3 die Beauftragung der Prüfungsstelle mit der Prüfung von ambulanten ärztlich verordneten Leistungen außerhalb der in § 73 iVm § 83 geregelten vertragsärztlichen Versorgung ermöglichen. Insbesondere handelt es sich hierbei um ärztlich verordnete Leistungen im Rahmen der Teilnahme an Verträgen nach §§ 73 b und 140 a (Selektivverträge). Die Vereinbarungen nach § 106 b Abs. 1 müssen hierzu Regelungen, insbesondere zum Kostenersatz durch die Partner der außerhalb der vertragsärztlichen Versorgung geschlossenen Verträge an die Prüfungsstellen nach § 106 c und zu den Datenlieferungen, enthalten.

„Ärztinnen und Ärzte" im Sinne der Vereinbarung sind alle diejenigen, die selbst Leistungen nach Abs. 2 zulasten der GKV verordnen oder denen solche Verordnungen zuzurechnen sind. „Ärztlich verordnete Leistungen" im Sinne der Vereinbarung sind die von Ärztinnen und Ärzten im Sinne von S. 1 verordneten Leistungen.

cc) Umfang der Wirtschaftlichkeitsprüfungen. Den Wirtschaftlichkeitsprüfungen unterliegen nach § 3 grds. alle ärztlich verordneten Leistungen gemäß § 2 Abs. 8 S. 2 in allen vorbenannten Verordnungsbereichen nach § 2 Abs. 2.

22

Bei Vereinbarung statistischer Prüfungsmethoden für die Prüfung der Wirtschaftlichkeit der ärztlich verordneten Leistungen soll vorrangig eine Auffälligkeitsprüfung von den Vertragspartnern nach § 106 b Abs. 1 geregelt werden. In die Auffälligkeitsprüfungen sind grundsätzlich alle verordnenden Ärzte einzubeziehen. Einzelheiten zur Umsetzung der Auffälligkeitsprüfung, insbesondere auch zu den Prüfungsmethoden (zB Prüfung nach fach- bzw. vergleichsgruppenspezifischen Zielwerten oder Zielquoten), sind in den Vereinbarungen nach § 106 b Abs. 1 SGB V festzulegen. Die statistischen Auffälligkeitsprüfungen sollen für den Prüfzeitraum eines Jahres durchgeführt werden. Über den Beginn des Prüfzeitraums für den jeweiligen Verordnungsbereich verständigen sich die Vertragspartner nach § 106 b Abs. 1. Für den Fall eines unterjährigen Wechsels der Betriebsstättennummer (BSNR) können abweichende Regelungen zum Prüfzeitraum und zu dessen Beginn getroffen werden. In Vereinbarungen nach § 106 b Abs. 1 ist zu regeln, dass statistische Auffälligkeitsprüfungen durch die Prüfungsstelle nach § 106 c von Amts wegen erfolgen. Zusätzlich kann geregelt werden, dass die Durchführung von Auffälligkeitsprüfungen auf für die Versorgung relevante Anwendungsgebiete ausgerichtet wird.

In den Vereinbarungen nach § 106 b Abs. 1 sind die Voraussetzungen für Einzelfallprüfungen vorzusehen. Prüfungen eines sonstigen Schadens nach § 48 BMV-Ä bleiben unberührt.

Das Recht zur Vereinbarung weiterer Prüfungsarten in den Verträgen nach § 106 b Abs. 1 bleibt unberührt.

Für Prüfungen können in den Vereinbarungen nach § 106 b Abs. 1 Bagatellgrenzen vereinbart werden. In Abhängigkeit von der Prüfungsmethode oder -art sollen bzw. können geeignete Kriterien für den Ausschluss von Ärzten aus der Prüfung bestimmt werden:

- Es sollen Abweichungen von vereinbarten Zielwerten in einem angemessenen Umfang ermöglicht werden (Vereinbarung von Auffälligkeitsgrenzen).
- Auffälligkeitsprüfungen nach Abs. 2 sollen in der Regel für nicht mehr als 5 % der Ärzte einer Fach- bzw. Vergleichsgruppe durchgeführt werden (Vereinbarung von Höchstquoten).
- Ärzte mit einer geringen Anzahl von Verordnungen oder Fällen können von der Durchführung einer Wirtschaftlichkeitsprüfung ausgeschlossen werden.
- Es können sonstige Geringfügigkeitsgrenzen vereinbart werden.

23 dd) § 4 Maßnahmen bei statistischen Prüfungen. In den regionalen Vereinbarungen nach § 106 b Abs. 1 sind die Voraussetzungen für die Festsetzung von Maßnahmen nach § 106 Abs. 3 bei festgestellter Auffälligkeit festzulegen. Dabei ist der Grundsatz des § 106 b Abs. 2 S. 3, 1. Hs. umzusetzen, dass individuelle Beratungen bei statistischen Prüfungen der Festsetzung weiterer Maßnahmen bei erstmaliger Auffälligkeit vorgehen. Eine weitere Maßnahme kann gemäß § 106 Abs. 3 S. 2 insbesondere auch die Festsetzung einer Nachforderung oder Kürzung sein.

24 ee) § 5 Individuelle Beratungen als Maßnahme bei statistischen Prüfungen. Nach § 106 b Abs. 2 S. 3, Hs. 1 SGB V ist bei erstmaliger Auffälligkeit im Rahmen einer statistischen Prüfung gemäß § 5 eine individuelle Beratung des Arztes festzusetzen und durchzuführen. Dies gilt für jeden Verordnungsbereich im Sinne des § 2 Abs. 2 gesondert.

Eine erstmalige Auffälligkeit bei statistischen Prüfungen liegt vor, wenn bisher:
- weder eine individuelle Beratung Arztes nach § 106 b Abs. 2 S. 3, Hs. 1 erfolgt ist bzw. als erfolgt gilt,
- noch eine „Nachforderung" (Erstattung des Mehraufwandes im Sinne des § 106 Abs. 5 a in der bis zum 31.12.2016 gültigen Fassung) oder Beratung nach § 106 Abs. 5 e (in der bis zum 31.12.2016 gültigen Fassung) im Rahmen einer Auffälligkeitsprüfung erfolgt ist.

Eine erstmalige Auffälligkeit nach S. 1 liegt auch vor, wenn eine individuelle Beratung nach § 5 Abs. 1 oder § 106 Abs. 5 e (in der bis zum 31.12.2016 gültigen Fassung), weitere Maßnahmen nach § 6 oder eine „Nachforderung" nach § 106 (in der bis zum 31.12.2016 gültigen Fassung) länger als fünf Jahre nach formeller Bestandskraft der zuletzt festgesetzten Maßnahme zurückliegen.

Die Vereinbarungen nach § 106 b Abs. 1 müssen Regelungen zum Inhalt und zur Durchführung von individuellen Beratungen als Maßnahme im Rahmen statistischer Prüfungen enthalten. Dabei kann geregelt werden, dass die individuelle Beratung gemäß § 106 b Abs. 2 S. 3, Hs. 1 statt im Rahmen eines persönlichen Gesprächs auch schriftlich durchgeführt werden kann. Sofern die Vertragspartner ein schriftliches Beratungsverfahren vereinbaren, kann dem Arzt auf Wunsch ergänzend zu einer schriftlichen noch eine mündliche Beratung ermöglicht werden. Über eine entsprechende Regelung können sich die regionalen Vertragspartner verständigen. Die individuelle Beratung hat fachlich qualifiziert zu erfolgen. Zur Sicherstellung der fachlich qualifizierten Beratung können in den Vereinbarungen nach § 106 b Abs. 1 Regelungen zur Einbeziehung von Vertretern der regionalen Vertragspartner getroffen werden.

In den Vereinbarungen nach § 106 b Abs. 1 ist zu regeln, dass der Arzt im Rahmen der individuellen Beratung in begründeten Fällen eine Feststellung der Prüfungsstelle über die Anerkennung von Praxisbesonderheiten oder bei Heilmitteln von besonderen Verordnungsbedarfen beantragen kann und dass eine solche Feststellung durch den Arzt auch beantragt werden kann, wenn zu einem späteren Zeitpunkt die Festsetzung einer Nachforderung nach § 106 Abs. 3 S. 2 droht.

Die individuelle Beratung kann frühestens mit Eintritt der Vollziehbarkeit des Prüfbescheides erfolgen und soll spätestens 6 Monate nach Eintritt der Vollziehbarkeit des Prüfbescheides durchgeführt worden sein. Die regionalen Vertragspartner können hiervon abweichende Regelungen treffen. Die Durchführung und die Inhalte der individuellen Beratung sind zu dokumentieren. Die schriftliche individuelle Beratung gilt mit Zustellung des Dokumentes zur schriftlichen Beratung als erfolgt. Das Nähere vereinbaren die regionalen Vertragspartner. Dabei sind insbesondere auch Bedingungen festzulegen, unter denen eine individuelle Beratung bei Ablehnung oder Nichtwahrnehmung von Beratungsterminen als durchgeführt gilt.

In den Vereinbarungen nach § 106 b Abs. 1 soll geregelt werden, dass durch die Prüfungsstelle zu prüfen ist, ob der Prüfbescheid mit Wirkung für die Vergangenheit zu-rückgenommen wird, wenn der

Arzt und der die Beratung Durchführende im Rahmen der Beratung übereinstimmend zu der Einschätzung gelangen, dass eine Festsetzung der Beratung nicht hätte erfolgen dürfen.

Die Festsetzung einer individuellen Beratung als Maßnahme bei statistischen Prüfungen durch die Prüfungsstelle soll in der Regel innerhalb von zwei Jahren nach Ende des Prüfzeitraumes erfolgen. Im Falle eines Widerspruchverfahrens soll die Entscheidung des Beschwerdeausschusses gemäß § 106 c Abs. 1 in der Regel innerhalb von zwei Jahren nach Zugang des Widerspruchs bei der Prüfungsstelle erfolgen.

Wird der Bescheid, mit dem die Beratung festgesetzt wurde, rechtskräftig aufgehoben, so gilt die individuelle Beratung als Maßnahme nach § 106 b Abs. 2 S. 3 als nicht erfolgt.

ff) **§ 6 Weitere Maßnahmen bei statistischen Prüfungen.** Die regionalen Vertragspartner verständigen sich gemäß § 6 über weitere Maßnahmen bei statistischen Prüfungen. Eine weitere Maßnahme kann gemäß § 106 Abs. 3 S. 2 insbesondere auch die Festsetzung einer Nachforderung oder Kürzung nach erfolgter Beratung nach § 5 Abs. 1 sein. Die Prüfungsstelle nach § 106 c setzt die weiteren Maßnahmen fest.

Weitere Maßnahmen im Rahmen einer statistischen Prüfung (§ 3 Abs. 2) dürfen erstmals für den Prüfzeitraum nach erfolgter individueller Beratung in Folge erstmaliger Auffälligkeit festgesetzt werden. § 5 Abs. 7 gilt entsprechend.

Im Falle der Festsetzung einer Nachforderung sind gesetzliche Rabatte zu berücksichtigen. Zuzahlungen der Versicherten sind als pauschalierte Beträge zu berücksichtigen, es sei denn, die regionalen Vertragspartner nach § 106 b Abs. 1 treffen insoweit eine abweichende Vereinbarung. Die Krankenkassen übermitteln der Prüfungsstelle die entsprechenden Beträge als Summe der Zuzahlungen der Versicherten arztbezogen.

Sofern Nachforderungen festgesetzt werden, vollziehen die Kassenärztlichen Vereinigungen diese nach Vollziehbarkeit des Bescheides gegenüber dem Vertragsarzt durch Aufrechnung mit dessen Vergütungsanspruch gegenüber der Kassenärztlichen Vereinigung und kehren diesen Betrag an die Krankenkassen aus. Zum Verfahren und zu den Zahlungsfristen verständigen sich die Vertragspartner der regionalen Vereinbarungen nach § 106 b Abs. 1. Dies gilt nicht für Nachforderungen im Falle einer Beauftragung der Prüfungsstelle nach § 2 Abs. 7.

Die §§ 5 und 6 Abs. 1 bis 4 gelten nicht für erstmalig zugelassene Vertragsärzte in den ersten beiden Prüfzeiträumen gemäß § 3 Abs. 2 nach der Zulassung. Die regionalen Vertragspartner verständigen sich für diesen Zeitraum auf geeignete Steuerungsinstrumente.

gg) **§ 7 Bereitstellung von Daten.** Für die Bereitstellung und den Umfang der Datenlieferungen an die Prüfungsstellen gelten gemäß § 7 die Regelungen des SGB V (insbesondere §§ 106, 296 und 297, 298 SGB V) und des Vertrages über den Austausch auf Datenträgern nach § 295 Abs. 3 SGB V in der jeweils gültigen Fassung (aktuell: Anlage 6 zum BMV-Ä).[15]

Die regionalen Vertragspartner sollen soweit erforderlich ergänzende Regelungen zur Bereitstellung der für die Prüfung notwendigen Daten an die Prüfungsstellen nach § 106 c vereinbaren. Dabei sind insbesondere Regelungen bzgl. der Prüfungen nach § 3 und zu Verordnungsbereichen, für die keine bundeseinheitlichen Vorgaben zu Datenlieferungen an die Prüfungsstellen nach § 106 c vorhanden sind, zu treffen.

Hat die Prüfungsstelle nach § 106 c Zweifel an der Richtigkeit der übermittelten Daten, ermittelt sie die Datengrundlagen für die Prüfung aus einer Stichprobe der abgerechneten Behandlungsfälle des verordnenden Arztes und rechnet die so ermittelten Teildaten nach einem statistisch zulässigen Verfahren auf die Grundgesamtheit der durch den Arzt verordneten Leistungen hoch.

hh) **§ 8 Inkrafttreten.** Die Vereinbarung tritt zum 1.12.2015 in Kraft.

ii) **§ 9 Kündigung.** Die Rahmenvorgaben, einschließlich ihrer Anlagen, können von der KBV oder dem GKV-Spitzenverband mit einer Frist von 6 Monaten zum 31.10. eines jeden Kalenderjahres, frühestens jedoch zum 31.10.2017, gekündigt werden. Die Kündigung hat durch eingeschriebenen Brief zu erfolgen. Nach einer Kündigung gelten die Rahmenvorgaben bis zum Inkrafttreten einer sie ablösenden Vereinbarung fort.

Die Anlagen der Rahmenvorgaben können jeweils gesondert gekündigt werden. So-weit die Anlagen keine abweichenden Regelungen zu den Fristen treffen, findet Abs. 1 entsprechende Anwendung.

---

15 Stand: 1.2.2017.

29 jj) **Anlagen.** Die Rahmenvorgaben enthalten ergänzend folgende Anlagen:
- Anlage 1: Spezifische Vorgaben für die Wirtschaftlichkeitsprüfung verordneter Arzneimittel
- Anlage 2: Spezifische Vorgaben für die Wirtschaftlichkeitsprüfung verordneter Heilmittel nebst einem Anhang
- Anlage 3: Spezifische Vorgaben für die Wirtschaftlichkeitsprüfung der über den Arznei- und Heilmittelbereich hinausgehenden verordneten Leistungen nach § 2 Abs. 2 der Rahmenvorgaben (weitere Verordnungsbereiche).

30 **c) Festsetzung von Vereinbarungen durch Schiedsamt (Abs. 3).** Sofern Vereinbarungen nach Abs. 1 bis zum 31.7.2016 ganz oder teilweise nicht zustande kommen, wird der Vertragsinhalt durch das Schiedsamt nach § 89 festgesetzt. Die Klage gegen die Festsetzung des Schiedsamts hat keine aufschiebende Wirkung. Bis zu einer Vereinbarung nach Abs. 1 gelten die Regelungen in den §§ 84, 106, 296 und 297 in der am 31.12.2016 geltenden Fassung fort. So wird eine Regelungslücke vermieden.[16]

31 **d) Ausnahmen (Abs. 4).** Wirtschaftlichkeitsprüfungen unterliegen gemäß Abs. 4 nicht:
1. Verordnungen der nach § 32 Abs. 1 a S. 1 genehmigten Heilmittel für Versicherte mit langfristigem Behandlungsbedarf;
2. Verordnungen von Arzneimitteln, für die der Arzt einem Vertrag nach § 130 a Abs. 8 beigetreten ist;[17] die Krankenkasse übermittelt der Prüfungsstelle die notwendigen Angaben, insbesondere die Arzneimittelkennzeichen, die teilnehmenden Ärzte und die Laufzeit der Verträge.

32 Die hier genannten Bereiche waren bereits nach dem bis zum 31.12.2016 geltenden Recht von den Wirtschaftlichkeitsprüfungen ausgenommen.

33 In Nummer 1 wird geregelt, dass Verordnungen der nach § 32 Abs. 1 a S. 1 genehmigten Heilmittel für Versicherte mit langfristigem Behandlungsbedarf nicht der Wirtschaftlichkeitsprüfung nach Abs. 1 unterliegen. Dies war bisher schon in § 106 Abs. 2 S. 18 geregelt. Im Hinblick auf den Sinn und Zweck und die Bedeutung dieser Vorschrift für Versicherte mit langfristigem Behandlungsbedarf, insbesondere Menschen mit dauerhaften funktionellen/strukturellen Schädigungen, ist an dieser Ausnahmeregelung auch im Rahmen der Neustrukturierung der Wirtschaftlichkeitsprüfungen festgehalten worden.

34 Nummer 2 stellt sicher, dass Verordnungen von Arzneimitteln, für die der Arzt einem Vertrag nach § 130 a Abs. 8 beigetreten ist, nicht Gegenstand der Wirtschaftlichkeitsprüfungen sind. Rabattverträge nach § 130 a Abs. 8 sind ein wichtiges Instrument zur Ausgabenbegrenzung in der GKV. Krankenkassen können hierbei gerade zur Sicherstellung der Wirtschaftlichkeit der Arzneimittelversorgung mit den pharmazeutischen Unternehmern Rabatte für Arzneimittel verhandeln; bei diesen Arzneimitteln ist daher von einer wirtschaftlichen Verordnungsweise auszugehen.[18]

35 **e) Praxisbesonderheiten (Abs. 5).** § 130 b Abs. 2 und § 130 c Abs. 4 bleiben nach Abs. 5 unberührt.

36 Gemäß § 130 b Abs. 2 sollen Vereinbarungen über einen Erstattungsbetrag nach § 130 b Abs. 1 vorsehen, dass Verordnungen des Arzneimittels von der Prüfungsstelle als Praxisbesonderheiten bei Wirtschaftlichkeitsprüfungen anerkannt werden, wenn der Arzt bei der Verordnung im Einzelfall die dafür vereinbarten Anforderungen an die Verordnung eingehalten hat. Dies ändert sich ab dem 1.1.2017 nicht. Das gleiche gilt für § 130 c Abs. 4.[19]

§ 106 c Prüfungsstelle und Beschwerdeausschuss bei Wirtschaftlichkeitsprüfungen

(1) ¹Die Landesverbände der Krankenkassen und die Ersatzkassen sowie die Kassenärztlichen Vereinigungen bilden jeweils eine gemeinsame Prüfungsstelle und einen gemeinsamen Beschwerdeausschuss. ²Der Beschwerdeausschuss besteht aus Vertretern der Kassenärztlichen Vereinigung und der Krankenkassen in gleicher Zahl sowie einem unparteiischen Vorsitzenden. ³Die Amtsdauer beträgt zwei Jahre. ⁴Bei Stimmengleichheit gibt die Stimme des Vorsitzenden den Ausschlag. ⁵Über den Vorsitzenden, dessen Stellvertreter sowie den Sitz des Beschwerdeausschusses sollen sich die Vertragspartner nach Satz 1 einigen. ⁶Kommt eine Einigung nicht zustande, beruft die Aufsichtsbehörde nach Absatz 5 im Beneh-

---

16 Vgl. BT-Dr. 19/4095, S. 26, 27, 111.
17 Vgl. zu Rabattverträgen gemäß § 130 a Abs. 8 Schneider in: jurisPK-SGB V, § 130 a Rn. 44 ff.
18 Vgl. BT-Dr. 19/4095, S. 26, 27, 111.
19 Vgl. BT-Dr. 19/4095, S. 26, 27, 111.

men mit den Vertragspartnern nach Satz 1 den Vorsitzenden und dessen Stellvertreter und entscheidet über den Sitz des Beschwerdeausschusses.

(2) [1]Die Prüfungsstelle und der Beschwerdeausschuss nehmen ihre Aufgaben jeweils eigenverantwortlich wahr; der Beschwerdeausschuss wird bei der Erfüllung seiner laufenden Geschäfte von der Prüfungsstelle organisatorisch unterstützt. [2]Die Prüfungsstelle wird bei der Kassenärztlichen Vereinigung, einem Landesverband der Krankenkassen oder bei einer bereits bestehenden Arbeitsgemeinschaft im Land errichtet. [3]Über die Errichtung, den Sitz und den Leiter der Prüfungsstelle einigen sich die Vertragspartner nach Absatz 1 Satz 1; sie einigen sich auf Vorschlag des Leiters jährlich bis zum 30. November über die personelle, sachliche sowie finanzielle Ausstattung der Prüfungsstelle für das folgende Kalenderjahr. [4]Der Leiter führt die laufenden Verwaltungsgeschäfte der Prüfungsstelle und gestaltet die innere Organisation so, dass sie den besonderen Anforderungen des Datenschutzes nach § 78a des Zehnten Buches gerecht wird. [5]Kommt eine Einigung nach den Sätzen 2 und 3 nicht zustande, entscheidet die Aufsichtsbehörde nach Absatz 5. [6]Die Kosten der Prüfungsstelle und des Beschwerdeausschusses tragen die Kassenärztliche Vereinigung und die beteiligten Krankenkassen je zur Hälfte. [7]Das Bundesministerium für Gesundheit bestimmt durch Rechtsverordnung mit Zustimmung des Bundesrates das Nähere zur Geschäftsführung der Prüfungsstellen und der Beschwerdeausschüsse einschließlich der Entschädigung der Vorsitzenden der Ausschüsse und zu den Pflichten der von den in Absatz 1 Satz 1 genannten Vertragspartnern entsandten Vertreter. [8]Die Rechtsverordnung kann auch die Voraussetzungen und das Verfahren zur Verhängung von Maßnahmen gegen Mitglieder der Ausschüsse bestimmen, die ihre Pflichten nach diesem Gesetzbuch nicht oder nicht ordnungsgemäß erfüllen.

(3) [1]Gegen die Entscheidungen der Prüfungsstelle können die betroffenen Ärzte und ärztlich geleiteten Einrichtungen, die Krankenkassen, die betroffenen Landesverbände der Krankenkassen sowie die Kassenärztlichen Vereinigungen die Beschwerdeausschüsse anrufen. [2]Die Anrufung hat aufschiebende Wirkung. [3]Für das Verfahren sind § 84 Absatz 1 und § 85 Absatz 3 des Sozialgerichtsgesetzes anzuwenden. [4]Das Verfahren vor dem Beschwerdeausschuss gilt als Vorverfahren im Sinne des § 78 des Sozialgerichtsgesetzes. [5]Die Klage gegen eine vom Beschwerdeausschuss festgesetzte Maßnahme hat keine aufschiebende Wirkung. [6]Abweichend von Satz 1 findet in Fällen der Festsetzung einer Ausgleichspflicht für den Mehraufwand bei Leistungen, die durch das Gesetz oder durch die Richtlinien nach § 92 ausgeschlossen sind, eine Anrufung des Beschwerdeausschusses nicht statt.

(4) [1]Die Vertragspartner nach Absatz 1 Satz 1 können mit Zustimmung der für sie zuständigen Aufsichtsbehörde die gemeinsame Bildung einer Prüfungsstelle und eines Beschwerdeausschusses über den Bereich eines Landes oder einer anderen Kassenärztlichen Vereinigung hinaus vereinbaren. [2]Die Aufsicht über eine für den Bereich mehrerer Länder tätige Prüfungsstelle und einen für den Bereich mehrerer Länder tätigen Beschwerdeausschuss führt die für die Sozialversicherung zuständige oberste Verwaltungsbehörde des Landes, in dem der Ausschuss oder die Stelle ihren Sitz hat. [3]Die Aufsicht ist im Benehmen mit den zuständigen obersten Verwaltungsbehörden der beteiligten Länder wahrzunehmen.

(5) [1]Die Aufsicht über die Prüfungsstellen und Beschwerdeausschüsse führen die für die Sozialversicherung zuständigen obersten Verwaltungsbehörden der Länder. [2]Die Prüfungsstellen und die Beschwerdeausschüsse erstellen einmal jährlich eine Übersicht über die Zahl der durchgeführten Beratungen und Prüfungen sowie die von ihnen festgesetzten Maßnahmen. [3]Die Übersicht ist der Aufsichtsbehörde vorzulegen.

Literatur:
Siehe § 106.

I. Entstehungsgeschichte	1	
II. Vorgängervorschriften	2	
III. Normzweck und Systematik	3	
IV. Norminhalt und Normauslegung	4	
1. Norminhalt	4	
2. Normauslegung	6	
a) Bildung einer Prüfungsstelle und eines Beschwerdeausschusses (Abs. 1)	6	
b) Eigenverantwortliche Wahrnehmung von Aufgaben (Abs. 2)	16	
c) Rechtsmittel (Abs. 3)	19	
aa) Widerspruchsverfahren	20	
bb) Klageverfahren	24	
d) Bildung einer Prüfungsstelle und eines Beschwerdeausschusses über den Bereich eines Landes oder einer anderen Kassenärztlichen Vereinigung hinaus (Abs. 4)	26	
e) Aufsicht über die Prüfungsstellen und Beschwerdeausschüsse (Abs. 5)	37	

I. Entstehungsgeschichte

1 § 106 aF ist im Rahmen des Gesundheitsreformgesetzes vom 20.12.1988 (GRG) mit Wirkung zum 1.1.1989 ist in Kraft getreten.[1] Anschließend erfolgten zahlreiche Änderungen. Umfang und Unübersichtlichkeit der bis zu 31.12.2016 in Kraft befindlichen Vorschrift haben eine effektive Umsetzung der Wirtschaftlichkeitsprüfungen erschwert und daher zu Unsicherheiten und abnehmender Akzeptanz geführt. Um dem abzuhelfen, ist der Regelungsinhalt der bis zum 31.12.2016 in Kraft befindlichen Fassung des § 106 im Rahmen des GKV-VSG[2] mit Wirkung zum 1.1.2017 auf mehrere Paragrafen aufgeteilt worden, ua auf § 106 c. Eine inhaltliche Änderung ist damit jedoch grundsätzlich nicht einhergegangen. Die Überschrift wird im Hinblick auf die Neustrukturierung der Wirtschaftlichkeitsprüfungen angepasst.[3] Zu den bis dahin erfolgten Neufassungen wird auf die 1. Auflage verwiesen.

II. Vorgängervorschriften

2 Vorgängervorschrift des § 106 aF war bis zum Inkrafttreten des SGB V am 1.1.1989[4] § 368 n Abs. 5 RVO.[5] Der Klarstellung halber sei bereits an dieser Stelle verwiesen auf § 72 Abs. 1 S. 2, wonach § 106 c unmittelbar nur für Ärzte gilt, entsprechend aber auch für Zahnärzte,[6] Psychotherapeuten und MVZ anzuwenden ist, sofern nichts Abweichendes bestimmt ist. Aus Gründen der Vereinfachung und der Übersichtlichkeit werden jedoch lediglich Ärzte und Kassenärztliche Vereinigungen benannt.

III. Normzweck und Systematik

3 Umfang und Unübersichtlichkeit der bis zu 31.12.2016 in Kraft befindlichen Vorschrift erschweren eine effektive Umsetzung der Wirtschaftlichkeitsprüfungen und führen zu Unsicherheiten und abnehmender Akzeptanz. Um dem abzuhelfen, ist der Regelungsinhalt des § 106 auf mehrere Paragrafen aufgeteilt worden. Eine inhaltliche Änderung geht damit nicht einher. Die Überschrift wird im Hinblick auf die Neustrukturierung der Wirtschaftlichkeitsprüfungen angepasst.[7]

IV. Norminhalt und Normauslegung

4 **1. Norminhalt.** § 106 c regelt die Bereiche Prüfungsstelle und Beschwerdeausschuss bei Wirtschaftlichkeitsprüfungen. In dieser Vorschrift finden sich die Regelungen zur Organisation der Prüfungsstellen und Beschwerdeausschüsse, die im Wesentlichen den bisherigen Regelungen in § 106 entsprechen. Die auf Landesebene zu bildenden Prüfungsstellen nehmen weiterhin die Aufgabe wahr, die Prüfungen der Wirtschaftlichkeit durchzuführen und die entsprechenden Maßnahmen festzusetzen. In der jetzigen Formulierung spiegelt sich terminologisch differenziert wider, dass das Verfahren vor dem Beschwerdeausschuss lediglich als Vorverfahren gilt, aber kein solches ist.[8]

5 Nach **Abs. 1** bilden die Landesverbände der Krankenkassen und Ersatzkassen gemeinsam mit den Kassenärztlichen Vereinigungen die gemeinsame Bildung einer Prüfungsstelle und eines Beschwerdeausschusses. Nach **Abs. 2** nehmen die Prüfungsstelle und der Beschwerdeausschuss ihre Aufgaben jeweils eigenverantwortlich wahr; der Beschwerdeausschuss wird bei der Erfüllung seiner laufenden Geschäfte von der Prüfungsstelle organisatorisch unterstützt. Nach **Abs. 3** können die betroffenen Ärzte und ärztlich geleiteten Einrichtungen, die Krankenkassen, die betroffenen Landesverbände der Krankenkassen sowie die Kassenärztlichen Vereinigungen gegen die Entscheidungen der Prüfungsstelle die Beschwerdeausschüsse anrufen. Nach **Abs. 4** können die Vertragspartner nach Abs. 1 die gemeinsame Bildung einer Prüfungsstelle und eines Beschwerdeausschusses über den Bereich eines Landes oder einer anderen Kassenärztlichen Vereinigung hinaus vereinbaren. Nach **Abs. 5** führen die für die Sozialversicherung zuständigen obersten Verwaltungsbehörden der Länder die Aufsicht über die Prüfungsstellen und Beschwerdeausschüsse.

---

1 BGBl. I, 2477.
2 GKV-Versorgungsstärkungsgesetz – GKV-VSG vom 16.7.2015 (BGBl. I, 1211).
3 Vgl. BT-Dr. 19/4095, S. 38, 137.
4 § 106 ist im Rahmen des Gesundheitsreformgesetzes vom 20.12.1988 (GRG) am 1.1.1989 in Kraft getreten (BGBl. I, 2477).
5 § 368 n RVO in der Fassung des Gesetzes über das Kassenarztrecht (GKAR vom 17.8.1955 (BGBl. I, 513), in Kraft vom 20.8.1955 bis zum 31.12.1988.
6 Kassenzahnärztliche Vereinigung.
7 Vgl. BT-Dr. 19/4095, S. 38, 137.
8 Vgl. BT-Dr. 19/4095, S. 40, 138, 139.

2. Normauslegung. a) Bildung einer Prüfungsstelle und eines Beschwerdeausschusses (Abs. 1). Absatz 1 entspricht in seinem Regelungsgehalt dem bis zum 31.12.2016 in Kraft befindlichen § 106 Abs. 4. Aus Gründen der Neustrukturierung der §§ 106 ff., die der Übersichtlichkeit dient, ist die Regelung ab dem 1.1.2017 in § 106 c verschoben worden.[9]

Nach S. 1 bilden die Landesverbände der Krankenkassen und die Ersatzkassen sowie die Kassenärztlichen Vereinigungen jeweils eine gemeinsame Prüfungsstelle und einen gemeinsamen Beschwerdeausschuss. Es ist nicht vorgegeben, dass die Ausschüsse bei den Kassenärztlichen Vereinigungen zu bilden sind; sie können zB auch bei einem Landesverband der Krankenkassen gebildet werden.

Nach S. 2 besteht der Beschwerdeausschuss aus Vertretern der Kassenärztlichen Vereinigung und der Krankenkassen in gleicher Zahl sowie einem unparteiischen Vorsitzenden. Die Zusammensetzung der bisher paritätisch aus Vertretern der Kassenärztlichen Vereinigungen und der Krankenkassen gebildeten Prüfungs- und Beschwerdeausschüsse wurde im Rahmen des GKV-Modernisierungsgesetz[10] dahin gehend verändert, dass ein unabhängiger Vorsitzender zu berufen ist. Dadurch sollen eine effektivere Arbeitsweise der Ausschüsse gewährleistet und interessengeleitete Entscheidungen zugunsten einer Seite verhindert werden.

Nach S. 3 beträgt die Amtsdauer zwei Jahre. Nach S. 4 gibt bei Stimmengleichheit die Stimme des Vorsitzenden den Ausschlag. Nach S. 5 sollen sich die Vertragspartner nach S. 1 über den Vorsitzenden, dessen Stellvertreter sowie den Sitz des Beschwerdeausschusses einigen. Kommt nach S. 6 eine Einigung nicht zustande, beruft die Aufsichtsbehörde nach Abs. 5 im Benehmen mit den Vertragspartnern nach S. 1 den Vorsitzenden und dessen Stellvertreter und entscheidet über den Sitz des Beschwerdeausschusses.

Grundsätzlich ist dem betroffenen Arzt vor Erlass einer ihn belastenden Entscheidung der Prüfungsstelle im Rahmen des § 24 SGB X Gelegenheit zu geben, sich zu den für die Entscheidung erheblichen Tatsachen zu äußern. Soweit eine Anhörung fehlerhaft war oder unterlassen wurde, kann dies gemäß § 41 Abs. 1 Nr. 3, Abs. 2 SGB X bis zur letzten Tatsacheninstanz eines sozial- oder verwaltungsgerichtlichen Verfahrens nachgeholt werden.

Die Prüfungsstellen haben dem Vertragsarzt im Rahmen des § 25 SGB X Akteneinsicht zu gewähren.

Zu klären ist Verhältnis der Untersuchungsgrundsatz bzw. die Mitwirkungspflicht im Verhältnis zur Beweislast. Grundsätzlich ist der Honoraranspruch des Vertragsarztes gegen seine KV gerichtet. Insoweit ist dieser beweisbelastet. Allerdings wird die Beweisführungslast (subjektive Beweislast) im von der Offizialmaxime bestimmten Verwaltungsverfahren durch den Untersuchungsgrundsatz nach § 20 SGB X), durch allgemeine Mitwirkungspflichten nach § 21 Abs. 2 S. 1 SGB X und aus der Natur der Sache folgende besondere Mitwirkungspflichten ersetzt. So treffen den geprüften Arzt besondere Mitwirkungspflichten, die über die allgemeinen Mitwirkungspflichten nach § 21 Abs. 2 S. 1 SGB X hinausgehen. Diese – von der Darlegungs- und Feststellungslast zu trennende – besondere Mitwirkungspflicht ergibt sich daraus, dass dem Arzt ein Vergütungsanspruch nur dann zusteht, wenn er die Leistung im Rahmen der vertragsärztlichen Versorgung erbringen durfte; es ist daher seine Angelegenheit, die zur Begründung seines Anspruchs dienenden Tatsachen so genau wie möglich anzugeben und zu belegen, vor allem, wenn er sich auf für ihn günstige Tatsachen berufen will, die allein ihm bekannt sind oder nur durch seine Mithilfe aufgeklärt werden können. Lässt sich in Kombination von Amtsermittlungs- und Mitwirkungspflicht die strittige Tatsache nicht beweisen, greift die objektive Beweislast. Sie besagt, dass den beweisbelasteten Beteiligten die nachteiligen Folgen daraus treffen, dass eine bestimmte Tatsache nach Ausschöpfung aller Beweismittel nicht festgestellt werden kann. Dabei gilt der Grundsatz, dass jeder Beteiligte die Beweislast für diejenigen Tatsachen – in Bezug auf das Vorhandensein positiver wie für das Fehlen negativer Tatbestandsmerkmale – trägt, welche die von ihm geltend gemachte Rechtsfolge begründen.[11]

Die vertragsärztliche Wirtschaftlichkeitsprüfung unterliegt nicht der Verjährung.[12] Denn der Verjährung unterliegt nach § 194 BGB nur das Recht, von einem anderen ein Tun oder Unterlassen zu verlangen (Anspruch). Rechte, die keine Ansprüche sind, unterliegen nicht der Verjährung. Das gilt insbesondere für Gestaltungsrechte, für absolute Rechte und für Einreden. Der dem § 194 BGB zugrundeliegende Rechtsgrundsatz gilt auch im öffentlichen Recht. Das Prüfverfahren ist nach dem Gesetz auf

---
9 Vgl. BT-Dr. 19/4095, S. 40, 138, 139.
10 GMG vom 14.11.2003 (BGBl. I, S. 2190).
11 Vgl. LSG NRW, 27.6.2016, L 11 KA 7/16 B ER, juris Rn. 23 mwN = GesR 2016, 651 ff.
12 Vgl. Murawski in: Hänlein/Schuler, § 106 Rn. 87.

die endgültige Feststellung des Honoraranspruchs in Ersetzung des Honorarbescheides und auf die Festsetzung eines etwaigen Regresses wegen unwirtschaftlicher Verordnungsweise ausgerichtet. Es wird mit dem Erlass eines entsprechenden Bescheides abgeschlossen. Das Recht des Prüfungsausschusses, den Honoraranspruch endgültig und entsprechend dem Prüfungsergebnis anders als im Honorarbescheid festzusetzen, ist nicht auf ein Tun oder Unterlassen des Vertragsarztes gerichtet. Es ist daher kein Anspruch, sondern einem Gestaltungsrecht vergleichbar.[13]

14 Das rechtsstaatliche Gebot der Rechtssicherheit (Art. 20 Abs. 3 GG) erfordert jedoch die Notwendigkeit einer **zeitlichen Begrenzung des Prüfverfahrens**, die auch die Zeit nach der Bekanntgabe des Prüfungsantrags umfasst.[14] Dabei ist in Anlehnung an die im Sozialrecht übliche vierjährige Verjährungsfrist[15] eine Ausschlussfrist von vier Jahren zu beachten.[16] Daher muss ein die Wirtschaftlichkeitsprüfung abschließender Bescheid spätestens vier Jahre nach der vorläufigen Honorarabrechnung (Quartalsabrechnung) durch die Kassenärztliche Vereinigung dem Vertragsarzt zugestellt werden. Später ergehende Kürzungs- oder Rückforderungsbescheide können regelmäßig nur noch dann Rechtswirkungen entfalten, wenn sich die Berufung des Vertragsarztes auf die Ausschlussfrist wegen besonderer Umstände des Einzelfalls als rechtsmissbräuchlich erweist, etwa wegen eines auf die Verhinderung oder Verschleppung des Prüfverfahrens abzielenden Verhaltens des Vertragsarztes.[17]

15 **Verzögerungen im Verfahrensablauf** bei den Prüfgremien und/oder den Gerichten führen grundsätzlich nicht dazu, dass ein rechtmäßiger Bescheid aufgehoben werden muss. Der Gesetzgeber hat mit dem Erlass des „Gesetzes über den Rechtsschutz bei überlangen Gerichtsverfahren und strafrechtlichen Ermittlungsverfahren" vom 24.11.2011[18] zum Ausdruck gebracht, dass dem Ziel der Gewährung von zeitnahem Rechtsschutz durch verfahrensimmanente Rechtsbehelfe (Verzögerungsrüge) und einem Entschädigungsanspruch gegen die jeweilige für das betreffende Gericht zuständige Gebietskörperschaft (Bund/Land) Rechnung getragen werden soll. Damit ist regelmäßig für Lösungen der Problematik einer unangemessen langen Verfahrensdauer zwischen den Verfahrensbeteiligten und mit Bezug auf den Streitgegenstand kein Raum mehr.[19]

16 **b) Eigenverantwortliche Wahrnehmung von Aufgaben(Abs. 2).** Absatz 2 fand sich bis zum 31.1.2016 in § 106 Abs. 4 a, wobei der bis dahin in Kraft befindliche Abs. 4 a S. 6 wegen seiner grundsätzlichen Bedeutung für das Prüfungsgeschehen ab dem 1.1.2017 in die Grundnorm des § 106 aufgenommen worden ist.[20]

17 Nach Abs. 2 S. 1, 1. Hs. nehmen die Prüfungsstelle und der Beschwerdeausschuss ihre Aufgaben jeweils eigenverantwortlich wahr; nach dem 2. Hs. wird der Beschwerdeausschuss bei der Erfüllung seiner laufenden Geschäfte von der Prüfungsstelle organisatorisch unterstützt. Nach S. 2 wird die Prüfungsstelle bei der Kassenärztlichen Vereinigung, einem Landesverband der Krankenkassen oder bei einer bereits bestehenden Arbeitsgemeinschaft im Land errichtet. Nach S. 3 einigen sich die Vertragspartner nach Abs. 1 S. 1 über die Errichtung, den Sitz und der Leiter der Prüfungsstelle; sie einigen sich auf Vorschlag des Leiters jährlich bis zum 30.11. über die personelle, sachliche sowie finanzielle Ausstattung der Prüfungsstelle für das folgende Kalenderjahr. Nach S. 4 führt der Leiter die laufenden Verwaltungsgeschäfte der Prüfungsstelle und gestaltet die innere Organisation so, dass sie den besonderen Anforderungen des Datenschutzes nach § 78 a SGB X gerecht wird. Kommt eine Einigung nach den Sätzen 2 und 3 nicht zustande, entscheidet nach S. 5 die Aufsichtsbehörde nach Abs. 5. Die Kosten der Prüfungsstelle und des Beschwerdeausschusses tragen nach S. 6 die Kassenärztliche Vereinigung und die beteiligten Krankenkassen je zur Hälfte.

18 Gemäß Abs. 2 S. 7 bestimmt das BMG durch Rechtsverordnung mit Zustimmung des Bundesrates das Nähere zur Geschäftsführung der Prüfungsstellen und der Beschwerdeausschüsse einschließlich der Entschädigung der Vorsitzenden der Ausschüsse und zu den Pflichten der von den in Abs. 1 S. 1 genannten Vertragspartnern entsandten Vertreter. Die Rechtsverordnung kann nach S. 8 auch die Voraussetzungen und das Verfahren zur Verhängung von Maßnahmen gegen Mitglieder der Ausschüsse bestimmen, die ihre Pflichten nach diesem Gesetzbuch nicht oder nicht ordnungsgemäß erfüllen. Dem

---

13 BSG, 16.6.1993, 14a/6 RKa 37/91, juris Rn. 14 = NJW 1994, 3036 ff.
14 BSG, 16.6.1993, 14a/6 RKa 37/91, juris Rn. 23, 26 = NJW 1994, 3036 ff.
15 Vgl. § 45 Abs. 1 SGB I; §§ 25 Abs. 1, 27 Abs. 1 SGB IV; §§ 50 Abs. 4, 113 SGB X.
16 BSG, 16.6.1993, 14a/6 RKa 37/91, juris Rn. 30 = NJW 1994, 3036 ff.
17 BSG, 16.6.1993, 14a/6 RKa 37/91, juris Rn. 31 = NJW 1994, 3036 ff.
18 BGBl. I, 2302.
19 BSG, 27.6.2012, B 6 KA 99/11 B, sozialgerichtsbarkeit.de = BeckRS 2013, 65547.
20 Vgl. BT-Dr. 19/4095, S. 40, 139.

Auftrag ist das BMGS mit der sog Wirtschaftlichkeitsprüfungsverordnung vom 5.1.2004 nachgekommen.[21]

c) Rechtsmittel (Abs. 3). Die Regelung entspricht dem bis zum 31.12.2016 in Kraft befindlichen § 106 Abs. 5 S. 3 ff. § 106 Abs. 5 S. 1 und 2 a.F sind ab dem 1.1.2017 wegen ihrer grundsätzlichen Bedeutung in § 106 enthalten.[22]

aa) Widerspruchsverfahren. Gegen die Entscheidungen der Prüfungsstelle können nach S. 1 die betroffenen Ärzte und ärztlich geleiteten Einrichtungen, die Krankenkassen, die betroffenen Landesverbände der Krankenkassen sowie die Kassenärztlichen Vereinigungen die Beschwerdeausschüsse anrufen. Die Anrufung hat nach S. 2 aufschiebende Wirkung. Nach S. 3 sind für das Verfahren §§ 84 Abs. 1 und 85 Abs. 3 SGG anzuwenden. Das Verfahren vor dem Beschwerdeausschuss gilt als Vorverfahren im Sinne des § 78 SGG.

Nach der Rechtsprechung des BSG ist das Verfahren vor dem Beschwerdeausschuss ein eigenständiges und umfassendes Verwaltungsverfahren in einer zweiten Verwaltungsinstanz. Gegenstand eines Rechtsstreits ist grundsätzlich allein der vom Beschwerdeausschuss erlassene Verwaltungsakt. Sofern er rechtswidrig ist, ist nur er – von Ausnahmen abgesehen – aufzuheben, nicht dagegen auch ein ihm vorausgegangener – ebenfalls rechtswidriger – Bescheid des Prüfungsausschusses. Das hat zur Folge, dass eine Anfechtungsklage gegen den Bescheid des Prüfungsausschusses in der Regel unzulässig ist. Etwas anderes könnte gelten, wenn der Beschwerdeausschuss etwa aus formalen Gründen gehalten wäre, den angefochtenen Bescheid des Prüfungsausschusses aufzuheben, zB weil eine Zuständigkeit der Prüforgane nicht gegeben war oder der für die Einleitung des Prüfverfahrens erforderliche Prüfantrag fehlte.[23] Diese sozialrechtliche Besonderheit beruht darauf, dass der Beschwerdeausschuss eine Einrichtungen der gemeinsamen Selbstverwaltung von Ärzten und Krankenkassen ist und damit von verschiedenen Rechtsträgern getragen wird; denn gemäß Abs. 1 S. 1 bilden die Kassenärztlichen Vereinigungen und die Landesverbände der Krankenkassen und Verbände der Ersatzkassen gemeinsame Prüfungs- und Beschwerdeausschüsse bei der Kassenärztlichen Vereinigung. Als Konsequenz dieser organisatorischen Verselbstständigung hat das SGG den Prüfungs- und den Beschwerdeausschüssen in § 70 Nr. 4 SGG iVm § 51 Abs. 2 S. 1 Nr. 2 SGG die Beteiligtenfähigkeit zuerkannt und ihnen damit zugleich im Rahmen ihrer Sachkompetenz die Prozessführungsbefugnis eingeräumt.[24] Hätte der Gesetzgeber das Verfahren vor dem Beschwerdeausschuss lediglich als normales Widerspruchsverfahren gemäß §§ 78, 83 ff. SGG ansehen wollen, hätte es keiner Regelung bedurft.[25]

Grundsätzlich gilt im Rahmen der §§ 44 ff. SGB X das **Verbot der sog reformatio in peius**. Danach darf derjenige, der einen Ausgangsbescheid anficht, grundsätzlich nicht schlechter gestellt werden, als er stehen würde, wenn er die Entscheidung hingenommen hätte (Verböserungsverbot). D.h., im Widerspruchs- und Klageverfahren kann der Ausgangsbescheid nur nach Maßgabe der §§ 44 ff. SGB X zum Nachteil seines Adressaten verändert werden.[26]

Kosten des Widerspruchsverfahrens können in den Satzungen der Kassenärztlichen Vereinigungen nicht abweichend von § 63 SGB X geregelt werden.[27] Die Festsetzung der Kosten, die einem erfolgreichen Beschwerdeführer im Verfahren der vertragsärztlichen Wirtschaftlichkeitsprüfung zu erstatten sind, obliegt dem Beschwerdeausschuss und nicht der Kassenärztlichen Vereinigung.[28]

bb) Klageverfahren. Gegen den Widerspruchsbescheid eines Beschwerdeausschusses im Bereich der vertragsärztlichen Wirtschaftlichkeitsprüfung ist die sozialgerichtliche Klage statthaft. Gegenstand der Klage ist grundsätzlich allein der Bescheid des Beschwerdeausschusses.[29] Örtlich zuständig ist gemäß § 57a Abs. 2 SGG das Gericht, in dessen Bezirk die Kassenärztliche Vereinigung ihren Sitz hat.

Die Klage gegen eine vom Beschwerdeausschuss festgesetzte Maßnahme hat nach S. 5 keine aufschiebende Wirkung. Abweichend von S. 1 findet nach S. 6 in Fällen der Festsetzung einer Ausgleichspflicht

---

21 WiPrüfVO vom 5.1.2004 (BGBl. I, 29), zuletzt geändert durch Gesetz vom 16.7.2015 (BGBl. I S. 1211).
22 Vgl. BT-Dr. 19/4095, S. 40, 139.
23 BSG, 9.4.1994, 6 RKa 5/92, juris Rn. 16 = MedR 1995, 248 ff.
24 BSG, 9.4.1994, 6 RKa 5/92, juris Rn. 17 = MedR 1995, 248 ff.
25 BSG, 9.6.1999, B 6 KA 76/97 R, juris Rn. 24 = MedR 2000, 198 ff.
26 Siewert/Waschull in: LPK-SGB X, 4. Auflage 2016, Vor §§ 44-51 Rn. 12.
27 BSG, 14.10.1992, 14a/6 RKa 3/91, juris Rn. 24 = SozR 3-1300 § 63 Nr. 4.
28 BSG, 9.9.1998, B 6 KA 80/97 R, juris Rn. 24 f. = SozR 3-1300 § 63 Nr. 12.
29 BSG, 21.4.1993, 14a RKa 11/92, juris Rn. 27 = SozR 3-1300 § 35 Nr. 5; BSG, 9.3.1994, 6 RKa 5/92, juris Rn. 20 = MedR 1995, 248 ff.

für den Mehraufwand bei Leistungen, die durch das Gesetz oder durch die Richtlinien nach § 92 ausgeschlossen sind, eine Anrufung des Beschwerdeausschusses nicht statt.

26 d) Bildung einer Prüfungsstelle und eines Beschwerdeausschusses über den Bereich eines Landes oder einer anderen Kassenärztlichen Vereinigung hinaus (Abs. 4). Der Regelungsinhalt entspricht dem bisherigen § 106 Abs. 4 c.[30]

27 Nach S. 1 können die Vertragspartner nach Abs. 1 S. 1 mit Zustimmung der für sie zuständigen Aufsichtsbehörde die gemeinsame Bildung einer Prüfungsstelle und eines Beschwerdeausschusses über den Bereich eines Landes oder einer anderen Kassenärztlichen Vereinigung hinaus vereinbaren. Nach S. 2 führt die für die Sozialversicherung zuständige oberste Verwaltungsbehörde des Landes, in dem der Ausschuss oder die Stelle ihren Sitz hat, die Aufsicht über eine für den Bereich mehrerer Länder tätige Prüfungsstelle und einen für den Bereich mehrerer Länder tätigen Beschwerdeausschuss. Gemäß S. 3 ist die Aufsicht im Benehmen mit den zuständigen obersten Verwaltungsbehörden der beteiligten Länder wahrzunehmen.

28 Im Anschluss an die entsprechende Kommentierung des § 106[31] werden nachfolgend aus der Prüfvereinbarung Baden-Württemberg[32] die besonderen Regelungen zur Prüfungsstelle und Beschwerdeausschuss bei Wirtschaftlichkeitsprüfungen wiedergegeben.

29 *„§ 15 Maßnahmen*
(1) Die von den GPE festgelegten Maßnahmen werden den am Verfahren Beteiligten durch Bescheid bekannt gemacht.
(2) Die GPE können folgende Maßnahmen treffen:
- *Einstellung des Verfahrens,*
- *keine Maßnahme,*
- *Beratung, in der Regel schriftlich,*
- *individuelle, nachforderungsersetzende Beratung nach § 106b Abs. 2 S. 3 SGB V, in der Regel schriftlich,*
- *Honorarkürzung,*
- *Nachforderung für verordnete Leistungen,*
- *Schadensersatz nach Feststellung eines sonstigen Schadens dem Grunde und der Höhe nach.*

(3) Wird Unwirtschaftlichkeit festgestellt, sollen gezielte Beratungen weiteren Maßnahmen in der Regel vorangehen (§ 106 Abs. 3 S. 3 SGB V). Die Gemeinsame Prüfungsstelle kann sich Dritter bedienen, um Beratungen durchzuführen.

(4) Die Vertragspartner verständigen sich im Falle der Festsetzung von Nachforderungen und Honorarkürzungen auf folgende geeignete Maßnahmen, um die wirtschaftliche Leistungsfähigkeit der Praxen zu berücksichtigen: Im Falle der erstmaligen Festsetzung einer Nachforderung für Prüfungen nach § 11 und § 12 erfolgt eine Begrenzung dieser Nachforderung für jeden Verordnungsbereich, wenn diese eine Summe von 5.000 Euro übersteigt. In diesem Fall wird die festzusetzende Nachforderung auf maximal 10 % des Gesamthonorars aus der gesetzlichen Krankenversicherung (einschließlich der abgerechneten Behandlungsfälle aus Selektivverträgen, exklusiv der gesondert abrechnungsfähigen Sachkosten) für den Prüfzeitraum, jedoch mindestens auf einen Betrag in Höhe von 5.000 Euro begrenzt. Für die darauffolgende Festsetzung einer Nachforderung erfolgt, wenn die Voraussetzungen nach S. 1 vorliegen, die Begrenzung auf einen Betrag von maximal 25 % des Gesamthonorars aus der gesetzlichen Krankenversicherung für den Prüfzeitraum. Um diese Feststellungen treffen zu können, übermitteln die Vertragspartner auf Anforderung der GPE die Honorarabrechnungen für den relevanten Prüfzeitraum sowohl für die kollektivvertraglichen als auch selektivvertraglichen Behandlungsfälle, soweit der Arzt bzw. die Einrichtung hierzu einwilligt. Sofern keine Einwilligung vorliegt, findet die Begrenzungsregelung keine Anwendung.

(5) Bei der Festsetzung von Nachforderungen und bei Feststellung eines sonstigen Schadens sind die Zuzahlungen der Versicherten und die den Krankenkassen gewährten gesetzlichen und vertraglichen Rabatte zu berücksichtigen. Die Krankenkassen übermitteln der Gemeinsamen Prüfungsstelle die entsprechenden Beträge als Summe der Zuzahlungen der Versicherten und die Beträge der erhaltenen gesetzlichen und vertraglichen Rabatte arztbezogen.

---

30 Vgl. BT-Dr. 19/4095, S. 40, 139.
31 Vgl. § 106 Rn. 25 ff.
32 Vgl. https://www.kvbawue.de/praxis/vertraege-recht/vertraege-von-a-z/wirtschaftlichkeit-plausibilitaet/, dort Prüfvereinbarung (gültig ab dem 1.1.2017), zuletzt abgerufen am 1.3.2017.

(6) Bei der Festsetzung von Nachforderungen bei Prüfungen nach §§ 8, 11, 12 und 13 muss der Bescheid sowohl die Nachforderungssumme, die auf den vertragsärztlichen Versorgungsbereich entfällt, als auch die Nachforderungssumme, die in den Versorgungsbereich im Rahmen von Verträgen nach §§ 73b, 73c (bzw. 140a neu) und 140a (alt) SGB V entfällt, ausweisen. Die Anteile der Nachforderungssummen werden anhand der jeweiligen ambulant kurativen Fallzahlen aus den Versorgungsverträgen gemäß §§ 73b und 73c (bzw. 140a neu) SGB V in Bezug auf die Gesamtfallzahl des Arztes bzw. der Einrichtung von der Gemeinsamen Prüfungsstelle ermittelt. Dafür liefern die Vertragspartner der Gemeinsamen Prüfungsstelle die erforderlichen Fallzahlen. Für die Festsetzung von Nachforderungen nach Prüfungen im Einzelfall (§§ 6, 9 und 10) oder nach Feststellung eines sonstigen Schadens (§ 14) erfolgt die Aufteilung der Nachforderungen für den vertragsärztlichen und außervertragsärztlichen Bereich gesondert.

§ 16 Maßnahmen bei statistischen Prüfungen, erstmalige Auffälligkeit
(1) Im Rahmen von statistischen Prüfungen gemäß § 4 Abs. 2 geht die individuelle Beratung bei erstmaliger Auffälligkeit der Festsetzung von weiteren Maßnahmen vor (§ 106b Abs. 2 S. 3 SGB V). Dies gilt für jeden Verordnungsbereich gemäß § 4 Abs. 2 gesondert.
(2) Erstmalige Auffälligkeit liegt vor, wenn bisher weder eine individuelle Beratung des Arztes bzw. der Einrichtung nach § 106b Abs. 2 S. 3 SGB V erfolgt ist bzw. als erfolgt gilt, noch eine Nachforderung oder Beratung nach § 106 Abs. 5e SGB V aF erfolgt ist.
(3) Eine erstmalige Auffälligkeit (nach Abs. 2) liegt auch vor, wenn eine individuelle Beratung (§ 106 Abs. 5e SGB V aF bzw. § 15 Abs. 2), oder eine Nachforderung nach § 106 SGB V (in der Fassung bis zum 31.12.2016) bzw. nach § 15 Abs. 2 und 4 länger als fünf Jahre nach Eintritt der formellen Bestandskraft der zuletzt festgesetzten Maßnahme zurückliegen.
(4) Die schriftliche individuelle Beratung gilt mit Zustellung des Dokuments zur schriftlichen Beratung als erfolgt. Die individuelle Beratung kann zeitgleich mit dem Versand des Prüfbescheids erfolgen und soll spätestens sechs Monate nach Eintritt der Vollziehbarkeit des Prüfbescheids durchgeführt worden sein.
(5) Der Arzt bzw. die Einrichtung kann in begründeten Fällen im Rahmen der individuellen Beratung die Feststellung der Gemeinsamen Prüfungsstelle über die Anerkennung von Praxisbesonderheiten oder besonderen Versorgungsbedarfen bei Heilmitteln beantragen. Eine solche Feststellung kann auch beantragt werden, wenn zu einem späteren Zeitpunkt die Festsetzung einer Nachforderung nach § 106 Abs. 3 S. 2 SGB V droht. Das Nähere zum weiteren Umgang mit den festgestellten Praxisbesonderheiten regeln die Vertragspartner.
(6) Die Festsetzung einer individuellen Beratung als Maßnahme bei statistischen Prüfungen durch die Gemeinsame Prüfungsstelle soll in der Regel innerhalb von zwei Jahren nach Ende des Prüfungszeitraums erfolgen. Im Falle eines Widerspruchsverfahrens soll die Entscheidung des Gemeinsamen Beschwerdeausschusses gemäß § 106c Abs. 1 SGB V in der Regel innerhalb von zwei Jahren nach Zugang des Widerspruchs bei der Gemeinsamen Prüfungsstelle erfolgen.
(7) Weitere Maßnahmen im Rahmen einer statistischen Prüfung dürfen erstmals für den Prüfzeitraum nach erfolgter individueller Beratung in Folge erstmaliger Auffälligkeit festgesetzt werden. Für die Prüfzeiträume, in denen sich die individuelle Beratung inhaltlich noch nicht auswirken konnte (Zwischenjahre), sind erneut individuelle Beratungen zu erteilen, soweit eine entsprechende Auffälligkeit auch in diesen Prüfzeiträumen besteht. Für die Beurteilung zu welchem Zeitpunkt die Beratung iSd Satzes 1 erfolgt ist, ist dennoch allein auf die erstmalig erteilte Beratung abzustellen. Wird die erstmalig erteilte Beratung aufgehoben, ist jeweils die darauffolgende Beratung für die Beurteilung des Zeitpunkts der erfolgten Beratung maßgeblich. Individuelle Beratungen oder weitere Maßnahmen nach erfolgter individueller Beratung (Nachforderung) dürfen für die ersten beiden Prüfzeiträume für erstmalig in der Bundesrepublik Deutschland zugelassene Ärzte nicht festgesetzt werden. Ist in diesen Fällen durch die GPE bei einer Berufsausübungsgemeinschaft (BAG) oder einem Medizinischen Versorgungszentren (MVZ) eine Nachforderung festzusetzen, wird der festzusetzende Betrag um den Anteil des Zulassungsumfangs des neu zugelassenen Arztes entsprechend gemindert. Die GPE stellen im Prüf- bzw. Widerspruchsbescheid auf Rechtsfolgenseite ausdrücklich dar, dass die entsprechende LANR von der Festsetzung der für die BSNR haftungsrechtlich geltenden Nachforderung ausgenommen ist.
(8) Wird der Bescheid, mit dem die Beratung festgesetzt wurde, rechtskräftig aufgehoben, so gilt die individuelle Beratung als Maßnahme nach § 106b Abs. 2 S. 3 SGB V als nicht erfolgt.

(9) Die Prüfungen werden bei den erstmals zugelassenen Ärzten entsprechend der Prüfvereinbarung durchgeführt. Zusätzlich verständigen sich die Vertragspartner auf geeignete Steuerungsinstrumente in den ersten beiden Prüfzeiträumen nach der Zulassung.
(10) Die individuelle Beratung von Seiten der GPE wird bezogen auf die jeweilige geprüfte Vergleichsgruppe der BSNR erteilt. Dies hat zur Folge, dass ein neu in die BAG/das MVZ eintretender Arzt sich die für die jeweilige Vergleichsgruppe der BSNR erteilte Beratung aus haftungsrechtlichen Gründen anrechnen lassen und für eine ggf. danach festzusetzende Nachforderung mithaften muss, obwohl er von der Beratung inhaltlich gar nicht betroffen war, da er für den der Beratung zugrundeliegenden Verordnungszeitraum noch nicht Teilnehmer der BAG / des MVZ war und somit bei dem zu beratenden Verordnungsverhalten nicht beteiligt war. Dies gilt zumindest, soweit noch ein Arzt der beratenen Vergleichsgruppe der BSNR bereits schon zum Zeitpunkt der in Prüfung stehenden Verordnungen bzw. zum Zeitpunkt, in welchem die Beratung erteilt wurde, Mitglied der BAG / des MVZ (BSNR) war. Für den Fall, dass ein vollständiger Praxismitgliederwechsel in der Vergleichsgruppe der alten BSNR stattgefunden hat und damit wohl keine Kenntnis über eine erteilte Beratung besteht und selbst im Fall der Kenntnis die erteilte Beratung für die neuen Praxisinhaber wohl nicht mehr einsehbar wäre, ist diese Vergleichsgruppe der BSNR erneut zu beraten.

31 **§ 17 Verfahren bei der Gemeinsamen Prüfungsstelle**
(1) Über die Einleitung des Prüfverfahrens wird der Arzt bzw. die Einrichtung unverzüglich durch die Gemeinsame Prüfungsstelle informiert. Er wird dabei zum einen auf die Möglichkeit hingewiesen, innerhalb einer angemessenen Frist schriftlich Stellung zu nehmen und zum anderen, dass nach Ablauf der Frist eine Entscheidung auch ohne vorliegende Stellungnahme ergeht.
(2) Über eingeleitete Prüfverfahren werden die Verbände – bei Antragstellung durch eine Krankenkasse nur der zuständige Verband – und die KVBW unverzüglich informiert. Sie sind am Verfahren beteiligt und können ebenfalls Stellungnahmen abgeben. Der Versand von Prüfungsunterlagen sowie von abschließenden Entscheidungen der GPE erfolgt ausschließlich in elektronischer Form. Die Landesverbände der Krankenkassen und Ersatzkassen erhalten diese Unterlagen per E-Mail, die beteiligten Krankenkassen per Post. Die Vertragspartner sind sich einig, dass der elektronische Versand von Unterlagen auch im Rahmen von Prüfungen auf Antrag einer Krankenkasse mit dieser per E-Mail erfolgen kann. Dies gilt, soweit die jeweilige Krankenkasse dieser Vorgehensweise zugestimmt hat. Die GPE stellen hierbei sicher, dass der Weg der Datenübermittlung aus datenschutzrechtlicher Sicht zulässig ist. Der Arzt bzw. die Einrichtung erhält die Prüfungsunterlagen und abschließenden Entscheidungen in Papierform. Die KVBW erhält die Unterlagen über ein gemeinsam genutztes Austauschlaufwerk. Die GPE stellen hierbei sicher, dass der Weg der Datenübermittlung aus datenschutz-rechtlicher Sicht zulässig ist. Die GPE dokumentieren den Zugang der entsprechenden Inhalte beim Empfänger über das jeweilige Datum des Abrufs durch den Adressaten. Die Vertragspartner sind sich einig, dass die Dokumente bei erfolglosem erstem Zustellversuch seitens der GPE mit dem zweiten Zustellversuch ohne Abruferfordernis als zugestellt gelten. Hierbei gilt das Datum des dokumentierten Zustellversuchs als Datum der Bekanntgabe. Soweit die Vertragspartner im Rahmen der Vollstreckung von Nachforderungen eine vollstreckbare Ausfertigung des Prüf- bzw. Widerspruchsbescheides in einzelnen Fällen benötigen, können sie die GPE zur Vorlage einer vollstreckbaren Ausfertigung auffordern. Die GPE wird diese dann in Papierform übermitteln.
(3) Der Arzt bzw. die Einrichtung ist verpflichtet, der Gemeinsamen Prüfungsstelle alle Unterlagen zur Verfügung zu stellen und alle Auskünfte zu erteilen, die zur Durchführung des Verfahrens notwendig sind.
(4) Die Gemeinsame Prüfungsstelle kann für die Durchführung des Verfahrens Gutachter und andere sachkundige Personen hinzuziehen.
(5) Das Prüfverfahren bei der Gemeinsamen Prüfungsstelle findet grundsätzlich schriftlich statt. Sie kann für einzelne Prüfverfahren Abweichendes bestimmen.
(6) Die Gemeinsame Prüfungsstelle erlässt gegenüber den am Verfahren Beteiligten über ihre Entscheidung einen schriftlichen Bescheid oder informiert diese schriftlich über eine anderweitige Erledigung des Verfahrens. Es gelten die §§ 31 SGB X ff.
(7) Der Bescheid muss mindestens enthalten:
- Angaben über die Prüfart und die Prüfmethode,
- eine zusammenfassende Darstellung des Sachverhalts,
- die Entscheidung einschließlich ihrer Begründung,
- eine Belehrung über den gemäß § 84 Abs. 1 SGG zulässigen Rechtsbehelf gegen den Bescheid.

§ 18 Widerspruchsverfahren

(1) Gegen einen Bescheid der Gemeinsamen Prüfungsstelle können der betroffene Arzt bzw. die Einrichtung, die Antrag stellende Krankenkasse, die Verbände oder die KVBW innerhalb eines Monats nach Zugang Widerspruch bei der zuständigen Kammer des Gemeinsamen Beschwerdeausschusses erheben. Der Widerspruch ist schriftlich oder zur Niederschrift bei der Gemeinsamen Prüfungsstelle einzureichen. Der Widerspruch soll begründet werden. Der Widerspruch hat aufschiebende Wirkung. Für das Verfahren sind § 84 Abs. 1 und § 85 Abs. 3 SGG anzuwenden.

(2) In Fällen der Festsetzung einer Ausgleichspflicht für den Mehraufwand bei Leistungen, die durch das Gesetz oder durch die Richtlinien nach § 92 Abs. 1 Nr. 6 SGB V ausgeschlossen sind, findet ein Widerspruchsverfahren nicht statt (§ 106 c Abs. 3 S. 6 SGB V).

(3) Die zuständige Kammer des Gemeinsamen Beschwerdeausschusses bestätigt den Eingang des Widerspruchs und gibt den Verfahrensbeteiligten die Widerspruchsunterlagen weiter. Der Versand von Prüfungsunterlagen sowie von abschließenden Entscheidungen der GPE erfolgt ausschließlich in elektronischer Form. Die Landesverbände der Krankenkassen und Ersatzkassen erhalten diese Unterlagen per E-Mail. Die GPE stellen hierbei sicher, dass der Weg der Datenübermittlung aus datenschutzrechtlicher Sicht zulässig ist. Der Arzt bzw. die Einrichtung erhält die Prüfungsunterlagen und abschließenden Entscheidungen in Papierform. Die KVBW erhält die Unterlagen über ein gemeinsam genutztes Austauschlaufwerk. Die GPE stellen hierbei sicher, dass der Weg der Datenübermittlung aus datenschutz-rechtlicher Sicht zulässig ist. Die GPE dokumentieren den Zugang der entsprechenden Inhalte beim Empfänger über das jeweilige Datum des Abrufs durch den Adressaten. Die Vertragspartner sind sich einig, dass die Dokumente bei erfolglosem erstem Zustellversuch seitens der GPE mit dem zweiten Zustellversuch ohne Abruferfordernis als zugestellt gelten. Hierbei gilt das Datum des dokumentierten Zustellversuchs als Datum der Bekanntgabe. Die Vertragspartner sind sich einig, dass der elektronische Versand von Unterlagen auch im Rahmen von Prüfungen auf Antrag einer Krankenkasse mit dieser per E-Mail erfolgen kann. Dies gilt, soweit die jeweilige Krankenkasse dieser Vorgehensweise zugestimmt hat. Sie werden dabei auf die Möglichkeit hingewiesen, innerhalb einer angemessenen Frist Stellung zu nehmen (Anhörung). Das Anhörungsrecht kann sowohl schriftlich als auch mündlich im Rahmen der Sitzung der zuständigen Kammer des Gemeinsamen Beschwerdeausschusses wahrgenommen werden. Soweit die Vertragspartner im Rahmen der Vollstreckung von Nachforderungen eine vollstreckbare Ausfertigung des Prüf- bzw. Widerspruchsbescheides in einzelnen Fällen benötigen, können sie die GPE zur Vorlage einer vollstreckbaren Ausfertigung auffordern. Die GPE werden diese dann in Papierform übermitteln.

(4) Der Arzt bzw. die Einrichtung ist verpflichtet, der zuständigen Kammer des Gemeinsamen Beschwerdeausschusses alle Unterlagen zur Verfügung zu stellen und alle Auskünfte zu erteilen, die zur Durchführung des Verfahrens notwendig sind.

(5) Die zuständige Kammer des Gemeinsamen Beschwerdeausschusses kann im Rahmen des Verfahrens Gutachter und andere sachkundige Personen hinzuziehen.

(6) Die zuständige Kammer des Gemeinsamen Beschwerdeausschusses entscheidet in nicht öffentlichen Sitzungen. An den Sitzungen nehmen teil:
a) der unparteiische Vorsitzende sowie die Mitglieder der zuständigen Kammer des Gemeinsamen Beschwerdeausschusses,
b) Protokollführer der Gemeinsamen Prüfungsstelle,
c) weitere Personen zu Organisations-, Informations- bzw. Ausbildungszwecken nach Entscheidung des unparteiischen Vorsitzenden,
d) vom unparteiischen Vorsitzenden hinzugezogene Gutachter und andere sachkundige Personen,
e) der betroffene Arzt bzw. die Einrichtung und / oder dessen Bevollmächtigter bzw. Beistand,
f) Vertreter der Verfahrensbeteiligten.

(7) Bei der Beratung und der Beschlussfassung der zuständigen Kammer des Gemeinsamen Beschwerdeausschusses dürfen nur die in den Buchstaben a – c genannten Personen anwesend sein.

(8) Die zuständige Kammer des Gemeinsamen Beschwerdeausschusses erlässt gegenüber den am Verfahren Beteiligten über ihren Beschluss einen schriftlichen Widerspruchsbescheid oder informiert diese über eine anderweitige Erledigung des Verfahrens. Der Bescheid muss mindestens enthalten:
- *die Bezeichnung der zuständigen Kammer des Gemeinsamen Beschwerdeausschusses,*
- *die an der Beschlussfassung beteiligten Mitglieder der Kammer,*
- *den Tag der Beschlussfassung,*
- *Angaben über die Prüfart und die Prüfmethode,*

- *eine zusammenfassende Darstellung des Sachverhalts,*
- *die Entscheidung einschließlich ihrer Begründung,*
- *die Unterschrift des jeweiligen unparteiischen Vorsitzenden bzw. seines Vertreters,*
- *eine Belehrung über den zulässigen Rechtsbehelf gegen den Bescheid gemäß § 84 Abs. 1 SGG.*

(9) Das Nähere zum Verfahren wird in der Geschäftsordnung des Gemeinsamen Beschwerdeausschusses Baden-Württemberg und seiner Kammern geregelt.

(10) Die am Verfahren beteiligten Körperschaften des öffentlichen Rechts und der Verband der Ersatzkassen machen für sich keine Kosten nach § 63 SGB X geltend.

33 **§ 19 Bekanntgabe und Zustellung**

(1) Für die Bekanntgabe und Zustellung von schriftlichen Bescheiden der Gemeinsamen Prüfungsstelle und der Kammern des Gemeinsamen Beschwerdeausschusses gelten die Vorschriften des § 37 SGB X i. V. mit dem LVwZG Baden-Württemberg. Die Zustellung von Prüf- bzw. Widerspruchsbescheiden an den Arzt bzw. die Einrichtung erfolgt mittels Postzustellungsurkunde nach § 3 LVwZG, soweit es sich um finanziell belastende Maßnahmen (Nachforderungen) oder individuelle Beratungen nach § 106 b Abs. 2 S. 3 SGB V handelt. Im Übrigen erfolgt die Bekanntgabe der Prüf- bzw. Widerspruchsbescheide mittels Standardbrief.

(2) Eine Zustellung im Ausland erfolgt durch Einschreiben mit Rückschein, als Nachweis der Zustellung genügt der Rückschein.

(3) Kann die Zustelladresse eines Arztes bzw. der Einrichtung durch die Gemeinsame Prüfungsstelle auf zumutbare Weise nicht festgestellt werden, wird der Bescheid öffentlich zugestellt. Die Anordnung über die öffentliche Zustellung trifft für die Bescheide der Gemeinsamen Prüfungsstelle der Leiter der Gemeinsamen Prüfungsstelle bzw. für die Widerspruchsbescheide der Kammer der jeweilige Vorsitzende der Kammer des Gemeinsamen Beschwerdeausschusses. Für die öffentliche Zustellung gelten die Vorschriften des § 11 LVwZG Baden-Württemberg. Die Zustellung erfolgt durch Bekanntmachung einer Benachrichtigung in der Hauptverwaltung der KVBW, Albstadtweg 11, 70567 Stuttgart an der dafür vorgesehenen Stelle. Die Benachrichtigung muss erkennen lassen, ob für die Gemeinsame Prüfungsstelle oder eine Kammer des Gemeinsamen Beschwerdeausschusses zugestellt wird. Sie muss daneben folgende Informationen enthalten:

- *den Namen und die letzte bekannte Anschrift des Zustellungsadressaten,*
- *das Datum und das Aktenzeichen des Dokuments,*
- *die Adresse des Standorts der Gemeinsamen Prüfungsstelle, bei dem das Dokument eingesehen werden kann,*
- *den Hinweis, dass das Dokument öffentlich zugestellt wird und Fristen in Gang gesetzt werden, nach deren Ablauf Rechtsverluste drohen können.*

In den Akten ist zu vermerken, wann und wie die Benachrichtigung bekannt gemacht wurde. Das Dokument gilt als zugestellt, wenn seit dem Tag der Bekanntmachung der Benachrichtigung zwei Wochen vergangen sind.

34 **§ 20 Gerichtliches Verfahren**

(1) In den Fällen, in denen ein Arzt bzw. eine Einrichtung oder ein anderer Verfahrensbeteiligter Klage gegen einen Widerspruchsbescheid oder sonstige Maßnahmen der Kammer des Gemeinsamen Beschwerdeausschusses vor einem Sozialgericht erhebt, unterrichtet die Gemeinsame Prüfungsstelle bzw. die zuständige Kammer des Gemeinsamen Beschwerdeausschusses die übrigen Verfahrensbeteiligten bis zur Vorlage des gerichtlichen Beiladungsbeschlusses. Für die Übermittlung der Unterlagen gelten die Regelungen der §§ 17 Abs. 2, 18 Abs. 3 entsprechend. Die Klage vor dem Sozialgericht hat gemäß § 86 a Abs. 1 SGG grundsätzlich aufschiebende Wirkung. Dagegen hat die Klage gegen eine vom Gemeinsamen Beschwerdeausschuss festgesetzte Maßnahme keine aufschiebende Wirkung, § 106 c Abs. 3 S. 5 SGB V.

(2) Im Verfahren vor dem Sozialgericht wird die zuständige Kammer des Gemeinsamen Beschwerdeausschusses durch ihren unparteiischen Vorsitzenden vertreten, der in der Regel auch den Termin beim Sozialgericht wahrnimmt. Er ist berechtigt, für das gesamte Verfahren oder einzelne Termine Vollmacht zu erteilen. Das Nähere regelt die Geschäftsordnung des Gemeinsamen Beschwerdeausschusses Baden-Württemberg und seiner Kammern.

(3) In den Fällen des § 106 c Abs. 3 S. 6 SGB V wird die Gemeinsame Prüfungsstelle im Verfahren vor den Sozialgerichten durch ihren Leiter vertreten. Er ist berechtigt, für das gesamte Verfahren oder einzelne Termine Vollmacht zu erteilen.

§ 21 Vollzug von Honorarkürzungen und Nachforderungen
(1) Sofern Nachforderungen (oder Honorarkürzungen) festgesetzt werden, vollzieht die KVBW diese nach Vollziehbarkeit des Bescheides gegenüber dem Arzt bzw. der Einrichtung durch Aufrechnung mit dessen bzw. deren Vergütungsanspruch gegenüber der KVBW und kehren diesen Betrag an die Krankenkassen aus. Dieser Grundsatz gilt nicht für Nachforderungen (oder Honorarkürzungen) im Falle einer Beauftragung der GPE nach § 1 Abs. 1 Sätze 7 und 8.
(2) Die GPE teilen der KVBW die nach § 15 festgesetzten und vollziehbaren Honorarkürzungen und Nachforderungen, die auf den vertragsärztlichen (kollektivvertraglichen) Versorgungsbereich entfallen, mit. Die KVBW ermittelt bei Prüfungen nach den §§ 6, 9, 10 und 14 den jeder Krankenkasse zustehenden Betrag. Sind mehrere Krankenkassen betroffen (bei Prüfungen nach den §§ 8, 11, 12 und 13) erfolgt eine Verteilung von Honorarkürzungen entsprechend der ambulanten kurativen Fallzahlen je Krankenkasse, nur bereichseigene Ärzte, nach Formblatt 3 in Verbindung mit dem BMV-Ä, bei Nachforderungen / Nachforderungsbeträgen erfolgt die Verteilung auf die Kontenarten 395, 396 und 399 wie vorgenannt. Die KVBW informiert die Krankenkassen entsprechend Anlage 3.
(3) Die KVBW rechnet Forderungen nach Abs. 2 aus Wirtschaftlichkeitsprüfungsverfahren gegenüber dem Arzt bzw. der Einrichtung im Rahmen der Quartalsabrechnungen für vertragsärztliche Leistungen auf. Die Verrechnung erfolgt unverzüglich zum nächst möglichen Zeitpunkt nach Mitteilung der Prüfungsstelle über die Vollziehbarkeit der Forderung. Die KVBW schreibt die nach Abs. 2 ermittelten Beträge, die auf den vertragsärztlichen Versorgungsbereich entfallen, den Krankenkassen im Rahmen der Quartalsabrechnung für vertragsärztliche Leistungen unter Berücksichtigung der für die Abrechnung geltenden gesamtvertraglichen Regelungen gut. Dies gilt nicht für Forderungen der Krankenkassen, die nicht auf dem Weg über eine Verrechnung mit Honoraransprüchen der Praxis bzw. Einrichtung realisiert werden können oder überhaupt ausfallen. In diesen Fällen werden die Forderungen an die Krankenkassen rückübertragen.
(4) Die GPE teilen den Krankenkassen die nach § 15 festgesetzten und vollziehbaren Nachforderungsbeträge, die auf den außervertragsärztlichen (selektivvertraglichen) Versorgungsbereich entfallen, mit. Die Krankenkassen fordern die Beträge selbst an. Die Aufteilung der Nachforderungsbeträge aus Prüfungen bei Hochschulambulanzen, psychiatrischen Institutsambulanzen, Krankenhäusern nach § 116 b SGB V, sozialpädiatrischen Zentren und medizinischen Behandlungszentren ermitteln die Krankenkassen selbst und fordern die Beträge an.
(5) Soweit in Folge sozialgerichtlicher Verfahren Korrekturen der vollzogenen Maßnahmen erforderlich werden, informiert die Gemeinsame Prüfungsstelle die KVBW und die Krankenkassen. Die KVBW korrigiert die Gut-/ Lastschriften nach Abs. 2. Die Krankenkassen handeln im außervertragsärztlichen Bereich entsprechend.
§ 22 Kostenregelung
(1) Gemäß § 3 der Vereinbarung über die Errichtung der Gemeinsamen Prüfungsstelle ab 1.1.2008 vom 15.11.2007 in der jeweils gültigen Fassung und gemäß § 7 der Vereinbarung über die Errichtung des Gemeinsamen Beschwerdeausschusses ab 1.1.2008 vom 15.11.2007 in der jeweils gültigen Fassung tragen die KVBW und die Verbände die Kosten der Gemeinsamen Prüfungsstelle und des Gemeinsamen Beschwerdeausschusses grundsätzlich jeweils zur Hälfte.
(2) Aufgrund der Beauftragung der Gemeinsamen Prüfungsstelle und des Gemeinsamen Beschwerdeausschusses mit den Prüfungen gemäß § 1 Abs. 1 Sätze 3, 5 und 8 werden die jährlichen Gesamtkosten bis auf Weiteres zu 52 vom Hundert von den Verbänden und zu 48 vom Hundert durch die KVBW getragen. Dieser Verteilungsschlüssel wird nach Durchführung der og Prüfungen unter Zugrundelegung der tatsächlich angefallenen Kosten durch die Gemeinsame Prüfungsstelle erstmalig zum Haushaltsjahr 2019 überprüft und ggf. durch die Vertragspartner angepasst."

e) **Aufsicht über die Prüfungsstellen und Beschwerdeausschüsse (Abs. 5).** Die Norm ist wortgleich mit dem bisherigen § 106 Abs. 7.[33]

Die Aufsicht über die Prüfungsstellen und Beschwerdeausschüsse führen nach S. 1 die für die Sozialversicherung zuständigen obersten Verwaltungsbehörden der Länder.[34] Nach S. 2 erstellen die Prüfungsstellen und die Beschwerdeausschüsse einmal jährlich eine Übersicht über die Zahl der durchgeführten Beratungen und Prüfungen sowie die von ihnen festgesetzten Maßnahmen. Nach S. 3 ist die Übersicht der Aufsichtsbehörde vorzulegen.

---

33 Vgl. BT-Dr. 19/4095, 40, 139.
34 BT-Dr. 15/1525, 117.

§ 106 d Abrechnungsprüfung in der vertragsärztlichen Versorgung

(1) Die Kassenärztlichen Vereinigungen und die Krankenkassen prüfen die Rechtmäßigkeit und Plausibilität der Abrechnungen in der vertragsärztlichen Versorgung.
(2) ¹Die Kassenärztliche Vereinigung stellt die sachliche und rechnerische Richtigkeit der Abrechnungen der an der vertragsärztlichen Versorgung teilnehmenden Ärzte und Einrichtungen fest; dazu gehört auch die arztbezogene Prüfung der Abrechnungen auf Plausibilität sowie die Prüfung der abgerechneten Sachkosten. ²Gegenstand der arztbezogenen Plausibilitätsprüfung ist insbesondere der Umfang der je Tag abgerechneten Leistungen im Hinblick auf den damit verbundenen Zeitaufwand des Arztes; Vertragsärzte und angestellte Ärzte sind entsprechend des jeweiligen Versorgungsauftrages gleich zu behandeln. ³Bei der Prüfung nach Satz 2 ist ein Zeitrahmen für das pro Tag höchstens abrechenbare Leistungsvolumen zu Grunde zu legen; zusätzlich können Zeitrahmen für die in längeren Zeitperioden höchstens abrechenbaren Leistungsvolumina zu Grunde gelegt werden. ⁴Soweit Angaben zum Zeitaufwand nach § 87 Abs. 2 Satz 1 zweiter Halbsatz bestimmt sind, sind diese bei den Prüfungen nach Satz 2 zu Grunde zu legen. ⁵Satz 2 bis 4 gilt nicht für die vertragszahnärztliche Versorgung. ⁶Bei den Prüfungen ist von dem jeweils angeforderten Punktzahlvolumen unabhängig von honorarwirksamen Begrenzungsregelungen auszugehen. ⁷Soweit es für den jeweiligen Prüfungsgegenstand erforderlich ist, sind die Abrechnungen vorangegangener Abrechnungszeiträume in die Prüfung einzubeziehen. ⁸Die Kassenärztliche Vereinigung unterrichtet die in Absatz 5 genannten Verbände der Krankenkassen sowie die Ersatzkassen unverzüglich über die Durchführung der Prüfungen und deren Ergebnisse. ⁹Satz 2 gilt auch für Verfahren, die am 31. Dezember 2014 noch nicht rechtskräftig abgeschlossen waren.
(3) ¹Die Krankenkassen prüfen die Abrechnungen der an der vertragsärztlichen Versorgung teilnehmenden Ärzte und Einrichtungen insbesondere hinsichtlich
1. des Bestehens und des Umfangs ihrer Leistungspflicht,
2. der Plausibilität von Art und Umfang der für die Behandlung eines Versicherten abgerechneten Leistungen in Bezug auf die angegebene Diagnose, bei zahnärztlichen Leistungen in Bezug auf die angegebenen Befunde,
3. der Plausibilität der Zahl der vom Versicherten in Anspruch genommenen Ärzte, unter Berücksichtigung ihrer Fachgruppenzugehörigkeit.

²Sie unterrichten die Kassenärztlichen Vereinigungen unverzüglich über die Durchführung der Prüfungen und deren Ergebnisse.
(4) ¹Die Krankenkassen oder ihre Verbände können, sofern dazu Veranlassung besteht, gezielte Prüfungen durch die Kassenärztliche Vereinigung nach Absatz 2 beantragen. ²Die Kassenärztliche Vereinigung kann, sofern dazu Veranlassung besteht, Prüfungen durch die Krankenkassen nach Absatz 3 beantragen. ³Bei festgestellter Unplausibilität nach Absatz 3 Satz 1 Nr. 2 oder 3 kann die Krankenkasse oder ihr Verband eine Wirtschaftlichkeitsprüfung ärztlicher Leistungen beantragen; dies gilt für die Kassenärztliche Vereinigung bei festgestellter Unplausibilität nach Absatz 2 entsprechend. ⁴Wird ein Antrag nach Satz 1 von der Kassenärztlichen Vereinigung nicht innerhalb von sechs Monaten bearbeitet, kann die Krankenkasse einen Betrag in Höhe der sich unter Zugrundelegung des Antrags ergebenden Honorarberichtigung auf die zu zahlende Gesamtvergütung anrechnen.
(5) ¹Die Kassenärztlichen Vereinigungen und die Landesverbände der Krankenkassen und die Ersatzkassen gemeinsam und einheitlich vereinbaren Inhalt und Durchführung der Prüfungen nach den Absätzen 2 bis 4. ²In den Vereinbarungen sind auch Maßnahmen für den Fall von Verstößen gegen Abrechnungsbestimmungen, einer Überschreitung der Zeitrahmen nach Absatz 2 Satz 3 sowie des Nichtbestehens einer Leistungspflicht der Krankenkassen, soweit dies dem Leistungserbringer bekannt sein musste, vorzusehen. ³Der Inhalt der Richtlinien nach Absatz 6 ist Bestandteil der Vereinbarungen.
(6) ¹Die Kassenärztlichen Bundesvereinigungen und der Spitzenverband Bund der Krankenkassen vereinbaren Richtlinien zum Inhalt und zur Durchführung der Prüfungen nach den Absätzen 2 und 3 einschließlich des Einsatzes eines elektronisch gestützten Regelwerks; die Richtlinien enthalten insbesondere Vorgaben zu den Kriterien nach Absatz 2 Satz 2 und 3. ²Die Richtlinien sind dem Bundesministerium für Gesundheit vorzulegen. ³Es kann sie innerhalb von zwei Monaten beanstanden. ⁴Kommen die Richtlinien nicht zu Stande oder werden die Beanstandungen des Bundesministeriums für Gesundheit nicht innerhalb einer von ihm gesetzten Frist behoben, kann das Bundesministerium für Gesundheit die Richtlinien erlassen.
(7) § 106 Abs. 4 b gilt entsprechend.

Literatur:

Altmiks, Abrechnungsprüfung, § 106 a SGB V, in: Bergmann/Pauge/Steinmeyer, Gesamtes Medizinrecht, 2012; *Clemens*, Abrechnungsstreitigkeit, Wirtschaftlichkeitsprüfung, Schadensregreß, in: Schulin, Handbuch des Sozialversicherungsrechts, Band 1: Krankenversicherungsrecht, 1994, § 34; *Clemens/Steinhilper*, Sachlich-rechnerische Richtigstellungen und Plausibilitätsprüfungen, in: Laufs/Kern, 4. Auflage 2010, § 35; *Dahm*, Honorarberichtigung, in: Rieger/Dahm/Steinhilper, Heidelberger Kommentar Arztrecht Krankenhausrecht Medizinrecht, Stichwort-Nr. 2570, Stand: 2003; *Dahm/Schmidt*, Falschabrechnung (Abrechnungsbetrug), in: Rieger/Dahm/Steinhilper, Heidelberger Kommentar Arztrecht Krankenhausrecht Medizinrecht, Stichwort-Nr. 1780, Stand: 2007; *Engelhard*, Abrechnungsprüfung, in: Hauck/Noftz, Sozialgesetzbuch SGB V, § 106 a, Stand: August 2008; *Gitter/Köhler*, Der Grundsatz der persönlichen Leistungserbringung, 1989; *Hempler/Schäfer*, Abrechnungsmanipulationen bei ärztlichen Honoraren und Arzneimittelabgaben, 1988; *Köhler-Fleischmann*, Der Grundsatz der persönlichen ärztlichen Leistungspflicht, 1991; *Müssig*, Ruhen der Zulassung als Disziplinarmaßnahme bei Implausibilität, GesR 2014, 271; *Palsherm/Clemens*, Abrechnungsprüfung, in: Spickhoff, Medizinrecht, § 106 a SGB V, 2011; *Schiller*, Bundesmantelvertrag Ärzte, Kommentar zum gemeinsamen BMV-Ä, 2014; *Simon*, Delegation ärztlicher Leistungen, 1999; *Scholl-Eickmann*, Plausibilitätsprüfung: Die Mär von der Beschränkung auf „Notfall" – Behandlungen bei Vertretungen innerhalb einer Praxisgemeinschaft, GesR 2016, 141; *Schroeder-Printzen*, Einheitlicher Bewertungsmaßstab und Abrechnung, in: Stellpflug/Meier/Tadayon, Handbuch Medizinrecht, Nr. D, 2000; *Steinhilper*, Unkorrekte Honorarabrechnungen durch Ärzte und die Folgeverfahren, Schriftenreihe des Deutschen Anwaltsinstituts (Brennpunkte des Sozialrechts), 1993; *Steinhilper*, Persönliche Leistungserbringung, in: Rieger/Dahm/Steinhilper, Heidelberger Kommentar Arztrecht Krankenhausrecht Medizinrecht, Stichwort-Nr. 4060, Stand: 2007; *Steinhilper*, Die Abrechnung vertragsärztlicher Leistungen durch die Kassenärztliche Vereinigung, in: Schnapp/Wigge, Handbuch des Vertragsarztrechts, 2. Auflage 2006, § 17 III. und IV.; *Steinhilper*, Persönliche Leistungserbringung, Abrechnungsprüfung, Plausibilitätsprüfung, in: Wenzel, Handbuch des Fachanwalts Medizinrecht, 3. Auflage 2012, Kapitel 11, Abschnitt C. und D. I. und II.; *Steinhilper*, Plausibilitätsprüfung, in: Rieger/Dahm/Steinhilper, Heidelberger Kommentar Arztrecht Krankenhausrecht Medizinrecht, Nr. 4160, Stand: 2012; *Steinhilper*, Arzt und Abrechnungsbetrug, 1988; *Ulsenheimer*, Abrechnungsbetrug, in: Laufs/Kern, Handbuch des Arztrechts, 4. Auflage 2010, § 151; *Wenner*, Das Vertragsarztrecht nach der Gesundheitsreform, 2008, § 23; *Willaschek*, Plausibilitätsprüfung – Zeitprofile als untaugliche Indizien zum Beweis von Falschabrechnungen, ZMGR 2015, 387; *Zuck*, Die Abrechnung durch den Vertragsarzt, in: Quaas/Zuck, Medizinrecht, 3. Auflage 2014, § 21 VIII.

I. Entstehungsgeschichte 1	d) Einleitung gezielter Prüfungen (Abs. 4) 38
II. Vorgängervorschriften 2	e) Vereinbarungen über Inhalt und Durchführung der Prüfungen auf Landesebene (Abs. 5) 41
III. Normzweck und Systematik 4	
IV. Norminhalt und Normauslegung 6	
1. Norminhalt 6	f) Vereinbarungen über Inhalt und Durchführung der Prüfungen auf Bundesebene (Abs. 6) 44
2. Normauslegung 7	
a) Überwachung der vertragsärztlichen Versorgung (Abs. 1) 7	g) Haftung (Abs. 7) 48
b) Feststellung der sachlichen und rechnerischen Richtigkeit der Abrechnungen der Vertragsärzte (Abs. 2) 9	h) Rechtsfolgen, Ausschlussfrist und Rechtsschutz 49
aa) Plausibilitätsprüfung 15	aa) Rechtsfolgen 49
bb) Sachkostenprüfung 30	bb) Ausschlussfrist 52
c) Gegenstand der Prüfung: Leistungspflicht und Plausibilität (Abs. 3) 32	cc) Rechtsschutz 55
	i) Disziplinar- und Strafverfahren 56

I. Entstehungsgeschichte

§ 106 a ist im Rahmen von Art. 1 Nr. 83 des Gesetzes zur Modernisierung der gesetzlichen Krankenversicherung vom 14.11.2003 (GMG) mit Wirkung zum 1.1.2004 ist 1.1.2004 in Kraft getreten (BGBl. I 2190). Anschließend erfolgten folgende Änderungen: Abs. 2 S. 1: IdF d. Art. 1 Nr. 46 lit. a aa Gesetz v. 16.7.2015 (BGBl. I 1211) mWv 23.7.2015; Abs. 2 S. 2: IdF d. Art. 1 Nr. 46 lit. a bb Gesetz v. 16.7.2015 (BGBl. I 1211) mWv 23.7.2015; **Abs. 2 S. 5:** Eingef. durch Art. 1 Nr. 73 lit. a aa Gesetz v. 26.3.2007 (BGBl. I, 378) mWv 1.4.2007; **Abs. 2 S. 6 u. 7:** Früher S. 5 u. 6 gem. Art. 1 Nr. 73 lit. a aa Gesetz v. 26.3.2007 (BGBl. I, 378) mWv 1.4.2007; idF d. Art. 1 Nr. 46 lit. a cc Gesetz v. 16.7.2015 (BGBl. I 1211) mWv 23.7.2015; **Abs. 2 S. 8:** Früher S. 7 gem. u. idF d. Art. 1 Nr. 73 lit. a bb Gesetz v. 26.3.2007 (BGBl. I, 378) mWv 1.7.2008; Abs. 2 S. 9: Eingef. durch Art. 1 Nr. 46 lit. a dd Gesetz v. 16.7.2015 (BGBl. I 1211) mWv 23.7.2015; Abs. 3 S. 1 Eingangssatz: IdF d. Art. 1 Nr. 46 lit. b aa Gesetz v. 16.7.2015 (BGBl. I 1211) mWv 23.7.2015; **Abs. 3 S. 1 Nr. 3:** IdF d. Art. 1 Nr. 4 lit. a Gesetz v. 20.12.2012 (BGBl. I, 2789) mWv 1.1.2013 u. d. Art. 1 Nr. 46 lit. b bb Gesetz v. 16.7.2015 (BGBl. I 1211) mWv 23.7.2015; **Abs. 3 S. 1:** Frühere Nr. 4 aufgeh. durch Art. 1 Nr. 4 lit. b Gesetz v. 20.12.2012 (BGBl. I, 2789) mWv 1.1.2013; **Abs. 4 S. 3:** IdF d. Art. 1 Nr. 46 lit. c aa Gesetz v. 16.7.2015 (BGBl. I 1211) mWv 23.7.2015; **Abs. 4 S. 4:** Eingef. durch Art. 1 Nr. 46 lit. c bb Gesetz v. 16.7.2015 (BGBl. I 1211) mWv 23.7.2015 **Abs. 5 S. 1:** IdF d. Art. 1 Nr. 73 lit. b Gesetz v. 26.3.2007 (BGBl. I, 378) mWv 1.7.2008; **Abs. 6 S. 1:** IdF d. Art. 1 Nr. 73 lit. c Gesetz v. 26.3.2007 (BGBl. I, 378) mWv 1.7.2008 u. d. Art. 1 Nr. 46 lit. d Gesetz v. 16.7.2015 (BGBl. I 1211) mWv 23.7.2015; **Abs. 6 S. 2 u. 4:** IdF d. Art. 256 Nr. 1 V v. 31.10.2006 (BGBl. I 2407) mWv 8.11.2006.

II. Vorgängervorschriften

2 Bereits seit dem 1.1.2000 waren Plausibilitätsprüfungen im Rahmen von sachlich-rechnerischen Prüfungen in § 83 Abs. 2 vorgesehen.[1] § 106 a ist erst mit Wirkung vom 1.1.2004 in das Gesetz eingefügt worden.[2]

3 Der Klarstellung halber sei bereits an dieser Stelle verwiesen auf § 72 Abs. 1 S. 2, wonach § 106 a unmittelbar nur für Ärzte gilt, entsprechend aber auch für Zahnärzte,[3] Psychotherapeuten und MVZ anzuwenden ist, sofern nichts Abweichendes bestimmt ist. Aus Gründen der Vereinfachung und der Übersichtlichkeit werden jedoch lediglich Ärzte und Kassenärztliche Vereinigungen benannt.

III. Normzweck und Systematik

4 § 106 a regelt die Abrechnungsprüfung in der vertragsärztlichen Versorgung. Die Vorschrift übernimmt und konkretisiert die bis dahin geltende Vorschrift des § 83 Abs. 2.[4] Insbesondere handelte es sich bei § 83 Abs. 2 lediglich um eine allgemeine Regelung, die auf Landesebene näher ausgestaltet werden sollte. Die daraus entstandene Rechtsunsicherheit wurde erst mit der Schaffung des § 106 a insoweit beseitigt, als die Plausibilitätsregelungen in die Gesamtregelung über die sachlich-rechnerische Richtigstellung, dh in § 106 a integriert wurden.[5]

5 Nach bis dahin geltendem Recht rechnete in der GKV der Arzt die von ihm erbrachten Leistungen mit seiner Kassenärztlichen Vereinigung und nicht unmittelbar mit den Krankenkassen ab. Die Krankenkassen entrichteten die Vergütungen für die gesamte ärztliche Versorgung ihrer Versicherten an die jeweilige Kassenärztliche Vereinigung. Diese verteilte die Honorarsumme an die einzelnen Ärzte nach Maßgabe der für die abgerechneten Leistungen geltenden Vertragsgebührenordnung. Die Krankenkassen zahlten mit befreiender Wirkung eine Gesamtvergütung an die jeweilige Kassenärztliche Vereinigung; diese Gesamtvergütung wurde in der Regel auf der Grundlage einer für jedes Mitglied zu zahlenden Kopfpauschale berechnet. Bei diesem Vergütungssystem lag das mit Art und Umfang der abgerechneten ärztlichen Leistungen verbundene finanzielle Risiko primär bei den Kassenärztlichen Vereinigungen und damit bei den Ärzten. Es war insoweit folgerichtig, dass die Überprüfung der Leistungsabrechnung der Ärzte im Wesentlichen eine Aufgabe der Kassenärztlichen Vereinigungen war. Der mit der Einführung des § 106 a verbundene Übergang von einem System der Pauschalvergütung zu einem System der Vergütung nach Regelleistungsvolumina hat das mit der Leistungsabrechnung der Ärzte verbundene finanzielle Risiko in erheblichem Umfang auf die Krankenkassen verlagert. Daraus hat sich die Notwendigkeit ergeben, den Krankenkassen eine weitergehende Verantwortung hinsichtlich der Prüfung der ärztlichen Leistungsabrechnungen zu übertragen.[6]

IV. Norminhalt und Normauslegung

6 **1. Norminhalt.** § 106 a beinhaltet die Abrechnungsprüfungen in der vertragsärztlichen Versorgung. Nach **Abs. 1** prüfen die Kassenärztlichen Vereinigungen und die Krankenkassen die Rechtmäßigkeit und Plausibilität der Abrechnungen in der vertragsärztlichen Versorgung. Nach **Abs. 2** stellt die Kassenärztliche Vereinigung die sachliche und rechnerische Richtigkeit der Abrechnungen der Vertragsärzte fest; dazu gehört auch die arztbezogene Prüfung der Abrechnungen auf Plausibilität sowie die Prü-

---

1 GKV-Gesundheitsreformgesetz 2000 vom 22.12.1999 (BGBl. I, 2657).
2 Art. 1 Nr. 83 GKV-Modernisierungsgesetz vom 14.11.2003 (BGBl. I, 2190).
3 Kassenzahnärztliche Vereinigung.
4 BT-Dr. 15/1525, 117; Hess in: KassKomm, § 106 a SGB V Rn. 2.
5 Vgl. Clemens in: jurisPK-SGB V, § 106 a Rn. 30 f.
6 BT-Dr. 15/1525, 117.

fung der abgerechneten Sachkosten. Gegenstand der arztbezogenen Plausibilitätsprüfung ist insbesondere der Umfang der je Tag abgerechneten Leistungen im Hinblick auf den damit verbundenen Zeitaufwand des Vertragsarztes. Nach **Abs. 3** prüfen die Krankenkassen die Abrechnungen der Vertragsärzte insbesondere hinsichtlich des Bestehens und des Umfangs ihrer Leistungspflicht und der Plausibilität. Nach **Abs. 4** können die Krankenkassen oder die Kassenärztliche Vereinigung Prüfungen veranlassen, sofern dazu Veranlassung besteht. Nach **Abs. 5** vereinbaren die Kassenärztlichen Vereinigungen und die Landesverbände der Krankenkassen und die Ersatzkassen gemeinsam und einheitlich Inhalt und Durchführung der Prüfungen. In den Vereinbarungen sind auch Maßnahmen für den Fall von Verstößen gegen Abrechnungsbestimmungen, einer Überschreitung der Zeitrahmen sowie des Nichtbestehens einer Leistungspflicht der Krankenkassen, soweit dies dem Leistungserbringer bekannt sein musste, vorzusehen. Nach **Abs. 6** vereinbaren die Kassenärztlichen Bundesvereinigungen und der Spitzenverband Bund der Krankenkassen Richtlinien zum Inhalt und zur Durchführung der Prüfungen. Nach **Abs. 7** gilt § 106 Abs. 4b (Haftung der zuständigen Vorstandsmitglieder der Krankenkassenverbände und Kassenärztlichen Vereinigungen für eine ordnungsgemäße Umsetzung dieser Regelung) entsprechend.

2. Normauslegung. a) Überwachung der vertragsärztlichen Versorgung (Abs. 1). Gemäß Abs. 1 prüfen die Kassenärztlichen Vereinigungen und die Krankenkassen die Rechtmäßigkeit und Plausibilität der Abrechnungen in der vertragsärztlichen Versorgung.

Insbesondere wird mit der Vorschrift grundsätzlich klargestellt, dass die Prüfung der Abrechnungen der Vertragsärzte – wie die Wirtschaftlichkeitsprüfung nach §§ 106 bis 106c – eine gesetzlich vorgegebene Aufgabe sowohl der Kassenärztlichen Vereinigungen als auch der Krankenkassen ist. Als Bestandteil des ihnen übertragenen Sicherstellungsauftrags haben die Kassenärztlichen Vereinigungen den Krankenkassen gegenüber zu gewährleisten, dass die vertragsärztliche Versorgung den gesetzlichen und vertraglichen Erfordernissen entspricht und die Vertragsärzte die ihnen obliegenden Pflichten erfüllen (§§ 75 Abs. 1, 73 Abs. 2). Dazu gehört auch die Pflicht der Kassenärztlichen Vereinigungen, die von den Vertragsärzten zur Abrechnung ihrer Leistungen vorgelegten Unterlagen hinsichtlich der sachlich-rechnerischen Richtigkeit zu prüfen.[7] Nach der Rechtsprechung des BSG ist die Kassenärztliche Vereinigung beispielsweise berechtigt, die Vergütung für eine Substitutionsbehandlung zu versagen, die ein Vertragsarzt im Widerspruch zu den Vorgaben der Substitutions-Richtlinien des G-BA weiterführt.[8]

b) Feststellung der sachlichen und rechnerischen Richtigkeit der Abrechnungen der Vertragsärzte (Abs. 2). Gemäß Abs. 2 S. 1 stellt die Kassenärztliche Vereinigung die sachliche und rechnerische Richtigkeit der Abrechnungen der Vertragsärzte fest; dazu gehört auch die arztbezogene Prüfung der Abrechnungen auf Plausibilität sowie die Prüfung der abgerechneten Sachkosten.

Abrechnungsprüfungen der Kassenärztlichen Vereinigungen beziehen sich dabei auf alle an der vertragsärztlichen Versorgung teilnehmenden Ärzte – unabhängig von ihrem vertragsarztrechtlichen Status – sowie auf alle teilnehmenden Praxen, MVZ und sonstigen Einrichtungen.[9]

Zielrichtung von Abs. 2 ist die Verbesserung von Effektivität und Effizienz der Verfahren der Abrechnungsprüfung durch die Kassenärztlichen Vereinigungen. Eine Untersuchung hatte nämlich gezeigt, dass die gesetzlich vorgeschriebenen Prüfungen nur von wenigen Kassenärztlichen Vereinigungen durchgeführt wurden. Zudem waren die angewandten Prüfungsverfahren sehr unterschiedlich und ihre Wirksamkeit war gering.[10]

Die Prüfung der sachlich-rechnerischen Richtigkeit der Abrechnungen der Vertragsärzte erfolgt durch die jeweilige **Kassenärztliche Vereinigung**. Festzustellen ist, ob die Abrechnungen mit den Abrechnungsvorgaben des Regelwerks, dh mit dem EBM, den Honorarverteilungsmaßstäben sowie weiteren Abrechnungsbestimmungen übereinstimmen oder ob zu Unrecht Honorare angefordert werden.[11] Denn die Pflicht zur stets korrekten Leistungsabrechnung hat im Vertragsarztsystem einen hohen Stellenwert; denn das Abrechnungs- und Honorierungssystem der vertragsärztlichen Versorgung baut auf Vertrauen auf. Der Honorierung werden die Angaben der Leistungserbringer über die von ihnen erbrachten Leistungen zugrunde gelegt; eine Überprüfung erfolgt nur bei Auffälligkeit oder stichproben-

---
7 BT-Dr. 15/1525, 117.
8 BSG, 23.6.2010, B 6 KA 12/09 R, juris Rn. 12 = SozR 4-2500 § 92 Nr. 9.
9 Vgl. BT-Dr. 18/4095, 110.
10 BT-Dr. 15/1525, 117.
11 BT-Dr. 15/1525, 117.

weise. Da also bei der Honorierung die Angaben der Leistungserbringer grundsätzlich als zutreffend zugrunde gelegt werden, muss auf deren Richtigkeit vertraut werden können: Dies ist ein Fundament des Systems der vertragsärztlichen Versorgung (sog **Pflicht zur peinlich genauen Leistungsabrechnung**).[12]

12a Die Abrechnungsprüfung nach § 106 d unterscheidet sich von der Wirtschaftlichkeitsprüfung nach § 106 insoweit, als die Abrechnungsprüfung auf der einen Seite die Aufdeckung von Abrechnungsfehlern und unwirtschaftlicher Leistungserbringung, während die Wirtschaftlichkeitsprüfung die medizinische Notwendigkeit und Effizienz zum Gegenstand hat.[13]

13 Integraler Bestandteil der sachlich-rechnerischen Abrechnungsprüfungen sind die sog Plausibilitätsprüfungen sowie die sog Prüfungen der abgerechneten Sachkosten.[14]

14 Vertragsärzte sind verpflichtet und iSd § 203 StGB befugt, auf Verlangen der Kassenärztlichen Vereinigungen die für die Durchführung der Abrechnungsprüfung nach § 106 a erforderlichen Befunde vorzulegen.[15]

15 aa) **Plausibilitätsprüfung.** Die arztbezogene Plausibilitätsprüfung ist Bestandteil der sachlich-rechnerischen Abrechnungsprüfungen. Sie soll so ausgestaltet werden, dass Abrechnungsmanipulationen verhindert werden.[16]

16 Dabei gehört die Verpflichtung zur peinlich genauen Abrechnung nach der Rechtsprechung des BSG zu den Grundpflichten des Arztes.[17] Hierzu gehört auch die Verpflichtung zur ordnungsgemäßen Leistungserbringung. Leistungen dürfen nicht abgerechnet werden, die der Arzt entweder nicht oder nicht vollständig oder – soweit erforderlich – nicht selbst erbracht hat. Auch derjenige, der tatsächlich erbrachte Leistungen und Leistungsfälle nicht oder nicht vollständig abrechnet, verstößt hiergegen.[18] Mit der Abrechnungs- und Sammelerklärung garantiert der Vertragsarzt, dass die Angaben auf den von ihm eingereichten Behandlungsausweisen bzw. Datenträgern zutreffen.[19] Dies ist deshalb von so entscheidender Bedeutung, weil die Richtigkeit der Angaben auf den Behandlungsausweisen nur in engen Grenzen überprüft werden kann, und Kontrollen mit erheblichem Aufwand und unsicheren Ergebnissen verbunden sind. Das System der Abrechnung beruht deshalb in weitem Maße auf dem Vertrauen, dass der Arzt die Behandlungsausweise zutreffend ausfüllt bzw. durch sein Personal ausfüllen lässt. Insoweit kommt der Abrechnungs-Sammelerklärung als Korrelat für das Recht des Arztes, allein aufgrund eigener Erklärungen über Inhalt und Umfang der von ihm erbrachten Leistungen einen Honoraranspruch zu erwerben, eine entscheidende Funktion bei der Überprüfung der Abrechnung zu.[20] Wiederholt unkorrekte Abrechnungen können die Zulassungsentziehung rechtfertigen.[21]

17 Gemäß § 87 Abs. 2 S. 2, 1. Hs. bestimmt der EBM den Inhalt der abrechnungsfähigen Leistungen und ihr wertmäßiges, in Punkten ausgedrücktes Verhältnis zueinander. D.h., es besteht ein Zeitrahmen für das pro Tag und pro Quartal maximal abrechenbare Leistungsvolumen.[22] Nach § 87 Abs. 2 S. 2, 2. Hs. sollen die im EBM aufgeführten Leistungen – soweit möglich – mit Angaben für den zur Leistungserbringung erforderlichen Zeitaufwand versehen werden.[23] Hierdurch soll die Transparenz des Leistungsgeschehens erhöht, aber auch die Wirksamkeit der Abrechnungsprüfungen nach § 106 a gesteigert werden. Die hierzu erforderlichen Zeitwerte sind von der KBV und den KVen im Rahmen der

---

12 BSG, 21.3.2012, B 6 KA 22/11 R, juris Rn. 35 = GesR 2012, 539 ff.
13 BSG, 8.3.2000, B 6 KA 16/99 R, juris Ls. 1 = SozR 3-2500 § 83 Nr. 1; Hess in: KassKomm, § 106 a SGB V Rn. 4.
14 BT-Dr. 15/1525, 117.
15 Vgl. Pawlita in: jurisPK-SGB V, § 95 Rn. 451, der auf BSG, 11.3.2009, B 6 KA 9/08 B (nicht veröffentlicht) verweist.
16 BT-Dr. 11/2237, 193 zu § 91.
17 Vgl. BSG, 24.11.1993, 6 RKa 70/91, juris Rn. 22 = MedR 1994, 206 ff.; BSG, 25.10.1989, 6 RKa 28/88, juris Rn. 15 = SozR 2200 § 368 a Nr. 24; BSG, 8.7.1981, 6 RKa 17/80, juris Rn. 31; BSG, 9.4.2008, B 6 KA 18/07 B, juris Rn. 12; BVerfG, 28.3.1985, 1 BvR 1245/84, 1 BvR 1254/84, juris Rn. 27 = SozR 2200 § 368 a Nr. 12; Pawlita in: jurisPK-SGB V, § 95 Rn. 436.
18 Vgl. LSG NRW, 28.4.1999, L 11 KA 16/99, juris Rn. 21.
19 Vgl. BSG, 17.9.1997, 6 RKa 86/95, juris Rn. 19 = MedR 1998, 338 ff.
20 Vgl. BSG, 17.9.1997, 6 RKa 86/95, juris Rn. 19 = MedR 1998, 338 ff.
21 Vgl. Vgl. BSG, 24.11.1993, 6 RKa 70/91, juris Rn. 36 = MedR 1994, 206 ff.; BSG, 25.10.1989, 6 RKa 28/88, juris Rn. 15 = SozR 2200 § 368 a Nr. 24; BSG, 30.3.1977, 6 RKa 4/76, juris = SozR 2200 § 368 a Nr. 3; Pawlita in: jurisPK-SGB V, § 95 Rn. 436.
22 Vgl. Willaschek, ZMGR 2015, 387/387.
23 Vgl. BT-Dr. 15/1525 S. 104.

Plausibilitätsprüfungen entwickelt worden. Die Angaben sind in Anhang 3 zum EBM enthalten. Sie sind nach Leistungspositionen geordnet und hierbei wiederum aufgeteilt in Kalkulationszeit (dh die der Kalkulation im EBM zugrunde liegende Zeit) und Prüfzeit. Außerdem enthält Anhang 3 Angaben zur Eignung der Prüfzeit für Tages- oder Quartalsprofile.[24] Soweit diese Zeitprofile überschritten werden, liegt eine sog Abrechnungsauffälligkeit vor, die weitere ggf. nicht unerhebliche Maßnahmen nach sich ziehen kann.

Zu fragen ist, ob die Prüfzeiten tatsächlich geeignet sind, Abrechnungsauffälligkeiten zu begründen. Bereits im Jahr 1993 hat das BSG hierzu und zum Beweiswert grundlegend Stellung genommen. Kernaussage der Entscheidung war, dass die Beweisführung mit Tagesprofilen dem Indizienbeweis zuzuordnen ist;[25] Tagesprofile stellen dabei die Addition der Behandlungszeiten für Leistungen dar, die der Arzt an einem Tag abgerechnet hat.[26] Mit Tagesprofilen wird über den Beweis von Hilfstatsachen auf das Vorliegen beweiserheblicher Tatsachen geschlossen. Eine Beweisführung aufgrund indizieller Beweise ist jedoch grds. nur dann zulässig, wenn Möglichkeiten zur unmittelbaren Feststellung beweiserheblicher Tatsachen nicht bestehen oder mit unverhältnismäßigen Schwierigkeiten verbunden sind. Er hat deshalb für die Wirtschaftlichkeitsprüfung, in deren Rahmen es regelmäßig unmöglich ist, die ursprüngliche Behandlungssituation im Nachhinein aufzuklären, die Beweisführung für eine unwirtschaftliche Behandlungsweise an Hand von Durchschnittswerten zugelassen.[27] 18

Tagesprofile haben jedoch nach Maßgabe der Rechtsprechung des BSG lediglich unter bestimmten Voraussetzungen Beweiswirkung als Indizienbeweis. Danach kann eine fehlerhafte Abrechnung mithilfe von **Tagesprofilen** nachgewiesen werden. Tagesprofile stellen dabei die Addition der Behandlungszeiten für Leistungen dar, die der Arzt an einem Tag abgerechnet hat.[28] Für die Ermittlung der Gesamtbehandlungszeit des Arztes an einem Tag dürfen nur solche Leistungen in die Untersuchung einbezogen werden, die ein Tätigwerden des Arztes selbst voraussetzen. Delegationsfähige Leistungen haben somit außer Betracht zu bleiben. Zu berücksichtigen ist, dass die für die einzelnen ärztlichen Leistungen zugrunde zu legenden Durchschnittszeiten so bemessen sein müssen, dass auch ein erfahrener, geübter und zügig arbeitender Arzt die Leistungen im Durchschnitt in kürzerer Zeit schlechterdings nicht ordnungsgemäß und vollständig erbringen kann. Der Qualifizierung als Durchschnittszeit entspricht es, dass es sich hierbei nicht um die Festlegung absoluter Mindestzeiten handelt, sondern um eine Zeitvorgabe, die im Einzelfall durchaus unterschritten werden kann. Die Durchschnittszeit stellt sich aber bei einer ordnungsgemäßen und vollständigen Leistungserbringung als der statistische Mittelwert dar. Die Festlegung der für eine ärztliche Leistung aufzuwendenden Durchschnittszeit beruht auf ärztlichem Erfahrungswissen. Sie ist deshalb ebenso und in dem Umfang gerichtlich überprüfbar, in dem auch im Übrigen auf ärztlichem Erfahrungswissen beruhende Festlegungen überprüft werden. Bei der Erstellung von Tagesprofilen ist zudem zu beachten, dass bestimmte Leistungen nebeneinander berechnungsfähig sind, der zu berücksichtigende Zeitaufwand in diesen Fällen also nicht für jede Leistung angesetzt werden darf. Tagesprofile müssen für einen durchgehenden längeren Zeitraum erstellt werden, wobei es angezeigt erscheint, wenigstens ein Abrechnungsquartal heranzuziehen.[29] 19

Zu fragen ist, ob Zeitprofile auch dann Beweiswirkung haben können, wenn Grundlage hierfür weder durch kontrollierte Studien gesicherten wissenschaftlichen Erkenntnisse, noch sonstige Erfahrungssätze oder Denkgesetze vorliegen.[30] Das BSG hat jedoch mehrfach auf die Notwendigkeit solcher empirischer Grundlagen hingewiesen;[31] zwar ist die entsprechende Rechtsprechung zu Mindestmengen ergangen, jedoch durchaus vergleichbar, da Grundlage in beiden Fällen das Verhältnis einer Leistungsmenge zu einer Folge ist (Mindestmenge: Fallzahl – Qualität, EBM: Zeitdauer gemäß Anhang 3 des EBM bzw. § 8 Abs. 3 RL gemäß § 106 a – Abrechnungsauffälligkeit). 20

---

24 Vgl. Freudenberg in: jurisPK-SGB V, § 87 Rn. 99.
25 Vgl. BSG, 24.11.1993, 6 RKa 70/91, juris 25 = MedR 1994, 206 ff.; LSG NRW, 11.2.2004, L 11 KA 72/03, juris Rn. 24 ff.; LSG NRW, 11.2.2004, L 11 KA 30/03, juris Rn. 24 ff.; Weber/Drosthe, NJW 1991, 2281/2286.
26 Vgl. BSG, 24.11.1993, 6 RKa 70/91, juris 26 = MedR 1994, 206 ff.
27 Vgl. BSG, 24.11.1993, 6 RKa 70/91, juris 26 = MedR 1994, 206 ff.
28 Vgl. BSG, 24.11.1993, 6 RKa 70/91, juris Rn. 25 = MedR 1994, 206 ff.
29 Vgl. BSG, 24.11.1993, 6 RKa 70/91, juris Rn. 26 = MedR 1994, 206 ff.
30 Vgl. Willaschek, ZMGR 2015, 387/389.
31 14.10.2014, B 1 KR 33/13 R, juris Rn. 60, 61 = GesR 2015, 429 ff.; 12.9.2012, B 3 KR 10/12 R, juris Rn. 31 = GesR 2013, 179 ff.

21 Das IGES-Institut[32] hat im Rahmen einer Expertise aus dem Jahr 2010 beauftragtes GKV Spitzenverbandes mitgeteilt, dass die im Anhang 3 zum EBM zugrunde liegende Zeitdauer in Minuten für die Leistungserstellung je Leistung nicht empirisch ermittelt worden ist.[33] Wörtlich heißt es, dass

„diese für das Kalkulationsergebnis sehr bedeutsamen Zeiten (...) im Rahmen von Expertengesprächen geschätzt und dann sämtlich normativ festgelegt (wurden). Systematische Zeiterhebungen wurden hierzu nicht durchgeführt."

Daraus folgt, dass Grundlage der Zeitprofile Schätzungen sind, so dass Zeitprofile untaugliche Indizien im Sinne von Abrechnungsauffälligkeiten darstellen. Die obergerichtliche Rechtsprechung hat diesen Ansatz bisher zumindest vernachlässigt.[34]

22 Vertragsärzte und angestellte Ärzte sind entsprechend des jeweiligen Versorgungsauftrages gemäß Abs. 2 S. 2, 2. Hs. gleich zu behandeln. Um auszuschließen, dass angestellte Ärzte insbesondere in MVZ bei Plausibilitätsprüfungen pauschal benachteiligt werden, wird mit der Regelung klargestellt, dass zB in Vollzeit tätige angestellte Ärzte und niedergelassene Vertragsärzte mit voller Zulassung entsprechend des Umfangs des jeweiligen Versorgungsauftrags bei den Zeitprofilen im Rahmen der Plausibilitätsprüfungen gleich zu behandeln sind. In diesem Zusammenhang sind auch die von der KBV und dem Spitzenverband Bund der Krankenkassen vereinbarten Richtlinien sowie ggf. darauf basierende Verfahrensordnungen von KV anzupassen.[35]

23 Bei der Prüfung nach Abs. 2 S. 2 ist gemäß Abs. 2 S. 3 ein Zeitrahmen für das pro Tag höchstens abrechenbare Leistungsvolumen zugrunde zu legen; zusätzlich können Zeitrahmen für die in längeren Zeitperioden höchstens abrechenbaren Leistungsvolumina zugrunde gelegt werden. Soweit Angaben zum Zeitaufwand nach § 87 Abs. 2 S. 1 Hs. 2 bestimmt sind, sind gemäß Abs. 2 S. 4 diese bei den Prüfungen nach Abs. 2 S. 2 zugrunde zu legen.

24 Soweit im Rahmen einer Plausibilitätsprüfung festgestellt wird, dass Abrechnungsfehler oder Manipulationen vorliegen, können diese zu einer vollständigen Abrechnungskorrektur führen.[36]

25 Gemäß Abs. 2 S. 5 gilt Abs. 2 S. 2 bis 4 nicht für die **vertragszahnärztliche Versorgung**. Denn in der vertragszahnärztlichen Versorgung waren – anders als in der vertragsärztlichen Versorgung – systembedingte Probleme bei der Feststellbarkeit von Plausibilitäten/Unplausibilitäten des Umfangs der je Tag abgerechneten Leistungen im Hinblick auf den damit verbundenen Zeitaufwand des Vertragszahnarztes aufgetreten. Mit der Einführung befundbezogener Festzuschüsse bei der Versorgung mit Zahnersatz durch das GKV-Modernisierungsgesetz wurde ermöglicht und gefördert, dass sich Versicherte für eine über die Regelversorgung hinausgehende medizinisch anerkannte prothetische Versorgungsform entscheiden, ohne ihren Anspruch auf den Festzuschuss zu verlieren. Folgerichtig werden die Mehrkosten für Zahnersatz, der über die Regelversorgung hinausgeht (insbesondere bei gleichartigen und andersartigen Leistungen), direkt zwischen Zahnarzt und Versicherten und nicht über die Kassenzahnärztliche Vereinigung abgerechnet. Dies gilt auch in den Fällen der Mehrkostenregelung bei Zahnfüllungen (§ 28 Abs. 2 S. 2), in denen Versicherte Versorgungen (zB Inlays) wählen, die über die vertragszahnärztlichen Leistungen hinausgehen. Da weder bei den Kassenzahnärztlichen Vereinigungen noch bei den Krankenkassen Daten über die privat erbrachten und ab- gerechneten Leistungen zusammenlaufen, fehlt für diesen nicht unbeachtlichen Teil der zahnärztlichen Tätigkeit eine belastbare Datengrundlage. Das bedeutet, dass weder für die Zeitvorgaben in den Richtlinien nach Abs. 6 noch für gesicherte Feststellungen von zeitlichen Unplausibilitäten im Rahmen der Abrechnungsprüfungen fundierte Grundlagen zur Verfügung stehen. Aus diesen Gründen werden die Kriterien nach Abs. 2 S. 2 bis 4 für die vertragszahnärztliche Versorgung aufgegeben. Aufgrund der Aufgabe des Zeitkriteriums in Abs. 2 S. 2 bis 4 für die vertragszahnärztliche Versorgung entfällt auch die Notwendigkeit, in den Vereinbarungen nach Abs. 5 auf Landesebene und nach Abs. 6 auf Bundesebene – die nach

---

32 IGES Insitut = Institut für Gesundheit und Sozialforschung GmbH.
33 S. http://www.iges.com/e6/e1621/e10211/e5280/e5342/e7150/e7784/attr_objs12662/IGES_Institut_Expertise_EBM_ger.pdf (zuletzt abgerufen am 1.3.2017); Gille, Prüfzeiten des Einheitlichen Bewertungsmaßstabes, med. Dissertation 2015.
34 Vgl. BSG, 17.8.2011, B 6 KA 27/11 B, juris Rn. 6; HessLSG, 26.11.2014, L 4 KA 2/11, juris Rn. 53 (hier: Berücksichtigung ua des IGES-Gutachtens); LSG NRW, 1.9.2010, L 11 KA 29/08, juris Rn. 53; LSG Bln-Bbg, 10.10.2007, L 7 KA 56/03, juris Rn. 22; LSG BW, 13.10.2002, L 5 KA 4454/00, juris Rn. 25, 36; SG Marburg, 30.1.2013, S 12 KA 170/11, juris Rn. 57; SG Marburg, 4.6.2008, S 12 KA 528/07, juris Rn. 31; Willaschek, ZMGR 2015, 387, 391.
35 Vgl. BT-Dr. 18/4095, 110.
36 Hess in: KassKomm, § 106 a SGB V Rn. 6.

wie vor abzuschließen sind – Regelungen über zeitliche Unplausibilitäten und daraus folgende Sanktionen zu treffen.[37]

Gemäß Abs. 2 S. 6 ist bei den Prüfungen von dem durch den Vertragsarzt angeforderten Punktzahlvolumen unabhängig von honorarwirksamen Begrenzungsregelungen auszugehen. Mit dieser Regelung wird klargestellt, dass sich die Prüfungen auf das **gesamte vom Vertragsarzt zur Abrechnung vorgelegte Leistungsvolumen** beziehen; das Leistungsvolumen darf nicht im Hinblick auf honorarwirksame Begrenzungsregelungen vorab reduziert werden. Dadurch soll die Validität der Prüfungsergebnisse und die Transparenz der Leistungsabrechnung gewährleistet werden. Zugleich werden dadurch die Voraussetzungen für die Vergleichbarkeit der Leistungsabrechnung und der Prüfungsergebnisse in den verschiedenen Regionen geschaffen.[38] 26

Soweit es für den jeweiligen Prüfungsgegenstand erforderlich ist, sind gemäß Abs. 2 S. 7 die Abrechnungen vorangegangener Abrechnungszeiträume in die Prüfung einzubeziehen. Mit dieser Möglichkeit zur Einbeziehung von Vorquartalen in die Prüfung soll dem Umstand Rechnung getragen werden, dass eine sachgerechte Prüfung der Leistungsabrechnung häufig nur dann möglich ist, wenn Behandlungsabläufe über einen längeren Zeitraum transparent gemacht werden und das Abrechnungsverhalten für mehrere Quartale beurteilt werden kann.[39] 27

Gemäß Abs. 2 S. 8 unterrichtet die Kassenärztliche Vereinigung die in Abs. 5 genannten Verbände der Krankenkassen sowie der Ersatzkassen unverzüglich über die Durchführung der Prüfungen und deren Ergebnisse. Damit soll der Mitverantwortung der Krankenkassen für eine sachgerechte und effektive Abrechnungsprüfung Rechnung getragen werden.[40] 28

Gemäß Abs. 2 S. 9 gilt S. 2 auch für Verfahren, die am 31.12.2014 noch nicht rechtskräftig abgeschlossen waren. Als Folgeänderung zur Klarstellung in S. 2 erlangt diese Regelung für alle noch nicht rechtskräftig abgeschlossenen Prüfungsverfahren für zurückliegende Abrechnungszeiträume Geltung.[41] 29

bb) Sachkostenprüfung. Sachkosten sind gemäß § 7 Abs. 6 der am 1.7.2008 in Kraft getretenen Richtlinie gemäß § 106a Abs. 6 S. 1[42] Kosten für Materialien, die gemäß Nr. 7.3 der Allgemeinen Bestimmungen des EBM nicht in den berechnungsfähigen Leistungen enthalten sind und auch nicht über den Sprechstundenbedarf bezogen werden können und über die Kassenärztliche Vereinigung abgerechnet werden, bezieht sich, soweit möglich, insbesondere auf den Zusammenhang zwischen den verwendeten Sachmitteln und deren Indikationsbereich sowie auf die Menge der abgerechneten Sachkosten. Die Prüfung erfolgt durch vergleichende Betrachtung der Arztpraxis mit dem Durchschnitt der Arztgruppe. Sie kann stichprobenartig durchgeführt werden. 30

Da eine Sachkostenprüfung im Rahmen der eigentlich der Wirtschaftlichkeitsprüfung zugehörigen Vergleichsprüfung stattfindet, verweist § 7 Abs. 6 S. 4 der Richtlinien auf die in § 5 Abs. 3 S. 1 genannte Möglichkeit, bei der Vermutung von Unwirtschaftlichkeit einen entsprechenden Antrag bei den für die Wirtschaftlichkeitsprüfung nach § 106 zuständigen Prüfungseinrichtungen zu stellen.[43] 31

c) Gegenstand der Prüfung: Leistungspflicht und Plausibilität (Abs. 3). Nach Abs. 3 S. 1 prüfen die Krankenkassen die Abrechnungen der Vertragsärzte insbesondere hinsichtlich 32
1. des Bestehens und des Umfangs ihrer Leistungspflicht,
2. der Plausibilität von Art und Umfang der für die Behandlung eines Versicherten abgerechneten Leistungen in Bezug auf die angegebene Diagnose, bei zahnärztlichen Leistungen in Bezug auf die angegebene Befunde,
3. der Plausibilität der Zahl der vom Versicherten in Anspruch genommenen Vertragsärzte, unter Berücksichtigung ihrer Fachgruppenzugehörigkeit.

Nach Abs. 3 S. 2 unterrichten sie die Kassenärztlichen Vereinigungen unverzüglich über die Durchführung der Prüfungen und deren Ergebnisse.

In Abs. 3 werden die Krankenkassen verpflichtet, die Leistungsabrechnungen zu überprüfen. 33

---

37 BT-Dr. 16/3100, 138, 139.
38 BT-Dr. 15/1525, 118.
39 BT-Dr. 15/1525, 118.
40 BT-Dr. 15/1525, 118.
41 Vgl. BT-Dr. 18/4095, 110.
42 http://www.kbv.de/media/sp/Richtlinien__106a__SGB_V_Plausibilitaetspruefung.pdf (zuletzt abgerufen am 1.3.2017), s. u. → Rn. 47 ff.
43 Hofmayer in: Schiller (Hrsg.), Bundesmantelvertrag Ärzte, 2014, § 46 Rn. 64.

34 Im Rahmen der Prüfung des Bestehens und des Umfangs der Leistungspflicht ist gemäß Abs. 3 S. 1 Nr. 1 zu überprüfen, ob der Versicherte, für den Leistungen zulasten der Krankenkasse abgerechnet werden, einen Anspruch dem Grunde und dem Umfang nach hatte. **Zu prüfen ist zB**, ob Leistungen für bereits Verstorbene oder für Versicherte abgerechnet werden, für die kein Versicherungsverhältnis mehr besteht, ob zeitgleich für einen Versicherten stationäre und ambulante Leistungen abgerechnet worden sind, ob Leistungen im Rahmen einer Unfallbehandlung abgerechnet werden, die einem Erstattungsverfahren zulasten eines Dritten zuzuführen sind. Ferner ist zu prüfen, ob die gesetzlichen Bedingungen oder Richtlinien des Bundesausschusses, die an die Inanspruchnahme, Erbringung und Abrechnung von speziellen Leistungen geknüpft sind, eingehalten werden (zB Häufigkeit der Inanspruchnahme von Maßnahmen der künstlichen Befruchtung, Altersgrenze bei Gesundheitsuntersuchungen, Häufigkeit der Abrechnung von Ultraschallleistungen im Rahmen der Mutterschaftsvorsorge, Einhaltung der Methadon- und Psychotherapie-Richtlinien). Im Rahmen der zahnärztlichen Behandlung ist zu prüfen, ob für einen Versicherten Doppel- und Mehrfachleistungen abgerechnet werden, die im Rahmen der gesetzlichen Gewährleistung nach § 136 b Abs. 2 S. 3 kostenlos zu erbringen wären. Falls der Versicherte Kostenerstattung gewählt hat, ist zu prüfen, ob die gleichen Leistungen zeitgleich oder zeitversetzt daneben auch zulasten der Krankenkasse im Sachleistungsverfahren in Rechnung gestellt werden.[44]

35 Die in Abs. 3 S. 1 Nr. 2 vorgesehene Plausibilitätsprüfung der abgerechneten Leistungen in Bezug auf die angegebene Diagnose ist für die Krankenkasse zum einen ein notwendiges Instrument zur Begrenzung des finanziellen Risikos einer Mengenausweitung der abgerechneten Leistungen über das medizinisch Notwendige hinaus. Zum anderen ist die Plausibilitätsprüfung der bei einer bestimmten Diagnose abgerechneten Leistungen auch von zentraler Bedeutung für die Vergütungsverhandlungen der Krankenkasse bzw. ihres Verbandes mit den Kassenärztlichen Vereinigungen.[45]

36 Für die **zahnärztlichen Leistungen** (konservierend-chirurgische und individualprophylaktische Behandlung) war eine Abrechnungsprüfung durch die Krankenkassen bis zum Inkrafttreten des Abs. 3 S. 1 Nr. 2 nicht möglich, obwohl die zahnärztlichen Leistungen nicht auf der Grundlage von Kopfpauschalen, sondern nach Einzelleistungen – bis zu einer Obergrenze – vergütet werden. Dh, die Krankenkassen haben das mit Art und Umfang der abgerechneten zahnärztlichen Leistungen verbundene finanzielle Risiko getragen, ohne die Leistungsabrechnungen der Zahnärzte einer Plausibilitätsprüfung unterziehen zu können. Diese Ungereimtheit ist mit der Schaffung des Abs. 3 S. 1 Nr. 2 beseitigt worden.[46]

37 Bei der versichertenbezogenen Prüfung der Plausibilität der Inanspruchnahme von Vertragsärzten nach Abs. 3 S. 1 Nr. 3 geht es vor allem darum, den Umfang einer unkoordinierten Mehrfachinanspruchnahme von Vertragsärzten durch Versicherte selbst oder durch ungesteuertes oder gesteuertes Überweisungsverhalten von Ärzten (zB sog Ringüberweisungen) festzustellen und Maßnahmen zu entwickeln, um einer ungerechtfertigten finanziellen Belastung der Krankenkassen künftig entgegenzuwirken. Nach Schätzungen von Seiten Kassenärztlicher Vereinigungen betragen die finanziellen Mehrbelastungen der gesetzlichen Krankenkassen aufgrund einer unkoordinierten Mehrfachinanspruchnahme mehrerer Haus- und Fachärzte mehrere Milliarden Euro. Durch die Einführung der vorgesehenen Prüfmöglichkeiten kann zum einen verifiziert werden, ob Wirtschaftlichkeitsreserven in dieser Höhe bestehen; zum anderen können geeignete Steuerungsinstrumente entwickelt werden, um bestehende Wirtschaftlichkeitsreserven auszuschöpfen.[47]

38 **d) Einleitung gezielter Prüfungen (Abs. 4).** Gemäß Abs. 4 S. 1 und 2 können die Krankenkassen oder ihre Verbände sowie die Kassenärztlichen Vereinigungen, sofern dazu Veranlassung besteht, gezielte Prüfungen nach Abs. 2 bzw. Abs. 3 beantragen. Bei festgestellter Implausibilität nach Abs. 3 S. 1 Nr. 2 oder 3 kann die Krankenkasse oder ihr Verband gemäß Abs. 4 S. 3 eine Wirtschaftlichkeitsprüfung nach § 106 beantragen; dies gilt für die Kassenärztliche Vereinigung bei festgestellter Implausibilität nach Abs. 2 entsprechend.

39 Abs. 4 S. 1 sieht in S. 1 und 2 vor, dass die Krankenkassen und die Kassenärztlichen Vereinigungen Antragsrechte haben, um gezielte Prüfungen im Verantwortungsbereich des jeweiligen Vertragspartners zu veranlassen. Ferner ist vorgesehen, dass die Krankenkassen bzw. die Kassenärztlichen Vereinigun-

---

[44] BT-Dr. 15/1525, 118.
[45] BT-Dr. 15/1525, 118.
[46] BT-Dr. 15/1525, 119.
[47] BT-Dr. 15/1525, 119.

gen bei festgestellter Implausibilität im Rahmen der Abrechnungsprüfung eine Wirtschaftlichkeitsprüfung nach § 106 beantragen können.[48]

Wird gemäß Abs. 4 S. 4 ein Antrag nach Satz 1 von der KV nicht innerhalb von 6 Monaten bearbeitet, kann die Krankenkasse einen Betrag in Höhe der sich unter Zugrundelegung des Antrags ergebenden Honorarberichtigung auf die zu zahlende Gesamtvergütung anrechnen. Um die Bearbeitung von Prüfanträgen in einem angemessenen Zeitraum sicherzustellen, ist eine gesetzliche Bearbeitungsfrist erforderlich. Wird die Frist nicht eingehalten, wird die Möglichkeit einer Anrechnung der beantragten Honorarberichtigung auf die Gesamtvergütung vorgesehen.[49] 40

e) **Vereinbarungen über Inhalt und Durchführung der Prüfungen auf Landesebene (Abs. 5).** Gemäß Abs. 5 S. 1 vereinbaren die Kassenärztlichen Vereinigungen und die Landesverbände der Krankenkassen und die Ersatzkassen gemeinsam und einheitlich Inhalt und Durchführung der Prüfungen nach den Abs. 2 bis 4. Gemäß Abs. 5 S. 2 sind in den Vereinbarungen auch Maßnahmen für den Fall von Verstößen gegen Abrechnungsbestimmungen, einer Überschreitung der Zeitrahmen nach Abs. 2 S. 3 sowie des Nichtbestehens einer Leistungspflicht der Krankenkassen, soweit dies dem Leistungserbringer bekannt sein musste, vorzusehen. Gemäß Abs. 5 S. 3 ist der Inhalt der Richtlinien nach Abs. 6 Bestandteil der Vereinbarungen. 41

Abs. 5 enthält die Vorgabe, dass die Kassenärztliche Vereinigung mit den in ihrer Region vertretenen Verbänden der Krankenkassen eine Vereinbarung zu den Abrechnungsprüfungen trifft. In der Vereinbarung sind auch Maßnahmen für den Fall von Verstößen gegen Abrechnungsbestimmungen vorzusehen. Dies können neben einer Honorarkürzung ua Maßnahmen disziplinar- oder berufsrechtlicher Art, bis hin zur Einleitung von staatsanwaltschaftlichen Ermittlungsverfahren, sein.[50] 42

Ländereigene Vereinbarungen zur Abrechnungsprüfung regeln weitere Einzelheiten. Beispielsweise wird auf die Vereinbarung im Bereich der KVNO zur Durchführung der Abrechnungsprüfung ab dem 1.10.2010 verwiesen.[51] Diese ist unterteilt in folgende Teile: 43

- Teil A.: Abrechnungs- und Plausibilitätsprüfung durch die KV Nordrhein,
- Teil B.: Abrechnungs- und Plausibilitätsprüfung durch die Krankenkassen,
- Teil C.: Gemeinsame Vorschriften.

Darüber hinaus enthält sie zum einen eine Anlage 1, in der die Beauftragung der KV Nordrhein durch die Krankenkassen geregelt wird. Die Anlage 2 beinhaltet Regelungen Aufgreifkriterien/Prüfungsinhalte für die Erweiterung der regelhaften Prüfung.

Nachfolgend werden die wesentlichen Inhalte der Richtlinie wiedergeben:

- Teil A. § 3 regelt Plausibilitätsprüfungen.
  - Nach Ziffer 1.) werden Plausibilitätskontrollen durch die Kassenärztliche Vereinigung Nordrhein durch quartalsweise
    (1) regelhafte Prüfungen des Umfangs der je Tag abgerechneten Leistungen im Hinblick auf den damit verbundenen Zeitaufwand,
    (2) erweiterte Prüfungen anhand der gesonderten Aufgreifkriterien gemäß Anlage 2,
    (3) ergänzende Prüfungen bei im Rahmen der regelhaften oder erweiterten Prüfung festgestellten Abrechnungsauffälligkeiten
    (4) anlassbezogene Prüfungen bei konkreten Hinweisen und Verdachtsmomenten durchgeführt.
  - Nach Ziffer 2.) finden Stichprobenprüfungen im Hinblick auf § 10 Abs. 2 der Richtlinien auf Bundesebene nur statt, sofern die Vertragspartner hierüber noch eine gesonderte Vereinbarung treffen.
- Teil A. § 8 regelt die Maßnahmen bei Verstößen. Als Ergebnis der Prüfung durch Plausibilitätskontrollen stellt die für die Prüfung zuständige Stelle fest, ob und in welchem Umfang die geprüfte Abrechnung nicht rechtmäßig abgerechnete Leistungen beinhaltet. Festgestellte Verstöße gegen

---

48 BT-Dr. 15/1525, 119.
49 Vgl. BT-Dr. 18/4095, 110.
50 BT-Dr. 15/1525, 119.
51 Vgl. die seit dem 1.10.2010 geltende Vereinbarung nach § 106 a Abs. 5 SGB V im Bereich der KVNO, veröffentlicht im Rheinischen Ärzteblatt 9/2011, 68 ff. (= http://www.aekno.de/downloads/archiv/2011.09.068.pdf (zuletzt abgerufen am 1.3. 2017)).

Abrechnungsbestimmungen sowie die nicht erklärliche Überschreitung des Zeitrahmens gemäß § 8 Abs. 3 der Richtlinien auf Bundesebene sind wie folgt weiter zu behandeln:

1.) Schadensausgleich: Hat der betroffene Leistungserbringer durch das festgestellte Abrechnungsverhalten zu Unrecht Honorar erhalten, wirkt die Kassenärztliche Vereinigung auf einen Schadensausgleich hin. Hierzu ist das Honorar im Verwaltungsverfahren per Aufhebungs- und Rückforderungsbescheid zurückzufordern. Der Erlass eines Bescheides kann jedoch durch Abschluss eines öffentlich-rechtlichen Vertrages mit dem Leistungserbringer zur Rückzahlung ersetzt werden.

2.) Schadensermittlung: Bei der Ermittlung des entstandenen Schadens ist von dem insgesamt angeforderten Leistungsvolumen des Leistungserbringers im jeweilgen Quartal auszugehen. Die Vertragspartner stimmen darin überein, dass dies nach dem Wortlaut des § 106a Abs. 2 S. 5 das vor der Anwendung von honorarwirksamen Begrenzungsregelungen ermittelte Volumen darstellt.

   a) Zeitliche Überschreitung: Soweit die Überschreitung des Zeitrahmens nicht zu begründen ist, sind die über den Vorgaben des Quartalsprofils bzw. des einzelnen Tagesprofils liegenden Minuten zu reduzieren. Die Minute ist dabei mit einem Wert von 54,53 Cent zu bewerten. Dieser Wert ergibt sich aus dem rechnerischen Kalkulationswert für die Arztminute von 77,9 Cent abzüglich eines Abschlages in Höhe von 30 %.

   b) Inhaltlich implausible Abrechnung: Wird eine inhaltlich implausible Abrechnung festgestellt, wird im Einzelfall deren Umfang bestimmt und eine vollständige oder anteilige Berichtigung der betroffenen Leistungen vorgenommen. Eine Umwandlung von Leistungen kommt wegen § 4 Abs. 5 S. 9 HVV grundsätzlich nicht in Betracht. Bereits durchgeführte Kürzungen aufgrund von Budgetierungsmaßnahmen, Wirtschaftlichkeitsprüfungsverfahren oder Kürzungen gemäß dem Honorarverteilungsvertrag sind nicht zu berücksichtigen. Entsprechende Rückforderungen werden mit dem anteiligen Wert der berichtigten Leistungen ermittelt.

3.) Weitergehende Maßnahmen: Über den Schadensausgleich hinaus können disziplinar- bzw. zulassungsrechtliche Konsequenzen eingeleitet werden, wenn die dem Abrechner anzulastende Verfehlung dies angezeigt erscheinen lässt. Dies ist in der Regel dann der Fall, wenn eine vorsätzliche Falschabrechnung nachgewiesen wurde oder die festgestellte Schadenssumme 25.000 EUR pro Kalenderjahr und pro Abrechner überschreitet.

- **Teil B. § 1** regelt die sachlich-rechnerische Prüfung der Abrechnung. Unbeschadet der rechnerischen und sachlichen Prüfung der Abrechnung nach Teil A. können die Krankenkassen Anträge auf sachliche und rechnerische Berichtigung innerhalb von sechs Monaten nach Zugang der Abrechnungsunterlagen bei der Kassenärztlichen Vereinigung Nordrhein stellen. Nach Teil B. § 2 prüfen die Krankenkassen die Abrechnung darauf, ob zum Zeitpunkt der Behandlung ein Versicherungsverhältnis bestand. Nach Teil B. § 3 prüfen die Krankenkassen die Abrechnungen auf Einhaltung des Umfangs der Leistungspflicht insbesondere bei Leistungen, welche einer Genehmigung der Krankenkassen bedürfen. Nach Teil B. § 6 prüfen die Krankenkassen die über sie abgerechneten Sachkosten.

- **Teil C. § 2** regelt die Verjährung. Eine Plausibilitätsprüfung kann nicht mehr eingeleitet werden, wenn der Sachverhalt länger als 16 Abrechnungsquartale zurückliegt.[52] Ist ein Sachverhalt bereits gewürdigt worden, soll er nicht erneut zum Gegenstand einer Plausibilitätsprüfung gemacht werden, es sei denn, dass Umstände bekannt geworden sind, die auch in Kenntnis des damaligen Prüfergebnisses eine erneute Prüfung erforderlich erscheinen lassen.

- Nach der **Anlage 2** werden zur Durchführung der erweiterten Plausibilitätsprüfung insbesondere folgende Aufgreifkriterien herangezogen:
  - auffällige Frequenzsprünge im Vergleich der Quartale,
  - Abweichung der Notfalldienstzeiten von den Angaben aus der Sammelerklärung,

---

[52] Vgl. nach Auffassung des BSG (11.12.2013, B 6 KA 36/13 B, juris Rn. 8 = RID 14-01-69) besteht keine Pflicht der KV zur Durchführung einer Plausibilitätsprüfung innerhalb einer bestimmten Zeit. Eine zeitliche Grenze bildet insoweit nur die Ausschlussfrist von vier Jahren für eine sachlich-rechnerische Richtigstellung. Auch wenn die KV nicht in unmittelbarem zeitlichen Zusammenhang mit der Quartalsabrechnung auf Implausibilitäten hinweist, lässt das die unabhängig hiervon bestehende Pflicht des Vertragsarztes zur korrekten Abrechnung unberührt.

- Abrechnung genehmigungspflichtiger Leistungen bei Urlaub des leistungsberechtigten Partners einer Gemeinschaftspraxis,
- auffällige Überweisungsanzahl im Bereich der Laborleistungen,
- fehlende Dokumentationsbögen bei ausgewählten Präventionsleistungen,
- auffällige Fallzahl bei ermächtigten Ärzten,
- unerklärliche Fallzahlzunahme,
- Abrechnung von Leistungen, bei denen der Arzt der einzige Erbringer der Fachgruppe ist,
- Fallzahlvermehrung in den Vereinbarungen und Strukturverträgen um mehr als 20 % gegenüber dem Vorjahresquartal (zB Onkologievereinbarung, Qualitätssicherungsvereinbarung Schmerztherapie, DMP),
- Überschreitung des Überweisungsumfangs bei Auftragsleistungen,
- Stereotype Indikationsstellung, zB auch im Bereich der Psychotherapie,
- Abrechnung probatorischer Sitzungen nach stereotypem Muster.

f) **Vereinbarungen über Inhalt und Durchführung der Prüfungen auf Bundesebene (Abs. 6).** Die Kassenärztlichen Bundesvereinigungen und der Spitzenverband Bund der Krankenkassen vereinbaren gemäß Abs. 6 S. 1 erstmalig bis zum 30.6.2004 Richtlinien zum Inhalt und zur Durchführung der Prüfungen nach Abs. 2 und 3 einschließlich des Einsatzes eines elektronisch gestützten Regelwerks;[53] die Richtlinien enthalten insbesondere Vorgaben zu den Kriterien nach Abs. 2 S. 2 und 3. Für die Abrechnungsprüfung kommt damit ein EDV-gestütztes Regelwerk flächendeckend zum Einsatz, das Vorgaben zu einer bundeseinheitlichen Verfahrensweise vorsieht (zB Datensatzbeschreibung für die Prüfungen). Damit umfasst sind Vorgaben für Form, Inhalt und Struktur der Prüfungsanträge und diesbezüglicher Rückmeldungen der Kassenärztlichen Vereinigungen. Damit werden auch die bisher administrativ aufwendigen regional unterschiedlichen Abläufe vereinfacht. Ergänzende Regelungen zwischen den Vertragspartnern auf Landesebene sind möglich.[54]

44

Gemäß Abs. 6 S. 2 sind die Richtlinien dem Bundesministerium für Gesundheit vorzulegen. Gemäß Abs. 6 S. 3 kann er sie innerhalb von zwei Monaten beanstanden. Kommen die Richtlinien nicht zu Stande oder werden die Beanstandungen des Bundesministeriums für Gesundheit nicht innerhalb einer von ihm gesetzten Frist behoben, kann das Bundesministerium für Gesundheit gemäß Abs. 6 S. 4 die Richtlinien erlassen.

45

Die nach Abs. 6 von den Spitzenverbänden der Krankenkassen und den Kassenärztlichen Bundesvereinigungen zu vereinbarenden Richtlinien sollen gewährleisten, dass Vereinbarungen über die Abrechnungsprüfungen, einschließlich der Plausibilitätsprüfungen, nach bundesweit abgestimmten Kriterien durchgeführt werden und insoweit auch eine Gleichbehandlung aller Vertragsärzte gewährleistet ist.[55]

46

Auf Bundesebene haben die Kassenärztliche Bundesvereinigung und der GKV-Spitzenverband die seit dem 1.7.2008 in Kraft befindliche **Richtlinie zum Inhalt und zur Durchführung der Prüfungen nach § 106a Abs. 2 (Abrechnungsprüfung der Kassenärztlichen Vereinigung) sowie nach § 106a Abs. 3 (Abrechnungsprüfung der Krankenkassen)** vereinbart.[56]

47

Die **wesentlichen Inhalte** der Richtlinie sind folgende:
- Die Richtlinie ist unterteilt in I. Anwendungsbereich und Begriffsbestimmungen (§§ 1 bis 5), II. Die Prüfungen durch die Kassenärztliche Vereinigung (§§ 6 bis 13), III. Die Prüfungen durch die Krankenkassen (§§ 14 bis 18), IV. Gemeinsame Vorschriften (§§ 19 bis 21), V. Inkrafttreten und Übergangsvorschriften (§ 22) und eine Protokollnotiz.
- § 2 regelt die Zuständigkeiten. Die Kassenärztliche Vereinigung ist zuständig für die in § 106a Abs. 2 vorgesehene Durchführung der Prüfung auf sachlich-rechnerische Richtigkeit und die darauf bezogene Plausibilitätsprüfung. Bei einer Berufsausübung, welche den Bereich einer Kassenärztlichen Vereinigung überschreitet (KV-übergreifende Berufsausübung), gilt § 11a Abs. 2 für die Bestimmung der zuständigen Kassenärztlichen Vereinigungen. Die Krankenkassen sind zuständig für die in § 106a Abs. 3 vorgesehenen Abrechnungsprüfungen und Plausibilitätsprüfungen.
- § 3 regelt den Gegenstand der Abrechnungsprüfung. Gegenstand der Abrechnungsprüfung ist die Rechtmäßigkeit der Abrechnungen. Die Rechtmäßigkeit der Abrechnung umfasst die rechtlich

---

53 Vgl. BT-Dr. 18/4095, 110.
54 Vgl. BT-Dr. 18/4095, 110.
55 BT-Dr. 15/1525, 119.
56 DÄ v. 12.9.2008, A 1925 = http://www.kbv.de/media/sp/Richtlinien__106a__SGB_V_Plausibilitaetspruefung.pdf (zuletzt abgerufen am 1.3.2017).

ordnungsgemäße Leistungserbringung und die formal richtige Abrechnung der erbrachten Leistungen und der geltend gemachten Sachkosten. Die Prüfung der Rechtmäßigkeit der Abrechnung wird bei der Kassenärztlichen Vereinigung im Verfahren der sachlich-rechnerischen Richtigkeitsprüfung durchgeführt (§ 4). Bestandteil dieser Prüfung ist die Plausibilitätsprüfung in dem in § 7 geregelten Umfang. In Fällen einer KV-übergreifenden Berufsausübung gilt ergänzend § 11 a. Gegenstand der Abrechnungsprüfungen der Krankenkassen sind die in § 106 a Abs. 3 SGB V genannten Sachverhalte nach Maßgabe der §§ 14 ff. der Richtlinien.

- § 4 regelt den Gegenstand der Prüfung der sachlich-rechnerischen Richtigkeit. Die Prüfung auf sachlich-rechnerische Richtigkeit der Abrechnung zielt auf die Feststellung ab, ob die abgerechneten Leistungen rechtlich ordnungsgemäß, also ohne Verstoß gegen gesetzliche, vertragliche oder satzungsrechtliche Bestimmungen, erbracht worden sind. Die Prüfung auf sachlich-rechnerische Richtigkeit der Abrechnung erstreckt sich nicht auf die Prüfung der Wirtschaftlichkeit oder Unwirtschaftlichkeit der Leistungserbringung.
- § 5 regelt den Gegenstand und Ziel der Plausibilitätsprüfung. Die Plausibilitätsprüfung stellt ein Verfahren dar, mit dessen Hilfe aufgrund bestimmter Anhaltspunkte und vergleichender Betrachtungen die rechtliche Fehlerhaftigkeit ärztlicher Abrechnungen vermutet werden kann. Anhaltspunkte für eine solche Vermutung sind Abrechnungsauffälligkeiten. Abrechnungsauffälligkeiten sind durch die Anwendung der Aufgreifkriterien mit sonstigen Erkenntnissen aus Art und Menge der abgerechneten ärztlichen Leistungen zu gewinnende Indizien, welche es wahrscheinlich machen, dass eine fehlerhafte Leistungserbringung im Sinne des § 6 zugrunde liegt. Die Plausibilitätsprüfung allein ersetzt nicht das Verfahren der sachlich-rechnerischen Richtigstellung. Erst wenn die Kassenärztliche Vereinigung aufgrund der Plausibilitätsprüfung allein oder in Verbindung mit weiteren Feststellungen zu dem Ergebnis kommt, dass die Leistungen fehlerhaft abgerechnet worden sind, führt die Kassenärztliche Vereinigung ein Verfahren der sachlich-rechnerischen Richtigstellung durch. Auch die Krankenkasse kann Folgerungen aus einer Plausibilitätsprüfung erst ziehen, wenn sich daraus die Fehlerhaftigkeit der Abrechnung ergibt. Ergibt die Plausibilitätsprüfung einen Anhaltspunkt dafür, dass der Arzt die Leistungen in einem unwirtschaftlichen Ausmaß erbracht hat, veranlasst die Kassenärztliche Vereinigung die Einleitung eines Verfahrens der Wirtschaftlichkeitsprüfung nach § 106 SGB V. Bei der Regelung von Antragsfristen in Vereinbarungen nach § 106 Abs. 3 SGB V ist vorzusehen, dass diese nicht für Anträge nach S. 1 gelten.
- § 7 regelt Plausibilitätsprüfung. Plausibilitätsprüfungen werden von der Kassenärztlichen Vereinigung
    - als regelhafte (§ 7 Abs. 2),
    - als ergänzende Plausibilitätsprüfungen (§ 7 Abs. 3),
    - als Stichprobenprüfungen (§ 7 Abs. 4) und
    - als anlassbezogene Prüfungen (§ 7 Abs. 5) durchgeführt.

Die regelhafte Plausibilitätsprüfung erstreckt sich auf die Feststellung von Abrechnungsauffälligkeiten durch Überprüfung des Umfangs der abgerechneten Leistungen im Hinblick auf den damit verbundenen Zeitaufwand (Prüfung nach Zeitprofilen). Die regelhafte Prüfung kann nach Maßgabe des § 9 erweitert werden. Ergibt die regelhafte Plausibilitätsprüfung Abrechnungsauffälligkeiten, werden ergänzende Plausibilitätsprüfungen nach Maßgabe des § 12 Abs. 1 durchgeführt. Die Kassenärztliche Vereinigung bestimmt nach Maßgabe des § 10 für jedes Quartal die Zielrichtung und die Zielgruppen von Stichproben, durch welche nach einem Zufallsprinzip bei einer bestimmten Zahl von Ärzten zusätzlich die Abrechnungen auf Abrechnungsauffälligkeiten geprüft werden. Bei konkreten Hinweisen und Verdachtsmomenten (§ 20) führt die Kassenärztliche Vereinigung eine anlassbezogene Plausibilitätsprüfung durch. Die Plausibilitätsprüfung bei geltend gemachten Kosten für Materialien, die gemäß Nr. 7.3 der Allgemeinen Bestimmungen des EBM nicht in den berechnungsfähigen Leistungen enthalten sind und auch nicht über den Sprechstundenbedarf bezogen werden können und über die Kassenärztliche Vereinigung abgerechnet werden, bezieht sich, soweit möglich, insbesondere auf den Zusammenhang zwischen den verwendeten Sachmitteln und deren Indikationsbereich sowie auf die Menge der abgerechneten Sachkosten. Die Prüfung erfolgt durch vergleichende Betrachtung der Arztpraxis mit dem Durchschnitt der Arztgruppe. Sie kann stichprobenartig durchgeführt werden. § 5 Abs. 3 S. 1 ist zu beachten.

- § 8 regelt die Überprüfung des Umfangs der abgerechneten Leistungen im Hinblick auf den Zeitaufwand. Für die Prüfung nach § 7 Abs. 2 zugrunde zu legen sind die im Anhang 3 zum EBM in der jeweils gültigen Fassung aufgeführten Prüfzeiten für die ärztlichen Leistungen. Für jeden Tag der ärztlichen Tätigkeit wird im Hinblick auf die angeforderten Leistungen bei Vertragsärzten,

-therapeuten, bei ermächtigten Ärzten, bei ermächtigten Instituten und ermächtigten Krankenhäusern gleichrangig ein Tageszeitprofil und ein Quartalszeitprofil ermittelt. Bei der Ermittlung der Zeitprofile bleiben
- Leistungen im organisierten Notfalldienst,
- Leistungen aus der unvorhergesehenen Inanspruchnahme des Vertragsarztes außerhalb der Sprechstundenzeiten und bei Unterbrechung der Sprechstunde mit Verlassen der Praxis, unverzüglich nach Bestellung durchzuführende dringende Besuche sowie – bei Beleg-ärzten – Visiten

außer Betracht. Anhang 3 zum Einheitlichen Bewertungsmaßstab kennzeichnet darüber hinaus die behandlungsfall- und krankheitsfallbezogenen ärztlichen Leistungen, die nicht dem Tageszeitprofil unterliegen. Beträgt bei Vertragsärzten und -therapeuten die auf der Grundlage der Prüfzeiten ermittelte arbeitstägliche Zeit bei Tageszeitprofilen an mindestens drei Tagen im Quartal mehr als zwölf Stunden oder im Quartalszeitprofil mehr als 780 Stunden, erfolgen weitere Überprüfungen nach § 12.[57] Das gleiche gilt bei ermächtigten Ärzten, ermächtigten Instituten und ermächtigten Krankenhäusern, wenn die arbeitstägliche Zeit an mindestens drei Tagen mehr als zwölf Stunden im Tageszeitprofil oder im Quartalsprofil mehr als 156 Stunden beträgt. Für fachgruppengleiche Berufsausübungsgemeinschaften und Arztpraxen mit angestellten Ärzten sowie fachgruppenübergreifende Berufsausübungsgemeinschaften und MVZ gilt § 8 Abs. 3 entsprechend, wobei die Obergrenze für das Tageszeit- bzw. Quartalszeitprofil multipliziert wird mit der Anzahl der in der Arztpraxis tätigen Vertragsärzte oder angestellten Ärzte im Umfang ihrer Tätigkeit. In Ergänzung zu den §§ 6 – 8 gelten bei der Beschäftigung angestellter Ärzte bei Tätigkeit an mehreren Orten, bei Tätigkeit in unterschiedlichem Status sowie bei Tätigkeit aufgrund einer Teilzulassung die nachstehenden Regelungen.

- § 8 a regelt die Zeitprofile in Arztpraxen und MVZ mit angestellten Ärzten. Ergänzend zu § 8 kann das Tageszeitprofil bei Beschäftigung angestellter Ärzte in Arztpraxen und MVZ arbeitstäglich unter Berücksichtigung der durch den Zulassungsausschuss genehmigten Arbeitszeiten berechnet werden. Bei arbeitstäglich unterschiedlichen Arbeitszeiten wird ein Quartalsprofil erstellt, welchem die durchschnittliche Arbeitszeit des Quartals zugrunde zu legen ist. Bei angestellten Ärzten kann die Abrechnung der Arztpraxis auch daraufhin geprüft werden, ob die für die angestellten Ärzte genehmigten Arbeitszeiten eingehalten worden sind. Für die Prüfung der Arztpraxen mit angestelltem Arzt oder angestellten Ärzten gilt § 8 Abs. 3 mit der Maßgabe, dass bei angestellten Ärzten die in § 8 Abs. 3 genannten Obergrenzen mit einem Faktor multipliziert werden, der aus der Zahl der angestellten Ärzte unter Berücksichtigung ihrer Arbeitszeit gebildet wird. Bei Tätigkeit an mehreren Betriebsstätten/Nebenbetriebsstätten im selben Status erfolgt die Prüfung auf der Grundlage der Prüfzeiten nach § 8 Abs. 2 und 3 in der Zusammenfassung aller Betriebsstätten/Nebenbetriebsstätten. Bei Tätigkeit an mehreren Betriebsstätten in unterschiedlichem Status erfolgt die Prüfung jeweils für den entsprechenden Status nach Maßgabe der dafür geltenden Regelungen. Die Prüfungsergebnisse der unterschiedlichen Tätigkeiten sind zusammenzuführen. Bei Teilzulassung nach § 19 a Ärzte-ZV wird für die Tätigkeit des Vertragsarztes ein Quartalsprofil, für das die Zeiten nach § 8 Abs. 3 halbiert werden und ein Tagesprofil in Höhe von zwölf Stunden, gebildet. Erfolgt neben der Vertragsarzttätigkeit noch eine weitere Tätigkeit in der vertragsärztlichen Versorgung in einem anderen Status als angestellter Arzt in einer Arztpraxis oder einem MVZ, unterliegt die dortige Tätigkeit einer gesonderten Prüfung entsprechend den für die Arztpraxis oder das Medizinische Versorgungszentrum geltenden Regelungen. Die Prüfungsergebnisse der unterschiedlichen Tätigkeiten sind zusammenzuführen.
- § 9 regelt die erweiterten regelhaften Prüfungen. Ergänzend zu § 6 kann sich die Prüfung der Zeitprofile angestellter Ärzte auf mögliche Fälle unzulässiger Fallzahlmehrung erstrecken. Die Kassenärztliche Vereinigung kann im regelhaften Prüfverfahren weitere Aufgreifkriterien anwenden, um die Plausibilität der Abrechnung zu prüfen.
- § 10 regelt die Stichprobenprüfungen. Die Kassenärztliche Vereinigung führt Stichprobenprüfungen durch, die mindestens 2 % der abrechnenden Ärzte im Quartal umfassen. Sie bestimmt vor der Durchführung der Stichprobenprüfung deren Zielrichtung und Zielgruppen sowie die Aufgreifkriterien. Sofern die Kassenärztliche Vereinigung erweiterte Plausibilitätsprüfungen in Anwen-

---

57 Nach SG Gotha (13.3.2013, S 2 KA 5680/11, juris Rn. 23) handelt es sich ei den Zeitvorgaben für die Erbringung von Leistungen um Durchschnittszeiten, die im Einzelfall unterschritten werden können; ein auf bestimmte ambulante Operationen spezialisierter Chirurg kann diese Leistungen schneller als in den Prüfzeiten angegeben erbringen.

dung des § 9 durchführt, kann sie im Einvernehmen mit den Vertragspartnern nach § 106a Abs. 5 SGB V von Stichproben absehen oder ihren Umfang einschränken.
- § 11 regelt Plausibilitätsprüfung bei Praxisgemeinschaften. Die Abrechnungen von Ärzten, welche untereinander in einer Praxisgemeinschaft verbunden sind, können implausibel sein, wenn bestimmte Grenzwerte des Anteils identischer Patienten überschritten worden sind.[58] Die Prüfungen nach § 11 Abs. 2 und 3 können auf eine Stichprobe beschränkt werden. Eine Abrechnungsauffälligkeit ist zu vermuten, wenn die nachstehenden Grenzwerte überschritten worden sind:
  – 20 % Patientenidentität – auf die abrechnenden Praxen bezogen – bei versorgungsbereichsidentischen Praxen;[59]
  – 30 % Patientenidentität – auf die abrechnenden Praxen bezogen – bei versorgungsbereichsübergreifenden Praxen.[60]
  Prüfungen nach § 11 Abs. 1 und 2 können als gemeinschaftliche Prüfung der Kassenärztlichen Vereinigung und der Vertragspartner nach § 106a Abs. 5 durchgeführt werden. Die Prüfung kann auch auf Ärzte erstreckt werden, welche nicht in Organisationsgemeinschaften verbunden sind. Bei festgestellten Auffälligkeiten in der gemeinschaftlichen Prüfung stellen die Krankenkassen die versichertenbezogenen Daten zur Verfügung, welche die Kassenärztliche Vereinigung zur Durchführung der Plausibilitätsprüfung benötigt. Die Krankenkassen und die Kassenärztlichen Vereinigungen beauftragen sich wechselseitig mit der Verarbeitung der notwendigen Daten auf der Grundlage der beiderseitigen Prüfungskompetenz des § 106a Abs. 1 SGB V.
- § 11a regelt Plausibilitätsprüfung
  – bei KV-bereichsübergreifender Berufsausübung,
  – bei Ermächtigung gemäß § 24 Ärzte-ZV oder
  – in einer Berufsausübungsgemeinschaft.
  In den Fällen einer KV-übergreifenden Berufsausübung erfolgt die Prüfung nach Maßgabe der folgenden Vorschriften. Eine KV-übergreifende Tätigkeit liegt vor, wenn der Arzt
  1. gleichzeitig als Vertragsarzt mit zwei Zulassungen gemäß § 19a Ärzte-ZV oder gemäß § 24 Ärzte-ZV ermächtigter Arzt an einem weiteren Tätigkeitsort (Zweigpraxis) in Bereichen von mindestens zwei Kassenärztlichen Vereinigungen tätig ist; das gleiche gilt für ein MVZ, wenn es in Bereichen von mindestens zwei Kassenärztlichen Vereinigungen an der vertragsärztlichen Versorgung teilnimmt,
  2. als Beteiligter einer Berufsausübungsgemeinschaft tätig ist, deren Vertragsarztsitze (Orte der Zulassung) in Bereichen von mindestens zwei Kassenärztlichen Vereinigungen gelegen sind (§ 33 Abs. 2 S. 1 und 6 Ärzte-ZV),

---

58 Nach Auffassung des SG Marburg (5.12.2012, S 12 KA 80/12, juris = GeR 2012, 225) besteht die Pflicht des Arztes bei Fachgleichheit, den Patienten zu informieren. Wörtlich (Rn. 41): *„Insofern ist es die klare Aufgabe des Arztes, nicht nur auf die bestehende Kooperationsform der Praxisgemeinschaft hinzuweisen ..., sondern auch ggf. die Behandlung des Patienten – abgesehen von Notfällen – abzulehnen und auf die bereits begonnene Behandlung durch den Praxisgemeinschaftspartner hinzuweisen und sich im Falle einer Vertretungsbehandlung auf die notwendige, dh keinen Aufschub zulassende Behandlung zu beschränken."*; vgl. auch Scholl-Eickmann, GesR 2016, 141 ff. zur Vertretung innerhalb von Praxisgemeinschaften.
59 Vgl. BSG, 6.2.2013, B 6 KA 43/12 B, RID 13-03-87 = BeckRS 2013, 66990: Wenn in einer Praxisgemeinschaft kooperierende Vertragsärzte desselben Fachgebiets mehr als 50 % der Patienten in einem Quartal gemeinsam behandeln, findet tatsächlich die für eine Gemeinschaftspraxis kennzeichnende gemeinsame Ausübung der ärztlichen Tätigkeit statt. Da ab der vom BSG bis dahin herangezogenen Grenze von 50 % Umfang und Häufigkeit der Behandlung gemeinsamer Patienten gerade als Indiz für eine gemeinsame Praxisführung zu werten sind, kommt ein „Herausrechnen" der Fälle „kollegialer Vertretung" nicht in Betracht. Bei Patientenidentitäten von 86, 92 und 92,81 % steht außer Zweifel, dass sie sich nicht durch Vertretungsfälle im üblichen Umfang erklären lassen; SG Marburg, 8.5.2013, S 12 KA 435/12, juris Rn. 41 = AMK 2013, Nr. 7, 1-2 (Kurzwiedergabe; missbräuchliche Nutzung der Kooperationsform der Praxisgemeinschaft, wenn der Anteil der gemeinsam behandelten Patienten über elf Quartale hinweg zwischen 36 und 50 bzw. 34 und 47 % beträgt); SG Marburg, 5.12.2012, S 12 KA 80/12, juris Rn. 42 = GesR 2013, 225 f. (keine missbräuchliche Nutzung, wenn die KÄV im Ergebnis von unterschiedlichen Prozentsätzen zugestandener Vertreterfälle, die zwischen 4,8 und 8,4 und im Quartalsdurchschnitt bei 5,8 bzw. 7,0 % liegen); Clemens in: jurisPK-SGB V, § 106a Rn. 201.
60 Vgl. SG Marburg, 29.1.2014, S 12 KA 359/12, S 12 KA 360/12, RID 14-01-16: § 11 Abs. 2 gibt verbindlich vor, dass bei einer patientenbezogenen Plausibilitätsprüfung im Ergebnis ein Anteil von 20 % – bzw. bei fachübergreifenden Praxisgemeinschaften von 30 % – gemeinsamer Patienten anzuerkennen ist, soweit nicht besondere Umstände vorliegen, die einen höheren Anteil rechtfertigen. Soll eine darüber hinausgehende Kürzung vorgenommen werden, ist dies im Einzelnen zu begründen und reichen bei Ausübung des Kürzungsermessens allgemeine pauschalierende Erwägungen nicht mehr aus.

3. als Vertragsarzt an seinem Vertragsarztsitz und als Beteiligter einer Berufsausübungsgemeinschaft oder Teilberufsausübungsgemeinschaft (§ 33 Abs. 2 S. 3 Ärzte-ZV) an einem weiteren Tätigkeitsort im Bereich einer weiteren Kassenärztlichen Vereinigung tätig ist,
4. als zugelassener Vertragsarzt gleichzeitig als angestellter Arzt in einer Arztpraxis und/oder einem MVZ im Bereich einer weiteren Kassenärztlichen Vereinigung tätig ist,
5. als angestellter Arzt in einer Arztpraxis und/oder einem Medizinischen Versorgungszentrum in Bereichen von mindestens zwei Kassenärztlichen Vereinigungen tätig ist.

Für die nachstehenden Regelungen sind folgende Begriffsbestimmungen maßgeblich:
1. Beteiligte Kassenärztliche Vereinigungen: Alle Kassenärztliche Vereinigungen einschließlich der in Nr. 2 genannten zuständigen Kassenärztlichen Vereinigung, in deren Bereich Vertragsarztsitze einer Berufsausübungsgemeinschaft gelegen sind; beteiligte Kassenärztliche Vereinigungen sind auch die Kassenärztlichen Vereinigungen, in deren Bereichen derselbe Vertragsarzt an seinem Vertragsarztsitz und einem weiteren Tätigkeitsort mit Ermächtigungsstatus gemäß § 24 Ärzte-ZV tätig ist; das gleiche gilt für entsprechende Tätigkeitsformen von MVZ.
2. Zuständige Kassenärztliche Vereinigung: Zuständige Kassenärztliche Vereinigung ist die Kassenärztliche Vereinigung, welche bei KV-übergreifenden Berufsausübungsgemeinschaften – auch Teilleistungsgemeinschaften – von der Berufsausübungsgemeinschaft für einen ihrer Vertragsarztsitze als Verwaltungs-Kassenärztliche-Vereinigung gemäß § 33 Abs. 3 S. 2 und 3 Ärzte-ZV gewählt worden ist (Hauptsitz-KV). Im Fall des § 11 a Abs. 1 Nr. 1 ist zuständige Kassenärztliche Vereinigung die Kassenärztliche Vereinigung des Vertragsarztsitzes. In den Fällen des § 11 a Abs. 1 Nrn. 4 und 5 verständigen sich die beteiligten Kassenärztlichen Vereinigungen auf die zuständige Kassenärztliche Vereinigung.

Für das für die Prüfung anwendbare Recht und das Verfahren der sachlich-rechnerischen Berichtigung (Plausibilitätsprüfung) durch die Kassenärztliche Vereinigung gilt Folgendes: Die beteiligten Kassenärztlichen Vereinigungen prüfen jeweils die sachlich-rechnerische Richtigkeit für ihren Bereich nach den für sie geltenden Vorschriften. Nach Erlass der unter Vorbehalt stehenden Honorarbescheide führen die beteiligten Kassenärztlichen Vereinigungen bei der zuständigen Kassenärztlichen Vereinigung die Abrechnungsdaten zusammen. Die zuständige Kassenärztliche Vereinigung führt nach einem bundeseinheitlichen Maßstab eine zusammenfassende Prüfung gemäß § 106 a SGB V durch. Ergibt diese Prüfung Veranlassung zu einer Überprüfung der abgerechneten vertragsärztlichen und vertragspsychotherapeutischen Leistungen aller beteiligten Ärzte oder Psychotherapeuten, wirken die beteiligten Kassenärztlichen Vereinigungen mit der zuständigen Kassenärztlichen Vereinigung bei der Aufklärung des Sachverhaltes zusammen. Ergeben sich Unrichtigkeiten, heben die beteiligten Kassenärztlichen Vereinigungen, wenn und soweit erforderlich, für ihren Bereich die Vorbehaltsbescheide auf und erlassen nach eventuellen Korrekturen neue Honorarbescheide. Ergänzend zu § 6 kann sich die Prüfung auf folgende Sachverhalte erstrecken:
1. mögliche Fälle unzulässiger Fallzahlmehrung,
2. Beachtung der für den Ort der Leistungserbringung geltenden Voraussetzungen zur Abrechnung genehmigungsbedürftiger ärztlicher Leistungen durch die beteiligten Ärzte (vgl. § 8 der „KV-übergreifende Berufsausübungs-Richtlinie").

- § 12 regelt die Durchführung einer Plausibilitätsprüfung bei Abrechnungsauffälligkeiten. Ergeben die Plausibilitätsprüfungen nach §§ 8 bis 11 Abrechnungsauffälligkeiten, so führt die Kassenärztliche Vereinigung weitere Prüfungen durch. Dabei ist zu beachten, dass diese gegen ihre eigenen Mitglieder (vgl. § 77 Abs. 3 SGB V) ermittelt und im Rahmen der Amtsermittlung gemäß § 20 SGB X insoweit nicht nur belastende, sondern auch entlastende Aspekte zu prüfen hat (vgl. § 12 Abs. 2 [„... oder nicht."] und 3).[61] Die weiteren Überprüfungen haben zum Ziel, mithilfe ergänzender Tatsachenfeststellungen und Bewertungen unter Berücksichtigung der Merkmale nach § 12 Abs. 3 festzustellen, ob gegen die rechtliche Ordnungsmäßigkeit nach § 6 verstoßen worden ist oder nicht. Im Rahmen dieser Prüfungen berücksichtigt die Kassenärztliche Vereinigung auch die nachstehenden Feststellungen und Umstände, um zu prüfen, ob die Abrechnungsauffälligkeiten

---

61 Vgl. Scholl-Eickmann, GesR 2016, 141/146.

sich zugunsten des Arztes erklären lassen. Im Einzelnen können folgende Sachverhalte geprüft werden:
1. Bei einem erhöhten Stundenaufkommen sind insbesondere zu berücksichtigen:
   a) die Beschäftigung eines Assistenten (differenziert nach Art des Assistenten),
   b) Job-Sharing,
   c) Vertreterfälle gemäß Muster 19 der Vordruckvereinbarung.
2. Bei einem erhöhten Anteil gemeinsamer Patienten in Praxisgemeinschaften sind insbesondere zu berücksichtigen:
   a) Vertreterfälle gemäß Muster 19 der Vordruckvereinbarung,
   b) Überweisungen zur Auftragsleistung,
   c) Notfälle.

- § 16 regelt den Inhalt von Prüfungen durch die Krankenkassen. Die Prüfung der Abrechnung durch die Krankenkassen erfolgt insbesondere hinsichtlich
   1. des Bestehens und des Umfangs der Leistungspflicht der Krankenkasse,
   2. der Plausibilität von Art und Umfang der für die Behandlung eines Versicherten abgerechneten Leistungen in Bezug auf die angegebene Diagnose,
   3. der Plausibilität der Zahl der vom Versicherten in Anspruch genommenen Vertragsärzte unter Berücksichtigung ihrer Fachgruppenzugehörigkeit,
   4. der vom Versicherten an den Arzt zu zahlenden Zuzahlung nach § 28 Abs. 4 SGB V und der Beachtung des damit verbundenen Verfahrens nach § 43 b Abs. 2 SGB V.

   Die Prüfungen nach Abs. 1 Nr. 1 betreffen:
   1. die Feststellung der Leistungspflicht aufgrund des Versicherungsstatus,
   2. die Feststellung der Leistungspflicht im Hinblick auf die Zuständigkeit eines anderen Leistungsträgers,
   3. die Feststellung der Voraussetzungen der Leistungspflicht bei Maßnahmen der Krankheitsfrüherkennung und bei Leistungen, welche einer Genehmigung der Krankenkassen bedürfen.

   Die Krankenkassen prüfen die über sie abgerechneten Sachkosten. Soweit die Krankenkassen Verträge nach §§ 73 b, 73 c und 140 a ff. SGB V abgeschlossen haben, deren Vertragspartner nicht die Kassenärztlichen Vereinigungen sind, können Krankenkassen die zuständige Kassenärztliche Vereinigung über Art und Umfang der im Rahmen dieser Verträge abgerechneten Leistungen des jeweiligen Vertragsarztes informieren, damit die Prüfung durch die Kassenärztliche Vereinigung durch Berücksichtigung dieser Informationen zu einem validen Ergebnis gebracht werden kann.

- § 17 regelt Unplausibilitäten nach § 16 Abs. 1 Nr. 2 und 3. Die Plausibilität von Art und Umfang der für die Behandlung eines Versicherten abgerechneten Leistungen in Bezug auf die angegebene Diagnose wird überprüft durch Feststellung von Auffälligkeiten, die sich insbesondere auf folgende Sachverhalte beziehen können:
   1. Prüfung der angegebenen Diagnosen bei Leistungen mit Diagnosebezug,
   2. Prüfung von Art und Umfang der abgerechneten Leistungen bei Diagnosen bzw. Krankheitsbildern, für die es evidenzbasierte Leitlinien gibt, die das diagnostische und therapeutische Vorgehen beschreiben. Der hausärztliche oder fachärztliche Versorgungsauftrag und das Gebiet bzw. der Schwerpunkt, mit dem der Vertragsarzt zur Versorgung zugelassen ist, sind dabei zu beachten,
   3. Prüfung der quartalsübergreifenden Plausibilität der Diagnosendokumentation,
   4. Prüfung der Plausibilität von Art, Häufigkeit und Struktur der Leistungen sowie der Diagnosendokumentation bezogen auf das Gebiet, mit dem der Vertragsarzt zur Versorgung zugelassen ist, auch quartalsübergreifend,
   5. Prüfung der Plausibilität der angegebenen Diagnose durch Vergleich mit Arzneimittelverordnungen.

   Die Plausibilität der parallelen Inanspruchnahme mehrerer Vertragsärzte wird überprüft durch die Feststellung von Auffälligkeiten, insbesondere hinsichtlich folgender Sachverhalte:
   1. Häufigkeit der Inanspruchnahme von Ärzten derselben Fachrichtung durch den Versicherten,
   2. Häufigkeit der durch wechselseitige Zuweisung veranlassten Inanspruchnahme mehrerer Vertragsärzte.

   Die Krankenkassen legen Art und Umfang der von ihnen durchgeführten Prüfungen nach den Absätzen 1 und 2 fest. Die Prüfungen können regelhaft oder als Stichprobenprüfungen erfolgen. Stichprobenprüfungen sind nach dem Zufallsprinzip durchzuführen. Bei festgestellter Implausibilität wegen der Art und des Umfangs der für die Behandlung eines Versicherten abgerechneten Leistungen in Bezug auf die angegebene Diagnose kann die Krankenkasse oder ihr Verband eine Wirtschaftlichkeitsprüfung nach § 106 SGB V beantragen. Das gleiche gilt bei Implausibilität hinsichtlich der Zahl der vom Versicherten in Anspruch genommenen Vertragsärzte unter Berücksichtigung ihrer Fachgruppenzugehörigkeit, wenn die Krankenkasse eine versicherteninitiierte unkoordinierte Mehrfachinanspruchnahme ausschließen kann. Die Krankenkassen können vorsehen, dass die Prüfungen nach den Absätzen 1 und 2 im Auftrag der Krankenkassen durch die Kassenärztliche Vereinigung oder gegebenenfalls anderen Dritten durchgeführt werden. Sie treffen insoweit eine entsprechende Vereinbarung, welche die Art und Weise der Prüfung festlegt. Sie regeln auch das Verfahren der Folgerungen bei festgestellten Implausibilitäten. Die Zuständigkeit der Krankenkassen zur Veranlassung entsprechender Maßnahmen bleibt unberührt.

g) **Haftung (Abs. 7).** Nach Abs. 7 gilt § 106 Abs. 4 b (Haftung der zuständigen Vorstandsmitglieder der Krankenkassenverbände und Kassenärztlichen Vereinigungen für eine ordnungsgemäße Umsetzung dieser Regelung) entsprechend. Die entsprechende Anwendung im Bereich der Abrechnungsprüfung soll die Beteiligten veranlassen, die Prüfungen im vorgesehenen Umfang durchzuführen.[62]

h) **Rechtsfolgen, Ausschlussfrist und Rechtsschutz. aa) Rechtsfolgen.** Soweit einem Honorarbescheid sachlich-rechnerische oder gebührenordnungsrechtliche Fehler zugrunde liegen, hat ein Richtigstellungsbescheid (Honoraränderung oder Honorarrückforderung) zu ergehen, da das Honorar insoweit *„ohne Rechtsgrund"* gezahlt worden ist. Dabei sind die Behörden nach ordnungsgemäßer Durchführung von Plausibilitätsprüfungen zur sachlich-rechnerischen Richtigstellung der ergangenen Abrechnungsbescheide berechtigt und haben lediglich das insoweit überzahlte Honorar zurückzufordern.[63] Keinesfalls haben die Behörden einen Anspruch auf Rückzahlung von Honorar, das *„mit Rechtsgrund"* bezahlt worden ist, auch nicht im Rahmen des nachfolgend aufgeführten Schätzungsermessens.[64]

Soweit sich die Schadenssumme nicht oder nur unter mit unzumutbaren Mühen feststellen lässt, ist der Behörde ein sog Schätzungsermessen eröffnet.[65] Z.B. ist es insoweit nicht zu beanstanden, wenn die Behörde in den Fällen, in denen die vom Arzt geltend gemachte Quartalsvergütung bezogen auf den Fallwert wesentlich über dem Durchschnitt seiner Fachgruppe liegt, deutliche Abschläge gegenüber der ursprünglich geltend gemachten Honorarforderung vornimmt und sich im Wege pauschalierender Schätzung damit begnügt, ihm ein Honorar zB in Höhe des Fachgruppendurchschnitts zuzuerkennen.[66] Für eine solche Schadensschätzung ist jedoch kein Raum, wenn die Behörde den vermeintlichen Schaden in Euro und Cent genau bestimmt oder bestimmen kann.

Wenn jedoch Schätzungsermessen dem Grunde nach angenommen werden sollte, ist unter Berücksichtigung des Wortteils „Ermessen" der jeweils konkret vorliegende Einzelfall zu berücksichtigen und der Grundsatz der Verhältnismäßigkeit zu beachten.[67]

bb) **Ausschlussfrist.** Soweit einem Honorarbescheid sachlich-rechnerische oder gebührenordnungsrechtliche Fehler zugrunde liegen, hat ein Richtigstellungsbescheid (Honoraränderung oder Honorarrückforderung) innerhalb einer vierjährigen Ausschlussfrist ab Bekanntgabe des Honorarbescheides zu

---

62 BT-Dr. 15/1525, 119.
63 Vgl. LSG NRW, 13.3.2013, L 11 KA 148/11, juris Rn. 29.
64 Vgl. Scholl-Eickmann, GesR 2016, 141/148.
65 Vgl. BSG, 19.10.2011, B 6 KA 35/10 R, juris Rn. 18 = SozR 4-1300 § 63 Nr. 16; BSG, 17.9.1997, 6 RKa 86/95, juris Rn. 23 = MedR 1998, 338 ff.
66 Vgl. BSG, 17.9.1997, 6 RKa 86/95, juris Rn. 23 = MedR 1998, 338 ff.; LSG NRW, 29.2.2012, L 11 KA 72/08, juris Rn. 78.
67 Vgl. Scholl-Eickmann, GesR 2016, 141/148.

ergehen.[68] Die Frist beginnt mit Zugang des Honorarbescheides.[69] Soweit die Bekanntgabe des Honorarbescheids nicht nachgewiesen werden kann, hat im Zweifel die jeweilige Behörde den Zeitpunkt des Zugangs eines Bescheides nachzuweisen.[70]

53 Nach Ablauf der Ausschlussfrist richtet sich die Rücknahme nach § 45 SGB X.[71] Honorarbescheide können dabei grundsätzlich unabhängig von den Voraussetzungen des § 45 SGB X korrigiert werden. Rechtsgrundlage sind § 45 Abs. 2 S. 1 BMV-Ä. Diese Bestimmung stellt eine Sonderregelungen dar, die gemäß § 37 S. 1 SGB I in ihrem Anwendungsbereich § 45 SGB X verdrängt. Daher kann der Vertragsarzt auf den Bestand eines vor einer endgültigen Prüfung auf Rechtmäßigkeit und Wirtschaftlichkeit erteilten Honorarbescheides grundsätzlich nicht vertrauen. Dieser sehr weitgehende Ausschluss jedweden Vertrauensschutzes gegenüber nachträglichen Honorarberichtigungen bedarf allerdings in bestimmten Fallkonstellationen der Einschränkung. Danach ist die nachträgliche Korrektur eines Honorarbescheids nur noch unter Berücksichtigung der Vertrauensausschlusstatbestände des § 45 Abs. 2 S. 3 iVm Abs. 4 S. 1 SGB X (Erwirkung des Bescheides durch arglistiges Täuschen, ua, Beruhen des Bescheides auf vorsätzlich oder grob fahrlässig unrichtigen Angaben, Kenntnis oder grob fahrlässige Unkenntnis des Begünstigten von der Unrichtigkeit) möglich, wenn die Frist von vier Jahren seit Erlass des betroffenen Honorarbescheids bereits abgelaufen ist.[72] Gemäß § 45 Abs. 4 S. 2 SGB X muss die Behörde die Rücknahme innerhalb eines Jahres seit Kenntnis der Tatsachen erledigen, welche die Rücknahme eines rechtswidrigen begünstigenden Verwaltungsaktes für die Vergangenheit rechtfertigen.[73] Dies führt zwar zu einer Abkürzung der vierjährigen Ausschlussfrist, ist jedoch interessengerecht, da zum einen der Arzt möglichst frühzeitig an der Fortsetzung seines vermeintlich rechtswidrigen Tuns gehindert werden soll, zum anderen die Behörde aus Gründen möglichst frühzeitiger Schaffung von Rechtssicherheit zur Verfahrensbeschleunigung bewogen wird. Schließlich entspricht die Anwendung des § 45 Abs. 4 S. 2 SGB X auch dem Wortlaut und der Systematik des gesamten § 45 SGB X. Der Beginn der Jahresfrist setzt dabei objektive Kenntnis der die Rücknahme rechtfertigenden Tatsachen voraus, nicht aber die subjektive Kenntnis der Rechtswidrigkeit des Ausgangsbescheides.[74] Kennt eine Behörde die Tatsachen, die die Rechtswidrigkeit des Honorarbescheides begründen, muss sie innerhalb eines Jahres mit der Ermittlung der subjektiven Voraussetzungen einer Rücknahme beginnen, insbesondere das Anhörungsverfahren einleiten. Tut sie dies nicht, ist eine Rücknahme des Ausgangsverwaltungsaktes durch den Ablauf der Jahresfrist des § 45 Abs. 4 S. 2 SGB X gehindert.[75]

54 Auf ein Verschulden kommt es insoweit grundsätzlich nicht an.[76] Insbesondere die Ausgestaltung der Praxissoftware ist dem Arzt als Verwender zuzurechnen.[77] Gegen eine quartalsweise Richtigstellung ist grundsätzlich eine kombinierte Anfechtungs- und Leistungsklage zu erheben.[78]

55 cc) **Rechtsschutz.** Dabei ist zu beachten, dass ein vorheriger Widerspruch gemäß 87b Abs. 2 S. 6 SGB V keine aufschiebende Wirkung hat, so dass der Arzt grundsätzlich zunächst leisten muss; er erhält das Honorar erst dann von der Kassenärztlichen Vereinigung ausbezahlt, wenn das Klageverfahren rechtskräftig abgeschlossen ist oder wenn das zuständige Sozialgericht die aufschiebende Wirkung

---

68 BSG, 28.3.2007, B 6 KA 22/06 R, juris Rn. 16 = GesR 2007, 461 ff.; eine kürzere Frist als die 4-Jahres-Frist kommt nur dann in Betracht, wenn die Behörde die ihr eingeräumte Befugnis zur sachlich-rechnerischen Richtigstellung vorher „verbraucht" hat, vgl. hierzu Clemens in: jurisPK-SGB V, § 106a Rn. 63.
69 Vgl. BSG, 15.11.1995, 6 RKa 57/94, juris = SozR 3-5535 Nr. 119 Nr. 1; BSG, 12.12.2001, B 6 KA 3/01 R, juris = SozR 3-2500 § 82 Nr. 3 S. 16; BSG, 14.12.2005, B 6 KA 17/05 R, juris = SozR 4-2500 § 85 Nr. 22 Rn. 14, 18; BSG, 8.2.2006, B 6 KA 12/05 R, juris = SozR 4-2500 § 106 a Nr. 16; BSG, 28.3.2007, B 6 KA 22/06 R, juris Rn. 17, 18, 29 = SozR 4-2500 § 85 Nr. 35; BS, 28.3.2007, B 6 KA 26/06 R, juris Rn. 17, 18 = MedR 2008, 100, 101 f.; BSG, 23.6.2010, 7/09 R, juris Rn. 60 („*Tag nach der Bekanntgabe des ... Honorarbescheids*") = SozR 4-5520 § 32 Nr. 4; BSG, 12.12.2012, B 6 KA 35/12 R, juris Rn. 13 = SozR 4-2500 § 106a Nr. 10; BSG, 28.8.2013, B 6 KA 43/12 R, juris Rn. 25 = SozR 4-2500 § 106a Nr. 11; BSG, 28.8.2013, B 6 KA 50/12 R, juris Rn. 24 = SozR 4-2500 § 106a Nr. 12; BSG, 25.3.2015, B 6 KA 22/14 R, juris Rn. 27f. = SozR 4-2500 § 85 Nr. 82; BSG, 19.8.2015, B 6 KA 26/14 R, juris Rn. 24 = SozR 4-2500 § 106a Nr. 14.
70 LSG Nds.-Bremen, 12.7.2006, L 3 KA 76/01, juris Rn. 26 ff. = MedR 2006, 674, 675 f.
71 Scholz in: Becker/Kingreen, § 106a Rn. 16.
72 BSG, 25.3.2015, B 6 KA 22/14 R, juris Rn. 27f. = SozR 4-2500 § 85 Nr. 82.
73 AA Clemens in: jurisPK-SGB V, § 106a Rn. 64.
74 Vgl. SchlHLSG, 19.11.2013, L 7 R 3/11, juris Rn. 33.
75 Vgl. SchlHLSG, 19.11.2013, L 7 R 3/11, juris Rn. 37.
76 BSG, 22.3.2006, B 6 KA 76/04 R, juris Rn. 28 = GesR 2006, 450ff.; Scholz in: Becker/Kingreen, § 106a Rn. 16.
77 Vgl. BSG, 11.12.2013, B 6 KA 36/13 B, juris Rn. 7 = RID 14-01-69.
78 Vgl. BSG, 23.2.2005, B 6 KA 77/03 R, juris Rn. 14 = MedR 2005, 725 ff.

des Widerspruchs anordnet. Dies darf jedoch aus Gründen von Treu und Glauben nicht dazu führen, dass die Kassenärztlichen Vereinigungen die fehlende aufschiebende Wirkung zulasten des jeweiligen Vertragsarztes als Druckmittel für bestimmte Verfahrensweisen benutzen (zB Verzicht auf Geltendmachung einer Ausschlussfrist, da andernfalls ein Rückforderungsbescheid erlassen würde).

i) **Disziplinar- und Strafverfahren.** Neben einem Schadensausgleich drohen dem Vertragsarzt zusätzlich die Einleitung von Disziplinar- und Strafverfahren. Ob eine Einleitung dieser Verfahren erfolgt, liegt im Ermessen der zuständigen Organe.[79] 56

Disziplinarmaßnahmen dienen anders als strafrechtliche Sanktionen gerade nicht der Vergeltung oder Sühne. Überhaupt nur wegen ihrer vom Strafrecht abweichenden präventiven Zielrichtung sind die disziplinarische und strafrechtliche Verfolgung einer Tat nebeneinander zulässig; insbesondere liegt kein Verstoß gegen Art. 103 Abs. 3 GG vor.[80] Disziplinarmaßnahmen sollen vielmehr bewirken, dass der der Disziplinargewalt Unterworfene in seiner besonderen Pflichtenstellung tragbar ist. Allerdings dürfen für die Frage der Hauptsacheerledigung von Disziplinarmaßnahmen die Besonderheiten einer von einem Disziplinargremium bereits festgesetzten (dh nicht nur im Raum stehenden, angedrohten) Geldbuße im Vergleich zu einem bloßen Verweis nicht außer Acht bleiben. Es würde die Steuerungsfunktion der als gesetzliche Sanktion vorgesehenen Geldbuße ad absurdum führen, wenn die Aufrechterhaltung dieses schärferen Disziplinarmittels dadurch in das Belieben des Betroffenen gestellt wäre, dass er dieser Sanktion durch eigenes Ausscheiden aus dem besonderen Pflichtstatus entgehen könnte. Eine Geldbuße als disziplinarrechtliche Sanktion macht anders als eine Missbilligung in Worten nur Sinn, wenn sie – einmal festgesetzt – auch nach Wegfall der Zulassung weiter aufrechterhalten bleibt, sofern die materiellen disziplinarrechtlichen Voraussetzungen dafür vorgelegen haben.[81] 57

Grundlage für die Einleitung eines Disziplinarverfahrens ist die Disziplinarordnung der jeweiligen Kassenärztlichen Vereinigung, für die Einleitung eines Strafverfahrens das Strafgesetzbuch. 58

Sinn des Disziplinarrechts ist nicht nur, den betroffenen Vertragsarzt zur Ordnung zu rufen, sondern auch, andere Vertragsärzte von einem gleichen Verhalten abzuhalten.[82] 59

Beispielsweise für den Bereich der KVNO gilt die **Disziplinarordnung** (DisziplOrd KVNO) vom 26.11.2005.[83] Verstößt ein Mitglied der Kassenärztlichen Vereinigung Nordrhein gegen die ihm durch Gesetze, Satzung oder Vertrag auferlegten vertragsärztlichen Pflichten oder gegen in Ausführung hierzu von den Organen der KVNO gefasste Beschlüsse, kann der Vorstand der KVNO gemäß § 1 DisziplOrd KVNO gegen das Mitglied die Eröffnung eines Verfahrens gemäß § 81 Abs. 5 SGB V beantragen. Gemäß § 9 DisziplOrd KVNO ist der Antrag des Vorstandes der KVNO über die Einleitung eines Disziplinarverfahrens dem Disziplinarausschuss mit Begründung unter Angabe der Beweismittel zuzuleiten. Ein Verfahren kann nicht mehr beantragt bzw. eingeleitet werden, wenn der KV Nordrhein die Verfehlung länger als zwei Jahre bekannt ist, oder – unabhängig hiervon – die begangene Verfehlung länger als fünf Jahre zurückliegt. Das gilt nicht bei Verfehlungen, die den Tatbestand nach allgemeinen Strafgesetzen zu verfolgenden strafbaren Handlungen erfüllen oder mit einer solchen in Zusammenhang stehen, wenn die Strafverfolgung zurzeit des Beschlusses des Vorstandes der KV Nordrhein auf Einleitung des Disziplinarverfahrens noch nicht verjährt war. Ist vor Ablauf der Frist wegen desselben Sachverhalts ein staatsanwaltschaftliches Ermittlungs- bzw. Strafverfahren, ein berufsgerichtliches Verfahren oder ein Verfahren auf Entziehung der Zulassung eingeleitet worden, ist die Frist für die Dauer der betreffenden Verfahren gehemmt. Gemäß § 16 DisziplOrd KVNO kann der Disziplinarausschuss die Aussetzung des Verfahrens beschließen, wenn aufgrund desselben Sachverhalts ein strafgerichtliches, berufsgerichtliches oder ein Verfahren auf Entziehung der Zulassung anhängig ist. Darüber hinaus kann er das Verfahren aussetzen, wenn dies zweckmäßig erscheint, insbesondere wenn ein anderes Verfahren schwebt, dessen Ausgang für die zu treffenden Entscheidungen von Bedeutung ist. Ist in derselben Sache in Unkenntnis eines Verfahrens auf Entziehung der Zulassung eine Disziplinarmaßnahme ausgesprochen worden, so ist diese auf Antrag durch den Disziplinarausschuss aufzuheben, wenn die Entziehung der Zulassung bestandskräftig geworden ist. Hält der Disziplinarausschuss eine 60

---

79 Vgl. LSG Nds-Brem, 31.7.2013, L 3 KA 41/12, juris Rn. 22 = ZMGR 2013, 416 ff.
80 Vgl. BVerfG, 2.5.1967, 2 BvR 391/64, 2 BvR 263/66.
81 Vgl. BSG, 7.3.2000, B 6 KA 62/98 R, juris Rn. 19 = SozR 3-2500 § 81 Nr. 6.; Steinmann-Munzinger/Engelmann in: jurisPK-SGB V, § 81 Rn. 52 ff.
82 Vgl. LSG Bln-Bbg, 22.11.2013, L 24 KA 69/12, juris Rn. 29.
83 Fassung vom 18.11.2015, Rheinisches Ärzteblatt 4/2016, 54 = https://www.kvno.de/downloads/allgem_veroeffentlichungen/disziplinarordnung.pdf (zuletzt abgerufen am 1.3. 2017).

Verletzung der vertragsärztlichen Pflichten für erwiesen, so kann er gemäß § 19 DisziplOrd KVNO folgende Maßnahmen aussprechen:
a) Verwarnung
b) Verweis
c) Geldbuße bis zu 50.000 EUR
d) Anordnung des Ruhens der Zulassung/vertragsärztlichen Beteiligung bis zu zwei Jahren.

Bezüglich der Festsetzung der Disziplinarstrafe kommt dem Disziplinarausschuss Ermessen zu.[84]

61 Strafrechtlich relevant sind insbesondere der Abrechnungsbetrug gemäß § 263 StGB[85] sowie und Urkundendelikte gemäß §§ 267 ff. StGB, wodurch sich Zulassungs- und/oder Approbationsprobleme ergeben können.[86]

Dritter Abschnitt
Beziehungen zu Krankenhäusern und anderen Einrichtungen

§ 107 Krankenhäuser, Vorsorge- oder Rehabilitationseinrichtungen

(1) Krankenhäuser im Sinne dieses Gesetzbuchs sind Einrichtungen, die
1. der Krankenhausbehandlung oder Geburtshilfe dienen,
2. fachlich-medizinisch unter ständiger ärztlicher Leitung stehen, über ausreichende, ihrem Versorgungsauftrag entsprechende diagnostische und therapeutische Möglichkeiten verfügen und nach wissenschaftlich anerkannten Methoden arbeiten,
3. mit Hilfe von jederzeit verfügbarem ärztlichem, Pflege-, Funktions- und medizinisch-technischem Personal darauf eingerichtet sind, vorwiegend durch ärztliche und pflegerische Hilfeleistung Krankheiten der Patienten zu erkennen, zu heilen, ihre Verschlimmerung zu verhüten, Krankheitsbeschwerden zu lindern oder Geburtshilfe zu leisten,

und in denen

4. die Patienten untergebracht und verpflegt werden können.

(2) Vorsorge- oder Rehabilitationseinrichtungen im Sinne dieses Gesetzbuchs sind Einrichtungen, die
1. der stationären Behandlung der Patienten dienen, um
    a) eine Schwächung der Gesundheit, die in absehbarer Zeit voraussichtlich zu einer Krankheit führen würde, zu beseitigen oder einer Gefährdung der gesundheitlichen Entwicklung eines Kindes entgegenzuwirken (Vorsorge) oder
    b) eine Krankheit zu heilen, ihre Verschlimmerung zu verhüten oder Krankheitsbeschwerden zu lindern oder im Anschluß an Krankenhausbehandlung den dabei erzielten Behandlungserfolg zu sichern oder zu festigen, auch mit dem Ziel, eine drohende Behinderung oder Pflegebedürftigkeit abzuwenden, zu beseitigen, zu mindern, auszugleichen, ihre Verschlimmerung zu verhüten oder ihre Folgen zu mildern (Rehabilitation), wobei Leistungen der aktivierenden Pflege nicht von den Krankenkassen übernommen werden dürfen,
2. fachlich-medizinisch unter ständiger ärztlicher Verantwortung und unter Mitwirkung von besonders geschultem Personal darauf eingerichtet sind, den Gesundheitszustand der Patienten nach einem ärztlichen Behandlungsplan vorwiegend durch Anwendung von Heilmitteln einschließlich Krankengymnastik, Bewegungstherapie, Sprachtherapie oder Arbeits- und Beschäftigungstherapie, ferner durch andere geeignete Hilfen, auch durch geistige und seelische Einwirkungen, zu verbessern und den Patienten bei der Entwicklung eigener Abwehr- und Heilungskräfte zu helfen,

---

84 LSG Bln-Bbg, 22.11.2013, L 24 KA 69/12, juris Rn. 31.
85 Schmidt in: Ratzel/Luxenburger, § 15 Rn. 159 ff.; Perron in: Schönke/Schröder, Strafgesetzbuch, 29. Aufl. 2014, § 263 Rn. 20.
86 Vgl. Vgl. BSG, 24.11.1993, 6 RKa 70/91, juris Rn. 36 = MedR 1994, 206 ff.; BSG, 25.10.1989, 6 RKa 28/88, juris Rn. 15 = SozR 2200 § 368 a Nr. 24; BSG, 30.3.1977, 6 RKa 4/76, juris = SozR 2200 § 368 a Nr. 3; Pawlita in: jurisPK-SGB V, § 95 Rn. 436.

und in denen
3. die Patienten untergebracht und verpflegt werden können.

I. Entstehungsgeschichte	1	2. Vorsorge- und Rehabilitationseinrichtungen (Abs. 2)	12
II. Regelungsgehalt	2		
1. Krankenhäuser (Abs. 1)	5		

I. Entstehungsgeschichte

§ 107 wurde durch das Gesundheits-Reformgesetz vom 20.12.1988[1] mWv 1.1.1989 eingeführt.[2] Mit Wirkung vom 1.1.1995 hob das Pflege-Versicherungsgesetz[3] die in Abs. 2 Nr. 1 lit. b zuvor bei den Rehabilitationszielen bestehende Differenzierung zwischen Behinderung und Pflegebedürftigkeit auf und bestimmte, dass Leistungen der aktivierenden Pflege nicht als Rehabilitationsleistungen von den Krankenkassen übernommen werden dürfen.[4] Zum 1.7.2001[5] wurde in Abs. 2 Nr. 1 lit. b die Umschreibung der Rehabilitationsziele an den Sprachgebrauch des SGB XI angepasst.[6]   1

II. Regelungsgehalt

Die Legaldefinitionen des Krankenhauses und der Vorsorge- und Rehabilitationseinrichtung in § 107 sind Grundlage für das in den nachfolgenden Vorschriften geregelte differenzierte Zulassungs- und Vertragssystem. Der überwiegende Teil der Vorschriften (§§ 108 bis 110 und §§ 112 bis 114) gelten für Krankenhäuser; die §§ 111 bis 111c betreffen Vorsorge- und Rehabilitationseinrichtungen.   2

Parallelvorschrift zu § 107 Abs. 1 ist § 2 Nr. 1 KHG. Durch den erst später durch das Gesetz zur Strukturreform im Gesundheitswesen eingefügten § 107 Abs. 1 sollte kein weiterer Krankenhausbegriff eingeführt werden, denn nach der amtlichen Begründung knüpft der in § 107 Abs. 1 definierte Krankenhausbegriff an den des § 2 Nr. 1 KHG an, konkretisiert ihn jedoch durch die Aufstellung organisatorischer und fachlicher Voraussetzungen.[7] Dem Krankenhausbegriff des § 2 Nr. 1 KHG unterfallen auch Vorsorge- und Rehabilitationseinrichtungen, die allerdings gem. § 5 Abs. 1 Nr. 7 KHG von der öffentlichen Förderung ausgenommen sind. Daher hat die Legaldefinition des § 2 Nr. 1 KHG in ihrer Breite wenig praktische Bedeutung. Ihr liegt ein – zum Zwecke der Förderung bestimmter – leistungsrechtlicher Begriff zugrunde.[8] Hinsichtlich der Anforderungen an die Leistungserbringung sind die Krankenhausbegriffe des KHG und des SGB V jedoch deckungsgleich.   3

§ 107 definiert für das Recht der gesetzlichen Krankenversicherung die Begriffe des Krankenhauses sowie der Vorsorge- und der Rehabilitationseinrichtung. Die Legaldefinitionen von Krankenhaus sowie Vorsorge- und Rehabilitationseinrichtung dienen sowohl der Abgrenzung dieser Einrichtungen voneinander als auch gegenüber anderen Versorgungsformen. Diese Abgrenzung ist notwendig, weil die Krankenhäuser und die Vorsorge- und Rehabilitationseinrichtungen sowohl hinsichtlich ihrer Zulassung zur Versorgung der Versicherten als auch hinsichtlich der Vergütung unterschiedlichen Regelungen folgen. Ferner dienen die Unterscheidungen dazu, die Leistungsansprüche auf stationäre Krankenhausbehandlung, Vorsorge und Rehabilitation zu konkretisieren.   4

1. Krankenhäuser (Abs. 1). Krankenhäuser im Sinne des Abs. 1 sind Einrichtungen, die   5
- der Krankenhausbehandlung oder Geburtshilfe dienen,
- fachlich-medizinisch unter ständiger ärztlicher Leitung stehen, über ausreichende, ihrem Versorgungsauftrag entsprechende diagnostische und therapeutische Möglichkeiten verfügen und nach wissenschaftlich anerkannten Methoden arbeiten,
- mithilfe von jederzeit verfügbarem ärztlichem, pflegerisch-, funktions- und medizinisch-technischem Personal darauf eingerichtet sind, vorwiegend durch ärztliche und pflegerische Hilfeleistung Krankheiten der Patienten zu erkennen, zu heilen, ihre Verschlimmerung zu verhüten, Krankheitsbeschwerden zu lindern oder Geburtshilfe zu leisten, und in denen
- die Patienten untergebracht und verpflegt werden können.

---

1 BGBl. I 1988, 2477.
2 Materialien: BT-Dr. 11/2237, 196 f.; BT-Dr. 11/2493, 28; BT-Dr. 11/3493, 63; BT-Dr. 11/3480, 60.
3 Vom 26.5.1994, BGBl. I, 1014.
4 Vgl. Bericht des Ausschusses für Arbeit und Sozialordnung BT-Dr. 12/5952, 51.
5 Neuntes Buch Sozialgesetzbuch vom 19.6.2001, BGBl. I, 1046.
6 BT-Dr. 14/5074, 119.
7 BT-Dr. 11/2237, 196 f.
8 Thomae, Krankenhausplanungsrecht, 2006, S. 37.

6 Krankenhäuser müssen der Krankenhausbehandlung oder Geburtshilfe dienen. Gegenstand der Behandlung muss **Krankenhausbehandlung iSd § 39** oder Geburtshilfe (stationäre Entbindungspflege) iSd § 197 RVO sein. Unter Krankenhausbehandlung fällt gem. § 39 Abs. 1 S. 1 SGB V nicht nur die voll- und teilstationäre, sondern auch die vor- und nachstationäre sowie die ambulante Behandlung im Krankenhaus. Damit ist die begriffliche Unterscheidung zwischen Krankenhäusern und Einrichtungen der ambulanten Versorgung nicht aufgehoben. Vielmehr ist eine Einrichtung, die ausschließlich ambulante, aber keine stationären Leistungen erbringt, kein Krankenhaus.[9] Dies macht Abs. 1 Nr. 4 deutlich, wonach in einem Krankenhaus die Möglichkeit bestehen muss, Patienten unterzubringen und zu verpflegen. Allerdings gehören zu Abs. 1 auch Einrichtungen, die ausschließlich teilstationäre Krankenhausbehandlungen erbringen, also Tages- oder Nachtkliniken. Bei einer solchen Einrichtung sind die Anforderungen des Abs. 1 dahin gehend auszulegen, dass ärztliche Leitung (Nr. 2) und das weitere Personal (Nr. 3) sowie die Unterbringungsmöglichkeit (Nr. 4) nur in deren Betriebszeiten bereitstehen müssen.[10] „Jederzeit" im Sinne des § 107 Abs. 1 Nr. 3 SGB V bezieht sich auf die Betriebszeiten der Einrichtung, mithin des Krankenhauses.[11]

7 Krankenhäuser haben Leistungen der Krankenhausbehandlung selbst zu erbringen, da nach der Legaldefinition die Krankenhäuser über ausreichende, dem Versorgungsauftrag entsprechende diagnostische und therapeutische Möglichkeiten verfügen müssen, wozu insbesondere jederzeit verfügbares besonderes geschultes Personal gehört. Das **Personal** muss derart in die Arbeitsorganisation des Krankenhauses eingegliedert sein, dass das Krankenhaus auf das tatsächliche Leistungsgeschehen jederzeit maßgeblichen Einfluss nehmen kann. Dementsprechend muss die Leistungserbringung des Krankenhauses grundsätzlich durch eigenes Personal erfolgen, wobei Ausnahmen von dem Grundsatz eigener Leistungserbringung gesetzlich geregelt sein können. Dies gilt insbesondere für § 2 Abs. 2 S. 2. Nr. 2 KHEntgG, wonach zu den allgemeinen Krankenhausleistungen auch die vom Krankenhaus veranlassten Leistungen Dritter zählen. Zudem können allgemeine Krankenhausleistungen auch durch nicht fest angestellte Ärzte erbracht werden, § 2 Abs. 1 S. 1 KHEntgG.[12] Gemäß § 2 Abs. 3 KHEntgG ist bei der Erbringung von allgemeinen Krankenhausleistungen durch nicht im Krankenhaus fest angestellte Ärztinnen und Ärzte durch das Krankenhaus sicherzustellen, dass diese für ihre Tätigkeit im Krankenhaus die gleichen Anforderungen erfüllen, wie sie auch für fest im Krankenhaus angestellte Ärztinnen und Ärzte gelten. Die Sicherstellung erstreckt sich zB auf die Einhaltung des Facharztstandards, die Durchführung einer Einweisung gem. Medizinprodukte-Betreiberverordnung, die stetige Teilnahme an Instrumenten des Qualitäts-Risikomanagements, Kenntnisse der Standard- und Notfallabläufe im Krankenhaus sowie auf die Kenntnisnahme einschlägiger Dienstanordnungen des Krankenhauses.[13] Durch das GKV-Versorgungsstrukturgesetz[14] sind Regelungen in die §§ 115 a Abs. 1 S. 2, 115 b Abs. 1 S. 4 eingeführt worden, wonach Krankenhäuser auch niedergelassene Ärzte mit den dort geregelten Leistungen beauftragen dürfen. Gleichwohl ist der Einsatz von Honorarärzten im Krankenhaus nach wie vor nur unter Berücksichtigung des Verbots der Zuweisung gegen Entgelt (§ 31 MBO) zulässig.[15] Eine Ausnahme besteht für den Bereich wahlärztlicher Leistungen, die nicht durch im Krankenhaus angestellte Honorarärzte erbracht werden können. § 17 Abs. 3 S. 1 KHEntgG legt den Kreis der liquidationsberechtigten Wahlärzte abschließend fest. Dieser begrenzt nach seinem eindeutigen Wortlaut die wahlärztliche Tätigkeit auf angestellte und beamtete Krankenhausärzte.[16]

8 Krankenhaus und Vorsorge- und Rehabilitationseinrichtung ist gemeinsam, dass in ihnen Patienten stationär versorgt werden, um deren Krankheiten zu heilen, ihre Verschlimmerung zu verhüten oder Krankheitsbeschwerden zu lindern. Die Vorsorge- und Rehabilitationseinrichtungen unterscheiden sich jedoch vom Krankenhaus durch eine andere Aufgabenstellung und das Maß der ärztlichen Präsenz: Ziel der stationären Behandlung eines Patienten in einer Vorsorge- oder Rehabilitationseinrichtung ist die Vorbeugung und Verhütung drohender Krankheiten (Vorsorge) sowie die Behandlung und

---

9 Quaas/Zuck, § 25 Rn. 36.
10 BSG, 28.1.2009, B 6 KA 61/07 R, BSGE 102, 219.
11 KassKomm/*Hess*, § 107 Rn. 2; Quaas/Zuck, § 25 Rn. 39.
12 § 2 Abs. 1 S. 1, Abs. 3 KHEntgG wurde geändert durch Art. 3 des Gesetzes zur Einführung eines pauschalierenden Entgeltsystems für psychiatrische und psychosomatische Einrichtungen – PsychEntgG vom 21.7.2012, BGBl. I, 1613, 1630.
13 Gesetzesbegründung BT-Dr. 17/9992.
14 Vom 22.12.2011, BGBl. I, 2983.
15 Vgl. hierzu auch Quaas, GesR 2009, 459 ff.; Altendorfer/Heppekausen, NZS 2011, 493 ff.; Seiler, NZS 2011, 410; Clemens, MedR 2011, 770 ff.
16 Vgl. hierzu auch BGH, 16.10.2014, III ZR 85/14, NJW 2015, 1375.

Nachbehandlung bereits eingetretener Krankheiten (Rehabilitation). Dieser Aufgabenstellung entsprechend sind die Anforderungen an die ärztliche Präsenz gegenüber einer Krankenhausbehandlung gesenkt. Gleichzeitig steht die Anwendung von Heilmitteln nach Maßgabe eines ärztlichen Behandlungsplans im Vordergrund. Durch die Anwendung der in § 107 Abs. 2 SGB V näher beschriebenen Heilmittel und andere geeignete Hilfen soll Hilfestellung bei der Entwicklung eigener Abwehr- und Heilungskräfte geleistet werden.[17] Die Vorsorge- und Rehabilitationseinrichtung ist also darauf ausgerichtet, den Gesundheitszustand des Patienten nach einem ärztlichen Behandlungsplan vorwiegend durch Anwendung von Heilmitteln einschließlich Krankengymnastik und Bewegungstherapie zu verbessern Hierbei ist die pflegerische Betreuung des Patienten der ärztlichen Behandlung eher gleichwertig nebengeordnet. Krankenhäuser dagegen müssen dafür eingerichtet sein, das gleiche Ziel vorwiegend durch ärztliche oder pflegerische Hilfeleistung zu erreichen. Darüber hinaus müssen Krankenhäuser über ausreichende diagnostische Möglichkeiten verfügen, was bei Rehabilitationseinrichtungen nicht erforderlich ist.[18]

Die gesetzliche Regelung fordert für Krankenhäuser eine „ständige ärztliche Leitung", in Abgrenzung zu der „ständigen ärztlichen Verantwortung" die nach der Legaldefinition bei Vorsorge- und Rehabilitationseinrichtungen ausreicht. Die im Entwurf des GRG ursprünglich auch für die Vorsorge- und Rehabilitationseinrichtungen vorgesehene ständige ärztliche Leitung wurde im Laufe des Gesetzgebungsverfahrens durch eine ständige ärztliche Verantwortung ersetzt, wodurch verdeutlicht werden sollte, dass nicht die Vorsorge- und Rehabilitationseinrichtung als solche ärztlich geleitet sein muss, sondern nur die Behandlung in der Einrichtung der ärztlichen Verantwortung unterliegt.[19] Damit sollte auch klargestellt werden, dass der Träger der Einrichtung auch andere Personen als Ärzte mit der Leitung oder Geschäftsführung der Einrichtung beauftragen kann.[20] Anders als die ärztliche Verantwortung, die sich auf die konkrete Behandlung im Einzelfall bezieht, umfasst die ärztliche Leitung die Organisation der Betriebsabläufe in fachlich-medizinischer Hinsicht. Unter ärztlicher Leitung muss aber auch die einzelne Behandlung stehen. 9

Das Gesetz erfordert vom Krankenhaus ausreichende, dem Versorgungsauftrag entsprechende **diagnostische und therapeutische Möglichkeiten**. Welche dies konkret sind, ergibt sich nach Abs. 1 Nr. 1 aus seinem Versorgungsauftrag. Da der Versorgungsautrag der einzelnen Krankenhäuser unterschiedlich ist, schreibt Abs. 1 Nr. 2 keine einheitliche Ausstattung der Krankenhäuser vor. 10

Abs. 1 Nr. 2 verlangt, dass Krankenhäuser fachlich-medizinisch nach **wissenschaftlich anerkannten Methoden** arbeiten müssen. Dies sind Methoden, die dem allgemein anerkannten Stand der medizinischen Erkenntnisse (§ 2 Abs. 1 S. 3) entsprechen, über deren Wirksamkeit und Zweckmäßigkeit in den einschlägigen medizinischen Fachkreisen Konsens besteht. 11

2. Vorsorge- und Rehabilitationseinrichtungen (Abs. 2). Nach Abs. 2 sind Vorsorge- und Rehabilitationseinrichtungen Einrichtungen, die 12
- der stationären Behandlung der Patienten dienen, um
- eine Schwächung der Gesundheit, die in absehbarer Zeit voraussichtlich zu einer Krankheit führen würde, zu beseitigen oder eine Gefährdung der gesundheitlichen Entwicklung eines Kindes entgegenzuwirken (Vorsorge) oder
- eine Krankheit zu heilen, ihre Verschlimmerung zu verhüten oder Krankheitsbeschwerden zu lindern oder im Anschluss an Krankenhausbehandlung den dabei erzielten Behandlungserfolg zu sichern oder zu festigen, auch mit dem Ziel, eine drohende Behinderung oder Pflegebedürftigkeit abzuwenden, zu beseitigen, zu mindern, auszugleichen, ihre Verschlimmerung zu verhüten oder ihre Folgen zu mildern (Rehabilitation), wobei Leistungen der aktivierenden Pflege nicht von den Krankenkassen übernommen werden dürfen,
- fachlich-medizinisch unter ständiger ärztlicher Verantwortung und unter Mitwirkung von besonders geschultem Personal darauf eingerichtet sind, den Gesundheitszustand des Patienten nach einem ärztlichen Behandlungsplan vorwiegend durch Anwendung von Heilmitteln einschließlich Krankengymnastik, Bewegungstherapie, Sprachtherapie oder Arbeits- und Beschäftigungstherapie, ferner durch andere geeignete Hilfen, auch durch geistige und seelische Einwirkungen, zu verbes-

---

17 Quaas/Zuck, § 25 Rn. 51; Vollmöller in: Ratzel/Luxenburger, Handbuch Medizinrecht, Kap. 37 Rn. 68.
18 Klückmann in: Hauck/Noftz, SGB V, § 107 Rn. 12 u. 15; Vollmöller in: Ratzel/Luxenburger, Handbuch Medizinrecht, Kap. 37 Rn. 68.
19 BT-Dr. 11/3489, 60; Quaas/Zuck, § 25 Rn. 51.
20 BT-Dr. 11/3480, 69.

sern und den Patienten bei der Entwicklung eigener Abwehr- und Heilungskräften zu helfen, und in denen
- die Patienten untergebracht und verpflegt werden können.

13 Der Gesetzgeber hat die in Abs. 2 Nr. 2 enthaltenen fachlichen und organisatorischen Anforderungen an Vorsorge- und Rehabilitationseinrichtungen in Anlehnung an die Rechtsprechung des BSG[21] und des BVerwG[22] entwickelt.[23] Vorsorgeeinrichtungen (§ 23 f.) erbringen stationäre Leistungen, um eine Schwächung der Gesundheit, die in absehbarer Zeit voraussichtlich zu einer Krankheit führen würde, zu beseitigen oder einer Gefährdung der gesundheitlichen Entwicklung eines Kindes entgegenzuwirken. Die medizinische Rehabilitation (§§ 40 f.) ist als Teil der Krankenbehandlung konzipiert. In Rehabilitationseinrichtungen erfolgen stationäre Behandlungen der Patienten, um eine Krankheit zu heilen, ihre Verschlimmerung zu verhüten oder Krankheitsbeschwerden zu lindern oder im Anschluss an Krankenhausbehandlung den dabei erzielten Behandlungserfolg zu sichern oder zu festigen, auch mit dem Ziel, eine drohende Behinderung oder Pflegebedürftigkeit abzuwenden, zu beseitigen, zu mindern, auszugleichen, ihre Verschlimmerung zu verhüten oder ihre Folgen zu mildern, wobei Leistungen der aktivierenden Pflege nicht von den Krankenkassen übernommen werde dürfen.

14 Vorsorge- und Rehabilitationseinrichtungen unterscheiden sich nach der Legaldefinition von ihrer Aufgabenstellung, nicht aber von den fachlichen und organisatorischen Anforderungen her. Dementsprechend sind Vorsorge- und Rehabilitationseinrichtungen ohne Weiteres unter gemeinsamer Trägerschaft möglich.[24] § 111 Abs. 6 fordert nur für Vorsorge- und Rehabilitationseinrichtungen an Krankenhäusern eine organisatorische Verselbstständigung.

15 Vorsorge- und Rehabilitationseinrichtungen unterscheiden sich von ihrer Aufgabenstellung her. Aufgabe von Leistungen der medizinischen **Vorsorge** ist die Verhütung der Verschlechterung des Gesundheitszustandes vor Eintritt einer nach § 27 behandlungsbedürftigen Krankheit. Daher bezeichnet Abs. 2 Nr. 1 lit. a als stationäre Vorsorge eine Behandlung, die dazu dient, eine Schwächung der Gesundheit, die in absehbarer Zeit voraussichtlich zu einer Krankheit führen würde, zu beseitigen oder einer Gefährdung der gesundheitlichen Entwicklung eines Kindes entgegenzuwirken.

16 Ziel der **medizinischen Rehabilitation** ist es, den Folgen von Krankheiten mit medizinischen Mitteln vorzubeugen, sie zu beseitigen oder zu bessern oder ihre wesentliche Verschlimmerung abzuwenden.

17 Eine strikte Abgrenzung zwischen Krankenhausbehandlung und medizinischer Rehabilitation ist nicht möglich; dies zeigt sich vor allem im Bereich der Rehabilitation, da die gesetzliche Unterscheidung zwischen der Krankenhausbehandlung nach § 107 Abs. 1 Nr. 1 und der „stationären" Behandlung nach § 107 Abs. 2 Nr. 1 b zur Abgrenzung wenig beiträgt. Auch bei Rehabilitationseinrichtungen wird – anders als bei der Vorsorge – auf das für die Krankenhausbehandlung wesentliche Merkmal des Heilens einer Krankheit abgestellt. Unterschiede lassen sich vielmehr nur bei der Schwerpunktsetzung der Leistungen ausmachen.[25]

18 Zunächst erfolgt die akutmedizinische Versorgung mit Leistungen der Krankenhausbehandlung im engeren Sinne (→ § 39 Rn. 4 ff.), daran schließt sich zur Erreichung weiterer Behandlungsziele die medizinische Rehabilitation an. Diese Phaseneinteilung kommt auch in der Anschlussrehabilitation (§ 40) zum Ausdruck, deren Ziele in § 107 Abs. 2 Nr. 1 lit. b eigens erwähnt werden, „Sicherung oder Festigung des bei einer vorangehenden Krankenhausbehandlung erzielten Behandlungserfolgs". Demgegenüber wird die Krankenhausbehandlung in § 39 Abs. 1 S. 3 Hs. 2 mit Blick auf rehabilitative Leistungen als akutstationäre Versorgung bezeichnet. Die Diagnostik gehört zur akutmedizinischen Versorgung. Daher ist nach Abs. 2 Nr. 1 lit. b abweichend von § 27 Abs. 1 S. 1 Ziel der medizinischen Rehabilitation nicht die Erkennung von Krankheiten.

19 Von entscheidender Bedeutung ist im stationären Bereich die **Rolle der Ärzte** im Rahmen der Behandlung. Die Legaldefinitionen in Abs. 1 und 2 verdeutlichen, dass im Krankenhaus die Betreuung durch Ärzte ein höheres Gewicht hat als in der Rehabilitationseinrichtung. Während im Krankenhaus eine ständige ärztliche Leitung, eine jederzeitige Verfügbarkeit ärztlichen Personals und ein Vorwiegen ärztlicher Hilfeleistung erforderlich ist, genügt in der Rehabilitationseinrichtung eine ständige ärztliche

---

21 BSG, 12.8.1987, 8 RK 22/86; BSG, 27.11.1980, 8a/3 RK 60/78, BSGE 51, 44; BSG, 15.2.1978, 3 RK 29/77, BSGE 46, 41.
22 BVerwG, 14.4.1988, 3 C 36/86, NJW 1989, 2963 ff.
23 BT-Dr. 11/2237, 196.
24 Wahl in: jurisPK-SGB V, § 107 Rn. 40; Becker in: Becker/Kingreen, SGB V, Rn. 18.
25 Wahl in: jurisPK-SGB V, § 107 Rn. 46; Noftz in: Hauck/Noftz, SGB V, § 107 K § 11 Rn. 52; Vollmöller in: Ratzel/Luxenburger, Handbuch Medizinrecht, Kap. 37, Rn. 67 ff.

Verantwortung sowie ein ärztlicher Behandlungsplan. Somit steht bei der Krankenhausbehandlung die intensive, aktive und fortdauernde ärztliche Betreuung im Vordergrund, wohingegen in der Rehabilitation die Betreuung durch nichtärztliches Personal der ärztlichen Behandlung eher gleichwertig nebengeordnet ist.[26]

Zur Abgrenzung der Krankenhausbehandlung von der Rehabilitation hat der 3. Senat des BSG[27] ausgeführt: „Die Abgrenzung zwischen vollstationärer Krankenhausbehandlung und stationärer medizinischer Rehabilitation ist vor allem im Bereich der **psychotherapeutischen Medizin/Psychosomatik** bisweilen schwierig, weil Rehabilitationseinrichtung und Krankenhaus sich darin decken, dass beide auf die Behandlung von Krankheiten und die Beseitigung ihrer Folgen beim Betroffenen gerichtet sind. Deshalb kann eine Unterscheidung im Wesentlichen nur nach der Art der Einrichtung, den Behandlungsmethoden und dem Hauptziel der Behandlung getroffen werden, die sich auch in der Organisation der Einrichtung widerspiegeln." Die Rechtsprechung hat bzgl. des Krankenhauses aufgrund der in Abs. 1 geregelten Voraussetzungen auf eine apparative Mindestausstattung, ein geschultes Pflegepersonal und einen jederzeit präsenten bzw. rufbereiten Arzt geschlossen, jedoch im Hinblick auf das Merkmal „Krankenhausbehandlung" weder den Einsatz aller dieser Mittel gefordert noch stets als ausreichend angesehen. Regelmäßig ist eine Gesamtschau unter Berücksichtigung der Verhältnisse des einzelnen Falles erforderlich, die jedoch nur nach objektiven Merkmalen und Kriterien erfolgen kann. Bei einer psychiatrischen Erkrankung kann der Einsatz von krankenhausspezifischen Geräten in den Hintergrund treten und allein der notwendige Einsatz von Ärzten, therapeutischen Hilfskräften und Pflegepersonal sowie die Art der Medikation die Notwendigkeit einer stationären Behandlung begründen.[28]

Im Gegensatz zur Legaldefinition des Krankenhauses in Abs. 1 Nr. 2 fehlt in Abs. 2 Nr. 2 das Erfordernis, dass die Vorsorge- und Rehabilitationseinrichtung nach **wissenschaftlich anerkannten Methoden** arbeiten muss. Zwar gilt auch für diese Einrichtungen § 2 Abs. 1 S. 3. Nur ist für sie Arbeit nach wissenschaftlich anerkannten Methoden keine begriffliche Voraussetzung. Von Bedeutung sind die Methoden, denen Vorsorge- und Rehabilitationseinrichtungen arbeiten, erst im Rahmen der Voraussetzungen für den Abschluss eines Versorgungsvertrages nach § 111. Weil Versorgungsverträge nur mit Einrichtungen geschlossen werden dürfen, die für eine leistungsfähige und wirtschaftliche Versorgung der Versicherten notwendig sind, wird der Abschluss eines Versorgungsvertrages mit einer Einrichtung, die ausschließlich oder überwiegend mit wissenschaftlich nicht anerkannten Methoden arbeiten, nicht in Betracht kommen.[29]

§ 108 Zugelassene Krankenhäuser

Die Krankenkassen dürfen Krankenhausbehandlung nur durch folgende Krankenhäuser (zugelassene Krankenhäuser) erbringen lassen:
1. Krankenhäuser, die nach den landesrechtlichen Vorschriften als Hochschulklinik anerkannt sind,
2. Krankenhäuser, die in den Krankenhausplan eines Landes aufgenommen sind (Plankrankenhäuser), oder
3. Krankenhäuser, die einen Versorgungsvertrag mit den Landesverbänden der Krankenkassen und den Verbänden der Ersatzkassen abgeschlossen haben.

I. Entstehungsgeschichte

§ 108 wurde erstmals mWv 1.1.1989 durch das Gesundheits-Reformgesetz vom 10.12.1988[1] eingeführt. Durch das Föderalismusreform-Begleitgesetz[2] wurde zum 1.1.2007 in § 108 Nr. 1 der Verweis auf das Hochschulbauförderungsgesetz geändert auf die Anerkennung als Hochschulklinik nach den landesrechtlichen Vorschriften.

---

26 BT-Dr. 11/2237, 197.
27 BSG, 20.1.2005, B 3 KR 9/03 R, BSGE 94, 139.
28 Vgl. hierzu auch Hambüchen, GesR 2008, 393, 400.
29 Knittel in: Krauskopf, § 107 SGB V Rn. 11; Wahl in: jurisPK-SGB V, § 107 Rn. 48.
1 BGBl. I 1988, 2477.
2 Vom 5.9.2006, BGBl. I, 2098.

II. Regelungsgehalt

2 § 108 bestimmt, welche Krankenhäuser iSd § 107 Abs. 1 zur Versorgung der Versicherten zugelassen sind. Nur durch diese in der Norm genannten Krankenhäuser darf Krankenhausbehandlung gem. § 39 Abs. 1 zulasten der gesetzlichen Krankenkassen erbracht werden. Rechtsgrundlage für die Zulassung eines Krankenhauses selbst ist § 109. Damit soll sichergestellt werden, dass nur solche Krankenhäuser Versicherte der gesetzlichen Krankenversicherung stationär behandeln, die Gewähr für eine bedarfsgerechte, leistungsfähige und wirtschaftliche Krankenhausbehandlung bieten.

3 Zur Erbringung von Krankenhausleistungen zugelassen sind Hochschulkliniken (Nr. 1), Plankrankenhäuser (Nr. 2) und andere Krankenhäuser, die mit den Krankenkassenverbänden einen Versorgungsvertrag abgeschlossen haben (Nr. 3). Andere Krankenhäuser sind ausgeschlossen, selbst wenn sie die Merkmale des Krankenhausbegriffs nach § 107 Abs. 1 SGB V erfüllen.[3]

4 Die **Zulassung zur Krankenhausbehandlung** ist in den §§ 109, 110 geregelt. § 109 Abs. 4 S. 1 stellt klar, dass die Zulassung eines Krankenhauses allein durch einen Versorgungsvertrag mit § 109 Abs. 1 bewirkt wird. Dieser Vertrag wird bei den an erster und zweiter Stelle genannten Hochschulkliniken und Plankrankenhäusern fingiert (§ 109 Abs. 1 S. 2). Dennoch sind auch diese Krankenhäuser nur für die Dauer des fingierten Vertrages zugelassen (§ 109 Abs. 4 S. 1). Nach Maßgabe des § 27 Abs. 1 Nr. 5 iVm § 39 Abs. 1 S. 2 haben gesetzlich Versicherte einen unmittelbaren Anspruch gegenüber den Krankenkassen auf stationäre Behandlung in einem gem. § 108 zugelassenen Krankenhaus, soweit die Behandlung medizinisch notwendig ist. Da die Krankenkassen grundsätzlich keine eigenen Krankenhäuser betreiben dürfen (vgl. § 140), kommen sie ihrer Leistungsverschaffungspflicht bzgl. der Krankenhausbehandlung durch tatsächlich abgeschlossene oder fiktive Vereinbarungen nach.

5 **1. Hochschulkliniken (Nr. 1).** Hochschulkliniken sind einerseits Einrichtungen von Forschung und Lehre, andererseits nehmen sie als Krankenhäuser der Maximalversorgung eine staatliche Versorgungsaufgabe wahr. Sie nehmen also auch an der allgemeinen stationären Versorgung der Bevölkerung teil. Die Einbindung der Hochschulkliniken in die stationäre Versorgung gesetzlich krankenversicherter Patienten erfolgt über § 108 Nr. 1, § 109 Abs. 1 S. 2, Abs. 4. Bis zur Förderalismusreform galt die Aufnahme der Hochschulklinik in das Hochschulverzeichnis (Anlage 4 zu § 4 Hochschulbauförderungsgesetz) als Abschluss eines Versorgungsvertrages. Das Hochschulbauförderungsgesetz trat zum 31.12.2006 außer Kraft.[4] Entsprechend wurde in § 108 Nr. 1 der Verweis ersetzt durch den Verweis auf die landesrechtliche Anerkennung als Hochschulklinik.[5] Die Länder müssen nun in eigener Zuständigkeit regeln, welche Klinik als Hochschulklinik anerkannt wird.

6 **2. Plankrankenhäuser (Nr. 2).** Gemäß § 108 Nr. 2 sind Plankrankenhäuser Krankenhäuser, die in den Krankenhausplan eines Landes aufgenommen sind. Gemeint ist damit die Aufnahme in einen Krankenhausplan iSd § 6 Abs. 1 KHG. Die Feststellung der Aufnahme erfolgt durch Bescheid der zuständigen Landesbehörde, § 8 Abs. 1 S. 3. KHG. Das SGB V verleiht der Planaufnahme eine weitergehende Bedeutung, indem es in § 109 Abs. 1 S. 2 das Plankrankenhaus so stellt, als wenn es einen Versorgungsvertrag abgeschlossen hätte und ihm damit den Status eines zur Versorgung der Versicherten zugelassenen Krankenhauses verschafft.

7 Die **Krankenhausplanung der Bundesländer** erfolgt gem. § 6 Abs. 1 KHG zur Verwirklichung der in § 1 KHG genannten Ziele. Danach ist Gesetzeszweck die wirtschaftliche Sicherung der Krankenhäuser, um eine bedarfsgerechte Versorgung der Bevölkerung mit leistungsfähigen, eigenverantwortlich wirtschaftenden Krankenhäusern zu gewährleisten und zu sozial tragbaren Pflegesätzen beizutragen. Die der Zweckbestimmung nachfolgende finale Konjunktion „um" belegt, dass die wirtschaftliche Sicherung der Krankenhäuser nicht vorrangige Aufgabe der Krankenhausplanung ist; vielmehr ist durch eine wirtschaftliche Sicherung der Krankenhäuser eine bedarfsgerechte Krankenversorgung zu sozial tragbaren Pflegesätzen sicherzustellen; nur wirtschaftlich gesicherte Krankenhäuser können einerseits eine bedarfsgerechte Versorgung der Bevölkerung mit leistungsfähigen, eigenverantwortlich wirtschaftenden Krankenhäusern gewährleisten und andererseits zu sozial tragbaren Pflegesätzen beitragen. Die wirtschaftliche Sicherung erfolgt im Wege einer Mischfinanzierung aus öffentlichen Mitteln und aus Pflegesätzen. Die Investitionskosten werden mittels öffentlicher Förderung übernommen, die übrigen

---

3 Quaas/Zuck, § 27, Rn. 7; Thomae, Krankenhausplanungsrecht, 2006, S. 33.
4 Art. 125 Abs. 1 GG in der Fassung des Gesetzes vom 28.8.2006, BGBl. I, 2034.
5 Näheres zu Hochschulkliniken Möller in: Huster/Kaltenborn, Krankenhausrecht, § 16 D; Quaas, MedR 2010, 149; Sandberger in: Hartmer/Detmer, Hochschulrecht, 2011, Kap. VI; Becker, Das Recht der Hochschulmedizin, Diss. 2005.

kostenerfassenden leistungsgerechten Erlöse erhalten die Krankenhäuser durch die Pflegesätze (§ 4 KHG). Die Krankenhausplanung dient nicht nur der bedarfsgerechten Krankenversorgung zu sozial tragbaren Pflegesätzen, sondern bildet daneben Grundlage für eine umfassende staatliche Investitionslenkung im Krankenhauswesen.[6] Die staatliche Garantie wirtschaftlicher Sicherung erhalten die Plankrankenhäuser nicht so, wie sie sind oder sein wollen, sondern nur so, wie sie nach Ansicht der staatlichen Planungsbehörde sein sollen. Nur solange und soweit sie in den Krankenhausplan aufgenommen sind, übernimmt der Staat ihre Investitionskosten im Wege der öffentlichen Förderung (§ 8 Abs. 1 S. 1 KHG).

Die Aufnahme bzw. Nichtaufnahme in den Krankenhausplan eines Bundeslandes hat daher für die einzelnen Krankenhäuser durchaus existenzentscheidende Bedeutung, denn nur als Plankrankenhäuser haben sie Anspruch und Aussicht auf Deckung ihrer Selbstkosten und damit die Garantie weitgehend wirtschaftlicher Sicherheit. Kehrseite ist die Einfügung als Plankrankenhaus in ein System staatlicher Krankenhausplanung. Wenn der Staat die Verantwortung für die Vorhaltung von Krankenhäusern übernimmt, dann bedarf es auch des notwendigen Instrumentariums, um dieser Verantwortung gerecht zu werden. Gesundheitspolitischer Zweck der Krankenhausplanung ist es, die bedarfsgerechte Versorgung der Bevölkerung mit Krankenhäusern sicherzustellen; volkswirtschaftlich gesehen soll dieses Ziel mit möglichst geringem finanziellen Aufwand erreicht werden.

8

Die Krankenhausplanung ist insoweit ein Instrument, mit dessen Hilfe die staatlichen Fördermittel planmäßig koordiniert und aufeinander abgestimmt vergeben werden sollen.[7] Die Aufnahme in den Krankenhausplan entscheidet nicht nur abstrakt über die Existenzmöglichkeit der Krankenhäuser; sie bestimmt auch die Zahl der Krankenhausbetten, die Art und Größe der Fachbereiche sowie die Aufgabenstellung, innerhalb derer die Krankenhäuser tätig sein dürfen.

9

3. Vertragskrankenhäuser (Nr. 3). Bei Krankenhäusern, die weder Hochschulkliniken noch Plankrankenhäuser sind, wird ein Versorgungsvertrag nicht fingiert; vielmehr müssen sie einen Versorgungsvertrag mit den Krankenkassenverbänden abschließen, um zur Krankenhausbehandlung der Versicherten zugelassen zu sein (§ 109 Abs. 1 S. 1 und 2).[8] Hochschulkliniken und Plankrankenhäuser, für die ein Versorgungsvertrag fingiert wird, können für Leistungen, die nicht von ihrem Versorgungsauftrag umfasst sind, einen Versorgungsvertrag schließen.[9] Insoweit haben sie dann auch den Status eines Vertragskrankenhauses iSd § 108 Nr. 3.

10

§ 108 a Krankenhausgesellschaften

¹Die Landeskrankenhausgesellschaft ist ein Zusammenschluß von Trägern zugelassener Krankenhäuser im Land. ²In der Deutschen Krankenhausgesellschaft sind die Landeskrankenhausgesellschaften zusammengeschlossen. ³Bundesverbände oder Landesverbände der Krankenhausträger können den Krankenhausgesellschaften angehören.

§ 108 a wurde durch das **2. GKV-NOG** vom 23.6.1998 (BGBl. I, 1520) in das SGB V aufgenommen. Änderungen sind bisher nicht vorgenommen worden. Mit der Vorschrift werden in erster Linie die Organisationen Landeskrankenhausgesellschaft und Deutsche Krankenhausgesellschaft definiert. Die Norm hat damit allein **organisationsrechtlichen Charakter**; Aufgabenzuweisungen oder Befugnisse sind in ihr nicht enthalten, vielmehr ergeben diese sich aus anderen Normen des SGB V (zB §§ 91 Abs. 1, 112, 115).

1

Die Landeskrankenhausgesellschaft besteht aus den Trägern der zugelassenen Krankenhäuser im Land (S. 1), während in der Deutschen Krankenhausgesellschaft die einzelnen Landeskrankenhausgesellschaften zusammengeschlossen sind (S. 2). Bei beiden Organisationen handelt es sich um **Vereine des Privatrechts**; es besteht also keine **Pflichtmitgliedschaft** der Krankenhausträger bzw. -verbände in den

2

---

6 Vgl. hierzu auch Lafontaine/Stollmann in KHGG NRW – Kommentar, § 12 Ziff. 4.1.
7 BT-Dr. V/3515, 5 ff.
8 Vgl. zum Anspruch eines Krankenhausträgers auf Abschluss eines Versorgungsvertrages BSG, 16.5.2012, B 3 KR 9/11 R; Knispel, Rechtsfragen der Versorgungsverträge nach SGB V in: NZS 2006, 120 ff.; Vollmöller in: Ratzel/Luxenburger, Handbuch Medizinrecht, Kap. 37 Rn. 78 ff.
9 Hess in: KassKomm, § 108 SGB V Rn. 5.

jeweiligen Gesellschaften.[1] Die Bundes- oder Landesverbände der Krankenhausträger können ggf. ebenfalls Mitglieder der Krankenhausgesellschaften sein (S. 3), allerdings darf dies nicht dazu führen, dass die Krankenhausträger selbst ihren bestimmenden Einfluss auf die internen Willensbildungsstrukturen der Gesellschaft verlieren.[2] Sowohl die Landeskrankenhausgesellschaften als auch die Deutsche Krankenhausgesellschaft nehmen neben den ihnen im SGB V und KHG zugewiesenen **Aufgaben**[3] auch noch zahlreiche satzungsmäßige Aufgaben wahr (ua Wahrnehmung der Interessen der Mitglieder, Informations- und Beratungsaufgaben, Unterstützung staatlicher Körperschaften und Behörden bei der Vorbereitung von krankenhausrechtlich relevanten Rechtsetzungsakten).

§ 109 Abschluß von Versorgungsverträgen mit Krankenhäusern

(1) [1]Der Versorgungsvertrag nach § 108 Nr. 3 kommt durch Einigung zwischen den Landesverbänden der Krankenkassen und den Ersatzkassen gemeinsam und dem Krankenhausträger zustande; er bedarf der Schriftform. [2]Bei den Hochschulkliniken gilt die Anerkennung nach den landesrechtlichen Vorschriften, bei den Plankrankenhäusern die Aufnahme in den Krankenhausbedarfsplan nach § 8 Abs. 1 Satz 2 des Krankenhausfinanzierungsgesetzes als Abschluss des Versorgungsvertrages. [3]Dieser ist für alle Krankenkassen im Inland unmittelbar verbindlich. [4]Die Vertragsparteien nach Satz 1 können im Einvernehmen mit der für die Krankenhausplanung zuständigen Landesbehörde eine gegenüber dem Krankenhausplan geringere Bettenzahl vereinbaren, soweit die Leistungsstruktur des Krankenhauses nicht verändert wird; die Vereinbarung kann befristet werden. [5]Enthält der Krankenhausplan keine oder keine abschließende Festlegung der Bettenzahl oder der Leistungsstruktur des Krankenhauses, werden diese durch die Vertragsparteien nach Satz 1 im Benehmen mit der für die Krankenhausplanung zuständigen Landesbehörde ergänzend vereinbart.

(2) [1]Ein Anspruch auf Abschluß eines Versorgungsvertrags nach § 108 Nr. 3 besteht nicht. [2]Bei notwendiger Auswahl zwischen mehreren geeigneten Krankenhäusern, die sich um den Abschluß eines Versorgungsvertrags bewerben, entscheiden die Landesverbände der Krankenkassen und die Ersatzkassen gemeinsam unter Berücksichtigung der öffentlichen Interessen und der Vielfalt der Krankenhausträger nach pflichtgemäßem Ermessen, welches Krankenhaus den Erfordernissen einer qualitativ hochwertigen, patienten- und bedarfsgerechten sowie leistungsfähigen und wirtschaftlichen Krankenhausbehandlung am besten gerecht wird.

(3) [1]Ein Versorgungsvertrag nach § 108 Nr. 3 darf nicht abgeschlossen werden, wenn das Krankenhaus
1. nicht die Gewähr für eine leistungsfähige und wirtschaftliche Krankenhausbehandlung bietet,
2. bei den maßgeblichen planungsrelevanten Qualitätsindikatoren nach § 6 Absatz 1 a des Krankenhausfinanzierungsgesetzes auf der Grundlage der vom Gemeinsamen Bundesausschuss nach § 136 c Absatz 2 übermittelten Maßstäbe und Bewertungskriterien nicht nur vorübergehend eine in einem erheblichen Maß unzureichende Qualität aufweist, die im jeweiligen Landesrecht vorgesehenen Qualitätsanforderungen nicht nur vorübergehend und in einem erheblichen Maß nicht erfüllt, höchstens drei Jahre in Folge Qualitätsabschlägen nach § 5 Absatz 3 a des Krankenhausentgeltgesetzes unterliegt oder
3. für eine bedarfsgerechte Krankenhausbehandlung der Versicherten nicht erforderlich ist.

[2]Abschluß und Ablehnung des Versorgungsvertrags werden mit der Genehmigung durch die zuständigen Landesbehörden wirksam. [3]Verträge, die vor dem 1. Januar 1989 nach § 371 Abs. 2 der Reichsversicherungsordnung abgeschlossen worden sind, gelten bis zu ihrer Kündigung nach § 110 weiter.

(4) [1]Mit einem Versorgungsvertrag nach Absatz 1 wird das Krankenhaus für die Dauer des Vertrages zur Krankenhausbehandlung der Versicherten zugelassen. [2]Das zugelassene Krankenhaus ist im Rahmen seines Versorgungsauftrags zur Krankenhausbehandlung (§ 39) der Versicherten verpflichtet. [3]Die

---

1 Kingreen/Bogan in: BeckOK SozR, SGB V, § 108 a vor Rn. 1 spricht daher in diesem Zusammenhang von „semikorporatistischen Strukturen"; zustimmend Joussen in: NK-MedR, § 108 a SGB V Rn. 1; kritisch hingegen Becker in: Becker/Kingreen, § 108 a Rn. 2. Ausführlich zur Geschichte der verbandlichen Strukturen im Krankenhauswesen und zur verfassungsrechtlichen Problematik, die mit der Beteiligung der Krankenhausgesellschaften an der Rechtsetzung (insbes. an normsetzenden Vereinbarungen gem. §§ 112, 115, 115 a und 115 b) verbunden ist, siehe Wahl in: jurisPK-SGB V, § 108 a Rn. 9 ff.
2 Wahl in: jurisPK-SGB V, § 108 a Rn. 19.
3 Siehe hierzu die Auflistungen bei Kingreen/Bogan in: BeckOK SozR, SGB V, § 108 a Rn. 3; Wahl in: jurisPK-SGB V, § 108 a Rn. 26 f.

Krankenkassen sind verpflichtet, unter Beachtung der Vorschriften dieses Gesetzbuchs mit dem Krankenhausträger Pflegesatzverhandlungen nach Maßgabe des Krankenhausfinanzierungsgesetzes, des Krankenhausentgeltgesetzes und der Bundespflegesatzverordnung zu führen.

Literatur:

Burgi/Brohm, Krankenhausplanung und Kartellvergaberecht, MedR 2005, 74; *Huster*, Krankenhausrecht und SGB V – Medizinische Innovationen im stationären Sektor, GesR 2010, 337; *Klöck*, Die Anwendbarkeit des Vergaberechts auf Beschaffungen durch die gesetzlichen Krankenkassen, NZS 2008, 178; *Knispel*, Rechtsfragen der Versorgungsverträge nach SGB V, NZS 2006, 120; *Koenig/Steiner*, Die Anwendbarkeit des Vergaberechts auf die Leistungsbeziehungen zwischen Krankenhäusern und Krankenkassen (Teil II), ZESAR 2003, 525; *Meßling*, Krankenhausplanung und Versorgungsvertrag, SGb 2011, 257; *Prütting*, Neue Herausforderungen der Krankenhäuser in der gesundheitlichen Versorgung, GesR 2012, 332; *Quaas*, Der Versorgungsauftrag des Krankenhauses – Inhalt und Grenzen der gesetzlichen und vertraglichen Leistungsverpflichtungen, MedR 1995, 54; *Quaas*, Die Einbeziehung der Hochschulklinik in die staatliche Krankenhausplanung, MedR 2010, 149; *Sodan*, Der Versorgungsauftrag der Plankrankenhäuser, GesR 2012, 641; *Stollmann*, Grundlagen des Rechts der Krankenhausplanung und der Krankenhausinvestitionsförderung, NZS 2004, 350; *Stollmann/Hermanns*, Die jüngere Rechtsprechung zum Krankenhausrecht, DVBl. 2011, 599; *Szabados*, Krankenhäuser als Leistungserbringer in der gesetzlichen Krankenversicherung, Berlin/Heidelberg 2009; *Thomae*, Versorgungsauftrag des Krankenhauses, KH 2008, 725; *Wünschmann*, Zum rechtlichen Umfang der Bedarfsprüfung bei Versorgungsverträgen nach den §§ 108, 109 SGB V – Eine Bestandsaufnahme anhand der höchstrichterlichen Rechtsprechung, NZS 2006, 403.

I. Entstehungsgeschichte und Normkontext

1 § 109 ist durch das **GRG** vom 20.12.1988 (BGBl. I, 2477) zum 1.1.1989 eingeführt worden und löst die **Vorläufervorschrift** des § 371 Abs. 2, 3 RVO ab. Seither ist die Norm mehrfach geändert worden: Eine redaktionelle Anpassung des Abs. 1 S. 3 (Ersetzung der Worte „im Geltungsbereich dieses Gesetzbuchs" durch die Worte „im Inland") erfolgte durch das **2. SGB V-ÄndG** vom 20.12.1991 (BGBl. I, 2325), ein Jahr später wurden durch das **GSG** vom 21.12.1992 (BGBl. I, 2266) in Abs. 4 S. 3 der auf den Grundsatz der Selbstkostendeckung im Krankenhausfinanzierungsrecht verweisende zweite Halbsatz gestrichen und in Abs. 1 die Sätze 4 und 5 angefügt, welche spezielle Regelungen zu planmodifizierenden bzw. -ergänzenden Vereinbarungen zwischen den Kassenverbänden und dem Krankenhausträger enthalten. Mit dem **Fallpauschalengesetz** vom 23.4.2002 (BGBl. I, 1412) wurde in Abs. 4 S. 3 ein zusätzlicher Verweis auf das Krankenhausentgeltgesetz aufgenommen. Durch das **Föderalismusreform-Begleitgesetz** wurde die Regelung bzgl. der Hochschulkliniken in Abs. 1 S. 2 neu gefasst (Ersetzung der Aufnahme in das Hochschulverzeichnis nach dem Hochschulbauförderungsgesetz durch die landesrechtliche Anerkennung als Hochschulklinik). Die redaktionelle Anpassung des Abs. 1 S. 1 und Abs. 2 S. 2 ist auf die Neustrukturierung der Krankenkassenverbände durch das **GKV-WSG** vom 26.3.2007 (BGBl. I, 378) zurückzuführen. Die jüngste Änderung schließlich – die Änderung des Abs. 2 S. 2 und die Einfügung einer neuen Nr. 2 in Abs. 3 S. 1 – ist den Bemühungen des Gesetzgebers um eine Verbesserung der Qualitätssicherung geschuldet, die Gegenstand des Krankenhausstrukturgesetzes vom 10.12.2015 (BGBl. I 2015, 2229) gewesen sind.

2 Die Vorschrift des § 109 zählt zu den zentralen Bestimmungen des krankenhausrechtlichen **Leistungserbringungsrechts**, das der Gesetzgeber im dritten Abschnitt des vierten Kapitels des SGB V verankert hat. Sie enthält Vorgaben für den Abschluss von Versorgungsverträgen mit nicht in den Krankenhausplan bzw. in ein Hochschulverzeichnis aufgenommenen Kliniken und stellt insbesondere mit ihren Absätzen 2 und 3 eine Konkretisierung der allgemein für die Leistungserbringung geltenden **Qualitäts- und Wirtschaftlichkeitsstandards** (§§ 12, 70) dar. Auch für Plankrankenhäuser und Hochschulkliniken ist die Vorschrift freilich von Bedeutung, da diese über die Fiktionsregelung des Abs. 1 S. 2 in das System der Versorgungsverträge einbezogen sind.[1] In engem Zusammenhang mit der Norm stehen die Folgevorschrift des § 110, welche die **Kündigung von Versorgungsverträgen** regelt, sowie die leistungsrechtliche Vorschrift des § 39, aus der sich für die Versicherten die Einzelheiten des **Krankenhausbehandlungsanspruchs** ergeben. § 109 verweist aber auch auf Normen außerhalb des SGB V – über Abs. 1 wird die landesrechtliche **Krankenhausbedarfsplanung** in Bezug genommen und über Abs. 4 S. 3 wird die Verbindung zum **Pflegesatzrecht** (§ 18 KHG) hergestellt.

---

1 Wahl in: jurisPK-SGB V, § 109 Rn. 7, 11; vgl. außerdem Meßling SGb 2011, 257; Quaas MedR 2010, 149.

3   Aus **verfassungsrechtlicher Perspektive** ist § 109 vor allem deshalb von Interesse, weil er in Abs. 2 und 3 die Maßstäbe für die Auswahl von Krankenhäusern festlegt, die über das Instrument des Versorgungsvertrages in die GKV-Leistungserbringung einbezogen werden. Damit greift die Vorschrift in die Berufsausübungsfreiheit der Krankenhausträger (Art. 12 Abs. 1 GG) ein, allerdings – wie das BSG zutreffend festgestellt hat – in verfassungskonformer Weise, schließlich lässt sich eine am Maßstab der Bedarfsgerechtigkeit orientierte Auswahlentscheidung zwischen mehreren miteinander konkurrierenden Einrichtungen mit der Notwendigkeit eines sparsamen Mitteleinsatzes in der Krankenhausfinanzierung rechtfertigen.[2] Auch das **Europarecht** gerät im Rahmen der Auslegung des § 109 mit in den Blick, denn es stellt sich die Frage, ob der Abschluss von Versorgungsverträgen einer vergaberechtlichen Ausschreibungspflicht unterliegt: Zu Recht wird dies im Schrifttum überwiegend verneint, stellt doch der Vertragsschluss nach § 109 keinen entgeltlichen Dienstleistungsauftrag, sondern lediglich eine Dienstleistungskonzession dar,[3] für die nach den europarechtlichen Vorgaben[4] geringere Verfahrensanforderungen als nach dem Kartellvergaberecht gelten.[5]

II. Zustandekommen des Versorgungsvertrages und Abweichungen gegenüber der Krankenhausplanung (Abs. 1)

4   Versorgungsverträge sind statusbegründende[6] **öffentlich-rechtliche Verträge** iS des § 53 Abs. 1 S. 1 SGB X und müssen **schriftlich** vereinbart werden. Vertragspartner des Krankenhausträgers sind die Landesverbände der Krankenkassen und die Ersatzkassen, die nach Abs. 1 S. 1 „gemeinsam" an dem Vertragsschluss beteiligt sind.[7] Dies bedeutet, dass Versorgungsverträge, an denen nur einzelne Verbände bzw. Ersatzkassen beteiligt sind, gem. § 58 Abs. 1 SGB X iVm § 134 BGB nichtig sind.[8] Wird der Abschluss eines Versorgungsvertrags von Seiten der Kassen(verbände) abgelehnt, kann sich der Krankenhausträger hiergegen mit einer **Leistungsklage** (auf Abgabe entsprechender Willenserklärungen) zur Wehr setzen;[9] das BSG hat in seiner jüngeren Rechtsprechung offen gelassen, ob darüber hinaus auch noch eine Anfechtungsklage zu erheben ist.[10] Wirkung entfalten die Verträge – und zwar sowohl die konkret abgeschlossenen Versorgungsverträge nach Abs. 1 S. 1 als auch die fingierten Verträge nach Abs. 1 S. 2 – nicht nur zwischen den Vertragsparteien, vielmehr sind sie nach Abs. 1 S. 3 für alle Krankenkassen im Inland **unmittelbar verbindlich**.

5   Seit der Neuregelung durch das GSG sind unter bestimmten Voraussetzungen planmodifizierende und planergänzende Vereinbarungen zwischen der Krankenkassenseite und den Krankenhausträgern zugelassen. Auch mit den Plankrankenhäusern und Hochschulkliniken, die in das sozialversicherungsrechtliche Regulierungssystem der §§ 108 ff. zunächst einmal nur über die Fiktionsregel des Abs. 1 S. 2 eingebunden sind, können also konkrete vertragliche Absprachen getroffen werden, die dann über Abs. 1

---

2   BSG, 26.4.2001, B 3 KR 18/99 R, BSGE 88, 111, 113; vgl. auch BSG, 19.11.1997, 3 RK 6/96, BSGE 81, 182, 185; ferner BSG, 5.7.2000, B 3 KR 20/99 R, NZS 2001, 361 (362 f.) mit dem Hinweis darauf, dass nach vollständiger Umstellung des Vergütungssystems auf Fallpauschalen möglicherweise eine andere verfassungsrechtliche Beurteilung angezeigt erscheinen könnte; in neueren Entscheidungen wird jedoch dem Gesetzgeber auch unter dem neuen System ein diesbezüglich weiter Beurteilungsspielraum eingeräumt; s. BSG, 28.7.2008, B 1 KR 5/08 R, SGb 2009, 360, 364; BSG, 16.5.2012, B 3 KR 9/11 R, SozR 4-2500 § 109 Nr. 25, juris Rn. 33.
3   Becker in: Becker/Kingreen, § 108 Rn. 15; Kingreen/Bogan in: BeckOK SozR, SGB V, § 109 Rn. 20; siehe auch schon Burgi/Brohm, MedR 2005 74 (80); Szabados, Krankenhäuser als Leistungserbringer in der gesetzlichen Krankenversicherung, 2009, S. 74 f.; im Erg. ähnlich Klöck NZS 2008, 178, 183; aA Koenig/Steiner ZESAR 2003, 150, 151.
4   Mittlerweile ist die Richtlinie 2014/23/EU über die Konzessionsvergabe (ABl. L 94/1 v. 28.3.2014) in Kraft getreten (vgl. auch § 105 GWB), nach der allerdings auch weiterhin Ausnahmen für den sozialen Bereich gelten.
5   Zu den für Dienstleistungskonzessionen im sozialen Bereich geltenden Verfahrensanforderungen siehe Art. 19 RL 2014/23/EU; zur bisherigen Rechtslage s. Kingreen/Bogan in: BeckOK SozR, SGB V, § 109 Rn. 21 f.
6   Rechtswirkungen kann ein Versorgungsvertrag daher nur für die Zukunft entfalten; s. hierzu BSG, 23.6.2015, B 1 KR 20/14 R, NZS 2015, 787, 788 sowie die Nachweise bei Wahl in: jurisPK-SGB V, § 109 Rn. 50.
7   Zur Anwendbarkeit des § 211 a auf das Vertragsschlussverfahren s. Kingreen/Bogan in: BeckOK SozR, SGB V, § 109 Rn. 5; offen gelassen von Koch in: juris-PK SGB V, § 211 a Rn. 5.
8   Knittel in: Krauskopf, § 109 SGB V Rn. 5.
9   Becker in: Becker/Kingreen, § 109 Rn. 5.
10 BSG, 28.7.2008, B 1 KR 5/08 R, SGb 2009, 360, 362 f.; die vom BSG zuvor vertretene Ansicht, dass es sich bei der Ablehnung eines Angebots auf Abschluss eines Versorgungsvertrages um einen Verwaltungsakt handele (so ua BSG, 29.5.1996, 3 RK 23/95, SozR 3-2500 § 109 Nr. 1), ist in der Literatur zu Recht überwiegend auf Ablehnung gestoßen; siehe ua Knittel in: Krauskopf, § 109 SGB V Rn. 7 ff.; Knispel NZS 2006, 120, 123; Joussen in: NK-MedR, § 109 SGB V Rn. 7; Schrinner in: Dettling/Gerlach, § 109 SGB V Rn. 6; Wahl in: juris-PK-SGB V, § 109 Rn. 100 mwN, auch zur Gegenauffassung.

S. 3 – ebenso wie die eigentlichen Versorgungsverträge – eine unmittelbare rechtliche Bindungswirkung für alle inländischen Krankenkassen entfalten. Die Regelung in Abs. 1 S. 4 ermöglicht eine **Planmodifizierung** dergestalt, dass eine gegenüber dem Krankenhausplan niedrigere Bettenzahl festgelegt wird.[11] Eine solche Abweichung kann zwischen den in Abs. 1 S. 1 genannten Vertragsparteien (also Krankenhausträger und Kassen[verbänden]) jedoch nur im Einvernehmen mit der zuständigen Krankenhausplanungsbehörde[12] vereinbart werden; zudem muss gewährleistet werden, dass dabei die Leistungsstruktur des Krankenhauses unberührt bleibt.[13] Zu **ergänzenden (planausfüllenden) Vereinbarungen** sind die Vertragsparteien sogar verpflichtet, sofern der Krankenhausplan keine (bzw. keine abschließende) Festlegung der Bettenzahl oder der Leistungsstruktur des Krankenhauses enthält (Abs. 1 S. 5).[14] In diesem Fall ist allerdings eine schwächere Form der Mitwirkung der Planungsbehörden vorgesehen („Benehmen"): Es reicht aus, wenn die zuständige Landesbehörde zu dem Vorgang angehört wird und ihre Stellungnahme im Rahmen der Ergänzungsvereinbarung Berücksichtigung findet – verhindern kann sie die Planergänzung hingegen nicht.

III. Auswahl zwischen mehreren Bewerbern (Abs. 2)

Die Krankenhausträger haben entsprechend der Maßgabe des Abs. 2 S. 1 keinen **Anspruch auf Abschluss eines Versorgungsvertrages**. Allerdings ist diese Vorschrift im Schrifttum zu Recht als „wenig geglückt"[15] gekennzeichnet worden: Denn zum einen muss sie in engem Konnex mit der Folgeregelung gesehen werden, wonach Entscheidungen über die Auswahl zwischen mehreren geeigneten Krankenhäusern nach pflichtgemäßem Ermessen zu treffen sind (Abs. 2 S. 2).[16] Zum anderen ist aber auch die Regelung des Abs. 3 zu beachten, die konkrete Maßstäbe benennt, nach denen sich die Eignung eines Krankenhauses zur Teilnahme an der Versorgung der Versicherten bemisst (→ Rn. 7). Sofern die in dieser Vorschrift genannten Ausschlussgründe nicht vorliegen, hat ein Krankenhausträger – schon wegen der Grundrechtsrelevanz der Zulassungsentscheidung (Art. 12 Abs. 1 GG; → Rn. 3) – ein Recht darauf, bei der Auswahl zwischen mehreren Bewerbern berücksichtigt zu werden.[17] Zugleich hat die Grundrechtsrelevanz aber auch zur Konsequenz, dass in dem Fall, in dem lediglich ein geeigneter Bewerber vorhanden ist, dieser dann auch einen entsprechenden Anspruch auf Abschluss eines Versorgungsvertrages hat.[18] Die „missverständliche Formulierung"[19] des Abs. 2 S. 1 bezieht sich daher allein auf die in Abs. 2 S. 2 geregelte Auswahlsituation.[20]

6

IV. Voraussetzungen für den Abschluss eines Versorgungsvertrages und Genehmigungspflicht (Abs. 3)

Welches Krankenhaus überhaupt für den Abschluss eines Versorgungsvertrages in Betracht kommt (Abs. 3 S. 1) und im Fall einer Auswahlentscheidung den Zuschlag erhält (Abs. 2), richtet sich nach den Kriterien der Leistungsfähigkeit, Wirtschaftlichkeit und Bedarfsgerechtigkeit. Hierbei handelt es

7

---

11 Hierbei müssen freilich die generell für das Leistungserbringungsrecht geltenden Grenzen des § 70 Beachtung finden; s. Wahl in: jurisPK-SGB V, § 109 Rn. 42.
12 Nach der Rspr. des BVerwG (29.4.2004, 3 C 25/03, NVwZ-RR 2004, 855, 856 f.) ist die Planungsbehörde hierbei keiner strikten Rechtsbindung unterworfen, sondern verfügt insoweit über einen Ermessensspielraum; auch wenn die übrigen Voraussetzungen für eine Planmodifizierung vorliegen, besteht also nicht zwingend ein Anspruch der Vertragsparteien auf Erteilung des Einvernehmens.
13 So dürfen über den Weg der Planmodifizierung zB keine neuen Abteilungen vereinbart werden; vgl. Stollmann in: Huster/Kaltenborn, Krankenhausrecht, § 4 Rn. 95.
14 Zur begrenzten praktischen Bedeutung dieses Instruments s. Wahl in: jurisPK-SGB V, § 109 Rn. 46; Quaas/Zuck, § 26 Rn. 54.
15 Wahl in: jurisPK-SGB V, § 109 Rn. 57.
16 Neben den auch in Abs. 3 aufgeführten Kriterien der Leistungsfähigkeit, Wirtschaftlichkeit und Bedarfsgerechtigkeit sind hierbei auch sonstige „öffentliche Interessen" sowie der Grundsatz der Trägervielfalt (§ 1 Abs. 2 KHG, s. dazu Ihle in: NK-MedR, § 109 SGB V Rn. 2 ff.) zu berücksichtigen.
17 Becker in: Becker/Kingreen, § 109 Rn. 6.
18 BSG, 29.5.1996, 3 RK 23/95, SozR 3-2500 § 109 Nr. 1, S. 7; BSG, 28.7.2008, B 1 KR 5/08 R, SGb 2009, 360, 364; BSG, 16.5.2012, B 3 KR 9/11 R, SozR 4-2500 § 109 Nr. 25, juris Rn. 31 ff. unter ausdrücklicher Zurückweisung der von der Vorinstanz (LSG BW, 3.5.2011, L 11 KR 337/10, NZS 2012, 146, 147 f.) insoweit erhobenen Bedenken; zu der Problematik s. Knittel in: Krauskopf, SGB V, § 109, Rn. 16; vgl. außerdem Knispel NZS 2006, 120 (122); Hess in: KassKomm, § 109 SGB V Rn. 4.
19 So ausdrücklich das BSG in seinem Urt. v. 29.5.1996, 3 RK 23/95, SozR 3-2500 § 109 Nr. 1, S. 7.; ebenso Hänlein in: Hänlein/Schuler, §§ 108-110, Rn. 12.
20 Knittel in: Krauskopf, § 109 SGB V Rn. 16.

sich jeweils um unbestimmte Rechtsbegriffe, die gerichtlich voll überprüfbar sind.[21] Ist eines der Kriterien in einem konkreten Anwendungsfall nicht gegeben, besteht ein Kontrahierungsverbot.[22] Das erstgenannte Merkmal, die **Leistungsfähigkeit**, gilt als erfüllt, wenn das Angebot des Krankenhauses den personellen, räumlichen und technischen Anforderungen gerecht wird, die nach dem aktuellen Stand der medizinischen Wissenschaft an eine derartige Einrichtung zu stellen sind;[23] hiervon kann ua dann nicht ausgegangen werden, wenn das Krankenhaus nach seiner Konzeption den Schwerpunkt auf Außenseitermethoden legt, die nicht in die Leistungspflicht der GKV fallen,[24] oder wenn begründete Zweifel an der Zuverlässigkeit seines Trägers bestehen.[25] Das Kriterium der **Wirtschaftlichkeit** besagt, dass nur mit solchen Krankenhäusern Versorgungsverträge bestehen dürfen, die im Verhältnis zu anderen Häusern kein erkennbar ungünstigeres Preis-Leistungs-Verhältnis aufweisen; vor dem Hintergrund der Umstellung des Finanzierungssystems auf Fallpauschalen kommt es dabei inzwischen weniger auf die Höhe der für die einzelnen Leistungen geforderte Vergütung, als vielmehr auf die Kostensituation im Krankenhaus insgesamt (personelle und sächliche Ausstattung, Ablaufstrukturen, Behandlungsweise etc) an.[26] Der Abschluss eines Versorgungsvertrages setzt weiterhin voraus, dass die in Abs. 3 S. 1 Nr. 2 aufgestellten **Qualitätsanforderungen** eingehalten werden; verwiesen wird insoweit auf die planungsrelevanten Qualitätsindikatoren des GBA (§ 136 c SGB V), die landesrechtlichen Qualitätsvorgaben und auf die Qualitätssicherungsvorschrift des § 5 Abs. 3a KHEntgG.[27] Nach § 110 Abs. 1 S. 2 besteht bei Nichteinhaltung dieser Qualitätsanforderungen eine Pflicht zur Kündigung des Versorgungsvertrags. Das für die Zulassungspraxis wichtigste Kriterium ist schließlich das der **Bedarfsgerechtigkeit**: Ein Krankenhaus ist für die bedarfsgerechte Versorgung erforderlich, wenn in seinem Einzugsbereich ein Nachfrageüberhang nach notwendigen stationären medizinischen Leistungen besteht, weil die bereits zugelassenen Krankenhäuser diese Nachfrage[28] nicht in ausreichendem Maße befriedigen können.[29] Es ist daher von einem **Vorrang der bereits zugelassenen Krankenhäuser** – also insbesondere der bereits in den Krankenhausplan aufgenommenen Kliniken – auszugehen,[30] wobei die Rechtsprechung diesen Vorrang selbst dann annimmt, wenn das an einem Versorgungsvertrag interessierte Krankenhaus an sich leistungsfähiger ist als seine bereits in den Plan aufgenommenen Konkurrenten.[31]

8 Sowohl der Abschluss als auch die Ablehnung von Versorgungsverträgen unterliegen nach Abs. 3 S. 2 einer **Genehmigungspflicht**.[32] Versagt die „zuständige Landesbehörde" – gemeint ist damit die für die Krankenhausplanung zuständige Behörde, nicht die für die Krankenkasse(n) zuständige Aufsichtsbehörde[33] – ihre Zustimmung zu einem Versorgungsvertrag, so wird er nicht wirksam. Wird die Genehmigung hingegen erteilt, so tritt der Vertrag auch erst ab diesem Zeitpunkt in Kraft; eine Rückwirkung auf den Zeitpunkt des Vertragsschlusses ist aufgrund des statusbegründenden Charakters des Versor-

---

21 BSG, 26.4.2001, B 3 KR 18/99 R, BSGE 88, 111, 113.
22 Quaas/Zuck, § 26, Rn. 58; als Alternative zur Versagung kommen allerdings auch Beschränkungen der Zulassung oder Auflagen in Betracht; s. BSG, 24.1.2008, B 3 KR 17/07 R, SozR 4-2500 § 109 Nr. 7, juris Rn. 18.
23 Kingreen/Bogan in: BeckOK SozR, SGB V, § 109 Rn. 12 mwN.
24 BSG, 28.7.2008, B 1 KR 5/08 R, SGb 2009, 360, 366 f. mit krit. Anm. von Felix SGb 2009, 367, 369; zu dieser Entscheidung vgl. auch Huster GesR 2010, 337, 341 f.
25 BSG, 28.7.2008, B 1 KR 5/08 R, SGb 2009, 360, 365 f.; Knittel in: Krauskopf, § 109 SGB V Rn. 11.
26 Näher hierzu Wahl in: jurisPK-SGB V, § 109 Rn. 76 f.
27 Zu den Einzelheiten dieser Vorgaben siehe Wahl in: jurisPK-SGB V, § 109 Rn. 78 ff.
28 Maßgeblich ist insoweit der „fachliche Vergleichsbereich"; s. dazu BSG, 16.5.2012, B 3 KR 9/11 R, SozR 4-2500 § 109 Nr. 25, juris Rn. 44.
29 Quaas/Zuck, § 26 Rn. 64; Kingreen/Bogan in: BeckOK SozR, SGB V, § 109 Rn. 15; Joussen in: NK-MedR, § 109 SGB V, Rn. 14 mwN; ausführlich hierzu Wünschmann NZS 2006, 403; zur Auslegung des Begriffs „Bedarf" s. auch Wahl in: jurisPK-SGB V, § 109 Rn. 91.
30 BSG, 29.5.1996, 3 RK 26/95, NZS 1997, 177, 178; BSG, 20.11.1996, 3 RK 7/96, NZS 1997, 276; BSG, 26.4.2001, B 3 KR 18/99 R, BSGE 88, 111, 112. Zu der Vorrangproblematik und der Frage, inwieweit die Krankenhausbedarfsplanung auch einer Überprüfung durch die Krankenkassen bzw. die Sozialgerichte zugänglich ist, siehe BSG, 16.5.2012, B 3 KR 9/11 R, SozR 4-2500 § 109 Nr. 25, juris Rn. 43; ferner LSG BW, 7.7.2009, L 11 KR 2751/07, MedR 2010, 434 mit Anm. von Schillhorn MedR 2010, 438, sowie Meßling SGb 2011, 257; Knispel NZS 2006, 120, 121; Knittel in: Krauskopf, SGB V, § 109, Rn. 14 ff.; Stollhorn/ Hermanns DVBl. 2011, 599, 602; Quaas in: Wenzel, Kap. 14, Rn. 264 ff.; Schrinner in: Dettling/Gerlach, § 109 SGB V Rn. 15; Wahl in: jurisPK-SGB V, § 109 Rn. 88 f.
31 BSG, 19.11.1997, 3 RK 6/96, NZS 1998, 518, 519 f.
32 Zur Rechtsnatur der Genehmigung s. Wahl in: jurisPK-SGB V, § 109 Rn. 108 f.
33 BSG, 29.5.1996, 3 RK 26/95, NZS 1997, 177.

gungsvertrages ausgeschlossen.[34] Der Prüfungsmaßstab, den die Genehmigungsbehörde anzulegen hat, umfasst sowohl die krankenversicherungsrechtlichen Kriterien des § 109 als auch die einschlägigen krankenhausplanerischen Vorgaben und Zielsetzungen.[35]

V. Zulassung zur Krankenhausbehandlung und Vergütung (Abs. 4)

Der wirksam abgeschlossene (bzw. nach Abs. 1 S. 2 fingierte) Versorgungsvertrag hat zur Rechtsfolge, dass das Krankenhaus für die Dauer des Vertrages zur **Krankenhausbehandlung der Versicherten** nicht nur berechtigt, sondern im Rahmen seines Versorgungsauftrages auch verpflichtet ist (Abs. 3 S. 1 und 2). Was im Einzelnen unter den Begriff der „Krankenhausbehandlung" fällt, ergibt sich aus dem Leistungsrecht (§ 39 Abs. 1).[36] Begrenzt wird die Leistungspflicht durch den **Versorgungsauftrag** des Krankenhauses, so wie er im Versorgungsvertrag (bzw. bei Plankrankenhäusern durch Krankenhausplan und Feststellungsbescheid sowie ggf. durch ergänzende Vereinbarungen) mit Blick auf die Aufgabenstellung und Leistungsfähigkeit des Hauses konkret festgelegt ist.[37] Die Leistungspflicht ist also individuell für das einzelne Krankenhaus zu bestimmen: Es kann weder dem SGB V noch dem Krankenhausfinanzierungsrecht ein allgemeiner Katalog möglicher (einheitlicher) Versorgungsaufträge für die nach Abs. 4 zugelassenen Krankenhäuser entnommen werden, vielmehr bestehen derartige Versorgungsaufträge immer einzelfallbezogen für das jeweilige Krankenhaus.[38]

9

In Abs. 4 S. 3 wird schließlich auf die Pflicht der Krankenkassen hingewiesen, mit dem Krankenhausträger **Pflegesatzverhandlungen** nach Maßgabe des KHG, des KHEntG und der BPflV zu führen. Seit Einführung des DRG-Fallpauschalensystems haben Pflegesatzvereinbarungen im herkömmlichen Sinn freilich kontinuierlich an Bedeutung verloren; insofern ist die Vorschrift heute so zu lesen, dass sie sich nunmehr (auch) auf die im DRG-System zu schließenden Vergütungsverhandlungen auf krankenhausindividueller Ebene bezieht (vgl. § 11 KHEntgG).[39] Der **Vergütungsanspruch** entspricht der Verpflichtung des zugelassenen Krankenhauses zur Teilnahme an der Krankenhausbehandlung.[40] Auch hier kommt der Versorgungsauftrag daher eine begrenzende Funktion zu: Wird eine Leistung zwar ordnungsgemäß, jedoch außerhalb des Versorgungsauftrages erbracht, so steht dem Krankenhaus hierfür auch kein Vergütungsanspruch gegenüber der Krankenkasse zu.[41] Die Zahlungsverpflichtung der Krankenkasse entsteht, sobald ein bei ihr Versicherter eine Sachleistung iS des § 39 Abs. 1 in Anspruch genommen hat; zusätzliche Kostenübernahmeerklärungen können daher allenfalls deklaratorischen Charakter haben.[42]

10

VI. Rechtsschutz

Bei **Rechtsstreitigkeiten um Versorgungsverträge**[43] ist zu beachten, dass der Sozialrechtsweg nur hinsichtlich der echten Versorgungsverträge sowie der planmodifizierenden und plankonkretisierenden Vereinbarungen (Abs. 1 S. 4 und 5) eröffnet ist, während für Streitigkeiten, die sich auf die fingierten

11

---

34 BSG aaO; ferner BSG, 21.2.2006, B 1 KR 22/05 R, GesR 2006, 368, 369; BSG, 23.6.2015, B 1 KR 20/14 R, NZS 2015, 787, 788; Kingreen/Bogan in: BeckOK SozR, SGB V, § 109 Rn. 22; so nun auch Knittel in: Krauskopf, § 109 SGB V Rn. 9; aA Knispel NZS 2006, 120 (122).

35 Stollmann in: Huster/Kaltenborn, Krankenhausrecht, § 4 Rn. 94; ders. NZS 2004, 350 (355); ähnlich auch das BVerwG in seinem Urt. v. 14.4.2011, 3 C 17.10, MedR 2012, 143, 145 f.; kritisch hingegen Wahl in: jurisPK-SGB V, § 109 Rn. 103.

36 Zur Notwendigkeit gesonderter (selektivvertraglich auszuhandelnder) Berechtigungen für einzelne ambulante Versorgungsformen (§§ 116 b Abs. 2, 140 a ff.) s. Wahl in: jurisPK-SGB V, § 109 Rn. 119.

37 Vgl. auch § 8 Abs. 1 S. 4 KHEntgG; ausführlich zur Bestimmung des Versorgungsauftrages eines Krankenhauses Quaas MedR 1995, 54; Thomae KH 2008, 725; Prütting GesR 2012, 332, 332 ff.; Sodan GesR 2012, 641; Wahl in: jurisPK-SGB V, § 109 Rn. 122 ff.; aus der Rechtsprechung siehe zuletzt BSG, 14.10.2014, B 1 KR 33/13 R, SozR 4-2500 § 137 Nr. 5, Juris RdNr. 70; BSG, 27.11.2014, B 3 KR 1/13 R, SozR 4-2500 § 108 Nr. 3, Juris RdNr. 13 ff., BSG, 23.6.2015, B 1 KR 20/14 R, NZS 2015, 787, 788 (siehe hierzu auch die Anm. von Stollmann, SGb 2016, 590).

38 BSG, 24.1.2008, B 3 KR 17/07 R, SozR 4-2500 § 109 Nr. 7, juris Rn. 18.

39 Vgl. Wahl in: jurisPK-SGB V, § 109 Rn. 120, 125; ausführlich zum Vergütungsanspruch Wahl in: jurisPK-SGB V, § 109 Rn. 129 ff.

40 BSG, 12.11.2003, B 3 KR 1/03 R, NZS 2004, 590, 591; Hess in: KassKomm, § 109 SGB V Rn. 8.

41 BSG, 24.1.2008, B 3 KR 17/07 R, SozR 4-2500 § 109 Nr. 7, juris Rn. 17.

42 BSG, 17.5.2000, B 3 KR 33/99 R, NZS 2001, 316, 317 f.; BSG, 13.12.2001, B 3 KR 11/01 R, NZS 2003, 28, 29; BSG, 8.11.2011, B 1 KR 8/11 R, GesR 2012, 232, 234; s. hierzu auch Wahl in: jurisPK-SGB V, § 109 Rn. 151 ff.

43 Zur Klageart → Rn. 4.

Versorgungsverträge (Abs. 1 S. 2) beziehen, aufgrund der Ausnahmeregelung des § 51 Abs. 1 Nr. 2 Hs. 2 SGG die allgemeine öffentlich-rechtliche Rechtswegzuweisung an die Verwaltungsgerichte gilt.[44] Vergütungsstreitigkeiten (Zahlungsklagen von Krankenhäusern bzw. Rückforderungsklagen von Krankenkassen) sind vor den Sozialgerichten auszutragen.

§ 110 Kündigung von Versorgungsverträgen mit Krankenhäusern

(1) [1]Ein Versorgungsvertrag nach § 109 Abs. 1 kann von jeder Vertragspartei mit einer Frist von einem Jahr ganz oder teilweise gekündigt werden, von den Landesverbänden der Krankenkassen und den Ersatzkassen nur gemeinsam und nur aus den in § 109 Abs. 3 Satz 1 genannten Gründen. [2]Die Kündigung hat zu erfolgen, wenn der in § 109 Absatz 3 Satz 1 Nummer 2 genannte Kündigungsgrund vorliegt. [3]Eine Kündigung ist nur zulässig, wenn die Kündigungsgründe nicht nur vorübergehend bestehen. [4]Bei Plankrankenhäusern ist die Kündigung mit einem Antrag an die zuständige Landesbehörde auf Aufhebung oder Änderung des Feststellungsbescheids nach § 8 Abs. 1 Satz 2 des Krankenhausfinanzierungsgesetzes zu verbinden, mit dem das Krankenhaus in den Krankenhausplan des Landes aufgenommen worden ist. [5]Kommt ein Beschluss über die Kündigung eines Versorgungsvertrags durch die Landesverbände der Krankenkassen und der Ersatzkassen nicht zustande, entscheidet eine unabhängige Schiedsperson über die Kündigung, wenn dies von Kassenarten beantragt wird, die mindestens ein Drittel der landesweiten Anzahl der Versicherten auf sich vereinigen. [6]Einigen sich die Landesverbände der Krankenkassen und die Ersatzkassen nicht auf eine Schiedsperson, wird diese von der für die Landesverbände der Krankenkassen zuständigen Aufsichtsbehörde bestimmt. [7]Klagen gegen die Bestimmung der Schiedsperson haben keine aufschiebende Wirkung. [8]Die Kosten des Schiedsverfahrens tragen die Landesverbände der Krankenkassen und die Ersatzkassen entsprechend der landesweiten Anzahl ihrer Versicherten. [9]Klagen gegen die Entscheidung der Schiedsperson über die Kündigung richten sich gegen die Landesverbände der Krankenkassen und die Ersatzkassen, nicht gegen die Schiedsperson.

(2) [1]Die Kündigung durch die in Absatz 1 Satz 1 genannten Verbände wird mit der Genehmigung durch die zuständige Landesbehörde wirksam. [2]Diese hat ihre Entscheidung zu begründen. [3]Bei Plankrankenhäusern kann die Genehmigung nur versagt werden, wenn und soweit das Krankenhaus für die Versorgung unverzichtbar ist und die zuständige Landesbehörde die Unabweisbarkeit des Bedarfs schriftlich oder elektronisch dargelegt hat. [4]Die Genehmigung gilt als erteilt, wenn die zuständige Landesbehörde nicht innerhalb von drei Monaten nach Mitteilung der Kündigung widersprochen hat. [5]Die Landesbehörde hat einen Widerspruch spätestens innerhalb von drei weiteren Monaten schriftlich oder elektronisch zu begründen. [6]Mit Wirksamwerden der Kündigung gilt ein Plankrankenhaus insoweit nicht mehr als zugelassenes Krankenhaus.

Literatur:
Knispel, Rechtsfragen der Versorgungsverträge nach SGB V, NZS 2006, 120; *Kuhla/Voß*, Rechtsschutz des Krankenhauses gegen die kündigungsbedingte Beendigung des Versorgungsvertrages, NZS 1999, 216; *Quaas*, Die Einbeziehung der Hochschulklinik in die staatliche Krankenhausplanung, MedR 2010, 149.

I. Entstehungsgeschichte und Normkontext

1 In § 110 hat der Gesetzgeber die Voraussetzungen für die Beendigung von Versorgungsverträgen festgelegt und damit das in § 109 verankerte Regelungskonzept der Zulassung von Krankenhäusern zur Behandlung der GKV-Versicherten ergänzt; ebenso wie § 109 (→ § 109 Rn. 2) bezieht sich auch § 110 sowohl auf echte als auch fiktive Versorgungsverträge. Die Vorschrift ist durch das **GRG** vom 20.12.1988 (BGBl. I, 2477) zum 1.1.1989 eingeführt worden und löst die **Vorläufervorschrift** des § 371 Abs. 2 RVO ab. Durch das **GSG** vom 21.12.1992 (BGBl. I, 2266) ist die bis zu diesem Zeitpunkt in Abs. 2 S. 4 enthaltene Bestimmung, nach der die für eine Kündigung eines (fiktiven) Versorgungsvertrages mit einem Plankrankenhaus erforderliche Genehmigung versagt werden konnte, sofern das betreffende Haus nach dem Krankenhausfinanzierungsrecht und dem einschlägigen Landesrecht als nicht bedarfsgerecht einzustufen war, ersetzt worden durch die heute geltende Fassung: Nunmehr

---

44 Vgl. Kingreen/Bogan in: BeckOK SozR, SGB V, § 109 Rn. 52 (in Rn. 55 f., 57 ff. auch mwN zum Konkurrenzschutz im Krankenhausrecht); Wahl in: jurisPK-SGB V, § 109 Rn. 203.

muss die Unverzichtbarkeit des Krankenhauses für die Versorgung der Versicherten dargelegt werden, anderenfalls darf die zuständige Landesbehörde die Genehmigung nicht verweigern. Eine weitere Änderung hat § 110 durch das **GKV-WSG** vom 26.3.2007 (BGBl. I, 378) erfahren, als mit Blick auf Neustrukturierung der Krankenkassenverbände Abs. 1 S. 1 redaktionell angepasst worden ist. Mit dem **Krankenhausstrukturgesetz** vom 10.12.2015 (BGBl. I 2015, 2229) sind in Abs. 1 S. 2 eine auf die Nichteinhaltung von Qualitätsstandards abstellende Kündigungspflicht sowie in Abs. 1 S. 5–9 eine Schiedsverfahrensregelung eingefügt worden; in Abs. 2 hat der Gesetzgeber zudem einige verfahrensrechtliche Bestimmungen geändert.

II. Materiellrechtliche Voraussetzungen der Kündigung von Versorgungsverträgen (Abs. 1 S. 1–3)

Hinsichtlich der materiellrechtlichen Voraussetzungen einer Kündigung wird in Abs. 1 S. 1 danach unterschieden, welche der Vertragsparteien sich zu einem solchen Schritt entschließt. Will der Krankenhausträger sich von dem Versorgungsvertrag wieder lösen, so kann er dies auch ohne Vorliegen spezifischer Kündigungsgründe tun. Anders gestaltet sich die Rechtslage für die Krankenkassen(verbände): Sie können einen Versorgungsvertrag nur aus den „in § 109 Abs. 3 Satz 1 genannten Gründen" kündigen, also nur dann, wenn das Krankenhaus nicht mehr die Gewähr für eine **leistungsfähige und wirtschaftliche Behandlung der Versicherten** bietet, als nicht mehr **bedarfsgerecht** anzusehen ist[1] oder aber den in § 109 Abs. 3 S. 1 Nr. 2 genannten Qualitätsanforderungen nicht genügt; im letztgenannten Fall besteht sogar eine Kündigungspflicht. Das Begriffsverständnis ist hier im Grundsatz dasselbe wie in der Vorschrift, auf die verwiesen wird[2] – dennoch soll es beim Kriterium der Bedarfsgerechtigkeit nach Ansicht des BSG einen wichtigen Unterschied geben: Während beim Vertragsschluss vom **Vorrang der Plankrankenhäuser** gegenüber den Vertragskrankenhäusern auszugehen sei,[3] bestehe in der Kündigungssituation kein derartiges Vorrangverhältnis; vielmehr müsse den Krankenkassen – dies ergebe sich aus der Entstehungsgeschichte des § 110 – die Möglichkeit eingeräumt werden, durch Kündigung auch von Plankrankenhäusern auf die Wirtschaftlichkeit der Versorgung Einfluss zu nehmen – und zwar auch in solchen Fällen, in denen nach erfolgter Kündigung weiterhin Vertragskrankenhäuser im Versorgungsgebiet zugelassen bleiben.[4] Dem ist in der Literatur zu Recht entgegengehalten worden, dass diese Auslegung nicht nur (mit Blick auf die gegenteilige Interpretation in der Zulassungssituation) inkonsistent sei, sondern auch dem gesetzgeberischen Willen widerspreche, welcher der in § 6 KHG festgelegten Kompetenzzuordnung zugrunde liegt: Danach ist Krankenhausbedarfsplanung Ländersache, den Versorgungsentscheidungen der Krankenkassen kann in diesem Bereich also nur eine ergänzende Funktion zukommen.[5]

Als weitere materiellrechtliche Voraussetzung für die Kündigung eines Versorgungsvertrages verlangt Abs. 1 S. 3, dass die Kündigungsgründe **nicht nur vorübergehend** bestehen. Damit wird dem Grundsatz der Verhältnismäßigkeit entsprochen, der aufgrund der Grundrechtsrelevanz des Zulassungsaktes (Art. 12 Abs. 1 GG), über den die Krankenhäuser in das sozialversicherungsrechtliche Versorgungssystem einbezogen werden,[6] von den Krankenkassen selbstverständlich auch bei der Kündigung von Versorgungsverträgen zu beachten ist.[7] Eine Kündigung darf daher nur dann erfolgen, wenn die unwirtschaftliche Betriebsführung von einigem Gewicht ist und zudem wiederholt festgestellt wurde.[8] Ebenfalls Ausdruck des Verhältnismäßigkeitsgrundsatzes ist die ausdrücklich in das Gesetz aufgenommene Vorgabe, dass eine Kündigung ggf. auch nur für einen **Teil des Versorgungsvertrages** ausgesprochen werden kann (Abs. 1 S. 1). Soll gegenüber Plankrankenhäusern oder Hochschulkliniken eine derartige Änderungskündigung vorgenommen werden, ist dies freilich allein in Form planmodifizierender Vereinbarungen (§ 109 Abs. 1 S. 4) möglich.[9]

---

1 Zu diesen unbestimmten Rechtsbegriffen s. § 109 Rn. 7.
2 Wahl in: jurisPK-SGB V, § 110 Rn. 21.
3 Siehe hierzu § 109 Rn. 7.
4 BSG, 6.8.1998, B 3 KR 3/98 R, NZS 1999, 185, 186; zustimmend Hess in: KassKomm, § 109 SGB V Rn. 7a; Wahl in: jurisPK-SGB V, § 110 Rn. 22; Quaas in: Wenzel, Kap. 14, Rn. 289.
5 Kingreen/Bogan in: BeckOK SozR, SGB V, § 110 Rn. 10; kritisch auch schon Knispel, NZS 2006, 120, 124.
6 Siehe hierzu § 109 Rn. 6.
7 Becker in: Becker/Kingreen, § 110 Rn. 11.
8 Quaas/Zuck, § 26 Rn. 79.
9 Wahl in: jurisPK-SGB V, § 110 Rn. 13.

III. Rechtsnatur der Kündigung und Verfahrensanforderungen (Abs. 1 S. 1 und 4–9, Abs. 2)

4 Bei der Kündigungserklärung handelt es sich – unabhängig davon, wer sie ausspricht – um eine **einseitige, empfangsbedürftige öffentlich-rechtliche Willenserklärung**.[10] Für Kündigungserklärungen des Krankenhausträgers war dies immer schon anerkannt, während die Rechtsprechung früher davon ausgegangen ist, dass dann, wenn die Krankenkassen(verbände) den Vertrag kündigen, in der Erklärung ein Verwaltungsakt zu sehen sei, welcher dann im Wege der Anfechtungsklage vor Gericht angegriffen werden könne.[11] Zu Recht wird allerdings diese Sichtweise im Schrifttum kritisiert, und auch das BSG scheint inzwischen von seiner Position abgerückt zu sein:[12] In der Tat erscheint es nicht nachvollziehbar, in den Rechtsbeziehungen zwischen Krankenkassen(verbänden) und Krankenhausträger ein die Annahme eines Verwaltungsaktes rechtfertigendes Über-/Unterordnungsverhältnis zu sehen, vielmehr stehen sich hier zwei gleichgeordnete Vertragspartner gegenüber.[13] Für den Rechtsschutz hat dies zur Konsequenz, dass gegen eine Kündigung im Wege der Feststellungsklage bzw. der Leistungsklage (in Gestalt der Unterlassungsklage) vorzugehen ist.[14]

5 In verfahrensrechtlicher Hinsicht sieht Abs. 1 S. 1 eine **Kündigungsfrist** von einem Jahr vor. Bei Kündigungen durch die Krankenkassen(verbände) beginnt die Frist erst mit der Genehmigung durch die Landesbehörde zu laufen (Abs. 2 S. 2). **Formvorgaben** für die Kündigung enthält § 110 nicht, daher ist auf die allgemeinen Vorschriften des SGB X zurückzugreifen. Wenn man mit der inzwischen wohl hM davon ausgeht, dass die Kündigung keinen Verwaltungsakt, sondern eine öffentlich-rechtliche Willenserklärung darstellt (→ Rn. 4), dann hat dies zur Folge, dass gem. § 59 Abs. 2 S. 1 SGB X die Schriftform zu beachten ist und zudem eine Begründung gegeben werden soll; sieht man in ihr hingegen einen Verwaltungsakt und wird dieser schriftlich erlassen, so ist eine Begründung sogar zwingend vorgeschrieben (§ 35 Abs. 1 S. 1 SGB X). Grundsätzlich können nach Abs. 1 S. 1 Kündigungen von den Landesverbänden der Krankenkassen und den Ersatzkassen nur gemeinsam ausgesprochen werden. Damit aber die Kündigung nicht an einer gegenseitigen Blockade der Kassenvertreter scheitert, ist in Abs. 1 S. 5–9 ein (hinsichtlich der Regelungstechnik an § 73 b Abs. 4 a orientiertes)[15] Schiedsverfahren vorgesehen.[16] Es kann von denjenigen Kassenarten beantragt werden, die mindestens ein Drittel der landesweiten Anzahl der Versicherten auf sich vereinigen.

6 Betrifft die Kündigung ein Plankrankenhaus, so ist zusätzlich ein Antrag an die zuständige Landesbehörde auf **Aufhebung bzw. Änderung des Feststellungsbescheids** zu stellen, mit dem die Aufnahme des Krankenhauses in den Krankenhausplan veranlasst worden ist (Abs. 1 S. 4). Die Regelung dient dem Schutz des Krankenhausträgers, denn dieser soll nicht gezwungen werden, aufgrund eines für ihn weiterhin verbindlichen Feststellungsbescheides Behandlungskapazitäten vorzuhalten, die nach Wirksamwerden der Kündigung nicht mehr gegenüber den Krankenkassen abgerechnet werden können.[17] Die Wirksamkeit der Kündigung hängt allerdings nicht davon ab, dass der Feststellungsbescheid tatsächlich aufgehoben bzw. geändert wird.[18] Für Hochschulkliniken fehlt eine vergleichbare Regelung, was jedoch nicht als Indiz dafür gewertet werden kann, dass bei dieser Krankenhausart eine Kündigungsmöglichkeit prinzipiell ausgeschlossen ist[19] – sie ist freilich auch nicht besonders realistisch.[20]

7 Ein zentraler Schritt im Kündigungsverfahren ist schließlich die **Genehmigung durch die zuständige Landesbehörde** (Abs. 2 S. 1–5). Sie ist bei allen von § 110 erfassten Kündigungen erforderlich – also sowohl bei solchen, die durch die Krankenkassen(verbände) veranlasst werden, als auch bei Kündi-

---

10 Joussen in: NK-MedR, § 110 SGB V Rn. 2 f.; Knittel in: Krauskopf, § 110 SGB V Rn. 3; Wahl in: jurisPK-SGB V, § 110 Rn. 32; Becker in: Becker/Kingreen, § 110 Rn. 3; Kingreen/Bogan in: BeckOK SozR, SGB V, § 110 Rn. 3; Kuhla/Voß NZS 1999, 216, 218 f.; Knispel NZS 2006, 120, 126; Schrinner in: Dettling/Gerlach, § 110 SGB V Rn. 3; aA Hess in: KassKomm, § 110 SGB V Rn. 12.
11 BSG – 29.5.1996, 3 RK 23/95, BSGE 78, 233, 235 f.; BSG – 6.8.1998, B 3 KR 3/98 R, NZS 1999, 185.
12 Vgl. BSG, 28.7.2008, B 1 KR 5/08 R, SGb 2009, 360, 363 f.
13 Vgl. die Nachweise in Fn. 10.
14 Kingreen/Bogan in: BeckOK SozR, SGB V, § 110 Rn. 17; s. außerdem sogleich → Rn. 9.
15 BT-Dr. 18/6586, 117.
16 Becker in: Becker/Kingreen, § 110 Rn. 7; Wahl in: jurisPK-SGB V, § 110 Rn. 16; zur rechtlichen Einordnung der Kündigungsentscheidung durch die Schiedsperson s. Kingreen/Bogan in: BeckOK SozR, SGB V, § 110 Rn. 5.
17 BT-Dr. 11/2237, 198.
18 Wahl in: jurisPK-SGB V, § 110 Rn. 30.
19 So aber Quaas MedR 2010, 149, 154 f.
20 Knispel, NZS 2006, 120, 125 mwN; ebenso Kingreen/Bogan in: BeckOK SozR, SGB V, § 110 Rn. 8; vgl. hierzu auch Schrinner in: Dettling/Gerlach, § 110 SGB V Rn. 2; Becker in: Becker/Kingreen, § 110 Rn. 6.

gungen durch den Krankenhausträger.[21] Die Genehmigung bedarf – ebenso wie ihre Verweigerung – einer Begründung (Abs. 2 S. 2); im Verhältnis zu demjenigen, der die Kündigung ausgesprochen hat, ist die Versagung der Genehmigung als Verwaltungsakt zu werten, ihre Erteilung stellt hingegen einen bloß verwaltungsinternen Vorgang dar.[22] Hat die Landesbehörde nicht innerhalb von drei Monaten, nachdem ihr die Kündigung mitgeteilt worden ist, hierüber entschieden, so tritt eine Genehmigungsfiktion ein (Abs. 2 S. 4).

Bei **Plankrankenhäusern** ist die Besonderheit zu beachten, dass der Gesetzgeber eine Versagung der Genehmigung nur erlaubt, wenn das Krankenhaus für die Versorgung der Versicherten unverzichtbar ist und die Landesbehörde dies auch schriftlich bzw. elektronisch darlegt. Teilweise wird bezweifelt, dass sich aus dieser Vorgabe für die Praxis rechtlich relevante Folgerungen ergeben, denn ein für die bedarfsgerechte Versorgung der Versicherten nicht (mehr) erforderliches Krankenhaus – dies sei ja schließlich die materielle Voraussetzung für eine wirksame Kündigung durch die Krankenkassenverbände – könne wohl kaum gleichwohl als „unverzichtbar" einzustufen sein.[23] Allerdings ist zu berücksichtigen, dass zu den in § 109 Abs. 3 S. 1 genannten Tatbeständen, auf die in Abs. 1 S. 1 verwiesen wird, nicht nur der fehlende Versorgungsbedarf zählt, sondern dass auch die mangelnde Wirtschaftlichkeit bzw. Qualität eines Krankenhauses (§ 109 Abs. 3 S. 1 1. bzw. 3. Alt.) als mögliche Kündigungsgründe in Betracht zu ziehen sind. Auch wenn es schwer vorstellbar ist, dass die Landesbehörde ein Interesse daran haben könnte, ein Haus, dessen Versorgungsvertrag aus einem dieser Gründe gekündigt werden soll (bzw. im Fall der mangelhaften Qualität an sich sogar gekündigt werden müsste), weiterhin für die Versorgung der Versicherten geöffnet zu halten, so kann es dennoch besondere Ausnahmesituationen geben, in denen von einem Fall der „Unverzichtbarkeit" auszugehen ist.

8

In Abs. 2 S. 6 ist nun auch ausdrücklich klargestellt, dass mit Wirksamwerden der Kündigung ein Plankrankenhaus insoweit nicht mehr als zugelassenes Krankenhaus gilt. Dies bedeutet, dass im Kündigungsfall die Zulassung nicht erst mit der Herausnahme aus dem Krankenhausplan endet.[24]

IV. Rechtsschutz

Ebenso wie schon bei Klagen gegen die Verweigerung des Abschlusses eines Versorgungsvertrages (→ § 109 Rn. 11) wird man auch bei Rechtsstreitigkeiten um die Kündigung von Versorgungsverträgen die **Rechtswegspaltung** beachten müssen, die sich daraus ergibt, dass für die fingierten Versorgungsverträge iS des § 109 Abs. 1 S. 2 (Plankrankenhäuser und Hochschulkliniken) aufgrund der Ausnahmeregelung des § 51 Abs. 1 Nr. 2 Hs. 2 SGG die Verwaltungsgerichte zuständig sind, der Sozialrechtsweg hingegen nur für Klagen gegen die Kündigung echter Versorgungsverträge in Betracht kommt.[25] Welche **Klageart** in Betracht kommt, hängt von der Rechtsnatur der angegriffenen Maßnahme ab:[26] Qualifiziert man aus den og Gründen (→ Rn. 4) die Kündigung nicht als Verwaltungsakt, sondern als eine öffentlich-rechtliche Willenserklärung, dann stehen als statthafte Klagearten die Feststellungsklage bzw. die Leistungsklage (in Gestalt der Unterlassungsklage) zur Verfügung; wollen sich die Krankenkassenverbände gegen die Versagung der für das Wirksamwerden einer Kündigung erforderlichen Genehmigung – also gegen einen Verwaltungsakt (→ Rn. 7) – zur Wehr setzen, müssen sie eine Anfechtungsklage erheben.

9

§ 110a Qualitätsverträge

(1) ¹Krankenkassen oder Zusammenschlüsse von Krankenkassen sollen zu den vom Gemeinsamen Bundesausschuss nach § 136b Absatz 1 Nummer 4 festgelegten Leistungen oder Leistungsbereichen mit dem Krankenhausträger Verträge schließen zur Förderung einer qualitativ hochwertigen stationä-

---

21 Wahl in: jurisPK-SGB V, § 110 Rn. 33.
22 Klückmann in: Hauck/Noftz, SGB V, § 110 Rn. 44; Wahl in: jurisPK-SGB V, § 110 Rn. 33; Knispel, NZS 2006, 120 (126).
23 So auch die Vorauflage; siehe außerdem Becker in: Becker/Kingreen, § 110, Rn. 9; Kingreen/Bogan in: BeckOK SozR, SGB V, § 110 Rn. 15; ebenso auch schon Klückmann in: Hauck/Noftz, SGB V, § 110 Rn. 35 ff.; Knispel NZS 2006, 120, 125; Quaas/Zuck, § 26 Rn. 89 ff.; aA Wahl in: jurisPK-SGB V, § 110 Rn. 37; vgl. zu der Problematik auch Kuhla/Bedau in: Sodan, HdB KrVersR, § 25 Rn. 42 a; Stollmann in: Huster/Kaltenborn, Krankenhausrecht, § 4 Rn. 99.
24 Wahl in: jurisPK-SGB V, § 110 Rn. 46.
25 Wahl in: jurisPK-SGB V, § 110 Rn. 47; Knispel, NZS 2006, 120, 126.
26 Siehe hierzu Kingreen/Bogan in: BeckOK SozR, SGB V, § 110 Rn. 17.

ren Versorgung (Qualitätsverträge). ²Ziel der Qualitätsverträge ist die Erprobung, inwieweit sich eine weitere Verbesserung der Versorgung mit stationären Behandlungsleistungen, insbesondere durch die Vereinbarung von Anreizen sowie höherwertigen Qualitätsanforderungen erreichen lässt. ³Die Qualitätsverträge sind zu befristen. ⁴In den Qualitätsverträgen darf nicht vereinbart werden, dass der Abschluss von Qualitätsverträgen mit anderen Krankenkassen oder Zusammenschlüssen von Krankenkassen unzulässig ist. ⁵Ein Anspruch auf Abschluss eines Qualitätsvertrags besteht nicht.

(2) ¹Der Spitzenverband Bund der Krankenkassen und die Deutsche Krankenhausgesellschaft vereinbaren für die Qualitätsverträge nach Absatz 1 bis spätestens zum 31. Juli 2018 die verbindlichen Rahmenvorgaben für den Inhalt der Verträge. ²Die Rahmenvorgaben, insbesondere für die Qualitätsanforderungen, sind nur soweit zu vereinheitlichen, wie dies für eine aussagekräftige Evaluierung der Qualitätsverträge erforderlich ist. ³Kommt eine Vereinbarung nach Satz 1 ganz oder teilweise nicht zustande, setzt die Schiedsstelle nach § 18a Absatz 6 des Krankenhausfinanzierungsgesetzes auf Antrag einer Vertragspartei oder des Bundesministeriums für Gesundheit den Inhalt der Rahmenvorgaben fest.

I. Entstehungsgeschichte und Normkontext

1 § 110a ist durch das **Krankenhausstrukturgesetz** vom 10.12.2015 (BGBl. I 2015, 2229) in das SGB V aufgenommen worden. Nach Abs. 1 S. 1 ist die „Förderung einer qualitativ hochwertigen stationären Versorgung" Zweck der Norm. Erreicht werden soll dies durch die Vereinbarung von Qualitätsstandards, die über das Niveau der Regelanforderungen hinausreichen. Selektivverträge, die auf der Grundlage des § 110a abgeschlossen werden, ergänzen das Zulassungssystem der §§ 108–110 SGB V.[1]

II. Abschluss und Inhalt der Qualitätsverträge

2 Als Vertragspartner sind in Abs. 1 S. 1 die Krankenhausträger und die Krankenkassen bzw. „Zusammenschlüsse von Krankenkassen" genannt. Krankenkassen können also individuell Qualitätsverträge abschließen oder aber mit anderen Kassen **Verhandlungsgemeinschaften**[2] bilden; dabei kann es sich durchaus um die bereits im SGB V ausdrücklich erwähnten Institutionen der Zusammenarbeit von Krankenkassen, den Landesverbänden, handeln, es sind aber auch andere – ggf. auch kassenartübergreifende – Formen der Kooperation möglich.[3] Nicht erlaubt ist es, in einen Qualitätsvertrag Bestimmungen aufzunehmen, nach denen dem Krankenhausträger der Abschluss weiterer Qualitätsverträge verwehrt bleibt (Abs. 1 S. 4). Es besteht kein Anspruch auf Abschluss eines Qualitätsvertrages (Abs. 1 S. 5), vielmehr müssen die Krankenkassen über den Vertragsschluss nach **pflichtgemäßem Ermessen** entscheiden; ihre Auswahlkriterien haben sie offenzulegen.[4] Da die Verträge später evaluiert werden sollen,[5] sind sie zu befristen (Abs. 1 S. 3).

3 In inhaltlicher Hinsicht macht das Gesetz selbst nur wenige Vorgaben, die „Vereinbarung von Anreizen und höherwertigen Qualitätsanforderungen" werden in Abs. 1 S. 2 lediglich als ein Beispiel („insbesondere") für die Ausgestaltung der Verträge genannt. Darüber hinaus ist festgelegt, dass die Qualitätsverträge sich auf die nach § 136b Abs. 1 Nr. 4 vom GBA näher bestimmten Leistungen bzw. Leistungsbereiche beziehen sollen (Abs. 1 S. 1). Konkretere inhaltliche Maßstäbe werden die **Rahmenvorgaben** (Abs. 2) enthalten, die zum Zwecke der Evaluierung der Qualitätsverträge entweder vom Spitzenverband Bund der Krankenkassen und der Deutschen Krankenhausgesellschaft bis zum 31.7.2018 vereinbart oder aber – sofern eine solche Vereinbarung nicht zustande kommen sollte – durch ein Schiedsverfahren festgelegt werden.

§ 111 Versorgungsverträge mit Vorsorge- oder Rehabilitationseinrichtungen

(1) Die Krankenkassen dürfen medizinische Leistungen zur Vorsorge (§ 23 Abs. 4) oder Leistungen zur medizinischen Rehabilitation einschließlich der Anschlußheilbehandlung (§ 40), die eine stationäre Behandlung, aber keine Krankenhausbehandlung erfordern, nur in Vorsorge- oder Rehabilitationseinrichtungen erbringen lassen, mit denen ein Versorgungsvertrag nach Absatz 2 besteht; für pflegende

---

1 Wahl in: jurisPK-SGB V, § 110a Rn. 4, 12.
2 Wahl in: jurisPK-SGB V, § 110a Rn. 13.
3 Hänlein in: Hänlein/ Schuler, § 110a Rn. 5.
4 Wahl in: jurisPK-SGB V, § 110a Rn. 23.
5 BT-Dr. 18/5372, 82.

Angehörige dürfen die Krankenkassen diese Leistungen auch in Vorsorge- und Rehabilitationseinrichtungen erbringen lassen, mit denen ein Vertrag nach § 111a besteht.

(2) ¹Die Landesverbände der Krankenkassen und die Ersatzkassen gemeinsam schließen mit Wirkung für ihre Mitgliedskassen einheitliche Versorgungsverträge über die Durchführung der in Absatz 1 genannten Leistungen mit Vorsorge- oder Rehabilitationseinrichtungen, die
1. die Anforderungen des § 107 Abs. 2 erfüllen und
2. für eine bedarfsgerechte, leistungsfähige und wirtschaftliche Versorgung der Versicherten ihrer Mitgliedskassen mit stationären medizinischen Leistungen zur Vorsorge oder Leistungen zur medizinischen Rehabilitation einschließlich der Anschlußheilbehandlung notwendig sind.

²§ 109 Abs. 1 Satz 1 gilt entsprechend. ³Die Landesverbände der Krankenkassen eines anderen Bundeslandes und die Ersatzkassen können einem nach Satz 1 geschlossenen Versorgungsvertrag beitreten, soweit für die Behandlung der Versicherten ihrer Mitgliedskassen in der Vorsorge- oder Rehabilitationseinrichtung ein Bedarf besteht.

(3) ¹Bei Vorsorge- oder Rehabilitationseinrichtungen, die vor dem 1. Januar 1989 stationäre medizinische Leistungen für die Krankenkassen erbracht haben, gilt ein Versorgungsvertrag in dem Umfang der in den Jahren 1986 bis 1988 erbrachten Leistungen als abgeschlossen. ²Satz 1 gilt nicht, wenn die Einrichtung die Anforderungen nach Absatz 2 Satz 1 nicht erfüllt und die zuständigen Landesverbände der Krankenkassen und die Ersatzkassen gemeinsam dies bis zum 30. Juni 1989 gegenüber dem Träger der Einrichtung schriftlich geltend machen.

(4) ¹Mit dem Versorgungsvertrag wird die Vorsorge- oder Rehabilitationseinrichtung für die Dauer des Vertrages zur Versorgung der Versicherten mit stationären medizinischen Leistungen zur Vorsorge oder Rehabilitation zugelassen. ²Der Versorgungsvertrag kann von den Landesverbänden der Krankenkassen und den Ersatzkassen gemeinsam mit einer Frist von einem Jahr gekündigt werden, wenn die Voraussetzungen für seinen Abschluß nach Absatz 2 Satz 1 nicht mehr gegeben sind. ³Mit der für die Krankenhausplanung zuständigen Landesbehörde ist Einvernehmen über Abschluß und Kündigung des Versorgungsvertrags anzustreben.

(5) ¹Die Vergütungen für die in Absatz 1 genannten Leistungen werden zwischen den Krankenkassen und den Trägern der zugelassenen Vorsorge- oder Rehabilitationseinrichtungen vereinbart. ²Kommt eine Vereinbarung innerhalb von zwei Monaten, nachdem eine Vertragspartei nach Satz 1 schriftlich zur Aufnahme von Verhandlungen aufgefordert hat, nicht oder teilweise nicht zustande, wird ihr Inhalt auf Antrag einer Vertragspartei durch die Landesschiedsstelle nach § 111b festgesetzt. ³Die Landesschiedsstelle ist dabei an die für die Vertragsparteien geltenden Rechtsvorschriften gebunden.

(6) Soweit eine wirtschaftlich und organisatorisch selbständige, gebietsärztlich geleitete Vorsorge- oder Rehabilitationseinrichtung an einem zugelassenen Krankenhaus die Anforderungen des Absatzes 2 Satz 1 erfüllt, gelten im übrigen die Absätze 1 bis 5.

Literatur:
Bold, Das Wunsch- und Wahlrecht im Kontext des Leistungserbringungsrechts, NZS 2014, 129; *Fuhrmann/Heine,* Wunsch- und Wahlrecht contra Bedarfsplanung in der medizinischen Rehabilitation, SGb 2014, 297; *Joussen,* Leistungsbestimmung und Vertragsgestaltung durch eine Schlichtungsstelle Rehabilitation, SGb 2011, 73; *Quaas,* Zu den Rechtsansprüchen einer geriatrischen Rehabilitationseinrichtung auf Abschluss eines Versorgungsvertrages nach § 111 SGB V und einer dem Versorgungsauftrag der Einrichtung angemessenen Vergütung, NZS 1996, 102; *Welti,* Leistung und Leistungserbringung in der Rehabilitation: Wettbewerbsordnung im Interesse der Selbstbestimmung, SGb 2009, 330; *Welti,* Vergabe im Bereich der Rehabilitation, SDSRV 60 (2011), 93.

I. Entstehungsgeschichte und Normkontext

Die Vorschrift des § 111 regelt das Verfahrensregime und den Inhalt der Versorgungsverträge mit Vorsorge- und Rehabilitationseinrichtungen und ergänzt damit die Bestimmungen des krankenhausrechtlichen Leistungserbringungsrechts; in weiten Teilen ist sie den §§ 108 bis 110 nachgebildet.[1] Ergänzend sind bei Verträgen mit Rehabilitationseinrichtungen auch die einschlägigen Regelungen des SGB IX zu

1

---

[1] Wahl in: jurisPK-SGB V, § 111 Rn. 4. Zu den mit der Aufnahme des § 111 in das SGB V verknüpften Zielen siehe Quaas/Zuck, § 26 Rn. 97; Hannes in: Hauck/Noftz, SGB V, § 111 Rn. 5.

berücksichtigen (insbes. § 21 SGB IX).[2] § 111 ist durch das **GRG** vom 20.12.1988 (BGBl. I, 2477) zum 1.1.1989 eingeführt worden und hat seither mehrfach Änderungen erfahren: So ist durch das **GSG** vom 21.12.1992 (BGBl. I, 2266) in Abs. 2 S. 1 Nr. 2 das Kriterium der Bedarfsgerechtigkeit hinzugefügt und in Abs. 4 S. 3 das zuvor dort vorgesehene Benehmenserfordernis durch die jetzige Regelung ersetzt worden, welche beim Abschluss von Versorgungsverträgen verlangt, dass das Einvernehmen der für die Krankenhausplanung zuständigen Landesbehörde anzustreben ist. Redaktionelle Änderungen sind zudem aufgrund der Kodifizierung des Rehabilitationsrechts (**SGB IX**) im Jahr 2001 (BGBl. I, 1046) in Abs. 1 und Abs. 2 S. 1 Nr. 2 sowie wegen der Neustrukturierung der Krankenkassenverbände durch das **GKV-WSG** vom 26.3.2007 (BGBl. I, 378) in Abs. 2 S. 1 und 3, Abs. 3 S. 2 und Abs. 4 S. 2 vorgenommen worden. Mit dem Gesetz zur Änderung des Infektionsschutzgesetzes und weiterer Gesetze (**IfSGuaÄndG**) vom 28.7.2011 (BGBl. I, 1622) wurde eine Schiedsverfahrensregelung in Abs. 5 S. 2 und 3 aufgenommen. Durch das **Pflege-Neuausrichtungs-Gesetz** v. 23.10.2012 (BGBl. I, 2246) ist schließlich in Abs. 1 ein zusätzlicher Halbsatz aufgenommen worden, der es pflegenden Angehörigen ermöglicht, Vorsorge- und Rehabilitationsleistungen in Vertragseinrichtungen nach § 111a SGB V in Anspruch zu nehmen.

2 In **verfassungsrechtlicher Hinsicht** ist § 111 in erster Linie deshalb relevant, weil die Vorschrift in Abs. 2 für die Zulassung der Einrichtungen zur Versorgung der GKV-Versicherten eine **Bedarfsprüfung** vorsieht.[3] Nach zutreffender Ansicht des BSG[4] ist mit Blick auf die Berufsfreiheit der Einrichtungsbetreiber (Art. 12 Abs. 1 GG) eine verfassungskonforme Auslegung des Begriffs „bedarfsgerecht" geboten, denn – anders als im Bereich der Krankenhausversorgung – können die Krankenkassen über die Ermessensregelungen in den Leistungsrechtsvorschriften der §§ 23 und 40[5] ihren Einfluss auf Bewilligung und Dauer[6] stationärer medizinischer Vorsorge- und Rehabilitationsleistungen nutzen, um die Kostenentwicklung in diesem Bereich zu steuern; der Gesichtspunkt der Kostendämpfung rechtfertigt daher im Rahmen des § 111 nicht in dem gleichen Maße eine Begrenzung der Leistungsanbieter wie im Rahmen der §§ 108, 109.[7]

II. Leistungserbringung auf der Grundlage von Versorgungsverträgen (Abs. 1) und Bestandsschutz (Abs. 3)

3 Stationäre Vorsorge- und Rehabilitationseinrichtungen sind nach § 111 ausschließlich über „echte" **Versorgungsverträge** – also nicht über eine Vertragsfiktion wie die Plankrankenhäuser und Hochschulkliniken nach § 109 Abs. 1 S. 2 – in das krankenversicherungsrechtliche Versorgungssystem einbezogen; eine Ausnahme gilt allein für diejenigen Einrichtungen, die unter die **Bestandsschutzregel** des

---

2 Zur (ergänzenden) Anwendbarkeit der leistungserbringungsrechtlichen Vorschriften des SGB IX im Zusammenhang mit den Verträgen nach § 111 siehe Welti in: Becker/Kingreen, § 111, Rn. 3; aA Joussen in: NK-MedR, § 111 SGB V, Rn. 3; ders., SGb 2011, 73.

3 Zu der Frage, ob Träger von Vorsorge- bzw. Rehabilitationseinrichtungen unter bestimmten Voraussetzungen einen Anspruch auf Abschluss eines Versorgungsvertrages haben, vgl. Joussen SGb 2011, 73, 74 f.; Hannes in: Hauck/Noftz, SGB V, § 111 Rn. 49 f.; Wahl in: jurisPK-SGB V, § 111 Rn. 42 ff.; Kuhla/Bedau in: Sodan, HdB KrVersR, § 25 Rn. 198.

4 BSG, 23.7.2002, B 3 KR 63/01 R, BSGE 89, 294, 300 ff.; vgl. auch schon BSG, 19.11.1997, 3 RK 1/97, BSGE 81, 189, 197 f.

5 Zum Zeitpunkt der BSG-Entscheidung stand die Erbringung stationärer medizinischer Rehabilitationsleistungen gem. § 40 Abs. 2 aF noch im Ermessen der Krankenkassen; inzwischen ist durch das GKV-WSG vom 26.3.2007 (BGBl. I, 378) diese Vorschrift dahingehend geändert worden, dass nunmehr ein gebundener Anspruch des Versicherten auf diese Leistung besteht (nach Ansicht von Wahl in: jurisPK-SGB V, § 111 Rn. 40 f., bestehen daher Zweifel, ob die Argumentation des BSG noch weiter aufrechterhalten werden kann; ähnlich Kingreen/Bogan in: BeckOK SozR, SGB V, § 111 Rn. 10). Allerdings bleiben den Krankenkassen über die Ermessensregelung in § 40 Abs. 3 (Bestimmung von Art, Dauer, Umfang, Beginn und Durchführung der Leistungen) weiterhin ausreichend Steuerungsmöglichkeiten erhalten, über die sie hinsichtlich der nach § 39 zu erbringenden

6 Leistungen nicht verfügen; siehe auch Welti in: Becker/Kingreen, § 111, Rn. 5; vgl. außerdem Fuhrmann/Heine, SGb 2014, 297, 302 f. Zur Einschränkung der Versichertenwahlrechte bei Vertragseinrichtungen nach § 111 s. BSG, 7.5.2013, B 1 KR 12/12 R, GesR 2013, 684; berechtigte Kritik an dieser Entscheidung übt Bold NZS 2014, 129.

7 Im Erg. ebenso Szabados in: Spickhoff, Medizinrecht, § 111 SGB V Rn. 6; Welti in: Becker/Kingreen, § 111, Rn. 5; Quaas/Zuck, § 26 Rn. 103 f.; Hess in: KassKomm, § 111 SGB V Rn. 3a; zT wird die Bedarfsabhängigkeit der Zulassung im Rahmen des § 111 jedoch als verfassungswidrig beurteilt, so etwa von Hänlein in: Hänlein/Schuler, §§ 111, 111a Rn. 7 mwN.

Abs. 3 fallen und für die deshalb kein eigenständiger Vertragsschluss nötig ist.[8] Die Versorgungsverträge stellen öffentlich-rechtliche statusbegründende Verträge dar. Welche Leistungen im Einzelnen von den Vertragsabschlüssen nach § 111 erfasst werden, ergibt sich aus dem Verweis in Abs. 1 auf die leistungsrechtlichen Vorschriften der §§ 24 Abs. 4 und 40. Gegenstand der Versorgungsverträge ist dabei allein die **vollstationäre Behandlung** der Versicherten, ambulante und teilstationäre Vorsorge- bzw. Rehabilitationsmaßnahmen werden von § 111 nicht erfasst.[9] Bei **Verträgen mit Rehabilitationseinrichtungen** sind zusätzlich die inhaltlichen Anforderungen des § 21 SGB IX zu beachten.[10]

III. Zustandekommen und Kündigung des Versorgungsvertrages (Abs. 2, Abs. 4 S. 2 und 3, Abs. 6)

Die Versorgungsverträge nach § 111 kommen durch **schriftliche Einigung** des Trägers der jeweiligen Vorsorge- bzw. Rehabilitationseinrichtung mit den Landesverbänden der Krankenkassen und den Ersatzkassen zustande (Abs. 2 S. 1; Abs. 2 S. 2 iVm § 109 Abs. 1 S. 1).[11] Da nach der ausdrücklichen gesetzlichen Vorgabe die Kassenverbände den Vertrag „mit Wirkung für ihre Mitgliedkassen" abschließen, gilt ein Vertrag nach § 111 – anders als die Verträge nach § 109 – nur auf Landesebene.[12] Allerdings kann diese regionale Begrenzung durch **Beitritt der Landesverbände der Krankenkassen** eines anderen Bundeslandes oder der Ersatzkassen überwunden werden (Abs. 2 S. 3). Im Unterschied zum Vertragsschluss erfordert ein solcher Vertragsbeitritt kein „gemeinsames" Handeln der Kassenverbände und der Ersatzkassen; auch einzelne Krankenkassen(-verbände) eines anderen Bundeslandes können also, sofern hierfür ein Bedarf besteht, dem Versorgungsvertrag beitreten.[13] Weitere formale Voraussetzung für den Vertragsschluss ist nach Abs. 4 S. 3, dass mit der für die Krankenhausplanung zuständigen Landesbehörde das **Einvernehmen** anzustreben ist. Diese Anforderung dürfte aber kaum über das frühere Benehmenserfordernis (→ Rn. 1) hinausgehen; auf die Zustimmung der Krankenhausplanungsbehörde kommt es jedenfalls nicht an.[14]

Als Vertragspartner der Krankenkassen(verbände) kommen gem. Abs. 2 S. 1 Nr. 1 nur solche Einrichtungen in Betracht, die die **Anforderungen des § 107 Abs. 2** erfüllen; dies gilt nach Abs. 6 auch für wirtschaftlich und organisatorisch selbstständige, zu Rehabilitationseinrichtungen umgewidmete Krankenhausabteilungen. Die weiteren inhaltlichen Vorgaben für den Vertragsschluss sind in Abs. 2 S. 1 Nr. 2 in Anlehnung an die krankenhausrechtliche Bestimmung des § 109 Abs. 3 S. 1 geregelt: Auch bei den Verträgen mit stationären Vorsorge- und Rehabilitationseinrichtungen ist zu prüfen, ob diese den Erfordernissen der **Bedarfsgerechtigkeit**, der **Leistungsfähigkeit** und der **Wirtschaftlichkeit** entsprechen. Erfüllt eine Einrichtung diese Voraussetzungen nicht, dann ist der Abschluss eines Versorgungsvertrages mit ihr zwingend abzulehnen.[15] Die Kriterien entsprechen denen des Krankenhausrechts; insofern kann auf die dortige Kommentierung (→ § 109 Rn. 7) verwiesen werden – allerdings mit einer wichtigen Einschränkung: Wegen der Notwendigkeit einer verfassungskonformen Auslegung des Begriffs „bedarfsgerecht" (→ Rn. 2) wird man davon ausgehen müssen, dass eine Einrichtung diese Anforderung bereits dann erfüllt, wenn sie – so hat es das BSG formuliert – „einer Nachfrage gerecht wird, die bislang noch nicht anderweitig gedeckt wird";[16] das Kriterium verlangt also nicht „die Unverzichtbarkeit der einzelnen antragstellenden Einrichtung, sondern verdeutlicht nur den gesetzlichen Auftrag der Kassenverbände, im Rahmen ihrer Planungshoheit und Strukturverantwortung zumindest so viele Versorgungsverträge abzuschließen, wie für die flächendeckende Mindestausstattung eines Bundeslandes mit stationären Rehabilitationseinrichtungen erforderlich sind."[17]

---

8 Die Regelung in Abs. 3 S. 2 hat aufgrund der darin enthaltenen Befristung heute keine praktische Relevanz mehr; siehe auch Kingreen/Bogan in: BeckOK SozR, SGB V, § 111 Rn. 6; Wahl in: jurisPK-SGB V, § 111 Rn. 49 f.
9 BSG, 5.7.2000, B 3 KR 12/99 R, NZS 2001, 357, 359 f.
10 Vgl. hierzu Welti in: Becker/Kingreen, § 111 Rn. 7.
11 Zur Frage der Anwendbarkeit des Vergaberechts s. Welti SGb 2009, 330, 336; dens., SDSRV 60 (2011), 93, 102; Kingreen/Bogan in: BeckOK SozR, SGB V, § 111 Rn. 13.
12 Knittel in: Krauskopf, § 111 SGB V Rn. 5.
13 Wahl in: jurisPK-SGB V, § 111 Rn. 28.
14 Wahl in: jurisPK-SGB V, § 111 Rn. 47; Knittel in: Krauskopf, § 111 SGB V Rn. 6.
15 Wahl in: jurisPK-SGB V, § 111 Rn. 31.
16 BSG, 23.7.2002, B 3 KR 63/01 R, BSGE 89, 294, 305.
17 BSG, aaO; zum Erfordernis der Bedarfsgerechtigkeit für den Abschluss von Verträgen nach § 111 vgl. auch Wahl in: jurisPK-SGB V, § 111 Rn. 38 ff.; ferner Quaas NZS 1996, 102, 104; Hannes in: Hauck/Noftz, SGB V, § 111 Rn. 43 f.

6 Nach Abs. 4 S. 2 ist die **Kündigung** eines Versorgungsvertrages möglich, sofern die in Abs. 2 S. 1 genannten Voraussetzungen für seinen Abschluss dauerhaft[18] nicht mehr vorliegen. Kündigungsberechtigt sind nach dem Wortlaut der Vorschrift die Krankenkassen(verbände), nicht hingegen ihre Vertragspartner auf der Leistungserbringerseite. Zu Recht wird jedoch im Schrifttum angenommen, dass in analoger Anwendung des § 110 Abs. 1 auch den Trägern der jeweiligen Einrichtung ein – in diesem Fall von weiteren inhaltlichen Voraussetzungen unabhängiges – Kündigungsrecht zusteht;[19] die Jahresfrist gilt unabhängig davon, von welcher Vertragspartei die Kündigung ausgesprochen wird.[20] Teilkündigungen sind bei Versorgungsverträgen mit Vorsorge- und Rehabilitationseinrichtungen (im Unterschied zur Rechtslage im Krankenhauswesen) zwar nicht ausdrücklich vorgesehen, jedoch aus Gründen der Verhältnismäßigkeit selbstverständlich zulässig[21] und unter Umständen sogar geboten. Ebenso wie beim Vertragsschluss (→ Rn. 4) ist auch bei der Kündigung eines Versorgungsvertrages nach Abs. 4 S. 3 das Einvernehmen mit der für die Krankenhausplanung zuständigen Landesbehörde anzustreben. Die Kündigungsmöglichkeit besteht nicht nur für die „echten" Versorgungsverträge, sondern auch für diejenigen, die nach der Bestandsschutzregel des Abs. 3 lediglich fingiert werden. In den Anwendungsbereich des Abs. 4 S. 2 fallen also auch solche Einrichtungen, die – obwohl sie an sich die Zulassungsanforderungen des Abs. 2 Satz 1 nicht erfüllen (und auch nie erfüllt haben) – gleichwohl noch zur Versorgung zugelassen sind, weil nämlich die Krankenkassenverbände es versäumt haben, dies nach Abs. 3 Satz 2 fristgerecht geltend zu machen.[22]

IV. Zulassung zur Leistungserbringung (Abs. 4 S. 1) und Vergütung (Abs. 5)

7 Rechtsfolge des Abschlusses eines Versorgungsvertrages ist die **Zulassung** der betreffenden Einrichtung zur Versorgung der Versicherten mit stationären medizinischen Leistungen der Vorsorge oder Rehabilitation (Abs. 4 S. 1). Damit ist sie zur Leistungserbringung nach Abs. 1 (bezogen auf die am Vertragsabschluss beteiligten bzw. ihm beitretenden Krankenkassen) allerdings nicht nur berechtigt, sondern im Rahmen ihres Versorgungsauftrages[23] und der vorhandenen Aufnahmekapazitäten[24] auch verpflichtet. Auch wenn eine solche **Behandlungspflicht** – anders als im Krankenhausbereich (vgl. § 109 Abs. 4 S. 2) – im Gesetz nicht ausdrücklich festgelegt ist, so ist doch unstreitig, dass mit der Zulassung zur Versorgung eine entsprechende Pflichtenstellung verbunden ist.[25] Weitere Rechtsfolge der Zulassung ist die Pflicht der Krankenkassen (nicht der Verbände), mit den Trägern der Einrichtungen **Vergütungen** für die zur Versorgung der Versicherten erbrachten Leistungen zu vereinbaren (Abs. 5).[26] Konkrete Vorgaben bzgl. der Höhe enthält das SGB V nicht, die Vergütungen werden daher – unter Beachtung des allgemein geltenden Grundsatzes der Beitragsstabilität (§ 71) – frei vereinbart.[27] Aufgrund der ungleichen Marktgewichte der beteiligten Parteien ist dieser Zustand zu Recht als unbefriedigend eingestuft worden.[28] Der Gesetzgeber hat darauf reagiert, indem er den Vertragspartnern der Vergütungsvereinbarung nunmehr die Möglichkeit eröffnet hat, im Falle der Nichteinigung ein **Schiedsverfahren** einzuleiten (Abs. 5 S. 2 und 3).

---

18 Hänlein in: Hänlein/Schuler, §§ 111, 111a Rn. 13.
19 Kingreen/Bogan in: BeckOK SozR, SGB V, § 111 Rn. 23; Wahl in: jurisPK-SGB V, § 111 Rn. 73; Quaas/Zuck, § 26 Rn. 108; für eine Anwendung des § 59 Abs. 1 SGB X Knittel in: Krauskopf, § 111 SGB V Rn. 16.
20 Kingreen/Bogan in: BeckOK SozR, SGB V, § 111 Rn. 25.
21 Kingreen/Bogan in: BeckOK SozR, SGB V, § 111 Rn. 24; ähnlich Szabados in: Spickhoff, Medizinrecht, § 111 SGB V Rn. 13.
22 Vgl. Wahl in: jurisPK-SGB V, § 111 Rn. 51.
23 Siehe hierzu nur Wahl in: jurisPK-SGB V, § 111 Rn. 55, 58.
24 Vgl. Hess in: KassKomm, § 111 SGB V Rn. 5.
25 Überwiegend wird diese unmittelbar aus dem Versorgungsvertrag abgeleitet; siehe etwa Szabados in: Spickhoff, Medizinrecht, § 111 SGB V Rn. 11; Quaas/Zuck, § 26 Rn. 107; Hannes in: Hauck/Noftz, SGB V, § 111 Rn. 73; Wahl in: jurisPK-SGB V, § 111 Rn. 59; für eine Analogie zu § 109 Abs. 4 S. 2 Hänlein in: LPK-SGB V, §§ 111, 111a Rn. 4.
26 In diesen Vereinbarungen wird die konkrete Höhe des Vergütungsanspruchs festgelegt, Rechtsgrund für den Anspruch ist jedoch der Versorgungsvertrag, der das Grundverhältnis zwischen dem Träger der Einrichtung und den Kassen regelt; vgl. Wahl in: jurisPK-SGB V, § 111 Rn. 60; siehe auch BSG, 23.3.2006, 3 KR 6/05 R, SGb 2006, 753, 753.
27 Zur Preisgestaltung siehe ua Quaas, NZS 1996, 102, 106; Hannes in: Hauck/Noftz, SGB V, § 111 Rn. 96 ff.
28 Joussen, SGb 2011, 73, 76 f.

V. Rechtsschutz

Bei Rechtsstreitigkeiten um Versorgungsverträge im Anwendungsbereich des § 111 (Klagen gegen Nichtabschluss oder Kündigung eines Vertrages) ist der Sozialrechtsweg eröffnet. Welche Klageart hierbei zu wählen ist, hängt von der rechtlichen Qualifizierung der Vertragsablehnung bzw. Kündigung ab; insoweit gelten die gleichen Maßstäbe wie im Recht der Krankenhausversorgungsverträge.[29] Auch Vergütungsstreitigkeiten sind vor den Sozialgerichten auszutragen. Die Entscheidungen der Schiedsstelle nach Abs. 5 S. 2 ergehen gegenüber den Vertragspartnern der Vergütungsvereinbarung als Verwaltungsakt und können daher im Wege der Anfechtungsklage überprüft werden.[30]

§ 111a Versorgungsverträge mit Einrichtungen des Müttergenesungswerks oder gleichartigen Einrichtungen

(1) ¹Die Krankenkassen dürfen stationäre medizinische Leistungen zur Vorsorge für Mütter und Väter (§ 24) oder Rehabilitation für Mütter und Väter (§ 41) nur in Einrichtungen des Müttergenesungswerks oder gleichartigen Einrichtungen oder für Vater-Kind-Maßnahmen geeigneten Einrichtungen erbringen lassen, mit denen ein Versorgungsvertrag besteht. ²§ 111 Abs. 2, 4 Satz 1 und 2 und Abs. 5 sowie § 111b gelten entsprechend.

(2) ¹Bei Einrichtungen des Müttergenesungswerks oder gleichartigen Einrichtungen, die vor dem 1. August 2002 stationäre medizinische Leistungen für die Krankenkassen erbracht haben, gilt ein Versorgungsvertrag in dem Umfang der im Jahr 2001 erbrachten Leistungen als abgeschlossen. ²Satz 1 gilt nicht, wenn die Einrichtung die Anforderungen nach § 111 Abs. 2 Satz 1 nicht erfüllt und die zuständigen Landesverbände der Krankenkassen und die Ersatzkassen gemeinsam dies bis zum 1. Januar 2004 gegenüber dem Träger der Einrichtung schriftlich geltend machen.

Die Vorschrift des § 111a, die die Versorgungsverträge mit Einrichtungen des Müttergenesungswerkes und gleichartigen Einrichtungen regelt, ist zum 1.8.2002 durch das 11. SGB V-ÄndG (BGBl. I, 2874) eingefügt worden. Hierdurch ist die Erbringung von Leistungen zur stationären medizinischen Vorsorge und Rehabilitation für Mütter und Väter ebenfalls in ein vertragliches Zulassungssystem eingebunden worden. Die formellen und materiellen Anforderungen an den Abschluss von Versorgungsverträgen entsprechen weitgehend den Regelungen, die der Gesetzgeber für die stationären Vorsorge- und Rehabilitationseinrichtungen aufgestellt hat, daher wird in Abs. 1 S. 2 eine **entsprechende Anwendung der Maßgaben des § 111** angeordnet.[1]

Sieht man einmal von dem Verweis in Abs. 1 S. 1 auf die Leistungsrechtsvorschriften der §§ 24 und 41 ab, bestehen **Abweichungen zum Regelwerk des § 111** nur insoweit, als die Krankenkassenverbände und Ersatzkassen beim Abschluss bzw. bei der Kündigung von Versorgungsverträgen mit den Einrichtungen des Müttergenesungswerks und gleichartigen Einrichtungen nicht verpflichtet sind, das Einvernehmen mit den für die Krankenhausplanung zuständigen Landesbehörde anzustreben. Zudem gilt eine andere Bestandsschutzvorschrift (Abs. 2), die jedoch lediglich andere Zeitangaben als die Parallelvorschrift des § 111 Abs. 3 enthält.

§ 111b Landesschiedsstelle für Vergütungsvereinbarungen zwischen Krankenkassen und Trägern von Vorsorge- oder Rehabilitationseinrichtungen

(1) ¹Die Landesverbände der Krankenkassen und die Ersatzkassen gemeinsam und die für die Wahrnehmung der Interessen der Vorsorge- und Rehabilitationseinrichtungen auf Landesebene maßgeblichen Verbände bilden miteinander für jedes Land eine Schiedsstelle. ²Diese entscheidet in den Angelegenheiten, die ihr nach diesem Buch zugewiesen sind.

---

29 Siehe hierzu die Kommentierungen zu § 109 Rn. 4 und § 110 Rn. 9; zur Vergleichbarkeit der Qualifizierungsproblematik siehe auch Wahl in: jurisPK-SGB V, § 111 Rn. 45 f.
30 Knittel in: Krauskopf, § 111 SGB V Rn. 13 a.
1 Vgl. iE die Kommentierung zu § 111.

(2) ¹Die Schiedsstelle besteht aus einem unparteiischen Vorsitzenden und zwei weiteren unparteiischen Mitgliedern sowie aus Vertretern der jeweiligen Vertragsparteien nach § 111 Absatz 5 Satz 1 oder im Falle ambulanter Rehabilitationseinrichtungen nach § 111 c Absatz 3 Satz 1 in gleicher Zahl; für den Vorsitzenden und die unparteiischen Mitglieder können Stellvertreter bestellt werden. ²Der Vorsitzende und die unparteiischen Mitglieder werden von den beteiligten Verbänden nach Absatz 1 gemeinsam bestellt. ³Kommt eine Einigung nicht zustande, werden sie von den zuständigen Landesbehörden bestellt.
(3) ¹Die Mitglieder der Schiedsstelle führen ihr Amt als Ehrenamt. ²Sie sind an Weisungen nicht gebunden. ³Jedes Mitglied hat eine Stimme. ⁴Die Entscheidungen werden von der Mehrheit der Mitglieder getroffen. ⁶Ergibt sich keine Mehrheit, gibt die Stimme des Vorsitzenden den Ausschlag.
(4) Die Rechtsaufsicht über die Schiedsstelle führt die zuständige Landesbehörde.
(5) ¹Die Landesregierungen werden ermächtigt, durch Rechtsverordnung¹ das Nähere über die Zahl, die Bestellung, die Amtsdauer und die Amtsführung, die Erstattung der baren Auslagen und die Entschädigung für Zeitaufwand der Mitglieder der Schiedsstelle, die Geschäftsführung, das Verfahren, die Erhebung und die Höhe der Gebühren sowie über die Verteilung der Kosten zu bestimmen. ²Sie können diese Ermächtigung durch RechtsVO auf oberste Landesbehörden übertragen.

Literatur:

Joussen, Leistungsbestimmung und Vertragsgestaltung durch eine Schlichtungsstelle Rehabilitation, SGb 2007, 79; *Penner*, Schiedsstellenverfahren Rehabilitationsleistungen gemäß § 111 b SGB V – Steine statt Brot?, GuP 2012, 14; *Trefz/Flachsbarth*, Aktuelle Zulassungs- und Vergütungsfragen im Rehabilitationsrecht, PKR 2012, 70; *van den Heuvel/Lavall*, Erste praktische Erfahrungen mit Landesschiedsstellen im Rehabilitationsbereich gem. § 111 b SGB V, RP-Reha 2015, Nr. 4, 36.

I. Entstehungsgeschichte................... 1	c) Rechtsstellung der Mitglieder der Schiedsstelle und Schiedsverfahren (Abs. 3).................... 8
II. Normzweck und Systematik 2	
III. Norminhalt und Normauslegung 3	
1. Norminhalt....................... 3	d) Aufsicht über die Schiedsstelle (Abs. 4).................... 10
2. Normauslegung 4	
a) Errichtung von Landesschiedsstellen (Abs. 1).... 4	e) Schiedsstellenverordnung (Abs. 5).. 12
b) Besetzung der Landesschiedsstellen (Abs. 2).................. 7	

I. Entstehungsgeschichte

1   § 111 b ist mit Gesetz v. 23.6.1997 (BGBl. I, 1520) mWv 1.1.1997 mit einem anderen Inhalt als § 111 a neu geschaffen worden. Anschließend erfolgten folgende Änderungen: Art. 1 Nr. 45 Gesetz v. 22.12.1999 BGBl. I, 2626) sowie Art. 5 Nr. 25 Gesetz v. 19.6.2001 (BGBl. I, 1046). Mit Gesetz v. 26.7.2002 (BGBl. I, 2874) ist § 111 a als neuer § 111 b mWv 1.8.2002 eingeführt und wieder aufgehoben worden durch Art. 1 Nr. 78, Art. 46 IX des Gesetzes v. 26.3.2007 (BGBl. I, 378) mWv 1.7.2008. Der neue § 111 b ist mit Art. 3 Nr. 3 des Gesetzes vom 28.7.2011 (BGBl. I, 1622) mWv 4.8.2011 in das Gesetz eingefügt worden. Anschließend erfolgten folgende Änderungen: Abs. 1: idF d. Art. A Nr. 39 Gesetz v. 22.12.2011 (BGBl. I, 2983) mWv 1.1.2012.

---

1   Siehe hierzu ua die Rechtsverordnungen folgender Länder:
Baden-Württemberg: LandesschiedsstellenVO Reha,
Bayern: Reha-SchiedsstellenVO,
Bremen: VO über die Errichtung und das Verfahren der Landesschiedsstelle nach § 111 b des Fünften Buches Sozialgesetzbuch,
Hamburg: Hamburgische SchiedsstellenVO ,
Rheinland-Pfalz: LandesVO über die Schiedsstelle nach § 111 b des Fünften Buches Sozialgesetzbuch,
Saarland: VO über die Errichtung einer Landesschiedsstelle für Vergütungsvereinbarungen zwischen Krankenkassen und Trägern von Vorsorge- und Rehabilitationseinrichtungen,
Sachsen: Sächsische LandesschiedsstellenVO Rehabilitation,
Sachsen-Anhalt: VO über die Schiedsstelle nach § 111 b des Fünften Buches Sozialgesetzbuch – Gesetzliche Krankenversicherung,
Schleswig-Holstein: Reha-SchiedsstellenVO.

II. Normzweck und Systematik

Vor dem Hintergrund nicht seltener Konflikte zwischen Krankenkassen und Vorsorge- oder Rehabilitationseinrichtungen über die angemessene Höhe der Vergütungen für stationäre Vorsorge- und Rehabilitationsleistungen und deren Anpassung ist die Einführung einer Schiedsstellenregelung zu den zweiseitigen Vergütungsverträgen als wirksamer Konfliktlösungsmechanismus geboten.[2]

2

III. Norminhalt und Normauslegung

1. Norminhalt. Das Gesetz sieht an verschiedenen Stellen Schiedsstellen vor, zB in § 18a KHG oder §§ 89, 114 SGB V. § 111b Abs. 1 regelt die Bildung von Landesschiedsstellen, während Abs. 2 deren Besetzung regelt. Abs. 3 regelt die Rechtsstellung der Mitglieder der Schiedsstelle und Abs. 4 die Aufsicht. Nach Abs. 5 werden die Landesregierung bzw. die obersten Landesbehörden zur näheren Ausgestaltung ermächtigt.

3

2. Normauslegung. a) Errichtung von Landesschiedsstellen (Abs. 1). Nach Abs. 1 S. 1 bilden die Landesverbände der Krankenkassen (§ 207 Abs. 1) bzw. Krankenkassen mit Landesverbandsfunktion (§§ 207 Abs. 2a, Abs. 4, § 212 Abs. 3 SGB V und § 36 KVLG 1989) und die Ersatzkassen (keine Landesverbände vorgesehen, § 212 Abs. 5) gemeinsam und die für die Wahrnehmung der Interessen der Vorsorge- und Rehabilitationseinrichtungen auf Landesebene maßgeblichen Verbände miteinander für jedes Land eine Schiedsstelle. Welche Verbände genau die Interessen der Vorsorge- und Rehabilitationseinrichtungen auf Landesebene vertreten, richtet sich nach § 111b Abs. 5.

4

Entsprechend des ausdrücklichen Wortlauts ist nur eine Schiedsstelle pro Land vorgesehen.

5

Nach Abs. 1 S. 2 entscheiden die Schiedsstellen in den Angelegenheiten, die ihnen nach diesem Buch zugewiesen sind. Die Zuständigkeitsbereiche der Schiedsstellen ergeben sich nicht aus § 111b, sondern gemäß Abs. 1 S. 2 aus dem SGB V selbst. Insbesondere ergeben sie sich aus §§ 111 Abs. 5 S. 2, 111a Abs. 1 S. 2, 111c Abs. 3 S. 2. Die Schiedsstelle kann nach § 111 Abs. 5 S. 2 angerufen werden, wenn eine Vereinbarung zwischen den Krankenkassen und den Trägern der zugelassenen Vorsorge- oder Rehabilitationseinrichtungen nicht oder teilweise nicht zustande kommt; in dem Fall wird ihr Inhalt auf Antrag einer Vertragspartei durch die Landesschiedsstelle nach § 111b festgesetzt. Entsprechendes gilt nach § 111c Abs. 3 S. 2 für den Bereich der ambulanten Rehabilitationsleistungen. Darüber hinaus dürfen Krankenkassen nach § 111a Abs. 2 stationäre medizinische Leistungen zur Vorsorge für Mütter und Väter oder Rehabilitation für Mütter und Väter nur in Einrichtungen des Müttergenesungswerks oder gleichartigen Einrichtungen oder für Vater-Kind-Maßnahmen geeigneten Einrichtungen erbringen lassen, mit denen ein Versorgungsvertrag besteht; § 111b gilt in dem Fall entsprechend.

6

b) Besetzung der Landesschiedsstellen (Abs. 2). Die Schiedsstelle besteht aus einem unparteiischen Vorsitzenden und zwei weiteren unparteiischen Mitgliedern sowie aus Vertretern der jeweiligen Vertragsparteien nach § 111 Abs. 5 S. 1 oder im Falle ambulanter Rehabilitationseinrichtungen nach § 111c Abs. 3 S. 1 in gleicher Zahl; für den Vorsitzenden und die unparteiischen Mitglieder können Stellvertreter bestellt werden. Der Vorsitzende und die unparteiischen Mitglieder werden von den beteiligten Verbänden nach § 111b Abs. 1 gemeinsam bestellt. Kommt eine Einigung nicht zustande, werden sie – anders als in § 114 – von den zuständigen Landesbehörden bestellt. Durch die paritätische Besetzung mit neutralem Vorsitz sollen ausgewogene und die Interessen der Vertragspartner ausgleichende Konfliktlösungen ermöglicht werden.[3]

7

c) Rechtsstellung der Mitglieder der Schiedsstelle und Schiedsverfahren (Abs. 3). Abs. 3 regelt die rechtliche Stellung der Mitglieder der Schiedsstelle sowie das Verfahren zur Entscheidungsfindung. Die Mitglieder der Schiedsstelle führen ihr Amt als Ehrenamt. Sie sind an Weisungen nicht gebunden. Jedes Mitglied hat eine Stimme. Die Entscheidungen werden von der Mehrheit der Mitglieder getroffen. Ergibt sich keine Mehrheit, gibt die Stimme des Vorsitzenden den Ausschlag. Die Schiedsstelle wird nur auf Antrag einer Vertragspartei tätig, §§ 111 Abs. 5, 111c Abs. 2.

8

Das Schiedsverfahren ist ein Verwaltungsverfahren im Sinne des § 8 SGB X. Das Verfahren wird, sofern keine Einigung zustande kommt, durch den Schiedsspruch, der die fehlende Einigung der Vertragsparteien ersetzt, abgeschlossen, der Verwaltungsakt im Sinne von § 31 SGB X und mit einer hinreichenden Begründung zu versehen ist.[4]

9

---

2 BT-Dr. 17/5178, 13, 21.
3 BT-Dr. 17/5178, 21.
4 BSG, 17.12.2009, B 3 P 3/08 R, juris Rn. 20, 21 = SozR 4-3300 § 89 Nr. 2.

10 **d) Aufsicht über die Schiedsstelle (Abs. 4).** Nach Abs. 4 führt die zuständige Landesbehörde die Rechtsaufsicht. Ein Rechtsverstoß liegt allerdings erst dann vor, wenn die Schiedsstelle den ihr zustehenden Entscheidungsspielraum überschritten hat.[5] Ferner ist es in erster Linie Aufgabe der Vertragsparteien, die Rechtmäßigkeit eines Schiedsspruchs gerichtlich überprüfen zu lassen, wobei die gerichtliche Kontrollmöglichkeit aufgrund des Entscheidungsspielraumes nur eingeschränkt ist.[6] Sind sie dagegen mit dem Inhalt einverstanden, darf auch die Schiedsstelle nicht mehr tätig werden.[7]

11 Für Rechtsschutz gegen Schiedssprüche ist richtige Klageart entweder eine isolierte Anfechtungsklage oder eine kombinierte Anfechtungs- und Verpflichtungsklage. Richtiger Klagegegner ist die Landesschiedsstelle.[8] Es findet kein Vorverfahren statt und die Klage hat aufschiebende Wirkung gemäß § 86a Abs. 1 SGG.[9]

12 **e) Schiedsstellenverordnung (Abs. 5).** Da nur die Grundsätze für die Errichtung der Schiedsstellen in § 111b geregelt sind, wird die Landesregierung in Abs. 5 ermächtigt durch Rechtsverordnung das Nähere über die Zahl, die Bestellung der Mitglieder der Schiedsstelle, die Amtsdauer und die Amtsführung, die Erstattung der baren Auslagen und die Entschädigung für Zeitaufwand der Mitglieder der Schiedsstelle, die Geschäftsstelle, das Verfahren, die Erhebung und die Höhe der Gebühren sowie über die Verteilung der Kosten zu bestimmen. Diese Ermächtigung kann wiederum durch Ermächtigung auf die oberste Landesbehörde delegiert werden.

§ 111c Versorgungsverträge mit Rehabilitationseinrichtungen

(1) Die Landesverbände der Krankenkassen und die Ersatzkassen gemeinsam schließen mit Wirkung für ihre Mitgliedskassen einheitliche Versorgungsverträge über die Durchführung der in § 40 Absatz 1 genannten ambulanten Leistungen zur medizinischen Rehabilitation mit Rehabilitationseinrichtungen,
1. für die ein Versorgungsvertrag nach § 111 Absatz 2 besteht und
2. die für eine bedarfsgerechte, leistungsfähige und wirtschaftliche Versorgung der Versicherten ihrer Mitgliedskassen mit ambulanten Leistungen zur medizinischen Rehabilitation einschließlich der Anschlussrehabilitation notwendig sind. Soweit es für die Erbringung wohnortnaher ambulanter Leistungen zur medizinischen Rehabilitation erforderlich ist, können Verträge nach Satz 1 auch mit Einrichtungen geschlossen werden, die die in Satz 1 genannten Voraussetzungen erfüllen, ohne dass für sie ein Versorgungsvertrag nach § 111 besteht.

(2) ¹§ 109 Absatz 1 Satz 1 gilt entsprechend. ²Die Landesverbände der Krankenkassen eines anderen Bundeslandes und die Ersatzkassen können einem nach Absatz 1 geschlossenen Versorgungsvertrag beitreten, soweit für die Behandlung der Versicherten ihrer Mitgliedskassen in der Rehabilitationseinrichtung ein Bedarf besteht. ³Mit dem Versorgungsvertrag wird die Rehabilitationseinrichtung für die Dauer des Vertrages zur Versorgung der Versicherten mit ambulanten medizinischen Leistungen zur Rehabilitation zugelassen. ⁴Der Versorgungsvertrag kann von den Landesverbänden der Krankenkassen und den Ersatzkassen gemeinsam mit einer Frist von einem Jahr gekündigt werden, wenn die Voraussetzungen für seinen Abschluss nach Absatz 1 nicht mehr gegeben sind. ⁵Mit der für die Krankenhausplanung zuständigen Landesbehörde ist Einvernehmen über Abschluss und Kündigung des Versorgungsvertrags anzustreben.

(3) ¹Die Vergütungen für die in § 40 Absatz 1 genannten Leistungen werden zwischen den Krankenkassen und den Trägern der zugelassenen Rehabilitationseinrichtungen vereinbart. ²Kommt eine Vereinbarung innerhalb von zwei Monaten, nachdem eine Vertragspartei nach Satz 1 schriftlich zur Aufnahme von Verhandlungen aufgefordert hat, nicht oder teilweise nicht zustande, wird ihr Inhalt auf Antrag einer Vertragspartei durch die Landesschiedsstelle nach § 111b festgesetzt. ³Diese ist dabei an die für die Vertragsparteien geltenden Rechtsvorschriften gebunden.

(4) ¹Bei Einrichtungen, die vor dem 1. Januar 2012 ambulante Leistungen zur medizinischen Rehabilitation erbracht haben, gilt ein Versorgungsvertrag nach § 111c in dem Umfang der bis dahin erbrachten Leistungen als abgeschlossen. ²Satz 1 gilt nicht, wenn die Einrichtung die Anforderungen nach Ab-

---

5 Wahl in: jurisPK-SGB V, § 111b Rn. 16.
6 Wahl in: jurisPK-SGB V, § 111b Rn. 16.
7 Knittel in: Krauskopf, § 111b SGB V Rn. 7.
8 Wahl in: jurisPK-SGB V, § 111b Rn. 17.
9 Welti in: Becker/Kingreen, § 111b Rn. 11.

satz 1 nicht erfüllt und die zuständigen Landesverbände der Krankenkassen und die Ersatzkassen gemeinsam dies bis zum 31. Dezember 2012 gegenüber dem Träger der Einrichtung schriftlich geltend machen.

Literatur:
Joussen, Leistungsbestimmung und Vertragsgestaltung durch eine Schlichtungsstelle Rehabilitation, SGb 2007, 79; *Trefz/Flachsbarth*, Aktuelle Zulassungs- und Vergütungsfragen im Rehabilitationsrecht, PKR 2012, 70.

I. Entstehungsgeschichte	1	b) Voraussetzungen und Zulassungsverfahren (Abs. 2)	6
II. Normzweck und Systematik	2	c) Vergütung, Landesschiedsstelle (Abs. 3)	9
III. Norminhalt und Normauslegung	3	d) Bestandsschutz (Abs. 4)	13
1. Norminhalt	3		
2. Normauslegung	4		
a) Vertragspartner der Versorgungsverträge (Abs. 1)	4		

I. Entstehungsgeschichte

§ 111 c ist mit Art. 1 Nr. 40 des Gesetzes v. 22.12.2011 (BGBl. I, 2982) mWv 1.1.2012 neu geschaffen worden. 1

II. Normzweck und Systematik

Die Vorschrift des § 111 c ist die Grundlage für die Erbringung von ambulanten Leistungen zur medizinischen Rehabilitation nach § 40 Abs. 1. Sie dient der Gleichstellung der ambulanten mit den stationären Rehabilitationseinrichtungen. Die Vorschrift lehnt sich daher eng an die entsprechende Regelung für stationäre Rehabilitationseinrichtungen in § 111 an.[1] Zudem gelten für die Leistungserbringung die §§ 17 bis 21 SGB IX, soweit das SGB V keine abweichenden Regelungen enthält.[2] 2

III. Norminhalt und Normauslegung

1. Norminhalt. Abs. 1 regelt, durch welche Einrichtungen ambulante Reha-Leistungen erbracht werden dürfen. Dies sind zum einen Einrichtungen, die durch einen Versorgungsvertrag nach § 111 Abs. 2 zur Erbringung von stationären Reha-Leistungen berechtigt sind. Dies sind aber auch Einrichtungen, die für eine bedarfsgerechte, leistungsfähige und wirtschaftliche Versorgung der Versicherten ihrer Mitgliedskassen mit ambulanten Leistungen zur medizinischen Rehabilitation einschließlich der Anschlussrehabilitation notwendig sind. Verträge können aber auch mit Einrichtungen geschlossen werden, mit denen kein Versorgungsvertrag nach § 111 besteht, soweit dies für die Erbringung wohnortnaher ambulanter Leistungen zur medizinischen Rehabilitation erforderlich ist. Nach Abs. 2 beinhaltet Regelungen über die Voraussetzungen und das Zulassungsverfahren, während Abs. 3 Vergütungsfragen regelt. Abs. 4 enthält eine Bestandschutzregelung für Einrichtungen, die bereits vor dem 1.1.2012 ambulante Reha-Leistungen erbracht haben. 3

2. Normauslegung. a) Vertragspartner der Versorgungsverträge (Abs. 1). Die Landesverbände der Krankenkassen und die Ersatzkassen schließen mit Wirkung für ihre Mitgliedskassen einheitliche Versorgungsverträge über die Durchführung der in § 40 Abs. 1 genannten ambulanten Leistungen der Rehabilitation mit Einrichtungen, für die ein Versorgungsvertrag nach § 111 besteht und die für eine bedarfsgerechte, leistungsfähige und wirtschaftliche Versorgung der Versicherten ihrer Mitgliedskassen mit medizinischen Leistungen der ambulanten Rehabilitation einschließlich der Anschlussrehabilitation notwendig sind.[3] Zudem müssen die Einrichtungen den Anforderungen nach § 107 Abs. 2 entsprechen.[4] Soweit dies für die Erbringung wohnortnaher ambulanter Rehabilitation erforderlich ist, können Verträge nach S. 1 auch mit Einrichtungen geschlossen werden, die die in S. 1 genannten Voraussetzungen erfüllen, ohne dass für sie ein Versorgungsvertrag nach § 111 besteht. Dies gilt nach wie vor auch für Einrichtungen, die mobile Rehabilitationsleistungen erbringen.[5] 4

---

1 BT-Dr. 17/6909, 79.
2 Welti in: Becker/Kingreen, § 111 c Rn. 1.
3 BT-Dr. 17/6909, 79.
4 § 111 Abs. 2 S. 1 Nr. 1 SGB V; Welti in: Becker/Kingreen, § 111 c Rn. 6.
5 BT-Dr. 17/6909, 79.

5 Die Verträge sind öffentlich-rechtliche Verträge gemäß § 53 SGB X, die gemäß § 56 SGB X der Schriftform bedürfen.[6] Der Abschluss eines Vertrages gewährt jedoch noch keine Garantie für eine Inanspruchnahme.[7]

6 **b) Voraussetzungen und Zulassungsverfahren (Abs. 2).** § 109 Abs. 1 S. 1 gilt – wie bei den Versorgungsverträgen mit stationären Rehabilitationseinrichtungen – entsprechend. Dies bedeutet, dass Versorgungsverträge durch Einigung der Landesverbände der Krankenkassen und der Ersatzkassen gemeinsam mit den Rehabilitationseinrichtungen zustande kommen. Die Landesverbände der Krankenkassen eines anderen Bundeslandes und die Ersatzkassen können einem nach § 111 Abs. 1 geschlossenen Versorgungsvertrag beitreten, soweit für die Behandlung der Versicherten ihrer Mitgliedskassen in der Rehabilitationseinrichtung ein Bedarf besteht. Auch diese Regelung bedeutet eine Gleichstellung der ambulanten gegenüber den stationären Rehabilitationseinrichtungen.[8]

7 Der Versorgungsvertrag kann mit einer Frist von einem Jahr gekündigt werden, wenn die Voraussetzungen nach § 111 c Abs. 1 nicht mehr gegeben sind (Abs. 2 S. 4). Dagegen müssen Verträge mit fachlich nicht geeigneten Einrichtungen gemäß § 21 Abs. 3 S. 1 SGB IX zu kündigen. Hierbei handelt es sich um einen wichtigen Kündigungsgrund im Sinne des § 59 Abs. 1 S. 2 SGB X, bedarf der Schriftform und soll begründet werden, § 59 Abs. 2 SGB X.[9]

8 Mit der für die Krankenhausplanung zuständigen Landesbehörde ist Einvernehmen über Abschluss und Kündigung des Versorgungsvertrags anzustreben (Abs. 2 S. 5). Diese Regelung passt in dem vorliegenden Zusammenhang jedoch bereits von der Systematik her nicht. Zur stationären Rehabilitation gibt es zwar in der Tat Berührungspunkte zur Krankenhausplanung.[10] Dies ist bei der ambulanten Rehabilitation jedoch nicht der Fall.[11]

9 **c) Vergütung, Landesschiedsstelle (Abs. 3).** Die Vorschrift regelt die Vergütungsverträge zu ambulanten Leistungen zur medizinischen Rehabilitation. Die Vergütungen für die in § 40 Abs. 1 genannten Leistungen werden zwischen den Krankenkassen und den Trägern der zugelassenen Rehabilitationseinrichtungen vereinbart.[12]

10 Unter den zulassungsbedürftigen ambulanten Leistungen zur medizinischen Rehabilitation sind alle Rehabilitationsleistungen zu verstehen, die keine vollstationäre Unterbringung in der Einrichtung erfordern. Daher umfasst die ambulante medizinische Rehabilitation auch die teilstationäre Leistungserbringung.[13] Ambulante Leistungen können grundsätzlich auch außerhalb der Einrichtung (mobil) erbracht werden. Dies folgte aus der Formulierung, dass ambulante Rehabilitationsleistungen nicht nur „in", sondern „durch" wohnortnahe Einrichtungen erbracht werden durften.[14] Diese Klarstellung war zwischenzeitlich entfallen.[15] Jedoch hat mittlerweile § 40 Abs. 1 S. 1, Hs. 2 SGB V in der Fassung des GKV-VSG klargestellt, dass die ambulante Rehabilitation auch die mobile Rehabilitation durch wohnortnahe Einrichtungen einschließt.[16]

11 Zudem wird das für den Bereich der stationären Rehabilitation vorgesehene Schiedsverfahren zu den Vergütungsverträgen nun auch für die ambulante Rehabilitation vorgesehen. Damit wird auch hier ein geeignetes Instrument geschaffen, das bei Konflikten der Vertragspartner über die Höhe der Vergütung und die Kosten ambulanter Rehabilitation greift und das auf die Durchsetzung einer leistungsgerechten und angemessenen Vergütung abzielt.[17]

12 Kommt eine Vereinbarung innerhalb von zwei Monaten, nachdem eine Vertragspartei schriftlich zur Aufnahme von Verhandlungen aufgefordert hat, nicht oder teilweise nicht zustande, wird ihr Inhalt auf Antrag einer Vertragspartei durch die Landesschiedsstelle nach § 111 b festgesetzt. Diese ist dabei an die für die Vertragsparteien geltenden Rechtsvorschriften gebunden.[18]

---

6 BT-Dr. 17/6909, 80.
7 BT-Dr. 17/5178, 21; Welti in: Becker/Kingreen, § 111 c Rn. 4.
8 BT-Dr. 17/6909, 80.
9 Welti in: Becker/Kingreen, § 111 c Rn. 10.
10 Vgl. § 111 Abs. 6.
11 Wahl in: jurisPK-SGB V, § 111 c Rn. 15.
12 BT-Dr. 17/6909, 80.
13 BSG, 5.7.2000, B 3 KR 12/99 R, juris Rn. 21 = BSGE 87, 14, 17; Wahl in: jurisPK-SGB V, § 111 c Rn. 10.
14 Vgl. BT-Dr. 16/3100, 106.
15 Vgl. BT-Dr. 17/6906, 79.
16 Vgl. BT-Dr. 18/4095, 106.
17 BT-Dr. 17/6909, 80.
18 BT-Dr. 17/6909, 80.

d) **Bestandsschutz (Abs. 4).** Bei Einrichtungen, die bereits vor dem 1.1.2012 ambulante Reha-Leistungen erbracht haben, gilt ein Versorgungsvertrag nach § 111c in dem Umfang der bis dahin erbrachten Leistungen als abgeschlossen. Um den bürokratischen Aufwand zu reduzieren, wird für diejenigen Einrichtungen, die bereits vorher ambulante Leistungen zur medizinischen Rehabilitation erbracht haben, ein Versorgungsvertrag in dem Umfang der bis dahin erbrachten Leistungen fingiert.[19] Dies gilt nicht, wenn die Einrichtung die Anforderungen nach Abs. 1 nicht erfüllt und die zuständigen Landesverbände der Krankenkassen und die Ersatzkassen gemeinsam dies bis zum 31.12.2012 gegenüber dem Träger der Einrichtung schriftlich geltend gemacht haben.

13

§ 112 Zweiseitige Verträge und Rahmenempfehlungen über Krankenhausbehandlung

(1) Die Landesverbände der Krankenkassen und die Ersatzkassen gemeinsam schließen mit der Landeskrankenhausgesellschaft oder mit den Vereinigungen der Krankenhausträger im Land gemeinsam Verträge, um sicherzustellen, daß Art und Umfang der Krankenhausbehandlung den Anforderungen dieses Gesetzbuchs entsprechen.

(2) ¹Die Verträge regeln insbesondere
1. die allgemeinen Bedingungen der Krankenhausbehandlung einschließlich der
   a) Aufnahme und Entlassung der Versicherten,
   b) Kostenübernahme, Abrechnung der Entgelte, Berichte und Bescheinigungen,
2. die Überprüfung der Notwendigkeit und Dauer der Krankenhausbehandlung einschließlich eines Kataloges von Leistungen, die in der Regel teilstationär erbracht werden können,
3. Verfahrens- und Prüfungsgrundsätze für Wirtschaftlichkeits- und Qualitätsprüfungen,
4. die soziale Betreuung und Beratung der Versicherten im Krankenhaus,
5. den nahtlosen Übergang von der Krankenhausbehandlung zur Rehabilitation oder Pflege,
6. das Nähere über Voraussetzungen, Art und Umfang der medizinischen Maßnahmen zur Herbeiführung einer Schwangerschaft nach § 27a Abs. 1.

²Sie sind für die Krankenkassen und die zugelassenen Krankenhäuser im Land unmittelbar verbindlich.

(3) Kommt ein Vertrag nach Absatz 1 bis zum 31. Dezember 1989 ganz oder teilweise nicht zustande, wird sein Inhalt auf Antrag einer Vertragspartei durch die Landesschiedsstelle nach § 114 festgesetzt.

(4) ¹Die Verträge nach Absatz 1 können von jeder Vertragspartei mit einer Frist von einem Jahr ganz oder teilweise gekündigt werden. ²Satz 1 gilt entsprechend für die von der Landesschiedsstelle nach Absatz 3 getroffenen Regelungen. ³Diese können auch ohne Kündigung jederzeit durch einen Vertrag nach Absatz 1 ersetzt werden.

(5) Der Spitzenverband Bund der Krankenkassen und die Deutsche Krankenhausgesellschaft oder die Bundesverbände der Krankenhausträger gemeinsam sollen Rahmenempfehlungen zum Inhalt der Verträge nach Absatz 1 abgeben.

(6) Beim Abschluß der Verträge nach Absatz 1 und bei Abgabe der Empfehlungen nach Absatz 5 sind, soweit darin Regelungen nach Absatz 2 Nr. 5 getroffen werden, die Spitzenorganisationen der Vorsorge- und Rehabilitationseinrichtungen zu beteiligen.

I. Entwicklungsgeschichte und Allgemeines... 1	4. Kündigung (Abs. 4) 14
II. Regelungsgehalt 10	5. Rahmenempfehlungen und Beteiligung der Spitzenorganisationen der Vorsorge- und Rehabilitationseinrichtungen (Abs. 5 und 6)................ 15
1. Vertragsparteien (Abs. 1).............. 10	
2. Inhalte der Verträge (Abs. 2)......... 11	
3. Festsetzung durch die Landesschiedsstelle (Abs. 3)........................... 13	

I. Entwicklungsgeschichte und Allgemeines

Die Vorschrift wurde durch das Gesundheits-Reformgesetz vom 20.12.1988[1] zum 1.1.1989 eingeführt. Durch das KOV-Anpassungsgesetz 1990 vom 26.6.1990[2] wurde dem Abs. 2 S. 1 die Nr. 6 ange-

1

---

19 BT-Dr. 17/8005, 114; Wahl in: jurisPK-SGB V, § 111c Rn. 17.
1 BGBl. I 1988, 2477.
2 BGBl. I 1990, 1211.

fügt. Durch das Gesundheitsstrukturgesetz vom 21.12.1992[3] wurde die Nr. 2 des Abs. 2 S. 1 um die Worte „einschließlich eines Kataloges von Leistungen, die in der Regel teilstationär erbracht werden können" ergänzt. Durch Art. 1 Nr. 79 GKV-Wettbewerbsstärkungsgesetz vom 26.3.2007[4] wurde mit Wirkung zum 1.7.2008 in Abs. 1 die Wörter „Verbände der" gestrichen und in Abs. 5 die Wörter „Die Spitzenverbände der Krankenkassen gemeinsam" durch „Der Spitzenverband Bund der Krankenkassen ersetzt". Durch das GKV-Versorgungsstrukturgesetz[5] wurde mit Wirkung zum 1.1.2012 in Abs. 2 S. 1 Nr. 7 zum Entlassmanagement angefügt, der durch das GKV-Versorgungsgesetz (Gesetz zur Stärkung der Versorgung in der gesetzlichen Krankenversicherung)[6] wieder aufgehoben wurde, nachdem das Entlassmanagement nunmehr nach §§ 39 Abs. 1a, 115 Abs. 2 Nr. 6 in dreiseitigen Verträgen unter Einbeziehung der Vertragsärzte zu regeln ist.

2 Vorgängervorschriften des § 112 waren die §§ 372, 374 Abs. 1 RVO, wonach allerdings noch die Verträge mit Krankenhäusern oder die sie vertretenden Vereinigungen im Land zu schließen waren. Der Regelungskatalog des § 372 Abs. 2 RVO wurde in der Fassung des § 112 Abs. 2 SGB V konkretisiert und erweitert. Die Regelung über die Einleitung des Schiedsverfahrens in § 112 Abs. 3 SGB V geht auf § 374 Abs. 1 RVO zurück, wobei allerdings ein vorgeschaltetes Vermittlungsverfahren nicht mehr vorgesehen ist. Auch die Regelung über die Kündigung in § 112 Abs. 4 SGB V ist auf § 374 Abs. 1 S. 4 und 5 RVO zurückzuführen, gilt aber nicht nur für Verträge, die durch Schiedsspruch zustande gekommen sind und sieht auch keine Fortwirkung des gekündigten Vertrages vor.

3 § 112 verpflichtet die Vertragspartner, Verträge zur Sicherstellung der Krankenhausbehandlung zu schließen. Die Norm regelt Abschluss, Beendigung und Wirkung der Verträge. Der Vertragsschluss erfordert ein gemeinsames Handeln der Verbände der jeweiligen Vertragsseite. Ist eine Einigung nicht möglich, wird der Vertragsinhalt auf Antrag einer Vertragspartei durch die Landesschiedsstelle festgesetzt (Abs. 3). An den Sicherstellungsvertrag gebunden sind nicht nur die Vertragsparteien, sondern auch die Krankenkassen und die zugelassenen Krankenhäuser im Land (Abs. 2 S. 1). Der Sicherstellungsvertrag kann von den Vertragsparteien einvernehmlich geändert und gekündigt werden (Abs. 4).

4 Zum Inhalt der auf Landesebene abzuschließenden Sicherstellungsverträge sollen die beiderseitigen Spitzenverbände auf Bundesebene Rahmenempfehlungen abgeben (Abs. 5).

5 Abs. 6 sieht eine Beteiligung der Spitzenorganisationen der Vorsorge- und Rehabilitationseinrichtungen in bestimmten Fällen vor, in denen diese Einrichtungen von Sicherstellungsverträgen und Rahmenempfehlungen betroffen sind.

6 Die Norm bezweckt eine konkretisierende Steuerung des Leistungsgeschehens im Krankenhausbereich. Da der leistungsrechtliche Anspruch auf Krankenhausbehandlung im Gesetz nur als Rahmenrecht ausgestaltet ist,[7] sah der Gesetzgeber die Notwendigkeit der Konkretisierung in Form von Verträgen iSd § 112. Mit den zweiseitigen Verträgen soll sichergestellt werden, dass Art und Umfang der Krankenhausbehandlung den Anforderungen des SGB V entsprechen.[8]

7 Die Verträge nach Abs. 1 werden in der amtlichen Überschrift als zweiseitige Verträge bezeichnet in Abgrenzung zu den dreiseitigen Verträgen nach § 115 Abs. 1. Während die zweiseitigen Verträge nach § 112 Abs. 1 von den Verbänden der Krankenkassen und Krankenhäusern zu schließen sind, treten bei den dreiseitigen Verträgen nach § 115 Abs. 1 als Vertragsparteien die Kassenärztlichen Vereinigungen hinzu.

8 Bei den zweiseitigen Verträgen handelt es sich um öffentlich-rechtliche Verträge iSv § 53 Abs. 1 S. 1 SGB X.[9] Die Verträge bedürfen der Schriftform (§ 56 SGB X). Die zweiseitigen Verträge sind nach Abs. 2 S. 2 für die Krankenkassen und die zugelassenen Krankenhäuser im Land unmittelbar verbindlich; die Verträge haben normative Wirkung, da somit auch Dritte, die nicht Vertragspartner sind, gebunden werden. Im Unterschied zu den statusbegründenden Versorgungsverträgen nach § 109 gelten die zweiseitigen Verträge nach § 112 nur auf Landesebene. Nach Rechtsprechung des BSG ist der von dem für den Ort des Krankenhauses zuständigen Landesverband der entsprechenden Kassenart abge-

---

3 BGBl. I 1992, 2266.
4 BGBl. I, 378.
5 Vom 22.12.2011, BGBl. I, 2983.
6 GKV-VSG vom 16.7.2015, BGBl. I, 1211.
7 Steege in: FS 50 Jahre BSG, 2004, 517 ff.; Wahl in: jurisPK-SGB V, § 112 Rn. 13.
8 Knittel in: Krauskopf, § 112 SGB V Rn. 5.
9 Knittel in: Krauskopf, § 112 SGB V Rn. 4.

schlossene Vertrag maßgeblich, sog Tatortprinzip.¹⁰ Fehlt es an einem solchen Vertrag, verbleibt als vertragliche Regelung die Pflegesatzvereinbarung nach §§ 4, 11 KHEntgG, § 11 BPflV.¹¹

Die zweiseitigen Verträge haben sicherzustellen, dass Art und Umfang der Krankenhausbehandlung den Anforderungen des SGB V entsprechen. Damit ist den Vertragsparteien grundsätzlich eine umfassende Regelungskompetenz eingeräumt. Sie erstreckt sich grundsätzlich auf alle nach § 39 Abs. 1 S. 1 zulässigen Formen der Krankenhausbehandlung (vollstationäre, teilstationäre, vor- und nachstationäre sowie ambulante Krankenhausbehandlung). Die Norm erfasst nur die Krankenhausbehandlung, auf die die Versicherten nach § 39 Anspruch haben. Dazu gehören nicht Wahlleistungen des Krankenhauses (§ 17 KHEntgG, § 22 Abs. 1 BPflV). Nicht zur Krankenhausbehandlung gehören auch Leistungen der Belegärzte und Beleghebammen/Belegentbindungshelfer. Belegärztliche Leistungen gehören nach der Systematik des SGB V zur vertragsärztlichen Versorgung; nur die nichtärztlichen Krankenhausleistungen für Belegpatienten sind Teil der Krankenhausbehandlung iSd § 39. Leistungen der Beleghebammen/Belegentbindungshelfer sind ebenfalls nicht Teil der Krankenhausbehandlung; für sie werden Verträge nach § 134 a geschlossen.

II. Regelungsgehalt

1. Vertragsparteien (Abs. 1). Die zweiseitigen Verträge sind von den Landesverbänden der Krankenkassen (§§ 207 ff.) und den Ersatzkassen einerseits sowie der Landeskrankenhausgesellschaft (§ 108 a) oder den Vereinigungen der Krankenhausträger im Land andererseits abzuschließen. Die Verbände der Krankenkassen und die Ersatzkassen sowie die Vereinigungen der Krankenhausträger müssen jedoch gemeinsam handeln. Das Vorgehen der Landesverbände der Krankenkassen und der Ersatzkassen bei gemeinsam zu treffenden Entscheidungen auf Landesebene ist in § 211 a geregelt. Die Ersatzkassen müssen sich gem. § 212 Abs. 5 S. 6 für gemeinsam und einheitlich abschließende Verträge auf Landesebene auf einen gemeinsamen Bevollmächtigten mit Abschlussbefugnis einigen.

2. Inhalte der Verträge (Abs. 2). Die in Abs. 1 allgemein umschriebene Regelungskompetenz der Vertragsparteien wird in Abs. 2 S. 1 durch einzelne Regelungsaufträge konkretisiert. Aufgrund der Formulierung „insbesondere" ist dieser Regelungskatalog nicht abschließend. Die Vertragsparteien können auch andere Gegenstände regeln, sofern sie nicht dadurch die Grenzen ihrer allgemeinen Regelungskompetenz überschreiten.¹² Die Verträge dürfen jedoch nicht das umfassend geltende Wirtschaftlichkeitsgebot unterlaufen; auch besteht keine Befugnis der Vertragspartner, Überprüfungsmöglichkeiten der Krankenkassen gegenüber Vergütungsansprüchen der Krankenhäuser durch Vereinbarung einer kürzeren Verjährungsfrist zeitlich einzuschränken.¹³ Regelmäßig werden Verträge zur Klärung einzelner der in Abs. 2 S. 1 vorgesehenen Inhalte geschlossen.¹⁴ Die Verträge sind zT im Internet auf den Seiten der Landeskrankenhausgesellschaften veröffentlicht, vgl. etwa www.bwkg.de (zuletzt abgerufen am 1.3.2017).

Zu den Pflichtinhalten zählen:

- Die Verträge regeln nach Nr. 1 die **allgemeinen Bedingungen der Krankenhausbehandlung** einschließlich Aufnahme und Entlassung der Versicherten sowie der Kostenübernahme, der Abrechnung der Entgelte, der Berichte und der Bescheinigungen. Die Kostenübernahme wird von den Krankenkassen grundsätzlich mit einer Kostenübernahmeerklärung angezeigt. Nach Rechtsprechung des BSG hat eine solche Erklärung aber keine konstitutive Wirkung idS, dass davon die Zahlungspflicht der Krankenkasse abhängt. Vielmehr hat sie lediglich die Wirkung eines deklaratorischen Anerkenntnisses der Zahlungspflicht für die Behandlung in dem von ihr erfassten Zeitraum.¹⁵ Hinsichtlich der Abrechnung der Entgelte können Vorschusszahlungen, Fristen, Verzugszinsen oder die Zahlungsmodalitäten bei der Zuzahlung der Patienten geregelt werden.¹⁶

---

10 BSG, 21.8.1996, 3 RK 2/96, NZS 1997, 228.
11 BSG, 28.5.2003, B 3 KR 10/02 R, SozR 4-2500 § 109 Nr. 1.
12 Wahl in: jurisPK-SGB V, § 112 Rn. 39; Knittel in: Krauskopf, § 112 SGB V Rn. 5; Becker in: Becker/Kingreen, § 112 Rn. 6; Rau in: GK-SGB V, § 112 Rn. 6.
13 BSG, 13.11.2012, B 1 KR 27/11 R, BSGE 112, 156 mAnm Felix, SGb 2016, 44.
14 Zu deren Überprüfbarkeit Hambüchen, GesR 2008, 393 ff.
15 St.Rspr. des BSG, vgl. nur BSG, 20.1.2008, B 3 KN 4/08 KR R, SozR 4-2500 § 109 Nr. 16; BSG, 12.6.2008, B 3 KR 19/07 R, BSGE 101, 33; BSG, 12.11.2003, B 3 KR 1/03 R, SozR 4-2500 § 112 Nr. 2 Rn. 9.
16 Zur Vereinbarung eines Zinssatzes vgl. LSG Bln-Bbg, 16.11.2012, L 1 KR 269/12; zum vertraglich vereinbarten Aufrechnungsverbot vgl. LSG NRW, 24.5.2012, L 16 KR 8/09, 6.12.2016, L 1 KR 358/15 sowie Leber, KH 2012, 370.

- Nach Nr. 2 gehört zu den Pflichtinhalten die Überprüfung der **Notwendigkeit und Dauer der Krankenhausbehandlung** einschließlich eines Kataloges von Leistungen, die in der Regel teilstationär erbracht werden können. Das Prüfverfahren ist teilweise gesetzlich in den §§ 275 ff., teilweise in den Landesverträgen nach § 112 geregelt. Der MDK ist jedoch an Prüfungsgrundsätze, die in einzelnen Landesverträgen vereinbart sind, nicht gebunden.[17]
- Nr. 3 betrifft Verfahrens- und Prüfungsgrundsätze für **Wirtschaftlichkeits- und Qualitätsprüfungen**. Es handelt sich hierbei um die Prüfungen nach den §§ 113, 137. Soweit diese keine Vorgaben enthalten, sind die Prüfungen vertraglich näher zu regeln.
- Der Regelungsauftrag gem. Nr. 4 hängt eng mit den Aufträgen nach Nr. 5 und 7 zusammen. Sie dienen insgesamt der Lösung von Problemen beim **Übergang von der stationären Krankenhausbehandlung** im häuslichen Bereich oder die erforderlichen stationären Nachsorgebereiche und damit der Ausgestaltung des Versorgungsmanagements, auf das Versicherte nach § 11 Abs. 4 Anspruch haben. Ziel der **sozialen Betreuung** im Krankenhaus ist es, Konflikte, die während eines Krankenhausaufenthaltes im sozialen Umfeld des Patienten entstehen können, zu vermeiden und hieraus resultierende Probleme zu lösen. Ziel der sozialen Beratung ist es, den Versicherten bei der Inanspruchnahme von Sozialleistungen zu helfen. Es handelt sich hierbei um eine subsidiäre Aufgabe des Krankenhauses, die in erster durch den Sozialdienst der Krankenhäuser erfüllt wird. Die meisten Landeskrankenhausgesetze verpflichten das Krankenhaus zur Vorhaltung eines entsprechenden Sozialdienstes.
- Nr. 5 verpflichtet die Vertragsparteien, Regelungen zur Linderung von Schnittstellenproblemen beim **Übergang von der stationären Krankenhausbehandlung** in die medizinische Rehabilitation und in die Pflege zu treffen. Hierbei handelt es sich um einen Teil des Versorgungsmanagements, auf das gem. § 11 Abs. 4 die Versicherten seit dem 1.4.2007 einen Anspruch haben. Leistungen, zu denen ein nahtloser Übergang sichergestellt werden soll, können Leistungen zur medizinischen Rehabilitation (§§ 40, 41), häusliche Krankenhilfe (§ 37), Haushaltshilfe (§ 38), Soziotherapie (§ 37a) oder Hospizleistungen (§ 39a) sein. Ferner kommen Leistungen der anderen Rehabilitationsträger und Pflegeversicherungsleistungen in Betracht.
- Nach Nr. 6 ist das Nähere über Voraussetzungen, Art und Umfang der medizinischen Maßnahmen zur **Herbeiführung einer Schwangerschaft** nach § 27a Abs. 1 zu regeln. Inhaltliche Regelung sollen die medizinischen Indikationen unter Berücksichtigung der Erfolgsaussichten des Eingriffs, dabei zu beachtende Altersgrenzen sowie Anforderungen an die fachliche Qualifikation sein.[18]

13 **3. Festsetzung durch die Landesschiedsstelle (Abs. 3).** Abs. 3 bestimmt, dass der Inhalt eines Vertrages nach § 112 auf Antrag einer Vertragspartei durch die Landesschiedsstelle nach § 114 festgesetzt wird, wenn der Vertrag bis zum 31.12.1989 ganz oder teilweise nicht zustande kommt. Der Spruch der Schiedsstelle (vgl. dazu und zum Verfahren § 114) tritt an die Stelle des Vertrages. Er kann durch nachfolgende vertragliche Absprachen abgeändert bzw. ersetzt werden, Abs. 4 S. 3. Bei Abs. 3 handelt es sich nicht um eine Übergangsbestimmung, die inzwischen durch Zeitablauf gegenstandslos geworden ist. Der Gesetzgeber hat die Frist zwar bisher nicht gestrichen; Abs. 3 ist jedoch weiterhin Grundlage für die Durchführung des Schiedsverfahrens.[19] Auch das BSG geht davon aus, dass die Vertragsparteien die Möglichkeit haben, einen bestehenden Vertrag nach Abs. 4 zu kündigen und bei mangelnder Einigungsmöglichkeit die Landesschiedsstelle nach Abs. 3 anzurufen.[20]

14 **4. Kündigung (Abs. 4).** Die Kündigung eines Vertrages nach § 112 kann nach Abs. 4 durch jede Vertragspartei mit einer Frist von einem Jahr erfolgen. Wie beim Vertragsschluss müssen auch hier die Vertragsparteien gemeinsam handeln. Eine Kündigung ist vollständig oder nur für Teile möglich und kann auch auf Verträge beziehen, die mithilfe der Landesschiedsstelle zustande gekommen sind, Abs. 4 S. 2. Kommt nach der Kündigung ein neuer Vertrag nicht zustande, besteht nach Auslaufen der Kündigungsfrist ein vertragsloser Zustand. Die Norm sieht kein obligatorisches Schiedsverfahren (vgl. für den vertragsärztlichen Bereich § 89 Abs. 1 S. 3) noch die Fortgeltung des alten Vertrages (vgl. § 89 Abs. 1 S. 4) noch ein Einschreiten der Aufsichtsbehörde (vgl. § 89 Abs. 1 S. 5, Abs. 1a S. 1) vor. Aus der Verpflichtung zum Vertragsschluss nach Abs. 1 ist jedoch zu folgen, dass der Gesetzgeber einen vertragslosen Zustand nicht wollte. Daher ist § 112 Abs. 3, der eine Festsetzung des Inhalts auf Antrag

---

17 BSG, 28.9.2006, SozR 4-2500 § 112 Nr. 6.
18 BT-Dr. 11/6760, 15.
19 Wahl in: jurisPK-SGB V, § 112 Rn. 84 unter Verweis auf LSG BW, 9.3.2011, L 5 KR 3136/09, juris Rn. 80.
20 BSG, 22.7.2004, B 3 KR 20/03 R, SozR 4-2500 § 112 Nr. 3.

einer Vertragspartei durch die Landesschiedsstelle vorsieht, auch nach dem 31.12.1989 weiter anzuwenden.[21]

5. **Rahmenempfehlungen und Beteiligung der Spitzenorganisationen der Vorsorge- und Rehabilitationseinrichtungen (Abs. 5 und 6).** Zum Inhalt der auf Landesebene zu schließenden Sicherstellungsverträge sollen die beiderseitigen Spitzenverbände auf Bundesebene Rahmenempfehlungen abgeben. Wie schon aus dem Begriff folgt, sind die Rahmenempfehlungen nicht verbindlich, sondern dazu gedacht, allgemeine Vorgaben festzulegen.[22] Bei der Regelung handelt es sich um eine Soll-Vorschrift. Ein Schiedsverfahren ist nicht vorgesehen. Die Spitzenverbände der Krankenkassen und die Deutsche Krankenhausgesellschaft haben Anfang der 1990er Jahre Rahmenempfehlungen nach Abs. 2 S. 1 Nr. 1–5 beschlossen.[23] Diese sind allerdings nicht aktualisiert worden. Eine Rahmenempfehlung über den Katalog von Leistungen, die in der Regel teilstationär erbracht werden können, ist nicht zustande gekommen.[24]

Abs. 6 räumt den **Spitzenorganisationen der Vorsorge- und Rehabilitationseinrichtungen** beim Abschluss der zweiseitigen Verträge und bei der Abgabe von Rahmenempfehlungen ein **Beteiligungsrecht** ein, soweit darin Regelungen zum nahtlosen Übergang von der Krankenhausbehandlung zur Rehabilitation oder Pflege nach Abs. 2 Nr. 5 getroffen werden, da eine Beteiligung der genannten Organisationen wegen des Sachzusammenhangs geboten ist. Die Spitzenorganisationen sind zu beteiligen, dh bei den Verhandlungen und Beratungen hinzuzuziehen. Sie sind jedoch nicht Vertragspartei.

§ 113 Qualitäts- und Wirtschaftlichkeitsprüfung der Krankenhausbehandlung

(1) ¹Die Landesverbände der Krankenkassen, die Ersatzkassen und der Landesausschuß des Verbandes der privaten Krankenversicherung können gemeinsam die Wirtschaftlichkeit, Leistungsfähigkeit und Qualität der Krankenhausbehandlung eines zugelassenen Krankenhauses durch einvernehmlich mit dem Krankenhausträger bestellte Prüfer untersuchen lassen. ²Kommt eine Einigung über den Prüfer nicht zustande, wird dieser auf Antrag innerhalb von zwei Monaten von der Landesschiedsstelle nach § 114 Abs. 1 bestimmt. ³Der Prüfer ist unabhängig und an Weisungen nicht gebunden.
(2) Die Krankenhäuser und ihre Mitarbeiter sind verpflichtet, dem Prüfer und seinen Beauftragten auf Verlangen die für die Wahrnehmung ihrer Aufgaben notwendigen Unterlagen vorzulegen und Auskünfte zu erteilen.
(3) ¹Das Prüfungsergebnis ist, unabhängig von den sich daraus ergebenden Folgerungen für eine Kündigung des Versorgungsvertrags nach § 110, in der nächstmöglichen Pflegesatzvereinbarung mit Wirkung für die Zukunft zu berücksichtigen. ²Die Vorschriften über Wirtschaftlichkeitsprüfungen nach der Bundespflegesatzverordnung bleiben unberührt.
(4) ¹Die Wirtschaftlichkeit und Qualität der Versorgung durch Hochschulambulanzen nach § 117, psychiatrische Institutsambulanzen nach § 118, sozialpädiatrische Zentren nach § 119 sowie medizinische Behandlungszentren nach § 119c werden von den Krankenkassen in entsprechender Anwendung der nach §§ 106 bis 106b und 106d und § 135b geltenden Regelungen geprüft. ²Die Wirtschaftlichkeit der ärztlich verordneten Leistungen im Rahmen des Entlassmanagements nach § 39 Absatz 1a Satz 5 und der Inanspruchnahme eines Krankenhauses nach § 76 Absatz 1a wird durch die Prüfungsstellen nach § 106c entsprechend §§ 106 bis 106b gegen Kostenersatz durchgeführt, soweit die Krankenkasse mit dem Krankenhaus nichts anderes vereinbart hat.

I. Entstehungsgeschichte und Allgemeines 1	3. Prüfungsergebnis (Abs. 3) 9
II. Regelungsgehalt 5	4. Keine Anwendung auf Hochschulambulanzen, Psychiatrische Institutsambulanzen, Sozialpädiatrische Zentren und Medizinische Behandlungszentren (Abs. 4) 11
1. Prüfung der Wirtschaftlichkeit, Leistungsfähigkeit und Qualität der Krankenhausbehandlung (Abs. 1) 5	
2. Pflicht des Krankenhauses zur Auskunftserteilung (Abs. 2) 8	

---

21 Klückmann in: Hauck/Noftz, SGB V, K § 112 Rn. 39; Wahl in: jurisPK-SGB V, § 112 Rn. 88.
22 Becker in: Becker/Kingreen, § 112 Rn. 16; Wahl in: jurisPK-SGB V, § 112 Rn. 89.
23 Vgl. Kehr, DOK 1991, 648 ff., siehe auch Blum ua, das Krankenhaus 2004, 989 ff.
24 BSG, 28.2.2007, B 3 KR 17/06 R, SozR 4-2500 § 39 Nr. 8.

I. Entstehungsgeschichte und Allgemeines

1 § 113 wurde durch das Gesundheits-Reformgesetz vom 20.12.1988[1] mit Wirkung zum 1.1.1989 eingeführt. Mit Art. 1 Nr. 68 Gesundheitsstrukturgesetz vom 21.12.1992[2] wurde mit Wirkung ab 1.1.1993 Abs. 1 S. 1 durch Einfügen der Worte „innerhalb von zwei Monaten" neugefasst. Ersetzt wurde S. 3 „Der Prüfer ist bei Durchführung seines Auftrages an Weisungen nicht gebunden" durch „Der Prüfer ist unabhängig und an Weisungen nicht gebunden". Das Gesundheits-Reformgesetz 2000 vom 22.12.1999[3] ergänzte mit Wirkung ab 1.1.2000 die Überschrift durch „Qualitätsprüfung". Durch das GKV-Modernisierungsgesetz vom 14.11.2003[4] wurde redaktionell Abs. 4 an die Neuregelung der Plausibilitätsprüfung angepasst. Nach Ablösung der Regelung in § 83 Abs. 2 durch § 106 a wurde mit Wirkung ab 1.1.2004 die Verweisung entsprechend angepasst. Mit Wirkung zum 1.7.2008 wurden aufgrund des Wettbewerbsstärkungsgesetzes vom 26.3.2007[5] in Abs. 1 S. 1 die Wörter „Verbände der" gestrichen. Zuletzt erfolgten Änderungen durch das Gesetz zur Stärkung der Versorgung in der gesetzlichen Krankenversicherung (GKV-VSG)[6] und das Gesetz zur Reform der Strukturen der Krankenhausversorgung (KHSG)[7] mit der Ausweitung der Ausnahme in Abs. 4.

2 § 113 trat an die Stelle des § 373 RVO, der Regelungen zur Wirtschaftlichkeitsprüfung enthielt.

3 § 113 betrifft die Betriebsführung des gesamten Krankenhauses und ist von der Prüfung der Wirtschaftlichkeit bzw. Notwendigkeit und Dauer der Krankenhausbehandlung im Einzelfall zu unterscheiden. Letzteres ist Aufgabe der einzelnen Krankenkassen unter Einbeziehung des MDK (§§ 275 Abs. 1, 1c, 276 Abs. 4). § 113 hat den Zweck, die Erfüllung der allgemeinen Leistungsvoraussetzungen der §§ 2 Abs. 1 S. 3, 12 Abs. 1 in der stationären Versorgung sicherzustellen. Abs. 1 befasst sich inhaltlich mit der Wirtschaftlichkeitsprüfung und dem Verfahren sowie der Bestellung des Prüfers und seine verfahrensrechtliche Stellung. Abs. 2 regelt Mitwirkungspflichten, Abs. 3 klärt die Relevanz des Prüfungsergebnisses und stellt darüber hinaus klar, dass das Prüfungsrecht der Krankenkassen im Zusammenhang mit dem Abschluss von Pflegesatzvereinbarungen hinsichtlich der Wirtschaftlichkeit und Leistungsfähigkeit unberührt bleibt. Abs. 4 enthält schließlich eine Ausnahme vom Anwendungsbereich für die dort genannten Einrichtungen.

4 Praktische Bedeutung hat die generelle Wirtschaftlichkeitsprüfung in der Vergangenheit nicht erlangt.

II. Regelungsgehalt

5 **1. Prüfung der Wirtschaftlichkeit, Leistungsfähigkeit und Qualität der Krankenhausbehandlung (Abs. 1).** Gegenstand der Wirtschaftlichkeitsprüfung ist die Wirtschaftlichkeit, Leistungsfähigkeit und Qualität der Krankenhausbehandlung in ihrer Gesamtheit. Einzelheiten zu den Prüfungsformen enthält § 113 nicht. In der Vertragspraxis werden als Prüfungsgegenstände die Leistungsfähigkeit des Krankenhauses sowie die Qualität der Krankenhausbehandlung genannt, wozu die Leistungsstruktur, die Kostenstruktur und der Aufbau- und Ablauforganisation gehörten. Als Prüfungsgrundsätze nennt zB der nordrhein-westfälische Prüfvertrag, dass Ausgangspunkt der Prüfung die Aufgabenstellung nach dem Versorgungsvertrag des Krankenhauses sei.[8]

6 Die Wirtschaftlichkeitsprüfung wird durch einen Prüfer wahrgenommen, der nach Abs. 1 S. 3 unabhängig und weisungsfrei ist. Die Prüferbestellung kann nur mit den Verbänden der gesetzlichen und privaten Krankenkassen erfolgen. Einvernehmlichkeit mit dem Krankenhausträger bedeutet dessen Zustimmung. Eine einseitige Bestellung durch die Landesverbände der Krankenkassen wollte der Gesetzgeber ausschließen.

7 Kommt eine Einigung über den Prüfer nicht zustande, wird dieser auf Antrag innerhalb von zwei Monaten von der Landesschiedsstelle nach § 114 Abs. 1 bestimmt.

8 **2. Pflicht des Krankenhauses zur Auskunftserteilung (Abs. 2).** Dem bestellten Prüfer müssen auf Verlangen die für die Prüfung erforderlichen Unterlagen vorgelegt und Auskünfte erteilt werden. Die

---

[1] BGBl. I 1988, 2477.
[2] BGBl. I 1992, 2266.
[3] BGBl. I 1999, 2626.
[4] BGBl. I 2003, 2190.
[5] BGBl. I 2007, 378.
[6] Vom 16.7.2015, BGBl. I, 1211.
[7] Vom 10.12.2015, BGBl. I, 2229.
[8] Vgl. § 4 Nordrhein-westfälischer Vertrag nach § 112 Abs. 2 Nr. 3 SGB V – Verfahrens- und Prüfungsgrundsätze für Wirtschaftlichkeitsprüfungen vom 11.7.1991.

Pflicht betrifft das Krankenhaus insgesamt, dh dessen Träger, aber auch alle dort tätigen Mitarbeiter (ärztlicher und nichtärztlicher Dienst).

3. Prüfungsergebnis (Abs. 3). Die Prüfung endet mit einem Bericht, der die Ergebnisse festhält. Bei den im Rahmen der Wirtschaftlichkeits- und Qualitätsprüfung nach § 113 getroffenen Feststellungen handelt es sich um eine gutachterliche Stellungnahme, die weitere Folgen vorbereitet. Der Prüfbericht ist ein Erkenntnismittel über die Wirtschaftlichkeit der Behandlung durch das geprüfte Krankenhaus und kann Anlass geben, eine Kündigung des Versorgungsvertrages auszusprechen. Ein Versorgungsvertrag nach § 109 Abs. 1 kann ua dann gekündigt werden, wenn das Krankenhaus nicht die Gewähr für eine leistungsfähige und wirtschaftliche Krankenhausbehandlung bietet, § 110 Abs. 1 S. 1 iVm § 109 Abs. 3 S. 1 Nr. 1. Ferner ist nach Abs. 3 das Prüfungsergebnis in der nächstmöglichen Pflegesatzvereinbarung mit Wirkung für die Zukunft zu berücksichtigen, § 18 KHG iVm § 17 BPflV. Das Budget und die Pflegesätze sind für einen zukünftigen Zeitraum zu vereinbaren. Grundlage ihrer Bemessung sind die allgemeinen Krankenhausleistungen im Rahmen des Versorgungsauftrages des Krankenhauses.

9

Die Verpflichtung zur „Berücksichtigung" bedeutet, pflichtgemäß zu prüfen, ob und welche Folgerungen aus dem Prüfbericht zu ziehen sind. Eine rechtliche Kontrolle kann lediglich gegenüber den darauf gestützten Maßnahmen erfolgen. Das Prüfergebnis selbst ist nicht anfechtbar.[9] Das in Abs. 3 angesprochene Prüfergebnis ist kein Verwaltungsakt iSv § 31 SGB X, sondern hat den Charakter eines Gutachtens.[10] Grund dieser Annahme ist, dass mit dem Ergebnis keine Rechtsfolgen gesetzt werden. Eine Beschwer des betroffenen Krankenhauses ergibt sich erst, wenn aus dem Ergebnis Konsequenzen gezogen werden insbesondere im Hinblick auf den Bestand des Versorgungsvertrages oder die Vergütung im Rahmen der Pflegesatzvereinbarung.[11]

10

4. Keine Anwendung auf Hochschulambulanzen, Psychiatrische Institutsambulanzen, Sozialpädiatrische Zentren und Medizinische Behandlungszentren (Abs. 4). Durch das GKV-VSG und das KHSG wurden die bislang geregelten Ausnahmen für Psychiatrische Institutsambulanzen (§ 118) und Sozialpädiatrische Zentren (§ 119) ausgeweitet auf die Hochschulambulanzen (§ 117) und Medizinischen Behandlungszentren (§ 119 c). Aufgrund der gesetzlichen Neufassung des Entlassmanagements in § 39 Abs. 1a ist nunmehr geregelt, dass die Wirtschaftlichkeit der ärztlich verordneten Leistungen im Rahmen des Entlassmanagements durch die Prüfungsstellen nach § 106 Abs. 4 entsprechend § 106 Abs. 2 und 3 gegen Kostenersatz durchgeführt wird, soweit die Krankenkasse mit dem Krankenhaus nichts anderes vereinbart hat. Für Hochschulambulanzen (§ 117), Psychiatrische Institutsambulanzen (§ 118) und Sozialpädiatrische Zentren (§ 119) sowie Medizinische Behandlungszentren (§ 119 c) gilt § 113 also nicht.[12] Qualität und Wirtschaftlichkeit dieser Einrichtungen werden nach Abs. 4 von den Krankenkassen in entsprechender Anwendung der nach §§ 106 Abs. 2 und 3, 106 a und § 136 geltenden Regelungen geprüft. Damit gilt für die genannten Einrichtungen weder das Verfahren nach § 113 noch werden sie im Rahmen der gemeinsamen Selbstverwaltung nach § 106 a oder durch die Prüfgremien nach § 106 geprüft. Die Einrichtungen nehmen an der vertragsärztlichen Versorgung teil (§ 95 Abs. 1 S. 1). Die Prüfung der Wirtschaftlichkeit der vertragsärztlichen Versorgung erfolgt aber durch die Krankenkassen und die Kassenärztlichen Vereinigungen (§ 106 Abs. 1), was auch für die Prüfung der Wirtschaftlichkeit der im Krankenhaus erbrachten ambulanten ärztlichen Leistungen gilt (§ 106 Abs. 6). § 113 Abs. 4 nimmt hiervon die Hochschulambulanzen, Psychiatrischen Institutsambulanzen und Sozialpädiatrischen Zentren sowie Medizinischen Behandlungszentren aus und macht deren Prüfung zur alleinigen Aufgabe der Krankenkassen in entsprechender Anwendung des § 106 Abs. 2 und 3 (Wirtschaftlichkeitsprüfung) sowie des § 106 a (Plausibilitätsprüfung der Abrechnungen) und des § 135 b (Qualitätsprüfung der erbrachten Leistung).

11

Für die ärztlich verordneten Leistungen im Rahmen des Entlassmanagements und der Inanspruchnahme des Krankenhauses in den Fällen des § 76 Abs. 1a werden die Wirtschaftlichkeitsprüfungen auf die Prüfungsstellen übertragen, soweit die Krankenkasse mit dem Krankenhaus nichts anderes vereinbart hat.

12

---

9 Becker in: Becker/Kingreen, § 113 Rn. 9; Wahl in: jurisPK-SGB V, § 113 Rn. 36, 39.
10 Becker in: Becker/Kingreen, § 113 Rn. 12; Wahl in: jurisPK-SGB V, § 113 Rn. 36, 39; GKV-Komm/Jung, SGB V, § 113 Rn. 15 mwN.
11 Kingreen/Bogan, Beck-OK, § 113 Rn. 16; Felix, NZS 2012, 1 f.
12 AA Becker in: Becker/Kingreen, § 113 Rn. 13, wonach die vorgenannten Einrichtungen zusätzlich zur Prüfung nach § 113 auch nach den §§ 106 a, 106 Abs. 2 und 3 sowie nach § 136 geprüft werden können.

13 Der zwischenzeitlich vom Erweiterten Bundesschiedsamt für die vertragsärztliche Versorgung festgelegte Rahmenvertrag über das Entlassmanagement vom 17.10.2016 verweist in § 4 auf die Überprüfung der Wirtschaftlichkeit der im Rahmen des Entlassmanagements vom Krankenhaus verordneten Leistungen auf § 113 Abs. 4. Ungeklärt ist dabei die Frage nach der Möglichkeit einer rechtskonformen Durchführung von Wirtschaftlichkeitsprüfungen von Krankenhäusern. Spätestens im Widerspruchsverfahren einer solchen Prüfung würde der Beschwerdeausschuss der Kassenärztlichen Vereinigung zur Entscheidung berufen sein. Dieser ist in jedem KV-Bezirk jedoch stets paritätisch mit Vertretern der Vertragsärzte und der gesetzlichen Krankenkassen besetzt. Die rechtskonforme Durchführung eines Prüfverfahrens zulasten eines verordnenden Krankenhauses durch dieses Gremium wäre unter Geltung des Paritätsgrundsatzes nur möglich, wenn zuvor sämtliche vertragsärztlichen Vertreter im Beschwerdeausschuss durch entsprechende Vertreter der Krankenhausseite ausgetauscht würden. § 113 Abs. 4 S. 2 2. Hs. eröffnet jedoch den Krankenhäusern auf Ortsebene die Möglichkeit, mit den gesetzlichen Krankenkassen abweichende Regelungen zur Wirtschaftlichkeitsprüfung zu treffen.

§ 114 Landesschiedsstelle

(1) ¹Die Landesverbände der Krankenkassen und die Ersatzkassen gemeinsam und die Landeskrankenhausgesellschaften oder die Vereinigungen der Krankenhausträger im Land gemeinsam bilden für jedes Land eine Schiedsstelle. ²Diese entscheidet in den ihr nach diesem Buch zugewiesenen Aufgaben.

(2) ¹Die Landesschiedsstelle besteht aus Vertretern der Krankenkassen und zugelassenen Krankenhäuser in gleicher Zahl sowie einem unparteiischen Vorsitzenden und zwei weiteren unparteiischen Mitgliedern. ²Die Vertreter der Krankenkassen und deren Stellvertreter werden von den Landesverbänden der Krankenkassen und den Ersatzkassen, die Vertreter der zugelassenen Krankenhäuser und deren Stellvertreter von der Landeskrankenhausgesellschaft bestellt. ³Der Vorsitzende und die weiteren unparteiischen Mitglieder werden von den beteiligten Organisationen gemeinsam bestellt. ⁴Kommt eine Einigung nicht zustande, werden sie in entsprechender Anwendung des Verfahrens nach § 89 Abs. 3 Satz 3 und 4 durch Los bestellt. ⁵Soweit beteiligte Organisationen keine Vertreter bestellen oder im Verfahren nach Satz 3 keine Kandidaten für das Amt des Vorsitzenden oder der weiteren unparteiischen Mitglieder benennen, bestellt die zuständige Landesbehörde auf Antrag einer beteiligten Organisation die Vertreter und benennt die Kandidaten; die Amtsdauer der Mitglieder der Schiedsstelle beträgt in diesem Fall ein Jahr.

(3) ¹Die Mitglieder der Schiedsstelle führen ihr Amt als Ehrenamt. ²Sie sind an Weisungen nicht gebunden. ³Jedes Mitglied hat eine Stimme. ⁴Die Entscheidungen werden mit der Mehrheit der Mitglieder getroffen. ⁵Ergibt sich keine Mehrheit, gibt die Stimme des Vorsitzenden den Ausschlag.

(4) Die Aufsicht über die Geschäftsführung der Schiedsstelle führt die zuständige Landesbehörde.

(5) Die Landesregierungen werden ermächtigt, durch Rechtsverordnung das Nähere über die Zahl, die Bestellung, die Amtsdauer und die Amtsführung, die Erstattung der baren Auslagen und die Entschädigung für Zeitaufwand der Mitglieder der Schiedsstelle und der erweiterten Schiedsstelle (§ 115 Abs. 3), die Geschäftsführung, das Verfahren, die Erhebung und die Höhe der Gebühren sowie über die Verteilung der Kosten zu bestimmen.

Literatur:
Becker, Das Schiedsstellen-Verfahren im Sozialrecht, SGb 2003, 664 und 712; *Fichte*, Wirkung und Anfechtbarkeit des Schiedsspruchs im Heil- und Hilfsmittelbereich, NZS 1998, 58; *Grünenwald*, Die Landesschiedsstelle nach dem Fünften Buch Sozialgesetzbuch, ZfS 1990, 207; *Manssen*, Das Schiedsstellenverfahren im Krankenhausrecht, ZfSH/SGB 1997, 81; *Schimmelpfeng-Schütte*, Die Schiedsverfahren in der gesetzlichen Krankenversicherung, insbesondere im Heil- und Hilfsmittelbereich, NZS 1997, 503.

I. Entstehungsgeschichte........... 1	b) Besetzung der Landesschiedsstelle (Abs. 2)............ 10
II. Vorgängervorschriften........... 2	c) Rechtsstellung der Mitglieder der Schiedsstelle und Schiedsverfahren (Abs. 3)............ 17
III. Normzweck und Systematik 3	
IV. Norminhalt und Normauslegung........... 5	
1. Norminhalt 5	
2. Normauslegung 6	d) Aufsicht über die Landesschiedsstelle (Abs. 4)............ 19
a) Errichtung der Landesschiedsstelle (Abs. 1)............ 6	

e) Schiedsstellenverordnung (Abs. 5).. 20   f) Rechtsschutz 22

I. Entstehungsgeschichte

Mit Wirkung zum 1.1.1989 ist § 114 im Rahmen des Gesundheitsreformgesetzes vom 20.12.1988 (GRG) in Kraft getreten (BGBl. I, 2477). Anschließend erfolgten folgende Änderungen: Abs. 1 S. 1: IdF d. Art. 1 Nr. 81 lit. a Gesetz v. 26.3.2007 (BGBl. I, 378) mWv 1.7.2008; Abs. 2 S. 2: IdF d. Art. 1 Nr. 81 lit. b Gesetz v. 26.3.2007 (BGBl. I, 378) mWv 1.7.2008.

II. Vorgängervorschriften

Vorgängervorschrift des § 114 war § 374 RVO,[1] wobei beide Vorschriften inhaltlich wie folgt voneinander abweichen: § 114 Abs. 1 S. 1 bezieht auch die Ersatzkassen mit in die Landesschiedsstellen ein; in § 374 Abs. 2 S. 1 RVO ist dies nicht der Fall. Weiter ist Grundlage des Schiedsverfahrens nicht mehr eine Schiedsvereinbarung der Vertragsparteien (§ 374 Abs. 2 S. 5 RVO), sondern § 114 Abs. 5 ermächtigt die Landesregierungen durch Rechtsverordnung Einzelheiten zu bestimmten Punkten zu bestimmen. Zudem ist die detaillierte Regelung über die Verfahrenseinleitung in § 374 Abs. 1 S. 1 und 2 RVO mit ihren Fristvorgaben und der Verpflichtung zu vorgeschaltetem Einigungsversuch und Vermittlungsvorschlag nicht in § 114 aufgenommen worden.[2]

III. Normzweck und Systematik

Das Gesetz sieht an verschiedenen Stellen Schiedsstellen zur Konfliktlösung vor. Im Vertragsarztbereich sind die Schiedsämter nach § 89 zu nennen. Im Krankenhausbereich gibt es zwei Arten von Schiedsstellen. Hierbei handelt es sich zum einen um Landesschiedsstellen gemäß § 114, deren Aufgabe vornehmlich darin liegt, in Konfliktfällen den Inhalt von zwei- und dreiseitigen Verträge einvernehmlich festzusetzen (§§ 112, 113, 115, 137e);[3] zum anderen handelt es sich um Schiedsstellen nach § 18 a KHG, in deren Zuständigkeit die Entgeltvereinbarungen für stationäre Krankenhausleistungen fallen (§§ 9 Abs. 2, 13 Abs. 1 KHEntgG,[4] §§ 9 Abs. 2, 10 Abs. 4, 12, 13, 14, 15 BPflVO).[5]

Sinn und Zweck eines Schiedsverfahrens besteht immer darin, die Fähigkeit eines unabhängigen und weisungsfreien Spruchkörpers zur vermittelnden Zusammenführung unterschiedlicher Interessen zu einer Entscheidungsfindung zu nutzen, die meist Kompromisscharakter aufweist.[6] Was die Beteiligten in freier Vereinbarung hätten regeln können, wird im streitschlichtenden Schiedsverfahren mithin durch den Schiedsspruch ersetzt.[7]

IV. Norminhalt und Normauslegung

1. Norminhalt. Abs. 1 bestimmt, welche Einrichtungen eine Landesschiedsstelle bilden. Abs. 2 beinhaltet Regelungen über die Besetzung der Landesschiedsstelle, die Bestellung und die Rechtsstellung der einzelnen Mitglieder. Abs. 3 trifft Regelungen bzgl. Entscheidungen. Abs. 4 enthält Regelungen bzgl. der Aufsicht. Nach Abs. 5 werden die Landesregierung bzw. die obersten Landesbehörden zur näheren Ausgestaltung ermächtigt.

2. Normauslegung. a) Errichtung der Landesschiedsstelle (Abs. 1). Gemäß Abs. 1 S. 1 bilden die Landesverbände der Krankenkassen (§ 207 Abs. 1) bzw. Krankenkassen mit Landesverbandsfunktion (§§ 207 Abs. 2 a, Abs. 4, § 212 Abs. 3 SGB V und § 36 KVLG 1989) und die Ersatzkassen (keine Landesverbände vorgesehen, § 212 Abs. 5) gemeinsam und die Landeskrankenhausgesellschaften oder die Vereinigungen der Krankenhausträger im Land gemeinsam für jedes Land eine Schiedsstelle. Entsprechend des ausdrücklichen Wortlauts ist nur eine Schiedsstelle pro Land vorgesehen.

---

1 § 374 RVO in der Fassung des KHNG vom 20.12.1984 (BGBl. I, 1716), in Kraft vom 1.1.1985 bis zum 31.12.1988.
2 Vgl. Wahl in: jurisPK-SGB V, 3. Aufl. 2016, § 114 Rn. 2.
3 Da die Parteien verpflichtet sind, ihren Aufgaben nachzukommen, bezeichnet Wahl (jurisPK-SGB V, § 114 Rn. 8) die Landesschiedsstellen als „Instrument der Zwangsschlichtung".
4 KHEntgGtz in der Fassung des KVBeitrSchG vom 15.7.2013 (BGBl. I, 2423) mWv 1.8.2013.
5 BPflV in der Fassung des Psych-Entgeltgesetz vom 21.7.2012 (BGBl. I, 1613) mWv 1.1.2013.
6 Zur Schiedsstelle nach dem SGB XI: BSG, 17.12.2009, B 3 P 3/08 R, juris Rn. 68 = SozR 4-3300 § 89 Nr. 2; Wahl in: jurisPK-SGB V, § 114 Rn. 8.
7 Vgl. BSG, 13.11.2012, B 1 KR 27/11, juris Rn. 27 = GesR 2013, 373 ff.

8 Gemäß Abs. 1 S. 2 ergeben sich die Aufgaben der Schiedsstellen aus Einzelvorschriften anderer Vorschriften des SGB V. Aufgaben der Landesschiedsstellen sind danach:[8]
- die Festsetzung des Inhalts zweiseitiger Verträge, § 112 Abs. 3,
- die Bestellung des Prüfers für Krankenhausprüfungen, § 113 Abs. 1 S. 2,
- die Festsetzung des Inhalts dreiseitiger Verträge, § 115 Abs. 3 S. 1 und
- die Festsetzung der Vergütungsvereinbarung für ambulante Leistungen in Erprobung, § 137e Abs. 4 S. 5.

9 Bei dreiseitigen Verträgen nach § 115 wird die Schiedsstelle jedoch um weitere Mitglieder („Vertreter der Vertragsärzte") ergänzt, sog erweiterte Schiedsstelle[9]

10 **b) Besetzung der Landesschiedsstelle (Abs. 2).** Gemäß Abs. 2 S. 1 bestehen die Landesschiedsstellen aus Vertretern der Krankenkassen und zugelassenen Krankenhäuser in gleicher Zahl sowie einem unparteiischen Vorsitzenden und zwei weiteren unparteiischen Mitgliedern. Unparteiisch ist ein Mitglied dann, wenn es keiner der beteiligten Organisationen, einschließlich deren Mitglieder und Verbänden, in Organschaft oder als Beschäftigter angehört.[10]

11 Gemäß Abs. 2 S. 2 bestehen werden die Vertreter der Krankenkassen und deren Stellvertreter von den Landesverbänden der Krankenkassen und den Ersatzkassen, die Vertreter der zugelassenen Krankenhäuser und deren Stellvertreter von der Landeskrankenhausgesellschaft bestellt.

12 Gemäß Abs. 2 S. 3 werden der Vorsitzende und die weiteren unparteiischen Mitglieder von den beteiligten Organisationen gemeinsam bestellt.

13 Kommt gemäß Abs. 2 S. 4 eine Einigung nicht zustande, werden sie in entsprechender Anwendung des Verfahrens nach § 89 Abs. 3 S. 3 und 4 durch Los bestellt. Gemäß § 89 Abs. 3 S. 3 beträgt die Amtsdauer vier Jahre. Soweit eine Einigung nicht zustande kommt, stellen die Beteiligten gemäß § 89 Abs. 3 S. 4 eine gemeinsame Liste auf, die mindestens die Namen für zwei Vorsitzende und je zwei weitere unparteiische Mitglieder sowie deren Stellvertreter enthalten muss.

14 Soweit die beteiligten Organisationen keine Vertreter bestellen oder im Verfahren nach Abs. 2 S. 3 keine Kandidaten für das Amt des Vorsitzenden oder der weiteren unparteiischen Mitglieder benennen, bestellt gemäß Abs. 2 S. 5 die zuständige Landesbehörde auf Antrag einer beteiligten Organisation die Vertreter und benennt die Kandidaten; die Amtsdauer der Mitglieder der Schiedsstelle beträgt in diesem Fall ein Jahr.

15 Eine Besonderheit gilt für die Besetzung der Schiedsstelle für Streitigkeiten nach § 115 Abs. 3. Für solche wird eine erweiterte Schiedsstelle errichtet, indem die Schiedsstelle um Vertreter der Vertragsärzte in gleicher Zahl erweitert wird, wie sie jeweils für die Vertreter der KK und Krankenhäuser vorgesehen ist, § 115 Abs. 3.

16 Gemäß Abs. 5 werden jedoch die Landesregierungen ermächtigt, durch Rechtsverordnung das Nähere über die Zahl, die Bestellung, die Amtsdauer und die Amtsführung, die Erstattung der baren Auslagen und die Entschädigung für Zeitaufwand der Mitglieder der Schiedsstelle und der erweiterten Schiedsstelle, die Geschäftsführung, das Verfahren, die Erhebung und die Höhe der Gebühren sowie über die Verteilung der Kosten zu bestimmen.

17 **c) Rechtsstellung der Mitglieder der Schiedsstelle und Schiedsverfahren (Abs. 3).** Gemäß Abs. 3 führen die Mitglieder der Schiedsstelle ihr Amt als Ehrenamt. Sie sind an Weisungen nicht gebunden. Jedes Mitglied hat eine Stimme. Die Entscheidungen werden mit der Mehrheit der Mitglieder getroffen. Ergibt sich keine Mehrheit, gibt die Stimme des Vorsitzenden den Ausschlag.

18 Das Schiedsverfahren ist ein Verwaltungsverfahren im Sinne der § 8 SGB X.[11] Das Verfahren wird, sofern keine Einigung zustande kommt, durch den Schiedsspruch, der die fehlende Einigung der Vertragsparteien ersetzt, abgeschlossen, der Verwaltungsakt im Sinne von § 31 SGB X und mit einer hinreichenden Begründung zu versehen ist.[12]

19 **d) Aufsicht über die Landesschiedsstelle (Abs. 4).** Nach Abs. 4 führt die zuständige Landesbehörde die Aufsicht über die Geschäftsführung der Schiedsstelle. Eine darüber hinaus gehende Rechtsaufsicht über die Sachentscheidungen der Landesschiedsstelle besteht mangels Rechtsgrundlage nicht, da der

---

8 Vgl. Wahl in: jurisPK-SGB V, § 114 Rn. 22.
9 Vgl. Wahl in: jurisPK-SGB V, § 114 Rn. 10; Becker in: Becker/Kingreen, § 114 Rn. 1.
10 Wahl in: jurisPK-SGB V, § 114 Rn. 15.
11 Kingreen/Bogan in: BeckOK SozR, SGB V, § 114 Rn. 6.
12 Vgl. BSG, 17.12.2009, B 3 P 3/08 R, juris Rn. 20, 21 = SozR 4-3300 § 89 Nr. 2.

Gesetzgeber auf eine § 89 Abs. 5 S. 3 („Die Aufsicht erstreckt sich auf die Beachtung von Gesetz und sonstigem Recht.") entsprechende Regelung verzichtet hat.[13]

e) **Schiedsstellenverordnung (Abs. 5).** Gemäß Abs. 5 werden die Landesregierungen ermächtigt, durch Rechtsverordnung das Nähere über die Zahl, die Bestellung, die Amtsdauer und die Amtsführung, die Erstattung der baren Auslagen und die Entschädigung für Zeitaufwand der Mitglieder der Schiedsstelle und der erweiterten Schiedsstelle (§ 115 Abs. 3), die Geschäftsführung, das Verfahren, die Erhebung und die Höhe der Gebühren sowie über die Verteilung der Kosten zu bestimmen. 20

Die gesetzlichen Vorgaben beschränken sich auf einige Regelungen beschränken. Die Verordnungsermächtigung ist daher weit zu fassen. Die meisten Bundesländer haben von der Ermächtigung Gebrauch gemacht,[14] zB Nordrhein-Westfalen.[15] 21

f) **Rechtsschutz.** Der Schiedsspruch der Landesschiedsstelle nach § 114 SGB V unterliegt uneingeschränkt der Kontrolle seiner Vereinbarkeit mit den für die jeweilige Behandlung in der GKV geltenden unabdingbaren Rechtsmaßstäben. Er soll eine vertragliche Regelung ersetzen, die sicherstellen soll, dass Art und Umfang der Krankenhausbehandlung den Anforderungen des SGB V entsprechen. Ausschließlich innerhalb dieser gesetzlichen Rahmenbedingungen können die Verträge auf Landesebene die allgemeinen Bedingungen zB der Krankenhausbehandlung einschließlich der Aufnahme und Entlassung der Versicherten, Kostenübernahme, Abrechnung der Entgelte, Berichte und Bescheinigungen regeln. Nur soweit diese Vertragskompetenz reicht, besteht ein Gestaltungsspielraum der Landesschiedsstelle.[16] 22

Statthafte Klageart ist die isolierte Anfechtungsklage oder die kombinierte Anfechtungs- und Verpflichtungsklage.[17] Unklar ist, ob ein Vorverfahren durchzuführen ist.[18] Vertritt man die Auffassung, ein Vorverfahren ist erforderlich, dann ist die Schiedsstelle selbst Widerspruchsbehörde.[19] 23

Vierter Abschnitt
Beziehungen zu Krankenhäusern und Vertragsärzten

§ 115 Dreiseitige Verträge und Rahmenempfehlungen zwischen Krankenkassen, Krankenhäusern und Vertragsärzten

(1) Die Landesverbände der Krankenkassen und die Ersatzkassen gemeinsam und die Kassenärztlichen Vereinigungen schließen mit der Landeskrankenhausgesellschaft oder mit den Vereinigungen der Krankenhausträger im Land gemeinsam Verträge mit dem Ziel, durch enge Zusammenarbeit zwischen Vertragsärzten und zugelassenen Krankenhäusern eine nahtlose ambulante und stationäre Behandlung der Versicherten zu gewährleisten.

(2) ¹Die Verträge regeln insbesondere
1. die Förderung des Belegarztwesens und der Behandlung in Einrichtungen, in denen die Versicherten durch Zusammenarbeit mehrerer Vertragsärzte ambulant und stationär versorgt werden (Praxiskliniken),
2. die gegenseitige Unterrichtung über die Behandlung der Patienten sowie über die Überlassung und Verwendung von Krankenunterlagen,
3. die Zusammenarbeit bei der Gestaltung und Durchführung eines ständig einsatzbereiten Notdienstes; darüber hinaus können auf Grundlage des einheitlichen Bewertungsmaßstabs für ärztliche Leistungen ergänzende Regelungen zur Vergütung vereinbart werden,
4. die Durchführung einer vor- und nachstationären Behandlung im Krankenhaus nach § 115 a einschließlich der Prüfung der Wirtschaftlichkeit und der Verhinderung von Mißbrauch; in den Verträgen können von § 115 a Abs. 2 Satz 1 bis 3 abweichende Regelungen vereinbart werden,

---

13 Wahl in: jurisPK-SGB V, § 114 Rn. 33; aA Becker in: Becker/Kingreen, § 114 Rn. 11.
14 Vgl. die Übersicht bei Wahl in: jurisPK-SGB V, 2. Aufl. 2012, § 114 Rn. 40 (wurde in neue Aufl. nicht übernommen).
15 Landesschiedsstellenverordnung vom 28.11.1989 (GV NW S. 641), zuletzt geändert durch Gesetz vom 5.4.2005 (GV NW S. 408).
16 Vgl. BSG, 21.4.2015, B 1 KR 11/15 R, juris. Rn. 18 = SozR 4-2500 § 69 Nr. 10.
17 BSG, 17.12.2009, B 3 P 3/08 R, juris Rn. 20 = SozR 4-3300 § 89 Nr. 2.
18 Vgl. die Übersicht bei Kingreen/Bogan in: BeckOK SozR, SGB V, § 114 Rn. 11.
19 Kingreen/Bogan in: BeckOK SozR, SGB V, § 114 Rn. 11.

5. die allgemeinen Bedingungen der ambulanten Behandlung im Krankenhaus,
6. ergänzende Vereinbarungen zu Voraussetzungen, Art und Umfang des Entlassmanagements nach § 39 Absatz 1 a.
²Sie sind für die Krankenkassen, die Vertragsärzte und die zugelassenen Krankenhäuser im Land unmittelbar verbindlich.

(3) ¹Kommt ein Vertrag nach Absatz 1 ganz oder teilweise nicht zustande, wird sein Inhalt auf Antrag einer Vertragspartei durch die Landesschiedsstelle nach § 114 festgesetzt. ²Diese wird hierzu um Vertreter der Vertragsärzte in der gleichen Zahl erweitert, wie sie jeweils für die Vertreter der Krankenkassen und Krankenhäuser vorgesehen ist (erweiterte Schiedsstelle). ³Die Vertreter der Vertragsärzte werden von den Kassenärztlichen Vereinigungen bestellt. ⁴Das Nähere wird durch die Rechtsverordnung nach § 114 Abs. 5 bestimmt. ⁵Für die Kündigung der Verträge sowie die vertragliche Ablösung der von der erweiterten Schiedsstelle festgesetzten Verträge gilt § 112 Abs. 4 entsprechend.

(3 a) ¹Kommt eine vertragliche Regelung nach Absatz 2 Satz 1 Nummer 3 bis zum 30. Juni 2016 nicht zustande, wird ihr Inhalt innerhalb von sechs Wochen durch die Landesschiedsstelle nach § 114 festgelegt. ²Absatz 3 Satz 2 bis 5 gilt entsprechend.

(4) ¹Kommt eine Regelung nach Absatz 1 bis 3 bis zum 31. Dezember 1990 ganz oder teilweise nicht zustande, wird ihr Inhalt durch Rechtsverordnung der Landesregierung bestimmt. ²Eine Regelung nach den Absätzen 1 bis 3 ist zulässig, solange und soweit die Landesregierung eine Rechtsverordnung nicht erlassen hat.

(5) Der Spitzenverband Bund der Krankenkassen, die Kassenärztlichen Bundesvereinigungen und die Deutsche Krankenhausgesellschaft oder die Bundesverbände der Krankenhausträger gemeinsam sollen Rahmenempfehlungen zum Inhalt der Verträge nach Absatz 1 abgeben.

I. Entstehungsgeschichte und Allgemeines 1	e) Allgemeine Bedingungen der ambulanten Behandlung im Krankenhaus (Abs. 2 S. 1 Nr. 5) 11
II. Regelungsgehalt 3	
1. Vertragsparteien (Abs. 1) 3	
2. Inhalte der Verträge (Abs. 2) 5	f) Ergänzende Vereinbarungen zu Voraussetzungen, Art und Umfang des Entlassmanagements nach § 39 Abs. 1 a (Abs. 2 Nr. 6) 12
a) Förderung des Belegarztwesens, Behandlung in Praxiskliniken (Abs. 2 S. 1 Nr. 1) 5	
b) Gegenseitige Unterrichtung (Abs. 2 S. 1 Nr. 2) 7	3. Festsetzung durch die Landesschiedsstelle (Abs. 3) 13
c) Zusammenarbeit bzgl. des Notdienstes (Abs. 2 S. 1 Nr. 3) 8	4. Festlegung durch die Landesschiedsstelle (Abs. 3 a) 14
d) Vor- und nachstationäre Behandlung im Krankenhaus (Abs. 2 S. 1 Nr. 4) 9	5. Ersatzvornahme durch Rechtsverordnung der Landesregierung (Abs. 4) 15
	6. Rahmenempfehlungen (Abs. 5) 16

I. Entstehungsgeschichte und Allgemeines

1 Die Norm wurde mit Wirkung zum 1.1.1989 durch das Gesundheits-Reformgesetz vom 20.12.1988[1] erlassen. Damit sollte der Regelungsinhalt der bis dahin bestehenden dreiseitigen Empfehlungen in der Vorgängerregelung § 372 Abs. 5 bis 7 RVO inhaltlich weiterentwickelt werden. Durch das Gesundheitsstrukturgesetz vom 21.12.1992[2] ist Abs. 2 Nr. 4 im Hinblick auf die gleichzeitige Einführung des § 115 a neugefasst worden. Weitere inhaltliche Änderungen und Ergänzungen betreffen die Abs. 3 und 4. Mit der Einführung des Abs. 4 S. 2 durch das Gesundheitsstrukturgesetz sollte klargestellt werden, dass die Regelungskompetenz der Selbstverwaltung nicht schon mit Ablauf des 31.12.1990, sondern erst durch den Erlass einer Rechtsverordnung der Landesregierung entfällt.[3] Die durch GKV-WSG vom 26.3.2007[4] bewirkten Änderungen in der Organisationsstruktur der Verbände der Krankenkassen haben entsprechende redaktionelle Änderungen im Text der Abs. 1 und 5 erforderlich gemacht, die zum 1.7.2008 in Kraft getreten sind. Mit dem Gesetz zur Reform der Strukturen der Krankenhausversorgung (KHSG)[5] wurde in Abs. 2 S. 1 Nr. 3 2. Hs. die Vergütungsregelung ausdrücklich in den Gesetzestext aufgenommen. Zugleich wurde Abs. 3 a eingefügt mit einer Frist für eine vertragliche

---

1 BGBl. I 1988, 2477.
2 BGBl. I 1992, 2266.
3 BT-Dr. 12/3608, 102.
4 BGBl. I 2007, 378.
5 Vom 10.12.2015, BGBl. I. 2229.

Regelung. Das Gesetz zur Stärkung der Versorgung in der gesetzlichen Krankenversicherung (GKV-VSG)[6] führte zur Aufnahme der neuen Ziff. 6 in Abs. 2, die zuvor bei den zweiseitigen Verträgen nach § 112 aufgeführt waren.

§ 115 verpflichtet Krankenkassen, Vertragsärzte und Krankenhäuser durch dreiseitige Verträge auf Landesebene die Zusammenarbeit im Übergangsbereich zwischen vertragsärztlicher Versorgung und stationärer Krankenhausbehandlung zu regeln. Die Verträge sollen durch Rahmenempfehlungen auf Bundesebene, Abs. 5, ergänzt werden. Die Vorschrift soll „bei grundsätzlicher Beibehaltung des Vorrangs der ambulanten vor der stationären Behandlung die bisherige Trennung zwischen den beiden Bereichen überwinden und eine nahtlose, leistungsfähige und wirtschaftliche Versorgung der Versicherten durch Kassenärzte und Krankenhäuser gewährleisten".[7] Die Regelungsgegenstände der dreiseitigen Verträge werden im Gesetz definiert. Vorrangiges Ziel ist es, Lösungen für diejenigen Probleme, die aus dem notwendigen Übergang des Patienten aus dem Verantwortungsbereich der ambulanten Versorgung in den Verantwortungsbereich der stationären Versorgung und umgekehrt entstehen, zu finden. Der Gesetzgeber hat in Abs. 3 die Möglichkeit einer Konfliktlösung der Landesschiedsstelle nach § 114 sowie äußerstenfalls der Ersatzvornahme durch Rechtsverordnung der Landesregierung vorgesehen, Abs. 4. 2

II. Regelungsgehalt

1. Vertragsparteien (Abs. 1). Vertragsparteien nach Abs. 1 sind die Landesverbände der Krankenkassen und die Ersatzkassen gemeinsam, die Kassenärztlichen Vereinigungen und die Landeskrankenhausgesellschaft. An die Stelle der Landeskrankenhausgesellschaft können auch die Vereinigungen der Krankenhausträger im Land gemeinsam treten. 3

Der dreiseitige Vertrag ist ein öffentlich-rechtlicher Vertrag (§§ 53 ff.), der nach Abs. 2 S. 2 für alle Krankenkassen, Vertragsärzte und zugelassenen Krankenhäuser im Land unmittelbar verbindlich ist.[8] Wie allgemein bei normativ wirkenden Verträge, die unter Beteiligung einer Krankenhausgesellschaft (§ 118a) oder einer sonstigen privatrechtlich organisierten Vereinigung von Krankenhausträgern zustande kommen (vgl. § 112, § 115a), ist auch für die dreiseitigen Verträge nach § 115 noch zu klären, inwieweit es rechtlich zulässig ist, daran auch solche Krankenhäuser zu binden, die keiner der genannten Einrichtungen als Mitglied angehören.[9] 4

2. Inhalte der Verträge (Abs. 2). a) Förderung des Belegarztwesens, Behandlung in Praxiskliniken (Abs. 2 S. 1 Nr. 1). Die Verträge sollen nach Abs. 1 S. 1 Nr. 1 der Förderung des Belegarztwesens und der Behandlung in Praxiskliniken dienen. Der Begriff des Belegarztes wird in § 121 Abs. 2 definiert. Belegärzte sind hiernach grundsätzlich nicht am Krankenhaus angestellte Vertragsärzte, die berechtigt sind, ihre Patienten im Krankenhaus unter Inanspruchnahme der hierfür bereitgestellten Dienste, Einrichtungen und Mittel voll- oder teilstationär zu behandeln, ohne hierfür vom Krankenhaus eine Vergütung zu erhalten. § 121 Abs. 1 und 3 regeln darüber hinaus Einzelheiten der Ausgestaltung und Vergütung der belegärztlichen Tätigkeit sowie den Auftrag an die Vertragspartner, nach § 115 Abs. 1, gemeinsam mit den Krankenkassen und zugelassenen Krankenhäusern auf eine leistungsfähige und wirtschaftliche belegärztliche Behandlung der Versicherten hinzuwirken. Für die Norm des § 115 Abs. 2 Nr. 1 bleibt daher kaum noch ein Anwendungsbereich. 5

Der Begriff der **Praxisklinik** hat mit Inkrafttreten des SGB V am 1.1.1989 Eingang in das Krankenversicherungsrecht gefunden. Laut Legaldefinition gem. Abs. 2 S. 1 Nr. 1 ist eine Praxisklinik eine Einrichtung, in der die Versicherten durch Zusammenarbeit mehrerer Vertragsärzte ambulant und stationär versorgt werden. Vom Belegkrankenhaus unterscheidet sich die Praxisklinik dadurch, dass die ambulante Behandlung im Vordergrund steht und die Möglichkeit der stationären Versorgung lediglich ergänzend hinzutritt. Praxen der beteiligten Ärzte sind organisatorisch vernetzt und regelmäßig auch räumlich in einem Ärztehaus konzentriert.[10] Aufgrund der Trennung zwischen ambulanter und stationärer Versorgung bedarf die Praxisklinik – ebenso wie das Belegkrankenhaus oder die Belegabteilung – für die Erbringung stationärer Leistungen im Rahmen der GKV einen Versorgungsvertrag iSv § 108 6

---

6 Vom 16.7.2015, BGBl. I. 1211.
7 BT-Dr. 11/2227, S. 201 zu § 123.
8 Steege in: Hauck/Noftz, SGB V, K § 115 Rn. 4.
9 Vgl. hierzu BSG v. 31.1.2001, B 6 KA 33/00 R, NZS 2001, 533, das es als ausreichend angesehen hat, wenn nicht das Krankenhaus selbst, aber der für den Krankenhausträger bestehende Dachverband Mitglied der Krankenhausgesellschaft ist; hierzu auch Hess in: KassKomm, § 112 SGB V Rn. 12.
10 Ausführlicher zur Praxisklinik: Preißler, MedR 1992, 263; Schiller, NZS 1999, 325.

Nr. 3, der nur abgeschlossen wird, wenn die Einbeziehung der Praxisklinik in die Versorgung der Versicherten zur Gewährleistung einer bedarfsgerechten, leistungsfähigen und wirtschaftlichen Krankenhausbehandlung erforderlich ist, § 109 Abs. 2 und 3. Der Abschluss eines Versorgungsvertrages für eine Praxisklinik unterliegt somit hohen Anforderungen und hat daher in der Praxis kaum Bedeutung.

7   b) **Gegenseitige Unterrichtung (Abs. 2 S. 1 Nr. 2).** Zwingender Vertragsinhalt ist nach Abs. 1 S. 1 Nr. 2 die gegenseitige Unterrichtung über die Behandlung der Patienten sowie über die Überlassung und Verwendung der Krankenunterlagen. Vertragsgegenstand ist somit die gegenseitige Information beim Übergang von ambulanter zu stationärer Versorgung und umgekehrt. Dazu können Absprachen über eine Formalisierung von Unterlagen sowie darüber getroffen werden, in welchem Umfang Untersuchungsergebnisse gegenseitig anerkannt werden können. Die seit längerem bestehenden, auf der Grundlage der Vorgängervorschrift § 372 Abs. 5 RVO geschlossenen Verträge sehen im gegenseitigen Austausch von Befundunterlagen bei der Krankenhausaufnahme und der Krankenhausentlassung vor.[11]

8   c) **Zusammenarbeit bzgl. des Notdienstes (Abs. 2 S. 1 Nr. 3).** Abs. 1 S. 1 Nr. 3 sieht als weiteren Vertragsgegenstand dreiseitiger Verträge die Zusammenarbeit bei der Gestaltung und Durchführung eines ständig einsatzbereiten Notdienstes vor. Die Organisation eines ständig einsatzbereiten Notdienstes ist im Bereich der ambulanten vertragsärztlichen Versorgung Teil des Sicherstellungsauftrages der Kassenärztlichen Vereinigungen (§ 75 Abs. 1 S. 2). Davon nicht umfasst ist die stationäre Notfallversorgung durch ein Krankenhaus, die Krankenhausbehandlung gem. § 39 ist. Die Notfallrettung bei Unfällen und akut lebensbedrohlichen Erkrankungen erfolgt im Rahmen des landesrechtlich geregelten Rettungsdienstes. Keine der genannten Aufgaben kann daher Gegenstand dreiseitiger Verträge nach § 115 sein.[12] Demnach beschränkt sich der Spielraum für dreiseitige Vereinbarungen zum Notdienst bspw. auf die Organisation und Zusammenarbeit bei der Gestaltung und Durchführung der Notfallversorgung in den Räumen eines Krankenhauses.[13] Ob die Vergütung der ambulanten Notfallbehandlungen in Krankenhäusern innerhalb eines dreiseitigen Vertrages nach § 115 geregelt werden kann, ist streitig. Entgegen der früheren Rechtsprechung[14] vertritt das BSG seit 2001[15] die Auffassung, dass Abs. 2 Nr. 3 keine abschließende Regelung darstelle. Das BSG bewertete die Regelungen in einem in Nordrhein-Westfalen bestehenden dreiseitigen Vertrag als mit Bundesrecht vereinbar, wonach die Leistungen der Krankenhausambulanzen von der Kassenärztlichen Vereinigung nicht mit dem dafür ermittelten Verteilungspunktwert, sondern mit dem – höheren – allgemeinen Punktwert vergütet werden sollten.[16] Durch Abs. 2 S. 1 Nr. 3 2. Hs. wird nunmehr klargestellt, dass aufbauend und ergänzend zum Einheitlichen Bewertungsmaßstab Vergütungsregelungen vereinbart werden können.[17] Abs. 3 a stellt mit einer 6-Monats-Frist sicher, dass die vertraglichen Regelungen zur Organisation des ambulanten Notdienstes zeitnah in Kraft treten. Nach Ablauf der 6-Monats-Frist legt die Landesschiedsstelle die vertragliche Regelung innerhalb von sechs Wochen fest, was jedoch nicht für die optionale Regelung nach Abs. 2 Satz 1 Nr. 3 2. Hs. gilt.[18]

9   d) **Vor- und nachstationäre Behandlung im Krankenhaus (Abs. 2 S. 1 Nr. 4).** Abs. 2 S. 1 Nr. 4 regelt die Durchführung der vor- und nachstationären Behandlung im Krankenhaus unter Verweis auf § 115 a einschließlich die Wirtschaftlichkeitsprüfung und Missbrauchsverhinderung. Dem dreiseitigen Vertrag verbleibt daneben daher nur noch eine ergänzende Funktion, die sich im Wesentlichen in der Konkretisierung des in Nr. 4 genannten Auftrages erschöpft. Der 2. Halbsatz in Nr. 4 ermächtigt zu abweichenden Regelungen von § 115 a Abs. 2 S. 1 bis 3, so dass neben Regelungen zur Wirtschaftlichkeitsprüfung und Missbrauchsverhinderung insbesondere auch der zeitliche Umfang der vor- und nachstationären Krankenhausbehandlung verändert werden kann.

10 Die Notwendigkeit zur Regelung der Wirtschaftlichkeitsprüfung ergibt sich daraus, dass § 106 nur die Wirtschaftlichkeit der vertragsärztlichen Versorgung regelt; die Krankenhausbehandlung ist davon nicht umfasst. Die Regelung zur Verhinderung von Missbrauch bezieht sich in erster Linie auf die vor-

---

11 Steege in: Hauck/Noftz, SGB V, K § 115 Rn. 10.
12 Steege in: Hauck/Noftz, SGB V, K § 115 Rn. 11.
13 Steege in: Hauck/Noftz, SGB V, K § 115 Rn. 11; Köhler-Hohmann in: jurisPK-SGB V, § 115 Rn. 41.
14 BSG, 20.12.1995, 6 RKA 25/95, SozR 3-2500 § 120 Nr. 7; BSG, 19.3.1997, 6 RKA 61/95, SozR 3-1500 § 166 Nr. 6.
15 BSG, 31.1.2001, B 6 KA 33/00 R, KH 2001, 709 mit Anm. Leber.
16 Steege in: Hauck/Noftz, SGB V, K § 115 Rn. 12.
17 BT-Dr. 18/6586, 107.
18 BT-Dr. 18/6586, 107.

stationäre Diagnostik. Es soll ausgeschlossen werden, dass Versicherte zu diesem Zweck ins Krankenhaus eingewiesen werden, obwohl die benötigten Untersuchungen auch durch einen niedergelassenen Facharzt durchgeführt werden könnten.[19]

e) **Allgemeine Bedingungen der ambulanten Behandlung im Krankenhaus (Abs. 2 S. 1 Nr. 5).** Da die ambulante Behandlung durch Krankenhäuser bzw. Krankenhausärzte durch das SGB V geregelt ist (vgl. §§ 95, 115b, 116ff.), stellt Abs. 2 S. 1 Nr. 5 eine Auffangregelung dar, die präzisierende und ergänzende Vereinbarungen ermöglicht.

f) **Ergänzende Vereinbarungen zu Voraussetzungen, Art und Umfang des Entlassmanagements nach § 39 Abs. 1a (Abs. 2 Nr. 6).** Die Landesverbände der Krankenkassen und die Ersatzkassen gemeinsam und die Kassenärztliche Vereinigung können mit der Landeskrankenhausgesellschaft bzw. mit den Vereinigungen der Krankenhausträger ergänzende Vereinbarungen zu Voraussetzungen, Art und Umfang des Entlassmanagements nach § 39 Abs. 1a treffen.

3. Festsetzung durch die Landesschiedsstelle (Abs. 3). Kommt ein Vertrag ganz oder teilweise nicht zustande, wird auf Antrag einer Vertragspartei der Vertragsinhalt durch die um Vertreter der Vertragsärzte erweiterte **Landesschiedsstelle** nach § 114 festgesetzt. Der erweiterten Landesschiedsstelle gehören Vertreter der Krankenkassen, der zugelassenen Krankenhäuser und der Vertragsärzte in gleicher Zahl sowie ein unparteiischer Vorsitzender und zwei weitere unparteiische Mitglieder an. Die Vertreter der Vertragsärzte werden von den Kassenärztlichen Vereinigungen bestellt. Das Nähere über die Mitwirkung der Vertreter der Vertragsärzte in der erweiterten Landesschiedsstelle wird im Übrigen in der Rechtsverordnung nach § 114 Abs. 5 bestimmt. Die Landesschiedsstelle wird nur auf Antrag einer Vertragspartei tätig, also entweder auf Antrag der Landesverbände der Krankenkassen und der Ersatzkassen gemeinsam oder der Kassenärztlichen Vereinigung oder der Landeskrankenhausgesellschaft bzw. einer Vereinigung der Krankenhausträger im Land. Die Festsetzung des Vertragsinhalts durch die erweiterte Landesschiedsstelle ist ein Verwaltungsakt, der von den betroffenen Vertragspartnern mit der Anfechtungsklage angegriffen werden kann.[20] Die Vereinbarung nach § 115 und die an ihrer Stelle durch die Landesschiedsstelle getroffenen Regelungen können von jeder Vertragspartei mit einer Frist von einem Jahr ganz oder teilweise gekündigt werden. Abs. 3 S. 5 verweist diesbezüglich auf § 112 Abs. 4 entsprechend.

4. Festlegung durch die Landesschiedsstelle (Abs. 3a). Aufgrund der Neuregelung des ambulanten Notdienstes in § 75 Abs. 1b stellt Abs. 3a mit einer 6-Monats-Frist sicher, dass die vertraglichen Regelungen zur Organisation des ambulanten Notdienstes zeitnah in Kraft treten. Kommt eine vertragliche Regelung bis zum 30.6.2016 nicht zustande, wird ihr Inhalt innerhalb von sechs Wochen durch die Landesschiedsstelle nach § 114 festgelegt. Dies gilt jedoch nicht für die optionale Regelung nach Abs. 2 S. 1 Nr. 3 2. Hs., wonach über die Zusammenarbeit bei der Gestaltung und Durchführung eines ständig einsatzbereiten Notdienstes hinaus auf Grundlage des Einheitlichen Bewertungsmaßstabs für ärztliche Leistungen ergänzende Regelungen zur Vergütung vereinbart werden können.[21]

5. Ersatzvornahme durch Rechtsverordnung der Landesregierung (Abs. 4). Für den Fall, dass bis zum 31.12.1990 ein dreiseitiger Vertrag ganz oder teilweise weder durch Vereinbarung zwischen Krankenkassen, Krankenhäusern und Vertragsärzten noch durch Anrufung und Entscheidung der Landesschiedsstelle zustande gekommen ist, sieht Abs. 4 die Regelung der offengebliebenen Fragen im Wege der **Ersatzvornahme** durch Rechtsverordnung der Landesregierung vor. Die Rechtsverordnung tritt an die Stelle des Vertrages. Zwar bestimmt Abs. 4 S. 2, dass eine vertragliche Regelung auch über die gesetzliche Frist hinaus zulässig bleibt, wenn und solange die Landesregierung von ihrer Verordnungskompetenz keinen Gebrauch macht. Wird die Rechtsverordnung erlassen, ist jedoch für eine Ablösung oder Weiterentwicklung der dort getroffenen Regelungen durch vertragliche Vereinbarung kein Raum mehr. Es bleibt dann nur die Möglichkeit, die Verordnung zugunsten einer nachträglich gefundenen Selbstverwaltungslösung wieder aufzuheben.[22]

6. Rahmenempfehlungen (Abs. 5). Abs. 5 verpflichtet im Sinne einer öffentlich-rechtlichen Obliegenheit den Spitzenverband Bund der Krankenkassen, die Kassenärztliche Bundesvereinigung und die

---

19 BT-RegE zum GRG, BT-Dr. 11/2237, S. 201 zu § 123 Abs. 2.
20 BSG, 30.10.1963, 6 RKa 4/62, SozR Nr. 1 zu § 368h RVO; Steege in: Hauck/Noftz, SGB V, K § 115 Rn. 21.
21 BT-Dr. 18/6586, 107.
22 Steege in: Hauck/Noftz, SGB V, K § 115 Rn. 25; Köhler-Homann in: jurisPK-SGB V § 115 Rn. 59; aA Hess in: KassKomm, § 115 SGB V Rn. 18.

Deutsche Krankenhausgesellschaft oder die Bundesverbände der Krankenhausträger gemeinsam zum Abschluss von **Rahmenempfehlungen** zum Inhalt der Verträge nach Abs. 1. Rahmenempfehlungen sind bisher ergangen zu den Bereichen „Belegarztwesen und Praxiskliniken" sowie „Gegenseitige Unterrichtung und Überlassung von Krankenunterlagen",[23] außerdem zur Zuzahlung nach § 28 Abs. 4 (Praxisgebühr) bei ambulanten Leistungen im Krankenhaus.[24]

§ 115 a Vor- und nachstationäre Behandlung im Krankenhaus

(1) [1]Das Krankenhaus kann bei Verordnung von Krankenhausbehandlung Versicherte in medizinisch geeigneten Fällen ohne Unterkunft und Verpflegung behandeln, um
1. die Erforderlichkeit einer vollstationären Krankenhausbehandlung zu klären oder die vollstationäre Krankenhausbehandlung vorzubereiten (vorstationäre Behandlung) oder
2. im Anschluß an eine vollstationäre Krankenhausbehandlung den Behandlungserfolg zu sichern oder zu festigen (nachstationäre Behandlung).

[2]Das Krankenhaus kann die Behandlung nach Satz 1 auch durch hierzu ausdrücklich beauftragte niedergelassene Vertragsärzte in den Räumen des Krankenhauses oder der Arztpraxis erbringen. [3]Absatz 2 Satz 5 findet insoweit keine Anwendung.

(2) [1]Die vorstationäre Behandlung ist auf längstens drei Behandlungstage innerhalb von fünf Tagen vor Beginn der stationären Behandlung begrenzt. [2]Die nachstationäre Behandlung darf sieben Behandlungstage innerhalb von 14 Tagen, bei Organübertragungen nach § 9 Absatz 2 des Transplantationsgesetzes drei Monate nach Beendigung der stationären Krankenhausbehandlung nicht überschreiten. [3]Die Frist von 14 Tagen oder drei Monaten kann in medizinisch begründeten Einzelfällen im Einvernehmen mit dem einweisenden Arzt verlängert werden. [4]Kontrolluntersuchungen bei Organübertragungen nach § 9 Absatz 2 des Transplantationsgesetzes dürfen vom Krankenhaus auch nach Beendigung der nachstationären Behandlung fortgeführt werden, um die weitere Krankenbehandlung oder Maßnahmen der Qualitätssicherung wissenschaftlich zu begleiten oder zu unterstützen. [5]Eine notwendige ärztliche Behandlung außerhalb des Krankenhauses während der vor- und nachstationären Behandlung wird im Rahmen des Sicherstellungsauftrags durch die an der vertragsärztlichen Versorgung teilnehmenden Ärzte gewährleistet. [6]Das Krankenhaus hat den einweisenden Arzt über die vor- oder nachstationäre Behandlung sowie diesen und die an der weiteren Krankenbehandlung jeweils beteiligten Ärzte über die Kontrolluntersuchungen und deren Ergebnis unverzüglich zu unterrichten. [7]Die Sätze 2 bis 6 gelten für die Nachbetreuung von Organspendern nach § 8 Abs. 3 Satz 1 des Transplantationsgesetzes entsprechend.

(3) [1]Die Landesverbände der Krankenkassen, die Ersatzkassen und der Landesausschuß des Verbandes der privaten Krankenversicherung gemeinsam vereinbaren mit der Landeskrankenhausgesellschaft oder mit den Vereinigungen der Krankenhausträger im Land gemeinsam und im Benehmen mit der Kassenärztlichen Vereinigung die Vergütung der Leistungen mit Wirkung für die Vertragsparteien nach § 18 Abs. 2 des Krankenhausfinanzierungsgesetzes. [2]Die Vergütung soll pauschaliert werden und geeignet sein, eine Verminderung der stationären Kosten herbeizuführen. [3]Der Spitzenverband Bund der Krankenkassen und die Deutsche Krankenhausgesellschaft oder die Bundesverbände der Krankenhausträger gemeinsam geben im Benehmen mit der Kassenärztlichen Bundesvereinigung Empfehlungen zur Vergütung ab. [4]Diese gelten bis zum Inkrafttreten einer Vereinbarung nach Satz 1. [5]Kommt eine Vereinbarung über die Vergütung innerhalb von drei Monaten nicht zustande, nachdem eine Vertragspartei schriftlich zur Aufnahme der Verhandlungen aufgefordert hat, setzt die Schiedsstelle nach § 18 a Abs. 1 des Krankenhausfinanzierungsgesetzes auf Antrag einer Vertragspartei oder der zuständigen Landesbehörde die Vergütung fest.

I. Entstehungsgeschichte 1	2. Zeitliche Grenzen der vor- und nachstationären Behandlung (Abs. 2) 10
II. Regelungsgehalt 2	3. Vergütung (Abs. 3) 15
1. Definition vor- und nachstationäre Behandlung (Abs. 1) 2	

---

23 Betriebskrankenkasse 1991, 365, 366.
24 Abrufbar unter www.aok-gesundheitspartner.de/bund/arztundpraxis/vertraege/index.html (zuletzt abgerufen am 1.3.2017).

I. Entstehungsgeschichte

§ 115 a wurde mit Wirkung zum 1.1.1993 durch das Gesundheitsstrukturgesetz vom 21.12.1992[1] in das SGB V aufgenommen. Das 2. GKV-Neuordnungsgesetzt vom 23.6.1997[2] änderte Abs. 3 S. 5 redaktionell ab. Maßgeblich hierfür war die Einführung einer Bundesschiedsstelle nach § 18 a KHG. Das Transplantationsgesetz vom 5.11.1997[3] erweiterte Abs. 2, um den besonderen aus einer Organtransplantation resultierenden Gefahren gerecht zu werden. Durch das GKV-Wettbewerbsstärkungsgesetz vom 26.3.2007[4] wurde mit Wirkung zum 1.7.2008 Abs. 3 redaktionell geändert. Vertragspartner sind seitdem nicht mehr die Verbände der Ersatzkassen, sondern unmittelbar die Ersatzkassen. Darüber hinaus hat der „Spitzenverband Bund der Krankenkassen" (sog GKV-Spitzenverband) die gesetzlichen Aufgaben der vorher bestehenden sieben Spitzenverbände der Krankenkassen übernommen. Durch das GKV-Versorgungsstrukturgesetz vom 22.12.2011[5] wurde Abs. 1 S. 1 inhaltlich dahin gehend ergänzt, dass das Krankenhaus die Behandlung auch durch hierzu ausdrücklich beauftragte niedergelassene Vertragsärzte in den Räumen des Krankenhauses oder der Arztpraxis erbringen kann.

II. Regelungsgehalt

1. Definition vor- und nachstationäre Behandlung (Abs. 1). Mit § 115 a strebt der Gesetzgeber an, vollstationäre Krankenhausbehandlung zu vermeiden bzw. zu verkürzen. Die beabsichtigte Reduzierung der Bettennutzung und damit die Verminderung des Bettenbedarfs soll durch das Mittel der Verlagerung von diagnostischen und therapeutischen Maßnahmen in die vor- und nachstationäre Phase erreicht werden.[6] Die Regelung des § 115 a verfolgt das Ziel, Kostenvorteile im Bereich der stationären Versorgung zu erreichen, dh nicht notwendige oder zu lange Krankenhausbehandlungen dadurch zu vermeiden, dass die stationäre Behandlung bei geeigneten Patienten auf das medizinisch notwendige Maß reduziert und die Krankenhausbehandlung im Übrigen bei diesen Patienten vor- und nachstationär mit geringerem Sach- und Personalaufwand erbracht wird.[7]

§ 115 a ermöglicht Krankenhäusern die vor- und nachstationäre Behandlung. Abs. 1 regelt die Befugnis zur Krankenhausbehandlung ohne Unterkunft und Verpflegung im Rahmen einer vor- und nachstationären Behandlung. Begriff und Gegenstand sind in Abs. 1 gesetzlich definiert. Regelungsinhalt der Vorschrift ist die Klärung der Erforderlichkeit oder die Vorbereitung einer vollstationären Krankenhausbehandlung (**vorstationäre Behandlung**) bzw. die Sicherung oder Festigung des Behandlungserfolges im Anschluss an die vollstationäre Krankenhausbehandlung (**nachstationäre Behandlung**) durch das Krankenhaus. Beide Formen der Behandlung sind nach Abs. 2 an bestimmte Fristen gebunden. Sonderregelungen existieren zu Organtransplantationen.

Der Form nach sind vor- und nachstationäre Maßnahmen ambulante Behandlungen, da sie das Krankenhaus „ohne Unterkunft und Verpflegung" als ein wesentliches Merkmal des Krankenhausbegriffs (§ 107 Abs. 1) leistet. Gleichwohl handelt es sich um Krankenhausbehandlung (§§ 11 Abs. 3, 39 Abs. 1 S. 1). Das BSG rechnet sie der stationären Krankenhausbehandlung zu, weil das Krankenhaus die vor- und nachstationäre Behandlung eines Versicherten als Institution leistet.[8]

Voraussetzungen der vor- und nachstationären Behandlung sind die **Verordnung von Krankenhausbehandlung** und das Vorliegen eines medizinisch geeigneten Falls. Die Verordnung von Krankenhausbehandlung richtet sich nach § 73 Abs. 2 Nr. 7 iVm Abs. 4 sowie § 92 Abs. 1 S. 2 Nr. 6 SGB V iVm § 7 der Krankenhausbehandlungsrichtlinien idF vom 24.3.2003. Sie setzt voraus, dass eine ambulante Versorgung des gesetzlich Versicherten zur Erzielung des Heil- und/oder Linderungserfolges nicht ausreicht.[9] Hat sich der vertragsärztliche Leistungserbringer vom Zustand des Patienten überzeugt und

---

1 BGBl. I 1992, 2266.
2 BGBl. I 1997, 1520.
3 BGBl. I 1997, 2631.
4 BGBl. I 2007, 378.
5 BGBl. I 2011, 2983.
6 Entwurf eines Gesetzes zur Sicherung und Strukturverbesserung der gesetzlichen Krankenversicherung der Fraktionen der CDU/CSU, SPD und FDP, BT-Dr. 12/3608, 102: Zu Art. 1 Nr. 63 (§ 115 a).
7 Entwurf eines Gesetzes zur Sicherung und Strukturverbesserung der gesetzlichen Krankenversicherung der Fraktionen der CDU/CSU, SPD und FDP, BT-Dr. 12/3608, 102: Zu Art. 1 Nr. 63 (§ 115 a).
8 BSG, 19.6.1996 – 6 RKa 15/05, SozR 3-2500 § 116 Nr. 13, S. 69; BSG, 17.7.2013, B 6 KA 14/12 R; BSG, 17.9.2013, B 1 KR 67/12 R und B 1 KR 51/12 R; Steege in: Hauck/Noftz, SGB V, § 115 a Rn. 4 und 7, der von einer Krankenhausbehandlung eigener Art spricht.
9 Zur Voraussetzung einer begründeten Verordnung eines Vertragsarztes oder eines sonstigen an der vertragsärztlichen Versorgung Teilnehmenden s. auch BSG, 14.10.2014, B 1 KR 28/13 R, NZS 2015, 182 f.

die Notwendigkeit einer stationären Behandlung festgestellt, so hat er unter Angabe der Haupt- und Nebendiagnose einschließlich der Gründe für die stationäre Behandlung die Krankenhausbehandlung zu verordnen. Die Verordnung bezieht sich mithin auf eine stationäre Behandlung und nicht einschränkend lediglich auf eine vorstationäre Behandlung.[10] Allerdings fordert § 115a Abs. 1 auch für die nachstationäre Behandlung eine „Verordnung von Krankenhausbehandlung", die nach Regelungszweck und -zusammenhang eine begründete Verordnung eines Vertragsarztes oder eines sonstigen an einer vertragsärztlichen Versorgung Teilnehmenden voraussetzt. Die Notwendigkeit einer solchen Verordnung ist nach ihrem Sinn und Zweck auf den Anwendungsbereich vorstationärer Behandlung zu beschränken.[11] Ist dagegen eine zulässige vollstationäre Krankenhausbehandlung erfolgt, hindert dies eine gebotene, vollstationäre Krankenhausbehandlung ersetzende nachstationäre Krankenhausbehandlung auch dann nicht, wenn ihr keine vertragsärztliche Verordnung vorausging.[12]

6 Der unbestimmte Rechtsbegriff „medizinisch geeigneter Fall" wird durch die beiden gesetzlich genannten Varianten der vor- und nachstationären Krankenhausbehandlung konkretisiert: Vorstationäre Behandlung ist entweder auf die Abklärung der Erforderlichkeit einer vollstationären Krankenhausbehandlung oder auf die Vorbereitung einer vollstationären Krankenhausbehandlung gerichtet (bspw. Blutdruckmessung, Röntgen-, Thorax-, Laboruntersuchungen); die nachstationäre Behandlung nach Nr. 2 dient hingegen der Sicherung und der Festigung des Behandlungserfolges im Anschluss an eine vollstationäre Krankenhausbehandlung.[13] Ein medizinisch geeigneter Fall von Krankenhausbehandlung setzt voraus, dass Krankenhausbehandlung ohne Unterkunft und Verpflegung aus allein medizinischen Gründen für eines der gesetzlichen Behandlungsziele überhaupt geeignet ist. Bedarf es aus allein medizinischen Gründen etwa der stationären Überwachung rund um die Uhr, ist vollstationäre Krankenhausbehandlung erforderlich.[14] Zusätzlich muss die Krankenhausbehandlung ohne Unterkunft und Verpflegung medizinisch gerade dazu geeignet sein, speziell die Erforderlichkeit einer vollstationären Krankenhausbehandlung zu klären oder die vollstationäre Krankenhausbehandlung vorzubereiten. Setzt die Abklärung der Erforderlichkeit einer vollstationären Krankenhausbehandlung vollstationäre Krankenhausbehandlung voraus, ist vorstationäre Behandlung zu diesem Zweck nicht geeignet. Die **Erforderlichkeit vorstationärer Behandlung** ist zwar auch bereits im Tatbestandsmerkmal des medizinisch geeigneten Falles angelegt, bedarf aber aus Sicht des BSG aus Gründen der Rechtsklarheit einer eigenständigen Würdigung. Danach muss die vorstationäre Behandlung des Versicherten auch erforderlich sein.[15] Das SGB V regelt zwar nicht ausdrücklich, dass vor- und nachstationäre Leistungen „erforderlich" sein müssen (entsprechend § 39 Abs. 1 S. 2). Die Erforderlichkeit vorstationärer Behandlung folgt aber nach Ansicht des BSG aus den allgemeinen Vorgaben für das Leistungsrecht, wonach die im Dritten Kapitel des SGB V genannten Leistungen unter Beachtung des Wirtschaftlichkeitsgebots gemäß § 12 von den Krankenkassen zur Verfügung gestellt werden. Demnach ist – nach Auffassung des 1. Senats des BSG – eine vorstationäre Behandlung regelmäßig nicht erforderlich, wenn stattdessen vertragsärztliche Versorgung ausreichend ist.[16] Für das Krankenhaus, dem ein Versicherter zur (vor-)stationären Behandlung überwiesen wird, erwächst daraus das Problem, dass es die Erforderlichkeit zu prüfen hat. Insoweit ist zu berücksichtigen, dass der Vertragsarzt zur Unterstützung der Diagnostik und Therapie, der Vermeidung von Doppeluntersuchungen und der Verkürzung der Verweildauer im Rahmen der Krankenhausbehandlung der Verordnung von Krankenhausbehandlung die für die Indikation der stationären Behandlung des Patienten bedeutsamen Unterlagen hinsichtlich Anamnese, Diagnostik und ambulanter Therapie beizufügen hat, soweit sie ihm vorliegen (§ 6 Krankenhausbehandlungs-Richtlinien, Zusammenarbeit von Vertragsarzt und Krankenhaus). Ergibt sich daraus, dass der Vertragsarzt pflichtwidrig die notwendige vertragsärztliche Diagnostik nicht ausgeschöpft hat, so dass das Krankenhaus den Versicherten zumutbar und kunstgerecht hierauf verweisen kann, hat das Krankenhaus hiernach zu verfahren und eine vorstationäre Abklärung der Krankenhausbehandlungsbedürftigkeit abzulehnen. In einem solchen Fall kann das Krankenhaus keine vorstationäre Vergütung beanspruchen.[17] Lässt der bei Aufnahme des Patienten zur vorstationären Ab-

---

10 SchlHLSG, 9.2.2012, L 5 KR 52/11, MedR 2012, 835 f.
11 BSG, 17.9.2013, B 1 KR 51/12 R und B 1 KR 67/12 R; Steege in: Hauck/Noftz, § 115a SGB V, K § 115a Rn. 6.
12 BSG, 17.9.2013, B 1 KR 51/12 R und B 1 KR 67/12 R.
13 Hess in: KassKomm, § 115a SGB V Rn. 3, 4.
14 BSG, 17.9.2013, B 1 KR 51/12 R und B 1 KR 67/12 R.
15 BSG, 17.9.2013, B 1 KR 51/12 R und B 1 KR 67/12 R.
16 BSG, 17.9.2013, B 1 KR 51/12 R und B 1 KR 67/12 R.
17 BSG, 17.9.2013, B 1 KR 67/12 R.

klärung dem aufnehmenden Arzt verfügbare Wissens- und Kenntnisstand demgegenüber keine Verweisung des Patienten auf notwendige vertragsärztliche Diagnostik zu, sondern erfordert er den Eintritt in eine Untersuchung, so begründet dies zugleich den Anspruch auf Vergütung des Krankenhauses. Unschädlich ist es jedoch für den Vergütungsanspruch, wenn sich nach der vorstationären Untersuchung herausstellt, dass vertragsärztliche Diagnostik ausgereicht hätte.[18] Die betroffene Krankenkasse kann allerdings gegenüber dem Vertragsarzt, der pflichtwidrig notwendige vertragsärztliche Diagnostik unterließ, die dadurch entstandenen Kosten im Wege des Regresses eines sonstigen Schadens geltend machen.[19]

Die Rechtsprechung des 1. Senats des BSG zum Vorrang vertragsärztlicher Versorgung steht im Widerspruch zur Rechtsprechung des 6. Senats des BSG,[20] wonach die Einführung der vor- und nachstationären Behandlung als Krankenhausleistung dazu geführt hat, dass identische Leistungen im Rahmen der vertragsärztlichen Behandlung oder der stationären Krankenhausbehandlung erbracht werden können. In Widerspruch zu seiner eigenen Rechtsprechung zum Vorrang vertragsärztlicher Versorgung setzt sich der 1. Senat des BSG im Übrigen mit seinem Urteil vom 19.4.2016,[21] wonach ein Krankenhaus keine ambulante Operation iSd § 115 b abrechnen darf, soweit dieses den Eingriff auch nachstationär hätte durchführen können. Obwohl das Krankenhaus einen Port ambulant implantiert hatte und damit der Vorrang ambulanter Versorgung, wie er vom 1. Senat des BSG noch postuliert worden war, gewahrt hatte, verneinte das BSG einen Vergütungsanspruch für die ambulante Operation mit dem offensichtlich allein sozialpolitisch motivierten Begründungsansatz, das Wirtschaftlichkeitsgebot zwinge die Krankenhäuser dazu, die Operation nachstationär und damit im Ergebnis als eine für die Krankenkassen kostenfreie Leistung zu erbringen, da der nachstationäre Eingriff mit der stationären Fallpauschale abgegolten ist, § 8 Abs. 2 S. 3 Nr. 3 KHEntgG.

Die vor- und nachstationäre Behandlung im Sinne von § 115 a findet grundsätzlich unter den dort genannten Voraussetzungen im Krankenhaus statt. Inhaltlich ergänzte Artikel 1 Nr. 41 a GKV-Versorgungsstrukturgesetz (GKV-VStG) mit Wirkung zum 1.1.2012 § 115 a Abs. 1 S. 1 um die Regelung, dass das Krankenhaus die Behandlung auch durch hierzu **ausdrücklich beauftragte niedergelassene Vertragsärzte** in den Räumen des Krankenhauses oder der Arztpraxis erbringen kann.[22] Abs. 1 S. 2 in der Fassung der GKV-VStG stellt klar, dass die Behandlungsleistungen alternativ in den Räumlichkeiten des Krankenhauses als auch in den Räumlichkeiten der Arztpraxis erbracht werden können, wenn das Krankenhaus die Behandlung ausdrücklich hierzu beauftragten niedergelassenen Vertragsärzten überträgt. Vor der Ergänzung der Regelung in § 115 a Abs. 1 S. 2 waren im Zusammenhang mit § 115 a bestehende „Kooperations"-Formen verstärkt in die Öffentlichkeit gelangt, nachdem ua das OLG Düsseldorf[23] sich hiermit unter wettbewerbsrechtlicher Sicht näher befasst hatte. Gegenstand der Entscheidung war die Rückbeauftragung des niedergelassenen Vertragsarztes, der die Indikation zur (vor-)stationären Behandlung im Krankenhaus gestellt hatte, durch das Krankenhaus, wobei bestimmte vor- bzw. nachstationäre Leistungen vergütet werden sollten. Das OLG Düsseldorf hatte in dieser Kooperationsvereinbarung zwischen Krankenhaus und niedergelassenem Arzt einen Verstoß gegen § 31 MBO gesehen. Das OLG Schleswig-Holstein hatte bereits 2003 zur postoperativen Nachsorge von Katarakt-Patienten durch Vertragsärzte entschieden, dass nach § 115 a aF nur solche Behandlungen zulässig sind, die im Krankenhaus stattfinden.[24] Den Gerichtsentscheidungen ist zu entnehmen, dass kein sachlicher Grund für den Einsatz der niedergelassenen Ärzte erkennbar gewesen sei.

---

18 BSG, 17.9.2013, B 1 KR 67/12 R.
19 BSG, 17.9.2013, B 1 KR 67/12 R.
20 BSG, 17.7.2013, B 6 KA 14/12 R.
21 B 1 KR 23/15 R, NZS 2016, 618.
22 Gesetz zur Verbesserung der Versorgungsstrukturen in der gesetzlichen Krankenversicherung vom 22.12.2011, BGBl. I 2011, 2983.
23 OLG Düsseldorf, 1.9.2009, 20 U 121/05, MedR 2009, 664.
24 OLG Schleswig-Holstein, 4.11.2003, 6 U 17/03, MedR 2004, 270 ff., vgl. zur Einbeziehung von niedergelassenen Vertragsärzten zur Leistungserbringung im Rahmen der prä-/poststationären Behandlung gem. § 115 a aF Gerdts/Gersch, Vor- und nachstationäre Leistungen gemäß § 115 a SGB V – Kooperationen im Spannungsfeld zwischen Gesetzgebung und Rechtsprechung, ZMGR 2015, 3; Kiefer/Meseke, Kooperation von Ärzten und Krankenhäusern, VSSR 2011, 2011; Möller/Makoski, Der Honorararzt im Krankenhaus, GesR 2012, 647; Ratzel/Szabados, Schnittmengen zwischen niedergelassenen Leistungserbringern (Vertragsärzten) und Krankenhäusern nach dem GKV-VStG, GesR 2012, 210; Dahm, MedR 2010, 597 ff.; Makoski, MedR 2009, 383; Clausen/Schroeder-Printzen, ZMGR 2010, 15; Quaas, GesR 2009, 462; Ratzel, GesR 2009, 563.

9 Mit der Rechtsprechung des 1. Senats,[25] wonach vor- und nachstationäre Behandlungen nicht erforderlich ist und damit den Vergütungsanspruch des Krankenhauses entfallen lässt, wenn stattdessen vertragsärztliche Versorgung ausreicht, dürfte die Möglichkeit von Krankenhäusern, Vertragsärzte im Rahmen einer Kooperation mit der Durchführung nachstationärer Behandlungen gemäß § 115 a Abs. 1 S. 2 SGB V, ggf. auch zur Durchführung in deren Praxis, zu beauftragen und gesondert mit der Krankenkasse abzurechnen, kann umsetzbar sein, wenn damit dokumentiert wird, dass die Versorgung durch den Vertragsarzt in dessen Praxis ausreichend war.

10 **2. Zeitliche Grenzen der vor- und nachstationären Behandlung (Abs. 2).** Die vorstationäre Behandlung ist gem. Abs. 2 S. 1 auf höchstens drei Behandlungstage innerhalb von fünf Tagen vor Beginn der stationären Behandlung begrenzt. Voraussetzung ist nach dem Wortlaut von Abs. 1 die Verordnung von Krankenhausbehandlung durch einen Vertragsarzt.

11 Die **nachstationäre Behandlung** darf gem. Abs. 2 S. 2 grundsätzlich sieben Behandlungstage innerhalb von 14 Tagen nach Beendigung der vollstationären Krankenhausbehandlung, bei Organübertragung nach § 9 Abs. 2 des Transplantationsgesetzes drei Monate nach Beendigung der stationären Krankenhausbehandlung nicht überschreiten. Die Frist von 14 Tagen oder drei Monaten kann in medizinisch begründeten Einzelfällen im Einvernehmen mit dem einweisenden Arzt verlängert werden. Kontrolluntersuchungen bei Organübertragungen nach § 9 Abs. 2 des Transplantationsgesetzes dürfen vom Krankenhaus auch nach Beendigung der nachstationären Behandlung fortgeführt werden, um die weitere Krankenbehandlung oder Maßnahmen der Qualitätssicherung wissenschaftlich zu begleiten oder zu unterstützen. Die nachstationäre Behandlung setzt eine vorangehende vollstationäre Behandlung aufgrund einer Verordnung von Krankenhausbehandlung voraus. Das Krankenhaus hat den einweisenden Arzt über die vor- oder nachstationäre Behandlung sowie diesen und die an der weiteren Krankenbehandlung jeweils beteiligten Ärzte über die Kontrolluntersuchungen und deren Ergebnis unverzüglich zu unterrichten. Die Sätze 2 bis 6 gelten für die Nachbetreuung von Organspendern nach § 8 Abs. 3 S. 1 des Transplantationsgesetzes entsprechend.

12 Angesichts des nunmehr geltenden Gesetzeswortlauts in der Fassung des GKV-VStG hat die Überschrift des § 115 a „vor- und nachstationäre Behandlungen im Krankenhaus" keine Bedeutung (mehr) im Hinblick auf die Festlegung des Leistungsortes.[26] Der durch das GKV-VStG unverändert gebliebene Abs. 2 S. 5 ist in diesem Zusammenhang als Norm zu verstehen, der die Zuständigkeiten unterschiedlicher Leistungserbringer festlegt. Liegt keine ausdrückliche Beauftragung niedergelassener Vertragsärzte durch das Krankenhaus vor und findet die vor- oder nachstationäre Behandlung außerhalb des Krankenhaus in der **Praxis** des niedergelassenen Arztes statt, handelt es sich, auch wenn die zeitlichen Vorgaben eingehalten sind, um eine vertragsärztliche Leistung, die aus der Gesamtvergütung abzurechnen ist.[27]

13 Es besteht kein Grundsatz, dass Nachbehandlungen innerhalb der 14-Tage-Frist nach einer stationären Behandlung stets der nachstationären Versorgung und damit dem alleinigen Zuständigkeitsbereich des Krankenhauses zuzurechnen seien. Soweit therapeutische Maßnahmen die unmittelbar vorangegangene vollstationäre Behandlung sichernd oder festigend ergänzen, besteht nach der gesetzlichen Konzeption zwar eine primäre, aber keine ausschließliche Zuweisung der Behandlung zum Krankenhaus.[28] Die Einführung der vor- und nachstationären Behandlung als Krankenhausleistung führte dazu, dass identische Leistungen im Rahmen der vertragsärztlichen Behandlung oder der stationären Krankenhausbehandlung erbracht werden können.[29] Der Sicherstellungsauftrag durch die an der vertragsärztlichen Versorgung teilnehmenden Ärzte bleibt grundsätzlich unberührt.[30] Das zeigt sich nicht zuletzt daran, dass die an der vertragsärztlichen Versorgung teilnehmenden Ärzte auch während der nachstationären Behandlung nach Abs. 2 S. 5 die notwendige ärztliche Behandlung außerhalb des Krankenhauses gewährleisten und das Krankenhaus nach Abs. 2 S. 6 den einweisenden Arzt über die nachsta-

---

25 BSG, 17.9.2013, B 1 KR 51/12 R und B 1 KR 67/12 R.
26 Vgl. zu § 115 a aF OLG Schleswig-Holstein, 4.11.2003, 6 U 17/03, MedR 2004, 270 ff.
27 Wigge/Harney, das Krankenhaus 2007, 958, 964 ff.
28 BSG, 17.7.2013, B 6 KA 14/12 R.
29 BSG, 17.7.2013, B 6 KA 14/12 R. Die Rechtsprechung des 6. Senats des BSG steht dabei in einem Widerspruch zum Urteil des 1. Senats des BSG vom 17.9.2013 (B 1 KR 67/12 R), wonach vor- und nachstationäre Behandlungen nicht erforderlich ist und damit den Vergütungsanspruch des Krankenhauses entfallen lässt, wenn stattdessen vertragsärztliche Versorgung ausreicht; siehe hierzu auch Schroeder-Printzen in: Ratzel/Luxenburger, Handbuch Medizinrecht, Kap. 7 Rn. 497.
30 Vgl. BT-Dr. 12/3608, 102.

tionäre Behandlung unverzüglich zu unterrichten hat. So habe – so der 6. Senat des BSG – die nachstationäre Behandlung unzweifelhaft dann im Krankenhaus stattzufinden, wenn die ambulante Nachsorge aus medizinischen Gründen in dem Krankenhaus stattfinden könne oder solle, in dem sich der Patient zuvor vollstationär aufgehalten habe, was insbesondere bei komplizierten großen Wunden nach Operationen oder bei problematischen Wundheilungsprozessen evident sei. Grundsätzlich seien zuvor vollstationär behandelte Patienten jedoch generell nicht gehindert, sich ambulant von Vertragsärzten behandeln zu lassen. Dies gelte nicht nur dann, wenn die ambulante Behandlung aufgrund einer anderen Indikation als die vorgehende stationäre Versorgung erfolge, sondern auch, wenn der Patient das Krankenhaus aus persönlichen Gründen nicht zur entsprechenden Nachsorgeuntersuchung aufsuchen kann oder möchte. Damit kann nicht davon ausgegangen werden, dass pauschal alle Leistungen innerhalb von 14 Tagen nach der Entlassung aus dem Krankenhaus stets als nachstationäre Behandlungen zu qualifizieren und daher vom Krankenhaus zu erbringen oder zu veranlassen sind.

Wird während der vor- oder nachstationären Behandlung eine ärztliche **Zweitbehandlung** notwendig, so verweist Abs. 2 S. 5 auf die Zuständigkeit der an der vertragsärztlichen Versorgung teilnehmenden Ärzte. Die Regelung hebt hervor, dass der Sicherstellungsauftrag durch diese gewährleistet ist. Abs. 2 S. 5 stellt klar, dass anders als nach § 2 Abs. 1 Nr. 3 KHEntgG der Krankenhausträger im Rahmen der Fristen der vor- oder nachstationären Behandlung nicht für Zweiterkrankungen verantwortlich ist.

3. Vergütung (Abs. 3). Gemäß Abs. 3 S. 1 vereinbaren die Landesverbände der Krankenkassen, die Ersatzkassen und der Landesausschuss des Verbandes der privaten Krankenversicherung gemeinsam mit der Landeskrankenhausgesellschaft (oder mit den Vereinigungen der Krankenhausträger im Land gemeinsam) und im Benehmen mit der Kassenärztlichen Vereinigung der **Vergütung** der Leistungen für vor- und nachstationäre Behandlung mit Wirkung für die Vertragsparteien nach § 18 Abs. 2 KHG. Bei Scheitern der Verhandlungen entscheidet die Landesschiedsstelle nach § 18a Abs. 1 KHG. Im Unterschied zum dreiseitigen Normenvertrag des § 115 Abs. 1 ist der Landesausschuss des PKV-Verbandes am Vertragsabschluss beteiligt, die Kassenärztliche Vereinigung ist hingegen nicht Vertragspartnerin. Mit ihr ist die Herstellung des Benehmens ausreichend. Abs. 3 S. 2 sieht eine Pauschalierung der Vergütung vor, die geeignet ist, eine Verminderung der stationären Kosten herbeizuführen. Der gesetzlichen Aufforderung zur Abgabe einer Vergütungsempfehlung im Benehmen mit der Kassenärztlichen Bundesvereinigung gem. Abs. 3 S. 3 bis 4 sind die Spitzenverbände der Krankenkassen gemeinsam und die Deutsche Krankenhausgesellschaft zuletzt durch die *„Gemeinsame Empfehlung über die Vergütung für vor- und nachstationäre Behandlung nach § 115a Abs. 3 SGB V vom 30.12.1996"* nachgekommen. Mit Wirkung seit dem 1.1.1997 regelt sie die Vergütung mittels fachabteilungsbezogener Pauschalen, die jeweils getrennt für die vorstationäre und nachstationäre Behandlung festgelegt wurden. Diese Empfehlung gilt gem. Abs. 3 S. 4 bis zum Inkrafttreten einer konkreten Vergütungsvereinbarung nach Abs. 3 S. 1.

Die vor- und nachstationären Leistungen des Krankenhauses werden von den gesetzlichen Krankenkassen bzw. vom selbstzahlenden Patienten vergütet. Für die unter das KHEntgG fallenden Krankenhäuser entfällt allerdings eine besondere Vergütung der vorstationären Behandlung, § 8 Abs. 2 S. 3 Nr. 3 KHEntgG. Sie ist mit der Fallpauschale abgegolten, die dem Krankenhaus für diesen Behandlungsfall zusteht. Eine gesonderte Vergütung der vorstationären Leistungen kommt also nur ausnahmsweise in Betracht, wenn sich an die vorstationäre Behandlung keine voll- oder teilstationäre Behandlung anschließt, das Krankenhaus sie also isoliert erbringt.[31] Nach Rechtsprechung des BSG kommt aber nach Sinn und Zweck der Regelungen des § 8 KHEntgG und des § 115a eine Einbeziehung der vorstationären Behandlung in die Fallpauschale der vollstationären Behandlung auch dann in Betracht, wenn sowohl die vor- als auch die voll- oder teilstationäre Behandlung übergreifend einen einzigen Behandlungsfall im Sinne eines zusammenhängend behandelten Krankheitsfalles betrifft, was dann zu bejahen ist, wenn ein die Behandlung prägender sachlicher Zusammenhang zwischen den Behandlungsepisoden besteht und derselbe Versicherte aufgrund derselben Erkrankung unter vergleichbaren Prämissen anlässlich der vor- und späteren voll- oder teilstationären Behandlung mit derselben Gesamtzielrichtung behandelt werden soll. Dabei ist es nach Rechtsprechung des BSG ohne Belang, dass die Behandlung innerhalb oder außerhalb der Zeitgrenzen des § 115a Abs. 2 S. 1 erfolgt.[32] Ob ein Vergütungsanspruch für eine vorstationäre Leistung stets ausgeschlossen ist, wenn diese die in Abs. 2 S. 1 normierten zeitlichen Grenzen überschreitet, hat das BSG in seinem Urteil vom 17.9.2013

---

31 BSG, 17.9.2013, B 1 KR 21/12 R und B 1 KR 2/12 R.
32 BSG, 17.9.2013, B 1 KR 2/12 R.

offen gelassen.[33] Die nachstationäre Behandlung kann nur berechnet werden, wenn die Summe aus den stationären und den vor- und nachstationären Behandlungstagen eine in den Entgeltkatalogen der Bundesverbände ausgewiesene Grenzverweildauer der jeweiligen Fallpauschalen übersteigt, § 8 Abs. 2 S. 3 Nr. 3 KHEntgG.[34] Ein Anspruch auf Vergütung vorstationärer Krankenhausbehandlung besteht auch dann, wenn die behandelnden Krankenhausärzte zum Ergebnis gelangen, dass eine ambulante Behandlung ausreicht.[35] Zur Erstreckung der Wahlleistungsvereinbarung auch auf vor- und nachstationäre Leistungen vgl. § 17 Abs. 3 S. 1 KHEntgG.

§ 115 b Ambulantes Operieren im Krankenhaus

(1) ¹Der Spitzenverband Bund der Krankenkassen, die Deutsche Krankenhausgesellschaft oder die Bundesverbände der Krankenhausträger gemeinsam und die Kassenärztlichen Bundesvereinigungen vereinbaren
1. einen Katalog ambulant durchführbarer Operationen und sonstiger stationsersetzender Eingriffe,
2. einheitliche Vergütungen für Krankenhäuser und Vertragsärzte.

²In der Vereinbarung nach Satz 1 Nr. 1 sind bis zum 31. Dezember 2000 die ambulant durchführbaren Operationen und stationsersetzenden Eingriffe gesondert zu benennen, die in der Regel ambulant durchgeführt werden können, und allgemeine Tatbestände zu bestimmen, bei deren Vorliegen eine stationäre Durchführung erforderlich sein kann. ³In der Vereinbarung sind die Qualitätsvoraussetzungen nach § 135 Abs. 2 sowie die Richtlinien und Beschlüsse des Gemeinsamen Bundesausschusses nach § 92 Abs. 1 Satz 2 und den §§ 136 bis 136 b zu berücksichtigen. ⁴In der Vereinbarung ist vorzusehen, dass die Leistungen nach Satz 1 auch auf der Grundlage einer vertraglichen Zusammenarbeit des Krankenhauses mit niedergelassenen Vertragsärzten ambulant im Krankenhaus erbracht werden können.

(2) ¹Die Krankenhäuser sind zur ambulanten Durchführung der in dem Katalog genannten Operationen und stationsersetzenden Eingriffe zugelassen. ²Hierzu bedarf es einer Mitteilung des Krankenhauses an die Landesverbände der Krankenkassen und die Ersatzkassen, die Kassenärztliche Vereinigung und den Zulassungsausschuß (§ 96); die Kassenärztliche Vereinigung unterrichtet die Landeskrankenhausgesellschaft über den Versorgungsgrad in der vertragsärztlichen Versorgung. ³Das Krankenhaus ist zur Einhaltung des Vertrages nach Absatz 1 verpflichtet. ⁴Die Leistungen werden unmittelbar von den Krankenkassen vergütet. ⁵Die Prüfung der Wirtschaftlichkeit und Qualität erfolgt durch die Krankenkassen; die Krankenhäuser übermitteln den Krankenkassen die Daten nach § 301, soweit dies für die Erfüllung der Aufgaben der Krankenkassen erforderlich ist.

(3) ¹Kommt eine Vereinbarung nach Absatz 1 ganz oder teilweise nicht zu Stande, wird ihr Inhalt auf Antrag einer Vertragspartei durch das Bundesschiedsamt nach § 89 Abs. 4 festgesetzt. ²Dieses wird hierzu um Vertreter der Deutschen Krankenhausgesellschaft in der gleichen Zahl erweitert, wie sie jeweils für die Vertreter der Krankenkassen und der Kassenärztlichen Bundesvereinigungen vorgesehen ist (erweitertes Bundesschiedsamt). ³Das erweiterte Bundesschiedsamt beschließt mit einer Mehrheit von zwei Dritteln der Stimmen der Mitglieder. ⁴§ 112 Abs. 4 gilt entsprechend.

(4) ¹In der Vereinbarung nach Absatz 1 können Regelungen über ein gemeinsames Budget zur Vergütung der ambulanten Operationsleistungen der Krankenhäuser und der Vertragsärzte getroffen werden. ²Die Mittel sind aus der Gesamtvergütung und den Budgets der zum ambulanten Operieren zugelassenen Krankenhäuser aufzubringen.

I.	Entstehungsgeschichte	1	3. Festsetzung durch das Bundesschiedsamt (Abs. 3)	15
II.	Regelungsgehalt	6	4. Regelungen über ein gemeinsames Budget zur Vergütung (Abs. 4)	17
	1. Vertragspartner (Abs. 1)	6		
	2. Zulassung der Krankenhäuser, Vergütung und Prüfung der Wirtschaftlichkeit und Qualität (Abs. 2)	10		

---

33 BayLSG, 27.9.2011, L 5 KR 81/08.
34 Vgl. „Gemeinsame Empfehlung über die Vergütung für vor- und nachstationäre Behandlungen nach § 115 a Abs. 3 SGB V v. 30.12.1996", § 4.
35 BSG, 14.10.2014, B 1 KR 28/13 R, NZS 2015, 182 f.

I. Entstehungsgeschichte

§ 115 b wurde erstmalig mit Wirkung zum 1.1.1993 durch das Gesundheitsstrukturgesetz (GSG)[1] in das SGB V eingefügt. Abs. 1 wurde durch das 2. GKV-Neuordnungsgesetz vom 23.6.1997[2] mit Wirkung zum 1.7.1997 ergänzt, indem als weiterer Vertragsinhalt eine Regelung der Qualitätsvoraussetzungen nach § 135 Abs. 2 und der Richtlinien nach § 135 Abs. 3 vorgesehen wurden. Durch das GKV-Gesundheitsreformgesetz 2000 vom 22.12.1999[3] wurden die Abs. 1 und 3 neugefasst und Abs. 2 S. 1 abgeändert. Dies führte zur Erweiterung der ambulanten Eingriffe über Operationen hinaus auch auf stationsersetzende Eingriffe (Abs. 1). Zudem wurde in Abs. 3 für den Fall der Nichteinigung anstelle der ursprünglichen Ermächtigung zum Erlass einer zustimmungsbedürftigen Rechtsverordnung die Kompetenz des Bundesschiedsamts zur Festsetzung des Vertragsinhalts vorgesehen. Das GKV-Wettbewerbsstärkungsgesetz vom 26.3.2007[4] ersetzte mit Wirkung zum 1.4.2007 die Verpflichtung der Vertragspartner zur Vereinbarung von Maßnahmen zur Sicherung der Qualität und Wirtschaftlichkeit durch die Bindung an die Beschlüsse des Gemeinsamen Bundesausschusses nach § 92 und § 137. Maßgeblich für diese Änderung war die neugefasste Zuständigkeit des Gemeinsamen Bundesausschusses für die Festlegung der Qualitätsanforderungen auch für das ambulante Operieren.[5] Das Gesetz zur Verbesserung der Versorgungsstrukturen in der gesetzlichen Krankenversicherung (GKV-VStG)[6] ergänzte mit Wirkung zum 1.1.2012 § 115 b Abs. 1 dahin gehend, dass die Vertragspartner auch die Leistungserbringung auf Grundlage einer vertraglichen Zusammenarbeit des Krankenhauses mit niedergelassenen Vertragsärzten ambulant im Krankenhaus zu regeln haben. Durch das Gesetz zur Reform der Strukturen der Krankenhausversorgung (KHSG)[7] wurde die wegen Zeitablaufs überholte Übergangsregelung in Abs. 4 aufgehoben.

Die erstmalige Umsetzung des § 115 b erfolgte durch den Abschluss des **AOP-Vertrages 1993**, der zum 1.4.1993 in Kraft trat.[8] Die Kassenärztliche Bundesvereinigung kündigte diesen Vertrag später zum 31.12.2003.[9] Der im Anschluss daran abgeschlossene **AOP-Vertrag 2004** setzte die Änderungen des GKV-Gesundheitsreformgesetzes und berücksichtigte neben ambulanten Operationen erstmals auch nichtoperative sog stationsersetzende Eingriffe. Dieser Vertrag wurde von den Spitzenverbänden zum 31.12.2004 gekündigt und per Vereinbarung bis zum 31.3.2005 verlängert. Am 18.3.2005 setzte das sog erweiterte Bundesschiedsamt den **AOP-Vertrag 2005** fest, der zum 1.4.2005 in Kraft trat und durch die Deutsche Krankenhausgesellschaft bereits zum 1.6.2006 wieder gekündigt wurde. Am 17.8.2006 setzte das erweiterte Bundesschiedsamt mit Wirkung zum 1.10.2006 den **AOP-Vertrag 2006** fest. GKV-Spitzenverband, Deutsche Krankenhausgesellschaft und Kassenärztliche Bundesvereinigung vereinbarten mit Wirkung zum 1.1.2010 den **AOP-Vertrag 2010**. Dieser sah in einer Erweiterung der Präambel erstmals vor, dass sowohl ambulant operierende Vertragsärzte als auch Krankenhäuser gleichberechtigt nach dem AOP-Katalog zugelassene Leistungen erbringen können.

Der derzeit gültige **AOP-Vertrag 2012** datiert vom 8.5.2012 und ist zum 1.6.2012 in Kraft getreten. Die Vertragsparteien haben eine Regelung in § 7 Abs. 4 aufgenommen, wonach Krankenhäuser die im Katalog aufgeführten ambulant durchführbaren Operationen und sonstigen stationsersetzenden Eingriffe und anästhesiologischen Leistungen/Narkosen auch auf der Grundlage einer vertraglichen Zusammenarbeit des Krankenhauses mit niedergelassenen Vertragsärzten ambulant im Krankenhaus erbringen können. Dieser Ergänzung stellt eine unmittelbare Reaktion der Vertragsparteien auf die Gesetzesergänzung zum 1.1.2012 durch das GKV-VStG dar, wonach die Vertragsparteien auch die Leistungserbringung auf Grundlage einer vertraglichen Zusammenarbeit des Krankenhauses mit niedergelassenen Vertragsärzten ambulant im Krankenhaus zu regeln haben.

§ 115 b bezweckt die Erweiterung des Leistungsspektrums des Krankenhauses um die Möglichkeit des ambulanten Operierens. Dadurch sollen teure vollstationäre Behandlungen vermieden werden, wenn

---

1 BGBl. I 1992, 2606.
2 BGBl. I 1997, 1520, 1528.
3 BGBl. I 1999, 2626.
4 BGBl. I 2007, 378.
5 BT-Dr. 16/3100: Art. 1 Nr. 110 S. 34 f. GKV-WSG.
6 Art. 1 Nr. 41 a (GKV-VStG v. 22.12.2011, BGBl. I 2011, 2983).
7 Vom 10.12.2015, BGBl. I, 2229.
8 DÄ 1993, Heft 27, S. C-1293.
9 Vgl. Rochell/Bunzemeier/Roeder, KH 2004, 172.

medizinisch aufgrund der Fortschritte insbesondere im operativen Bereich eine ambulante Durchführung bisher stationär erbrachter Eingriff möglich ist.[10]

5 Für den Leistungsbereich des ambulanten Operierens wird die Trennung zwischen ambulanter Versorgung einerseits und Krankenhausbehandlung andererseits durchbrochen und unter gleichartigen Leistungs- und Vergütungsbedingungen ein Wettbewerb zwischen niedergelassenen Vertragsärzten und Krankenhäusern eröffnet. Dementsprechend müssen die Leistungs- und Vergütungsbedingungen in dreiseitigen Verträgen zwischen den Spitzenverbänden der Krankenkassen und der Kassenärztlichen Bundesvereinigung sowie der Deutschen Krankenhausgesellschaft oder den Bundesverbänden der Krankenhausträger abgeschlossen werden (Abs. 1).

II. Regelungsgehalt

6 **1. Vertragspartner (Abs. 1).** Vertragspartner der dreiseitigen Vereinbarung sind auf Bundesebene der GKV-Spitzenverband (§ 213), die Deutsche Krankenhausgesellschaft (§ 108 a) oder die Bundesverbände der Krankenhausträger gemeinsam und die Kassenärztlichen Bundesvereinigungen (§ 77 Abs. 4). Abs. 1 ermächtigt die Beteiligten zum Abschluss von Vereinbarungen, welche auf die Benennung von ambulant durchführbaren Operationen und sonstigen stationsersetzenden Eingriffen einschließlich der Festlegungen einheitlicher Vergütungen gerichtet sind. Die ambulant durchführbaren Operationen und sog sonstigen stationsersetzenden Eingriffe, die in der Regel ambulant durchgeführt werden können, sind nach Anlage 1 zu § 3 Abs. 1 AOP-Vertrag im AOP-Katalog abschließend aufgelistet.

7 Der derzeit gültige AOP-Vertrag vom 8.5.2012 stellt – wie auf die vorhergehenden Verträge – abschließend die Leistungen auf, die Operationen und stationsersetzende Maßnahmen darstellen. Diese werden in zwei Kategorien unterteilt. Bei der einen Kategorie handelt es sich um Leistungen, die in der Regel ambulant erbracht werden können. Sie werden mit der Ziffer „1" gekennzeichnet. Die zweite Kategorie umfasst Leistungen, die sowohl stationär als auch ambulant erbracht werden können. Sie sind mit der Ziffer „2" gekennzeichnet. Die Entscheidung, ob die Leistung ambulant oder stationär erbracht wird, trifft der Krankenhausarzt. § 2 Abs. 2 des AOP-Vertrages 2012 stellt klar, dass aus dem vertraglich vereinbarten Katalog ambulant durchführbarer Leistungen nicht die Verpflichtung hergeleitet werden kann, alle dort aufgeführten Leistungen ausschließlich ambulant zu erbringen. Der Arzt ist verpflichtet, in jedem Einzelfall zu prüfen, ob Art und Schwere des Eingriffs unter Berücksichtigung des Gesundheitszustands des Patienten die ambulante Durchführung erlauben. Zugleich muss sich der verantwortliche Arzt vergewissern und dafür Sorge tragen, dass der Patient nach Entlassung aus der unmittelbaren Betreuung des operierenden Arztes auch im häuslichen Bereich sowohl ärztlich als auch pflegerisch angemessen versorgt wird.

8 Das Gesetz zur Verbesserung der Versorgungsstrukturen in der gesetzlichen Krankenversicherung (GKV-VStG)[11] ergänzte mit Wirkung zum 1.1.2012 Abs. 1 dahin gehend, dass die Vertragspartner auch die Leistungserbringung auf Grundlage einer **vertraglichen Zusammenarbeit des Krankenhauses mit niedergelassenen Vertragsärzten** ambulant im Krankenhaus zu regeln haben. Diese Ergänzung ist laut Gesetzesbegründung[12] eine unmittelbare Reaktion des Gesetzgebers auf die Entscheidung des Bundessozialgerichts vom 23.3.2011,[13] das die Durchführung ambulanter Operationen im Krankenhaus für das Krankenhaus von nicht im Krankenhaus angestellten Vertragsärzten für unzulässig erklärt hatte. GKV-Spitzenverband, Deutsche Krankenhausgesellschaft und Kassenärztliche Bundesvereinigung sind dem gesetzlichen Auftrag nachgekommen und haben in dem zum 1.6.2012 in Kraft getretenen AOP-Vertrag eine Regelung in § 7 Abs. 4 aufgenommen, wonach Krankenhäuser die im Katalog aufgeführten ambulant durchführbaren Operationen und sonstigen stationsersetzenden Eingriffe und anästhesiologischen Leistungen/Narkosen auch auf der Grundlage einer vertraglichen Zusammenarbeit des Krankenhauses mit niedergelassenen Vertragsärzten ambulant im Krankenhaus erbringen können.

9 Bei der Gestaltung der Vertragsbeziehungen zu niedergelassenen Ärzten bzgl. der Leistungserbringung sind die einschlägigen Regelungen der Berufsordnung zu beachten, insbesondere § 31 MBO, wonach es einem Arzt nicht gestattet ist, sich für die Zuweisung eines Patienten ein Entgelt oder sonstigen Vor-

---

10 Begr. der Fraktion der CDU/CSU, SPD und FDP zum Entwurf eines Gesetzes zur Sicherung und Strukturverbesserung der gesetzlichen Krankenversicherung (Gesundheits-Strukturgesetz), BT-Dr. 12/3608, 71.
11 Art. 1 Nr. 41 a (GKV-VStG v. 22.12.2011, BGBl. I 2011, 2983).
12 Beschlussempfehlung des Gesundheitsausschusses vom 30.1.2011, BT-Dr. 17/8005, 59, 60.
13 B 6 KA 11/10 R, GesR 2011, 542 ff.; vgl. hierzu Ratzel/Szabados, GesR 2012, 2010 ff.; Plagemann, GuP 2011, 77 ff.; Clemens, MedR 2011, 770 ff.

teil versprechen zu lassen. Ferner darf die Vereinbarung den niedergelassenen Arzt nicht dazu verleiten, auf unangemessene und unsachliche Weise iSd § 4 Nr. 1 UWG auf die Entscheidungsfreiheit des Patienten Einfluss zu nehmen, weil er durch eine Einweisung in das Krankenhaus, mit dem er vertraglich verbunden ist, seinen ökonomischen Interessen Vorrang vor den Belangen des Patienten einräumt. Die vertragliche Vereinbarung zwischen dem Krankenhausträger und dem niedergelassenen Arzt über dessen Tätigkeit im Rahmen der Erbringung von AOP-Leistungen unterliegt im Übrigen nicht den Vorschriften der GOÄ.[14] Das Recht, Leistungen gem. § 115 b zu erbringen, knüpft an den Zulassungsstatus des Krankenhauses an; die Leistungen dürfen daher nur im Krankenhaus erbracht werden.[15]

2. Zulassung der Krankenhäuser, Vergütung und Prüfung der Wirtschaftlichkeit und Qualität (Abs. 2). Zur Erreichung dieses Ziels erhalten Krankenhäuser unter den Voraussetzungen von Abs. 2 von Gesetzes wegen eine **Zulassung** zur ambulanten Durchführung der in dem Katalog im Sinne von Abs. 1 vereinbarten Leistungen. Hierzu bedarf es lediglich einer **Mitteilung des Krankenhauses** an die Landesverbände der Krankenkassen und die Verbände der Ersatzkassen, die KV und den Zulassungsausschuss. Eine gesonderte Ermächtigung ist also nicht erforderlich. Den Umfang des Angebots zur Durchführung ambulanter Operationen bestimmt das Krankenhaus durch seine Mitteilung nach Abs. 2 S. 2. Die Patienten können für die im AOP-Vertrag gelisteten Operationen und stationsersetzenden Eingriffe unmittelbar das Krankenhaus ohne Verordnung stationärer Krankenhausbehandlung aufsuchen und haben damit die freie Wahl, ob sie sich von einem Vertragsarzt oder in einem Krankenhaus ambulant operieren lassen. Einer Überweisung durch einen Vertragsarzt bedarf es nicht. Mit der Zulassung zur ambulanten Durchführung der in dem Katalog genannten Operationen und stationsersetzenden Eingriffe erfolgt jedoch keine Teilnahme am Sicherstellungsauftrag der Kassenärztlichen Vereinigung (§ 75).[16]

Die **Vergütung** erfolgt unmittelbar durch die Krankenkassen nach den vereinbarten einheitlichen Vergütungssätzen, Abs. 2 S. 4. § 7 Abs. 1 AOP-Vertrag 2012 regelt hierzu, dass die erbrachten Leistungen mit den Preisen der für den Regelfall für den Standort des Krankenhauses geltenden regionalen Euro-Gebührenordnung nach § 87a Abs. 2 bzw. dem diesen zugrunde liegenden Punktwerten und den Punktzahlen des EBM (ggf. BMÄ/Euro-Gebührenordnung) außerhalb der morbiditätsbedingten Gesamtvergütung vergütet werden.

Bei Durchführung einer stationären Behandlung trotz mangelnder Erforderlichkeit (§ 39 Abs. 1 S. 2) ist die durchgeführte Operation als ambulante Operationsleistung von der Krankenkasse zu vergüten, wenn das Krankenhaus zur Teilnahme am ambulanten Operieren zugelassen ist und die Abrechnungsvoraussetzungen des EBM erfüllt sind.[17] Die Vergütung für eine ambulante Operation ist nach Ansicht des 1. Senats des BSG ausgeschlossen, wenn das Krankenhaus die Leistung im Sinne eines wirtschaftlichen Alternativverhaltens auch nachstationär gem. § 115 a hätte erbringen können, obwohl nach der Rechtsprechung desselben Senats die nachstationäre Behandlung gegenüber der ambulanten Behandlung nachrangig ist.[18]

Auch in dem Fall, in dem ein Krankenhaus mangels Mitteilung an die Kassenverbände nicht zum ambulanten Operieren zugelassen ist, besteht ein Zahlungsanspruch für die Durchführung einer AOP-Katalogleistung unter dem Gesichtspunkt der ungerechtfertigten Bereicherung gem. § 812 Abs. 1 S. 1 Alt. 1 BGB, denn die Krankenkasse hätte die Leistung auch bezahlen müssen, wenn sie in einem anderen – zugelassenen – Krankenhaus erbracht worden wäre.[19]

Gemäß Abs. 2 S. 5 haben die Krankenkassen auch die Wirtschaftlichkeits- und Qualitätsprüfungen durchzuführen. Die Krankenhäuser übermitteln den Krankenkassen die Daten nach § 301, soweit dies für die Erfüllung der Aufgaben der Krankenkassen erforderlich ist. § 16 AOP-Vertrag verweist bzgl. der Wirtschaftlichkeitsprüfung auf eine noch zu treffende Vereinbarung, die bisher nicht abgeschlossen wurde. Angesichts des ausdrücklichen Wortlauts und der rechtssystematischen Einordnung findet § 106 Abs. 6 keine Anwendung.[20] Die Norm, die die Regelungen zur Wirtschaftlichkeitsprüfung nach

---

14 BGH, 12.11.2009, III ZR 110/09, GesR 2010, 28 ff.
15 Makoski, MedR 2009, 376, 385; Kuhla/Bedau in: Sodan, HdB KrVersR, § 25 Rn. 165.
16 Becker in: Becker/Kingreen, SGB V, § 115 b Rn. 16.
17 BSG, 18.9.2008, B 3 KR 22/07 R.
18 BSG, 19.4.2016, B 1 KR 23/15 R, NZS 2016, 618; kritisch zu den zunehmend sozialpolitisch motivierten Begründungsansätzen des 1. Senats des BSG im Leistungsbeziehungsrecht zwischen Krankenhäusern und Krankenkassen auch Münzel, MedR 2016, 778 f.
19 BSG, 4.3.2004, B 3 KR 4/03 R.
20 Hess in: KassKomm, § 115 b SGB V Rn. 6.

§ 106 bei ambulanten ärztlichen und belegärztlichen Leistungen im Krankenhaus als anwendbar erklärt, bezieht sich ausschließlich auf Leistungen, die der vertragsärztlichen Gesamtvergütung zugeordnet werden.[21]

15 **3. Festsetzung durch das Bundesschiedsamt (Abs. 3).** Abs. 3 sieht die Möglichkeit einer Festsetzung durch das Bundesschiedsamt in seiner Funktion als sog erweitertes Bundesschiedsamt vor, wenn das Zustandekommen von Verträgen insgesamt oder teilweise scheitert. Das erweiterte Bundesschiedsamt wird gem. § 89 Abs. 4 durch die Kassenärztlichen Bundesvereinigungen, die Bundesverbände der Krankenkassen, die Bundesknappschaft und die Ersatzkassen gebildet.

16 Abs. 3 S. 3 erweitert die Zahl der Mitglieder um Vertreter der Deutschen Krankenhausgesellschaft in gleicher Anzahl, wie sie für Ärzte und Krankenkassen vorgesehen ist. Hinzu treten ein unabhängiger Vorsitzender und zwei weitere unparteiische Mitglieder. Voraussetzung für die Festsetzung durch das Bundesschiedsamt ist der Antrag einer Vertragspartei. Das erweiterte Bundesschiedsamt beschließt mit einer Mehrheit von 2/3 der Stimmen der Mitglieder. Abs. 3 S. 4 verweist auf die entsprechende Geltung von § 112 Abs. 4, dh diese Festsetzungen des Bundesschiedsamts sind zwar grundsätzlich bindend, können aber binnen Jahresfrist von jeder Vertragspartei gekündigt oder aber – ohne Kündigung – durch erneute Vereinbarung der Vertragsparteien ersetzt werden.

17 **4. Regelungen über ein gemeinsames Budget zur Vergütung (Abs. 4).** In der Vereinbarung nach Abs. 1 können Regelungen über ein gemeinsames Budget zur Vergütung der ambulanten Operationsleistungen der Krankenhäuser und der Vertragsärzte getroffen werden. Die Mittel sind aus der Gesamtvergütung und den Budgets der zum ambulanten Operieren zugelassenen Krankenhäuser aufzubringen.

18 Eine solche Budgetvereinbarung, die bislang noch nicht realisiert worden ist, entspräche dem in Abs. 1 Nr. 2 genannten Grundsatz der einheitlichen Vergütung, welche bisher durch eine einheitliche Vergütungshöhe aber getrennte Zuständigkeiten (Krankenkassen bzw. Kassenärztliche Vereinigungen) umgesetzt wurde.

§ 115 c Fortsetzung der Arzneimitteltherapie nach Krankenhausbehandlung

(1) ¹Ist im Anschluss an eine Krankenhausbehandlung die Verordnung von Arzneimitteln erforderlich, hat das Krankenhaus dem weiterbehandelnden Vertragsarzt die Therapievorschläge unter Verwendung der Wirkstoffbezeichnungen mitzuteilen. ²Falls preisgünstigere Arzneimittel mit pharmakologisch vergleichbaren Wirkstoffen oder therapeutisch vergleichbarer Wirkung verfügbar sind, ist mindestens ein preisgünstigerer Therapievorschlag anzugeben. ³Abweichungen in den Fällen der Sätze 1 und 2 sind in medizinisch begründeten Ausnahmefällen zulässig.

(2) Ist im Anschluss an eine Krankenhausbehandlung die Fortsetzung der im Krankenhaus begonnenen Arzneimitteltherapie in der vertragsärztlichen Versorgung für einen längeren Zeitraum notwendig, soll das Krankenhaus bei der Entlassung Arzneimittel anwenden, die auch bei Verordnung in der vertragsärztlichen Versorgung zweckmäßig und wirtschaftlich sind, soweit dies ohne eine Beeinträchtigung der Behandlung im Einzelfall oder ohne eine Verlängerung der Verweildauer möglich ist.

Literatur:
Di Bella, Umsetzung der gesetzlichen Vorschrift zur Fortsetzung der Arzneimitteltherapie nach Krankenhausbehandlung, RDG 2010, 84; *Hauck*, Rechtliche Schnittstellen im SGB V zwischen ambulanter und stationärer Arzneimittelversorgung, MedR 2010, 226; *Hess*, Zur Koordination der arzneimittelbezogenen Steuerungsinstrumente nach SGB V, ZMGR 2008, 175.

---

21 Köhler-Hohmann in: jurisPK-SGB V, § 115 b Rn. 64.

I. Entstehungsgeschichte

Die Norm ist am 23.2.2002 in Kraft getreten; sie wurde neu geschaffen durch Art. 1 Nr. 3 des Arzneimittelausgaben-Begrenzungsgesetzes (AABG) vom 15.2.2002.[1] Abs. 2 wurde mit Wirkung vom 1.5.2006 durch Art. 1 Nr. 6 a Arzneimittelversorgungs-Wirtschaftlichkeitsgesetz (AVWG) angefügt.[2]

II. Inhalt und Normzweck

§ 115 c soll die Einflussnahme auf die Arzneimittelversorgung bzw. -abgabe im Anschluss an eine vollstationäre Krankenhausbehandlung regulieren. Während Abs. 1 dabei zunächst nur die Verpflichtung zur Abgabe einer produktneutralen Therapieempfehlung an den Vertragsarzt beinhaltet, ist Abs. 2 eine Sollbestimmung mit dem Ziel, eine der vertragsärztlichen zweckmäßigen und wirtschaftlichen Arzneimittelverordnung entsprechende Anwendung von Arzneimitteln bereits im Krankenhaus zu gewährleisten. Anlässlich starker Anstiege der Ausgaben für Arzneimittel pro Mitglied in der gesetzlichen Krankenversicherung hat der Gesetzgeber mit verschiedenen Maßnahmen zur Senkung der Arzneimittelausgaben reagiert und ua das Arzneimittelausgaben-Begrenzungsgesetz verabschiedet. Mit dem Ziel, das Beitragssatzniveau zu stabilisieren, sollte bei der Verordnung und Empfehlung von Arzneimitteln nur noch die Wirkstoffbezeichnung verwendet werden, um Apotheken die Abgabe des preisgünstigsten Arzneimittels zu ermöglichen.[3] An der Schnittstelle zwischen dem Übergang der stationären in die ambulante Behandlung sollte der Fixierung der arzneimitteltherapeutischen Behandlung auf einem hohem Preisniveau entgegengewirkt werden; unterstellte Marketingstrategie der Pharmaindustrie war es zudem, Krankenhäuser mit preisgünstigen Großpackungen zu versorgen und hierüber eine Empfehlung des Krankenhausarztes zu erwirken, das bereits angewendete Medikament für die Weiterbehandlung einzusetzen.[4]

III. Systematische Anmerkungen

§ 115 c steht in engem Zusammenhang mit § 92 (Arzneimittelrichtlinien), § 73 und § 129 (Aut-idem-Regelungen) sowie § 12 (Wirtschaftlichkeitsgebot). Darüber hinaus kann ein Zusammenhang mit § 39 Abs. 1 a (Entlassmanagement) gesehen werden (→ § 39 Rn. 23).

IV. Mitteilungspflicht (Abs. 1)

Besteht bei einem Patienten nach der Entlassung aus dem Krankenhaus die Notwendigkeit einer ambulanten Fortführung der Behandlung, ist es dem ärztlichen Standard entsprechend, dass der Krankenhausarzt im Entlassungsbericht den weiterbehandelnden Arzt nicht nur über die vorangegangene stationäre Behandlung, insbesondere die Diagnosen und durchgeführten Behandlungsmaßnahmen informiert, sondern auch Empfehlungen für die weitere Therapie ausspricht, so hinsichtlich weiterer zu ergreifenden ärztlichen Behandlungsmaßnahmen, Kontrolluntersuchungen, aber auch die Durch- oder Fortführung der Medikation. Für diesen Fall verpflichtet die Regelung in Abs. 1 S. 1 den Krankenhausarzt, die erforderlichen Arzneimittel (nur) mit ihrem Wirkstoff bzw., sofern Wirkstoffe pharmakologisch vergleichbar sind oder eine therapeutisch vergleichbare Wirkung haben, nach Abs. 1 S. 2 bei Verfügbarkeit von mehreren Wirkstoffen mindestens ein preisgünstigeres Arzneimittel anzugeben. Für beide Konstellationen sind in medizinisch begründeten Fällen (so zB bei Arzneimittelunverträglichkeit, Wechselwirkung, Bioverfügbarkeit) Ausnahmen möglich bzw. notwendig (Abs. 1 S. 3); weder darf in einem solchen Fall die ärztliche Therapiefreiheit noch das Gesundheitsinteresse des Patienten eingeschränkt werden.[5] Eine Sanktion ist nicht vorgesehen; darüber hinaus ist der auferlegte Preisvergleich problematisch, da der Krankenhausarzt nach dem ursprünglichen Willen des Gesetzgebers auf die Preisvergleichsliste des G-BA zurückgreifen sollte, diese Preisvergleichsliste allerdings nach dem Inkrafttreten des Gesetzes zur Neuordnung des Arzneimittelmarktes (AMNOG) zum 1.1.2011 vom Gesetzgeber nicht mehr für erforderlich gehalten wurde, da die Vertragsärzte die notwendigen Angaben

---

1 BGBl. I, 684; die Beschlussempfehlung des Ausschusses für Gesundheit (14. Ausschuss) änderte den Gesetzesentwurf der Fraktionen der SPD und Bündnis 90/ die Grünen vom 16.10.2001 ab, siehe auch Köhler-Hohmann in: jurisPK-SGB V, § 115 c Fn. 1 zu Rn. 1; BT-Dr. 14/7144, 5; s. auch: Becker/Axer in: Becker/Kingreen, § 115 c Rn. 2.
2 BGBl. I, 984; Gesetz zur Verbesserung der Wirtschaftlichkeit in der Arzneimittelversorgung vom 26.4.2006.
3 Gamperl in: KassKomm, § 115 c SGB V Rn. 4; Köhler-Hohmann in: jurisPK-SGB V, § 115 c Rn. 5.
4 Gamperl in: KassKomm, § 115 c SGB V Rn. 2; Köhler-Hohmann in: jurisPK-SGB V, § 115 c Rn. 6; Hohnholz in: Hauck/Noftz, SGB V § 115 c Rn. 4.
5 Hencke in: Peters HdB KrV, § 115 c SGB V Rn. 2.

zu Festbeträgen und zu Arzneimittelpreisen durch die zertifizierte Praxissoftware nach § 73 Abs. 8 S. 7 SGB V erhalten.[6] Dem Krankenhausarzt ist damit der geforderte Preisvergleich de facto nicht mehr möglich. Der die Behandlung übernehmende Vertragsarzt ist an die Vorschläge des Krankenhauses nicht gebunden, die Verantwortung für die medizinisch ordnungsgemäße, aber auch wirtschaftliche Arzneimittelversorgung verbleibt bei ihm.[7]

V. Anwendung von Arzneimitteln im Krankenhaus (Abs. 2)

5 Wird eine Arzneimitteltherapie nach Beendigung der stationären Behandlung über einen längeren Zeitraum fortzuführen sein, so soll der Patienten bei der Entlassung bereits diejenigen Arzneimittel erhalten, die auch im Sinne der vertragsärztlichen Versorgung zweckmäßig und wirtschaftlich sind, sofern hierdurch nicht die Behandlung beeinträchtigt oder die Dauer der stationären Behandlung verlängert wird. Mit der Norm sollte die Zweckmäßigkeit und Wirtschaftlichkeit der Arzneimittelversorgung beim Übergang von der stationären in die ambulante Versorgung verbessert werden. Die Tatbestandsmerkmale Erforderlichkeit der Arzneimitteltherapie über einen längeren Zeitraum, Unterbleiben der Beeinträchtigung der Behandlung und Unterbleiben der Verlängerung der Verweildauer sollen zum Zeitpunkt der Entlassung im Hinblick auf eine sonst vorzunehmende Umstellung der Arzneimitteltherapie zu beurteilen sein.[8] Die Fortsetzung für einen längeren Zeitraum ist nicht näher bestimmt; inwiefern bereits Wochenfristen, die über 4 bis 6 Wochen hinausgehen, tatsächlich ausreichen, ist fraglich.[9] Darüber hinaus ist bereits problematisch, dass eine Versorgung des Patienten mit Arzneimitteln zwar Gegenstand der Krankenhausleistungen ist (§ 2 Abs. 1 KHEntgG bzw. § 39 Abs. 1 SGB V), die Versorgung mit Arzneimitteln im Zeitpunkt der Entlassung aber gerade nicht mehr bzw. nur im Rahmen des neu geschaffenen Entlassmanagements nach § 39 Abs. 1 a. Inwiefern der Normzweck dazu berechtigt, eine Ausdehnung der zeitlichen Tatbestandsmerkmales „bei Entlassung" auf den Zeitraum vor der Entlassung vorzunehmen, kann unterschiedlich bewertet werden, dürfte aber weiterhin praxisuntauglich sein, da die Einstellung der Medikation selten Grund für die stationäre Behandlung ist und daher Beeinträchtigungen der Behandlung oder eine Verlängerung der stationären Behandlung zu erwarten sind. Darüber hinaus hat das Wirtschaftlichkeitsgebot zwar auch bei der stationären Krankenhausbehandlung Anwendung zu finden; inwiefern eine Einzelüberprüfung von Teilkomponenten der stationären Krankenhausbehandlung durchzuführen ist, ist aber durchaus umstritten. Zudem kann das Wirtschaftlichkeitsgebot für stationäre und ambulante Behandlungen unterschiedlich erfüllt werden, insbesondere im Hinblick auf das Kostenminimierungsgebot. Die Preissituation für Arzneimittel kann im Krankenhaus aufgrund von Großpackungsrabatten günstiger sein als in der vertragsärztlichen Versorgung bei Versorgung durch die Offizinapotheke.[10] Bei etwaigen Verstößen soll es Aufgabe der Kran-

---

6 Köhler-Hohmann in: jurisPK-SGB V, § 115 c Rn. 9, mit Verweis auf die Kommentierung zu § 92 SGB V Rn. 43 ff. Mit der Durchführung des Entlassmanagements nach § 39 Abs. 1 a ist der Krankenhausarzt jedoch verpflichtet, im Bedarfsfall die Verschreibung von Arzneimitteln unter Beachtung der Arzneimittel-Richtlinie (AM-RL) des Gemeinsamen Bundesausschusses vorzunehmen. Die dortigen Vorgaben einer notwendigen, ausreichenden, zweckmäßigen und wirtschaftlichen Versorgung und insbesondere Verordnungsweise (§ 2 Abs. 1 iVm § 2 Abs. 2 Nr. 1 AM-RL) sind demnach auch vom Krankenhausarzt zu berücksichtigen, weswegen sowohl die Mitteilungspflicht des Abs. 1 als auch die Anwendung von Arzneimitteln im Krankenhaus unter diesem Aspekt zu gestalten wäre, sa Fn. 8 und § 39 Abs. 1 a.
7 Hencke in: Peters HdB KrV, § 115 c SGB V Rn. 2; Axer/Becker in: Becker/Kingreen, § 115 c Rn. 2; Hohnholz in: Hauck/Noftz, SGB V, § 115 c Rn. 6.
8 Köhler-Hohmann in: jurisPK-SGB V, § 115 c Rn. 12. Mit der Durchführung des Entlassmanagements nach § 39 Abs. 1 a muss die Zweckmäßigkeit und Wirtschaftlichkeit der Arzneimittelverordnung nunmehr ohnehin berücksichtigt werden, sa Fn. 6, § 39 Abs. 1 a.
9 Becker/Axer in: Becker/Kingreen, § 115 c Rn. 3, unter Hinweis auf Grühn in: Eichenhofer/Wenner, § 115 c Rn. 7.
10 *Hauck* fordert insofern eine „sektorübergreifende Interpretation" des Wirtschaftlichkeitsgebots mit Regressmöglichkeiten mit Belastung desjenigen, der im Interesse der wirtschaftlichen Entlastung des eigenen Bereiches einen anderen Bereich belastet und hierbei höhere, eigentlich vermeidbare Folgekosten verursacht: Hauck, MedR 2010, 226, 231. Dies ist vor dem Hintergrund der Praxisuntauglichkeit wohl kaum durchsetzbar, da es dem Krankenhausarzt nicht möglich sein dürfte, eine verlässliche Kostenkalkulation der prognostisch notwendigen weiteren Behandlung durchzuführen. Zudem ist nicht ersichtlich, warum der Krankenhausarzt eine Medikamentenumstellung vorzunehmen hat, dem Vertragsarzt dies aber dann nicht mehr möglich sein sollte.

kenkasse sein, unmittelbar vom Krankenhaus Abhilfe zu verlangen.[11] Die Regelung ist allerdings insgesamt konsequenzlos und in der Praxis irrelevant geblieben.

§ 115 d Stationsäquivalente psychiatrische Behandlung

(1) ¹Psychiatrische Krankenhäuser mit regionaler Versorgungsverpflichtung sowie Allgemeinkrankenhäuser mit selbständigen, fachärztlich geleiteten psychiatrischen Abteilungen mit regionaler Versorgungsverpflichtung können in medizinisch geeigneten Fällen, wenn eine Indikation für eine stationäre psychiatrische Behandlung vorliegt, anstelle einer vollstationären Behandlung eine stationsäquivalente psychiatrische Behandlung im häuslichen Umfeld erbringen. ²Der Krankenhausträger stellt sicher, dass die erforderlichen Ärzte und nichtärztlichen Fachkräfte und die notwendigen Einrichtungen für eine stationsäquivalente Behandlung bei Bedarf zur Verfügung stehen. ³In geeigneten Fällen, insbesondere wenn dies der Behandlungskontinuität dient oder aus Gründen der Wohnortnähe sachgerecht ist, kann das Krankenhaus an der ambulanten psychiatrischen Versorgung teilnehmende Leistungserbringer oder ein anderes zur Erbringung der stationsäquivalenten Behandlung berechtigtes Krankenhaus mit der Durchführung von Teilen der Behandlung beauftragen.

(2) ¹Der Spitzenverband Bund der Krankenkassen, der Verband der Privaten Krankenversicherung und die Deutsche Krankenhausgesellschaft vereinbaren im Benehmen mit der Kassenärztlichen Bundesvereinigung bis zum 30. Juni 2017
1. die Anforderungen an die Dokumentation; dabei ist sicherzustellen, dass für die stationsäquivalente psychiatrische Behandlung die Krankenhausbehandlungsbedürftigkeit dokumentiert wird,
2. die Anforderungen an die Qualität der Leistungserbringung,
3. die Anforderungen an die Beauftragung von an der ambulanten psychiatrischen Behandlung teilnehmenden Leistungserbringern oder anderen, zur Erbringung der stationsäquivalenten Behandlung berechtigten Krankenhäusern.

²Kommt eine Vereinbarung nach Satz 1 ganz oder teilweise nicht fristgerecht zustande, entscheidet die Schiedsstelle nach § 18 a Absatz 6 des Krankenhausfinanzierungsgesetzes ohne Antrag einer Vertragspartei innerhalb von sechs Wochen.

(3) Die Vertragsparteien nach Absatz 2 Satz 1 vereinbaren bis zum 28. Februar 2017 im Benehmen mit den maßgeblichen medizinischen Fachgesellschaften die Leistungsbeschreibung der stationsäquivalenten psychiatrischen Behandlung als Grundlage für die Verschlüsselung der Leistungen nach § 301 Absatz 2 Satz 2.

(4) ¹Der Spitzenverband Bund der Krankenkassen, der Verband der Privaten Krankenversicherung und die Deutsche Krankenhausgesellschaft legen dem Bundesministerium für Gesundheit bis zum 31. Dezember 2021 einen gemeinsamen Bericht über die Auswirkungen der stationsäquivalenten psychiatrischen Behandlung im häuslichen Umfeld auf die Versorgung der Patientinnen und Patienten einschließlich der finanziellen Auswirkungen vor. ²Die für den Bericht erforderlichen Daten sind ihnen von den Krankenkassen, den Unternehmen der privaten Krankenversicherung und den Krankenhäusern in anonymisierter Form zu übermitteln.

I. Entstehungsgeschichte........................ 1	2. Berechtigung zur Erbringung stationsäquivalenter psychiatrischer Behandlung (Abs. 2)............................. 7
II. Normzweck und Systematik 2	
III. Norminhalt und Normauslegung 3	
1. Berechtigung zur Erbringung stationsäquivalenter psychiatrischer Behandlung (Abs. 1).............................. 3	3. Einführung eines Operationen- und Prozedurenschlüssels (Abs. 3)............ 14
	4. Evaluierung (Abs. 4) 15

---

11 Hohnholz in: Hauck/Noftz, SGB V, § 115 c Rn. 6, mit Hinweis auf Beschlussempfehlung und Bericht des Ausschusses für Gesundheit, BT-Dr. 16/691, 17; hierin enthalten auch der Hinweis, dass es Aufgabe der Vertragsparteien sei, etwaige Verstöße bei den jährlichen Vereinbarungen zur Weiterentwicklung des pauschalierten Entgeltsystems sowie bei den Vereinbarungen mit den einzelnen Krankenhäusern zu berücksichtigen.

I. Entstehungsgeschichte

1 § 115 d ist im Rahmen des Gesetzes zur Weiterentwicklung der Versorgung und der Vergütung für psychiatrische und psychosomatische Leistungen (PsychVVG) vom 19.12.2016 mit Wirkung zum 1.1.2017 in Kraft getreten.[1]

II. Normzweck und Systematik

2 Mit § 115 d SGB V erhalten die Vertragsparteien auf Bundesebene den Auftrag zur Festlegung der Anforderungen an die stationsäquivalente psychiatrische Versorgung als neue Behandlungsform der Krankenhausbehandlung.[2] Hierdurch entsteht im Jahr 2017 ein einmaliger Erfüllungsaufwand in Höhe von rund 47.000 Euro. Für die Erstellung des gesetzlich vorgesehenen Berichts über die Auswirkungen der neuen Leistung bis Ende des Jahres 2021 wurde ein Erfüllungsaufwand von 100.000 Euro geschätzt.[3]

III. Norminhalt und Normauslegung

3 **1. Berechtigung zur Erbringung stationsäquivalenter psychiatrischer Behandlung (Abs. 1).** Absatz 1 S. 1 begrenzt die Berechtigung zur Erbringung stationsäquivalenter psychiatrischer Behandlung im häuslichen Umfeld auf psychiatrische Krankenhäuser mit regionaler Versorgungsverpflichtung und auf Allgemeinkrankenhäuser mit selbstständigen, fachärztlich geleiteten psychiatrischen Abteilungen mit regionaler Versorgungsverpflichtung und beschreibt die an die Leistungserbringung gestellten Voraussetzungen.[4]

4 Berechtigt sind danach die Einrichtungen, die aufgrund der Regelungen des Betreuungsrechts und der Landesunterbringungsgesetze verpflichtet sind, die dort genannten psychisch kranken Personen aufzunehmen. Diese Beschränkung ist sachgerecht, da die Behandlungsform der stationsäquivalenten psychiatrischen Behandlung im häuslichen Umfeld besondere Anforderungen an die Qualifikation des Personals und die Flexibilität der Organisation des Krankenhauses stellt. Diese Voraussetzungen sind typischerweise in Krankenhäusern mit regionaler Versorgungsverpflichtung – unabhängig von deren rechtlicher Ausgestaltung – erfüllt, da diese in der Lage sein müssen, auch sehr kurzfristig auf wechselnde Bedarfslagen zu reagieren. Die Entscheidung über die Erbringung der stationsäquivalenten psychiatrischen Behandlung unterliegt der therapeutischen und organisatorischen Entscheidung des Krankenhauses, das hierbei auch die Belange der Angehörigen der kranken Person zu berücksichtigen hat. Dieses kann in medizinisch geeigneten Fällen die Leistung anordnen, wenn die Krankenhausbehandlungsnotwendigkeit während der gesamten Behandlungsdauer fortbesteht, eine stationäre Aufnahme aber nicht erforderlich ist. Ferner ist die neue Behandlungsform eine psychiatrische Akutbehandlung. Das heißt, dass sie – ebenso wie eine vollstationäre Behandlung – nur in akuten Krankheitsphasen erbracht werden kann, in denen diese Form der komplexen Intensivbehandlung erforderlich ist. In Bezug auf den Inhalt der neuen Behandlungsform wird auf § 39 Abs. 1 S. 4 und 5 verwiesen.

5 In S. 2 wird festgestellt, dass die Verantwortung für die Bereitstellung des erforderlichen Personals und der notwendigen Einrichtungen für eine stationsäquivalente Behandlung bei den Krankenhausträgern liegt. Das betrifft insbesondere die Rufbereitschaft des Behandlungsteams sowie die jederzeitige ärztliche Eingriffsmöglichkeit. Im Rahmen seiner Therapieverantwortung muss das Krankenhaus außerdem dafür Sorge tragen, dass es auf kurzfristige Verschlechterungen des Gesundheitszustands der Betroffenen mit einer vollstationären Aufnahme reagieren kann. Angesichts der Komplexität der stationsäquivalenten Behandlung und der Notwendigkeit, in deren Rahmen auch kurzfristig auf die Infrastruktur des Krankenhauses zurückgreifen zu können, ist die Erbringung der stationsäquivalenten psychiatrischen Behandlung auf Krankenhäuser beschränkt. Insoweit geht die stationsäquivalente Behandlung im häuslichen Umfeld strukturell über die aufsuchende Behandlung hinaus, die an der ambulanten Versorgung teilnehmende Leistungserbringer, wie etwa niedergelassene Vertragsärzte, medizinische Versorgungszentren oder psychiatrische Institutsambulanzen ausüben. Allerdings schließt dies nicht aus, dass das Krankenhaus diese Leistungserbringer oder ein anderes zur Erbringung der stationsäquivalenten Behandlung berechtigtes Krankenhaus in geeigneten Fällen, beispielsweise unter den Gesichtspunkten der Wohnortnähe oder der Behandlungskontinuität, mit der Durchführung von Teilen

---

1 BGBl. I, 2986, 2994, 2997.
2 Vgl. BT-Dr. 18/9528, 46.
3 Vgl. BT-Dr. 18/9528, 29.
4 Vgl. BT-Dr. 18/9528, 48 ff.

der Behandlung beauftragen kann, sofern die Qualität der stationsäquivalenten Gesamtbehandlung gewährleistet ist.

In geeigneten Fällen kann die Behandlung nach S. 3 auch in Kooperation mit den kommunalen sozialpsychiatrischen Diensten erfolgen. Allerdings soll die Tätigkeit dieser Dienste durch die stationsäquivalente psychiatrische Behandlung nicht eingeschränkt oder ersetzt werden. Die Vergütung hat auch in diesen Fällen ausschließlich nach Krankenhausfinanzierungsrecht gegenüber dem Krankenhaus zu erfolgen. Die Weiterleitung der Vergütung ist im Innenverhältnis zwischen Auftraggeber und Auftragnehmer zu regeln.

2. Berechtigung zur Erbringung stationsäquivalenter psychiatrischer Behandlung (Abs. 2). In S. 1 werden der GKV-Spitzenverband, der Verband der PKV und die DKG verpflichtet, im Benehmen mit der KBV Regelungen zur Ausgestaltung der stationsäquivalenten psychiatrischen Behandlung im häuslichen Umfeld zu vereinbaren.

Mit Nummer 1 wird klargestellt, dass für die stationsäquivalente psychiatrische Behandlung die Krankenhausbehandlungsbedürftigkeit dokumentiert werden muss (zB durch eine Krankenhauseinweisung).

Mit Nummer 2 werden die Vertragsparteien beauftragt, die Anforderungen an die Qualität der Leistungserbringung zu vereinbaren. Da es sich bei der stationsäquivalenten psychiatrischen Behandlung im häuslichen Umfeld um eine Krankenhausleistung handelt, gelten zunächst die vom G-BA festgelegten Anforderungen an die Qualitätssicherung im Krankenhaus. Soweit darüber hinaus noch besondere Anforderungen an die Qualität der Leistungserbringung erforderlich sind, sind diese vertraglich zu vereinbaren.

Hinsichtlich des in Nummer 3 enthaltenen Auftrags an die Vertragsparteien, die Anforderungen an die Beauftragung von an der ambulanten Versorgung teilnehmenden Leistungserbringern zu vereinbaren, wird auf die Begründung zu Abs. 1 S. 3 verwiesen (→ Rn. 7).

Da zu erwarten ist, dass die stationsäquivalente psychiatrische Behandlung im häuslichen Umfeld zu einem Abbau nicht mehr benötigter Krankenhausbetten führen wird, enthält Nummer 4 den Auftrag an die Vertragsparteien, Grundsätze für den Abbau nicht mehr erforderlicher Betten zu vereinbaren. Die Umsetzung erfolgt in den Versorgungsverträgen nach § 109.

Um die Leistungserbringung der stationsäquivalenten psychiatrischen Behandlung im häuslichen Umfeld zu ermöglichen, ist in S. 2 eine Schiedsstellenlösung für den Fall vorgesehen, dass die Vertragsparteien sich nicht innerhalb von sechs Monaten nach dem Inkrafttreten über die in § 115 d Abs. 2 S. 1 Nrn. 1 bis 4 vorgesehenen Regelungen zur Ausgestaltung der neuen Behandlungsform einigen können. Zur Beschleunigung eines etwaigen Schiedsverfahrens wird von einem Antragserfordernis abgesehen. Die Schiedsstelle trifft ihre Entscheidung auf der Grundlage vorliegender Vorschläge.

Die Schiedsstelle trifft keine Entscheidung über die nach § 115 d Abs. 3 zu vereinbarende Leistungsbeschreibung der stationsäquivalenten psychiatrischen Behandlung im häuslichen Umfeld. Unterschiedliche Auffassungen in diesem Zusammenhang sind – wie sonst auch – im Rahmen des Verfahrens zur Weiterentwicklung der medizinischen Klassifikationen beim DIMDI zu klären.

3. Einführung eines Operationen- und Prozedurenschlüssels (Abs. 3). In Abs. 3 werden der GKV-Spitzenverband, der Verband der PKV und die DKG beauftragt, im Benehmen mit den maßgeblichen medizinischen Fachgesellschaften die erforderlichen Kriterien für eine Leistungsbeschreibung als Grundlage zur Einführung eines entsprechenden Operationen- und Prozedurenschlüssels zu entwickeln, damit die stationsäquivalente psychiatrische Behandlung im häuslichen Umfeld möglichst frühzeitig in die empirische Kalkulation einbezogen werden kann. Die Vereinbarung ist bis zum 28.2.2017 zu treffen, damit fristgerecht ein diesbezüglicher Antrag zur Weiterentwicklung der medizinischen Klassifikationen beim DIMDI gestellt werden kann. Auf der Grundlage der Leistungsbeschreibung können psychiatrische Einrichtungen dann für das Jahr 2018 eine krankenhausindividuelle Vergütung für die stationsäquivalente psychiatrische Behandlung im häuslichen Umfeld vereinbaren. Die krankenhausindividuellen Vergütungen sollen durch auf Bundesebene kalkulierte Entgelte abgelöst werden, sobald eine Kalkulation der Leistung auf der Grundlage von Kosten- und Leistungsdaten von psychiatrischen Einrichtungen möglich ist.

4. Evaluierung (Abs. 4). Da bisher keine flächendeckenden Erfahrungen zu den Auswirkungen der stationsäquivalenten psychiatrischen Behandlung im häuslichen Umfeld vorliegen, sollen die Auswirkungen dieser neuen Behandlungsform auf die Versorgung der Patientinnen und Patienten sowie ihre finanziellen Auswirkungen in einem Zeitraum von 5 Jahren evaluiert werden. Zu diesem Zweck werden der GKV-Spitzenverband, die DKG und der Verband der PKV verpflichtet, dem BMG einen entsprechenden Bericht vorzulegen. Aufgrund dieses Berichts kann dann etwa die Entscheidung getroffen werden, ob und in welcher Form zB Netzwerke ambulanter Leistungserbringer die stationsäquivalente Behandlung selbstständig, das heißt nicht nur im Wege der Beauftragung, durchführen können.[5]

§ 116 Ambulante Behandlung durch Krankenhausärzte

[1]Ärzte, die in einem Krankenhaus, einer Vorsorge- oder Rehabilitationseinrichtung, mit der ein Versorgungsvertrag nach § 111 Absatz 2 besteht, oder nach § 119b Absatz 1 Satz 3 oder 4 in einer stationären Pflegeeinrichtung tätig sind, können, soweit sie über eine abgeschlossene Weiterbildung verfügen, mit Zustimmung des jeweiligen Trägers der Einrichtung, in der der Arzt tätig ist, vom Zulassungsausschuß (§ 96) zur Teilnahme an der vertragsärztlichen Versorgung der Versicherten ermächtigt werden. [2]Die Ermächtigung ist zu erteilen, soweit und solange eine ausreichende ärztliche Versorgung der Versicherten ohne die besonderen Untersuchungs- und Behandlungsmethoden oder Kenntnisse von hierfür geeigneten Ärzten der in Satz 1 genannten Einrichtungen nicht sichergestellt wird.

Literatur:

Altendorfer/Heppekausen, Die Ermächtigung von Krankenhausärzten, PKR 2011, 85; *Andreas*, Pflicht zur persönlichen Leistungserbringung, ArztR 2009, 172; *Jolitz*, Delegationsfähigkeit vertragsärztlicher Leistungen durch gemäß § 116 SGB V ermächtigte Krankenhausärzte, Erwiderung auf Kuhla, MedR 2003, 340; *Klöck*, Konkurrenzschutz im Gesundheitswesen, NZS 2010, 358; *Kuhla*, Persönliche Ermächtigung des Krankenhausarztes bei ambulanten Behandlungen sozialversicherter Patienten, MedR 2003, 25; *Kuhla*, Verhältnis der Ermächtigung gem. § 116 SGB V zur vor- und nachstationären Krankenhausbehandlung, NZS 2002, 461; *Steinhilper*, Persönliche Leistungserbringung des ermächtigten Krankenhausarztes, Erwiderung auf Kuhla, MedR 2003, 339; *Steinhilper*, Konkurrentenklage niedergelassener Ärzte gegen die Ermächtigung von Krankenhausärzten, MedR 2004, 682; *Wenner*, Einbeziehung von Krankenhäusern in die ambulante ärztliche Versorgung, GesR 2007, 337.

I. Entstehungsgeschichte	1	
II. Vorgängervorschriften	2	
III. Normzweck und Systematik	3	
IV. Norminhalt und Normauslegung	7	
1. Norminhalt	7	
2. Normauslegung	8	
a) Adressat der Ermächtigung	8	
b) Bedarf	12	
aa) Quantitativ allgemeiner Versorgungsbedarf	14	
bb) Qualitativ spezieller Versorgungsbedarf	17	
cc) Ermittlung des Bedarfs	22	
dd) Beurteilungsspielraum	25	
ee) Einbeziehung ermächtigter Ärzte in die Bedarfsplanung	27	
ff) Verhältnis zur nachstationären Behandlung gemäß § 115 a	28	
c) Rechtsfolge: Rechtsanspruch	29	
d) Beendigung der Ermächtigung	32	
e) Rechtsschutz	34	

I. Entstehungsgeschichte

1 § 116 ist im Rahmen des Gesundheitsreformgesetzes vom 20.12.1988 (GRG) mit Wirkung zum 1.1.1989 in Kraft getreten (BGBl. I, 2477). Anschließend erfolgten folgende Änderungen: S. 1: IdF d. Art. 1 Nr. 72 Gesetz vom 21.12.1992 (BGBl. I, 2266) mWv 1.1.1993, d. Art. 1 Nr. 42 lit. a Gesetz vom 22.12.2011 (BGBl. I, 2983) mWv 1.1.2012 u. d. Art. 3 Nr. 15 Gesetz vom 23.10.2012 (BGBl. I, 2246) mWv 30.10.2012; S. 2: IdF d. Art. 1 Nr. 42 lit. b Gesetz vom 22.12.2011 (BGBl. I, 2983) mWv 1.1.2012.

II. Vorgängervorschriften

2 Vorgängervorschrift des § 116 war § 368a Abs. 8 RVO.[1]

---

5 Vgl. BT-Dr. 18/9528, 29.
1 § 368a RVO in der Fassung des KVKG vom 27.6.1977 (BGBl. I, 1069) in Kraft vom 1.7.1977 bis zum 31.12.1988.

III. Normzweck und Systematik

Der Zweck des § 116 besteht in der Sicherstellung der vertragsärztlichen Versorgung. Insbesondere hat der Zulassungsausschuss die Möglichkeit, Krankenhausärzte mit Zustimmung des Krankenhausträgers zur Teilnahme an der vertragsärztlichen Versorgung zu ermächtigen. Die Ermächtigung ist zu erteilen soweit und solange eine ausreichende ärztliche Versorgung der Versicherten ohne die besonderen Untersuchungs- und Behandlungsmethoden oder Kenntnisse von hierfür geeigneten Krankenhausärzten nicht sichergestellt wird.[2]

§ 116 steht in unmittelbarem Zusammenhang mit § 95 Abs. 1 und 4. Während § 95 Abs. 4 nur die Folgen der Ermächtigung von Ärzten benennt, sind die Voraussetzungen in § 116 SGB V, §§ 31, 31a Ärzte-ZV, §§ 5 bis 8 BMV-Ä, §§ 10a, 10b BMV-Z, §§ 5, 6 EKV-Z geregelt.[3] Praktisch relevant ist § 31 Abs. 7 S. 1 und 2 Ärzte-ZV, wonach die Ermächtigung zeitlich, räumlich und ihrem Umfang nach zu bestimmen ist. In dem Ermächtigungsbeschluss der Zulassungsbehörden ist auch auszusprechen, ob der ermächtigte Arzt unmittelbar oder auf Überweisung in Anspruch genommen werden kann.

Die an der vertragsärztlichen Versorgung teilnehmenden ermächtigten Krankenhausärzte sind gemäß § 77 Abs. 3 S. 1 Mitglieder der für ihren Arztsitz zuständigen Kassenärztlichen Vereinigung. Gemäß § 101 Abs. 1 Nr. 2b hat der G-BA Regelungen zu beschließen, mit denen bei der Berechnung des Versorgungsgrades auch die ermächtigten Ärzte berücksichtigt werden.

Zwischen Zulassung und Ermächtigung besteht ein Stufen- bzw. Rangverhältnis, wobei die Zulassung, die zu einer umfassenden vertragsärztlichen Leistungserbringung innerhalb eines Fachgebiets berechtigt, auf der ersten Stufe steht.[4] Auf der zweiten Stufe steht die Sonderbedarfszulassung und erst auf der dritten Stufe die Ermächtigung.[5] Nach der Rechtsprechung des BSG ist innerhalb der Ermächtigungen die persönliche Ermächtigung von Ärzten gegenüber der Institutsermächtigung vorrangig.[6]

IV. Norminhalt und Normauslegung

1. Norminhalt. § 116 benennt neben §§ 31, 31a Ärzte-ZV, §§ 5 bis 8 BMV-Ä, §§ 10a, 10b BMV-Z, §§ 5, 6 EKV-Z die Voraussetzungen für die Erteilung einer Ermächtigung.

2. Normauslegung. a) Adressat der Ermächtigung. Gemäß § 116 S. 1 sind Adressaten der Ermächtigung Ärzte, die in einem Krankenhaus, einer Vorsorge- oder Rehabilitationseinrichtung, mit der ein Versorgungsvertrag nach § 111 Abs. 2 besteht, oder nach § 119b S. 3 in einer stationären Pflegeeinrichtung tätig sind. Für Krankenhausärzte, die nach § 116 SGB V zur Teilnahme an der vertragsärztlichen Versorgung der Versicherten ermächtigt sind, gelten dabei grds. dieselben Bestimmungen und Anforderungen wie für Vertragsärzte, soweit sie im ambulanten vertragsärztlichen Bereich tätig werden.[7]

Darüber hinaus müssen diese Ärzte über eine abgeschlossene Weiterbildung verfügen. Diese richtet sich gemäß den Heilberufsgesetzen der Länder nach den Weiterbildungsordnungen der Ärztekammern.[8]

Zudem darf eine Ermächtigung nur erteilt werden, wenn der Träger der Einrichtung, in der der Arzt tätig ist, seine Zustimmung hierzu erteilt hat.[9]

Dass bei der Behandlung durch gem. § 116 SGB V ermächtigte Krankenhausärzte Leistungen durch zwei unterschiedliche Unternehmer (zB Krankenhausapotheke) erbracht werden, ist für das Vorliegen eines mit einer Krankenhausbehandlung oder Heilbehandlung eng verbundenen Umsatzes aus steuerlicher Sicht unerheblich. Insbesondere kommt es für den mit einer Krankenhaus- oder Heilbehandlung eng verbundenen Umsatz – anders als für die Beurteilung mehrerer Leistungen als Haupt- und Nebenleistung – nicht auf die Identität des Leistenden, sondern auf die Identität des Leistungsempfängers an.

---

2 BT-Dr. 17/6906, 80; BT-Dr. 11/2237, 201 f.
3 Pawlita in: jurisPK-SGB V, § 95 Rn. 16, 117.
4 Vgl. BSG, 19.7.2006, B 6 KA 14/05 R, juris Rn. 16 = MedR 2007, 127 ff.
5 Köhler-Hohmann in: jurisPK-SGB V, § 116 Rn. 29.
6 BSG, 2.10.1996, 6 RKa 73/95, juris Rn. 26 = SozR 3-5520 § 31 Nr. 8; BSG, 1.7.1998, B 6 KA 43/97 R, juris Rn. 26 = SozR 3-5520 § 31 Nr. 9; kritisch Köhler-Hohmann in: jurisPK-SGB V, § 116 Rn. 30 Fn. 22, aufgrund der Zulassung von ärztlich-geleiteten Einrichtungen in Form von MVZ.
7 Vgl. BSG, 27.11.2014, B 3 KR 12/13 R, juris Rn. 18 = SozR 4-2500 § 129a Nr. 1.
8 Vgl. Köhler-Hohmann in: jurisPK-SGB V, § 116 Rn. 24; (Muster-)Weiterbildungsordnung der Bundesärztekammer (MWBO-Ä, http://www.bundesaerztekammer.de/fileadmin/user_upload/downloads/pdf-Ordner/Weiterbildung/MWBO.pdf, zuletzt abgerufen am 1.3.2017); zB §§ 33 HeilberufsG NRW.
9 Köhler-Hohmann in: jurisPK-SGB V, § 116 Rn. 26.

Es muss sich um Nebenleistungen handeln, die an den Empfänger einer Krankenhausbehandlung oder ärztlichen Heilbehandlung als Hauptleistung erbracht werden.[10]

12 b) **Bedarf.** Aus § 116 S. 2 folgt, dass die Ermächtigung nur dann erteilt werden darf, soweit und solange eine ausreichende ärztliche Versorgung der Versicherten nicht sichergestellt wird. Dabei ist zu unterscheiden zwischen quantitativ-allgemeinen und qualitativ-speziellen Versorgungsbedarfe.[11]

13 Der räumliche Bereich, für den zu klären ist, ob ein die vertragsärztliche Versorgung sicherstellendes Versorgungsangebot vorliegt, ist grundsätzlich der jeweilige Planungsbereich, die sich aus dem gemäß § 99 aufzustellenden Bedarfsplan ergibt und in dem der Krankenhausarzt praktiziert. Diese Anknüpfung an den Planungsbereich ist bei der Ermittlung sowohl eines quantitativ-allgemeinen, als auch bei der Ermittlung eines qualitativ-speziellen Versorgungsbedarfs maßgeblich.[12] Hierbei ist der Bedarf in der jeweiligen Gruppe der Gebietsärzte (Arztgruppe) maßgeblich; auf den Bedarf in Teilgebieten ist nicht gesondert abzustellen.[13]

14 aa) **Quantitativ allgemeiner Versorgungsbedarf.** Ein quantitativ-allgemeiner Versorgungsbedarf liegt vor, wenn für das jeweilige Fachgebiet keine ausreichende Zahl von Vertragsärzten zur Verfügung steht.[14] Insbesondere schließt eine Überversorgung eine Ermächtigung regelmäßig aus.[15]

15 Bei der Bedarfsprüfung in quantitativer Hinsicht ist bei der Prüfung, ob in quantitativer Hinsicht ein Ermächtigungsbedarf besteht, auf das Verhältnis der Soll- und Ist-Zahlen in der Gebietsgruppe als Ganzes und nicht auf den Bedarf in Teilgebieten abzustellen.[16]

16 Ein solcher Versorgungsbedarf besteht zB dann nicht, wenn in einem Krankenhaus, in dem der an einer Ermächtigung interessierte Facharzt arbeitet, ambulante Operationsleistungen auf der Grundlage des § 115b Abs. 2 S. 1 in ausreichendem Umfang angeboten und auch tatsächlich durchgeführt werden.[17]

17 bb) **Qualitativ spezieller Versorgungsbedarf.** Qualitativ-spezieller Versorgungsbedarf besteht, wenn bestimmte, für eine ausreichende Versorgung der Versicherten benötigte Leistungen von den zugelassenen Vertragsärzten nicht vorgehalten werden.[18]

18 Die besonderen Kenntnisse und Erfahrungen eines Arztes sind jedoch nur dann zu berücksichtigen, wenn sie sich in einem **besonderen Leistungsangebot** niederschlagen. Es muss sich dabei um Leistungen handeln, die im Rahmen einer ausreichenden ambulanten ärztlichen Versorgung benötigt und von den niedergelassenen Ärzten nicht oder nicht ausreichend angeboten werden.[19] Auch das hohe wissenschaftliche Niveau eines an der vertragsärztlichen Versorgung beteiligten Arztes ist nicht Maßstab der allgemeinen kassenärztlichen Versorgung; eine Versorgungslücke ist nicht schon dann anzunehmen, wenn die Leistungen der niedergelassenen Ärzte nicht diesem hohen Niveau entsprechen.[20] Eine Konsiliarermächtigung ist erst dann gerechtfertigt, wenn die Möglichkeiten der zugelassenen Vertragsärzte ausgeschöpft sind. Insbesondere ist es rechtlich geboten, die Befugnis zur Überweisung an den Krankenhausarzt denjenigen Gebiets- oder ggf. Teilgebietsärzten vorzubehalten, die aufgrund ihrer Ausbildung und der Ausrichtung ihrer Tätigkeit für die Behandlung der in Frage kommenden Krankheiten in erster Linie zuständig sind.[21]

19 Ein qualitativ-spezieller Bedarf besteht teilweise in ländlichen Regionen in denen bestimmte medizinisch-technische Leistungen nicht angeboten werden oder auch wenn die entsprechenden Praxen für die Versicherte nicht zumutbar zu erreichen sind.[22]

---

10 Vgl. BFH, 24.9.2014, V R 19/11, juris Rn. 31, 33 = GesR 2015, 116 ff.; EuGH, 10.6.2010, C-262/08 (Copy Gene), juris Rn. 39 = Slg 2010, I-5053 ff.
11 Vgl. BSG, 14.3.2001, B 6 KA 78/00 B, juris Rn. 5 = RegNr. 25282 (BSG-Intern).
12 BSG, 19.7.2006, B 6 KA 14/05 R, juris Rn. 18 = MedR 2007, 127 ff.
13 BSG, 14.7.1993, 6 RKa 71/91, juris Rn. 19 = SozR 3-2500 § 116 Nr. 4.
14 BSG, 30.1.2002, B 6 KA 12/01 R, juris Rn. 19 = MedR 2002, 529 ff.
15 BSG, 14.7.1993, 6 RKa 71/91, juris Rn. 19 = SozR 3-2500 § 116 Nr. 4; Wenner, Vertragsarztrecht nach der Gesundheitsreform, S. 147.
16 BSG, 15.3.1995, 6 RKa 27/94, juris Rn. 15 = SozR 3-2500 § 116 Nr. 12.
17 BSG, 9.6.1999, B 6 KA 25/98 R, juris Rn. 22 = MedR 2000, 242 ff.
18 BSG, 30.1.2002, B 6 KA 12/01 R, juris Rn. 20 = MedR 2002, 529 ff.
19 BSG, 23.5.1984, 6 RKa 2/83, juris Rn. 24 = SozR 5520 § 29 Nr. 3.
20 BSG, 23.5.1984, 6 RKa 2/83, juris Rn. 25 = SozR 5520 § 29 Nr. 3.
21 BSG, 15.3.1995, 6 RKa 27/94, juris Rn. 14 = SozR 3-2500 § 116 Nr. 12.
22 Wenner, GesR 2007 337, 338.

Zu den besonderen Kenntnisse und Erfahrungen eines Arztes zählen aber wohl weder die besonderen 20
Erfahrungen der medizinischen Fachangestellten in Institutsambulanzen, noch die Möglichkeit einer
engen Zusammenarbeit mit ärztlichen oder psychologisch tätigen Mitarbeitern eines Krankenhauses
und auch nicht eine gute Vernetzung mit anderen Behandlungseinrichtungen. Denn hierbei handelt es
sich lediglich um Aspekte, die die Rahmenbedingungen der ärztlichen Leistungen des zu ermächtigen
Arztes verbessern mögen, nicht aber deren originär ärztlichen Inhalt betreffen.[23]

Auch qualitative Unterschiede in der Leistungserbringung können keinen Anspruch auf eine Ermächtigung begründen. Vielmehr ist eine typisierende Betrachtung zugrunde zu legen, die davon ausgeht, 21
dass die Gebietsärzte aufgrund ihres gleichwertigen Ausbildung und Weiterbildungsstandes dem Versorgungsanspruch der Versicherten in qualitativer Hinsicht voll entsprechen.[24] Allerdings können solche für die vertragsärztliche Versorgung besonderen Kenntnisse und Erfahrungen dann von Bedeutung sein, wenn sie sich in einem besonderen Leistungsangebot niederschlagen, das bei den niedergelassenen Ärzten nicht oder nicht in ausreichendem Umfange gegeben ist.[25]

cc) **Ermittlung des Bedarfs.** Die Zulassungsorgane sind im Rahmen ihrer Verpflichtung zur Amtsermittlung gemäß § 20 SGB X zur vollständigen Ermittlung und Feststellung des Bedarfs verpflichtet. 22
Anhaltspunkte können sich beispielsweise ergeben aus Anzahl und Leistungsangebot Leistungserbringer, aus Art und Umfang der Inanspruchnahme der Leistungserbringer und der Wartezeiten, aus
Umfang und räumliche Verteilung der Nachfrage aufgrund der vorhandenen Verkehrsanbindungen,
aus Bevölkerungsdichte, -struktur oder Morbidität oder aus sonstigen Leistungserbringungen, die
nicht zweitrangig sind ist (§ 115 a, 115 b, 116 b).[26]

Die Durchführung der Ermittlung kann stattfinden durch **Befragung** der vertragsärztlichen Leistungserbringer nach ihrem Leistungsangebot.[27] Die Ermittlung des Sachverhalts sollte sich aufgrund der 23
Konkurrenzsituation allerdings nicht immer in solchen Befragungen erschöpfen. Denn die Gefahr, dass
die Äußerungen der befragten niedergelassenen Ärzte in starkem Maße auf deren subjektiven Einschätzungen beruhen und von deren individueller Interessenlage mit beeinflusst sein können, erfordert
eine kritische Würdigung der Antworten durch die Zulassungsgremien. Die Angaben der potenziellen
künftigen Konkurrenten des Bewerbers um einen zusätzlichen Praxissitz sind nämlich nicht ohne Weiteres als Entscheidungsgrundlage geeignet, sondern müssen sorgfältig ausgewertet, soweit möglich
durch weitere Ermittlungen ergänzt und so objektiviert werden. Nicht zuletzt die Grundrechte der Zulassungsbewerber aus Art. 3 Abs. 1, 12 GG gebieten eine derart objektivierbare Bedarfsprüfung.[28] Solange die Versorgung nicht real gewährt wird oder jedenfalls eine Bereitschaft dazu besteht, ist eine
Versorgungslücke gegeben, die der Deckung durch Ermächtigungen zugänglich ist.[29] Zudem können
aktuelle Häufigkeitsstatistiken der Honorarbescheide herangezogen werden.[30]

Rechtsmissbräuchlich ist es jedoch, wenn jemand eine Ermächtigung für sich beansprucht, der die wesentliche Voraussetzung für eine Ermächtigung, nämlich einen nicht anders zu deckenden Bedarf hinsichtlich der von ihm angebotenen Leistungen durch willkürliches Verhalten selbst schafft Nach der 24
Konzeption des § 116, der stets eine Kooperation von Krankenhausträger und zu ermächtigendem
Arzt voraussetzt, weil gegen den Willen des Krankenhausträgers kein weitergebildeter Arzt ermächtigt
werden kann, steht dieser Rechtsgedanke der Ermächtigung eines Krankenhausarztes dann entgegen,
wenn ein Bedarf für diese Ermächtigung nur deshalb besteht, weil das Krankenhaus rechtsmissbräuchlich bestimmte Leistungen nicht in die Mitteilung nach § 115 b Abs. 2 S. 2 aufgenommen hat.[31]

dd) **Beurteilungsspielraum.** Bei der Beurteilung, inwieweit ein Versorgungsbedarf besteht, haben die 25
Zulassungsorgane einen gerichtlich nur eingeschränkt überprüfbaren Beurteilungsspielraum.[32] Die ge-

---

23 Vgl. Wenner, Vertragsarztrecht nach der Gesundheitsreform, S. 149.
24 BSG, 28.6.2000, B 6 KA 35/99 R, juris Rn. 40 = SozR 3-2500 § 101 Nr. 5.
25 BSG, 23.5.1984, 6 RKa 2/83, juris Rn. 25 = SozR 5520 § 29 Nr. 3; BSG, Urt. v. 27.6.2001, B 6 KA 39/00 R, juris Rn. 18 = USK 2001-166; KassKomm/Gamperl, SGB V, § 116 Rn. 16.
26 Vgl. SG Marburg, 5.7.2013, S 12 KA 382/13 ER, juris Rn. 28; Köhler-Hohmann in: jurisPK-SGB V, § 116 Rn. 40.
27 BSG, 15.3.1995, 6 RKa 42/93, juris Rn. 19 = SozR 3-2500 § 116 Nr. 11.
28 BSG, 28.6.2000, B 6 KA 35/99 R, juris Rn. 38 = SozR 3-2500 § 101 Nr. 5.
29 BSG, 2.9.2009, B 6 KA 21/08 R, juris Rn. 17 = SozR 4-2500 § 101 NR. 6; BSG, 2.9.2009, B 6 KA 34/08 R, juris Rn. 17 = BSGE 104, 116 ff.
30 BSG, 28.6.2000, B 6 KA 35/99 R, juris Rn. 39 = SozR 3-2500 § 101 Nr. 5.
31 BSG, 9.6.1999, B 6 KA 25/98 R, juris Rn. 29 = MedR 2000, 242 ff.
32 BSG, 27.2.1992, 6 RKa 15/91, juris Rn. 35 = SozR 3-2500 § 116 Nr. 2.

richtliche Kontrolle beschränkt sich auf die Prüfung, ob der Verwaltungsentscheidung ein richtig und vollständig ermittelter Sachverhalt zugrunde liegt, ob die Zulassungsgremien die durch Auslegung des unbestimmten Rechtsbegriffes ermittelten Grenzen eingehalten und ob sie ihre Subsumtionserwägungen so verdeutlicht und begründet haben, dass im Rahmen des Möglichen die zutreffende Anwendung der Beurteilungsmaßstäbe erkennbar und nachvollziehbar ist. Diese eingeschränkte Überprüfungsbefugnis der Gerichte beruht im Wesentlichen darauf, dass die ortsnahen fachkundigen Zulassungsinstanzen nur ungefähr entscheiden können, ob und inwieweit die bereits niedergelassenen Ärzte eine qualitativ ausreichende Versorgung gewährleisten, da zur Beantwortung dieser Frage eine Vielzahl von Faktoren in die Entscheidung einzubeziehen ist. Entscheidungen der Zulassungsgremien sind daher hinzunehmen, wenn sie sich im Rahmen des Beurteilungsspielraumes halten.[33]

26 Entsprechendes gilt für die Festsetzung der Befristungsdauer bei der Ermächtigung. Auch hier wird der Zeitraum der Begrenzung durch unbestimmte Rechtsbegriffe, nämlich die „Solange"-Formulierung der § 116 S. 2 SGB V, § 31a Abs. 1 S. 2 Ärzte-ZV sowie durch die Regelung der „zeitlichen Bestimmung" in § 31 Abs. 7 Ärzte-ZV, beschrieben.[34]

27 ee) **Einbeziehung ermächtigter Ärzte in die Bedarfsplanung.** Am 17.4.2014 hat der GBA § 22 Bedarfsplanungsrichtlinie[35] geändert. Die Änderung ist am 2.8.2014 in Kraft getreten; sie tritt wieder außer Kraft, wenn der G-BA bis zum 31.5.2018 keine Anpassung oder unveränderte Fortgeltung beschlossen hat. Nach § 22 Bedarfsplanungsrichtlinie wird auch die Leistung ermächtigter Ärzte in der Bedarfsplanung berücksichtigt.[36]

28 ff) **Verhältnis zur nachstationären Behandlung gemäß § 115a.** Unklar war lange das Verhältnis zwischen der Ermächtigung gemäß § 116 und der vor- und nachstationären Behandlung im Krankenhaus gemäß § 115a. Nach Auffassung des BSG ist vor- und nachstationäre Behandlung als Krankenhausleistung nicht erforderlich, wenn stattdessen vertragsärztliche Versorgung ausreichend ist. Dies folgt aus dem in den Gesetzesmaterialien deutlich werdenden Regelungszweck, dem Regelungssystem der vor- und nachstationären Behandlung und dem Wirtschaftlichkeitsgebot.[37] Insbesondere wurzelt der im Regelungssystem der Leistungserbringung angelegte Vorrang der vertragsärztlichen vor der stationären, auch vor- und nachstationären Versorgung in den Kostenvorteilen der vertragsärztlichen Versorgung, im Kern also im Wirtschaftlichkeitsgebot.[38]

29 c) **Rechtsfolge: Rechtsanspruch.** Liegen die Tatbestandsvoraussetzungen vor, so hat der Antragsteller einen Anspruch auf die Ermächtigung. Im Beschluss der Zulassungsorgane ist regelmäßig eine inhaltliche Bestimmung durch Bezeichnung der Leistungserbringung nach EBM-Ziffern, die unmittelbare Inanspruchnahme bzw. die Begrenzung der Inanspruchnahme auf Überweisung und die zeitliche Befristung aufzuführen.[39]

30 Die Ermächtigung ist gegenüber der Zulassung nachrangig und insbesondere streng auf den von den Zulassungsgremien explizit zu bestimmenden Umfang begrenzt. Nur in diesen Grenzen nimmt damit der ermächtigte Krankenhausarzt an der vertragsärztlichen Versorgung teil und unterscheidet sich damit grundlegend von dem in freier Praxis arbeitenden zugelassenen Vertragsarzt.[40]

31 Dabei ist jedoch zu berücksichtigen, dass nicht alle Grundsätze, die der Gesetzgeber zur Ermächtigung entwickelt hat, auf Institutsermächtigungen übertragen werden können: So passt zB der Grundsatz einer im Regelfall zweijährigen Befristung nicht für Ermächtigungen größerer Einrichtungen, die auf-

---

33 BSG, 12.9.2001, B 6 KA 86/00 R, juris Rn. 19 = SozR 3-2500 § 116 Nr. 23.
34 BSG, 27.2.1992, 6 RKa 15/91, juris Rn. 35 = SozR 3-2500 § 116 Nr. 2.
35 Richtlinie des GBA über die Bedarfsplanung sowie die Maßstäbe zur Feststellung von Überversorgung und Unterversorgung in der vertragsärztlichen Versorgung (Bedarfsplanungs-Richtlinie) in der Neufassung vom 20.12.2012, veröffentlicht im BAnz AT vom 31.12.2012 B7 vom 31.12.2012, in Kraft getreten am 1.1.2013, zuletzt geändert am 16.6.2016, veröffentlicht im BAnz AT 14.9.2016 B3 vom 14.9.2016, in Kraft getreten am 15.9.2016.
36 BAnz AT 1.8.2014 B3.
37 BSG, 17.9.2013, B 1 KR 67/12 R, juris Rn. 19 ff. = RegNr. 30960 (BSG-Intern); BSG, 17.9.2013, B 1 KR 51/12 R, juris Rn. 19 ff. = SozR 4-2500 § 115a Nr. 2.
38 BT-Dr. 11/2237, 177 zu § 38 Abs. 1: „Vorrang der preisgünstigen ambulanten Behandlung"; BSG, 17.9.2013, B 1 KR 51/12 R, juris Rn. 21 = SozR 4-2500 § 115a Nr. 2.
39 Köhler-Hohmann in: jurisPK-SGB V, § 116 Rn. 47,48.
40 Vgl. Hess. LSG, 14.12.2016, L 4 KA 18/15, juris Rn. 30.

grund hoher Investitionskosten und größerer Mitarbeiterstäbe auf Planungssicherheit für längere Zeiträume angewiesen sind.[41]

d) Beendigung der Ermächtigung. Durch die Befristung der Ermächtigung soll einerseits eine zeit- und sachgerechte Anpassung an den vorhandenen Versorgungsbedarf ermöglicht, andererseits aber auch für die Beteiligten Rechtssicherheit geschaffen werden. Die Ermächtigung kann deshalb während des Laufs der Frist wegen Änderungen der Bedarfslage **nicht widerrufen** werden. Der ermächtige Arzt soll sich darauf verlassen können, dass er für die Dauer der vom Zulassungsausschuss festgelegten Zeitspanne berechtigt ist, die von der Ermächtigung erfassten vertragsärztlichen Leistungen zu erbringen.[42] Daraus folgt auch, dass die mit der Befristung bezweckte Rechtsklarheit und Rechtssicherheit von den Zulassungsorganen nicht dadurch in Frage gestellt werden darf, dass sie den für die Dauer der Frist garantierten Bestand der Ermächtigung durch weitere Nebenbestimmungen wie Bedingungen oder Vorbehalte vom Nichteintritt bestimmter, die Bedarfssituation verändernder Ereignisse abhängig machen.[43] 32

Ist ein Krankenhausarzt jedoch bereits seit mehreren Jahren in einem im Wesentlichen gleichen Umfang ermächtigt worden, so bedarf es zur Ablehnung einer Ermächtigung einer Sachverhaltsermittlung, die Anlass zu einer gegenüber früher abweichenden Bedarfs- und Bedarfsdeckungssituation gibt.[44] 33

e) Rechtsschutz. Gegen die Entscheidungen der Zulassungsausschüsse bzgl. der Erteilung, Versagung, Beschränkung und die Rücknahme der Ermächtigung können im Rahmen der §§ 96, 97 die Berufungsausschüsse angerufen werden. Gegen deren Entscheidungen kann beim Sozialgericht Klage erhoben werden. Richtiger Spruchkörper ist nach § 10 Abs. 2 Satz 2 Nr. 3 SGG iVm § 12 Abs. 3 SGG die Kammer für Angelegenheiten des Vertragsarztrechts.[45] 34

Widerspruchs- bzw. klagebefugt sind gemäß § 96 Abs. 4 sowohl die am Verfahren beteiligten Ärzte, als auch die beteiligte Kassenärztlichen Vereinigungen, die Landesverbände der Krankenkassen sowie die Ersatzkassen; die Anrufung des Berufungsausschusses hat insoweit aufschiebende Wirkung. 35

Den Vorschriften über die Ermächtigung kommt drittschützende Wirkung zugunsten bereits zugelassener Vertragsärzte zu, soweit Kläger und Konkurrent im selben räumlichen Bereich die gleichen Leistungen anbieten.[46] Die Prüfung der Begründetheit solcher Drittanfechtungen erfolgt zweistufig. Zunächst ist zu klären, ob der Vertragsarzt bzw. die Berufsausübungsgemeinschaft berechtigt ist, die dem konkurrierenden Arzt erteilte Begünstigung (zB Zulassung) anzufechten. Ist das zu bejahen, so muss geprüft werden, ob die den Dritten begünstigende Entscheidung in formeller und materieller Hinsicht rechtmäßig war.[47] 36

Unter welchen Voraussetzungen Vertragsärzte berechtigt sind, zugunsten anderer Ärzte ergangene Entscheidungen anzufechten (sog defensive Konkurrentenklage), hat das BSG im Einzelnen dargestellt. Danach müssen kumulativ 37
1. der Kläger und der Konkurrent im selben räumlichen Bereich die gleichen Leistungen anbieten,
2. dem Konkurrenten die Teilnahme an der vertragsärztlichen Versorgung eröffnet oder erweitert und nicht nur ein weiterer Leistungsbereich genehmigt werden,
3. der dem Konkurrenten eingeräumte Status gegenüber demjenigen des Anfechtenden nachrangig sein.

---

41 Vgl. BSG, 29.6.2011, B 6 KA 34/10 R, juris Ls. 3 Rn. 15 = GesR 2012, 29 ff.
42 BSG, 19.6.1996, 6 RKa 15/95, juris Rn. 17 = MedR 1997, 286 ff.; aA Becker in: Becker/Kingreen, § 116 Rn. 20, wonach eine Ermächtigung zu widerrufen ist, soweit und sobald ein Versorgungsdefizit nicht mehr bestehen würde; dies wäre der Fall, wenn ein Krankenhaus einen Vertrag nach § 115 a SGB V schließen würde.
43 BSG, 19.6.1996, 6 RKa 15/95, juris Rn. 17 = MedR 1997, 286 ff.; aA Becker in: Becker/Kingreen, § 116 Rn. 20, wonach eine Ermächtigung zu widerrufen ist, soweit und sobald ein Versorgungsdefizit nicht mehr bestehen würde; dies wäre der Fall, wenn ein Krankenhaus einen Vertrag nach § 115 a SGB V schließen würde.
44 SG Marburg, 8.2.2006, S 12 KA 21/06 ER, juris Rn. 28; Schallen, ZulVO, § 31 Rn. 51.
45 Vgl. BT-Dr. 17/6764, 11, 25 f.
46 Vgl. zum Drittschutz auch die Kommentierung zu § 101.
47 BVerfG, 17.8.2004, 1 BvR 378/00, juris Rn. 17 ff. = GesR 2004, 470 ff.; BSG, 7.2.2007, B 6 KA 8/06 R, juris = GesR 2007, 369 ff.; BSG, 17.6.2009, B 6 KA 25/08 R, juris Rn. 24, 25 mwN = SozR 4-1500 § 54 Nr. 16; BSG, 17.8.2011, B 6 KA 26/10 R, juris Rn. 19 = SozR 4-2500 § 101 Nr. 11; BSG, 16.12.2015, B 6 KA 40/14 R, juris Rn. 22 = SozR 4-1500 § 54 Nr. 39 mAnm Reiter, GesR 2016, 559; Frehse/Lauber, MedR 2012, 24/31.

Letzteres ist der Fall, wenn die Einräumung des Status an den Konkurrenten vom Vorliegen eines Versorgungsbedarfs abhängt, der von den bereits zugelassenen Leistungserbringern nicht abgedeckt wird.[48]

38 Das BVerfG hat an diese Rechtsprechung angeknüpft und ausgeführt, dass eine unter dem Aspekt der Berufsfreiheit nach Rechtsschutz verlangende Verwerfung der Konkurrenzverhältnisse dann in Frage steht, wenn den bereits zum Markt zugelassenen Leistungserbringern ein gesetzlicher Vorrang gegenüber den auf den Markt drängenden Konkurrenten eingeräumt ist.[49]

39 Ein etwaiges Vorrang-Nachrang-Verhältnis muss sich dabei wegen des damit verbundenen Eingriffes in die grundsätzlich bestehende Wettbewerbsfreiheit aus dem Gesetz selbst ergeben. Das BVerfG spricht insoweit von einem "*gesetzlich angeordneten*" bzw. "*gesetzlichen*" Vorrang. Die Rechtsordnung gewährt bei der Ausübung beruflicher Tätigkeiten grundsätzlich keinen aus Art. 12 Abs. 1 GG herzuleitenden Schutz vor Konkurrenz. Die Wettbewerbsposition und die Erträge unterliegen grundsätzlich dem Risiko laufender Veränderung je nach den Marktverhältnissen. Demgemäß haben Marktteilnehmer regelmäßig keinen Anspruch darauf, dass die Wettbewerbsbedingungen für sie gleich bleiben, insbesondere nicht darauf, dass Konkurrenten vom Markt fernbleiben. Etwas anderes gilt (nur) dann, wenn eine Wettbewerbsveränderung durch Einzelakt erhebliche Konkurrenznachteile zur Folge hat, und diese im Zusammenhang mit staatlicher Planung und Verteilung der Mittel steht.[50]

40 Maßstab für die Frage des Nachrangs ist der Umstand, ob der konkurrierende Status nur bei Vorliegen eines noch bestehenden Versorgungsbedarfs erteilt wird und die Erteilung somit im allgemeinen Interesse an einer ordnungsgemäßen und lückenlosen Versorgung erfolgt. Dies kommt im Gesetz bei der Ermächtigung eines Krankenhausarztes nach § 116 S. 2 durch die Formulierung "*soweit und solange eine ausreichende ärztliche Versorgung der Versicherten*" ohne diese "*nicht sichergestellt*" ist und bei Sonderbedarfszulassungen durch die Wendung zum Ausdruck, dass diese "*zur Wahrung der Qualität der vertragsärztlichen Versorgung in einem Versorgungsbereich unerlässlich sind*" (§ 101 Abs. 1 S. 1 Nr. 3). Nichts anderes gilt für Ermächtigungen nach § 31 Abs. 1 lit. a. Ärzte-ZV, die nur erteilt werden dürfen, sofern sie notwendig sind, um eine bestehende oder unmittelbar drohende Unterversorgung abzuwenden. Ermächtigungen wie auch Sonderbedarfszulassungen kommen somit nur dann in Betracht, wenn die ambulante Versorgung von den niedergelassenen Ärzten nicht gewährleistet ist, also ein quantitativer oder qualitativer Versorgungsbedarf besteht.[51]

41 Nicht abschließend geklärt ist die Frage, wann ein Rangverhältnis im Sinn der 3. Voraussetzung der vorbenannten Rechtsprechung des BSG gegeben ist. Ein derartiges Rangverhältnis hat das BSG bislang bei Ermächtigungen[52] sowie bei Sonderbedarfszulassungen bejaht.[53] Im Falle einer Zweigpraxisgenehmigung hat das BSG ein Rangverhältnis hingegen verneint.[54]

42 Erbringt ein Krankenhausarzt außerhalb seiner wirksamen Ermächtigung ambulant Leistungen an Patienten der gesetzlichen Krankenversicherung, so verstößt er gegen § 116 und handelt unter den Voraussetzungen des § 1 UWG wettbewerbswidrig; ggf. ist er anderen Ärzten zum Ersatz des ihnen dadurch entstandenen Schadens verpflichtet.[55]

---

48 BVerfG, 17.8.2004, 1 BvR 378/00, juris Rn. 17 ff. = GesR 2004, 470 ff.; BSG, 7.2.2007, B 6 KA 8/06 R, juris = GesR 2007, 369 ff.; BSG, 17.6.2009, B 6 KA 25/08 R, juris Rn. 24, 25 mwN = SozR 4-1500 § 54 Nr. 16; BSG, 17.8.2011, B 6 KA 26/10 R, juris Rn. 19 = SozR 4-2500 § 101 Nr. 11; BSG, 16.12.2015, B 6 KA 40/14 R, juris Rn. 22 = SozR 4-1500 § 54 Nr. 39 mAnm Reiter, GesR 2016, 559; Frehse/Lauber, MedR 2012, 24/31.
49 BVerfG, 23.4.2009, 1 BvR 3405/08, juris Rn. 9 = GesR 2009, 376 ff.
50 Vgl. BVerfG, 23.4.2009, 1 BvR 3405/08, juris Rn. 9 = GesR 2009, 376 ff.; BSG, 28.10.2009, B 6 KA 42/08 R, juris Rn. 33 mwN = GesR 2010, 211 ff.
51 Vgl. BSG, 28.10.2009, B 6 KA 42/08 R, juris Rn. 34 mwN = GesR 2010, 211 ff.
52 Vgl. BSG, 7.2.2007, B 6 KA 8/06 R, juris Rn. 19-21 = GesR 2007, 369 ff.
53 Vgl. BSG, 17.8.2011, B 6 KA 26/10 R, juris Rn. 19 = SozR 4-2500 § 101 Nr. 11; BSG, 17.6.2009, B 6 KA 38/08 R, juris Rn. 19 = GesR 2010, 85 ff.; BSG, 17.6.2009, B 6 KA 25/08 R, juris Rn. 21 = SozR 4-1500 § 54 Nr. 16.
54 Vgl. BSG, 28.10.2009, B 6 KA 42/08 R, juris Rn. 32 = GesR 2010, 211 ff.
55 BSG, 25.11.1998, B 6 KA 75/97 R, juris Rn. 21 = MedR 1999, 429 ff.

§ 116a Ambulante Behandlung durch Krankenhäuser bei Unterversorgung

¹Der Zulassungsausschuss muss zugelassene Krankenhäuser für das entsprechende Fachgebiet in den Planungsbereichen, in denen der Landesausschuss der Ärzte und Krankenkassen eingetretene Unterversorgung nach § 100 Absatz 1 oder einen zusätzlichen lokalen Versorgungsbedarf nach § 100 Absatz 3 festgestellt hat, auf deren Antrag zur vertragsärztlichen Versorgung ermächtigen, soweit und solange dies zur Beseitigung der Unterversorgung oder zur Deckung des zusätzlichen lokalen Versorgungsbedarfs erforderlich ist. ²Der Ermächtigungsbeschluss ist nach zwei Jahren zu überprüfen.

Literatur:

Degener-Hencke, Rechtliche Möglichkeiten der ambulanten Leistungserbringung durch Krankenhäuser, VSSR 2006, 93; *Degener-Hencke*, Integration von ambulanter und stationärer Versorgung – Öffnung der Krankenhäuser für die ambulante Versorgung, NZS 2003, 629; *Genzel*, Teilnahme von Krankenhäusern an der ambulanten Versorgung, ArztR 2008, 200; *Kuhlmann*, Neue Versorgungsmöglichkeiten für Krankenhäuser durch das GMG, KH 2004, 13; *Kuhlmann*, Ambulante Versorgung durch und in Krankenhäusern, Festschrift 10 Jahre AG Medizinrecht im DAV, 2008, S. 545; *Wenner*, Einbeziehung von Krankenhäusern in die ambulante ärztliche Versorgung, GesR 2007, 337.

I. Entstehungsgeschichte	1	a)	Adressat der Ermächtigung	9
II. Vorgängervorschriften	2	b)	Feststellung einer Unterversorgung oder eines Versorgungsbedarfs	10
III. Normzweck und Systematik	3	c)	Rechtsfolgen	13
IV. Norminhalt und Normauslegung	8	d)	Beendigung der Ermächtigung	16
1. Norminhalt	8	e)	Rechtsschutz	18
2. Normauslegung	9			

I. Entstehungsgeschichte

§ 116a ist durch Art. 1 Nr. 85 GKV-Modernisierungsgesetz vom 14.11.2003 (BGBl. I, 2190) mit Wirkung zum 1.1.2004 in das SGB V eingeführt worden. Anschließend erfolgten folgende Änderungen: S. 1: IdF d. Art. 1 Nr. 43 Gesetz vom 22.12.2011 (BGBl. I, 2983) mWv 1.1.2012; Art. 1 Nr. 51 lit. a Gesetz vom 16.7.2015 (BGBl. I, 1211) mWv 23.7.2015; S. 2: Eingef. durch Art. 1 Nr. 51 lit. b Gesetz vom 16.7.2015 (BGBl. I, 1211) mWv 23.7.2015.

II. Vorgängervorschriften

Eine Vorgängervorschrift des § 116a ist nicht vorhanden.

III. Normzweck und Systematik

Der Zweck des § 116a besteht darin, Krankenhäuser in die ambulante vertragsärztliche Versorgung in unterversorgten Gebieten einzubeziehen. Dadurch wird eine weitere Möglichkeit zur Sicherstellung der vertragsärztlichen Versorgung geschaffen.[1]

§ 116a sah zunächst nur im Falle einer vom Landesausschuss der Ärzte und Krankenkassen festgestellten ärztlichen Unterversorgung die Möglichkeit vor, ein zugelassenes Krankenhaus zur Teilnahme an der vertragsärztlichen Versorgung zu ermächtigen. Diese Möglichkeit wurde zur Sicherstellung einer flächendeckenden Versorgung auf Fälle erweitert, in denen der Landesausschuss festgestellt hat, dass in einem nicht unterversorgten Planungsbereich ein zusätzlicher lokaler Versorgungsbedarf besteht.[2]

Von dieser Möglichkeit ist von den Zulassungsbehörden in der Praxis allerdings eher zurückhaltend Gebrauch gemacht worden. Um die ambulante ärztliche Versorgung in den betreffenden Gebieten zu verbessern, ist die Regelung zur Ermächtigung von Krankenhäusern daher verbindlicher ausgestaltet worden. Liegt ein entsprechender Beschluss des Landesausschusses vor, ist der Zulassungsausschuss künftig verpflichtet („muss"), Krankenhäuser auf deren Antrag zur vertragsärztlichen Versorgung zu ermächtigen.[3] Hierdurch wird die bereits in der Ärzte-ZV enthaltene mögliche Befristung der Ermächtigung der Krankenhäuser zur ambulanten Versorgung durch eine Überprüfungspflicht flankiert.[4]

---

1 BT-Dr. 15/1525, 119.
2 BT-Dr. 17/6906, 80.
3 BT-Dr. 18/4095, 112.
4 BT-Dr. 18/5123, 130.

6 Die für Ermächtigungen geltenden Vorschriften in § 31 der Ärzte-ZV (zB zur Befristung von Ermächtigungen) bleiben unberührt. Gleichzeitig ist vorgesehen, dass die Regelung nur noch für Fälle einer eingetretenen Unterversorgung gilt und nicht mehr für Fälle, in denen der Landesausschuss eine nur drohende Unterversorgung festgestellt hat.[5]

7 Die Ermächtigung in § 116a ist eine Institutsermächtigung, mithin von der persönlichen Ermächtigung nach § 116 zu unterscheiden. Wegen des Vorrangs der persönlichen Ermächtigung von Krankenhausärzten ist die praktische Bedeutung der Vorschrift daher eher gering.[6]

IV. Norminhalt und Normauslegung

8 **1. Norminhalt.** § 116a beinhaltet die ambulante Behandlung durch Krankenhäuser bei Unterversorgung.

9 **2. Normauslegung. a) Adressat der Ermächtigung.** Gemäß § 116a sind Adressaten der Ermächtigung zugelassene Krankenhäuser im Sinne der §§ 107 Abs. 1, 108.[7]

10 **b) Feststellung einer Unterversorgung oder eines Versorgungsbedarfs.** Der Landesausschuss der Ärzte und Krankenkassen (§ 90) muss für das entsprechende Fachgebiet in den Planungsbereichen alternativ festgestellt haben:
- das Bestehen von Unterversorgung nach § 100 Abs. 1;
- einen zusätzlichen lokalen Versorgungsbedarf nach § 100 Abs. 3.[8]

11 Die 1. Alternative knüpft daher an die Feststellung einer eingetretene ärztliche Unterversorgung, §§ 116a, 100 Abs. 1, setzt mithin eine massive Bedarfssituation voraus.[9] Die 2. Alternative steht in Zusammenhang mit §§ 100 Abs. 3, 101 Abs. 1 Nr. 3a und besagt, dass Voraussetzung für die Ermächtigung Krankenhauses auch die Deckung des zusätzlichen lokalen Versorgungsbedarfs in nicht unterversorgten Planungsbereichen sein kann.[10]

12 Der Landesausschuss muss insoweit eine positive Feststellung getroffen haben. Dieser ist insoweit für die Zulassungsorgane bindend.[11]

13 **c) Rechtsfolgen.** Insoweit besteht nach dem Wortlaut ein Anspruch auf eine Ermächtigung („muss"). Zudem ist es möglich, dass in einem unterversorgten Planungsbereich mehrere Krankenhäuser den Antrag stellen oder dass die persönliche Ermächtigung eines Krankenhausarztes zur Behebung der Unterversorgung ausreicht.[12]

14 Zudem kann die Ermächtigung nur erteilt werden, soweit und solange dies zur Beseitigung der Unterversorgung oder zur Deckung des zusätzlichen lokalen Versorgungsbedarfs erforderlich ist. Daraus folgt, dass sich der Beurteilungsspielraum auch auf die inhaltliche und zeitliche Begrenzung bezieht. Unklar ist jedoch, ob sich die Ermächtigung auf bestimmte EBM-Ziffern beschränkt werden kann oder ob sie sich quantitativ auf ein gesamtes Fachgebiet bezieht.

15 Die Vergütung des Krankenhauses (ermächtigte ärztlich geleitete Einrichtung) richtet sich nach § 120 Abs. 1, mithin erfolgt sie nach den für Vertragsärzte geltenden Grundsätzen aus der vertragsärztlichen Gesamtvergütung.[13]

16 **d) Beendigung der Ermächtigung.** Durch die Befristung der Ermächtigung soll einerseits eine zeit- und sachgerechte Anpassung an den vorhandenen Versorgungsbedarf ermöglicht, andererseits aber auch für die Beteiligten Rechtssicherheit geschaffen werden. Die Ermächtigung kann deshalb während des Laufs der Frist wegen Änderungen der Bedarfslage nicht widerrufen werden. Das ermächtigte Krankenhaus soll sich darauf verlassen können, dass es für die Dauer der festgelegten Zeit berechtigt ist, die von der Ermächtigung erfassten vertragsärztlichen Leistungen zu erbringen.[14]

---

[5] BT-Dr. 18/4095, 112.
[6] Becker in: Becker/Kingreen, § 116a Rn. 2.
[7] Hänlein in: Hänlein/Schuler, § 116a Rn. 1, §§ 117-119b Rn. 4.
[8] Hänlein in: Hänlein/Schuler, § 116a Rn. 1, §§ 117-119b Rn. 4.
[9] Köhler-Hohmann in: jurisPK-SGB V, § 116a Rn. 12.
[10] Köhler-Hohmann in: jurisPK-SGB V, § 116a Rn. 13.
[11] Köhler-Hohmann in: jurisPK-SGB V, § 116a Rn. 10 ff., 12.
[12] BT-Dr. 15/1525, 119.
[13] BT-Dr. 15/1525, 119.
[14] BSG, 19.6.1996, 6 RKa 15/95, juris Rn. 17 = MedR 1997, 286 ff.; aA Becker in: Becker/Kingreen, § 116 Rn. 20, wonach eine Ermächtigung zu widerrufen ist, soweit und sobald ein Versorgungsdefizit nicht mehr bestehen würde; dies wäre der Fall, wenn ein Krankenhaus einen Vertrag nach § 115a SGB V schließen würde.

Ist ein Krankenhaus jedoch bereits seit mehreren Jahren in einem im Wesentlichen gleichen Umfang   17
ermächtigt worden, so bedarf es zur Ablehnung einer Ermächtigung einer Sachverhaltsermittlung, die Anlass zu einer gegenüber früher abweichenden Bedarfs- und Bedarfsdeckungssituation gibt.[15]

e) **Rechtsschutz.** Gegen die Entscheidungen der Zulassungsausschüsse bzgl. der Erteilung, Versagung,   18
Beschränkung und die Rücknahme der Ermächtigung können im Rahmen der §§ 96, 97 die Berufungsausschüsse angerufen werden. Gegen deren Entscheidungen kann beim Sozialgericht Klage erhoben werden. Richtiger Spruchkörper ist nach § 10 Abs. 2 S. 2 Nr. 3 SGG iVm § 12 Abs. 3 SGG die Kammer für Angelegenheiten des Vertragsarztrechts.[16]

Widerspruchs- bzw. klagebefugt sind gemäß § 96 Abs. 4 sowohl die am Verfahren beteiligten Ärzte   19
und Einrichtungen, wobei Krankenhäuser Einrichtungen in diesem Sinne sind, als auch die beteiligte Kassenärztlichen Vereinigungen, die Landesverbände der Krankenkassen sowie die Ersatzkassen; die Anrufung des Berufungsausschusses hat insoweit aufschiebende Wirkung.

Darüber hinaus ist auch für die Ermächtigung nach § 116 a die Drittanfechtungsberechtigung von Vertragsärzten anerkannt.[17]   20

Verstößt ein Krankenhaus gegen § 116 a, handelt es unter den Voraussetzungen des § 1 UWG wettbewerbswidrig. Ggf. ist es anderen Krankenhäusern bzw. Ärzten zum Ersatz des ihnen dadurch entstandenen Schadens verpflichtet.[18]   21

§ 116 b Ambulante spezialfachärztliche Versorgung

(1) ¹Die ambulante spezialfachärztliche Versorgung umfasst die Diagnostik und Behandlung komplexer, schwer therapierbarer Krankheiten, die je nach Krankheit eine spezielle Qualifikation, eine interdisziplinäre Zusammenarbeit und besondere Ausstattungen erfordern. ²Hierzu gehören nach Maßgabe der Absätze 4 und 5 insbesondere folgende Erkrankungen mit besonderen Krankheitsverläufen, seltene Erkrankungen und Erkrankungszustände mit entsprechend geringen Fallzahlen sowie hochspezialisierte Leistungen:
1. Erkrankungen mit besonderen Krankheitsverläufen wie
   a) onkologische Erkrankungen,
   b) rheumatologische Erkrankungen,
   c) HIV/AIDS,
   d) Herzinsuffizienz
      (NYHA Stadium 3–4),
   e) Multiple Sklerose,
   f) zerebrale Anfallsleiden (Epilepsie),
   g) komplexe Erkrankungen im Rahmen der pädiatrischen Kardiologie,
   h) Folgeschäden bei Frühgeborenen oder
   i) Querschnittslähmung bei Komplikationen, die eine interdisziplinäre Versorgung erforderlich machen;
   bei Erkrankungen nach den Buchstaben c bis i umfasst die ambulante spezialfachärztliche Versorgung nur schwere Verlaufsformen der jeweiligen Erkrankungen mit besonderen Krankheitsverläufen;
2. seltene Erkrankungen und Erkrankungszustände mit entsprechend geringen Fallzahlen wie
   a) Tuberkulose,
   b) Mukoviszidose,
   c) Hämophilie,
   d) Fehlbildungen, angeborene Skelettsystemfehlbildungen und neuromuskuläre Erkrankungen,
   e) schwerwiegende immunologische Erkrankungen,
   f) biliäre Zirrhose,

---

15 Vgl. SG Marburg, 8.2.2006, S 12 KA 21/06 ER, juris LS; Schallen, ZulVO, § 31 Rn. 51.
16 Vgl. BT-Dr. 17/6764, 11, 25 f.
17 Becker in: Becker/Kingreen, § 116 a Rn. 8; für den ärztlichen Bereich vgl. BVerfG, 17.8.2004, 1 BvR 378/00, juris Rn. 17 ff. = GesR 2004, 470 ff.; BSG, 17.8.2011, B 6 KA 26/10 R, juris Rn. 19 = SozR 4-2500 § 101 Nr. 11.
18 Für den ärztlichen Bereich vgl. BSG, 25.11.1998, B 6 KA 75/97 R, MedR 1999, 429 ff.

g) primär sklerosierende Cholangitis,
h) Morbus Wilson,
i) Transsexualismus,
j) Versorgung von Kindern mit angeborenen Stoffwechselstörungen,
k) Marfan-Syndrom,
l) pulmonale Hypertonie,
m) Kurzdarmsyndrom oder
n) Versorgung von Patienten vor oder nach Organtransplantation und von lebenden Spendern sowie
3. hochspezialisierte Leistungen wie
   a) CT/MRT-gestützte interventionelle schmerztherapeutische Leistungen oder
   b) Brachytherapie.

³Untersuchungs- und Behandlungsmethoden können Gegenstand des Leistungsumfangs in der ambulanten spezialfachärztlichen Versorgung sein, soweit der Gemeinsame Bundesausschuss im Rahmen der Beschlüsse nach § 137c für die Krankenhausbehandlung keine ablehnende Entscheidung getroffen hat.

(2) ¹An der vertragsärztlichen Versorgung teilnehmende Leistungserbringer und nach § 108 zugelassene Krankenhäuser sind berechtigt, Leistungen der ambulanten spezialfachärztlichen Versorgung nach Absatz 1, deren Behandlungsumfang der Gemeinsame Bundesausschuss nach den Absätzen 4 und 5 bestimmt hat, zu erbringen, soweit sie die hierfür jeweils maßgeblichen Anforderungen und Voraussetzungen nach den Absätzen 4 und 5 erfüllen und dies gegenüber dem nach Maßgabe des Absatzes 3 Satz 1 erweiterten Landesausschuss der Ärzte und Krankenkassen nach § 90 Absatz 1 unter Beifügung entsprechender Belege anzeigen. ²Soweit der Abschluss von Vereinbarungen nach Absatz 4 Satz 9 und 10 zwischen den in Satz 1 genannten Leistungserbringern erforderlich ist, sind diese im Rahmen des Anzeigeverfahrens nach Satz 1 ebenfalls vorzulegen. ³Dies gilt nicht, wenn der Leistungserbringer glaubhaft versichert, dass ihm die Vorlage aus den in Absatz 4 Satz 11 zweiter Halbsatz genannten Gründen nicht möglich ist. ⁴Der Leistungserbringer ist nach Ablauf einer Frist von zwei Monaten nach Eingang seiner Anzeige zur Teilnahme an der ambulanten spezialfachärztlichen Versorgung berechtigt, es sei denn, der Landesausschuss nach Satz 1 teilt ihm innerhalb dieser Frist mit, dass er die Anforderungen und Voraussetzungen hierfür nicht erfüllt. ⁵Der Landesausschuss nach Satz 1 kann von dem anzeigenden Leistungserbringer zusätzlich erforderliche Informationen und ergänzende Stellungnahmen anfordern; bis zum Eingang der Auskünfte ist der Lauf der Frist nach Satz 4 unterbrochen. ⁶Danach läuft die Frist weiter; der Zeitraum der Unterbrechung wird in die Frist nicht eingerechnet. ⁷Nach Satz 4 berechtigte Leistungserbringer haben ihre Teilnahme an der ambulanten spezialfachärztlichen Versorgung den Landesverbänden der Krankenkassen und den Ersatzkassen, der Kassenärztlichen Vereinigung sowie der Landeskrankenhausgesellschaft zu melden und dabei den Erkrankungs- und Leistungsbereich anzugeben, auf den sich die Berechtigung erstreckt. ⁸Erfüllt der Leistungserbringer die für ihn nach den Sätzen 1 und 2 maßgeblichen Voraussetzungen für die Berechtigung zur Teilnahme an der ambulanten spezialfachärztlichen Versorgung nicht mehr, hat er dies unverzüglich unter Angabe des Zeitpunkts ihres Wegfalls gegenüber dem Landesausschuss nach Satz 1 anzuzeigen sowie den in Satz 7 genannten Stellen zu melden. ⁹Der Landesausschuss nach Satz 1 kann einen an der ambulanten spezialfachärztlichen Versorgung teilnehmenden Leistungserbringer aus gegebenem Anlass sowie unabhängig davon nach Ablauf von mindestens fünf Jahren seit seiner erstmaligen Teilnahmeanzeige oder der letzten späteren Überprüfung seiner Teilnahmeberechtigung auffordern, ihm gegenüber innerhalb einer Frist von zwei Monaten nachzuweisen, dass er die Voraussetzungen für seine Teilnahme an der ambulanten spezialfachärztlichen Versorgung weiterhin erfüllt. ¹⁰Die Sätze 4, 5 und 8 gelten entsprechend.

(3) ¹Für die Wahrnehmung der Aufgaben nach Absatz 2 wird der Landesausschuss der Ärzte und Krankenkassen nach § 90 Absatz 1 um Vertreter der Krankenhäuser in der gleichen Zahl erweitert, wie sie nach § 90 Absatz 2 jeweils für die Vertreter der Krankenkassen und die Vertreter der Ärzte vorgesehen ist (erweiterter Landesausschuss). ²Die Vertreter der Krankenhäuser werden von der Landeskrankenhausgesellschaft bestellt. ³Über den Vorsitzenden des erweiterten Landesausschusses und die zwei weiteren unparteiischen Mitglieder sowie deren Stellvertreter sollen sich die beteiligten Kassenärztlichen Vereinigungen, die Landesverbände der Krankenkassen und die Ersatzkassen sowie die Landeskrankenhausgesellschaft einigen. ⁴Kommt eine Einigung nicht zustande, werden sie durch die für die Sozialversicherung zuständige oberste Verwaltungsbehörde des Landes im Benehmen mit den be-

teiligten Kassenärztlichen Vereinigungen, den Landesverbänden der Krankenkassen und den Ersatzkassen sowie der Landeskrankenhausgesellschaft berufen. [5]Die dem Landesausschuss durch die Wahrnehmung der Aufgaben nach Absatz 2 entstehenden Kosten werden zur Hälfte von den Verbänden der Krankenkassen und den Ersatzkassen sowie zu je einem Viertel von den beteiligten Kassenärztlichen Vereinigungen und der Landeskrankenhausgesellschaft getragen. [6]Der erweiterte Landesausschuss beschließt mit einfacher Mehrheit; bei der Gewichtung der Stimmen zählen die Stimmen der Vertreter der Krankenkassen doppelt. [7]Der erweiterte Landesausschuss kann für die Beschlussfassung über Entscheidungen im Rahmen des Anzeigeverfahrens nach Absatz 2 in seiner Geschäftsordnung abweichend von Satz 1 die Besetzung mit einer kleineren Zahl von Mitgliedern festlegen; die Mitberatungsrechte nach § 90 Absatz 4 Satz 2 sowie § 140 f Absatz 3 bleiben unberührt. [8]Er ist befugt, geeignete Dritte ganz oder teilweise mit der Durchführung von Aufgaben nach Absatz 2 zu beauftragen und kann hierfür nähere Vorgaben beschließen.

(4) [1]Der Gemeinsame Bundesausschuss regelt in einer Richtlinie bis zum 31. Dezember 2012 das Nähere zur ambulanten spezialfachärztlichen Versorgung nach Absatz 1. [2]Er konkretisiert die Erkrankungen nach Absatz 1 Satz 2 nach der Internationalen Klassifikation der Krankheiten in der jeweiligen vom Deutschen Institut für medizinische Dokumentation und Information im Auftrag des Bundesministeriums für Gesundheit herausgegebenen deutschen Fassung oder nach weiteren von ihm festzulegenden Merkmalen und bestimmt den Behandlungsumfang. [3]In Bezug auf Krankenhäuser, die an der ambulanten spezialfachärztlichen Versorgung teilnehmen, hat der Gemeinsame Bundesausschuss für Leistungen, die sowohl ambulant spezialfachärztlich als auch teilstationär oder stationär erbracht werden können, allgemeine Tatbestände zu bestimmen, bei deren Vorliegen eine ambulante spezialfachärztliche Leistungserbringung ausnahmsweise nicht ausreichend ist und eine teilstationäre oder stationäre Durchführung erforderlich sein kann. [4]Er regelt die sächlichen und personellen Anforderungen an die ambulante spezialfachärztliche Leistungserbringung sowie sonstige Anforderungen an die Qualitätssicherung unter Berücksichtigung der Ergebnisse nach § 137 a Absatz 3. [5]Bei Erkrankungen mit besonderen Krankheitsverläufen setzt die ambulante spezialfachärztliche Versorgung die Überweisung durch einen Vertragsarzt voraus; das Nähere hierzu regelt der Gemeinsame Bundesausschuss in seiner Richtlinie nach Satz 1. [6]Satz 5 gilt nicht bei Zuweisung von Versicherten aus dem stationären Bereich. [7]Für seltene Erkrankungen und Erkrankungszustände mit entsprechend geringen Fallzahlen sowie hochspezialisierte Leistungen regelt der Gemeinsame Bundesausschuss, in welchen Fällen die ambulante spezialfachärztliche Leistungserbringung die Überweisung durch den behandelnden Arzt voraussetzt. [8]Für die Behandlung von Erkrankungen mit besonderen Krankheitsverläufen nach Absatz 1 Satz 2 Nummer 1, bei denen es sich nicht zugleich um seltene Erkrankungen oder Erkrankungszustände mit entsprechend geringen Fallzahlen handelt, kann er Empfehlungen als Entscheidungshilfe für den behandelnden Arzt abgeben, in welchen medizinischen Fallkonstellationen bei der jeweiligen Krankheit von einem besonderen Krankheitsverlauf auszugehen ist. [9]Zudem kann er für die Versorgung bei Erkrankungen mit besonderen Krankheitsverläufen Regelungen zu Vereinbarungen treffen, die eine Kooperation zwischen den beteiligten Leistungserbringern nach Absatz 2 Satz 1 in diesem Versorgungsbereich fördern. [10]Für die Versorgung von Patienten mit onkologischen Erkrankungen hat er Regelungen für solche Vereinbarungen zu treffen. [11]Diese Vereinbarungen nach den Sätzen 9 und 10 sind Voraussetzung für die Teilnahme an der ambulanten spezialfachärztlichen Versorgung, es sei denn, dass ein Leistungserbringer eine Vereinbarung nach den Sätzen 9 oder 10 nicht abschließen kann, weil in seinem für die ambulante spezialfachärztliche Versorgung relevanten Einzugsbereich

a) kein geeigneter Kooperationspartner vorhanden ist oder
b) er dort trotz ernsthaften Bemühens innerhalb eines Zeitraums von mindestens zwei Monaten keinen zur Kooperation mit ihm bereiten geeigneten Leistungserbringer finden konnte.

[12]Der Gemeinsame Bundesausschuss hat spätestens jeweils zwei Jahre nach dem Inkrafttreten eines Richtlinienbeschlusses, der für eine Erkrankung nach Absatz 1 Satz 2 Nummer 1 Buchstabe a oder Buchstabe b getroffen wurde, die Auswirkungen dieses Beschlusses hinsichtlich Qualität, Inanspruchnahme und Wirtschaftlichkeit der ambulanten spezialfachärztlichen Versorgung sowie die Erforderlichkeit einer Anpassung dieses Beschlusses zu prüfen. [13]Über das Ergebnis der Prüfung berichtet der Gemeinsame Bundesausschuss dem Bundesministerium für Gesundheit.

(5) [1]Der Gemeinsame Bundesausschuss ergänzt den Katalog nach Absatz 1 Satz 2 auf Antrag eines Unparteiischen nach § 91 Absatz 2 Satz 1, einer Trägerorganisation des Gemeinsamen Bundesausschusses oder der für die Wahrnehmung der Interessen der Patientinnen und Patienten und der Selbsthilfe chronisch kranker und behinderter Menschen auf Bundesebene maßgeblichen Organisationen

nach § 140 f nach Maßgabe des Absatzes 1 Satz 1 um weitere Erkrankungen mit besonderen Krankheitsverläufen, seltene Erkrankungen und Erkrankungszustände mit entsprechend geringen Fallzahlen sowie hochspezialisierte Leistungen. ²Im Übrigen gilt Absatz 4 entsprechend.

(6) ¹Die Leistungen der ambulanten spezialfachärztlichen Versorgung werden unmittelbar von der Krankenkasse vergütet; Leistungserbringer können die Kassenärztliche Vereinigung gegen Aufwendungsersatz mit der Abrechnung von Leistungen der ambulanten spezialfachärztlichen Versorgung beauftragen. ²Für die Vergütung der Leistungen der ambulanten spezialfachärztlichen Versorgung vereinbaren der Spitzenverband Bund der Krankenkassen, die Deutsche Krankenhausgesellschaft und die Kassenärztliche Bundesvereinigung gemeinsam und einheitlich die Kalkulationssystematik, diagnosebezogene Gebührenpositionen in Euro sowie deren jeweilige verbindliche Einführungszeitpunkte nach Inkrafttreten der entsprechenden Richtlinien gemäß den Absätzen 4 und 5. ³Die Kalkulation erfolgt auf betriebswirtschaftlicher Grundlage ausgehend vom einheitlichen Bewertungsmaßstab für ärztliche Leistungen unter ergänzender Berücksichtigung der nichtärztlichen Leistungen, der Sachkosten sowie der spezifischen Investitionsbedingungen. ⁴Bei den seltenen Erkrankungen und Erkrankungszuständen mit entsprechend geringen Fallzahlen sollen die Gebührenpositionen für die Diagnostik und die Behandlung getrennt kalkuliert werden. ⁵Die Vertragspartner können einen Dritten mit der Kalkulation beauftragen. ⁶Die Gebührenpositionen sind in regelmäßigen Zeitabständen daraufhin zu überprüfen, ob sie noch dem Stand der medizinischen Wissenschaft und Technik sowie dem Grundsatz der wirtschaftlichen Leistungserbringung entsprechen. ⁷Kommt eine Vereinbarung nach Satz 2 ganz oder teilweise nicht zustande, wird ihr Inhalt auf Antrag einer Vertragspartei durch das Schiedsamt nach § 89 Absatz 4 innerhalb von drei Monaten festgesetzt, das hierzu um weitere Vertreter der Deutschen Krankenhausgesellschaft sowie der Krankenkassen in jeweils gleicher Zahl erweitert wird und mit einer Mehrheit der Stimmen der Mitglieder beschließt; § 112 Absatz 4 gilt entsprechend. ⁸Bis zum Inkrafttreten einer Vereinbarung nach Satz 2 erfolgt die Vergütung auf der Grundlage der vom Bewertungsausschuss gemäß § 87 Absatz 5 a bestimmten abrechnungsfähigen ambulanten spezialfachärztlichen Leistungen des einheitlichen Bewertungsmaßstabs für ärztliche Leistungen mit dem Preis der jeweiligen regionalen Euro-Gebührenordnung. ⁹Der Bewertungsausschuss gemäß § 87 Absatz 5 a hat den einheitlichen Bewertungsmaßstab für ärztliche Leistungen bis zum Inkrafttreten einer Vereinbarung nach Satz 2 und jeweils bis spätestens sechs Monate nach Inkrafttreten der Richtlinien gemäß den Absätzen 4 und 5 insbesondere so anzupassen, dass die Leistungen nach Absatz 1 unter Berücksichtigung der Vorgaben nach den Absätzen 4 und 5 angemessen bewertet sind und nur von den an der ambulanten spezialfachärztlichen Versorgung teilnehmenden Leistungserbringern abgerechnet werden können. ¹⁰Die Prüfung der Abrechnung und der Wirtschaftlichkeit sowie der Qualität, soweit der Gemeinsame Bundesausschuss hierzu in der Richtlinie nach Absatz 4 keine abweichende Regelung getroffen hat, erfolgt durch die Krankenkassen, die hiermit eine Arbeitsgemeinschaft oder den Medizinischen Dienst der Krankenversicherung beauftragen können; ihnen sind die für die Prüfungen erforderlichen Belege und Berechtigungsdaten nach Absatz 2 auf Verlangen vorzulegen. ¹¹Für die Abrechnung gilt § 295 Absatz 1 b Satz 1 entsprechend. ¹²Das Nähere über Form und Inhalt des Abrechnungsverfahrens sowie über die erforderlichen Vordrucke wird von den Vertragsparteien nach Satz 2 vereinbart; Satz 7 gilt entsprechend. ¹³Die morbiditätsbedingte Gesamtvergütung ist nach Maßgabe der Vorgaben des Bewertungsausschusses nach § 87 a Absatz 5 Satz 7 in den Vereinbarungen nach § 87 a Absatz 3 um die Leistungen zu bereinigen, die Bestandteil der ambulanten spezialfachärztlichen Versorgung sind. ¹⁴Die Bereinigung darf nicht zulasten des hausärztlichen Vergütungsanteils und der fachärztlichen Grundversorgung gehen. ¹⁵In den Vereinbarungen zur Bereinigung ist auch über notwendige Korrekturverfahren zu entscheiden.

(7) ¹Die ambulante spezialfachärztliche Versorgung nach Absatz 1 schließt die Verordnung von Leistungen nach § 73 Absatz 2 Nummer 5 bis 8 und 12 ein, soweit diese zur Erfüllung des Behandlungsauftrags nach Absatz 2 erforderlich sind; § 73 Absatz 2 Nummer 9 gilt entsprechend. ²Die Richtlinien nach § 92 Absatz 1 Satz 2 gelten entsprechend. ³Die Vereinbarungen über Vordrucke und Nachweise nach § 87 Absatz 1 Satz 2 sowie die Richtlinien nach § 75 Absatz 7 gelten entsprechend, soweit sie Regelungen zur Verordnung von Leistungen nach Satz 1 betreffen. ⁴Verordnungen im Rahmen der Versorgung nach Absatz 1 sind auf den Vordrucken gesondert zu kennzeichnen. ⁵Leistungserbringer nach Absatz 2 erhalten ein Kennzeichen nach § 293 Absatz 1 und Absatz 4 Satz 2 Nummer 1, das eine eindeutige Zuordnung im Rahmen der Abrechnung nach den §§ 300 und 302 ermöglicht, und tragen dieses auf die Vordrucke auf. ⁶Das Nähere zu Form und Zuweisung der Kennzeichen nach den Sätzen 4 und 5, zur Bereitstellung der Vordrucke sowie zur Auftragung der Kennzeichen auf die Vordrucke ist in der Vereinbarung nach Absatz 6 Satz 12 zu regeln. ⁷Für die Prüfung der Wirtschaftlichkeit der Ver-

ordnungen nach Satz 1 gilt § 113 Absatz 4 entsprechend mit der Maßgabe, dass die Prüfung durch die Prüfungsstellen gegen Kostenersatz durchgeführt wird, soweit die Krankenkasse mit dem Leistungserbringer nach Absatz 2 nichts anderes vereinbart hat.

(8) ¹Bestimmungen, die von einem Land nach § 116b Absatz 2 Satz 1 in der bis zum 31. Dezember 2011 geltenden Fassung getroffen wurden, gelten weiter. ²Bestimmungen nach Satz 1 für eine Erkrankung nach Absatz 1 Satz 2 Nummer 1 oder Nummer 2 oder eine hochspezialisierte Leistung nach Absatz 1 Satz 2 Nummer 3, für die der Gemeinsame Bundesausschuss das Nähere zur ambulanten spezialfachärztlichen Versorgung in der Richtlinie nach Absatz 4 Satz 1 geregelt hat, werden unwirksam, wenn das Krankenhaus zu dieser Erkrankung oder hochspezialisierten Leistung zur Teilnahme an der ambulanten spezialfachärztlichen Versorgung berechtigt ist, spätestens jedoch drei Jahre nach Inkrafttreten des entsprechenden Richtlinienbeschlusses des Gemeinsamen Bundesausschusses. ³Die von zugelassenen Krankenhäusern aufgrund von Bestimmungen nach Satz 1 erbrachten Leistungen werden nach § 116b Absatz 5 in der bis zum 31. Dezember 2011 geltenden Fassung vergütet.

(9) ¹Die Auswirkungen der ambulanten spezialfachärztlichen Versorgung auf die Kostenträger, die Leistungserbringer sowie auf die Patientenversorgung sind fünf Jahre nach Inkrafttreten des Gesetzes zu bewerten. ²Gegenstand der Bewertung sind insbesondere der Stand der Versorgungsstruktur, der Qualität sowie der Abrechnung der Leistungen in der ambulanten spezialfachärztlichen Versorgung auch im Hinblick auf die Entwicklung in anderen Versorgungsbereichen. ³Die Ergebnisse der Bewertung sind dem Bundesministerium für Gesundheit zum 31. März 2017 zuzuleiten. ⁴Die Bewertung und die Berichtspflicht obliegen dem Spitzenverband Bund, der Kassenärztlichen Bundesvereinigung und der Deutschen Krankenhausgesellschaft gemeinsam.

Literatur:

Adam, Die Mitteilung nach § 116b Abs. 2 S. 4 Hs. 2 SGB V – Rechtsnatur und Rechtsschutz, NZS 2013, 888; *Bäune/Dahm/Flasbarth*, Vertragsärztliche Versorgung unter dem GKV-Versorgungsstrukturgesetz – GKV-VStG, MedR 2012, 77; *Hahne*, Ambulante spezialfachärztliche Versorgung (ASV) in der anwaltlichen Beratung niedergelassener Ärzte, GesR 2014, 463; Leber, Vergütung der ambulanten spezialfachärztlichen Versorgung, GesR 2014, 524; *Makoski*, ASV in der anwaltlichen Beratung eines Krankenhauses, GesR 2014, 466; *Mörsch*, Das GKV-Versorgungsstrukturgesetz aus der Sicht der DKG, das Krankenhaus 2012, 5; *Orlowski*, Ambulante spezialfachärztliche Versorgung nach § 116b SGB V – Ziele des Gesetzgebers, GesR 2014, 522; *Penner*, Der neue § 116b – Fortsetzung des Kampfes an den Sektorengrenzen?, ZMGR 2012, 16; *Quaas*, Die Einbeziehung der Krankenhäuser in die ambulante spezialfachärztliche Versorgung nach dem neuen § 116b SGB V, GesR 2013, 327; *Rixen*, Ambulante spezialfachärztliche Versorgung – eine grundrechtsfreie Zone?, GesR 2014, 449; *Roters*, Die Richtlinie des Gemeinsamen Bundesausschusses zur Ambulanten Spezialfachärztlichen Versorgung, GesR 2014, 456; *Schlottmann/Brenske/Schwarz*, Die neue G-BA-Richtlinie zu § 116b SGB V, Was lange was lange währt, wird endlich gut?, das Krankenhaus 2013, 692; *Stollmann*, § 116b SGB V – Die ambulante spezialfachärztliche Versorgung in der Umsetzung, ZMGR 2014, 85; *Stollmann*, § 116b SGB V nach In-Kraft-Treten des GKV-VStG, NZS 2012, 485; *v. Stackelberg*, Sicherstellung der ambulanten und stationären Versorgung nach dem Versorgungsstrukturgesetz (GKV-VStG), GesR 2012, 321; *Wahrendorf*, Verfahrensrechtliche Probleme des Anzeigeverfahrens nach § 116b Abs. 2 SGB V, MedR 2013, 425.

I. Entstehungsgeschichte und Normzusammenhang	1
II. Leistungsspektrum	15
1. Spezialfachärztliche Leistungsinhalte (Abs. 1 S. 1 bis 3)	15
a) Generelles Leistungsspektrum (Abs. 1 S. 1)	15
b) Spezielles Leistungsspektrum, Gruppen von Katalogerkrankungen (Abs. 1 S. 2)	16
aa) Erkrankungen mit besonderen Krankheitsverläufen (Abs. 1 S. 2 Nr. 1)	18
bb) Seltene Erkrankungen und Erkrankungen mit entsprechend geringen Fallzahlen (Abs. 1 S. 2 Nr. 2)	22
cc) Hochspezialisierte Leistungen (Abs. 1 S. 2 Nr. 3)	27
2. Konkretisierungen des Leistungsspektrums durch den G-BA (Abs. 4)	30
a) Konkretisierungen durch den G-BA	30
b) Stand der Konkretisierungen	31
c) Inhalt der Konkretisierungen	32
3. Weitere spezialfachärztliche Leistungsinhalte	43
a) Neue Untersuchungs- und Behandlungsmethoden (Abs. 1 S. 3)	43
b) Katalogergänzung durch den G-BA auf Antrag (Abs. 5)	44
c) AOP-Leistungen	49
4. Verordnungen nach § 71 Abs. 2 (Abs. 7)	50
III. Teilnahmeberechtigte Leistungserbringer, sog ASV-Berechtigte (Abs. 2 S. 1)	51

IV.	Leistungsvoraussetzungen (Abs. 4 und 5)...	60	VII. Vergütung und Abrechnung der ASV-Leistungen (Abs. 6)...............................	131
	1. Personelle, sächliche und organisatorische Anforderungen....................	61	1. Unmittelbare Vergütung von der Krankenkasse........................	132
	a) Personelle Anforderungen.........	62	2. Vergütungsphasen.................	133
	b) Sächliche und organisatorische Anforderungen................	69	3. Abrechnung der ASV-Leistungen	146
			a) Abrechnungsberechtigung..........	146
	2. Ort der Leistungserbringung...........	70	b) Abrechnungswege................	148
	3. Qualitätssicherung und Mindestmengen (Abs. 4 S. 4)........................	72	c) Abrechnungskennzeichen (sog ASV-Teamnummer)............	149
	4. Kooperationsvereinbarungen (Abs. 4 S. 9 und 10).....................	80	d) Datenübermittlung bei der Abrechnung (Abs. 6 S. 11 und 12).......	150
	5. Überweisungsvorbehalt in der ASV (Abs. 4 S. 5 bis 8).....................	92	4. Bereinigung der morbiditätsbedingten Gesamtvergütung (Abs. 6 S. 13)	152
V.	Anzeige- und Prüfverfahren gegenüber dem erweiterten Landesausschuss (eLA) (Abs. 3)	98	VIII. Abrechnungs-, Wirtschaftlichkeits- und Qualitätsprüfung (Abs. 6 S. 10, Abs. 7 S. 7)	155
	1. Besetzung und Rechtsnatur des eLA	99	IX. Abgrenzung zu weiteren Versorgungsformen..	157
	2. Beauftragung Dritter...................	102	1. Abgrenzung zu stationären und teilstationären Leistungen.................	157
	3. Anzeigeverfahren und Beschlussfassung des eLA...........................	103	2. Abgrenzung zu persönlichen/institutionellen Ermächtigungen..............	160
	a) Anzeigeverfahren	103	
	b) Erforderliche Nachweise............	107	
	c) Beschlussfassung.................	108	3. Abgrenzung zur vertragsärztlichen Leistungserbringung im kollektivvertraglichen System............................	162
	d) Kosten für die Anzeigenden	109	
	4. Kosten des eLA (Abs. 3 S. 5)............	110	X. Steuerrechtliche Fragestellungen	163
VI.	Beginn und Beendigung der ASV-Teilnahme....................................	111	XI. Rechtsschutzmöglichkeiten................	167
	1. Teilnahmeberechtigung	111	1. Rechtsweg und Spruchkörper.........	167
	a) Fristberechnung...................	112	2. Statthafte Klageart	168
	b) Rechtswirkungen des Anzeigeverfahrens	116	3. Widerspruchsverfahren	169
			4. Konkurrenzschutz..................	171
	aa) Fiktiver Verwaltungsakt	117	5. Streitwert........................	175
	bb) Gesetzliche Leistungserbringung........................	118	XII. Übergangsregelungen für Krankenhäuser (Abs. 8).................................	176
	c) Negativ- oder Positivmitteilung	119	XIII. Bewertung durch Selbstverwaltungspartner auf Bundesebene (Abs. 9)...............	182
	d) Meldepflicht gegenüber der Selbstverwaltung (Abs. 2 S. 6)...........	124	
	2. Beendigung der ASV-Teilnahme.........	125	

I. Entstehungsgeschichte und Normzusammenhang

1 § 116 b wurde zum 1.1.2004 durch das **GKV-Modernisierungsgesetz (GMG)**[1] in das SGB V eingefügt. Krankenkassen konnten mit zugelassenen Krankenhäusern Vereinbarungen über die ambulante Behandlung treffen, sog **Vertragslösung**. Abs. 1 enthielt eine Regelung zu DMP-Verträgen, Abs. 2ff. zur ambulanten Erbringung hochspezialisierter Leistungen sowie zur Behandlung seltener Erkrankungen und Erkrankungen mit besonderen Krankheitsverläufen. Die praktische Umsetzung des Abs. 2 scheiterte an dem gesetzlichen Erfordernis eines Einzelvertragsabschlusses, den die Krankenkassen regelmäßig mit dem Hinweis auf fehlende Versorgungslücken und wohl auch unter Kostengesichtspunkten ablehnten.[2]

2 Mit dem **GKV-Wettbewerbsstärkungsgesetz (GKV-WSG)**[3] entfiel zum 1.4.2007 die Vertragskompetenz der Krankenkassen zugunsten einer Entscheidungskompetenz der Landeskrankenhausplanungsbehörden, sog **Bestimmungslösung**. Diese Änderung erreichte in zahlreichen Bundesländern das gesetzgeberische Ziel,[4] die Versorgung nach § 116 b stark voranzutreiben und eine bessere Teilöffnung der Krankenhäuser für die ambulante Behandlung zu bewirken. Ein zugelassenes Krankenhaus war auf Antrag und damit ohne Vertragsschluss mit den gesetzlichen Krankenkassen zur ambulanten Behandlung von hochspezialisierten Leistungen, seltenen Erkrankungen und Erkrankungen mit besonderen Krankheitsverläufen berechtigt, wenn und soweit es im Rahmen der Landeskrankenhausplanung unter Berück-

---

1 BGBl. I 2003, 2190.
2 Vgl. BT-Dr. 16/3100, 152.
3 Vgl. BGBl. I 2007, 378.
4 BT-Dr. 16/3100, 89.

sichtigung der vertragsärztlichen Versorgungssituation dazu durch die jeweils für den Krankenhausplan eines Landes zuständige Behörde[5] bestimmt worden war (vgl. Abs. 2 S. 1 aF).

Infolge der zunehmenden Leistungserbringung im Rahmen des § 116 b idF des GKV-WSG entfachte sich ein angebotsinduzierter **Wettbewerb zwischen Krankenhäusern und Niedergelassenen**[6] um die Behandlung von Patienten, die dem Leistungsspektrum unterfielen. Betroffen waren insbesondere die onkologisch und hämatologisch tätigen Vertragsärzte, da unter die Erkrankungen mit besonderen Krankheitsverläufen weite Teile des onkologischen Versorgungsspektrums von der Diagnostik bis zur Behandlung fielen und insofern der ambulanten Behandlung regelhaft eine stationäre vorausging, so dass sich der Patientenzugang für Krankenhäuser leichter darstellte.

Zum 1.1.2012 wurde § 116 b durch das **GKV-Versorgungsstrukturgesetz (GKV-VStG)**[7] grundlegend neu gefasst. Seitdem regelt die Norm die **ambulante spezialfachärztliche Versorgung (ASV)** und schafft damit schrittweise einen „sektorenverbindenden Versorgungsbereich".[8] Die bisherige Bestimmung von Krankenhäusern nach § 116 b aF (→ Rn. 2) weicht einem weiterhin durch den G-BA näher zu definierenden Leistungssektor (→ Rn. 30 ff.), der nach dem Grundsatz „wer kann, der darf" funktioniert und **Krankenhäuser sowie an der vertragsärztlichen Versorgung teilnehmende Leistungserbringer gleichberechtigt als ASV-Leistungserbringer zulässt** (→ Rn. 51 ff.), sofern sie die Voraussetzungen erfüllen (→ Rn. 60 ff.). Es gelten die gleichen Qualifikationsvoraussetzungen und gleiche Bedingungen. Der Gesetzgeber[9] reagiert damit auf zahlreiche an der Sektorengrenze geführte Streitigkeiten zu § 116 b aF[10] und unternimmt den Versuch, die Versorgung in ambulanten spezialfachärztlichen Bereichen sektorenübergreifend unter Bündelung mehrerer Fachdisziplinen befriedend zu regeln. Die strenge sektorale Aufteilung der GKV-Versorgung in vertragsärztliche Versorgung und Krankenhausversorgung werde der zunehmenden Interdisziplinarität bei Diagnostik und Therapie sowie steigender Multimorbidität nicht mehr gerecht.[11] Ein besseres Ineinandergreifen von stationärer und fachärztlicher Versorgung sei gefordert.[12]

Seit dem 1.1.2012 sind keine Bestimmungen der Landesbehörden nach § 116 b aF mehr möglich. Entsprechende Bescheide wären rechtswidrig, ggf. nichtig, § 40 Abs. 1 SGB X.[13]

Anknüpfend an die Katalogleistungen des § 116 b aF zählen zum **ASV-Leistungsspektrum** nach § 116 b nF nach dem GKV-VStG die Diagnostik und Behandlung schwerer Verlaufsformen von Erkrankungen mit besonderen Krankheitsverläufen, seltene Erkrankungen und Erkrankungszustände mit geringen Fallzahlen sowie hochspezialisierte Leistungen (→ Rn. 2). Die **gravierendsten Änderungen im Verhältnis zu § 116 b aF** betreffen

- die Beschränkung des sachlichen Anwendungsbereichs auf schwere Verlaufsformen bei den Erkrankungen mit besonderen Krankheitsverläufen (→ Rn. 20),
- die Neufassung eines sektorenübergreifenden Teilnehmerkreises (→ Rn. 51 ff.),
- die Vorgabe verpflichtender Kooperationsvereinbarungen (→ Rn. 80 ff.),
- die Übertragung der Zuständigkeiten von der Krankenhausplanungsbehörde des Landes auf die neu eingerichteten erweiterten Landesausschüsse (→ Rn. 98 ff.) und
- die Einführung eines Anzeigeverfahrens (→ Rn. 103 ff.).[14]

Die Änderungen basieren zT auf **Beschlüssen des Gesundheitsausschusses**, welche den von der **Bundesregierung vorgelegten Entwurf**[15] erheblich änderten. Aus der ambulanten spezialärztlichen wurde die ambulante spezial*fach*ärztliche Versorgung, um zu verdeutlichen, dass die Versorgung fachärztliche Qualifikation voraussetzt, grundsätzlich Fachärzten vorbehalten ist und Hausärzte nur in Einzelfällen ASV-berechtigt sind.[16] Der Katalog der Behandlung von Erkrankungen mit besonderen Krankheitsver-

---

5 Die Länder regelten das Zulassungsverfahren, die Entscheidung fiel im Rahmen der Krankenhausplanung. Eine an § 6 KHG oder an § 99 SGB V orientierte Bedarfsprüfung erfolgte nicht, vgl. BT-Dr. 16/3100, 89, 139 f.
6 § 116 b Abs. 2 SGB V aF als „Treffer ins Herz der niedergelassenen Ärzte", Quaas, GesR 2010, 455 oder als „Epizentrum des Erdbebens", Wenner, GesR 2009, 505, 509.
7 BGBl. I 2011, 2983.
8 BT-Dr. 17/6906, 80.
9 Vgl. zu den Zielen des Gesetzgebers Orlowski, GesR 2014, 522.
10 Vgl. hierzu Stollmann, NZS 2012, 485, 486 mwN.
11 BT-Dr. 17/6906, 80.
12 BT-Dr. 17/8005, 97.
13 Vgl. Stollmann, ZMRG 2014, 85, 94.
14 Vgl. auch Stollmann, ZMGR 2014, 85.
15 BT-Dr. 17/6906, 25 ff.
16 BT-Dr. 17/8005, 115.

läufen wurde auf schwere Verlaufsformen beschränkt (Abs. 1 S. 2 Nr. 1).[17] Zudem wurde bei diesen Erkrankungen ein vertragsärztlicher Überweisungsvorbehalt aufgenommen (Abs. 4 S. 5). Beides soll die Behandlung auf komplexe, schwer therapierbare Krankheiten fokussieren.[18] Die Voraussetzungen für den Nachweis der Kooperationsvereinbarungen wurden präzisiert (Abs. 4 S. 11).[19] Die zunächst vorgesehene Eingliederung der ambulant durchführbaren Operationen und sonstigen stationsersetzenden Eingriffe nach dem Katalog des § 115 b Abs. 1 Nr. 1 in die ASV wurde gestrichen.[20] Die Zuständigkeit für die Durchführung des Anzeigeverfahrens wurde auf den um Vertreter der Krankenhäuser erweiterten Landesausschuss der Ärzte und Krankenkassen übertragen (Abs. 3)[21] sowie das Anzeigeverfahren bei Wegfall der Teilnahmevoraussetzungen ergänzt (Abs. 2 S. 7).[22] Ferner wurden Regelungen zur Bereinigung der morbiditätsbedingten Gesamtvergütung aufgenommen (Abs. 6 S. 13 bis 15) und eine Evaluations- und Berichtspflicht gegenüber dem BMG verankert (Abs. 9). Um die Einführung der ASV zu beschleunigen, erhielt der G-BA den Auftrag, die durch eine Richtlinie zu regelnde Konkretisierung bis zum 31.12.2012 vorzunehmen (Abs. 4 S. 1).[23]

8 Die Neufassung des § 116 b wurde durch das **Gesetz zur Änderung des Transplantationsgesetzes**[24] mWz 1.8.2012 geändert. Der bislang in Abs. 1 S. 2 lit. n geregelte Leistungsbereich „Versorgung von Patienten vor oder nach Lebertransplantationen" wurde durch „Versorgung von Patienten vor oder nach Organtransplantationen und von lebenden Spendern" ersetzt (→ Rn. 24).

9 Mit dem **Krebsfrüherkennungs- und Registergesetz**[25] wurde mWv 9.4.2013 die Beauftragung Dritter mit der Leistungsabrechnung eingeräumt, welche allerdings mit dem GKV-Versorgungsstärkungsgesetz wieder gestrichen wurde.

10 Umfangreiche Änderungen erfuhr die Norm durch das **GKV-Versorgungsstärkungsgesetz (GKV-VSG)** mWv 16.7.2015.[26] Insbesondere entfiel die Beschränkung der ambulanten spezialfachärztlichen Versorgung auf schwere Verlaufsformen für die onkologischen und rheumatologischen Erkrankungen, Abs. 1 S. 2 letzter Hs. (→ Rn. 20).[27] Für diese beiden Erkrankungen wurde eine Evaluierungs- und Berichtspflicht des GBA eingeführt, Abs. 4 S. 12. Die Frage, welche Rechtsfolgen eine Unterbrechung des Verfahrens, nachdem die Anzeigefrist in Lauf gesetzt wurde, auslöst, wurde dahin gehend geklärt, dass der Zeitraum der Unterbrechung in die Frist nicht eingerechnet wird, Abs. 2 S. 6 (→ Rn. 113).[28] Der eLA kann für die Beschlussfassung eine kleinere Besetzung mit Mitgliedern festlegen, wobei die Rechte der obersten Landesbehörden und Patientenvertretungen erhalten bleiben, Abs. 3 S. 7 (→ Rn. 99 ff.). In seiner Richtlinienkompetenz wird der GBA an die Maßnahmen zur Qualitätssicherung durch das IQTiG nach § 137 a Abs. 3 (→ § 137 a Rn. 8 ff.) gebunden, Abs. 4 S. 4. Neben vertragsärztlichen Leistungserbringern können auch Krankenhäuser die KV mit der Abrechnung beauftragen, Abs. 6 S. 1 und 16 (→ Rn. 146 ff.), die allgemeine Berechtigung, Dritte mit der Abrechnung zu beauftragen wurde gestrichen (→ Rn. 9). Die Übergangsregelungen des Abs. 8 wurden modifiziert (→ Rn. 176).

11 Durch das **Krankenhausstrukturgesetz (KHSG)**[29] entfiel mWv 1.1.2016 der vorgesehene Investitionskostenabschlag für öffentliche Krankenhäuser iHv 5 %.[30]

12 Die rechtssystematische Einordnung des § 116 b nF in das herkömmlich in ambulant und stationär eingeteilte Versorgungssystem erweist sich gesetzgeberisch auch weiterhin als nicht eindeutig. Überwiegend wird die ASV als **eigenständiger, neuer sektorenverbindender Versorgungsbereich** angesehen,[31]

---

17 Vgl. BT-Dr. 17/8005, 47, 101, 115.
18 BT-Dr. 17/8005, 115.
19 Vgl. BT-Dr. 17/8005, 101, 115.
20 Zunächst in Abs. 1 S. 1 Br. 3 vorgesehen, vgl. BT-Dr. 17/8005, 48, 101, 115.
21 Vgl. BT-Dr. 17/8005, 49, 101, 115.
22 Vgl. BT-Dr. 17/8005, 115.
23 Vgl. BT-Dr. 17/8005, 117.
24 BGBl. I 2012, 1601.
25 Gesetz zur Weiterentwicklung der Krebsfrüherkennung und zur Qualitätssicherung durch klinische Krebsregister, BGBl. I 2013, 617.
26 Gesetz zur Stärkung der Versorgung in der gesetzlichen Krankenversicherung, BGBl. I 2015,1211.
27 Vgl. zur diesbezüglichen Forderung die Vorauflage Rn. 18.
28 Vgl. dazu die Vorauflage, Rn. 112.
29 Gesetz zur Reform der Strukturen in der Krankenhausversorgung, BGBl. I, S. 2229.
30 Vgl. Forderung der Streichung in der Vorauflage, Rn. 138.
31 Vgl. Hess in: KassKomm, § 116 b SGB V Rn. 3; Hänlein in: LPK-SGB V, § 116 b Rn. 1; Köhler-Hohmann in: jurisPK-SGB V, § 116 b Rn. 26; Quaas, GesR 2013, 327, 328; Roters, GesR 2014, 456; Makoski, GesR 2014, 466, 467.

als verselbstständigtes System mit eigenständigem Gehalt,³² als Fortentwicklung einer zweiten ambulanten Facharztschiene.³³ Es handelt sich nach der Rechtsprechung um eine neue sektorenübergreifende Versorgungsform, die mit eigenständigem, nicht vertragsärztlichen Charakter neben die ambulante Versorgung durch niedergelassene Vertragsärzte und die stationäre Versorgung durch Krankenhäuser tritt.³⁴

Die **rechtliche Basis der ASV-Leistungserbringung** bilden der § 116b und als untergesetzliche Norm 13 die ASV-RL sowie insbesondere die als Anlage hierzu erlassenen Konkretisierungen der einzelnen Leistungsbereiche. Hauptakteur des § 116b ist und bleibt der G-BA: Der Gesetzgeber bestimmt in § 116b die generellen Vorgaben der ASV. Der G-BA gestaltet den Versorgungsbereich in einer Richtlinie näher aus (Abs. 4 S. 1). Er verabschiedete am 21.3.2013 – und damit weit hinter dem vom Gesetzgeber in Abs. 4 S. 1 vorgesehenen Zeitpunkt des Erlasses der Regelung spätestens bis zum 31.12.2012 und nach insgesamt 30 G-BA-Sitzungen³⁵ – die „**Richtlinie ambulante spezialfachärztliche Versorgung § 116b SGB V (ASV-RL)**",³⁶ den sog Paragrafenteil. Dieser enthält generelle Regelungen zB zu den ASV-Berechtigten, zu den personellen, sächlichen und organisatorischen Anforderungen, zum Behandlungsumfang und zu den Maßnahmen der Qualitätssicherung. Diese Vorgaben der Rahmenrichtlinie gelten grundsätzlich gleichermaßen für alle ASV-Leistungen. Der Startschuss für die ASV-Leistungserbringung fällt jedoch erst indikationsbezogen mit der jeweiligen **Konkretisierung der Erkrankung durch den G-BA**, welche als **Anlagen zur ASV-RL**³⁷ genommen werden (s. zum Stand der Konkretisierungen → Rn. 30). In den Anlagen werden die Erkrankung und die Patientengruppe definiert (→ Rn. 33), der Leistungsumfang (Diagnostik, Behandlung, Beratung, → Rn. 34) sowie die Anforderungen an die Struktur- und Prozessqualität festgelegt, insbes. die konkreten indikationsspezifischen personellen und sächlichen Anforderungen (→ Rn. 36 ff.) und das Überweisungserfordernis (→ Rn. 41), vgl. § 1 Abs. 2 S. 2 ASV-RL. Im Rahmen der Qualitätssicherung entscheidet der G-BA zB auch über Mindestmengen (→ Rn. 40). Je Arztgruppe wird in einem Appendix zur jeweiligen Konkretisierung der Behandlungsumfang anhand des EBM spezifiziert (→ Rn. 442).

Entsprechend dem § 116b aF wird für die ASV weiterhin **keine Bedarfsplanung** eingeführt. Diese 14 müsste sich an dem Bedarf für jede einzelne der gelisteten Krankheiten orientieren, was der Gesetzgeber für nicht praktikabel hält.³⁸ Ferner handelt es sich bei den ASV-Leistungen grundsätzlich um solche ohne große Mengenrisiken und die strukturellen Vorgaben stehen einer extensiven Leistungserbringung tendenziell entgegen.³⁹ Dies gilt naturgemäß für die Behandlung seltener Erkrankungen und insbesondere aufgrund der Einschränkung bei Erkrankungen mit besonderen Krankheitsverläufen auf schwere Verlaufsformen. Erbringen Vertragsärzte ASV-Leistungen, stehen sie nicht mehr im vollen Umfang zur vertragsärztlichen Versorgung zur Verfügung, so dass der **Versorgungsgrad**, mit dem die Ärzte in die Bedarfsplanung eingehen, zu reduzieren ist, sofern er einen vernachlässigbaren Umfang überschreitet.⁴⁰ Das Nähere regelt der G-BA in der Bedarfsplanungsrichtlinie, § 101 S. 1 Nr. 2 a (→ § 101 Rn. 49 f.).

II. Leistungsspektrum

1. Spezialfachärztliche Leistungsinhalte (Abs. 1 S. 1 bis 3). a) Generelles Leistungsspektrum (Abs. 1 15
S. 1). Das generelle Leistungsspektrum der ASV umfasst nach Abs. 1 S. 1 die **Diagnostik und Behandlung komplexer, schwer therapierbarer Krankheiten,**⁴¹ die je nach Krankheit eine

- spezielle Qualifikation (im Sinne von besonderen medizinischen Kenntnissen und Erfahrungen, die deutlich über allgemeine Facharztqualifikationen hinausgehen),⁴²

---

32 Vgl. Stollmann, ZMGR 2014, 85, 86; Penner, ZMGR 2012, 16, 18.
33 Quaas, GesR 2013, 327.
34 BSG, 15.3.2012, B 3 KR 13/11 R, GesR 2012, 688.
35 Schlottmann/Brenske/Schwarz, das Krankenhaus 2013, 692.
36 Veröffentlicht im Bundesanzeiger (BAnz AT 19.7.2013 B1), in Kraft getreten am 20.7.2013.
37 In Anlage 1 erfolgen die Konkretisierungen für Erkrankungen mit besonderen Krankheitsverläufen, in Anlage 2 für seltene Erkrankungen und Erkrankungszuständen mit entsprechend geringen Fallzahlen und in Anlage 3 hochspezialisierte Leistungen.
38 BT-Dr. 17/6906, 81 f.
39 Vgl. Stollmann, ZMRG 2014, 85, 86; Penner, ZMGR 2012, 16, 23.
40 BT-Dr. 17/6906, 73 f.
41 Vgl. zur teilweise unscharfen Formulierung Penner, ZMGR 2012, 16, 19.
42 BT-Dr. 17/6906, 81.

- eine **interdisziplinäre Zusammenarbeit** und
- **besondere Ausstattungen** (besonders hohe Anforderungen an die Strukturqualität)[43]

erfordern. Die drei Anforderungen werden „je nach Krankheit" definiert, müssen jedoch nicht zwingend kumulativ bei allen Krankheiten vorliegen.[44] Bei den seltenen Erkrankungen begründet zB der Bedarf nach besonderer Expertise des Arztes bereits die Zugehörigkeit zur ASV.[45] Die generellen Vorgaben hat der G-BA bei der Konkretisierung und Fortentwicklung des Leistungsumfangs zu beachten.[46]

16 **b) Spezielles Leistungsspektrum, Gruppen von Katalogerkrankungen (Abs. 1 S. 2).** Der in Abs. 1 S. 2 näher bestimmte ASV-Leistungsumfang orientiert sich grob an § 116 b aF und benennt folgende Gruppen von Katalogerkrankungen:
- Nr. 1: Erkrankungen mit besonderen Krankheitsverläufen
- Nr. 2: seltene Erkrankungen und Erkrankungen mit entsprechend geringen Fallzahlen
- Nr. 3: hochspezialisierte Leistungen

17 Innerhalb der Kataloggruppen sind einzelne Erkrankungsarten benannt. Diese sind nicht abschließend, da der Aufzählung das Wort „insbesondere" vorangestellt ist und der G-BA den Katalog nach Maßgabe des Abs. 5 ergänzen kann, aber keine Befugnis hat, neue Kataloggruppen zu schaffen.[47]

18 **aa) Erkrankungen mit besonderen Krankheitsverläufen (Abs. 1 S. 2 Nr. 1).** § 116 b aF sowie der erste Entwurf der Neufassung[48] erfassten bereits allgemein Erkrankungen mit besonderen Krankheitsverläufen. Der Bedarf ergibt sich auch zukünftig regelmäßig aus **komplexen Verlaufsphasen** der Erkrankung wie
- Auftreten von (therapiebedingten) Komplikationen, und/oder schweren Therapie-Nebenwirkungen, die eine besondere/spezialisierte Überwachung erfordern,
- zusätzliche Begleit- und Mehrfacherkrankungen (Ko- und Multimorbiditäten),
- Übergang in schwere Krankheitsstadien, Krankheitsprogression, akute Verschlimmerungen, weitergehende Krankheitsmanifestationen, etwa in verschiedenen Organsystemen.[49]

Der G-BA kann nicht abschließende[50] Empfehlungen als Entscheidungshilfe für den behandelnden Arzt abgeben, in welchen medizinischen Fallkonstellationen bei der jeweiligen Krankheit von einem besonderen Krankheitsverlauf auszugehen ist (Abs. 4 S. 8).

19 Zu § 116 b aF hatte der G-BA im **3. Kapitel § 5 Abs. 3 seiner Verfahrensordnung**[51] bestimmt, dass eine Erkrankung einen besonderen Verlauf hat, wenn empirisch durch entsprechendes Datenmaterial belegt ist, dass beim überwiegenden Teil der Patienten
a) mindestens zweimal kalenderjährlich eine stationäre Behandlung erfolgt,
b) mehr als eine ambulante Behandlung pro Quartal über ein Jahr stattfindet und
c) ein durchgängig abgestimmtes Versorgungskonzept aus einer Hand erforderlich ist.

Das zwingend mit der Neufassung des § 116 b („schwere" Verlaufsformen) einhergehende Bedürfnis nach einer Anpassung der Verfahrensordnung[52] hat der G-BA bislang nicht erkannt,[53] es ist auch nicht durch die Streichung des Erfordernisses für onkologische und rheumatologische Erkrankungen obsolet, da es weiterhin für die Erkrankungen nach Abs. 1 S. 1 lit. c bis i gilt. (→ Rn. 20).

20 Die Beschränkung auf „schwere Verlaufsformen" in Abs. 1 S. 2 Nr. 1 wurde erst im weiteren Gesetzgebungsverfahren eingefügt. Alle neun (lit. a bis i) gelisteten Erkrankungen mit besonderen Krankheitsverläufen waren nur dann ASV-fähig, wenn eine schwere Verlaufsform vorlag. Diese Beschränkung der Behandlung von schweren Verlaufsformen entfiel durch das GKV-VSG für onkologische und rheuma-

---

43 BT-Dr. 17/6906, 81.
44 Vgl. BT-Dr. 17/6906, 81; Hänlein in: LPK-SGB V, § 116 b Rn. 7.
45 BT-Dr. 17/6906, 81.
46 BT-Dr. 17/6906, 81.
47 Vgl. Becker in: Becker/Kingreen, § 116 b Rn. 7; Hänlein in: LPK-SGB V § 116 b Rn. 3.
48 BT-Dr. 17/6906, 25, wobei die schwere Verlaufsform für die rheumatischen Erkrankungen vorgesehen war.
49 BT-Dr. 17/6906, 82 f.
50 BT-Dr. 17/6906, 82.
51 Vgl. Verfahrensordnung des Gemeinsamen Bundesausschusses idF v. 18.12.2008, zuletzt geändert am 20.10.2016, https://www.g-ba.de/downloads/62-492-1331/VerfO_2016-10-20_iK-2017-01-20.pdf (zuletzt abgerufen am 13.5.2017).
52 So auch Penner, ZMGR 2012, 16, 20; Köhler-Hohmann in: jurisPK-SGB V, § 116 Rn. 38; aA Becker in: Becker/Kingreen, § 116 b Rn. 9, unter Hinweis auf den unveränderten Normzweck des § 116 b.
53 Stand: 13.5.2017.

tische Erkrankungen. Seitdem gilt sie nur noch für 7 der 9 Erkrankungen (lit. c bis i), Abs. 1 S. 2 letzter Hs. Bei den weiteren Erkrankungen soll die ASV zielgerichtet auf diejenigen Patienten mit komplexen, schwer therapierbaren Krankheiten fokussieren, deren Diagnostik und Behandlung eine spezialfachärztliche Versorgung – somit je nach Krankheit eine spezielle Qualifikation, eine interdisziplinäre Zusammenarbeit und besondere Ausstattung (vgl. Abs. 1 S. 1) – erfordern.[54] Die schwere Verlaufsform kann sich bereits durch die Krankheit bzw. das Krankheitsbild selbst ergeben, durch spezifizierte Krankheitsstadien oder individuell durch bestimmte beim Patienten vorliegende Umstände wie Begleit- oder Mehrfacherkrankungen, Komplikationen, Verschlimmerungen, Therapienebenwirkungen, etc.[55]

Zum **Überweisungsvorbehalt** bei Erkrankungen mit besonderen Krankheitsverläufen → Rn. 93. 21

bb) **Seltene Erkrankungen und Erkrankungen mit entsprechend geringen Fallzahlen (Abs. 1 S. 2 Nr. 2).** Die im Vergleich zu § 116 b aF erfolgte Ergänzung der Katalogüberschrift der seltenen Erkrankungen um „Erkrankungen mit entsprechend geringen Fallzahlen" war erforderlich, da die Katalogleistungen auch Erkrankungen beinhalten, die über den Begriff der „seltenen Erkrankungen" hinausgehen und auch Erkrankungszustände erfassen.[56] Unter Verweis auf die europarechtliche Definition[57] werden Erkrankungen nur dann als selten eingestuft, wenn **nicht mehr als fünf von 10.000 Patienten betroffen** sind. Die Gesetzesbegründung spricht dafür, dass diese Vorgabe auch für die Erkrankungszustände mit entsprechend geringen Fallzahlen gilt.[58] Dennoch stellen die seltenen Erkrankungen und Erkrankungen mit entsprechend geringen Fallzahlen zumindest nach der Anzahl der Auflistungen mit 14 Erkrankungsarten (lit. a bis n) die größte Anwendungsgruppe der ASV innerhalb einer Kataloggruppe dar. Die Patientenzahlen dürften jedoch weit unter denen der schweren Verlaufsformen von Erkrankungen mit besonderen Krankheitsverläufen liegen. 22

Zu § 116 b aF hatte der G-BA im **3. Kapitel § 5 Abs. 2 seiner Verfahrensordnung**[59] für die seltenen Erkrankungen ebenfalls eine Prävalenz von 5 zu 10.000 Patienten hinterlegt, aber zusätzlich eine vergleichbare Prävalenz gelten lassen, wenn wegen der Eigenart der Erkrankung eine Konzentration der fachlichen Expertise im Rahmen der stationären Behandlung am Krankenhaus bereits gegeben ist. Das zwingend durch die Erweiterung auf Erkrankungen mit entsprechend geringen Fallzahlen einhergehende Bedürfnis nach einer Anpassung der Verfahrensordnung hat der G-BA bislang nicht erkannt[60] (→ Rn. 19 und 28). 23

Der zunächst in Abs. 1 S. 2 lit. n geregelte Leistungsbereich „Versorgung von Patienten vor oder nach Lebertransplantationen" wurde durch das Gesetz zur Änderung des Transplantationsgesetzes (→ Rn. 8) in **„Versorgung von Patienten vor oder nach Organtransplantationen und von lebenden Spendern"** ersetzt, um einer qualitativ hochwertigen Versorgung Organtransplantierter oder auf der Warteliste stehender Patienten Rechnung zu tragen.[61] Die ASV soll zusätzlich für Lebendspender die strukturierte Nachsorge sicherstellen.[62] Der G-BA ist ausdrücklich aufgefordert, in seiner Konkretisierung den Aspekt der psychosozialen Betreuung im Rahmen der Nachsorge zu beachten.[63] 24

Der G-BA hat beschlossen, für seltene Erkrankungen die in der alten Richtlinie aufgelisteten Kodes, mit Ausnahme von redaktionellen Anpassungen an die aktuelle ICD-10-GM, unverändert in den Beschlussentwurf zur Konkretisierung zu übertragen.[64] 25

Zum **Überweisungsvorbehalt** bei seltenen Erkrankungen und Erkrankungen mit entsprechend geringen Fallzahlen → Rn. 93. 26

---

54 BT-Dr. 17/8005, 115.
55 BT-Dr. 17/8005, 115.
56 ZB die Versorgung vor oder nach Organtransplantationen in Ab. 1 S. 2 Nr. 2 lit. n; BT-Dr. 17/8005, 115.
57 Vgl. Verordnung (EG) Nr. 141/2000 des Europäischen Parlaments und des Rates über Arzneimittel für seltene Leiden.
58 Vgl. BT-Dr. 17/8005, 115; so auch Stollmann, ZMGR 2014, 85, 87.
59 Vgl. Verfahrensordnung des Gemeinsamen Bundesausschusses idF v. 18.12.2008, zuletzt geändert am 20.10.2016, https://www.g-ba.de/downloads/62-492-1331/VerfO_2016-10-20_iK-2017-01-20.pdf (zuletzt abgerufen am 13.5.2017).
60 Stand: 14.5.2017.
61 BT-Dr. 17/9773, 40.
62 BT-Dr. 17/9773, 40.
63 BT-Dr. 17/9773, 40.
64 Vgl. Schlottmann/Brenske/Schwarz, das Krankenhaus 2013, 692, 699.

27 cc) **Hochspezialisierte Leistungen (Abs. 1 S. 2 Nr. 3).** Die dritte Kataloggruppe erfasst zwei hochspezialisierte Leistungen unter Beibehaltung der bislang in § 116 b aF diesbezüglich aufgeführten CT/MRT-gestützten interventionellen schmerztherapeutischen Leistungen und der Brachytherapie.[65]

28 Zu § 116 b aF hatte der G-BA im 3. Kapitel § 5 Abs. 1 seiner Verfahrensordnung[66] bestimmt, dass als hoch spezialisiert Leistungen gelten,
   a) zu deren qualifizierter Erbringung medizinische Kenntnisse und Erfahrungen erforderlich sind, die über die Facharztqualifikation deutlich hinausgehen, und entweder
   b) zu deren qualifizierter Erbringung besonders aufwändige organisatorische (zB bei interdisziplinärer Behandlung), bauliche, apparativtechnische oder hygienische Anforderungen vorliegen müssen, oder
   c) die Leistungserbringung mit einem spezifischen Komplikationsrisiko für den Patienten oder mit einem Gefährdungspotential für Dritte verbunden ist, das mit der Infrastruktur eines entsprechend spezialisierten Krankenhauses besser beherrscht werden kann als in der ambulanten Versorgung.
   In begründeten Ausnahmefällen ist auch a) oder c) allein ausreichend.

   Auch, wenn sich die Katalogleistungen der hochspezialisierten Leistungen im Verhältnis zu § 116 b aF nicht geändert haben, besteht gerade angesichts der Regelung in Kapitel § 5 Abs. 1 lit. c der Verfahrensordnung des G-BA ein zwingend mit der Neufassung des § 116 b einhergehendes Anpassungsbedürfnis, welches der G-BA bislang nicht erkannt hat[67] (→ Rn. 19 und 28). Weil die ASV auch durch Vertragsärzte in der ambulanten Versorgung erbracht werden kann, ist die Tauglichkeit des dort genannten Unterscheidungskriteriums fraglich.

29 Zum Überweisungsvorbehalt bei hochspezialisierten Leistungen → Rn. 93.

30 **2. Konkretisierungen des Leistungsspektrums durch den G-BA (Abs. 4). a) Konkretisierungen durch den G-BA.** Die ASV-Versorgung setzt einen **konkretisierenden Richtlinienbeschluss des G-BA** voraus, der die Inhalte der Versorgung und die Anforderungen an die Leistungserbringer regelt[68] und indikationsspezifisch als Anlage zur ASV-RL beschlossen wird. Die ASV erstreckt sich nur auf Leistungen, die der G-BA nach Maßgabe der Abs. 4 und 5 definiert hat. Er konkretisiert die Erkrankungen nach der Internationalen Klassifikation der Krankheiten in der jeweiligen vom Deutschen Institut für medizinische Dokumentation und Information im Auftrag des Bundesministeriums für Gesundheit herausgegebenen deutschen Fassung (vgl. ICD-10-GM) oder nach weiteren von ihm festzulegenden Merkmalen und bestimmt den Behandlungsumfang (vgl. Abs. 4 S. 2, → Rn. 33 ff.). Die Konkretisierung muss in Kraft getreten, somit nicht durch das BMG beanstandet (s. § 94) und im Bundesanzeiger veröffentlicht worden sein. Zuvor ist eine Anzeige gegenüber dem eLA faktisch nicht möglich und rechtlich nicht zulässig.[69] Dennoch sollte sich der Leistungserbringer proaktiv nach Veröffentlichung des Konkretisierungsbeschlusses im Entwurf auf die dort festgelegten Voraussetzungen vorbereiten und zB Gespräche mit potenziellen Teammitgliedern aufnehmen, um eine zügige Antragstellung nach Veröffentlichung der Konkretisierung vorzubereiten.

31 **b) Stand der Konkretisierungen.** Erkrankungsspezifische Konkretisierungen liegen bislang wie folgt vor:
Erkrankungen mit besonderen Krankheitsverläufen:
- Onkologische Erkrankungen (Abs. 1 S. 1 Nr. 1 lit. a)
  – gastrointestinale Tumore und Tumore der Bauchhöhle[70]
  – gynäkologische Tumore[71]
seltene Erkrankungen und Erkrankungszustände mit entsprechend geringen Fallzahlen

---

65 Vgl. dazu näher Hess in: KassKomm, § 116 b SGB V Rn. 10 f.
66 Vgl. Verfahrensordnung des Gemeinsamen Bundesausschusses idF v. 18.12.2008, zuletzt geändert am 20.10.2016, https://www.g-ba.de/downloads/62-492-1331/VerfO_2016-10-20_iK-2017-01-20.pdf (zuletzt abgerufen am 13.5.2017).
67 Stand: 14.5.2017.
68 BT-Dr. 17/8005, 116.
69 BT-Dr. 17/8005, 116 f.; so auch Stollmann, ZMGR 2014, 85, 87; Becker in: Becker/Kingreen, § 116 b Rn. 1.
70 Beschl. v. 20.2.2014, in Kraft getreten am 26.7.2014, BAnz AT v. 25.7.2014.
71 Beschl. v. 22.1.2015, in Kraft getreten am 10.8.2016, BAnz AT v. 9.8.2016.

- Tuberkulose und atypische Mykobakteriose (Abs. 1 S. 1 Nr. 2 lit. a)[72]
- Mukoviszidose (Abs. 1 S. 1 Nr. 2 lit. b)[73]
- Marfan-Syndrom (Abs. 1 S. 1 Nr. 2 lit. k)[74]
- pulmonale Hypertonie (Abs. 1 S. 1 Nr. 2 lit. l)[75]

Der Beschluss für die Konkretisierung der rheumatologischen Erkrankungen wurde am 15.12.2016 gefasst, ist aber noch nicht in Kraft.[76]

Weitere Konkretisierungen werden sukzessive folgen, wobei sich der G-BA grundsätzlich auf folgende **Reihenfolge** verständigt hat: Onkologische Erkrankungen: urologische Tumore, primär sklerosierende Cholangitis, wobei geprüft wird, ob die bislang getrennt aufgeführten Lebererkrankungen primär sklerosierende Cholangitis, biliäre Zirrhose und Morbus Wilson zusammenzufassen sind.[77] Grundsätzlich werden die beiden Kataloggruppen der Erkrankungen mit besonderen Krankheitsverläufen und der seltenen Erkrankungen parallel bearbeitet, die hochspezialisierten Leistungen werden nachrangig behandelt.

c) Inhalt der Konkretisierungen. Die bislang vorliegenden Konkretisierungen (→ Rn. 30) sind jeweils inhaltlich wie folgt aufgebaut: 32
1. Konkretisierung der Erkrankung
2. Behandlungsumfang
3. Anforderungen an die Struktur- und Prozessqualität
4. Überweisungserfordernis
5. Appendix

Die **Konkretisierung der Erkrankung** benennt die Patientengruppe[78] und definiert die Erkrankung anhand der ICD-10-GM. Sofern für die Erkrankungen mit besonderen Krankheitsverläufen nach Abs. 1 S. 2 Nr. 1 eine schwere Verlaufsform erforderlich ist, ist festzulegen, welche ICD unter die regelhaft schwere Verlaufsform und welche ICD unter die nur **im Einzelfall schwere Verlaufsform** fällt. Bei letzteren müssen zusätzlich zur Diagnose weitere konkret benannte Kriterien hinzutreten. 33

Der **Behandlungsumfang** wird näher definiert und zwar aufgeteilt in die Bereiche 34
- **Diagnostik** (zB Anamnese und körperliche Untersuchung, hier wird auch die Frage der Einbeziehung von Laboruntersuchungen und bildgebenden Verfahren geklärt),
- **Behandlung** (zB Behandlungsplanung, -durchführung, -kontrolle, durchführbare Therapien, psychotherapeutische Beratung) und
- **Beratung** (zB zu Diagnostik und Behandlung, Medikamentenabgabe, Rehabilitationsangeboten).

In allen Bereichen können auch bislang nicht im EBM abgebildete Leistungen benannt werden.[79] 35

Die **Anforderungen an die Struktur- und Prozessqualität** gliedern sich regelmäßig in die Punkte 36
- personelle Anforderungen,
- sächliche und organisatorische Anforderungen,
- Dokumentation und
- Mindestmengen.

Wie das ASV-Team konkret besetzt sein muss, ergibt sich aus den **personellen Anforderungen** (→ Rn. 62 ff.). Sie stellen eine wesentliche Hürde für die ASV-Berechtigung dar. Es wird konkret festgelegt, welche Facharztgruppen die interdisziplinäre Versorgung gemeinsam sicherstellen müssen. Dazu wird je Konkretisierung bestimmt, welcher Facharzt die **Teamleitung** übernehmen kann, mit welchen Fachrichtungen das **Kernteam** zu besetzen ist und welche Facharztgruppen über die **hinzuzuziehenden Fachärzte** abgebildet sein müssen. Dabei zeigt sich deutlich, dass es sich bei der ASV um einen wahren Leistungserbringerverbund handelt, erfasst doch zum Beispiel die Tuberkulosebehandlung im Kern- 37

---

72 Beschl. v. 19.12.2013, in Kraft getreten am 24.4.2014, BAnz AT v. 23.4.2014.
73 Beschl. v. 15.12.2016, in Kraft getreten am 18.3.2017, BAnz AT v. 17.3.2017.
74 Beschl. v. 22.1.2015, in Kraft getreten am 30.6.2015, BAnz AT v. 29.6.2015.
75 Beschl. v. 17.12.2015, in Kraft getreten am 1.6.2016, BAnz AT v. 31.5.2016.
76 Stand: 15.5.2017, vgl. https://www.g-ba.de/downloads/39-261-2826/2016-12-15_ASV-RL_Ergaenzung-Rheuma.pdf (zuletzt abgerufen am 15.5.2017).
77 G-BA, Beschl. v. 15.12.2016, vgl. https://www.g-ba.de/downloads/39-261-2808/2016-12-15_ASV-RL_Priorisierung-Erstellung-Anlage.pdf (zuletzt abgerufen am 15.5.2017).
78 ZB Beschränkung bei gastrointestinalen Tumoren und Tumoren der Bauchhöhle auf Patienten ab dem vollendeten 18. Lebensjahr.
79 ZB Diagnostik: ausgewählte molekularbiologische Schnellresistenztestverfahren; Behandlung: Tumorkonferenzen, Qualitätskonferenzen.

team mindestens zwei zzgl. neun hinzuzuziehende Facharztgruppen und die Behandlung von gastrointestinalen Tumoren und Tumoren der Bauchhöhle im Kernteam mindestens vier zzgl. 13 hinzuzuziehende Facharztgruppen. Insbesondere die hohe Anzahl der hinzuzuziehenden Ärzte legt die Einbindung eines Krankenhauses nahe.

38 Die **sächlichen und organisatorischen Anforderungen** (→ Rn. 69) konkretisieren die Organisations- und Infrastruktur der ASV-Leistungserbringung. Klassische Regelungsinhalte sind zB die Zusammenarbeit mit weiteren Gesundheitsfachdisziplinen (wie soziale Dienste, Physiotherapie, Palliativversorgung), die Erforderlichkeit einer 24-Stunden-Notfallversorgung, die Durchführung besonderer Konferenzen, die Vorhaltung spezieller Behandlungs- oder Untersuchungsplätze etc

39 Der G-BA legt in den Konkretisierungen ferner die **Dokumentationsinhalte** fest (zB Befunde, Diagnose nach ICD-10-GM, Kennzeichen zur Diagnosesicherheit, Behandlungsmaßnahmen, Behandlungstag).

40 In den Konkretisierungen (→ Rn. 30) wurden als Qualitätskriterien **Mindestmengen** festgelegt (s. zur im Ergebnis rechtswidrigen Festlegung → Rn. 77 ff.). Für die Mindestmengen sind nach den G-BA-Vorgaben ausschließlich die Leistungen des Kernteams berücksichtigungsfähig. Ausnahmen von der festgelegten Höhe sind regelhaft zulässig, soweit die Mindestmenge bis zu der Dauer von zwei Jahren um höchstens 50 % unterschritten und konkrete Anhaltspunkte dafür bestehen, dass sie im Folgejahr erfüllt wird. Für die Berechnung ist die Summe der Patienten im Vorjahr maßgeblich, die zu der spezifischen Erkrankung zu zählen sind und im Rahmen der ambulanten Versorgung, stationären Versorgung oder besonderen Versorgung nach § 140 a oder einer sonstigen, auch privat finanzierten Versorgungsform behandelt wurden. Bei der Identifizierung der Patienten zur Erreichung der Mindestmenge bieten einige KVen Unterstützung an.

41 Der G-BA entscheidet je Konkretisierung über den **Überweisungsvorbehalt** (s. näher → Rn. 92 ff.), nach Ablauf wie vieler Quartale eine erneute Überweisung erforderlich ist (idR nach vier), in welchen Fällen das Überweisungserfordernis entfällt und ob im Zeitpunkt der Überweisung eine gesicherte Diagnose erforderlich ist oder eine Verdachtsdiagnose ausreicht.

42 Schließlich enthält jede Konkretisierung einen **Appendix** (→ Rn. 134 ff.), welcher in Abschnitt 1 die in der ASV abrechenbaren Gebührenordnungspositionen des EBM aufführt sowie in Abschnitt 2 diejenigen ASV-Leistungen benennt, die bislang keine Abbildung im EBM gefunden haben. Zu jeder Abrechnungsposition ist angegeben, von welcher Facharztgruppe sie abgerechnet werden darf. Ausgehend von dem durch den G-BA festgelegten Appendix bestimmt der ergänzte Bewertungsausschuss nach § 87 Abs. 5 a die abrechnungsfähigen Leistungen und legt deren Bewertung fest, vgl. Abs. 6 S. 8 und 9 (→ Rn. 135 ff.). Wird der EBM aktualisiert, überprüft der G-BA jährlich den Anpassungsbedarf des Appendix.

43 **3. Weitere spezialfachärztliche Leistungsinhalte. a) Neue Untersuchungs- und Behandlungsmethoden (Abs. 1 S. 3).** Im Gegensatz zur herkömmlichen vertragsärztlichen Versorgung können neue Untersuchungs- und Behandlungsmethoden (sog NUB) Gegenstand der ASV sein, soweit der G-BA im Rahmen der **Beschlüsse nach § 137 c** für die Krankenhausbehandlung keine ablehnende Entscheidung getroffen hat (Abs. 1 S. 3). Dies betrifft jedoch nur Methoden, die dem allgemeinen Stand der medizinischen Erkenntnisse entsprechen.[80] Die im stationären Bereich bekannte Regelungskonstruktion „Erlaubnis mit Verbotsvorbehalt" kommt erstmals auch vertragsärztlichen Leistungserbringern zu Gute und ist gerechtfertigt, da die ASV besondere Anforderungen an Expertise, Qualität, Interdisziplinarität und Kooperation stellt.[81] Insbesondere Kostenträger fürchten durch diese Möglichkeit über die ASV eine Ausweitung des ambulanten Versorgungsspektrums.

44 **b) Katalogergänzung durch den G-BA auf Antrag (Abs. 5).** Der G-BA ergänzt den ASV-Katalog auf Antrag
- eines Unparteiischen nach § 91 Abs. 2 S. 1,
- einer Trägerorganisation des G-BA oder
- der für die Wahrnehmung der Interessen der Patientinnen und Patienten und der Selbsthilfe chronisch kranker und behinderter Menschen auf Bundesebene maßgeblichen Organisationen nach § 140 f

um weitere Erkrankungen mit besonderen Krankheitsverläufen, seltene Erkrankungen und Erkrankungszustände mit entsprechend geringen Fallzahlen sowie hochspezialisierte Leistungen (Abs. 5 S. 1).

---

80 Vgl. BSG, 21.3.2013, B 3 KR 2/12 R, juris.
81 Vgl. BT-Dr. 17/6906, 81.

Damit kann der G-BA den bestehenden Katalog durch zusätzliche Katalogziffern erweitern, jedoch keine weiteren eigenständigen Gruppen von Katalogerkrankungen einführen.[82] Anders als in § 116 b aF ist keine Überprüfung des G-BA und somit auch keine Kataloganpassung durch Streichung vorgesehen.

Die Vorgaben des Abs. 1 S. 1 gelten, so dass der G-BA vor Erweiterung prüfen muss, ob es sich um eine komplexe, schwer therapierbare Krankheit handelt, deren Diagnostik oder Behandlung eine spezielle Qualifikation, eine interdisziplinäre Zusammenarbeit oder besondere Ausstattungen erfordern.[83] Die Konkretisierungsanforderungen des Abs. 4 sind in jedem Fall zu beachten (Abs. 5 S. 2). 45

Weitere Erkrankungen mit besonderen Krankheitsverläufen können in die ASV aufgenommen werden, wenn sie eines durchgängigen diagnostischen oder therapeutischen Versorgungskonzepts bedürfen.[84] Eine „einfache" Grunderkrankung reicht nicht aus, diese muss einen besonderen Krankheitsverlauf nehmen.[85] Die Zugehörigkeit zur ASV kann bspw. aus komplexen Verlaufsphasen der Erkrankung folgen, die ein abgestimmtes Versorgungskonzept erfordern[86] (s. zu den Merkmalen, aus denen sich besondere Verlaufsphasen ergeben können → Rn. 18). **Weitere seltene Erkrankungen und Erkrankungen mit entsprechend geringen Fallzahlen** können aufgenommen werden, wenn sie einer speziellen Diagnostik oder Behandlung bedürfen. Der Bedarf an einer besonderen Spezialisierung bergründet hier bereits die ASV-Zugehörigkeit, um seltene Erkrankungen zukünftig schneller zu diagnostizieren und adäquat behandeln zu können.[87] Auch, wenn diese Begründung zunächst nur die seltenen Erkrankungen erfasste, muss sie zwangslogisch ebenfalls für die Erkrankungszustände mit entsprechend geringen Fallzahlen gelten, welche erst später im Laufe des Gesetzgebungsverfahrens aufgenommen wurden (vgl. dazu → Rn. 22). **Weitere hochspezialisierte Leistungen** können aufgenommen werden, wenn sie die Kriterien des Abs. 1 S. 1 erfüllen; dies gilt sowohl für Leistungen, die bereits Bestandteil der vertragsärztlichen Versorgung sind als auch für ambulant erbringbare Methoden, die nach § 137 c Bestandteil der stationären Versorgung sind (vgl. dazu → Rn. 43). 46

Das Verfahren zur Ergänzung des Katalogs richtet sich nach der Verfahrensordnung des G-BA, § 1 Abs. 3 ASV-RL. Zu den nach § 116 b Abs. 4 aF vorgesehenen Katalogergänzungen durch den G-BA hatte dieser im 3. Kapitel der Verfahrensordnung des G-BA das Verfahren für entsprechende Richtlinienbeschlüsse konkreter ausgestaltet, vgl. insbesondere die in § 5 Verfahrungsordnung des G-BA benannten Kriterien für die Aufnahme und den Verbleib als Kataloginhalt nach § 116 b. Die Vorschriften sind bislang nicht an den neuen Abs. 5 angepasst worden (s. zum weiteren Anpassungsbedarf → Rn. 19, 23 und 28).[88] 47

c) **AOP-Leistungen.** Der Gesetzesentwurf sah zunächst die Einbeziehung von ambulanten Operationen und stationsersetzenden Eingriffen vor, welche letztlich **im Zuge des Gesetzgebungsverfahrens gestrichen wurde.** Zur ASV sollten ambulant durchführbare Operationen und stationsersetzende Eingriffe sowie Leistungen aus dem AOP-Katalog (vgl. § 115 b) zählen,[89] die den besonderen ASV-Kriterien zB bzgl. Art und Schwere des Eingriffs, Komplikationsrisiken oder interdisziplinäre Behandlung entsprechen[90] und die durch den G-BA dem § 116 b zugeordnet und konkretisiert werden.[91] Einfache Eingriffe[92] sollten im AOP-Leistungsbereich verbleiben. Sofern sich die Umsetzung der Neufassung des § 116 b in der Praxis und politisch etabliert hat, ist durchaus denkbar, dass spezifische AOP-Leistungen in den sektorenverbindenden Versorgungsbereich überführt werden, um die Vernetzung weiter zu festigen. 48
49

---

82 So auch Stollmann, ZMGR 2014, 85, 87; Penner, ZMGR 2012, 16,21; Becker in: Becker/Kingreen, § 116 b Rn. 8 f; Köhler-Hohmann in: jurisPK-SGB V, § 116 b Rn. 30.
83 BT-Dr. 17/6906, 82.
84 BT-Dr. 17/6906, 82.
85 BT-Dr. 17/6906, 83.
86 BT-Dr. 17/6906, 82.
87 BT-Dr. 17/6906, 83.
88 Vgl. Verfahrensordnung des Gemeinsamen Bundesausschusses idF v. 18.12.2008, zuletzt geändert am 20.10.2016, https://www.g-ba.de/downloads/62-492-1331/VerfO_2016-10-20_iK-2017-01-20.pdf (zuletzt abgerufen am 13.5.2017).
89 BT-Dr. 17/6906, 83.
90 ZB Operationen am Rückenmark, Korrektur von Herzschrittmachern, komplexe endoskopische Operationen, spezifische Handchirurgie.
91 Vgl. BT-Dr. 17/6906, 81.
92 ZB Entfernung von Knochensynthesematerial, einfache Katarakt-Operationen.

50   4. **Verordnungen nach § 71 Abs. 2 (Abs. 7).** In der ASV ist auch die **Verordnung von Leistungen nach § 71 Abs. 2 Nr. 5 bis 8 und 12** möglich, Abs. 7 S. 1. Erfasst ist damit die Verordnung von Reha-Leistungen (Nr. 5), Hilfeleistung anderer Personen (Nr. 6), Arznei-, Verband-, Heil-, Hilfsmittel, Krankentransporte, Krankenhaus- bzw. Vorsorge- oder Reha-Behandlung (Nr. 7), häusliche Krankenpflege (Nr. 8) bzw. Soziotherapie (Nr. 12). Bescheinigungen und Berichte sind entsprechend § 73 Abs. 2 Nr. 9 zu fertigen. Die für die vertragsärztliche Versorgung geltenden Richtlinien und Vereinbarungen über Kennzeichnungen und Vordrucke geltend entsprechend. Gemäß Abs. 7 S. 4 besteht auf den Vordrucken eine gesonderte Kennzeichnungspflicht für ASV-Verordnungen, wobei das sog Personalienfeld genutzt wird. Dies ist nicht nur für die Abrechnung, sondern auch für die nach Abs. 9 vorgesehene Evaluation (→ Rn. 182) von Bedeutung.[93] Für die Verschreibung von Arzneimitteln ist ein eigener ASV-Rezeptblock zu nutzen.

III. Teilnahmeberechtigte Leistungserbringer, sog ASV-Berechtigte (Abs. 2 S. 1)

51   An der vertragsärztlichen Versorgung teilnehmende Leistungserbringer und nach § 108 zugelassene Krankenhäuser sind berechtigt, ASV-Leistungen zu erbringen, Abs. 2 S. 1. Damit kommen als **an der vertragsärztlichen Versorgung Teilnehmende** insbesondere die als **Vertragsärzte niedergelassenen Fachärzte**[94] sowie **Medizinische Versorgungszentren**[95] mit Zulassung nach § 95 in Betracht. In der spezial*fach*ärztlichen Versorgung können auch Hausärzte berechtigt sein, sofern sie krankheitsspezifisch im ASV-Team durch den G-BA benannt werden.[96]

52   Aus § 95 Abs. 1 S. 1 folgt, dass grundsätzlich die gem. § 116 SGB V, §§ 31, 31 a Ärzte-ZV **ermächtigten Ärzte und ermächtigten Einrichtungen** ASV-Leistungserbringer sein können.[97] Als ermächtigte Einrichtungen gelten auch Krankenhäuser bei Unterversorgung (§ 116 a), Hochschulambulanzen (§ 117), Psychiatrische Institutsambulanzen (§ 118), Geriatrische Institutsambulanzen (§ 118 a), Sozialpädiatrische Zentren (§ 119), Einrichtungen der Behindertenhilfe (§ 119 a), stationäre Pflegeeinrichtungen (§ 119 b) und Medizinische Behandlungszentren (§ 119 c). Kommunen können im Falle des § 105 Abs. 5 ebenfalls an der ASV teilnehmen. Ferner können geeignete Ärzte und ärztlich geleitete Einrichtungen nach Maßgabe der §§ 5 ff. BMV-Ä ermächtigt werden (→ § 116 Rn. 4).

53   Wurde die Ermächtigung bedarfsabhängig und/oder zeitlich befristet ausgesprochen, empfiehlt sich eine besonders sorgsame Prüfung bei der Einbindung in die ASV – insbesondere dann, wenn eine personenbezogene Ermächtigung erteilt wurde und der Ermächtigte als einziger ein im Kernteam vorzuhaltendes Fachgebiet abdeckt. Denn mit dem Entfall der Ermächtigung kann gleichzeitig auch für alle anderen Teammitglieder die Voraussetzung der ASV-Teilnahme entfallen. Gelingt keine fristgerechte Nachbesetzung, ist das gesamte ASV-Team von der Leistungserbringung ausgeschlossen (→ Rn. 128 ff.).

54   Für nach § 116, § 31 a Ärzte-ZV persönlich ermächtigte Ärzte stellt sich zum einen die Frage nach der Konkurrenz zu den ASV-Leistungen nach § 116 b (dazu → Rn. 160) und zum anderen, ob sie geeignete Kooperationspartner, insbesondere für die sektorenübergreifende ASV-Kooperation sein können (dazu → Rn. 84).

55   Sofern der Gesetzgeber **Praxiskliniken** als Institution nach § 122 die ASV-Berechtigung zusprechen will,[98] übersieht er, dass die Praxisklinik über keinen eigenen Zulassungsstatus verfügt (→ § 122 Rn. 8 f.). Die ASV-Berechtigung folgt lediglich personenbezogen dem Vertragsarztstatus der beteiligten Ärzte nach § 95.[99] Dies kann nur anders sein, sofern die Praxisklinik als vertragsärztliche Berufsausübungsgemeinschaft geführt wird. In allen anderen Fällen beschränkt sich die ASV-Berechtigung personell auf die einzeln in der Praxisklinik tätigen Vertragsärzte.

56   Bei den nach § 108 zugelassenen Krankenhäusern geht der Gesetzgeber davon aus, dass sich der Teilnehmerkreis auf **Akutkliniken** beschränkt.[100] Der Gesetzeswortlaut knüpft an den Status nach § 108. Einrichtungen, die nur teilstationäre Krankenhausbehandlungen durchführen (**Tageskliniken, Nacht-**

---

93 Vgl. Becker in: Becker/Kingreen, § 116 b Rn. 11.
94 BT-Dr. 17/6906, 49, 81.
95 BT-Dr. 17/6906, 81.
96 ZB Schwerpunktpraxen für HIV.
97 So auch Köhler-Hohmann in: jurisPK-SGB V, § 116 b Rn. 50.
98 Vgl. BT-Dr. 17/6906, 81.
99 So auch Köhler-Hohmann in: jurisPK-SGB V, § 116 b Rn. 51.
100 BT-Dr. 17/6906, 49.

kliniken), sind daher bei Aufnahme in den Krankenhausplan[101] ebenfalls ASV-berechtigt. **Vorsorge- und Rehabilitationskliniken** iSd § 107 Abs. 2 zählen nicht zum Teilnehmerkreis, die dort tätigen Ärzte jedoch dann, wenn die Klinik über einen Versorgungsvertrag nach § 111 Abs. 2 verfügt bzw. die Ärzte zur Teilnahme an der vertragsärztlichen Versorgung ermächtigt sind (vgl. § 116 S. 1).

Allein die Zugehörigkeit zum Kreis der vertragsärztlichen Leistungserbringer oder zugelassenen Krankenhäuser reicht grundsätzlich nicht aus, um ASV-Teilnehmer sein zu können. Hinsichtlich der seltenen Erkrankungen und Erkrankungszuständen mit entsprechend geringen Fallzahlen sowie der Erkrankungen mit besonderem Krankheitsverlauf darf ein **Krankenhaus** nur dann ASV-Leistungen erbringen, wenn es berechtigt ist, in diesem Bereich stationäre Leistungen zu erbringen, vgl. § 2 Abs. 5 ASV-RL. Die konkreten ASV-Leistungen müssen somit spiegelbildlich stationär vom **Versorgungsauftrag des Krankenhauses** erfasst sein. Dementsprechend wäre es zweckmäßig, der Anzeige gegenüber dem eLA (→ Rn. 103 ff.) den aktuellen Feststellungsbescheid (bei Plankrankenhäusern), den aktuellen Anerkennungsbescheid (bei Hochschulkliniken) oder den aktuellen Versorgungsvertrag (bei Vertragskrankenhäusern) beizufügen. Einige eLAs begnügen sich mit der Zusicherung, dass das Krankenhaus bei der konkreten Erkrankung stationäre Leistungen erbringen darf. Bei Plankrankenhäusern ist die Pflegesatzvereinbarung nicht ausschlaggebend, da der Versorgungsauftrag durch den Feststellungsbescheid festgelegt und nicht zwischen dem Krankenhausträger und den Kostenträgern verhandelt wird. ZB darf ein Facharzt für Neurologie nur dann als Krankenhausarzt schwere Verlaufsformen zerebraler Anfallsleiden (Epilepsie) in der ASV behandeln, wenn das Krankenhaus neurologische Betten vorhält.[102] Je nach Ausgestaltung der Krankenhausplanung und der Feststellungsbescheide können sich Abgrenzungsprobleme ergeben: Nach Abs. 1 S. 2 Nr. 1 lit. c sind zB rheumatologische Erkrankungen von der ASV erfasst. Die Rheumatologie ist eine Subdisziplin der Inneren Medizin. Die Bundesländer gehen derzeit krankenhausplanerisch in großen Teilen zu einer Rahmenplanung über, verzichten auf die Ausweisung von Subdisziplinen („davon-Betten") und weisen damit zB rheumatologische Betten nicht mehr gesondert aus. Diese gehen in den internistischen Betten auf, das Krankenhaus entscheidet autark, welche internistischen Bereiche versorgt werden. In diesen Bundesländern reicht somit für die ASV-Berechtigung nach Abs. 1 S. 2 Nr. 1 lit. c die Ausweisung internistischer Betten im Feststellungsbescheid, während in einem anderen Bundesland, welches stärker regulierend noch Teilgebiete beplant, rheumatologische Betten explizit ausgewiesen sein müssten.

Vertragsärzte dürfen nur in dem Fachgebiet bzw. Schwerpunkt tätig werden, mit dem sie auch **zur vertragsärztlichen Versorgung zugelassen** sind. Damit soll sichergestellt werden, dass neben den Krankenhäusern auch Vertragsärzte jeweils nur in den Bereichen ASV-Leistungen erbringen, in denen sie durch die bisherige Versorgung GKV-Versicherter bereits Erfahrung haben.[103] Ausgeschlossen ist bspw., dass ein Facharzt für Innere Medizin und Hämatologie und Onkologie, der ausschließlich zur hausärztlichen Versorgung zugelassen ist, hämatologische ASV-Leistungen erbringt.[104]

Die bundesweit zuständige ASV-Servicestelle (→ Rn. 149) führt ein ASV-Verzeichnis, in welchem alle ASV-Berechtigten gelistet sind.

IV. Leistungsvoraussetzungen (Abs. 4 und 5)

Gemäß Abs. 4 S. 4 bestimmt der G-BA die **sächlichen und personellen Anforderungen** an die ASV sowie sonstige **Anforderungen an die Qualitätssicherung**, die Ergebnisse nach § 137a Abs. 3 sind zu berücksichtigen. Bei der näheren Ausgestaltung der personellen, sächlichen und sonstigen Qualitätsanforderungen müssen damit auch die Ergebnisse des Instituts für Qualitätssicherung und Transparenz im Gesundheitswesen einfließen. Die Leistungserbringer, die diese Voraussetzungen erfüllen und belegen können, sind grundsätzlich zur Teilnahme an der ASV berechtigt (vgl. Abs. 2 S. 1).

1. Personelle, sächliche und organisatorische Anforderungen. Die notwendigen medizinisch-inhaltlichen Anforderungen persönlicher und sächlicher Art hat der G-BA einheitlich für alle Leistungserbringer festzulegen.[105] Dies bezieht sich insbesondere auf die **fachliche Qualifikation** unter „Berücksichtigung der Weiterbildungsordnungen",[106] wobei wegen der bundesweit geltenden Norm des

---

101 Vgl. zum Status als Krankenhaus iSd §§ 107 ff. BSG, 28.1.2009, B 6 KA 61/07 R, GesR 2009, 487.
102 Vgl. tragende Gründe des G-BA zur ASV-RL, S. 5.
103 Vgl. tragende Gründe des G-BA zur ASV-RL, S. 5.
104 Vgl. tragende Gründe des G-BA zur ASV-RL, S. 5.
105 BT-Dr. 17/6906, 82.
106 BT-Dr. 17/6906, 82.

§ 116 b zunächst die (Muster)Weiterbildungsordnung ausschlaggebend ist[107] und nur dann Raum für landesspezifische Besonderheiten besteht, wenn der G-BA dies festlegt. Auch Anforderungen an die **Strukturqualität** und das **interdisziplinäre Team** sowie **organisatorische, bauliche, apparativ-technische und hygienische Vorgaben** einschließlich Notfallsituationen kann der G-BA definieren.[108] Die personellen und sächlichen Anforderungen fallen je Konkretisierung unterschiedlich aus.

62 a) **Personelle Anforderungen.** Generell erfordert die ASV als komplexe Leistungserbringung regelmäßig die Zusammenarbeit in einem **interdisziplinären Team von Fachärzten**, vgl. § 2 Abs. 1 S. 2 ASV-RL. Das interdisziplinäre Team besteht aus einer Teamleiterin oder einem Teamleiter (**Teamleitung**), dem **Kernteam** und bei medizinischer Notwendigkeit zeitnah **hinzuziehenden Fachärzten**, § 3 Abs. 2 S. 1 ASV-RL. Die personelle Besetzung des ASV-Teams ergibt sich regelhaft aus einem drei-Schalen-Modell: Im Kern existiert eine Teamleitung, welche die Aufgabe hat, die ASV-Versorgung fachlich und organisatorisch zu koordinieren, vgl. § 3 Abs. 2 S. 2 ASV-RL. Das Wort „Teamleitung" legt zwar eine aus mehreren Personen bestehende Leitung nahe, es ist jedoch davon auszugehen, dass der Begriff einer geschlechtergerechten Sprache geschuldet und jeweils nur eine Person im Sinne eines Hauptverantwortlichen zu benennen ist. Das ASV-Kernteam besteht neben der Teamleitung aus weiteren Fachärzten, deren Kenntnisse und Erfahrungen zur Behandlung regelhaft eingebunden werden müssen, vgl. § 3 Abs. 2 S. 3 ASV-RL. Dieses interdisziplinäre Kernteam wird auf der dritten Ebene erweitert um hinzuzuziehende Fachärzte, deren Kenntnisse und Erfahrungen in Abhängigkeit vom Krankheitsverlauf typischerweise ergänzend benötigt werden, vgl. § 3 Abs. 2 S. 7 ASV-RL (zum Überweisungsvorbehalt für die hinzuzuziehenden Fachärzte → Rn. 97).

63 Bei der Anzeige gegenüber dem eLA (→ Rn. 103 ff.) sind die Teamleitung sowie die übrigen Mitglieder des Kernteams **namentlich** zu benennen, vgl. § 2 Abs. 2 S. 4 ASV-RL. Für die hinzuziehenden Fachärzte kann ebenfalls eine namentliche Benennung erfolgen, hier ist auch eine **institutionelle Benennung** als Beleg ausreichend, § 2 Abs. 2 S. 5 ASV-RL.

64 Die vorliegenden Konkretisierungen durch den G-BA machen deutlich, dass die interdisziplinäre Leistungserbringung durchaus eine stattliche Anzahl von unterschiedlichen Fachdisziplinen erreichen kann. Die ASV ist damit eine Form der Leistungserbringung, die sich aus Sicht der Vertragsärzte eher in einer Gemeinschaftspraxis oder einem MVZ vollzieht.[109] Für die hinzuziehenden Fachärzte liegt die Einbindung eines Krankenhauses nahe. Insbesondere Krankenhäuser, die nicht auf die reine Grund- und Regelversorgung beschränkt sind, werden in zahlreichen Fällen die ASV-Anforderungen aus eigener Kraft erfüllen können, sofern keine sektorenübergreifenden Kooperationen erforderlich sind (→ Rn. 80 ff.).

65 Es ist möglich, für einzelne Fachgebiete auch mehrere **ASV-Mitglieder** (Fachärzte) zu benennen,[110] was angesichts des Verlustes der Teilnahmeberechtigung bei nicht fristgerechter Nachbesetzung (→ Rn. 128 ff.) sinnvoll erscheint.

66 **Vertretungen** sind zulässig, sofern der Vertreter die Anforderung an die fachliche Qualifikation und die organisatorische Einbindung erfüllt; Vertretungen von länger als einer Woche sind gegenüber dem eLA, den Landesverbänden der Krankenkassen und Ersatzkassen, der KV sowie der Landeskrankenhausgesellschaft zu melden, vgl. § 3 Abs. 4 S. 3 ASV-RL. Sachdienlich ist ebenfalls eine Mitteilung an die ASV-Servicestelle.

67 Für die Diagnosestellung und leitende Therapieentscheidungen, die von den Teammitgliedern persönlich zu treffen sind, gilt grundsätzlich der **Facharztstatus**, § 3 Abs. 4 S. 1 ASV-RL.[111] Für Ärzte in Weiterbildung gilt der **Facharztstandard**, sie dürfen unter Verantwortung eines Teammitglieds mit Weiterbildungsbefugnis ASV-Leistungen erbringen, jedoch keine Diagnosestellung und leitenden Therapieentscheidungen, vgl. § 3 Abs. 4 S. 4 ASV-RL. Obwohl die ASV sich bislang nur auf Fachärzte bezieht, gelten die Regelungen gem. § 72 Abs. 1 S. 2 SGB V für Zahnärzte und Psychotherapeuten entsprechend. Eine zukünftige Einbindung dieser Berufsgruppen in die ASV ist möglich.[112]

68 Im Hinblick auf die namentlich zu benennende Teamleitung und das Kernteam gilt der **Grundsatz der persönlichen Leistungserbringung** (zur Vertretung → Rn. 66) mit den entsprechenden honorarrechtli-

---

107 Vgl. auch § 3 Abs. 3 ASV-RL.
108 BT-Dr. 17/6906, 82.
109 So auch Quaas, GesR 2013, 327, 328; von Stackelberg, GesR 2012, 321, 324.
110 Schlottmann/Brenske/Schwarz, das Krankenhaus 2013, 692, 694.
111 Vgl. kritisch zu den an die Facharztqualifikation zu stellenden Anforderungen Penner, ZMGR 2012, 16, 22.
112 Vgl. Schlottmann/Brenske/Schwarz, das Krankenhaus 2013, 692, 693.

chen, disziplinarischen und strafrechtlichen Folgen bei Verstoß. Sofern die hinzuzuziehenden Fachärzte institutionell benannt sind, ist die Leistungserbringung auf dort angestellte Ärzte der Einrichtung beschränkt. Daraus folgt, dass Honorarärzte gesondert anzugeben sind.

b) Sächliche und organisatorische Anforderungen. Sächliche und organisatorische Anforderungen werden erkrankungs- oder leistungsbezogen im Rahmen der einzelnen Konkretisierungen in den Anlagen zur ASV-RL geregelt, § 4 Abs. 1 S. 1 ASV-RL. Bspw. kann das **Vorhalten spezieller Bereiche** wie Intensivstation, Notfalllabor, bildgebende Diagnostik, 14-Stunden-Notfallversorgung vorgegeben werden, vgl. § 4 Abs. 1 S. 2 ASV-RL. Auch die organisatorische **Einbeziehung weiterer Berufsgruppen** wie bspw. Physiotherapeuten in die ASV-Behandlung kann Gegenstand der Konkretisierung sein, § 4 Abs. 1 S. 4 ASV-RL. Im Rahmen der onkologischen Versorgung der gastrointestinalen Tumore wird zB gefordert, dass die mit der Betreuung beauftragten Pflegekräfte mehrheitlich über eine staatlich anerkannte Zusatzqualifikation zur onkologischen Pflege verfügen.[113]

2. Ort der Leistungserbringung. Nach § 116 b aF wurden nur einzelne Krankenhäuser bestimmt. Durch die Ausweitung des Kreises um vertragsärztliche Leistungserbringer und dem sektorenübergreifenden interdisziplinären Ansatz können die Leistungen innerhalb eines ASV-Teams nunmehr an mehreren Orten erbracht werden. Die Mitglieder des Kernteams – nicht jedoch die hinzuzuziehenden Fachärzte – müssen jedoch die ASV-Leistungen generell **am Tätigkeitsort der Teamleitung** oder aber zu festgelegten Zeiten mindestens an einem Tag in der Woche am Tätigkeitsort der Teamleitung anbieten, § 3 Abs. 2 S. 4 ASV-RL. Damit ist der Sitz der Teamleitung im Sinne des Ortes der Niederlassung (Vertragsarztsitz, MVZ-Sitz, aber auch die Zweigpraxis oder ausgelagerte Praxisräume) bzw. der Standort oder die Betriebsstätte des Krankenhauses als primärer Ort der Leistungserbringung vorgesehen.[114] Das Angebot einer dortigen gemeinsamen Sprechstunde an einem Tag in der Woche ist allerdings ausreichend.[115]

Eine generelle Ausnahme gilt für an immobile Apparate gebundene Leistungen sowie für die Aufbereitung und Untersuchung von entnommenem Untersuchungsmaterial, wobei dieser Ort der Leistungserbringung in der **Regel in 30 Minuten vom Tätigkeitsort der Teamleitung erreichbar** sein muss, vgl. § 3 Abs. 2 S. 6 ASV-RL. Diese 30-Minuten-Regel gilt grundsätzlich auch für die **hinzuzuziehenden Fachärzte** (vgl. § 3 Abs. 2 S. 8 ASV-RL) sowie für den Fall, dass die Vorhaltung einer Intensivstation, Notfalllabor oder 24-Stunden-Notfallversorgung vorgesehen ist (vgl. § 4 Abs. 1 S. 3 ASV-RL). Für die notfallmäßige bildgebende Diagnostik handelt es sich um eine starre zeitliche Höchstgrenze.[116] Die Prüfung, ob die Leistungserbringung unter Berücksichtigung der regionalen Versorgungsgegebenheiten oder der Mobilität der Patienten in angemessener Entfernung zum Sitz der Teamleitung stattfindet, obliegt dem eLA. In Einzelfällen kann eine Entfernung von mehr als 30 Minuten zugebilligt werden, wenn dadurch eine ASV-Versorgung in Gebieten mit einer geringen medizinischen Versorgungsdichte ermöglicht werden kann und keine vergleichbaren Alternativen zur Verfügung stehen.[117] Sofern patientenferne Fachgebiete wie bspw. Labormedizin oder Humangenetik betroffen sind, können Überschreitungen der 30-Minuten-Regel ermessensfehlerfrei zugebilligt werden.

3. Qualitätssicherung und Mindestmengen (Abs. 4 S. 4). Der G-BA regelt die sächlichen und personellen Anforderungen an die ASV sowie **sonstige Anforderungen an die Qualitätssicherung** (Abs. 4 S. 4). Der Gesetzgeber bezweckte eine Klarstellung, dass der G-BA nicht zunächst umfangreich sektorenübergreifende Regelungen nach § 137 zu treffen hat, bevor die ASV-Versorgung beginnen kann.[118] An bereits bestehende Qualitätsvorgaben in der G-BA-RL aF sowie an einrichtungsübergreifende Maßnahmen der Qualitätssicherung nach § 135 a iVm § 137 kann er anknüpfen.[119] Die ASV-RL bestimmt daher in § 12, dass die in den G-BA-Richtlinien festgelegten einrichtungsübergreifenden Maßnahmen der Qualitätssicherung und die für den Krankenhausbereich einerseits und den vertragsärztlichen Ver-

---

113 Vgl. zu den Voraussetzungen der Fachweiterbildung für die Pflege in der Onkologie die DKG-Empfehlung v. 20.9.2011 sowie die Umsetzungshinweise v. 15.3.2013, http://www.dkgev.de/dkg.php/cat/146/title/Pflegerische_Berufe (zuletzt abgerufen am 15.5.2017); entscheidend sind jedoch die – sofern vorhanden – landesrechtlichen Regelungen zur Weiterbildung.
114 Vgl. Schlottmann/Brenske/Schwarz, das Krankenhaus 2013, 692, 696.
115 Vgl. tragende Gründe des G-BA zur ASV-RL, S. 6.
116 Schlottmann/Brenske/Schwarz, das Krankenhaus 2013, 692, 696.
117 Vgl. tragende Gründe des G-BA zur ASV-RL, S. 7.
118 BT-Dr. 17/8005, 117.
119 BT-Dr. 17/8005, 117.

sorgungsbereich andererseits festgelegten Anforderungen an ein einrichtungsinternes Qualitätsmanagement nach § 135a iVm § 137 gelten.

73 Hinsichtlich der fachlichen Befähigung der ASV-Berechtigten gelten die **Qualitätssicherungsvereinbarungen nach § 135 Abs. 2**[120] ebenso entsprechend (§ 3 Abs. 5 S. 2 ASV-RL) wie hinsichtlich der apparativen, organisatorischen und räumlichen Voraussetzungen einschließlich der Hygienequalität (§ 4 Abs. 2 S. 1 ASV-RL), vgl. auch § 12 ASV-RL. In beiden Fällen gilt die entsprechende Geltung, bis der GBA diese durch die QS-Anlage zur entsprechenden Übertragung der Anforderungen der Regularien des § 135 Abs. 2 SGB V zu der ASV-RL ersetzt. Auch im Appendix können für die Abrechnung Qualitätsanforderungen festgelegt sein.[121]

74 Der Leistungserbringer muss die spezifischen Qualitätsanforderungen **zu Beginn und während der gesamten Dauer** der ASV-Teilnahme erfüllen.[122]

75 **Vertragsärzte** haben die auf der Grundlage der Qualitätssicherungsvereinbarungen nach § 135 Abs. 2 erteilten KV-Genehmigungen dem eLA bei der Anzeige vorzulegen.[123] **Krankenhausärzte** verfügen über solche Genehmigungen idR nur dann, wenn sie ermächtigt oder zugleich als MVZ-Arzt oder in eigener Niederlassung tätig sind. Alle anderen Fachärzte im Krankenhaus haben nach den Vorgaben des G-BA die Erfüllung der persönlichen und fachlichen Anforderungen der Qualitätssicherungsvereinbarungen durch entsprechende Nachweise zu belegen, bspw. durch Darlegung, dass die geforderte Qualifikation im Rahmen der Weiterbildung oder einer Zusatzweiterbildung erworben wurde.[124] Dies ist im Grundsatz im Sinne der Rechtssicherheit, aus Patientensicht und auch um eine kontrovers geführte Diskussion zu unterschiedlichen Anforderungen an den Qualitätsnachweis zwischen Vertragsärzten und Krankenhäusern zu vermeiden, die einer Sektorenbefriedung abträglich wäre, zu begrüßen. In der Regel reicht zB eine bloße Versicherung der Erfüllung aller Qualitätsanforderungen durch den leitenden Krankenhausarzt nicht aus – auch wenn dies die eLAs dies in Teilen in der Praxis anders handhaben. Ausnahmen müssen jedoch in begründeten Fällen dann möglich sein, wenn der geforderte Qualitätsstandard im Krankenhaus außer Zweifel steht. Die unterschiedlichen medizinischen Fallgruppen des § 135 Abs. 2 rechtfertigen eine unterschiedliche Handhabung, da die Anforderungen an den Umfang und die Tiefe der Nachweispflicht deutlich differieren.

76 Da die **hinzuzuziehenden Ärzte** nur institutionell zu benennen sind, ist unklar, ob für den Fall, dass in ihrem ASV-Leistungsbereich Qualitätssicherungsvereinbarungen nach § 135 Abs. 2 einzuhalten sind, die Ärzte dennoch namentlich zu benennen sind. Im Sinne der Rechtssicherheit reicht auch hier eine generelle Erklärung der Geschäftsführung oder des Leiters der Einrichtung (zB ärztliche Leitung eines MVZ oder kaufmännische/ärztliche Geschäftsführung eines Krankenhauses) zur Einhaltung der Qualitätssicherung nicht aus. Die hinzuzuziehenden Ärzte sind in diesen Fällen namentlich zu benennen und die Erfüllung der Qualitätsanforderungen zu belegen. Ausnahmen müssen in begründeten Einzelfällen möglich sein (→ Rn. 76).

77 Gemäß Abs. 4 S. 4 Hs. 2 regelt der G-BA „sonstige Anforderungen an die Qualitätssicherung". Hieraus folgert der G-BA sowie ein Teil der Literatur[125] die grundsätzliche Befugnis, im Rahmen der Konkretisierung **Mindestmengen** als Anforderungen an die Qualitätssicherung festzulegen. Zumindest bestimmt § 11 ASV-RL, dass das Nähere zu den Mindestmengen in den Anlagen zu regeln ist. Daher ist nicht verwunderlich, dass der G-BA im Rahmen der bisherigen Konkretisierungen Mindestmengen festgelegt hat. Die Konkretisierungsbeschlüsse blieben vom BMG unbeanstandet. Dies verwundert zumindest vor dem Hintergrund der generalartigen Formulierung in Abs. 4 S. 4 Hs. 2 trotz vorhandener konkreter Regelung in § 136b sowie angesichts der zu den Mindestmengenregelungen ergangenen BSG-Rechtsprechung (→ Rn. 78).

---

120 ZB für Leistungen nach Kernspintomographie-Vereinbarung, Ultraschall-Vereinbarung, bei koloskopischen Leistungen.
121 Vgl. zB Im Appendix zur Anlage 2a.
122 BT-Dr. 17/8005, 116.
123 Vgl. tragende Gründe zum Beschluss zur Konkretisierung der Tuberkulose und atypischen Mykobakteriose, Anlage 2a) v. 19.12.2013, https://www.G-BA.de/downloads/40-268-2690/2013-12-19_ASV-RL_Anlage2a-Tbc_mitAppendix_TrG.pdf (zuletzt abgerufen am 15.5.2017).
124 Vgl. tragende Gründe zum Beschluss zur Konkretisierung der Tuberkulose und atypischen Mykobakteriose, Anlage 2a) v. 19.12.2013, https://www.G-BA.de/downloads/40-268-2690/2013-12-19_ASV-RL_Anlage2a-Tbc_mitAppendix_TrG.pdf (zuletzt abgerufen am 15.5.2017).
125 So wohl Stollmann, ZMGR 2014, 85, 88; Köhler-Hohmann in: jurisPK-SGB V, § 116b Rn. 83; Roters, GesR 2014, 456, 462.

Die Überschrift des § 136 lautet „Beschlüsse des Gemeinsamen Bundesausschusses zur Qualitätssicherung im Krankenhaus". Nach § 136 b Abs. 1 S. 1 Nr. 2 bestimmt der G-BA für zugelassene Krankenhäuser einen Katalog planbarer Leistungen, bei denen die Qualität des Behandlungsergebnisses in besonderem Maße von der Menge der erbrachten Leistungen abhängig ist sowie Mindestmengen für die jeweiligen Leistungen je Arzt oder Standort eines Krankenhaus und Ausnahmetatbestände (→ § 136 b Rn. 11 ff.). Das Wort „Mindestmenge" wird ansonsten in keiner anderen Stelle des SGB V erwähnt. Insofern liegt nahe, **§ 136 b Abs. 1 S. 1 Nr. 2 für die Mindestmengen als lex specialis** anzusehen, so dass diese unter den aufgeführten Voraussetzungen nur für zugelassene Krankenhäuser festgelegt werden können. Damit wäre eine Festlegung im Rahmen der sektorenübergreifenden ASV unzulässig. Zudem vermag die Formulierung in Abs. 4 S. 4 Hs. 2 „sonstige Anforderungen an die Qualitätssicherung" mangelndes **Bestimmtheit der Ermächtigungsnorm**[126] den mit dem Ausschluss von Leistungserbringern einhergehenden Eingriff in die Berufsfreiheit (Art. 12 GG) nicht zu tragen. Der G-BA hat – soweit ersichtlich – nicht geprüft, ob der Zweck der Mindestmenge nicht **durch andere, mildere Qualitätsvorgaben** hätte erreicht werden können. Selbst für den Fall, dass die Auffassung vertreten wird, die Festlegung von Mindestmengen sei im Rahmen der ASV möglich, sind die richterlichen Hinweise des BSG zu den Mindestmengen zu berücksichtigen: Denn Mindestmengenvorgaben erfordern danach eine **Studienlage**, die einen Zusammenhang zwischen Behandlungsmenge und -qualität wahrscheinlich macht.[127] Auf eine solche Studienlage wurde in keinem der in den Konkretisierungen ergangenen Mindestmengenbeschlüsse verwiesen. Spätestens dadurch ist die Festlegung vom Mindestmengen in der ASV rechtswidrig.[128] 78

Zukünftig ist zu erwarten, dass die Qualitätsanforderungen in der ASV weiter steigen und die Qualität als Kriterium zur Teilnahmeberechtigung an der ASV gestärkt wird. Wie die Qualitätsnachweise zu führen sind, wird der G-BA unter Nutzung der Daten des **Qualitätsinstituts** festlegen. Der G-BA beauftragt gem. § 137 a Abs. 3 S. 2 Nr. 1 das Qualitätsinstitut mit der Entwicklung von Verfahren zur Messung und Darstellung der Versorgungsqualität für die Durchführung der einrichtungsübergreifenden Qualitätssicherung, die möglichst sektorenübergreifend auszurichten sind (→ § 137 a Rn. 11). 79

4. Kooperationsvereinbarungen (Abs. 4 S. 9 und 10). Der G-BA kann für die Versorgung bei schweren **Verlaufsformen von Erkrankungen mit besonderen Krankheitsverläufen** Regelungen zu Vereinbarungen treffen, die eine Kooperation zwischen den beteiligten Leistungserbringern nach Abs. 2 S. 1 in diesem Versorgungsbereich fördern (Abs. 4 S. 9; sog Kooperationsvereinbarungen). Dabei kann er medizinische oder andere Kriterien zur Versorgungsabstimmung festlegen und die Zusammenarbeit inhaltlich ausgestalten, um eine sinnvolle Arbeitsteilung zwischen den Leistungserbringern zu fördern, die auch regionale Besonderheiten erfasst.[129] 80

Gehen Leistungserbringer freiwillig Kooperationen ein, um die personellen, sächlichen und/oder organisatorischen Voraussetzungen zu erfüllen, werden diese als sog **Leistungskooperationen**[130] bezeichnet. 81

Für die Versorgung von Patienten mit schweren Verlaufsformen **onkologischer Erkrankungen ist der Abschluss einer Kooperationsvereinbarung zwingend** (Abs. 4 S. 10).[131] Die Ermessensentscheidung des Abs. 4 S. 9 wird zu einer gebundenen Entscheidung des G-BA. Da der Patient in der Onkologie infolge einer stationären Behandlung regelmäßig in die ASV des Krankenhauses überwiesen wird, soll der strukturelle Nachteil der übrigen Leistungserbringer mit der Kooperationsvereinbarung ausgeglichen werden.[132] Die Vereinbarung ist **schriftlich** in Verträgen zu fixieren, mündliche Vereinbarungen reichen nicht aus.[133] Sie werden als sog **ASV-Kooperationen**[134] bezeichnet. 82

Da die ASV-Kooperationen den **sektorenübergreifenden Ansatz** spiegeln sollen, sind sie zwischen Krankenhäusern auf der einen und an der vertragsärztlichen Versorgung teilnehmenden Leistungserbringern auf der anderen Seite zu schließen. Vertraglich vereinbarte reine Leistungskooperationen (→ 83

---

126 Für das Erfordernis einer ausdrücklichen gesetzlichen Ermächtigung ebenfalls Becker in: Becker/Kingreen, § 116 b Rn. 14.
127 Vgl. BSG, 12.9.2012, B 3 KR 10/12 R, juris.
128 AA Roters, GesR 2014, 456, 461, welcher die Anforderungen des BSG nicht auf die ASV für übertragbar hält.
129 BT-Dr. 17/6906, 82.
130 Vgl. zB Stollmann, ZMGR 2014, 85, 89; Schlottmann/Brenske/Schwarz, das Krankenhaus 2013, 692, 695.
131 Vgl. kritisch dazu Kuhlmann, f.&w 2012, 86, 88.
132 BT-Dr. 17/6906, 82.
133 BT-Dr. 17/6906, 82.
134 Vgl. § 10 Abs. 1 S. 1 ASV-RL sowie Stollmann, ZMGR 2014, 85, 89; Schlottmann/Brenske/Schwarz, das Krankenhaus 2013, 692, 695.

Rn. 81) können intrasektoral geschlossen werden, vgl. § 10 Abs. 1 S. 5 ASV-RL. **Intrasektorale Vereinbarungen** sind aber keine hinreichenden ASV-Kooperationen.[135] Auch, wenn die intersektorale Forderung keinen eindeutigen Niederschlag im Wortlaut gefunden hat,[136] verweist Abs. 4 S. 9 auf „Vereinbarungen [...], die eine Kooperation zwischen den beteiligten Leistungserbringern nach Abs. 2 S. 1 [...] fördern". Abs. 2 S. 1 benennt „an der vertragsärztlichen Versorgung teilnehmende Leistungserbringer und nach § 108 zugelassene Krankenhäuser", so dass es nahe liegt, dass beide Bereiche als „beteiligte Leistungserbringer" in die ASV-Kooperation einbezogen werden sollten. Diese Auslegung entspricht auch dem Sinn und Zweck der Neugestaltung des § 116 b, insbesondere in der onkologischen Versorgung zu befrieden (→ Rn. 3 f.).[137] Der Gesetzgeber sah verpflichtende intersektorale Kooperationsvereinbarungen als geeignetes Mittel an. Folgerichtig bestimmt § 10 Abs. 1 S. 2 ASV-RL, dass für die ASV-Versorgung in der Onkologie eine Kooperation mit dem jeweils anderen Versorgungssektor erforderlich ist. Sofern bereits zwischen Krankenhaus und Vertragsarzt zB ein Konsiliararztvertrag oder Belegarztvertrag geschlossen wurde, reicht dies nicht aus, um eine ASV-Kooperation nachzuweisen.[138] Der Belegarztvertrag ist systematisch auf die voll- oder teilstationäre Patientenbehandlung und nicht auf die ASV gerichtet; der Konsiliararztvertrag wird regelhaft die spezifischen ASV-Anforderungen nicht erfüllen.

84 Unklar ist, ob ein Krankenhausträger auch dann die Voraussetzungen nach Abs. 4 S. 10 erfüllt, wenn er einen **Kooperationsvertrag** mit einem zur vertragsärztlichen Versorgung ermächtigten Krankenhausarzt schließt. Im Zeitpunkt des Abschlusses der Kooperationsvereinbarung ist die Kooperation sektorenübergreifend. Entfällt jedoch die Ermächtigung, weil die Versorgungslücke durch die ASV-Versorgung gefüllt wird (→ Rn. 160), scheidet der Krankenhausarzt aus der ambulanten Versorgung aus und eine sektorenübergreifende ASV-Kooperation liegt nicht mehr vor, sofern nicht andere vertragsärztliche Leistungserbringer eingebunden sind. In diesen Fällen wird es für die ASV-Teilnahme maßgeblich darauf ankommen, ob das ersthafte Bemühungen mit potenziellen Kooperationspartnern des anderen Sektors nachgewiesen werden kann (→ Rn. 90 f.). Dagegen sind ASV-Kooperationen zwischen einem **Krankenhaus und einem MVZ** derselben Holding unproblematisch.[139]

85 Soweit eine Kooperation nach Abs. 4 S. 10 oder zur Erfüllung der personellen oder sächlichen Voraussetzungen erforderlich ist, bleibt ASV-Berechtigter der einzelne Leistungserbringer, der seine ASV-Leistungen im Rahmen der Kooperation eigenständig erbringt, § 2 Abs. 1 S. 3 ASV-RL.

86 **Gegenstand der ASV-Kooperationsvereinbarung** sind insbesondere die Abstimmung über Eckpunkte der Versorgung unter Berücksichtigung von Algorithmen der Diagnostik und Therapie, die Einigung über die Arbeitsteilung unter Berücksichtigung regionaler Gegebenheiten und Qualifikationen sowie die Verpflichtung, mindestens zweimal jährlich gemeinsame qualitätsorientierte Konferenzen durchzuführen, welche zu protokollieren sind vgl. näher § 10 Abs. 3 lit. c) ASV-RL. Es sind patientenbezogene kritische Evaluationen der Behandlungsergebnisse im Hinblick auf Mobilität und Morbidität vorzunehmen, die Konferenzen sind nicht mit den üblichen Tumorkonferenzen zu verwechseln.[140]

87 Zumindest aus medizinrechtlicher Sicht kann ein ASV-Leistungserbringer **mehrere ASV-Kooperationsvereinbarungen** schließen.[141] Abzuwarten bleibt, ob sich in der vertraglichen Gestaltung in der Praxis durchsetzt, diese Möglichkeit auszuschließen.

88 Sowohl die Leistungskooperationsvereinbarungen als auch die ASV-Kooperationsvereinbarungen dienen dem gemeinsamen Zweck, die Patienten im Rahmen der ASV zu behandeln. Die Leistungserbringer bilden daher eine **BGB-Gesellschaft** nach § 705 BGB[142] (s. insbes. zu den steuerlichen Folgen einer Außen-GbR → Rn. 164).

89 Die Kooperationsvereinbarungen nach Abs. 4 S. 9 und 10 sind grundsätzliche Voraussetzung zur Teilnahme an der ASV und im **Anzeigeverfahren** nach Abs. 2 S. 2 nachzuweisen. Dazu ist die ASV-Kooperation schriftlich vorzulegen. Abschluss und Vorlage einer schriftlichen Kooperationsvereinbarung sind nicht erforderlich, sofern das ASV-Team personell ausschließlich aus der anzeigenden Einrichtung (Krankenhaus, MVZ, Berufsausübungsgemeinschaft) gebildet wird.

---

135 BT-Dr. 17/6906, 82, vgl. auch Schlottmann/Brenske/Schwarz, das Krankenhaus 2013, 692, 695.
136 Vgl. insofern kritisch Kuhla in DAI, 7. Jahresarbeitstagung 2012, 65, 77.
137 So auch Stollmann, ZMGR 2014, 85, 89.
138 So auch Hahne, GesR 2014, 463, 465.
139 So auch Makoski, GesR 2014, 466, 467.
140 Vgl. Schlottmann/Brenske/Schwarz, das Krankenhaus 2013, 692, 695.
141 So auch Schlottmann/Brenske/Schwarz, das Krankenhaus 2013, 692, 695.
142 So auch Stollmann, ZMGR 2014, 85, 89.

Geeignete Leistungserbringer können **ohne eine verpflichtende Kooperationsvereinbarung** an der ASV teilnehmen, wenn sie die Gründe für den fehlenden Abschluss der Vereinbarung nicht zu vertreten haben.[143] Abs. 4 S. 11 benennt deshalb zwei Ausnahmen vom Kooperationsgebot: Im Einzugsbereich sind entweder **keine geeigneten Kooperationspartner** vorhanden oder die **vorhandenen Kooperationspartner sind nicht zum Abschluss einer Vereinbarung bereit**. Für die erste Variante dürfte angesichts der 30-Minuten-Regelung zum Tätigkeitsort der Teamleitung (→ Rn. 71 f.) auf die Leistungserbringer im entsprechenden Radius abzustellen sein. Für die zweite Ausnahme kann die Rechtsprechung zu § 103 Abs. 7 herangezogen werden,[144] welcher eine besondere Zulassungssituation zur vertragsärztlichen Versorgung vorsieht, sofern ein Krankenhausträger trotz Ausschreibung von Belegarztverträgen mit keinem niedergelassenen Gynäkologen einen Belegarztvertrag abschließen konnte (→ § 103 Rn. 81 ff.). In entsprechender Anwendung der Spruchpraxis zu § 103 Abs. 7 muss der kooperationswillige ASV-Leistungserbringer mit den potenziellen Kooperationspartnern in einer Form verhandeln, die erkennen lässt, dass die Möglichkeiten einer Einigung ernsthaft erwogen und nicht nur Scheinverhandlungen geführt wurden. Hierfür ist ein transparentes, allen geeigneten Kooperationspartnern gegenüber gleichwertiges Kooperationsangebot zu unterbreiten.[145]

Der Leistungserbringer muss im Anzeigeverfahren **glaubhaft versichern**, dass ihm die Vorlage aus den genannten Gründen nicht möglich ist (Abs. 2 S. 3). Sieht eine Rechtsvorschrift vor, dass für die Feststellung der erheblichen Tatsachen deren Glaubhaftmachung genügt, kann auch die **Versicherung an Eides statt** zugelassen werden, § 23 Abs. 1 S. 1 SGB X. Eine Tatsache ist dann als glaubhaft anzusehen, wenn ihr Vorliegen nach dem Ergebnis der Ermittlungen, die sich auf sämtliche erreichbaren Beweismittel erstrecken sollen, überwiegend wahrscheinlich ist, § 23 Abs. 1 S. 2 SGB X.

5. Überweisungsvorbehalt in der ASV (Abs. 4 S. 5 bis 8). Der ASV-Zugang erfolgt für den Patienten durch Überweisung des behandelnden Vertragsarztes, durch Direktbehandlung des an der ASV teilnehmenden Arztes oder durch Überweisung des behandelnden Krankenhausarztes in die ASV.[146] Zweck des Überweisungserfordernisses ist, dass nicht solche Patienten dem ASV-Bereich zugeführt werden, deren wenig komplexe Erkrankungen vergleichsweise einfach zu therapieren sind.[147]

Bei Erkrankungen mit besonderen Krankheitsverläufen setzt die ASV grundsätzlich **zwingend** gem. Abs. 4 S. 5 die Überweisung durch einen Vertragsarzt voraus. Für seltene Erkrankungen und Erkrankungszustände mit entsprechend geringen Fallzahlen sowie hochspezialisierte Leistungen regeln die Anlagen 2 und 3 der ASV-RL indikationsspezifisch, in welchen Fällen eine Überweisung erforderlich ist (s. zu den Ausnahmen → Rn. 97), Abs. 4 S. 5 bis 8. Ist Ausgangspunkt eine medizinische Einschätzung, entscheidet der behandelnde Arzt, der in die ASV überweist.[148] Vergleichsweise einfach therapierbare, wenig komplexe Erkrankungen sollen nicht zur ASV zählen.[149]

Nicht eindeutig ist die Formulierung des Erfordernisses der **Überweisung durch einen „Vertragsarzt"**. Sie ist nicht restriktiv auf den Vertragsarzt mit Zulassung nach § 95 Abs. 1 auszulegen, sondern sie erfasst extensiv eine Überweisung durch alle vertragsärztlichen Leistungserbringer, damit ua auch durch MVZ und Ermächtigte (→ Rn. 51 ff.). Denn die Gesetzesbegründung legt neutral einen „vertragsärztlichen Überweisungsvorbehalt" zugrunde,[150] auch sprechen keine medizinisch-sachlichen Gründe für eine Beschränkung auf den Vertragsarzt.[151] Bei seit dem 1.10.2013 Ermächtigten ist die Regelung des § 24 Abs. 2 BMV-Ä zu beachten. Danach sind Überweisungen durch ermächtigte ärztlich geleitete Einrichtungen und ermächtigte Ärzte zulässig, soweit die Ermächtigung dies vorsieht; in der Ermächtigung sind die von der Überweisungsbefugnis umfassten Leistungen festzulegen.

Zum Zeitpunkt der Überweisung in die ASV muss grundsätzlich eine **gesicherte Diagnose** vorliegen, lediglich bei seltenen Erkrankungen und Erkrankungszuständen mit entsprechend geringen Fallzahlen ist eine **Verdachtsdiagnose** ausreichend, § 8 S. 11 und 12 ASV-RL. Das Erfordernis einer gesicherten Diagnose ist aus Patientensicht kritisch zu bewerten, da die ASV-Behandlung durch ein speziell hierauf

---

143 BT-Dr. 17/8005, 116.
144 Vgl. Stollmann, ZMGR 2014, 85, 90 mwN.
145 Vgl. zu den entsprechenden Voraussetzungen im Rahmen des § 103 Abs. 7 BSG, 14.3.2001, B 6 KA 34/00 R.
146 BT-Dr. 17/6906, 82.
147 Vgl. BT-Dr. 17/6906, 82.
148 BT-Dr. 17/6906, 82.
149 Vgl. BT-Dr. 17/6906, 82.
150 BT-Dr. 17/8005, 117.
151 Vgl. Köhler-Hohmann in: jurisPK-SGB V, § 116 b Rn. 88.

ausgerichtetes, interdisziplinäres Team insbesondere bei Erkrankungen mit besonderen Krankheitsverläufen das Zuwarten voraussetzt, dass die Krankheit einen schweren Verlauf nimmt.

96 Die Überweisung in die ASV kann für **ein oder mehrere Quartale** erfolgen, wobei während des Behandlungsverlaufs regelmäßig zu überprüfen ist, ob die ASV-Indikation fortbesteht, § 8 S. 8 und 9 ASV-RL.

97 **Vom Überweisungserfordernis insgesamt ausgenommen** sind zunächst gem. Abs. 4 S. 6 direkte **Zuweisungen zur ASV aus dem stationären Bereich**. Obwohl sich Abs. 4 S. 6 nur auf die Fälle des Abs. 4 S. 5 und somit nur auf Erkrankungen mit besonderen Krankheitsverläufen bezieht, muss die Ausnahme auch für die Zuweisungen aus dem stationären Bereich in den übrigen Fallgestaltungen gelten, in denen der G-BA explizit das Überweisungserfordernis in der Konkretisierung geregelt hat, vgl. auch § 8 S. 3 ASV-RL. Ferner besteht kein Überweisungserfordernis innerhalb der ASV zwischen den Mitgliedern des Kernteams, §§ 2 Abs. 4 S. 1, 8 S. 3 ASV-RL. Die hinzuzuziehenden Fachärzte erbringen dagegen ihre Leistungen als ASV-Berechtigte auf Überweisung, wobei die in § 24 BMV-Ä vorgesehenen Möglichkeiten auf Definitions- oder Indikationsaufträge eingeschränkt werden, vgl. § 2 Abs. 4 S. 2 ASV-RL. Eine Überweisung im Sinne einer „Mitbehandlung" oder „Konsiliaruntersuchung" wurde mehrheitlich im G-BA abgelehnt.[152]

V. Anzeige- und Prüfverfahren gegenüber dem erweiterten Landesausschuss (eLA) (Abs. 3)

98 Das bislang durch die Krankenhausplanungsbehörden durchzuführende Bestimmungsverfahren nach § 116 b aF wird durch ein Anzeige- und Prüfverfahren eines neu eingeführten Gremiums, des erweiterten Landesausschusses (eLA) ersetzt.

99 **1. Besetzung und Rechtsnatur des eLA.** Für die Wahrnehmung der Aufgaben nach Abs. 2 wird der Landesausschuss der Ärzte und Krankenkassen nach § 90 Abs. 1 um Vertreter der Krankenhäuser erweitert (erweiterter Landesausschuss; Abs. 3 S. 1). Es wurden deutschlandweit 17 eLAs gegründet.[153] Da der eLA der „erweiterte" Landesausschuss ist, besteht Mitgliederidentität bezüglich der von der KV und den Kassen benannten Mitglieder. Er spiegelt durch die Erweiterung um Vertreter der Krankenhäuser bezüglich der Leistungserbringer und der Kostenträger die Besetzung des G-BA wieder.

100 Der erweiterte Landesausschuss besteht aus insgesamt 30 Mitgliedern (ein unparteiischer Vorsitzender, zwei weitere unparteiische Mitglieder, neun Vertreter der Ärzte, neun Vertreter der Krankenkassen und Ersatzkassen und neun Vertreter der Krankenhäuser). Der eLA gibt sich eine **Geschäftsordnung**. Um eine flexible Durchführung des Anzeige- und Prüfverfahrens zu gewährleisten und den bürokratischen Aufwand zu minimieren, kann die **Besetzung für Beschlussfassungen verkleinert** werden (vgl. Abs. 3 S. 7).[154] Dass eine entsprechende Regelung in der Geschäftsordnung enthalten sein kann, wurde mit dem GKV-VSG in Abs. 3 S. 7 aufgenommen. Hiervon haben – soweit ersichtlich – sämtliche eLAs Gebrauch gemacht und eine Verkleinerung in den jeweiligen Geschäftsordnungen niedergelegt. Der eLA in Westfalen-Lippe entscheidet zB im Anzeigeverfahren nach Abs. 2 sowie im Widerspruchsverfahren mit dem Vorsitzenden, zwei Vertretern der Ärzte, vier Vertretern der Krankenkassen und Ersatzkassen und zwei Vertretern der Krankenhäuser,[155] somit mit einer Personenanzahl von 9 statt von 30. Das Mitberatungsrecht der Patientenvertreter und der Landesaufsicht kann nicht ausgeschlossen werden, Abs. 3 S. 7. In den Geschäftsordnungen finden sich regelmäßig ua Vorgaben über die Einladungsfrist für Sitzungen. In Teilen ist auch geregelt, dass nicht nur der Tenor der Entscheidung über die Anzeigen in den Sitzungen abschließend, dh ohne nachträgliche Einspruchsmöglichkeit zu protokollieren ist, sondern auch die entscheidungserheblichen Gründe.[156]

101 Der eLA ist eine **Behörde** iSd § 1 Abs. 2 SGB X.[157] Die Erweiterung um die Vertreter der Krankenhäuser ändert nichts an der Einordnung als Landesausschuss, so dass die Regelungen des § 90 zB bezüglich der Ausübung des Amtes als Ehrenamt (§ 90 Abs. 3 S. 1), der Weisungsfreiheit (§ 90 Abs. 3 S. 1) oder der Aufsicht durch die für die Sozialversicherung zuständigen obersten Landesbehörden (§ 90 Abs. 5 S. 1) entsprechend gelten.[158] Da der eLA über die Berechtigung zur ASV-Teilnahme mit Außen-

---

152 Vgl. Schlottmann/Brenske/Schwarz, das Krankenhaus 2013, 692, 694.
153 Je Bundesland bzw. für NRW Nordrhein und Westfalen-Lippe.
154 BT-Dr. 17/8005, 116.
155 Vgl. http://www.erweiterter-landesausschuss-wl.de/ueberuns (zuletzt abgerufen am 15.5.2017).
156 ZB in Berlin und Thüringen.
157 Stollmann, ZMGR 2014, 85, 90; Adam, NZS 2013, 888, 890; Wahrendorf, MedR 2013, 426, 428.
158 Stollmann, ZMGR 2014, 85, 90.

wirkung entscheidet (s. zum Verfahrenstypus → Rn. 116 ff.) erlässt er im Gegensatz zum Landesausschuss Verwaltungsakte im Rahmen eines Verwaltungsverfahrens nach § 8 SGB X.

2. Beauftragung Dritter. Der eLA kann seine **Aufgaben ganz oder teilweise Dritten übertragen.** In Betracht kommen zB die Landesarbeitsgemeinschaft zur einrichtungs- und sektorenübergreifenden Qualitätssicherung nach § 90a, die Kassenärztliche Vereinigung oder der Medizinische Dienst der Krankenversicherung.[159] Dadurch, dass sich die Geschäftsstellen des eLA weit überwiegend örtlich bei den Kassenärztlichen Vereinigungen angesiedelt haben, ist die Übertragung von (Teil-)Aufgaben dorthin am wahrscheinlichsten. Soweit ersichtlich, haben die eLAs bislang[160] keine Aufgaben übertragen. In Teilen ist aber angedacht, die KV mit der Prüfung der Erfüllung der Qualitätssicherungsanforderungen nach § 135 Abs. 2 (→ Rn. 73) zu beauftragen. Erteilte Aufträge an Dritte kann der eLA einschränken und zurücknehmen.[161]

3. Anzeigeverfahren und Beschlussfassung des eLA. a) Anzeigeverfahren. Anzeigepflichtig sind die an der vertragsärztlichen Versorgung teilnehmenden Leistungserbringer und Träger der nach § 108 zugelassenen Krankenhäuser, welche zur Teamleitung und zum Kernteam zählen. Die ebenfalls zum interdisziplinären Team zählenden hinzuzuziehenden Ärzte sind nicht anzeigepflichtig, müssen aber in der Anzeige namentlich oder institutionell benannt werden. Leistungserbringer, die zur Erfüllung der personellen und sächlichen Voraussetzungen miteinander kooperieren, sollen ihre Teilnahme gegenüber dem eLA gemeinsam anzeigen, vgl. § 2 Abs. 2 S. 3 ASV-RL. Entsprechendes gilt für ASV-Kooperationspartner. Damit besteht für den einzelnen eine Anzeigepflicht, die Teilnahmeberechtigung ist jedoch materiellrechtlich anhängig von der Erfüllung der ASV-Anforderungen auch durch die anderen Teammitglieder.

Sachdienlich haben die eLAs **Anzeigeformulare** je Krankheitsbild zT nebst Merkblätter entworfen, die regelmäßig auf den Internetseiten der eLAs abrufbar sind.[162] Bedauerlicher Weise erfolgte keine bundesweite Einigung auf einheitliche Formulare. Eine Verpflichtung zur Nutzung dieser Formulare im Rahmen der Anzeige besteht nicht.[163] Angesichts der Fiktionswirkung nach Ablauf von zwei Monaten nach Abs. 2 S. 4 (→ Rn. 111 ff.) empfiehlt sich gleichzeitig mit der Anzeige die Beantragung einer ASV-Teamnummer bei der ASV-Servicestelle (→ Rn. 149).

Das Gesetz und auch die ASV-Richtlinie schweigen zur **örtlichen Zuständigkeit.** Es ist sachgerecht, gegenüber dem eLA anzuzeigen, in dessen Zuständigkeitsbereich die Teamleitung ihren Sitz hat. Denn der Sitz der Teamleitung ist primärer Ort der Leistungserbringung (→ Rn. 70 f.). Diese Frage ist insbesondere bei eLA-übergreifenden Kooperationen von ASV-Teams, deren Mitglieder ihren Sitz in unterschiedlichen eLA-Zuständigkeitsbereichen haben (zB Westfalen-Lippe und Nordrhein), von Relevanz. Denkbar ist auch eine dem § 33 Abs. 3 S. 3 Ärzte-ZV entsprechende Regelung, wonach eine Benennung des zuständigen eLA aus dem ASV-Team heraus erfolgen muss.

Belegen die eingereichten Unterlagen nicht eindeutig die Teilnahmevoraussetzungen – etwa wegen Unvollständigkeit oder weil offene Fragen bleiben[164] –, kann der eLA die **Zweimonatsfrist bis zum Abschluss der Prüfung unterbrechen** (s. zur rechtlichen Einordnung der Unterbrechung → Rn. 113 f.). Die Unterbrechung soll sicherstellen, dass die Prüfung ordnungsgemäß und mit der gebotenen Sorgfalt abgeschlossen werden kann.[165] Sie soll auch verhindern, dass der Leistungserbringer zB bei Unvollständigkeit der Unterlagen selbst durch Untätigkeit den Ablauf der Frist zuwarten kann und hierdurch die Teilnahmeberechtigung erwirkt.[166]

b) Erforderliche Nachweise. Der Leistungserbringer muss gegenüber dem eLA unter Beifügung entsprechender Belege anzeigen und nachweisen, dass er die nach den Abs. 4 und 5 maßgeblichen **Anforderungen und Voraussetzungen erfüllt** (Abs. 2 S. 1 aE). Dabei sind insbesondere die Regelungen in den als Anlagen zur ASV-RL erlassenen Konkretisierungen des G-BA maßgeblich, so dass die Nachweise krankheitsbildbezogen differieren. Zum Nachweis der personellen Voraussetzungen sind regelmäßig

---

159 Vgl. BT-Dr. 17/8005, 116.
160 Stand: 16.5.2017.
161 BT-Dr. 17/8005, 116.
162 ZB http://www.erweiterter-landesausschuss-wl.de/anzeigenformulare; http://www.kvberlin.de/ela/; http://www.kvb.de/praxis/alternative-versorgungsformen/ambulante-spezialfachaerztliche-versorgung/teilnahme/ (alle zuletzt abgerufen am 15.5.2017).
163 Vgl. Stollmann, ZMGR 2014, 85, 91.
164 BT-Dr. 17/8005, 116.
165 BT-Dr. 17/8005, 116.
166 BT-Dr. 17/8005, 116.

Weiterbildungsurkunden über Facharztanerkennungen, Spezialbezeichnungen und Zusatzweiterbildungen erforderlich. Sind Kooperationsvereinbarungen gefordert und/oder geschlossen, sind diese einzureichen. Auch Qualitätsanforderungen (zB zur Qualitätssicherung nach § 135 Abs. 2) sind nachzuweisen (→ Rn. 73). Die Anzeige muss formal vollständig sein.

108 c) **Beschlussfassung.** Der eLA beschließt mit einfacher Mehrheit; bei der Gewichtung der Stimmen zählen die Stimmen der Vertreter der Krankenkassen doppelt (Abs. 3 S. 6). Dies liegt an dem Umstand, dass der Landesausschuss um die Vertreter der Krankenhäuser erweitert wurde und stellt die Ausgewogenheit zwischen Stimmen der Leistungserbringen und der Kostenträger wieder her.

109 d) **Kosten für die Anzeigenden.** Kosten für das Anzeige- oder Überprüfungsverfahrens entstehen für die Anzeigenden mangels gesetzlicher Grundlage nicht.

110 **4. Kosten des eLA (Abs. 3 S. 5).** Die dem Landesausschuss durch die Wahrnehmung der Aufgaben nach Abs. 2 entstehenden Kosten werden zur Hälfte von den Verbänden der Krankenkassen und den Ersatzkassen sowie zu je einem Viertel von den beteiligten Kassenärztlichen Vereinigungen und der Landeskrankenhausgesellschaft getragen (Abs. 3 S. 5).

VI. Beginn und Beendigung der ASV-Teilnahme

111 **1. Teilnahmeberechtigung.** Nach Abs. 2 S. 4 ist der Leistungserbringer nach Ablauf einer Frist von zwei Monaten nach Eingang seiner Anzeige zur ASV-Teilnahme berechtigt, es sei denn, der eLA teilt ihm innerhalb dieser Frist mit, dass er die Anforderungen und Voraussetzungen hierfür nicht erfüllt.

112 a) **Fristberechnung.** Der Fristlauf beginnt erst mit Eingang der vollständigen Unterlagen.[167] Für die Berechnung der Frist gelten über § 26 SGB X die §§ 187 bis 193 BGB entsprechend.

113 Im Rahmen der Prüfung der Anzeige kann der eLA von dem anzeigenden Leistungserbringer zusätzlich erforderliche Informationen und ergänzende Stellungnahmen anfordern; bis zum Eingang der Auskünfte ist der Lauf der Zweimonatsfrist unterbrochen (Abs. 2 S. 5; → Rn. 106). Streitig war,[168] ob der bereits begonnene Fristlauf nach Eingang der Auskünfte und Vollständigkeit der Anzeige weiter läuft, der Fristlauf also nur gehemmt ist, oder ob die Frist komplett neu zu laufen beginnt. Mit dem GKV-VSG hat der Gesetzgeber klargestellt, dass die Frist nach Eingang der Auskünfte weiterläuft und der Zeitraum der Unterbrechung in die Frist nicht eingerechnet wird, Abs. 2 S. 6.

114
115 Zweckmäßig ist, wenn die anzeigenden Leistungserbringer von den eLAs eine **Eingangsbestätigung** erhalten, um den Fristlauf rechtssicher berechnen zu können. Ansonsten empfiehlt sich für die Anzeigenden die Anzeige mit Zustellungsnachweis.

116 b) **Rechtswirkungen des Anzeigeverfahrens.** Mit Fristablauf ist der Leistungserbringer nach Abs. 2 S. 4 ASV-teilnahmeberechtigt. Die Rechtswirkungen des Anzeigeverfahrens sind streitig. Nach einer Ansicht liegt ein fiktiver Verwaltungsakt vor, nach anderer Ansicht tritt die Leistungsberechtigung kraft Gesetzes ein.

117 aa) **Fiktiver Verwaltungsakt.** Nach vorzugswürdiger Auffassung liegt nach Fristablauf ein sog fiktiver Verwaltungsakt vor, bei dem die Wirksamkeit gegenüber dem Antragsteller fingiert wird.[169] Zumindest entsprechend ist § 42a VwVfG anzuwenden, nach dessen Abs. 1 S. 1 eine beantragte Genehmigung nach Ablauf einer für die Entscheidung festgelegten Frist als erteilt gilt (Genehmigungsfiktion), wenn dies durch Rechtsvorschrift angeordnet und der Antrag hinreichend bestimmt ist. Das Schweigen des eLA gilt nach Ablauf der Zweimonatsfrist als Genehmigung der Anzeige. Der Verwaltungsakt muss nicht bekannt gegeben werden. Allerdings wird mit der Fiktion gleichzeitig nicht auch die Rechtmäßigkeit fingiert.[170] Der Anzeigende trägt somit das Risiko, ob er mit seiner Anzeige den Anforderungen vollumfänglich Genüge geleistet hat.[171] Die Teilnahmeberechtigung kann unter den Voraussetzungen der §§ 44 ff. SGB X widerrufen oder zurückgenommen werden.[172]

---

167 Stollmann, ZMGR 2014, 85, 91; Wahrendorf, MedR 2013, 425, 426.
168 Vgl. zum Streit die Vorauflage in Fn. 112.
169 Ebenso Quaas, GesR 2013, 327, 329; Bäune/Dahm/Flasbarth, MedR 2012, 77, 87, Stollmann, NZS 2012, 485, 489; Schlottmann/Brenske/Schwarz, das Krankenhaus 2013, 692, 694; Hahne, GesR 2014, 463, 464.
170 Kopp/Ramsauer, § 42a VwVfG Rn. 16.
171 Vgl. auch Stollmann, ZMGR 2014, 85, 92.
172 Quaas, GesR 2013, 327, 329.

bb) Gesetzliche Leistungserbringung. Ein Teil der Literatur[173] geht bei Ablauf der Zweimonatsfrist von einer **Leistungsberechtigung kraft Gesetzes** aus. Ein Verwaltungsakt könne aufgrund der gesetzlichen Ausgestaltung der ASV nicht fingiert werden. § 42 a VwVfG sei unanwendbar, da eine gesetzlich angeordnete Fiktion vorausgesetzt werde („als erteilt gilt"). Eine solche Wendung lasse § 116 b vermissen. Zudem setze eine Genehmigungsfiktion auch eine Genehmigungsbedürftigkeit voraus, die bisherige Bestimmung des Leistungserbingers nach § 116 b aF sei aber gerade entfallen. Damit handele es sich in der neuen Konstruktion um eine mit einem Verbotsvorbehalt verbundene gesetzliche Erlaubnis. 118

c) Negativ- oder Positivmitteilung. Auf die Anzeige kann der eLA innerhalb der Zweimonatsfrist – ggf. nach Einholung weiterer Unterlagen – auf drei Arten und Weisen reagieren: Negativmitteilung, Positivmitteilung oder Zuwarten, bis die gesetzliche Fiktion eintritt. 119

Teilt der eLA dem Antragsteller mit, dass er die Anforderungen und Voraussetzungen nicht erfüllt, handelt es sich um die sog **Negativmitteilung**.[174] Diese muss innerhalb der Frist gem. § 39 Abs. 1 S. 1 SGB X bekannt gegeben werden. Geht die Ablehnung verspätet ein, handelt es sich nicht um eine konkludente Rücknahme, da über den Rechtsgedanken des § 42 a Abs. 1 S. 2 VwVfG die besonderen Regelungen über Rücknahme und Widerruf entsprechend gelten und eine dahin gehende Ermessensausübung unverzichtbar ist.[175] Da es sich um einen belastenden Verwaltungsakt nach § 31 SGB X[176] handelt, sind die weiteren Verfahrensvorschriften zu beachten. Der Anzeigende ist zB nach § 24 SGB X anzuhören, die Negativmitteilung nach § 36 SGB X mit einer Rechtsbehelfsbelehrung zu versehen. 120

Ist die Zweimonatsfrist abgelaufen, hat der Antragsteller gegen den eLA aus dem Rechtsgedanken des § 42 a Abs. 3 VwVfG einen Anspruch auf **Bescheinigung über den Fiktionseintritt**.[177] Denn er hat seine ASV-Teilnahme gegenüber der Selbstverwaltung nach Abs. 2 S. 6 zu melden (→ Rn. 124) und daher ein besonderes Bedürfnis nach Rechtssicherheit. Da die ASV-Berechtigung bereits durch die Fiktion eintritt, hat die Bescheinigung keinen darüber hinausgehenden Regelungsgehalt und damit keine eigenständige Verwaltungsaktqualität.[178] 121

Abzuwarten bleibt, ob die eLA in der Praxis dazu übergehen werden, vor Ablauf der zwei Monate einen positiven ASV-Berechtigungsbescheid zu erlassen, sog **Positivmitteilung**. Auch wenn § 116 b diesen Weg nicht ausdrücklich vorsieht, ist dem eLA eine entsprechende Befugnis einzuräumen.[179] Die Positivmitteilung ist ein begünstigender Verwaltungsakt, welcher die Teilnahmeberechtigung statusrelevant einräumt. Das ASV-Team ist vor Ablauf der Zweimonatsfrist leistungsberechtigt. 122

Da die ASV-Leistungserbringung entweder durch die Positivmitteilung unmittelbar oder durch Fristablauf zumindest quasi-statusbegründend ist, ist eine **rückwirkende Leistungsberechtigung** systembedingt nicht möglich. 123

d) Meldepflicht gegenüber der Selbstverwaltung (Abs. 2 S. 6). ASV-Berechtigte haben ihre Teilnahme nebst Erkrankungs- und Leistungsbereich (jeweils einmalig)[180] den Landesverbänden der Krankenkassen und den Ersatzkassen, der KV sowie der Landeskrankenhausgesellschaft zu melden. Dies dient der Transparenz[181] und ähnelt der Meldepflicht nach § 115 b Abs. 2 S. 2 (→ § 115 b Rn. 10). Die Meldung ist konstitutiv. Die Teamleitung sowie die übrigen Mitglieder des Kernteams sind bei der Meldung namentlich zu benennen, im Hinblick auf die hinzuzuziehenden Fachärzte ist eine institutionelle Benennung ausreichend (→ Rn. 63), § 2 Abs. 2 S. 6 und 7 ASV-RL. 124

2. Beendigung der ASV-Teilnahme. Da die ASV eine Durchbrechung des Zulassungsprinzips darstellt, fehlen in § 116 b ausdrückliche Regelungen zum Ruhen, zur Entziehung oder zur Beendigung, wie es der Gesetzgeber für die Zulassung in § 95 Abs. 5 bis 7 geregelt hat. 125

---

173 Becker in: Becker/Kingreen, § 116 b Rn. 17; Hänlein in: LPK-SGB V, § 116 b Rn. 14; wohl auch Köhler-Hohmann in: jurisPK-SGB V, § 116 b Rn. 55.
174 Köhler-Hohmann in: jurisPK-SGB V, § 116 b Rn. 57, scheint eine Negativmitteilung nicht für möglich zu erachten: „Keine Mitteilung des Landesausschusses innerhalb der Wartefrist, dass er die Anforderungen und Voraussetzungen hierfür nicht erfüllt".
175 Im Ergebnis auch Stollmann, ZMGR 2014, 85, 92; Wahrendorf, MedR 2013, 425, 427.
176 Für eine VA-Qualität auch Quaas, GesR 2013, 327, 329; Becker in: Becker/Kingreen, § 116 b Rn. 17; Hänlein in: LPK-SGB V, § 116 b Rn. 25.
177 So auch Stollmann, ZMGR 2014, 85, 93.
178 So auch Stollmann, ZMGR 2014, 85, 93.
179 So auch Stollmann, ZMGR 2014, 85, 93; Schlottmann/Brenske/Schwarz, das Krankenhaus 2013, 692, 694.
180 BT-Dr. 17/6906, 49.
181 BT-Dr. 17/6906, 81.

126 Die Teilnahme an der ASV endet durch **Verzicht** oder mit dem – bestandskräftigen – **Ende der vertragsarztrechtlichen oder krankenhausrechtlichen Zulassung**, § 2 Abs. 3 S. 1 ASV-RL. Das Krankenhaus muss dafür nicht seinen zulassungsrechtlichen Status nach § 108 insgesamt verlieren, sondern es reicht der Verlust des für den ASV-Bereich maßgeblichen Versorgungsauftrags (→ Rn. 57). Die ASV-Teilnahme endet auch durch den **Verlust der Ermächtigung** zur Teilnahme an der vertragsärztlichen Versorgung und mit dem **Wegfall der Voraussetzungen für die ASV-Teilnahme**[182] sowie mit bestandskräftigem **Widerruf/Rücknahme der (fingierten) Zugangsberechtigung**.[183]

127 Der **Wegfall von Teilnahmevoraussetzungen** ist gem. Abs. 2 S. 7 gegenüber dem eLA anzuzeigen und zusätzlich den in Abs. 2 S. 6 genannten stellen zu melden (→ Rn. 124). Dies bezieht sich auf alle Merkmale, zB sächlicher, persönlicher oder qualitativer Art.

128 Soweit ein **Mitglied des interdisziplinären Teams ausscheidet**, ist dies innerhalb von sieben Werktagen dem eLA anzuzeigen, § 2 Abs. 3 S. 3 ASV-RL. Ist es zur Erfüllung der personellen Voraussetzungen erforderlich, muss innerhalb von sechs Monaten ein neues Mitglied gegenüber dem eLA benannt werden, in der Zwischenzeit ist die Versorgung durch eine Vertretung sicher zu stellen, § 2 Abs. 3 S. 5 ASV-RL.

129 In der Erstfassung der ASV-RL v. 21.3.2013 wurde der eLA zunächst in § 2 Abs. 3 S. 6 angewiesen, die Berechtigung zur Leistungserbringung unmittelbar zu entziehen, wenn innerhalb der Sechsmonatsfrist keine Nachbesetzung erfolgte.[184] Mit Beschluss v. 19.12.2013 wurde § 2 Abs. 3 S. 6 ASV-RL in Folge einer durch das BMG erlassenen Auflage neu gefasst. Das BMG hatte die Nichtbeanstandung der ASV-RL mit der Auflage verbunden, § 2 Abs. 3 S. 6 neu zu regeln, da der G-BA nicht berechtigt sei, gegenüber dem eLA unmittelbar bindende Handlungsanweisungen festzulegen.[185] § 2 Abs. 3 S. 6 ASV-RL lautet nun: Ist innerhalb der **sechs Monate** keine Nachbesetzung erfolgt, liegen die personellen Voraussetzungen zur Leistungserbringung nach § 116 b unmittelbar mit Ablauf der sechs Monate für alle Mitglieder des interdisziplinären Teams nicht mehr vor; die Anzeige nach Abs. 3 S. 1 hat innerhalb von drei Werktagen nach Ablauf der sechs Monate zu erfolgen. Damit entfällt bei nicht fristgerechter Nachbesetzung die ASV-Berechtigung für das gesamte ASV-Team. Angesichts dieser weitreichenden Folgen, ist es angebracht, dem eLA einzelfallbezogen in besonderen Fällen des Misslingens trotz erkennbar ernsthaften Bemühens ein Ermessen bezüglich einer Verlängerung der Sechsmonatsfrist einzuräumen.[186]

130 Ergeben sich während der ASV-Teilnahme Zweifel an dem Fortbestand der Voraussetzungen, kann der eLA gem. Abs. 2 S. 8 bei gegebenem Anlass[187] oder in Zeitabständen jeweils nach Ablauf von mindestens 5 Jahren[188] geeignete **Nachweise** für den Fortbestand verlangen. Aus der in Abs. 2 S. 9 geregelten entsprechenden Anwendung der S. 4, 5 und 7 des Abs. 2 ist zu folgern, dass der eLA in diesen Fällen das Anzeigefahren in zwei Monaten in materiellrechtlicher Hinsicht nochmals durchzuführen hat. Während der Überprüfungszeit bleiben die ASV-Teilnehmer leistungsberechtigt. Teilt der eLA innerhalb der Frist mit, dass die Anforderungen und Voraussetzungen der ASV nicht (mehr) erfüllt werden, entfalten hierauf gerichteter Widerspruch und Klage aufschiebende Wirkung, so dass die Leistungsberechtigung bestehen bleibt.

VII. Vergütung und Abrechnung der ASV-Leistungen (Abs. 6)

131 Die Vergütung[189] ist grundsätzlich für alle Leistungserbringer einheitlich,[190] erfolgt extrabudgetär und ohne Mengenbegrenzung. Mittelfristiges Endziel des Gesetzgebers ist eine eigenständige Vergütungssystematik der ASV-Leistungen durch ASV-Pauschalen (→ Rn. 140 ff.). Da diese erst entwickelt werden müssen, ist zunächst eine andere Vergütungssystematik vorgeschaltet (→ Rn. 133 ff.).

---

182 Vgl. Penner, ZMGR 2012, 16, 26.
183 Vgl. Stollmann, ZMGR 2014, 85, 93; Quaas, GesR 2013, 327, 329.
184 Breits kritisch zu dieser Regelung Schlottmann/Brenske/Schwarz, das Krankenhaus 2013, 692, 694.
185 Vgl. tragende Gründe des Beschlusses v. 19.12.2013, S. 2.
186 Vgl. LSG NRW, 27.3.2013, L 11 KA 96/12 B ER, GesR 2013, 504.
187 Nach Becker in: Becker/Kingreen, § 116 b Rn. 19, statt „gegebenen Anlass" sinnvoller „bei Vorliegen von Anhaltspunkten, dass die Voraussetzungen nicht mehr vorliegen".
188 Nach Becker in: Becker/Kingreen, § 116 b Rn. 19, sei es angesichts regelmäßiger Kontrollen sachgerechter: „höchstens fünf Jahren".
189 Vgl. zur Vergütung der ASV-Leistungen Leber, GesR 2014, 524.
190 BT-Dr. 17/6906, 83.

1. Unmittelbare Vergütung von der Krankenkasse. Alle ASV-Leistungen werden **unmittelbar von der** 132
Krankenkasse vergütet (Abs. 6 S. 1).

2. Vergütungsphasen. Die Vergütung der ASV-Leistungen erfolgt bis zur Einführung einer eigenständi- 133
gen, möglichst pauschalierten Vergütung (→ Rn. 140 ff.) **einheitlich für alle Leistungserbringer über
den EBM mit dem Preis der jeweiligen regionalen Euro-Gebührenordnung.**

Insofern enthält jede Konkretisierung des G-BA einen sog **Appendix**, welcher die in der ASV abrechen- 134
baren Gebührenordnungspositionen benennt und die Abrechnungsbefugnisse festlegt. Der Appendix
besteht aus **zwei Abschnitten**: Abschnitt 1 führt alle abrechenbaren EBM-Gebührenordnungspositio-
nen für die ASV-Berechtigten auf. Abschnitt 2 benennt bislang nicht im EBM abgebildete Leistungen
(neue Untersuchungs- und Behandlungsmethoden), welche im Rahmen der ASV abgerechnet werden
dürfen.

Der um Vertreter der DKG ergänzte Bewertungsausschuss nach § 87 Abs. 5 a hat gem. Abs. 6 S. 8 die 135
abrechnungsfähigen GOP der ASV im EBM festzulegen und den Leistungsinhalt und sonstige Abrechnungsvorgaben zu bestimmen. Es können eigene EBM-Ziffern gebildet oder Zuschläge festgesetzt werden.[191] Der **Anpassungsbedarf** bezieht sich dabei auf die Bewertung von GOP, welche die ASV-Leistung zB im Hinblick auf den Behandlungsumfang und/oder Ressourcenverbrauch (Personal, Sachmittel) nicht hinreichend abbilden.[192] Bei der Ergänzung des EBM sollen indikationsspezifisch nach
ICD-10-GM die Leistungs- und Kostenbereiche analog herangezogen werden, welche für die G-DRG-
Pauschale gelten.[193]

ASV-berechtigte Krankenhäuser können über den festgelegten Leistungsumfang hinaus weitere Leis- 136
tungen im Rahmen der ASV erbringen, sofern diese in unmittelbarem Zusammenhang mit der ASV-
Erkrankung stehen, sie im selben Krankenhaus erbracht werden und Patienten eine gesonderte Überweisung in die vertragsärztliche Versorgung nicht zuzumuten ist.

Die Vorgaben zielen auf ein eigenes ASV-Kapitel für ASV-berechtigte Leistungserbringer – entspre- 137
chend Kapitel 21 für belegärztliche Leistungen.[194] Der ergänzte erweiterte Bewertungsausschuss hat
erste Beschlüsse zur Vergütungsstruktur und -höhe in der ASV-Versorgung am 20.6.2014 gefasst. Seit
dem 1.7.2014 enthält der **EBM ein neues Kapitel 50**, zu dessen Abrechnung ausschließlich ASV-Berechtigte befugt sind. Die Leistungen des vom G-BA festgelegten Appendix, die bereits im EBM abgebildet sind, werden zu den Preisen der regionalen Euro-Gebührenordnung vergütet. Leistungen, die
bislang nicht im EBM abgebildet sind, werden solange nach GOÄ vergütet, bis sie in das Kapitel 50
des EBM aufgenommen werden.[195] Eine Besonderheit gilt für Leistungen im Rahmen der Behandlung
von Patienten mit gastrointestinalen Tumoren: Die Leistungen, die nach der **Onkologievereinbarung**
abrechenbar sind, werden bis zu ihrer Aufnahme in Kapitel 50 des EBM nach den regionalen Kosten-
pauschalen der Onkologievereinbarung vergütet. Das Kapitel 50 wird sukzessive um weitere Leistungen in Abhängigkeit zur erlassenen Konkretisierung ergänzt.

Den zeitlichen Rahmen legt Abs. 6 S. 9 fest: Die Bestimmungen sind **spätestens jeweils 6 Monate nach** 138
Inkrafttreten der jeweiligen Konkretisierung nach Abs. 4 und 5 festzulegen bzw. bereits bestehende
EBM-Ziffern anzupassen. Damit ist für die Ermittlung der Frist der Zeitpunkt der Beschlussfassungen
zu den Anlagen maßgeblich, vgl. § 1 Abs. 2 S. 3 ASV-RL.

Für öffentlich geförderte **Krankenhäuser** war bis zur Fassung des KHSG ein pauschaler **Investitions-** 139
kostenabschlag in Höhe von 5 % vorgesehen, welcher mWv 1.1.2016 gestrichen wurde.

Das ASV-Vergütungssystem soll schließlich mittel- bis langfristig in **eigenständige, nach Diagnosen dif-** 140
ferenzierte Gebührenordnungspositionen in Euro münden, für deren Entwicklung, Kalkulation und jeweiligen Einführungszeitpunkt die gemeinsame Selbstverwaltung auf Bundesebene (Spitzenverband
Bund der Krankenkassen, KBV, DKG) beauftragt wurde (Abs. 6 S. 2). Die Gebührenordnungspositionen des EBM sind zu prozedurenlastig, zu wenig diagnosebezogen und zu arztgruppenspezifisch, um

---

191 Vgl. BT-Dr. 17/6906, 84.
192 Vgl. BT-Dr. 17/8005, 118.
193 BT-Dr. 17/6906, 84.
194 Vgl. BT-Dr. 17/8005, 118.
195 Leistungen des Abschnitts M der GOÄ (Labor) einschl. Nr. 437 GOÄ (Labor bei Intensivbehandlung): 1,0fa-
cher Steigerungssatz; Leistungen der Abschnitte A, E und O der GOÄ (Gebühren in besonderen Fällen, Phy-
sikalisch-medizinische Leistungen, Strahlenmedizin/MRT): 1,2facher Steigerungssatz. Übrige Leistungen:
1,5facher Steigerungssatz, wobei die Abrechnung nach dem Sachkostenprinzip direkt zwischen Leistungserbringer und Kostenträger (ggf. über Dritte) erfolgt.

als dauerhafte Basis der Vergütung der ASV zu dienen.[196] Auch bildet der EBM die Sachkosten sowie die teamorientierte Fallbehandlung nicht hinreichend ab.[197]

141 Die **Kalkulation** erfolgt auf betriebswissenschaftlich(-empirischer)[198] Grundlage ausgehend vom EBM unter ergänzender Berücksichtigung der nichtärztlichen Leistungen, der Sachkosten sowie der spezifischen Investitionsbedingungen (vgl. Abs. 6 S. 3). Maßgeblich sind ambulante Ist-Kostendaten und ambulante Ist-Leistungsdaten unter Einbeziehung nicht-ärztlicher Leistungen, somit eine Vollkostenkalkulation, welche den festgelegten sächlichen und personellen Anforderungen Rechnung trägt.[199] Da bei den seltenen Erkrankungen und Erkrankungszuständen mit geringen Fallzahlen die Diagnostik oftmals aufwändiger ausfällt,[200] werden für diese Fallgruppe Diagnostik und Behandlung getrennt kalkuliert (Abs. 6 S. 4). Die zu kalkulierenden diagnosespezifischen ASV-Pauschalen ähneln damit den aus dem stationären Bereich bekannten DRGs.

142 Für die endgültige ASV-Vergütung ist ein **Kalkulationszeitraum** nach Inkrafttreten der jeweiligen **G-BA-Richtlinien** zu vereinbaren.[201] Hiermit kann nicht die allgemeine ASV-RL, sondern nur die jeweilige Konkretisierung gemeint sein, da ohne Bestimmung des konkreten Leistungsspektrums diagnosebezogene Vergütungen nicht erfolgen können.

143 Die gemeinsame Selbstverwaltung kann sich für die Kalkulation eines unabhängigen Dritten (zB InEK, Institut des Bewertungsausschusses)[202] bedienen (Abs. 6 S. 5).

144 Grundlage der endgültigen ASV-Vergütung bildet eine **dreiseitige Vereinbarung** entsprechend dem AOP-Katalog nach § 115 b.[203] Die Gebührenordnungspositionen sind regelmäßig zu überprüfen und gegebenenfalls anzupassen (Abs. 6 S. 6). Diese Regelung entspricht § 87 Abs. 2 S. 2 für den EBM.

145 Kommt eine dreiseitige Vereinbarung ganz oder teilweise nicht zustande, sieht Abs. 6 S. 7 auf Antrag eine **Schiedsamtsregelung** vor. Durch die entsprechende Geltung des § 112 Abs. 4 kann der Schiedsspruch von jeder Vertragspartei mit einer Frist von einem Jahr ganz oder teilweise gekündigt oder durch Vertrag ersetzt werden.

146 **3. Abrechnung der ASV-Leistungen. a) Abrechnungsberechtigung.** Für die Erbringung und Abrechnung von ASV-Leistungen ist die ASV-Berechtigung zwingende Voraussetzung. Es handelt sich um einen Statusakt, eine rückwirkende Teilnahmeberechtigung ist nicht möglich (→ Rn. 123). Jede Berechtigung bezieht sich auf ein spezielles Krankheitsbild, so dass die Abrechnungsbefugnis auch nur für dieses gilt. **Für jede Konkretisierung ist eine eigenständige ASV-Berechtigung erforderlich.**

147 Zumindest bis zur Einführung von ASV-Pauschalen rechnet **jeder Leistungsberechtigte seine Leistungen selbst ab.** Sammelabrechnungen des ASV-Teams sind nicht möglich.

148 **b) Abrechnungswege.** ASV-Leistungserbringer können gem. Abs. 6 S. 1 die Kassenärztliche Vereinigung mit der Abwicklung der Abrechnung der ASV-Leistungen gegen Aufwendungsersatz beauftragen. Unter den Voraussetzungen des § 295 Abs. 5 dürfen alle Leistungserbringer auch eine andere Stelle mit der Abrechnung beauftragen, zB eine private Verrechnungsstelle.

149 **c) Abrechnungskennzeichen (sog ASV-Teamnummer).** ASV-Berechtigte erhalten gem. Abs. 7 S. 5 ein Kennzeichen nach § 293 Abs. 1 und Abs. 4 S. 2 Nr. 1, das eine eindeutige ASV-Zuordnung im Rahmen der Abrechnung ermöglicht. Jedes Team erhält eine **einheitliche ASV-Teamnummer**, welche neun Ziffern umfasst und entsprechend einer Betriebsstättennummer (BSNR) aufgebaut ist. Jede ASV-Leistung wird mit der ASV-Teamnummer gekennzeichnet. Die ASV-Teamnummer wird bundesweit einheitlich durch die **ASV-Servicestelle**[204] vergeben. Im Rahmen eines 3-seitigen Vertrages auf Selbstverwaltungsebene werden die Einzelheiten zur Form und Zuweisung der Kennzeichen der Leistungserbringer und der Kennzeichnung der Leistungen, zur Bereitstellung der Vordrucke und zur Auftragung der Kennzeichnung auf die Vordrucke geregelt (Abs. 7 S. 6).

150 **d) Datenübermittlung bei der Abrechnung (Abs. 6 S. 11 und 12).** Für die Abrechnung gilt § 295 Abs. 1 b S. 1 entsprechend (Abs. 6 S. 11). Damit erfolgt die Datenübermittlung grundsätzlich dem Ver-

---

196 BT-Dr. 17/6906, 83.
197 BT-Dr. 17/6906, 83.
198 BT-Dr. 17/6906, 83.
199 BT-Dr. 17/6906, 83.
200 BT-Dr. 17/6906, 83.
201 BT-Dr. 17/6906, 83.
202 Vgl. BT-Dr. 17/6906, 83.
203 BT-Dr. 17/6906, 83.
204 Vgl. https://www.asv-servicestelle.de/ (zuletzt abgerufen am 15.5.2017).

fahren nach dem bisherigen Recht, das für die ambulanten Leistungserbringer gilt, die ohne Beteiligung der KVen mit den Krankenkassen unmittelbar abrechnen[205] (→ § 295 Rn. 7). Krankenhäuser übermitteln zusätzlich das Institutskennzeichen (s. § 293). Eine Ausnahme vom Gebot der Direktübermittlung besteht für Vertragsärzte, welche sich dafür entschieden haben, über die KV abzurechnen, § 295 Abs. 1 b S. 1 Hs. 2.

Das **Abrechnungsverfahren** wird durch Verträge zwischen den Vertragsparteien näher konkretisiert (Abs. 6 S. 12), wobei über den Verweis auf Abs. 6 S. 7 eine Schiedsamtsentscheidung möglich ist. Vgl. insofern die gem. Abs. 6 S. 12 geschlossene **ASV-Abrechnungsvereinbarung (ASV-AV)** zwischen dem GKV-Spitzenverband, der DKG und der KBV[206] sowie die **Fortschreibungen zu der § 301-Vereinbarung**. 151

4. Bereinigung der morbiditätsbedingten Gesamtvergütung (Abs. 6 S. 13). Abs. 6 S. 13 bestimmt eine prospektive leistungsbedarfsbezogene Bereinigung der morbiditätsbedingten Gesamtvergütung, um Doppelfinanzierungen durch die Kostenträger zu vermeiden.[207] 152

Für das Bereinigungsverfahren einschließlich notwendiger Korrekturverfahren (Abs. 6 S. 15) erarbeitet der **Bewertungsausschuss nach § 87 a Abs. 5 S. 7** einheitliche Vorgaben. Als Leitplanken dienen die Bestimmungen des G-BA zum Behandlungsumfang nach den Abs. 4 und 5, die Bestimmungen des Bewertungsausschusses nach Abs. 6 S. 8 sowie die EBM-Anpassungen nach Abs. 6 S. 9.[208] Bereinigungsbeträge können pauschal vereinbart werden.[209] 153

Unter gesetzgeberischem Hinweis auf eine durchzuführende Bestandsaufnahme je KV-Bezirk ist sicherzustellen, dass zwischen der „allgemeinen (weiterhin vertragsärztlichen und nicht zu bereinigenden) und der spezialisierten Facharzttätigkeit" differenziert wird.[210] Da die **Bereinigung gem. Abs. 6 S. 14** nicht zulasten der hausärztlichen Versorgung[211] und der fachärztlichen Grundversorgung erfolgen darf, ist zwangslogisch innerhalb der fachärztlichen Vergütung zu unterscheiden. Dadurch sollen Sicherstellungsprobleme von Vertragsärzten, die nicht an der ASV teilnehmen, vermieden werden.[212] Dieses Vorgehen könnte zur Folge haben, dass der extrabudgetäre Anreiz für ASV-Berechtigte Vertragsärzte in einigen Facharztgruppen nahezu gänzlich verpufft, da die ASV-Leistungen zwar gesondert vergütet werden, durch die Bereinigung innerhalb der Facharztgruppe jedoch die Vergütung der Nicht-ASV-Leistungen sinkt. 154

VIII. Abrechnungs-, Wirtschaftlichkeits- und Qualitätsprüfung (Abs. 6 S. 10, Abs. 7 S. 7)

Die Prüfung der Abrechnung, der Wirtschaftlichkeit und der Qualität erfolgt grundsätzlich durch die Krankenkassen, welche eine Arbeitsgemeinschaft oder den Medizinischen Dienst der Krankenkassen beauftragen können (Abs. 6 S. 10). Die Prüfung kann der G-BA abweichend von der grundsätzlichen Zuständigkeit der Krankenkassen in seinen Richtlinien auch anderweitig organisieren.[213] Den für die Prüfung Zuständigen sind die Berechtigungs- und Abrechnungsdaten vorzulegen (vgl. Abs. 6 S. 10 aE). Die Vorlage der Unterlagen eröffnet keine (zweite) Prüfungsinstanz zur ASV-Berechtigung.[214] Diese verbleibt allein beim eLA. 155

Die **Verordnung der ASV-Leistungen** erfolgt zulasten der Krankenkassen, so dass diese die Wirtschaftlichkeit der Verordnungen prüfen können, wobei die Prüfungen durch die Prüfstelle auf der Grundlage der durch die Krankenkassen übermittelten Daten nach § 106 Abs. 4 erfolgt (Abs. 7 S. 7). Die einzelne Krankenkasse kann mit den Leistungserbringern hiervon abweichende Regelungen vereinbaren. Da es sich nicht um Aufgaben der gemeinsamen Selbstverwaltung handelt, trägt sie die Kosten des Verfah- 156

---

205 Vgl. BT-Dr. 17/6906, 84.
206 Abrufbar unter http://www.gkv-spitzenverband.de/krankenversicherung/aerztliche_versorgung/asv/asv_verei nbarung/asv_vereinbarung.jsp (zuletzt abgerufen am 15.5.2015).
207 Vgl. BT-Dr. 17/8005, 118, BT-Dr. 17/6906, 84.
208 Vgl. BT-Dr. 17/8005, 118.
209 BT-Dr. 17/8005, 118.
210 BT-Dr. 17/8005, 118.
211 Der von Hausärzten erbrachte fachärztliche Leistungsbereich ist jedoch zu berücksichtigen (zB HIV-Schwerpunktpraxen), vgl. BT-Dr. 17/8005, 118.
212 BT-Dr. 17/8005, 118.
213 Vgl. BT-Dr. 17/8005, 118.
214 Vgl. BT-Dr. 17/8005, 118.

rens.²¹⁵ Anders als in der vertragsärztlichen Versorgung existieren keine Richtgrößen. Die ASV-Verordnungen fallen nicht unter die Wirtschaftlichkeitsprüfungen des Kollektivvertrages.

IX. Abgrenzung zu weiteren Versorgungsformen

157 1. **Abgrenzung zu stationären und teilstationären Leistungen.** Auch die ASV-Leistungen folgen dem Grundsatz „ambulant vor stationär".²¹⁶ Da sich für teilnehmende Krankenhäuser die Frage nach der Abgrenzung der ASV zur voll- bzw. teilstationären Versorgung stellt, erhielt der G-BA in Abs. 4 S. 3 den gesetzlichen Auftrag, im Rahmen der einzelnen Konkretisierung Tatbestände zu bestimmen, bei deren Vorliegen eine stationäre Aufnahme erforderlich sein kann. Voll- und teilstationäre Leistungen können die Krankenhäuser auch im ASV-Leistungsspektrum nur dann erbringen und abrechnen, wenn hierfür eine medizinische Erforderlichkeit besteht.²¹⁷

158 Der G-BA kann sich bei der Ausgestaltung in den Konkretisierungen an den entsprechenden Regelungen im AOP-Vertrag nach § 115 b orientieren.²¹⁸

159 Möglich ist, dass die **Vertragspartner in den Entgeltvereinbarungen** nach § 11 KHEntgG²¹⁹ bei fehlender Abgrenzung in den G-BA-Konkretisierungen konkrete Abgrenzungskriterien zB der tagesklinischen Leistungserbringung zur ASV vereinbaren. In Bezug auf § 116 b aF wurde dies in Teilen derart gehandhabt. Tagesklinisches Entgelt könnte in der onkologischen Versorgung zB dann abrechenbar sein, wenn eine risikoreiche intravenöse Therapie mit Überwachung der Vitalparameter angezeigt ist, spezielle körperliche Einschränkungen des Patienten (wie Fieber oder hohes Blutungsrisiko) vorliegen oder mit allergischen Reaktionen zu rechnen ist. Patienten können innerhalb eines Quartals (zu unterschiedlichen Tagen) sowohl im Rahmen der ASV als auch tagesklinisch behandelt werden.

160 2. **Abgrenzung zu persönlichen/institutionellen Ermächtigungen.** Sofern es bei der Teilnahme eines Krankenhausarztes an der vertragsärztlichen Versorgung über eine **persönliche Ermächtigung** Überschneidungen mit dem Leistungsspektrum des § 116 b aF gab, enthielten die Ermächtigungsbescheide regelmäßig die Nebenbestimmung, dass die Ermächtigung entfällt, sobald das Krankenhaus an § 116 b (aF) teilnimmt. Damit besteht zumindest für § 116 b aF unstreitig eine Konkurrenzsituation zu den bedarfsabhängig nach § 116, § 31 a Ärzte-ZV oder § 31 Abs. 2 Ärzte-ZV iVm § 5 Abs. 1 BMV-Ä erteilten persönlichen Ermächtigungen. Die zuvor für die persönliche Ermächtigung erforderliche Versorgungslücke wurde durch die Bestimmung des Krankenhauses nach § 116 b aF geschlossen. Dies gilt jedoch auch für erteilte ASV-Berechtigungen nach § 116 b nF, da letztlich durch die ASV-Leistungserbringung ebenfalls der Bedarf für eine persönliche Ermächtigung entfällt. Dies ist – wie auch bislang – nur dann anders, wenn die Ermächtigung einen Restleistungsbereich im Sinne eines nicht ASV-fähigen Übergangs enthält, für den auch nach der Teilnahme an der ASV weiterhin eine Versorgungslücke festgestellt werden kann.²²⁰ Die Ermächtigungsleistungen und die ASV-Leistungen müssen dafür miteinander abgeglichen werden. Sollte eine Auslegung des Ermächtigungsbescheides ergeben, dass die Nebenbestimmung nur für § 116 b aF Geltung findet, werden die Zulassungsgremien die Ermächtigung zumindest nicht nach Ablauf des Befristungszeitraums (idR 2 Jahre) verlängern. Auch in den ASV-Ermächtigungsbescheiden sind in der Praxis entsprechende Regelungen enthalten.

161 Nicht bedarfsabhängig ausgesprochene **institutionelle Ermächtigungen** bleiben neben § 116 b bestehen.

162 3. **Abgrenzung zur vertragsärztlichen Leistungserbringung im kollektivvertraglichen System.** Diskutiert wird, ob § 116 b nF den **Vertragsärzten** einen eigenen Status für den jeweils speziell definierten Bereich vermittelt.²²¹ Dann wäre die ASV aus der kollektivvertraglichen vertragsärztlichen Leistungserbringung ausgekoppelt mit der Folge, dass diese Leistungen nur noch den ASV-Berechtigten Ver-

---

215 Vgl. BT-Dr. 17/6906, 85.
216 Vgl. BT-Dr. 17/8005, 117.
217 BT-Dr. 17/6906, 82.
218 BT-Dr. 17/8005, 117.
219 Ggf. iVm § 17 Abs. 1 BPflV.
220 Vgl. entsprechend zur Konkurrenzsituation zwischen persönlicher Ermächtigung und der Institutsermächtigung einer Hochschulambulanz kraft Gesetzes gem. § 117 Abs. 1 SGB V LSG Bayern, Beschl. v. 9.03.2017 – L 12 KA 91/16 B ER sowie zu § 117 SGB V aF BSG, Urt. v. 1.7.1998 – B 6 KA 43/97 R, welches ebenfalls einen über die Institutsermächtigung hinausgehenden Bedarf fordert.
221 Vgl. Stollmann, ZMGR 2014, 85, 95; Penner, ZMGR 2012, 16, 28.

tragsärzten vorbehalten wären.²²² In der Sache handelt es sich jedoch lediglich um einen **reinen Abrechnungsvorbehalt**,²²³ die ASV hat auf den generellen Vertragsarztstatus keinen Einfluss. Ein Verbot der Erbringung von ASV-Leistungen durch nicht ASV-berechtigte Vertragsärzte in ihrem herkömmlichen Leistungsspektrum wäre mit dem Grundsatz der Verhältnismäßigkeit unvereinbar.²²⁴ Zudem beschreibt der Gesetzgeber in seiner Begründung den Fall, dass Vertragsärzte Leistungen, die in das Spektrum der ASV fallen, nicht im Rahmen des § 116 b erbringen und bestimmt, dass diese zulasten der vertragsärztlichen Gesamtvergütung erfolgen.²²⁵ Der Vertragsarzt hat also die Wahl, ob er sich – bei Vorliegen der Voraussetzungen – für die extrabudgetäre Leistungserbringung in der ASV oder im kollektivvertraglichen System entscheidet. Die Berechnungsfähigkeit der Leistungen der bisherigen vertragsärztlichen Vergütung bleibt ferner von der eigenständigen ASV-Vergütung insbesondere durch ein separates EBM-Kapitel (→ Rn. 137) unberührt.²²⁶

X. Steuerrechtliche Fragestellungen

Bereits § 116 b aF blieb steuerrechtlich eher unbeachtet. Dies gilt erst Recht für § 116 b nF Allgemein reagiert das Steuerrecht nur zeitverzögert auf neue ambulante Versorgungsformen und in Teilen losgelöst von der medizinrechtlichen Einordnung. Es ist dennoch denkbar, dass insbesondere in Betriebsprüfungen die ASV-Leistungen steuerlich bewertet und die Grundsätze zur Behandlung der integrierten Versorgung, Medizinscher Versorgungszentren und allgemeinen Kooperationen im Gesundheitswesen analog angewendet werden. Allgemeine Aussagen lassen sich hierzu nicht treffen, da die regionalen Anwendungserlasse der Finanzverwaltung durchaus unterschiedlich ausgestaltet sein können. Es erfolgt eine steuerliche Einzelfallbetrachtung je nach konkreter Gestaltung der ASV-Leistungserbringung. Steuerlich besonders zu würdigen ist eine Kooperation zwischen **einem gewerblichen und gemeinnützigen Leistungserbringer**²²⁷ oder eine **Kooperation innerhalb eines Unternehmensverbundes** zB zwischen einem Krankenhausträger als Holding und der MVZ-Tochter.

163

Besonders zu beachten ist der Umstand, dass durch die gemeinsame Zweckverfolgung eine GbR nach § 705 BGB entsteht (→ Rn. 88). Je nach konkreter Ausgestaltung der Zusammenarbeit, des Außenauftritts und der Abrechnungsmodalitäten (angestrebte ASV-Pauschalen) liegt eine **Innen- oder Außen-GbR** vor. Im Gegensatz zur Innen-GbR kann die Außen-GbR als eigenständiges Steuersubjekt gelten.

164

Gemeinnützige Leistungserbringer erbringen ASV-Leistungen grundsätzlich ertragssteuerfrei, §§ 51 bis 68 AO iVm § 5 Abs. 1 Nr. 9 KStG sowie § 3 Nr. 6 oder 20 GewStG. Sind an der GbR auch gewerbliche bzw. nicht-gemeinnützige Träger beteiligt, gilt die Beteiligung an der GbR bei dem gemeinnützigen Teammitglied (zB Krankenhaus-gGmbH) als steuerpflichtiger wirtschaftlicher Geschäftsbetrieb.²²⁸ Entstehen hier Verluste, gefährdet dies die Gemeinnützigkeit. Besonders in dem Fall, in dem der Vertragsarzt die ASV-Leistungen im Krankenhaus (zum primären Ort der Leistungserbringung → Rn. 70 f.) erbringt und hierzu Räumlichkeiten, Personal und technische Gerätschaften überlassen werden, ist ebenfalls zu prüfen, ob durch diese steuerlich nicht begünstigten Umstände eine partielle Steuerpflicht begründet wird.²²⁹

165

Bei der **Einbindung von Chefärzten** in die ASV hat die Frage, ob dieser die Leistungen innerhalb (Einkünfte aus nicht selbstständiger Tätigkeit, dh Einkünfte iSd § 19 EStG) oder außerhalb (Einkünfte aus nicht selbstständiger Tätigkeit, dh Einkünfte iSd § 18 EStG) seiner Dienstaufgabe erbringt, Bedeutung. Regelmäßig wird die ASV in die Dienstaufgaben fallen, erfolgt die Leistung aber zB als ermächtigter Krankenhausarzt, kann gerade bei den „Alt-Chefarzt-Vertraglern" eine Zuordnung der Ermächtigung als Nebentätigkeit erfolgt sein.

166

---

222 So wohl mit dem Hinweis, dass ansonsten die besonderen ASV-Anforderungen unterlaufen werden und angesichts des exklusiven Vergütungskonzepts im Ergebnis Hänlein in: LPK-SGB V, § 116 b Rn. 9.
223 So auch Hahne, GesR 2014, 463, 465.
224 So auch Quaas, GesR 2013, 327, 328.
225 Vgl. BT-Dr. 17/6906, 83.
226 Vgl. BT-Dr. 17/8005, 118.
227 Die Abgrenzung zwischen gewerblichem und gemeinnützigen Leistungserbringer bezieht sich auf die Anerkennung des gemeinnützigen Status des Trägers seitens der Finanzverwaltung, § 51 AO.
228 Vgl. Hüttemann, Gemeinnützigkeits- und Spendenrecht, 2. Aufl. 2012, § 6 Rn. 1 ff.
229 Vgl. Hüttemann, Gemeinnützigkeits- und Spendenrecht, 2. Aufl. 2012, § 6 Rn. 61.

XI. Rechtsschutzmöglichkeiten

167 **1. Rechtsweg und Spruchkörper.** § 116 b zählt zu den Angelegenheiten der gesetzlichen Krankenversicherung, so dass gem. § 51 Abs. 1 Nr. 2 SGG die Gerichte der **Sozialgerichtsbarkeit** zuständig sind. Es gilt grundsätzlich der klassische Instanzenzug – Sozialgericht, Landessozialgericht, Bundessozialgericht. Als zuständiger Spruchkörper beim BSG wird überwiegend der 3. Senat angesehen.[230] Denkbar wäre auch der für vertragsarztrechtliche Angelegenheiten zuständige 6. Senat. Allerdings wies bereits die Bundesregierung im Rahmen der Änderung des § 10 Abs. 2 Nr. 3 SGG darauf hin, dass Rechtsstreitigkeiten im Zusammenhang mit § 116 b aF nicht unter den Begriff des Vertragsarztrechts fallen.[231] Eine Zuständigkeit der besonderen Spruchkörper für das Vertragsarztrecht sah auch das BSG – explizit unter Verweis auf § 116 nF nicht.[232]

168 **2. Statthafte Klageart.** Die Berechtigung zur Teilnahme an der vertragsärztlichen Versorgung wird fingiert (→ Rn. 117 f.; Abs. 2 S. 4). Die sog Positivmitteilung ist den eLAs zwar zuzugestehen (→ Rn. 119 ff.), aber nicht der in § 116 b klassisch vorgesehene Weg. Streitigkeiten über den Eintritt der **Fiktionswirkung** sind nicht mit der Verpflichtungsklage, sondern mit der Feststellungsklage nach § 55 Abs. 1 Nr. 1 SGG geltend zu machen.[233] **Versagt der eLA die Teilnahme an der ASV** (sog Negativmitteilung, → Rn. 120), ist gegen diesen Bescheid die (isolierte) Anfechtungsklage nach § 54 Abs. 1 S. 1 Alt. 1 SGG statthaft.[234] Wird die Negativmitteilung auf die Anfechtung aufgehoben, sind die Leistungserbringer zur ASV-Teilnahme berechtigt. **Versagt der eLA die begehrte Fiktionsbescheinigung** (→ Rn. 121), ist Leistungsklage zu erheben.[235]

169 **3. Widerspruchsverfahren.** Vor Erhebung der Anfechtungsklage – zB gegen die Negativmitteilung, aber auch gegen jeden anderen belastenden Verwaltungsakt des eLA – sind Rechtmäßigkeit und Zweckmäßigkeit des Verwaltungsakts gem. § 78 Abs. 1 S. 1 SGG **in einem Vorverfahren** nachzuprüfen. Die Ausnahmeregelungen des § 78 Abs. 1 S. 2 SGG greifen nicht: Auf die Durchführung des Widerspruchsverfahrens verzichtet § 116 b explizit nicht, vgl. § 78 Abs. 1 S. 2 Nr. 1 SGG. Es entfällt auch nicht deshalb, weil der Verwaltungsakt von einer obersten Landesbehörde iSv § 78 Abs. 1 S. 2 Nr. 2 SGG erlassen wurde. Die eLAs sind keine obersten Landesbehörden, sondern Organe der gemeinsamen Selbstverwaltung. Die Zuständigkeit für den Erlass des Widerspruchsbescheides liegt gem. § 85 Abs. 2 Nr. 1 SGG iVm § 90 Abs. 4 S. 2 SGB V beim eLA.

170 Der Widerspruch hat gem. § 86 a Abs. 1 SGG aufschiebende Wirkung (**Suspensiveffekt**). Eine Kombination von Widerspruch gegen die nach Abs. 2 S. 4 erlassene Negativmitteilung und Ablauf der Zweimonatsfrist fingiert die Teilnahmeberechtigung dennoch nicht. Denn der Widerspruch kann kein Instrument sein, um die ASV-Berechtigung unmittelbar ohne Weiteres Verfahren durchzusetzen zu können. Die Negativmitteilung setzt vielmehr die Fiktionswirkung außer Kraft. Ansonsten wäre der eLA gehalten, die sofortige Vollziehung des ablehnenden Verwaltungsakts unter den Voraussetzungen des § 86 a Abs. 2 Nr. 5 SGG anzuordnen.

171 **4. Konkurrenzschutz.** Während sich zu § 116 b aF zahlreiche Fragen insbesondere um den defensiven Konkurrenzschutzes rankten,[236] ist diese Diskussion im Rahmen des § 116 b nF mangels **Klageberechtigung** in weiten Teilen zu vernachlässigen.[237] Denn nach der vom Bundesverwaltungsgericht in ständiger Rechtsprechung vertretenen sog **Schutznormtheorie**[238] kann sich der Dritte nur dann gegen eine eingeräumte Rechtsposition zur Wehr setzen, wenn ein Verstoß gegen eine auch seinen Schutz bezwe-

---

230 Vgl. Köhler-Hohmann in: jurisPK-SGB V, § 116 b Rn. 131; Wahrendorf, MedR 2013, 425, 427.
231 Vgl. BR-Dr. 115/11, 39.
232 BSG, 15.3.2012, B 3 KR 13/11 R, juris Rn. 11 = GesR 2012, 688.
233 Stollmann, ZMGR 2014, 85, 95; Quaas, GesR 2013, 327, 331; Wahrendorf, MedR 2013, 425, 427.
234 So auch Becker in: Becker/Kingreen, § 116 b Rn. 17; Köhler-Hohmann in: jurisPK-SGB V, § 116 b Rn. 132; Adam, NZS 2013, 888, 892; Debong, ArztRecht 2012, 117, 222. Für eine Verpflichtungsklage: Quaas, GesR 2013, 327, 331; Stollmann, NZS 2012, 485, 491, wobei unklar ist, ob diese Auffassung in ZMGR 2014, 85, 95 f. weiter vertreten wird. Für eine kombinierte Anfechtungs-/ Verpflichtungsklage: Wahrendorf, MedR 2013, 425, 428.
235 So auch Stollmann, ZMGR 2014, 85, 96; Wahrendorf MedR 2013, 425, 427.
236 Vgl. Stollmann, NZS 2012, 485, 486 mwN.
237 Siehe zum Drittschutz in der ASV Rixen, GesR 2014, 449, 454.
238 Vgl. BVerwG, 16.6.1994, NJW 1995, 1628; BVerwGE 81, 329, 334 (Urt. v. 16.3.1989).

ckende Vorschrift vorliegt. § 116 b vermittelt jedoch keinen solchen Drittschutz.[239] Bereits dem § 116 b aF wurde keine drittschützende Wirkung zugesprochen, obwohl die Landesplanungsbehörden die vertragsärztliche Versorgung zu berücksichtigen hatten.[240] Die ASV folgt nun nach dem Prinzip „wer kann, der darf" (→ Rn. 4). Jedes nach § 108 zugelassene Krankenhaus und jeder an der vertragsärztlichen Versorgung teilnehmende Leistungserbringer ist berechtigt, ASV-Leistungen zu erbringen, wenn er die Voraussetzungen erfüllt (vgl. Abs. 2 S. 1). Damit ist § 116 b nF erst recht nicht drittschützend. Auch eine Bedarfsprüfung erfolgt nicht (→ Rn. 114, eine Versorgungslücke ist nicht Voraussetzung).

Weder Vertragsärzten, Krankenhausträgern, Kassenärztliche Vereinigungen, Landeskrankenhausgesellschaften noch Krankenkassenverbänden steht Konkurrenzschutz zu. 172

Eine **potenziell drittschützende Wirkung** kann allenfalls aus den nach Abs. 4 S. 9 ff. abzuschließenden Kooperationsvereinbarungen folgen. Ein kooperationsbereiter Leistungserbringer könnte geltend machen, dass ein grundsätzlich kooperationsunwilliger Leistungserbringer, welcher die Vereinbarungsverhandlungen nur zum Schein führt, dennoch eine ASV-Berechtigung erreicht hat.[241] 173

Konkurrentenschutz lässt sich etwaig über **wettbewerbsrechtliche Unterlassungs- und Schadensersatzansprüche** nach UWG erzielen.[242] Ein ASV-Berechtigter, welcher nicht die Anforderungen erfüllt, kann wettbewerbswidrig analog des § 4 Nr. 11 UWG handeln (sog Rechtsbruchtatbestand), da § 116 b nF auch den Interessen der übrigen ASV-Berechtigten dient.[243] Nach § 51 Abs. 1 Nr. 2, Abs. 2 S. 1 SGG ist der Rechtsweg zu den Sozialgerichten eröffnet.[244] 174

5. Streitwert. Der Streitwert eines auf der Grundlage des § 116 b nF geführten Rechtsstreits wurde in Ermangelung näherer Anhaltspunkte auf 60.000 EUR festgesetzt.[245] Er wurde für das konkrete wirtschaftliche Interesse des betroffenen Krankenhauses mit 5.000 EUR je Quartal für einen Dreijahreszeitraum bewertet. 175

XII. Übergangsregelungen für Krankenhäuser (Abs. 8)

Abs. 8 dient der Harmonisierung der Alt- und Neufassung des § 116 b. Die von den Krankenhausplanungsbehörden **ausgesprochenen Bestimmungen** nach § 116 b aF gelten zunächst fort (Abs. 8 S. 1) und werden wie bislang vergütet (Abs. 8 S. 3). Solange das Krankenhaus die Voraussetzungen des § 116 b aF weiterhin erfüllt, ist es zur Leistungsberingung berechtigt. Zum Stand 31.12.2011 wurden insgesamt 1.243 Bestimmungen ausgesprochen. Die Übergangsregelung bezweckt, dass die bisherige 116b-Versorgung bis zur Neuregelung durch den G-BA aufrecht erhalten bleibt, um Versorgungslücken zu vermeiden.[246] Zudem sollen sich die Krankenhäuser auf die neuen Voraussetzungen vorbereiten und so einen nahtlosen Übergang gewährleisten können.[247] 176

Das Krankenhaus kann jedoch nur so lange auf dieser Grundlage Leistungen erbringen und abrechnen, bis die Bestimmung durch das Land aufgehoben wird. Das Land hat die Bestimmung spätestens **zwei Jahre** nach dem Inkrafttreten der jeweiligen indikationsspezifischen Konkretisierung durch den G-BA aufzuheben (Abs. 8 S. 2). Zuständig sind nach dem Gedanken des actus-contrarius die Krankenhausplanungsbehörden, welche die Bestimmungsbescheide erlassen haben. Für den Beginn der Zweijahresfrist ist der Zeitpunkt der Beschlussfassungen zu den Anlagen maßgeblich, vgl. § 1 Abs. 2 S. 3 ASV-RL. 177

---

239 Wohl hM, vgl. Stollmann, ZMGR 2014, 85, 97; Wahrendorf MedR 2013, 425, 428; Adam, NZS 2013, 88, 893; Quaas, GesR 2013, 327, 331; Penner, ZMGR 2012, 16, 28 f.; Köhler-Hohmann in: jurisPK-SGB V, § 116 b Rn. 134, zweifelnd Rixen, GesR 2014, 449ff.
240 Vgl. BSG, 15.3.2012, B 3 KR 13/11 R, GesR 2012, 688.
241 Vgl. Quaas, GesR 2013, 327, 331, sowie Blöcher, GesR 2012, 658 unter Berufung auf die BSG-Rspr. zu Belegarztstellen nach § 103 Abs. 7 SGB V (BSG, 14.3.2001, B 6 KA 34/00 R, BSGE 88, 6; BSG, 2.9.2009, B 6 KA 44/08 R, MedR 2010, 658).
242 Vgl. Becker in: Becker/Kingreen, § 116 b Rn. 20, 25; Hänlein in: LPK-SGB V, § 116 b Rn. 27.
243 Vgl. Becker in: Becker/Kingreen, § 116 b Rn. 25; Hänlein in: LPK-SGB V, § 116 b Rn. 27.
244 Vgl. auch BGH, 17.8.2011, I ZB 7/11, GesR 2012, 107, zu radiologisch-diagnostischen Untersuchungen außerhalb des § 116 b, sowie BSG, 23.3.2011, B 6 Ka 11/10 R, GesR 2011, 542 zu ambulanten Operationen eines Krankenhausarztes außerhalb des § 115 b.
245 BSG, 29.9.2011, B 1 KR 1/11 R, juris.
246 Vgl. BT-Dr. 17/6906, 85.
247 Vgl. BT-Dr. 17/6906, 85.

178 Das Land „hat" die Bestimmung zurückzunehmen. Es handelt sich um eine *lex specialis* zu §§ 44 ff. SGB X,[248] welcher der Behörde hinsichtlich des „ob" keine Ermessensspielräume belässt. Die Aufhebung ist eine gebundene Entscheidung. Obwohl der Gesetzgeber formuliert, dass diese „spätestens" zwei Jahre nach dem Inkrafttreten der jeweiligen indikationsspezifischen Konkretisierung durch den G-BA erfolgen muss, ist das Ermessen hinsichtlich des Zeitpunktes dahin gehend reduziert, dass der Zweijahreszeitraum aus Gründen des Vertrauensschutzes der Krankenhäuser ausgenutzt werden muss.[249] Dies legt auch das Gesetzgebungsverfahren nahe: Der zunächst vorgesehene Zeitraum von einem Jahr[250] ist auf zwei Jahre erhöht worden. Der Zweijahreszeitraum soll den Krankenhäusern einen größeren zeitlichen Spielraum verschaffen, um sich auf die neuen ASV-Regelungen des G-BA einzustellen.[251]

179 Die Altbestimmung ist jedoch zurückzunehmen, sobald der Krankenhausträger bezüglich der jeweiligen Konkretisierung an der ASV nach § 116 b nF teilnimmt. Die eLA informieren die zuständigen Behörden über die erfolgte Anzeige.

180 Zahlreiche Krankenhäuser sind für mehrere Krankheitsbilder zu einer Leistungserbringung nach § 116 b aF bestimmt worden. Da der G-BA die Krankheitsbilder zeitlich hintereinander konkretisiert, hat dies zur Folge, dass zu unterschiedlichen Zeitpunkten entsprechend viele Aufhebungsbescheide gegenüber den Krankenhausträgern erfolgen. Wurde das Krankenhaus durch einen Bescheid generell zur Diagnostik und Versorgung von Patienten mit onkologischen Erkrankungen bestimmt, hat eine Teilaufhebung je konkretisierter Tumorgruppe zu erfolgen. Da die Aufhebung nicht unmittelbar durch Gesetz, sondern durch Verwaltungsakt erfolgt,[252] besteht die Möglichkeit, über die Ausschöpfung der Rechtsmittel auch über den Zweijahreszeitraum hinaus weiterhin nach § 116 b aF bestimmt zu bleiben.

181 Nach § 116 b aF konnten lediglich Krankenhäuser zur Leistungserbringung bestimmt werden, so dass für vertragsärztliche Leistungserbringer keine Übergangsregelungen existieren (s. zur Abgrenzung der ASV zu Leistungen im kollektivvertraglichen System → Rn. 162).

XIII. Bewertung durch Selbstverwaltungspartner auf Bundesebene (Abs. 9)

182 Die neuen Zugangsvoraussetzungen, die Weiterentwicklung der Kataloglesitungen und die Abrechnungsgegebenheiten werden Auswirkungen auf die Patientenversorgung, die Kostenträger und die Leistungserbringer haben. Die Versorgungsstruktur, die Qualität und die Abrechnung sind gem. Abs. 9 S. 1 und 2 zum Stand 1.1.2017 zu evaluieren, auch unter Berücksichtigung der Entwicklung in anderen Versorgungsbereichen. Der Spitzenverband Bund der Krankenkassen, die KBV und die DKG hatten die in einem Bericht zusammengefassten Bewertungsergebnisse gemeinsam dem BMG zum 31.3.2017 zuzuleiten. Die Frist wurde mangels ausreichender Datenlage nicht eingehalten, so dass die KBV eine Umfrage bei den KVen zur ASV-Versorgung zu den Patientenzahlen und der erfolgten Bereinigung eingeleitet hat.

§ 117 Hochschulambulanzen

(1) ¹Ambulanzen, Institute und Abteilungen der Hochschulkliniken (Hochschulambulanzen) sind zur ambulanten ärztlichen Behandlung der Versicherten und der in § 75 Absatz 3 genannten Personen
1. in dem für Forschung und Lehre erforderlichen Umfang sowie
2. für solche Personen, die wegen Art, Schwere oder Komplexität ihrer Erkrankung einer Untersuchung oder Behandlung durch die Hochschulambulanz bedürfen,

ermächtigt. ²In den Fällen von Satz 1 Nummer 2 kann die ambulante ärztliche Behandlung nur auf Überweisung eines Facharztes in Anspruch genommen werden. ³Der Spitzenverband Bund der Krankenkassen, die Kassenärztliche Bundesvereinigung und die Deutsche Krankenhausgesellschaft vereinbaren die Gruppe derjenigen Patienten, die wegen Art, Schwere oder Komplexität der Erkrankung einer Versorgung durch die Hochschulambulanzen bedürfen. ⁴Sie können zudem Ausnahmen von dem

---
248 Stollmann, ZMGR 2014, 85, 94; Quaas, GesR 2013, 327, 331.
249 So auch Stollmann, ZMGR 2014, 85, 94; Bäune/Dahm/Flasbarth, MedR 2012, 77, 88 f.
250 Vgl. BT-Dr. 17/6906, 27, 85.
251 BT-Dr. 17/8005, 118.
252 Dazu kritisch Stollmann, ZMGR 2014, 85, 94; Bäune/Dahm/Flasbarth, MedR 2012, 77, 88 f.

fachärztlichen Überweisungsgebot in den Fällen von Satz 1 Nummer 2 vereinbaren. ⁵Kommt eine Einigung bis zum 23. Januar 2016 ganz oder teilweise nicht zustande, wird ihr Inhalt auf Antrag einer Vertragspartei durch das Bundesschiedsamt nach § 89 Absatz 4 innerhalb von drei Monaten festgelegt. ⁶Dieses wird hierzu um Vertreter der Deutschen Krankenhausgesellschaft in der gleichen Zahl erweitert, wie sie jeweils für die Vertreter der Krankenkassen und der Kassenärztlichen Bundesvereinigung vorgesehen ist (erweitertes Bundesschiedsamt). ⁷Das erweiterte Bundesschiedsamt beschließt mit einer Mehrheit von zwei Dritteln der Stimmen der Mitglieder. ⁸Soweit und solange kein Vertrag nach Satz 3 zustande gekommen ist, können die Hochschulen oder Hochschulkliniken mit den Kassenärztlichen Vereinigungen im Einvernehmen mit den Landesverbänden der Krankenkassen und der Ersatzkassen die Festlegungen nach den Sätzen 3 und 4 vereinbaren. ⁹Ist ein Vertrag nach Satz 3 zustande gekommen, können Hochschulen oder Hochschulkliniken zur Berücksichtigung regionaler Besonderheiten mit den Kassenärztlichen Vereinigungen im Einvernehmen mit den Landesverbänden der Krankenkassen und der Ersatzkassen gemeinsam und einheitlich durch Vertrag Abweichendes von dem Vertrag nach Satz 3 regeln.

(2) ¹Absatz 1 gilt entsprechend für die Ermächtigung der Hochschulambulanzen an Psychologischen Universitätsinstituten im Rahmen des für Forschung und Lehre erforderlichen Umfangs sowie für solche Personen, die wegen Art, Schwere oder Komplexität ihrer Erkrankung einer Untersuchung oder Behandlung durch die Hochschulambulanzen bedürfen. ²Für die Vergütung gilt § 120 Abs. 2 bis 4 entsprechend.

(3) ¹Ambulanzen an Ausbildungsstätten nach § 6 des Psychotherapeutengesetzes sind zur ambulanten psychotherapeutischen Behandlung der Versicherten und der in § 75 Absatz 3 genannten Personen in Behandlungsverfahren, die vom Gemeinsamen Bundesausschuss nach § 92 Absatz 6a anerkannt sind, ermächtigt, sofern die Krankenbehandlung unter der Verantwortung von Personen stattfindet, die die fachliche Qualifikation für die psychotherapeutische Behandlung im Rahmen der vertragsärztlichen Versorgung erfüllen. ²Für die Vergütung gilt § 120 Absatz 2 Satz 1 und 2 entsprechend mit der Maßgabe, dass dabei eine Abstimmung mit Entgelten für vergleichbare Leistungen erfolgen soll. ³Im Übrigen gilt § 120 Absatz 3 Satz 2 und 3 sowie Absatz 4 Satz 1 entsprechend.

(4) ¹Untersuchungs- und Behandlungsmethoden können Gegenstand des Leistungsumfangs der Hochschulambulanzen nach den Absätzen 1 und 2 sein, soweit der Gemeinsame Bundesausschuss im Rahmen der Beschlüsse nach § 137c für die Krankenhausbehandlung keine ablehnende Entscheidung getroffen hat. ²§ 137c Absatz 3 gilt entsprechend.

Literatur:

Beeretz, Rechtsprobleme der Ermächtigung von Hochschulambulanzen gemäß § 117 Abs. 1 SGB V – Fragen zum Inhalt und Umfang der Leistungserbringung durch Hochschulambulanzen, Festschrift 10 Jahre AG Medizinrecht im DAV, 2008, S. 283; *Brandes et al*, Die Bedeutung von Hochschulambulanzen für Versorgung, Forschung und Lehre, KH 2004, 543; *Ganzel*, Die Teilnahme von Krankenhäusern an der ambulanten Versorgung, ArztR 2008, 200; *Kamps*, Poliklinik- und Bedarfsermächtigung?, MedR 1997, 251; *Manssen*, Die Vergütung der Leistungen von Ambulanzen an Ausbildungsstätten nach § 6 PsychThG, GesR 2003, 193; *Steinhilper*, Die „defensive Konkurrentenklage" im Vertragsarztrecht, MedR 2007, 469; *Steinhilper* Defensive Konkurrentenklage im Vertragsarztrecht, MedR 2008, 106; *Stellpflug*, Ermächtigung von Ausbildungsstätten nach § 117 Abs. 2 SGB V, PsychR 2001, 117.

I. Entstehungsgeschichte........ 1	c) Ambulanzen an Ausbildungsstätten gemäß § 6 PsychThG (Abs. 3) 27
II. Vorgängervorschriften........ 2	d) Leistungsumfang der Hochschulambulanzen als Erlaubnis mit Verbotsvorbehalt (Abs. 4) 32
III. Normzweck und Systematik 3	
IV. Norminhalt und Normauslegung ... 8	
1. Norminhalt............. 8	e) Vergütung............. 36
2. Normauslegung.......... 9	f) Verfahrensrecht, Rechtsschutz..... 37
a) Anspruch von Hochschulambulanzen auf Ermächtigung (Abs. 1) 9	
b) Anspruch von Psychologischen Universitätsinstituten auf Ermächtigung (Abs. 2)............ 23	

I. Entstehungsgeschichte

§ 117 ist im Rahmen des Gesundheitsreformgesetzes vom 20.12.1988 (GRG) mit Wirkung zum 1.1.1989 in Kraft getreten (BGBl. I, 2477). Anschließend erfolgten folgende Änderungen: § 117 Über- 1 schrift: IdF d. Art. 1 Nr. 3 a lit. a Gesetz vom 23.4.2002 (BGBl. I, 1412) mWv 1.1.2003; Abs. 1: IdF d. Art. 1 Nr. 53 lit. A Gesetz vom 16.7.2015 (BGBl. I, 1211) mWv 23.7.2015; Abs. 1 S. 3: IdF d. Art. 1 Nr. 86 Gesetz vom 26.3.2007 (BGBl. I, 378) mWv 1.7.2008; Abs. 2: Eingef. durch Art. 2 Nr. 14 lit. b Gesetz vom 16.6.1998 (BGBl. I, 1311) mWv 1.1.1999; Abs. 2 S. 1: IdF d. Art. 1 Nr. 3 a lit. c aa Gesetz vom 23.4.2002 (BGBl. I, 1412) mWv 1.1.2003 u. d. Art. 1 Nr. 86 lit. a Gesetz vom 14.11.2003 (BGBl. I, 2190) mWv 1.1.2004; Abs. 2 S. 2: (früher S. 3): IdF d. Art. 1 Nr. 86 lit. b Gesetz vom 14.11.2003 (BGBl. I, 2190) mWv 1.1.2004; früherer S. 2 aufgeh., früherer S. 3 jetzt S. 2 gem. Art. 1 Nr. 53 lit. b aa u. bb Gesetz vom 16.7.2015 (BGBl. I, 1211) mWv 23.7.2015; Abs. 2 S. 3: IdF d. Art. 1 Nr. 86 lit. b Gesetz vom 14.11.2003 (BGBl. I, 2190) mWv 1.1.2004; § 117 Abs. 3: Eingef. durch Art. 1 Nr. 53 lit. c Gesetz vom 16.7.2015 (BGBl. I, 1211) mWv 23.7.2015; § 117 Abs. 3 S. 2: IdF d. Art. 6 Nr. 12 b lit. a Gesetz vom 10.12.2015 (BGBl. I, 2229) mWv 1.1.2016; § 117 Abs. 3 S. 3: IdF d. Art. 6 Nr. 12 b lit. b Gesetz vom 10.12.2015 (BGBl. I, 2229) mWv 1.1.2016; § 117 Abs. 4: IdF d. Art. 1 Nr. 6 a Gesetz vom 4.4.2017 (BGBl. I, 779) mWv 11.4.2017.

II. Vorgängervorschriften

2 Vorgängervorschrift des § 117 war § 368 n Abs. 3 S. 3-7 RVO,[1] wo der Abschluss von Poliklinikverträgen geregelt war. Die Poliklinikverträge hatten die Untersuchung und Behandlung von Versicherten in dem für die Lehr- und Forschungsaufgaben benötigten Umfang zu gewährleisten und die Vergütung zu vereinbaren.

III. Normzweck und Systematik

3 Sinn und Zweck des § 117 besteht darin, den Hochschulen im Rahmen ihrer Aufgaben von Forschung und Lehre Gelegenheit zu geben, auch Patienten mit Gesundheitsstörungen, die keiner stationären Behandlung in den hochspezialisierten Hochschulkliniken bedürfen, ärztlich zu versorgen. Die Studierenden der Medizin sollen Gelegenheit bekommen, auch in die Behandlung von Gesundheitsstörungen auf dem jeweiligen Fachgebiet eingeführt zu werden, die aus der Perspektive der hochspezialisierten Hochschulmedizin auch banal sein mögen, die aber für die Behandlungstätigkeit von Ärztinnen und Ärzten, soweit sie später in niedergelassener Praxis und nicht in klinischen Einrichtungen der Maximalversorgung beruflich tätig werden, von Bedeutung sind.[2]

4 Nach Auffassung des BVerfG ist es jedoch grundsätzlich nicht Aufgabe der GKV, Forschungs- und Lehraufgaben der medizinischen Fakultäten zu finanzieren. Zwar gehören Universitätskliniken wegen des Funktionszusammenhangs mit Forschung und Lehre in der Medizin sowohl dem Gesundheitssektor als auch der Wissenschaft an. Die in den dazu ermächtigten Hochschulambulanzen erbrachten ambulanten Leistungen bleiben aber Bestandteil der vertragsärztlichen Versorgung und werden von der GKV dementsprechend vergütet. Dagegen erfolgt eine Mittelzuweisung für Forschung und Lehre auch im Bereich der Medizin durch den jeweiligen Träger der Hochschule oder es werden andernorts Mittel für Forschungsvorhaben eingeworben.[3]

5 Durch die Ermächtigung zur Teilnahme an der ambulanten Versorgung in § 117 sind den Hochschulkliniken die für Forschung und Lehre in der ambulanten Versorgung erforderlichen Patienten zugewiesen worden. Zu diesem Zweck waren nach dem bis zum 31.12.2002 gültigen Recht lediglich die poliklinischen Institutsambulanzen in dem für Forschung und Lehre erforderlichem Umfang zur ambulanten Versorgung ermächtigt. Dies entsprach jedoch nicht mehr der Versorgungswirklichkeit, da auch in den übrigen, meist spezialisierten Instituten, Ambulanzen und Abteilungen der Hochschulkliniken Forschung und Lehre betrieben wird. Der Anspruch auf Ermächtigung ist daher ab dem 1.1.2003 auch auf diese Einrichtungen ausgedehnt worden, allerdings weiterhin beschränkt auf den für Forschung und Lehre erforderlichen Umfang.[4]

6 Angesichts der steigenden Bedeutung von Hochschulambulanzen bei der Versorgung von und Patienten mit schweren und komplexen Krankheitsbildern werden die gesetzlichen Grundlagen für die Er-

---

1 § 368 n RVO in der Fassung des Gesetzes zur Verbesserung der kassenärztlichen Bedarfsplanung vom 19.12.1986 (BGBl. I, 2593), in Kraft vom 1.1.1987 bis zum 31.12.1988.
2 Vgl. BSG, 27.6.2012, B 6 KA 72/11 B, juris Rn. 10 = RegNr. 30474 (BSG-intern); BSG, 1.7.1998, B 6 KA 43/97 R, juris Rn. 24 = SozR 3-5520 § 31 Nr. 9; Wenner, Das Vertragsarztrecht nach der Gesundheitsreform, 2008, § 17 Rn. 32.
3 BVerfG, Nichtannahmebeschluss v. 29.12.2012, 1 BvR 1849/12, 1 BvR 1850/12, 1 BvR 1851/12, 1 BvR 1852/12, 1 BvR 1853/12, 1 BvR 1854/12, juris Rn. 7 = KHE 2012/171.
4 BT-Dr. 14/7862, 4.

mächtigung von Hochschulambulanzen für die ambulante Behandlung der Versicherten stetig weiterentwickelt. Die Teilnahme der Hochschulambulanzen an der vertragsärztlichen Versorgung zum Zwecke der Behandlung und Untersuchung gesetzlich Versicherter erfolgt mithin kraft Gesetzes. Dabei umfasst diese gesetzliche Ermächtigung wie die bisherige Ermächtigung durch die Zulassungsausschüsse die ärztliche Behandlung für die Zwecke der Forschung und Lehre. Darüber hinaus wird der Ermächtigungsumfang ergänzt um der zunehmenden Behandlungsnotwendigkeit von Versicherten Rechnung zu tragen, die wegen Art, Schwere oder Komplexität ihrer Erkrankung eine Untersuchung oder Behandlung von einer Hochschulambulanz bedürfen. Seit Inkrafttreten des GKV-VSG am 23.7.2015 wird auch die Untersuchung und Behandlung dieser Personengruppen von der gesetzlichen Ermächtigung umfasst sein. Die Ermächtigung zur Behandlung dieser Personengruppe ergänzt und erweitert damit den bis dahin bestehende Ermächtigungsumfang für Forschung und Lehre. Für die Inanspruchnahme der Hochschulambulanzen in diesen Fällen bedarf es einer Überweisung durch einen Facharzt. Der Spitzenverband Bund der Krankenkassen, die Kassenärztliche Bundesvereinigung bzw. die Kassenzahnärztliche Bundesvereinigung und die Deutsche Krankenhausgesellschaft erhalten den Auftrag, den im Gesetz genannten Personenkreis in einem dreiseitigen Vertrag näher zu bestimmen. Zudem können sie Ausnahmen von dem Überweisungsgebot durch einen Facharzt vereinbaren. Kommt eine Einigung der Vertragspartner ganz oder teilweise nicht innerhalb von 6 Monaten nach Inkrafttreten des GKV-VSG am 23.7.2015 zu Stande, wird der Vertragsinhalt durch das erweiterte Bundesschiedsamt festgelegt.[5]

Den Vertragspartnern auf Landesebene (Hochschulen und Hochschulkliniken, Kassenärztlichen Vereinigungen und Landesverbände der Krankenkassen und Ersatzkassen) ist dabei die Möglichkeit eingeräumt worden, soweit und solange noch keine Vorgaben auf Bundesebene bestehen, durch entsprechende Vereinbarungen die Versorgung durch die Hochschulambulanzen vertraglich zu vereinbaren. Damit ist ermöglicht worden, dass das erweiterte Versorgungsangebot der Hochschulambulanzen bereits kurzfristig zur Verfügung stehen kann. Den Vertragsparteien auf Landesebene ist zudem die Möglichkeit gegeben worden, wenn eine Vereinbarung auf Bundesebene besteht, von dieser Abweichungen zu vereinbaren, wenn dies erforderlich ist, um regionalen Besonderheiten Rechnung zu tragen.[6]

IV. Norminhalt und Normauslegung

1. Norminhalt. § 117 regelt als Sondertatbestand die bedarfsunabhängige Institutsermächtigung von Hochschulambulanzen.[7] Abs. 1 ermöglicht diesen Einrichtungen die Teilnahme an der ambulanten ärztlichen Behandlung der gesetzlich Versicherten und der in § 75 Abs. 3 genannten Personen. Dies gilt nach Abs. 2 und 3 entsprechend für Hochschulambulanzen an Psychologischen Universitätsinstituten im Rahmen des für Forschung und Lehre erforderlichen Umfangs und der Ambulanzen an Ausbildungsstätten nach § 6 des Psychotherapeutengesetzes.

2. Normauslegung. a) Anspruch von Hochschulambulanzen auf Ermächtigung (Abs. 1). Gemäß Abs. 1 S. 1 sind Ambulanzen, Institute und Abteilungen der Hochschulkliniken (Hochschulambulanzen) zur ambulanten ärztlichen Behandlung der Versicherten und der in § 75 Abs. 3 genannten Personen
1. in dem für Forschung und Lehre erforderlichen Umfang sowie
2. für solche Personen, die wegen Art, Schwere oder Komplexität ihrer Erkrankung einer Untersuchung oder Behandlung durch die Hochschulambulanz bedürfen,

bereits kraft Gesetzes ermächtigt. Die Ermächtigung erstreckt sich inhaltlich auf das gesamte medizinische Leistungsspektrum.[8]

Gemäß S. 1 werden von der ambulanten ärztlichen Behandlung gesetzlich versicherte Personen und die in § 75 Abs. 3 genannten Personen umfasst. Maßgebend für gesetzlich versicherte Personen sind die §§ 5 ff. Bei den in § 75 Abs. 3 genannten Personen handelt es sich um solche, die aufgrund dienstrechtlicher Vorschriften über die Gewährung von Heilfürsorge einen Anspruch auf unentgeltliche ärztliche Versorgung haben, soweit die Erfüllung dieses Anspruchs nicht auf andere Weise gewährleistet ist.

---

5 Vgl. BT-Dr. 18/4095, 113.
6 Vgl. BT-Dr. 18/4095, 113.
7 Vgl. *Köhler-Hohmann* in: jurisPK-SGB V, § 117 SGB V Rn. 5.
8 Vgl. BT-Dr. 18/4095, 184.

Zu dem Personenkreis gehören:
- Angehörige der Bundeswehr;
- Bundes- bzw. Jugendfreiwilligendienstleistende (bis zum 30.6.2011: Zivildienstleistende);
- Vollzugsbeamte der Bundespolizei;
- Vollzugsbeamte der Bereitschaftspolizei der Länder.

Nicht erfasst werden sonstige Beamte und Heilfürsorgeberechtigte nach dem Bundesversorgungsgesetz und darauf verweisende soziale Entschädigungsgesetze.[9]

11 Nach der Legaldefinition sind unter den Begriff „Hochschulambulanzen" zu fassen:
- Ambulanzen,
- Institute und
- Abteilungen der Hochschulkliniken.

12 Nicht von § 117 erfasst sind die nicht zu den Hochschulkliniken zählenden sog Lehrkrankenhäuser, in denen in Zusammenarbeit mit den Hochschulkliniken ebenfalls medizinische Lehre und Ausbildung stattfindet.[10]

13 In den Fällen von S. 1 Nr. 1 ist kein Überweisungsvorbehalt für die Behandlung durch Hochschulambulanzen bei Forschung und Lehre vorgesehen. Hierdurch wird es Patientinnen und Patienten ermöglicht, im Rahmen von Forschung und Lehre ohne Einschränkungen unmittelbar Zugang zur Behandlung durch Hochschulambulanzen zu erhalten. Dieser ungefilterte Zugang stärkt gleichzeitig auch die Tätigkeit der Hochschulambulanzen im Bereich von Forschung und Lehre.[11]

14 Nach Auffassung des BSG ist die inhaltliche Gestaltung der Ermächtigung und die quantitative Begrenzung allein an den Bedürfnissen von Forschung und Lehre und nicht am Ziel der Sicherstellung einer ausreichenden vertragsärztlichen Versorgung auszurichten.[12]

15 Auch wenn die ermächtigten Hochschulambulanzen allein im Interesse von Forschung und Lehre ermächtigt werden, wirken sie an der Versorgung der Versicherten mit. Die Hochschulen nehmen insoweit Aufgaben der Krankenversorgung wahr. Die Leistungen der Hochschulambulanzen stellen auch medizinisch notwendige Behandlungen dar. Bezogen auf den einzelnen Behandlungsfall ist eine Abgrenzung des Forschungs- und Lehranteils nicht möglich. Die Leistungen der Hochschulambulanzen sind insgesamt Bestandteil der vertragsärztlichen Versorgung und leisten dazu faktisch einen wesentlichen Beitrag. Auch Hochschulambulanzen haben ihre Leistungen im Rahmen und nach den Regeln der vertragsärztlichen Versorgung und unter Beachtung der Regeln der ärztlichen Kunst[13] zu erbringen.[14]

16 Daraus folgt, dass Hochschulambulanzen die Möglichkeit haben müssen, Patienten zu überweisen, wenn sie zB erforderliche diagnostische Untersuchungen nicht selbst erbringen können oder dürfen. Dies entspricht im Übrigen der berufsrechtlichen Verpflichtung, rechtzeitig andere Ärzte hinzuzuziehen oder ihnen den Patienten zur Fortsetzung der Behandlung zu überweisen, soweit dies für die Diagnostik und Therapie erforderlich. Ferner besteht die Möglichkeit, dass bestimmte Leistungen durch den niedergelassenen Arzt kostengünstiger erbracht werden können. Soweit Labordiagnostik durch einen Arzt für Laboratoriumsmedizin erbracht wird, folgt die Erforderlichkeit einer Überweisung im Übrigen aus dem Umstand, dass ua diese Arztgruppe gemäß § 13 Abs. 4 BMV-Ä nur auf Überweisung in Anspruch genommen werden kann.[15]

17 Die in S. 1 Nr. 2 geregelte Erweiterung des Ermächtigungsumfang von Hochschulambulanzen auf die Behandlung von Personen, die wegen Art, Schwere oder Komplexität ihrer Erkrankung einer Untersuchung oder Behandlung durch die Hochschulambulanz bedürfen erfasst auch die Versorgung von Patienten mit seltenen Erkrankungen. Bei der Konkretisierung der Patientengruppen, die wegen Art, Schwere oder Komplexität ihrer Erkrankung einer Versorgung durch eine Hochschulambulanz bedürfen, durch die Vertragspartner sind daher auch die Patienten, die an einer seltenen Erkrankung leiden, zu berücksichtigen.

---

9 Hesral in: jurisPK-SGB V, § 75 Rn. 143, 144.
10 BT-Dr. 14/7862, 4.
11 Vgl. BT-Dr. 18/5123, 132.
12 Vgl. BSG, 2.4.2014, B 6 KA 20/13 R, juris Rn. 28 = SozR 4-2500 § 117 Nr. 6.
13 Vgl. § 76 Abs. 4.
14 Vgl. BSG, 2.4.2014, B 6 KA 20/13 R, juris Rn. 29 = SozR 4-2500 § 117 Nr. 6.
15 Vgl. BSG, 2.4.2014, B 6 KA 20/13 R, juris Rn. 30 = SozR 4-2500 § 117 Nr. 6.

Infolge der Erweiterung der Ermächtigung der Hochschulambulanzen nach S. 1 Nr. 2 sind Leistungsverlagerungen aus dem niedergelassenen Bereich der vertragsärztlichen Versorgung an die Hochschulambulanzen zu erwarten, die nach künftigem Recht Bestandteil der Versorgung der Hochschulambulanzen sind. Die damit verbundenen Auswirkungen auf die im Rahmen des morbiditätsbedingten Behandlungsbedarfs erbrachten Leistungen sind bei den Vereinbarungen über die Anpassung des Behandlungsbedarfs zu berücksichtigen. Der Bewertungsausschuss beschließt hierzu Vorgaben für ein Verfahren zur Bereinigung des Behandlungsbedarfs (§ 87a Abs. 5 S. 7). In den Vereinbarungen zur Bereinigung ist auch über notwendige Korrekturverfahren zu entscheiden. 18

- Gemäß S. 2 kann in den Fällen von S. 1 Nr. 2 die ambulante ärztliche Behandlung nur auf Überweisung eines Facharztes in Anspruch genommen werden. Zu beachten ist dabei § 24 Abs. 2 S. 4 BMV-Ä, der insoweit lautet: *„Überweisungen durch ermächtigte ärztlich geleitete Einrichtungen und ermächtigte Ärzte sind zulässig, soweit die Ermächtigung dies vorsieht. In der Ermächtigung sind die von der Überweisungsbefugnis umfassten Leistungen festzulegen."* 19
- Gemäß Abs. 2 S. 3 vereinbaren 20
  der Spitzenverband Bund der Krankenkassen,
  die Kassenärztliche Bundesvereinigung und
  die Deutsche Krankenhausgesellschaft
- die Gruppe derjenigen Patienten, die wegen Art, Schwere oder Komplexität der Erkrankung einer Versorgung durch die Hochschulambulanzen bedürfen. Diese können nach S. 4 zudem Ausnahmen von dem fachärztlichen Überweisungsgebot in den Fällen von S. 1 Nr. 2 vereinbaren.
- Kommt eine Einigung bis zum 23.1.2016 ganz oder teilweise nicht zustande, wird ihr Inhalt auf Antrag einer Vertragspartei gemäß S. 5 durch das Bundesschiedsamt nach § 89 Abs. 4 innerhalb von drei Monaten festgelegt. Das Bundesschiedsamt wird hierzu gemäß S. 6 um Vertreter der Deutschen Krankenhausgesellschaft in der gleichen Zahl erweitert, wie sie jeweils für die Vertreter der Krankenkassen und der Kassenärztlichen Bundesvereinigung vorgesehen ist (erweitertes Bundesschiedsamt). Das erweiterte Bundesschiedsamt beschließt gemäß S. 7 mit einer Mehrheit von zwei Dritteln der Stimmen der Mitglieder. 21
- Soweit und solange kein Vertrag nach S. 3 zustande gekommen ist, können die Hochschulen oder Hochschulkliniken gemäß S. 8 mit den Kassenärztlichen Vereinigungen im Einvernehmen mit den Landesverbänden der Krankenkassen und der Ersatzkassen die Festlegungen nach den Sätzen 3 und 4 vereinbaren. Ist hingegen ein Vertrag nach S. 3 zustande gekommen, können gemäß S. 9 Hochschulen oder Hochschulkliniken zur Berücksichtigung regionaler Besonderheiten mit den Kassenärztlichen Vereinigungen im Einvernehmen mit den Landesverbänden der Krankenkassen und der Ersatzkassen gemeinsam und einheitlich durch Vertrag Abweichendes von dem Vertrag nach S. 3 regeln. 22

b) Anspruch von Psychologischen Universitätsinstituten auf Ermächtigung (Abs. 2). Die Regelungen zur Ermächtigung von staatlich anerkannten Ausbildungsstätten nach § 6 des Psychotherapeutengesetzes (PsychThG) sind seit dem 23.7.2015 in Abs. 2 gestrichen und in einen eigenen Abs. 3 überführt. Damit wird verhindert, dass die für die Hochschulambulanzen vorgesehenen Änderungen (gesetzliche Ermächtigung und erweiterte Behandlungsmöglichkeiten für bestimmte Personengruppen) über die Verweisregelung in Abs. 2 entsprechend auch für Ambulanzen an Ausbildungsstätten nach § 6 PsychThG gelten. Eine vollständige Verweisung ist hier nicht sachgerecht, weil die anerkannten Ausbildungsstätten andere Aufgaben wahrnehmen als die Hochschulambulanzen.[16] 23

Eine Hochschulambulanz an Psychologischen Universitätsinstituten erfordert keine „klinische" Einrichtung, die auf ärztliche Behandlung in einer stationären Einrichtung ausgerichtet ist. Für das Bestehen einer psychotherapeutischen Hochschulambulanz reicht es vielmehr aus, dass in der Hochschule ein **Arbeitsbereich** besteht, in dem psychotherapeutische Behandlungen im Verbund mit den Hochschulaufgaben der Forschung und/oder Lehre durchgeführt werden.[17] Für das Bestehen eines „Psychologischen Universitätsinstituts", dem die Hochschulambulanz angegliedert ist, ist dabei erforderlich, dass ein Studiengang der Psychologie eingerichtet ist, in dem die Ausbildung zum Diplom-Psychologen stattfindet. Ob hierfür ein eigenständiger Fachbereich besteht oder ob dies in einen umfassenderen Gesamtfachbereich eingegliedert ist, ist ebenso wenig entscheidend wie die Frage, ob dieser Bereich die Bezeichnung Institut trägt und ob er ein solches im Sinne des Landeshochschulgesetzes darstellt. Diese 24

---

16 Vgl. BT-Dr. 18/5123, 133.
17 BSG, 5.11.2003, B 6 KA 52/02 R, juris Rn. 20 = SozR 4-2500 § 117 Nr. 2.

Auslegung berücksichtigt den aus Art. 5 Abs. 3 GG folgenden Grundsatz der Hochschulautonomie und entspricht zudem dem Sinn und Zweck des § 117 Abs. 2, keine hohen formalen Anforderungen an die zu ermächtigenden Einrichtungen zu stellen, um baldmöglichst den Bedarf an universitärer psychologischer Forschung und Lehre zu decken.[18]

25 Nach S. 1 gilt Abs. 1 entsprechend für die Ermächtigung der Hochschulambulanzen an Psychologischen Universitätsinstituten im Rahmen des für Forschung und Lehre erforderlichen Umfangs sowie für solche Personen, die wegen Art, Schwere oder Komplexität ihrer Erkrankung einer Untersuchung oder Behandlung durch die Hochschulambulanzen bedürfen.

26 Nach S. 2 gilt für die Vergütung § 120 Abs. 2 bis 4 entsprechend.

27 c) **Ambulanzen an Ausbildungsstätten gemäß § 6 PsychThG (Abs. 3).** Für die Ambulanzen der Ausbildungsstätten nach § 6 PsychThG werden daher – mit Ausnahme der Regelung zur gesetzlichen Ermächtigung – die bisherigen Regelungen beibehalten. Ebenso wie für die Hochschulambulanzen bedarf es hier zukünftig keines Zulassungsverfahrens mehr. Die Ambulanzen der Ausbildungsstätten nach § 6 PsychThG erbringen lediglich Leistungen der Richtlinien des Gemeinsamen Bundesausschusses auf Grundlage von Leistungspositionen des einheitlichen Bewertungsmaßstabs für ärztliche Leistungen. Daher wird für die Ambulanzen an Ausbildungsstätten nach § 6 PsychThG auf die jeweils entsprechend anzuwendenden erforderlichen Regelungen zur Vergütung ambulanter Leistungen der Ambulanzen aus § 120 verwiesen, um zu gewährleisten, dass die bisherige Vergütung für die Ambulanzen der Ausbildungsstätten nach § 6 PsychThG fort gilt. Dabei wird insbesondere angeordnet, dass bei der Vergütung wie bisher eine Abstimmung mit Entgelten für vergleichbare Leistungen erfolgen soll. Diese Regelung hat sich in Bezug auf die Ambulanzen der Ausbildungsstätten nach § 6 PsychThG bewährt.[19]

28 **Ausbildungsstätten nach § 6 PsychThG** sind Hochschulen oder andere Einrichtungen, die als Ausbildungsstätten für Psychotherapie oder als Ausbildungsstätten für Kinder- und Jugendlichenpsychotherapie staatlich anerkannt sind. Dabei ist erforderlich, dass in ihnen
   1. Patienten, die an psychischen Störungen mit Krankheitswert leiden, nach wissenschaftlich anerkannten psychotherapeutischen Verfahren stationär oder ambulant behandelt werden, wobei es sich bei einer Ausbildung zum Kinder- und Jugendlichenpsychotherapeuten um Personen handeln muss, die das 21. Lebensjahr noch nicht vollendet haben,
   2. für die Ausbildung geeignete Patienten nach Zahl und Art in ausreichendem Maße zur Verfügung stehen,
   3. eine angemessene technische Ausstattung für Ausbildungszwecke und eine fachwissenschaftliche Bibliothek vorhanden ist,
   4. in ausreichender Zahl geeignete Psychologische Psychotherapeuten oder Kinder- und Jugendlichenpsychotherapeuten und qualifizierte Ärzte für die Vermittlung der medizinischen Ausbildungsinhalte für das jeweilige Fach zur Verfügung stehen,
   5. die Ausbildung nach Ausbildungsplänen durchgeführt wird, die aufgrund der Ausbildungs- und Prüfungsverordnung für Psychologische Psychotherapeuten oder der Ausbildungs- und Prüfungsverordnung für Kinder- und Jugendlichenpsychotherapeuten erstellt worden sind, und
   6. die Ausbildungsteilnehmer während der praktischen Tätigkeit angeleitet und beaufsichtigt werden sowie die begleitende theoretische und praktische Ausbildung durchgeführt wird.

29 Durch die Bezugnahme auf Behandlungsverfahren, die vom G-BA nach § 92 Abs. 6 a anerkannt sind, umfasst die Ermächtigung nur solche psychotherapeutischen Behandlungsverfahren, die in den Anwendungsbereich der Richtlinie des G-BA über die Durchführung der Psychotherapie fallen.[20]

30 Gemäß S. 2 gilt für die Vergütung § 120 Abs. 2 S. 1 und 2 entsprechend mit der Maßgabe, dass dabei eine Abstimmung mit Entgelten für vergleichbare Leistungen erfolgen soll. Damit wird klargestellt, dass die Ausbildungsstätten nach § 6 PsychThG vergütungsrechtlich mit den Hochschulambulanzen nach Abs. 1 und den Hochschulambulanzen an Psychologischen Universitätsinstituten nach Abs. 2 gleichgestellt werden; insbesondere erfolgt die Vergütung der Ausbildungsstätten unmittelbar durch die Krankenkassen.[21]

---

18 BSG, 5.11.2003, B 6 KA 52/02 R, juris Rn. 18 = SozR 4-2500 § 117 Nr. 2.
19 Vgl. BT-Dr. 18/5123, 133.
20 Richtlinie des Gemeinsamen Bundesausschusses über die Durchführung der Psychotherapie (Psychotherapie – Richtlinie) in der Fassung vom 19.2.2009 (BAnz. AT 17.4.2009, Nr. 58, S. 1399), in Kraft getreten am 18.4.2009, zuletzt geändert am 16.6.2016 (BAnz AT 7.10.2016 B2), in Kraft getreten am 8.10.2016.
21 BT-Dr. 15/1525, 32, 120; Köhler-Hohmann in: jurisPK-SGB V, § 117 Rn. 71 ff.

Im Übrigen gilt nach S. 3 § 120 Abs. 3 S. 2 und 3 sowie Abs. 4 S. 1 entsprechend. D.h., für den Fall der Nichteinigung über die Vergütungsvereinbarung erfolgt die Festsetzung durch die Schiedsstelle gemäß § 120 Abs. 4 SGB V iVm § 18a Abs. 1 KHG.[22]

d) Leistungsumfang der Hochschulambulanzen als Erlaubnis mit Verbotsvorbehalt (Abs. 4). Absatz 4 ist im Rahmen des Heil- und Hilfsmittelversorgungsgesetzes mit Wirkung zum 11.4.2017 in das Gesetz eingefügt worden.[23]

Vor dem Hintergrund, dass aus der historischen Entwicklung heraus (Ermächtigung durch die Zulassungsausschüsse zur Teilnahme an der vertragsärztlichen Versorgung) die Hochschulambulanzen dem vertragsärztlichen Bereich zugeordnet werden, gilt dort im Grundsatz das Verbot mit Erlaubnisvorbehalt nach § 135 Abs. 1. Danach dürfen neue Untersuchungs- und Behandlungsmethoden in der vertragsärztlichen Versorgung nur erbracht werden, wenn der GBA ihren diagnostischen oder therapeutischen Nutzen sowie ihre medizinische Notwendigkeit und Wirtschaftlichkeit – auch im Vergleich zu bereits zulasten der Krankenkassen erbrachten Methoden – ausdrücklich anerkannt hat.[24]

Im Zuge der Erweiterung des § 117 mit dem GKV-VSG vom 16.7.2015 (BGBl. I S. 1211),[25] durch die Hochschulambulanzen auch zur ambulanten Behandlung von Personen, die wegen Art, Schwere oder Komplexität ihrer Erkrankung einer Untersuchung oder Behandlung durch die Hochschulambulanz bedürfen, ermächtigt sind, ist – vergleichbar zur Regelung in der ambulanten spezialfachärztlichen Versorgung (ASV) nach § 116b Abs. S. 3 – die Einführung einer Erlaubnis mit Verbotsvorbehalt auch für die von den Hochschulambulanzen angewandten Untersuchungs- und Behandlungsmethoden sachgerecht. Dies insbesondere vor dem Hintergrund, dass der Zugang zu den Hochschulambulanzen in der Regel eine Überweisung eines Facharztes voraussetzt und die Patienten wegen Art, Schwere oder Komplexität ihrer Erkrankung einer Untersuchung oder Behandlung durch eine Hochschulambulanz bedürfen. Vergleichbar zu den an der ASV teilnehmenden Ambulanzen ist die Leistungserbringung auch bei den Hochschulambulanzen geprägt von hoher Spezialisierung, Interdisziplinarität und Kooperation. Insofern ist die Erlaubnis mit Verbotsvorbehalt eine folgerichtige Weiterentwicklung für die Versorgung durch die Hochschulambulanzen.[26]

Entsprechend der geltenden Vorgaben für die stationäre Versorgung in § 137c Abs. 3 soll auch für die ambulante Behandlung in Hochschulambulanzen gelten, dass Untersuchungs- und Behandlungsmethoden, zu denen der GBA bisher keine Entscheidung nach § 137c Abs. 1 getroffen hat, angewandt werden dürfen, wenn sie das Potential einer erforderlichen Behandlungsalternative bieten und ihre Anwendung nach den Regeln der ärztlichen Kunst erfolgt, sie also insbesondere medizinisch indiziert ist. Die Notwendigkeit einer Aufnahme ins Krankenhaus, die nach § 39 Abs. 1 S. 2 Voraussetzung für einen Anspruch auf Krankenhausbehandlung ist, gilt demgegenüber nicht für die ambulante Behandlung in einer Hochschulambulanz.[27]

e) Vergütung. Die Vergütung der Leistungen nach § 117 erfolgt bei Einrichtungen nach Abs. 1 bis 3 unmittelbar durch die KK. Die Vergütung wird zwischen den Landesverbänden der KK bzw. EK und den Hochschulen/Hochschulkliniken, Krankenhäusern bzw. deren Vereinigungen durch Normenvertrag vereinbart. Das folgt für Hochschulambulanzen nach Abs. 1 aus § 120 Abs. 2 ff., für Hochschulambulanzen an psychologischen Universitätsinstituten über Abs. 2 S. 3 bzw. für Ambulanzen an Ausbildungsstätten nach § 6 PsychThG gemäß Abs. 3 Sätze 2 bis 3, 120 Abs. 2 ff.[28]

f) Verfahrensrecht, Rechtsschutz. Verfahrensrechtlich ist das Antragsverfahren auf Erteilung einer Ermächtigung Verwaltungsverfahren im Sinne des SGB X.[29]

Da die Ermächtigung nach § 117 keine Bedarfsprüfung voraussetzt, sind die von dieser räumlich betroffenen Vertragsärzte mit ähnlichem Leistungsangebot nicht anfechtungsbefugt und -berechtigt.[30] Eine andere Ansicht hat das LSG Baden-Württemberg vertreten. Danach hat die Vorschrift zugunsten der niedergelassenen Vertragsärzte drittschützende Wirkung. § 117 regle einen Statusakt, der der

---

22 Hess in: KassKomm, § 117 SGB V Rn. 11.
23 Vgl. BGBl. I, 778.
24 Vgl. BT-Dr. 18/11205, S. 13, 64.
25 Vgl. BGBl. I S. 1211.
26 Vgl. BT-Dr. 18/11205, S. 13, 64.
27 Vgl. BT-Dr. 18/11205, S. 13, 64.
28 Köhler-Hohmann in: jurisPK-SGB V, § 117 Rn. 70.
29 Hess in: KassKomm, § 117 SGB V Rn. 12.
30 Steinhilper, MedR 2007, 469, 472.

Hochschulambulanz die Teilnahme an der vertragsärztlichen Versorgung eröffne. Dies folge schon aus § 95 Abs. 1, wonach an der vertragsärztlichen Versorgung neben den zugelassenen Ärzten die ermächtigten Ärzte und die ermächtigten ärztlich geleiteten Einrichtungen teilnähmen; nach der Art der Ermächtigung unterscheide das Gesetz nicht. Zu den ermächtigten ärztlich geleiteten Einrichtungen gehöre die Hochschulambulanz iSd § 117. Dem stehe der Wortlaut des § 117 Abs. 1 S. 1, der von der ambulanten ärztlichen Behandlung der Versicherten und nicht – wie § 116 Abs. 1 S. 1 hinsichtlich der Ermächtigung von Krankenhausärzten – von der Teilnahme an der vertragsärztlichen Versorgung handele, nicht entgegen. Die unterschiedliche Wortwahl verdeutliche nur die besondere Funktion der Hochschulambulanzermächtigung, die, anders als die Ermächtigung von Krankenhausärzten, nicht der Deckung eines (allgemeinen oder besonderen) Versorgungsbedarf, sondern anderen Zwecken, nämlich der Forschung und Lehre bzw. der Ausbildung des ärztlichen Nachwuchses diene. Das ändere nichts daran, dass auch der Hochschulambulanz mit der Ermächtigung der Zugang zum regulierten Markt der niedergelassenen Vertragsärzte eröffnet werde. Aus welchen Quellen die auf diesem Markt erbrachten Leistungen vergütet würden, sei nicht von ausschlaggebender Bedeutung. Die Hochschulambulanz nähme den Vertragsärzten in jedem Fall Behandlungsfälle und damit Erwerbschancen, auch wenn die vertragsärztliche Gesamtvergütung unmittelbar nicht geschmälert würde.[31]

39 Diese Auffassung ist jedoch abzulehnen, da eine Ermächtigung, selbst in einem überversorgtem Bereich, aus Gründen der Förderung der Forschung und Lehre grundsätzlich zulässig sein muss.[32]

§ 118 Psychiatrische Institutsambulanzen

(1) ¹Psychiatrische Krankenhäuser sind vom Zulassungsausschuss zur ambulanten psychiatrischen und psychotherapeutischen Versorgung der Versicherten zu ermächtigen. ²Die Behandlung ist auf diejenigen Versicherten auszurichten, die wegen Art, Schwere oder Dauer ihrer Erkrankung oder wegen zu großer Entfernung zu geeigneten Ärzten auf die Behandlung durch diese Krankenhäuser angewiesen sind. ³Der Krankenhausträger stellt sicher, dass die für die ambulante psychiatrische und psychotherapeutische Behandlung erforderlichen Ärzte und nichtärztlichen Fachkräfte sowie die notwendigen Einrichtungen bei Bedarf zur Verfügung stehen.

(2) ¹Allgemeinkrankenhäuser mit selbständigen, fachärztlich geleiteten psychiatrischen Abteilungen mit regionaler Versorgungsverpflichtung sind zur psychiatrischen und psychotherapeutischen Behandlung der im Vertrag nach Satz 2 vereinbarten Gruppe von Kranken ermächtigt. ²Der Spitzenverband Bund der Krankenkassen mit der Deutschen Krankenhausgesellschaft und der Kassenärztlichen Bundesvereinigung legen in einem Vertrag die Gruppe psychisch Kranker fest, die wegen ihrer Art, Schwere oder Dauer ihrer Erkrankung der ambulanten Behandlung durch die Einrichtungen nach Satz 1 bedürfen. ³Kommt der Vertrag ganz oder teilweise nicht zu Stande, wird sein Inhalt auf Antrag einer Vertragspartei durch das Bundesschiedsamt nach § 89 Abs. 4 festgelegt. ⁴Dieses wird hierzu um Vertreter der Deutschen Krankenhausgesellschaft in der gleichen Zahl erweitert, wie sie jeweils für die Vertreter der Krankenkassen und der Kassenärztlichen Bundesvereinigung vorgesehen ist (erweitertes Bundesschiedsamt). ⁵Das erweiterte Bundesschiedsamt beschließt mit einer Mehrheit von zwei Dritteln der Stimmen der Mitglieder. ⁶Absatz 1 Satz 3 gilt. ⁷Für die Qualifikation der Krankenhausärzte gilt § 135 Abs. 2 entsprechend.

(3) ¹Absatz 2 gilt für psychosomatische Krankenhäuser sowie für psychiatrische Krankenhäuser und Allgemeinkrankenhäuser mit selbständigen, fachärztlich geleiteten psychosomatischen Abteilungen entsprechend. ²In dem Vertrag nach Absatz 2 Satz 2 regeln die Vertragsparteien auch,
1. unter welchen Voraussetzungen eine ambulante psychosomatische Versorgung durch die Einrichtungen nach Satz 1 als bedarfsgerecht anzusehen ist, insbesondere weil sie eine zentrale Versorgungsfunktion wahrnehmen,
2. besondere Anforderungen an eine qualitativ hochwertige Leistungserbringung sowie
3. das Verfahren, in dem nachzuweisen ist, ob diese vertraglichen Vorgaben erfüllt sind.

³Die ambulante ärztliche Behandlung in einer Einrichtung nach Satz 1 kann nur auf Überweisung in Anspruch genommen werden. ⁴Die Überweisung soll in der Regel durch einen Facharzt für psychoso-

---

31 LSG BW, 20.11.2007, L 5 KA 3892/07 ER-B, juris Rn. 56 = GesR 2008, 26 ff.
32 Steinhilper, MedR 2008, 106, 108.

matische Medizin und Psychotherapie oder durch Ärzte mit äquivalenter Weiterbildung oder Zusatzweiterbildung erfolgen.

(4) Die in den Absätzen 1 und 2 genannten Krankenhäuser sind vom Zulassungsausschuss auch dann zur ambulanten psychiatrischen und psychotherapeutischen Versorgung zu ermächtigen, wenn die Versorgung durch räumlich und organisatorisch nicht angebundene Einrichtungen der Krankenhäuser erfolgt, soweit und solange die Ermächtigung notwendig ist, um eine Versorgung nach Maßgabe der Absätze 1 und 2 sicherzustellen.

Literatur:

Fumagelli, Haben alle psychiatrischen Tageskliniken Anspruch auf Anerkennung einer Institutsambulanz?, KHR 2009, 181; *Höchstetter/Walger*, Psychiatrische Versorgung, KH 2001, 329; *Korthus*, Die Zuständigkeit für die Durchführung von Wirtschaftlichkeitsprüfungen psychiatrischer Institutsambulanzen, KH 2010, 240; *Mrozynski*, Die Verbesserung der Zusammenarbeit im ambulanten und stationären Bereich der psychiatrischen Versorgung, RUP 2000, 188; *Rümmelin/Metzinger*, Psychiatrische Institutsambulanzen gemäß § 118 Abs. 2 SGB V – Angriff abgewehrt, KH 2010, 535; *Wagener*, Ermächtigung einer psychiatrischen Institutsambulanz, Anm. zu BSG vom 28.1.2009 – B 6 KA 61/07 R, KH 2010, 240.

I. Grundlagen	1	b) Ermächtigung von Allgemeinkrankenhäusern (Abs. 2)	18
II. Vorgängervorschriften	2		
III. Normzweck und Systematik	3	c) Ermächtigung von psychosomatischen Krankenhäusern und Allgemeinkrankenhäusern (Abs. 3)	22
IV. Norminhalt und Normauslegung	5		
1. Norminhalt	5		
2. Normauslegung	12	d) Erleichterungen für die Ermächtigung von Psychiatrischen Institutsambulanzen (Abs. 4)	28
a) Ermächtigung von psychiatrischen Krankenhäusern (Abs. 1)	12		

I. Grundlagen

§ 118 ist im Rahmen des Gesundheitsreformgesetzes vom 20.12.1988 (GRG) mit Wirkung zum 1.1.1989 in Kraft getreten (BGBl. I, 2477). Anschließend erfolgten folgende Änderungen: § 118: idF des Art. 1 Nr. 48 Gesetz v. 22.12.1999 (BGBl. I, 2626) mWv 1.1.2000; Abs. 2 S. 2: IdF des Art. 1 Nr. 87 Gesetz v. 26.3.2007 (BGBl. I, 378) mWv 1.7.2008; Abs. 3: Eingef. durch Art. 4 Nr. 3 Gesetz v. 21.7.2012 (BGBl. I, 1613) mWv 1.1.2013; Abs. 3: IdF des Art. 5 Nr. 3 Gesetz v. 19.12.2016 (BGBl. I, 2986) mWv 1.1.2017 Abs. 4: Eingef. durch Art. 1 Nr. 53a Gesetz vom 16.7.2015 (BGBl. I, 1211) mWv 23.7.2015.

II. Vorgängervorschriften

Vorgängervorschrift des § 118 war bis zum Inkrafttreten des SGB V am 1.1.1989[1] § 368n Abs. 5 S. 2–5 RVO. Die Norm begründete die Leistungserbringung durch Vertragsschluss; erst § 118 hat die Ermächtigung vorgesehen.[2]

III. Normzweck und Systematik

Bestimmte Gruppen schwer und chronisch psychisch Kranker können aufgrund ihrer Krankheit nicht adäquat von den niedergelassenen Ärzten behandelt werden. Es handelt sich hierbei um Patienten, die einen dringenden ambulanten Behandlungsbedarf haben, die aber aufgrund der Art, Schwere und Dauer der Verläufe ihrer Erkrankungen von sich aus Vertragsärzte nicht aufsuchen bzw. durch das Leistungsspektrum der Vertragsärzte nicht ausreichend behandelt werden können (zB ungenügendes multiprofessionelles Angebot, begrenzte Flexibilität des Personaleinsatzes). Hierbei ist insbesondere zu denken an schwere Verläufe psychischer Krankheiten, zB bei Erkrankungen aus dem schizophrenen Formenkreis, schweren Persönlichkeitsstörungen, Suchterkrankungen, geriatropsychiatrische Erkrankungen.[3]

---

[1] § 118 ist im Rahmen des Gesundheitsreformgesetzes vom 20.12.1988 (GRG) am 1.1.1989 in Kraft getreten (BGBl. I, 2477).
[2] Köhler-Hohmann in: jurisPK-SGB V, § 118 Rn. 6.
[3] BT-Dr. 14/1977, S. 167.

4 § 118 differenziert zwischen bedarfsunabhängigen Ermächtigungen zugunsten von psychiatrischen Krankenhäusern (Abs. 1) und Ermächtigung von Allgemeinkrankenhäusern mit selbstständigen, fachärztlich geleiteten psychiatrischen Abteilungen mit regionaler Versorgungsverpflichtung (Abs. 2).[4]

IV. Norminhalt und Normauslegung

5 **1. Norminhalt.** § 118 regelt die – bedarfsunabhängige – Ermächtigung von Psychiatrischen Institutsambulanzen. **Abs. 1** regelt die Ermächtigung psychiatrischer Krankenhäuser und **Abs. 2** die Ermächtigung von Allgemeinkrankenhäusern mit selbstständigen, fachärztlich geleiteten psychiatrischen Abteilungen. Nach **Abs. 3** gilt Abs. 2 für psychosomatische Krankenhäuser und Allgemeinkrankenhäuser mit selbstständig, fachärztlich geleiteten psychosomatischen Abteilungen mit regionaler Versorgungsverpflichtung entsprechend. **Abs. 4** regelt Erleichterungen für die Ermächtigung von Psychiatrischen Institutsambulanzen

6 Der Begriff „Psychiatrische Institutsambulanz" deutet darauf hin, dass in § 118 SGB V nur solche Einrichtungen gemeint sind, in denen die ambulante Behandlung der Versicherten in der Ambulanz eines Krankenhauses durchgeführt wird. Dies setzt eine organisatorische und räumliche Anbindung der Behandlungseinrichtung an die Klinik voraus.[5]

7 Die Krankenhausform, dh ob eine vollstationäre Einrichtung oder eine Tages- oder Nachtklinik vorliegt, ist für eine Ermächtigung nach § 118 grundsätzlich unerheblich. Denn nach der Rechtsprechung des BSG erfüllt auch eine Tagesklinik die Voraussetzungen für eine Ermächtigung gemäß Abs. 1 S. 1.[6] Daraus folgt, dass ein Anspruch auf Ermächtigung als psychiatrisches Krankenhaus zur ambulanten psychiatrischen und psychotherapeutischen Versorgung der Versicherten nur für ein nach § 108 zugelassenes Krankenhaus bestehen kann. Die ambulante Versorgung von Versicherten durch ein nicht zugelassenes Krankenhaus in der GKV wäre systemfremd.[7]

8 Unerheblich ist insoweit, ob eine Teilnahmeverpflichtung am Notfalldienst besteht. Zwar gilt grundsätzlich, dass derjenige, der ermächtigt ist, ebenso wie derjenige, der zugelassen ist, zur Teilnahme an der vertragsärztlichen Versorgung verpflichtet ist. Die Berechtigung und Verpflichtung zur Teilnahme am Notfalldienst kann aber durch die Notfalldienstordnung (NFDO) eingegrenzt werden. Beispielsweise sind in Westfalen-Lippe gemäß § 2 NFDO nur ermächtigte Ärzte, die in eigener Praxis tätig sind, zur Teilnahme am Notfalldienst verpflichtet.[8]

9 Zudem besteht zB bei einer Tagesklinik deren besonderes Leistungsangebot darin, den zunächst vollstationär behandelten Patienten schrittweise mehr Raum für eine eigenständige Lebensgestaltung zu geben, ohne auf eine kontinuierliche medizinische Versorgung verzichten zu müssen, sowie denen, die nicht zur Behandlung bei den im Ortsbereich niedergelassenen Psychiatern bereit sind, alternative Anlaufstellen anzubieten. Diese Zielrichtung geht nicht deshalb verloren, weil die Tagesklinik nicht auch die Funktion einer Tag und Nacht einsatzbereiten psychiatrischen Kriseninterventionseinrichtung erfüllt.[9]

10 In dem Zusammenhang ist jedoch zu fragen, ob auch Praxiskliniken psychiatrische Institutsambulanzen errichten können, da für § 118 zumindest eine Abteilung in einem Allgemeinkrankenhaus vorhanden sein muss. Insbesondere ist nicht klar, ob in einer Praxisklinik ambulante oder stationäre Leistungserbringung erfolgt. Insbesondere definiert § 115 Abs. 2 Nr. 1 Praxiskliniken als „... *Einrichtungen, in denen die Versicherten durch Zusammenarbeit mehrerer Vertragsärzte ambulant und stationär versorgt werden ...*". Da Praxiskliniken keine Plankrankenhäuser im Sinne von § 108 Nr. 2 sein können,[10] können diese den Status Krankenhaus nur über Versorgungsverträge (§§ 108 Nr. 3, 109 Abs. 1) erlangen.[11] Vor diesem Hintergrund kann eine Praxisklinik grundsätzlich sowohl psychiatrisches Krankenhaus im Sinne von § 118 Abs. 1 als auch Allgemeinkrankenhaus im Sinne von Abs. 2 und

---

4 Köhler-Hohmann in: jurisPK-SGB V, § 118 Rn. 1.
5 BSG, 21.6.1995, 6 RKa 49/94, juris Rn. 17 = SozR 3-2500 § 118 Nr. 2.
6 BSG, 28.1.2009, B 6 KA 61/07 R, juris Rn. 28 = GesR 2009, 487 ff.
7 Vgl. BSG, 14.5.2014, B 6 KA 1/14 B, juris Rn. 6, 7 = GesR 2014, 566 f.
8 Gemeinsame NFDO der Ärztekammer Westfalen-Lippe und der Kassenärztlichen Vereinigung Westfalen-Lippe vom 3.12.2011/24.3.2012, https://www.kvwl.de/arzt/recht/kvwl/notfalldienst/notfalldienstordnung_ae_kvwl.pdf (zuletzt abgerufen am 1.3.2017).
9 Vgl. BSG, 28.1.2009, B 6 KA 61/07 R, juris Rn. 29 = GesR 2009, 487 ff.
10 Gamperl in: KassKomm, § 115 SGB V Rn. 5.
11 Gamperl in: KassKomm, § 115 SGB V Rn. 5.

auch psychosomatisches Krankenhaus im Sinne von Abs. 3 sein, so dass eine Praxisklinik eine Psychiatrische Institutsambulanz errichten könnte.

Die einer psychiatrischen Institutsambulanz zu erteilende Ermächtigung zur ambulanten psychiatrischen und psychotherapeutischen Behandlung der Versicherten erstreckt sich jedoch nicht auf soziale, pädagogische und psychosoziale Maßnahmen.[12]   11

2. Normauslegung. a) Ermächtigung von psychiatrischen Krankenhäusern (Abs. 1). Gemäß Abs. 1 S. 1 sind psychiatrische Krankenhäuser vom Zulassungsausschuss zur ambulanten psychiatrischen und psychotherapeutischen Versorgung der Versicherten zu ermächtigen. Hierbei handelt es sich um die Grundentscheidung.[13]   12

Psychiatrische Krankenhäuser haben insoweit einen Rechtsanspruch auf Erteilung einer Ermächtigung, ohne dass hierfür eine Bedarfsprüfung vorzunehmen ist.   13

Insbesondere das Bestehen einer Versorgungslücke ist keine Voraussetzung der Ermächtigung. Damit ist der grundsätzliche Vorrang der niedergelassenen Vertragsärzte bei der ambulanten ärztlichen Versorgung und eine Beteiligung der Krankenhausärzte hieran nur bei Bestehen eines Bedarfs für den Bereich der ambulanten psychiatrischen und psychotherapeutischen Behandlung der Versicherten durch Ärzte von psychiatrischen Krankenhäusern aufgehoben. Hintergrund dieser Regelung ist, dass sich die Klientel der psychiatrischen Krankenhäuser nach den in der Psychiatrie – Enquete getroffenen Feststellungen[14] von der in nervenärztlichen Praxen ganz erheblich unterscheidet und aus diesem Grunde sowie wegen der geringen Zahl der vorhandenen psychiatrischen Krankenhäuser eine Konkurrenzsituation zur ambulanten Versorgung durch niedergelassene Ärzte nicht besteht. Anders stellt sich die Sach- und Rechtslage für Allgemeinkrankenhäuser mit selbstständigen, gebietsärztlich geleiteten psychiatrischen Abteilungen dar.[15]   14

Gemäß Abs. 1 S. 2 ist die Behandlung auf diejenigen Versicherten auszurichten, die wegen Art, Schwere oder Dauer ihrer Erkrankung oder wegen zu großer Entfernung zu geeigneten Ärzten auf die Behandlung durch diese Krankenhäuser angewiesen sind.   15

Der Krankenhausträger stellt gemäß Abs. 1 S. 3 sicher, dass die für die ambulante psychiatrische und psychotherapeutische Behandlung erforderlichen Ärzte und nichtärztlichen Fachkräfte sowie die notwendigen Einrichtungen bei Bedarf zur Verfügung stehen.   16

Dabei dürfen sich die Zulassungsgremien darauf beschränken, zunächst nur die Grundentscheidung nach Abs. 1 S. 1 der Ermächtigungserteilung zu treffen, und die nähere Ausgestaltung gemäß Abs. 1 S. 2 und 3 einem späteren zweiten Teil des Verwaltungsverfahrens vorbehalten.[16]   17

b) Ermächtigung von Allgemeinkrankenhäusern (Abs. 2). Gemäß Abs. 2 S. 1 sind Allgemeinkrankenhäuser mit selbstständigen, fachärztlich geleiteten psychiatrischen Abteilungen mit regionaler Versorgungsverpflichtung zur psychiatrischen und psychotherapeutischen Behandlung der im Vertrag nach Abs. 2 S. 2 vereinbarten Gruppe von Kranken ermächtigt. Damit sind solche Allgemeinkrankenhäuser bereits kraft Gesetzes ermächtigt.[17] Es bedarf keiner Antragstellung und keiner Ermächtigung, die Ermächtigung besteht kraft Gesetzes.[18]   18

Diese Ermächtigung von Allgemeinkrankenhäusern gilt jedoch nicht allgemein. Gemäß Abs. 2 S. 2 legen der Spitzenverband Bund der Krankenkassen mit der Deutschen Krankenhausgesellschaft und der Kassenärztlichen Bundesvereinigung in einem Vertrag die Gruppe psychisch Kranker fest, die wegen ihrer Art, Schwere oder Dauer ihrer Erkrankung der ambulanten Behandlung durch die Einrichtungen nach Abs. 2 S. 1 bedürfen.   19

Insoweit wird verwiesen auf die Vereinbarung zwischen GKV-Spitzenverband, DKG und KBV zu psychiatrischen Institutsambulanzen nach Abs. 2 (sog PIA-Vereinbarung) vom 30.4.2010, die am 1.7.2010 in Kraft getreten ist.[19]   20

---

12 BSG, 15.3.1995, 6 RKa 1/94, juris Leitsatz = SozR 3-2500 § 118 Nr. 1.
13 BSG, 28.1.2009, B 6 KA 61/07 R, juris Rn. 30 = GesR 2009, S, 487 ff.
14 BT-Dr. 7/4200, 209.
15 BSG, 21.6.1995, 6 RKa 49/94, juris Rn. 18 = SozR 3-2500 § 118 Nr. 2; Hänlein in: Hänlein/Schuler, § 118 Rn. 14.
16 BSG, 28.1.2009, B 6 KA 61/07 R, juris Rn. 30 = GesR 2009, S, 487 ff.
17 Hänlein in: Hänlein/Kruse/Schuler, § 118 Rn. 15.
18 Vgl. LSG NRW, 28.1.2015, L 11 KA 109/13, juris Rn. 27.
19 S. http://www.kbv.de/media/sp/Psychiatrische_Institutsambulanzen.pdf (zuletzt abgerufen am 1.3.2017).

21 Kommt der Vertrag ganz oder teilweise nicht zu Stande, wird sein Inhalt gemäß Abs. 2 S. 3 auf Antrag einer Vertragspartei durch das Bundesschiedsamt nach § 89 Abs. 4 festgelegt. Gemäß Abs. 2 S. 4 wird dieses hierzu um Vertreter der Deutschen Krankenhausgesellschaft in der gleichen Zahl erweitert, wie sie jeweils für die Vertreter der Krankenkassen und der Kassenärztlichen Bundesvereinigung vorgesehen ist (erweitertes Bundesschiedsamt). Gemäß Abs. 2 S. 5 beschließt das erweiterte Bundesschiedsamt mit einer Mehrheit von zwei Dritteln der Stimmen der Mitglieder. Dies stellt sicher, dass die Blockade des Vertragsschlusses durch eine der Parteien unmöglich wird.[20] Gemäß Abs. 2 S. 6 gilt Abs. 1 S. 3. Gemäß Abs. 2 S. 7 gilt für die Qualifikation der Krankenhausärzte § 135 Abs. 2 entsprechend.

22 c) **Ermächtigung von psychosomatischen Krankenhäusern und Allgemeinkrankenhäusern (Abs. 3).** Gemäß dem am 1.1.2013 in Kraft getretenen und mit Wirkung zum 1.1.2017 geänderten Abs. 3 gilt Abs. 2 für psychosomatische Krankenhäuser sowie für psychiatrische Krankenhäuser und Allgemeinkrankenhäuser mit selbstständigen, fachärztlich geleiteten psychosomatischen Abteilungen entsprechend. In dem Vertrag nach Abs. 2 S. 2 regeln die Vertragsparteien gemäß S. 2 auch,
 1. unter welchen Voraussetzungen eine ambulante psychosomatische Versorgung durch die Einrichtungen nach S. 1 als bedarfsgerecht anzusehen ist, insbesondere weil sie eine zentrale Versorgungsfunktion wahrnehmen,
 2. besondere Anforderungen an eine qualitativ hochwertige Leistungserbringung sowie
 3. das Verfahren, in dem nachzuweisen ist, ob diese vertraglichen Vorgaben erfüllt sind.
Die ambulante ärztliche Behandlung in einer Einrichtung nach S. 1 kann nach S. 3 nur auf Überweisung in Anspruch genommen werden. Die Überweisung soll nach S. 4 in der Regel durch einen Facharzt für psychosomatische Medizin und Psychotherapie oder durch Ärzte mit äquivalenter Weiterbildung oder Zusatzweiterbildung erfolgen.

23 Nach Auffassung des Gesetzgebers besteht ein hohes Maß an medizinischer Übereinstimmung der Patientengruppen in psychosomatischen Krankenhäusern und Allgemeinkrankenhäusern mit psychosomatischen Fachabteilungen mit denen der psychiatrischen Kliniken sowie Allgemeinkrankenhäusern mit selbstständigen psychiatrischen Fachabteilungen. Dies begründet die Notwendigkeit einer entsprechenden gesetzlichen Verankerung für die Ermächtigung zur Einrichtung einer Institutsambulanz. Weiter geht es auch bei den psychosomatischen Einrichtungen darum, Krankenhausaufnahmen zu vermeiden bzw. stationäre Behandlungszeiten zu verkürzen und Behandlungsabläufe zu optimieren, um dem Grundsatz „ambulant vor stationär" Rechnung zu tragen und dadurch die soziale Integration der Kranken zu fördern. Es ist nicht das Ziel einer gesetzlichen Ermächtigung, neben ambulanter außerklinischer Versorgung zusätzliche Angebote im Sinne von Doppelstrukturen zu schaffen. Um dies zu gewährleisten, bestimmen die Selbstverwaltungspartner auf Bundesebene (Spitzenverband Bund, KBV und DKG) – wie bei den psychiatrischen Institutsambulanzen – durch einen dreiseitigen Vertrag den Umfang einer entsprechend zu Abs. 2 ausgestalteten gesetzlichen Ermächtigung (Gruppe psychosomatisch Erkrankter, die wegen Art, Schwere oder Dauer ihrer Erkrankung der Behandlung durch psychosomatische Institutsambulanzen/Psychosomatische Fachkliniken bedürfen).[21]

24 Mit Wirkung zum 1.1.2017 ist Abs. 3 dahin gehend ergänzt worden, dass auch die psychiatrischen Krankenhäuser mit psychosomatischen Fachabteilungen zur ambulanten Erbringung psychosomatischer Behandlungsleistungen in dem vertraglich festzulegenden Umfang ermächtigt sind. Die Ergänzung ist sachgerecht, weil die psychiatrischen Krankenhäuser eine große Sachnähe zur Psychosomatik aufweisen und bislang nicht ausdrücklich zum Kreis der nach Abs. 3 ermächtigten Leistungserbringer gehört haben. Parallel zu den für Allgemeinkrankenhäuser geltenden Voraussetzungen ist auch im Hinblick auf die Ermächtigung der psychiatrischen Krankenhäuser zu fordern, dass eine selbstständige, fachärztlich geleitete psychosomatische Abteilung vorgehalten wird.[22]

25 Darüber hinaus das das bis zum 31.12.2016 bestehende Erfordernis der regionalen Versorgungsverpflichtung gestrichen worden. Hierdurch wird gewährleistet, dass eine Ermächtigung zur ambulanten Erbringung psychosomatischer Behandlungsleistungen auch dann möglich ist, wenn – wie dies derzeit der Fall ist – Regelungen zur regionalen Versorgungsverpflichtung im Bereich der Psychosomatik nicht existieren. Das Kriterium der regionalen Versorgungsverpflichtung, das mit der Annahme einer besonderen Fachkompetenz verbunden ist, wird ersetzt durch die Vorgabe, dass die Vertragsparteien in dem Vertrag zur Konkretisierung des Ermächtigungsumfangs entsprechend Abs. 2 S. 2 auch Regelungen

---

20 BT-Dr. 14/1977, 168.
21 BT-Dr. 17/8986, 50.
22 BT-Dr. 18/9528, 50.

aufnehmen, unter welchen Voraussetzungen eine ambulante psychosomatische Versorgung als bedarfsgerecht anzusehen ist, insbesondere weil die Einrichtung eine zentrale Versorgungsfunktion wahrnimmt, und welche besonderen Anforderungen an eine qualitativ hochwertige Leistungserbringung zu stellen sind. Außerdem wird festgelegt, dass eine ambulante ärztliche Behandlung in psychosomatischen Institutsambulanzen – vergleichbar der Situation bei Hochschulambulanzen – nur auf Überweisung in Anspruch genommen werden kann. Die Überweisung soll in der Regel durch einen Facharzt für psychosomatische Medizin und Psychotherapie erfolgen. Damit wird nach Auffassung des Gesetzgebers eine systemkonforme Koordination der Versorgungsebenen vorgesehen, wobei die psychosomatischen Institutsambulanzen die psychotherapeutisch-medizinische Versorgung, die regelmäßig durch die zugelassenen Fachärzte für psychosomatische Medizin und Psychotherapie durchgeführt wird, sachgerecht ergänzen sollen.[23]

Nach dem Bundesarztregister nehmen derzeit insgesamt 2.591 Ärzte für psychosomatische Medizin und Psychotherapie an der vertragsärztlichen Versorgung teil. Soweit die psychotherapeutisch-medizinische Versorgung darüber hinaus auch durch andere Ärzte, wie zB ärztlichen Psychotherapeuten oder durch Ärzte für Kinder- und Jugendpsychiatrie und -psychotherapie sichergestellt wird, sollen die Vertragsparteien dies bei der Ausgestaltung des Überweisungserfordernisses angemessen berücksichtigen.[24]

26

Besondere Regelungen zur Sicherstellung der Versorgungsqualität und zur Vermeidung medizinisch nicht gerechtfertigter Leistungsausweitungen sind gerechtfertigt, weil die Ermächtigung zur ambulanten Leistungserbringung von vornherein nur diejenigen Fälle umfasst, die wegen Art, Schwere oder Dauer der Erkrankung durch niedergelassene Ärzte nicht erfolgreich behandelt werden können. Bei den Qualitätsanforderungen kann es sich etwa um spezielle Anforderungen an die Qualifikation des medizinischen Personals, an die Ausstattung der Einrichtungen oder an den Inhalt von Qualitätsberichten handeln. Weiteres Kriterium kann das Vorhandensein eines breit gefächerten Fachabteilungsspektrums sein, um den speziellen interdisziplinären Belangen der Psychosomatik bestmöglich zu entsprechen. Unabhängig hiervon haben die Vertragsparteien zu vereinbaren, welche Gruppe von Kranken aufgrund der Art, Schwere oder Dauer der Erkrankung der Behandlung in einer psychosomatischen Institutsambulanz bedarf.[25]

27

d) Erleichterungen für die Ermächtigung von Psychiatrischen Institutsambulanzen (Abs. 4). Die Ermächtigungsregelungen in den Absätzen 1 bis 3 erfassen nur solche Einrichtungen, in denen die ambulante Behandlung der Versicherten in der Ambulanz einer Klinik durchgeführt wird. Das setzt eine organisatorische und räumliche Anbindung der Behandlungseinrichtung an die Klinik voraus. Räumlich und organisatorisch nicht an das Krankenhaus angegliederte Außenstellen von Psychiatrischen Institutsambulanzen konnten nach der vor dem 23.7.2015 geltenden Rechtslage von den Zulassungsausschüssen allein unter den Voraussetzungen des § 31 Ärzte-ZV für Vertragsärzte ermächtigt werden. Psychiatrische Institutsambulanzen erfüllen einen wichtigen Beitrag zur Versorgung psychisch Kranker. Angesichts der besonderen Bedeutung der psychiatrischen Versorgung – insbesondere auch für Kinder und Jugendliche – werden die Voraussetzungen für die Erteilung einer Institutsermächtigung für Außenstellen von Psychiatrischen Institutsambulanzen gelockert. Außenstellen von psychiatrischen Institutsambulanzen sind daher auch ohne Vorliegen eines Feststellungsbeschlusses über eine Unterversorgung oder eine drohende Unterversorgung vom Zulassungsausschuss zu ermächtigen, soweit und solange eine Ermächtigung notwendig ist, um eine ausreichende ambulante psychiatrische und psychotherapeutische Versorgung sicherzustellen. Damit wird für Außenstellen von psychiatrischen Institutsambulanzen in Abs. 4 eine spezielle Ermächtigungsnorm geschaffen.[26]

28

§ 118a Geriatrische Institutsambulanzen

(1) ¹Geriatrische Fachkrankenhäuser, Allgemeinkrankenhäuser mit selbstständigen geriatrischen Abteilungen, geriatrische Rehabilitationskliniken und dort angestellte Ärzte sowie Krankenhausärzte können vom Zulassungsausschuss zu einer strukturierten und koordinierten ambulanten geriatrischen Ver-

---

23 BT-Dr. 18/9528, 50.
24 BT-Dr. 18/9528, 50.
25 BT-Dr. 18/9528, 50.
26 Vgl. BT-Dr. 18/5123, 133.

sorgung der Versicherten ermächtigt werden. ²Die Ermächtigung ist zu erteilen, soweit und solange sie notwendig ist, um eine ausreichende ambulante geriatrische Versorgung nach Absatz 2 Satz 1 Nummer 1 sicherzustellen. ³Voraussetzung für die Erteilung einer Ermächtigung ist, dass die Einrichtung unter fachärztlich geriatrischer Leitung steht; die Ermächtigung eines in der geriatrischen Rehabilitationsklinik angestellten Arztes oder eines Krankenhausarztes setzt voraus, dass dieser über eine geriatrische Weiterbildung verfügt.

(2) ¹Der Spitzenverband Bund der Krankenkassen und die Kassenärztliche Bundesvereinigung vereinbaren im Einvernehmen mit der Deutschen Krankenhausgesellschaft:

1. Inhalt und Umfang einer strukturierten und koordinierten Versorgung geriatrischer Patienten nach Nummer 2,
2. die Gruppe derjenigen geriatrischen Patienten, die wegen Art, Schwere und Komplexität ihrer Krankheitsverläufe einer Versorgung nach Nummer 1 bedürfen,
3. sächliche und personelle Voraussetzungen an die Leistungserbringung sowie sonstige Anforderungen an die Qualitätssicherung und
4. in welchen Fällen die ermächtigte Einrichtung oder der ermächtigte Krankenhausarzt unmittelbar oder auf Überweisung in Anspruch genommen werden kann.

²Kommt eine Vereinbarung nach Satz 1 ganz oder teilweise nicht zustande, wird ihr Inhalt auf Antrag einer Vertragspartei durch das Bundesschiedsamt nach § 89 Absatz 4 innerhalb von drei Monaten festgelegt, das hierzu um Vertreter der Deutschen Krankenhausgesellschaft sowie der Krankenkassen in jeweils gleicher Zahl erweitert wird und mit einfacher Stimmenmehrheit entscheidet; § 112 Absatz 4 gilt entsprechend.

Literatur:

Leber, C./Heinrich, Lücke in der ambulanten Versorgung, f.&w 2013, 510; *Metzinger/Reus/Georgi*, Gut gemeint, aber nicht gut gemacht, f.&w 2013, 516; *Plate/Meinck*, Hindernisse bei einer nahtlosen Versorgung geriatrischer Patienten- Rechtsfrage oder Ergebnis sektoraler Grenzen? RP-Reha, Nr. 4, 13; *Scheller-Kreinsen/Wolff*, Alter, Qualität, Qualifikation, f.&w 2013, 513.

I. Entstehungsgeschichte und Normzusammenhang... 1	5. Überweisungserfordernis... 24
II. Normzweck... 5	V. Qualitätssicherung... 25
III. Leistungserbringer... 8	VI. Vergütung... 26
IV. Geriatrische Versorgungsvereinbarung... 12	VII. Bedarfsabhängige Ermächtigung... 29
1. Vereinbarungspartner... 13	VIII. Festlegung durch Bundesschiedsamt... 31
2. Patientengruppe... 14	IX. Gebundene Entscheidung und Befristung der Ermächtigung... 33
3. Leistungsumfang... 16	X. Verwaltungsverfahren und Rechtsschutz... 36
4. Sächliche, personelle und qualitative Voraussetzungen... 21	XI. Konkurrenz zu Ermächtigungen nach § 116 oder § 116 a... 38

I. Entstehungsgeschichte und Normzusammenhang

1 Die Norm wurde durch das **PsychEntgG**[1] eingeführt und ist am 1.1.2013 in Kraft getreten. Die Gesetzesinitiative geht auf einen **Vorschlag des Bundesrats** zum GKV-Versorgungsstrukturgesetz[2] zurück. Die damals vorgesehene Fassung orientierte sich stark an der Regelung zu den psychiatrischen Institutsambulanzen nach § 118 Abs. 2, was die systematische Stellung des § 118 a erklärt. Es sollten die drei Selbstverwaltungspartner die Gruppe der in geriatrischen Institutsambulanzen (GIA) behandlungsfähigen Patienten bestimmen, eine bedarfsunabhängige, zeitlich unbefristete Zulassung möglich sein, die Finanzierung nicht aus der morbiditätsbedingten Gesamtvergütung, sondern aus einem Sondertopf erfolgen und ein etwaiger Konflikt durch ein drittelparitätisches Schiedsamt gelöst werden können.[3] In der nun Gesetz gewordenen Fassung hat der Vorschlag erhebliche Änderungen erfahren, die den § 118 a inhaltlich deutlich von § 118 Abs. 2 abrücken und vielmehr die Grundstrukturen befristeter Ermächtigungen nach § 116 aufnehmen. Insbesondere durch die bedarfsabhängige Ermächtigung ist die Bedeutung der GIA im Verhältnis zum Vorentwurf deutlich geschmälert worden.

---

[1] Gesetz zur Einführung eines pauschalierenden Entgeltsystems für psychiatrische und psychosomatische Einrichtungen (Psych-Entgeltgesetz – PsychEntgG) v. 21.7.2012, BGBl. I, 1613.
[2] BR-Dr. 456/11, vgl. auch BR-Plenarprotokoll Nr. 891, 629, wobei der Vorschlag auf einer Bundesratsinitiative des Freistaats Sachsen fußt.
[3] Vgl. auch Scheller-Kreinsen/Wolff, f.&w 2013, 513.

Mit Änderung durch das GKV-VSG[4] wurde § 118a mit Wirkung zum 23.7.2015 um **geriatrische Rehabilitationskliniken** und dort angestellte Ärzte mit entsprechender Weiterbildung erweitert.[5]

Seit dem 1.10.2015 gilt die „**Vereinbarung nach § 118a SGB V (Geriatrische Institutsambulanzen – GIA)**" idF aus der Sitzung des erweiterten Bundesschiedsamtes vom 15.7.2015 mit Stand zum 18.8.2015 (→ Rn. 12 ff.). Sie bezieht sich auf § 118a idF des PsychEntgG. Aufgrund der dort noch nicht berücksichtigten Änderung des § 118a durch das GKV-VSG (→ Rn. 2) wird sie zeitnah anzupassen sein.

Systematisch abzugrenzen ist der von § 118a erfasste Leistungsinhalt: Es handelt sich um **ambulante Leistungen spezifisch geriatrischer Art**, nicht hingegen um – medizinisch im Bereich der Altersmedizin zum Teil artverwandte – **Pflegeleistungen**.[6] Für letztere ist ausschließlich die gesetzliche Pflegeversicherung des SGB XI[7] berufen. Unbeschadet dessen sieht das SGB V in § 119b die Ermächtigung von stationären Pflegeeinrichtungen zur vertragsärztlichen Versorgung durch Ärzte vor, die geriatrisch fortgebildet sein sollen (→ § 119b Rn. 16 bis 18).

II. Normzweck

Die Norm stellt den geriatrischen Patienten in den Mittelpunkt und zielt zum einen darauf ab, eine **bedarfsgerechte wohnortnahe ambulante Versorgung** von Patienten mit geriatrietypischer Multimorbidität sicherzustellen, zum anderen soll sie auch einen sektorübergreifenden **Wissenstransfer** leisten, indem die in den Krankenhäusern vorhandene spezifische geriatrische Kompetenz die hausärztliche Versorgung unterstützt.[8]

Derzeit stehen **nicht ausreichend geriatrisch fortgebildete Vertragsärzte** zur Verfügung.[9] Auch die mit dem VSG erfolgte Erweiterung der Leistungserbringer auf geriatrische Rehabilitationskliniken und dort angestellte Ärzte erfolgte, um die Versorgungssituation weiter zu verbessen und Versorgungslücken zu schließen.[10] Ende 2007 verfügten in Deutschland nur 2.112 Ärzte über die fakultative Weiterbildung „Klinische Geriatrie", von denen sich nur ein geringer Anteil niedergelassen hat.[11]

Der **Facharzt für Innere Medizin und Geriatrie**, wie er im angelsächsischen Raum üblich ist, hat noch keinen Eingang in die Musterweiterbildungsordnung der BÄK[12] gefunden,[13] ist aber auf Landesebene in den Bundesländern Berlin, Brandenburg und Sachsen-Anhalt[14] etabliert. Die fakultative Weiterbildung „Klinische Geriatrie", die seit 1992 erworben werden konnte, wurde in die **Zusatz-Weiterbildung „Geriatrie"** überführt. Da sich diese in der Musterweiterbildungsordnung der BÄK findet, ist sie in Ergänzung zu einer Facharztkompetenz in allen Bundesländern mit einer Weiterbildungszeit von 18 Monaten zu erwerben. Der Senat für Fortbildung der BÄK hat im Dezember 2012[15] ein sechzigstündiges Basis-Curriculum „**Geriatrische Grundversorgung**" ausgearbeitet, mit welcher Ärzte die Bezeichnung „Geriatrische Grundversorgung" führen können und das mittlerweile von den Landesärztekammern angeboten wird.

Aufgrund der durch die Etablierung der GIA gewonnenen Erkenntnisse soll langfristig evaluiert werden können, ob vor allem die **hausärztliche Versorgung über Niedergelassene** eine qualitative bzw. quantitative Verbesserung erfährt oder ob für schwer geriatrisch Erkrankte eine weitere Öffnung der Krankenhäuser angezeigt ist.[16] Dass auf die hausärztliche Versorgung abgestellt wird, ist zwangslogisch, da die Geriatrie ein hausarzttypisches Behandlungsproblem darstellt und deshalb auch Teil der Fortbildungsverpflichtung (§ 95d) in der hausarztzentrierten Versorgung ist, vgl. § 73b Abs. 2 Nr. 3.

---

4 Gesetz zur Stärkung der Versorgung in der gesetzlichen Krankenversicherung (GKV-Versorgungsstärkungsgesetz – GKV-VSG) v. 16.7.2015, BGBl. I, 1211.
5 Vgl. zur entsprechenden Forderung der Verfasserin in der Vorauflage Rn. 6 f.
6 BT-Dr. 17/9992, 30.
7 Vgl. insbesondere §§ 4, 28 ff., 43 ff. SGB XI.
8 BT-Dr. 17/9992, 29.
9 BT-Dr. 17/9992, 29; BR-Dr. 456/11, 2.
10 BT-Dr. 18/5123, 134.
11 BR-Dr. 456/11, 2.
12 In der Fassung v. 23.10.2015.
13 Ein Beschlussantrag zur Etablierung des Facharztes wurde vom 113. Deutschen Ärztetag 2010 zur weiteren Beratung an den Vorstand der BÄK überwiesen, vgl. Ärztetag-Dr. Nr. III-64.
14 Jeweils Abschnitt B Nummer 13.5 der Weiterbildungsordnung der Landesärztekammern.
15 Abrufbar unter http://www.bundesaerztekammer.de/fileadmin/user_upload/downloads/CurrGeriatGrundversorgung2012.pdf (zuletzt abgerufen am 29.4.2017).
16 BT-Dr. 17/9992, 29.

III. Leistungserbringer

8 **Geriatrische Fachkrankenhäuser, Allgemeinkrankenhäuser mit selbstständigen geriatrischen Abteilungen, geriatrische Rehabilitationskliniken und dort angestellte Ärzte** sowie **Krankenhausärzte** können zu einer strukturierten und koordinierten ambulanten geriatrischen Versorgung ermächtigt werden, § 118 Abs. 1 S. 1. Ein Änderungsantrag im Gesetzgebungsverfahren, als weitere Adressaten **Allgemeinkrankenhäuser mit geriatrischen Schwerpunkten und Zentren sowie geriatrische Rehabilitationseinrichtungen** nach §§ 111, 111c zu benennen, wurde zwar zunächst abgelehnt,[17] hat aber mit dem GKV-VSG Eingang gefunden (→ Rn. 2). Dies war auch im Hinblick auf die unterschiedlich ausgestaltete Krankenhausplanung sachdienlich.

9 Um geriatrisches Fachkrankenhaus oder Allgemeinkrankenhaus mit selbstständiger Abteilung zu sein, ist **keine entsprechende Ausweisung geriatrischer Betten im Feststellungsbescheid erforderlich**. Die geriatrische Versorgung bildet sich in der Krankenhausplanung unterschiedlich ab. Es existieren geriatrische Fachkliniken, die Geriatrie ist eine Fachrichtung an einem Allgemeinkrankenhaus oder als Einheit in eine andere Fachabteilung eingegliedert. Da pflegesatzrechtlich im Rahmen der stationären Behandlung die DRG „geriatrische frührehabilitative Komplexbehandlung" auch ohne gesonderte Ausweisung der Geriatrie im Feststellungsbescheid abgerechnet werden kann,[18] verzichten einige Bundesländer auf eine eigenständige Ausweisung.[19] Vielfach existieren Geriatrie-Konzepte, die aufgrund der landesrechtlichen Hoheit in der Krankenhausplanung auf unterschiedlichen Vorgaben basieren. Für die Versorgungsberechtigung nach § 118a reicht es aus, wenn ein fachärztlich-geriatrische geleiteter Bereich vorhanden ist, welcher bspw. auch innerhalb einer internistischen Abteilung geführt werden kann.

10 **Geriatrische Fachkrankenhäuser** sind nach dem Wortlaut des § 118a ebenso erfasst, wie **Allgemeinkrankenhäuser**, die über eine bettenführende Hauptabteilung verfügen. Da **Tageskliniken** auch Krankenhäuser iSd § 107 sind,[20] zählen sie bei entsprechendem Leistungsspektrum als geriatrisches Fachkrankenhaus zum Kreis der Leistungserbringer. Seit dem GKV-VSG erstreckt sich die Norm auch auf geriatrische Rehabilitationskliniken und dort angestellte Ärzte. Bezugspunkt ist § 107 Abs. 2 Nr. 1b. Bei allen anderen Formen ist nach dem Sinn und Zweck der Norm für eine institutionelle Ermächtigung als GIA darauf abzustellen, ob **eine selbstständige geriatrische Einheit existiert**, was durchaus bei einer Ausweisung der Geriatrie als Subdisziplin oder innerhalb eines landesrechtlichen Geriatriekonzepts der Fall sein kann.

11 Da der Kreis der Leistungserbringer gleichgeordnet in § 118a benannt ist, gilt der **Vorrang persönlich ermächtigter Krankenhausärzte** gegenüber einer institutionellen Ermächtigung[21] nicht. Die Gesetzesüberschrift geht primär von einer „Institutsambulanz" aus. Auch hat der Gesetzgeber trotz der inhaltlichen Abweichung zum Vorschlag des Bundesrats (→ Rn. 1) § 118a systematisch in der Normenkette der institutionellen Ermächtigungen (§§ 117 bis 119c) belassen. Die Einrichtung wird nur dann ermächtigt, wenn sie unter fachärztlich geriatrischer Leitung steht (§ 118a Abs. 1 S. 3), dh es ist in jedem Fall ein Krankenhausgeriater oder ein solcher einer Rehabilitationsklinik eingebunden. Würde deren persönliche Ermächtigung – für die der Einrichtungsträger sein Einverständnis erklären muss – vorrangig sein, würde die Norm für die genannten Einrichtungen leerlaufen. Auch die Krankenkassen[22] priorisieren aufgrund des Teamgedankens die Ermächtigung geriatrischer Fachabteilungen im Sinne von Institutsambulanzen gegenüber einzelnen geriatrisch tätigen Ärzten. So sieht auch die geriatrische Versorgungsvereinbarung (→ Rn. 12ff.) in § 1 Abs. 4 den Vorrang der Institutsermächtigung gegenüber Einzelermächtigung vor. Der angestellte ermächtigte Arzt muss gem. § 118a Abs. 1 S: 3 über eine geriatrische Weiterbildung verfügen. Zum Verhältnis der persönlichen Ermächtigung eines Arztes nach § 118a zur persönlichen Ermächtigung nach § 116 → Rn. 38.

---

17 BT-Dr. 17/9992, 19 ff.
18 Vgl. BSG, Urt. v. 23.6.2015, B 1 KR 21/14, MedR 2016, 151 bei Vorliegen der OPS 8-550, allerdings für den OPS-Code in der Fassung des Jahres 2009, abzuwarten bleibt die weitere Entwicklung, da für den OPS-Code ab 2010, das Vorhalten einer „geriatrischen Einheit" erforderlich ist; OVG NRW, 22.11.2012, 13 A 2379/11, MedR 2013, 252.
19 ZB Niedersächsischer Krankenhausplan 2016, 31. Fortschreibung, Stand: 1.1.2016.
20 Vgl. BSG, 28.1.2009, B 6 KA 61/07 R, GesR 2009, 487 = MedR 2010, 58.
21 Vgl. BSG, 2.10.1996, 6 RKa 73/95, BSGE 79, 159 = MedR 1997, 184; BSG, 5.2.2003, B 6 KA 26/02, SGb 2003, 217.
22 Scheller-Kreinsen/Wolff, f.&w 2013, 513, 514.

IV. Geriatrische Versorgungsvereinbarung

Seit dem 1.10.2015 gilt die „Vereinbarung nach § 118 a SGB V (Geriatrische Institutsambulanzen – GIA)" idF aus der Sitzung des erweiterten Bundesschiedsamtes vom 15.7.2015 mit Stand zum 18.0.2015, welche sich auf § 118 a idF des PsychEntgG bezieht und somit keine Regelungen in Bezug auf Rehabilitationskliniken und dort angestellte Ärzte enthält. Erst seit diesem Zeitpunkt können Anträge auf Ermächtigung als GIA beim Zulassungsausschuss gestellt werden, denn die Erfüllung der in der Vereinbarung genannten Voraussetzungen ist dort nachzuweisen, vgl. § 1 Abs. 3 der GIA-Vereinbarung. Bereits mit Inkrafttreten des § 118 a zum 1.1.2013 erhielten die Selbstverwaltungspartner auf Bundesebene (→ Rn. 13) den gesetzlichen Auftrag, Inhalt und Umfang der Versorgung, die Gruppe geriatrischer Patienten, sächliche, personelle und qualitative Anforderungen an die Leistungserbringung sowie etwaige Überweisungserfordernisse zu regeln (Abs. 2 S. 1). In den seit August 2013 geführten dreiseitigen Verhandlungen konnte jedoch nicht in allen Punkten ein Konsens gefunden werden, so dass das erweiterte Bundesschiedsamt nach Abs. 2 S. 2 angerufen wurde. Die Verhandlung sowie die Festlegung der Geriatrievereinbarung erfolgten am 15.5.2015. Die Vereinbarung enthält gesetzeskonform Regelungen

- zum Inhalt und Umfang einer strukturierten und koordinierten geriatrischen Versorgung (→ Rn. 16 ff.),
- zur Gruppe derjenigen geriatrischen Patienten, die wegen Art, Schwere und Komplexität ihrer Krankheitsverläufe einer geriatrischen Versorgung bedürfen (→ Rn. 14 f.),
- zu sächlichen und personellen Voraussetzungen an die Leistungserbringung sowie zu sonstigen Anforderungen an die Qualitätssicherung (→ Rn. 21 ff.) und
- dazu, in welchen Fällen die ermächtigte Einrichtung oder der ermächtigte Krankenhausarzt unmittelbar oder auf Überweisung in Anspruch genommen werden kann (→ Rn. 24).

Durch diese vom Gesetzgeber gewollte Definitionsmacht werden **Leitplanken für die Entscheidungen der Zulassungsgremien** aufgestellt. Denn die Ermächtigungserteilung ist abhängig von einer Versorgungslücke, die wiederum vollständig von der Definition des geriatrischen Leistungsspektrums abhängt (Abs. 1 S. 2).

1. Vereinbarungspartner. Die Norm weist die inhaltliche Ausgestaltung der strukturierten und koordinierten Versorgung geriatrischer Patienten der **gemeinsamen Selbstverwaltung** auf Bundesebene zu. Dazu legitimiert Abs. 2 S. 1 den **Spitzenverband Bund der Krankenkassen** und die **Kassenärztliche Bundesvereinigung**. Während der im Rahmen des GKV-VStG vom Bundesrat vorlegte Entwurf des § 118 a einen Vertrag zwischen GKV-SV, DKG und KBV vorsah (→ Rn. 1), handelt es sich nun nicht mehr um einen echten dreiseitigen Vertrag,[23] da die Vereinbarung nur noch im Einvernehmen mit der DKG geschlossen werden soll. Das Einvernehmen ist eine sehr weite Form der Mitwirkung, nämlich das ersthafte Bemühen, sich über einen wechselseitigen Austausch konsensual zu einigen.[24] Nur so können auch die DKG-Interessen umfassend berücksichtigt werden. Eine reine Anhörung reicht nicht.

2. Patientengruppe. Die Vertreter der gemeinsamen Selbstverwaltung legen die **Gruppe der versorgungsbedürftigen geriatrischen Patienten** fest, § 118 Abs. 2 S. 1 Nr. 2. Damit sind sie verpflichtet, den in der GIA behandlungsfähigen geriatrischen Fall konkret zu bestimmen und der Schwierigkeit ausgesetzt, dass die Kriterien eines geriatrischen Patienten im Gesundheitssystem bislang nicht homogen definiert sind. Allgemein handelt es sich um einen älteren oder hochaltrigen Patienten mit mehrfachen akuten und/oder chronischen Erkrankungen (Multimorbidität), die sich wechselseitig beeinflussen und durch welche die Fähigkeit zur selbstständigen Bewältigung des Alltags eingeschränkt wird. Altersangaben bzw. welche Erkrankungen eine geriatrische Behandlung indizieren, sind nicht einheitlich vorgegeben. Für die ambulante hausärztlich-geriatrische Versorgung nach EBM wurde zum 1.10.2013 Abschnitt 3.2.4 aufgenommen[25] (→ Rn. 28) und damit die Behandlungsgruppe der Geriatrie zumindest in der allgemeinen vertrags(haus)ärztlichen Versorgung definiert. Ist der Patient älter als 70 Jahre, muss entweder eine geriatrietypische Morbidität (geriatrisches Syndrom) oder eine Pflegestufe hinzutreten. Bei einer dementiellen Erkrankung, einer Alzheimer-Erkrankung oder einem Parkinson-Syndrom gelten auch jüngere Patienten altersunabhängig als geriatrischer Fall.

---

23 So wohl aber Leber/Heinrich, f.&w 2013, 511, 512.
24 Vgl. zum Einvernehmen im Rahmen des § 116 b aF BSG, 15.3.2012, B 3 KR 13/11 R, GesR 2012, 688 = MedR 2012, 861.
25 Beschluss des Bewertungsausschusses nach § 87 Abs. 1 S. 1 v. 27.6.2013.

15 Die für die **GIA maßgebliche Patientengruppe** definiert sich nach § 2 der Geriatrievereinbarung als solche, die aufgrund einer geriatrietypischen Multimorbidität einen dringend ambulanten Versorgungsbedarf haben, die aber aufgrund der Art, Schwere und Komplexität ihrer Krankheitsverläufe mit den verfügbaren Qualifikationen und Versorgungsstrukturen derzeit nicht ambulant versorgt werden können, bei denen im Regelfall ein komplexer Behandlungsplan zu erstellen ist und die die folgenden Kriterien erfüllen:
- ein höheres Lebensalter (ab vollendetem 70. Lebensjahr) und
- geriatrische Morbidität.

Geriatrische Morbidität liegt vor, wenn zwei geriatrische Syndrome dokumentiert sind oder mindestens ein geriatrisches Syndrom und eine Pflegestufe gem. § 15 SGB XI (vgl. zum neuen Begriff des Pflegegrades durch das Zweite Pflegestärkungsgesetz v. 21.12.2015 → SGB XI § 15 Rn. 5) vorliegt. Welche geriatrischen Syndrome in Betracht kommen, listet § 2 S. 2 der Geriatrievereinbarung abschließend auf. Darunter fallen zB Mobilitätsstörungen wie Fallneigung und Altersschwindel, Frailty-Syndrom und Inkontinenz.

16 **3. Leistungsumfang.** Nach gesetzgeberischem Willen soll durch die Einbindung der GIA ein **schwerer geriatrischer Fall zu einem frühestmöglichen Zeitpunkt erkannt** und ein **Behandlungsplan aufgestellt** werden – dagegen soll eine geriatrische Behandlung nur in Ausnahmefällen und auch nur zeitlich begrenzt erfolgen.[26] Damit ist die GIA bereits nach Sinn und Zweck vorrangig nicht auf ärztlich-therapeutische Leistungserbringung gerichtet, sondern umfasst im Wesentlichen die geriatrische Diagnostik und die Aufstellung eines Behandlungsplans. Die Steuerung des geriatrischen Patienten verbleibt beim niedergelassenen Arzt.

17 In der GIA werden ein umfassendes **weiterführendes geriatrisches Assessment** sowie **syndrombezogene geriatrische Untersuchungen** durchgeführt. Es wird eine prognostische Einschätzung zu geriatrischen Syndromen abgegeben sowie für den weiterbehandelnden Vertragsarzt ein **Therapieplan** erstellt. Die abschließende Diagnosestellung sowie die leitende Therapieempfehlung sind mit Facharztstatus zu erbringen, § 1 Abs. 6 der Geriatrievereinbarung. Die Durchführung der Behandlung obliegt dem Vertragsarzt.

18 Den konkreten **Behandlungsumfang** legt Anlage 2 der Geriatrievereinbarung fest. Voraussetzung ist **die vorherige Durchführung eines vertragsärztlichen geriatrischen Basisassessments und das Vorliegen der Ergebnisse** entsprechend der GOP 03360 (hausärztlich-geriatrisches Basisassessment). Obligater Leitinhalt der GOP 03360 ist neben der Behandlung auch die Erhebung sowie das Monitoring organbezogener, motorischer und kognitiver Funktionseinschränkungen sowie die Befunderhebung mittels anerkannter Testverfahren. Das Basisassessment darf maximal ein Quartal zurückliegen. Der Hausarzt muss für die Abrechnung der Leistung nach EBM keine zusätzlichen Qualifikationsanforderungen erfüllen, die Abrechnung ist nicht genehmigungspflichtig.[27] Dies gilt nicht für die spezialisierte geriatrische Diagnostik (→ Rn. 27). Zudem hat vor der Überweisung eine patientenorientierte Vorabklärung zwischen dem überweisenden Vertragsarzt und dem Geriater der GIA ohne Patientenkontakt zu erfolgen.

Anlage 2 der Geriatrievereinbarung enthält ferner Regelungen zu diagnostischen Maßnahmen, zum Therapieplan, zur Leistungskoordination, zur Beratung von Angehörigen und Bezugspersonen. Ausdrücklich wird klargestellt, dass in der GIA **ausschließlich diagnostische Leistungen, keine therapeutischen Leistungen** erbracht werden dürfen. Einleitung und Durchführung der Therapiemaßnahmen obliegen dem weiterbehandelnden/einweisenden Vertragsarzt. Damit erschöpfen sich die Leistungen der GIA in einer umfassenden Differntialdiagnostik, Beratungsleistungen und schriftlichen Empfehlungen zur Medikation und therapeutischen Maßnahmen.

Das weiterführende Assessment darf **grundsätzlich nur einmal im Jahr**, in begründeten Ausnahmefällen ein zweites Mal im Jahr durchgeführt werden.

19 Der **Ort der Leistungserbringung** beschränkt sich nicht auf den Sitz/die Anschrift der ermächtigten Einrichtung oder des ermächtigten Arztes. Im Einzelfall ist aufsuchende Tätigkeit in Alten- und Pflegeheimen möglich, § 3 Abs. 2 der Geriatrievereinbarung.

---

26 BT-Dr. 17/992, 29.
27 Vgl. kritisch Scheller-Kreinsen/Wolff, f.&w 2013, 513, 514, welche zumindest die Teilnahme an dem Basiscurriculum „Geriatrische Grundversorgung" der BÄK fordern.

Bei der Verordnung von Leistungen wurde eine Prüfung der Heilmittel-Rahmenvorgaben vereinbart. Im Kern ist die Frage betroffen, ob die im Therapieplan der GIA empfohlenen Heilmittel für den weiterbehandelnden Vertragsarzt als Praxisbesonderheiten zählen.

4. Sächliche, personelle und qualitative Voraussetzungen. Ein geriatrisches Fachkrankenhaus bzw. die geriatrische Abteilung muss unter fachärztlich geriatrischer Leitung stehen, dh der leitende Arzt muss über eine **geriatrische Weiterbildung** verfügen,[28] ebenso der persönlich ermächtigte Krankenhausarzt (Abs. 1 S. 3). Als geriatrische Weiterbildung ist die Zusatzweiterbildung Geriatrie oder die fakultative Weiterbildung Klinische Geriatrie erforderlich, die Bezeichnung „Geriatrische Grundversorgung" (→ Rn. 6) reicht nicht aus. Dagegen genügt im Rahmen des Erst-Recht-Schlusses der Facharzttitel für Innere Medizin und Geriatrie.

Neben den gesetzlichen Vorgaben kann die Geriatrievereinbarung weitere persönliche, sächliche sowie qualitative Voraussetzungen vorsehen (Abs. 2 S. 1 Nr. 3).

Besondere fachliche, organisatorische, räumliche und apparative Voraussetzungen regelt die Vereinbarung von Qualitätssicherungsmaßnahmen nach § 135 Abs. 2 SGB V zur spezialisierten geriatrischen Diagnostik (→ Rn. 25).

5. Überweisungserfordernis. Da die Behandlung geriatrischer Patienten trotz Etablierung der GIA maßgeblich bei den niedergelassenen Hausärzten verbleiben oder zumindest durch einen Wissenstransfer zwischen Krankenhäusern und Vertragsärzten gefördert werden soll, war davon auszugehen, dass Leistungen nach § 118 a **nur auf Überweisung** erbracht werden dürfen. Einen unmittelbaren Zugang zur GIA hat das Bundesschiedsamt nicht umgesetzt, obwohl in Abs. 2 S. 1 Nr. 4 explizit vorgesehen. § 3 Abs. 1 S. 1 der Geriatrievereinbarung beschränkt die Überweisungsbefugnis grundsätzlich auf Hausärzte, im Ausnahmefall Nervenärzte, Neurologen und Psychiater in Kooperation mit Hausärzten. Der überweisende Arzt hat im Rahmen einer Vorabklärung die für die spezialgeriatrische Versorgung relevanten Patienteninformationen zu erfassen. Ferner regelt seit dem 1.10.2013 § 24 Abs. 2 BMV-Ä, dass Überweisungen durch ermächtigte ärztlich geleitete Einrichtungen und ermächtigte Ärzte nur zulässig sind, soweit die Ermächtigung dies vorsieht; in der Ermächtigung sind die von der Überweisungsbefugnis umfassten Leistungen festzulegen.

V. Qualitätssicherung

Weitere qualitative Voraussetzungen enthält die auf der Grundlage des § 135 Abs. 2 SGB V beschlossene **Qualitätssicherungsvereinbarung Spezialisierte geriatrische Diagnostik**. Sie gilt für die Versorgung von geriatrischen Patienten in der vertragsärztlichen Versorgung durch Vertragsärzte, ermächtigte Ärzte und ermächtigte Einrichtungen und regelt die fachlichen, organisatorischen, räumlichen und apparativen Voraussetzungen für die GOP 30981, 30984, 30985 und 30986 EBM. Aufgrund der dort noch nicht berücksichtigten Änderung des § 118 a durch das GKV-VSG (→ Rn. 2) wird sie zeitnah anzupassen sein.

VI. Vergütung

Die Leistungen werden aus der **vertragsärztlichen Gesamtvergütung** vergütet und mit der Kassenärztlichen Vereinigung abgerechnet, § 120 Abs. 1 S. 1. Die Vergütung erfolgt außerhalb der morbiditätsbedingten Gesamtvergütung.

Der Bewertungsausschuss hat am 11.3.2016 zum 1.7.2016 in einem neuen **Abschnitt 30.13 „Spezialisierte geriatrische Diagnostik und Versorgung"** Abrechnungspositionen im EBM beschlossen. Spezialisierte geriatrische Vertragsärzte und GIA können die Leistungen bei Patienten, welche in die GIA-Patientengruppe fallen (→ Rn. 15), abrechnen. Die ICD-Codes, die den geriatrischen Versorgungsbedarf dokumentieren, sind zwingend anzugeben. In Teilen ist eine Abrechnungsgenehmigung erforderlich, welche bei der zuständigen Kassenärztlichen Vereinigung beantragt werden muss. Die Anforderungen regelt eine Qualitätssicherungsvereinbarung (→ Rn. 25). Es wurden vier neue Leistungspositionen und zwei Zuschlagspositionen im EBM aufgenommen. Die Vorabklärung zwischen Hausarzt und GIA (GOP 30980 und 30981) wird beiden Seiten vergütet. Die differntialdiagnostische Untersuchung im Sinne des weiterführenden geriatrischen Assessments wird zeitlich abgestuft vergütet (GOP 30984 sowie Zuschlagsziffern 30985 und 30986). Der (weiterbehandelnde) Hausarzt wird für die Umsetzung der Therapieempfehlung vergütet (GOP 30988).

---

28 BT-Dr. 17/9992, 30.

28 Unberührt bleiben die von Hausärzten abrechenbaren GOP 03360 (hausärztlich-geriatrisches Basisassessment) und die GOP 03362 (hausärztlich-geriatrischer Betreuungskomplex).

VII. Bedarfsabhängige Ermächtigung

29 Die Ermächtigung ist nur zu erteilen, soweit und solange sie notwendig ist, um eine ausreichende ambulante geriatrische Versorgung sicherzustellen (Abs. 1 S. 2). Insofern gleicht die Norm § 116 S. 2 (→ § 116 Rn. 12). Ein Bedarf kann grundsätzlich in quantitativ-allgemeiner Hinsicht bestehen, wenn im Fachgebiet des Arztes keine ausreichende Anzahl von Ärzten für die ambulante Versorgung zur Verfügung steht. Der Facharzt für Innere Medizin und Geriatrie ist nur in drei Bundesländern etabliert (→ Rn. 6). Für die Versorgungslücke ist jedoch auch zu berücksichtigen, ob die Arztgruppe überhaupt im Bedarfsplan (vgl. § 99) Eingang gefunden hat. Aufgrund der derzeitigen allgemein anerkannten geriatrischen Versorgungslücke (→ Rn. 6) wird regelmäßig Bedarf in qualitativer Hinsicht bestehen. Allerdings ist gem. § 1 Abs. 1 S. 2 der GIA-Vereinbarung eine Ermächtigung ausgeschlossen bei einer ausreichenden geriatrischen Versorgung durch Vertragsärzte, die die Berechtigung zum Führen einer Facharztbezeichnung im Gebiet „Innere Medizin" mit der Schwerpunktbezeichnung „Geriatrie" oder die Berechtigung zum Führen der Zusatzbezeichnung „Geriatrie" erworben haben oder es sich um Ärzte handelt, die über eine in Anlage 1 der GIA-Vereinbarung näher beschriebene Qualifikation verfügen. Abhängig von dem in der Geriatrievereinbarung definiertem Inhalt und Umfang der Versorgung können Häufigkeitsstatistiken der im EBM hinterlegten geriatrischen Versorgung sowie Stellungnahmen von Vertragsärzten im Planungsbereich herangezogen werden.

30 Der G-BA hat in § 22 Bedarfsplanungs-Richtlinie die Berücksichtigung von ermächtigten Ärzten und Einrichtungen (zunächst befristet bis zum 31.8.2018) neu geregelt.[29] Nach dessen Abs. 2 S. 3 Nr. 1 werden Krankenhäuser, die ambulante Behandlung nach § 118 a erbringen, entsprechend einem Fallzahlquotienten in Schritten von jeweils 0,25 auf den Versorgungsgrad angerechnet, wobei sich der Fallzahlquotient aus dem Verhältnis der Fallzahlen der Einrichtung zu dem Fallzahldurchschnitt der niedergelassenen Vertragsärzte der entsprechenden Arztgruppe in der betreffenden KV-Region ergibt. Nach dessen Abs. 5 wird die Regelung zur Anrechnung auf den Versorgungsgrad innerhalb von sechs Monaten nach Abschluss der Vereinbarung für die geriatrischen Institutsambulanzen auf Sachgerechtigkeit überprüft und ggf. angepasst. Dies ist bislang soweit ersichtlich noch nicht erfolgt.[30]

VIII. Festlegung durch Bundesschiedsamt

31 Abs. 2 S. 2 kodifiziert eine Vertragsgestaltungsbefugnis des Bundesschiedsamts für den Fall, dass eine vertragliche Vereinbarung nach Abs. 2 S. 1 ganz oder teilweise nicht zustande kommt. Dafür ist das Bundesschiedsamt nach § 89 Abs. 4 zu erweitern, so dass eine paritätische Besetzung mit Kostenträgern und Leistungserbringern gewährt wird. Durch die Erweiterung um Vertreter der DKG wird diese mittelbar im Falle der Anrufung des Bundesschiedsamts mitentscheidungsberechtigt (s. zur Stellung der DKG auch → Rn 13). Das Recht zur Anrufung wird allerdings ausdrücklich nur den Vertragsparteien gewährt, somit nicht der DKG. Das Schiedsamt hat innerhalb einer Frist von drei Monaten zu entscheiden, wobei einfache Stimmenmehrheit ausreicht. Für die Kündigungsfristen der vertraglichen Vereinbarung nach Abs. 2 S. 1 gilt die Jahresfrist des § 112 Abs. 4 entsprechend, dies auch, wenn die Vereinbarung durch das Bundesschiedsamt festgelegt wurde.[31] Eine neu geschlossene Vereinbarung wirkt ersetzend, ohne dass die vorherige zu kündigen ist.

32 Bereits bei der erstmaligen Festlegung der Geriatrievereinbarung wurde das erweiterte Bundesschiedsschiedsamt angerufen (→ Rn. 3). Angesichts des durch den Gesetzgeber mit Einführung des § 118a anerkannten hohen Bedarfs an geriatrischer Versorgung erscheinen die Festlegungen in Teilen fragwürdig: Dies gilt zum einen im Hinblick auf die Beschränkung des Behandlungsumfangs der GIA auf diagnostische Leistungen in § 4 Abs. 2 iVm Anlage 2 Ziffer 5 der Geriatrievereinbarung) als auch im Hinblick auf die zeitliche Begrenzung auf grundsätzlich einmal im Jahr (§ 4 Abs. 2 iVm Anlage 2 Ziffer 6 der Geriatrievereinbarung).[32] Insbesondere von der Qualität des Therapieplans und der Kommunikation zwischen dem Hausarzt und der GIA wird der Erfolg einer Behandlung geriatrischer Patienten in der Regelversorgung abhängig sein.

---

29 Beschl. v. 17.4.2014, in Kraft seit 2.8.2014 (BAnz AT 1.8.2014 B3).
30 Stand 30.4.2017.
31 BT-Dr. 17/992, 30.
32 So auch Köhler-Hohmann, jurisPK-SGB V, 3. Aufl. § 118 a, Rn. 38.

IX. Gebundene Entscheidung und Befristung der Ermächtigung

Ist bezüglich der in der Geriatrievereinbarung definierten ambulanten geriatrischen Versorgung ein Versorgungsdefizit gegeben, sieht Abs. 1 S. 2 eine **gebundene Entscheidung** des Zulassungsausschusses vor, dh es besteht ein Rechtsanspruch auf Ermächtigung.

Als **Adressat der Ermächtigung** kommen geriatrische Fachkrankenhäuser, Allgemeinkrankenhäuser mit selbstständigen geriatrischen Abteilungen, geriatrische Rehabilitationskliniken und dort angestellte Ärzte sowie Krankenhausärzte in Betracht. Da die Leistung als Institutsleistung ausgestaltet ist, haben Einrichtungen Vorrang vor Einzelermächtigungen von Krankenhausärzten oder in Rehabilitationskliniken angestellten Ärzten (→ Rn. 11).

Es ist nicht davon auszugehen, dass die Zulassungsausschüsse zunächst eine zeitlich unbefristete Ermächtigung aussprechen und diese bei Wegfall der Versorgungslücke entziehen,[33] sondern dass die Ermächtigung **zeitlich befristet** ausgesprochen wird und nur unter erneuter Bedarfsprüfung neu ausgesprochen/verlängert wird, vgl. auch § 31 Abs. 7 Ärzte-ZV. Angesichts des Umstandes, dass derzeit mangels geriatrisch fort- bzw. weitergebildeter Vertragsärzte eine erhebliche Versorgungslücke besteht, erscheint es sachgerecht, die Ermächtigung – nicht wie im Rahmen des § 116 üblich – auf zwei Jahre zu befristen, sondern einen längeren Zeitraum zu wählen. Denn gerade Institutsermächtigungen sind aufgrund hoher Investitionskosten und höherer Anzahl von Mitarbeitern auf Planungssicherheit für längere Zeiträume angewiesen.[34] Die Zulassungsgremien besitzen insofern einen Beurteilungsspielraum.[35]

X. Verwaltungsverfahren und Rechtsschutz

Die Ermächtigung ist ein begünstigender Verwaltungsakt iSd § 31 SGB X. Sie darf als statusbegründender Akt **nicht rückwirkend**, sondern nur *ex nunc* ausgesprochen werden.[36] Zuständig ist der Zulassungsausschuss (§ 96). Gegen die Entscheidung des Zulassungsausschusses kann der Berufungsausschuss (§ 97) mit aufschiebender Wirkung angerufen werden, § 96 Abs. 4. Dieses Verfahren gilt als Vorverfahren iSd § 78 SGG, § 97 Abs. 3 S. 2. Es handelt sich um einen bedarfsabhängigen Anspruch, so dass die Grundsätze zum **defensiven Konkurrentenwiderspruch** bzw. zur **Konkurrentenklage**[37] auch im Rahmen der Ermächtigung nach § 118 a zu beachten sind (→ § 116 Rn. 36 ff.).

In Ermächtigungsangelegenheiten ist der Rechtsweg zur **Sozialgerichtsbarkeit** eröffnet, § 51 Abs. 1 Nr. 2 SGG. Richtiger Spruchkörper ist die **Kammer für Angelegenheiten des Vertragsarztrechts**, § 10 Abs. 2 S. 2 Nr. 3 SGG.

XI. Konkurrenz zu Ermächtigungen nach § 116 oder § 116 a

Die ambulante Behandlung durch Krankenhäuser bei Unterversorgung nach § 116 a stellt nur dann eine Alternative zur Ermächtigung nach § 118 a dar, wenn der Landesausschuss für Krankenkassen entweder Unterversorgung nach § 100 Abs. 1 oder einen zusätzlichen lokalen Versorgungsbedarf nach § 100 Abs. 3 festgestellt hat. Eine bereits bestehende persönliche Ermächtigung eines Krankenhausarztes nach § 116 kann eigenständig das geriatrische Leistungsspektrum abdecken, welches im EBM definiert ist. Insofern wäre § 118 a entweder obsolet oder die persönliche Ermächtigung in eine Institutsermächtigung nach § 118 a umzuwandeln (→ Rn. 11).

§ 119 Sozialpädiatrische Zentren

(1) ¹Sozialpädiatrische Zentren, die fachlich-medizinisch unter ständiger ärztlicher Leitung stehen und die Gewähr für eine leistungsfähige und wirtschaftliche sozialpädiatrische Behandlung bieten, können vom Zulassungsausschuß (§ 96) zur ambulanten sozialpädiatrischen Behandlung von Kindern ermäch-

---

33 Von einer Entziehung gehen Scheller-Kreinsen/Wolff, f.&w 2013, 513 sowie Metzinger/Reus/Georgi, f.&w 2013, 516, 517 aus.
34 Vgl. BSG, 29.6.2011, B 6 KA 34/10 R, GesR 2012, 29.
35 Vgl. BSG, 27.2.1992, 6 RKa 15/91, BSGE 70, 167.
36 Vgl. BSG, 5.6.2013, B 6 KA 4/13 B, ZMGR 2013, 340.
37 Vgl. BVerfG, 17.8.2004, 1 BvR 378/00, GesR 2004, 470 = MedR 2004, 680; BSG, 17.10.2012, B 6 KA 44/11 R, GesR 2013, 305 = MedR 2013, 611; BSG, 7.2.2007, B 6 KA 8/06 R, GesR 2007, 369 = MedR 2007, 499.

tigt werden. ²Die Ermächtigung ist zu erteilen, soweit und solange sie notwendig ist, um eine ausreichende sozialpädiatrische Behandlung sicherzustellen.

(2) ¹Die Behandlung durch sozialpädiatrische Zentren ist auf diejenigen Kinder auszurichten, die wegen der Art, Schwere oder Dauer ihrer Krankheit oder einer drohenden Krankheit nicht von geeigneten Ärzten oder in geeigneten Frühförderstellen behandelt werden können. ²Die Zentren sollen mit den Ärzten und den Frühförderstellen eng zusammenarbeiten.

Literatur:

Breitmeier, Sozialpädiatrische Zentren, KH 1992, 538; *Kremer/Wittmann*, Vertragsärztliche Zulassungsverfahren, 2. Auflage 2015; *Lubecki*, Sozialpädiatrische Versorgung, DOK 1992, 851;*Schaumberg*, Das System der Frühförderung von behinderten bzw. von Behinderung bedrohten Kindern im SGB IX, ASR 2014, 260; *Terbille/Clausen/Schroeder-Printzen*, Münchener AnwaltsHandbuch, Medizinrecht, 2. Auflage 2013.

I. Grundlagen 1	aa) Ständige ärztliche Leitung..... 18
II. Normzweck und Systematik 2	bb) Leistungsfähigkeit............. 19
III. Norminhalt und Normauslegung.......... 9	cc) Wirtschaftlichkeit 20
1. Norminhalt............................ 9	c) Versorgungsbedarf (Abs. 1 S. 2) ... 21
2. Normauslegung..................... 10	d) Ausrichtung der Behandlung
a) Begriff „sozialpädiatrisches Zentrum" 10	(Abs. 2 S. 1) 28
	3. Vergütung............................ 32
b) Ermächtigung sozialpädiatrische Zentren (Abs. 1 S. 1)................ 15	4. Besondere Verfahrenshinweise etc. 33

I. Grundlagen

1 Mit Wirkung zum 1.1.1989 ist § 119 im Rahmen des Gesundheitsreformgesetzes vom 20.12.1988 (GRG) in Kraft getreten (BGBl. I, 2477). Eine Vorgängervorschrift gab es in der RVO nicht. Anschließend erfolgten folgende Änderungen: Abs. 2: früherer Abs. 2 aufgeh., früherer Abs. 3 jetzt Abs. 2 gem. Art. 1 Nr. 28 lit. a und b Gesetz v. 20.12.1991 (BGBl. I, 2325) mWv 1.1.1992.

II. Normzweck und Systematik

2 § 119 begründet einen bedarfsabhängigen Sondertatbestand für Ermächtigungen von sozialpädiatrischen Zentren (SPZ).¹

3 Die Vorschrift dient dem Ziel, Schädigungen oder Störungen bei Kindern, die zu Krankheit führen können, durch frühe Diagnostik, frühe Therapie und frühe soziale Eingliederung zu erkennen, zu verhindern, zu heilen oder in ihren Auswirkungen zu mildern. Die Ermächtigung ist zu erteilen, soweit und solange sie notwendig ist, um eine ausreichende sozialpädiatrische Versorgung sicherzustellen. Damit korrespondierend regelt § 43 a den Anspruch versicherter Kinder auf nichtärztliche sozialpädiatrische Leistungen.² Hierzu ist im Rahmen einer ganzheitlichen Behandlung ein Bündel von integrierten, gezielten medizinischen, psychologischen, pädagogischen und sozialen Maßnahmen notwendig, wie sie derzeit vorwiegend nur in fachübergreifend tätigen sozialpädiatrischen Zentren angeboten werden.³

4 Durch die Ermächtigung soll die Versorgungslücke geschlossen werden, die nicht von geeigneten Ärzten oder geeigneten interdisziplinären Frühförderstellen behandelt werden können.⁴ Insbesondere soll die Versorgung derjenigen Kinder sichergestellt werden, die wegen der Art, Schwere oder Dauer ihrer Krankheit oder einer drohenden Krankheit nicht von geeigneten Ärzten oder in geeigneten Frühförderstellen behandelt werden können und deshalb auf die Leistungen gerade eines SPZ angewiesen sind (sog dreistufiges Versorgungssystem Kinderärzte – Frühförderstellen – sozialpädiatrische Zentren [SPZ]).⁵ Die spezifische Aufgabe und Versorgungsfunktion von SPZ liegt in der gleichzeitigen integrierten multidisziplinären Arbeit von ärztlichen und nichtärztlichen Fachkräften; dies betrifft die ge-

---

1 Vgl. Köhler-Hohmann in: jurisPK-SGB V, § 119 Rn. 5.
2 Vgl. BT-Dr. 11/2237, 202; BSG, 17.2.2016, B 6 KA 6/15 R, juris Rn. 27 = GesR 2016, 723 ff.
3 Vgl. BT-Dr. 12/1363, 6 zu Nr. 5, S. 10, 11.
4 Vgl. § 4 Frühförderungsverordnung vom 24.6.2003 (BGBl. I, 998).
5 Vgl. BSG, 29.6.2011, B 6 KA 34/10 R, juris Rn. 11 = GesR 2012, 29 ff.; BSG, 30.11.1994, 6 RKa 32/93, juris Rn. 16 = SozR 3-2500 § 119 Nr. 1; LSG Bad.-Württ., 12.7.1995, L 5 Ka 644/94, MedR 1996, 89, 91 (dort als „Trias" bezeichnet).

samte Behandlung, also Diagnostik, Beratung, Förderung und Therapie, wobei der Erstellung der Diagnose und der Aufstellung eines Behandlungsplanes ein besonderer Stellenwert zukommt.[6]

Dabei schafft die Vorschrift jedoch keine neue, nach besonderen Kriterien zu beurteilende Teilnahmeform für die sozialpädiatrische Behandlung, sondern ermöglicht es, im Bedarfsfall außerhalb der vertragsärztlichen Versorgung stehende ärztlich geleitete Einrichtungen zu ermächtigen, soweit und solange eine ausreichende sozialpädiatrische Betreuung durch geeignete zugelassene Kinderärzte nicht sichergestellt wird.[7]

Neben den gesetzlichen Vorgaben sind rechtlich unverbindliche Vorgaben vorhanden.[8] Hierzu gehören die sog „*Gemeinsame(n) Empfehlungen zur Ermächtigung sozialpädiatrischer Zentren im Rahmen der ambulanten sozialpädiatrischer Behandlung von Kindern nach § 119 SGB V*" vom 16.10.1989[9] und das sog „*Altöttinger Papier*" vom 2.2.2000, Stand: 11/2014.[10]

Systematisch besteht zwischen § 119 und der allgemeinen Ermächtigungsnorm in § 95 Abs. 1 und 4 ein unmittelbarer Zusammenhang. Dabei ist zu berücksichtigen, dass § 95 Abs. 1 und 4 nur die Folgen einer Ermächtigung regeln, während die Voraussetzungen in § 119 SGB V, § 31 Ärzte-ZV, § 2 Abs. 3 BMV-Ä aufgeführt sind.

§ 119 ist als spiegelbildliche Vorschrift zu den leistungsrechtlichen §§ 27, 28, 43a SGB V sowie § 30 SGB XI zu sehen.[11]

III. Norminhalt und Normauslegung

1. Norminhalt. § 119 regelt die sozialpädiatrischen Zentren. **Abs. 1** benennt die Voraussetzungen, unter denen sozialpädiatrischen Zentren eine Ermächtigung zu erteilen ist. **Abs. 2** regelt, wer sozialpädiatrisch behandelt werden darf und dass die Zentren mit Ärzten und Frühförderstellen eng zusammenarbeiten sollen.

2. Normauslegung. a) Begriff „sozialpädiatrisches Zentrum". Der Begriff „sozialpädiatrisches Zentrum" ist weder in § 119 noch an einer anderen Stelle normativ definiert. Dem Wortlaut nach setzt er sich jedenfalls zusammen aus den Komponenten „Pädiatrie" und „sozial".

Daher ist der Begriff von seinem Zweck her zu bestimmen. Nach der Gesetzesbegründung dient § 119 dem Ziel, Schädigungen oder Störungen bei Kindern, die zu Krankheit führen können, durch frühe Diagnostik, frühe Therapie und frühe soziale Eingliederung zu erkennen, zu verhindern, zu heilen oder in ihren Auswirkungen zu mildern.[12] Hierzu ist im Rahmen einer ganzheitlichen Behandlung ein Bündel von integrierten, gezielten medizinischen, psychologischen, pädagogischen und sozialen Maßnahmen notwendig.[13]

Ergänzend sind zu berücksichtigen die Angabe im klinischen Wörterbuch *Pschyrembel*. Danach ist unter „Pädiatrie" ein Fachgebiet der Medizin zu verstehen, das sich mit Diagnose und Therapie von Erkrankungen im Kinder- und Jugendlichenalter befasst.[14] Nach einer weiteren Angabe wird unter dem Begriff „Sozialpädiatrie" ein interdisziplinäres Arbeitsgebiet der Kinderheilkunde unter Einbeziehung ua von Psychologie, Sozialpädagogik, Kinderkrankenpflege, Logopädie, Spieltherapie und Physiotherapie verstanden.[15]

Daraus folgt, dass ein „sozialpädiatrisches Zentrum" nur dann vorliegt, wenn in diesem neben einer Grunderkrankung auch eine Gesundheitsstörung auf anderem medizinischen Fachgebiet im Sinne einer mehrdimensionalen Störung behandelt wird.[16]

Räumlich ist unter „Zentrum" laut *Duden* eine zentrale Stelle zu verstehen. Sozialpädiatrische Zentren dürfen ihre Leistungen jedoch in unterschiedlichen Gebäuden bzw. unter unterschiedlichen An-

---

6 BSG, 29.6.2011, B 6 KA 34/10 R, juris Rn. 11 = GesR 2012, 29 ff.
7 BSG, 30.11.1994, 6 RKa 32/93, juris Rn. 19 = SozR 3-2500 § 119 SGB V Nr. 1.
8 LSG BW, 15.9.1993, L 5 Ka 2058/92, juris = MedR 1994, 119 ff.
9 Abgedruckt bei Liebold/Zalewski, Kassenarztrecht, LZ O 17.
10 S. http://www.dgspj.de/wp-content/uploads/qualitaetssicherung-altoettinger-papier-20141.pdf (zuletzt abgerufen am 1.3.2017).
11 Vgl. BT-Dr. 12/1363, 6 (zu Nr. 5), 10, 11; BSG, 29.6.2011, B 6 KA 34/10 R, juris Rn. 10 = GesR 2012, 29 ff.; Welti in: Becker/Kingreen, § 119 Rn. 1.
12 Vgl. BT-Dr. 11/2237, 202.
13 Vgl. BT-Dr. 12/1363, 6 (zu Nr. 5), 10, 11.
14 Vgl. Pschyrembel, Klinisches Wörterbuch, 265. Aufl. 2014, zum Begriff „Pädiatrie".
15 Pschyrembel, aaO, zum Begriff „Sozialpädiatrie".
16 LSG RhPf, 19.4.2012, L 7 KA 41/10, nv.

schriften erbringen, wenn gewährleistet ist, dass einerseits die versicherten Kinder den Weg zwischen den einzelnen Gebäuden ungefährdet in kurzer Zeit zurücklegen können und dass andererseits der Informationsaustausch zwischen den in den einzelnen Gebäuden tätigen Mitarbeitern zügig und umfassend möglich ist (Leistungserbringung "unter einem Dach").[17]

15 b) **Ermächtigung sozialpädiatrische Zentren (Abs. 1 S. 1).** Gemäß Abs. 1 S. 1 können sozialpädiatrische Zentren, die fachlich-medizinisch unter ständiger ärztlicher Leitung stehen und die Gewähr für eine leistungsfähige und wirtschaftliche sozialpädiatrische Behandlung bieten, können vom Zulassungsausschuss (§ 96) zur ambulanten sozialpädiatrischen Behandlung von Kindern ermächtigt werden.

16 Die Zulassung der sozialpädiatrischen Zentren ist ähnlich der Zulassung von psychiatrischen Institutsambulanzen an Allgemeinkrankenhäusern (§ 118) geregelt. Die Zentren können vom Zulassungsausschuss zur ambulanten sozialpädiatrischen Behandlung von Kindern ermächtigt werden; sie müssen ermächtigt werden, sofern die Ermächtigung notwendig ist, um eine ausreichende sozialpädiatrische Behandlung sicherzustellen. Die Zentren müssen nicht nach § 108 zugelassene Krankenhäuser oder Abteilungen an zugelassenen Krankenhäusern sein. Voraussetzung für die Zulassung von sozialpädiatrischen Zentren ist aber immer, dass sie fachlich-medizinisch unter ständiger ärztlicher Leitung stehen und – wie zugelassene Krankenhäuser – eine leistungsfähige und wirtschaftliche Leistungserbringung gewährleisten können.[18]

17 Ermächtigungen nach § 119 können auch erteilt werden, wenn das sozialpädiatrische Zentrum noch nicht gegründet ist.[19]

18 **aa) Ständige ärztliche Leitung.** Organisatorisch benötigt das SPZ eine ständige ärztliche Leitung. In diesem Punkt unterscheidet sich das SPZ von der in der Frühförderungsverordnung benannten Frühförderstelle.[20]

19 **bb) Leistungsfähigkeit.** Die Merkmale der Leistungsfähigkeit und Wirtschaftlichkeit müssen bei Erteilung der Ermächtigung nach Maßgabe der Verhältnismäßigkeit gleichrangig sein.[21] Auszugehen ist nicht von einer optimalen Leistungsfähigkeit,[22] sondern von einer Funktionsfähigkeit unter Berücksichtigung der speziellen Eigenschaften des SPZ.[23] Sie liegt bereits vor, wenn davon ausgegangen werden kann, dass der im Einzelfall ermächtigte Träger die ihm obliegenden Pflichten ordnungsgemäß erfüllen wird.[24] Der erforderliche sachliche und personelle Bestand muss also ebenso wie bei der Zulassung eines Vertragsarztes nicht bereits bei Ermächtigungserteilung vorhanden sein.[25] Bei einem öffentlichen Träger oder einem gemeinnützigen Verein werden im Gegensatz zu einem privaten Träger wegen der unterstellten Verpflichtung gegenüber dem Allgemeinwohl niedrigere Anforderungen an die Leistungsfähigkeit gestellt.[26] Als personeller Kernbestand werden ein ärztlicher Leiter und ein Physiotherapeut angesehen.[27] Nicht erforderlich ist für die Leistungsfähigkeit das Vorhalten eines vollzähligen zweiten Fachkräfteteams, insbesondere nicht, wenn das SPZ einem Klinikverbund angeschlossen ist und dadurch sowohl beim ärztlichen als auch beim nicht-ärztlichen Personal jederzeit eine Vertretung gewährleistet ist.[28] Ausreichend ist darüber hinaus eine Absprache zwischen dem Träger des SPZ und einer Fachkräftepraxis für eine „formlose ad-hoc-Gelegenheitsvertretung" zu treffen.[29]

---

17 Vgl. LSG Bln-Bbg, 10.12.2014, L 7 KA 102/13, juris Rn. 42 = KHE 2014/116 mAnm Rehborn, GesR 2015, 469 f.
18 BT-Dr. 11/2237, 202.
19 LSG RhPf, 19.4.2012, L 7 KA 41/10, nv.
20 Szabados in: Spickhoff, Medizinrecht, § 119 SGB V Rn. 2.
21 LSG Bad.-Württ., 15.9.1993, L 5 Ka 2058/92, MedR 1994, 119, 120; LSG Bad.-Württ., 12.7.1995, L 5 Ka 644/94, MedR 1996, 89, 89.
22 St. Rspr., BSG, 29.6.2011, B 6 KA 34/10 R = GesR 2012, 29, 31 mwN.
23 LSG Bad.-Württ., 15.9.1993, L 5 Ka 2058/92, MedR 1994, 119, 120; LSG Bad.-Württ., 12.7.1995, L 5 Ka 644/94, MedR 1996, 89, 89.
24 LSG Bad.-Württ., 15.9.1993, L 5 Ka 2058/92, MedR 1994, 119, 120; LSG Bad.-Württ., 12.7.1995, L 5 Ka 644/94, MedR 1996, 89, 89.
25 LSG Bad.-Württ., 12.7.1995, L 5 Ka 644/94, MedR 1996, 89, 90.
26 LSG Bad.-Württ., 15.9.1993, L 5 Ka 2058/92, MedR 1994, 119, 120; LSG Bad.-Württ., 12.7.1995, L 5 Ka 644/94, MedR 1996, 89, 89; LSG NRW, 2.4.2009, L 11 KA 2/09 ER, juris Rn. 62 ff. = MedR 209, 626, 627.
27 LSG Bad.-Württ., 12.7.1995, L 5 Ka 644/94, MedR 1996, 89, 90.
28 LSG Bad.-Württ., 15.9.1993, L 5 Ka 2058/92, MedR 1994, 119, 120; LSG Bad.-Württ., 12.7.1995, L 5 Ka 644/94, MedR 1996, 89, 89.
29 LSG Bad.-Württ., 15.9.1993, L 5 Ka 2058/92, MedR 1994, 119, 121.

cc) Wirtschaftlichkeit. Von einer wirtschaftlichen Behandlung ist auszugehen, wenn das SPZ über eine 20
ausreichende Anzahl von Patienten verfügt.[30] Im Rahmen der Ermächtigungserteilung ist diesbezüglich eine Prognose abzugeben.[31] Erforderlich ist eine gewisse Wahrscheinlichkeit, dass unabhängig vom Planungsbereich[32] eine ausreichende Patientenanzahl erreicht wird.[33] Ist so gut wie sicher, dass keine 100 Patienten pro Quartal erwartet werden können, ist Wirtschaftlichkeit zu verneinen.[34] Bei einem Einzugsgebiet von weniger als 400.000 bis 500.000 Einwohnern ist dagegen die Wirtschaftlichkeit oder die Qualität des SPZ in Frage gestellt.[35] Bestehen diesbezüglich Unsicherheiten, ist die Ermächtigung mit einer Befristung gemäß § 32 SGB X von drei bis vier Jahren zu versehen,[36] um eine Überprüfung durchführen zu können.[37] Zwar haben die Zulassungsgremien hinsichtlich der Bemessung der Befristung einen Beurteilungsspielraum,[38] die bei Ermächtigungen für Krankenhausärzte regelmäßig ausgesprochenen Befristungen von zwei Jahren kommen für SPZ jedoch wegen der im Vergleich höheren Investitionskosten, die eine gewisse Planungssicherheit erfordern, nicht in Betracht.[39]

c) Versorgungsbedarf (Abs. 1 S. 2). Der Anspruch auf Erteilung einer Ermächtigung besteht, „soweit 21
und solange sie notwendig ist, um eine ausreichende sozialpädiatrische Behandlung sicherzustellen". Ebenso wie bei Ermächtigungen nach § 116 ist auch bei Ermächtigungen nach § 119 zwischen quantitativ-allgemeinen und qualitativ-speziellem Bedarf zu unterscheiden. Ob dieser Versorgungsbedarf besteht, ist einerseits im Verhältnis zu Vertragsärzten und Frühförderstellen andererseits im Verhältnis zu benachbarten SPZ zu prüfen.[40]

Für die Frage, ob eine Ermächtigung zu erteilen ist, weil eine ausreichende medizinische Versorgung 22
nicht anderweitig sichergestellt ist, kommt es nach Auffassung des BSG grundsätzlich nicht auf die Versorgung mit Kinderärzten und Frühförderstellen an, sondern nur auf die Frage, ob andere SPZ die Versorgung bereits in ausreichendem Maße gewährleisten, ohne dass es einer weiteren Ermächtigung bedarf. SPZ bieten in integrierter Form spezielle medizinische, psychologische, pädagogische und soziale Maßnahmen an. Die Behandlung durch SPZ ist zwar nach Abs. 2 S. 1 auf diejenigen Kinder auszurichten, die wegen der Art, Schwere oder Dauer ihrer Krankheit oder einer drohenden Krankheit nicht von geeigneten Ärzten oder in geeigneten Frühförderstellen behandelt werden können (sog dreistufiges Versorgungssystem: Kinderärzte – Frühförderstellen – SPZ).[41] Die gesetzliche Formulierung darf jedoch nicht dahin missverstanden werden, dass sich die Behandlung eines Kindes auf eine der drei genannten Stufen beschränken würde und dass Kinder, die in SPZ behandelt werden, keiner Behandlung in Frühförderstellen oder durch Kinderärzte mehr bedürften. Gemeint ist mit der Dreistufigkeit des Versorgungssystems lediglich, dass Kinder, deren Versorgung bereits durch die Angebote von Kinderärzten und von Frühförderstellen ausreichend sichergestellt wird, keinen Anspruch auf die Behandlung in SPZ haben. Das differenzierte und hochspezialisierte, aber bezogen auf den Versorgungsauftrag umfassende Leistungsangebot dieser Zentren soll auf die Kinder- und Jugendlichen konzentriert werden, die gerade auf diese Leistungen angewiesen sind. Dies folgt neben Abs. 1 auch aus dem in § 70 Abs. 1 für das Vierte Kapitel des SGB V (Beziehungen der Krankenkassen zu den Leistungserbringern) geregelten Wirtschaftlichkeitsgebot. Dass die Leistungen der SPZ die vertragsärztlichen Leistungen und die von Frühförderstellen erbrachten Leistungen keineswegs ersetzen, sondern ergänzen,

---

30 BSG, 29.6.2011, B 6 KA 34/10 R, juris Rn. 28 = GesR 2012, 29 ff.; LSG Bad.-Württ., 12.7.1995, L 5 Ka 644/94, MedR 1996, 89, 90.
31 LSG Bad.-Württ., 12.7.1995, L 5 Ka 644/94, MedR 1996, 89, 90.
32 BSG, 29.6.2011, B 6 KA 34/10 R, juris Rn. 12 ff. = GesR 2012, 29 ff.
33 LSG Bad.-Württ., 12.7.1995, L 5 Ka 644/94, MedR 1996, 89, 90.
34 LSG Bad.-Württ., 12.7.1995, L 5 Ka 644/94, MedR 1996, 89, 90.
35 BSG, 17.2.2016, B 6 KA 6/15 R, juris Rn. 32 = GesR 2016, 723 ff.
36 LSG Bad.-Württ., 12.7.1995, L 5 Ka 644/94, MedR 1996, 89, 90; LSG NRW, 2.4.2009, L 11 KA 2/09 ER, juris Rn. 65 = MedR 2009, 626 ff.; GKV-Komm/Rau, SGB V, § 119 Rn. 3.
37 LSG Bad.-Württ., 12.7.1995, L 5 Ka 644/94, MedR 1996, 89, 90.
38 BSG, 27.2.1992, 6 RKa 15/91, juris Rn. 35 = SozR 3-2500 § 116 Nr. 2; BSG, 2.12.1992, 6 RKa 54/91, juris Rn. 20 = SozR 3-2500 § 116 Nr. 3.
39 BSG, 29.6.2011, B 6 KA 34/10 R, juris Rn. 15 = GesR 2012, 29 ff.; LSG Bad.-Württ., 12.7.1995, L 5 Ka 644/94, MedR 1996, 89, 90.
40 BSG, 29.6.2011, B 6 KA 34/10 R, juris Rn. 12 ff. = GesR 2012, 29 ff.; LSG Bad.-Württ., 12.7.1995, L 5 Ka 644/94, MedR 1996, 89, 91; SG Dresden, 7.6.2006, S 15 KA 23/03, juris Rn. 32; GKV-Komm/Rau, SGB V, § 119 Rn. 4.
41 Vgl. BSG, 17.2.2016, B 6 KA 6/15 R, juris Rn. 27 = GesR 2016, 723 ff.; BSG, 29.6.2011, B 6 KA 34/10 R, juris Rn. 11 = GesR 2012, 29 ff.; BSG, 30.11.1994, 6 RKa 32/93, juris Rn. 16 = SozR 3-2500 § 119 Nr. 1; LSG Bad.-Württ., 12.7.1995, L 5 Ka 644/94, MedR 1996, 89, 91 (dort als „Trias" bezeichnet).

wird auch daran deutlich, dass Abs. 2 S. 2 die SPZ zur engen Zusammenarbeit mit Ärzten und Frühförderstellen verpflichtet. Damit übereinstimmend werden Arztpraxen, Frühförderstellen und SPZ in der fachlich-medizinischen Diskussion als kooperative Elemente eines komplementären Versorgungssystems bezeichnet. So können SPZ zB zur Durchführung einer aufwändigen Diagnostik und zur Aufstellung eines Behandlungsplans in Anspruch genommen werden, der dann in koordiniertem Zusammenwirken mit Ärzten und Frühförderstellen umgesetzt wird. Dies gilt uneingeschränkt allerdings nur für Kinder vor dem Schuleintritt, weil eine Behandlung in Frühförderstellen danach in aller Regel nicht mehr durchgeführt wird.[42] Für SPZ gilt diese Beschränkung auf das Vorschulalter ebenso wenig wie für Kinderärzte, die Kinder und Jugendliche, nicht jedoch Erwachsene behandeln dürfen.[43]

23 Da der Anspruch auf Erteilung einer Ermächtigung nach Abs. 1 S. 2 voraussetzt, dass diese notwendig ist, um eine ausreichende sozialpädiatrische Versorgung sicherzustellen, kommt die Erteilung einer Ermächtigung nicht in Betracht, wenn die sozialpädiatrische Behandlung bereits anderweitig sichergestellt ist. Die Prüfung hat sich nicht auf die für den Bereich der vertragsärztlichen Versorgung geltenden Planungsbereiche zu beschränken. Für die Ermittlung des Bedarfs bezogen auf die Ermächtigung von SPZ gibt es keine konkreten rechtlichen Vorgaben, wie sie insbesondere im Bereich der vertragsärztlichen Versorgung oder der Versorgung mit Krankenhäusern bestehen. Die für die ärztliche Bedarfsplanung maßgebenden Regelungen im SGB V und in der Bedarfsplanungs-Richtlinie des GBA sind auch nicht entsprechend auf SPZ anwendbar. Deshalb ist eine unmittelbare Übertragung der zur ärztlichen Bedarfsplanung ergangenen Rechtsprechung des BSG. Daraus folgt jedoch nicht, dass für die Bedarfsermittlung bei der Ermächtigung von SPZ keine Maßstäbe existieren würden, an denen sich die Zulassungsgremien zu orientieren hätten. SPZ gab es in geringer Zahl bereits vor der Einführung einer entsprechenden gesetzlichen Regelung in § 119 zum 1.1.1989. Als Planungsgröße war zu dieser Zeit die Zahl von einem SPZ auf eine Million Einwohner formuliert worden.[44] Diese Quote wird heute in der Regel nicht mehr als ausreichend angesehen. Die tatsächlich erreichte Quote wurde im Jahr 2007 mit etwa einem SPZ pro 450.000 Einwohner angegeben, wobei die regionalen Unterschiede erheblich waren. Unter den ermächtigten SPZ fanden sich offenbar auch "Kleinstzentren", die die in Fachkreisen formulierten Anforderungen an die personelle Ausstattung nicht erfüllten. Gleichwohl wird die Quote von einem SPZ auf 450.000 Einwohner als geeigneter Orientierungspunkt für die künftige sozialpädiatrische Planung angesehen, wobei ein SPZ mit zwei Teams typischerweise für die Versorgung einer solchen Einwohnerzahl ausreichend sein soll.[45]

24 Zur konkreten Bedarfsermittlung ist die Befragung der bisherigen für solche Leistungen in Betracht kommenden Leistungserbringer erforderlich ist, und zusätzlich, dass diese Angaben ggf. auch objektiviert und verifiziert werden müssen, zB anhand von Anzahlstatistiken. Dies betraf jeweils Fälle, in denen die Angaben von vornherein zweifelhaft erschienen oder sich aus dem Vorbringen eines Beteiligten substantiierte Zweifel ergeben.[46] Anders stellt sich die Sachlage dar, wenn eine Situation vorliegt, in der die Zulassungsgremien keinen Anlass haben müssen, an der Richtigkeit der ihnen vorgelegten Angaben zu zweifeln. Sofern sich aus der Gesamtlage des Falles keine Bedenken aufdrängen, muss die Behörde einem Tatumstand nicht durch weitere Ermittlungen nachgehen.[47]

25 Anders als bei Ermächtigungen nach § 116 ist die Bedarfsprüfung im Rahmen des § 119 nicht auf den jeweiligen Planungsrahmen beschränkt, weil für SPZ eine Bedarfsplanung wie bei Vertragsärzten nicht vorgesehen ist und den Zulassungsgremien daher keine normativen Planungsgrundlagen zur Verfügung stehen.[48]

---

42 Vgl. §§ 30, 55 Abs. 2 Nr. 2, 56 Abs. 2 SGB IX, § 1 FrühförderVO; für Bayern vgl. § 5 Abs. 1 S. 1 Rahmenvertrag zur Früherkennung und Frühförderung behinderter und von Behinderung bedrohter Kinder in Interdisziplinären Frühförderstellen in Bayern vom 19.5.2006 idF vom 1.7.2011.
43 Vgl. BSG, 17.2.2016, B 6 KA 6/15 R, juris Rn. 28 = GesR 2016, 723 ff.
44 Vgl. Hollmann/Bode, Kinderärztliche Praxis 2007, 276, 277; Schlack, Kinderärztliche Praxis 1998, 278, 285.
45 Vgl. Vgl. BSG, 17.2.2016, B 6 KA 6/15 R, juris Rn. 31 = GesR 2016, 723 ff.; Hollmann/Bode, Kinderärztliche Praxis 2007, 276, 278.
46 BSG, 29.6.2011, B 6 KA 34/10 R, juris Rn. 28 = GesR 2012, 29 ff.
47 BSG, 29.6.2011, B 6 KA 34/10 R, juris Rn. 29 = GesR 2012, 29 ff.
48 BSG, 29.6.2011, B 6 KA 34/10 R, juris Rn. 12 ff. = GesR 2012, 29 ff.; LSG RhPf, 19.4.2012, L 7 KA 41/10, nv.

Den Zulassungsgremien kommt hinsichtlich der Ermittlung von Versorgungsbedarf ein Beurteilungsspielraum zu,[49] der nur der eingeschränkten gerichtlichen Kontrolle unterliegt.[50] Insbesondere beschränkt sich die gerichtliche Kontrolle darauf, 26

- ob der behördlichen Entscheidung ein vollständiger und richtiger Sachverhalt zugrunde liegt,
- ob die Zulassungsgremien die Grenzen bei der Auslegung des unbestimmten Rechtsbegriffs des Bedarf eingehalten haben,
- ob die Zulassungsgremien ihre Erwägungen so begründet haben, dass die zutreffende Anwendung der Beurteilungsmaßstäbe erkennbar und nachvollziehbar sind.[51]

Der Bedarf wird im Verhältnis zu anderen SPZ anhand der Erreichbarkeit[52] und der Wartezeiten[53] ermittelt.[54] Insoweit kann die vom BSG zur Erteilung von Sonderbedarfszulassungen erlassene Rechtsprechung hinzugezogen werden.[55] Als zumutbare mit öffentlichen Verkehrsmitteln absolvierte Anfahrtszeit ist unter Würdigung der Belange der betroffenen Patienten und ihren Familien sowie unter Berücksichtigung der gesetzlichen Vorgaben einer teilhabefördernden Bereitstellung sozialer Dienste und Einrichtungen für behinderte Menschen unter Vermeidung von Zugangsbarrieren[56] eine Stunde von Tür zu Tür anzusehen.[57] Da es sich um eine spezialisierte Leistung handelt, können auch Entfernungen größer als 25 km zumutbar sein.[58] Nach Auffassung des BSG ist die Ableitung konkreter Höchstentfernungen unter Heranziehung des SGB IX, wie sie vom LSG NRW[59] vertreten worden ist, nicht zulässig.[60] 27

d) **Ausrichtung der Behandlung (Abs. 2 S. 1).** Die Behandlung durch sozialpädiatrische Zentren ist gemäß Abs. 2 S. 1 auf diejenigen Kinder auszurichten, die wegen der Art, Schwere oder Dauer ihrer Krankheit oder einer drohenden Krankheit nicht von geeigneten Ärzten oder in geeigneten Frühförderstellen behandelt werden können. 28

Die die Zulassungsinstanzen müssen die vom Versorgungsauftrag umfassten Krankheitsbilder im Einzelfall Gegenstand und Umfang der Ermächtigung entsprechend den genannten gesetzlichen Vorgaben näher konkretisieren und im Ermächtigungsbescheid festlegen.[61] Eine Ermächtigung zur Behandlung von Kindern „mit Retardierung der motorischen und/oder geistigen Entwicklung sowie Kindern mit Teilleistungsstörungen, „minimaler cerebraler Dysfunktion" und „Schulproblemkindern" sowie Kindern mit psychosomatischen Störungen, Verhaltensstörungen bzw. definierten kinder- und jugendpsychiatrischen Krankheitsbildern" ist zu unspezifisch.[62] 29

Mit dem Hinweis auf „geeignete Ärzte" und der Beschränkung auf bestimmte Krankheitsbilder ist vielmehr besonders hervorgehoben, dass die Behandlung primär durch Vertragsärzte erfolgen soll, die für die Beurteilung von Art, Schwere und Dauer der Erkrankung eines Kindes kompetent sind. Gleichzeitig folgt daraus, dass nur bei bestimmten besonderen pädiatrischen Erkrankungen die Diagnostik und Therapie in einem Sozialpädiatrischen Zentrum erfolgen soll, dass die Entscheidung über die Erforderlichkeit einer solchen Behandlung nur von denjenigen Ärzten getroffen werden kann, die an- 30

---

49 BSG, 27.2.1992, 6 RKa 15/91, juris Rn. 35 = SozR 3-2500 § 116 Nr. 2; BSG, 14.7.1993, 6 RKa 71/91, juris Rn. 19 = SozR 3-2500 § 116 Nr. 4.
50 Köhler-Hohmann in: jurisPK-SGB V, § 119 Rn. 31.
51 BSG, 27.2.1992, 6 RKa 15/91, juris Rn. 35 = SozR 3-2500 § 116 Nr. 2; LSG RhPf, 19.4.2012, L 7 KA 41/10, nv.
52 LSG Bad.-Württ., 12.7.1995, L 5 Ka 644/94, MedR 1996, 89, 91; LSG NRW, 2.4.2009, L 11 KA 2/09 ER, juris Rn. 61 = MedR 2009, 626, 627.
53 BSG, 29.6.2011, B 6 KA 34/10 R, juris Rn. 28 = GesR 2012, 29 ff.; BSG, 2.9.2009, B 6 KA 21/08 R, GesR 2010, 218, 219.
54 BSG, 29.6.2011, B 6 KA 34/10 R, juris Rn. 28 = GesR 2012, 29 ff.; SG Dortmund, 7.3.2003, S 26 KA 193/01, juris Rn. 6, 28 = RdLH 2003, 127 f.; Welti in: Becker/Kingreen, § 119 Rn. 5.
55 BSG, 8.12.2010, B 6 KA 36/09 R, juris Rn. 20 = MedR 2012, 216 ff.; BSG, 29.6.2011, B 6 KA 34/10 R, juris Rn. 17 = GesR 2012, 29 ff.; BSG, 23.6.2010, B 6 KA 22/09 R, juris Rn. 34 = GesR 2010, 623 ff.; BSG, 2.9.2009, B 6 KA 21/08 R, juris Rn. 18 = GesR 2010, 218 ff.
56 Vgl. §§ 1, 4 Abs. 3, 19 Abs. 1 SGB IX; § 17 Abs. 1 Nr. 2 SGB I.
57 SG Dortmund, 7.3.2003, S 26 KA 193/01, juris Leitsatz Rn. 31, 33 = RdLH 2003, 127 f.
58 BSG, 29.6.2011, B 6 KA 34/10 R, juris Rn. 28 = GesR 2012, 29, 31; BSG, 9.2.2011, 6 KA 3/10 R, GesR 2011, 431, 433; BSG, 23.6.2010, B 6 KA 22/09 R, GesR 2010, 623, 625.
59 LSG NRW, 2.4.2009, L 11 KA 2/09 ER, juris Rn. 61 = MedR 2009, 625 ff.
60 BSG, 29.6.2011, B 6 KA 34/10 R, juris Rn. 18 = GesR 2012, 29 ff.
61 LSG NRW, 12.1.2000, L 11 KA 156/99, juris Rn. 21 f.; LSG NRW, 2.4.2009, L 11 KA 2/09 ER, juris Rn. 59 = MedR 2009, 625 ff.; Welti in: Becker/Kingreen, § 119 Rn. 6.
62 LSG NRW, 12.1.2000, L 11 KA 156/99, juris Rn. 19.

sonsten selbst die sozialpädiatrische Versorgung sicherstellen. Betont wird dies auch dadurch, dass in Abs. 2 S. 2 eine enge Zusammenarbeit der Zentren mit den Ärzten und Frühförderstellen vorgesehen ist. Das ist nur dann sinnvoll, wenn die niedergelassenen Ärzte, die Kinder an ein Sozialpädiatrisches Zentrum überweisen, über die für eine sozialpädiatrische Behandlung erforderlichen Kenntnisse verfügen. Für die Beurteilung pädiatrischer Krankheitsbilder und des damit verbundenen Behandlungsbedarfs, insbesondere der Frage, ob die Inanspruchnahme der besonderen diagnostischen und therapeutischen Möglichkeiten eines Sozialpädiatrischen Zentrums erforderlich ist, sind aber nicht alle Vertragsärzte qualifiziert. Nur der fachkundige Gebietsarzt kann beurteilen, ob Art und Schwere einer Störung eine Behandlung in einem Sozialpädiatrischen Zentrum erforderlich machen. Nach der Weiterbildungsordnung ist insofern von einer besonderen Kompetenz vor allem der Ärzte für Kinderheilkunde, bei psychiatrischen Krankheitsbildern auch der Ärzte für Neurologie und Psychiatrie sowie der Ärzte für Kinder- und Jugendpsychiatrie auszugehen. Dementsprechend sehen auch die „Gemeinsamen Empfehlungen der Kassenärztlichen Bundesvereinigung und der Bundesverbände der Krankenkassen vom 16.10.1989 zur Ermächtigung von Sozialpädiatrischen Zentren im Rahmen der ambulanten sozialpädiatrischen Betreuung von Kindern nach § 119 SGB V"[63] vor, dass die Überweisung möglichst durch einen Kinderarzt erfolgen soll.[64]

31 Gemäß Abs. 2 S. 2 sollen die Zentren mit den Ärzten und den Frühförderstellen eng zusammenarbeiten. Diese Vorschrift unterstreicht noch einmal das Erfordernis der Zusammenarbeit, also den interdisziplinären Charakter.

32 **3. Vergütung.** Für die Vergütung der sozialpädiatrischen Leistungen, die von Vertragsärzten und Frühförderstellen verantwortet werden, gilt § 85 Abs. 2 S. 4, während für die ärztlichen und nicht-ärztlichen sozialpädiatrischen Leistungen der SPZ bei Diagnostik, Beratung, Förderung und Therapie die Regelungen des § 120 Abs. 2 ff. maßgebend sind.[65]

33 **4. Besondere Verfahrenshinweise etc.** Die Ermächtigung wird nach Abs. 1 beim gemäß § 96 zuständigen Zulassungsausschuss beantragt, der einen Ermächtigungsbescheid erlässt. Gegen den Ermächtigungsbescheid ist die Beschwerde zulässig, § 96 Abs. 4 S. 1. Über diese entscheidet gemäß § 97 der Berufungsausschuss. Das Beschwerdeverfahren gilt als Vorverfahren gemäß § 78 SGG. Streitigkeiten werden gemäß § 10 Abs. 2 Nr. 3 SGG bei der zuständigen Kammer des Sozialgerichts verhandelt. Statthafte Klageart ist sowohl gegen den ganzen Bescheid als auch gegen eine gemäß § 32 SGB X erteilte Auflage die Anfechtungsklage gemäß § 54 Abs. 4 SGG.

34 Widerspruch und Anfechtungsklage haben aufschiebende Wirkung, § 86 a Abs. 1 SGG.
Eine Klage ist jedoch bereits unzulässig, wenn sie von einer Krankenkasse eingereicht wird, die Landesverbandsfunktion gemäß § 207 Abs. 7 SGB V wahrnimmt und insoweit selber an der Entscheidung des Berufungsausschuss beteiligt ist.

35 Für eine einstweilige Anordnung, mit der einem Antragsteller vorläufig ein Status zur Teilnahme an der vertragsärztlichen Versorgung zugesprochen werden soll, besteht in der Regel kein Anordnungsgrund. Dies schließt es nicht aus, in Ausnahmefällen einen solchen Status in der ambulanten Versorgung im Wege einstweiligen Rechtsschutzes dann zuzuerkennen, wenn der geltend gemachte materielle Anspruch völlig unzweifelhaft besteht oder die Interessenlage zugunsten eines Antragstellers so eindeutig ist, dass eine Vorwegnahme der Hauptsache geboten erscheint. Bei Drittanfechtungen ist dies dann der Fall, wenn eine Anfechtungsberechtigung des Dritten nicht besteht oder die Rechtmäßigkeit der Teilnahmegestattung rechtlich und tatsächlich offensichtlich ist. Während ein Verfahren des einstweiligen Rechtsschutzes darauf abzielt, vorläufige Regelungen herbeizuführen, kommt einer Statusentscheidung stets endgültiger Charakter zu, der die Hauptsache in der Regel vorwegnimmt. Zumindest die während der Dauer ihrer vorübergehenden Geltung erbrachten Leistungen können nachträglich nicht vollständig rückabgewickelt werden.[66]

---

63 Abgedruckt bei Liebold/Zalewski, Kassenarztrecht, LZ O 17.
64 Vgl. LSG NRW, 14.5.2014, L 11 KA 91/12, juris Rn. 41; BayLSG, 20.11.2013, L 12 KA 16/12, juris Rn. 21; LSG NRW, 2.4.2009, L 11 KA 2/09 ER, juris Rn. 59 = MedR 2009, 626 ff.; LSG NRW, 12.1.2000, L 11 KA 156/99, juris Rn. 23; SG Dresden, 11.3.2014, S 18 KA 81/12, juris Rn. 73.
65 BSG, 29.6.2011, B 6 KA 34/10 R, juris Rn. 15 = GesR 2012, 29 ff.; Kremer/Wittmann, Vertragsärztliche Zulassungsverfahren, 2. Aufl. 2015, Rn. 964.
66 BayLSG, 21.7.2010, L 12 KA 65/09 B ER, juris Rn. 26.

Der Bescheid über die Erteilung der Ermächtigung kann von bestimmten Dritten angefochten werden.[67] Sozialpädiatrisch tätige Kinderärzte sind im Gegensatz zu anderen SPZ klagebefugt.[68]

§ 119 a   Ambulante Behandlung in Einrichtungen der Behindertenhilfe

[1]Einrichtungen der Behindertenhilfe, die über eine ärztlich geleitete Abteilung verfügen, sind vom Zulassungsausschuss zur ambulanten ärztlichen Behandlung von Versicherten mit geistiger Behinderung zu ermächtigen, soweit und solange eine ausreichende ärztliche Versorgung dieser Versicherten ohne die besonderen Untersuchungs- und Behandlungsmethoden oder Kenntnisse der Ärzte in den Einrichtungen durch niedergelassene Ärzte nicht sichergestellt ist. [2]Die Behandlung ist auf diejenigen Versicherten auszurichten, die wegen der Art oder Schwere ihrer Behinderung auf die ambulante Behandlung in diesen Einrichtungen angewiesen sind. [3]In dem Zulassungsbescheid ist zu regeln, ob und in welchen Fällen die Ärzte in den Einrichtungen unmittelbar oder auf Überweisung in Anspruch genommen werden können. [4]Die ärztlich geleiteten Abteilungen sollen mit den übrigen Leistungserbringern eng zusammenarbeiten.

Literatur:
Kremer/Wittmann, Vertragsärztliche Zulassungsverfahren, 2. Auflage 2015.

I. Grundlagen 1	cc) Versorgungsbedarf 11
II. Normzweck und Systematik 2	b) Erforderlichkeit der Behandlung in Einrichtungen der Behindertenhilfe (S. 2) 12
III. Norminhalt und Normauslegung 4	
1. Norminhalt 4	
2. Normauslegung 5	c) Inhalt des Zulassungsbescheides (S. 3) 14
a) Ermächtigung von Einrichtungen der Behindertenhilfe (S. 1) 5	d) Zusammenarbeit mit den übrigen Leistungserbringern (S. 4) 16
aa) Einrichtung der Behindertenhilfe 6	e) Rechtsfolge 17
bb) Ärztlich geleitete Abteilung ... 9	f) Vergütung 18

I. Grundlagen

Mit Wirkung zum 1.1.2004 ist § 119 a im Rahmen des GKV-Modernisierungsgesetz vom 14.11.2003 in Kraft getreten (BGBl. I, 2190). Die Vorschrift geht zurück auf die Beschlussempfehlung des Ausschusses für Gesundheit und Soziale Sicherung vom 25.9.2003.[1] Eine Vorgängervorschrift gab es insoweit nicht.

II. Normzweck und Systematik

§ 119 a begründet einen bedarfsabhängigen Sondertatbestand für die Ermächtigungen von Einrichtungen der Behindertenhilfe.[2] Hinsichtlich der Voraussetzung ist die Vorschrift § 119 nachgebildet und ebenfalls subsidiär zur vertragsärztlichen Versorgung.[3]

Über die üblichen Gesundheitsrisiken der Durchschnittsbevölkerung hinaus ist geistige Behinderung häufig mit spezifischen Erkrankungsrisiken und Behinderungen (Multimorbidität) verbunden. Zudem weisen Menschen mit geistiger Behinderung oft Besonderheiten in Krankheitssymptomatik, Krankheitsverlauf sowie Diagnostik und Therapie auf, ebenso in ihrem krankheitsbezogenen Kommunikations- und Kooperationsverhalten, so dass ihre ärztliche Behandlung spezifischer fachlicher Kompetenzen und besonderer Rahmenbedingungen bedarf. Deshalb soll mit der Regelung in § 119 a ein zielgruppenspezifisches Angebot zur gesundheitlichen Versorgung geistig Behinderter ermöglicht werden, wobei an die bereits zum Teil vorhandenen Gesundheitsdienste in Einrichtungen der Behindertenhilfe angeknüpft werden kann. Dabei ist nicht daran gedacht, die ambulante Regelversorgung durch den niedergelassenen Arzt zu ersetzen, sondern diese ärztlich geleiteten Abteilungen sollen mit ihren multi-

---
67 LSG NRW, 2.4.2009, L 11 KA 2/09 ER, juris Rn. 59 = MedR 2009, 625 ff.; Kremer/Wittmann, Vertragsärztliche Zulassungsverfahren, 2. Aufl. 2015, Rn. 989.
68 Kremer/Wittmann, Vertragsärztliche Zulassungsverfahren, 2. Aufl. 2015, Rn. 989.
1 BT-Dr. 15/1584, 8; zur Begründung vgl. BT-Dr. 15/1600, 14.
2 Vgl. Köhler-Hohmann in: jurisPK-SGB V, § 119 a Rn. 2.
3 Hess in: KassKomm, § 119 a SGB V Rn. 3; Szabados in: Spickhoff, Medizinrecht, § 119 a SGB V Rn. 2, 4.

professionellen Angeboten die ärztliche Versorgung durch die niedergelassenen Ärzte ergänzen und ihnen auch als fachlich spezialisiertes Kompetenzzentrum beratend zur Seite stehen.[4]

III. Norminhalt und Normauslegung

4   1. **Norminhalt.** § 119 a regelt die Rechtmäßigkeit von ambulanten Behandlungen in Einrichtungen der Behindertenhilfe.

5   2. **Normauslegung.** a) *Ermächtigung von Einrichtungen der Behindertenhilfe (S. 1).* Gemäß S. 1 sind Einrichtungen der Behindertenhilfe, die über eine ärztlich geleitete Abteilung verfügen, vom Zulassungsausschuss zur ambulanten ärztlichen Behandlung von Versicherten mit geistiger Behinderung zu ermächtigen, soweit und solange eine ausreichende ärztliche Versorgung dieser Versicherten ohne die besonderen Untersuchungs- und Behandlungsmethoden oder Kenntnisse der Ärzte in den Einrichtungen durch niedergelassene Ärzte nicht sichergestellt ist.

6   aa) *Einrichtung der Behindertenhilfe.* Nach den Legaldefinitionen in § 2 SGB IX und § 3 Behindertengleichstellungsgesetz sind Menschen behindert, wenn ihre körperliche Funktion, geistige Fähigkeit oder seelische Gesundheit mit hoher Wahrscheinlichkeit länger als sechs Monate von dem für das Lebensalter typischen Zustand abweichen und daher ihre Teilhabe am Leben in der Gesellschaft beeinträchtigt ist.

7   Zur Definition der Einrichtung der Behindertenhilfe ist auf § 75 Abs. 1 S. 1 iVm § 13 SGB XII zurückgegriffen.[5] Sie wird auch beschrieben als Einrichtung, in der behinderte Menschen wohnen oder einen Teil des Tages verbringen.[6] In Anlehnung an § 72 Abs. 4 SGB XI werden sie auch beschrieben als Einrichtung, deren Fokus auf Leistungen zur Teilhabe am Arbeitsleben oder am Leben in der Gemeinschaft sowie auf der schulischen Ausbildung und Erziehung behinderter Menschen liege.[7]

8   Zu den Einrichtungen der Behindertenhilfe zählen Behindertenheime im Sinne des § 1 HeimG oder nach dem Heimrecht der Länder, Werkstätten für behinderte Menschen gemäß § 136 Abs. 1 SGB IX, stationäre oder teilstationäre Einrichtungen zur Erbringung von Leistungen nach der Eingliederungshilfe der Sozialhilfe gemäß §§ 13, 53, 75 SGB XII und integrative Kindergärten oder Sonder- bzw. Förderschulen.[8] Werden die Voraussetzungen erfüllt, können auch Dienste der Behindertenhilfe einbezogen werden.[9]

9   bb) *Ärztlich geleitete Abteilung.* Der Begriff der „ärztlich geleiteten Abteilung" ist so zu verstehen, dass es sich tatsächlich um eine ärztlich geleitete Abteilung handeln muss und dass mindestens ein Arzt in der Einrichtung tätig ist; allein der Verweis auf ein Behandlungskonzept ist nicht ausreichend.[10] Nur auf diese Weise kann dem multiprofessionellen Ansatz, wie er vom Gesetzgeber vorgesehen ist, Genüge getan werden. Eine Abteilung, der lediglich ein oder mehrere psychologische Psychotherapeuten angehören, genügt diesen Voraussetzungen nicht.[11] Da nach dem Normzweck eine zielgruppenspezifische fachliche Kompetenz zur Ergänzung der Behandlung durch niedergelassene Ärzte vorgesehen ist,[12] ist davon auszugehen, dass der leitende Arzt über eine Facharztausbildung verfügen muss.[13]

10 Eine Ermächtigung nach § 119 a setzt jedoch nicht allein voraus, dass überhaupt eine ärztlich geleitete Einrichtung besteht, sondern auch, dass gerade die Methoden oder Kenntnisse der dort tatsächlich tätigen Ärzte den besonderen Bedarf begründen. Die Ermächtigung kommt nur dann (und solange) in Betracht, wie eine ausreichende Versorgung des genannten Personenkreises "ohne die besonderen Untersuchungs- und Behandlungsmethoden oder Kenntnisse der Ärzte in den Einrichtungen" nicht sichergestellt ist.[14]

---

4   BT-Dr. 15/1600, 14.
5   Hess in: KassKomm, § 119 a SGB V Rn. 2.
6   Welti in: Becker/Kingreen, § 119 a Rn. 3.
7   Szabados in: Spickhoff, Medizinrecht, § 119 a SGB V Rn. 2.
8   Welti in: Becker/Kingreen, § 119 a Rn. 3.
9   Welti in: Becker/Kingreen, § 119 a Rn. 3.
10 Vgl. BSG, 28.10.2015, B 6 KA 14/15 B, juris Rn. 18 = MedR 2016, 635 ff.; BayLSG, 1.10.2014, L 12 KA 101/13, juris Rn. 29,30.
11 SG Marburg, 30.4.2008, S 12 S KA 74/07, juris Rn. 31.
12 BT-Dr. 15/1600, 14.
13 Köhler-Hohmann in: jurisPK-SGB V, § 119 a Rn. 12 f.
14 Vgl. BSG, 28.10.2015, B 6 KA 14/15 B, juris Rn. 18 = MedR 2016, 635 ff.

cc) **Versorgungsbedarf.** Wie auch schon in § 119 aufgeführt, ist eine Ermächtigung zu erteilen, soweit und solange eine ausreichende ärztliche Versorgung dieser Versicherten ohne die besonderen Untersuchungs- und Behandlungsmethoden oder Kenntnisse der Ärzte in den Einrichtungen durch niedergelassene Ärzte nicht sichergestellt ist.

b) **Erforderlichkeit der Behandlung in Einrichtungen der Behindertenhilfe (S. 2).** Gemäß S. 2 ist die Behandlung ist auf diejenigen Versicherten auszurichten, die wegen der Art oder Schwere ihrer Behinderung auf die ambulante Behandlung in diesen Einrichtungen angewiesen sind.

Auf die Besonderheiten bei der Behandlung geistig behinderter Menschen ist der Gesetzgeber gezielt eingegangen und hat insoweit den Versorgungsauftrag definiert. Insbesondere stellte er fest, dass eine geistige Behinderung häufig mit spezifischen Erkrankungsrisiken und Behinderungen (Multimorbidität) verbunden sei. Zudem wiesen Menschen mit geistiger Behinderung oft Besonderheiten in Krankheitssymptomatik, Krankheitsverlauf sowie Diagnostik und Therapie auf, ebenso in ihrem krankheitsbezogenen Kommunikations- und Kooperationsverhalten, so dass ihre ärztliche Behandlung spezifischer fachlicher Kompetenzen und besonderer Rahmenbedingungen bedürfe.[15]

c) **Inhalt des Zulassungsbescheides (S. 3).** Gemäß S. 3 ist in dem Zulassungsbescheid zu regeln, ob und in welchen Fällen Ärzte in den Einrichtungen unmittelbar oder auf Überweisung in Anspruch genommen werden können.

Im Gegensatz zu § 119 wird in § 119 a S. 3 bereits festgelegt, dass im Zulassungsbescheid eine Regelung getroffen werden muss, ob und in welchen Fällen eine Überweisung erfolgen muss. Insoweit liegt eine Ermessenreduzierung auf null vor.

d) **Zusammenarbeit mit den übrigen Leistungserbringern (S. 4).** Gemäß S. 4 sollen die ärztlich geleiteten Abteilungen mit den übrigen Leistungserbringern eng zusammenarbeiten. Wie bereits in § 119 vorgesehen, wird auch hier im Rahmen einer Sollvorschrift auf die enge Zusammenarbeit verwiesen.

e) **Rechtsfolge.** Soweit die Tatbestandsvoraussetzungen vorliegen, hat die Einrichtung der Behindertenhilfe auf Antrag einen Rechtsanspruch auf die Ermächtigung. Diese führt zur Berechtigung und zur Verpflichtung der Einrichtung zur ambulanten ärztlichen Behandlung von GKV-Versicherten mit geistiger Behinderung.[16]

f) **Vergütung.** Die Vergütung für ermächtigte Leistungen der Behindertenhilfe erfolgt aus der Gesamtvergütung, §§ 87 b, 120 Abs. 1.[17]

§ 119 b Ambulante Behandlung in stationären Pflegeeinrichtungen

(1) ¹Stationäre Pflegeeinrichtungen sollen einzeln oder gemeinsam bei entsprechendem Bedarf unbeschadet des § 75 Abs. 1 Kooperationsverträge mit dafür geeigneten vertragsärztlichen Leistungserbringern schließen. ²Auf Antrag der Pflegeeinrichtung hat die Kassenärztliche Vereinigung zur Sicherstellung einer ausreichenden ärztlichen Versorgung von pflegebedürftigen Versicherten in der Pflegeeinrichtung Verträge nach Satz 1 zu vermitteln. ³Kommt ein Vertrag nach Satz 1 nicht innerhalb einer Frist von sechs Monaten nach Zugang des Antrags der Pflegeeinrichtung zustande, ist die Pflegeeinrichtung vom Zulassungsausschuss zur Teilnahme an der vertragsärztlichen Versorgung der pflegebedürftigen Versicherten in der Pflegeeinrichtung mit angestellten Ärzten, die in das Arztregister eingetragen sind und geriatrisch fortgebildet sein sollen, zu ermächtigen; die Anstellung bedarf der Genehmigung des Zulassungsausschusses. ⁴Soll die Versorgung der pflegebedürftigen Versicherten durch einen in mehreren Pflegeeinrichtungen angestellten Arzt erfolgen, ist der angestellte Arzt zur Teilnahme an der vertragsärztlichen Versorgung der pflegebedürftigen Versicherten in den Pflegeeinrichtungen zu ermächtigen. ⁵Das Recht auf freie Arztwahl der Versicherten in der Pflegeeinrichtung bleibt unberührt. ⁶Der in der Pflegeeinrichtung tätige Arzt ist bei seinen ärztlichen Entscheidungen nicht an Weisungen von Nichtärzten gebunden. ⁷Er soll mit den übrigen Leistungserbringern eng zusammenarbeiten.

(2) Die Vertragsparteien der Verträge nach § 82 Absatz 1 und § 87 Absatz 1 vereinbaren im Benehmen mit den Vereinigungen der Träger der Pflegeeinrichtungen auf Bundesebene sowie den Verbänden der Pflegeberufe auf Bundesebene insbesondere zur Verbesserung der Qualität der Versorgung Anforde-

---

15 BT-Dr. 15/1600, 14.
16 Köhler-Hohmann in: jurisPK-SGB V, § 119 a Rn. 20; Welti in: Becker/Kingreen, § 119 a Rn. 4.
17 Kremer/Wittmann, Vertragsärztliche Zulassungsverfahren, 2. Aufl. 2015, S. 311 Rn. 1003.

rungen an eine kooperative und koordinierte ärztliche und pflegerische Versorgung von pflegebedürftigen Versicherten in stationären Pflegeeinrichtungen.

(3) ¹Der Bewertungsausschuss für ärztliche Leistungen evaluiert die mit der Vergütungsregelung nach § 87 Absatz 2a verbundenen Auswirkungen auf das Versorgungsgeschehen im Bereich der vertragsärztlichen Versorgung einschließlich der finanziellen Auswirkungen auf die Krankenkassen und berichtet der Bundesregierung bis zum 31. Dezember 2017 über die Ergebnisse. ²Die für die Durchführung der Evaluation erforderlichen Daten sind von den Kassenärztlichen Vereinigungen, den Krankenkassen und den Pflegekassen zu erfassen und jeweils über die Kassenärztliche Bundesvereinigung und den Spitzenverband Bund der Krankenkassen an den Bewertungsausschuss nach Satz 1 zu übermitteln; § 87 Absatz 3 f gilt entsprechend.

Literatur:

Diehm/Ebsen, Ansätze zur „heimärztlichen Versorgung" und die geplante Pflegereform, in: Ethik in der Medizin 2007, S. 301; *Hibbeler*, Mehr Geld für Arztbesuche im Heim, DÄ 2014, A-386; *Kremer/Wittmann*, Vertragsärztliche Zulassungsverfahren, 2. Auflage 2015; *Weimer*, Krankenhaus & Pflegeheim – Die vergessene Kooperation, PKR 2013, 11; *Wiese*, Der Heimarzt als Zukunftsmodell – Ein Trendbericht zur ärztlichen Versorgung im Pflegeheim, PflR 2010, 543.

I. Grundlagen	1	
II. Normzweck und Systematik	2	
III. Norminhalt und Normauslegung	6	
1. Norminhalt	6	
2. Normauslegung	7	
a) Ermächtigung von Einrichtungen der Behindertenhilfe (Abs. 1 S. 1)	7	
aa) stationäre Pflegeeinrichtungen	9	
bb) Versorgungsbedarf	10	
b) Vertragsvermittlung durch Kassenärztliche Vereinigungen (Abs. 1 S. 2)	13	
c) Ermächtigung der Pflegeeinrichtung oder des angestellten Arztes (Abs. 1 S. 3)	14	
aa) Institutsermächtigung des Pflegeheims (Abs. 1 S. 3 Hs. 1)	16	
bb) Genehmigung durch den Zulassungsausschuss (Abs. 1 S. 3 Hs. 2)	19	
cc) Persönliche Ermächtigung des angestellten Arztes (Abs. 1 S. 4)	20	
dd) Gewährleistung der freien Arztwahl (Abs. 1 S. 5)	23	
ee) Weisungsfreiheit (Abs. 1 S. 6)	24	
ff) Enge Zusammenarbeit (Abs. 1 S. 7)	25	
gg) Vereinbarung über Kooperation und Koordination (Abs. 2)	26	
hh) Evaluation (Abs. 3)	31	
IV. Vergütung	34	
V. Besondere Verfahrenshinweise	35	

I. Grundlagen

1 Mit Wirkung zum 1.7.2008 ist § 119b im Rahmen von Art. 6 Nr. 10 Pflege-Weiterentwicklungsgesetz vom 28.5.2008 in Kraft getreten (BGBl. I, 874); zunächst bestand die Vorschrift lediglich aus einem Absatz. Anschließend erfolgten folgende Änderungen: früherer einziger Text jetzt Abs. 1 gem. Art. 3 Nr. 16 lit. a Gesetz vom 23.10.2012 (BGBl. I, 2246) mWv 30.10.2012; Abs. 1 S. 1: IdF d. Art. 1 Nr. 8 lit. a Gesetz vom 1.12.2015 (BGBl. I, 2114) mWv 8.12.2015; Abs. 1 S. 2: IdF d. Art. 3 Nr. 16 lit. a Gesetz vom 23.10.2012 (BGBl. I, 2246) mWv 30.10.2012; Abs. 1 (früher einziger Text) S. 3 u. 4: Früher S. 3 gem. u. idF d. Art. 1 Nr. 44a Gesetz vom 22.12.2011 (BGBl. I, 2983) mWv 1.1.2012; Abs. 1 (früher einziger Text) S. 5 bis 7: Früher S. 4 bis 6 gem. Art. 1 Nr. 44a Gesetz vom 22.12.2011 (BGBl. I, 2983) mWv 1.1.2012; Abs. 2: Eingef. durch Art. 3 Nr. 16 lit. b Gesetz vom 23.10.2012 (BGBl. I, 2246) mWv 30.10.2012; idF d. Art. 1 Nr. 8 lit. b Gesetz vom 1.12.2015 (BGBl. I, 2114) mWv 8.12.2015; Abs. 3: IdF d. Art. 1 Nr. 8 lit. c Gesetz vom 1.12.2015 (BGBl. I, 2114) mWv 8.12.2015.

II. Normzweck und Systematik

2 § 119b zielt darauf ab,
- die gelegentlich als unzureichend beschriebene ambulante ärztliche Betreuung von Pflegebedürftigen in Pflegeheimen zu verbessern,
- Schnittstellenprobleme abzubauen und gleichzeitig
- der gesetzlichen Krankenversicherung unnötige Transport- und Krankenhauskosten zu ersparen.

Die Vorschrift ergänzt die bereits nach bisher geltendem Recht möglichen Kooperationen zwischen Pflegeheimen und niedergelassenen Ärzten. Solche Kooperationen haben sich vielfach bereits etabliert und funktionieren, zum Beispiel in Form von Netzwerken. Zu erwähnen ist in diesem Zusammenhang auch die durch das Vertragsarztrechtsänderungsgesetz vom 22.12.2006[1] geschaffene verbesserte Möglichkeit der Gründung von Zweigpraxen. Auch mit dem GKV-Wettbewerbsstärkungsgesetz vom 26.3.2007[2] wurden den Pflegeheimen zusätzliche Möglichkeiten zur Kooperation mit Vertragsärzten eingeräumt.[3]

§ 119 b sieht vor, stationären Pflegeeinrichtungen einen Anspruch auf Ermächtigung zur Teilnahme an der vertragsärztlichen Versorgung von pflegebedürftigen Versicherten einzuräumen, die in der Pflegeeinrichtung leben, soweit eine ausreichende ärztliche Versorgung dieser Versicherten ohne einen in der Pflegeeinrichtung tätigen angestellten Heimarzt durch niedergelassene Ärzte im Rahmen der hausarztzentrierten Versorgung (§ 73 b), der besonderen ambulanten ärztlichen Versorgung (§ 73 c), der integrierten Versorgung (§ 140 a) oder anderer Kooperationsverträge nicht sichergestellt ist.[4]

Dabei ist jedoch auf den Vorrang von Kooperationsverträgen vor einer Ermächtigung einer stationären Pflegeeinrichtung zur Teilnahme an der vertragsärztlichen Versorgung mit angestellten Ärzten hinzuweisen.[5]

§ 119 b steht in systematischem Zusammenhang mit der allgemeinen Ermächtigungsvorschrift des § 31 Ärzte-ZV. § 31 Abs. 7 Ärzte-ZV befreit jedoch die Ermächtigung nach § 119 b von den typischen Beschränkungen einer Ermächtigung, so dass die Ermächtigung nach § 119 b weder zeitlich, räumlich oder dem Umfang nach begrenzt ist. Zudem ist in dem Ermächtigungsschreiben nicht aufzunehmen, ob diese unmittelbar oder lediglich auf Überweisung in Anspruch genommen werden kann.

Die Regelung sieht folglich nicht vor, dass eine einmal erteilte Ermächtigung nur so lange gilt, wie eine ausreichende ärztliche Versorgung der Pflegeheimbewohner ohne den angestellten Heimarzt durch niedergelassene Ärzte nicht sichergestellt ist. Dadurch soll dem Pflegeheim Planungssicherheit gegeben und eine kontinuierliche Versorgung der Pflegeheimbewohner gestärkt werden.[6]

III. Norminhalt und Normauslegung

1. Norminhalt. § 119 b regelt die ambulante vertragsärztliche Leistungserbringung in stationären Pflegeeinrichtungen. Nach Abs. 1 können stationäre Pflegeeinrichtungen einzeln oder gemeinsam bei entsprechendem Bedarf Kooperationsverträge mit dafür geeigneten vertragsärztlichen Leistungserbringern schließen. Nach Abs. 2 vereinbaren die Vertragsparteien zur Verbesserung der Qualität der Versorgung Anforderungen an eine kooperative und koordinierte ärztliche und pflegerische Versorgung von pflegebedürftigen Versicherten in stationären Pflegeeinrichtungen. Nach Abs. 3 werden die Auswirkungen auf das Versorgungsgeschehen im Bereich der vertragsärztlichen Versorgung einschließlich der finanziellen Auswirkungen auf die Krankenkassen evaluiert.

2. Normauslegung. a) Ermächtigung von Einrichtungen der Behindertenhilfe (Abs. 1 S. 1). Gemäß Abs. S. 1 sollen stationäre Pflegeeinrichtungen einzeln oder gemeinsam bei entsprechendem Bedarf unbeschadet des § 75 Abs. 1 Kooperationsverträge mit dafür geeigneten vertragsärztlichen Leistungserbringern schließen.

Vollstationäre Pflegeeinrichtungen sind nicht nur bei Bewohnern, die sich in ihrer letzten Lebensphase befinden, sondern auch wegen der verbreitet eingeschränkten Möglichkeit der Bewohnerinnen und Bewohner, zB einen Arzt eigenständig aufzusuchen, mit spezifischen Anforderungen an die medizinische und pflegerische Versorgung konfrontiert. Um hier Versorgungsverbesserungen zu erreichen, sollen die vollstationären Pflegeeinrichtungen stärker in die Organisation der ambulanten ärztlichen Versorgung eingebunden werden. Dafür bedarf es der verstärkten Kooperation mit den niedergelassenen Haus- und Fachärzten. Die bis zum 8.12.2015 geltende Regelung, die lediglich die fakultative Möglichkeit ("Kann"-Regelung) vorsah, Kooperationsvereinbarungen mit vertragsärztlichen Leistungserbringern abzuschließen, ist dafür zu einer "Soll"-Vorschrift weiterentwickelt worden. Die vollstationären Pflegeeinrichtungen sollen die Zusammenarbeit mit den betreffenden Ärzten aktiv koordinieren, um die ambulante ärztliche Betreuung in der Einrichtung zu gewährleisten.[7]

---

1 BGBl. I, 3439.
2 BGBl. I, 378.
3 ZB als sog Managementgesellschaft im Rahmen von Verträgen nach den §§ 73 b und 73 c SGB V.
4 BT-Dr. 16/7439, 97.
5 BT-Dr. 16/8525, 105.
6 BT-Dr. 16/7439, 97.
7 Vgl. BT-Dr. 18/5170, 29.

9   aa) **stationäre Pflegeeinrichtungen.** Zur Definition der stationären Pflegeeinrichtung kann auf § 71 Abs. 2 SGB XI zurückgegriffen werden. Danach sind stationäre Pflegeeinrichtungen (Pflegeheime) selbstständig wirtschaftende Einrichtungen, in denen Pflegebedürftige unter ständiger Verantwortung einer ausgebildeten Pflegefachkraft ganztägig (vollstationär) oder tagsüber oder nachts (teilstationär) untergebracht, gepflegt und verpflegt werden können.[8]

10 bb) **Versorgungsbedarf.** Es besteht ein bedarfsabhängiger Anspruch auf eine institutionelle Ermächtigung, die es dem Pflegeheim ermöglicht, einen Arzt einzustellen. Hinsichtlich der erforderlichen Bedarfsprüfung stellt die Vorschrift dabei ausdrücklich nicht auf eine Unterversorgungsfeststellung nach § 100 Abs. 1 ab, sondern – entsprechend der in § 119 a getroffenen Regelung – auf die konkrete Versorgungssituation in dem die Ermächtigung beantragenden Pflegeheim. Das Pflegeheim ist damit in der Lage, den Bedarf im Rahmen einer Antragstellung anhand konkreter Beispiele für eine nicht ausreichende Versorgung zu belegen.[9]

11 Der Sicherstellungsauftrag der Kassenärztlichen Vereinigung nach § 75 Abs. 1 bleibt unberührt. Bestehende Kooperationen können fortgeführt werden. Auf Antrag einer Pflegeeinrichtung hat die Kassenärztliche Vereinigung entsprechende Kooperationsverträge anzustreben. Als Leistungserbringer dieser Kooperationsverträge kommen dabei insbesondere niedergelassene Vertragsärzte sowie MVZ in Betracht,[10] wobei in einem MVZ mindestens ein Arzt über die geriatrische Fortbildung verfügen sollte.[11]

12 Die Ermächtigung ist dabei subsidiär zu den bereits bestehenden Kooperationsmöglichkeiten gemäß §§ 73 b, 73 c, 140 a oder anderen Kooperationsverträgen.[12]

13 b) **Vertragsvermittlung durch Kassenärztliche Vereinigungen (Abs. 1 S. 2).** Auf Antrag der Pflegeeinrichtung hat die Kassenärztliche Vereinigung zur Sicherstellung einer ausreichenden ärztlichen Versorgung von pflegebedürftigen Versicherten in der Pflegeeinrichtung gemäß Abs. 1 S. 2 Verträge nach S. 1 zu vermitteln.

14 c) **Ermächtigung der Pflegeeinrichtung oder des angestellten Arztes (Abs. 1 S. 3).** Abs. 1 S. 3 beinhaltet zwei Ausformungen der Ermächtigung: Zum einen die Institutsermächtigung der Pflegeeinrichtung selbst, welche die vertragsärztlichen Leistungen durch angestellte Ärzte erbringt, zum anderen die persönlichen Ermächtigung des Arztes selber.

15 Soll ein Arzt in mehreren Pflegeeinrichtungen tätig werden, ist der Vorrang der persönlichen Ermächtigung vor der Institutsermächtigung zu beachten.[13]

16 aa) **Institutsermächtigung des Pflegeheims (Abs. 1 S. 3 Hs. 1).** Kommt ein Vertrag nach Abs. 1 S. 1 nicht innerhalb einer Frist von sechs Monaten nach Zugang des Antrags der Pflegeeinrichtung zustande, ist die Pflegeeinrichtung nach Abs. 1 S. 3 Hs. 1 vom Zulassungsausschuss zur Teilnahme an der vertragsärztlichen Versorgung der pflegebedürftigen Versicherten in der Pflegeeinrichtung mit angestellten Ärzten, die in das Arztregister eingetragen sind und geriatrisch fortgebildet sein sollen, zu ermächtigen.

17 Hierbei handelt es sich um eine Institutsermächtigung.

18 Bei den in Pflegeheimen angestellten Ärzten muss es sich um in das Arztregister eingetragene, das heißt insbesondere weitergebildete, Ärzte handeln, die außerdem noch über eine geriatrische Fortbildung verfügen. Mit dieser Regelung wird die den in stationären Pflegeheimen angestellten Ärzten obliegende Fortbildungspflicht dahin gehend konkretisiert, dass diese Fortbildung sich in angemessenem Umfang auch auf geriatrische Inhalte beziehen muss.[14] Die Weiter- bzw. Fortbildung richtete sich nach den Vorgaben der Weiterbildungsordnungen der Ärztekammern.

19 bb) **Genehmigung durch den Zulassungsausschuss (Abs. 1 S. 3 Hs. 2).** Die Anstellung bedarf gemäß Abs. 1 S. 3 Hs. 2 der Genehmigung des Zulassungsausschusses (§ 96). Durch das Genehmigungserfordernis, wird sichergestellt, dass der Zulassungsausschuss über das jeweilige Anstellungsverhältnis informiert wird und die qualitativen Voraussetzungen des von dem Pflegeheim angestellten Arztes über-

---

8 Vgl. Kremer/Wittmann, Vertragsärztliche Zulassungsverfahren, 2. Auflage 2015, Rn. 1012.
9 BT-Dr. 16/7439, 97; BT-Dr. 17/8005, 119.
10 BT-Dr. 16/8525, 105 f.
11 Kremer/Wittmann, Vertragsärztliche Zulassungsverfahren, 2. Aufl. 2015, Rn. 1014.
12 BT-Dr. 16/7439, 97.
13 BSG, 1.7.1998, B 6 KA 43/97 R, juris Rn. 26, 29, 30 = SozR 3-5520 § 31 Nr. 9; Kremer/Wittmann, Vertragsärztliche Zulassungsverfahren, 2. Aufl. 2015, Rn. 1018.
14 BT-Dr. 16/7439, 97.

prüfen kann. Damit wird jedoch keine neue Hürde für die Anstellung von Ärzten aufgebaut. Die Genehmigung ist zeitnah zu erteilen.[15]

cc) **Persönliche Ermächtigung des angestellten Arztes (Abs. 1 S. 4).** Soll die Versorgung der pflegebedürftigen Versicherten durch einen in mehreren Pflegeeinrichtungen angestellten Arzt erfolgen, ist der angestellte Arzt gemäß Abs. 1 S. 4 zur Teilnahme an der vertragsärztlichen Versorgung der pflegebedürftigen Versicherten in den Pflegeeinrichtungen zu ermächtigen. 20

Es liegt keine Institutsermächtigung, sondern eine persönliche Ermächtigung des Arztes vor.[16] Der Vorrang der persönlichen Ermächtigung vor der Institutsermächtigung ist zu beachten.[17] 21

Ermächtigte Heimärzte werden im Gegensatz zu ermächtigten Krankenhausärzte nicht Mitglieder der Kassenärztlichen Vereinigung, § 77 Abs. 3. 22

dd) **Gewährleistung der freien Arztwahl (Abs. 1 S. 5).** Gemäß Abs. 1 S. 5 bleibt das Recht auf freie Arztwahl der Versicherten in der Pflegeeinrichtung unberührt. 23

ee) **Weisungsfreiheit (Abs. 1 S. 6).** Der in der Pflegeeinrichtung tätige Arzt ist gemäß Abs. 1 S. 6 bei seinen ärztlichen Entscheidungen nicht an Weisungen von Nichtärzten gebunden. Da Pflegeheime in der Regel nicht unter ärztlicher Leitung stehen, stellt Abs. 1 S. 6 in Anlehnung an § 2 Abs. 4 der (Muster-)Berufsordnung für die deutschen Ärzte klar, dass Ärzte, die in einem nicht ärztlich geleiteten Pflegeheim angestellt sind, bei ihren ärztlichen Entscheidungen keiner Weisung von Nichtärzten unterliegen.[18] 24

ff) **Enge Zusammenarbeit (Abs. 1 S. 7).** Der in der Pflegeeinrichtung tätige Arzt soll mit den übrigen Leistungserbringern eng zusammenarbeiten Wie schon in den §§ 119, 119a wird die enge Zusammenarbeit mit den anderen Leistungserbringern kodifiziert. Dies gilt insbesondere, wenn es sich um Hausärzte handelt.[19] 25

gg) **Vereinbarung über Kooperation und Koordination (Abs. 2).** Die Vertragsparteien der Verträge nach §§ 82 Abs. 1, 87 Abs. 1 vereinbaren gemäß Abs. 2 im Benehmen mit 26

- den Vereinigungen der Träger der Pflegeeinrichtungen auf Bundesebene sowie
- den Verbänden der Pflegeberufe auf Bundesebene

insbesondere zur Verbesserung der Qualität der Versorgung Anforderungen an eine kooperative und koordinierte ärztliche und pflegerische Versorgung von pflegebedürftigen Versicherten in stationären Pflegeeinrichtungen.

Vertragsparteien der Verträge nach §§ 82 Abs. 1, 87 Abs. 1 sind die Kassenärztliche Bundesvereinigung (KBV) und der Spitzenverband Bund der Krankenkassen (GKV-Spitzenverband). 27

Unter dem Begriff des Benehmens ist eine Mitwirkungsform zu verstehen, die schwächer ist als das Einvernehmen oder die Zustimmung. Benehmen bedarf zwar keiner Willensübereinstimmung, verlangt wird jedoch ein Mindestmaß an Einflussmöglichkeit auf die Willensbildung des anderen. Dadurch soll sichergestellt werden, dass der von einer solchen Abrede Begünstigte eigene Vorstellungen vor einer endgültigen Entscheidung des anderen einbringen und damit deren Inhalt beeinflussen kann. Danach erschöpft sich die Herstellung des Benehmens nicht in einer bloßen Information oder Anhörung. Stärker als die Anhörung setzt das Benehmen eine Fühlungnahme voraus, die von dem Willen getragen wird, auch die Belange der anderen Seite zu berücksichtigen und sich mit ihr zu verständigen. Erhebliche Einwände oder Bedenken dürfen deshalb nicht einfach übergangen werden. Vielmehr ist auf den Ausgleich aufgetretener Differenzen hinzuwirken. Bei dennoch verbleibenden Meinungsunterschieden ist jedoch der Wille des Regelungsbefugten ausschlaggebend.[20] 28

Die in der bis zum 7.12.2015 gültigen Fassung, in der bis zum 30.9.2013 ein Normvertrag zu vereinbaren war, konnte nach zwischenzeitlich erfolgter Umsetzung entfallen.[21] Insbesondere haben KBV und GKV-Spitzenverband als Anlage 27 zum BMV-Ä im Benehmen mit den Vereinigungen der Träger der Pflegeeinrichtungen und den Bundesverbänden der Pflegeberufe umgesetzt: Seit dem 1.1.2014 gilt 29

---

15 BT-Dr. 17/8005, 119.
16 Kremer/Wittmann, Vertragsärztliche Zulassungsverfahren, 2. Aufl. 2015, Rn. 1018.
17 BSG, 1.7.1998, B 6 KA 43/97 R, juris Rn. 26, 29, 30 = SozR 3-5520 § 31 Nr. 9; Kremer/Wittmann, Vertragsärztliche Zulassungsverfahren, 2. Aufl. 2015, Rn. 1018.
18 Vgl. BT-Dr. 16/7439, 97.
19 Vgl. BT-Dr. 16/7439, 97.
20 BAG, 13.3.2003, 6 AZR 557/01, juris Rn. 38 = GesR 2003, 380 ff.
21 Vgl. BT-Dr. 18/5170, 29.

die „Vereinbarung nach § 119b Abs. 2 SGB V zur Förderung der kooperativen und koordinierten ärztlichen und pflegerischen Versorgung in stationären Pflegeheimen".[22]

30 Ziel ist die Vereinheitlichung der Betreuung und Versorgung der Heimbewohner in den Bundesländern, die nicht mehr allein von der Vertragsgestaltung mit der zuständigen Krankenkasse abhängt.[23] Der Vertrag bestimmt die in Kooperationsverträgen nach § 119b Abs. 1 SGB V zu regelnden Vertragsinhalte und legt die grundlegenden Anforderungen für die Vereinbarung von Zuschlägen nach § 87a Abs. 2 S. 3 Hs. 2 Nrn. 1 und 2 fest (§ 1 Abs. 1). Auch einzelne nach §§ 2 bis 6 aufgeführten Maßnahmen sind förderungswürdig, wenn hierdurch die Versorgungssituation verbessert wird (§ 1 Abs. 3). Weiter können über die Vereinbarung hinaus regionale Besonderheiten geregelt werden (§ 1 Abs. 4). Eckpunkte der Vereinbarung sind im Wesentlichen die Aufgaben und Pflichten der steuernden Hausärzte (§ 2), der Fachärzte (§ 3), deren vertragsärztlicher Zusammenarbeit (§ 4), die Zusammenarbeit zwischen Vertragsärzten und stationären Pflegeeinrichtungen (§ 5) und Empfehlungen für die kooperative und koordinierte ärztlich/pflegerische Versorgungsgestaltung (§ 6). Der Normvertrag kann von den Vertragsparteien mit einer Frist von 6 Monaten zum Schluss des Kalenderjahres gekündigt werden. Bis zum Inkrafttreten einer neuen Vereinbarung gelten die bestehenden Regelungen allerdings fort (§ 9).

31 hh) **Evaluation (Abs. 3).** Der Bewertungsausschuss für ärztliche Leistungen evaluiert die mit der Vergütungsregelung nach § 87 Abs. 2a verbundenen Auswirkungen auf das Versorgungsgeschehen im Bereich der vertragsärztlichen Versorgung einschließlich der finanziellen Auswirkungen auf die Krankenkassen und berichtet der Bundesregierung bis zum 31.12.2017 über die Ergebnisse.

32 Damit wird der Bewertungsausschuss als Folge zu dem gesetzlichen Auftrag, eine Regelung im einheitlichen Bewertungsmaßstab für ärztliche Leistungen zu treffen, nach der die zusätzlichen ärztlichen Kooperations- und Koordinationsleistungen auf Grundlage von Kooperationsverträgen vergütet werden, die den Anforderungen nach Abs. 2 entsprechen,[24] beauftragt, die hiermit verbundenen Auswirkungen auf das Versorgungsgeschehen im Bereich der vertragsärztlichen Versorgung einschließlich der finanziellen Auswirkungen auf die Krankenkassen zu evaluieren und der Bundesregierung zu berichten. Dies ersetzt die bislang vorgesehene Evaluation durch das Institut des Bewertungsausschusses bezogen auf die bisherige Möglichkeit der Gesamtvertragspartner, Zuschläge auf den Orientierungswert für eine kooperative und koordinierte ärztliche und pflegerische Versorgung von pflegebedürftigen Versicherten in stationären Pflegeeinrichtungen oder von Kooperationsverträgen gemäß § 119b Abs. 1 S. 1 zu vereinbaren.[25]

33 Aufbauend auf der ab dem 8.12.2015 geltenden Regelung nach § 119b Abs. 1, nach der stationäre Pflegeeinrichtungen einzeln oder gemeinsam Kooperationsverträge mit dafür geeigneten Leistungserbringern abschließen sollen, sowie aufbauend auf den nach § 119b Abs. 2 vorliegenden Anforderungen an eine kooperative und koordinierte ärztliche und pflegerische Versorgung von Bewohnern stationärer Pflegeeinrichtungen (Anlage 27 BMV-Ä), wird der Bewertungsausschuss mit dieser Regelung beauftragt, den einheitlichen Bewertungsmaßstab für ärztliche Leistungen anzupassen, um die zusätzlichen ärztlichen Kooperations- und Koordinationsleistungen (zB durch verbesserte Kommunikationsstrukturen, regelmäßige Fallbesprechungen der entsprechenden Ärztinnen und Ärzte mit den Pflegekräften der stationären Pflegeeinrichtung) in entsprechenden Kooperationsverträgen sachgerecht abzubilden und zu bewerten. Dabei können sowohl Zuschläge auf bestehende Gebührenordnungspositionen als auch neue Gebührenordnungspositionen ggf. zusammengefasst in einem eigenen Abschnitt vereinbart werden. Hierbei sollten auch die neuen Regelungen im Bundesmantelvertrag und die Abrechnungsmöglichkeiten für die qualifizierte und koordinierte palliativ-medizinische Versorgung berücksichtigt werden. Um mögliche Unterschiede des praktischen Aufwands der jeweiligen Kooperations- und Koordinationsleistung Rechnung zu tragen, ist bei der Bewertung zB nach der Funktion innerhalb der Kooperationsgemeinschaft etwa zwischen Koordinationsärzten und weiteren kooperierenden Ärzten zu differenzieren. Nach § 119b Abs. 1 angestellte Ärzte sollen Koordinationsärzten in der Vergütung gleichgestellt sein. Auf der Grundlage der geltenden Beschlüsse des Bewertungsausschusses werden neue Leistungen zwei Jahre extrabudgetär vergütet, im Anschluss kann der Bewertungsausschuss

---

22 Vgl. http://www.kbv.de/media/sp/Anlage_27_119b_SGBV.pdf (zuletzt abgerufen am 1.3.2017).
23 Vgl. Köhler-Hohmann in: jurisPK-SGB V, § 119b Rn. 34 ff.
24 Vgl. Begr. zu § 87 Abs. 2a, BT-Dr. 18/5170, 28.
25 Vgl. BT-Dr. 18/5170, 29.

eine Fortführung empfehlen. Vor dem Hintergrund der geänderten gesetzlichen Rahmenbedingungen ist in der Folge die Anlage 27 des BMV-Ä entsprechend anzupassen.[26]

IV. Vergütung

Die ärztlichen Leistungen der Pflegeeinrichtungen werden nach den für Vertragsärzte geltenden Grundsätzen aus der vertragsärztlichen Gesamtvergütung vergütet. Hinsichtlich der Vergütung der von den Pflegeheimen durch angestellte Ärzte erbrachten ambulanten ärztlichen Leistungen gilt, dass diese gemäß § 120 nach den für Vertragsärzte geltenden Grundsätzen aus der vertragsärztlichen Gesamtvergütung zu erfolgen hat.[27] Die im Rahmen von Kooperationsverträgen erbrachten Leistungen werden aufgrund der separaten Leistungserbringung durch die jeweiligen ärztlichen Kooperationspartner abgerechnet.[28] 34

V. Besondere Verfahrenshinweise

Die Ermächtigung wird gemäß Abs. 1 beim zuständigen Zulassungsausschuss (§ 96) beantragt, der einen Ermächtigungsbescheid erlässt. Gegen die Entscheidung des Zulassungsausschusses ist Widerspruch beim Berufungsausschuss (§ 97) und Klage beim Sozialgericht möglich. 35

§ 119 c Medizinische Behandlungszentren

(1) ¹Medizinische Behandlungszentren für Erwachsene mit geistiger Behinderung oder schweren Mehrfachbehinderungen, die fachlich unter ständiger ärztlicher Leitung stehen und die Gewähr für eine leistungsfähige und wirtschaftliche Behandlung bieten, können vom Zulassungsausschuss zur ambulanten Behandlung von Erwachsenen mit geistiger Behinderung oder schweren Mehrfachbehinderungen ermächtigt werden. ²Die Ermächtigung ist zu erteilen, soweit und solange sie notwendig ist, um eine ausreichende Versorgung von Erwachsenen mit geistiger Behinderung oder schweren Mehrfachbehinderungen sicherzustellen.

(2) ¹Die Behandlung durch medizinische Behandlungszentren ist auf diejenigen Erwachsenen auszurichten, die wegen der Art, Schwere oder Komplexität ihrer Behinderung auf die ambulante Behandlung in diesen Einrichtungen angewiesen sind. ²Die medizinischen Behandlungszentren sollen dabei mit anderen behandelnden Ärzten, den Einrichtungen und Diensten der Eingliederungshilfe und mit dem Öffentlichen Gesundheitsdienst eng zusammenarbeiten.

Literatur:

Martin/Mau/Grimmer/Poppele/Felchner/Elstner, Bessere Versorgung möglich, DÄ 2015, A 1980; *Pawlita*, Zulassungsrechtliche Änderungen durch das GKV-VSG, NZS 2015, 727; *Schroeder-Prinzen*, GKV-VSG – Der große Entwurf für die Verstärkung der ambulanten Versorgung? (1. Teil), ZMGR 2015, S. 377; *Schroeder-Prinzen*, GKV-VSG – Der große Entwurf für die Verstärkung der ambulanten Versorgung? (2. Teil), ZMGR 2016, S. 3; *Schülle/Hornberg*, Barrieren der Barrierefreiheit in der medizinischen Versorgung, Bundesgesundhbl 2016, 1117.

I. Grundlagen ... 1	b) Notwendigkeit der Ermächtigung (Abs. 1 S. 2) ... 7
II. Normzweck und Systematik ... 2	c) Angewiesen auf Behandlung in diesen Einrichtungen (Abs. 2 S. 1) ... 9
III. Norminhalt und Normauslegung ... 3	d) Zusammenarbeit mit anderen Einrichtungen (Abs. 2 S. 2) ... 10
1. Norminhalt ... 3	e) Rechtsanspruch ... 11
2. Normauslegung ... 4	f) Vergütung ... 12
a) Ermächtigung von MBZ zur Behandlung von Erwachsenen (Abs. 1 S. 1) ... 4	

I. Grundlagen

Mit Wirkung zum 23.7.2015 ist § 119 c durch Art. 1 Nr. 55 Gesetz vom 16.7.2015 in das Gesetz eingefügt worden (BGBl. I, 1211). 1

---

26 Vgl. BT-Dr. 18/5170, 28.
27 Vgl. BT-Dr. 16/7439, 97; Kremer/Wittmann, Vertragsärztliche Zulassungsverfahren, 2. Aufl. 2015, Rn. 1024.
28 Vgl. Köhler-Hohmann in: jurisPK-SGB V, § 119 b Rn. 46.

II. Normzweck und Systematik

2 Nach § 119 c haben Erwachsene mit geistiger Behinderung oder schweren Mehrfachbehinderungen Anspruch auf nichtärztliche sozialmedizinische Leistungen, wenn sie unter ärztlicher Verantwortung durch ein Medizinisches Behandlungszentrum (MBZ) nach § 119 c erbracht werden und erforderlich sind, um eine Krankheit zum frühestmöglichen Zeitpunkt zu erkennen und einen Behandlungsplan aufzustellen.

III. Norminhalt und Normauslegung

3 1. Norminhalt. § 119 c regelt Medizinische Behandlungszentren. Nach Abs. 1 können MBZ bedarfsabhängig zur ambulanten Behandlung von Erwachsenen mit geistiger Behinderung oder schweren Mehrfachbehinderungen ermächtigt werden. Nach Abs. 2 ist die Behandlung auf Erwachsene auszurichten; die Zentren sollen dabei mit anderen Einrichtungen ua zusammenarbeiten.

4 2. Normauslegung. a) Ermächtigung von MBZ zur Behandlung von Erwachsenen (Abs. 1 S. 1). Die medizinische Versorgung von Menschen mit Behinderungen muss weiter verbessert werden. Hierzu wird korrespondierend mit dem in § 43 b verankerten Leistungsanspruch erwachsener Menschen mit geistiger Behinderung oder schweren Mehrfachbehinderungen auf nichtärztliche sozialmedizinische Leistungen entsprechend der bereits für Kinder geltenden Regelung zur Ermächtigung sozialpädiatrischer Zentren eine Regelung zur Ermächtigung von MBZ zur ambulanten Behandlung von Erwachsenen geschaffen.

5 Die MBZ sollen eine adäquate gesundheitliche Versorgung für Menschen mit geistiger Behinderung oder schweren Mehrfachbehinderungen, die das 18. Lebensjahr überschritten haben, gewährleisten. Hierfür müssen sie geeignet sein, die von erwachsenen Menschen mit Behinderungen speziell wegen ihrer geistigen oder schweren Mehrfachbehinderungen benötigten Gesundheitsleistungen an einem Ort und mit vertretbarem Aufwand „aus einem Guss" zu erbringen. Dabei ist zu berücksichtigen, dass der in den Behandlungszentren zu versorgende Personenkreis neben einer zielgruppenspezifischen Diagnostik und Therapie insbesondere auch einer zielgruppenspezifischen Kommunikation durch geeignete Kommunikationsstrategien (einfache Sprache, Bilder, Kommunikationshilfsmittel, Assistenz, etc) bedarf.[1]

6 MBZ müssen unter ständiger ärztlicher Leitung stehen und die Gewähr für eine leistungsfähige und wirtschaftliche Behandlung bieten. Die Behandlung ist auf diejenigen Erwachsenen auszurichten, die wegen der Art, Schwere oder Komplexität ihrer Behinderung durch zugelassene Vertragsärztinnen und Vertragsärzte nicht ausreichend behandelt werden können.

7 b) Notwendigkeit der Ermächtigung (Abs. 1 S. 2). Die Ermächtigung ist zu erteilen, soweit und solange sie notwendig ist, um eine ausreichende Versorgung von Erwachsenen mit geistiger Behinderung oder schweren Mehrfachbehinderungen sicherzustellen. Aus der Klausel „soweit und solange" ergibt sich eine Bedarfsabhängigkeit.

8 Angeboten werden im MBZ Leistungen, die von den betroffenen Menschen speziell benötigt werden. Hierzu können auch zahnmedizinische Leistungen gehören. Neben der Durchführung von spezifischer Diagnostik und Therapie bzw. der Aussprache von Therapieempfehlungen für die weiterbehandelnde Ärztin oder den weiterbehandelnden Arzt liegt die wesentliche Leistung der MBZ darin, die Organisation und die Koordination verschiedener ambulanter fachärztlicher Leistungen (Diagnostik, Behandlung, weitere ärztliche Veranlassung, Therapiepläne) sicherzustellen sowie eng mit den anderen behandelnden Ärzten und Einrichtungen bzw. Diensten der Eingliederungshilfe und auch anderen Professionen (Heil- und Hilfsmittelerbringer und Erbringer von Kranken-/Behindertentransportleistungen) zusammenarbeiten. MBZ können für Erwachsene mit geistiger Behinderung oder schweren Mehrfachbehinderungen, die als Kinder und Jugendliche durch ein SPZ versorgt wurden, ein Anschlussversorgungsangebot sein. In diesem Fall erfolgt eine systematische Transition vom kinder- und jugendmedizinischen Versorgungskontext zum erwachsenenmedizinischen Versorgungskontext erfolgen.

9 c) Angewiesen auf Behandlung in diesen Einrichtungen (Abs. 2 S. 1). Die Behandlung durch MBZ ist auf diejenigen Erwachsenen auszurichten, die wegen der Art, Schwere oder Komplexität ihrer Behinderung auf die ambulante Behandlung in diesen Einrichtungen angewiesen sind. Kann der Bedarf bejaht werden, so besteht ein Rechtsanspruch der Einrichtung auf Ermächtigung.

---

1 Vgl. BT-Dr. 18/4095, 114.

d) **Zusammenarbeit mit anderen Einrichtungen** (Abs. 2 S. 2). MBZ sollen bei Ihrer Behandlung mit anderen behandelnden Ärzten, den Einrichtungen und Diensten der Eingliederungshilfe und mit dem Öffentlichen Gesundheitsdienst eng zusammenarbeiten.

e) **Rechtsanspruch.** Liegen die Tatbestandsvoraussetzungen vor, so hat das MBZ einen Rechtsanspruch auf Ermächtigung. Sie führt zur Berechtigung und Verpflichtung der Einrichtung zur ambulanten ärztlichen Behandlung von erwachsenen GKV-Versicherten mit geistiger Behinderung bzw. schweren Mehrfachbehinderungen. Zudem ist die Einrichtung an die vertragsarztrechtlichen Bestimmungen gebunden.[2]

f) **Vergütung.** Hinsichtlich der Vergütung der in MBZ erbrachten ambulanten ärztlichen Leistungen gilt wie bei sozialpädiatrischen Zentren (SPZ), dass diese unmittelbar von den Krankenkassen vergütet werden.

§ 120 Vergütung ambulanter Krankenhausleistungen

(1) ¹Die im Krankenhaus erbrachten ambulanten ärztlichen Leistungen der ermächtigten Krankenhausärzte, die in stationären Pflegeeinrichtungen erbrachten ambulanten ärztlichen Leistungen von nach § 119b Absatz 1 Satz 4 ermächtigten Ärzten, ambulante ärztliche Leistungen, die in ermächtigten Einrichtungen erbracht werden, und Leistungen, die im Rahmen einer Inanspruchnahme nach § 27b Absatz 3 Nummer 4 oder nach § 76 Absatz 1a erbracht werden, werden nach den für Vertragsärzte geltenden Grundsätzen aus der vertragsärztlichen Gesamtvergütung vergütet. ²Die mit diesen Leistungen verbundenen allgemeinen Praxiskosten, die durch die Anwendung von ärztlichen Geräten entstehenden Kosten sowie die sonstigen Sachkosten sind mit den Gebühren abgegolten, soweit in den einheitlichen Bewertungsmaßstäben nichts Abweichendes bestimmt ist. ³Die den ermächtigten Krankenhausärzten zustehende Vergütung wird für diese vom Krankenhausträger mit der Kassenärztlichen Vereinigung abgerechnet und nach Abzug der anteiligen Verwaltungskosten sowie der dem Krankenhaus nach Satz 2 entstehenden Kosten an die berechtigten Krankenhausärzte weitergeleitet. ⁴Die Vergütung der von nach § 119b Absatz 1 Satz 4 ermächtigten Ärzten erbrachten Leistungen wird von der stationären Pflegeeinrichtung mit der Kassenärztlichen Vereinigung abgerechnet. ⁵Die Vergütung der Leistungen, die im Rahmen einer Inanspruchnahme nach § 76 Absatz 1a erbracht werden, wird vom Krankenhausträger nach Maßgabe der regionalen Euro-Gebührenordnung mit der Kassenärztlichen Vereinigung abgerechnet.

(1a) ¹Ergänzend zur Vergütung nach Absatz 1 sollen die Landesverbände der Krankenkassen und die Ersatzkassen gemeinsam und einheitlich für die in kinder- und jugendmedizinischen, kinderchirurgischen und kinderorthopädischen sowie insbesondere pädaudiologischen und kinderradiologischen Fachabteilungen von Krankenhäusern erbrachten ambulanten Leistungen mit dem Krankenhausträger fall- oder einrichtungsbezogene Pauschalen vereinbaren, wenn diese erforderlich sind, um die Behandlung von Kindern und Jugendlichen, die auf Überweisung erfolgt, angemessen zu vergüten. ²Die Pauschalen werden von der Krankenkasse unmittelbar vergütet. ³§ 295 Absatz 1b Satz 1 gilt entsprechend. ⁴Das Nähere über Form und Inhalt der Abrechnungsunterlagen und der erforderlichen Vordrucke wird in der Vereinbarung nach § 301 Absatz 3 geregelt. ⁵Soweit für ein Jahr für diese Leistungen erstmals Pauschalen nach Satz 1 vereinbart werden, sind bei besonderen Einrichtungen einmalig die Erlössumme nach § 6 Absatz 3 des Krankenhausentgeltgesetzes für dieses Jahr in Höhe der Summe der nach Satz 1 vereinbarten Pauschalen zu vermindern. ⁶Der jeweilige Minderungsbetrag ist bereits bei der Vereinbarung der Vergütung nach Satz 1 festzulegen. ⁷Bei der Vereinbarung des Landesbasisfallwerts nach § 10 des Krankenhausentgeltgesetzes ist die Summe der für das jeweilige Jahr erstmalig vereinbarten ambulanten Pauschalen ausgabenmindernd zu berücksichtigen.

(2) ¹Die Leistungen der Hochschulambulanzen, der psychiatrischen Institutsambulanzen, der sozialpädiatrischen Zentren und der medizinischen Behandlungszentren werden unmittelbar von der Krankenkasse vergütet. ²Die Vergütung wird von den Landesverbänden der Krankenkassen und den Ersatzkassen gemeinsam und einheitlich mit den Hochschulen oder Hochschulkliniken, den Krankenhäusern oder den sie vertretenden Vereinigungen im Land vereinbart; die Höhe der Vergütung für die Leistungen der jeweiligen Hochschulambulanz gilt auch für andere Krankenkassen im Inland, wenn deren Versicherte durch diese Hochschulambulanz behandelt werden. ³Sie muss die Leistungsfähigkeit der

---

2 Vgl. Vgl. Köhler-Hohmann in: jurisPK-SGB V, § 119c Rn. 29.

Hochschulambulanzen, der psychiatrischen Institutsambulanzen, der sozialpädiatrischen Zentren und der medizinischen Behandlungszentren bei wirtschaftlicher Betriebsführung gewährleisten. ⁴Bei der Vergütung der Leistungen der Hochschulambulanzen sind die Grundsätze nach Absatz 3 Satz 4 erstmals bis zum 1. Juli 2017 und danach jeweils innerhalb von sechs Monaten nach Inkrafttreten der Anpassung der Grundsätze nach Absatz 3 Satz 4 zu berücksichtigen. ⁵Bei den Vergütungsvereinbarungen für Hochschulambulanzen nach Satz 2 sind Vereinbarungen nach Absatz 1 a Satz 1 zu berücksichtigen.

(3) ¹Die Vergütung der Leistungen der Hochschulambulanzen, der psychiatrischen Institutsambulanzen, der sozialpädiatrischen Zentren, der medizinischen Behandlungszentren und sonstiger ermächtigter ärztlich geleiteter Einrichtungen kann pauschaliert werden. ²§ 295 Absatz 1 b Satz 1 gilt entsprechend. ³Das Nähere über Form und Inhalt der Abrechnungsunterlagen und der erforderlichen Vordrucke wird für die Hochschulambulanzen, die psychiatrischen Institutsambulanzen, die sozialpädiatrischen Zentren und die medizinischen Behandlungszentren von den Vertragsparteien nach § 301 Absatz 3, für die sonstigen ermächtigten ärztlich geleiteten Einrichtungen von den Vertragsparteien nach § 83 Satz 1 vereinbart. ⁴Die Vertragsparteien nach § 301 Absatz 3 vereinbaren bis zum 23. Januar 2016 bundeseinheitliche Grundsätze, die die Besonderheiten der Hochschulambulanzen angemessen abbilden, insbesondere zur Vergütungsstruktur und zur Leistungsdokumentation.

(3 a) ¹Die Vergütung der Leistungen, die im Rahmen einer Inanspruchnahme nach § 76 Absatz 1 a erbracht werden, erfolgt mit den festen Preisen der regionalen Euro-Gebührenordnung zu Lasten des Anteils der morbiditätsbedingten Gesamtvergütungen, der für den Bereich der fachärztlichen Versorgung zu bilden ist, es sei denn, die Vertragsparteien nach § 87 a Absatz 2 Satz 1 haben für diese Leistungen Vergütungen nach § 87 a Absatz 2 Satz 3 oder § 87 a Absatz 3 Satz 5 vereinbart. ²Eine Prüfung der Abrechnungen auf Plausibilität ist nicht vorzunehmen. ³Das Nähere über Form und Inhalt der Abrechnungsunterlagen und der erforderlichen Vordrucke bestimmt die Kassenärztliche Vereinigung im Einvernehmen mit der Landeskrankenhausgesellschaft und den Landesverbänden der Krankenkassen und den Ersatzkassen gemeinsam und einheitlich unter Berücksichtigung der Regelungen nach § 87 Absatz 1 Satz 2 bis zum 23. Januar 2016; § 115 Absatz 3 gilt entsprechend. ⁴Die in § 112 Absatz 1 genannten Vertragspartner treffen eine Vereinbarung über eine pauschale Vergütung und Abrechnung des Sprechstundenbedarfs mit den Krankenkassen im Rahmen der Inanspruchnahme nach § 76 Absatz 1 a; § 112 Absatz 5 gilt entsprechend.

(4) ¹Kommt eine Vereinbarung nach Absatz 1 a Satz 1 oder nach Absatz 2 Satz 2 oder eine Berücksichtigung der Grundsätze nach Absatz 2 Satz 4 ganz oder teilweise nicht zustande, setzt die Schiedsstelle nach § 18 a Abs. 1 des Krankenhausfinanzierungsgesetzes auf Antrag einer Vertragspartei die Vergütung fest; im Falle von Vereinbarungen nach Absatz 1 a Satz 1 hat die Schiedsstelle zunächst festzustellen, ob die Vereinbarung erforderlich ist, um die Behandlung von Kindern und Jugendlichen, die auf Überweisung erfolgt, angemessen zu vergüten. ²Kommt die Vereinbarung nach Absatz 3 Satz 4 ganz oder teilweise nicht zustande, setzt die Schiedsstelle nach § 18 a Absatz 6 des Krankenhausfinanzierungsgesetzes in der Besetzung ohne den Vertreter des Verbandes der privaten Krankenversicherung auf Antrag einer Vertragspartei den Inhalt innerhalb von sechs Wochen fest. ³Kommt die Vereinbarung nach Absatz 3 a Satz 4 ganz oder teilweise nicht zustande, setzt die Schiedsstelle nach § 114 auf Antrag einer Vertragspartei den Inhalt innerhalb von sechs Wochen fest.

(5) Beamtenrechtliche Vorschriften über die Entrichtung eines Entgelts bei der Inanspruchnahme von Einrichtungen, Personal und Material des Dienstherrn oder vertragliche Regelungen über ein weitergehendes Nutzungsentgelt, das neben der Kostenerstattung auch einen Vorteilsausgleich umfaßt, und sonstige Abgaben der Ärzte werden durch die Absätze 1 bis 4 nicht berührt.

Literatur:

Clemens, Rechtsprechung zum Vertragsarztrecht – insbesondere neuere Entscheidungen des BSG, in Schriftenreihe der Arbeitsgemeinschaft Medizinrecht im DAV, Band 3, Selbständiges Beweisverfahren im Arzthaftungsrecht – Neue BSG-Rechtsprechung Vertragsarztrecht 2001, 29; *Dulle*, Vergütung von ambulanten Notfallleistungen, AZR 2009, 122; *Deutsche Krankenhausgesellschaft (DKG)*, Positionen der DKG zur Weiterentwicklung im Gesundheitswesen, KH 2000, 849; *Heinze*, Einstweiliger und vorläufiger Rechtsschutz in Streitfällen des Arbeits-, Sozial- und Wirtschaftsrechts, Festschrift für Albrecht Zeuner zum 70. Geburtstag, 1994, S. 369; *Höchstetter/Walger*, Psychiatrische Versorgung, Das Krankenhaus 2001, 329; *Klimpe/Stückradt*, Einzelleistungsabrechnung für poliklinische Behandlungen, Das Krankenhaus 1996, 639; *Korthus*, Die Zuständigkeit für die Durchführung von Wirtschaftlichkeitsprüfungen psychiatrischer Institutsambulanzen, Das Krankenhaus 2010, 240; *Leber*, Ambulante Notfallbehandlungen in Krankenhäusern, Das Krankenhaus 2006, 596; *Leber*, Vergütung ambulanter Notfallbehandlungen, Das Krankenhaus 2001,

711; *Robbers/Wagener*, Zum Vergütungsanspruch für ambulante Notfallbehandlungen in Krankenhäusern, Das Krankenhaus 1996, 184; *Wagener/Lehmkühler-Schneider*, Zum Vergütungsanspruch für ambulante Notfallbehandlungen im Krankenhaus, Das Krankenhaus 1997, 700; *Zuck*, Die Poliklinik, MedR 1990, 121.

I. Entstehungsgeschichte	1
II. Vorgängervorschriften	2
III. Normzweck und Systematik	3
IV. Norminhalt und Normauslegung	5
1. Norminhalt	5
2. Normauslegung	7
a) Vergütung ambulanter Leistungen aus der vertragsärztlichen Gesamt-Vergütung durch die Kassenärztlichen Vereinigungen (Abs. 1)	11
b) Vergütung ambulanter Leistungen durch die Krankenkassen (Abs. 1a)	21
c) Vergütung ambulanter Leistungen durch die Krankenkassen (Abs. 2)	26
d) Pauschalierung der Vergütung für Leistungen der Hochschulambulanzen, der psychiatrischen Institutsambulanzen, der sozialpädiatrischen Zentren, der medizinischen Behandlungszentren und sonstiger ermächtigter ärztlich geleiteter Einrichtungen (Abs. 3)	39
e) Vergütung ambulanter Krankenhausleistungen gem. § 76 Abs. 1a (Abs. 3a)	45
f) Festsetzung durch Schiedsstelle (Abs. 4)	52
g) Geltung sonstiger Regelungen über Nutzungsentgelte (Abs. 5)	60

I. Entstehungsgeschichte

Mit Wirkung zum 1.1.1989 ist § 120 im Rahmen des Gesundheitsreformgesetzes vom 20.12.1988 (GRG) in Kraft getreten (BGBl. I, 2477). Anschließend erfolgten folgende Änderungen: Abs. 1 S. 1: IdF d. Art. 1 Nr. 73 Gesetz vom 21.12.1992 (BGBl. I, 2266) mWv 1.1.1993, d. Art. 1 Nr. 4 lit. a Gesetz vom 23.4.2002 (BGBl. I, 1412) mWv 1.1.2003, d. Art. 6 Nr. 11 lit. a Gesetz vom 28.5.2008 (BGBl. I, 874) mWv 1.7.2008 u. d. Art. 3 Nr. 17 Gesetz vom 23.10.2012 (BGBl. I, 2246) mWv 30.10.2012 u.d. Art. 56 lit. a aa Gesetz vom 16.7.2015 (BGBl. I, 1211) mWv 23.7.2015; Abs. 1 S. 4: Eingef. durch Art. 6 Nr. 11 lit. b Gesetz vom 28.5.2008 (BGBl. I, 874) mWv 1.7.2008; idF d. Art. 3 Nr. 17 Gesetz vom 23.10.2012 (BGBl. I, 2246) mWv 30.10.2012; Abs. 1 S. 5: Eingef. durch Art. 1 Nr. 56 lit. a bb G v. 16.7.2015 I 1211 mWv 23.7.2015; Abs. 1a: Eingef. durch Art. 3 Nr. 4 Gesetz vom 17.3.2009 (BGBl. I, 534) mWv 1.1.2009; Abs. 1a S. 3: IdF d. Art. 15 Nr. 6a lit. a aa Gesetz vom 17.7.2009 (BGBl. I, 1990) mWv 1.1.2010; Abs. 1a S. 4: IdF d. Art. 15 Nr. 6a lit. a bb Gesetz vom 23.10.2012 (BGBl. I, 2246) mWv 23.7.2009; Abs. 1a S. 5: IdF d. Art. 1 Nr. 10a lit. a aa Gesetz vom 22.12.2010 (BGBl. I, 2309) mWv 1.1.2011 u. d. Art. 4 Nr. 4 Gesetz vom 21.7.2012 (BGBl. I, 1613) mWv 1.1.2013; Abs. 1a S. 6: Früherer S. 6 aufgeh., früherer S. 7 jetzt S. 6 gem. Art. 1 Nr. 10a lit. a bb Gesetz vom 22.12.2010 (BGBl. I, 2309) mWv 1.1.2011; Abs. 1a S. 7: Früher S. 8 gem. u. idF d. Art. 1 Nr. 10a lit. a bb u. cc Gesetz vom 22.12.2010 (BGBl. I, 2309) mWv 1.1.2011; Abs. 2: IdF d. Art. 1 Nr. 4 lit. b Gesetz vom 23.4.2002 (BGBl. I, 1412) mWv 1.1.2003; Abs. 2 S. 1: IdF d. Art. 1 Nr. 56 lit. b aa G v. 16.7.2015 I 1211 mWv 23.7.2015; Abs. 2 S. 2: IdF d. Art. 1 Nr. 88 Gesetz vom 26.3.2007 (BGBl. I, 378) mWv 1.7.2008; IdF d. Art. 1 Nr. 6b lit. a aa Gesetz vom 4.4.2017 (BGBl. I, 779) mWv 11.4.2017; Abs. 2 S. 3: IdF d. Art. 1 Nr. 56 lit. b bb G v. 16.7.2015 I 1211 mWv 23.7.2015; Abs. 2 S. 4: IdF d. Art. 1 Nr. 56 lit. b cc G v. 16.7.2015 I 1211 mWv 23.7.2015 u. d. Art. 6 Nr. 13 lit. a aa G v. 10.12.2015 I 2229 mWv 1.1.2016; IdF d. Art. 1 Nr. 6b lit. a bb Gesetz vom 4.4.2017 (BGBl. I, 779) mWv 11.4.2017; Abs. 2 S. 5 (früher S. 6): IdF d. Art. 1 Nr. 44b G v. 22.12.2011 I 2983 mWv 1.1.2012 u. d. Art. 1 Nr. 56 lit. b ee G v. 16.7.2015 I 1211 mWv 23.7.2015; früherer S. 5 aufgeh., früherer S. 6 jetzt S. 5 gem. Art. 6 Nr. 13 lit. a bb G v. 10.12.2015 I 2229 mWv 1.1.2016; Abs. 3 S. 1: IdF d. Art. 1 Nr. 4 lit. c aa Gesetz vom 23.4.2002 (BGBl. I, 1412) mWv 1.1.2003 u. d. Art. 1 Nr. 56 lit. c aa G v. 16.7.2015 I 1211 mWv 23.7.2015; Abs. 3 S. 2 (früher S. 3): Eingef. durch Art. 3 Nr. 2 G v. 13.6.1994 I 1229 mWv 1.7.1994; idF d. Art. 15 Nr. 6a lit. b aa G v. 17.7.2009 I 1990 mWv 1.1.2010; früherer S. 2 aufgeh., früherer S. 3 jetzt S. 2 gem. Art. 6 Nr. 13 lit. b G v. 10.12.2015 I 2229 mWv 1.1.2016; Abs. 3 S. 3 (früher S. 4): Eingef. durch Art. 3 Nr. 2 G v. 13.6.1994 I 1229 mWv 1.7.1994; idF d. Art. 1 Nr. 4 lit. c cc G v. 23.4.2002 I 1412 mWv 1.1.2003, d. Art. 1 Nr. 87 G v. 14.11.2003 I 2190 mWv 1.1.2004, d. Art. 15 Nr. 6a lit. b bb G v. 17.7.2009 I 1990 mWv 23.7.2009 u. d. Art. 1 Nr. 56 lit. c bb G v. 16.7.2015 I 1211 mWv 23.7.2015; früherer S. 4 jetzt S. 3 gem. Art. 6 Nr. 13 lit. b G v. 10.12.2015 I 2229 mWv 1.1.2016; Abs. 3 S. 4 (früher S. 5): Eingef. durch Art. 1 Nr. 56 lit. c cc G v. 16.7.2015 I 1211 mWv 23.7.2015; früherer S. 5 jetzt S. 4 gem. Art. 6 Nr. 13 lit. b G v. 10.12.2015 I 2229 mWv 1.1.2016; Abs. 3a: Eingef. durch Art. 1 Nr. 56 lit. d G

v. 16.7.2015 I 1211 mWv 23.7.2015; Abs. 3 a S. 2: IdF d. Art. 6 Nr. 13 lit. c G v. 10.12.2015 I 2229 mWv 1.1.2016; Abs. 4 (früher einziger Text): IdF d. Art. 1 Nr. 43 nach Maßgabe d. Art. 17 Gesetz vom 23.6.1997 (BGBl. I, 1520) mWv 1.7.1997 u. d. Art. 1 Nr. 10 a lit. b Gesetz vom 22.12.2010 (BGBl. I, 2309) mWv 1.1.2011; IdF d. Art. 1 Nr. 6 b lit. b Gesetz vom 4.4.2017 (BGBl. I, 779) mWv 11.4.2017; Abs. 4 S. 2: Eingef. durch Art. 1 Nr. 56 lit. e G v. 16.7.2015 I 1211 mWv 23.7.2015; idF d. Art. 6 Nr. 13 lit. d G v. 10.12.2015 I 2229 mWv 1.1.2016; § 120 Abs. 4 S. 3: Eingef. durch Art. 1 Nr. 56 lit. e G v. 16.7.2015 I 1211 mWv 23.7.2015; Abs. 6: Aufgeh. durch Art. 15 a Gesetz vom 17.7.2009 (BGBl. I, 1990) mWv 1.7.2010.

II. Vorgängervorschriften

2 § 120 fasst die vormals über die RVO verstreuten Regelungen über die Vergütung der im Krankenhaus erbrachten ambulanten ärztlichen Leistungen in einer Bestimmung zusammen.[1] Insbesondere waren die §§ 368 n und 368 a Abs. 8 RVO Vorgängervorschrift des § 120.

III. Normzweck und Systematik

3 Die Vorschrift beinhaltet eine Vergütungsvorschrift für ambulante Krankenhausleistungen. Voraussetzung ist daher eine Leistungserbringung nach §§ 116, 116 a, 117, 118, 119, 119 a und b; die §§ 115 a und b sowie 116 b beinhalten besondere Vergütungsregelungen.[2] Systematisch steht § 120 in unmittelbarem Zusammenhang mit § 87 b.[3]

4 Die im Rahmen von Forschung und Lehre von den Hochschulkliniken erbrachten Leistungen werden nicht aus der Gesamtvergütung für Vertragsärzte vergütet. Dies ist geboten, um die Gesamtvergütung von solchen Leistungen zu entlasten, die nicht aus Gründen der Sicherstellung der vertragsärztlichen Versorgung erbracht werden.[4]

IV. Norminhalt und Normauslegung

5 **1. Norminhalt.** § 120 regelt die Vergütung für ambulante Krankenhausleistungen, wobei die Überschrift ungenau ist, da nicht berücksichtigt wird,
- dass die Leistungserbringung eines ermächtigten Krankenhausarztes keine Leistung des Krankenhauses, sondern des Arztes ist,
- dass die Norm weitere Einrichtungen außerhalb des Krankenhausbegriffs umfasst.[5]

6 **Abs. 1** ordnet die Leistungsvergütung der ermächtigten Krankenhausärzte, der nach § 119 b S. 3 Hs. 2 ermächtigten Ärzte und der ermächtigten Einrichtungen grundsätzlich der vertragsärztlichen Gesamtvergütung zu. Diese Zuordnung gilt nach **Abs. 2** nicht für Hochschulambulanzen, psychiatrische Institutsambulanzen (PIA) und sozialpädiatrische Zentren (SPZ), die unmittelbar von den Krankenkassen vergütet werden. **Abs. 1** sieht ergänzend zur Vergütung nach Abs. 1 für die in kinder- und jugendmedizinischen, kinderchirurgischen und kinderorthopädischen sowie insbesondere pädaudiologischen und kinderradiologischen Fachabteilungen von Krankenhäusern erbrachten ambulanten Leistungen mit dem Krankenhausträger fall- oder einrichtungsbezogene Pauschalen vor. Nach **Abs. 3** kann die Vergütung der Leistungen der Hochschulambulanzen, der PIA, der SPZ und sonstiger ermächtigter ärztlich geleiteter Einrichtungen pauschaliert werden. Nach **Abs. 3 a** erfolgt die Vergütung der Leistungen, die im Rahmen einer Inanspruchnahme nach § 76 Abs. 1 a erbracht werden, mit den festen Preisen der regionalen Euro-Gebührenordnung zulasten des Anteils der morbiditätsbedingten Gesamtvergütungen, der für den Bereich der fachärztlichen Versorgung zu bilden ist. Kommt eine Vereinbarung nach Abs. 1 a S. 1 oder 2 S. 2 nicht zustande, setzt die Schiedsstelle nach § 18 a Abs. 1 KHG die Vergütung fest (**Abs. 4**). In **Abs. 5** wird verdeutlicht, dass die vorgeschriebene Kostenerstattung durch die ermächtigten Ärzte beamtenrechtliche und vertragliche Regelungen über ein weitergehendes Nutzungsentgelt einschließlich eines Vorteilsausgleichs unberührt lässt.

---

[1] BT-Dr. 11/2237, 203.
[2] Becker in: Becker/Kingreen, § 120 Rn. 1.
[3] Köhler-Hohmann in: jurisPK-SGB V, § 120 Rn. 3.
[4] BT-Dr. 14/7862, 5.
[5] Köhler-Hohmann in: jurisPK-SGB V, § 120 Rn. 18.

2. Normauslegung. Grundsätzlich werden die Leistungen folgender Leistungserbringer über § 120 vergütet:
- Krankenhausärzte, § 116 SGB V, § 31 a Ärzte-ZV;
- Krankenhäuser, § 116 a;
- Hochschulambulanzen, § 117;
- psychiatrische Institutsambulanzen (PIA), § 118;
- geriatrische Institutsambulanzen (GIA), § 118 a SGB V;
- sozialpädiatrische Zentren (SPZ), § 119;
- Einrichtungen der Behindertenhilfe, § 119 a;
- stationäre Pflegeeinrichtungen, § 119 b;
- medizinische Behandlungszentren (MBZ), § 119 c;
- kommunale Eigeneinrichtungen, § 105 Abs. 5;
- ärztlich geleitete Einrichtungen, § 31 Ärzte-ZV.

Der Anwendungsbereich des § 120 erstreckt sich seit Inkrafttreten des GKV-VSG am 23.7.2015 auch auf folgende Leistungsfälle:
- ambulante Zweitmeinungen gem. § 27 b durch Ärzte und ärztlich geleitete Einrichtungen mit Ermächtigungsstatus bzw. gem. § 108 zugelassene Krankenhäuser;
- ambulante Erst- und Folgetermine gem. §§ 76 Abs. 1 a, 75 Abs. 1 a S. 6 in gem. § 108 zugelassenen Krankenhäusern, welche durch Terminservicestellen vermittelt wurden.

Für die Vergütung von Leitungen, die von Hochschulambulanzen an Psychologischen Universitätsinstituten im Rahmen des für Forschung und Lehre erforderlichen Umfangs sowie für solche Personen, die wegen Art, Schwere oder Komplexität ihrer Erkrankung einer Untersuchung oder Behandlung durch die Hochschulambulanzen bedürfen, erbracht werden, gilt gem. § 120 Abs. 3 die Abs. 2 bis 4 des § 120 entsprechend.

Für die Vergütung von Leitungen, die von Ambulanzen an Ausbildungsstätten nach § 6 des Psychotherapeutengesetzes erbracht werden, gilt gem. § 120 Abs. 4 die Abs. 2 bis 4 des § 120 entsprechend mit der Maßgabe, dass dabei eine Abstimmung mit Entgelten für vergleichbare Leistungen erfolgen soll. Im Übrigen gilt § 120 Abs. 3 S. 2 und 3 sowie Abs. 4 S. 1 entsprechend.

a) Vergütung ambulanter Leistungen aus der vertragsärztlichen Gesamt-Vergütung durch die Kassenärztlichen Vereinigungen (Abs. 1). Gemäß **Abs. 1 S. 1** werden
- die im Krankenhaus erbrachten ambulanten ärztlichen Leistungen der ermächtigten Krankenhausärzte,
- die in stationären Pflegeeinrichtungen erbrachten ambulanten ärztlichen Leistungen von nach § 119 b S. 3 Hs. 2 ermächtigten Ärzten und
- ambulante ärztliche Leistungen, die in ermächtigten Einrichtungen erbracht werden,
- Leistungen, die im Rahmen einer Inanspruchnahme nach § 27 b Abs. 3 Nr. 4 (Zweitmeinung durch Krankenhäuser) oder nach § 76 Abs. 1 a (Terminservicestellen bei Kassenärztlichen Vereinigungen, Versicherten einen ambulanten Behandlungstermin in einem nach § 108 zugelassenen Krankenhaus anzubieten) erbracht werden

nach den für Vertragsärzte geltenden Grundsätzen aus der vertragsärztlichen Gesamtvergütung vergütet.

Die Regelungen schaffen die notwendigen Grundlagen zur Abrechnung der Leistungen nach § 27 b Abs. 3 Nr. 4 und nach § 76 Abs. 1 a. Diese sind als ambulante ärztliche Leistungen durch die Krankenhausträger mit der zuständigen Kassenärztlichen Vereinigung abzurechnen. Die Abrechnung der Leistungen nach § 76 Abs. 1 a erfolgt, soweit eine Überweisung vorliegt, auf Grundlage der Überweisung versichertenbezogen, nach Maßgabe der regionalen Euro-Gebührenordnung. Für die Abrechnung der Leistungen nach § 27 b Abs. 3 Nr. 4 ist eine Regelung im einheitlichen Bewertungsmaßstab zu treffen (vgl. § 87 Abs. 2 a S. 9).[6]

Gemäß **Abs. 1 S. 2** sind
- die mit diesen Leistungen verbundenen allgemeinen Praxiskosten,
- die durch die Anwendung von ärztlichen Geräten entstehenden Kosten sowie
- die sonstigen Sachkosten

---

6 Vgl. BT-Dr. 18/4095, 115.

mit den Gebühren abgegolten, soweit in den einheitlichen Bewertungsmaßstäben nichts Abweichendes bestimmt ist.

14 In den berechnungsfähigen Gebührenordnungspositionen sind im **Einheitlichen Bewertungsmaßstab (EBM)** gemäß den Allgemeinen Bestimmungen in Kapitel I, Ziffer 7.1 – soweit nichts anderes bestimmt ist – enthalten:
- allgemeine Praxiskosten,
- Kosten, die durch die Anwendung von ärztlichen Instrumenten und Apparaturen entstanden sind,
- Kosten für Einmalartikel (Spritzen, Kanülen, Trachealtuben, Absaugkatheter, Handschuhe, Rasierer, Harnblasenkatheter, Skalpelle, Proktoskope, Darmrohre, Spekula, Küretten, Abdecksets),
- Kosten für Reagenzien, Substanzen und Materialien für Laboratoriumsuntersuchungen,
- Kosten für Filmmaterial,
- Versand- und Transportkosten.

15 In Abs. 1 S. 3 ist ein **besonderes Inkassoverfahren** vorgesehen. Danach wird die den ermächtigten Krankenhausärzten zustehende Vergütung für diese vom Krankenhausträger mit der Kassenärztlichen Vereinigung abgerechnet und nach Abzug der anteiligen Verwaltungskosten sowie der dem Krankenhaus nach Abs. 1 S. 2 entstehenden Kosten an die berechtigten Krankenhausärzte weitergeleitet.

16 Dieses Abrechnungsverfahren für die Vergütung soll die **Abrechnung erleichtern**, die ermächtigten Krankenhausärzte von mit der Abrechnung verbundenem Verwaltungsaufwand befreien und eine ordnungsgemäße Kostenerstattung erleichtern. Der Vergütungsanspruch für die von den ermächtigten Krankenhausärzten erbrachten ambulanten Leistungen geht durch diese Regelung nicht auf den Krankenhausträger über; der Krankenhausträger gilt lediglich als ermächtigt, die Leistungen gegenüber der Kassenärztlichen Vereinigung abzurechnen und die den Krankenhausärzten zustehende Vergütung in Empfang zu nehmen.[7]

17 Dem **Arzt** wird nach Auffassung des BSG[8] nicht die **Befugnis** oder die **Möglichkeit** genommen, **seine Honorarforderung geltend zu machen**. Er müsse sich allerdings bei Meinungsverschiedenheiten mit dem Krankenhausträger über die Höhe der ihm zustehenden Vergütung zunächst mit diesem auseinandersetzen; ob er von der Kassenärztlichen Vereinigung Vergütungen für Leistungen verlangen könnte, die das Krankenhaus nicht abgerechnet habe, sei zumindest fraglich. Indessen sei nicht zu erkennen, dass sich daraus eine erhebliche Belastung ergäbe. Der Krankenhausträger habe nämlich im Allgemeinen kein Interesse, gegenüber der Kassenärztlichen Vereinigung weniger abzurechnen als der Arzt fordere. Soweit der Krankenhausträger Zweifel an der Berechtigung der Forderung habe, könne er diese Zweifel in der Abrechnung zum Ausdruck bringen, ohne die Forderung zu kürzen. Kürzungen des vom Krankenhausträger abgerechneten Honorars durch die Kassenärztliche Vereinigung könne der Arzt gegenüber dieser unmittelbar entgegentreten. Mit der Zahlung an den Krankenhausträger würde nicht etwa die Höhe der dem Krankenhausarzt zustehenden Vergütung diesem gegenüber verbindlich geregelt. Er könne vielmehr den Honorarbescheid der Kassenärztlichen Vereinigung anfechten, wenn ihm nach seiner Ansicht eine höhere Vergütung zustehen würde. Durch einen Honorarbescheid mit einem zu niedrigen Zahlungsbetrag sei der Krankenhausarzt beschwert. Die Widerspruchs- und Klagebefugnis würde durch Abs. 1 S. 3 nicht – jedenfalls nicht ausschließlich – dem Krankenhausträger übertragen. Vielmehr beschränke sich dessen Aufgabe auf die Abrechnung und den Empfang und die Weiterleitung der Zahlung. Daraus folge jedoch nicht, dass dem Krankenhausarzt als Inhaber der Forderung im Übrigen die Befugnis zur Führung des Verwaltungs- und des gerichtlichen Verfahrens entzogen würde.

18 Ungeachtet ihrer Zulässigkeit bedarf die Vereinbarung eines ermächtigten Krankenhausarztes mit dem Krankenhausträger über die Abbedingung der diesem nach Abs. 1 S. 3 zustehenden Befugnis zur Einziehung der Vergütung jedenfalls der für öffentlich-rechtliche Verträge vorgeschriebenen **Schriftform**.[9]

19 Gemäß Abs. 1 S. 4 wird die Vergütung der von nach § 119 b S. 3 Hs. 2 ermächtigten Ärzten (Heimärzten) erbrachten Leistungen von der stationären Pflegeeinrichtung mit der Kassenärztlichen Vereinigung abgerechnet.

---

7 BT-Dr. 11/2237, 203.
8 BSG, 15.5.1991, 6 RKa 25/90, juris Rn. 22 = SozR 3-2500 § 120 Nr. 1; BSG, 28.10.1992, 6 RKa 19/91, juris Rn. 15 = SozR 3-2500 § 120 Nr. 3.
9 Vgl. BSG, 28.10.1992, 6 RKa 19/91, juris Leitsatz und Rn. 21 = SozR 3-2500 § 120 Nr. 3.

Gemäß Abs. 1 S. 5 wird die Vergütung der Leistungen, die im Rahmen einer Inanspruchnahme nach 20
§ 76 Abs. 1 a erbracht werden, vom Krankenhausträger nach Maßgabe der regionalen Euro-Gebührenordnung mit der Kassenärztlichen Vereinigung abgerechnet.[10]

b) **Vergütung ambulanter Leistungen durch die Krankenkassen (Abs. 1 a).** Die im Rahmen des Kran- 21
kenhausfinanzierungsreformgesetz am 1.1.2009 in Kraft getretene Regelung[11] hat den Zweck, mögliche Versorgungsengpässe bei der fachärztlichen ambulanten Versorgung von schwer und chronisch kranken Kindern und Jugendlichen durch Unterfinanzierungen zu vermeiden. Die Situation war dadurch gekennzeichnet, dass diese Patientengruppe in erster Linie durch die auf Überweisung tätigen ermächtigten Ärzte in den sog Fach- und Spezialambulanzen der Kinderkliniken und der Krankenhäuser mit Kinderabteilungen betreut wurden.[12]

In der Praxis hatte sich in den Kinderkliniken und Krankenhäusern mit Kinderabteilungen eine Teilfi- 22
nanzierung der sog Fach- und Spezialambulanzen mit Mitteln aus dem stationären Budget etabliert, die die ambulante Spezialbehandlung von Kindern durch die ermächtigten Krankenhausärzte mit ermöglichte. Diese Finanzierungsmöglichkeit war zum einen aus rechtssystematischen Gründen und zum anderen deshalb nicht weiter aufrechtzuerhalten, weil die DRG-Fallpauschalen-Vergütung nur noch die stationären Leistungen vergütet hat und zusätzliche Vergütungen zur Querfinanzierung ambulanter Krankenhausleistungen nicht mehr möglich waren.[13]

Abs. 1 a S. 1 sieht vor diesen Hintergründen vor, dass für die Vergütung der kinder- und jugendmedizi- 23
nischen und kinderchirurgischen Leistungen der Fachambulanzen sowie weiterer nicht abschließend aufgeführter Spezialgebiete **ergänzende Pauschalen vereinbart werden sollen**, falls diese zur Aufrechterhaltung der Behandlungsmöglichkeiten für die betroffenen Kinder und Jugendlichen erforderlich sind. Die ermächtigten Fachärzte für Kinder- und Jugendmedizin oder Kinderchirurgen haben Schwerpunktkompetenzen (zB. Kinder-Hämatologie und -Onkologie) oder Zusatzweiterbildungen (zB. Kinder-Enokrinologie und -Diabetologie, Kinder-Orthopädie) für die Fachbereiche, in denen sie sich besonders hervorheben. Zusätzlich gibt es noch auf Kinder spezialisierte ermächtigte Ärzte mit anderen Ausbildungswegen (zB Pädaudiologen und Kinderradiologen) sowie Doppelqualifikationen bei ermächtigten Fachärzten für Kinder- und Jugendmedizin (zB für Dermatologie). Zudem gibt es auch Ermächtigungen in Spezialgebieten, die nicht in der Weiterbildungsordnung aufgeführt sind. Die ergänzenden Pauschalen werden individuell mit dem betroffenen Krankenhausträger mit den Verbänden der Krankenkassen auf Landesebene und den Ersatzkassen gemeinsam und einheitlich je Fall oder bezogen auf die Einrichtung vereinbart. Dabei kann den individuellen Gegebenheiten auch dadurch Rechnung getragen werden, dass zB für ein Krankenhaus eine einzige Pauschale oder auch mehrere, zB abteilungsbezogene, Pauschalen vereinbart werden. Das ist jeweils von den Beteiligten vor Ort zu beurteilen. Die jeweils vereinbarte Pauschale ergänzt somit die Vergütung nach Abs. 1, die der Krankenhausträger von der Kassenärztlichen Vereinigung erhält.[14]

Der zusätzliche Finanzierungsbeitrag aus der ergänzenden Fallpauschale wird somit von der Kranken- 24
kasse gesondert geleistet und – analog der Abrechnungsregelung bei Hochschulambulanzen, PIA und SPZ – außerhalb der Gesamtvergütung bzw. außerhalb der Regelleistungsvolumina durch den jeweiligen Krankenhausträger unmittelbar mit der Krankenkasse abgerechnet (Abs. 1 a S. 2 bis 4).[15]

Zur **Refinanzierung der Pauschalen** für die Krankenkassen normieren Abs. 1 a S. 5 bis 7 eine Bereini- 25
gung des Krankenhausbudgets, um auf Kassenseite eine Refinanzierung der ergänzenden Fallpauschale zu ermöglichen, da die Krankenkassen die ambulanten Leistungen der Fachambulanzen bisher über die stationären Vergütungen teilfinanziert haben.[16]

c) **Vergütung ambulanter Leistungen durch die Krankenkassen (Abs. 2).** Gemäß Abs. 2 S. 1 werden die 26
Leistungen der Hochschulambulanzen, der PIA, der SPZ und der MBZ nicht von der Kassenärztlichen Vereinigung, sondern unmittelbar von der Krankenkasse vergütet.

Dies ist geboten, um die Gesamtvergütung von solchen Leistungen zu entlasten, die nicht aus Gründen 27
der Sicherstellung der vertragsärztlichen Versorgung erbracht werden. Des Weiteren soll vermieden

---

10 Vgl. BT-Dr. 18/4095, 115.
11 Krankenhausfinanzierungsreformgesetz (KHRG) vom 17.3.2009 (BGBl. I, 534), in Kraft ab 1.1.2009.
12 BT-Dr. 16/11429, 45.
13 BT-Dr. 16/11429, 46.
14 BT-Dr. 16/11429, 46.
15 BT-Dr. 16/11429, 46.
16 BT-Dr. 16/11429, 46; Becker in: Becker/Kingreen, § 120 Rn. 8.

werden, dass die Vergütung der Hochschulkliniken durch die innerärztliche Honorarverteilung betroffen wird.[17]

28 Für Erwachsene mit geistiger Behinderung und schweren Mehrfachbehinderungen werden in § 119c in Anlehnung an SPZ (§ 119) MBZ geschaffen. Auch hinsichtlich der Vergütung gelten für die ambulanten Leistungen der MBZ die gleichen Regelungen wie für SPZ. Auch die in MBZ erbrachten ärztlichen Leistungen sind unmittelbar von den Krankenkassen zu vergüten. Die Vergütung wird von den Landesverbänden der Krankenkassen und den Ersatzkassen mit den Krankenhäusern oder den sie vertretenden Vereinigungen im Land (zB der Landeskrankenhausgesellschaft) vereinbart. Bei den Vergütungsverhandlungen sind wie bei SPZ auch die in Kooperation mit Ärzten und anderen Stellen erbrachten nichtärztlichen Leistungen angemessen zu berücksichtigen. Die vereinbarte Vergütung muss die Leistungsfähigkeit der MBZ bei wirtschaftlicher Betriebsführung gewährleisten. Die Vergütung kann pauschaliert werden. Die Leistungen der MBZ sind auf diejenigen Erwachsenen mit Behinderung auszurichten, die wegen der Schwere oder der Dauer ihrer Behinderung nicht oder nicht ausreichend durch niedergelassene Ärzte bzw. von SPZ behandelt werden können.[18]

29 MBZ sollen die Durchführung von spezifischer Diagnostik und Therapie, die Aussprache von Therapieempfehlungen für den weiterbehandelnden Arzt sowie die Organisation und Koordination verschiedener ambulanter (fachärztlicher) Leistungen anbieten. Auch für die ambulante Behandlung in ermächtigten Einrichtungen der Behindertenhilfe nach § 119a sowie für vertragsärztliche Leistungen für Versicherte mit geistiger Behinderung oder schweren Mehrfachbehinderungen, die insbesondere auch durch die Kooperation mit medizinischen Behandlungszentren erbracht werden, soll, soweit dies medizinisch oder aufgrund der Besonderheiten bei der Ausführung der Leistung erforderlich ist, nach § 87 Abs. 3 S. 5 vereinbart werden, dass die Leistungen außerhalb der morbiditätsbedingten Gesamtvergütungen mit festen Preisen der Euro-Gebührenordnung vergütet werden.

30 Gemäß Abs. 2 S. 2, 1. Hs. wird die Vergütung
- von den Landesverbänden der Krankenkassen und den Ersatzkassen gemeinsam und einheitlich mit
- den Hochschulen oder Hochschulkliniken, den Krankenhäusern oder den sie vertretenden Vereinigungen im Land

im Rahmen von zweiseitigen Verträgen vereinbart.

31 Abs. 2 S. 2, 2. Hs. sieht vor, dass die von den Landesverbänden der Krankenkassen und den Ersatzkassen gemeinsam und einheitlich mit den Hochschulen oder Hochschulkliniken vereinbarte Höhe der Vergütung für die Leistungen der einzelnen Hochschulambulanz auch für alle übrigen gesetzlichen Krankenkassen im Inland gilt, wenn deren Versicherte in der entsprechenden Hochschulambulanz behandelt werden. Die Höhe der Vergütung gilt nicht für die Vergütung der Leistungen anderer Hochschulambulanzen.[19]

32 Gemäß Abs. 2 S. 3 muss die Vergütung die Leistungsfähigkeit der Hochschulambulanzen, der PIA, der SPZ und der MBZ bei wirtschaftlicher Betriebsführung gewährleisten. Dabei können auch Fallzahlbegrenzungen und Pauschalierungen verhandelt werden. Der Anpassung der Vergütung der Leistungen der Hochschulambulanzen steht der Grundsatz der Beitragssatzstabilität nicht entgegen. Kommt die Vergütungsvereinbarung ganz oder teilweise nicht zu Stande, setzt die Schiedsstelle nach § 18a Abs. 1 KHG auf Antrag einer Vertragspartei die Vergütung fest.[20]

33 Mit diesen Regelungen erhalten Hochschulambulanzen, PIA, SPZ und MBZ das Recht, selbst die Vergütung der im Rahmen von Forschung und Lehre erbrachten Leistungen mit den Krankenkassen zu vereinbaren. Dies ist zur Gewährleistung einer die besonderen Umstände der Leistungserbringung berücksichtigenden Vergütung erforderlich.[21] Die Vergütung muss die entsprechenden Einrichtungen zumindest in die Lage versetzen, diejenigen Anforderungen zu erfüllen, die an die Erteilung der Ermächtigung knüpfen.[22] Dogmatisch sind die Vereinbarungen als öffentlich-rechtliche Verträge iSv §§ 53 ff. SGB X zu werten.[23]

---

17 BT-Dr. 11/2237, 203; BT-Dr. 14/7862, 5.
18 Vgl. BT-Dr. 18/4095, 115.
19 Vgl. BT-Dr. 18/11205, S. 14, 65.
20 Vgl. BT-Dr. 18/4095, 115.
21 Vgl. BT-Dr. 14/7862, 5.
22 Kingreen/Bogan in: BeckOK SozR, SGB V, § 120 Rn. 19.
23 Becker in: Becker/Kingreen, § 120 Rn. 10.

Bei der Vergütung der Leistungen der Hochschulambulanzen sind gemäß Abs. 2 S. 4 die Vereinbarungen nach Abs. 3 S. 4 zu berücksichtigen. Auf die Vorgabe der bis zum Inkrafttreten des GKV-VSG am 23.7.2015 geltende Fassung, wonach bei der Vergütung der Leistungen der Hochschulambulanzen eine Abstimmung mit Entgelten für vergleichbare Leistungen erfolgen soll, wird verzichtet. Diese Regelung hat in der Praxis dazu geführt, dass im Rahmen der Vergütungsverhandlungen auf die Leistungen und Bewertungen der EBM oder die Vergütungen der vorstationären Behandlung abgestellt wurde. Künftig muss die Vergütung der Hochschulambulanzen, wie bei den PIA und SPZ, die Leistungsfähigkeit bei wirtschaftlicher Betriebsführung gewährleisten. S. 4 gibt hierfür vor, dass zur Erhöhung der Leistungstransparenz der Hochschulambulanzen bei den Vergütungsvereinbarungen bundeseinheitliche Grundsätze, die die Besonderheiten der Hochschulambulanzen abbilden, insbesondere zur Vergütungsstruktur, zu Begrenzungsregelungen für den Ermächtigungsbereich „Forschung und Lehre" und zur Leistungsdokumentation, zu berücksichtigen sind.[24]

34

Mit Neufassung des Abs. 2 S. 4 wird eine redaktionelle Korrektur vorgenommen und eine Frist für die gesetzlich vorgesehene Berücksichtigung der bundeseinheitlichen Grundsätze nach Abs. 3 S. 4 durch Anpassung der Vereinbarungen zur Vergütung von Hochschulambulanzen erstmals bis zum 1.7.2017 gesetzt. Damit soll eine zeitnahe Anpassung der Vergütung der Hochschulambulanzen erreicht werden. Die Grundsätze wurden durch die Bundesschiedsstelle nach § 18a des KHG am 9.12.2016 als Hochschulambulanz-Struktur-Vereinbarung (HSA-SV) festgesetzt.[25] Zudem erfolgt eine dynamische Fristvorgabe zur Berücksichtigung von Änderungen der HSV-SV bei der Vergütung der Leistungen der Hochschulambulanzen jeweils innerhalb von 6 Monaten nach Inkrafttreten einer weiterentwickelten HSV-SV. Nach § 6 der HSV-SV soll die HSV-SV nach dem Vorliegen von Daten aus zwölf Abrechnungsquartalen ab Beginn der elektronischen Übermittlung der Informationen weiterentwickelt werden.[26]

35

Gemäß Abs. 2 S. 3 muss die vereinbarte Vergütung die Leistungsfähigkeit der Hochschulambulanzen bei wirtschaftlicher Betriebsführung gewährleisten. Durch das GKV-VSG wurde auf die bisherige Vorgabe verzichtet, wonach bei der vereinbarten Vergütung der Leistungen eine Abstimmung mit Entgelten für vergleichbare Leistungen erfolgen soll. Einer notwendigen Anpassung der Vergütung der Leistungen der Hochschulambulanzen an die HSA-SV steht der Grundsatz der Beitragssatzstabilität nicht entgegen. Die Anpassung der Vergütungsvereinbarungen der Leistungen einer Hochschulambulanz bestimmt sich vielmehr vor dem Hintergrund des Grundsatzes der Beitragssatzstabilität nach der gemessen am Leistungsspektrum wirtschaftlichen Betriebsführung der Hochschulambulanzen im Sinne der Rspr. des BSG vom 13.5.2015.[27] In Analogie zu den Gründen dieser Entscheidung schließt der Grundsatz der Beitragssatzstabilität die Geltendmachung höherer Kosten durch eine Hochschulambulanz aufgrund ihres spezifischen Leistungsspektrums oder ihrer besonderen Kostenstruktur nicht aus, auch wenn dies im Einzelfall zu einer die maßgebliche Veränderungsrate übersteigenden Erhöhung der Vergütung führt. Wird festgestellt, dass nur mit einer bestimmten Höhe der Vergütung die Leistungsfähigkeit der Hochschulambulanz bei wirtschaftlicher Betriebsführung zu gewährleisten ist, liegt ein Fall des § 71 Abs. 1 S. 1 vor, da die notwendige medizinische Versorgung auch nach Ausschöpfung von Wirtschaftlichkeitsreserven anders nicht zu gewährleisten ist.[28]

36

Da zu Zwecken der Dokumentation nach Maßgabe der HSA-SV (vgl. § 3 Abs. 2 S. 2 HSA-SV) eine Arzt-Nr. nach § 295 Abs. 1 S. 1 Nr. 3 nicht verlangt werden kann, ist die Anwendung der Arzt- oder Zahnarzt-Nr. auch kein Regelungsgegenstand der Anpassung der Vergütungsvereinbarungen der Hochschulambulanzen nach Abs. 2 S. 4 zur Berücksichtigung der HSA-SV. Bei der Anpassung der Vereinbarungen nach Abs. 2 S. 2 ist jedoch nach § 3 Abs. 2 S. 3 bis 5 HSA-SV zu gewährleisten, dass die Kennzeichnung des Behandlungsfalls eine eindeutige Identifikation des Standortes und der Fachabteilung der HSA (sofern zuzuordnen) ermöglicht. Dabei ist die BSNR zu verwenden. Das Nähere hierzu regeln die Vereinbarungspartner nach Abs. 2 S. 2.[29]

37

---

24 Vgl. BT-Dr. 18/4095, 116.
25 Vgl. http://www.dkgev.de/media/file/35271.Anlage_Hochschulambulanz-Struktur-Vereinbarung.pdf (zuletzt abgerufen am 24.4.2017).
26 Vgl. BT-Dr. 18/11205, 14, 65.
27 Vgl. B 6 KA 20/14 R, juris = GesR 2015, 663 ff. zur Festsetzung der Vergütung für Leistungen eines sozialpädiatrischen Zentrums durch die Schiedsstelle.
28 Vgl. BT-Dr. 18/11205, 14, 65.
29 Vgl. BT-Dr. 18/11205, 14, 65.

38 Gemäß Abs. 2 S. 5 sind bei den Vergütungsvereinbarungen für Hochschulambulanzen nach S. 2 Vereinbarungen nach Abs. 1 a S. 1 zu berücksichtigen. Hierbei ist zu berücksichtigen, dass die Hochschulambulanzen in erster Linie schwere Fälle versorgen sollen, während dies im vertragsärztlichen Bereich bei den persönlich ermächtigten Krankenhausärzten nicht gilt.[30]

39 d) Pauschalierung der Vergütung für Leistungen der Hochschulambulanzen, der psychiatrischen Institutsambulanzen, der sozialpädiatrischen Zentren, der medizinischen Behandlungszentren und sonstiger ermächtigter ärztlich geleiteter Einrichtungen (Abs. 3). Gemäß Abs. 3 S. 1 kann die Vergütung der Leistungen
- der Hochschulambulanzen,
- der psychiatrischen Institutsambulanzen,
- der sozialpädiatrischen Zentren,
- der medizinischen Behandlungszentren und
- sonstiger ermächtigter ärztlich geleiteter Einrichtungen

pauschaliert werden. Die Möglichkeit der Pauschalierung der Vergütung räumt den Beteiligten einen vertraglichen Gestaltungsspielraum insbesondere dort ein, wo etwa eine Einzelleistungsvergütung zu einer unangemessenen Leistungsausweitung oder zu abrechnungstechnischen Schwierigkeiten führen könnte.[31] Die Entscheidung für eine Pauschalierung liegt im Ermessen („kann") der Vertragsparteien.

40 Von der Möglichkeit der Pauschalierung wird in der Praxis jedoch regelmäßig Gebrauch gemacht. Derartige Pauschalierungen können bezogen auf die davon umfassten Leistungen wie ein Überweisungsverbot wirken. Wenn etwa für Laboruntersuchungen, die von der behandelnden Ambulanz zwar nicht selbst, wohl aber hochschulintern erbracht werden können und dürfen, Bestandteil der Pauschale für den Behandlungsfall sind, versteht es sich von selbst, dass die damit verbundene Abgeltungswirkung dieser Pauschale nicht dadurch umgangen werden kann, dass ein Teil der bereits pauschal vergüteten Leistung extern überwiesen wird. Insofern gilt nichts anderes als für Leistungen, die mit einer Fallpauschale nach dem DRG-Fallpauschalensystem abgegolten sind und die deshalb nicht Gegenstand der Ermächtigung eines Arztes zu einer ambulanten Behandlung sein können[32]

41 Gemäß Abs. 3 S. 2 gilt § 295 Abs. 1 b S. 1 entsprechend. Nach § 295 Abs. 1 b S. 1 übermitteln Ärzte, Einrichtungen und MVZ, die ohne Beteiligung der Kassenärztlichen Vereinigungen mit den Krankenkassen oder ihren Verbänden Verträge zu besonderen Versorgungsformen(§ 140 a) oder zur Versorgung nach § 73 b abgeschlossen haben, PIA sowie Leistungserbringer, die gemäß § 116 b Abs. 2 an der ambulanten spezialfachärztlichen Versorgung teilnehmen, die in § 295 Abs. 1 genannten Angaben, bei Krankenhäusern einschließlich ihres Institutionskennzeichens, an die jeweiligen Krankenkassen im Wege elektronischer Datenübertragung oder maschinell verwertbar auf Datenträgern; vertragsärztliche Leistungserbringer können in den Fällen des § 116 b die Angaben über die Kassenärztliche Vereinigung übermitteln.

42 Gemäß Abs. 3 S. 3 wird das Nähere über Form und Inhalt der Abrechnungsunterlagen und der erforderlichen Vordrucke gem. § 120 Abs. 3 S. 4 für Hochschulambulanzen, PIA, SPZ und MBZ von den Vertragsparteien nach § 301 Abs. 3, für die sonstigen ermächtigten ärztlich geleiteten Einrichtungen von den Vertragsparteien nach § 83 S. 1 vereinbart.

43 Gemäß dem im Rahmen des GKV-VSG am 23.7.2015 in Kraft getretenen Abs. 3 S. 4 sind bis zum 23.1.2016 zur Erhöhung der Leistungstransparenz vom Spitzenverband Bund der Krankenkassen und der Deutschen Krankenhausgesellschaft bundeseinheitliche Grundsätze, die die Besonderheiten der Hochschulambulanzen adäquat abbilden, insbesondere zur Vergütungsstruktur, zu Begrenzungsregelungen für die Behandlung in dem für „Forschung und Lehre" erforderlichen Umfang und zur Leistungsdokumentation, zu vereinbaren.[33]

44 Um eine angemessene Finanzierung der Leistungen der Hochschulambulanzen in allen Regionen sicher zu stellen, wird auf die Vorgabe verzichtet, nach der der Spitzenverband Bund der Krankenkassen und die Deutsche Krankenhausgesellschaft oder die Bundesverbände der Krankenhausträger bundeseinheitliche Grundsätze zu Begrenzungsregelungen der Behandlungen im für Forschung und Lehre erforderlichen Umfang vereinbaren sollen.[34]

---

30 Vgl. BT-Dr. 18/4095, 116.
31 BT-Dr. 11/2237, 203.
32 Vgl. BSG, 2.4.2014, B 6 KA 20/13 R, juris Rn. 35 = SozR 4-2500 § 117 Nr. 6.
33 Vgl. BT-Dr. 18/4095, 116.
34 Vgl. BT-Dr. 18/5123, 134.

e) **Vergütung ambulanter Krankenhausleistungen gem. § 76 Abs. 1 a (Abs. 3 a).** Systematisch steht Abs. 3 a im Zusammenhang mit § 120 Abs. 1 S. 5. Denn beide Normen regeln die Vergütung der ambulanten Leistungen, welche auf Terminvermittlungen der sog Terminservicestellen gemäß § 75 Abs. 1 a S. 6. Umfasst werden jedoch nicht nur Ersttermine, sondern auch Folgetermine, § 76 Abs. 2 S. 1, die dazu dienen, den Behandlungserfolg zu sichern oder zu festigen. Während § 120 Abs. 1 S. 5 dem Grunde nach regelt, dass ambulante Erst- und Folgetermine gemäß § 76 Abs. 1 a durch die Kassenärztlichen Vereinigungen vergütet werden, regelt Abs. 3 a die Vergütungshöhe bzw. Abrechnungsmodalitäten.[35]

Mit Inkrafttreten des KHSG zum 1.1.2016 entfällt der bisher auf die Vergütung von öffentlich geförderten Krankenhäusern pauschal anzurechnende Investitionskostenabschlag.[36] Bis dahin war dieser Abschlag als Ausgleich für die staatliche Investitionsförderung in Höhe von 10 % zu berücksichtigen. Der Abschlag für Investitionskosten knüpft allein an die Leistungserbringung in einem Krankenhaus an.[37]

Gemäß Abs. 3 a S. 1 vergütet die Kassenärztliche Vereinigung die in den Krankenhäusern erbrachten ambulanten Leistungen innerhalb der morbiditätsbedingten Gesamtvergütungen
- ohne Mengenbegrenzung und
- mit den festen Preisen der regionalen Euro-Gebührenordnung zulasten des für den fachärztlichen Bereichs vorgesehenen Vergütungsanteils.

Dies gilt nicht, soweit die Kassenärztlichen Vereinigungen und die Landesverbände der Krankenkassen und Ersatzkassen (Vertragsparteien nach § 87 a Abs. 2 S. 1) für diese Leistungen gesamtvertragliche Regelungen nach § 87 a Abs. 2 S. 3 sowie nach § 87 a Abs. 3 S. 5 getroffen haben, nach denen diese Leistungen von den zuständigen Krankenkassen außerhalb der morbiditätsbedingten Gesamtvergütungen bezahlt werden.[38]

Hierüber hinaus gewährt der Gesetzgeber den ambulanten Leistungsbereichen nach § 76 Abs. 1 a eine Sonderstellung, da Plausibilitätsprüfungen insoweit nicht anzuwenden sind.[39]

Die Kassenärztliche Vereinigungen erhalten gemäß Abs. 3 a S. 3, 1. Hs. die Kompetenz, das Nähere zum Abrechnungsverfahren sowie zu den Vordrucken im Rahmen einer Benehmensherstellung mit den Krankenhäusern oder den sie vertretenden Vereinigungen im Land zu regeln.[40] In den Behandlungsfällen im Krankenhaus nach § 76 Abs. 1 a über die Terminservicestelle der Kassenärztlichen Vereinigungen werden den Landeskrankenhausgesellschaften und den Landesverbänden der Krankenkassen und den Ersatzkassen mithin weitergehende Mitspracherechte bei den Bestimmungen zu Form und Inhalt der Abrechnungsunterlagen und den erforderlichen Vordrucken zur Abrechnung dieser Leistungen eingeräumt. Dabei sind die durch die Bundesmantelvertragspartner getroffenen Regelungen, die zur Organisation der vertragsärztlichen Versorgung notwendig sind, insbesondere zu Vordrucken sowie zur überbezirklichen Durchführung der vertragsärztlichen Versorgung, zu berücksichtigen, um vergleichbare Regelungen zu gewährleisten und unnötigen bürokratischen Aufwand zu vermeiden. Zudem wird für die Fälle der Nichteinigung eine Schiedsregelung vorgesehen. Zweck der Regelung ist, auf eine praktikable Umsetzung der Abrechnung hinzuwirken. Die Beteiligung der Krankenkassen ist vor dem Hintergrund der ergänzenden bundesmantelvertraglichen Regelungen zu den Terminservicestellen nach § 75 Abs. 1 a vorgesehen.[41]

Gemäß Abs. 3 a S. 3, 2. Hs. Gilt § 115 Abs. 3 entsprechend. Daraus folgt, dass auf Antrag einer Vertragspartei die Landesschiedsstelle nach § 114 entscheidet.

Für die Regelung einer pauschalen Abgeltung der Kosten des bei Inanspruchnahme nach § 76 Abs. 1 a aus der Krankenhausapotheke zu beziehenden Sprechstundenbedarfs (zB Kosten für nach der Anwendung verbrauchte Arznei-, Verbandmittel und Materialien sowie für Einmalinfusionsbestecke, -katheter, -nadeln) sind gemäß Abs. 3 a S. 4 zweiseitige Vereinbarungen zwischen den Landesverbänden der Krankenkassen und den Ersatzkassen mit der Landeskrankenhausgesellschaft oder mit den Vereinigungen der Krankenhausträger im Land zu treffen. Hierzu sind Rahmenempfehlungen des Spitzenver-

---

35 Vgl. Köhler-Hohmann in: jurisPK-SGB V, § 120 Rn. 81.
36 Der Investitionskostenabschlag ist durch Art. 2 Nr. 13 KHSG ersatzlos gestrichen worden. Vgl. auch BT-Dr. 18/6586, 119.
37 Vgl. BSG, 30.11.2016, B 6 KA 45/16 B, juris Rn. 7.
38 Vgl. 18/4095, 116.
39 Vgl. 18/4095, 116.
40 Vgl. 18/4095, 116.
41 Vgl. 18/5123, 134.

bandes Bund der Krankenkassen und der Deutschen Krankenhausgesellschaft oder der Bundesverbände der Krankenhausträger im Rahmen von § 112 Abs. 5 zu schließen.[42]

52 **f) Festsetzung durch Schiedsstelle (Abs. 4).** Kommt eine Vereinbarung nach Abs. 1 a S. 1 oder nach Abs. 2 S. 2 oder eine Berücksichtigung der Grundsätze nach Abs. 2 S. 4 ganz oder teilweise nicht zustande, setzt die Schiedsstelle nach § 18 a Abs. 1 KHG auf Antrag einer Vertragspartei die Vergütung fest (Abs. 4 Hs. 1). Im Falle von Vereinbarungen nach Abs. 1 a S. 1 hat die Schiedsstelle zunächst festzustellen, ob die Vereinbarung erforderlich ist, um die Behandlung von Kindern und Jugendlichen, die auf Überweisung erfolgt, angemessen zu vergüten (Abs. 4 Hs. 2).

53 Sinn und Zweck der Schiedsstellenentscheidung ist die Sicherstellung der vertragsärztlichen Versorgung. Hieraus folgt die Pflicht der Schiedsstelle zur unverzüglichen Entscheidung, damit die Leistungserbringer ihre Tätigkeit aufnehmen können und die Versicherten behandeln können.[43]

54 Die Entscheidung der Schiedsstelle ersetzt eine vorher mögliche vertragliche Abrede der Parteien in vollem Umfang und muss daher alle Regelungsgegenstände umfassen, die die Parteien auch selbst hätten vereinbaren müssen.[44]

55 Die Entscheidung der Schiedsstelle hat eine **Doppelnatur** in dem Sinne, dass sie einerseits die Vergütungsvereinbarung begründet oder ändert und daher an die Stelle des zu schließenden Vertrages tritt, andererseits ergeht die Entscheidung selbst als Verwaltungsakt, gegen die sich die Vertragsparteien gerichtlich zur Wehr setzen können.[45] Nach Auffassung des BSG trifft eine Schiedsstelle mit ihrer Festsetzung eine Regelung mit unmittelbarer Rechtswirkung nach außen iS des § 31 S. 1 SGB X.[46]

56 Für Klagen gegen den Schiedsspruch ist unmittelbar der **Rechtsweg zu den Sozialgerichten** gegeben, da es sich um eine Streitigkeit in Angelegenheit des Vertragsarztrechtes gemäß § 10 Abs. 2 SGG.[47] Wenn das Verfahren vor der Schiedsstellen zu lange dauert, ist einstweiliger Rechtsschutz zu bejahen.[48] Eine gesetzliche Vorschrift, die ausdrücklich bestimmt, dass es für Entscheidungen der Schiedsstelle nach § 120 Abs. 4 iVm § 18 a Abs. 1 KHG eines Vorverfahrens nicht bedarf, gibt es nicht. Die Entbehrlichkeit der Durchführung eines Vorverfahrens ergibt sich jedoch aus der Eigenart der Tätigkeit der Schiedsstelle, die bei der Vergütungsfestsetzung an die Stelle der Vertragsparteien tritt.[49] Ein Vorverfahren vor Klageerhebung ist auch deswegen nicht erforderlich, da keine „nächsthöhere Behörde" iSd § 85 Abs. 2 Nr. 1 SGG vorhanden ist.[50]

57 Für den gerichtlichen Prüfungsmaßstab eines Schiedsspruches wird von einer **eingeschränkten Kontrolldichte** ausgegangen. Denn der Schiedsspruch stellt seiner Natur nach einen Interessenausgleich durch ein sachnahes und unabhängiges Gremium dar. Mit der paritätischen Zusammensetzung (§ 18 a Abs. 2 KHG), dem Mehrheitsprinzip und der fachlichen Weisungsfreiheit (§ 18 a Abs. 3 KHG) will der Gesetzgeber die Fähigkeit dieses Spruchkörpers zur vermittelnden Zusammenführung unterschiedlicher Interessen und zu einer Entscheidungsfindung nutzen, die nicht immer die einzig sachlich vertretbare ist und häufig Kompromisscharakter aufweist. Bei Berücksichtigung dieses Entscheidungsspielraumes ist durch das Gericht ausschließlich zu überprüfen, ob die Ermittlung des Sachverhaltes in einem fairen Verfahren unter Wahrung des rechtlichen Gehörs erfolgte, der bestehende Beurteilungsspielraum eingehalten und zwingendes Gesetzesrecht beachtet worden ist. Das setzt voraus, dass die gefundene Abwägung hinreichend begründet worden ist.[51]

58 Kommt gemäß Abs. 4 S. 2 eine Vereinbarung nach Abs. 3 S. 4 ganz oder teilweise nicht zustande, setzt die Schiedsstelle nach § 18 Abs. 6 KHG in der Besetzung ohne den Vertreter des Verbandes der privaten Krankenversicherung auf Antrag einer Vertragspartei den Inhalt innerhalb von sechs Wochen fest.

---

42 Vgl. 18/4095, 116.
43 LSG RhPf, 19.11.2009, L 5 KR 142/08 KL, juris Rn. 17 = GesR 2010, 274 ff.; LSG Niedersachen-Bremen, 24.4.2002, L 4 KR 133/99, juris Rn. 39 f. = NZS 2003, 91 ff.
44 LSG RhPf, 19.11.2009, L 5 KR 142/08 KL, juris Rn. 17 = GesR 2010, 274 ff.
45 Köhler-Hohmann in: jurisPK-SGB V, § 120 Rn. 102.
46 Vgl. BSG, 13.5.2015, B 6 KA 20/14 R, juris Rn. 21 = GesR 2015, 663 ff.
47 Zum Streit über die Zuständigkeit des 3. oder 6. Senats des BSG, vgl. BSG, Vorlagebeschl. v. 10.3.2010, B 3 KR 36/09 B, juris = GesR 2010, 415 ff., aufgehoben durch Beschluss vom 15.3.2012, B 3 KR 36/09 B; BSG, 13.5.2015, B 6 KA 20/14 R, juris Rn. 14 = GesR 2015, 663 ff.
48 Clemens in: Maaßen/Schermer/Wiegand/Zipperer, SGB V, § 120 Rn. 40; Köhler-Hohmann in: jurisPK-SGB V, § 120 Rn. 109.
49 Vgl. BSG, 13.5.2015, B 6 KA 20/14 R, juris Rn. 22, 24 = GesR 2015, 663 ff.
50 Köhler-Hohmann in: jurisPK-SGB V, § 120 Rn. 104.
51 Vgl. BSG, 13.5.2015, B 6 KA 20/14 R, juris Rn. 26 = GesR 2015, 663 ff.; LSG RhPf, 19.11.2009, L 5 KR 142/08 KL, juris Rn. 15 = GesR 2010, 274 ff.

Kommt die Vereinbarung nach Abs. 3 a S. 4 ganz oder teilweise nicht zustande, setzt die Schiedsstelle nach § 114 auf Antrag einer Vertragspartei gem. Abs. 4 S. 3 den Inhalt innerhalb von sechs Wochen fest.

Die Regelung sieht für den Fall der Nichteinigung über die bundeseinheitlichen Grundsätze insbesondere 59
- zur Vergütungsstruktur,
- zu Begrenzungsregelungen für den Ermächtigungsbereich „Forschung und Lehre" und
- zur Leistungsdokumentation der Hochschulambulanzen

eine Entscheidung durch die vom Spitzenverband Bund der Krankenkassen und der Deutschen Krankenhausgesellschaft zu bildende Schiedsstelle vor. Die Schiedsstelle besteht in diesem Fall aus Vertretern des Spitzenverbandes Bund der Krankenkassen und der Deutschen Krankenhausgesellschaft in gleicher Zahl sowie einem unparteiischen Vorsitzenden und zwei weiteren unparteiischen Mitgliedern. Ein Vertreter des Verbandes der privaten Krankenversicherung wird für diese Entscheidung der Schiedsstelle nicht bestellt. Im Falle der Nichteinigung der Vereinbarung über eine pauschale Vergütung und Abrechnung des Sprechstundenbedarfs mit den Krankenkassen im Rahmen der Inanspruchnahme nach § 76 Abs. 1 a entscheidet die zuständige Landesschiedsstelle.[52]

g) **Geltung sonstiger Regelungen über Nutzungsentgelte (Abs. 5).** Gemäß Abs. 5 werden beamtenrechtliche Vorschriften über die Entrichtung eines Entgelts bei der Inanspruchnahme von Einrichtungen, Personal und Material des Dienstherrn oder vertragliche Regelungen über ein weitergehendes Nutzungsentgelt, das neben der Kostenerstattung auch einen Vorteilsausgleich umfasst, und sonstige Abgaben der Ärzte durch Abs. 1 bis 4 nicht berührt. Durch die Vorschrift wird klargestellt, dass die vorgeschriebene Kostenerstattung durch die ermächtigten Ärzte beamtenrechtliche und vertragliche Regelungen über ein weitergehendes Nutzungsentgelt einschließlich eines Vorteilsausgleichs unberührt lässt.[53] 60

§ 121 Belegärztliche Leistungen

(1) ¹Die Vertragsparteien nach § 115 Abs. 1 wirken gemeinsam mit Krankenkassen und zugelassenen Krankenhäusern auf eine leistungsfähige und wirtschaftliche belegärztliche Behandlung der Versicherten hin. ²Die Krankenhäuser sollen Belegärzten gleicher Fachrichtung die Möglichkeit geben, ihre Patienten gemeinsam zu behandeln (kooperatives Belegarztwesen).
(2) Belegärzte im Sinne dieses Gesetzbuchs sind nicht am Krankenhaus angestellte Vertragsärzte, die berechtigt sind, ihre Patienten (Belegpatienten) im Krankenhaus unter Inanspruchnahme der hierfür bereitgestellten Dienste, Einrichtungen und Mittel vollstationär oder teilstationär zu behandeln, ohne hierfür vom Krankenhaus eine Vergütung zu erhalten.
(3) ¹Die belegärztlichen Leistungen werden aus der vertragsärztlichen Gesamtvergütung vergütet. ²Die Vergütung hat die Besonderheiten der belegärztlichen Tätigkeit zu berücksichtigen. ³Hierzu gehören auch leistungsgerechte Entgelte für
1. den ärztlichen Bereitschaftsdienst für Belegpatienten und
2. die vom Belegarzt veranlaßten Leistungen nachgeordneter Ärzte des Krankenhauses, die bei der Behandlung seiner Belegpatienten in demselben Fachgebiet wie der Belegarzt tätig werden.
(4) Der Bewertungsausschuss hat in einem Beschluss nach § 87 mit Wirkung zum 1. April 2007 im einheitlichen Bewertungsmaßstab für ärztliche Leistungen Regelungen zur angemessenen Bewertung der belegärztlichen Leistungen unter Berücksichtigung der Vorgaben nach Absatz 3 Satz 2 und 3 zu treffen.
(5) Abweichend von den Vergütungsregelungen in Absatz 2 bis 4 können Krankenhäuser mit Belegbetten zur Vergütung der belegärztlichen Leistungen mit Belegärzten Honorarverträge schließen.
(6) ¹Für belegärztliche Leistungen gelten die Richtlinien und Beschlüsse des Gemeinsamen Bundesausschusses nach den §§ 136 bis 136 b zur Qualitätssicherung im Krankenhaus bis zum Inkrafttreten vergleichbarer Regelungen für die vertragsärztliche oder sektorenübergreifende Qualitätssicherung. ²Die in der stationären Qualitätssicherung für belegärztliche Leistungen erhobenen Qualitätsdaten werden

---

52 Vgl. 18/4095, 116.
53 BT-Dr. 11/3480, 62.

bei der Auswertung der planungsrelevanten Qualitätsindikatoren nach § 136c Absatz 1 und 2 sowie bei der qualitätsabhängigen Vergütung eines Krankenhauses nach § 5 Absatz 3a des Krankenhausentgeltgesetzes berücksichtigt. ³Die Folgen, die diese Berücksichtigung im Verhältnis zwischen dem Krankenhaus und dem Belegarzt haben soll, werden zwischen diesen vertraglich vereinbart.

Literatur:
Baur, Chefarzt-/Belegarztvertrag, 2003; *Clade*, Zerrieben zwischen ambulant und stationär, DÄBl. 2011, A 200; *DKG (Hrsg.)*, Der niedergelassene Arzt im Krankenhaus, 2008; *Luxenburger*, Kooperationen zwischen niedergelassenem Arzt und Krankenhaus, *Ratzel/Luxenburger*, Handbuch Medizinrecht, 3. Aufl. 2015, § 21; *Makoski*, Belegarzt mit Honorarvertrag – Modell der Zukunft?, GesR 2009, 225; *Münzel*, Chefarzt- und Belegarztvertrag, 3. Auflage 2008; *Prütting*, Neue Herausforderungen der Krankenhäuser in der gesundheitlichen Versorgung, GesR 2012, 332; *Quaas*, Der Honorararzt im Krankenhaus: Zukunftsoder Auslaufmodell?, GesR 2009, 459; *Ratzel*, Kooperations- und Honorararztverträge – eine Standortbestimmung, GesR 2009, 561; *Rehborn*, Haftung im Rahmen des kooperativen Belegarztwesens, BGH-Report 2006, 297; *Udsching*, Probleme der Verzahnung von ambulanter und stationärer Krankenbehandlung, NZS 2003, 411; *Weddehage*, Können Medizinische Versorgungszentren auch belegärztlich tätig werden?, KH 2006, 772; *Wigge/Frehse*, Bedarfsunabhängige Kooperationen zwischen Ärzten und Krankenhäusern, MedR 2001, 549.

I. Entstehungsgeschichte	1
II. Vorgängervorschriften	2
III. Normzweck und Systematik	3
IV. Norminhalt und Normauslegung	6
1. Norminhalt	6
2. Normauslegung	7
a) Belegärztliche Behandlung (Abs. 1 S. 1)	7
b) Kooperatives Belegarztwesen (Abs. 1 S. 2)	10
c) Begriff „Belegarzt" (Abs. 2)	11
aa) Vertragsarzt	16
bb) Krankenhaus	18
cc) Belegarztvertrag	20
dd) Rechtsfolgen	25
d) Vergütung des Belegarztes (Abs. 3)	26
e) Besondere Regelungen des EBM (Abs. 4)	33
f) Honorarverträge (Abs. 5)	34
g) Versorgungsqualiät (Abs. 6)	38
h) Sonderzulassung (§ 103 Abs. 7)	45

I. Entstehungsgeschichte

1 Mit Wirkung zum 1.1.1989 ist § 121 im Rahmen des Gesundheitsreformgesetzes vom 20.12.1988 (GRG) in Kraft getreten (BGBl. I, 2477). Anschließend erfolgten folgende Änderungen: Abs. 2: IdF d. Art. 1 Nr. 74 lit. a Gesetz vom 21.12.1992 (BGBl. I, 2266) mWv 1.1.1993; Abs. 3 S. 1: IdF d. Art. 1 Nr. 74 lit. b Gesetz vom 21.12.1992 (BGBl. I, 2266) mWv 1.1.1993; Abs. 4: Eingef. durch Art. 1 Nr. 88a Gesetz vom 26.3.2007 (BGBl. I, 378) mWv 2.2.2007; Abs. 5: Eingef. durch Art. 3 Nr. 5 Gesetz vom 17.3.2009 (BGBl. I, 534) mWv 25.3.2009; Abs. 6: Eingef. durch Art. 6 Nr. 13a Gesetz vom 10.12.2015 (BGBl. I, 2229) mWv 1.1.2016.

II. Vorgängervorschriften

2 Vorgängervorschrift des § 121 war § 368g Abs. 6 S. 2 RVO.[1]

III. Normzweck und Systematik

3 Mit § 121 bestätigt der Gesetzgeber das Belegarztwesen als eine der wichtigen Nahtstellen zwischen ambulanter und stationärer Behandlung;[2] insbesondere bestand das Ziel der Norm darin, eine nahtlose ambulante und stationäre Versorgung der Versicherten zu erreichen.[3] Daher stellt die belegärztliche Tätigkeit im Allgemeinen die Fortsetzung der ambulanten ärztlichen Tätigkeit dar.[4]

4 Neben § 121 findet sich auch eine krankenhausfinanzierungsrechtliche Regelung in § 18 KHEntgG. Gemäß § 103 Abs. 7 haben Krankenhausträger Belegarztverträge in Planungsbereichen, für die Zulassungsbeschränkungen angeordnet sind, auszuschreiben. Das Anerkennungsverfahren und die weitere

---

1 Krankenversicherungs-Kostendämpfungsgesetz (KVKG) vom 27.6.1977 (BGBl. I, 1069).
2 BT-Dr. 11/2237, 203.
3 BT-Dr. 11/2237, 201; Hänlein in: Hänlein/ Schuler, § 121 Rn. 1.
4 BSG, 13.11.1996, 6 RKa 31/95, juris Rn. 27 = MedR 1997, 372 ff.; BSG, 14.3.2001, B 6 KA 34/00 R, juris Rn. 47 = SozR 3-2500 § 103 Nr. 6.

Konkretisierung ist in §§ 38 ff. BMV-Ä geregelt. Zuständig für die Anerkennung ist die jeweilige Kassenärztliche Vereinigung.

Nach Angaben des Statistischen Bundesamtes betrug die Zahl der Belegärzte am 31.12.2015 genau 5.203;[5] die Anzahl der reinen Belegkrankenhäuser in Deutschland betrug 99 bzw. 2.724 Betten.[6]

IV. Norminhalt und Normauslegung

1. Norminhalt. § 121 beinhaltet Regelungen über belegärztlichen Leistungen. Abs. 1 regelt generell die Förderung des Belegarztwesens, während Abs. 2 den Begriff des Belegarztes regelt. Abs. 3 und 4 regeln die Vergütung für belegärztliche Leistungen. Nach Abs. 5 können Krankenhäuser zur Vergütung belegärztlicher Leistungen mit Belegärzten auch Honorarverträge schließen.

2. Normauslegung. a) Belegärztliche Behandlung (Abs. 1 S. 1). Die Vertragsparteien nach § 115 Abs. 1 wirken gemeinsam mit Krankenkassen und zugelassenen Krankenhäusern auf eine leistungsfähige und wirtschaftliche belegärztliche Behandlung der Versicherten hin.

Bei den Vertragsparteien nach § 115 Abs. 1 handelt es sich um
- Landesverbände der Krankenkassen und die Ersatzkassen gemeinsam,
- die Kassenärztlichen Vereinigungen und
- Landeskrankenhausgesellschaft oder die Vereinigungen der Krankenhausträger im Land.

Die Entscheidung darüber, ob die ärztliche Versorgung im Krankenhaus hauptamtlich oder belegärztlich durchgeführt werden soll, fällt in den Bereich der inneren Struktur des Krankenhauses. Sie unterliegt damit grundsätzlich der Organisationsfreiheit und der in § 1 Abs. 1 KHG besonders betonten wirtschaftlichen Eigenverantwortung des Krankenhausträgers. Andererseits wird das Krankenhaus mit seiner Zulassung zur Krankenhausbehandlung dem Wirtschaftlichkeitsgebot verpflichtet, das sowohl die GKV als auch das KHG prägt. Der Krankenhausträger muss sich daher der Frage stellen, ob die stationäre Versorgung bei gleicher oder besserer Qualität nicht kostengünstiger in Belegabteilungen gewährleistet werden kann.[7]

b) Kooperatives Belegarztwesen (Abs. 1 S. 2). Die Krankenhäuser sollen Belegärzten gleicher Fachrichtung die Möglichkeit geben, ihre Patienten gemeinsam zu behandeln (kooperatives Belegarztwesen). Unter kooperativem Belegarztwesen ist somit eine Zusammenarbeit zwischen mehreren Belegärzten gleicher Fachrichtung zu verstehen.[8] Treten die Belegärzte als Belegarztgemeinschaft in der Art einer Gemeinschaftspraxis auf, so haften sie auch wie eine solche als Gesamtschuldner.[9] Grundlage ist insoweit stets eine vertragliche Vereinbarung zwischen den Belegärzten zur gemeinsamen Versorgung der Patienten.[10] In eine solche Vereinbarung könnte auch der Krankenhausträger mit einbezogen werden. Aus Gründen der Rechtssicherheit sollte die Vereinbarung schriftlich geschlossen werden.

c) Begriff „Belegarzt" (Abs. 2). Gemäß Abs. 2 kennzeichnen einen Belegarzt folgende Merkmale:
- Sie sind nicht am Krankenhaus angestellte Vertragsärzte.
- Sie sind berechtigt, ihre Patienten (Belegpatienten) im Krankenhaus unter Inanspruchnahme der hierfür bereitgestellten Dienste, Einrichtungen und Mittel vollstationär oder teilstationär zu behandeln.
- Sie erhalten hierfür vom Krankenhaus keine Vergütung.

Der Begriff ist nahezu inhaltsgleich wiedergegeben in § 18 KHEntgG und § 39 Abs. 1 BMV-Ä. § 39 BMV-Ä konkretisiert den Belegarzt ergänzend wie folgt:

---

5 Statistische Informationen aus dem Bundesarztregister, Stand 31.12.2015, http://www.kbv.de/media/sp/2015_12_31.pdf (zuletzt abgerufen am 1.3.2017).
6 Grunddaten der Krankenhäuser 2015, https://www.destatis.de/DE/Publikationen/Thematisch/Gesundheit/Krankenhaeuser/GrunddatenKrankenhaeuser2120611157004.pdf;jsessionid=5C796D6771A874CA5CFB3716F891E33F.cae3?__blob=publicationFile (zuletzt abgerufen am 1.3.2017).
7 BT-Dr. 11/2237, 203.
8 Peikert in: Rieger/Dahm/Steinhilper (Hrsg.), Heidelberger Kommentar, Arztrecht, Krankenhausrecht, Medizinrecht, Band 1, Nr. 805, Rn. 38.
9 BGH, 8.11.2005, VI ZR 319/04, juris Rn. 9 ff. = MedR 2006, 290 ff. mit zustimmender Anmerkung von Rehborn in: BGH-Report 2006, 297 f.
10 Köhler-Hohmann in: jurisPK-SGB V, § 121 Rn. 22 f.

- Die stationäre Tätigkeit des Vertragsarztes darf nicht das Schwergewicht der Gesamttätigkeit des Vertragsarztes bilden; er muss im erforderlichen Maße der ambulanten Versorgung zur Verfügung stehen.[11]
- Der Belegarzt muss persönlich geeignet sein. Als Belegarzt ist nicht geeignet,
  - wer neben seiner ambulanten ärztlichen Tätigkeit eine anderweitige Nebentätigkeit ausübt, die eine ordnungsgemäße stationäre Versorgung von Patienten nicht gewährleistet,
  - ein Arzt, bei dem wegen eines in seiner Person liegenden wichtigen Grundes die stationäre Versorgung der Patienten nicht gewährleistet ist,
  - ein Arzt, dessen Wohnung und Praxis nicht so nahe am Krankenhaus liegen, dass die unverzügliche und ordnungsgemäße Versorgung der von ihm ambulant und stationär zu betreuenden Versicherten gewährleistet ist; hat der Arzt mehrere Betriebsstätten, gilt dies für die Betriebsstätte, in welcher hauptsächlich die vertragsärztliche Tätigkeit ausgeübt wird.
- Die Belegärzte sind verpflichtet, einen Bereitschaftsdienst für die Belegpatienten vorzuhalten.

13 Die Entfernung zwischen Wohnung und Praxis zum Krankenhaus ist nicht räumlich, sondern nach der Fahrtzeit abzugrenzen, da andernfalls Faktoren die Zeitdauer beeinflussten können, auf die der Arzt keinen Einfluss hat und die variieren können, zB Verkehrsaufkommen, Straßenbeschaffenheit und Geschwindigkeitsbeschränkungen.[12]

14 Nach Auffassung des LSG Schleswig-Holstein[13] ist eine Fahrtzeit von bis zu 30 Minuten noch zulässig. Das LSG Baden-Württemberg sah 40 Minuten Fahrtdauer als zu lang an.[14] Auch das BSG ist der Auffassung, dass eine Fahrtzeit von ca. 30 Minuten unschädlich ist.[15]

15 Belegärzte sind grundsätzlich aufgrund ihres Zulassungsstatus zur Teilnahme am allgemeinen Notdienst, also in Bezug auf alle Versicherten, nicht nur ihre Belegpatienten, verpflichtet.[16]

16 aa) **Vertragsarzt.** Belegärztliche Tätigkeit kann insgesamt durch Vertragsärzte, Vertragszahnärzte, Vertragspsychotherapeuten und MVZ ausgeübt werden. Dies folgt unmittelbar aus § 72 Abs. 1 S. 2, wonach die Vorschriften des 4. Kapitels, dh die §§ 69 bis 140 h, die sich auf Ärzte beziehen, entsprechend auf Zahnärzte, Psychotherapeuten und MVZ gelten, sofern nichts Abweichendes bestimmt ist.

17 Nach der Rechtsprechung des BSG ist die Anerkennung als Belegarzt **personenbezogen**. Einem bestimmten, namentlich benannten und hinsichtlich seiner Qualifikation identifizierbaren Arzt wird die Berechtigung erteilt, neben ambulanten vertragsärztlichen Leistungen auch stationäre Leistungen zu erbringen und zulasten der vertragsärztlichen Gesamtvergütung abzurechnen. Deshalb ist es ausgeschlossen, einem MVZ ohne Bezug auf einen konkreten Arzt die Genehmigung zur Ausübung der belegärztlichen Tätigkeit zu erteilen. Auf der anderen Seite bieten die Öffnung der Zulassung zur vertragsärztlichen Versorgung auch für MVZ in § 95 Abs. 1 S. 2 und die Verweisung auf die für Vertragsärzte geltenden Regelung in § 95 Abs. 3 S. 2 keine hinreichende Grundlage für die Auffassung, wonach MVZ – anders als Vertragsärzte – generell nicht belegärztlich tätig sein könnten. Deswegen ist davon auszugehen, dass einem MVZ bezogen auf einen dort tätigen Arzt die Genehmigung erteilt werden kann, dass dieser Arzt belegärztliche Leistungen erbringt, die dann allerdings (nur) von seinem MVZ abgerechnet werden können. Anders kann der (mögliche) Widerspruch zwischen der Bindung der belegärztlichen Tätigkeit an den vertragsärztlichen Status und die grundsätzliche Geltung aller Vorschriften für Vertragsärzte auch für MVZ (§ 72 Abs. 1 S. 2) nicht aufgelöst werden. Hätte der Gesetzgeber an der Bindung der belegärztlichen Tätigkeit an den Zulassungsstatus eines Vertragsarztes festhalten wollen, hätte dies im Zusammenhang mit den Vorschriften über das MVZ ausdrücklich bestimmt werden müssen.[17]

18 bb) **Krankenhaus.** Grundlage der belegärztlichen Tätigkeit ist zwingend das Vorhandensein eines nach § 108 zugelassenen Krankenhauses. Ferner wird gemäß § 40 Abs. 1 BMV-Ä eine Belegabteilung der

---

11 Vgl. BSG, 12.12.2001, B 6 KA 5/01 R, juris Rn. 22 = SozR 3-2500 § 121 Nr. 4 zu den einzelnen vertragsärztlichen Pflichten.
12 So Köhler-Hohmann in: jurisPK-SGB V, § 121 Rn. 45.
13 SchlHLSG, 23.11.1999, L 6 KA 18/99, juris Rn. 18 = MedR 2000, 383 ff.
14 LSG BW, 14.7.1999, L 5 KA 3006/98, juris Rn. 27 = MedR 2000, 385 ff.
15 BSG, 5.11.2003, B 6 KA 2/03 R, juris Rn. 33 = GesR 2004, 242 ff.
16 LSG NRW, 29.8.2011, L 11 KA 57/11 B ER, juris Rn. 33, 34 = NZS 2012, 37 f.
17 BSG, 23.3.2011, B 6 KA 15/10 R, juris Rn. 20 = GesR 2011, 172 ff.; aA Köhler-Hohmann in: jurisPK-SGB V, § 121 Rn. 33, die darauf hinweist, dass sich der Gesetzgeber bei der Einführung von MVZ für den einrichtungsbezogenen Zulassungsstatus neben dem personenbezogenen Zulassungsstatus der Vertragsärzte entschieden.

entsprechenden Fachrichtung nach Maßgabe der Gebietsbezeichnung (Schwerpunkt) der Weiterbildungsordnung in Übereinstimmung mit dem Krankenhausplan oder mit dem Versorgungsvertrag vorausgesetzt.[18]

Ein reines Belegkrankenhaus hat keinen eigenen ärztlichen Dienst und die ärztlichen Leistungen werden nur von den Belegärzten erbracht und abgerechnet.[19] Die Tätigkeit des Krankenhauses beschränkt sich in dem Fall ausschließlich auf die Bereitstellung der Dienste, Einrichtungen und Mittel. 19

cc) Belegarztvertrag. Soweit sich der Krankenhausträger für die einer Abteilung als Belegabteilung entscheidet, so ist eine Kooperation mit Belegärzten erforderlich. Dies geschieht durch den Abschluss von Belegarztverträgen zwischen Krankenhaus und Ärzten.[20] 20

Bei dem Belegarztvertrag handelt es sich um einen Dauervertrag atypischen Inhalts mit Elementen der Leihe, des Dienstverschaffungs- und Gesellschaftsvertrages.[21] Der Vertrag sollte dabei zumindest Elemente enthalten über die Einordnung in die Krankenhausorganisation (zB Anwesenheit von Ärzten im Krankenhaus, Vertretung bei Urlaub, Krankheit oder Teilnahme an Fortbildungen, Verhältnis zum Personal des Krankenhauses [ua Inanspruchnahme, Weisungsrecht], Kündigung) beinhalten.[22] 21

Der Belegarzt bleibt selbstständiger Arzt in freier Praxis und steht zum Krankenhausträger in keinem Anstellungsverhältnis.[23] 22

Bei einem Belegarztvertrag sind im Wesentlichen die **Kündigungsbestimmungen der §§ 553, 626, 723 BGB** entsprechend anzuwenden, wenn nicht im Einzelfall etwas anderes bestimmt ist. Ohne Einhaltung einer Kündigungsfrist oder zur Unzeit kann das Vertragsverhältnis nur gekündigt werden, wenn dem Kündigenden ein wichtiger Grund zur Seite steht.[24] Liegt kein wichtiger Grund vor, so ist bei der Kündigung des Vertragsverhältnisses eine angemessene Frist einzuhalten. Die Frage, welche Kündigungsfrist als angemessen anzusehen ist, ist durch Auslegung des Vertrages zu ermitteln. Dabei ist auf die Eigenart des Vertrages und die Interessen der Parteien Bedacht zu nehmen. Maßgebend sind die Umstände im Zeitpunkt der Kündigung. Hierbei handelt es sich nicht um eine „ergänzende Vertragsauslegung"; denn eine Vertragslücke, die im Wege der ergänzenden Vertragsauslegung zu schließen wäre, liegt nicht vor. Eine Kündigungsfrist von „annähernd vier Monaten" ist noch als angemessen anzusehen.[25] In der Regel werden innerhalb einer sog Erprobungsphase in den ersten sechs bis 12 Monaten kürzere Kündigungsfristen vereinbart.[26] 23

Die Frage der **Haftung** richtet sich grundsätzlich danach, welche Leistung wem zuzurechnen sind. Im Rahmen der belegärztlichen Leistungserbringung sind die zu den allgemeinen Krankenhausleistungen von unterschiedlichen Personen zu erbringen: Während der Krankenhausträger Unterkunft, Verpflegung und nichtärztliche Pflege schuldet, schuldet der Belegarzt ärztliche Leistungen. Folglich liegen zwei gesonderte Vertragsverhältnisse vor.[27] Abhängig davon, in welchem Vertragsverhältnis das haftungsauslösende Tun oder Unterlassen stattgefunden hat, haftet entweder der Krankenhausträger oder der Belegarzt. Der Belegarzt haftet dabei nicht nur für eigenes Handeln, sondern auch für Fehler nachgeordneter Krankenhausärzte, die auf seine Weisung hin Leistungen erbringen. Der Krankenhausträger haftet für Schäden, die den Bereichen Unterkunft, Verpflegung und nichtärztliche Pflege zuzuordnen sind.[28] 24

dd) Rechtsfolgen. Die Berechtigung zur Erbringung belegärztlicher erfolgt unter zwei Voraussetzungen: zum einen ein Vertragsschluss mit dem Krankenhaus, in dem die Leistungen erbracht werden sol- 25

---

18 LSG Nds.-Bremen, 13.4.2016, L 3 KA 55/13, juris Rn. 18 = ArztR 2016, 290 ff.; Köhler-Hohmann in: jurisPK-SGB V, § 121 Rn. 42.
19 Peikert in: Rieger/Dahm/Steinhilper (Hrsg.), Heidelberger Kommentar, Band 1, Nr. 805, Rn. 2.
20 Köhler-Hohmann in: jurisPK-SGB V, § 121 Rn. 34.
21 BGH, 26.2.1987, III ZR 164/85, juris Rn. 3; BGH, 28.2.1972, III ZR 212/70, juris; Peikert in: Rieger/Dahm/Steinhilper (Hrsg.), Heidelberger Kommentar, Band 1, Nr. 805, Rn. 20; Köhler-Hohmann in: jurisPK-SGB V, § 121 Rn. 35.
22 Ausführlich Ratzel/Luxenburger in: Ratzel/Luxenburger, § 21 Rn. 20; Baur, Chefarzt-/Belegarztvertrag, S. 129 ff.; Köhler-Hohmann in: jurisPK-SGB V, § 121 Rn. 35.
23 Ratzel/Luxenburger in: Ratzel/Luxenburger, § 21 Rn. 20.
24 BGH, 26.2.1987, III ZR 164/85, juris Rn. 3.
25 BGH, 26.2.1987, III ZR 164/85, juris Rn. 6.
26 Ratzel/Luxenburger in: Ratzel/Luxenburger, § 21 Rn. 20 Fn. 38.
27 Vgl. Rehborn/Thomae in: Ratzel/Luxenburger, § 30 Rn. 287.
28 OLG Karlsruhe, 13.10.2004, 7 U 122/03, juris Rn. 4; Peikert in: Rieger/Dahm/Steinhilper (Hrsg.), Heidelberger Kommentar, Arztrecht, Krankenhausrecht, Medizinrecht, Band 1, Nr. 805, Rn. 33 ff.

len, zum anderen die Anerkennung der jeweiligen Kassenärztlichen Vereinigung. Auf letztere besteht ein Rechtsanspruch, wenn die Voraussetzungen der §§ 39, 40 BMV-Ä erfüllt sind.[29]

26 **d) Vergütung des Belegarztes (Abs. 3).** Grundsätzlich werden die belegärztlichen Leistungen gemäß Abs. 3 S. 1 aus der vertragsärztlichen Gesamtvergütung vergütet, sofern zwischen Krankenhaus und Belegarzt kein Honorarvertrag nach Abs. 5 besteht.[30] Denn diese gehören nach § 2 Abs. 1 S. 2 KHEntgG nicht zu den allgemeinen Leistungen des Krankenhauses. Daraus folgt, dass das Krankenhaus der Krankenkasse für die ihm obliegenden Leistungen gesonderte Fallpauschalen und Zusatzentgelte in Rechnung.[31] Mithin handelt es sich hierbei um Pauschalen, die um ärztliche Behandlungskosten gekürzt worden sind.[32]

27 **Der Umfang der belegärztlichen Leistungen** ergibt sich aus § 18 Abs. 1 S. 2 KHEntgG. Danach sind Leistungen des Belegarztes
  1. seine persönlichen Leistungen,
  2. der ärztliche Bereitschaftsdienst für Belegpatienten,
  3. die von ihm veranlassten Leistungen nachgeordneter Ärzte des Krankenhauses, die bei der Behandlung seiner Belegpatienten in demselben Fachgebiet wie der Belegarzt tätig werden,
  4. die von ihm veranlassten Leistungen von Ärzten und ärztlich geleiteten Einrichtungen außerhalb des Krankenhauses.

Maßgeblich für die persönlichen Leistungen des Belegarztes gemäß § 18 Abs. 1 S. 2 Nr. 1 KHEntgG ist § 15 BMV-Ä. Beispielsweise kann ein gynäkologischer Belegarzt, der gegenüber dem Neugeborenen Leistungen außerhalb des Kreißsaals auf der Belegstation erbringt, diese nicht abrechnen. Es handelt sich nicht um belegärztliche Leistungen an seinem Belegpatienten.[33]

28 Die Belegärzte sind gemäß § 18 Abs. 1 S. 2 Nr. 2 KHEntgG nach § 39 Abs. 6 BMV-Ä verpflichtet, einen **Bereitschaftsdienst für die Belegpatienten** vorzuhalten. Der Bereitschaftsdienst kann in zwei Formen wahrgenommen werden:
  1. Bereitschaftsdienst wird wahrgenommen, wenn sich der bereitschaftsdiensthabende Arzt auf Anordnung des Krankenhauses oder des Belegarztes außerhalb der regelmäßigen Arbeitszeit im Krankenhaus aufhält, um im Bedarfsfall auf der (den) Belegabteilung(en) rechtzeitig tätig zu werden. Die Krankenkassen entgelten die Wahrnehmung dieses Bereitschaftsdienstes, wenn dem Belegarzt durch seine belegärztliche Tätigkeit Aufwendungen für diesen ärztlichen Bereitschaftsdienst entstehen (§ 121 Abs. 3). Das Nähere regeln die Partner auf Landesebene. Der Belegarzt hat – ggf. durch eine Bestätigung des Krankenhausträgers – gegenüber der Kassenärztlichen Vereinigung nachzuweisen, dass ihm Kosten für den ärztlichen Bereitschaftsdienst für Belegpatienten entstanden sind. Die Kassenärztliche Vereinigung unterrichtet hierüber die Krankenkasse.
  2. Der von Belegärzten selbst wahrgenommene Bereitschaftsdienst fällt nicht unter die vorstehende Regelung. Für einen solchen Bereitschaftsdienst wird kein zusätzliches Entgelt gezahlt; dieser ist mit der Abrechnung der belegärztlichen Leistungen auf Basis des EBM abgerechnet. Dies gilt auch für jegliche Art von Rufbereitschaft des Belegarztes, seines Assistenten oder von Krankenhausärzten für den Belegarzt.

29 Unter **nachgeordneten Ärzten** sind gemäß § 18 Abs. 1 S. 2 Nr. 3 KHEntgG solche des Krankenhauses zu verstehen. In der Regel handelt es sich dabei um Assistenzärzte. Dabei ist jedoch zu beachten, dass Belegärzte nach § 19 Abs. 1 KHEntgG verpflichtet sind, dem Krankenhaus die entstehenden Kosten zu erstatten, soweit zur Erbringung ihrer Leistungen nach § 18 KHEntgG Ärzte des Krankenhauses in Anspruch nehmen. Dies gilt nicht in den Fällen Inanspruchnahme von Honorarärzten. Die Kostenerstattung kann auch pauschaliert werden.

30 Gemäß § 18 Abs. 1 S. 2 Nr. 4 KHEntgG darf ein Belegarzt nach 41 Abs. 6 BMV-Ä für eine Auftragsleistung, eine Konsiliaruntersuchung oder eine Mitbehandlung einen Vertragsarzt hinzuziehen, wenn das betreffende Fach an dem Krankenhaus nicht vertreten ist.

31 Gemäß § 121 Abs. 3 S. 2 hat die Vergütung die **Besonderheiten der belegärztlichen Tätigkeit** zu berücksichtigen. Zu den zu berücksichtigenden Besonderheiten der belegärztlichen Tätigkeit zählt insbe-

---

29 BSG, 15.5.1991, 6 RKa 11/90, juris Rn. 14, 16 = USK 9121.
30 Köhler-Hohmann in: jurisPK-SGB V, § 121 Rn. 48.
31 Vgl. § 18 Abs. 2 KHEntgG.
32 Köhler-Hohmann in: jurisPK-SGB V, § 121 Rn. 49.
33 Vgl. BSG, 10.12.2003, B 6 KA 43/02 R, juris Rn. 17 f. = GesR 2004, 281 f.; BSG 23.6.2010, B 6 KA 8/09 R, juris Rn. 17 = SozR 4-2500 § 121 Nr. 5.

sondere, dass der Belegarzt für die belegärztliche Tätigkeit zumindest typischerweise einen erheblichen Teil der im allgemeinen Praxisbetrieb erforderlichen Unkosten nicht aufwenden muss. Er muss insbesondere dafür kein nichtärztliches Hilfspersonal bereithalten und er muss für die belegärztliche Tätigkeit keine Praxisräume und keine Praxisausstattung vorhalten. Diese Kosten trägt vielmehr bei belegärztlichen Tätigkeiten grundsätzlich der Krankenhausträger, der sie seinerseits über die Pflegesatzzahlungen von den Krankenkassen im Ergebnis nach Maßgabe der gesetzlichen Vorgaben erstattet erhält. Die allgemeine Unkostenquote kann daher für eine belegärztliche Tätigkeit entsprechend niedriger veranschlagt werden.[34]

Zu der belegärztlichen Vergütung gehören gemäß Abs. 3 S. 3 auch leistungsgerechte Entgelte für
1. den ärztlichen Bereitschaftsdienst für Belegpatienten und
2. die vom Belegarzt veranlassten Leistungen nachgeordneter Ärzte des Krankenhauses, die bei der Behandlung seiner Belegpatienten in demselben Fachgebiet wie der Belegarzt tätig werden.

Die Vergütungsregelung stellt ausdrücklich klar, dass zu den besonderen Leistungen, die aus der vertragsärztlichen Gesamtvergütung zu vergüten sind, auch leistungsgerechte Entgelte für den **ärztlichen Bereitschaftsdienst** sowie auch die Kosten des nachgeordneten Dienstes gehören. Beide Leistungen sind den Leistungen des Belegarztes zuzurechnen. Sie dürfen daher nicht über die Krankenhausvergütung, sondern können nur aus der vertragsärztlichen Vergütung (bei privatärztlicher Behandlung nach der GOÄ) vergütet werden.[35] Die vom Belegarzt zu tragenden Kosten für den belegärztlichen Bereitschaftsdienst fallen auch dann an, wenn dieser während des Bereitschaftsdienstes keine ärztlichen Leistungen erbringt.[36]

e) **Besondere Regelungen des EBM (Abs. 4).** Gemäß Abs. 4 war der Bewertungsausschuss verpflichtet, in einem Beschluss nach § 87 mit Wirkung zum 1. April 2007 im einheitlichen Bewertungsmaßstab für ärztliche Leistungen Regelungen zur angemessenen Bewertung der belegärztlichen Leistungen unter Berücksichtigung der Vorgaben nach Abs. 3 S. 2 und 3 zu treffen. Der Bewertungsausschuss ist dieser Verpflichtung mit der Einführung von Kapitel 36 EBM zum 1.4.2007 nachgekommen.[37] Kapitel 36 EBM beinhaltet Regelungen zu belegärztlichen Operationen, postoperativen Leistungen, Anästhesien und zu dem konservativ-belegärztlichen Bereich.

f) **Honorarverträge (Abs. 5).** Abweichend von den Vergütungsregelungen in Abs. 2 bis 4 können Krankenhäuser mit Belegbetten zur Vergütung der belegärztlichen Leistungen mit Belegärzten seit März 2009 gemäß Abs. 5 Honorarverträge schließen.[38]

Zum Hintergrund: Zur Ermöglichung von gleichen Wettbewerbschancen zwischen Krankenhäusern mit Haupt- und Belegabteilungen bedurfte es nach Auffassung des Gesetzgebers einer Regelung, mit der den Belegabteilungen ein Wahlrecht eingeräumt wird, den Vertragsarzt entweder als Belegarzt oder als Honorararzt mit der stationären Leistungserbringung zu betrauen.[39]

Anders als der Belegarzt gemäß Abs. 2 bis 4 erhält ein solcher nach Abs. 5 keinen eigenen Vergütungsanspruch gegen den Patienten bzw. Teilhabeanspruch gegenüber der Kassenärztlichen Vereinigung, sondern die Abrechnung erfolgt direkt mit dem Krankenhaus, welches wiederum mit den Kostenträgern abrechnet.[40] Die Leistungen des Belegarztes sind also keine vertragsärztlichen, da er seine Vergütung nicht aus der Gesamtvergütung, sondern vom Krankenhaus erhält.[41]

Gemäß § 18 Abs. 3 KHEntgG rechnen Krankenhäuser mit Belegbetten, die nach § 121 Abs. 5 zur Vergütung der belegärztlichen Leistungen mit Belegärzten Honorarverträge schließen, für die von Belegärzten mit Honorarverträgen behandelten Belegpatienten die mit Bewertungsrelationen bewerteten Entgelte für Hauptabteilungen in Höhe von 80 % ab.

g) **Versorgungsqualiät (Abs. 6).** Seit Inkrafttreten des KHSG am 1.1.2016 gelten stationäre Qualitätsvorgaben grds. auch für belegärztliche Leistungen; Ausnahme: es liegen keine speziellen Regelungen bzgl. vertragsärztlicher oder sektorübergreifender Qualitätssicherung vor.

---

34 LSG Nds-Brem, 30.6.2004, L 3 KA 54/04, juris Rn. 30.
35 BT-Dr. 11/2237, 204.
36 BT-Dr. 11/2237, 204.
37 Köhler-Hohmann in: jurisPK-SGB V, § 121 Rn. 63.
38 § 121 Abs. 5 wurde eingeführt im Rahmen des Krankenhausfinanzierungsreformgesetzes vom 17.3.2009 mWv 25.3.2009 (BGBl. I, 534).
39 BT-Dr. 16/11429, 46.
40 Makoski, GesR 2009, 225, 227.
41 Quaas, GesR 2009, 459, 460.

39 Daher gelten gemäß Abs. 6 S. 1 für belegärztliche Leistungen die Richtlinien und Beschlüsse des GBA nach den §§ 136 bis 136 b zur Qualitätssicherung im Krankenhaus bis zum Inkrafttreten vergleichbarer Regelungen für die vertragsärztliche oder sektorenübergreifende Qualitätssicherung.[42]

40 Mit der auflösend bedingten Anordnung der Geltung stationärer Qualitätssicherungsvorgaben für belegärztliche Leistungen wird gesetzlich sichergestellt, dass diese vorerst den Vorgaben für das Krankenhaus entsprechen, dessen bereitgestellte Dienste, Einrichtungen und Ressourcen der Belegarzt in Anspruch nimmt, um Belegpatienten voll- oder teilstationär zu behandeln. Schon bisher haben die Krankenhäuser Qualitätssicherungsdaten der belegärztlichen Leistungen in der externen stationären Qualitätssicherung erfasst und wie die übrigen Krankenhausleistungen behandelt. Die Ergebnisse von Leistungen, die von Belegärzten erbracht wurden, sind folglich in die strukturierten Qualitätsberichte der einzelnen Krankenhäuser und auch in den jährlichen Qualitätsreport der Institution nach § 137 a eingeflossen. An dieser Einbindung der belegärztlichen Leistungen in die stationäre Qualitätssicherung wird solange festgehalten, wie der GBA noch keine gleichwertigen Maßnahmen der vertragsärztlichen oder sektorenübergreifenden Qualitätssicherung beschlossen hat. Insbesondere die weitere Einbeziehung der belegärztlichen Leistungen in die externe stationäre Qualitätssicherung ist erforderlich, da ansonsten kurzfristig ein nennenswerter Anteil der Leistungen, die derzeit in die Qualitätsmessungen eingeschlossen sind, herausfallen könnte. Diese Gefahr besteht, seitdem mit dem Beschluss des GBA vom 19.2.2015 für das erste sektorenübergreifende Qualitätssicherungsverfahren im Bereich der Koronarangiographie und der perkutanen Koronarintervention (sog PCI) die belegärztlichen Leistungen in Orientierung an § 121 Abs. 2 dem vertragsärztlichen Organisationsbereich der Maßnahme zugeordnet wurden. Damit war auch die Einhaltung von Struktur- und Prozessanforderungen für stationäre Leistungen bei belegärztlichen Leistungen künftig in Frage gestellt, da diese regelmäßig in Richtlinien des Gemeinsamen Bundesausschusses zur Qualitätssicherung im Krankenhaus beschlossen werden. Die Geltung auch der Festlegungen zur Struktur- und Prozessqualität im Krankenhaus ist mit der Regelung nach S. 1 ausdrücklich klargestellt.[43]

41 Gemäß Abs. 6 S. 2 werden die in der stationären Qualitätssicherung für belegärztliche Leistungen erhobenen Qualitätsdaten bei der Auswertung der planungsrelevanten Qualitätsindikatoren nach § 136c Abs. 1 und 2 sowie bei der qualitätsabhängigen Vergütung eines Krankenhauses nach § 5 Abs. 3 a des KHEntgG berücksichtigt.

42 Satz 2 stellt anknüpfend an die Geltung stationärer Qualitätsvorgaben klar, dass die Qualitätsdaten der belegärztlichen Leistungen künftig auch bei der Bewertung des Krankenhauses mit planungsrelevanten Qualitätsindikatoren und bei der Anwendung von qualitätsabhängigen Vergütungsbestandteilen (Qualitätszu- und -abschlägen) einbezogen werden. Die Versorgungsqualität der belegärztlichen Leistungen nimmt damit auch an der Umsetzung der neuen qualitätsorientierten Steuerungsinstrumente der stationären Versorgung teil. Auf diese Weise wird ua sichergestellt, dass Qualitätsanforderungen nicht durch die Organisationsform der belegärztlichen Erbringung umgangen werden können. Darüber hinaus unterstützt die Regelung die Zusammenarbeit des Krankenhauses und des Belegarztes auf dem Gebiet der Qualitätssicherung. Das Krankenhaus erhält einen Anreiz, die Qualität der belegärztlichen Leistungen im Blick zu behalten. Dies liegt im Interesse von Patienten, die vielfach um die Besonderheit der belegärztlichen Leistung im Krankenhaus gar nicht wissen.[44]

43 Gemäß Abs. 6 S. 3 werden die Folgen, die diese Berücksichtigung im Verhältnis zwischen dem Krankenhaus und dem Belegarzt haben soll, zwischen diesen vertraglich vereinbart.

44 Satz 3 sieht somit vor, dass das Krankenhaus und der Belegarzt vertraglich regeln, welche Konsequenzen sich in ihrem Innenverhältnis aus der Einbeziehung der belegärztlichen Versorgungsqualität bei der Anwendung von qualitätsabhängigen Steuerungsinstrumenten ergeben. Sie haben danach beispielsweise zu vereinbaren, ob und in welcher Weise Qualitätszu- und -abschläge bei der Krankenhausvergütung, die (auch) durch belegärztliche Leistungen bewirkt sind, vom Krankenhaus an den Belegarzt weitergegeben werden. Auch mögliche Kündigungstatbestände insbesondere aufgrund anhaltend schlechter Qualitätsdaten – der einen wie der anderen Seite – gehören in den Regelungsinhalt der Vereinbarung zwischen Krankenhaus und Belegarzt.[45]

---

42 Vgl. BT-Dr. 18/6586, 119.
43 Vgl. BT-Dr. 18/6586, 119.
44 Vgl. BT-Dr. 18/6586, 120.
45 Vgl. BT-Dr. 18/6586, 120.

h) Sonderzulassung (§ 103 Abs. 7). Eine Sonderregelung beinhaltet § 103 Abs. 7. Danach haben Krankenhausträger in einem Planungsbereich, für den Zulassungsbeschränkungen angeordnet sind, das Angebot zum Abschluss von Belegarztverträgen auszuschreiben. Kommt ein Belegarztvertrag mit einem im Planungsbereich niedergelassenen Vertragsarzt nicht zustande, kann der Krankenhausträger mit einem bisher im Planungsbereich nicht niedergelassenen geeigneten Arzt einen Belegarztvertrag schließen. Dieser erhält eine auf die Dauer der belegärztlichen Tätigkeit beschränkte Zulassung; die Beschränkung entfällt bei Aufhebung der Zulassungsbeschränkungen nach § 103 Abs. 3, spätestens nach Ablauf von zehn Jahren.[46]

Entscheidungen der Zulassungsgremien über Zulassungen zur Ausübung der belegärztlichen Tätigkeit nach § 103 Abs. 7 können von nicht berücksichtigten Bewerbern aus dem Kreis der bereits zugelassenen Vertragsärzte nicht nach Maßgabe der für sog defensive Konkurrentenklagen, die ausschließlich auf die Abwehr eines zusätzlichen Konkurrenten gerichtet ist, geltenden Grundsätze angegriffen werden. In Betracht kommt allein eine sog offensive Konkurrentenklage, bei der mehrere Bewerber um die Zuerkennung einer nur einmal zu vergebenden Berechtigung streiten.[47]

§ 121a Genehmigung zur Durchführung künstlicher Befruchtungen

(1) ¹Die Krankenkassen dürfen Maßnahmen zur Herbeiführung einer Schwangerschaft (§ 27a Abs. 1) nur erbringen lassen durch
1. Vertragsärzte,
2. zugelassene medizinische Versorgungszentren,
3. ermächtigte Ärzte,
4. ermächtigte ärztlich geleitete Einrichtungen oder
5. zugelassene Krankenhäuser,

denen die zuständige Behörde eine Genehmigung nach Absatz 2 zur Durchführung dieser Maßnahmen erteilt hat. ²Satz 1 gilt bei Inseminationen nur dann, wenn sie nach Stimulationsverfahren durchgeführt werden, bei denen dadurch ein erhöhtes Risiko von Schwangerschaften mit drei oder mehr Embryonen besteht.

(2) Die Genehmigung darf den im Absatz 1 Satz 1 genannten Ärzten oder Einrichtungen nur erteilt werden, wenn sie
1. über die für die Durchführung der Maßnahmen zur Herbeiführung einer Schwangerschaft (§ 27a Abs. 1) notwendigen diagnostischen und therapeutischen Möglichkeiten verfügen und nach wissenschaftlich anerkannten Methoden arbeiten und
2. die Gewähr für eine bedarfsgerechte, leistungsfähige und wirtschaftliche Durchführung von Maßnahmen zur Herbeiführung einer Schwangerschaft (§ 27a Abs. 1) bieten.

(3) ¹Ein Anspruch auf Genehmigung besteht nicht. ²Bei notwendiger Auswahl zwischen mehreren geeigneten Ärzten oder Einrichtungen, die sich um die Genehmigung bewerben, entscheidet die zuständige Behörde unter Berücksichtigung der öffentlichen Interessen und der Vielfalt der Bewerber nach pflichtgemäßem Ermessen, welche Ärzte oder welche Einrichtungen den Erfordernissen einer bedarfsgerechten, leistungsfähigen und wirtschaftlichen Durchführung von Maßnahmen zur Herbeiführung einer Schwangerschaft (§ 27a Abs. 1) am besten gerecht werden.

(4) Die zur Erteilung der Genehmigung zuständigen Behörden bestimmt die nach Landesrecht zuständige Stelle, mangels einer solchen Bestimmung die Landesregierung; diese kann die Ermächtigung weiter übertragen.

I. Entstehungsgeschichte 1	4. Status-rechtliche Begrenzungen 6
II. Regelungsmaterie 2	5. Heterologe Verfahren 7
III. Die Richtlinien zu Methoden der assistierten Reproduktion 3	6. Sicherheitsaspekte heterologer Verfahren 8
1. Ärztliches Berufsrecht 3	7. Anonymitätszusage 9
2. Medizinische Einschränkungen, Qualitätsaspekte 4	8. Verfassungsrechtliche Erwägungen 11
3. Indikationen und Kontraindikationen .. 5	9. Dokumentation 12

---

46 Für weitere Einzelheiten wird auf die Kommentierung des § 103 Abs. 7 verwiesen.
47 Vgl. BSG, 1.4.2015, B 6 KA 48/13 R, juris Rn. 9, 10 = GesR 2015, 629 ff.

IV. Reproduktionsmedizinische Maßnahmen bei lesbischen Paaren oder alleinstehenden Frauen 13	V. Kryokonservierung 15
1. Behandlung lesbischer Paare............. 13	VI. Insemination.................................. 18
2. Künstliche Befruchtung einer alleinstehenden Frau........................... 14	VII. Zuständigkeit................................. 19
	VIII. Auswahlermessen........................... 20

I. Entstehungsgeschichte

1 Die Norm wurde durch Art. 2 Nr. 6 KOVAnpG vom 26.9.1990 (BGBl. I 1990, 1211) in das SGB V eingefügt. Daneben sind die Richtlinien des G-BA über Maßnahmen zur künstlichen Befruchtung idF vom 12.10.2011 zu beachten.

II. Regelungsmaterie

2 Die Regelung „eigener Angelegenheiten" der freien Berufe hat eine lange Tradition.[1] Dies führt bislang dazu, dass die maßgeblichen Regelungen zur ärztlichen Reproduktionsmedizin bis heute überwiegend in den einschlägigen Richtlinien der Landesärztekammern (mit Ausnahme Berlin und Bayern) zusammengefasst sind. Im modernen Verfassungsstaat sind dieser Regelungskompetenz jedoch Grenzen gesetzt. Regelungen grundsätzlicher Bedeutung sind dem Gesetzgeber vorbehalten.[2] Der Gesetzgeber ist jedoch nicht verpflichtet, jede Regelung im Detail vorzugeben. Vielmehr kann er den nichtstaatlichen Satzungsgeber ermächtigen, im Rahmen abgeleiteter Kompetenz den Normrahmen durch eigene Regelungen auszufüllen. Ein weiteres Konfliktfeld besteht darin, dass das Recht der Fortpflanzungsmedizin mittlerweile in die Kompetenz des Bundes fällt (Art. 74 Nr. 26 GG), während das Recht der Berufsausübung nach wie vor in den Kompetenzbereich der Länder gehört.[3] Mit anderen Worten gilt der Satz „Bundesrecht bricht Landesrecht" nur für den Kern der Fortpflanzungsmedizin, nicht aber für Regelungen der Berufsausübung, für die dem Landesgesetzgeber die alleinige Kompetenz zusteht.[4] Erst recht sind strafrechtliche Normen wie zB das Embryonenschutzgesetz nicht geeignet, abschließend berufsrechtliche Regelungen zu ersetzen. Diese unterschiedlichen Ebenen dürfen nicht vermischt werden. Der Schwerpunkt der regulatorischen Grenzlinien findet sich in den Richtlinien (→ Rn. 3 ff), Einzelregelungen im SGB V und den dazugehörigen Richtlinien sowie der bislang ergangenen Rechtsprechung. Eine Gesamtkonzeption bleibt ggfls. einem noch zu schaffenden Fortpflanzungsmedizingesetz vorbehalten. Die Kompetenz der Kammern zum Erlass derartiger Normen wird vom Bundesverwaltungsgericht bejaht.[5] Die Gesetzgebungskompetenz der Länder ergibt sich aus Art. 70 GG. Hierauf gehen die jeweiligen Heilberufe-Kammergesetze der Länder zurück, die wiederum die Ermächtigungsnormen für die als Satzung zu verabschiedenden (Landes-) Berufsordnungen enthalten. Der Regelungsgegenstand der Berufsordnungen ist in diesen Heilberufe-Gesetzen zu konkretisieren.[6] Für die reproduktionsmedizinischen Fragen ergibt sich die Satzungsermächtigung für Nordrhein-Westfalen zB aus §§ 29, 31, 32 Nr. 15 HeilberufeG NRW. Diese Kompetenztitel sind hinreichend bestimmt.[7]

III. Die Richtlinien zu Methoden der assistierten Reproduktion

3 **1. Ärztliches Berufsrecht.** Die im Anhang zur Berufsordnung abgedruckten Richtlinien befassen sich mit den berufsrechtlichen Voraussetzungen, medizinischen Indikationen und Kontraindikationen, den fachlichen, personellen und technischen Voraussetzungen sowie den sozialen Rahmenbedingungen. Ferner enthalten die Richtlinien Querverweise auf Bestimmungen des Embryonenschutzgesetzes, zB die Beschränkung der Übertragung auf drei Embryonen[8] und die Ersatzmutterschaft. Die Richtlinien sind mit einem ausführlichen Kommentar (allerdings ohne Rechtsnormqualität) versehen. Sie wurden erstmals 1985 vom 88. Deutschen Ärztetag als Teil der MBO beschlossen. Die erste Überarbeitung er-

---

1 Taupitz, Die Standesordnungen der freien Berufe, 1991.
2 BVerfG, 16.2.2000, 1 BvR 420/97, BVerfGE 33, 304, 346; 61, 260, 275; Taupitz, aaO, S. 804.
3 Art. 74 Nr. 19 GG gibt dem Bund nur die Kompetenz für den Berufszugang.
4 BVerfGE 102, 26, 36 (Frischzellen); BVerfG, 30.4.2004, 1 BvR 2334/03, GesR 2004, 539 (Botox).
5 BVerwG, 24.2.1992, 3 B 95/91, NJW 1992, 1577; gegen VG Stuttgart, 17.11.1989, 4 K 2004/86, MedR 1990, 359; siehe aber Ham. BG Heilberufe, 10.10.2000, VI H.HeilB. 4/2000: Regelungen der Richtlinie über Qualifikation Arbeitsgruppenleiter unwirksam, weil Gesetzgebungskompetenz auf Bund übergegangen.
6 Ratzel in: Ratzel/Luxenburger, § 4 Rn. 3 mwN; Pestalozza, GesR 2006, 387 ff; Rixen, VSSR 2007, 213 ff.
7 BVerfG, 9.5.1972, 1 BvR 518/62 und 308/84, BVerfGE 33, 125 ff; BVerfG, 18.12.1974, 1 BvR 259/66, BVerfGE 38, 281, 299.
8 Lilie, Neue rechtliche Konfliktfelder der Reproduktionsmedizin: Probleme der Dreierregel, ZaeFQ 2006, 673 ff.

folgte 1988 mit der grundsätzlichen Beschränkung der Methoden auf Ehepaare im homologen System. Ausnahmen sollten nur nach Anrufung einer entsprechend zu bildenden Kommission bei der Ärztekammer zugelassen werden. 1991 wurden die Methoden dem neuen Stand der Wissenschaft angepasst, 1993 entfiel u.a. die Meldepflicht von kryokonservierten Vorkernstadien gegenüber der zentralen Kommission der Bundesärztekammer. 1998 wurden heterologe Verfahren nach Zustimmung der Kommission in Ziff. 3.2. ausdrücklich erlaubt, die Anwendung der Methoden bei lesbischen Paaren oder alleinstehenden Frauen hingegen ausnahmslos untersagt. Die Richtlinien sind 2006 grundlegend novelliert worden.[9] Die frühere Beschränkung reproduktionsmedizinischer Verfahren auf Ehepaare wurde aufgehoben. Die Insemination nach hormoneller Stimulation ist ausdrücklich in die Richtlinien aufgenommen worden. Die besonderen fachlichen und technischen Voraussetzungen gelten jedoch nur für die Insemination nach hormoneller Stimulation. Die „normale" intrauterine Insemination ist nicht Gegenstand der Richtlinien und unterliegt auch nicht der Genehmigungspflicht gemäß § 121 a. Das erst 1998 aufgenommene ausdrückliche Verbot der Anwendung der unter die Richtlinie fallenden Methoden bei lesbischen Paaren und alleinstehenden Frauen wurde aus dem Richtlinientext wieder entfernt. In Ziff. 2 werden die jeweiligen medizinischen Indikationen für die jeweiligen Methoden katalogmäßig aufgeführt. Erstmals werden in den Richtlinien für heterologe Inseminationen (Ziff. 2.1.6) sowie heterologe IVF und ICSI (Ziff. 2.1.7) medizinische Indikationen definiert. Gemäß Ziff. 5.3.1. ist der Einsatz von heterologem Samen medizinisch zu begründen. In Ziff. 5.3.3.2. finden sich besondere Dokumentationspflichten im Rahmen der Durchführung heterologer Verfahren, die letztlich zum Ziel haben sollen, dem derart gezeugten Kind zu einem späteren Zeitpunkt die Kenntnis seiner genetischen Abstammung zu ermöglichen (dazu → Rn. 7 ff).

2. Medizinische Einschränkungen, Qualitätsaspekte. Soweit die Richtlinien in Ziff. 4 Vorgaben zur Struktur des Teams, der Qualifikation des Arbeitsgruppenleiters, sachliche und fachliche Voraussetzungen sowie Dokumentationspflichten machen, ist dies als Teil der Qualitätssicherung durch entsprechende Normen in den Heilberufe-Kammergesetzen der Länder ohne Zweifel gedeckt, jedenfalls solange der Bund nicht von seiner Kompetenz Gebrauch macht. Die Beschränkung der zu transferierenden 2-Pro-Nuclei-Zellen (synonym imprägnierte Eizellen, Eizellen im Vorkernstadium) oder Embryonen auf **maximal drei** ist als bloße Wiederholung der Vorgaben des Embryonenschutzgesetzes (EschG, § 1 Abs. 1 Nr. 3) nicht zu beanstanden.[10] Das Gleiche gilt für die Empfehlung, in Ziff. 5.1. bei unter 38jährigen Frauen sogar nur zwei Eizellen zu befruchten und zu transferieren. Zum einen handelt es sich ausdrücklich nur um eine Empfehlung; zum anderen ist das Ziel, die Vermeidung höhergradiger Mehrlingsschwangerschaften, aus medizinischer Indikation gerechtfertigt, auch wenn als Folge hiervon die Schwangerschaftsrate sinkt. Ein entgegenstehendes Interesse der Frau auf Ausschöpfung der nach dem EschG zulässigen Höchstzahl ist ausdrücklich berücksichtigt, so dass auch unter dem Gesichtspunkt der Drittbetroffenheit keine überzeugenden Einwände gegen diese Regelung vorgebracht werden können.

3. Indikationen und Kontraindikationen. Die Definition von Indikationen und Kontraindikationen besonderer medizinischer Verfahren gehört zum Kernbereich der Aufgaben der Kammern. Alle Heilberufe-Gesetze der Länder enthalten entsprechende Kompetenztitel.[11] Die Indikation ist – neben der Einwilligung des Patienten – für den Arzt die Legitimation, eine bestimmte Maßnahme durchführen zu dürfen. Zwar führt eine fehlende Indikation jenseits der hier interessierenden Materie nicht grundsätzlich zur Unzulässigkeit einer Maßnahme (Schönheitsoperationen, Wellness-Medizin etc.). Ein Anspruch auf Patientenseite auf Durchführung nicht indizierter Maßnahmen lässt sich aber weder aus Art. 1 noch Art. 2 GG herleiten.[12]

4. Status-rechtliche Begrenzungen. Zwar möchten die Richtlinien reproduktionsmedizinische Maßnahmen grundsätzlich nur bei Ehepaaren und dann im homologen System angewendet wissen (Ziff. 3.1.1.). Letztlich ist das aber nur noch ein formales Festhalten an althergebrachten Überzeugungen, die schon in Ziff. 3.1.1.2.) ohne viel Aufhebens wieder fallengelassen werden. Bei der Voraussetz-

---

9 (Muster-)Richtlinie zur Durchführung der assistierten Reproduktion, DÄ 2006, 1392.
10 Siehe hierzu Lilie aaO mwN; aA Frommel, Reproduktionsmedizin, 2002, S. 161, im Erg. aber nicht überzeugend.
11 Berlin war daher überhaupt nicht gezwungen, die Regelung im damaligen D 15 einschließlich der Richtlinien ersatzlos zu streichen. Insbesondere unter Aspekten der Qualitätssicherung ist dieser Entschluss alles andere als zielführend.
12 Ratzel in: Ratzel/Luxenburger, § 4 Rn. 10 ff, 17 ff.

zung, dass das Paar in einer festen Partnerschaft leben soll und der Mann nicht anderweitig verheiratet sein darf, bleibt es jedoch. Offensichtlich will man nicht dem medizinisch assistierten Ehebruch Vorschub leisten. Diese Einschränkung dürfte jedoch kaum von dem Kompetenztitel in den Heilberufe-Gesetzen gedeckt sein. Schon früher war die Beschränkung der Methoden auf Ehepaare in den Richtlinien nicht zu rechtfertigen. Wenn man diese Beschränkung dann nur konsequent aufhebt, ist es noch weniger zulässig – bei Vorliegen aller sonstigen Indikationen –, die Durchführung der therapeutischen Maßnahme davon abhängig zu machen, dass der Lebensgefährte der Frau eine Ehe, die aus möglicherweise völlig anderen Motiven aufrechterhalten wird, beendet.[13] Ein positives Bekenntnis des Mannes zu seiner Vaterschaft zu verlangen ist hingegen legitim.

7   5. **Heterologe Verfahren.** Die **IVF-Therapie** ist nicht nur im Embryonenschutzgesetz als zulässige Methode der artifiziellen Reproduktion vorausgesetzt, sondern auch in sozialrechtlichen Vorschriften (§ 27 a) und von der Judikatur anerkannt. Allerdings wird ihre Anwendung im Rahmen der GKV unter eingehender Begründung mit dem Kindeswohl auf Ehepaare beschränkt und deshalb die **Pflicht zur Kostenübernahme für heterologe In-vitro-Fertilisationen vom BSG abgelehnt**.[14] Das BVerfG hat die gesetzgeberische Entscheidung in § 27 a, Kosten im Rahmen der künstlichen Befruchtung nur bei Eheleuten und dort auch nur im homologen System zu übernehmen, gebilligt, dies aber im Wesentlichen mit der Abwägungsprärogative des Gesetzgebers begründet; ein generelles Unwerturteil heterologer Verfahren lässt sich der Entscheidung nicht entnehmen.[15] Interessant ist allerdings der Hinweis des BVerfG, die Ungleichbehandlung zwischen verheirateten und nicht verheirateten Paaren sei im Ergebnis nur deshalb kein Verstoß gegen Art. 3 Abs. 1 GG, weil es sich bei der Kinderwunschbehandlung durch künstliche Befruchtung nicht um Krankenbehandlung im eigentlichen Sinne, wie zB chirurgische Eingriffe handle (sic!), sondern vom Gesetzgeber nur den Regelungen für Krankenbehandlung unterworfen wurde.[16] Auch der **BGH** hat nur die homologe extrakorporale Befruchtung innerhalb der Ehe als medizinisch notwendige Heilbehandlung qualifiziert und die Einstandspflicht der Krankenkasse für zunächst drei Versuche bejaht.[17] Die früher strittige Frage, ob ein Kostenerstattungsanspruch auch dann besteht, wenn das Paar bereits ein Kind hat, ist jetzt in diesem Sinne positiv entschieden worden, so dass keine Ungleichbehandlung zwischen gesetzlich und privat Versicherten mehr besteht.[18] Strafgesetzlich ist die gespaltene Vaterschaft ebenso wenig verboten wie die künstliche Befruchtung in nichtehelichen Lebensgemeinschaften, da das Embryonenschutzgesetz die Ehe nicht als Zulässigkeitsvoraussetzung für die IVF präjudiziert. Verboten ist allerdings die geteilte Mutterschaft § 1 Abs. 1 Nr. 2, 6 und 7 EschG, während die geteilte Vaterschaft zweifellos erlaubt ist – ein offensichtlicher Widerspruch, der durchaus kritisch diskutiert werden mag,[19] allerdings der Regelungsbefugnis der Ärztekammern entzogen ist. Lediglich für den Fall der Embryonenspende besteht im Gegensatz zur Eizellspende eine Strafbarkeitslücke im EschG, wenn die Möglichkeit den Embryo der Frau zu implantieren, von der die Eizelle stammt, nachträglich weggefallen ist.[20] Da es sich bei dieser (Ausnahme-)Konstellation auch nicht um Fortpflanzung oder eine reproduktionsmedizinische Maßnahme handelt, weil die Fortpflanzung ja bereits stattgefunden hat, handelt es sich auch nicht um eine Maßnahme, die unter die Richtlinien fällt.

8   6. **Sicherheitsaspekte heterologer Verfahren.** Der Einsatz von heterologem Samen ist medizinisch iS der genannten Indikationen zu begründen. Mit anderen Worten muss bei dem männlichen Partner des Paares eine der in Ziff. 2.1.6. oder 2.1.7. genannten Indikationen vorliegen. Ferner muss der Samen

---

13 BVerfG, 27.5.2008, 1 BvL 10/05, NJW 2008, 3117, § 8 Abs. 1 Nr. 2 Transsexuellengesetz (TSG), der eine Geschlechtsumwandlung eines verheirateten Transsexuellen von einer vorherigen Scheidung abhängig macht, ist unwirksam.
14 BSG, 8.3.1990, 3 RK 24/89, NJW 1990, 2959; BSG, 19.9.2007, B 1 KR 6/07, Altersgrenze Männer 50 Jahre zulässig; BSG, 3.3.2009, B 1 KR 7/08, Altersgrenze Frauen 40 Jahre zulässig.
15 BVerfG, 28.2.2007, 1 BvL 5/03, GesR 2007, 188 ff, Gesetzgeber könnte aber andere Regelung treffen.
16 BVerfG, aaO, Ziff. 3 a unter Verweis auf BSG, 3.4.2001, B 1 KR 40/00, BSGE 88, 62, 64, § 27 a begründe einen eigenen Versicherungsfall.
17 BGH, 17.12.1986, IV a ZR 78/85, MedR 1987, 182; BGH, 23.9.1987, IV a ZR 59/86, MedR 1988, 34. Kosten als außergewöhnliche Belastung aber auch bei nicht verheiratetem Paar steuerlich zu berücksichtigen, wenn Maßnahme in Übereinstimmung mit BO, BFH, 10.5.2007, III R 47/05, NJW 2007, 3596 unter Aufgabe der früheren Rechtsprechung.
18 BGH, 13.9.2006, IV ZR 133/05, NJW 2006, 3560 = MedR 2007, 107; so jetzt auch klarstellend der G-BA, nach Geburt eines Kindes wird neu gezählt.
19 Ludwig/Küpker/Diedrich, Transfer von zusätzlichen Embryonen und Eizellspende, Frauenarzt 2000, 938 ff.
20 Schlüter, Schutzkonzepte für menschliche Keimbahnzellen in der Fortpflanzungsmedizin, S. 192.

unter Infektionsschutzgesichtspunkten getestet werden (Ziff. 5.3.1.), damit die Frau sich nicht dem Risiko einer HIV-Infektion oder ähnlich schwer gelagerter Krankheiten aussetzt. Eine Durchführung reproduktionsmedizinischer Maßnahmen bei HIV diskordanten Paaren, wenn die Frau HIV-positiv ist, wird durch die Richtlinien nicht ausgeschlossen.[21] Nachdem Keimzellen mit Inkrafttreten des sog. Gewebegesetzes[22] u.a. unter das TPG fallen, sind die Voraussetzungen zur Untersuchung männlicher Keimzellen jetzt in § 6 Abs. 2 iVm Anlage 4 Nr. 2 TPG-Gewebeverordnung (TPG-GewV)[23] nochmals zusätzlich präzisiert. Gemäß Ziff. 5.3.1. soll der Arzt darauf achten, dass der Spender nicht mehr als zehn Schwangerschaften erzeugt. Der Regelungszweck liegt zwar auf der Hand; anders als zB. in Österreich gibt es hierfür aber hierzulande keine gesetzliche Ermächtigung für diese Regelung, geschweige denn dass der Arzt die Möglichkeit hätte, die Einhaltung dieser Obergrenze zu kontrollieren.

7. Anonymitätszusage. Problematisch ist die bei heterologen Verfahren häufig erklärte Anonymitätszusage.[24] In anderen Ländern (zB USA) ist die anonyme Samenspende gang und gäbe. Zweifellos vereinfacht sie die Rekrutierung entsprechender Spender. Die Anonymitätszusage geht hier im Übrigen vielfach unterschlagen in zwei Richtungen:

- Anonymität des Spenders gegenüber der Empfängerin bzw dem solchermaßen gezeugten Kind
- Anonymität der Empfängerin im Hinblick auf den Spender, dh auch er weiß nicht, welche Frau letztlich mit seinem Samen befruchtet wird.

In diesem Zusammenhang kann sich die Frage nach der **Rechtmäßigkeit der Einwilligung**[25] in eine derartige anonyme Samenspende ergeben, die ja auch nach dem ESchG Voraussetzung für die Nichtbestrafung des Eingriffs ist. Die Praxis befasst sich nämlich in aller Regel nur mit der Frage der Zulässigkeit im Hinblick auf die Empfängerin, nicht jedoch auf die Vorstellung des einwilligenden Spenders. Die Wirksamkeit der Einwilligung kann sicherlich in den Fällen unterstellt werden, in denen die Samenspende eine völlig unbekannte Frau betrifft, die bisher nicht im Lebenskreis des Spenders aufgetaucht ist. Würde der Spender jedoch auch einwilligen, wenn er wüsste, dass die Spende einem Paar zugutekommt, das er möglicherweise kennt und in keiner Weise schätzt, oder einem Paar, das er kennt und zu dem er besonders enge freundschaftliche Beziehungen unterhält? Pauschale Einwilligungserklärungen werden in der Praxis zu wenig hinterfragt. Der Samenspender kann seine Einwilligung im Übrigen bis zur Vornahme der künstlichen Befruchtung jederzeit widerrufen.[26] Bedeutender ist allerdings die Frage bezüglich der Anonymitätszusage zugunsten des Spenders im Hinblick auf das Paar bzw das zu zeugende Kind. Diese Frage stellt sich im Übrigen nicht nur bei der anonymen (Einzel-)Samenspende, sondern auch beim Verwenden eines „Samencocktails", der eine Zurückverfolgung der genetischen Abstammung zumindest außerordentlich erschwert bzw gänzlich unmöglich machen kann. Ziff. 5.3.1. untersagt dementsprechend die Verwendung von Samencocktails. Nach überwiegender Auffassung ist die anonyme heterologe Insemination, dh eine dem Spender gegebene Anonymitätszusage, die ja letztlich ursächlich für seine Einwilligung gewesen ist, rechtswidrig,[27] daraufhin gerichtete Verträge mithin nichtig (mit entsprechenden Folgen für das Honorar). Die Regelungen in Ziff. 5.3.1. und 5.3.3.2. spiegeln daher die gegenwärtige Rechtslage zutreffend wider. Im Übrigen ist diese Frage durch das Gewebegesetz, insbesondere § 8 d, 16 a TPG§ iVm §§ 6 Abs. 2, 5 Abs. 2 TPG-GewV jetzt auch gesetzlich geregelt. Diese Vorschriften gelten sowohl für Gewebeeinrichtungen wie auch Einrichtungen der medizinischen Versorgung. Gemäß § 1 a Nr. 8 TPG ist eine Gewebeeinrichtung eine Einrichtung, die Gewebe zum Zwecke der Übertragung entnimmt, untersucht, aufbereitet, be- oder verarbeitet, konserviert, kennzeichnet, verpackt, aufbewahrt oder an andere abgibt (also zB eine Samenbank). Eine Einrichtung der medizinischen Versorgung ist ein Krankenhaus oder eine andere ärztlich geleitete Einrichtung mit unmittelbarer Patientenbetreuung (also zB eine Arztpraxis oder ein reproduktiosmedizinisches Zen-

---

21 Bender, Assistierte Reproduktion bei HIV-Infektion der Frau aus haftungsrechtlicher Sicht, Gynäkologe 2001, 349 ff; Empfehlung der Deutschen AIDS-Gesellschaft (DAIG) zur Diagnostik und Behandlung HIV-betroffener Paare mit Kinderwunsch, Frauenarzt 2008, 697 ff.
22 BGBl. I 2007, 1574 ff zur Umsetzung der EG-Geweberichtlinie 2004/23/EG.
23 BGBl. I 2008, 512 ff.
24 Naumann, Vereitlung des Rechts auf Kenntnis der eigenen Abstammung bei künstlicher Insemination, ZRP 1999, 142 ff, mit Hinweisen auf Regelung in anderen Ländern. Einigermaßen gelungen ist die österreichische Regelung.
25 Beachtlichkeit des Widerrufs der Einwilligung des Samenspenders, EGMR, 7.3.2006, 6339/05, GesR 2006, 428.
26 EGMR, 7.3.2006, 6339/05, GesR 2006, 428.
27 MüKo/Mutschler, § 1593 BGB Rn. 21 a; aA OLG Hamm, 13.6.2007, 3 W 32/07, MedR 2008, 2008, 213 m.zustimmender Anm. Cramer; siehe jetzt aber § 6 Abs. 2 TPG-GewV.

trum). § 5 Abs. 2 TPG-GewV sieht die Feststellung und Dokumentation von Familienname, Vorname, Geburtsdatum und Anschrift des Spenders ausdrücklich vor. Dies macht nicht nur unter Sicherheitsaspekten zur Frage der Rückverfolgbarkeit Sinn.

11 **8. Verfassungsrechtliche Erwägungen.** In zwei – außerhalb der Fachkreise – wenig bemerkten Entscheidungen vom 18.1.1988 und 31.1.1989 hat das BVerfG[28] der **Kenntnis der genetischen Abstammung und damit dem Wissen um die eigene Individualität Verfassungsrang** zuerkannt.[29] Das BVerfG vertrat die Ansicht, das nichteheliche Kind habe ein Recht auf Kenntnis des leiblichen Vaters (sofern er feststellbar ist), da es gem. Art. 6 Abs. 5 GG dem ehelichen Kind soweit als möglich gleichgestellt werden solle. Nur wenn das Kind seinen Vater kenne, könne es in eine persönliche Beziehung zu ihm treten oder auch unterhalts- und erbrechtliche Ansprüche durchsetzen. Die Eltern eines nichtehelichen Kindes hätten daher im Regelfall ihre Interessen denjenigen des Kindes unterzuordnen, denn sie hätten die Existenz des Kindes und seine Nichtehelichkeit letztlich zu vertreten. In der anderen Entscheidung führt das BVerfG aus, dass auch das pro forma eheliche volljährige Kind das Recht haben müsse, die Klärung seiner Abstammung herbeizuführen. Die Kenntnis der eigenen Abstammung sei wesentlicher Bestandteil des Individualisierungsprozesses und falle daher unter den Schutz des allgemeinen Persönlichkeitsrechts.[30] Später hat das BVerfG diese Entscheidungen allerdings insoweit relativiert,[31] als der Anspruch des Kindes immer mit dem Persönlichkeitsrecht der Mutter abgewogen werden müsse. Den Gerichten stehe dabei ein breiter Entscheidungsspielraum zu.[32] Die Verwendung von „**Samencocktails**" ist aber **unter keinem rechtlichen Gesichtspunkt zu rechtfertigen**; sie stellt eine vorsätzliche Vereitelung der genuinen Rechte des Kindes dar,[33] ohne dass demgegenüber höherrangige schützenswerte Interessen der Eltern oder des Spenders zu erkennen sind. Die Verletzung der Anonymitätszusage gegenüber dem Spender ist nicht unproblematisch. Natürlich stellt der Bruch der Anonymitätszusage eine Verletzung der ärztlichen Schweigepflicht dar; diese Verletzung ist jedoch idR gerechtfertigt, da die Anonymitätszusage als solche rechtswidrig (→ Rn 9 ff), dh der Informationsanspruch des Kindes vorrangig ist. Führt die Offenbarung des Spendernamens gegenüber dem Kind zur Geltendmachung von Unterhaltsansprüchen u.a. gegen den leiblichen Vater, sind Regressansprüche durch diesen gegenüber dem Arzt dann denkbar, wenn der Arzt nicht auf die fehlende Bindungswirkung der Anonymitätszusage hingewiesen und auch das nach wie vor bestehende Ehelichkeitsanfechtungs- und Informationsrecht des Kindes nachweisbar nicht erwähnt hatte.[34] Werden derartige Ansprüche erhoben, stellt sich zwangsläufig die Frage, inwieweit sie ggf durch die Berufshaftpflicht abgedeckt sind. Mit guten Gründen lässt sich die Auffassung vertreten, der Versicherer könne sich hier auf seine Leistungsfreiheit berufen, da bedingter Vorsatz anzunehmen ist. Der Arzt weiß, dass die Anonymitätszusage in erster Linie dazu dient, Spender zu motivieren. Sichert er dem Spender dabei dennoch Anonymität zu, nimmt er damit billigend in Kauf, diese Anonymitätszusage später einmal brechen zu müssen, schon um nicht selbst von dem Kind als „Ersatzschuldner" in Anspruch genommen zu werden.[35]

12 **9. Dokumentation.** Schon nach geltendem Berufsrecht (§ 10 MBO) ist der Arzt verpflichtet, die maßgeblichen Fakten der jeweiligen Behandlung zu dokumentieren; hierzu gehört selbstverständlich auch die Person des genetischen Vaters. Die Einzelheiten sind jetzt in Ziff. 5.4.1 der Richtlinien konkretisiert. Die standesrechtliche Dokumentationspflicht ist für die hier in Rede stehenden Fälle jedoch unzureichend, da die Aufbewahrungspflicht in der Regel nur zehn Jahre beträgt; der Informationsanspruch des Kindes wird aber – sofern er überhaupt erhoben wird – in aller Regel erst nach Erreichen

---

28 BVerfG, 8.5.1987, 1 BvR 1589/87, NJW 1988, 3010; BVerfG, 31.1.1989, 1 BvL 17/87, NJW 1989, 891; dazu auch Enders, Das Recht auf Kenntnis der eigenen Abstammung NJW 1989, 881.
29 In dem einen Fall wollte ein nichteheliches Kind seine Mutter verpflichtet wissen, ihm den Namen seines leiblichen Vaters zu nennen (die Mutter lebte im Zeitpunkt der Konzeption in einer monogamen Beziehung); in der anderen Entscheidung ging es darum, inwieweit ein volljähriges Kind innerhalb einer bestehenden Ehe seine Ehelichkeit anfechten kann, ohne dass die besonderen Zulässigkeitsvoraussetzungen des § 1596 BGB gegeben waren.
30 Vgl Münch/Kunik, Art. 1 Rn. 36 Stichwort: künstliche Befruchtung; Günther in: Günther/Taupitz/Kaiser, Kommentar zum Embryonenschutzgesetz, Einführung, lit. B Rn. 81 ff.
31 BVerfG, 6.5.1997, 1 BvR 409/90, NJW 1997, 1769.
32 Zur Vollstreckbarkeit des Anspruchs durch Zwangsgeld gem. § 888 ZPO siehe OLG Hamm, 16.1.2001, 14 W 129/99, NJW 2001, 1870.
33 Naumann, Vereitelung des Rechts auf Kenntnis der Abstammung bei künstlicher Insemination, ZRP 1999, 142 ff.
34 § 1600 Abs. 5 BGB schließt nur die Anfechtung durch die Mutter und ihren Ehemann aus.
35 Hierzu auch Coester-Waltjen, Gutachten zum 56. Dt. Juristentag 1986, B 68, 69.

der Volljährigkeitsgrenze geltend gemacht werden. Aus diesem Grunde wird man eine über die standesrechtliche Aufbewahrungspflicht von zehn Jahren hinausgehende nebenvertragliche Obliegenheit für eine weitergehende Aufbewahrungspflicht ernsthaft diskutieren müssen.[36] Denkbar wäre eine Registrierung bei der Ärztekammer. Sinnvollerweise wird man aber Registrierung und Verfahrensfragen (Einsichtnahme; Fristen uä) außerhalb des ärztlichen Berufsrechts regeln, da insoweit wieder Kompetenzgrenzen zu beachten sind. Soweit das TPG für heterologe Verfahren Anwendung findet (siehe insbesondere § 1 iVm § 6 Abs. 2 TPG-GewV) sind darüber hinaus die besonderen Dokumentations- und Aufbewahrungspflichten zu beachten, die im Übrigen auch für die „normale" Inseminationen, die nicht unter die Richtlinien fallen, gelten. Gemäß §§ 13 a, 16 a TPG iVm § 7 TPG-GewV beträgt die Aufbewahrungsdauer für die im Rahmen der TPG-GewV zu erstellende Dokumentation 30 (in Worten: dreißig) Jahre, beginnend mit der Übertragung des Gewebes, hier also des Samens. Berufsrechtlich unproblematisch sind im Übrigen die Dokumentations- und Meldepflichten gegenüber dem DIR (5.4.1. der Richtlinien).

IV. Reproduktionsmedizinische Maßnahmen bei lesbischen Paaren oder alleinstehenden Frauen

1. Behandlung lesbischer Paare. Das in der Fassung der Richtlinien aus dem Jahre 1998 noch ausdrücklich enthaltene Verbot der Anwendung reproduktionsmedizinischer Verfahren bei lesbischen Paaren und alleinstehenden Frauen findet sich in der seit 2006 verabschiedeten Fassung nicht mehr explizit.[37] Lediglich aus den Formulierungen in Ziff. 3.1.1. kann man indirekt erschließen, dass diese **Methoden nur in einer stabilen verschiedengeschlechtlichen Partnerschaft angewendet werden sollen.** Dagegen wird eingewandt, den Ärztekammern fehle für eine derartige Einschränkung der Rechte Dritter die gesetzliche Kompetenz.[38] Auch in einer gleichgeschlechtlichen Partnerschaft sei der Kinderwunsch durch Art. 2 GG als Teil des allgemeinen Persönlichkeitsrechts zu schützen.[39] Da das allgemeine Persönlichkeitsrecht individualisiert und nicht paarbezogen sei, könne sein Schutz bzw. seine Realisierung nicht von der tatsächlichen Paarbeziehung respektive der sexuellen Orientierung abhängen.[40] Ergänzend wird auf die Regelungen im LPartG verwiesen, wonach auch gleichgeschlechtliche Lebenspartnerschaften ehelichen Lebensgemeinschaften weitgehend gleichgestellt sind.[41] Im Übrigen könnten auch gleichgeschlechtliche Paare im Rahmen von Adoptionen berücksichtigt werden (§ 9 Abs. 6, 7 LPartG),[42] wobei allerdings dem Kindeswohl nochmals erhöhte Aufmerksamkeit zu schenken ist. Im Übrigen findet sich auch hier eine Ungleichbehandlung gegenüber Ehepaaren, als ein Lebenspartner ein Kind nur allein annehmen kann, während Eheleute ein Kind gemeinsam annehmen (§ 1741 BGB). Man mag allerdings begründete Zweifel haben, ob eine analoge Heranziehung der Adoptionsregeln in diesem Falle tragen kann. Während die Frage des Kindeswohls im Adoptionsverfahren einer eingehenden Prüfung unterliegt und zudem der endgültigen Adoption eine Probezeit vorgeschaltet sein soll (§ 1744 BGB), soll bei der künstlichen Befruchtung einer lesbischen Frau ausschließlich die (eigennützige) Durchsetzung ihres Wunsches maßgeblich sein, und dies, obwohl sie sich für eine Lebensplanung entschieden hat, die die Fortpflanzung auf natürlichem Wege ausschließt. Deshalb erscheint die Berufung auf den Schutz des allgemeinen Persönlichkeitsrechts in diesen Konstellationen eher als rechts-

---

36 In anderen Ländern bestehende Dokumentationsmöglichkeiten (zB Schweden, gesondertes Register für Krankenhäuser etc.) scheidet mangels gesetzlicher Grundlage in Deutschland aus; außerdem werden heterologe Inseminationen vornehmlich in Praxen vorgenommen, so dass die Bündelungsfunktion von Klinikregistern entfällt. Praktikabel erscheint der Vorschlag von Coester-Waltjen, die biologische Vaterschaft beim Standesamt verschlüsselt registrieren zu lassen, um dem Kind mit Vollendung des 18. Lebensjahres ein Informationsrecht einzuräumen. Eine "automatische" Information nach Erreichen der Volljährigkeit wird zu Recht abgelehnt, da das Recht des Kindes auf Kenntnis seiner genetischen Abstammung auch negativ im Sinne von Bewahrung des Status quo zu achten ist; so wohl auch Coester-Waltjen, aaO, B 65, 66.
37 Lediglich in der BO der LÄK des Saarlands ist das Verbot weiterhin ausdrücklich erwähnt.
38 Müller, Die Spendersamenbehandlung bei Lebenspartnerinnen und alleinstehenden Frauen, GesR 2008, 573, 579; differenzierend Schlüter, Schutzkonzepte für menschliche Keimbahnzellen in der Fortpflanzungsmedizin, S. 211.
39 Schlüter, aaO, S. 181, 182; Müller, GesR 2008, 374, 375.
40 Rütz, Heterologe Insemination – die rechtliche Stellung des Samenspenders, 2008, 94, 95; ebenso Coester-Waltjen, Gutachten 56. DJT, B 74; dagegen Wanitzek, FamRZ 2003, 730, 733.
41 Allerdings gilt die Gleichstellung nicht für alle Bereiche, BVerfG, 20.9.2007, 2 BvR 855/06, NJW 2008, 209; 2008, 2325, kein Verheiratetenzuschlag.
42 EGMR, 22.1.2008, 43546/02, Rechte aus Art. 8, 14 EMRK; siehe auch EGMR (Große Kammer), 3.11.2011, 57813/00, rkr.

missbräuchlich. Die künstliche Befruchtung einer lesbischen Frau ist schon begrifflich keine Sterilitätsbehandlung, eine medizinische Indikation liegt im Regelfall nicht vor. Da die Methoden der künstlichen Befruchtung, soweit sie den Richtlinien unterliegen, nur im Falle der dort genannten medizinischen Indikationen zulässig sind, sind sie im Falle einer indikationslosen Befruchtung einer lesbischen Frau unzulässig. Dabei ist die andernorts beklagte und für unzulässig gehaltene Drittbetroffenheit oder Außenwirkung der Vorschrift nur die mittelbare Folge einer insoweit zulässigen und durch die Heilberufegesetze der Länder gedeckte Definition medizinischer Standards. Auch § 6 TPG-GewV sieht die Verwendung von Keimzellen im Rahmen einer medizinisch unterstützten Befruchtung nur dann vor, wenn die Verwendung medizinisch indiziert ist. Da diese Regelung auch für „normale" Inseminationen – unabhängig von den Richtlinien – gilt, scheidet dieser Weg ebenso aus wie die „Selbstbeschaffung" von Keimzellen von einer deutschen Samenbank, da ihr die Herausgabe für diesen Verwendungszweck nach der TPG-GewV untersagt ist.

14 **2. Künstliche Befruchtung einer alleinstehenden Frau.** Befürworter der Zulässigkeit der Anwendung von Methoden der künstlichen Befruchtung bei alleinstehenden Frauen bezeichnen entgegenstehende Auffassungen gerne als „konservativ", während die eigene Auffassung mit dem Attribut „liberal" bewertet wird.[43] Eine derartige Differenzierung ersetzt keine juristische Analyse. Auch bei der künstlichen Befruchtung einer alleinstehenden Frau fehlt im Regelfall jegliche medizinische Indikation. Insoweit gelten die zur künstlichen Befruchtung einer lesbischen Frau getroffenen Feststellungen, insbesondere zur TPG-GewV, entsprechend. Im Übrigen müsste der heterologe Spender zuvor eingewilligt haben, dass seine Keimzellen für die künstliche Befruchtung einer alleinstehenden Frau verwendet werden sollen, was in vielen Fällen einer „Einladung" zur Übernahme von Unterhaltspflichten entsprechen dürfte. Schließlich hat der Gesetzgeber in § 4 Abs. 1 Nr. 3 EschG für einen ähnlichen Fall, die Post-mortem-Insemination, eine Wertung getroffen. Gemäß § 4 Abs. 1 Nr. 3 EschG wird mit Freiheitsstrafe bis zu drei Jahren oder mit Geldstrafe bestraft, wer wissentlich eine Eizelle mit dem Samen eines Mannes nach dessen Tode künstlich befruchtet. Darauf gerichtete Verträge sind nichtig. Eine strafbare Körperverletzung trotz Einwilligung der Frau könnte im Übrigen dann angenommen werden, wenn man die Einwilligung zu einer derartigen Befruchtung außerhalb einer bestehenden Partnerschaft als sittenwidrig einstuft (§ 228 StGB).[44] Betrachtet man das Schutzgut „Kindeswohl",[45] das Anlass für das Verbot der Post-mortem-Befruchtung gewesen ist, ist es durchaus möglich, derartige Einwilligungen als „sittenwidrig" zu qualifizieren. Allerdings spielen hier sehr starke weltanschauliche Grundpositionen eine Rolle, so dass man sich vor vorschnellen Festlegungen hüten sollte. Dennoch bleibt es dabei, dass die alleinstehende Frau in dieser Konstellation die (künstlich assistierte) Zeugung eines sozialen Halbwaisen wünscht.

V. Kryokonservierung[46]

15 Gemäß Ziff. 5.2 der Richtlinien (siehe auch Ziff. 4 der am 1.10.1990 in Kraft getretenen vertragsärztlichen Richtlinien)[47] ist die Kryokonservierung von Vorkernstadien prinzipiell zulässig. Die Kryokonservierung von Embryonen soll nur ausnahmsweise zulässig sein, wenn die im Behandlungszyklus vorgesehene Übertragung aus medizinischen Gründen nicht möglich ist. Die in der bisherigen Fassung der Richtlinien enthaltene Meldepflicht der Kryokonservierung von Vorkernstadien gegenüber der zentralen Kommission der Bundesärztekammer ist in der 1993 überarbeiteten Fassung nicht mehr enthalten. Das Embryonenschutzgesetz schreibt die Zulässigkeit der Kryokonservierung von 2-PN-Zellen in § 9 Nr. 3 EschG ausdrücklich fest.

16 Der argumentative Versuch, die Kryokonservierung von mehr als drei 2-PN-Zellen unter Hinweis auf § 1 Abs. 1 Nr. 5 EschG für unzulässig zu erklären, wird weder durch den Gesetzeswortlaut noch durch die Entstehungsgeschichte getragen. Die Befürworter dieser Auffassung berufen sich auf die Formulierung in § 1 Abs. 1 Nr. 2 und § 1 Abs. 2 EschG nebst der dafür gegebenen Begründung im Gesetzgebungsverfahren. Sie übersehen dabei jedoch die rechtlich und naturwissenschaftlich klar definierten Grenzen zwischen 2-PN-Zellen und Embryo sowie die Schutzzweckfunktion von § 1 Abs. 1 Nr. 2 und

---

43 Rütz, aaO, S. 89, 90.
44 Fischer, StGB, 61. Aufl. 2014, § 228 Rn. 24 a.
45 Ftenakis, Väter, Urban & Schwarzenberg, München, Wien, Baltimore 1985.
46 Besonders instruktiv Möller/Hilland, Kryokonservierung von Keimzellen – Rechtlicher Rahmen und Vertragsgestaltung, Rechtliche Fragen in der Reproduktionsmedizin, Vortragsband zum Symposion des Instituts für Medizinrecht der Universität Düsseldorf vom 13.2.2009.
47 Zuletzt geändert am 15.11.2007, BAnz 2008 Nr. 19 S. 375, in Kraft getreten am 6.2.2008.

§ 1 Abs. 2 EschG.[48] Ferner ist zu beachten, dass die Kryokonservierung der 2-PN-Zellen und die damit zusammenhängenden Probleme mit den Eltern im Konsens besprochen sind, die weitere Kultivierung von 2-PN-Zellen nach einem vorangegangenen fehlgeschlagenen Übertragungsversuch vom jeweils immer neu zu erteilenden Einverständnis beider Elternteile abhängig gemacht wird und sichergestellt ist, dass die 2-PN-Zellen sofort vernichtet werden, wenn auch nur ein Elternteil dies verlangt oder der behandelnde Arzt Kenntnis davon erhält, dass ein Elternteil verstorben ist.

Fragen des Transports von Kryomaterial, Gewebebanken, Kostenpflichten und steuerliche Folgen uä sind nicht Gegenstand berufsrechtlicher Regelungen.[49]

VI. Insemination

Die Insemination ohne hormonelle Stimulation ist nicht Gegenstand der Richtlinien und unterliegt auch nicht der Genehmigungspflicht nach § 121 a. Infolgedessen sind auch die dort genannten Zulässigkeitsvoraussetzungen nicht ohne Weiteres auf normale Inseminationsverfahren übertragbar. Dies gilt sowohl für die Zusammensetzung des reproduktionsmedizinischen Teams wie auch für die Melde- und Genehmigungspflichten gegenüber der Kammer. Über die TPG-GewV werden jedoch die besonderen Dokumentationspflichten auch auf dieses Verfahren erstreckt.

VII. Zuständigkeit

Die Bestimmung der zuständigen Genehmigungsbehörde fällt in die Kompetenz der Länder. In Bayern ist beispielsweise das Bay. Staatsministerium für Umwelt und Gesundheit zuständig,[50] in Hessen, Nordrhein-Westfalen und Mecklenburg-Vorpommern hingegen die Landesärztekammern.

VIII. Auswahlermessen

Die Auswahlkriterien scheinen zunächst objektivierbar. Nachdem aber kein Anspruch auf eine Genehmigung besteht[51], wirft die Genehmigungskontrolle kritische Fragen auf. Es dürfte deshalb zutreffend sein, das Auswahlermessen auf null zu reduzieren, wenn keine nachweisbaren fachlichen sowie bedarfsplanerische Bedenken gegen die Genehmigungserteilung bestehen.[52]

§ 122 Behandlung in Praxiskliniken

¹Der Spitzenverband Bund der Krankenkassen und die für die Wahrnehmung der Interessen der in Praxiskliniken tätigen Vertragsärzte gebildete Spitzenorganisation vereinbaren in einem Rahmenvertrag
1. einen Katalog von in Praxiskliniken nach § 115 Absatz 2 Satz 1 Nr. 1 ambulant oder stationär durchführbaren stationsersetzenden Behandlungen,
2. Maßnahmen zur Sicherung der Qualität der Behandlung, der Versorgungsabläufe und der Behandlungsergebnisse.

²Die Praxiskliniken nach § 115 Absatz 2 Satz 1 Nr. 1 sind zur Einhaltung des Vertrages nach Satz 1 verpflichtet.

---

48 Taupitz in Günther/Taupitz/Kaiser, § 9 Rn. 4; LG Dortmund, 10.4.2008, 2 O 11/07, VersR 2008, 1484; Konsensus-Papier zur Kryokonservierung von Vorkernstadien der Deutschen Gesellschaft für Gynäkologie und Geburtshilfe und des Berufsverbandes der Frauenärzte, Frauenarzt 1991, 715; Hülsmann, Frauenarzt 1993, 301 mwN.
49 Es handelt sich dabei nicht um Ausübung der Heilkunde. Die Kryokonservierung vorsorglich gewonnener 2-PN-Zellen (imprägnierter Eizellen) für die mögliche Wiederholung eines Versuchs der Befruchtung ist keine Leistung der gesetzlichen Krankenversicherung, BSGE 86, 174; siehe im Übrigen ausführlich Möller/Hilland, Kryokonservierung von Keimzellen – Rechtlicher Rahmen und Vertragsgestaltung, Rechtliche Fragen in der Reproduktionsmedizin, Vortragsband zum Symposion des Instituts für Medizinrecht der Universität Düsseldorf vom 13.2.2009.
50 § 10 AVSG.
51 BSG, 5.6.2013, B 6 KA 28/12 R; LSG NRW, 31.10.2012, L 11 KA 50/10.
52 LSG Baden-Württemberg, 12.3.2010, L 5 KA 3725/09 ER-B, defensive Konkurrentenklage eines bereits niedergelassenen Vertragsarztes; siehe aber BSG, 30.10.2013, B 6 KA 5/13 R zu Merkmalen der Bedarfsgerechtigkeit, defensive Konkurrentenklage zulässig.

Literatur:

Deutsche Praxisklinikgesellschaft e V, Positionspapier der Deutschen Praxisklinikgesellschaft e.V. aus Oktober 2013, abrufbar: http://pkgev.de/wp-content/uploads/2016/10/PKG_Verband_Positionspapier-2013.pdf (zuletzt abgerufen am 20.4.2017); *Gaßner/Strömer*, Der Anspruch auf Zugang von Praxiskliniken zur Versorgung in der Gesetzlichen Krankenversicherung, GesR 2013, 276; *Schulte*, Rechtliche Stellung der Praxiskliniken im SGB V, RPG 2009, 83; *Schiller*, Praxisklinik und Tagesklinik – Begriffsbestimmung und Abgrenzung, NZS 1999, 325; *Stoeckel-Heilenz/Bartels/Schmitt*, Die Deutsche Tagesklinikgesellschaft (DTKG) e.V. – eine Standortbestimmung, ambulant operieren 2008, 74.

I. Entstehungsgeschichte und Normzusammenhang	1	2. Vertragsinhalt	15
II. Zweck und Bedeutung der Norm	4	3. Bindungswirkung	19
III. Leistungserbringer	7	VI. Vergütung	20
IV. Abgrenzung zum Krankenhaus	11	VII. Berufsrecht	21
V. Rahmenvertrag	13	VIII. Wettbewerbsrecht	22
1. Vertragsparteien	13		

I. Entstehungsgeschichte und Normzusammenhang

1 Der Begriff der Praxisklinik wurde erstmals mit dem **Gesundheits-Reformgesetz (GRG)**[1] des Jahres 1988 in das SGB V aufgenommen und in § 115 Abs. 2 S. 1 Nr. 1 Alt. 2 legaldefiniert (→ § 115 Rn. 6). Eine entsprechende Vorschrift in der RVO[2] existierte nicht. Nach der **Legaldefinition** handelt es sich bei einer Praxisklinik um eine Einrichtung, in der die Versicherten durch **Zusammenarbeit mehrerer Vertragsärzte** ambulant und stationär versorgt werden. Die Praxiskliniken wurden mit Aufnahme in § 115 Gegenstand der dreiseitigen Verträge und Rahmenempfehlungen zwischen Krankenkassen, Krankenhäusern und Vertragsärzten[3] auf Landesebene. Ziel war, „bei grundsätzlicher Beibehaltung des Vorrangs der ambulanten vor der stationären Behandlung die bisherige Trennung zwischen beiden Bereichen zu überwinden und eine nahtlose leistungsfähige und wirtschaftliche Versorgung der Versicherten durch Kassenärzte und Krankenhäuser zu gewähren".[4] Die dreiseitigen Verträge sollen auch heute noch durch enge Zusammenarbeit zwischen Vertragsärzten und zugelassenen Krankenhäusern eine nahtlose ambulante und stationäre Behandlung gewährleisten, vgl. § 115 Abs. 1 aE.[5] § 122 ist somit immer eng im Zusammenhang mit § 115 zu lesen.

2 Da in der Zeit nach 1989 weder dreiseitige Verträge zur Förderung von Praxiskliniken, noch die im GRG gesetzlich vorgesehenen Ersatzvornahmen einer Festsetzung der Vertragsinhalte durch die erweiterte Landesschiedsstelle[6] bzw. durch Rechtsverordnung des Bundesgesundheitsministers mit Zustimmung des Bundesrats[7] zustande kamen, wollte der Gesetzgeber mit dem Entwurf des **Krankenhaus-Neuordnungsgesetzes (KHNG-E)** aus dem Jahr 1995[8] einen neuen § 116a („Praxiskliniken") einführen (→ Rn. 12), was letztlich scheiterte.

3 Die Praxiskliniken wurden erst wieder mit dem **Krankenhausfinanzierungsreformgesetz (KHRG)**[9] – und auch erst auf die Beschlussempfehlung des Ausschusses für Gesundheit hin[10] – Gegenstand eines Gesetzesvorhabens. Seit dem 25.3.2009 ist der seit dem Jahr 1997 unbesetzte § 122[11] mit „Behandlung in Praxiskliniken" überschrieben und sieht auf Bundesebene einen Rahmenvertrag zwischen dem Spitzenverband Bund der Krankenkassen und der Spitzenorganisation der Interessenvertretung der

---

1 Gesetz zur Strukturreform im Gesundheitswesen (Gesundheits-Reformgesetz – GRG) vom 20.12.1988, BGBl. I, 2477, gültig ab 1.1.1989.
2 Vgl. § 372 Abs. 5 und 7 RVO aF.
3 Im Zeitpunkt des GRG „Kassenärzten".
4 BT-Dr. 11/2237, 201.
5 § 123 Abs. 1 aE idF des GRG.
6 § 123 Abs. 3 S. 1 idF des GRG.
7 § 123 Abs. 4 idF des GRG.
8 Gesetz zur Neuordnung der Krankenhausfinanzierung 1997 (Krankenhaus-Neuordnungsgesetz 1997 – KHNG 1997), BT-Dr. 13/3062.
9 Gesetz zum ordnungspolitischen Rahmen der Krankenhausfinanzierung ab dem Jahr 2009 (Krankenhausfinanzierungsreformgesetz – KHRG) vom 17.3.2009, BGBl. I, 534.
10 Beschlussempfehlung und Bericht des Ausschusses für Gesundheit, BT-Dr. 16/11429. Die Regelung des § 122 war im ursprünglichen Gesetzesentwurf der Bundesregierung nicht enthalten, vgl. BT-Dr. 16/10807.
11 § 122 aF regelte den Standort und den Einsatz medizinischer Großgeräte und wurde durch das 2. GKV-Neuordnungsgesetz v. 23.6.1997 (BGBl. I, 1520) ersatzlos aufgehoben.

Praxiskliniken vor (→ Rn. 13 bis 19). Gleichzeitig hat der Gesetzgeber die Liste der zur Integrierten Versorgung zugelassenen Leistungserbringer um die Praxiskliniken ergänzt, § 140 b Abs. 1 Nr. 7 aF. Der Bundesrat forderte unmittelbar nach Inkrafttreten des KHRG mit Beschluss aus April 2009 im Rahmen des Gesetzesvorhabens zur Änderung arzneimittelrechtlicher und anderer Vorschriften unter Verweis auf die den Ländern obliegende Krankenhausplanung die Aufhebung des § 122.[12] Praxiskliniken dürften in dem durch den Rahmenvertrag festgelegten Leistungsspektrum automatisch stationär tätig werden.[13] Die Bundesregierung lehnte die Streichung des § 122 ab. Eine Zulassung der Praxiskliniken als Krankenhäuser sei weder angestrebt noch bewirkt.[14] Mit dem Versorgungsstärkungsgesetz ist die Integrierte Versorgung zum 1.7.2015 mit weiteren selektiven Vertragsformen zusammengefasst und in § 140 a als Besondere Versorgung geregelt worden. Praxiskliniken sind weiterhin in § 140 a Abs. 3 S. 1 Nr. 4 als Vertragspartner der Krankenkassen benannt (→ § 140 a Rn. 30 bis 33).

II. Zweck und Bedeutung der Norm

Das Konstrukt der Praxiskliniken ist als Form der Leistungserbringung an der Sektorenschnittstelle ambulant/stationär angelegt und fördert die Tätigkeit von Vertragsärzten in Richtung stationärem Sektor. § 122 soll die **Stellung der Praxiskliniken im Gefüge des SGB V stärken**[15] und leistet eine Aufwertung der Interessenvertretung der Vertragsärzte in Praxiskliniken hin zum selbstständigen Vertragspartner bei der Festlegung eines Rahmenvertrags auf Bundesebene mit dem Spitzenverband Bund der Krankenkassen. 4

Obwohl seitens der Kostenträger zu Beginn des Jahres 2010 die Aufnahme von Vertragsverhandlungen angekündigt wurde,[16] ist ein Rahmenvertrag bislang nicht zustande gekommen.[17] § 122 enthält für diesen Fall **keine Ersatzregelung**, wie sie beispielsweise in den §§ 118 Abs. 2 S. 3, 118 a Abs. 2 S. 2 in Form eines Schiedsstellensystems vorgesehen ist. Die fehlende Umsetzung des Regelungsauftrags bedeutet damit faktisch ein **Zugangshindernis von Praxiskliniken zur GKV-Versorgung**. 5

Zum Teil wird vertreten, dass die Vorschrift auch zukünftig bedeutungslos bleiben wird.[18] Trägern von Praxiskliniken steht aber zumindest auf der Grundlage des § 115 Abs. 4 iVm Art. 12 GG ein gerichtlich durchsetzbarer Anspruch gegen das betroffene Bundesland auf Erlass einer Rechtsverordnung zu, in welcher auch Abrechnungsmöglichkeiten für praxiskliniktypische Leistungen vorzusehen sind.[19] Für die Interessenorganisation der Vertragsärzte besteht die Möglichkeit einer **Klage auf Verpflichtung des Spitzenverbands Bund der Krankenkassen** auf Abschluss eines Rahmenvertrages, dessen Vertragsinhalt nach Maßgabe der gerichtlich vertretenen Auffassung zu vereinbaren wäre.[20] 6

III. Leistungserbringer

Die Praxisklinik stellt bereits ihrem Wortlaut nach eine **sektorenverbindende Einrichtung** dar. Eine Arztpraxis ist gem. § 1 a Nr. 18 BMV-Ä der Tätigkeitsort des Vertragsarztes an seiner Betriebsstätte oder Nebenbetriebsstätte sowie auch die Berufsausübungsgemeinschaft oder ein Medizinisches Versorgungszentrum. Die Klinik im Sinne eines Krankenhauses ist sozialrechtlich in § 107 Abs. 1 legaldefiniert. Die Praxisklinik ist an der Schnittstelle anzusiedeln und leistet eine Versorgung, die an die ambulante vertragsärztliche anknüpft, darüber hinaus einen weiteren Beitrag leistet, der Teile einer stationären Krankenhausbehandlung enthält. 7

Praxiskliniken sind **kein eigenständiger vertragsärztlicher Leistungserbringer** im SGB V, da sie weder in § 72 Abs. 1 S. 1 noch in § 95 Abs. 1 S. 1 genannt sind. Sie sind dennoch über §§ 115 Abs. 2 S. 1 Nr. 1, 122, 140 a Abs. 3 S. 1 Nr. 4 institutionell im SGB V etabliert.[21] 8

Anknüpfend an die Legaldefinition in § 115 Abs. 2 S. 1 Nr. 1 bilden den **Kreis der Leistungserbringer** ausschließlich **Vertragsärzte**. Der Kreis ist über den Wortlaut hinaus um Medizinische Versorgungszentren sowie **ermächtigte Ärzte** und **ermächtigte Einrichtungen** zu erweitern, da diese ebenfalls nach § 95 9

---

12 BR-Dr. 171/09, 46.
13 BR-Dr. 171/09, 46.
14 BT-Dr. 16/12677, 23.
15 BT-Dr. 16/11429, 47.
16 Vgl. BT-Dr. 17/991, 69.
17 Stand: April 2017.
18 Köhler-Hohmann in: jurisPK-SGB V, § 122 Rn. 24.
19 Gaßner/Strömer, GesR 2013, 276, 284.
20 Hess in: KassKomm, § 122 SGB V Rn. 10.
21 Gaßner/Strömer, GesR 2013, 276, 277.

an der vertragsärztlichen Versorgung teilnehmen.[22] Denn eine eigenständige Teilnahmeberechtigung vermittelt weder § 115 Abs. 2 Nr. 1 noch § 122.[23] Das Recht zur Leistungserbringung zulasten der GKV folgt aus dem Recht zur vertragsärztlichen Leistungserbringung über § 95 Abs. 1 S. 1. Im Umkehrschluss benötigen Praxiskliniken **keine gesonderte** sozialversicherungsrechtliche Zulassung oder einen anderweitigen öffentlich-rechtlichen Widmungsakt.[24]

10 Die Formulierung in § 115 Abs. 2 S. 1 Alt. 2 setzt dem Wortlaut nach zunächst nur die Behandlung in einer – irgendwie gearteten – Einrichtung voraus, in der mehrere Vertragsärzte zusammenarbeiten. Damit ist ein **kooperatives Element** gefordert, welches eine Praxisgemeinschaft, eine Berufsausübungsgemeinschaft, ein Medizinisches Versorgungszentrum (auch in der Anstellungsvariante), aber auch eine andere Kooperation von Vertragsärzten erfüllt.

IV. Abgrenzung zum Krankenhaus

11 Wegen der gesetzlich eingeräumten Möglichkeit der stationär durchführbaren stationsersetzenden Leistungen (zur missglückten Formulierung auch → Rn. 15) wird vertreten, es handele sich bei der **Praxisklinik um ein Krankenhaus** mit dem zwingenden Erfordernis, nach § 108 Nr. 1 in den Krankenhausplan aufgenommen zu werden oder nach §§ 108 Nr. 2, 109 einen Versorgungsvertrag zu schließen.[25] Die Begründungen sind unterschiedlich, überzeugen letztlich jedoch nicht.[26] Denn es verbleibt bei einer von einer Kooperation von Vertragsärzten geprägten **vertragsärztlichen Einrichtung, die dem ambulanten Sektor zuzuordnen ist**.[27] Würden Praxiskliniken an den krankenhausrechtlichen Anforderungen zu messen sein, müssten sie sozialversicherungsrechtlich die Voraussetzungen der §§ 107 Nr. 1, 108 und zusätzlich die krankenhausrechtlichen Vorgaben auf Landesebene entweder einer Fachklinik oder eines Allgemeinkrankenhauses zumindest der Grund- bzw. Regelversorgung erfüllen. Der Abschluss eines Versorgungsvertrags erfordert eine Einigung mit den Kostenträgern auf Landesebene, vgl. § 109 Abs. 1 S. 1. Diese hohen Zugangshürden würden das Konzept der Praxisklinik aushebeln. Denn hier steht die ambulante Versorgung im Vordergrund,[28] die Möglichkeit der „stationären Behandlung" tritt lediglich ergänzend hinzu.[29] Aber auch diese ist stationsersetzend, maximal kurzstationär, jedoch nicht mit der Folge, dass es sich um eine stationäre Krankenhausbehandlung im klassischen Sinn handelt. Dies folgt auch aus dem Willen des Gesetzgebers: Mit der Regelung des § 122 ist weder eine Zulassung der Praxiskliniken als Krankenhäuser angestrebt noch bewirkt – sie zeigt vielmehr die grundsätzlich von Krankenhäusern nach § 108 abgrenzte Stellung im differenzierten Versorgungssystem der GKV.[30] Damit ist eine **gewerberechtliche Konzession** als Privatkrankenanstalt nach § 30 GewO ebenfalls nicht erforderlich.[31] Das Bundesversicherungsamt wertet Behandlungen als stationsersetzend, solange der Patient nicht länger als drei Nächte bzw. vier Tage behandelt wird.[32] Eine Behandlung in diesem Zeitraum muss von den Praxiskliniken geleistet werden können ohne, dass es einer Zulassung als Krankenhaus nach § 108 bedarf. Diese ist erst dann erforderlich, wenn die Patienten länger versorgt werden sollen oder eine **Abrechnung nach DRG** angestrebt ist. Daher sind Praxiskliniken durchaus in den Krankenhausplänen der Länder als Plankrankenhäuser nach § 108 Nr. 2 aufgenommen worden.

12 Der Gesetzesformulierung und -begründung **fehlt es an klarer Trennschärfe** im Hinblick auf die Zuordnung zu einem Sektor. Es wäre wünschenswert, wenn der Gesetzgeber eine Klarstellung vornehmen würde. Mit dem letztlich nicht Gesetz gewordenen § 116 a in der Fassung des Entwurfs des KHNG 1997 (→ Rn. 2) hatte die damalige Bundesregierung den Versuch unternommen, konkretere Vorgaben für die Praxisklinik als Versorgungsform an der Schnittstelle der Sektoren zu etablieren.[33] Die Legalde-

---

22 So auch zumindest für Medizinische Versorgungszentren Köhler-Hohmann in: jurisPK-SGB V, § 122 Rn. 11.
23 Köhler-Hohmann in: jurisPK-SGB V, § 122 Rn. 12.
24 So auch Gaßner/Strömer, GesR 2013, 276, 277.
25 Köhler-Hohmann in: jurisPK-SGB V, § 122 Rn. 12; Steege in: Hauck/Noftz, § 115 Rn. 8 zumindest hinsichtlich des „Bettenanteils"; Becker in: Becker/Kingreen, § 122 Rn. 3, § 15 Rn. 7 für die „stationäre Behandlung"; Grühn in: Eichenhofer/Wenner, § 115 Rn. 11; unklar: Hess in: KassKomm, § 122 SGB V Rn. 3 und 5.
26 Vgl. zum Meinungsstand ausführlich Gaßner/Strömer, GesR 2013, 276, 278 f.
27 So auch Gaßner/Strömer, GesR 2013, 276, 278; Knittel in: Krauskopf, § 122 SGB V Rn. 3.
28 Becker in: Becker/Kingreen, § 122 Rn. 3.
29 Steege in: Hauck/Noftz, § 115 Rn. 7; Gaßner/Strömer, GesR 2013, 276, 278.
30 BT-Dr. 16/12677.
31 Hess in: KassKomm, § 122 SGB V Rn. 4.
32 Gaßner/Strömer, GesR 2013, 276, 279.
33 BT-Dr. 13/3062, 5 (Gesetzestext), 13 (Begr.).

finition aus § 115 Abs. 2 S. 1 Nr. 1 sollte im Wesentlichen in § 116a Abs. 1 übertragen werden, so dass in der Praxisklinik Vertragsärzte ambulant und stationär in gemeinsamer Berufsausübung zusammenwirken sollten. Zusätzlich war bestimmt, dass die Dauer der stationären Versorgung vier Tage (kurzstationärer Aufenthalt) nicht überschreiten dürfe, je Vertragsarzt bis zu vier Betten zulässig und Praxiskliniken keine Krankenhäuser im Sinne des § 107 seien.[34] Die Kostenträger konnten mit Praxiskliniken Versorgungsverträge über stationäre Leistungen abschließen, die ärztlichen Leistungen waren dennoch als solche der vertragsärztlichen Versorgung definiert.[35]

V. Rahmenvertrag

1. Vertragsparteien. Vertragsparteien des Rahmenvertrags nach S. 1 sind auf Seiten der Kostenträger der Spitzenverband Bund der Krankenkassen (vgl. §§ 217a ff.) und auf Seiten der Leistungserbringer eine nicht näher bezeichnete Spitzenorganisation als Vertreterin der Interessen der in Praxiskliniken tätigen Vertragsärzte. Denkbar ist an dieser Stelle der Deutsche Praxisklinikgesellschaft eV (**PKG eV**),[36] bei dem es sich um den Rechtsnachfolger des im Jahr 2006 gegründeten Deutschen Tagesklinikgesellschaft eV (DTKG) handelt. Der Verein ist satzungsgemäß ein Zusammenschluss von Einrichtungen, in denen praxisklinische Behandlungen durchgeführt werden, deren Interessen auf Bundesebene gebündelt werden.[37]   13

Seiner **Rechtsnatur** nach ist der Rahmenvertrag ein öffentlich-rechtlicher Vertrag mit verbindlicher Wirkung für die Krankenkassen gem. § 217e Abs. 2.   14

2. Vertragsinhalt. Im Rahmenvertrag ist gem. S. 1 Nr. 1 ein **Leistungskatalog** ambulant oder stationär durchführbarer „stationsersetzender Behandlungen" festzulegen. Diese Formulierung ist missglückt. Während zB in § 115b Abs. 1 S. 1 Nr. 1 mit „stationsersetzenden Eingriffen" das ambulante Operieren betroffen ist und davon nur ambulante Behandlungen erfasst sind, erschwert der Wortlaut des § 122, nach dem auch stationäre stationsersetzende Behandlungen als Katalogleistungen konkretisiert werden können, die sektorenspezifische Einordnung der Versorgungsform deutlich. Unproblematisch ist die ambulante stationsersetzende Leistungserbringung von § 122 erfasst. Wie aber soll eine stationsersetzende Leistung dennoch stationär erfolgen? Damit kann lediglich eine stationäre Leistungserbringung durch Vertragsärzte gemeint sein, die nicht als Krankenhausbehandlung zu klassifizieren ist und einen maximal kurzstationären Aufenthalt erfasst (→ Rn. 11).   15

Ein Katalog praxisklinischer Leistungen existiert trotz gesetzlichem Regelungsauftrag bislang nicht. Vertragsärzte können nicht unter Bezugnahme auf § 122 Leistungen zulasten der GKV erbringen. Als zukünftiger möglicher **Regelungsgegenstand** kommen vorrangig elektive Leistungen bspw. Fallgruppen der ambulanten Operationen, minimal-invasive therapeutische oder diagnostische Eingriffe, aber auch kurzstationäre Krisenintervention in Betracht.   16

Versorgungspolitisch wird sich zeigen müssen, inwiefern neben der klassischen vertragsärztlichen Versorgung, dem ambulanten Operieren, der spezialfachärztlichen Versorgung und der Besonderen Versorgung überhaupt ein **Leistungsspektrum verbleibt**, welches sinnhaft über Praxiskliniken iSd SGB V gedeckt werden kann. Sollte die spezialfachärztliche Versorgung nach § 116b die durch die verschiedenen gesundheitspolitischen Interessen der Sektoren bestehenden Hürden nehmen, ist denkbar, dass das Konzept der Praxiskliniken dorthin überführt wird.   17

Neben dem Katalog stationsersetzender Behandlungen sind die Vertragsparteien nach S. 1 Nr. 2 verpflichtet, vertraglich **Maßnahmen der Qualitätssicherung** in Praxiskliniken zu fixieren.   18

3. Bindungswirkung. Teilziel der Norm ist es, **einheitlich verbindliche Vorgaben** und Voraussetzungen für alle Praxiskliniken zu schaffen, was die genannten Mindestinhalte – stationsersetzende Behandlungen und Qualitätsmanagement – angeht.[38] Daher enthält S. 2 eine **Bindungswirkung** des Rahmenvertrags für alle Praxiskliniken.   19

VI. Vergütung

Regelungen zur Vergütung praxisklinischer Leistungen sieht der zu schließende Rahmenvertrag nicht vor. Derzeit können ärztliche Leistungen in Praxiskliniken entweder klassisch über den Vertragsarzt-   20

---

34 Vgl. § 116a Abs. 1 idF des Entwurfs des KHNG 1997, BT-Dr. 13/3062, 5.
35 Vgl. § 116a Abs. 2 und 3 idF des Entwurfs des KHNG 1997, BT-Dr. 13/3062, 5.
36 Hänlein in: LPK-SGB V, § 122 Rn. 2; Köhler-Hohmann in: jurisPK-SGB V, § 122 Rn. 17.
37 Satzung abrufbar unter http://pkgev.de/regelwerk/ (zuletzt abgerufen am 20.4.2017).
38 BT-Dr. 16/11429, 47.

status oder auf **Basis einer selektivvertraglichen Regelung** abgerechnet werden, § 140a Abs. 3 S. 1 Nr. 4. Da die Praxisklinik selbst keinen eigenständigen Teilnahmestatus wie etwa das Medizinische Versorgungszentrum hat (→ Rn. 8), rechnen die einzelnen kooperierenden Vertragsärzte ihre Leistungen gesondert ab. Eine Abrechnung stationärer Leistungserbringung nach DRG kommt nur dann in Betracht, wenn es sich um eine allgemeine stationäre Krankenhausleistung handelt, was die Zulassung als Krankenhaus voraussetzt (→ Rn. 11). Ambulante stationsersetzende Behandlungen erfolgen aus der vertragsärztlichen Gesamtvergütung,[39] sofern der EBM die Leistung abbildet. Da in Praxiskliniken eine Versorgung geleistet werden soll, die einen über die ambulante Versorgung hinausgehenden Betreuungsbedarf erfüllt[40] (insbesondere bei kurzstationärem Aufenthalt), werden entweder weitere EBM-Ziffern geschaffen oder die Abrechnungspositionen in den Verträgen nach § 115 Abs. 1 konkretisiert werden müssen.

VII. Berufsrecht

21 **Berufsrechtlich** findet sich der Begriff der „Praxisklinik" häufig ohne Bezug zur Versorgung von GKV-Patienten nach dem SGB V im Zusammenhang mit der **Ankündigung einer Arztpraxis** auf dem Praxisschild, dem Praxisbriefkopf etc., vgl. § 27 MBO-Ä. Nach dem mittlerweile aufgehobenen Anhang D. I. Nr. 2 Abs. 6 der MBO-Ä durfte ein Arzt mit der Bezeichnung "Praxisklinik" eine besondere Versorgungsweise und besondere Praxisausstattung auf seinem Praxisschild ankündigen, wenn er im Rahmen der Versorgung ambulanter Patienten bei Bedarf eine ärztliche und pflegerische Betreuung auch über Nacht gewährleistet und neben den für die ärztlichen Maßnahmen notwendigen Voraussetzungen auch die nach den anerkannten Qualitätssicherungsregeln erforderlichen apparativen, personellen und organisatorischen Vorkehrungen für eine Notfallintervention beim entlassenen Patienten erfüllte.[41] Unter welchen Voraussetzungen der Begriff der „Praxisklinik" berufsrechtlich ankündigungsfähig ist, ist anhand der jeweils gültigen landesrechtlichen Umsetzungen zu bestimmen. In Baden-Württemberg stellt die Praxisklinik berufsrechtlich zB eine erweiterte, respektive aufgerüstete Praxis eines niedergelassenen Arztes dar, in der keine stationäre Versorgung erfolgt.[42]

VIII. Wettbewerbsrecht

22 Die Verwendung des Begriffs „Praxisklinik" kann wettbewerbswidrig iSd §§ 3, 5 Abs. 1 S. 1, S. 2 Nr. 3 UWG sein. Die Werbung mit dem Betrieb einer „Laserklinik", ohne dass eine Konzession nach § 30 GewO noch eine stationäre Betreuung der Patienten gewährleistet wird, stellt eine irreführende geschäftliche Handlung iSd §§ 3, 5 Abs. S. 2 Nr. 3 UWG dar.[43] Die wettbewerbsrechtlichen Erwägungen sind auf den Begriff der „Praxisklinik" übertragbar, da die Patienten als angesprochene Verkehrskreise zumindest die Möglichkeit stationärer Behandlungen mit entsprechender personeller und apparativer Ausstattung erwarten.

§ 123 (aufgehoben)

Fünfter Abschnitt
Beziehungen zu Leistungserbringern von Heilmitteln

§ 124 Zulassung

(1) Heilmittel, die als Dienstleistungen abgegeben werden, insbesondere Leistungen der physikalischen Therapie, der Sprachtherapie oder der Ergotherapie, dürfen an Versicherte nur von zugelassenen Leistungserbringern abgegeben werden.

---

39 So auch Köhler-Hohmann in: jurisPK-SGB V, § 122 Rn. 22.
40 Gaßner/Strömer, GesR 2013, 276, 280.
41 Vgl. Hinweise und Erläuterungen zu den §§ 27 ff. der (Muster)Berufsordnung, beschlossen von den Berufsordnungsgremien der Bundesärztekammer, Heft 5 des Deutschen Ärzteblattes vom 30.1.2004.
42 Vgl. Merkblatt der Landesärztekammer Baden-Württemberg „Ankündigung des Begriffs Praxisklinik", abrufbar unter http://www.aerztekammer-bw.de/10aerzte/40merkblaetter/10merkblaetter/praxisklinik.pdf (Stand: 20.4.2017).
43 OLG München, Urt. v. 15.1.2015, 6 U 1186/14, für die Werbung mit dem Begriff „Zahnklinik" bereits Urt. v. 7.11.2013, 6 U 751/13.

(2) ¹Zuzulassen ist, wer
1. die für die Leistungserbringung erforderliche Ausbildung sowie eine entsprechende zur Führung der Berufsbezeichnung berechtigende Erlaubnis besitzt,
2. über eine Praxisausstattung verfügt, die eine zweckmäßige und wirtschaftliche Leistungserbringung gewährleistet, und
3. die für die Versorgung der Versicherten geltenden Vereinbarungen anerkennt.

²Ein zugelassener Leistungserbringer von Heilmitteln ist in einem weiteren Heilmittelbereich zuzulassen, sofern er für diesen Bereich die Voraussetzungen des Satzes 1 Nr. 2 und 3 erfüllt und eine oder mehrere Personen beschäftigt, die die Voraussetzungen des Satzes 1 Nr. 1 nachweisen.

(3) Krankenhäuser, Rehabilitationseinrichtungen und ihnen vergleichbare Einrichtungen dürfen die in Absatz 1 genannten Heilmittel durch Personen abgeben, die die Voraussetzungen nach Absatz 2 Nr. 1 erfüllen; Absatz 2 Nr. 2 und 3 gilt entsprechend.

(4) ¹Der Spitzenverband Bund der Krankenkassen gibt Empfehlungen für eine einheitliche Anwendung der Zulassungsbedingungen nach Absatz 2 ab. ²Die für die Wahrnehmung der wirtschaftlichen Interessen maßgeblichen Spitzenorganisationen der Leistungserbringer auf Bundesebene sollen gehört werden.

(5) ¹Die Zulassung wird von den Landesverbänden der Krankenkassen und den Ersatzkassen erteilt. ²Die Zulassung berechtigt zur Versorgung der Versicherten. ³Die Landesverbände der Krankenkassen und die Ersatzkassen können die Entscheidung über die Erteilung oder Aufhebung der Zulassung oder über den Widerspruch dagegen auf einen anderen Landesverband oder den Verband der Ersatzkassen übertragen, der zu diesem Zweck Verwaltungsakte erlassen darf.

(6) ¹Die Zulassung kann widerrufen werden, wenn der Leistungserbringer nach Erteilung der Zulassung die Voraussetzungen nach Absatz 2 Nr. 1, 2 oder 3 nicht mehr erfüllt. ²Die Zulassung kann auch widerrufen werden, wenn der Leistungserbringer die Fortbildung nicht innerhalb der Nachfrist gemäß § 125 Absatz 2 Satz 4 erbringt. ³Absatz 5 Satz 1 gilt entsprechend.

(7) ¹Die am 30. Juni 2008 bestehenden Zulassungen, die von den Verbänden der Ersatzkassen erteilt wurden, gelten als von den Ersatzkassen gemäß Absatz 5 erteilte Zulassungen weiter. ²Absatz 6 gilt entsprechend.

I. Entstehungsgeschichte

Die Norm wurde mit dem GRG[1] zum 1.1.1989 eingeführt. 2003 wurde das frühere Erfordernis einer berufspraktischen Erfahrung von zwei Jahren abgeschafft und der Begriff „Beschäftigungstherapie" durch „Ergotherapie" ersetzt (siehe auch die Kommentierung zu § 32, → § 32 Rn. 1 ff.). Durch das HHVG[2] vom 4.4.2017 soll es den Leistungsträgern durch eine Ergänzung in Abs. 5 ermöglicht werden, untereinander Kooperationen zur Durchführung eines gemeinsamen Verfahrens vereinbaren zu können, um den mit dem Verfahren der Zulassungserteilung nach S. 1 verbundenen Arbeitsaufwand zu reduzieren.

II. Bedeutung der Norm

GKV-versicherte Patienten haben einen Sachleistungsanspruch auf Versorgung mit Heilmitteln. Dies sind Maßnahmen der Physikalischen Therapie, der Logopädie, Ergotherapie und podologischen Therapie. Die Einzelheiten sind in der Richtlinie über die Verordnung von Heilmitteln in der vertragsärztlichen Versorgung geregelt. Die Zulassungsvoraussetzungen sind in Abs. 2 geregelt. (Plan-)Krankenhäuser und Rehabilitationseinrichtungen gelten von Gesetzes wegen als zugelassen, bedürfen also keiner weiteren Genehmigung (Abs. 3), wenn ihre Mitarbeiter die fachlichen Voraussetzungen nach Abs. 2 Nr. 1 erfüllen. Die Zulassung ist nicht auf natürliche Personen beschränkt. Auch juristische Personen und Personengesellschaften haben einen Anspruch auf Zulassung, wenn sie die Zulassungsvoraussetzungen nach Abs. 2 durch angestelltes Personal oder freie Mitarbeiter erfüllen.[3] Die jenseits der eigentlichen Zulassung zu beachtenden Regeln finden sich in den Rahmenempfehlungen und Verträgen gemäß § 125. Die Zulassung wird von den Landesverbänden und den (einzelnen) Ersatzkassen

---

1 BGBl. I 1988, 2477.
2 BGBl. I, 780.
3 BSG, 29.11.1995, 3 RK 36/94; BSG, 19.9.2013, B 3 KR 8/12 R, GesR 2014, 176: Dies gilt aber nicht für ein Krankenhaus, das seine Physiotherapie auf eine eigene GmbH auslagert.

(siehe Abs. 7) erteilt. Dies ist ein Verwaltungsakt mit Dauerwirkung gem. § 31 SGB X, für den die §§ 1 bis 66 SGB X gelten.[4]

III. Qualifikation

3 Grundsätzlich gilt die Qualifikation mit Abschluss der klassischen Ausbildungsgänge zum Physiotherapeuten, Logopäden uä als nachgewiesen.[5] Rechtlich ist jedoch grundsätzlich auch der Nachweis sonstiger Qualifikationen möglich, wenn auch in der Praxis schwierig zu erbringen. Neben der persönlichen Qualifikation ist eine ordnungsgemäße Betriebsstätte vorzuhalten.[6] Die Verlegung einer Betriebsstätte bedarf der vorherigen Genehmigung. Die für ein einheitliches Zulassungswesen verabschiedeten Empfehlungen[7] gemäß Abs. 4 entfalten rechtlich keine Außenwirkung, sondern sind lediglich interne Verwaltungsvorschriften. Sie dürfen im Übrigen keine über die gesetzlichen Voraussetzungen hinausgehenden Hürden aufstellen.

IV. Widerruf der Zulassung (Abs. 6)

4 Die Regelung ist dem klassischen Ordnungsrecht zuzurechnen. Sie ist lex specialis gegenüber § 48 SGB X.[8] Neben dem Wegfall der Qualifikationsvoraussetzungen ist die Nichteinhaltung der Fortbildungspflicht von Bedeutung. Rechtsbehelfe und Klage haben aufschiebende Wirkung, es sei denn, die sofortige Vollziehung wäre wegen konkreter Gefährdung (idR des Patientenwohls) angeordnet. Eine dem Ruhen der Approbation eines Arztes (vgl. § 6 BÄO) vergleichbare Regelung gibt es nicht. Bei Streitigkeiten über die Zulassung ist der Rechtsweg zu den Sozialgerichten eröffnet.

§ 125 Rahmenempfehlungen und Verträge

(1) ¹Der Spitzenverband Bund der Krankenkassen und die für die Wahrnehmung der Interessen der Heilmittelerbringer maßgeblichen Spitzenorganisationen auf Bundesebene sollen unter Berücksichtigung der Richtlinien nach § 92 Abs. 1 Satz 2 Nr. 6 gemeinsam Rahmenempfehlungen über die einheitliche Versorgung mit Heilmitteln abgeben; es kann auch mit den für den jeweiligen Leistungsbereich maßgeblichen Spitzenorganisationen eine gemeinsame entsprechende Rahmenempfehlung abgegeben werden. ²Vor Abschluß der Rahmenempfehlungen ist der Kassenärztlichen Bundesvereinigung Gelegenheit zur Stellungnahme zu geben. ³Die Stellungnahme ist in den Entscheidungsprozeß der Partner der Rahmenempfehlungen einzubeziehen. ⁴In den Rahmenempfehlungen sind insbesondere zu regeln:
1. Inhalt der einzelnen Heilmittel einschließlich Umfang und Häufigkeit ihrer Anwendungen im Regelfall sowie deren Regelbehandlungszeit,
2. Maßnahmen zur Fort- und Weiterbildung sowie zur Qualitätssicherung, die die Qualität der Behandlung, der Versorgungsabläufe und der Behandlungsergebnisse umfassen,
3. Inhalt und Umfang der Zusammenarbeit des Heilmittelerbringers mit dem verordnenden Vertragsarzt,
3a. Vorgaben für die notwendigen Angaben der Heilmittelverordnung sowie einheitliche Regelungen zur Abrechnung,
4. Maßnahmen der Wirtschaftlichkeit der Leistungserbringung und deren Prüfung und
5. Vorgaben für Vergütungsstrukturen einschließlich der Transparenzvorgaben für die Vergütungsverhandlungen zum Nachweis der tatsächlich gezahlten Tariflöhne oder Arbeitsentgelte.

⁵Kommt eine Einigung nicht zustande, wird der Empfehlungsinhalt durch eine von den Empfehlungspartnern nach Satz 1 gemeinsam zu benennende unabhängige Schiedsperson festgelegt. ⁶Einigen sich die Empfehlungspartner nicht auf eine Schiedsperson, so wird diese von der für den Spitzenverband Bund der Krankenkassen zuständigen Aufsichtsbehörde bestimmt. ⁷Die Kosten des Schiedsverfahrens

---

4 Wabnitz in: Spickhoff, Medizinrecht, § 124 SGB V Rn. 12.
5 Eine früher notwendige Berufspraxis von zwei Jahren als Genehmigungsvoraussetzung ist entfallen; siehe auch Haage in: Rieger/Dahm/Katzenmeier/Steinhilper/Stellpflug (Hrsg.), HK-AKM, 11/2016 „Gesundheitsfachberufe" Nr. 2200 Rn. 5 ff.
6 SG Dresden, 15.6.2011, S 25 KR 143/09; siehe aber auch LSG Bad.-Württ, 13.5.2016, L 4 KR 3332/15, MedR 2016, 929: Für Fachkräfte, die ihre Leistungen ausschließlich im häuslichen Bereich der Patienten erbringen, muss kein eigener Behandlungsraum vorgehalten werden.
7 IdF v. 1.3.2012.
8 Wabnitz in: Spickhoff, Medizinrecht, § 124 SGB V Rn. 13.

tragen der Spitzenverband Bund der Krankenkassen und die für die Wahrnehmung der Interessen der Heilmittelerbringer maßgeblichen Spitzenorganisationen je zur Hälfte. [8]Die Inhalte der Rahmenempfehlungen nach Satz 4 Nummer 3 a sind den Verträgen nach Absatz 2 zugrunde zu legen.

(2) [1]Über die Einzelheiten der Versorgung mit Heilmitteln, der erforderlichen Weiterbildungen, über die Preise, deren Abrechnung und die Verpflichtung der Leistungserbringer zur Fortbildung schließen die Krankenkassen, ihre Landesverbände oder Arbeitsgemeinschaften Verträge mit Leistungserbringern oder Verbänden oder sonstigen Zusammenschlüssen der Leistungserbringer; die vereinbarten Preise sind Höchstpreise. [2]Für die Jahre 2017 bis 2019 gilt § 71 für die Verträge nach Satz 1 nicht. [3]Für den Fall, dass die Fortbildung gegenüber dem jeweiligen Vertragspartner nicht nachgewiesen wird, sind in den Verträgen nach Satz 1 Vergütungsabschläge vorzusehen. [4]Dem Leistungserbringer ist eine Frist zu setzen, innerhalb derer er die Fortbildung nachholen kann. [5]Soweit sich die Vertragspartner in den mit Verbänden der Leistungserbringer abgeschlossenen Verträgen nicht auf die Vertragspreise oder eine Anpassung der Vertragspreise einigen, werden die Preise von einer von den Vertragspartnern gemeinsam zu benennenden unabhängigen Schiedsperson innerhalb von drei Monaten festgelegt. [6]Die Benennung der Schiedsperson kann von den Vertragspartnern für das jeweilige Schiedsverfahren oder für einen Zeitraum von bis zu vier Jahren erfolgen. [7]Einigen sich die Vertragspartner nicht auf eine Schiedsperson, wird diese von der für die vertragsschließende Krankenkasse oder den vertragsschließenden Landesverband zuständigen Aufsichtsbehörde innerhalb eines Monats nach Vorliegen der für die Bestimmung der Schiedsperson notwendigen Informationen bestimmt; Satz 6 gilt entsprechend mit der Maßgabe, dass die Schiedsperson auch für nachfolgende Schiedsverfahren des Verbandes der Leistungserbringer mit anderen Krankenkassen oder Landesverbänden bestimmt werden kann. [8]Die Kosten des Schiedsverfahrens tragen die Verbände der Leistungserbringer sowie die Krankenkassen oder ihre Landesverbände je zur Hälfte. [9]Widersprüche und Klagen gegen die Bestimmung der Schiedsperson haben keine aufschiebende Wirkung. [10]Klagen gegen die Festlegung des Vertragsinhalts richten sich gegen eine der beiden Vertragsparteien, nicht gegen die Schiedsperson.

(2 a) Die Vertragspartner nach Absatz 2 Satz 1 schließen Verträge über eine zentrale und bundeseinheitliche Prüfung und Listung der Weiterbildungsträger, der Weiterbildungsstätten sowie der Fachlehrer hinsichtlich der Erfüllung der Anforderungen an die Durchführung von besonderen Maßnahmen der Physiotherapie unter Berücksichtigung der Richtlinien nach § 92 Absatz 1 Satz 2 Nummer 6 und der Rahmenempfehlungen nach Absatz 1.

(3) [1]Untergrenze für die in den Jahren 2016 bis 2021 nach Absatz 2 zu vereinbarenden Höchstpreise ist der Betrag, der sich jeweils aus dem niedrigsten Preis zuzüglich zwei Drittel der Differenz zwischen dem niedrigsten und dem höchsten Preis des betreffenden Landes ergibt. [2]Bei der Ermittlung der niedrigsten und der höchsten Preise sind diejenigen Höchstpreise zu berücksichtigen, die zwischen den Krankenkassen, ihren Landesverbänden oder Arbeitsgemeinschaften mit Verbänden der Leistungserbringer vereinbart wurden. [3]Die Vertragspartner auf Kassenseite melden dem Spitzenverband Bund der Krankenkassen jährlich zum 1. April die zu diesem Zeitpunkt gültigen Preise. [4]Der Spitzenverband Bund der Krankenkassen ermittelt daraus für jedes Land die Untergrenze nach Satz 1 und teilt diese sowie den höchsten Preis den Vertragspartnern nach Absatz 2 Satz 1 auf Anfrage mit. [5]Preisanhebungen oberhalb der nach § 71 Absatz 3 festgestellten Veränderungsrate verletzen nicht den Grundsatz der Beitragssatzstabilität, wenn sie erforderlich sind, um die Untergrenze nach Satz 1 zu erreichen; Absatz 2 Satz 2 bleibt unberührt. [6]Die Sätze 1 bis 5 gelten nur für die am Risikostrukturausgleich teilnehmenden Krankenkassen.

I. Entstehungsgeschichte

Die Norm gilt seit dem 1.1.1989. Vorgängervorschrift ist § 376 d RVO. Sie hat seitdem zahlreiche Änderungen erfahren, so zuletzt durch das GKV-VSG zum 23.7.2015. und das HHVG[1] vom 4.4.2017.[2]

II. Allgemeines

Die Norm ermächtigt den SpiBu-GKV mit den Spitzenorganisationen der Heilmittelerbringer auf Bundesebene, Rahmenempfehlungen zur Heilmittelversorgung zu vereinbaren. Es handelt sich um eine Komplementärvorschrift zu § 127 in der Hilfsmittelversorgung. Die Empfehlungsmaterien sind in Abs. 1 enumerativ aufgeführt. Weil die Heilmittelversorgung eine Kooperation mit Vertragsärzten

---

1 BGBl. I, 780 ff.
2 BGBl. I, 1211.

zwingend voraussetzt, ist der Kassenärztlichen Bundesvereinigung vor Verabschiedung der Rahmenempfehlungen Gelegenheit zur Stellungnahme einzuräumen. Von den rechtlich nicht bindenden Rahmenempfehlungen[3] sind die Vergütungsvereinbarungen auf Landesebene zu unterscheiden, die ihrer Natur nach aber ebenfalls Rahmenverträge sind. § 32 wiederum regelt den Leistungsanspruch des Versicherten. Erst wenn dieser das Rezept des Vertragsarztes beim Heilmittelbringer abgibt, kommt es zum endgültigen Vertrag zwischen der konkreten Kasse und dem Heilmittelerbringer.[4] Das Rechtsverhältnis zwischen Heilmittelerbringer und Patient ist ausschließlich privatrechtlicher Natur, wobei der Umfang der Leistungspflicht natürlich sozialversicherungsrechtlich vorgegeben ist. Von den Rahmenempfehlungen sind die Heilmittel-Richtlinien[5] des G-BA gemäß § 92 Abs. 2 Nr. 6 zu unterscheiden, die ihrerseits verbindlich sind. Die Rahmenempfehlungen haben sie zu berücksichtigen.

III. Verträge nach Abs. 2

3   Zur Vorgängerfassung wurde die Auffassung vertreten, der Vertrag eines Kassenverbandes (auf Landesebene) binde auch die jeweiligen Mitgliedskassen.[6] In der Neufassung stehen Verbände, einzelne Krankenkassen und sogar Arbeitsgemeinschaften gleichberechtigt auf einer Stufe, so dass auch hier ein Vertragswettbewerb möglich wird.[7] Inhaltliche und räumliche Vorgaben finden sich in Abs. 2 nicht, was allerdings wenig zu bedeuten hat, da ja regelmäßig die Heilmittel-Richtlinien des G-BA zu beachten sind. Entscheidend ist aber, dass jeweils Preise iS von Höchstpreisen zwingend zu vereinbaren sind. Diese Preise können entweder in gesonderten Vergütungsvereinbaren oder in einem Preisverzeichnis als Anhang zum Rahmenvertrag aufgeführt sein. Die Höchstpreisregelung hat begriffsnotwendig zur Folge, dass in konkreten Sonderabsprachen zwischen klar bestimmbaren Vertragsparteien auch darunterliegende Preise vereinbart werden können. Die Verträge enthalten regelmäßig Vorgaben zur Abwicklung der Abrechnung (Form, Fristen etc.). Wichtiger Vertragsinhalt ist schließlich die Vorgaben hinsichtlich der Fortbildung, deren Nichteinhaltung den Entzug der Zulassung zur Folge haben kann (siehe auch § 124). Die Folgen fehlender Einigung über die geltenden Preise (Durchführung eines Schiedsverfahrens) sind in Abs. 2 S. 4 ff geregelt. Bislang gilt für Heilmittelverträge nach Abs. 2 der Grundsatz der Beitragssatzstabilität nach § 71. Dies hat zur Folge, dass die durchschnittliche Veränderungsrate der beitragspflichtigen Einnahmen der Mitglieder der Krankenkassen, welche das Bundesministerium für Gesundheit jährlich bis zum 15. September feststellt, derzeit in den Vertragsverhandlungen die Obergrenze für Vergütungsanpassungen des Folgejahres bildet. Durch die nunmehr in Abs. 2 S. 2 für die Jahre 2017 bis 2019 vorgesehene Aufhebung der Geltung des Grundsatzes der Beitragssatzstabilität soll den Vertragspartnern eine größere Flexibilität bei der Vereinbarung der Heilmittelpreise ermöglicht werden. In diesem Zeitraum sind auch Vertragsabschlüsse oberhalb der Veränderungsrate möglich. Bei der Vereinbarung der Höhe der Vergütung sind die Interessen beider Vertragspartner zu berücksichtigen. Die Befristung erfolgt, um Erkenntnisse über die Auswirkungen des Wegfalls der Grundlohnsummenbindung auf den Ablauf der Vergütungsverhandlungen und die Entwicklung der Preise für Heilmittelleistungen zu gewinnen.

IV. Rechtsschutz

4   Die Schiedsperson iSv Abs. 2 S. 4 ist kein Hoheitsträger und übt damit auch keine öffentliche Gewalt aus. Es handelt sich nicht um eine Art „Zwangsschlichtung" wie etwa in § 89.[8] Dennoch stellt die Bestimmung einer Schiedsperson durch die Aufsichtsbehörde einen anfechtbaren Verwaltungsakt dar.[9] Die Klage gegen die Bestimmung der Schiedsperson ist gegen die Aufsichtsbehörde zu richten. Hinsichtlich der Einzelheiten des Rechtsschutzes bezüglich des Vertragsinhalts verhält sich Abs. 2 nicht. Deshalb wird zutreffend die Auffassung vertreten, eine Anleihe beim neu geschaffenen § 73 Abs. 4 a zu nehmen.[10] Dann ist die Klage gegen Vertragsinhalte gegen die andere Vertragspartei, nicht gegen die

---

3   Luthe in: Hauck/Noftz § 125 Rn. 7.
4   BSG, 13.9.2011, B 1 KR 23/10 R, NZS 2012, 296, allerdings kein Vergütungsanspruch, wenn die ärztliche Verordnung offensichtlich gegen die Höchstmengenvorgabe verstößt.
5   IdF v. 20.1./19.5.2001, in Kraft seit dem 1.7.2011. Die zum 1.7.2011 vollzogenen Änderungen sind in einer Übersichtstabelle auf der Homepage der KBV dargestellt.
6   BSG, 10.7.1996, 3 RK 1996, SozR 3-2500 § 125 Nr. 5.
7   Butzer in: Becker/Kingreen, § 125 Rn. 14.
8   Luthe in: Hauck/Noftz, SGB V, § 125 Rn. 16.
9   LSG Berlin-Potsdam, 29.8.2007, L 1 B 311/07 KR ER; Hess. LSG, 26.11.2009, L 8 KR 325/07.
10 Armbruster in: Eichenhofer/Wenner, § 125 Rn. 24.

Schiedsperson zu richten. Klagebefugt sind aber nicht nur die unmittelbaren Vertragspartner, sondern alle durch den Vertragsinhalt (belasteten) Personen. Das Sozialgericht kann sein Ermessen jedoch nicht an Stelle des Ermessens der Schiedsperson setzen. Ähnlich wie gemäß §§ 317, 319 BGB ist die Entscheidung der Schiedsperson nur auf „grobe Unbilligkeit" zu überprüfen.[11] Leistungserbringer, denen der Kostenträger eine Teilnahme am Vertrag verweigert, können hiergegen mit der Feststellungsklage oder auch, soweit die Preise bestimmbar sind, mit der Leistungsklage vorgehen.[12] In Abs. 2 S. 5 wird für den unter bestimmten Voraussetzungen gesetzlich vorgesehenen Fall, dass die Preise von einer unabhängigen Schiedsperson festgelegt werden, eine Frist von drei Monaten gesetzt. Hiermit soll die Durchführung der Schiedsverfahren beschleunigt und erreicht werden, dass etwaige Vergütungsanhebungen früher bei den Leistungserbringern ankommen. In Abs. 2 S. 7 wird für den Fall, dass die Schiedsperson von der Aufsichtsbehörde bestimmt wird, eine Frist von einem Monat vorgegeben. Auch diese Fristenregelung zielt auf eine Verbesserung der Effizienz des Schiedsverfahrens ab. In Abs. 2 S. 9 und 10 wird geregelt, dass Klagen gegen die Bestimmung der Schiedsperson keine aufschiebende Wirkung haben. Das hat zur Folge, dass die Schiedsperson auch bei einer gegen ihre Bestimmung zur Schiedsperson erhobenen Klage berechtigt und verpflichtet ist, tätig zu werden und den Vertragsinhalt festzulegen. Dadurch wird vermieden, dass die Beendigung von Schiedsverfahren durch Klagen unnötig verzögert wird.

Sechster Abschnitt
Beziehungen zu Leistungserbringern von Hilfsmitteln

§ 126 Versorgung durch Vertragspartner

(1) ¹Hilfsmittel dürfen an Versicherte nur auf der Grundlage von Verträgen nach § 127 Abs. 1, 2 und 3 abgegeben werden. ²Vertragspartner der Krankenkassen können nur Leistungserbringer sein, die die Voraussetzungen für eine ausreichende, zweckmäßige und funktionsgerechte Herstellung, Abgabe und Anpassung der Hilfsmittel erfüllen. ³Der Spitzenverband Bund der Krankenkassen gibt Empfehlungen für eine einheitliche Anwendung der Anforderungen nach Satz 2, einschließlich der Fortbildung der Leistungserbringer, ab.

(1a) ¹Die Krankenkassen stellen sicher, dass die Voraussetzungen nach Absatz 1 Satz 2 erfüllt sind. ²Die Leistungserbringer führen den Nachweis der Erfüllung der Voraussetzungen nach Absatz 1 Satz 2 durch Vorlage eines Zertifikats einer geeigneten, unabhängigen Stelle (Präqualifizierungsstelle); bei Verträgen nach § 127 Absatz 3 kann der Nachweis im Einzelfall auch durch eine Feststellung der Krankenkasse erfolgen. ³Die Leistungserbringer haben einen Anspruch auf Erteilung des Zertifikats oder eine Feststellung der Krankenkasse nach Satz 2 zweiter Halbsatz, wenn sie die Voraussetzungen nach Absatz 1 Satz 2 erfüllen. ⁴Bei der Prüfung der Voraussetzungen nach Absatz 1 Satz 2 haben die Präqualifizierungsstelle im Rahmen ihrer Zertifizierungstätigkeit und die Krankenkasse bei ihrer Feststellung die Empfehlungen nach Absatz 1 Satz 3 zu beachten. ⁵Die Zertifikate sind auf höchstens fünf Jahre zu befristen. ⁶Erteilte Zertifikate sind einzuschränken, auszusetzen oder zurückzuziehen, wenn die erteilende Stelle oder die Stelle nach Absatz 2 Satz 6 auf Grund von Überwachungstätigkeiten im Sinne der DIN EN ISO/IEC 17065, Ausgabe Januar 2013, feststellt, dass die Voraussetzungen nach Absatz 1 Satz 2 nicht oder nicht mehr erfüllt sind, soweit der Leistungserbringer nicht innerhalb einer angemessenen Frist die Übereinstimmung herstellt. ⁷Die erteilenden Stellen dürfen die für den Nachweis der Erfüllung der Anforderungen nach Absatz 1 Satz 2 erforderlichen Daten von Leistungserbringern erheben, verarbeiten und nutzen. ⁸Sie haben den Spitzenverband Bund der Krankenkassen entsprechend seiner Vorgaben über ausgestellte sowie über verweigerte, eingeschränkte, ausgesetzte und zurückgezogene Zertifikate einschließlich der für die Identifizierung der jeweiligen Leistungserbringer erforderlichen Daten zu unterrichten. ⁹Der Spitzenverband Bund der Krankenkassen ist befugt, die übermittelten Daten zu verarbeiten und den Krankenkassen sowie der nationalen Akkreditierungsstelle nach Absatz 2 Satz 1 bekannt zu geben.

(2) ¹Als Präqualifizierungsstellen dürfen nur Zertifizierungsstellen für Produkte, Prozesse und Dienstleistungen gemäß DIN EN ISO/IEC 17065, Ausgabe Januar 2013, tätig werden, die die Vorgaben nach Absatz 1a Satz 4 bis 8 beachten und von einer nationalen Akkreditierungsstelle im Sinne der Ver-

---

11 Luthe in: Hauck/Noftz, SGB V, § 125 Rn. 17, 18.
12 BSG, 30.9.2015, B 3 KR 2/15 R, GesR 2016, 487, Anspruch auf Schiedsverfahren.

ordnung (EG) Nr. 765/2008 des Europäischen Parlaments und des Rates vom 9. Juli 2008 über die Vorschriften für die Akkreditierung und Marktüberwachung im Zusammenhang mit der Vermarktung von Produkten und zur Aufhebung der Verordnung (EWG) Nr. 339/93 des Rates (ABl. L 218 vom 13.8.2008, S. 30) in der jeweils geltenden Fassung akkreditiert worden sind. ²Die Akkreditierung ist auf höchstens fünf Jahre zu befristen. ³Die Akkreditierung erlischt mit dem Ablauf der Frist, mit der Einstellung des Betriebes der Präqualifizierungsstelle oder durch Verzicht der Präqualifizierungsstelle. ⁴Die Einstellung und der Verzicht sind der nationalen Akkreditierungsstelle unverzüglich mitzuteilen. ⁵Die bisherige Präqualifizierungsstelle ist verpflichtet, die Leistungserbringer, denen sie Zertifikate erteilt hat, über das Erlöschen ihrer Akkreditierung zu informieren. ⁶Die Leistungserbringer haben umgehend mit einer anderen Präqualifizierungsstelle die Fortführung des Präqualifizierungsverfahrens zu vereinbaren, der die bisherige Präqualifizierungsstelle die ihr vorliegenden Antragsunterlagen in elektronischer Form zur Verfügung zu stellen hat. ⁷Das Bundesministerium für Gesundheit übt im Anwendungsbereich dieses Gesetzes die Fachaufsicht über die nationale Akkreditierungsstelle aus. ⁸Präqualifizierungsstellen, die seit dem 1. Juli 2010 Aufgaben nach Absatz 1 a wahrnehmen, haben spätestens bis zum 31. Juli 2017 einen Antrag auf Akkreditierung nach Satz 1 zu stellen und spätestens bis zum 30. April 2019 den Nachweis über eine erfolgreiche Akkreditierung zu erbringen. ⁹Die nationale Akkreditierungsstelle überwacht die Einhaltung der sich aus der DIN EN ISO/IEC 17065 und den Vorgaben nach Absatz 1 a Satz 4 bis 8 für die Präqualifizierungsstellen ergebenden Anforderungen und Verpflichtungen. ¹⁰Sie hat die Akkreditierung einzuschränken, auszusetzen oder zurückzunehmen, wenn die Präqualifizierungsstelle die Anforderungen für die Akkreditierung nicht oder nicht mehr erfüllt oder ihre Verpflichtungen erheblich verletzt; die Sätze 5 und 6 gelten entsprechend. ¹¹Für die Prüfung, ob die Präqualifizierungsstellen ihren Verpflichtungen nachkommen, kann die nationale Akkreditierungsstelle nach Absatz 2 Satz 1 auf Informationen der Krankenkassen oder des Spitzenverbandes Bund der Krankenkassen, berufsständischer Organisationen und Aufsichtsbehörden zurückgreifen.

(3) Für nichtärztliche Dialyseleistungen, die nicht in der vertragsärztlichen Versorgung erbracht werden, gelten die Regelungen dieses Abschnitts entsprechend.

I. Allgemeines

1 § 126 in seiner aktuellen Fassung hat das frühere Zulassungswesen mit Wirkung zum 1.4.2007 vollständig auf ein Vertragssystem umgestellt. Mit anderen Worten dürfen nur noch solche Personen und Betriebe Hilfsmittel im Rahmen der GKV abgeben, die von den Krankenkassen als Vertragspartner akzeptiert wurden. Eine noch bis zum 31.12.2011 in Abs. 2 enthaltene Übergangsregelung ist durch das GKV-VStG[1] aufgehoben worden. Systematisch sollen die §§ 126, 127 die Realisierung des Anspruchs der Versicherten auf Versorgung mit Hilfsmitteln gemäß § 33 sicherstellen. Durch § 126 Abs. 1 S. 2 wird deutlich, dass die Norm nicht die industrielle Herstellung von Konfektionsware, sondern individuell auf den Patienten anpassungsfähige Hilfsmittel betrifft. Abs. 3 spielt in der Praxis keine Rolle; Dialyseleistungen im Rahmen der GKV außerhalb des vertragsärztlichen Bereichs (unter Einschluss ermächtigter Einrichtungen) gibt es derzeit nicht. Durch das HHVG[2] vom 4.4.2017 wurden hinsichtlich der Präqualifizierungsstellen einige strenge Formalien nochmals konkretisiert. Durch die Neuregelung in S. 2 wird verbindlich festgelegt, dass der Nachweis der Leistungserbringer für die Erfüllung der Voraussetzungen nach Abs. 1 S. 2 nur durch Vorlage eines Zertifikats einer geeigneten, unabhängigen Stelle (Präqualifizierungsstelle), die nach Abs. 2 ein Akkreditierungsverfahren durchlaufen hat, geführt werden kann. Künftig werden Präqualifizierungsstellen durch die nationale Akkreditierungsstelle als Zertifizierungsstellen akkreditiert. Dies hat zur Folge, dass die vormaligen Bestätigungen der Präqualifizierungsstellen als Zertifikate zu bezeichnen sind. Für Leistungserbringer, die nur in Einzelfällen auf der Grundlage von Verträgen nach § 127 Abs. 3 an der Versorgung der Versicherten beteiligt sind, kann ein Präqualifizierungsverfahren mit einem unangemessenen Aufwand verbunden sein. Diese Leistungserbringer können daher ihre Eignung auch direkt gegenüber der Krankenkasse nachweisen. In S. 4 wird klargestellt, dass die Präqualifizierungsstellen auch weiterhin die Empfehlungen des GKV-Spitzenverbandes nach § 126 Abs. 1 S. 3 für eine einheitliche Anwendung der Anforderungen zur ausreichenden, zweckmäßigen und funktionsgerechten Herstellung, Abgabe und Anpassung von Hilfsmitteln zu beachten haben. Ohne diese Empfehlungen wäre eine einheitliche und sachgerechte Prüfungstätigkeit der Präqualifizierungsstellen nicht gewährleistet. Mit dem GKV-OrgWG wurde in Abs. 1 a (alt) die Rechtsgrundlage für ein Präqualifizierungsverfahren geschaffen, in dem

---

1 BGBl. I 2011, 2983.
2 BGBl. I, 781.

Leistungserbringer ihre Eignung für Vertragsabschlüsse mit den Krankenkassen nachweisen können. Bislang wurden die Einzelheiten des Verfahrens durch den GKV-Spitzenverband und die für die Wahrnehmung der Interessen der Leistungserbringer maßgeblichen Spitzenorganisationen auf Bundesebene in einer Präqualifizierungsvereinbarung niedergelegt.

II. Qualifikation der Vertragspartner

Deshalb dürfen derartige Tätigkeiten nur von hierfür qualifizierten Personen ausgeübt werden. Dies gilt zum einen für die typischen handwerklichen Berufe im Gesundheitswesen, für die die HandwerksO gilt wie auch für die Berufe, die der GewO unterliegen. Nach Anlage A Nr. 33–37[3] zu § 1 Abs. 2 HwO[4] handelt es sich bei der selbstständigen Ausübung der nachfolgend genannten Berufe um zulassungspflichtiges Handwerk. In die Handwerksrolle wird eingetragen, wer in dem von ihm zu betreibenden oder in einem mit diesem verwandten zulassungspflichtigen Handwerk die Meisterprüfung bestanden hat, § 7 Abs. 1 a HwO. Bei der Ausübung dieser Berufe handelt es sich um gewerbliche Tätigkeiten.

Zu den Gesundheitshandwerkern gehören u.a.:

- Hörgeräteakustiker Rechtsgrundlage: Verordnung über die Berufsausbildung zum Hörgeräteakustiker/zur Hörgeräteakustikerin vom 12.5.1997.
- Augenoptiker Rechtsgrundlage: Verordnung über die Berufsausbildung zum Augenoptiker/zur Augenoptikerin vom 4.3.1997.
- Orthopädiemechaniker und Bandagisten Rechtsgrundlage: Verordnung über die Berufsausbildung zum Orthopädiemechaniker und Bandagisten/zur Orthopädiemechanikerin und Bandagistin vom 14.6.1996,[5] geändert durch Verordnung vom 25.8.1998.
- Orthopädieschuhmacher Rechtsgrundlage: Verordnung über die Berufsausbildung zum Orthopädieschuhmacher/zur Orthopädieschuhmacherin vom 21.4.1999.
- Zahntechniker Rechtsgrundlage: Verordnung über die Berufsausbildung zum Zahntechniker/zur Zahntechnikerin vom 11.12.1997.[6]

Diejenigen, die auf diese Weise ihre Qualifikation berufsrechtlich nachgewiesen haben, können von den Krankenkassen jedenfalls nicht wegen mangelnder Qualifikation abgelehnt werden. Die Krankenkassen müssen diese Qualifikationen anerkennen. Persönliche (charakterliche) und sachliche (Ausstattung) Eignungsmerkmale kann die Krankenkasse hingegen selbstverständlich ebenso prüfen, wie diejenigen Anforderungen, die nicht in einem strukturierten Berufsbildungsgang hinterlegt sind.

Die in Abs. 1 S. 3 angesprochenen Rahmenempfehlungen des SpiBu-GKV sind am 18.10.2010 verabschiedet worden.[7] Sie können die berufsrechtlichen Qualifikationen bzw -nachweise aber nicht einschränken, sondern stellen lediglich Verwaltungsbinnenrecht dar.[8]

Durch das GKV-OrgWG[9] v. 15.12.2008 § 126 Abs. 1a zum 1.1.2009 eingeführt worden. Durch das dort geregelte Präqualifizierungsverfahren sollen die Krankenkassen im Rahmen der Eignungsprüfung durch Auslagerung auf externe Stellen entlastet werden. Die Einzelheiten des Präqualifizierungsverfahrens sind einer Vereinbarung zwischen dem SpiBu-GKV und den Spitzenverbänden der Leistungserbringer v. 29.3.2010 zu entnehmen.[10] Die Einführung dieses Verfahrens schließt andere Wege zum Eignungsnachweis nicht aus.[11]

---

3 Verzeichnis der Gewerbe, die als zulassungspflichtige Handwerke betrieben werden können.
4 Handwerksordnung in der Fassung der Bekanntmachung vom 24.9.1998 (BGBl. I, 3074; BGBl. I 2006, 2095), zuletzt durch Art. 2 des Gesetzes vom 17.7.2009 (BGBl. I, 2091) geändert, neu gefasst durch Bek. v. 24.9.1998 (BGBl. I, 3074; 2006, 2095); zuletzt geändert durch Art. 2 G v. 17.7.2009 (BGBl. I, 2091).
5 BGBl. I, 847.
6 BGBl. I, 3182.
7 S. www.gkv-spitzenverband.de zuletzt abgerufen am 1.5.2017).
8 Schneider in: jurisPK-SGB V, § 126 Rn. 15.
9 BGBl. I 2008, 2426.
10 S. www.gkv-spitzenverband.de (zuletzt abgerufen am 1.5.2017).
11 So auch Schneider in: jurisPK-SGB V, § 126 Rn. 18.

§ 127 Verträge

(1) ¹Soweit dies zur Gewährleistung einer wirtschaftlichen und in der Qualität gesicherten Versorgung zweckmäßig ist, können die Krankenkassen, ihre Landesverbände oder Arbeitsgemeinschaften im Wege der Ausschreibung Verträge mit Leistungserbringern oder zu diesem Zweck gebildeten Zusammenschlüssen der Leistungserbringer über die Lieferung einer bestimmten Menge von Hilfsmitteln, die Durchführung einer bestimmten Anzahl von Versorgungen oder die Versorgung für einen bestimmten Zeitraum schließen. ²Dabei haben sie durch die Leistungsbeschreibung eine hinreichende Auswahl an mehrkostenfreien Hilfsmitteln, die Qualität der Hilfsmittel, die notwendige Beratung der Versicherten und die sonstigen, zusätzlichen Leistungen im Sinne des § 33 Absatz 1 Satz 4 sicherzustellen sowie für eine wohnortnahe Versorgung der Versicherten zu sorgen. ³Den Verträgen sind mindestens die im Hilfsmittelverzeichnis nach § 139 Absatz 2 festgelegten Anforderungen an die Qualität der Versorgung und Produkte zugrunde zu legen. ⁴Werden nach Abschluss des Vertrages die Anforderungen an die Qualität der Versorgung und Produkte nach § 139 Absatz 2 durch Fortschreibung des Hilfsmittelverzeichnisses verändert, liegt darin eine wesentliche Änderung der Verhältnisse, die die Vertragsparteien zur Vertragsanpassung oder Kündigung berechtigt. ⁵Verträge nach Satz 1 können mit mehreren Leistungserbringern abgeschlossen werden. ⁶Für Hilfsmittel, die für einen bestimmten Versicherten individuell angefertigt werden, oder Versorgungen mit hohem Dienstleistungsanteil sind Ausschreibungen nicht zweckmäßig. ⁷Öffentliche Aufträge im Sinne des § 103 Absatz 1 des Gesetzes gegen Wettbewerbsbeschränkungen, deren geschätzter Auftragswert ohne Umsatzsteuer den maßgeblichen Schwellenwert gemäß § 106 des Gesetzes gegen Wettbewerbsbeschränkungen erreicht oder überschreitet, sind nach Maßgabe des Teils 4 des Gesetzes gegen Wettbewerbsbeschränkungen zu vergeben.

(1 a) ¹Der Spitzenverband Bund der Krankenkassen und die Spitzenorganisationen der Leistungserbringer auf Bundesebene geben erstmalig bis zum 30. Juni 2009 gemeinsam Empfehlungen zur Zweckmäßigkeit von Ausschreibungen ab. ²Kommt eine Einigung bis zum Ablauf der nach Satz 1 bestimmten Frist nicht zustande, wird der Empfehlungsinhalt durch eine von den Empfehlungspartnern nach Satz 1 gemeinsam zu benennende unabhängige Schiedsperson festgelegt. ³Einigen sich die Empfehlungspartner nicht auf eine Schiedsperson, so wird diese von der für den Spitzenverband Bund der Krankenkassen zuständigen Aufsichtsbehörde bestimmt. ⁴Die Kosten des Schiedsverfahrens tragen der Spitzenverband Bund und die Spitzenorganisationen der Leistungserbringer je zur Hälfte.

(1 b) ¹Bei Ausschreibungen nach Absatz 1 ist der Zuschlag auf das wirtschaftlichste Angebot zu erteilen. ²Der Preis darf nicht das alleinige Zuschlagskriterium sein. ³Zu berücksichtigen sind verschiedene, mit dem Auftragsgegenstand in Verbindung stehende Kriterien, wie etwa Qualität, technischer Wert, Zweckmäßigkeit, Zugänglichkeit der Leistung insbesondere für Menschen mit Behinderungen, Organisation, Qualifikation und Erfahrung des mit der Ausführung des Auftrags betrauten Personals, Kundendienst und technische Hilfe, Lieferbedingungen, Betriebs- und Lebenszykluskosten und Preis. ⁴Die Leistungsbeschreibung oder die Zuschlagskriterien müssen so festgelegt und bestimmt sein, dass qualitative Aspekte angemessen berücksichtigt sind; soweit diese qualitativen Anforderungen der Liefer- oder Dienstleistungen nicht bereits in der Leistungsbeschreibung festgelegt sind, darf die Gewichtung der Zuschlagskriterien, die nicht den Preis oder die Kosten betreffen, 50 Prozent nicht unterschreiten. ⁵§ 60 der Vergabeverordnung zum Ausschluss ungewöhnlich niedriger Angebote bleibt unberührt.

(2) ¹Soweit Ausschreibungen nach Absatz 1 nicht durchgeführt werden, schließen die Krankenkassen, ihre Landesverbände oder Arbeitsgemeinschaften Verträge mit Leistungserbringern oder Verbänden oder sonstigen Zusammenschlüssen der Leistungserbringer über die Einzelheiten der Versorgung mit Hilfsmitteln, deren Wiedereinsatz, die Qualität der Hilfsmittel und zusätzlich zu erbringender Leistungen, die Anforderungen an die Fortbildung der Leistungserbringer, die Preise und die Abrechnung. ²Absatz 1 Satz 2 und 3 gilt entsprechend. ³Die Absicht, über die Versorgung mit bestimmten Hilfsmitteln Verträge zu schließen, ist in geeigneter Weise öffentlich bekannt zu machen. ⁴Über die Inhalte abgeschlossener Verträge sind andere Leistungserbringer auf Nachfrage unverzüglich zu informieren.

(2 a) ¹Den Verträgen nach Absatz 2 Satz 1 können Leistungserbringer zu den gleichen Bedingungen als Vertragspartner beitreten, soweit sie nicht auf Grund bestehender Verträge bereits zur Versorgung der Versicherten berechtigt sind. ²Verträgen, die mit Verbänden oder sonstigen Zusammenschlüssen der Leistungserbringer abgeschlossen wurden, können auch Verbände und sonstige Zusammenschlüsse der Leistungserbringer beitreten. ³Die Sätze 1 und 2 gelten entsprechend für fortgeltende Verträge, die vor dem 1. April 2007 abgeschlossen wurden. ⁴§ 126 Abs. 1 a und 2 bleibt unberührt.

(3) ¹Soweit für ein erforderliches Hilfsmittel keine Verträge der Krankenkasse nach Absatz 1 und 2 mit Leistungserbringern bestehen oder durch Vertragspartner eine Versorgung der Versicherten in einer für sie zumutbaren Weise nicht möglich ist, trifft die Krankenkasse eine Vereinbarung im Einzelfall mit einem Leistungserbringer; Absatz 1 Satz 2 und 3 gilt entsprechend. ²Sie kann vorher auch bei anderen Leistungserbringern in pseudonymisierter Form Preisangebote einholen. ³In den Fällen des § 33 Abs. 1 Satz 5 und Abs. 6 Satz 3 gilt Satz 1 entsprechend.

(4) Für Hilfsmittel, für die ein Festbetrag festgesetzt wurde, können in den Verträgen nach den Absätzen 1, 2 und 3 Preise höchstens bis zur Höhe des Festbetrags vereinbart werden.

(4 a) ¹Die Leistungserbringer haben die Versicherten vor Inanspruchnahme der Leistung zu beraten, welche Hilfsmittel und zusätzlichen Leistungen nach § 33 Absatz 1 Satz 1 und 4 für die konkrete Versorgungssituation im Einzelfall geeignet und notwendig sind. ²Die Leistungserbringer haben die Beratung nach Satz 1 schriftlich zu dokumentieren und sich durch Unterschrift der Versicherten bestätigen zu lassen. ³Das Nähere ist in den Verträgen nach § 127 zu regeln. ⁴Im Falle des § 33 Absatz 1 Satz 6 sind die Versicherten vor der Wahl der Hilfsmittel oder zusätzlicher Leistungen auch über die von ihnen zu tragenden Mehrkosten zu informieren. ⁵Satz 2 gilt entsprechend.

(5) ¹Die Krankenkassen haben ihre Versicherten über die zur Versorgung berechtigten Vertragspartner und über die wesentlichen Inhalte der Verträge zu informieren. ²Abweichend von Satz 1 informieren die Krankenkassen ihre Versicherten auf Nachfrage, wenn diese bereits einen Leistungserbringer gewählt oder die Krankenkassen auf die Genehmigung der beantragten Hilfsmittelversorgung verzichtet haben. ³Sie können auch den Vertragsärzten entsprechende Informationen zur Verfügung stellen. ⁴Die Krankenkassen haben die wesentlichen Inhalte der Verträge nach Satz 1 für Versicherte anderer Krankenkassen im Internet zu veröffentlichen.

(5 a) ¹Die Krankenkassen überwachen die Einhaltung der vertraglichen und gesetzlichen Pflichten der Leistungserbringer nach diesem Gesetz. ²Zur Sicherung der Qualität in der Hilfsmittelversorgung führen sie Auffälligkeits- und Stichprobenprüfungen durch. ³Die Leistungserbringer sind verpflichtet, den Krankenkassen auf Verlangen die für die Prüfungen nach Satz 1 erforderlichen einrichtungsbezogenen Informationen und Auskünfte zu erteilen und die von den Versicherten unterzeichnete Bestätigung über die Durchführung der Beratung nach Absatz 4 a Satz 1 vorzulegen. ⁴Soweit es für Prüfungen nach Satz 1 erforderlich ist und der Versicherte nach vorheriger Information schriftlich eingewilligt hat, können die Krankenkassen von den Leistungserbringern auch die personenbezogene Dokumentation über den Verlauf der Versorgung einzelner Versicherter anfordern. ⁵Die Leistungserbringer sind insoweit zur Datenübermittlung verpflichtet. ⁶Die Krankenkassen stellen vertraglich sicher, dass Verstöße der Leistungserbringer gegen ihre vertraglichen und gesetzlichen Pflichten nach diesem Gesetz angemessen geahndet werden. ⁷Schwerwiegende Verstöße sind der Stelle, die das Zertifikat nach § 126 Absatz 1 a Satz 2 erteilt hat, mitzuteilen.

(5 b) Der Spitzenverband Bund der Krankenkassen gibt bis zum 30. Juni 2017 Rahmenempfehlungen zur Sicherung der Qualität in der Hilfsmittelversorgung ab, in denen insbesondere Regelungen zum Umfang der Stichprobenprüfungen in den jeweiligen Produktbereichen, zu möglichen weiteren Überwachungsinstrumenten und darüber getroffen werden, wann Auffälligkeiten anzunehmen sind.

(6) ¹Der Spitzenverband Bund der Krankenkassen und die für die Wahrnehmung der Interessen der Leistungserbringer maßgeblichen Spitzenorganisationen auf Bundesebene geben bis zum 31. Dezember 2017 gemeinsam Rahmenempfehlungen zur Vereinfachung und Vereinheitlichung der Durchführung und Abrechnung der Versorgung mit Hilfsmitteln ab; Absatz 1 a Satz 2 bis 4 gilt entsprechend. ²In den Empfehlungen können auch Regelungen über die in § 302 Absatz 2 Satz 1 und Absatz 3 genannten Inhalte getroffen werden. ³§ 139 Absatz 2 bleibt unberührt. ⁴Die Empfehlungen nach Satz 1 sind den Verträgen nach den Absätzen 1, 2 und 3 zugrunde zu legen.

I. Entstehungsgeschichte... 1	2. Angebotsphase und Öffnungstermin ... 9
II. Allgemeines... 2	3. Wertungsphase... 10
III. Notwendigkeit von Ausschreibungsverfahren... 3	4. Zuschlag... 11
	5. Rechtsschutz... 12
IV. Zweckmäßigkeit eines Ausschreibungsverfahrens... 4	VI. Rahmenverträge (Abs. 2)... 13
	VII. Verträge mit einem einzelnen Leistungserbringer (Abs. 3)... 14
V. Durchführung des Ausschreibungsverfahrens... 5	
1. Veröffentlichung ... 7	VIII. Geplante Änderung durch das Blut- und Gewebegesetz... 15

I. Entstehungsgeschichte

1 Die seit dem 1.1.1993 geltende Norm wurde zum 1.1.2009 im Rahmen des GKV-OrgWG[1] durch die Einfügung der Absätze 1a und 2a sowie die Änderung von Absatz 3 neu gefasst. Durch das GKV-VStG wurde mit Wirkung zum 1.1.2012 Abs. 6 neu eingefügt. Durch das HHVG[2] vom 4.4.2017 werden die Krankenkassen dazu verpflichtet, ihren Versicherten bei Versorgungen, die auf der Grundlage von Ausschreibungsverträgen nach S. 1 erbracht werden, Wahlmöglichkeiten zwischen mehreren Hilfsmitteln einzuräumen. Dies kann dadurch umgesetzt werden, dass der Ausschreibungsgewinner vertraglich dazu verpflichtet wird, eine Mindestanzahl von mehrkostenfreien Hilfsmitteln vorzuhalten. Die Krankenkassen können aber auch mehreren Leistungserbringern den Zuschlag erteilen (sogenanntes „Mehr-Partner-Modell"), zwischen denen sie den Versicherten ein freies Wahlrecht einräumen. Die von den Bewerbern erwarteten Leistungen sind eindeutig und erschöpfend in der Leistungsbeschreibung zu beschreiben. Abs. 1b bestimmt, dass künftig bei der Zuschlagserteilung nicht nur der Preis, sondern auch qualitative Kriterien über die Mindestanforderungen des Hilfsmittelverzeichnisses hinaus zu berücksichtigen sind. Hierdurch trägt die Regelung dazu bei, die Qualität der Versorgung im Hilfsmittelbereich zu stärken. Zugleich entstehen zusätzliche Innovationsanreize für die Weiterentwicklung der Hilfsmittelversorgung. Die Auflistung möglicher Zuschlagskriterien in S. 3 ist nicht abschließend. Werden die qualitativen Anforderungen der Liefer- und Dienstleistungen nicht erschöpfend in der Leistungsbeschreibung festgelegt, müssen kostenfremde Aspekte wie beispielsweise die Qualität bei der Zuschlagserteilung in Höhe von nicht weniger als 50 Prozent berücksichtigt werden. S. 5 stellt durch den Verweis auf § 60 der Vergabeverordnung klar, dass im Falle eines Unterkostenangebots die Krankenkasse die Zusammensetzung des Angebots zu prüfen und das Angebot gegebenenfalls abzulehnen hat. In Abs. 4a wird die Beratungspflicht der Leistungserbringer, die bisher gesetzlich nicht konkretisiert war, explizit geregelt. In der Vergangenheit wurde im Rahmen der Diskussionen über die Versorgung und Qualität im Hilfsmittelbereich immer wieder der Vorwurf geäußert, Versicherte würden zu mehrkostenpflichtigen Versorgungen gedrängt, ohne hinreichend über die ihnen im Einzelnen zustehenden Ansprüche und die ihnen in ihrer konkreten Versorgungssituation zur Verfügung stehenden, mehrkostenfreien Produkte informiert und bei der Auswahl des Hilfsmittels bedarfsgerecht beraten worden zu sein. Nach S. 1 hat der Leistungserbringer die Versicherten vor Inanspruchnahme der Leistung zu beraten, welche Hilfsmittel und welche zusätzlich zur Bereitstellung der Hilfsmittel zu erbringenden Leistungen in der konkreten Situation der versicherten Person, insbesondere unter Beachtung ihrer individuellen Indikation, geeignet und medizinisch notwendig sind. Dabei hat er vor allem über das Angebotsspektrum der Produkte zu informieren, die die versicherte Person als Sachleistung ohne Mehrkosten beanspruchen kann. Durch die in S. 2 vorgeschriebene Dokumentationspflicht mit Bestätigung durch die versicherte Person kann der Leistungserbringer gegenüber den Krankenkassen nachweisen, seiner Beratungspflicht nachgekommen zu sein. Dies ist insbesondere für die Prüfung der Einhaltung der vertraglichen und gesetzlichen Pflichten der Leistungserbringer durch die Krankenkassen von Bedeutung, die diese im Rahmen der Wahrnehmung ihrer Überwachungsaufgabe nach Abs. 5a durchführen. Mit dem neuen Abs. 5a werden die umfassenden gesetzlichen Vorschriften zur Sicherung der Struktur- und Prozessqualität der Hilfsmittelversorgung durch Vorgaben zur Sicherung der Ergebnisqualität ergänzt. Die Krankenkassen werden dazu verpflichtet, die Einhaltung der den Leistungserbringern obliegenden gesetzlichen und vertraglichen Pflichten zu überwachen. Voraussetzung hierfür ist, dass in den Leistungsbeschreibungen und Verträgen die zu erbringenden Leistungen und Qualitätsanforderungen so eindeutig und differenziert beschrieben sind, dass eine effiziente Überprüfung durch die Krankenkassen möglich ist. Durch die Einführung von Auffälligkeits- und Stichprobenprüfungen wird die notwendige Transparenz über das versorgungsgeschehen hergestellt. Auffälligkeitsprüfungen kommen insbesondere dann in Frage, wenn sich Versicherte über Leistungserbringer beschweren, bei einem Leistungserbringer ungewöhnlich häufig vorzeitige Wiederversorgungen stattfinden, es wiederholt zu Unregelmäßigkeiten bei der Abrechnung und in Kostenvoranschlägen kommt oder ein Leistungserbringer deutlich häufiger als andere Leistungserbringer Mehrkostenvereinbarungen abschließt. Derartige Prüfungen sind nur möglich, wenn den Krankenkassen die hierfür benötigten Daten zur Verfügung stehen. Deshalb werden die Leistungserbringer verpflichtet, den Krankenkassen die erforderlichen Informationen und Auskünfte zu erteilen. Dabei handelt es sich nach S. 3 zunächst um einrichtungsbezogene und nicht um versichertenbezogene Daten, wie zB die Lieferzeiten, die Qua-

---

1 BGBl. I 2008, 2426.
2 BGBl. I, 782.

lifikation des mit der Versorgung und Beratung betrauten Personals, die Zahl der durchgeführten Beratungen und Hausbesuche, die Benennung der ausgewählten Produkte (bei Abrechnung über Pauschalen nicht immer bekannt), das Ausmaß und die Zahl von Reparaturen. Um die nach Abs. 4a für die Leistungserbringer geltende Beratungspflicht durch die Krankenkassen prüfen zu können, ist es erforderlich, dass die Leistungserbringer darüber hinaus versichertenbezogen den Nachweis der erfolgten Beratung, dh die von den Versicherten unterzeichnete Bestätigung über die Durchführung der Beratung, den Krankenkassen vorlegen. Dieser Nachweis erfasst nur die Tatsache der erfolgten Beratung und nicht deren Inhalt. Diese versichertenbezogenen Daten sind im Rahmen der Prüfungen ohne Einwilligung der Versicherten den Krankenkassen vorzulegen. Dies ist erforderlich, um den Krankenkassen eine wirksame Prüfung der den Leistungserbringern obliegenden Beratungspflicht zu ermöglichen und sicherzustellen, dass die Prüfung der Einhaltung der Beratungspflicht nicht durch eine fehlende Einwilligungserklärung des Versicherten verhindert wird.

II. Allgemeines

Die Norm regelt die Rahmenbedingungen, zu denen Leistungserbringer nach § 126 Hilfsmittel an Versicherte abgeben. Sie sieht drei unterschiedliche Vertragstypen vor: Verträge nach einem Ausschreibungsverfahren, die dem oder den Leistungserbringern im Ergebnis eine Exklusivstellung einräumen, allgemeine Verträge (unabhängig von einem Einzelfall), denen andere geeignete Leistungserbringer zu identischen Konditionen beitreten können und für einen konkreten Einzelfall zu schließende Verträge. Die Norm stärkt ausdrücklich die Nachfragemacht der Krankenkassen und verschärft den (Preis-)Wettbewerb zwischen den Leistungserbringern. Zugleich wird das Wahlrecht der Versicherten eingeschränkt, weil sie, bis auf wenige Ausnahmen, den von ihrer Kasse bestimmten Vertragspartner akzeptieren müssen (§ 33 Abs. 6).

III. Notwendigkeit von Ausschreibungsverfahren

Die Frage, ob Krankenkassen Verträge zur Hilfsmittelversorgung ihrer Versicherten (und auch für andere Selektivvertragsvorhaben) überhaupt ausschreiben müssen (oder zumindest diese Frage fakultativ prüfen sollten), war lange Zeit umstritten. Durch eine Entscheidung des EuGH[3] wurde klargestellt, dass gesetzliche Krankenkassen für Beschaffungsmaßnahmen als öffentliche Auftraggeber im Sinne der Vergabekoordinierungsrichtlinie eingestuft werden können. Durch eine Rechtsgrundverweisung in § 69 Abs. 2 kommt es zur Anwendung der §§ 97 bis 115 GWB, die jedoch für einzelne Bereiche sehr unterschiedliche Ausprägungen im SGB V erfahren. So gibt es für Selektivverträge[4] und im Arzneimittelbereich[5] eine Ausschreibungspflicht, während im hier interessierenden Bereich der Hilfsmittelbeschaffung eine Art Ermessensspielraum zugestanden wird, ob ein Ausschreibungsverfahren im konkreten Fall sinnvoll sein könnte.

IV. Zweckmäßigkeit eines Ausschreibungsverfahrens

Gemäß Abs. 1a geben der Spitzenverband Bund der GKV und die Spitzenorganisationen der Leistungserbringer Gemeinsame Empfehlungen zur Zweckmäßigkeit von Ausschreibungen.[6] Dies ist mit der Veröffentlichung der Empfehlungen vom 2.7.2009 geschehen. Diese Empfehlungen sind rechtlich nicht verbindlich, bilden aber gut die entscheidungserheblichen Gesichtspunkte ab.

V. Durchführung des Ausschreibungsverfahrens

Wird die Durchführung eines Ausschreibungsverfahrens nach den vorgenannten Erwägungen für zielführend erachtet, sind die Vorschriften der §§ 97 ff. GWB zwingend zu beachten. Dies bedeutet, dass zunächst der Schwellenwert gemäß § 100 GWB iVm § 2 Nr. 2 VergO überschritten sein muss (für Lieferverträge derzeit 207.000 Euro). Da regelmäßig das offene Verfahren gewählt werden wird, können alle Leistungserbringer, die die Voraussetzungen nach § 126 erfüllen, am Verfahren teilnehmen. Für den Ausschreibenden ist es besonders wichtig, die Förmlichkeiten zu beachten, weil jede – unzulässige

---

[3] EuGH, 11.6.2009, Az C-300/07 (Oymanns), NJW 2009, 2477; Kluckert, Ausschluss und entsprechende Geltung des deutschen Kartellrechts aufgrund Öffentlichen Rechts im Bereich der gesetzlichen Krankenversicherung, NZS 2012, 808 ff.
[4] §§ 73b Abs. 4, 73c Abs. 3 SGB V, 73d Abs. 2 SGB V.
[5] §§ 129 Abs. 5a, 130a SGB V.
[6] Siehe unter http://www.gkv-spitzenverband.de/media/dokumente/krankenversicherung_1/hilfsmittel/himi_empfehlungen__verlautbarungen/HiMi_Empfehlungen__127_Ausschreibungen.pdf.

– Benachteiligung von Bewerbern ernste Konsequenzen für den Ausschreibenden haben kann (→ Rn. 9). Allerdings wird man verlangen müssen, dass ein Bieter Verstöße unverzüglich rügen muss, um dem Ausschreibenden die Möglichkeit der Korrektur einzuräumen. Unterlässt ein Bieter die unverzügliche Rüge, kann er uU sein Nachprüfungsrecht nach § 107 ff. GWB verlieren.[7] Das Ausschreibungsverfahren gliedert sich im Wesentlichen in folgende Phasen:[8]

6 Vorbereitung der Ausschreibung einschl. Erstellung der Vergabeunterlagen (siehe hierzu § 8 VOB/A 2009 und VOL/A 2009, Angebotsaufforderung und Verdingungsunterlagen sowie insbesondere die Angebotsbeschreibung.

7 **1. Veröffentlichung.** Nach europäischem Vergaberecht ist die **Bekanntmachung in einer Datenbank der EU zu veröffentlichen**.[9] Die Angaben haben auf vorgeschriebenen Mustern des Amts für amtliche Veröffentlichungen der Europäischen Gemeinschaften zu erfolgen. Sollte die GKV die Auffassung vertreten, eine europaweite Ausschreibung sei nicht nötig, kann auch eine Veröffentlichung im Bundesanzeiger oder im Internet ausreichen. Zur Information können sich Bieter professioneller Hilfe bedienen (zB die Landesauftragstellen als Selbstverwaltung der Wirtschaft).

8 Die **Landesauftragstellen** gehören zu den Selbstverwaltungseinrichtungen der Wirtschaft. Sie sind überwiegend gemeinschaftliche Dienstleistungseinrichtungen der Industrie- und Handelskammern und Handwerkskammern des jeweiligen Landes für die Unternehmen auf dem Gebiet des Öffentlichen Auftragswesen (Marktzugangshilfe). Sie sind in der Mehrzahl der Länder mit der zentralen Wahrnehmung, teilweise mit der Federführung der originären Kammeraufgabe „Beratung und Information im Öffentlichen Auftragswesen" betraut. Gleichzeitig sind sie der „offizielle" Ansprechpartner für alle Beschaffungsstellen des Bundes, der Länder und Kommunen für Fragen um das nationale und internationale öffentliche Auftragswesen. Insbesondere bei Auftragsvergaben von Liefer- und Dienstleistungen ist ihre Zuständigkeit aufgrund von Festschreibungen in öffentlich-rechtlichen Richtlinien (zB VOL – Markterkundungshilfe für ÖAG) und in einer Vielzahl von Regelungen und Richtlinien des Bundes und der Länder eindeutig definiert.

9 **2. Angebotsphase und Öffnungstermin.** Das Angebot muss dem Auftraggeber innerhalb der Angebotsfrist zugehen. Es muss als Angebot im Vergabeverfahren gekennzeichnet sein, damit es entsprechend bis zum Öffnungstermin verschlossen aufbewahrt werden kann. Erfährt der Auftraggeber, dass sich Bieter gegenseitig abgesprochen haben oder auch nur Kenntnis vom Inhalt der jeweiligen Angebote haben, können sie vom weiteren Verfahren ausgeschlossen werden.

10 **3. Wertungsphase.** Wie die Regelung in Abs. 1 S. 3 zeigt, muss neben dem Preis die Qualität stimmen. Dennoch ist der Abschluss mit dem günstigsten Anbieter nicht zwingend, wenn auch andere Gesichtspunkte im Rahmen der Eignungsprüfung eine Rolle spielen können (zB Wartung und/oder Verschleiß).

11 **4. Zuschlag.** Allen Bietern ist der Name des Bieters, der den Zuschlag erhalten soll und die Gründe ihrer Nichtberücksichtigung mitzuteilen (101 a GWB).[10] Nach Ablauf der in § 101 a GWB genannten Fristen kann, vorbehaltlich von Rechtsbehelfen der Mitbewerber, der Zuschlag erteilt werden.

12 **5. Rechtsschutz.** Vergaberechtlich unterscheidet man zwischen Primär- und Sekundärrechtsschutz. Maßnahmen des Primärrechtsschutzes sollen den Bieter „im Rennen" halten; Maßnahmen des Sekundärrechtsschutzes sollen dann greifen, wenn der Auftrag bereits vergeben wurde, also zB Schadens- und Aufwendungsersatz. Primärrechtsschutz wird im sog. Nachprüfungsverfahren vor den Vergabekammern der Länder und des Bundes durchgeführt. Zur Eröffnung bedarf es eines Antrags. Die Zustellung eines Nachprüfungsantrags hat zur Folge, dass die Erteilung des Zuschlags gehemmt wird.[11] Gegen Entscheidungen der Vergabekammern steht als Rechtsmittel die sofortige Beschwerde zum OLG zur Verfügung; zuständig sind die bei den Oberlandesgerichten eingerichteten Vergabesenate. Will ein OLG von der Rechtsprechung eines anderen OLG oder des BGH abweichen, muss es den Rechtsstreit dem BGH vorlegen (§ 124 Abs. 2 GWB). Für Beschwerden gegen die Entscheidungen der

---

7 OLG Dresden, 7.5.2010, Wverg 6/10; OLG Saarbrücken, 9.11.2005, 1 Verg4/05; weniger streng: OLG München, 6.8.2012, Verg 14/12 (unverzügliche Rüge „großzügig"); siehe auch OLG Düsseldorf, 7.12.2011, Verg 96/12.
8 Fischer, Vergaberecht, in: HK-AKM, Ordnungszahl 5290 Rn. 59 ff.; Kaltenborn, Der kartellvergaberechtliche Auftragsbegriff, GesR 2011, 1.
9 Tenders Electronic Daily (TED): www.ted.europe.eu.
10 Fischer, aaO, Rn. 68.
11 Siehe hierzu im Einzelnen Fischer, aaO, Rn. 77 ff.

Vergabekammer Bund ist ausschließlich das OLG Düsseldorf zuständig. Klagen im Rahmen des Sekundärrechtsschutzes werden bei den Zivilgerichten erhoben.

VI. Rahmenverträge (Abs. 2)

Die Parteien dieser Verträge sind hinreichend beschrieben. Auf Anbieterseite besteht kein Verbandszwang, auch wenn zB die Innungen eine wichtige Rolle spielen. Der Natur nach handelt es sich um öffentlich-rechtliche Verträge. Im Gegensatz zum Ausschreibungsmodell gibt es nicht nur einen Zuschlagsbegünstigten (bzw eine begünstigte Bietergemeinschaft), sondern jeder geeignete Leistungserbringer, der die Bedingungen des Rahmenvertrages zu erfüllen bereit ist, kann beitreten. Deshalb ist sowohl die Absicht, entsprechende Verträge abzuschließen in geeigneter Weise öffentlich bekannt zu machen, wie auch das Ergebnis der Vertragsverhandlungen potenziellen Beitrittswilligen auf Nachfrage mitzuteilen. Erfüllt der Beitrittswillige alle Voraussetzungen, besteht gegenüber den Krankenkassen bzw den Vertragspartnern auf Krankenkassenseite mithin ein Kontrahierungszwang. Dies ergibt sich letztlich aus der in Art. 12 GG verfassungsrechtlich verbrieften Berufsausübungsfreiheit. Aufgrund ständiger Rechtsprechung des BSG gilt, dass eine Beteiligung an der GKV-Versorgung („Teilhabe") jedem Leistungserbringer offensteht, solange und soweit das Leistungserbringungsrecht nicht den Zugang zur GKV-Versorgung begrenzt. Eine solche Begrenzung muss zudem verfassungskonform sein und benötigt deshalb einen Grund, der das Grundrecht auf Berufsausübungsfreiheit aufwiegt oder überwiegt. Für im Gesetz nicht vorgesehene Beschränkungen des Zugangs zur Versorgung ist deshalb kein Raum.[12]

VII. Verträge mit einem einzelnen Leistungserbringer (Abs. 3)

Einzelverträge nach Abs. 3 sind Auffanglösungen, wenn eine Ausschreibung nach Abs. 1 nicht durchgeführt und Rahmenverträge gemäß Abs. 2 nicht abgeschlossen werden. Die Anforderungen an Qualifikation der Leistungserbringer und Qualität der Dienstleistung unterscheiden sich hingegen nicht. Einzelverträge sind auch dann möglich, wenn sich der Versicherte einen anderen als den von der Kasse vorgegebenen Leistungserbringer wählen oder über das Maß des Notwendigen hinausgehende Leistungen in Anspruch nehmen will. Dies ergibt sich aus Abs. 3 S. 3. Ein Anspruch auf Abschluss von Einzelverträgen hat weder der Versicherte noch der Leistungserbringer.[13] Für alle drei Vertragsarten gilt gemäß Abs. 4, dass in den Verträgen keine Preise über den ggf. bestehenden Festbeträgen gemäß § 36 vereinbart werden dürfen.

VIII. Geplante Änderung durch das Blut- und Gewebegesetz

Der Bundestag hat am 1.6.2017 das Gesetz zur Fortschreibung der Vorschriften für Blut- und Gewebezubereitungen und zur Änderung anderer Vorschriften verabschiedet,[14] das sich ein Tag nach seiner Verkündung wie folgt auf § 127 auswirken soll:

In Abs. 1 S. 2 wird die Angabe „Satz 4" durch die Angabe „Satz 5" ersetzt und in Abs. 4 a S. 1 wird die Angabe „und 4" durch die Angabe „und 5" ersetzt.

§ 128 Unzulässige Zusammenarbeit zwischen Leistungserbringern und Vertragsärzten

(1) ¹Die Abgabe von Hilfsmitteln an Versicherte über Depots bei Vertragsärzten ist unzulässig, soweit es sich nicht um Hilfsmittel handelt, die zur Versorgung in Notfällen benötigt werden. ²Satz 1 gilt entsprechend für die Abgabe von Hilfsmitteln in Krankenhäusern und anderen medizinischen Einrichtungen.

(2) ¹Leistungserbringer dürfen Vertragsärzte sowie Ärzte in Krankenhäusern und anderen medizinischen Einrichtungen nicht gegen Entgelt oder Gewährung sonstiger wirtschaftlicher Vorteile an der

---

12 BSG, st. Rspr.; vgl. zuletzt BSG, 10.3.2010, B 3 KR 26/08 R, Rn. 23 juris; SozR 4-2500 § 40 Nr. 2 – ambulante medizinische Rehabilitationsleistungen; BSGE 96, 233 = SozR 4-3300 § 72 Nr. 1 – Einzugsbereich für Pflegeleistungen; BSGE 98, 12 = SozR 4-2500 § 132 a Nr. 2 – Ausbildungsanforderungen an leitende Pflegefachkraft.
13 Schneider in: jurisPK-SGB V, § 127 Rn. 31.
14 BR-Dr. 456/17 v. 16.6.2017.

Durchführung der Versorgung mit Hilfsmitteln beteiligen oder solche Zuwendungen im Zusammenhang mit der Verordnung von Hilfsmitteln gewähren. ²Unzulässig ist ferner die Zahlung einer Vergütung für zusätzliche privatärztliche Leistungen, die im Rahmen der Versorgung mit Hilfsmitteln von Vertragsärzten erbracht werden, durch Leistungserbringer. ³Unzulässige Zuwendungen im Sinne des Satzes 1 sind auch die unentgeltliche oder verbilligte Überlassung von Geräten und Materialien und Durchführung von Schulungsmaßnahmen, die Gestellung von Räumlichkeiten oder Personal oder die Beteiligung an den Kosten hierfür sowie Einkünfte aus Beteiligungen an Unternehmen von Leistungserbringern, die Vertragsärzte durch ihr Verordnungs- oder Zuweisungsverhalten selbst maßgeblich beeinflussen.

(3) ¹Die Krankenkassen stellen vertraglich sicher, dass Verstöße gegen die Verbote nach den Absätzen 1 und 2 angemessen geahndet werden. ²Für den Fall schwerwiegender und wiederholter Verstöße ist vorzusehen, dass Leistungserbringer für die Dauer von bis zu zwei Jahren von der Versorgung der Versicherten ausgeschlossen werden können.

(4) ¹Vertragsärzte dürfen nur auf der Grundlage vertraglicher Vereinbarungen mit Krankenkassen über die ihnen im Rahmen der vertragsärztlichen Versorgung obliegenden Aufgaben hinaus an der Durchführung der Versorgung mit Hilfsmitteln mitwirken. ²Die Absätze 1 bis 3 bleiben unberührt. ³Über eine Mitwirkung nach Satz 1 informieren die Krankenkassen die für die jeweiligen Vertragsärzte zuständige Ärztekammer.

(4 a) ¹Krankenkassen können mit Vertragsärzten Verträge nach Absatz 4 abschließen, wenn die Wirtschaftlichkeit und die Qualität der Versorgung dadurch nicht eingeschränkt werden. ²§ 126 Absatz 1 Satz 2 und 3 sowie Absatz 1 a gilt entsprechend auch für die Vertragsärzte. ³In den Verträgen sind die von den Vertragsärzten zusätzlich zu erbringenden Leistungen und welche Vergütung sie dafür erhalten eindeutig festzulegen. ⁴Die zusätzlichen Leistungen sind unmittelbar von den Krankenkassen an die Vertragsärzte zu vergüten. ⁵Jede Mitwirkung der Leistungserbringer an der Abrechnung und der Abwicklung der Vergütung der von den Vertragsärzten erbrachten Leistungen ist unzulässig.

(4 b) ¹Vertragsärzte, die auf der Grundlage von Verträgen nach Absatz 4 an der Durchführung der Hilfsmittelversorgung mitwirken, haben die von ihnen ausgestellten Verordnungen der jeweils zuständigen Krankenkasse zur Genehmigung der Versorgung zu übersenden. ²Die Verordnungen sind den Versicherten von den Krankenkassen zusammen mit der Genehmigung zu übermitteln. ³Dabei haben die Krankenkassen die Versicherten in geeigneter Weise über die verschiedenen Versorgungswege zu beraten.

(5) ¹Absatz 4 Satz 3 gilt entsprechend, wenn Krankenkassen Auffälligkeiten bei der Ausführung von Verordnungen von Vertragsärzten bekannt werden, die auf eine mögliche Zuweisung von Versicherten an bestimmte Leistungserbringer oder eine sonstige Form unzulässiger Zusammenarbeit hindeuten. ²In diesen Fällen ist auch die zuständige Kassenärztliche Vereinigung zu informieren. ³Gleiches gilt, wenn Krankenkassen Hinweise auf die Forderung oder Annahme unzulässiger Zuwendungen oder auf eine unzulässige Beeinflussung von Versicherten nach Absatz 5 a vorliegen.

(5 a) Vertragsärzte, die unzulässige Zuwendungen fordern oder annehmen oder Versicherte zur Inanspruchnahme einer privatärztlichen Versorgung anstelle der ihnen zustehenden Leistung der gesetzlichen Krankenversicherung beeinflussen, verstoßen gegen ihre vertragsärztlichen Pflichten.

(5 b) Die Absätze 2, 3, 5 und 5 a gelten für die Versorgung mit Heilmitteln entsprechend.

(6) ¹Ist gesetzlich nichts anderes bestimmt, gelten bei der Erbringung von Leistungen nach den §§ 31 und 116 b Absatz 7 die Absätze 1 bis 3 sowohl zwischen pharmazeutischen Unternehmern, Apotheken, pharmazeutischen Großhändlern und sonstigen Anbietern von Gesundheitsleistungen als auch jeweils gegenüber Vertragsärzten, Ärzten in Krankenhäusern und Krankenhausträgern entsprechend. ²Hiervon unberührt bleiben gesetzlich zulässige Vereinbarungen von Krankenkassen mit Leistungserbringern über finanzielle Anreize für die Mitwirkung an der Erschließung von Wirtschaftlichkeitsreserven und die Verbesserung der Qualität der Versorgung bei der Verordnung von Leistungen nach den §§ 31 und 116 b Absatz 7. ³Die Sätze 1 und 2 gelten auch bei Leistungen zur Versorgung von chronischen und schwer heilenden Wunden nach § 37 Absatz 7 gegenüber den Leistungserbringern, die diese Leistungen erbringen.

I. Allgemeines................................. 1	III. Beteiligungsverbot........................ 6
1. Entstehungsgeschichte 1	1. Zielrichtung der Regelung............ 6
2. Regelungsgehalt.......................... 2	2. Grundsatz................................... 7
II. Depotverbot................................. 3	3. Umsatz- und Gewinnbeteiligungen..... 10

4.	Bekannte Umgehungsmodelle	11	2. Sanktionen gegen Vertragsärzte	18
5.	Gebilligte Modelle	12	3. Sanktionen gegen sonstige medizinische Einrichtungen, Krankenhäuser, Krankenhausärzte sowie sonstige in Abs. 6 genannte Unternehmen und Institutionen	19
6.	Unternehmen im Beschaffungswesen	13		
7.	Zwischenergebnis	15		
IV.	Verkürzter Versorgungsweg	16		
V.	Sanktionen	17		
1.	Sanktionen gegen Leistungserbringer	17		

I. Allgemeines

1. Entstehungsgeschichte. Der seit dem 1.4.2009 durch das GKV-OrgWG[1] neu eingeführte § 128 wurde bereits im Rahmen der 15. AMG-Novelle[2] erneut deutlich verschärft. Die Änderungen sind am 23.7.2009 in Kraft getreten. **Abs. 1** enthält ein „Depotverbot" zur Abgabe von Hilfsmitteln in Vertragsarztpraxen, Krankenhäusern und sonstigen medizinischen Einrichtungen. Gemäß **Abs. 2** dürfen Leistungserbringer Vertragsärzte sowie Ärzte in Krankenhäusern und anderen medizinischen Einrichtungen nicht gegen Entgelt oder Gewährung sonstiger wirtschaftlicher Vorteile an der Durchführung der Versorgung mit Hilfsmitteln beteiligen oder solche Zuwendungen im Zusammenhang mit der Verordnung der Hilfemittel gewähren. Unzulässig ist ferner die Zahlung einer Vergütung für zusätzliche privatärztliche Leistungen, die im Rahmen der Versorgung mit Hilfsmitteln von Vertragsärzten erbracht werden, durch Leistungserbringer. Wirtschaftliche Vorteile iSv Abs. 2 S. 1 sind auch die unentgeltliche oder verbilligte Überlassung von Geräten und Materialien, Durchführung von Schulungsmaßnahmen sowie die Gestellung von Räumlichkeiten oder Personal oder die Beteiligung an den Kosten hierfür. Gemäß **Abs. 4** dürfen Vertragsärzte nur auf der Grundlage vertraglicher Vereinbarungen mit Krankenkassen über die ihnen im Rahmen der vertragsärztlichen Versorgung obliegenden Aufgaben hinaus an der Durchführung der Versorgung mit Hilfsmitteln mitwirken. Über eine Mitwirkung nach S. 1 informieren die Krankenkassen die für die jeweiligen Vertragsärzte zuständigen Ärztekammern. Unstreitig ist danach der bisherige verkürzte Versorgungsweg, wie er vom BGH[3] in mehreren Entscheidungen gebilligt worden ist, jedenfalls im vertragsärztlichen Bereich nicht mehr gangbar. Durch das GKV-VStG[4] ist § 128 allerdings nun nochmals restriktiver gefasst worden. Gemäß **Abs. 2 S. 3** sind unzulässige Zuwendungen auch Einkünfte aus Beteiligungen an Unternehmen von Leistungserbringern, die Vertragsärzte durch ihr Verordnungs- oder Zuweisungsverhalten selbst maßgeblich beeinflussen.[5] **Abs. 5 S. 2 und 3** sowie **Abs. 6** wurden geändert; **Abs. 5 a und 5 b** wurden neu eingefügt. Das Regelungsziel ist klar, die praktischen Auswirkungen hingegen nicht. Seit dem 4.6.2016 sind darüber hinaus die §§ 299 a ff. StGB zu beachten, die nach § 128 unzulässiges Verhalten nun auch strafrechtlich ahnden. Zu Unrecht ausgestellte Verordnungen können auch als Untreue zu Lasten der GKV strafbar sein.[6] Dabei nimmt der 4. Strafsenat an, dass dem Vertragsarzt gegenüber den geschädigten Krankenkassen eine Pflicht zur Betreuung des Vermögens obliegt (sog. Vermögensbetreuungspflicht). § 266 Abs. 1 StGB setzt nämlich in beiden Alternativen (Missbrauchs-/Treubruchvariante) eine derartige Pflicht voraus. Die Bestätigung einer Vermögensbetreuungspflicht seitens des Vertragsarztes gegenüber den Kostenträgern wurde bereits in der Vergangenheit – unter anderem von dem gleichen Strafsenat – bei der Verordnung von Hilfsmitteln (Fall parenterale Ernährung) bestätigt. Durch das HHVG[7] vom 4.4.2017[8] wurde Abs. 6 dahingehend ergänzt, dass auch unzulässige Kooperationen zwischen Wundzentren und Lieferanten und/oder Herstellern von Verbandmitteln erfasst werden.

2. Regelungsgehalt. Ohne sachlich gebotenen Grund soll der Arzt bei der Verordnung von Heil- oder Hilfsmitteln keinen bestimmten Hersteller benennen (siehe auch § 34 Abs. 5 MBO alt, § 31 MBO neu). § 128 setzt diesen berufsrechtlichen Ansatz in das sozialversicherungsrechtliche Leistungserbringerrecht um. Die Entscheidungsfreiheit des Arztes wird dadurch aber nicht berührt. Denn selbstverständlich kann der Arzt positive Erfahrungen mit einem Hilfsmittelhersteller oder einem Heilmitteler-

---

1 BGBl. I 2008, 2426 v. 15.12.2008.
2 BGBl. I 2009, 2013 v. 22.7.2009.
3 BGH, 29.6.2000, I ZR 59/98, MedR 2001, 203; BGH, 15.11.2001, I ZR 275/99, MedR 2002, 256.
4 BGBl. I 2011, 2983 v. 22.11.2011; siehe auch BT-Dr. 17/6906, 17/8005.
5 Im RefE noch als abstrakter Gefährdungstatbestand „beeinflussen können".
6 BGH, 16.8.2016, 4 StR 163/16.
7 BGBl. I, 782.
8 Vgl. BGH, 25.11.2003, 4 StR 239/03, BGHSt 49, 17 = GesR 2004, 129; 27.04.2004, 1 StR 165/03,GesR 2006, 371; OLG-Hamm, 22.12.2004 – 3 Ss 431/04, GesR 2005, 175; siehe auch BGH, 22.8.2006, 1 StR 547/05, GesR 2007, 77: „Kick-Back" für Verordnung von Augenlinsen.

bringer in eine Empfehlung an den Patienten umsetzen, wenn er danach gefragt wird oder die Besonderheiten des Falles nach einer solchen Empfehlung verlangen.[9] Die früher vertretene Auffassung, gute Erfahrungen in der Zusammenarbeit würden für eine ungefragte Empfehlung alleine ausreichen, wird sich nach neuerer Rechtsprechung[10] allerdings nicht mehr aufrechterhalten werden können. Im Übrigen sollte jedwede Empfehlung (auch die zulässige Empfehlung) mit dem Hinweis gekoppelt werden, dass der Patient in der Einlösung der Verordnung selbstverständlich völlig frei sei und auch andere Anbieter aufsuchen könne. Eindeutig unzulässig ist aber, die Empfehlung an die Bezahlung eines bestimmten Betrages durch den Techniker oder den Hilfsmittellieferanten zu koppeln. Dies wäre eine unzulässige Provision. Zwischen diesen beiden Polen gibt es eine Grauzone. Manche versuchen sich damit zu behelfen, dass sie „Beraterverträge" abschließen, die jedoch oftmals nur vorgeschoben sind, um Provisionszahlungen zu kaschieren. Eine unzulässige Umgehung und damit Anstiftung des Arztes zu einem Verstoß gegen §§ 3 Abs. 2 ###Gesetz?###, § 31 MBO, 128 Abs. 2 SGB V kann auch in der Veranlassung des Arztes zur Teilnahme an „Pseudostudien" gesehen werden, wenn diese Studien überwiegend oder ausschließlich dazu dienen, Bandagen eines bestimmten Sanitätshauses abzugeben.[11] Zum Teil findet man auch Lager- und Bereithaltungsverträge, die in nicht wenigen Fällen demselben Zweck dienen. Dies heißt nicht, dass jede geschäftsmäßige Kooperation prinzipiell unzulässig sind wäre; sie muss nur im Lichte des § 128 mit Leben erfüllt werden. Mit anderen Worten kann ein Orthopäde selbstverständlich einem Orthopädietechniker zB einen halben Tag in der Woche einräumen, an dem dieser dann direkt seine Arbeit in der Praxis verrichtet.[12] Hierfür eine Vergütung zu verlangen, ist in keiner Weise anstößig oder berufsrechtlich problematisch, wenn die Vergütung dem Wert der Raumnutzung entspricht.[13] § 31 Abs. 2 MBO soll vermeiden, dass der Arzt eine Vergütung oder eine Vergünstigung für sich oder einen Dritten fordert oder dafür annimmt, dass er Arznei-, Heil-, Hilfsmittel oder Medizinprodukte verordnet. Der Missbrauch kann einmal durch das Fordern einer Vergütung oder Vergünstigung, zum anderen durch deren Annahme verwirklicht werden. Fordern ist dabei das offen oder verdeckte Verlangen der Leistung, wobei erkennbar sein muss, dass sie für das Verordnen verlangt oder gewährt wird. Die Annahme ist das tatsächliche Entgegennehmen einer Vergütung oder Vergünstigung zur eigenen Verfügung, auch wenn sie zur Verschleierung über Dritte erfolgt.

II. Depotverbot

3 Lange Zeit schien die Einrichtung von Hilfsmitteldepots in Vertragsarztpraxen die sicherste Lösung für eine enge „Kundenbindung" zwischen Sanitätshaus und Arztpraxis zu sein. Auf den ersten Blick handelte es sich um eine echte Win-win-Konstellation. Das Sanitätshaus hatte eine feste „Verkaufsstelle" unter weitgehendem Ausschluss der Konkurrenz, der Arzt erweiterte aus Sicht des Patienten das Leistungsspektrum seiner Praxis und dem Patienten wiederum wurden aus seiner Sicht lästige Wege abgenommen. Ein typisches Beispiel zulässiger Tätigkeit ist die Abgabe bzw der Verkauf von Kontaktlinsen in Augenarztpraxen[14] oder auch (allerdings mit erheblichen Einschränkungen, Notfall, →

---

9 OVG Münster, 2.9.1999, 13 A 3323/97, NVwZ-RR 2000, 216 für den Fall der Empfehlung einer bestimmten Apotheke wegen spezieller Arzneimittel; BGH, 28.4.1981, VI ZR 80/79, NJW 1981, 2007 zur zulässigen Empfehlung eines Orthopädietechnikers durch einen Orthopäden, wenn fachliche Gründe vorliegen; BGH, 15.11.2001, I ZR 275/99, MedR 2002, 256 zur zulässigen Empfehlung eines auswärtigen Hörgeräteakustikers im Zusammenhang mit dem „verkürzten Versorgungsweg"; OLG Celle, 29.5.2008, 13 U 202/07, GesR 2008, 476 Bequemlichkeit für Patienten reiche als sachlicher Grund im Sinne von § 34 Abs. 5 MBO aus; aufgehoben durch BGH, 13.1.2011, I ZR 111/08, MedR 2011, 500 ff.
10 BGH, 13.1.2011, I ZR 111/08, MedR 2011, 500 ff.
11 OLG Koblenz, 22.2.2005, 4 U 813/04, MedR 2005, 723.
12 Ebenso OLG Hamburg, 19.11.1998, 3 U 160/98, nv, für Beratung durch Hörgeräteakustiker im Wartezimmer vom HNO-Arzt; weitere Beispiele bei Bonvie, MedR 1999, 64 ff.
13 Vorsicht ist allerdings im Hinblick auf die steuerrechtliche Qualifikation dieser Einkünfte angebracht (Gewerblichkeit).
14 LG Hechingen, 16.5.1995, KfHO 144/94, nv; bestätigt durch OLG Stuttgart, 28.6.1996, 2 U 146/96, nv; LSG Rheinland-Pfalz, 12.12.1996, L 5 Ka 56/95, nv; Verkauf von Glas-Rohlingen hingegen unzulässig, weil schon dem ausschließlichen Handwerksbereich zuzurechnen, so jedenfalls LG München II, 14.4.1999, 1 HKO 785/99; siehe aber OLG Celle, 21.12.2006, 13 U 118/06, GesR 2007, 220, Abgabe von Brillen in Augenarztpraxen zulässig (aufgehoben d. BGH, 9.7.2009, I ZR 13/07, WRP 2009, 1076; OLG Stuttgart, 30.10.2008, 2 U 25/08, GRUR-RR 2008, 429 ff. = GesR 2008, 216 (LS), bestätigt durch BGH, 24.6.2010, I ZR 182/08.

Rn. 5) orthopädischer Hilfsmittel beim Orthopäden.[15] In welchem Umfang Ärzte einfache Hilfsmittel abgeben können, war lange Zeit umstritten.[16] Der BGH[17] hat sich der eher restriktiven Auffassung angeschlossen. Danach darf ein Arzt seine Patienten nicht auf die Möglichkeit des Bezugs von Teststreifen aus einem in der Praxis befindlichen Depot eines Sanitätshauses hinweisen und danach abgeben, es sei denn, der Patient wünscht dies von sich aus ausdrücklich, aus Anlass von Schulungszwecken zur Ersteinweisung oder Nachschulung oder in Notfällen. Die Abgabe von in großem Umfang benötigten Verbrauchsprodukten durch den Arzt sei im Regelfall Ausdruck eines rein geschäftsmäßigen Verhaltens, das die Gefahr einer langfristigen negativen Rückwirkung auf die medizinische Versorgung durch eine Orientierung an ökonomischen Erfolgskriterien in sich berge. Soweit die Abgabe unmittelbar der ärztlichen Therapie diene, sei sie jedoch nicht zu beanstanden.

Stets muss bei derartigen Geschäften aber die **steuerrechtliche Problematik** mitbedacht werden. Während nämlich zB die Anpassung von Kontaktlinsen durch den Augenarzt noch zu Einnahmen aus freiberuflicher Tätigkeit führen, gelten Einkünfte aus Verkäufen derartiger Gegenstände ohne individuelle Anpassung als Einkünfte aus Gewerbebetrieb; sie unterliegen der Gewerbesteuer.[18] Bei Gemeinschaftspraxis ist die Gefahr der Infizierung der freiberuflichen Einkünfte durch diese gewerbliche Tätigkeit zu vermeiden („Abfärbetheorie").[19] Dies geht nur durch eine klare Trennung beider Tätigkeiten. Die Tätigkeit der gewerblichen Gesellschaft bürgerlichen Rechts muss sich eindeutig von der Tätigkeit der ärztlichen Gemeinschaftspraxis abgrenzen lassen. Eine Personenverschiedenheit zwischen den Gesellschaftern dieser verschiedenen Gesellschaften wird nicht mehr verlangt.[20] Dies ist aber nur die eine Seite der Medaille. Die Wahlfreiheit des Patienten wird de facto eingeschränkt. Wettbewerber werden vom „Kunden" abgeschirmt. Dem Arzt wird seitens des Sanitätshauses idR ein vermögenswerter Vorteil, sei es durch vergünstigte Miete, die Gestellung einer 450-Euro-Kraft oder direkte Gewinnbeteiligung verschafft. Derartiges war auch schon vor der Einführung des § 128 unzulässig und wettbewerbswidrig.

Abs. 1 lässt die **Versorgung aus Depots in Vertragsarztpraxen nur noch für Notfälle** vor.[21] Der SpiBu-GKV hatte am 31.3.2009, also am Vorabend des Inkrafttretens der Regelung eine sehr übersichtliche Liste von Hilfsmitteln veröffentlicht, die seiner Auffassung nach für die Notfallversorgung in Betracht kommen. Diese Liste besitzt keine Normqualität, sondern hat lediglich einen orientierenden Empfehlungscharakter. Eine weitere Schwierigkeit dürfte sich daraus ergeben, dass der Hilfsmittellieferant bei der Bestückung des Depots ja kaum abschließend entscheiden kann, was ein Notfall ist; diese Kompetenz fällt ausschließlich in die Verantwortung des die Indikation stellenden Arztes. Inwieweit dies die Handhabbarkeit der Norm verbessert, erscheint fraglich.[22]

---

15 OLG Düsseldorf, 8.3.2005, I 20 U 96/04, MedR 2005, 528 zur Abgabe von Air-Cast-Schienen und Gehstützen zur Sofortbehandlung. Allerdings war hier auch die wettbewerbsrechtliche Problematik, bzw deren nur eingeschränkte Überprüfbarkeit im Rahmen des SGB V von Bedeutung, dazu BGH, 2.10.2003, I ZR 117/01, GRUR 2004, 247, wettbewerbsrechtliche Beurteilung durch § 69 SGB V ausgeschlossen; siehe aber jetzt eher zurückhaltend BGH, 2.6.2005, I ZR 317/02, MedR 2005, 717 ff.
16 OLG Köln, 22.1.2002, 6 U 77/02, GesR 2003, 120, keine Abgabe von Diabetes-Teststreifen; aA OLG Naumburg, 7 U 67/01, ApoR 2003, 51; Buchner, König, ZMGR 2005, 335 ff.
17 BGH, 2.6.2005, I ZR 317/02, GesR 2005, 456 = GRUR 2005, 875; OLG Naumburg, 26.6.2008, 1 U 9/08, GesR 2008, 591, Vertrieb Akupunkturnadeln über Arztpraxis.
18 BGH, 5.10.2006, VII R 63/05, GesR 2007, 186, zur Steuerverkürzung bei Abgabe Medizinprodukte durch Ärzte und Auskunftspflicht des MP-Herstellers.
19 Siehe aber BFH, 28.6.2006, XI R 31/05, NJW 2007, 461 ff, keine Abfärbung bei gewerblichen Einkünften im Sonderbetriebseinnahmenbereich eines Gesellschafters.
20 BMF, Schreiben v. 14.5.1997, IV B 4-S2246-23/97, DStR 1997, 1123; zu den Grenzen gewerblicher Infektion bei teilweise von der Gewerbesteuer befreiten gewerblichen Einkünften, BFH, 30.8.2001, IV R 43/00, MedR 2002, 271 ff; BFH, 11.8.1999 XI R 12/98, BStBl II 2000, 229 = NJW 2000, 312, keine Infektion bei nur ganz untergeordneten Einkünften, hier 1,25 % vom Gesamtanteil.
21 Dies war zwar bisher schon in den Rahmenverträgen auf Bundesebene so geregelt, wurde in der Praxis aber wenig beachtet. Die Spitzenverbände der Krankenkassen hatten eine Empfehlungsvereinbarung gem. § 126 Abs. 2 aF geschlossen, nach der auch solche Hilfsmittel, die auch weitere handwerkliche Zurichtung verabreicht werden können (Konfektionsware) nur unter Leitung eines Gesundheitshandwerkers abgegeben werden dürfen. Im Übrigen sollten gem. § 127 Abs. 1 aF iVm des Rahmenvertrages zwischen Bundesinnungsverband und Ersatzkassen Hilfsmitteldepots außer zur Notfallversorgung nicht zulässig sein.
22 Ebenso GKV-Komm/Flasbarth, SGB V, § 128 Rn. 35 ff.

III. Beteiligungsverbot

6 **1. Zielrichtung der Regelung.** Betrachtet man sich Abs. 2 S. 3 ist jede wirtschaftliche Vorteilsgewährung im Zusammenhang mit der Beteiligung an der Durchführung der Versorgung mit Hilfsmitteln untersagt. Der Geltungsbereich dieser Norm ist ausgesprochen weit gefasst und betrifft letztlich auch mittelbare wirtschaftliche Vorteile. Aufgrund dieser weiten Fassung werden von manchen Autoren verfassungsrechtliche Bedenken gegen die Norm erhoben.[23] Diese Bedenken erscheinen nicht grundlos, würde man Abs. 2 so verstehen, dass einem Arzt jegliche unternehmerische Beteiligung an anderen Unternehmer im Gesundheitswesen (so auch Hilfsmittellieferanten) unterbinden wollte, wenn sie berufsrechtlich nicht zu beanstanden ist. Eine derartig weite Auslegung wäre nach diesseitiger Auffassung kaum mit Art. 12, 14 GG vereinbar. Dementsprechend beanstanden Ärztekammern, soweit entsprechende Aussagen bekannt sind, Beteiligungen von Ärzten an derartigen Unternehmen auch im Lichte des Abs. 2 dann nicht, wenn die unternehmerische Beteiligung die Grenzen des Berufsrechts, insbesondere die §§ 31 MBO einhält. Jedenfalls dürfte der Schluss, die Motive des Gesetzgebers würden auch derartige unternehmerische Betätigungen von Ärzten im Gesundheitswesen unterbinden wollen, wohl deutlich über das Ziel hinausschießen.[24] Sehr bedenkenswert sind die Ausführungen von Schütze[25] zu § 128 idF der 15. AMG-Novelle 2009, wonach bei jedem wirtschaftlichen Kontakt zwischen Vertragsärzten die Patientenautonomie, die Wirtschaftlichkeit der Versorgung und die Neutralität des Wettbewerbs maßgebliche Parameter für die Bewertung von Geschäftsmodellen sind. Durch die entsprechende Anwendung der Norm über Abs. 6 gilt dieses Gebot nicht nur im Hilfsmittel-, sondern auch im Heil- und Arzneimittelbereich und deckt damit weitgehend den vom Arzt über die Verordnung bestimmbaren wirtschaftlich Sektor ab. Die Norm gilt aber auch für Krankenhäuser, so dass die Frage aufgeworfen wird, ob Krankenhäuser, die zulässigerweise in der Trägerschaft von Ärzten stehen, ihre Gesellschafterstruktur beibehalten können. In der Begründung zum Gesetzentwurf wird auf ein Urteil des BGH v. 13.1.2011[26] verwiesen, so dass der Eindruck entsteht, Ärzten sei die Beteiligung an Unternehmen, es sei denn an großen Aktiengesellschaften, nicht mehr erlaubt. Es wird daher zu diskutieren sein, ob eine derart am bloßen Wortlaut orientierte Wertung die differenzierende Betrachtung durch die Rechtsprechung sowie die Wechselwirkung der Norm mit berufs- und verfassungsrechtlichen Implikationen hinreichend beachtet.

7 **2. Grundsatz.** Ärzten ist es grundsätzlich nicht verwehrt, zur Ergänzung oder Unterstützung ihrer Berufstätigkeit Unternehmen im Gesundheitswesen zu betreiben oder sich daran zu beteiligen. Derartige Unternehmen können auch im GKV-Sektor Vertragspartner der Kassen werden. Niemand nimmt zB Anstoß daran, wenn Ärzte Kliniken betreiben, in die sie ihre Patienten einweisen, um sie dort entweder selbst oder durch andere Ärzte weiterbehandeln zu lassen, sofern die Indikation stimmt und die Klinik zur Behandlung des entsprechenden Krankheitsbildes geeignet ist. So führte das BVerfG[27] bereits 1985 aus:

„Für die verfassungsrechtliche Beurteilung ist ferner von Bedeutung, daß es Ärzten nicht untersagt ist, Kliniken und Sanatorien zu betreiben, obwohl es sich dabei um gewerbliche, auf Gewinnerzielung ausgerichtete Unternehmen handelt. Der Gesetzgeber, dem die rechtliche Ordnung von Berufsbildern obliegt, hat davon abgesehen, eine ärztliche und eine gewerblich-unternehmerische Tätigkeit für unvereinbar zu erklären. Aus welchen Gründen dies geschehen ist (vgl dazu Kraßer, GRUR 1980, S. 191 (192)), mag auf sich beruhen. Jedenfalls wird damit auf kommerzielle Interessen stärker Rücksicht genommen, als dies bei niedergelassenen Ärzten geschieht. Wenn aber Ärzte befugt sind, sich trotz ihrer Eigenschaft als Freiberufler gewerblich auf dem Gebiet des Heilwesens zu betätigen, dann führt dies zwangsläufig zu einer Verquickung ärztlicher und gewerblicher Tätigkeiten mit der Folge, daß zwischen niedergelassenen Ärzten und ärztlichen Inhabern von Sanatorien – auch rechtlich relevante – Unterschiede entstehen und daß sich das Werbeverbot für die zweite Gruppe nicht mehr voll rechtfertigen läßt."

---

23 Wittmann/Koch, Die Zulässigkeit gesellschaftsrechtlicher Beteiligungen von Ärzten an Unternehmen der Hilfsmittelbranche im Hinblick auf § 128 Abs. 2 SGB V und das ärztliche Berufsrecht, MedR 2011, 476 ff; aA wohl GKV-Komm/Flasbarth, SGB V, § 128 Rn. 61, 63, sowie Bäune/Dahm/Flasbart, MedR 2012, 77, 93.
24 Burk, PharmR 2010, 89 ff.
25 Schütze in: FS Renate Jäger, die Sachwalterstellung der Vertragsärzte – Grenzen für Boni, Fangprämien und andere Verquickungen, 2011, S. 539, 546 ff, 557.
26 BGH, 13.1.2011, I ZR 111/08, MedR 2011, 500 (Hörgeräteversorgung II).
27 BVerfG, 19.11.1985, 1 BvR 38/78.

Der **BGH**[28] entschied unter ausdrücklicher Erwähnung dieser Entscheidung des BVerfG: 8
„Bei der Beurteilung der Frage, ob die von der Beklagten den angesprochenen Ärzten vorgeschlagene gewerbliche Betätigung bei Verwendung der eigenen Praxisräume notwendigerweise berufsrechtswidrig ist, ist außerdem in Rechnung zu stellen, dass Ärzten eine gewerblich-unternehmerische Tätigkeit auf dem Gebiet des Heilwesens grundsätzlich nicht untersagt ist (vgl BVerfGE 71, 183, 195, 196 = GRUR 1986, 387, 390; BGH, Urt. v. 26.4.1989 – I ZR 172/87, GRUR 1989, 601 = WRP 1989, 585 – Institutswerbung). Dem Arzt ist daher gemäß § 3 Abs. 1 Satz 1 BOÄ neben der Ausübung seines Berufs die Ausübung einer anderen Tätigkeit nicht grundsätzlich verboten, sondern im Grundsatz erlaubt und nur dann untersagt, wenn die Tätigkeit mit den ethischen Grundsätzen des ärztlichen Berufs nicht vereinbar ist. Ebenso ist dem Arzt die Hergabe seines Namens in Verbindung mit einer ärztlichen Berufsbezeichnung für gewerbliche Zwecke nach § 3 Abs. 1 Satz 2 BOÄ nicht schlechthin, sondern nur dann verboten, wenn dies in unlauterer Weise geschieht. Dementsprechend ist die Klägerin auch nicht gegen das von der Beklagten beworbene und vertriebene, Ärzte mit einbeziehende Geschäftsmodell als solches, sondern allein gegen dessen Durchführung in den Praxisräumen des jeweils mit eingebundenen Arztes vorgegangen."

Einen Verstoß gegen § 3 Abs. 1 MBO konnte der BGH nicht erkennen. Leistungserbringer" kann nach 9
der Rechtsprechung des Bundessozialgerichts[29] auch eine GmbH sein, wenn in ihr ein zugelassener Leistungserbringer fachlich unabhängig tätig ist. Wer Gesellschafter der GmbH ist, ist für die Leistungsberechtigung grundsätzlich unerheblich, es sei denn, es würde ein Verstoß gegen die Norm festgestellt. Gesellschafter kann mithin auch ein Arzt sein. Damit konnten – analog zur Einweisung eines Patienten in die eigene Klinik – Ärzte auch im Heilmittelbereich wirtschaftlich und unternehmerisch tätig werden, wenn die Wahlfreiheit des Patienten gewahrt und keine sonstigen unlauteren Vorteile gewährt wurden. Viele Verträge zwischen den Krankenkassen auf Landesebene und zB Einrichtungen der ambulanten Rehabilitation sahen allerdings für den Fall der Bildung Ärztlicher Beteiligungsgesellschaften mit dem Ziel einer interessengebundenen Verordnungstätigkeit die fristlose Kündigung entsprechender Versorgungsverträge vor.[30]

3. Umsatz- und Gewinnbeteiligungen. Inwieweit eine umsatzmäßige Beteiligung an der Betriebsgesellschaft einer Praxis oder eines „Gesundheitszentrums" zulässig ist, wurde und wird unterschiedlich bewertet.[31] Die gänzliche Gewinnabschöpfung durch Dritte unter Auszahlung eines fest vorgegebenen Gewinnanteils oder eines Fixums wird überwiegend für unzulässig gehalten. Die umsatzbezogene Erhöhung der Gemein-, Geräte- und Verwaltungskosten hat jedoch einen praktischen Bezug und eine wirtschaftliche Rechtfertigung. Allerdings müssen die vereinbarten Zahlungen in einem angemessenen Verhältnis zu den gewährten Gegenleistungen stehen und dürfen nicht zu einer (unzulässigen) Beteiligung bzw einem verdeckten Gesellschaftsverhältnis des Dritten an der Praxis des Abführungspflichtigen führen. Abgesehen von der ärztlichen Unabhängigkeit wird dies mit der Einhaltung des Wirtschaftlichkeitsgebots im vertragsärztlichen Bereich begründet.[32] Im Ergebnis wird befürchtet, dass die Beteiligung eines „Praxisfremden" sachwidrige, dh unnötige Entscheidungen erleichtert. Dieser Gefahr ist allerdings auch ein Arzt ausgesetzt, der zB hohe Bankverbindlichkeiten aus seiner Praxisgründung zu bedienen hat. Konsequent weist das BMG in einer Stellungnahme vom 25.2.1997[33] darauf hin, es sei nicht zu beanstanden, wenn Ärzte eigene Reha-Zentren gründen, in denen sie eigene und fremde Patienten behandeln, wenn die Verordnung im Einzelfall indiziert ist. Niemand hat im Übrigen bislang daran Anstoß genommen, wenn Belegärzte ihre Patienten stationär in Kliniken betreuen, die ihnen ganz oder anteilig gehören.[34] Nach einer weiteren Antwort der Bundesregierung auf eine kleine Anfrage[35] ist es nicht zu beanstanden, wenn Ärzte zB GmbH's gründen, mit denen sie im Gesundheitswesen (zB Pflegeversicherung) Dienstleistungen erbringen lassen. Entscheidend sei die Qualität der Dienstleistung, weniger die Herkunft bzw der Hauptberuf der Gesellschafter. Werden einem Gesellschafter Ge-

---

28 BGH, 29.5 2008, I ZR 75/05.
29 Vgl BSG, 29.11.1995 3 RK 25/94 = BSGE 77, 108 ff; sowie BSGE 77, 130 ff.
30 ZB § 14 d, Vereinbarung über die Erbringung von ambulanter Rehabilitation bei muskuloskeletalen Erkrankungen der bayrischen Krankenkassen v. 3.8.2001.
31 Ahrens, MedR 1992, 141,145; Taupitz, MedR 1993, 367, 372; Hess in: KassKomm, § 95 SGB V Rn. 43, § 98 Rn. 46.
32 Hess in: KassKomm, § 98 SGB V Rn. 46.
33 BT-Dr. 13/7116.
34 Eingehend Dahm, Zusammenarbeit von Vertragsärzten und Krankenhäusern im Spannungsfeld der Rechtsbereiche, MedR 2010, 597, 610.
35 BT-Dr. 13/8102.

winne verursachungsgerecht nach der Zahl der von ihm veranlassten Untersuchungen zugeteilt, verstößt dies gegen § 31 MBO. Insoweit sind alle entsprechenden Bestimmungen in Gesellschaftsverträgen berufsrechtswidrig mit der weiteren Konsequenz der zivilrechtlichen Nichtigkeit gem. § 134 BGB.[36] Klärungsbedürftig sind dagegen Konstruktionen, die eine Beteiligung der Gesellschafter am Gewinn nach der Höhe ihrer Einlage nach Abzug aller Kosten für die leistungserbringenden Gesellschafter inkl. angemessener Arzthonorare für diese vorsehen. Es besteht zwar ein Zusammenhang zwischen der veranlassten Untersuchung und dem wirtschaftlichen Erfolg. Dieser ist jedoch ein Erfolg der Gesellschaft und kommt allen weiteren Erfolgsberechtigten zugute. Man stößt zB bei Betreiber-Modellen oder auch Großgerätekooperationen auf diese Problematik. Eine ausschließlich oder überwiegend nach Überweisungsfrequenzen vereinbarte Gewinnverteilung ist allerdings auch in derartigen Gesellschaften rechtswidrig. Entsprechende Gesellschaftsbeschlüsse können von benachteiligten Gesellschaftern gerichtlich angegriffen werden und im *worst case* die ganze Konstruktion zum Einsturz bringen. Zum Teil von anwaltlicher Seite empfohlene „Umgehungsstrategien" halten in der Regel einer näheren Überprüfung nicht stand. Es muss aber zulässig sein, die Grundidee der Apparategemeinschaft auch bei derartigen Gesellschaften zu berücksichtigen. Damit ist gemeint, dass auch in einer Apparategemeinschaft der Einzelne durch die bessere Auslastung der Geräte profitiert (niedrigere Stück- und Gemeinkosten). Solange eine Gewinnverteilung die bessere Geräteauslastung den Gesellschaftern ähnlich wie in einer Apparategemeinschaft zufließen lässt, sind verschiedene Lösungsansätze denkbar.[37] Bevor man entsprechende Investitionen tätigt, kann es sich empfehlen, das vollständige Konzept[38] mit der zuständigen Landesärztekammer abzusprechen, um später „den Rücken frei zu haben". Steuerrechtlich muss darauf geachtet werden, dass solche Gesellschaften nach Möglichkeit umsatzsteuer- und gewerbesteuerprivilegiert konstruiert werden. Eine eingehende steuerrechtliche Abklärung ist bei diesen Modellen unabdingbar.

11 **4. Bekannte Umgehungsmodelle.** Ärzte stehen anderen Investoren in nichts nach. Die Grenze wird dort sichtbar – und von Fall zu Fall auch überschritten –, wo das Unternehmen eine Konstruktion anbietet, die dem Arzt Vorteile verschafft, deren Annahme ihm bei Direktbezug untersagt wäre. Die am Markt anzutreffenden Strukturen sind zT phantasiereich. Man stößt auf GmbH & Co. KGs, deren Kommanditisten in der Regel Ärzte sind oder deren Gesellschaftsanteile von Treuhändern gehalten werden, um die Anonymität der „Shareholders" zu wahren. Man findet Aktiengesellschaften, die an Ärzte Vorzugsaktien ausgeben oder auch Ärzte-Fonds,[39] die Gewinne aus Gesundheitseinrichtungen und -betrieben verwalten. All diesen Konstruktionen ist gemein, dass sie dann angreifbar sind, wenn die „Rendite" personenbezogen umsatzabhängig ist; mit anderen Worten dann, wenn der Arzt als Zuweiser oder Verordner direkt und unmittelbar den Wert seines Kapitalanteils steuert und damit sein Kapitalertrag einen Provisionscharakter erhält.[40] *Dahm*[41] führt treffend aus: „Beteiligungsmodelle mit geringfügigen Beiträge, aber hohen (versprochenen) Gewinnerwartungen, die zudem eine Gewinnausschüttung entsprechend der Zuweisungsquote (noch dazu ohne persönliche Leistung) im Beschlussverfahren vornehmen, tragen von vornherein das Stigma der Unzulässigkeit."

12 **5. Gebilligte Modelle.** Unverfänglich war hingegen nach früherer Rechtsprechung die Förderung des Gesamtunternehmens und damit die Teilhabe am Gesamtgewinn, wie bei jedem anderen Kapitalanleger auch. Wie das OLG Köln[42] unter Bezugnahme der Rechtsprechung des BGH zum verkürzten Versorgungsweg[43] entschieden hat, ist ein Geschäftsmodell eines Hörgeräteakustikbetreibers, wonach dem HNO-Arzt einerseits eine Beteiligung an seinem Unternehmen im Wege des Aktienerwerbs angetragen und andererseits eine Einbindung in die Hörgeräteabgabe im verkürzten Versorgungsweg angeboten wird, dass der Arzt seinen finanziellen Aufwand kompensieren oder Gewinne erwirtschaftet kann, indem er die vom Akustiker angebotenen Möglichkeiten im Rahmen der Hörgeräteversorgung

---

36 BGH, 22.1.1986, VIII ZR 10/85, NJW 1986, 2360.
37 Viele Modelle der integrierten Versorgung funktionieren nach diesem Muster.
38 Also ohne „Geheimbeschlüsse" und Nebenabreden.
39 Hierzu Bonvie, MedR 1999,65; ders., Beteiligung der Ärzte am Erfolg anderer Dienstleister in der Gesundheitswirtschaft, in: FS AG Medizinrecht im DAV zum 10-jährigen Bestehen, 2008, S. 827 ff., mit überzeugender Differenzierung.
40 OLG Stuttgart, 10.5.2007, 2 U 176/06, GesR 2007, 320 „Synerga"; LG Bonn, 4.11.2004, 14021/02, unangemessene Gewinnbeteiligung; LBerfG Heilb. OVG Münster, 6.7.2011, 6 t A 1816/09. T, ZMGR 2011, 370.
41 Dahm, MedR 1998, 70 ff.
42 OLG Köln, 4.11.2005, 6 O 46/05; GRUR 2006, 600.
43 BGH, 29.6.2000, I ZR 59/98, NJW 2000, 2745; BGH, 15.11.2001, I ZR 275/99, NJW 2002, 962.

bestimmte Leistungen gegen Entgelt zu erbringen, nutzt, berufsrechtlich nicht zu beanstanden, wenn dem Arzt für die in diesem Zusammenhang zu erbringenden Leistungen (initiale Beratung der Patienten und Abnahme eines Ohrabdrucks, Stellung von Praxisräumen für die Patientenversorgung durch Mitarbeiter des Akustikers) keine unangemessen hohe Vergütung zugesagt wird. Voraussetzung ist stets, dass die Indikation zur veranlassten Leistung gegeben ist und das ausgewählte Produkt den Erfordernissen des Patienten genügt.[44] Die Entscheidung des OLG Köln dürfte allerdings im Lichte der Entscheidung des BGH v. 13.1.2011[45] nicht mehr dem Stand der Rechtsprechung entsprechen. Verfolgt man die Diskussion dieser Entscheidung, gewinnt man den Eindruck, dass der Kontext, in dem die Entscheidung steht, manchmal aus dem Focus gerät. Es handelte sich um eine wettbewerbsrechtliche Streitigkeit, der das vom OLG Köln noch gebilligte Modell der „focus hören AG" zugrunde lag. Im Kern ging es darum, ob ein Arzt eine Filiale eines Hörgeräteakustik-Unternehmens empfehlen dürfe, wenn er mittelbar an diesem Unternehmen durch Aktienbesitz beteiligt ist. Der BGH hat dies bekanntermaßen verneint; er hat den Fall aber nicht durchentschieden, sondern an das OLG Celle zur erneuten Entscheidung zurückverwiesen. In den Hinweisen[46] an das OLG wird deutlich, dass die Beteiligung eines Arztes an Unternehmen im Gesundheitswesen nicht schlechthin unzulässig ist. Dies gilt auch für die Beteiligung von nahen Verwandten, sofern sie nicht als Strohmann zur Umgehung des § 31 MBO missbraucht werden. Eine Indizwirkung für eine unzulässige Beteiligung ist eine unangemessene Kapitalrendite.[47] Ein Kriterium für die Beurteilung der „Unangemessenheit" könnte der Fremdvergleich sein; dh es wird geprüft, welchen Gewinn ein nichtärztlicher Gesellschafter in einem vergleichbaren Unternehmen ohne die Steuerung über die eigene Verordnung erzielen könnte.[48]

6. Unternehmen im Beschaffungswesen. Ärzte sind aber auch im Beschaffungswesen tätig, sei es dass sie Sprechstundenbedarf verordnen oder sonstige Dienstleistungen zB Koordinierung weiterer Heilmaßnahmen vermitteln. In diesem Zusammenhang ist zu prüfen, inwieweit in der Kooperation von Ärzten mit Hilfsmittellieferanten oder anderen der hier genannten Unternehmen gegen § 31 der Musterberufsordnung der deutschen Ärzte (MBO)[49] verstoßen könnte. Gemäß § 31 Abs. 1 MBO ist es Ärztinnen und Ärzten nicht gestattet, für die Zuweisung von Patientinnen und Patienten oder Untersuchungsmaterial ein Entgelt oder andere Vorteile sich versprechen oder gewähren zu lassen oder selbst zu versprechen oder zu gewähren. Gemäß § 31 Abs. 2 MBO ist es Ärztinnen und Ärzten nicht gestattet, Patientinnen und Patienten ohne hinreichenden Grund an bestimmte Apotheken, Geschäfte oder Anbieter von gesundheitlichen Leistungen zu verweisen. Eines der Ziele dieser beiden Vorschriften ist die Wahrung der ärztlichen Unabhängigkeit. Mit anderen Worten soll die ärztliche Tätigkeit idealtypisch frei von merkantilen Motiven bei der Auswahl der Kooperationspartner gestaltet werden. Hintergrund ist, dass der Arzt seine starke Vertrauensstellung gegenüber den Patienten nicht zur Generierung von Zusatzverdiensten „missbrauchen" soll. So war es in der bereits zitierten Entscheidung des OLG Köln[50] zwar zulässig, dass der HNO-Arzt sich an dem Unternehmen beteiligte. Unzulässig war es demgegenüber, dass das Hörgeräteakustikunternehmen in Sachen Werbung darauf hingewiesen hatte, dass für den Arzt die Aktienbeteiligung an dem Unternehmen umso lukrativer sei, desto häufiger er Patienten bei der Hörgeräteversorgung an die Gesellschaft verweise und die Beeinflussung des Gewinns durch die Zuweisungspraxis als maßgebliches Argument für die Aktienanlage vorbringe. Eine derartige Werbung verstoße gegen § 34 Abs. 5 MBO aF und sei deswegen auch unlauter im Sinne des UWG. Maßgeblich ist daher die Wahrung der Wahlfreiheit des Patienten, wobei vielfach nicht beachtet wird, dass § 34 Abs. 5 MBO aF jetzt § 31 Abs. 2 MBO Überweisungen an andere Dienstleister nur

13

---

44 Siehe auch Entscheidung BKartA gemäß PM v. 24.11.2011.
45 BGH, 13.1.2011, I ZR 111/08, MedR 2011, 500 (Hörgeräteversorgung II).
46 BGH, aaO, Rn. 67 ff.
47 LBerfG Heilb. OVG Münster, 6.7.2011, 6 t A 1816/09. T, ZMGR 2011, 370.
48 Schneider in: jurisPK-SGB V § 128 Rn. 20; instruktiv zum Fremdvergleich LG Bonn, 4.11.2004, 14 O 211/02; BFH, 4.6.2003, BB 2004, 756.
49 Wortlaut in nahezu sämtlichen Landesärztekammerbereichen identisch.
50 OLG Köln, 4.11.2005, 6 O 46/05; GRUR 2006, 600.

beanstandet, wenn sie ohne hinreichenden Grund erfolgen. Gibt es nämlich sachliche Gründe, zB eine bestimmte Qualifikation, kann auch eine Empfehlung durchaus zulässig sein.[51]

14 Erhebliche rechtliche Probleme können bei **Beteiligungen von Ärzten an „arztnahen" Dienstleistern** oder auch Unternehmen im „homecare"-Sektor auftreten. Werden zB bei der Belieferung mit Praxisbedarf Marktpreise gezahlt, erhält der „Arztgesellschafter" aber Bonuspunkte, mit denen er eine oder andere Leistungen des Unternehmens vergünstigt in Anspruch nehmen kann, scheint der Schutzbereich von § 31 MBO berührt zu sein. Eine Indizwirkung für ein unzulässiges Konstrukt ist häufig, wenn nur Ärzte einer bestimmten Fachrichtung Gesellschafter werden können. In jedem Falle müssen die Boni im Rahmen von § 10 GOÄ oder auch bei der Abrechnung im Rahmen der GKV angegeben werden. Unzulässig ist auch die mittelbare Beteiligung von Zahnärzten als stille Gesellschafter an einem Dentallabor, mit dem sie über einen Kooperationsvertrag verbunden sind.[52]

15 **7. Zwischenergebnis.** Zurückhaltender, wenn auch ansonsten durchaus ausgewogen, sind die Empfehlungen des Vorstands der Bundesärztekammer zur Beteilung von Ärzten an Unternehmen[53] ausgefallen, die eine Unzulässigkeit schon dann annehmen, wenn zB ein Sanitätshaus seine Betriebsstätte in unmittelbarer Nähe einer Praxis (zB Orthopädie) habe, so dass die Verordnungen rein faktisch zu einem Großteil dort eingelöst würden, ohne dass der Arzt eine entsprechende Empfehlung ausspricht. Nach diesseitiger Auffassung geht dies jedenfalls in denjenigen Fällen zu weit, in denen der unternehmerische Kapitaleinsatz des Arztes sich nicht von dem anderer Investoren, auch im Hinblick auf den Unternehmergewinn und das Unternehmerrisiko, unterscheidet, keine Empfehlung ausgesprochen, sondern im Gegenteil aktiv auf die Wahlfreiheit und andere Bezugsmöglichkeiten hingewiesen wird. Die Situation unterscheidet sich insoweit nicht von Ärzten, die eine eigene Klinik betreiben, in die sie bei Beachtung von Leistungsfähigkeit und Indikation ihre Patienten einweisen. Ein Rechtfertigungsgrund für diese Ungleichbehandlung erschließt sich nicht. Im Übrigen erscheint der Begriff der „unmittelbaren Nähe" als Anknüpfungspunkt für eine strafähnliche Sanktion verfassungsrechtlich wegen Verstoßes gegen das Bestimmtheitsgebot bedenklich. Ein weiterer Grund spricht für die Zulässigkeit eigenen Unternehmertums jenseits des Arztberufs unter Beachtung von § 31. Berücksichtigt man, dass das von einem Arzt im Rahmen eines zulässigen Zweitberufs (s.o.) eigeninitiativ betriebene Unternehmen nicht unzulässig ist, muss man im Rahmen der praktischen Konkordanz zu einem vermittelnden Ergebnis gelangen. Nimmt man zB einen Arzt, der während der Wartezeit für einen Studienplatz eine Ausbildung zum Optikermeister durchlaufen hat und später die Aus- und Weiterbildung zum Augenarzt abschließt. Ein Beispiel, das durchaus in der Praxis vorkommt. Dieser Augenarzt kann selbstverständlich neben seiner Augenarztpraxis ein Optikergeschäft betreiben, wenn er die Grenzen, die nach der Entscheidung des BGH[54] v. 13.1.2011 zu beachten sind, einhält. Er könnte unter Beachtung dieser Voraussetzungen sogar eine Gesellschaft mit weiteren Optikermeistern gründen und mehrere Optiker-Filialen betreiben. Der erlaubte Zweitberuf deckt somit sowohl die eigene praktische unternehmerische Tätigkeit wie auch die zulässige Beteiligung an Unternehmen, deren Geschäftszweck mit dem Inhalt seines Zweitberufs identisch ist. Wenn der Arzt diese unternehmerische Tätigkeit nicht durch Empfehlung oder sonstige Anreizsysteme in Verbindung mit seiner heilberuflichen Tätigkeit fördert und Transparenz herstellt, ist dies nicht zu beanstanden. Im Ergebnis ist *Flasbarth*[55] zuzustimmen, dass das eigeninitiativ betriebene Unternehmen, auch wenn es im Umfeld des § 128 von Ärzten betrieben wird, nicht unzulässig ist, sondern § 128 nur die Zuweiserbindungsmodelle über versteckte oder auch mit Händen zu greifende Vorteilsgewährung untersagen will. Zum selben Ergebnis kommt man, wenn man § 128 Abs. 2 S. 3 im Lichte von § 31 MBO in der vom 114. Deutschen Ärztetag in Kiel 2011 verabschiedeten Fassung verfassungskonform und damit geltungserhaltend dahin gehend interpretiert, dass man nach „Verordnungs- oder Zuweisungsverhalten" ein „ohne sachlichen Grund" mit-

---

51 OVG Münster, 2.9.1999, 13 A 3323/97, NVwZ-RR 2000, 216 für den Fall der Empfehlung einer bestimmten Apotheke wegen spezieller Arzneimittel; BGH, 28.4.1981, VI ZR 80/79, NJW 1981, 2007 zur zulässigen Empfehlung eines Orthopädietechnikers durch einen Orthopäden, wenn fachliche Gründe vorliegen; BGH, 15.11.2001, I ZR 275/99, MedR 2002, 256 zur zulässigen Empfehlung eines auswärtigen Hörgeräteakustikers im Zusammenhang mit dem „verkürzten Versorgungsweg"; OLG Celle, 29.5.2008, 13 U 202/07, GesR 2008, 476 Bequemlichkeit für Patienten reiche als sachlicher Grund im Sinne von § 34 Abs. 5 MBO aus; aufgehoben durch BGH, 13.1.2011, I ZR I ZR 111/08, MedR 2011, 500.
52 BGH, 23.2.2012, I ZR 231/10.
53 DÄ 2013 (A), 2226, 2230, Ziff.III3 aE; so auch Scholz, GesR 2013, 12, 14; Braun, Pöschel, MedR 2013, 657.
54 BGH, 13.1.2001, I ZR 111/08, MedR 2011, 500 (Hörgeräteversorgung II).
55 GKV-Komm/Flasbarth, SGB V, § 128 Rn. 64, 65.

liest. Damit wird sowohl der Entscheidung des BGH v. 13.1.2011 wie auch den Vorgaben der Berufsordnung Rechnung getragen.

IV. Verkürzter Versorgungsweg

Lange Zeit bestanden zwischen Vertretern der Gesundheitshandwerker-Berufe und Ärzten unterschiedliche Auffassungen über die Frage, in welchem Umfang „Nicht-Handwerker" Leistungen in diesem Bereich erbringen dürfen.[56] Maßstäbe hat diesbezüglich eine vom BGH[57] mit dem Schlagwort „verkürzter Versorgungsweg" begründete neue Rechtsprechung gesetzt. Der Arzt übe bei der Anpassung des Ohrabdrucks ärztliche Tätigkeit und kein Handwerk aus. Verstöße gegen die Berufsordnung sieht der BGH nicht. Durch die Zurverfügungstellung eines PCs und der Online-Verbindung sei der Arzt nicht gebunden oder gehindert, sich auch anderer Hörgeräteakustiker zu bedienen. Alleine die Schaffung der Möglichkeit eines Zusatzverdienstes durch die Vergütung des Ohrabdrucks durch den Hörgeräteversand sei für sich genommen nicht zu beanstanden, da er auf erlaubter HNO-ärztlicher Tätigkeit beruhe. Ein Verstoß gegen § 126 Abs. 1 aF (Beschränkung der Hilfsmittelabgabe auf zugelassene Leistungserbringer) liege nicht vor, da der HNO-Arzt die Hörgeräte nicht abgebe, sondern nur verordne. Abgeber im Rechtssinne bleibe das Versandhandelsunternehmen. In einer späteren Entscheidung hat der BGH[58] diese Rechtsprechung bekräftigt. Die Vorteile des verkürzten Vertriebsweges (günstiger Preis, keine „Laufereien") sprächen aus wettbewerbsrechtlicher Sicht nicht gegen, sondern gerade für das Konzept. Mittlerweile wurde diese Argumentationsschiene auch für andere Vertriebsmodelle herangezogen, so dass sich der „verkürzte Versorgungsweg" geradezu als Synonym für Umgehungsmodelle herauskristallisierte. Dem hat der Gesetzgeber mit § 128 Abs. 4 ein Ende bereitet. Die bisherigen Modelle des „verkürzten Versorgungsweges" mussten rechtlich zum 31.3.2009, jedenfalls für den GKV-Bereich, auslaufen.[59] Wurden sie über den 31.3.2009 hinaus fortgeführt, verstoßen sie gegen ein gesetzliches Verbot mit der Folge unheilbarer Nichtigkeit.[60] Neben der Gefahr der Rückabwicklung nach §§ 812 ff. BGB können die neuen Sanktionen gemäß Abs. 3 und Abs. 5 auch für bis zum Stichtag zulässige Versorgungsformen greifen. Ziel der Neufassung ist Transparenz. Einen Vertrauens- und/oder Bestandsschutz gibt es nicht. Soweit ersichtlich ist das Modell des „verkürzten Versorgungswegs", wie es unter dem Schutz des BGH entstanden ist, heute Geschichte. Im Selbstzahlerbereich hat es ohnehin zu keinem Zeitpunkt eine wesentliche Rolle gespielt. Die neuen Regelungen in Abs. 4a und 4b scheinen für die „Marktteilnehmer" nicht attraktiv genug zu sein. Vorsorglich sieht Abs. 4 S. 3 vor, dass die Kassen die Ärztekammern über die Teilnahme von Vertragsärzten an derartigen Verträgen informieren, damit ggfls. die Einhaltung berufsrechtlicher Pflichten überwacht werden kann.

V. Sanktionen

1. Sanktionen gegen Leistungserbringer. Die einschlägige Norm ist Abs. 3. Die Regelung soll als Vertragsstrafe in den Verträgen mit den Leistungserbringern und den Kassen vereinbart werden. Als schwerwiegende Sanktion ist der Ausschluss von der Versorgung der GKV-Versicherten bis zu zwei Jahren möglich, was regelmäßig zum wirtschaftlichen Ruin des Unternehmens führen dürfte. Den Vergütungsanspruch verliert der Leistungserbringer bereits durch den Verstoß. Dies muss nicht gesondert vereinbart werden.[61] Ein Bereicherungsanspruch des Versicherten oder auch des Leistungserbringers gegen die Kasse (die Leistung wurde ja erbracht) besteht dennoch nicht.[62]

2. Sanktionen gegen Vertragsärzte. Verstöße gegen § 128 gelten als Verstoß gegen vertragsärztliche Pflichten. Die Kassen, die über das Verordnungs- und Abrechnungswesen am ehesten Auffälligkeiten entdecken können, haben gemäß Abs. 5 die Pflicht, die jeweiligen KVen zu informieren, die ihrerseits

---

[56] LG Dortmund, 4.6.1997, 10 O 197/96, MedR 1998, 36; dagegen Schwannecke/Wiebers, Rechtliche Grenzen der Aufgabenverteilung bei der Hilfsmittelversorgung zwischen Arzt und Gesundheitshandwerker, NJW 1998, 2697 ff; dafür Kern, Heilhilfsmittelversorgung durch den behandelnden Arzt, NJW 2000, 833 ff.
[57] BGH, 29.6.2000, I ZR 59/98, MedR 2001, 203 ff. = NJW 2000, 2745 ff.
[58] BGH, 15.11.2001, I ZR 275/99, MedR 2002, 256 ff; BSG, 23.1.2003, B 3 KR 7/02 R, MedR 2003, 699 ff: Kasse darf verkürzten Versorgungsweg nicht ausschließen.
[59] Die Frage, ob das auch für solche Hilfsmittel gilt, die zwar für GKV-versicherte Patienten bestimmt sind, aber nicht mehr der Erstattungspflicht unterliegen, wie große Teile der Sehhilfen, dürfte im Ergebnis zu verneinen sein, so wohl Schütze, jurisPK-SGB V, § 128 Rn. 10.
[60] OLG Stuttgart, 10.5.2007, 2 U 176/06, GesR 2007, 320; LG Bonn, 4.11.2004, 140211/02 zur unangemessenen Gewinnbeteiligung.
[61] Schütze, jurisPK-SGB V, § 128 Rn. 24.
[62] Schütze, jurisPK-SGB V, § 128 Rn. 24.

dann zu prüfen haben, inwieweit das gemeldete Verhalten disziplinarrechtlich zu ahnden ist (Abs. 5 a). Dies ergibt sich letztlich aus § 73 Abs. 7. Der Verweis in § 128 Abs. 5 a S. 2 auf das Drängen der Versicherten zur Inanspruchnahme privatärztlicher Leistungen bezieht sich ausschließlich auf den Hilfs- und Heilmittelbereich, nicht wie eine extensive Auslegung nahelegen könnte auf den ganzen privatärztlichen Bereich. Dies ergibt sich aus der systematischen Einordnung der Norm, zumal das „Hineindrängen" der Versicherten in sonstige privatärztliche Leistungen ja bereits im Bundesmantelvertrag und damit auch über § 73 Abs. 7 geahndet werden kann.[63]

19   3. Sanktionen gegen sonstige medizinische Einrichtungen, Krankenhäuser, Krankenhausärzte sowie sonstige in Abs. 6 genannte Unternehmen und Institutionen. Abs. 6 gilt nach überwiegender Auffassung als missglückt.[64] Der Regelungsumfang ist missverständlich definiert. Während manche[65] lediglich den Warenverkehr mit apothekenpflichtigen Arzneimitteln, Verbandmitteln und Medizinprodukten erfasst sehen wollen, könnte man auch die Auffassung vertreten, die Norm erfasse auch Heil- und sonstige Hilfsmittel (§§ 32, 33), zumal über Abs. 5 b weite Bereiche des § 128 für diese Leistungen entsprechend gelten sollen. Manche[66] vertreten die Auffassung, dass in Abs. 6 wohl nur der ambulante Sektor angesprochen ist, wobei man auch dies kritisch im Hinblick auf sonstige „medizinische Einrichtungen" hinterfragen könnte. Im Übrigen würde ansonsten nämlich die ausdrückliche Nennung von Ärzten in Krankenhäusern und Krankenhausträgern wenig Sinn machen. Erfasst werden mithin sämtliche Leistungen aus dem angesprochenen Segment, unabhängig vom Ort der Leistungserbringung. Verstöße begehen nicht nur „Belohnungsgewährer", sondern auch „Belohnungsempfänger". Abgesehen von Vertragsärzten bleibt offen, wer für die Ahndung von Verstößen zuständig ist. Soweit strafrechtliche Tatbestände nicht erfüllt sind, bietet sich das UWG oder auch gesellschaftsrechtliche Konsequenzen an. § 128 ist Verbotsgesetz iSv § 134 BGB. Nachdem in einer umfänglichen Norm vieles geregelt und teilweise auch verboten wird, ist es eine kleine Überraschung am Ende, wenn Abs. 6 S. 2 festlegt, dass das alles nicht mehr – jedenfalls nicht immer – gelten soll, wenn die gesetzliche Krankenversicherung bei diesen „Geschäften" mitbeteiligt ist.

Siebter Abschnitt
Beziehungen zu Apotheken und pharmazeutischen Unternehmern

§ 129 Rahmenvertrag über die Arzneimittelversorgung

(1) ¹Die Apotheken sind bei der Abgabe verordneter Arzneimittel an Versicherte nach Maßgabe des Rahmenvertrages nach Absatz 2 verpflichtet zur
1. Abgabe eines preisgünstigen Arzneimittels in den Fällen, in denen der verordnende Arzt
    a) ein Arzneimittel nur unter seiner Wirkstoffbezeichnung verordnet oder
    b) die Ersetzung des Arzneimittels durch ein wirkstoffgleiches Arzneimittel nicht ausgeschlossen hat,
2. Abgabe von preisgünstigen importierten Arzneimitteln, deren für den Versicherten maßgeblicher Arzneimittelabgabepreis unter Berücksichtigung der Abschläge nach § 130 a Absatz 1, 1 a, 2, 3 a und 3 b mindestens 15 vom Hundert oder mindestens 15 Euro niedriger ist als der Preis des Bezugsarzneimittels; in dem Rahmenvertrag nach Absatz 2 können Regelungen vereinbart werden, die zusätzliche Wirtschaftlichkeitsreserven erschließen,
3. Abgabe von wirtschaftlichen Einzelmengen und
4. Angabe des Apothekenabgabepreises auf der Arzneimittelpackung.

²Bei der Abgabe eines Arzneimittels nach Satz 1 Nummer 1 haben die Apotheken ein Arzneimittel abzugeben, das mit dem verordneten in Wirkstärke und Packungsgröße identisch ist, für ein gleiches Anwendungsgebiet zugelassen ist und die gleiche oder eine austauschbare Darreichungsform besitzt; als identisch gelten dabei Packungsgrößen mit dem gleichen Packungsgrößenkennzeichen nach der in § 31 Absatz 4 genannten Rechtsverordnung. ³Dabei ist die Ersetzung durch ein wirkstoffgleiches Arzneimittel vorzunehmen, für das eine Vereinbarung nach § 130 a Abs. 8 mit Wirkung für die Krankenkasse besteht, soweit hierzu in Verträgen nach Absatz 5 nichts anderes vereinbart ist. ⁴Eine Ersetzung durch

---
63 So auch GKV-Komm/Flasbarth, SGB V, § 128 Rn. 25.
64 Schütze, jurisPK-SGB V, § 128 Rn. 31 unter Verweis auf Butzer in: Becker/Kingreen, § 128 Rn. 32.
65 Schütze, jurisPK-SGB V, § 128 Rn. 31.
66 Schütze, jurisPK-SGB V, § 128 Rn. 29, unter Verweis auf Butzer in: Becker/Kingreen, § 128 Rn. 32.

ein wirkstoffgleiches Arzneimittel ist auch bei Fertigarzneimitteln vorzunehmen, die für in Apotheken hergestellte parenterale Zubereitungen verwendet werden, wenn für das wirkstoffgleiche Arzneimittel eine Vereinbarung nach § 130a Absatz 8a mit Wirkung für die Krankenkasse besteht und sofern in Verträgen nach Absatz 5 nichts anderes vereinbart ist. ⁵Besteht keine entsprechende Vereinbarung nach § 130a Abs. 8, hat die Apotheke die Ersetzung durch ein preisgünstigeres Arzneimittel nach Maßgabe des Rahmenvertrages vorzunehmen. ⁶Abweichend von den Sätzen 3 und 5 können Versicherte gegen Kostenerstattung ein anderes Arzneimittel erhalten, wenn die Voraussetzungen nach Satz 2 erfüllt sind. ⁷§ 13 Absatz 2 Satz 2 und 12 findet keine Anwendung. ⁸Bei der Abgabe von importierten Arzneimitteln und ihren Bezugsarzneimitteln gelten die Sätze 3 und 5 entsprechend; dabei hat die Abgabe eines Arzneimittels, für das eine Vereinbarung nach § 130a Absatz 8 besteht, Vorrang vor der Abgabe nach Satz 1 Nummer 2.

(1 a) ¹Der Gemeinsame Bundesausschuss gibt in den Richtlinien nach § 92 Abs. 1 Satz 2 Nr. 6 unverzüglich Hinweise zur Austauschbarkeit von Darreichungsformen unter Berücksichtigung ihrer therapeutischen Vergleichbarkeit. ²Der Gemeinsame Bundesausschuss bestimmt in den Richtlinien nach § 92 Absatz 1 Satz 2 Nummer 6 erstmals bis zum 30. September 2014 die Arzneimittel, bei denen die Ersetzung durch ein wirkstoffgleiches Arzneimittel abweichend von Absatz 1 Satz 1 Nummer 1 Buchstabe b ausgeschlossen ist; dabei sollen insbesondere Arzneimittel mit geringer therapeutischer Breite berücksichtigt werden. ³Das Nähere regelt der Gemeinsame Bundesausschuss in seiner Verfahrensordnung.

(2) Der Spitzenverband Bund der Krankenkassen und die für die Wahrnehmung der wirtschaftlichen Interessen gebildete maßgebliche Spitzenorganisation der Apotheker regeln in einem gemeinsamen Rahmenvertrag das Nähere.

(3) Der Rahmenvertrag nach Absatz 2 hat Rechtswirkung für Apotheken, wenn sie
1. einem Mitgliedsverband der Spitzenorganisation angehören und die Satzung des Verbandes vorsieht, daß von der Spitzenorganisation abgeschlossene Verträge dieser Art Rechtswirkung für die dem Verband angehörenden Apotheken haben, oder
2. dem Rahmenvertrag beitreten.

(4) ¹Im Rahmenvertrag nach Absatz 2 ist zu regeln, welche Maßnahmen die Vertragspartner auf Landesebene ergreifen können, wenn Apotheken gegen ihre Verpflichtungen nach Absatz 1, 2 oder 5 verstoßen. ²In dem Rahmenvertrag ist erstmals bis zum 1. Januar 2016 zu regeln, in welchen Fällen einer Beanstandung der Abrechnung durch Krankenkassen, insbesondere bei Formfehlern, eine Retaxation vollständig oder teilweise unterbleibt; kommt eine Regelung nicht innerhalb der Frist zustande, entscheidet die Schiedsstelle nach Absatz 8. ³Bei gröblichen und wiederholten Verstößen ist vorzusehen, daß Apotheken von der Versorgung der Versicherten bis zur Dauer von zwei Jahren ausgeschlossen werden können.

(5) ¹Die Krankenkassen oder ihre Verbände können mit der für die Wahrnehmung der wirtschaftlichen Interessen maßgeblichen Organisation der Apotheker auf Landesebene ergänzende Verträge schließen. ²Absatz 3 gilt entsprechend. ³In dem Vertrag nach Satz 1 kann abweichend vom Rahmenvertrag nach Absatz 2 vereinbart werden, dass die Apotheke die Ersetzung wirkstoffgleicher Arzneimittel so vorzunehmen hat, dass der Krankenkasse Kosten nur in Höhe eines zu vereinbarenden durchschnittlichen Betrags je Arzneimittel entstehen. ⁴Verträge nach Satz 3 in der bis zum 12. Mai 2017 geltenden Fassung werden mit Ablauf des 31. August 2017 unwirksam.

(5 a) Bei Abgabe eines nicht verschreibungspflichtigen Arzneimittels gilt bei Abrechnung nach § 300 ein für die Versicherten maßgeblicher Arzneimittelabgabepreis in Höhe des Abgabepreises des pharmazeutischen Unternehmens zuzüglich der Zuschläge nach den §§ 2 und 3 der Arzneimittelpreisverordnung in der am 31. Dezember 2003 gültigen Fassung.

(5 b) ¹Apotheken können an vertraglich vereinbarten Versorgungsformen beteiligt werden; die Angebote sind öffentlich auszuschreiben. ²In Verträgen nach Satz 1 sollen auch Maßnahmen zur qualitätsgesicherten Beratung des Versicherten durch die Apotheke vereinbart werden. ³In der besonderen Versorgung kann in Verträgen nach Satz 1 das Nähere über Qualität und Struktur der Arzneimittelversorgung für die an der integrierten Versorgung teilnehmenden Versicherten auch abweichend von Vorschriften dieses Buches vereinbart werden.

(5 c) ¹Für Zubereitungen aus Fertigarzneimitteln gelten die Preise, die zwischen der mit der Wahrnehmung der wirtschaftlichen Interessen gebildeten maßgeblichen Spitzenorganisation der Apotheker und dem Spitzenverband Bund der Krankenkassen auf Grund von Vorschriften nach dem Arzneimittelgesetz vereinbart sind. ²Für parenterale Zubereitungen aus Fertigarzneimitteln in der Onkologie haben

die Vertragspartner nach Satz 1 die Höhe der Preise nach Satz 1 neu zu vereinbaren. ³Kommt eine Vereinbarung nach Satz 1 oder 2 ganz oder teilweise nicht zustande, entscheidet die Schiedsstelle nach Absatz 8. ⁴Die Vereinbarung nach Satz 2 ist bis zum 31. August 2017 zu treffen. ⁵Die Vereinbarung oder der Schiedsspruch gilt bis zum Wirksamwerden einer neuen Vereinbarung fort. ⁶Gelten für Fertigarzneimittel in parenteralen Zubereitungen keine Vereinbarungen über die zu berechnenden Einkaufspreise nach Satz 1, berechnet die Apotheke ihre tatsächlich vereinbarten Einkaufspreise, höchstens jedoch die Apothekeneinkaufspreise, die bei Abgabe an Verbraucher auf Grund der Preisvorschriften nach dem Arzneimittelgesetz oder auf Grund von Satz 1 gelten, jeweils abzüglich der Abschläge nach § 130 a Absatz 1. ⁷Kostenvorteile durch die Verwendung von Teilmengen von Fertigarzneimitteln sind zu berücksichtigen. ⁸Der Spitzenverband Bund der Krankenkassen und die Krankenkasse können von der Apotheke Nachweise über Bezugsquellen und verarbeitete Mengen sowie die tatsächlich vereinbarten Einkaufspreise und vom pharmazeutischen Unternehmer über die Abnehmer, die abgegebenen Mengen und die vereinbarten Preise für Fertigarzneimittel in parenteralen Zubereitungen verlangen. ⁹Sofern eine Apotheke bei der parenteralen Zubereitung aus Fertigarzneimitteln in der Onkologie einen Betrieb, der nach § 21 Absatz 2 Nummer 1 b Buchstabe a erste Alternative des Arzneimittelgesetzes tätig wird, beauftragt, können der Spitzenverband Bund der Krankenkassen und die Krankenkasse von der Apotheke auch einen Nachweis über den tatsächlichen Einkaufspreis dieses Betriebs verlangen. ¹⁰Der Anspruch nach Satz 8 umfasst jeweils auch die auf das Fertigarzneimittel und den Gesamtumsatz bezogenen Rabatte. ¹¹Klagen über den Auskunftsanspruch haben keine aufschiebende Wirkung; ein Vorverfahren findet nicht statt. ¹²Die Krankenkasse kann ihren Landesverband mit der Prüfung beauftragen.

(6) ¹Die für die Wahrnehmung der wirtschaftlichen Interessen gebildete maßgebliche Spitzenorganisation der Apotheker ist verpflichtet, die zur Wahrnehmung der Aufgaben nach Absatz 1 Satz 4 und Absatz 1 a, die zur Herstellung einer pharmakologisch-therapeutischen und preislichen Transparenz im Rahmen der Richtlinien nach § 92 Abs. 1 Satz 2 Nr. 6 und die zur Festsetzung von Festbeträgen nach § 35 Abs. 1 und 2 oder zur Erfüllung der Aufgaben nach § 35 a Abs. 1 Satz 2 und Abs. 5 erforderlichen Daten dem Gemeinsamen Bundesausschuss sowie dem Spitzenverband Bund der Krankenkassen zu übermitteln und auf Verlangen notwendige Auskünfte zu erteilen. ²Das Nähere regelt der Rahmenvertrag nach Absatz 2.

(7) Kommt der Rahmenvertrag nach Absatz 2 ganz oder teilweise nicht oder nicht innerhalb einer vom Bundesministerium für Gesundheit bestimmten Frist zustande, wird der Vertragsinhalt durch die Schiedsstelle nach Absatz 8 festgesetzt.

(8) ¹Der Spitzenverband Bund der Krankenkassen und die für die Wahrnehmung der wirtschaftlichen Interessen gebildete maßgebliche Spitzenorganisation der Apotheker bilden eine gemeinsame Schiedsstelle. ²Sie besteht aus Vertretern der Krankenkassen und der Apotheker in gleicher Zahl sowie aus einem unparteiischen Vorsitzenden und zwei weiteren unparteiischen Mitgliedern. ³Über den Vorsitzenden und die zwei weiteren unparteiischen Mitglieder sowie deren Stellvertreter sollen sich die Vertragspartner einigen. ⁴Kommt eine Einigung nicht zustande, gilt § 89 Absatz 3 Satz 4 bis 6 entsprechend.

(9) ¹Die Schiedsstelle gibt sich eine Geschäftsordnung. ²Die Mitglieder der Schiedsstelle führen ihr Amt als Ehrenamt. ³Sie sind an Weisungen nicht gebunden. ⁴Jedes Mitglied hat eine Stimme. ⁵Die Entscheidungen werden mit der Mehrheit der Mitglieder getroffen. ⁶Ergibt sich keine Mehrheit, gibt die Stimme des Vorsitzenden den Ausschlag. ⁷Klagen gegen Festsetzungen der Schiedsstelle haben keine aufschiebende Wirkung.

(10) ¹Die Aufsicht über die Geschäftsführung der Schiedsstelle führt das Bundesministerium für Gesundheit. ²Es kann durch Rechtsverordnung mit Zustimmung des Bundesrates das Nähere über die Zahl und die Bestellung der Mitglieder, die Erstattung der baren Auslagen und die Entschädigung für Zeitaufwand der Mitglieder, das Verfahren sowie über die Verteilung der Kosten regeln.

Literatur:

Altenburger, Anmerkung zu BSG, Urt. v. 25.11.2015, B 3 KR 16/15 R (SG Darmstadt); *Anders/Knöbl*, Arzneimittelrabattverträge mit mehreren pharmazeutischen Unternehmern – Verläuft die Schnittstelle von Sozial- und Vergaberecht durch die Apotheke?, PharmR 2009, 607; *Axer*, Arzneimittelversorgung in der gesetzlichen Krankenversicherung durch Apotheken – Zum Vertragsrecht nach § 129 SGB V, FS Schnapp, 2008, S. 349; *Beyerlein*, Arzneimittelsubstitution unter Verstoß gegen „Aut-idem"-Ausschluss – ein Fall für die Arzneimittelsicherheit, PharmR 2006, 18; *Bickenbach*, Rabattverträge nach § 130 a Abs. 8 SGB V und aut-idem Verordnungen: zulässige Kostenbremse oder Verletzung der Berufsfreiheit?, MedR 2010, 302; *Brixius/*

Frohn, Substitutionspflichten des Apothekers: § 129 Abs. 1 SGB V und Packungsgrößenverordnung – eine Zwischenbilanz, A&R 2012, 70; *Dettling*, Rabattverträge gemäß § 130a Abs. 8 SGB V, MedR 2008, 349; *Dettling/Altschwager*, Retaxation auf Null in der GKV, 2012; *Dieners/Heil*, Reichweite und Inhalt des neuen Auskunftsanspruchs der Krankenkassen nach § 129 Abs. 5c S. 4 SGB V, PharmR 2012, 436; *Ehlers/Rybak*, Zur Substitutionspflicht von Arzneimitteln gem. § 129 Abs. 1 S. 7 SGB V: Genereller Vorrang von rabattierten Arzneimitteln vor Importarzneimitteln?, PharmInd 2011, 1282; *Gassner*, Das Tatbestandsmerkmal „identische Packungsgröße" in § 129 Abs. 1 S. 2 SGB V, PharmR 2010, 1; *Götting*, Aut idem – Kreuz oder Knoten?, KrV 2013, 249; *Grau/Püschel*, Parenterale Zubereitungen in der Onkologie, A&R 2010, 157; *Grau/Püschel/Wallat*, Patientenwahlrecht und Apothekenversorgung, A&R 2015, 10, *Hauck*; Arzneimittel-Boni und kein Ende, NZS 2017, 161; *Kamann/Gey*, Innovationsschutz und Erstattungsrecht – Off-Label Use, Aut-idem und verordnungssteuernde Maßnahmen im Lichte europäischer Vorgaben, PharmR 2011, 368; *Kamann/Gey/Eimer*, Aut-Idem Substitution und Off-Label-Use – Wirtschaftlichkeit auf Kosten der Arzneimittelsicherheit?, APR 2009, 118; *Kaufmann*, Zentrale sozialrechtliche Weichenstellungen des AMNOG, PharmR 2011, 223; *Kieser*, Kleines Kreuz mit großer Wirkung? Rechtliche Probleme des aut idem bei Kassenrezepten, APOR 2006, 45; *Kingreen/Buchner*, Zur Auslegung des Tatbestandsmerkmals „identische Packungsgröße" in der sogenannten aut-idem-Regelung des § 129 Abs. 1 S. 2 SGB V, APR 2009, 113; *Kirchhoff*, Die Beteiligung von Apotheken an integrierter Versorgung, SGb 2006, 710; *Koenig/Müller*, „Aut idem" und die Abgabeverpflichtung für Importarzneimittel gemäß § 129 Abs. 1 S. 1 SGB V, SGb 2003, 371; *Mand*, Heilmittelwerberechtliche Grenzen für die Wertreklame ausländischer Versandapotheken, A&R 2017, 3; *ders.*, Wo liegen die Grenzen der Bonus-Reklame, DAZ 2017, Nr. 13, 30; *Manthey*, Der Vertragsarzt als „Schlüsselfigur" der Arzneimittelversorgung, GesR 2010, 601; *Rehmann/Paal/Willenbruch*, Parallelimporte und Rabattverträge, A&R 2011, 159; *Rixen*, Wettbewerbsfreiheit – ein Leistungsgrundrecht?, WiVerw 2011, 219; *Saalfrank*, Zum Anspruch des Apothekers auf Vergütung nicht zugelassener Fertigarzneimittel, A&R 2011, 22; *Sandrock/Stallberg*, Der Generikarabatt nach § 130a Abs. 3b S. 1 SGB V, PharmR 2007, 498; *Wesser*, Retaxierung von Vergütungsansprüchen der Apotheker, A&R 2010, 205, 253, 2011, 19; *Wesser*, Null-Retax bei Versorgung gesetzlich Versicherter mit anderen als rabattbegünstigten Arzneimitteln?, A&R 2014, 11; *Wessinger*, Formfehler-Retax praktisch abgeschafft, DAZ 2016, Nr. 21, 15; *ders.*, „Retaxation ist ausgeschlossen, wenn ..." – Der DAV hat den Reatx-Kompromiss mit der GKV kommentiert, *Wille*, Bedeutung der zugelassenen Indikation eines Arzneimittels im Sozial-, Arzneimittel- und Wettbewerbsrecht, PharmR 2009, 365; *Wille*, GKV-WSG: Umsetzungsstand in der Arzneimittelversorgung, PharmR 2007, 503; *Witt/Gregor*, Die Preisbindung für Arzneimittel ist europarechtswidrig: Das EuGH-Urteil und seine Folgen, PharmR 2016, 481; *Wolf/Jäkel*, Änderungen bei Rabattverträgen durch das AMNOG, PharmR 2011, 1.

I. Gesetzeshistorie, -zweck und -systematik... 1	a) Rahmenvertrag 12
II. Öffentlich-rechtliche Leistungsberechtigung und -verpflichtung der Apotheken 3	b) Gemeinsame Schiedsstelle 14
	c) Datenübermittlung................. 15
III. Die Vorschrift im Einzelnen................. 4	3. Ergänzende Verträge 16
1. Pflichten nach Abs. 1.................... 4	a) Verträge auf Landesebene gemäß Abs. 5 S. 1........................... 16
a) Grundsatz der Ersetzung mit preisgünstigem Arzneimittel 5	b) Teilnahme von Apotheken an besonderen Versorgungsformen 18
b) Importarzneimittel................. 10	
c) Mehrkostenregelung................. 11	4. Abrechnung von OTC-Arzneimitteln und Fertigarzneimitteln aus parenteralen Zubereitungen...................... 19
2. Rahmenvertrag (Abs. 2, 3, 4, 6) und Schiedsstelle (Abs. 7–10)............... 12	

I. Gesetzeshistorie, -zweck und -systematik

Die Vorschrift wurde – ursprünglich in § 138 – zum 1.1.1989 mit dem Gesetz zur Strukturreform im Gesundheitswesen (Gesundheits-Reformgesetz – GRG)[1] in das SGB V eingeführt.[2] Zweck der Regelung war und ist, die Apotheken bei der Abgabe verordneter Arzneimittel in das Wirtschaftlichkeitsgebot einzubinden.[3] Wesentliche Änderungen zur Substitution von Arzneimitteln durch den Apotheker erfuhr die Regelung durch das Arzneimittelausgaben-Begrenzungsgesetz vom 15.2.2002[4] und das GKV-Wettbewerbsstärkungsgesetz (GKV-WSG) vom 26.3.2007.[5] Das GKV-WSG führte ebenfalls die

---
[1] BGBl. I 1988, 2477.
[2] Bezugnehmend auf die Vorschriften der §§ 375, 407 Abs. 1 Nr. 1, 414e S. 2 RVO, vgl. Schneider in: jurisPK-SGB V, § 129 Rn. 1 f. unter Auflistung sämtlicher Gesetzesänderungen und -materialien.
[3] BT-Dr. 11/2493, 6 iVm BT-Dr. 110/2237, 205.
[4] BGBl I 2002, 684.
[5] BGBl. I 2007, 378.

selektivvertragliche Ermächtigungsgrundlage in Abs. 5 S. 3 aF ein, deren Reichweite umstritten war und nunmehr durch das Gesetz zur Stärkung der Arzneimittelversorgung in der GKV (**GKV-Arzneimittelversorgungsstärkungsgesetz – AMVSG**)[6] wieder aufgehoben worden ist.

2 § 129 ist die Kernvorschrift für das sozialversicherungsrechtliche Verhältnis zwischen dem Leistungserbringer „Apotheke"[7] und den gesetzlichen Krankenkassen. Wesentliches Element hierfür ist der Rahmenvertrag über die Arzneimittelversorgung nach Abs. 2, der die in Abs. 1, 1a (über den G-BA) und 6 geregelten Pflichten der Apotheke sowie ihre Rechte gegenüber den gesetzlichen Krankenkassen näher ausgestaltet.[8] Die Umsetzung des Rahmenvertrages wird durch eine aus Vertretern von SpiBuKK und DAV bestehende gemeinsame Schiedsstelle gesichert, deren Zuständigkeit, Verfahren und Aufsicht von den Abs. 7–10 geregelt werden. Neben dem Kollektivvertrag nach Abs. 2 sehen Abs. 5, 5b selektivvertragliche Instrumente vor. Darüber hinaus enthält die Vorschrift Sonderregelungen für die Abgabe von nicht verschreibungspflichtigen Arzneimitteln (Abs. 5a) und Zubereitungen aus (insbesondere parenteralen) Fertigarzneimitteln (Abs. 5c).

II. Öffentlich-rechtliche Leistungsberechtigung und -verpflichtung der Apotheken

3 Nach ihrem Wortlaut regeln Abs. 1, 2 zwar ausschließlich Pflichten der Apotheken, was wohl auf das historische Verständnis zurückgeht, der Vergütungsanspruch der Apotheken folge aus öffentlich-rechtlichem Kaufvertrag. Seit Ende 2009 begründet indes § 129 *selbst* im Zusammenspiel mit den konkretisierenden vertraglichen Vereinbarungen (Abs. 2, 5) auch nach Auffassung des BSG unter Aufgabe seiner vorherigen Rechtsprechung „eine öffentlich-rechtliche Leistungsberechtigung und –verpflichtung" für die Apotheken zur Abgabe von vertragsärztlich verordneten Arzneimitteln an die Versicherten; das Abstellen auf § 433 Abs. 2 BGB widerspreche der Regelung des § 69, wonach Vorschriften des BGB nur "im Übrigen" entsprechend angewendet werden dürfen, was bzgl. § 129 aber nicht der Fall ist.[9] Einen Vergütungsanspruch können – unter Einhaltung der gesetzlichen und vertraglichen Abgabebestimmungen[10] – jedoch nur diejenigen Apotheken erwerben, die am Rahmenvertrag nach Abs. 2 teilnehmen. Das sind gemäß Abs. 3 alle Apotheken, die entweder einem Spitzenverband nach Abs. 3 Nr. 1[11] angehören oder dem Rahmenvertrag gemäß Abs. 3 Nr. 2 beigetreten sind. Die Teilnahme von Apotheken am System der gesetzlichen Krankenversicherung bedarf also keiner bspw. dem Vertragsarzt vergleichbaren Zulassung. Sie erfolgt rein kollektivvertraglich durch die Teilnahme am Rahmenvertrag nach Abs. 2. Beitreten können – wie in § 2b des Rahmenvertrages nach Abs. 2 näher ausgestaltet – auch ausländische Apotheken. Gemäß § 73 Abs. 1 Nr. 1 AMG dürfen nach AMG zulassungspflichtige Arzneimittel ua auch von Apotheken eines Mitgliedstaates der Europäischen Union nach Deutschland versendet werden, die entweder gemäß § 11a ApoG oder nach ihrem nationalen Recht, soweit es dem deutschen Apothekenrecht im Hinblick auf die Vorschriften zum Versandhandel entspricht, zum Versandhandel derartiger Arzneimittel befugt sind (im Einzelnen → Rn. 12).

III. Die Vorschrift im Einzelnen

4 **1. Pflichten nach Abs. 1.** Der Apotheker hat gemäß § 17 Abs. 4 S. 1 der Apothekenbetriebsordnung Verschreibungen von Personen, die zur Ausübung der Heilkunde, Zahnheilkunde oder Tierheilkunde berechtigt sind, in einer der Verschreibung angemessenen Zeit auszuführen (sog Kontrahierungs-

---

6 BGBl. 2017 I, 1050.
7 Zum Begriff der Apotheke vgl. Luthe in: Hauck/Noftz, SGB V, § 129 Rn. 6.
8 Aktuell gültig ist der Rahmenvertrag über die Arzneimittelversorgung nach § 129 Abs. 2 SGB V in der redaktionellen Fassung vom 30.9.2016 einschließlich der Inhalte der 1. Änderungsvereinbarung vom 30.5.2015 und der 2. Änderungsvereinbarung vom 30.9.2016 zwischen dem SpiBuKK und der DAV.
9 Stetige Rspr. BSG seit BSG, 17.12.2009, B 3 KR 13/08 R, BSGE 105, 157-170, SozR 4-2500 § 129 Nr. 5, Rn. 15; auf Rückabwicklungsebene geht das BSG hingegen gemäß § 69 S. 4 SGB V von einer entsprechenden Anwendung der zivilrechtlichen Vorschriften über die Herausgabe einer ungerechtfertigten Bereicherung (§§ 812 ff. BGB) im Leistungserbringungsrecht aus (BSG, 17.3.2005, B 3 KR 2/05 R – juris, Rn. 32; 2.7.2013, B 1 KR 49/12 R – juris, Rn. 26).
10 BSG, 3.8.2006, B 3 KR 7/05 R, SozR 4-2500 § 129 Nr. 1; vgl. hierzu näher Luthe in: Hauck/Noftz, SGB V, § 129 Rn. 28.
11 „*einem Mitgliedsverband der Spitzenorganisation angehören und die Satzung des Verbandes vorsieht, daß von der Spitzenorganisation abgeschlossene Verträge dieser Art Rechtswirkung für die dem Verband angehörenden Apotheken haben*".

zwang).¹² Abs. 1 regelt die gesetzlichen sozialrechtlichen Pflichten des Apothekers im Verhältnis zur GKV des Versicherten bei der Abgabe verordneter Arzneimittel, die der Apotheker gemäß § 300 SGB V gegenüber der GKV des jeweiligen Versicherten abrechnen will. Neben den Pflichten zur Abgabe von wirtschaftlichen Einzelmengen¹³ gemäß Abs. 1 Nr. 3 und der Angabe des Apothekenabgabepreises gemäß Abs. 1 Nr. 4 sind die Apotheken zu einer möglichst wirtschaftlichen Abgabe, auch im Sinne des allgemeinen Wirtschaftlichkeitsgebots gemäß § 12,¹⁴ zur **Ersetzung mit einem preisgünstigen Arzneimittel** in den Fällen des Abs. 1 Nr. 1 und zur **Abgabe von preisgünstigen importierten Arzneimitteln** gemäß Abs. 1 Nr. 2¹⁵ verpflichtet. Insbesondere die letzten beiden Pflichten sind im Rahmenvertrag nach Abs. 2 näher ausgestaltet.

a) **Grundsatz der Ersetzung mit preisgünstigem Arzneimittel.** Gemäß Abs. 1 Nr. 1 sind die Apotheken in den Fällen, in denen der Arzt ein Arzneimittel nur unter seiner Wirkstoffbezeichnung verordnet oder die Ersetzung des Arzneimittels durch ein wirkstoffgleiches Arzneimittel nicht ausgeschlossen hat, zur Abgabe eines preisgünstigen Arzneimittels verpflichtet. Mit der Einführung dieser sog **aut-idem**-(*„oder das gleiche"*)-Regelung durch das Arzneimittelausgaben-Begrenzungsgesetz vom 15.2.2002¹⁶ wurde das zuvor geltende Prinzip des *„nec aut idem"* umgekehrt. Der zuvor geltende Grundsatz, dass eine Ersetzung nur bei ausdrücklicher Verordnung des Arztes zu erfolgen hat, wurde durch die flankierende Regelung in § 73 Abs. 5 S. 2 SGB V¹⁷ dahin gehend geändert, dass die Vertragsärzte auf dem Verordnungsblatt (durch Ankreuzen des „aut-idem"-Feldes) *ausschließen* können, dass die Apotheken ein preisgünstigeres wirkstoffgleiches Arzneimittel anstelle des verordneten Mittels abgeben.

§ 4 Abs. 1 des Rahmenvertrages nach Abs. 2 bestimmt folgende konkreten Substitutionsvoraussetzungen: gleicher Wirkstoff, identische Wirkstärke, identische Packungsgröße, gleiche oder austauschbare Darreichungsform und Zulassung für ein gleiches Anwendungsgebiet (sowie keine einer Ersetzung des verordneten Arzneimittels entgegenstehende betäubungsmittelrechtliche Vorschrift). *Wirkstoffgleich*¹⁸ sind nur Arzneimittel mit demselben Wirkstoff unter Berücksichtigung der Regelung in § 24 b Abs. 2 S. 1 und 2 AMG;¹⁹ Anlage 1 zum Rahmenvertrag nach Abs. 2 listet biotechnologisch hergestellte Arzneimittel auf, die wirkstoffgleich sind.²⁰ Für den Begriff der Wirkstärke wird das gemeinschaftsrechtliche Verständnis für „Stärke des Arzneimittels" herangezogen (*„je nach Verabreichungsform der Wirkstoffanteil pro Dosierungs-, Volumen- oder Gewichtseinheit."*).²¹ Eine *identische Packungsgröße* liegt gemäß § 4 Abs. 1 lit. c des Rahmenvertrages nach Abs. 2 vor, wenn die Packungsgrößen nach der geltenden Fassung der Rechtsverordnung nach § 31 Abs. 4 (Packungsgrößenverordnung) dem gleichen Packungsgrößenkennzeichen zuzuordnen sind. Für die *Zulassung für ein gleiches Anwendungsgebiet* ist gemäß § 4 Abs. 1 lit. e des Rahmenvertrages nach Abs. 2 ist die Übereinstimmung in einem von mehreren Anwendungsgebieten ausreichend, wenngleich davon auszugehen ist, dass die Übereinstimmung in der konkret zu behandelnden Indikation besteht.²² *Gleiche Darreichungsformen* sind gemäß

---

12 Cyran/Rotta, ApBetrO, § 17 Rn. 658 f.; vgl. zu den sonstigen Pflichten des Apothekers bei der Arzneimittelabgabe den Überblick von Axer in: Becker/Kingreen, § 129 Rn. 15.
13 In den Fällen, in denen die Verordnung des Arztes durch Teilmengen oder durch die Kombination unterschiedlicher Teilmengen bzw. Packungsgrößen erfüllbar ist, näher geregelt in § 6 des Rahmenvertrages nach Abs. 2.
14 Dalichau, in: Prütting, § 129 Rn. 74.
15 Näher ausgestaltet in § 8 des Rahmenvertrages nach Abs. 2.
16 BGBl I 2002, 684; vgl. Götting, KrV 2013, 249.
17 IVm § 29 Abs. 2 BMV-Ä bzw. § 11 Abs. 3 AM-RL; pharmazeutische Hinweise sind der Leitlinie gute Substitutionspraxis der Deutschen Pharmazeutischen Gesellschaft eV vom 24.2.2014 zu entnehmen.
18 Vgl. näher § 4 Abs. 1 lit. a des Rahmenvertrages nach Abs. 2.
19 So die Auslegung des BSG zur parallelen Begrifflichkeit in § 130 a Abs. 3 b; BSG, 30.9.2015, B 3 KR 1/15 R, BSGE 120, 11-23, SozR 4-2500 § 130 a Nr. 10, Rn. 43; § 24 b Abs. 2 Satz 1 und 2 AMG lautet:, "*Die Zulassung als Generikum nach Absatz 1 erfordert, dass das betreffende Arzneimittel die gleiche Zusammensetzung der Wirkstoffe nach Art und Menge und die gleiche Darreichungsform wie das Referenzarzneimittel aufweist und die Bioäquivalenz durch Bioverfügbarkeitsstudien nachgewiesen wurde. Die verschiedenen Salze, Ester, Ether, Isomere, Mischungen von Isomeren, Komplexe oder Derivate eines Wirkstoffes gelten als ein und derselbe Wirkstoff, es sei denn, ihre Eigenschaften unterscheiden sich erheblich hinsichtlich der Unbedenklichkeit oder der Wirksamkeit.*"
20 Hierzu dürften nur sog Bioidenticals und keine Biosimilars zählen, vgl. Gabriel, Handbuch des Vergaberechts, § 70 Rn. 111.
21 Vgl. Reese/Stallberg, in: Dieners/Reese, Handbuch des Pharmarechts, § 17 Rn. 281.
22 Luthe in: Hauck/Noftz, SGB V, § 129 Rn. 15 mwN.

§ 4 Abs. 1 lit. d 1. Alt. solche mit identischer Bezeichnung in den Preis- und Produktinformationen nach § 2 Abs. 6, *austauschbare Darreichungsformen* die gemäß § 129 Abs. 1 a nach den Hinweisen[23] des Gemeinsamen Bundesausschusses nach § 129 Abs. 1 a SGB V aufgelisteten.[24]

7 Kernregelung für das Wirtschaftlichkeitspotential der Substitutionsregelung in Abs. 1 S. 1 Nr. 1 lit. b ist die durch das GKV-WSG zum 1.4.2007 in Kraft getretene Regelung in Abs. 1 S. 3, nach der die Ersetzung durch ein solches wirkstoffgleiches Arzneimittel vorzunehmen ist, für das eine **Vereinbarung nach § 130 a Abs. 8** (im Einzelnen → § 130 a Rn. 16 ff.) für die Krankenkasse besteht,[25] und soweit in ergänzenden Verträgen im Sinne des Abs. 5 nichts anderes vereinbart ist. § 5 Abs. 2 S. 1 des Rahmenvertrages nach Abs. 2 setzt hierfür weiter voraus, dass das rabattbegünstigte Arzneimittel im Zeitpunkt der Vorlage der Verordnung verfügbar[26] ist und die Angaben zu dem rabattbegünstigten Arzneimittel nach Abs. 5 vollständig und bis zu dem vereinbarten Stichtag mitgeteilt wurden; das entsprechende Meldeverfahren wird in § 5 Abs. 5 iVm Anlage 2 des Rahmenvertrages geregelt. Liegen diese Voraussetzungen bei einer gesetzlichen Krankenkasse für mehrere rabattbegünstigte Arzneimittel vor, kann die Apotheke gemäß § 5 Abs. 3 S. 5 des Rahmenvertrages unter diesen frei wählen. Das **AMVSG** erstreckt die Ersetzungsverpflichtung nach Abs. 1 S. 3 gemäß Abs. 1 S. 4 auf **Fertigarzneimittel, die für in Apotheken hergestellte parenterale Zubereitungen verwendet** werden, wenn für das wirkstoffgleiche Arzneimittel eine Rabattvereinbarung für derartige Fertigarzneimittel auf Grundlage der ebenfalls durch das AMVSG eingeführten Neuregelung in § 130 a Abs. 8 a (im Einzelnen → § 130 a Rn. 19 f.) geschlossen wurde. Dieses Konzept ist Teil der alternativen Entlastung der gesetzlichen Krankenkassen nach Aufhebung der Regelung in Abs. 5 S. 3 aF.

8 Nur sofern kein Rabattvertrag nach § 130 a Abs. 8 für das relevante Arzneimittel besteht bzw. die weiteren Voraussetzungen des § 5 Abs. 2 S. 1 des Rahmenvertrages nicht vorliegen, hat die Apotheke gemäß Abs. 1 S. 5 die Ersetzung durch ein preisgünstigeres Arzneimittel nach Maßgabe des Rahmenvertrages vorzunehmen. Konkret bestimmt § 5 Abs. 4 des Rahmenvertrages, dass in diesem Fall die drei preisgünstigsten Arzneimittel und im Falle der aut idem – Ersetzung zusätzlich das namentlich verordnete Arzneimittel[27] oder ein importiertes Arzneimittel nach Maßgabe des § 5 zur Auswahl stehen.[28] Liegen die Voraussetzungen zur Substitution gemäß Abs. 1 S. 3 hingegen vor, der Apotheker kommt dem Gebot aber nicht nach, riskiert er nach der – wenn auch umstrittenen[29] – Rechtsprechung des BSG eine Retaxation auf „Null", dh den vollständigen Verlust seines Vergütungsanspruches (und nicht etwa – auch nicht über einen bereicherungsrechtlichen Ausgleich – begrenzt auf die Höhe des günstigeren Rabattarzneimittels).[30]

9 Gemäß Abs. 1 a S. 2 wurde dem G-BA die Kompetenz und Verpflichtung zugewiesen,[31] in seinen Richtlinien diejenigen Arzneimittel zu bestimmen, bei denen die Ersetzung durch ein wirkstoffgleiches Arzneimittel gemäß Abs. 1 S. 1 Nr. 1 ausgeschlossen ist.[32] Die Regelung stellt gewissermaßen eine Möglichkeit der Feinkorrektur der Umkehr von „nec aut idem" zu „aut idem" dar (→ Rn. 5). Der G-BA soll gemäß Abs. 1 a S. 2 bei der Bestimmung der von der Ersetzung ausgeschlossenen Arzneimittel

---

23 Denen trotz dieser Terminologie Verbindlichkeit zukommt, vgl. Axer in: Becker/Kingreen, § 129 Rn. 19.
24 Anlage VII zum Abschnitt M der Arzneimittel-Richtlinie (letzte Änderung in Kraft getreten am: 15. Februar 2017), Regelungen zur Austauschbarkeit von Arzneimitteln (aut idem) Teil A: Hinweise zur Austauschbarkeit von Darreichungsformen (aut idem) gemäß § 129 Abs. 1 a S. 1 SGB V.
25 Vgl. *Götting*, KrV 2013, 249; zu Verträgen nach § 130 a Abs. 8 in Bezug auf § 129 *Sucker*, DAZ 2017, Nr. 15, 18.
26 Nähere Regelungen für diesen Fall treffen § 5 Abs. 2 S. 2–4 und Abs. 3 des Rahmenvertrages nach Abs. 2.
27 Soweit in den ergänzenden Verträgen nach § 129 Abs. 5 S. 1 nichts anderes vereinbart ist.
28 Mit der Einschränkung, dass dann, wenn das verordnete Arzneimittel zu den drei preisgünstigsten Arzneimitteln zählt, das ersetzende Arzneimittel nicht teurer als das namentlich verordnete sein darf.
29 *Wesser*, A&R 2014, 11 ff.
30 BSG, 2.7.2013, B 1 KR 49/12 R, A&R 2013, 289 ff.; Nichtannahmebeschluss des BVerfG vom 7.5.2014, 1 BvR 3571/13, 1 BvR 3572/13.
31 Der Regelung ging § 129 Abs. 1 S. 8 SGB V voraus, die mit dem Zweiten Gesetz zur Änderung arzneimittelrechtlicher und anderer Vorschriften (BGBl. I 2012, 2192) eingeführt worden war. Danach sollte im Rahmenvertrag nach Abs. 2 geregelt werden können, in welchen Fällen der Austausch von Arzneimitteln gegen andere wirkstoffgleiche Arzneimittel ausgeschlossen ist. Die Regelung wurde mit dem Vierzehnten Gesetz zur Änderung des Fünften Buches Sozialgesetzbuch (BGBl. I 2014, 261) durch Abs. 1 a abgelöst, da sich die Möglichkeit zur rahmenvertraglichen Vereinbarung als zu schwerfällig und konfliktträchtig erwies (BT-Dr. 17/10156, 84).
32 Dazu BT-Dr. 17/10156, 84 mit dem Hinweis, dass ein Ausschluss für bestimmte Anwendungsgebiete oder Arzneimittel in Betracht komme, wenn es zur Gewährleistung der medizinischen Versorgung sachgerecht ist, dass Patienten regelhaft nur das vom Arzt verordnete Präparat erhalten.

insbesondere solche mit geringer therapeutischer Breite berücksichtigen. Nach der Gesetzesbegründung bezweckt die Regelung vordergründig die sachgerechte medizinische Versorgung der Patientinnen und Patienten. Das in Abs. 1 a S. 2 genannte Kriterium der engen therapeutischen Breite als ein Maß für die Sicherheit eines Arzneimittels ist lediglich *ein* geeignetes Kriterium zur Bestimmung nicht austauschbarer Arzneimittel, das sich daraus ableitet, dass bei Substitution langfristig relevante klinische Beeinträchtigungen drohen können und umgekehrt durch den Ausschluss die sachgerechte medizinische Versorgung der Patientinnen und Patienten gewährleistet wird.[33] Der G-BA hat bisher zwei „Tranchen" dieser sog. „Substitutionsausschlussliste" beschlossen.[34]

b) **Importarzneimittel.** Gem. Abs. 1 S. 1 Nr. 2 iVm § 5 Abs. 3 S. 2 des Rahmenvertrages nach Abs. 2 sind die Apotheken[35] verpflichtet, eine Importquote in Höhe von 5 Prozent bezogen auf den Fertigarzneimittel-Umsatz der Apotheke mit der kostenpflichtigen Krankenkasse einzuhalten.[36] Importierte Arzneimittel sind gemäß § 5 Abs. 2 S. 1 des Rahmenvertrages nach Abs. 2 Arzneimittel, die *erstens* nach dem AMG unter Bezugnahme auf ein deutsches Referenzprodukt zugelassen sind oder als zugelassen gelten, *zweitens* in der Großen Deutschen Spezialitätentaxe (Lauer-Taxe) eingetragen sind, *drittens* mit dem Bezugsarzneimittel in Wirkstärke und Packungsgröße identisch sind sowie in der Darreichungsform therapeutisch vergleichbar sind (Re- und Parallelimporte), *viertens* den Anforderungen des SGB V entsprechen und *fünftens* deren für den Versicherten maßgeblicher Arzneimittelabgabepreis unter Berücksichtigung der Abschläge nach § 130 a Abs. 1, 1 a, 2, 3 a und 3 b mindestens **15 vom Hundert oder mindestens 15 Euro** niedriger ist als der Preis des Bezugsarzneimittels. Durch die mit dem AMNOG vom 22.12.2010 eingeführte Regelung in Abs. 1 S. 8 hat die Abgabe von Rabattarzneimitteln gemäß § 130 a Abs. 8 auch Vorrang vor der eines Importarzneimittels nach Abs. 1 Nr. 2.[37] Dies gilt gemäß dem Rahmenvertrag nach Abs. 2 auch dann, wenn der verordnende Arzt ein Importarzneimittel unter Ausschluss von „aut idem" verschrieben hat.[38] Die Rechtsprechung hat diese Frage in der Vergangenheit indes gegenteilig beurteilt.[39]

c) **Mehrkostenregelung.** Nach der Regelung in Abs. 1 S. 6, die erstmals durch das AMNOG vom 22.12.2010 eingeführt wurde,[40] können Versicherte unter Tragung der Mehrkosten[41] ein anderes Arzneimittel erhalten, sofern dieses selbst die (aut-idem-)Voraussetzungen nach Abs. 1 S. 2 erfüllt. Gemäß Abs. 1 S. 7 besteht zwar keine Informationspflicht der Krankenkassen über die Mehrkosten gemäß § 13 Abs. 2 S. 2, aber des Apothekers gemäß § 13 Abs. 2 S. 3.[42]

2. Rahmenvertrag (Abs. 2, 3, 4, 6) und Schiedsstelle (Abs. 7–10). a) **Rahmenvertrag.** Gemäß Abs. 2 regeln der SpiBuKK und die für die Wahrnehmung der wirtschaftlichen Interessen gebildete maßgeb-

---

33 Zum Ganzen BT-Dr. 18/606, 12; zur Ausgestaltung der Kriterien vgl. §§ 44-53 des 4. Kapitels der Verfahrensordnung des G-BA idF vom 27.1.2017.
34 BAnz AT 9.12.2014 B4 (1. Tranche); BAnz AT 1.7.2016 B2 (2. Tranche); Anlage VII zum Abschnitt M der Arzneimittel-Richtlinie (letzte Änderung in Kraft getreten am: 15.2.2017), Regelungen zur Austauschbarkeit von Arzneimitteln (aut idem), Teil B: Von der Ersetzung durch ein wirkstoffgleiches Arzneimittel ausgeschlossene Arzneimittel gemäß § 129 Abs. 1 a S. 2 SGB V.
35 Jedenfalls für die volle Quartalsvergütung, vgl. § 5 Abs. 4 des Rahmenvertrages nach Abs. 2.
36 Diese bereits bis 1996 geltende Pflicht wurde am 1.1.2000 wieder eingeführt und ist regelmäßiger Kritik ausgesetzt, vgl. Luthe in: Hauck/Noftz, SGB V, § 129 Rn. 18.
37 Zweck der Regelung ist die Stärkung des Wettbewerbs auch im Bereich patentgeschützter Arzneimittel, BT-Dr. 17/3698, vgl. Axer in: Becker/Kingreen, § 129 Rn. 22; fehlt es an einem Rabattvertrag, so kann der Apotheker gemäß § 4 Abs. 4 des Rahmenvertrages zwischen beiden Varianten wählen, Reese/Stallberg in: Dieners/Reese, § 17 Rn. 295.
38 Vgl. § 3 Abs. 1 S. 2 Nr. 7 lit. b (2) des Rahmenvertrages nach Abs. 2; noch deutlicher § 3 Abs. 12 S. 1 des Arzneiversorgungsvertrages vdek-DAV gemäß § 129 Abs. 5 SGB V idF vom 1.4.2016, mit der Ausnahme des Vermerks des Arztes, dass aus „medizinisch-therapeutischen Gründen" kein Austausch erfolgen dürfe (§ 3 Abs. 12 S. 2).
39 SG Koblenz, 7.1.2014, S 13 KR 379/13, PaPfleReQ 2014, 65; SG Bremen, 17.3.2017, S 7 KR 269/14 – juris; die Neuregelung in § 3 Abs. 1 S. 2 Nr. 7 lit. b (2) des Rahmenvertrages erfolgte – jedenfalls nach Auffassung des DAV – ausdrücklich entgegen SG Koblenz, S 13 KR 379/13, vgl. Wessinger, DAZ 2016 Nr. 21, S. 15.
40 BT-Dr. 17/2413, 30 bzw. BT-Dr. 17/3698, 53.
41 Zur Berechnung und zum Verfahren vgl. § 13 Abs. 2 S. 11 bzw. (ausführlich) § 4 Abs. 5 a des Rahmenvertrages nach Abs. 2.
42 Axer in: Becker/Kingreen, § 129 Rn. 22.

liche Spitzenorganisation der Apotheker[43] in einem gemeinsamen Rahmenvertrag das Nähere (zu Abs. 1). Dabei handelt es sich um einen öffentlich-rechtlichen Normvertrag.[44]

Gemäß Abs. 3 hat der Rahmenvertrag nach Abs. 2 Rechtswirkung für Apotheken, wenn sie entweder einem Mitgliedsverband der Spitzenorganisation angehören und die Satzung des Verbandes vorsieht, dass von der Spitzenorganisation abgeschlossene Verträge dieser Art Rechtswirkung für die dem Verband angehörenden Apotheken haben (Nr. 1) oder dem Rahmenvertrag beitreten (Nr. 2). Der Beitritt ist eine einseitige empfangsbedürftige Willenserklärung.[45] Dem Rahmenvertrag gemäß Abs. 3 Nr. 2 beitreten können auch ausländische Apotheken. Noch nicht abschließend geklärt sind die Rechtswirkungen des **Beitritts einer ausländischen Apotheke zum Rahmenvertrag**. Bzgl. der Teilnahme am Herstellerrabattsystem lässt das BSG die gefestigte Tendenz erkennen, dass dem Beitritt konstitutive Wirkung[46] zukommt, dh eine Apotheke kann nur dann an den Regelungen des SGB V, bspw. dem Herstellerrabattsystem in § 130a, teilnehmen, wenn sie zum Rahmenvertrag beigetreten ist; bestehen hingegen nur individuelle Vereinbarungen mit gesetzlichen Krankenkassen, ist dies nicht der Fall bzw. gelten die allgemeinen Regelungen zur Anwendbarkeit nationaler Vorschriften auf ausländische „Marktteilnehmer".[47] Konsequenz dieses konstitutiven Charakters des Beitritts gemäß Abs. 3 Nr. 2 ist, dass nationale gesetzliche oder untergesetzliche Regelungen auf ausländische, zum Rahmenvertrag beigetretene Apotheken anwendbar sind, sofern und soweit dies in § 2b des Rahmenvertrages vorgesehen ist, der insoweit ein „sozialversicherungsrechtliches Sonderregime" für ausländische Apotheken schafft. Auch die Rahmenvertragspartner sind indes an Gemeinschaftsrecht gebunden, weshalb eine Regelungserstreckung auf ausländische Apotheken gemäß § 2b des Rahmenvertrages nur dann zur Anwendung gelangen kann, wenn dies gemeinschaftsrechtskonform ist. So ist beispielsweise der Verweis auf die „Preisvorschriften nach § 78 Arzneimittelgesetz" gemäß § 2b Abs. 2 S. 2 des Rahmenvertrages nicht weiter anwendbar, da diese Regelungen nach der Rechtsprechung des EuGH mit der Europäischen Warenverkehrsfreiheit nicht vereinbar sind.[48] Die Einführung eines Bonusverbots im SGB V würde der Rechtsprechung des EuGH auch nicht gerecht, da auch eine dort verankerte Regelung mit den Europäischen Grundfreiheiten vereinbar sein muss, unabhängig davon, ob das Sozialrecht im Gegensatz zum Preisrecht in der Gesetzgebungskompetenz der Mitgliedstaaten liegt.[49]

13 Als verpflichtenden Inhalt des Rahmenvertrages nach Abs. 2 ist gemäß Abs. 4 S. 1 zu regeln, welche Maßnahmen ergriffen werden können, wenn Apotheken gegen ihre Verpflichtungen nach Abs. 1, 2 oder 5 verstoßen. Insoweit ist gemäß Abs. 4 S. 3 als konkrete Sanktion vorzusehen, dass Apotheken bei gröblichen oder wiederholten Verstößen bis zur Dauer von zwei Jahren von der Versorgung der Versicherten ausgeschlossen werden können;[50] die Festsetzung einer in § 11 des Rahmenvertrags nach Abs. 2 geregelten Sanktion ist als Verwaltungsakt einzuordnen.[51]

Mit dem Gesetz zur Stärkung der Versorgung in der gesetzlichen Krankenversicherung (GKV-Versorgungsstärkungsgesetz – GKV-VSG)[52] wurde eine Neuregelung in Abs. 4 S. 2 1. Hs. eingeführt, nach der in dem Rahmenvertrag erstmals bis zum 1.1.2016 des Weiteren verpflichtend zu regeln ist, in welchen Fällen einer Beanstandung der Abrechnung durch Krankenkassen, insbesondere bei Formfehlern, eine **Retaxation**, dh eine Kürzung des Vergütungsanspruches des Apothekers, vollständig oder teilweise unterbleibt. Da sich die Rahmenvertragsparteien innerhalb dieser Frist nicht auf eine entsprechende Regelung einigen konnten, musste gemäß Abs. 2 S. 2 2. Hs. die gemeinsame Schiedsstelle nach Abs. 8

---

43 Insoweit kommt jedenfalls derzeit ausschließlich der DAV in Betracht, Luthe in: Hauck/Noftz, SGB V, § 129 Rn. 34; der DAV handelt beim Vertragsschluss als Beliehener, Axer in: Becker/Kingreen, § 129 Rn. 28.
44 Axer in: Becker/Kingreen, § 129 Rn. 28.
45 BSG, 24.1.2013, B 3 KR 11/11 R, SozR 4-2500 § 130a Nr. 8.
46 BSG, Urteile vom 17.12.2009, B 3 KR 14/08 R, SozR 4-2500 § 130a Nr. 5; 24.1.2013, B 3 KR 11/11 R, SozR 4-2500 § 130a Nr. 8; Beschluss vom 29.11.2016, B 3 KR 21/16 B, A&R 2017, 41.
47 Vgl. hierzu den Überblick bei Cyran/Rotta, ApBetrO, § 17, Rn. 347 und 589 mwN.
48 EuGH, 19.10.2016, C-148/15, NJW 2016, 3771-3774; entgegen Gemeinsamer Senat der obersten Gerichtshöfe des Bundes, 22.8.2012, GmS-OGB 1/10, BGHZ 194, 354 ff.; zum Verweis auf § 7 HWG in § 2b Abs. 2 S. 2 des Rahmenvertrages vgl. Mand, A&R 2017, 3 ff.; ders., DAZ 2017, Nr. 13, 30 ff.
49 Hauck, NZS 2017, 161.
50 Dies wurde bspw. von Mitgliedsapotheken für EU-ausländische Versandapotheken gefordert, die sich nach der Entscheidung des EuGH vom 19.10.2016 in der Rs. C-148/15 – wie vom EuGH entschieden – nicht weiter an die rahmenvertraglich in § 2b Abs. 2 S. 2 ebenfalls vorgesehene Bindung an die Preisvorschriften nach § 78 Arzneimittelgesetz hielten; vgl. Witt/Gregor, PharmR 2016, 481, 485.
51 Landessozialgericht Baden-Württemberg, 20.9.2016, L 11 KR 674/15, KrV 2016, 252-256, juris, Rn. 30 f.
52 BGBl. I 2015, 1211.

entscheiden. Der Beschluss der gemeinsamen Schiedsstelle vom 23.5.2016,[53] der einen (zu) umfangreichen Katalog nicht abschließender Fälle vorsieht, wurde in § 3 Abs. 1 des Rahmenvertrages nach Abs. 2 umgesetzt und ist seit dem 1.6.2016 in Kraft.[54]

b) **Gemeinsame Schiedsstelle.** Die konkrete Befugnis in Abs. 4 S. 2 2. Hs. ergänzt die allgemeine Funktion der **gemeinsamen Schiedsstelle**, der gemäß Abs. 7 die Aufgabe zukommt, den Vertragsinhalt gemäß Abs. 2 festzusetzen, sofern er ganz oder teilweise nicht zustande kommt. Die gemeinsame Schiedsstelle wird gemäß Abs. 8 S. 1 aus dem SpiBuKK und der für die Wahrnehmung der wirtschaftlichen Interessen gebildeten maßgeblichen Spitzenorganisation der Apotheker gebildet. Sie besteht gemäß Abs. 8 S. 3 aus – gemäß Abs. 9 S. 2, 3 ehrenamtlich und weisungsfrei tätigen – Vertretern gleicher Zahl aus beiden Lagern, sowie einem unparteiischen Vorsitzenden und zwei unparteiischen Mitgliedern; bei Streitigkeiten über ihre Besetzung gelten gemäß Abs. 8 S. 4 die Regelungen des kassenärztlichen Schiedsstellenrechts (§ 89 Abs. 3 S. 4 bis 6) entsprechend. Die Schiedsstelle wird als Behörde gemäß § 1 Abs. 2 SGB X eingeordnet,[55] die durch vertragsgestaltenden Verwaltungsakt und mit Beurteilungsspielraum entscheidet.[56] Klagen gegen die Festsetzung haben gemäß Abs. 9 S. 7 jedoch keine aufschiebende Wirkung. Näheres insbesondere über die Zusammensetzung und das Verfahren ist in der auf Grundlage von Abs. 10 S. 2 erlassenen Verordnung über die Schiedsstelle für Arzneimittelversorgung und die Arzneimittelabrechnung (Schiedsstellenverordnung)[57] geregelt. Die Aufsicht über die Geschäftsführung[58] der Schiedsstelle führt gemäß Abs. 10 S. 1 das BMG.

c) **Datenübermittlung.** Abs. 6 S. 2 iVm S. 1 sieht schließlich die Verpflichtung vor, im Rahmenvertrag zu regeln, dass die zur Wahrnehmung der wirtschaftlichen Interessen gebildete maßgebliche Spitzenorganisation der Apotheke dem Gemeinsamen Bundesausschuss sowie dem Spitzenverband Bund der Krankenkassen *erstens* die zur Wahrnehmung der Aufgaben nach Abs. 1 S. 4 und Abs. 1 a, *zweitens* die zur Herstellung einer pharmakologisch-therapeutischen und preislichen Transparenz im Rahmen der Richtlinien nach § 92 Abs. 1 S. 2 Nr. 6 und *drittens* die zur Festsetzung von Festbeträgen nach § 35 Abs. 1 und 2 oder zur Erfüllung der Aufgaben nach § 35 a Abs. 1 S. 2 und Abs. 5 erforderlichen **Daten** übermittelt und **auf Verlangen notwendige Auskünfte**[59] erteilt. Diese Verpflichtungen sind in § 12 des Rahmenvertrages nach Abs. 2 näher ausgestaltet.

3. **Ergänzende Verträge. a) Verträge auf Landesebene gemäß Abs. 5 S. 1.** Gemäß Abs. 5 S. 1 können die Krankenkassen oder ihre Verbände mit der für die Wahrnehmung der wirtschaftlichen Interessen maßgeblichen Organisation der Apotheker auf Landesebene ergänzende Verträge schließen. Derartige – meist „Arzneilieferungsvertrag" oder „Arzneiversorgungsvertrag" genannten – Verträge sind weder verpflichtend abzuschließen noch schiedsstellenfähig.[60] Sie dürfen als ergänzende Verträge nicht unmittelbar dem Rahmenvertrag widersprechen, sondern müssen an diesen anknüpfen.[61] Als Ausnahme gestattet Abs. 5 S. 3 die von Abs. 2 abweichende Vereinbarung in Verträgen nach Abs. 5, dass die Apotheke die Ersetzung wirkstoffgleicher Arzneimittel so vorzunehmen hat, dass der Krankenkasse Kosten nur in Höhe eines zu vereinbarenden durchschnittlichen Betrags je Arzneimittel entstehen. Verträge nach Abs. 5 S. 1 regeln insbesondere Näheres zum Beanstandungs- bzw. Retaxationsverfahren.[62]

Umstritten war das systematische Verhältnis zum Rahmenvertrag nach Abs. 2 für Verträge auf Grundlage der Regelung in Abs. 5 S. 3 aF, nach der die Versorgung mit in Apotheken hergestellten parenteralen Zubereitungen aus Fertigarzneimitteln in der Onkologie zur unmittelbaren ärztlichen Anwendung bei Patienten von der Krankenkasse durch unmittelbare Verträge mit Apotheken sichergestellt und da-

---

[53] S. https://www.gkv-spitzenverband.de/media/dokumente/krankenversicherung_1/arzneimittel/rahmenvertraege/apotheken/2016-05-30_Schiedsspruch_Rahmenvertrag_129-SGB-V.pdf (zuletzt abgerufen am 1.5.2017), vgl. hierzu Wessinger, DAZ 2016 Nr. 21, S. 15.
[54] Für den Zeitraum davor nicht klar geregelt, vgl. Wessinger, DAZ 2016, Nr. 29, S. 14 f. zur Kommentierung der Neuregelung durch den DAV.
[55] Axer in: Becker/Kingreen, § 129 Rn. 35.
[56] Luthe in: Hauck/Noftz, SGB V, § 129 Rn. 67 mwN; BSG, Urteil v. 25.11.2010, B 3 KR 1/10.
[57] BGBl. I 2015, 2408.
[58] Nicht über den Inhalt der Entscheidung, Luthe in: Hauck/Noftz, SGB V, § 129 Rn. 67 mwN.
[59] Die als unentgeltliche Pflichten ausgelegt werden, Luthe in: Hauck/Noftz, SGB V, § 129 Rn. 64; Axer in: Becker/Kingreen, § 129 Rn. 36.
[60] Axer in: Becker/Kingreen, § 129 Rn. 33.
[61] Barth in: Spickhoff, Medizinrecht, § 129 SGB V Rn. 17; BSG NZS 2007, 425.
[62] Vgl. beispielhaft § 17 des Arzneiversorgungsvertrages vdek-DAV gemäß § 129 Abs. 5 SGB V idF vom 1.4.2016; zu sonstigen Regelungen in Verträgen nach Abs. 5 S. 1 vgl. Axer in: Becker/Kingreen, § 129 Rn. 34.

bei Abschläge auf den Abgabepreis des pharmazeutischen Unternehmers und die Preise und Preisspannen der Apotheken vereinbart werden konnten.[63] Das BSG qualifizierte Abs. 5 S. 3 aF entgegen der vorausgegangenen Rechtsprechung der Instanzgerichte[64] in einer insbesondere rechtsdogmatisch sehr fragwürdigen Entscheidung[65] als *lex specialis* und maß dem Vertragsabschluss für die vertragsschließende[66] Apotheke exklusive Wirkung zu, dh andere, am Rahmenvertrag nach Abs. 2 teilnehmende Apotheken dürften bei der vertragsschließenden gesetzlichen Krankenkasse Versicherte entgegen deren Recht auf freie Wahl ihrer Apotheke gemäß § 31 Abs. 1 S. 5 nicht mehr versorgen.[67] Die im Anschluss an die Entscheidung des BSG ausufernde Vertragsabschlusspraxis der gesetzlichen Krankenkassen hat der Gesetzgeber mit der Aufhebung von Abs. 5 S. 3 aF durch das AMVSG zum Zweck der Wiederherstellung einer patientengerechten Versorgung unterbunden.[68] Zur Umsetzung dieses Zwecks regelt Abs. 5 S. 4 in der Fassung des AMVSG nun, dass nach Abs. 5 S. 3 aF geschlossene Verträge mit Ablauf des letzten Tages des dritten auf das Inkrafttreten der Regelung folgenden Kalendermonats unwirksam werden.[69]

18 b) **Teilnahme von Apotheken an besonderen Versorgungsformen.** Gemäß Abs. 5 b können Apotheken an – öffentlich auszuschreibenden – **vertraglich vereinbarten Versorgungsformen** beteiligt werden, insbesondere den mit dem GKV-VSG zum 23.7.2015[70] neu geregelten Verträgen zur besonderen Versorgung nach § 140 a.[71] Einen Rechtsanspruch zur Teilnahme vermittelt Abs. 5 b nicht.[72]

19 **4. Abrechnung von OTC-Arzneimitteln und Fertigarzneimitteln aus parenteralen Zubereitungen.** Abs. 5 a, c enthalten Regelungen zur Abgabe nicht verschreibungspflichtiger Arzneimittel (Abs. 5 a) bzw. von Zubereitungen aus Fertigarzneimitteln (Abs. 5 c). Abs. 5 a regelt, dass für den Fall der Abrechnung nicht verschreibungspflichtiger Arzneimittel zulasten der GKV in den gemäß § 34 Abs. 1 bestimmten Ausnahmefällen nach § 300 und in Höhe des Abgabepreises des pharmazeutischen Unternehmens zuzüglich der Zuschläge nach den §§ 2, 3 AMPreisV abzurechnen ist.[73]

20 Gemäß Abs. 5 c S. 1 gelten für **Zubereitungen aus Fertigarzneimitteln** die Preise, die zwischen der mit der Wahrnehmung der wirtschaftlichen Interessen gebildeten maßgeblichen Spitzenorganisation der Apotheker und dem SpiBuKK aufgrund von Vorschriften nach dem AMG vereinbart sind. Diese sind in Anlage 3 zur sogenannten „Hilfstaxe"[74] geregelt. Als zweite Einsparalternative[75] zu Verträgen nach Abs. 5 S. 3 aF neben § 130 a Abs. 8 a führte das AMVSG in Abs. 5 c S. 2 und 4 die Verpflichtung der Vertragspartner nach Abs. 5 c S. 1 ein, die Höhe der Preise gemäß Anlage 3 zur Hilfstaxe bis zum Ablauf des letzten Tages des dritten auf das Inkrafttreten der Regelung folgenden Kalendermonats neu zu vereinbaren. Kommt bis dahin keine neue Vereinbarung zustande, entscheidet gemäß Abs. 5 c S. 5 die gemeinsame Schiedsstelle nach Abs. 8.

21 Auch das bislang in Abs. 5 c S. 4 geregelte Auskunftsrecht des SpiBuKK und den gesetzlichen Krankenkassen gegenüber Apotheken und pharmazeutischen Unternehmen wurde durch das AMVSG in Abs. 5 c S. 8–11 reformiert. Neu in Abs. 5 c S. 8 und 10 ist der Umfang des Auskunftsrechts gegenüber pharmazeutischen Unternehmern, die danach auf Verlangen des SpiBuKK bzw. einzelner gesetzlicher Krankenkassen neben den vereinbarten Preisen auch die Abnehmer und die abgegebenen Mengen (S. 8) sowie die auf das Fertigarzneimittel und den Gesamtumsatz bezogenen Rabatte (S. 10) angeben

---

63 Grau/Püschel, A&R 2010, 157 ff.
64 SG Darmstadt, Urt. v. 29.8.2014, S 13 KR 344/14, juris; SG Marburg, Urt. v. 10.9.2014, S 6 KR 84/14, juris; zum Ganzen Grau/Püschel/Wallat, A&R 2015, 10–15.
65 Vgl. nur Altenburger, MedR 2016, S. 393 ff.
66 Unter Anwendbarkeit des Vergaberechts, vgl. Luthe in: Hauck/Noftz, SGB V, § 129 Rn. 53 f.; Landessozialgericht Berlin-Brandenburg, Beschl. 14.10.2010, L 1 SF 191/10 B Verg, juris.
67 BSG, 25.11.2015, B 3 KR 16/15 R, BSGE 120, 122-138, SozR 4-2500 § 129 Nr. 11.
68 BT-Dr. 18/11449, 36 f.
69 Die Regelung soll nach der Gesetzesbegründung für „Rechtsklarheit" sorgen, vgl. BT-Dr. 18/11449, 37, obgleich die Frage, ab wann das Patientenwahlrecht aus § 31 Abs. 1 S. 5 SGB V genau gilt, nicht ausdrücklich geklärt wurde; Apotheker Zeitung 2017, Nr. 17, S. 1 f.
70 BGBl. I 2015, 1211.
71 Näher Luthe in: Hauck/Noftz, SGB V, § 129 Rn. 58 ff.
72 Barth in: Spickhoff, Medizinrecht, § 129 SGB V Rn. 19.
73 Vgl. hierzu Barth in: Spickhoff, Medizinrecht, § 129 SGB V Rn. 18.
74 Vertrag über die Preisbildung von Stoffen und Zubereitungen aus Stoffen.
75 *„da sich die Rahmenbedingungen für die Erschließung der Einsparmöglichkeiten ändern"* (BT-Dr. 18/10208, 31).

müssen. Die Änderung dürfte in Reaktion auf eine Entscheidung des Bayerischen LSG[76] erfolgt sein, nach der die Auskunftspflichten der pharmazeutischen Unternehmen nach Abs. 5 c S. 4 nicht in jedem Einzelfall vereinbarte Preise, sondern allein vereinbarte Durchschnittspreise vom pharmazeutischen Unternehmer umfassen.[77] Gemäß Abs. 5 c S. 8 muss nun Auskunft auch über die Abnehmer und die abgegebenen Mengen gegeben werden. Nicht ausdrücklich klargestellt ist hingegen, ob auch eine Pflicht zur Auskunft von Individualpreisen besteht, der zudem weiterhin Betriebs- und Geschäftsgeheimnisse entgegenstehen könnten.[78] Erweitert wird die Regelung gemäß Abs. 5 c S. 9, 10 schließlich um ein – ohne nähere Begründung auf den tatsächlichen Einkaufspreis (und nicht bezogen auf Bezugsquellen, verarbeitete Mengen und Rabatte) – beschränktes Auskunftsrecht gegenüber Herstellbetrieben gemäß § 21 Abs. 2 Nr. 1 b lit. a 1. Alt. AMG. Neu ist nach Abs. 5 c S. 11 auch, dass Klagen gegen den im Einzelnen geltend gemachten Auskunftsanspruch zukünftig keine aufschiebende Wirkung haben.[79]

§ 129 a Krankenhausapotheken

¹Die Krankenkassen oder ihre Verbände vereinbaren mit dem Träger des zugelassenen Krankenhauses das Nähere über die Abgabe verordneter Arzneimittel durch die Krankenhausapotheke an Versicherte, insbesondere die Höhe des für den Versicherten maßgeblichen Abgabepreises. ²Die nach § 300 Abs. 3 getroffenen Regelungen sind Teil der Vereinbarungen nach Satz 1. ³Eine Krankenhausapotheke darf verordnete Arzneimittel zu Lasten von Krankenkassen nur abgeben, wenn für sie eine Vereinbarung nach Satz 1 besteht. ⁴Die Regelungen des § 129 Absatz 5 c Satz 8 und 12 gelten für Vereinbarungen nach Satz 1 entsprechend.

I. Normzweck und systematische Einordnung

§ 129 a wurde mit dem GKV-Modernisierungsgesetz in das SGB V eingeführt.[1] S. 4 wurde durch mWv 23. Juli 2009 ergänzt.[2] Eine letzte (redaktionelle) Anpassung erfolgt durch das AMVSG.[3]

Nach § 14 Abs. 3 Nr. 1 AMPreisV gelten die preisrechtlichen Vorschriften des Arzneimittelrechts nicht für **Krankenhausapotheken**. Unabhängig davon sind Krankenhausapotheken aber nach Maßgabe des § 14 Abs. 7 ApoG berechtigt, in bestimmten Konstellationen Arzneimittel auch an Patienten im Rahmen der **ambulanten Versorgung** abzugeben. Da dies zu einem Wettbewerbsvorteil gegenüber den an das Arzneimittelpreisrecht gebundenen öffentlichen Apotheken führt, regelt § 129 a, dass eine Abgabe verordneter Arzneimittel an Versicherte nur auf Grundlage einer vertraglichen Regelung zwischen dem Krankenhausträger und den Krankenkassen (oder deren Verbänden) erfolgen darf. Die Regelung ist mithin eine **Schutzvorschrift zugunsten der öffentlichen Apotheken**.[4]

II. Die Vorschrift im Einzelnen

Die Regelung des § 129 a zum Bestehen entsprechender vertraglicher Regelung nimmt also auf solche Fälle Bezug, in denen Krankenhausapotheken nach dem Apothekengesetz zur Abgabe verordneter Arzneimittel an Versicherte in der ambulanten Versorgung berechtigt sind. Mangels Geltung des Arzneimittelpreisrechts sind die entsprechenden **Preise** sowie die Einzelheiten der Abrechnung mit den Krankenkassen **vertraglich** zu vereinbaren. Solange eine solche Vereinbarung nicht vorliegt, darf das Krankenhaus Arzneimittel nicht auf Kassenrezept an Versicherte abgeben (S. 3).[5]

Die Verpflichtung zur vorherigen vertraglichen Regelung nach § 129 a betrifft die **sozialversicherungsrechtliche Berechtigung** der Krankenhausapotheken, die Abgabe verordneter Arzneimittel an Versi-

---

76 BT-Dr. 18/11449, 37: *„Die Rechtsprechung hält die Rechtsgrundlage dieses Auskunftsanspruchs teilweise zu unbestimmt."*
77 Bayerisches Landessozialgericht, Urt. v. 24.5.2016, L 5 KR 442/13, anhängig BSG, B 3 Kr 13/16 R; nach dem LSG ist auch völlig unklar, in welcher *Form* die Nachweise nach Abs. 5 c S. 4 zu erbringen sind.
78 So das Bayerische LSG, Urt. v. 24.5.2016, L 5 KR 442/13, juris Rn. 91.
79 Zu beiden Neuregelungen vgl. BT-Dr. 195/17, Artikel 1 Nr. 7 lit. c cc.
1 Gesetz zur Modernisierung der gesetzlichen Krankenversicherung (GMG); BGBl. I 2003, 2262.
2 Gesetz zur Änderung arzneimittelrechtlicher und anderer Vorschriften; BGBl. I 2009, 1990.
3 Arzneimittelversorgungsstärkungsgesetz; BGBl. I 2017, 1050.
4 Axer in: Becker/Kingreen, § 129 a Rn. 2.
5 BT-Dr. 15/1525, 122.

cherte gegenüber der GKV abzurechnen. Die grundsätzliche apothekenrechtliche Erlaubnis, im Rahmen von § 14 Abs. 7 ApoG Arzneimittel ausnahmsweise auch an Patienten in der ambulanten Versorgung abzugeben, ist davon nicht betroffen.

5   Obgleich nach der Gesetzesbegründung auch Einzelheiten zur Abrechnung vertraglich niedergelegt werden sollen (→ Rn. 3), ordnet S. 2 an, dass die nach § 300 Abs. 3 getroffenen Regelungen zur Arzneimittelabrechnung Teil der Vereinbarung sind. Dies dürfte indes zuvorderst die Regelungen zur Übermittlung der Verordnungsdaten an die Krankenkassen betreffen.[6]

§ 130 Rabatt

(1) Die Krankenkassen erhalten von den Apotheken für verschreibungspflichtige Fertigarzneimittel sowie für Zubereitungen nach § 5 Absatz 3 der Arzneimittelpreisverordnung, die nicht § 5 Absatz 6 der Arzneimittelpreisverordnung unterfallen, einen Abschlag von 1,77 Euro je Arzneimittel, für sonstige Arzneimittel einen Abschlag in Höhe von 5 vom Hundert auf den für den Versicherten maßgeblichen Arzneimittelabgabepreis.

(2) [1]Ist für das Arzneimittel ein Festbetrag nach § 35 festgesetzt, bemißt sich der Abschlag nach dem Festbetrag. [2]Liegt der maßgebliche Arzneimittelabgabepreis nach Absatz 1 unter dem Festbetrag, bemißt sich der Abschlag nach dem niedrigeren Abgabepreis.

(3) [1]Die Gewährung des Abschlags setzt voraus, daß die Rechnung des Apothekers innerhalb von zehn Tagen nach Eingang bei der Krankenkasse beglichen wird. [2]Das Nähere regelt der Rahmenvertrag nach § 129.

I. Normzweck und systematische Einordnung

1   Die Regelung § 130 ist seit dem Inkrafttreten des SGB V dessen Bestandteil[1] und hat trotz mehrfacher Änderungen seinen ursprünglichen Regelungszweck nicht verloren.[2] Die letzte Anpassung erfolgte durch das AMVSG.[3]

2   Die Vorschrift regelt eine *finanzielle Beteiligung der Apotheken* an den Kosten, die der GKV im Rahmen der Arzneimittelversorgung entstehen. Damit sind die Apotheken nicht die einzigen Institutionen oder Personengruppen, für die das SGB V eine Kostenbeteiligung vorsieht. Der Apothekenrabatt des § 130 tritt nämlich neben die Herstellerabschläge des *pharmazeutischen Unternehmers* nach § 130 a und die Zuzahlungspflichten des *Versicherten* nach § 61.[4] Rechtlich stellt sich der Apothekenrabatt nach Ansicht des BSG als eine geringfügige Kürzung des Kaufpreisanspruches der Apotheke (ggü. der Krankenkasse) dar und hat somit den Charakter eines Skontos für die alsbaldige Bezahlung.[5] Nach Ansicht des Gerichts handelt es sich nicht um eine unzulässige Berufsausübungsregelung (Art. 12 GG) und ebenfalls nicht um eine verfassungswidrige Sonderabgabe.[6]

II. Rabatthöhe (Abs. 1)

3   Die Höhe des von den Apotheken zu entrichtenden Abschlages richtet sich nach Abs. 1. Dabei ist zunächst zu unterscheiden zwischen *verschreibungspflichtigen Fertigarzneimitteln* und *sonstigen Arzneimitteln*.

Fertigarzneimittel sind nach § 21 Abs. 1 AMG zulassungspflichtig und als Arzneimittel zu verstehen,[7]
- die im Voraus hergestellt und in einer zur Abgabe an den Verbraucher bestimmten Packung in den Verkehr gebracht werden,
- *oder* andere zur Abgabe an Verbraucher bestimmte Arzneimittel, bei deren Zubereitung in sonstiger Weise ein industrielles Verfahren zur Anwendung kommt oder die (ausgenommen in Apotheken) gewerblich hergestellt werden.

---

6   BT-Dr. 15/1525, 122.
1   BGBl. I 1988, 2477.
2   Axer in: Becker/Kingreen, § 130 Rn. 1.
3   Arzneimittelversorgungsstärkungsgesetz; BGBl. I 2017, 1050.
4   Zu Zwangsrabatten im System der GKV: Grotjahn/Ecker, PharmR 2017, 7.
5   BSG, 6.3.2012, B 1 KR 14/11 R, Rn. 20 (juris).
6   BSG, 1.9.2005, B 3 KR 34/04 R, Rn. 30 (juris).
7   Legaldefinition nach § 4 Abs. 1 AMG.

Der Begriff des Fertigarzneimittels ist somit deutlich enger als der allgemeine Arzneimittelbegriff.[8] Die **Verschreibungspflicht** folgt den Vorgaben des § 48 AMG und der Arzneimittelverschreibungsverordnung (AMVV).

Für die Ermittlung der konkreten Rabatthöhe ist neben der zuvor genannten Unterscheidung zwischen Fertigarzneimittel und sonstigem Arzneimittel zu berücksichtigen, ob für das jeweilige Arzneimittel ein Festbetrag festgesetzt ist. Wie sich aus Abs. 2 ergibt, bemisst sich in solchen Fällen der Abschlag nämlich nach dem Festbetrag oder einem ggf. unter dem Festbetrag liegenden Abgabepreis. Abs. 1 ist somit in erster Linie für **nicht-festbetragsregulierte (Fertig-)Arzneimittel** maßgeblich. 4

Abs. 1 Hs. 1 sieht für **verschreibungspflichtige Fertigarzneimittel** einen **absoluten Betrag** als Rabatt vor, dessen aktuelle Höhe durch das GKV-VSG mit 1,77 Euro festgesetzt worden ist.[9] Zunächst war durch das AMNOG[10] eine vertragliche Anpassung der jeweils geltenden Rabatthöhe vorgesehen, was sich in der Praxis aber als schwierig erwies. Daher entschied sich der Gesetzgeber, von dem dynamischen Vertragsmodell Abstand zu nehmen, und schrieb die Rabatthöhe gesetzlich fest.[11] 5

Für **sonstige Arzneimittel** bestimmt Abs. 1 Hs. 2 einen **prozentualen Rabatt** in Höhe von 5 Prozent. Der Rabatt errechnet sich auf den für den Versicherten maßgeblichen Abgabepreis; etwas anderes gilt, wenn für das Arzneimittel ein Festbetrag festgesetzt ist (Abs. 2).[12] Dieser prozentuale Rabatt findet folglich Anwendung auf alle **nicht verschreibungspflichtigen (Fertig-)Arzneimittel**. 6

III. Festbetragsarzneimittel (Abs. 2)

Ist für das Arzneimittel ein **Festbetrag** nach § 35 festgesetzt, ist der (prozentuale) Rabatt nicht auf den Abgabepreis, sondern auf die Höhe des Festbetrages zu gewähren. Liegt der Abgabepreis allerdings unterhalb des Festbetrages, richtet sich der Rabatt wiederum nach dem Abgabepreis. Dies erklärt sich dadurch, dass die Krankenkasse nach § 31 Abs. 1 S. 1 bei Festbetragsarzneimitteln die Kosten lediglich bis zur Höhe des Festbetrages trägt; liegt der Abgabepreis unter dem Festbetrag, trägt die Krankenkasse den vollen Betrag. Da § 130 der Entlastung der GKV für die Kosten der Arzneimittelversorgung dienen soll,[13] kann der von den Apothekern zu gewährende Rabatt freilich nur auf Grundlage der Kosten bestimmt werden, die von der Krankenkasse auch tatsächlich zu tragen sind. 7

Da der Rabatt für verschreibungspflichtige Fertigarzneimittel ein absoluter Betrag ist, dessen Höhe folglich unabhängig von der Bemessungsgrundlage ist, hat Abs. 2 praktische Bedeutung ausschließlich für den prozentualen Rabatt bei **nicht verschreibungspflichtigen Festbetragsarzneimitteln** (also *sonstige Arzneimittel* unter *Festbetrag*). 8

IV. Abrechnung des Rabatts (Abs. 3)

Nach Ansicht des BSG handelt es sich beim Apothekenrabatt um ein Skonto für die alsbaldige Bezahlung durch die Krankenkasse (→ Rn. 2). Folgerichtig regelt Abs. 3 daher, dass die Krankenkasse den Rabatt des Apothekers nur dann verlangen kann, wenn sie die Rechnung des Apothekers binnen zehn Tagen nach Eingang begleicht. 9

§ 130 a Rabatte der pharmazeutischen Unternehmer

(1) ¹Die Krankenkassen erhalten von Apotheken für zu ihren Lasten abgegebene Arzneimittel einen Abschlag in Höhe von 7 vom Hundert des Abgabepreises des pharmazeutischen Unternehmers ohne Mehrwertsteuer. ²Für Arzneimittel nach Absatz 3 b Satz 1 beträgt der Abschlag nach Satz 1 6 vom Hundert. ³Pharmazeutische Unternehmer sind verpflichtet, den Apotheken den Abschlag zu erstatten. ⁴Soweit pharmazeutische Großhändler nach Absatz 5 bestimmt sind, sind pharmazeutische Unternehmer verpflichtet, den Abschlag den pharmazeutischen Großhändlern zu erstatten. ⁵Der Abschlag ist den Apotheken und pharmazeutischen Großhändlern innerhalb von zehn Tagen nach Geltendmachung des Anspruches zu erstatten. ⁶Satz 1 gilt für Fertigarzneimittel, deren Apothekenabgabepreise

---

8 § 2 AMG.
9 Gesetz zur Stärkung der Versorgung in der gesetzlichen Krankenversicherung; BGBl. I 2015, 1211.
10 Gesetz zur Neuordnung des Arzneimittelmarktes in der gesetzlichen Krankenversicherung (AMNOG); BGBl. I 2010, 2262.
11 BT-Dr. 18/4095, 118.
12 Hierzu II.
13 BSG, 1.9.2005, B 3 KR 34/04 R, Rn. 32 (juris).

aufgrund der Preisvorschriften nach dem Arzneimittelgesetz oder aufgrund des § 129 Abs. 5 a bestimmt sind, sowie für Arzneimittel, die nach § 129 a abgegeben werden. ⁷Die Krankenkassen erhalten den Abschlag nach Satz 1 für Fertigarzneimittel in parenteralen Zubereitungen sowie für Arzneimittel, die nach § 129 a abgegeben werden, auf den Abgabepreis des pharmazeutischen Unternehmers ohne Mehrwertsteuer, der bei Abgabe an Verbraucher auf Grund von Preisvorschriften nach dem Arzneimittelgesetz gilt. ⁸Wird nur eine Teilmenge des Fertigarzneimittels zubereitet, wird der Abschlag nur für diese Mengeneinheiten erhoben.

(1 a) ¹Vom 1. August 2010 bis zum 31. Dezember 2013 beträgt der Abschlag für verschreibungspflichtige Arzneimittel einschließlich Fertigarzneimittel in parenteralen Zubereitungen abweichend von Absatz 1 16 Prozent. ²Satz 1 gilt nicht für Arzneimittel nach Absatz 3 b Satz 1. ³Die Differenz des Abschlags nach Satz 1 zu dem Abschlag nach Absatz 1 mindert die am 30. Juli 2010 bereits vertraglich vereinbarten Rabatte nach Absatz 8 entsprechend. ⁴Eine Absenkung des Abgabepreises des pharmazeutischen Unternehmers ohne Mehrwertsteuer gegenüber dem Preisstand am 1. August 2009, die ab dem 1. August 2010 vorgenommen wird, mindert den Abschlag nach Satz 1 in Höhe des Betrags der Preissenkung, höchstens in Höhe der Differenz des Abschlags nach Satz 1 zu dem Abschlag nach Absatz 1; § 130 a Absatz 3 b Satz 2 zweiter Halbsatz gilt entsprechend. ⁵Für Arzneimittel, die nach dem 1. August 2009 in den Markt eingeführt wurden, gilt Satz 4 mit der Maßgabe, dass der Preisstand der Markteinführung Anwendung findet. ⁶Hat ein pharmazeutischer Unternehmer für ein Arzneimittel, das im Jahr 2010 zu Lasten der gesetzlichen Krankenversicherung abgegeben wurde und das dem erhöhten Abschlag nach Satz 1 unterliegt, auf Grund einer Preissenkung ab dem 1. August 2010 nicht den Abschlag gezahlt, obwohl die Preissenkung nicht zu einer Unterschreitung des am 1. August 2009 geltenden Abgabepreises des pharmazeutischen Unternehmers um mindestens 10 Prozent geführt hat, gilt für die im Jahr 2011 abgegebenen Arzneimittel abweichend von Satz 1 ein Abschlag von 20,5 Prozent. ⁷Das gilt nicht, wenn der pharmazeutische Unternehmer den nach Satz 6 nicht gezahlten Abschlag spätestens bis zu dem Tag vollständig leistet, an dem der Abschlag für die im Dezember 2010 abgegebenen Arzneimittel zu zahlen ist. ⁸Der erhöhte Abschlag von 20,5 Prozent wird durch eine erneute Preissenkung gegenüber dem am 1. August 2009 geltenden Abgabepreis des pharmazeutischen Unternehmers gemindert; Satz 4 gilt entsprechend.

(2) ¹Die Krankenkassen erhalten von den Apotheken für die zu ihren Lasten abgegebenen Impfstoffe für Schutzimpfungen nach § 20 i Absatz 1 einen Abschlag auf den Abgabepreis des pharmazeutischen Unternehmers ohne Mehrwertsteuer, mit dem der Unterschied zu einem geringeren durchschnittlichen Preis nach Satz 2 je Mengeneinheit ausgeglichen wird. ²Der durchschnittliche Preis je Mengeneinheit ergibt sich aus den tatsächlich gültigen Abgabepreisen des pharmazeutischen Unternehmers in den vier Mitgliedstaaten der Europäischen Union mit den am nächsten kommenden Bruttonationaleinkommen, gewichtet nach den jeweiligen Umsätzen und Kaufkraftparitäten. ³Absatz 1 Satz 3 bis 5, Absätze 6 und 7 sowie § 131 Absatz 4 gelten entsprechend. ⁴Der pharmazeutische Unternehmer ermittelt die Höhe des Abschlags nach Satz 1 und den durchschnittlichen Preis nach Satz 2 und übermittelt dem Spitzenverband Bund der Krankenkassen auf Anfrage die Angaben zu der Berechnung. ⁵Das Nähere regelt der Spitzenverband Bund der Krankenkassen. ⁶Bei Preisvereinbarungen für Impfstoffe, für die kein einheitlicher Apothekenabgabepreis nach den Preisvorschriften auf Grund des Arzneimittelgesetzes gilt, darf höchstens ein Betrag vereinbart werden, der dem entsprechenden Apothekenabgabepreis abzüglich des Abschlags nach Satz 1 entspricht.

(3) Die Absätze 1, 1 a und 2 gelten nicht für Arzneimittel, für die ein Festbetrag auf Grund des § 35 festgesetzt ist.

(3 a) ¹Erhöht sich der Abgabepreis des pharmazeutischen Unternehmers ohne Mehrwertsteuer gegenüber dem Preisstand am 1. August 2009, erhalten die Krankenkassen für die zu ihren Lasten abgegebenen Arzneimittel ab dem 1. August 2010 bis zum 31. Dezember 2022 einen Abschlag in Höhe des Betrages der Preiserhöhung; dies gilt nicht für Arzneimittel, für die ein Festbetrag auf Grund des § 35 festgesetzt ist. ²Zur Berechnung des Abschlags nach Satz 1 ist der Preisstand vom 1. August 2009 erstmalig am 1. Juli 2018 und jeweils am 1. Juli der Folgejahre um den Betrag anzuheben, der sich aus der Veränderung des vom Statistischen Bundesamt festgelegten Verbraucherpreisindex für Deutschland im Vergleich zum Vorjahr ergibt. ³Für Arzneimittel, die nach dem 1. August 2010 in den Markt eingeführt werden, gilt Satz 1 mit der Maßgabe, dass der Preisstand der Markteinführung Anwendung findet. ⁴Bei Neueinführungen eines Arzneimittels, für das der pharmazeutische Unternehmer bereits ein Arzneimittel mit gleichem Wirkstoff und vergleichbarer Darreichungsform in Verkehr gebracht hat, ist der Abschlag auf Grundlage des Preises je Mengeneinheit der Packung zu berechnen, die dem neuen

Arzneimittel in Bezug auf die Packungsgröße unter Berücksichtigung der Wirkstärke am nächsten kommt. ⁵Satz 4 gilt entsprechend bei Änderungen zu den Angaben des pharmazeutischen Unternehmers oder zum Mitvertrieb durch einen anderen pharmazeutischen Unternehmer. ⁶Für importierte Arzneimittel, die nach § 129 Absatz 1 Satz 1 Nummer 2 abgegeben werden, gilt abweichend von Satz 1 ein Abrechnungsbetrag von höchstens dem Betrag, welcher entsprechend den Vorgaben des § 129 Absatz 1 Satz 1 Nummer 2 niedriger ist als der Arzneimittelabgabepreis des Bezugsarzneimittels einschließlich Mehrwertsteuer, unter Berücksichtigung von Abschlägen für das Bezugsarzneimittel aufgrund dieser Vorschrift. ⁷Abschläge nach Absatz 1, 1 a und 3 b werden zusätzlich zu dem Abschlag nach den Sätzen 1 bis 5¹ erhoben. ⁸Rabattbeträge, die auf Preiserhöhungen nach Absatz 1 und 3 b zu gewähren sind, vermindern den Abschlag nach den Sätzen 1 bis 6 entsprechend. ⁹Für die Abrechnung des Abschlags nach den Sätzen 1 bis 6 gelten die Absätze 1, 5 bis 7 und 9 entsprechend. ¹⁰Absatz 4 findet Anwendung. ¹¹Das Nähere regelt der Spitzenverband Bund der Krankenkassen ab dem 13. Mai 2017 im Benehmen mit den für die Wahrnehmung der wirtschaftlichen Interessen gebildeten maßgeblichen Spitzenorganisationen der pharmazeutischen Unternehmer auf Bundesebene. ¹²Der Abschlag nach Satz 1 gilt entsprechend für Arzneimittel, die nach § 129 a abgegeben werden; Absatz 1 Satz 7 gilt entsprechend.

(3 b) ¹Für patentfreie, wirkstoffgleiche Arzneimittel erhalten die Krankenkassen ab dem 1. April 2006 einen Abschlag von 10 vom Hundert des Abgabepreises des pharmazeutischen Unternehmers ohne Mehrwertsteuer; für preisgünstige importierte Arzneimittel gilt Absatz 3 a Satz 6 entsprechend. ²Eine Absenkung des Abgabepreises des pharmazeutischen Unternehmers ohne Mehrwertsteuer, die ab dem 1. Januar 2007 vorgenommen wird, vermindert den Abschlag nach Satz 1 in Höhe des Betrages der Preissenkung; wird der Preis innerhalb der folgenden 36 Monate erhöht, erhöht sich der Abschlag nach Satz 1 um den Betrag der Preiserhöhung ab der Wirksamkeit der Preiserhöhung bei der Abrechnung mit der Krankenkasse. ³Die Sätze 1 und 2 gelten nicht für Arzneimittel, deren Abgabepreis des pharmazeutischen Unternehmers ohne Mehrwertsteuer mindestens um 30 vom Hundert niedriger als der jeweils gültige Festbetrag ist, der diesem Preis zugrunde liegt. ⁴Absatz 3 a Satz 8 bis 11 gilt entsprechend. ⁵Satz 2 gilt nicht für ein Arzneimittel, dessen Abgabepreis nach Satz 1 im Zeitraum von 36 Monaten vor der Preissenkung erhöht worden ist; Preiserhöhungen vor dem 1. Dezember 2006 sind nicht zu berücksichtigen. ⁶Für ein Arzneimittel, dessen Preis einmalig zwischen dem 1. Dezember 2006 und dem 1. April 2007 erhöht und anschließend gesenkt worden ist, kann der pharmazeutische Unternehmer den Abschlag nach Satz 1 durch eine ab 1. April 2007 neu vorgenommene Preissenkung von mindestens 10 vom Hundert des Abgabepreises des pharmazeutischen Unternehmers ohne Mehrwertsteuer ablösen, sofern er für die Dauer von zwölf Monaten ab der neu vorgenommenen Preissenkung einen weiteren Abschlag von 2 vom Hundert des Abgabepreises nach Satz 1 gewährt.

(4) ¹Das Bundesministerium für Gesundheit hat nach einer Überprüfung der Erforderlichkeit der Abschläge nach den Absätzen 1, 1 a und 3 a nach Maßgabe des Artikels 4 der Richtlinie 89/105/EWG des Rates vom 21. Dezember 1988 betreffend die Transparenz von Maßnahmen zur Regelung der Preisfestsetzung bei Arzneimitteln für den menschlichen Gebrauch und ihre Einbeziehung in die staatlichen Krankenversicherungssysteme die Abschläge durch Rechtsverordnung mit Zustimmung des Bundesrates aufheben oder zu verringern, wenn und soweit diese nach der gesamtwirtschaftlichen Lage, einschließlich ihrer Auswirkung auf die gesetzliche Krankenversicherung, nicht mehr gerechtfertigt sind. ²Über Anträge pharmazeutischer Unternehmer nach Artikel 4 der in Satz 1 genannten Richtlinie auf Ausnahme von den nach den Absätzen 1, 1 a und 3 a vorgesehenen Abschlägen entscheidet das Bundesministerium für Gesundheit. ³Das Vorliegen eines Ausnahmefalls und der besonderen Gründe sind im Antrag hinreichend darzulegen. ⁴§ 34 Absatz 6 Satz 3 bis 5 und 7 gilt entsprechend. ⁵Das Bundesministerium für Gesundheit kann Sachverständige mit der Prüfung der Angaben des pharmazeutischen Unternehmers beauftragen. ⁶Dabei hat es die Wahrung der Betriebs- und Geschäftsgeheimnisse sicherzustellen. ⁷§ 137 g Absatz 1 Satz 7 bis 9 und 13 gilt entsprechend mit der Maßgabe, dass die tatsächlich entstandenen Kosten auf der Grundlage pauschalierter Kostensätze berechnet werden können. ⁸Das Bundesministerium für Gesundheit kann die Aufgaben nach den Sätzen 2 bis 7 auf eine Bundesoberbehörde übertragen.

(5) Der pharmazeutische Unternehmer kann berechtigte Ansprüche auf Rückzahlung der Abschläge nach den Absätzen 1, 1 a, 2, 3 a und 3 b gegenüber der begünstigten Krankenkasse geltend machen.

---

1 Richtig wohl: „6".

(6) ¹Zum Nachweis des Abschlags übermitteln die Apotheken die Arzneimittelkennzeichen über die abgegebenen Arzneimittel sowie deren Abgabedatum auf der Grundlage der den Krankenkassen nach § 300 Abs. 1 übermittelten Angaben maschinenlesbar an die pharmazeutischen Unternehmer oder, bei einer Vereinbarung nach Absatz 5, an die pharmazeutischen Großhändler. ²Die pharmazeutischen Unternehmer sind verpflichtet, die erforderlichen Angaben zur Bestimmung des Abschlags an die für die Wahrnehmung der wirtschaftlichen Interessen maßgeblichen Organisationen der Apotheker sowie den Spitzenverband Bund der Krankenkassen zur Erfüllung ihrer gesetzlichen Aufgaben auf maschinell lesbaren Datenträgern zu übermitteln. ³Die für die Wahrnehmung der wirtschaftlichen Interessen gebildeten maßgeblichen Spitzenorganisationen der Apotheker, der pharmazeutischen Großhändler und der pharmazeutischen Unternehmer können in einem gemeinsamen Rahmenvertrag das Nähere regeln.

(7) ¹Die Apotheke kann den Abschlag nach Ablauf der Frist nach Absatz 1 Satz 4 gegenüber pharmazeutischen Großhändlern verrechnen. ²Pharmazeutische Großhändler können den nach Satz 1 verrechneten Abschlag, auch in pauschalierter Form, gegenüber den pharmazeutischen Unternehmern verrechnen.

(8) ¹Die Krankenkassen oder ihre Verbände können mit pharmazeutischen Unternehmern Rabatte für die zu ihren Lasten abgegebenen Arzneimittel vereinbaren. ²Dabei kann insbesondere eine mengenbezogene Staffelung des Preisnachlasses, ein jährliches Umsatzvolumen mit Ausgleich von Mehrerlösen oder eine Erstattung in Abhängigkeit von messbaren Therapieerfolgen vereinbart werden. ³Rabatte nach Satz 1 sind von den pharmazeutischen Unternehmern an die Krankenkassen zu vergüten. ⁴Eine Vereinbarung nach Satz 1 berührt die Abschläge nach den Absätzen 3 a und 3 b nicht; Abschläge nach den Absätzen 1, 1 a und 2 können abgelöst werden, sofern dies ausdrücklich vereinbart ist. ⁵Die Krankenkassen oder ihre Verbände können Leistungserbringer oder Dritte am Abschluss von Verträgen nach Satz 1 beteiligen oder diese mit dem Abschluss solcher Verträge beauftragen. ⁶Die Vereinbarung von Rabatten nach Satz 1 soll für eine Laufzeit von zwei Jahren erfolgen. ⁷Dabei ist der Vielfalt der Anbieter Rechnung zu tragen.

(8 a) ¹Die Landesverbände der Krankenkassen und die Ersatzkassen können einheitlich und gemeinsam zur Versorgung ihrer Versicherten mit in Apotheken hergestellten parenteralen Zubereitungen aus Fertigarzneimitteln in der Onkologie zur unmittelbaren ärztlichen Anwendung bei Patienten mit pharmazeutischen Unternehmern Rabatte für die jeweils verwendeten Fertigarzneimittel vereinbaren. ²Absatz 8 Satz 2 bis 7 gilt entsprechend. ³In den Vereinbarungen nach Satz 1 ist die Sicherstellung einer bedarfsgerechten Versorgung der Versicherten zu berücksichtigen.

(9) ¹Pharmazeutische Unternehmer können einen Antrag nach Absatz 4 Satz 2 auch für ein Arzneimittel stellen, das zur Behandlung eines seltenen Leidens nach der Verordnung (EG) Nr. 141/2000 des Europäischen Parlaments und des Rates vom 16. Dezember 1999 zugelassen ist. ²Dem Antrag ist stattzugeben, wenn der Antragsteller nachweist, dass durch einen Abschlag nach den Absätzen 1, 1 a und 3 a seine Aufwendungen insbesondere für Forschung und Entwicklung für das Arzneimittel nicht mehr finanziert werden.

Literatur:

Bickenbach, Rabattverträge gemäß § 130 a Abs. 8 SGB V und aut idem-Verordnungen: zulässige Kostenbremse oder Verletzung der Berufsfreiheit, MedR 2010, 302; *Boldt*, Rabattverträge – Sind Rahmenvereinbarungen zwischen Krankenkasse und mehreren pharmazeutischen Unternehmen zulässig?, PharmR 2009, 377; *Byok*, Auftragsvergabe im Gesundheitssektor, GesR 2007, 553; *Byok/Csaki*, Aktuelle Entwicklungen bei dem Abschluss von Arzneimittelrabattverträgen, NZS 2008, 403; *Byok/Csaki*, Sozialvergaberecht – Ein Update, KrV 2013, 145; *Byok/Csaki/Mandl*, Kosten- und Versorgungsprämissen für gesetzliche Krankenversicherungen im Bereich der patentgeschützten Originatoren, GesR 2010, 659; *Butzer/Soffner*, Arzneimittel-Zwangsrabatte zugunsten der PKV, NZS 2011, 841; *Conrad*, Drohende Patentverletzung als Eignungsmangel: Zur Ausschreibung von Verträgen nach § 130 a Abs. 8 SGB V bei indikationsbezogenem Patentschutz, NZS 2016, 687; *Csaki/Münnich*, Auswirkungen der Neuregelung des § 130 a Abs. 8 Satz 8 SGB V auf bestehende Arzneimittelrabattverträge, PharmR 2013, 159; *Engelmann*, Keine Geltung des Kartellvergaberechts für Selektivverträge der Krankenkassen mit den Leistungserbringern, SGb 2008, 133; *Gabriel*, Krankenkassenausschreibungen nach dem Arzneimittelmarktneuordnungsgesetz (AMNOG), VergabeR 2011, 372; *Gabriel*, Vom Festbetrag zum Rabatt: Gilt die Ausschreibungspflicht von Rabattverträgen auch im innovativen Bereich patentgeschützter Arzneimittel?, NZS 2008, 455; *Gabriel/Kaufmann*, Zum Spezialitätsverhältnis zwischen Erstattungsvereinbarungen nach § 130 c SGB V und Arzneimittelrabattverträgen nach § 130 a Abs. 8 SGB V, PharmR 2014, 553; *Gabriel/Weiner*, Arzneimittelrabattvertragsausschreibungen im generischen und patentgeschützten Bereich: Überblick über den aktuellen Streitstand, NZS 2009, 422;

Gaßner, Begründungszwang und Korrekturpflicht von Herstellerabschlägen für Arzneimittel, PharmR 2012, 248; *ders.*, Sind gemeinsame Informationen von Gesetzlichen Krankenkassen und pharmazeutischen Unternehmern über Rabattverträge gem. § 130 a Abs. 8 SGB V zulässig?, NZS 2016, 921; *Hase*, Die Rabatte der pharmazeutischen Unternehmer nach § 130 a SGB V, FS Schnapp, 2008, S. 447; *Holzmüller*, Kartellrecht in der GKV nach dem AMNOG – Praktische Auswirkungen und erste Erfahrungen, NZS 2011, 485; *Jansen/Johannsen*, Die Anwendbarkeit des deutschen Kartellrechts auf die Tätigkeit der gesetzlichen Krankenversicherungen de lege lata und de lege ferenda, PharmR 2010, 576; *Kahl/Gärditz*, Konkurrenzfragen zwischen Sozial- und Vergaberechtsschutz, NZS 2008, 337; *Kamann/Gey*, Die Rabattvertragsstreitigkeiten der „zweiten Generation" – aktuelle Fragen nach dem GKV-OrgWG, PharmR 2009, 114; *Karenfort/Stopp*, Krankenkassen-Rabattverträge und Kartellvergaberecht: Kompetenzkonflikt ohne Ende?, NZBau 2008, 232; *Kingreen*, Zur Bindung der Krankenkassen an das Kartellrecht, SozSich 2010, 391; *Knispel*, Der Streit um Arzneimittelrabattverträge, SozSich 2008, 110; *Lietz/Natz*, Vergabe- und kartellrechtliche Vorgaben für Rabattverträge über patentgeschützte Arzneimittel, A&R 2009, 3; *Luthe*, Der Pharmarabatt nach § 130 a SGB V, SGb 2011, 316, 372; *Mand*, Internationaler Anwendungsbereich des deutschen Preisrechts für Arzneimittel gemäß AMG, AMPreisV und § 130 a SGB V, PharmR 2008, 582; *Meyer-Hofmann/Hahn*, Ausschreibung von Generika-Arzneimittelrabattverträgen, A&R 2010, 59; *Müller*, Divergierende Rechtsprechung zu Rabattverträgen gemäß § 130 a Abs. 8 SGB V, A&R 2008, 21; *Natz*, Der neue kartellrechtliche Ordnungsrahmen in der GKV – Auswirkungen auf die AOK-Rabattverträge?, A&R 2011, 58; *Neun*, Vergaberechtsfreiheit des „Open-House-Modells", NZBau 2016, 681; *Otting*, Das Vergaberecht als Ordnungsrahmen in der Gesundheitswirtschaft zwischen GWB und SGB V, NZBau 2010, 734; *Paal/Rehmann*, Arzneimittelrabattgesetz und frühe Nutzenbewertung nach dem AMNOG, A&R 2011, 51; *Reese/Stallberg*, Abschlagspflicht gemäß § 130 a Abs. 1 SGB V für humane Blutgerinnungsfaktoren?, PharmR 2015, 222; *Röbke*, Besteht eine vergaberechtliche Ausschreibungspflicht für Rabattverträge nach § 130 a VIII SGB V?, NVwZ 2008, 726; *Sandrock/Stallberg*, Der Generikarabatt nach § 130 a Abs. 3 b Satz 1 SGB V, PharmR 2007, 498; *Schickert*, Rabatte für patentgeschützte Arzneimittel im Sozial- und Vergaberecht, PharmR 2009, 164; *Schwintowski/Klaue*, Wettbewerbsbeschränkungen durch Vergaberecht auf Arzneimittelmärkten, PharmR 2011, 469; *Sieben*, Krankenkassen und Kartellrecht: Sind bei der Integrierten Versorgung die Vergabevorschriften anzuwenden?, MedR 2007, 706; *Stallberg*, Herstellerzwangsabschläge als Rechtsproblem – Verwerfungen von GKV-Änderungsgesetz und AMNOG, PharmR 2011, 38; *Steiff/Sdunzig*, Der Eintritt der Unwirksamkeit direkt geschlossener Arzneimittelrabattverträge, NZBau 2013, 203; *Uwer/Koch*, Rabattverträge nach § 130 a Abs. 8 SGB V und die Umsetzung der Abgabepflicht nach § 129 Abs. 1 S. 3 SGB V unter besonderer Berücksichtigung von Original- und Importpräparaten, PharmR 2008, 461; *Wille*, Arzneimittel mit Patentschutz – Vergaberechtliche Rechtfertigung eines Direktvertrages?, A&R 2008, 164; *Willenbruch/Bischhoff*, Vergaberechtliche Anforderungen nach dem Gesetz gegen Wettbewerbsbeschränkungen GWB an den Abschluss von Rabattverträgen/Direktverträgen zwischen gesetzlichen Krankenkassen und Pharmaunternehmen gem. § 130 a Abs. 8 SGB V, PharmR 2005, 477; *Wolf/Jäkel*, Änderungen bei Rabattverträgen durch das AMNOG, PharmR 2011, 1.

I. Normzweck und systematische Anmerkungen	1	c) Patentfreie, wirkstoffgleiche Arzneimittel	12
II. § 130 a in der Judikatur des BVerfG	3	d) Abrechnung der Abschläge	13
III. Die Vorschrift im Einzelnen	4	2. Überprüfung der Abschläge	14
1. Abschläge der pharmazeutischen Unternehmer	4	3. Vereinbarungen von Rabatten	16
a) Anwendungsbereich	5	IV. Weitere Anpassung durch das GKV-Arzneimittelversorgungsstärkungsgesetz	19
b) Höhe des Abschlags	9		

I. Normzweck und systematische Anmerkungen

Die mit dem Gesetz zur Sicherung der Beitragssätze in der gesetzlichen Krankenversicherung und der gesetzlichen Rentenversicherung[2] normierte und zahlreichen Modifikationen unterworfene[3] Regelung des § 130 a hat eine **Rabattverpflichtung** der pharmazeutischen Unternehmer zum Gegenstand. 1

§ 130 a ist neben § 130 anwendbar[4] und dient im Verhältnis zwischen den Krankenkassen und den pharmazeutischen Unternehmern der finanziellen Entlastung der gesetzlichen Krankenversicherung.[5] 2

---

2 BGBl. I 2002, 4637.
3 Siehe Luthe in: Hauck/Noftz, SGB V, § 130 a Rn. 1; ferner Limpinsel in: Jahn ua, SGB V, § 130 a Rn. 1.
4 Axer in: Becker/Kingreen, § 130 a Rn. 1; Hess in: KassKomm, § 130 a Rn. 5.
5 BT-Dr. 15/28, 16; dazu auch Luthe in: Hauck/Noftz, SGB V, § 130 a Rn. 5; ders., SGb 2011, 316, 316.

II. § 130 a in der Judikatur des BVerfG

3 Nach der Judikatur des BVerfG sind sowohl die Abschläge[6] der pharmazeutischen Unternehmer als auch „die Verpflichtung der pharmazeutischen Großhändler und der Apotheker […], den Preisabschlag zu berechnen, den die Hersteller zu gewähren haben und der den Krankenkassen zu Gute kommen soll", als **Berufsausübungsregelungen** zu qualifizieren. Neben § 130 wurde § 130 a ebenfalls im Interesse der Sicherung der finanziellen Stabilität der gesetzlichen Krankenversicherung für verfassungsgemäß erachtet. Sowohl die Preisregulierung und ihre Ausgestaltung als auch die Abwicklungsregelungen sind danach zumutbar.[7]

III. Die Vorschrift im Einzelnen

4 **1. Abschläge der pharmazeutischen Unternehmer.** § 130 a statuiert kein unmittelbares Rechtsverhältnis zwischen den Krankenkassen[8] und den pharmazeutischen Unternehmern. Vielmehr erstatten aus Gründen der **Verwaltungsvereinfachung**[9] die pharmazeutischen Unternehmer den Apotheken Abschläge, die diese den Krankenkassen gewähren.[10] Wirtschaftlich durch den Zwangsabschlag belastet ist insofern der pharmazeutische Unternehmer. Die Unterscheidung zwischen Primär- und Sekundärebene hat zur Folge, dass ein „Erstattungsanspruch des Apothekers gegen den Hersteller […] voraus[setzt], dass der Krankenkasse zu Recht der Herstellerrabatt nach § 130 a Abs. 1 Satz 1 SGB V gewährt worden ist. Der Hersteller kann dabei zur Abwehr des Erstattungsanspruchs nach § 130 a Abs. 1 Satz 2 und 4 SGB V alle in Betracht kommenden Einwände tatsächlicher und rechtlicher Art geltend machen, also auch jene Einwände, die sich auf den Anspruch der Krankenkasse gegen den Apotheker auf den Preisabschlag nach § 130 a Abs. 1 Satz 1 SGB V beziehen."[11] Eine ergänzende Heranziehung bereicherungsrechtlicher Grundsätze entsprechend § 812 BGB kommt nicht in Betracht.[12] Ansprüche auf Rückzahlung der Abschläge kann der pharmazeutische Unternehmer gemäß Abs. 5 unmittelbar gegenüber den Krankenkassen geltend machen.

5 a) **Anwendungsbereich.** Der Begriff der pharmazeutischen Unternehmer nimmt auf § 4 Abs. 18 AMG Bezug.[13] Ferner sind „[e]rstattungsberechtigt […] nur diejenigen Apotheken,[14] die nach dem Regime des § 129 SGB V an der GKV-Arzneimittelversorgung teilnehmen und deshalb den Regelungen dieser Vorschrift sowie der §§ 130, 130 a SGB V unterworfen sind."[15]

6 Abs. 1 S. 1 nimmt ausdrücklich auf Arzneimittel Bezug, die zulasten der gesetzlichen Krankenversicherung abgegeben werden, so dass die betreffenden Arzneimittel grundsätzlich **ärztlich verordnet** sein und nach § 43 Abs. 3 AMG ausschließlich über die Apotheken vertrieben werden müssen.[16] Daher findet nach Abs. 1 S. 6 die Regelung lediglich Anwendung auf **Fertigarzneimittel**[17] im Sinne des § 4

---

6 Zum Begriff Limpinsel in: Jahn ua, SGB V, § 130 a Rn. 2.
7 BVerfG, 13.9.2005, 2 BvF 2/03, BVerfGE 114, 196, 244 ff.; zuvor BVerfG, 26.3.2003, 1 BvR 112/03, BVerfGE 108, 45 ff.; siehe dazu auch BSG, 27.10.2009, B 1 KR 7/09 R, SozR 4-2500 § 130 a Nr. 4; BSG, 29.4.2010, B 3 KR 3/09 R, SozR 4-2500 § 130 a Nr. 6; anders etwa Bickenbach, MedR 2010, 302 ff.; zum Ganzen Hase, FS Schnapp, 2008, 447 ff.; ferner v. Dewitz in: BeckOK SozR, SGB V, § 130 a Rn. 5 f.
8 Zur Anwendung gegenüber Unternehmen der privaten Krankenversicherung und den Trägern der Beihilfe nach dem Gesetz über die Rabatte für Arzneimittel Butzer/Soffner, NZS 2011, 841 ff.; Paal/Rehmann, A&R 2011, 51 ff.
9 Limpinsel in: Jahn ua, SGB V, § 130 a Rn. 3; siehe auch v. Dewitz in: BeckOK SozR, SGB V, § 130 a Rn. 8.
10 Dazu Axer in: Becker/Kingreen, § 130 a Rn. 12.
11 BSG, 29.4.2010, B 3 KR 3/09 R, SozR 4-2500 § 130 a Nr. 6; siehe auch Luthe, SGb 2011, 316, 319.
12 BSG, 17.12.2009, B 3 KR 14/08 R, SozR 4-2500 § 130 a Nr. 5.
13 Schneider in: jurisPK-SGB V, § 130 a Rn. 9.
14 Die Bezugnahme auf pharmazeutische Großhändler ist nach den Änderungen des § 130 a durch das Gesetz zur Neuordnung des Arzneimittelmarktes als Redaktionsversehen zu qualifizieren, siehe Hess in: KassKomm, § 130 a SGB V Rn. 3; dazu aber auch Knittel in: Krauskopf, § 130 a SGB V Rn. 9: „Die Möglichkeit, den Abschlag mit dem Großhandel zu vereinbaren, besteht weiterhin."; ebenso v. Dewitz in: BeckOK SozR, SGB V, § 130 a Rn. 8.
15 BSG, 17.12.2009, B 3 KR 14/08 R, SozR 4-2500 § 130 a Nr. 5.; zur Geltung gegenüber ausländischen (Versand-)Apotheken, die dem Rahmenvertrag nicht beigetreten sind BSG, 29.11.2016, B 3KR 21/16B mwN.
16 Luthe in: Hauck/Noftz, SGB V, § 130 a Rn. 9a; zur Unzulässigkeit des Abzugs der Rabatte der §§ 130, 130 a zu Lasten der Versicherten im Falle des Systemversagens LSG NRW, 28.2.2013, L 5 KN 182/10 KR, PharmR 2013, 360 ff.
17 Qua definitionem erfasst sind daher auch von Apotheken hergestellte und abgegebene Defekturen iSd §§ 21 Abs. 2 Nr. 1 AMG bzw. 8 ApBetrO.

Abs. 1 AMG,[18] für die kein Festbetrag nach §§ 35, 35a festgesetzt wurde (Abs. 3)[19] und deren Apothekenabgabepreis nach dem AMG oder – für **nicht verschreibungspflichtige Arzneimittel** – aufgrund des § 129 Abs. 5a bestimmt wird, sowie für Arzneimittel im Sinne des § 129a.[20] Dass Krankenhausapotheken Abschläge gewähren müssen, die bei der Abgabe von Arzneimitteln durch eine öffentliche Apotheke nach den Preisvorschriften des AMG erhoben würden, soll sicherstellen, dass für nach § 129a abgegebene Arzneimittel keine höheren Ausgaben entstehen als bei der Abgabe durch öffentliche Apotheken.[21]

Ausgehend von § 1 Abs. 3 Nr. 8 AMPreisV erhalten die Krankenkassen nach der expliziten Regelung des Abs. 1 S. 7 zudem einen Abschlag für **Fertigarzneimittel in parenteralen Zubereitungen**.[22] Abs. 2 regelt Besonderheiten für **Impfstoffe für Schutzimpfungen**. Obwohl nach § 1 Abs. 3 S. 1 Nr. 3a, 4 AMPreisV die AMPreisV keine Anwendung auf entsprechende Impfstoffe findet, anerkannte der Gesetzgeber im Interesse der Gewährleistung einer zweckmäßigen und wirtschaftlichen Versorgung der Bevölkerung mit Impfstoffen die Notwendigkeit gesetzlicher Regelungen über eine angemessene Vergütung der Impfstoffe:[23] Da Vergleiche mit internationalen Referenzpreisen gezeigt hätten, dass die nationalen Abgabepreise überdurchschnittlich hoch sind, sei – abweichend von der Systematik des Abs. 1 S. 1[24] – eine Begrenzung der Abgabepreise auf **internationale Referenzpreise** angezeigt. Die pharmazeutischen Unternehmer werden dementsprechend verpflichtet,[25] die Rabatthöhe ausgehend von den Preisen, die sie tatsächlich erhalten, zu ermitteln und im Rahmen ihrer Preismeldung sowie an den SpiBuKK zu übermitteln.[26] Umstritten ist allerdings, ob die Abgabepreise des jeweiligen pharmazeutischen Unternehmers relevant werden,[27] oder der pharmazeutische Unternehmer auch in vier anderen Mitgliedstaaten den Impfstoff anbieten muss.[28] Nach Abs. 2 S. 6 darf der entsprechende Höchstpreis jedenfalls nicht im Wege von Preisvereinbarungen überschritten werden.

Umstritten war auch die Geltung des Abs. 1 für **Versandapotheken** im Sinne des § 11a ApoG. Das BSG judizierte, dass „[d]ie Arzneimittel-Preisvorschriften […] als klassisches hoheitliches Eingriffsrecht schon nach allgemeinen Grundsätzen nicht auf Arzneimittel anwendbar [sind], die sich außerhalb des Inlands befinden."[29] Der Bundesgerichtshof legte demgegenüber dem Gemeinsamen Senat der obersten Gerichtshöfe des Bundes die Frage zur Entscheidung vor, ob das deutsche Arzneimittelpreisrecht auch für im Wege des Versandhandels nach Deutschland eingeführte Arzneimittel gilt. Diese Vorlage beruhte darauf, dass der Bundesgerichtshof nicht die Ansicht teilt, „dass die deutschen Preisvorschriften für eingeführte Arzneimittel mangels einer speziellen Regelung im Arzneimittelrecht insge-

---

18 Zur Abgabe von verschreibungs- und apothekenpflichtigen, aus Blutplasma hergestellten Fertigarzneimitteln BSG, 27.10.2009, B 1 KR 7/09 R, SozR 4-2500 § 130a Nr. 4; BSG, 29.4.2010, B 3 KR 3/09 R, SozR 4-2500 § 130a Nr. 6; ferner Hess in: KassKomm, § 130a SGB V Rn. 3: „Nicht preisgebundene Arzneimittel, wie Impfstoffe für Schutzimpfungen, Rezepturen und Blutprodukte unterliegen somit nicht der Abschlagsregelung."; dazu auch Knittel in: Krauskopf, § 130a SGB V Rn. 4 und Reese/Stallberg, PharmR 2015, 222.
19 Dazu aber auch Kuhlmann in: NK-MedR, § 130a SGB V Rn. 2; zur Frage, ob die Ausnahmeregelung des Abs. 3 auch auf die Erstattungsbeträge nach § 130b Abs. 1 bezogen werden kann, v. Dewitz in: BeckOK SozR, SGB V, § 130a Rn. 12.
20 Eingehend zum Anwendungsbereich BSG, 28.7.2008, B 1 KR 4/08 R, BSGE 101, 161, 163 ff.; ferner Luthe, SGb 2011, 316, 318.
21 BT-Dr. 17/2170, 36; ausführlich dazu Limpinsel in: Jahn ua, SGB V, § 130a Rn. 3; kritisch Stallberg, PharmR 2011, 38, 40.
22 BT-Dr. 16/12256, 66; ausführlich Luthe in: Hauck/Noftz, SGB V, § 130a Rn. 14; ferner Knittel in: Krauskopf, § 130a SGB V Rn. 4c.
23 BT-Dr. 17/3698, 54.
24 Zum Vorrang des Abs. 2 Luthe in: Hauck/Noftz, SGB V, § 130a Rn. 14e.
25 v. Dewitz in: BeckOK SozR, SGB V, § 130a Rn. 11; Hess in: KassKomm, § 130a SGB V Rn. 10; siehe dazu aber auch Luthe in: Hauck/Noftz, SGB V, § 130a Rn. 14c, der angesichts der Unmöglichkeit einer Übermittlung aller erforderlichen Angaben zum tatsächlichen Abgabepreis eine entsprechende Verpflichtung nur im Rahmen der rechtlichen und tatsächlichen Möglichkeit anerkennt; ferner Stallberg, PharmR 2011, 38, 44 f., der zudem den Verweis auf § 131 Abs. 4 lediglich als Möglichkeit zur Vornahme einer unterbliebenen Korrektur einer fehlerhaften Angabe qualifiziert.
26 BT-Dr. 17/3698, 54.
27 Schneider in: jurisPK-SGB V, § 130a Rn. 18.
28 Luthe in: Hauck/Noftz, SGB V, § 130a Rn. 14c; ferner Stallberg, PharmR 2011, 38, 44.
29 BSG, 28.7.2008, B 1 KR 4/08 R, BSGE 101, 161, 166; ferner BSG, 17.12.2009, B 3 KR 14/08 R, SozR 4-2500 § 130a Nr. 5: „Eine Apotheke, deren Teilnahme an der Arzneimittelversorgung auf individuellen vertraglichen Vereinbarungen zu einzelnen Krankenkassen beruht und die deshalb keiner gesetzlichen Verpflichtung zur Abführung des Herstellerrabatts unterliegt, hat auch keinen Anspruch auf Erstattung des sog Herstellerrabatts durch den pharmazeutischen Unternehmer." Eingehend dazu Mand, PharmR 2008, 582 ff.

samt unanwendbar sind."[30] Der Gemeinsame Senat der obersten Gerichtshöfe des Bundes hat daraufhin entschieden, dass die deutschen Vorschriften für den Apothekenabgabepreis auch für verschreibungspflichtige Arzneimittel gelten, die Apotheken mit Sitz in einem anderen Mitgliedstaat der Europäischen Union im Wege des Versandhandels nach Deutschland an Endverbraucher abgeben[31] – woraufhin der Gesetzgeber § 78 Abs. 1 AMG im Wege des Zweiten Gesetzes zur Änderung arzneimittelrechtlicher Vorschriften entsprechend angepasst hat.[32] Diese Rechtsprechung ist unterdessen durch die Entscheidung des EuGH (19.10.2016, C148/15) obsolet geworden, in welcher die Europarechtswidrigkeit der deutschen Preisvorschriften im Verhältnis zu ausländischen Apotheken ausgeurteilt wurde.

9 **b) Höhe des Abschlags.** Abs. 1 S. 1 sieht Abschläge – infolge des Vierzehnten Gesetzes zur Änderung des Fünften Buches Sozialgesetzbuch[33] – in Höhe von 7 % des Arzneimittelabgabepreises ohne Mehrwertsteuer vor.[34] Abs. 1 S. 2 regelt für patentfreie, wirkstoffgleiche Arzneimittel demgegenüber einen Abschlag in Höhe von 6 %. Sie bleiben infolge einer erst in der Beschlussempfehlung und dem Bericht des Ausschusses für Gesundheit vorgeschlagenen Ergänzung von der mit dem Vierzehnten Gesetz zur Änderung des Fünften Buches Sozialgesetzbuch bewirkten Erhöhung ausgenommen, da – so die Begründung der Beschlussempfehlung und des Berichts – im Markt der Generikahersteller ein intensiver Wettbewerb preisregulierende Wirkung habe und Rabattverträge und Festbetragssystem die Kosten regulierten, patentfreie, wirkstoffgleiche Arzneimittel überdies auch nicht von der Abschaffung der Nutzenbewertung für Bestandsarzneimittel oder dem Wegfall des erhöhten Herstellerabschlags nach Abs. 1a betroffen seien und eine Anhebung des sog Generikaabschlags nach Abs. 3b auf eine Gesamtabschlagssumme von 17 % nicht geboten sei.[35] Für verschreibungspflichtige Arzneimittel einschließlich Fertigarzneimittel in parenteralen Zubereitungen erhöhte Abs. 1a S. 1 aus Gründen der schlechteren Entwicklung der Einnahmen der gesetzlichen Krankenversicherung infolge der Wirtschafts- und Finanzkrise[36] vom 1. August 2010 bis zum 31. Dezember 2013 den Abschlag für verschreibungspflichtige Arzneimittel einschließlich Fertigarzneimittel in parenteralen Zubereitungen auf 16 %.[37] Abs. 1a S. 1 fand auf patentfreie, wirkstoffgleiche Arzneimittel gemäß Abs. 1a S. 2 hingegen keine Anwendung. Im Übrigen stellt Abs. 1a sicher, „dass die Krankenkassen eine Nachzahlung für die Herstellerabschläge erhalten, die durch die sog **Preisschaukel** vorenthalten wurden".[38]

10 Abs. 3a hat zur Folge, dass die Krankenkassen Abschläge in Höhe der **Preiserhöhungen** für Arzneimittel erhalten, die ab dem 1. August 2010 – ursprünglich bis zum 31. Dezember 2013, infolge des Dreizehnten und Vierzehnten Gesetzes zur Änderung des Fünften Buches Sozialgesetzbuch[39] – bis zum

---

30 BGH, 9.9.2010, I ZR 72/08, NJW 2010, 3724, 3725.
31 Gemeinsamer Senat der obersten Gerichtshöfe des Bundes, 22.8.2012, GmS-OGB 1/10, BGHZ 194, 354 ff.; zum Ganzen auch Knittel in: Krauskopf, § 130a SGB V Rn. 4a f.; gleichwohl hat das BSG jüngst entschieden, dass „[e]ine Apotheke mit Sitz in einem anderen Mitgliedstaat der Europäischen Union, deren Teilnahme an der Arzneimittelversorgung in Deutschland allein auf individuellen vertraglichen Vereinbarungen mit einzelnen Krankenkassen und nicht auf einem Beitritt zum Rahmenvertrag nach über die Arzneimittelversorgung beruht, [...] zumindest bis zum 29.7.2010 keinen Anspruch auf Erstattung des sog Herstellerrabatts [nach § 130a Abs. 1 S. 2 SGB V] durch den pharmazeutischen Unternehmer [hatte]", BSG, 24.1.2013, B 3 KR 11/11 R, SozR 4-2500 § 130a Nr. 8.
32 BGBl. I 2012, 2192; siehe ferner BT-Dr. 17/9341, 66.
33 BGBl. I 2014, 261. Zur Begründung der Erhöhung des Abschlages weist der Gesetzentwurf zunächst darauf hin, dass ein allgemeiner gesetzlicher Herstellerabschlag weiterhin erforderlich sei, der auch solche Arzneimittel ohne Festbetrag umfasse, die keiner Preisvereinbarung mit den Kostenträgern unterliegen. Die Erhöhung des Mengenrabatts sei überdies erforderlich, um die langjährig steigenden Arzneimittelausgaben teilweise zu kompensieren, die unabhängig von der Preisentwicklung durch die Umsatz-, Mengen- und Strukturentwicklung verursacht würden – zwar seien die Verordnungszahlen in den letzten Jahren nur moderat gestiegen, der Wert je Arzneimittelverordnung habe sich allerdings stark erhöht, BT-Dr. 18/201, 7.
34 Maßgeblich sind dabei die Angaben in der so genannten Lauer-Taxe, BSG, 2.7.2013, B 1 KR 18/12 R, SozR 4-2500 § 130a Nr. 9; ferner v. Dewitz in: BeckOK SozR, SGB V, § 130a Rn. 7.
35 BT-Dr. 18/606, 12.
36 BT-Dr. 17/2170, 36.
37 Das BVerfG hat eine Verfassungsbeschwerde aus Gründen der Subsidiarität nicht zur Entscheidung angenommen, BVerfG, 23.8.2010, 1 BvR 2002/10, NZS 2011, 382 ff.
38 BT-Dr. 17/3698, 54; ferner Axer in: Becker/Kingreen, § 130a Rn. 9; Hess in: KassKomm, § 130a SGB V Rn. 9; Limpinsel in: Jahn ua, SGB V, § 130a Rn. 6f.; Luthe in: Hauck/Noftz, SGB V, § 130a Rn. 3a; Murawski in: LPK-SGB V, § 130a Rn. 8; kritisch Stallberg, PharmR 2011, 38, 41 f.
39 BGBl. I 2013, 4382; BGBl. I 2014, 261.

31. Dezember 2017[40] und nunmehr durch das Arzneimittelversorgungsstärkungsgesetz (AMVSG) bis zum 31.12.2022[41] zu ihren Lasten abgegeben werden. Während Preiserhöhungen oberhalb des Festbetrages dabei ursprünglich nicht berücksichtigt wurden, da entsprechende Kosten nicht zulasten der gesetzlichen Krankenversicherung gehen,[42] wurde mit dem Vierzehnten Gesetz zur Änderung des Fünften Buches Sozialgesetzbuch das Preismoratorium für Arzneimittel ausdrücklich aufgehoben, für die ein Festbetrag aufgrund des § 35 festgesetzt ist. Dies war nach der Beschlussempfehlung und dem Bericht des Ausschusses für Gesundheit sachgerecht, da insoweit das Instrument der Festbeträge auf die Sicherstellung der Wirtschaftlichkeit der Versorgung hinwirkte – unterhalb des Festbetrages entfalteten die bestehende Konkurrenzsituation preisregulierende Wirkung; daneben erhöhten die zwischen den Krankenkassen und den pharmazeutischen Unternehmern geschlossenen Rabattverträge zusätzlich die Wettbewerbsintensität.[43] Entsprechende Abschläge werden nach Abs. 3 a S. 7 zusätzlich neben Abschlägen nach Abs. 1, 1 a, 3 b erhoben. Abschläge nach Abs. 1, 3 b werden gemäß Abs. 3 a S. 8 allerdings verrechnet. Abs. 3 a S. 3, 4 sollen darüber hinaus verhindern, dass Preiserhöhungen im Wege einer Änderung der Packungsgröße oder der Wirkstärke realisiert werden.[44] Einzelheiten dieses sog „erweiterten Preismoratoriums", welches letztlich Umgehungsversuchen der pharmazeutischen Industrie vorgreifen soll, werden künftig gem. S. 11 durch den Spitzenverband Bund der Krankenkassen im Benehmen mit dem für die Wahrnehmung der wirtschaftlichen Interessen gebildeten maßgeblichen Spitzenorganisationen der pharmazeutischen Unternehmer auf Bundesebene beschlossen. Damit sollen ausweislich der Entwurfsbegründung „die Weiterentwicklungen bewährter Wirkstoffe (...) nicht gehemmt werden".[45] Besonderheiten gelten nach Abs. 3 a S. 6 schließlich für **Importarzneimittel** im Sinne des § 129 Abs. 1 S. 1 Nr. 2.[46]

Im Rahmen des AMVSG hat nunmehr ein zusätzliches Korrektiv in Gestalt eines **Inflationsausgleichs** durch Abs. 3 a S. 2 Eingang in das Gesetz gefunden. Der für das Preismoratorium maßgebliche Referenzpreis zum 1.8.2009 wird insofern jährlich rechnerisch um die festgestellte Inflationsrate erhöht, mit der ausweislich des Gesetzgebers „die Entwicklung der Personal- und Sachkosten berücksichtigt werden kann."[47] „Auch wird durch einen Inflationsausgleich verhindert, dass aufgrund der Entwicklung einzelner Kostenfaktoren die Gewinnspannen der pharmazeutischen Industrie mit der Dauer immer stärker gekürzt werden."[48]

c) **Patentfreie, wirkstoffgleiche Arzneimittel.** Gemäß Abs. 3 b S. 1[49] erhalten die Krankenkassen für patentfreie, wirkstoffgleiche Arzneimittel, für die es mindestens zwei wirkstoffgleiche Arzneimittel mit

---

40 Zur Begründung der Verlängerung wies der Entwurf des Vierzehnten Gesetzes zur Änderung des Fünften Buches Sozialgesetzbuch auf mehrere Umstände hin: Zunächst solle der ab dem Jahr 2014 zu erwartende Anstieg der Ausgaben der Krankenkassen für Arzneimittel begrenzt werden – erstens seine Ausgabensteigerungen auf Grund des Wegfalls des befristet erhöhten Herstellerabschlags nach Abs. 1 a zu erwarten, zweitens gleiche der nur geringfügig steigende gesetzliche Herstellerabschlag nach Abs. 1 dies nur zu einem kleinen Teil aus, drittens hätten pharmazeutische Unternehmer in den vergangenen Jahren bereits Preiserhöhungen vorgenommen, die wegen des Preismoratoriums bisher nicht zu Lasten der Krankenkassen wirksam wurden und viertens sei schließlich ein Anstieg der Arzneimittelausgaben in der gesetzlichen Krankenversicherung zu erwarten. Zudem stehe die Verlängerung des Preismoratoriums im Zusammenhang mit der Streichung des so genannten Bestandsmarktaufrufs nach dem bisherigen § 35 a Abs. 6 – um eine sachgerechte Preis- und Ausgabenentwicklung auch für Bestandsmarktarzneimittel gewährleisten zu können, sei die befristete Verlängerung des Preismoratoriums erforderlich, da ohne diese Maßnahme die Ausgabenentwicklung wieder maßgeblich durch die einseitige Preisgestaltung der pharmazeutischen Unternehmer abhängig sei, die durch andere gesetzliche Maßnahmen in der Vergangenheit nur unzureichend hätten aufgefangen werden können, BT-Dr. 18/201, 7 ff.
41 Zur Begründung der nochmaligen Verlängerung s. BT-Dr. 601/16, 14: „Für Arzneimittel, die ansonsten keinen Preisregulierungen wie einem Festbetrag oder Erstattungsbetrag unterliegen, wird das Preismoratorium bis zum Ende des Jahres 2022 zur Sicherung der finanziellen Stabilität und damit der Funktionsfähigkeit der gesetzlichen Krankenversicherung verlängert."
42 BT-Dr. 16/691, 17; siehe auch Hess in: KassKomm, § 130 a SGB V Rn. 12; Knittel in: Krauskopf, § 130 a SGB V Rn. 6 a.
43 BT-Dr. 18/606, 13.
44 Luthe in: Hauck/Noftz, SGB V, § 130 a Rn. 18; Schneider in: jurisPK-SGB V, § 130 a Rn. 19.
45 BR-Dr. 601/16, 29.
46 Siehe dazu BT-Dr. 16/194, 10.
47 BT-Dr. 18/10208, 19.
48 BT-Dr: 18/10208, 33.
49 Das BVerfG hat eine gegen Abs. 3 b S. 5, 6 gerichtete Verfassungsbeschwerde wegen fehlender grundsätzlicher verfassungsrechtlicher Bedeutung nicht zur Entscheidung angenommen, BVerfG, 15.5.2007, 1 BvR 866/07, NZS 2008, 34 ff.

unterschiedlichen Warenzeichen gibt,[50] ab dem 1. April 2006 einen Abschlag von **10 %** des Abgabepreises des pharmazeutischen Unternehmers ohne Mehrwertsteuer. Der Begriff der patentfreien, wirkstoffgleichen Arzneimittel wird als funktionaler, auf das gesamte Arzneimittel bezogener Begriff der Patentfreiheit und der Wirkstoffgleichheit interpretiert.[51] Die Erhöhung der Abschläge für diese Arzneimittel gegenüber Abs. 1 S. 1 qualifiziert der Gesetzgeber als Folgeregelung des Verbotes von Zuwendungen, insbesondere Naturalrabatten.[52] Abs. 3 b S. 3 setzt darüber hinaus Anreize für Preissenkungen, wonach Arzneimittel, deren Abgabepreis ohne Mehrwertsteuer 30 % niedriger als der jeweils gültige Festbetrag ist, vom Anwendungsbereich der Abs. 3 b S. 1, 2 ausgenommen sind.[53]

13 d) **Abrechnung der Abschläge.** Die Abschläge sind den Apotheken nach Abs. 1 S. 5 innerhalb von **zehn Tagen** nach Geltendmachung des Anspruches zu erstatten. Nach Ablauf der Frist kann die Apotheke die Abschläge gemäß Abs. 7 gegenüber pharmazeutischen Großhändlern verrechnen. Zum Nachweis der Abschläge übermitteln die Apotheken gemäß Abs. 6 S. 1 die **Arzneimittelkennzeichen** über die abgegebenen Arzneimittel sowie deren **Abgabedatum** auf der Grundlage der den Krankenkassen nach § 300 Abs. 1 übermittelten Angaben maschinenlesbar an die pharmazeutischen Unternehmer. Maßgeblich ist folglich nicht, welche Abschläge den Krankenkassen gewährt wurden, sondern grundsätzlich lediglich, welche Abschläge zu gewähren gewesen wären.[54] Ausgehend von § 131 Abs. 4, 5[55] sind die pharmazeutischen Unternehmer gemäß Abs. 6 S. 3 zudem verpflichtet, die erforderlichen Angaben zur Bestimmung der Abschläge an die für die Wahrnehmung der wirtschaftlichen Interessen maßgeblichen Organisationen der Apotheker sowie den SpiBuKK zur Erfüllung ihrer gesetzlichen Aufgaben auf maschinell lesbaren Datenträgern zu übermitteln.

14 **2. Überprüfung der Abschläge.** Das Bundesministerium für Gesundheit hat nach Abs. 4 S. 1 Abschläge im Sinne von Abs. 1, 1a, 3a durch Rechtsverordnung **aufzuheben oder zu verringern**, wenn und soweit diese nach der gesamtwirtschaftlichen Lage, einschließlich ihrer Auswirkung auf die gesetzliche Krankenversicherung, nicht mehr gerechtfertigt sind.[56] Maßgeblich ist unter Berücksichtigung eines weiten wirtschafts- und sozialpolitischen Gestaltungsspielraums, ob Abschläge „bei günstiger wirtschaftlicher Lage von den Krankenkassen ohne Einbußen für die Versorgungssicherheit der Versicherten im Rahmen ordnungsgemäßer Haushaltsführung aufgefangen werden können."[57]

15 Auf der Grundlage des Art. 4 der Richtlinie 89/105/EWG können pharmazeutische Unternehmer gemäß Abs. 4 S. 2, Abs. 9 zudem **Anträge auf Ausnahmen** stellen.[58] „Besondere Gründe in diesem Sinn können etwa vorliegen wenn der erhöhte Abschlag aufgrund einer besonderen Marktsituation die finanzielle Leistungsfähigkeit des Unternehmens gefährden würde."[59] Das Interesse an wirtschaftlich erbrachten Leistungen ist mit den wirtschaftlichen Interessen der pharmazeutischen Unternehmer, die Abschläge im Sinne des § 130 a nicht sachgerecht erscheinen lassen,[60] in transparenter und gerechter

---

50 BT-Dr. 16/194, 10.
51 Sandrock/Stallberg, PharmR 2007, 498 ff.; ferner Reese/Stallberg in: Dieners/Reese, § 17 Rn. 225 ff.; siehe auch SG Berlin, 21.11.2012, S 208 KR 99/11: „nicht nur die wirkstoffbezogen, sondern insgesamt die arzneimittelbezogenen Patente [sollten] Berücksichtigung [...] [in] Bezug auf § 130 a Abs. 3 b SGV V finden"; zum Anwendungsbereich schließlich Murawski in: LPK-SGB V, § 130 a Rn. 13, die auf §§ 24 a, b AMG Bezug nimmt.
52 BT-Dr. 16/194, 10; ausführlich Limpinsel in: Jahn ua, SGB V, § 130 a Rn. 8 e.
53 Hess in: KassKomm, § 130 a SGB V Rn. 17; zur Bemessung der Abschläge Knittel in: Krauskopf, § 130 a SGB V Rn. 7; Limpinsel in: Jahn ua, SGB V, § 130 a Rn. 8 f f.; Luthe in: Hauck/Noftz, SGB V, § 130 a Rn. 23 ff.
54 Schneider in: jurisPK-SGB V, § 130 a Rn. 28.
55 Schneider in: jurisPK-SGB V, § 130 a Rn. 29.
56 Zum europarechtlichen Regelungskontext BSG, 28.7.2008, B 1 KR 4/08 R, BSGE 101, 161, 174 ff.; zur Frage, ob ein Begründungszwang sowie eine Korrekturpflicht besteht, Gassner, PharmR 2012, 248 ff.
57 Luthe in: Hauck/Noftz, SGB V, § 130 a Rn. 28.
58 Zur Begründungspflicht Murawski in: LPK-SGB V, § 130 a Rn. 16 mit dem Hinweis, über Anträge müsse fristgerecht (§ 34 Abs. 6 S. 4) entschieden werden können; dazu auch Hess in: KassKomm, § 130 a SGB V Rn. 18; die Kostenpflichtigkeit von Anträgen nach den Verfahrensregeln des Bundesamtes für Wirtschaft und Ausfuhrkontrolle ist gemäß Abs. 4 S. 7 überdies zulässig, dazu BT-Dr. 17/2170, 38; zum Prinzip der Vollkostenerstattung v. Dewitz in: BeckOK SozR, SGB V, § 130 a Rn. 18.
59 BT-Dr. 17/2170, 37; ausführlich v. Dewitz in: BeckOK SozR, SGB V, § 130 a Rn. 16.
60 Zu den Besonderheiten nach Abs. 9 BT-Dr. 17/2170, 38; ferner Limpinsel in: Jahn ua, SGB V, § 130 a Rn. 12 c.

Weise abzuwägen.[61] Eine unzumutbare finanzielle Belastung der pharmazeutischen Unternehmer ist anzunehmen, wenn mit eigenen finanziellen Mitteln, Beiträgen der Gesellschafter oder anderweitigen Maßnahmen die Illiquidität nicht vermieden werden kann; die Voraussetzungen sollen jährlich nachzuweisen und zu überprüfen sein.[62] Entscheidungen des Bundesministeriums der Gesundheit oder der nach Abs. 4 S. 8 zuständigen Bundesoberbehörde[63] sind als gebundene Verwaltungsakte zu qualifizieren.[64]

3. Vereinbarungen von Rabatten. Die Krankenkassen oder ihre Verbände können gemäß Abs. 8 mit pharmazeutischen Unternehmern – in der Höhe nicht näher vorgegebene[65] – auch Rabatte für die zu ihren Lasten abgegebenen Arzneimittel in Gestalt öffentlich-rechtlicher Verträge[66] vereinbaren.[67] Aus Gründen der Planungssicherheit und der Compliance sowie mit Blick auf das Vergaberecht sollen die Verträge gemäß Abs. 8 S. 8 zwei Jahre gültig sein.[68] Rabatte sind nach Abs. 8 S. 5 von den pharmazeutischen Unternehmern an die Krankenkassen zu vergüten. Sie berühren nach Abs. 8 S. 6 die Abschläge nach Abs. 3 a, 3 b nicht; Abschläge nach Abs. 1, 1 a, 2 können hingegen abgelöst werden, sofern dies ausdrücklich vereinbart ist.[69] Des Weiteren sind Rabatte im Sinne des Abs. 8 gemäß Abs. 1 a S. 3 auf den erhöhten Herstellerabschlag anzurechnen, um eine Kündigung von Rabattvereinbarungen zu verhindern.[70] Bedeutung erlangt die Möglichkeit zur Vereinbarung von Rabatten vorrangig nach Maßgabe des § **129 Abs. 1 S. 3, 7**.[71] § 130 c ist gegenüber Abs. 8 lex specialis.[72]

16

---

61 Luthe in: Hauck/Noftz, SGB V, § 130 a Rn. 30; Barth in: Spickhoff, Medizinrecht, § 130 a SGB V Rn. 9; das BVerfG stellte fest, dass der unbestimmte Rechtsbegriff der besonderen Gründe unter Rückgriff auf die übrige Systematik des Abs. 4 auszulegen sei, BVerfG, 23.8.2010, 1 BvR 2002/10, NZS 2011, 382, 383; zum Ganzen Axer in: Becker/Kingreen, § 130 a Rn. 16.
62 Wohl unter Bezugnahme auf das Antragsverfahren beim Bundesamt für Wirtschaft und Ausfuhrkontrolle Limpinsel in: Jahn ua, SGB V, § 130 a Rn. 9 a f.
63 Die Zuständigkeit wurde auf das Bundesamt für Wirtschaft und Ausfuhrkontrolle übertragen; das BVerfG stellte fest, dass das Fehlen von Verwaltungsvorschriften im Sinne des § 30 a Abs. 4 S. 4 einer Antragstellung nicht entgegenstehen, BVerfG, 23.8.2010, 1 BvR 2002/10, NZS 2011, 382, 383.
64 Luthe in: Hauck/Noftz, SGB V, § 130 a Rn. 29 f., der sowohl Gebührenbescheide nach Abs. 4 S. 7 als auch Entscheidungen über Ausnahmen als Verwaltungsakte qualifiziert; siehe dazu auch v. Dewitz in: BeckOK SozR, SGB V, § 130 a Rn. 16; Schneider in: jurisPK-SGB V, § 130 a Rn. 26.
65 Reese/Stallberg in: Dieners/Reese, § 17 Rn. 306; siehe auch Axer in: Becker/Kingreen, § 130 a Rn. 21 der grundsätzlich einen weiten Gestaltungsspielraum annimmt.
66 Siehe Axer in: Becker/Kingreen, § 130 a Rn. 21; Knittel in: Krauskopf, § 130 a SGB V Rn. 10; Luthe in: Hauck/Noftz, SGB V, § 130 a Rn. 36; Schneider in: jurisPK-SGB V, § 130 a Rn. 37.
67 Zu Vertragsinhalten Luthe in: Hauck/Noftz, SGB V, § 130 a Rn. 38; Barth in: Spickhoff, Medizinrecht, § 130 a SGB V Rn. 11 f.; zu Rabattvereinbarungen, die sich auf einzelne zugelassene Indikationen des Arzneimittels beziehen, Hess in: KassKomm, § 130 a SGB V Rn. 24; zur Frage der Zulässigkeit einer gemeinsamen Information von Krankenkassen und pharmazeutischen Unternehmern gegenüber Leistungserbringern s. Gaßner, NZS 2016, 921.
68 BT-Dr. 17/2413, 30; ferner Murawski in: LPK-SGB V, § 130 a Rn. 21; schließlich Hess in: KassKomm, § 130 a SGB V Rn. 26 f., der auf die Bedeutung der Beteiligung Dritter im Zusammenhang mit Wahltarifen sowie der integrierten Versorgung hinweist.
69 Limpinsel in: Jahn ua, SGB V, § 130 a Rn. 12 ergänzt, dass Vereinbarungen im Sinne des Abs. 8 S. 1 „nicht zu höheren Ausgaben der Krankenkassen" führen dürfen; ähnlich v. Dewitz in: BeckOK SozR, SGB V, § 130 a Rn. 22.
70 Luthe in: Hauck/Noftz, SGB V, § 130 a Rn. 8 c; Limpinsel in: Jahn ua, SGB V, § 130 a Rn. 6; siehe dazu aber auch Stallberg, PharmR 2011, 38, 42.
71 Luthe in: Hauck/Noftz, SGB V, § 130 a Rn. 3 b, 5, 35, der allerdings die Regelung des § 129 Abs. 1 S. 5 kritisiert; ferner Schneider in: jurisPK-SGB V, § 130 a Rn. 32; eingehend Uwer/Koch, PharmR 2008, 461 ff.; weiterführend Reese/Stallberg in: Dieners/Reese, § 17 Rn. 310, 312 ff.
72 Luthe in: Hauck/Noftz, SGB V, § 130 a Rn. 4 c; s. differenzierter dazu Gabriel/Kaufmann, PharmR 2014, 553.

17 Vor dem Inkrafttreten des § 69 Abs. 2 S. 1 war umstritten, ob Vereinbarungen im Sinne des Abs. 8 S. 1 als öffentliche Aufträge dem **Vergaberecht**[73] verpflichtet sind.[74] Der Judikatur des EuGH[75] wurde die Maßgabe abgewonnen, dass Krankenkassen mit Blick auf Vereinbarungen im Sinne des Abs. 8 S. 1 als öffentliche Auftraggeber zu qualifizieren sind.[76] Vereinbarungen im Sinne des Abs. 8 wurden allerdings in der Judikatur der – nach § 51 Abs. 3 SGG nunmehr ausdrücklich unzuständigen[77] – Landessozialgerichtsbarkeit dennoch nicht einheitlich als öffentliche Aufträge behandelt. Während die Verordnung von Arzneimitteln durch Vertragsärzte der Anwendbarkeit des Vergaberechts nicht schon grundsätzlich entgegenstehen sollte, da diese kraft der ihnen durch das Vertragsarztrecht verliehenen Kompetenzen als Vertreter der Krankenkassen handeln, wurde mit Blick auf patentfreie, wirkstoffgleiche Arzneimittel einerseits lediglich im Falle der **Zusicherung von Exklusivität** die Anwendbarkeit des Vergaberechts betont.[78] Anderseits wurde aus **§ 129 Abs. 1 S. 3** aber auch abgeleitet, dass Vereinbarungen im Sinne des Abs. 8 S. 1 grundsätzlich einer Ausschreibung bedürfen.[79] Angesichts der Regelung des § 129 Abs. 1 S. 7[80] wurde dementsprechend auch eine Ausschreibung von Vereinbarungen im Sinne des Abs. 8 S. 1 für notwendig erachtet, die **patentgeschützte Arzneimittel** betreffen.[81]
Nunmehr steht aufgrund der Rechtsprechung des EuGH[82] fest, dass sog „**Open-House-Modelle**",[83] die sich im Kern durch kassenseits festgeschriebene Bedingungen und eine Nicht-Exklusivität auszeichnen, grundsätzlich nicht dem Vergaberecht unterliegen.

18 Mit dem Zweiten Gesetz zur Änderung arzneimittelrechtlicher und anderer Vorschriften[84] hat der Gesetzgeber über § 69 Abs. 2 S. 1 hinaus einen **pragmatischen Lösungsansatz** gewählt: Nach Abs. 8 S. 8 wurden Verträge, die nicht nach Maßgabe der Vorschriften des Vierten Teils des Gesetzes gegen Wettbewerbsbeschränkungen abgeschlossen wurden, mit Ablauf des 30. April 2013 **unwirksam** und konnten durch neue, unter Berücksichtigung dieser Vorgaben geschlossene Verträge ersetzt werden.[85]

---

73 Zu § 69 Abs. 2 S. 1 Axer in: Becker/Kingreen, § 130 a Rn. 22, 25; Luthe in: Hauck/Noftz, SGB V, § 130 a Rn. 49 f.; Murawski in: LPK-SGB V, § 130 a Rn. 24 ff.; eingehend Byok/Csaki, KrV 2013, 145 ff.; Holzmüller, NZS 2011, 485 ff.; Natz, A&R 2011, 58 ff.; Jansen/Johannsen, PharmR 2010, 576 ff.; siehe auch Kingreen, SozSich 2010, 391 ff.
74 Luthe, SGb 2011, 372 ff.; Schwintowski/Klaue, PharmR 2011, 469 ff.; Meyer-Hofmann/Hahn, A&R 2010, 59 ff.; Otting, NZBau 2010, 734 ff.; Reese/Stallberg in: Dieners/Reese, § 17 Rn. 37 ff.; Gabriel/Weiner, NZS 2009, 422 ff.; Kamann/Gey, PharmR 2009, 114 ff.; Engelmann, SGb 2008, 133 ff.; Knispel, SozSich 2008, 110 ff.; Müller, A&R 2008, 21 ff.; Röbke, NVwZ 2008, 726 ff.; Byok, GesR 2007, 553 ff.; ders./Csaki, NZS 2008, 403 ff.; Sieben, MedR 2007, 706 ff.; Willenbruch/Bischhoff, PharmR 2005, 477 ff.
75 EuGH, 10.6.2009, C-300/07, Slg 2009, I-4779.
76 Siehe Luthe in: Hauck/Noftz, SGB V, § 130 a Rn. 41 f.; ausführlich Knittel in: Krauskopf, § 130 a SGB V Rn. 12 ff.
77 Zum Rechtsweg Wolf/Jäkel, PharmR 2011, 1, 6; siehe auch Gabriel, VergabeR 2011, 372, 380 ff.; ferner Murawski in: LPK-SGB V, § 130 a Rn. 27, 30; zuvor noch Kahl/Gärditz, NZS 2008, 337 ff.; Karenfort/Stopp, NZBau 2008, 232 ff.
78 LSG BW, 23.1.2009, L 11 WB 5971/08, VergabeR 2009, 452 ff.; ferner Knittel in: Krauskopf, § 130 a SGB V Rn. 15 f.
79 LSG NRW, 10.9.2009, L 21 KR 53/09 SFP, VergabeR 2010, 135 ff.; zu den Besonderheiten bei der Ausschreibung von Rahmenvereinbarungen sowie „open-house-Modellen" Luthe in: Hauck/Noftz, SGB V, § 130 a Rn. 37, 45 f.; ausführlich Meyer-Hofmann/Hahn, A&R 2010, 59 ff.; Boldt, PharmR 2009, 377 ff.
80 Siehe Schneider in: jurisPK-SGB V, § 130 a Rn. 34.
81 Dazu auch noch Byok/Csaki/Mandl, GesR 2010, 659 ff.; Lietz/Natz, A&R 2009, 3 ff.; Schickert, PharmR 2009, 164 ff.; Gabriel, NZS 2008, 455 ff.; Wille, A&R 2008, 164 ff. Im Rahmen der Frage möglicher Patentverletzungen durch Beitritt zu einem Rabattvertrag („skinny labeling") s. LG Hamburg, 2.4.2015, 327 O 67/15 (n.rk), derzeit anhängig: OLG Hamburg, 3 U 65/15. Außerdem OLG Düsseldorf, 1.12.2015, VII-Verg 20/15; instruktiv zu der Problematik: Conrad, NZS 2016, 687.
82 EuGH, 2.6.2016, C-410/14. Der Entscheidung voraus ging die Vorlagefrage des OLG Düsseldorf, 13.8.2014, VII-Verg 13/14.
83 Dazu auch Neun, NZBau 2016, 681.
84 BGBl. I 2012, 2192.
85 BT-Dr. 17/10156, 95 f.: Trotz der ausdrücklichen Klarstellung des § 69 Abs. 2 S. 4 „führen einzelne gesetzliche Krankenkassen die bisherigen mit Vergaberecht nicht mehr zu vereinbarenden Verträge weiter oder haben im Einzelfall neue Verträge unter Missachtung des geltenden Rechts abgeschlossen. [...] Mit der Regelung werden Altverträge, die zum Zeitpunkt ihres Abschlusses nach den vergaberechtlichen Bestimmungen so nicht hätten geschlossen werden dürfen, nach einer mehrmonatigen Übergangszeit nach dem Inkrafttreten der Regelung beendet. Damit wird ermöglicht, dass ab 2013 nur noch Verträge gelten, die nach vergaberechtlichen Grundsätzen ausgeschrieben wurden. [...] Die betroffenen pharmazeutischen Unternehmer haben unter dem Gesichtspunkt des Bestandsschutzes kein überwiegendes schutzwürdiges Interesse am Fortbestand der jeweiligen Verträge."; ausführlich dazu Csaki/Münnich, PharmR 2013, 159 ff.; Steiff/Sdunzig, NZBau 2013, 203 ff.

Ebenfalls neu aufgenommen in die Vorschrift wurde mit Abs. 8a eine Ausschreibung von Zytostatika zur Versorgung von Patienten, die durch Bezugnahme auf die S. 2 bis 7 des Abs. 8 den Rabattverträgen nachgebildet sein soll.[86]

IV. Weitere Anpassung durch das GKV-Arzneimittelversorgungsstärkungsgesetz

Durch das GVK-Arzneimittelversorgungsstärkungsgesetz vom 4. Mai 2017[87] werden mWv 1. März 2018 nach Abs. 8 S. 2 die folgenden S. eingefügt:

„³Verträge nach Satz 1 über patentfreie Arzneimittel sind so zu vereinbaren, dass die Pflicht des pharmazeutischen Unternehmers zur Gewährleistung der Lieferfähigkeit frühestens sechs Monate nach Versendung der Information nach § 134 Absatz 1 des Gesetzes gegen Wettbewerbsbeschränkungen und frühestens drei Monate nach Zuschlagserteilung beginnt. ⁴Der Bieter, dessen Angebot berücksichtigt werden soll, ist zeitgleich zur Information nach § 134 Absatz 1 des Gesetzes gegen Wettbewerbsbeschränkungen über die geplante Annahme des Angebots zu informieren."

Diese mit dem AMVSG eingefügte Fristenregelung des (neuen) S. 3, wonach Lieferpflicht des pharmazeutischen Unternehmers frühestens 6 Monate nach Zuschlagsinformation bzw. 3 Monate nach Zuschlagserteilung bestehen soll, dient ebenfalls der Planungssicherheit (→ Rn. 15): Gerade KMU hatten in der Vergangenheit noch Probleme, der Lieferverpflichtung zu Vertragsbeginn nachzukommen, da eine Aufstockung der Lagervorräte bzw. das Herauffahren der Produktionskapazitäten nicht schnell genug erfolgen konnten. Die nunmehr geregelten Übergangsfristen sollen dem vorbeugen.

Im Zuge dieser Änderung des Abs. 8 passt der Gesetzgeber konsequenterweise auch Abs. 8 a S. 2 an, in dem die Wörter „Satz 2 bis 7" durch die Wörter „Satz 2 bis 9" ersetzt werden.

§ 130 b Vereinbarungen zwischen dem Spitzenverband Bund der Krankenkassen und pharmazeutischen Unternehmern über Erstattungsbeträge für Arzneimittel, Verordnungsermächtigung

(1) ¹Der Spitzenverband Bund der Krankenkassen vereinbart mit pharmazeutischen Unternehmern im Benehmen mit dem Verband der privaten Krankenversicherung auf Grundlage des Beschlusses des Gemeinsamen Bundesausschusses über die Nutzenbewertung nach § 35 a Absatz 3 mit Wirkung für alle Krankenkassen Erstattungsbeträge für Arzneimittel, die mit diesem Beschluss keiner Festbetragsgruppe zugeordnet wurden. ²Dabei soll jeweils ein Vertreter einer Krankenkasse an der Verhandlung teilnehmen; das Nähere regelt der Spitzenverband Bund der Krankenkassen in seiner Satzung. ³Für Arzneimittel nach § 129 a kann mit dem pharmazeutischen Unternehmer höchstens der Erstattungsbetrag vereinbart werden. ⁴§ 130 a Absatz 8 Satz 4 gilt entsprechend. ⁵Die Vereinbarung soll auch Anforderungen an die Zweckmäßigkeit, Qualität und Wirtschaftlichkeit einer Verordnung beinhalten. ⁶Der pharmazeutische Unternehmer soll dem Spitzenverband Bund der Krankenkassen die Angaben zur Höhe seines tatsächlichen Abgabepreises in anderen europäischen Ländern übermitteln. ⁷Die Verhandlungen und deren Vorbereitung einschließlich der Beratungsunterlagen und Niederschriften zur Vereinbarung des Erstattungsbetrages sind vertraulich.

(1 a) ¹Bei einer Vereinbarung nach Absatz 1 können insbesondere auch mengenbezogene Aspekte, wie eine mengenbezogene Staffelung oder ein jährliches Gesamtvolumen, vereinbart werden. ²Eine Vereinbarung nach Absatz 1 kann auch das Gesamtausgabenvolumen des Arzneimittels unter Beachtung seines Stellenwerts in der Versorgung berücksichtigen. ³Dies kann eine Begrenzung des packungsbezogenen Erstattungsbetrags oder die Berücksichtigung mengenbezogener Aspekte erforderlich machen. ⁴Das Nähere zur Abwicklung solcher Vereinbarungen, insbesondere im Verhältnis zu den Krankenkassen und im Hinblick auf deren Mitwirkungspflichten, regelt der Spitzenverband Bund der Krankenkassen in seiner Satzung.

(2) ¹Eine Vereinbarung nach Absatz 1 soll vorsehen, dass Verordnungen des Arzneimittels von der Prüfungsstelle als bei den Wirtschaftlichkeitsprüfungen nach den §§ 106 bis 106 c zu berücksichtigende Praxisbesonderheiten anerkannt werden, wenn der Arzt bei der Verordnung im Einzelfall die dafür vereinbarten Anforderungen an die Verordnung eingehalten hat. ²Diese Anforderungen sind in den

---

86 Zur Begründung s. BT-Dr. 601/16, 32.
87 BGBl. I 2017, 1050.

Programmen zur Verordnung von Arzneimitteln nach § 73 Absatz 9 Satz 1 zu hinterlegen. ³Das Nähere ist in den Verträgen nach § 82 Absatz 1 zu vereinbaren.

(3) ¹Für ein Arzneimittel, das nach dem Beschluss des Gemeinsamen Bundesausschusses nach § 35 a Absatz 3 keinen Zusatznutzen hat und keiner Festbetragsgruppe zugeordnet werden kann, soll ein Erstattungsbetrag nach Absatz 1 vereinbart werden, der nicht zu höheren Jahrestherapiekosten führt als die nach § 35 a Absatz 1 Satz 7 bestimmte zweckmäßige Vergleichstherapie. ²Sind nach § 35 a Absatz 1 Satz 7 mehrere Alternativen für die zweckmäßige Vergleichstherapie bestimmt, soll der Erstattungsbetrag nicht zu höheren Jahrestherapiekosten führen als die wirtschaftlichste Alternative. ³Absatz 2 findet keine Anwendung. ⁴Soweit nichts anderes vereinbart wird, kann der Spitzenverband Bund der Krankenkassen zur Festsetzung eines Festbetrags nach § 35 Absatz 3 die Vereinbarung abweichend von Absatz 7 außerordentlich kündigen. ⁵Für ein Arzneimittel, für das ein Zusatznutzen nach § 35 a Absatz 1 Satz 5 als nicht belegt gilt, ist ein Erstattungsbetrag zu vereinbaren, der zu in angemessenem Umfang geringeren Jahrestherapiekosten führt als die nach § 35 a Absatz 1 Satz 7 bestimmte zweckmäßige Vergleichstherapie. ⁶Sind nach § 35 a Absatz 1 Satz 7 mehrere Alternativen für die zweckmäßige Vergleichstherapie bestimmt, ist ein Erstattungsbetrag zu vereinbaren, der zu in angemessenem Umfang geringeren Jahrestherapiekosten führt als die wirtschaftlichste Alternative.

(3 a) ¹Der nach Absatz 1 vereinbarte Erstattungsbetrag gilt einschließlich der Vereinbarungen für die Anerkennung von Praxisbesonderheiten nach Absatz 2 für alle Arzneimittel mit dem gleichen neuen Wirkstoff, die ab dem 1. Januar 2011 in Verkehr gebracht worden sind. ²Er gilt ab dem 13. Monat nach dem erstmaligen Inverkehrbringen eines Arzneimittels mit dem Wirkstoff. ³Wird auf Grund einer Nutzenbewertung nach Zulassung eines neuen Anwendungsgebiets ein neuer Erstattungsbetrag vereinbart, gilt dieser ab dem 13. Monat nach Zulassung des neuen Anwendungsgebiets. ⁴In den Fällen, in denen die Geltung des für ein anderes Arzneimittel mit dem gleichen Wirkstoff vereinbarten Erstattungsbetrags im Hinblick auf die Versorgung nicht sachgerecht wäre oder eine unbillige Härte darstellen würde, vereinbart der GKV-Spitzenverband mit dem pharmazeutischen Unternehmer abweichend von Satz 1 insbesondere einen eigenen Erstattungsbetrag. ⁵Der darin vereinbarte Erstattungsbetrag gilt ebenfalls ab dem 13. Monat nach dem erstmaligen Inverkehrbringen eines Arzneimittels mit dem Wirkstoff mit der Maßgabe, dass die Differenz zwischen dem Erstattungsbetrag und dem bis zu dessen Vereinbarung tatsächlich gezahlten Abgabepreis auszugleichen ist. ⁶Das Nähere, insbesondere zur Abgrenzung der Fälle nach Satz 4, ist in der Vereinbarung nach Absatz 9 zu regeln.

(4) ¹Kommt eine Vereinbarung nach Absatz 1 oder 3 nicht innerhalb von sechs Monaten nach Veröffentlichung des Beschlusses nach § 35 a Absatz 3 oder nach § 35 b Absatz 3 zustande, setzt die Schiedsstelle nach Absatz 5 den Vertragsinhalt innerhalb von drei Monaten fest. ²Die Schiedsstelle entscheidet unter freier Würdigung aller Umstände des Einzelfalls und berücksichtigt dabei die Besonderheiten des jeweiligen Therapiegebietes. ³Der im Schiedsspruch festgelegte Erstattungsbetrag gilt ab dem 13. Monat nach dem in § 35 a Absatz 1 Satz 3 genannten Zeitpunkt mit der Maßgabe, dass die Preisdifferenz zwischen dem von der Schiedsstelle festgelegten Erstattungsbetrag und dem tatsächlich gezahlten Abgabepreis bei der Festsetzung auszugleichen ist. ⁴Die Schiedsstelle gibt dem Verband der privaten Krankenversicherung vor ihrer Entscheidung Gelegenheit zur Stellungnahme. ⁵Klagen gegen Entscheidungen der Schiedsstelle haben keine aufschiebende Wirkung. ⁶Ein Vorverfahren findet nicht statt. ⁷Absatz 1 Satz 7 gilt entsprechend.

(5) ¹Der Spitzenverband Bund der Krankenkassen und die für die Wahrnehmung der wirtschaftlichen Interessen gebildeten maßgeblichen Spitzenorganisationen der pharmazeutischen Unternehmer auf Bundesebene bilden eine gemeinsame Schiedsstelle. ²Sie besteht aus einem unparteiischen Vorsitzenden und zwei weiteren unparteiischen Mitgliedern sowie aus jeweils zwei Vertretern der Vertragsparteien nach Absatz 1. ³Die Patientenorganisationen nach § 140 f können beratend an den Sitzungen der Schiedsstelle teilnehmen. ⁴Über den Vorsitzenden und die zwei weiteren unparteiischen Mitglieder sowie deren Stellvertreter sollen sich die Verbände nach Satz 1 einigen. ⁵Kommt eine Einigung nicht zustande, gilt § 89 Absatz 3 Satz 4 bis 6 entsprechend.

(6) ¹Die Schiedsstelle gibt sich eine Geschäftsordnung. ²Über die Geschäftsordnung entscheiden die unparteiischen Mitglieder im Benehmen mit den Verbänden nach Absatz 5 Satz 1. ³Die Geschäftsordnung bedarf der Genehmigung des Bundesministeriums für Gesundheit. ⁴Im Übrigen gilt § 129 Absatz 9 und 10 entsprechend. ⁵In der Rechtsverordnung nach § 129 Absatz 10 Satz 2 kann das Nähere über die Zahl und die Bestellung der Mitglieder, die Erstattung der baren Auslagen und die Entschädigung für Zeitaufwand der Mitglieder, das Verfahren sowie über die Verteilung der Kosten geregelt werden.

(7) ¹Eine Vereinbarung nach Absatz 1 oder 3 oder ein Schiedsspruch nach Absatz 4 kann von einer Vertragspartei frühestens nach einem Jahr gekündigt werden. ²Die Vereinbarung oder der Schiedsspruch gilt bis zum Wirksamwerden einer neuen Vereinbarung fort. ³Bei Veröffentlichung eines neuen Beschlusses zur Nutzenbewertung nach § 35 a Absatz 3 oder zur Kosten-Nutzen-Bewertung nach § 35 b Absatz 3 für das Arzneimittel sowie bei Vorliegen der Voraussetzungen für die Bildung einer Festbetragsgruppe nach § 35 Absatz 1 ist eine Kündigung vor Ablauf eines Jahres möglich.

(7 a) ¹Für Arzneimittel, für die nach dem Beschluss nach § 35 a Absatz 3 ein Zusatznutzen in keinem Anwendungsgebiet belegt ist und für die vor dem 13. Mai 2017 ein Erstattungsbetrag nach Absatz 3 vereinbart oder nach Absatz 4 festgesetzt wurde, kann die Vereinbarung oder der Schiedsspruch von jeder Vertragspartei bis zum 13. August 2017 gekündigt werden, auch wenn sich das Arzneimittel im Geltungsbereich dieses Gesetzes nicht im Verkehr befindet. ²Im Fall einer Kündigung nach Satz 1 ist unverzüglich erneut ein Erstattungsbetrag nach Absatz 3 zu vereinbaren. ³Satz 1 gilt nicht, wenn der Zusatznutzen nach § 35 a Absatz 1 Satz 5 als nicht belegt gilt.

(8) ¹Nach einem Schiedsspruch nach Absatz 4 kann jede Vertragspartei beim Gemeinsamen Bundesausschuss eine Kosten-Nutzen-Bewertung nach § 35 b beantragen. ²Die Geltung des Schiedsspruchs bleibt hiervon unberührt. ³Der Erstattungsbetrag ist auf Grund des Beschlusses über die Kosten-Nutzen-Bewertung nach § 35 b Absatz 3 neu zu vereinbaren. ⁴Die Absätze 1 bis 7 gelten entsprechend.

(9) ¹Die Verbände nach Absatz 5 Satz 1 treffen eine Rahmenvereinbarung über die Maßstäbe für Vereinbarungen nach Absatz 1. ²Darin legen sie insbesondere Kriterien fest, die neben dem Beschluss nach § 35 a und den Vorgaben nach Absatz 1 zur Vereinbarung eines Erstattungsbetrags nach Absatz 1 heranzuziehen sind. ³Für Arzneimittel, für die der Gemeinsame Bundesausschuss nach § 35 a Absatz 3 einen Zusatznutzen festgestellt hat, sollen die Jahrestherapiekosten vergleichbarer Arzneimittel sowie die tatsächlichen Abgabepreise in anderen europäischen Ländern gewichtet nach den jeweiligen Umsätzen und Kaufkraftparitäten berücksichtigt werden. ⁴In der Vereinbarung nach Satz 1 sind auch Maßstäbe für die Angemessenheit der Abschläge nach Absatz 3 Satz 5 und 6 zu vereinbaren. ⁵In der Vereinbarung nach Satz 1 ist auch das Nähere zu Inhalt, Form und Verfahren der jeweils erforderlichen Auswertung der Daten nach § 217 f Absatz 7 und der Übermittlung der Auswertungsergebnisse an den pharmazeutischen Unternehmer sowie zur Aufteilung der entstehenden Kosten zu vereinbaren. ⁶Kommt eine Rahmenvereinbarung nicht zustande, setzen die unparteiischen Mitglieder der Schiedsstelle die Rahmenvereinbarung im Benehmen mit den Verbänden auf Antrag einer Vertragspartei nach Satz 1 fest. ⁷Kommt eine Rahmenvereinbarung nicht innerhalb einer vom Bundesministerium für Gesundheit gesetzten Frist zustande, gilt Satz 5 entsprechend. ⁸Eine Klage gegen Entscheidungen der Schiedsstelle hat keine aufschiebende Wirkung. ⁹Ein Vorverfahren findet nicht statt. ¹⁰Absatz 1 Satz 7 gilt entsprechend.

(10) Der Gemeinsame Bundesausschuss, der Spitzenverband Bund der Krankenkassen und das Institut für Qualität und Wirtschaftlichkeit im Gesundheitswesen schließen mit dem Verband der privaten Krankenversicherung eine Vereinbarung über die von den Unternehmen der privaten Krankenversicherung zu erstattenden Kosten für die Nutzen-Bewertung nach § 35 a und für die Kosten-Nutzen-Bewertung nach § 35 b sowie für die Festsetzung eines Erstattungsbetrags nach Absatz 4.

Literatur:

Anders, Die Vereinbarung des Erstattungsbetrages nach § 130 b SGB V, PharmR 2012, 81; *Anders*, Erste Entscheidungen der Schiedsstelle nach § 130 b Abs. 5 SGB V, A&R 2013, 263; *Axer*, Nutzenbewertung nach § 35 a SGB V und Erstattungsbeträge bei Arzneimitteln, SGb 2011, 246; *Ebsen*, Die zentralen Reformelemente des Arzneimittelmarktneuordnungsgesetzes, GuP 2011, 41; *Ehlers/Rybak*, Die Auswirkungen des AMNOG auf den Abgabepreis: Zum Verhältnis zwischen dem Erstattungsbetrag nach § 130 b Abs. 1 Satz 1 und 2 SGB V und dem Abgabepreis des pharmazeutischen Unternehmers nach § 78 Abs. 3 und 3 a AMG, PharmR 2012, 473; *Grotjahn*, Unerwünschte Nebenwirkungen – der „neue" ApU: Zum Verhältnis von Erstattungsbetrag und Festbetrag nach der jüngsten SGB V-Novelle, PharmR 2014, 381; *Grotjahn*, Zur Regulierung des Arzneimittelmarktes – eine Einführung, JURA 2015, 369; *Huster*, Rechtsfragen der frühen Nutzenbewertung?, GesR 2011, 76; *Huster*, Der neue Semikorporatismus in der Arzneimittelversorgung der GKV – Rechtsfragen der Rahmenvereinbarung nach § 130 b Abs. 9 SGB V, KrV 2013, 1; *Huster/Gaßner/Grotjahn/Nitz*, Preisbildungsfreiheit und „Teil-Opt-out" – zur verfassungsrechtlichen Problematik des Mischpreises im AMNOG-Verfahren, PharmR 2017, 273; *Huster/Kalenborn*, Transparenz und Selbstverwaltung: Wie diskret können die Arzneimittelpreise in der GKV behandelt werden?, NZS 2012, 881; *Kaufmann*, Zentrale sozialrechtliche Weichenstellungen des AMNOG, PharmR 2011, 223; *Kingreen*, Zur Neuordnung des Arzneimittelmarktes in der gesetzlichen Krankenversicherung, NZS 2011, 441; *Luthe* Erstattungsvereinbarungen mit Pharmazeutischen Unternehmern, PharmR 2011, 193; *Nitz*, Aktuelle Probleme im Verfahren der frühen Nutzenbewertung, in: Voit (Hrsg.), Herausforderungen und Perspektiven des Pharmarechts, 2014, S. 9; *Nitz/Kluckert*, Europarechtliche Aspekte der Arzneimittel-Preisregulierung, MedR 2016, 591; *Sauer/Zierenberg*, Über den Zusammenhang von Festbeträgen und früher Nutzenbewertung, A&R 2011, 262; *Schaks*, Schnelle Nutzenbewertung und Erstattungsbeträge als Anwendungsfälle der Transparenzrichtlinie 89/105/EWG, PharmR 2011, 305; *Schickert*, Arzneimittelschnellbewertung und ihre Folgen nach dem Regierungsentwurf zum AMNOG, PharmR 2010, 452; *Schickert*, Schnelle Nutzenbewertung und Preisverhandlungen nach dem AMNOG – Gefahren für Originalhersteller durch den Parallelimport, PharmR 2013, 152; *Schweitzer/Becker*, Preisregulierung und Wettbewerb in der Arzneimittelversorgung der gesetzlichen Krankenversicherung, WRP 2012, 382; *Spiegel*, Schiedsstellenverfahren nach § 130 b SGB V zur Festsetzung von Erstattungsbeträgen für Arzneimittel, KrV 2013, 241; *Stadelhoff*, Rechtsprobleme des AMNOG-Verfahrens, Diss. Baden-Baden 2016; Berechnung des Apothekenabgabepreises von Arzneimittel mit neuen Wirkstoffen, A&R 2013, 107. *Wesser*, Berechnung des Apothekenabgabepreises von Arzneimittel mit neuen Wirkstoffen, A&R 2013, 107.

I. Entstehungsgeschichte, systematische Einordnung und Normzweck	1	
1. Erstattungsbetrag als Instrument der direkten Preisregulierung	3	
2. Zweck des Erstattungsbetrages und möglicher Rechtsschutz	9	
3. Fortgehende Novellierung	12	
II. Vereinbarung über den Erstattungsbetrag (Abs. 1 bis 3 und Abs. 9)	13	
1. Anwendungsbereich.....................	13	
2. Parteien der Vereinbarung und europäischer Kontext	15	
3. Rahmenvereinbarung nach Abs. 9	20	
4. Höhe des Erstattungsbetrages	26	
a) Arzneimittel mit Zusatznutzen (Abs. 1).............................	30	
b) Sonderfall: Orphan Drugs	32	
c) Arzneimittel ohne Zusatznutzen (Abs. 3).............................	33	
d) Arzneimittel mit und ohne Zusatznutzen (Mischpreise)	38	
e) Arzneimittel mit geringerem Nutzen................................	42	
5. Weiterer Inhalt der Vereinbarung.......	43	
a) (Nicht-)Ablösung des Herstellerabschlages	44	
b) Anforderungen an die Zweckmäßigkeit, Qualität und Wirtschaftlichkeit einer Verordnung...........	48	
c) Praxisbesonderheiten	49	
d) Mengen	51	
e) Mindestlaufzeit	54	
III. Geltung und Reichweite des Erstattungsbetrages (Abs. 3 a).........................	55	
1. Geltung für alle wirkstoffgleichen Arzneimittel	55	
2. Auf das Vertragsverhältnis beschränkte Inhalte................................	56	
3. Unterschiedliche Anwendungsgebiete ..	57	
4. Verhältnis zum Preismoratorium	61	
IV. Festsetzung durch die Schiedsstelle (Abs. 4 bis 6)	63	
1. Rechtsgrundlagen	64	
2. Beginn und Ablauf des Schiedsverfahrens	67	
3. Spruchkörper, Entscheidung und Verfahrensbeteiligte......................	69	
V. Gesetzliches Kündigungsrecht (Abs. 7 und 7 a).........................	73	
VI. Kosten-Nutzen-Bewertung und Kostenbeteiligung (Abs. 8 und 10)	76	
VII. Weitere Anpassung durch das GKV-Arzneimittelversorgungsstärkungsgesetz...........	78	

I. Entstehungsgeschichte, systematische Einordnung und Normzweck

1 § 130 b wurde mit Wirkung zum 1.1.2011 durch das sog. *AMNOG*[1] in das SGB V eingeführt. Die Vorschrift knüpft unmittelbar an die ebenfalls durch das AMNOG geschaffene Regelung des § 35 a zur (frühen) Nutzenbewertung an. Auf Grundlage des Beschlusses des G-BA über die Nutzenbewertung vereinbaren der pharmazeutische Unternehmer und der SpiBuKK einen Erstattungsbetrag für *erstattungsfähige Arzneimittel mit neuen Wirkstoffen*. Davon ausgenommen sind solche Arzneimittel, die mit dem Nutzenbewertungsbeschluss einer Festbetragsgruppe zugeordnet werden können. In diesen Fällen des § 35 a Abs. 4 leitet das Nutzenbewertungsverfahren direkt in das Festbetragsrecht über. Für die Vereinbarung eines Erstattungsbetrages nach § 130 b bleibt dann kein Raum mehr.

2 Die Nutzenbewertung nach § 35 a und die Vereinbarung eines Erstattungsbetrages nach § 130 b sind **zwei getrennte, aber für sich unselbstständige Abschnitte des AMNOG-Verfahrens**. Mit der erstmaligen Einführung *eines erstattungsfähigen Arzneimittels mit einem neuen Wirkstoff* hat der G-BA binnen sechs Monaten die *Wahrscheinlichkeit und das Ausmaß des Zusatznutzens* im Vergleich zu einer

---

[1] Gesetz zur Neuordnung des Arzneimittelmarktes in der gesetzlichen Krankenversicherung (AMNOG); BGBl. I 2010, 2262.

von ihm bestimmten *zweckmäßigen Vergleichstherapie* zu bewerten. Der Beschluss über die Nutzenbewertung nach § 35 a Abs. 3 löst unmittelbar die Verhandlungen zum Erstattungsbetrag mit dem SpiBuKK aus, für die das Gesetz ebenfalls eine Frist von sechs Monaten setzt. Der so zu vereinbarende Erstattungsbetrag tritt dann zum 13. Monat nach Markteinführung als verbindlicher Höchstabgabepreis für alle Arzneimittel mit diesem Wirkstoff in Kraft. Können sich der pharmazeutische Unternehmer und der SpiBuKK nicht innerhalb der 6-Monats-Frist auf einen Erstattungsbetrag einigen, ist dieser durch die gemeinsame Schiedsstelle nach Abs. 5 festzusetzen; auch in diesem Fall tritt der Erstattungsbetrag (dann rückwirkend) zum 13. Monat in Kraft. Nur im ersten Jahr nach Markteinführung ist der pharmazeutische Unternehmer zur eigenverantwortlichen **freien Preisbildung** berechtigt.

1. **Erstattungsbetrag als Instrument der direkten Preisregulierung.** Neben das schon **lange etablierte Festbetragsrecht** des § 35 tritt mit dem AMNOG-Verfahren ein zweites Preisregulierungsinstrument in der Arzneimittelversorgung, das jedoch einen ganz wesentlichen Unterschied aufweist. Weil der *Festbetrag* lediglich die Höchstgrenze der Erstattung eines Arzneimittels beschreibt, bleibt es dem pharmazeutischen Unternehmer dort unbenommen, seinen Abgabepreis weiterhin frei zu bestimmen. Liegt der Abgabepreis über dem Festbetrag, muss der Versicherte den Differenzbetrag selbst tragen. Da aber andere Arzneimittel derselben Festbetragsgruppe zum Festbetrag erhältlich sind, kann der Versicherte diese ihm entstehenden Kosten vermeiden, indem er sich für ein anderes Präparat entscheidet. Das Festbetragsrecht setzt somit auf den Preiswettbewerb innerhalb einer Festbetragsgruppe und kann deshalb als ein **Instrument der indirekten Preisregulierung** bezeichnet werden.[2]

Demgegenüber hat mit der Nutzenbewertung und der darauffolgenden Vereinbarung eines *allgemeinverbindlichen Erstattungsbetrages* ein **Instrument der direkten Preisregulierung** Eingang in das SGB V gefunden. Ab dem 13. Monat nach dem erstmaligen Inverkehrbringen des Arzneimittels darf dessen Abgabepreis den Erstattungsbetrag nicht überschreiten. Abs. 3 a S. 1 stellt in diesem Zusammenhang klar, dass der durch den Erstattungsbetrag beschriebene Höchstabgabepreis nicht nur für die Arzneimittel gilt, die der Originalhersteller selbst in Deutschland in den Verkehr gebracht hat, sondern auch für die wirkstoffgleichen Präparate anderer pharmazeutischer Unternehmer, die das Arzneimittel im Wege des Parallelvertriebes, Parallelimports oder Mitvertriebes in Deutschland abgeben.

Indes bleibt der sozialversicherungsrechtliche Erstattungsbetrag nicht auf das *System der GKV* beschränkt. Durch die arzneimittelrechtliche Anordnung des **§ 78 Abs. 3 a AMG** wird die Verbindlichkeit des Erstattungsbetrages über das Leistungserbringungsrecht des SGB V hinaus auf den **gesamten Arzneimittelmarkt** erstreckt. Damit ist zunächst durch den Gesetzgeber klargestellt, dass auch die Großhandels- und Apothekenzuschläge nach der AMPreisV wie auch die Zuzahlungen des Versicherten nach § 61 auf der Grundlage des Erstattungsbetrages (oder eines darunter liegenden Abgabepreises)[3] zu berechnen sind.[4] Insbesondere hat die Regelung des § 78 Abs. 3 a AMG aber zur Folge, dass das betroffene Arzneimittel auch außerhalb der GKV zu dem durch den Erstattungsbetrag regulierten Preis abzugeben ist. Damit erlangt der Erstattungsbetrag unmittelbare Bedeutung für Versicherte der privaten Krankenversicherung und (nicht-versicherte) Selbstzahler. Nach Ansicht des Gesetzgebers ist dies erforderlich, um den Erstattungsbetrag kompensierende Preiserhöhungen bei den privaten Krankenversicherungen und Selbstzahlern zu verhindern.[5]

Die durch § 78 Abs. 3 a AMG angeordnete Verbindlichkeit des Erstattungsbetrages für den gesamten Arzneimittelmarkt und der damit einhergehende Effekt einer direkten Preisregulierung machen deutlich, dass es sich bei der Bestimmung des Erstattungsbetrages um eine **grundrechtsrelevante Berufsausübungsregelung** im Sinne des Art. 12 Abs. 1 GG handelt.[6] Der Begriff des Erstattungsbetrages, der sich der *sozialversicherungsrechtlichen Erstattungsfähigkeit* entlehnt, ist somit zur bloßen Makulatur ge-

---

2 Zum Verhältnis von Erstattungsbeträgen und Festbeträgen: Grotjahn, PharmR 2014, 381.
3 Da der Erstattungsbetrag den *Höchst*abgabepreis bestimmt, ist es dem pharmazeutischen Unternehmer unbenommen, sein Arzneimittel zu einem Preis *unterhalb* des Erstattungsbetrages abzugeben; vgl. § 78 a Abs. 3 S. 2 AMG.
4 So auch die ausdrückliche gesetzgeberische Intention des 14. SGB V-Änderungsgesetzes in: BT-Dr. 18/606, 14.
5 BT-Dr. 17/3698, 58.
6 Axer in: Becker/Kingreen, § 130 b Rn. 32 f., sieht aufgrund der gesetzlichen Pflicht zum Abschluss eines schiedsstellenbewehrten Vertrages zurecht auch den Schutzbereich des Art. 2 Abs. 1 GG (Vertragsfreiheit) als eröffnet und zudem eine Überprüfung am Maßstab des Art. 3 Abs. 1 GG als möglich an.

worden.[7] Tatsächlich vereinbaren die Vertragsparteien nicht (lediglich) einen Erstattungsbetrag, sondern führen **allgemeinverbindliche Preisverhandlungen**.

7 Gleich dem Festbetragsrecht handelt es sich auch beim AMNOG-Verfahren um ein **zweistufiges Verfahren**, wobei auf jeder Stufe ein anderer Akteur der Selbstverwaltung die wesentliche Rolle einnimmt. Auf der ersten Stufe liegt die Zuständigkeit beim G-BA, dessen Beschluss die Grundlage für die darauf aufbauende Preisregulierung bereitet. Auf dieser zweiten Stufe zeichnet der SpiBuKK verantwortlich. Während im Festbetragsrecht die Festsetzung des Festbetrages durch den SpiBuKK jedoch einseitig und im Subordinationsverhältnis erfolgt,[8] stehen sich pharmazeutischer Unternehmer und SpiBuKK bei der Vereinbarung über den Erstattungsbetrag nach § 130 b im vertraglichen Gleichordnungsverhältnis gegenüber. Der Vertrag selbst ist dem öffentlichen Recht zuzurechnen[9] und hat (hinsichtlich des Erstattungsbetrages) **normsetzenden Charakter**.[10]

8 Nähere Bestimmungen zu den Vertragsverhandlungen sind in einer **Rahmenvereinbarung** nach Abs. 9 niedergelegt, der in der Praxis besondere Bedeutung zukommt. Sie regelt nicht nur Näheres zum Ablauf der Verhandlungen, sondern gibt vor allem den Maßstab und die Kriterien vor, die *neben* dem Nutzenbewertungsbeschluss und den (recht allgemeinen) Vorgaben des Abs. 1 zur Vereinbarung des Erstattungsbetrages heranzuziehen sind. Es soll dadurch der Abschluss von Vereinbarungen erleichtert werden, indem einheitliche Maßstäbe zur Geltung kommen.[11] Die Rahmenvereinbarung soll dabei auch allgemeinverbindlich klären, wie methodischen Problemen zu begegnen ist, die sich insbesondere im Umgang mit dem Nutzenbewertungsbeschluss nach § 35 a ergeben.[12]

9 **2. Zweck des Erstattungsbetrages und möglicher Rechtsschutz.** Ausweislich der Gesetzesbegründung sichert die Vereinbarung über die Vergütung die **Wirtschaftlichkeit** des Arzneimittels: „Die Nutzenbewertung und die Vereinbarung eines für die gesetzliche Krankenversicherung einheitlichen Erstattungsbetrags konkretisieren die Zweckmäßigkeit und Wirtschaftlichkeit des Arzneimittels (§ 12)."[13] Als wesentliches Kriterium zur Erreichung dieses Zieles bedient sich das AMNOG-Verfahren dabei des Instruments einer *Vergleichstherapie*, die ebenfalls *zweckmäßig* im Sinne des § 12 sein muss.[14]

Dieser zweckmäßigen Vergleichstherapie kommt im AMNOG-Verfahren eine **doppelte Rolle** zu. Zunächst dient sie als *Komparator der Nutzenbewertung*, gegenüber der das Ausmaß und die Wahrscheinlichkeit des Zusatznutzens nachzuweisen sind.[15] Sodann wird sie als *Komparator der Preisbildung* herangezogen: Ist der Nachweis eines Zusatznutzens gelungen, erfolgt die *Monetarisierung des Zusatznutzens* durch einen Zuschlag auf die Jahrestherapiekosten der zweckmäßigen Vergleichstherapie.[16] Bei Arzneimitteln ohne nachgewiesenen Zusatznutzen *soll* der Erstattungsbetrag nach der Vorgabe des Abs. 3 S. 1 demgegenüber *nicht* zu höheren Jahrestherapiekosten führen als die zweckmäßige Vergleichstherapie. Die korrekte Bestimmung der zweckmäßigen Vergleichstherapie und die Darstellung der Kosten derselben im Beschluss des G-BA sind somit vor allem bei Arzneimitteln ohne nachgewiesenem Zusatznutzen von elementarer Bedeutung als **Verhandlungsgrundlage für den Erstattungsbetrag**.

10 Ungleich der Anzahl an AMNOG-Verfahren und angesichts der Tragweite des Erstattungsbetrages nimmt sich die Zahl gerichtlicher Entscheidungen zu den relevanten Rechtsfragen des AMNOG bislang sehr übersichtlich aus. Dies ist zunächst darin begründet, dass eine isolierte Anfechtung der Nutzenbewertung und des Beschlusses gemäß § 35 a Abs. 8 gesetzlich ausgeschlossen ist. **Gerichtlicher Rechtsschutz kann also erst nach Abschluss des AMNOG-Verfahrens begehrt werden**. Da der Nutzenbewertungsbeschluss nach § 35 a der Vorbereitung von Verhandlungen nach § 130 b dient, soll diese

---

7 So jedenfalls seit der Einführung des § 78 Abs. 3 a AMG durch des 14. SGB V-Änderungsgesetz (BGBl. I 2014, 261).
8 Die Festsetzung des Festbetrages durch den SpiBuKK ist nach höchstrichterlicher Rechtsprechung als Allgemeinverfügung und mithin als Verwaltungsakt im Sinne des § 31 S. 2 SGB X zu qualifizieren; vgl. BSG, 1.3.2011, B 1 KR 10/10, SozR 4-2500 § 35 Nr. 4, Rn. 15.
9 Luthe in: Hauck/Noftz, SGB V, § 130 b Rn. 23.
10 Axer in: Becker/Kingreen, § 130 b Rn. 3.
11 BT-Dr. 17/2413, 32.
12 LSG Bln-Bbg, 10.5.2016, L 9 KR 513/15 KL ER, Rn. 42 (juris).
13 BT-Dr. 17/2413, 20.
14 Vgl. § 7 Abs. 2 AM-NutzenV: „Die zweckmäßige Vergleichstherapie muss eine nach dem allgemein anerkannten Stand der medizinischen Erkenntnisse zweckmäßige Therapie im Anwendungsgebiet sein (§ 12 des Fünften Buches Sozialgesetzbuch) [...]."
15 Vgl. § 35 a Abs. 1 S. 2 und S. 3 Nr. 3.
16 So die Vorgabe in § 5 Abs. 2 der Rahmenvereinbarung nach Abs. 9.

unselbstständige Verfahrensentscheidung nicht gesondert, sondern erst im Rahmen der abschließenden Entscheidung über die Erstattung des Arzneimittels einer gerichtlichen Überprüfung zugänglich sein. Es soll dadurch verhindert werden, dass das Preisregulierungsverfahren verzögert wird.[17]

Der Nutzenbewertungsbeschluss kann folglich nur inzident, im Rahmen einer gerichtlichen Kontrolle des Erstattungsbetrages, auf seine Rechtmäßigkeit überprüft werden. Da über den Erstattungsbetrag aber nicht einseitig, sondern im Regelfall durch eine übereinstimmende Vereinbarung zwischen SpiBuKK und pharmazeutischem Unternehmer entschieden wird, erschöpft sich der Rechtsschutz regelhaft mit dem Abschluss dieser Vereinbarung. Denn wenn beide Parteien der Vereinbarung zugestimmt haben, fehlt es bereits an einem belastenden Hoheitsakt, der überhaupt anfechtbar wäre. Das dem § 130 b zugrundeliegende Vertragsmodell gibt den Parteien zwar einen Anspruch auf die Aufnahme von Vertragsverhandlungen; der Abschluss eines bestimmten Vereinbarungsinhaltes kann aber nicht gerichtlich begehrt werden.[18]

Ein inhaltsbezogener – auch die Nutzenbewertung umfassender – gerichtlicher Rechtsschutz über das AMNOG-Verfahren ist somit regelmäßig erst dann eröffnet, wenn die Vertragsparteien nach § 130 b nicht zu einer Einigung kommen. Dann werden der Erstattungsbetrag und die weiteren offenen Punkte der Vereinbarung durch die **Schiedsstelle nach Abs. 5** festgesetzt. Diese einseitige Festsetzung durch die Schiedsstelle im Verfahren nach Abs. 4 erfolgt als Verwaltungsakt im Sinne des § 31 SGB X und ist somit anfechtbar.[19] Im Rahmen der Anfechtung des Schiedsspruches ist dann auch eine **inzidente Überprüfung** des Nutzenbewertungsbeschlusses als der **rechtlichen Grundlage des Erstattungsbetrages** eröffnet. Für die gerichtliche Kontrolle des AMNOG-Verfahrens im ersten Rechtszug ist nach § 29 Abs. 4 Nr. 3 SGG das LSG Berlin-Brandenburg zuständig. Ein Vorverfahren findet nicht statt; Klagen gegen den Schiedsspruch haben keine aufschiebende Wirkung (Abs. 4 S. 5 und 6).

3. Fortgehende Novellierung. Die Vorschrift des § 130 b wie auch das AMNOG-Verfahren insgesamt waren bereits Gegenstand **mehrerer Novellen**, von denen vor allem das 3. AMG-Änderungsgesetz[20] sowie das 14. SGB V-Änderungsgesetz[21] praxisrelevante Neuerungen mit sich brachten. Im Rahmen des sog „Pharmadialogs" zwischen Bundesregierung, Wissenschaft und pharmazeutischer Industrie stand die Regelung jüngst neuerlich auf dem Prüfstand.[22] Ein Teil der Ergebnisse dieses Dialogs wurde mit dem AMVSG umgesetzt.[23]

II. Vereinbarung über den Erstattungsbetrag (Abs. 1 bis 3 und Abs. 9)

1. Anwendungsbereich. In sachlicher Hinsicht eröffnet ist der Anwendungsbereich des § 130 b mit dem Nutzenbewertungsbeschluss nach § 35 a Abs. 3 oder mit dem Wirksamwerden der Kündigung einer bereits bestehenden Vereinbarung. Im letztgenannten Fall gilt die gekündigte Vereinbarung fort,[24] bis eine neue Vereinbarung zustande gekommen ist. Die Frist des Abs. 4 S. 1 findet in beiden Fällen Anwendung. Demnach soll die (neue) Vereinbarung binnen sechs Monaten nach Veröffentlichung des Beschlusses oder dem Wirksamwerden einer Kündigung erreicht werden.[25]

Damit ist klargestellt, dass die Phase der **freien Preisbildung** für alle AMNOG-pflichtigen Präparate mit dem *erstmaligen* Inkrafttreten eines Erstattungsbetrages endet. Ab diesem Zeitpunkt sind nutzenbewertete *Arzneimittel mit neuen Wirkstoffen* dauerhaft der Preisregulierung unterworfen. Ein bestehender Erstattungsbetrag kann nur abgelöst werden, indem entweder eine neue Vereinbarung nach § 130 b getroffen oder der Wirkstoff in das Festbetragsrecht überführt wird. Denn auch mit der Festsetzung eines entsprechenden Festbetrages tritt ein bislang geltender Erstattungsbetrag außer Kraft.[26]

Nicht geklärt ist, welche **zeitlichen Grenzen** der Preisregulierung durch das AMNOG-Verfahren gesetzt sind. Das betrifft die Frage, ob auch dann noch ein allgemeinverbindlicher Erstattungsbetrag zu

---

17 BT-Dr. 17/2413, 23.
18 Luthe in: Hauck/Noftz, SGB V, § 130 b Rn. 30.
19 LSG Bln-Bbg, 19.3.2015, L 1 KR 499/14 KL ER, Rn. 29 (juris).
20 Drittes Gesetz zur Änderung arzneimittelrechtlicher und anderer Vorschriften; BGBl. I 2013, 3108.
21 Vierzehntes Gesetz zur Änderung des Fünften Buches Sozialgesetzbuch; BGBl. I 2014, 261.
22 BMG, Bericht zu den Ergebnissen des Pharmadialogs, 12.4.2016, S. 25–29.
23 Arzneimittelversorgungsstärkungsgesetz; BGBl. I 2017, 1050.
24 Abs. 7 S. 2.
25 BT-Dr. 17/2413, 32.
26 BT-Dr. 17/2413, 31, jedenfalls soweit die Vereinbarung über den Erstattungsbetrag zur Festsetzung eines Festbetrages gekündigt wird.

vereinbaren ist, wenn der Wirkstoff bereits dem generischen Wettbewerb unterliegt und andere Regulierungsmechanismen des SGB V greifen.[27]

Hier dürfte indes das Folgende gelten: Da die Grundlage für den Erstattungsbetrag der Nutzenbewertungsbeschluss nach § 35 a Abs. 3 ist, der G-BA nach § 35 a Abs. 1 S. 1 aber nur den Nutzen von *Arzneimitteln mit neuen Wirkstoffen* bewertet, findet die AMNOG-Preisregulierung dort ihr zeitliches Ende, wo es sich nicht mehr um ein solches Arzneimittel handelt. Nach der Legaldefinition des § 2 Abs. 1 S. 2 AM-NutzenV gilt ein Arzneimittel *solange* als ein Arzneimittel mit einem neuen Wirkstoff, wie für das erstmalig zugelassene Arzneimittel mit diesem Wirkstoff *Unterlagenschutz*[28] besteht. Entfällt der Unterlagenschutz, so fehlt es an der Neuheit des Wirkstoffes und somit an der Rechtsgrundlage für die Nutzenbewertung nach § 35 a. Folgerichtig **endet** dann auch die Anwendbarkeit der darauf aufbauenden Vereinbarung über den Erstattungsbetrag nach § 130 b. Dies gilt umso mehr als Abs. 3 a S. 1 die Geltung des Erstattungsbetrages für *alle Arzneimittel mit dem gleichen neuen Wirkstoff* anordnet. Mit dem Ablauf des Unterlagenschutzes entfällt also nicht nur die Neuheit des Wirkstoffes, sondern zugleich die Geltung des Erstattungsbetrages.

Welche Zeitspanne für den **Unterlagenschutz** maßgeblich ist, lässt sich den AMNOG-Regelungen nicht entnehmen; auch fehlt es an einer Legaldefinition. § 24 b AMG nennt den Begriff „Unterlagenschutz" in der Normüberschrift, gibt im Weiteren jedoch lediglich die durch europäisches Recht harmonisierten Schutzfristen wider. Danach kann frühestens acht Jahre nach der Erstzulassung Bezug auf die Unterlagen des Vorantragstellers (Originators) genommen werden (sog „Datenschutz"). Ein Inverkehrbringen des Generikums ist aber erst nach zehn bzw. elf Jahren möglich (sog „Vermarktungsschutz").[29] Semantisch dürfte der Begriff „Unterlagenschutz" wohl eher dem 8-jährigen „Datenschutz" zuzuordnen sein.

15 **2. Parteien der Vereinbarung und europäischer Kontext.** Vertragspartner der Vereinbarung über den Erstattungsbetrag nach Abs. 1 S. 1 sind der **SpiBuKK** und der **pharmazeutische Unternehmer**. Der Verband der privaten Krankenversicherung ist dabei ins *Benehmen* zu setzen, ohne dass diese Rolle durch das Gesetz näher beschrieben wird. Auf Seiten des SpiBuKK soll nach Abs. 1 S. 2 ein Vertreter einer Krankenkasse an den Verhandlungen teilnehmen. Anlage 4 zur Satzung des SpiBuKK regelt das Verfahren, nach dem die jeweils an einer Verhandlung teilnehmende Krankenkasse zu bestimmen ist.

Eine eigene Definition des **pharmazeutischen Unternehmers** kennt das SGB V nicht. Dieser Begriff ist dem **AMG** entlehnt, weshalb auch auf die arzneimittelrechtliche Legaldefinition zurückzugreifen ist. Demnach gilt aber nicht nur der *Inhaber der Zulassung* als pharmazeutischer Unternehmer, sondern auch derjenige, der das Arzneimittel *in seinem Namen* in den Verkehr bringt.[30] Letzteres trifft aber gleichsam auf Unternehmen zu, die im **Parallelvertrieb bzw. -import** tätig sind.

16 Ganz regelmäßig werden neue Arzneimittel heutzutage im zentralen Verfahren durch die Europäische Kommission zugelassen.[31] Damit sind diese Produkte im arzneimittelrechtlichen Sinne in der gesamten Europäischen Union bzw. im Europäischen Wirtschaftsraum zugelassen und verkehrsfähig. Während das **Zulassungsrecht** also europarechtlich harmonisiert ist, bleibt die Frage der Erstattungsfähigkeit **durch die sozialen Sicherungssysteme** weiterhin dem Recht des jeweiligen Mitgliedsstaates zugeordnet.[32] In der Praxis führt dies dazu, dass ein Arzneimittel nicht zeitgleich in allen Ländern, auf die sich die zentrale Zulassung erstreckt, in den Verkehr gebracht wird. In Abhängigkeit von den Anforderungen des nationalen Erstattungsrechts fallen die jeweiligen Zeitpunkte der Markteinführung durch den Zulassungsinhaber – trotz bestehender arzneimittelrechtlicher Verkehrsfähigkeit – bisweilen mehrere Monate auseinander.

17 Dies führt dazu, dass der Zulassungsinhaber letztlich **keine Kontrolle** darüber hat, wann genau ein Arzneimittel in einem bestimmten Staat des EWR erstmalig in den Verkehr gebracht wird. Ist das Medikament bereits in einem anderen dieser Länder, aber eben noch nicht in Deutschland, eingeführt, kann es jederzeit von einem Dritten im Wege des Parallelvertriebes nach Deutschland verbracht und

---

27 So insbesondere die Substitution von Generika in der Apotheke (§ 129 Abs. 1 S. 1 Nr. 1), die Ausschreibung von Rabattverträgen (§ 130 a Abs. 8) sowie Festbetragsgruppenbildungen der Stufe 1 (§ 35 Abs. 1 S. 2 Nr. 1).
28 § 24 b Abs. 1 AMG.
29 Die Begriffe „Datenschutz" und „Vermarktungsschutz" finden sich nicht in § 24 b AMG, sondern in Art. 14 Abs. 11 der Verordnung (EG) Nr. 726/2004. Zur europarechtlichen Harmonisierung siehe auch Art. 10 Abs. 1 der Richtlinie 2001/83/EG.
30 § 4 Abs. 18 AMG.
31 Verordnung (EG) Nr. 726/2004; vgl. auch § 21 Abs. 1 S. 1 AMG.
32 Ausführlich hierzu Nitz/Kluckert, MedR 2016, 591.

dort ausgeboten werden. Derjenige, der das Medikament auf diesem Wege in Deutschland vertreibt, ist dann aber der *pharmazeutische Unternehmer*, der das Arzneimittel erstmalig in Deutschland in den Verkehr bringt. Nach dem Wortlaut des § 35 a Abs. 1 S. 3 ist dieser Dritte sodann zugleich derjenige, der das AMNOG-Verfahren auslöst und den Zusatznutzen nachzuweisen hat. Da hinsichtlich des Begriffes des pharmazeutischen Unternehmers keine Differenzierung zwischen § 35 a und § 130 b erfolgt, ist derselbe in der Folge auch zur Vereinbarung über den Erstattungsbetrag mit dem SpiBuKK berechtigt wie verpflichtet.

Dieser **Wesensunterschied zwischen dem europarechtlich harmonisierten Zulassungsrecht und dem nationalstaatlich geprägten Erstattungsrecht** wirft auch für das AMNOG-Verfahren bislang ungeklärte Probleme auf. Einerseits baut die auf dem *Beibringungsgrundsatz* beruhende Nutzenbewertung darauf auf, dass der pharmazeutische Unternehmer selbst die zur Bewertung des Zusatznutzens erforderlichen Nachweise, einschließlich aller von ihm durchgeführten oder in Auftrag gegebenen klinischen Prüfungen, übermittelt.[33] Jedoch ist der (Original-)Zulassungsinhaber regelmäßig der einzige *pharmazeutische Unternehmer*, der tatsächlich über solche Nachweise verfügt und diese vorlegen kann. Andererseits ist es aber die klare gesetzgeberische Intention des Abs. 3 a S. 2, dass die Phase der freien Preisbildung auf das erste Jahr (ab dem erstmaligen Inverkehrbringen) begrenzt bleiben soll.[34] Würde man stets auf den Markteintritt des Originators warten, wäre diese Jahresfrist gänzlich ausgehöhlt, weil der im Wege des Parallelimportes oder -vertriebes in Deutschland ausbietende *pharmazeutische Unternehmer* solange zur freien Preisbildung berechtigt bliebe, bis der Zulassungsinhaber sein **Originalpräparat** in Deutschland tatsächlich in den Verkehr und das AMNOG-Verfahren zum Abschluss gebracht hat.

Während nun einerseits die europarechtliche *Warenverkehrsfreiheit* die Paralleleinfuhr von Arzneimitteln innerhalb der Europäischen Union fördert,[35] setzt das AMNOG-Verfahren auf eine allgemeinverbindliche Preisregulierung, die sich nach dem *(Zusatz-)Nutzen eines Arzneimittels* richten soll. Die hierfür **erforderlichen Daten** besitzt jedoch im Regelfall einzig der Zulassungsinhaber.[36] Wird das AMNOG-Verfahren nun aber durch einen anderen pharmazeutischen Unternehmer als dem (Original-)Zulassungsinhaber ausgelöst, kann es seinem eigenen Anspruch nicht mehr gerecht werden. Da die erforderlichen Nachweise nicht vorgelegt werden können, erfolgen die Nutzenbewertung und die darauf aufbauenden Verhandlungen zum Erstattungsbetrag ohne Berücksichtigung der nutzen- und somit preisrelevanten Datenlage.

3. Rahmenvereinbarung nach Abs. 9. Neben § 130 b ist die wesentliche rechtliche Grundlage für die Preisverhandlungen die *Rahmenvereinbarung nach Abs. 9*, die zwischen dem SpiBuKK und den Spitzenorganisationen der pharmazeutischen Industrie nach Abs. 5 S. 1 getroffen worden ist. Dies sind der *Bundesverband der Arzneimittelhersteller*, der *Bundesverband der pharmazeutischen Industrie*, der Verband *Pro Generika*[37] und der *Verband forschender Arzneimittelhersteller*. Der *Verband der Arzneimittelimporteure Deutschlands* gehört hingegen nicht zu den maßgeblichen Spitzenorganisationen im Sinne des Abs. 5 S. 1.[38]

Können sich die Parteien nicht auf eine gemeinsame Rahmenvereinbarung oder einzelne Bestimmungen derselben verständigen, ist diese – auf Antrag einer der Parteien (Abs. 9 S. 5) oder nach Fristsetzung durch das BMG (Abs. 9 S. 6) – durch die *Schiedsstelle nach Abs. 5* festzusetzen. Bislang hatte die Schiedsstelle drei Mal über Fragen der Rahmenvereinbarung zu entscheiden.[39]

Die Rahmenvereinbarung regelt zunächst **formelle Aspekte** der Verhandlungen nach § 130 b. Grundsätzlich sollen vier Verhandlungstermine stattfinden, in begründeten Ausnahmefällen kann ein fünfter Termin anberaumt werden.[40] Für jede Vertragspartei sind fünf Teilnehmer vorgesehen, wobei in begründeten Fällen die Teilnehmerzahl auf sieben Personen erhöht werden kann. Der Vertreter der Krankenkasse nach Abs. 1 S. 2 zählt zu diesem Personenkreis, nicht jedoch ein etwa erforderlicher Dolmet-

---

33 § 35 a Abs. 1 S. 3.
34 Vgl. alleine BT-Dr. 18/606, 13 f.
35 Vgl. etwa die Mitteilung der Kommission vom 30.12.2003; KOM(2003) 839 endg.
36 Auch die Gesetzesbegründung geht davon aus, dass derjenige, der über die erforderlichen Daten verfügt, das AMNOG-Verfahren bestreiten soll. So heißt es in BT-Dr. 17/2413, 20: „Der pharmazeutische Unternehmer verfügt über die wesentlichen Daten zum Nutzen. Die Nutzenbewertung soll daher auf Grund dieser Daten erfolgen."
37 So ausdrücklich festgestellt durch den Schiedsspruch zu 130b-SSt. 3-16 („Rahmenvereinbarung III"), 2.
38 Schiedsspruch zu 130b-SSt. 2-15 („Rahmenvereinbarung II"), 2.
39 Schiedssprüche zu 130b-SSt. 1-11, 130b-SSt. 2-15 und 130b-SSt. 3-16.
40 § 1 Abs. 5 der Rahmenvereinbarung.

scher. Jeder Termin ist auf maximal vier Zeitstunden angesetzt und die Verhandlung in einem Ergebnisprotokoll zu dokumentieren.[41] In Vorbereitung der Verhandlungen teilt der pharmazeutische Unternehmer dem SpiBuKK **vor dem ersten Verhandlungstermin** die folgenden Informationen mit:[42]

- die Höhe der tatsächlichen Abgabepreise in anderen europäischen Ländern entsprechend der Länderliste in Anlage 2 zur Rahmenvereinbarung („Länderkorb"),[43]
- die erwartete jährliche Absatzmenge, differenziert nach den Anwendungsgebieten des Beschlusses nach § 35 a Abs. 3,
- die Preise vergleichbarer Arzneimittel.[44]

Die Verhandlungen sind vertraulich und unterliegen der Geheimhaltungspflicht durch die Parteien.[45]

22 Daneben enthält die Rahmenvereinbarung auch weitere **materielle Kriterien** zur Vereinbarung des Erstattungsbetrages. Da das Gesetz in Abs. 3 sehr enge Vorgaben für Arzneimittel *ohne* nachgewiesenen Zusatznutzen trifft, beziehen sich diese weiteren Kriterien der Rahmenvereinbarung vor allem auf Arzneimittel *mit* nachgewiesenem Zusatznutzen. Die *Monetarisierung* des Zusatznutzens erfolgt hier durch einen *Zuschlag auf die Jahrestherapiekosten der zweckmäßigen Vergleichstherapie*. Die Höhe dieses Zuschlages soll unter freier Würdigung aller Umstände des Einzelfalles bemessen werden und die Besonderheiten des jeweiligen Therapiegebietes nach dem Ausmaß des Zusatznutzens berücksichtigen.[46] Außerdem sollen bei Arzneimitteln mit nachgewiesenem Zusatznutzen *neben dem Nutzenbewertungsbeschluss* die folgenden Kriterien zur Anwendung kommen:[47]

- das Dossier des pharmazeutischen Unternehmers,
- die tatsächlichen Abgabepreise in anderen europäischen Ländern,
- die Jahrestherapiekosten vergleichbarer Arzneimittel.

Die Kriterien der europäischen Abgabepreise und der Kosten vergleichbarer Arzneimittel sind bereits in Abs. 9 S. 3 vorgegeben und somit von den Partnern der Rahmenvereinbarung lediglich konkretisiert.

23 Während das Gesetz keine Unterbrechung oder Aussetzung des AMNOG-Verfahrens vorsieht, räumt § 4 Abs. 7 der Rahmenvereinbarung dem pharmazeutischen Unternehmer die Möglichkeit des sog „Opt-Out" ein. Macht der pharmazeutische Unternehmer von dieser Möglichkeit Gebrauch, werden die Verhandlungen nicht aufgenommen bzw. abgebrochen; ein Erstattungsbetrag wird dann erst gar nicht vereinbart. Im Falle eines negativen Ergebnisses der Nutzenbewertung kann diese Option für den pharmazeutischen Unternehmer von Bedeutung sein, um die negative Außenwirkung eines niedrigen Erstattungsbetrages abzuwenden. Solche negativen Effekte realisieren sich in der sog *internationalen Preisreferenzierung*, also der Tatsache, dass die staatliche Preisregulierung eines Arzneimittels in zahlreichen Ländern unter Bezugnahme auf den deutschen Abgabepreis erfolgt.[48]

24 Um einen „Opt-Out" zu vollziehen, muss der pharmazeutische Unternehmer dem SpiBuKK *mitteilen*, dass er das Verhandlungsverfahren nicht (weiter) durchführen wird, und *erklären*, dass er das Arzneimittel aus dem Verkehr nehmen wird. Die Mitteilung an den SpiBuKK muss spätestens 14 Tage nach dem ersten Verhandlungstermin erfolgen. Der Marktrückzug erfolgt durch entsprechende Meldung an die *Informationsstelle für Arzneispezialität (IFA) GmbH*, die für solche Fälle des „Opt-Out" den Artikelstatus „zurückgezogen" („ZG") etabliert hat. Der Artikel wird dann drei Monate nach „ZG"-Kennzeichnung automatisch aus der IFA-Datenbank gelöscht.[49] Ist der Artikel bereits als „ZG" gemeldet oder gelöscht und ergeht dennoch ein neuer Nutzenbewertungsbeschluss (etwa weil der vorangehende Beschluss befristet gewesen ist),[50] genügt zur Aufrechterhaltung des „Opt-Out" die Mitteilung an den SpiBuKK, nicht (weiter) zu verhandeln.

25 Wird das Arzneimittel nach einem „Opt-Out" erneut in den Verkehr gebracht, sind die Verhandlungen wieder aufzunehmen und ein Erstattungsbetrag zu vereinbaren.[51] Der daraufhin vereinbarte Er-

---

41 Vgl. hierzu insgesamt § 2 der Rahmenvereinbarung.
42 Vgl. § 3 Abs. 2 bis 5 der Rahmenvereinbarung.
43 So auch gesetzlich durch Abs. 1 S. 6 vorgegeben.
44 Zum Begriff des vergleichbaren Arzneimittels siehe § 6 Abs. 4 der Rahmenvereinbarung.
45 Abs. 1 S. 7 und § 10 der Rahmenvereinbarung.
46 Vgl. § 5 Abs. 2 der Rahmenvereinbarung.
47 Vgl. § 6 der Rahmenvereinbarung.
48 Zu dieser Problematik BT-Dr. 18/10208, 34.
49 Vgl. IFA GmbH, Richtlinien zum Artikelstatus und Statuswechsel, 2.
50 § 35 a Abs. 3 S. 4.
51 § 4 Abs. 7 S. 3.

stattungsbetrag gilt indes schon wegen Abs. 3 a S. 2 ab dem 13. Monat nach dem ursprünglichen Inverkehrbringen. Obwohl der pharmazeutische Unternehmer während des „Opt-Out" keine Verkäufe in Deutschland tätigt, verlängert sich die Phase der freien Preisbildung hierdurch nicht.

Sollte während des „Opt-Out" ein anderer pharmazeutischer Unternehmer ein wirkstoffgleiches Arzneimittel im Wege des Parallel- oder Mitvertriebes in Deutschland in den Verkehr bringen, führt dies ebenfalls zu einer Aufnahme bzw. Fortsetzung von Preisverhandlungen (→ Rn. 15 ff.).

4. Höhe des Erstattungsbetrages. Die Höhe des Erstattungsbetrages richtet sich nach dem Ergebnis der Nutzenbewertung nach § 35 a. Der G-BA bewertet den Zusatznutzen hinsichtlich *Wahrscheinlichkeit* und *Ausmaß*. Grundlage für die Vereinbarung des Erstattungsbetrages ist demnach eine wie folgt differenzierende Bewertung durch den G-BA:[52] 26

Wahrscheinlichkeit des Zusatznutzens	Ausmaß des Zusatznutzens
Beleg	Erheblicher Zusatznutzen
Hinweis	Beträchtlicher Zusatznutzen
Anhaltspunkt	Geringer Zusatznutzen
	Nicht quantifizierbarer Zusatznutzen
	Kein Zusatznutzen
	Nutzen des Arzneimittels ist geringer

Die Wahrscheinlichkeit wird durch den G-BA nur dann bewertet, wenn auch ein (quantifizierbarer) Zusatznutzen nachgewiesen worden ist. Lautet das Ausmaß im Nutzenbewertungsbeschluss auf *kein Zusatznutzen*, erfolgt keine Bewertung der Wahrscheinlichkeit des dann nicht nachgewiesenen Zusatznutzens.

Da bei Arzneimitteln zur *Behandlung eines seltenen Leidens* (sog „Orphan Drugs") der Zusatznutzen 27 bereits durch die Zulassung als *belegt* gilt,[53] erfolgt in diesen Fällen alleine eine Bewertung des Ausmaßes, nicht aber der Wahrscheinlichkeit des Zusatznutzens.

Einen festen Algorithmus, nach dem sich das jeweilige Ergebnis der Nutzenbewertung direkt in einen 28 Erstattungsbetrag „übersetzen" lässt, sieht das Gesetz nicht vor. Dies verbietet sich schon angesichts der **Besonderheiten des jeweiligen Therapiegebietes**. Gerade mit Blick auf die Monetarisierung eines nachgewiesenen Zusatznutzens macht es nämlich einen bedeutenden Unterschied, ob sich die zweckmäßige Vergleichstherapie im Anwendungsgebiet bereits auf einem generischen Preisniveau befindet oder nicht.

Insgesamt stellt § 130 b nur **wenige Vorgaben** hinsichtlich der Höhe des zu vereinbarenden Erstattungsbetrages auf. Einzig Abs. 3 bestimmt ausdrücklich, dass Arzneimittel ohne nachgewiesenen Zusatznutzen im Regelfall nicht zu höheren Kosten führen *sollen* als die zweckmäßige Vergleichstherapie der Nutzenbewertung. 29

a) Arzneimittel mit Zusatznutzen (Abs. 1). Nach § 5 Abs. 2 der Rahmenvereinbarung wird der Erstattungsbetrag bei Arzneimitteln mit nachgewiesenem Zusatznutzen durch einen **Zuschlag auf die Jahrestherapiekosten der zweckmäßigen Vergleichstherapie** vereinbart. Die Höhe dieses Zuschlages folgt keinem festen Algorithmus, sondern richtet sich nach den Umständen des Einzelfalls und den Besonderheiten des jeweiligen Therapiegebietes. Abzulehnen ist daher die einschränkende Ansicht des LSG Berlin-Brandenburg, das für den Fall eines geringen Zusatznutzens nur dann keinen besonders hohen Begründungsaufwand für den Erstattungsbetrag erforderlich hält, wenn dieser etwa beim Doppelten der Kosten der zweckmäßigen Vergleichstherapie oder darunter liegt.[54] Eine solche, auf festen Relationen beruhende Vorgabe ist nicht geeignet, dem jeweiligen Einzelfall und Therapiegebiet gerecht zu werden. Insbesondere stünde sie aber im offenen Widerspruch zur gesetzgeberischen Intention, den Erstattungsbetrag im Verhandlungswege zu ermitteln. Der Erstattungsbetrag soll sich nach dem Willen des Gesetzgebers eben gerade nicht aus starren Rechenformeln ergeben. 30

---

52 Die Kategorien für das *Ausmaß* des Zusatznutzens ergeben sich aus § 5 Abs. 7 AM-NutzenV; die Kategorien der *Wahrscheinlichkeit* folgen indes nicht gesetzlichen Vorgaben, sondern sind lediglich Praxis des G-BA. Ablehnend hinsichtlich der Bewertung der *Wahrscheinlichkeit* in der Rechtspraxis des G-BA: Nitz in: Voit, Herausforderungen und Perspektiven des Pharmarechts, 2014, 9, 19.
53 § 35 a Abs. 1 S. 10.
54 LSG Bln-Bbg, 1.3.2017, L 9 KR 437/16 KL ER, Rn. 63 (juris).

31 Bei der *Monetarisierung des Zusatznutzens im Wege des Zuschlages* ist zunächst auf das durch den G-BA beschlossene **Ausmaß des Zusatznutzens** abzustellen. Darüber hinaus sieht § 5 Abs. 2 S. 2 iVm § 6 weitere Kriterien für die Vereinbarung des Erstattungsbetrages vor:
- die vom pharmazeutischen Unternehmer mitgeteilten **Abgabepreise in anderen europäischen Ländern**
- die Jahrestherapiekosten **vergleichbarer Arzneimittel**

Schließlich ist auch das Dossier des pharmazeutischen Unternehmers als Kriterium heranzuziehen.
In welchem Verhältnis die einzelnen Kriterien (also insbesondere Zusatznutzen, EU-Preise und vergleichbare Arzneimittel) bei der Bestimmung des Erstattungsbetrages zueinander zu gewichten sind, ist ebenfalls weder durch § 130 b noch durch die Rahmenvereinbarung vorgegeben. Es ist aber wohl weitestgehend unbestritten, dass dem Ausmaß das Zusatznutzens das größte Gewicht zukommt.[55] Neben den gesetzlichen bzw. durch die Rahmenvereinbarung vorgegebenen Kriterien ist es nicht ausgeschlossen, auch noch weitere Aspekte zur Bestimmung des Erstattungsbetrages heranzuziehen. Dazu zählen Kostengesichtspunkte (etwa Skaleneffekte und bekannte Herstellungspreise), insbesondere aber die Sicherstellung der Versorgung im Sinne der **Erhaltung einer Therapiealternative**.[56]

32 **b) Sonderfall: Orphan Drugs.** Da bei Orphan Drugs nach § 35 a Abs. 1 S. 10 der Zusatznutzen bereits durch die Zulassung als belegt gilt, kommen auch hier die **zuvor genannten Kriterien** bei der Ermittlung des Erstattungsbetrages zur Anwendung. Allerdings stoßen diese Vorgaben regelmäßig an ihre Grenzen. Dies liegt zum einen daran, dass aufgrund der gesetzlichen Fiktion des Zusatznutzens **keine zweckmäßige Vergleichstherapie** bei Orphan Drugs durch den G-BA bestimmt wird. Ist aber keine zweckmäßige Vergleichstherapie bestimmt, kann der Erstattungsbetrag auch **nicht als Zuschlag** auf eine solche (nicht vorhandene) zweckmäßige Vergleichstherapie vereinbart werden. Zudem ist es bei Orphan Drugs nicht selten der Fall, dass **vergleichbare Arzneimittel gar nicht existieren**. Dann entfällt aber zwangsläufig auch dieses Kriterium bei der Vereinbarung des Erstattungsbetrages. Die Monetarisierung des Zusatznutzens bei Orphan Drugs muss daher regelmäßig – in Ermangelung weiterer vorgegebener Kriterien – vor dem Hintergrund der europäischen Vergleichspreise erfolgen.[57]

33 **c) Arzneimittel ohne Zusatznutzen (Abs. 3).** Bis zum Inkrafttreten des AMVSG gab Abs. 3 S. 1 eine starre Kostenobergrenze für Arzneimittel ohne nachgewiesenen Zusatznutzen vor. Der Erstattungsbetrag *durfte* demnach nicht zu höheren Jahrestherapiekosten führen als die zweckmäßige Vergleichstherapie. Waren mehrere Alternativen der zweckmäßigen Vergleichstherapie durch den G-BA bestimmt, war nach S. 2 bei der Bestimmung der Kostenobergrenze auf die wirtschaftlichste Alternative abzustellen.

34 In der Praxis hatte dies zur Folge, dass zahlreiche Arzneimittel ohne Zusatznutzen vom Markt genommen wurden. Insbesondere wenn ein Generikum als zweckmäßige Vergleichstherapie bestimmt worden war, führte dies dazu, dass der Erstattungsbetrag wegen der starren Kostenobergrenze in S. 3 a priori auf ein generisches Preisniveau determiniert war.
Mit dem AMVSG reagierte der Gesetzgeber auf diesen Zustand und ersetzte die starre Vorgabe in Abs. 3 S. 1 und 2 durch eine *„Soll"-Regelung*. Zwar sollen weiterhin Arzneimittel ohne „therapierelevanten Vorteile in der Versorgung" zu keinem höheren Preis berechtigen, wohl wird der „Verhandlungsspielraum jedoch für den Einzelfall erweitert". Die Flexibilisierung soll in **begründeten Einzelfällen zum Tragen kommen können**.[58]

35 In der Praxis wird sich zeigen, welche Konstellationen sich als solche begründeten Einzelfälle qualifizieren. Denkbar sind jedenfalls Konstellationen,
- die aus **Gründen der Versorgung** einen höheren Erstattungsbetrag erforderlich machen,[59]
- in denen die zweckmäßige Vergleichstherapie bereits **generisch** ist, weil schon lange Zeit kein neues Arzneimittel in diesem Therapiegebiet auf den Markt gekommen ist,[60]

---

55 Nach Ansicht des LSG Bln-Bbg muss der Zusatznutzen jedenfalls mit über 50 Prozent in die Berechnung einfließen; LSG Bln-Bbg, 1.3.2017, L 9 KR 437/16 KL ER, Rn. 65 (juris).
56 LSG Bln-Bbg, 1.3.2017, L 9 KR 437/16 KL ER, Rn. 66 (juris).
57 Schiedsspruch zu 130b-SSt. 16-15 („Ataluren"), 17.
58 BT-Dr. 18/10208, 36.
59 BT-Dr. 18/11449, 37 f.
60 BMG, Bericht zu den Ergebnissen des Pharmadialogs, 12.4.2016, S. 28.

- in denen Arzneimittel trotz nicht nachgewiesenen Zusatznutzens für Patienten eine **wichtige zusätzliche Therapieoption** darstellen,[61]
- in denen für unterschiedliche Patientengruppen unterschiedliche, im Preis **stark divergierende Vergleichstherapien** bestimmt sind.[62]

Es ist noch nicht absehbar, ob die Flexibilisierung in Abs. 3 S. 1 und 2 tatsächlich dazu beitragen wird, Marktrückzüge künftig zu verhindern. Infrage zu stellen ist in diesem Zusammenhang, ob die Neuregelung im Bereich des § 130 b richtig verortet ist. Möglicherweise hätte der Gesetzgeber besser daran getan, die von ihm angedachten Fälle bereits auf Ebene der Nutzenbewertung zu regeln. Dazu hätte in § 35 a die Möglichkeit geschaffen werden müssen, Arzneimitteln auch dann einen Zusatznutzen zuzuerkennen, wenn diese etwa trotz bislang mangelnder medizinischer Evidenz eine wichtige Therapieoption für die Versorgung der Versicherten darstellen. 36

Etwas anderes gilt für Arzneimittel, für die ein Zusatznutzen nach § 35 a Abs. 1 S. 5 deshalb nicht belegt ist, weil der pharmazeutische Unternehmer **das Dossier gar nicht oder unvollständig** eingereicht hat. Die ebenfalls mit dem AMVSG in Abs. 3 eingeführten S. 4 und 5 geben vor, dass der Erstattungsbetrag in diesen Fällen zu in *angemessenem* Umfang *geringeren* Jahrestherapiekosten führen muss als die zweckmäßige Vergleichstherapie bzw. deren wirtschaftlichste Alternative. Die Maßstäbe für die Angemessenheit dieser Abschläge sind in der Rahmenvereinbarung niederzulegen.[63] 37

d) Arzneimittel mit und ohne Zusatznutzen (Mischpreise). Eines der **wesentlichen Probleme** des AMNOG-Verfahrens ist die Bestimmung des Erstattungsbetrages bei Arzneimitteln, denen im Nutzenbewertungsbeschluss für einzelne Patientengruppen ein Zusatznutzen zugesprochen wurde, für andere aber nicht. Diese Problematik wird häufig dadurch erschwert, dass für die einzelnen Patientengruppen auch unterschiedliche zweckmäßige Vergleichstherapien bestimmt wurden und somit unterschiedliche Preisniveaus in den Patientengruppen zum Tragen kommen. Wegen § 78 Abs. 3 a iVm Abs. 3 AMG können aber **nicht mehrere, indikationsbezogene Erstattungsbeträge** bestimmt werden, die den unterschiedlichen Ergebnissen der Nutzenbewertung in den einzelnen Patientengruppen Rechnung tragen. Da für das Arzneimittel ein einheitlicher Abgabepreis sicherzustellen ist, muss auch ein **einheitlicher, indikationsübergreifender Erstattungsbetrag** ermittelt werden, der für alle Patientengruppe des Arzneimittels gilt.[64] 38

§ 130 b gibt keinen endgültigen Aufschluss darüber, wie in solchen Fällen zu verfahren ist und welche Kriterien hier zur Anwendung kommen sollen. Dem **Wortlaut** nach gilt die Kostenobergrenze des Abs. 3 nur für ein *Arzneimittel, das nach dem Beschluss des G-BA keinen Zusatznutzen hat.* Dies trifft an sich auf die zuvor beschriebenen Arzneimittel nicht zu, da diese ja *zumindest in einer Patientengruppe einen Zusatznutzen* aufweisen. Insofern spricht vieles dafür, dass auch solche Arzneimittel **wie Arzneimittel mit Zusatznutzen** zu behandeln sind und Abs. 3 hier keine unmittelbare Rolle spielt. Die Tatsache, dass ein Zusatznutzen nur für einzelne Patientengruppe nachgewiesen ist, wäre dann entsprechend bei der Monetarisierung des Zusatznutzens (mindernd) zu berücksichtigen. 39

Demgegenüber kommt in der Praxis bei solchen Fällen regelmäßig das Instrument der sog **Mischpreisbildung** zur Anwendung. Dabei wird der Erstattungsbetrag als ein mit Patientenzahlen gewichteter Mischpreis aus den Indikationen ermittelt, in denen der G-BA einen Zusatznutzen zuerkannt hat, und den Indikationen, in denen der G-BA keinen Zusatznutzen zuerkannt hat.[65] Im Prinzip werden also die gesetzlichen Kriterien auf die jeweilige Patientengruppe separat angewendet und daraus dann ein einheitlicher, indikationsübergreifender Erstattungsbetrag abgeleitet. 40

Dieses Vorgehen wurde indes durch eine jüngere Entscheidung des LSG Berlin-Brandenburg in Frage gestellt. Nach Ansicht des Gerichts sei die Mischpreisbildung rechtswidrig, wenn sie dazu führt, dass der Erstattungsbetrag in Indikationen ohne Zusatznutzen zu höheren Kosten führt als die wirtschaftlichste Alternative der zweckmäßigen Vergleichstherapie. Dies sei ein Verstoß gegen Abs. 3 S. 1.[66] 41

Mit dem Inkrafttreten des AMVSG ist diese Rechtsansicht des LSG Berlin-Brandenburg indes hinfällig geworden. Da das Gericht seine Entscheidung zur Rechtswidrigkeit von Mischpreisen auf die starre Kostenobergrenze des Abs. 3 S. 1 aF gestützt hat, kann die Entscheidung mit der Flexibilisierung der

---

61 BMG, Bericht zu den Ergebnissen des Pharmadialogs, 12.4.2016, S. 28.
62 BT-Dr. 18/10208, 36.
63 Abs. 9 S. 4.
64 Dieses Problem vertiefend: Huster/Gaßner/Grotjahn/Nitz, PharmR 2017, 273.
65 Schiedsspruch zu 130b-SSt. 13-16 („Empagliflozin"), 5.
66 LSG Bln-Bbg, 1.3.2017, L 9 KR 437/16 KL ER, Rn. 50 (juris).

Kostenobergrenze durch das AMVSG keine Gültigkeit mehr beanspruchen. Dies gilt umso mehr, als sich auch nach der alten Rechtslage eine Rechtswidrigkeit der Mischpreisbildung unter Berufung auf Abs. 3 S. 1 nur dann ergeben kann, wenn Abs. 3 S. 1 nicht nur für das Arzneimittel insgesamt, sondern auch für die einzelnen Patientengruppen Geltung beansprucht. Dies ist dem Wortlaut der Vorschrift aber nicht zu entnehmen (→ Rn. 39).

42 **e) Arzneimittel mit geringerem Nutzen.** Ist der Nutzen eines Arzneimittels nach dem Beschluss des G-BA geringer als der Nutzen der zweckmäßigen Vergleichstherapie, ist der Erstattungsbetrag nach § 5 Abs. 3 der Rahmenvereinbarung durch einen Abschlag auf die Jahrestherapiekosten der zweckmäßigen Vergleichstherapie zu vereinbaren.

43 **5. Weiterer Inhalt der Vereinbarung.** Über die bloße Höhe des Erstattungsbetrages hinaus enthält die Vereinbarung nach § 130 b weitere rechtliche Aspekte im Verhältnis zwischen SpiBuKK und dem pharmazeutischen Unternehmer.[67] Inwieweit diese weiteren Vertragsinhalte nur für das vertragsgegenständliche Arzneimittel, also im Verhältnis zwischen den Vertragsparteien des § 130 b, oder für alle Arzneimittel mit diesem Wirkstoff gelten, lässt sich nicht pauschal beantworten. Abs. 3 a S. 1 erstreckt die Geltung auf alle wirkstoffgleichen Arzneimittel lediglich hinsichtlich des Erstattungsbetrages und der Anerkennung von Praxisbesonderheiten nach Abs. 2 (→ Rn. 56).

44 **a) (Nicht-)Ablösung des Herstellerabschlages.** Das Erfordernis, in der Vereinbarung über den Erstattungsbetrag auch eine Aussage über das Schicksal des gesetzlichen Herstellerabschlages nach § 130 a zu treffen, ergibt sich aus dem Verweis in Abs. 1 S. 4 (ab 1.3.2018: S. 6; → Rn. 78) und zudem aus § 4 Abs. 3 der Rahmenvereinbarung. Demnach können die Abschläge nach § 130 a Abs. 1 und 1 a ganz oder teilweise abgelöst werden, *sofern dies ausdrücklich vereinbart ist.*[68] Im Umkehrschluss bedeutet dies, dass eine Ablösung der Herstellerabschläge nur dann stattfinden kann, wenn sich beide Parteien darüber einig sind. Besteht hingegen keine Einigkeit, bleibt es beim gesetzlichen Regelfall, nach der die Abschlagspflicht des § 130 a weiterhin gilt.

45 Relevanz hat die Ablösung des Abschlages nach § 130 a bei der Berechnung der **Handelsstufenzuschläge** und somit für die **der GKV tatsächlich entstehenden Kosten.**[69] Nach der AMPreisV wird ein Teil des Großhandels- wie des Apothekenzuschlages prozentual auf Grundlage des Preises der jeweils vorangehenden Handelsstufe erhoben. So beträgt der prozentuale Zuschlag des Großhandels 3,15 Prozent auf den *Abgabepreis des pharmazeutischen Unternehmers* (ohne Umsatzsteuer),[70] der prozentuale Zuschlag des Apothekers wiederum 3,00 % auf den *Apothekeneinkaufspreis.*[71] Während der prozentuale Großhandelszuschlag bei 37,80 EUR gedeckelt ist,[72] wird der prozentuale Anteil des Apothekenzuschlages in voller Höhe gewährt.

46 In der Arzneimittelversorgung belaufen sich die **tatsächlichen Kosten der GKV** auf den *Apothekenverkaufspreis* einschließlich Umsatzsteuer und abzüglich der gesetzlich bei der Abgabe in der Apotheke zu gewährenden Rabatte.[73] Diese Kostenebene wird daher auch vom G-BA in den Nutzenbewertungsbeschlüssen bei der Darstellung der Therapiekosten ausgewiesen. Da der Herstellerabschlag nach § 130 a erst bei der Abgabe in der Apotheke gewährt wird, ist dieser Betrag bei der Abgabe an den Großhan-

---

67 Vgl. hierzu auch § 4 der Rahmenvereinbarung.
68 Ausweislich der Gesetzesbegründung (BT-Dr. 17/2413, 31) ist eine Abbedingung des Abschlages nach § 130 a Abs. 2 („Impfstoffe") nicht angedacht, wohl aber der Abschlag nach § 130 a Abs. 3 b („Generikaabschlag"). Hierbei dürfte es sich indes um ein redaktionelles Versehen handeln. Gemeint ist wohl vielmehr die Frage, wie mit Preiserhöhungen umzugehen ist. Damit wäre aber das „Preismoratorium" nach § 130 a Abs. 3 a angesprochen.
69 Zu den unterschiedlichen Preisebenen in der Arzneimittelversorgung: Stadelhoff, Rechtliche Probleme des AMNOG-Verfahrens, 2016, 160 ff.
70 § 2 Abs. 1 S. 1 AMPreisV.
71 § 3 Abs. 1 und 2 AMPreisV: Der *Apothekeneinkaufspeis* ist der Betrag, der sich aus der Zusammenrechnung des bei Belieferung des Großhandels geltenden Abgabepreises des pharmazeutischen Unternehmers (ohne Umsatzsteuer) und des darauf entfallenden Großhandelshöchstzuschlags ergibt. In den Fällen des notwendigen Direktvertriebes (§ 52 Abs. 2 S. 3 AMG) ist der Apothekenzuschlag direkt auf den Abgabepreises des pharmazeutischen Unternehmers (ohne Umsatzsteuer) zu erheben.
72 § 2 Abs. 1 S. 1 AMPreisV. Dies entspricht einem Abgabepreis des pharmazeutischen Unternehmers (ohne Umsatzsteuer) von 1.200,00 EUR je Fertigarzneimittel; über diesem Preis bleibt die absolute Höhe des Großhandelszuschlages dann unverändert.
73 Dies sind der Apothekenrabatt nach § 130 sowie der Herstellerabschlag nach § 130 a, wobei der Apotheke gegenüber dem pharmazeutischen Unternehmer ein Anspruch auf Erstattung des Herstellerabschlages zukommt (§ 130 a Abs. 1 S. 3).

del bzw. an die Apotheke noch im Preis enthalten. Die Handelsstufenzuschläge fallen somit auch auf diesen Betrag an. Wird der Herstellerabschlag hingegen nach Abs. 1 S. 4 abgelöst, wirkt sich dies bereits mindernd auf den Abgabepreis des pharmazeutischen Unternehmers aus. Damit sinken zugleich die auf den einzelnen Handelsstufen zu erhebenden und von der GKV zu tragenden prozentualen Zuschläge nach der AMPreisV.

Bei der Ablösung des Herstellerabschlages nach § 130 a Abs. 1 ist zu berücksichtigen, dass dessen gesetzlich festgelegte Höhe von derzeit 7,00 % die Umsatzsteuer bereits beinhaltet.[74] Da der Erstattungsbetrag auf der Ebene des Abgabepreiseses des pharmazeutischen Unternehmers ohne Umsatzsteuer vereinbart wird, muss auch der Herstellerabschlag um die darin schon beinhaltete Umsatzsteuer bereinigt werden.[75] Richtigerweise ist deshalb ein Netto-Abschlag von derzeit 5,88 % in Ansatz zu bringen.[76]

b) Anforderungen an die Zweckmäßigkeit, Qualität und Wirtschaftlichkeit einer Verordnung. Gegenstand der Vereinbarung sollen nach Abs. 1 S. 4 auch Anforderungen an die Zweckmäßigkeit, Qualität und Wirtschaftlichkeit einer Verordnung beinhalten. Die *Soll-Regelung* adressiert alle AMNOG-Arzneimittel, also unabhängig vom Ergebnis der jeweiligen Nutzenbewertung. Nach der Gesetzesbegründung sind damit **Bestimmungen zur Qualitätssicherung** gemeint, die entsprechende Regelungen der gemeinsamen Selbstverwaltung *ergänzen*, aber *nicht ablösen* können.[77] Die Anforderungen an die Qualitätssicherung korrespondieren mit den entsprechenden Feststellungen im Nutzenbewertungsbeschluss nach § 35 a Abs. 3.[78]

c) Praxisbesonderheiten. Abs. 2 behandelt die **Anerkennung** der Verordnung von AMNOG-Arzneimitteln als **Praxisbesonderheiten**. Auch hier handelt es sich um eine *Soll-Regelung*, so dass nur in atypischen Sonderfällen von einer entsprechenden Vereinbarung Abstand genommen werden mag. Dies gilt aber lediglich für Arzneimittel **mit nachgewiesenem Zusatznutzen**, denn wie sich aus Abs. 3 S. 2 ergibt, findet die Vorgabe des Abs. 2 keine Anwendung für Arzneimittel ohne nachgewiesenem Zusatznutzen. Das bedeutet indes nicht, dass die Anerkennung als Praxisbesonderheiten für Verordnungen solcher Arzneimittel grundsätzlich ausscheidet; sie ist lediglich nicht als Regelfall vorgesehen.

Die Anerkennung als Praxisbesonderheit ist insbesondere bei hochpreisigen Arzneitherapien von Bedeutung, um dem verordnenden Vertragsarzt wirtschaftliche Sicherheit für seine Therapieentscheidung zukommen zu lassen. Die Verordnungen von als Praxisbesonderheit anerkannten Arzneitherapien sind nämlich iVm § 106 b Abs. 5 im **Rahmen von Wirtschaftlichkeitsprüfungen** von den Prüfungsstellen zu berücksichtigen.

d) Mengen. Eine der durch das AMNOG avisierten Gesetzesfolgen ist die *Begrenzung des Kostenanstieges in der Arzneimittelversorgung*.[79] Die konkrete Kostenbelastung der GKV findet ihren Ausdruck indes nicht alleine in der Höhe des Arzneimittelpreises, sondern zugleich im tatsächlichen Umfang, in dem ein Arzneimittel zu deren Lasten abgegeben wird. Mit Blick auf die Ausgaben der GKV kann der Erstattungsbetrag folglich nicht isoliert betrachtet werden, sondern bedarf der Einbeziehung des zu erwartenden Verordnungsvolumens eines Arzneimittels. Regelmäßig wird daher in den Vereinbarungen nach § 130 b dem SpiBuKK ein vertragliches Kündigungsrecht für den Fall eingeräumt, dass die vereinbarten Mengen überschritten werden.[80]

§ 130 b selbst macht indes keine Vorgaben dahingehend, dass die erwarteten Mengen bei der Vereinbarung des Erstattungsbetrages *zwingend* zu berücksichtigen wären. Eine **preisgestaltende Korrelation** zwischen Erstattungsbetrag und erwarteter Menge ist lediglich der – erst durch das AMVSG eingeführten – Bestimmung des Abs. 1a zu entnehmen. Demnach *können* mengenbezogene Aspekte, etwa eine mengenbezogene Staffelung oder ein jährlichen Gesamtvolumen, vereinbart werden. Unabhängig davon sah § 3 Abs. 3 der Rahmenvereinbarung vor der Einführung des Abs. 1a durch das AMVSG

---

74 BFH, 28.5.2009, V R 2/08.
75 Da der gegenwärtige Mehrwertsteuersatz von 19 % bereits in dem Herstellerabschlag von 7 % beinhaltet ist, lautet die Rechnung wie folgt: 100/119 aus 7 % (Herstellerabschlag inkl. MwSt.) = 5,88 % (Herstellerabschlag exkl. MwSt.).
76 Vgl. etwa Schiedsspruch zu 130b-SSt. 1-14 („Lixisenatid"), 8.
77 BT-Dr. 17/2413, 31.
78 Vgl. § 35 a Abs. 1 S. 3 Nr. 6 sowie § 4 Abs. 1 Nr. 6 und § 7 Abs. 4 S. 5 AM-NutzenV.
79 BT-Dr. 17/2413, 17.
80 Vgl. die Schiedssprüche zu 130b-SSt. 4-14 („Vildagliptin"), 130b-SSt. 15-15 („Albiglutid") und 130b-SSt. 11-16 („Netupitant/Palonosetron").

eine Übermittlung der erwarteten jährlichen Absatzmengen durch den pharmazeutischen Unternehmer vor.

53 Es ist zu hinterfragen, ob sich die Verknüpfung des Erstattungsbetrages mit einem erwarteten Verordnungsvolumen auf Ebene der Vereinbarung nach § 130 b möglicherweise **systemwidrig im Kontext des AMNOG** ausnimmt. Dafür spricht, dass die Vereinbarung eines Erstattungsbetrages auf Grundlage des Zusatznutzens eines Arzneimittels und nicht etwa aufgrund dessen potenziellen Umsatzes erfolgen soll. Dem ist freilich entgegenzuhalten, dass sich die Amortisation der Forschungs- und Entwicklungskosten eines neuen Arzneimittels nicht in der Höhe des Preises an sich, sondern in den konkreten Umsätzen realisiert.

54 e) **Mindestlaufzeit.** Gesetzlich ist in Abs. 7 S. 1 eine Mindestlaufzeit der Erstattungsbetragsvereinbarung von **einem Jahr** vorgesehen. Solange keine Partei von ihrem Recht auf ordentliche Kündigung Gebrauch macht, gilt die Vereinbarung unverändert fort. Schon nach dem Wortlaut („kann", „frühestens") zielt die Bestimmung darauf ab, allzu kurze Vertragsdauern zu verhindern und ein Mindestmaß an Beständigkeit zu sichern. Dies spricht dafür, dass die Regelung **insofern dispositiv ist, als auch darüber hinausgehende Mindestlaufzeiten** von den Vertragspartnern vereinbart werden können. Bei wesentlicher Veränderung der Verhältnisse kommt jedoch unabhängig davon eine Vertragsanpassung oder Kündigung nach der allgemeinen Regel des § 59 SGB X in Betracht.[81] Wird die Vereinbarung gekündigt, gilt sie nach Abs. 7 S. 2 so lange fort, bis eine neue Vereinbarung zustande gekommen ist.

III. Geltung und Reichweite des Erstattungsbetrages (Abs. 3 a)

55 **1. Geltung für alle wirkstoffgleichen Arzneimittel.** Mit dem 14. SGB V-Änderungsgesetz wurde die Geltung des Erstattungsbetrages durch die Einführung des Abs. 3 a ausdrücklich auf alle Arzneimittel mit dem gleichen neuen Wirkstoff ausgedehnt; auch wenn diese von unterschiedlichen pharmazeutischen Unternehmern ausgeboten werden.[82] Zugleich wurde klargestellt, dass der Erstattungsbetrag ab dem 13. Monat nach dem erstmaligen Inverkehrbringen in Kraft treten soll.[83] Unabhängig von der konkreten Dauer des einzelnen AMNOG-Verfahrens soll somit sichergestellt werden, dass die Phase der freien Preisbildung auf das **erste Jahr nach Markteinführung** begrenzt bleibt. Als Regelungen des SGB V betreffen diese Bestimmungen alleine die Arzneimittelversorgung innerhalb der GKV. Erst durch die zeitgleich eingeführte arzneimittelrechtliche Bestimmung in § 78 Abs. 3 a AMG wird die Geltung des Erstattungsbetrages als **gesetzlich bestimmten Höchstabgabepreises** – über das GKV-System hinaus – auf den gesamten Arzneimittelmarkt erstreckt. Durch die gesetzlichen Anordnungen in Abs. 3 a S. 1 und § 78 Abs. 3 a AMG verlässt die Vereinbarung des Erstattungsbetrages das bipolare Vertragsverhältnis zwischen SpiBuKK und pharmazeutischem Unternehmer und begründet den *normsetzenden (oder jedenfalls normkonkretisierenden)* Charakter des Erstattungsbetrages.

56 **2. Auf das Vertragsverhältnis beschränkte Inhalte.** Dies gilt indes nicht für alle Inhalte der Erstattungsbetragsvereinbarung. Ausdrücklich erstreckt Abs. 3 a S. 1 neben dem *Erstattungsbetrag* lediglich noch die *Anerkennung von Praxisbesonderheiten* auf alle anderen wirkstoffgleichen Arzneimittel. Weil mit der Höhe des Erstattungsbetrages aber auch die mögliche **Ablösung des Herstellerabschlages** eng verknüpft ist, muss diese vertragliche Regelung als *Annex des Erstattungsbetrages* wohl ebenfalls für alle wirkstoffgleichen Arzneimittel gelten.[84]

Die weiteren Bestimmungen der Erstattungsbetragsvereinbarung bleiben dagegen in der Regel auf das gegenseitige Verhältnis der Vertragsparteien begrenzt. Jedoch können sich einzelne Vertragsklauseln – etwa zur Mindestvertragslaufzeit oder sonstigen Kündigungsrechten – freilich mittelbar auf andere wirkstoffgleiche Arzneimittel auswirken.

57 **3. Unterschiedliche Anwendungsgebiete.** Die strikte Erstreckung der Geltung des Erstattungsbetrags auf alle Arzneimittel gilt unabhängig vom **zugelassenen Anwendungsgebiet oder der Darreichungsform.** Wird für einen Wirkstoff etwa ein zusätzliches Anwendungsgebiet zugelassen, gilt der aufgrund der Nutzenbewertung für die ursprüngliche Indikation bestimmte Erstattungsbetrag weiterhin für alle wirkstoffgleichen Arzneimittel ohne näheres Ansehen der neuen Indikation. Es soll damit verhindert

---

81 Luthe in: Hauck/Noftz, SGB V, § 130 b Rn. 86.
82 BT-Dr. 18/606, 14.
83 Dies konnte zuvor lediglich dem Abs. 4 S. 3 entnommen werden.
84 Dafür spricht zudem der Wortlaut in Abs. 3 a S. 1 („Der *nach Abs. 1* vereinbarte Erstattungsbetrag"). Dieser Verweis umfasst somit auch Abs. 1 S. 4, aus dem sich die Möglichkeit der Ablösung der Herstellerabschläge ergibt.

werden, dass die Phase der freien Preisbildung durch eine sukzessive Zulassung neuer Anwendungsgebiete immer wieder neu ausgelöst oder verlängert wird.[85] Die Zulassung des neuen Anwendungsgebietes löst aber eine neuerliche Nutzenbewertung[86] und daran anschließende Preisverhandlungen aus, in denen das neue zugelassene Anwendungsgebiet dann berücksichtigt wird. Der neu verhandelte Erstattungsbetrag tritt nach Abs. 3 a S. 3 zum 13. Monat nach Zulassung des neuen Anwendungsgebietes in Kraft.

Da die Regelung des Abs. 3 a S. 1 auch in Folge der Neuverhandlung dafür sorgt, dass der (neue) Erstattungsbetrag für alle wirkstoffgleichen Arzneimittel gilt, wird der Erstattungsbetrag in der Regel **alle zugelassenen Anwendungsgebiete** bzw. die jeweils hierzu ergangenen Nutzenbewertungsbeschlüsse berücksichtigen. Nur so kann sichergestellt werden, dass der Erstattungsbetrag das gesamte Anwendungsgebiet eines Wirkstoffes abdeckt und die Wirtschaftlichkeit der Arzneimittel mit diesem Wirkstoff konkretisiert. Dies kann jedoch in einzelnen Fällen im Hinblick auf die Versorgung **nicht sachgerecht** sein oder eine **unbillige Härte** darstellen. Deshalb ermöglicht Abs. 3 a S. 4 in solchen Fällen, dass für einzelne Arzneimittel trotz desselben Wirkstoffes **unterschiedliche Erstattungsbeträge** verhandelt werden können. Die Gesetzesbegründung nennt hierfür *beispielhaft* solche Fälle, in denen zwei Arzneimittel mit dem gleichen Wirkstoff:[87] 58

- für zwei unterschiedliche Anwendungsgebiete zugelassen sind,
- in unterschiedlicher Dosierung und Darreichungsform verfügbar sind,
- nicht ohne Weiteres austauschbar sind,
- in Anwendungsgebieten zugelassen sind, deren Preisniveau sich deutlich unterscheidet.

Nach § 4 Abs. 8 der Rahmenvereinbarung kann der pharmazeutische Unternehmer die Schiedsstelle anrufen, die binnen acht Wochen darüber entscheidet, ob ein Härtefall vorliegt.

Auch hier tritt der (separat) vereinbarte Erstattungsbetrag erst zum 13. Monat nach dem erstmaligen Inverkehrbringen des betroffenen Arzneimittels in Kraft; jedoch mit der Maßgabe, dass die Differenz zum bis dahin tatsächlich gezahlten Abgabepreis auszugleichen ist (Abs. 3 a S. 5). Grundvoraussetzung hierfür ist aber stets, dass zumindest **zwei wirkstoffgleiche Fertigarzneimittel** (also mit eigenem Waren-/Markenzeichen bzw. Bezeichnung)[88] für die unterschiedlichen Anwendungsgebiete oder in unterschiedlicher Dosierung oder Darreichungsform zugelassen sind. Umfasst hingegen die Zulassung ein und desselben Fertigarzneimittels alle Anwendungsgebiete des Wirkstoffes, kann Abs. 3 a S. 4 nicht zur Anwendung kommen, da für dieses Arzneimittel ein einheitlicher Abgabepreis sichergestellt werden muss.[89] 59

Regelmäßig dürfte die in Abs. 3 a S. 4 vorgesehene Möglichkeit, für Härtefälle einen separaten Erstattungsbetrag zu vereinbaren, aufgrund der **Vorgaben des Zulassungsrechts** ins Leere laufen. Hier zeigt sich neuerlich die Diskrepanz zwischen europäischem Zulassungs- und nationalem Erstattungsrecht (→ Rn. 18). Denn nach Art. 82 Abs. 1 Verordnung (EG) Nr. 726/2004 kann ein Antragsteller nur eine einzige Genehmigung für ein bestimmtes Arzneimittel erhalten. Das europäische Zulassungsrecht will also gerade vermeiden, dass wirkstoffgleiche Arzneimittel unter verschiedenen Warenzeichen zugelassen werden. Mehrere Genehmigungsanträge ein und desselben Antragsteller sind nur ausnahmsweise zulässig und zwar dann, wenn dies durch objektive, die *öffentliche Gesundheit betreffende Gründe* oder aus *Gründen der gemeinsamen Vermarktung* gerechtfertigt ist. 60

Dies hat zur Folge, dass der pharmazeutische Unternehmer im Regelfall deshalb keinen Härtefall nach Abs. 3 a S. 4 geltend machen kann, weil es ihm nicht möglich ist, wirkstoffgleiche Arzneimittel trotz unterschiedlicher Anwendungsgebiete unter verschiedenen Warenzeichen zuzulassen. Denn wie eine Handreichung der Europäischen Kommission bestimmt, qualifizieren *Preis- und Erstattungsgesichtspunkte* („Pricing and reimbursement considerations") gerade nicht für mehrere Genehmigungsanträge eines Antragstellers.[90]

4. Verhältnis zum Preismoratorium. Der § 130 b selbst enthält keine Aussage darüber, wie sich die AMNOG-Regulierung zu den Vorgaben des **Preismoratoriums** nach § 130 a Abs. 3 a verhält. Während 61

---

85 BT-Dr. 18/606, 13.
86 Vgl. § 35 a Abs. 1 S. 3.
87 BT-Dr. 18/606, 14; siehe auch § 4 Abs. 8 der Rahmenvereinbarung.
88 § 10 Abs. 1 Nr. 2 AMG. Zur sozialversicherungsrechtlichen Identifikation des jeweiligen Arzneimittels ist zumindest eine eigene Pharmazentralnummer (bundeseinheitliches Kennzeichen nach § 300 Abs. 3; „PZN") erforderlich.
89 Vgl. § 78 Abs. 3 und 3 a AMG.
90 Europäische Kommission, Handling of duplicate marketing authorisations, October 2011, Annex I.

Grotjahn

das AMNOG auf eine *nutzenorientierte Preisregulierung* setzt, gibt das Preismoratorium einen *stichtagsbezogenen Preisstopp* vor. Spätere Preiserhöhungen sollen eine Mehrbelastung der Krankenkassen verhindern, indem der pharmazeutische Unternehmer den Betrag der Preiserhöhung den Krankenkassen in voller Höhe wiederum als Rabatt gewähren muss. Auf die spätere Zulassung neuer Anwendungsgebiete nimmt das Preismoratorium – anders als das AMNOG – keine Rücksicht.

62 Dies führt dort zu Problemen, wo das Ausmaß des Zusatznutzens einen Preis über dem Markteinführungspreis rechtfertigen würde, oder wo ein bereits AMNOG-reguliertes Präparat die Zulassung für ein weiteres Anwendungsgebiet erhält, dessen Preisniveau *über* dem der bislang zugelassenen Indikation liegt. Nach den Kriterien des § 130 b dürfte der nunmehr neu zu verhandelnde Erstattungsbetrag – je nach Ergebnis der Nutzenbewertung – ebenfalls *über* dem ursprünglichen Abgabepreis liegen. Käme nun aber das Preismoratorium ebenfalls zur Anwendung, wäre dieser über dem Einführungspreis liegende Betrag den Krankenkassen wiederum vollständig als Rabatt nach § 130 a Abs. 3 a zu gewähren. Damit wäre jedoch der Sinn und Zweck einer nutzenorientierten Preisbildung durch das AMNOG ausgehebelt. Daher kann richtigerweise **das Preismoratorium bei Arzneimitteln mit Erstattungsbetrag keine Anwendung mehr finden**.

IV. Festsetzung durch die Schiedsstelle (Abs. 4 bis 6)

63 Können sich die Vertragsparteien innerhalb des 6-monatigen Verhandlungszeitraumes nicht auf einen Erstattungsbetrag einigen, so ist dieser – wie auch **andere dissente Vertragsinhalte** – durch die Schiedsstelle festzusetzen. Die Festsetzung durch die Schiedsstelle ergeht als Verwaltungsakt und ist somit gerichtlich anfechtbar (→ Rn. 11).

64 **1. Rechtsgrundlagen.** Materiell ist die Schiedsstelle an dieselben gesetzlichen Vorgaben gebunden wie die Vertragsparteien. Grundlage für den Schiedsspruch sind somit die Vorgaben des § 130 b und der Rahmenvereinbarung.

65 Formell ist das Verfahren in der **Rechtsverordnung nach § 129 Abs. 10 S. 2** geregelt, wie sich aus Abs. 6 S. 4 und 5 ergibt.[91] Daneben (und für die Praxis bedeutender) gibt sich die Schiedsstelle nach Abs. 6 S. 1 eine **Geschäftsordnung (GO)**, über die die unparteiischen Schiedsstellenmitglieder im Benehmen mit dem SpiBuKK und den Spitzenorganisationen der pharmazeutischen Industrie entscheiden. Die Geschäftsordnung bedarf der Genehmigung des BMG.

66 Wie die Preisverhandlungen unterliegt auch das Verfahren bei der Schiedsstelle der Vertraulichkeit.[92]

67 **2. Beginn und Ablauf des Schiedsverfahrens.** Maßgeblicher Zeitpunkt für den Beginn des Schiedsverfahrens ist nach Abs. 4 S. 1 der Ablauf der 6-Monats-Frist ab Veröffentlichung des Beschlusses über die Nutzenbewertung oder die Kosten-Nutzen-Bewertung. Wurde eine bestehende Erstattungsbetragsvereinbarung gekündigt, ist die Schiedsstelle spätestens sechs Monate nach Wirksamwerden der Kündigung anzurufen. Das Schiedsverfahren beginnt mit dem Eingang des Antrages einer der beiden Vertragsparteien, eine Einigung über den Inhalt des Vertrages herbeizuführen (§ 13 Abs. 1 GO). Wie sich aus § 13 Abs. 4 GO ergibt, kann dieser **verfahrenseinleitende Antrag** bereits vor Ablauf der 6-Monats-Frist gestellt werden. Das Verfahren wie auch die 3-monatige Entscheidungsfrist der Schiedsstelle (§ 13 Abs. 4 GO) beginnen dann entsprechend früher.

68 Mit der Mitteilung über den verfahrenseinleitenden Antrag gibt der Vorsitzende beiden Vertragsparteien die Gelegenheit, innerhalb von 14 Tagen **konkretisierende Anträge** zu stellen (§ 13 Abs. 2 GO). Zugleich müssen die Vertragsparteien ihre Mitglieder der Schiedsstelle und deren Stellvertreter benennen (§ 13 Abs. 4 GO). Weitere Beratungsunterlagen können auch im Nachgang noch vorgelegt werden.[93] Die Ladung zur mündlichen Verhandlung erfolgt mit einer Frist von 14 Tagen; zum konkreten Ablauf der mündlichen Verhandlung bestehen keine näheren Vorgaben (§ 15 GO).

69 **3. Spruchkörper, Entscheidung und Verfahrensbeteiligte.** Die Schiedsstelle setzt sich aus einem *unparteiischen Vorsitzenden* und *zwei weiteren unparteiischen Mitgliedern* zusammen. Für jedes der *drei unparteiischen Mitglieder* sind zwei Stellvertreter zu bestellen. Die Mitglieder und ihre Stellvertreter werden für eine **Amtszeit von vier Jahren** durch den SpiBuKK und die Spitzenorganisationen der pharma-

---

[91] „Verordnung über die Schiedsstelle für Arzneimittelversorgung und die Arzneimittelabrechnung" („Schiedsstellenverordnung").
[92] Abs. 4 S. 7 iVm Abs. 1 S. 7.
[93] So jedenfalls die Maßgabe des § 15 GO.

zeutischen Industrie bestimmt. Kommt es nicht zu einer Einigung entscheidet das Los; die Amtszeit beträgt für diese Fälle nur ein Jahr.[94]

Für das einzelne Schiedsverfahren werden zudem durch den SpiBuKK und den betroffenen pharmazeutischen Unternehmer jeweils **zwei weitere Mitglieder** (sowie jeweils zwei Stellvertreter) **benannt** (§ 8 GO).

Somit ergibt sich ein **7-köpfiger Spruchkörper** bestehend aus:

- Drei unparteiischen Mitgliedern (einschließlich des unparteiischen Vorsitzenden)
- Zwei benannten Mitgliedern des SpiBuKK
- Zwei benannten Mitgliedern des pharmazeutischen Unternehmers

Die Schiedsstelle entscheidet aufgrund mündlicher Verhandlung und mit **einfacher Mehrheit**; Stimmenthaltung ist nicht zulässig.[95]

Die Entscheidung erfolgt nach Abs. 4. S. 2 unter *freier Würdigung aller Umstände des Einzelfalls* und unter *Berücksichtigung der Besonderheiten des jeweiligen Therapiegebietes*. Innerhalb des rechtlichen Rahmens steht der Schiedsstelle letztlich der gleiche **Ermessensspielraum** zu wie den Vertragsparteien.[96] Indes ist der Schiedsstelle daran gelegen, eine Art ständiger Spruchpraxis zu etablieren.[97] Da der Schiedsspruch unstreitig als Verwaltungsakt ergeht und der Schiedsstelle insofern auch Behördeneigenschaft zuzusprechen ist, müssen sich die Entscheidungen – trotz des eingeräumten Ermessens – an Art. 3 GG und dem **Grundsatz der Selbstbindung der Verwaltung** messen lassen.

An der mündlichen Verhandlung der Schiedsstelle nehmen neben deren (unparteiischen und benannten) Mitgliedern die **folgenden Personen** teil bzw. können diese hinzugezogen werden:

- die Vertragsparteien, also Vertreter des SpiBuKK und des pharmazeutischen Unternehmers
- sachkundige Personen der Patientenorganisationen (§ 9 GO)
- die Stellvertreter der unparteiischen Mitglieder (§ 7 Abs. 5 GO)[98]
- Mitarbeiter der Geschäftsstelle zur Protokollierung (§ 12 Abs. 2 GO)
- Sachverständige (§ 12 Abs. 3 GO)
- Vertreter des BMG (§ 12 Abs. 4 GO)

Dem Verband der privaten Krankenversicherung ist nach Abs. 4 S. 4 vor der Entscheidung der Schiedsstelle Gelegenheit zur Stellungnahme einzuräumen.

V. Gesetzliches Kündigungsrecht (Abs. 7 und 7 a)

Neben das ordentliche Kündigungsrecht in Abs. 7 S. 1 – also nach Ablauf der Mindestvertragslaufzeit – tritt das Recht beider Parteien zur **außerordentlichen Kündigung** nach Abs. 7 S. 3 in den folgenden, zueinander *alternativen* Fällen:

- Veröffentlichung eines neuen Beschlusses zur Nutzenbewertung (§ 35 a Abs. 3)
- Veröffentlichung eines neuen Beschlusses zur Kosten-Nutzen-Bewertung (§ 35 b Abs. 3)
- Vorliegen der Voraussetzungen für die Bildung einer Festbetragsgruppe (§ 35 Abs. 1)

Nicht deutlich geht aus dem Gesetz hervor, wie in den Fällen der *außerordentlichen* Kündigung zu verfahren ist. Systematisch unklar bleibt die Verortung der Regelung in Abs. 7 S. 2, wonach eine gekündigte Vereinbarung so lange fortgilt, bis eine neue Vereinbarung zustande gekommen ist. Zweifelsohne ist damit der Fortgang in Folge einer ordentlichen Kündigung nach dem *vorstehenden* Abs. 7 S. 1 in Bezug genommen (→ Rn. 54). Inwieweit diese Bestimmung aber auch für die *nachstehenden* Fälle der außerordentlichen Kündigung in Abs. 7 S. 3 Anwendung finden soll, lässt die Gesetzessystematik nicht erkennen. Auch die Gesetzesbegründung gibt nur hinsichtlich des dritten Kündigungstatbestandes („Vorliegen der Voraussetzungen einer Festbetragsgruppenbildung") dahin gehend Aufschluss, dass der Erstattungsbetrag mit der Festsetzung des Festbetrages außer Kraft tritt.[99]

In der Praxis dürfte diese Frage indes kaum zu Problemen führen. Da sowohl nach der Veröffentlichung eines neues Beschlusses zur Nutzenbewertung wie zur Kosten-Nutzen-Bewertung[100] der Erstat-

---

94 Vgl. §§ 4, 6 und 10 GO (mit den entsprechenden Verweisen auf § 89 Abs. 3 S. 4 bis 6).
95 §§ 19, 21 Abs. 2 GO (vgl. auch § 8 Abs. 1 und 2 der Schiedsstellenverordnung).
96 Stadelhoff, Rechtliche Probleme des AMNOG-Verfahrens, 2016, 164 f.
97 Vgl. etwa Schiedssprüche zu 130b-SSt. 4-16 („Vortioxetin"), 14 und 130b-SSt. 12-16 „(Idebenon"), 12 f.
98 Die Teilnahme der Stellvertreter wird ermöglicht, um die Kontinuität des Verfahrens sicherzustellen.
99 So jedenfalls bei der verwandten Kündigungsregelung des Abs. 3 S. 4; siehe BT-Dr. 17/2413, 31.
100 Vgl. Abs. 8 S. 3.

tungsbetrag neu zu vereinbaren ist, wird die neue Vereinbarung der bisherigen vorgehen bzw. diese ablösen.

75 Ein zeitlich begrenztes Kündigungsrecht sieht Abs. 7a für Arzneimittel ohne nachgewiesenem Zusatznutzen (in allen Anwendungsgebieten) vor, wenn deren Erstattungsbetrag noch unter Geltung der starren Kostenobergrenze des Abs. 3 aF vereinbart oder festgesetzt worden ist. Um für diese Arzneimittel eine Neuverhandlung unter Geltung der mit dem AMVSG eingeführten Flexibilisierung in Abs. 3 zu verhandeln, ist dem pharmazeutischen Unternehmer wie dem SpiBuKK ein Sonderkündigungsrecht eingeräumt. Dies gilt unabhängig davon, ob sich das Arzneimittel im Verkehr befindet oder aus dem Markt genommen worden ist. Das Sonderkündigungsrecht ist auf drei Monate nach Inkrafttreten des AMVSG befristet.

VI. Kosten-Nutzen-Bewertung und Kostenbeteiligung (Abs. 8 und 10)

76 Abs. 8 ermöglicht jeder Vertragspartei in der Folge eines Schiedsspruches eine Kosten-Nutzen-Bewertung nach § 35b zu beantragen. Auf Grundlage des Beschlusses über die Kosten-Nutzen-Bewertung ist sodann ein neuer Erstattungsbetrag nach den Vorgaben der Abs. 1 bis 7 zu vereinbaren.

77 Da der Erstattungsbetrag nicht nur Bedeutung für das System der GKV hat, sondern auch auf nicht gesetzlich Versicherte erstreckt wird, führt das AMNOG-Verfahren auch zu Kostenersparnissen der privaten Krankenversicherung.[101] Der Gesetzgeber sah es daher als gerechtfertigt an, die Unternehmen der privaten Krankenkassen an den entstehenden Sach- und Personalkosten nach Abs. 10 zu beteiligen.

VII. Weitere Anpassung durch das GKV-Arzneimittelversorgungsstärkungsgesetz

78 Durch das GVK-Arzneimittelversorgungsstärkungsgesetz vom 4. Mai 2017[102] wird mWv 1. März 2018 in Abs. 1 S. 4 die Angabe „4" durch die Angabe „6" ersetzt. Es handelt sich dabei um eine lediglich redaktionelle Anpassung; der Verweis auf die Möglichkeit zur Ablösung der Herstellerabschläge nach § 130a Abs. 8 S. 4 (ab 1. März 2018: S. 6) bestand schon zuvor (→ Rn. 44).

§ 130c Verträge von Krankenkassen mit pharmazeutischen Unternehmern

(1) ¹Krankenkassen oder ihre Verbände können abweichend von bestehenden Vereinbarungen oder Schiedssprüchen nach § 130b mit pharmazeutischen Unternehmern Vereinbarungen über die Erstattung von Arzneimitteln sowie zur Versorgung ihrer Versicherten mit Arzneimitteln treffen. ²Dabei kann insbesondere eine mengenbezogene Staffelung des Preisnachlasses, ein jährliches Umsatzvolumen mit Ausgleich von Mehrerlösen oder eine Erstattung in Abhängigkeit von messbaren Therapieerfolgen vereinbart werden. ³Durch eine Vereinbarung nach Satz 1 kann eine Vereinbarung nach § 130b ergänzt oder ganz oder teilweise abgelöst werden; dabei können auch zusätzliche Rabatte auf den Erstattungsbetrag vereinbart werden. ⁴§ 78 Absatz 3a des Arzneimittelgesetzes bleibt unberührt. ⁵Die Ergebnisse der Bewertungen nach den §§ 35a und 35b, die Richtlinien nach § 92, die Vereinbarungen nach § 84 und die Informationen nach § 73 Absatz 8 Satz 1 sind zu berücksichtigen. ⁶§ 130a Absatz 8 gilt entsprechend.

(2) Die Krankenkassen informieren ihre Versicherten und die an der vertragsärztlichen Versorgung teilnehmenden Ärzte umfassend über die vereinbarten Versorgungsinhalte.

(3) Die Krankenkassen oder ihre Verbände können mit Ärzten, kassenärztlichen Vereinigungen oder Verbänden von Ärzten Regelungen zur bevorzugten Verordnung von Arzneimitteln nach Absatz 1 Satz 1 entsprechend § 84 Absatz 1 Satz 5 treffen.

(4) Arzneimittelverordnungen im Rahmen einer Vereinbarung nach Absatz 3 Satz 1 sind von der Prüfungsstelle als bei den Wirtschaftlichkeitsprüfungen nach den §§ 106 bis 106c zu berücksichtigende Praxisbesonderheiten anzuerkennen, soweit dies vereinbart wurde und die vereinbarten Voraussetzungen zur Gewährleistung von Zweckmäßigkeit, Qualität und Wirtschaftlichkeit der Versorgung eingehalten sind.

---

101 BT-Dr. 17/3698, 55 f.
102 BGBl. I 2017, 1050.

(5) ¹Informationen über die Regelungen nach Absatz 3 sind in den Programmen zur Verordnung von Arzneimitteln nach § 73 Absatz 9 Satz 1 zu hinterlegen. ²Das Nähere ist in den Verträgen nach § 82 Absatz 1 zu vereinbaren.

I. Entstehungsgeschichte, systematische Einordnung und Normzweck 1	3. Vereinbarungen mit Vertragsärzten, kassenärztlichen Vereinigungen, Verbänden von Ärzten (Abs. 3) 12
II. Die Vorschrift im Einzelnen 5	
1. Selektivverträge (Abs. 1) 5	4. Praxisbesonderheit und Freistellung von der Richtgrößenprüfung (Abs. 4) .. 14
2. Informationspflicht der Krankenkassen (Abs. 2) 11	5. Arztinformationssystem 16

I. Entstehungsgeschichte, systematische Einordnung und Normzweck

Die Vorschrift des § 130 c versteht sich im Zusammenhang des *AMNOG*[1]-Verfahrens und wurde mit diesem gleichfalls in das SGB V eingeführt. Die Vorschrift ergänzt die Kernvorschriften des AMNOG zur (frühen) Nutzenbewertung nach § 35 a und den daran anschließenden Verhandlungen nach § 130 b. Während das AMNOG-Verfahren auf Bundesebene erfolgt und als dessen Ergebnis der Erstattungsbetrag allgemeinverbindliche Gültigkeit für alle wirkstoffgleichen Arzneimittel erlangt,[2] gibt § 130 c dem pharmazeutischen Unternehmer die Möglichkeit, mittels **selektivvertraglicher Regelungen** von der Erstattungsbetragsvereinbarung nach § 130 b in Teilen abzuweichen. Entgegen dem (verpflichtenden) Abschluss der Vereinbarung nach § 130 b ist es dem pharmazeutischen Unternehmer aber freigestellt, ob er von der Möglichkeit des § 130 c Gebrauch machen will oder nicht. 1

Wie sich nicht zuletzt aus dem Verweis in Abs. 1 S. 6 ergibt, ist § 130 c eng verwandt mit der Regelung des § 130 a Abs. 8. Anders als bei **Selektivverträgen nach § 130 a Abs. 8** ist der Abschluss einer Vereinbarung nach § 130 c jedoch erst dann möglich, wenn ein Erstattungsbetrag vereinbart oder festgesetzt worden ist.[3] § 130 c versteht sich somit als **lex specialis** zu § 130 a Abs. 8 für Arzneimittel mit Erstattungsbetrag. Für *nicht-AMNOG-pflichtige Arzneimittel sowie für AMNOG-pflichtige Arzneimittel ohne vereinbarten bzw. festgesetzten Erstattungsbetrag (also in der Regel im ersten Jahr nach Markteinführung)* bleibt § 130 a Abs. 8 die Rechtsgrundlage selektivvertraglicher Regelungen. Mit Inkrafttreten eines Erstattungsbetrages sind solche Vereinbarungen nach § 130 a Abs. 8 dann in Selektivverträge nach § 130 c zu überführen. 2

Der Sinn und Zweck selektivvertraglicher Regelungen nach § 130 c liegt darin, einen „Wettbewerb um bessere Patientenversorgung, höhere Qualität und geringere Kosten"[4] zu eröffnen. Da es sich bei den Selektivverträgen um freiwillige – und nicht wie etwa beim § 130 b um gesetzlich verpflichtende – Vertragsschlüsse handelt, sind diese auch den Vorgaben des Kartellrechts unterworfen. Liegen die Voraussetzungen des Vergaberechts vor, ist eine Ausschreibung erforderlich.[5] 3

Während **Abs. 1** die Möglichkeit zum **Abschluss von Selektivverträgen** zwischen einzelnen Krankenkassen und dem pharmazeutischen Unternehmer eröffnet, dienen die **Abs. 2 bis 5** vor allem der **Durchsetzung** solcher selektivvertraglicher Vereinbarungen in der Verordnungspraxis.[6] 4

II. Die Vorschrift im Einzelnen

1. Selektivverträge (Abs. 1). Gleich den Erstattungsbetragsvereinbarungen nach § 130 b sind auch die Selektivverträge nach § 130 c öffentlich-rechtlicher Natur und nach § 51 SGG der Sozialgerichtsbarkeit zugeordnet.[7] Da es sich aber (anders als bei § 130 b) um freiwillige Verträge handelt, besteht weder ein „gerichtlich durchsetzbarer Anspruch auf Abschluss von Vereinbarungen bestimmten Inhalts"[8] noch ein Anspruch auf Abschluss eines Vertrages nach § 130 c an sich. 5

Parteien der Selektivverträge nach Abs. 1 sind die *einzelnen Krankenkassen oder deren Verbände* sowie der *pharmazeutische Unternehmer*. Weitere (insbesondere ärztliche) Leistungserbringer können an den 6

---

1 Gesetz zur Neuordnung des Arzneimittelmarktes in der gesetzlichen Krankenversicherung (AMNOG); BGBl. I 2010, 2262.
2 § 130 b Abs. 3 a iVm § 78 Abs. 3 a AMG.
3 Vgl. BT-Dr. 17/2413, 23.
4 BT-Dr. 17/2413, 32.
5 BT-Dr. 17/2413, 32.
6 Stadelhoff, Rechtliche Probleme des AMNOG-Verfahrens, 2016, 184.
7 Luthe in: Hauck/Noftz, SGB V, § 130 c Rn. 10 f.
8 Luthe in: Hauck/Noftz, SGB V, § 130 c Rn. 17.

Verträgen beteiligt oder mit deren Abschluss beauftragt werden.[9] Da die Geltung des Erstattungsbetrages durch § 130b Abs. 3a S. 1 auf alle wirkstoffgleichen Arzneimittel ausgedehnt wird, kommt als Vertragspartner nicht nur derjenige pharmazeutische Unternehmer in Frage, der Vertragspartner der Vereinbarung nach § 130b ist, sondern auch **jeder andere pharmazeutische Unternehmer**, der das Arzneimittel (etwa im Parallelvertrieb) in Deutschland vertreibt.

7 Mittels Selektivverträgen können die Erstattungsbetragsvereinbarungen nach § 130b **ergänzt oder ganz oder teilweise**[10] **abgelöst** werden. Es können auch zusätzliche Rabatte auf den Erstattungsbetrag vereinbart werden. Abs. 1 S. 2 nennt beispielhaft („insbesondere") mögliche Vertragsinhalte. Hierzu gehören:

- eine mengenbezogene Staffelung des Preisnachlasses,
- ein jährliches Umsatzvolumen mit Ausgleich von Mehrerlösen oder
- eine Erstattung in Abhängigkeit von messbaren Therapieerfolgen.

Es handelt sich um sog „Risk Sharing"-Instrumente, die der Ausgabenbegrenzung des gesetzlichen Kostenträgers unter mitverantwortlicher Einbindung des pharmazeutischen Unternehmers dienen sollen. Diese Gestaltungsmöglichkeiten sind keinesfalls abschließend zu verstehen; der Gesetzgeber räumt den Vertragsparteien für die konkrete Ausgestaltung insgesamt einen **erheblichen Gestaltungsspielraum** ein.[11]

8 Eine **Ablösung des Erstattungsbetrages** selbst ist jedoch auch durch einen Selektivvertrag **nicht möglich**. Da der Erstattungsbetrag nach § 78 Abs. 3a AMG den allgemeinverbindlichen (Höchst-)Abgabepreis für den gesamten deutschen Arzneimittelmarkt darstellt, kann dieser durch kassenindividuelle Vereinbarungen nach Abs. 1 nicht abbedungen werden. Hier sind lediglich **kassenindividuelle Rabatte oder Zuzahlungen** einer Vereinbarung zugänglich, die unmittelbar im Verhältnis zwischen Krankenkasse und pharmazeutischem Unternehmer zu vergüten sind.[12] Die Formulierung in Abs. 1 S. 3, nach deren Wortlaut eine *vollständige („ganz") Ablösung* der Vereinbarung nach § 130b möglich wäre, kann somit nur als redaktionelles Versehen gewertet werden.

9 Allerdings findet dieser *erhebliche Gestaltungsspielraum* zugleich schon wieder seine Einschränkungen, denn wie sich aus Abs. 1 S. 4 ergibt, sind

- die Ergebnisse der Nutzen- oder Kosten-Nutzenbewertung (§ 35a bzw. § 35b)
- die Richtlinien des G-BA (§ 92)
- die regionalen Arzneimittelvereinbarungen (§ 84)
- und die Informationen in der kassenärztlichen Versorgung (§ 73 Abs. 8)

bei Vereinbarungen nach Abs. 1 zu berücksichtigen. Die Selektivverträge dürfen also insbesondere nicht im Widerspruch zur frühen Nutzenbewertung stehen.[13] Da jedoch der Nutzenbewertungsbeschluss bereits die wesentliche Grundlage für den bundesweit gültigen Erstattungsbetrag ist, bleibt fraglich, welcher Spielraum dem pharmazeutischen Unternehmer dann überhaupt noch für weitergehende selektivvertragliche Regelungen zur Verfügung stehen kann.

10 Die durch Abs. 1 S. 6 in Bezug genommenen S. 6 und 7 des § 130a Abs. 8 dürften nicht für Verträge nach Abs. 1 gelten. Die dort niedergelegte regelhafte Vertragslaufzeit von zwei Jahren, die dem häufigen Wechsel der Rabattarzneimittel vorbeugen soll,[14] ist bei neuen Arzneimittel nicht notwendig, da zumeist nur ein Anbieter eines Arzneimittels mit diesem Wirkstoff am Markt ist. Gleiches gilt daher für die Berücksichtigung der Anbietervielfalt.

11 **2. Informationspflicht der Krankenkassen (Abs. 2).** Hinsichtlich der vereinbarten Vertragsinhalte sind die Krankenkassen nach Abs. 2 dazu angehalten, sowohl den vertragsärztlichen Leistungserbringern als auch ihren Versicherten die vereinbarten Vertragsinhalte **in verständlicher Form offenzulegen**. Mit Blick auf die **Vertragsärzte** ist dies erforderlich, um diesen ihre Entscheidung über die freiwillige Teilnahme an der Umsetzung des Versorgungsangebotes zu ermöglichen. **Versicherte** sollen durch die Information über derartige Versorgungsangebote in ihrem Recht auf eine freie Wahl der Krankenkasse gestärkt werden.[15]

---

9 Abs. 1 S. 6 iVm § 130a Abs. 8 S. 5.
10 Klarstellung durch das AMVSG; vgl. BT-Dr. 18/10208, 37.
11 BT-Dr. 17/2413, 32.
12 BT-Dr. 18/10208, 37.
13 Stadelhoff, Rechtliche Probleme des AMNOG-Verfahrens, 2016, 183 f.
14 BT-Dr. 17/2413, 30.
15 Insgesamt BT-Dr. 17/2413, 33.

3. **Vereinbarungen mit Vertragsärzten, kassenärztlichen Vereinigungen, Verbänden von Ärzten (Abs. 3).** Abs. 3 sieht die Möglichkeit vor, dass Krankenkassen oder deren Verbände mit vertragsärztlichen Leistungserbringern, Kassenärztlichen Vereinigungen oder Verbänden von Ärzten Regelung treffen. Diese betreffen die **bevorzugte Verordnung** von Arzneimitteln, für die ein Selektivvertrag nach Abs. 1 besteht. Die Teilnahme der Ärztinnen und Ärzte ist freiwillig und erfolgt im Rahmen entsprechender Vereinbarungen.[16]

Darüber hinaus besteht auch die Möglichkeit, dass Vertragsärztinnen und -ärzte **unmittelbar** an den Selektivverträgen zwischen der Krankenkasse und dem pharmazeutischen Unternehmer beteiligt werden (Abs. 1 S. 6 iVm § 130 a Abs. 8 S. 5) (→ Rn. 6). Dabei ist eine nach dem anerkannten Stand der medizinischen Erkenntnisse erfolgende Arzneimittelversorgung sicherzustellen.[17]

4. **Praxisbesonderheit und Freistellung von der Richtgrößenprüfung (Abs. 4).** Soweit freiwillige Vereinbarungen mit vertragsärztlichen Leistungserbringern nach Abs. 3 bestehen (→ Rn. 12), sind diesbezügliche Arzneimittelverordnungen von der Prüfungsstelle als **Praxisbesonderheit** anzuerkennen,[18] wenn dies mit dem Arzt entsprechend vereinbart worden ist. Dafür müssen in den Selektivverträgen (auch: dezentrale Versorgungsverträge) Regelungen vorgesehen sein, die Zweckmäßigkeit, Qualität und Wirtschaftlichkeit der Arzneimittelversorgung gewährleisten.

Anders als bei Erstattungsbetragsvereinbarungen nach § 130 b Abs. 1 und Abs. 2 spielt das Ergebnis der Nutzenbewertung des G-BA keine Rolle. Weil es hier an einer mit § 130 b Abs. 3 S. 3 vergleichbaren Regelung fehlt, können im Rahmen von § 130 c auch Verordnungen von **Arzneimitteln ohne nachgewiesenen Zusatznutzen** als Praxisbesonderheit anerkannt werden.[19]

Ist der vertragsärztliche Leistungserbringer nach Abs. 1 S. 6 iVm § 130 a Abs. 8 S. 5 am Selektivvertrag zwischen Krankenkasse und pharmazeutischem Unternehmer **unmittelbar beteiligt** (→ Rn. 13), ist auch eine vollständige Freistellung des Arzneimittels von der Richtgrößenprüfung möglich, soweit die vertragliche Regelung dies vorsieht.[20] Damit entfällt die diesbezügliche Zuständigkeit der Prüfgremien.[21]

5. **Arztinformationssystem.** Um die Kenntnis der Ärzteschaft über das Bestehen von Selektivverträgen zu sichern, sind die erforderlichen Informationen in den Arztinformationssystemen zu hinterlegen.

§ 131 Rahmenverträge mit pharmazeutischen Unternehmern

(1) Der Spitzenverband Bund der Krankenkassen und die für die Wahrnehmung der wirtschaftlichen Interessen gebildeten maßgeblichen Spitzenorganisationen der pharmazeutischen Unternehmer auf Bundesebene können einen Vertrag über die Arzneimittelversorgung in der gesetzlichen Krankenversicherung schließen.

(2) Der Vertrag kann sich erstrecken auf
1. die Bestimmung therapiegerechter und wirtschaftlicher Packungsgrößen und die Ausstattung der Packungen,
2. Maßnahmen zur Erleichterung der Erfassung und Auswertung von Arzneimittelpreisdaten, Arzneimittelverbrauchsdaten und Arzneimittelverordnungsdaten einschließlich des Datenaustausches, insbesondere für die Ermittlung der Preisvergleichsliste (§ 92 Abs. 2) und die Festsetzung von Festbeträgen.

(3) § 129 Abs. 3 gilt für pharmazeutische Unternehmer entsprechend.

(4) [1]Die pharmazeutischen Unternehmer sind verpflichtet, die zur Herstellung einer pharmakologisch-therapeutischen und preislichen Transparenz im Rahmen der Richtlinien nach § 92 Abs. 1 Satz 2 Nr. 6 und die zur Festsetzung von Festbeträgen nach § 35 Abs. 1 und 2 oder zur Erfüllung der Aufgaben nach § 35 a Abs. 1 Satz 2 und Abs. 5 sowie die zur Wahrnehmung der Aufgaben nach § 129 Abs. 1 a erforderlichen Daten dem Gemeinsamen Bundesausschuss sowie dem Spitzenverband Bund der Krankenkassen zu übermitteln und auf Verlangen notwendige Auskünfte zu erteilen. [2]Für die Abrechnung

---

16 BT-Dr. 17/2413, 33.
17 BT-Dr. 17/2413, 33.
18 Vgl. auch BT-Dr. 17/3698, 56.
19 Zu Praxisbesonderheiten siehe auch § 130 b Rn. 49 f.
20 BT-Dr. 17/2413, 33.
21 Abs. 1 S. 6 iVm § 130 a Abs. 8 iVm § 106 b Abs. 4 Nr. 2.

von Fertigarzneimitteln übermitteln die pharmazeutischen Unternehmer die für die Abrechnung nach § 300 erforderlichen Preis- und Produktangaben einschließlich der Rabatte nach § 130 a an die in § 129 Abs. 2 genannten Verbände sowie an die Kassenärztliche Bundesvereinigung und den Gemeinsamen Bundesausschuss im Wege elektronischer Datenübertragung und maschinell verwertbar auf Datenträgern; dabei ist auch der für den Versicherten maßgebliche Arzneimittelabgabepreis (§ 129 Abs. 5 a) anzugeben. ³Das Nähere zur Übermittlung der in Satz 2 genannten Angaben vereinbaren die Verbände nach § 129 Absatz 2. ⁴Sie können die Übermittlung der Angaben nach Satz 2 innerhalb angemessener Frist unmittelbar von dem pharmazeutischen Unternehmer verlangen. ⁵Sie können fehlerhafte Angaben selbst korrigieren und die durch eine verspätete Übermittlung oder erforderliche Korrektur entstandenen Aufwendungen geltend machen. ⁶Die nach Satz 2 übermittelten Angaben oder, im Falle einer Korrektur nach Satz 5, die korrigierten Angaben sind verbindlich. ⁷Die Abrechnung der Apotheken gegenüber den Krankenkassen und die Erstattung der Abschläge nach § 130 a Absatz 1, 1 a, 2, 3 a und 3 b durch die pharmazeutischen Unternehmer an die Apotheken erfolgt auf Grundlage der Angaben nach Satz 2. ⁸Die Korrektur fehlerhafter Angaben und die Geltendmachung der Ansprüche kann auf Dritte übertragen werden. ⁹Zur Sicherung der Ansprüche nach Satz 4 können einstweilige Verfügungen auch ohne die Darlegung und Glaubhaftmachung der in den §§ 935 und 940 der Zivilprozessordnung bezeichneten Voraussetzungen erlassen werden. ¹⁰Entsprechendes gilt für einstweilige Anordnungen nach § 86 b Absatz 2 Satz 1 und 2 des Sozialgerichtsgesetzes.

(5) ¹Die pharmazeutischen Unternehmer sind verpflichtet, auf den äußeren Umhüllungen der Arzneimittel das Arzneimittelkennzeichen nach § 300 Abs. 1 Nr. 1 in einer für Apotheken maschinell erfaßbaren bundeseinheitlichen Form anzugeben. ²Das Nähere regelt der Spitzenverband Bund der Krankenkassen und die für die Wahrnehmung der wirtschaftlichen Interessen gebildeten maßgeblichen Spitzenorganisationen der pharmazeutischen Unternehmer auf Bundesebene in Verträgen.

I. Entstehungsgeschichte und Normzweck	1	3. Arzneimittelkennzeichen (Abs. 5)	11
II. Die Vorschrift im Einzelnen	4	III. Anpassung durch das Heil- und Hilfsmittel-	
1. Rahmenvertrag (Abs. 1 bis 3)	4	versorgungsgesetzes	13
2. Meldepflichten (Abs. 4)	7		

I. Entstehungsgeschichte und Normzweck

1   Die Regelung des § 131 ist seit dem Inkrafttreten des SGB V dessen Bestandteil.[1] Eine wesentliche Ergänzung der Norm erfolgte im Jahr 2011 durch das AMNOG, mit dem Abs. 4 um die S. 3 bis 10 erweitert wurde.[2]

2   Die Vorschrift ermächtigt den SpiBuKK dazu, mit den Spitzenorganisationen der pharmazeutischen Industrie Rahmenverträge über die Arzneimittelversorgung in der GKV zu schließen. Erreicht werden soll damit die Mitwirkung der pharmazeutischen Industrie an der Gewährleistung einer ausreichenden, zweckmäßigen und wirtschaftlichen Arzneimittelversorgung der Versicherten.[3]

3   Damit verbunden ist die Frage, ob pharmazeutische Unternehmer somit als Leistungserbringer im Sinne des SGB V zu werten sind. Dafür spricht jedenfalls, dass die Regelung im Leistungserbringungsrecht des 4. Kapitels verortet ist.[4] Dagegen einzuwenden ist indes, dass § 69 Abs. 1 die pharmazeutischen Unternehmer nicht explizit als Leistungserbringer erwähnt. Obgleich der pharmazeutische Unternehmer nicht in einer unmittelbaren Rechtsbeziehung zum Versicherten steht, sind aber seine zahlreichen sozialversicherungsrechtlichen Verpflichtungen, insbesondere im Zusammenhang mit den Herstellerabschlägen des § 130 a und den Verhandlungen über den Erstattungsbetrag nach § 130 b, ein starkes Indiz dafür, dass der pharmazeutische Unternehmer nach der gesetzgeberischen Intention als Leistungserbringer anzusehen ist.[5]

---

1 BGBl. I 1988, 2477.
2 Gesetz zur Neuordnung des Arzneimittelmarktes in der gesetzlichen Krankenversicherung (AMNOG); BGBl. I 2010, 2262.
3 BT-Dr. 11/2237, 206.
4 Vgl. insofern die Überschrift des 4. Kapitels („Beziehungen der Krankenkassen zu den *Leistungserbringern*").
5 Axer in: Becker/Kingreen, § 131 Rn. 2; differenzierter: Luthe in: Hauck/Noftz, SGB V, § 131 Rn. 4.

II. Die Vorschrift im Einzelnen

1. Rahmenvertrag (Abs. 1 bis 3). Vertragspartner der Rahmenverträge nach § 131 sind der SpiBuKK und die maßgeblichen Spitzenorganisationen der pharmazeutischen Industrie auf Bundesebene. Konkret sind dies:[6]
- der Bundesverband der Arzneimittel-Hersteller (BAH)
- der Bundesverband der Arzneimittel-Importeure (BAI)
- der Bundesverband der pharmazeutischen Industrie (BPI)
- der Verband Pro Generika
- der Verband der Arzneimittelimporteure (VAD)
- der Verband forschender Arzneimittelhersteller (vfa)

Für die einzelnen pharmazeutischen Unternehmen ergibt sich die **Verbindlichkeit** der rahmenvertraglichen Regelungen regelmäßig aufgrund der Zugehörigkeit zu einem der Verbände, wie aus Abs. 3 iVm § 129 Abs. 3 Nr. 1 hervorgeht.

Grundsätzlich ist nach dem Wortlaut der Norm der Abschluss mehrerer Rahmenverträge möglich, wobei sich in der Praxis aber der Abschluss eines einzigen umfassenden Vertrages etabliert hat. Es handelt sich dabei um einen **öffentlich-rechtlichen Normenvertrag.**[7] Den Vertragsparteien ist bei Streitigkeiten der Rechtsweg zu den Sozialgerichten eröffnet.[8]

Mögliche Inhalte der Rahmenverträge sind nach Abs. 2 die folgenden **Vertragsgegenstände:**
- Bestimmungen über therapiegerechte und wirtschaftliche Packungsgrößen (Nr. 1)
- Bestimmungen über die Ausstattung der Packungen (Nr. 1)
- Maßnahmen zur Erleichterung der Erfassung und Auswertung von Preis-, Verbrauchs- und Verordnungsdaten, einschließlich des Datenaustausches (Nr. 2)

Nach Abs. 5 ist in den Verträgen zudem das Nähere zum bundeseinheitlichen Arzneimittelkennzeichen zu regeln.

2. Meldepflichten (Abs. 4). Der wesentliche Bestandteil des Rahmenvertrages nach § 131 sind die Bestimmungen zu den (gegenüber dem G-BA und dem SpiBuKK bestehenden) **Meldepflichten der pharmazeutischen Unternehmer.** Diese sind nach Abs. 4 S. 1 zur Datenübermittlung verpflichtet, soweit dies zur pharmakologisch-therapeutischen und preislichen Transparenz im Rahmen der Arzneimittel-Richtlinie erforderlich ist. Dies betrifft ebenfalls solche Daten, die zur Festsetzung von Festbeträgen (§ 35) und bezüglich der Austauschbarkeit von Darreichungsformen (§ 129 Abs. 1a) benötigt werden.

Für die **Abrechnung von Fertigarzneimitteln** erstreckt sich die Meldepflicht nach Abs. 4 S. 2 auf die nach § 300 erforderlichen Preis- und Produktangaben. Dazu zählen auch die Rabatte nach § 130a und der für die Versicherten maßgebliche Arzneimittelabgabepreis. Diese Daten sind im Wege elektronischer Datenübertragung nicht nur an den G-BA und den SpiBuKK, sondern darüber hinaus auch an die Kassenärztliche Bundesvereinigung und die maßgebliche Spitzenorganisation der Apotheker zur Verfügung zu übermitteln.

In der Praxis erfolgt die Meldung der relevanten Daten durch den pharmazeutischen Unternehmer an die **IFA GmbH.**[9] Dies ergibt sich aus § 3 Abs. 4 des Rahmenvertrages nach § 131. Demnach gelten die gesetzlichen Meldepflichten des pharmazeutischen Unternehmers jedenfalls gegenüber dem SpiBuKK mit einer vollständigen und zutreffenden Übermittlung der erforderlichen Preis- und Produktinformationen an die IFA als erfüllt. Detaillierte Vorgaben zu den Preis- und Produktangaben sind den **IFA-Richtlinien** zu entnehmen. Diese ergänzen den zwischen der IFA GmbH und dem pharmazeutischen Unternehmer geschlossenen Anbietervertrag und fallen somit in den Bereich des Privatrechts.[10]

Die Meldepflichten des Abs. 4 wurden durch das *AMNOG* um die S. 3 bis 10 ergänzt. Wesentlicher Regelungsgegenstand dieser Ergänzung ist das dem SpiBuKK sowie der maßgeblichen Spitzenorganisation der Apotheker nach S. 4 und 5 eingeräumte **Fehlerkorrekturrecht,** das nach S. 8 auch auf Dritte übertragen werden kann. Fehler bei der Meldung von abrechnungsrelevanten Daten sollen somit schneller und einfacher behoben werden können. Für die im Zusammenhang mit der Korrektur entstandenen Aufwendungen können die Verbände Ersatz verlangen, da es nicht sachgerecht scheint, die

---

6 Siehe Rahmenvertrag nach § 131 SGB V vom 14.5.2012 (Rubrum), der Deutsche Generikaverband hat sich zwischenzeitlich aufgelöst.
7 Axer in: Becker/Kingreen, § 131 Rn. 3.
8 Ausführlich Luthe in: Hauck/Noftz, SGB V, § 131 Rn. 4.
9 Informationsstelle für Arzneimittelspezialitäten mit Sitz in Frankfurt am Main.
10 Vgl. § 9 Abs. 1 des IFA-Anbietervertrages; siehe auch → Rn. 12.

Kosten, die wegen eines Meldeversäumnisses des pharmazeutischen Unternehmers entstanden sind, den Verbänden in Rechnung zu stellen.[11] Das Fehlerkorrekturverfahren ist in § 8 b sowie der Anlage 2 a zum Rahmenvertrag nach § 129 Abs. 2 („Rahmenvertrag über die Arzneimittelversorgung")[12] geregelt.

Als Vertragspartner des Rahmenvertrages nach § 129 Abs. 2 haben SpiBuKK und die Apotheker-Spitzenorganisation auch das Nähere zur Übermittlung der nach S. 2 für die Abrechnung von Fertigarzneimitteln relevanten Daten zu vereinbaren (Abs. 4 S. 3).

11 **3. Arzneimittelkennzeichen (Abs. 5).** Die Vertragspartner des § 131, also SpiBuKK die maßgeblichen Spitzenorganisationen der pharmazeutischen Industrie, regeln ebenfalls das Nähere zum **Arzneimittelkennzeichen** nach § 300 Abs. 1 Nr. 1. Die pharmazeutischen Unternehmer sind nach S. 5 S. 1 verpflichtet, dieses Zeichen in einer für maschinell erfassbaren und bundeseinheitlichen Form auf der Arzneimittelverpackung („äußere Umhüllungen") anzugeben. Es handelt sich dabei um die sog **Pharmazentralnummer (PZN)**. Die näheren Bestimmungen hierzu finden sich in § 2 des Rahmenvertrages nach § 131.

12 Die PZN dient als produkt-identifizierendes Kennzeichen und somit als eindeutiger Schlüssel zu Handelsname, Hersteller, Darreichungsform, Wirkstärke, Packungsgröße und weiteren Preis- und Produktinformationen. Die Vergabe der PZN erfolgt durch die IFA GmbH auf Antrag des pharmazeutischen Unternehmers. Dazu schließen der pharmazeutische Unternehmer und die IFA GmbH einen Anbietervertrag ab.[13]

III. Anpassung durch das Heil- und Hilfsmittelversorgungsgesetzes

13 Durch das Heil- und Hilfsmittelversorgungsgesetzes vom 4. April 2017[14] wird mWv 30.4.2018 Abs. 4 S. 2 wie folgt gefasst:

„Für die Abrechnung von Fertigarzneimitteln, von Verbandmitteln und von Produkten, die gemäß den Richtlinien nach § 92 Absatz 1 Satz 2 Nummer 6 zulasten der gesetzlichen Krankenversicherung verordnet werden können, übermitteln die pharmazeutischen Unternehmer und sonstigen Hersteller die für die Abrechnung nach § 300 erforderlichen Preis- und Produktangaben einschließlich der Rabatte nach § 130 a an die in § 129 Absatz 2 genannten Verbände sowie an die Kassenärztliche Bundesvereinigung und den Gemeinsamen Bundesausschuss im Wege elektronischer Datenübertragung und maschinell verwertbar auf Datenträgern; dabei ist auch der für den Versicherten maßgebliche Arzneimittelabgabepreis nach § 129 Absatz 5 a sowie für Produkte nach § 31 Absatz 1 Satz 2 und Absatz 1 a Satz 1 und 4 ein Kennzeichen zur Verordnungsfähigkeit zulasten der gesetzlichen Krankenversicherung anzugeben."

14 Die Neuregelung soll bezüglich Verbandsmitteln und Medizinprodukten, die gemäß § 92 Abs. 1 S. Nr. 6 zulasten der GKV verordnet werden können, Markttransparenz herstellen und die Wirtschaftlichkeit und Zweckmäßigkeit der Versorgung sicherstellen. Es handelt sich dabei um „arzneimittelähnliche" und „verbandmittelähnliche" Produkte.[15] Dazu werden nun auch die Hersteller solcher Produkte verpflichtet, Angaben gemäß Abs. 4 S. 2 an die genannten Organisationen zu übermitteln. Insbesondere soll das Kennzeichen gem. Abs. 4 S. 2 letzter Halbsatz den Vertragsärzten Verordnungssicherheit geben: Sie können nun über das Arztinformationssystem nach § 73 Abs. 9 Informationen zur Verordnungsfähigkeit dieser Produkte erhalten.[16]

Achter Abschnitt
Beziehungen zu sonstigen Leistungserbringern

§ 132 Versorgung mit Haushaltshilfe

(1) ¹Über Inhalt, Umfang, Vergütung sowie Prüfung der Qualität und Wirtschaftlichkeit der Dienstleistungen zur Versorgung mit Haushaltshilfe schließen die Krankenkassen Verträge mit geeigneten

---

11 BT-Dr. 17/3698, 56.
12 Rahmenvertrag über die Arzneimittelversorgung nach § 129 Abs. 2 (redaktionelle Fassung vom 30.9.2016).
13 § 2 Abs. 1 bis 3 des Rahmenvertrages nach § 131; → Rn. 9.
14 BGBl. I 2017, 778.
15 BT-Dr. 18/10186, 36.
16 BT-Dr. 18/10186, 29 f.

Personen, Einrichtungen oder Unternehmen. ²Im Fall der Nichteinigung wird der Vertragsinhalt durch eine von den Vertragspartnern zu bestimmende unabhängige Schiedsperson festgelegt. ³Einigen sich die Vertragspartner nicht auf eine Schiedsperson, so wird diese von der für die Vertrag schließende Krankenkasse zuständigen Aufsichtsbehörde bestimmt. ⁴Die Kosten des Schiedsverfahrens tragen die Vertragsparteien zu gleichen Teilen. ⁵Abweichend von Satz 1 kann die Krankenkasse zur Gewährung von Haushaltshilfe auch geeignete Personen anstellen.

(2) ¹Die Krankenkasse hat darauf zu achten, daß die Leistungen wirtschaftlich und preisgünstig erbracht werden. ²Bei der Auswahl der Leistungserbringer ist ihrer Vielfalt, insbesondere der Bedeutung der freien Wohlfahrtspflege, Rechnung zu tragen.

Literatur:

Kingreen, Fairness und Transparenz als vergaberechtsunabhängige Pflicht bei der Auswahl von Vertragspartnern, in: Vergaberecht und Vertragswettbewerb in der Gesetzlichen Krankenversicherung 2009, 51; *Knispel*, Die Rechtsbeziehungen der Krankenkassen zu den nichtärztlichen Leistungserbringern im Licht der Rechtsprechung des BSG, NZS 2004, 623; *Kruse*, Die Stellung der freien Wohlfahrtspflege im SGB V, SRa 2007, 214; *Neumann*, Die Zulassung einzelner Pflegekräfte zur pflegerischen Versorgung, NZS 1995, 397; *Rixen*, Mehr Vergütungsgerechtigkeit in der GKV für die vergessenen Gesundheitsberufe, SozSich 2014, 77; *ders.*, Sozialrecht als öffentliches Wirtschaftsrecht – am Beispiel des Leistungserbringerrechts der gesetzlichen Krankenversicherung, 2005; *Wallrabenstein*, Das Wettbewerbsrecht der gesetzlichen Krankenversicherung, NZS 2015, 48.

I. Entstehungsgeschichte........................ 1	cc) Schiedsverfahren bei Nichteinigung........................ 13
II. Systematik und Normzweck 3	b) Anstellung geeigneter Personen (Abs. 1 S. 5) 14
III. Gewährung von Haushaltshilfe 5	c) Grundsatz der Subsidiarität 15
1. Begriff 5	3. Wirtschaftlichkeit der Leistungserbringung (Abs. 2 S. 1) 17
2. Leistungserbringer 6	4. Vielfalt der Leistungserbringer (Abs. 2 S. 2) 18
a) Verträge mit geeigneten Personen, Einrichtungen oder Unternehmen (Abs. 1 S. 1) 6	
aa) Anspruch auf Vertragsschluss 9	
bb) Rechtsnatur der Rahmenverträge 10	

I. Entstehungsgeschichte

Die Vorschrift wurde mit Wirkung vom 1.1.1989 durch Art. 1 Gesundheitsreformgesetz (**GRG**) vom 20.12.1988[1] eingeführt. Bis zu diesem Zeitpunkt gab es eine vergleichbare Vorschrift in § 376 b RVO aF[2] Danach konnte die Krankenkasse die zur Gewährung von **häuslicher Krankenpflege** und von **Haushaltshilfe** benötigten Personen anstellen. Nach der Rechtslage ab 1.1.1989 bis zum 31.3.1995 konnte die Krankenkasse auch zur Gewährung von **häuslicher Pflegehilfe** (§§ 53 bis 57 aF) und **häuslicher Pflege** (§ 198 RVO) Personen anstellen oder mit geeigneten Personen oder Einrichtungen Verträge schließen. Seit dem 1.4.1995 gehören diese Leistungen nicht mehr zum Gegenstand der gesetzlichen Krankenversicherung.[3] So ist die Versorgung mit häuslicher Pflege im Bereich der sozialen Pflegeversicherung nunmehr in §§ 71 ff. SGB XI (in Kraft ab 1.1.1995) geregelt. 1

Weitere Änderungen erfolgten durch Art. 1 Nr. 47 des 2. GKV-Neuordnungsgesetz (GKV-NOG) vom 23.6.1997[4] mit Wirkung vom 1.7.1997, die die Herausnahme der häuslichen Krankenpflege aus dem Geltungsbereich des § 132 betrafen. Nunmehr regelt § 132 nur noch die Versorgung mit Haushaltshilfe; für die Versorgung mit häuslicher Krankenpflege gilt § 132 a, der neu eingeführt wurde. Zuletzt wurde Abs. 1 durch das GKV-Versorgungsstärkungsgesetz (GKV-VSG) vom 16.7.2015[5] geändert. Die Neufassung des Abs. 1 ist nach dem Willen des Gesetzgebers erforderlich gewesen, um der gestiegenen Bedeutung der Leistungen zur Versorgung mit Haushaltshilfe Rechnung zu tragen.[6] 2

---

1 BGBl. I, 2477.
2 § 376 b RVO wurde mit Wirkung vom 1.1.1974 eingefügt durch § 1 Nr. 5 des Gesetzes vom 19.12.1973, BGBl. I, 1925.
3 Diese Änderung erfolgte durch Art. 4 Nr. 10 Pflege-Versicherungsgesetz (PflegeVG) vom 26.5.1994, BGBl. I, 1014.
4 BGBl. I, 1520.
5 BGBl. I, 1211.
6 BT-Dr. 18/4095, 118.

II. Systematik und Normzweck

3 § 132 stellt auf der Leistungserbringungsebene die **korrespondierende** Vorschrift zum Anspruch auf Haushaltshilfe nach § 38 dar.[7] Die Vorschrift ermöglicht den gesetzlichen Krankenkassen die Leistung „Haushaltshilfe" durch geeignete Dritte über den Abschluss von Verträgen oder durch eigene Beschäftigte zu erbringen. Es fehlt jedoch im Gegensatz zu §§ 125, 127 an einer ausdrücklichen Regelung, die eine Zulassung zur Leistungserbringung beinhaltet. Abs. 2 S. 1 verpflichtet die Krankenkassen zur Einhaltung der **Wirtschaftlichkeit** bei der Leistungserbringung. In Abs. 2 S. 2 wird der Grundsatz der **Vielfalt der Leistungserbringer** und die Bedeutung der **freien Wohlfahrtspflege** ausdrücklich betont.

4 In der Praxis werden Leistungen der Haushaltshilfe überwiegend im Wege der Kostenerstattung für selbst beschaffte Haushaltshilfen erbracht (§ 38 Abs. 4), woran der Gesetzgeber unverändert festhält.[8] Eine Gewährung der Haushaltshilfe als Sachleistung durch einen geeigneten Leistungserbringer wird aber dann notwendig, wenn die Möglichkeiten der eigenen Familie und der Nachbarschaftshilfe erschöpft sind. Die Krankenkassen sind deshalb nach Abs. 1 S. 1 verpflichtet, mit geeigneten Personen, Einrichtungen oder Unternehmen Verträge über den Inhalt, den Umfang, die Vergütung sowie die Prüfung der Qualität und Wirtschaftlichkeit der Dienstleistungen zur Versorgung mit Haushaltshilfe zu schließen. Hinsichtlich der Vertragsinhalte hat der Gesetzgeber den bisherigen Wortlaut des § 132 Abs. 1 S. 2 übernommen.[9]

III. Gewährung von Haushaltshilfe

5 **1. Begriff.** Was unter **Haushaltshilfe** zu verstehen ist, regelt die leistungsrechtliche Vorschrift in § 38. Die dortige Begriffsbestimmung gilt auch für die leistungserbringungsrechtliche Norm des § 132.[10] Danach haben Versicherte Anspruch auf Haushaltshilfe, wenn sie wegen einer Krankenhausbehandlung oder wegen einer anderen stationären Leistung die Weiterführung des Haushalts nicht möglich ist und im Haushalt ein Kind lebt, welches zu Beginn der Behandlung noch nicht zwölf Jahre ist oder das behindert ist und auf Hilfe angewiesen ist. Darüber hinaus besteht ein Anspruch auf Haushaltshilfe, wenn dem Versicherten die Weiterführung des Haushalts wegen schwerer Krankheit oder wegen akuter Verschlimmerung einer Krankheit unmöglich ist. Haushaltshilfe umfasst somit die für die Weiterführung eines privaten Haushalts (als private Lebens- und Wirtschaftsführung)[11] notwendigen, typischerweise anfallenden Dienstleistungen – insbesondere hauswirtschaftlicher Art.[12] Die Haushaltshilfe, die als **Sachleistung** gewährt wird, umfasst vor allem solche Leistungen, die zur Weiterführung eines Haushalts erforderlich sind,[13] wie etwa der Einkauf von Lebensmitteln, die Zubereitung von Mahlzeiten, die Reinigung der Wohnung, das Waschen der Kleidung und ggf. die Betreuung und Beaufsichtigung des Kindes.[14] Zu den Einzelheiten vgl. die Kommentierung zu → § 38 Rn. 26 ff.

6 **2. Leistungserbringer. a) Verträge mit geeigneten Personen, Einrichtungen oder Unternehmen (Abs. 1 S. 1).** Die Krankenkasse hat zur Haushaltshilfeversorgung mit **geeigneten** Personen, Einrichtungen oder Unternehmen Verträge über Inhalt, Umfang, Vergütung sowie Prüfung der Qualität und Wirtschaftlichkeit der Dienstleistungen (**Mindestinhalt**)[15] zu schließen. Der Gesetzgeber hat sich damit bewusst für das sog **Vertragsmodell** entschieden, so dass also Angebot und Nachfrage den Preis bestimmen. Ebenso sollen die Krankenkassen auf diese Weise Wirtschaftlichkeitsreserven nutzen können.[16] Als Vertragspartner kommen **öffentliche** und **private** Einrichtungen, aber auch **freiberuflich** Tätige in Betracht, sofern sie geeignet sind.

7 **Geeignet** sind diese Personen, wenn sie über die für die Erbringung von Haushaltshilfe notwendigen Kenntnisse und Fähigkeiten verfügen.[17] Das bedeutet auch, dass hierunter nicht nur Personen fallen, die aufgrund einer entsprechenden Berufsausbildung über die nötige Qualifikation verfügen, sondern

---

7 Rixen in: Becker/Kingreen, § 132 Rn. 1; Schneider in: jurisPK-SGB V, § 132 Rn. 4.
8 BT-Dr. 18/4095, 118.
9 BT-Dr. 18/4095, 119.
10 Siehe auch Schneider in: jurisPK-SGB V, § 132 Rn. 7.
11 Altmiks in: KassKomm, § 37 SGB V Rn. 2.
12 Schneider in: jurisPK-SGB V, § 132 Rn. 7.
13 BSG, 17.7.2008, B 3 KR 23/07 R, BSGE 101, 142, 145; vgl. auch BSG, 11.5.2006, B 3 KR 11/05 R, RDG 2007, 242.
14 Siehe hierzu nur Schaks in: Sodan, HdB KrVersR, § 28 Rn. 13 mwN.
15 Siehe nur Schaks in: Sodan, HdB KrVersR, § 28 Rn. 17.
16 BSG, 17.7.2008, B 3 KR 23/07 R, SozR 4-2500 § 69 Nr. 4.
17 Trenk-Hinterberger in: Spickhoff, Medizinrecht, § 132 SGB V Rn. 2.

auch solche, die sich auf andere Weise die notwendigen Kenntnisse und Fähigkeiten (sog **Facheignung**)[18] angeeignet haben.[19] Das Gesetz verlangt nämlich keine bestimmte oder auch formalisierte Qualifikation.[20] Darüber hinaus wird eine **Zuverlässigkeitseignung** verlangt.[21] Dazu gehört die Bereitschaft, zum Erhalt der Funktionsfähigkeit der gesetzlichen Krankenkasse beizutragen.[22] Ob eine entsprechend Eignung vorliegt, wird durch die Krankenkasse in jedem Einzelfall vor dem Vertragsschluss selbst beurteilt bzw. geprüft,[23] wobei sie gewerberechtliche Aspekte berücksichtigen muss.[24]

Anders als etwa bei Heilmitteln (§ 125 Abs. 2), bei Hilfsmitteln (§ 127 Abs. 1 und 2) oder bei der ambulanten und stationären Pflege im Bereich der sozialen Pflegeversicherung (§ 72 Abs. 2 SGB XI) hat der Gesetzgeber bei der Haushaltshilfe nicht die Möglichkeit vorgesehen, Versorgungsverträge auch zwischen den Verbänden der Leistungserbringer einerseits und den Landesverbänden der Krankenkassen (bzw. Pflegekassen) andererseits zu schließen. Dies schließt es nach der Rechtsprechung des BSG aber nicht aus, dass **Rahmenverträge** zwischen den Verbänden der privaten Anbieter von Haushaltshilfe und den Krankenkassen bzw. deren Landesverbänden auf Landesebene über die Versorgung mit Leistungen der Haushaltshilfe abgeschlossen werden können.[25] Auch ist es innerhalb dieser Rahmenverträge oder als Anhang dazu möglich, **Vergütungsvereinbarungen** abzuschließen, denen die einzelnen privaten Anbieter und die jeweiligen Mitgliedskassen eines Landesverbandes beitreten können. Mit Abgabe der jeweiligen Beitrittserklärung wird der einzelne Versorgungsvertrag zwischen dem Unternehmen und der Krankenkasse wirksam.[26] Der Inhalt des Versorgungsvertrages wird durch den Rahmenvertrag und die dazugehörige Vergütungsvereinbarung bestimmt, sofern nichts Abweichendes vereinbart worden ist.

aa) Anspruch auf Vertragsschluss. Die Entscheidung, ob es zu einem Vertragsschluss kommt, liegt nicht im freien Ermessen der Krankenkassen, da das zugrundeliegende Verhältnis zwischen Krankenkasse und Leistungserbringer dem **öffentlichen Recht** zuzuordnen ist (§ 69).[27] Besteht folglich die Eignung, hat der Leistungserbringer **Anspruch auf Vertragsschluss**.[28] Dies ergibt sich bereits aus der Geltung des Art. 12 GG in diesem Bereich. Eine Bedarfsprüfung findet nicht statt,[29] so dass eine Auswahl anhand anderer Kriterien als denen der Eignung den Krankenkassen verwehrt ist.[30] Der Vertragsschluss ist **keine statusbegründende** Zulassung.[31] Das Gesetz sieht vielmehr die Ausgestaltung durch Verträge vor, die grundsätzlich **frei auszuhandeln** sind.[32] Somit besteht auch die Möglichkeit eines rückwirkenden Vertragsschlusses.[33]

bb) Rechtsnatur der Rahmenverträge. Welcher Rechtsnatur die Rahmenverträge sind, war lange Zeit umstritten. Nach der Rspr. des Gemeinsamen Senates der obersten Gerichtshöfe des Bundes waren die Rahmenverträge, zumindest in der Gesetzeslage bis 31.12.1999, privatrechtlicher Natur.[34] Nunmehr sind die Rechtsbeziehungen der Krankenkassen und der Leistungserbringer nach der Neufassung des § 69 durch das GRG vom 22.12.1999[35] seit dem 1.1.2000 nach ganz herrschender Ansicht dem öf-

---

18 Siehe Rixen, Sozialrecht als öffentliches Wirtschaftsrecht, S. 476.
19 Luthe in: Hauck/Noftz, SGB V, § 132 Rn. 6; Rixen in: Becker/Kingreen, § 132 Rn. 3; vgl. auch Neumann, NZS 1995, 397 f.
20 Rixen in: Becker/Kingreen, § 132 Rn. 3.
21 Rixen, Sozialrecht als öffentliches Wirtschaftsrecht, S. 476; ders. in: Becker/Kingreen, § 132 Rn. 3; Schaks in: Sodan, HdB KrVersR, § 28 Rn. 8.
22 Rixen, Sozialrecht als öffentliches Wirtschaftsrecht, S. 476.
23 Schaks in: Sodan, HdB KrVersR, § 28 Rn. 8.
24 Rixen, Sozialrecht als öffentliches Wirtschaftsrecht, S. 476.
25 BSG, 17.7.2008, B 3 KR 23/07 R, SozR 4-2500 § 69 Nr. 4.
26 BSG, 17.7.2008, B 3 KR 23/07 R, SozR 4-2500 § 69 Nr. 4.
27 So auch Luthe in: Hauck/Noftz, SGB V, § 132 Rn. 9.
28 Rixen, Sozialrecht als öffentliches Wirtschaftsrecht, S. 477; ders. in: Becker/Kingreen, § 132 Rn. 4; Schaks in: Sodan, HdB KrVersR, § 28 Rn. 18.
29 BSG, 24.9.2002, B 3 A 1/02 R, SozR 3-2500 § 63 Nr. 1 = BSGE 90, 84.
30 Luthe in: Hauck/Noftz, SGB V, § 132 Rn. 9.
31 BSG, 24.1.2008, B 3 KR 2/07, SozR 4-2500 § 132 a Nr. 4 = BSGE 99, 303.
32 LSG NRW, 12.3.2009, L 16 KR 64/08.
33 BSG, 24.1.2008, B 3 KR 2/07 R, SozR 4-2500 § 132 a Nr. 4 = BSGE 99, 303.
34 GmS-OGB, 10.4.1986, GmS-OBG 1/85, NJW 1986, 2359 f.
35 BGBl. I, 2626.

fentlichen Recht zuzuordnen.³⁶ Bei den Verträgen über die Versorgung mit Haushaltshilfe nach § 132 Abs. 1 S. 2 handelt es sich nicht um Normverträge, sondern um **Einzelverträge**.³⁷ Sie wirken deshalb auch nur **inter partes**.

11 Trotz der Gesetzesänderung bleiben nach § 69 die Vorschriften des Zivilrechts weiterhin entsprechend anwendbar, soweit sie mit den Vorgaben des § 70 und den übrigen Aufgaben und Pflichten nach dem Vierten Kapitel des SGB V vereinbar sind. Dies ist etwa bei der Haftung nach den Grundsätzen der cic der Fall.

12 Für den **Rechtsweg** gilt jedoch auch nach dieser Auffassung § 51 Abs. 2 S. 1 Nr. 3 SGG mit der Folge der Zuständigkeit der **Sozialgerichte**.

13 cc) **Schiedsverfahren bei Nichteinigung.** Von Seiten einiger Vertragsleistungserbringer wurde in der Vergangenheit zunehmend Kritik daran geäußert, dass die Vergütungen im Bereich des Fachkräfteeinsatzes zur Gewährung von Haushaltshilfe nicht mehr leistungsgerecht und kostendeckend seien. Vor diesem Hintergrund hat sich der Gesetzgeber deshalb in Anlehnung an die Vorschrift des § 132 a zur Aufnahme einer Schiedsstellenregelung entschlossen.³⁸ Die aktuelle Fassung von Abs. 1 S. 2 bis 4 übernimmt im Wesentlichen die für Verträge über die Versorgung mit häuslicher Krankenpflege getroffenen Regelungen und entsprechen dem dort üblichen (Schieds-)Verfahren.³⁹ Die Kosten des Schiedsverfahrens haben die Vertragsparteien jeweils zu gleichen Teilen zu tragen.

14 b) **Anstellung geeigneter Personen (Abs. 1 S. 5).** Für die Versorgung mit Haushaltshilfe als Sachleistung kann die Krankenkasse **eigene** Personen selbst anstellen. Es muss entsprechend des Wortlauts und der Systematik eine natürliche Person bei der Krankenkasse oder einer Einrichtung in ihrer Trägerschaft angestellt, also abhängig beschäftigt sein.⁴⁰ Folglich reicht eine Honorarbeschäftigung bzw. freie Mitarbeiterschaft als auch die Beauftragung juristischer Personen nicht.

15 c) **Grundsatz der Subsidiarität.** Die Krankenkasse hat kein Wahlrecht, ob sie die Haushalthilfe durch eigene Personen oder durch geeignete Dritte gewährt.⁴¹ Nach dem Willen des Gesetzgebers⁴² und nach herrschender Ansicht hat die Krankenkasse vielmehr **vorrangig** eine Leistungsgewährung durch **andere geeignete Personen, Einrichtungen oder Unternehmen** sicherzustellen.⁴³ Begründet wird dies zum Teil mit dem in § 140 Abs. 2 zum Ausdruck kommenden **Subsidiaritätsgedanken**. Die Anstellung eigener Personen zu Durchführung der Haushalthilfe wird als Eigeneinrichtung im funktionellen Sinn („Quasi-Eigeneinrichtung")⁴⁴ angesehen.⁴⁵ Zum Teil wird aber auch auf die in § 132 Abs. 2 S. 1 ausdrücklich aufgenommenen Gebote der Wirtschaftlichkeit und der Vielfalt der Leistungserbringer verwiesen.⁴⁶ Der Gesetzgeber hat mit der Neufassung des Abs. 1 selbst klargestellt, dass „**abweichend von Satz 1**" eine Anstellung eigener geeigneter Personen möglich ist und auf diese Weise den Gedanken der Subsidiarität zum Ausdruck gebracht.

16 Die Anstellung geeigneter **eigener** Personen zur Gewährung von Haushaltshilfe kommt immer dann in Betracht, wenn **keine ausreichenden Kapazitäten** zur Verfügung stehen, so dass Versorgungslücken entstehen können bzw. eine bedarfsgerechte Versorgung nicht mehr sichergestellt werden kann.⁴⁷

---

36 BSG, 24.1.2008, B 3 KR 2/07 R, SozR 4-2500 § 132 a Nr. 4 = BSGE 99, 303; Trenk-Hinterberger in: Spickhoff, Medizinrecht, § 132 SGB V Rn. 5; Rixen in: Becker/Kingreen, § 132 Rn. 5; Kuhlmann in: NK-MedR, § 132 SGB V Rn. 1; Knittel in: Krauskopf, § 132 SGB V Rn. 4; Altmiks in: KassKomm, § 132 SGB V Rn. 4.
37 Quaas/Zuck, § 8 Rn. 4.
38 BT-Dr. 18/4095, 119.
39 BT-Dr. 18/4095, 119.
40 Armbruster in: Eichenhofer/Wenner, SGB V, § 132 Rn. 6.
41 Nach der alten Fassung des § 132 wurde von einem Teil der Literatur noch geschlussfolgert, dass es Abs. 1 S. 2 aF den Krankenkassen „in gleichwertiger Weise" ermögliche, „anstelle von eigenen Hilfspersonen andere für die Leistungserbringung geeignete Personen, Einrichtungen oder Unternehmen in Anspruch zu nehmen". So Joussen, BeckOK SozR, SGB V, Stand: 1.6.2011, § 132 Rn. 3.
42 BT-Dr. 11/2237, 206: „Die Heranziehung solcher Kräfte hat nach den Grundsätzen der Subsidiarität Vorrang vor der Anstellung eigener Kräfte durch die Krankenkassen."
43 Murawski in: LPK-SGB V, § 132 Rn. 2; Rixen in: Becker/Kingreen, § 132 Rn. 2; Schneider in: jurisPK-SGB V, § 132 Rn. 9; Trenk-Hinterberger in: Spickhoff, Medizinrecht, § 132 SGB V Rn. 2; Luthe in: Hauck/Noftz, SGB V, § 132 Rn. 6. In diese Richtung tendierend, im Ergebnis aber offen gelassen, BSG, 24.9.2002, B 3 A 1/02 R, NZS 2003, 654, 655 = BSGE 90, 84.
44 Rixen in: Becker/Kingreen, § 132 Rn. 2.
45 Rixen, Sozialrecht als öffentliches Wirtschaftsrecht, S. 194.
46 Luthe in: Hauck/Noftz, SGB V, § 132 Rn. 6.
47 Vgl. BSG, 24.9.2002, B 3 A 1/02 R, SozR 3-2500 § 63 Nr. 1 = BSGE 90, 84.

Zwar kommt die Beschränkung der Befugnis zur Beschäftigung geeigneter Personen auf die Situation des personellen Ausgleiches einer eingetretenen oder drohenden Versorgungslücke im Wortlaut des § 132 Abs. 1 S. 1 nicht zum Ausdruck;[48] auch spricht § 140, in dem die Beschränkung auf den notwendigen Bedarf ausdrücklich niedergelegt ist ("auf andere Weise nicht sicherstellen können"), nicht entscheidend gegen die Beschränkung der Anstellungsbefugnis auf Notsituationen, jedoch ergibt sich der Subsidiaritätsgrundsatz aus dem systematischen Zusammenhang mit der Regelung des § 140 und aus der Regelung in § 132 selbst. Denn aus Abs. 2 folgt neben dem Gebot zur Beachtung der Vielfalt der Leistungserbringer, die Verpflichtung der Krankenkassen, der freien Wohlfahrtspflege Rechnung zu tragen. Dies entspricht auch dem in § 17 Abs. 1 Nr. 2 SGB I zum Ausdruck kommenden Rechtsgedanken, dass nämlich die Leistungsträger (hier die Krankenkassen) verpflichtet sind, darauf hinzuwirken, dass die zur Ausführung der Leistungen erforderlichen Einrichtungen rechtzeitig und ausreichend zur Verfügung stehen.[49]

3. Wirtschaftlichkeit der Leistungserbringung (Abs. 2 S. 1). Nach § 132 Abs. 2 S. 1 haben die Krankenkassen die Leistungen der Haushaltshilfe wirtschaftlich und preisgünstig zu erbringen. Mit dieser Regelung bezweckt der Gesetzgeber, entsprechend des sich bereits aus §§ 2 Abs. 1, 12, 70 Abs. 1 S. 2 ergebenden Wirtschaftlichkeitsgebots und der damit erstrebten Kostenreduzierung im Gesundheitswesen, dass Vergütungsvereinbarungen „im freien Spiel der Kräfte" geschlossen werden. Das in Abs. 2 S. 1 in bezuggenommene Wirtschaftlichkeitsgebot hat somit lediglich **deklaratorische** Bedeutung.[50] Mit der Verpflichtung der Krankenkassen zur Versorgung ihrer Versicherten einerseits sowie der Konkurrenz der Leistungserbringer andererseits sollen auf diese Weise marktgerechte und möglichst günstige Preise erreicht werden.[51] Dieses Gebot wäre überflüssig, würde man von einem generellen Anspruch der Anbieter von Haushaltshilfe ausgehen, die Leistungen zur jeweils am Markt anzutreffenden höchsten Vergütungsvereinbarung zulasten der Krankenkassen abrechnen zu dürfen, da dann jeder Preiswettbewerb, der gerade bezweckt ist, ausgeschaltet wäre.[52] Wirtschaftliche Gesichtspunkte dürfen aber auf keinen Fall dazu führen, dass eine qualitativ ausreichende Versorgung mit Haushaltshilfe, die sich an den Bedürfnissen und Interessen der Versicherten an einer wohnortnahen Versorgung auszurichten hat, nicht mehr sichergestellt wäre.

4. Vielfalt der Leistungserbringer (Abs. 2 S. 2). Die Vorschrift „verpflichtet die Krankenkasse, die Vielfalt der Leistungserbringer zu berücksichtigen".[53] Es kommen also nicht nur öffentliche und private Einrichtungen in Betracht, sondern auch selbstständige tätige Einzelpersonen. Dagegen soll der in Abs. 2 S. 2 ausdrücklich aufgenommene Grundsatz der Anbietervielfalt nicht den Zulassungsanspruch des Abs. 1 einschränken.[54] Zum Teil wird angenommen, dass Abs. 2 S. 2 „eine gewisse Einschränkung des Wirtschaftlichkeitsgebotes durch die zu beachtende Vielfalt der Leistungserbringer insbesondere im Hinblick auf die Bedeutung der freien Wohlfahrtspflege" darstelle.[55] Hiergegen spricht, dass allein die Hervorhebung der besonderen Bedeutung der freien Wohlfahrtspflege nicht per se dazu führen kann, dass hiermit Vergütungsunterschiede im Sinne einer Privilegierung von Wohlfahrtsverbänden gegenüber anderen geeigneten Einrichtungen vom Gesetzgeber in Kauf genommen wurden,[56] sondern es sollte hiermit lediglich dem Grundsatz, die Vielfalt der Leistungserbringer sicherzustellen, genüge getan werden. Hintergrund dieser Regelung ist nämlich, dass bis zum Inkrafttreten des GRG am 1.1.1989 die Haushaltshilfe und die häusliche Krankenpflege insbesondere den Wohlfahrtsverbänden vorbehalten war.[57] Der Gesetzgeber wollte auch nach der Öffnung dieses Marktes für privatgewerbliche Leistungsanbieter die besondere Funktion der Wohlfahrtsverbände hervorheben, indem sie auch in Zukunft die sichere, flächendeckende Versorgung der Versicherten mit Leistungen der Pflege

---

48 Auch die Vorgängerregelungen in § 376 b RVO und § 132 SGB V aF kannten nach dem Wortlaut keine Beschränkung auf Fälle akuten Bedarfs.
49 Siehe auch Luthe in: Hauck/Noftz, SGB V, § 132 Rn. 6.
50 Schaks in: Sodan, HdB KrVersR, § 28 Rn. 20.
51 BSG, 17.7.2008, B 3 KR 23/07 R, SozR 4-2500 § 69 Nr. 4 = BSGE 101, 142.
52 BSG, 17.7.2008, B 3 KR 23/07 R, SozR 4-2500 § 69 Nr. 4 = BSGE 101, 142.
53 BT-Dr. 11/2237, 206.
54 Rixen, Sozialrecht als öffentliches Wirtschaftsrecht, S. 478.
55 Hess in: KassKomm, 66. EL 2010, § 132 SGB V Rn. 3.
56 BSG, 17.7.2008, B 3 KR 23/07 R, SozR 4-2500 § 69 Nr. 4 = BSGE 101, 142; Trenk-Hinterberger in: Spickhoff, Medizinrecht, § 132 SGB V Rn. 12.
57 BSG, 17.7.2008, B 3 KR 23/07 R, SozR 4-2500 § 69 Nr. 4 = BSGE 101, 142; Hencke in: Peters, HdB KrV, § 132 Rn. 8.

und der Haushaltshilfe gewährleisten sollten, ohne jedoch eine darüber hinausgehende Bevorzugung der Wohlfahrtsverbände erzeugen zu wollen.[58]

§ 132 a Versorgung mit häuslicher Krankenpflege

(1) [1]Der Spitzenverband Bund der Krankenkassen und die für die Wahrnehmung der Interessen von Pflegediensten maßgeblichen Spitzenorganisationen auf Bundesebene haben unter Berücksichtigung der Richtlinien nach § 92 Abs. 1 Satz 2 Nr. 6 gemeinsam Rahmenempfehlungen über die einheitliche und flächendeckende Versorgung mit häuslicher Krankenpflege abzugeben; für Pflegedienste, die einer Kirche oder einer Religionsgemeinschaft des öffentlichen Rechts oder einem sonstigen freigemeinnützigen Träger zuzuordnen sind, können die Rahmenempfehlungen gemeinsam mit den übrigen Partnern der Rahmenempfehlungen auch von der Kirche oder der Religionsgemeinschaft oder von dem Wohlfahrtsverband abgeschlossen werden, dem die Einrichtung angehört. [2]Vor Abschluß der Vereinbarung ist der Kassenärztlichen Bundesvereinigung und der Deutschen Krankenhausgesellschaft Gelegenheit zur Stellungnahme zu geben. [3]Die Stellungnahmen sind in den Entscheidungsprozeß der Partner der Rahmenempfehlungen einzubeziehen. [4]In den Rahmenempfehlungen sind insbesondere zu regeln:
1. Eignung der Leistungserbringer einschließlich Anforderungen an die Eignung zur Versorgung nach § 37 Absatz 7,
2. Maßnahmen zur Qualitätssicherung und Fortbildung,
3. Inhalt und Umfang der Zusammenarbeit des Leistungserbringers mit dem verordnenden Vertragsarzt und dem Krankenhaus,
4. Grundsätze der Wirtschaftlichkeit der Leistungserbringung einschließlich deren Prüfung,
5. Grundsätze der Vergütungen und ihrer Strukturen einschließlich der Transparenzvorgaben für die Vergütungsverhandlungen zum Nachweis der tatsächlich gezahlten Tariflöhne oder Arbeitsentgelte und
6. Grundsätze zum Verfahren der Prüfung der Leistungspflicht der Krankenkassen sowie zum Abrechnungsverfahren einschließlich der für diese Zwecke jeweils zu übermittelnden Daten.

[5]Um den Besonderheiten der intensivpflegerischen Versorgung im Rahmen der häuslichen Krankenpflege Rechnung zu tragen, sind in den Rahmenempfehlungen auch Regelungen über die behandlungspflegerische Versorgung von Versicherten, die auf Grund eines besonders hohen Bedarfs an diesen Leistungen oder einer Bedrohung ihrer Vitalfunktion einer ununterbrochenen Anwesenheit einer Pflegekraft bedürfen, vorzusehen. [6]In den Rahmenempfehlungen nach Satz 4 Nummer 6 können auch Regelungen über die nach § 302 Absatz 2 Satz 1 und Absatz 3 in Richtlinien geregelten Inhalte getroffen werden; in diesem Fall gilt § 302 Absatz 4. [7]Die Inhalte der Rahmenempfehlungen sind den Verträgen nach Absatz 4 zugrunde zu legen.

(2) [1]Kommt eine Rahmenempfehlung nach Absatz 1 ganz oder teilweise nicht zu Stande, können die Rahmenempfehlungspartner die Schiedsstelle nach Absatz 3 anrufen. [2]Die Schiedsstelle kann auch vom Bundesministerium für Gesundheit angerufen werden. [3]Sie setzt innerhalb von drei Monaten den betreffenden Rahmenempfehlungsinhalt fest.

(3) [1]Der Spitzenverband Bund der Krankenkassen und die für die Wahrnehmung der Interessen von Pflegediensten maßgeblichen Spitzenorganisationen auf Bundesebene bilden erstmals bis zum 1. Juli 2017 eine gemeinsame Schiedsstelle. [2]Sie besteht aus Vertretern der Krankenkassen und der Pflegedienste in gleicher Zahl sowie aus einem unparteiischen Vorsitzenden und zwei weiteren unparteiischen Mitgliedern. [3]Die Amtsdauer beträgt vier Jahre. [4]Über den Vorsitzenden und die zwei weiteren unparteiischen Mitglieder sowie deren Stellvertreter sollen sich die Rahmenempfehlungspartner einigen. [5]Kommt eine Einigung nicht zu Stande, gilt § 89 Absatz 3 Satz 5 und 6 entsprechend. [6]Das Bundesministerium für Gesundheit kann durch Rechtsverordnung mit Zustimmung des Bundesrates das Nähere über die Zahl und die Bestellung der Mitglieder, die Erstattung der baren Auslagen und die Entschädigung für den Zeitaufwand der Mitglieder, das Verfahren sowie über die Verteilung der Kosten regeln. [7]§ 129 Absatz 9 und 10 Satz 1 gilt entsprechend.

(4) [1]Über die Einzelheiten der Versorgung mit häuslicher Krankenpflege, über die Preise und deren Abrechnung und die Verpflichtung der Leistungserbringer zur Fortbildung schließen die Krankenkassen Verträge mit den Leistungserbringern. [2]Wird die Fortbildung nicht nachgewiesen, sind Vergütungsab-

---

58 BSG, 17.7.2008, B 3 KR 23/07 R, SozR 4-2500 § 69 Nr. 4 = BSGE 101, 142.

schläge vorzusehen. ³Dem Leistungserbringer ist eine Frist zu setzen, innerhalb derer er die Fortbildung nachholen kann. ⁴Erbringt der Leistungserbringer in diesem Zeitraum die Fortbildung nicht, ist der Vertrag zu kündigen. ⁵Die Krankenkassen haben darauf zu achten, dass die Leistungen wirtschaftlich und preisgünstig erbracht werden. ⁶Verträge dürfen nur mit Leistungserbringern abgeschlossen werden, die die Gewähr für eine leistungsgerechte und wirtschaftliche Versorgung bieten. ⁷Im Fall der Nichteinigung wird der Vertragsinhalt durch eine von den Vertragspartnern zu bestimmende unabhängige Schiedsperson innerhalb von drei Monaten festgelegt. ⁸Einigen sich die Vertragspartner nicht auf eine Schiedsperson, so wird diese von der für die vertragschließende Krankenkasse zuständigen Aufsichtsbehörde innerhalb eines Monats nach Vorliegen der für die Bestimmung der Schiedsperson notwendigen Informationen bestimmt. ⁹Die Kosten des Schiedsverfahrens tragen die Vertragspartner zu gleichen Teilen. ¹⁰Bei der Auswahl der Leistungserbringer ist ihrer Vielfalt, insbesondere der Bedeutung der freien Wohlfahrtspflege, Rechnung zu tragen. ¹¹Die Leistungserbringer sind verpflichtet, an Qualitäts- und Abrechnungsprüfungen nach § 275 b teilzunehmen; § 114 Absatz 2 des Elften Buches bleibt unberührt. ¹²Der Leistungserbringer hat der Krankenkasse anzuzeigen, dass er behandlungspflegerische Leistungen im Sinne des Absatzes 1 Satz 5 erbringt, wenn er diese Leistungen für mindestens zwei Versicherte in einer durch den Leistungserbringer oder einen Dritten organisierten Wohneinheit erbringt. ¹³Abweichend von Satz 1 kann die Krankenkasse zur Gewährung von häuslicher Krankenpflege geeignete Personen anstellen.

Literatur:

Bachem, Häusliche Krankenpflege – Sofortige Wirksamkeit des Schiedsspruchs nach § 132 a Abs. 2 Satz 6 SGB V, PflR 2013, 190; *Behnsen*, Perspektiven der zukünftigen Versorgungsstruktur – Flexibilisierung, Verzahnung, Honorargestaltung, MedR 1998, 51; *Ewald*, Die Änderungen des § 132 a Abs. 2 S. 6 und 7 SGB V durch das "E-Health-Gesetz" – Mehr Rechts(un)sicherheit für das Schiedsverfahren?, NZS 2016, 652; *Kingreen*, Fairness und Transparenz als vergaberechtsunabhängige Pflicht bei der Auswahl von Vertragspartnern, in: Vergaberecht und Vertragswettbewerb in der Gesetzlichen Krankenversicherung 2009, 51; *Knispel*, Die Rechtsbeziehungen der Krankenkassen zu den nichtärztlichen Leistungserbringern im Licht der Rechtsprechung des BSG, NZS 2004, 623; *Kruse*, Die Stellung der freien Wohlfahrtspflege im SGB V, SRa 2007, 214; *Plantholz*, Vergabe von Verträgen gemäß § 132 a Abs. 2 Satz 1 SGB V?, RsDE Nr. 75 (2013), 71; *ders.*, Rahmenvertrag über Leistungen nach §§ 132, 132 a SGB V – fehlende Verwaltungsaktqualität eines Schiedsspruchs – Passivlegitimation des Schiedspersons im Verfahren über die Aufhebung eines Schiedsspruchs, Sozialrecht aktuell 2008, 227; *ders.*, Richtlinien, Rahmenverträge, Rahmenempfehlungen: Der Gesetzgeber im Dickicht untergesetzlicher Teilhabe, NZS 2001, 177; *Rixen*, Mehr Vergütungsgerechtigkeit in der GKV für die vergessenen Gesundheitsberufe, SozSich 2014, 77; *ders.*, Sozialrecht als öffentliches Wirtschaftsrecht – am Beispiel des Leistungserbringerrechts der gesetzlichen Krankenversicherung, 2005; *Roßbruch*, Zum Anspruch auf häusliche Krankenpflege – hier – Medikamentengabe sowie Kontrolle der Wirkungen und Nebenwirkungen von Medikamenten, PflR 2010, 646; *Schnapp*, Einmal Behörde – immer Behörde?, NZS 2010, 241; *Shirvani*, Die Schiedsperson im Bereich der Versorgung mit häuslicher Krankenpflege (§ 132 a Abs. 2 S. 6 SGB V), SGb 2011, 550; *Zorn*, Rechtsfindung im Vertragsverhältnis nach § 132 a II SGB V, 2011.

I. Entstehungsgeschichte	1
II. Systematik und Normzweck	2
III. Häusliche Krankenpflege	4
IV. Rahmenempfehlungen (Abs. 1)	5
1. Muss-Regelung	5
2. Mindestinhalt	6
3. Vereinbarungspartner	11
4. Gelegenheit zur Stellungnahme	13
5. Erfordernis des Konsenses	14
6. Schiedsverfahren (Abs. 2 und 3)	15
7. Rechtscharakter und Rechtsschutz	17
8. Verhältnis zwischen Rahmenempfehlungen und Richtlinien des Gemeinsamen Bundeszuschusses	18
V. (Versorgungs-)Verträge zwischen Krankenkassen und Leistungserbringern (Abs. 4)	20
1. Vertragspartner	20
2. Anspruch auf Vertragsabschluss	21
3. Form	22
4. Vertragsinhalt	23
a) „Einzelheiten der Versorgung"	23
b) Preisvereinbarungen	25
c) Qualifikationsanforderungen	26
d) Fortbildung	29
5. Anwendbare Vorschriften, Rechtsnatur	30
6. Vergütungsanspruch	31
7. Einschränkung der Überprüfbarkeit durch Gerichte	33
8. Schiedsverfahren	34
a) Rechtsqualität des Schiedsspruchs	34
b) Aufgabe und Bedeutung der Schiedsperson	37
c) Kosten	39
d) Rechtsschutz	40
aa) Gegen den Schiedsspruch	40
bb) Gegen die Bestimmung einer Schiedsperson	42

| VI. Grundsatz der Vielfalt der Leistungserbringer (Abs. 4 S. 10) .... | 43 | VIII. Anzeigepflicht (Abs. 4 S. 12) .... | 45 |
| VII. Verpflichtung zur Teilnahme an Qualitäts- und Abrechnungsprüfungen (Abs. 4 S. 11) | 44 | IX. Anstellung eigener geeigneter Pflegekräfte als Ausnahme (Abs. 4 S. 13) .... | 46 |

I. Entstehungsgeschichte

1 Die Vorschrift wurde durch Art. 1 Nr. 48 des 2. GKV-Neuordnungsgesetzes (**GKV-NOG**) vom 23.6.1997[1] mit Wirkung vom 1.7.1997 neu geschaffen. Bis zum 30.6.1997 war die Versorgung mit häuslicher Krankenpflege in § 132 aF geregelt. Ursprünglich sollte Abs. 1 durch das Gesetz zur Stärkung des Wettbewerbs in der Gesetzlichen Krankenversicherung (**GKV-WSG**) vom 26.3.2007[2] ersatzlos gestrichen werden.[3] Der Gesetzgeber wollte damit im Rahmen der Verschlankung der Aufgaben des neuen Spitzenverbandes Bund der Krankenkassen und der Vergrößerung der Gestaltungsmöglichkeiten der Krankenkassen auf eine gemeinsame Empfehlung über die einheitliche Versorgung mit häuslicher Krankenpflege verzichten.[4] Dieser Vorschlag setzte sich jedoch nicht durch und wurde abgelehnt.[5] § 132 a Abs. 1 wurde deshalb lediglich an die neue Organisationsstruktur der Verbände der Krankenkassen angepasst, indem „die Spitzenverbände" durch die Wörter „der Spitzenverband Bund" ersetzt wurde. Mit Wirkung vom 30.10.2012 erfolgte eine redaktionelle Korrektur in Abs. 1 S. 1, indem die Wörter „gemeinsam und einheitlich" gestrichen wurden und weitere Änderungen in Abs. 1 S. 4 Nr. 5 und 6 sowie die Neueinfügung von Abs. 1 S. 4 Nr. 7 und S. 5 und 6 durch das Gesetz zur Neuausrichtung der Pflegeversicherung (Pflege-Neuausrichtungs-Gesetz – PNG) vom 23.10.2012.[6] Durch das Gesetz für sichere digitale Kommunikation und Anwendungen im Gesundheitswesen sowie zur Änderung weiterer Gesetze (**EGKuaÄndG**) vom 21.12.2015[7] wurden Anpassungen und Änderungen in Abs. 1 S. 4 Nr. 6, Abs. 1 S. 5 und Abs. 2 S. 6, 7 vorgenommen. Des Weiteren erfolgten zum Teil umfassende Änderungen durch das Dritte Gesetz zur Stärkung der pflegerischen Versorgung und zur Änderung weiterer Vorschriften (**PSG III**) vom 23.12.2016.[8] Zuletzt wurden Anpassungen durch das Gesetz zur Stärkung der Heil- und Hilfsmittelversorgung (Heil- und Hilfsmittelversorgungsgesetz – **HHVG**) vom 4.4.2017[9] mWv 11.4.2017 vorgenommen.

II. Systematik und Normzweck

2 Als Norm des Leistungserbringungsrechts **korrespondiert** § 132 a mit der leistungsrechtlichen Vorschrift in § 37, welche den Anspruch des Versicherten auf häusliche Krankenpflege regelt. In § 132 a werden zwei Regelungsebenen angesprochen,[10] die **Rahmenempfehlungen** in Abs. 1 und die **Einzelverträge** in Abs. 4. § 132 a bildet die **Rechtsgrundlage** für den Abschluss von Rahmenempfehlungen über die einheitliche und flächendeckende Versorgung mit häuslicher Krankenpflege. Ziel ist es durch die Versorgungsverträge, eine **einheitliche, qualitativ gleichwertige Versorgung** mit häuslicher Krankenpflege im gesamten Bundesgebiet zu erreichen und sicherzustellen.[11] Deshalb ist auch auf Seiten des Spitzenverbandes Bund der Krankenkassen (§§ 217 a ff.) eine gemeinsame und einheitliche Willensbildung notwendig.

3 Mittels **Verträgen** zwischen Krankenkassen und Leistungserbringern werden die Einzelheiten der Versorgung mit häuslicher Krankenpflege, insbesondere die einzelnen zu erbringenden Leistungen und die Preise geregelt, wobei hierbei der **Grundsatz der Wirtschaftlichkeit** zu berücksichtigen ist. In beiden Absätzen wird deutlich, dass der Gesetzgeber den Krankenkassen und den Leistungserbringern einen eingeschränkten Regelungsauftrag erteilt hat. Die personellen und qualitativen Voraussetzungen der Leistungserbringung werden bei der häuslichen Krankenpflege erst durch die **vertraglichen** Beziehun-

---

1 BGBl. I, 1520.
2 BGBl. I, 378.
3 BT-Dr. 16/3100, 32.
4 BT-Dr. 16/3100, 144.
5 BT-Dr. 16/4200, 81. Der darin vom Ausschuss vorgeschlagene Änderungsantrag zu § 132 a wurde mit den Stimmen der Fraktionen CDU/CSU, SPD, DIE LINKE und BÜNDNIS 90/DIE GRÜNEN bei Stimmenthaltung der Fraktion der FDP angenommen; siehe BT-Dr. 16/4247, 11, 47.
6 BGBl. I, 2246.
7 BGBl. I, 2408.
8 BGBl. I, 3191.
9 BGBl. I, 778.
10 Siehe Schneider in: jurisPK-SGB V, § 132 a Rn. 2.
11 Beschlussempfehlung und Bericht des Ausschusses für Gesundheit zum 2. GKV-Neuordnungsgesetz, BT-Dr. 13/7264, 68.

gen zu dem einzelnen **Leistungserbringer** sichergestellt. Hier kommt den Verträgen eine entsprechende Zulassungswirkung und Zulassungsfunktion zu.[12] Ohne vertragliche Beziehungen der Krankenkasse zu dem einzelnen Leistungserbringer sind die personellen und qualitativen Voraussetzungen sowie die Wirtschaftlichkeit der Leistungserbringung nicht gewährleistet. Mangels vertragsübergreifend gültiger Rahmenempfehlungen und Rahmenbedingungen wird die Einhaltung von personellen und qualitativen Mindeststandards der Leistungserbringung sowie des Wirtschaftlichkeitsgebotes nur durch Verträge gesichert, die als Einzelverträge oder auf Verbandsebene geschlossen werden können, aber jeweils nur Wirkungen inter pares nicht aber inter omnes entfalten.[13]

III. Häusliche Krankenpflege

Die gesetzliche Ausgestaltung des Anspruchs auf häusliche Krankenpflege ist in § 37 geregelt. Dieser Anspruch wird im Rahmen des **Sachleistungsprinzips** entweder durch eine bei einem Pflegedienst beschäftigte Pflegekraft oder durch eine von der Krankenkasse selbst angestellte Pflegekraft erbracht. Ist dies nicht möglich, kann der Versicherte Kostenerstattung für eine von ihm selbst beschaffte Pflegekraft verlangen (§ 37 Abs. 4). Zu den Einzelheiten siehe die Kommentierung zu § 37.

IV. Rahmenempfehlungen (Abs. 1)

1. Muss-Regelung. Ursprünglich sah Abs. 1 S. 1 seit der Einfügung durch das 2. GKV-Neuordnungsgesetz vom 23.6.1997 eine **Kann-Bestimmung** vor, die in der Literatur, auch aufgrund der bis dahin fehlenden Frist, als Ausdruck einer „vom Konsens abhängigen Optionalität"[14] gewertet wurde. Die Vereinbarungspartner wurden jedoch nicht tätig und verabschiedeten keine Rahmenempfehlungen zur häuslichen Krankenpflege, so dass der Gesetzgeber hierauf mit dem Pflege-Neuausrichtungs-Gesetz vom 23.10.2012 reagierte und nunmehr eine **Verpflichtung** zum Abschluss von Rahmenempfehlungen statuierte.[15] Ursprünglich sah Abs. 1 S. 5 eine **Frist** zur Abgabe und Anpassung von Rahmenempfehlungen bis zum 13.7.2013 und mit Änderung durch das **EGKuaÄndG** vom 21.12.2015 bis zum 1.6.2016 vor. Beide Fristen wurden durch das **PSG III** nunmehr gestrichen. Inzwischen haben die in Abs. 1 S. 1 aufgeführten Vereinbarungspartner zwar Rahmenempfehlungen zur Versorgung mit häuslicher Krankenpflege vom 10.12.2013 abgegeben, wobei sie sich jedoch zunächst nur auf drei Schwerpunktthemen verständigt haben. Hierzu zählen Voraussetzungen zur Anerkennung verantwortlicher Pflegefachkräfte, das Verordnungs- und Genehmigungsverfahren sowie das Abrechnungsverfahren erbrachter Leistungen, einschließlich des Datenträgeraustausches.

2. Mindestinhalt. Welchen **Mindestinhalt** die zu regelnden Rahmenempfehlungen aufweisen müssen, wird in Abs. 1 S. 4 näher ausgeführt. Hierzu gehört insbesondere die inhaltliche Leistungsbeschreibungen einschließlich Eignung der Leistungserbringer im Allgemein sowie zur Versorgung nach § 37 Abs. 7 im Besonderen (Nr. 1). Der Gesetzgeber hat das Erfordernis einer flächendeckenden Versorgung mit häuslicher Krankenpflege nunmehr ausdrücklich aufgenommen, indem er den Partnern der Rahmenempfehlungen aufgibt, in die Rahmenempfehlungen auch Regelungen zur Sicherstellung einer flächendeckenden Versorgung mit häuslicher Krankenpflege aufzunehmen. Die Präzisierung soll dabei in Bezug auf die neue Regelung des § 37 Abs. 7 vor allem verhindern, dass die spezialisierte **Wundversorgung**, etwa durch sogenannte Wundzentren, nur in Ballungsgebieten angeboten wird und ländliche Regionen keine vergleichbaren Versorgungsangebote aufweisen können.[16] Die Partner der Rahmenempfehlungen haben deshalb explizit auf eine allerorts einheitliche Versorgung mit häuslicher Krankenpflege hinzuwirken. Die Regelungsnotwendigkeit hinsichtlich der Anforderungen an die Eignung zur Versorgung mit häuslicher Krankenpflege **korrespondiert** mit der Ergänzung der leistungsrechtlichen Regelung in § 37.[17] Der Gesetzgeber wollte hiermit auch sicherstellen, dass das durch den G-BA in den Richtlinien nach § 92 Abs. 1 S. 2 Nr. 6 zu regelnde Nähere zur Versorgung von chronischen und schwer heilenden Wunden nach § 37 Abs. 7 auch in den Regelungen der Rahmenempfehlungen zur Eignung der Leistungserbringer der häuslichen Krankenpflege berücksichtigt wird.[18]

---

12 BSG, SozR 4-2500 § 132 a Nr. 9.
13 BSG, SozR 4-2500 § 132 a Nr. 9.
14 Siehe Rixen in: Becker/Kingreen, § 132 a Rn. 3.
15 Zur Gesetzesbegründung BT-Dr. 17/10170, 26.
16 BT-Dr. 18/10186, 36.
17 BT-Dr. 18/10186, 36.
18 BT-Dr. 18/10186, 36.

7 Des Weiteren haben die Rahmenempfehlungen Regelungen zu Maßnahmen zur Qualitätssicherung und Wirtschaftlichkeit der Leistungserbringung (Nr. 2), zur Zusammenarbeit der Erbringer von Pflegeleistungen mit den Vertragsärzten und den Krankenhäusern (Nr. 3) sowie Grundsätze der Wirtschaftlichkeit (Nr. 4) und der Vergütung (Nr. 5) zu enthalten. Den Rahmenempfehlungspartnern wird im Zusammenhang mit den Regelungen zu den Grundsätzen der Vergütungen und ihrer Strukturen auch aufgegeben, **Transparenzvorgaben** für die Vergütungsverhandlungen zum Nachweis der tatsächlich gezahlten Tariflöhne und Arbeitsentgelte in die Rahmenempfehlungen aufzunehmen, um so sicherzustellen, dass Leistungen der häuslichen Krankenpflege durch die Krankenkassen angemessen vergütet und die Tariflöhne und Arbeitsentgelte bei den Vergütungsverhandlungen berücksichtigt werden.[19] Des Weiteren sind Vereinbarungen zu Verfahrensgrundsätzen der Leistungspflichtprüfung sowie zum Abrechnungsverfahren einschließlich der für diese Zwecke jeweils zu übermittelnden Daten (Nr. 6) zu treffen. Der Gesetzgeber wollte hiermit auf die in der Praxis bestehenden unterschiedlichen Verfahrensausgestaltungen der einzelnen Krankenkassen und der darauf beruhenden Unzulänglichkeiten bei der Prüfung der Leistungspflicht und der Abrechnung von Leistungen der häuslichen Krankenpflege sowie auf die unterschiedlichen Anforderungen der Kassen an die für die Leistungsbewilligung zu übermittelnden Daten reagieren.[20] Soweit Vereinbarungen nach Abs. 1 S. 4 Nr. 6 von den Richtlinien des GKV-Spitzenverbandes nach § 302 Abs. 2 und 3 inhaltlich abweichen, gehen die **Rahmenempfehlungen** vor (Abs. 1 S. 6 iVm § 302 Abs. 4).

8 Der Gesetzgeber verlangt mit der Neufassung des Abs. 1 S. 5 durch das **PSG III** vom 23.12.2016[21] als Mindestinhalt der Rahmenempfehlungen nunmehr auch die Aufnahme von Regelungen über die **behandlungspflegerische Versorgung** von Versicherten, die aufgrund eines besonders hohen Bedarfs an diesen Leistungen oder einer Bedrohung ihrer Vitalfunktion einer ununterbrochenen Anwesenheit einer Pflegekraft bedürfen. Auf diese Weise soll den Besonderheiten der intensivpflegerischen Versorgung im Rahmen der häuslichen Krankenpflege Rechnung getragen werden.[22] Mit dieser Neuregelung soll die Diskussion um die Sicherstellung der notwendigen Versorgungsqualität bei der Erbringung von Leistungen der Beatmungspflege aufgegriffen und insbesondere die Versorgungsqualität im Bereich der außerklinischen Intensivpflege gestärkt werden.[23] Außerklinische Intensivpflege kann als Leistung der häuslichen Krankenpflege auch in zugelassenen Pflegeeinrichtungen nach § 43 SGB XI oder sonstigen Wohnformen erbracht werden (zB spezielle Einrichtungen für dauerbeatmete Kinder oder sonstige Wohngruppen oder Wohngemeinschaften für Beatmungspatienten). Der Versicherte entscheidet über die Wahl des Wohnortes, die nicht von etwaigen Wirtschaftlichkeitserwägungen der Pflegeeinrichtungen oder Krankenkassen abhängig gemacht werden darf.[24]

9 Ziel der Rahmenempfehlungen soll nach dem Willen des Gesetzgebers die Optimierung der Patientenversorgung sein, indem im gesamten Bundesgebiet eine **qualitativ gleichwertige Versorgung** sichergestellt wird.[25] Die Regelung in Abs. 1 S. 4 Nr. 1 bis 6 enthält wie bereits angedeutet keine abschließende Aufzählung der inhaltlichen Vorgaben zu den Rahmenempfehlungen.[26] So bleibt es den Rahmenempfehlungspartnern unbenommen, etwa auch zu den Inhalten der häuslichen Krankenpflege einschließlich deren Abgrenzung (nach alter Gesetzesfassung in Abs. 1 S. 4 Nr. 1 als Mindestinhalt vorgesehen) unter Berücksichtigung der Richtlinie des G-BA ergänzende Empfehlungen abzugeben, wenn dies für erforderlich angesehen wird.[27]

10 Die Einzelheiten, welche persönlichen und fachlichen Anforderungen die Leitung eines ambulanten Krankenpflegedienstes erfüllen muss, sind grundsätzlich in den Rahmenempfehlungen zu regeln. Hierbei handelt es sich nämlich um Fragen der **Eignung** des Leistungserbringers im Sinne von § 132a Abs. 1 S. 4 Nr. 1 und nicht um Einzelheiten der Versorgung mit häuslicher Krankenpflege gem. § 132a Abs. 4 S. 1. Wird dennoch ein Versorgungsvertrag geschlossen, der Regelung über die Eignung der Leistungserbringer trifft, so ist dieser nicht schon mangels gesetzlicher Grundlage rechtswidrig; viel-

---

19 BT-Dr. 18/6905, 68; Schneider in: jurisPK-SGB V, § 132a Rn. 10.
20 Siehe BT-Dr. 17/10170, 26.
21 BGBl. I, 3191.
22 BT-Dr. 18/10510, 131.
23 BT-Dr. 18/10510, 131.
24 BT-Dr. 18/10510, 131.
25 BT-Dr. 13/7264, 68, ebenso noch einmal ausdrücklich in BT-Dr. 17/10170, 26 genannt; vgl. auch Hess in: KassKomm, § 132a SGB V Rn. 4.
26 Trenk-Hinterberger in: Spickhoff, Medizinrecht, § 132a SGB V Rn. 6; Luthe in: Hauck/Noftz, SGB V, § 132a Rn. 18.
27 BT-Dr. 18/10510, 131.

mehr sind für die Regelungsgegenstände des § 132 a Abs. 1 S. 4 solche Verträge zumindest solange abzuschließen, als es keine Rahmenempfehlungen auf Bundesebene gibt.[28] Im Übrigen bedurfte es keines förmlichen Gesetzes zur Wahrung des sog **Wesentlichkeitsgrundsatzes**;[29] es reichte aus, dass der Gesetzgeber sich auf den unbestimmten Rechtsbegriff der "Eignung" der Leistungserbringer beschränkt hat, weil damit jedenfalls die äußeren Grenzen des Spielraums der Vertragspartner abgesteckt sind und die Möglichkeit richterlicher Überprüfung der Einhaltung der Grenzen gegeben ist.[30] In den bisher getroffenen Rahmenempfehlungen vom 10.12.2013 finden sich in § 1 Regelungen zum Verantwortungsbereich und zu den fachlichen Voraussetzungen einer Pflegefachkraft.

3. Vereinbarungspartner. Mit den in Abs. 1 S. 1 aufgeführten **Spitzenorganisationen** auf Bundesebene sind die maßgeblichen Organisationen der Pflegedienste (§ 71 SGB XI) gemeint, die in **privater Trägerschaft** oder in **freigemeinnütziger Trägerschaft** der Kirchen, einer Religionsgemeinschaft des öffentlichen Rechts oder eines **Wohlfahrtsverbandes** stehen. Mit dieser Differenzierung soll den besonderen Belangen der freigemeinnützigen Träger Rechnung getragen werden.[31]

Die Spitzenorganisationen der Pflegedienste nehmen im Zusammenhang mit der Vereinbarung von Rahmenempfehlungen eigene und von der Rechtsordnung geschützte Belange wahr und sind folglich nicht lediglich als Teil mittelbarer Staatsverwaltung tätig.[32] Sie erfüllen vielmehr originär ihre Funktion als **private Zusammenschlüsse** zur Interessenvertretung ihrer Mitglieder.[33] Den Spitzenorganisationen der Pflegedienste obliegt somit zusammen mit dem Spitzenverband Bund der Krankenkassen ein **eigenständiger Gestaltungsauftrag** und ein **originärer Verantwortungsbereich**.[34]

Für Pflegedienste, die einer Kirche oder Religionsgemeinschaft des öffentlichen Rechts oder einem sonstigen freigemeinnützigen Träger zuzuordnen sind, können nach Abs. 1 S. 1 Hs. 2 die Rahmenempfehlungen gemeinsam mit den übrigen Partnern auch von der Kirche oder die Religionsgemeinschaft oder der Wohlfahrtsverband abgeschlossen werden. Aus dem Wortlaut ergibt sich, dass hiermit keine zwingende Beteiligung der Kirche oder Religionsgemeinschaft oder des Wohlfahrtsverbandes am Vertragsschluss verlangt wird.[35] Eine Bevorzugung freier Träger hinsichtlich des Vertragsabschlusses und der Vertragsgestaltung gegenüber gewerblichen Anbietern ist weder aus dem Wortlaut der Vorschrift zu entnehmen noch entspräche dies dem Grundsatz eines freien Wettbewerbs.[36]

4. Gelegenheit zur Stellungnahme. Vor Abschluss der Rahmenempfehlungen ist der **Kassenärztlichen Bundesvereinigung** und der **Deutschen Krankenhausgesellschaft** (§ 108 a S. 2) gem. § 132 a Abs. 1 S. 2 und 3 **Gelegenheit zur Stellungnahme** zu geben. Hierbei handelt es sich um eine interne inhaltliche Einbeziehung fachlichen Sachverstandes, jedoch nicht um ein wie auch immer geartetes formelles Mitentscheidungsrecht.[37] Nach Ansicht des Gesetzgebers sind nämlich die Vertragsärzte bei der Verordnung von häuslicher Krankenpflege von den Regelungen der Rahmenempfehlungen, wie etwa von den Regelungen über den Inhalt der einzelnen Arten der häuslichen Krankenpflege ebenso betroffen wie die Krankenhäuser, wenn es um die Frage geht, ob stationäre Versorgung notwendig ist.[38] Darüber hinaus darf die abgegebene Stellungnahme nicht unberücksichtigt gelassen werden, sondern erforderlich ist zumindest eine Auseinandersetzung mit dieser. Ein Vetorecht der Kassenärztlichen Bundesvereinigung und der Deutschen Krankenhausgesellschaft wird hiermit aber nicht begründet.[39]

5. Erfordernis des Konsenses. Rahmenempfehlungen nach Abs. 1 kommen nur bei **Konsens** aller dort genannten Beteiligten zustande.[40] Für den Fall fehlender Einigung hatte der Gesetzgeber zunächst kein

---

28 BSG, 7.12.2006, B 3 KR 5/06 R, SozR 4-2500 § 132 a Nr. 2 = BSGE 98, 12.
29 Nach ständiger Rechtsprechung des BVerfG, siehe nur BVerfG, 8.8.1978, 2 BvL 8/77, BVerfGE 49, 89, 126, ist der Gesetzgeber verpflichtet, „in grundlegenden normativen Bereichen, zumal im Bereich der Grundrechtsausübung, soweit diese staatlicher Regelung zugänglich ist, alle wesentlichen Entscheidungen selbst zu treffen".
30 So BSG, 7.12.2006, B 3 KR 5/06 R, SozR 4-2500 § 132 a Nr. 2 = BSGE 98, 12 mwN.
31 BT-Dr. 13/7264, 68.
32 BSG, 31.5.2006, B 6 KA 69/04 R, SozR 4-2500 § 132 a Nr. 3.
33 BSG, 31.5.2006, B 6 KA 69/04 R, SozR 4-2500 § 132 a Nr. 3.
34 BSG, 31.5.2006, B 6 KA 69/04 R, SozR 4-2500 § 132 a Nr. 3.
35 Knittel in: Krauskopf, § 132 a SGB V Rn. 3.
36 Luthe in: Hauck/Noftz, SGB V, § 132 a Rn. 6.
37 Luthe in: Hauck/Noftz, SGB V, § 132 a Rn. 16.
38 BT-Dr. 13/7264, 68 f.
39 Luthe in: Hauck/Noftz, SGB V, § 132 a Rn. 17.
40 BSG, 31.5.2006, B 6 KA 69/04 R, SozR 4-2500 § 132 a Nr. 3; Behnsen, MedR 1998, 51, 55.

Verfahren der Zwangsschlichtung mithilfe eines Schiedsamts vorgesehen, so dass auch kein Anspruch der Spitzenorganisationen von Pflegediensten gegenüber dem Spitzenverband Bund der Krankenkassen auf Zustimmung zu einer bestimmten Rahmenempfehlung bestand.[41] Gleichzeitig bestand kein gerichtlicher Rechtsschutz,[42] da unterschiedliche Positionen und Auseinandersetzungen bei der Vereinbarung von Rahmenempfehlungen nach der Rechtsprechung des BSG nur als sog "Regelungsstreitigkeiten"[43] angesehen wurden. Der ursprüngliche Wortlaut in Abs. 1 S. 1 „gemeinsam und einheitlich" war seit der ab dem 1.7.2008 geltenden Fassung, in der die Wortfolge „Spitzenverbände der Krankenkassen" durch „Spitzenverband Bund der Krankenkassen" ersetzt wurde, ohne Bedeutung; es war davon auszugehen, dass die fehlende Streichung ein redaktionelles Versehen darstellte.[44] Mit dem Pflege-Neuausrichtungs-Gesetz reagierte deshalb auch der Gesetzgeber und strich die bedeutungslos gewordenen Wörter.[45]

15 **6. Schiedsverfahren (Abs. 2 und 3).** Der Gesetzgeber hat mit der Neufassung des Abs. 2 und 3 durch das **PSG III** vom 23.12.2016[46] nunmehr geregelt, dass wenn eine Rahmenempfehlung nach Abs. 1 ganz oder teilweise nicht zu Stande kommt, die Rahmenempfehlungspartner die **Schiedsstelle** nach Abs. 3 anrufen können. Hintergrund dieser Regelung waren die in der Vergangenheit bestehenden Schwierigkeiten im Zusammenhang mit der fristgerechten und umfassenden Abgabe von Rahmenempfehlungen zu den obligatorischen Empfehlungsinhalten aufgrund der Heterogenität der für die Wahrnehmung der Interessen von Pflegediensten maßgeblichen Spitzenorganisationen auf Bundesebene und den unterschiedlichen Interessenlagen und Prioritäten bei den Rahmenempfehlungspartnern.[47] Das Schiedsverfahren eröffnet den Rahmenempfehlungspartnern die Möglichkeit, über den Inhalt der einheitlichen Versorgung mit häuslicher Krankenpflege insgesamt oder zu einzelnen Empfehlungsinhalten im Wege einer **Mehrheitsentscheidung** (in entsprechender Anwendung des § 129 Abs. 9 S. 5) innerhalb von **drei Monaten** (Abs. 2 S. 3) durch die gemeinsame Schiedsstelle eine Festlegung zu treffen. Die Schiedsstelle wird auf Antrag eines Empfehlungspartners (Abs. 2 S. 1) oder auf Antrag des Bundesministeriums für Gesundheit (Abs. 2 S. 2) tätig.

16 Abs. 3 regelt die **Bildung, Amtsdauer** und **Geschäftsführung** der Schiedsstelle. Danach ist die Schiedsstelle gemeinsam vom Spitzenverband Bund der Krankenkassen und den für die Wahrnehmung der Interessen von Pflegediensten maßgeblichen Spitzenorganisationen auf Bundesebene zu bilden (Abs. 3 S. 1). Als maßgeblich iSd Abs. 3 sieht der Gesetzgeber eine Spitzenorganisation dann an, wenn sie im Zeitpunkt des Amtsbeginns der Schiedsstelle die Voraussetzungen des § 1 PatBeteiligungsV[48] in entsprechender Anwendung erfüllt und darüber hinaus entweder die Interessen der Gruppe einer rechtlich anerkannten Spezialisierung oder eines Anteils von 5 % der Pflegedienste vertritt.[49] Die Schiedsstelle besteht **paritätisch** aus Vertretern der Krankenkassen und der Pflegedienste sowie aus einem **unparteiischen Vorsitzenden** und zwei weiteren **unparteiischen Mitgliedern** (Abs. 3 S. 2), über die sich die Rahmenempfehlungspartner einigen sollen (Abs. 3 S. 4). Im Falle der Nichteinigung entscheidet das Los (§ 89 Abs. 3 S. 5). Die Amtsdauer der gemeinsamen Schiedsstelle beträgt **vier Jahre** (Abs. 3 S. 3), im Fall der Losentscheidung über das Amt des Vorsitzenden, die unparteiischen Mitglieder oder die Stellvertreter ein Jahr. Das Bundesministerium für Gesundheit kann durch **Rechtsverordnung** mit Zustimmung des Bundesrates das Nähere über die Zahl und die Bestellung der Mitglieder, die Erstattung der baren Auslagen und die Entschädigung für den Zeitaufwand der Mitglieder, das Verfahren sowie über die Verteilung der Kosten regeln (Abs. 3. 6). Klagen gegen Festsetzungen der Schiedsstelle haben **keine aufschiebende Wirkung** (in entsprechender Anwendung des § 129 Abs. 9 S. 7). Die **Aufsicht** über die Geschäftsführung der Schiedsstelle führt das Bundesministerium für Gesundheit (§ 129 Abs. 10 S. 1 entsprechend).

---

41 BSG, 31.5.2006, B 6 KA 69/04 R, SozR 4-2500 § 132 a Nr. 3.
42 BSG, 31.5.2006, B 6 KA 69/04 R, SozR 4-2500 § 132 a Nr. 3.
43 Vgl. BSG, 17.11.2000, B 4 RA 97/00 B.
44 So auch Trenk-Hinterberger in: Spickhoff, Medizinrecht, § 132 a SGB V Rn. 2.
45 Siehe hierzu die Gesetzesbegründung BT-Dr. 17/10170, 26.
46 BGBl. I, 3191.
47 BT-Dr. 18/10510, 131.
48 Verordnung zur Beteiligung von Patientinnen und Patienten in der Gesetzlichen Krankenversicherung (Patientenbeteiligungsverordnung – PatBeteiligungsV) vom 19.12.2003, BGBl. I, 2753; geändert durch Art. 3 G. v. 20.2.2013, BGBl. I, 277.
49 Siehe BT-Dr. 18/10510, 132.

7. Rechtscharakter und Rechtsschutz. Rahmenempfehlungen sind schon nach dem Wortlaut auf eine Umsetzung durch **Einzelverträge** (Abs. 4) angelegt. Rahmenempfehlungen nach Abs. 1 sind als **öffentlich-rechtliche Vereinbarungen** zu qualifizieren,[50] die weder erzwungen werden können noch für andere Beteiligte verbindlich sind; es geht letztlich vor allem darum, eine im ganzen Bundesgebiet qualitativ gleichwertige Versorgung zu gewährleisten.[51] Jedoch wird wegen letztgenannter Funktion eine interne oder auch faktische Bindung der Krankenkassen an die Rahmenempfehlungen befürwortet.[52] Mit der Verpflichtung in Abs. 1 S. 7, die Inhalte der Rahmenempfehlungen den Verträgen nach Abs. 4 zugrunde zu legen, hat der Gesetzgeber die gewünschte Bindungswirkung erzeugt. Sie sind jedoch weder Rechtsnormen noch Allgemeinverfügungen und können grundsätzlich auch nicht gerichtlich angegriffen werden.[53] Es bleibt nur die Möglichkeit einer inzidenten Kontrolle durch die nunmehr geforderte Bezugnahme in den Verträgen über die Einzelheiten der Versorgung mit häuslicher Krankenpflege.

17

8. Verhältnis zwischen Rahmenempfehlungen und Richtlinien des Gemeinsamen Bundeszuschusses. Der G-BA beschließt gem. § 92 Abs. 1 S. 2 Nr. 6 Richtlinien ua über die Verordnung häuslicher Krankenpflege. Das **Nebeneinander** von Rahmenempfehlungen und Richtlinien des G-BA galt von Anfang an als **problematisch**.[54] Es bleibt nämlich die Frage nach der **Kompetenzverteilung**, die der Gesetzgeber nicht beantwortet hat. Abs. 1 („unter Berücksichtigung der Richtlinien") stellt zunächst nur klar, dass die Rahmenempfehlungen den Richtlinien des G-BA nicht widersprechen dürfen. Für eine Ansicht bedeutet dies aber keine Kompetenzverteilung zugunsten des G-BA, sondern vielmehr gebe es kein derartiges Rangverhältnis, sondern beide Kompetenzbereiche stehen gleichrangig nebeneinander und ergänzen sich.[55] Eine andere Ansicht geht von einer „konkurrierenden Kompetenz" aus, so dass die Kompetenz des G-BA Vorrang habe.[56] Nach der Rechtsprechung des BSG knüpfen die Rahmenempfehlungen der Spitzenverbände und die Richtlinien des G-BA nach der Konzeption des Gesetzes an **unterschiedliche Gegenstände und Zielrichtungen** an.[57] Die Richtlinien setzen als normativ wirkende Regelungen an der vertragsärztlichen Verordnung an und beschreiben hierzu die einzelnen Arten und den Umfang der von den Vertragsärzten zu verordnenden Krankenpflegeleistungen, und zwar mit verbindlicher Wirkung auch für die Versicherten und für die Krankenkassen.[58] Im Rahmen des vom Gesetzgeber im 2. GKV-NOG[59] vorgesehenen sog **Partnerschaftsmodells**[60] muss der G-BA vor Erlass solcher Richtlinien die Spitzenorganisationen einbeziehen und ihnen Gelegenheit zur Stellungnahme geben. Allerdings verbleibt dem G-BA das Letztentscheidungsrecht beim Erlass der Richtlinien.[61] Den Spitzenorganisationen der Pflegedienste und den Spitzenverbänden der Krankenkassen steht somit ein **eigenständiger Gestaltungs- und Verantwortungsbereich** zu.[62]

18

Die Spitzenorganisationen der Pflegedienste und der Spitzenverband Bund der Krankenkassen können sich gegen die Krankenpflegerichtlinien des G-BA mit einer Feststellungsklage wenden, wenn sie durch die Richtlinien in ihrer Kompetenz aus § 132 a Abs. 1 betroffen werden.[63] Unzulässig sind dagegen Klagen einzelner Pflegedienste.

19

V. (Versorgungs-)Verträge zwischen Krankenkassen und Leistungserbringern (Abs. 4)

1. Vertragspartner. Nach dem Wortlaut der Vorschrift sind Vertragspartner die einzelnen Krankenkassen auf der einen Seite und die jeweiligen **Leistungserbringer** auf der anderen Seite. Der Gesetzgeber hat sich vom Leitbild der Einzelverträge mit den einzelnen Pflegediensten leiten lassen (Abs. 4 S. 1: „mit den Leistungserbringern"). Es ist jedoch aus Gründen der Praktikabilität und der Verwaltungs-

20

---

50 BSG, 25.9.2001, B 3 KR 3/01 R, SozR 3-2500 § 69 Nr. 1 = BSGE 89, 24; Luthe in: Hauck/Noftz, SGB V, § 132 a Rn. 9.
51 BSG, 31.5.2006, B 6 KA 69/04 R, SozR 4-2500 § 132 a Nr. 3.
52 Hess in: KassKomm, § 132 a SGB V Rn. 4; Schaks in: Sodan, HdB KrVersR, § 28 Rn. 31.
53 Luthe in: Hauck/Noftz, SGB V, § 132 a Rn. 9.
54 Vgl. BT-Dr. 14/3926; Plantholz, NZS 2001, 177.
55 Luthe in: Hauck/Noftz, SGB V, § 132 a Rn. 13.
56 Plantholz, NZS 2001, 177, 179 ff.
57 BSG, 29.11.2006, B 6 KA 7/06 R, SozR 4-2500 § 125 Nr. 3.
58 BSG, 29.11.2006, B 6 KA 7/06 R, SozR 4-2500 § 125 Nr. 3.
59 BGBl. I 1520.
60 Beschlussempfehlung und Bericht des Ausschusses für Gesundheit, BT-Dr. 13/7264, 52, 68; BSG, 31.5.2006, B 6 KA 69/04 R, SozR 4-2500 § 132 a Nr. 3; Behnsen, MedR 1998, 51, 53 ff.
61 BSG, 29.11.2006, B 6 KA 7/06 R, SozR 4-2500 § 125 Nr. 3.
62 Luthe in: Hauck/Noftz, SGB V, § 132 a Rn. 14.
63 BSG, 31.5.2006, B 6 KA 69/04 R, SozR 4-2500 § 132 a Nr. 3.

vereinfachung nicht ausgeschlossen, dass auch **Kollektivverträge** mit Gruppen von Leistungserbringern oder Verträge mit den **Verbänden** von Krankenkassen und Pflegediensten – sowohl auf Bundes- als auch Landesebene – mit entsprechender Bevollmächtigung abgeschlossen werden.[64]

21 **2. Anspruch auf Vertragsabschluss.** Es ist wie in anderen Bereichen, die durch die **faktische Monopolstellung** der Krankenkassen geprägt sind, auch hier davon auszugehen, dass die Leistungserbringer gegen die Krankenkasse einen **Anspruch auf Vertragsschluss** haben, wenn der Leistungserbringer alle Voraussetzungen erfüllt.[65] Folglich löst § 132 a Abs. 4 einen **Kontrahierungszwang** im Sinne des § 69 Abs. 2 S. 2 aus.[66] Dies ergibt sich bereits aus verfassungsrechtlichen Erwägungen, nämlich aus Art. 12 Abs. 1 und Art. 3 Abs. 1 GG. Die Krankenkassen können einen Vertragsabschluss damit auch nicht mit dem Hinweis auf einen ihrer Ansicht nach nicht vorhandenen Bedarf ablehnen, dürfen und müssen aber berücksichtigen, ob die künftigen Leistungserbringer eine dem allgemeinen Stand der medizinischen Erkenntnisse entsprechende Versorgung der Versicherten gewährleisten können (vgl. § 70 Abs. 1 S. 1).[67] Dies wird bei zugelassenen Pflegediensten im Sinne von § 72 Abs. 1 SGB XI regelmäßig zu bejahen sein.

22 **3. Form.** Die Versorgungsverträge nach Abs. 4 unterliegen der **Schriftform** gem. § 56 SGB X.[68] Dementsprechend ist bei Auslegungsfragen in erster Linie der Wortlaut der im Vertrag getroffenen Regelungen maßgeblich. Liegt ein dem Wortlaut entgegenstehender gemeinsamer Wille der Vertragspartner vor, so ist dieser nur dann zu berücksichtigen, wenn er ebenfalls schriftlich fixiert ist, etwa in einer dem Vertrag beigefügten Protokollnotiz.[69]

23 **4. Vertragsinhalt.** a) „**Einzelheiten der Versorgung**". Nach § 132 a Abs. 4 S. 1 schließen die Krankenkassen über die **Einzelheiten** der Versorgung ihrer Versicherten mit häuslicher Krankenpflege, über die zu entrichtenden Preise und deren Abrechnung und die Verpflichtung der Leistungserbringer zur Fortbildung **Verträge** mit den **Leistungserbringern.** Unter Einzelheiten der Versorgung werden somit wie in § 72 Abs. 1 S. 2 SGB XI „Art, Inhalt und Umfang der Pflegeleistungen" umfasst. Die Vergütungsvereinbarung als Teil des Versorgungsvertrages kann auch in einem Anhang zum Versorgungsvertrag niedergelegt sein.[70] Der Regelung in Abs. 4 ist nicht zu entnehmen, dass die Verträge mit den einzelnen Leistungserbringern unterschiedlich ausgestaltet sein müssen. Möglich ist auch der Abschluss eines Rahmenvertrages zwischen den Verbänden, der Raum für konkrete Vereinbarungen mit dem jeweiligen Pflegedienst lässt (hierzu bereits → Rn. 20).[71]

24 Ergänzend wird in Abs. 4 S. 6 klargestellt, dass an Leistungserbringer, die Verträge über die Erbringung häuslicher Krankenpflege schließen wollen, **Mindestanforderungen**, die den **Grundprinzipien** der gesetzlichen Krankenversicherung entsprechen, zu stellen sind. Damit soll es den Krankenkassen erleichtert werden, Leistungserbringer etwa im Falle der Unzuverlässigkeit oder Unwirtschaftlichkeit der Leistungserbringung von Vertragsverhandlungen auszuschließen.[72]

25 b) **Preisvereinbarungen.** Die Preisvereinbarung nach dem Vertragsmodell des § 132 a unterliegt grundsätzlich der **Ausgestaltungsfreiheit** der Beteiligten. Danach ist die Vergütung der erbrachten Leistungen der häuslichen Krankenpflege nach der Vorstellung des Gesetzgebers grundsätzlich frei auszuhandeln. Prinzipiell sollen also Angebot und Nachfrage den Preis bestimmen. Auch sollen die Krankenkassen **Wirtschaftlichkeitsreserven** nutzen, also nach Möglichkeit für sie günstige Konditionen aushandeln. Zwar wird in der Literatur kritisch eingewandt, dass aufgrund des von den Krankenkassen zu beachtenden Grundsatzes der preisgünstigen bzw. entgeltniedrigen Leistungserbringung der Verhandlungsspielraum nur gering sei,[73] jedoch verbleibt es dabei, dass ein freies Aushandeln möglich bleibt. Mit der Regelung in § 132 a geht der Gesetzgeber, entsprechend der allgemeinen Intention des SGB V zur

---

64 BSG, 17.7.2008, B 3 KR 23/07 R, SozR 4-2500 § 69 Nr. 4; Luthe in: Hauck/Noftz, SGB V, § 132 a Rn. 11; Schneider in: jurisPK-SGB V, § 132 a Rn. 10; vgl. auch Ricken, SGb 2009, 417.
65 BSG, 21.11.2002, B 3 KR 14/02, SozR 3-2500 § 132 a Nr. 4 = BSGE 90, 150; Luthe in: Hauck/Noftz, SGB V, § 132 a Rn. 12; Rixen in: Becker/Kingreen, § 132 a Rn. 6; Trenk-Hinterberger in: Spickhoff, Medizinrecht, § 132 a SGB V Rn. 10.
66 BGH, 15.11.2016, KZR 63/14, BeckRS 2016, 115588.
67 BSG, 21.11.2002, B 3 KR 14/02 R, SozR 3-2500 § 132 a Nr. 4 = BSGE 90, 150.
68 SG Stuttgart, 1.2.2010, S 9 KR 172/10 ER, PflR 2010, 278.
69 SG Stuttgart, 1.2.2010, S 9 KR 172/10 ER, PflR 2010, 278.
70 BSG, 17.7.2008, B 3 KR 23/07 R, SozR 4-2500 § 69 Nr. 4; LSG NRW, 12.3.2009, L 16 KR 64/08.
71 Schneider in: jurisPK-SGB V, § 132 a Rn. 10.
72 BT-Dr. 18/10510, 132.
73 Rixen in: Becker/Kingreen, § 132 Rn. 5.

Kostenreduzierung im Gesundheitswesen, davon aus, dass Vergütungsbestimmungen im freien Spiel der Kräfte geschlossen werden und durch die Verpflichtung der Krankenkassen zur Versorgung ihrer Versicherten einerseits sowie der Konkurrenz der Leistungserbringer andererseits im Ergebnis marktgerechte und möglichst günstige Preise erreicht werden.

c) Qualifikationsanforderungen. Hinsichtlich des Umfangs bzw. der Art der **Qualifikation** der Pflegedienste gibt es keine ausdrücklichen Vorgaben durch den Gesetzgeber. § 37 Abs. 1 spricht lediglich davon, dass die Pflegekräfte „geeignet" sein müssen; § 132 a Abs. 4 S. 13 regelt die Möglichkeit der Anstellung eigener „geeigneter Personen". Dagegen wird in § 71 Abs. 3 SGB XI eine mehrjährige kranken- und altenpflegerische Ausbildung verlangt. Eine solche besondere Qualifikation ist weder im Wortlaut of § 132 a verankert noch wird auf § 71 Abs. 3 SGB XI verwiesen. Auch ist sie nicht Voraussetzung für die Krankenpflege nach § 37, da diese nicht nur die medizinisch geprägte Behandlungspflege, sondern auch die einfach Grundpflege[74] erfasst.[75] Der vom Gesetzgeber gewählte unbestimmte Rechtsbegriff der Eignung ist zunächst verfassungsrechtlich, insbesondere vor dem Hintergrund des sog Wesentlichkeitsprinzips, nicht zu beanstanden.[76] 26

Das BSG hat in seiner Rechtsprechung bei der Konkretisierung des unbestimmten Rechtsbegriffs der Geeignetheit richtigerweise zwischen dem Leistungserbringungsrecht und dem Leistungsgerecht differenziert.[77] Geeignetheit im Sinne von § 132 a meint nicht nur eine Zuverlässigkeitseignung, sondern grundsätzlich auch eine fachliche Eignung, die gewährleistet, dass der Leistungserbringer die Versorgung mit professioneller Krankenpflege sicherstellen kann. Dagegen wird eine bestimmte formale Qualifikation nicht gefordert. Bei den professionellen Pflegekräften wird man jedoch eine besondere Qualifikation immer dann verlangen müssen, wenn es um den Bereich der medizinischen Behandlungspflege geht. Das BSG hat in seiner Entscheidung von 2002 hierzu ausgeführt, dass § 132 a eine staatlich anerkannte Ausbildung für einen Pflegeberuf jedenfalls dann voraussetze, wenn es um die Erbringung der „großen Behandlungspflege" geht, während eine Ausbildung als Rettungsassistent hierfür nicht genüge.[78] Etwas anderes kann mE aber dann gelten, wenn dagegen nur die Grundpflege („kleine Behandlungspflege") abgesichert werden soll. Hierfür genügen auch andere geeignete Personen ohne eine entsprechende formale Qualifikation. Diese Differenzierung gebietet sich mit Blick auf Art. 12 Abs. 1 GG und Art. 3 Abs. 1 GG einerseits und Art. 2 Abs. 2 S. 1 GG der zu pflegenden Versicherten andererseits.[79] 27

Sieht ein Rahmenvertrag nach § 132 a vor, dass die häusliche Behandlungspflege nur durch Pflegepersonal mit einer bestimmten beruflichen **Qualifikation** erbracht werden darf, und wird gleichwohl die Leistung vertragswidrig durch minderqualifiziertes Pflegepersonal erbracht, hat die Krankenkasse gegen den Leistungserbringer auch dann ein Leistungsverweigerungsrecht bzw. bei bereits gezahltem Entgelt einen öffentlich-rechtlichen Erstattungsanspruch, wenn die Leistung erbracht worden ist, ohne dass ein Behandlungsfehler nachgewiesen werden kann. Bei einer derartigen vom Vertrag abweichenden Leistung handelt es sich um ein Aliud, das den Leistungserbringer zu keiner Gegenleistung berechtigt. Denn bei vertraglichen Festschreibungen einer bestimmten Qualifikation handelt es sich nicht um Regelungen mit bloßer Ordnungsfunktion, sondern um solche mit einer der Qualitätssicherung dienenden Steuerungsfunktion.[80] Unerheblich ist insoweit, dass die Vertragsparteien auch einen Vertrag mit einem geringeren beruflichen Anforderungsprofil der Pflegekräfte hätten abschließen können.[81] 28

d) Fortbildung. In den Verträgen sind auch die Einzelheiten zur **Fortbildungsverpflichtung** gem. Abs. 4 S. 1 zu regeln. Hierbei handelt es sich um eine **zwingende** Vorgabe, die eine qualitätsgesicherte Leistungserbringung in der häuslichen Krankenpflege sicherstellen soll.[82] Bei fehlendem Nachweis der Fortbildung sind vertragliche Vergütungsabschläge vorzusehen (Abs. 4 S. 2). Dabei ist dem Leistungserbringer zuvor eine **angemessene** Frist zur Nachholung der Fortbildung zu setzen (Abs. 4 S. 3). Diese 29

---

[74] § 37 Abs. 1 S. 3 SGB V.
[75] BSG, 30.3.2000, B 3 KR 23/99 R, BSGE 86, 101.
[76] BSG, 7.12.2006, B 3 KR 5/06 R, SozR 4-2500 § 132 a Nr. 2 = BSGE 98, 12; BSG, 21.11.2002, B 3 KR 14/02 R, SozR 3-2500, § 132 a Nr. 4 = BSGE 90, 150.
[77] BSG, 21.11.2002, B 3 KR 14/02 R, SozR 3-2500, § 132 a Nr. 4 = BSGE 90, 150.
[78] BSG, 21.11.2002, B 3 KR 14/02 R, SozR 3-2500, § 132 a Nr. 4 = BSGE 90, 150; dem folgend Luthe in: Hauck/Noftz, SGB V, § 132 a Rn. 23.
[79] Vgl. BSG, 21.11.2002, B 3 KR 14/02 R, SozR 3-2500, § 132 a Nr. 4 = BSGE 90, 150.
[80] SächsLSG, 18.12.2009, L 1 KR 89/06.
[81] BSG, 17.3.2005, B 3 KR 2/05 R, SozR 4-5570 § 30 Nr. 1 = BSGE 94, 213; BSG, SozR 4-2500 § 39 Nr. 7.
[82] BT-Dr. 15/1525, 123.

Nachfristsetzung führt jedoch nicht zur Verlängerung vertraglich befristeter Verträge.[83] Erbringt er diese innerhalb der Frist nicht, ist der Vertrag zu **kündigen** (Abs. 4 S. 4). Diese Kündigungspflicht der Krankenkasse besteht folglich bereits kraft Gesetzes. Bei der inhaltlichen Ausgestaltung des Verfahrens und der Kürzungen der Vergütungen bei fehlendem Nachweis sollen die Vertragspartner die Rahmenempfehlungen nach Abs. 1 Nr. 4 berücksichtigen und sich an den Regelungen für den vertragsärztlichen Bereich nach § 95 d orientieren.[84]

30   **5. Anwendbare Vorschriften, Rechtsnatur.** Die vertraglichen Beziehungen zwischen den Leistungserbringern der häuslichen Krankenpflege und den Krankenkassen werden zum Teil dem Privatrecht zugeordnet, da diese Leistungserbringer, anders als die Leistungserbringer von Heil- und Hilfsmitteln (vgl. §§ 124, 126), keinem öffentlich-rechtlichen geregeltem Zulassungsverfahren unterworfen seien.[85] Nach zutreffender, anderer Ansicht handelt es sich bei den Verträgen um solche des **öffentlichen Rechts**, jedoch gelten die Vorschriften des **BGB**, soweit diese mit § 70 vereinbar sind, **entsprechend**, was sich aus § 69 Abs. 1 S. 3 ergibt.[86] Die Krankenkassen erfüllen nämlich über die Rechtsbeziehungen zu den einzelnen Leistungserbringern ihren öffentlich-rechtlichen Versorgungsauftrag und treten damit nicht als Unternehmen des Privatrechts auf.[87] Da es im SGB V kein Leistungsstörungsrecht gibt, sind auf die entsprechenden Vorschriften im BGB zurückzugreifen. Dagegen finden die Vorschriften über das Bereicherungsrecht nach ganz hM nur eingeschränkt Anwendung.[88] Grund hierfür sind die Besonderheiten des sozialversicherungsrechtlichen Leistungserbringungsrechts, die im Sinne von § 69 Abs. 1 S. 3 zu berücksichtigen sind. Den Krankenkassen steht im Rahmen des § 132 a des Weiteren kein Leistungsbestimmungsrecht nach §§ 315 f. BGB zu.[89]

31   **6. Vergütungsanspruch.** Ein Anspruch des Pflegedienstes auf Vergütung erbrachter Leistungen der häuslichen Krankenpflege entsteht nur, wenn die Krankenkasse diese *„genehmigt"* hat.[90] Dabei handelt es sich nicht um eine Genehmigung im Sinne von § 184 BGB, sondern um eine **Auftragserteilung** gegenüber dem Pflegedienst im konkreten Leistungsfall, die gleichzeitig den Umfang des Auftrags festlegt.[91] Erst damit liegt ein wirksamer Auftrag vor, im Rahmen dessen der Pflegedienst tätig werden kann.[92] Angesichts des Umstandes, dass Krankenkassen bestimmen können, in welchem Umfang sie Leistungserbringer zur Erfüllung ihrer Sachleistungsverpflichtung heranziehen, handelt derjenige, der außerhalb des erteilten Auftrags tätig wird, ohne rechtliche Grundlage und damit grundsätzlich ohne Anspruch auf eine Vergütung.[93] In diesen Fällen ergibt sich auch kein Anspruch aus den Vorschriften der ungerechtfertigten Bereicherung nach §§ 812 ff. BGB. Denn die Krankenkasse ist nicht durch die vom jeweiligen Pflegedienst erbrachte Leistung bereichert, da dieser, da die Voraussetzungen für die häusliche Krankenpflege nach § 37 Abs. 1 objektiv nicht vorlagen, gegenüber dem Versicherten keine Leistung zu erbringen hatte. Aus dem gleichen Grund muss auch der Anspruch aus Geschäftsführung ohne Auftrag scheitern.

Zulässig ist es grundsätzlich auch, materielle Ausschlussfristen für die Erhebung von Vergütungsforderungen in den Verträgen vorzusehen.[94] § 132 a Abs. 4 steht dem nicht entgegen. Jedoch sind Ausschlussregelungen, die sich auf Vergütungen für eine Berufstätigkeit beziehen, als Berufsausübungsregelungen an Art. 12 Abs. 1 GG zu messen.[95]

32   Nach Nr. 24 S. 1 der Richtlinien des Bundesausschusses der Ärzte und Krankenkassen über die Verordnung von häuslicher Krankenpflege nach § 92 Abs. 1 S. 2 Nr. 6 und Abs. 7 – HKP-Richtlinien – (§ 6 Abs. 6 HKP-Richtlinien) übernimmt die Krankenkasse bis zur Entscheidung über die Genehmi-

---

83 BT-Dr. 15/1525, 123.
84 BT-Dr. 15/1525, 123.
85 BGH, 25.6.1991, KZR 19/90, NJW 1992, 1561 ff.
86 BSG, 25.9.2001, B 3 KR 3/01 R, SozR 3-2500 § 69 Nr. 1 = BSGE 89, 24; BSG, 24.1.2008, B 3 KR 2/07 R, SozR 4-2500 § 132 a Nr. 4 = BSGE 99, 303; LSG Hmb, 20.10.2011, L 1 KR 50/09, RDG 2012, 24 f.
87 BSG, 25.9.2001, B 3 KR 3/01 R, SozR 3-2500 § 69 Nr. 1 = BSGE 89, 24.
88 BSG, 13.5.2004, B 3 KR 2/03 R; BSG, 17.7.2008, B 3 KR 16/07 R; Kersenbrock, NZS 2010, 82.
89 BSG, 13.5.2004, B 3 KR 2/03 R, SozR 4-2500 § 132 a Nr. 1; LSG Bln-Bbg, 8.11.2013, L 1 KR 47/11.
90 BSG, 24.9.2002, B 3 KR 2/02 R, SozR 3-2500, § 132 a Nr. 3; LSG NRW, 26.8.2010, L 5 KR 105/09; SG Kassel, 7.4.2011, S 12 KR 150/09.
91 BSG, 24.9.2002, B 3 KR 2/02 R, SozR 3-2500, § 132 a Nr. 3; LSG NRW, 26.8.2010, L 5 KR 105/09; SG Kassel, 7.4.2011, S 12 KR 150/09.
92 LSG NRW, 26.8.2010, L 5 KR 105/09.
93 BSG, 24.9.2002, B 3 KR 2/02 R, SozR 3-2500, § 132 a Nr. 3.
94 LSG Hmb, 12.9.2013, L 1 KR 88/12.
95 BSG, 3.7.2012, B 1 KR 16/11 R; LSG Hmb, 12.9.2013, L 1 KR 88/12.

gung die Kosten für die vom Vertragsarzt verordneten und vom Pflegedienst erbrachten Leistungen entsprechend der vereinbarten Vergütung nach § 132a Abs. 4, wenn die Verordnung spätestens an dem dritten der Ausstellung folgenden Arbeitstag der Krankenkasse vorgelegt wird.

7. **Einschränkung der Überprüfbarkeit durch Gerichte.** Es ist nicht Aufgabe der Gerichte, nach Art von Schiedsstellen die angemessene Vergütung festzusetzen.[96] Vielmehr sind die Gerichte grundsätzlich daran gehindert, das, was ein Leistungserbringer in Verhandlungen mit einer Krankenkasse oder umgekehrt nicht hat durchsetzen können, nachträglich zum Vertragsinhalt zu machen. Darin läge ein **systemwidriger Eingriff** in eine gesetzliche Konzeption, die von der Einschätzung getragen wird, die Vertragspartner seien im Stande, ausgewogene und interessengerechte Lösungen zu vereinbaren.[97] Dies gilt im Übrigen auch hinsichtlich der anderen vertraglichen Details.[98] Anerkannt ist lediglich, dass bei grundsätzlichen Fragen des Marktzuganges im Hinblick auf Art. 12, 14 GG hiervon eine Ausnahme zu machen ist.[99] Das gilt auch für die Frage, ob eine einstweilige Regelungsanordnung als Ausnahme zum Vorrang des Schiedsverfahrens geboten sein könnte.[100] Voraussetzung ist auch hier, dass eine konkrete, akute und anders nicht abwendbare Existenzgefährdung für den eingerichteten und ausgerichteten Gewerbebetrieb des Betroffenen vorliegt.[101]

8. **Schiedsverfahren. a) Rechtsqualität des Schiedsspruchs.** Im Bereich der häuslichen Krankenpflege hat der Gesetzgeber das **Konfliktlösungsmodell** statuiert, indem er der Schiedsperson als von den Vertragspartnern bestimmter Schlichter bzw. Vertragshelfer (→ Rn. 35) die Befugnis übertragen hat, die Leistung (wie etwa Vergütung oder Preise) oder eine Leistungsmodalität (etwa Beginn oder Ende der Laufzeit des Vertrags) zu bestimmen und so den Vertragsinhalt rechtsgestaltend zu ergänzen.[102] Die nach § 132a Abs. 4 S. 7 einsetzbare Schiedsperson ist bei dem Erlass des Schiedsspruchs **nicht als Behörde** im Sinne des § 1 Abs. 2 SGB X tätig.[103] Im Bereich der gesetzlichen Krankenversicherung hat der Gesetzgeber die außergerichtliche Entscheidung zwar vor allem bei Konflikten zwischen Leistungserbringern und Krankenkassen verschiedenen Schiedsämtern, Schiedsstellen und Schiedspersonen übertragen. Auch hat das BSG in seiner ständigen Rechtsprechung die Behördeneigenschaft im Sinne des § 1 Abs. 2 SGB X bei Schiedsämtern nach dem SGB V und Schiedsstellen nach dem SGB V und SGB XI regelmäßig angenommen.[104] Das bedeutet jedoch nicht, dass dies immer der Fall sein muss. Bei Schiedsstellen ist die Behördeneigenschaft nämlich dann zu verneinen, wenn im Gesetz oder in den Gesetzesmaterialien niedergelegt ist, dass die Schiedsstelle im Einzelfall lediglich als Vertragshelfer analog § 317 BGB fungieren soll.[105] Für Schiedspersonen nach dem SGB V und dem SGB XI ist die Behördeneigenschaft im Sinne des § 1 Abs. 2 SGB X deshalb grundsätzlich zu verneinen. Nur ausnahmsweise, wenn im Gesetz die Behördeneigenschaft einer Schiedsperson ausdrücklich oder durch die spezielle Ausgestaltung seiner Rechte und Pflichten normiert ist, kann etwas anderes gelten. § 132a Abs. 4 sieht eine solche Ausnahme nicht vor.

Der Schiedsspruch stellt deshalb auch **keinen Verwaltungsakt** im Sinne von § 31 SGB X dar.[106] Die Schiedsperson ist zwar öffentlich-rechtlich tätig, doch erhält sie ihre Entscheidungsmacht unmittelbar von den Vertragsparteien selbst, die auch den das Schiedsverfahren regelnden Vertrag zur Konfliktlösung abschließen. Es geht daher um ein **vertragliches Schiedsverfahren**. Die Schiedsperson ist auch kein Beliehener. Es existiert keine Anbindung an einen übergeordneten Verwaltungsträger und es gibt auch keine Rechtsaufsicht, der die herkömmlichen Schiedsämter und Schiedsstellen unterliegen. Die Schiedsperson ist daher **außergerichtlicher Konfliktlöser und Vertragshelfer** (analog § 317 Abs. 1

---

96 BSG, 24.1.2008, B 3 KR 2/07 R, SozR 4-2500 § 132a Nr. 4 = BSGE 99, 303; BSG, 24.1.1990, 3 RK 11/88, SozR 3-2200 § 376d Nr. 1 = BSGE 66, 159.
97 LSG NRW, 12.3.2009, L 16 KR 64/08; BayLSG, 29.1.2014, L 5 KR 434/13 B ER.
98 LSG NRW, 12.3.2009, L 16 KR 64/08.
99 Luthe in: Hauck/Noftz, SGB V, § 132a Rn. 26, 29.
100 BayLSG, 29.1.2014, L 5 KR 434/13 B ER mAnm Plagemann FD-SozVR 2014, 355748.
101 BayLSG, 29.1.2014, L 5 KR 434/13 B ER mAnm Plagemann FD-SozVR 2014, 355748.
102 BSG, 23.6.2016, B 3 KR 26/15 R, SozR 4-2500 § 132a Nr. 10.
103 HessLSG, 26.11.2009, L 8 KR 325/07, SRa 2011, 102; SG Stuttgart, 6.9.2012, S 9 KR 5302/10, PflR 2010, 278; Richter/Klatt, DStR 2011, 1087, 1088; Luthe in: Hauck/Noftz, SGB V, § 132a Rn. 41.
104 BSG, 14.12.2000, B 3 P 19/00 R, SozR 3-3300 § 85 Nr. 1 = BSGE 87, 199, 200f.; BSG, 29.1.2009, B 3 P 8/07 R, SozR 4-3300 § 89 Nr. 1; BSG, 17.12.2009, B 3 P 3/08 R, SozR 4-3300 § 89 Nr. 2 = BSGE 105, 126.
105 BSG, 25.11.2010, B 3 KR 1/10 R, SozR 4-2500 § 132a Nr. 5 = BSGE 107, 123.
106 BSG, 25.11.2010, B 3 KR 1/10 R, SozR 4-2500 § 132a Nr. 5 = BSGE 107, 123; BSG, 23.6.2016, B 3 KR 26/15 R, SozR 4-2500 § 132a Nr. 10; LSG Bln-Bbg, 26.7.2007, L 24 KR 408/07 und 29.8.2007, L 1 B 311/07 KR ER; SG Potsdam, 25.1.2008, S KR 268/07, Sozialrecht aktuell 2008, 226.

BGB).[107] Bekräftigt wird dies durch die Gesetzesbegründung, wonach das in § 132a geregelte Schiedsverfahren eine Schlichtung in bereits bestehenden, zumindest sich in Verhandlungen anbahnenden Vertragsbeziehungen herbeiführen soll.[108] Das Schiedsverfahren entspricht deshalb „einer im Zivilrecht üblichen Schlichtung, wonach sich die Vertragsparteien auf die Leistungsbestimmungen durch einen Dritten einigen (§ 317 BGB)."[109]

36 Der Schiedsspruch ist für die Vertragsparteien bindend und entfaltet unmittelbare rechtsgestaltende Wirkung.[110]

37 b) **Aufgabe und Bedeutung der Schiedsperson.** Die unabhängige Schiedsperson, die entweder durch die Vertragspartner nach Abs. 4 S. 7, ohne dass es hierfür einer vertraglichen Regelung bedarf, oder bei Nichteinigung über die Schiedsperson durch die zuständige Aufsichtsbehörde nach Abs. 4 S. 8 bestimmt wird, soll den Vertragsinhalt, über den keine **Einigung** erzielt werden kann, festlegen (Abs. 4 S. 7) und damit die in den Verhandlungen offen gebliebenen Punkte einer angemessen Lösung zuführen. Darin erschöpft sich der Aufgabenbereich aber auch schon. Die Schiedsperson ist folglich an die im Schiedsverfahren gestellten **Anträge gebunden.** Er muss somit unstreitigen Punkte als vorbestimmten Vertragsinhalt akzeptieren, darf Forderungen der Leistungserbringer nicht überschreiten und das Angebot der Krankenkassen auch nicht unterschreiten.[111]

38 Die Schiedsperson ist verpflichtet, den Vertragsinhalt innerhalb von **drei Monaten** festzulegen (Abs. 4 S. 7). Ist die Schiedsperson von der für die vertragsschließende Krankenkasse zuständigen Aufsichtsbehörde zu bestimmen, hat die Bestimmung innerhalb **eines Monats** nach Vorliegen aller für die Bestimmung der Schiedsperson erforderlichen und von der Aufsichtsbehörde bei den Vertragsparteien angeforderten Unterlagen bzw. Informationen erfolgen (Abs. 4 S. 8). Der Gesetzgeber hat mit diesen zeitlichen Vorgaben eine Straffung und Steigerung der Effizienz bei der Durchführung von Schiedsverfahren bezweckt, damit die Verfahren zügiger zum Abschluss kommen und etwaige Vergütungserhöhungen schneller in der Praxis ankommen.[112]

39 c) **Kosten.** Die Kosten des Schiedsverfahrens tragen die Vertragsparteien nach Abs. 4 S. 9 **zu gleichen Teilen.** Zu den Kosten zählen grundsätzlich alle Aufwendungen, die im Zusammenhang mit dem Schiedsverfahren entstanden sind. Hierzu gehören ua der Geschäftsaufwand, die Kosten für Sachverständige und die Aufwendungen für die Schiedsperson.[113]

40 d) **Rechtsschutz. aa) Gegen den Schiedsspruch.** Ist der Schiedsspruch „unbillig", besteht die Möglichkeit der Erhebung einer **Ersetzungsklage** gem. § 132a Abs. 4 S. 7 iVm § 69 Abs. 1 S. 3 und § 317 Abs. 1 BGB, § 319 Abs. 1 S. 2 BGB (Sonderform der Leistungsklage nach § 54 Abs. 5 SGG) **gegen den Vertragspartner,** nicht jedoch gegen die Schiedsperson.[114] Hierbei handelt es sich um eine Sonderform der Leistungsklage nach § 54 Abs. 5 SGG; bei der die Vertragspartner die richtigen Klagegegner sind.[115] Eine Anfechtungs- und Verpflichtungsklage nach § 54 Abs. 1 SGG ist deshalb ausgeschlossen, weil die Schiedsperson hier nicht als Behörde, sondern als bloßer Vertragshelfer analog § 317 Abs. 1 BGB fungiert und deshalb auch keinen Verwaltungsakt im Sinne von § 31 SGB X erlässt (hierzu → Rn. 34f.). Es erfolgt dann eine Leistungsbestimmung durch Urteil. In diesem Verfahren ist die Schiedsperson auch nicht gem. § 75 SGG notwendig beizuladen.[116] Die Tätigkeit der Schiedsperson ist mit dem Ausspruch bzw. Erlass des Schiedsspruchs beendet, so dass weder rechtliche noch wirtschaftliche Interessen durch die gerichtliche Leistungsbestimmung berührt sein können.

41 Das Sozialgericht entscheidet in Abwandlung zu § 319 Abs. 1 S. 2 BGB nur darüber, ob der Schiedsspruch „*unbillig*" und damit nicht, ob er „*offenbar unbillig*" ist.[117] Der Schiedsspruch ist deshalb

---

107 BSG, 25.11.2010, B 3 KR 1/10 R, SozR 4-2500 § 132a Nr. 5 = BSGE 107, 123; LSG Bln-Bbg, 26.7.2007, L 24 KR 408/07 und 29.8.2007, L 1 B 311/07 KR ER; Nordrhein-Westfalen, 12.3.2009, L 16 KR 64/08.
108 BT-Dr. 15/1525, 123.
109 BT-Dr. 15/1525, 123.
110 SG Stuttgart, PflR 2013, 184 mAnm von Bachem, PflR 2013, 190 f.
111 BSG, 25.11.2010, B 3 KR 1/10 R, SozR 4-2500 § 132a Nr. 5 = BSGE 107, 123.
112 BT-Dr. 18/6905, 68.
113 Trenk-Hinterberger in: Spickhoff, Medizinrecht, § 132a SGB V Rn. 16.
114 BSG, 25.11.2010, B 3 KR 1/10 R, SozR 4-2500 § 132a Nr. 5 = BSGE 107, 123; BSG, 23.6.2016, B 3 KR 26/15 R, SozR 4-2500 § 132a Nr. 10.
115 BSG, 23.6.2016, B 3 KR 26/15 R, SozR 4-2500 § 132a Nr. 10.
116 BSG, 25.11.2010, B 3 KR 1/10 R, SozR 4-2500 § 132a Nr. 5 = BSGE 107, 123; BSG, 23.6.2016, B 3 KR 26/15 R, SozR 4-2500 § 132a Nr. 10.
117 BSG, 25.11.2010, B 3 KR 1/10 R, SozR 4-2500 § 132a Nr. 5 = BSGE 107, 123.

schon bei schlichter Unbilligkeit aufzuheben.[118] Des Weiteren prüft das Gericht unter Berücksichtigung der besonderen Aufgabe der Schiedsperson nach § 132 a und des ihm zustehenden Beurteilungsspielraums nur, ob die Ermittlungen des Sachverhalts in einem fairen Verfahren unter Wahrung des rechtlichen Gehörs erfolgt sind, ob zwingendes Gesetzesrecht beachtet und ob der bestehende Beurteilungsspielraum eingehalten wurde. Es geht nämlich nicht darum, dass die Schiedsperson Tatsachen oder Tatbestandsmerkmale für die Vertragspartner verbindlich feststellt. Erst Recht ist dies nicht Aufgabe des Gerichts im Fall eines gescheiterten Schiedsspruchs.[119] Damit korrespondiert die nur **eingeschränkte gerichtliche Kontrolldichte**, die sich nur auf die Unbilligkeit des Schiedsspruchs als Rechts- und Inhaltskontrolle unter Wahrung des **Beurteilungsspielraums** der Schiedsperson bezieht.[120] Die Unbilligkeit des Schiedsspruchs kann auf schwerwiegenden verfahrensrechtlichen Mängeln des Schiedsspruchs, wie etwa Begründungsmängel, Verletzung des Anspruchs auf rechtliches Gehör, beruhen, aber auch materiell unrichtig sein oder gegen den Grundsatz von Treu und Glauben (§ 242 BGB) verstoßen.[121] Gleichzeitig ist bei der Inhalts- und Richtigkeitskontrolle zu berücksichtigen, dass der Schiedsspruch der Schiedsperson einen **Interessenausgleich** durch eine unabhängige Person im Sinne einer schlichtenden Tätigkeit darstellt, so dass sie zumeist einen Kompromiss und nicht immer die einzig vertretbare Lösung darstellt.[122] Entscheidend ist deshalb, ob ein **vertretbarer, nachvollziehbarer Beurteilungsmaßstab** angewandt worden ist.

bb) **Gegen die Bestimmung einer Schiedsperson.** Gegen die Bestimmung einer Schiedsperson durch die Aufsichtsbehörde gem. Abs. 4 S. 8 aufgrund der Nichteinigung durch die Vertragsparteien kann Anfechtungsklage erhoben werden. Dabei gilt auch hier der allgemeine Grundsatz der aufschiebenden Wirkung von Rechtsbehelfen gegen Verwaltungsakte.[123] Es fehlt insoweit eine abweichende Regelung wie in § 73 b Abs. 4 a S. 4. 42

VI. Grundsatz der Vielfalt der Leistungserbringer (Abs. 4 S. 10)

Die Regelung zur **Vielfalt der Leistungserbringer** entspricht wortgleich § 132 Abs. 2 S. 2. § 132 a sieht jedoch keine Bedarfsprüfung wie etwa §§ 132 b und 132 c vor (siehe hierzu die Kommentierung zu §§ 132 b, 132 c), was eine Bevorzugung oder Benachteiligung bestimmter Leistungserbringer verbietet. Die Auswahl hat nach den inhaltlichen Kriterien der Rahmenempfehlungen sowie nach den Grundsätzen der Wirtschaftlichkeit zu erfolgen.[124] Sie muss für die Leistungserbringer **transparent** sein. 43

VII. Verpflichtung zur Teilnahme an Qualitäts- und Abrechnungsprüfungen (Abs. 4 S. 11)

Der durch das PSG III[125] eingefügte Abs. 4 S. 10 verpflichtet die Pflegedienste auch im Verhältnis zu den Krankenkassen, sich an den in § 275 b geregelten Qualitäts- und Abrechnungsprüfungen von Leistungen der häuslichen Krankenpflege durch den MDK zu beteiligen. Die Regelung **ergänzt** somit die Mitwirkungspflichten der Leistungserbringer nach § 275 b Abs. 2 S. 6 gegenüber dem MDK,[126] um den Prüfvorgaben für die Qualitätsprüfungen im Auftrag der Pflegekassen nach den §§ 114 und 114 a SGB XI gerecht zu werden. 44

VIII. Anzeigepflicht (Abs. 4 S. 12)

Der Gesetzgeber hat in Abs. 4 S. 12 die Verpflichtung der Leistungserbringer aufgenommen, die Erbringung **intensivpflegerischer Leistungen** in stationsähnlichen Wohnformen gegenüber der jeweiligen Krankenkasse **anzuzeigen**. Intensivpflegerische Leistungen, über die in den Rahmenempfehlungen gem. § 132 a Abs. 1 S. 5 Regelungen aufzunehmen sind, werden an die Versicherten erbracht, die aufgrund eines erhöhten Pflegeaufwandes oder einer Bedrohung der Vitalfunktionen einer ununterbrochenen Anwesenheit einer Pflegefachkraft bedürfen. Mit der statuierten Anzeigepflicht wird die Grundlage für die besonderen Prüfbefugnisse des MDK nach § 275 b Abs. 2 S. 2 und 3 bei Pflegediensten geschaffen, 45

---

118 BSG, 23.6.2016, B 3 KR 26/15 R, SozR 4-2500 § 132 a Nr. 10.
119 BSG, 23.6.2016, B 3 KR 26/15 R, SozR 4-2500 § 132 a Nr. 10.
120 BSG, 23.6.2016, B 3 KR 26/15 R, SozR 4-2500 § 132 a Nr. 10.
121 BSG, 23.6.2016, B 3 KR 26/15 R, SozR 4-2500 § 132 a Nr. 10.
122 BSG, 23.6.2016, B 3 KR 26/15 R, SozR 4-2500 § 132 a Nr. 10.
123 SG Berlin, 5.7.2012, S 72 KR 900/12 ER.
124 Luthe in: Hauck/Noftz, SGB V, § 132 a Rn. 37.
125 Dritte Gesetz zur Stärkung der pflegerischen Versorgung und zur Änderung weiterer Vorschriften vom 23.12.2016, BGBl. I, 3191.
126 BT-Dr. 18/9518, 104.

die Leistungen der Intensivpflege in besonderen – mit dem stationären Bereich vergleichbaren – Wohnformen erbringen.[127] Die Anzeigepflicht gilt für die Fälle, in denen ein Leistungserbringer Leistungen der häuslichen Intensivkrankenpflege für mindestens **zwei** Versicherte, die in einer entweder durch den Leistungserbringer selbst oder einen Dritten organisierten **Wohneinheit**, wie etwa in Wohngruppen oder Wohngemeinschaften für Beatmungspatienten, zusammen leben, in dieser Wohneinheit erbringt.[128] Nach der Intention des Gesetzgebers, die Schutzinteressen der Pflegebedürftigen und der Solidargemeinschaft der Versicherten zu stärken und ihnen gezielter Rechnung zu tragen, ist der Begriff der Wohneinheit **weit** auszulegen.[129]

IX. Anstellung eigener geeigneter Pflegekräfte als Ausnahme (Abs. 4 S. 13)

46 Die Anstellung eigener geeigneter Personen zur häuslichen Krankenpflege kommt regelmäßig nur **subsidiär** zur Schließung von Versorgungslücken in Betracht. Zwar kommt die Beschränkung der Befugnis zur Beschäftigung geeigneter Personen auf die Situation des personellen Ausgleiches einer eingetretenen oder drohenden Versorgungslücke im Wortlaut des § 132 a nicht zum Ausdruck;[130] auch spricht § 140, in dem die Beschränkung auf den notwendigen Bedarf ausdrücklich niedergelegt ist ("auf andere Weise nicht sicherstellen können"), nicht entscheidend gegen die Beschränkung der Anstellungsbefugnis auf Notsituationen, jedoch ergibt sich der **Subsidiaritätsgrundsatz** aus dem systematischen Zusammenhang mit der Regelung des § 140 und aus der Regelung in § 132 a selbst. So regelt Abs. 4 S. 1, 6 und 10 den Vertragsschluss mit Leistungserbringern und die bei der Auswahl zu berücksichtigende freie Wohlfahrtspflege und erst im Anschluss daran wird die Möglichkeit der Erbringung durch eigene, bei der Krankenkasse beschäftigte Pflegekräfte vorgesehen.

47 Die Regelung des § 132 a gestattet also die Leistungsgewährung durch angestellte Pflegepersonen nur als **ergänzendes Leistungsangebot**, das die Wahlfreiheit der Versicherten nicht beschränkt, sondern sichert und fördert. Es dient damit zugleich dem auf dem Gesundheitsmarkt gewünschten Wettbewerb unter den Leistungserbringern und der Verhinderung einer Monopolstellung.[131]

§ 132 b Versorgung mit Soziotherapie

(1) Die Krankenkassen oder die Landesverbände der Krankenkassen können unter Berücksichtigung der Richtlinien nach § 37 a Abs. 2 mit geeigneten Personen oder Einrichtungen Verträge über die Versorgung mit Soziotherapie schließen, soweit dies für eine bedarfsgerechte Versorgung notwendig ist.
(2) ¹Im Fall der Nichteinigung wird der Vertragsinhalt durch eine von den Vertragspartnern zu bestimmende unabhängige Schiedsperson festgelegt. ²Einigen sich die Vertragspartner nicht auf eine Schiedsperson, so wird diese von der für die vertragsschließende Krankenkasse zuständigen Aufsichtsbehörde innerhalb eines Monats nach Vorliegen der für die Bestimmung der Schiedsperson notwendigen Informationen bestimmt. ³Die Kosten des Schiedsverfahrens tragen die Vertragspartner zu gleichen Teilen.

Literatur:
Frieboes, Grundlagen und Praxis der Soziotherapie – Richtlinien, Begutachtung, Behandlungskonzepte, Fallbeispiele, Antragsformulare, 2005; *Kingreen*, Fairness und Transparenz als vergaberechtsunabhängige Pflicht bei der Auswahl von Vertragspartnern, in: Vergaberecht und Vertragswettbewerb in der Gesetzlichen Krankenversicherung 2009, 51; *Klever-Deichert/Rau/Tilgen*, Das PsychVVG in der Gesamtschau, KH 2017, 98; *Knispel*, Die Rechtsbeziehungen der Krankenkassen zu den nichtärztlichen Leistungserbringern im Licht der Rechtsprechung des BSG, NZS 2004, 623; *Ließem*, Soziotherapie und Eingliederungshilfe, RP-Reha 2015, Nr 4, 45; *Ratzke*, Soziotherapie – Warum eine sinnvolle Leistung nicht umgesetzt wird, RdLH 2010, 94; *Rixen*, Sozialrecht als öffentliches Wirtschaftsrecht – am Beispiel des Leistungserbringerrechts der gesetzlichen Krankenversicherung, 2005; *Reumschüssel-Wienert*, Soziotherapie, RuP 2002, 156; *Rosenthal*, Soziotherapie, WzS 2002, 71; *Rosenthal*, Soziotherapie, 2002.

---

127 BT-Dr. 18/9518, 104.
128 BT-Dr. 18/9518, 104.
129 BT-Dr. 18/9518, 104.
130 Auch die Vorgängerregelungen in § 376 b RVO und § 132 SGB V aF kannten nach dem Wortlaut keine Beschränkung auf Fälle akuten Bedarfs.
131 BSG, 24.9.2002, B 3 A 1/02 R, SozR 3-2500 § 63 Nr. 1 = BSGE 90, 84.

I. Entstehungsgeschichte	1	4. Vertragsschluss	9
II. Normzweck	3	5. Rechtscharakter	10
III. Soziotherapie	4	6. Erfordernis der bedarfsgerechten Versorgung	11
IV. Verträge der Krankenkassen mit Leistungserbringern (Abs. 1)	5	V. Schiedsverfahren bei Nichteinigung (Abs. 2)	12
1. Vertragspartner	5	VI. Anspruch auf Vergütung	14
2. Nachweis der Eignung	6	VII. Verordnung und Leistungsumfang	15
3. Vertragsinhalt	7	VIII. Rechtsschutz von Mitbewerbern	17
a) Allgemein	7		
b) Vergütungsvereinbarung	8		

I. Entstehungsgeschichte

Die Bestimmung wurde durch Art. 1 Nr. 50 des Gesetzes zur Reform der gesetzlichen Krankenversicherung (**GKV**) vom 22.12.1999[1] neu in das SGB V aufgenommen und ist am 1.1.2000 in Kraft getreten. Mit dem Gesetz zur Stärkung des Wettbewerbs in der gesetzlichen Krankenversicherung (**GKV-WGS**) vom 26.3.2007[2] wurde Abs. 2, der die gemeinsame und einheitliche Festlegung der Anforderungen an die Leistungserbringer für Soziotherapie in Form von Empfehlungen durch die Spitzenverbände der Krankenkassen vorsah, mit Wirkung vom 1.7.2008 gestrichen. Des Weiteren erfolgte die Streichung der Wörter „und die Verbände der Ersatzkassen" in Abs. 1. Der Gesetzgeber hat die Streichung des Abs. 2 damit begründet, dass im Rahmen der Verschlankung der Aufgaben des neuen Spitzenverbandes der Krankenkassen und der Vergrößerung der Gestaltungsmöglichkeiten der Krankenkassen auf eine einheitliche Empfehlung zu den Anforderungen an die Leistungserbringer für Soziotherapie verzichtet werde.[3] Da die Empfehlungen auch nach alter Rechtslage keinen verbindlichen Rechtscharakter hatten, bedarf es keiner Ausführung zu einer möglichen Fortgeltung (hierzu → § 132 c Rn. 17).[4]

Mit dem Gesetz zur Weiterentwicklung der Versorgung und der Vergütung für psychiatrische und psychosomatische Leistungen (**PsychVVG**) vom 19.12.2016[5] wurde der Abs. 2, der inhaltlich Regelungen zum Schiedsverfahren betrifft, neu eingefügt.

II. Normzweck

Die Vorschrift regelt die Leistungserbringung der Soziotherapie als **Korrespondenzvorschrift** zu § 37 a. Mit der Regelung in § 132 b wird den Krankenkassen die Befugnis zum Abschluss von Verträgen mit Personen oder Einrichtungen verliehen, die als Erbringer von Leistungen der Soziotherapie geeignet sind und sofern dies für eine bedarfsgerechte Versorgung erforderlich ist.[6] Dabei sind die Richtlinien des G-BA gem. § 37 a Abs. 2 iVm § 92 Abs. 1 Nr. 6 zu berücksichtigen.

III. Soziotherapie

§ 132 b rekurriert auf die gleichzeitig neu aufgenommene Leistung der Soziotherapie in **§ 37 a**, mit der sichergestellt werden soll, dass schwer psychisch kranke Patienten die notwendige Inanspruchnahme ambulanter vertragsärztlicher oder ärztlich verordneter Leistungen erhalten. Die Soziotherapie umfasst gem. § 37 a Abs. 1 S. 2 die im Einzelfall erforderliche **Koordinierung** der verordneten Leistungen und **Anleitung** sowie **Motivation** zu deren Inanspruchnahme (siehe → § 37 a Rn. 4, 25, 30). Sie beinhaltet damit „alle Verfahren, mit denen eine Erkrankung durch Veränderung des sozialen Kontexts des Patienten günstig beeinflusst werden soll; dazu gehört ua die Einbeziehung der Angehörigen in den therapeutischen Prozess, die Schaffung eines Netzes sozialer Beziehungen und Wohnungs- und Arbeitsplatzsicherung bzw. -beschaffung. Bei der Milieutherapie als Form der Soziotherapie wird durch Umgebungsveränderung eine positive Wirkung auf die Erkrankung angestrebt".[7] Zu den weiteren Einzelheiten siehe Kommentierung zu § 37 a. Es handelt sich bei der Soziotherapie folglich nicht um eine medizinische Behandlung, da hierfür nach wie vor Ärzte ua Heilberufe zuständig sind.[8]

---

1 BGBl. I, 2626.
2 BGBl. I, 378.
3 BT-Dr. 16/3100, 144.
4 Schneider in: jurisPK-SGB V, § 132 b Rn. 14.
5 BGBl. I, 2986.
6 Vgl. hierzu die Gesetzesbegründung BT-Dr. 14/1245, 85.
7 Pschyrembel, Klinisches Wörterbuch, 260. Aufl. 2004, S. 1701.
8 Schneider in: jurisPK-SGB V, § 132 b Rn. 6.

IV. Verträge der Krankenkassen mit Leistungserbringern (Abs. 1)

5 **1. Vertragspartner.** Vertragspartner sind die **Krankenkassen** oder ihre **Landesverbände** sowie „geeignete" **Personen** oder **Einrichtungen**. Welche einzelnen Personen und Einrichtungen geeignet sind, gibt das Gesetz nicht vor. Entscheidend wird sein, dass nur die Personen und Einrichtungen, unabhängig von der Rechtsform, in Betracht kommen, die in der Lage sind, die durch § 37a vorgegebenen Inhalte und die durch die Soziotherapie-Richtlinie des G-BA[9] konkretisierte Soziotherapie sachgerecht durchzuführen. Bei den Einzelpersonen wird es sich deshalb zumeist um Diplom-Sozialarbeiter, Diplom-Sozialpädagogen und Diplom-Psychologen sowie Kinderkrankenschwestern, Kinderkrankenpfleger oder Fachärzte für Kinder- und Jugendmedizin handeln.[10] Zu den geeigneten Einrichtungen zählen psychiatrische Institutsambulanzen oder Abteilungen nach § 118, sozialpädiatrische Zentren nach § 119 sowie Einrichtungen der Kirchen und Wohlfahrtsverbände.

6 **2. Nachweis der Eignung.** Es gibt kein gesetzlich fixiertes Berufsbild eines „Soziotherapeuten",[11] so dass hieraus noch keine Anhaltspunkte für den Nachweis der Eignung herausgezogen werden können. Der unbestimmte Rechtsbegriff der *„Eignung"* bedarf deshalb der Auslegung. Dabei ist der verfassungsrechtlichen garantierten Berufsfreiheit ausreichend Rechnung zu tragen.[12] Der unbestimmte Rechtsbegriff ist zunächst von den Gerichten **voll nachprüfbar**. Zum Teil wird den früheren Gemeinsamen Empfehlungen (zur Streichung von Abs. 2 durch das GKV-WGS → Rn. 1) auch nach jetziger Gesetzeslage noch der Charakter von unverbindlichen Vorgaben („Anhaltspunkte") für die Krankenkassen bei der Bestimmung der Eignung zugesprochen.[13] Diese Empfehlungen sahen nur vier Berufsgruppen, nämlich Diplom-Sozialarbeitern, Diplom- Sozialpädagogen sowie Fachkrankenschwester und -pfleger für Psychiatrie als geeignet iSv § 132b an, wobei dieser Beruf hauptberuflich spätestens ein Jahr nach Vertragsschluss ausgeübt werden musste.[14] Des Weiteren mussten diese eine zumindest dreijährige psychiatrische Berufspraxis nachweisen.[15] Auch wurden genau beschriebene Kenntnisse und die Einbindung des Leistungserbringers in ein gemeindepsychiatrisches Verbundsystem oder vergleichbare Versorgungsstrukturen verlangt.[16] Da die Festlegung von Empfehlungen durch den Gesetzgeber ersatzlos gestrichen wurde, kann ihnen auch keine Bedeutung mehr zukommen.[17] Aus diesem Grund sind nunmehr die Krankenkassen oder ihre Verbände gefordert, die Kriterien selbst festzulegen, wobei sie hierbei **Art. 12 Abs. 1 GG** berücksichtigen müssen.[18] Entscheidend, und hierauf werden die Eignungskriterien auszurichten sein, wird aber auf jeden Fall sein, dass eine **sach- und qualitätsgerechte Versorgung** mit Soziotherapie durch den jeweiligen Leistungserbringer gewährt und sichergestellt werden kann.

7 **3. Vertragsinhalt. a) Allgemein.** Abs. 1 selbst enthält bis auf die Verpflichtung, die Richtlinien des G-BA[19] zu berücksichtigen, keine **Vorgaben zum Inhalt** der abzuschließenden Verträge. Die Berücksichtigungspflicht folgt bereits aus der Rechtsnatur der Richtlinien als verbindliche und höherrangige Regelungen.[20]

8 **b) Vergütungsvereinbarung.** Abs. 1 enthält im Gegensatz zu §§ 125 Abs. 2, 127 Abs. 2 und 132a Abs. 2 keine Regelung zum Abschluss von Vergütungsvereinbarungen als Gegenleistung für die Leistungserbringung, jedoch ist davon auszugehen, dass in den Verträgen auch Vereinbarungen über die

---

9 In der Neufassung vom 22.1.2015, veröffentlicht im BAnz AT 14.4.2015 B5, in Kraft getreten am 15.4.2015; zuletzt geändert am 16.3.2017 veröffentlicht im BAnz AT 7.6.2017 B 3, in Kraft getreten am 8.6.2017.
10 Trenk-Hinterberger in: Spickhoff, Medizinrecht, § 132c Rn. 5.
11 Luthe in: Hauck/Noftz, SGB V, § 132b Rn. 4; Schaks in: Sodan, HdB KrVersR, § 28 Rn. 39.
12 Vgl. BSG, 5.7.2000, B 3 KR 20/99 R, NZS 2001, 361 = BSGE 87, 14; BSG, 19.11.1997, 3 RK 1/97, NZS 1998, 429 = BSGE 81, 189.
13 Rixen in: Becker/Kingreen, § 132b Rn. 9.
14 Nr. 2.1 der Gemeinsamen Empfehlungen der Spitzenverbände der Krankenkassen gemäß § 132b Abs. 2 SGB V in der Fassung vom 29.11.2001.
15 Nr. 2, 2.2 der Gemeinsamen Empfehlungen der Spitzenverbände der Krankenkassen gemäß § 132b Abs. 2 SGB V in der Fassung vom 29.11.2001.
16 Nr. 2.3 und 2.4 der Gemeinsamen Empfehlungen der Spitzenverbände der Krankenkassen gemäß § 132b Abs. 2 SGB V in der Fassung vom 29.11.2001.
17 So auch Luthe in: Hauck/Noftz, SGB V, § 132b Rn. 10.
18 BSG, 21.11.2002, B 3 KR 14/02 R, BSGE 90, 150, 155f. = SozR 3-2500 § 132a Nr. 4.
19 BAnz 2001 Nr. 217, 23735.
20 Schneider in: jurisPK-SGB V, § 132b Rn. 9 mwN.

Vergütung zu regeln sind.²¹ Gerade vor dem Hintergrund der Wahrung des Wirtschaftlichkeitsgebots gebietet sich eine solche Festschreibung. Soweit Leistungen von Institutsambulanzen und psychiatrischen Abteilungen an Allgemeinkrankenhäusern iSv § 118 oder mit Sozialpädiatrischen Zentren iSv § 119, bei denen Soziotherapeuten angestellt tätig sind, erbracht werden, besteht auch die Möglichkeit der Vereinbarung von **Pauschalvergütungen** analog § 120 Abs. 3.²² Für selbstständige Soziotherapeuten wird im Regelfall wegen der zu bewerkstelligenden komplexen Organisation- und Koordinierungsleistungen sowie der beratenden und therapeutischen Tätigkeiten ein **Stundensatz** zu vereinbaren sein.²³

4. Vertragsschluss. Ob die Krankenkassen oder ihre Landeverbände Verträge mit Leistungserbringern abschließen, liegt in ihrem **Ermessen** („können"). Ein Anspruch auf Vertragsschluss besteht mithin nicht. Jedoch hat der Leistungserbringer bzw. Leistungsanbieter einen Anspruch auf ermessenfehlerfreie Entscheidung oder es liegt im Einzelfall eine Ermessenreduzierung auf null vor, die zu einem Anspruch auf Abschluss führt. Zum Teil wird im Regelfall eine Ermessensreduzierung auf null angenommen, insbesondere dann, wenn der Leistungserbringer die erforderliche Eignung aufweise.²⁴ Mit Abschluss des Vertrages sind die Leistungserbringer zur Versorgung mit Soziotherapie ohne besonderes Zulassungsverfahren zugelassen. Es gibt also keinen vorgeschalteten Zulassungsverwaltungsakt.²⁵

5. Rechtscharakter. Die abzuschließenden Verträge nach Abs. 1 sind als **öffentlich-rechtliche Vereinbarungen** zu qualifizieren (§ 69 S. 1, 3),²⁶ die nur für die an der Vereinbarung Beteiligten, nicht aber für Dritte rechtlich verbindlich sind. Sie sind deshalb weder Rechtsnormen noch Allgemeinverfügungen. Es handelt sich hierbei auch nicht um Normenverträge,²⁷ sondern sie stellen **Einzelverträge** (§ 53 SGB X) dar, die die Parteien binden und deshalb nur inter partes wirken.²⁸ Auf die Verträge, die Rahmenverträge darstellen, sind die §§ 53 ff. SGB X anzuwenden. Daraus folgt ua, dass die Verträge gem. § 56 SGB X schriftlich abzuschließen sind.

6. Erfordernis der bedarfsgerechten Versorgung. Nach dem Wortlaut der Vorschrift steht der Abschluss von Verträgen mit geeigneten Leistungserbringern unter dem **Vorbehalt**, dass eine **bedarfsgerechte Versorgung** notwendig ist. Was unter einer bedarfsgerechten Versorgung zu verstehen ist, regelt weder das Gesetz selbst noch enthält die Gesetzesbegründung hierzu Vorgaben. Der Begriff bedarf folglich der Auslegung. Damit handelt es sich beim Erfordernis der bedarfsgerechten Versorgung um eine Voraussetzung, die von den Gerichten **voll überprüfbar** ist. Die Krankenkassen müssen eine die Versorgung mit Sozialtherapie sicherstellende, ausreichende Anzahl von Leistungserbringern zulassen, wobei sie eine **bedarfsorientierte Auswahl** treffen dürfen.²⁹ Diese Bedarfsprüfung unterscheidet sich von der ansonsten geltenden Rechtslage für nichtärztliche Leistungserbringer.³⁰ In diesem Zusammenhang wird deshalb die Vereinbarkeit mit Art. 12 Abs. 1 GG zu Recht problematisiert.³¹ Zum Teil wird die Vorschrift auch als Hinweis auf das Wirtschaftlichkeitsgebot interpretiert,³² welches die Krankenkassen grundsätzlich stets gem. §§ 2 Abs. 4, 12 Abs. 1 zu beachten haben. Nach der Rechtsprechung des BSG zur vergleichbaren Rechtslage nach § 111 Abs. 2 S. 1 Nr. 2 ist der Begriff „bedarfsgerecht" aufgrund des Eingriffs in Art. 12 Abs. 1 GG verfassungskonform auszulegen, und zwar unter Berücksichtigung der bestehenden Besonderheiten des Leistungsrechts der GKV, die sich von der Krankenhausbehandlung wesentlich unterscheidet.³³ Danach beschreibt die Formulierung nicht die Unverzichtbarkeit der einzelnen geeigneten Personen oder Einrichtungen, sondern verdeutlicht nur den gesetzlichen Auftrag der Krankenkassen oder Kassenverbände im Rahmen ihrer Planungs- und Strukturho-

---

21 Hess in: KassKomm, § 132 b SGB V Rn. 7; Luthe in: Hauck/Noftz, SGB V, § 132 b Rn. 9.
22 Hess in: KassKomm, § 132 b SGB V Rn. 7; Luthe in: Hauck/Noftz, SGB V, § 132 b Rn. 9.
23 Hess in: KassKomm, § 132 b SGB V Rn. 7; Luthe in: Hauck/Noftz, SGB V, § 132 b Rn. 9.
24 Schaks in: Sodan, HdB KrVersR, § 28 Rn. 42.
25 Vgl. BSG, 21.11.2002, B 3 KR 14/02 R, BSGE 90, 150 = SozR 3-2500, § 132 a Nr. 4; aA noch Rixen, Sozialrecht als öffentliches Wirtschaftsrecht, S. 497 f.; später sich revidierend Rixen in: Becker/Kingreen, § 132 b Rn. 6.
26 Armbruster in: Eichenhofer/Wenner, SGB V, § 132 b Rn. 9.
27 Hierzu Quaas/Zuck, § 8 Rn. 5.
28 Quaas/Zuck, § 8 Rn. 4.
29 Luthe in: Hauck/Noftz, SGB V, § 132 b Rn. 8.
30 Schneider in: jurisPK-SGB V, § 132 b Rn. 11.
31 Knittel in: Krauskopf, § 132 b SGB V Rn. 5; Trenk-Hinterberger in: Spickhoff, Medizinrecht, § 132 c Rn. 7.
32 Knittel in: Krauskopf, § 132 b SGB V Rn. 5.
33 BSG, 23.7.2002, B 3 KR 63/01 R, SozR 3-2500 § 11 Nr. 3 = BSGE 89, 294; BSG, 19.11.1997, 3 RK 1/97, NZS 1998, 429, 432.

heit zumindest so viele Verträge zu schließen, wie für eine flächendeckende Mindestausstattung erforderlich sind.[34]

V. Schiedsverfahren bei Nichteinigung (Abs. 2)

12 Als wesentliche Hindernisse, die zu den bestehenden Versorgungsdefiziten beitragen, werden Probleme bei den Vertragsverhandlungen zwischen den Krankenkassen und den Leistungserbringern, insbesondere hinsichtlich der Vergütung der Leistungen, angeführt.[35] Zwar ist der als Kann-Regelung ausgestalteten Formulierung in § 132 b zu entnehmen, dass es keinen uneingeschränkten Anspruch auf Abschluss eines Versorgungsvertrags geben kann. Jedoch reduziert sich das Ermessen der Krankenkassen angesichts des Leistungsanspruchs des Versicherten und der Vorgabe der bedarfsgerechten Versorgung regelmäßig so weitgehend, dass eine Schiedsregelung für die Fälle, in denen sich die Vertragspartner nicht einigen, sinnvoll für Abhilfe sorgen und zu einer Sicherstellung einer bedarfsgerechten Versorgung beitragen kann.

13 Der Schiedsspruch hat rechtsgestaltende Wirkung und bindet die Vertragsparteien.[36] Er stellt aber keinen **Verwaltungsakt** im Sinne von § 31 SGB X dar, weil die Schiedsperson keine Behörde, sondern höchstens als bloßer Vertragshelfer analog § 317 Abs. 1 BGB tätig ist. Das Schiedsverfahren in Abs. 2 entspricht der im Zivilrecht üblichen Schlichtung nach § 317 BGB. Wird gegen den Schiedsspruch Klage erhoben, so hat das Gericht unter Berücksichtigung der besonderen Aufgabe der Schiedsperson und des ihm zustehenden Beurteilungsspielraums nur zu prüfen, ob die Ermittlungen des Sachverhalts in einem fairen Verfahren unter Wahrung des rechtlichen Gehörs erfolgt sind, ob zwingendes Gesetzesrecht beachtet und ob der bestehende Beurteilungsspielraum eingehalten wurde. Es findet somit eine eingeschränkte gerichtliche Überprüfung nach Billigkeit statt.[37]

VI. Anspruch auf Vergütung

14 Der Vergütungsanspruch entsteht nicht bereits mit Abschluss des Vertrages nach Abs. 1, sondern erst dann, wenn die Leistungen für eine Soziotherapie tatsächlich von einem Versicherten abgefordert wurden.

VII. Verordnung und Leistungsumfang

15 Die Verordnung von Soziotherapie ist nach § 73 Abs. 2 S. 1 Nr. 12 Teil der **vertragsärztlichen Versorgung**[38] und nur bestimmten Fachärzten vorbehalten (hierzu → § 37 a Rn. 19 ff.). Dazu gehören neben den Fachärzten für Psychiatrie oder Nervenheilkunde, der jeweilige Facharzt für Neurologie, Psychosomatische Medizin und Psychotherapie, Psychotherapie, Kinder- und Jugendpsychiatrie und -psychotherapie (in therapeutisch begründeten Fällen in der Übergangsphase ab dem 18. Lebensjahr bis zur Vollendung des 21. Lebensjahrs).[39] Darüber hinaus können auch psychiatrische Institutsambulanzen nach § 118 oder oben genannte Fachärzte der psychiatrischen Institutsambulanzen eine Soziotherapie verordnen.[40] Andere Vertragsärzte können den Patienten zu einem dieser Fachärzte überweisen, wenn aus ihrer Sicht eine Indikation für eine Sozialtherapie besteht.[41] Die **Befugnis** zur Verordnung von Soziotherapie bedarf nach der Soziotherapie-Richtlinien der **Genehmigung** durch die Kassenärztliche Vereinigung. Vor deren Inkrafttreten darf nach der Ansicht von *Hess* Soziotherapie durch die Krankenkassen nicht gewährt werden, da erst durch die Richtlinien der Leistungsinhalt, die Verordnungsberechtigung der Ärzte und die Zusammenarbeit zwischen verordnendem Arzt und Leistungserbringer geregelt wird.[42]

16 Die **Dauer** einer soziotherapeutischen Betreuung ist regelmäßig abhängig von den **individuellen medizinischen Erfordernissen**. Nach § 37 a Abs. 1 S. 3 können insgesamt höchstens bis zu **120 Stunden** je Krankheitsfall innerhalb eines Zeitraumes von höchstens **drei Jahren** erbracht werden. Vor der ersten

---

34 BSG, 23.7.2002, B 3 KR 63/01 R, SozR 3-2500 § 11 Nr. 3 = BSGE 89, 294; BSG, 19.11.1997, 3 RK 1/97, NZS 1998, 429, 432.
35 BT-Dr. 18/10289, 55.
36 Ammann in: BeckOK-SozR, § 132 b SGB V Rn. 11.
37 Vgl. hierzu auch Ammann in: BeckOK-SozR, § 132 b SGB V Rn. 11.
38 Hess in: KassKomm, § 132 b SGB V Rn. 6; Luthe in: Hauck/Noftz, SGB V, § 132 b Rn. 8.
39 § 4 Abs. 2 Soziotherapie-Richtlinie, Fn. 8.
40 § 4 Abs. 3 Soziotherapie-Richtlinie, Fn. 8.
41 § 4 Abs. 4 Soziotherapie-Richtlinie, Fn. 8.
42 Hess in: KassKomm, § 132 b SGB V Rn. 6.

Verordnung durch einen og Facharzt können bis zu 5 Probestunden verordnet werden, die dann angerechnet werden.[43] Grundsätzlich soll Soziotherapie als **Einzelmaßnahme** erbracht werden, jedoch besteht auch die Möglichkeit, in besonderen Fällen eine gruppentherapeutische Maßnahme vorzusehen.[44] Zu weiteren Einzelheiten vgl. die Soziotherapie-Richtlinien und die Kommentierung bei § 37 a.

VIII. Rechtsschutz von Mitbewerbern

Bewerber um Verträge haben die Möglichkeit, gegen die Entscheidung der Krankenkasse, einen Vertrag nur mit einem anderen Mitbewerber zu schließen, die Sozialgerichte anzurufen.[45]

17

§ 132 c Versorgung mit sozialmedizinischen Nachsorgemaßnahmen

(1) Die Krankenkassen oder die Landesverbände der Krankenkassen können mit geeigneten Personen oder Einrichtungen Verträge über die Erbringung sozialmedizinischer Nachsorgemaßnahmen schließen, soweit dies für eine bedarfsgerechte Versorgung notwendig ist.

(2) Der Spitzenverband Bund der Krankenkassen legt in Empfehlungen die Anforderungen an die Leistungserbringer der sozialmedizinischen Nachsorgemaßnahmen fest.

Literatur:

Goodarzi/Junker, Öffentliche Ausschreibungen im Gesundheitswesen, NZS 2007, 632; *Kingreen*, Fairness und Transparenz als vergaberechtsunabhängige Pflicht bei der Auswahl von Vertragspartnern, in: Vergaberecht und Vertragswettbewerb in der Gesetzlichen Krankenversicherung 2009, 51; *Knispel*, Die Rechtsbeziehungen der Krankenkassen zu den nichtärztlichen Leistungserbringern im Licht der Rechtsprechung des BSG, NZS 2004, 623; *Otto/Podeswik*, Sozialmedizinische Nachsorge vor und nach stationärer Rehabilitation in der Pädiatrie – Eine neue Leistung der Krankenkassen, PuR 2009, 70.

I. Entstehungsgeschichte	1	5. Rechtsnatur		10
II. Normzweck	2	6. Erfordernis der bedarfsgerechten Versorgung		11
III. Sozialmedizinische Nachsorgemaßnahmen	3	7. Rechtsschutz		13
IV. Verträge der Krankenkassen mit Leistungserbringern (Abs. 1)	4	V. Verordnung und Genehmigung		14
1. Vertragspartner	4	VI. Empfehlungen des Spitzenverbandes Bund (Abs. 2)		15
2. Nachweis der Eignung	5	1. Kompetenzcharakter		15
3. Mindestinhalt	7	2. Rechtsnatur		17
4. Vertragsschluss	8			

I. Entstehungsgeschichte

§ 132 c wurde mit Wirkung vom 1.1.2004 durch Art. 1 Nr. 98 des Gesetzes zur Modernisierung der gesetzlichen Krankenversicherung (**GMG**) vom 14.11.2003[1] neu eingefügt.[2] Eine vergleichbare Vorschrift gab es bis dahin nicht. Abs. 2 ist erst durch Gesetz vom 15.12.2008[3] angefügt worden. Die ursprüngliche Regelung in Abs. 2, nach der die Spitzenverbände der Krankenkassen in Empfehlungen die Anforderungen an die Leistungserbringer der sozialmedizinischen Maßnahmen festzulegen hatten, wurde zunächst durch das Gesetz zur Stärkung des Wettbewerbs in der Gesetzlichen Krankenversicherung (**GKV-WSG**)[4] mit Wirkung vom 1.7.2008 zur Verschlankung der Aufgaben des Spitzenverbandes Bund der Krankenkassen aufgehoben,[5] und dann durch das Gesetz zur Weiterentwicklung der Organisationsstrukturen in der gesetzlichen Krankenversicherung (**GKV-OrgWG**)[6] im engen Zusammenhang mit der Stärkung des Leistungsanspruchs auf sozialmedizinische Nachsorgemaßnahmen nach § 43

1

---

43 § 5 Abs. 2 Soziotherapie-Richtlinie, Fn. 8.
44 § 5 Abs. 4 Soziotherapie-Richtlinie, Fn. 8.
45 Armbruster in: Eichenhofer/Wenner, SGB V, § 132 b Rn. 17.
1 BGBl. I, 2190.
2 BT-Dr. 15/1525, 35, 123.
3 BGBl. I, 2426.
4 BGBl. I 2008, 378.
5 BT-Dr. 16/3100, 144.
6 BGBl. I 2008, 2426.

Abs. 2 durch die Umwandlung in eine Rechtsanspruchsleistung mit Wirkung zum 18.12.2008 wieder eingeführt.[7]

II. Normzweck

2 § 132 c betrifft die Versorgung mit sozialmedizinischen Nachsorgemaßnahmen als neue Betreuungsleistung der GKV,[8] die ihrerseits in § 43 geregelt sind und die von den in dieser Vorschrift angesprochenen Adressaten unter den gegebenen Voraussetzungen in Anspruch genommen werden kann. Die in § 43 Abs. 2 um sozialmedizinische Nachsorgemaßnahmen bei chronisch kranken Kindern unter zwölf Jahren erweiterte Leistungspflicht der gesetzlichen Krankenversicherung, erfordert die Möglichkeit der Krankenkassen bzw. ihrer Landesverbände mit den hierfür geeigneten Leistungserbringern entsprechende Verträge für sozialmedizinische Nachsorgemaßnahmen abzuschließen. Diese Möglichkeit steht jedoch wie bei § 132 b unter den **Vorbehalt der Notwendigkeit** einer **bedarfsgerechten Versorgung** (→ Rn. 11 f.).[9]

III. Sozialmedizinische Nachsorgemaßnahmen

3 Die von den Krankenkassen zu erbringenden sozialmedizinischen Nachsorgemaßnahmen werden in der Korrespondenzvorschrift des § 43 **Abs. 2** inhaltlich nicht näher definiert. Zu den Maßnahmen gehören: Analyse des Versorgungsbedarfs/Vorbereitung, Koordinierung der verordneten Leistungen sowie Anleitung und Motivierung zur Inanspruchnahme der verordneten Leistungen (→ § 43 Rn. 31).[10] Sozialmedizinische Nachsorgemaßnahmen orientieren sich primär am komplexen Interventionsbedarf des chronisch kranken oder schwerstkranken Kindes und Jugendlichen. Ziel sozialmedizinischer Nachsorgemaßnahmen ist es, Krankenhausaufenthalte zu verkürzen oder erneute Einweisungen in eine stationäre Behandlung dadurch zu vermeiden, dass im Anschluss an eine stationäre Akutbehandlung oder Rehabilitation in einer Kinderklinik die Eltern in der häuslichen Betreuung dieser chronisch oder schwerstkranken Kinder und der Koordination der ambulanten Weiterbehandlung wirksam durch dafür qualifizierte Fachkräfte unterstützt werden.[11]

IV. Verträge der Krankenkassen mit Leistungserbringern (Abs. 1)

4 **1. Vertragspartner.** Vertragspartner sind auf der einen Seite die **Krankenkassen** oder die **Landesverbände der Krankenkassen** und auf der anderen Seite **geeignete Personen** oder **Einrichtungen**. Leistungserbringer können somit sowohl natürliche als auch juristische Personen sein. Voraussetzung ist jedoch, dass die Leistungserbringer **geeignet** sind (vgl. § 17 Abs. 1 S. 1 Nr. 3 SGB IX). Nach den Empfehlungen der Spitzenverbände vom 1.7.2005 in der Fassung vom 30.6.2008 gehören zum **Nachsorgeteam**: Kinderkrankenschwestern/Kinderkrankenpfleger, Diplom-Sozialarbeiter/Diplom-Sozialpädagogen oder Diplom-Psychologen und Fachärzte für Kinder- und Jugendmedizin.[12] Zu den **geeigneten Einrichtungen**, in denen sozialmedizinische Nachsorgemaßnahmen durchgeführt werden, gehören im Regelfall diejenigen, in denen oben genannte Berufsgruppen tätig sind und die die erforderliche räumliche und technische Ausstattung aufweisen.

5 **2. Nachweis der Eignung.** Der unbestimmte Rechtsbegriff „Eignung" ist durch den Gesetzgeber nicht weiter konkretisiert worden und bedarf deshalb der **Auslegung**. Das BSG sieht darin keinen Verstoß gegen das verfassungsrechtliche Gebot, dass der Gesetzgeber die wesentlichen Voraussetzungen selbst zu regeln hat.[13] Folglich durfte der Gesetzgeber die Konkretisierung des unbestimmten Rechtsbegriffs dem Verwaltungsvollzug überlassen, wobei hierbei der verfassungsrechtlichen garantierten Berufsfrei-

---

7 BT-Dr. 16/10609, 59.
8 Schneider in: jurisPK-SGB V, § 132 c Rn. 2, 3.
9 Zu vergaberechtlichen Problemen und dem Erfordernis einer öffentlichen Ausschreibung: Goodarzi/Junker, NZS 2007, 632.
10 GKV Spitzenverband Bund, Bestimmung zu Voraussetzungen, Inhalt und Qualität der sozialmedizinischen Nachsorgemaßnahmen nach § 43 Abs. 2 SGB V vom 1.4.2009 in der Fassung vom 12.6.2017 (Ziff. 3).
11 GKV Spitzenverband, Bestimmung zu Voraussetzungen, Inhalt und Qualität der sozialmedizinischen Nachsorgemaßnahmen nach § 43 Abs. 2 SGB V vom 1.4.2009 in der Fassung vom 12.6.2017 (Ziff. 1); Trenk-Hinterberger in: Spickhoff, Medizinrecht, § 132 c SGB V Rn. 3; Luthe in: Hauck/Noftz, SGB V, § 132 c Rn. 4.
12 Empfehlungen der Spitzenverbände der Krankenkassen zu den Anforderungen an die Leistungserbringer sozialmedizinischer Nachsorgemaßnahmen nach § 132 c Abs. 2 SGB V vom 1.7.2005 in der Fassung vom 30.6.2008 (Ziff. 1.2 und 1.2.1).
13 BSG, 21.11.2002, B 3 KR 14/02 R, SozR 3-2500 § 132 a Nr. 4 = BSGE 90, 150.

heit (Art. 12 Abs. 1 GG) ausreichend Rechnung zu tragen ist. Das bedeutet auch, dass solche Anforderungen, die nicht der Sicherstellung des Versorgungsauftrags oder dem Schutz der Gesundheit der Versicherten vor Gefahren dienen, unzulässig sind.[14] Die Geeignetheit der Leistungserbringer ist deshalb in erster Linie am Leistungsziel von § 43 Abs. 2 zu orientieren. Aus diesem Grund wird in den Empfehlungen der Spitzenverbände vom 1.7.2005 in der Fassung vom 30.6.2008 ausdrücklich darauf hingewiesen, dass die Nachsorge chronisch kranker oder schwerstkranker Kinder sowie die Einbeziehung der Familie von den Personen einer Nachsorgeeinrichtungen ein **hohes Maß an speziellen Kenntnissen** voraussetzt. Hierzu haben die Nachsorgemitarbeiter ihre berufliche Qualifikation detailliert **nachzuweisen**, wobei der Nachweis durch Zertifikate, Zeugnisse, Arbeitsbescheinigungen etc verlangt wird.[15] Insbesondere muss mindestens ein Teammitglied zwei Jahre vollzeitige oder äquivalent vier Jahre halbtags berufspraktische Erfahrungen in der jeweiligen Berufsgruppe nachweisen.

Der Begriff der Eignung ist von den Gerichten **voll nachprüfbar**. 6

3. Mindestinhalt. Der Mindestinhalt der Verträge wird durch § 21 Abs. 1 SGB IX näher bestimmt; 7
§ 132 c enthält hierzu insoweit kein abweichendes Recht.[16] Notwendiger Bestandteil eines Vertrages nach Abs. 1 sind Vereinbarungen über die **Anforderungen** an die Leistungserbringer, hierzu gehören insbesondere solche über die Qualifikation des Personals, aber auch räumliche und technische Ausstattung der Nachsorgeeinrichtungen, und über die **Vergütung**.[17] Mit den Bestimmungen des GKV-Spitzenverbandes zu Voraussetzungen, Inhalt und Qualität der sozialmedizinischen Nachsorgemaßnahmen nach § 43 Abs. 2 vom 1.4.2009 wurden Leistungsinhalt, Leistungsort, Leistungsumfang und Leistungsdauer näher festgelegt. Diese sind bei der Vertragsgestaltung zu berücksichtigen, ein Abweichen hiervon ist nicht möglich.[18]

4. Vertragsschluss. Ob die Krankenkassen oder ihre Landeverbände Verträge mit Leistungserbringern 8
abschließen, liegt wie bei der Regelung in § 132 b in ihrem **Ermessen** („können"). Verträge werden nach dem eindeutigen Wortlaut auch nur dann geschlossen, wenn dies für eine **bedarfsgerechte** Versorgung **notwendig** ist. Der Vertragsschluss wird damit unter Vorbehalt gestellt. Wie bei § 132 b ist somit auch hier eine Bedarfsprüfung durch die vertragschließende Kasse erforderlich, was in der Literatur als „verfassungsrechtlich problematisch" eingeschätzt wird (→ Rn. 12).[19] Ein Anspruch auf Vertragsschluss besteht mithin nicht, jedoch hat der Einzelne einen Anspruch auf ermessenfehlerfreie Entscheidung. Im Einzelfall kann jedoch auch eine Ermessensreduzierung auf null in Betracht kommen, die sich dann zu einem Anspruch auf Vertragsschluss verdichten würde.[20]

Mit dem Abschluss des Vertrages werden die konkreten Leistungserbringer zur Versorgung der gesetz- 9
lich Versicherten mit sozialmedizinischen Nachsorgemaßnahmen **zugelassen**. Auch hier ist ein besonderes Zulassungsverfahren nicht vorgesehen und es bedarf keines vorgeschalteten Zulassungsverwaltungsakts (→ § 132 b Rn. 9).

5. Rechtsnatur. Die Verträge sind nach der Rechtsprechung des BSG **öffentlich-rechtlicher Natur** (§ 53 10
SGB X; § 69 S. 1, 3).[21] Vor dem GKV-Gesundheitsreformgesetz[22] wurde die Ansicht vertreten, die Verträge seien zivilrechtlich einzuordnen,[23] über die die Zivilgerichte zu entscheiden hatten. Auf den früheren Rechtsstreit hinsichtlich der Rechtsnatur kommt es nicht mehr an. Es handelt sich hierbei auch nicht um Normenverträge,[24] sondern sie stellen **Einzelverträge** dar und wirken deshalb nur **inter partes**.[25]

---

14 So auch Knispel, NZS 2004, 623, 625.
15 Empfehlungen der Spitzenverbände der Krankenkassen zu den Anforderungen an die Leistungserbringer sozialmedizinischer Nachsorgemaßnahmen nach § 132 c Abs. 2 SGB V vom 1.7.2005 in der Fassung vom 30.6.2008 (Ziff. 1.3).
16 Welti in: Becker/Kingreen, § 132 c Rn. 5.
17 Knittel in: Krauskopf, § 132 c SGB V Rn. 4.
18 Knittel in: Krauskopf, § 132 c SGB V Rn. 5.
19 Knittel in: Krauskopf, § 132 c SGB V Rn. 6.
20 Weiter Schaks in: Sodan, HdB KrVersR, § 28 Rn. 47, der im Regelfall eine Ermessensreduzierung auf null annimmt.
21 BSG, 24.1.2008, B 3 KR 2/07 R, NZS 2009, 35, 36; BSG, 25.9.2001, B 3 KR 3/01 R, SozR 3-2500, § 69 Nr. 1, S. 8 f.
22 BGBl. I 1988, 2477.
23 GmS OBG, 10.4.1986, GmS-OBG 1/85, SozR 1500, § 51 Nr. 39, S. 67; BSG, 10.7.1996, 3 RK 11/95, SozR 3-2500 § 125 Nr. 5; BSG, 10.7.1996, 3 RK 29/95, SozR 3-2500 § 125 Nr. 6.
24 Hierzu Quaas/Zuck, § 8 Rn. 5.
25 Quaas/Zuck, § 8 Rn. 4.

11 **6. Erfordernis der bedarfsgerechten Versorgung.** Für die ausdrücklich geregelte **Bedarfsprüfung**, die durch die Krankenkassen oder durch deren Landesverbände vorzunehmen ist, gibt weder der Gesetzeswortlaut noch die Gesetzesbegründung[26] konkrete Vorgaben bzw. Kriterien vor. Der unbestimmte Rechtsbegriff ist auslegungsfähig und -bedürftig. Beim Erfordernis der bedarfsgerechten Versorgung handelt es sich um eine Voraussetzung, die von den Gerichten **voll überprüfbar** ist.

12 Die Krankenkassen müssen eine die Versorgung mit Sozialtherapie sicherstellende, ausreichende Anzahl von Leistungserbringern zulassen, wobei sie eine **bedarfsorientierte Auswahl** treffen dürfen.[27] Diese Bedarfsprüfung unterscheidet sich von der ansonsten geltenden Rechtslage für nichtärztliche Leistungserbringer.[28] In diesem Zusammenhang wird deshalb die Vereinbarkeit mit Art. 12 Abs. 1 GG zu Recht problematisiert.[29] Zum Teil wird die Vorschrift auch als Hinweis auf das Wirtschaftlichkeitsgebot interpretiert,[30] welches die Krankenkassen grundsätzlich stets gem. §§ 2 Abs. 4, 12 Abs. 1 zu beachten haben. Nach der Rechtsprechung des BSG zur vergleichbaren Rechtslage nach § 111 Abs. 2 S. 1 Nr. 2 ist der Begriff „bedarfsgerecht" aufgrund des Eingriffs in Art. 12 Abs. 1 GG verfassungskonform auszulegen, und zwar unter Berücksichtigung der bestehenden Besonderheiten des Leistungsrechts der GKV, die sich von der Krankenhausbehandlung wesentlich unterscheidet.[31] Danach beschreibt die Formulierung nicht die Unverzichtbarkeit der einzelnen geeigneten Personen oder Einrichtungen, sondern verdeutlicht nur den gesetzlichen Auftrag der Krankenkassen oder Kassenverbände im Rahmen ihrer Planungs- und Strukturhoheit zumindest so viele Verträge zu schließen, wie für die flächendeckende Mindestausstattung erforderlich sind.[32]

13 **7. Rechtsschutz.** Vertragspartner und Bewerber um Verträge haben die Möglichkeit, gegen die Entscheidung der Krankenkasse, keinen Vertrag bzw. nur mit einem anderen Mitbewerber zu schließen, die Sozialgerichte anzurufen. Das Gleiche gilt für Rechtsstreitigkeiten, die den Inhalt der Verträge betreffen (zur öffentlich-rechtlichen Rechtsnatur der Verträge → Rn. 10).

V. Verordnung und Genehmigung

14 Jede sozialmedizinische Nachsorgemaßnahme bedarf der **Verordnung** durch einen Arzt und der **vorherigen Genehmigung** durch die jeweilige Krankenkasse des anspruchsberechtigten Kindes oder Jugendlichen.[33] Die Krankenkasse teilt dem Versicherten die Entscheidung über den Antrag in der Regel innerhalb von vier Arbeitstagen mit. Der verordnende Arzt ist über die Entscheidung zu benachrichtigen.[34] Die Krankenkasse kann im Rahmen des Genehmigungsverfahrens den MDK mit der Prüfung der Verordnung beauftragen. Der MDK teilt der Krankenkasse das Ergebnis der gutachterlichen Stellungnahme in der Regel innerhalb von zwei Arbeitstagen nach Auftragserteilung mit.[35] Von der Notwendigkeit einer vorherigen Beantragung und Bewilligung durch die Krankenkasse kann dann abgewichen werden, wenn Eilbedürftigkeit gegeben ist oder gegeben sein kann.[36] Grundsätzlich muss deshalb der Versicherte zunächst die Verordnung bei seiner Krankenkasse einreichen, die dann wiederum darüber entscheiden muss, ob sie die verordnete Maßnahme bewilligt oder nicht.

VI. Empfehlungen des Spitzenverbandes Bund (Abs. 2)

15 **1. Kompetenzcharakter.** Ähnlich zu der bereits einmal geltenden Bestimmung in Abs. 2 regelt der nunmehr wieder eingeführte Abs. 2, dass (jetzt) der **Spitzenverband Bund** in Empfehlungen die Anforderungen an die Leistungserbringer für sozialmedizinische Nachsorgemaßnahmen festlegt. Die Norm hat

---

26 BT-Dr. 15/1525, 123.
27 Luthe in: Hauck/Noftz, SGB V, § 132 b Rn. 8.
28 Schneider in: jurisPK-SGB V, § 132 b Rn. 11.
29 Knittel in: Krauskopf, § 132 b SGB V Rn. 5.
30 Knittel in: Krauskopf, § 132 b SGB V Rn. 5.
31 BSG, 23.7.2002, B 3 KR 63/01 R, SozR 3-2500 § 11 Nr. 3 = BSGE 89, 294; BSG, 19.11.1997, 3 RK 1/97, NZS 1998, 429, 432.
32 BSG, 23.7.2002, B 3 KR 63/01 R, SozR 3-2500 § 11 Nr. 3 = BSGE 89, 294; BSG, 19.11.1997, 3 RK 1/97, NZS 1998, 429, 432.
33 GKV Spitzenverband, Bestimmung zu Voraussetzungen, Inhalt und Qualität der sozialmedizinischen Nachsorgemaßnahmen nach § 43 Abs. 2 SGB V vom 1.4.2009, Nr. 5 und 6.
34 GKV Spitzenverband, Bestimmung zu Voraussetzungen, Inhalt und Qualität der sozialmedizinischen Nachsorgemaßnahmen nach § 43 Abs. 2 SGB V vom 1.4.2009, Nr. 6.
35 GKV Spitzenverband, Bestimmung zu Voraussetzungen, Inhalt und Qualität der sozialmedizinischen Nachsorgemaßnahmen nach § 43 Abs. 2 SGB V vom 1.4.2009, Nr. 6.
36 BSG, 24.9.2002, B 3 KR 2/02 R, SozR 3-2500 § 132 a Nr. 3.

damit **Kompetenzcharakter** und enthält eine ausschließliche Ermächtigung zugunsten des Adressaten. Damit besteht eine Grundlage zur Weiterführung der Empfehlungen der Spitzenverbände der Krankenkassen durch den Spitzenverband Bund der Krankenkassen. Dies verdeutlicht das besondere Interesse des Gesetzgebers an einer qualitätsgesicherten Versorgung der Versicherten mit sozialmedizinischen Nachsorgemaßnahmen.[37]

Die qualitativen Anforderungen an die Leistungserbringer haben die damaligen Spitzenverbände der Krankenkassen in einer Empfehlung vom 1.7.2005 in der Fassung vom 30.6.2008 festgelegt (→ Rn. 4 f.). Die Anforderungen an die Leistungserbringer der sozialmedizinischen Nachsorgemaßnahmen, insbesondere über den Leistungsinhalt, das Leistungsziel und die Voraussetzungen, unter denen sozialmedizinische Nachsorgemaßnahmen zu erbringen sind, sind somit unabhängig von der bestehenden Rahmenvereinbarung nach § 43 Abs. 2 S. 4 festgelegt worden. Die Empfehlungen sollen, entsprechend ihrer Präambel, „durch einheitliche Anforderungen an die Leistungserbringer für sozialmedizinische Nachsorgemaßnahmen eine qualitätsgesicherte, dem Stand der medizinischen Erkenntnisse entsprechende Versorgung der Versicherten mit sozialmedizinischen Nachsorgemaßnahmen" gewährleisten. Diese Empfehlungen der Spitzenverbände der Krankenkassen vom 1.7.2005 in der Fassung vom 30.6.2008 gelten solange weiter, bis der Spitzenverband Bund neue Empfehlungen erlässt. 16

2. Rechtsnatur. Die Empfehlungen stellen „Verwaltungsbinnenrecht" dar und sind deshalb für die Leistungserbringer und Gerichte nicht verbindlich.[38] Sie werden deshalb auch als „Anregungen" oder „Lösungsmuster", auf die die Beteiligten zurückgreifen können, bezeichnet.[39] 17

§ 132 d Spezialisierte ambulante Palliativversorgung

(1) ¹Über die spezialisierte ambulante Palliativversorgung einschließlich der Vergütung und deren Abrechnung schließen die Krankenkassen unter Berücksichtigung der Richtlinien nach § 37 b Verträge mit geeigneten Einrichtungen oder Personen, soweit dies für eine bedarfsgerechte Versorgung notwendig ist. ²In den Verträgen ist ergänzend zu regeln, in welcher Weise die Leistungserbringer auch beratend tätig werden. ³Im Fall der Nichteinigung wird der Vertragsinhalt durch eine von den Vertragspartnern zu bestimmende unabhängige Schiedsperson festgelegt. ⁴Einigen sich die Vertragspartner nicht auf eine Schiedsperson, so wird diese von der für die vertragschließende Krankenkasse zuständigen Aufsichtsbehörde bestimmt. ⁵Die Kosten des Schiedsverfahrens tragen die Vertragspartner zu gleichen Teilen.

(2) Der Spitzenverband Bund der Krankenkassen legt gemeinsam und einheitlich unter Beteiligung der Deutschen Krankenhausgesellschaft, der Vereinigungen der Träger der Pflegeeinrichtungen auf Bundesebene, der Spitzenorganisationen der Hospizarbeit und der Palliativversorgung sowie der Kassenärztlichen Bundesvereinigung in Empfehlungen
1. die sächlichen und personellen Anforderungen an die Leistungserbringung,
2. Maßnahmen zur Qualitätssicherung und Fortbildung,
3. Maßstäbe für eine bedarfsgerechte Versorgung mit spezialisierter ambulanter Palliativversorgung fest.

(3) ¹Krankenkassen können Verträge, die eine ambulante Palliativversorgung und die spezialisierte ambulante Palliativversorgung umfassen, auch auf Grundlage der §§ 73 b oder 140 a abschließen. ²Die Qualitätsanforderungen in den Empfehlungen nach Absatz 2 und in den Richtlinien nach § 37 b Absatz 3 und § 92 Absatz 7 Satz 1 Nummer 5 gelten entsprechend.

I. Entstehungsgeschichte

§ 132 d wurde mit dem GKV-WSG zum 1.4.2007 eingeführt und korrespondiert mit § 37 b, wonach Versicherten erstmals ein Anspruch auf eine spezialisierte ambulante Palliativversorgung eingeräumt wurde.[1] Die Norm stellt – von stationären Hospizen abgesehen, für die § 39 a einschlägig ist[2] – die 1

---

37 BT-Dr. 16/10609, 59.
38 BSG, 27.3.1996, 3 RK 25/95, SozR 3-2500 § 124 Nr. 5, S. 40 mwN; Knispel, NZS 2004, 623, 627.
39 Schneider in: jurisPK-SGB V, § 132 b Rn. 9.

1 BT-Dr. 16/3100 zu Nr. 102. Vgl. auch Kommentierung zu § 37 b SGB V.
2 Vgl. Kommentierung zu § 39 a SGB V; Schneider in: jurisPK-SGB V, § 132 d Rn. 3, Luthe in: Hauck/Noftz, SGB V, K § 132 d Rn. 2.

Ermächtigungsgrundlage für die vertraglichen Beziehungen zwischen den Krankenkassen und Leistungserbringern der spezialisierten ambulanten Palliativversorgung dar. Schließlich handelt es sich hierbei um eine Leistung außerhalb der herkömmlichen vertragsärztlichen Regelversorgung mit einer auch entsprechend gesonderten Vergütungsgrundlage.[3] Mit dem Hospiz- und Palliativgesetz vom 1.12.2015 wurden in § 132 d Abs. 1 Regelungen über ein Schiedsverfahren ergänzt und Abs. 3 angefügt.[4]

II. Regelungsgehalt

2 Dementsprechend haben die Krankenkassen über die spezialisierte ambulante Palliativversorgung einschließlich der Vergütung und deren Abrechnung unter Berücksichtigung der inhaltlichen Vorgaben der Richtlinien nach § 37 b Abs. 3 ihrer Rechtsnatur nach öffentlich-rechtliche[5] Verträge mit geeigneten Einrichtungen oder Personen zu schließen, soweit dies für eine bedarfsgerechte Versorgung notwendig ist. Zudem ist in den Verträgen zu regeln, in welcher Weise die Leistungserbringer auch beratend tätig werden. Hinsichtlich der zu schließenden Verträge gilt Kartellvergaberecht, soweit der Auftragsschwellenwert überschritten wird, so dass ein Vergabeverfahren notwendigerweise durchzuführen ist.[6]

3 Schon aufgrund der Gesetzesformulierung steht der Vertragsschluss gemäß § 132 d nicht im grundsätzlichen Ermessen der Krankenkassen. Vielmehr müssen diese entsprechende Verträge schließen, um Leistungen gemäß § 37 c zur Verfügung stellen zu können. Bekräftigt wird dieser Umstand nun auch durch die Ergänzung des § 132 d Abs. 1 um ein Schiedsverfahren. Soweit sich die Vertragspartner nämlich nicht einigen können, sieht § 132 d Abs. 1 S. 3 vor, dass der Vertragsinhalt durch eine von den Vertragspartnern zu bestimmende unabhängige Schiedsperson festgelegt werden soll. Falls keine Einigung auf eine Schiedsperson möglich ist, wird diese von der zuständigen Aufsichtsbehörde bestimmt. Beliebig können solche Verträge aber andererseits auch nicht geschlossen werden, weil sie nur soweit geschlossen werden dürfen, bis die bedarfsgerechte Versorgung gesichert erscheint.[7] Hieraus resultiert also eine quantitative Begrenzung, weshalb auch kein Anspruch auf einen entsprechenden Vertragsschluss bestehen soll,[8] obwohl nun ja gerade auch ein Schiedsverfahren eingeführt wurde, was als Regelung schon greift, wenn sich das Nichteinigsein auf den Abschluss eines Vertrages an sich bezieht.[9] Dennoch soll nach Vorstellung des Gesetzgebers kein grundlegender Anspruch auf Abschluss eines Vertrages bestehen bzw. es ist selbst im Schiedsverfahren ein solcher auf Festlegung des Vertragsinhaltes davon abhängig, dass der Bedarf an Versorgungseinrichtungen noch nicht gedeckt ist.

4 Mit dieser limitierten Verpflichtung der Krankenkassen korrespondiert auch, dass die Versicherten keinen Anspruch darauf haben, dass ihre Krankenkassen entsprechende Verträge abschließen. Soweit ein Vertrag nicht existiert, greift lediglich zugunsten des betroffenen Versicherten das Kostenerstattungsprinzip des § 13 Abs. 3 ein.[10] Vor diesem Hintergrund scheint es daher trotz allem zweifelhaft, ob tatsächlich, wie von teilweiser Ansicht entgegen der Vorstellung des Gesetzgebers[11] vertreten, Leistungs-

---

3 BT-Dr. 16/3100, 144; Schneider in: jurisPK-SGB V, § 132 d Rn. 4; Luthe in: Hauck/Noftz, SGB V, K § 132 d Rn. 3; Hess in: KassKomm, § 132 d SGB V Rn. 4.
4 BGBl. I 2015, 2114; vgl. BT-Dr. 18/5170; BT-Dr. 18/6585.
5 Schneider in: jurisPK-SGB V, § 132 d Rn. 7; Luthe in: Hauck/Noftz, SGB V, K § 132 d Rn. 7; Knittel in: Krauskopf, § 132 d SGB V Rn. 5; Rixen in: Becker/Kingreen, § 132 d Rn. 2, 8.
6 OLG Düsseldorf Vergabesenat Beschluss vom 15.6.2016, VII-Verg 56/15, Verg 56/15, NZS 2016, 741–742; BKartA Bonn 2. Vergabekammer des Bundes Beschluss vom 23.11.2015, VK 2 – 103/15, KrV 2016, 157–163.
7 BT-Dr. 16/3100, 144; Hess in: KassKomm, § 132 d SGB V Rn. 4; Knittel in: Krauskopf, § 132 d SGB V Rn. 5; Sendowski, GesR 2009, 286 ff. Vgl. hierzu auch Trenk-Hinterberger in: Spickhoff, Medizinrecht, § 132 e SGB V Rn. 2, insbesondere auch zu Kriterien der Bedarfsprüfung, deren Grenzen angesichts der Berufsfreiheit der betroffenen Leistungserbringer und der gerichtlichen Überprüfbarkeit der Entscheidung der Krankenkassen.
8 BT-Dr. 16/3100, 144; Schneider in: jurisPK-SGB V, § 132 d Rn. 9; Hess in: KassKomm-SGB, SGB V, § 132 d Rn. 4; Knittel in: Krauskopf, Soziale KV, § 132 d SGB V Rn. 5; Sendowski, GesR 2009, 286, 290.
9 Schneider in: jurisPK-SGB V, § 132 d Rn. 12.
10 Vgl. hierzu auch Kommentierung zu § 37 b SGB V Rn. 6; LSG NRW, 30.3.2009, L 16 B 15/09 KR ER, RdLH 2009, 61. Zu organisatorischen Problemen dieses Verweises des Versicherten auf § 13 Abs. 3 SGB V Engelmann, GesR 2010, 577 ff.
11 BT-Dr. 16/3100 144.

anbieter einen vor allem im Ergebnis durchsetzbaren Anspruch auf Vertragsschluss haben können, sobald sie nur geeignet sind und die Versorgung der Versicherten noch nicht sichergestellt ist.[12]

Der Spitzenverband Bund der Krankenkassen legt gemäß § 132 d Abs. 2 gemeinsam und einheitlich unter Beteiligung der Deutschen Krankenhausgesellschaft, der Vereinigungen der Träger der Pflegeeinrichtungen auf Bundesebene, der Spitzenorganisationen der Hospizarbeit und der Palliativversorgung sowie der Kassenärztlichen Bundesvereinigung in Empfehlungen die sächlichen und personellen Anforderungen an die Leistungserbringung, die Maßnahmen zur Qualitätssicherung und Fortbildung und die Maßstäbe für eine bedarfsgerechte Versorgung mit spezialisierter ambulanter Palliativversorgung fest. Die „Beteiligung" in dieser Hinsicht bedeutet, dass der Spitzenverband der Krankenkassen Empfehlungen im Zweifel auch gegen das Votum der zu Beteiligenden die Anforderungen festlegen könnte.[13]

III. Vertragspartner

Dem Wortlaut nach sind zum Abschluss der Verträge die **Krankenkassen** selbst berufen. Streitig ist, ob darüber hinaus auch ihre Verbände zum Vertragsschluss berechtigt sind.[14] Auf jeden Fall sind mögliche Vertragspartner der Krankenkassen alle Einrichtungen und Personen, die über die erforderliche **Eignung** verfügen. Dies schließt sowohl die **fachliche** Eignung zur Erbringung von Leistungen der spezialisierten ambulanten Palliativversorgung iSd § 37 b, dies auch in Verbindung mit der auf Basis des nach § 37 b Abs. 3 erlassenen Richtlinie zur spezialisierten ambulanten Palliativversorgung,[15] als auch die **Zuverlässigkeit** zur Leistungserbringung ein.[16]

Angesichts der bei der spezialisierten ambulanten Palliativversorgung erforderlichen Zusammenarbeit mehrerer Beteiligter, dies meist in Form von „palliative care teams", bestehend aus Vertragsärzten, Versorgungseinrichtungen, Pflegediensten, Krankenhäusern und Hospizen,[17] kann nach der Intention des Gesetzgebers grundsätzlich jeder Leistungserbringer Vertragspartner der Krankenkassen sein, soweit er, ggf. durch Kooperationsverträge, sicherstellen kann, das Spektrum der speziellen Palliativleistungen abzudecken. In Betracht kommt insoweit daher am ehesten in der Praxis ein vertraglicher Verbund verschiedener Leistungserbringer.[18]

IV. Verträge auf Grundlage von § 73 b und § 140 a SGB V

Mit dem Hospiz- und Palliativgesetz vom 1.12.2015 wurde Abs. 3 ergänzt, wonach die allgemeine und spezielle ambulante Palliativversorgung in einem Vertrag auf Basis von § 73 c oder § 140 a SGB V einheitlich geregelt werden können. Ziel war es in dieser Hinsicht, v. a. die Möglichkeiten der Verzahnung der palliativen Versorgung von Versicherten zu verbessern, wofür der Gesetzgeber Verträge über die hausarztzentrierte Versorgung nach § 73 b SGB V oder über die besondere Versorgung nach § 140 a SGB V als geeignet erachtet. Qualitätsanforderungen, wie sie in den Empfehlungen nach Abs. 2 und in den Richtlinien nach § 37 b Abs. 3 und § 92 Abs. 7 S. 1 Nr. 5 gelten, sind insoweit dann entsprechend zu berücksichtigen.

§ 132 e Versorgung mit Schutzimpfungen

¹Die Krankenkassen oder ihre Verbände schließen mit Kassenärztlichen Vereinigungen, geeigneten Ärzten einschließlich Betriebsärzten, deren Gemeinschaften, Einrichtungen mit geeignetem ärztlichen Personal oder dem öffentlichen Gesundheitsdienst Verträge über die Durchführung von Schutzimpfungen nach § 20 i Absatz 1 und 2. ²Dabei haben sie sicherzustellen, dass insbesondere die an der ver-

---

12 Luthe in: Hauck/Noftz, SGB V, K § 132 d Rn. 8; Rixen in: Becker/Kingreen, § 132 d Rn. 4; Engelmann, GesR 2010, 577, 584. Ebenso kritisch hingegen Schneider in: jurisPK-SGB V, § 132 d Rn. 11.
13 Luthe in: Hauck/Noftz, SGB V, K § 132 d Rn. 13. Vgl. iÜ zur Umsetzung des Anspruchs auf eine spezialisierte ambulante Palliativversorgung in der Praxis Kohls, SuP 2009, 421.
14 Dafür Schneider in: jurisPK-SGB V, § 132 d Rn. 6; Luthe in: Hauck/Noftz, SGB V, K § 132 d Rn. 9; aA Rixen in: Becker/Kingreen, § 132 d Rn. 5.
15 Vgl. § 37 b Rn. 8.
16 Schneider in: jurisPK-SGB V, § 132 d Rn. 6.
17 Vgl. hierzu Engelmann, GesR 2010, 577, 584.
18 BT-Dr. 16/3100, 144; Schneider in: jurisPK-SGB V, § 132 d Rn. 6; Knittel in: Krauskopf, § 132 d SGB V Rn. 3. Luthe in: Hauck/Noftz, SGB V, K § 132 d Rn. 6; Rixen in: Becker/Kingreen, § 132 d Rn. 10.

tragsärztlichen Versorgung teilnehmenden Ärzte sowie Fachärzte für Arbeitsmedizin und Ärzte mit der Zusatzbezeichnung „Betriebsmedizin", die nicht an der vertragsärztlichen Versorgung teilnehmen, berechtigt sind, Schutzimpfungen zu Lasten der Krankenkasse vorzunehmen. ³Im Fall von Nichteinigung innerhalb einer Frist von drei Monaten nach der Entscheidung gemäß § 20 i Absatz 1 Satz 3 legt eine von den Vertragsparteien zu bestimmende unabhängige Schiedsperson den Vertragsinhalt fest. ⁴Einigen sich die Vertragsparteien nicht auf eine Schiedsperson, so wird diese von der für die vertragsschließende Krankenkasse oder für den vertragsschließenden Verband zuständigen Aufsichtsbehörde bestimmt. ⁵Die Kosten des Schiedsverfahrens tragen die Vertragspartner zu gleichen Teilen. ⁶Endet ein Vertrag, der die Versorgung mit Schutzimpfungen durch die in Satz 2 genannten Personen regelt, so gelten seine Bestimmungen bis zum Abschluss eines neuen Vertrages oder bis zur Entscheidung der Schiedsperson vorläufig weiter.

I. Entstehungsgeschichte und Regelungsgehalt

1 § 132 e trat mit dem GKV-WSG zum 1.4.2007 in Kraft[1] und wurde mWv 1.1.2015 durch das Gesetz zur Weiterentwicklung der Finanzstruktur und der Qualität der gesetzlichen Krankenversicherung (GKV-Finanzstruktur- und Qualitätsweiterentwicklungsgesetz, GKV-FQWG) vom 21.7.2014[2] in Abs. 2 aF um S. 4 ergänzt (→ Rn. 7). Mit dem GKV-VSG vom 16.7.2015 wurde in § 132 e nF der S. 4 ergänzt, wonach ein einmal geschlossener Vertrag über die Versorgung mit Schutzimpfungen solange weitergilt, bis ein neuer geschossen wird.[3] Mit dem Präventionsgesetz wurden schließlich auch Betriebsärzte, Fachärzte für Arbeitsmedizin und Ärzte mit Zusatzbezeichnung „Betriebsmedizin" in den Gesetzestext aufgenommen.[4] Gemäß § 132 e S. 1 schließen die Krankenkassen oder ihre Verbände mit Kassenärztlichen Vereinigungen, geeigneten Ärzten, deren Gemeinschaften, Einrichtungen mit geeignetem ärztlichen Personal oder dem öffentlichen Gesundheitsdienst **Verträge über die Durchführung von Schutzimpfungen** nach § 20 d Abs. 1 und 2,[5] wobei sicherzustellen ist, dass insbesondere die an der vertragsärztlichen Versorgung teilnehmenden Ärzte sowie Fachärzte für Arbeitsmedizin und Ärzte mit der Zusatzbezeichnung „Betriebsmedizin" berechtigt sind, Schutzimpfungen zulasten der Krankenkasse vorzunehmen.[6] Ansonsten müssen die Verträge mit Blick auf den ihnen zugedachten Zweck sowohl den Leistungsinhalt, als auch die Art und Weise der Leistungserbringung näher regeln und ausgestalten.

2 Die Vorschrift regelt somit die rechtlichen Bedingungen für das Verhältnis von Krankenkassen und denkbaren Leistungserbringern bzgl. des Anspruchs aus § 20 d auf Erhalt präventiver Schutzimpfungen, die nicht Gegenstand der vertragsärztlichen Versorgung iS von § 73 Abs. 2 sind. Da diese Leistungen weder dem Arzneimittelbudget, noch der Gesamtvergütung unterfallen sollen, schafft § 132 e für sie eine eigene Versorgung auf weiterer vertraglicher Grundlage.[7] Da die Verordnung von Impfstoffen somit außerhalb der vertragsärztlichen Versorgung erfolgt, unterliegt sie auch nicht der gemeinsamen Prüfzuständigkeit von Kassenärztlichen Vereinigungen und Krankenkassen im Rahmen einer Wirtschaftlichkeitsprüfung.[8]

3 Darüber hinaus ermöglicht § 132 e den Krankenkassen oder ihren Verbänden hinsichtlich der benötigten Impfstoffe für Schutzimpfungen **Verträge mit pharmazeutischen Unternehmern** zu schließen, wobei § 130 a Abs. 8 entsprechend gilt und Vereinbarungen zu treffen sind, um eine rechtzeitige und bedarfsgerechte Versorgung der Versicherten mit den Impfstoffen sicherzustellen. Gegenstand der Vereinbarungen sollen dabei auch Informationspflichten über den Stand der Produktion der Impfstoffe sein. Bei Lieferschwierigkeiten sollen zudem Schadensersatzpflichten und Öffnungsklauseln für die Möglichkeit, evtl. doch andere Lieferanten zuzuziehen, enthalten sein.[9] Allerdings soll für die Verträge das Arzneimittelpreisrecht nicht gelten, wenn die Impfstoffe in ärztliche Praxen als Sprechstundenbedarf geliefert werden,[10] so dass die Preise freier Verhandlung unterliegen. Auch das an die Apotheken für

---

1 BGBl. I 2007, 378.
2 BGBl. I, 1133.
3 BGBl I 2015, 1211.
4 BGBl I 2015, 1368.
5 Die anzubietenden Schutzimpfungen ergeben sich aus der Richtlinie des Gemeinsamen Bundesausschusses über Schutzimpfungen nach § 20 d Abs. 1 SGB V, BAnz. Nr. 29 v. 23.2.2010.
6 Vgl. hierzu auch Kommentierung zu § 20 d SGB V.
7 BT-Dr. 16/4247, 47.
8 BayLSG, 16.12.2015, L 12 KA 160/14 nrkr.
9 Schneider in: jurisPK-SGB V, § 132 e Rn. 14; BT-Dr. 17/13770, 24.
10 BT-Dr. 17/3698, 56.

das Bereitstellen der Impfstoffe zu zahlende Entgelt soll entsprechend § 129 Abs. 5 frei auf Landesebene vereinbart werden.[11]

Da § 132 e Abs. 2 S. 2 aF normierte, dass – soweit nichts anderes vereinbart wurde – die Versorgung der Versicherten ausschließlich mit dem vereinbarten Impfstoff erfolgt, waren auf diese Verträge die **vergaberechtlichen Vorschriften** anwendbar. Dies galt nicht nur für den Vertrag mit dem pharmazeutischen Unternehmer, sondern auch den mit den Apotheken, die die Impfstoffe liefern sollen.[12]

Etwas anderes galt bzw. gilt hingegen schon für die Fälle des § 132 e Abs. 1 S. 2, da hier auch durch die Kombination mit den Regelungen über das Schiedsverfahren eine Verpflichtung zum Vertragsschluss besteht.[13]

Mit dem GKV-Arzneimittelversorgungsstärkungsgesetz hat der Gesetzgeber nun zudem § 132 e Abs. 2 aF ersatzlos gestrichen, weil der Impfstoffmarkt angesichts seiner Komplexität generell durch eine begrenzte Zahl von Herstellern gekennzeichnet ist. Da die Herstellung von Impfstoffen komplex ist und mit Unwägbarkeiten einhergeht, die auch Auswirkungen auf die Sicherheit und Sicherstellung der Versorgung haben könnten und es im Falle von exklusiven Rabattverträgen zu Unsicherheiten bei der Versorgung und zu zeitweiligen Lieferproblemen kommen könnte, sollen künftig Impfstoffe aller Hersteller für die Versorgung zur Verfügung stehen. Mit Inkrafttreten des GKV AMVSG entfällt daher der vormalige § 132 e Abs. 2 SGB V aF zur exklusiven Versorgung mit Impfstoffen. Insoweit bestehende Rabattverträge können nicht verlängert werden. Dies alles soll letztlich auch einer Erhöhung der Impfquoten dienen.[14] Zuvor hatte der Gesetzgeber mit dem GKV-Finanzstruktur- und Qualitätsweiterentwicklungsgesetz (GKV-FQWG) vom 21.7.2014 § 132 e mWv 1.1.2015 gerade erst um S. 4 ergänzt, wonach für die Versorgung der Versicherten mit Impfstoffen Verträge nach S. 1 mit mindestens zwei pharmazeutischen Unternehmern innerhalb eines Versorgungsgebietes zu schließen seien. Denn mit dem GKV-FQWG sollten nach Vorstellung des Gesetzgebers ebenso grundsätzlich die Finanzierungsgrundlagen der gesetzlichen Krankenversicherung sowie die Qualität der Versorgung nachhaltig gestärkt und auf eine dauerhaft solide Grundlage gestellt werden. Konkret mit Blick auf § 132 e Abs. 2 sollte dies bedeuten, dass dessen Ergänzung eigentlich eine Verbesserung gewährleisten bzw. Engpässen bei der Lieferung von Impfstoffen vorbeugen sollte. Aus dem Grund wurde die Möglichkeit der Krankenkassen ausgeschlossen, innerhalb eines Versorgungsgebietes exklusive, dh Einzel-Rabattverträge zur Versorgung der Versicherten mit Impfstoffen für Schutzimpfungen zu schließen. Der Ansatz war allerdings von Anfang an umstritten, da er nicht ohne Weiteres für alle Impfstoffe überhaupt umsetzbar war und es gar nicht immer zwei Hersteller gab. Zudem wurde kritisiert, dass § 132 e Abs. 2 aF eigentlich erwünschten Preiswettbewerb unterbinde und mit den Regelungen des Vergaberechts ohnehin kollidiere.

II. Vertragspartner

Vertragspartner der öffentlich-rechtlichen[15] Verträge gemäß § 132 e sind auf der einen Seite die Krankenkassen oder ihre Verbände, wobei es Krankenkassen selbst nach Vertragsabschluss durch den Verband noch möglich bleibt, eigene, abweichende Verträge zu schließen.[16] Auf der anderen Vertragsseite können Kassenärztliche Vereinigungen, geeignete Ärzte, die nicht zwingend Vertragsärzte sein müssen, deren Gemeinschaften, Einrichtungen mit geeignetem ärztlichen Personal oder der öffentliche Gesundheitsdienst stehen.

Gemäß § 132 e S. 2 ist explizit sicherzustellen, dass die Berechtigung der an der vertragsärztlichen Versorgung teilnehmenden Ärzte sowie von Fachärzten für Arbeitsmedizin und Ärzten mit der Zusatzbezeichnung „Betriebsmedizin" besteht, Schutzimpfungen zulasten der Krankenkasse vornehmen zu können. Daraus erwächst folglich ein **Anspruch auf Abschluss bzw. Einbeziehung** in entsprechende **Verträge**, zumal die flächendeckende Versorgung der Versicherten gewährleistet sein muss, der auch mittels eines Schiedsverfahrens mittlerweile abgesichert erscheint;[17] auch wenn nach ursprünglich gesetzgeberischer Intention die Leistungserbringer keinen Anspruch auf Abschluss eines Versorgungsver-

---

11 Schneider, aaO, Rn. 17.
12 Schneider, aaO, Rn. 15 mwN; OLG Düsseldorf GWR 2011, 193.
13 Unter Hinweis auf § 69 Abs. 2 S. 2 SGB V Schneider in: juris-PK SGB V, § 132 e Rn. 9; Welti in: Becker/Kingreen, SGB V, 4. Aufl., § 132 e Rn. 5.
14 BT-Dr. 18/11449, 38.
15 SG Marburg, 28.1.2011, S 6 KR 183/10 ER, NZS 2011, 356.
16 Schneider, aaO, Rn. 5.
17 Vgl. zur Rechtsqualität des Schiedsspruchs BSGE 118, 164–200.

trages haben sollten.[18] Soweit daher bei einem betreffenden Leistungserbringer die erforderliche Eignung vorliegt, kann er nicht vom Vertrag ausgeschlossen werden.

§ 132 f Versorgung durch Betriebsärzte

Die Krankenkassen oder ihre Verbände können in Ergänzung zur vertragsärztlichen Versorgung und unter Berücksichtigung der Richtlinien nach § 25 Absatz 4 Satz 2 mit geeigneten Fachärzten für Arbeitsmedizin oder den über die Zusatzbezeichnung „Betriebsmedizin" verfügenden Ärzten oder deren Gemeinschaften Verträge über die Durchführung von Gesundheitsuntersuchungen nach § 25 Absatz 1, über Maßnahmen zur betrieblichen Gesundheitsförderung, über Präventionsempfehlungen, Empfehlungen medizinischer Vorsorgeleistungen und über die Heilmittelversorgung schließen, soweit diese in Ergänzung zur arbeitsmedizinischen Vorsorge erbracht werden.

I. Entstehungsgeschichte und Kontext der Norm

1 § 132 f SGB V ist als sog Öffnungsklausel mit dem Präventionsgesetz vom 17.7.2015 ins SGB V eingefügt worden und zum 25.7.2015 in Kraft getreten.[1]

2 Die Krankenkassen werden hierin ermächtigt, in Ergänzung – damit aber auch in Konkurrenz[2] – zur vertragsärztlichen Versorgung mit Fachärzten für Arbeitsmedizin oder den über die Zusatzbezeichnung Betriebsmedizin verfügenden Ärzten oder deren Gemeinschaften Verträge über die Durchführung von Gesundheitsuntersuchungen nach § 25 Abs. 1 zu schließen, wobei – entsprechend zu § 91 Abs. 6 SGB V – die geltenden Richtlinien des G-BA zu berücksichtigen sind. Ziel des Gesetzes ist es, erwerbstätigen Versicherten einen „niederschwelligen Zugang zu Gesundheitsuntersuchungen" zu ermöglichen, und Gegenstand der zu schließenden Verträge können insofern nur solche Untersuchungsleistungen sein, die nicht bereits Bestandteil einer arbeitsmedizinischen Vorsorge sind. Soweit möglich, sind sie allerdings anlässlich einer arbeitsmedizinischen Vorsorge zu erbringen.[3]

II. Leistungsvoraussetzungen

3 Voraussetzung der Leistungserbringung nach § 132 f SGB ist neben dem Umstand, dass die Leistung im Kontext einer betrieblichen Gesundheitsuntersuchung erbracht wird, v.a. der Abschluss eines Vertrages unter den genannten Vertragsparteien, wobei die Leistungserbringer geeignet sein müssen. Ihre Eignung beschränkt sich aber neben Prüfung der formalen, in § 132 f SGB V genannten Qualifikationen auf eine „allgemeine persönliche Zuverlässigkeit" und „hinreichende zeitliche und räumliche Voraussetzungen für die Leistungserbringung".[4]

4 Es besteht kein Anspruch auf einen Vertrag, wie der Gesetzeswortlaut („können") zeigt. Dies ist auch verfassungsrechtlich nicht zu beanstanden, da die Erbringung der fraglichen Leistungen nicht den Kernbereich der Tätigkeit eines Betriebsarztes betrifft. Wenn allerdings in einen Vertrag nur eine begrenzte Zahl von Leistungserbringern eingebunden werden soll, ist bei Überschreitung der Schwellenwerte ein **Vergabeverfahren** nach § 69 Abs. 2 Satz 1 SGB V durchzuführen.[5]

III. Sonstiges

5 Die finanziellen Auswirkungen des § 132 f SGB V, wie aber auch des § 132 e SGB V, hängen nach Vorstellung des Gesetzgebers letztlich von der Anzahl der Krankenkassen und ihrer Verbände ab, die von der Öffnungsklausel Gebrauch machen, wobei den Mehrausgaben in diesem Vertragsbereich Minderausgaben gegenüberstehen sollen, da entsprechende Leistungen aus den Verträgen an die Stelle sonst von anderen Leistungserbringern vertragsärztlich erbrachter Schutzimpfungen oder Gesundheitsunter-

---

18 BT-Dr. 16/4247, 47. Vgl. demgegenüber aber Klöck, NZS 2008, 178; des Weiteren Trenk-Hinterberger in: Spickhoff, Medizinrecht, § 132 e SGB V Rn. 2; ders., aaO, § 132 SGB V Rn. 7 mwN.
1 BGBl. I 2015, 1368.
2 Schneider, in juris-PK, 3. Aufl. 2016, § 132 f, Rn. 2, Stand 1.1.2016. Dabei sollen Vertragsärzte auch keine Konkurrentenschutzklage anstrengen können; ders., aaO, Rn. 11 unter Verweis auf Voraussetzungen gemäß BSG, 28.10.2009, B 6 KA 42/08 R.
3 BT-Dr. 18/4282, 44.
4 Schneider, Rn. 9.
5 Schneider, Rn. 10.

suchungen treten. Der Gesetzgeber geht daher auch davon aus, dass sich insgesamt die Minder- und Mehrausgaben kompensieren dürften.[6]

§ 132 g Gesundheitliche Versorgungsplanung für die letzte Lebensphase

(1) [1]Zugelassene Pflegeeinrichtungen im Sinne des § 43 des Elften Buches und Einrichtungen der Eingliederungshilfe für behinderte Menschen können den Versicherten in den Einrichtungen eine gesundheitliche Versorgungsplanung für die letzte Lebensphase anbieten. [2]Versicherte sollen über die medizinisch-pflegerische Versorgung und Betreuung in der letzten Lebensphase beraten werden, und ihnen sollen Hilfen und Angebote der Sterbebegleitung aufgezeigt werden. [3]Im Rahmen einer Fallbesprechung soll nach den individuellen Bedürfnissen des Versicherten insbesondere auf medizinische Abläufe in der letzten Lebensphase und während des Sterbeprozesses eingegangen, sollen mögliche Notfallsituationen besprochen und geeignete einzelne Maßnahmen der palliativ-medizinischen, palliativ-pflegerischen und psychosozialen Versorgung dargestellt werden. [4]Die Fallbesprechung kann bei wesentlicher Änderung des Versorgungs- oder Pflegebedarfs auch mehrfach angeboten werden.

(2) [1]In die Fallbesprechung ist der den Versicherten behandelnde Hausarzt oder sonstige Leistungserbringer der vertragsärztlichen Versorgung nach § 95 Absatz 1 Satz 1 einzubeziehen. [2]Auf Wunsch des Versicherten sind Angehörige und weitere Vertrauenspersonen zu beteiligen. [3]Für mögliche Notfallsituationen soll die erforderliche Übergabe des Versicherten an relevante Rettungsdienste und Krankenhäuser vorbereitet werden. [4]Auch andere regionale Betreuungs- und Versorgungsangebote sollen einbezogen werden, um die umfassende medizinische, pflegerische, hospizliche und seelsorgerische Begleitung nach Maßgabe der individuellen Versorgungsplanung für die letzte Lebensphase sicherzustellen. [5]Die Einrichtungen nach Absatz 1 Satz 1 können das Beratungsangebot selbst oder in Kooperation mit anderen regionalen Beratungsstellen durchführen.

(3) [1]Der Spitzenverband Bund der Krankenkassen vereinbart mit den Vereinigungen der Träger der in Absatz 1 Satz 1 genannten Einrichtungen auf Bundesebene erstmals bis zum 31. Dezember 2016 das Nähere über die Inhalte und Anforderungen der Versorgungsplanung nach den Absätzen 1 und 2. [2]Den Kassenärztlichen Bundesvereinigungen, der Deutschen Krankenhausgesellschaft, den für die Wahrnehmung der Interessen der Hospizdienste und stationären Hospize maßgeblichen Spitzenorganisationen, den Verbänden der Pflegeberufe auf Bundesebene, den maßgeblichen Organisationen für die Wahrnehmung der Interessen und der Selbsthilfe der pflegebedürftigen und behinderten Menschen, dem Medizinischen Dienst des Spitzenverbandes Bund der Krankenkassen, dem Verband der Privaten Krankenversicherung e.V., der Bundesarbeitsgemeinschaft der überörtlichen Träger der Sozialhilfe sowie der Bundesvereinigung der kommunalen Spitzenverbände ist Gelegenheit zur Stellungnahme zu geben. [3]§ 132 d Absatz 1 Satz 3 bis 5 gilt entsprechend.

(4) [1]Die Krankenkasse des Versicherten trägt die notwendigen Kosten für die nach Maßgabe der Vereinbarung nach Absatz 3 erbrachten Leistungen der Einrichtung nach Absatz 1 Satz 1. [2]Die Kosten sind für Leistungseinheiten zu tragen, die die Zahl der benötigten qualifizierten Mitarbeiter und die Zahl der durchgeführten Beratungen berücksichtigen. [3]Das Nähere zu den erstattungsfähigen Kosten und zu der Höhe der Kostentragung ist in der Vereinbarung nach Absatz 3 zu regeln. [4]Der Spitzenverband Bund der Krankenkassen regelt für seine Mitglieder das Erstattungsverfahren. [5]Die ärztlichen Leistungen nach den Absätzen 1 und 2 sind unter Berücksichtigung der Vereinbarung nach Absatz 3 aus der vertragsärztlichen Gesamtvergütung zu vergüten. [6]Sofern diese ärztlichen Leistungen im Rahmen eines Vertrages nach § 132 d Absatz 1 erbracht werden, ist deren Vergütung in diesen Verträgen zu vereinbaren.

(5) [1]Der Spitzenverband Bund der Krankenkassen berichtet dem Bundesministerium für Gesundheit erstmals bis zum 31. Dezember 2017 und danach alle drei Jahre über die Entwicklung der gesundheitlichen Versorgungsplanung für die letzte Lebensphase und die Umsetzung der Vereinbarung nach Absatz 3. [2]Er legt zu diesem Zweck die von seinen Mitgliedern zu übermittelnden statistischen Informationen über die erstatteten Leistungen fest.

---

6 BT-Dr. 18/4282, 3.

Literatur:

Benze/Alt-Epping/Nauck, Spezielle medizinische Probleme am Lebensende, BuGBl. 2017 (60), 62; Coors/Jox/in der Schmitten (Hrsg.), Advance Care Planning – von der Patientenverfügung zur gesundheitlichen Vorausplanung, 2015; Gilissen/Pivodic/Smets/Gastmans/Vander Stichele/Deliens/Van den Block, Preconditions for successful advance care planning in nursing homes: A systematic review, International Journal of Nursing Studies 66 (2017), 47; Höfling, Das neue Patientenverfügungsgesetz, NJW 2009, 2849; Luthe, Die neue gesundheitliche Versorgungsplanung im SGB V für die letzte Lebensphase, SGb 2016, 329; Prütz/Saß, Daten zur Palliativversorgung in Deutschland, BuGBl. 2017 (1), 26; Rixen/Marckmann/in der Schmitten, Gesundheitliche Versorgungsplanung für die letzte Lebensphase – Das Hospiz- und Palliativgesetz, NJW 2016, 125; in der Schmitten/Nauck/Marckmann, Behandlung im Voraus planen (Advance Care Planning): ein neues Konzept zur Realisierung wirksamer Patientenverfügungen, ZPalliativmedizin 2016, Heft 17, 177; in der Schmitten/Marckmann, Erfolgreiche ACP-Implementierung durch regionale Koordination: Warum eine gute ACP-Gesprächsbegleitung (facilitation) alleine nicht ausreicht, Bioethica Forum 2016, vol. 9, No. 3, 113; Sommer/Marckmann/Pentzek et al., Patientenverfügungen in stationären Einrichtungen der Seniorenpflege. Vorkommen, Validität, Aussagekraft und Beachtung durch das Pflegepersonal, Deutsches Ärzteblatt 2012, 109: 577.

I. Entstehungsgeschichte, Kontext und Normzweck 1	V. Beteiligte (Abs. 2)............................ 6
II. Beratungsangebot (Abs. 1 S. 1)............... 3	VI. Vereinbarung (Abs. 3) 8
III. Beratungsgegenstände (Abs. 1 S. 2, S. 3) 4	VII. Kosten der Einrichtungen und Vergütung ärztlicher Leistungen (Abs. 4) 10
IV. Fallbesprechung und Aktualisierung (Abs. 1 S. 3, S. 4)... 5	VIII. Evaluation (Abs. 5)........................... 12

I. Entstehungsgeschichte, Kontext und Normzweck

1   § 132 g wurde durch Art. 1 Nr. 10 des Gesetzes zur Verbesserung der Hospiz- und Palliativversorgung in Deutschland (Hospiz- und Palliativgesetz – HPG)[1] vom 1.12.2015 mit Wirkung zum 8.12.2015 in das SGB V eingefügt.

Die gesundheitliche Versorgungsplanung für die letzte Lebenshälfte iSd § 132 g orientiert sich an dem im internationalen Sprachgebrauch bekannten Konzept des Advance Care Planning,[2] das zB in den USA, Kanada oder Australien in unterschiedlichen Formen existiert.[3] In Deutschland wurden seit dem Jahr 2009 mehrere Forschungsprojekte zur Zahl und den Bedingungen für Patientenverfügungen in Pflegeeinrichtungen durchgeführt.[4] Ihre Ergebnisse und die Erkenntnis, dass die Implementierung zivilrechtlicher Regelungen im Betreuungsrecht (§§ 1901 a ff. BGB) nur einen Baustein zur Durchsetzung des in Art. 2 Abs. 2 S. 1 GG verankerten Selbstbestimmungsrechts in der Lebens- und Rechtswirklichkeit bildet, stellen den Ausgangspunkt für die Notwendigkeit einer sozialrechtlichen Verankerung der Behandlungsvorausplanung dar. In der „realen Welt medizinischer Entscheidungsfindung"[5] kommt dem schriftlich antizipiert geäußerten Willen des Patienten häufig eine „untergeordnete Rolle"[6] zu. Die Gründe sind vielfältig – angefangen bei einem geringen Verbreitungsgrad von Patientenverfügungen über die Schwierigkeit der Ermittlung einer solchen Verfügung im konkreten Fall bis zur Prüfung der Anwendbarkeit und Auslegungsbedürftigkeit des Inhalts solcher Erklärungen. Auch das Fehlen eines normativ verbindlichen Beratungserfordernisses durch einen fachkundigen Arzt und/oder weitere Expertenbildet eine Ursache für häufig zu diffus und unpräzise formulierte Erklärungen.[7] Der Gesetzgeber des HPG begegnet diesen Problemen für den begrenzten Anwendungsbereich der zugelassenen Pflegeeinrichtungen und Einrichtungen der Eingliederungshilfe mit § 132 g. Mit dieser Regelung will er die Voraussetzungen für ein „individuelles und ganzheitliches Beratungsangebot über Hilfen und Angebote zur medizinischen, pflegerischen, psychosozialen und seelsorgerischen Betreuung in der letzten

---

1 BGBl. I 2015, 2114.
2 Vgl. Zeulner BT PlPr 18/133, 12893 C; Widmann-Mauz in: Coors/Jox/in der Schmitten (Hrsg.), Advance Care Planning, 2015, 9.
3 Vgl. die Zusammenschau bei Coors/Jox/in der Schmitten (Hrsg.), Advance Care Planning, 2015, 181 ff.
4 Vgl. zB in der Schmitten/ Marckmann in: Coors/Jox/in der Schmitten (Hrsg.), Advance Care Planning, 2015, 234–257.
5 In der Schmitten/Marckmann, ZPalliativmed 2016, Heft 17, 177, 178.
6 In der Schmitten/Marckmann, ZPalliativmed 2016, Heft 17, 177, 178; in der Schmitten/Marckmann Bioethica Forum 2016, 113; Sommer/Marckmann/Pentzek, Dtsch. Ärztebl 2012, 109: 577 ff.
7 Vgl. kritisch zum Patientenverfügungsgesetz 2009 bereits Höfling, NJW 2009, 2849, 2852; zum Erfordernis einer Beratung auch Birnbach/Dabrock/Taupitz/Vollmann, EthikMed 2007, 138, 142.

Lebensphase"[8] schaffen. Dass er die Norm unter der „missverständlichen" [9] Überschrift „gesundheitliche Versorgungsplanung für die letzte Lebenshälfte" fasst, dürfte an der deutschen Übersetzung des englischsprachigen Vorbilds Advance Care Planning liegen.

§ 132 g zielt darauf ab, für die Versicherten eine Angebotsstruktur in den in Abs. 1 benannten Einrichtungen zu schaffen, damit sie mögliche zukünftige medizinische und pflegerische Entscheidungen im Voraus unter fachkundiger Beratung planen und ggf. auch festlegen können.[10] Mit dem auf die individuelle Lebenssituation zugeschnittenen Beratungsansatz kann der sozialrechtlichen Vorschrift des § 132 g in zweifacher Hinsicht eine **Komplementärfunktion zu § 1901 a BGB** zukommen: erstens in der Phase der Entscheidungsfindung für eine Patientenverfügung und deren Formulierung, die gerade wegen der bisher fehlenden normativen Verankerung einer Beratung die Chance für ein höheres Maß an Formulierungspräzision für die Betroffenen bietet; zweitens für die Erfassung von Behandlungswünschen und Wertvorstellungen, wenn auf eine Patientenverfügung verzichtet wird. Letztlich dient § 132 g damit neben dem Selbstbestimmungs- und Integritätsschutz auch der Rechtssicherheit für die medizinisch und pflegerisch tätigen Fachkräfte. Für eine der Zielsetzung des Konzepts in der Praxis gerecht werdende Umsetzung wird es vor allem auf die Vereinbarung der Vertragspartner nach Abs. 3 ankommen.

II. Beratungsangebot (Abs. 1 S. 1)

Abs. 1 S. 1 und S. 2 sehen ein durch die Versicherten freiwillig nutzbares „**ganzheitliches Beratungsangebot** über Hilfen und Angebote zur medizinischen, pflegerischen, psychosozialen und seelsorgerischen Betreuung und Versorgung in der letzten Lebenshälfte"[11] vor. Adressat des Abs. 1 sind die zugelassenen **vollstationären Pflegeeinrichtungen** nach § 43 SGB XI sowie teil- und vollstationäre **Einrichtungen** gemäß § 13 Abs. 1 S. 1 SGB XII, für die Vereinbarungen nach § 75 SGB XII getroffen wurden. Die Einrichtungen des Abs. 1 S. 1 werden zur Vorhaltung des Angebots nicht verpflichtet.[12] Mit der Kostentragungsregelung des Abs. 4 (→ Rn. 10) hat der Gesetzgeber aber einen Anreiz gesetzt, ein Beratungsangebot vorzusehen. Die Einrichtungen müssen – wenn sie sich für ein solches Angebot entscheiden – die Beratung nicht selbst durchführen, sondern können dafür andere regionale Beratungsstellen wie „ambulante Hospizdienste, stationäre Hospize und SAPV-Teams"[13] in Dienst nehmen (Abs. 2 S. 5).

III. Beratungsgegenstände (Abs. 1 S. 2, S. 3)

Gegenstand der Beratung, die die Versicherten freiwillig in Anspruch nehmen können, sind die medizinisch-pflegerische Versorgung und Betreuung in der letzten Lebensphase sowie Hilfen und Angebote der Sterbebegleitung (S. 2). Die Fallbesprechung soll die Behandlungs- und Versorgungswünsche ex ante (daher die Überschrift: *für* die letzte Lebensphase) erheben, ohne dass damit eine spätere Erfassung oder Änderung (vgl. dazu Abs. 1 S. 5) ausgeschlossen ist. Sie beschränkt sich nicht auf die Beratung über einen einzelnen Fall, sondern umfasst die gemeinsame nach den individuellen Bedürfnissen der Versicherten ausgerichtete Herausarbeitung konkreter möglicher medizinischer und pflegerischer Entscheidungssituationen. Soweit für den Versicherten ein **Betreuer oder Bevollmächtigter** für die Gesundheitsfürsorge bzw. die Heilbehandlung eingesetzt ist, muss dieser als Vertreter im Rechtssinne in die Beratung einbezogen werden.[14] Dies ist – wie die Ausschussberatungen während des Gesetzgebungsverfahrens gezeigt haben – die überwiegende Personengruppe.[15] Die letzte Lebensphase ist nicht definiert und rechtlich wie medizinisch schwer greifbar. Sie umfasst mindestens den aufgrund einer diagnostizierten unheilbaren Erkrankung verbleibenden Zeitraum der begrenzten Lebenserwartung von Tagen, Wochen oder (wenigen) Monaten (vgl. § 3 Abs. 6 S. 1 PflegeZG, § 37 b Abs. 1 S. 1 iVm § 3

---

8 BT-Dr. 18/5170, 3.
9 Rixen in: Becker/Kingreen, § 132 g Rn. 1.
10 Vgl. zu den verschiedenen deutschen Begrifflichkeiten im Zusammenhang mit Advanced Care Planning in der Schmitten/Nauck/Marckmann, ZPalliativmed 2016, Heft 17, 177, 180.
11 BT-Dr. 18/5170, 30 Zur Nummer 10.
12 Vgl. Zeulner, BT PlPr 18/133, 12893 C.
13 BT-Dr. 18/5170, 71.
14 Vgl. BT-Dr. 18/5868, 4 und BT-Dr. 18/5170, 42; wie hier Rixen in: Becker/Kingreen, § 132 g Rn. 4.
15 Nach der Einzelsachverständigen Bausewein, Wortprotokoll der 50. Sitzung des Ausschusses für Gesundheit v. 21.4.2015, 8, sind 70 % der Menschen, die ins Pflegeheim kommen, nicht mehr selbst zu Entscheidungen fähig.

Abs. 3 S. 1 SAPV-Richtlinie).[16] Richtigerweise ist der Begriff weit zu verstehen. Der **inhaltliche Rahmen für die Beratung** ist weit gespannt. Beispielhaft (vgl. Wortlaut: „insbesondere") und nicht abschließend soll dabei auf medizinische Abläufe in der letzten Lebensphase und während des Sterbeprozesses eingegangen werden, mögliche Notfallsituation sollen besprochen und geeignete einzelne Maßnahmen der palliativ-medizinischen, palliativ-pflegerischen und psychosozialen Versorgung den Versicherten dargestellt werden (S. 3). Der weite Rahmen des Abs. 1 macht deutlich, dass es in der richtigerweise als „Gesprächsprozess"[17] zu verstehenden Fallberatung nicht nur um die „Möglichkeiten und Grenzen eines Therapieverzichts"[18] einschließlich der medizinischen, pflegerischen und psychosozialen Versorgung für Menschen mit nicht heilbaren Erkrankungen geht, sondern um das gesamte Spektrum der medizinisch-pflegerischen Entscheidungen in der letzten Lebenshälfte einschließlich lebensverlängernder Maßnahmen.[19] Bezogen auf die palliativen Versorgungsangebote, die für Deutschland je nach Datengrundlage im internationalen Vergleich als gut bis sehr gut bewertet werden,[20] bildet die Beratung über die palliativ-medizinische, palliativ-pflegerische und psychosoziale Versorgung einen weiteren Baustein innerhalb des Versorgungsangebots.[21] Für den Beratungsgegenstand möglicher **Notfallsituationen** ist ergänzend Abs. 2 S. 3 zu berücksichtigen, wonach die erforderliche Übergabe des Versicherten an relevante Rettungsdienste und Krankenhäuser vorbereitet werden soll. Eine rechtssichere Vorbereitung setzt die Beratung und insbesondere die schriftliche Festlegung klarer medizinischer Vorgaben wie zB den Verzicht auf konkrete Maßnahmen für den Notfall voraus.[22] Als gute Grundlage für eine Übergabe an Notärzte und Notfallsanitäter (Rettungsassistenten) bietet sich ein formalisierter Notfallbogen an,[23] der in der Beratung mit dem Versicherten gemeinsam ausgefüllt und von der Einrichtung für den Notfall vorgehalten wird.

IV. Fallbesprechung und Aktualisierung (Abs. 1 S. 3, S. 4)

5 Durchzuführen ist **mindestens eine Fallbesprechung** (S. 3), die bei wesentlicher Änderung des Versorgungs- und Pflegebedarfs nach Abs. 1 S. 4 mehrfach wiederholt werden kann. Ob eine **Änderung wesentlich** in diesem Sinn ist, bestimmt sich nach der Entwicklung des Gesundheitszustands des Versicherten. Mit Blick auf dessen Selbstbestimmungsrecht (Art. 2 Abs. 2 S. 1 GG) kann allerdings auch bei unverändertem Versorgungs- und Pflegebedarf die Notwendigkeit weiterer Fallbesprechungen bestehen, wenn etwa der Versicherte selbst Anhaltspunkte für geänderte Behandlungswünsche und Wertvorstellungen gibt (zB durch eine Bitte zum Gespräch für Änderungs- oder Ergänzungswünsche). Insoweit wäre es wünschenswert, in der Vereinbarung nach Abs. 3 auch eine in regelmäßigen Abständen durchzuführende Prüf- und Aktualisierungspflicht aufzunehmen.

V. Beteiligte (Abs. 2)

6 Abs. 2 ist insoweit eine das Verfahren der Beratung betreffende Regelung, als sie die Beteiligten nennt, die obligatorisch (S. 1) einzubeziehen sind, und die Personen, die auf Wunsch des Versicherten beteiligt werden müssen (S. 2). Verpflichtend ist die **Beteiligung** des den Versicherten behandelnden **Hausarztes** (Def. → § 73 Abs. 1 a) oder **sonstiger Leistungserbringer** der vertragsärztlichen Versorgung nach § 95 Abs. 1 S. 1. Damit können statt („oder") des Hausarztes alle behandelnden Fachärzte (die ggf. in MVZ tätig sind, sowie behandelnde ermächtigte Ärzte oder Ärzte ermächtigter Einrichtungen) einbezogen werden. Die die Beratung durchführende Stelle (Einrichtung oder Dienstleister) muss dafür den Vertragsarzt oder den/die sonstigen Leistungserbringer kontaktieren, der/die dann an der Fallbesprechung teilnimmt. Ihm kommt die **Aufgabe** zu, die Einwilligungsfähigkeit des Versicherten zu beurteilen, die medizinische Beratung abzudecken (zB Therapie- und Behandlungsmöglichkeiten, Folgen bei einem Verzicht auf eine Maßnahme oder palliative Versorgungsmöglichkeiten) sowie zu prüfen, ob das

---

16 Vgl. auch Rixen in: Becker/Kingreen, § 132 g Rn. 5.
17 Rixen in: Becker/Kingreen, § 132 g Rn. 5.
18 BT-Dr. 18/5170, 30 zur Nummer 10.
19 Wie hier Rixen/Marckmann/in der Schmitten, NJW 2016, 125, 127; aA BeckOK SozR/Ammann SGB V § 132 g Rn. 6, der trotz des Wortlauts („insbesondere"), der Entstehungsmaterialien und der Orientierung an Advance Care Planning den Beratungsgegenstand nur auf den Zeitraum der letzten Lebensphase von chronisch Kranken mit infauster Prognose beziehen will.
20 Vgl. Prütz/Saß, BuGBl. 2017 (1), 26, 32 f.
21 Vgl. Überblick bei Luthe, SGb 2016, 329.
22 Vgl. Benze/Alt-Epping/Nauck, BuGBl 2017, 1, 63.
23 Vgl. zB Benze/Alt-Epping/Nauck, BuGBl 2017, 1, 63; in der Schmitten/Rixen/Marckmann in: Coors/Jox/in der Schmitten (Hrsg.), Advance Care Planning, 2015, 288 ff.

dokumentierte Beratungsergebnis den Versichertenwünschen entspricht.²⁴ Der Begriff der **Angehörigen**, die auf Wunsch des Versicherten beteiligt werden müssen, wird (anders als in § 10 und § 56 SGB I) nicht definiert. Neben den Familienangehörigen nach § 10 SGB X (zB Ehegatten, Lebenspartner iSd § 33 b SGB I, Kinder im abstammungsrechtlichen Sinn nach §§ 1591 ff. BGB) werden auch die weiteren Angehörigen (vgl. zB den weiten Begriff des § 16 Abs. 5 SGB X) erfasst, da deren Einbezug Unterstützungs- und keine Ersatzfunktion für den Versicherten bei der Ermittlung der Behandlungswünsche und Wertvorstellungen hat.²⁵ Dies legt auch der Vergleich mit der zweiten einzubeziehenden Personengruppe des S. 2 nahe: den weiteren Vertrauenspersonen. **Weitere Vertrauenspersonen** sind all diejenigen Personen, zu denen der Versicherte in einer nahen Beziehung steht, die durch Vertrauen gekennzeichnet ist (wie zB Freunde oder auch Lebensgefährten von Angehörigen, denen er sich verbunden fühlt).

Während die S. 1 und S. 2 eine möglichst umfassende Ermittlung der Wünsche und Vorstellungen des Versicherten für zukünftige Entscheidungen durch den diesen Maßstab kennenden Personenkreis sicherstellen soll, sind S. 3 und S. 4 auch auf den an die Beratung anschließenden Prozess ausgerichtet. S. 3 betrifft die Vorbereitung der Übergabe in Notfallsituationen (→ Rn. 4). S. 4 regelt den Einbezug (gemeint: Berücksichtigung) anderer **regionaler Betreuungs- und Versorgungsangebote**. Die Vorgabe dient einerseits der Vermeidung von Doppelstrukturen und andererseits der Sicherstellung einer umfassenden medizinischen und pflegerischen Betreuung auf der Grundlage des Beratungsgesprächs, an der nach dem Willen des Gesetzgebers alle regionalen Versorger wie Rettungsdienste, Krankenhäuser, kommunale und seelsorgerische Einrichtungen beteiligt werden sollen.²⁶ Dies erfordert eine kommunikative Abstimmung. Das Einbeziehungsgebot verlangt, dass die zugelassene Pflegeeinrichtung nach § 43 SGB XI und die Einrichtung der Eingliederungshilfe nach § 13 SGB XII den Übergang in weitere Versorgungs- und Betreuungseinrichtungen sicherstellt. Der Gesetzgeber hatte dafür ein eng zusammenarbeitendes Versorgungsnetzwerk aus Kostenträgern, den voll- und teilstationären Einrichtungen und den regionalen Anbietern vor Augen.²⁷ Der Begriff „regional" ist im Sinne von lokal und überkommunal zu verstehen,²⁸ also nicht als Untergliederung wie dies etwa aus dem Bedarfsplanungsrecht mit den Planungsregionen bzw. den Planungsbereichen (§ 99, § 7, Anlage 2 und Anlage 3 Bedarfsplanungs-Richtlinie) bekannt ist. Der Vermeidung von Doppelstrukturen dient Abs. 2 S. 5, der den Einrichtungen nach Abs. 1 erlaubt, die Beratung durch andere bereits bestehende Beratungsstellen wahrnehmen zu lassen.

VI. Vereinbarung (Abs. 3)

Abs. 3 S. 1 überantwortet die Festlegung des Näheren zu den Inhalten und Anforderungen der Versorgungsplanung nach Abs. 1 und Abs. 2 einer **Vereinbarung** zwischen dem GKV-Spitzenverband und den Trägern der in Abs. 1 S. 1 genannten Pflegeeinrichtungen und Einrichtungen der Eingliederungshilfe. Die Vereinbarung ist ein öffentlich-rechtlicher Vertrag iSd § 53 ff. SGB X, für den § 69 Abs. 1 gilt. Er muss den Leistungsinhalt und die „qualitativen Anforderungen an das Beratungsgespräch und die Fallbesprechung sowie die Qualifikation der am Beratungsprozess beteiligten Fachkräfte"²⁹ konkretisieren, weiterhin die „Anforderungen an die Dokumentation der Beratung und der oder dem Versicherten geäußerten Vorstellungen und Wünsche über die Versorgung in der letzten Lebenshälfte." ³⁰ Darüber hinaus sind die erstattungsfähigen Kosten und die Höhe der Kostentragung zu regeln (Abs. 4 S. 3). S. 2 räumt den verschiedenen dort im Einzelnen benannten Organisationen und Institutionen ein **Stellungnahmerecht** vor Abschluss der Vereinbarung ein. Durch das Beteiligungsrecht soll der Sachverstand der Organisationen und Institutionen in den Verhandlungsprozess einbezogen werden können, ohne dass eine zwingende Auseinandersetzung mit den Inhalten oder gar ein Einvernehmen gefordert sind. Kein gesetzlich begründetes Stellungnahmerecht kommt der **Task Force** „Advance Care Planning – Behandlung im Voraus planen (BVP)" zu, die bei der Deutschen Gesellschaft für Palliativmedizin (DGP) angesiedelt ist und aus Mitteln des Bundesgesundheitsministeriums gefördert wird.³¹ Das aus

---

24 Vgl. Rixen/Marckmann/in der Schmitten, NJW 2016, 125, 128.
25 Wie hier Rixen in: Becker/Kingreen, § 132 g Rn. 8.
26 Vgl. BT-Dr. 18/5170, 31.
27 Vgl. Rüddel, BT PlPr, 18/11, 10655 (C).
28 Wie hier Rixen/Marckmann/in der Schmitten, NJW 2016, 125, 127: „überlokaler Kooperationsverbund".
29 BT-Dr. 18/5170, 31.
30 BT-Dr. 18/5170, 31.
31 Vgl. in der Schmitten/Nauck/Marckmann, ZPalliativmedizin 2016, Heft 17, 177, 191.

Medizinern, Medizinethikern und einem Juristen bestehende Gremium berät die Vertragspartner durch Empfehlungen (→ Rn. 9). Kommt die Vereinbarung nach Abs. 3 S. 1 nicht zustande, wird der Inhalt durch ein Schiedsverfahren (§ 132 d Abs. 1 S. 3–5) festgesetzt (S. 3).

9 Die Vereinbarung nach Abs. 3 S. 1 wurde bisher trotz Ablaufs der vom Gesetzgeber vorgegebenen Frist des 31.12.2016 nicht abgeschlossen. Die Gründe dürften vielfältig sein und lassen sich bei einem Blick durch die Kostenbrille in die Umsetzungsempfehlungen der Task Force aus dem Januar 2017 erahnen (→ Rn. 8). Zu den **Voraussetzungen für eine erfolgreiche Implementierung** von Advance Care Planning in Pflegeeinrichtungen gehören etwa umfangreiche fachliche Kenntnisse und besondere Kommunikationskompetenzen, über die nicht nur die betroffenen (Vertrags-)Ärzte, sondern vor allem die in die Vorausplanung einbezogenen anderen Personen – zB sog Gesprächsbegleiter – verfügen müssen.[32] Gerade mit Blick auf die Personalprobleme in stationären Einrichtungen besteht bei einer Überantwortung der Führung des Beratungsgesprächsprozesses an das Pflegepersonal ohne besondere Qualifizierung die Gefahr einer nicht dem Willen des Gesetzgebers entsprechenden Umsetzung, der sich am internationalen Standard des Advance Care Planning und damit auch am Forschungsstand orientiert hat. Für das Gelingen der Versorgung kommt es neben einem aufsuchenden Beratungsangebot auch auf die Organisation und Koordination verschiedener Leistungen und Leistungserbringer sowie auf deren Zusammenarbeit an, für die der Gesetzgeber einen bestmöglichen Informationsaustausch zwischen den Beteiligten sicherstellen will.[33] Vor diesem Hintergrund ist eine dem Konzept entsprechende besondere Qualifizierung erforderlich, die aus Sicht der Pflegeeinrichtungen und Einrichtungen der Eingliederungshilfe mit Blick auf die Kosten wiederum gerade nicht interessant sein dürfte. Der Gesetzgeber sieht als eine Anforderung auch für die nicht-ärztlichen Fachkräfte eine „hinreichende Erfahrung und Qualifikation in der palliativen und hospizlichen Versorgung".[34] Konfliktpotential für die Verhandlungen bieten zudem der Umfang und die Inhalte der Dokumentation etwa zur Frage der Notwendigkeit einer Vertreterdokumentation, die einen Mehraufwand bedeuten würde.

VII. Kosten der Einrichtungen und Vergütung ärztlicher Leistungen (Abs. 4)

10 Abs. 4 regelt die Kostentragung. Dabei wird zwischen den notwendigen Kosten der **Einrichtung** nach Abs. 1 S. 1 für Leistungen unterschieden, die nach Abs. 1 und Abs. 3 erbracht werden (S. 1–4) und den ärztlichen Leistungen (S. 5–6). Die Einrichtungen erhalten neben der Vergütung nach dem SGB XI eine **zusätzliche Vergütung** für die nach Abs. 1 und Abs. 3 zu erbringenden Leistungen durch die Krankenkassen, wobei für die Kostenzuordnung des Beratungsangebots zur gesetzlichen Krankenversicherung die „im Mittelpunkt stehenden medizinischen und versorgungsrelevanten Fragestellungen"[35] ausschlaggebend waren. Die erstattungsfähigen Kosten und die Höhe der Kostentragung sind in der Vereinbarung nach Abs. 3 zu regeln (S. 3). Mit der Vorgabe des S. 2, nach der die Kosten für Leistungseinheiten zu tragen sind, die die Zahl der benötigten qualifizierten Mitarbeiter und die Zahl der durchgeführten Beratungen berücksichtigen, hat der Gesetzgeber einen möglichen Streitpunkt zwischen den Vertragspartnern nach Abs. 3 gesetzt: die Qualifizierung der Mitarbeiter. Mit ihr hängt der Erfolg der Implementierung von Advance Care Planning als einem aufsuchenden Angebot für einen Beratungsprozess eng zusammen (→ Rn. 9). Wenn in der Gesetzesbegründung von einer Kostenberechnung der nicht-ärztlichen Gesprächsleistungen der vollstationären Pflegeeinrichtungen und der Einrichtungen der Eingliederungshilfe ausgegangen wird, bei der „pro 50 Bewohnern ein zusätzlicher (bei Erstgespräch größerer, dann abnehmender) mittlerer Personalbedarf von ca. 1/8 Stelle benötigt wird",[36] kann dies in der Tat nur als „Richtwert"[37] für die Vereinbarung nach Abs. 3 gelten. Dass die Zahl der Beratungen und nicht das Ergebnis, etwa gemessen durch die Zahl von Patientenverfügungen oder Notfall-/Krisenbögen, bei der Kostenvereinbarung zu berücksichtigen ist, eröffnet die Möglichkeit, die Qualität der Beratung einzubeziehen und nimmt den Versicherten den Druck, zu einem bestimmten Beratungsergebnis zu gelangen.

11 Die **ärztlichen Leistungen** werden aus der vertragsärztlichen Gesamtvergütung vergütet (S. 5). Die Definition wird damit den Gesamtvertragspartnern und den Vertragspartner nach Abs. 3 überlassen. Eine

---

32 Vgl. Gilissen/Pivodic/Smets et al., IJNS 66 (2017), 47.
33 Vgl. BT-Dr. 18/5170, 27.
34 BT-Dr. 18/5170, 31.
35 Vgl. BT-Dr. 18/5170, 31.
36 BT-Dr. 18/5170, 20.
37 Rixen in: Becker/Kingreen, § 132 g Rn. 14.

Abgrenzung zu den nicht-ärztlichen Aufgaben im Beratungsprozess ist dafür zwingend erforderlich.[38] Zu den ärztlichen Aufgaben zählen die Teilnahme an der Fallbesprechung nach Abs. 1 sowie sonstige Koordinationsaufgaben, soweit sie vom Vertragsarzt wahrzunehmen sind. Zur weiterhin wichtigen Aufgabe der Beurteilung der Einwilligungsfähigkeit des Versicherten und der Prüfung der Übereinstimmung der Behandlungswünsche und der dokumentierten Beratungsergebnisse → Rn. 6.

VIII. Evaluation (Abs. 5)

Abs. 5 verpflichtet den GKV-Spitzenverband, dem Bundesgesundheitsministerium für die Entwicklung der gesundheitlichen Versorgungsplanung für die letzte Lebenshälfte und die Umsetzung der Vereinbarung nach Abs. 3 erstmals bis zum 31.12.2017 und danach alle drei Jahre zu berichten. Der Gegenstand des Berichts ist damit weit gefasst, obwohl S. 2 nur eine Verpflichtung zur Übermittlung der erhobenen statistischen Informationen über die erstatteten Leistungen vorsieht. Derzeit ist die Zahl der Einrichtungen, die die Beratung nach Abs. 1 und Abs. 2 selbst oder durch Dienstleister anbieten, zu erfassen sowie die Zahl der eingeschalteten Dienstleister; weiterhin die Zahl der Beratungen von Versicherten, die die Beratung in Anspruch nehmen (Leistungen). Mit Blick auf das Ergebnis der Beratung sind auch die Dokumentationen und die Zahl der verfassten Patientenverfügungen sowie weitere schriftlichen Behandlungsvorstellungen von Interesse. Dies kann über die Berichtpflicht zur Umsetzung der Vereinbarung nach Abs. 3 abgedeckt werden. „Entwicklung" meint die Beobachtung im Zeitverlauf. Insoweit würden sich methodisch auch Längsschnittuntersuchungen anbieten, die aber vom Gesetzgeber nicht beabsichtigt sind, da er die zu übermittelnden statistischen Informationen als „anonymisierte Daten, dh um Daten ohne Personenbezug"[39] versteht. Um dem Gesetzgeber eine Bewertung und Weiterentwicklung des Instruments zu ermöglichen, sollten die „statistischen Informationen" näher gefasst und um Datenerhebungs- und Datenverarbeitungsbefugnisse erweitert werden, die auch eine Qualitätsbewertung erlauben.

§ 132 h Versorgungsverträge mit Kurzzeitpflegeeinrichtungen

Die Krankenkassen oder die Landesverbände der Krankenkassen können mit geeigneten Einrichtungen Verträge über die Erbringung von Kurzzeitpflege nach § 39 c schließen, soweit dies für eine bedarfsgerechte Versorgung notwendig ist.

Literatur:
Luthe, Die neue Kurzzeitpflege bei fehlender Pflegebedürftigkeit im SGB V, MedR 2016, 311 ff.

I. Entstehungsgeschichte

§ 132 h wurde eingeführt durch Art. 6 Nr. 13 b Krankenhausstrukturgesetz (KHSG) vom 10. Dezember 2015 (BGBl. 229) und ist mit Wirkung vom 1.1.2016 in Kraft getreten. Es gibt keine Vorgängerregelung bzw. vergleichbare Regelungen im SGB V.

II. Normzweck

Um den neuen Leistungsanspruch der Versicherten nach § 39 c zeitnah umsetzen zu können, regelt § 132 h die Umsetzung durch den Abschluss von Versorgungsverträgen der Krankenkassen oder Landesverbände der Krankenkassen mit geeigneten Einrichtungen für die Erbringung der Kurzzeitpflegeleistungen für nicht pflegebedürftige Personen. Damit wird die Leistung der Kurzzeitpflege für Versicherte eröffnet, die nicht pflegebedürftig sind und damit nicht entsprechende Leistungen nach dem Elften Buch (SGB XI) in Anspruch nehmen können. Grundsätzlich können alle geeigneten Einrichtungen für die Erbringung der neuen Leistung der Kurzzeitpflege in der GKV in Betracht kommen. Dazu gehören auch die nach dem Elften Buch zugelassenen Pflegeeinrichtungen.[1]

---

38 So auch Luthe, SGb 2016, 329, 334 und Rixen in: Becker/Kingreen, § 132 g Rn. 13 f.
39 BT-Dr. 18/6585, 30.
1 BT-Dr. 18/6586, 109.

III. Regelungsgehalt

3 Nach dem neu eingeführten § 39 c haben **nicht pflegebedürftige Personen** nunmehr einen Leistungsanspruch auf **Kurzzeitpflege im System der GKV**. Voraussetzung der Kurzzeitpflege nach § 39 c ist, dass wegen einer schweren Krankheit oder wegen akuter Verschlimmerung einer Krankheit, insbesondere nach einem Krankenhausaufenthalt, nach einer ambulanten Operation oder nach einer ambulanten Krankenhausbehandlung die häusliche Krankenpflege nicht ausreicht und Pflegeleistungen nicht in Betracht kommen, weil Pflegebedürftigkeit iSd SGB XI nicht besteht (s. § 39 c SGB V). § 39 c begründet einen Teilleistungsanspruch auf Kurzzeitpflege, der nicht auf die Kurzzeitpflege im Sinne des SGB XI angerechnet wird. Damit wird eine Lücke von seit langem bekannten Versorgungsdefiziten für Personen geschlossen, die zwar nicht mehr krankenhausbehandlungsbedürftig sind, aber auch keinen für die Inanspruchnahme von Pflegeleistungen erforderlichen Pflegebedarf haben, vor allem weil ein Bedarf von mindestens sechs Monaten nicht gegeben ist (s. § 14 SGB XI).[2] § 132 a SGB V dient der leistungserbringungsrechtlichen Umsetzung der neu geschaffenen Kurzzeitpflege nach § 39 c.[3]

4 **1. Vertragsparteien.** Vertragspartner für den Abschluss der Versorgungsverträge mit Einrichtungen für die Erbringung der Kurzzeitpflegeleistungen sind die **Krankenkassen** oder die **Landesverbände der Krankenkassen** und die betreffenden **Einrichtungsträger**. Dabei kann es sich auch um solche Einrichtungsträger handeln, die bereits zugelassene Pflegeeinrichtungen nach dem SGB XI betreiben (s. § 72 f SGB XI). Um entsprechende Leistungen nach dem GKV für Anspruchsberechtigte nach § 39 c erbringen zu können, bedürfen jedoch auch Einrichtungsträger, die bereits zur Erbringung von Leistungen der Kurzzeitpflege nach dem SGB XI zugelassen sind, **eines gesonderten Versorgungsvertrages mit Krankenkassen oder den Landesverbänden der Krankenkassen**. Rahmenverträge entsprechend des Pflegeversicherungsrechts als Grundlage für den Abschluss solcher Versorgungsverträge existieren nicht. Ein Kontrahierungszwang besteht jedoch für die Krankenkassen oder die Landesverbände der Krankenkassen nicht. Allerdings wird im Rahmen einer gesundheitspolitischen Evaluation gemäß § 39 c S. 4 zu prüfen sein, ob der Anspruch auf Kurzzeitpflege bei fehlender Pflegebedürftigkeit ausreichend durch entsprechende Angebote von Einrichtungen sichergestellt wird.

5 **2. Geeignete Einrichtungen.** Soweit der Gesetzgeber nach § 132 h von geeigneten Einrichtungen spricht, ist dies im Zusammenhang mit § 39 c S. 3 zu sehen, wonach die Leistung für die Kurzzeitpflege bei fehlender Pflegeeinrichtung in zugelassenen Einrichtungen nach dem Elften Buch oder in anderen geeigneten Einrichtungen erbracht werden kann. Soweit es sich nicht um zugelassene Einrichtungen nach dem Elften Buch handelt, ist hierfür auf Einrichtungen abzustellen, die vergleichbar sind mit solchen Einrichtungen. Dabei können grundsätzlich alle geeigneten Einrichtungen für die Erbringung der neuen Leistungen der Kurzzeitpflege in der GKV in Betracht kommen.[4] Entsprechend geeignete stationäre Einrichtungen können zum Beispiel umgewandelte Krankenhäuser bzw. Gebäudeteile von Krankenhäusern oder ehemalige Alten- oder Wohnheime sein. Die baulichen Strukturen solcher Einrichtungen und ihre Ausstattungsmerkmale müssen, um für die stationäre Kurzzeitpflege geeignet zu sein, den **maßgeblichen baulichen, hygienischen und technischen Anforderungen** entsprechen. Erstrebenswert ist eine Verknüpfung mit medizinischen und komplementär medizinischen Angeboten, um dem Versorgungsbedarf der Versicherten gerecht zu werden.[5] Insoweit können gut vernetzte Versorgungsketten für solche Versicherten hergestellt werden.

6 **3. Abschluss eines Versorgungsvertrages.** Der Abschluss eines Versorgungsvertrages wird zwingend vorgesehen. In dem entsprechenden Versorgungsvertrag ist seitens der Krankenkassen oder der Landesverbände der Krankenkassen die **bedarfsgerechte Versorgung der Versicherten sicherzustellen**. Verträge sind nur dann abzuschließen, soweit dies für eine bedarfsgerechte Versorgung notwendig ist. Der Inhalt der Verträge bleibt den Vertragsparteien überlassen. Der Gesetzgeber hat, ausgehend vom Normzweck, lediglich einen groben Rahmen für den Inhalt der Versorgungsverträge gesetzt. Um eine bedarfsgerechte Versorgung sicherzustellen, sind auch unterschiedliche Vertragstypen entsprechend der zu versorgenden Gruppen von Versicherten im Sinne von § 39 c SGB V denkbar.[6] Die Erfahrungen mit den neuen Einrichtungen der Kurzzeitpflege werden in der Evaluation des Spitzenverbandes Bund der

---

2 Luthe, MedR 2016, 311.
3 Luthe, MedR 2016, 311, 315.
4 BT-Dr. 18/6586, 109.
5 BeckOK SozR/Ammann, SGB V § 132 h Rn. 2.
6 Luthe, MedR 2016, 311, 317.

Krankenkassen bis Ende des Jahres 2018 in einem Bericht dem Deutschen Bundestag vorzulegen sein (s. § 39c S. 4 SGB V).

§ 133 Versorgung mit Krankentransportleistungen

(1) ¹Soweit die Entgelte für die Inanspruchnahme von Leistungen des Rettungsdienstes und anderer Krankentransporte nicht durch landesrechtliche oder kommunalrechtliche Bestimmungen festgelegt werden, schließen die Krankenkassen oder ihre Landesverbände Verträge über die Vergütung dieser Leistungen unter Beachtung des § 71 Abs. 1 bis 3 mit dafür geeigneten Einrichtungen oder Unternehmen. ²Kommt eine Vereinbarung nach Satz 1 nicht zu Stande und sieht das Landesrecht für diesen Fall eine Festlegung der Vergütungen vor, ist auch bei dieser Festlegung § 71 Abs. 1 bis 3 zu beachten. ³Sie haben dabei die Sicherstellung der flächendeckenden rettungsdienstlichen Versorgung und die Empfehlungen der Konzertierten Aktion im Gesundheitswesen zu berücksichtigen. ⁴Die vereinbarten Preise sind Höchstpreise. ⁵Die Preisvereinbarungen haben sich an möglichst preisgünstigen Versorgungsmöglichkeiten auszurichten.

(2) Werden die Entgelte für die Inanspruchnahme von Leistungen des Rettungsdienstes durch landesrechtliche oder kommunalrechtliche Bestimmungen festgelegt, können die Krankenkassen ihre Leistungspflicht zur Übernahme der Kosten auf Festbeträge an die Versicherten in Höhe vergleichbarer wirtschaftlich erbrachter Leistungen beschränken, wenn
1. vor der Entgeltfestsetzung den Krankenkassen oder ihren Verbänden keine Gelegenheit zur Erörterung gegeben wurde,
2. bei der Entgeltbemessung Investitionskosten und Kosten der Reservevorhaltung berücksichtigt worden sind, die durch eine über die Sicherstellung der Leistungen des Rettungsdienstes hinausgehende öffentliche Aufgabe der Einrichtungen bedingt sind, oder
3. die Leistungserbringung gemessen an den rechtlich vorgegebenen Sicherstellungsverpflichtungen unwirtschaftlich ist.

(3) Absatz 1 gilt auch für Leistungen des Rettungsdienstes und andere Krankentransporte im Rahmen des Personenbeförderungsgesetzes.

(4) § 127 Absatz 6 gilt entsprechend.

I. Inhalt und Bedeutung der Norm	1	3. Festbetragsbeschränkungen (Abs. 2)	11
1. Vertragsschluss gemäß Abs. 1 S. 1	4	4. Entsprechende Anwendungsbereiche (Abs. 3)	12
2. Beitragsstabilität und Sicherstellung der flächendeckenden rettungsdienstlichen Versorgung (Abs. 1 S. 2 bis 5)	10	II. Öffentlicher Rettungsdienst und Krankentransporte	15

I. Inhalt und Bedeutung der Norm

§ 133 ist eine Parallelnorm zu § 60, soweit Fahrten des Rettungsdienstes oder Krankentransportfahrten betroffen sind,[1] und bestimmt, wie Entgelte für diese Fahrten, die Sachleistungen im Rahmen des Sicherstellungsauftrages darstellen,[2] festgelegt werden und welche Grenzen dabei gelten. Ziel ist entsprechend eines auch in § 60 anzutreffenden Ansatzes die Gewährleistung möglichst preisgünstiger (Krankentransport-)Versorgungsmöglichkeiten mittels verfassungskonformer Begrenzung des Anstiegs der Preise für Kranken- und Rettungsfahrten (→ § 60 Rn. 1 ff.).[3] Angesichts der Normverhältnisse wird insofern deutlich, dass Vergütungsvereinbarungen nach § 133 Abs. 1 S. 1 im vornherein nur denkbar und zulässig sind, soweit sie berechtigte Ansprüche gemäß § 60 betreffen. 1

§ 133 regelt hingegen nicht, wer Fahrleistungen der in Rede stehenden Art überhaupt erbringen darf, da sich diese Zulassung zur Versorgung vielmehr nach den **Rettungsdienstgesetzen der Länder** bemisst. Die Leistungserbringer sind in der Hinsicht nach einschlägigen landesrechtlichen Bestimmungen auszuwählen, wobei sie aber in der Regel „geeignet" sind, wenn sie eine für die Aufgabe erforderliche organisatorische, sächliche und personelle Ausstattung haben. So darf etwa gemäß Art. 24 Abs. 1 des Bayerischen Rettungsdienstgesetztes eine entsprechende Genehmigung nur erteilt werden, wenn Sicherheit und Leistungsfähigkeit des betreffenden Betriebs gewährleistet sind, keine Tatsachen vorlie- 2

---

1 Vgl. zur Entstehung und Entwicklung der Norm Schneider, in: jurisPK-SGB V, § 133 SGB V Rn. 1.
2 BSGE 77, 119; BGHZ 140, 102.
3 Vgl. auch HessLSG KrV 2014, 132–135.

gen, die die Unzuverlässigkeit des Antragstellers und der für die Führung der Geschäfte bestellten Person dartun, und der Antragsteller oder die für die Führung der Geschäfte bestellten Personen fachlich geeignet sind. Ob dies gewährleistet ist, wird von den zuständigen Landesbehörden geprüft. Dabei sieht § 133 die Möglichkeit der Erbringung von Rettungsdienstleistungen und qualifizierten Krankentransporten nicht nur bei öffentlich-rechtlichen Leistungsträgern, sondern ebenso bei privaten Unternehmen.[4]

3 Angesichts der Tatsache, dass das Rettungswesen Ländersache ist,[5] was auch die Gebühren umfasst,[6] sieht § 133 bzgl. der Regelung der Vergütungskompetenz ein grundsätzlich **subsidiär ausgerichtetes System** vor, wonach die Krankenkassen im Vereinbarungswege Regelungen erst bzw. nur erlassen dürfen, soweit keine Landesgesetze eingreifen. Bestehen landesrechtliche Regelungen sind sie dagegen für die Krankenkassen grundsätzlich bindend. Nur unter engen Voraussetzungen (Abs. 2) gelten sodann noch Einschränkungen.

4 **1. Vertragsschluss gemäß Abs. 1 S. 1.** Soweit Entgelte für die Inanspruchnahme von Leistungen des Rettungsdienstes und anderer Krankentransporte nicht durch landesrechtliche oder kommunalrechtliche Bestimmungen festgelegt werden, schließen die Krankenkassen oder ihre Landesverbände gemäß Abs. 1. S. 1 (öffentlich-rechtliche) **Verträge über die Vergütung der Leistungen** unter Beachtung der Grundsätze der Beitragssatzstabilität gem. § 71 Abs. 1 bis 3 mit dafür **geeigneten Einrichtungen oder Unternehmen**.

5 Bezüglich des Abschlusses solcher Vereinbarungen steht den Krankenkassen keine Berechtigung zu, ihre Entscheidung von einer irgendwie gearteten, eigenen „(Bedarfs-)Planung" abhängig zu machen.[7] Vielmehr besteht sogar die Pflicht zum Abschluss eines Vergütungsvertrages, wenn die Geeignetheit des betreffenden Leistungserbringers nach Landesrecht feststeht und er die in Frage stehenden Leistungen zu wirtschaftlich angemessenen Preisen anbietet.[8] Somit besteht aus Sicht der zugelassenen Leistungserbringer sogar ein Anspruch auf Vertragsschluss.[9] Angesichts des Sicherstellungsaspektes kann diese Pflicht der Krankenkassen zum Vertragsschluss uU sogar gelten, wenn die Krankenkassen selbst die fraglichen Vertragspartner eigentlich für unwirtschaftlich halten.[10] Denn die Feststellung der „Eignung" zur Leistungserbringung durch die Landesbehörden hat gegenüber ihnen tatbestandliche Bindungswirkung. Ihnen ist nach entsprechender Feststellung keine eigene, auch keine weitere Prüfung der Eignung der Leistungserbringer mehr zugewiesen, geschweige denn gestattet.[11]

6 Die Festlegung der Vergütung unterliegt ansonsten der **freien Verhandlung der Vertragspartner**, wobei den Krankenkassen ein Verhandlungsspielraum zusteht, der nur eingeschränkt gerichtlich überprüft werden kann.[12] Allerdings ist die Verhandlungskompetenz nicht nur auf den Preis beschränkt, sondern den Vertragspartnern ist es auch möglich, mit der Leistungserbringung im Kontext stehende Fragen wie bspw. Kündigungs- bzw. Auflösungsklauseln im Wege einer Annexkompetenz zu regeln.[13]

7 Entsprechend des nur eingeschränkt überprüfbaren Verhandlungsspielraums findet bzgl. der Verhandlungen über die Vergütungshöhe einschlägiger Verträge kein „**Vergabeverfahren**" im rechtlichen Sinne statt, das die Anwendung vergaberechtlicher Vorschriften bedingen würde.[14] Insoweit werden nämlich schon keine vergaberechtlich relevanten „Aufträge" vergeben, da die Krankenkassen gerade nicht über den Zulassungsstatus der Leistungserbringer entscheiden, dh durch ihre Entscheidung jemanden von der Leistungserbringung an sich ausschließen. Etwas anderes gilt mit Blick auf die Entscheidungen der Landesbehörden über die grundsätzliche Zulassung einzelner Leistungserbringer im Bereich der Rettungsdienste oder Krankentransporte.[15]

8 Soweit ein Vertrag geschlossen wird, kann dieser nur **zwischen den Vertragsparteien** Wirkung entfalten; dh nicht etwa auch noch zugunsten Versicherter anderer Krankenkassen. Jede Krankenkasse ist

---

4 BSGE 77, 119.
5 Dalhoff/Rau, NZS 1995, 153 ff.
6 Kingreen in: Becker/Kingreen, § 133 Rn. 10, 11.
7 BSGE 77, 119.
8 BSGE 77, 119; BSG, 20.11.2008, B 3 KR 25/07; ThürLSG, 22.1.2004, L 6 B 34/03 KR.
9 BSG, SozR 4-2500 § 133 Nr. 3 mwN; BSGE 77, 119.
10 Hess in: KassKomm, § 133 SGB V Rn. 4.
11 BSG, 29.11.1995, 3 RK 32/94, BSGE 77, 119.
12 BSG, SozR 4-2500 § 133 Nr. 3.
13 Schneider in: jurisPK-SGB V, § 133 Rn. 14.
14 Klöck, NZS 2008, 178.
15 Vgl. Schneider in: jurisPK-SGB V, § 133 Rn. 21; BGHZ 179, 84 ff.; OLG München VergabeR 2009, 781 ff.

daher für sich gehalten, entsprechende Verträge zu schließen. § 133 enthält auf jeden Fall keine Regelung dahin gehend, dass mit einer Krankenkasse abgeschlossene Verträge automatisch für andere Krankenkassen bindend wären.[16] Zahlungsansprüche der Leistungserbringer, die grundsätzlich einer vierjährigen Verjährungsfrist unterliegen,[17] können folglich immer nur rechtswirksam entstehen, wenn ein Vertrag als Grundlage besteht.[18]

Insoweit ist und bleibt der Entgeltanspruch des Krankentransporteurs auch immer **akzessorisch** zum Sachleistungsanspruch des Versicherten.[19] Ansonsten würde es letztlich immer für fragliche Zahlungsansprüche der Leistungserbringer an allen sonst theoretisch diskutierten Voraussetzungen fehlen, sei es auf Basis einer vermeintlich berechtigten Geschäftsführung ohne Auftrag oder Ansprüchen aus dem Bereicherungsrecht.[20] Allenfalls noch die Abtretung von Kostenerstattungsansprüchen des Versicherten gem. § 13 Abs. 3 an einen Leistungserbringer wäre denkbar, um einen Anspruch eines Transportunternehmers ohne Abschluss eines Vertrages gemäß § 133 entstehen zu lassen. Dies würde aber voraussetzen, dass der Versicherte nicht anderweitig die Leistung beschaffen konnte, sprich kein anderer Leistungserbringer zur Verfügung stand, mit dem seine Krankenkasse bereits einen Vertrag geschlossen hatte. Meist werden solche Verträge aber zumindest zum Teil geschlossen worden sein, zumal Rettungsdienstgesetze oft Schlichtungsverfahren vorsehen, um zu vertraglichen Vereinbarung zu gelangen.[21]   9

2. Beitragsstabilität und Sicherstellung der flächendeckenden rettungsdienstlichen Versorgung (Abs. 1 S. 2 bis 5). Kommt eine Vereinbarung nicht zu Stande und sieht das Landesrecht für den Fall eine Festlegung der Vergütungen vor, ist auch hier § 71 Abs. 1 bis 3 zu beachten. Die Sicherstellung der flächendeckend rettungsdienstlichen Versorgung und Empfehlungen der Konzertierten Aktion im Gesundheitswesen sind dann iÜ ebenso zu berücksichtigen, wie die Preise Höchstpreise sind, was verfassungsrechtlich nicht zu beanstanden ist,[22] und schließlich haben sich die Preisvereinbarungen an möglichst preisgünstigen Versorgungsmöglichkeiten auszurichten (Abs. 1 S. 2 bis 5).   10

3. Festbetragsbeschränkungen (Abs. 2). Werden die Entgelte für die Inanspruchnahme von Leistungen des Rettungsdienstes durch landesrechtliche oder kommunalrechtliche Bestimmungen festgelegt, können die Krankenkassen ihre Leistungspflicht zur Übernahme der Kosten lediglich noch auf Festbeträge an die Versicherten in Höhe vergleichbarer wirtschaftlich erbrachter Leistungen unter bestimmten Voraussetzungen beschränken. Gemäß Abs. 2 ist dies aber nur möglich, wenn ihnen oder ihren Verbänden vor der Entgeltfestsetzung keine Gelegenheit zur Erörterung gegeben wurde, bei der Entgeltbemessung allerdings auch Investitionskosten und Kosten der Reservevorhaltung berücksichtigt worden sind, die durch eine über die Sicherstellung der Leistungen des Rettungsdienstes hinausgehende öffentliche Aufgabe der Einrichtungen bedingt sind, *oder* die Leistungserbringung gemessen an den rechtlich vorgegebenen Sicherstellungsverpflichtungen unwirtschaftlich ist (Abs. 2). In allen anderen Fällen sind die Krankenkassen grundsätzlich verpflichtet, die landesrechtlich festgelegten Entgelte zu entrichten, auch wenn sie nicht akzeptiert oder als übersetzt angesehen werden. Selbst diese beschränkte Möglichkeit der Krankenkassen, die Kostenlast ggf. noch zu beschränken, wird jedoch als wenig effektiv angesehen.[23]   11

4. Entsprechende Answendungsbereiche (Abs. 3). Abs. 1 gilt gemäß Abs. 3 schließlich auch für Leistungen des Rettungsdienstes und andere Krankentransporte im Rahmen des Personenbeförderungsgesetzes (PBefG). Die Regelung gilt für einfache Krankentransportfahrten, da alle anderen Fahrten nicht unter das PBefG fallen.   12

Auch im Rahmen des Abs. 3 gilt dabei der Grundsatz, dass die Krankenkassen nicht über die Zulassung ihrer Vertragspartner zur Leistungserbringung entscheiden dürfen, was als Kompetenz allein den zuständigen Landesbehörden zufällt.[24]   13

---

16 LSG Bbg, 28.8.2002, L 4 KR 14/00.
17 BSG, SozR 4-1200 § 45 Nr. 4.
18 Richtige Klage für Streitigkeiten zwischen einer Krankenkasse und Beförderungsunternehmern wäre insoweit auch die allgemeine Leistungsklage, da es an einem Über-/Unterordnungsverhältnis fehlt. Vgl. BSG, SozR 3-2500 § 60 Nr. 5; BSG, SozR 3-2500 § 60 Nr. 2.; Schneider in: jurisPK-SGB V, § 133 Rn. 28.
19 LSG Bln-Bbg, 13.4.2011, L 9 KR 189/08.
20 LSG BW, 12.12.2014, L 4 KR 2189/13, Rn. 28.
21 Schneider in: jurisPK-SGB V, § 133 Rn. 17; Kingreen in: Becker/Kingreen, § 133 Rn. 19–21.
22 BVerfGE 70, 1.
23 Schneider in: jurisPK-SGB V, § 133 Rn. 25.
24 Schneider in: jurisPK-SGB V, § 133 Rn. 26. S. o. Rn. 5.

14 Allerdings steht dem Bund für nichtqualifizierte Krankentransporte gemäß Art. 74 Abs. 1 Nr. 22 GG (Kraftfahrwesen) eine konkurrierende Gesetzgebungskompetenz zu, von der er für den Bereich der Personenbeförderung mit dem PBefG Gebrauch gemacht hat. Daher hindert auch das Recht der Versicherten, bei notwendigen Krankenfahrten das Taxiunternehmen zu wählen, Krankenkassen zB nicht, zur Kostenersparnis gemeinsame Fahrten mehrerer Versicherter mit einem bestimmten Unternehmen (sogenannte Sammelfahrten) anzuordnen.[25]

II. Öffentlicher Rettungsdienst und Krankentransporte

15 Da § 133 die Entgeltfrage der öffentlichen Rettungsdienste und Krankentransporte betrifft, stellt sich die Frage, was unter diesen Begriffen zu verstehen ist. „Rettungsdienst" und „Krankentransport" bemessen sich insoweit aber nicht nach dem SGB V, sondern dem jeweiligen Landesrecht.

16 Öffentlicher Rettungsdienst ist insoweit zB gemäß Art. 2 des Bayerischen Rettungsdienstgesetzes die Gesamtheit aller Einrichtungen, Einsatzmittel und Personen, die aufgrund Beauftragung oder Bestellung durch einen Zweckverband für Rettungsdienst und Feuerwehralarmierung oder die Kassenärztliche Vereinigung Bayerns an der Erbringung rettungsdienstlicher Leistungen beteiligt sind.

17 Krankentransport ist demgegenüber gem. Art. 2 Abs. 5 Bayerisches Rettungsdienstgesetz der Transport von kranken, verletzten oder sonstigen hilfsbedürftigen Personen, die keine Notfallpatienten sind, aber während der Fahrt einer medizinisch fachlichen Betreuung durch nichtärztliches medizinisches Fachpersonal oder der besonderen Einrichtungen des Krankenkraftwagens bedürfen oder bei denen solches aufgrund ihres Zustands zu erwarten ist. Er wird vorwiegend mit Krankentransportwagen durchgeführt. Nicht Gegenstand des Krankentransports ist die Beförderung Behinderter, sofern deren Betreuungsbedürftigkeit ausschließlich auf die Behinderung zurückzuführen ist.

18 Die Rettungsdienste werden jeweils landesrechtlich organisiert, wobei verschiedene Modelle existieren. Man findet bspw. „Eingliederungsmodelle", bei denen am eigentlich öffentlichen Rettungsdienst private Unternehmen mitwirken[26] oder „duale Systeme", in denen neben dem öffentlichen Rettungsdienst private Unternehmen im eigenen Namen und auf eigene Rechnung tätig sind.[27]

§ 134 (aufgehoben)

§ 134 a Versorgung mit Hebammenhilfe

(1) ¹Der Spitzenverband Bund der Krankenkassen schließt mit den für die Wahrnehmung der wirtschaftlichen Interessen gebildeten maßgeblichen Berufsverbänden der Hebammen und den Verbänden der von Hebammen geleiteten Einrichtungen auf Bundesebene mit bindender Wirkung für die Krankenkassen Verträge über die Versorgung mit Hebammenhilfe, die abrechnungsfähigen Leistungen unter Einschluss einer Betriebskostenpauschale bei ambulanten Entbindungen in von Hebammen geleiteten Einrichtungen, die Anforderungen an die Qualitätssicherung in diesen Einrichtungen, die Anforderungen an die Qualität der Hebammenhilfe einschließlich der Verpflichtung der Hebammen zur Teilnahme an Qualitätssicherungsmaßnahmen sowie über die Höhe der Vergütung und die Einzelheiten der Vergütungsabrechnung durch die Krankenkassen. ²Die Vertragspartner haben dabei den Bedarf der Versicherten an Hebammenhilfe unter Einbeziehung der in § 24 f Satz 2 geregelten Wahlfreiheit der Versicherten und deren Qualität, den Grundsatz der Beitragssatzstabilität sowie die berechtigten wirtschaftlichen Interessen der freiberuflich tätigen Hebammen zu berücksichtigen. ³Bei der Berücksichtigung der wirtschaftlichen Interessen der freiberuflich tätigen Hebammen nach Satz 2 sind insbesondere Kostensteigerungen zu beachten, die die Berufsausübung betreffen.
(1 a) ¹Die Vereinbarungen nach Absatz 1 Satz 1 zu den Anforderungen an die Qualität der Hebammenhilfe sind bis zum 31. Dezember 2014 zu treffen. ²Sie sollen Mindestanforderungen an die Struktur-, Prozess- und Ergebnisqualität umfassen sowie geeignete verwaltungsunaufwendige Verfahren zum Nachweis der Erfüllung dieser Qualitätsanforderungen festlegen.
(1 b) ¹Hebammen, die Leistungen der Geburtshilfe erbringen und die Erfüllung der Qualitätsanforderungen nach Absatz 1 a nachgewiesen haben, erhalten für Geburten ab dem 1. Juli 2015 einen Sicher-

---

25 BSG NZS 2002, 31–33.
26 Hierzu BVerfG, 8.6.2010, 1 BvR 2011/07.
27 Trenk-Hinterberger in: Spickhoff, Medizinrecht, § 133 SGB V Rn. 4.

stellungszuschlag nach Maßgabe der Vereinbarungen nach Satz 3, wenn ihre wirtschaftlichen Interessen wegen zu geringer Geburtenzahlen bei der Vereinbarung über die Höhe der Vergütung nach Absatz 1 nicht ausreichend berücksichtigt sind. ²Die Auszahlung des Sicherstellungszuschlags erfolgt nach Ende eines Abrechnungszeitraums auf Antrag der Hebamme durch den Spitzenverband Bund der Krankenkassen. ³In den Vereinbarungen, die nach Absatz 1 Satz 1 zur Höhe der Vergütung getroffen werden, sind bis zum 1. Juli 2015 die näheren Einzelheiten der Anspruchsvoraussetzungen und des Verfahrens nach Satz 1 zu regeln. ⁴Zu treffen sind insbesondere Regelungen über die Höhe des Sicherstellungszuschlags in Abhängigkeit von der Anzahl der betreuten Geburten, der Anzahl der haftpflichtversicherten Monate für Hebammen mit Geburtshilfe ohne Vorschäden und der Höhe der zu entrichtenden Haftpflichtprämie, die Anforderungen an die von der Hebamme zu erbringenden Nachweise sowie die Auszahlungsmodalitäten. ⁵Dabei muss die Hebamme gewährleisten, dass sie bei geringer Geburtenzahl unterjährige Wechselmöglichkeiten der Haftpflichtversicherungsform in Anspruch nimmt. ⁶Die erforderlichen Angaben nach den Sätzen 3 bis 5 hat die Hebamme im Rahmen ihres Antrags nach Satz 2 zu übermitteln. ⁷Für die Erfüllung der Aufgaben nach Satz 2 übermitteln die Krankenkassen dem Spitzenverband Bund der Krankenkassen leistungserbringer- und nicht versichertenbezogen die erforderlichen Daten nach § 301 a Absatz 1 Satz 1 Nummer 2 bis 6.

(1 c) Die Vertragspartner vereinbaren in den Verträgen nach Absatz 1 Satz 1 bis zum 30. September 2014 zusätzlich zu den nach Absatz 1 Satz 3 vorzunehmenden Vergütungsanpassungen einen Zuschlag auf die Abrechnungspositionen für Geburtshilfeleistungen bei Hausgeburten, außerklinischen Geburten in von Hebammen geleiteten Einrichtungen sowie Geburten durch Beleghebammen in einer Eins-zu-eins-Betreuung ohne Schichtdienst, der von den Krankenkassen für Geburten vom 1. Juli 2014 bis zum 30. Juni 2015 an die Hebammen zu zahlen ist.

(2) ¹Die Verträge nach Absatz 1 haben Rechtswirkung für freiberuflich tätige Hebammen, wenn sie
1. einem Verband nach Absatz 1 Satz 1 auf Bundes- oder Landesebene angehören und die Satzung des Verbandes vorsieht, dass die von dem Verband nach Absatz 1 abgeschlossenen Verträge Rechtswirkung für die dem Verband angehörenden Hebammen haben, oder
2. einem nach Absatz 1 geschlossenen Vertrag beitreten.

²Hebammen, für die die Verträge nach Absatz 1 keine Rechtswirkung haben, sind nicht als Leistungserbringer zugelassen. ³Das Nähere über Form und Verfahren des Nachweises der Mitgliedschaft in einem Verband nach Satz 1 Nr. 1 sowie des Beitritts nach Satz 1 Nr. 2 regelt der Spitzenverband Bund der Krankenkassen.

(3) ¹Kommt ein Vertrag nach Absatz 1 ganz oder teilweise nicht oder nicht bis zum Ablauf der nach Absatz 1 a Satz 1, Absatz 1 b Satz 3 und Absatz 1 c vorgegebenen Fristen zu Stande, wird der Vertragsinhalt durch die Schiedsstelle nach Absatz 4 festgesetzt. ²Der bisherige Vertrag gilt bis zur Entscheidung durch die Schiedsstelle vorläufig weiter.

(4) ¹Der Spitzenverband Bund der Krankenkassen und die für die Wahrnehmung der wirtschaftlichen Interessen gebildeten maßgeblichen Berufsverbände der Hebammen sowie die Verbände der von Hebammen geleiteten Einrichtungen auf Bundesebene bilden eine gemeinsame Schiedsstelle. ²Sie besteht aus Vertretern der Krankenkassen und der Hebammen in gleicher Zahl sowie aus einem unparteiischen Vorsitzenden und zwei weiteren unparteiischen Mitgliedern. ³Die Amtsdauer beträgt vier Jahre. ⁴Über den Vorsitzenden und die zwei weiteren unparteiischen Mitglieder sowie deren Stellvertreter sollen sich die Vertragspartner einigen. ⁵Kommt eine Einigung nicht zu Stande, gilt § 89 Abs. 3 Satz 5 und 6 entsprechend. ⁶Im Übrigen gilt § 129 Abs. 9 und 10 entsprechend.

(5) ¹Ein Ersatzanspruch nach § 116 Absatz 1 des Zehnten Buches wegen Schäden aufgrund von Behandlungsfehlern in der Geburtshilfe kann von Kranken- und Pflegekassen gegenüber freiberuflich tätigen Hebammen nur geltend gemacht werden, wenn der Schaden vorsätzlich oder grob fahrlässig verursacht wurde. ²Im Fall einer gesamtschuldnerischen Haftung können Kranken- und Pflegekassen einen nach § 116 Absatz 1 des Zehnten Buches übergegangenen Ersatzanspruch im Umfang des Verursachungs- und Verschuldensanteils der nach Satz 1 begünstigten Hebamme gegenüber den übrigen Gesamtschuldnern nicht geltend machen.

(6) Als Hebammen im Sinne dieser Vorschrift gelten auch Entbindungspfleger.

Literatur:

Axer, Beitragssatzstabilität und vertragszahnärztliche Gesamtvergütung, GesR 2013, 135; *Rixen*, Mehr Vergütungsgerechtigkeit in der GKV für die vergessenen Gesundheitsberufe, SozSich 2014, 77.

I. Entstehungsgeschichte	1	c) Qualitätssicherung (Abs. 1 S. 1 iVm Abs. 1 a)	20
II. Stellung, Normzweck, Begriffe und Aufbau	3	3. Teilnahmeberechtigung (Abs. 2)	25
III. Regelung durch Vertrag	6	IV. Schiedsverfahren und Schiedsstelle (Abs. 3 und Abs. 4)	27
1. Vertragsparteien	7		
2. Inhalte	8	V. Haftungsausschluss zugunsten von freiberuflich tätigen Hebammen (Abs. 5)	29
a) Versorgung mit Hebammenhilfe und abrechnungsfähige Leistungen (Abs. 1 S. 1)	8	VI. Haftungsausschluss zugunsten von Entbindungspflegern (Abs. 6)	36
b) Vergütungshöhe (Abs. 1 S. 2 und 3, Abs. 1 b, Abs. 1 c)	10		

I. Entstehungsgeschichte

1 § 134 a wurde durch Art. 5 Nr. 2 des G. v. 15.12.2004 (Zweites Fallpauschalenänderungsgesetz – FPÄndG, BGBl. I, 3429, 3443) in das SGB V eingeführt. Die Vergütung der Hebammenversorgung war zunächst in § 376 a RVO und vom 1.1.1989 bis zum 31.12.2013 – also teilweise zeitlich überschneidend mit den erst schrittweise in Kraft getretenen Regelungen in § 134 a – in § 134 geregelt. Während § 134 a die Regelung wesentlicher Bestandteile der Hebammenversorgung in die Hand der Vertragspartner legt, sah § 134 eine Verordnungsermächtigung[1] für das Bundesministerium für Gesundheit und Anhörungsrechte der Spitzenverbände der Krankenkassen und der Berufsorganisation der Hebammen und Entbindungspfleger vor.[2] Eine ähnliche Verordnungsermächtigung enthielt bereits § 376 a RVO.

2 Die Regelungen über die Rechtswirkung der Vereinbarungen und der Beitritt zu diesen Verträgen traten mit dem Auslaufen der Verordnungsermächtigung in § 134 zum 1.1.2007 in Kraft. Anschließend wurde § 134 a bis zu seiner heutigen Fassung mehrfach geändert. Neben einigen redaktionellen Änderungen griffen folgende Änderungen und Erweiterungen der Norm wesentlich in ihre Struktur oder Reichweite ein:

- Änderung durch Art. 1 Nr. 104 lit. a des G. v. 26.3.2007 (GKV-Wettbewerbsstärkungsgesetz – **GKV-WSG**, BGBl. I, 378, 410) mWv 1.4.2007, die den Kreis der Vertragsparteien um die Verbände der von Hebammen geleiteten Einrichtungen erweitert und für diese Einrichtungen die Vereinbarung einer Betriebskostenpauschale vorsieht.
- Änderung durch Art. 1 Nr. 50 des G. v. 22.12.2011 (GKV-Versorgungsstrukturgesetz – **GKV-VStG**, BGBl. I, 2983, 3003) mWv 1.1.2012, die dazu führte, dass nun ausdrücklich als wirtschaftliche Interessen der Hebammen auch Kostensteigerungen zu beachten sind, die die Berufsausübung der Hebammen und Entbindungspfleger betreffen.
- Änderung durch Art. 3 Nr. 19 lit. b des G. v. 23.10.2012 (Pflege-Neuausrichtungs-Gesetz – **PNG**, BGBl. I, 2246, 2261) mWv 30.10.2012, die den Vertragsparteien konkretere Vorgaben zur Vereinbarung von Qualitätssicherungsmaßnahmen macht und den Regelungsauftrag für die Qualitätssicherung in von Hebammen geleiteten Einrichtungen auf den gesamten Bereich der Hebammenhilfe ausweitet.
- Änderung durch Art. 1 Nr. 4 b des G. v. 21.7.2014 (GKV-Finanzstruktur- und Qualitäts-Weiterentwicklungsgesetz – **GKV-FQWG**, BGBl. I, 1133 f.), mWv 6.6.2014, die den Vertragsparteien die Vereinbarung von – für eine Übergangszeit zu zahlenden – Zuschlägen auf einzelne Geburtshilfeleistungen und eines – im Anschluss an die Übergangszeit – an einzelne in der Geburtshilfe tätige Hebammen gerichteten Sicherstellungszuschlags aufgibt.
- Änderung durch Art. 1 Nr. 61 lit. b des G v. 16.7.2015 (GKV-Versorgungsstärkungsgesetz – **GKV-VSG**, BGBl. I, 1211) mWv 23.7.2015, der Abs. 5 angefügt und den bisherigen Abs. 5 zu Abs. 6 verschoben hat.

II. Stellung, Normzweck, Begriffe und Aufbau

3 Im achten Abschnitt des vierten Kapitels des SGB V befinden sich die Vorschriften über die Beziehungen der Krankenkassen zu „sonstigen Leistungserbringern". § 134 a regelt darin die Beziehungen der Krankenkassen zu den *freiberuflich* tätigen Hebammen und den von Hebammen geleiteten Einrichtun-

---

1 Siehe Hebammenhilfe-Gebührenverordnung (HebGebV), aufgehoben durch Bekanntmachung v. 6.12.2007 mWv 1.8.2007.
2 Der Wechsel von der Regelung durch Rechtsverordnung hin zur vertraglichen Regelung durch Verbände der Krankenkassen und Leistungserbringer fand lt. Gesetzesbegründung im Sinne staatlicher Deregulierung und aus Gründen der Gleichbehandlung statt (BT-Dr. 15/3672, 16).

gen. Gleichzeitig bildet die Vorschrift die Grundlage für eine weitere Konkretisierung des Anspruchs der Versicherten auf Hebammenhilfe als Leistung der Mutterschaftshilfe (§ 11 Abs. 1 Nr. 1 iVm §§ 24c bis 24i).

Das Führen der Berufsbezeichnung „Hebamme", wie auch das Führen der Berufsbezeichnung „Entbindungspfleger", sind durch das Hebammengesetzes (HebG) reglementiert. § 134a knüpft hieran an. Hebamme iS des § 134a ist daher nur, wer die Berufsbezeichnung „Hebamme" bzw. „Entbindungspfleger" iSd HebG erlaubter Weise führt.[3] Die Regelungen des Abs. 6, welcher die Geltung des § 134a auch für Entbindungspfleger anordnet, stellt lediglich klar, was bereits aufgrund des allgemeinen Gleichheitssatzes iVm den Berufszulassungs- und -ausübungsregelungen des HebG gilt. 4

Gegenstand des § 134a sind der Umfang und die Vergütung der Leistungen (Abs. 1 und Abs. 1c), Maßnahmen der Qualitätssicherung und -kontrolle (Abs. 1a) sowie ein unter bestimmten Voraussetzungen an einzelne Hebammen zu zahlender Sicherstellungszuschlag (Abs. 1b) auf der Grundlage von Vereinbarungen, deren Rechtswirkungen (Abs. 2), die Festsetzung des Vertragsinhalts durch eine Schiedsstelle im Falle des Dissenses zwischen den Vertragsparteien (Abs. 3) und die Bildung der hierfür vorgesehenen Schiedsstelle (Abs. 4). Gegenstand ist auch ein Haftungsausschluss von freiberuflich tätigen Hebammen (Abs. 5) und Entbindungspflegern (Abs. 6) gegenüber GKV und SPV. 5

III. Regelung durch Vertrag

Die Rechtsbeziehungen der Krankenkassen zu den *freiberuflichen* Hebammen (einschließlich Beleghebammen) und zu den von Hebammen geleiteten Einrichtungen werden auf Grundlage von § 134a maßgeblich durch den **Vertrag über die Versorgung mit Hebammenhilfe nach § 134a** (Hebammenhilfevertrag) und die zugehörige Hebammen-Vergütungsvereinbarung (Anlage 1.1 zum Hebammenhilfevertrag), in der Form des öffentlich-rechtlichen Vertrags,[4] geregelt. „Über die Betriebskostenpauschalen bei ambulanten Geburten in von Hebammen geleiteten Einrichtungen und die Anforderungen an die Qualitätssicherung in diesen Einrichtungen" existiert ein „Ergänzungsvertrag nach § 134a". Diese Vereinbarungen haben für die Krankenkassen bindende Wirkung.[5] Die Leistungen nicht-freiberuflich tätiger Hebammen und Entbindungspfleger, die zB als Angestellte eines Krankenhauses tätig sind, regelt der Vertrag nicht. 6

1. Vertragsparteien. Parteien der Verträge iSd § 134a über die Hebammenversorgung sind auf der einen Seite der Spitzenverband Bund der Krankenkassen und auf der anderen Seite die für die Wahrnehmung der wirtschaftlichen Interessen gebildeten maßgeblichen Berufsverbände der Hebammen und die Verbände der von der Hebammen geleiteten Einrichtungen. Im Sinne eines bundeseinheitlichen Kollektivvertrags ist von den Berufsverbänden neben der satzungsmäßigen Ausrichtung auf eine wirtschaftliche Interessenvertretung und der satzungsmäßigen Anerkennung der Vergütungsvereinbarungen durch die Mitglieder auch eine gewisse Repräsentativität zu fordern, damit sie als *maßgebliche* Verbände die Verträge mit dem Spitzenverband Bund der Krankenkassen aushandeln dürfen.[6] Auf Seiten der Hebammen sind beim aktuellen Hebammenhilfevertrag der Bund Deutscher Hebammen eV (BDH) und der Bund freiberuflicher Hebammen Deutschlands eV (BfHD). Am „Ergänzungsvertrag nach § 134a über die Betriebskostenpauschalen bei ambulanten Geburten in von Hebammen geleiteten Einrichtungen und die Anforderungen an die Qualitätssicherung in diesen Einrichtungen" („Ergänzungsvertrag nach § 134a SGB V") ist zusätzlich das „Netzwerk der Geburtshäuser eV" beteiligt. 7

2. Inhalte. a) Versorgung mit Hebammenhilfe und abrechnungsfähige Leistungen (Abs. 1 S. 1). Die Vertragspartner treffen Vereinbarungen über die „Versorgung mit Hebammenhilfe", wozu ua die Zielsetzung der Hebammenhilfe (§ 2 Hebammenhilfevertrag), Informationen über die nächsterreichbaren Hebammen (§ 9 Abs. 1 Hebammenhilfevertrag), Vorschriften über Werbung und Wettbewerb (§ 9 8

---

[3] Vgl. Knittel in: Krauskopf, § 134a SGB V Rn. 10; Schneider in: jurisPK-SGB V, § 134a Rn. 10; zum Widerruf der Berufsbezeichnung „Hebamme" s. OVG Lüneburg, 4.3.2014, 8 LA 138/13, GesR 2014, 378.
[4] Statt Vieler: Armbruster in: Eichenhofer/Wenner, § 134a Rn. 26; Luthe in: Hauck/Noftz; SGB V, § 134a Rn. 16; so auch SG Darmstadt, 3.12.2009, S 18 Kr 42/09, juris Rn. 27.
[5] Vgl. Schneider in: jurisPK-SGB V, § 134a Rn. 16. Zum Status der Hebammen als „Leistungserbringer" in der GKV s. u. Rn. 26 f.
[6] Altmiks in: KassKomm, § 134a SGB V Rn. 5; s. auch SG Berlin, 11.9.2013, S 81 KR 1172/12, KrV 2014, 37 m. Anm. v. Krasney, KrV 2014, 42. Nach Ansicht des SG Berlin sei eine nur auf einen Teil der Hebammen spezialisierte Berufsvertretung erst dann als mögliche Vertragspartei an den Verhandlungen zu beteiligen, wenn sie mindestens einen Anteil von 5 % der in Verbänden organisierten Hebammen mit entsprechender Spezialisierung vertritt.

Abs. 2 Hebammenhilfevertrag) und weitere Modalitäten der (persönlichen) Leistungserbringung (§ 6 Hebammenhilfevertrag) gehören.[7]

9 Die Versicherten haben einen Anspruch auf die in der Hebammen-Vergütungsvereinbarung genannten Leistungen, die sie nach dem **Sach- bzw. Dienstleistungsprinzip** (→ § Rn. 20 f.) erhalten (vgl. Anlage 1.1 zum Hebammenhilfevertrag). Weitergehende Leistungen werden der jeweiligen Versicherten gesondert in Rechnung gestellt. Gegenüber den Krankenkassen können die Hebammen und Entbindungspfleger ausschließlich die in der Vereinbarung genannten Leistungen der Hebammenhilfe abrechnen. Auslagen für Material und Medikamente können sie zu den vertraglich geregelten Bedingungen geltend machen (§ 2 der Anlage 1.1 zum Hebammenhilfevertrag), sie erhalten zudem Wegegeld (§ 3 der Anlage 1.1 zum Hebammenhilfevertrag). Der Vertag begründet bezogen auf die genannten Leistungen einen unmittelbaren Vergütungsanspruch.[8]

10 **b) Vergütungshöhe (Abs. 1 S. 2 und 3, Abs. 1 b, Abs. 1 c).** Der Bedarf der Versicherten unter Einbeziehung der in § 24 f S. 2 geregelten Wahlfreiheit, die notwendige **Qualität** der Hebammenhilfe, der **Grundsatz der Beitragssatzstabilität** und die berechtigten wirtschaftlichen Interessen der Hebammen[9] bestimmen die Vergütungshöhe (Abs. 1 S. 2).[10] Im Rahmen der berechtigten wirtschaftlichen Interessen haben Kostensteigerungen, die die Berufsausübung betreffen, Gewicht (Abs. 1 S. 3).[11]

11 Der Gesetzgeber ist offenbar davon ausgegangen, dass sich ein konkreter Bedarf an Hebammenhilfe in quantitativer und qualitativer Hinsicht bestimmen lässt.[12] Durch den Hinweis auf § 24 f S. 2 stellt der Gesetzgeber klar, dass bei der Bedarfsermittlung alle dort genannten Geburtsorte zu berücksichtigen sind.[13] Da der Bedarf an Hebammenhilfe bei der Vereinbarung der Vergütung lediglich „zu berücksichtigen" ist, haben die Vertragspartner faktisch die Möglichkeit, zu erwartende Unschärfen bei der Bedarfsermittlung – unterstellt, diese ist grundsätzlich möglich – im Rahmen der Verhandlungen auszugleichen.

12 Der **Grundsatz der Beitragssatzstabilität** (§ 71) limitiert die vertraglich vereinbarte Vergütung und v.a. Vergütungssteigerungen nicht strikt.[14] Dies ergibt sich bereits aus dem Wortlaut des § 134 a Abs. 1 S. 2 („zu berücksichtigen") und wurde durch den Gesetzgeber durch die Präzisierung mittels des Satzes 3 „klargestellt".[15] Damit müssen die Vertragsparteien den Bedarf an Hebammenhilfe, ihre Qualität, den Grundsatz der Beitragssatzstabiliät und die wirtschaftlichen Interessen der Hebammen gegeneinander abwägen.[16] Klare Anhaltspunkte für die Gewichtung liefern weder Gesetz und Begründung. Die Verträge dürften jedenfalls dann den Vorgaben des **Abs. 1 S. 2 und 3** nicht mehr genügen, wenn sie hinsichtlich der zu beachtenden Parameter von falschen Annahmen – zB zur tatsächlichen Grundlohn-

---

7 Zu den Pflichten zur Datenübermittlung an die Krankenkassen und Abrechnungsmodalitäten s. auch § 301 a und § 302.
8 Armbruster in: Eichenhofer/Wenner, § 134 a Rn. 27.
9 U.a. hierzu auch unter verfassungsrechtlichen Gesichtspunkten Rixen, SozSich 2014, 77, 79.
10 Vgl. BSG, 25.3.2015, B 6 KA 9/14 R, juris Rn. 71 = 2016, 27 ff.
11 Der Gesetzgeber dachte, als er den S. 3 einfügte, dabei (wohl vor allem) an die bereits seinerzeit stark gestiegenen Prämien der Berufshaftpflichtversicherungen für Hebammen (vgl. BT-Dr. 17/6906, 86); vgl. Armbruster in: Eichenhofer/Wenner, § 134 a Rn. 19; Dalichau in: Prütting, FAnwK MedR, § 134 a SGB V Rn. 26; Steinmeyer in: Bergmann/Pauge/Steinmeyer, § 134 a SGB V Rn. 5. Die Berufsverbände der Hebammen und der GKV-Spitzenverband schlossen mit Wirkung zum 1.7.2012 eine „Vereinbarung zur Umlage der Kostensteigerung der Berufshaftpflichtversicherung".
12 Unter verfassungsrechtlichen Gesichtspunkten kritisch zur Annahme einer Bedarfsprüfung: Trenk-Hinterberger in: Spickhoff, Medizinrecht, 2. Aufl. 2014, § 134 a Rn. 10. Zur aktuellen Situation der „Versorgung mit Hebammenhilfe" hat eine interministerielle Arbeitsgruppe, an der der DHV, der BfHD, der Deutsche Fachverband für Hausgeburtshilfe eV (DFH), das Netzwerk der Geburtshäuser, der GKV-Spitzenverband, der Gesamtverband der Deutschen Versicherungswirtschaft eV (GDV) und das BMG und das Bundeskanzleramt teilgenommen haben, am 29.4.2014 ihren Abschlussbericht vorgelegt.
13 BT-Dr. 18/1657, 65.
14 Vgl. Steinmeyer in: Bergmann/Pauge/Steinmeyer, § 134 a SGB V Rn. 4; Knittel in: Krauskopf, § 134 a SGB V Rn. 3; ähnlich zur vergleichbaren Formulierung im Zusammenhang mit der vertragszahnärztlichen Gesamtvergütung in § 85 Abs. 3: Axer, GesR 2013, 135; anders bei der vertragsärztlichen Gesamtvergütung: BSG, 10.5.2000, B 6 KA 20/99 R, BSGE 86, 126; grundlegend zum Grundsatz der Beitragssatzstabilität gem. § 71.
15 So ausdrücklich die Gesetzesbegründung: BT-Dr. 17/9606, 86.
16 Vgl. mwN Trenk-Hinterberger in: Spickhoff, Medizinrecht, 2. Aufl. 2014, § 134 a Rn. 11; Rixen, SozSich 2014, 77, 78; zum Stellenwert der Sicherung der finanziellen Stabilität und Funktionsfähigkeit der GKV: BVerfG, 31.10.1984, 1 BvR 35, 356, 794/82, BVerfGE 68, 193, 216; BVerfG, 20.3.2001, 1 BvR 491/96, BVerfGE 103, 172, 184; BVerfG, 13.9.2005, 2 BvF 2/03, BVerfGE 114, 196, 248; BVerfG, 10.6.2009, 1 BvR 706, 814, 819, 832, 837/08, BVerfGE 123, 186, 264.

summensteigerung – ausgehen oder einzelne Parameter – zB zwingende Qualitätsanforderungen, wie sie sich zT bereits aus den Berufsordnungen ergeben – nicht in die Abwägung einbeziehen. Die Wirksamkeit der Vereinbarungen dürfte aufgrund von §§ 58, 59 SGB X jedoch erst bei offensichtlichen und besonders schwerwiegenden Verstößen in Frage stehen.[17]

Über die Abwägung im Rahmen der Bemessung der Vergütungshöhe für Einzelleistungen und der Betriebskostenpauschale hinaus erfährt der Grundsatz der Beitragssatzstabilität weitere Einschränkungen durch den in **Abs. 1 b** angelegten **Sicherstellungszuschlag** und die **Zuschläge** auf einzelne Abrechnungspositionen aufgrund von **Abs. 1 c**. 13

Ab dem 1.7.2015 erhalten in der Geburtshilfe tätige Hebammen auf **Antrag** einen in den Vereinbarungen nach Abs. 1 S. 1 festzulegenden **Sicherstellungszuschlag**, wenn Ihre wirtschaftlichen Interessen aufgrund zu geringer Geburtenzahlen bei der Vereinbarung über die Höhe der Vergütung (bisher) nicht ausreichend berücksichtigt sind (Abs. 1 b). Der Gesetzgeber verfolgt damit vor dem Hintergrund der weiter steigenden Prämien zur Berufshaftpflichtversicherung der in der Geburtshilfe tätigen Hebammen das Ziel der „Sicherstellung einer qualitätsgesicherten Versorgung mit Hebammenhilfe einschließlich des Erhalts der freien Wahl des Geburtsorts".[18] Hebammen, die ausschließlich Leistungen der Mutterschaftsvorsorge und der Schwangerenbetreuung erbringen, haben keinen Anspruch auf den Sicherstellungszuschlag. 14

Der Zuschlag wird am Ende des jeweiligen Abrechnungszeitraums gezahlt, sofern neben den weiteren Voraussetzungen der Nachweis über die Erfüllung der Qualitätssicherungsanforderungen nach Abs. 1 a erbracht ist. Zu den weiteren ‚Anspruchsvoraussetzungen zählt ua auch, dass die Antragstellerin von Möglichkeiten zum Wechsel in günstigere Versicherungstarife Gebrauch macht (Abs. 1 b S. 5). 15

Der Regelung liegt die Überlegung zugrunde, dass Hebammen, die nur wenige Geburten betreuen – und damit nur wenige Gebührenpositionen aus dem Bereich der Geburtshilfe abrechnen –, durch steigende Versicherungsbeiträge eine finanzielle Überlastung drohe. Insoweit wird zugunsten dieser Teilgruppe das Verhandlungsergebnis der Vertragsparteien modifiziert, welches zwar gem. Abs. 1 S. 2 und S. 3 die die Berufsausübung betreffenden Kostensteigerungen im Rahmen der wirtschaftlichen Interessen der Hebammen unter weiteren Aspekten berücksichtigt,[19] ihnen aber keinen absoluten Vorrang einräumt.[20] 16

Einzelheiten des Sicherstellungszuschlags haben die Vertragspartner bis zum 1.7.2015 zu regeln, wobei die Zahlung des Zuschlags an die Erfüllung (und den Nachweis) konkret definierter Qualitätsanforderungen geknüpft werden muss (Abs. 1 b S. 1 iVm S. 3). Mit der Pflicht zur Regelung der Zuschlagshöhe in Abhängigkeit von der Anzahl der betreuten Geburten, der Anzahl der haftpflichtversicherten Monate ohne Vorschäden und der Höhe der Haftpflichtprämie hat der Gesetzgeber den Rahmen für eine streng am Sinn und Zweck des Sicherstellungszuschlags orientierte Vereinbarung gesteckt. Man wird von den Vertragspartnern eine nachvollziehbare Einbeziehung und Abwägung der genannten Aspekte und eine schlüssige Berechnungsgrundlage für die Gewährung des Zuschlags im Einzelfall verlangen müssen. 17

Da die Prüfung der Anträge, die Berechnung des sich im Einzelfall zu beanspruchenden Zuschlags und seine Auszahlung durch den Spitzenverband Bund der Krankenkassen Details der Leistungsdaten des jeweiligen Antragstellers erfordert,[21] legitimiert Abs. 1 b S. 7 die notwendige leistungserbringerbezogene Datenübermittlung durch die Krankenkassen. 18

Bereits zum 30.9.2014 hatten die Vertragsparteien für **bestimmte Abrechnungspositionen** der Geburtshilfe einen **Zuschlag** zu vereinbaren, der für Geburten im Zeitraum vom 1.7.2014 bis 30.6.2015 zu zahlen ist. Betroffen sind Abrechnungspositionen, die überwiegend von solchen Hebammen angesetzt werden, die pro Abrechnungszeitraum idR nur wenige Geburten betreuen. Auf diese Weise sollen 19

---

17 Kritisch hierzu: Rixen, SozSich 2014, 77, 81.
18 BT-Dr. 18/1657, 64.
19 Zum Ausgleich der bereits zum 2013 gestiegenen Haftpflichtversicherungskosten vereinbarten die Vertragsparteien am 5.12.2013 rückwirkend zum 1.7.2013 gem. § 134 a Abs. 1 S. 3 eine Vergütungsanpassung und befristete Zuschläge für den Zeitraum vom 1.1.2014 bis zum 30.6.2014. Zum Ausgleich der ab 1.7.2014 gestiegenen Haftpflichtversicherungskosten vereinbarten die Vertragsparteien am 10.6.2014 mit Wirkung zum 1.7.2014 aufgrund von § 134 a Abs. 1 S. 1 eine Anpassung einzelner Gebührenpositionen des nichtgeburtshilflichen Bereichs. Ein Ausgleich für Haftpflichtkostensteigerungen im Bereich der Geburtshilfe wurde dabei ausdrücklich ausgeklammert.
20 Vgl. hierzu Steinmeyer in: Bergmann/Pauge/Steinmeyer, § 134 a SGB V Rn. 5.
21 Vgl. BT-Dr. 18/1657, 66.

schon in der Zeit, bevor im Einzelfall ein Anspruch auf den in Abs. 1 b vorgesehenen Sicherstellungszuschlag besteht, in der Geburtshilfe tätige Hebammen steigende Haftpflichtprämien finanziell auffangen können.[22] Nach dem Willen des Gesetzgebers sollen diese Zuschläge konsequenterweise auch für die entsprechenden Abrechnungspositionen bei einer nicht vollendeten Geburt gelten.[23]

20 c) **Qualitätssicherung (Abs. 1 S. 1 iVm Abs. 1 a).** Bestandteil der Vereinbarungen sind auch die Anforderungen an die Qualität der Hebammenhilfe und die Qualitätssicherung in von Hebammen geleiteten Einrichtungen[24] (Abs. 1 S. 1). Die Vertragspartner müssen bis zum 31.12.2014 Mindestanforderungen an die Struktur-, Prozess- und Ergebnisqualität regeln und verwaltungsunaufwändige Verfahren zum Nachweis der Erfüllung der Qualitätsanforderungen festlegen (Abs. 1a). Über die Koppelung des Sicherstellungszuschlags (vgl. Rn. 17) an den Nachweis der Erfüllung der nach Abs. 1 a zu regelnden Qualitätsvorgaben erfährt die Qualitätssicherung auch im Bereich der Versorgung mit Hebammenhilfe weitere Aufwertung. Die von *Altmiks* hervorgehobene Problematik des Eingriffs in Art. 12 Abs. 1 GG[25] aufgrund von vertraglich vereinbarten Qualitätsanforderungen wird soweit erkennbar bislang kaum aufgegriffen. Ein solcher Eingriff kann, wenn die wirtschaftliche Existenz der Hebammen von der Teilnahme an der Versorgung gesetzlich Versicherter abhängt und nicht jede Hebamme die neuen, über das Berufsrecht hinausgehenden Qualitätsvorgaben erfüllen kann, einem Eingriff in die Berufswahlfreiheit gleichkommen.[26] Besonders bedeutsam könnte ein solcher Eingriff – auch unter dem Gesichtspunkt der Wirksamkeit der als öffentlich-rechtlichen Vertrag zu qualifizierenden Vergütungsvereinbarungen – bei solchen Hebammen sein, die mangels Verbandsmitgliedschaft keinerlei Einfluss auf die qualitätsbezogenen Vertragsinhalte haben.

21 Der am 25.9.2015 in Kraft getretene derzeit Hebammenhilfevertrag verpflichtet in § 10 die Hebammen bei der Ausübung ihrer Tätigkeit zur Erfüllung von Mindestanforderungen hinsichtlich Struktur-, Prozess- und Ergebnisqualität. Näheres zur Qualität der Leistungserbringung (zB Aufklärung und Dokumentation) regeln die Anlagen 1.2 Leistungsbeschreibung und 3 Qualitätsvereinbarung.

22 Hebammen nehmen **Vorsorgeuntersuchungen** an Schwangeren und Kindern vor, solange nicht Ärzten vorbehaltene Untersuchungsmethoden notwendig sind. Auch für diese von Hebammen angebotenen Vorsorgeuntersuchungen sind die „Mutterschafts-Richtlinien" (idF v. 10.12.1985, zuletzt geändert am 21.4.2016) und die „Kinder-Richtlinien" (idF v. 26.4.1976, zuletzt geändert am 18.6.2015) des G-BA maßgeblich, welche die Leistungsansprüche der Versicherten konkretisieren und durch einheitliche Vorgaben des Untersuchungs- und Dokumentationsumfangs zumindest indirekt zur Qualitätssicherung beitragen. Die Hebammen-Vergütungsvereinbarung bezieht die (Qualitäts-)Vorgaben der Mutterschafts-Richtlinien" und „Kinder-Richtlinien" in die Versorgung mit Hebammenhilfe ein, indem sie in ihrem Leistungsverzeichnis beide Richtlinien ausdrücklich in Bezug nimmt.[27]

23 Die „Vereinbarung über Maßnahmen zur Qualitätssicherung der Versorgung von Früh- und Reifgeborenen" (v. 20.9.2005 zul. geändert am 27.11.2015) definiert, unter welchen Voraussetzungen Zuweisungen zu Perinatalzentren oder Krankenhäusern mit perinatalem Schwerpunkt zu erfolgen haben. § 137 Abs. 1 Nr. 2, auf den sich die vorgenannte Vereinbarung stützt, ermächtigt den G-BA, Qualitätsvorgaben für die vertragsärztliche Versorgung und für zugelassene Krankenhäuser festzulegen. Qualitätsvorgaben für die Versorgung durch freiberufliche Hebammen und Entbindungspfleger sind – zumindest dem Wortlaut nach – nicht von der Ermächtigungsgrundlage erfasst, so dass sowohl die direkte als auch die analoge Anwendung der Vereinbarungen hier ausscheidet. Zeichnet sich eine Geburt mit erhöhtem Risiko für Mutter oder Kind ab, so wird die betreuende Hebamme bzw. der betreuende Entbindungspfleger aber die in der Vereinbarung definierten Versorgungsstufen kennen müssen, um im Sinne einer optimalen Prozessqualität (Anlage 3 zum Hebammenhilfevertrag) gemeinsam mit dem hinzugezogenen Arzt eine entsprechende Einweisung rechtzeitig vorzubereiten. Aus haftungsrechtlicher Sicht wäre zu hinterfragen, ob eine Hebamme oder ein Entbindungspfleger bereits hinter dem vertrag-

---

22 Vgl. BT-Dr. 18/1657, 66.
23 Vgl. BT-Dr. 18/1657, 66.
24 Dies stellt der Gesetzestext nun ausdrücklich klar, nachdem es aufgrund der durch das PNG eingefügten Formulierung über die Reichweite der Anforderungen an die Qualität der Leistungen und an die Qualität der Leistungserbringung unterschiedliche Ansichten gegeben hatte (vgl. BT-Dr. 18/1657, 65). Zur vorherigen Fassung vgl. auch BT-Dr. 17/10170, 26.
25 Altmiks in: KassKomm, § 134 a SGB V Rn. 3.
26 Altmiks in: KassKomm, § 134 a SGB V Rn. 3 ua unter Hinweis auf das „Kassenarzturteil", BVerfG, 23.3.1960, 1 BvR 216/51, BVerfGE 11, 30.
27 Siehe Positionsnummer 0400 – 0402, 0600 – 0602 sowie 2400 – 2502.

lich geschuldeten Standard (§ 630 a Abs. 2 BGB) zurückbleibt, wenn sie/er die Zuweisungskriterien bei der Beratung der Patientin über für die Entbindung geeignete Einrichtungen nicht beachtet.

Für ambulante Geburten in von Hebammen geleiteten Einrichtungen definieren die Vertragspartner in § 5 iVm Anl. 1 § 9 des „Ergänzungsvertrag[s] nach § 134 a SGB V" Ausschluss- und Zuweisungskriterien in Anlehnung an die Qualitätssicherungsvereinbarung und verhelfen so – über die Einbeziehung in den Ergänzungsvertrag – den Qualitätsvorgaben des G-BA bei der Versorgung von Früh- und Neugeborenen (zumindest teilweise) auch bei Geburten in von Hebammen geleiteten Einrichtungen zur Geltung. Dies ist im Sinne sektorübergreifender Qualitätsstandards für die Behandlung aller Patientinnen[28] konsequent.

3. Teilnahmeberechtigung (Abs. 2). Hebammen und Entbindungspfleger können von den Krankenkassen nur dann eine Vergütung verlangen, wenn Sie aufgrund ihrer Verbandszugehörigkeit oder durch Beitritt zum Hebammenhilfevertrag von der Rechtswirkung des Vertrags erfasst werden.[29] Sie werden bereits mit Vertragsschluss der sie vertretenen Verbände bzw. mit Erklärung des Beitritts zu einem solchen Vertrag Leistungserbringer der GKV.[30] Einer darüber hinaus gehenden Zulassung bedarf es in beiden Fällen nicht:[31]

Für freiberufliche Hebammen, die einem Verband angehören, der Vereinbarungen nach Abs. 1 abgeschlossen hat, entfalten die Vereinbarungen Rechtswirkung, wenn die Satzung des Verbandes dies vorsieht. Die Rechtswirkung erstreckt sich auch auf solche Hebammen und Entbindungspfleger, die keinem der vorgenannten Verbände angehören, aber durch einseitige Erklärung[32] gegenüber dem GKV-Spitzenverband beigetreten sind (§ 3 lit. f. und Anlage 4.1 zum Hebammenhilfevertrag).[33] Durch die Beitrittsmöglichkeit der Nicht-Verbandmitglieder werden die Berufsausübungsfreiheit und die (negative) Vereinigungsfreiheit der freiberuflichen Hebammen und Entbindungspfleger grundsätzlich gewährleistet.[34]

IV. Schiedsverfahren und Schiedsstelle (Abs. 3 und Abs. 4)

Das in Abs. 3 und 4 geregelte Schiedsverfahren ist an die Regelungen über das Schiedswesen (Fünfter Titel des Vierten Kapitels, 2. Abschnitt) – dort maßgeblich § 89 zum Schiedsamt – angelehnt. Es wird durchgeführt, wenn ein Vertrag nach Abs. 1 ganz oder teilweise nicht oder nicht bis zum Ablauf der vorgegebenen Fristen zustande kommt. Damit nach Ablauf der bislang geltenden Vereinbarung bis zur Entscheidung der Schiedsstelle eine rechtssichere und vorhersehbare Erbringung und Vergütung der Versorgung mit Hebammenhilfe gewährleistet bleibt, gilt der bisherige Vereinbarung bis zur Schiedsstellenentscheidung vorläufig weiter (Abs. 3 S. 2).[35] Der Gesetzgeber wollte mit der klarstellenden Formulierung „vorläufig" der Schiedsstelle ermöglichen, die neuen Vertragsinhalte rückwirkend auf das Ende der Laufzeit der bisherigen Regelungen festzusetzen.[36]

Aufgrund der Parallelen zum Schiedsamtsverfahren nach § 89 wird im Weiteren auf die dortige Kommentierung verwiesen: Zu der in § 134 a Abs. 4 geregelten Zusammensetzung der Schiedsstelle, der Amtsdauer um dem Verfahren zur Bestimmung ihrer Mitglieder siehe § 89 Rn. 30 ff.; zum Ablauf des Schiedsverfahrens siehe detailliert § 89 Rn. 50 ff.; zur Reichweite der Entscheidungsbefugnis der Schiedsstelle und zur Beschlussfassung siehe § 89 Rn. 68 ff.; zum Rechtscharakter der Schiedsstellenentscheidung und zur daraus folgenden Begründungspflicht siehe § 89 Rn. 72 f.; zum Rechtsschutz gegen die Schiedsstellenentscheidung und zum Umfang gerichtlicher Kontrolle siehe § 89 Rn. 86 ff. und 92; zur Problematik der Aufsicht siehe § 89 Rn. 81 ff.

---

28 Vgl. die Zielrichtung des § 137, auf den der G-BA – für die Versorgung durch zugelassene Krankenhäuser und die vertragsärztliche Versorgung – die Vereinbarung über Maßnahmen zur Qualitätssicherung der Versorgung von Früh- und Neugeborenen stützt.
29 Murawski in: Hänlein/Schuler, § 134 a Rn. 6.
30 Luthe in: Hauck/Noftz, SGB V, § 134 a Rn. 46; Welti in: Becker/Kingreen, § 134 a Rn. 6; s. auch Dalichau in: Prütting, FAnwK MedR, § 134 a SGB V Rn. 36.
31 Schneider in: jurisPK-SGB V, § 134 a Rn. 16; Murawski in: Hänlein/Schuler § 134 a Rn. 6.
32 Armbruster in: Eichenhofer/Wenner, § 134 a Rn. 29.
33 Zur Erklärung des Beitritts stellt der Hebammenhilfevertrag in Anlage 4.1 eine formularmäßige Beitrittserklärung bereit.
34 BT-Dr. 17/3672, 17; Trenk-Hinterberger in: Spickhoff, Medizinrecht, 2. Aufl. 2014, § 134 a Rn. 15; zu möglichen Bedenken s. o. Rn. 20.
35 Vgl. zu der Problematik eingehend § 89 Rn. 48. Zur Vorgängerregelung vgl. zudem BT-Dr. 15/3672, 17.
36 BT-Dr. 18/1657, 66.

V. Haftungsausschluss zugunsten von freiberuflich tätigen Hebammen (Abs. 5)

29 Im Rahmen des GKV-VSG ist Abs. 5 neu eingefügt und der bisherige Abs. 5 ist zu Abs. 6 verschoben worden. Danach kann ein Ersatzanspruch nach § 116 Abs. SGB X wegen Schäden aufgrund von Behandlungsfehlern in der Geburtshilfe von Kranken- und Pflegekassen gegenüber freiberuflich tätigen Hebammen nur geltend gemacht werden, wenn der Schaden vorsätzlich oder grob fahrlässig verursacht wurde. Im Fall einer gesamtschuldnerischen Haftung können Kranken- und Pflegekassen einen nach § 116 Abs. 1 SGB X übergegangenen Ersatzanspruch im Umfang des Verursachungs- und Verschuldensanteils der begünstigten Hebamme gegenüber den übrigen Gesamtschuldnern nicht geltend machen.

30 Die Leistungen der gesetzlichen Krankenversicherung bei Schwangerschaft und Mutterschaft umfassen ärztliche Betreuung und Hebammenhilfe. Gemäß § 4 Abs. 1 HebG muss zu jeder Geburt eine Hebamme hinzugezogen werden. Zudem ist für gesetzlich krankenversicherte Frauen die freie Wahl des Geburtsorts, also die Möglichkeit, in einem Krankenhaus, einer von Hebammen geleiteten Einrichtung oder zu Hause zu entbinden, ausdrücklich gesetzlich verankert (§ 24 f). Die Sicherstellung einer flächendeckenden Versorgung mit Hebammenhilfe ist daher von zentraler Bedeutung, dabei kommt den freiberuflich tätigen Hebammen eine wesentliche Aufgabe zu.

31 Nach den jeweiligen landesgesetzlichen Regelungen sind freiberuflich tätige Hebammen verpflichtet, eine ausreichende Berufshaftpflichtversicherung abzuschließen. In den vergangenen Jahren sind die Versicherungsprämien für freiberuflich tätige Hebammen erheblich angestiegen. Dabei geht ein wesentlicher Teil der Schadensregulierungskosten auf die Regressforderungen der Kranken- und Pflegeversicherung zurück.

32 Mit § 134a Abs. 5 wird ausgeschlossen, dass die Kranken- und Pflegekassen die Ansprüche, die gemäß § 116 Abs. 1 SGB X auf sie übergegangen sind, gegenüber einer freiberuflich tätigen Hebammen geltend machen. Die Kranken- und Pflegekassen können die Mittel, die sie für die Behandlung und Pflege eines geschädigten Kindes oder der Mutter aufgebracht haben, im Haftungsfall folglich nicht mehr regressieren, soweit eine freiberuflich tätige Hebamme haftet. Der Regressausschluss ist dabei ausdrücklich auf nicht grob schuldhaft verursachte Behandlungsfehler in der Geburtshilfe beschränkt.

33 Ist der Regress ausgeschlossen, wird auch der Freistellungsanspruch der Hebamme gegenüber ihrem Versicherer aufgrund der Berufshaftpflichtversicherung (§ 100 VVG) nicht ausgelöst, so dass auch eine Inanspruchnahme des Versicherers durch die Kranken- und Pflegekasse ausscheidet. Dadurch wird das zu versichernde Risiko erheblich reduziert, was zu einer Stabilisierung der Prämien und damit zu einer bezahlbaren Berufshaftpflichtversicherung der freiberuflich tätigen Hebammen beitragen wird.

34 Der Regressausschluss gilt auch für alle bestehenden Ansprüche ab Inkrafttreten der Regelung und bezieht sich damit auch auf Schadensereignisse, die früher eingetreten sind, soweit der Regressanspruch bis zum Inkrafttreten noch nicht geltend gemacht worden ist.

35 Durch S. 2 wird der Fall einer gesamtschuldnerischen Haftung einer freiberuflichen Hebamme geregelt, deren Inanspruchnahme durch die Regressbegrenzung ausgeschlossen ist. Es wird klargestellt, dass der nach § 116 SGB X auf die Kranken- und Pflegekasse übergegangene Ersatzanspruch gegen die übrigen Gesamtschuldner in dem Umfang des Verursachungs- und Verschuldensanteils der Hebamme, deren Inanspruchnahme nach S. 1 ausgeschlossen ist, gemindert wird. So wird ausgeschlossen, dass der Zweck der Neuregelung, die freiberuflichen tätigen Hebammen durch einen Regressausschluss finanziell zu entlasten, durch einen etwaigen Innenregress der übrigen Gesamtschuldner gegenüber der begünstigten Hebamme nach § 426 BGB unterlaufen wird.[37]

VI. Haftungsausschluss zugunsten von Entbindungspflegern (Abs. 6)

36 Der Regressausschluss gilt gemäß Abs. 6 auch für Entbindungspfleger. Die Rechte der Betroffenen, also der geschädigten Kinder bzw. Mütter bleiben durch die Regelung unberührt. Diese Personen haben weiterhin Anspruch auf Leistungen der gesetzlichen Kranken- und Pflegekasse.

37 Der Regressausschluss dient dem Zweck, eine bedarfsgerechte Versorgung der Versicherten durch die GKV und die SPV zu gewährleisten.

38 GKV und SPV decken als komplementäre Sozialversicherungszweige das Risiko der Krankheit in Deutschland ab. Die Sicherstellung der Versorgung ist dabei die grundlegende Voraussetzung dafür, die Leistungsansprüche der Versicherten im Bereich der gesetzlichen Krankenversicherung und der so-

---

37 Vgl. BT-Dr. 18/4095, 119.

zialen Pflegeversicherung erfüllen zu können. Zu diesen Leistungsansprüchen gehört der Anspruch auf Leistungen bei Schwangerschaft und Geburt gleichermaßen wie der Anspruch auf Vermeidung der Pflegebedürftigkeit durch frühzeitige Gewährung aller hierzu geeigneten Leistungen. Zur Erfüllung des gesetzlich bestehenden Sicherstellungsauftrages ist es erforderlich, dass eine ausreichende Anzahl von Leistungserbringern zur Verfügung steht. Die in den Jahren bis 2015 zu beobachtende Entwicklung der Berufshaftpflichtprämien stellt eine ausreichende Versorgung durch freiberuflich tätige Hebammen – die zur flächendeckenden Versorgung mit Geburtshilfe und der freien Wahl des Geburtsortes zwingend erforderlich sind – in Frage: Zum einen ist erkennbar nicht mehr gewährleistet, dass die Versicherungsunternehmen auf Dauer eine ausreichende Berufshaftpflichtversicherung für Hebammen anbieten. Zum anderen gibt es Anzeichen dafür, dass die freiberuflich tätigen Hebammen ihre Tätigkeit in der Geburtshilfe zukünftig weiter einschränken bzw. ganz aufgeben.

Der mit begrenzte Ausschluss der Regressforderungen ist geeignet, die Berufshaftpflichtversicherung für freiberuflich tätige Hebammen verfügbar und bezahlbar zu machen. Im Jahre 2015 machen die Regressforderungen der Kranken- und Pflegekassen nach 5 Jahren der Schadensabwicklung 25 % bis 30 % der bis dahin ausgeglichenen Schadenssumme aus. Bei Groß- und Größtschäden sowie bei einer langen Schadensabwicklungsdauer ist der Anteil der Regressforderungen der Kranken- und Pflegeversicherung am Schadensaufwand tendenziell noch größer. Im Ergebnis wird die Summe, für die eine freiberuflich tätige Hebamme bzw. ihr Versicherer im Haftungsfall aufkommen muss, faktisch erheblich reduziert. Nach Auffassung des Gesetzgebers ist zu erwarten, dass sich diese faktische Begrenzung der Haftungsansprüche gegenüber der freiberuflich tätigen Hebamme bzw. ihrem Versicherer spürbar und nachhaltig in der Höhe der Versicherungsprämien niederschlägt. Zudem wird durch diese Begrenzung der Haftung die Kalkulationsgrundlage für diesen Versicherungsbereich deutlich verbessert und damit zu einer nachhaltigen Belebung der Angebotsseite des Versicherungsmarktes beigetragen. 39

Der Ausschluss der Regressforderungen in der konkreten Ausgestaltung stellt das mildeste Mittel dar, um im Zusammenwirken mit den angepassten Vergütungsregelungen eine bedarfsgerechte Versorgung der Versicherten mit Hebammenleistungen sicher zu stellen. Die Regelung bedeutet für die betroffenen Krankenkassen im Ergebnis keinen wirtschaftlichen Nachteil, da die Kostensteigerung, die die Berufsausübung betrifft, nach § 134 a Abs. 1 bei den Vergütungsvereinbarungen zu berücksichtigen sind. Dazu zählen auch Kostensteigerungen bei der Berufshaftpflichtversicherung. Hinzu kommt, dass die Krankenkassen durch den Ausschluss der Regressansprüche unmittelbar für einen Teil des Haftpflichtschadens aufkommen, der dann nicht über Versicherungsprämien refinanziert werden muss. Für diesen Teil entfallen damit die Nebenkosten des Versicherungsgeschäfts. Die damit verbundene Reduzierung der Gesamtkosten der Schadensabwicklung kommt auch den Krankenkassen zugute. 40

Der Ausschluss der Regressforderungen ist auf die freiberuflich tätigen Hebammen beschränkt, da diese gegenüber anderen Berufsgruppen im Gesundheitsbereich durch die Entwicklung der Berufshaftpflichtversicherung erkennbar in besonderer Art und Weise belastet sind. Angestellte Hebammen sind von der Regelung nicht erfasst, da für sie in den hier geregelten Fällen nach den arbeitsrechtlichen Grundsätzen des innerbetrieblichen Schadensausgleichs ein eingeschränkter Umfang der Arbeitnehmerhaftung gilt. Angestellte Hebammen sind darüber hinaus regelmäßig durch ihren Arbeitgeber berufshaftpflichtversichert. Ausschließlich angestellt tätige Hebammen müssen daher keine vergleichbare Berufshaftpflichtversicherung abschließen und sind folglich nicht durch die hohen Versicherungsprämien belastet. Bei anderen Berufsgruppen im Gesundheitsbereich ist weder eine akute Bedrohung des Versicherungsmarktes zu beobachten, noch nimmt die Prämienhöhe einen vergleichbaren Anteil an der Gesamtvergütung ein. Um Geburtsfehler und hier insbesondere grob schuldhaftes Verhalten im Bereich der Geburtshilfe zukünftig noch wirkungsvoller zu vermeiden, werden die Erkenntnisse der Versicherungswirtschaft zu den Schadensursachen der Vergangenheit ua der Arbeitsgemeinschaft der wissenschaftlichen medizinischen Fachgesellschaften (AWMF) und dem GBA zur Verfügung gestellt, damit sie in die Erarbeitung verbindlicher evidenzbasierter Leitlinien für die Geburtshilfe, in die externe Qualitätssicherung sowie in die Erarbeitung der berufsbezogenen Fortbildungsinhalte einfließen können.[38] 41

---

38 Vgl. BT-Dr. 18/4095, 120.

Neunter Abschnitt
Sicherung der Qualität der Leistungserbringung

§ 135 Bewertung von Untersuchungs- und Behandlungsmethoden

(1) ¹Neue Untersuchungs- und Behandlungsmethoden dürfen in der vertragsärztlichen und vertragszahnärztlichen Versorgung zu Lasten der Krankenkassen nur erbracht werden, wenn der Gemeinsame Bundesausschuss auf Antrag eines Unparteiischen nach § 91 Abs. 2 Satz 1, einer Kassenärztlichen Bundesvereinigung, einer Kassenärztlichen Vereinigung oder des Spitzenverbandes Bund der Krankenkassen in Richtlinien nach § 92 Abs. 1 Satz 2 Nr. 5 Empfehlungen abgegeben hat über

1. die Anerkennung des diagnostischen und therapeutischen Nutzens der neuen Methode sowie deren medizinische Notwendigkeit und Wirtschaftlichkeit – auch im Vergleich zu bereits zu Lasten der Krankenkassen erbrachte Methoden – nach dem jeweiligen Stand der wissenschaftlichen Erkenntnisse in der jeweiligen Therapierichtung,
2. die notwendige Qualifikation der Ärzte, die apparativen Anforderungen sowie Anforderungen an Maßnahmen der Qualitätssicherung, um eine sachgerechte Anwendung der neuen Methode zu sichern, und
3. die erforderlichen Aufzeichnungen über die ärztliche Behandlung.

²Der Gemeinsame Bundesausschuss überprüft die zu Lasten der Krankenkassen erbrachten vertragsärztlichen und vertragszahnärztlichen Leistungen daraufhin, ob sie den Kriterien nach Satz 1 Nr. 1 entsprechen. ³Falls die Überprüfung ergibt, daß diese Kriterien nicht erfüllt werden, dürfen die Leistungen nicht mehr als vertragsärztliche oder vertragszahnärztliche Leistungen zu Lasten der Krankenkassen erbracht werden. ⁴Die Beschlussfassung über die Annahme eines Antrags nach Satz 1 muss spätestens drei Monate nach Antragseingang erfolgen. ⁵Das sich anschließende Methodenbewertungsverfahren ist in der Regel innerhalb von spätestens drei Jahren abzuschließen, es sei denn, auch bei Straffung des Verfahrens im Einzelfall eine längere Verfahrensdauer erforderlich ist. ⁶Hat der Gemeinsame Bundesausschuss in einem Verfahren zur Bewertung einer neuen Untersuchungs- und Behandlungsmethode nach Ablauf von sechs Monaten seit Vorliegen der für die Entscheidung erforderlichen Auswertung der wissenschaftlichen Erkenntnisse noch keinen Beschluss gefasst, können die Antragsberechtigten nach Satz 1 sowie das Bundesministerium für Gesundheit vom Gemeinsamen Bundesausschuss die Beschlussfassung innerhalb eines Zeitraums von weiteren sechs Monaten verlangen. ⁷Kommt innerhalb dieser Frist kein Beschluss zustande, darf die Untersuchungs- und Behandlungsmethode in der vertragsärztlichen oder vertragszahnärztlichen Versorgung zu Lasten der Krankenkassen erbracht werden.

(2) ¹Für ärztliche und zahnärztliche Leistungen, welche wegen der Anforderungen an ihre Ausführung oder wegen der Neuheit des Verfahrens besonderer Kenntnisse und Erfahrungen (Fachkundenachweis), einer besonderen Praxisausstattung oder anderer Anforderungen an die Versorgungsqualität bedürfen, können die Partner der Bundesmantelverträge einheitlich entsprechende Voraussetzungen für die Ausführung und Abrechnung dieser Leistungen vereinbaren. ²Soweit für die notwendigen Kenntnisse und Erfahrungen, welche als Qualifikation vorausgesetzt werden müssen, in landesrechtlichen Regelungen zur ärztlichen Berufsausübung, insbesondere solchen des Facharztrechts, bundesweit inhaltsgleich und hinsichtlich der Qualitätsvoraussetzungen nach Satz 1 gleichwertige Qualifikationen eingeführt sind, sind diese notwendige und ausreichende Voraussetzung. ³Wird die Erbringung ärztlicher Leistungen erstmalig von einer Qualifikation abhängig gemacht, so können die Vertragspartner für Ärzte, welche entsprechende Qualifikationen nicht während einer Weiterbildung erworben haben, übergangsweise Qualifikationen einführen, welche dem Kenntnis- und Erfahrungsstand der facharztrechtlichen Regelungen entsprechen müssen. ⁴Abweichend von Satz 2 können die Vertragspartner nach Satz 1 zur Sicherung der Qualität und der Wirtschaftlichkeit der Leistungserbringung Regelungen treffen, nach denen die Erbringung bestimmter medizinisch-technischer Leistungen den Fachärzten vorbehalten ist, für die diese Leistungen zum Kern ihres Fachgebietes gehören. ⁵Die nach der Rechtsverordnung nach § 140g anerkannten Organisationen sind vor dem Abschluss von Vereinbarungen nach Satz 1 in die Beratungen der Vertragspartner einzubeziehen; die Organisationen benennen hierzu sachkundige Personen. ⁶§ 140f Absatz 5 gilt entsprechend. ⁷Das Nähere zum Verfahren vereinbaren die Vertragspartner nach Satz 1. ⁸Für die Vereinbarungen nach diesem Absatz gilt § 87 Absatz 6 Satz 9 entsprechend.

Literatur:

Axer/Wiegand, Methoden und Leistungen in der vertragsärztlichen Versorgung, KrV 2016, 85; *Axer,* Aktuelle Rechtsfragen der Methodenbewertung, GesR 2015, 641; *Axer,* Die Begriffe des § 137 h SGB V, GesR 2017, 12; *Bohmeier/Penner,* Die Umsetzung des Nikolaus-Beschlusses durch die Sozialgerichtsbarkeit: Fortentwicklung und Widersprüche zu den Vorgaben des BVerfG, WzS 2009, 65; *Diel,* Qualitätsförderung und Qualitätssicherung in der ambulanten Versorgung, GSP 2015, Nr. 2, 34; *Ebsen,* Verfassungsrechtliche und einfachrechtliche Problem der Qualitätssicherung, GuP 2013, 121; *Felix,* Innovative Medizin im ambulanten und stationären Bereich, MedR 2011, 67; *Felix,* Das Verhältnis von § 137 h SGB V zu §§ 137 c und 135 SGB V, GesR 2017, 26; *Franke/Hart,* Bewertungskriterien und –methoden nach dem SGB V, MedR 2008, 2; *Gottwald,* Die rechtliche Regulierung medizinischer Innovationen in der gesetzlichen Krankenversicherung, 2016; *Huster,* Gesundheit aus rechtswissenschaftlicher Sicht: Mittelknappheit als Herausforderung von Gesundheitspolitik und Rechtswissenschaft, in: Masuch/Spellbrink/Becker/Leibfried (Hrsg.), Grundlagen und Herausforderungen des Sozialstaats, Band 2: Bundessozialrecht und Sozialstaatsforschung, 2015, 223; *Rolfs,* Neue Untersuchungs- und Behandlungsmethoden, Festschrift 50 Jahre Bundessozialgericht, 2004, 515; *Saalfrank/Wesser,* Die Pflicht der Gesetzlichen Krankenversicherung zur Leistung neuer Behandlungsmethoden, NZS 2008, 17; *Schroeder-Printzen/Stallberg,* Die Erbringung neuer Untersuchungs- und Behandlungsmethoden im stationären Bereich nach dem GKV-Versorgungsstrukturgesetz, NZS 2017, 332; *Wigge,* Neue Aspekte der Methodenbewertung nach § 135 Abs. 1 SGB V – am Beispiel der hyperbaren Sauerstofftherapie, MPR 2012, 1; *Windeler/Lange,* Nutzenbewertung medizinischer Dienstleistungen im deutschen Gesundheitswesen, Bundesgesundheitsbl 2015, 220; *Zuck,* Homöopathie und Verfassungsrecht, 2004; *Zuck,* Die Behandlungsmethoden, Arznei- und Heilmitteltherapien der (anerkannten) Besonderen Therapierichtungen, NZS 1999, 313.

I.	Entstehungsgeschichte	1	c) Bewertungsverfahren	21
II.	Zweck und Systematik	6	d) Entscheidung	24
III.	Verfassungs- und unionsrechtlicher Rahmen	10	2. Überprüfung etablierter Untersuchungs- und Behandlungsmethoden (Abs. 1 S. 2)	28
IV.	Bewertungen von Untersuchungs- und Behandlungsmethoden durch den G-BA (Abs. 1)	13	V. Bindungswirkung der Empfehlungen	30
			VI. Rechtsschutz	32
	1. Bewertung neuer Untersuchungs- und Behandlungsmethoden der vertrags(zahn)ärztlichen Versorgung (Abs. 1 S. 1, 3 und 4)	13	VII. Vereinbarungen zwischen Partnern der Bundesmantelverträge (Abs. 2)	36
	a) Anwendungsbereich	13	1. Anwendungsbereich und Inhalt der Vereinbarungen (Abs. 2 S. 1 und 3)	36
	b) Bewertungskriterien: Nutzen, Notwendigkeit, Wirtschaftlichkeit	18	2. Koordinierung mit dem landesrechtlichen Berufsrecht (Abs. 2 S. 2 und 4)	38
			3. Verfahren	40

I. Entstehungsgeschichte

Die Vorschrift wurde in ihrer heutigen Fassung durch das GRG[1] mWv 1989 eingefügt. Die vorwiegend die kassenzahnärztliche Versorgung betreffenden Vorschriften der Abs. 4–6 idF des GRG wurden durch GKV-GRG 2000[2] aufgehoben. Die Vorschrift regelt nunmehr die materiellen und formellen Anforderungen an die Erbringung neuer Untersuchungs- und Behandlungsmethoden (NUB) in der (ambulanten) vertragsärztlichen und -zahnärztlichen Versorgung zu Lasten der Krankenkassen sowie das Bewertungsverfahren durch den G-BA. Die bis zum 31.1.1999 in Abs. 3 enthaltene Ermächtigung der KBV/KBZV zur Bestimmung der Verfahren zur Qualitätssicherung in der ambulanten vertragsärztlichen Versorgung findet sich heute in § 91 Abs. 4 Nr. 1.

In ihrer ursprünglichen Form regelten die Abs. 1 und 2 das Erfordernis von Empfehlungen der Bundesausschüsse mit Bezug auf den diagnostischen und therapeutischen Nutzen einer neuen Methode, die für die Sicherung der sachgerechten Anwendung einer neuen Methode erforderlichen persönlichen und apparativen Anforderungen und die Anforderungen an die Dokumentationspflicht. Untersuchungs- und Behandlungsmethoden, die besondere (zahn-)ärztliche Kenntnisse und Erfahrungen erforderten, sollten (Zahn-)Ärzten vorbehalten bleiben, die besondere, durch die Vertragspartner der ver-

---

[1] Gesetz zur Strukturreform im Gesundheitswesen vom 20.12.1988., BGBl. I, 2477.
[2] Gesetz zur Reform des der gesetzlichen Krankenversicherung 2000 (GKV-Gesundheitsreformgesetz 2000 – GKV-GRG 2000) vom 22.12.1999, BGBl. I, 2626.

tragsärztlichen Versorgung einheitlich festzulegende Qualifikationen erfüllten. Formell-rechtlich regelte die Norm ein Verbot mit Erlaubnisvorbehalt für neue Methoden im Bereich der GKV.[3]

3 Die Anforderungen wurden mit Wirkung zum 1.7.1997[4] um Bewertungen der medizinischen Notwendigkeit und Wirtschaftlichkeit angereichert, die auch im Vergleich zu bereits zulasten der Krankenkassen erbrachten Methoden ermittelt und nach dem Stand der wissenschaftlichen Erkenntnisse in der jeweiligen Therapierichtung bewertet werden sollten (Abs. 1 S. 1 Nr. 1). Die Erfordernisse der Qualifikation wurden um Anforderungen an Maßnahmen der Qualitätssicherung ergänzt (Abs. 1 S. 1 Nr. 2). In Abs. 1 S. 2 regelte der Gesetzgeber die Rechtsfolgen einer negativen Bewertung solcher Untersuchungs- und Behandlungsmethoden. Abs. 2 wurde erheblich erweitert, die Voraussetzungen für die Erfordernisse besonderer Kenntnisse und Erfahrungen wurden präzisiert, die Erfordernisse selbst in Kenntnisse und Erfahrungen (Fachkundenachweis), Anforderungen an die Praxisausstattung sowie Anforderungen an die Strukturqualität ausdifferenziert. Bezüglich der qualifizierenden Kenntnisse und Erfahrungen wurde die Regelung mit dem landesrechtlichen Berufsrecht verknüpft. Eine Regelung der Rechtslage in der Übergangszeit nach erstmaliger Einbindung einer Methode in besondere Qualitätsanforderungen rundete die Vorschrift ab.

4 Mit GMG[5] wurde die Überprüfungs- und Bewertungskompetenz zum 1.1.2004 dem neu geschaffenen G-BA übertragen und in Abs. 2 S. 4 die Befugnis der Vertragspartner aufgenommen, zur Sicherung der Qualität und Wirtschaftlichkeit der Leistungserbringung Regelungen zu treffen, nach denen die Erbringung bestimmter medizinisch-technischer Leistungen den Fachärzten vorbehalten ist, für die diese Leistungen zum Kern ihres Fachgebiets gehören, und mit solchen Regelungen von landesrechtlichen Regelungen der fachärztlichen Berufsausübung abzuweichen. Die neue Regelungskompetenz knüpft an die Entscheidung des BSG vom 31.1.2001[6] an und hat zum Ziel, diagnostische Leistungen im Interesse einer optimalen Patientenversorgung und eines sparsamen Einsatzes der Leistungsressourcen bei für solche Tätigkeiten besonders qualifizierten Ärzten zu konzentrieren.[7]

5 Die mit dem GKV-WSG[8] eingefügten Abs. 1 S. 4, 5 behandeln die Rechtslage für den Fall, dass der G-BA nicht innerhalb einer Sechs-Monats-Frist zu einer Bewertung gelangt. Sowohl die Antragsteller als auch das Ministerium haben nun die Möglichkeit, eine Beschlussfassung innerhalb einer weiteren Frist von sechs Monaten zu verlangen mit der gravierenden Folge, dass bei Untätigbleiben des G-BA nach Ablauf dieser Frist die NUB zulasten der Krankenversicherung erbracht werden darf. Kleinere Änderungen in Abs. 1 passen die Antragsrechte an die geänderte Struktur des G-BA an. Ebenfalls dem Ziel der Verfahrensbeschleunigung dienen die durch GKV-VSG[9] mWv 23.7.2015 in Abs. 1 eingefügten S. 4 und 5. Die bisherigen S. 4 und 5 wurden zu 6 und 7.

Das VStG vom 22.12.2011[10] ordnete die Verpflichtung zur Beteiligung von Vertretern der Patienten- und Selbsthilfeorganisationen nach §§ 140f. an (Abs. 2 S. 5–6). S. 7 regelt die Veröffentlichung der vereinbarten Festlegungen.

II. Zweck und Systematik

6 **Abs. 1** regelt die Erforderlichkeit einer Bewertung neuer (S. 1) und anerkannter (S. 2) Untersuchungs- und Behandlungsmethoden der ambulanten Versorgung, die zulasten der Krankenversicherung erbracht werden (sollen) und stellt damit Innovationen im Bereich der ambulanten Versorgung unter ein **Verbot mit Erlaubnisvorbehalt**. Die Vorschrift bezweckt Qualitätssicherung im Hinblick auf die Versorgung der Versicherten sowie die Sicherung der Wirtschaftlichkeit der Leistungserbringung zulasten der Versichertengemeinschaft. Abs. 1 konkretisiert dabei qualitative Vorgaben für die Erbringung vertragsärztlicher Leistungen als Spezialregelung zu §§ 70, 72 Abs. 2. Nur vom G-BA positiv bewertete neue oder nicht beanstandete hergebrachte Untersuchungs- und Behandlungsmethoden sind einer Festlegung der Abrechnungsfähigkeit nach § 87 Abs. 2 S. 1, 2 zugänglich. Abs. 1 gilt auch für die in § 72

---

3 Statt vieler BSG, 21.3.2012, B 6 KA 16/11 R, juris Rn. 25; BSG, 3.7.2012, 1 B KR 23/11 R, juris Rn. 23; Roters in: KassKomm, § 135 SGB V Rn. 2.
4 2. GKV-Neuordnungsgesetz vom 23.6.1997, BGBl. I, 1520.
5 GKV-Modernisierungsgesetz vom 14.11.2003, BGBl. I, 2190.
6 Az B 6 KA 24/00 R, SozR 3-2500 § 135 Nr. 16 (Kernspintomografie).
7 BT-Dr. 15/1525, 124.
8 Gesetz zur Stärkung des Wettbewerbs in der gesetzlichen Krankenversicherung (GKV-Wettbewerbsstärkungsgesetz – GKV-WSG) vom 26.3.2007, BGBl. I, 378.
9 Gesetz zur Stärkung der Versorgung in der gesetzlichen Krankenversicherung (GKV-Versorgungsstärkungsgesetz – GKV-VSG) vom 16.7.2015, BGBl. I, 1211.
10 Versorgungsstrukturgesetz, BGBl. I, 2983.

Abs. 1 S. 2 genannten Leistungserbringer. Er ist abzugrenzen zu Vorschriften, die die Bewertung von Untersuchungs- und Behandlungsmethoden im Krankenhaus (§ 137c), der ambulanten und stationären Vorsorge oder Rehabilitation (§ 137d), der Heilmittel (§ 138) sowie der Hilfsmittel (§ 139 Abs. 4) regeln. Möglichkeiten und Verfahren der Erprobung von Untersuchungs- und Behandlungsmethoden, deren Nutzen noch nicht hinreichend belegt ist, regeln § 137e, der § 135 (und § 137c) insoweit ergänzt, sowie § 139d; Möglichkeiten und Verfahren einer frühen Bewertung neuer Untersuchungs- und Behandlungsmethoden mit Medizinprodukten hoher Risikoklassen nach § 137h erfolgen typischerweise im Zusammenhang mit stationärer Versorgung, können aber für die ambulante Versorgung relevant werden.[11]

Abs. 2 ermächtigt die Partner der Bundesmantelverträge zur Vereinbarung von Qualitätssicherungsmaßnahmen für ambulante vertragsärztliche Leistungen. S. 2 nimmt landesrechtliche Regelungen zur ärztlichen Berufsausbildung in Bezug. Ein Spannungsverhältnis zum ärztlichen Berufsrecht der Länder besteht insoweit, als die Vertragspartner auch ermächtigt werden, abweichend von S. 2 zu regeln, dass die Erbringung bestimmter medizinisch-technischer Leistungen den Fachärzten vorbehalten ist, für die diese Leistungen zum Kern ihres Fachgebiets gehören.

Die Regelungen in Abs. 2 S. 5–7 knüpfen an die in §§ 140f und der PatBetV (→ § 140g Rn. 2) sowie an § 87 Abs. 6 S. 9 hinsichtlich der Modalitäten für die Veröffentlichung von Vereinbarungen an. Ausführende Regelungen zu Verfahren und Entscheidungsfindung des G-BA regelt das Zweite Kapitel der VerfO G-BA.[12]

Die maßgebliche Bedeutung der Vorschrift beschränkt sich auf den vertragsärztlichen Bereich. Die Bedeutung für die Methodenbewertung in der vertragszahnärztlichen Versorgung ist derzeit gering.[13] Im vertragszahnärztlichen Bereich wurden Untersuchungs- und Behandlungsmethoden seit der Einführung des Bewertungsverfahrens im Jahre 1988 nicht bewertet.[14]

III. Verfassungs- und unionsrechtlicher Rahmen

Das gesetzliche Verbot mit Erlaubnisvorbehalt in Abs. 1 für NUB steht als **Regelung der Berufsausübung** zum Zwecke einer sicheren und wirtschaftlichen Gesundheitsversorgung im Einklang mit Art. 12 Abs. 1 GG. Mit Art. 12 Abs. 1 GG sind die erhöhten Qualitätsstandards als einfache, den Status des Arztes oder Zahnarztes wenig beeinträchtigende Grundrechtseingriffe vereinbar, wenn und soweit sie der **Optimierung der Gesundheitsversorgung** dienen und damit einen legitimen Gemeinwohlzweck verfolgen.[15] Abs. 2 S. 3 verwirklicht einen temporären rechtsstaatlichen Vertrauensschutz berufsausübender Ärzte in die Anforderungen an ihre Qualifikation für den Fall der Vereinbarung neuer Anforderungen.

Die drohende Überschneidung der **Gesetzgebungskompetenz** des Bundes für das Leistungserbringungsrecht der GKV (Art. 74 Abs. 1 Nr. 12 GG) mit der Landeskompetenz für das ärztliche Berufsrecht einschließlich des Weiterbildungsrechts löst Abs. 2 S. 2 zugunsten des landesrechtlichen Berufsrechts, sofern dieses bundesweit einheitliche und mit dem nach S. 1 vereinbarten Standard gleichwertige Anforderungen an die ärztliche Berufsausübung regelt. Die in Abs. 2 S. 4 ermöglichten Abweichungen vom Berufsrecht sind von der Bundeskompetenz nur gedeckt, wenn und soweit sie die Sicherung der Qualität und Wirtschaftlichkeit der Versorgung mit Leistungen der GKV bezwecken.[16]

Die Ermächtigung der Partner der Bundesmantelverträge (§ 82 Abs. 1) zu Vereinbarungen über die Qualität der Leistungserbringung steht mit **Art. 101 AEUV** im Einklang. Die KBV bzw. KBZV als Partnerin erfüllt zwar das unionsrechtliche Merkmal der Unternehmensvereinigung,[17] die Ermächtigung kann als Übertragung staatlicher Entscheidungsbefugnisse gelten, und es ist auch nicht von vornherein auszuschließen, dass solche Vereinbarungen den zwischenstaatlichen Handel beeinträchtigen;[18]

---

11 Zum Verhältnis Felix, GesR 2017, 26 (unter II. 2., III).
12 Verfahrensordnung des Gemeinsamen Bundesausschusses idF vom 18.12.2008, BAnz Nr. 84a (Beilage) vom 10.6.2009, zuletzt geändert am 20.10.2016, BAnz AT 19.1.2017 B3, BAnz AT 24.2.2017 B1, in Kraft seit 20.1.2017.
13 Vgl. aber BSG, 2.9.2014, B 1 KR 3/13 R, BWGE 117, 1.
14 Vgl. Roter in: KassKomm, § 135 SGB V Rn. 12.
15 Vgl. BVerfG (K), 8.7.2010, 2 BvR 520/07.
16 Zur kompetenzrechtlichen Problematik Ebsen, GuP 2013, 121 ff.
17 Vgl. EuGH, 12.9.2000, Rs. C-180/98 ua; EuGH, 19.2.2002, Rs. C-303/99.
18 Vgl. Weiß in: Calliess/Ruffert, EUV/AEUV, Art. 101 Rn. 124.

doch werden Vereinbarungen auf Grundlage des § 135 Abs. 2 S. 1–4 im Allgemeininteresse getroffen, was eine Kartellbildung, wenn eine solche bejaht wird, zumindest rechtfertigt.[19]

IV. Bewertungen von Untersuchungs- und Behandlungsmethoden durch den G-BA (Abs. 1)

13 **1. Bewertung neuer Untersuchungs- und Behandlungsmethoden der vertrags(zahn)ärztlichen Versorgung (Abs. 1 S. 1, 3 und 4). a) Anwendungsbereich.** Dem Verbot mit Erlaubnisvorbehalt unterfallen ausschließlich Methoden in der vertragsärztlichen Versorgung nach § 95. Die Erbringung von NUB in der Krankenhausbehandlung wird in § 137c grundlegend anderes, nämlich als Erlaubnis mit Verbotsvorbehalt konzipiert (→ § 137c Rn. 6a). Sektorenübergreifend einheitliche Nutzenbewertungen sind damit zwar möglich,[20] aber aufgrund der verfahrensrechtlichen Unterschiede in den sektorenspezifischen Rechtsgrundlagen erschwert.

14 **Methoden** sind medizinische Vorgehensweisen, die auf einem theoretisch-wissenschaftlichen Konzept beruhen, das sie von anderen Untersuchungs- und Behandlungsverfahren unterscheidet und das ihre systematische Anwendung der Untersuchung und Behandlung einer Krankheit rechtfertigen soll.[21] Während **Untersuchungsmethoden** das diagnostische Vorgehen betreffen, beziehen sich **Behandlungsmethoden** auf die Therapie in ihrer Gesamtheit, schließen also alle nach dem jeweiligen methodischen Ansatz zur Erreichung des Behandlungsziels erforderlichen Einzelschritte ein.[22] Der Begriff der Methode bezeichnet Maßnahmen, die bei einem bestimmten Krankheitsbild „systematisch" angewandt werden,[23] umfasst also mehr als der Begriff der Leistung.[24] § 135 findet keine Anwendung auf Vorgehensweisen in einem singulären Krankheitsfall, da es insoweit um Behandlungen, nicht aber um deren Methoden geht.[25] Laboruntersuchungen sind nur dann „Methoden", wenn sie Teil eines theoretisch-wissenschaftliches Konzeptes sind, das mehr beinhaltet als eine einzelne Leistung.[26]

15 Für die Einstufung als Behandlungsmethode ist unschädlich, ob sie (auch) **unter Einsatz von Arzneimitteln und Medizinprodukten** erfolgt. Soweit eine Behandlungsmethode den Einsatz von Arzneimitteln erfordert, gehen für den Einsatz von Fertigarzneimitteln die Prüfung der Wirksamkeit und Unbedenklichkeit im Zulassungsverfahren nach § 22ff. AMG sowie das Bewertungsverfahren der zulassungsüberschreitenden Anwendung (Off-Label-Use) nach § 35c Abs. 1 vor. Einer Prüfung nach § 135 zugänglich ist aber der Einsatz von Rezepturarzneimitteln[27] sowie eine Behandlungsmethode, die die Gabe eines (zugelassenen oder für den Off-Label-Use bewerteten) Arzneimittels nur als Teilbereich umfasst. Eine Behandlung, die sich in der Anwendung eines für die Behandlung arzneimittelrechtlich zugelassenen Fertigarzneimittels erschöpft, ist nicht „Behandlung" iSv § 135, sondern nach den Vorschriften für die Arzneimittelzulassung und -nutzenbewertung zu bewerten.[28] Ist der Einsatz eines Hilfsmittels untrennbarer Bestandteil einer noch nicht anerkannten Untersuchungs- und Behandlungsmethode, lässt das BSG die Anerkennung durch den G-BA nach § 135 der Entscheidung nach § 139 Abs. 4 vorgehen.[29]

16 Untersuchungs- und Behandlungsmethoden sind auch solche der **besonderen Therapierichtungen**,[30] dh solcher therapeutischer Konzepte, die auf Grundlage eines sich von der naturwissenschaftlich geprägten „Schulmedizin" abgrenzenden, weltanschaulichen Denkansatzes größere Teile der Ärzteschaft und weitere Bevölkerungskreise für sich eingenommen hat.[31] Hierzu gehören jedenfalls die Phytotherapie, die homöopathische und die anthroposophische Medizin.[32]

---

19 Vgl. BVerfG (K), 8.7.2010, 2 BvR 520/07, juris Rn. 19 = SozR 4-2500 § 135 Nr. 16 = NZS 2011, 297, 299.
20 Vgl. Roter in: KassKomm, § 135 SGB V Rn. 22 f.
21 BSG, 28.3.2000, B 1 KR 11/98 R, BSGE 86, 54; BSG SozR 3-2500 § 135 Nr. 14; BSG SozR 3-2500 § 135 Nr. 11. Hieran anknüpfend BT-Dr. 18/4095, 124; Axer, GesR 2015, 641, 646 ff.
22 BSG SozR 3-2500, § 135 Nr. 11 S. 50.
23 Schmidt-De Caluwe in: Becker/Kingreen, § 135 Rn. 4.
24 BSG, 25.8.1999, B 6 KA 39/98 R, BSGE 84, 247.
25 Vgl. BSG, SozR 4-2500, § 27 Nr. 1 Rn. 21.
26 Roter in: KassKomm, § 135 SGB V Rn. 6.
27 BSG, 13.10.2010, B 6 KA 48/09 R, juris Rn. 24 ff., SozR 4-2500 § 106 Nr. 30.
28 BSG, 13.12.2016, B 1 KR 1/16 R, juris Rn. 23.
29 BSG, 8.7.2015, B 3 KR 5/14 R, SozR 4-2500 § 33 Nr. 47, juris Rn. 30. Kritik bei Axer, GesR 2015, 641; Axer/Wiegand, KrV 2016, 85.
30 BT-Dr. 13/7264, 69.
31 BSG, SozR 3-2500, § 135 Nr. 4 S. 28; BSG, SozR 3-2500, § 13 Nr. 17 S. 82.
32 BSG, SozR 4-2400, § 89 Nr. 3 Rn. 22.

Neu sind Untersuchungs- und Behandlungsmethoden, die (noch) nicht als abrechnungsfähige ärztliche 17 oder zahnärztliche Leistungen im EBM oder im Bewertungsmaßstab aufgeführt werden.[33] Umfasst sind außerdem Methoden, die zwar als Leistungen im EBM enthalten sind, deren Indikation oder deren Art der Erbringung aber eine wesentliche Änderung oder Erweiterung erfahren.[34] Als „neue" Methoden kommen auch Kombinationen verschiedener, für sich allein jeweils anerkannter oder zugelassener Methoden in Betracht.[35] Unerheblich ist, ob die Untersuchungs- und Behandlungsmethode bereits einer Erprobung nach § 137 h unterzogen wurde.[36] Bei Zweifeln über die Neuheit einer Untersuchungs- und Behandlungsmethode ist eine Qualifizierung durch den Bewertungsausschuss nach § 87 SGB V einzuholen (Kap. 2 § 2 Abs. 2 VerfO G-BA).

b) **Bewertungskriterien: Nutzen, Notwendigkeit, Wirtschaftlichkeit.** Die Kriterien des medizinischen 18 und therapeutischen Nutzens, der medizinischen Notwendigkeit und der Wirtschaftlichkeit in S. 1 Nr. 1 führen – wie auch die vergleichbaren des § 137 c (→ § 137 c Rn. 8) – zurück auf leistungsrechtliche Bestimmungen zum Versorgungsanspruch (§ 2 Abs. 1 S. 3, Abs. 4 § 12 Abs. 1, → § 12 Rn. 15 f.).[37]

Der G-BA ermittelt den allgemeinen Stand der medizinischen Erkenntnisse auf der Grundlage der **evi-** 19 **denzbasierten Medizin** (zum Begriff → § 35 b Rn. 13),[38] knüpft für die Bewertung also an den allgemeinen medizinischen Standard zum Zeitpunkt der Prüfung an.[39] Er darf hierbei aber nicht selbst über den Nutzen einer Methode entscheiden, sondern hat an Hand eines Überblicks über relevante Meinungen der medizinischen Fachkreise festzustellen, ob ein durch wissenschaftliche Studien belegter hinreichend untermauerter Konsens über Qualität und Wirtschaftlichkeit der Methode besteht.[40]

Die Bewertung einer NUB kann und braucht nur aufgrund derjenigen Evidenzstufe erfolgen, die nach 20 den Umständen möglich und angemessen ist.[41] So werden bei neuen und seltenen Krankheiten typischerweise keine Studien einer hohen Evidenzstufe vorliegen. Einen alternativen Maßstab erfordern besondere Therapierichtungen (→ Rn. 16), da einerseits gerade wegen der Abweichungen von der Schulmedizin auf die Methode der für die Schulmedizin konzipierten evidenzbasierten Medizin nicht zurückgegriffen werden kann, andererseits aber auch diese Therapien zur Einbeziehung in die erstattungsfähige Leistungserbringung einer Qualitätskontrolle bedürfen.[42] In Betracht kommt eine Feststellung der Vertretbarkeit nach Prüfung der sog Binnenanerkennung, wonach die Therapierichtung in den jeweils einschlägigen Fachkreisen anerkannt und keinen nachhaltigen Anfechtungen aus den eigenen Reihen ausgesetzt ist. Eine besondere Bedeutung kommt erkennbaren Erfolgsaussichten einer Krankenbehandlung zu.[43] Weiterhin bedarf es einer Kosten-Nutzen-Abwägung zur Beurteilung der Wirtschaftlichkeit, im Vergleich etwa mit schulmedizinischen Methoden.[44]

c) **Bewertungsverfahren.** Das Bewertungsverfahren wird in Abs. 1 geregelt und im 2. Kap. VerfO 21 G-BA näher ausgestaltet. Der G-BA wird ausschließlich auf Antrag tätig (Abs. 1 S. 1). Die Regelung in Abs. 1 S. 1 zur Antragsberechtigung ist gegenüber § 92 Abs. 1 spezieller und für die NUB-Bewertung im vertragsärztlichen Bereich damit abschließend. Antragsberechtigt sind die KBV, jede KÄV, der SpiBuKK oder ein unparteiisches Mitglied des G-BA (§ 91 Abs. 2 S. 1), nicht aber anerkannte Patientenorganisationen (vgl. § 140 f Abs. 2 S. 5). Näheres zu den Anforderungen an die Antragstellung regelt 2. Kap. § 4 VerfO G-BA.

---

33 § 2 Abs. 1 Kap. 2 VerfO G-BA, insoweit in Übereinstimmung mit BSGE 81, 73, 75 f.; BSG SozR 4-2400, § 89 Nr. 3 Rn. 25; SozR 4-2500, § 27 Nr. 10 Rn. 17; SozR 4-2500, § 27 Nr. 8, Rn. 20.
34 § 2 Abs. 1 Kap. 2 VerfO G-BA, ebenso schon BSG, 27.9.2005, B 1 KR 28/03 R, Rn. 17 juris; BSG, 13.12.2016, B 1 KR 1/16 R, juris Rn. 23.
35 BSG SozR 3-2500, § 18 Nr. 6 S. 25 f.; SozR 3-2500, § 135 Nr. 4, S. 13 f.
36 Felix, GesR 2017, 26 (unter II. 2.).
37 Vgl. BSG, 6.5.2009, B 6 A 1/08 R = BSGE 103, 106 = NZS 2010, 415.
38 Vgl. 1. Kap. § 5 Abs. 2, 2. Kap. § 13 VerfO G-BA; diese Praxis bestätigend BSGE 81, 84, st. Rspr., vgl. 6.5.2009, B 6 A 1/08 R, BSGE 103, 106, NZS 2010, 415; BSG, 12.9.2012, B 3 KR 10/12 R, juris Rn. 45, mwN.
39 Zum Nebeneinander von medizinischem und sozialrechtlichem Standard Gaßner/Strömer, Die Arzthaftung bei der Behandlung gesetzlich krankenversicherter Patienten, MedR 2012, 159, 161 ff. mit Nachw. zum Diskussionsstand.
40 BSG, 19.2.2003, B 1 KR 18/01 R.
41 Vgl. 2. Kap. § 13 Abs. 2 S. 3 VerfO G-BA.
42 BSG, SozR 3-2500, § 135 Nr. 4 S. 28.
43 Vertiefend Schmidt-De Caluwe in: Becker/Kingreen, § 135 Rn. 14 mwN.
44 Zur Erforderlichkeit vgl. BSG, SozR 3-2500, § 2 Nr. 2 S. 12.

22 Der G-BA kündigt die Durchführung eines Bewertungsverfahrens öffentlich an[45] und gibt den jeweiligen Arbeitsgemeinschaften der berufsständischen Kammern sowie erforderlichenfalls dem Bundesbeauftragten für den Datenschutz Gelegenheit zur Stellungnahme (§ 91 Abs. 5, 5 a). Vor allem verschafft sich der G-BA wissenschaftliche Erkenntnisse (vgl. Abs. 1 S. 4) durch Einholung von Stellungnahmen des IQWiG oder anderer externer Sachverständiger (§ 139 a Abs. 3, VerfO G-BA). Er ist bei seiner Entscheidung an diese Stellungnahmen nicht gebunden, sondern hat sie „auszuwerten", dh eine eigenständige Bewertung vorzunehmen.

23 Abs. 1 S. 4 bis 6 enthalten Vorkehrungen zur Beschleunigung des Bewertungsverfahrens im Anschluss an die sozialgerichtliche Rechtsprechung, die eine überlange Dauer eines Bewertungsverfahrens als einen Fall des „Systemversagens" (→ Rn. 34) einstuft.[46] Der neu eingefügte S. 4 trifft Vorkehrungen für eine zeitliche Straffung der ersten Verfahrensphase, indem er eine Dreimonatsfrist für die Annahme eines Antrags nach Antragseingang etabliert. Nach allgemeinen Grundsätzen beginnt die Frist mit dem Eingang des vollständigen Antrags zu laufen. S. 5 begrenzt die Dauer des sich anschließenden Bewertungsverfahrens im Regelfall auf drei Jahre. Ausnahmsweise kommt eine längere Verfahrensdauer in Betracht, wenn das Verfahren auch bei Straffung im Einzelfall dies erfordert, etwa wenn die Bewertung besondere Schwierigkeiten aufweist oder eine umfangreiche Erprobung der Methode nach § 137 e erforderlich ist.[47] S. 5 und 6 nF normieren eine Frist von sechs Monaten für die Entscheidung des G-BA nach Vorliegen der wissenschaftlichen Auswertung. Liegt nach Ablauf dieser Frist keine Bewertung vor, können die Antragsberechtigten oder das BMG die Beschlussfassung binnen einer weiteren Frist von sechs Monaten verlangen. Die sog **Intervention** hat zur Folge, dass die NUB in der vertragsärztlichen Versorgung auch dann zulasten der Krankenkassen erbracht werden kann, wenn der G-BA nicht innerhalb dieser zweiten Sechs-Monats-Frist seine Entscheidung trifft (Abs. 1 S. 7). Der hierdurch entstehende Druck auf den G-BA ist vom Gesetzgeber beabsichtigt,[48] die Regelung in ihren Rechtsfolgen aber nicht hinreichend durchdacht. Einerseits liegt die Rechtswirkung der Genehmigungsfiktion nahe, wie sie im Verwaltungsrecht zunehmend üblich wird (vgl. § 42 a VwVfG, § 13 Abs. 3 a SGB V). Andererseits ergehen die Empfehlungen als Rechtsnormen, für die eine Fiktion unüblich wäre; überdies wären auch im Falle der Fiktion die in Abs. 1 S. 1 Nr. 2 und 3 gestellten Anforderungen zu beachten. Der G-BA wird daher ungeachtet der Abrechnungsfähigkeit einer Methode wegen Zeitablaufs ggf. (→ Rn. 25) über die Art und Weise der Abrechnungsfähigkeit oder den Ausschluss der Methode entscheiden müssen (Abs. 1 S. 1, 2). Außerdem bedürften auch eine „Fiktion" der grundsätzlichen Abrechnungsfähigkeit und ihr Zeitpunkt einer Bekanntmachung durch den G-BA, um die erwünschten Rechtswirkungen – etwa die Aufnahme der Methode durch den Bewertungsausschuss in den EBM (→ Rn. 31) – zu erzeugen.[49] Nach Vorstellung des Gesetzgebers soll außerdem § 94 Abs. 1 S. 5 unberührt bleiben, der das BMG ermächtigt, entsprechende Richtlinien selbst zu erlassen.[50] Ein systematischer Vorrang des § 135 Abs. 1 S. 6, 7 besteht nach dem hier vertretenen Verständnis der Regelung gegenüber § 94 Abs. 1 S. 5 nicht. Das Selbsteintrittsrecht des BMG bleibt vielmehr angesichts des grundsätzlichen Auftrags des G-BA zur abschließenden Entscheidung und Äußerung über die Abrechnungsfähigkeit einer neuen Untersuchungs- und Behandlungsmethode sinnvoll.[51] § 135 Abs. 1 S. 7 ist deshalb so zu lesen, dass in Abweichung vom Erlaubnisvorbehalt in Abs. 1 S. 1 eine geprüfte Methode bis zur Entscheidung des G-BA ohne entsprechende Empfehlung erbracht werden darf und zu vergüten ist.

24 d) **Entscheidung.** Eine **positive Bewertung** erfolgt – vorbehaltlich der Abrechnungsfähigkeit infolge Zeitablaufs (Abs. 1 S. 4, 5) – als **Empfehlung** in Richtlinien nach § 92 Abs. 1 S. 2 Nr. 5 (vgl. Abs. 1 S. 1), die gem. § 94 Abs. 1 dem BMG zur Prüfung vorzulegen sind und bei Nichtbeanstandung veröffentlicht werden.

25 Den **Inhalt** der Entscheidung umschreiben Abs. 1 S. 1 Nr. 1–3. Anerkannt wird der diagnostische und therapeutische Nutzen der neuen Methode, deren medizinische Notwendigkeit und Wirtschaftlichkeit

---

[45] 2. Kap. § 6 VerfO G-BA.
[46] Vgl. BSG, 3.7.2012, B 1 KR 23/12 R, juris Rn. 29; 7.5.2013, B 1 KR 44/12 R, BSGE 113, 241, juris Rn. 16 ff. mwN.
[47] BT-Dr. 18/4095, 121.
[48] BT-Dr. 16/3100, 145.
[49] Kritisch deshalb Schmidt-De Caluwe in: Becker/Kingreen, § 135 Rn. 21 f.; Roter in: KassKomm, § 135 SGB V Rn. 28.
[50] BT-Dr. 16/3100, 145.
[51] AA Schmidt-De Caluwe in: Becker/Kingreen, § 135 Rn. 22: systematischer Vorrang von § 135 Abs. 1 S. 4, 5.

nach dem Stand der wissenschaftlichen Erkenntnisse in der jeweiligen Therapierichtung zum Zeitpunkt der Entscheidung (vgl. Nr. 1). Mit dieser Anerkennung ist die Methode zur vertragsärztlichen Versorgung zugelassen (§ 92). Sie kann aber jederzeit wieder zum Gegenstand einer Methodenprüfung des G-BA gemacht werden (Abs. 1 S. 2). Die Anerkennung ist mit Empfehlungen zur notwendigen Qualifikation der Ärzte, den apparativen Anforderungen und den Anforderungen an Maßnahmen der Qualitätssicherung zu verbinden mit dem Ziel, eine sachgerechte Anwendung der neuen Methode zu sichern (Nr. 2). Diese Empfehlungen bestimmen den Standard, der an die neue Methode zwingend anzulegen ist, und sind somit Bestandteil der Anerkennung. Zusätzlich gebietet Nr. 3 Empfehlungen über die erforderlichen Dokumentationspflichten nach Nr. 3 (Aufzeichnungen über die ärztliche Behandlung). Diesen Inhalt der Bewertung gibt Abs. 1 S. 1 zwar zwingend vor, doch nur insoweit, wie *notwendige* Qualifikationen und *erforderliche* Dokumentationspflichten empfohlen werden müssen. Die Soll-Vorschrift in Kap. 2 § 14 Abs. 2 VerfO G-BA ist in diesem Sinne zu handhaben.

Lehnt der G-BA eine positive Bewertung ab, ist auch dies ausführlich zu dokumentieren.[52] Die Entscheidung gegen die Aufnahme der Methode in die Methodenrichtlinie erfolgt nicht im sozialverwaltungsrechtlichen Verfahren, sondern bleibt interner Vorgang auch gegenüber den Leistungserbringern, deren Verbände im G-BA an dieser Entscheidung beteiligt sind. Erst die Ablehnung einer Behandlung Versicherter durch die Krankenkassen unter Berufung auf diese Entscheidung erlangt Außenwirkung und ist infolgedessen Verwaltungsakt iSv § 31 SGB X. 26

Gelangt der G-BA zu der Feststellung, dass eine Methode zwar das **Potential** einer erforderlichen Behandlungsalternative bietet, ihr **Nutzen** aber noch nicht hinreichend belegt ist, kann er das Bewertungsverfahren aussetzen und eine **Richtlinie zur Erprobung** beschließen, um die notwendigen Erkenntnisse zur Verbesserung der Evidenz zu gewinnen. Auf Grundlage der Richtlinie wird dann die Methode in einem befristeten Zeitraum zulasten der Krankenkassen erbracht (§ 137e, § 139d). Eine Erprobung nach § 137h ist zwar nicht ausdrücklich, aber systematisch ausgeschlossen, da das Bewertungsverfahren eine Anfrage nach § 6 Abs. 2 S. 3 KHEntgG tatbestandlich erfordert. Allerdings bietet sich bei Methoden, die auf Grundlage von § 137h mit positivem Ergebnis erprobt wurden, eine Antragstellung an, wenn sie (auch) für die ambulante Behandlung in Betracht kommen.[53] 27

2. Überprüfung etablierter Untersuchungs- und Behandlungsmethoden (Abs. 1 S. 2). Der G-BA kann außerdem jederzeit Methoden (nicht, wie im Gesetzestext formuliert, Leistungen),[54] die zulasten der Krankenkassen erbracht werden können und abrechnungsfähig sind, von Amts wegen daraufhin überprüfen, ob sie den Kriterien nach S. 1 Nr. 1 entsprechen. Vor allem in Verbindung mit der Prüfung und Anerkennung von NUB können sich Erkenntnisse ergeben, die eine vergleichende Überprüfung etablierter Methoden nahe legen. Erweisen sich diese – etwa im Vergleich mit anderen Methoden – als nicht (mehr) hinreichend nützlich, notwendig oder wirtschaftlich, kann der G-BA die Erbringung zulasten der GKV einschränken oder die Methode aus dem Katalog der abrechnungsfähigen Leistungen ausschließen (vgl. § 92 Abs. 1 S. 1 Hs. 3). Die Möglichkeit der Einschränkung impliziert, dass eine Methode nur noch nach einem gehobenen Qualitätsstandard iSv § 135 Abs. 1 S. 1 Nr. 2 erbracht werden kann. Die Entscheidung des G-BA über einen Leistungsausschluss, der mehr als einen Leistungssektor betrifft, erfordert ein Mindestquorum von neun Stimmen (vgl. § 91 Abs. 7 S. 3). 28

Das Verfahren entspricht – mit Ausnahme des Antragserfordernisses und der Regelungen zur Abrechnungsfähigkeit infolge Fristablaufs (Abs. 1 S. 4-7) – dem Verfahren zur Bewertung neuer Methoden (→ Rn. 21). Auch diese Bewertungsverfahren können gem. §§ 137e, 139d zur Erprobung der Methode – etwa mit neuen Anforderungen – ausgesetzt werden. 29

V. Bindungswirkung der Empfehlungen

Empfehlungen des G-BA enthalten verbindliche Vorgaben für die betroffenen Anbieter von Methoden und für Leistungserbringer sowie für die Vertragspartner der vertragsärztlichen Versorgung. Im Bereich der Bewertung neuer Untersuchungs- und Behandlungsmethoden überschneiden sich die Kompetenzen des G-BA nach Abs. 1 S. 1 Nr. 2 und der Vertragspartner nach Abs. 2. Soweit Empfehlungen nach Abs. 1 S. 1 Nr. 2 als Bestandteil der Bewertung einer neuen Methode notwendig sind, muss der G-BA sie selbst treffen und kann sie nicht den Vereinbarungen der Vertragspartner nach Abs. 2 über- 30

---

52 2. Kap. § 14 VerfO G-BA.
53 Felix, GesR 2016, 12 (unter II. 1., III).
54 Vgl. Schmidt-De Caluwe in: Becker/Kingreen, § 135 Rn. 23.

lassen.⁵⁵ Allerdings kann er konkrete Vereinbarungen in Bezug nehmen oder sich auf die für eine hinreichende Qualitätssicherung erforderlichen Festlegungen beschränken und die weitere Ausgestaltung den Vertragspartnern nach Abs. 2 überlassen. Die Vertragspartner des Bundesmantelvertrags können wiederum die qualitativen Anforderungen an eine Methode im Rahmen der Vorgaben des G-BA selbstständig konkretisieren oder auch verschärfen. Dank der engen organisatorischen Verzahnung der Vertragspartner mit dem G-BA dürften Konflikte selten sein.

31 Die **Abrechnungsfähigkeit** von Leistungen auf der Grundlage neuer Untersuchungs- und Behandlungsmethoden setzt die Aufnahme der Leistungen in den einheitlichen Bewertungsmaßstab (EBM) nach § 87 Abs. 1 voraus. Den Bewertungsausschüssen obliegen nach § 87 Abs. 2 S. 2 auch periodische Prüfungen, ob die Leistungsbeschreibungen und ihre Bewertungen noch dem Stand der medizinischen Wissenschaft und Technik sowie dem Erfordernis der Rationalisierung im Rahmen wirtschaftlicher Leistungserbringung entsprechen. Die Bewertungsausschüsse sind hierbei an die in Richtlinien niedergelegten Empfehlungen des G-BA gebunden.⁵⁶ Sie entscheiden jedoch in eigener Zuständigkeit über die Anforderungen an die Wirtschaftlichkeit und die Finanzierbarkeit einer ärztlichen Leistung, da sich Empfehlungen des G-BA hierauf nicht beziehen.⁵⁷

VI. Rechtsschutz

32 **Versicherte** können durch Anfechtung einer ablehnenden Entscheidung ihrer Krankenkasse die inzidente Überprüfung einer Entscheidung des G-BA auslösen.⁵⁸ **Andere Betroffene** können Entscheidungen zur Methodenbewertung grundsätzlich im Wege der Feststellungsklage überprüfen lassen, die sowohl für Klagen auf Änderung der Richtlinie als auch für Klagen auf Normerlass statthaft ist.⁵⁹ **Klagebefugt** sind in Anlehnung an § 54 Abs. 1 S. 2 SGG an der Versorgung der Versicherten beteiligte Leistungserbringer – namentlich Ärzte und ihnen gleich stehende Leistungserbringer (§ 70 Abs. 1 S. 2) – sowie Krankenkassen und ihre Verbände. Für Anbieter von Behandlungsleistungen, die nicht Leistungserbringer sind, – etwa Arznei- oder Hilfsmittelanbieter – begründet auch Art. 12 Abs. 1 GG kein subjektives Recht, das sie in die Lage versetzte, eine Ausweitung des Leistungskatalogs der GKV erzwingen.⁶⁰ Das **Grundrecht der Berufsfreiheit** verschafft keinen Anspruch auf Marktzugang, sondern allenfalls einen Anspruch, innerhalb eines Marktes nicht benachteiligt zu werden. Auch die wettbewerbliche Rechtsposition (Status quo) eines Anbieters wird durch eine negative Bewertung des G-BA nach Auffassung des BSG nicht verändert.

33 Der **Entscheidungsspielraum**, den die Rechtsprechung dem G-BA beim Erlass von Richtlinien einräumt, erstreckt sich auf Bewertungen nach § 135.⁶¹ Die richterliche Kontrolle der Bewertungsentscheidung beschränkt sich daher darauf, ob die äußersten rechtlichen Grenzen der Rechtssetzungsbefugnis durch den G-BA eingehalten werden, namentlich ob sich die Regelung auf eine ausreichende Ermächtigungsgrundlage stützen kann und die maßgeblichen Verfahrens- und Formvorschriften sowie die Grenzen des dem Normgeber ggf. zukommende Gestaltungsspielraums beachtet worden sind. Die Kontrolldichte ist unabhängig davon zurückgenommen, ob über die Kontrolle einer Richtlinie oder über ein Begehren auf positive Bewertung (Normerlass) zu entscheiden ist.⁶²

34 Ausnahmsweise entscheidet die **Sozialgerichtsbarkeit** selbst über die Erstattungsfähigkeit einer Behandlung gem. § 2 Abs. 1, § 12. Ein Ausnahmefall, „in dem es keiner positiven Empfehlung des G-BA bedarf", liegt nach dem BSG⁶³ im Falle des **Systemversagens** wegen verzögerter Bearbeitung eines Antrags auf Empfehlung einer neuen Methode vor (vgl. auch § 13 Abs. 3). Aufgrund von Abs. 1 S. 4 bis 7

---

55 Vgl. BSG, 30.1.2002, B 6 KA 73/00 = NZS 2003, 51; Roter in: KassKomm, § 135 SGB V Rn. 34.
56 Zur Verbindlichkeit der Richtlinien vgl. § 92 Rn. 5 ff.
57 Vgl. weiterführend BSGE 84, 247; § 87 Rn. 16 ff.; Roter in: KassKomm, § 135 SGB V Rn. 35; Ziermann, Inhaltsbestimmung und Abgrenzung der Normsetzungskompetenzen des G-BA und der Bewertungsausschüsse im Recht der GKV, 2007, S. 211 ff.
58 Zum Rechtsschutz der Versicherten gegen Richtlinien des G-BA § 92 Rn. 9.
59 BSG, 21.3.2012, B 6 KA 16/11 R, juris Rn. 27, BSGE 110, 245, in Anlehnung an BVerwGE 111, 276, 279, und BVerfGE 115, 81, 96.
60 BSG, 21.3.2012, B 6 KA 16/11 R, juris Rn. 39, im Anschluss an BVerfGE 106, 275, 298 f. – Festbeträge, bestätigt in BVerfG (K), SozR 4-2500 § 130 a Nr. 7, Rn. 11 f. – Rabattverträge, und in abweichend von der früheren Rspr., zB BSGE 86, 223, 228 f. – Diätassistenten.
61 Vgl. BSG, 21.3.2012, B 6 KA 16/11 R, juris Rn. 46.
62 BSG, aaO mwN; vgl. allg. zur richterlichen Kontrolldichte bei der Überprüfung von Richtlinien des G-BA vgl. § 91 Rn. 49, § 92 Rn. 13.
63 BSGE 97, 190; BSG, 3.7.2012, B 1 KR 6/11 R, juris Rn. 17.

(→ Rn. 23) kommt ein Systemversagen wegen Fristablaufs nach Vorliegen aller Bewertungsgrundlagen nicht mehr in Betracht. Weiterhin kann ein fehlender Antrag nach Abs. 1 ein Systemversagen begründen, der trotz hoher Plausibilität von Nutzen, Notwendigkeit und Wirtschaftlichkeit einer NUB unterbleibt.[64] Die Plausibilität kann – und muss zur Begründung eines grundrechtlichen Schutzanspruchs auf Ausgestaltung des Leistungsrechts vor dem BVerfG – durch eine hinreichend eindeutige Studienlage zu Qualität und Wirksamkeit nachgewiesen werden.[65] Nicht unproblematisch ist auch das Verfahren des G-BA zur Priorisierung der Bewertungsverfahren nach ihrer Versorgungsrelevanz,[66] da hierdurch die Interventionsbefugnis nach Abs. 1 S. 4 und 5 unterlaufen werden kann. Allerdings müsste in diesen Fällen das Untätigbleiben sowie jede andere Entscheidung als die Anerkennung willkürlich sein.[67]

Keiner positiven Empfehlung bedarf außerdem eine Behandlung auf Kosten der GKV nach den Grundsätzen des BVerfG und des BSG[68] für einen (eng begrenzten) verfassungsunmittelbaren Leistungsanspruch und in den Fällen des zum 1.1.2012 eingeführten § 2 Abs. 1 a, dh für Menschen mit einer lebensbedrohlichen Krankheit, bei denen alle anerkannten Möglichkeiten der Versorgung ausgeschöpft sind, sowie bei wertungsmäßig damit vergleichbaren Erkrankungen, wenn die neue Methode Aussicht auf Heilung oder auf spürbare Besserung im Krankheitsverlauf verspricht. Für die Behandlung seltener Erkrankungen und Krankheitszustände mit entsprechend geringen Fallzahlen sind auch § 116 b und die Richtlinie des G-BA für die ambulante spezialärztliche Versorgung zu beachten.

VII. Vereinbarungen zwischen Partnern der Bundesmantelverträge (Abs. 2)

1. Anwendungsbereich und Inhalt der Vereinbarungen (Abs. 2 S. 1 und 3). Abs. 2 S. 1 ermächtigt die Partner der Bundesmantelverträge (§ 82 Abs. 1: KBV bzw. KZBV und SpiBuKK) zur Vereinbarung bestimmter Anforderungen, die erfüllt sein müssen, um eine Leistung zulasten der GKV erbringen und abrechnen zu können.[69] Vorgesehen sind Vereinbarungen mit dem Ziel der Sicherung der **Versorgungsqualität**. Der Begriff der Versorgungsqualität ersetzt seit 2012[70] den engeren der „Strukturqualität" und ermöglicht auch die Vereinbarung von Vorgaben zur Prozess- und Ergebnisqualität.[71] Vereinbarungen sind nicht nur für neue Leistungen möglich (zB unter Anwendung von NUB iSv Abs. 1), sondern auch für Leistungen, die wegen der Anforderungen an ihre Ausführung besondere Fachkunde, besondere Praxisausstattung oder andere Vorkehrungen erfordern. Besondere Kenntnisse und Erfahrungen erfordern einen Fachkundenachweis. Die vereinbarten Qualitätsanforderungen sind Voraussetzung für die Ausführung und Abrechnung dieser Leistungen zulasten der Krankenversicherung; entsprechende Genehmigungserfordernisse und -verfahren, die in den Vereinbarungen nach Abs. 2 enthalten sind, dienen folglich ausschließlich der Gewährleistung der Versorgungsqualität (§ 2 Abs. 1) unter besonderen Anforderungen. Als Teil der Bundesmantelverträge sind die Vereinbarungen für die an der Versorgung teilnehmenden Ärzte und ihnen gleich stehender Leistungserbringer (§ 70 Abs. 1 S. 2) verbindlich (§ 81 Abs. 3 Nr. 1, § 95 Abs. 3, 4) mit der Folge, dass nur Leistungserbringer die Leistungen erbringen und abrechnen können, die die besonderen Anforderungen erfüllen[72] oder die durch Ärzte, die die Anforderungen erfüllen, vertreten werden.[73] Entscheidend für die Abrechnungsfähigkeit einer Leistung sind dabei die Anforderungen im Zeitpunkt der Leistungserbringung.[74]

Werden neue Qualitätsanforderungen an die Leistungserbringung gestellt, sind die Ärzte und vergleichbare Leistungserbringer gehalten, die persönlichen Anforderungen im Wege der **Weiterbildung** zu erwerben. Allerdings können die Partner in den Vereinbarungen übergangsweise Qualifikationen zu

---

64 Die Möglichkeit eines Systemversagens begründet Schmidt-De Caluwe in: Becker/Kingreen, § 135 Rn. 17 mit einer Antragspflicht des Spitzenverbands Bund der Krankenkassen.
65 BVerfG (K), 23.3.2017, 1 BvR 2861/16, im Anschluss an BSGE 81, 54 (65 f.), 104, 95 (104 f.); 113, 241 (245 f.).
66 2. Kap. § 5 VerfO G-BA.
67 Vgl. statt vieler BSG, 3.7.2012, B 1 KR 23/11 R, juris Rn. 29.
68 Vgl. auch BVerfG, 6.12.2005, 1 BvR 347/98, BVerfGE 115, 25, 41 ff.; BSG, 28.2.2008, B 1 KR 16/07 R, BSGE 100, 103; BSG, 7.5.2013, B 1 KR 26/112 R, juris Rn. 12 ff., insbes. Rn. 15, für die Erstattungsfähigkeit einer Auslandskrankenbehandlung nach § 18 Abs. 1 S. 1 SGB V.
69 Die aktuell gültigen Qualitätssicherungsvereinbarungen finden sich unter www.kbv.de/rechtsbestimmungen.
70 Art. 1 Nr. 50 a GKV-VStG vom 22.12.2011, BGBl. I, 2083.
71 BT-Dr. 17/8005, 158.
72 BSG SozR 3-2500 § 72 Nr. 8; § 135 Nr. 6.
73 BSG SozR 3-2500 § 135 Nr. 6.
74 BSG 3-2500 § 135 Nr. 6; SozR 3-2500 § 85 Nr. 17.

lassen, die allerdings dem Kenntnis- und Erfahrungsstand der fachärztlichen Regelungen entsprechen müssen (S. 3). Die Vertragspartner haben ihr Regelungsermessen im Sinne der Sicherung von Versorgungsqualität auszuüben. Zugleich gewährleistet S. 3 aber auch temporären Vertrauensschutz der behandelnden Leistungserbringer gegenüber der Einführung neuer Standards.

38 **2. Koordinierung mit dem landesrechtlichen Berufsrecht (Abs. 2 S. 2 und 4).** Mit der Ermächtigung zum Abschluss von Vereinbarungen nach S. 1 greift der Bundesgesetzgeber in den Bereich des **Berufsrechts** hinein aus, das grundsätzlich Angelegenheit der Länder ist (Art. 70 Abs. 1 GG). Er berücksichtigt aber den fehlenden Regelungsbedarf, soweit das landesrechtliche Berufsrecht die nach S. 1 erforderlichen Qualifikationsanforderungen bereits bundesweit einheitlich gleichwertig regelt. § 135 Abs. 2 S. 1 nimmt praktisch insbesondere das bundesweit vereinheitlichte **Facharztrecht** in Bezug und ermöglicht zugleich den Ländern weiterhin die bundesweit einheitliche Regelung der Anforderungen an die Fachkunde – freilich gebunden an den Maßstab der Gleichwertigkeit, den die Vertragspartner nach § 135 Abs. 2 S. 1 definieren. Bundeseinheitliches Berufsrecht besteht nicht bereits mit einer Regelung in der Musterberufsordnung der BÄK, die nicht in allen LÄK-Bezirken umgesetzt wurde; das BSG schließt aber nicht aus, bei Vorliegen besonderer Umstände Bundeseinheitlichkeit auch bei Abweichung einer LÄK in Betracht zu ziehen.[75]

39 Über das hiernach maßgebliche (landes-)ärztliche Berufsrecht hinaus können die Vertragspartner nach S. 1 Regelungen über die Erbringung von medizinisch-technischen Leistungen treffen und diese Leistungen solchen Fachärzten vorbehalten, für die diese Leistungen zum **Kern ihres Fachgebiets** gehören (S. 4). Eine solche Konzentration medizinisch-technischer Leistungen bei Fachärzten, für deren Fachgebiet diese Leistungen wesentlich und prägend sind,[76] ist aber – nicht zuletzt aus verfassungsrechtlichen Gründen (→ Rn. 11 f., 38) – durch Bundesgesetz nur zulässig, soweit sie der Sicherung und Qualität und Wirtschaftlichkeit der Leistungserbringung iSv § 2 dient. Die Regelung erlaubt die Trennung von Diagnosestellung und Befundbewertung und ermöglicht – vom Gesetzgeber ausdrücklich hervorgehoben – das Mehraugenprinzip mit dem Vorzug, dass die Diagnosestellung unabhängig von eventuellen Interessen der Therapie erfolgt.[77] Die Ermächtigung zielt damit auf eine wirksame Patientenversorgung zu wirtschaftlichen Bedingungen und erfüllt spezifische Anforderungen an die Qualität und Wirtschaftlichkeit der Leistungserbringung.[78]

40 **3. Verfahren.** Das Verfahren zum Abschluss der Vereinbarungen nach Abs. 2 regelt das Gesetz nicht selbst, sondern überlässt seine Gestaltung den Vertragspartnern nach S. 1. In Abs. 2 S. 5–7 wird aber die Einbeziehung der anerkannten **Patientenorganisationen** (→ § 140 f Rn. 8) in die Beratungen vorgeschrieben und die nähere Ausgestaltung dieser Beteiligung geregelt. Die Organisationen benennen zum Zweck der Einbeziehung sachkundige Personen, die für ihre Tätigkeit die nach § 140 f Abs. 5 üblichen Reisekosten und Aufwandsentschädigungen beanspruchen können. S. 7 ermächtigt die Vertragspartner nach S. 1 zur Regelung des Verfahrens. Gesetzlich geregelt ist die Pflicht, Vereinbarungen nach Abs. 2 S. 1 mit den jeweils entscheidungserheblichen Gründen im Deutschen Ärzteblatt oder im Internet nach den in § 87 Abs. 6 S. 9 festgelegten Anforderungen öffentlich bekannt zu machen (Abs. 2 S. 8).

41 Eine Rahmenvereinbarung für Qualitätssicherungsvereinbarungen gem. § 135 Abs. 2 SGB V als Teil des BMV-Ä trat am 1.4.2008 in Kraft. Sie und die jeweils aktuellen Vereinbarungen zur Qualitätssicherung nach § 135 Abs. 2 sind ua auf der Website der KBV abrufbar.[79]

§ 135 a Verpflichtung der Leistungserbringer zur Qualitätssicherung

(1) ¹Die Leistungserbringer sind zur Sicherung und Weiterentwicklung der Qualität der von ihnen erbrachten Leistungen verpflichtet. ²Die Leistungen müssen dem jeweiligen Stand der wissenschaftlichen Erkenntnisse entsprechen und in der fachlich gebotenen Qualität erbracht werden.
(2) Vertragsärzte, medizinische Versorgungszentren, zugelassene Krankenhäuser, Erbringer von Vorsorgeleistungen oder Rehabilitationsmaßnahmen und Einrichtungen, mit denen ein Versorgungsvertrag nach § 111 a besteht, sind nach Maßgabe der §§ 136 bis 136 b und 137 d verpflichtet,

---

75 BSG, 2.4.2014, B 6 KA 24/13 R, BSGE 115, 235, juris Rn. 19.
76 BT-Dr. 15/1525, 124.
77 BT-Dr. 15/1525, 124.
78 Vgl. Roters in: KassKomm, § 135 SGB V Rn. 32.
79 S. http://www.kbv.de/html/qs-vereinbarungen.php (zuletzt abgerufen am 1.5.2017).

1. sich an einrichtungsübergreifenden Maßnahmen der Qualitätssicherung zu beteiligen, die insbesondere zum Ziel haben, die Ergebnisqualität zu verbessern und
2. einrichtungsintern ein Qualitätsmanagement einzuführen und weiterzuentwickeln, wozu in Krankenhäusern auch die Verpflichtung zur Durchführung eines patientenorientierten Beschwerdemanagements gehört.

(3) ¹Meldungen und Daten aus einrichtungsinternen und einrichtungsübergreifenden Risikomanagement- und Fehlermeldesystemen nach Absatz 2 in Verbindung mit § 136a Absatz 3 dürfen im Rechtsverkehr nicht zum Nachteil des Meldenden verwendet werden. ²Dies gilt nicht, soweit die Verwendung zur Verfolgung einer Straftat, die im Höchstmaß mit mehr als fünf Jahren Freiheitsstrafe bedroht ist und auch im Einzelfall besonders schwer wiegt, erforderlich ist und die Erforschung des Sachverhalts oder die Ermittlung des Aufenthaltsorts des Beschuldigten auf andere Weise aussichtslos oder wesentlich erschwert wäre.

Literatur:
Bergmann/Wever, Risiko-Qualitätsmanagement im Gesundheitswesen, MedR 2016, 964; *Goldbach*, Risikomanagementsysteme im Krankenhaus nach dem Patientenrechtegesetz, 2015; *Ring*, Die ärztliche Pflicht zur Qualitätssicherung, MedR 2016, 423; *Voit*, QM-RL – Qualitätsmanagement jetzt sektorenübergreifend geregelt, KH 2016, 850.

I. Allgemeines 1	3. Einrichtungsinternes Qualitätsmanagement (Abs. 2 Nr. 2) 15
II. Allgemeine Verpflichtung auf Qualitätssicherung und -weiterentwicklung (Abs. 1) ... 6	4. Konkretisierung: Systematisches Qualitätsmanagement durch Risikomanagement- und Fehlermeldesysteme 17
1. Qualität 6	
2. Allgemeine Verpflichtung 12	
III. Besondere Pflichten nach Abs. 2 13	IV. Dokumentation und Vertraulichkeit von Meldungen und Daten (Abs. 3, § 299) 18
1. Verpflichtete 13	
2. Einrichtungsübergreifende Maßnahmen der Qualitätssicherung (Abs. 2 Nr. 1) ... 14	

I. Allgemeines

§ 135a normiert den Grundsatz der Verpflichtung der Leistungserbringer auf Qualitätssicherung in der Gesundheitsversorgung der GKV.¹ Er bildet damit notwendige Ergänzung der §§ 136–136b über die Beauftragung des G-BA mit der Formulierung verbindlicher Vorgaben und Empfehlungen zur Versorgungsqualität. Die Vorschrift wurde mit diesem Inhalt durch GKV-GRG² mWv 1.1.2000 eingefügt. Mit Änderungen durch Gesetze vom 26.7.2002³ und vom 14.11.2003⁴ wurde die Gruppe der zu Maßnahmen nach Abs. 2 verpflichteten Leistungserbringer um Einrichtungen, mit denen ein Versorgungsvertrag nach § 111a besteht, und um Medizinische Versorgungszentren (MVZ) erweitert. Die durch das GKV-WSG⁵ mWv 1.4.2007 in Abs. 2 S. 2 aufgenommene Verpflichtung, Daten für die Institution nach § 137a Abs. 1 zur Verfügung zu stellen, wurde durch das Versorgungsstrukturgesetz⁶ mWv 1.1.2012 wieder aufgehoben und in § 299 abschließend geregelt.⁷ Das Patientenrechtegesetz vom 20.2.2013⁸ erweiterte die Verpflichtung der Leistungserbringer auf ein einrichtungsinternes Qualitätsmanagement (Abs. 2 Nr. 2) um die Verpflichtung der Krankenhäuser auf ein patientenorientiertes Beschwerdemanagement. Mit gleichem Gesetz wurde ein neuer Abs. 3 mit Regelungen für einrichtungsinterne und einrichtungsübergreifende Risikomanagement- und Fehlermeldesysteme eingefügt.

---
1 Roters in: KassKomm, Vorb. zu §§ 135–139 SGB V Rn. 1 b, und § 135 a SGB V Rn. 2; der Regelung entspricht im SGB XI die Zuweisung der Qualitätsverantwortung an die Träger der Pflegeeinrichtungen in § 112 (→ SGB XI § 112 Rn. 7 ff.).
2 Gesetz zur Reform der gesetzlichen Krankenversicherung ab dem Jahr 2000 (GKV-Gesundheitsreformgesetz 2000 – GKV-GRG 2000) vom 22.12.1999, BGBl. I, 2626, zuletzt geändert durch Art. 3 des Gesetzes vom 15.2.2002, BGBl. I, 684.
3 BGBl. I, 2874.
4 BGBl. I, 2190.
5 Gesetz zur Stärkung des Wettbewerbs in der gesetzlichen Krankenversicherung (GKV-Wettbewerbsstärkungsgesetz – GKV-WSG) vom 26.3.2007, BGBl. I, 378.
6 Gesetz zur Verbesserung der Versorgungsstrukturen in der gesetzlichen Krankenversicherung (GKV-Versorgungsstrukturgesetz – GKV-VStG) vom 22.12.2011, BGBl. I, 2983.
7 Zu den Fragen des Datenschutzes in diesem Zusammenhang Weichert, VSSR 2010, 227 ff.; Jandt/Roßnagel, MedR 2011, 140 ff.
8 BGBl. I, 277.

Das KHSG[9] ließ die Regelung bis auf redaktionelle erforderliche Änderungen von Verweisungen in Abs. 2 und 3 unberührt.

2 § 135a wird durch die **Qualitätsmanagement-Richtlinie (QM-RL)** des G-BA idF vom 17.12.2015 (BAnz AT 15.11.2016 B2), in Kraft getreten am 16.11.2016,[10] auf der Grundlage von § 92 iVm § 136 Abs. 1 Nr. 1 konkretisiert. Die QM-RL enthält in Teil A sektorübergreifende Rahmenbestimmungen zu Zielen, Methodik und Instrumenten sowie zur Dokumentation des einrichtungsinternen Qualitätsmanagements. In § 6 wird das IQTIG (vgl. § 137a) mit der Entwicklung methodischer Hinweise und Empfehlungen zu konkreten Aspekten des Qualitätsmanagements beauftragt. Teil B der QM-RL konkretisiert diese Rahmenbestimmungen sektorspezifisch für die stationäre, die vertragsärztliche sowie die vertragszahnärztliche Versorgung.

3 Besondere **Vorschriften zur Qualitätssicherung** wurden erstmals durch das GRG zum. 1.1.1989 in das Recht der Krankenversicherung eingefügt und damit Empfehlungen aus dem Jahresgutachten 1989 des Sachverständigenrats umgesetzt.[11] §§ 135 ff. regeln heute die Qualitätssicherung als notwendiges Element eines Systems zunehmend wettbewerblich geprägter Leistungserbringung. Der Prozess der Schaffung von Strukturen der Qualitätssicherung und ihrer Regulierung („Qualitätssicherung als Verwaltungsaufgabe")[12] ist noch im Fluss. Im Gange ist insbes. die Entwicklung eines umfassenden Qualitätsmanagements, als dessen lernende Akteure die Leistungserbringer (als Adressaten), ihre Verbände (als Adressaten und Regulatoren), der G-BA (in unabhängiger Gestaltungs- und Kontrollfunktion) und nicht zuletzt der Gesetzgeber selbst fungieren, der mit dem GKV-VSG sowie dem KHSG das Qualitätsgebot in § 2 Abs. 1 Satz 3, § 12 Abs. 1 für das Leistungserbringungsrecht umgestaltet und weiter entwickelt hat.

4 Die Verpflichtung in § 135a auf Qualitätssicherung im Leistungserbringungsverhältnis konkretisiert den Auftrag aus § 70 Abs. 1 zur fachlich gebotenen Qualität der Leistungserbringung, der seinerseits den leistungsrechtlichen Grundsatz der **Versorgungsqualität** in § 2 Abs. 1 S. 3 und § 12 Abs. 1 aufnimmt (→ § 70 Rn. 3). Im arbeitsteiligen System der GKV-Versorgung regelt die Vorschrift und neben den Aufgaben des G-BA aus §§ 136–136b die Pflicht zur Sicherung und Weiterentwicklung der Versorgungsqualität als Aufgabe der Leistungserbringer.

5 Die Verpflichtung der Leistungserbringer auf Sicherung und Weiterentwicklung der Qualität ist als **Regelung der Berufsausübung** durch die Erfordernisse der vertragsärztlichen und stationären Versorgung hinreichend legitimiert.[13] Zugleich erfüllen Gesetzgeber und G-BA mit Vorgaben für verpflichtende Qualitätssicherung die durch grundrechtliche Schutzpflichten und Schutzansprüche konturierte Aufgabe der staatlichen Gewährleistung einer qualitativen Standards genügenden **Gesundheitsversorgung**.[14] Maßstab für die Verfassungsmäßigkeit der Qualitätssicherung bildet der Grundsatz der Verhältnismäßigkeit, der dem Gesetzgeber, mit Einschränkungen auch dem G-BA als untergesetzlichem Normgeber, hinreichende Gestaltungsspielräume bei der Bewältigung der neuartigen Aufgabe belässt.

II. Allgemeine Verpflichtung auf Qualitätssicherung und -weiterentwicklung (Abs. 1)

6 **1. Qualität.** „Qualität" bezeichnet ganz allgemein bestmögliche Eignung zur Erfüllung bestimmter Anforderungen (*fitness for use, fitness for purpose*).[15] Die Frage, welche Anforderungen die Leistungserbringer zur Erbringung qualitativ angemessener Leistungen erfüllen müssen, beantwortet der Gesetzgeber mehrdimensional.

7 Punktuell und unsystematisch konkretisiert er die Anforderungen und Erwartungen, denen die Leistungen genügen müssen, etwa im Begriff der „fachlichen Qualität" (§ 11 Abs. 6), der „fachlich gebotenen Qualität" (§ 70 Abs. 1, § 135a Abs. 1 S. 2) und der in § 106 Abs. 2a Nr. 3 enthaltenen Definition der Qualität als Kategorie für die Prüfung der Wirtschaftlichkeit („Übereinstimmung der Leistungen

---

9 Gesetz zur Reform der Strukturen der Krankenhausversorgung (Krankenhausstrukturgesetz – KHSG) vom 10.12.2015, in Kraft getreten am 1.1.2016, BGBl. I, 2229.
10 In der jeweils aktuellen Fassung abrufbar unter https://www.g-ba.de/informationen/richtlinien/87/ (zuletzt abgerufen am 1.5.2017).
11 Überblick über die Entwicklungsgeschichte bei Roters in: KassKomm, Vorb. zu §§ 135-139 SGB V Rn. 1b.
12 Vgl. Reimer, Qualitätssicherung als Verwaltungsaufgabe, SDSRV 61 (2012), 9.
13 Vgl. auch Wallrabenstein, Verfassungsrechtliche Vorgaben für die Regelung der Qualitätssicherung, SDSRV 61 (2012), 157, 158 f.
14 Wallrabenstein, aaO, 163 f.; BVerfGE 115, 25 (Rn. 43 ff.); BVerfG 10.11.2015, 1 BvR 2056/12, BVerfGE 140, 229 (Rn. 20); BVerfG (K), 11.4.2017, 1 BvR 452/17, juris Rn. 32.
15 Vgl. Reimer, SDSRV 61 (2012), 14.

mit den anerkannten Kriterien für ihre fachgerechte Erbringung"). Auf die Aufgabe der Versorgung mit Gesundheitsleistungen verweist der Begriff der „**Versorgungsqualität**" (§ 135 Abs. 2 S. 1). Teilweise werden dabei die Kategorien der **Prozess-, Struktur- und Ergebnisqualität** unterschieden (vgl. § 134a Abs. 1a; § 136 Abs. 1 S. 1 Nr. 2, § 136a Abs. 2 S. 2; § 135a Abs. 2 Nr. 1: Ergebnisqualität). § 136a Abs. 1 regelt das Ziel der **Hygienequalität** in Krankenhäusern. Die Anforderungen an die Qualität der Leistungserbringung können **sächlicher, personeller oder sonstiger Art** sein (vgl. § 137e Abs. 2; § 82 Abs. 2d).

Das gebotene **Qualitätsniveau** präzisiert Abs. 1 S. 2. Dem Stand wissenschaftlicher Erkenntnisse (vgl. auch § 2 Abs. 1 S. 3: „Stand medizinischer Erkenntnisse")[16] entspricht ein **evidenz-basierter**[17] medizinischer Standard der Behandlung, in dem sich wissenschaftliche Erkenntnis mit praktischer Erfahrung und professioneller Akzeptanz verbindet.[18] Teils ist dieser Standard als Maßstab der erforderlichen Ermittlung und Bewertung der Qualität neuer Therapiemethoden gesetzlich festgelegt (§§ 135, 137a), teils ergibt er sich aus der Konsensbildung der Ärzteschaft darüber, welche Behandlungsmethoden und neuen Ansätze bei bestehenden Krankheitsbildern die jeweils erfolgversprechendste Therapie darstellen.[19] Gefordert ist darüber hinaus eine Leistungserbringung in fachlich gebotener Qualität. Anders als der ebM bezieht sich diese Anforderung nicht auf die Art der Leistung, sondern auf ihre Erbringung im konkreten Behandlungsfall. Die (konkrete) Behandlung darf nicht fehlerhaft sein, sie muss darüber hinaus eine umfassende Aufklärung des Patienten sowie eine Risikobewertung enthalten.[20]

Mit der Forderung nach Qualitätssicherung **prozeduralisiert** der Gesetzgeber den Qualitätsbegriff, indem er die erforderlichen Maßnahmen den Akteuren des Gesundheitswesens überantwortet. Dabei soll Qualität – mithilfe von Indikatoren (vgl. § 299 Abs. 1 S. 3) – messbar und das Ergebnis als Standard (vgl. zB § 140a Abs. 3; § 82 Abs. 2d) feststellbar sein. Der bestehende Standard lässt sich prüfen, sichern und verbessern. Im Wettbewerb können Qualitätsanforderungen „Benchmarks" sein (vgl. § 217a Abs. 4: Anforderungen an die Leistungsqualität im Wettbewerb der Krankenkassen). Qualität wird also vergleichend ermittelt, sei es im **Vergleich** unterschiedlicher Zustände, sei es im leistungs-, methoden- und einrichtungsübergreifenden Vergleich. Qualität wird im Vorgang der Qualitätssicherung zur relationalen Größe,[21] zu einem Standard, der mit der umfassenden Verpflichtung der Leistungserbringer auf Qualitätssicherung möglichst mindestens bewahrt werden soll.[22]

Die Verpflichtung auf **Weiterentwicklung der Qualität** umfasst Maßnahmen zur fortwährenden Qualitätsverbesserung, mit denen sich zum einen medizinischer Fortschritt, zum anderen neue Erkenntnisse für die Qualitätssicherung verarbeiten lassen. Umfasst sind hiernach auch Entwicklungen neuer Kriterien und Methoden etwa zur Evaluation der Qualitätssicherung.

Der Qualitätsbegriff wird mit der Verpflichtung der Leistungserbringer auf ein **internes Qualitätsmanagement** noch weiter prozeduralisiert. Qualität wird hierbei nicht mehr als Struktur-, Prozess- und/oder Ergebnisqualität (zusammengenommen als Versorgungsqualität) bestimmt und gemessen, sondern es werden die Maßnahmen zur einrichtungsinternen Sicherung und Verbesserung der Qualität selbst zum Maßstab der Qualitätssicherung.

2. Allgemeine Verpflichtung. Abs. 1 verpflichtet die genannten Leistungserbringer (zum Begriff → § 69 Rn. 6 ff.) auf die Aufgabe der Sicherstellung und Weiterentwicklung der Qualität ihrer Leistungen. Der **Standard der vertragsärztlichen Behandlung** wird maßgeblich durch berufsrechtliche Standardbildung in Richtlinien der Bundesärztekammer und Leitlinien der Fachgesellschaften geprägt und durch Abs. 1 in das sozialrechtliche Leistungserbringungsrecht transportiert. Berufsrechtliche Pflichten, vertragliche und deliktische Ansprüche stehen neben der leistungserbringungsrechtlichen Verpflichtung auf Qualität und den hieran anknüpfenden Sanktionen. Qualitätssicherung wird künftig **Prüfungsmaßstab** nicht nur für die Effektivität, sondern auch für die Wirtschaftlichkeit einer Leistung (vgl. § 106 Abs. 2a Nr. 3) sein. Auch die Honorierung wird künftig von Qualitätskriterien beeinflusst werden.

---

16 Zur Übereinstimmung der Maßstäbe Schönig, Qualitätssicherung, S. 180 ff.
17 Zum Gleichklang des „Stand(es) wissenschaftlicher Erkenntnisse" mit dem „Standard evidenzbasierter Medizin" s. Stallberg, PharmR 2010, 5, 9.
18 Hart, VSSR 2002, 265, 270; Becker in: Becker/Kingreen, § 135a Rn. 6; Stallberg, PharmR 2010, 5 ff.; Schönig, Qualitätssicherung, S. 178 ff.
19 Hart, VSSR 2002, 265, 273.
20 Becker in: Becker/Kingreen, § 135a Rn. 7.
21 Becker in: Becker/Kingreen, § 113 Rn. 3; Reimer, SDSRV 61 (2012), 14.
22 Vgl. Becker in: Becker/Kingreen, § 135a Rn. 3.

III. Besondere Pflichten nach Abs. 2

13 1. **Verpflichtete.** Für einen engeren Kreis von Leistungserbringern konkretisiert Abs. 2 die Anforderungen an die Qualität der Leistungserbringung, die auch für die Aufträge aus §§ 136 bis 137d verbindlich sind. Vertragsärzte, MVZ und Krankenhäuser werden durch entsprechende Richtlinien nach §§ 136 bis 136b verpflichtet. Erbringer von Vorsorgeleistungen und Rehabilitationsmaßnahmen sowie Einrichtungen, mit denen ein Vorsorgevertrag nach § 111a besteht, werden durch Vereinbarungen nach § 137d gebunden. Angesichts der klaren Regelung des Adressatenkreises und der allgemeinen Verpflichtung der übrigen Leistungserbringer auf Qualitätssicherung nach Abs. 1 ist eine Ausweitung des Kreises der nach Abs. 2 Verpflichteten weder erforderlich noch möglich.[23] Dies schließt Anforderungen an die Qualitätssicherung anderer Leistungserbringer durch den G-BA aufgrund anderer Vorschriften nicht aus.

14 2. **Einrichtungsübergreifende Maßnahmen der Qualitätssicherung (Abs. 2 Nr. 1).** Die – seit den 1970er Jahren entwickelte[24] – **externe Qualitätssicherung** durch einrichtungsübergreifende Maßnahmen zielt auf den Qualitätsvergleich der Leistungen verschiedener Leistungserbringer mit dem Ziel, mögliche Defizite der Leistungserbringung aufzudecken und zu beheben.[25] Die Regelung hebt solche Maßnahmen besonders hervor, die auf eine Verbesserung der Ergebnisqualität zielen. Einrichtungsübergreifende Qualitätsvergleiche erfolgen auf Grundlage von Richtlinien des G-BA nach § 137 Abs. 1 S. 1 Nr. 1, die sowohl die Leistungsbereiche festlegen, in denen vergleichende Qualitätsprüfungen vorzunehmen sind, als auch die Qualitätsindikatoren bestimmen. Die Prüfungen bieten zunächst den Leistungserbringern selbst die Möglichkeit zur Analyse und Steigerung ihrer Behandlungsqualität (und bilden einen Anknüpfungspunkt für internes Qualitätsmanagement).[26] Sie markieren außerdem Beratungsbedarf, ermöglichen Beratung und ziehen uU weitere Rechtsfolgen nach sich: Ergeben Qualitätsprüfungen, dass die gebotene Qualität nicht erbracht wird, fehlt es an der regelrechten Leistungserbringung mit der möglichen Folge eines Vergütungsausschlusses in der vertragsärztlichen und von Abschlägen in der stationären Versorgung. Für den Fall wiederholter Verstöße gegen Vorgaben der Qualitätssicherung sehen die Richtlinien der KBV gem. § 75 Abs. 7 die Möglichkeit zur Veröffentlichung der (mangelhaften) Ergebnisqualität und zum Entzug der Abrechnungsbefugnis vor.

15 3. **Einrichtungsinternes Qualitätsmanagement (Abs. 2 Nr. 2).** Auf ein einrichtungsinternes Qualitätsmanagement waren zunächst die Krankenhäuser verpflichtet und für sie Anforderungen entwickelt und vereinbart worden. Das PatRG[27] erweiterte 2013 den Anwendungsbereich des Abs. 2 Nr. 2 auf die heute genannten Leistungserbringer. Zusätzlich regelt § 115b Abs. 1 S. 3 eine entsprechende Verpflichtung für den Bereich des ambulanten Operierens und der stationsersetzenden Eingriffe an der Nahtstelle von vertragsärztlicher und stationärer Versorgung. Die Anforderungen an ein Qualitätsmanagement von Mütter- und Vätergenesungswerken, Vorsorge- und Rehabilitationseinrichtungen konkretisiert eine Vereinbarung auf Grundlage des § 137d.

16 Unter einrichtungsinternem **Qualitätsmanagement** versteht der Gesetzgeber eine Methode, „die auf die Mitwirkung aller Mitarbeiter gestützt die Qualität in den Mittelpunkt aller Bemühungen stellt und kontinuierlich bestrebt ist, die Bedürfnisse der Patienten, Mitarbeiter, Angehörigen oder beispielsweise auch der zuweisenden Ärzte zu berücksichtigen".[28] Gesetzlich ist diese Methode nicht definiert. Mit dem Begriff des Managements nimmt der Gesetzgeber aber ein betriebswirtschaftliches Konzept der Unternehmensführung in Bezug, in dem landläufig die Schritte der Analyse, Planung, Durchführung und Kontrolle unterschieden werden. Diese Methode ist an Grobzielen der Qualitätssicherung auszurichten, die der Gesetzgeber nur teilweise selbst benennt und im Wesentlichen der untergesetzlichen Normsetzung überlässt (§ 137 Abs. 1 S. 1 Nr. 1). Aus dem 2013[29] eingefügten Hs. 2 (→ Rn. 1) ergibt sich nun „klarstellend", dass ein einrichtungsinternes Qualitätsmanagement in Krankenhäusern die Einrichtung eines patientenorientierten Beschwerdemanagements umfasst.[30] Die Richtlinien des

---

23 AA Becker in: Becker/Kingreen, § 135a Rn. 6.
24 Schönig, Qualitätssicherung, S. 99 mwN.
25 BT-Dr. 14/1245, 86 zu Nr. 76 Abs. 2. Grundlegend Harney/Huster/Recktenwald, WzS 2013, 295 ff.
26 BT-Dr. 14/1245, 86.
27 PatRG vom 20.2.2013, BGBl. I, 277.
28 BT-Dr. 14/1245, 86.
29 PatRG vom 20.2.2013, BGBl. I, 277.
30 Eingefügt durch PatRG vom 20.2.2013, BGBl. I, 277. Vgl. BT-Dr. 17/10488, 13, mit Bezug auf das bereits vielfach existierende Beschwerdemanagement als Teil eines „systematischen Qualitätsmanagements" in Krankenhäusern.

G-BA[31] nennen die Ziele der Risikoerkennung und Problemvermeidung durch Identifikation relevanter Abläufe, deren systematische Darlegung und dadurch hergestellte Transparenz.

4. Konkretisierung: Systematisches Qualitätsmanagement durch Risikomanagement- und Fehlermeldesysteme. In systematisch nicht ganz geglückter, durch das KHSG verbesserter Weise verdeutlichen die 2013 eingefügten § 137 Abs. 1 d (heute § 136 a Abs. 3) und § 135 a Abs. 3,[32] dass sowohl die externe Qualitätssicherung als auch das einrichtungsübergreifende Qualitätsmanagement zumindest auch **Risikomanagement- und Fehlermeldesysteme** umfassen sollen.[33] Diese gesetzliche Konkretisierung der Anforderungen an das systematische Qualitätsmanagement dient zum einen dem Ziel der Patientensicherheit und nutzt zum anderen Rückmeldungen aus der Patientenschaft.   17

IV. Dokumentation und Vertraulichkeit von Meldungen und Daten (Abs. 3, § 299)

Da die Qualität überprüfbar sein soll, sind die Dokumentation der Leistungserbringung und Datenerfassungen Bestandteil der Qualitätssicherungspflicht.[34] Die Pflichten zur Datenermittlung regelt § 299. Leistungserbringer müssen darüber hinaus zumindest gelegentliche Qualitätskontrollen akzeptieren.[35]   18

Der in den Ausschussberatungen zum PatRG eingefügte Abs. 3 (→ Rn. 1) sucht Hürden abzubauen, die mit der Ausbildung von **Risikomanagement- und Fehlermeldesystemen** verbunden sind. Deren Funktionsfähigkeit erfordert, dass Beschäftigte durch eigene Meldungen persönlich keine rechtlichen Nachteile erleiden.[36] Deswegen sollen entsprechende Meldungen und Daten im Rechtsverkehr nicht zum Nachteil der Meldenden verwendet werden dürfen (Abs. 3 S. 1). Die amtliche Begründung führt arbeitsrechtliche Sanktionen sowie straf- und ordnungswidrigkeitenrechtliche Verfolgung als Beispiele einer Verwendung im Rechtsverkehr auf, vor denen vor allem die bei einem Leistungserbringer Beschäftigten zu schützen sind. Der „Rechtsverkehr" umfasst auch die Geltendmachung zivilrechtlicher, insbesondere haftungsrechtlicher Ansprüche. Allerdings bewirkt die Meldung keinen vollständigen Ausschluss von Rechtsfolgen persönlichen Handelns, da nur sie bzw. das in Bezug auf das Risiko- und Fehlermanagement gemeldete Datum für die Verwendung im Rechtsverkehr zum Nachteil des Beschäftigten gesperrt ist. Einer Sanktionierung oder Haftung, deren Grundlagen sich aus anderen Erkenntnisquellen (etwa der Patientenakte)[37] ergeben, können sich Beschäftigte folglich durch Meldungen nach Abs. 3 S. 1 nicht entziehen.   19

Abs. 3 S. 1 ist mit dem allgemeinen Bezug auf den „Rechtsverkehr" entgegen der Begründung nicht klar genug gefasst. Seine rechtlichen Folgen sind insbesondere im Dreiecksverhältnis von Einrichtung, Beschäftigten und Patienten für die Betroffenen kaum absehbar. Die Regelung setzt einerseits eine einrichtungsseitige Organisation des Risikomanagement- und Fehlermeldesystems voraus, das die Meldenden als Ausprägung insbesondere arbeitsrechtlicher Fürsorgeverantwortung tatsächlich wirksam schützt. Andererseits fordert § 630 f BGB eine vollständige Dokumentation des Behandlungsverlaufs in der Patientenakte, deren „Vollständigkeit" wiederum Gegenstand des Einsichtsrechts des Patienten (§ 630 g) und Beweislastverteilung bei Geltendmachung von Ansprüchen aus dem Behandlungsverhältnis (§ 630 h) bildet.   20

Abs. 3 S. 2 normiert eine sehr eng gefasste Ausnahme vom Beweiserhebungsverbot nach S. 1 für den Fall des **Verdachts einer schwerwiegenden Straftat**, die sich anders nicht ahnden lässt. Der Ausnahmetatbestand ist denkbar eng gefasst. Das Höchstmaß der Strafandrohung muss eine Freiheitsstrafe von mehr als fünf Jahren umfassen, was im Tätigkeitsfeld der der medizinischen Leistungserbringung typischerweise auf die vorsätzliche Tötung (§ 212 StGB) sowie die vorsätzliche gefährliche oder schwere Körperverletzung (§§ 224, 226 StGB) zutrifft. Auch die konkrete Straftat muss besonders schwer wiegen, was in der Aufklärungssituation, die Abs. 3 S. 2 regelt, hinreichendes Wissen über den Tathergang einschließlich einer Bewertung der Verwerflichkeit der Tat und des Schuldvorwurfs voraussetzt.   21

---

31 Für Krankenhäuser Richtlinie vom 17.8.2004, BAnz. 2005, Nr. 242, S. 16896; für die vertragsärztliche und vertragszahnärztliche Versorgung Richtlinien mit Wirkung ab 2006 bzw. ab 2007.
32 In der Phase der Ausschussberatungen, vgl. BT-Dr. 17/11710.
33 Die Gesetzesbegründung spricht insoweit nur von einem wichtigen Element des einrichtungsinternen Qualitätsmanagements, zu dem Leistungserbringer nach § 135 a Abs. 2 Nr. 2 verpflichtet seien, BT-Dr. 17/10488, S. 33, die Ausschussbegründung auch von einrichtungsübergreifenden „Fehlermelde- und Lernsystemen", BT-Dr. 17/11710, 41.
34 Vgl. auch BSGE 59, 172.
35 Vgl. BVerfG, SozR 2200 § 368 RVO Nr. 10.
36 Vgl. BT-Dr. 17/11710, 30.
37 BT-Dr. 17/11710, 30.

Schließlich muss die Berücksichtigung der Meldung zur Aufklärung eines Sachverhalts oder zur Ermittlung des Aufenthaltsorts eines Verdächtigen zwingend erforderlich sein. Mit dem ausschließlichen Bezug auf Straftaten ist die Meldung zugleich vor zivilrechtlicher Beweiserhebung etwa zur Durchsetzung haftungsrechtlicher Ansprüche aus dem Behandlungsverhältnis geschützt.

22 Die dem mittelbar/systemischen Patientenschutz dienende Funktionsfähigkeit von Risikomanagement- und Fehlermeldesystemen wird folglich durch eine weitreichende Einschränkung der Beweiserhebung im Interesse eines unmittelbaren rechtlichen Patientenschutzes erkauft. Diese Wertung sollte mit Blick auf die individuelle Rechtsposition der Patienten, aber auch mit Bezug auf die Schutzwürdigkeit der Einrichtung nochmals überdacht werden.

§ 135 b Förderung der Qualität durch die Kassenärztlichen Vereinigungen

(1) ¹Die Kassenärztlichen Vereinigungen haben Maßnahmen zur Förderung der Qualität der vertragsärztlichen Versorgung durchzuführen. ²Die Ziele und Ergebnisse dieser Qualitätssicherungsmaßnahmen sind von den Kassenärztlichen Vereinigungen zu dokumentieren und jährlich zu veröffentlichen.

(2) ¹Die Kassenärztlichen Vereinigungen prüfen die Qualität der in der vertragsärztlichen Versorgung erbrachten Leistungen einschließlich der belegärztlichen Leistungen im Einzelfall durch Stichproben; in Ausnahmefällen sind auch Vollerhebungen zulässig. ²Der Gemeinsame Bundesausschuss entwickelt in Richtlinien nach § 92 Absatz 1 Satz 2 Nummer 13 Kriterien zur Qualitätsbeurteilung in der vertragsärztlichen Versorgung sowie nach Maßgabe des § 299 Absatz 1 und 2 Vorgaben zu Auswahl, Umfang und Verfahren der Qualitätsprüfungen nach Satz 1; dabei sind die Ergebnisse nach § 137 a Absatz 3 zu berücksichtigen.

(3) Die Absätze 1 und 2 gelten auch für die im Krankenhaus erbrachten ambulanten ärztlichen Leistungen.

(4) ¹Zur Förderung der Qualität der vertragsärztlichen Versorgung können die Kassenärztlichen Vereinigungen mit einzelnen Krankenkassen oder mit den für ihren Bezirk zuständigen Landesverbänden der Krankenkassen oder den Verbänden der Ersatzkassen unbeschadet der Regelungen des § 87 a gesamtvertragliche Vereinbarungen schließen, in denen für bestimmte Leistungen einheitlich strukturierte und elektronisch dokumentierte besondere Leistungs-, Struktur- oder Qualitätsmerkmale festgelegt werden, bei deren Erfüllung die an dem jeweiligen Vertrag teilnehmenden Ärzte Zuschläge zu den Vergütungen erhalten. ²In den Verträgen nach Satz 1 ist ein Abschlag von dem nach § 87 a Absatz 2 Satz 1 vereinbarten Punktwert für die an dem jeweiligen Vertrag beteiligten Krankenkassen und die von dem Vertrag erfassten Leistungen, die von den an dem Vertrag nicht teilnehmenden Ärzten der jeweiligen Facharztgruppe erbracht werden, zu vereinbaren, durch den die Mehrleistungen nach Satz 1 für die beteiligten Krankenkassen ausgeglichen werden.

Literatur:
Rixen, Pay for Performance, MedR 2009, 697. Siehe auch die Literaturangaben zu § 135, § 137 c.

I. Allgemeines

1 Neben den einzelnen Leistungserbringern sind auch die Kassenärztlichen Vereinigungen (KÄV) zur Durchführung qualitätsfördernder Maßnahmen in der vertragsärztlichen Versorgung aufgerufen. Die Aufgabe der Qualitätssicherung wurde den KÄV bereits durch GRG vom 20.12.1988[1] übertragen, zwischenzeitlich in § 145 aufgrund des GMG[2] mWv 1.1.2004 in § 136 Abs. 1–3 geregelt. Abs. 4 wurde durch PfWG[3] mWv 1.7.2008 eingefügt und durch das VStG[4] mWv 1.1.2012 sowie durch das **GKV-FQWG**[5] mWv 25.7.2014. Das KHSG transferierte mit der strukturellen Neuordnung der Qualitätssi-

---

1 Gesetz zur Strukturreform im Gesundheitswesen (Gesundheitsreformgesetz) vom 20.12.1988, BGBl. I, 2477.
2 Gesetz zur Modernisierung der gesetzlichen Krankenversicherung (Gesundheitsmodernisierungsgesetz – GMG) vom 14.11.2003, BGBl. I, 2190.
3 Gesetz zur strukturellen Weiterentwicklung der Pflegeversicherung vom 28.5.2008, BGBl. I, 874.
4 Gesetz zur Verbesserung der Versorgungsstrukturen in der gesetzlichen Krankenversicherung (Versorgungsstrukturgesetz) vom 22.12.2011, BGBl. I, 2983.
5 Gesetz zur Weiterentwicklung der Finanzstruktur und der Qualität in der gesetzlichen Krankenversicherung (GKV-Finanzstruktur- und Qualitäts-Weiterentwicklungsgesetz – GKV-FQWG), BGBl. I, 1133, 1134, 1147.

cherung als Aufgabe des G-BA die Vorschrift mWv 1.1.2016 in § 135 b und ließ in Abs. 4 S. 1 eine mittlerweile überflüssige Datumsangabe entfallen.

Abs. 1 enthält einen **Förder-**, Abs. 2 einen **Prüfauftrag an die KÄV** für **ambulante ärztliche Leistungen, auch wenn sie im Krankenhaus erbracht werden (Abs. 3)**. Die Qualitätsförderung der Krankenhausversorgung im Übrigen liegt bei der DKG (§ 136 a). Abs. 4 regelt die Möglichkeit der KÄV, im Rahmen von gesamtvertraglichen Vereinbarungen mit einzelnen Krankenkassen oder ihren Verbänden Konzepte zur Qualitätssicherung zu vereinbaren. Der Begriff der KÄV schließt nach zutreffender Ansicht die KZV mit ein; dies lässt sich mittelbar aus § 72 Abs. 1 S. 2 ableiten, der den Auftrag zur Qualitätssicherung auf die Zahnärzte erstreckt.[6]

II. Regelungsgehalt

1. Förderung von Maßnahmen der Qualitätssicherung (Abs. 1). Abs. 1 verpflichtet die KÄV (und KZV) im Rahmen ihres Sicherstellungsauftrags nach § 75 Abs. 1 zu Maßnahmen der **Qualitätsförderung** dem Grunde nach.[7] Die Ziele und Ergebnisse, folglich auch (obwohl nicht eigens erwähnt) die konkreten Maßnahmen sind schriftlich[8] zu dokumentieren und jährlich zu veröffentlichen. Der Daten- und Wettbewerbsschutz der Leistungserbringer legt eine Anonymisierung der Dokumentation nahe.[9] Nähere Vorgaben zur Erfüllung der **Evaluations- und Veröffentlichungspflicht** einschließlich der Anforderungen zur Sicherstellung des Schutzes von Sozialdaten der Versicherten (vgl. § 299 Abs. 1) enthält die Qualitätsprüfungs-RL des G-BA (→ Rn. 8). Nach § 9 Abs. 2 der Richtlinie ist über Anzahl und Ergebnisse der nach Abs. 2 durchgeführten Stichprobenprüfungen auch an die Kassenärztliche Bundesvereinigung zu berichten.

2. Qualitätsprüfung (Abs. 2). Der qualitätsbezogene Prüfauftrag nach Abs. 2 ist auf Stichproben im Einzelfall zu beschränken (S. 1 Hs. 1). Die sog **Stichprobenprüfungen**[10] müssen einen zahlenmäßigen Umfang erreichen, der aussagekräftige Ergebnisse für den überprüften Leistungsbereich ermöglicht (§ 4 Abs. 1 Qualitätsprüfungs-RL), dürfen aber auch nicht zum Regelfall werden. Als Richtgröße nennt § 4 Abs. 2 Qualitätsprüfungs-RL eine Prüfung von mindestens vier Prozent der einen Leistungsbereich abrechnenden Ärzte, die per Zufallsgenerator nach einem statistisch gesicherten Verfahren überprüft werden. Eine **strukturierte Auswahlkontrolle** im Einzelfall bleibt neben der Zufallsprüfung möglich.

Abs. 2 S. 1 Hs. 2 lässt ausnahmsweise auch **Vollerhebungen** zu. Die Regelung steht in sachlicher Nähe zu § 299, der in Abs. 1 S. 2 ebenfalls „Vollerhebungen" ermöglicht. Allerdings sind die Bezugnahmen beider Regelungen verschieden. Bezugsgröße der „Vollerhebungen" nach § 136 Abs. 2 S. 1 Hs. 2 sind die abrechnenden Ärzten eines Leistungsbereichs, wohingegen sich „Vollerhebungen" nach § 299 Abs. 1 S. 2 auf die „Daten aller betroffenen Patienten beziehen". Für Vollerhebungen der letzteren Art erfordert § 299 Abs. 1 S. 2 allerdings gewichtige medizinisch fachliche oder gewichtige methodische Gründe.

Die Durchführung der Prüfungen und die Vorbereitung der Entscheidungen der KÄV weist § 3 Qualitätssicherungs-RL sog **Qualitätssicherungs-Kommissionen** zu. Diese haben die KÄV einzurichten und mit mindestens drei im jeweiligen Gebiet besonders erfahrenen ärztlichen Mitgliedern zu besetzen, von denen mindestens eines über eine einschlägige Facharztweiterbildung und erforderlichenfalls eines über einschlägige spezielle ärztliche Fertigkeiten verfügt.[11] Vertreter der KÄV, ihres Landesverbands oder auch des G-BA können an den Sitzungen der Kommissionen beratend teilnehmen.

Zu Prüfungszwecken können ua Dokumentationen angefordert sowie Kolloquien (dh Fachgespräche zur Feststellung der fachlichen Befähigung)[12] und mit schriftlichem Einverständnis des Arztes auch Praxisbegehungen durchgeführt werden. Im **Beanstandungsfall** kann die KÄV die in § 6 Abs. 3 der Qualitätsprüfungs-RL vorgesehenen Maßnahmen ergreifen, in abgestufter Form also Beratungsgespräche führen, Empfehlungen, in schwerer wiegenden Fällen auch Verpflichtungen zur Abstellung der festgestellten Mängel aussprechen, bei erheblicher Beanstandung die Vergütung aussetzen sowie Ver-

---

6 Roters in: KassKomm, § 136 SGB V Rn. 3.
7 Vgl. BSG, 28.10.2015, B 6 KA 43/14 R, juris Rn. 41.
8 Vgl. BT-Dr. 15/1525 zu § 136.
9 BT-Dr. 15/1525 zu § 136; Joussen in: BeckOK SozR, SGB V, § 136 Rn. 2.
10 Vor allem hierin unterscheiden sich die Anforderungen von den Vorgaben des – grundsätzlich vergleichbaren – § 114 SGB XI, dort → SGB XI § 114 Rn. 16 ff.
11 Vgl. § 3 Qualitätsprüfungs-RL, auch zu weiteren Einzelheiten.
12 Vgl. Scholz in: Becker/Kingreen, § 136 Rn. 4.

gütungen für beanstandete Leistungen zurückfordern und – als letztes Mittel bei schwerwiegenden Qualitätsmängeln – die Genehmigung zur Abrechnung von Leistungen widerrufen.[13] Soweit die Prüfungen allgemeine Erkenntnisse zur Verbesserung der Qualitätsförderung nach Abs. 1 erbringen, sind diese im Bericht nach Abs. 1 S. 2 festzuhalten.

8 Die in **Abs. 2 S. 1** enthaltene Ermächtigung, Kriterien zur Qualitätsbeurteilung sowie (nach Maßgabe des § 299 Abs. 1, 2) Vorgaben zu Auswahl, Umfang und Verfahren der Qualitätsprüfungen in **Richtlinien nach § 92 Abs. 1 S. 2 Nr. 13** zu entwickeln, hat der G-BA mit der Richtlinie über Auswahl, Umfang und Verfahren bei Qualitätsprüfungen im Einzelfall nach § 136 Abs. 2 (Qualitätsprüfungs-RL vertragsärztliche Versorgung)[14] umgesetzt. Der Hinweis auf § 137a Abs. 3[15] stellt klar, dass in die Prüfung nach Abs. 2 S. 1 sektorenübergreifend abgestimmte Indikatoren und Instrumente sowie die Anforderungen an die notwendige Dokumentation und künftig darüber hinaus alle Erkenntnisse aus der Messung und Darstellung der einrichtungsübergreifenden Qualitätssicherung einzubeziehen sind.

9 **3. Gesamtvertragliche Vereinbarungen (Abs. 4).** Abs. 4 ermöglicht es KÄV und Krankenkassen, auf regionaler Ebene besondere Qualitätssicherungsprogramme und hierauf bezogene Vergütungszuschläge (**pay for performance, P4P**) zu vereinbaren. Diese Vereinbarungen können KÄV mit den Landesverbänden der Krankenkassen, dem Verband der Ersatzkassen, aber auch mit einzelnen Krankenkassen schließen. Die Regelung ermöglicht den KÄV auch nach Neufassung der Vergütungsregelungen in § 87a bis 87c zum 1.1.2009 den Abschluss regionaler qualitätsbezogener Vergütungsvereinbarungen..[16] Die finanzielle Belohnung höherer Qualität erfolgt durch Vergütungsabschläge bei Leistungen, die von an dem Vertrag nicht teilnehmenden Ärzten der jeweiligen Fachgruppe erbracht werden (Abs. 4 S. 2). Die einschlägigen Leistungs-, Struktur- und Qualitätsmerkmale sind in den Verträgen einheitlich zu strukturieren und elektronisch zu dokumentieren (Abs. 4 S. 1). Der Vergütungsanreiz soll die Erfüllung der allgemeinen vertragsärztlichen zur stetigen Qualitätsentwicklung nach § 135a Abs. 1 befördern, soweit diese nicht bereits durch die übliche Vergütung abgegolten ist.[17] Die mit den Vergütungsabschlägen verbundenen Belastungen anderer Leistungserbringer müssen als Eingriffe in deren Berufsausübungsfreiheit verhältnismäßig sein. Indikatoren, die für eine den allgemeinen Mindeststandard übersteigende „Performance" maßgeblich sind, müssen konkret formuliert, messbar und valide sein.[18]

§ 135c Förderung der Qualität durch die Deutsche Krankenhausgesellschaft

(1) [1]Die Deutsche Krankenhausgesellschaft fördert im Rahmen ihrer Aufgaben die Qualität der Versorgung im Krankenhaus. [2]Sie hat in ihren Beratungs- und Formulierungshilfen für Verträge der Krankenhäuser mit leitenden Ärzten im Einvernehmen mit der Bundesärztekammer Empfehlungen abzugeben, die sicherstellen, dass Zielvereinbarungen ausgeschlossen sind, die auf finanzielle Anreize insbesondere für einzelne Leistungen, Leistungsmengen, Leistungskomplexe oder Messgrößen hierfür abstellen. [3]Die Empfehlungen sollen insbesondere die Unabhängigkeit medizinischer Entscheidungen sichern.
(2) [1]Der Qualitätsbericht des Krankenhauses nach § 136b Absatz 1 Satz 1 Nummer 3 hat eine Erklärung zu enthalten, die unbeschadet der Rechte Dritter Auskunft darüber gibt, ob sich das Krankenhaus bei Verträgen mit leitenden Ärzten an die Empfehlungen nach Absatz 1 Satz 2 hält. [2]Hält sich das Krankenhaus nicht an die Empfehlungen, hat es unbeschadet der Rechte Dritter anzugeben, welche Leistungen oder Leistungsbereiche von solchen Zielvereinbarungen betroffen sind.

1 Die Vorschrift enthält einen allgemeinen Auftrag an die Deutsche Krankenhausgesellschaft (DKG) zur Förderung der Versorgungsqualität im Krankenhaus sowie Vorkehrungen gegen Zielvereinbarungen mit leitenden Ärzten mit dem Ziel, die Unabhängigkeit medizinischer Entscheidungen in Krankenhäusern zu sichern. Abs. 1 wurde durch KFRG[1] mWv 9.4.2013 als § 136a in das SGB V eingefügt. Das

---

13 LSG Hmb, 7.6.2012, L 1 KA 65/09, juris Rn. 19 f.
14 Abrufbar unter http://www.g-ba.de/downloads/62-492-16/RL_Qualitaetspruefung_2006-04-18.pdf.
15 Bis zur Änderung im GKV-FQWG (→ Rn. 1) Abs. 2 Nr. 1 und 2.
16 BT-Dr. 16/8525. Die ausdrückliche Datumsangabe wurde mW zum 1.6.2016 entfernt (→ Rn. 1).
17 Vgl. Roters in: KassKomm, § 136 SGB V Rn. 13.
18 Beschlussempfehlung und Bericht des Ausschusses f. Gesundheit, BT-Dr. 16/8525; Rixen, MedR 2009, 697.
1 Krebsfrüherkennungs- und -registergesetz vom 3.4.2013, BGBl. I, 617.

KHSG[2] positionierte im Rahmen der umfassenden Neuregelung der Qualitätssicherung den Norminhalt in einem neuen § 135 c, änderte Abs. 1 S. 2 ab und übernahm die bis dahin in § 137 Abs. 3 S. 1 Nr. 4 S. 2 Hs. 1 enthaltene Regelung zur Aufnahme einschlägiger Erklärungen in Qualitätsbericht der Krankenhäuser als neuen Abs. 2. Er verweist nun auf die Grundregelung zum Qualitätsbericht der Krankenhäuser in § 136 b Abs. 1 S. 1 Nr. 3.

Abs. 1 S. 1 formuliert den Auftrag der DKG zur Förderung der Qualität stationärer Versorgung. Dies soll „im Rahmen ihrer Aufgaben" erfolgen, die DKG also nicht zu darüber hinausgehenden Maßnahmen ermächtigt sein.[3]

Abs. 1 S. 2 und 3 formulieren das eigentliche Anliegen des Gesetzgebers, Zielvereinbarungen der Krankenhäuser mit leitenden Ärzten entgegenzuwirken und so die **Unabhängigkeit medizinischer Entscheidungen in Krankenhäusern** zu sichern. Zu diesem Zweck wird die DKG verpflichtet, im Einvernehmen mit der BÄK Empfehlungen zu erarbeiten und diese in ihre Beratungs- und Formulierungshilfen für Verträge der Krankenhäuser mit leitenden Ärzten aufzunehmen. Die Vorgabe „bis spätestens zum 30. April 2013" konnte entfallen, da sie von den genannten Institutionen fristgerecht umgesetzt worden war. Die Empfehlungen sollen sicherstellen, dass Zielvereinbarungen zwischen Krankenhäusern und deren leitenden Ärzten, die auf finanzielle Anreize bei einzelnen Leistungen abstellen, ausgeschlossen sind. Der wirtschaftliche Ertrag eines Krankenhauses und seine Spezialisierung sollen, mit anderen Worten, nicht durch ökonomische Einflussnahme auf die medizinischen Entscheidungen des Leitungspersonals erkauft werden. Der mit dem Erfordernis des **Einvernehmens** formulierte Vorbehalt einer Zustimmung der BÄK[4] dient der „Einhaltung ethischer und berufsrechtlicher Anforderungen".[5] Die Empfehlungen schließen Zielvereinbarungen mit ökonomischen Inhalten nicht grundsätzlich aus (vgl. zu weiteren Grenzen § 23 Abs. 2 MBO-Ä). Auch weitere Empfehlungen und Formulierungshilfen der DKG sind neben denen nach S. 2, 3 – mit oder ohne Mitwirkung der BÄK – möglich. Das KHSG erweiterte die Anforderungen dahingehend, dass nicht nur die Leistung selbst, sondern auch Leistungsmengen, Leistungskomplexe oder Messgrößen nicht Gegenstand entsprechender Vereinbarungen sein dürfen. Diese Erweiterung geht laut Gesetzesbegründung[6] auf Vorschläge der BÄK und des Verbandes der Leitenden Krankenhausärzte zurück, die gemeinsam Hilfen für die Praxis der Vertragsschließung erarbeiten (→ Rn. 6). Als Beispiel nennt die Gesetzesbegründung eine Zielvereinbarung, die eine Prämienzahlung für das Erreichen bestimmter Bewertungsrelationen vorsieht. Mit der Aufnahme des Wortes „insbesondere" wurde Abs. 1 S. 2 zukunftsoffen gestaltet und die künftige Konkretisierung der Norm in die Hand der BÄK und des Verbandes der Leitenden Krankenhausärzte gegeben.[7]

Vereinbarungen und finanzielle Anreize mit dem Ziel, die konsequente **Umsetzung der Qualitätssicherung**, beispielsweise von Hygienemaßnahmen, zu fördern, sollen nach Vorstellung des Gesetzgebers möglich bleiben.[8] Hinsichtlich der **Mindestmengenregelung** in § 136 b Abs. 1 S. 1 Nr. 2 führt die gesetzliche Regelung sowohl die Institutionen bei der Erarbeitung von Empfehlungen als auch die Krankenhäuser beim Abschluss von Zielvereinbarungen in ein Dilemma: Einerseits sind Mindestmengenregelungen Teil des Qualitätsmanagements in der stationären Versorgung (→ § 136 b Rn. 11 ff., insbes. 14), andererseits schließt § 135 c hierauf gerichtete Zielvereinbarungen seinem Wortlaut nach nicht aus, sondern fordert in Abs. 2 sogar substantiierte Offenlegungen solcher Vereinbarungen im jährlichen Qualitätsbericht, mit denen sich das Haus selbst gleichsam „an den Pranger stellt".[9]

Als „Empfehlungen" sind die Beratungs- und Orientierungshilfen von DKG und BÄK rechtlich unverbindlich und entfalten keine privatrechtsgestaltende Wirkung. Die Zielvereinbarungen mit leitenden Ärzten sind allerdings für das Qualitätsmanagement der Einrichtung relevant. Abs. 2 (ehemals § 137 Abs. 3 S. 1 Nr. 4 aF) fordert deshalb Erklärungen des Krankenhauses zu Zielvereinbarungen im jährlich zu erstellenden **strukturierten Qualitätsbericht**, dessen Erforderlichkeit heute in § 136 b Abs. 1 S. 1 Nr. 3 geregelt ist. Enthalten die Zielvereinbarungen keine im Widerspruch zu § 135 c Abs. 1 S. 2 stehenden Absprachen, genügt eine einfache Erklärung. Andernfalls sind Ausführungen zum Inhalt der

---

2 Gesetz zur Reform der Strukturen der Krankenhausversorgung (Krankenhausstrukturgesetz – KHSG) vom 10.12.2015, BGBl. I, 2229.
3 BT-Dr. 17/12221, 24.
4 BSG, 14.5.1992, 6 RKa 41/91, MedR 2001, 265.
5 BT-Dr. 17/12221, 25.
6 BT-Dr. 18/5372, 83.
7 BT-Dr. 18/5372, 83 f.
8 BT-Dr. 18/5372, 84.
9 Kritisch Bohle, GesR 2016, S. 605 (unter VI. 5. a).

getroffenen Vereinbarungen erforderlich. An den Inhalt der Berichte lassen sich wiederum Folgen für die Einrichtung (nicht unmittelbar für die abschließenden Ärzte) knüpfen.

6 Ihre Verpflichtung hat die DKG durch von Empfehlungen am 24.4.2013, die im Einvernehmen mit der BÄK beschlossen wurden, erfüllt. Die Gemeinsame Koordinierungsstelle von BÄK und dem Verband der Leitenden Krankenhausärzte hat zum 14.2.2016 Empfehlungen zu Zielvereinbarungen in Chefarztverträgen gem. § 135 c n.F. abgegeben.[10] Nach Vorstellung des Gesetzgebers sind diese Hilfen fortlaufend fortzuschreiben.

§ 136 Richtlinien des Gemeinsamen Bundesausschusses zur Qualitätssicherung

(1) ¹Der Gemeinsame Bundesausschuss bestimmt für die vertragsärztliche Versorgung und für zugelassene Krankenhäuser grundsätzlich einheitlich für alle Patienten durch Richtlinien nach § 92 Absatz 1 Satz 2 Nummer 13 insbesondere

1. die verpflichtenden Maßnahmen der Qualitätssicherung nach § 135 a Absatz 2, § 115 b Absatz 1 Satz 3 und § 116 b Absatz 4 Satz 4 unter Beachtung der Ergebnisse nach § 137 a Absatz 3 sowie die grundsätzlichen Anforderungen an ein einrichtungsinternes Qualitätsmanagement und
2. Kriterien für die indikationsbezogene Notwendigkeit und Qualität der durchgeführten diagnostischen und therapeutischen Leistungen, insbesondere aufwändiger medizintechnischer Leistungen; dabei sind auch Mindestanforderungen an die Struktur-, Prozess- und Ergebnisqualität festzulegen.

²Soweit erforderlich erlässt der Gemeinsame Bundesausschuss die notwendigen Durchführungsbestimmungen. ³Er kann dabei die Finanzierung der notwendigen Strukturen zur Durchführung von Maßnahmen der einrichtungsübergreifenden Qualitätssicherung insbesondere über Qualitätssicherungszuschläge regeln.

(2) ¹Die Richtlinien nach Absatz 1 sind sektorenübergreifend zu erlassen, es sei denn, die Qualität der Leistungserbringung kann nur durch sektorbezogene Regelungen angemessen gesichert werden. ²Die Regelungen nach § 136 a Absatz 4 und § 136 b bleiben unberührt.

(3) Der Verband der Privaten Krankenversicherung, die Bundesärztekammer sowie die Berufsorganisationen der Pflegeberufe sind bei den Richtlinien nach § 92 Absatz 1 Satz 2 Nummer 13 zu beteiligen; die Bundespsychotherapeutenkammer und die Bundeszahnärztekammer sind, soweit jeweils die Berufsausübung der Psychotherapeuten oder der Zahnärzte berührt ist, zu beteiligen.

Literatur:

Axer, Rechtsfragen einer sektorenübergreifenden Qualitätssicherung, VSSR 2010, 189; *Axer*, Begründungspflichten des Gemeinsamen Bundesausschusses im Licht des SGB V, GesR 2013, 211; *Axer*, Sozialgerichtliche Kontrolle untergesetzlicher Normen, SGb 2013, 669; *Bohle*, Mindestmengen für Implantationen von Kniegelenk-Totalendoprothesen leicht(er) gemacht?, SozSich 2013, 187; *ders.*, Rechtsfragen zum Krankenhausstrukturgesetz, GesR 2016, 605; *Ebsen*, Verfassungsrechtliche und einfachrechtliche Probleme der Qualitätssicherung, GuP 2013, 121; *Fahlbusch/Klakow-Franck*, Mindestmengen – Wie geht es weiter?, SozSich 2013, 182; *Geraedts*, Wissenschaftliche Betrachtung der Mindestmengen – Theorie und Empirie, GesR 2012, 263; *Harney/Huster*, Der G-BA und das wissenschaftliche Qualitätsinstitut nach § 137 a SGB V, KrV 2013, 197; *Harney/Huster/Recktenwald*, Rechtsstrukturen der externen Qualitätssicherung, Teil 1, WzS 2013, 295 ff., und Teil 2, 327 ff.; *Hart*, Patientensicherheit, Fehlermanagement, Arzthaftungsrecht – Zugleich ein Beitrag zur rechtlichen Beurteilung von Empfehlungen, MedR 2012, 1; *Hauck*, Der Gemeinsame Bundesausschuss (G-BA) – ein unbequemes Kind unserer Verfassungsordnung?, NZS 2010, 600-611; *Hess*, Darstellung der Aufgaben des Gemeinsamen Bundesausschusses, MedR 2005, 385; *Igl*, Kriterien und Strukturen der Qualitätssicherung in der Kranken- und Pflegeversicherung – Gesetzliche Vorgaben und Ausgestaltung, SDSRV Nr. 61, 81-115 (2012); *Jandt/Roßnagel*, Qualitätssicherung im Krankenhaus, MedR 2011, 140; *Klever-Deichert/Rau/Tilgen*, PsychVVG, KH 2016, 753; *dies.*, Das PsychVVG in der Gesamtschau, KH 2017, 89; *Makoski*, Krankenhausstrukturgesetz, GuP 2016, 30; *Prütting*, Qualitätssicherung als Ziel regionaler Versorgungsplanung aus Sicht der Gesundheitsbehörde, VSSR 2013, 357; *Quaas*, Krankenhausplan als Qualitätssicherungsinstrument? – Rechtliche Vorgaben und Grenzen, GesR 2014, 129; *Rebscher/Kaufmann (Hrsg.)*, Qualitätsmanagement in Gesundheitssystemen, 2011, 97; *Schirmer*, Das Kassenarztrecht im 2. GKV-Neuordnungsgesetz, MedR 1997, 431-456; *Schlegel*, Gerichtliche Kontrolle von Krite-

---

10 Abrufbar in der Online-Version der Ausgabe des DÄ 2016, Heft 31–32.

rien und Verfahren, MedR 2008, 30; *Slany/Reuter*, Die neuen Qualitätsberichte der Krankenhäuser, VersMed 2008, 33; *Raspe*, Die Evidenz-Basis professioneller und rechtlicher Normierung medizinischen Handelns, GesR 2013, 206; *Rau*, Das Krankenhausstrukturgesetz in der Gesamtschau, das Krankenhaus 2015, 1121; *Ricken*, CIRS im Krankenhaus aus der Perspektive des Arbeitsrechts, KrV 2017, 53; *Roters*, Wieviel Evidenzbasierung braucht die Qualitätssicherung?, GesR 2012, 604; 2008; *Schönig*, Öffentlich-rechtliche Instrumente der Qualitätssicherung im stationären Sektor – Der Umgang des SGB V mit medizinischen Verfahren und Kategorien am Beispiel der externen vergleichenden Qualitätssicherung, 2008; *Scholz*, Rechtliche Regelungen zur Qualitätssicherung, GuP 2013, 154; *Stallberg*, Evidenz-basierte Medizin als Rechtsbegriff – Funktion, Inhalt und Grenzen, PharmR 2010, 5; *Stollmann*, Qualitätsvorgaben in der Krankenhausplanung, NZS 2016, 201; *Szabados*, Krankenhausstrukturgesetz, ZMGR 2016, 154; *Weichert*, Datenschutzrechtliche Probleme in der sektorenübergreifenden Qualitätssicherung, VSSR 2010, 277; *Wenner*, Der Gemeinsame Bundesausschuss (G-BA) aus der Sicht der Rechtsprechung des Bundessozialgerichts, GuP 2013, 41; *Wigge*, Evidenz-basierte Richtlinien und Leitlinien, MedR 2000, 574-585; *v. Wolff*, G-BA und Mindestmengenproblematik – Zugleich Besprechung des Urteils des BSG vom 18.12.2012 – B 1 KR 34/12 R (Mindestmenge Perinatalzentrum), NZS 2013, 536.

I. Allgemeines 1	a) Reichweite und Umfang der Richtlinienkompetenz 12
1. Normzweck, Entstehungsgeschichte und Systematik 1	b) Gegenstand der Richtlinien 18
2. Verfassungsrechtlicher Rahmen 9	c) Durchführungsbestimmungen (Abs. 1 S. 2 und 3) 22
II. Regelungsgehalt 12	2. Verfahren (Abs. 3) 24
1. Allgemeine Ermächtigung (Abs. 1 und 2) 12	

I. Allgemeines

1. Normzweck, Entstehungsgeschichte und Systematik. Die Vorschrift – ursprünglich in § 137 Abs. 1 und 2 SGB V aF verortet – beauftragt den G-BA mit der Organisation der Qualitätssicherung durch Rahmenvorgaben für die durch §§ 135a gebundenen Leistungserbringer und stellt – seit der Neustrukturierung der Qualitätssicherungsvorgaben durch das KHSG – die **Grundnorm** für die Richtlinienkompetenz des G-BA in der sektorenübergreifenden Qualitätssicherung dar.[1] Als Ermächtigungsgrundlage für untergesetzliche Normsetzung durch Richtlinien steht die Vorschrift in sachlichem Zusammenhang mit der generellen Aufgabenbeschreibung und Kompetenzgrundlage für den G-BA in §§ 91, 92, der 2004 begründet und mit der untergesetzlichen Normsetzung betraut wurde.[2] Auf dem Gebiet der Qualitätssicherung wird diese Ermächtigung durch weitere, spezielle Ermächtigungen für den G-BA etwa in § 135a Abs. 2 ergänzt. Die Aufgabe der Normsetzung wird flankiert zB durch Regelungen zum Datenschutz (§ 299), zur wissenschaftlichen Unterstützung des G-BA durch ein privatwirtschaftliches Institut (§ 137a) und über den Auftrag des G-BA zur Ermittlung des Standes der Qualitätssicherung nach § 136 d.[3]

Abs. 1 regelte in seiner ursprünglichen Fassung[4] die Qualitätssicherung der stationären Versorgung in Ergänzung des § 136a aF für die vertragsärztliche und § 136b aF für die vertragszahnärztliche Versorgung. Durch Gesetz vom 22.12.1999[5] wurde die Regelung durch eine Ermächtigung der Spitzenverbände, des Verbands der PKV und der Deutschen Krankengesellschaft ersetzt, unter Beteiligung verschiedener Berufsverbände und -organisationen Maßnahmen der Qualitätssicherung für zugelassene Krankenhäuser zu regeln. Diese Ermächtigung löste die ältere Primärverantwortung der Länder für die Qualitätssicherung im stationären Sektor ab; die Länder bleiben aber im Rahmen der Krankenhausplanung für ergänzende Regelungen zuständig (vgl. § 136b Abs. 2 S. 4).

Das Fallpauschalengesetz von 23.4.2002[6] ergänzte Abs. 1 um die Vorgabe, die Qualitätssicherung „einheitlich für alle Patienten" (heutige Fassung: „grundsätzlich einheitlich für alle Patienten")[7] zu betreiben. Mit Einführung des G-BA wurde die Aufgabe der Qualitätssicherung durch untergesetzliche Normsetzung mit nur kleinen inhaltlichen Modifizierungen auf diesen übertragen[8] und damit trotz

---

1 So auch Becker in Becker/Kingreen, SGB V, § 136 Rn. 3; Roters in: KassKomm, § 136 SGB V Rn. 1.
2 Zur Ausgestaltung und verfassungsrechtlichen Problematik → § 91 Rn. 1 ff.
3 Weitere Bezüge etwa bei Roters in: KassKomm, § 136 SGB V Rn. 3.
4 Vgl. GRG v. 20.12.1988, BGBl. I, 2477; zur Vorgeschichte vgl. Becker in Becker/Kingreen, SGB V, § 136 Rn. 1 f.
5 Gesetz zur Rechtsangleichung in der gesetzlichen Krankenversicherung, BGBl. I, 2657.
6 Gesetz zur Einführung der diagnose-orientierten Fallpauschalen, BGBl. I, 1412.
7 Formuliert durch das Krankenhausfinanzierungsreformgesetz v. 17.3.2009, BGBl. I, 534.
8 GMG v. 14.11.2003, BGBl. I, 2190, mWv 1.1.2004.

Wechsel der Akteure die Kontinuität der Normsetzung gewahrt. Das GKV-WSG erweiterte den Auftrag des Abs. 1 um die vertragsärztliche Versorgung und erweiterte sie im zahnärztlichen Bereich auf die Versorgung mit Füllungen und Zahnersatz (nunmehr § 136a Abs. 4) sowie auf die psychologische Psychotherapie und Kinder- sowie Jugendlichenpsychotherapie (vgl. nunmehr § 136a Abs. 2).[9]

4 In Abs. 2 formuliert der Gesetzgeber die Pflicht, die Richtlinien, soweit für eine angemessene Qualität der Leistungserbringung möglich, sektorenübergreifend zu erlassen. Den Auftrag zur untergesetzlichen Normsetzung ergänzte er durch den Auftrag zum Erlass der notwendigen Durchführungsbestimmungen (Abs. 1 S. 2).

5 Mit dem InfSchÄndG wurden mWv 4.8.2011[10] in § 137 Abs. 1a und 1b aF Richtlinien und andere Aktivitäten zur Verbesserung der Hygienesicherung in der Versorgung beauftragt. Das PsychEntgG vom 21.7.2012 erstreckte die Aufgabe des G-BA um Maßnahmen zur Qualitätssicherung auf die psychiatrische und psychosomatische Versorgung (§ 137 Abs. 1c aF).[11] Der Vorsorge- und Rehabilitationsbereich bleibt weiterhin ausgenommen (vgl. § 137d).

6 Auch konkrete Instrumente des Qualitätssicherungsmanagements wurden und werden ausgebildet. Das Fallpauschalengesetz führte die heute in § 136b enthaltene Mindestmengen-Regelung als besondere Maßnahme der Qualitätssicherung bei komplexen, aber eher selten zu erbringenden Leistungen ein.[12] Es bezog sich außerdem auf die Pflicht der Krankenhäuser zur regelmäßigen Veröffentlichung eines strukturierten Qualitätsberichts (heute § 136b Abs. 1 S. 1 Nr. 3); die Anforderungen an diesen Bericht erweiterte das KFRG mWv 9.4.2013.[13] Das GKV-WSG ermächtigte den G-BA außerdem zur Formulierung von Grundsätzen für Konsequenzen „insbesondere für Vergütungsabschläge" bei Verletzung der Qualitätssicherungspflichten durch die Leistungserbringer (§ 137 Abs. 1 S. 2 aF). Datenformatbezogene Vorkehrungen formulierte das GKV-WSG in § 137 Abs. 3 S. 1 Nr. 4 aF. Mit der Einführung des einrichtungsinternen Qualitätsmanagements und einrichtungsübergreifender Fehlermeldesysteme als weitere Strategien der Qualitätssicherung normierte das Patientenrechtegesetz vom 20.2.2013[14] außerdem den Auftrag des G-BA, die grundsätzlichen Anforderungen dafür in Richtlinien festzulegen (§ 137 Abs. 1d aF).

7 Das GKV-Finanzstruktur- und Qualitäts-Weiterentwicklungsgesetz (GKV-FQWG) vom 21.7.2014[15] fügte mWv 25.7.2014 – neben einer redaktionellen Änderung in § 137 Abs. 1 S. 1 Nr. 1 aF – einen neuen § 137 Abs. 5 an, in dem der G-BA ermächtigt und verpflichtet wird, Aufträge an das neu einzurichtende Institut für Qualitätssicherung und Transparenz im Gesundheitswesen nach § 137a Abs. 3 (idF des GKV-FQWG) mit dem Ziel der Entwicklung, Durchführung und Verbesserung der einrichtungsübergreifenden („externen") Qualitätssicherung zu beschließen (nunmehr § 137a iVm § 137b Abs. 1 S. 1). Für die damit verbundenen Datenflüsse verweist § 137b Abs. 1 S. 2 auf § 299.

8 Die jetzige Fassung der Regelungen in § 136 wurde durch das Krankenhausstrukturgesetz (KHSG) vom 10.12.2015[16] neu eingeführt, in weiten Teilen ersetzen sie – mit weitgehend identischem Wortlaut – den bisherigen § 137 Abs. 1 und 2. Im gesamtsystematischen Kontext wurden indes durch das KHSG die Regelungen zur Qualitätssicherung insgesamt umstrukturiert. Eine weitere Ergänzung erfolgte durch das Gesetz zur Weiterentwicklung der Versorgung und der Vergütung für psychiatrische und psychosomatische Leistungen (PsychVVG).[17]

9 **2. Verfassungsrechtlicher Rahmen.** Als Normsetzungsermächtigung des SGB V wirft § 136 einige verfassungsrechtliche Fragen auf. Diskussionswürdig ist zunächst die Grundlage für die **Normsetzungskompetenz**. Die Erstreckung auf Regelungen „grundsätzlich einheitlich für alle Patienten" (Abs. 1 S. 1), also über den Kreis der sozialrechtlichen Leistungserbringung hinaus, lässt sich nicht auf Art. 74 Abs. 1 Nr. 12 GG (Recht der Sozialversicherung) stützen. Zum Teil wird eine hierauf bezogene Kompetenz kraft Sachzusammenhangs mit dem Argument erwogen, die Qualitätssicherung für die sozial-

---

[9] Gesetz v. 26.3.2007, BGBl. I, 378.
[10] Gesetz zur Änderung des Infektionsschutzgesetzes und weiterer Gesetze v. 28.7.2011, BGBl. I, 1622.
[11] Psych-Entgeltgesetz – PsychEntG BGBl. I, 1613.
[12] Gesetz v. 23.4.2002, BGBl. I, 1412.
[13] Krebsfrüherkennungs- und -registergesetz v. 3.4.2013, BGBl. I, 617.
[14] BGBl. I, 277.
[15] Gesetz zur Weiterentwicklung der Finanzstruktur und der Qualität in der gesetzlichen Krankenversicherung, BGBl. I, 1133, 1134, 1147.
[16] BGBl. I, 2229.
[17] Vom 19.12.2016, BGBl. I, 2986; dazu etwa DKG, KH 2016, 565; vgl. auch Klever-Deichert/Rau/Tilgen, KH 2016, 753; dies., KH 2017, 89.

rechtliche Leistungserbringung lasse sich ohne Einbeziehung der Qualitätssicherung für andere Patienten nicht mehr angemessen regeln.[18] Die „faktische und rechtliche Annäherung von GKV und PKV" bei stationärer Leistungserbringung und das Ziel sektorenübergreifender Leistungserbringung, das ein Ausgreifen in die vertragsärztliche Leistungserbringung ermöglichen soll, vermag ein solches Ausgreifen des Bundesgesetzgebers kaum zu stützen.[19] Ihm ist es aber durchaus möglich, die Kompetenz für die Qualitätssicherung als einheitliche Aufgabe der Gesundheitsversorgung aus Art. 74 Abs. 1 Nr. 11 GG (Recht der Wirtschaft) neben Art. 74 Abs. 1 Nr. 12 GG abzuleiten.[20] Die engen Bezüge zwischen sozialem und privatem Leistungserbringungsrecht einerseits sowie den unterschiedlichen Versorgungssektoren andererseits begründen auch den verfassungsrechtlich geforderten (vgl. Art. 72 Abs. 2 S. 1 GG) Bedarf nach bundeseinheitlicher Regelung zur Wahrung der Rechts- und Wirtschaftseinheit im gesamten Bundesgebiet.

Mögliche Bedenken hinsichtlich einer etwaigen **Unbestimmtheit** der Norm ist bislang vor allem mit dem Hinweis auf die rechtssystematischen Bezüge begegnet worden, etwa angesichts der Bindung des G-BA (auch) an § 2 Abs. 1 S. 3 oder § 92 Abs. 1. Darüber hinaus ergebe sich die Dichte des für den G-BA geltenden Normprogramms neben der gesetzlichen Ermächtigungsnorm und den einschlägigen Vorschriften des SGB V selbst ergänzend aus weiteren Gesetzen bis hin zur Verfassung.[21] 10

Die demokratische Legitimation des G-BA für die untergesetzliche Normsetzung bleibt im Schrifttum verfassungsrechtlich weiterhin umstritten (grds. → § 91 Rn. 66 f., → § 92 Rn. 6), wird aber vom BSG auch mit Bezug auf Richtlinien nach § 137 aF deutlich bejaht.[22] 11

II. Regelungsgehalt

1. Allgemeine Ermächtigung (Abs. 1 und 2). a) Reichweite und Umfang der Richtlinienkompetenz. Die Richtlinienkompetenz des G-BA in ihrer heutigen Form folgt dem Zweck, möglichst einheitliche und stringente Anforderungen an die Qualitätssicherung zu ermöglichen, die Qualitätssicherungsaufgabe sektorenübergreifend zu gestalten und einen effizienten Einsatz der Qualitätssicherungsinstrumente zu gewährleisten.[23] Durch die Formulierung „insbesondere" hat der Gesetzgeber klargestellt, dass der G-BA über die ausdrücklich genannten Inhalte hinaus auch andere für sachdienlich erachtete Themen der Qualitätssicherung aufgreifen und normieren kann.[24] 12

Diese Zwecksetzung erfordert, dass sowohl Kriterien für die Notwendigkeit und Qualität der Leistungen als auch Maßnahmen zur Sicherung von deren Qualität einheitlich festgelegt werden. Zu diesem Zweck normiert Abs. 1 S. 1 den Auftrag an den G-BA zur Festlegung solcher Kriterien und Maßnahmen sowohl für die vertragsärztliche (einschließlich der vertragszahnärztlichen) Versorgung als auch für die Krankenhäuser unter Einbezug des ambulanten Operierens im Krankenhaus (§ 115 b) sowie der Erbringung hochspezialisierter Leistungen bei seltenen Erkrankungen und Erkrankungen mit besonderen Krankheitsverläufen (§ 116 b).[25] Ausgenommen bleiben Vorsorge- und Rehabilitationsleistungen, für die die Kompetenz zur Vereinbarung von Maßnahmen der Qualitätssicherung beim Spitzenverband Bund der Krankenkassen und den Einrichtungen sowie deren Spitzenorganisationen liegt (§ 137 d). 13

Abs. 2 S. 1 formuliert für den so umrissenen Bereich die Aufgabe des G-BA, die Richtlinien für diese Leistungsbereiche sektorenübergreifend zu erlassen, sofern nicht die Qualität der Leistungserbringung sektorbezogene Regelungen erfordert. Die Ausnahmen nach Abs. 2 S. 1 sind jeweils legitimations- und folglich auch begründungsbedürftig.[26] Abs. 2 S. 2 stellt klar, dass dies nicht den grundsätzlichen Auf- 14

---

18 Vorsichtig offen lassend Roters in: KassKomm § 136 SGB V Rn. 7.
19 So aber Roters in: KassKomm, § 136 SGB V Rn. 7; Axer, VSSR 2010, 183, 194 f.
20 Bezugnahme auf Nr. 11 in BT-Dr. 16/3100 für die PKV, 93; Fahlbusch/Nobmann in: Klusen ua, Qualitätsmanagement im Gesundheitswesen, 2011, S. 79.
21 Vgl. Roters in: KassKomm, § 136 SGB V Rn. 6 mwN.
22 BSG, 12.9.2012, B 3 KR 10/12 R, juris Rn. 34, BSGE 112, 15; BSG, 18.12.2012, B 1 KR 34/12 R, juris Rn. 22, BSGE 112, 257.
23 Vgl. BT-Dr. 16/3100, 146; Blöcher in: jurisPK-SGB V, § 136 Rn. 4 f.; Murawski in: LPK-SGB V, § 136 Rn. 2.
24 Dalichau in: Prütting, Medizinrecht, § 136 SGB V Rn. 113; Roters in: KassKomm, § 136 SGB V Rn. 5, 9.
25 Die ausdrückliche Benennung dieser Leistungsbereiche lässt sich zwar gesetzeshistorisch erklären, begründet aber nicht iS eines Umkehrschlusses die fehlende Regelungsbefugnis für nicht zitierte Leistungsbereiche (vgl. Roters in: KassKomm, § 136 SGB V Rn. 9).
26 Harney/Huster/Recktenwald, WzS 2013, 297; Becker in Becker/Kingreen, SGB V, § 136 Rn. 10; Dalichau in: Prütting, Medizinrecht, § 136 SGB V Rn. 31 f; Roters in: KassKomm, § 136 SGB V Rn. 26.

trag zur (zusätzlichen) Festlegung sektorspezifischer Anforderungen an die stationäre (§ 136 b) und die zahnärztliche Versorgung (§ 136 a Abs. 4)[27] berührt.

15 Die Maßnahmen und Kriterien der Qualitätssicherung sind einheitlich für alle Patienten festzulegen. Damit umfasst der Auftrag des G-BA über die sozialrechtliche Leistungserbringung hinaus auch die Leistungen an privat versicherte und selbst zahlende Patienten. Die Legitimation einer so weit reichenden Kompetenz des G-BA wird prozedural durch die Beteiligung des Verbands der privaten Krankenversicherung abgesichert (Abs. 3), der im G-BA nicht vertreten ist. Die Einheitlichkeit ist „grundsätzlich" geboten, der G-BA kann also hiervon ausnahmsweise abweichen.

16 Ausweislich ihrer Zweckbestimmung gelten die Vorgaben des G-BA zur Qualitätssicherung als Mindeststandard der medizinischen Versorgung der Versicherten – auch im Bereich der Selektivverträge zB nach den §§ 73 b, 73 c und 140 a ff. Die Richtlinien des G-BA bleiben dementsprechend verbindlich, solange sie nicht aufgrund gesetzlich ausdrücklich erklärter Abwandlungs- oder Ersetzungsbefugnis im Rahmen der Selektivverträge ersetzt werden. Dies ergibt sich aus Sinn und Zweck der selektivvertraglichen Versorgungsstrukturen, die auf eine bessere und qualitativ höherwertige Leistungserbringung abzielen und damit ein Zurückbleiben hinter den Qualitätsanforderungen im Kollektivvertragssystem ausschließen.[28]

17 Ausweislich der BSG-Rechtsprechung wirken die Qualitätsvorgaben des G-BA auch vergütungsrechtlich. Demnach ist eine nach zwingenden normativen Vorgaben ungeeignete Versorgung Versicherter nicht im Rechtssinne „erforderlich" mit der Folge, dass das Krankenhaus hierfür keine **Vergütung** beanspruchen kann.[29] In der zitierten Entscheidung hat das BSG dies für die Fallgestaltung eines Verstoßes gegen eine auf der Grundlage des § 137 Abs. 1 S. Nr. 2 aF erlassenen Richtlinie zur Qualitätssicherung bei der Behandlung des Bauchaortenaneurysma (QBAA-RL)[30] entschieden.[31]

18 b) **Gegenstand der Richtlinien.** Aus § 135 a Abs. 2, auf den Abs. 1 S. 1 Nr. 1 Hs. 1 verweist, ergeben sich die Anforderungen an die Pflicht zur Qualitätssicherung, nämlich die Beteiligungspflicht an Maßnahmen der einrichtungsübergreifenden Qualitätssicherung (§ 135 a Abs. 2 Nr. 1) sowie die Pflicht zur einrichtungsinternen Einführung und Weiterentwicklung eines Qualitätsmanagements (§ 135 a Abs. 2 Nr. 2).

19 Bei der Bestimmung der verpflichtenden (einrichtungsübergreifenden)[32] Maßnahmen der Qualitätssicherung nach Abs. 1 S. 1 Nr. 1 Hs. 1 hat der G-BA außerdem § 137 a Abs. 2 Nr. 1 und 2 zu beachten, dh die Indikatoren und Instrumente zur Messung und Darstellung der Versorgungsqualität sowie die Anforderungen an die Dokumentation aufzunehmen, die das AQUA Institut (→ § 137 a Rn. 3) im Auftrag des G-BA entwickelt hat.

20 Auf der Basis der Ermächtigung nach Abs. 1 erließ der G-BA Richtlinien über Maßnahmen der einrichtungsübergreifenden („externen") Qualitätssicherung, von denen drei die Qualitätssicherung in Krankenhäusern, eine weitere die einrichtungs- und sektorenübergreifenden Maßnahmen der Qualitätssicherung und nur eine die Sicherung der Qualität von Dialysebehandlungen regelt.[33] Dies entspricht dem Schwerpunkt der externen Qualitätssicherung bei der stationären und sektorübergreifenden Versorgung. Diese Form des Qualitätsmanagements steht in engem Zusammenhang mit dem Vergütungsprinzip der Fallpauschalen in der stationären Versorgung, das zum einen die Standardisierung und Vergleichsfähigkeit von Leistungen fördert, zum anderen die Qualitätssicherung als flankierende Strategie erfordert.

---

27 Roters in: KassKomm, § 136 SGB V Rn. 27, weist zu Recht darauf hin, dass die fehlende Erwähnung von § 136 c und § 135 Abs. 1 S. 1 als gesetzgeberisches Versehen zu deuten ist.

28 So auch Axer, VSSR 2010, 183, Blöcher in: juris-PK § 136 Rn. 8; Roters in: KassKomm, § 136 SGB V Rn. 8.

29 Vgl. BSG, Urt. v. 19.4.2016, B 1 KR 28/15 R („Bauchaortenaneurysma"), KrV 2016, 181 mAnm Kuhla; dazu Roters in: KassKomm, § 136 SGB V Rn. 16; vgl. auch BVerfG, Nichtannahmebeschluss v. 7.5.2014, 1 BvR 3571/13, juris (keine Verletzung von Grundrechten durch den vollständigen Ausschluss der im Verhältnis zu den gesetzlichen Krankenkassen bestehenden Vergütungsansprüche).

30 Qualitätssicherungs-Richtlinie zum Bauchaortenaneurysma, QBAA-RL in der Fassung vom 13.3.2008, veröffentlicht im Bundesanzeiger Nr. 71 (S. 1706) vom 14.5.2008, in Kraft getreten am 1.7.2008.

31 In der Behandlungszeit wurde die Intensivstation von einer Pflegekraft geleitet, die keinen Leitungslehrgang absolviert hatte. Der klagende Krankenhausträger erfüllte also nicht den Tatbestand des § 4 Abs. 3 S. 3 QBAA-RL (hier idF v. 17.12.2009, BAnz 2009, 4576), der das fordert.

32 Das Fehlen des Begriffs in § 136 Abs. 1 S. 1 Nr. 1 dürfte ein redaktionelles Versehen sein, vgl. mit systematischer Argumentation Harney/Huster/Recktenwald, WzS 2013, 297.

33 In den jeweils aktuellen Fassungen abrufbar unter www.g-ba.de, Unterausschuss Qualitätssicherung.

In Bezug auf das in § 135 a Abs. 2 Nr. 2 vorgeschriebene einrichtungsinterne Qualitätsmanagement ist 21
der G-BA schon denklogisch auf die Formulierung „grundlegender Mindestanforderungen"[34] beschränkt. Anforderungen an das einrichtungsinterne Qualitätsmanagement dürften häufiger als Vorgaben für die einrichtungsübergreifende Qualitätssicherung auf spezifische Sektoren oder Typen von Leistungserbringern zugeschnitten sein[35] und sich daher weniger für die sektorübergreifende Regelung der Qualitätssicherung eignen. § 136 a Abs. 3 erteilt dem G-BA den Auftrag, die Anforderungen an das einrichtungsinterne Qualitätsmanagement um Festsetzungen insbesondere der Mindeststandards für Risikomanagement- und Fehlersysteme zu ergänzen (dazu näher → § 136 a Rn. 10 ff.).

c) **Durchführungsbestimmungen (Abs. 1 S. 2 und 3)**. Die Norm weist dem G-BA außerdem die Verant- 22
wortung für die Umsetzung der gesetzlichen Vorgaben und Richtlinien zu. Sie enthält zugleich Auftrag und Ermächtigung. Letztere ist in Bezug auf die „Durchführung" inhaltlich offen gehalten, allerdings zweifach beschränkt – durch die Gebote der Notwendigkeit und der Erforderlichkeit. Der Auftrag des G-BA steht jedoch hinter spezielleren gesetzlichen Ermächtigungen zurück.[36]

Die frühere Fassung der Vorschrift (§ 137 Abs. 1 S. 2 aF) hatte darüber hinaus noch die Einrichtung 23
von Belohnungs- und Sanktionssystemen vorgesehen. An dessen Stelle ist nunmehr das ausdifferenzierte Instrumentarium der Durchsetzung und Kontrolle von Qualitätssicherungsmaßnahmen nach § 137 nF getreten. Im Sinne eines zusätzlichen Anreizes hat allerdings das Gesetz zur Weiterentwicklung der Versorgung und der Vergütung für psychiatrische und psychosomatische Leistungen (PsychVVG)[37] die Regelung in S. 3 hinzugefügt, wonach dabei die Finanzierung der notwendigen Strukturen zur Durchführung von Maßnahmen der einrichtungsübergreifenden Qualitätssicherung insbesondere über Qualitätssicherungszuschläge geregelt werden kann.

2. Verfahren (Abs. 3). Abs. 3 regelt **Beteiligungsrechte** für die Verfahren der Richtliniengebung. Am 24
Erlass der Richtlinien sind mit dem Verband der privaten Krankenversicherung, der BÄK und den Berufsorganisationen der Pflegeberufe Organisationen zu beteiligen, die selbst nicht Trägerorganisationen des G-BA, aber infolge der sektorenübergreifenden und einheitlichen Geltung der Richtlinien regelmäßig in ihrem Handlungsbereich betroffen sein werden. Gleiches gilt für die Bundeskammern der Psychotherapeuten und der Zahnärzte, soweit deren jeweilige Berufsausübung betroffen ist. Die Beteiligungsrechte zielen auf Einbeziehung zusätzlichen Sachverstands und dienen zugleich der Verbesserung der Akzeptanz für die Umsetzung der Richtlinien. „Beteiligung" ist dabei mehr als „Stellungnahme". Sie erfordert eine Einbeziehung auf allen wesentlichen Verfahrensstufen mit der Möglichkeit, von der Beratung im G-BA Kenntnis zu erhalten und selbst an der Beratung mitzuwirken. Ein Recht auf Abstimmung vermittelt das Beteiligungsrecht nicht.[38]

Die Richtlinien bedürfen als untergesetzliche Normsetzung mangels gesetzlicher Anordnung keiner **Be-** 25
gründung. Vor dem Hintergrund der Transparenz und Nachvollziehbarkeit der Qualitätssicherung dürfte aber zumindest die Angabe tragender Erwägungen zielführend sein.[39] Sie sind durch die betroffenen Leistungserbringer mit der Normenfeststellungsklage (§ 55 SGG) vor den Sozialgerichten anfechtbar (dazu näher → § 92 Rn. 8 ff.).

§ 136 a Richtlinien des Gemeinsamen Bundesausschusses zur Qualitätssicherung in ausgewählten Bereichen

(1) ¹Der Gemeinsame Bundesausschuss legt in seinen Richtlinien nach § 136 Absatz 1 geeignete Maßnahmen zur Sicherung der Hygiene in der Versorgung fest und bestimmt insbesondere für die einrichtungsübergreifende Qualitätssicherung der Krankenhäuser Indikatoren zur Beurteilung der Hygienequalität. ²Er hat die Festlegungen nach Satz 1 erstmalig bis zum 31. Dezember 2016 zu beschließen. ³Der Gemeinsame Bundesausschuss berücksichtigt bei den Festlegungen etablierte Verfahren zur Erfassung, Auswertung und Rückkopplung von nosokomialen Infektionen, antimikrobiellen Resistenzen

---

34 So die amtl. Begr., BT-Dr. 16/3100, 146.
35 Vgl. auch BT-Dr. 16/3100, 146.
36 Axer, VSSR 2010, 183, 186.
37 Vom 19.12.2016, BGBl. I, 2986; dazu etwa DKG, KH 2016, 565.
38 Vgl. auch Dalichau in: Prütting, Medizinrecht, § 136 SGB V Rn. 35 f; Roters in: KassKomm § 136 SGB V Rn. 29.
39 Vgl. Becker in Becker/Kingreen, SGB V, § 136 Rn. 4 mwN.

und zum Antibiotika-Verbrauch sowie die Empfehlungen der nach § 23 Absatz 1 und 2 des Infektionsschutzgesetzes beim Robert Koch-Institut eingerichteten Kommissionen. [4]Die nach der Einführung mit den Indikatoren nach Satz 1 gemessenen und für eine Veröffentlichung geeigneten Ergebnisse sind in den Qualitätsberichten nach § 136b Absatz 1 Satz 1 Nummer 3 darzustellen. [5]Der Gemeinsame Bundesausschuss soll ihm bereits zugängliche Erkenntnisse zum Stand der Hygiene in den Krankenhäusern unverzüglich in die Qualitätsberichte aufnehmen lassen sowie zusätzliche Anforderungen nach § 136b Absatz 6 zur Verbesserung der Informationen über die Hygiene stellen.

(2) [1]Der Gemeinsame Bundesausschuss legt in seinen Richtlinien nach § 136 Absatz 1 geeignete Maßnahmen zur Sicherung der Qualität in der psychiatrischen und psychosomatischen Versorgung fest. [2]Dazu bestimmt er insbesondere verbindliche Mindestvorgaben für die Ausstattung der stationären Einrichtungen mit dem für die Behandlung erforderlichen therapeutischen Personal sowie Indikatoren zur Beurteilung der Struktur-, Prozess- und Ergebnisqualität für die einrichtungs- und sektorenübergreifende Qualitätssicherung in der psychiatrischen und psychosomatischen Versorgung. [3]Die Mindestvorgaben zur Personalausstattung nach Satz 2 sollen möglichst evidenzbasiert sein und zu einer leitliniengerechten Behandlung beitragen. [4]Der Gemeinsame Bundesausschuss bestimmt zu den Mindestvorgaben zur Personalausstattung nach Satz 2 notwendige Ausnahmetatbestände und Übergangsregelungen. [5]Den betroffenen medizinischen Fachgesellschaften ist Gelegenheit zur Stellungnahme zu geben. [6]Die Stellungnahmen sind durch den Gemeinsamen Bundesausschuss in die Entscheidung einzubeziehen. [7]Bei Festlegungen nach den Sätzen 1 und 2 für die kinder- und jugendpsychiatrische Versorgung hat er die Besonderheiten zu berücksichtigen, die sich insbesondere aus den altersabhängigen Anforderungen an die Versorgung von Kindern und Jugendlichen ergeben. [8]Der Gemeinsame Bundesausschuss hat die verbindlichen Mindestvorgaben und Indikatoren nach Satz 2 erstmals bis spätestens zum 30. September 2019 mit Wirkung zum 1. Januar 2020 zu beschließen. [9]Informationen über die Umsetzung der verbindlichen Mindestvorgaben zur Ausstattung mit therapeutischem Personal und die nach der Einführung mit den Indikatoren nach Satz 2 gemessenen und für eine Veröffentlichung geeigneten Ergebnisse sind in den Qualitätsberichten nach § 136b Absatz 1 Satz 1 Nummer 3 darzustellen.

(3) [1]Der Gemeinsame Bundesausschuss bestimmt in seinen Richtlinien über die grundsätzlichen Anforderungen an ein einrichtungsinternes Qualitätsmanagement nach § 136 Absatz 1 Satz 1 Nummer 1 wesentliche Maßnahmen zur Verbesserung der Patientensicherheit und legt insbesondere Mindeststandards für Risikomanagement- und Fehlermeldesysteme fest. [2]Über die Umsetzung von Risikomanagement- und Fehlermeldesystemen in Krankenhäusern ist in den Qualitätsberichten nach § 136b Absatz 1 Satz 1 Nummer 3 zu informieren. [3]Als Grundlage für die Vereinbarung von Vergütungszuschlägen nach § 17b Absatz 1a Nummer 4 des Krankenhausfinanzierungsgesetzes bestimmt der Gemeinsame Bundesausschuss Anforderungen an einrichtungsübergreifende Fehlermeldesysteme, die in besonderem Maße geeignet erscheinen, Risiken und Fehlerquellen in der stationären Versorgung zu erkennen, auszuwerten und zur Vermeidung unerwünschter Ereignisse beizutragen.

(4) [1]Der Gemeinsame Bundesausschuss hat auch Qualitätskriterien für die Versorgung mit Füllungen und Zahnersatz zu beschließen. [2]Bei der Festlegung von Qualitätskriterien für Zahnersatz ist der Verband Deutscher Zahntechniker-Innungen zu beteiligen; die Stellungnahmen sind in die Entscheidung einzubeziehen. [3]Der Zahnarzt übernimmt für Füllungen und die Versorgung mit Zahnersatz eine zweijährige Gewähr. [4]Identische und Teilwiederholungen von Füllungen sowie die Erneuerung und Wiederherstellung von Zahnersatz einschließlich Zahnkronen sind in diesem Zeitraum vom Zahnarzt kostenfrei vorzunehmen. [5]Ausnahmen hiervon bestimmen die Kassenzahnärztliche Bundesvereinigung und der Spitzenverband Bund der Krankenkassen. [6]§ 195 des Bürgerlichen Gesetzbuchs bleibt unberührt. [7]Längere Gewährleistungsfristen können zwischen den Kassenzahnärztlichen Vereinigungen und den Landesverbänden der Krankenkassen und den Ersatzkassen sowie in Einzel- oder Gruppenverträgen zwischen Zahnärzten und Krankenkassen vereinbart werden. [8]Die Krankenkassen können hierfür Vergütungszuschläge gewähren; der Eigenanteil der Versicherten bei Zahnersatz bleibt unberührt. [9]Die Zahnärzte, die ihren Patienten eine längere Gewährleistungsfrist einräumen, können dies ihren Patienten bekannt machen.

Literatur:
Siehe § 136.

I. Allgemeines	1	und jugendpsychotherapeutischen Versorgung (Abs. 2)	5
II. Regelungsgehalt	2	3. Anforderungen an einrichtungsinternes Qualitätsmanagement (Abs. 3)	10
1. Maßnahmen der Hygienesicherung (Abs. 1)	2		
2. Maßnahmen der psychiatrischen und psychosomatischen sowie der kinder-		4. Qualitätskriterien für die Versorgung mit Füllungen und Zahnersatz (Abs. 4)	14

I. Allgemeines

Die Vorschrift stellt eine Konkretisierung der allgemein gehaltenen Pflichten nach § 136 dar und beauftragt den G-BA mit der Qualitätssicherung in ausgewählten Bereichen. Die ursprünglich in § 137 Abs. 1 a bis 1 d sowie Abs. 4 SGB V normierten Regelungen sind mit Wirkung zum 1.1.2016 durch das Krankenhausstrukturgesetz (KHSG) und die damit verbundene Neustrukturierung der Qualitätssicherungsvorgaben im Recht der gesetzlichen Krankenversicherung übersichtlicher angeordnet und inhaltlich überarbeitet worden. Eine weitere Ergänzung erfolgte durch das Gesetz zur Weiterentwicklung der Versorgung und der Vergütung für psychiatrische und psychosomatische Leistungen (PsychVVG)[1] mit umfassenden Änderungen in Abs. 2.

II. Regelungsgehalt

1. Maßnahmen der Hygienesicherung (Abs. 1). Die in Abs. 1 aufgenommenen Regelungen zur Hygienesicherung in der Gesundheitsversorgung entsprechen vollständig den vormaligen Absätzen 1a und 1b des § 137 SGB aF Sie bilden den Kern eines Maßnahmenpakets, mit dem der Gesetzgeber auf das Problem der sog nosokomialen Infektionen und zunehmenden Resistenz einiger Keime gegen Antibiotika reagiert. Der Auftrag, der erstmals bis zum 31.12.2012 zu erfüllen war, bezieht sich auf die Hygienesicherung in der gesamten Versorgung mit deutlichem Schwerpunkt bei der Krankenhausversorgung. Mit Bezug auf sie hat der G-BA insbesondere (risiko-adjustiert zu erhebende)[2] Indikatoren zur Beurteilung der Hygienequalität für die externe Qualitätssicherung in die Richtlinien aufzunehmen (Abs. 1 S. 1) und die Berichterstattung über die Ergebnisse auf Grundlage der Indikatoren in den Qualitätsberichten der Krankenhäuser sicherzustellen (§ 136 b Abs. 1 S. 1 Nr. 3, Abs. 6 iVm § 136 a Abs. 1 S. 4 und 5).[3]

Der sektorenübergreifende Ansatz ist gerade beim Thema Hygiene von besonderer Relevanz. So kann zB ein Screening auf hochresistente Keime gerade bei besonders gefährdeten Patientengruppen beim Übergang in die stationäre Einrichtung geboten sein; gleiches gilt naturgemäß auch beim Entlassmanagement in die nachstationäre Versorgung.[4]

Bei der Festlegung wissenschaftlich fundierter Indikatoren kann sich der G-BA der Hilfe des IQTIG bedienen (vgl. § 137 a Abs. 3). Vor allem aber soll das Berücksichtigungsgebot in Satz 3 gewährleisten, dass der G-BA vor der Beschlussfassung der Richtlinien die Erkenntnisse und Entscheidungen der auf diesem Gebiet maßgeblich zuständigen Institutionen (Kommissionen für Krankenhaushygiene und Infektionsprävention sowie für Antiinfektiva, Resistenz und Therapie, vgl. § 23 IFSchG) in die Entscheidungsfindung einbeziet (vgl. auch § 92 Abs. 7 f).

2. Maßnahmen der psychiatrischen und psychosomatischen sowie der kinder- und jugendpsychotherapeutischen Versorgung (Abs. 2). Im Hinblick auf die Regelungen des Abs. 2 war es die Zielsetzung des Gesetzgebers, sicherzustellen, dass trotz der Einführung eines pauschalierenden Entgeltsystems für psychiatrische und psychosomatische Einrichtungen und dem Wegfall der Psychiatrie-Personalverordnung (ab 2017) auch in diesem Versorgungsbereich weiterhin ausreichende Qualitätssicherungsvorgaben bestehen. Die in Abs. 2 idF des PsychVVG aufgenommenen Regelungen entsprechen allerdings nur noch ansatzweise denen des § 137 Abs. 1c SGB aF, sie sind insgesamt deutlich präzisiert und klarer strukturiert.[5]

Die Vorschrift verpflichtet den G-BA, in seinen Richtlinien nach § 136 Abs. 1 geeignete Maßnahmen zur Sicherung der Qualität in der psychiatrischen und psychosomatischen Versorgung festzulegen. Die

---

1 Vom 19.12.2016, BGBl. I, 2986; dazu etwa DKG, KH 2016, 565; Klever-Deichert/Rau/Tilgen, KH 2016, 753; dies., KH 2017, 89.
2 BT-Dr. 17/5178, 21; vgl. dazu auch Roters in: KassKomm, § 136 a SGB V Rn. 4.
3 Zu Letzterem vgl. Dalichau in: Prütting, Medizinrecht, § 136 a SGB V Rn. 19 f.
4 So auch Roters in: KassKomm, § 136 a SGB V Rn. 3.
5 Vgl. dazu und zu den entgeltrechtlichen Bezügen Klever-Deichert/Rau/Tilgen, KH 2016, 753, 758; dies., KH 2017, 98 f.

Zielerreichung liegt nach Ansicht des Gesetzgebers im Wesentlichen in zwei Maßnahmenpaketen: Zum einen soll der G-BA verbindliche Mindestvorgaben für die Ausstattung der stationären Einrichtungen mit dem für die Behandlung erforderlichen therapeutischen Personal[6] bestimmen (Abs. 2 S. 2 Hs. 1), wobei diese Mindestvorgaben zur Personalausstattung möglichst evidenzbasiert sein und zu einer leitliniengerechten Behandlung beitragen sollen (Abs. 2 S. 3). Zugleich soll der G-BA zu den Mindestvorgaben zur Personalausstattung notwendige Ausnahmetatbestände und Übergangsregelungen bestimmen (Abs. 2 S. 4). Zum anderen soll der G-BA Indikatoren zur Beurteilung der Struktur-, Prozess- und Ergebnisqualität für die einrichtungs- und sektorenübergreifende Qualitätssicherung in der psychiatrischen und psychosomatischen Versorgung bestimmen (Abs. 2 S. 2 Hs. 2).[7]

7 Für jede der in Rn. 6 aufgeführten Regelungsinhalte gelten die Vorgaben des Abs. 1 S. 7 und 8: Bei entsprechenden Festlegungen für die kinder- und jugendpsychiatrische Versorgung hat der G-BA die Besonderheiten zu berücksichtigen, die sich insbesondere aus den altersabhängigen Anforderungen an die Versorgung von Kindern und Jugendlichen ergeben – wie etwa ein mglw. erhöhter Personalbedarf.[8] Und der G-BA hat die verbindlichen Mindestvorgaben und Indikatoren nach S. 2 erstmals bis spätestens zum 30.9.2019 mit Wirkung zum 1.1.2020 zu beschließen.

8 In verfahrensmäßiger Hinsicht bestimmen Abs. 2 S. 5 und 6, dass den betroffenen medizinischen Fachgesellschaften Gelegenheit zur Stellungnahme zu geben ist, wobei deren Stellungnahmen durch den G-BA in die Entscheidung einzubeziehen sind. Dies ist die klassische Benehmensherstellung des allgemeinen Verwaltungsrechts.

9 Einrichtungen zur stationären Versorgung haben Informationen zur Personalausstattung und zur sektorbezogenen wie sektorübergreifenden Qualität anhand der Indikatoren in den nach § 136 b Abs. 1 S. 1 Nr. 3 vorgeschriebenen Qualitätsbericht aufzunehmen (vgl. Abs. 2 S. 9).

10 **3. Anforderungen an einrichtungsinternes Qualitätsmanagement (Abs. 3).** Die in Abs. 3 aufgenommenen Regelungen entsprechen vollständig dem vormaligen § 137 Abs. 1 d SGB aF Ein systematisches Risiko- und Fehlermanagement zählt der Gesetzgeber in Abs. 3 zu den Maßnahmen der Patientensicherheit, dessen Verbreitung in Arztpraxen und Krankenhäusern der G-BA durch Richtlinien nach § 136 Abs. 1 S. 1 Nr. 1 unterstützen soll.[9] Der G-BA soll künftig für diese Managementsysteme als Teil des einrichtungsinternen Managements die Mindeststandards konkretisieren. Beispielhaft nennt die amtliche Begründung „Krankenaktenanalysen, die Auswertung von patientensicherheitsrelevanten Daten der Abrechnung und der externen Qualitätssicherung, die Analyse von einrichtungsinternen Patientenschadensfällen und Erkenntnissen der Haftpflichtversicherungen sowie die Umsetzung von Fehlermeldesystemen (sog Critical Incident Reporting Systems)."[10] Dem G-BA überlässt der Gesetzgeber dabei die Entscheidung, ob das Qualitätsmanagement den Modus der Qualitätsverbesserung nach dem PDCA-Zyklus,[11] einer Management-Methode, aufnehmen soll. Seine Vorstellungen konkretisiert der Gesetzgeber außerhalb des Gesetzestextes zusätzlich dahin gehend, dass den Patientenbelangen durch angemessene Berücksichtigung ihrer Interessen im Rahmen des Fehler- und Risikomanagements Rechnung getragen werden und auf diese Weise deren Erfahrungen und Sichtweisen als „wichtige Beiträge" einfließen sollen.[12] Dieses gesetzgeberische Anliegen korrespondiert mit § 135 a Abs. 2 Nr. 2, in den ein verpflichtendes Beschwerdemanagement für die stationäre Versorgung eingeführt wurde.

11 Seiner Verpflichtung, die entsprechenden Richtlinien zu erlassen, ist der G-BA für die vertragsärztliche, die vertragszahnärztliche Versorgung und für die Versorgung durch nach § 108 zugelassene Krankenhäuser nachgekommen. Die Mindestanforderungen an Risiko- und Fehlermanagementsysteme wurden in die bereits bestehenden Richtlinien über grundsätzliche Anforderungen an ein einrichtungsinternes Qualitätsmanagement für den jeweiligen Versorgungssektor sowie in die Vereinbarung des G-BA über die grundsätzlichen Anforderungen an ein einrichtungsinternes Qualitätsmanagement in Krankenhäu-

---

6 Damit wird auf das gesamte Fachpersonal, welches an der Patientenbehandlung beteiligt ist, Bezug genommen (vgl. BT-Dr. 17/9992, 30; zustimmend Roters in: KassKomm, § 136 a SGB V Rn. 8).
7 Weiterführend Roters in: KassKomm, § 136 a SGB V Rn. 7 f.
8 So jedenfalls Roters in: KassKomm, § 136 a SGB V Rn. 9.
9 Vgl. BT-Dr. 17/10488, 33.
10 BT-Dr. 17/10488, 33 f.
11 „Plan – do – check – act", nach seinem Urheber auch Deming-Kreis genannt.
12 BT-Dr. 17/10488, 34.

sern eingearbeitet. Die Mindeststandards des Fehler- und Risikomanagements werden darin sektorenübergreifend entwickelt und der vom Gesetzgeber angebotene PDCA-Zyklus verbindlich etabliert.[13]

Abs. 3 S. 2 normiert ein spezifisches Instrument zur Optimierung des Risiko- und Fehlermanagements. Die Umsetzung von Risikomanagement- und Fehlermeldesystemen in der stationären Versorgung ist in die nach § 136 b Abs. 1 S. 1 Nr. 3 abzugebenden Qualitätsberichte zugelassener Krankenhäuser aufzunehmen. Diese sind zu veröffentlichen sowie den Verbänden der Krankenkassen und dem G-BA zur Verfügung zu stellen. Die Maßnahme soll die Transparenz der Qualitätssicherung in diesem Punkt erhöhen[14] und dient damit auch der ex-post-Evaluation der einschlägigen Beschlüsse des G-BA nach Abs. 3.

Dem G-BA obliegt es außerdem, Anforderungen an einrichtungsübergreifende Fehlermeldesysteme zu formulieren, die besonders geeignet scheinen, Risiken und Fehlerquellen in der stationären Versorgung zu erkennen und auszuwerten.[15] Die Regelung ist insofern etwas unsorgfältig formuliert, als ihr Zweck in Form einer Aufzählung an diese Vorgaben angeschlossen ist. Das umgreifende Ziel von Risikomanagement- und Fehlermeldesystemen ist es, „zur Vermeidung unerwünschter Ereignisse beizutragen". Mit ihrer Hilfe sollen Gefahrenkonstellationen und Fehlerursachen möglichst wirkungsvoll und erfolgversprechend identifiziert und analysiert, Maßnahmen der Fehlervermeidung möglichst wirksam und erfolgversprechend eingeleitet werden können.[16] Den Anreiz für die Teilnahme zugelassener Krankenhäuser an einrichtungsübergreifenden Fehlermeldesystemen bilden Vergütungszuschläge nach § 17 b Abs. 1 a Nr. 4 KHG (vgl. Abs. 3 S. 3). Da die Vergütungszuschläge durch nicht teilnehmende Krankenhäuser mit finanziert werden müssen, hat der G-BA die Anforderungen an die Fehlermeldesysteme als Voraussetzungen solcher Vergütungszuschläge zu konkretisieren.[17]

4. Qualitätskriterien für die Versorgung mit Füllungen und Zahnersatz (Abs. 4). Abs. 4 wurde ursprünglich als § 135 Abs. 4 erlassen,[18] durch das GKV-GesR 2000[19] nach § 136 b Abs. 2 transferiert und nach Aufhebung dieser Vorschrift am heutigen Standort aufgenommen. Sätze 1 und 2 ordnen für Füllungen und Zahnersatz den Auftrag an den G-BA, Qualitätskriterien für die Versorgung – für Zahnersatz unter Beteiligung des Verbandes Deutscher Zahntechniker-Innungen – zu beschließen (Abs. 4 S. 1, 2). Die Beteiligung des Verbandes erfolgt durch Stellungnahme, mit der sich der G-BA zwar auseinanderzusetzen hat, der er aber nicht folgen muss.

Die Vorschrift nimmt im Weiteren – in schwer nachvollziehbarer Systematik – auf das Behandlungsverhältnis zwischen Zahnarzt und Patient Bezug. Für dieses regeln S. 3, 4 eine zweijährige Garantiehaftung des Zahnarztes für Füllungen und Zahnersatz, verbunden mit einer Pflicht zur Wiederholung von Füllungen sowie zur Erneuerung und Wiederherstellung von Zahnersatz einschließlich von Zahnkronen (Abs. 4 S. 3, 4). Es handelt sich um eine sozialrechtliche Garantiepflicht, die der Leistungserbringer im sozialrechtlichen Dreiecksverhältnis als Schuldner der KZV und der Krankenkassen gegenüber dem Versicherten eingeht. Die Spitzenverbände können Ausnahmen von dieser sozialrechtlichen Garantieregelung vorsehen (S. 5), KZV und die Landesverbände der Krankenkasse und den Ersatzkassen längere Gewährleistungsfristen vereinbaren (S. 7). Das Recht zur Verlängerung der Gewährleistungsfristen haben auch einzelne oder Gruppen von Zahnärzten gegenüber einzelnen Kassen oder Kassengruppen (S. 7). Anreizwirkungen verspricht sich der Gesetzgeber von Vergütungszuschlägen (S. 8 Hs. 1) und der Möglichkeit der Zahnärzte, ihre Patienten über die längeren Gewährleistungsfristen zu informieren (S. 9) und hierdurch einen Wettbewerbsvorsprung zu erlangen.

Der zivilrechtliche Anspruch des Versicherten gegenüber seinem behandelnden Zahnarzt aus dem Behandlungsverhältnis, das als Dienstvertrag (seit dem PatRG als Behandlungsvertrag) mit werkvertraglichen Elementen einzuordnen ist,[20] einschließlich des Eigenanteils der Versicherten beim Zahnersatz bleibt unberührt. § 136 a Abs. 4 S. 6 stellt klar, dass für zivilrechtliche Schadensersatzansprüche (bei in

---

13 Inhalt und konkreter Stand der Beschlüsse sind abrufbar unter www.g-ba.de, Unterausschuss Qualitätssicherung.
14 BT-Dr. 17/10488, 34.
15 Vgl. dazu und zu den damit verbundenen arbeitsrechtlichen Fragestellungen Ricken, KrV 2017, 53 f.
16 BT-Dr. 17/10488, 34. Erneut nennt die amtliche Begründung in diesem Zusammenhang den PDCA-Zyklus.
17 Weiterführend Roters in: KassKomm, § 136 a SGB V Rn. 12 a.
18 Begründet durch GKV-NOG v. 20.12.1988, BGBl. I, 2477, in der heutigen Form seit Gesundheits-Strukturgesetz v. 21.12.1992, BGBl. I, 2266.
19 GKV-Gesundheitsreformgesetz 2000 vom 22.12.1999, BGBl. I, 2626.
20 BGHZ 63, 306, 309; aufgenommen bei LSG Nds, 13.4.2011, L 3 KA 20/99, Rn. 23. Insofern unzutreffend Murawski in: LPK-SGB V, § 136 a Rn. 8; Roters in: KassKomm, § 136 a SGB V Rn. 13.

der Regel strengeren Voraussetzungen) die allgemeine dreijährige Verjährungsfrist nach § 195 BGB gilt.

§ 136 b Beschlüsse des Gemeinsamen Bundesausschusses zur Qualitätssicherung im Krankenhaus

(1) ¹Der Gemeinsame Bundesausschuss fasst für zugelassene Krankenhäuser grundsätzlich einheitlich für alle Patientinnen und Patienten auch Beschlüsse über
1. die im Abstand von fünf Jahren zu erbringenden Nachweise über die Erfüllung der Fortbildungspflichten der Fachärzte, der Psychologischen Psychotherapeuten und der Kinder- und Jugendlichenpsychotherapeuten,
2. einen Katalog planbarer Leistungen, bei denen die Qualität des Behandlungsergebnisses von der Menge der erbrachten Leistungen abhängig ist, sowie Mindestmengen für die jeweiligen Leistungen je Arzt oder Standort eines Krankenhauses oder je Arzt und Standort eines Krankenhauses und Ausnahmetatbestände,
3. Inhalt, Umfang und Datenformat eines jährlich zu veröffentlichenden strukturierten Qualitätsberichts der zugelassenen Krankenhäuser,
4. vier Leistungen oder Leistungsbereiche, zu denen Verträge nach § 110 a mit Anreizen für die Einhaltung besonderer Qualitätsanforderungen erprobt werden sollen,
5. einen Katalog von Leistungen oder Leistungsbereichen, die sich für eine qualitätsabhängige Vergütung mit Zu- und Abschlägen eignen, sowie Qualitätsziele und Qualitätsindikatoren.

²§ 136 Absatz 1 Satz 2 gilt entsprechend. ³Der Verband der Privaten Krankenversicherung, die Bundesärztekammer sowie die Berufsorganisationen der Pflegeberufe sind bei den Beschlüssen nach den Nummern 1 bis 5 zu beteiligen; bei den Beschlüssen nach den Nummern 1 und 3 ist zusätzlich die Bundespsychotherapeutenkammer zu beteiligen.

(2) ¹Die Beschlüsse nach Absatz 1 Satz 1 sind für zugelassene Krankenhäuser unmittelbar verbindlich. ²Sie haben Vorrang vor Verträgen nach § 112 Absatz 1, soweit diese keine ergänzenden Regelungen zur Qualitätssicherung enthalten. ³Verträge zur Qualitätssicherung nach § 112 Absatz 1 gelten bis zum Inkrafttreten von Beschlüssen nach Absatz 1 und Richtlinien nach § 136 Absatz 1 fort. ⁴Ergänzende Qualitätsanforderungen im Rahmen der Krankenhausplanung der Länder sind zulässig.

(3) ¹Der Gemeinsame Bundesausschuss soll bei den Mindestmengenfestlegungen nach Absatz 1 Satz 1 Nummer 2 Ausnahmetatbestände und Übergangsregelungen vorsehen, um unbillige Härten insbesondere bei nachgewiesener, hoher Qualität unterhalb der festgelegten Mindestmenge zu vermeiden. ²Er regelt in seiner Verfahrensordnung das Nähere insbesondere zur Auswahl einer planbaren Leistung nach Absatz 1 Satz 1 Nummer 2 sowie zur Festlegung der Höhe einer Mindestmenge. ³Der Gemeinsame Bundesausschuss soll insbesondere die Auswirkungen von neu festgelegten Mindestmengen möglichst zeitnah evaluieren und die Festlegungen auf der Grundlage des Ergebnisses anpassen.

(4) ¹Wenn die nach Absatz 1 Satz 1 Nummer 2 erforderliche Mindestmenge bei planbaren Leistungen voraussichtlich nicht erreicht wird, dürfen entsprechende Leistungen nicht bewirkt werden. ²Einem Krankenhaus, das die Leistungen dennoch bewirkt, steht kein Vergütungsanspruch zu. ³Für die Zulässigkeit der Leistungserbringung muss der Krankenhausträger gegenüber den Landesverbänden der Krankenkassen und der Ersatzkassen jährlich darlegen, dass die erforderliche Mindestmenge im jeweils nächsten Kalenderjahr auf Grund berechtigter mengenmäßiger Erwartungen voraussichtlich erreicht wird (Prognose). ⁴Eine berechtigte mengenmäßige Erwartung liegt in der Regel vor, wenn das Krankenhaus im vorausgegangenen Kalenderjahr die maßgebliche Mindestmenge je Arzt oder Standort eines Krankenhauses oder je Arzt und Standort eines Krankenhauses erreicht hat. ⁵Der Gemeinsame Bundesausschuss regelt im Beschluss nach Absatz 1 Satz 1 Nummer 2 das Nähere zur Darlegung der Prognose. ⁶Die Landesverbände der Krankenkassen und der Ersatzkassen können bei begründeten erheblichen Zweifeln an der Richtigkeit die vom Krankenhausträger getroffene Prognose widerlegen. ⁷Gegen die Entscheidung nach Satz 6 ist der Rechtsweg vor den Gerichten der Sozialgerichtsbarkeit gegeben. ⁸Ein Vorverfahren findet nicht statt.

(5) ¹Die für die Krankenhausplanung zuständige Landesbehörde kann Leistungen aus dem Katalog nach Absatz 1 Satz 1 Nummer 2 bestimmen, bei denen die Anwendung des Absatzes 4 Satz 1 und 2 die Sicherstellung einer flächendeckenden Versorgung der Bevölkerung gefährden könnte. ²Die Landes-

behörde entscheidet auf Antrag des Krankenhauses für diese Leistungen über die Nichtanwendung des Absatzes 4 Satz 1 und 2.

(6) ¹In dem Bericht nach Absatz 1 Satz 1 Nummer 3 ist der Stand der Qualitätssicherung insbesondere unter Berücksichtigung der Anforderungen nach § 136 Absatz 1 und § 136 a sowie der Umsetzung der Regelungen nach Absatz 1 Satz 1 Nummer 1 und 2 darzustellen. ²Der Bericht hat auch Art und Anzahl der Leistungen des Krankenhauses auszuweisen sowie Informationen zu Nebendiagnosen, die mit wesentlichen Hauptdiagnosen häufig verbunden sind, zu enthalten. ³Ergebnisse von Patientenbefragungen, soweit diese vom Gemeinsamen Bundesausschuss veranlasst werden, sind in den Qualitätsbericht aufzunehmen. ⁴Der Bericht ist in einem für die Abbildung aller Kriterien geeigneten standardisierten Datensatzformat zu erstellen. ⁵In einem speziellen Berichtsteil sind die besonders patientenrelevanten Informationen in übersichtlicher Form und in allgemein verständlicher Sprache zusammenzufassen. ⁶Besonders patientenrelevant sind insbesondere Informationen zur Patientensicherheit und hier speziell zur Umsetzung des Risiko- und Fehlermanagements, zu Maßnahmen der Arzneimitteltherapiesicherheit, zur Einhaltung von Hygienestandards sowie zu Maßzahlen der Personalausstattung in den Fachabteilungen des jeweiligen Krankenhauses.

(7) ¹Die Qualitätsberichte nach Absatz 1 Satz 1 Nummer 3 sind über den in dem Beschluss festgelegten Empfängerkreis hinaus vom Gemeinsamen Bundesausschuss, von den Landesverbänden der Krankenkassen und den Ersatzkassen im Internet zu veröffentlichen. ²Zum Zwecke der Erhöhung von Transparenz und Qualität der stationären Versorgung können die Kassenärztlichen Vereinigungen sowie die Krankenkassen und ihre Verbände die Vertragsärzte und die Versicherten auf der Basis der Qualitätsberichte auch vergleichend über die Qualitätsmerkmale der Krankenhäuser informieren und Empfehlungen aussprechen. ³Das Krankenhaus hat den Qualitätsbericht auf der eigenen Internetseite leicht auffindbar zu veröffentlichen.

(8) ¹Der Gemeinsame Bundesausschuss hat die Festlegung der vier Leistungen oder Leistungsbereiche nach Absatz 1 Satz 1 Nummer 4 bis zum 31. Dezember 2017 zu beschließen. ²Er hat das Institut nach § 137 a mit einer Untersuchung zur Entwicklung der Versorgungsqualität bei den ausgewählten Leistungen und Leistungsbereichen nach Abschluss des Erprobungszeitraums zu beauftragen. ³Gegenstand der Untersuchung ist auch ein Vergleich der Versorgungsqualität von Krankenhäusern mit und ohne Vertrag nach § 110 a.

(9) ¹Der Gemeinsame Bundesausschuss hat die Festlegungen zu den Leistungen oder Leistungsbereichen nach Absatz 1 Satz 1 Nummer 5, die sich für eine qualitätsabhängige Vergütung eignen, erstmals bis spätestens zum 31. Dezember 2017 zu beschließen. ²Qualitätszu- und -abschläge für die Einhaltung oder Nichteinhaltung von Mindestanforderungen nach § 136 Absatz 1 Satz 1 Nummer 2 sind ausgeschlossen. ³Der Gemeinsame Bundesausschuss regelt ein Verfahren, das den Krankenkassen und den Krankenhäusern ermöglicht, auf der Grundlage der beschlossenen Festlegungen Qualitätszuschläge für außerordentlich gute und Qualitätsabschläge für unzureichende Leistungen zu vereinbaren. ⁴Hierfür hat er insbesondere jährlich Bewertungskriterien für außerordentlich gute und unzureichende Qualität zu veröffentlichen, möglichst aktuelle Datenübermittlungen der Krankenhäuser zu den festgelegten Qualitätsindikatoren an das Institut nach § 137 a vorzusehen und die Auswertung der Daten sicherzustellen. ⁵Die Auswertungsergebnisse sind den Krankenkassen und den Krankenhäusern jeweils zeitnah zur Verfügung zu stellen; dies kann über eine Internetplattform erfolgen. ⁶Die Krankenkassen geben in das Informationsangebot nach Satz 5 regelmäßig Angaben ein, welche Krankenhäuser Qualitätszu- oder -abschläge für welche Leistungen oder Leistungsbereiche erhalten; den für die Krankenhausplanung zuständigen Landesbehörden ist der Zugang zu diesen Informationen zu eröffnen.

Literatur:
Siehe § 136.

I. Allgemeines 1	b) Inhalte der Regelung 12
II. Regelungsgehalt 3	c) Dispensierung durch die Länder.... 20
1. Verfahrensvorgaben (Abs. 1 S. 3) 3	5. Qualitätsberichte
2. Verbindlichkeitsanordnung (Abs. 2) 7	(Abs. 1 S. 1 Nr. 3, Abs. 6 und 7) 25
3. Fortbildungspflichten	6. Erprobung von Anreizen
(Abs. 1 S. 1 Nr. 1) 9	(Abs. 1 S. 1 Nr. 4, Abs. 8) 29
4. Mindestmengen	7. Katalog für qualitätsorientierte Vergütung
(Abs. 1 S. 1 Nr. 1, Abs. 3 bis 5) 11	(Abs. 1 S. 1 Nr. 5, Abs. 9) 31
a) Grundfragen 11	

I. Allgemeines

1 Die Vorschrift beauftragt den G-BA mit der Qualitätssicherung ausschließlich für den Krankenhausbereich. Die Regelung ist mit Wirkung zum 1.1.2016 durch das Krankenhausstrukturgesetz (KHSG) und die damit verbundene Neustrukturierung der Qualitätssicherungsvorgaben im Recht der gesetzlichen Krankenversicherung in dieser Fassung neu eingeführt worden (→ § 136 Rn. 1 f). Neben der Herstellung einer größeren Übersichtlichkeit wollte der Gesetzgeber zugleich die Bedeutung der inhaltlichen Veränderungen betonen. Es handelt sich bei der Norm um eine speziellere Regelung mit (partieller) Verdrängungswirkung gegenüber § 136, jedenfalls was die in § 136 b Abs. 1 S. 1 genannten Regelungsbereiche betrifft.[1]

2 Die Abs. 1, 2 sowie 4 bis 7 entsprechen weitestgehend § 137 Abs. 3 SGB V aF, enthalten aber – namentlich bezogen auf die Festlegung von Mindestmengen (→ Rn. 11 f) – zugleich Konkretisierungen und Anpassungen an die Rechtsentwicklung. Während die frühere Bestimmung zu Zweitmeinungen (§ 137 Abs. 3 S. 1 Nr. 3 SGB V aF) nunmehr in erweiterter Fassung in § 27 b verankert ist, wurden in § 136 b neu eingefügt die Regelungen über Anreize und Vergütungsregelungen nach Abs. 1 S. 1 Nrn. 4 und 5.[2]

II. Regelungsgehalt

3 **1. Verfahrensvorgaben (Abs. 1 S. 3).** Der jetzige Abs. 1 S. 3 entsprach bislang § 137 Abs. 1 S. 3 und Abs. 3 S. 5 SGB V aF. An dem der Beschlussfassung vorausgehenden Verfahren sind wegen der Tragweite der Regelungen der Verband der privaten Krankenversicherung, die Bundesärztekammer und die Berufsorganisationen der Pflegeberufe zu beteiligen (zum Beteiligungsrecht vgl. auch § 136 Abs. 3; → § 136 Rn. 24). Soweit durch Beschlüsse nach den Nummern 1 und 3 Belange der Psychotherapeuten berührt sein können, ist zusätzlich die Bundespsychotherapeutenkammer zu beteiligen. Die in Abs. 1 S. 3 aufgeführten Akteure sind nicht im G-BA vertreten, aber von dessen Beschlüssen über Anforderungen an die Qualitätssicherung in der stationären Versorgung betroffen. Soziale und private Leistungserbringung sind in der stationären Versorgung sehr viel schwerer zu trennen als in der vertragsärztlichen Versorgung. Mit dem Regelungsauftrag bezüglich der Fortbildungsnachweise und der Nachweise zu leistungsbezogenen Zielvereinbarungen sind auch berufsrechtliche Belange der Ärzte berührt und in die Pflicht zur Erstellung von Qualitätsberichten mittelbar auch die Pflegeberufe eingebunden.

4 Ein Verstoß gegen die erforderliche Beteiligung macht den Beschluss fehlerhaft und nichtig. Insbesondere für die gerichtliche Überprüfung von Mindestmengenregelungen hat die Beteiligungsregel auch große rechtspraktische Bedeutung. Hier können außerdem wissenschaftliche Fachgesellschaften zur Stellungnahme aufgefordert werden (§ 3 Abs. 2 Nr. 6 Mm-R).[3]

5 Eine allgemeine Pflicht des G-BA zur **Begründung** ist für die untergesetzlichen Richtlinien und Beschlüsse nach § 136 b, vergleichbar anderen Fällen der Normsetzung, nicht vorgesehen.[4] Anlass zur Diskussion geben die Beschlüsse des BSG zur Mindestmengen-Regelung (→ Rn. 14), die dem G-BA eine Begründung abverlangen für den Fall, dass der G-BA von Empfehlungen des IQWiG abweichen will. Nach allgemeinen Grundsätzen handelt es sich nicht um eine Begründungspflicht, die einer gesetzlichen Anordnung bedürfte, sondern um eine Obliegenheit, da im gerichtlichen Verfahren die Wertungen des G-BA anhand solcher Darlegungen zum Verfahrensgang und zu den tragenden Gründen des G-BA nachvollzogen werden müssen.[5]

6 § 136 b enthält im Übrigen weitere Verfahrensregelungen in den unterschiedlichsten Regelungszusammenhängen. Diese betreffen etwa Informationsvorgaben (Abs. 7, Abs. 9 S. 4 bis 6), Beauftragungen (Abs. 8 S. 2) oder Evaluierungspflichten (vgl. Abs. 3 S. 3). Die Vorschrift stellt sich vor diesem Hintergrund als ein Konglomerat sowohl materiellrechtlicher Anordnungen als auch verfahrensrechtlicher Vorgaben dar.

---

1 Roters in: KassKomm, § 136 b SGB V Rn. 3.
2 Umfassend zur Entwicklung des § 136 b Dalichau in: Prütting, Medizinrecht, § 136 b SGB V Rn. 20.
3 BT-Dr. 17/10488, 34.
4 § 92 Abs. 3 a S. 3 regelt eine Darlegungs- und Veröffentlichungspflicht nicht in Bezug auf die Richtlinien zur Qualitätssicherung nach Abs. 2 Nr. 13. § 94 Abs. 1 sowie § 7 Abs. 1 VerfO G-BA normieren eine Begründungspflicht nur gegenüber der Aufsichtsbehörde im Genehmigungsverfahren.
5 Vgl. die Beiträge von Axer, GesR 2013, 211 ff.; Wenner, GuP 2013, 41 ff.; Steiner, GesR 2013, 193 ff.; Waldhoff, GesR 2013, 197, 205 f.; Hannes, GesR 2013, 219.

2. Verbindlichkeitsanordnung (Abs. 2). Der jetzige Abs. 2 entsprach bislang § 137 Abs. 3 S. 6 bis 9 SGB V aF. Beschlüsse, durch die der G-BA Anforderungen an die Qualitätssicherung in der stationären Versorgung regelt, binden die zugelassenen Krankenhäuser (vgl. § 108) unmittelbar, und zwar mit Vorrang vor den Verträgen nach § 112 Abs. 1, sofern diese nicht ihrerseits Regelungen zur Qualitätssicherung enthalten (Abs. 2 S. 2). Hierbei dürfte es sich der Sache nach um eine Übergangsregelung handeln, da die Verträge zur Qualitätssicherung nach § 112 Abs. 1 nur bis zum Inkrafttreten von Richtlinien nach Abs. 1 fortgelten (Abs. 2 S. 3).

Den Ländern bleiben **zusätzliche Qualitätsanforderungen** im Rahmen ihrer Aufgabe der Krankenhausplanung unbenommen (Abs. 2 S. 4, vormals § 137 Abs. 3 S. 9 SGB V aF). Der Gesetzgeber spricht hier von „ergänzenden" Qualitätsanforderungen, was auf einen Zusatz oder eine Konkretisierung hinauslaufen dürfte, nicht aber auf den G-BA-Vorgaben widersprechende Anforderungen. Beispielhaft können dies etwa Mindestbehandlungszahlen oder Mindestgeburtenzahlen sein.[6] Durch das Bundesgesetz nicht vorgegeben ist die Frage, ob es einer (zusätzlichen) landesgesetzlichen Ausformung bedarf oder die Ausgestaltung allein im (Landes-)Krankenhausplan ausreichend ist.[7]

3. Fortbildungspflichten (Abs. 1 S. 1 Nr. 1). § 137 Abs. 1 S. 1 Nr. 1 hat seine Vorläufer-Regelung in § 137 Abs. 3 S. 1 Nr. 1 SGB V aF. In Ergänzung von § 95 d Nr. 1 werden mittelbar Fortbildungspflichten der Fachärzte sowie der Psychologischen Psychotherapeuten und der Kinder- und Jugendlichenpsychotherapeuten in der stationären Versorgung geregelt. Der Fünf-Jahres-Zeitraum stimmt mit den Intervallen in § 95 d Abs. 3 für den Nachweis der regelmäßigen Fortbildung überein. Der Auftrag des G-BA in Abs. 1 S. 1 Nr. 1 ist jedoch nicht auf die Fortbildung selbst bezogen, sondern auf die **Konkretisierung** der zu erbringenden **Nachweise** beschränkt und hiermit – kompetenzrechtlich sauber – an das landesrechtliche Berufsrecht angeknüpft. Die einschlägige Richtlinie lässt den Nachweis durch Vorlage eines entsprechenden Fortbildungszertifikats der Ärztekammer gelten. Dennoch bleibt die Nachweispflicht nach Nr. 1 eine solche der Einrichtung, die ihrerseits gehalten ist, die bei ihr beschäftigten Fachärzte und ihnen gleich stehende Leistungserbringer in geeigneter Weise, üblicherweise durch entsprechende Vereinbarungen, auf den Nachweis zu verpflichten.

Eine Sanktion des fehlenden Nachweises sehen weder Nr. 1 noch die entsprechende Richtlinie des G-BA vor.[8] Nicht hinreichend qualifiziertes Personal stellt aber einen Mangel der Einrichtung dar, der mangels Leistungsfähigkeit zur Kündigung des Versorgungsvertrags mit dem Leistungserbringer berechtigen kann (vgl. § 110 Abs. 1 S. 1, 109 Abs. 3 S. 1 Nr. 1).[9] Im Übrigen ist der Fortbildungsstand an einem Krankenhaus Bestandteil des Qualitätsberichts (vgl. § 136 Abs. 6 S. 1 i.V. mit Abs. 1 S. 1 und 3).

4. Mindestmengen (Abs. 1 S. 1 Nr. 1, Abs. 3 bis 5). a) Grundfragen. Verortung und Inhalt der Mindestmengen-Regelung sind im Laufe der letzten Jahre mehrfach geändert worden,[10] die wesentlichen Grundstrukturen jedoch beibehalten worden. Die jetzige Fassung schließt an § 137 Abs. 3 S. 1 Nr. 2 SGB V in der Fassung bis zum 31.12.2015 an und wird in Abs. 3 bis 5 ausführlich konkretisiert. Gegen die Ausgestaltung der Mindestmengenregelung durch den Bundesgesetzgeber sind verfassungsrechtliche Bedenken geltend gemacht worden,[11] die im Ergebnis – vor allem nach der Novelle durch das KHSG – nicht durchgreifen.[12] Dies hat letztlich auch das BVerfG im Nichtannahmebeschluss vom 6.10.2016 bekräftigt.[13]

---

6 Becker in: Becker/Kingreen, SGB V, § 136 b Rn. 3; Roters in: KassKomm, § 136 b SGB V Rn. 8; Murawski in: LPK-SGB V, § 136 b Rn. 8.
7 Vgl. Quaas, GesR 2014, 129, 133; Stollmann in: Prütting, Medizinrecht, § 1 KHG Rn. 22 c.
8 Zu Sanktionierungen vgl. Gamperl in: Düsseldorfer Krankenhausrechtstag 2007, S. 109, 120; Roters in: KassKomm, § 136 b SGB V Rn. 10.
9 So Roters in: KassKomm, § 136 b SGB V Rn. 10 unter Bezug auf die Materialien.
10 Vgl. zur jetzigen Fassung das Krankenhausstrukturgesetz (KHSG) vom 10.12.2015 (BGBl. I, 2229), BT-Dr. 18/5372, 91 f. Dem Gesetzgeber kam es bei der aktuellen Novelle vor allem darauf an, die Anpassung des Gesetzes an die Rechtsprechung des Bundessozialgerichts (BSG, Urt. v. 12.9.2012, B 3 KR 10/12 R, Rn. 50 ff.; BSG, Urt. v. 18.12.2012, B 1 KR 34/12 R, Rn. 28 ff.; BSG, Urt. v. 1.7.2014, B 1 KR 15/13 R; BSG, Urt. v. 14.10.2014, B 1 KR 33/13 R; BSG, Urt. v. 27.11.2014, B 3 KR 1/13 R; BSG, Urt. v. 17.12.2015, B 1 KR 15/15 R) vorzunehmen (vgl. dazu auch Bohle, GesR 2016, 605, 610; Rau, KH 2015, 1121, 1123).
11 Vgl. vor allem Schimmelpfeng-Schütte, MedR 2006, 630, 631 f.; ähnlich Kugler, Krankenhaus Umschau 3/2008, 55 f.; zudem Kingreen, NZS 2007, 113, 115 ff.
12 Dazu Becker in: Becker / Kingreen, SGB V, § 136 b Rn. 12; Stollmann, GesR 2007, 303, 304 f.
13 BVerfG, Nichtannahmebeschluss v. 6.10.2016, 1 BvR 292/16, juris.

12 **b) Inhalte der Regelung.** Die heftig diskutierte Mindestmengen-Regelung[14] hat zum Ziel, einen Mangel an Fallzahlen im Interesse gebotener Ergebnisqualität der Leistungserbringung zu steuern.[15] Die Vorgabe von Mindestmengen wirkt für Krankenhäuser, die eine vorgegebene Mindestleistungsmenge nicht erreichen, als **Leistungserbringungsverbot** (vgl. auch § 5 Mm-R[16]), nicht hingegen als Sanktion.[17] Eine Mindestmengen-Vorgabe des G-BA bedarf deshalb einer Rechtfertigung am Maßstab der Versorgungssicherheit, der Willkürfreiheit und – im Falle nicht öffentlich-rechtlich getragener Einrichtungen – am Maßstab der Berufsausübungsfreiheit.[18]

13 In rechtlicher Hinsicht geht das BSG davon aus, dass **planbare Krankenhausleistungen** – in Abkehr von der früheren Orientierung an §§ 17, § 17 b KHG – solche sind, die von den stationären Leistungserbringern in der Regel medizinisch sinnvoll und für die Patienten zumutbar erbracht werden können. Als „planbar" etwa sieht das BSG Krankenhausleistungen an, bei denen die Aufnahme und Durchführung gebotener stationärer Behandlung in einem Zentrum – trotz ggf. längerer Anfahrt – unter Berücksichtigung zu überwindender räumlicher und zeitlicher Distanzen ohne unzumutbares Risiko für die Patienten erfolgen kann.[19] Notfallbehandlungen und ansonsten unvorhersehbare Leistungen unterfallen schon denklogisch nicht dem Begriff der „Planbarkeit".[20]

14 Bei diesen Leistungen hängt die **Qualität** des Behandlungsergebnisses dann von der **Menge** der erbrachten Leistungen ab, wenn eine Studienlage besteht, die nach wissenschaftlichen Maßstäben einen Zusammenhang zwischen Behandlungsmenge und -qualität (hinreichend) wahrscheinlich macht.[21] Nach Gesetzeswortlaut, Entstehungsgeschichte und Regelungssystematik ist dafür weder ein statistisch erwiesener Zusammenhang noch ein solcher nach dem Goldstandard der evidenzbasierten Medizin erforderlich. Das BSG fordert – entgegen einer viel diskutierten Entscheidung des LSG Berlin-Brandenburg – nicht den Maßstab der evidenzbasierten Medizin, da der Nachweis des Zusammenhangs von Ergebnisqualität und Mindestmenge methodische Schwierigkeiten bereiten würde; nach richtiger Ansicht rechtfertigt überdies nur die Qualitätssicherung bei der Zulassung von Produkten, Methoden und Leistungen den Maßstab der Evidenz, nicht aber der Zweck der Risikominimierung und der Schutz der Leistungserbringer.[22] Das BSG befürwortet einen Beweisgrad der „hinreichenden Wahrscheinlichkeit"[23] und ein „zeitlich gestrecktes Verfahren", in dem sich der Katalog planbarer Leistungen langsam entwickeln und die angemessene Mindestmenge je nach Erkenntnisfortschritt justieren lässt.[24] In diesem Verfahren wird auch die Einführung von Mindestmengen grundsätzlich wissenschaftlich beforscht.[25] Nur so kann der mit der Mindestmengenregelung verfolgte Gesetzeszweck der Risikominimierung praktikabel umgesetzt werden.

15 Dem G-BA obliegt es, nach diesen Vorgaben die Leistungen festzulegen, die der Mindestmengenregelung unterfallen, und die Mindestmengen für diese Leistungen zu bestimmen, die je Arzt oder Kran-

---

14 Zu fachlichen Aspekten der Mindestmengenregelung vgl. umfassend Wenning in: Düsseldorfer Krankenhausrechtstag 2010, S. 93 f.
15 BSG, 18.12.2012, B 1 KR 34/12 R, Rn. 36.
16 Regelungen des G-BA gem. § 136 b Abs. 1 S. 1 Nr. 2 SGB V für nach § 108 SGB V zugelassene Krankenhäuser (Mindestmengenregelungen, Mm-R) idF v. 20.12.2005, BAnz. 2006, 1373, zuletzt geändert am 17.3.2016, BAnz. AT 06.04.2016 B 8.
17 So aber Bohle, SozSich 2013, 187, 188.
18 Überwiegend wird in der Literatur und auch durch das BSG unterschiedslos auf die Berufsfreiheit Bezug genommen, auch die sich Einrichtungen staatlicher oder kommunaler Träger jedoch nicht berufen können.
19 BSG, 18.12.2012, B 1 KR 34/12 R, Rn. 29.
20 Vgl. zu alledem BSG, 14.10.2014, B 1 KR 33/13; BSG, NZS 2013, 544 Rn. 29; BSGE 112, 15; Becker in: Becker/Kingreen, SGB V, § 136 b Rn. 8; Blöcher in: jurisPK-SGB V, § 136 b Rn. 15; Roters in KassKomm, § 136 b SGB V Rn. 15.
21 Vgl. Hase, KrV 2012, 46; Roters in: KassKomm, § 136 b SGB V Rn. 13 mwN zur Rechtsprechung.
22 Raspe, GesR 2013, 206, 209; BSG, 18.12.2012, B 1 KR 34/12 R Rn. 40; aA wohl Wolff, NZS 2013, 536, 539 f. § 3 Abs. 2 Nr. 1 Mm-R (Fn. 15) sieht ein „evidenzbasiertes Verfahren" vor.
23 BSG, 12.9.2012, B 3 KR 10/12 R, Rn. 43; das Gericht betont in diesem Zusammenhang, dass zwar die bloße Möglichkeit nicht ausreicht, aber „mehr für als gegen einen solchen Ursachenzusammenhang sprechen" müsse (dazu auch Becker in: Becker / Kingreen, SGB V, § 136 b Rn. 8).
24 BSG, 18.12.2012, B 1 KR 34/12 R Rn. 21, 40. AA LSG Bln-Bbg, 21.12.2011, L 7 KA 77/10 KL, das den „Goldstandard" der Evidenz fordert.
25 Vgl. Sonderauswertung des Instituts für Qualität und Patientensicherheit (BQS), Sonderauswertung zur Knie-Totalendoprothese iA des G-BA v. 9.8.2004; Geraedts/Ohmann/Blum/Müller, Abschlussbericht zur Begleitforschung zur Einführung von Mindestmengen gemäß § 137 Abs. 1 S. 3 Nr. 3 SGB V für den Zeitraum 1.12.2005 bis 30.11.2007, 2007; Qualitätsreport des AQUA Institut iA des G-BA, 2011.

kenhaus gewährleistet sein müssen,[26] damit das jeweilige Krankenhaus diese Leistungen überhaupt erbringen darf.[27] Bei der Entscheidung, ob eine Mindestmengenregelung Platz greifen soll, hat der G-BA weder einen Beurteilungsspielraum noch Ermessen.[28] Nur bei Vorliegen der Voraussetzungen besteht ein **Wertungsspielraum** des G-BA in der Frage der konkreten Fallzahl der Mindestmenge und auch des Bezugs (Einrichtung oder Arzt), dessen rechtliche Grenzen nach allgemeinen Regeln gerichtlich überprüfbar sind. Mindestmengenregelungen sind hiernach darauf überprüfbar, ob die verfahrensrechtlichen Anforderungen einschließlich der erforderlichen Beteiligungen eingehalten wurden und ob die ermittelte Mindestmenge auf nachvollziehbaren Erkenntnissen und medizinischen Erfahrungssätzen beruht.

Nach Abs. 3 S. 1 hat der G-BA die Festlegung von Mindestmengen regelmäßig („soll") mit **Ausnahmetatbeständen** sowie **Übergangsregelungen** zu versehen.[29] Die mit dem KHSG inhaltlich erweiterte Regelung zielt nach dem eindeutigen Gesetzeswortlaut darauf ab, die mit der Einführung von Mindestmengen im Einzelfall verbundenen Härten[30] abzumildern und die grundrechtsrelevanten Interessen der Krankenhäuser angemessen zu schützen. Maßgeblich für die Zulässigkeit einer Ausnahme ist die Wahrscheinlichkeit einer hohen Ergebnisqualität trotz der Unterschreitung der Mindestmenge; eine die Ausnahme begründende weitere Qualitätskomponente muss also im Ergebnis geeignet sein, den Qualitätsabfall aufgrund der geringeren Menge zu kompensieren, weshalb dieser Kompensationseffekt auch zumindest nach gleicher Evidenz wie für die Mindestmenge selbst erforderlich zu belegen ist.[31] Um dies zu gewährleisten, kann der G-BA etwa einen Korridor unterhalb einer festgesetzten Mindestmenge bestimmen, in dem stationäre Einrichtungen bei Erfüllung noch gesondert festzulegender Qualitätsanforderungen die entsprechenden Leistungen weiterhin – entgegen der Regelung in Abs. 4 S. 1 und 2 – erbringen und abrechnen können. Er kann auch Übergangsregelungen mit „Karenzzeiten" einführen, sofern es in dem betroffenen Leistungsbereich ein Verfahren der externen Qualitätssicherung gibt und das jeweilige Krankenhaus danach eine gute Behandlungsqualität bietet.[32]

16

Auf der Grundlage des (ursprünglichen) § 137 Abs. 1 S. 3 Nr. 3 SGB V aF hat der G-BA die sogenannte **Mindestmengenvereinbarung (MmR)** verabschiedet und mittlerweile mehrfach geändert.[33] Diese sieht im Wesentlichen folgendes vor:[34] Für bestimmte Leistungsbereiche sind (jeweils unterschiedliche) Mindestmengen vereinbart worden. Wird die erforderliche Mindestmenge bei planbaren Leistungen voraussichtlich[35] nicht erreicht, dürfen entsprechende Leistungen nicht mehr bewirkt werden (Leistungsverbot nach § 136 b Abs. 4 S. 1). Damit besteht für das die Leistung erbringende Krankenhaus kein Vergütungsanspruch und für die Kostenträger keine Vergütungspflicht (Vergütungsausfall nach § 136 b Abs. 4 S. 2). Der Ausschluss umfasst die Gesamtkosten der abzurechnenden Behandlung, gilt also auch für die dem stationären Eingriff vor- und nachgelagerten Leistungen.[36] Im Rahmen allgemeiner Ausnahmetatbestände (Anlage 2 der Mindestmengenvereinbarung) wird ua. der Aufbau neuer Leistungsbereiche (Nr. 3 der Anlage 2) bzw. die personelle Neuausrichtung bestehender Leistungsbereiche (Nr. 4 der Anlage 2) gesondert berücksichtigt.

17

Darüber hinaus ist nach Abs. 3 S. 2 das Verfahren zur Auswahl planbarer Leistungen und der Bestimmung konkreter Mindestmengen zu operationalisieren und transparent zu gestalten. Einzelheiten hierzu hat der G-BA in seiner Verfahrensordnung (§ 91 Abs. 4 S. 1 Nr. 1) festzulegen, um einen nachvoll-

18

---

26 Dazu Roters in: KassKomm, § 136 b SGB V Rn. 17.
27 Umfassend Becker in: Becker/Kingreen, SGB V, § 136 b Rn. 8 f.; Dalichau in: Prütting, Medizinrecht, § 136 b SGB V Rn. 27 f., 46 ff.; Roters in: KassKomm, § 136 b SGB V Rn. 11 f.
28 BSG, 12.9.2012, B 3 KR 10/12 R Rn. 31; BSG, 18.12.2012, B 1 KR 34/12 R, Rn. 21.
29 Dazu BVerfG, Nichtannahmebeschluss v. 6.10.2016, 1 BvR 292/16, juris, Rn. 23; Bohle, GesR 2016, 605, 610.
30 Der Gesetzgeber spricht in diesem Zusammenhang von „typisierungsbedingte(n) Härten einer strikten Leistungsuntergrenze" (vgl. BT-Dr. 18/5372, 86).
31 So Roters in KassKomm, § 136 b SGB V Rn. 16.
32 Vgl. etwa Blöcher in: jurisPK-SGB V, § 136 b Rn. 16; Roters in KassKomm, § 136 b SGB V Rn. 16; jeweils unter Verweis auf BT-Dr. 18/5372, 86.
33 Siehe zum jeweils aktuellen Stand unter www.g-ba.de (zuletzt abgerufen am 1.5.2017).
34 Vgl. eingehend zu den Grundstrukturen, die ungeachtet der Novellierungen beibehalten wurden: Stollmann, GesR 2007, 303 f.; Trefz, f.&w 2006, 316 f.
35 Insbesondere in diesem Punkt (Anforderungen an die Prognoseentscheidung) ist es durch den Gesetzgeber zu entsprechenden Konkretisierungen gekommen (vgl. § 136 b Abs. 4 S. 3–8 SGB V; dazu Becker in: Becker/Kingreen, SGB V, § 136 b Rn. 11; Dalichau in: Prütting, Medizinrecht, § 136 b SGB V Rn. 58 f.; Roters in: KassKomm, § 136 b SGB V Rn. 19).
36 So Blöcher in: jurisPK-SGB V, § 136 b Rn. 20.

ziehbaren und gleichmäßigen Verwaltungsablauf sicherzustellen. Nach Abs. 3 S. 3 hat er zudem insbesondere die Festlegung neuer Mindestmengen im Regelfall („soll") zeitnah zu evaluieren. Ggf. ist im Anschluss der Mindestmengenkatalog an die Ergebnisse anzupassen. Auf diese Weise ist gewährleistet, dass die Auswirkungen festgesetzter Mindestmengen auf die Versorgungsqualität frühzeitig ermittelt und in Form notwendiger Korrekturen auch berücksichtigt werden.[37]

19 Um die Voraussetzung der voraussichtlichen Einhaltung der Mindestmengen zu überprüfen, ist eine **Prognose** erforderlich.[38] Verfahren und Maßstab werden durch Abs. 4 S. 3 bis 8 näher konturiert. Dem ist zu entnehmen, dass sich die dafür erforderliche Prognoseentscheidung – ob eine Mindestmenge erreicht wird oder nicht – stets auf das folgende Kalenderjahr bezieht. Hiervon ist beispielhaft auszugehen, wenn das Krankenhaus in dem vorausgegangenen Kalenderjahr die erforderliche Mindestmenge erreicht hat. Die weiteren Kriterien zur Darlegung der Prognose durch die Krankenhausträger hat der G-BA im Mindestmengenkatalog festzulegen (Abs. 4 S. 5). Unabhängig davon können die Landesverbände der Kranken- und Ersatzkassen die Prognose bei „begründeten *erheblichen* Zweifeln an der Richtigkeit" widerlegen (Abs. 4 S. 6). Gegen eine entsprechende Entscheidung steht dem betroffenen Krankenhausträger kraft ausdrücklicher Rechtswegzuweisung in Abs. 4 S. 7 der Rechtsweg zu den Sozialgerichten offen. Ein Vorverfahren nach § 78 SGG muss nicht durchgeführt werden (Abs. 4 S. 8), um ggf. eine Entscheidung im Wege des vorläufigen Rechtsschutzes vor Beginn des Kalenderjahres zu ermöglichen, auf das sich die vom Krankenhausträger abgegebene Prognose bezieht.[39]

20 **c) Dispensierung durch die Länder.** Von den allgemeinen Ausnahmetatbeständen zu unterscheiden ist die Ausnahmeregelung gemäß Abs. 5. Danach kann die für die Krankenhausplanung zuständige Landesbehörde Leistungen aus der Mindestmengenvereinbarung bestimmen, bei denen die Anwendung des Leistungsverbots und des Vergütungsausfalls die Sicherstellung einer flächendeckenden Versorgung der Bevölkerung gefährden könnte. Neben die allgemeinen Ausnahmetatbestände (vgl. § 136 b Abs. 1 S. 1 Nr. 2 sowie Anlage 2 der MmR) – über deren Anwendbarkeit die Vertragspartner autonom und ohne planungsbehördliche Entscheidungskompetenzen zu befinden haben – treten also auf Antrag des Krankenhausträgers die Entscheidungsspielräume der Krankenhausplanungsbehörden.[40]

21 In tatbestandlicher Hinsicht ist Grundvoraussetzung für eine behördliche Entscheidung nach § 136 b Abs. 5 S. 1, dass die originäre Entscheidung zwischen den Vertragsparteien zulasten des antragstellenden Krankenhauses ausgeht. Ist dies nicht der Fall, wird also die erforderliche Mindestmenge bei planbaren Leistungen voraussichtlich erreicht oder findet eine Einigung über allgemeine Ausnahmetatbestände iS der MmR statt, ist kein Raum für eine entsprechende Dispensierung. Im Hinblick auf das Nicht-Erreichen der erforderlichen Mindestmenge wird man zwar von einer Einschätzungsprärogative des betroffenen Krankenhauses ausgehen können, die Prognose ist aber von der zuständigen Behörde zumindest auf Schlüssigkeit und Plausibilität zu überprüfen. Der Krankenhausträger ist insoweit auch darlegungspflichtig.

22 Der Dispens kann überdies nur gewährt werden, wenn die Anwendung der Mindestmengenregelung „die Sicherstellung einer flächendeckenden Versorgung der Bevölkerung gefährden könnte". Ausweislich Wortlaut, Sinn und Zweck sowie der systematischen Stellung der Vorschrift handelt es sich dabei um eine rein krankenhausplanerische Ausnahmeregelung.[41] Mit der „Sicherstellung einer flächendeckenden Versorgung der Bevölkerung" nimmt die Norm eindeutig Bezug auf die auch der Krankenhausplanung immanenten Zielsetzungen. So ist es nach § 1 Abs. 1 KHG Zweck dieses Gesetzes, eine bedarfsgerechte *Versorgung der Bevölkerung* mit leistungsfähigen, eigenverantwortlich wirtschaftenden Krankenhäusern zu gewährleisten. Die identischen Zielsetzungen spiegeln sich also in den jeweiligen Regelwerken wieder. Daher sind allein im Interesse der Versorgungssicherheit Ausnahmen von einer strikten Qualitätsorientierung zuzulassen, vor allem darf die Landesplanungsbehörde keine inzidente Kontrolle der Vorgaben der Mindestmengenvereinbarung vornehmen.[42]

---

37 Weiterführend Becker in: Becker/Kingreen, SGB V, § 136 b Rn. 10; Dalichau in: Prütting, Medizinrecht, § 136 b SGB V Rn. 53 f.; Roters in: KassKomm, § 136 b SGB V Rn. 18.
38 Dazu Bohle, GesR 2016, 605, 610.
39 Blöcher in: jurisPK-SGB V, § 136 b Rn. 21; Dalichau in: Prütting, Medizinrecht, § 136 b SGB V Rn. 61.
40 BVerfG, Nichtannahmebeschluss v. 6.10.2016, 1 BvR 292/16, juris, Rn. 22; zu Form- und Verfahrensfragen vgl. Stollmann, GesR 2007, 303, 307 f.
41 So im Ergebnis auch Becker in: Becker/Kingreen, SGB V, § 136 b Rn. 12; Trefz, f.&w 2006, 316, 321.
42 Weiterführend Stollmann in: Huster/Kaltenborn, Krankenhausrecht, 2. Aufl. 2017, § 4 Rn. 166; ähnlich Roters in: KassKomm, § 136 b SGB V Rn. 16.

Nach § 136 b Abs. 5 S. 1, Hs. 1 „kann" die zuständige Behörde eine Ausnahme erteilen; sie hat folglich eine Ermessensentscheidung zu treffen.[43] Da die Entscheidung über die Erteilung einer Ausnahme im **Ermessen** der Krankenhausplanungsbehörde liegt, kann ihr nach § 32 Abs. 2 SGB X eine Nebenbestimmung beigefügt werden.

Der Regelungsinhalt einer (positiven) planungsbehördlichen Entscheidung ist durch § 136 b Abs. 5 S. 2 vorgegeben: die Behörde gestattet die Nichtanwendung des Leistungsverbots und des Vergütungsausfalls, dh das Krankenhaus darf die entsprechenden Leistungen erbringen und muss diese von den Krankenkassen vergütet bekommen.[44]

5. Qualitätsberichte (Abs. 1 S. 1 Nr. 3, Abs. 6 und 7). Der jetzige Abs. 1 S. 1 Nr. 3 entsprach bislang § 137 Abs. 3 S. 1 Nr. 4 SGB V aF, die Vorgaben in den Abs. 6 und 7 stellen eine gegenüber der Vorläuferregelung wesentlich erweiterte Fassung dar.[45] Mit dem KHSG ist dieser Qualitätsaspekt vor allem um eine stärkere **Patientenorientierung** erweitert worden. Die Einführung von Qualitätsberichten der Krankenhäuser geht zurück auf das Gutachten des Sachverständigenrats von 2000/2001. Der im Fallpauschalengesetz von 2002 noch vorgesehene und bis 2012 praktizierte zweijährliche Rhythmus wurde in 2011[46] auf Jährlichkeit ab 2013 umgestellt. Abs. 1 S. 1 Nr. 3 beauftragt den G-BA mit der Beschlussfassung über Inhalt, Umfang und Datenformat des Qualitätsberichts. Den erforderlichen Mindestinhalt konkretisiert der Gesetzgeber in einigen Punkten selbst (vgl. vor allem Abs. 6 S. 6). Die Berichte haben Ausführungen zur externen Qualitätssicherung sowie zum internen Qualitätsmanagement der Einrichtung einschließlich der Maßnahmen zu Sicherung der Hygiene zu enthalten, außerdem Darstellungen zum Nachweis der Fortbildung und zur Fallzahl erbrachter planbarer Leistungen im Rahmen von Mindestregelungen.[47]

Zielsetzung der Qualitätsberichterstattung ist insbesondere eine Verbesserung der **Transparenz** und Qualität der Versorgung im Krankenhaus sowie eine **Orientierungs- und Entscheidungshilfe** für Patienten bzw. Leistungserbringer insbesondere im Vorfeld einer Krankenhausbehandlung. Daneben dienen die Berichte der Schaffung einer Grundlage für vergleichende Informationen und Empfehlungen der Kassenärztlichen Vereinigungen und Krankenkassen an Vertragsärzte sowie Versicherte über die Qualität der Versorgung im Krankenhaus.[48]

Mit dem KHSG stellt der Gesetzgeber auf eine verstärkte **Patientenorientierung** der Qualitätsberichte ab. So sind in die Berichte nach Abs. 6 S. 2 auch Informationen zu Nebendiagnosen aufzunehmen, die häufig mit wesentlichen Hauptdiagnosen verbunden sind. Damit wird dem Umstand Rechnung getragen, dass aufgrund der demographischen Entwicklung die Anzahl der Patienten mit Mehrfacherkrankungen und komplexen Krankheitsbildern wächst; entsprechenden Behandlungsmöglichkeiten kommt daher ein erhöhter Informationswert zu.[49] Ferner sind in die Qualitätsberichte jetzt auch die Ergebnisse von Patientenbefragungen durch den G-BA aufzunehmen. Schließlich müssen besonders patientenrelevante Informationen (vgl. hierzu die nicht abschließende Aufzählung in Satz 6) in einem speziellen Berichtsteil zusammengefasst werden. Insoweit wird der G-BA die derzeit gültigen Regelungen zum Qualitätsbericht der Krankenhäuser überarbeiten bzw. ergänzen müssen.

Abs. 7 enthält konkrete **Informations- und Veröffentlichungspflichten**.[50] Der gesetzgeberische Ansatz geht in diesem Punkt davon aus, durch Transparenz die Qualität zu erhöhen. Abs. 7 S. 1 stellt klar, dass die Veröffentlichung der Berichte auch zu den unabdingbaren Aufgaben der dort aufgeführten Institutionen gehört. In Satz 2 werden die Kassenärztlichen Vereinigungen sowie die Krankenkassen und ihre Verbände ermächtigt, die Vertragsärzte und die Versicherten auf der Basis der Qualitätsberichte auch vergleichend über die Qualitätsmerkmale der Krankenhäuser zu informieren und Empfehlungen auszusprechen. Jeglicher Empfehlung immanent ist dabei die Voraussetzung, dass die Angaben sachan-

---

43 Stollmann, GesR 2007, 303, 308 f.; Bohle in: Düsseldorfer Krankenhausrechtstag 2010, S. 109, 130 f.
44 Zu Rechtsschutzfragen betreffend die Planungsentscheidung vgl. Stollmann in: Huster/Kaltenborn, Krankenhausrecht, 2. Aufl. 2017, § 4 Rn. 169 f.; Trefz, f.&w 2006, 316, 321 f.
45 Bohle, GesR 2016, 605, 610 f.
46 Gesetz zur Änderung des Infektionsschutzgesetzes und weiterer Gesetze v. 28.7.2011, BGBl. I, 1622.
47 Roters in: KassKomm, § 136 b SGB V Rn. 23.
48 Vgl. aber auch den Hinweis auf unerwünschte Effekte bei Roters in: KassKomm, § 136 b SGB V Rn. 22.
49 Blöcher in: jurisPK-SGB V, § 136 b Rn. 25.
50 Weiterführend Becker in: Becker/Kingreen, SGB V, § 136 b Rn. 14; Dalichau in: Prütting, Medizinrecht, § 136 b SGB V Rn. 71 f.; Roters in: KassKomm, § 136 b SGB V Rn. 25.

gemessen, zutreffend und chancengleich sind.[51] Zudem sind nach Satz 3 auch die Krankenhäuser verpflichtet, ihre Berichte auf einer Internetseite leicht auffindbar zu veröffentlichen.

29 6. **Erprobung von Anreizen (Abs. 1 S. 1 Nr. 4, Abs. 8).** Mit dem KHSG ist die Regelungsbefugnis des G-BA nach Abs. 1 S. 1 Nr. 4 iVm Abs. 8 um die Bestimmung von vier Leistungen oder Leistungsbereichen – auch in Kombination[52] – erweitert worden, zu denen die Krankenkassen (oder deren Zusammenschlüsse) die neuen Qualitätsverträge nach § 110a abschließen sollen. Die Verträge selbst zielen auf eine Erprobung ab, *„inwieweit sich eine weitere Verbesserung der Versorgung mit stationären Behandlungsleistungen, insbesondere durch die Vereinbarung von Anreizen sowie höherwertigen Qualitätsanforderungen erreichen lässt"* (vgl. hierzu § 110a Abs. 1 S. 2). Zwar obliegt es dem Spitzenverband Bund der Krankenkassen und der Deutschen Krankenhausgesellschaft, die verbindlichen Rahmenvorgaben für den Inhalt der Verträge festzulegen (vgl. hierzu § 110a Abs. 2 S. 1); die Auswahl dafür geeigneter Leistungen oder Leistungsbereiche hat der Gesetzgeber aber dem G-BA übertragen.[53] Bei der Entscheidung über die Geeignetheit wird der Ausschuss zu berücksichtigen haben, dass für den Bereich der stationären Versorgung bereits eine Reihe von Qualitätssicherungsvorgaben (zB Strukturvorgaben, Qualitätszuschläge und -abschläge, Mindestmengenkatalog) besteht. Um mögliche Qualitätsverbesserungen eindeutig zuordnen zu können, bieten sich für die Auswahlentscheidung daher Leistungen oder Leistungsbereiche mit Verbesserungspotential an, für die bisher keine Qualitätssicherungsvorgaben festgelegt worden sind.[54]

30 Nach Abs. 8 S. 1 und 2 hat der G-BA bis zum 31.12.2017 die vier Leistungen oder Leistungsbereiche in einem Beschluss zu bestimmen. Ferner hat er nach Ablauf des Erprobungszeitraums das IQTiG mit einer **Evaluation** zu beauftragen; dadurch soll geklärt werden, ob und ggf. inwieweit sich die Versorgungsqualität durch den Abschluss der Qualitätsverträge verbessert hat. In die Vergleichsbetrachtung sind Krankenhäuser ohne Qualitätsverträge miteinzubeziehen (Abs. 8 S. 3).

31 7. **Katalog für qualitätsorientierte Vergütung (Abs. 1 S. 1 Nr. 5, Abs. 9).** Ferner ist mit dem KHSG die Regelungsbefugnis des G-BA nach Abs. 1 S. 1 Nr. 5 um die Berechtigung zur Einführung eines Katalogs von Leistungen oder Leistungsbereichen – ggfls. auch kombiniert (→ Rn. 29) –, die sich für eine qualitätsabhängige Vergütung mit Zu- und Abschlägen eignen, erweitert worden. In dem Katalog sind auch die erforderlichen Qualitätsziele und -indikatoren festzulegen, die im Zusammenhang mit einer qualitätsabhängigen Vergütung zu berücksichtigen sind. Die Vorschrift korrespondiert mit der Ergänzung von § 5 Abs. 3a KHEntgG durch das KHSG und führt auch für den stationären Bereich das Instrument der Pay for Performance ein. Die Erstellung des Katalogs hat dementsprechend die unerwünschten Effekte finanzieller Anreize zu vermeiden und Bereiche auszuwählen, in denen möglichst valide und – soweit Indikatoren der Ergebnisqualität eingesetzt werden – auch risikoadjustierte Daten generiert werden können.[55] Die Aufgabe des GBA beschränkt sich dabei nicht auf die Auswahl der Leistungen oder Leistungsbereiche, sondern umfasst auch die Qualitätsziele und -indikatoren, die den Zu- und Abschlagsvereinbarungen nach KHEntgG zu Grunde gelegt werden müssen. Damit korrespondiert im Übrigen das gestufte System für die Folgen nicht eingehaltener Qualitätssicherungsvorgaben nach § 137 Abs. 1, das neben Maßnahmen zur Beratung und Unterstützung je nach Art und Schwere der Verstöße gegen wesentliche Qualitätsanforderungen angemessene Maßnahmen zu deren Durchsetzung (zB Vergütungsabschläge, Information Dritter über die Verstöße etc) vorsieht. (→ § 136 Rn. 17; § 137 Rn. 3 f).

32 Nach Abs. 9 S. 1 und 2 hat der G-BA bis zum 31.12.2017 die Leistungen oder Leistungsbereiche in einem Beschluss zu bestimmen, die sich für die Festlegung einer qualitätsabhängigen Vergütung eignen. Ausdrücklich ausgenommen sind Leistungen, bei denen zwingende Qualitätssicherungsvorgaben (Mindestanforderungen nach § 136 Abs. 1 S. 1 Nr. 2) einzuhalten sind; werden diese nicht erfüllt, entfällt der gesamte Vergütungsanspruch (§ 137 Abs. 1 S. 3 Nr. 2). Schließlich wird dem G-BA aufgegeben, im Zusammenhang mit der qualitätsabhängigen Vergütung alle erforderlichen Bestimmungen für

---

51 So auch Dalichau in: Prütting, Medizinrecht, § 136b SGB V Rn. 72.
52 Dazu Dalichau in: Prütting, Medizinrecht, § 136b SGB V Rn. 33; Roters in: KassKomm, § 136b SGB V Rn. 26.
53 Vgl. Becker in: Becker/Kingreen, SGB V, § 136b Rn. 15; Blöcher in: jurisPK-SGB V, § 136b Rn. 27; Roters in: KassKomm, § 136b SGB V Rn. 26 f.; Murawski in: LPK-SGB V, § 136b Rn. 5, 14.
54 So auch Blöcher in: jurisPK-SGB V, § 136b Rn. 27; aA wohl Dalichau in: Prütting, Medizinrecht, § 136b SGB V Rn. 36.
55 Roters in: KassKomm, § 136b SGB V Rn. 28.

ein geeignetes Verwaltungsverfahren unter Einbeziehung der erforderlichen Datenübermittlung und -auswertung festzulegen (Abs. 9 S. 3 bis 6).[56]

§ 136 c Beschlüsse des Gemeinsamen Bundesausschusses zu Qualitätssicherung und Krankenhausplanung

(1) [1]Der Gemeinsame Bundesausschuss beschließt Qualitätsindikatoren zur Struktur-, Prozess- und Ergebnisqualität, die als Grundlage für qualitätsorientierte Entscheidungen der Krankenhausplanung geeignet sind und nach § 6 Absatz 1 a des Krankenhausfinanzierungsgesetzes Bestandteil des Krankenhausplans werden. [2]Der Gemeinsame Bundesausschuss übermittelt die Beschlüsse zu diesen planungsrelevanten Qualitätsindikatoren als Empfehlungen an die für die Krankenhausplanung zuständigen Landesbehörden; § 91 Absatz 6 bleibt unberührt. [3]Ein erster Beschluss ist bis zum 31. Dezember 2016 zu fassen.

(2) [1]Der Gemeinsame Bundesausschuss übermittelt den für die Krankenhausplanung zuständigen Landesbehörden sowie den Landesverbänden der Krankenkassen und den Ersatzkassen regelmäßig einrichtungsbezogen Auswertungsergebnisse der einrichtungsübergreifenden Qualitätssicherung zu nach Absatz 1 Satz 1 beschlossenen planungsrelevanten Qualitätsindikatoren sowie Maßstäbe und Kriterien zur Bewertung der Qualitätsergebnisse von Krankenhäusern. [2]Hierfür hat der Gemeinsame Bundesausschuss sicherzustellen, dass die Krankenhäuser dem Institut nach § 137 a zu den planungsrelevanten Qualitätsindikatoren quartalsweise Daten der einrichtungsübergreifenden Qualitätssicherung liefern. [3]Er soll das Auswertungsverfahren einschließlich des strukturierten Dialogs für diese Indikatoren um sechs Monate verkürzen.

(3) [1]Der Gemeinsame Bundesausschuss beschließt erstmals bis zum 31. Dezember 2016 bundeseinheitliche Vorgaben für die Vereinbarung von Sicherstellungszuschlägen nach § 17 b Absatz 1 a Nummer 6 des Krankenhausfinanzierungsgesetzes in Verbindung mit § 5 Absatz 2 des Krankenhausentgeltgesetzes. [2]Der Gemeinsame Bundesausschuss hat insbesondere Vorgaben zu beschließen
1. zur Erreichbarkeit (Minutenwerte) für die Prüfung, ob die Leistungen durch ein anderes geeignetes Krankenhaus, das die Leistungsart erbringt, ohne Zuschlag erbracht werden können,
2. zur Frage, wann ein geringer Versorgungsbedarf besteht, und
3. zur Frage, für welche Leistungen die notwendige Vorhaltung für die Versorgung der Bevölkerung sicherzustellen ist.

[3]Bei dem Beschluss sind die planungsrelevanten Qualitätsindikatoren nach Absatz 1 Satz 1 zu berücksichtigen. [4]Der Gemeinsame Bundesausschuss legt in dem Beschluss auch das Nähere über die Prüfung der Einhaltung der Vorgaben durch die zuständige Landesbehörde nach § 5 Absatz 2 Satz 5 des Krankenhausentgeltgesetzes fest. [5]Den betroffen medizinischen Fachgesellschaften ist Gelegenheit zur Stellungnahme zu geben. [6]Die Stellungnahmen sind bei der Beschlussfassung zu berücksichtigen.

(4) [1]Der Gemeinsame Bundesausschuss beschließt bis zum 31. Dezember 2017 ein gestuftes System von Notfallstrukturen in Krankenhäusern, einschließlich einer Stufe für die Nichtteilnahme an der Notfallversorgung. [2]Hierbei sind für jede Stufe der Notfallversorgung insbesondere Mindestvorgaben zur Art und Anzahl von Fachabteilungen, zur Anzahl und Qualifikation des vorzuhaltenden Fachpersonals sowie zum zeitlichen Umfang der Bereitstellung von Notfallleistungen differenziert festzulegen. [3]Der Gemeinsame Bundesausschuss berücksichtigt bei diesen Festlegungen planungsrelevante Qualitätsindikatoren nach Absatz 1 Satz 1, soweit diese für die Notfallversorgung von Bedeutung sind. [4]Den betroffenen medizinischen Fachgesellschaften ist Gelegenheit zur Stellungnahme zu geben. [5]Die Stellungnahmen sind bei der Beschlussfassung zu berücksichtigen. [6]Der Gemeinsame Bundesausschuss führt vor Beschlussfassung eine Folgenabschätzung durch und berücksichtigt deren Ergebnisse.

Literatur:
Siehe § 136.

---

[56] Dazu Dalichau in: Prütting, Medizinrecht, § 136 b SGB V Rn. 40 f.; Roters in: KassKomm, § 136 b SGB V Rn. 30.

I. Allgemeines	1	d) Fristsetzung	13
II. Regelungsgehalt	5	2. Einrichtungsbezogene Auswertungsergebnisse (Abs. 2)	14
1. Planrelevante Qualitätsindikatoren (Abs. 1)	5	3. Sicherstellungszuschläge (Abs. 3)	16
a) Qualitätsindikatoren zur Struktur-, Prozess- und Ergebnisqualität	5	4. Notfallstrukturen (Abs. 4)	22
b) Relevanz für die Länder	9	III. Geplante Änderung durch das Blut- und Gewebegesetz	26
c) Bindungswirkung für die übrigen Beteiligten	12		

I. Allgemeines

1 Die Vorschrift beauftragt den G-BA mit der Qualitätssicherung im Kontext der Krankenhausplanung. Die Regelung ist mit Wirkung zum 1.1.2016 durch das Krankenhausstrukturgesetz (KHSG) und die damit verbundene Neustrukturierung der Qualitätssicherungsvorgaben im Recht der gesetzlichen Krankenversicherung neu eingeführt worden. Durch das Gesetz zur Weiterentwicklung der Versorgung und der Vergütung für psychiatrische und psychosomatische Leistungen (PsychVVG)[1] wurden kleinere redaktionelle Änderungen in Abs. 2 und Abs. 4 vorgenommen.

2 Zusammengenommen stellt dies einen umfassenden Ansatz des Bundes dar, über den G-BA intensiver auf das materielle Planungsrecht in den Ländern einzuwirken. Zielsetzung ist es, eine bundesweit einheitliche Entscheidungspraxis der Länder zu erreichen. Dies freilich relativiert durch die Abweichungsbefugnisse und originären Plankompetenzen der Länder (→ Rn. 9 f.), so dass gelegentlich schon von einem gesetzgeberischen Spagat die Rede ist.[2] Kompetenzrechtlich beruft sich der Gesetzgeber bezüglich sämtlicher Neuregelungen auf Art. 74 Abs. 1 Nr. 19a GG,[3] bewegt sich damit aber auf einem verfassungsrechtlich schmalen Grat.[4]

3 In den beiden ersten Absätzen ist § 136c eng mit den Änderungen im Krankenhausplanungsrecht (§§ 1, 6 und 8 KHG) und in den §§ 109, 110 verbunden und dient im Wesentlichen der Verzahnung des GKV-Rechts mit dem Recht der Krankenhausplanung. Die gesetzliche Systematik wird dabei von einem „Dreiklang" dominiert: § 136c Abs. 1 beauftragt den G-BA, Beschlüsse zu Qualitätssicherung und Krankenhausplanung betr. Qualitätsindikatoren zur Struktur-, Prozess- und Ergebnisqualität zu erlassen und den in Abs. 2 enthaltenen Übermittlungspflichten nachzukommen, zentrale Regelungen für die Krankenhausplanung der Länder enthalten die §§ 1 Abs. 1, 6 Abs. 1a, 8 Abs. 1a bis 1c, 8 Abs. 2 S. 2 KHG nF und spiegelbildliche Regelungen betreffend die Qualitätssicherung für den Abschluss von Versorgungsverträgen und eine Stärkung der Rechte der Kostenträger bei der Kündigung (auch) von Plankrankenhäusern sind in den §§ 109, 110 aufgeführt.

4 Komplettiert wird dies durch entsprechende Ermächtigungen des G-BA bzgl. bundeseinheitlicher Vorgaben für die Vereinbarung von Sicherstellungszuschlägen nach § 17b Abs. 1a Nr. 6 KHG iVm § 5 Abs. 2 KHEntgG in Abs. 3 und eines gestuften Systems von Notfallstrukturen in Krankenhäusern in Abs. 4, wobei jeweils die planungsrelevanten Qualitätsindikatoren nach Abs. 1 einzubeziehen sind.

II. Regelungsgehalt

5 **1. Planrelevante Qualitätsindikatoren (Abs. 1). a) Qualitätsindikatoren zur Struktur-, Prozess- und Ergebnisqualität.** Abs. 1 S. 1 ermächtigt den G-BA, Qualitätsindikatoren zur Struktur-, Prozess- und Ergebnisqualität[5] zu beschließen, die als Grundlage für qualitätsorientierte Entscheidungen der Krankenhausplanung geeignet sind und nach § 6 Abs. 1a KHG Bestandteil des jeweiligen (Landes-)Krankenhausplans werden sollen. Die Novellierung beinhaltet einen gesetzlichen Auftrag an den G-BA, derartige Qualitätsindikatoren zu entwickeln, die an die zuständigen Landesbehörden für die Krankenhausplanung übermittelt werden müssen und geeignet sind, rechtssichere Kriterien und Grundlagen für Planungsentscheidungen der Länder zu sein (planungsrelevante Indikatoren). Mit dieser Einbeziehung

---

1 Vom 19.12.2016, BGBl. I, 2986; dazu etwa DKG, KH 2016, 565.
2 So etwa Roters in: KassKomm, § 136c SGB V Rn. 2.
3 Vgl. BT-Dr. 18/5372, 38 f.
4 Vgl. Bohle, GesR 2016, 605, 607 f.; Clemens in: Düsseldorfer Krankenhausrechtstag 2015, S. 19, 20 f.; Stollmann, NZS 2016, 201, 202 f.
5 Zur Definition von Qualität und der Konkretisierung der Begriffe Struktur-, Prozess- und Ergebnisqualität im Kontext des SGB V vgl. Pütter in: Dettling/Gerlach, Krankenhausrecht, vor § 137 SGB V Rn. 3 f.; Becker in: Becker/Kingreen, SGB V, § 113 Rn. 3, § 135a Rn. 5 f.

der Empfehlungen des G-BA in die Krankenhausplanung sollen die Länder in der Zielausrichtung hin zu qualitätsorientierten Entscheidungen in der Krankenhausplanung unterstützt werden.[6]

Ausgehend von der gesetzlichen Systematik kommen als Indikatoren zB für die Strukturqualität apparative oder bauliche Anforderungen wie auch Richtwerte für die Personalausstattung in Betracht.[7] Die ersten Indikatoren des G-BA[8] fokussieren sich demgegenüber auf die Behebung einzelner Versorgungsmängel und bilden nur isolierte Leistungen ab, stellen jedoch kein Abbild einer relevanten Planungsebene (zB einer Abteilung) dar. Leitgedanke des beschlossenen ersten Indikatorensets ist die „Abwendung von Patientengefährdung" und die Behebung von Versorgungsmängeln. Fachlich lässt sich damit die Verwirklichung planungsspezifischer Gesichtspunkte kaum gewährleisten, weil strukturelle Aspekte weithin ausgeblendet werden. Auch das BMG geht in seiner Nichtbeanstandung mit Auflage vom 24.2.2017 (Az.: 213 – 21432 – 67) davon aus, dass der G-BA das Institut für Qualitätssicherung und Transparenz im Gesundheitswesen (IQTIG) umgehend mit den notwendigen Weiterentwicklungen, insbesondere mit stärker differenzierten Maßstäben und Kriterien zur Bewertung der Qualitätsergebnisse durch die Krankenhausplanungsbehörden der Länder beauftragt. 6

Generell wird man in Verfolgung des gesetzgeberischen Auftrags nicht umhin kommen, sich mehr auf einen Indikatorenset zur Bewertung der Versorgungsqualität planungsrelevanter Einheiten denn auf isolierte Indikatoren zu konzentrieren. Im Kern bedingt der Verweis auf das Planungsrecht nämlich, für das heterogene Leistungsgeschehen kompletter Leistungseinheiten – idealiter Abteilungen oder (Teil-)Gebiete – ein Bündel an Indikatoren zu identifizieren, bei deren unzureichender Berücksichtigung durch die Klinik die Qualität sämtlicher Leistungen in der definierten Einheit potenziell in Mitleidenschaft gezogen wird.[9] 7

Jedenfalls für die ersten, bis zum 31.12.2016 zu erlassenen Indikatoren hat der Gesetzgeber „… nicht erwartet, dass innerhalb des gegebenen Zeitraums Studien hinreichende Belege für die Effekte jedes Indikators auf das Leistungsgeschehen einer Abteilung insgesamt erbringen werden. Deshalb darf sich die begründete und zB durch wissenschaftliche Aussagen untermauerte Einschätzung genügen, dass eine überwiegende Wahrscheinlichkeit für die Verbesserung der Versorgungsqualität bei der Anwendung des betreffenden Indikators spricht."[10] Ob dies auch für die weiteren noch zu erlassenden Indikatoren gilt oder an diese uU höhere Evidenzmaßstäbe zu legen sind, wird der Grenzziehung durch die Rechtsprechung vorbehalten bleiben.[11] 8

b) Relevanz für die Länder. Relativ lapidar verkündet das Gesetz, die Empfehlungen des G-BA zu den planungsrelevanten Qualitätskriterien seien „Bestandteil des Krankenhausplans" (vgl. Abs. 1 S. 1 iVm § 6 Abs. 1 a S. 1 KHG). Demgegenüber soll im Verhältnis zu den für die Krankenhausplanung zuständigen Ländern ausschließlich ein empfehlender Charakter der vom G-BA zu beschließenden Qualitätsindikatoren gelten.[12] Damit sind die planungsrelevanten Qualitätsindikatoren des G-BA zur Struktur-, Prozess- und Ergebnisqualität für die Länder und deren Planungsbehörden aber kaum mehr als antizipierte Sachverständigengutachten, wofür jedenfalls auch die wörtliche Formulierung des Gesetzes spricht („als *Grundlage … geeignet*"; „ … als *Empfehlungen* an die …"). 9

Die Länder haben damit im Rahmen ihrer Gesetzgebungsbefugnis und der damit einhergehenden Planungskompetenzen die Möglichkeit, durch Landesrecht die Geltung der planungsrelevanten Qualitätsindikatoren entweder generell auszuschließen oder einen Ausschluss nur einzelner Qualitätsindikatoren vorzusehen (vgl. auch § 6 Abs. 1 a S. 2, Hs. 1 KHG). Im Fall eines generellen Ausschlusses entfalten sämtliche vom G-BA empfohlenen planungsrelevanten Qualitätsindikatoren keine Rechtsverbindlichkeit in dem jeweiligen Land. Bei einem teilweisen Ausschluss gilt Entsprechendes naturgemäß ausschließlich für die jeweils ausgeschlossenen Indikatoren. Das betreffende Land kann in Bezug auf je- 10

---

6 So jedenfalls BR-Dr. 277/15, 55 f.; zu den bisherigen Bestrebungen auf Länderebene vgl. Lafontaine/Stollmann, NZS 2014, 406; Metzner in: Düsseldorfer Krankenhausrechtstag 2013, S. 61; Prütting, GesR 2012, 332.
7 Vgl. Murawski in LPK-SGB V, § 136 c Rn. 2.
8 Vgl. BAnz AT vom 2.1.2017, B 1; dazu auch Roters in: KassKomm, § 136 c SGB V Rn. 10.
9 Mit dieser Tendenz auch Roters in: KassKomm, § 136 c SGB V Rn. 5; aA offenbar Dalichau in: Prütting, Medizinrecht, § 136 c SGB V Rn. 2 und 15, der von einer „Beplanung von Einzelleistungen" ausgeht.
10 So ausdrücklich BT-Dr. 18/5372, 90.
11 Skeptisch bzgl. der Erfüllbarkeit weitergehender Anforderungen Roters in: KassKomm, § 136 c SGB V Rn. 11.
12 Vgl. BT-Dr. 18/5372, 89 f.; dazu bereits Stollmann, NZS 2016, 201, 204; vgl. auch Wollenschläger in: Düsseldorfer Krankenhausrechtstag 2016, S. 15, 17 f.; verhalten kritisch zum „Spagat" des Gesetzgebers Roters in: KassKomm, § 136 c SGB V Rn. 2, 6 f.

den einzelnen vom G-BA beschlossenen Qualitätsindikator entscheiden, ob und gegebenenfalls in welcher Form er Bestandteil des Krankenhausplans werden soll.[13]

11 Landesseitig reichen die Reaktionsmöglichkeiten damit von einer dynamischen Verweisung im jeweiligen Landeskrankenhausgesetz über eine statische Verweisung bis hin zur Möglichkeit einer Art dynamischer Delegation. Der Landesgesetzgeber hat kraft der offenen Formulierung des Bundesrechts – vor allem aber aufgrund der originären Gesetzgebungskompetenz für die Krankenhausplanung aus Art. 70 GG[14] – die Möglichkeit, die G-BA-Beschlüsse zu den planungsrelevanten Qualitätsindikatoren nicht generell zu akzeptieren oder pauschal abzulehnen. Im Landeskrankenhausgesetz kann zB vorgesehen werden, dass diese Entscheidung im Einzelfall angesichts ihrer Fachlichkeit der Exekutive als Plangeber überantwortet wird. Die konkrete Übernahme oder der Ausschluss planungsrelevanter Qualitätsindikatoren würde also im jeweiligen Landes(rahmen)plan erfolgen. So kann einerseits verhindert werden, dass für ein Land ungeeignete Vorstellungen zu einem verbindlichen Planungsparameter werden, andererseits können ggfs. taugliche planungsrelevante Qualitätsindikatoren in einen zukünftigen Krankenhausplan übernommen werden.

12 **c) Bindungswirkung für die übrigen Beteiligten.** Durch eine Unberührtheitsklausel in Abs. 1 S. 2, Hs. 2 weist der Gesetzgeber darauf hin, dass – ungeachtet der Einstufung der planungsrelevanten Qualitätsindikatoren „als Empfehlung" für die Länder – § 91 Abs. 6 mit der darin enthaltenen Verbindlichkeitsklausel Geltung beansprucht. Dies hat eine „Janusköpfigkeit" der Beschlüsse nach Abs. 1 zur Folge. Die Verbindlichkeitsanordnung des § 91 beinhaltet in dem systematischen Kontext und nach den Regelungsabsichten des Gesetzgebers eine unmittelbare Normverbindlichkeit im Außenverhältnis, die zugleich auch maßstabsbildend für die Gerichte sein soll.[15] Dieser Aspekt kann insbesondere für die Krankenhausaufsicht von Relevanz sein,[16] zugleich aber auch für den Abschluss bzw. die Kündigung von Versorgungsverträgen mit den Kostenträgern (dazu → Rn. 3). Schließlich dürfte die Verbindlichkeit auch für das Entgeltrecht und vergütungsrechtliche Konflikte zwischen den Beteiligten wirken.[17]

13 **d) Fristsetzung.** Abs. 1 S. 3 hat den G-BA verpflichtet, einen „ersten Beschluss" bis zum 31.12.2016 zu fassen. Dies ist geschehen (→ Rn. 6) und damit zum einen die gesetzliche Verpflichtung zumindest formal umgesetzt und zum anderen der Einstieg in die bundesweite Qualitätsdiskussion in der stationären Versorgung gelungen. Die Verpflichtung, künftig und kontinuierlich weitere Qualitätsparameter zu entwickeln und zu evaluieren, bleibt davon unberührt.[18]

14 **2. Einrichtungsbezogene Auswertungsergebnisse (Abs. 2).** Ebenso sollen den zuständigen Landesbehörden nach Abs. 2 durch den G-BA regelmäßig einrichtungsbezogen Auswertungsergebnisse der einrichtungsübergreifenden stationären Qualitätssicherung zu den planungsrelevanten Qualitätsindikatoren sowie Maßstäbe und Kriterien zur Bewertung der Qualitätsergebnisse von Krankenhäusern zur Verfügung gestellt werden. Durch das Gesetz zur Weiterentwicklung der Versorgung und der Vergütung für psychiatrische und psychosomatische Leistungen (PsychVVG) wurde diese Verpflichtung auch auf die Krankenkassen erstreckt.[19] Der Gesetzgeber ist dabei davon ausgegangen, dass auch die Landesverbände der Krankenkassen und die Ersatzkassen die stärker differenzierten Bewertungsmaßstäbe und -kriterien für ihre Entscheidungen zum Abschluss oder zur Kündigung von Versorgungsverträgen benötigen (§ 109 Abs. 3 S. 1 Nr. 2).

15 Es handelt sich bei der Übermittlung der Auswertungsergebnisse nach Abs. 2 um eine eigenständige Verpflichtung, die zwar inhaltlich mit den planungsrelevanten Qualitätsindikatoren nach Abs. 1 verknüpft ist, aber auch in vielerlei Hinsicht – zumindest was Regelmäßigkeit, Einrichtungsbezug und insbesondere Maßstabsbildung anbelangt – darüber hinausgeht. Die Maßstäbe und Kriterien des G-BA müssen dabei belastbare Anhaltspunkte für Entscheidungen nach § 8 KHG liefern, ohne die Planungs- und Verwaltungshoheit der Länder zu beschneiden.

---

13 BR-Dr. 277/15, 56; von einer „faktisch verbindlichen Wirkung" geht Roters in: KassKomm, § 136 c SGB V Rn. 6, aus.
14 Dazu Clemens in: Düsseldorfer Krankenhausrechtstag 2015, S. 19, 20 f.; Stollmann, NZS 2016, 201, 202 f.; Wollenschläger/Schmidl, VSSR 2014, S. 117, 124 ff., 128.
15 Vgl. Harney in: Vorauflage, § 91 SGB V Rn. 64 f.; Schmidt-De Caluwe in: Becker/Kingreen, SGB V, § 91 Rn. 55.
16 Vgl. Stollmann in FS Dahm, S. 485, 498 f.
17 Dies verkennt Roters in: KassKomm, § 136 c SGB V Rn. 7.
18 So auch Blöcher in: jurisPK-SGB V, § 136 c Rn. 6; zu den inhaltlichen Anforderungen → Rn. 7 f.
19 Roters in: KassKomm, § 136 c SGB V Rn. 16.

3. Sicherstellungszuschläge (Abs. 3). Nach Abs. 3 obliegt es zukünftig dem G-BA, bundeseinheitliche 16 Vorgaben für die Vereinbarung von Sicherstellungszuschlägen nach § 17b Abs. 1a S. 6 KHG iVm § 5 Abs. 2 KHEntgG zu beschließen. Die Selbstverwaltungspartner auf Bundesebene (DKG, GKV-Spitzenverband, Verband der PKV) sind dafür nicht mehr zuständig, nachdem entsprechende Bemühungen jahrelang ohne Ergebnis geblieben sind.[20] Den ersten Beschluss zur Bestimmung bundeseinheitlicher Vorgaben für die Vereinbarung von Sicherstellungszuschlägen hat der Bundesausschuss nach Abs. 1 S. 3 bis zum 31.12.2016 zu fassen.

Fristgerecht hat der G-BA am 24.11.2016 dementsprechend die Erstfassung der „Regelungen für die 17 Vereinbarung von Sicherstellungszuschlägen gemäß § 136c Absatz 3 SGB V (Sicherstellungszuschläge-Regelungen)" beschlossen.[21] Nach § 1 der Sicherstellungszuschläge-Regelungen ist es deren Zweck, bundeseinheitliche Voraussetzungen für die Vereinbarung von Sicherstellungszuschlägen für basisversorgungsrelevante und im Krankenhausplan des jeweiligen Landes aufgenommene Krankenhäuser festzulegen, die aufgrund des geringen Versorgungsbedarfs die Vorhaltung von basisversorgungsrelevanten Leistungen nicht aus den Mitteln des Entgeltsystems für Krankenhäuser (Fallpauschalen und Zusatzentgelte) kostendeckend finanzieren können. Ein Krankenhaus ist basisversorgungsrelevant, wenn es für die flächendeckende Versorgung der Bevölkerung notwendig ist, weil bei Schließung des Krankenhauses kein anderes geeignetes Krankenhaus die Versorgung übernehmen kann. Basisversorgungsrelevante Leistungen in diesem Sinne sind in § 5 der Sicherstellungszuschläge-Regelungen näher definiert.[22]

Die Zuschläge sollen nach § 5 Abs. 2 S. 1 KHEntgG die Sicherstellung einer für die Versorgung der Bevölkerung notwendigen Vorhaltung derjenigen (stationären) Leistungen ermöglichen, die aufgrund des 18 geringen Versorgungsbedarfs nicht mit den auf Bundesebene vereinbarten Fallpauschalen und Zusatzentgelten nicht kostendeckend finanzierbar sind. Dabei ergibt sich aus der nicht abschließenden („insbesondere") Aufzählung in Abs. 3 S. 2, worauf sich die Vorgaben des Bundesausschusses inhaltlich zu beziehen haben. Der Gesetzgeber sieht hier etwa zeitliche/räumliche (Abs. 3 S. 2 Nr. 1) oder sachliche Aspekte (Abs. 3 S. 2 Nrn. 2 und 3) als ausschlaggebend an.[23] Der G-BA hat dies in den §§ 3 bis 5 der Sicherstellungszuschläge-Regelungen ausgestaltet.[24]

Sobald (und soweit) planungsrelevante Qualitätsindikatoren nach Abs. 1 S. 1 vorliegen, sind sie vom 19 Bundesausschuss einzubeziehen (Abs. 3 S. 3). Damit sollen die Belange der Versorgungssicherheit mit denen der Qualitätssicherung in Einklang gebracht werden, etwa durch die Verknüpfung von Sicherstellungszuschlägen mit der Verpflichtung zur Durchführung von Qualitätssteigerungen.[25] § 6 der Sicherstellungszuschläge-Regelungen beinhaltet insoweit weitere Maßgaben und verweist etwa auf Auflagen oder Umsetzungsfristen.[26]

Ebenfalls zu den fachlichen Vorgaben für den G-BA zählt die Verpflichtung, in dem Beschluss auch das 20 Nähere über die Prüfung der Einhaltung der Vorgaben durch die zuständige Landesbehörde nach § 5 Abs. 2 S. 5 KHEntgG festzulegen (Abs. 3 S. 4). Entsprechende dezidierte Verfahrensregelungen enthält § 7 der Sicherstellungszuschläge-Regelungen. Damit gibt der G-BA zwar nähere Einzelheiten für die Durchführung der Prüfung durch die Landesbehörde(n) vor, das Vorliegen der Voraussetzungen selbst wird aber durch die zuständige Landesbehörde geprüft. Zudem kann nach § 5 Abs. 2 S. 2 KHEntgG ein Land durch Rechtsverordnung abweichende oder ergänzende Vorgaben erlassen, um etwa regionalen oder versorgungspolitischen Besonderheiten Rechnung zu tragen.[27]

Den betroffenen medizinischen Fachgesellschaften ist vorher Gelegenheit zu einer Stellungnahme zu 21 geben, die bei der Beschlussfassung zu berücksichtigen sind (Abs. 3 S. 5 und 6).[28] Da es an einer dem

---

[20] Vgl. dazu Rau, KH 2015, 1121, 1128 f.; zum Altrecht insoweit auch Bohle, GesR 2016, 605, 611 f.
[21] BAnz AT 21.12.2016 B3; dazu Trefz f.&w 2017, 372.
[22] Dazu näher Roters in: KassKomm, § 136c SGB V Rn. 26; Trefz f.&w 2017, 372, 373 f.
[23] Becker in: Becker/Kingreen, SGB V, § 137c Rn. 7; Dalichau in: Prütting, Medizinrecht, § 136c SGB V Rn. 26 f.; Rau, KH 2015, 1121, 1130.
[24] Vertiefend Roters in: KassKomm, § 136c SGB V Rn. 21 f.; Trefz f.&w 2017, 372, 374.
[25] BT-Dr. 18/5372, 91; Becker in: Becker/Kingreen, SGB V, § 137c Rn. 7; Dalichau in: Prütting, Medizinrecht, § 136c SGB V Rn. 30.
[26] Vgl. auch Roters in: KassKomm, § 136c SGB V Rn. 27.
[27] Vgl. Becker in: Becker/Kingreen, SGB V, § 137c Rn. 9; mit dem Hinweis auf weitergehende entgeltrechtliche Konsequenzen auch Rau, KH 2015, 1121, 1130; Bohle, GesR 2016, 605, 612.
[28] Dazu Becker in: Becker/Kingreen, SGB V, § 137c Rn. 8; Roters in: KassKomm, § 136c SGB V Rn. 30 mit dem zutreffenden Hinweis auf die Regelungsidentität zu § 92 Abs. 7d und § 137f Abs. 2 S. 5.

Abs. 4 S. 7 entsprechenden Regelung fehlt (→ Rn. 26), bedarf es vorab keiner entsprechenden Folgenabschätzung.

22 **4. Notfallstrukturen (Abs. 4).** Nach Abs. 4 hat der Gemeinsame Bundesausschuss außerdem ein gestuftes System für die Notfallversorgung in den Krankenhäusern zu beschließen. Hierbei sind für jede Versorgungsstufe die strukturellen Voraussetzungen (Anzahl/Art der teilnehmenden Fachabteilungen, Anzahl/Qualifikation des vorzuhaltenden Personals, medizintechnische Ausstattung, zeitlicher Umfang der Teilnahme etc) zu bestimmen.[29] Dabei ist die unterste Stufe unter Berücksichtigung der Vorgaben für die beim Sicherstellungszuschlag für die Versorgung notwendigen Leistungen festzulegen. Die höchste Stufe ist hingegen für eine umfassende Notfallversorgung in Universitätskliniken oder Kliniken der Maximalversorgung vorzusehen.

23 Bei der Ermächtigung nach Abs. 4 handelt es sich um eine Parallelermächtigung zu den Sicherstellungsbeschlüssen nach Abs. 3, die ebenfalls eine finanzielle Unterstützung für die Vorhaltung bestimmter Strukturen bezwecken und die über Zuschläge von den Vertragspartnern zu vereinbaren sind (vgl. § 17b Abs. 1a Nr. 1 KHG, § 9 Abs. 1a Nr. 5 KHEntgG).

24 Den Beschluss über das gestufte System für die Notfallversorgung in den Krankenhäusern hat der Bundesausschuss bis zum 31.12.2017 zu fassen. Die ursprünglich durch das KHSG vorgesehene Frist (31.12.2016) ist durch das Gesetz zur Weiterentwicklung der Versorgung und der Vergütung für psychiatrische und psychosomatische Leistungen (PsychVVG)[30] verlängert worden.

25 Anders als im Falle der Sicherstellungszuschläge (→ Rn. 20) sind die planungsrelevanten Qualitätsindikatoren nach Abs. 1 S. 1 nur insoweit zu berücksichtigen, als sie für die Notfallversorgung von Relevanz sind (Abs. 4 S. 3). Den betroffenen medizinischen Fachgesellschaften ist vorher Gelegenheit zu einer Stellungnahme zu geben, die bei der Beschlussfassung zu berücksichtigen ist (Abs. 4 S. 5 und 6).[31] Durch das Gesetz zur Weiterentwicklung der Versorgung und der Vergütung für psychiatrische und psychosomatische Leistungen (PsychVVG) ist überdies die Verpflichtung des G-BA nach Abs. 4 S. 7 eingeführt worden, vor Beschlussfassung eine Folgenabschätzung durchzuführen und deren Ergebnisse zu berücksichtigen.

III. Geplante Änderung durch das Blut- und Gewebegesetz

26 Der Bundestag hat am 1.6.2017 das Gesetz zur Fortschreibung der Vorschriften für Blut- und Gewebezubereitungen und zur Änderung anderer Vorschriften verabschiedet,[32] das sich ein Tag nach seiner Verkündung wie folgt auf § 136c auswirken soll: Im Zuge einer Ergänzung des Abs. 2 soll klargestellt werden, dass die Maßstäbe und Kriterien, die der G-BA den Ländern für die Krankenhausplanung zusammen mit den planungsrelevanten Qualitätsindikatoren zu übermitteln hat, die Feststellung erlauben müssen, ob in erheblichem Maß unzureichende Qualitätsergebnisse vorliegen (Abs. 2 S. 2). Hierdurch sollen die Länder eine fundierte fachliche Grundlage erhalten, auf die sie etwaige Planungsentscheidungen nach § 8 Abs. 1a und 1b KHG stützen können, sofern sie die Geltung der planungsrelevanten Qualitätsindikatoren nicht gemäß § 6 Abs. 1a S. 2 KHG durch Landesrecht ganz oder teilweise ausgeschlossen oder eingeschränkt haben. Die „Maßstäbe und Kriterien zur Bewertung" müssen dabei iS von Referenzwerten – vergleichbar etwa den Grenz- oder Risikowerten im Umweltrecht – eine Hilfestellung leisten, ab wann eine kritische Unter- oder Überschreitung des jeweiligen Indikators vorliegt oder ggf. noch tolerierbar ist.[33]

§ 136d Evaluation und Weiterentwicklung der Qualitätssicherung durch den Gemeinsamen Bundesausschuss

¹Der Gemeinsame Bundesausschuss hat den Stand der Qualitätssicherung im Gesundheitswesen festzustellen, sich daraus ergebenden Weiterentwicklungsbedarf zu benennen, eingeführte Qualitätssicherungsmaßnahmen auf ihre Wirksamkeit hin zu bewerten und Empfehlungen für eine an einheitlichen Grundsätzen ausgerichtete sowie sektoren- und berufsgruppenübergreifende Qualitätssicherung im

---

29 Vertiefend Roters in: KassKomm, § 136c SGB V Rn. 35.
30 Vom 19.12.2016, BGBl. I, 2986; dazu etwa DKG, KH 2016, 565.
31 Dazu Becker in: Becker/Kingreen, SGB V, § 137c Rn. 8; Roters in: KassKomm, § 136c SGB V Rn. 30, 36.
32 BR-Dr. 456/17 v. 16.6.2017.
33 Ähnlich Roters in: KassKomm, § 136c SGB V Rn. 4.

Gesundheitswesen einschließlich ihrer Umsetzung zu erarbeiten. ²Er erstellt in regelmäßigen Abständen einen Bericht über den Stand der Qualitätssicherung.

Literatur:
Siehe § 136.

I. Allgemeines

§ 136 d wurde mit Wirkung vom 1.1.2016 durch das Gesetz zur Reform der Strukturen der Krankenhausversorgung (Krankenhausstrukturgesetz – KHSG) eingeführt. Die Vorschrift übernimmt den Wortlaut des bis zum 31.12.2015 geltenden § 137 b SGB V[1] und konkretisiert weitere Aufgaben des G-BA auf dem Gebiet der Qualitätssicherung in der Medizin. Kompetenzen und Aufgaben des G-BA für die Qualitätssicherung im Gesundheitswesen werden damit näher konturiert. Gesetzgeberische Zielsetzung ist es, die sektorenübergreifende Qualitätssicherung und Transparenz im Gesundheitswesen insgesamt – dh nicht nur für den GKV-Bereich – zu verbessern. Die praktische Relevanz des bisherigen § 137 b SGB V ist angesichts seines nur ergänzenden Charakters (→ Rn. 2) eher dürftig geblieben,[2] dies dürfte auch für die Neufassung gelten.

Die Vorschrift ergänzt die in § 92, insbesondere in § 92 Abs. 1 S. 2 Nr. 13 (Richtlinien zur Qualitätssicherung) enthaltenen **Aufgabenzuweisungen**. Vor allem ist sie aber im Zusammenhang mit den dem G-BA gleichfalls übertragenen Aufgaben im Bereich der Qualitätssicherung zu sehen (vgl. § 25 a Abs. 2 S. 4 für strukturierte Früherkennungsprogramme, § 116 b Abs. 4 für die ambulante spezialfachärztliche Versorgung, § 121 Abs. 6 für belegärztliche Leistungen, § 135 für Empfehlungen zu neuen Untersuchungs- und Behandlungsmethoden, §§ 136 bis 136 c für die Qualitätsbeurteilung und -sicherung in der vertragsärztlichen Versorgung und im Krankenhausbereich, § 137 e zur Erprobung von Untersuchungs- und Behandlungsmethoden, § 137 f für strukturierte Behandlungsprogramme).

Mit der Ursprungsfassung der Norm hat der Gesetzgeber an eine Empfehlung des Sachverständigenrates für die Konzertierte Aktion im Gesundheitswesen angeknüpft, der bereits in seinem Jahresgutachten 1989 empfohlen hatte, eine Einrichtung zur Förderung der Qualitätssicherung in der ambulanten und stationären Versorgung zu schaffen. Zu diesem Zweck hatte sich 1993 die Arbeitsgemeinschaft zur Förderung der Qualitätssicherung in der Medizin gegründet.[3] Seit dem 1.1.2004 obliegen die in § 136 d beschriebenen Aufgaben dem G-BA. Der Zuständigkeitswechsel ist vor dem Hintergrund zu sehen, dass der G-BA zum selben Zeitpunkt verpflichtet worden ist, für die Vertragsärzte und Krankenhäuser alle erforderlichen Qualitätsanforderungen festzulegen. Zur Vermeidung von Doppelstrukturen ist ihm auch die Zuständigkeit für die diese Sektoren übergreifende Qualitätssicherung sowie die Ermittlung und Benennung des Qualitäts- und Weiterentwicklungsbedarfs übertragen worden. Auf diese Weise soll eine einheitliche Gestaltung der **Qualitätssicherung** in der GKV erleichtert werden.

II. Regelungsgehalt

Dem G-BA sind nach § 136 d fünf **Aufgaben** zugewiesen:
1. Feststellung des Standes der Qualitätssicherung im Gesundheitswesen;
2. Benennung des sich hieraus ergebenden Weiterentwicklungsbedarfs;
3. Bewertung eingeführter Qualitätssicherungsmaßnahmen hinsichtlich ihrer Wirksamkeit;
4. Erarbeitung von Empfehlungen für eine an einheitlichen Grundsätzen ausgerichtete sowie sektoren- und berufsgruppenübergreifende Qualitätssicherung im Gesundheitswesen einschließlich ihrer Umsetzung;
5. Erstellung regelmäßiger Berichte über den Stand der Qualitätssicherung.

Die Regelung steht im **systematischen Kontext** der unterschiedlichsten Folgeregelungen. So bestimmt § 137 a, dass entsprechende Feststellungen zum Stand der Qualität im Gesundheitsbereich insbesondere durch ein unabhängiges Institut getroffen werden. Daneben kann sich der G-BA zur Erfüllung dieser Aufgabe zB auch der Erkenntnisse des Instituts für Qualität und Wirtschaftlichkeit im Gesundheitswesen (§ 139 a) bedienen. Über diese Möglichkeiten hinaus sind die Erkenntnisquellen des G-BA

---

1 Zur Vorgeschichte vgl. Dalichau in: Prütting, Medizinrecht, § 136 d SGB V Rn. 3; Murawski in: LPK-SGB V, § 136 d Rn. 1; Roters in: KassKomm, § 136 d SGB V Rn. 1; Schuler-Harms, Vorauflage, § 137 b Rn. 1.
2 Schuler-Harms, Vorauflage, § 137 b Rn. 2.
3 Dazu umfassend Freudenberg in: jurisPK-SGB V, § 136 d Rn. 9.

jedoch eher schwach ausgestaltet.⁴ So erstreckt sich zB die Verpflichtung zur Datenerhebung und -verarbeitung nach § 299 Abs. 1 nicht auf § 136 d.

6 Der G-BA hat auch Empfehlungen für eine an einheitlichen Grundsätzen orientierte sektorenübergreifende Qualitätssicherung zu erteilen. Die Beschlüsse über diese Empfehlungen sind nach § 91 Abs. 6 allerdings für die Träger, deren Mitglieder und Mitgliedskassen sowie für die Versicherten und Leistungserbringer nicht verbindlich.⁵

7 Bei Beschlüssen nach § 136 d haben die in § 140 f Abs. 1 genannten für die Wahrnehmung der Interessen der Patientinnen und Patienten und der Selbsthilfe chronisch kranker und behinderter Menschen maßgeblichen Organisationen ein eigenes Antragsrecht (§ 140 f Abs. 2 S. 5).

§ 137 Durchsetzung und Kontrolle der Qualitätsanforderungen des Gemeinsamen Bundesausschusses

(1) ¹Der Gemeinsame Bundesausschuss hat zur Förderung der Qualität ein gestuftes System von Folgen der Nichteinhaltung von Qualitätsanforderungen nach den §§ 136 bis 136 c festzulegen. ²Er ist ermächtigt, neben Maßnahmen zur Beratung und Unterstützung bei der Qualitätsverbesserung je nach Art und Schwere von Verstößen gegen wesentliche Qualitätsanforderungen angemessene Durchsetzungsmaßnahmen vorzusehen. ³Solche Maßnahmen können insbesondere sein
1. Vergütungsabschläge,
2. der Wegfall des Vergütungsanspruchs für Leistungen, bei denen Mindestanforderungen nach § 136 Absatz 1 Satz 1 Nummer 2 nicht erfüllt sind,
3. die Information Dritter über die Verstöße,
4. die einrichtungsbezogene Veröffentlichung von Informationen zur Nichteinhaltung von Qualitätsanforderungen.

⁴Die Maßnahmen sind verhältnismäßig zu gestalten und anzuwenden. ⁵Der Gemeinsame Bundesausschuss trifft die Festlegungen nach den Sätzen 1 bis 4 und zu den Stellen, denen die Durchsetzung der Maßnahmen obliegt, in grundsätzlicher Weise in einer Richtlinie nach § 92 Absatz 1 Satz 2 Nummer 13. ⁶Die Festlegungen nach Satz 5 sind vom Gemeinsamen Bundesausschuss in einzelnen Richtlinien und Beschlüssen jeweils für die in ihnen geregelten Qualitätsanforderungen zu konkretisieren. ⁷Bei wiederholten oder besonders schwerwiegenden Verstößen kann er von dem nach Satz 1 vorgegebenen gestuften Verfahren abweichen.

(2) ¹Der Gemeinsame Bundesausschuss legt in seinen Richtlinien über Maßnahmen der einrichtungsübergreifenden Qualitätssicherung eine Dokumentationsrate von 100 Prozent für dokumentationspflichtige Datensätze der Krankenhäuser fest. ²Er hat bei der Unterschreitung dieser Dokumentationsrate Vergütungsabschläge nach § 8 Absatz 4 des Krankenhausentgeltgesetzes oder § 8 Absatz 4 der Bundespflegesatzverordnung vorzusehen, es sei denn, das Krankenhaus weist nach, dass die Unterschreitung unverschuldet ist.

(3) ¹Der Gemeinsame Bundesausschuss regelt in einer Richtlinie die Einzelheiten zu den Kontrollen des Medizinischen Dienstes der Krankenversicherung nach § 275 a, die durch Anhaltspunkte begründet sein müssen. ²Er trifft insbesondere Festlegungen, welche Stellen die Kontrollen beauftragen, welche Anhaltspunkte Kontrollen auch unangemeldet rechtfertigen, zu Art, Umfang und zum Verfahren der Kontrollen sowie zum Umgang mit den Ergebnissen und zu deren Folgen. ³Der Gemeinsame Bundesausschuss hat hierbei vorzusehen, dass die nach Absatz 1 Satz 5 für die Durchsetzung der Qualitätsanforderungen zuständigen Stellen zeitnah einrichtungsbezogen über die Prüfergebnisse informiert werden. ⁴Er legt fest, in welchen Fällen der Medizinische Dienst der Krankenversicherung die Prüfergebnisse wegen erheblicher Verstöße gegen Qualitätsanforderungen unverzüglich einrichtungsbezogen an Dritte, insbesondere an jeweils zuständige Behörden der Länder zu übermitteln hat. ⁵Die Festlegungen des Gemeinsamen Bundesausschusses nach den Sätzen 1 und 2 sollen eine möglichst aufwandsarme Durchführung der Kontrollen nach § 275 a unterstützen.

---

4 So auch Freudenberg in: jurisPK-SGB V, § 136 d Rn. 12.
5 Dazu Dalichau in: Prütting, Medizinrecht, § 136 d SGB V Rn. 6, 17, dort Rn. 18 auch zu (mangelnden) Leistungspflichten der GKV unter Bezugnahme auf § 137 b; Roters in: KassKomm, § 136 d SGB V Rn. 4.

Literatur:
Siehe § 136.

I. Allgemeines	1	3. Kontrolle (Abs. 3)	10
II. Regelungsgehalt	3	III. Geplante Änderung durch das Blut- und	
1. Instrumente zur Durchsetzung (Abs. 1)	3	Gewebegesetz	14
2. Dokumentationsrate (Abs. 2)	8		

I. Allgemeines

Die Vorschrift wurde durch das Krankenhausstrukturgesetz (KHSG) und die damit verbundene Neustrukturierung der Qualitätssicherungsvorgaben im Recht der gesetzlichen Krankenversicherung mit Wirkung ab dem 1.1.2016 neu eingeführt und beauftragt den G-BA mit der Durchsetzung und Kontrolle seiner Qualitätsanforderungen. Die ursprünglich in § 137 Abs. 1 S. 2 aF normierte Möglichkeit von Vergütungsabschlägen war vom G-BA nicht genutzt worden. Mit der Novellierung hat der Gesetzgeber daher eine weitere Differenzierung und Schärfung des Instrumentariums vorgenommen. Während Abs. 1 den G-BA zu einem näher strukturierten Sanktionssystem ermächtigt, beinhaltet Abs. 2 nähere Vorgaben zur Durchsetzung der Dokumentationsvollständigkeit. Komplettiert wird das Instrumentarium durch Bestimmungen zum Einsatz des MDK nach Abs. 3. 1

Mit der Regelung wird die Zielsetzung verfolgt, zum Schutz der Patienten eine konsequente Einhaltung der Maßgaben und Anforderungen der Qualitätssicherung zu erreichen. Ausgehend von den schützenswerten Gemeinschaftsgütern der Gesundheit der Versicherten und der Finanzierung des GKV-Systems knüpft der Gesetzgeber damit im Kern an die BSG-Rechtsprechung an, die bei einem Verstoß gegen verbindliche Qualitätsvorgaben schon bislang über § 2 Abs. 1 S. 3 iVm § 12 Abs. 1 S. 1 den Wegfall des Vergütungsanspruchs judiziert hatte (→ § 136 Rn. 17). 2

II. Regelungsgehalt

1. Instrumente zur Durchsetzung (Abs. 1). Nach Abs. 1 hat der G-BA zur besseren Durchsetzung und Durchsetzbarkeit seiner Qualitätsanforderungen ein gestuftes Sanktionssystem für die Leistungserbringer festzulegen, die die nach den §§ 136 bis 136c festgesetzten Qualitätsanforderungen (noch) nicht erfüllen.[1] Dabei ist entsprechend dem Verhältnismäßigkeitsgrundsatz sowohl bei der Ausgestaltung als auch bei der Anwendung der Sanktionsmaßnahmen an die Art und Schwere des Qualitätsverstoßes anzuknüpfen.[2] Für die Ausgestaltung der Sanktionen hält Abs. 1 S. 3 einen nicht abschließenden Katalog („... insbesondere ....") bereit, der vom G-BA näher auszugestalten ist. So kann etwa auch für andere als die in Abs. 1 S. 3 Nr. 2 ausdrücklich genannten Mindererfüllungen der komplette Wegfall des Vergütungsanspruchs vorgesehen werden, wenn es dafür sachliche Gründe gibt.[3] Übergeordnete Zielsetzung ist bei alledem die Durchsetzung der Qualitätsanforderung, nicht die Sanktionierung als solche.[4] 3

Auf der untersten Stufe sollten zunächst Maßnahmen zur Förderung der Qualitätsverbesserung in Form von Beratungs- oder Unterstützungsleistungen nach Abs. 1 S. 2 greifen. Diese können durchaus mit den Sachverhaltsermittlungen einhergehen.[5] Bleibt dies erfolglos, kommen nachhaltigere Mechanismen wie ein Vergütungsabschlag, der komplette Wegfall des Vergütungsanspruchs oder die Weitergabe einrichtungsbezogener Informationen über den konkreten Qualitätsverstoß (zB an die für die Krankenhausplanung zuständigen Landesbehörden oder an Gesundheitsämter) in Betracht (vgl. Abs. 1 S. 3 Nrn. 1 bis 4). Bei wiederholten oder besonders schweren Verstößen eines Leistungserbringers gegen die Qualitätsanforderungen kann der G-BA nach Abs. 1 S. 7 Abweichungen von der gestuften Sanktionssystematik vorsehen.[6] 4

Überhaupt aber zu berücksichtigen, dass die Maßnahmen nach Abs. 1 S. 3 nicht notwendig in einem vorgegebenen Stufenverhältnis zueinander stehen und in der Schärfe der Sanktion auch nicht gleichsam zwingend fortschreiten. So kann etwa im Verhältnis der Nrn. 3 und 4 des Abs. 1 S. 3 die Eingriffstiefe danach variieren und auch danach eingesetzt werden, ob etwa eine Information (Nr. 3) 5

---

1 Zum bisherigen Vollzugsdefizit vgl. Dalichau in: Prütting, Medizinrecht, § 137 SGB V Rn. 12.
2 Dalichau in: Prütting, Medizinrecht, § 137 SGB V Rn. 11 f.; Roters in: KassKomm, § 137 SGB V Rn. 4.
3 Mit dieser Tendenz unter Bezug auf BT-Dr. 18/5372, 92 wohl auch Roters in: KassKomm, § 137 SGB V Rn. 7.
4 So auch Dalichau in: Prütting, Medizinrecht, § 137 SGB V Rn. 15.
5 Roters in: KassKomm, § 137 SGB V Rn. 5.
6 Dazu eingehend Becker in Becker/Kingreen, SGB V, § 137 Rn. 3 ff.

lediglich an die Ärztekammer oder unmittelbar an die Strafverfolgungsbehörden ergeht. Vergleichbares gilt auch für die Inhalte und dementsprechend die Wirkungen einer entsprechenden Veröffentlichung nach Nr. 4.[7] Sich an „Art und Schwere von Verstößen" (vgl. Abs. 1 S. 2) orientierend darf die Maßnahme ergriffen werden, die nach prognostischer Betrachtung das erkannte Defizit mit hinreichender Sicherheit innerhalb eines vertretbaren Zeitraums zu beseitigen geeignet ist.[8]

6 Aktivlegitimiert durch vom G-BA vorgesehene Sanktionsinstrumente kann zunächst der G-BA selbst sein – jedenfalls soweit dies von seinen Regelungen vorgesehen ist. Im Rahmen ihrer Zuständigkeit können überdies die durch die Richtlinien gebundenen Organisationen der gemeinsamen Selbstverwaltung Sanktionen gegenüber einzelnen Leistungserbringern aussprechen. So etwa die Krankenkassen im Rahmen von Vergütungsstreitigkeiten (→ § 136 Rn. 15), daneben aber auch spezifisch für die Qualitätssicherung eingesetzte Organisationen, wie zB Landesarbeitsgemeinschaften für sektorenübergreifende Qualitätssicherung oder Lenkungsgremien der externen stationären Qualitätssicherung auf Landesebene.[9]

7 In Abs. 1 nicht geregelt ist die Frage, ob die Anwendung der Maßnahmen ein Verschulden des Krankenhausträgers voraussetzt. Angesichts der objektivrechtlichen Ausgestaltung des Abs. 1 und des Fehlens einer Exkulpationsmöglichkeit, wie sie vergleichsweise in Abs. 2 S. 2 vorgesehen ist, sprechen überwiegende Gründe für eine Sanktionierung (auch) ohne subjektiven Schuldvorwurf.[10]

8 **2. Dokumentationsrate (Abs. 2).** Nach Absatz 2 hat der G-BA in der Richtlinie über Maßnahmen der Qualitätssicherung in Krankenhäusern (QSKH-RL) eine durchgehend vollständige Dokumentationsrate („100 Prozent") für entsprechende Datensätze festzulegen. Mit diesen Vorgaben hat der Gesetzgeber auf die Regelung in § 24 QSKH-RL reagiert, die Vergütungsabschläge (außer bei Transplantationen) erst bei einer Dokumentationsrate von unter 95 % vorsieht. Der G-BA wird die Regelung daher an die neuen gesetzlichen Vorgaben anpassen müssen. Ungeachtet dieser Sonderregelung sind vergleichbare Anordnungen in anderen Richtlinien oder Bestimmungen des G-BA nicht ausgeschlossen,[11] bedürfen aber ggfls. der sachlichen Rechtfertigung.

9 Jede Unterschreitung der Dokumentationsrate ist mit einem Vergütungsabschlag nach den entgeltrechtlichen Vorschriften zu verbinden. Dem kann das Krankenhaus allenfalls mit dem Nachweis einer unverschuldet unterbliebenen Dokumentation – bei dem die Darlegungs- und Beweislast beim Krankenhaus liegt – begegnen (Abs. 2 S. 2, 2. Hs.). Dabei handelt es sich um eine gegenüber Abs. 1 in jeder Hinsicht speziellere Regelung.

10 **3. Kontrolle (Abs. 3).** Nach Abs. 3 hat der G-BA außerdem alle erforderlichen Einzelheiten zu den Qualitätskontrollen festzulegen, die zukünftig der MDK (vgl. hierzu § 275 a) in den nach § 108 zugelassenen Krankenhäusern durchzuführen hat. Hintergrund ist, dass aus Sicht des Gesetzgebers die Durchsetzbarkeit der Qualitätsanforderungen – insbesondere auch die Durchsetzung des gestuften Sanktionssystems nach Abs. 1 – maßgeblich davon abhängt, dass deren Einhaltung auch kontrolliert wird.

11 Nach dem ursprünglichen Gesetzeswortlaut in Abs. 1 S. 1 („… die durch Anhaltspunkte begründet sein müssen.") hat der MDK die Kontrollen anlassbezogen durchzuführen; regelmäßige Routinekontrollen scheiden demnach aus. Als Anhaltspunkte für die Notwendigkeit einer Kontrolle kommen zB Hinweise auf Qualitätsmängel, Auffälligkeiten bei den Ergebnissen der externen Qualitätssicherung oder entsprechende Angaben in den Qualitätsberichten in Betracht.[12]

12 Hinsichtlich des vom G-BA festzulegenden Prüfungsumfangs (Abs. 3 S. 2) sind sowohl grundsätzliche Vorgaben als auch Vorgaben in Bezug auf spezielle Prüfungskonstellationen denkbar. Insgesamt hat der G-BA durch seine Verfahrensregelungen ein einheitliches und transparentes Vorgehen des MDK bei den Prüfungen sicherzustellen. In diesem Zusammenhang hat der G-BA auch zu regeln, an welche Stellen die Ergebnisse der Kontrollen zeitnah zu übermitteln sind (Abs. 3 S. 4). Dies gilt insbesondere bei schwerwiegenden Qualitätsmängeln, um sich daraus ergebenden Gefahren für die Sicherheit der Patienten frühzeitig entgegenwirken zu können.[13]

---

7 Roters in: KassKomm, § 137 SGB V Rn. 11.
8 Ähnlich Roters in: KassKomm, § 137 SGB V Rn. 11.
9 Dalichau in: Prütting, Medizinrecht, § 137 SGB V Rn. 3, 25.
10 AA Becker in Becker/Kingreen, SGB V, § 137 Rn. 6.
11 Ebenso Roters in: KassKomm, § 137 SGB V Rn. 14.
12 So auch Blöcher in: jurisPK-SGB V, § 137 Rn. 11.
13 Mit Beispielen etwa Dalichau in: Prütting, Medizinrecht, § 137 SGB V Rn. 35 f.

Insoweit der G-BA eine „möglichst aufwandsarme Durchführung der Kontrollen nach § 275 a unterstützen" soll (Abs. 3 S. 5), ist zu berücksichtigen, dass sich dies sowohl auf den Aufwand beim MDK als auch bei der überprüften Einrichtung bezieht.[14] Sichergestellt werden kann dies etwa durch die Möglichkeit von Stichproben, schriftliche Auskunftsverfahren usw.

III. Geplante Änderung durch das Blut- und Gewebegesetz

Der Bundestag hat am 1.6.2017 das Gesetz zur Fortschreibung der Vorschriften für Blut- und Gewebezubereitungen und zur Änderung anderer Vorschriften verabschiedet,[15] das sich ein Tag nach seiner Verkündung wie folgt auf § 137 auswirken soll: Abs. 3 S. 1 soll dahin gehend ergänzt werden, dass der G-BA bei seinen Vorgaben für Qualitätskontrollen in Krankenhäusern durch den MDK nach § 275 a auch notwendige Stichprobenprüfungen zur Validierung der Qualitätssicherungsdaten vorsehen kann. Mit dieser Ergänzung ist nunmehr ausdrücklich vorgesehen, dass auch für Stichprobenprüfungen bei statistisch unauffälligen Krankenhäusern – wie sie der G-BA zB in der plan. QI-RL geregelt hat – die Einbeziehung des MDK zulässig ist.

§ 137 a Institut für Qualitätssicherung und Transparenz im Gesundheitswesen

(1) ¹Der Gemeinsame Bundesausschuss insbesondere nach § 91 gründet ein fachlich unabhängiges, wissenschaftliches Institut für Qualitätssicherung und Transparenz im Gesundheitswesen. ²Hierzu errichtet er eine Stiftung des privaten Rechts, die Trägerin des Instituts ist.
(2) ¹Der Vorstand der Stiftung bestellt die Institutsleitung mit Zustimmung des Bundesministeriums für Gesundheit. ²Das Bundesministerium für Gesundheit entsendet ein Mitglied in den Vorstand der Stiftung.
(3) ¹Das Institut arbeitet im Auftrag des Gemeinsamen Bundesausschusses an Maßnahmen zur Qualitätssicherung und zur Darstellung der Versorgungsqualität im Gesundheitswesen. ²Es soll insbesondere beauftragt werden,
1. für die Messung und Darstellung der Versorgungsqualität möglichst sektorenübergreifend abgestimmte risikoadjustierte Indikatoren und Instrumente einschließlich Module für ergänzende Patientenbefragungen zu entwickeln,
2. die notwendige Dokumentation für die einrichtungsübergreifende Qualitätssicherung unter Berücksichtigung des Gebotes der Datensparsamkeit zu entwickeln,
3. sich an der Durchführung der einrichtungsübergreifenden Qualitätssicherung zu beteiligen und dabei, soweit erforderlich, die weiteren Einrichtungen nach Satz 3 einzubeziehen,
4. die Ergebnisse der Qualitätssicherungsmaßnahmen in geeigneter Weise und in einer für die Allgemeinheit verständlichen Form zu veröffentlichen,
5. auf der Grundlage geeigneter Daten, die in den Qualitätsberichten der Krankenhäuser veröffentlicht werden, einrichtungsbezogen vergleichende risikoadjustierte Übersichten über die Qualität in maßgeblichen Bereichen der stationären Versorgung zu erstellen und in einer für die Allgemeinheit verständlichen Form im Internet zu veröffentlichen; Ergebnisse nach Nummer 6 sollen einbezogen werden,
6. für die Weiterentwicklung der Qualitätssicherung zu ausgewählten Leistungen die Qualität der ambulanten und stationären Versorgung zusätzlich auf der Grundlage geeigneter Sozialdaten darzustellen, die dem Institut von den Krankenkassen nach § 299 Absatz 1 a auf der Grundlage von Richtlinien und Beschlüssen des Gemeinsamen Bundesausschusses übermittelt werden, sowie
7. Kriterien zur Bewertung von Zertifikaten und Qualitätssiegeln, die in der ambulanten und stationären Versorgung verbreitet sind, zu entwickeln und anhand dieser Kriterien über die Aussagekraft dieser Zertifikate und Qualitätssiegel in einer für die Allgemeinheit verständlichen Form zu informieren.

³In den Fällen, in denen weitere Einrichtungen an der Durchführung der verpflichtenden Maßnahmen der Qualitätssicherung nach § 136 Absatz 1 Satz 1 Nummer 1 mitwirken, haben diese dem Institut nach Absatz 1 auf der Grundlage der Richtlinien des Gemeinsamen Bundesausschusses zur einrich-

---

14 Roters in: KassKomm, § 137 SGB V Rn. 18.
15 BR-Dr. 456/17 v. 16.6.2017.

tungsübergreifenden Qualitätssicherung die für die Wahrnehmung seiner Aufgaben nach Satz 2 erforderlichen Daten zu übermitteln.

(4) ¹Die den Gemeinsamen Bundesausschuss bildenden Institutionen, die unparteiischen Mitglieder des Gemeinsamen Bundesausschusses, das Bundesministerium für Gesundheit und die für die Wahrnehmung der Interessen der Patientinnen und Patienten und der Selbsthilfe chronisch kranker und behinderter Menschen maßgeblichen Organisationen auf Bundesebene können die Beauftragung des Instituts beim Gemeinsamen Bundesausschuss beantragen. ²Das Bundesministerium für Gesundheit kann das Institut unmittelbar mit Untersuchungen und Handlungsempfehlungen zu den Aufgaben nach Absatz 3 für den Gemeinsamen Bundesausschuss beauftragen. ³Das Institut kann einen Auftrag des Bundesministeriums für Gesundheit ablehnen, es sei denn, das Bundesministerium für Gesundheit übernimmt die Finanzierung der Bearbeitung des Auftrags. ⁴Das Institut kann sich auch ohne Auftrag mit Aufgaben nach Absatz 3 befassen; der Vorstand der Stiftung ist hierüber von der Institutsleitung unverzüglich zu informieren. ⁵Für die Tätigkeit nach Satz 4 können jährlich bis zu 10 Prozent der Haushaltsmittel eingesetzt werden, die dem Institut zur Verfügung stehen. ⁶Die Ergebnisse der Arbeiten nach Satz 4 sind dem Gemeinsamen Bundesausschuss und dem Bundesministerium für Gesundheit vor der Veröffentlichung vorzulegen.

(5) ¹Das Institut hat zu gewährleisten, dass die Aufgaben nach Absatz 3 auf Basis der maßgeblichen, international anerkannten Standards der Wissenschaften erfüllt werden. ²Hierzu ist in der Stiftungssatzung ein wissenschaftlicher Beirat aus unabhängigen Sachverständigen vorzusehen, der das Institut in grundsätzlichen Fragen berät. ³Die Mitglieder des wissenschaftlichen Beirats werden auf Vorschlag der Institutsleitung einvernehmlich vom Vorstand der Stiftung bestellt. ⁴Der wissenschaftliche Beirat kann dem Institut Vorschläge für eine Befassung nach Absatz 4 Satz 4 machen.

(6) Zur Erledigung der Aufgaben nach Absatz 3 kann das Institut im Einvernehmen mit dem Gemeinsamen Bundesausschuss insbesondere Forschungs- und Entwicklungsaufträge an externe Sachverständige vergeben; soweit hierbei personenbezogene Daten übermittelt werden sollen, gilt § 299.

(7) Bei der Entwicklung der Inhalte nach Absatz 3 sind zu beteiligen:
1. die Kassenärztlichen Bundesvereinigungen,
2. die Deutsche Krankenhausgesellschaft,
3. der Spitzenverband Bund der Krankenkassen,
4. der Verband der Privaten Krankenversicherung,
5. die Bundesärztekammer, die Bundeszahnärztekammer und die Bundespsychotherapeutenkammer,
6. die Berufsorganisationen der Krankenpflegeberufe,
7. die wissenschaftlichen medizinischen Fachgesellschaften,
8. das Deutsche Netzwerk Versorgungsforschung,
9. die für die Wahrnehmung der Interessen der Patientinnen und Patienten und der Selbsthilfe chronisch kranker und behinderter Menschen maßgeblichen Organisationen auf Bundesebene,
10. der oder die Beauftragte der Bundesregierung für die Belange der Patientinnen und Patienten,
11. zwei von der Gesundheitsministerkonferenz der Länder zu bestimmende Vertreter sowie
12. die Bundesoberbehörden im Geschäftsbereich des Bundesministeriums für Gesundheit, soweit ihre Aufgabenbereiche berührt sind.

(8) Für die Finanzierung des Instituts gilt § 139 c entsprechend.

(9) Zur Sicherstellung der fachlichen Unabhängigkeit des Instituts hat der Stiftungsvorstand dafür Sorge zu tragen, dass Interessenkonflikte von Beschäftigten des Instituts sowie von allen anderen an der Aufgabenerfüllung nach Absatz 3 beteiligten Personen und Institutionen vermieden werden.

(10) ¹Der Gemeinsame Bundesausschuss kann das Institut oder eine andere an der einrichtungsübergreifenden Qualitätssicherung beteiligte Stelle beauftragen, die bei den verpflichtenden Maßnahmen der Qualitätssicherung nach § 136 Absatz 1 Satz 1 Nummer 1 erhobenen Daten auf Antrag eines Dritten für Zwecke der wissenschaftlichen Forschung und der Weiterentwicklung der Qualitätssicherung auszuwerten. ²Jede natürliche oder juristische Person kann hierzu beim Gemeinsamen Bundesausschuss oder bei einer nach Satz 1 beauftragten Stelle einen Antrag auf Auswertung und Übermittlung der Auswertungsergebnisse stellen. ³Das Institut oder eine andere nach Satz 1 beauftragte Stelle übermittelt dem Antragstellenden nach Prüfung des berechtigten Interesses die anonymisierten Auswertungsergebnisse, wenn dieser sich bei der Antragstellung zur Übernahme der entstehenden Kosten bereit erklärt hat. ⁴Der Gemeinsame Bundesausschuss regelt in der Verfahrensordnung für die Auswertung der nach § 136 Absatz 1 Satz 1 Nummer 1 erhobenen Daten und die Übermittlung der Auswertungsergebnisse unter Beachtung datenschutzrechtlicher Vorgaben und des Gebotes der Datensicher-

heit ein transparentes Verfahren sowie das Nähere zum Verfahren der Kostenübernahme nach Satz 3. [5]Der Gemeinsame Bundesausschuss hat zur Verbesserung des Datenschutzes und der Datensicherheit das für die Wahrnehmung der Aufgaben nach den Sätzen 1 und 3 notwendige Datenschutzkonzept regelmäßig durch unabhängige Gutachter prüfen und bewerten zu lassen; das Ergebnis der Prüfung ist zu veröffentlichen.

(11) [1]Der Gemeinsame Bundesausschuss beauftragt das Institut, die bei den verpflichtenden Maßnahmen der Qualitätssicherung nach § 136 Absatz 1 Satz 1 Nummer 1 erhobenen Daten den für die Krankenhausplanung zuständigen Landesbehörden oder von diesen bestimmten Stellen auf Antrag für konkrete Zwecke der qualitätsorientierten Krankenhausplanung oder ihrer Weiterentwicklung, soweit erforderlich auch einrichtungsbezogen sowie versichertenbezogen, in pseudonymisierter Form zu übermitteln. [2]Die Landesbehörde hat ein berechtigtes Interesse an der Verarbeitung und Nutzung der Daten darzulegen und sicherzustellen, dass die Daten nur für die im Antrag genannten konkreten Zwecke verarbeitet und genutzt werden. [3]Eine Übermittlung der Daten durch die Landesbehörden oder von diesen bestimmten Stellen an Dritte ist nicht zulässig. [4]In dem Antrag ist der Tag, bis zu dem die übermittelten Daten aufbewahrt werden dürfen, genau zu bezeichnen. [5]Absatz 10 Satz 3 bis 5 gilt entsprechend.

Literatur:

Algermissen, Das Gesetz zur Weiterentwicklung der Finanzstruktur und der Qualität in der gesetzlichen Krankenversicherung – Bedeutung und Umsetzungsstand, NZS 2014, 921; *Byok*, Auftragsvergabe im Gesundheitssektor, GesR 2007, 553; *Emmerich/Metzinger*, Qualitätssicherung mit Routinedaten aus Sicht der Deutschen Krankenhausgesellschaft, KH 2010, 1177; *Harney/Huster*, Der G-BA und das wissenschaftliche Qualitätsinstitut nach § 137a SGB V, KrV 2013, 197; *Szecsenyi*, AQUA-Institut, in: Rebscher/Kaufmann (Hrsg.), Qualitätsmanagement im Gesundheitswesen, 2011, S. 521; *Harney/Huster/Recktenwald*, Das Recht der Qualitätssicherung im SGB V – rechtliche Grundlagen und Systematisierung, MedR 2014, 273 ff, 365 ff; *DKG*, Positionen der Deutschen Krankenhausgesellschaft zur Weiterentwicklung der Qualitätssicherung, KH 2014, 400; *DKG-Stellungnahme* zum GKV-FQWG-Regierungsentwurf, KH 2014, 512; *Baum*, Gründung des Instituts für Qualitätssicherung und Transparenz im Gesundheitswesen, KH 2014, 189.

I. Überblick	1	3. Befugnis des Qualitätsinstituts zur Selbstbefassung	21
II. Institut für Qualitätssicherung und Transparenz im Gesundheitswesen (IQTIG)	3	4. Einbindung anderer Einrichtungen und Sachverständiger	22
III. Aufgaben	8	5. Verfahrensrechtliche Einordnung	25
IV. Beauftragung	18	V. Finanzierung	26
1. Beauftragungsbefugnis und -verfahren	18	VI. Sekundäre Datennutzung	27
2. Beteiligte Organisationen	19		

I. Überblick

§ 137a wurde mit dem bis zum 31.12.2014 gültigen Inhalt durch das GKV-WSG[1] mWv 1.4.2007 eingefügt und Abs. 1 durch das VStG zum 1.1.2012[2] geringfügig redaktionell geändert. Eine grundlegende Novellierung erfuhr die Vorschrift im **GKV-FQWG** mWv 25.7.2014.[3] Sie stellt die einheitliche Entwicklung und Durchführung von Maßnahmen der einrichtungsübergreifenden („externen") Qualitätssicherung für alle Leistungsbereiche sicher. Im System der Qualitätssicherung[4] regelt sie im Verbund mit § 135a Abs. 2 Nr. 1 und § 137 Abs. 1 S. 1 Nr. 1 das Instrument der datenbasierten Qualitätssicherung durch retrospektive Bestimmung der Ergebnisqualität. Der G-BA bildet in diesem Konzept einen „institutionellen Kern" und wird in dieser Funktion durch ein Netz wissenschaftlich ausgerichteter Einrichtungen unterstützt und flankiert.[5] Die Entwicklung der Qualitätssicherungsverfahren, die Begleitung der Durchführung und die Darstellung der Ergebnisse war bis zum Inkrafttreten der Neuregelung des § 137a am 25.7.2014[6] einer vom G-BA beauftragten, aber fachlich unabhängigen Institution aufgegeben, die den G-BA sowohl unterstützen als auch eigene operative Aufgaben wahrnehmen soll-

---

1 GKV-Wettbewerbsstärkungsgesetz vom 26.3.2007, BGBl. I, 378.
2 Versorgungsstrukturgesetz vom 22.12.2011, BGBl. I, 2983.
3 Gesetz zur Weiterentwicklung der Finanzstruktur und der Qualität in der gesetzlichen Krankenversicherung (GKV-Finanzstruktur- und Qualitäts-Weiterentwicklungsgesetz – GKV-FQWG), BGBl. I, 1133.
4 Ausführlich Harney/Huster/Recktenwald, MedR 2014, 274 ff.
5 Vgl. Hess, Der Gemeinsame Bundesausschuss als institutioneller Kern des externen Qualitätsmanagements, in: Rebscher ua, Qualitätsmanagement, 2011, S. 93 ff.; Axer, VSSR 2010, 183, 199.
6 Vgl. Art. 17 Abs. 4 GKV-FQWG, BGBl. I 2014, 1133, 1147.

te. Das GKV-FQWG wies diese und andere Aufgaben dem „Institut für Qualitätssicherung und Transparenz im Gesundheitswesen" (IQTIG) zu, einer privatrechtlichen Stiftung in der Trägerschaft des G-BA. Dessen organisationsrechtliche Struktur wurde dem Institut für Qualität und Wirtschaftlichkeit im Gesundheitswesen (IQWiG, §§ 139a bis 139c) nachgebildet. Das Krankenhaus-Strukturgesetz (KHSG)[7] passte mWv 1.1.2017 Verweisungen in § 137a Abs. 3. S. 3 und Abs. 10 S. 1, 4 der geänderten Rechtslage an und fügte einen neuen Abs. 11 ein. In sachlichem Zusammenhang damit wurde auch § 139b neu gestaltet. Ebenfalls mWv 1.1.2017 wurde durch das PsychVVG[8] in Abs. 6 die Befugnis des Instituts durch Einfügung des Wortes „insbesondere" über die Vergabe von Forschungs- und Entwicklungsaufträgen an externe Sachverständige hinaus erweitert.

2 Vor der Einrichtung des IQTIG regelte § 137a aF die Befassung eines geeigneten Instituts durch Beauftragung und in Abs. 2 die besonderen Aufgaben und Regeln für den Datentransfer. Mit dem IQTIG soll die sachliche und wirtschaftliche Aufgabenerfüllung gesichert, die fachliche Unabhängigkeit gestärkt und Kontinuität in der wissenschaftlichen Begleitung der Qualitätssicherung hergestellt werden.[9] Am 21.8.2014, kurz nach Inkrafttreten des § 137a in seiner aktuellen Fassung, beschloss der G-BA die Errichtung des neuen Instituts, gründete eine Stiftung und verabschiedete eine Stiftungssatzung.[10] Anfang 2015 nahm das IQTIG seine Arbeit auf und übernahm – nach Auslaufen des bis Ende 2015 befristeten Vertrags zwischen G-BA und dem AQUA-Institut auf Grundlage von § 137a aF – zum 1.1.2016 die ihm gesetzlich zugewiesenen Aufgaben.

II. Institut für Qualitätssicherung und Transparenz im Gesundheitswesen (IQTIG)

3 Die in § 137a gewählte Grundstruktur des IQTIG folgt der nach Auffassung des Gesetzgebers bewährten Struktur des IQWiG.[11] Wie jenes wird das IQTIG von einer privatrechtlichen Stiftung getragen, deren Gründung Abs. 1 dem G-BA – anders als seinerzeit für das IQWiG – eigens aufgibt. Für die Regelung der Finanzierung verweist Abs. 8 auf § 139c.

4 In der am 21.8.2014 beschlossenen Stiftungssatzung[12] (vgl. § 137a Abs. 5 S. 2) bestimmt sich der G-BA zu einem Organ der Stiftung und behält sich wesentliche Befugnisse vor. Im Stiftungsvorstand sind das in § 137a Abs. 2 S. 2 namentlich erwähnte Bundesministerium für Gesundheit (BMG) sowie der G-BA neben der DKG, der KBV und KBZV sowie dem SpiBuKK repräsentiert. Die Institutsleitung wird auf Vorschlag des Stiftungsrats (dem sechs Mitglieder des Stiftungsvorstands angehören, § 5 Abs. 2 Stiftungssatzung) durch den Stiftungsvorstand mit Zustimmung des BMG bestellt (§ 137a Abs. 2 S. 1). In Erfüllung der Vorgaben in § 137a Abs. 5 S. 2, 4, Abs. 4 S. 4 regelt § 9 der Stiftungssatzung die Einrichtung eines wissenschaftlichen Beirats aus unabhängigen Sachverständigen, der das Institut in grundsätzlichen Fragen berät und auch Vorschläge für eine Befassung des Instituts ohne Beauftragung machen kann. Das Vorschlagsrecht für die Mitglieder des Beirats liegt bei der Institutsleitung, die Bestellung erfolgt durch den Stiftungsvorstand (§ 137a Abs. 5 S. 3, § 9 Abs. 1 Stiftungssatzung). Weitere Organe sind der Stiftungsrat und ein 30-köpfiges, einmal jährlich tagendes Kuratorium.

5 Die Institution hat fachlich unabhängig und wissenschaftlich zu sein. **Wissenschaftlichkeit** erfordert gem. § 137a Abs. 5 S. 1 die Gewährleistung, dass die dem Institut in Abs. 3 übertragenen Aufgaben auf der Basis der maßgeblichen anerkannten internationalen Standards erfüllt werden. Laut amtlicher Begründung zum GKV-FQWG erfordern diese Aufgaben ein weites Verständnis der Wissenschaftlichkeit, das auch die Expertise in der Durchführung von Maßnahmen der Qualitätsverbesserung sowie methodischen und verfahrenstechnischen Sachverstand umfasst.[13] Die Arbeitsergebnisse des Instituts sollen „dem allgemein anerkannten Stand der wissenschaftlichen Erkenntnisse entsprechen"; der Gesetzgeber sieht dabei „neben medizinisch-naturwissenschaftlichen Erkenntnissen vor allem Erkenntnisse aus der Pflegewissenschaft, den Sozialwissenschaften, der Gesundheitsökonomie, der Psychologie, der Versorgungsforschung sowie der Ethik" für bedeutsam an. Zugleich hält er die Berücksichtigung

---

7 Gesetz zur Reform der Strukturen der Krankenhausversorgung (Krankenhausstrukturgesetz – KHSG) vom 10.12.2015, BGBl. I, 2229.
8 Gesetz zur Weiterentwicklung der Versorgung und der Vergütung für psychiatrische und psychosomatische Leistungen (PsychVVG) vom 19.12.2016, BGBl. I, 2986.
9 BT-Dr. 18/1307, 33.
10 Beschluss und Satzung (als Anlage zum Beschluss) sind abrufbar unter https://www.G-BA.de/informationen/beschluesse/2052/ (zuletzt abgerufen am 1.5.2017).
11 BT-Dr. 13/1307, S. 33.
12 Abrufbar unter https://www.G-BA.de/informationen/beschluesse/2052/ (zuletzt abgerufen am 1.5.2017).
13 BT-Dr. 18/1307, S. 33.

von Empfehlungen der beim Robert-Koch-Institut eingerichteten Fachkommissionen, wie zB der Kommission nach § 20 Abs. 2 und § 23 Abs. 1 und 2 InfSchG, als erforderlich an. Weitere Expertise erwartet der Gesetzgeber im Daten- und Prozessmanagement.[14] Die Weite und Unbestimmtheit dieses Konzepts der „Wissenschaftlichkeit" wird in der prozeduralen Vorkehrung eines wissenschaftlichen Beirats (§ 137a Abs. 5 S. 2-5) eher schwach aufgefangen. Auch die Stiftungssatzung wird mit dem Begriff der „Sachverständigen" in § 9 Abs. 1 nicht konkreter.

Fachliche Unabhängigkeit erfordert als „Unabhängigkeit von sachfremden Einflüssen" organisatorische und wirtschaftliche Unabhängigkeit (mit Ausnahme der Bindung an den Träger) sowie Weisungsfreiheit und Freiheit von Interessenkollisionen.[15] Fachliche Unabhängigkeit im Sinne der „Unabhängigkeit von sachfremden Einflüssen"[16] muss gegenüber dem G-BA und dem Ministerium, aber auch gegenüber den Leistungserbringern und ihren Verbänden gegeben sein. Zur Sicherstellung der fachlichen Unabhängigkeit gibt § 137a Abs. 9 dem Stiftungsvorstand auf, dafür Sorge zu tragen, dass Interessenkonflikte von Beschäftigten des Instituts sowie von allen an der Aufgabenerfüllung beteiligten Institutionen und Personen vermieden werden. Anders als etwa in § 139a Abs. 6 ist damit lediglich eine Vorgabe formuliert, der der Stiftungsvorstand durch geeignete Vorkehrungen in der Stiftungssatzung Rechnung tragen soll. Vor allem im Hinblick auf externe Sachverständige und andere Institutionen begrenzt diese Zurückhaltung des Gesetzgebers den Spielraum des Stiftungsvorstands, der bei der Zuschreibung von Pflichten, etwa derjenigen zur Offenlegung aller Beziehungen zu Interessenverbänden, Auftragsinstituten oder der Industrie, die aus dem Grundrecht der Berufsfreiheit resultierenden rechtsstaatlichen Bindungen zu beachten hat. Die Stiftungssatzung enthält keine Regelungen; es bleibt abzuwarten, ob der Vorstand sie in die Vergaberichtlinie aufnehmen wird, deren Erlass § 7 Abs. 7 UAbs. 2 der Stiftungssatzung ihm gebietet.

Verwaltungsorganisationsrechtlich ist das IQTIG als organisatorisch verselbstständigte, **formell privatisierte Einrichtung des G-BA** einzuordnen, bei der das Institut über die Trägerschaft des G-BA sowie die Organe und Einrichtungen der Stiftung weiterhin in die Gemeinsame Selbstverwaltung eingegliedert bleibt, aus funktionalen Erwägungen aber ein Teil der in Selbstverwaltung wahrzunehmenden Aufgaben organisationsrechtlich verselbstständigt und einem Fachgremium in privatrechtlicher Organisationsform übertragen wird.[17]

III. Aufgaben

Die dem IQTIG zugeordneten Aufgaben stehen in systematischem Zusammenhang mit der auf einrichtungsübergreifende Qualitätssicherung gerichteten Verpflichtung der Leistungserbringer (§ 135a Abs. 2 Nr. 1) sowie dem Auftrag des G-BA zur Regelung verbindlicher Vorgaben (§ 136) und zur Beauftragung des Instituts (§ 137b). Das Institut nimmt die in § 137a Abs. 2 aF bzw. Abs. 3 nF zugewiesenen Aufgaben nicht eigenständig gegenüber den Leistungserbringern oder gar hoheitlich wahr, sondern mit wenigen Ausnahmen in **unterstützender Funktion für den G-BA**. Dies ergibt neben den Materialien[18] auch die Regelungssystematik, da dem G-BA die Beauftragung des Instituts zur Aufgabe gemacht wird (§ 137 Abs. 5) und da nicht die Leistungserbringer an die Vorgaben des IQTIG gebunden werden (§ 135a), sondern allein der G-BA zur deren „Berücksichtigung" verpflichtet ist (§ 137b Abs. 2).

Abs. 3 S. 1 ordnet dem IQTIG allgemein die Arbeit an **Maßnahmen zur Messung und Darstellung der Versorgungsqualität im Gesundheitswesen** zu und formuliert damit seine eigentliche Funktion. Auf die **Versorgungsqualität** (§ 2 Abs. 1 S. 2, § 70 Abs. 1 S. 2) beziehen sich Maßnahmen der Messung und Darstellung, mit denen Defizite und Mängel in der medizinischen Versorgung aufgedeckt und behoben werden.[19] Maßnahmen sind „**Normen und Werkzeuge(n)**"[20] zur Messung und Darstellung von Qualität.

Beispielhaft werden in Abs. 3 S. 2 Nr. 1–7 konkrete Aufgaben aufgeführt. Die ältere Regelung (Abs. 2 S. 1 aF: „Die Institution ist insbesondere zu beauftragen") wird für das IQTIG zur Soll-Regelung abgeschwächt.

---

14 BT-Dr. 18/1307, S. 36.
15 Vgl. Roters in:KassKomm, § 137a SGB V Rn. 2.
16 Roters in: KassKomm, § 137a SGB V Rn. 2.
17 Für das insoweit vergleichbare IQWiG Rixen, MedR 2008, 24, 26; Martini, GewArch 2009, 195, 205.
18 Mit Bezug auf die Materialien (BT-Dr. 16/3100, 145 f.) Harney/Huster, KrV 2013, 197, 199.
19 Becker in: Becker/Kingreen, § 137a Rn. 4.
20 BT-Dr. 16/3100, 147.

11 Das IQTIG hat **Indikatoren und Instrumenten für die Messung und Darstellung der Versorgungsqualität** sowie die Entwicklung der notwendigen Anforderungen an die Dokumentation zu entwickeln (Abs. 3 S. 2 Nrn. 1, 2). Die Entwicklung ist am Konzept der **sektorenübergreifenden Qualitätssicherung** auszurichten. Eine Beauftragung durch den G-BA mit Beschränkung auf bestimmte Sektoren (etwa die zahnärztliche Versorgung)[21] bleibt aber möglich. Abs. 3 S. 2 Nr. 1 nennt erstmals die „Entwicklung von Modulen zur Patientenbefragung" als ergänzende Informationsquelle zur Qualitätsbewertung.[22] Die Entwicklung der Darstellung soll sich auf die „**notwendige**" Dokumentation unter Berücksichtigung des Gebots der Datensparsamkeit" beschränken.

12 Eine weitere Aufgabe besteht in der Beteiligung an der Durchführung der **externen Qualitätssicherung** (**Abs. 3 S. 2 Nr. 3**). Umfasst sind zB Qualitätsbewertungen einschließlich der Sanktionsinstrumente, Datenauswertungen nach § 299, aber auch eine Evaluation der eigenen Vorgaben in Form von Machbarkeitsstudien. Das Institut soll, soweit erforderlich, weitere Einrichtungen in die Durchführung einbeziehen, die ebenfalls grundsätzlich an der externen Qualitätssicherung mitwirken.

13 Das IQTIG hat außerdem die Ergebnisse von Qualitätssicherungsmaßnahmen zu **veröffentlichen** (Abs. 3 S. 2 Nr. 4). Das Konzept der Qualitätssicherung fordert größtmögliche Transparenz der Ergebnisse zu dem Zweck, die Ergebnisse zur Versorgungsqualität nachvollziehbar, vergleichbar und für alle Anwender gut zugänglich zu machen. Die Veröffentlichung der Berichte „für die Allgemeinheit" erfordert nicht nur eine entsprechende **Verbreitungsart**,[23] sondern auch inhaltliche Verständlichkeit. Der G-BA selbst kann Datenauswertungen beanspruchen, die er zur Erfüllung seiner gesetzlichen Aufgaben – etwa zur Festlegung von Mindestmengen nach § 136 b Abs. 1 Nr. 2 – benötigt.[24]

14 Aufgegeben ist dem Institut auch die **Veröffentlichung einrichtungsbezogener, vergleichender Übersichten** über die Qualität der Krankenhausversorgung im Internet (Abs. 3 S. 2 Nr. 5). Die Entscheidung, in welchen Leistungsbereichen vergleichende Qualitätsübersichten erstellt werden, liegt beim G-BA (vgl. § 136 Abs. 1), der die Relevanz der Leistung, das vorhandene Verbesserungspotential und das Informationsbedürfnis insbesondere „der Patientinnen und Patienten" berücksichtigen soll.[25] Grundlage bilden die Daten in den Qualitätsberichten der Krankenhäuser (§ 136 b Abs. 1 Nr. 3). Der **Risikoadjustierung** der Daten und Indikatoren soll künftig besondere Bedeutung für die Bewertung der Ergebnisqualität, insbesondere im Zusammenhang mit einer Veröffentlichung von Qualitätsbewertungen, zugemessen werden. Risikoadjustierung bedeutet, die Fallschwere eines behandelten Patientenkollektivs in der einrichtungsübergreifenden Bewertung und Darstellung von Qualität zu berücksichtigen.[26] Der Vergleich soll Patientinnen und Patienten als Entscheidungsgrundlage dienen und deshalb in einer „für die Allgemeinheit" verständlichen Form veröffentlicht werden. Die Aufgabenzuschreibung übersteigt den auf die GKV-Versorgung beschränkten Zuständigkeitsbereich des G-BA und seiner Institute. **Kompetenzrechtlich** ist dies hinzunehmen, weil sich die Bereitstellung solcher Informationen auch faktisch nicht auf eine bestimmte Gruppe von Patientinnen und Patienten oder von Öffentlichkeit beschränken lässt.

15 Dem IQTIG obliegt darüber hinaus die Darstellung der Qualität in der ambulanten und stationären Versorgung zu ausgewählten Leistungen zum Zwecke der **Weiterentwicklung der Qualitätssicherung** (**Abs. 3 S. 2 Nr. 6**). Auch hier liegt die Auswahlbefugnis dem G-BA (§ 137 b Abs. 1). Die Basis bieten Sozialdaten, dh sog Routinedaten der Krankenkassen (zB Abrechnungs- und Leistungsdaten), die nach § 284 Abs. 1 versicherten- und einrichtungsbezogen und gespeichert werden. Zusätzlich sollen Daten und Informationen berücksichtigt werden, die bei anderen Stellen (zB Registern oder Fachgesellschaften) öffentlich zur Verfügung stehen. Nr. 6 verweist auf § 299 Abs. 1a und stellt damit, so die Gesetzesbegründung, die notwendige Verknüpfung mit der Rechtsgrundlage für die Nutzung und Übermittlung der nach § 284 Abs. 1 erhobenen und gespeicherten Daten für die Zwecke der Qualitätssicherung her.[27] Von der Routinedatennutzung ausgenommen sind Vereinbarungen nach § 137 d zur Qualitätssicherung in Vorsorge und Rehabilitation.

---

21 BT-Dr. 18/1307, 34.
22 BT-Dr. 18/1307, 34.
23 Die jahresbezogenen Qualitätsreporte des beauftragten AQUA-Instituts sind abrufbar unter http://www.sq.de.
24 BT-Dr. 16/3100, 148.
25 BT-Dr. 18/1307, S. 34.
26 Die Risikoadjustierung wurde mit diesem Ziel in den Ausschussberatungen zum GKV-FQWG aufgenommen, vgl. BT-Dr. 18/1657, 71.
27 BT-Dr. 18/1307, 34.

Abs. 3 S. 2 Nr. 7 weist dem Institut die Entwicklung von Kriterien zur **Bewertung von Zertifikaten und Qualitätssiegeln** zu, die in der ambulanten und stationären Versorgung verbreitet sind, sowie die Information über die Aussagekraft solcher Zertifikate und Siegel. Bewertet werden sollen zB Hygienesiegel mit dem Ziel, Hilfestellung für Patientinnen und Patienten zu bieten. Die Arbeit des Instituts im Bereich der externen Qualitätssicherung besteht dabei in der Herstellung der Wissensbasis, derer erstens der G-BA zur Durchführung seiner Aufgaben und zur Fortschreibung seiner Erkenntnisse und Empfehlungen bedarf und die zweitens Patientinnen und Patienten für die Auswahl eines Leistungserbringers benötigen.[28]

Außerhalb des Katalogs in Abs. 3 S. 2 nimmt das IQTIG die Aufgabe der **wissenschaftlichen Begleitung und Auswertung der Erprobung** von NUB nach Beauftragung durch den G-BA auf Grundlage des § 137e Abs. 5 wahr (→ § 137e Rn. 10f.). Es kann außerdem von dem beim G-BA gebildeten Innovationsausschuss neben dem IQWiG mit der Einholung von **Zweitgutachten** beauftragt werden (§ 92b Abs. 4 Nr. 2).

IV. Beauftragung

1. Beauftragungsbefugnis und -verfahren. Das IQTIG wird nach **Beauftragung** durch den G-BA tätig (§ 137a Abs. Abs. 3 iVm § 137b Abs. 1). Die Struktur der Beauftragung wurde derjenigen für das IQWiG nachgebildet (vgl. dort § 139b Abs. 2). Die den G-BA bildenden Organisationen, dessen unparteiische Mitglieder, das BMG sowie die Patientenorganisationen nach § 140f können eine Beauftragung des Instituts beim G-BA beantragen (§ 137a Abs. 4 S. 1, § 7 Abs. 2 Stiftungssatzung). Eine eigene Befugnis zur Auftragserteilung hat neben dem G-BA nur das BMG (§ 137a Abs. 4 S. 2). Das IQTIG kann einen **Auftrag des Ministeriums** ablehnen, ist aber zur Erfüllung des Auftrags verpflichtet, sofern Ministerium die Finanzierung des Auftrags übernimmt. Diese Regelung wird einschränkend dahin auszulegen sein, dass das Institut Aufträge des Ministeriums ohne Rücksicht auf die Finanzierung ablehnen kann, wenn diese sich nicht auf Fragestellung der Qualitätssicherung beziehen.[29] Das IQTIG bildet wie das IQWiG eine Inhouse-Organisation des G-BA, deren Beauftragung nicht dem allgemeinen Vergaberecht unterfällt.

2. Beteiligte Organisationen. Die Anreicherung der Beauftragung durch Beteiligung einer Reihe von Organisationen an der Entwicklung der Inhalte im Konzept der Qualitätssicherung (vgl. Abs. 7) sichert Akzeptanz (durch Partizipation der von Entscheidungen betroffenen Akteure) und fachliche Qualität (durch frühzeitige Einbindung von Sachverstand der Organisationen). Beide Funktionen erfordern, dass die Beteiligung an der Entscheidung selbst, nicht nachgelagert, erfolgt. Der Kreis der beteiligungsfähigen Personen erweitert § 137a Abs. 7 in der Neufassung des § 137a um das Deutsche Netzwerk Versorgungsforschung (Abs. 7 Nr. 8), zwei von der Gesundheitsministerkonferenz der Länder zu bestimmende Vertreter (Abs. 7 Nr. 11) und die Bundesoberbehörden im Geschäftsbereich des Ministeriums, soweit ihre Aufgabenbereiche betroffen berührt sind (Abs. 7 Nr. 12). Die Beteiligung der Ländervertreter ersetzt die operative Einbeziehung „bereits existierender Einrichtungen" nach § 137a Abs. 1 S. 3 aF und sorgt für eine Verzahnung von Bundes- und Landeseinrichtungen bei der Qualitätssicherung.

Unterbleibt die Beteiligung, so kann (und darf) der G-BA Ergebnisse der Institution seinen Richtlinien nicht zugrunde legen. Noch sind die **Rechtsfolgen** einer Berücksichtigung von Ergebnissen, die ohne die geforderte Beteiligung gewonnen werden, gerichtlich nicht geklärt. Angesichts des Gestaltungsspielraums des G-BA und der zurückgenommenen Kontrolldichte könnte die Verletzung prozeduraler Standards und Vorkehrungen im Rechtssetzungsverfahren beachtlich sein. Ein subjektives Recht auf Beteiligung gewährt die Regelung den genannten Organisationen nicht.

3. Befugnis des Qualitätsinstituts zur Selbstbefassung. Abs. 4 S. 4 ermächtigt das IQTIG, sich unter Einsatz von bis zu zehn Prozent der jährlichen Haushaltsmittel mit Aufgaben nach Abs. 3 auch ohne Beauftragung zu befassen.[30] In diesem Fall hat die Institutsleitung den Stiftungsvorstand des G-BA

---

28 BT-Dr. 18/1307, S. 34f.
29 Vgl. § 139b Rn. 11 zur gleichlautenden Vorschrift des § 139b Abs. 2.
30 Eine Ermächtigung erübrigte sich bei der in § 137a aF normierten Struktur, da das privatwirtschaftliche AQUA-Institut über seine Tätigkeit außerhalb der Beauftragung durch den G-BA privatautonom bestimmte. § 137a Abs. 4 S. 2 aF, der dem Institut eine Wahrnehmung von Aufgaben nach Abs. 2 auch im Auftrag anderer Institutionen gegen Kostenbeteiligung ermöglichte, enthielt keine Ermächtigung des Instituts, sondern in erster Linie eine Regelung zur Kostentragung.

"unverzüglich", dh zu einem frühen Zeitpunkt der **Selbstbefassung**, zu informieren und damit eine Kontrolle der Trägerstiftung über die Ordnungsmäßigkeit der Geschäftsführung sowie eine frühzeitige Beratung des Instituts durch den G-BA zu ermöglichen. Die Ergebnisse sind dem G-BA und dem Ministerium vor der Veröffentlichung vorzulegen. Mit dieser Vorlagepflicht verbindet sich aber keine Befugnis des G-BA oder des Ministeriums zur Ablehnung der Veröffentlichung, vielmehr werden diese Erkenntnisse nach Vorstellung des Gesetzgebers allein vom Institut verantwortet.[31] Die Beteiligungsvorschrift des Abs. 7 findet auf die Selbstbefassung des Instituts folglich keine Anwendung.

22 **4. Einbindung anderer Einrichtungen und Sachverständiger.** Zur Unterstützung der Entwicklung und Umsetzung externer Qualitätssicherung wirken **weitere Einrichtungen** mit, die an der Durchführung der verpflichtenden Maßnahmen nach § 136 Abs. 1 Nr. 1 beteiligt sind (§ 137a Abs. 3 S. 2).[32] Die Mitwirkung besteht in der Übermittlung derjenigen Daten, die das Institut zur Ausführung der ihr obliegenden Aufgaben benötigt. Grundlage bilden die Richtlinien des G-BA zur einrichtungsübergreifenden Qualitätssicherung.

23 Das IQTIG kann im Einvernehmen mit dem G-BA „insbesondere Forschungs- und Entwicklungsaufträge an **externe Sachverständige**" vergeben (Abs. 6). Das Einvernehmen des G-BA ist vor der Beauftragung einzuholen. Die Regelung bezweckt wie der wörtlich damit übereinstimmende § 139b Abs. 3 (für das IQWiG) einen hohen wissenschaftlichen Standard der Qualitätssicherungsmaßnahmen bei gleichzeitiger Sicherstellung eines effizienten Einsatzes von Institutsmitteln (→ § 139b Rn. 13). Darüber hinaus kann das IQTIG nunmehr Dritte unmittelbar mit der Durchführung seiner Aufgaben nach Abs. 3 beauftragen, sofern die eigenen Kapazitäten nicht ausreichen. Die Einbindung bedarf jeweils der Ausschreibung nach den Regeln des (in der Regel haushaltsrechtlichen) Vergaberechts.[33]

24 § 137a Abs. 3 S. 3 regelt zusammen mit Abs. 11 und § 137b Abs. 1 S. 2 den **Informationsfluss** zwischen den unterschiedlichen in die externe Qualitätssicherung eingebundenen Akteuren. Einrichtungen im Sinne dieser Vorschrift haben die zur Wahrnehmung ihrer Aufgaben nach Abs. 2 aF bzw. Abs. 3 nF (und der auf ihrer Grundlage getroffenen Vereinbarungen) erforderlichen Daten dem G-BA bzw. nach dessen Vorgaben der Institution nach § 137a zur Verfügung zu stellen. Die Institution hält die von ihr erhobenen und die ihr nach S. 2 übermittelten Daten vor, wertet sie aus und stellt sie auf Anforderung wiederum dem G-BA zur Verfügung. Die rechtlichen Vorgaben für die im Netzwerk der Qualitätssicherung vorgesehenen Vorgänge der Datenübermittlung ergeben sich aus § 299. Abs. 6 nF verweist auch für die Übermittlung personenbezogener Daten im Zusammenhang mit Forschungs- und Entwicklungsaufträgen für Externe (→ Rn. 23) ebenfalls auf § 299. Dieser gilt gem. § 137 Abs. 5 auch für die Datenflüsse zwischen Institut und G-BA.

25 **5. Verfahrensrechtliche Einordnung.** Das in der Form einer privaten Stiftung organisierte IQTIG handelt privatrechtlich. Das Sozialverfahrensrecht des SGB X ist für die Verfahren des Qualitätsinstituts ebenso wenig einschlägig wie für die des vergleichbar konstruierten IQWiG (→ § 139a Rn. 23 ff.). Besondere verfahrensrechtliche Vorkehrungen finden sich in Abs. 9 nF, die uU um weitere, etwa solche zur Vermeidung von Interessenkollisionen oder im Bereich der Anhörungsrechte, zu ergänzen wären. Das Institut bleibt als lediglich formell privatisierte Einrichtung in Trägerschaft des öffentlich-rechtlich organisierten G-BA an verfassungsrechtliche Grundsätze und insbesondere an die Grundrechte gebunden. Eine derartige „**unechte**" funktionale Privatisierung ist vom Organisationserfindungsrecht des Gesetzgebers gedeckt.[34]

V. Finanzierung

26 Während zwischen G-BA und der privatwirtschaftlichen Institution nach § 137a aF lediglich eine Vergütung zu vereinbaren war (Abs. 4 S. 1 aF), erfordert das dem staatlichen Bereich zuzurechnende IQTIG eine umfassendere Finanzierung aus öffentlichen Mitteln. Abs. 8 regelt sie durch Verweisung auf § 139c. Die Finanzierung erfolgt hiernach aus Zuschlägen zu den für Krankenhaus- und ambulante Leistungen zu zahlenden Vergütungen (§ 139c Abs. 1 S. 1, 2; zu den Einzelheiten → § 139c Rn. 1 ff.).

---

31 BT-Dr. 18/1307, 35 f.
32 Etwa das von der DKV, den Spitzenverbänden der gesetzlichen und privaten Krankenkassen sowie der Ärztekammer unter Einbeziehung des Deutschen Pflegerats getragene BQS Institut für Qualität und Patientensicherheit GmbH.
33 § 55 BHO und Verordnung über die Vergabe öffentlicher Liefer- und Dienstleistungsaufträge unterhalb der EU-Schwellenwerte (Unterschwellenvergabeverordnung – UVgO), BT-Anz AT 17.2.2017 B1.
34 Vgl. zum Ganzen § 139a Rn. 6, 20–22.

VI. Sekundäre Datennutzung

Abs. 10 und 11 regeln **Voraussetzungen und Verfahren zur sog sekundären Datennutzung**, dh zur Nutzung von Daten aus der einrichtungsübergreifenden Qualitätssicherung für Zwecke der Forschung und Weiterentwicklung der Qualitätssicherung. Dritte können für Zwecke der wissenschaftlichen Forschung und der Weiterentwicklung der Qualitätssicherung die Auswertung derjenigen Daten beantragen, die bei verpflichtenden Maßnahmen der Qualitätssicherung nach § 136 Abs. 1 S. 1 Nr. 1 erhoben wurden. Der G-BA ist seinerseits befugt, das Institut oder auch eine andere an der externen Qualitätssicherung beteiligte Stelle mit der Auswertung der Daten zu beauftragen. Die Beauftragung steht in seinem Ermessen. Die Übermittlung der Auswertungsergebnisse an den Antragsteller kann durch den G-BA selbst oder eine von ihm nach § 137 a Abs. 10 S. 1 beauftragte Stelle erfolgen. Die Öffnung der Ermächtigung für andere an der Qualitätssicherung beteiligte Stellen als das Institut begründet der Gesetzgeber damit, dass damit die sekundäre Datennutzung auch für die Qualitätssicherungsdaten der **Dialyseversorgung** ermöglicht wird, bei der seit einigen Jahren schon eine andere Einrichtung die Auswertungsaufgaben für den G-BA wahrnimmt. 27

Antragsberechtigt ist jede natürliche oder juristische Person. Der Antrag kann an den G-BA oder eine von ihm beauftragte Stelle gerichtet werden, die nicht zwingend das IQTIG sein muss. Erforderlich sind ein berechtigtes, ggf. bestehende öffentliche Interessen überwiegendes[35] Interesse des Antragstellers sowie eine Erklärung der Übernahme anfallender **Kosten** bei Antragstellung. Übermittelt werden nur anonymisierte und aggregierte Daten. Der G-BA hat in seiner **Verfahrensordnung**, die der Genehmigung durch das BMG bedarf (§ 91 Abs. 4 S. 2), nach Maßgabe des § 137 a Abs. 10 S. 4 das Verfahren der sekundären Datennutzung einschließlich des Verfahrens der Kostenübernahme und des Datenschutzes zu regeln. Das Verfahren muss transparent gestaltet sein. Die datenschutzrechtlichen Vorgaben ein Verfahren der Anonymisierung vorsehen, die eine Reidentifizierung der Versicherten auch unter Berücksichtigung des Zusatzwissens von antragstellenden Personen sicher ausschließt; der Gesetzgeber empfiehlt hierzu dringlich die Einholung einer Beratung durch den Bundesbeauftragten für Datenschutz und Informationssicherheit nach § 26 Abs. 3 BDSG.[36] 28

Die Ausrichtung der Krankenhausplanung auf Qualität im KHSG erfordert eine Übermittlung der Erkenntnisse aus der einrichtungsübergreifenden stationären Qualitätssicherung an die für die Planung zuständigen Länder.[37] Abs. 11 berechtigt und verpflichtet den G-BA zur Beauftragung des Instituts mit der Übermittlung von Daten an die zuständigen Landesbehörden. Übermittelt werden über die Auswertungsergebnisse nach Abs. 10 hinaus unausgewertete Qualitätssicherungsdaten, soweit erforderlich auch einrichtungs- und versichertenbezogen, in (mindestens) pseudonymisierter Form, soweit sie für konkrete Zwecke der qualitätsorientierten Krankenhausplanung oder ihrer Weiterentwicklung erforderlich sind (S. 1). Die Daten werden auf Antrag eines Landes, das die angeforderten Daten sowie den Tag, bis zu dem sie aufbewahrt werden dürfen, konkret benennt und sein berechtigtes Interesse an ihrer Verarbeitung und Nutzung darlegt, übermittelt (S. 2, 4). Die Landesbehörde hat die zweckentsprechende Verarbeitung und Nutzung sicherzustellen; eine Weitergabe an Dritte ist ausgeschlossen (S. 3). 29

Der G-BA hat ein **Datenschutzkonzept** für die Verfahren der sekundären Datennutzung zu entwickeln, dieses regelmäßig durch unabhängige Gutachter prüfen und bewerten zu lassen sowie das Prüfergebnis zu veröffentlichen (Abs. 10 S. 5, Abs. 11 S. 5). 30

§ 137 b Aufträge des Gemeinsamen Bundesausschusses an das Institut nach § 137 a

(1) ¹Der Gemeinsame Bundesausschuss beschließt zur Entwicklung und Durchführung der Qualitätssicherung sowie zur Verbesserung der Transparenz über die Qualität der ambulanten und stationären Versorgung Aufträge nach § 137 a Absatz 3 an das Institut nach § 137 a. ²Soweit hierbei personenbezogene Daten übermittelt werden sollen, gilt § 299.

---

35 Vgl. BT-Dr. 18/1307, 37.
36 BT-Dr. 18/1307, 37.
37 Vgl. BT-Dr.s. 18/5362, S. 95.

(2) ¹Das Institut nach § 137a leitet die Arbeitsergebnisse der Aufträge nach § 137a Absatz 3 Satz 1 und 2 und Absatz 4 Satz 2 dem Gemeinsamen Bundesausschuss als Empfehlungen zu. ²Der Gemeinsame Bundesausschuss hat die Empfehlungen im Rahmen seiner Aufgabenstellung zu berücksichtigen.

1 Die Vorschrift regelt das Verfahren der Beauftragung des IQTIG und wurde mit diesem Inhalt durch das KHSG mWv 1.1.2017 neu eingefügt. Die bis dahin bestehende, durch das 2. GKV-Neuordnungsgesetz mWv 1.7.1997 eingefügte Regelung¹ findet sich heute in § 136d. § 137b Abs. 1 idF des KHSG entspricht dem § 137 Abs. 5 aF. Der neu aufgenommene Abs. 2 wurde § 139b Abs. 4 nachgebildet.

2 Abs. 1 hat wie der erst während der Ausschussberatungen zum GKV-FQWG² mWv 25.7.2014 eingefügte § 137 Abs. 5 vor allem klarstellende Funktion, soweit er verdeutlichen soll, dass die Beschlussfassung über die Beauftragungen des in Trägerschaft des G-BA zu errichtenden Instituts zu den Aufgaben des G-BA zählt.³ Auch die Verweisung auf § 299 dient vor allem zur Klarstellung, dass für die datenbasierte einrichtungsübergreifende Qualitätssicherung die dort geregelten Anforderungen gelten.⁴

3 Abs. 2 strukturiert die gemeinsame Arbeit von G-BA und IQTIG an den Maßnahmen der Qualitätssicherung und der Darstellung der Versorgungsqualität durch verfahrensleitende Vorgaben. Für Einzelheiten kann auf die Kommentierung von § 139a Abs. 4 verwiesen werden (→ § 139a Rn. 12 ff.).

§ 137c Bewertung von Untersuchungs- und Behandlungsmethoden im Krankenhaus

(1) ¹Der Gemeinsame Bundesausschuss nach § 91 überprüft auf Antrag des Spitzenverbandes Bund der Krankenkassen, der Deutschen Krankenhausgesellschaft oder eines Bundesverbandes der Krankenhausträger Untersuchungs- und Behandlungsmethoden, die zu Lasten der gesetzlichen Krankenkassen im Rahmen einer Krankenhausbehandlung angewandt werden oder angewandt werden sollen, daraufhin, ob sie für eine ausreichende, zweckmäßige und wirtschaftliche Versorgung der Versicherten unter Berücksichtigung des allgemein anerkannten Standes der medizinischen Erkenntnisse erforderlich sind. ²Ergibt die Überprüfung, dass der Nutzen einer Methode nicht hinreichend belegt ist und sie nicht das Potenzial einer erforderlichen Behandlungsalternative bietet, insbesondere weil sie schädlich oder unwirksam ist, erlässt der Gemeinsame Bundesausschuss eine entsprechende Richtlinie, wonach die Methode im Rahmen einer Krankenhausbehandlung nicht mehr zulasten der Krankenkassen erbracht werden darf. ³Ergibt die Überprüfung, dass der Nutzen einer Methode noch nicht hinreichend belegt ist, sie aber das Potenzial einer erforderlichen Behandlungsalternative bietet, beschließt der Gemeinsame Bundesausschuss eine Richtlinie zur Erprobung nach § 137e. ⁴Nach Abschluss der Erprobung erlässt der Gemeinsame Bundesausschuss eine Richtlinie, wonach die Methode im Rahmen einer Krankenhausbehandlung nicht mehr zulasten der Krankenkassen erbracht werden darf, wenn die Überprüfung unter Hinzuziehung der durch die Erprobung gewonnenen Erkenntnisse ergibt, dass die Methode nicht den Kriterien nach Satz 1 entspricht. ⁵Ist eine Richtlinie zur Erprobung nicht zustande gekommen, weil es an einer nach § 137e Absatz 6 erforderlichen Vereinbarung fehlt, gilt Satz 4 entsprechend. ⁶Die Beschlussfassung über die Annahme eines Antrags nach Satz 1 muss spätestens drei Monate nach Antragseingang erfolgen. ⁷Das sich anschließende Methodenbewertungsverfahren ist in der Regel innerhalb von spätestens drei Jahren abzuschließen, es sei denn, dass auch bei Straffung des Verfahrens im Einzelfall eine längere Verfahrensdauer erforderlich ist.

(2) ¹Wird eine Beanstandung des Bundesministeriums für Gesundheit nach § 94 Abs. 1 Satz 2 nicht innerhalb der von ihm gesetzten Frist behoben, kann das Bundesministerium die Richtlinie erlassen. ²Ab dem Tag des Inkrafttretens einer Richtlinie nach Absatz 1 Satz 2 oder 4 darf die ausgeschlossene Methode im Rahmen einer Krankenhausbehandlung nicht mehr zu Lasten der Krankenkassen erbracht werden; die Durchführung klinischer Studien bleibt von einem Ausschluss nach Absatz 1 Satz 4 unberührt.

(3) ¹Untersuchungs- und Behandlungsmethoden, zu denen der Gemeinsame Bundesausschuss bisher keine Entscheidung nach Absatz 1 getroffen hat, dürfen im Rahmen einer Krankenhausbehandlung

---

1 BGBl. I 1997, 1520.
2 GKV-Finanzstruktur- und Qualitäts-Weiterentwicklungsgesetz (GKV-FQWG) vom 21.7.2014, BGBl. I, 1133, 1134, 1147.
3 Vgl. BT-Dr. 18/1657, 12, 70.
4 BT-Dr. 18/1657, 70 f.

angewandt werden, wenn sie das Potential einer erforderlichen Behandlungsalternative bieten und ihre Anwendung nach den Regeln der ärztlichen Kunst erfolgt, sie also insbesondere medizinisch indiziert und notwendig ist. ²Dies gilt sowohl für Methoden, für die noch kein Antrag nach Absatz 1 Satz 1 gestellt wurde, als auch für Methoden, deren Bewertung nach Absatz 1 noch nicht abgeschlossen ist.

Literatur:
Axer, Die Begriffe des § 137 h SGB V, GesR 2017, 12; *Bender*, Finanzierung neuer Untersuchungs- und Behandlungsmethoden (NUB) im Krankenhaus, NZS 2012, 761; *Clemens*, Grundlegende Fragen des Schiedsverfahrens nach dem KHG, MedR 2012, 769; *Deister*, Das Potential einer erforderlichen Behandlungsalternative als zentrale Voraussetzung der Anwendbarkeit von Methoden im Krankenhaus, NZS 2016, 328; *Felix*, Innovative Medizin im ambulanten und stationären Bereich „Bekannte Akteure – neue Fragen", MedR 2011, 67; *Felix*, Die Krankenhausbehandlung im Spannungsfeld von Therapiefreiheit und Wirtschaftlichkeitsgebot – Wie weit reicht die Prüfungskompetenz des MDK im Rahmen von § 275 Abs. 1 Nr. 1 SGB V? NZS 2012, 1; *Felix/Deister*, Innovative Medizin im Krankenhaus – erfordert das Versorgungsstrukturgesetz eine grundlegende Neubewertung?, NZS 2013, 81; *Felix*, Innovation im Krankenhaus – wer entscheidet?, MedR 2014, Heft 32; *Felix*, Methodenbewertung im Krankenhaus – Zur Ergänzung von § 137 c SGB V durch das GKV-Versorgungsstärkungsgesetz, MedR 2016, 93; *Felix*, Das Verhältnis von § 137 h SGB V zu §§ 137 c und 135 SGB V, GesR 2017, 26; *Hauck*, Medizinischer Fortschritt im Dreieck IQWiG, GBA und Fachgesellschaften: Wann wird eine innovative Therapie zur notwendigen medizinischen Maßnahme? – Rechtsgrundlagen und Rechtsprechung, NZS 2007, 461; *Hauck*, Rechtsgrundlagen der medizinischen Innovationsstellung, NJW 2013, 3334; *Huster*, Krankenhausrecht und SGB V – medizinische Innovationen im stationären Sektor, GesR 2010, 337; *Kaufmann/Grühn*, Das Versorgungsstrukturgesetz jenseits der Reform des Vertragsarztrechts, MedR 2012, 297; *Orlowski*, § 137 h und § 137 c im Kontext der Methodenbewertung und -erprobung, GesR 2017, 1; *Stallberg*, Die Erbringung neuer Untersuchungs- und Behandlungsmethoden im stationären Bereich nach dem GKV-Versorgungsstärkungsgesetz – Auswirkungen des sektorspezifischen Qualitätsgebots des § 137 c Abs. 3 SGB V, NZZS 2017, 332; *Vollmöller*, Rechtsfragen neuer Untersuchungs- und Behandlungsmethoden – unter besonderer Berücksichtigung der Hochschulmedizin, NZS 2012, 921.

I. Allgemeines 1	4. Erlass einer Erprobungs-Richtlinie (Abs. 1 S. 3 iVm § 136 e) und Aussetzung des Prüfverfahrens 14
II. Zulässigkeit neuer Untersuchungs- und Behandlungsmethoden im Krankenhaus 4	
III. Bewertung durch den G-BA 7	IV. Beanstandung durch das Ministerium für Gesundheit (Abs. 2 S. 1) 17
1. Antragsbefugnis für den Ausschluss einer Methode 7	V. Anwendung von NUB ohne (abschließende) Bewertung durch G-BA oder BMG (Abs. 3) 18
2. Überprüfung 8	
3. Erlass einer Ausschluss-Richtlinie (Abs. 1 S. 2, 4, 5, Abs. 2 S. 2) 12	

I. Allgemeines

Die durch GKV-GRG 2000[1] mWv 1.1.2000 in das SGB V aufgenommene Vorschrift regelt die Anforderungen an die Erbringung neuer Untersuchungs- und Behandlungsmethoden (NUB) im Krankenhaus zulasten der Krankenkassen sowie die Rolle des G-BA. Die Bewertung von NUB im Krankenhaus überantwortete das Gesetz zunächst der DKG gemeinsam mit den Partnern der Selbstverwaltung (Bundesverband der Krankenhausträger, Spitzenverbände der Krankenkassen) und der BÄK, die zu diesem Zweck den „Ausschuss Krankenhaus" bildeten (Abs. 2). Nach zwischenzeitlicher Neuregelung der Zusammensetzung des Ausschusses[2] wurde dessen Zuständigkeit mit dem GMG[3] ab 1.4.2004 auf den neu gegründeten G-BA übertragen und die komplizierten Abstimmungsprozesse im „Ausschuss" durch eine Richtlinienkompetenz des G-BA ersetzt (Abs. 1). Abs. 2 räumte auch dem Bundesministerium für Gesundheit (BMG) eine Richtlinienkompetenz für den Fall ein, dass eine Beanstandung des Ministeriums nicht binnen einer von ihm gesetzten Frist behoben wurde. Gegenstand einer Richtlinie nach § 137 c ist nicht – wie in der Konstellation des § 135 für die vertragsärztliche Versorgung – die den Zugang zur GKV-Versorgung rechtsverbindlich eröffnende Empfehlung einer NUB, sondern ihr

---

[1] Gesetz zur Reform der gesetzlichen Krankenversicherung 2000 (GKV-Gesundheitsreformgesetz 2000 – GKV-GRG 2000) vom 22.12.1999, BGBl. I 1999.
[2] Fallpauschalen-Gesetz vom 23.4.2002, BGBl. I 2002, 1412.
[3] Gesetz zur Modernisierung der gesetzlichen Krankenversicherung (Gesundheitsmodernisierungsgesetz – GMG) vom 14.11.2003, BGBl. I, 2190.

ebenso rechtsverbindlicher Ausschluss. Die ausgeschlossenen Methoden werden in § 4 der Richtlinie des G-BA zu Untersuchungs- und Behandlungsmethoden in der Krankenhausbehandlung[4] aufgeführt.

2 Die Vorschrift steht in sachlichem Zusammenhang mit den Regelungen über die Vergütung von Krankenhausbehandlung und insbes. § 6 Abs. 2 KHEntgG. Dieser ermöglicht eine Vergütung von NUB, soweit diese mit Fallpauschalen und Zusatzentgelten noch nicht sachgerecht vergütet werden und auch noch nicht nach § 137c ausgeschlossen sind. § 137c steht im Verhältnis der Komplementarität mit § 135, der die Bewertung von NUB für die (ambulante) vertragsärztliche und -zahnärztliche Versorgung regelt. Das Verfahren der Methodenbewertung wird für § 135 und § 137c übereinstimmend im 2. Kapitel der VerfO des G-BA geregelt.[5]

3 Nach kleinen redaktionellen Änderungen vom 31.10.2006[6] und vom 26.3.2007[7] erfuhr Abs. 1 im GKV-VStG[8] mWv 1.1.2012 eine grundsätzlichere Ergänzung. Der Gesetzgeber berücksichtigte, dass der Nutzen einer NUB uU deshalb (noch) nicht bewertet werden kann, weil er noch nicht hinreichend belegt ist, etablierte in § 137e ein neues Verfahren zur GKV-finanzierten Erprobung von NUB und verschränkte es mit dem Bewertungsverfahren nach § 137c Abs. 1. Das GKV-VSG[9] ergänzte Abs. 1 um zwei Sätze zum Zweck der Beschleunigung des Bewertungsverfahrens des G-BA und mit identischem Inhalt wie § 135 Abs. 2 S. 4, 5 idF des GKV-VSG. Ein neu angefügter Abs. 3 enthält inhaltliche Vorgaben zur Anwendung von Methoden, für die noch kein Antrag auf Bewertung gestellt wurde oder für die das Bewertungsverfahren noch nicht abgeschlossen ist. Mit dem GKV-VSG wurde außerdem in § 137h ein weiteres Bewertungsverfahren für NuB im Rahmen der stationären Versorgung eingeführt, deren technische Anwendung maßgeblich auf dem Einsatz eines Medizinprodukts mit hoher Risikoklasse beruht. § 137h geht für seinen Anwendungsbereich als speziellere Regelung § 137c vor.[10] Auch eine Erbringung als NUB nach § 137c Abs. 3 unter Einsatz eines solchen Medizinprodukts dürfte unabhängig vom Potential der Methode vor der Entscheidung des G-BA nach § 137h Abs. 1 nicht möglich sein.[11]

II. Zulässigkeit neuer Untersuchungs- und Behandlungsmethoden im Krankenhaus

4 Anders als § 135 für die vertragsärztliche Versorgung stellt § 137c die Abrechnungsfähigkeit einer NUB im Krankenhaus nicht unter förmlichen Erlaubnisvorbehalt. Dem liegt die Absicht zugrunde, die Hürden für die Einführung neuer Methoden im Krankenhaus zur Förderung des medizinischen Fortschritts abzusenken[12] und hierdurch Innovationen v.a. in der stationären Versorgung zu ermöglichen. Auch die im Krankenhaus angewandte NUB muss hiernach den von § 2 Abs. 1 S. 3 geforderten Qualitätsstandard erfüllen und die Krankenhausbehandlung gem. § 39 Abs. 1 generell sowie im individuellen Einzelfall medizinisch erforderlich sein.[13] Dies wird mit Abs. 3 idF des GKV-VSG nunmehr ausdrücklich bekräftigt. Methodenbegriff (→ § 135 Rn. 14 f.) und Bewertungsstandard sind mithin für den stationären und den ambulanten Sektor gleich. Der G-BA verfolgt in seiner Methodenbewertung außerdem den gesetzlichen geforderten versorgungsbereichsübergreifenden Ansatz, und zwar sowohl in der Entwicklung der Methodik als auch in der konkreten Bewertungsentscheidung.[14]

5 **Kontrovers diskutiert** wurde bis zur Einfügung des Abs. 3 die Frage, ob § 137c die Anwendung einer nicht vom G-BA verbotenen Methode in die Entscheidung des einzelnen Krankenhauses stellt oder ob die Vorschrift zusätzlich eine Einzelfallprüfung durch die Krankenkassen, den MDK und die Sozialge-

---

4 Aufrufbar unter http://www.G-BA.de.
5 In der aktuellen Fassung abrufbar unter http://www.G-BA.de.
6 BGBl. I, 2407.
7 Das GKV-WSG ersetzte die Spitzenverbände der Krankenkassen durch den neu geschaffenen Spitzenverband Bund der Krankenkassen, BGBl. I, 378.
8 Gesetz zur Verbesserung der Versorgungsstrukturen in der gesetzlichen Krankenversicherung (GKV-Versorgungsstrukturgesetz – GKV-VStG) vom 22.11.2011, BGBl. I, 2983.
9 Gesetz zur Stärkung der Versorgung in der gesetzlichen Krankenversicherung (GKV-Versorgungsstärkungsgesetz – GKV-VSG) vom 16.7.2015, BGBl. I, 1211.
10 Felix, GesR 2017, 26 (unter II. 4. a).
11 AA Stallberg, NZS 2017, 332, 338.
12 BT-Dr. 14/1245, 90.
13 BSG, 17.12.2013, B 1 KR 70/12, juris Rn. 14 ff. m Nw zur st Rspr.; BSG, 14.10.2014, B 1 KR 27/13 R, juris Rn. 14 ff., unter Darstellung des Streitstands; BSG, 13.12.2016, B 1 KR 1/16 KR, juris Rn. 29 f.; Felix, MedR 2014, Heft 32, unter VIII.
14 Vgl. Flint in: Hauck/Noftz, SGB V, § 135 Rn. 10.

richtsbarkeit als „Außenkontrolle" ermöglicht oder sogar erzwingt. Das **BSG** befürwortete zunächst unter Bezug auf die Intention des Gesetzgebers eine Selbsteinschätzungskompetenz der Krankenhäuser. Es rechtfertige die großzügigere Freigabe von Innovationen im stationären Bereich mit dem für Krankenhäuser typischen System der interdisziplinären Zusammenarbeit verschiedener Arztgruppen und der gegenseitigen strukturellen und kollegialen Kontrolle bei Indikationsstellung und Therapieplanung, die einen besseren Schutz vor einer medizinisch willkürlichen und ausufernden Anwendung neuer Methoden biete. Deshalb und wegen der besonderen Vergütungsstrukturen der stationären Versorgung sei der Bedarf an präventiver externer Überprüfung gegenüber der vertragsärztlichen Versorgung geringer.[15] Hiervon rückte das **BSG 2006** ab und urteilt nun in ständiger Rechtsprechung, dass die Entscheidung, eine NUB auf Erforderlichkeit, Zweckmäßigkeit und Wirtschaftlichkeit zu prüfen und auf Kosten der Krankenkassen einzuführen, nicht allein den Krankenhäusern überlassen werden könne. Vielmehr soll eine Überprüfung im Einzelfall durch die Krankenkassen (v.a. bei Vergütungsvereinbarungen nach § 6 Abs. 2 KHEntgG) und folglich auch durch den MDK sowie die Sozialgerichte zulässig und ggf. erforderlich sein. Der Kritik von Teilen des **Schrifttums**, dass dieses Normverständnis dem Willen des Gesetzgebers widerspreche,[16] begegnet das Gericht mit dem Hinweis auf die Einheitlichkeit der Rechtsordnung, nach der eine Vergütung verbotener und uU schädlicher Methoden durch die GKV nicht in Betracht kommen könne, mit dem besonderen Bedarf an einer nachgelagerten Kontrolle sowie mit dem Argument, der Gesetzgeber habe in Kenntnis dieser Rechtsprechung die Norm bislang unverändert gelassen.[17] Diesem Normkonzept hielten Teile der Literatur[18] und der Sozialgerichtsbarkeit[19] den anderen Willen des Gesetzgebers entgegen.

Der Wortlaut des § 137c allein ermöglichte bis zur Einfügung des Abs. 3 keine eindeutige Antwort.[20] Die Gesetzesbegründung zu § 137c und die Einführung des § 137e (vgl. insbes. Abs. 2 S. 3) legen eine Auslegung nahe, die eine Binnenprüfung der Qualitätsstandards durch die Krankenhäuser wegen der Besonderheiten der stationären Versorgung genügen lässt und Krankenkassen sowie MDK auf die Überprüfung der Erforderlichkeit stationärer Behandlung (§ 39) sowie die konkrete Erforderlichkeit der NUB im Einzelfall beschränkt. Das so verstandene Regelungskonzept hatte erhebliche rechtspolitische Schwächen, denn es begünstigte die rechtliche Trennung von stationärer und ambulanter Versorgung zulasten der Innovationsfähigkeit des Gesamtversorgungssystems und ermöglichte vor allem, dass „selbst völlig aussichtslose Methoden zunächst einmal auf Kosten der Krankenkassen im Krankenhaus erbracht werden".[21] Schwächen zeigte auch das Normverständnis des BSG, da es die besondere Situation der stationären Behandlung schwer erkrankter Versicherter mit einem hohen Bedarf an innovativen Behandlungsalternativen zu wenig berücksichtigte[22] und einen hohen Verhandlungs- und Prüfungsaufwand sowie schwer kalkulierbare Haftungs- und Vergütungsrisiken für die Krankenhäuser nach sich zog.[23] Auch stellte sich die Frage nach einer Abstufung der gerichtlichen Kontrolldichte, je nachdem, ob sich der G-BA mit einer neuen Methode bereits befasst hatte oder nicht.[24]

Der Streit um die Auslegung des § 137c deutete insgesamt auf ein Regelungsdefizit, das Abs. 3 nun mit einem **Kompromiss** behebt.[25] Rechtspolitisch bleibt es beim Prinzip „Erlaubnis mit Verbotsvorbehalt" und der Kompetenz der Krankenhäuser zur Anwendung von NuB zulasten der Krankenkassen.[26] Mit der Verankerung eines **sektorspezifischen Qualitätsgebots** nimmt die Regelung die jüngere sozialgerichtliche Rechtsprechung auf, begründet eine Darlegungs- und Nachweislast des einzelnen Kranken-

---

15 BSG, 19.2.2003, B 1 KR 1/02 R, BSGE 90, 289; BSG, 4.4.2006, B 1 KR 12/05 R, SozR 4-2500 § 27 Nr. 8 Rn. 25; BSG, 26.9.2006, B 1 KR 3/06 R, SozR 4-2500 § 27 Nr. 10 Rn. 21; LSG BW, 13.11.2012, L 11 KR 2254/10.
16 Felix, MedR 2011, 67; dies./Deister, NZS 2013, 81; Huster, GesR 2010, 337, 343.
17 BSG, 21.3.2013, B 3 KR 2/12 R, MedR 2013, 820 ff.; BSG, 17.12.2013, B 1 KR 70/12 R, juris Rn. 17 ff.; BSG, 15.7.2015, B 1 KR 23/15 B; Clemens, MedR 2012, 769; Hauck, NJW 2013, 3334.
18 Felix, MedR 2014, Heft 32, unter V., mwN.
19 LSG BW, 13.11.2012, L 11 KR 2254/10 und Vorinstanz; LG Bremen, 5.7.2011, S 4 KR 15/06, juris Rn. 19 ff.
20 Vgl. BSG, 17.12.2013, B 1 KR 70/12, juris Rn. 17 mwN; Hauck, NZS 2007, 461; ders., NJW 2013, 3334, einerseits und Felix, MDR 2011, 67; ders., MedR 2014, Heft 32 andererseits.
21 Huster, GesR 2010, 337, 343; Flint, in: Hauck/Noftz, § 137c SGB V Rn. 10.
22 Diese Eigenart der Krankenhausversorgung betont BT-Dr. 18/4095, 121.
23 Instruktiv Felix, MedR 2011, 67, 68 ff.
24 Ansätze für eine Lockerung der Anforderungen lässt BSG, 17.12.2013, B 1 KR 70/12 R, juris Rn. 20 ff., erkennen für den Fall, dass der G-BA in einem gerichtlichen Verfahren „Stellung genommen" hat.
25 Ausführlicher Stallberg, NZS 2017, 332, 334 ff.
26 BT-Dr. 18/4095, 121 f.; der Bundesrat spricht in seiner Stellungnahme sogar von „Wiederherstellung der Erlaubnis mit Verbotsvorbehalt", 191.

hauses[27] und befürwortet damit implizit auch die Einzelfallprüfung durch die Krankenkassen und MDK mit Bezug auf die Vergütung.[28] Die materiellen Anforderungen an die Anwendung von NUB werden gegenüber dieser Rechtsprechung aber insofern gelockert, als das **Potential** einer noch nicht (abschließend) durch den G-BA bewertete Untersuchungs- und Behandlungsmethode **als erforderliche Behandlungsalternative** ausreichen soll, wenn sie nach den Regeln der ärztlichen Kunst erbracht wird. Mit dem Begriff des Potentials knüpft Abs. 3 außerdem an die gleichlautende Terminologie in Abs. 1 S. 2 (→ Rn. 10), § 137e (→ § 137e Rn. 4) und § 137h Abs. 1 S. 3 (→ § 137h Rn. 21) an und trägt damit zur Vereinheitlichung der Bewertungsmaßstäbe für innovative Methoden in der stationären Versorgung bei, die unabhängig davon gelten, ob über das Potential der G-BA oder einzelne Leistungserbringer entschieden wird. Eine Ablehnung der Vergütung etwa mit Verweis auf die Verwaltungspraxis einer Krankenkasse oder eine ablehnende Stellungnahme der BÄK reicht nicht (mehr) aus.[29]

III. Bewertung durch den G-BA

7   **1. Antragsbefugnis für den Ausschluss einer Methode.** Antragsbefugt sind nach Abs. 1 S. 1 der SpiBuKK, die DKG und die Bundesverbände der Krankenhausträger. Den Patientenvertretungsorganisationen wird in § 140f Abs. 2 S. 5 ein Antragsrecht eingeräumt, das sich auf die Einleitung des Bewertungsverfahrens erstreckt.[30] Dieses weite Verständnis des Antragsrechts in § 140f Abs. 2 S. 5 findet seine Grundlage in der amtlichen Begründung zu § 140f und im Zweck des Bewertungsverfahrens.[31]

8   **2. Überprüfung.** Die neue Methode muss für eine ausreichende, zweckmäßige und wirtschaftliche Versorgung der Versicherten erforderlich sein. Abs. 1 S. 1 knüpft damit an die Kriterien des Qualitätsgebots aus § 2 Abs. 1 und des Wirtschaftlichkeitsgebots aus § 12 Abs. 1 S. 1 an (vgl. auch § 70). Bei der Bewertung ist der allgemein anerkannte Stand der medizinischen Erkenntnisse zu berücksichtigen, mithin der **Maßstab der Evidenz** (zum Begriff → § 35b Rn. 13) zugrunde zu legen. Kriterien und Methode der Bewertung entsprechen dabei trotz andersartiger Normstruktur und unterschiedlichen Wortlauts denjenigen nach § 135 und berücksichtigen den Auftrag zu einer sektorenübergreifenden Betrachtung, der sich auch aus den allgemeinen Anforderungen der §§ 2 Abs. 1, 12 Abs. 1 S. 1 ergibt.[32]

9   Bis zum Erlass des GKV-VStG 2011 war eine NUB, deren Überprüfung beantragt und deren Nutzen und Erforderlichkeit für die GKV-Versorgung nicht evident war, in eine Richtlinie aufzunehmen mit der Folge, dass sie endgültig nicht mehr zulasten der Krankenkasse erbracht werden konnte; den Krankenhäusern blieb nur noch die Möglichkeit, die so qualifizierte NUB zur Behandlung lebensbedrohlich erkrankter Patienten[33] oder im Wege kontrollierter eigen- oder drittfinanzierter klinischer Studien anzuwenden. Diese wenig innovationsfreundliche Rechtslage änderte sich mit der Neufassung des Abs. 1 und der Einführung des § 137e mWv 1.1.2012,[34] der für den Fall, dass der Nutzen einer Methode nicht hinreichend belegt, aber das Potential einer erfolgreichen Behandlungsalternative auch nicht endgültig verneint werden kann, die Erprobung von NUB auf Initiative des G-BA ermöglicht.

10 Der G-BA hat seitdem auch zu bewerten, ob die NUB zwar noch keinen belegten Nutzen, aber doch das **Potential** einer erforderlichen Behandlungsalternative aufweist. Dieses Potential soll dann vorliegen, wenn die Methode nach bisheriger Erkenntnis erwarten lässt, dass aufwändigere, für die Patienten invasivere oder bei bestimmten Patienten erfolglose Methoden ersetzt werden können, dass die Methode weniger Nebenwirkungen haben, die Behandlung optimieren oder in sonstiger Weise effektu-

---

27   Der Anregung des Bundesrats zur Beweislastumkehr (BT-Dr. 18/4095, 191 mit dem Formulierungsvorschlag: „Soweit und solange eine Richtlinie nach Absatz 1 Satz 2 oder 4 nicht vorliegt, können neue Untersuchungs- und Behandlungsmethoden im Rahmen einer Krankenhausbehandlung zu Lasten der gesetzlichen Krankenversicherung erbracht werden, es sei denn, sie bieten nach dem zum Zeitpunkt der Versorgung des Versicherten verfügbaren Stand der medizinischen Erkenntnisse nicht das Potential einer Behandlungsalternative, weil sie schädlich oder unwirksam sind."), folgte der Bundestag nicht.
28   Keinen Änderungsbedarf für seine Rechtsprechung sieht BSG, 17.11.2015, B 1 KR 15/15 R, juris Rn. 30.
29   LSG BW, 22.3.2017, 5 KR 1036/16, Rn. 57.
30   Wie hier § 4 Abs. 2d), 2. Spiegelstrich VerfO G-BA; Flint in: Hauck/Noftz, SGB V, § 137c Rn. 35; Roters in: KassKomm, § 137c SGB V Rn. 6; Ihle in: jurisPK-SGB V, § 137c Rn. 14; aA Becker in: Becker/Kingreen, § 137c Rn. 4.
31   Zum Patientenschutz als Normzweck Becker in: Becker/Kingreen, § 137c Rn. 3; Joussen in: BeckOK SozR, SGB V, § 137c.
32   BSG, 6.5.2009, B 6 A 1/08 R, Rn. 58 f., mit Bezug auf BT-Dr. 14/1245, 90.
33   BVerfG, 6.12.2005, 1 BvR 347/98, BVerfGE 115, 25, 41 ff.
34   GKV-VStG v. 22.12.2011, BGBl. I, 2983.

ieren könnte.³⁵ Die in der Gesetzesbegründung gegebene Regel, das dieses Potential „insbesondere" dann zu verneinen sein soll, wenn aufgrund vorliegender Evidenz die Unwirksamkeit oder gar Schädlichkeit der Maßnahme bereits positiv feststeht, hat geringe praktische Bedeutung: Studien, in denen sich derartige Ergebnisse abzeichnen, werden in der Regel aus ethischen oder ökonomischen Gründen abgebrochen.³⁶ An dem eine Erprobung rechtfertigenden Potential fehlt es aber auch dann, wenn keine auf dem Wirkprinzip oder auf wissenschaftlichen Erkenntnissen begründete Erwartung besteht, dass die Methode sowohl einen Nutzen als auch einen Vorteil gegenüber der Standardbehandlung aufweisen könnte.

Vorgaben zum **Bewertungsverfahren** regeln erstmals die durch GKV-VSG eingefügten Abs. 1 S. 6, 7 (→ Rn. 3). S. 6 trifft Vorkehrungen für eine zeitliche Straffung der ersten Verfahrensphase, indem er eine Dreimonatsfrist für die Annahme eines Antrags nach Antragseingang etabliert. Nach allgemeinen Grundsätzen beginnt die Frist mit dem Eingang des vollständigen Antrags zu laufen. S. 7 begrenzt die Dauer des sich anschließenden Bewertungsverfahrens im Regelfall auf drei Jahre. Ausnahmsweise kommt eine längere Verfahrensdauer in Betracht, wenn das Verfahren auch bei Straffung im Einzelfall dies erfordert, etwa wenn die Bewertung besondere Schwierigkeiten aufweist oder eine umfangreiche Erprobung der Methode nach § 137e erforderlich ist.³⁷ Trotz inhaltsgleicher Regelung sind wegen der unterschiedlichen Regelungssystematik die Rechtsfolgen einer zu langen Verfahrensdauer von denen im Falle der vertragsärztlichen Versorgung (→ § 135 Rn. 23, 34) verschieden. Ein Systemversagen kommt nicht in Betracht, da die Methode bis zur Entscheidung des G-BA unter den Voraussetzungen des Abs. 3 angewandt werden kann.

Das **Prüfungsverfahren** regelt die VerfO G-BA. Sie sieht eine Veröffentlichung der zur Prüfung stehenden Methoden vor und ermöglicht die Einholung von Stellungnahmen Sachverständiger und der betroffenen Spitzenorganisationen und Fachverbände (2. Kap. § 6 VerfO) sowie die Einholung von Gutachten (2. Kap. § 8 Abs. 2 VerfO). Die Prüfung erfolgt mit sektorübergreifendem und je sektorspezifischem Bezug in jeweils hierfür eingerichteten Arbeitsgruppen (2. Kap. § 7 VerfO). Auf der Grundlage von Empfehlungen der Arbeitsgruppen entscheidet das sektorenübergreifend und folglich paritätisch besetzte Plenum des G-BA (2. Kap. § 4 Abs. 1 iVm 1. Kap. § 4 VerfO und § 91 Abs. 2 SGB V) durch Mehrheitsbeschluss.

3. Erlass einer Ausschluss-Richtlinie (Abs. 1 S. 2, 4, 5, Abs. 2 S. 2). Fehlt es nach Überzeugung des G-BA – ggf. nach Durchführung des Erprobungsverfahrens (§ 137c Abs. 1 S. 4, § 137e) – sowohl am Potential einer Methode als auch am hinreichenden Beleg ihres Nutzens, erlässt der G-BA eine Richtlinie, wonach die Methode im Rahmen einer Krankenhausbehandlung nicht mehr zulasten der Krankenkassen erbracht werden darf (Abs. 1 S. 2). Ebenso verfährt er, wenn eine Erprobungsrichtlinie für eine Methode, die maßgeblich auf dem Einsatz eines Medizinprodukts beruht, mangels anteiliger Kostenübernahme insbesondere der Hersteller nicht zustande kommt (Abs. 1 S. 5 iVm § 137e Abs. 6). Die Richtlinie ist dem BMG vorzulegen (§ 94 Abs. 2 S. 1) und tritt mit Bekanntmachung in Kraft (§ 94 Abs. 2). Ab dem Tag des Inkrafttretens der Richtlinie darf die ausgeschlossene Methode im Rahmen der Krankenhausbehandlung grundsätzlich nicht mehr zulasten der Krankenkassen erbracht werden (Abs. 2 S. 2 Hs. 1). Bei nun paralleler Rechtslage zur ambulanten Versorgung (vgl. § 135) sind auch die dort gültigen Ausnahmen möglich, nämlich die richterrechtliche Ermöglichung aufgrund des aus einer Verletzung der Beobachtungspflicht des G-BA resultierenden Systemmangels³⁸ sowie der verfassungsunmittelbare Anspruch auf Anwendung im Falle der lebensbedrohlichen Erkrankung, für die keine schulmedizinische Behandlung zur Verfügung steht (→ § 135 Rn. 35).³⁹ Für Methoden mit Potential (→ Rn. 11), aber einem im Erprobungsverfahren nicht belegten Nutzen (Abs. 1 S. 4) bleibt den Krankenhäusern die Durchführung klinischer Studien weiterhin unbenommen (Abs. 2 S. 2 Hs. 2). Für Methoden, deren Ausschluss wegen Schädlichkeit oder Unwirksamkeit erfolgt (Abs. 1 S. 2), gilt dies nicht.

§ 137c enthält keine Regelung für den Fall, dass neue, nach Erlass einer Ausschluss-Richtlinie auftretende Erkenntnisse eine neue Einschätzung der Methode nahe legen. Nach Auffassung des BSG soll

---

35 BT-Dr. 17/6906, 87.
36 Roter in: KassKomm, § 137c SGB V Rn. 6.
37 BT-Dr. 18/4095, 121.
38 BSG, 6.5.2009, B 6 A 1/08 R.
39 BVerfG, 6.12.2005, 1 BvR 347/98, BVerfGE 115, 25; Betonung des Ausnahmecharakters und Einschränkung auf extreme Situationen einer krankheitsbedingten Lebensgefahr durch BVerfG (K), 26.3.2014, 1 BvR 2415/13, Rn. 14; BVerfG, 10.11.2015, 1 BvR 2056/12, BVerfGE 140, 229 (Rn. 18); BVerfG (K), 11.4.2017, 1 BvR 452/17, juris, Rn. 23.

der G-BA – als Normgeber – zur **Beobachtung und zur Nachbesserung** jedenfalls in dem Fall verpflichtet sein, in dem die Ausschlussentscheidung das Ziel der Gewährleistung einer Krankenbehandlung entsprechend dem allgemein anerkannten Stand der medizinischen Erkenntnisse „offenkundig" nicht mehr erreicht. Eine solche Pflicht und ihre Voraussetzungen sollten sich aus Systematik und Normzweck des § 137 c ergeben; das BSG verweist außerdem auf Entscheidungen des BVerfG,[40] die sich allerdings nicht auf untergesetzliche Normsetzung „auf Antrag" beziehen. Dem Zweck und der Systematik des § 137 c entspräche es, eine Beobachtungs- und Nachbesserungspflicht sowie ein positives Bewertungsverfahren mit entsprechenden Antragsbefugnissen und -rechten (→ Rn. 7) in die Regelung aufzunehmen.

14 **4. Erlass einer Erprobungs-Richtlinie (Abs. 1 S. 3 iVm § 136 e) und Aussetzung des Prüfverfahrens.** Ergibt die Prüfung des G-BA einen nicht hinreichend belegten Nutzen, aber das **Potenzial** einer erforderlichen Behandlungsalternative, beschließt er eine Erprobungs-Richtlinie nach § 137 e und setzt die Überprüfung bis zum Abschluss der Erprobung aus. Die Wahl zwischen Ausschluss und Erprobung steht nicht im Ermessen des G-BA.[41] Dies ergibt sich aus dem von § 137 e Abs. 1 S. 1 sprachlich abweichenden § 137 c Abs. 1 S. 2 und 3 sowie aus der Funktion des Verfahrens, in dem der Ausschluss der Methode von der GKV-Versorgung, nicht ihre Aufnahme in die Versorgung zur Prüfung steht.[42] In diesem Verfahren kann der G-BA außerdem nur auf Antrag tätig werden (vgl. § 18 S. 2 Nr. 1 SGB X). Ein Ausschluss der Methode nach § 137 c Abs. 1 S. 2 würde die Krankenhäuser folglich nicht nur schwerer in ihren Rechten treffen als ein Beschluss der Erprobung, sondern er würde ihre Rechtsposition auch im Vergleich zur Situation ohne Bewertungsverfahren verschlechtern. Dies berücksichtigt Abs. 1 S. 2 und 3, indem sie den G-BA bei Vorliegen der Voraussetzungen zur Anordnung der Erprobung oder einer vergleichbaren Maßnahme (zB Aussetzung des Verfahrens) verpflichten.
Die Durchführung eines – uU Jahre dauernden – Erprobungsverfahrens hindert die Krankenhäuser nicht am regulären Einsatz der Methode und die Krankenkassen an ihrer Vergütung. § 137 e Abs. 2 S. 3 erkennt dies an und ermächtigt den G-BA zugleich, nicht an der Erprobung teilnehmende Krankenhäuser auf bestimmte Qualitätsanforderungen zu verpflichten. Die Regelung ermöglicht einen gleichmäßigen Versorgungsstandard für alle Versicherten während der Erprobungszeit und verhindert Wettbewerbsnachteile für Krankenhäuser, die in die Erprobung einbezogen sind.

15 Für den Fall, dass – mit oder ohne Erprobung – der Nutzen noch nicht belegt ist, hält sich der G-BA weiterhin die Möglichkeit zur Aussetzung des Verfahrens offen, sofern Aussicht besteht, die Zweifel an der Evidenz durch Studien kurzfristig ausräumen zu können (2. Kap. § 14 Abs. 4 VerfO).

16 **Ziel der Erprobung** ist die **Ermittlung der** für die Anwendung einer Methode in zugelassenen Krankenhäusern zulasten der Krankenkassen erforderlichen **Evidenz.** Nur deren Fehlen oder der Ausschluss der Methode für bestimmte Indikationen werden allerdings vom G-BA verbindlich festgestellt und in die Richtlinie aufgenommen. Die verbindliche Empfehlung einer NUB, vergleichbar der Empfehlung nach § 135, sieht § 137 c nicht vor. Der G-BA ist aber nicht gehindert, rechtlich unverbindlich die evidente Eignung einer NUB festzustellen und entsprechende Empfehlungen oder Stellungnahmen zu formulieren. Ein solches Positivvotum des G-BA dürfte die Feststellung einer (ggf. evidenten) Nichteignung durch die Krankenkassen oder den MDK (→ Rn. 6a) tatsächlich ausschließen und wäre auch in der richterlichen Tatsachenfeststellung zu würdigen.[43]

IV. Beanstandung durch das Ministerium für Gesundheit (Abs. 2 S. 1)

17 Das BMG kann die ihm nach § 94 Abs. 1 S. 2 vorgelegte Richtlinie im Rahmen seiner **Rechtsaufsicht**[44] binnen zwei Monaten **beanstanden** und eine Frist zur Beseitigung des beanstandeten Verstoßes setzen. Wird der Verstoß nicht innerhalb der gesetzten Frist beseitigt, kann das BMG, soweit es dies für erforderlich hält, im Wege der **Ersatzvornahme** ein Negativvotum des G-BA selbst aufheben oder die Richtlinie mit anderem Inhalt erlassen.

---

40 BVerfGE 95, 267, 314 f.; 111, 333, 360.
41 Ebenso Roters in: KassKomm, § 137 c SGB V Rn. 7, § 137 e Rn. 5; Kaufmann/Grühn, MedR 2012, 297, 300; Dalichau, SGB V, § 137 e S. 10; ähnlich Felix/Deister, NZS 2013, 81, 82 f., 86.
42 Begrifflichkeit bei Felix/Deister, NZS 2013, 81, 82.
43 Vgl. BSG, 17.12.2013, B 1 KR 70/12 R.
44 BSG, 6.5.2009, B 6 A 1/08 R; BSG, 1.3.2011, B 1 KR 10/10.

V. Anwendung von NUB ohne (abschließende) Bewertung durch G-BA oder BMG (Abs. 3)

Abs. 3 normiert die Anforderungen an die Qualität einer Untersuchungs- und Behandlungsmethode, zu der der G-BA (oder das BMG) bislang noch keine Entscheidung nach Abs. 1 getroffen hat. Die Regelung knüpft an den Vorbehalt der Qualität einer Sachleistung in der GKV (§ 2 Abs. 1 S. 3, 12 Abs. 1 SGB V). Mit dem Begriff des **Potentials** einer erforderlichen Behandlungsalternative senkt der Gesetzgeber aber das Qualitätsgebot unter den Maßstab gesicherter Evidenz ab und lässt die Möglichkeit einer effektiven Behandlungsalternative ausreichen.[45] Er knüpft mit dem Begriff des Potentials an die gleichlautende Formel in Abs. 1 S. 2 an (→ Rn. 11) und erläutert, dass sich das Potential etwa daraus ergeben kann, dass die Methode aufgrund ihres Wirkprinzips und der bisher vorliegenden Erkenntnisse mit der Erwartung verbunden ist, dass andere aufwändigere, für die Patientin oder den Patienten invasivere oder bei bestimmten Patientinnen und Patienten nicht erfolgreiche Methoden ersetzt werden können oder die Methode in sonstiger Weise eine effektivere Behandlung ermöglichen kann.[46] Damit greift die Gesetzesbegründung Konkretisierungen des Potential-Begriffs in Kap. 2 § 14 Abs. 3, 4 VerfO G-BA auf.[47] Erforderlich ist mindestens eine fachliche Auseinandersetzung mit der wissenschaftlichen Erkenntnislage,[48] wobei allerdings an die gesicherte Evidenz deutlich geringere Anforderungen zu stellen sind als bei der Anerkennung einer Methode etwa nach § 135. In Betracht kommen auch nicht randomisierte Studien, Erfahrungsberichte und Behandlungserfolge anderer Leistungserbringer oder kleinere epidemiologische Studien. Die konkreten Anforderungen sind noch zu entwickeln. Hierbei könnte ein Zusammenhang zwischen der Schwere der Erkrankung und den Anforderungen an die Feststellung des Potentials eine Rolle spielen.[49]

Die Rechtsprechung hat vereinzelt[50] ein **Leistungsrecht nur für schwer erkrankte Versicherte** angenommen und damit ein ungeschriebenes, den Anwendungsbereich des Abs. 3 einschränkendes Merkmal begründet. Anlass gibt offenbar die Begründung zum GKV-VSG, die die verfahrensrechtlichen Unterschiede in der Bewertung von stationär gegenüber ambulant erbrachten Leistungen ua mit der Schwere der im Krankenhaus typischerweise behandelten Erkrankungen begründet (→ Rn. 6). Diese Typisierung findet allerdings in Abs. 3 keinen Niederschlag[51] und vermag allenfalls im Zusammenhang mit der Beurteilung des Potentials einer innovativen Behandlungsalternative wirksam zu werden (→ Rn. 18).

Die Anwendung der NUB muss außerdem nach den **Regeln der ärztlichen Kunst** erfolgen, also insbesondere medizinisch indiziert und notwendig sein. Erforderlich ist die Behandlung im Einzelfall nach den Regeln ärztlicher Kunst; anders als das „Potential" ist dieses Merkmal nicht auf die Methode als solche zu richten, sondern betrifft die konkrete Behandlungssituation.

Hat eine innovative Methode Potential als erforderliche Behandlungsalternative, darf das Krankenhaus sie zulasten der Krankenkasse erbringen. Ein Verweis auf die Erprobung noch nicht bewerteter NUB im Rahmen **klinischer Studien** bleibt nach der Systematik des § 137c auf die Situation nach Erlass einer Richtlinie beschränkt (vgl. Abs. 2 Satz 2 Hs. 2). Begleitforschung und parallele Studien zur Methodeninnovation durch das Krankenhaus bleiben im Rahmen des Abs. 3 aber sinnvoll.

§ 137 d Qualitätssicherung bei der ambulanten und stationären Vorsorge oder Rehabilitation

(1) ¹Für stationäre Rehabilitationseinrichtungen, mit denen ein Vertrag nach § 111 oder § 111 a und für ambulante Rehabilitationseinrichtungen, mit denen ein Vertrag über die Erbringung ambulanter Leistungen zur medizinischen Rehabilitation nach § 111 c Absatz 1 besteht, vereinbart der Spitzenverband Bund der Krankenkassen auf der Grundlage der Empfehlungen nach § 20 Abs. 1 des Neunten Buches mit den für die Wahrnehmung der Interessen der ambulanten und stationären Rehabilitations-

---

45 Stallberg, NZS 2017, 332, 334 f. Zu streng BSG, 10.3.2015, B 1 KR 3/15 R; BayLSG, 9.11.2016, L 4 KR 136/15, juris Rn. 32; LSG BW, 24.1.2017, L 4 KR 359/15, Rn. 38 f.
46 BT-Dr. 18/4095, 121.
47 SächsLSG, 6.2.2017, 242/16 B ER, Rn. 31.
48 LSG BW, 24.1.2017, L 4 KR 359/15, Rn. 38; SächsLSG, 6.2.2017, 242/16 B ER, Rn. 31.
49 Vgl. Stallberg, NZS 2017, 332, 337 mit „Faustformel".
50 LSG Brem-Niedersachsen, 30.8.2016, L 16/1 KR 303/15, Rn. 33; mit gleicher Tendenz, aber weniger eindeutig BayLSG, 9.11.2016, L 4 KR 136/15, juris Rn. 32.
51 Vgl. Stallberg, NZS 2017, 332, 336.

einrichtungen und der Einrichtungen des Müttergenesungswerks oder gleichartiger Einrichtungen auf Bundesebene maßgeblichen Spitzenorganisationen die Maßnahmen der Qualitätssicherung nach § 135 a Abs. 2 Nr. 1. ²Die Kosten der Auswertung von Maßnahmen der einrichtungsübergreifenden Qualitätssicherung tragen die Krankenkassen anteilig nach ihrer Belegung der Einrichtungen oder Fachabteilungen. ³Das einrichtungsinterne Qualitätsmanagement und die Verpflichtung zur Zertifizierung für stationäre Rehabilitationseinrichtungen richten sich nach § 20 des Neunten Buches.

(2) ¹Für stationäre Vorsorgeeinrichtungen, mit denen ein Versorgungsvertrag nach § 111 und für Einrichtungen, mit denen ein Versorgungsvertrag nach § 111 a besteht, vereinbart der Spitzenverband Bund der Krankenkassen mit den für die Wahrnehmung der Interessen der stationären Vorsorgeeinrichtungen und der Einrichtungen des Müttergenesungswerks oder gleichartiger Einrichtungen auf Bundesebene maßgeblichen Spitzenorganisationen die Maßnahmen der Qualitätssicherung nach § 135 a Abs. 2 Nr. 1 und die Anforderungen an ein einrichtungsinternes Qualitätsmanagement nach § 135 a Abs. 2 Nr. 2. ²Dabei sind die gemeinsamen Empfehlungen nach § 20 Abs. 1 des Neunten Buches zu berücksichtigen und in ihren Grundzügen zu übernehmen. ³Die Kostentragungspflicht nach Absatz 1 Satz 3 gilt entsprechend.

(3) Für Leistungserbringer, die ambulante Vorsorgeleistungen nach § 23 Abs. 2 erbringen, vereinbart der Spitzenverband Bund der Krankenkassen mit der Kassenärztlichen Bundesvereinigung und den maßgeblichen Bundesverbänden der Leistungserbringer, die ambulante Vorsorgeleistungen durchführen, die grundsätzlichen Anforderungen an ein einrichtungsinternes Qualitätsmanagement nach § 135 a Abs. 2 Nr. 2.

(4) ¹Die Vertragspartner haben durch geeignete Maßnahmen sicherzustellen, dass die Anforderungen an die Qualitätssicherung für die ambulante und stationäre Vorsorge und Rehabilitation einheitlichen Grundsätzen genügen, und die Erfordernisse einer sektor- und berufsgruppenübergreifenden Versorgung angemessen berücksichtigt sind. ²Bei Vereinbarungen nach den Absätzen 1 und 2 ist der Bundesärztekammer, der Bundespsychotherapeutenkammer und der Deutschen Krankenhausgesellschaft Gelegenheit zur Stellungnahme zu geben.

Literatur:

Axer, Rechtsfragen einer sektorenübergreifenden Qualitätssicherung, VSSR 2010, 183; *Farin/Jäckel*, Qualitätssicherung und Qualitätsmanagement in der medizinischen Rehabilitation, Bundesgesundheitsbl. 2011, 176; *Farin/Jäckel/Schalaster*, Das Qualitätssicherungsverfahren der GKV in der medizinischen Habilitation – Ergebnisse und Weiterentwicklung, GesWes 2009, 163; *Jäckel*, Qualität in der Rehabilitation, Die Rehabilitation 2010, 345; *Reimann*, Qualitätssicherung aus Sicht der Rehabilitationsträger, SDSRV 61 (2012), 55; *Saupe-Heide/Gerlich/Likasczik/Musekamp/Neuderth/Vogel*, Externe Qualitätssicherung in Mutter-/Vater-Kind-Einrichtungen – Entwicklung von Instrumenten im Bereich Strukturqualität, Die Rehabilitation 2013, 368; *Stäbler/Cibis*, Mehr Qualität und einheitliche Standards, Rechtspraxis Rehabilitation 2016, Nr. 1, 27; *Welti*, Der rechtliche Rahmen der Qualitätssicherung in der medizinischen Rehabilitation, ZSR 2002, 460; *Welti*, Die Verantwortung der gesetzlichen Krankenversicherung für die Versorgungsstruktur der Rehabilitation, GesR 2009, 465.

I. Allgemeines

1 Die Vorschrift regelt die vertragliche Normsetzung zur Festlegung von Anforderungen an die externe und interne Qualitätssicherung für die Bereiche der Rehabilitation (Abs. 1), der stationären (Abs. 2) und der ambulanten Vorsorge (Abs. 3). Zusammen mit § 137 stellt sie die gleichartige Verpflichtung aller Einrichtungen, die Leistungen nach dem SGB V erbringen, auf Maßnahmen der Qualitätssicherung aus § 135 a sicher und gewährleistet die träger-, sektoren- und berufsgruppenübergreifende Einheitlichkeit der Grundsätze zur Qualitätssicherung. Die Regelung ist neben § 136 ff. erforderlich, weil sich die Richtlinienkompetenz des G-BA nach § 137 nicht auf Rehabilitation und Vorsorge erstreckt.

2 Die Vorschrift wurde durch das GKV-GRG zum 1.1.2000 neu geschaffen und mit Gesetz vom 26.7.2002 auf Einrichtungen des Müttergenesungswerks und vergleichbare Einrichtungen erstreckt. Seine heutige Gestalt erhielt § 137 d durch das GKV-WSG vom 26.3.2007 mWv 1.4.2007. Weitere Änderungen betrafen geringfügige, im Wesentlichen redaktionelle Anpassungen.

II. Qualitätssicherungsvorgaben

3 **1. Rehabilitation (Abs. 1).** Abs. 1 S. 1 regelt den Auftrag zu kollektivvertraglichen Vorgaben für die einrichtungsübergreifende Qualitätssicherung (§ 135 a Abs. 2 Nr. 1) durch untergesetzliche Normset-

zung¹ für Rehabilitationseinrichtungen iSv §§ 40, 111, 111c sowie für Einrichtungen des Müttergenesungswerks (§§ 24, 41) und gleichartige Einrichtungen iSv § 111a. Dass § 137d verbindliche Normsetzung vorsieht, ergibt sich aus der systematischen Nähe zu § 136ff. und aus § 135a Abs. Abs. 2, wonach die Leistungserbringer „nach Maßgabe der §§ 136 bis § 136b und 137d verpflichtet" sind. Vertragspartner sind der SpiBuKK und die maßgeblichen Spitzenorganisationen der genannten Einrichtungen.² Den in Abs. 4 S. 2 genannten Einrichtungen ist Gelegenheit zur Stellungnahme zu geben. Grundlage der Vereinbarungen bilden die von den Rehabilitationsträgern gem. § 20 Abs. 1 SGB IX vereinbarten, ebenfalls verbindlichen gemeinsamen Empfehlungen zur Sicherung und Weiterentwicklung der Leistungsqualität, insbesondere zur barrierefreien Leistungserbringung, und für die Durchführung vergleichender Qualitätsanalysen vom 27.3.2003.³ Ziel der Vereinbarungen nach § 137d Abs. 1 S. 1 ist die Herstellung von Ergebnisqualität, auf die die Leistungserbringer gem. § 135a Abs. 2 Nr. 1 verpflichtet sind. Die Modalitäten der für vergleichende Analysen erforderlichen Datenerhebung, -verarbeitung und -nutzung richten sich nach § 299. § 137d Abs. 1 S. 2 regelt die Beteiligung der Krankenkassen an den Kosten der Auswertung von Maßnahmen der externen Qualitätssicherung mit dem Ziel, die Rehabilitationseinrichtungen stärker in die übergreifende Aufgabe der externen Qualitätssicherung einzubinden. Kämen Vereinbarungen nicht zustande, bliebe es bei den – schwach verbindlichen⁴ – Empfehlungen nach § 20 SGB IX. Ein Schiedsverfahren ist nicht vorgesehen. Die derzeit gültige Vereinbarung auf der Basis von § 137d wurde am 1.6.2008 geschlossen.⁵

Für das **einrichtungsinterne Qualitätsmanagement**, auf das Rehabilitationseinrichtungen ebenfalls verpflichtet sind (§ 135a Abs. 2 Nr. 2), verzichtet Abs. 1 auf Vereinbarungen. Insoweit besteht geringerer Koordinierungsbedarf. Außerdem beauftragen bereits § 20 Abs. 2a SGB IX, und § 20 Abs. 2, 2a SGB IX die Spitzenverbände der Träger von medizinischen Rehabilitationseinrichtungen mit der Vereinbarung von Vorgaben für das einrichtungsinterne Qualitätsmanagement und sehen ein verbindliches Zertifizierungsverfahren für das Qualitätsmanagement in stationären Einrichtungen vor. § 137d Abs. 1 S. 3 begnügt sich deshalb mit dem klarstellenden Verweis auf § 20 SGB IX.

2. Stationäre Vorsorge (Abs. 2). Die Grundsätze nach Abs. 1 bringt Abs. 2 für die externe Qualitätssicherung in der stationären Vorsorge nahezu wortgleich zur Geltung. Der abweichende Wortlaut des Abs. 2, was die Orientierung der Vertragspartner an den Empfehlungen nach § 20 SGB IX betrifft („sind zu berücksichtigen und in ihren Grundzügen zu übernehmen") ist nicht im Sinne einer strengeren Bindung zu verstehen. Anders als im Falle der Rehabilitation streckt sich der Auftrag zur untergesetzlichen Normsetzung im Bereich der stationären Vorsorge auch auf das einrichtungsinterne Qualitätsmanagement nach § 135 Abs. 2 Nr. 2. Für die Verpflichtung der Krankenkassen zur Kostenbeteiligung gilt Abs. 1 S. 2, nicht S. 3, auf den Abs. 2 S. 3 versehentlich verweist.

3. Ambulante Vorsorge (Abs. 3). Für medizinisch erforderliche ambulante Vorsorgeleistungen, die in Kurorten erbracht werden (§ 23 Abs. 2), ist eine externe Qualitätssicherung zwar ebenfalls verpflichtend (§ 135 Abs. 2 Nr. 1), aber vom Normsetzungsauftrag der Spitzenorganisationen nicht umfasst. Wegen der typischerweise kurortspezifischen und heterogenen Leistungserbringung hält der Gesetzgeber eine einrichtungsübergreifende, auf Qualitätsvergleich gegründete und mit regelhafter Dokumentation verbundene Qualitätssicherung weder für angemessen noch für praktikabel.⁶ Vereinbarungen der Spitzenverbände sind für diese Leistungen deshalb nur zu den Anforderungen an ein einrichtungsinternes Qualitätsmanagement (§ 135 Abs. 2 Nr. 2) vorgesehen.

4. Einheitliche Grundsätze, Beteiligung weiterer Organisationen (Abs. 4). Abs. 4 trägt dem Umstand Rechnung, dass Leistungen des Gesundheitswesens mit solchen der ambulanten und stationären Vorsorge und Rehabilitation häufig in einem untrennbaren Zusammenhang stehen. Insbesondere die zu-

---

1 So die rechtliche Qualifizierung bei Spickhoff, Medizinrecht, § 137d SGB V Rn. 2; Roters in: KassKomm, § 137d SGB V Rn. 3; Welti in: Becker/Kingreen, § 137d Rn. 3; Freudenberg, jurisPK-SGB V, § 137 Rn. 44 (anders noch Voraufl.) AA Knittel in: Krauskopf, § 137d SGB V Rn. 6.
2 Aufzählung der an der Vertragsschließung zum 1.6.2008 beteiligten Organisationen bei Roters in: KassKomm, § 137d SGB V Rn. 3.
3 Abrufbar zB unter http://www.bar-frankfurt.de/fileadmin/dateiliste/publikationen/gemeinsame-empfehlungen/downloads/Gemeinsame_Empfehlung_Qualitaetssicherung.pdf (zuletzt abgerufen am 1.5.2017).
4 Nach Majerski-Pahlen in: Neumann/Pahlen/Majerski-Pahlen, § 13 SGB IX Rn. 3, binden die Empfehlungen allenfalls die Träger, entfalten aber nicht die Verbindlichkeit untergesetzlich gesetzten Rechts.
5 S. http://www.gkv-spitzenverband.de/media/dokumente/krankenversicherung_1/rehabilitation/qualitaetsmanagement/Reha_Vereinbarung__137d_Abs_124_Stand_20080601.pdf (zuletzt abgerufen am 1.5.2017).
6 BT-Dr. 16/3100, 149.

nehmende **Kombination von Krankenhaus- und Anschlussheilbehandlung** steht in einem sektoren- und berufsübergreifenden Leistungs- und Leistungserbringungsverbund. S. 1 verpflichtet deshalb die Vertragspartner dazu, dafür Sorge zu tragen, dass die Anforderungen an die Qualitätssicherung „einheitlichen Grundsätzen genügen" und die Erfordernisse einer sektoren- und berufsgruppenübergreifenden Versorgung angemessen berücksichtigt sind.

8 Abs. 4 S. 2 gibt der Bundesärztekammer, der Bundespsychotherapeutenkammer und der Deutschen Krankenhausgesellschaft die Befugnis, Stellung zu Qualitätssicherungsvereinbarungen für die Bereiche der ambulanten und stationären Rehabilitation sowie der stationären Vorsorge zu nehmen. Als Vertragspartner sind diese Organisationen nicht vorgesehen, weil für die von ihnen vertretenen Leistungserbringer die Richtlinien nach § 136 ff. maßgeblich sind. Ihre Beteiligung ist vielmehr ihres Sachverstands wegen gefragt.

III. Anpassung durch das Bundesteilhabegesetz

9 Durch das Bundesteilhabegesetz vom 23.12.2016 (BGBl. I, 3234) wird mWv 1.1.2018 in Abs. 1 in S. 1 die Angabe „20 Abs. 1" durch die Angabe „37 Absatz 1" und in S. 3 die Angabe „20" durch die Angabe „37" ersetzt. Darüber hinaus wir in Abs. 2 S. 2 die Angabe „20 Abs. 1" durch die Angabe „37 Absatz 1" ersetzt. Hierbei handelt es sich um redaktionelle Anpassungen der Verweise auf die neu nummerierten Vorschriften des SGB IX.

§ 137e Erprobung von Untersuchungs- und Behandlungsmethoden

(1) ¹Gelangt der Gemeinsame Bundesausschuss bei der Prüfung von Untersuchungs- und Behandlungsmethoden nach § 135 oder § 137c zu der Feststellung, dass eine Methode das Potenzial einer erforderlichen Behandlungsalternative bietet, ihr Nutzen aber noch nicht hinreichend belegt ist, kann der Gemeinsame Bundesausschuss unter Aussetzung seines Bewertungsverfahrens eine Richtlinie zur Erprobung beschließen, um die notwendigen Erkenntnisse für die Bewertung des Nutzens der Methode zu gewinnen. ²Aufgrund der Richtlinie wird die Untersuchungs- oder Behandlungsmethode in einem befristeten Zeitraum im Rahmen der Krankenbehandlung oder der Früherkennung zulasten der Krankenkassen erbracht.
(2) ¹Der Gemeinsame Bundesausschuss regelt in der Richtlinie nach Absatz 1 Satz 1 die in die Erprobung einbezogenen Indikationen und die sächlichen, personellen und sonstigen Anforderungen an die Qualität der Leistungserbringung im Rahmen der Erprobung. ²Er legt zudem Anforderungen an die Durchführung, die wissenschaftliche Begleitung und die Auswertung der Erprobung fest. ³Für Krankenhäuser, die nicht an der Erprobung teilnehmen, kann der Gemeinsame Bundesausschuss nach den §§ 136 bis 136b Anforderungen an die Qualität der Leistungserbringung regeln.
(3) An der vertragsärztlichen Versorgung teilnehmende Leistungserbringer und nach § 108 zugelassene Krankenhäuser können in dem erforderlichen Umfang an der Erprobung einer Untersuchungs- oder Behandlungsmethode teilnehmen, wenn sie gegenüber der wissenschaftlichen Institution nach Absatz 5 nachweisen, dass sie die Anforderungen nach Absatz 2 erfüllen.
(4) ¹Die von den Leistungserbringern nach Absatz 3 im Rahmen der Erprobung erbrachten und verordneten Leistungen werden unmittelbar von den Krankenkassen vergütet. ²Bei voll- und teilstationären Krankenhausleistungen werden diese durch Entgelte nach § 17b oder § 17d des Krankenhausfinanzierungsgesetzes oder nach der Bundespflegesatzverordnung vergütet. ³Kommt für eine neue Untersuchungs- oder Behandlungsmethode, die mit pauschalierten Pflegesätzen nach § 17 Absatz 1a des Krankenhausfinanzierungsgesetzes noch nicht sachgerecht vergütet werden kann, eine sich auf den gesamten Erprobungszeitraum beziehende Vereinbarung nach § 6 Absatz 2 Satz 1 des Krankenhausentgeltgesetzes oder nach § 6 Absatz 2 Satz 1 der Bundespflegesatzverordnung nicht innerhalb von drei Monaten nach Erteilung des Auftrags des Gemeinsamen Bundesausschusses nach Absatz 5 zustande, wird ihr Inhalt durch die Schiedsstelle nach § 13 des Krankenhausentgeltgesetzes oder nach § 13 der Bundespflegesatzverordnung festgelegt. ⁴Bei Methoden, die auch ambulant angewandt werden können, wird die Höhe der Vergütung für die ambulante Leistungserbringung durch die Vertragspartner nach § 115 Absatz 1 Satz 1 vereinbart. ⁵Kommt eine Vereinbarung nach Satz 4 nicht innerhalb von drei Monaten nach Erteilung des Auftrags des Gemeinsamen Bundesausschusses nach Absatz 5 zustande, wird ihr Inhalt durch die erweiterte Schiedsstelle nach § 115 Absatz 3 innerhalb von sechs Wochen festgelegt. ⁶Klagen gegen die Festlegung des Vertragsinhalts haben keine aufschiebende Wirkung.

(5) ¹Für die wissenschaftliche Begleitung und Auswertung der Erprobung beauftragt der Gemeinsame Bundesausschuss eine unabhängige wissenschaftliche Institution. ²Die an der Erprobung teilnehmenden Leistungserbringer sind verpflichtet, die für die wissenschaftliche Begleitung und Auswertung erforderlichen Daten zu dokumentieren und der beauftragten Institution zur Verfügung zu stellen. ³Sofern hierfür personenbezogene Daten der Versicherten benötigt werden, ist vorher deren Einwilligung einzuholen. ⁴Für den zusätzlichen Aufwand im Zusammenhang mit der Durchführung der Erprobung erhalten die an der Erprobung teilnehmenden Leistungserbringer von der beauftragten Institution eine angemessene Aufwandsentschädigung.

(6) ¹Beruht die technische Anwendung der Methode maßgeblich auf dem Einsatz eines Medizinprodukts, darf der Gemeinsame Bundesausschuss einen Beschluss zur Erprobung nach Absatz 1 nur dann fassen, wenn sich die Hersteller dieses Medizinprodukts oder Unternehmen, die in sonstiger Weise als Anbieter der Methode ein wirtschaftliches Interesse an einer Erbringung zulasten der Krankenkassen haben, zuvor gegenüber dem Gemeinsamen Bundesausschuss bereit erklären, die nach Absatz 5 entstehenden Kosten der wissenschaftlichen Begleitung und Auswertung in angemessenem Umfang zu übernehmen. ²Die Hersteller oder sonstigen Unternehmen vereinbaren mit der beauftragten Institution nach Absatz 5 das Nähere zur Übernahme der Kosten.

(7) ¹Unabhängig von einem Beratungsverfahren nach § 135 oder § 137 c können Hersteller eines Medizinprodukts, auf dessen Einsatz die technische Anwendung einer neuen Untersuchungs- oder Behandlungsmethode maßgeblich beruht, und Unternehmen, die in sonstiger Weise als Anbieter einer neuen Methode ein wirtschaftliches Interesse an einer Erbringung zulasten der Krankenkassen haben, beim Gemeinsamen Bundesausschuss beantragen, dass dieser eine Richtlinie zur Erprobung der neuen Methode nach Absatz 1 beschließt. ²Der Antragsteller hat aussagekräftige Unterlagen vorzulegen, aus denen hervorgeht, dass die Methode hinreichendes Potenzial für eine Erprobung bietet sowie eine Verpflichtungserklärung nach Absatz 6 abzugeben. ³Der Gemeinsame Bundesausschuss entscheidet innerhalb von drei Monaten nach Antragstellung auf der Grundlage der vom Antragsteller zur Begründung seines Antrags vorgelegten Unterlagen. ⁴Beschließt der Gemeinsame Bundesausschuss eine Erprobung, entscheidet er im Anschluss an die Erprobung auf der Grundlage der gewonnenen Erkenntnisse über eine Richtlinie nach § 135 oder § 137 c.

(8) ¹Der Gemeinsame Bundesausschuss berät Hersteller von Medizinprodukten und sonstige Unternehmen im Sinne von Absatz 7 Satz 1 zu den Voraussetzungen der Erbringung einer Untersuchungs- oder Behandlungsmethode zulasten der Krankenkassen. ²Das Nähere einschließlich der Erstattung der für diese Beratung entstandenen Kosten ist in der Verfahrensordnung zu regeln.

Literatur:
Siehe § 137 c und § 137 h sowie *Roters/Propp*, Die Erprobung von Methoden nach § 137 e SGB V, MPR 2013, 37.

I. Allgemeines … 1	III. Besondere Regeln für Methoden unter maßgeblichem Einsatz eines Medizinprodukts … 17
II. Modalitäten der Erprobung … 3	
1. Voraussetzungen (Abs. 1) … 3	1. Hersteller von maßgeblichen Medizinprodukten und vergleichbare Anbieter einer neuen Methode … 18
2. Inhalt und Verfahren der Erprobungsrichtlinie (Abs. 2) … 6	
3. Durchführung der Erprobung (Abs. 3, Abs. 5) … 10	2. Angemessene Kostenübernahme (Abs. 6) … 19
a) Beauftragung einer Institution (Abs. 5) … 10	3. Initiativrecht (Abs. 7) … 21
b) Teilnehmende Leistungserbringer (Abs. 3) … 14	4. Beratungsanspruch (Abs. 8) … 23
4. Vergütung und Aufwandsentschädigung (Abs. 1 S. 2, Abs. 4, Abs. 5 S. 4) … 15	

I. Allgemeines

1 Die neuartige, durch das GKV-VStG[1] mWv 1.1.2012 eingeführte und durch das PsychEntG[2] mWv 1.1.2013 geänderte Regelung ermöglicht die **Erprobung** von neuen Untersuchungs- und Behandlungsmethoden (NUB) auf Veranlassung und unter Federführung des G-BA. Dieser wird ermächtigt, für Methoden mit hinreichend Potenzial für eine erforderliche Behandlungsalternative, aber noch unzureichend belegtem Nutzen eine Richtlinie für die Erprobung zu beschließen (Abs. 1, 2) und eine unabhängige wissenschaftliche Einrichtung mit der Durchführung zu beauftragen (Abs. 5). Die Erprobung erfolgt in diesem besonderen Verfahren durch an der vertragsärztlichen Versorgung teilnehmende Leistungserbringer und zugelassene Krankenhäuser (Abs. 3) auf Kosten der Krankenkassen (Abs. 4). Sofern die technische Anwendung der Methode maßgeblich auf dem Einsatz eines **Medizinprodukts** beruht, setzt die Erprobung nach Abs. 1, 2 voraus, dass sich Produkthersteller und andere Unternehmen mit wirtschaftlichem Interesse an den Kosten beteiligen (Abs. 6). Diesen Herstellern und anderen Unternehmen gewährt Abs. 7 ein Antragsrecht auf Einleitung eines Erprobungsverfahrens nach Abs. 1, 2 durch Beschlussfassung des G-BA. Abs. 8 konzipiert ihnen gegenüber außerdem eine Beratungspflicht des G-BA hinsichtlich der Einleitung und Durchführung eines Erprobungsverfahrens. Die Neuordnung der Qualitätssicherung durch das GKV-Versorgungsstrukturgesetz beließ die Vorschrift unverändert; die Reform der Krankenhausversorgung durch das KHSG[3] brachte eine redaktionelle Änderung der Verweisung in Abs. 2 S. 2 von § 137 auf §§ 136–136 b.

2 Die Vorschrift modifiziert das Regelungssystem der §§ 135, 137c, 137h nicht, wonach die Einführung einer NUB in der (ambulanten) vertragsärztlichen Versorgung (mit Ausnahme der spezialfachärztlichen Versorgung, § 116b Abs. 1 S. 3) eine anerkennende Empfehlung des G-BA voraussetzt, in Krankenhäusern aber unter den Voraussetzungen des § 137c Abs. 3 (und mit Ausnahme der Behandlung unter Einsatz eines Medizinprodukts mit hoher Risikoklasse, § 137h) ohne vorherige Anerkennung des Gremiums angewendet werden kann, solange sie nicht verbindlich ausgeschlossen ist. § 137e normiert vielmehr ein **zusätzliches Instrument** zu dem Zweck, die bisher schon bestehende Möglichkeit des G-BA zur Aussetzung eines Bewertungsverfahrens (→ § 135 Rn. 27, → § 137c Rn. 15) um ein Verfahren der strukturierten Erprobung zu ergänzen und auf diese Weise die Bewertungsverfahren im Bereich der Methodenbewertung zu verkürzen.[4] Für die Behandlung im Krankenhaus (einschließlich der ambulanten spezialärztlichen Versorgung, § 116b Abs. 1. S. 3) fügen § 137c Abs. 1 S. 3–5 das Instrument in das Bewertungsverfahren des G-BA ein. Maßgeblich ist es auch für die Einführung von NUB nach § 137h in die Versorgung, § 137h Abs. 4. Für § 135 ist eine vergleichbare Regelung entbehrlich, denn ein Beschluss des G-BA über die Durchführung einer Erprobung schränkt hier die Behandlungsmöglichkeiten der Leistungserbringer nicht ein, sondern erweitert sie um die Möglichkeit der strukturierten Erprobung zulasten der Krankenkassen. Der G-BA hat das Erprobungsverfahren einschließlich der Kostentragung im 2. Kapitel seiner Verfahrensordnung (VerfO G-BA)[5] näher ausgestaltet.

II. Modalitäten der Erprobung

3 **1. Voraussetzungen (Abs. 1).** Das Erprobungsverfahren kommt in Betracht für Untersuchungs- und Behandlungsmethoden, in der vertragsärztlichen und vertragszahnärztlichen Versorgung einschließlich der Versorgung in medizinischen Versorgungszentren (§ 135), der Krankenhausbehandlung (§ 137c) oder der spezialfachärztlichen Versorgung (§ 116b) Anwendung finden sollen. Der systematische Zusammenhang der Regelungen erfordert ein einheitliches Verständnis der untersuchungs- und behandlungsbezogenen „Methode" (s. → § 135 Rn. 13ff.). Diese muss außerdem Gegenstand eines Bewertungsverfahrens nach §§ 135, 137c sein. Eine Erprobung nach § 137e kommt hiernach für Methoden in Betracht, die im ambulanten Bereich noch nicht empfohlen und/oder für die Krankenhausbehandlung noch nicht ausgeschlossen wurden.

---

1 Gesetz zur Verbesserung der Versorgungsstrukturen in der gesetzlichen Krankenversicherung (GKV-Versorgungsstrukturgesetz – GKV-VStG) v. 22.12.2011, BGBl. I, 2983.
2 Gesetz zur Einführung eines pauschalierenden Entgeltsystems für psychiatrische und psychosomatische Einrichtungen (Psych-Entgeltgesetz – Psych-EntG), vom 21.7.2012, BGBl. I, 1613.
3 Gesetz zur Reform der Strukturen der Krankenhausversorgung (Krankenhausstrukturgesetz – KHSG) vom 10.12.2015, BGBl. I, 2229.
4 BT-Dr. 17/6906, 87.
5 Zuletzt geändert am 20.3.2014, BAnz AT, 7.5.2014, B1, abrufbar in der aktuellen Fassung unter http://www.G-BA.de (zuletzt abgerufen am 1.5.2017).

Nicht wortgleich, aber sachlich übereinstimmend mit § 137c Abs. 1 S. 3 fordert § 137e Abs. 1 S. 1 4
eine **Feststellung des G-BA,** dass eine Methode bei noch nicht hinreichend belegtem Nutzen das Potential einer erforderlichen Behandlungsalternative bietet. Mit dieser Begrifflichkeit knüpft die Regelung an die gleichlautende Terminologie in § 137c Abs. 1 S. 2, Abs. 3 (→ § 137c Rn. 6a, 10) und § 137h Abs. 1 S. 3 Nr. 2, 3 (→ § 137h Rn. 20 ff.) an und trägt damit zur Vereinheitlichung der Bewertungsmaßstäbe für innovative Methoden in der stationären Versorgung bei, die unabhängig davon gelten, ob über das Potential der G-BA oder einzelne Leistungserbringer entscheiden. Die Feststellung des **Potentials** erfordert eine zukunftsgerichtete Einschätzung auf der Grundlage der Wirkweise der Methode im Vergleich mit anderen Vergleichsmethoden. Ähnlich wie beim „Anfangsverdacht" darf die Einschätzung des Potentials nicht nur auf Vermutungen und theoretische Annahmen, sondern muss auf tatsächliche Erkenntnisse gestützt sein, die andererseits noch nicht ausreichen, um die Wirkweise im Vergleich zu belegen. Als Vergleichskriterien nennt der Gesetzgeber in seiner Begründung die „Erwartung ..., dass andere aufwändigere, für den Patienten invasivere oder bei stimmten Patienten nicht erfolgreiche Methoden ersetzt werden können, die Methode weniger Nebenwirkungen hat, sie eine Optimierung bedeutet oder die Methode in sonstiger Weise eine effektivere Behandlung ermöglichen kann."[6] Die Erkenntnisse müssen sich auch auf die **Erforderlichkeit der Methode** als Behandlungsalternative, dh ihren besonderen Nutzen im Rahmen der Versorgung, beziehen. Die Einschätzung, ob der Nutzen einer Methode noch nicht hinreichend belegt ist, erfolgt nach den standardisierten Verfahren der Methodenbewertung und dem Bewertungsmaßstab der Evidenz (→ § 135 Rn. 19 f.). Das Erprobungsverfahren kommt in Betracht, wenn die Stufe der möglichen **Evidenz** nicht erreicht ist. Die Erprobung muss außerdem geeignet sein, durch Gewinnung der notwendigen Erkenntnisse für die Bewertung diese Lücke zu schließen.[7] Bei der Beurteilung des Potentials und des noch nicht hinreichenden Nutzens hat der G-BA eine gerichtlich und im Wege der Rechtsaufsicht nur eingeschränkt überprüfbare Einschätzungsprärogative.

Bei Vorliegen dieser Voraussetzungen liegt – vorbehaltlich der Sonderregeln beim maßgeblichen Einsatz eines Medizinprodukts (→ Rn. 22 f.) – die Entscheidung über die Erprobung für die vertragsärztliche und vertragszahnärztliche Versorgung im **Ermessen des G-BA;** er kann stattdessen die Erprobung zugunsten anderer Methodenprüfungen vertagen oder auf die weitere Prüfung der Methode verzichten und damit die Beibringung von Ergebnissen durch klinische Studien den Leistungserbringern überlassen. Sind Ergebnisse aus bereits laufenden Studien in absehbarer Zeit zu erwarten, ist auch die Aussetzung des Bewertungsverfahrens möglich. Bei der Entscheidung für eine Erprobung kann der G-BA berücksichtigen, ob die Voraussetzungen der Erprobung für mehrere Indikationen[8] (vgl. Abs. 2) gegeben sind, und einzelne Indikationen für die Erprobung auswählen.[9] Für die in Krankenhäusern zur Anwendung gelangenden Methoden ist dieses Ermessen des G-BA wegen der belastenden Wirkung von Ausschlussempfehlungen reduziert (näher → § 137c Rn. 14). Er kann höchstens die Bewertung bis zur Beibringung weiterer Erkenntnisse aussetzen sowie die Erprobung aus Kostengründen oder zugunsten anderer Methodenprüfungen aufschieben. 5

2. Inhalt und Verfahren der Erprobungsrichtlinie (Abs. 2). Die Erprobung beginnt mit dem **Beschluss** 6
über die **Erprobungsrichtlinie** unter Aussetzung des Bewertungsverfahrens nach Feststellung der Erprobungsfähigkeit (Abs. 1). Es handelt sich um zwei Entscheidungen des G-BA mit Regelungsqualität, die typischerweise verbunden werden, aber – etwa im Falle der Aussetzungs- oder Priorisierungsentscheidung – auseinanderfallen können.

Die Erprobungsrichtlinie muss die Methode, die Indikationen, auf die sie sich bezieht, und die Dauer 7
der Erprobung hinreichend genau erkennen lassen. Sie muss außerdem den Qualitätsstandard für die Leistungserbringung im Rahmen der Erprobung definieren. Dieser Standard ist gegenüber der regulären Anwendung in der vertragsärztlichen Versorgung nicht etwa abgesenkt,[10] sondern abgeändert; das für die Erprobung typische Fehlen der für den Versorgungsstandard erforderlichen Evidenz wird durch besondere Anforderungen an die Sorgfalt bei der Anwendung sowie die Beobachtung und Auswertung der gewonnenen Erkenntnisse aufgefangen. In die Richtlinie aufzunehmen sind auch solche Anforderungen an die Durchführung, wissenschaftliche Begleitung und Auswertung der Erprobung (vgl. S. 2).

---

6 BT-Dr. 17/6906, 88.
7 Vgl. auch Kap. 2 § 14 Abs. 4 VerfO G-BA.
8 Die Indikation beantwortet die Frage, welche medizinische Maßnahme bei einem bestimmten Krankheitsbild angebracht ist, Hauck, NJW 2013, 3334.
9 Vgl. Roters in: KassKomm, § 137e SGB V Rn. 9.
10 So aber Hauck, NJW 2013, 3334, 3339.

Der Logik des § 137c entspricht es, dass während der Durchführung einer Erprobung die Methode im Rahmen der Krankenhausbehandlung weiterhin regulär, nach der Rechtsprechung des BSG außerdem auf Grundlage individueller Prüfungen (§ 6 Abs. 2 KHEntgG),[11] zulasten der Krankenkassen angewendet werden kann. Für die Schwebezeit der Erprobung[12] kann der G-BA in einer Richtlinie nach § 137 auch Anforderungen an die Qualität der regulären Leistungserbringung in der Krankenhausbehandlung aufnehmen (Abs. 2 S. 3). Eine Verpflichtung zur Gleichstellung der Qualitätsstandards innerhalb und außerhalb der Erprobung besteht aber nicht. Systematisch würde diese Regelung besser in § 137c Abs. 1 platziert.

8 Der G-BA gibt vor Erlass der Richtlinie **Gelegenheit zur Stellungnahme**. Handelt es sich um eine Erprobung unter maßgeblichem Einsatz eines Medizinprodukts, sind auch die besonderen Anforderungen nach Abs. 6, insbesondere die Kostenübernahme (→ Rn. 19 f.), in diesem Verfahrensschritt zu klären.

9 Die vom G-BA zu beschließende Richtlinie bildet den **rechtlichen Rahmen** der anschließenden Erprobung. Diesen Rahmen kann der G-BA bei Vorliegen neuer Erkenntnisse modifizieren, etwa die Erprobungszeit verlängern, sie verkürzen oder die Erprobung beenden. Aus Gründen des Grundrechtsschutzes sind Modifikationen, die für die erprobenden Leistungserbringer mit negativen wirtschaftlichen Folgen verknüpft sein können, nur zum Schutz des Allgemeinwohls (etwa der Patientensicherheit) zulässig.

10 **3. Durchführung der Erprobung (Abs. 3, Abs. 5). a) Beauftragung einer Institution (Abs. 5).** Mit der Durchführung hat der G-BA jeweils eine unabhängige wissenschaftliche Institution zu beauftragen, der die **wissenschaftliche Begleitung und Auswertung der Erprobung** obliegt (Abs. 5). Die Institution muss, anders als die nach § 137a, nicht fachlich, sondern umfassend, dh insbesondere auch wirtschaftlich und wissenschaftlich unabhängig sein.[13] Wissenschaftlichkeit erfordert i.ü. die erforderlichen Fachkenntnisse zur Anwendung wissenschaftlich anerkannter Methoden und Erfahrung mit der Durchführung von Studien.[14] Die Auswahl der Institution erfolgt unter Beachtung des allgemeinen Vergaberechts. Geschäftsgrundlage der Beauftragung bildet die Erprobungsrichtlinie in ihrer jeweiligen Fassung, für deren Beachtung und Umsetzung der G-BA neben der Institution verantwortlich bleibt. Inhaltliche Elemente des Auftrags sowie Kriterien für die Auswahl der Institution regelt die VerfO G-BA in 2. Kap. § 25. Problematisch ist hierbei das in 2. Kap. § 25 Abs. 2 aufgenommene Auswahlkriterium der persönlichen Eignung, da nach allgemeinem Vergaberecht nur geeignete Anbieter in die nähere Auswahl gelangen, die Prüfung der persönlichen Eignung also der Auswahlentscheidung vorgelagert ist (§ 97 Abs. 4, 5 GWB bzw. – unterhalb der Schwellenwerte nach § 2 VgV – § 16 Abs. 5, § 18 Abs. 1 VOL/A).

11 Eine wesentliche Aufgabe der nach Abs. 5 beauftragten Institution besteht in der Sammlung der erforderlichen Daten, die die an der Erprobung teilnehmenden Leistungserbringer zur Verfügung stellen. Den Datenfluss regeln Abs. 5 S. 2 und 3. S. 2 verpflichtet die teilnehmenden Leistungserbringer zur Dokumentation und Weiterleitung der Daten an die Institution. S. 3 stellt klar, dass die Erhebung, Speicherung und Übermittlung personenbezogener Daten Versicherter der Einwilligung bedarf. Abs. 5 S. 4 verpflichtet die Institution außerdem zur Zahlung einer angemessenen Entschädigung an die an der Erprobung teilnehmenden Leistungserbringer für den zusätzlichen Aufwand im Zusammenhang mit der Durchführung der Erprobung (zu den Einzelheiten → Rn. 15 f.). Weitere Anforderungen an den Inhalt des Auftrags und zu den Aufgaben der Institution enthält die VerfO G-BA. Der Institution obliegen hiernach insbesondere die Erstellung eines Studienprotokolls, die Einholung der zur Durchführung der Studien erforderlichen Genehmigungen und Beratungsleistungen der lokalen Ethik-Kommissionen, die etappenweise Information des G-BA sowie die Erstellung eines Abschlussberichts.

12 Die Institutionen nach § 137e Abs. 5 ergänzen das Geflecht aus fachlich und wissenschaftlich einschlägigen Einrichtungen im Bereich der Qualitätssicherung. 2. Kap. § 24 VerfO G-BA verdichtet das Netz durch Selbstermächtigung des G-BA, für die Organisation der Durchführung der Erprobung ein „Projektmanagement" zu errichten und dies einer externen Stelle zu übertragen. Dies zielt sichtlich auf Einbindung des IQTIG nach § 137a, das gesetzlich als Inhouse-Organisation des G-BA in der Rechtsform einer privaten Stiftung konzipiert wurde (→ § 137a Rn. 18).

---

11 AA Felix, Kostentragungspflicht der Krankenkassen ohne Prüfungs- und Ablehnungsrecht.
12 Begriff bei Clemens, MedR 2012, 769, 772.
13 AA Roters in: KassKomm, § 137e SGB V Rn. 15. Zu eng insoweit 2. Kap § 25 Abs. 1 S. 1 VerfO nach Beschluss vom 18.4.2013.
14 Becker in: Becker/Kingreen, § 137e Rn. 8.

Die Vergütung des Auftrags erfolgt durch den G-BA, der hierfür Mittel aus dem Systemzuschlag nach § 139 c oder – im Falle des Abs. 6 – der Hersteller und sonstigen Unternehmen mit wirtschaftlichem Interesse verwendet. Die Vergütung umfasst laut der Gesetzesbegründung auch die Overhead-Kosten der Erprobung wie Projektmanagement, Datenmanagement oder Monitoring.[15]

b) **Teilnehmende Leistungserbringer (Abs. 3).** Abs. 3 regelt, dass alle Leistungserbringer, die ihr Interesse bekunden und die Anforderungen nach Abs. 2 erfüllen, einzubeziehen sind. Er ermächtigt weder den G-BA oder die Institution nach Abs. 5 zur Beschränkung der Teilnahmeberechtigung auf bestimmte Leistungserbringer, noch formuliert er materiellrechtliche Vorgaben oder strukturiert verfahrensrechtliche Anforderungen für die **Auswahlentscheidung**. Rechtsstaatlich und grundrechtlich bedenklich ist daher die im 2. Kap. § 25 Abs. 4 4. Spiegelstrich VerfO G-BA aufgenommene Regelung, die die „Auswahl der teilnehmenden Leistungserbringer" der Institution nach Abs. 5 als Aufgabe zuweist. Verfassungsrechtliche Gründe sprechen dafür, dass der G-BA den Auswahlmodus zumindest selbst zu strukturieren hat und diese Aufgabe nicht vollständig an die Institution nach Abs. 5 delegieren darf. Vor allem aber erfordert die Beschränkung des Teilnehmerkreises eine förmliche gesetzliche Grundlage, nicht zuletzt, um den chancengleichen Zugang der Leistungserbringer zum Einsatz einer NUB zulasten der Krankenkassen zu gewährleisten.[16] Dies gilt besonders für das Bewertungsverfahren nach § 135, das die Anwendung der neuen Methode zu diesem Zeitpunkt nur in der Erprobung ermöglicht. Es bleibt daher bei der eindeutigen Vorgabe des § 137 e Abs. 3, wonach gegenwärtig alle Leistungserbringer, die ihre Eignung und ihr Interesse nachweisen, zur Erprobung zuzulassen sind. Aus Gründen der Wirtschaftlichkeit sowie der Qualitätssicherung wäre freilich die Aufnahme einer Ermächtigung des G-BA zu Auswahlentscheidungen in Abs. 3 zu empfehlen.

4. **Vergütung und Aufwandsentschädigung (Abs. 1 S. 2, Abs. 4, Abs. 5 S. 4).** Die im Rahmen der Erprobung erbrachten Leistungen einschließlich der im vorgesehenen Rahmen eingesetzten Hilfsmittel erhalten die Leistungserbringer unmittelbar von den Krankenkassen **vergütet**. Der in Abs. 4 S. 1 formulierte Grundsatz präzisiert die in Abs. 1 S. 2 formulierte Regel. Zusätzlich werden die Leistungserbringer für den mit der Durchführung der Erprobung verbundenen zusätzlichen Aufwand finanziell entschädigt (Abs. 5 S. 4). Die **Aufwandsentschädigung** muss angemessen sein, was die VerfO G-BA nicht näher konkretisiert, sondern – rechtsstaatlich nicht ganz zweifelsfrei – vollständig der Festsetzung durch die Institution nach Abs. 5 überlässt. Der Anspruch auf Aufwandsentschädigung besteht gegenüber der Institution nach Abs. 5, die diese Kosten wiederum dem G-BA in Rechnung stellt. Mittelbar wird die Aufwandsentschädigung also entweder über den Systemzuschlag nach § 139 c aus Beitragsmitteln der Krankenkassen oder – im Falle des Abs. 6 – durch die Hersteller von Medizinprodukten und vergleichbare Unternehmen getragen (→ Rn. 13, 19 f.).

Abs. 4 S. 2 sieht vor, dass NUB im Rahmen der Erprobung nach §§ 17 b, 17 d KHG, dh durch **Fallpauschalen und Zusatzentgelte**, oder nach der **Bundespflegesatzverordnung** zu vergüten sind. Wurde für die NUB bereits eine **Innovationspauschale nach § 6 Abs. 2 S. 1 KHEntgG** vereinbart, ist diese auch für die Anwendung im Rahmen der Erprobung maßgeblich.[17] Ist die Methode im Entgeltsystem noch nicht erfasst, so bedarf es einer Vergütungsvereinbarung nach § 6 Abs. 2 S. 1 KHEntgG und für den Fall, dass sie nicht innerhalb von drei Monaten zustande kommt, einer Regelung durch die Schiedsstelle nach § 13 KHEntgG (S. 3). Die Schiedsstelle hat gem. § 13 Abs. 2 KHG ihre Entscheidung innerhalb von sechs Wochen zu treffen. Für NUB, die auch ambulant angewandt werden können, bedarf die Vergütung einer Vereinbarung, die nach § 115 zu treffen ist (Abs. 4 S. 4, 5). Es handelt sich um dreiseitige Verträge zwischen den Landesverbänden der Krankenkassen und Ersatzkassen, der KÄV und der Landeskrankenhausgesellschaften bzw. der Krankenhausträger. Für den Fall, dass die Vereinbarungen innerhalb von drei Monaten nicht zustande kommen, ist die erweiterte Schiedsstelle nach § 115 Abs. 3 zur Festlegung binnen sechs Wochen aufgerufen. Abs. 4 S. 6 regelt, dass Klagen gegen die Festlegung des Vertragsinhalts keine aufschiebende Wirkung zukommt, die Vergütung also im Rahmen der Erprobung vorläufig auf diesen Grundlagen erfolgt.

III. Besondere Regeln für Methoden unter maßgeblichem Einsatz eines Medizinprodukts

Innovationen in der Medizin können neben dem Nutzen für die Versorgung auch erhebliche wirtschaftliche Vorteile für Unternehmen mit sich bringen, die hierbei eingesetzte Produkte herstellen oder

---

15 BT-Dr. 17/6906, 89.
16 Ebenso Becker in: Becker/Kingreen, § 137 e Rn. 5.
17 BT-Dr. 17/6906, 88.

im Rahmen einer neuen Methode anbieten. Abs. 6 bis 8 sehen deshalb vor, dass solche Unternehmen mit besonderem **wirtschaftlichen Interesse an der Markteinführung** einerseits die Kosten der Erprobung in angemessener Höhe tragen sollen, andererseits berechtigt sein sollen, die Erprobung zu initiieren und sich vom G-BA gebührenpflichtig beraten zu lassen. Der Anwendungsbereich beschränkt sich auf Medizinprodukte, da für den Einsatz von Arzneimitteln besondere Regeln bestehen.

18 **1. Hersteller von maßgeblichen Medizinprodukten und vergleichbare Anbieter einer neuen Methode.** Mit dem Bezug auf die **Hersteller von Medizinprodukten** (Definition in § 3 MPG) und Anbietern neuer Methoden ist der Kreis der Betroffenen weit gezogen. Der G-BA fasst den Hersteller-Begriff eng, indem er ihn an der Rechtsprechung des BSG zu § 139 orientiert und Vertreiber von Medizinprodukten ausgrenzt.[18] Als **Anbieter einer neuen Methode** definiert die VerfO G-BA Unternehmen, die Leistungen zur Verfügung stellen, „welche neben anderen nicht maßgeblichen, aber frei auf dem Markt verfügbaren Leistungen zur Durchführung der neuen Methode benötigt werden" (2. Kap. § 17 Abs. 6). Diese Anbieter müssen ein den Herstellern vergleichbares wirtschaftliches Interesse an der Anerkennung der NUB unter maßgeblichem Einsatz des Medizinprodukts haben. Als **maßgeblich** beurteilt der G-BA ein Medizinprodukt, „wenn ohne dessen Einbeziehung (technische Anwendung) die Methode bei der jeweiligen Indikation ihr, sie von anderen Vorgehensweisen unterscheidendes, theoretisch-wissenschaftliches Konzept verlieren würde" (2. Kap. § 17 Abs. 4 VerfO G-BA). Die Konkretisierung für die jeweilige NUB ist gerichtlich voll überprüfbar; ein Einschätzungsspielraum des G-BA besteht insoweit nicht.

19 **2. Angemessene Kostenübernahme (Abs. 6).** Für technische Anwendungen, die maßgeblich auf dem Einsatz eines Medizinprodukts beruhen, setzt die Erprobung die Übernahme der Kosten für die wissenschaftliche Begleitung und Auswertung in angemessenem Umfang voraus. Die **Erklärung der Kostenübernahme** bildet eine unverzichtbare Voraussetzung für den Beschluss über die Erprobung und ist folglich im Rahmen einer Stellungnahme vor Erlass der Richtlinie (→ Rn. 8) abzugeben. Liegt sie dem G-BA nicht vor, scheidet für die ambulante Behandlung mangels nachgewiesenen Nutzens eine positive Empfehlung aus (§ 135); für die Behandlung im Krankenhaus ist eine Richtlinie zu erlassen, aus der sich ergibt, dass die Methode im Rahmen der Krankenhausbehandlung nicht mehr zulasten der Krankenkassen erbracht werden darf (§ 137c Abs. 1 S. 5 iVm S. 4). Nach dem Wortlaut des Abs. 6 S. 1 ist die Verpflichtungserklärung aller in die Methode involvierten Hersteller und Anbieter eines oder mehrerer maßgeblicher Medizinprodukte erforderlich. Dem Zweck der Regelung ist aber genügt, wenn die erklärenden Hersteller und Anbieter die Kostenübernahme **in angemessener Höhe** zusagen. Der Maßstab der Angemessenheit ist unbestimmt. Dem Zweck der Regelung entspricht eine Orientierung an den Gewinnchancen, die die beteiligten Unternehmen zunächst gemeinsam mit dem G-BA untereinander festzulegen haben. Nur soweit die zugesagte Beteiligung die Kosten nicht deckt, sollen – etwa bei der Beteiligung kleiner und mittlerer Unternehmen oder im Falle seltener Erkrankungen – auch Aspekte der wirtschaftlichen Leistungsfähigkeit bestimmend sein.[19] Insgesamt stellt der Gesetzgeber hohe Anforderungen an den für diese Beurteilung nicht sachkundigen G-BA. Dessen Entscheidung ist gerichtlich voll überprüfbar.

20 Die Einlösung der zugesagten Kostenbeteiligung erfolgt auf Grundlage einer Durchführungsvereinbarung mit der nach Abs. 5 beauftragten Institution (Abs. 6 S. 2). Die Vereinbarung kann vertragliche Pflichten der Institution, etwa zur Information über Meilensteine und Ergebnisse der Erprobung, enthalten. Ein Einfluss der Hersteller und Anbieter auf die Ausschreibung und Beauftragung einer Erprobung durch den G-BA, die neben der Richtlinie den Rahmen der Durchführung bildet, ist hingegen nicht vorgesehen. Den G-BA trifft aber neben der in Abs. 8 ausdrücklich enthaltenen Beratungspflicht die ungeschriebene Pflicht zur Wahrung der Interessen der Hersteller und Anbieter nach Abs. 6, etwa bei der Festlegung der Verwertungsrechte hinsichtlich der Forschungsergebnisse.

21 **3. Initiativrecht (Abs. 7).** Korrespondierend zur Obliegenheit der Kostenübernahme formuliert Abs. 7 ein Recht der betroffenen Unternehmen, beim G-BA den Erlass einer Richtlinie über die Erprobung durch Antrag zu initiieren. Über den **Antrag** hat der G-BA innerhalb von drei Monaten zu entscheiden. Die Frist beginnt zu laufen, wenn dem G-BA aussagekräftige Unterlagen des Antragstellers, aus denen sich das Potential der NUB ergibt, sowie eine Verpflichtungserklärung zur Kostenübernahme nach Abs. 6 vorliegen (Abs. 7 S. 2). Der G-BA ist zu eigenen Ermittlungen nicht verpflichtet, sondern entscheidet auf Grundlage des Antrags und der vorliegenden Unterlagen. Die Entscheidung über die

---

18 Vgl. BSG, 15.3.2012, B 3 KR 6/12 R, juris Rn. 19 ff., Soz 4-2500, § 139 Nr. 5.
19 BT-Dr. 17/6906, 89.

Erprobung steht im Ermessen des G-BA, denn es kann nicht angenommen werden, dass einzelne Hersteller und Anbieter die Erprobung einer NUB zulasten der Krankenkassen, dh auf Kosten der Gemeinschaft der Beitragszahler, verbindlich initiieren können sollten.[20] Den Herstellern und Methodenanbietern bleibt im Falle des abschlägigen Bescheids die Möglichkeit der Erprobung in klinischen Studien auf eigene Kosten.

Die **Ablehnung** einer Erprobung erfolgt durch Verwaltungsakt, der gerichtlich angefochten werden kann (§ 54 Abs. 1 SGG). Die Entscheidung des G-BA ist gerichtlich nur eingeschränkt überprüfbar.

4. Beratungsanspruch (Abs. 8). Die Regelungen der Abs. 6 und 7 konstituieren ein unübersichtliches Verfahren mit vielen Akteuren und Beteiligungsmöglichkeiten sowie -obliegenheiten für die Hersteller und Methodenanbieter auf unterschiedlichen Verfahrensstufen. Dieses Verfahren unter Beteiligung der Hersteller ist überdies missbrauchsanfällig und birgt die Gefahr des „Trittbrettfahrens" einzelner Hersteller und Anbieter auf Kosten anderer. Abs. 8 S. 1 formuliert deshalb einen sachspezifischen Beratungsanspruch in Hinblick auf das Initiativrecht nach Abs. 7 S. 1. Gegenstand der Beratung kann nicht die Abgabe einer vorläufigen Einschätzung zum Potential einer Methode sein, da diese Prüfung erst nach Abs. 7 beantragt werden muss. Über alle anderen Aspekte der Antragstellung und der Beibringung von Unterlagen sowie der Kostentragungspflicht nach Abs. 6 kann Beratung eingeholt werden. Die nichtförmliche Beratung dient zwar in erster Linie der Informationsgewinnung auf Seiten der Nachsuchenden, mündet aber im besten Fall in eine **Vorabstimmung** als Vorstufe zum förmlichen, fristgebundenen Antragsverfahren. Näheres, auch die **Gebühren** für die kostenpflichtige Beratungsleistung des G-BA, konkretisiert der G-BA in seiner Verfahrensordnung (Abs. 8 S. 2).

§ 137 f Strukturierte Behandlungsprogramme bei chronischen Krankheiten

(1) ¹Der Gemeinsame Bundesausschuss nach § 91 legt in Richtlinien nach Maßgabe von Satz 2 geeignete chronische Krankheiten fest, für die strukturierte Behandlungsprogramme entwickelt werden sollen, die den Behandlungsablauf und die Qualität der medizinischen Versorgung chronisch Kranker verbessern. ²Bei der Auswahl der chronischen Krankheiten sind insbesondere die folgenden Kriterien zu berücksichtigen:
1. Zahl der von der Krankheit betroffenen Versicherten,
2. Möglichkeiten zur Verbesserung der Qualität der Versorgung,
3. Verfügbarkeit von evidenzbasierten Leitlinien,
4. sektorenübergreifender Behandlungsbedarf,
5. Beeinflussbarkeit des Krankheitsverlaufs durch Eigeninitiative des Versicherten und
6. hoher finanzieller Aufwand der Behandlung.

³Bis zum 31. Dezember 2016 legt der Gemeinsame Bundesausschuss weitere in § 321 Satz 1 nicht genannte, geeignete chronische Krankheiten fest und erlässt insbesondere für die Behandlung von Rückenleiden und Depressionen jeweils entsprechende Richtlinien nach Absatz 2.

(2) ¹Der Gemeinsame Bundesausschuss nach § 91 erlässt Richtlinien zu den Anforderungen an die Ausgestaltung von Behandlungsprogrammen nach Absatz 1. ²Zu regeln sind insbesondere Anforderungen an die
1. Behandlung nach dem aktuellen Stand der medizinischen Wissenschaft unter Berücksichtigung von evidenzbasierten Leitlinien oder nach der jeweils besten, verfügbaren Evidenz sowie unter Berücksichtigung des jeweiligen Versorgungssektors,
2. durchzuführenden Qualitätssicherungsmaßnahmen unter Berücksichtigung der Ergebnisse nach § 137a Absatz 3,
3. Voraussetzungen für die Einschreibung des Versicherten in ein Programm,
4. Schulungen der Leistungserbringer und der Versicherten,
5. Dokumentation einschließlich der für die Durchführung der Programme erforderlichen personenbezogenen Daten und deren Aufbewahrungsfristen,
6. Bewertung der Auswirkungen der Versorgung in den Programmen (Evaluation).

³Soweit diese Anforderungen Inhalte der ärztlichen Therapie betreffen, schränken sie den zur Erfüllung des ärztlichen Behandlungsauftrags im Einzelfall erforderlichen ärztlichen Behandlungsspielraum nicht ein. ⁴Der Spitzenverband Bund der Krankenkassen hat den Medizinischen Dienst des Spitzenver-

---

[20] AA mit Bezug auf den Wortlaut der Regelung Becker in: Becker/Kingreen, § 137e Rn. 15.

bandes Bund der Krankenkassen zu beteiligen. ⁵Den für die Wahrnehmung der Interessen der ambulanten und stationären Vorsorge- und Rehabilitationseinrichtungen und der Selbsthilfe sowie den für die sonstigen Leistungserbringer auf Bundesebene maßgeblichen Spitzenorganisationen, soweit ihre Belange berührt sind, sowie dem Bundesversicherungsamt und den jeweils einschlägigen wissenschaftlichen Fachgesellschaften ist Gelegenheit zur Stellungnahme zu geben; die Stellungnahmen sind in die Entscheidungen mit einzubeziehen. ⁶Der Gemeinsame Bundesausschuss nach § 91 hat seine Richtlinien regelmäßig zu überprüfen.

(3) ¹Für die Versicherten ist die Teilnahme an Programmen nach Absatz 1 freiwillig. ²Voraussetzung für die Einschreibung ist die nach umfassender Information durch die Krankenkasse erteilte schriftliche Einwilligung zur Teilnahme an dem Programm, zur Erhebung, Verarbeitung und Nutzung der in den Richtlinien des Gemeinsamen Bundesausschusses nach Absatz 2 festgelegten Daten durch die Krankenkasse, die Sachverständigen nach Absatz 4 und die beteiligten Leistungserbringer sowie zur Übermittlung dieser Daten an die Krankenkasse. ³Die Einwilligung kann widerrufen werden.

(4) ¹Die Krankenkassen oder ihre Verbände haben nach den Richtlinien des Gemeinsamen Bundesausschusses nach Absatz 2 eine externe Evaluation der für dieselbe Krankheit nach Absatz 1 zugelassenen Programme nach Absatz 1 durch einen vom Bundesversicherungsamt im Benehmen mit der Krankenkasse oder dem Verband auf deren Kosten bestellten unabhängigen Sachverständigen auf der Grundlage allgemein anerkannter wissenschaftlicher Standards zu veranlassen, die zu veröffentlichen ist. ²Die Krankenkassen oder ihre Verbände erstellen für die Programme zudem für jedes volle Kalenderjahr Qualitätsberichte nach den Vorgaben der Richtlinien des Gemeinsamen Bundesausschusses nach Absatz 2, die dem Bundesversicherungsamt jeweils bis zum 1. Oktober des Folgejahres vorzulegen sind.

(5) ¹Die Verbände der Krankenkassen und der Spitzenverband Bund der Krankenkassen unterstützen ihre Mitglieder bei dem Aufbau und der Durchführung von Programmen nach Absatz 1; hierzu gehört auch, dass die in Satz 2 genannten Aufträge auch von diesen Verbänden erteilt werden können, soweit hierdurch bundes- oder landeseinheitliche Vorgaben umgesetzt werden sollen. ²Die Krankenkassen können ihre Aufgaben zur Durchführung von mit zugelassenen Leistungserbringern vertraglich vereinbarten Programmen nach Absatz 1 auf Dritte übertragen. ³§ 80 des Zehnten Buches bleibt unberührt.

(6) ¹Soweit in den Verträgen zur Durchführung strukturierter Behandlungsprogramme nach Absatz 1 die Bildung einer Arbeitsgemeinschaft vorgesehen ist, darf diese zur Erfüllung ihrer Aufgaben abweichend von § 80 Abs. 5 Nr. 2 des Zehnten Buches dem Auftragnehmer die Verarbeitung des gesamten Datenbestandes übertragen. ²Der Auftraggeber hat den für ihn zuständigen Datenschutzbeauftragten rechtzeitig vor der Auftragserteilung die in § 80 Abs. 3 Satz 1 Nr. 1 bis 4 des Zehnten Buches genannten Angaben schriftlich anzuzeigen. ³§ 80 Abs. 6 Satz 4 des Zehnten Buches bleibt unberührt. ⁴Die für die Auftraggeber und Auftragnehmer zuständigen Aufsichtsbehörden haben bei der Kontrolle der Verträge nach Satz 1 eng zusammenzuarbeiten.

(7) ¹Die Krankenkassen oder ihre Landesverbände können mit zugelassenen Krankenhäusern, die an der Durchführung eines strukturierten Behandlungsprogramms nach Absatz 1 teilnehmen, Verträge über ambulante ärztliche Behandlung schließen, soweit die Anforderungen an die ambulante Leistungserbringung in den Verträgen zu den strukturierten Behandlungsprogrammen dies erfordern. ²Für die sächlichen und personellen Anforderungen an die ambulante Leistungserbringung des Krankenhauses gelten als Mindestvoraussetzungen die Anforderungen nach § 135 entsprechend.

I. Allgemeines und Entstehungsgeschichte

1 Die §§ 137 f, 137 g und 321 regeln die Grundsätze zur Entwicklung, Umsetzung und Zulassung von strukturierten Behandlungsprogrammen, die gemeinhin als „Disease Management Programs" (DMP) bezeichnet werden. Eine Legaldefinition dieses Begriffes existiert nicht. Nach der Gesetzesbegründung stellen diese Programme einen Organisationsansatz dar, der verbindliche und aufeinander abgestimmte Behandlungs- und Betreuungsprozesse über Krankheitsverläufe und Sektorengrenzen hinweg auf Grundlage medizinischer Evidenz vorgeben soll.[1]

2 Zweck dieser Regelungen ist die Verbesserung der Versorgung von Versicherten mit chronischen Erkrankungen. Als eine Ursache diesbezüglicher Defizite ist die nur mittelbare Morbiditätsorientierung des Risikostrukturausgleiches (RSA, § 266) erkannt worden.[2] Um den finanziellen Anreiz zur Durchführung von DMP zu stärken, fanden die damit einhergehenden Kosten Berücksichtigung im RSA.

---

1 BT-Dr. 14/7123, 13.
2 Baierl in: jurisPK-SGB V, § 137 f Rn. 20 ff.

Die §§ 137f, 137g und 321 wurden mit Wirkung zum 1.1.2002 durch das Gesetz zur Reform des Risikostrukturausgleiches (v. 10.12.2001, BGBl. I 3465) eingeführt und durch das GMG (v. 14.11.2003, BGBl. I 2190), das GKV-WSG (v. 26.3.2007, BGBl. I 387), das GKV-VStG (v. 22.12.2011, BGBl. 2983), das GKV-FQWG (v. 21.7.2014, BGBl. 1133) und das GKV-VSG (v. 16.7.2015, BGBl. 1211) geändert.

Mit GKV-VStG (v. 22.12.2001, BGBl. I 2983) wurde die Kompetenz, Richtlinien für DMP zu erlassen, vom Bundesministerium für Gesundheit (BMG) auf den Gemeinsamen Bundesausschuss (G-BA) übertragen, der zuvor lediglich diesbezügliche Empfehlungen abgegeben hatte. Entsprechende Richtlinien des G-BA müssen ihrerseits regelmäßig überprüft (Abs. 2 S. 6) und dem BMG vorgelegt werden (§ 94). Bis zum Erlass einer Richtlinie gelten gemäß § 321 Satz 1 und 2 weiterhin die untergesetzlichen Voraussetzungen der §§ 28b bis 28h der Risikostruktur-Ausgleichsverordnung (RSAV).

II. DMP-Indikationen und Richtlinien des G-BA

Zur Durchführung von DMP hat der G-BA die folgenden Richtlinien[3] erlassen:

- DMP-Richtlinie (DMP-RL)
  Die in der RSAV geregelten Anforderungen an die DMP (für Asthma bronchiale, COPD und Brustkrebs) wurden im Jahr 2012 zunächst in die DMP-RL überführt. Im Jahr 2016 wurden die Anforderungen für COPD aktualisiert und in die DMP-Anforderungen-Richtlinie überführt.
- DMP-Anforderungen-Richtlinie (DMP-A-RL)
  Künftige Anforderungen an DMP werden zusammenfassend in der DMP-A-RL (Richtlinie des Gemeinsamen Bundesausschusses zur Zusammenführung der Anforderungen an strukturierte Behandlungsprogramme nach § 137f Abs. 2 SGB V) geregelt. Die DMP-A-RL (Richtlinie des Gemeinsamen Bundesausschusses zur Zusammenführung der Anforderungen an strukturierte Behandlungsprogramme nach § 137f Abs. 2 SGB V) regelt Anforderungen an DMP für Diabetes mellitus Typ 1 und Typ 2, Brustkrebs, koronare Herzkrankheit, chronisch obstruktiven Atemwegserkrankungen (Asthma bronchiale) und chronisch obstruktiver Lungenerkrankung (COPD).
- DMP-Aufbewahrungsfristen-Richtlinie (DMP-AFRL)
  Aufbewahrungsfristen der für die Durchführung von DMP erforderlichen personenbezogenen Daten regelt DMP-AFRL. Eine Besonderheit besteht dabei für das DMP für koronare Herzkrankheit (früher: Modul Chronische Herzinsuffizienz), das noch durch Rechtsverordnung des BMG geregelt ist.

Diese Aufteilung der Regelungsgehalte in drei Richtlinien folgt aus dem Übergang der Regelungskompetenz auf den G-BA, wobei eine Zusammenführung der Regelungen anvisiert ist.

Durch das GKV-Versorgungsstrukturgesetz (GKV-VStG) wurde dem G-BA zugleich die Aufgabe übertragen, weitere geeignete chronische Krankheiten festzulegen, für die DMP etabliert werden können – zuvor waren bereits Empfehlungen des G-BA an das BMG für weitere Erkrankungen vorgesehen. Bei der Entwicklung von DMP sind – nicht abschließend (vgl. „insbesondere") – die Kriterien von § 137f Abs. 1 Satz 2 Nr. 1–6 zu berücksichtigen.

Der G-BA führte sodann ein öffentliches Vorschlagsverfahren durch und beschloss im August 2014 zu vier weiteren chronischen Krankheiten Beratungen hinsichtlich der Entwicklung von DMP aufzunehmen. Bei diesen Erkrankungen handelt es sich um rheumatoide Arthritis, chronische Herzinsuffizienz, Osteoporose, Rückenschmerz.

Durch das GKV-Versorgungsstärkungsgesetz (GKV-VSG) aus dem Jahr 2015 wurde der G-BA (§ 137f Abs. 1 Satz 3) darüber hinaus unter Fristsetzung bis zum 31.12.2016 beauftragt, DMP-Anforderungen für die Behandlung von Rückenleiden und Depressionen zu beschließen. In der Folgezeit hat der G-BA zunächst das IQWiG mit entsprechenden Leitlinienrecherchen beauftragt. Die mit dem Regelungsauftrag verbundene Frist verstrich allerdings erfolglos.[4]

Die konkrete Ausgestaltung der Behandlungsprogramme überlässt der Gesetzgeber den Krankenkassen, die dabei die jeweiligen Richtlinien bzw. Rechtsverordnungen des G-BA nach Abs. 2 Satz 1 beachten und insbesondere die Anforderungen nach Abs. Satz 2 umzusetzen müssen. Als Bewertungsmaß-

---
3 Abrufbar unter: https://www.g-ba.de/informationen/richtlinien/zum-unterausschuss/10/ (zuletzt abgerufen am 14.5.2017).
4 Alle Beschlüsse des G-BA zu DMP sind unter https://www.g-ba.de/informationen/beschluesse/zum-aufgabenbereich/21/ (zuletzt abgerufen am 14.5.2017) abrufbar.

stab ist auf evidenzbasierte Leitlinien und bei Fehlen solcher auf die „jeweils beste verfügbare Evidenz"[5] zurückzugreifen.

8   Strukturierte Behandlungsprogramme unterliegen der Sicherungspflicht hinsichtlich der arzt- und versichertenbezogenen Qualität und der Evaluationspflicht ihrer Auswirkungen auf die Versorgung (Abs. 4 S. 2).[6] Dazu hat der G-BA nach Abs. 2 Nr. 2 und 6 Richtlinien zu erlassen. Die Datenverarbeitung zwischen Krankenkasse und Leistungserbringer im Rahmen strukturierter Behandlungsprogramme regelt Abs. 6.

III. Teilnahme der Versicherten und der Leistungserbringer

9   Die Teilnahme der Versicherten an einem DMP ist nach Abs. 3 freiwillig. Voraussetzung ist die Einschreibung des Versicherten, die eine umfassende Aufklärung und die widerrufliche Einwilligung in die Datennutzung voraussetzt (§ 28 d Abs. 1 Nr. 2 und 3 RSAV). Finanzielle Anreize in Form von besonderen Tarifen sind dabei zulässig (§ 53 Abs. 3). Problematisch ist die Sicherstellung der weiteren Teilnahme der Versicherten nach Gewährung der finanziellen Begünstigung. Dies soll durch patientenbezogene Maßnahmen wie automatisierte Benachrichtigungen und telefonische Rücksprachen sichergestellt werden. Derartige Qualitätssicherungsmaßnahmen sind Voraussetzung für die Zulassung eines Programms (§ 28 d Abs. 2 RSAV).

10 Die Beteiligung der Leistungserbringer ist ebenfalls freiwillig. Ausschlaggebend sind die Auswahlkriterien der DMP-Verträge, wovon die Berufsausübungsfreiheit (Art. 12 Abs. 1 GG) berührt sein kann. Nachdem der EuGH Krankenkassen als öffentliche Auftraggeber eingestuft hat,[7] sind bei der Auswahl auch die kartellrechtlichen Vorschriften und die des Vergaberechts zu beachten (§ 69 Abs. 2 S. 1 und § 130 c Abs. 1).

§ 137 g   Zulassung strukturierter Behandlungsprogramme

(1) ¹Das Bundesversicherungsamt hat auf Antrag einer oder mehrerer Krankenkassen oder eines Verbandes der Krankenkassen die Zulassung von Programmen nach § 137 f Abs. 1 zu erteilen, wenn die Programme und die zu ihrer Durchführung geschlossenen Verträge die in den Richtlinien des Gemeinsamen Bundesausschusses nach § 137 f und in der Rechtsverordnung nach § 266 Abs. 7 genannten Anforderungen erfüllen. ²Dabei kann es wissenschaftliche Sachverständige hinzuziehen. ³Die Zulassung kann mit Auflagen und Bedingungen versehen werden. ⁴Die Zulassung ist innerhalb von drei Monaten zu erteilen. ⁵Die Frist nach Satz 4 gilt als gewahrt, wenn die Zulassung aus Gründen, die von der Krankenkasse zu vertreten sind, nicht innerhalb dieser Frist erteilt werden kann. ⁶Die Zulassung wird mit dem Tage wirksam, an dem die in den Richtlinien des Gemeinsamen Bundesausschusses nach § 137 f und in der Rechtsverordnung nach § 266 Abs. 7 genannten Anforderungen erfüllt und die Verträge nach Satz 1 geschlossen sind, frühestens mit dem Tag der Antragstellung, nicht jedoch vor dem Inkrafttreten dieser Richtlinien und Verordnungsregelungen. ⁷Für die Bescheiderteilung sind Kosten deckende Gebühren zu erheben. ⁸Die Kosten werden nach dem tatsächlich entstandenen Personal- und Sachaufwand berechnet. ⁹Zusätzlich zu den Personalkosten entstehende Verwaltungsausgaben sind den Kosten in ihrer tatsächlichen Höhe hinzuzurechnen. ¹⁰Soweit dem Bundesversicherungsamt im Zusammenhang mit der Zulassung von Programmen nach § 137 f Abs. 1 notwendige Vorhaltekosten entstehen, die durch die Gebühren nach Satz 7 nicht gedeckt sind, sind diese aus dem Gesundheitsfonds zu finanzieren. ¹¹Das Nähere über die Berechnung der Kosten nach den Sätzen 8 und 9 und über die Berücksichtigung der Kosten nach Satz 10 im Risikostrukturausgleich regelt das Bundesministerium für Gesundheit ohne Zustimmung des Bundesrates in der Rechtsverordnung nach § 266 Abs. 7. ¹²In der Rechtsverordnung nach § 266 Abs. 7 kann vorgesehen werden, dass die tatsächlich entstandenen Kosten nach den Sätzen 8 und 9 auf der Grundlage pauschalierter Kostensätze zu berechnen sind. ¹³Klagen gegen die Gebührenbescheide des Bundesversicherungsamts haben keine aufschiebende Wirkung.

(2) ¹Die Programme und die zu ihrer Durchführung geschlossenen Verträge sind unverzüglich, spätestens innerhalb eines Jahres an Änderungen der in den Richtlinien des Gemeinsamen Bundesausschus-

---

5   BT-Dr. 15/1525, 127.
6   Ausführliche Darstellung bei Baierl in: jurisPK-SGB V, § 137 f Rn. 88 ff.
7   EuGH, NJW 2009, 2427 ff.

ses nach § 137f und der in der Rechtsverordnung nach § 266 Absatz 7 genannten Anforderungen anzupassen. ²Satz 1 gilt entsprechend für Programme, deren Zulassung bei Inkrafttreten von Änderungen der in den Richtlinien des Gemeinsamen Bundesausschusses nach § 137f und der in der Rechtsverordnung nach § 266 Absatz 7 genannten Anforderungen bereits beantragt ist. ³Die Krankenkasse hat dem Bundesversicherungsamt die angepassten Verträge unverzüglich vorzulegen und es über die Anpassung der Programme unverzüglich zu unterrichten.

(3) ¹Die Zulassung eines Programms ist mit Wirkung zum Zeitpunkt der Änderung der Verhältnisse aufzuheben, wenn das Programm und die zu seiner Durchführung geschlossenen Verträge die rechtlichen Anforderungen nicht mehr erfüllen. ²Die Zulassung ist mit Wirkung zum Beginn des Bewertungszeitraums aufzuheben, für den die Evaluation nach § 137f Absatz 4 Satz 1 nicht gemäß den Anforderungen nach den Richtlinien des Gemeinsamen Bundesausschusses nach § 137f durchgeführt wurde. ³Sie ist mit Wirkung zum Beginn des Kalenderjahres aufzuheben, für das ein Qualitätsbericht nach § 137f Absatz 4 Satz 2 nicht fristgerecht vorgelegt worden ist.

I. Allgemeines

Im Gegensatz zu § 137f, der die materiellen Voraussetzungen der Zulassung und Umsetzung von DMP festlegt, normiert § 137g die Zulassung von DMP und deren Rücknahme. Zur Entstehungsgeschichte → § 137f Rn. 3.

II. Regelungsinhalt

DMP basieren auf Verträgen, die die Krankenkassen oder ihre Verbände zu deren Durchführung mit den Leistungserbringern schließen. Diese Verträge müssen durch das Bundesversicherungsamt (BVA) überprüft und zugelassen werden (Abs. 1 S. 1). Die Zulassung erfolgt durch das BVA bundesweit einheitlich um, die Verbindung der DMP und des Risikostrukturausgleichs zu berücksichtigen, denn auch der Risikostrukturausgleich wird bundesweit einheitlich durchgeführt.

Die Zulassung zu DMP ist auf Antrag gemäß Abs. 1 S. 1 zu erteilen, wenn das strukturierte Behandlungsprogramm und die für dessen Umsetzung geschlossenen Verträge die in den Richtlinien des G-BA – bzw. der RSAV – aufgestellten Anforderungen erfüllen. Für die Überprüfung der Einhaltung der Zulassungsanforderungen ist gemäß Abs. 1 S. 2 die Hinzuziehung eines wissenschaftlichen Sachverständigen vorgesehen. Die Antragsvoraussetzungen und Prüfungsinhalte des Bundesversicherungsamtes sind im „Leitfaden für die Antragstellung und Aufrechterhaltung der Zulassung strukturierter Behandlungsprogramme für chronisch Kranke" (aktueller Stand: Januar 2016) des Bundesversicherungsamtes dargestellt.[1]

Liegen die genannten Voraussetzungen vor, verbleibt dem BVA dem Wortlaut der Norm zufolge kein Ermessen bei der Zulassungsentscheidung, die innerhalb von drei Monaten ergehen muss (Abs. 1 S. 4) und mit Nebenbestimmungen versehen werden kann (Abs. 1 S. 3). Sofern bereits Versicherte in das Programm eingeschrieben sind und die Zulassungsvoraussetzungen vorliegen, hat das BVA dies zu berücksichtigen.[2] Die Zulassung wird mit dem Tage wirksam, an dem die entsprechenden gesetzlichen Voraussetzungen vorliegen, frühestens jedoch mit dem Tage der Antragstellung (Abs. 1 S. 6). Die Berechnung und die Verteilung der Kostenlast für das Zulassungsverfahren regelt Abs. 1 S. 7 bis 9.

Ändern sich die nach § 137f Abs. 2 S. 1 zu erlassenden Richtlinien des G-BA, sind die Krankenkassen gem. Abs. 2 S. 1 verpflichtet, die von den Änderungen berührten Programme und die diesen zugrundeliegenden Verträge innerhalb eines Jahres anzupassen. Die angepassten Verträge sind dem BVA unverzüglich vorzulegen (Abs. 2 S. 2). Damit soll sichergestellt werden, dass die Programme dem jeweils aktuellen Stand der medizinischen Wissenschaft gerecht werden.[3] Die bis zum GKV-VStG geltende Befristung der Zulassung von DMP ist ersatzlos gestrichen worden (vorher galt eine fünfjährige Befristung).

Die Rücknahme der Zulassung ist nach Abs. 3 S. 1 auch rückwirkend zu dem Zeitpunkt möglich, in dem nicht mehr alle der aufgeführten Voraussetzungen vorlagen. Sonderregelungen für den Rückwirkungszeitraum gelten gem. der S. 2 und 3 bei Verstößen gegen die Evaluations- und Qualitätsberichtspflicht.

---

1 Abrufbar unter http://www.bundesversicherungsamt.de/weiteres/disease-management-programme/zulassung-disease-management-programme-dmp.html (zuletzt abgerufen am 15.5.2017).
2 BSG, 21.6.2011, B 1 KR 14/10 R, Rn. 16 und 24 juris.
3 BT-Dr. 17/6906, 93.

§ 137h Bewertung neuer Untersuchungs- und Behandlungsmethoden mit Medizinprodukten hoher Risikoklasse

(1) ¹Wird hinsichtlich einer neuen Untersuchungs- oder Behandlungsmethode, deren technische Anwendung maßgeblich auf dem Einsatz eines Medizinprodukts mit hoher Risikoklasse beruht, erstmalig eine Anfrage nach § 6 Absatz 2 Satz 3 des Krankenhausentgeltgesetzes gestellt, hat das anfragende Krankenhaus dem Gemeinsamen Bundesausschuss zugleich Informationen über den Stand der wissenschaftlichen Erkenntnisse zu dieser Methode sowie zu der Anwendung des Medizinprodukts zu übermitteln. ²Eine Anfrage nach Satz 1 und die Übermittlung der Unterlagen erfolgt im Benehmen mit dem Hersteller derjenigen Medizinprodukte mit hoher Risikoklasse, die in dem Krankenhaus bei der Methode zur Anwendung kommen sollen. ³Weist die Methode ein neues theoretisch-wissenschaftliches Konzept auf, gibt der Gemeinsame Bundesausschuss innerhalb von zwei Wochen nach Eingang der Informationen im Wege einer öffentlichen Bekanntmachung im Internet allen Krankenhäusern, die eine Erbringung der neuen Untersuchungs- oder Behandlungsmethode vorsehen, sowie den jeweils betroffenen Medizinprodukteherstellern in der Regel einen Monat Gelegenheit, weitere Informationen im Sinne von Satz 1 an ihn zu übermitteln. ⁴Der Gemeinsame Bundesausschuss nimmt auf Grundlage der übermittelten Informationen innerhalb von drei Monaten eine Bewertung vor, ob

1. der Nutzen der Methode unter Anwendung des Medizinprodukts als hinreichend belegt anzusehen ist,
2. der Nutzen zwar als noch nicht hinreichend belegt anzusehen ist, aber die Methode unter Anwendung des Medizinprodukts das Potential einer erforderlichen Behandlungsalternative bietet, oder
3. die Methode unter Anwendung des Medizinprodukts kein Potential für eine erforderliche Behandlungsalternative bietet, insbesondere weil sie als schädlich oder unwirksam anzusehen ist.

⁵Für den Beschluss des Gemeinsamen Bundesausschusses nach Satz 4 gilt § 94 Absatz 2 Satz 1 entsprechend. ⁶Das Nähere zum Verfahren ist erstmals innerhalb von drei Monaten nach Inkrafttreten der Rechtsverordnung nach Absatz 2 in der Verfahrensordnung zu regeln. ⁷Satz 1 ist erst ab dem Zeitpunkt des Inkrafttretens der Verfahrensordnung anzuwenden.

(2) ¹Medizinprodukte mit hoher Risikoklasse nach Absatz 1 Satz 1 sind solche, die der Risikoklasse IIb oder III nach Artikel 9 in Verbindung mit Anhang IX der Richtlinie 93/42/EWG des Rates vom 14. Juni 1993 über Medizinprodukte (ABl. L 169 vom 12.7.1993, S. 1), die zuletzt durch Artikel 2 der Richtlinie 2007/47/EG (ABl. L 247 vom 21.9.2007, S. 21) geändert worden ist, oder den aktiven implantierbaren Medizinprodukten zuzuordnen sind und deren Anwendung einen besonders invasiven Charakter aufweist. ²Eine Methode weist ein neues theoretisch-wissenschaftliches Konzept im Sinne von Absatz 1 Satz 3 auf, wenn sich ihr Wirkprinzip oder ihr Anwendungsgebiet von anderen, in der stationären Versorgung bereits eingeführten systematischen Herangehensweisen wesentlich unterscheidet. ³Nähere Kriterien zur Bestimmung der in den Sätzen 1 und 2 genannten Voraussetzungen regelt das Bundesministerium für Gesundheit im Benehmen mit dem Bundesministerium für Bildung und Forschung erstmals bis zum 31. Dezember 2015 durch Rechtsverordnung ohne Zustimmung des Bundesrates.

(3) ¹Für eine Methode nach Absatz 1 Satz 4 Nummer 1 prüft der Gemeinsame Bundesausschuss, ob Anforderungen an die Qualität der Leistungserbringung nach den §§ 136 bis 136b zu regeln sind. ²Wenn die Methode mit pauschalierten Pflegesätzen nach § 17 Absatz 1a des Krankenhausfinanzierungsgesetzes noch nicht sachgerecht vergütet werden kann und eine Vereinbarung nach § 6 Absatz 2 Satz 1 des Krankenhausentgeltgesetzes oder nach § 6 Absatz 2 Satz 1 der Bundespflegesatzverordnung nicht innerhalb von drei Monaten nach dem Beschluss nach Absatz 1 Satz 4 zustande kommt, ist ihr Inhalt durch die Schiedsstelle nach § 13 des Krankenhausentgeltgesetzes oder nach § 13 der Bundespflegesatzverordnung festzulegen. ³Der Anspruch auf die vereinbarte oder durch die Schiedsstelle festgelegte Vergütung gilt für Behandlungsfälle, die ab dem Zeitpunkt der Anfrage nach § 6 Absatz 2 Satz 3 des Krankenhausentgeltgesetzes oder nach § 6 Absatz 2 Satz 2 der Bundespflegesatzverordnung in das Krankenhaus aufgenommen worden sind. ⁴Für die Abwicklung des Vergütungsanspruchs, der zwischen dem Zeitpunkt nach Satz 3 und der Abrechnung der vereinbarten oder durch die Schiedsstelle festgelegten Vergütung entstanden ist, ermitteln die Vertragsparteien nach § 11 des Krankenhausentgeltgesetzes oder nach § 11 der Bundespflegesatzverordnung die Differenz zwischen der vereinbarten oder durch die Schiedsstelle festgelegten Vergütung und der für die Behandlungsfälle bereits gezahlten Vergütung; für die ermittelte Differenz ist § 15 Absatz 3 des Krankenhausentgeltgesetzes oder § 15 Absatz 2 der Bundespflegesatzverordnung entsprechend anzuwenden.

(4) ¹Für eine Methode nach Absatz 1 Satz 4 Nummer 2 entscheidet der Gemeinsame Bundesausschuss innerhalb von sechs Monaten nach dem Beschluss nach Absatz 1 Satz 4 über eine Richtlinie zur Erprobung nach § 137 e. ²Wenn die Methode mit pauschalierten Pflegesätzen nach § 17 Absatz 1 a des Krankenhausfinanzierungsgesetzes noch nicht sachgerecht vergütet werden kann und eine Vereinbarung nach § 6 Absatz 2 Satz 1 des Krankenhausentgeltgesetzes oder nach § 6 Absatz 2 Satz 1 der Bundespflegesatzverordnung nicht innerhalb von drei Monaten nach dem Beschluss nach Absatz 1 Satz 4 zustande kommt, ist ihr Inhalt durch die Schiedsstelle nach § 13 des Krankenhausentgeltgesetzes oder nach § 13 der Bundespflegesatzverordnung festzulegen. ³Der Anspruch auf die vereinbarte oder durch die Schiedsstelle festgelegte Vergütung gilt für die Behandlungsfälle, die ab dem Zeitpunkt der Anfrage nach § 6 Absatz 2 Satz 3 des Krankenhausentgeltgesetzes oder nach § 6 Absatz 2 Satz 2 der Bundespflegesatzverordnung in das Krankenhaus aufgenommen worden sind. ⁴Für die Abwicklung des Vergütungsanspruchs, der zwischen dem Zeitpunkt nach Satz 3 und der Abrechnung der vereinbarten oder durch die Schiedsstelle festgelegten Vergütung entstanden ist, ermitteln die Vertragsparteien nach § 11 des Krankenhausentgeltgesetzes oder nach § 11 der Bundespflegesatzverordnung die Differenz zwischen der vereinbarten oder durch die Schiedsstelle festgelegten Vergütung und der für die Behandlungsfälle bereits gezahlten Vergütung; für die ermittelte Differenz ist § 15 Absatz 3 des Krankenhausentgeltgesetzes oder § 15 Absatz 2 der Bundespflegesatzverordnung entsprechend anzuwenden. ⁵Krankenhäuser, die die Methode unter Anwendung des Medizinprodukts zu Lasten der Krankenkassen erbringen wollen, sind verpflichtet, an einer Erprobung nach § 137 e teilzunehmen. ⁶Die Anforderungen an die Erprobung nach § 137 e Absatz 2 haben unter Berücksichtigung der Versorgungsrealität die tatsächliche Durchführbarkeit der Erprobung und der Leistungserbringung zu gewährleisten. ⁷Die Erprobung ist in der Regel innerhalb von zwei Jahren abzuschließen, es sei denn, dass auch bei Straffung des Verfahrens im Einzelfall eine längere Erprobungszeit erforderlich ist. ⁸Nach Abschluss der Erprobung entscheidet der Gemeinsame Bundesausschuss innerhalb von drei Monaten über eine Richtlinie nach § 137 c.

(5) Für eine Methode nach Absatz 1 Satz 4 Nummer 3 ist eine Vereinbarung nach § 6 Absatz 2 Satz 1 des Krankenhausentgeltgesetzes oder nach § 6 Absatz 2 Satz 1 der Bundespflegesatzverordnung ausgeschlossen; der Gemeinsame Bundesausschuss entscheidet unverzüglich über eine Richtlinie nach § 137 c Absatz 1 Satz 2.

(6) ¹Der Gemeinsame Bundesausschuss berät Krankenhäuser und Hersteller von Medizinprodukten im Vorfeld des Verfahrens nach Absatz 1 über dessen Voraussetzungen und Anforderungen im Hinblick auf konkrete Methoden. ²Der Gemeinsame Bundesausschuss kann im Rahmen der Beratung prüfen, ob eine Methode dem Verfahren nach Absatz 1 unterfällt, insbesondere ob sie ein neues theoretisch-wissenschaftliches Konzept aufweist, und hierzu eine Feststellung treffen. ³Vor einem solchen Beschluss gibt er im Wege einer öffentlichen Bekanntmachung im Internet weiteren betroffenen Krankenhäusern sowie den jeweils betroffenen Medizinprodukteherstellern Gelegenheit zur Stellungnahme. ⁴Die Stellungnahmen sind in die Entscheidung einzubeziehen. ⁵Für den Beschluss gilt § 94 Absatz 2 Satz 1 entsprechend.

(7) ¹Klagen bei Streitigkeiten nach dieser Vorschrift haben keine aufschiebende Wirkung. ²Ein Vorverfahren findet nicht statt.

Literatur:

Axer, Aktuelle Rechtsfragen der Methodenbewertung, GesR 2015, 641; *Axer*, Die Begriffe des § 137h SGB V, GesR 2017, 211; *Braun*, Die Bewertung neuer Untersuchungs- und Behandlungsmethoden mit Medizinprodukten hoher Risikoklasse nach § 137h SGB V, PharmR 2015, 492; *Felix*, Zur antragsunabhängigen Bewertung stationär erbrachter Methoden gemäß § 137h SSGB V, NZS 2015, 921; *Felix/Ulrich*, Paradigmenwechsel in der Methodenbewertung – Zur antragsunabhängigen Bewertung stationär erbrachter Methoden gemäß § 137h, NZS 2015, 921; *Felix*, Das Verhältnis von § 137h SGB V zu §§ 137c und 135 SGB V, GesR 2017, 26; *Gaßner*, Rechtsfragen der frühen Nutzenbewertung neuer Untersuchungs- und Behandlungsmethoden mit Hochrisikoprodukten, MPR 2015, 109, 148; *Hauck*, § 137h SGB V – zwischen Gefahrenabwehr- und Finanzierungsregelung, GesR 2017, 19; *Hauck/Wiegand*, Bewertung neuer Untersuchungs- und Behandlungsmethoden mit Medizinprodukten hoher Risikoklasse in der stationären Versorgung, KrV 2016, 11; *Klein*, Innovationsentgelte für neue Untersuchungs- und Behandlungsmethoden im Schiedsstellenverfahren nach § 18a KHG, GuP 2016, 137; *Mühlbacher/Juhnke*, Adaptive Nutzenbewertung für Untersuchungs- und Behandlungsmethoden mit Medizinprodukten hoher Klassen, 2016; *Orlowski*, § 137h und § 137c SGB V im Kontext der Methodenbewertung und -erprobung, GesR 2017, 1; *Propp*, Die Methodenbewertung nach § 137h – Grundlagen des Verfahrens, GesR 2017, 4; *Stallberg*, Die

Erbringung neuer Untersuchungs- und Behandlungsmethoden im stationären Bereich nach dem GKV-Versorgungsstärkungsgesetz – Auswirkungen des sektorspezifischen Qualitätsgebots des § 137c Abs. 3 SGB V, NZS 2017, 332; *Trute*, Vertrauen ist gut – Vermutungsregelungen beim Verfahren ohne Amtsermittlung im Rahmen des § 137h SGB V?, GesR 2017, 137; *Wien*, Die Bewertung neuer Untersuchungs- und Behandlungsmethoden mit Medizinprodukten hoher Risikoklasse nach § 137h SGB V, NZS 2015, 736.

I. Allgemeines 1	III. Bewertung durch den G-BA 16
II. Anwendungsbereich 5	1. Verfahren (Abs. 1, 6) 16
1. Neue Untersuchungs- und Behandlungsmethode 5	2. Bewertung von „Nutzen" und „Potential" (Abs. 1 S. 4) 20
2. Maßgebliches Beruhen der technischen Anwendung auf dem Einsatz eines Medizinprodukts mit hoher Risikoklasse 7	3. Hinreichend belegter Nutzen 22
	4. Nicht hinreichend belegter Nutzen und kein Potential 24
	5. Offener Nutzen 25
3. Erstmalige Anfrage nach § 6 Abs. 2 S. 3 KHEntgG 11	IV. Beratung (Abs. 8) 29
	V. Vorverfahren und Rechtsschutz 31

I. Allgemeines

1 Die Vorschrift regelt die Möglichkeit und das Verfahren der frühen Nutzenbewertung für neue Untersuchungs- und Behandlungsmethoden (NUB), die maßgeblich auf dem Einsatz eines Medizinprodukts mit hoher Risikoklasse beruhen und für die ein Krankenhaus erstmalig die Anfrage an das Institut für das Entgeltsystem im Krankenhaus (InEK) richtet, ob die neue Methode mit den bereits vereinbarten Fallpauschalen und Zusatzentgelten sachgerecht abgerechnet werden kann (§ 6 Abs. 2 S. 3 KHEntgG). Ihr praktischer Wert liegt im Verzicht auf den nach § 137c stets erforderlichen Antrag.[1] Mit der Anfrage und gleichzeitigen Übermittlung von Informationen über den Stand der wissenschaftlichen Erkenntnisse zu dieser Methode und zur Anwendung des Medizinprodukts an den G-BA, zu der das Krankenhaus in Abs. 1 S. 1 verpflichtet wird, wird das Bewertungsverfahren durch den G-BA eingeleitet. Die Bewertung und ihre Rechtsfolgen hängen davon ab, ob sich für die Methode ein Nutzen belegen lässt oder sie wenigstens das Potential einer erforderlichen Handlungsalternative birgt (Abs. 1 S. 3). Abs. 2 enthält Definitionen zu Tatbestandsmerkmalen des Abs. 1 sowie eine Ermächtigung, diese durch Rechtsverordnung zu konkretisieren. § 137h Abs. 6 regelt die Kompetenz des G-BA zur Beratung der Krankenhäuser und Hersteller von Medizinprodukten sowie zur Feststellung, ob eine Methode dem Verfahren nach § 137h Abs. 1 unterfällt. Abs. 7 schließt die aufschiebende Wirkung von Klagen bei Streitigkeiten nach dieser Vorschrift aus.

2 § 137h wurde durch das GKV-VSG[2] mWv 23.7.2015 eingeführt und ist mit Wirksamkeit entsprechender Regelungen in der VerfO G-BA in Kraft getreten. Das PsychVVG[3] änderte mWv 1.1.2017 die Verweisung in Abs. 3 auf § 137 in §§ 136–136 b und vollzog eine durch das KHSG erforderlich gewordene redaktionelle Folgeänderung. Auf der Grundlage des § 137h Abs. 2 S. 3 wurde am 15.12.2015 die MeMBV[4] erlassen. Die VerfO G-BA enthält im 8. Abschnitt des 2. Kapitels ihrer aktuellen Fassung[5] Regelungen zur Bewertung von NUB mit Medizinprodukten hoher Risikoklasse, mit deren Erlass § 137h zum 1.1.2017 in Kraft getreten ist (vgl. § 137h Abs. 1 S. 6).

3 Die Struktur der Vorschrift ähnelt der des § 35 b für die Kosten-Nutzen-Bewertung von Arzneimitteln. Sie steht in engem sachlichen Zusammenhang mit § 137c, wonach in der stationären Versorgung NUB keiner Anerkennung bedürfen, sondern erbracht werden können, soweit sie nicht ausgeschlossen sind (Erlaubnis mit Verbotsvorbehalt, → § 137c Rn. 6a). Gegenüber § 137c (auch soweit es ein Erpro-

---

[1] Vgl. Felix/Ullrich, NZS 2015, 921, 926.
[2] Gesetz zur Stärkung der Versorgung in der gesetzlichen Krankenversicherung (GKV-Versorgungsstärkungsgesetz – GKV-VSG) vom 16.7.2015, BGBl. I, 1211.
[3] Gesetz zur Weiterentwicklung der Versorgung und der Vergütung für psychiatrische und psychosomatische Leistungen (PsychVVG) vom 19.12.2016, BGBl. I, 2986.
[4] Verordnung über die Voraussetzungen für die Bewertung neuer Untersuchungs- und Behandlungsmethoden mit Medizinprodukten hoher Risikoklasse nach § 137 h des Fünften Buches Sozialgesetzbuch (Medizinproduktemethodenbewertungsverordnung – MeMBV), BGBl. I, 2340.
[5] Verfahrensordnung des Gemeinsamen Bundesausschusses idF vom 18.12.2008 (BAnz Nr. 84 a [Beilage] vom 10.6.2009, in Kraft getreten am 1.4.2009, zuletzt geändert am 20.10.2016 (BAnz AT 19.1.2017 B3, BAnz AT 24.2.2017 B1), in Kraft getreten am 20.1.2017.

bungsverfahren nach § 137e einschließt) ist § 137h spezieller.[6] Mit dem Erprobungsverfahren nach § 137e wurde das Bewertungsverfahren nach § 137h in vergleichbarer Weise wie nach § 137c verschränkt. Insbesondere ist während des Bewertungsverfahrens nach § 137h die Anwendung der Methode auf der Grundlage des § 137c Abs. 3 nicht möglich, da für die Bewertung von (Nutzen und) Potential der Methode in dieser Zeit ausschließlich der G-BA zuständig bleibt.[7]

Mit der Regelung eines Bewertungsverfahrens für NUB, deren technische Anwendung maßgeblich auf dem Einsatz eines Medizinprodukts mit hoher Risikoklasse beruht, steht § 137h in sachlichem Zusammenhang mit dem Medizinprodukterecht. Die Einstufung in Risikoklassen nimmt Bezug auf Anhang IX der Richtlinie 93/42/EWG, zuletzt geändert durch RL 2007/47/EG, und § 13 MPG (vgl. Abs. 2 S. 1). Zugleich nimmt es Bezug auf das Krankenhausentgeltgesetz, indem es in Abs. 1 S. 1 die frühe Nutzenbewertung an die Anfrage eines Krankenhauses nach § 6 Abs. 2 S. 3 KHEntgG zur Abrechnungsfähigkeit der Methode knüpft sowie in Abs. 3 Fragen der Vergütung nach Anerkennung der Richtlinie durch den G-BA regelt.

II. Anwendungsbereich

1. Neue Untersuchungs- und Behandlungsmethode. Die Bewertung bezieht sich nicht auf ein Produkt, sondern auf eine Methode. Als **Methode** gilt nach Abs. 2 S. 2 eine medizinische Vorgehensweise, die auf einem theoretisch-wissenschaftlichen Konzept beruht, das sie von anderen Untersuchungs- und Behandlungsverfahren unterscheidet. Damit verweist § 137h auf dem Methoden-Begriff in §§ 135, 137c, 137e, wie ihn die sozialgerichtliche Rechtsprechung konkretisiert (→ § 135 Rn. 14 mwN), und nicht auf einen weit verstandenen Methodenbegriff des KHEntG, der sich auf alle Leistungen und Methoden ieS erstreckt, die noch nicht hinreichend mit der Fallpauschale vergütet werden.[8] Der Schwerpunkt der Untersuchung oder Behandlung muss bei der Anwendung der Methode liegen. Dies ist nicht gegeben, wenn die stationäre Versorgung vornehmlich dem Zweck dient, den Einsatz des Medizinprodukts sicherzustellen.[9]

Eine Methode ist nach Abs. 2 S. 2 neu, wenn sie ein neues theoretisch-wissenschaftliches Konzept aufweist (Abs. 1 S. 3), weil sich „ihr Wirkprinzip oder ihr Anwendungsgebiet von anderen, in der stationären Versorgung bereits eingeführten systematischen Herangehensweisen wesentlich unterscheidet" (Abs. 2 S. 2, § 3 Abs. 1 MeMBV). Als eingeführt können Herangehensweisen gelten, deren Nutzen einschließlich etwaiger Risiken hinlänglich bekannt ist. Besonders valide sind in diesem Sinne methodisch hochwertige Leitlinien oder andere systematisch recherchierte Evidenzsynthesen. Als eingeführt gelten auch Herangehensweisen, welche auf Operationen oder sonstigen Prozeduren beruhen, die ihrerseits im Prozedurenschlüssel nach § 301 Abs. 2 S. 2 enthalten sind (§ 3 Abs. 2 MeMBV).[10] Wesentlich sind Veränderungen einer Methode gegenüber eingeführten Herangehensweisen dann wenn sich der theoretische Begründungsansatz (vgl. § 3 Abs. 3 MeMBV) oder die Wirkungsweise (vgl. § 3 Abs. 4 MeMBV) wesentlich unterscheiden. Eine schrittweise erfolgende Weiterentwicklung auf der Basis eines eingeführten theoretisch-wissenschaftlichen Konzepts ist keine wesentliche Veränderung. Findet sich keine vergleichbare Herangehensweise, folgt schon allein hieraus die Neuheit der Methode.

2. Maßgebliches Beruhen der technischen Anwendung auf dem Einsatz eines Medizinprodukts mit hoher Risikoklasse. Den Begriff des **Medizinprodukts** definiert § 137h nicht, sondern entnimmt ihn dem Medizinprodukterecht, insbes. Art. 1 der Richtlinie 93/42/EWG des Rates vom 14.6.1993 über Medizinprodukte[11] in ihrer aktuellen Fassung[12] sowie § 1 MPG.

Mit der Beschränkung auf Medizinprodukte **hoher Risikoklassen** greift § 137h Abs. 1 die Klassifizierung der Medizinprodukte in Art. 9 iVm Anhang IX der Medizinprodukte-RL (RL 93/42/EWG) und ihre Einordnung bei Zertifizierung eines Medizinprodukts auf. § 137h Abs. 2 S. 1 definiert als Medi-

---

[6] Bayerl in: Engelmann/Schlegel (Hrsg.), JurisPK, Stand: 1.1.2016, Rn. 25; Braun, PharmR 2015, 492, 493; Felix, GesR 2017, 26 (unter II. 4.).
[7] Felix, GesR 2017, 26, 26 (unter II. 4.).
[8] Felix/Ullrich, NZS 2015, 921; Roter, KassKomm, § 137h Rn. 25. AA Hauck/Wiegand, KrV 2016, 1, mit der Konsequenz eines weiteren Anwendungsbereichs des § 137h. Auch die Weite des vergütungsrechtlichen Begriffs „neue Methode" ist nicht unstreitig: engeres Verständnis zB bei Bender, NZS 2012, 761, 763 f.
[9] Vgl. für den Fall eines in einer Hochschulambulanz gegebenen Arzneimittels BSG, 13.12.2016, B 1 KR 1/16 R, juris Rn. 23.
[10] Becker in: Becker/Kingreen, § 137h Rn. 7.
[11] ABl. L 169 vom 12.7.1993, 1.
[12] Zuletzt geändert durch Art. 2 der Richtlinie 2007/47/EG (ABl. L 247 vom 21.9.2007).

zinprodukte hoher Risikoklasse solche der Risikoklasse IIb oder III sowie alle aktiven implantierbaren Medizinprodukte. Als Produkte hoher Risikoklasse gelten auch die sog aktiven implantierbaren Medizinprodukte gem. Art. 1 Abs. 2 lit. c der RL 90/385/EWG des Rates vom 20.6.1990 zur Angleichung der Rechtsvorschriften der Mitgliedstaaten über aktive implantierbare medizinische Geräte[13] (vgl. § 2 Abs. 2 MeMBV). Der Bezug auf die Regelungen zur Marktzulassung durch **Konformitätsbewertung** des Medizinprodukts in Abs. 2 S. 1 verdeutlicht zugleich, dass nur Methoden einer Bewertung nach § 137h unterzogen werden können, die unter Anwendung eines seinerseits bewerteten Medizinprodukts erfolgen. Nicht eindeutig geklärt ist, ob es sich bei den Verweisungen in Abs. 2 S. 1 auf die europäischen Richtlinien um statische oder dynamische Verweisungen handelt.[14] In ersterem Fall wäre die Klassifizierung weiterhin anhand der alten Rechtsgrundlagen vorzunehmen. Fraglich ist auch, ob der G-BA immer oder nur „grundsätzlich" an die Klassifizierung durch die benannte Stelle im Rahmen der Konformitätsbewertung gebunden ist. Abweichungen sind auch im Interesse der Patientensicherheit nicht geboten, denn eine Bewertung nach § 137c bleibt möglich.[15] Abweichende Beurteilungen der Produktsicherheit und Funktionstauglichkeit können im Rahmen der Nutzenbewertung (→ Rn. 19) Berücksichtigung finden, die sich auf die Methode bezieht.[16]

9   Das Medizinprodukt muss darüber hinaus einen **besonders invasiven Charakter** aufweisen. Als invasiv bezeichnet das Medizinprodukterecht Produkte, die so angewendet werden, dass sie durch die Körperoberfläche oder über eine Körperöffnung ganz oder teilweise in den Körper eindringen. Die von § 137h Abs. 2 S. 1 geforderte Kategorie des besonders invasiven Charakters ist nicht dem Medizinprodukterecht entnommen und daher neu zu definieren. § 2 MeMBV und 2. Kap.8. Abschn. § 30 VerfO G-BA bestimmen in Wahrnehmung des gesetzlichen Auftrags zur Konkretisierung des unbestimmten Rechtsbegriffs (vgl. § 137h Abs. 2 S. 3, Abs. 1 S. 6) den besonders invasiven Charakter anhand der unterschiedlichen Arten und Risikoklassen. Aktiv implantierbare Medizinprodukte werden definitionsgemäß „ganz oder teilweise durch einen chirurgischen oder medizinischen Eingriff in den menschlichen Körper oder durch einen medizinischen Eingriff in eine natürliche Körperöffnung eingeführt" und sind damit immer invasiv. Ein Medizinprodukt der Klasse III weist einen besonders invasiven Charakter auf, wenn mit seinem Einsatz ein erheblicher Eingriff in wesentliche Funktionen von Organen und Organsystemen, insbesondere des Herzens des zentralen Kreislaufsystems oder des zentralen Nervensystems einhergeht. Als erheblich gilt ein Eingriff, der die Leistung oder die wesentliche Funktion eines Organs oder Organsystems langzeitig verändert oder ersetzt oder den Einsatz des Medizinprodukts in direktem Kontakt mit dem Herzen dem zentralen Kreislaufsystem oder dem zentralen Nervensystem zur Folge hat. Einem Produkt der – schwächeren – Klasse II wird ein besonders invasiver Charakter nur dann zuerkannt, wenn es mittels Aussendung von Energie oder Abgabe radioaktiver Stoffe gezielt auf wesentliche Funktionen von Organen oder Organsystemen, insbesondere des Herzens, des zentralen Kreislaufsystems oder des zentralen Nervensystems einwirkt. Hier sind folglich vor allem Bestrahlungsgeräte erfasst.

10 Die technische Anwendung der NUB muss **auf dem Einsatz eines Medizinprodukts beruhen**, mithin der Einsatz des Produkts unverzichtbarer Teil der Methode insgesamt sein. Die **Maßgeblichkeit**, mit der die technische Anwendung einer Methode auf einem Medizinprodukt beruhen muss, konkretisiert 2. Kap. 8. Abschn. § 17 Abs. 4 VerfO G-BA wie folgt: „... wenn ohne dessen Einbeziehung (technische Anwendung) die Methode bei der jeweiligen Indikation ihr sie von anderen Vorgehensweisen unterscheidendes, theoretisch-wissenschaftliches Konzept verlieren würde." Damit geht der G-BA einen Mittelweg zwischen einem engen („Überwiegen der Bedeutung des Medizinprodukts gegenüber der ärztlichen Leistung")[17] und einem weiten Verständnis der Maßgeblichkeit (Einsatz „für die Anwendung der Methode zumindest mit prägend").[18] Die Definition des G-BA steht im Einklang mit dem Zweck, ein besonders Bewertungsverfahren für Methoden vorzusehen, die aufgrund des Einsatzes eines Medizinprodukts auch in der stationären Versorgung besondere Risiken aufweisen. Sie orientiert sich außerdem an der Auslegung des gleichlautenden Begriffs in § 137e Abs. 6.

---

13 ABl. L vom 20.7.1990, 17.
14 Für statische Verweisung Rother, KassKomm SGB V, § 137h Rn. 22; Axer, GesR 2015, 641; differenzierend Hauck/Wiegand, KrV 2016, 1.
15 Vgl. Rother, KassKomm SGB V, § 137h Rn. 22; Axer, GesR 2015, 641; Hauck/Wiegand, KrV 2016, 1.
16 Vgl. Trute, GesR 2017, 137 (unter II. 1.).
17 Gassner, MPR 2015, 109, 117f.
18 Hauck/Wiegand, KrV 2016, 1.

3. Erstmalige Anfrage nach § 6 Abs. 2 S. 3 KHEntgG. Ein Bewertungsverfahren nach § 137h wird nur erforderlich mit erstmaliger Anfrage eines Krankenhauses nach § 6 Abs. 2 S. 3 KHEntgG hinsichtlich der NUB. Die vergütungsrechtliche **Anfrage** ist zwar formale Voraussetzung für die die Einleitung eines Bewertungsverfahrens, ohne Antrag iSv § 18 Nr. 2 SGB X zu sein. Geklärt werden soll im Rahmen des § 137h nicht (allein) die Anerkennungsfähigkeit einer NUB unter dem Aspekt der Versorgungssicherheit, sondern (auch und vor allem) die Vergütungsfähigkeit einer innovativen, von der Fallpauschale nicht erfassten Methode. Anfragen eines Krankenhauses nach § 6 Abs. 2 S. 3 KHEntgG an das InEK erfolgen mit dem Ziel, eine Einzelvergütung („Innovationspauschale") nach § 6 Abs. 2 S. 1 KHEntgG zu vereinbaren und diese ggf. nach § 13 KHEntgG durch eine Schiedsstelle festlegen zu lassen. Die Anfrage nach § 6 Abs. 2 S. 3 KHEntgG ist für ein Krankenhaus nicht verpflichtend und hängt allein von seinem ökonomischen Interesse an der Vereinbarung einer Innovationspauschale ab. Methoden unter Einsatz hochriskanter, invasiver Medizinprodukte in der stationären Versorgung dürften aber typischerweise mit hohen Kosten verbunden sein, so dass eine frühe Bewertung auch ohne Verpflichtung wahrscheinlich ist.

Mit der Anfrage hat das Krankenhaus dem B-BA zugleich die in Abs. 1 Satz 1 genannten **Informationen zu übermitteln**. Die Beibringung der Informationen setzt nach dem Wortlaut der Regelung die Bearbeitungsfristen in Gang (Abs. 1 S. 3) und ermöglicht dem G-BA die sachliche Bearbeitung, die dieser nur „auf der Grundlage der übermittelten Informationen" vorzunehmen hat. Die Regelung birgt erhebliche Rechtsunsicherheiten. So lässt der Wortlaut nicht erkennen, ob die Pflicht zur Übermittlung von Informationen an den G-BA als Verfahrenshandlung zur Einleitung eines Bewertungsverfahrens (entsprechend einer Antragspflicht iSv § 13 Nr. 2 SGB X) anzusehen ist, zu der das erstmalig anfragende Krankenhaus verpflichtet ist, und ob damit das erstmalig anfragende Krankenhaus eine Pflicht zur Übermittlung trifft[19] oder ob es sich lediglich um eine verfahrensrechtliche Obliegenheit handelt. Des Weiteren ist dem Krankenhaus bei Stellung seiner Anfrage nicht bekannt, ob dies die erste (und nach dem Wortlaut der Regelung einzige die Obliegenheit auslösende) Anfrage ist. Die Frage ist praktisch relevant, weil Anfragen nach § 6 Abs. 2 S. 3 KHEntgG nur zwischen 1.9. und 31.10. eines Jahres gestellt werden können. Der Umstand, dass nur ein anfragendes Krankenhaus mit der Last der Beibringung von Informationen belegt wird, könnte außerdem dazu führen, dass Anfragen hinausgezögert und erst in letzter „Sekunde" gestellt werden. Nach alledem bereitet die Vorgabe, die Informationen „zugleich" mit der Anfrage beim InEK an den G-BA zu übermitteln, erhebliche praktische Schwierigkeiten, ua auch deshalb, weil das Krankenhaus zu dieser Zeit über maßgebliches Wissen, das es zur gleichzeitigen Übermittlung von Informationen an den G-BA benötigen würde, noch gar nicht verfügt. Für den Fall, dass dem Krankenhaus bei seiner Anfrage nach § 6 Abs. 2 S. 3 KHEntgG die Relevanz einer Bewertung nach § 137h nicht bekannt ist, stellt sich die Frage der Pflicht des InEK zur Aufklärung der anfragenden Einrichtung.[20] Ungeklärt ist auch, ob eine vergütungsrechtliche Vereinbarung ohne Durchführung des Bewertungsverfahrens nach § 137h wirksam getroffen werden kann, etwa wenn die Vertragspartner übereinstimmend zugrunde legen, dass die Methode nicht in den Anwendungsbereich des § 137h fällt. Das Regelungssystem der §§ 137h SGB V, 6 Abs. 2 KHEntgG lässt diesen Spielraum zu, der aber im Widerspruch zum Zweck der Gewährleistung von Versorgungssicherheit und -qualität beim Einsatz riskanter Medizinprodukte steht. Die Möglichkeit, Beratung des G-BA nach Abs. 6 einzuholen, kompensiert diese Defizite nur teilweise.

2.Kap.8.Abschn.§ 32 Abs. 1 VerfO G-BA behandelt deshalb – den abweichenden Gesetzeswortlaut rechtsschöpferisch konkretisierend – eine Anfrage als **erstmalig**, die bis zum 31.12.2015 in keiner Anfrage nach § 6 Abs. 2 S. 3 KHEntgG geführt wurde und die noch nicht nach § 137h geprüft wurde oder wird.[21] Hiernach könnten mehrere Krankenhäuser erste Anfragen iSv § 137h Abs. 1 stellen und die Last der Beibringung von Informationen bei mehreren Krankenhäusern liegen. Eine Pflicht des erstanfragenden Krankenhauses auf Einleitung eines Bewertungsverfahrens nach § 137h Abs. 1 S. 1 kann der Regelung nur schwer entnommen werden, da diese Verpflichtung mit erheblichen Rechtsunsicherheiten behaftet wäre. Die „Pflicht" zur Übermittlung von Informationen nach Abs. 1 ist vielmehr Obliegenheit im Bewertungsverfahren nach § 137h.[22] Wollte der Gesetzgeber ein klassisches Verbot mit Anerkennungsvorbehalt für die in § 137h genannten NUB normieren, wäre dies klarer zu regeln,

---

19 So möglicherweise Rother in: Kass/Komm SGB V, § 137h Rn. 10 f.
20 Vgl. auch Rother in: KassKomm SGB V, § 137h Rn. 11.
21 Zustimmend Trute, GesR 2017, 137 (unter IV. 4.).
22 IE Axer, GesR 2017, 1 (unter I. 3, aE).

etwa durch Bindung der Vereinbarung einer Innovationspauschale in § 6 Abs. 2 an die Durchführung des Bewertungsverfahrens nach § 137 h. An dieser Verschränkung beider Verfahren fehlt es bislang.

14 Die zeitliche Koppelung der Einleitung eines Bewertungsverfahrens nach § 137 h mit der Anfrage nach § 6 Abs. 2 S. 3 KHEntG ist regulatorisch missglückt. Eine vollständige zeitliche Parallelität ist wegen der unterschiedlichen Adressaten nicht zu erwarten.[23] Da sich an eine zeitlich entkoppelte Übermittlung von Informationen keine Sanktionen knüpfen und die Informationslage für den G-BA von großer Bedeutung ist, ist die Vorgabe, Informationen zugleich mit der Anfrage beim InEK dem G-BA zuzuleiten, weit zu verstehen. Der G-BA möchte eine Übermittlung „am gleichen Tag" noch ausreichen lassen.[24] Die zeitliche Koppelung sollte zugunsten einer andersartigen Verschränkung der beiden Verfahren beim InEG und beim G-BA (→ Rn. 12) überdacht werden. Ohne Kooperation von InEK und G-BA geht es bereits heute kaum.[25]

15 Die Anfrage nach S. 1 und die Übermittlung der Unterlagen hat im Benehmen mit dem Hersteller derjenigen Medizinprodukt hoher Risikoklasse zu erfolgen, die im anfragenden Krankenhaus bei der Methode zur Anwendung kommen sollen (Abs. 1 S. 2). Als **Hersteller** gilt der verantwortliche Produzent eines einschlägigen Produkts.[26] Zu beteiligen sind alle Hersteller der zur Anwendung kommenden einschlägigen Medizinprodukte. Der Begriff des **Benehmens** verweist auf das verwaltungsrechtsdogmatisch gesicherte Verständnis des Benehmens als Beteiligung ohne Mitentscheidungsrecht.[27] Die Gesetzesbegründung spricht von „Abstimmung" zwischen Krankenhaus und Hersteller in Bezug auf die Beibringung der geforderten Informationen.[28] Eine Mitentscheidung des Herstellers ist nicht gefordert und auch aus verfassungsrechtlichen Erwägungen nicht geboten: Die Anwendung einer Methode unter Einsatz eines hochriskanten, besonders invasiv wirkenden Medizinprodukts ist ohne seine Mitwirkung kaum denkbar; zur Bewertung steht außerdem nicht das bereits konformitätsbewertete Medizinprodukt, sondern eine Untersuchungs- und Behandlungsmethode, mit der sich der Einsatz des Produkts verbindet. Folglich könnte das Verfahren auch gegen den Willen des Herstellers durchgeführt und die Beiziehung der Herstellerangaben durch den G-BA veranlasst werden.[29] Die Regelung einer Mitwirkungsobliegenheit im Recht der GKV ist aus denselben Gründen legitim.[30]

III. Bewertung durch den G-BA

16 **1. Verfahren (Abs. 1, 6).** Das Prüf- und Bewertungsverfahren des G-BA folgt einem **dreistufigen Aufbau**: Zunächst prüft er G-BA anhand der eingegangenen Informationen, ob die ihm vorgelegte Methode ein neues theoretisch-wissenschaftliches Konzept aufweist. Sofern er dies bejaht, informiert er durch Bekanntmachung im Internet alle Krankenhäuser über die Einleitung des Verfahrens und gibt ihnen Gelegenheit, weitere Informationen zu übermitteln (Abs. 1 S. 3). Auf Grundlage der ihm nun vorliegenden Informationen nimmt er im zweiten Schritt durch Beschluss eine Bewertung vor (Abs. 1 S. 4). Je nach Inhalt des Beschlusses wird im dritten Verfahrensschritt eine Richtlinie erlassen. Als vierte Verfahrensstufe („Stufe 0") im **Vorfeld des Verfahrens** nach Abs. 1 lässt sich die Feststellung nach Abs. 6 S. 2 einordnen.[31] Der G-BA kann dabei im Rahmen einer Beratung, um die ein Krankenhaus im Vorfeld nachsucht, eine förmliche Feststellung dazu treffen, ob eine Methode dem Verfahren nach Abs. 1 unterfällt.

17 Die **Feststellung nach Abs. 6 S. 2** trifft eine abschließende Regelung zur Frage, ob eine Methode dem Verfahren nach Abs. 1 unterfällt, insbesondere ob sie ein neues theoretisch-wissenschaftliches Konzept aufweist. Die Initiative hierzu geht nicht vom G-BA, sondern von einem Krankenhaus oder einem Hersteller eines Medizinprodukts aus, die um Beratung nachsuchen.[32] Der feststellende Beschluss wird mit Allgemeinverbindlichkeit getroffen (vgl. Abs. 6 Satz 5) und hat Normqualität (Abs. 6 S. 5 iVm § 94 Abs. 2 S. 1; nach Art der Regelung handelt es sich um einen Verwaltungsakt in Form einer Allgemein-

---

23 IE auch Axer GesR 2015, 641.
24 Vgl. Rother, KassKomm SGB V, § 137 h Rn. 13.
25 Für die Feststellung der Erstmaligkeit Axer, GesR 2015, 641 (unter III. 3. a).
26 2.Kap. 8. Abschn. § 32 Abs. 4 VerfO G-BA; vgl. a. Axer, GesR 2015, 641 (unter III. 3. c).
27 Vgl. Groß, Die Verwaltungsorganisation als Teil organisierter Staatlichkeit, in: Hoffmann-Riem/Schmidt-Aßmann/Voßkuhle (Hrsg.), Grundlagen des Verwaltungsrechts, Bd. 1, 2. A. 2012, § 13 Rn. 106.
28 BT-Dr. 18/4095, 123.
29 Axer, GesR 2015, 641, 649; Becker in: Becker/Kingreen, SGB V, § 137 h Rn. 9.
30 Vgl. auch Becker in: Becker/Kingreen, SGB V, § 137 h Rn. 10.
31 Vgl. Trute, GesR 2017, 137 (unter II. 3.).
32 BT-Dr. 18/4095, 123.

verfügung).³³ Abs. 6 S. 3–5 enthalten Regelungen zum Feststellungsverfahren. An die Stelle der förmlichen Anhörung tritt die Anhörung aller betroffenen Krankenhäuser und Hersteller einschlägiger Medizinprodukte, der die Bekanntmachung des Verfahrens im Internet vorauszugehen hat. Der feststellende Beschluss ist im Bundesanzeiger und seine tragenden Gründe sind im Internet bekannt zu machen.

Den Fall, dass der G-BA ohne vorausgehende Feststellung zu der Überzeugung gelangt, dass eine Methode nicht dem Verfahren unterfällt, regelt Abs. 1 nicht und steht damit in einem systematischen Widerspruch zu Abs. 6 S. 2–5. Es empfiehlt sich deshalb und auch zur verbindlichen Klärung der Bewertungsfähigkeit der NUB die Feststellung, dass die Methode dem Verfahren nach Abs. 1 unterfällt.³⁴ Ist eine Feststellung nach Abs. 6 S. 2 im Vorfeld bereits erfolgt, wird in der Bekanntmachung hierauf nur noch hingewiesen (vgl. § 34 Abs. 2 VerfO G-BA). Die Entscheidung, dass eine neue Methode zur Bewertung ansteht (Abs. 1 S. 3), erhält als Regelung zusammen mit der Bewertung nach Abs. 1 S. 2 Normqualität. Gelangt der G-BA im Laufe des Bewertungsverfahrens zu der Erkenntnis, dass die Voraussetzungen des Abs. 1 S. 1 nicht gegeben waren, kann dies jederzeit förmlich festgestellt werden. Auf die ablehnende Feststellung im Vorfeld oder während des Bewertungsverfahrens Abs. 6 S. 5 entsprechend anzuwenden. 18

Für das **Bewertungsverfahren** normieren Abs. 1 S. 3–5 punktuelle Regelungen. Der G-BA hat zunächst mittels öffentlicher Bekanntmachung allen Krankenhäusern, die eine Erbringung der NUB vorsehen sowie den jeweils betroffenen Herstellern von Medizinprodukten, Gelegenheit zur Stellungnahme, in der Regel binnen eines Monats, zu geben. Der G-BA trifft – in Modifikation des nach § 21 SGB X üblichen **Amtsermittlungsprinzips**³⁵ – seine Entscheidung auf Grundlage der übermittelten Informationen. Der Gesetzeswortlaut lässt eine Prüfung der übermittelten Informationen auf Plausibilität und Vollständigkeit nicht zu (so aber § 34 Abs. 1 VerfO G-BA), die Einholung weiterer Informationen ist dem G-BA aber möglich. Die Entscheidung ist binnen drei Monaten zu treffen. Sie ergeht per Beschluss, der zu begründen und mit den tragenden Gründen bekannt zu machen ist. Abs. 1 S. 6 überantwortet die Ausgestaltung des Verfahrens an den G-BA, der in 2. Kap. 8. Abschn. §§ 33 ff. VerfO G-BA Regelungen hierzu getroffen hat. § 137h regelt damit auch ein Verfahren der „schnellen" Nutzenbewertung. 19

2. Bewertung von „Nutzen" und „Potential" (Abs. 1 S. 4). Abs. 1 S. 4 stellt darauf ab, ob der **Nutzen** einer Methode hinreichend belegt ist. Die Vorschrift knüpft an die Sicherung der Qualität und Wirtschaftlichkeit der Versorgung in § 2 Abs. 1, § 12 Abs. 1 SGB V an und weicht in den Kriterien des Nutzens sowie der Methodik seiner Feststellung von vergleichbaren Regelungen in §§ 135, 137c und 137e nicht ab. Zur Prüfung steht nicht die Sicherheit und Funktionsfähigkeit des eingesetzten Medizinprodukts, die bereits Gegenstand der produktrechtlichen Konformitätsbewertung war. Auch das Kosten-Nutzen-Verhältnis, mithin die Wirtschaftlichkeit ist nicht Gegenstand er Bewertung.³⁶ 20

Mit dem Begriff des **Potentials** knüpft Abs. 1 S. 4 an die gleichlautende Terminologie in § 137c Abs. 1 S. 2, Abs. 3 (→ § 137c Rn. 6 a, 10) und § 137e (→ § 137e Rn. 4) an und trägt damit zur Vereinheitlichung der Bewertungsmaßstäbe für innovative Methoden in der stationären Versorgung bei, die unabhängig davon gelten, ob über das Potential der G-BA oder einzelne Leistungserbringer entscheiden. Die Regelung fügt sich damit in das System der NUB-Bewertung ein. 21

3. Hinreichend belegter Nutzen. Ist der Nutzen der Methode hinreichend belegt, hat der G-BA über den feststellenden **Beschluss** nach Abs. 1 S. 4 hinaus zu entscheiden, ob die Anforderungen an die Qualität der Leistungserbringung in einer **Richtlinie** nach §§ 136–136 b zu regeln sind (Abs. 4 S. 1). 22

Abs. 3 S. 2–4 regeln vergütungsrechtliche Folgen. Die positive Bewertung hat Einfluss auf das Verfahren zur Festlegung der **Vergütung**, in dem nach Vorstellung des Gesetzgebers nun zügig eine Vereinbarung über die Vergütung nach § 6 Abs. 2 S. 1 KHEntgG oder nach § 6 Abs. 2 S. 1 BundespflegesatzVO zustande kommen soll.³⁷ Gelingt der Abschluss der Vereinbarung nicht binnen drei Monaten, ist die Vergütung durch eine Schiedsstelle festzusetzen. Das Krankenhaus hat einen Anspruch auf Vergütung in jedem Fall rückwirkend ab dem Zeitpunkt der Anfrage beim InEK. Damit wird jeder Anreiz für eine Verzögerung der Vergütungsregelung genommen und dem das Vergütungsrisiko der Krankenhäu- 23

---

33 Kritisch zur gesetzlichen Qualifizierung als Norm Axer, GesR 2017, 12 (unter II.).
34 IE auch Becker in: Becker/Kingreen, SGB V, § 137h Rn. 18.
35 Trute, GesR 2017, 137 (unter III. 2.).
36 Kritisch Wien, NZS 2015, 736, 740.
37 BT-Dr. 18/4095, 124.

ser, die die maßgebliche Methode während des Bewertungsverfahrens anwenden, auf den Ausgang dieses Verfahrens beschränkt.

24 **4. Nicht hinreichend belegter Nutzen und kein Potential.** Stellt der G-BA durch Beschluss (Abs. 1 S. 4) fest, dass die geprüfte Methode weder einen Nutzen noch ein Potential für eine erforderliche Behandlungsalternative aufweist, in besondere, wenn sie als schädlich oder unwirksam anzusehen ist, hat er unverzüglich eine (**Ausschluss-)Richtlinie** nach § 137c Abs. 1 S. 2 zu erlassen (Abs. 5 2. Hs.). Abs. 5 stellt außerdem klar, dass in diesem Fall eine vergütungsrechtliche Vereinbarung nach § 6 Abs. 2 S. 1 KHEntgG oder nach § 6 Abs. 2 S. 1 BundespflegesatzVO dann ausgeschlossen ist.

25 **5. Offener Nutzen.** Ergeben die Informationen keine hinreichende Evidenz für den Nutzen, belegen aber das Potential einer erforderlichen Behandlungsalternative, so hat der G-BA binnen sechs Monaten nach dem Beschluss nach Abs. 1 S. 4 zu entscheiden, ob er eine **Richtlinie zur Erprobung** nach § 137e erlassen will. Die Verweisung auf § 136e ist Rechtsgrundverweisung;[38] es sollte aber zur Klarstellung zusätzlich einen Hinweis auf § 137h Abs. 5 aufgenommen werden. Voraussetzung für den Erlass der Richtlinie ist insbesondere die Erklärung der Hersteller der einschlägigen Medizinprodukte über die Kostenübernahme nach § 137e Abs. 6 in angemessenem Umfang.

26 Die Rechtsfolgen richten sich nach § 137 Abs. 1 S. 4, 5. Das **Ermessen** des G-BA nach § 137e ist wegen der belastenden Wirkungen von Ausschlussempfehlungen im Anwendungsbereich des § 137c reduziert (näher → § 137c Rn. 14, → § 137e Rn. 5). Er kann höchstens die Bewertung bis zur Beibringung weiterer Erkenntnisse aussetzen sowie die Erprobung aus Kostengründen oder zugunsten anderer Methodenprüfungen aufschieben. Der Gesetzgeber hält die Erprobung auf Grundlage von § 137h Abs. 4 nur ausnahmsweise für entbehrlich, „etwa wenn bereits aussagekräftige Studien durchgeführt werden, die eine fundierte Entscheidung des G-BA in naher Zukunft ermöglichen, oder wenn der G-BA angesichts eines im Einzelfall geringen Schadenspotentials eine Erprobung nicht für erforderlich hält".[39] Im ersten Fall ist die Vorlage der Studie abzuwarten; die Befugnis des Krankenhauses zur Erbringung der Untersuchung und Behandlung richtet sich nach § 137c. Im zweiten Fall würde mangels hinreichenden Nutzens die Anerkennung nach Abs. 1 S. 4, Abs. 2 unterbleiben,[40] die Anwendung der Methode unter den vergütungsrechtlich unsicheren Bedingungen des § 137c Abs. 3 dennoch dauerhaft möglich sein; diese Konstellation ist von geringer praktischer Relevanz.

27 § 137h Abs. 4 S. 5–8 enthalten besondere Regeln für die **Durchführung der Erprobung**. Neben weiteren materiellen Anforderungen an die Erprobungsrichtlinie (Berücksichtigung der Versorgungsrealität – ein erstmals im SGB V genutzter Begriff – und Gewährleistung der tatsächlichen Durchführbarkeit von Erprobung und Leistungserbringung) wird ein Zeitraum von in der Regel zwei Jahren für die Erprobung bestimmt. Nach Abschluss der Erprobung ist innerhalb weiterer drei Monate über eine Richtlinie nach § 137c zu entscheiden.

28 **Vergütungsrechtliche Regelungen** enthalten § 137h Abs. 4 S. 2–4 entsprechen denen in Abs. 3 (→ Rn. 22) für die Zeit der Erprobung. Krankenhäuser, die die fragliche NUB erbringen abrechnen wollen, können dies nur im Wege der Teilnahme an der Erprobung tun.

IV. Beratung (Abs. 8)

29 Abs. 6 enthält Regelungen zu den Rechtsbeziehungen zwischen Krankenhaus, Hersteller und G-BA im Vorfeld der Anfrage nach § 6 Abs. 2 S. 3 KHEntgG. S. 1 regelt den Anspruch auf Beratung. S. 2–4 enthalten eine Befugnis des G-BA zur verbindlichen Feststellung des Vorliegens der Voraussetzungen nach Abs. 1 und die näheren Modalitäten (→ Rn. 15 f.).

30 Die Beratung nach Abs. 8 S. 1 bezieht sich auf eine konkrete **Methode** nach Abs. 1 S. 1. In Bezug auf diese ist zu konkreten **Voraussetzungen und Anforderungen des Verfahrens** zu beraten. Nicht die Regelung selbst, aber die Gesetzesbegründung verdeutlicht, dass die Beratung nach Abs. 8 S. 1 nur auf Ersuchen eines Krankenhauses oder des Herstellers eines Medizinprodukts erbracht wird.[41] Dies ist im Zusammenhang mit der Befugnis des G-BA zur verbindlichen Feststellung von Bedeutung: Diese kann nicht – über die „Beratung" von abstrakt betroffenen Krankenhäusern und Herstellern – von Amts wegen erfolgen. Die Befugnis der Feststellung nach Abs. 8 hat verfahrensentlastende Funktion, weil

---

38 Ähnlich Becker in: Becker/Kingreen, SGB V, § 137h Rn. 16; Roters, KassKomm SGB V, § 137h Rn. 36; aA Felix/Ullrich, NZS 2015, 921, 928.
39 BT-Dr. 18/4095, 124.
40 Zur Problematik des Nutzens in diesem Fall Rother, KassKom SGB V, § 137h Rn. 35.
41 BT-Dr. 18/4095, 125.

mit ihr Beratungsleistungen abgekürzt werden können. Dies ist insbesondere angesichts des engen Zeitraums, in dem Anfragen nach § 6 Abs. 2 S. 3 KHEntgG gestellt werden können, von Bedeutung.

V. Vorverfahren und Rechtsschutz

Abs. 7 enthält Vorkehrungen zur Beschleunigung des Verfahrens. Der **Ausschluss** des Vorverfahrens hat klarstellende Wirkung, soweit der Gesetzgeber selbst davon ausgeht, dass den Beschlüssen nach Abs. 1 S. 4, Abs. 8 S. 2 Normqualität zukommt.[42] Klagen – in Betracht kommt die hinsichtlich aller abschließenden Entscheidungen des G-BA die Nichtigkeitsfeststellungsklage – haben keine aufschiebende Wirkung. 31

§ 138 Neue Heilmittel

Die an der vertragsärztlichen Versorgung teilnehmenden Ärzte dürfen neue Heilmittel nur verordnen, wenn der Gemeinsame Bundesausschuss zuvor ihren therapeutischen Nutzen anerkannt und in den Richtlinien nach § 92 Abs. 1 Satz 2 Nr. 6 Empfehlungen für die Sicherung der Qualität bei der Leistungserbringung abgegeben hat.

Die Norm ist eine Komplementärvorschrift zu § 135 Abs. 1 im Hinblick auf Heilmittel. Die Voraussetzungen an die Antragstellung sind identisch;[1] ebenso die Konsequenzen beim Systemversagen wegen Nichthandelns des G-BA.[2] Neue Heilmittel dürfen mithin erst verordnet werden, wenn sie den Vorgaben des G-BA in den Heilmittel-Richtlinien genügen und dies auf einen entsprechenden Antrag hin positiv festgestellt wurde.[3] Im Ergebnis entspricht die Systematik einem Verbot mit Erlaubnisvorbehalt (siehe auch § 73 Abs. 2 S. 1 Nr. 7 iVm 32 Abs. 1). Rechtsschutz für Versicherte besteht in einer Inzidenterprüfung gegen ablehnende Bescheide der Krankenkasse. Für sonstige Betroffene wird man an eine Feststellungsklage nach § 55 SGG denken müssen, wenn ansonsten kein effektiver Rechtsschutz zu erlangen ist.[4] Bei direkten Klagen gegen den G-BA ist das LSG Berlin-Brandenburg in erster Instanz zuständig (§ 29 Abs. 4 Nr. 3 SGG).[5] 1

§ 139 Hilfsmittelverzeichnis, Qualitätssicherung bei Hilfsmitteln

(1) ¹Der Spitzenverband Bund der Krankenkassen erstellt ein systematisch strukturiertes Hilfsmittelverzeichnis. ²In dem Verzeichnis sind von der Leistungspflicht umfasste Hilfsmittel aufzuführen. ³Das Hilfsmittelverzeichnis ist im Bundesanzeiger bekannt zu machen.
(2) ¹Soweit dies zur Gewährleistung einer ausreichenden, zweckmäßigen und wirtschaftlichen Versorgung erforderlich ist, sind im Hilfsmittelverzeichnis indikations- oder einsatzbezogen besondere Qualitätsanforderungen für Hilfsmittel festzulegen. ²Besondere Qualitätsanforderungen nach Satz 1 können auch festgelegt werden, um eine ausreichend lange Nutzungsdauer oder in geeigneten Fällen den Wiedereinsatz von Hilfsmittel bei anderen Versicherten zu ermöglichen. ³Im Hilfsmittelverzeichnis sind auch die Anforderungen an die zusätzlich zur Bereitstellung des Hilfsmittels zu erbringenden Leistungen zu regeln.
(3) ¹Die Aufnahme eines Hilfsmittels in das Hilfsmittelverzeichnis erfolgt auf Antrag des Herstellers. ²Über die Aufnahme entscheidet der Spitzenverband Bund der Krankenkassen; er kann vom Medizinischen Dienst prüfen lassen, ob die Voraussetzungen nach Absatz 4 erfüllt sind. ³Hält der Spitzenverband Bund der Krankenkassen bei der Prüfung des Antrags eine Klärung durch den Gemeinsamen Bundesausschuss für erforderlich, ob der Einsatz des Hilfsmittels untrennbarer Bestandteil einer neuen Untersuchungs- oder Behandlungsmethode ist, holt er hierzu unter Vorlage der ihm vorliegenden Unterlagen sowie einer Begründung seiner Einschätzung eine Auskunft des Gemeinsamen Bundesaus-

---

42 Vgl. BT-Dr. 18/4095, 126.
1 Ihle in: jurisPK-SGB V, § 138 Rn. 13.
2 BSG, 26.9.2006, B 1 KR 3/06 R, neuropsychologische Therapie; SG Dresden, 19.5.2005, S 18 KR 400/01.
3 BSG, 22.3.2012, B 8 SO 30/10 R, Montessori-Therapie; BSG, 17.2.2010, B 1 KR 23/09 R.
4 BSG, 21.3.2012, B6 KA 16/11 R.
5 Zu den Anforderungen an das Rechtsschutzbedürfnis und den Prüfungsumfang s. Ihle in: jurisPK-SGB V § 135 Rn. 52, 55.

schusses ein. ⁴Der Gemeinsame Bundesausschuss hat die Auskunft innerhalb von sechs Monaten zu erteilen. ⁵Kommt der Gemeinsame Bundesausschuss zu dem Ergebnis, dass das Hilfsmittel untrennbarer Bestandteil einer neuen Untersuchungs- oder Behandlungsmethode ist, beginnt unmittelbar das Verfahren zur Bewertung der Methode nach § 135 Absatz 1 Satz 1, wenn der Hersteller den Antrag auf Eintragung des Hilfsmittels in das Hilfsmittelverzeichnis nicht innerhalb eines Monats zurücknimmt, nachdem ihm der Spitzenverband Bund der Krankenkassen das Ergebnis der Auskunft mitgeteilt hat.

(4) ¹Das Hilfsmittel ist aufzunehmen, wenn der Hersteller die Funktionstauglichkeit und Sicherheit, die Erfüllung der Qualitätsanforderungen nach Absatz 2 und, soweit erforderlich, den medizinischen Nutzen nachgewiesen hat und es mit den für eine ordnungsgemäße und sichere Handhabung erforderlichen Informationen in deutscher Sprache versehen ist. ²Hat der Hersteller Nachweise nach Satz 1 nur für bestimmte Indikationen erbracht, ist die Aufnahme in das Hilfsmittelverzeichnis auf diese Indikationen zu beschränken. ³Nimmt der Hersteller an Hilfsmitteln, die im Hilfsmittelverzeichnis aufgeführt sind, Änderungen vor, hat er diese dem Spitzenverband Bund der Krankenkassen unverzüglich mitzuteilen. ⁴Die Mitteilungspflicht gilt auch, wenn ein Hilfsmittel nicht mehr hergestellt wird.

(5) ¹Für Medizinprodukte im Sinne des § 3 Nr. 1 des Medizinproduktegesetzes gilt der Nachweis der Funktionstauglichkeit und der Sicherheit durch die CE-Kennzeichnung grundsätzlich als erbracht. ²Der Spitzenverband Bund der Krankenkassen vergewissert sich von der formalen Rechtmäßigkeit der CE-Kennzeichnung anhand der Konformitätserklärung und, soweit zutreffend, der Zertifikate der an der Konformitätsbewertung beteiligten Benannten Stelle. ³Aus begründetem Anlass können zusätzliche Prüfungen vorgenommen und hierfür erforderliche Nachweise verlangt werden. ⁴Prüfungen nach Satz 3 können nach erfolgter Aufnahme des Produkts auch auf der Grundlage von Stichproben vorgenommen werden. ⁵Ergeben sich bei den Prüfungen nach Satz 2 bis 4 Hinweise darauf, dass Vorschriften des Medizinprodukterechts nicht beachtet sind, sind unbeschadet sonstiger Konsequenzen die danach zuständigen Behörden hierüber zu informieren.

(6) ¹Legt der Hersteller unvollständige Antragsunterlagen vor, ist ihm eine angemessene Frist, die insgesamt sechs Monate nicht übersteigen darf, zur Nachreichung fehlender Unterlagen einzuräumen. ²Wenn nach Ablauf der Frist die für die Entscheidung über den Antrag erforderlichen Unterlagen nicht vollständig vorliegen, ist der Antrag abzulehnen. ³Ansonsten entscheidet der Spitzenverband Bund der Krankenkassen innerhalb von drei Monaten nach Vorlage der vollständigen Unterlagen. ⁴Bis zum Eingang einer im Einzelfall nach Absatz 3 Satz 3 angeforderten Auskunft des Gemeinsamen Bundesausschusses ist der Lauf der Frist nach Satz 3 unterbrochen. ⁵Über die Entscheidung ist ein Bescheid zu erteilen. ⁶Die Aufnahme ist zu widerrufen, wenn die Anforderungen nach Absatz 4 Satz 1 nicht mehr erfüllt sind.

(7) ¹Der Spitzenverband Bund der Krankenkassen beschließt bis zum 31. Dezember 2017 eine Verfahrensordnung, in der er nach Maßgabe der Absätze 3 bis 6, 8 und 9 das Nähere zum Verfahren zur Aufnahme von Hilfsmitteln in das Hilfsmittelverzeichnis, zu deren Streichung und zur Fortschreibung des Hilfsmittelverzeichnisses sowie das Nähere zum Verfahren der Auskunftseinholung beim Gemeinsamen Bundesausschuss regelt. ²Er kann dabei vorsehen, dass von der Erfüllung bestimmter Anforderungen ausgegangen wird, sofern Prüfzertifikate geeigneter Institutionen vorgelegt werden oder die Einhaltung einschlägiger Normen oder Standards in geeigneter Weise nachgewiesen wird. ³In der Verfahrensordnung legt er insbesondere Fristen für die regelmäßige Fortschreibung des Hilfsmittelverzeichnisses fest. ⁴Den maßgeblichen Spitzenorganisationen der betroffenen Hersteller und Leistungserbringer auf Bundesebene ist vor Beschlussfassung innerhalb einer angemessenen Frist Gelegenheit zur Stellungnahme zu geben; die Stellungnahmen sind in die Entscheidung einzubeziehen. ⁵Die Verfahrensordnung bedarf der Genehmigung des Bundesministeriums für Gesundheit. ⁶Für Änderungen der Verfahrensordnung gelten die Sätze 4 und 5 entsprechend. ⁷Sofern dies in einer Rechtsverordnung nach Absatz 8 vorgesehen ist, erhebt der Spitzenverband Bund der Krankenkassen Gebühren zur Deckung seiner Verwaltungsausgaben nach Satz 1.

(8) ¹Das Bundesministerium für Gesundheit kann durch Rechtsverordnung ohne Zustimmung des Bundesrates bestimmen, dass für das Verfahren zur Aufnahme von Hilfsmitteln in das Hilfsmittelverzeichnis Gebühren von den Herstellern zu erheben sind. ²Es legt die Höhe der Gebühren unter Berücksichtigung des Verwaltungsaufwandes und der Bedeutung der Angelegenheit für den Gebührenschuldner fest. ³In der Rechtsverordnung kann vorgesehen werden, dass die tatsächlich entstandenen Kosten auf der Grundlage pauschalierter Kostensätze zu berechnen sind.

(9) ¹Das Hilfsmittelverzeichnis ist regelmäßig fortzuschreiben. ²Der Spitzenverband Bund der Krankenkassen hat bis zum 31. Dezember 2018 sämtliche Produktgruppen, die seit dem 30. Juni 2015 nicht mehr grundlegend aktualisiert wurden, einer systematischen Prüfung zu unterziehen und sie im erforderlichen Umfang fortzuschreiben. ³Er legt dem Ausschuss für Gesundheit des Deutschen Bundestages über das Bundesministerium für Gesundheit einmal jährlich zum 1. März einen Bericht über die im Berichtszeitraum erfolgten sowie über die begonnenen, aber noch nicht abgeschlossenen Fortschreibungen vor. ⁴Die Fortschreibung umfasst die Weiterentwicklung und Änderungen der Systematik und der Anforderungen nach Absatz 2, die Aufnahme neuer Hilfsmittel sowie die Streichung von Hilfsmitteln.

(10) ¹Zum Zweck der Fortschreibung nach Absatz 9 Satz 1, 2 und 4 kann der Spitzenverband Bund der Krankenkassen von dem Hersteller für seine im Hilfsmittelverzeichnis aufgeführten Produkte innerhalb einer in der Verfahrensordnung festgelegten angemessenen Frist die zur Prüfung der Anforderungen nach Absatz 4 Satz 1 erforderlichen Unterlagen anfordern. ²Bringt der Hersteller die angeforderten Unterlagen nicht fristgemäß bei, verliert die Aufnahme des Produktes in das Hilfsmittelverzeichnis ihre Wirksamkeit und das Produkt ist unmittelbar aus dem Hilfsmittelverzeichnis zu streichen. ³Ergibt die Prüfung, dass die Anforderungen nach Absatz 4 Satz 1 nicht oder nicht mehr erfüllt sind, ist die Aufnahme zurückzunehmen oder zu widerrufen. ⁴Nach Eintritt der Bestandskraft des Rücknahme- oder Widerrufsbescheids ist das Produkt aus dem Hilfsmittelverzeichnis zu streichen. ⁵Für die Prüfung, ob ein Hilfsmittel noch hergestellt wird, gelten die Sätze 1 bis 3 entsprechend mit der Maßgabe, dass die Streichung auch zu einem späteren Zeitpunkt erfolgen kann.

(11) ¹Vor einer Weiterentwicklung und Änderungen der Systematik und der Anforderungen nach Absatz 2 ist den maßgeblichen Spitzenorganisationen der betroffenen Hersteller und Leistungserbringer auf Bundesebene unter Übermittlung der hierfür erforderlichen Informationen innerhalb einer angemessenen Frist Gelegenheit zur Stellungnahme zu geben; die Stellungnahmen sind in die Entscheidung einzubeziehen. ²Der Spitzenverband Bund der Krankenkassen kann auch Stellungnahmen von medizinischen Fachgesellschaften sowie Sachverständigen aus Wissenschaft und Technik einholen.

Literatur:

Schütze, Innovationen und Hilfsmittelverzeichnis, MPR 2010, 5; *Seidel/Hartmann*, Die Aufnahme eines Hilfsmittels in das Hilfsmittelverzeichnis gemäß § 139 Abs. 2 SGB V – Der Konflikt zwischen Europarecht und nationalem Krankenversicherungsrecht, NZS 2006, 511; *Wabnitz*, Medizinprodukte als Hilfsmittel in der gesetzlichen Krankenversicherung, Springer 2009; *Zuck*, Die Aufnahme eines neuen Hilfsmittels in das Hilfsmittelverzeichnis (§ 139 SGB V), NZS 2003, 417.

§ 139 in der Fassung des GKV-WSG stellt den Versuch dar, etliche Probleme der Vorgängerregelung zu vermeiden. Mit dem HHVG[1] vom 4.4.2017 sind einige maßgebliche Änderungen der Norm eingeführt worden (dazu unten). Das von den Spitzenverbänden der Krankenkassen zu erstellende Hilfsmittelverzeichnis[2] gemäß Abs. 1 enthält alle Hilfsmittel, die von der Leistungspflicht der GKV umfasst sind.[3] Es ist im Bundesanzeiger zu veröffentlichen. Es hat aber nicht den Charakter einer Positivliste, sondern dient nur als Auslegungshilfe. Mit anderen Worten kann ein Versicherter auch Anspruch auf Gewährung/Verordnung eines Hilfsmittels haben, das nicht im Hilfsmittelverzeichnis gelistet ist.[4] Nach Abs. 2 aF musste der Hersteller nicht nur die Funktionstauglichkeit, sondern auch den therapeutischen

1

---

1 BGBl. I, 783.
2 § 128 SGB V aF ist aufgehoben.
3 Liegen die Voraussetzungen vor, hat ein Hilfsmittelhersteller einen Aufnahmeanspruch, BSG, 12.8.2009, B 3 KR 10/07 R; ggf. verdichte sich die Antragsbefugnis des Spitzenverbandes aus § 135 Abs. 1 S. 1 zu einer auch im Interesse der Leistungserbringer wahrzunehmenden – und im Verfahren nach § 139 notfalls im Wege der Leistungsklage durchsetzbaren – Antragspflicht, sobald nach dem Stand der medizinischen Erkenntnisse eine positive Abschätzung des diagnostischen und therapeutischen Nutzens der neuen Untersuchungs- oder Behandlungsmethode gemäß § 135 Abs. 1 S. 1 Nr. 1 durch den G-BA wahrscheinlich ist und im Übrigen eine positive Bewertung der Methode nicht aus anderen Gründen (zB mangelhafte Wirtschaftlichkeit) ausgeschlossen erscheint. Der Senat sah sich allerdings gehindert, sich über die gesetzlichen Wertungsvorgaben der §§ 135 und 139 hinwegsetzen und unmittelbar selbst über die Voraussetzungen bzw. Zulassung einer neuen Methode entscheiden. Sollte die frühere Entscheidung des Senats vom 31.8.2000 so verstanden worden sein, beruhe das auf einer Fehlinterpretation, die bereits seit der weiteren Entscheidung des Senats vom 28.9.2006 (VACOPED) ausgeräumt worden sei.
4 Wabnitz in: Spickhoff, Medizinrecht, § 139 SGB V Rn. 2; Ulmer in: Eichenhofer/Wenner, § 139 Rn. 4; BSG, 25.6.2009, B 3 KR 4/08 R.

Nutzen nachweisen.[5] Dies warf bei Hilfsmitteln, die Medizinprodukte iSd MPG sind, die Frage auf, worauf sich diese zusätzliche Anforderung und vor allem ihre praktische Umsetzung stützen lässt, wenn der Hersteller die Voraussetzungen nach MPG bereits nachgewiesen hat und sein Produkt zurecht ein CE-Kennzeichen trägt.[6] Schon zur alten Rechtslage hat das BSG[7] deshalb festgestellt, dass der Nachweis des therapeutischen Nutzens nicht nach den strengen Kriterien neuer Behandlungsmethoden gemäß § 135 geführt werden müsse. Der Gesetzgeber hat versucht, durch die Neufassung des § 139 eine Verknüpfung des Nachweises mit den Qualitätskriterien des MPG herzustellen. Dies ist allerdings nur unvollständig gelungen.[8] Der Nachweis der Funktionstauglichkeit gilt nach dem GKV-WSG und der damit einhergehenden Änderung des Abs. 5 S. 1 mit dem CE-Kennzeichen nur noch als grundsätzlich nachgewiesen. Nachprüfungen können daher zulässig sein (Abs. 5 S. 3). Wie bisher enthält § 139 Vorschriften zur Qualitätssicherung in der Hilfsmittelversorgung, die auch beim Abschluss von Verträgen nach § 127 zu beachten sind.[9]

2 Geht es um Hilfsmittel, die im Rahmen einer neuen Methode gemäß § 135 Abs. 1 zum Einsatz kommen sollen, dürfen im Falle der Ablehnung der neuen Methode nicht als verordnungsfähig in das Hilfsmittelverzeichnis aufgenommen werden.[10]

3 Der Antrag auf Aufnahme ins Hilfsmittelverzeichnis (HMV) kann nur vom Hersteller gestellt werden. Sofern der Hersteller keine Einschränkungen vornimmt, gilt ein Antrag nach § 139 auch als Antrag auf Aufnahme in das Pflegehilfsmittelverzeichnis gemäß § 78 Abs. 2 SGB XI, sofern es auch in der Pflege eingesetzt werden kann.[11] Was ein Hilfsmittel ist, richtet sich nach § 33. Besteht ein Hilfsmittel aus mehreren einzelnen Komponenten, ist eine teilweise Aufnahme einzelner Komponenten ohne Aufnahme des Systems unzulässig.[12] Auf der anderen Seite können Zubehörteile, die selbst Hilfsmittel sind, im Rahmen einer Einzellistung in das HMV aufgenommen werden.[13] Auf der anderen Seite können Zubehörteile, die selbst Hilfsmittel sind, im Rahmen einer Einzellistung in das HMV aufgenommen werden.[14] Erfüllt ein Hilfsmittel die für eine Aufnahme notwendigen Kriterien, hat der Hersteller einen Aufnahmeanspruch; dem Spitzenverband steht kein Ermessen zu. Es handelt sich um eine gebundene Entscheidung.[15] Die Aufnahme oder Ablehnung stellt einen Verwaltungsakt dar. Bei Verweigerung der Aufnahme muss normalerweise ein Widerspruchsverfahren durchgeführt werden. Da der Spitzenverband Bund der Krankenkassen jedoch Ausgangs- und Widerspruchsbehörde in einem ist, kann eine direkt erhobene Klage zulässig sein, wenn der Spitzenverband ohne Weiteres Klagabweisung beantragt.[16] Spielt die Frage, ob das Hilfsmittel im Rahmen neuer Untersuchungs- und Behandlungsmethoden eingesetzt werden kann, eine Rolle, ist der G-BA zwingend beizuladen.[17] Klagebefugt ist nur der Hersteller, nicht der Vertreiber eines Hilfsmittels.[18]

4 Eintragungen im Hilfsmittelverzeichnis sind grundsätzlich auch nach einer Fortschreibung des HMV ungeachtet der ursprünglichen Verhältnisse mit der objektiven Rechtslage in Einklang zu bringen. Der Hersteller kann sich nicht auf Vertrauensschutz berufen. § 139 Abs. 6 geht als Spezialregel den §§ 45, 48 SGB X vor. Das bedeutet, dass der Hersteller die Erfüllung der Qualitätsanforderungen und ggf.

---

5 Seidel/Hartmann, NZS 2006, 511, 515; zur Problematik der Einschränkung des freien Warenverkehrs durch nationale Zulassungsverfahren für Medizinprodukte, EuGH, 13.1.2005, C-38/03, nv; EuGH, 21.12.2006, C-6/05.
6 Zuck, NZS 2003, 417 ff.
7 BSG, 31.8.2000, B 3 KR 20/04 R, BSGE 93, 183 ff; BSG, 28.9.2006, B 3 KR 28/05 R, bestätigt LSG Essen, 20.9.2005, L 5 KR 35/02, nv.
8 BSG, 12.8.2009, B 3 KR 10/07 R; zwar habe ein Hilfsmittelhersteller grundsätzlich einen Rechtsanspruch auf Eintragung ins HMV, soweit die hierfür maßgeblichen gesetzlichen Voraussetzungen des § 139 erfüllt sind. Im vorliegenden Fall handele sich jedoch um die Eintragung von Hilfsmitteln zur Unterstützung einer neuen Untersuchungs- und Behandlungsmethode, sodass der Anspruch nicht losgelöst von § 135 Abs. 1 beurteilt werden konnte. Danach gilt, von eng umgrenzten und hier nicht einschlägigen Ausnahmen abgesehen: Solange das Magnetodyn®-Verfahren nicht als Untersuchungs- und Behandlungsmethode anerkannt ist, kann vom Grundsatz her auch keine Aufnahme entsprechender Hilfsmittel in das Hilfsmittelverzeichnis erfolgen.
9 Ausführlich Wabnitz, S. 71 ff, 141 ff.
10 BSG, 11.8.2009, B 3 KR 10(07 R, BSGE 104, 95.
11 BSG, 22.4.2009, B 3 KR 11/07 R, BSGE 103, 66.
12 LSG Berlin-Brandenburg, 18.2.2010, L 9 KR 439/07; so auch Engelmann in: jurisPK-SGB V, § 139 Rn. 34.
13 LSG Nordrhein-Westfalen, 27.1.2011, L 5 KR 105/07; ebenso Engelmann in: jurisPK-SGB V, § 139 Rn. 33.
14 LSG Nordrhein-Westfalen, 27.1.2011, L 5 KR 105/07; ebenso Engelmann in: jurisPK-SGB V, § 139 Rn. 33.
15 Wabnitz in: Spickhoff, Medizinrecht, § 139 SGB V Rn. 19.
16 BSG, 22.4.2009, B 3 KR 11/07 R, BSGE 103, 66.
17 Wabnitz in: Spickhoff, Medizinrecht, § 139 SGB V Rn. 20 unter Berufung auf BSG, NZS 2001, 367.
18 Ulmer in: Eichenhofer/Wenner, § 139 Rn. 24.

den medizinischen Nutzen im Hinblick auf neue wissenschaftliche Erkenntnisse auch dann zu belegen hat, wenn sein Produkt bislang im HMV gelistet war.[19]

Mit den Regelungen in Abs. 7 werden die Aufnahme von Hilfsmitteln in das Hilfsmittelverzeichnis und die Fortschreibung des Hilfsmittelverzeichnisses zukünftig einer Verfahrensordnung unterstellt, die der GKV-Spitzenverband bis zum 31.12.2017 zu beschließen hat. In der Verfahrensordnung werden die Einzelheiten zum Verfahren der Aufnahme eines Hilfsmittels in das Hilfsmittelverzeichnis und der Fortschreibung einschließlich des Widerrufs und der Rücknahme der Aufnahmeentscheidung sowie der Streichung von Produkten aus dem Hilfsmittelverzeichnis geregelt. Damit wird ein rechtlicher, strukturierter und für alle Beteiligten nachvollziehbarer Rahmen geschaffen, in dem die Abläufe und Verfahrensschritte transparent dargestellt sind. Dadurch wird losgelöst vom Einzelfall für alle Beteiligten erkennbar, welche Anforderungen der GKV-Spitzenverband in Bezug auf Form und Fristen, Art und Weise der zu erbringenden Nachweise einschließlich der Nachweispflicht des Herstellers nach Abs. 10, das gesetzlich vorgesehene Stellungnahmeverfahren einschließlich des Umgangs mit Stellungnahmen und das Procedere im Zusammenhang mit der Heranziehung wissenschaftlicher Expertise und so weiter stellt. Dabei bleibt es dem GKV-Spitzenverband unbenommen, in Abhängigkeit von den Produktgruppen auch fachlich begründete, unterschiedliche Regelungen zu treffen.

§ 139a Institut für Qualität und Wirtschaftlichkeit im Gesundheitswesen

(1) ¹Der Gemeinsame Bundesausschuss nach § 91 gründet ein fachlich unabhängiges, rechtsfähiges, wissenschaftliches Institut für Qualität und Wirtschaftlichkeit im Gesundheitswesen und ist dessen Träger. ²Hierzu kann eine Stiftung des privaten Rechts errichtet werden.

(2) ¹Die Bestellung der Institutsleitung hat im Einvernehmen mit dem Bundesministerium für Gesundheit zu erfolgen. ²Wird eine Stiftung des privaten Rechts errichtet, erfolgt das Einvernehmen innerhalb des Stiftungsvorstands, in den das Bundesministerium für Gesundheit einen Vertreter entsendet.

(3) Das Institut wird zu Fragen von grundsätzlicher Bedeutung für die Qualität und Wirtschaftlichkeit der im Rahmen der gesetzlichen Krankenversicherung erbrachten Leistungen insbesondere auf folgenden Gebieten tätig:

1. Recherche, Darstellung und Bewertung des aktuellen medizinischen Wissensstandes zu diagnostischen und therapeutischen Verfahren bei ausgewählten Krankheiten,
2. Erstellung von wissenschaftlichen Ausarbeitungen, Gutachten und Stellungnahmen zu Fragen der Qualität und Wirtschaftlichkeit der im Rahmen der gesetzlichen Krankenversicherung erbrachten Leistungen unter Berücksichtigung alters-, geschlechts- und lebenslagenspezifischer Besonderheiten,
3. Bewertungen evidenzbasierter Leitlinien für die epidemiologisch wichtigsten Krankheiten,
4. Abgabe von Empfehlungen zu Disease-Management-Programmen,
5. Bewertung des Nutzens und der Kosten von Arzneimitteln,
6. Bereitstellung von für alle Bürgerinnen und Bürger verständlichen allgemeinen Informationen zur Qualität und Effizienz in der Gesundheitsversorgung sowie zu Diagnostik und Therapie von Krankheiten mit erheblicher epidemiologischer Bedeutung,
7. Beteiligung an internationalen Projekten zur Zusammenarbeit und Weiterentwicklung im Bereich der evidenzbasierten Medizin.

(4) ¹Das Institut hat zu gewährleisten, dass die Bewertung des medizinischen Nutzens nach den international anerkannten Standards der evidenzbasierten Medizin und die ökonomische Bewertung nach den hierfür maßgeblichen international anerkannten Standards, insbesondere der Gesundheitsökonomie erfolgt. ²Es hat in regelmäßigen Abständen über die Arbeitsprozesse und -ergebnisse einschließlich der Grundlagen für die Entscheidungsfindung öffentlich zu berichten.

(5) ¹Das Institut hat in allen wichtigen Abschnitten des Bewertungsverfahrens Sachverständigen der medizinischen, pharmazeutischen und gesundheitsökonomischen Wissenschaft und Praxis, den Arzneimittelherstellern sowie den für die Wahrnehmung der Interessen der Patientinnen und Patienten und der Selbsthilfe chronisch Kranker und behinderter Menschen maßgeblichen Organisationen sowie der oder dem Beauftragten der Bundesregierung für die Belange der Patientinnen und Patienten Gelegenheit zur Stellungnahme zu geben. ²Die Stellungnahmen sind in die Entscheidung einzubeziehen.

---

19 BSG, 23.6.2016, B 3 KR 20/15 R.

(6) Zur Sicherstellung der fachlichen Unabhängigkeit des Instituts haben die Beschäftigten vor ihrer Einstellung alle Beziehungen zu Interessenverbänden, Auftragsinstituten, insbesondere der pharmazeutischen Industrie und der Medizinprodukteindustrie, einschließlich Art und Höhe von Zuwendungen offen zu legen.

Literatur:

Dierks/Nitz/Grau/Mehlitz, IQWiG und Industrie, 2008; *Engelmann*, Die Kontrolle medizinischer Standards durch die Sozialgerichtsbarkeit, MedR 2006, 245; *Francke/Hart*, Bewertungskriterien und -methoden nach dem SGB V, MedR 2008, 2; *Gassner*, Legitimität der Kosten-Nutzen-Bewertung von Arzneimitteln, PharmR 2007, 441; *Hart*, Kongruenz und Kontinuität in der Entwicklung von Medizin und Medizinrecht, MedR 2015, 1; *Hess*, Die Rolle des Rechts bei der Wissensgewinnung und Entscheidungsfindung im GKV-System – Die institutionelle Ebene, GesR 2011, 588; *Hess*, Zur Koordination der arzneimittelbezogenen Steuerungsinstrumente nach SGB V, ZMGR 2008, 175; *Huster*, Die Methodik der Kosten-Nutzen-Bewertung in der Gesetzlichen Krankenversicherung, MedR 2010, 234; *Huster*, Die Nutzenbewertung und die Aggregation von Nutzen- und Schadenaspekten durch das IQWiG?, GesR 2010, 122; *Huster/Penner*, Legitimationsprobleme der Kosten-Nutzen-Bewertung von Arzneimitteln, VSSR 2008, 221; *Kingreen*, Gerichtliche Kontrolle von Kriterien und Verfahren im Gesundheitsrecht, MedR 2007, 257; *Kingreen*, Legitimation und Partizipation im Gesundheitswesen – Verfassungsrechtliche Kritik und Reform des Gemeinsamen Bundesausschusses, NZS 2007, 113; *Kingreen/Henck*, Prozedurale Anforderungen an die Arzneimittelbewertung durch das Institut für Qualität und Wirtschaftlichkeit im Gesundheitswesen und den Gemeinsamen Bundesausschuss, PharmR 2007, 353; *Koch/Sawicki*, Die Bewertung von Kosten-Nutzen-Verhältnissen von medizinischen Verfahren, MedR 2010, 240; *Kügel*, Beteiligung und Rechtsschutz der Arzneimittelhersteller bei der Nutzenbewertung von Arzneimitteln durch das IQWiG, NZS 2006, 232; *Maassen/Uwer*, Verfahrensrechtliche Fragen zum Methodenpapier des Instituts für Qualität und Wirtschaftlichkeit im Gesundheitswesen vom 1. März 2005, MedR 2006, 32; *Martini*, Kosten-Nutzen-Bewertung von Arzneimitteln – eine bittere Pille oder süßes Gift für das Gesundheitswesen?, GewArch Beilage WiVerw Nr. 04/2009, 195; *Münkler*, Kosten-Nutzen-Bewertungen in der gesetzlichen Krankenversicherung, 2015; *Pitschas*, Information der Leistungserbringer und Patienten im rechtlichen Handlungsrahmen von G-BA und IQWiG, MedR 2008, 34; *Rixen*, Verhältnis von IQWiG und G-BA: Vertrauen oder Kontrolle? – Insbesondere zur Bindungswirkung von Empfehlungen des IQWiG, MedR 2008, 24; *Schlegel*, Gerichtliche Kontrolle von Kriterien und Verfahren, MedR 2008, 30; *Schimmelpfeng-Schütte*, GesR 2004, 1; *Schimmelpfeng-Schütte*, MedR 2006, 519; *Scriba*, Die Arzneimittelbewertungen des Instituts für Qualität und Wirtschaftlichkeit im Gesundheitswesen – Eine verfassungsrechtliche Analyse, Diss. 2012; *Seeringer*, Der Gemeinsame Bundesausschuss nach dem SGB V, 2006; *Windeler/Lange*, Nutzenbewertung medizinischer Leistungen im deutschen Gesundheitswesen, Bundesgesundheitsbl. 2015, 220; *Zimmermann*, Der Gemeinsame Bundesausschuss, 2012.

I. Allgemeines 1	3. Bereitstellung allgemeiner Informationen (Abs. 3 Nr. 6) 12
II. Organisation (Abs. 1, 2, 6) 3	IV. Methodische Basis (Abs. 4 S. 1) 14
III. Aufgaben (Abs. 3) 7	V. Verfahrensgrundsätze (Abs. 4 S. 2, Abs. 5).. 17
1. Ermittlung des aktuellen medizinischen Wissensstandes zu diagnostischen und therapeutischen Verfahren 8	1. Publizität 17
	2. Beteiligungspflichten (Abs. 5) 19
2. Gutachten, Stellungnahmen, Bewertungen und Empfehlungen (Abs. 3 Nr. 2–5) 10	3. Ergänzende Anwendung des allgemeinen Sozialverwaltungsverfahrensrechts? 20

I. Allgemeines

1 Zu den mit dem GMG[1] zum 1.1.2004 neu geschaffenen Einrichtungen zählt das Institut für Qualität und Wirtschaftlichkeit im Gesundheitswesen (IQWiG), dessen rechtliche Grundlagen in §§ 139 a bis 139 c aufgenommen wurden. Seine Einrichtung soll eine von den Partnern der Gemeinsamen Selbstverwaltung unabhängige, an wissenschaftlichen Kriterien ausgerichtete medizinische und gesundheitsökonomische Bewertung von Angeboten der Leistungserbringer in der GKV gewährleisten.[2] In Vorbereitung des Gesetzentwurfs war zunächst an die Gründung eines von den Akteuren der Gemeinsamen Selbstverwaltung unabhängigen „Zentrum(s.) für Qualität in der Medizin" als Anstalt des

---

1 Gesundheitsmodernisierungsgesetz vom 14.11.2003, BGBl. I, 2190.
2 Vgl. BT-Dr. 15/1525, 127; eine vergleichbare Institution wurde für die Qualitätssicherung in der Pflege (noch?) nicht vorgesehen, vgl. § 113 b SGB XI und → SGB XI § 113 b Rn. 13 mwN.

öffentlichen Rechts gedacht worden;[3] der Gesetzentwurf enthielt bereits die heute gültige Konstruktion einer unabhängigen Einrichtung unter der Trägerschaft des G-BA und die Möglichkeit zur Gründung des Instituts in Form einer privatrechtlichen Stiftung. § 139 a regelt die **Einrichtung des Instituts** und die **Bestellung der Institutsleitung** (Abs. 1 und 2) sowie die zur Sicherung der **fachlichen Unabhängigkeit** des Instituts erforderlichen Vorkehrungen (Abs. 6). Die Aufgaben finden sich in Abs. 3, der für die Kosten-Nutzen-Bewertung bei Arzneimitteln (Abs. 3 Nr. 5) in systematischem Zusammenhang mit §§ 35 Abs. 3, 35 a, 35 c Abs. 2 steht. § 139 a Abs. 4 normiert verfahrensrechtliche Anforderungen an die Arbeit des IQWiG. Weitere Regelungen zur Art und Weise sowie zum Verfahren der Aufgabenwahrnehmung regelt § 139 b. § 139 c normiert Grundlagen zur Finanzierung des IQWiG. Die §§ 139 a bis 139 c stehen in sachlichem Zusammenhang mit den Vorschriften zur Organisation und Aufgabenbereich des G-BA in §§ 91, 92, dem das IQWiG ua zuarbeitet.

Das GKV-WSG[4] erstreckte mWv 1.4.2007 die Pflicht zur Bereitstellung von Informationen in § 139 a Abs. 3 Nr. 6 auf Informationen zu Diagnostik und Therapie von Krankheiten mit erheblicher epidemiologischer Bedeutung. Mit dem durch GKV-VSG[5] mWv 23.7.2015 angefügten Abs. 3 Nr. 7 wurde der Aufgabenbereich um die Beteiligung an internationalen Projekten zur Zusammenarbeit und Weiterentwicklung in der evidenzbasierten Medizin erweitert. Durch Änderung von § 35 b (→ Rn. 1, 10) und Abs. 4 S. 1 wurde das Institut auf gesundheitsökonomische Bewertungen verpflichtet und als Maßstab der Kosten-Nutzen-Bewertung neben den international anerkannten Standards der evidenzbasierten Medizin die für die ökonomische Bewertung maßgeblichen international anerkannten Standards, insbesondere der Gesundheitsökonomie, benannt. In Abs. 5 wurde die Pflicht zur Einholung von Stellungnahmen auf die Stellungnahmen von Sachverständigen aus Wissenschaft und Praxis sowie – als Reaktion auf deutliche Kritik an der bisherigen Regelung – der Arzneimittelhersteller erstreckt. Alle Stellungnahmen hat das Institut nunmehr auch in seine Entscheidung einzubeziehen.

II. Organisation (Abs. 1, 2, 6)

Dem G-BA wird in Abs. 1 S. 1 die Gründung eines wissenschaftlichen Instituts aufgegeben, das fachlich unabhängig und rechtsfähig, zugleich aber vom G-BA getragen sein soll. Das Institut wird im Regelfall nach Beauftragung durch den G-BA tätig (§ 139 b Abs. 1 S. 1), die von den in § 139 b Abs. 1 S. 2 genannten Institutionen beantragt werden kann. Die mit der Rechtsfähigkeit verbundene **organisatorische Selbstständigkeit** soll das Institut in die Lage versetzen, selbst die notwendigen personellen und sächlichen Mittel zu requirieren.[6] **Wissenschaftlichkeit** erfordert fachlich/wissenschaftliche Kompetenz, deren Anforderungen sich aus dem Aufgabenspektrum des Instituts ergeben. Dazu zählen medizinisch-pflegerischer Sachverstand ebenso wie methodische und statistisch-biometrische, aber auch gesundheitsökonomische Kompetenz. **Fachliche Unabhängigkeit** als „Unabhängigkeit von sachfremden Einflüssen" erfordert organisatorische und wirtschaftliche Unabhängigkeit sowie Weisungsfreiheit und Freiheit von Interessenkollisionen.[7] Das IQWiG soll seine Arbeit einerseits unbeeinflusst von den im G-BA fortlaufend auszutragenden Interessen der Leistungserbringer und Krankenkassen, andererseits in Unabhängigkeit zu Dritten, etwa den Arznei- und Hilfsmittelherstellern und den Großhändlern, erbringen können. Dem Ziel der fachlichen Unabhängigkeit dienen die Rechtsfähigkeit und die vom Gesetzgeber zur Sicherung der als „vordringlich" erachteten Unabhängigkeit nahe gelegten Stiftungsgründung in Abs. 1.[8] Gewähr für Unabhängigkeit soll auch die in Abs. 6 aufgenommene Pflicht der Beschäftigten bieten, vor der Einstellung alle Beziehungen zu Interessenverbänden, Auftragsinstitutionen, insbesondere der pharmazeutischen Industrie und Medizinprodukteindustrie, offen zu legen. Diese **Offenlegungspflicht** ist einerseits strikt formuliert, andererseits in Bezug auf die Gegenstände der Offenlegung noch ungenau gefasst.[9] Die Verfahrensordnung des G-BA normiert in Kap. 1 § 16 Abs. 2, dass G-BA und IQWiG voneinander fachlich und personell unabhängig arbeiten, und betont die alleinige Verantwortung des IQWiG für den Inhalt der Empfehlungen. Die sozialgerichtliche Rechtsprechung ordnet das IQWiG als ein Expertengremium ein, das in seiner persönlichen und fachlichen Inte-

---

3 Kügel, NZS 2006, 232, 233. Erwähnung findet das Institut – wohl versehentlich – noch in der amtl. Begr., BT-Dr. 15/1525, 128.
4 GKV-Wettbewerbsstärkungsgesetz vom 26.3.2007, BGBl. 378.
5 Gesetz zur Stärkung der Versorgung in der gesetzlichen Krankenversicherung (GKV-Versorgungsstärkungsgesetz – GKV-VSG) vom 16.4.2015, BGBl. I, 1211.
6 BT-Dr. 15/1525, 127.
7 Roters in: KassKomm, § 137 a SGB V Rn. 2.
8 BT-Dr. 15/1525, 127.
9 Vgl. Wallrabenstein in: Becker/Kingreen, § 139 a Rn. 26.

grität und Qualität durch Transparenz und Unabhängigkeit gesetzlich und institutionell abgesichert ist.[10] Organisatorisch und finanziell bleibt das Institut freilich abhängig vom G-BA und damit von den Partnern der Gemeinsamen Selbstverwaltung, die das Institut sowohl tragen als auch über seine finanzielle Ausstattung befinden.

4 Der G-BA hat von der in Abs. 1 S. 2 eingeräumten und in der amtl. Begründung nahegelegten Möglichkeit, das Institut als **Stiftung des privaten Rechts** zu gründen, Gebrauch gemacht. Die Stiftungssatzung weist in § 2 Abs. 2 „die Förderung von Wissenschaft und Forschung sowie die Förderung des öffentlichen Gesundheitswesens" als Stiftungszweck aus. Der G-BA ist Stiftungsorgan und zuständig für Satzungsänderungen sowie die Aufhebung der Stiftung. Der Stiftungsrat besteht aus sechs Mitgliedern des SpiBuKK sowie aus insgesamt sechs Mitgliedern, die aus dem Kreis der KÄV, der KZÄV und der DKG zu bestellen sind. Er bestellt ua vier stimmberechtigte Mitglieder des Stiftungsvorstands, dessen fünftes Mitglied das BMG benennt. Dem Stiftungsrat gehört der Vorsitzende des G-BA ohne Stimmrecht an. Dem Institut zur Seite stehen ein Kuratorium und ein Wissenschaftlicher Beirat. Im 30 Mitglieder umfassenden Kuratorium sitzen neben zehn Mitgliedern aus dem Kreis der Trägerorganisation des G-BA weitere zehn Mitglieder, die nicht im G-BA organisierte Leistungserbringer und deren Sozialpartner bzw. deren Organisationen vertreten, sowie zehn Mitglieder aus dem Kreis sonstiger für das Gesundheitswesen relevanter Organisationen, unter ihnen die Patientenvertretenden nach § 140 f und der Patientenbeauftragte der Bundesregierung nach § 140 h.

5 Die Stiftung erlässt Grundsätze ua für die Organisationsstruktur, ist zuständig für den Haushalt des Instituts und bestimmt im Einvernehmen des BMG die Institutsleitung sowie – laut Satzung – deren Stellvertretung. Das Einvernehmen mit dem BMG bei der Bestellung der Institutsleitung (und deren Stellvertretung) ist innerhalb des Stiftungsvorstands herzustellen (§ 139 a Abs. 2 und § 6 Abs. 1 der Stiftungssatzung), dh erforderlich ist die Zustimmung des vom BMG benannten Vorstandsmitglieds. Die Bestellung soll befristet erfolgen und Wiederbestellung zulässig sein. § 6 Abs. 2 der **Stiftungssatzung** fordert für die Besetzung des Amtes eine der Bedeutung der Aufgaben des Instituts entsprechende hohe wissenschaftliche Reputation und Erfahrung in der Leistung von wissenschaftlichen und/oder klinischen Einrichtungen. Der Institutsleitung obliegt die Einstellung und Führung des wissenschaftlichen Personals sowie – im Einvernehmen mit dem Stiftungsvorstand – die Einstellung einer kaufmännischen Geschäftsführung. Alle Beschäftigten – wozu die Institutsleitung selbst zu zählen ist (§ 7 Abs. 2 der Stiftungssatzung wäre insoweit zu ergänzen) – haben vor ihrer Einstellung die in Abs. 6 genannten Beziehungen einschließlich der Art und Höhe von Zuwendungen offen zu legen. Die Prüfung, ob solche Beziehungen zur Industrie, den Verbänden oder anderen Einrichtungen des Gesundheitswesens die Einstellung hindern oder nicht, obliegt der Institutsleitung bzw. – in ihrem Falle – dem Stiftungsvorstand. Mit seinem Wortlaut greift Abs. 6 allerdings im Vergleich zu § 77 a AMG[11] zu kurz und ist bei der Einstellung und der Gestaltung der Beschäftigungsverträge weit zu verstehen.[12] Die vom Gesetzgeber für „vordringlich" erachtete Unabhängigkeit erfordert entsprechende Transparenz und Vermeidung von Interessenkollisionen auch während der laufenden Beschäftigung. Das Methodenpapier des IQWiG[13] stellt Neben- und ehrenamtliche Tätigkeiten unter Vorbehalt der Genehmigung, die im Falle möglicher Interessenkollisionen zu versagen ist. § 139 b Abs. 3 erstreckt die Pflicht zur Offenlegung auf vom Institut herbeigezogene externe Sachverständige.

6 Verwaltungsorganisationsrechtlich sind § 139 a Abs. 1, 2 und ihre Umsetzung als Grundlagen einer formellen **Privatisierung (Organisationsprivatisierung)** zu qualifizieren.[14] Das IQWiG bleibt hierbei über die Trägerschaft des G-BA und die Organe und Einrichtungen der Stiftung weiterhin organisatorischer Teil der Gemeinsamen Selbstverwaltung. Aus funktionalen Erwägungen wird aber ein Teil der Selbstverwaltungsaufgaben im IQWiG organisationsrechtlich verselbstständigt und für diese Institution eine privatrechtliche Organisationsform gewählt.[15]

---

10 Vgl. BSGE 107, 261 = SozR 4-2500 § 35 Nr. 5, Rn. 76 ff.; BSGE 107, 287 = SozR 4-2500 § 35 Nr. 4, Rn. 74 ff.); LSG Bln-Bbg, 16.1.2015, L 1 KR 258/12 KL, juris Rn. 92.
11 § 77 a AMG regelt Anforderungen an die Unabhängigkeit der mit der Zulassung von Arzneimittel befassten Behörden einschließlich des Bundesinstituts für Arzneimittel und Medizinprodukte (BfArM).
12 Vgl. v. Dewitz in: jurisPK-SGB V, § 139 a Rn. 28.
13 Version 4.1. vom 28.11.2013, abrufbar unter www.iqwig.de.
14 Zu den verwaltungsrechtlichen Kategorien der Privatisierung zB Burgi, Verwaltungsorganisationsrecht, in: Erichsen/Martens (Hrsg.), 14. Aufl. 2010, § 10 Rn. 7 ff., zur Organisationsprivatisierung Rn. 11 ff.
15 Vgl. Rixen, MedR 2008, 24, 26; Martini, GewArch 2009, 195, 205.

III. Aufgaben (Abs. 3)

Das IQWiG wird nach dem Wortlaut des Abs. 3 recherchierend, bewertend, empfehlend und informierend tätig. Ihm ist weder die Befugnis zu verfahrensabschließenden Entscheidungen noch hoheitliche Rechtsmacht zur selbstständigen Wahrnehmung hoheitlicher Aufgaben in eigenem Namen übertragen.[16] Im Verhältnis zum G-BA, dem die Sicherung der Qualität und Wirtschaftlichkeit der Leistungen der GKV obliegt, übernimmt es die Funktion eines privaten Intermediärs, der in die staatliche Aufgabenerfüllung eingeschaltet, dem aber keine außenwirksame Entscheidungsmacht zugestanden wird.[17] Aus der **Vorbereitungsfunktion** des IQWiG für die Tätigkeit des G-BA erschließen sich weitgehend seine Aufgaben.[18] Abs. 3 beschränkt den Funktionsbereich des IQWiG dabei einerseits auf Fragen von grundsätzlicher Bedeutung, ohne andererseits abschließend zu sein („insbesondere"). Für „**grundsätzlich**" erachtet der G-BA in der Regel Fragen mit sektorenübergreifender Versorgungsrelevanz (Kap. 1 § 15 Abs. 2 S. 2 VerfO G-BA). Hierauf beschränkt sich die Grundsätzlichkeit sicher nicht; letztlich obliegt es aber ohnehin maßgeblich dem G-BA, durch die Gestaltung der Beauftragung (vgl. § 139 b Abs. 1) das Merkmal der Grundsätzlichkeit und ggf. weitere, den benannten Aufgabengebieten vergleichbare Aufgaben zu konkretisieren. Über den Aufgabenkatalog werden außerdem Entscheidungen von Stiftungsrat und Stiftungsvorstand über die Verwendung von Haushaltsmitteln gesetzlich abgesichert.[19]

7

1. Ermittlung des aktuellen medizinischen Wissensstandes zu diagnostischen und therapeutischen Verfahren. Das Institut soll den aktuellen **Stand der wissenschaftlichen Erkenntnisse** zu Diagnostik und Therapie in der Medizin ermitteln, aufbereiten und beurteilen[20] und sich auf diese Weise eine wissenschaftliche Basis für die Wahrnehmung der ihm im einzelnen übertragenen Aufgaben erarbeiten. Die Beschränkung auf „ausgewählte" Krankheiten ist im Sinne der „Grundsätzlichkeit" (s. o. → Rn. 7) zu verstehen und ermöglicht dem IQWiG die Konzentration auf Gebiete, in denen die Informationsaufgabe besondere Relevanz besitzt.

8

Mit der Aufgabe der Wissensorganisation fungiert das Institut zugleich als „institutionalisierte Wissensbasis für den G-BA".[21] Dieser leitet hieraus in Verbindung mit dem an das IQWiG erteilten Generalauftrag dessen Verpflichtung ab, dem G-BA Hinweise auf seine Richtlinienarbeit zu geben und Vorschläge für die Erteilung von Bewertungsaufträgen an das IQWiG zu machen.[22] Ein solches Verständnis der Funktion des IQWiG ist weder durch die Aufgabenzuweisung in Abs. 3 Nr. 1 gedeckt noch entspricht es der funktionellen Zuordnung von IQWiG und G-BA. Als Auftraggeber darf der G-BA die Anforderungen an das Institut nicht im Sinne einer intensiven fachlichen Kontrolle überspannen (vgl. auch → § 139 b Rn. 5). Dem IQWiG verleiht die dynamische Aufgabe der Wissensorganisation die Befugnis, aber nicht die Pflicht zur Information des G-BA über neuen Bewertungsbedarf im Lichte aktualisierter methodisch-wissenschaftlicher Grundlagen.

9

2. Gutachten, Stellungnahmen, Bewertungen und Empfehlungen (Abs. 3 Nr. 2–5). Abs. 3 Nr. 2–5 beschreiben Aufgabengebiete und erwartete Arbeitsergebnisse. Das Institut hat **wissenschaftliche Ausarbeitungen, Gutachten, Stellungnahmen und Empfehlungen** abzugeben sowie **Bewertungen** vorzunehmen. Den Rahmen bildet die **Beauftragung** durch den G-BA, dem das Institut seine Arbeitsergebnisse als Empfehlungen zuzuleiten hat (§ 139 b Abs. 1, 4). Inhaltlich geht es – nicht abschließend – um Fragen der Qualität und Wirtschaftlichkeit der im Rahmen der GKV erbrachten Leistungen, die Bewertung evidenzbasierter Leitlinien, wiederum nicht generell, sondern für die epidemiologisch wichtigsten Krankheiten, um Empfehlungen zu Disease-Management-Programmen und um Bewertungen des Nutzens von Arzneimitteln. Die Aufgabenbeschreibungen zielen auf eine bessere Anpassung erstattungsfähiger Therapieformen an die Bedürfnisse der Versicherten unter Berücksichtigung geschlechts-, alters- und lebenslagenspezifischer Gegebenheiten[23] sowie auf eine wissenschaftlich fundierte Prüfung der

10

---

16 Martini, GewArch 2009, 195, 203 f.; Münkler, Kosten-Nuitzen-Bewertungen, 300 ff.; aA Kingreen/Henck, PharmR 2007, 303, 307.
17 Martini, GewArch 2009, 195, 205.
18 Wallrabenstein in: Becker/Kingreen, § 139 a Rn. 6.
19 Für die Beteiligung des IQWiG an internationalen Projekten, eingefügt durch GKV-VSG, BT-Dr. 18/4095, 126.
20 BT-Dr. 15/1525, 127.
21 Wallrabenstein in: Becker/Kingreen, § 139 a Rn. 8.
22 Vgl. Hess in: KassKomm, § 139 a SGB V Rn. 9.
23 BT-Dr. 15/1525, 127 f.

von den ärztlichen Fachgesellschaften erstellten, für den Behandlungsstandard maßgeblichen Leitlinien.

11 Einen Schwerpunkt der Arbeit des IQWiG bildet die **Kosten-Nutzen-Bewertung von Arzneimitteln** (Abs. 3 Nr. 5). Die ursprüngliche Nutzen-Bewertung, die im GKV-WSG 2007 zur Kosten-Nutzen-Bewertung erweitert wurde, bildet von Beginn an eine Kernaufgabe des Instituts. Die Kriterien und Verfahren, in und nach denen die Bewertung zu erfolgen hat, sind in § 35 Abs. 1 (Festbetrags-Regelung), § 35 Abs. 1, 2 (frühe Nutzenbewertung) und § 35 b enthalten. Die Aufgabe besteht darin, nicht nur den Nutzen oder Zusatznutzen eines Medikaments zu ermitteln, sondern diesen in Bezug zu den Mehrkosten zu setzen, die dieser Zusatznutzen begründet. Ob das IQWiG Kompetenz und Legitimation für die vom Gesetzgeber inhaltlich nur schwach konkretisierte Aufgabe der Kosten-Nutzen-Bewertung besitzt, wird im Schrifttum sehr bezweifelt. Besonders kritisch sieht dieses die Befugnis zur gesundheitsökonomischen Bewertung eines Nutzens oder Zusatznutzens eines Arzneimittels, für das der Gesetzgeber nicht selbst Maßstäbe vorgibt, sondern auf international anerkannte Standards der Gesundheitsökonomie verweist (Abs. 4 und unten → Rn. 15).

12 **3. Bereitstellung allgemeiner Informationen** (Abs. 3 Nr. 6). Dem IQWiG ist außerdem die Bereitstellung allgemeiner und allgemeinverständlicher Informationen aufgegeben, was es durch die Bereitstellung einer von der WHO evaluierten **Gesundheitsinformations-Plattform** erfüllt.[24] Der Auftrag umfasste ursprünglich nur Informationen zur Qualität und Effizienz in der Gesundheitsversorgung. Er wurde durch das GKV-WSG um Informationen zu Diagnostik und Therapie von Krankheiten mit erheblicher epidemiologischer Bedeutung erweitert. Gemeint sind Informationen über Krankheiten, die große soziale und volkswirtschaftliche Folgen haben und deshalb große Versorgungsrelevanz besitzen.[25] Der überschießende Wortlaut der gesetzlichen Aufgabenzuweisung ist systematisch und mithilfe der Funktion des IQWiG einzugrenzen. Die Bereitstellungspflicht besteht gegenüber den Versicherten der GKV, die immerhin rund 90 % „alle(r) Bürgerinnen und Bürger" bilden, und richtet sich inhaltlich an der GKV-Versorgung als Teil der „Gesundheitsversorgung" aus. Faktisch ist der Radius und Inhalt der Plattform freilich auf die GKV-Versorgung nicht zu begrenzen, was der Gesetzeswortlaut nicht aufgibt, aber zulässigerweise zum Ausdruck bringt.

13 Die informationelle Aufgabe besteht als einzige der in Abs. 3 aufgeführten Aufgaben nicht im Rahmen, sondern neben den Aufgaben des G-BA. Dies wird als besondere Form **kooperativer Informationsverantwortung von IQWiG und G-BA** gesehen,[26] wofür spricht, dass auch diese Aufgabe des IQWiG vom Erfordernis der Beauftragung durch den G-BA nach § 139 b Abs. 1 nicht ausgenommen ist.

IV. Methodische Basis (Abs. 4 S. 1)

14 Den Maßstab und inhaltlichen Rahmen der dem IQWiG übertragenen Aufgaben bilden einerseits die **Versorgungsqualität**, andererseits die **Wirtschaftlichkeit der Versorgung**. Für die Bewertung des medizinischen Nutzens sollen international anerkannte Standards der evidenzbasierten Medizin und für die ökonomische Bewertung „hierfür maßgebliche" international anerkannte Standards, insbesondere der Gesundheitsökonomie, maßgeblich sein. Für die Kosten-Nutzen-Bewertung von Arzneimitteln kommen die insoweit spezielleren Regelungen in § 35 b Abs. 1 S. 4 (→ § 35 b Rn. 10 ff.) und § 35 a Abs. 1 (→ § 35 a Rn. 3) zur Anwendung.

15 Während der Standard der **evidenzbasierten Medizin** als international hinreichend gesichert gelten und wissenschaftlich „klein gearbeitet" werden kann, entzündet sich an den „**Standards der Gesundheitsökonomie**" heftige Kritik des rechtswissenschaftlichen Schrifttums. Dort wird die Existenz eines international feststehenden gesundheitsökonomischen Standards bezweifelt und gefordert, dass die Auswahl (mit je unterschiedlichem Analyseergebnis) nicht dem IQWiG überlassen werden dürfe, sondern durch den Gesetzgeber zu treffen sei. Soweit mit der sog Kosten-Nutzwert-Analyse und der international verbreiteten Operationalisierung des Patientennutzens anhand von sog QUALYS (quality adjusted Life Years, dh Bemessung der Effizienz einer Behandlungsform am Nutzen für Restlebenserwartung und Lebensqualität eines Patienten) ein international konsentierter gesundheitsökonomischer Standard

---

[24] Die Plattform ist aufrufbar unter www.gesundheitsinformation.de (zuletzt abgerufen am 1.5.2017).
[25] BT-Dr. 16/3100, 151.
[26] AA Pitschas, MedR 2008, 34, 39.

ausgemacht wird, werden – ua ethische – Entscheidungen in der Feinjustierung identifiziert, die keinesfalls dem IQWiG allein überlassen werden dürften.[27]

Die Selbstbeschränkung des IQWiG auf einen **Effizienzvergleich** mit herkömmlichen Arzneimitteln vergleichbarer Indikation erweist sich von diesem Standpunkt aus als klug,[28] sofern sich das IQWiG außerdem auf die Zusammenstellung und Bewertung verfügbaren Materials beschränkt und die Bewertung dem hierzu berufenen und befugten G-BA überlässt.[29] Die Aufgabe des IQWiG besteht in der Entwicklung und Empfehlung fachlicher Standards, zu denen sich „wissenschaftliche Erkenntnisse" gewinnen lassen.[30] Die Einrichtung des IQWiG und seine Betrauung mit der Ermittlung und damit zugleich Entwicklung fachlich-methodischen Wissens ersetzen grundlegende gesetzliche Entscheidungen zu den Maßstäben, insbesondere zu Kriterien von Qualität und Wirtschaftlichkeit, von Kosten und Nutzen medizinischer Versorgung nicht, sondern setzen sie voraus.[31] Die Methoden und Kriterien, an denen das IQWiG seine Bewertungen – auch in Verbindung mit dem G-BA – ausrichten könnte, sind mit dem einfachen Verweis auf einen internationalen Standard, insbesondere der Gesundheitsökonomie, zu unpräzise geregelt. Die Aufgabe der Entwicklung solcher Kriterien sollte der Gesetzgeber nicht dauerhaft an ein wissenschaftlich ausgerichtetes Fachgremium im Zusammenwirken mit dem G-BA delegieren. Das Bemühen um **Bewertungskriterien** bleibt **legislative Aufgabe**, wobei sich der Gesetzgeber den geschaffenen wissenschaftlichen Sachverstand und dessen Erkenntnisse für die eigene Aufgabe zunutze machen kann.[32]

V. Verfahrensgrundsätze (Abs. 4 S. 2, Abs. 5)

1. Publizität. Abs. 4 S. 2 verpflichtet das IQWiG auf **regelmäßige öffentliche Berichte** über die Arbeitsprozesse und -ergebnisse einschließlich der Grundlagen für die Entscheidungsfindung. Unter „Entscheidung" sind nicht abschließende Verwaltungsentscheidungen, sondern die dem G-BA als Empfehlungen zugehenden Bewertungen, Stellungnahmen, Gutachten und Empfehlungen des Instituts zu verstehen. Die geforderte **Transparenz** dient nicht nur der Erzeugung von Akzeptanz für die Tätigkeit des Instituts, sondern ermöglicht auch die fortlaufende Überprüfung durch die Fachöffentlichkeit, sichert dadurch Validität und Qualität der Arbeitsergebnisse und hat insofern auch legitimatorische Funktion. Das IQWiG erfüllt die Anforderungen durch Veröffentlichung eines fortlaufend aktualisierten Allgemeinen Methodenpapiers sowie seiner Aufträge, Verfahren, Ergebnisse und Publikationen im Internet.[33]

Für Festbetragsfestsetzungen von Arzneimitteln ist das Transparenzgebot des Abs. 4 S. 2 durch den vorrangigen § 35 Abs. 1 S. 8 begrenzt, der eine Nennung der Namen beauftragter Gutachter, ua zur Vermeidung interessengeleiteter Einflussnahme, untersagt.[34] Verallgemeinern lässt sich diese Regel gegenüber dem Transparenzgebot aus § 139 a Abs. 4 aber nicht.[35]

2. Beteiligungspflichten (Abs. 5). Die Regeln über die **Einholung von Stellungnahmen** wurden in Abs. 5 aufgenommen und im GKV-WSG ausgebaut. Ursprünglich waren nur Stellungnahmen von Patientenorganisationen (§ 140 f) sowie des/der Patientenbeauftragten der Bundesregierung (§ 140 h) vorgesehen mit dem allgemeinen Ziel, den Belangen der Patienten zu entsprechen.[36] Diesen Kreis hat der Gesetzgeber 2007 auf die von der Arbeit des Instituts „Betroffenen" erweitert. Darüber hinaus verfolgt die Regelung nun auch den Zweck der Herstellung von Transparenz und steht damit in funktionalem Zusammenhang mit Abs. 4 S. 2. Betroffene sind insbesondere die Hersteller von Arzneimitteln, die weder im G-BA noch im Stiftungsrat des IQWiG repräsentiert sind, aber deren Produkte der Bewertung durch G-BA und IQWiG unterliegen. Der Transparenz dient die Beteiligung von Sachverständigen der medizinischen, pharmazeutischen und gesundheitsökonomischen Wissenschaft und Praxis,

---

[27] Gassner, PharmR 2007, 441, 447 ff., mwN zur gesundheitsökonomischen Literatur; Martini, GewArch 2009, 195, 212 ff.; ferner Huster/Penner, VSSR 2008, 221, 229.
[28] Ausführlich Martini, GewArch 2009, 195 ff.
[29] Wallrabenstein in: Becker/Kingreen, § 139 a Rn. 13 mwN.
[30] Francke/Hart, Bundesgesundheitsbl. 2006, 241, 247.
[31] Huster/Penner, VSSR 2008, 221, 239 f.; Martini, GewArch 2009, 195.
[32] Hinweis auf das „institutionelle Kommunikationsgeflecht" im Verhältnis von Gesetzgeber und Institutionen bei Francke/Hart, Bundesgesundheitsbl. 2006, 241, 250.
[33] Aufrufbar unter www.iqwig.de (zuletzt abgerufen am 1.5.2017).
[34] BT-Dr. 16/691, 15.
[35] Wegener, NZS 2008, 561, 568 f., für die Informationstätigkeit des G-BA.
[36] BT-Dr. 15/1525, 128.

die die regelhafte Berücksichtigung externen Sachverstands außerhalb der gezielten Beauftragung nach § 139 b Abs. 3 ermöglicht. Auch die Verfahrensstadien der Beteiligung hat das GKV-WSG präziser gefasst. Der Gesetzgeber konkretisiert dies in der amtlichen Begründung dahin, dass „diese Fachkreise und Betroffenen sowohl bei der Erstellung der Berichtspläne als auch bei den Vorberichten beteiligt werden. Dazu gehört auch, dass Stellungnahmen zu den Endberichten auch im Hinblick auf den sich ergebenden Änderungs- und Ergänzungsbedarf geprüft werden und gegebenenfalls notwendige Aktualisierungen frühzeitig durchgeführt werden können."[37] Die **Beteiligung der Fachkreise und Betroffenen** gewährleistet in Verbindung mit dem Publizitätsgebot aus Abs. 4 S. 2 zusätzlichen Sachverstand bei im Erkenntnisprozess des IQWiG und verstärkt dessen legitimatorische Funktion. Das Legitimationsniveau des IQWiG hat der Gesetzgeber damit im Wege einer sog Output-Legitimation, dh der wünschbaren Qualität der Entscheidungen,[38] maßgeblich erhöht.

20 **3. Ergänzende Anwendung des allgemeinen Sozialverwaltungsverfahrensrechts?** Teilweise wird gefordert, die Regeln des SGB X über das Sozialverwaltungsverfahren sowie das Informationsfreiheitsgesetz (IFG) direkt oder analog auf die Entscheidungsfindung des IQWiG anzuwenden. Begründet wird dies teils mit dem Argument, es liege eine Beleihung vor,[39] teils mit Hinweis auf die enge Verbindung der Tätigkeit des IQWiG mit dem Verfahren des G-BA.[40] Beliehen, dh gesetzlich oder durch den G-BA mit Hoheitsbefugnissen versehen wurde das IQWiG jedoch nicht. Das Institut trifft keine verbindlichen Regelungen, auch nicht im Innenverhältnis zum G-BA, der zwar zur Berücksichtigung der Empfehlungen verpflichtet (§ 139 b Abs. 4 S. 2) ist, aber durch sie nicht rechtlich gebunden wird, sondern für die abschließende Entscheidung verantwortlich bleibt.[41] Auch der Informationsauftrag aus § 139 a Abs. 3 Nr. 6 ist nicht als Beleihung mit hoheitlichen Befugnissen anzusehen. Hätte der Gesetzgeber das IQWiG beleihen oder dem G-BA die Beleihungsbefugnis verleihen wollen, hätte dies aus rechtsstaatlichen Gründen einer klaren und eindeutigen Regelung bedurft.[42] Dass der Gesetzgeber eine Beleihung vorgenommen oder gewollt hätte, liegt bei geltender Rechtslage auch deshalb fern, weil ihm unterstellt werden müsste, eine widersprüchliche Konstruktion gewählt zu haben: Er hätte dann nämlich eine öffentliche Aufgabe zunächst auf ein vom öffentlichen Träger verselbstständigtes und privatrechtlich organisiertes Institut ausgelagert, um sie sogleich im Wege der Beleihung wieder in die Sphäre hoheitlicher Verwaltungstätigkeit zurückzuführen.

21 Das IQWiG ist vielmehr als besonderer Fall der **Verwaltungshilfe** und damit als funktionale Privatisierung oder – mit Bezug auf die öffentliche Trägerschaft – als „unechte" funktionale Privatisierung einzuordnen.[43] Als privatrechtlich organisierte Einrichtung vermag das IQWiG nicht öffentlich-rechtlich zu handeln und ist infolge dessen auch dann nicht an das allgemeine Sozialverwaltungsverfahrensrecht gebunden, wenn dies auf die Tätigkeit des G-BA Anwendung findet. Eine Regelungslücke, die die analoge Anwendung des SGB X und des IFG ermöglichen würde, besteht ebenfalls nicht. Das IQWiG handelt als privatrechtliche Organisation in den Handlungsformen des Privatrechts, überformt durch die spezifischen verfahrensrechtlichen Vorgaben in §§ 139 a, 139 b.

22 Die ungewöhnliche und innovative, dem britischen National Institute for Health and Care Excellence (NICE) nachgebildete, sich in verwaltungsrechtliche Kategorien nur schwer einfügende Struktur des IQWiG ist vom **Organisationserfindungsrecht** des Gesetzgebers grundsätzlich gedeckt.[44] Der Gesetzgeber ist hierbei aber verfassungsrechtlich gebunden und kann sich insbesondere nicht durch die Wahl

---

37 BT-Dr. 16/3100, 151.
38 Zum Konzept der Output-Legitimation vgl. Trute, Die demokratische Legitimation der Verwaltung, in: Hoffmann-Riem/Schmidt-Aßmann/Voßkuhle (Hrsg.), Grundlagen des Verwaltungsrechts, Bd. I, 2. A. 2012, § 6 Rn. 53.
39 Kingreen/Henck, PharmR 2007, 353, 357; ähnlich wohl Engelmann, MedR 2006, 245, 255; mit aufgabenspezifischer Differenzierung v. Dewitz in: BeckOK SozR, SGB V, § 139 a Rn. 5.
40 Kügel, NZS 2006, 297 f.; Diercks ua, IQWiG und Industrie, 2008, S. 40 f.
41 Vgl. Wallrabenstein in: Becker/Kingreen, § 139 a Rn. 15; Hess in: KassKomm, § 35 b SGB V Rn. 8; Kügel, NZS 2006, 233; Engelmann, MedR 2006, 245, 255; Maassen/Uwer, MedR 2006, 32; Diercks ua, IQWiG und Industrie, S. 47; BSG, 14.10.2014,B 1 KR 33/13 R, BSGE 117, 94, juris Rn. 30.
42 Ähnlich Diercks ua, IQWiG und Industrie, 2008, S. 48.
43 Kügel, NZS 2006, 297; Pitschas, MedR 2008, 34, 38 f.; Diercks ua, IQWiG und Industrie, 2008, S. 29 f.; Zimmermann, Der Gemeinsame Bundesausschuss, 2012, S. 275; „unechte funktionale Privatisierung" bei Martini, GewArch 2009, 195, 205. AA Hess in: KassKomm, § 139 a SGB V Rn. 5; Wallrabenstein in: Becker/Kingreen, § 139 a Rn. 15. Zu den verwaltungsorganisationsrechtliche Kategorien zB Burgi, (aaO Fn. 11), § 10 Rn. 7 ff., insbes. Rn. 31 ff. zur funktionalen Privatisierung bzw. Verwaltungshilfe.
44 Ausführlich Rixen, MedR 2008, 24, 26.

der privatrechtlichen Organisations- und Handlungsform aus rechtsstaatlichen Bindungen lösen.[45] Diese bleiben relevant, weil das IQWiG als private Einrichtung organisatorisch und funktional in die hoheitliche Entscheidungsfindung des normsetzenden und einzelfallregelnden G-BA eingebunden ist. Auch für das IQWiG selbst bleiben **rechtsstaatliche Standards** und die **Grundrechte** für die Gestaltung der Verfahren maßgeblich.

Dem ist der Gesetzgeber durch öffentlich-rechtliche Bindungen der privatrechtlichen Handlungsfreiheit des IQWiG nachgekommen. Die Beteiligungsregel in Abs. 5 ist als bereichsspezifische Form einer **Anhörungspflicht** zu lesen, die in Verbindung mit dem Publizitätsgebot in Abs. 4 S. 2 einen rechtsstaatlich geforderten prozeduralen Mindeststandard gegenüber den betroffenen Leistungserbringern sichert. Bei ihrer Auslegung lässt sich berücksichtigen, dass effektive Beteiligung im Sinne der „Waffengleichheit" auch die Möglichkeit zur **Einsicht in verfahrensrelevante Unterlagen** erfordert. Die verfahrensrechtliche Gestaltung durch G-BA und IQWiG ist an diesem prozeduralen Mindeststandard zu messen und ggf. nachzubessern. 23

§ 139 a Abs. 5, § 139 b Abs. 3 S. 2 enthalten, wenn auch möglicherweise noch unzureichende, Regelungen zur **Interessenkollision**. Soweit regulativer Nachbesserungsbedarf besteht (→ Rn. 3), ist hier anzusetzen, zumal auf das Verfahren der Richtliniengebung, auf die die Arbeit des IQWiG häufig ausgerichtet sein dürfte, das SGB X keine Anwendung findet. Eine analoge Anwendung der Ausschluss- und Befangenheitsregeln (§§ 16, 17 SGB X) kommt mangels planwidriger Lücke nicht in Betracht. 24

Auch eine Regelungslücke in Bezug auf **Verfahrenstransparenz**, die einen Rückgriff auf das IFG nahe legen könnte, besteht nicht. Abs. 4 normiert Transparenz des IQWiG nicht nur in Bezug auf Arbeitsergebnisse, sondern auch auf Arbeitsprozesse, was zB die Auskunft über die Bestellung externer Sachverständiger durch das Institut einschließt.[46] 25

§ 139 b Aufgabendurchführung

(1) ¹Der Gemeinsame Bundesausschuss nach § 91 beauftragt das Institut mit Arbeiten nach § 139 a Abs. 3. ²Die den Gemeinsamen Bundesausschuss bildenden Institutionen, das Bundesministerium für Gesundheit und die für die Wahrnehmung der Interessen der Patientinnen und Patienten und der Selbsthilfe chronisch kranker und behinderter Menschen maßgeblichen Organisationen sowie die oder der Beauftragte der Bundesregierung für die Belange der Patientinnen und Patienten können die Beauftragung des Institutes beim Gemeinsamen Bundesausschuss beantragen.

(2) ¹Das Bundesministerium für Gesundheit kann die Bearbeitung von Aufgaben nach § 139 a Abs. 3 unmittelbar beim Institut beantragen. ²Das Institut kann einen Antrag des Bundesministeriums für Gesundheit als unbegründet ablehnen, es sei denn, das Bundesministerium für Gesundheit übernimmt die Finanzierung der Bearbeitung des Auftrags.

(3) ¹Zur Erledigung der Aufgaben nach § 139 a Abs. 3 Nr. 1 bis 5 hat das Institut wissenschaftliche Forschungsaufträge an externe Sachverständige zu vergeben. ²Diese haben alle Beziehungen zu Interessenverbänden, Auftragsinstituten, insbesondere der pharmazeutischen Industrie und der Medizinprodukteindustrie, einschließlich Art und Höhe von Zuwendungen offen zu legen.

(4) ¹Das Institut leitet die Arbeitsergebnisse der Aufträge nach den Absätzen 1 und 2 dem Gemeinsamen Bundesausschuss nach § 91 als Empfehlungen zu. ²Der Gemeinsame Bundesausschuss hat die Empfehlungen im Rahmen seiner Aufgabenstellung zu berücksichtigen.

(5) ¹Versicherte und sonstige interessierte Einzelpersonen können beim Institut Bewertungen nach § 139 a Absatz 3 Nummer 1 und 2 zu medizinischen Verfahren und Technologien vorschlagen. ²Das Institut soll die für die Versorgung von Patientinnen und Patienten besonders bedeutsamen Vorschläge auswählen und bearbeiten.

Literatur:
Siehe § 139 a.

---

45 Kingreen/Henck, PharmR 2007, 353 ff.
46 Ausführlich Wegener, NZS 2008, 561, 568 ff.

I. Überblick	1	2. Abgabe und Berücksichtigung von Empfehlungen (Abs. 4)	12
II. Beauftragung (Abs. 1, 2)	3		
1. Beauftragung durch den G-BA	4	IV. Health Technology Assessment-Berichte (Abs. 5)	14a
2. Beauftragung durch das BMG (Abs. 2)	8		
III. Bearbeitung von Aufträgen	9	V. Haftung und Rechtsschutz	15
1. Vergabe von Forschungsaufträgen an externe Sachverständige (Abs. 3)	10	1. Haftungsfragen	15
		2. Rechtsschutz	17

I. Überblick

1 Die durch das GMG[1] mWv 1.1.2004 eingeführte Vorschrift blieb bis auf redaktionelle Anpassungen der der Zuständigkeitsregeln[2] lange unverändert. Das GKV-VSG[3] fügte mWv 23.7.2015 Abs. 5 an. In systematischer Nähe zu § 139a SGB V regelt § 139b die Beauftragung sowie die Durchführung der dem IQWiG übertragenen Aufgaben. Der Aufbau der Vorschrift folgt dem Gang der Bearbeitung von der Beauftragung des Instituts durch G-BA (Abs. 1) oder BMG (Abs. 2) über die Pflicht zur Vergabe von Forschungsaufträgen an externe Sachverständige (Abs. 3) bis zum Abschluss durch Abgabe von Empfehlungen (Abs. 4). Abs. 5 räumt Versicherten und sonstigen interessierten Einzelpersonen die Möglichkeit ein, Vorschläge für Bewertungen zu medizinischen Verfahren und Technologien nach § 139a Abs. 3 Nr. 1 und 2 (sog Health Technology Assessment-Berichte) an das Institut heranzutragen. Die Aufgabe war bis zum GKV-VSG dem Deutschen Institut für medizinische Dokumentation und Information (DIMDI) zugeordnet.[4]

2 § 139b wird konkretisiert in Kap. 1 §§ 15 bis 21 der Verfahrensordnung des G-BA (VerfO G-BA)[5] sowie im Allgemeinen Methodenpapier des IQWiG.[6]

II. Beauftragung (Abs. 1, 2)

3 Abs. 1 und 2 stellen klar, dass das IQWiG nur auf Veranlassung durch den G-BA oder das BMG tätig wird. Auch die Stiftungssatzung sieht weitere Tätigkeiten des IQWiG, etwa im Auftrag Dritter, nicht vor. Nicht nur die Abgabe von Stellungnahmen, Gutachten, Bewertungen und Empfehlungen (§ 139a Abs. 3 Nr. 2–5), sondern auch die außenwirksame Informationstätigkeit des IQWiG (§ 139a Abs. 3 Nr. 6) muss also beauftragt werden (→ § 139a Rn. 12 f.). Eine Ausnahme bildet die Aufgabe der Erstellung von HTA-Berichten nach Abs. 5.

4 **1. Beauftragung durch den G-BA.** **Auftraggeber** ist im Regelfall der G-BA, in dessen Trägerschaft und Tätigkeit das IQWiG eingebunden ist (§ 139a Abs. 1, 3). Der G-BA hat dem Institut am 21.12.2004 einen Generalauftrag erteilt und am 13.3.2008 aktualisiert, dessen rechtliche Zulässigkeit im Schrifttum umstritten ist.

5 Der **Generalauftrag** ist insoweit nicht problematisch, wie er sich auf fortlaufende Tätigkeiten der Wissens- und Informationsorganisation bezieht, die dem IQWiG in § 139a Abs. 3 Nr. 1 und 6 aufgegeben sind. Der Generalauftrag ist so gesehen logische Konsequenz der Funktion des IQWiG als „organisierte Wissensbasis" des G-BA. Wenig bedenklich ist insbesondere der Auftrag zur kontinuierlichen Beobachtung und Bewertung medizinischer Entwicklungen und ihrer Bedeutung für die Versorgungsstruktur sowie zur Veröffentlichung von Patienteninformationen. Die Bedenken der Literatur richten sich eher auf die Verpflichtung, dem G-BA regelmäßig zu berichten und ihm Vorschläge für die Beauftragung zu machen. Von der Funktion des IQWiG sind auch solche Anforderungen gedeckt, sofern sie der G-BA nicht im Sinne einer intensiven fachlichen Kontrolle des Instituts überspannt. Der Auftrag, Vorschläge für Beauftragungen zu machen, führt entgegen mancher Kritik nicht zur Verlagerung der Tätigkeitsschwerpunkte von G-BA und IQWiG, da weder die Vorschläge selbst noch ihr Fehlen den G-BA rechtlich oder auch nur faktisch binden.

6 Die Beauftragung liegt im **Ermessen des G-BA**. Dies gilt auch für den Fall des Antrags auf Beauftragung nach Abs. 1 S. 2.[7] § 18 SGB X ist auf das Verfahren der Beauftragung, die zivilrechtlich zu quali-

---

1 Gesundheitsmodernisierungsgesetz vom 14.11.2003, BGBl. I, 2190.
2 Art. 256 der 9. Zuständigkeitsanpassungsverordnung vom 31.10.2006, BGBl. I, 2407.
3 Gesetz zur Stärkung der Versorgung in der gesetzlichen Krankenversicherung (GKV-Versorgungsstärkungsgesetz – GKV-VSG) vom 16.7.2015, BGBl. I, 1211.
4 BT-Dr. 18/4095, 58, 126, 149.
5 Zuletzt geändert am 18.12.2014, in jeweils aktueller Fassung abrufbar unter www.g-ba.de (zuletzt abgerufen am 1.5.2017).
6 Aktuelle Version abrufbar unter www.iqwig.de.
7 Vgl. auch Kap. 1 § 17 Abs. 1 S. 2 Hs. 1 VerfO G-BA.

fizieren ist, nicht anwendbar. Antragsberechtigt sind die den G-BA bildenden Institutionen, das BMG sowie die Organisationen zur Wahrnehmung der Patientenrechte (§ 140 f), die zusätzlich mit Sitz, wenn auch ohne Stimmrecht im G-BA vertreten sind. Die in Kap. 1 § 17 Abs. 2 VerfO G-BA aufgenommenen formellen Anforderungen der Schriftlichkeit und Begründung eines Antrags finden in § 139 b Abs. 1 S. 2 keine Grundlage. Das Entscheidungsverfahren im G-BA nach Antragstellung regeln Kap. 1 §§ 17 f. VerfO G-BA. Über den Antrag entscheidet das Plenum des G-BA.

Eine Möglichkeit des IQWiG zur Ablehnung des Auftrags sieht § 139 b nicht vor. Kap. 1 § 19 Abs. 2 S. 3 VerfO G-BA gewährt dem IQWiG die Möglichkeit (und Pflicht) zur Abstimmung des Auftrags einschließlich der Termine mit dem Institut.

2. Beauftragung durch das BMG (Abs. 2). Das BMG hat zusätzlich zur **Antragsbefugnis** nach Abs. 1 S. 1 die Möglichkeit, das IQWiG direkt zu beauftragen (Abs. 2 S. 1). Anders als im Falle der Beauftragung durch den G-BA kann das IQWiG einen Auftrag des Ministeriums „als unbegründet" ablehnen. Diese Formulierung ist missglückt und wird auch aus der amtl. Begr., die von der Ablehnung eines Antrags „mit Begründung" spricht,[8] nicht erhellt. Ungeklärt bleibt deshalb auch, in welchem Umfang das Institut zur Bearbeitung verpflichtet wird, wenn das BMG den Auftrag seinerseits finanziert. Den rechtlichen Rahmen auch dieser **Beauftragung** bilden die dem Institut in § 139 a Abs. 3 und in der Stiftungssatzung überantworteten Aufgaben, an die auch das BMG gebunden bleibt. Dies ergibt sich indirekt auch aus Abs. 5, aus dem sich entnehmen lässt, dass auch im Falle der Beauftragung durch das BMG die Arbeitsergebnisse dem G-BA als Empfehlungen zuzuleiten sind. Einen Auftrag außerhalb dieses Aufgabenspektrums muss das Institut entgegen dem Wortlaut in Abs. 2 S. 2 ohne Rücksicht auf die Finanzierungsfrage ablehnen können. Zu bearbeiten sind aber finanzierte Aufträge des BMG, die andernfalls an Kapazitäts- und Kostengründen scheitern würden,[9] sowie solche, wenn der G-BA einen Antrag nach § 139 b Abs. 1 S. 2 ablehnen würde (Kap. 1 § 18 Abs. 1 S. 2 VerfO G-BA), etwa weil es an einem wirksamen Antrag auf Überprüfung einer Untersuchungs- und Behandlungsmethode gem. § 135 Abs. 1, § 137 c fehlt, wenn Institut und BMG in der Frage differieren, ob eine Frage aktuell hinreichend geklärt ist oder wenn in einer Frage bereits ein anderes Gutachten vom G-BA in Auftrag gegeben wurde.[10] In diesen Fällen darf das IQWiG die Bearbeitung nicht ablehnen, sofern das BMG – möglicherweise wegen anderer Auffassung als der G-BA – auf dem Auftrag besteht und dessen Finanzierung übernimmt. Eine solche Beauftragung durch das BMG dürfte die Ausnahme sein.

III. Bearbeitung von Aufträgen

Das Verfahren der Bearbeitung von Aufträgen im IQWiG regeln die § 139 a Abs. 4 und 5 sowie § 139 b Abs. 3 und 4 punktuell. Das **Methodenpapier** des IQWiG sieht ein mehrstufiges Verfahren vor, dessen Verlauf durch einen Berichtsplan, der Zielsetzung und Studiendesign enthält, ein hierauf bezogenes schriftliches Stellungnahmeverfahren, einen Vorbericht mit externem Review sowie ein Expertengespräch bestimmt wird und das mit einem Abschlussbericht abschließt, der in die Abgabe von Empfehlungen gegenüber dem G-BA mündet.[11]

1. Vergabe von Forschungsaufträgen an externe Sachverständige (Abs. 3). Abs. 3 verpflichtet das IQWiG zur Einbeziehung externen Sachverstands durch Vergabe von Forschungsaufträgen. Diese Vorgabe soll gewährleisten, dass die Arbeiten des Instituts höchsten wissenschaftlichen Anforderungen gerecht werden.[12] Zusätzlich wird bewirkt, dass das Institut nicht den gebotenen **wissenschaftlichen Sachverstand** vollständig vorhalten muss und sich auf einen Kernbereich beschränken darf, der allerdings die fachliche Kompetenz zur Beauftragung externer Sachverständiger und der fachkundigen Bewertung der Ergebnisse umfassen muss. Zugleich stellt die Vorschrift klar, dass sich die Finanzierung des IQWiG auf **externe Beauftragungen** erstreckt.[13] Der Wortlaut der Vorschrift („hat") darf aber auch nicht so verstanden werden, dass das IQWiG zur selbstständigen fachlichen Bearbeitung nicht befugt sei;[14] vielmehr handelt es sich um eine Strukturentscheidung, die als „Soll"-Vorschrift zu verste-

---

8 BT-Dr. 15/1525, 128.
9 Hess in: KassKomm, § 139 b SGB V Rn. 8; Wallrabenstein in: Becker/Kingreen, § 139 b Rn. 8.
10 Vgl. die Gründe für die Ablehnung eines Antrags nach § 139.
11 Methodenpapier 4.1, abrufbar unter www.iqwig.de.
12 BT-Dr. 15/1525, 128.
13 Aspekt bei Wallrabenstein in: Becker/Kingreen, § 139 b Rn. 11.
14 AA v. Dewitz in: BeckOK SozR, SGB V, § 139 b Rn. 12.

hen ist.[15] Die Beauftragung erfolgt nach den Regeln des (haushaltsrechtlichen) **Vergabeverfahrens** (nach § 55 BHO, UVgO).[16]

11   Abs. 3 S. 2 fordert die **Offenlegung** aller Beziehungen zu Interessenverbänden, Auftragsinstituten, insbesondere der pharmazeutischen Industrie und der Medizinprodukteindustrie durch die Sachverständigen. Die Abgabe einer entsprechenden Erklärung hat der Vergabeentscheidung des IQWiG notwendigerweise vorauszugehen. Auch wenn sie nicht in erster Linie der Prüfung von Ablehnungsgründen dienen, sondern die Bewertung der Expertise anreichern soll, wären bei Vorliegen deutlicher **Interessenkollisionen** entsprechende Vergabeentscheidungen zu vermeiden. Die Regelung legt darüber hinaus nahe, eine Pflicht zur Offenlegung auch für die Zeit der Bearbeitung eines Forschungsauftrags vertraglich zu vereinbaren. Das IQWiG trifft die Pflicht, Auskünfte der Sachverständigen über ihre Beziehungen, gar über die Art und Höhe empfangener Zuwendungen vertraulich zu behandeln, soweit es sich um persönliche und betriebliche Geheimnisse handelt.[17] Die Rechtsfolge einer Verletzung der Offenlegungspflicht regelt Abs. 3 S. 2 nicht. In Betracht kommt der Ausschluss eines Angebots von der Auftragsvergabe mangels Eignung des Anbieters, bei späterer Kenntnis die Kündigung eines bereits erteilten Auftrags. Inhaltlich ist die Pflicht zur Offenlegung allerdings noch ungenau gefasst (→ § 139a Rn. 3). Die Regelung ist vor allem in Anbetracht der gravierenden rechtlichen Folgen eines Rechtsverstoßes rechtsstaatlich bedenklich und nachbesserungsbedürftig.

12   **2. Abgabe und Berücksichtigung von Empfehlungen (Abs. 4).** Nach Abs. 4 S. 1 sind die Arbeitsergebnisse dem G-BA als **Empfehlungen** zuzuleiten. Ausdrücklich sind dabei auch die Arbeitsergebnisse aus Beauftragungen durch das BMG (Abs. 2) eingeschlossen, was die Befugnis des IQWiG nicht ausschließt, die Ergebnisse auch dem BMG zuzuleiten. Zuleitungsfähig sind nur Arbeitsergebnisse aus Beauftragungen nach § 139a Abs. 3 Nr. 2-5. **Informationen** nach § 139a Abs. 3 Nr. 6 macht das IQWiG aus eigener Zuständigkeit und unmittelbar der Öffentlichkeit zugänglich. Die Aufgabenzuschreibung nach § 139a Abs. 3 Nr. 1 eignet sich als Bezug für die Abgabe von Empfehlungen ebenso wenig wie der dem IQWiG durch den G-BA erteilte Generalauftrag.

13   Der Begriff „**Empfehlung**" ist wenig glücklich gewählt und hat zu Missverständnissen geführt. Gemeint ist die Fassung von Arbeitsergebnissen in einer Form, die dem G-BA die Verarbeitung in Bezug auf die eigenen Aufgaben ermöglichen, ihn aber nicht rechtlich binden sollen. „Empfehlungen" iSv Abs. 4 S. 1 können hiernach abschließende Feststellungen aus Ausarbeitungen, Gutachten und Stellungnahmen nach § 139a Abs. 3 Nr. 2 sein, Leitlinienbewertungen oder Kosten-Nutzen-Bewertungen von Arzneimitteln nach Nr. 3 und 5 oder auch „Empfehlungen" zu DMP iSv Nr. 4. § 139b Abs. 4 S. 2 lässt erkennen, dass das Wort nicht im Sinne rechtsverbindlicher „Empfehlungen" gemeint ist, die das SGB V an anderer Stelle (zB in § 135) formuliert. Dem Charakter des IQWiG als Expertengremium entspricht es, fachliche Ergebnisse und nicht „Handlungsempfehlungen" zu formulieren, die Zweifel an der Legitimation des Instituts aufkommen lassen könnten.[18] Vielmehr geht es ausschließlich um die Empfehlung einer „Rezeption"[19] durch den G-BA, dem allein die Ableitung einer Handlungsempfehlung unter Zuhilfenahme dieser Arbeitsergebnisse obliegt.

14   Der G-BA ist gehalten, Empfehlungen des IQWiG zu **berücksichtigen** (Abs. 4 S. 2). Er hat sie zur Kenntnis zu nehmen und seiner Entscheidung zugrunde zu legen. Materiellrechtlich hat der G-BA zu prüfen, ob das Institut seine Feststellungen einem zutreffenden Rechtsverständnis der zugrunde gelegten Begriffe auf der Basis einer umfassenden Einbeziehung der relevanten Studien nachvollziehbar und widerspruchsfrei getroffen hat. Soweit dies der Fall ist, liegt die Entscheidung im gesetzgeberischen Ermessen des G-BA.[20] Eine formell-rechtliche Bindung besteht insoweit, als der G-BA Abweichungen von den Arbeitsergebnissen des IQWiG zu begründen hat.[21] Dies entspricht der Aufgabenteilung zwischen IQWiG und G-BA, bei der das IQWiG als organisierte Wissensbasis des G-BA fungiert. Will der

---

15 Hess in: KassKomm, § 139b SGB V Rn. 9.
16 Verordnung über die Vergabe öffentlicher Liefer- und Dienstleistungsaufträge unterhalb der EU-Schwellenwerte (Unterschwellenvergabeverordnung – UVgO), BT-Anz AT 17.2.2017 B1.
17 Vgl. die Praxis des IQWiG unter www.iqwig.de/download/Formblatt_interessenkonflikte_neu.pdf (zuletzt abgerufen am 1.5.2017).
18 Vgl. auch Münkler, Kosten-Nutzen-Bewertungen, 307 ff.; missverständlich insoweit BSG, 1.3.2011, B 1 KR 10/10 R, Rn. 79.
19 Begriff bei Wallrabenstein in: Becker/Kingreen, § 139b Rn. 17.
20 BSGE 112, 257 = SozR 4-2500 § 137 Nr. 2, Rn. 24 mwN; BSG, 14.10.2014, B 1 KR 33/13 R, juris Rn. 30.
21 BSG, 1.3.2011, B 1 KR 7/10 R; Hauck, NZS 2007, 461, 467; Seeringer, Der Gemeinsame Bundesausschuss, 2005, S. 51.

G-BA die Ergebnisse einer zu den in ihm vertretenen Interessen distanzierten und mit wissenschaftlicher Expertise versehenen Institution nicht beachten, hat er die Gründe hierfür – auch im Sinne nachfolgenden gerichtlichen Rechtsschutzes – transparent zu machen. Dieser Aufgabenteilung entspricht es aber auch, dass sich der G-BA bei der Prüfung der Arbeitsergebnisse auf eine Kontrolle der Plausibilität beschränken darf.

IV. Health Technology Assessment-Berichte (Abs. 5)

Durch das GKV-VSG wurde die Aufgabe, auf Vorschläge der Bürgerinnen und Bürger Bewertungen medizinischer Verfahren und Technologien zu bewerten und sog HTA-Berichte zu erstellen, dem DIMDI entzogen und für patientenrelevante Fragestellungen auf das IQWiG übertragen. U.a. sollten damit Doppelstrukturen beseitigt und die stärker wissenschaftliche Ausrichtung des IQWiG für das HTA nutzbar gemacht werden.[22] Die Bewertung von Arzneimitteln ist mangels Verweises von Abs. 5 auf § 139a Abs. 3 Nr. 4 ausgenommen, da für diese andere Verfahren vorgesehen sind. Die Regelung liegt an der Grenze der Kompetenz des Bundes aus Art. 74 Abs. 1 Nr. 12 GG, da neben in der GKV Versicherten sonstige interessierte Einzelpersonen Bewertungen vorschlagen können. Die Themen für HTA-Berichte werden in einem zweistufigen Verfahren ausgewählt. Die Auswahl von bis zu 15 Themen jährlich aus den auf einer Internet-Plattform eingereichten Vorschlägen erfolgt durch einen Auswahlbeirat, in dem neben den anerkannten Patientenorganisationen (§ 140g), dem/der Patientenbeauftragten (§ 140h) sowie dem/der Bevollmächtigten für Pflege Bürgerinnen und Bürger vertreten sind.[23] Aus dieser Liste wählt die Institutsleitung bis zu fünf Themen jährlich für die Erstellung eines HTA-Berichts aus. Die Erstellung erfolgt unter Einbeziehung externer Sachverständiger.[24]

14a

V. Haftung und Rechtsschutz

1. Haftungsfragen. Das IQWiG unterliegt als Rechtsperson des Privatrechts den Regeln über die **Schadensersatzpflicht** nach §§ 823 ff. BGB. In Betracht kommen vor allem Eingriffe in den eingerichteten und ausgeübten Gewerbebetrieb durch Veröffentlichung entsprechender Berichte und Unterlagen. § 35b Abs. 4 schließt eine solche Haftung nicht aus, sondern bezieht sich ersichtlich und nach seinem Zweck auf die Konzentration des Primärrechtsschutzes.

15

Dem G-BA ist das Verhalten des IQWiG im Wege der Amtshaftung nach Art. 34 GG iVm § 839 BGB zuzurechnen, sofern sich Mängel in der Beauftragung sowie bei der Prüfung und Übernahme von Bewertungen und Empfehlungen ergeben.

16

2. Rechtsschutz. Für Streitigkeiten sowohl gegen den G-BA, der Empfehlungen des IQWiG gefolgt ist, als auch unmittelbar gegen das IQWiG sind die **Sozialgerichte** zuständig (§ 69 SGB V, § 8 SGG). Während (bislang nicht praktisch gewordene) Schadensersatzklagen gegen das IQWiG in Form der Leistungsklagen zu erheben wären, richten sich Klagen gegen Festlegungen und Richtlinien des G-BA nach dem jeweiligen Klagegegenstand. In Verfahren gegen den G-BA ist das IQWiG notwendig **beizuladen**, wenn der Verfahrensgegenstand mittelbar auch Bewertungen und Empfehlungen des IQWiG umfasst.

17

Bei der Überprüfung von Entscheidungen des G-BA ist **kein Einschätzungs- oder Gestaltungsspielraum** des G-BA oder des IQWiG in Bezug auf die einer Entscheidung zugrunde liegenden Tatsachenfeststellungen anzuerkennen.[25] Der Funktion des Instituts entspricht es, dass die von ihm erarbeiteten Ergebnisse dem – wenn auch hohe Fachkenntnis erfordernden – Wahrheitsbeweis zugänglich sind. So ermittelt das Institut im Rahmen der Feststellung medizinischer Evidenz den international bestehenden Forschungsstand und klärt nicht etwa den Nutzen eines Arzneimittels, den erst der G-BA auf Grundlage der Ergebnisse des IQWiG zu bewerten hat. Das BSG misst aber den Ergebnissen des IQWiG mit Bezug auf Ausstattung, Aufgabe und Zweck der Einrichtung hohe Validität bei. Es akzeptiert die Überprüfung durch den G-BA in Form einer **Plausibilitätskontrolle** und erkennt bei Beachtung aller gesetzlichen Vorgaben eine **Rechtsvermutung** für die Richtigkeit der Beurteilung zu, die im Regelfall auch eine Beweiserhebung des Gerichts erübrigt.[26] Das Gericht betont die besondere Legitimation als **Expertengremium** mit besonderer persönlicher und fachlicher Integrität und Qualität, dessen Transparenz und Unabhängigkeit gesetzlich und institutionell abgesichert sei. Es beschränkt sich auf die Prü-

18

---

22 Vgl. BT-Dr. 18/4095, 149.
23 Methodenpapier des IQWiG, Version 5.0 (Entwurf, Stand: 7.12.2016), S. 133 f.
24 Zum Verfahren Methodenpapier des IQWiG, Version 5.0 (Entwurf, Stand: 7.12.2016), S. 132 ff.
25 BSG, 18.12.2012, B 1 KR 34/12 R, Rn. 21.
26 BSG, 1.3.2011, B 1 KR 10/10 R, juris, Rn. 74 ff.; BSG, 18.12.2012, B 1 KR 34/12 R, juris, Rn. 44.

fung, ob sich Hinweise ergeben dass das IQWiG zum fraglichen Zeitpunkt nicht alle verfügbaren Studien ausgewertet haben könnte, ob die Auswertung selbst sorgfältig sei und ob die darauf gestützten Folgerungen in ihren Aussagen wohlabgewogen seien.[27]

19 Dieser weitreichende, mit der dogmatischen Figur der „Rechtsvermutung" eine Beweislastumkehr bewirkende Rückzug der Gerichtsbarkeit aus der Überprüfung der Arbeitsergebnisse des IQWiG ist selbst im Kreise der Richterschaft umstritten.[28] Es wird eingewandt, dass legitimatorische Anforderungen eine Rechtsvermutung nicht zu stützen vermögen und eine derartige Lockerung der Kontrolldichte auch inhaltlich nicht angebracht sei.

§ 139 c Finanzierung

[1]Die Finanzierung des Instituts nach § 139a Abs. 1 erfolgt jeweils zur Hälfte durch die Erhebung eines Zuschlags für jeden abzurechnenden Krankenhausfall und durch die zusätzliche Anhebung der Vergütungen für die ambulante vertragsärztliche und vertragszahnärztliche Versorgung nach den §§ 85 und 87a um einen entsprechenden Vomhundertsatz. [2]Die im stationären Bereich erhobenen Zuschläge werden in der Rechnung des Krankenhauses gesondert ausgewiesen; sie gehen nicht in den Gesamtbetrag oder die Erlösausgleiche nach dem Krankenhausentgeltgesetz oder der Bundespflegesatzverordnung ein. [3]Der Zuschlag für jeden Krankenhausfall, die Anteile der Kassenärztlichen und der Kassenzahnärztlichen Vereinigungen sowie das Nähere zur Weiterleitung dieser Mittel an eine zu benennende Stelle werden durch den Gemeinsamen Bundesausschuss festgelegt.

I. Überblick

1 Die durch das GMG[1] mWv 1.1.2004 eingeführte Vorschrift regelt die Finanzierung des Instituts für Qualität und Wirtschaftlichkeit im Gesundheitswesen (IQWiG) in Ergänzung zu §§ 139a, 139b. Die Finanzierung erfolgt als Zuschlägen zu den für Krankenhaus- und ambulante Leistungen zu zahlenden Vergütungen (Abs. 1 S. 1, 2). Näheres hat der G-BA festzulegen (Abs. 1 S. 3). Die ursprünglich in Abs. 2 enthaltene Bedingung der Finanzierungsregelung, dass der G-BA von der Möglichkeit in § 139a Abs. 1 S. 2 Gebrauch machen und eine Stiftung des privaten Rechts gründen würde, hat sich mit der Gründung der Stiftung erfüllt und wurde durch das GKV-WSG[2] mWv 1.4.2007 gestrichen. Abs. 1 S. 1 wurde durch das GKV-WSG, Abs. 1 S. 2 Hs. 2 durch das PsychEntG[3] mWv 1.1.2013 an im KHEntG und der Bundespflegesatzverordnung vorgenommene Änderungen redaktionell angepasst.

2 Die Vorschrift regelt die Finanzierung durch Zuschläge aus den Leistungsentgelten der vertragsärztlichen Versorgung und Krankenhausbehandlung. Gem. § 91 Abs. 3 S. 1 ist die Regelung auf die Finanzierung des G-BA analog anwendbar und infolgedessen eine einheitliche Regelung der Zuschläge und ihrer Erhebung zur Finanzierung von G-BA und Institut möglich.

II. Einzelheiten

3 Die Finanzierung von G-BA und IQWiG wird hälftig aus den Entgelten für den Krankenhaussektor und für die vertrags(zahn)ärztliche Versorgung auf der Basis von Fallzahlen bestritten. Für den stationären Sektor werden Zuschläge für jeden abzurechnenden Krankenhausfall durch den G-BA festgelegt (S. 1, 3) und in der Rechnung des Krankenhauses gesondert ausgewiesen (S. 2 Hs. 1). Die Zuschläge gehen nicht in die Gesamtbeträge nach §§ 3, 4 KHEntG und § 6 BPflegesatzV ein und bleiben auch aus entsprechenden Erlösausgleichen ausgeklammert. Damit vermindern sie den Entgeltanteil der Leistungserbringer nicht, sondern belasten die Krankenkassen und mittelbar die Versicherten. Im ambulanten Sektor wird zur Aufbringung der Finanzmittel die Vergütung nach den §§ 85, 87a durch Festlegung des G-BA prozentual angehoben (S. 1, 3).

4 Dem G-BA obliegt außerdem die Festlegung der Einzelheiten über die Weiterleitung der Mittel an eine zu benennende Stelle (S. 3). Im stationären Sektor erfolgt die Weiterleitung im Auftrag des G-BA über die Bundesgeschäftsstelle für Qualitätssicherung, die ohnehin Zuschläge bei den Krankenhäusern zur

---

27 BSG, 18.12.2012, B 1 KR 34/12 R, juris, Rn. 44.
28 Vgl. Kritik bei Engelmann in: jurisPK-SGB V, § 139b Rn. 17.
1 Gesundheitsmodernisierungsgesetz vom 14.11.2003, BGBl. I, 2190.
2 GKV-Wettbewerbsstärkungsgesetz vom 26.3.2007, BGBl. I, 378.
3 Gesetz zur Einführung eines pauschalierenden Entgeltsystems für psychiatrische und psychosomatische Einrichtungen vom 21.7.2012, BGBl. I, 1613.

Finanzierung der stationären Qualitätssicherung nach § 137 erhebt. Die Weiterleitung der Zuschläge im ambulanten Sektor erfolgt durch KÄV/KÄZV bzw. KBV.[4] Einzelheiten zur Berechnung, Festlegung und Weiterleitung der Zuschläge finden sich auf der Internetseite des G-BA.[5]

§ 139 d Erprobung von Leistungen und Maßnahmen zur Krankenbehandlung

[1]Gelangt der Gemeinsame Bundesausschuss bei seinen Beratungen über eine Leistung oder Maßnahme zur Krankenbehandlung, die kein Arzneimittel ist und die nicht der Bewertung nach § 135 oder § 137c unterliegt, zu der Feststellung, dass sie das Potential einer erforderlichen Behandlungsalternative bietet, ihr Nutzen aber noch nicht hinreichend belegt ist, kann der Gemeinsame Bundesausschuss unter Aussetzung seines Bewertungsverfahrens im Einzelfall und nach Maßgabe der hierzu in seinen Haushalt eingestellten Mittel eine wissenschaftliche Untersuchung zur Erprobung der Leistung oder Maßnahme in Auftrag geben oder sich an einer solchen beteiligen. [2]Das Nähere regelt der Gemeinsame Bundesausschuss in seiner Verfahrensordnung.

I. Allgemeines

Die Vorschrift wurde durch das 3. Gesetz zur Änderung arzneimittelrechtlicher und anderer Vorschriften[1] vom 7.8.2013 mWv 13.8.2013 während der Ausschussberatungen[2] neu eingefügt. Sie erweitert die Möglichkeiten des §§ 137e, 137h zur Erprobung neuer Untersuchungs- und Behandlungsmethoden um die Erprobung von Leistungen und Maßnahmen, die weder Arzneimittel sind noch der Bewertung nach §§ 135, 137c unterliegen. Begrifflichkeit und Regelungstechnik sind eng an § 137e orientiert. S. 2 delegiert die Ausgestaltung der Regelung an den G-BA. Von dieser Ermächtigung hat der G-BA in 2. Kap. §§ 1 Abs. 1 S. 2, 14 VerfO[3] Gebrauch gemacht.

II. Voraussetzungen und Durchführung der Erprobung (S. 1)

Nach § 139d können auf Kosten der Krankenkassen einzelne Leistungen und Maßnahmen erprobt werden, die von den bestehenden Möglichkeiten zur Erprobung in §§ 137e, 137h noch nicht erfasst werden. Der G-BA kann die Erprobung „im Rahmen eines Bewertungsverfahrens" beschließen, dh für solche Leistungen und Maßnahmen, die einer Prüfung durch den G-BA überhaupt bedürfen, etwa für neue Heilmittel, die gem. § 138 einer Zulassung zur vertragsärztlichen Versorgung bedürfen.[4] Hilfsmittel kommen nicht in Betracht, sondern werden ggf. in Erprobungen von Methoden nach § 137e oder von Maßnahmen und Leistungen nach § 139d einbezogen. Nicht gedacht ist offensichtlich an die Erprobung anderer Maßnahmen der Qualitätsverbesserung, etwa Maßnahmen des internen Qualitätsmanagements nach § 135a.

Die Leistung und Maßnahme muss Potential für eine Behandlungsalternative aufweisen, ihr Nutzen aber noch nicht hinreichend belegt sein. Die Anforderungen stimmen wörtlich mit denen des § 137e überein und sind im gleichen Sinne zu verstehen (→ § 137e Rn. 4).

Die Erprobung steht im Ermessen des G-BA, welches die Vorschrift näher konturiert. Die Erprobung kommt nur im Einzelfall und nach Maßgabe der hierzu in den Haushalt des G-BA eingestellten Mittel in Betracht. Ein Anspruch auf finanzielle Beteiligung des G-BA besteht nicht. Weiter ist erforderlich, dass die fehlenden Kenntnisse nicht auf anderem Wege mit geringerem Aufwand erlangt werden können.[5] Eine Einbindung des IQWiG ist durch § 139d nicht vorgesehen, eine Beauftragung Dritter mit der Erprobung somit möglich.

---

4 Hess in: KassKomm, § 139c SGB V Rn. 6.
5 S. ww.g-ba.de (zuletzt abgerufen am 1.3.2017).
1 BGBl. I, 3108.
2 BT-Dr. 17/13770.
3 VerfO G-BA, zuletzt geändert am 20.10.2016, BAnz. AT 19.1.2017 B3, BAnz. AT 24.2.2017 B1, in Kraft getreten am 20.1.2017.
4 BT-Dr. 17/13770, 24f.
5 BT-Dr. 17/13770, 25.

Zehnter Abschnitt
Eigeneinrichtungen der Krankenkassen

§ 140 Eigeneinrichtungen

(1) ¹Krankenkassen dürfen der Versorgung der Versicherten dienende Eigeneinrichtungen, die am 1. Januar 1989 bestehen, weiterbetreiben. ²Die Eigeneinrichtungen können nach Art, Umfang und finanzieller Ausstattung an den Versorgungsbedarf unter Beachtung der Landeskrankenhausplanung und der Zulassungsbeschränkungen im vertragsärztlichen Bereich angepasst werden; sie können Gründer von medizinischen Versorgungszentren nach § 95 Abs. 1 sein.

(2) ¹Sie dürfen neue Eigeneinrichtungen nur errichten, soweit sie die Durchführung ihrer Aufgaben bei der Gesundheitsvorsorge und der Rehabilitation auf andere Weise nicht sicherstellen können. ²Die Krankenkassen oder ihre Verbände dürfen Eigeneinrichtungen auch dann errichten, wenn mit ihnen der Sicherstellungsauftrag nach § 72 a Abs. 1 erfüllt werden soll.

Literatur:

Dettling, Grundstrukturen des Rechtsverhältnisses zwischen Leistungserbringern und gesetzlich Versicherten, VSSR 2006, 1; *Ebsen*, Kartell- und vergaberechtliche Aspekte des vertraglichen Handelns der Krankenkassen, KrV 2004, 95; *Jung*, Ambulante und stationäre Reha-Leistungen in der GKV, BKK 1997, 378; *Gaßner/Eggert*, Wettbewerb in der GKV – Kartellrecht versus Sozialrecht, NZS 2011, 249; *Heinze*, Freiheit und Bindung bei der Leistungserbringung im Gesundheitswesen – Versorgung mit Arznei-, Heil- und Hilfsmitteln, SDSRV Nr. 38, 69; *Kingreen*, Betrieb und Finanzierung von Eigeneinrichtungen durch Krankenkassen, SGb 2011, 357; *Sehy*, Die Dienstleistungsgesellschaft der Kassenärztlichen Vereinigung (§ 77 a SGB V). Sozialrechtliche Grundlagen, Gesellschaftsrechtliche Gestaltungsmöglichkeiten und verfassungsrechtliche Grenzen, 2013; *Zipperer*, Ambulante und stationäre medizinische Prävention und Rehabilitation, DOK 1994, 109.

I. Entstehungsgeschichte	1	b)	Weiterbetreiben	15
II. Verhältnis zu anderen Vorschriften	3	3.	Errichtung neuer Eigeneinrichtungen	18
III. Normtext	9	a)	Neugründung zur Sicherstellung	19
1. Eigeneinrichtungen	9	b)	Übergang des Sicherstellungsauftrags	21
2. Bestandsschutz	14			
a) Anknüpfungspunkt	14			

I. Entstehungsgeschichte

1 Abs. 1 S. 1 und Abs. 2 S. 1 bildeten den Ursprungstext bei Inkrafttreten des SGB V am 1.1.1989. Abs. 2 S. 2 wurde durch das GSG[1] mit Wirkung zum 1.1.1993 eingefügt, Abs. 1 S. 2 durch das VwVereinfSozG[2] mit Wirkung zum 30.3.2005.

2 Die RVO kannte keine vergleichbare Regelung; allein § 368 d Abs. 1 S. 4 RVO sah vor, dass Eigeneinrichtungen nach Zahl und Umfang nur aufgrund vertraglicher Vereinbarungen „vermehrt" werden durften. Durch die Verortung dieser Vorschrift in § 368 d RVO, den früheren Regelungen über eine „Freie Kassenarztwahl", war klargestellt, dass sie sich nur auf Einrichtungen zur ambulanten ärztlichen Versorgung wie sog Ambulatorien, Röntgen- und medizinisch-diagnostische Institute uä[3] beziehen konnte. Das BSG sah diese Regelung als das Ergebnis eines Ausgleichs „zwischen den widerstreitenden Interessen der Kassenärzte (Kassenzahnärzte) und Krankenkassen" an.[4]

II. Verhältnis zu anderen Vorschriften

3 § 2 Abs. 2 S. 3 regelt, dass die Krankenkassen Verträge „über die Erbringung der Sach- und Dienstleistungen" abschließen. Das dort als Grundsatz der gesetzlichen Krankenversicherung manifestierte Sach- bzw. Naturalleistungsprinzip wird durch Verträge sichergestellt; durch den Hinweis auf die Notwendigkeit des Vertragsschlusses hat der Gesetzgeber klargestellt, dass die Leistungen jedenfalls grundsätzlich nicht von den Krankenkassen, sondern durch Dritte (sog Leistungserbringer) zu erbrin-

---

1 BGBl. I 1992, 2266.
2 BGBl. I 2005, 818.
3 Schroeder-Printzen in: Krauskopf, § 368 d RVO, Bearbeitung Dezember 1979, § 368 d Anm. 2.
4 BSG, 27.3.1968, 3 RK 43/65, juris Rn. 14 = BSGE 28, 42, 44.

gen sind. § 140 stellt insofern eine frühere Entwicklungen berücksichtigende Ausnahme dieses Grundsatzes dar; er ist gegenüber § 2 Abs. 2 die speziellere Norm.

§ 33 Abs. 5, wonach die Krankenkasse Versicherten erforderliche Hilfsmittel auch leihweise überlassen kann,[5] ist gegenüber § 140 die speziellere Norm; das Verleihen stellt nicht den Betrieb einer Eigeneinrichtung dar.[6]

§ 76 Abs. 1 S. 1 gewährt Versicherten die freie Arztwahl auch durch Inanspruchnahme von „Zahnkliniken der Krankenkassen und deren Eigeneinrichtungen"; er regelt die Inanspruchnahme vorhandener Einrichtungen, § 140 demgegenüber deren Zulässigkeit.

§ 76 Abs. 1 S. 3 regelt lediglich die Inanspruchnahme der Eigeneinrichtungen durch Versicherte, während § 76 Abs. 1 S. 4 im Wesentlichen die Regelung des § 140 Abs. 2 S. 1 wiederholt.[7] § 132 a Abs. 2 S. 10, der Krankenkassen erlaubt, zur Gewährung von häuslicher Krankenpflege – unter Beachtung des sog Subsidiaritätsgebots[8] – geeignete Personen anzustellen, ist gegenüber § 140 die speziellere Norm.

Aus § 15 Abs. 2 S. 1 SGB VI ist zu schließen, dass den Rentenversicherungsträgern die Errichtung und der Betrieb von der medizinischen Rehabilitation dienenden Eigeneinrichtungen gestattet sind.

§ 33 Abs. 3 SGB VII gestattet der gesetzlichen Unfallversicherung den Betrieb sog Unfallkliniken, die auch als Plankrankenhäuser iSd § 108 Nr. 2 und damit auch der Krankenversicherung dienend betrieben werden können.

III. Normtext

1. Eigeneinrichtungen. Den Begriff der Eigeneinrichtung hat der Gesetzgeber aus § 368 d Abs. 1 RVO übernommen. Diese wurden seinerzeit den sog Eigenbetrieben iSd § 367 Abs. 1 S. 1 Nr. 1 RVO zugerechnet. Traditionell verstand und versteht (vgl. § 263 Abs. 1 S. 1 Nr. 1) man hierunter – insbes. im Kommunalrecht – ein wirtschaftlich und organisatorisch selbstständiges Unternehmen, das nicht über eine eigene Rechtspersönlichkeit verfügt.[9] Es handelt sich folglich um Einrichtungen, die in Trägerschaft einer oder mehrerer gesetzlicher Krankenkassen stehen.

Der Betrieb einer solchen Eigeneinrichtung kann einerseits als Eigenbetrieb im vorbezeichneten Sinne erfolgen; nach Sinn und Zweck der Regelung ist von einer Eigeneinrichtung aber auch auszugehen, wenn diese in Form einer juristischen Person, insbesondere in Form einer GmbH, deren Alleingesellschafter eine oder mehrere Krankenkassen sind, betrieben wird.[10]

Angesichts des Umstandes, dass der Gesetzgeber mit § 140 neben der Gewährung von Bestandsschutz für Alteinrichtungen (Abs. 1 S. 1) nur Sonderfälle erfassen wollte, im Übrigen aber der Grundsatz des § 2 Abs. 2 S. 3 die Leistungserbringung durch Dritte, mit denen Verträge geschlossen werden, vorsieht, wird deutlich, dass es auch nicht auf die Frage einer Mehr- oder Minderheitsbeteiligung der Krankenkasse an einem solchen Träger ankommt.[11]

Diese Eigeneinrichtungen werden von Abs. 1 erfasst, soweit sie der Versorgung der Versicherten durch Befriedigung ihrer Leistungsansprüche iSd §§ 11 ff. dienen; es muss sich folglich um „Behandlungseinrichtungen"[12] handeln.

Vermögensrechtlich gehören die Eigeneinrichtungen gem. § 263 Abs. 1 S. 1 Nr. 1 zum Verwaltungsvermögen der Krankenkasse.

2. Bestandsschutz. a) Anknüpfungspunkt. Bei Inkrafttreten der Ursprungsfassung des § 140 zum 1.1.1989 bestanden zahlreiche Eigeneinrichtungen von Krankenkassen, insbesondere in deren Trägerschaft stehende Krankenhäuser. Sie sollten nach dem Willen des Gesetzgebers weiter betrieben werden

---

5 BGH, 24.6.2003, KZR 18/01, juris Rn. 32 = VersR 2003, 1188 ff.; BSG, 9.2.1989, 3 RK 7/88, juris Rn. 22 = NJW 1989, 2773, 2774.
6 BGH, 24.6.2003, KZR 18/01, juris Rn. 32 = VersR 2003, 1188 ff.; vgl. auch OLG Stuttgart, 30.4.1999, 2 U 265/98, juris S. 83 = OLGR 2000, 80, 83.
7 Hesral in: jurisPK-SGB V, § 76 Rn. 32.
8 BSG, 24.9.202, B 3 A 1/02 R, juris Rn. 20 = GesR 2003, 184, 185.
9 Hoppe/Uechtritz/Reck/Beinert/Kostic, Handbuch Kommunale Unternehmen, 3. Aufl. 2012, § 11 Rn. 149.
10 So auch Adolf in: jurisPK-SGB V, § 140 Rn. 15.
11 So auch Kingreen, SGb 2011, 357, 361.
12 Kaempfe in: Becker/Kingreen, § 140 Rn. 2.

können.[13] Das Anknüpfungsdatum in Abs. 1 S. 1 ist das Datum des Inkrafttretens des SGB V und des damit beginnenden Bestandsschutzes.

15 **b) Weiterbetreiben.** Ein „Weiterbetreiben" beinhaltet nicht nur das Recht, vorhandene krankenkasseneigene[14] Einrichtungen zu erhalten und zu nutzen (sog passiver Bestandsschutz),[15] sondern wegen Abs. 1 S. 2 mit der dort vorgesehenen Möglichkeit von Anpassung von Art, Umfang und finanzieller Ausstattung auch deren Erweiterung über den ursprünglichen Bestand hinaus (sog aktiver Bestandsschutz).[16] Dieser erst später[17] ins Gesetz eingefügte aktive Bestandsschutz sollte den Eigeneinrichtungen der Krankenkassen gegenüber vergleichbaren Einrichtungen anderer Träger „Chancengleichheit"[18] gewähren.

16 Explizit sind die Eigeneinrichtungen auch befugt, Medizinische Versorgungszentren – schon wegen § 95 Abs. 1 a S. 1 Hs. 2 auch in einer eigenen Rechtsform, insbesondere als GmbH – zu betreiben. Für deren Errichtung oder Betrieb setzt § 140 keine Grenze; Grenzen ergeben sich allein aus § 30 Abs. 1 SGB IV; so wird man es als unzulässig zu erachten haben, dass eine Krankenkasse als Träger eines Krankenhauses ein Medizinisches Versorgungszentrum errichtet, das keinerlei (regionalen und/oder fachlichen) Bezug zu diesem Krankenhaus oder zum regionalen Wirkungsbereich der Krankenkasse hat.

17 Fraglich ist die Abgrenzung zwischen einer Neuerrichtung iSd Abs. 2 S. 1 und einer Anpassung iSd Abs. 1 S. 2. Hier wird man darauf abstellen, ob sich die Anzahl der Eigeneinrichtungen erhöht hat.[19] Demgemäß ist von einer Anpassung auch dann auszugehen, wenn eine Eigeneinrichtung mit einer vergleichbaren Einrichtung eines anderen Trägers fusioniert.[20]

18 **3. Errichtung neuer Eigeneinrichtungen.** Diese Norm ist nicht Verbotsnorm,[21] sondern wegen § 30 Abs. 1 SGB IV kompetenz*begründend*.

19 **a) Neugründung zur Sicherstellung.** Abs. 2 S. 1 gebietet die Beachtung des Subsidiaritätsgrundsatzes; nur wenn andere zugelassene oder zulassungswillige Leistungserbringer den Bedarf nicht befriedigen, darf die Krankenkasse eine Eigeneinrichtung errichten; nach Sinn und Zweck steht die Übernahme einer zuvor von einem Dritten (Nichtkrankenkasse) betriebenen Einrichtung einer Errichtung iSd Abs. 2 S. 1 gleich.[22] Sie muss nach Sinn und Zweck zur Bedarfsdeckung erforderlich sein, darf darüber aber auch nicht hinausgehen. Demgemäß hat die Rechtsprechung auch die Abgabe von Brillen durch eine Krankenkasse,[23] die Errichtung eines krankenkasseneigenen Pflegedienstes,[24] den „Betrieb eines Gesundheitszentrums mit Einrichtungen und Dienstleistungen, die die Gesundheit wiederherstellen, erhalten und fördern, sowie alle damit im Zusammenhang stehenden Tätigkeiten"[25] bzw. den Betrieb einer Managementgesellschaft iSd § 140 a Abs. 1[26] als mit § 140 unvereinbar angesehen. Hingegen liegt unbeschadet anderweitiger wettbewerbsrechtlicher Verstöße jedenfalls keine Eigen*einrichtung* und daher auch kein Verstoß gegen Abs. 2 vor, wenn eine Krankenkasse „Wellness-Karten" für eine fremdbetriebene Sporteinrichtung (ua mit Squash-Center) ausgibt.[27]

---

13 Vgl. Entwurf eines Gesetzes zur Strukturreform im Gesundheitswesen (Gesundheits-Reformgesetz – GRG) der Fraktion der CDU/CSU und FDP vom 3.5.1988, BT-Dr. 11/2237, S. 207 zu § 149.
14 Zur unzulässigen Übernahme einer kommunalen Alteinrichtung durch eine Krankenkasse vgl. LSG LSA, 7.10.1998, L 4 KA 2/94, juris.
15 Kingreen, SGb 2011, 357, 359.
16 Kingreen, SGb 2011, 357, 359.
17 Vgl. oben Rn. 1.
18 Beschlussempfehlung und Bericht des Ausschusses für Gesundheit und soziale Sicherung vom 26.1.2005, BT-Dr. 15/4751, 45.
19 So Kingreen, SGb 2011, 357, 361.
20 Zutreffend Kingreen, SGb 2011, 357, 361.
21 So aber Kaempfe in: Becker/Kingreen, § 140 Rn. 4; Fischinger in: Spickhoff, Medizinrecht, § 140 SGB V Rn. 5; GKV-Komm/Orlowski, SGB V, § 140 Rn. 2, Bearbeitung November 2005.
22 LSG LSA, 7.10.1998, L 4 KA 2/94, juris Rn. 27.
23 BGH, 18.12.1981, I ZR 34/80, juris = NJW 1982, 2117 ff. zur Rechtslage vor Inkrafttreten des SGB V.
24 BSG, 24.9.2002, B 3 A 1/02 R, juris = GesR 2003, 184 ff.
25 LSG Hmb, 29.11.2012, L 1 KR 156/11 KL, juris Rn. 61 ff. = KrV 2013, 34 ff. (anhängig BSG, Az: B 1 A 7/13 R, Abrufdatum: 1.3.2017).
26 LSG Hmb, 29.11.2012, L 1 KR 156/11 KL, juris Rn. 66 ff. = KrV 2013, 34 ff. (anhängig BSG, Az: B 1 A 7/13 R, Abrufdatum: 1.3.2017).
27 AA wohl OLG Hamm, 13.1.1994, 4 U 207/93, juris Rn. 23 ff.

Von einer fehlenden Sicherstellung iSd Abs. 2 S. 1 ist erst auszugehen, wenn der Versorgungsmangel auf nicht absehbare oder den Versicherten unzumutbare Zeit besteht; es liegt nahe, hier die Gedanken der für eine ärztliche Sonderbedarfszulassung erforderlichen Unterversorgung[28] entsprechend anzuwenden; allerdings müssen zuvor auch die speziell zur Abwendung einer Unterversorgung gesetzlich vorgesehenen Maßnahmen (vgl. insbes. § 100 Abs. 2, § 105 Abs. 1) keine Abhilfe gebracht haben. 20

b) Übergang des Sicherstellungsauftrags. Die später eingefügte Regelung ist das Pendant zu § 72 Abs. 1; ist der Sicherstellungsauftrag danach auf die Krankenkassen übergegangen, müssen diese die Möglichkeit haben, ihn zu erfüllen. Auch insoweit besteht keine zeitliche Beschränkung; aus der Befugnis zur Errichtung in einem solchen Fall folgt nicht eine Verpflichtung zur Schließung der Eigeneinrichtung, sollte der Sicherstellungsauftrag wieder von der Kassen(zahn)ärztlichen Vereinigungen zurückfallen. 21

Elfter Abschnitt
Sonstige Beziehungen zu den Leistungserbringern

§ 140 a Besondere Versorgung

(1) ¹Die Krankenkassen können Verträge mit den in Absatz 3 genannten Leistungserbringern über eine besondere Versorgung der Versicherten abschließen. ²Sie ermöglichen eine verschiedene Leistungssektoren übergreifende oder eine interdisziplinär fachübergreifende Versorgung (integrierte Versorgung) sowie unter Beteiligung vertragsärztlicher Leistungserbringer oder deren Gemeinschaften besondere ambulante ärztliche Versorgungsaufträge. ³Verträge, die nach den §§ 73 a, 73 c und 140 a in der am 22. Juli 2015 geltenden Fassung geschlossen wurden, gelten fort. ⁴Soweit die Versorgung der Versicherten nach diesen Verträgen durchgeführt wird, ist der Sicherstellungsauftrag nach § 75 Absatz 1 eingeschränkt. ⁵Satz 4 gilt nicht für die Organisation der vertragsärztlichen Versorgung zu den sprechstundenfreien Zeiten.

(2) ¹Die Verträge können Abweichendes von den Vorschriften dieses Kapitels, des Krankenhausfinanzierungsgesetzes, des Krankenhausentgeltgesetzes sowie den nach diesen Vorschriften getroffenen Regelungen beinhalten. ²Die Verträge können auch Abweichendes von den im Dritten Kapitel benannten Leistungen beinhalten, soweit sie die in § 11 Absatz 6 genannten Leistungen, Leistungen nach den §§ 20 d, 25, 26, 27 b, 37 a und 37 b sowie ärztliche Leistungen einschließlich neuer Untersuchungs- und Behandlungsmethoden betreffen. ³Die Sätze 1 und 2 gelten insoweit, als über die Eignung der Vertragsinhalte als Leistung der gesetzlichen Krankenversicherung der Gemeinsame Bundesausschuss nach § 91 im Rahmen der Beschlüsse nach § 92 Absatz 1 Satz 2 Nummer 5 oder im Rahmen der Beschlüsse nach § 137 c Absatz 1 keine ablehnende Entscheidung getroffen hat und die abweichende Regelung dem Sinn und der Eigenart der vereinbarten besonderen Versorgung entspricht, sie insbesondere darauf ausgerichtet ist, die Qualität, die Wirksamkeit und die Wirtschaftlichkeit der Versorgung zu verbessern. ⁴Die Wirtschaftlichkeit der besonderen Versorgung muss spätestens vier Jahre nach dem Wirksamwerden der zugrunde liegenden Verträge nachweisbar sein; § 88 Absatz 2 des Vierten Buches gilt entsprechend. ⁵Für die Qualitätsanforderungen zur Durchführung der Verträge gelten die vom Gemeinsamen Bundesausschuss sowie die in den Bundesmantelverträgen für die Leistungserbringung in der vertragsärztlichen Versorgung beschlossenen Anforderungen als Mindestvoraussetzungen entsprechend. ⁶Gegenstand der Verträge dürfen auch Vereinbarungen sein, die allein die Organisation der Versorgung betreffen. ⁷Vereinbarungen über zusätzliche Vergütungen für Diagnosen können nicht Gegenstand der Verträge sein.

(3) ¹Die Krankenkassen können nach Maßgabe von Absatz 1 Satz 2 Verträge abschließen mit:
1. nach diesem Kapitel zur Versorgung der Versicherten berechtigten Leistungserbringern oder deren Gemeinschaften,
2. Trägern von Einrichtungen, die eine besondere Versorgung durch zur Versorgung der Versicherten nach dem Vierten Kapitel berechtigte Leistungserbringer anbieten,
3. Pflegekassen und zugelassenen Pflegeeinrichtungen auf der Grundlage des § 92 b des Elften Buches,
4. Praxiskliniken nach § 115 Absatz 2 Satz 1 Nummer 1,
5. pharmazeutischen Unternehmern,

---

28 Grundlegend BSG, 29.6.2011, B 6 KA 34/10 R, juris Rn. 17, 18 = GesR 2012, 29 ff.; siehe auch oben § 101 Rn. 52 ff.

6. Herstellern von Medizinprodukten im Sinne des Gesetzes über Medizinprodukte,
7. Kassenärztlichen Vereinigungen zur Unterstützung von Mitgliedern, die an der besonderen Versorgung teilnehmen.

²Die Partner eines Vertrages über eine besondere Versorgung nach Absatz 1 können sich auf der Grundlage ihres jeweiligen Zulassungsstatus für die Durchführung der besonderen Versorgung darauf verständigen, dass Leistungen auch dann erbracht werden können, wenn die Erbringung dieser Leistungen vom Zulassungs-, Ermächtigungs- oder Berechtigungsstatus des jeweiligen Leistungserbringers nicht gedeckt ist.

(4) ¹Die Versicherten erklären ihre freiwillige Teilnahme an der besonderen Versorgung schriftlich gegenüber ihrer Krankenkasse. ²Die Versicherten können die Teilnahmeerklärung innerhalb von zwei Wochen nach deren Abgabe in Textform oder zur Niederschrift bei der Krankenkasse ohne Angabe von Gründen widerrufen. ³Zur Fristwahrung genügt die rechtzeitige Absendung der Widerrufserklärung an die Krankenkasse. ⁴Die Widerrufsfrist beginnt, wenn die Krankenkasse dem Versicherten eine Belehrung über sein Widerrufsrecht in Textform mitgeteilt hat, frühestens jedoch mit der Abgabe der Teilnahmeerklärung. ⁵Das Nähere zur Durchführung der Teilnahme der Versicherten, insbesondere zur zeitlichen Bindung an die Teilnahmeerklärung, zur Bindung an die vertraglich gebundenen Leistungserbringer und zu den Folgen bei Pflichtverstößen der Versicherten, regeln die Krankenkassen in den Teilnahmeerklärungen. ⁶Die Satzung der Krankenkasse hat Regelungen zur Abgabe der Teilnahmeerklärungen zu enthalten. ⁷Die Regelungen sind auf der Grundlage der Richtlinie nach § 217f Absatz 4 a zu treffen.

(5) Die Erhebung, Verarbeitung und Nutzung der für die Durchführung der Verträge nach Absatz 1 erforderlichen personenbezogenen Daten durch die Vertragspartner nach Absatz 1 darf nur mit Einwilligung und nach vorheriger Information der Versicherten erfolgen.

(6) ¹Für die Bereinigung des Behandlungsbedarfs nach § 87a Absatz 3 Satz 2 gilt § 73b Absatz 7 entsprechend; falls eine Vorabeinschreibung der teilnehmenden Versicherten nicht möglich ist, kann eine rückwirkende Bereinigung vereinbart werden. ²Die Krankenkasse kann bei Verträgen nach Absatz 1 auf die Bereinigung verzichten, wenn das voraussichtliche Bereinigungsvolumen einer Krankenkasse für einen Vertrag nach Absatz 1 geringer ist als der Aufwand für die Durchführung dieser Bereinigung. ³Der Bewertungsausschuss hat in seinen Vorgaben gemäß § 87a Absatz 5 Satz 7 zur Bereinigung und zur Ermittlung der kassenspezifischen Aufsatzwerte des Behandlungsbedarfs auch Vorgaben zur Höhe des Schwellenwertes für das voraussichtliche Bereinigungsvolumen, unterhalb dessen von einer basiswirksamen Bereinigung abgesehen werden kann, zu der pauschalen Ermittlung und Übermittlung des voraussichtlichen Bereinigungsvolumens an die Vertragspartner nach § 73b Absatz 7 Satz 1 sowie zu dessen Anrechnung beim Aufsatzwert der betroffenen Krankenkasse zu machen.

I. Entstehungsgeschichte der Norm 1	2. Möglichkeit der statusüberschreitenden Leistungserbringung 25
II. Begriffe der Besonderen und Integrierten Versorgung 8	3. Substitution der Regelversorgung 27
1. Einzelne Leistungssektoren überschreitende Versorgung....................... 10	IV. Vertragspartner 30
	V. BV-/IV-Verträge und Versicherte 34
2. Interdisziplinär-fachübergreifende Versorgung............................... 15	VI. Besondere Versorgung, Datenschutz und Informationsrechte der Patienten 37
III. Inhalte von BV-/IV-Verträgen 19	VII. Besondere Versorgung, Gesamtvergütung und Finanzierung 40
1. Qualitatives Element der sektorenübergreifenden Versorgung 24	VIII. Besondere Versorgung und Vergaberecht ... 44

I. Entstehungsgeschichte der Norm

1 Die Besondere Versorgung (BV) fand in Gestalt der Integrierten Versorgung (IV) mit dem GKV-Gesundheitsreformgesetz vom 22.12.1999 zum 1.1.2000 erstmals Eingang ins SGB V. Ihre erklärten Ziele waren die Durchbrechung der bislang starren Trennung ambulanter und stationärer Versorgung im System der gesetzlichen Krankenversicherung (GKV), des Weiteren mehr Wettbewerb von Krankenkassen und Leistungserbringern und eine bessere Versorgung für Versicherte, dies ua durch mehr Koordination der Leistungserbringung und eine damit erhoffte Qualitätssteigerung nebst Einsparpotentialen, zB bezüglich der Vermeidung von unnötigen Doppeluntersuchungen, Koordinationsproblemen oder Wartezeiten.¹

---

1 BT-Dr. 14/1245, 91 ff.

Schon die IV stand damit in gedanklicher Nähe zu anderen „modernen" Versorgungsformen wie zB 2
Strukturverträgen gemäß § 73 a SGB V aF, aber auch Ansätzen zur Weiterentwicklung der Versorgung
innerhalb der GKV wie beispielsweise einer zunehmenden Öffnung des ambulanten Leistungsbereiches
für Krankenhäuser,[2] dies aber mit dem Unterschied, dass sie eine echte Alternative zur Regelversorgung sein sollte.[3] Sie erfuhr trotzdem anfangs relativ wenig Zuspruch,[4] ua wohl auch, weil die zu
schließenden Verträge nach erster Konzeption nur mit Zustimmung Kassenärztlicher Vereinigungen
geschlossen werden konnten.[5] Diesen war aber scheinbar nicht allzu sehr an der Förderung außerhalb
der Regelversorgung stehender Projekte gelegen, weshalb sie auch zwischenzeitlich nicht mehr im abschließenden Katalog potenzieller Vertragspartner für IV-Verträge in § 140 b Abs. 1 S. 1 SGB V aF genannt und damit hiervon ausgeschlossen waren. Immerhin waren die Kassenärztlichen Vereinigungen
selbst nach Ansicht des Gesetzgebers letztlich nicht (mehr) in das System einzelvertraglicher (IV-) Vereinbarungen einzupassen.[6] Heute sind die Kassenärztlichen Vereinigungen hingegen wieder als potenzielle Vertragspartner in § 140 a Abs. 3 S. 1 Nr. 7 aufgenommen, was allerdings schon systematisch
notwendig war, nachdem § 140 a SGB V nF die §§ 140 a, 73 a und 73 c SGB V aF zusammenfasst und
mit Blick auf die §§ 73 a und 73 c SGB V aF die Kassenärztlichen Vereinigungen beteiligt werden
konnten.

Des Weiteren fehlten anfangs offenkundig finanzielle Anreize für IV-Verträge, weshalb bei nächster 3
Reform eine Anschubfinanzierung zu ihren Gunsten eingeführt wurde (§ 140 d SGB V aF). So wurden
schon mit dem GKV-Modernisierungs-Gesetz (GKV-GMG) vom 14.11.2003 die Regelungen zur IV
modifiziert, indem am 1.1.2004 eine „Deregulierung" erfolgte und die Anschubfinanzierung zusätzliche Anreize zur Eingehung solcher Verträge schaffen sollte. Fortan war es Leistungserbringern und
Krankenkassen v. a. möglich, ohne Zustimmung Kassenärztlicher Vereinigungen „Einzel- bzw. Selektivverträge" über integrierte Versorgungsformen zu schließen, wobei diese erste Reform auch bereits
eine dahin gehende Erweiterung möglicher Vertragspartner und v. a. die Ausweitung der IV auf die
„interdisziplinär-fachübergreifende Versorgung" brachte. Diese Entwicklung setzte sich fort.

Mit dem GKV-WSG vom 26.3.2007 wurde insoweit zum 1.4.2007 in § 140 a Abs. 1 SGB V aF ua auf- 4
genommen, dass IV-Verträge eine bevölkerungsbezogene flächendeckende Versorgung ermöglichen sollen, daneben die möglichen Vertragspartner neuerlich ausgeweitet. Durch das KHRG wurde der Abschluss integrierter Versorgungsverträge auch Praxiskliniken ermöglicht und durch das GKV-VStG
vom 22.12.2011 wurde in § 140 a Abs. 2 SGB V aF klargestellt, dass die als Vertragspartner seit 2004
schon aufgenommenen Managementgesellschaften auch datenschutzrechtlich unbedenklich Zugriff
auf notwendige Daten haben dürfen. Zuvor bestanden Zweifel, ob sie ohne eine gesonderte Regelung
bzw. Einwilligung der Patienten personenbezogene Daten erheben, verarbeiten und nutzen durften.[7]

Während der grundlegende Ansatz der IV mittlerweile auf breite Zustimmung stößt, gibt es teilweise 5
immer noch Kritik, dass man durch Aufsplitterung der Versorgung von Patienten mit Gesundheitsleistungen in die Zeit vor der Gründung der Kassenärztlichen Vereinigungen zurückfallen könnte.[8]

Die vormaligen §§ 140 a bis 140 d SGB V wurden zuletzt im Wege des Gesetzes zur Stärkung der Ver- 6
sorgung in der gesetzlichen Krankenversicherung[9] grundlegend überarbeitet und es verblieb § 140 a
SGB V nF über die Besondere Versorgung, mit dem der Gesetzgeber die bisherigen Regelungen, was
aber auch die §§ 73 a, 73 c SGB V aF betrifft, zusammenfassen und teils neu strukturieren wollte, da er
sie als wenig systematisch empfand, den Gestaltungsspielraum der Vertragspartner erweitern und bürokratische Hemmnisse beseitigen wollte. Im Vergleich zu den alten Regelungen wurde insoweit etwa
auf das Satzungserfordernis (§ 73 c Abs. 2 S. 5 aF) verzichtet und die Regelung von Einzelheiten dem
Vertrag selbst bzw. der Teilnahmeerklärung überantwortet. Zudem sollten die alten Normen von
„Programmsätzen ohne Regelungsgehalt" befreit und verständlicher gestaltet werden.[10] Verträge, die
auf Basis der alten Paragrafen aufgesetzt wurden, gelten jedoch gemäß § 140 a Abs. 1 S. 3 ausdrück-

---

2 Butzer, MedR 2004, 177, 185.
3 Fischinger in: Spickhoff, Medizinrecht, München 2011, § 140 a Rn. 1.
4 Vgl. zur alten Rechtslage Beule, Rechtsfragen der integrierten Versorgung, 2003; Windthorst, Die integrierte Versorgung in der gesetzlichen Krankenversicherung, 2002.
5 Vgl. Bäune, in: HK-AKM, 34. Aktualisierung Dezember 2010, Rn. 2; Quaas/Zuck, Medizinrecht, 2. Aufl. § 11, Rn. 73.
6 BT-Dr. 15/1525, 130.
7 Baumann in: jurisPK-SGB V, 2. Aufl. 2012, § 140 a SGB V, Rn. 22.
8 Baumann, aaO, Rn. 25 mwN zu diesem kritischen Ansatz.
9 BGBl. I 2015, 1211 ff.
10 BT-Dr. 18/4095, 126.

lich fort. Insoweit hat der Gesetzgeber lediglich mit dem Gesetz zur Stärkung der Heil- und Hilfsmittelversorgung (HHVG),[11] das zum 11.4.2017 in Kraft getreten ist, durch eine Ergänzung des § 71 SGB V um die S. 8 bis 10 sowie eine Ergänzung des § 140 a Abs. 2 SGB V um S. 7 klargestellt, dass der Bestandsschutz nicht für solche Verträge greift, deren Zweck allein darin besteht, über zusätzliche Vergütungen darauf hinzuwirken, Diagnosen zu optimieren, um letztlich Mittelzuweisungen aus dem Gesundheitsfonds zu erhöhen. Solche Verträge erfüllen weder die gesetzlichen Voraussetzungen des alten, noch neuen Rechts. Denn die Vereinbarung einer Honorierung eines Leistungserbringers allein für ein bestimmtes Abrechnungs- oder Kodierverhalten ohne Vereinbarung konkreter Versorgungsleistungen zu Gunsten des Versicherten erfüllt nicht die gesetzlichen Anforderungen. Die zuständige Aufsichtsbehörde und betroffene Vertragsparteien haben in solchen Fällen alle erforderlichen Maßnahmen zur unverzüglichen Beendigung rechtswidriger Vertragsgestaltungen – bis hin zur außerordentlichen Kündigung des Vertrages – zu ergreifen.[12]

7 Weitere Änderungen ergaben sich in der Hinsicht, dass der bisherige § 73 c Abs. 3 S. 2 aF, wonach „kein Anspruch auf Vertragsschluss besteht" als entbehrlich gesehen wurde, da sich dies bereits aus dem allgemein geltenden Prinzip der Vertragsfreiheit ergebe. Ebenso gestrichen wurde § 140 a Abs. 1 S. 2 SGB V aF. Eine bevölkerungsbezogene Flächendeckung durch Einzelverträge ist zwar weiterhin anzustreben. Allerdings habe der Hinweis im § 140 a Abs. 1 S. 2 aF ohnehin keine unmittelbare Regelungswirkung gehabt.

II. Begriffe der Besonderen und Integrierten Versorgung

8 § 140 a Abs. 1 SGB V beschreibt als Legaldefinition die integrierte Versorgung als eine verschiedene Leistungssektoren übergreifende oder interdisziplinär-fachübergreifende Versorgung, die auf der Grundlage von Einzelverträgen zwischen Krankenkassen, nicht aber deren Verbänden,[13] und den in § 140 a Abs. 3 S. 1 genannten Vertragspartnern erbracht wird, somit außerhalb der Regelversorgung steht.

9 Der Begriff der Besonderen (ambulanten) Versorgung geht darüber hinaus, da mit dem im Juli 2015 in Kraft getretenen GKV-VSG die bisher an unterschiedlichen Stellen im SGB V geregelten selektiven Vertragsformen umstrukturiert und als „Besondere Versorgung" in § 140 a SGB V zusammengefasst wurden. Die neuen Verträge nach § 140 a SGB V lösen insoweit also auch die bisherigen Strukturverträge nach § 73 a SGB V, die Verträge zur besonderen ambulanten ärztlichen Versorgung nach § 73 c SGB V sowie die bisherigen Verträge zur Integrierten Versorgung nach § 140 a–d SGB V ab. Unter die Besondere Versorgung lassen sich folglich neben der integrierten Versorgung und den vormaligen Strukturverträgen auch allgemeine und besondere Versorgungsaufträge fassen.[14] Allgemeine Versorgungsverträge umfassen dabei die gesamte ambulante ärztliche Versorgung des teilnehmenden Versicherten, während besondere Versorgungsverträge nur einzelne Bereich betreffen.

10 **1. Einzelne Leistungssektoren überschreitende Versorgung.** Da der Begriff „Leistungssektoren", der für die Integrierte Versorgung im Rahmen des § 140 a Abs. 1 S. 2 SGB V relevant ist, gesetzlich nicht definiert ist, muss die „leistungssektorenübergreifende Versorgung" durch eine Auslegung bestimmt werden, die sich letztlich an den vom Gesetzgeber mit der IV bzw. BV verfolgten Zielen orientiert.[15]

11 Nach **teilweise vertretener Ansicht** sind demnach als eigenständige Leistungssektoren nur die vertrags(zahn-)ärztliche Versorgung einschließlich psychotherapeutischer Versorgung, Krankenhausversorgung sowie ambulante und stationäre Vorsorge nebst ambulanter und stationärer Rehabilitation zu verstehen.[16] Nach **noch strengerer Sicht** sind sogar nur die vertrags(zahn)ärztliche Versorgung und Krankenhausversorgung als eigenständige Leistungssektoren anzusehen.[17]

---

11 BGBl I 2017, 778.
12 BT-Dr. 18/11205, 63.
13 Vgl. Kuhlmann, Das Krankenhaus 2004, 417. Es besteht aber die Möglichkeit, entweder zum Vertragsabschluss bevollmächtigt oder i. R. des Vertragsschlusses unterstützend tätig zu sein. Vgl. Orlowski, GKV-Kommentar, Orlowski/Rau/Wasem/Zipperer, § 140 a Rn. 4; Becker, NZS 2001, 505.
14 Adolf in: jurisPK-SGB V, 3. Aufl. 2016, § 140 a SGB V, Rn. 18, 19.
15 Vgl. BSG, Urt. v. 6.2.2008, B 6 KA 27/07 R, GesR 2008, 260; Begründung zum Gesetzentwurf GMG, BT-Dr. 15/1525, S. 129; Beule, Rechtsfragen der integrierten Versorgung, 2003, S. 25; Bäune, in: Ratzel/Luxenburger, Handbuch Medizinrecht, 2. Aufl. 2011, § 8 Integrierte Versorgung, Rn. 6.
16 Bohle, Integrierte Versorgung, 2. Aufl. 2008, S. 13 ff.
17 LSG BW, MedR 2007 318 ff.

Dagegen ist letzten Endes aber gerade mit der Rechtsprechung des Bundessozialgerichts (BSG) und der überwiegenden Auffassung in der Literatur unter Berücksichtigung der mit der Integrierten Versorgung verfolgten Ziele, wonach starre Grenzen zwischen ambulanter und stationärer Versorgung gelockert und Krankenkassen weitgehende Möglichkeiten eröffnet werden sollten, außerhalb der Regelversorgung alternative Versorgungsstrukturen zu entwickeln, eine **funktionelle, großzügigere Bestimmung der Leistungssektoren** vorzunehmen. Schon der Gesetzgeber hat in seiner Gesetzesbegründung ausdrücklich als „integrierte" Versorgungsformen zB solche zwischen Haus- und Fachärzten, ärztlichen und nichtärztlichen Leistungserbringern sowie ambulantem und stationärem Bereich genannt, so dass ersichtlich der ganze medizinische Versorgungsbereich erfasst werden sollte.[18]

Ausgangspunkt der funktionellen Betrachtung des BSG ist daher jeweils das Leistungsgeschehen und sein inhaltlicher Schwerpunkt. "Übergreifend" ist dann schon die Versorgung, die Leistungsprozesse, die in der traditionellen Versorgung inhaltlich und institutionell getrennt wären, verknüpft. Wichtigster Anwendungsfall der sektorenübergreifenden Versorgung ist somit zwar exemplarisch die Verzahnung ambulanter und stationärer Behandlung. Allerdings sind über diese Verzahnung der "Hauptsektoren" hinaus unter Zugrundelegung des funktionellen Ansatzes sowohl innerhalb des ambulanten, als auch stationären Sektors noch weitere Sektoren unterscheidungsfähig. Beispiel für ein solch integriertes Versorgungsangebot ohne Einbeziehung des stationären Sektors wäre zB mit der Rechtsprechung des BSG die Verzahnung ambulanter Operationen mit der anschließenden Versorgung der Patienten in ambulanten Reha-Einrichtungen. Denn auch hier würden die Ziele der Integrierten Versorgung in Form einer Vermeidung unnötiger Untersuchungen, Koordinationsprobleme im Behandlungsablauf und Wartezeiten verfolgt. Auch innerhalb des stationären Bereichs ist aber somit folgerichtig umgekehrt betrachtet eine verschiedene „Sektoren" übergreifende Versorgung möglich.

Als **einzelne Leistungssektoren** kommen somit nach den vorherrschenden Ansichten die hausärztliche Versorgung, fachärztliche Versorgung, vertrags(zahn)ärztliche Versorgung, Krankenhausversorgung, Versorgung mit stationären Vorsorgeleistungen, medizinische Rehabilitation, Arznei- und Verbandmittel-Versorgung, Heilmittelversorgung, Hilfsmittelversorgung, Versorgung mit Krankentransportleistungen, Soziotherapie, Hebammenleistungen und Pflegeleistungen des SGB V in Betracht.[19] Insoweit ist dann allerdings tatsächlich eine „sektorenübergreifende" Versorgung erforderlich, indem zumindest zwei Sektoren in den Vertrag eingebunden werden.[20] Demgegenüber ist noch nicht abschließend geklärt, ob auch die Prävention einen eigenständigen Leistungssektor darstellt, wie dies teilweise bejaht wird.[21]

2. Interdisziplinär-fachübergreifende Versorgung. Der Begriff „interdisziplinär-fachübergreifende Versorgung" als weitere Möglichkeit zur Integrierten Versorgung setzt eine Kooperation von Haus- und Fachärzten oder Fachärzten unterschiedlicher Gebiete voraus, die die Fachgebietsgrenzen des ärztlichen Weiterbildungsrechts überschreiten.[22]

Diese Kooperationen müssen im ambulanten Bereich über traditionelle Zusammenarbeit von Ärzten in Form bloßer Überweisungen hinausgehen. Und auch im stationären Bereich muss die in Frage stehende Zusammenarbeit über die traditionelle Zusammenarbeit einzelner Fachabteilungen hinausreichen. Unzureichend wäre zB lediglich die „typische und zwangsläufige" Zusammenarbeit von Ärzten operierender Fachgebiete mit Anästhesisten.

Um angesichts interdisziplinär-fachübergreifender Versorgung von „Integrierter Versorgung" sprechen zu können, ist folglich ein über herkömmliche Kooperationen hinausgehendes „**Konzept längerfristiger, gemeinsam aufeinander abgestimmter Behandlungen von Haus- und Fachärzten oder von Fachärzten unterschiedlicher Gebiete**" nötig.[23] Dies gilt zumindest, wenn nicht (zusätzlich) die Versorgung intersektoral gestaltet ist, da es nur dann entscheidend auf den Aspekt der fachübergreifenden Versor-

---

18 Bäune, aaO, Rn. 6 unter Verweis auf BT-Dr. 14/12245, 91.
19 Aufstellung bei Bäune, aaO, Rn. 9 mwN Vgl. dazu auch Beule, Rechtsfragen der Integrierten Versorgung, 2003, S. 25 ff.; ThürLSG, Urt. v. 24.1.2007 – L 4 KA 362/06, MedR 2007, 746 ff.
20 Vgl. Orlowski, aaO, Rn. 8 mwN.
21 Bejahend Baumann, aaO, Rn. 32 unter Hinweis auf Wallhäuser, Verträge in der Integrierten Versorgung, Frankfurter Musterverträge, Heidelberg 2005, S. 3.
22 BSG, Urt. v. 2.6.2008 – B 6 KA 5/07 R, MedR 2009, 110; Bäune, „Integrierte Versorgung", Rn. 21 in: Rieger/Dahm/Steinhilper, Heidelberger Kommentar Arztrecht Krankenhausrecht Medizinrecht, Loseblatt, 2. Aufl. November 2010; ders., Handbuch Medizinrecht, § 8 Rn. 11 unter Hinweis auf etwaige Unterschiede der Bewertung vor dem Hintergrund unterschiedlicher Weiterbildungsordnungen in verschiedenen Kammerbezirken.
23 BSG, Urt. v. 6.2.2008 – B 6 KA 5/07 R, MedR 2009, 110; BSG Urt. v. 6.2.2008 – B 6 KA 27/07 R GesR 2008, 260.

18 gung ankommt. Soweit das Kriterium „interdisziplinär-fachübergreifend" gewährleistet ist, kann eine integrierte Versorgung aber auch innerhalb eines Leistungssektors erfolgen.[24]

18 Umstritten war in der Hinsicht daher auch, ob Verträge mit Medizinischen Versorgungszentren ggf. sogar automatisch die Kriterien des § 140 a SGB V erfüllen. Schließlich waren sie an sich bereits mit Blick auf ihre früheren Gründungsvoraussetzungen gemäß § 95 Abs. 1 SGB V zwingend fachübergreifend tätig.[25] Eine solch weitreichende Auslegung des § 140 a SGB V wurde jedoch nach überwiegender Ansicht bzgl. des Automatismus verneint oder es wurde eine teleologische Reduktion vertreten, indem § 140 a SGB V nicht anwendbar sein sollte, soweit sein Regelungsbereich sich mit anderen Versorgungstypen überschnitt.[26] Spätestens nachdem es mit dem GKV-VSG aber für Medizinische Versorgungszentren nun auch ausreicht, nur noch einen Fachbereich abzudecken, hat sich dieser Streit überholt.[27]

III. Inhalte von BV-/IV-Verträgen

19 Die möglichen Regelungsinhalte der Verträge über die Besondere bzw. Integrierte Versorgung zeichnen sich durch großen Gestaltungsspielraum aus. Näheres hierzu ergibt sich aus § 140 a Abs. 2 SGB V.[28] Ausgeschlossen sind gemäß § 140 a Abs. 2 S. 3 SGB V nur solche Leistungen, über deren Eignung als Leistung der Krankenversicherung der Gemeinsame Bundesausschuss eine ablehnende Entscheidung getroffen hat. Zudem können vor dem Hintergrund des mit dem HHVG zum 11.4.2017 in § 140 a Abs. 2 SGB V klarstellend ergänzten S. 7[29] nicht bloße Vereinbarungen über zusätzliche Vergütungen für Diagnosen Gegenstand der BV-/IV-Verträge sein, um auf diese Weise einen möglichen, weiteren Ansatzpunkt zur Manipulation von Diagnosekodierungen auszuschließen. Denn Verträge, deren Zweck allein darin besteht, über zusätzliche Vergütungen darauf hinzuwirken, Diagnosen zu optimieren, um somit Mittelzuweisungen aus dem Gesundheitsfonds zu erhöhen, erfüllen nicht die gesetzlichen Anforderungen.[30] Ansonsten ist der Grund für die weitreichenden Freiheiten bei der Gestaltung von BV-/IV-Verträgen neben der zwangsläufigen Freiheit angesichts der originären gesetzgeberischen Intention ua auch, dass es – ursprünglich durchaus vorgesehen – nähere Regeln über Inhaltsvorgaben an die IV schlichtweg nicht gibt. Vielmehr bleibt der Inhalt weithin dem Vertrag und so den Vertragspartnern überlassen. Hierbei handelte es sich auch nach wie vor ausdrücklich um ein Ziel des Gesetzgebers.[31] Eine ursprünglich einmal beabsichtigte „Rahmenvereinbarung" bzgl. IV-Verträgen, die nach § 140 d Abs. 2 S. 1 SGB V aF von den Spitzenverbänden der Krankenkassen und der Kassenärztlichen Bundesvereinigung aufgesetzt werden sollte, kam nie zu Stande.[32]

20 Als zwingende Vorgaben enthält der Rechtsrahmen für BV-/IV-Verträge daher „nur" die allgemeinen Verpflichtungen zu einer qualitätsgesicherten, wirksamen, ausreichenden, zweckmäßigen und wirtschaftlichen Versorgung. Insofern stellt auch § 140 a Abs. 2 S. 5 SGB V klar, dass für die Qualitätsanforderungen zur Durchführung der Verträge die vom Gemeinsamen Bundesausschuss sowie die in den Bundesmantelverträgen für die Leistungserbringung in der vertragsärztlichen Versorgung beschlossenen Anforderungen als Mindestvoraussetzungen entsprechend gelten.

21 Darüber hinaus müssen nach allgemeiner Vertragslehre zumindest wesentliche Bestandteile geregelt sein, um von einem wirksamen Vertrag sprechen zu können. Hierzu zählen die Vertragsleistung bzw. das Vorhaben zur besonderen bzw. integrierten Versorgung an sich, die Bedingungen für seine Inanspruchnahme durch Versicherte, auch wenn dies teilweise streitig ist,[33] sowie die Parteien und deren wechselseitigen Hauptpflichten.

22 Ansonsten müssen die Vertragspartner, wie vormals auch explizit noch in § 140 b Abs. 3 S. 3 SGB V aF aufgeführt, gewährleisten, dass sie die organisatorischen, betriebswirtschaftlichen sowie die medizinischen und medizinisch-technischen Voraussetzungen für die vereinbarte besondere bzw. integrierte Versorgung entsprechend dem allgemein anerkannten Stand der medizinischen Erkenntnisse und des

---

24 Vgl. Beule, GesR 2004, 2009, 2010.
25 Vgl. hierzu Orlowski, aaO, Rn. 12.
26 Vgl. hierzu Fischinger, aaO, Rn. 5 mwN Orlowski, aaO, Rn. 12.
27 BT-Dr. 18/4095, S. 105.
28 Vgl. Dahm MedR 2005, 121, 122 mwN.
29 BGBl I 2017, 778.
30 BT-Dr. 18/11205, 63.
31 BT-Dr. 18/4095, 126.
32 Baumann, aaO Rn. 10 mwN.
33 Vgl. Becker, NZS 2001, 505.

medizinischen Fortschritts erfüllen. Des Weiteren ist eine am Versorgungsbedarf der Versicherten orientierte Zusammenarbeit zwischen allen an der Versorgung Beteiligten einschließlich der Koordination zwischen den verschiedenen Versorgungsbereichen und einer ausreichenden Dokumentation, die allen an der besonderen bzw. integrierten Versorgung Beteiligten im jeweils erforderlichen Umfang zugänglich sein muss, sicherzustellen.

Mit dem GKV-VSG wurde schließlich noch ergänzt, dass die Wirtschaftlichkeit der Besonderen Versorgung spätestens vier Jahre nach Wirksamwerden der zugrunde liegenden Verträge nachweisbar sein muss (§ 140 a Abs. 2 S. 4 SGB V), wobei aber noch nicht hinreichend geklärt erscheint, welche konkreten Anforderungen an diesen Nachweis zu stellen bzw. wie streng diese sind. 23

1. Qualitatives Element der sektorenübergreifenden Versorgung. Zu berücksichtigen ist weiterhin, dass schon mit der Rechtsprechung des BSG noch weitere, spezielle Anforderungen an den Inhalt von IV-Verträgen gestellt wurden. Denn insofern wurde eine verschiedene Leistungssektoren übergreifende IV nicht schon allein dadurch begründet, dass formal betrachtet verschiedene Leistungserbringer aus verschiedenen Sektoren beteiligt waren. Vielmehr war – gerade unter Berücksichtigung des funktionellen Ansatzes (s. o.) – als **qualitatives Element** noch eine konstitutiv tatsächliche, sektorenübergreifende Gestaltung der Leistungserbringung erforderlich.[34] Dies ist nun auch in § 140 a Abs. 2 S. 3 letzter Hs. vom Gesetzgeber explizit aufgegriffen worden. Nicht ausreichend ist es daher auch, wenn beispielsweise allein die Beteiligung einer Apotheke am Leistungsvorgang vorgesehen ist.[35] 24

2. Möglichkeit der statusüberschreitenden Leistungserbringung. Die Betonung dieses qualitativen Aspektes bedingt zugleich, dass in Verträgen zwar grundsätzlich und in der Regel die Beteiligung von Leistungserbringern vorgesehen sein wird, die im Rahmen ihres tatsächlichen und originären Zulassungs- oder Ermächtigungsstatus tätig werden. Zulässig wäre es aber im Rahmen eines BV-/IV-Vertrages ebenso, dass die beteiligten Leistungserbringer auch Leistungen außerhalb ihres eigentlichen Zulassungsstatus erbringen, wenn dies der Vertrag ausdrücklich zulässt (vgl. § 140 a Abs. 3 S. 2 SGB V). 25

Daraus folgt aber nicht, dass der ursprüngliche Zulassungsstatus des fraglichen Leistungserbringers durch den BV-/IV-Vertrag mit den Krankenkassen beliebig erweiterbar wäre. Vielmehr ist die Möglichkeit zur Erbringung von Leistungen außerhalb des originären Zulassungsstatus von einem zumindest entsprechend existenten Zulassungsstatus der anderen Vertragspartner abgeleitet und abhängig.[36] 26

3. Substitution der Regelversorgung. Neben Erfüllung der genannten, grundsätzlichen Kriterien einer entweder sektoren- oder interdisziplinär-fachübergreifenden Versorgung wurde als weitere inhaltliche Voraussetzung für die integrierte Versorgung angesehen, dass die in Frage stehenden Leistungen zum einen solche der bisher vertragsärztlichen Regelversorgung sind und zum anderen diese nun ersetzen. Dies folgte laut BSG schon aus der **Konzeption der Integrierten Versorgung als Alternative zur Regelversorgung**, wie sie den Vorschriften der §§ 140 a bis 140 d SGB V aF als Einzelvertragssystem auf Kassenseite seit Neufassung durch das GMG zugrunde lag und dem Umstand, dass schließlich auch die Gesamtvergütung für die Regelversorgung um die Beträge zu bereinigen ist, die für IV-Verträge und deren Leistungen aufgebracht werden.[37] Vor dem Hintergrund wurde auch deutlich, warum der eigentliche Sicherstellungsauftrag gemäß § 75 SGB V kraft Gesetzes eingeschränkt ist, sobald und soweit ein IV-Vertrag abgeschlossen wurde.[38] 27

Diese Rechtsprechung warf somit zum einen besondere Anforderungen bei der Gestaltung von Verträgen über die Integrierte Versorgung auf, führte zum anderen aber auch zu Schwierigkeiten bezüglich „Altverträgen", hinsichtlich derer uU auch Rückforderungsansprüche wegen unzulässig einbehaltener Anschubfinanzierungsmittel entstehen konnten.[39] 28

Im Gegensatz zu dieser Ansicht des BSG steht nun aber § 140 a Abs. 2 S. 6 SGB V, wonach Gegenstand eines BV-Vertrages auch Vereinbarungen sein dürfen, die allein die Organisation der Versorgung be- 29

---

34 Vgl. hierzu auch Bäune, aaO, Rn. 10.
35 Fischinger, aaO, Rn. 4; BSG Urt. v. 6.2.2008 – B 6 KA 27/07 R GesR 2008, 260.
36 Dahm, MedR 2005, 121, 123; Beule, GesR 2004, 212; Orlowski/Wasem, Gesundheitsreform 2004, 2004, S. 82; Quaas VSSR 2005, 184; Orlowski, MedR 2004, 186.
37 BSG, Urt. v. 6.2.2008, B 6 KA 27/07 R, BSGE 100, 52; BSG, Urt. v. 6.2.2008, B 6 KA 5/07 R SozR 4-2500 § 140 a Nr. 2; Baumann, aaO, Rn. 51; SächsLAG, Urt. v. 24.6.2009 – L 1 KR 76/08, GesR 2009, 645 ff. Vgl. hierzu auch Orlowski, MedR 2004, 202.
38 Vgl. hierzu ebenso § 140 a Abs. 1 S. 4 SGB V, auch wenn der Gesetzgeber im Wege der Reform zum GKV-VSG ausgeführt hat, dass § 140 a Abs. 1 S. 3 aF eigentlich entbehrlich sei, da der hier erwähnte Umstand schon aus der Systematik des Kollektivvertrags- und Selektivvertragsrechts in der gesetzlichen Krankenversicherung folge.
39 Vgl. hierzu Bäune, Integrierte Versorgung, Rn. 15, 16.

treffen, so dass offenkundig der Gesetzgeber das Element der zusätzlichen Substitution der Regelversorgung nicht (mehr) als zwingende Voraussetzung für einen BV-Vertrag sieht.

IV. Vertragspartner

30 Der Abschluss von BV-/IV-Verträgen als öffentlich-rechtlicher Vertrag iSd § 53 Abs. 1 S. 1 SGB X[40] kann nur zwischen Krankenkassen und den in § 140a Abs. 3 S. 1 SGB V abschließend genannten Leistungserbringern oder Gemeinschaften solcher erfolgen.

31 Auf Seiten der vertragsärztlichen Leistungserbringer kommen als solche neben Vertragsärzten auch Ermächtigte in Betracht.[41] Angesichts der Ausdehnung des § 140a SGB V auf den Bereich der besonderen ambulanten Versorgung ist zudem die Beteiligung von Krankenhäusern im ambulanten Bereich im Wege eines entsprechenden BV-/IV-Vertrages möglich, wie der Gesetzgeber bewusst wollte.[42] Dritte können BV-/IV-Verträgen beitreten. Entsprechend allgemeiner Grundsätze geht dies aber natürlich nur mit Zustimmung aller bisherigen Vertragspartner. Ein Leistungserbringer, der mit verschiedenen Einrichtungen Leistungen aus unterschiedlichen Leistungssektoren erbringt, kann auch nur mit einem dieser Bereiche an einem BV-/IV-Vertrag teilnehmen. Im Übrigen unterliegen die Leistungserbringer bei der Wahl ihrer jeweiligen Rechtsform keinen anderen Beschränkungen, als sie sich auch sonst evtl. vor dem Hintergrund ihres Berufsrechts oder sonstigen, speziell für sie geltenden Normen gegenübersehen.

32 Ebenso Apotheken können Vertragspartner von BV/IV-Verträgen sein, die schon früher als „sonstige" Leistungserbringer im Sinne des § 140b Abs. 1 Satz 1 Nr. 1 SGB V aF anzusehen waren,[43] was sich auch aus § 129 Abs. 5b SGB V ergibt, da sie insofern zur Versorgung in der GKV berechtigt sind. Dies gilt jedoch nicht für Krankenhausapotheken, da sie nicht zugelassene Leistungserbringer sind. Sie können nur über die Einbeziehung der Träger von Krankenhäusern in den BV-/IV-Vertrag zu faktischen Vertragspartnern eines entsprechenden Vertrages werden, wobei sich die vom Krankenhaus zu erbringenden Leistungen dann aber auch nicht allein auf die Arzneimittelversorgung beschränken dürfen.[44]

33 Hinsichtlich der Frage, ob und inwieweit überhaupt ein BV-/IV-Vertrag geschlossen wird, sind die Vertragspartner, besonders die Krankenkassen, im Übrigen frei. Es besteht also grundsätzlich keine Verpflichtung zur Eingehung von BV-/IV-Verträgen, sondern insoweit auch gegenüber etwaigen Beteiligten jeweils nur ein **Anspruch auf ermessensfehlerfreie Entscheidung**, ob ein Vertrag angeboten und eingegangen wird, wobei eine Ermessensreduzierung auf null theoretisch möglich, in der Praxis aber selten denkbar erscheint. Dies kann nur gelten, wenn bspw. eine Krankenkasse hinsichtlich eines BV-/IV-Vertrages eine marktbeherrschende Stellung hat und die Verweigerung des Zugangs zum Vertrag sich (faktisch) als nicht (mehr) zu rechtfertigender Eingriff in die Berufsfreiheit darstellen würde. Angesichts dessen erscheint auch eine defensive Konkurrentenklage Dritter grundsätzlich unzulässig.[45]

V. BV-/IV-Verträge und Versicherte

34 Angesichts der Tatsache, dass die Besondere Versorgung als Alternative neben der Regelversorgung steht und inhaltlich große Freiheiten aufweist, ist die **Teilnahme der Versicherten an Verträgen gemäß § 140a Abs. 4 S. 1 SGB V** folgerichtig ebenso **freiwillig**. § 140a Abs. 4 regelt Näheres zu den Voraussetzungen der Einbindung von Versicherten in einen BV-/IV-Vertrag und die Teilnahmeerklärung (§ 140a Abs. 4 S. 5 SGB V), ua die Notwendigkeit der Zustimmung zur Teilnahme in Schriftform (§ 140a Abs. 4 S. 1 SGB V) und ein diesbezügliches Widerrufsrecht (§ 140a Abs. 4 S. 2 bis 4). Anreiz für Versicherte zur Teilnahme sind meist Boni. Die Freiwilligkeit korrespondiert dabei auch mit dem Umstand, dass i. R. der Regelversorgung das Recht auf freie Arztwahl besteht, während i. R. der BV/IV diese Wahlfreiheit beschränkt ist. Denn der Versicherte darf nach Teilnahmeerklärung am BV/IV-Vertrag nur noch unter den Leistungserbringern für die in Frage stehende Leistung wählen,[46] die am Vertrag teilnehmen, auch wenn insoweit dann aber wieder unter ggf. mehreren teilnehmenden Leistungserbringern natürlich der Grundsatz der freien Arztwahl fortbesteht.

---

40 Vgl. zum alten Streit über die Rechtsnatur des IV-Vertrages Orlowski, aaO, Rn. 13, 14.
41 Adolf, aaO, Rn. 71.
42 BT-Dr. 18/5123, 71, 137.
43 BSG, Urt. v. 6.2.2008, B 6 KA 27/07 R, BSGE 100, 52.
44 Bäune, Integrierte Versorgung Rn. 18.
45 Adolf, aaO, Rn. 166.
46 Vgl. Windhorst, Düsseldorfer Rechtswissenschaftliche Schriften, Bd. 18, 2002, S. 141; Engelhard, in Hauk/Noftz, § 140a Rn. 23.

Soweit sich der Versicherte an die Bedingungen des BV/IV-Vertrages nicht hält, können sich daraus auch Sanktionen bzw. der Wegfall von Vorteilen ergeben. Vormals konnte die Rechtsgrundlage hierfür aber nicht der BV/IV-Vertrag sein, sondern nur die jeweilige Satzung der Krankenkasse, in der solche Sanktionsmöglichkeiten normiert sein mussten, um vor dem Hintergrund des Demokratieprinzips verfassungsgemäß zu sein. Aus dem Umstand wurde abermals auch ersichtlich, dass IV-Verträge keine normsetzende Wirkung gegenüber am Vertrag nicht beteiligten Dritten haben konnten.[47] In § 140a Abs. 4 S. 5 SGB V wurde nun allerdings die Möglichkeit eröffnet, dass Krankenkassen in der Teilnahmeerklärung ebenso Folgen von Pflichtverstößen der Versicherten regeln dürfen, um auch auf diesem Wege zum Ziel einer „Entbürokratisierung" beizutragen. Allerdings hat die Satzung der Krankenkasse weiterhin Regelungen zur Abgabe der Teilnahmeerklärung zu enthalten und diese sind auf Grundlage der Richtlinie nach § 217f Absatz 4a SGB V zu treffen (§ 140a Abs. 4 S. 6, 7 SGB V). 35

Entfallen ist gegenüber den alten Regelungen die Normierung ausdrücklich erwähnter Pflichten der Krankenkassen bzw. der Anspruch der Versicherten, über die IV/BV-Verträge informiert zu werden, denn diese Verpflichtung folgt bereits aus den allgemeinen Auskunfts- und Versorgungs- wie auch Beratungspflichten der Krankenkassen (§§ 13 ff. SGB I). 36

VI. Besondere Versorgung, Datenschutz und Informationsrechte der Patienten

Besonderes Augenmerk ist im Kontext des § 140a SGB V auch auf den Datenschutz zu legen. Gemäß § 140a Abs. 5 SGB V darf die Erhebung, Verarbeitung und Nutzung der für die Durchführung der Verträge nach § 140a Abs. 1 erforderlichen personenbezogenen Daten durch die Vertragspartner nur mit Einwilligung und nach vorheriger Information der Versicherten erfolgen. Insoweit hatte auch schon § 140b Abs. 3 SGB V aF klargestellt, dass ein am Vertrag teilnehmender Leistungserbringer aus der gemeinsamen Dokumentation die den jeweils Versicherten betreffenden Behandlungsdaten und Befunde nur abrufen darf, wenn er der Schweigepflicht gemäß § 203 StGB unterliegt, der Versicherte ihm gegenüber darin eingewilligt hat und die jeweilige Information für den konkreten Behandlungsfall genutzt werden soll, womit der jeweilige Krankheitsfall gemeint ist, für den sich das Informationsbedürfnis ergibt. Davon abgesehen darf ohnehin ein Vertrag nach § 140a Abs. 1 nicht etwa einfach nur die Aufzeichnung und Übermittlung von Diagnosen zum Gegenstand haben.[48] Die entsprechende Einwilligung muss vom Patienten ausdrücklich erklärt werden, auch wenn dies grundsätzlich formlos geschehen kann. Aus Praktikabilitäts- und Nachweisgründen sollte sie dennoch schriftlich festgehalten werden, zumal für teilnehmende Ärzte diese Pflicht ohnehin aus der Berufsordnung heraus entsteht. Nur ausnahmsweise kann eine mutmaßliche Einwilligung ausreichen. 37

Auch sonst dürfen am BV/IV-Vertrag Beteiligte personenbezogene Daten aus der Dokumentation nur mit Einwilligung und nach vorheriger Information des Versicherten erheben, verarbeiten und nutzen. Damit wird gewährleistet, dass der Patient wie auch sonst das grundlegende Recht hat, über den Umgang mit seinen Daten allein zu entscheiden. 38

Mit dem Datenschutz korrespondiert spiegelbildlich das Recht der Versicherten, sich zB auch schon vor Beitritt zu einem IV-Vertrag von ihrer Krankenkasse über die von dort aus angebotenen integrierten Versorgungsleistungen informieren zu lassen. Diese Informationspflicht trifft also nach wie vor originär die Krankenkassen, nachdem der Gesetzgeber § 140a Abs. 3 Satz 2 SGB V aF und die hier ursprünglich vorgesehene Verpflichtung der Leistungserbringer zur Information angesichts des damit verbundenen Zeit- und Kostenaufwandes gestrichen hat. Dennoch wird diese Informationspflicht in der Praxis häufig gerade wieder im Wege der vertraglichen Vereinbarungen (zusätzlich) auf die Leistungserbringer übertragen, die ohnehin den Großteil der organisatorischen Abwicklung übernehmen. Mit dem GKV-VSG wurden insofern zwar die speziellen Informationspflichten aus § 140a SGB V gestrichen, es bleiben allerdings die allgemeinen Auskunfts- und Beratungspflichten (§ 13 ff. SGB V), aus denen sich vorstehende Rechte bzw. Pflichten ohne Weiteres ableiten lassen. 39

VII. Besondere Versorgung, Gesamtvergütung und Finanzierung

Vormals war in § 140c Abs. 1 SGB V festgehalten, dass IV-Verträge die jeweilige Vergütung selbst festlegen. Aus ihr waren bzw. sind sodann alle Leistungen, die von den teilnehmenden Versicherten in Anspruch genommen werden, zu vergüten. Dies galt gemäß § 140c Abs. 1 S. 2 SGB V auch für die Inanspruchnahme von Leistungen von nicht an der IV teilnehmenden Leistungserbringern, soweit Versi- 40

---

47 Orlowski, a. a. O § 140a SGB V, Rn. 17.
48 BT-Dr. 18/11205, 63.

cherte an sie zumindest von teilnehmenden Leistungserbringern entweder überwiesen wurden oder die Leistungen aus sonstigen, im IV-Vertrag geregelten Gründen berechtigt in Anspruch genommen wurden.

41 Gemäß § 140d SGB V hatten die Vertragspartner nach § 87a Abs. 2 S. 1 SGB V den Behandlungsbedarf nach § 87a Abs. 3 S. 2 SGB V insoweit entsprechend der Zahl und Morbiditätsstruktur der am Vertrag teilnehmenden an der integrierten Versorgung teilnehmenden Versicherten sowie dem im Vertrag nach § 140a SGB V vereinbarten Versorgungsbedarf zu bereinigen.

42 Auch diese Regelungen sah der Gesetzgeber letztlich aber als entbehrlich an, da es Bestandteil der Vertragsfreiheit ist, dass die Vertragsparteien frei über Inhalte und Gestaltung der Vergütung entscheiden können. Nach dem GKV-VSG gilt es nun gemäß § 140a Abs. 6 SGB V somit nur darauf hinzuweisen, dass für die Bereinigung des Behandlungsbedarfs nach § 87a Abs. 3 S. 2 der § 73b Abs. 7 entsprechend gilt. Falls eine Vorabeinschreibung der teilnehmenden Versicherten nicht möglich ist, kann eine rückwirkende Bereinigung vereinbart werden. Die Krankenkasse kann bei BV-/IV-Verträgen auf die Bereinigung allerdings auch verzichten, wenn das voraussichtliche Bereinigungsvolumen einer Krankenkasse für einen solchen Vertrag geringer ist als der Aufwand für die Durchführung dieser Bereinigung. Der Bewertungsausschuss hat in seinen Vorgaben gemäß § 87a Abs. 5 S. 7 zur Bereinigung und zur Ermittlung der kassenspezifischen Aufsatzwerte des Behandlungsbedarfs auch Vorgaben zur Höhe des Schwellenwertes für das voraussichtliche Bereinigungsvolumen, unterhalb dessen von einer basiswirksamen Bereinigung abgesehen werden kann, zu der pauschalen Ermittlung und Übermittlung des voraussichtlichen Bereinigungsvolumens an die Vertragspartner nach § 73b Abs. 7 S. 1 sowie zu dessen Anrechnung beim Aufsatzwert der betroffenen Krankenkasse zu machen.

43 Nach der ehemals geltenden Anschubfinanzierung (§ 140d Abs. 1 SGB V aF) zur Förderung der IV hatte jede Krankenkasse in den Jahren 2004-2006 finanzielle Mittel iHv bis zu 1 % von der Gesamtvergütung sowie den Krankenhausrechnungen einzubehalten, soweit diese Mittel zur Umsetzung der i.V.-Verträge erforderlich waren. Durch das Vertragsarztrechtänderungsgesetz ist die Dauer der Anschubfinanzierung sodann noch bis zum ein 31.12.2008 verlängert worden, sodann aber ausgelaufen.

VIII. Besondere Versorgung und Vergaberecht

44 Umstritten war, ob und inwieweit Aufträge über Leistungen nach dem SGB V dem nationalen oder europäischen Vergaberecht unterfallen, da die §§ 140a-140d SGB V dazu keine explizite Regelung enthielten, § 69 SGB V ua aber mittlerweile sogar explizit vorsieht, dass der vierte Teil des GWB anwendbar ist. Allein vom Wortlaut ausgehend war diese Frage daher mittlerweile schon zu bejahen. Und auch der Gesetzgeber hat bei seinen Erwägungen zur Umgestaltung des § 140a SGB V im Wege des GKV-VSG nun darauf hingewiesen, dass die Verpflichtung zur öffentlichen Ausschreibung (bisher § 73c Abs. 3 S. 3 aF) sich nach § 69 Abs. 2 S. 4 iVm dem dortigen Verweis auf das EU-Recht ergibt und damit, weil somit selbstverständlich, entbehrlich sei.[49]

45 Demgegenüber wurde bis zur letzten Reform des § 69 SGB V und auch noch darüber hinaus die Ansicht vertreten, dass jeweils im Einzelfall zu prüfen ist, ob die Anwendungsvoraussetzungen des Vergaberechts beim Abschluss von IV-Verträgen zu erfüllen sind. Dies ist dann nämlich immer der Fall, wenn es sich um die Beschaffung eines öffentlichen Auftraggebers handelt, ein öffentlicher Auftrag vorliegt, die Auftragssumme den maßgeblichen Schwellenwert erreicht bzw. überschreitet und kein Ausnahmetatbestand gegeben ist.

46 Der EuGH hat inzwischen allerdings entschieden, dass gesetzliche Krankenkassen als „öffentliche Auftraggeber" iSd Vergaberechts anzusehen sind. Denn sie sind durch Gesetz gegründete, juristische Personen des öffentlichen Rechts, die ohne Gewinnerzielungsabsicht den im Allgemeininteresse liegenden Zweck verfolgen, Aufgaben im Zusammenhang mit der Gesundheit der Bevölkerung zu erfüllen.[50]

47 Gehen sie als Körperschaften des öffentlichen Rechts BV-/IV-Verträge ein, kann dies auch je nach Ausgestaltung der Vertragsbeziehungen als „öffentlicher Auftrag" iSd § 99 GWB zu werten sein, da hierunter entgeltliche Verträge öffentlicher Auftraggeber mit Leistungserbringern über die Beschaffung von Waren- oder Dienstleistungen zu verstehen sind. Überschreiten die „Aufträge" den Schwellenwert von 200.000 Euro netto, ist auf jeden Fall das europäische Vergaberecht zu beachten. Relevant ist bei einer derart konkreten Betrachtung nur noch, ob es sich bei dem Abschluss des BV-/IV-Vertrages um einen echten Beschaffungsvorgang und nicht nur eine von der Anwendung des Vergaberechts ausge-

---

49 BT-Dr. 18/4095, 126.
50 EuGH GesR 2009, 431 ff.

nommene Dienstleistungskonzession handelt, bei der der Leistungserbringer das überwiegend wirtschaftliche Risiko trägt. Maßgeblich hierfür ist, ob eine im vorherein bindende Auswahl zwischen verschiedenen Wettbewerbern getroffen wird. Soweit dies nicht der Fall ist, sondern der Vertrag für alle potenziellen Leistungserbringer geöffnet ist, die nicht diskriminierende Kriterien für die Teilnahme erfüllen können, wird ein „öffentlicher Auftrag" begrifflich im Ergebnis verneint.[51] Andernfalls wird regelmäßig davon auszugehen sein, dass Krankenkassen vor Abschluss eines Selektivvertrages ein Vergabeverfahren durchzuführen haben.[52] Anderes soll nach teilweise vertretener Ansicht jedoch gelten, wenn die in Frage stehende Hauptleistung eines BV/IV-Vertrages die Erbringung ärztlicher und/oder pflegerischer Dienstleistungen sei, da insoweit unter Berücksichtigung von Art. 21 der RL 2004/18/EG iVm Anhang VII Nr. 25 der EU-Verordnung 213/2008 die Ausschreibung als Gesundheitsleistung nicht dem Kartellrecht unterliege.[53]

§§ 140 b bis 140 d (nicht mehr belegt)

Zwölfter Abschnitt
Beziehungen zu Leistungserbringern europäischer Staaten

§ 140 e Verträge mit Leistungserbringern europäischer Staaten

Krankenkassen dürfen zur Versorgung ihrer Versicherten nach Maßgabe des Dritten Kapitels und des dazugehörigen untergesetzlichen Rechts Verträge mit Leistungserbringern nach § 13 Absatz 4 Satz 2 in anderen Mitgliedstaaten der Europäischen Union, in den Vertragsstaaten des Abkommens über den Europäischen Wirtschaftsraum oder in der Schweiz abschließen.

Literatur:
Christophers/Göricke, Rehabilitationsleistungen in der EU nach § 140 e SGB V, ZESAR 2006, 349; *Rixen*, Das europäisierte SGB V, ZESAR 2004, 24; *Kingreen*, Ein neuer rechtlicher Rahmen für einen Binnenmarkt für Gesundheitsleistungen, NZS 2005, 505; *Fuhrmann/Heine*, Medizinische Rehabilitation im europäischen Ausland und Qualitätssicherung, NZS 2006, 341.

I. Entstehungsgeschichte

Die geltende Fassung des § 140 e resultiert aus Art. 4 Nr. 4 des Gesetzes zur Koordinierung der sozialen Systeme in Europa vom 22.6.2011 (BGBl. I, 1202). Er novelliert die ursprünglich zum 1.1.2004 durch Art. 1 Nr. 118 des GKV-Modernisierungsgesetzes vom 14.11.2003 (BGBl. I, 2190) eingeführte Regelung zu Vertragsschlüssen zwischen Krankenkassen und Leistungserbringern aus dem europäischen Ausland. Die vor 2004 an der Stelle platzierte Regelung zur integrierten Versorgung wurde mit dem GKV-ModernisierungsG aufgehoben.[1]

1

II. Normzweck und europarechtlicher Kontext

Der Gesetzgeber will mit § 140 e den Krankenkassen die Möglichkeit eröffnen, zur Versorgung ihrer Versicherten mit Leistungserbringern in anderen EU- und EWR-Staaten sowie der Schweiz Verträge zu schließen.[2] Mittels solcher Verträge findet das die gesetzliche Krankenversicherung in Deutschland prägende Sachleistungsprinzip (§ 2 Abs. 2) auch bei grenzüberschreitenden Gesundheitsleistungen Anwendung.[3] Die Gesetzesbegründung spricht anschaulich von einem „auf Vertrag gegründeten Sachleistungsprinzip".[4] Zugleich wird das sozialrechtliche Territorialitätsprinzip (s. § 30 Abs. 1 SGB I) modifiziert, wenn sich ausländische Leistungsanbieter dem deutschen Leistungs(erbringungs)recht freiwillig

2

---

51 Vgl. Baumann in: jurisPK-SGB V, 2. Aufl. 2012, § 140 b SGB V, Rn. 87ff.
52 Kaltenborn in: Beschaffung von Sozialleistungen durch Vergabe, 2011, S. 47 ff.
53 Engelmann, juris-pk-SGB V, 1. Aufl. 2007, § 69 Rn. 244; Adolf, aaO, Rn. 127.
1 Details zur Normgeschichte etwa bei Adolf in: jurisPK-SGB V, § 140 e Rn. 1 f.; Engelhard in: Hauck/Noftz, SGB V, § 140 e Rn. 1; Engels in: Krauskopf, § 140 e SGB V Rn. 1 f.
2 BT-Dr. 15/1525, 132.
3 Harich in: BeckOK SozR, SGB V, § 140 e Rn. 1.
4 BT-Dr. 15/1525, 132.

unterwerfen.[5] Verträge gemäß § 140 e bewirken somit „eine Internationalisierung des Sachleistungsprinzips und damit eine transnationale Erweiterung des inländischen krankenversicherungsrechtlichen Leistungsrechts".[6]

3 § 140 e ergänzt das „europäisierte" Leistungsrecht nach § 13 Abs. 4 und 5.[7] Dort ist als Ausnahme vom Sachleistungsprinzip eine Kostenerstattung bei der Inanspruchnahme von grenzüberschreitenden Versorgungsleistungen (→ § 13 Rn. 35 ff.) vorgesehen. § 140 e bewirkt gleichsam die Rückausnahme – eine grenzüberschreitende Sachleistung.

4 Der Einbezug von ausländischen Leistungserbringern in das Sachleistungssystem nach dem Dritten Kapitel des SGB V ist **europarechtlich nicht zwingend geboten**. Die in § 140 e vorgesehene Form der grenzüberschreitenden Versorgung **tritt neben die** durch § 13 Abs. 4, 5 umgesetzten **Rechte aus der RL 2011/24/EU** (Patientenrichtlinie)[8] sowie die Ansprüche aus dem Koordinierungssozialrecht[9] (→ § 13 Rn. 7 ff.) und verdrängt sie nicht.[10] Versicherte dürfen nicht darauf verwiesen werden, einen ausländischen Leistungserbringer in Anspruch zu nehmen, mit dem ein Vertrag nach § 140 e geschlossen wurde.[11]

III. Gesetzliche Vorgaben und Vertragsfolgen

5 **Taugliche Vertragspartner** sind einerseits die inländischen gesetzlichen Krankenkassen,[12] andererseits ausländische Leistungserbringer aus den im Gesetz genannten Staaten nach Maßgabe des § 13 Abs. 4 S. 2 (→ § 13 Rn. 36). Vertragspartei kann ein Leistungserbringer demnach nur sein, wenn (a) er im europäischen Ausland (EU/EWR/Schweiz) ansässig ist und (b) Bedingungen des Zugangs und der Ausübung seines Berufes sekundärrechtlich harmonisiert sind oder er schlicht im Krankenversicherungssystem des Sitzstaates zur Versorgung Versicherter zugelassen ist. Geeignete Leistungserbringer wären etwa Krankenhäuser, Ärzte, Apotheken oder Anbieter von Hilfsmitteln.[13]

6 Im Schrifttum wird teilweise in Frage gestellt, ob die Einhaltung der in Deutschland geltenden Qualitätsanforderungen hinreichend gewährleistet ist, wenn bloß auf die Zulassung zur Versorgung im Ausland abgestellt wird.[14] In diesem Fall komme den deutschen Krankenkassen eine „besondere Prüfungsverantwortung" und „intensive Überwachungspflicht" zu.[15]

7 Der **Abschluss** eines Vertrages nach § 140 e liegt **im Ermessen** der Krankenkassen.[16] Sie werden zum Vertragsschluss ermächtigt (Vertragsabschlusskompetenz)[17] und haben bei der Wahrnehmung dieser Befugnis den Wirtschaftlichkeitsgrundsatz (§§ 2 Abs. 1, 12, 70 Abs. 1 S. 2) zu beachten.[18] Das europarechtliche Diskriminierungsverbot wirkt gleichfalls ermessensleitend.[19] Die Verträge können als Einzelverträge zwischen einer Krankenkasse und einem Leistungserbringer oder als Gruppenverträge mit mehreren Vertragspartnern auf einer oder beiden Seiten ausgestaltet werden[20] – mit vergabe- und wettbewerbsrechtlichen Folgefragen.

8 Die **Rechtsnatur der Verträge** ergibt sich aus den materiellrechtlichen Vorgaben des SGB V. Es handelt sich in innerstaatlicher Perspektive um öffentlich-rechtliche Verträge gemäß § 53 SGB X, die zugleich

---

5 Engelhard in: Hauck/Noftz, SGB V, § 140 e Rn. 12; sächs. LSG,16.4.2008, L 1 KR 16/05. Zur Modifikation des Territorialprinzips durch das Europarecht näher Heinig, Territorialität sozialer Sicherheit und transnationale soziale Rechte in: Bast/Rödl (Hrsg.), Europarecht Beiheft 1/2013, 31 ff.
6 Schuler in: LPK-SGB V, § 140 e Rn. 2.
7 Rixen, ZESAR 2004, 24 ff.
8 ABl.EU L 88 vom 4.4.2011, 48 ff.
9 VO (EG) Nr. 883/2004, ABl.EU L 166 vom 30.4.2004, 1 ff.
10 Schuler in: LPK-SGB V, § 140 e Rn. 2, 10; Kingreen, NZS 2005, 505, 510.
11 Kingreen in: Becker/Kingreen, § 140 e Rn. 2; Wenner in: Eichenhofer/Wenner, § 140 e Rn. 6.
12 Vgl. zu Detailfragen Rixen, ZESAR 2004, 25, 29.
13 Wenner in: Eichenhofer/Wenner, § 140 e Rn. 5.
14 Kingreen, NZS 2005, 505, 509 ff.
15 Adolf in: jurisPK-SGB V, § 140 e Rn. 17.
16 Engelhard in: Hauck/Noftz, SGB V, § 140 e Rn. 9.
17 Rixen, ZESAR 2004, 24, 29.
18 Schuler in: LPK-SGB V § 140 e Rn. 6.
19 Kingreen in: Becker/Kingreen, § 140 e Rn. 4; Wenner in: Eichenhofer/Wenner, § 140 e Rn. 5.
20 Engels in: Krauskopf, § 140 e SGB V Rn. 31; Schuler in: LPK-SGB V, § 140 e Rn. 4.

dem Internationalen Verwaltungsrecht zuzurechnen sind.[21] Deshalb wird in der Literatur die Aufnahme von Vertragsklauseln zum anwendbaren Recht und zum Gerichtsstand empfohlen.[22]

Vertragsgegenstand sind einerseits die gegenüber den Versicherten zu erbringenden Versorgungsleistungen, andererseits die dafür seitens der Krankenkasse geschuldete Vergütung. Der Leistungserbringer rechnet direkt gemäß vertraglicher Leistungsvereinbarung bei der Krankenkasse ab; eine Einbeziehung in das kollektivvertragliche Gesamtvergütungssystem (s. § 85) sieht das Gesetz nicht vor.[23]

Die Leistungserbringung hat nach Maßgabe der für inländische Versorgungsanbieter geltenden Rechtsvorschriften (ua auch der Richtlinien des Gemeinsamen Bundesausschusses nach § 92) zu erfolgen.[24] § 140 e stellt **keine eigene Anspruchsgrundlage** zugunsten des Versicherten dar, sondern wirkt sich auf seine Möglichkeiten aus, sein Leistungsrecht gemäß dem Dritten Kapitel des SGB V wahrzunehmen.[25] Leistungsrecht und Leistungserbringungsrecht laufen wie bei rein inländischen Leistungsbeziehungen kongruent.[26] Die Versorgung hat wirksam, ausreichend, zweckmäßig und wirtschaftlich zu erfolgen.[27] Verträge nach § 140 e ähneln insoweit Einzelverträgen zur integrierten Versorgung (→ §§ 140 a Rn. 19 ff.).[28] Der seitens der Krankenkassen dem Versicherten geschuldete Leistungsumfang wird durch Verträge nach § 140 e weder beschränkt noch erweitert. Der Versicherte soll Leistungen wie im Inland erhalten. Dies ist Ausdruck der Grundlogik der Norm, den „Normalzustand" des Sachleistungsprinzips über die territorialen Grenzen zu erstrecken. Folglich greifen auch die Bedingungen und Restriktionen des Leistungsanspruchs, etwa Vorschriften über Zuzahlungen.[29] Da nach der Rechtsprechung des BSG im Inland bei stationären Behandlungen kein freies Wahlrecht des Patienten hinsichtlich der Einrichtung besteht, sondern die Krankenkasse auf kostengünstigere Alternativen verweisen darf, greift dieser Vorbehalt auch für Leistungsanbieter, mit denen ein Vertrag gemäß § 140 e geschlossen wurde.[30]

Im Schrifttum werden die **Vorteile** herausgestrichen, die Verträge nach § 140 e für Patienten wie Krankenkassen bieten: Patienten müssen, anders als bei einer Liquidierung nach § 13 Abs. 4 nicht in Vorkasse gehen und tragen kein Kostenrisiko.[31] Die Krankenkassen wiederum können auf die bekannten Steuerungs- und Kontrollinstrumente des Leistungsrechts im Inland zurückgreifen. Gleichwohl spielen Verträge mit Leistungserbringern im europäischen Ausland **in der Praxis kaum eine Rolle**,[32] sieht man von Rehabilitationsleistungen durch ausländische Kureinrichtungen einmal ab.[33] Das liegt einerseits an Faktoren, die generell der Inanspruchnahme von grenzüberschreitenden Versorgungsleistungen Grenzen setzen (Sprachbarrieren, Bedürfnis nach ortsnaher Krankenbehandlung zwecks sozialer Kontaktpflege; mangelnde Kenntnisse über vertragsgemäße Behandlungsangebote – wiewohl eine Informationspflicht seitens der Krankenkassen besteht).[34] Andererseits sind die Zahlungsmodalitäten für die Krankenkassen unattraktiv, weil der Einbezug in das kollektivvertragliche Vergütungssystem mit seinen Budgetierungs- und Kappungswirkungen fehlt.[35] Zudem besteht in Deutschland schlicht kein fak-

---

21 Zum Internationalen Verwaltungsrecht näher etwa Möllers/Voßkuhle/Walter (Hrsg.), Internationales Verwaltungsrecht, 2007.
22 Schuler in: LPK-SGB V, § 140 e Rn. 5; Fischinger in: Spickhoff, Medizinrecht, § 140 e Rn. 6; Rixen, ZESAR 2004, 25, 30.
23 Schuler in: LPK-SGB V, § 140 e Rn. 8.
24 Engels in: Krauskopf, § 140 e SGB V Rn. 24.
25 Kingreen, NZS 2005, 505, 507.
26 Missverständlich deshalb Engelhard in: Hauck/Noftz, SGB V, § 140 e Rn. 12 a, der pauschal schreibt, die Vorschriften des Leistungserbringungsrechts fänden keine Anwendung. § 140 e ist sachlich wie in der systematischen Stellung gerade dem Leistungserbringungsrecht zugeordnet; wie hier Schuler in: LPK-SGB V, § 140 e Rn. 7, 9.
27 Schuler in: LPK-SGB V, § 140 e Rn. 7.
28 Schuler in: LPK-SGB V, § 140 e Rn. 7.
29 Hess in: KassKomm, § 140 e SGB V Rn. 3.
30 LSG Rh.-Pf., 10.4.2012, L 5 KR 49/12 B ER.
31 Kingreen in: Becker/Kingreen, § 140 e Rn. 2; Wenner in: Eichenhofer/Wenner, § 140 e Rn. 3; Fischinger in: Spickhoff, Medizinrecht, § 140 e Rn. 3.
32 Harich in: BeckOK SozR, SGB V, § 140 e Rn. 2.
33 Zu Rehabilitationsleistungen Christophers/Göricke, ZESAR 2006, 349 ff.; Fuhrmann/Heine, NZS 2006, 341 ff.
34 BT-Dr. 15/1525, S. 132; Fischinger in: Spickhoff, Medizinrecht, § 140 e SGB V Rn. 1. Zu Hemmnissen aus empirischer Sicht s. Flash Eurobarometer Nr. 210, Cross-border health services in the EU – analytic report, 2007; verfügbar unter http://ec.europa.eu/public_opinion/flash/fl_210_en.pdf.
35 Ausführlich zum Problem Kingreen, NZS 2005, 505, 508 ff.

tischer Bedarf an einer flächendeckenden Versorgung unter Rückgriff auf grenzüberschreitende Gesundheitsleistungen und damit an einem rechtlichen Regelungsbedarf durch Vertrag.[36]

Dreizehnter Abschnitt
Beteiligung von Patientinnen und Patienten, Beauftragte oder Beauftragter der Bundesregierung für die Belange der Patientinnen und Patienten

§ 140 f Beteiligung von Interessenvertretungen der Patientinnen und Patienten

(1) Die für die Wahrnehmung der Interessen der Patientinnen und Patienten und der Selbsthilfe chronisch kranker und behinderter Menschen maßgeblichen Organisationen sind in Fragen, die die Versorgung betreffen, nach Maßgabe der folgenden Vorschriften zu beteiligen.

(2) ¹Im Gemeinsamen Bundesausschuss nach § 91 und in der Nationalen Präventionskonferenz nach § 20 e Absatz 1 erhalten die für die Wahrnehmung der Interessen der Patientinnen und Patienten und der Selbsthilfe chronisch kranker und behinderter Menschen auf Bundesebene maßgeblichen Organisationen ein Mitberatungsrecht; die Organisationen benennen hierzu sachkundige Personen. ²Das Mitberatungsrecht beinhaltet auch das Recht zur Anwesenheit bei der Beschlussfassung. ³Die Zahl der sachkundigen Personen soll höchstens der Zahl der von dem Spitzenverband Bund der Krankenkassen entsandten Mitglieder in diesem Gremium entsprechen. ⁴Die sachkundigen Personen werden einvernehmlich von den in der Verordnung nach § 140 g genannten oder nach der Verordnung anerkannten Organisationen benannt. ⁵Bei Beschlüssen des Gemeinsamen Bundesausschusses nach § 56 Abs. 1, § 92 Abs. 1 Satz 2, § 116 b Abs. 4, § 135 b Absatz 2 Satz 2, den §§ 136 bis 136 b, 136 d, 137 a, 137 b, 137 c und 137 f erhalten die Organisationen das Recht, Anträge zu stellen. ⁶Der Gemeinsame Bundesausschuss hat über Anträge der Organisationen nach Satz 5 in der nächsten Sitzung des jeweiligen Gremiums zu beraten. ⁷Wenn über einen Antrag nicht entschieden werden kann, soll in der Sitzung das Verfahren hinsichtlich der weiteren Beratung und Entscheidung festgelegt werden. ⁸Entscheidungen über die Einrichtung einer Arbeitsgruppe und die Bestellung von Sachverständigen durch einen Unterausschuss sind nur im Einvernehmen mit den benannten Personen zu treffen. ⁹Dabei haben diese ihr Votum einheitlich abzugeben.

(3) ¹Die auf Landesebene für die Wahrnehmung der Interessen der Patientinnen und Patienten und der Selbsthilfe chronisch kranker und behinderter Menschen maßgeblichen Organisationen erhalten in
1. den Landesausschüssen nach § 90 sowie den erweiterten Landesausschüssen nach § 116 b Absatz 3,
2. dem gemeinsamen Landesgremium nach § 90 a,
3. den Zulassungsausschüssen nach § 96 und den Berufungsausschüssen nach § 97, soweit Entscheidungen betroffen sind über
    a) die ausnahmsweise Besetzung zusätzlicher Vertragsarztsitze nach § 101 Absatz 1 Satz 1 Nummer 3,
    b) die Befristung einer Zulassung nach § 19 Absatz 4 der Zulassungsverordnung für Vertragsärzte,
    c) die Ermächtigung von Ärzten und Einrichtungen,
4. den Zulassungsausschüssen nach § 96, soweit Entscheidungen betroffen sind über
    a) die Durchführung eines Nachbesetzungsverfahrens nach § 103 Absatz 3 a,
    b) die Ablehnung einer Nachbesetzung nach § 103 Absatz 4 Satz 9,

ein Mitberatungsrecht; die Organisationen benennen hierzu sachkundige Personen. ²Das Mitberatungsrecht beinhaltet auch das Recht zur Anwesenheit bei der Beschlussfassung. ³Die Zahl der sachkundigen Personen soll höchstens der Zahl der von den Krankenkassen entsandten Mitglieder in diesen Gremien entsprechen. ⁴Die sachkundigen Personen werden einvernehmlich von den in der Verordnung nach § 140 g genannten oder nach der Verordnung anerkannten Organisationen benannt.

(4) ¹Bei einer Änderung, Neufassung oder Aufhebung der in § 21 Abs. 2, § 112 Absatz 5, § 115 Abs. 5, § 124 Abs. 4, § 125 Abs. 1, § 126 Abs. 1 Satz 3, § 127 Absatz 1 a Satz 1, Absatz 5 b und 6, §§ 132 a, 132 c Absatz 2, § 132 d Abs. 2, § 133 Absatz 4 und § 217 f Absatz 4 a vorgesehenen Rahmenempfehlungen, Empfehlungen und Richtlinien des Spitzenverbandes Bund der Krankenkassen, des Hilfsmittelverzeichnisses nach § 139 sowie bei der Bestimmung der Festbetragsgruppen nach § 36

---

36 Fuchs, NZS 2004, 225, 230.

Abs. 1 und der Festsetzung der Festbeträge nach § 36 Abs. 2 wirken die in der Verordnung nach § 140 g genannten oder nach der Verordnung anerkannten Organisationen beratend mit. ²Das Mitberatungsrecht beinhaltet auch das Recht zur Anwesenheit bei der Beschlussfassung. ³Wird ihrem schriftlichen Anliegen nicht gefolgt, sind ihnen auf Verlangen die Gründe dafür schriftlich mitzuteilen.

(5) ¹Die sachkundigen Personen erhalten Reisekosten nach dem Bundesreisekostengesetz oder nach den Vorschriften des Landes über Reisekostenvergütung, Ersatz des Verdienstausfalls in entsprechender Anwendung des § 41 Abs. 2 des Vierten Buches sowie einen Pauschbetrag für Zeitaufwand in Höhe eines Fünfzigstels der monatlichen Bezugsgröße (§ 18 des Vierten Buches) für jeden Kalendertag einer Sitzung. ²Der Anspruch richtet sich gegen die Gremien, in denen sie als sachkundige Personen mitberatend tätig sind.

(6) ¹Die in der Verordnung nach § 140 g genannten oder nach der Verordnung anerkannten Organisationen sowie die sachkundigen Personen werden bei der Durchführung ihres Mitberatungsrechts nach Absatz 2 vom Gemeinsamen Bundesausschuss durch geeignete Maßnahmen organisatorisch und inhaltlich unterstützt. ²Hierzu kann der Gemeinsame Bundesausschuss eine Stabstelle Patientenbeteiligung einrichten. ³Die Unterstützung erfolgt insbesondere durch Organisation von Fortbildung und Schulungen, Aufbereitung von Sitzungsunterlagen, koordinatorische Leitung des Benennungsverfahrens auf Bundesebene und bei der Ausübung des in Absatz 2 Satz 4 genannten Antragsrechts. ⁴Der Anspruch auf Unterstützung durch den Gemeinsamen Bundesausschuss gilt ebenso für die Wahrnehmung der Antrags-, Beteiligungs- und Stellungnahmerechte nach § 137 a Absatz 4 und 7, § 139 a Absatz 5 sowie § 139 b Absatz 1. ⁵Der Anspruch auf Übernahme von Reisekosten, Aufwandsentschädigung und Verdienstausfall nach Absatz 5 besteht auch für die Teilnahme der sachkundigen Personen an Koordinierungs- und Abstimmungstreffen sowie an Fortbildungen und Schulungen nach Satz 3.

(7) ¹Die in der Verordnung nach § 140 g genannten oder nach der Verordnung anerkannten Organisationen sowie die sachkundigen Personen werden bei der Durchführung ihres Mitberatungsrechts nach Absatz 3 von den Landesausschüssen nach § 90 unterstützt. ²Die Unterstützung erstreckt sich insbesondere auf die Übernahme von Reisekosten, Aufwandsentschädigung und Verdienstausfall entsprechend Absatz 5 für jährlich bis zu sechs Koordinierungs- und Abstimmungstreffen, auf Fortbildungen und Schulungen der sachkundigen Personen sowie auf die Durchführung des Benennungsverfahrens nach Absatz 3 Satz 4.

(8) ¹Die in der Verordnung nach § 140 g genannten oder nach der Verordnung nach § 140 g anerkannten Organisationen erhalten für den Aufwand zur Koordinierung ihrer Beteiligungsrechte einen Betrag in Höhe von 120 Euro für jede neu für ein Gremium benannte sachkundige Person. ²Der Anspruch richtet sich gegen das jeweilige Gremium, in dem die sachkundige Person tätig ist. ³Der Anspruch ist durch den von den anerkannten Organisationen gebildeten Koordinierungsausschuss geltend zu machen.

Literatur:

Becker-Schwarze, Kollektive Patientenrechte durch das GKV-Modernisierungsgesetz, GesR 2004, 215; *Dierks/Höhna*, Die Patientenvertretung im Gemeinsamen Bundesausschuss, A&R 2011, 99; *Ebsen*, Patientenpartizipation in der gemeinsamen Selbstverwaltung der GKV: Ein Irrweg oder ein Desiderat?, MedR 2006, 528; *Etgeton*, Neue Betroffenenbeteiligung beim Verwaltungsrat des MDK, SozSich 2015, 237; *Francke/Hart*, Bürgerbeteiligung im Gesundheitswesen, 2001; *Geiger*, Die rechtliche Organisation kollektiver Patienteninteressen, 2006; *Geiger*, Patientenbeteiligung im Gemeinsamen Bundesausschuss, MedR 2015, 304; *Hahn*, Neue Patientenrechte im Krankenversicherungsrecht, SGb 2015, 144; *Heberlein*, Die Aufgabenstellung des Gemeinsamen Bundesausschusses und die Rolle der Patientenvertretung, in: Jahrbuch für Kritische Medizin und Gesundheitswissenschaften 42 (2005), Patientenbeteiligung im Gesundheitswesen; *Köster*, Betroffenenperspektive trifft auf Systemerfordernisse, KrV 2010, 357; *Maier-Rigaud*, Der Patient als rationaler Verbraucher?, SF 2013, 51; *Marburger*, Stärkung und Erweiterung von Patientenrechten, SuP 2016, 207; *Mühlbauer/Teupen*, Gemeinsamer Bundesausschuss und Institut für Qualität und Wirtschaftlichkeit im Gesundheitswesen – Aufgaben und Struktur unter Berücksichtigung der Patientenbeteiligung, DMW 2014, 147; *Pitschas*, Mediatisierte Patientenbeteiligung im Gemeinsamen Bundesausschuss als Verfassungsproblem, MedR 2006, 451; *Schlacke*, Kontrolle durch Patientenbeteiligung im Medizin- und Gesundheitssystem, in: Schmehl/Wallrabenstein, Steuerungsinstrumente im Recht des Gesundheitswesens, Bd. III: Kontrolle, 2007, S. 41; *Taupitz*, Die Vertretung kollektiver Patienteninteressen, MedR 2003, 7; *Wallerath*, Der Organstreit in der Sozialgerichtsbarkeit, SGb 2015, 484.

I. Allgemeines 1
    1. Normzweck und Entstehungsgeschichte 1
    2. Systematische Einbindung 5
II. Beteiligung in die Versorgung betreffenden Fragen (Abs. 1) 7
III. Mitwirkung im G-BA und in der Nationalen Präventionskonferenz (Abs. 2) 9
    1. Umfang der Mitwirkung 10
    2. Mitwirkungsberechtigte 14
IV. Mitwirkung in Ausschüssen auf Landesebene (Abs. 3) 20
V. Andere Mitwirkungsrechte 22
VI. Rechtsfolgen einer Missachtung des Antragsrechts und Rechtsschutz 24
VII. Reisekostenerstattung und Aufwendungsersatz (Abs. 5, 6 S. 5, Abs. 7 S. 2, Abs. 8) 26
VIII. Unterstützung durch den Gemeinsamen Bundesausschuss (Abs. 6) und die Landesausschüsse (Abs. 7) 28

I. Allgemeines

1 **1. Normzweck und Entstehungsgeschichte.** Die Vorschrift wurde durch das GMG vom 14.11.2002[1] mWv 1.1.2004 neu eingefügt. Sie regelt die kollektive Wahrnehmung der Interessen von Patientinnen und Patienten sowie der Selbsthilfe chronisch kranker und behinderter Menschen durch Beteiligung der für die Interessenwahrnehmung maßgeblichen Organisationen an Entscheidungen im Rahmen des Leistungserbringungsrechts.[2]

2 Als „Maßnahme zur Stärkung der Patientensouveränität" bezweckt die Einräumung kollektiver Beteiligungsrechte ebenso wie die Einrichtung eines Patientenbeauftragten (§ 140 h) und die Förderung von Einrichtungen der Patienten- und Verbraucherberatung (§ 65 b) sowie der Selbsthilfe (§ 20 c) eine stärkere Einbindung von Versicherten in die Entscheidungsprozesse.[3] Die Stärkung der Patientensouveränität durch **Partizipation** (freilich nicht in Form einer echten Mitentscheidung) ist Teil einer umfassenden strukturellen Reform, die bereits vom Sachverständigenrat zur Begutachtung der Entwicklung im Gesundheitswesen,[4] wenn auch nicht in der hier geregelten Form, angeregt worden war. Technologischer Fortschritt und demografischer Wandel, insbesondere aber die zunehmende Zahl älterer Menschen erfordern nicht nur einen zielgerichteten Einsatz der Beitragsmittel bei einer gleichzeitig hochwertigen und angepassten medizinischen Versorgung der Versicherten, sondern uU auch Priorisierungs- und Rationierungsentscheidungen. Der Gesetzgeber förderte außerdem den Wettbewerb unter den Krankenkassen und Leistungserbringern. Die stärkere Berücksichtigung von Patienteninteressen in Systementscheidungen des Gesundheitswesens ist eine Folge des Umstands, dass Patienten- und Versicherteninteressen in einem solchen System nicht mehr notwendig übereinstimmen und Patienteninteressen folglich nicht mehr allein durch die Krankenkassen als Selbstverwaltungsorganisationen und Sachwalter der Versicherten in der gebotenen Weise vertreten sind.[5] Reaktion auf „allgegenwärtige Komplexitätserhöhung", der Wunsch nach Anreicherung der Informationsquellen und Verbreiterung der Informationsbasis durch Einbeziehung externen Sachverstands in Gestalt „sachkundiger Personen", die Begrenzung unsachlicher interessengeleiteter Einflussnahmen auf Entscheidungsprozesse und für die Gewährleistung eines sachgerechten Interessenausgleichs, deliberativ-kooperative Funktion, Kontrolle sowie Erhöhung der Akzeptanz der Gemeinsamen Selbstverwaltung werden als weitere tragende Gründe genannt.[6] Das mit der Patientenbeteiligung verfolgte Legitimationskonzept ist unsicher.[7]

3 Den Grundsatz formuliert Abs. 1. Abs. 2 bis 4 regeln Beteiligungsrechte in Form von Mitberatungs- bzw. Mitwirkungsrechten der Organisationen in Steuerungs- und Entscheidungsgremien sowie das Recht zur Antragstellung bei versorgungsrelevanten Beschlüssen des G-BA. Die Ausübung der Beteiligungsrechte obliegt von diesen Organisationen einvernehmlich benannten „sachkundigen" Personen. Abs. 5 regelte die Ansprüche dieser Personen auf Reisekostenerstattung.

4 Das Vertragsarztrechtsänderungsgesetz[8] erstreckte mWv 1.1.2007 Abs. 2 bis 4 das Mitberatungsrecht der Patientenorganisationen über die Mitwirkung in der Beratung hinaus auf das Recht zur Anwesen-

---

1 BGBl. I, 2190.
2 Eine vergleichbare, wenn auch noch weniger ausgearbeitete Regelung der Betroffenenpartizipation findet sich für die Pflegeversicherung in § 118 SGB XI (→ SGB XI § 118 Rn. 3).
3 BT-Dr. 15/1525, 72, 132.
4 BT-Dr. 15/530, 94 ff.
5 Ebsen, MedR 2006, 528, 531; Schuler-Harms, Soziale Infrastruktur im Gesundheitswesen – Der ambulante Sektor, in: Fehling/Ruffert (Hrsg.), Regulierungsrecht, 2010, § 15 Rn. 167; Wallerath, SGb 2015, 484, 485.
6 Schlacke, Patientenbeteiligung, S. 53 f. BSG, 14.5.2014, B 6 KA 29/13 R, juris Rn. 28; LSG Bln-Bbg, 27.5.2015, L 7 KA 113/12 KL, juris Rn. 52; Wallerath, SGb 2015, 484, 485.
7 Ebsen, MedR 2006, 528, 531; Pitschas, MedR 2006, 451 (455); Dierks/Höhna, A&R 211, 99, 104; Schuler-Harms, Soziale Infrastrukturen im Gesundheitswesen (Fn. 4), § 15 Rn. 168.
8 Gesetz v. 22.12.2006, BGBl. I, 3439.

heit bei der Beschlussfassung. In Abs. 5 wurde der Kostenerstattungsanspruch der Patientenvertretenden in Gremien auf eine Aufwandsentschädigung erstreckt. Der durch GKV-WSG[9] eingefügte Abs. 6 regelt die Unterstützung der Patientenorganisationen durch die Geschäftsstelle des G-BA. In Abs. 4 wurden neben redaktionellen Änderungen die Mitberatungsrechte für Empfehlungen oder Richtlinien unter Mitwirkung der Krankenkassenseite, die neu aufgenommene spezialisierte ambulante Palliativversorgung betreffend, erweitert.[10] Das GKV-VStG schaffte mWv 1.1.2012[11] den Beirat der Arbeitsgemeinschaft für Datentransparenz nach § 303 b ab, da die Umsetzung der Datentransparenzregelungen nicht mehr im Rahmen der Selbstverwaltung wahrgenommen werden sollte (§ 303 a); als Folgeregelung wurde die Mitwirkung der Patienten- und Selbsthilfeorganisation an diesem Gremium in § 140 f gestrichen. In Bezug auf die elektronische Gesundheitskarte regelt nunmehr § 291 b Abs. 2 Nr. 4 das Erfordernis einer Verankerung der Beteiligung von drei Vertreterinnen oder Vertretern der Patienteninteressen im Beirat der Gesellschaft für Telematik. Die kollektiven Beteiligungsrechte der Patienten- und Selbsthilfeorganisationen wurden im PatRG vom 20.2.2013[12] fortgeschrieben. Ein vom Bundesrat vorgeschlagenes Stimmrecht für die Beschlussfassung über die VerfO G-BA[13] wurde nicht aufgenommen, um das Gleichgewicht der Stimmverhältnisse im Ausschuss als grundlegendes Prinzip der paritätischen Selbstverwaltung nicht in Frage zu stellen.[14] Abs. 2 S. 6, 7 verpflichten nunmehr aber den G-BA, über Anträge einer Organisation in der jeweils nächsten Sitzung zu beraten und, sofern über einen Antrag nicht entschieden werden kann, das weitere Beratungs- und Entscheidungsverfahren festzulegen. In Abs. 3 wurden neben redaktionellen Änderungen Mitwirkungsrechte in neu geschaffenen Landesgremien (§ 90 a, vgl. § 140 f Abs. 3 Nr. 2) aufgenommen. Ein Recht zur Mitwirkung besteht nun auch an außerordentlichen Entscheidungen, die Nachbesetzung von Vertragsarztsitzen (§ 103 Abs. 3 a, Abs. 4 S. 9, vgl. § 140 f Abs. 3 Nr. 4) und die Befristung von Zulassungen nach § 19 Abs. 4 Ärzte-ZV (§ 140 f Abs. 3 Nr. 3 b). Der Anwendungsbereich des Mitberatungsrechts nach Abs. 4 wurde modifiziert und erweitert. Das PrävG[15] erstreckte mWv 25.7.2015 die Patientenbeteiligung gem. § 2 auf die Nationale Präventionskonferenz nach § 20 e Abs. 1, der mit dem gleichen Änderungsgesetz eingefügt worden war. Mit dem GKV-VSG[16] wurde mWv 23.7.2015 durch Änderung des Abs. 3 S. 1 Nr. 1 die Beteiligung auf die erweiterten Landesausschüsse für ambulante spezialfachärztliche Versorgung nach § 116 b Abs. 3 erstreckt und Abs. 7 neu eingefügt, der eine Unterstützung der anerkannten Organisationen und sachkundigen Personen bei ihrer Tätigkeit, insbesondere durch Übernahme von Reisekosten, Aufwandsentschädigungen und Verdienstausfall, durch die Landesausschüsse nach § 90 vorsieht. MWv 29.12.2015[17] wurde Abs. 2 ergänzt und die Beteiligung der Patientenorganisationen auf Entscheidungen des G-BA über die Einrichtung einer Arbeitsgruppe und die Bestellung von Sachverständigen durch einen Unterausschuss erstreckt. Auf kleinere redaktionelle Änderungen mWv 1.1.2016[18] folgte eine weitere redaktionelle Änderung[19] und eine sachliche Modifikation der Vorschrift durch das HHVG.[20] Es erstreckte mWv 11.4.2017 die beratende Mitwirkung der Patientenorganisationen auf Rahmenempfehlungen des SpiBuKK zur Sicherung der Qualität in der Hilfsmittelversorgung gemäß dem neu eingeführten § 127 Abs. 5 b (§ 140 f Abs. 4 S. 1). Neu eingefügt wurde Abs. 8, der den Aufwand der Patientenorganisationen bei der Koordinierung der Beteiligungen in den verschiedenen Gremien berücksichtigt. Im Verlauf des Gesetzgebungsverfahrens wurde außerdem eine Erweiterung des Abs. 6 um zwei Sätze aufgenommen, die die Ansprüche auf Unterstützung durch den G-BA und die

---

9 GKV-Wettbewerbsstärkungsgesetz v. 26.3.2007, BGBl. I, 378.
10 BT-Dr. 16/4247, 153.
11 GKV-Versorgungsstrukturgesetz v. 22.12.2011, BGBl. I, 2983.
12 Patientenrechtegesetz vom 20.2.2013, BGBl. I, 277.
13 BT-Dr. 17/10488, 49.
14 BT-Dr. 17/10488, 58.
15 Gesetz zur Stärkung der Gesundheitsförderung und der Prävention (Präventionsgesetz – PrävG) vom 17.7.2015, BGBl. I, 1368.
16 GKV-Versorgungsstärkungsgesetz vom 16.7.2015, BGBl. I, 1211.
17 Gesetz für sichere digitale Kommunikation und Anwendungen im Gesundheitswesen sowie zur Änderung weiterer Gesetze vom 21.12.2015, BGBl. I, 2408.
18 Gesetz zur Reform der Strukturen der Krankenhausversorgung (Krankenhausstrukturgesetz – KHSG) vom 10.12.2015 mit Änderung von Verweisungen in § 140 f Abs. 2 S. 5.
19 Änderung in § 140 f Abs. 4 S. 1.
20 Gesetz zur Stärkung der Heil- und Hilfsmittelversorgung (Heil- und Hilfsmittelversorgungsgesetz – HHVG) vom 4.4.2017, BGBl. I, 778.

Übernahme von Reisekosten, Aufwandsentschädigung und Verdienstausfall nach Abs. 5 erweitern bzw. präzisieren.[21]

5 **2. Systematische Einbindung.** Die Vorschrift regelt zusammen mit der Verordnungsermächtigung in § 140 g die kollektive Patientenbeteiligung an Entscheidungen der Selbstverwaltung im Gesundheitswesen. Der in Abs. 2–4 aufgenommene Katalog von Entscheidungen, an denen Patienten- und Selbsthilfeorganisationen durch Antragsstellung und Beratung mitwirken, ist nicht abschließend. Mitwirkungsrechte regeln auch § 116 b Abs. 5 für Entscheidungen über Aufnahme von Erkrankungen in die ambulante spezialfachärztliche Versorgung, § 130 b für Entscheidungen der Schiedsstelle über pharmazeutische Arzneimittel und § 135 Abs. 2 S. 6 für Entscheidungen über die Erforderlichkeit eines besonderen Fachkundenachweises.
Kriterien und Verfahren der Maßgeblichkeit regeln die PatBetV[22] auf der Grundlage der Ermächtigung in § 140 g sowie die am 21.4.2004 von den maßgeblichen Organisationen geschlossene „Vereinbarung über Kriterien für die Benennung sachkundiger Personen zur Wahrnehmung der Mitberatungsrechte nach § 140 f SGB V".[23] Die Mitwirkung im G-BA (§ 140 f Abs. 2) ist in der GeschO G-BA[24] und der VerfO, die jeweils der Zustimmung des BMG bedürfen (§ 91 Abs. 4 Nr. 2),[25] näher ausgestaltet. Die GeschO G-BA regelt insbesondere zahlreiche verfahrensrechtliche Befugnisse der benannten sachkundigen Personen.

6 Die kollektive Beteiligung von Patienten- und Selbsthilfeorganisationen steht in Bezug auf Menschen mit Behinderungen in sachlichem Zusammenhang mit dem UN-Übereinkommen über die Rechte von Menschen mit Behinderungen (UN-BRK). Die Ausgestaltung etwa von Bewertungsverfahren des G-BA mit einem Antragsrecht des Deutschen Behindertenrats ist eine angemessene verfahrensrechtliche Sicherung des Diskriminierungsverbots aus Art. 5 Abs. 2 UN-BRK sowie – spezifisch – aus Art. 25 S. 3 lit. f. UN-BRK.[26]

II. Beteiligung in die Versorgung betreffenden Fragen (Abs. 1)

7 Den Grundsatz der Beteiligung in Fragen, die die Versorgung betreffen, regelt Abs. 1. Grundsätzlich **beteiligungsfähig** sind **Verbände**, die Patienteninteressen zur Geltung bringen, sowie Selbsthilfeorganisationen chronisch kranker und behinderter Menschen. Die Beteiligung setzt eine Anerkennung durch das zuständige Ministerium voraus nach § 140 g voraus (→ § 140 g Rn. 3 ff.).

8 Der Begriff der **Versorgung** umfasst GKV-Versorgung in einem weiten Sinn. Die Beteiligung beschränkt sich nicht auf Angelegenheiten der jeweils vertretenen Patientengruppe, solange es nicht nur um organisations-, personal- und finanzrechtliche Fragen der Beteiligung geht.[27] Der Gesetzgeber behält sich aber die Bestimmung des konkreten Anwendungsbereichs vor: Das Recht zur Beteiligung besteht „nach Maßgabe der nachfolgenden Vorschriften" und wird in § 140 f Abs. 2, 4 und weiteren Vorschriften näher beschrieben. Die hier vorgesehene Mitwirkung bezieht sich auf Neufassung, Änderungen und Aufhebung der jeweiligen Rechtsakte. Die den maßgeblichen Organisationen mögliche Beteiligung wird in Abs. 2–6 ausgestaltet.

III. Mitwirkung im G-BA und in der Nationalen Präventionskonferenz (Abs. 2)

9 Abs. 2 regelt mit Bezug auf § 91 eine umfassende Mitwirkung der maßgeblichen Organisationen an **Verfahren des G-BA**, soweit diese Fragen die Versorgung betreffen (vgl. Abs. 1). Die Mitwirkung erfolgt im Plenum, in den zur Vorbereitung seiner Beratungen und Beschlussfassungen eingesetzten Unterausschüssen und in den von diesen eingesetzten Arbeitsausschüssen. Ausdrücklich wurde in S. 8 die Beteiligung an Entscheidungen über die Einrichtung einer Arbeitsgruppe und die Bestellung von Sachverständigen in Unterausschüssen des G-BA aufgenommen und damit die Patientenbeteiligung insgesamt gestärkt.[28] Im Finanzausschuss des G-BA ist wegen der Beschränkung auf Fragen der Versorgung

---

21 BT-Dr. 18/11205, 26.
22 Verordnung zur Beteiligung von Patientinnen und Patienten (Patientenbeteiligungsverordnung) vom 19.12.2003, zuletzt geändert durch das Patientenrechtegesetz v. 20.2.2013 (BGBl. I, 277).
23 Jeweils aktuelle Fassung abrufbar unter www.g-ba.de.
24 Geschäftsordnung des G-BA vom 17.7.2008, abrufbar unter www.g-ba.de in der jeweils aktuellen Fassung.
25 Verfahrensordnung vom 18.12.2008, abrufbar unter www.g-ba.de in der jeweils aktuellen Fassung.
26 Vgl. BSG, 10. 5. 2012, B 1 KR 78/11 B.
27 Kaempfe in: Becker/Kingreen, § 140 f Rn. 5.
28 BT-Dr. 18/6905, S. 69.

die Beteiligung auf einzelne Sitzungen und einen Gast-Status für den Fall beschränkt, dass Belange der Patienten betroffen sind (§ 26 Abs. 4 S. 3 GeschO).

Mit dem Ausbau der Aufgaben Gesundheitsförderung und Prävention sowie der Schaffung institutioneller Vorkehrungen wurde die Patientenbeteiligung auf die neuen Aufgaben ausgeweitet. Die Aufgabe der Entwicklung und Fortschreibung der **nationalen Präventionsstrategie** und damit eine zentrale Steuerungsaufgabe wurde einem neuen Gremium, der Nationalen Präventionskonferenz übertragen, der ua Akteure der korporativen gesundheitlichen Selbstverwaltung im Gesundheitswesen angehören (→ § 20 e Rn. 3). Auch die Patientenorganisationen sind nun dort vertreten. Ihre Mitwirkungsrechte entsprechen denen im G-BA.

9a

1. Umfang der Mitwirkung. Abs. 2 unterscheidet zwischen einem umfassenden Recht zur Mitberatung, einem Einvernehmen und einem Recht zur Antragstellung in gesondert aufgeführten Fällen. Das **Mitberatungsrecht** umfasst mehr als ein Recht zur Anhörung und Stellungnahme, aber kein Stimmrecht bei der Beschlussfassung (vgl. § 4 Abs. 1 S. 3 PatBetV). Es wird in der GeschO und der VerfO des G-BA näher ausgestaltet. Umfasst ist ein Recht zur Anwesenheit in Sitzungen einschließlich der Beschlussfassung (vgl. § 140 f Abs. 2 S. 2, § 3 Abs. 4 S. 1 GeschO G-BA), Rederecht sowie das Recht zur Mitberatung in den die Patientenbeteiligung betreffenden Verfahrensfragen. Ein Antragsrecht und damit ein Recht, Beschlüsse des G-BA zu initiieren, steht den Organisationen außerhalb der ausdrücklich genannten Entscheidungen nicht zu (Umkehrschluss aus S. 5). Die GeschO G-BA sieht aber die Abstimmung der Vorsitzenden von Unter- und Arbeitsausschüssen mit den Patientenvertretenden vor Erstellung der Tagesordnung und der Sitzungsniederschrift vor (§ 20 Abs. 2 S. 5, § 21 Abs. 4 S. 4). Bestellt ein Unterausschuss Sachverständige, sind Vorschläge der Patientenvertretenden zu berücksichtigen (§ 20 Abs. 6 S. 2). In Beschlussentwürfen der Unterausschüsse sind Stellungnahmen der Patientenvertretenden in ihren wesentlichen Punkten mit Begründung wiederzugeben (§ 5 Abs. 4 S. 2 Hs. 2), auch in schriftlichen Verfahren (§ 9 Abs. 3 S. 2). Die Organisationen können einen Beschlussentwurf, der von dem des Unterausschusses abweicht, im Plenum zur Beratung und zur Abstimmung stellen (§ 5 Abs. 4 S. 3). Der Vorsitzende des G-BA hat die Beschlussbegründung mit den Patientenvertretenden abzustimmen (§ 4 Abs. 2 S. 2 VerfO G-BA). Trotz fehlendem Antragsrecht räumen GeschO und VerfO Antragsrechte in Verfahrensfragen ein. So können bei Zweifeln, ob eine Entscheidung als wesentliche im Plenum des G-BA zu behandeln ist, die Patientenvertretenden eine Entscheidung des Plenums über die Wesentlichkeit beantragen (§ 3 Abs. 2 S. 3 VerfO G-BA). § 10 Abs. 1 S. 4 GeschO G-BA sieht ein Antragsrecht zur Ausschließung der Öffentlichkeit vor. Alle Patientenvertretenden zusammen können außerdem die Unterbrechung einer Sitzung vor der Abstimmung und gesonderte Beratung beantragen (§ 15 Abs. 4 GeschO G-BA).

10

Ein effektives Mitberatungsrecht erfordert frühzeitige Beteiligung sowie rechtzeitige und vollständige **Verfügbarkeit der erforderlichen Unterlagen und Informationen**; die in § 4 Abs. 3 PatBetV für die Beteiligungsrechte nach § 140 f Abs. 4 ausgesprochenen Anforderungen konkretisieren die die Effektivität der Mitwirkung. Verfahrensrechtlicher Ausdruck ist das Recht, vor Beschlussfassung eines Gremiums über eine Beratung nicht rechtzeitig eingegangener Unterlagen mit einem Votum gehört zu werden (§ 13 Abs. 2 S. 5 GeschO G-BA). Die Organisationen nach Abs. 1 können außerdem die in der Datenaufbereitungsstelle nach § 303 d verfügbaren Daten nutzen (§ 303 e Abs. 1 S. 1 Nr. 13). § 91 Abs. 2 S. 4 regelt die Pflicht zur Vertraulichkeit über geheimhaltungsbedürftige Unterlagen und Informationen im G-BA.

11

Für prozedurale Entscheidungen, die typischerweise in Unterausschüssen des G-BA getroffen werden, wie die Einrichtung einer Arbeitsgruppe oder die Bestellung von Sachverständigen, normiert Abs. 2 S. 8 das Erfordernis des **Einvernehmens** mit den von Patientenorganisationen benannten Personen, mithin ein Mitentscheidungsrecht,[29] mit dem die Wirksamkeit der Patientenbeteiligung im Entscheidungsprozess nochmals gestärkt wird. Um Handlungsfähigkeit der Unterausschüsse zu erhalten, fordert S. 9 die einheitliche Abgabe des Votums. Der Gesetzesbegründung ist zu entnehmen, dass im Falle der uneinheitlichen Positionierung der Patientengruppen das Einvernehmen als erteilt gelten soll;[30] diese Rechtsfolge sollte aus Gründen der Rechtsklarheit in die Regelung selbst aufgenommen werden. Weitere Regeln für die Zusammenarbeit von G-BA und Patientenorganisationen glaubt der Gesetzgeber bislang vermeiden zu können: Der federführende Ausschuss des Bundestages drückt seine Erwar-

12

---

29 Vgl. Groß, Einheit und Vielfalt der öffentlichen Verwaltung, in: Hoffmann-Riem/Schmidt-Aßmann/Voßkuhle (Hrsg.), Grundlagen des Verwaltungsrechts, Bd. I, 2. A. 2012, § 13 Rn. 106.
30 BT-Dr. 18/6095, S. 69.

tung aus, dass die bestehende Praxis des G-BA, mit der Patientenvertretung etwa bei der Gestaltung der Tagesordnungen, bei Vertagungen und beim Inhalt von Sitzungsniederschriften Einvernehmen zu erzielen, in Zukunft erhalten bleibt.[31]

13 Ein **Recht zur Antragstellung** besteht nach S. 4 für Richtlinien über die prothetische Regelversorgung nach § 56 Abs. 1 iVm § 55, für die in § 91 Abs. 1 S. 2 genannten Richtlinien, für Richtlinien mit Bezug auf die ambulante spezialfachärztliche Versorgung im Krankenhaus (§ 116 b Abs. 4), für Richtlinien zur Qualitätssicherung und Qualitätsbeurteilung nach § 135 b Abs. 2 S. 2, §§ 136–136 b, § 136 d, §§ 137 a–137 b, für Beschlüsse und Richtlinien zur Bewertung von Untersuchungs- und Behandlungsmethoden im Krankenhaus nach § 137 c sowie Richtlinien zu strukturierten Behandlungsprogrammen bei chronischen Krankheiten nach § 137 f. § 116 b Abs. 5 regelt ein Antragsrecht in Bezug auf die Aufnahme weiterer schwerer Verlaufsformen mit besonderen Krankheitsverläufen, seltener Erkrankungen und Erkrankungszustände sowie hochspezialisierter Leistungen in den Katalog nach § 116 b Abs. 4. § 139 b Abs. 1 S. 2 räumt ein Recht zur Beauftragung der Beteiligung des IQWiG ein, an dessen Bewertungsverfahren die Organisationen ebenfalls mitwirken können (§ 139 a Abs. 5). Das Antragsrecht bezieht sich auf Plenumsbeschlüsse des G-BA (vgl. § 5 Abs. 1 S. 1 VerfO). Es kann schriftlich oder – in den Sitzungen (vgl. § 9 Abs. 1 GeschO) – mündlich ausgeübt werden. Durch PatRG vom 20.2.2013 wurde geregelt, dass Anträge in der nächsten Sitzung des jeweiligen Gremiums zu beraten und, wenn über einen Antrag nicht entschieden werden kann, in dieser Sitzung das Verfahren hinsichtlich der weiteren Beratung und Entscheidung festzulegen sind (§ 140 f Abs. 2 S. 6, 7).

14 **2. Mitwirkungsberechtigte.** Das Recht zur Mitberatung wird durch „sachkundige Personen" wahrgenommen (Abs. 2 S. 1 Hs. 2).[32] Die Kriterien der erforderlichen Sachkunde sind weder im Gesetz oder der PatBetV niedergelegt noch lassen sie sich aus diesen Regelwerken konkretisieren. Die Benennung erfolgt durch die maßgeblichen Organisationen, die neben der Repräsentation der betroffenen Personen- und Interessenkreise nicht zuletzt aufgrund ihrer mindestens dreijährigen Tätigkeit (§ 1 Nr. 4 PatBetV) und der Gewähr für eine sachgerechte Aufgabenerfüllung (§ 1 Nr. 5) auch Anhaltspunkte für eine gewisse Sachkunde bieten. Die vertretenden Personen müssen jedoch nicht diesen Organisationen angehören, sondern lediglich von ihnen benannt werden. Auch eine Befugnis des G-BA zur Ablehnung von Personen wegen mangelnder Sachkunde ist nicht vorgesehen.[33] Das in § 4 Abs. 1 S. 2 PatBetV genannte Erfordernis, dass mindestens die Hälfte der Benannten selbst Betroffene sein sollen, sowie das Verfahrenserfordernis einvernehmlicher Benennung durch die maßgeblichen Organisationen (§ 140 f Abs. 2 S. 4) deuten ebenfalls eher auf ein **Kreationsprinzip der Repräsentanz** als auf eines der Sachkunde hin. Immerhin sollen sachkundige Personen zu spezifischen Themen benannt werden (§ 4 Abs. 1 S. 2 PatBetV).[34] Auch der Begriff der Betroffenheit wird nicht näher präzisiert; Personen, die selbst chronisch krank oder Angehörige chronisch Kranker sind und damit als „Betroffene" in Betracht kommen,[35] ziehen hieraus nach nicht näher erläuterter Auffassung des Gesetzgebers „Kompetenz";[36] ebenso aber „repräsentieren" sie die einschlägigen Interessen und Belange.

15 **Kriterien für die Benennung** sachkundiger Personen enthält eine Vereinbarung der maßgeblichen Organisationen vom 21.4.2004.[37] Sie konkretisiert im **Wege der Selbstregulierung**[38] den unbestimmten und verfassungsrechtlich fragwürdigen[39] gesetzlichen Kreationsmodus. Sachkunde umfasst hiernach Fachkompetenz durch eine entsprechende freiwillige oder berufliche Tätigkeit in der Patientenselbsthilfe oder Patientenberatung sowie Vernetzungskompetenz im eigenen Organisationsbereich, um über die individuelle Betroffenheit oder die Einzelfallberatung hinaus die Belange von Patientinnen und Patienten allgemein oder im Hinblick auf eine spezifische Thematik vor dem Hintergrund der in den jeweiligen Organisationen gebündelten Erfahrungen vertreten zu können. Der Nachweis der Fachkunde erfolgt durch Darstellung der ausgeübten freiwilligen oder beruflichen Tätigkeit oder der in der jeweiligen Organisation wahrgenommenen Funktion. Eigene Betroffenheit genügt hiernach zum Nachweis

---

31 BT-Dr. 18/6095, 69.
32 Den Begriff der „sachkundigen Person" verwendet auch § 5 Abs. 1 PflBetV auf Grundlage des § 118 SGB XI, → SGB XI § 118 Rn. 14; in § 118 SGB XI selbst findet er sich nicht.
33 Kaempfe in: Becker/Kingreen, § 140 f Rn. 7.
34 Vgl. BT-Dr. 15/1525, 132.
35 Vgl. Hänlein in: LPK-SGB V, § 140 f Rn. 9.
36 BT-Dr. 15/1525, 132 f.
37 Abrufbar unter www.gba.de (zuletzt abgerufen am 1.5.2017).
38 Nicht etwa als Beleihung, vgl. LSG Bln-Bbg, 27.2.2013, L 7 KA 108/11 KL, juris Rn. 49 f. (nrkr).
39 Kritik zB bei: Becker-Schwarze, GesR 2004, 215; Pitschas, MedR 2006, 451; Ebsen, MedR 2006, 528.

der Sachkunde nicht. Erforderlich ist außerdem persönliche und fachliche Unabhängigkeit gegenüber den Leistungserbringern, Krankenkassen und ihren Verbänden sowie die Bereitschaft zur Transparenz, was die eigenen Tätigkeiten und Verpflichtungen betrifft. Bei der Benennung sachkundiger Personen ist außerdem § 4 Abs. 1 PatBetV zu beachten, wonach jeweils die Hälfte der sachkundigen Personen Betroffene sein sollen.

Die Bestimmung der **Zahl** zu benennender sachkundiger Personen ist der einvernehmlichen Entscheidung der Organisationen überlassen. Um ein zahlenmäßiges Gleichgewicht zu den „Bänken" der Krankenkassen und Leistungserbringer zu wahren, soll die Zahl der sachkundigen Personen der Zahl der vom SpiBu KK in den G-BA entsandten Mitglieder entsprechen (§ 140 f Abs. 2 S. 3). An themenbezogenen Sitzungen können folglich bis zu fünf benannte Personen teilnehmen (vgl. § 91 Abs. 2 S. 1). Bei einer Vielzahl von Beratungsthemen begrenzt § 11 Abs. 4 GeschO G-BA die Höchstzahl „im Regelfall" auf zehn und gesteht dann je fünf sachkundigen Personen ein Rederecht pro spezifischem Thema zu. Zu den Unterausschüssen sind sechs Personen zugelassen (§ 18 Abs. 5 GeschO). Die Mitwirkungsrechte in Unterausschüssen werden von einem Sprecher/ einer Sprecherin ausgeübt, die ihrerseits von den sachkundigen Personen „einvernehmlich und einheitlich" benannt werden (vgl. § 20 Abs. 2 GeschO). In gewissem Umfang können Mitwirkungsrechte auch durch Mitglieder der Stabsstelle Patientenbeteiligung (→ Rn. 28) ausgeübt werden.

Die Benennung der sachkundigen Personen erfolgt schriftlich gegenüber der Geschäftsstelle des G-BA (§ 7 Abs. 1 S. 1 GeschO). Sie kann sich auf einzelne Sitzungen und spezifische Themen beziehen. Die für spezifische Themen Benannten bleiben zur Mitberatung berechtigt, so lange sie nicht ihren Verzicht gegenüber der Geschäftsstelle erklären oder eine andere Vertretung an ihrer Stelle ordnungsgemäß, dh einvernehmlich und schriftlich, benannt wird (vgl. § 7 Abs. 2 GeschO). Eine Amtszeit ist für die Patientenvertretung nicht vorgesehen.

Die **Ausübung des Antragsrechts** ist den Organisationen selbst vorbehalten (vgl. Abs. 2 S. 5, 6). Üben die in den Gremien tätigen Patientenvertretenden das Antragsrecht aus, so stellen sie Anträge namens und im Auftrag der maßgeblichen Organisationen. Das Recht zur Mitberatung steht den sachkundigen Personen als eigenes Recht zu (Abs. 5 S. 2).[40] Die GeschO G-BA räumt ihnen Teilnahme und Rederecht (§ 11 Abs. 4 S. 3 iVm § 7 Abs. 1 S. 3), Recht auf rechtzeitige Übersendung der Sitzungsunterlagen (§ 13 Abs. 1 S. 2, Abs. 2 S. 5) sowie das Recht ein, den Ausschluss der Öffentlichkeit (§ 10 Abs. 1 S. 4) zu beantragen. Allen benannten sachkundigen Personen steht gemeinsam das Recht zu, die Unterbrechung der Sitzung (§ 15 Abs. 4 S. 1) sowie bei Zweifeln über die Wesentlichkeit der den G-BA als Institution betreffenden Fragen dessen Entscheidung zu beantragen (§ 3 Abs. 2 S. 3).

Das Rechtsverhältnis zwischen benennender Patientenorganisation und benannter sachkundiger Person entzieht sich einfacher Einordnung in bekannte Kategorien. Der Gesetzgeber macht vor allem hier von seinem **Organisationserfindungsrecht** Gebrauch. In Betracht kommt die Einordnung als Beauftragung mit der eigenverantwortlichen Aufgabenwahrnehmung,[41] die weder verwaltungsrechtliches Mandat noch Auftrag iSv §§ 662 ff. BGB ist. Im Verhältnis zum G-BA ist die benannte sachkundige Person weder Beliehene[42] noch – mangels Zuordnung der benennenden Organisation zur Verwaltung (→ Rn. 8) Verwaltungshelferin.[43] Die der Patientenorganisation zustehenden Rechte übt die sachkundige Person nicht als eigene aus.[44] Soweit ihre verfahrensrechtliche Stellung unabhängig von der benennenden Organisation ausgestaltet wurde (→ Rn. 18), was im Einzelfall durch Auslegung zu ermitteln ist, stehen ihr die eingeräumten Verfahrensbefugnisse als eigene Rechte zu.

IV. Mitwirkung in Ausschüssen auf Landesebene (Abs. 3)

Auch in den Landesausschüssen nach § 90, den erweiterten Landesausschüssen nach § 116 b Abs. 3, dem gemeinsamen Landesgremium nach § 90 a, den Zulassungsausschüssen nach § 96 und den Berufungsausschüssen nach § 97 haben die Patientenvertretenden ein **Mitberatungsrecht** (vgl. Abs. 3 S. 1 Hs. 1), das durch PatRG vom 20.2.2013[45] erheblich erweitert wurde. Die Mitwirkung beschränkt sich nun in den Zulassungs- und Berufungsausschüssen auf Beschlüsse über die ausnahmsweise Besetzung

---

40 Vgl. LSG Bln-Bbg, 27.2.2013, L 7 KA 108/11 KL, juris Rn. 36 ff. (nrkr); 12.11.2013, L 9 KR 262/13 B ER, juris Rn. 6.
41 Wallerath, SGb 2015, 484, 487.
42 BSG, 14.5.2014, B 6 KA 29/13 R.
43 AA möglicherweise Wallerath, SGb 2015, 484, 487.
44 BSG, 14.5.2014, B 6 KA 29/13 R; zustimmend Wallerath, SGb 2015, 484, 491.
45 BGBl. I, 277.

zusätzlicher Vertragsarztsitze nach § 101 Abs. 1 Nr. 3, die Ermächtigung von Ärzten in Einrichtungen und – neuerdings – die Befristung einer Zulassung nach § 19 Abs. 4 der Zulassungsverordnung für Ärzte. In den Zulassungsausschüssen ist eine Patientenvertretung bei Entscheidungen über die Durchführung eines Nachbesetzungsverfahrens nach § 103 Abs. 3a und die Ablehnung einer Nachbesetzung nach § 103 Abs. 4 S. 9 vorgesehen. Ein sachlich unbeschränktes Mitberatungsrecht haben die maßgeblichen Organisationen in den Landesausschüssen nach § 90 und dem neu geschaffenen gemeinsamen Landesgremium nach § 90 a. In letzterem wirken sie unter anderem an der Erarbeitung von Empfehlungen zu sektorenübergreifenden Versorgungsfragen (§ 90 a Abs. 1) sowie an Stellungnahmen mit Bezug auf die Aufstellung und Anpassung von Bedarfsplänen nach § 99 Abs. 2, § 100 Abs. 1 S. 1, Abs. 3 sowie § 103 Abs. 1 S. 1 mit.

21 Das Mitberatungsrecht besteht im Umfang des Mitberatungsrechts nach Abs. 2 (→ Rn. 15, 19). Ein Recht zur Antragstellung besteht in diesen Gremien nicht. Die Mitwirkung durch Mitberatung erfolgt auch in den Landesgremien durch sachkundige, von den maßgeblichen Organisationen benannte Personen. Wortlaut und Systematik des Abs. 3 S. 1 Hs. 2 und S. 4 lassen erkennen, dass die Personen von den auf Bundesebene genannten oder anerkannten Organisationen nach Abs. 1 und 2 benannt werden. Die Gesetzesbegründung geht davon aus, dass die Landesverbände der maßgeblichen Organisationen geeignete Personen einvernehmlich benennen und damit zugleich auf Landesebene maßgebliche Organisationen vertreten sein werden.[46]

V. Andere Mitwirkungsrechte

22 Abs. 4 zählt Entscheidungen anderer Gremien auf, an deren Entscheidungen die maßgeblichen Organisationen durch sachkundige Personen mitwirken. Bei den aufgezählten Entscheidungen handelt es sich überwiegend um (Rahmen-)Empfehlungen des SpiBuKK, vereinzelt auch um **Rahmenvereinbarungen mit Leistungserbringern**. Die Mitwirkung beschränkt sich im Rahmen des Abs. 4 auf eine Mitberatung durch die nach der PatBetV genannten oder auf ihrer Grundlage anerkannten, mithin die maßgeblichen Organisationen iSv Abs. 1. § 4 Abs. 3 PatBetV schreibt eine frühzeitige Beteiligung der Patientenvertretung vor. Die erforderlichen Unterlagen sind den maßgeblichen Organisationen rechtzeitig und vollständig zur Verfügung zu stellen und eine angemessene Frist zur Stellungnahme einzuräumen. Die Patientenvertretung kann durch Teilnahme an Sitzungen der entscheidenden Gremien (vgl. das Recht auf Anwesenheit der Beschlussfassung, Abs. 4 S. 2), mithin mündlich, oder schriftlich ausgeübt werden. Wird einem schriftlichen Anliegen der Organisationen nicht gefolgt, so sind ihnen auf ihr Verlangen die Gründe hierfür schriftlich mitzuteilen (Abs. 4 S. 3).

23 Ein Recht zur Mitwirkung besteht außerhalb des Abs. 4 bei Entscheidungen von **Schiedsstellen** nach § 130 b Abs. 5. Die maßgeblichen Organisationen sind außerdem in Vereinbarungen der **Bundesmantelverträge** einzubeziehen, die ärztliche und zahnärztliche Leistungen mit besonderem Fachkundebedarf, besonderem Ausstattungsbedarf oder anderen besonderen Anforderungen an die Versorgungsqualität betreffen (§ 135 Abs. 2 S. 5). Kollektive Patientenbeteiligung ist auch für die **Bewertungsverfahren des IQWiG** vorgesehen. Dieses hat in allen wichtigen Abschnitten des Verfahrens Gelegenheit zur Stellungnahme zu geben und Stellungnahmen in seine Entscheidung einzubeziehen (§ 139 a Abs. 5). Auch in dem Beirat, der die Gesellschaft für **Telematik** in fachlichen Belangen beraten soll, sind drei Sitze für die Organisationen nach Abs. 1 vorzusehen; § 291 b Abs. 2 Nr. 4 regelt das Erfordernis einer entsprechenden Verankerung des Beteiligungsrechts im Gesellschaftsvertrag. § 99 Abs. 1 S. 4 sieht schließlich ein Mitwirkungsrecht bei der **Bedarfsplanung auf Landesebene** in Form eines Rechts zur Stellungnahme schon vor Befassung des jeweiligen Landesausschusses vor.

VI. Rechtsfolgen einer Missachtung des Antragsrechts und Rechtsschutz

24 Die Missachtung des Antragsrechts begründet einen Verfahrensfehler und folglich die Rechtswidrigkeit des jeweiligen Beschlusses oder der Vereinbarung. Vereinbarungen, die als koordinationsrechtliche öffentliche Verträge iSv § 53 Abs. 1 S. 1 SGB X einzustufen sind, bleiben dennoch gültig (Umkehrschluss aus § 58 Abs. 2 SGB X). Vom G-BA unter Verletzung des Mitwirkungsrechts beschlossene Richtlinien können vom BMG binnen zwei Monaten nach Vorlage beanstandet werden (§ 94 Abs. 1). Richtlinien, die ohne Patientenbeteiligung erlassen werden, sind auch bei Nichtbeanstandung nach allgemeinen Grundsätzen nichtig.

---

46 BT-Dr. 15/1525, 133.

Die Mitwirkungsrechte nach Abs. 2 ua begründen subjektiv-öffentliche Rechte und damit die Klagebefugnis für die Erhebung einer Nichtigkeitsfeststellungsklage.[47] Die Organisationen nach Abs. 1 haben außerdem eine Klagebefugnis für die gerichtliche Feststellung des Bestehens oder Nichtbestehens eines Antragsrechts im Wege eines In-sich-Streits.[48] Antrags- und Mitwirkungsrechte, die der Organisation zustehen, können von der sie ausübenden sachkundigen Person nicht als eigene Rechte eingeklagt werden; eine Klagebefugnis für Rechtsstreitigkeiten über die Reichweite ihrer Mitwirkungsrechte bejaht die Rechtsprechung gleichwohl.[49] Streitigkeiten über die Benennung sachkundiger Personen und die Reichweite ihrer Mitwirkungsrechte sind wegen ihrer Einordnung in das Leistungserbringungsrecht der GKV vor den Sozialgerichten auszutragen.[50]

25

VII. Reisekostenerstattung und Aufwendungsersatz (Abs. 5, 6 S. 5, Abs. 7 S. 2, Abs. 8)

Die sachkundigen Personen können von den Gremien, in denen sie mitberatend tätig sind, Ersatz bestimmter Verluste und Aufwendungen verlangen. Erstattungsfähig sind Reisekosten nach dem BReiseKG oder (für die Mitwirkung in Gremien auf Landesebene) nach landesrechtlichen Vorschriften. Ersetzt wird in entsprechender Anwendung des § 41 Abs. 2 SGB IV auch der für Sitzungstage zu verbuchende Verdienstausfall in Gestalt des Bruttoverdienstes sowie der den Arbeitnehmeranteil übersteigenden Beiträge, die die Patientenvertretenden als ehrenamtlich Tätige nach der Vorschrift des SGB VI über die Beitragstragung andernfalls selbst zu tragen hätten. Der Aufwendungsersatz umfasst einen Pauschbetrag als Ausgleich für den für Sitzungen eingesetzten in Höhe eines Fünfzigstels der monatlichen Bezugsgröße nach § 18 SGB IV. Die Berechnungsgrundlagen erläutert die Gesetzesbegründung.[51] Abs. 6 S. 5 stellt klar, dass der Anspruch auf Übernahme der Aufwendungen durch den G-BA auch für die Teilnahme der sachkundigen Personen an Koordinierungs- und Abstimmungstreffen sowie an Fortbildungen und Schulungen nach S. 3 besteht. Ähnlich formuliert Abs. 7 S. 2 die Verpflichtung der Landesausschüsse nach § 90, unter zahlenmäßiger Beschränkung des Aufwendungsersatzanspruchs für Koordinierungs- und Abstimmungstreffen auf sechs und unter Einbeziehung der Durchführung des Benennungsverfahrens nach Abs. 3 S. 4. Für den G-BA verzichtet der Gesetzgeber wegen der höheren Sitzungsfrequenz auf eine zahlenmäßige Beschränkung, hält aber in der Gesetzesbegründung die durchschnittliche Zahl der Sitzungen in der Vergangenheit als Berechnungsgrundlage fest.[52]

26

In der Praxis der Mitwirkung von Patientenorganisationen hat sich außerdem die Koordinierung der vielfältigen Beteiligungsrechte als sehr aufwendig erwiesen, nicht zuletzt weil vielfach ausscheidende sachkundige Personen vor Ablauf der regulären Amtszeit nachzubenennen sind. Über die Benennung entscheidet ein von den Organisationen gebildeter Koordinierungsausschuss (www.g-ba.de/institution/sys/faq/56/), der weiteren Sitzungsaufwand mit sich bringt. Der durch das HHVG mWv 11.4.2017 eingefügte Abs. 8 sieht deshalb einen Anspruch der Patientenorganisationen auf Übernahme des Aufwands für die Koordinierung ihrer Beteiligungsrechte vor. Der Anspruch auf Aufwand in Höhe von 120 Euro pro neu benannter sachkundiger Person richtet sich gegen das jeweilige Gremium, in dem die sachkundige Person tätig ist, und ist vom Koordinierungsausschuss geltend zu machen.

27

VIII. Unterstützung durch den Gemeinsamen Bundesausschuss (Abs. 6) und die Landesausschüsse (Abs. 7)

Der G-BA hat außerdem die maßgeblichen Organisationen nach Abs. 1 sowie die sachkundigen Personen bei der Durchführung ihres Mitberatungsrechts nach Abs. 2 organisatorisch und inhaltlich zu unterstützen. Die Unterstützung zielt auf Verbesserung der Kompetenz der sachkundigen Personen und Straffung der Gremienarbeit[53] und erstreckt sich, was Abs. 6 S. 4 klarstellt, auch auf die Wahrnehmung der Antrags-, Beteiligungs- und Stellungnahmerechte im Falle des IQWiG (§ 139 Abs. 5) und des

28

---

47 LSG Bln-Bbg, 17.3.2010, L 7 KA 5/10 KL ER, juris Rn. 6; BSG, 14.5.2014, B 6 KA 29/13 R, BSGE 116, 15, Ls. 1 und juris Rn. 12.
48 Vgl. LSG Bln-Bbg, 17.3.2010, L 7 KA 5/10 KL ER; Wallerath, SGb 2015, 484, 488 f.
49 LSG Bln-Bbg, 27.7.2013, L 7 KA 108/11 KL, juris Rn. 33; BSG, 14.5.2014, B 6 KA 29/13 R, BSGE 116, 15, juris Rn. 12, 17 ff.; ablehnend Geiger, MedR 2015, 304; differenzierend Wallerath, SGb 2015, 484, 491, der die Klagebefugnis für den sog In-sich-Streit in der Konstellation der Organklage bejaht.
50 Implizit LSG Bln-Bbg, 12.11.2013, L 9 KR 262/13 B ER; BSG, 14.5.2014, B 6 KA 29/13 R, BSGE 116, 15, juris Rn. 10.
51 BT-Dr. 16/2474, 26.
52 BT-Dr. 18/11205, 70 f. nennt jährlich 12 Koordinierungsausschusstreffen sowie 35 Treffen für die Beratungen in Unterausschüssen und Arbeitsgruppen.
53 BT-Dr. 16/4247, 153, Beschlussempfehlung und Bericht.

IQTiG (§ 137a Abs. 7 Nr. 9). Die in S. 1 formulierte Regel wird durch Beispiele in S. 3 ausgeführt. Die Unterstützung umfasst hiernach insbesondere die Organisation von Fortbildungen und Schulungen, die Aufbereitung der Sitzungsunterlagen und die koordinatorische Leitung des Benennungsverfahrens auf der Bundesebene. Auch bei der Ausübung des Antragsrechts nach Abs. 2 S. 4 sind Organisationen und sachkundige Personen zu unterstützen. Die Gesetzesbegründung verdeutlicht, dass die genannten Bereiche nicht abschließend zu verstehen sind, sondern eine weitergehende Unterstützung möglich sein und die Einrichtung einer eigenständigen Organisationseinheit mit speziellen Ansprechpartnern in Betracht kommen kann. Der G-BA hat von der Ermächtigung in S. 2, zu diesem Zweck eine Stabstelle Patientenbeteiligung einzurichten, Gebrauch gemacht.

29 Abs. 7 erweitert die Unterstützungspflicht auf die Landesausschüsse nach § 90. Die von einigen Kassenverbänden und Kassenärztlichen Vereinigungen freiwillig angebotene Unterstützung durch Fortbildungen und Schulungen wird nunmehr, ebenso wie die Durchführung des Benennungsverfahrens nach Abs. 3 S. 4, verpflichtend.

§ 140g Verordnungsermächtigung

Das Bundesministerium für Gesundheit wird ermächtigt, durch Rechtsverordnung mit Zustimmung des Bundesrates Näheres zu den Voraussetzungen der Anerkennung der für die Wahrnehmung der Interessen der Patientinnen und Patienten und der Selbsthilfe chronisch kranker und behinderter Menschen maßgeblichen Organisationen auf Bundesebene, insbesondere zu den Erfordernissen an die Organisationsform und die Offenlegung der Finanzierung, sowie zum Verfahren der Patientenbeteiligung zu regeln.

1 Die mit § 140f in engem systematischem Zusammenhang stehende Vorschrift wurde mit dem heutigen Inhalt durch GMG[1] mWv 1.1.2004 erlassen. Sie ermächtigt das BMG zum Erlass einer Rechtsverordnung mit Zustimmung des Bundesrats zu den Voraussetzungen der Anerkennung der in § 140f mit besonderen Mitberatungs- und Antragsrechten ausgestatteten Patientenorganisationen auf Bundesebene und zum Verfahren der Patientenbeteiligung. Die Vorschrift besteht bis auf eine redaktionelle Korrektur im VÄndG vom 31.10.2006[2] unverändert.

2 Sie bildet die Rechtsgrundlage der am 19.12.2003 erlassenen und erstmals am 31.10.2006 geänderten **Patientenbeteiligungsverordnung – PatBeteiligungsV)**.[3] Mit weiteren Änderungen in Art. 3 PatRG vom 20.2.2013[4] vollzog der Gesetzgeber Modifizierungen des § 91 SGB V nach, die sich durch die Zusammenführung der verschiedenen Beschlussgremien des G-BA zu einem gemeinsamen Plenum bereits zum 1.7.2008 ergeben hatten.

3 Die Entscheidung, welche Organisationen auf Bundesebene maßgeblich sind, delegiert § 140g an das BMG, das vier Organisationen in § 2 Abs. 1 PatBetV selbst bestimmt und in § 1, 3 PatBetV Kriterien und Verfahren für die Anerkennung weiterer Organisationen durch das BMG regelt.

4 Die Anerkennung erfordert einen Antrag und die Erfüllung der in § 1 PatBetV genannten Kriterien. Anerkennungsfähig sind hiernach Organisationen, die insbesondere nach ihrer Satzung „ideell und nicht nur vorübergehend" die in § 140f Abs. 1 genannten Belange fördern, gemäß ihrem Mitgliederkreis auch hierzu berufen und zu einer sachgerechten Erfüllung der ihnen gestellten Aufgabe in der Lage sind, die bereits seit mindestens drei Jahren bestehen und in dieser Zeit auch bundesweit tätig sind, durch Offenlegung ihrer Finanzierung auch die Gewähr für neutrale und unabhängige Arbeit bieten, gemeinnützige Zwecke verfolgen und in ihrer inneren Ordnung demokratischen Grundsätzen entsprechen.

5 Unmittelbar in § 2 Abs. 1 PatBetV anerkannt wurden der Deutsche Behindertenrat, die Bundesarbeitsgemeinschaft der PatientInnenstellen, die Deutsche Arbeitsgemeinschaft Selbsthilfegruppen eV sowie die Verbraucherzentrale Bundesverband eV Die Anerkennung nach § 3 Abs. 1 PatBetV erfolgt durch

---

[1] Gesundheitsmodernisierungsgesetz v. 14.11.2003, BGBl. I, 2190.
[2] Vertragsarztrechtsänderungsgesetz, BGBl. I, 3439.
[3] Verordnung zur Beteiligung von Patientinnen und Patienten in der Gesetzlichen Krankenversicherung (Patientenbeteiligungsverordnung – PatBeteiligungsV), BGBl. I, 2573, geändert durch Neunte Zuständigkeitsanpassungsverordnung, BGBl. I, 2407.
[4] BGBl. I, 277.

Verwaltungsakt und steht nach dem Wortlaut im Ermessen, bei dessen Ausübung das Ministerium an das Gebot der Gleichbehandlung gebunden ist.

Der G-BA kann bei Zweifeln, ob diese Organisationen die Kriterien aus § 1 PatBetV weiterhin erfüllen, das BMG um Überprüfung der betreffenden Organisation ersuchen (§ 2 Abs. 3 PatBetV). Das Ministerium kann gegebenenfalls die durch **Verwaltungsakt** ausgesprochene Anerkennung zurücknehmen oder widerrufen oder die durch Verordnung erfolgte Bestimmung aufheben. 6

Die Anerkennung ist **kein Akt der Beleihung**, da die Verbände nicht mit der eigenständigen Wahrnehmung öffentlicher Aufgaben in den Handlungsformen des öffentlichen Rechts betraut werden.[5] Die Verbände werden als Patientenorganisationen auch nicht zu „Verwaltungshelfern" des G-BA.[6] Insbesondere wird die Funktion der Patientenbeteiligung für die Informationsgewinnung (→ § 140 f Rn. 2) nicht im Wege einer „Verwaltungshilfe" wahrgenommen. Sie ist vielmehr eine erweiterte (wenn auch über ein reines Anhörungsrecht hinausreichende), institutionalisierte Form des rechtlichen Gehörs,[7] Die Verbände werden kraft Bestimmung oder Anerkennung auch nicht zu „Organen" des G-BA, denn sie nehmen nicht selbstständig (und funktionsteilig) Zuständigkeiten des G-BA wahr.[8] Die mangelnde Organqualität schließt andererseits die Einordnung ihrer Rechtsstellung als „quasi-organschaftlich" und eine Befugnis der Verbände zur Berufung auf die ihnen im Beschlussgremium zustehenden Rechte nicht aus.[9] 7

§ 140 h Amt, Aufgabe und Befugnisse der oder des Beauftragten der Bundesregierung für die Belange der Patientinnen und Patienten

(1) ¹Die Bundesregierung bestellt eine Beauftragte oder einen Beauftragten für die Belange der Patientinnen und Patienten. ²Der beauftragten Person ist die für die Erfüllung ihrer Aufgabe notwendige Personal- und Sachausstattung zur Verfügung zu stellen. ³Das Amt endet, außer im Falle der Entlassung, mit dem Zusammentreten eines neuen Bundestages.

(2) ¹Aufgabe der beauftragten Person ist es, darauf hinzuwirken, dass die Belange von Patientinnen und Patienten besonders hinsichtlich ihrer Rechte auf umfassende und unabhängige Beratung und objektive Information durch Leistungserbringer, Kostenträger und Behörden im Gesundheitswesen und auf die Beteiligung bei Fragen der Sicherstellung der medizinischen Versorgung berücksichtigt werden. ²Sie setzt sich bei der Wahrnehmung dieser Aufgabe dafür ein, dass unterschiedliche Lebensbedingungen und Bedürfnisse von Frauen und Männern beachtet und in der medizinischen Versorgung sowie in der Forschung geschlechtsspezifische Aspekte berücksichtigt werden. ³Die beauftragte Person soll die Rechte der Patientinnen und Patienten umfassend, in allgemein verständlicher Sprache und in geeigneter Form zusammenstellen und zur Information der Bevölkerung bereithalten.

(3) ¹Zur Wahrnehmung der Aufgabe nach Absatz 2 beteiligen die Bundesministerien die beauftragte Person bei allen Gesetzes-, Verordnungs- und sonstigen wichtigen Vorhaben, soweit sie Fragen der Rechte und des Schutzes von Patientinnen und Patienten behandeln oder berühren. ²Alle Bundesbehörden und sonstigen öffentlichen Stellen im Bereich des Bundes unterstützen die beauftragte Person bei der Erfüllung der Aufgabe.

Literatur:
Siehe § 140 f.

---

5 Zum Begriff der Beleihung Burgi, Verwaltungsorganisation, in: Erichsen/Ehlers (Hrsg.), Verwaltungsrecht, § 7 Rn. 7; Groß, Die Verwaltungsorganisation als Teil organisierter Staatlichkeit, in: Hoffmann-Riem/Schmidt-Aßmann/Voßkuhle (Hrsg.), Grundlagen des Verwaltungsrechts, Bd. I, 2. A. 2012, § 13 Rn. 89.
6 Vorsichtig die Figur der Verwaltungshilfe für die sachkundige Person „bemühend" Wallerath, SGb 2015, 484, 487.
7 Vgl. Adolfs in: Engelmann/Schlegel (Hrsg.), JurisPK SGB V, Rn. 27 mwN.
8 Zum Organbegriff Jestaedt, Grundbegriffe des Verwaltungsorganisationsrechts, in: Hoffmann-Riem/Schmidt-Aßmann/Voßkuhle (Hrsg.), Grundbegriffe des Verwaltungsorganisationsrechts, Bd. 1, 2. A. 2012, § 14 Rn. 34 mwN.
9 BSG, 14.5.2014, B 6 KA 29/13 R, dort allerdings im Rahmen einer Klage auf Feststellung der Nichtigkeit eines Beschlusses des G-BA; Wallerath, SGb 2015, 484, 489.

I. Überblick

1 Die Vorschrift regelt Amt, Aufgabe und Befugnisse des bzw. der sog Patientenbeauftragten der Bundesregierung. Die Institution wurde durch GMG vom 14.11.2003[1] eingefügt. Abs. 1 regelt die Bestellung, Abs. 2 die Aufgaben und Abs. 3 die Befugnisse des bzw. der Patientenbeauftragten. Die Aufgabennorm des Abs. 2 wurde durch PatRG vom 20.2.2013[2] um einen S. 3 ergänzt und hierin eine Soll-Bestimmung über die Zusammenstellung der Patientenrechte und die Bereithaltung dieser Zusammenstellung aufgenommen. Ein Vorschlag des Bundesrats, in Ausführung der UN-Behindertenrechtskonvention eine Vorhaltepflicht für Informationen „in allgemein verständlicher Sprache" vorzusehen,[3] wurde nicht aufgenommen.

2 Mit der Einführung der Institution des Patientenbeauftragten nach dem Vorbild des seit 2002 bestehenden Behindertenbeauftragten (§§ 14, 15 Behindertengleichstellungsgesetz) knüpft § 140h an eine Empfehlung des Sachverständigenrats zur Begutachtung der Entwicklung im Gesundheitswesen an.[4] Der bzw. die Patientenbeauftragte soll den geregelten Zugang der Patienten zur Politik gewährleisten und politische sowie gesellschaftliche Aufmerksamkeit für die Patientenbelange und ihre Durchsetzung wecken. Als Element der kollektiven Patientenbeteiligung steht die Institution des Patientenbeauftragten in sachlicher Nähe zur Beteiligung der für die Wahrnehmung der Interessen der Patientinnen und Patienten und der Selbsthilfe chronisch kranker und behinderter Menschen maßgeblichen Organisationen nach §§ 140f, 140g,[5] der Förderung von Verbänden der Patientenberatung als Regelleistung nach § 65b und der Selbsthilfe nach § 20c.

II. Regelungsgehalt

3 Der/die Beauftragte wird **von der Bundesregierung bestellt** (Abs. 1 S. 1) und kann von ihr (ggf. auf eigenen Wunsch) ohne weitere Gründe entlassen werden; regulär endet das Amt mit dem Zusammentreten eines neuen Bundestages (Abs. 1 S. 3). Das Amt ist im für die Aufgabe erforderlichen Umfang mit Personal und Sachmitteln auszustatten. Die Einrichtung ist damit weder durch Neutralität noch durch Unabhängigkeit gegenüber der aktuellen Regierungspolitik geprägt.[6]

4 Der/die Beauftragte nimmt das politische Amt eines **Sachwalters der Patienteninteressen** wahr.[7] Seine/ihre Aufgabe ist es, auf die Berücksichtigung der Belange von Patientinnen und Patienten hinzuwirken, und zwar hinsichtlich ihrer (individuellen und kollektiven) Rechte auf unabhängige Beratung und umfassende Information durch die Akteure des Gesundheitswesens wie auch hinsichtlich ihrer Beteiligung an Fragen der Sicherstellung ihrer medizinischen Versorgung (Abs. 2 S. 1). Zu den mit diesem Amt verbundenen Aufgaben gehört auch der Einsatz für eine Beachtung der unterschiedlichen Lebensumstände und Bedürfnisse und Frauen und Männern sowie der geschlechtsspezifischen Unterschiede in Versorgung und Forschung (Abs. 2 S. 2). Das PatRG vom 20.2.2013 fügte die Aufgabe hinzu, Informationen über die Rechte von Patienten und Patienten für die Bevölkerung in geeigneter Form bereitzuhalten (Abs. 2 S. 3). Die beauftragte Person soll folglich vor allem über die durch das Patientenrechtegesetz selbst eingeführten Rechtspositionen für Patienten informieren und hierfür eine verständliche sprachliche Form wählen.

5 Der/die Beauftragte wird zu diesem Zweck von den Bundesministerien an allen Vorhaben, die Fragen der Rechte oder des Schutzes von Patientinnen und Patienten betreffen, beteiligt (Abs. 3 S. 1) und hierdurch eine Berücksichtigung der Patienteninteressen und -rechte auf makropolitischer Ebene gesichert. Mit hoheitlichen Verwaltungsbefugnissen ist das Amt nicht ausgestattet, da es (nur) der politischen Geltendmachung von Rechten und Interessen dient.[8] Allerdings sind alle Bundesbehörden und öffentlichen Stellen des Bundes gehalten, den oder die Beauftragte(n) bei der Erfüllung dieser Aufgaben zu unterstützen (Abs. 3 S. 2).

6 Darüber hinaus hat der Spitzenverband der Krankenkassen bei der Entscheidung über die Vergabe von Fördermitteln zur **Einrichtung einer unabhängigen Patienten- und Verbraucherberatung** das Einvernehmen des oder der Beauftragten einzuholen (§ 65b Abs. 1 S. 4). Auch im Beirat, der den Spitzenverband

---

1 BGBl. I, 2190.
2 Patientenrechtegesetz, BGBl. I, 277.
3 BR-Dr. 312/12, 7.
4 BT-Dr. 15/530, 101.
5 Vgl. auch BT-Dr. 15/1525, 133.
6 Geiger, Die rechtliche Organisation kollektiver Patienteninteressen, 2006, 54 ff.
7 Geiger, Die rechtliche Organisation kollektiver Patienteninteressen, 2006, 54.
8 Vgl. BT-Dr. 15/1525, 133.

bei der Vergabe berät und von diesem regelmäßig zu unterrichten ist, ist der Beauftragte neben den Patientenorganisationen nach § 140 f vertreten. Auf diese Weise werden unterschiedliche Institutionen der Patientenbeteiligung miteinander verzahnt.

Auch bei der Entwicklung der Inhalte für die **Darstellung und Messung der Versorgungsqualität** nach § 137 Abs. 3 durch ein vom G-BA beauftragtes Institut (§ 137 a) ist neben den Patientenorganisationen nach § 140 f der/die Beauftragte zu beteiligen. Wie jene hat er/sie außerdem ein Recht auf Stellungnahme und deren Berücksichtigung in allen wichtigen Abschnitten des Bewertungsverfahrens durch das IQWiG nach § 139 a Abs. 5 sowie ein Antragsrecht auf Beauftragung des IQWIG durch den G-BA (§ 139 b Abs. 1 aE). § 291 b Abs. 2 Nr. 4 sieht das Recht zur Mitwirkung im Beirat der Gesellschaft für Telematik, dh dessen Einräumung durch Gesellschaftsvertrag, vor. Der/die Beauftragte kann bei der Datenaufbereitungsstelle nach § 303 d gespeicherte Daten nutzen (§ 303 e Abs. 1 Nr. 12). 7

Fünftes Kapitel
Sachverständigenrat zur Begutachtung der Entwicklung im Gesundheitswesen

§ 141 (aufgehoben)

§ 142 Unterstützung der Konzertierten Aktion; Sachverständigenrat

(1) ¹Das Bundesministerium für Gesundheit beruft einen Sachverständigenrat zur Begutachtung der Entwicklung im Gesundheitswesen. ²Zur Unterstützung der Arbeiten des Sachverständigenrates richtet das Bundesministerium für Gesundheit eine Geschäftsstelle ein.

(2) ¹Der Sachverständigenrat hat die Aufgabe, Gutachten zur Entwicklung der gesundheitlichen Versorgung mit ihren medizinischen und wirtschaftlichen Auswirkungen zu erstellen. ²Im Rahmen der Gutachten entwickelt der Sachverständigenrat unter Berücksichtigung der finanziellen Rahmenbedingungen und vorhandener Wirtschaftlichkeitsreserven Prioritäten für den Abbau von Versorgungsdefiziten und bestehenden Überversorgungen und zeigt Möglichkeiten und Wege zur Weiterentwicklung des Gesundheitswesens auf; er kann in seine Gutachten Entwicklungen in anderen Zweigen der Sozialen Sicherung einbeziehen. ³Das Bundesministerium für Gesundheit kann den Gegenstand der Gutachten näher bestimmen sowie den Sachverständigenrat mit der Erstellung von Sondergutachten beauftragen.

(3) ¹Der Sachverständigenrat erstellt das Gutachten im Abstand von zwei Jahren und leitet es dem Bundesministerium für Gesundheit in der Regel zum 15. April eines Jahres zu. ²Das Bundesministerium für Gesundheit legt das Gutachten den gesetzgebenden Körperschaften des Bundes unverzüglich vor.

I. Entstehungsgeschichte

§ 142 geht zurück auf § 405 a Abs. 4 RVO, der mit dem Ziel einer den Stand der medizinischen Wissenschaft berücksichtigenden bedarfsgerechten Versorgung und einer ausgewogenen Verteilung der Belastungen eine Konzertierte Aktion im Gesundheitswesen zum Gegenstand hatte. Das Gesetz zur Strukturreform im Gesundheitswesen vom 20.12.1988[1] rekurrierte mit § 142 auf die dann zunächst in § 141 normierte Konzertierte Aktion im Gesundheitswesen und formulierte in Abs. 2 zunächst die Befugnis des Bundesministers für Arbeit und Sozialordnung, einen Sachverständigenrat berufen, der die Konzertierte Aktion bei der Erfüllung ihrer Aufgaben unterstützt. Während § 141 durch das Gesetz zur Modernisierung der gesetzlichen Krankenversicherung vom 19.11.2003[2] aufgehoben wurde, regelt § 142 nunmehr die Aufgaben des Sachverständigenrates unabhängig von der Konzertierten Aktion im Gesundheitswesen.[3] Die amtliche Überschrift „Unterstützung der Konzertierten Aktion" ist folglich veraltet.[4] 1

---

1 BGBl. I 1988, 2477.
2 BGBl. I 2003, 2190.
3 Siehe zum Ganzen Müller in: jurisPK-SGB V, § 142 Rn. 1; eingehend zu den zahlreichen Änderungen der Vorschrift Sonnhoff in: Hauck/Noftz, SGB V, § 142 Rn. 1; Engels in: Krauskopf, § 142 SGB V Rn. 1 f.
4 Sonnhoff in: Hauck/Noftz, SGB V, § 142 Rn. 3; Kruse in: LPK-SGB V, § 142 Rn. 1.

II. Regelungsgehalt

2 Abs. 1 verpflichtet das Bundesministerium für Gesundheit, einen Sachverständigenrat zur Begutachtung der Entwicklung im Gesundheitswesen zu berufen und zur Unterstützung der Arbeiten des Sachverständigenrates eine Geschäftsstelle einzurichten. Nach Abs. 2 S. 1 hat der Sachverständigenrat die Aufgabe, Gutachten zur Entwicklung der gesundheitlichen Versorgung mit ihren medizinischen und wirtschaftlichen Auswirkungen zu erstellen. Unmittelbare Auswirkungen auf das Recht der gesetzlichen Krankenversicherung hat § 142 dementsprechend nicht.[5] Die Gutachten des Sachverständigenrates zielen vielmehr auf eine Weiterentwicklung des Gesundheitswesens und dienen im Interesse der politischen Konsens- und Entscheidungsfindung[6] einer umfassenden Unterrichtung des Gesetzgebers.[7]

III. Einzelfragen

3 **1. Berufung des Sachverständigenrates (Abs. 1).** Abs. 1 statuiert eine obligatorische Berufung des Sachverständigenrates.[8] Die **Finanzierung** des Sachverständigenrates und seiner Geschäftsstelle erfolgt angesichts der Tatsache, dass das Bundesministerium für Gesundheit einen Sachverständigenrat zur Begutachtung der Entwicklung im Gesundheitswesen beruft, aus dem Haushalt des Bundesministeriums für Gesundheit.[9]

4 Die Berufung der Mitglieder des Sachverständigenrates sowie dessen Arbeitsweise werden von einem Erlass des Bundesministeriums für Gesundheit konkretisiert: Nach § 4 Abs. 1 des Erlasses über die Errichtung eines Sachverständigenrates für die Konzertierte Aktion im Gesundheitswesen besteht der Sachverständigenrat aus sieben Mitgliedern, die über besondere medizinische oder wirtschafts- oder sozialwissenschaftliche oder sozialrechtliche Kenntnisse und Erfahrungen verfügen müssen.[10]
Die Mitglieder des Rates werden durch den Bundesminister für Gesundheit für eine begrenzte Dauer berufen. Dieser Rat ist interdisziplinär besetzt und umfasst sieben Mitglieder. Er ist in seiner fachlichen Arbeit unabhängig, die Beratungen sind nicht öffentlich und die Entscheidungen werden in absoluter Mehrheit gefällt.[11]

5 **2. Aufgaben des Sachverständigenrates (Abs. 2).** Während Abs. 2 S. 1 allgemein **Gutachten** zur Entwicklung der gesundheitlichen Versorgung mit ihren medizinischen und wirtschaftlichen Auswirkungen thematisiert, spezifiziert S. 2 den Gutachtenauftrag: Der Sachverständigenrat entwickelt „unter Berücksichtigung der finanziellen Rahmenbedingungen und vorhandener Wirtschaftlichkeitsreserven Prioritäten für den Abbau von Versorgungsdefiziten und bestehenden Überversorgungen und zeigt Möglichkeiten und Wege zur Weiterentwicklung des Gesundheitswesens auf". Bereiche mit Über-, Unter- oder Fehlversorgung sollen aufgedeckt und Wirtschaftlichkeitsreserven aufgezeigt werden. Die Bezugnahme auf die „Entwicklungen in anderen Zweigen der sozialen Sicherung" verdeutlicht, dass eine sektorbegrenzende Betrachtung der gesetzlichen Krankenversicherung vermieden werden soll. Erfahrungen aus anderen Bereichen sollen für das System der gesetzlichen Krankenversicherung nutzbar gemacht werden.[12]

6 Abschließend ist Abs. 2 S. 2 gleichwohl nicht: Nach S. 4 kann das Bundesministerium für Gesundheit den Gegenstand der Gutachten näher bestimmen sowie den Sachverständigenrat mit der Erstellung von Sondergutachten beauftragen. Nach § 1 des Erlasses über die Errichtung eines Sachverständigenrates für die Konzertierte Aktion im Gesundheitswesen hat der Sachverständigenrat die Entwicklung in der gesundheitlichen Versorgung mit ihren medizinischen und wirtschaftlichen Auswirkungen zu analysieren, unter Berücksichtigung der finanziellen Rahmenbedingungen und vorhandener Wirtschaftlichkeitsreserven Prioritäten für den Abbau von Versorgungsdefiziten und bestehenden Überversorgungen zu entwickeln, Vorschläge für medizinische und ökonomische Orientierungsdaten vorzulegen sowie Möglichkeiten der Weiterentwicklung des Gesundheitswesens aufzuzeigen.

---

5 Müller in: jurisPK-SGB V, § 142 Rn. 3.
6 Dazu BT-Dr. 15/1525, 134.
7 Sonnhoff in: Hauck/Noftz, SGB V, § 142 Rn. 2.
8 Müller in: jurisPK-SGB V, § 142 Rn. 3; zu § 142 Abs. 2 SGB V aF GKV-Komm/Orlowski, § 142 SGB V Rn. 4.
9 Müller in: jurisPK-SGB V, § 142 Rn. 4; GKV-Komm/Orlowski, § 142 SGB V Rn. 6.
10 Ausführlich zu den Vorschriften des Erlasses über die Errichtung eines Sachverständigenrates für die Konzertierte Aktion im Gesundheitswesen Sonnhoff in: Hauck/Noftz, SGB V, § 142 Rn. 7; Müller in: jurisPK-SGB V, § 142 Rn. 7 ff.; siehe auch Huster in: Becker/Kingreen, § 142 Rn. 2.
11 Hebeler in: LPK-SGB V § 142, Rn. 4 f.
12 Dazu Müller in: jurisPK-SGB V, § 142 Rn. 5.

3. **Vorlage der Gutachten (Abs. 3).** Abs. 3 bestimmt einen zweijährigen Turnus der Gutachten des Sachverständigenrates und sieht eine Vorlage in der Regel zum 15. April eines Jahres vor. Der vormalige Hinweis auf eine erstmalige Zuleitung zum 15.4.2005 ist mit dem Gesetz zur Verbesserung der Versorgungsstrukturen in der gesetzlichen Krankenversicherung vom 22.12.2011[13] entfallen. Die Gutachten werden im Internet zur Verfügung gestellt und sind öffentlich zugänglich.[14] Die Verantwortung für die umgehende Weiterleitung des jeweiligen Gutachtens an die gesetzgebenden Körperschaften trägt das Bundesministerium für Gesundheit.

Sechstes Kapitel
Organisation der Krankenkassen

Erster Abschnitt
Arten der Krankenkassen

Erster Titel Ortskrankenkassen

§ 143 Bezirk der Ortskrankenkassen

(1) Ortskrankenkassen bestehen für abgegrenzte Regionen.
(2) ¹Die Landesregierung kann die Abgrenzung der Regionen durch Rechtsverordnung regeln. ²Die Landesregierung kann die Ermächtigung auf die nach Landesrecht zuständige Behörde übertragen.
(3) Die betroffenen Länder können durch Staatsvertrag vereinbaren, daß sich die Region über mehrere Länder erstreckt.

Literatur:
Besemann, Aktuelle Entwicklungen im Organisationsrecht der gesetzlichen Krankenkassen, 2010; *Cassel*, Organisationsreform der gesetzlichen Krankenversicherung (GKV), SGb 1993, 97; *Jacobs*, Zur Zukunft des wettbewerblichen Krankenkassensystems, NZS 1993, 194; *Papier*, Verfassungsrechtliche Probleme bei der Organisation der Sozialversicherungsträger, in Festschrift für Franz Knöpfle 1996, S. 273; *Wigge*, Die Neuordnung der Organisationsstrukturen der Ortskrankenkassen durch das Gesundheitsstrukturgesetz, VSSR 1994, 131.

I. Entstehungsgeschichte

Die Vorschrift wurde mit Wirkung zum 1.1.1989 durch Art. 1 des Gesundheits-Reformgesetzes (GRG) vom 20.12.1988 eingeführt.[1] Die Norm übernimmt inhaltlich im Wesentlichen § 226 RVO in der alten Fassung. Die Vorschrift wurde mit Wirkung zum 1.1.1993 durch Art. 1 Nr. 90 des Gesundheitsstrukturgesetzes vom 21.12.1992 neu gefasst.[2] Durch die Neufassung sollten Änderungen der regionalen Struktur der Ortskrankenkassen, insbesondere größere Verwaltungseinheiten ermöglicht und wirtschaftlicheres Verwaltungshandeln gewährleistet werden. Dies wird dadurch deutlich, dass auf den Abs. 1 Hs. 2 aF verzichtet und ein neuer Abs. 3 geschaffen wurde.

II. Normzweck

Die Vorschrift regelt die regionale Zuständigkeit der Ortskrankenkassen nach Regionen (Abs. 1) und räumt dem Landesgesetzgeber die Möglichkeit ein, über Regionenabgrenzung im Wege einer Rechtsverordnung zu bestimmen (Abs. 2), wobei auch die Vereinbarung länderübergreifender Einheiten für grundsätzlich zulässig erklärt wird (Abs. 3).

---

13 BGBl. I 2011, 2983.
14 Unter www.svr-gesundheit.de (zuletzt abgerufen am 1.5.2017); vgl. auch die Bestandsaufnahme der bisherigen Gutachten bei Müller in: jurisPK-SGB V, § 142 Rn. 10 ff.; Hebeler in: LPK-SGB V § 142, Rn. 8; eine ausführliche Bilanz der bisherigen Empfehlungen des Rates und deren Niederschlag in konkreten gesundheitspolitischen Reformen findet sich bei Wille, G+G 4/2016, 31 ff.
1 BGBl. I, 2477.
2 BGBl. I, 2266.

III. Inhalt der Norm

3 Die Vorschrift beschäftigt sich mit den Ortskrankenkassen, die einen der wichtigsten Grundpfeiler im System der gesetzlichen Krankenkassen darstellen. Nach dem ursprünglichen Leitbild des Gesetzgebers waren die Ortskrankenkassen für all diejenigen Versicherten zuständig, die nicht einer anderen Krankenkasse bzw. einer anderen Krankenkassenart zugeteilt waren, die Ortskrankenkassen waren also gewissermaßen als subsidiär anzusehen. Nach der Einführung der allgemeinen Kassenwahlfreiheit im Jahre 1996 kann diese Feststellung allerdings nicht mehr uneingeschränkt Geltung beanspruchen. Nach wie vor bestehen die Ortskrankenkassen für Regionen und nicht etwa für bestimmte Berufsstände. In begrifflicher Hinsicht ist zu beachten, dass der Gesetzestext von § 143 von „Region(en)" spricht, die amtliche Überschrift von § 143 indes „Bezirk der Ortskrankenkassen" lautet; in § 144 ist im Gesetzestext von „Bezirk" die Rede. Letztlich sind „Region(en)" und „Bezirk(e)" synonym zu verstehen.

4 Die Ortskrankenkassen sind rechtsfähige Körperschaften des öffentlichen Rechts mit Selbstverwaltung (vgl. § 29 Abs. 1 SGB IV).

5 **Abs. 1** geht von einem bereits bestehenden lückenlosen Netz der Ortskrankenkasse aus und ist insofern als deklaratorisch zu bezeichnen, so dass auf eine Errichtungsvorschrift mit Ausnahme des Beitrittsgebiets verzichtet werden konnte.[3] Mittlerweile ist dieses Netz jedoch im Zuge der Konsolidierung nicht mehr vorbehaltlos gewährleistet. Die **Grenzziehung für die Ortskrankenkasse** erfolgt nunmehr nach Regionen, im Gegensatz zur Vorgängerregelung, die noch auf kommunale Gebietskörperschaften abstellte. Der Paradigmenwechsel sollte betriebswirtschaftliche Gesichtspunkte im Sinne einer Konzentration stärker berücksichtigen, so dass größere Einheiten gebildet werden können. Auch der Gesetzgeber betonte, dass er diese Entwicklung bei der Neufassung der Norm unterstützen wollte.[4] Die Grenzziehung bestimmt die Wahl der Ortskrankenkasse für den Versicherten. Der Begriff der Region wird in der Vorschrift selbst indes nicht definiert und enthält keinen Bezug mehr etwa zu Landkreisen und kreisfreien Städten als originär kommunalrechtlichen Einheiten. Ebenso wenig ist der Begriff der Region mit dem Begriff eines Bundeslandes gleichzusetzen; vielmehr können in einem Bundesland je nach vorgefundenen Rahmenbedingungen und betriebswirtschaftlich sinnvollen Erwägungen auch mehrere Regionen gebildet werden. Daneben ist eine Ortskrankenkasse pro Bundesland denkbar und zulässig, auch weil der Gesetzgeber größere Versicherungsträger als effizienter ansieht.

6 **Abs. 2** überträgt den Landesregierungen die **Kompetenz in Sachen Regionenabgrenzung**. Zunächst einmal können diese durch Erlass von Rechtsverordnungen aktiv werden und die Befugnisse wiederum auf jeweils landesrechtlich zuständige Behörden delegieren (Abs. 2 S. 2). Inhaltlich geht es bei der Regionenabgrenzung um die Kompetenzen zur Änderung der bereits bestehenden Kassenbezirke. Bei mehrstufigem Verwaltungsaufbau muss nicht unbedingt eine Verwaltungsoberbehörde des Landes die entsprechenden Befugnisse erhalten. Die Rechtsverordnung muss den allgemeinen Wirksamkeitskriterien des Grundgesetzes genügen (vgl. Art. 80 GG).

7 Nach Maßgabe des **Abs. 3** ist auch die Bildung von länderübergreifenden Regionen für die Ortskrankenkassen möglich. Zugeschnitten ist die Regelung vor allem auf die Stadtstaaten Berlin, Hamburg und Bremen. Jedoch können nicht nur solche geographischen Merkmale bei der Bildung von länderübergreifenden Regionen ausschlaggebend sein, sondern etwa auch wirtschaftliche Gründe, zB um demographischen Tendenzen oder verkehrstechnischen Besonderheiten angemessen Rechnung zu tragen oder auch größere Wettbewerbsfähigkeit zu fördern. Der in Abs. 3 angesprochene Staatsvertrag meint einen verwaltungsrechtlichen Staatsvertrag, der mit der Rechtsverordnung iSv Abs. 2 S. 1 weder deckungsgleich ist noch diese zu ersetzen vermag. Vielmehr stellt der Staatsvertrag eine Grundlage dar, von der die beteiligten Bundesländer beim Erlass von nachgelagerten Rechtsverordnungen ausgehen.

8 Nicht erwähnt in Abs. 3 ist die theoretische Situation, wenn alle Bundesländer durch einen Staatsvertrag eine bundeseinheitliche Ortskrankenkasse schaffen wollen würden. Angesichts des Wortlauts des Abs. 1, der von Ortskrankenkassen im Plural spricht, und der wettbewerbsfördernden Zielsetzung der Norm ist dies jedoch als unzulässig anzusehen.

9 Zum Rechtsschutz gegen Bezirksänderungen s. §§ 145, 146.

---

3 BT-Dr. 11/2237, 208.
4 BT-Dr. 12/3608, 107.

§ 144 Freiwillige Vereinigung

(1) ¹Ortskrankenkassen können sich auf Beschluss ihrer Verwaltungsräte auch dann vereinigen, wenn sich der Bezirk der neuen Krankenkasse nach der Vereinigung über das Gebiet eines Landes hinaus erstreckt. ²Der Beschluß bedarf der Genehmigung der vor der Vereinigung zuständigen Aufsichtsbehörden.
(2) Die beteiligten Krankenkassen fügen dem Antrag auf Genehmigung eine Satzung, einen Vorschlag zur Berufung der Mitglieder der Organe, ein Konzept zur Organisations-, Personal- und Finanzstruktur der neuen Krankenkasse einschließlich der Zahl und der Verteilung ihrer Geschäftsstellen sowie eine Vereinbarung über die Rechtsbeziehungen zu Dritten bei.
(3) Die Aufsichtsbehörde genehmigt die Satzung und die Vereinbarung, beruft die Mitglieder der Organe und bestimmt den Zeitpunkt, an dem die Vereinigung wirksam wird.
(4) ¹Mit diesem Zeitpunkt sind die bisherigen Krankenkassen geschlossen. ²Die neue Krankenkasse tritt in die Rechte und Pflichten der bisherigen Krankenkassen ein.

Literatur:
Bataille/Weck, Gemeinsam stärker? Überprüfung von freiwilligen Vereinigungen gesetzlicher Krankenkassen nach dem GWB, KrV 2015, 45; *Eggert,* Krankenkassen und Kartellamt: Fusionskontrolle zum Schutz des Wettbewerbs in der GKV?, VSSR 2007, 335; *Krasney,* Krankenkassenzusammenschlüsse und nationale Fusionskontrolle nach dem In-Kraft-Treten des GKV-WSG, NZS 2007, 574; *Leopold,* Weiterhin ein starker Fusionstrend in der Kranken- und Unfallversicherung, WzS 2012, 35; *Papier/Möller,* Rechtsfragen des Zusammenschlusses von Allgemeinen Ortskrankenkassen, SGb 1994, 601; *Ruge/Maerker,* Arbeits- und personalvertretungsrechtliche Aspekte bei der Vereinigung von Krankenkassen, ZTR 2007, 663; *Vogt,* Fusionen in der gesetzlichen Krankenversicherung, Die Krankenversicherung 2009, 170; *Wigge,* Die Neuordnung der Organisationsstrukturen der Ortskrankenkassen durch das Gesundheitsstrukturgesetz, VSSR 1994, 131, 154, 170.

I. Entstehungsgeschichte	1		IV. Begriff und Rechtsnatur der Vereinigung	6
II. Normzweck	2		V. Voraussetzungen der Vereinigung	7
III. Allgemeines zum Norminhalt	3		VI. Rechtsschutzmöglichkeiten	12

I. Entstehungsgeschichte

Die Vorschrift wurde mit Wirkung zum 1.1.1989 durch Art. 1 des Gesundheits-Reformgesetzes (GRG) vom 20.12.1988 eingeführt.[1] Im Jahre 1993 wurde der damalige Abs. 2 S. 2 neu gefasst und die Genehmigungszuständigkeit der Aufsichtsbehörden neu gefasst. Mit Wirkung zum 1.1.1996 erfolgten weitere redaktionelle Anpassungen. Mit Wirkung zum 1.4.2007 wurde Abs. 1 S. 1 durch Art. 1 Nr. 123 des GKV-Wettbewerbsstärkungsgesetzes vom 26.3.2007[2] dahin gehend neu gefasst, dass auch länderübergreifende Vereinigungen ohne Staatsverträge zulässig sind. Ferner wurde die Aufzählung der nach Abs. 2 der Aufsichtsbehörde einzureichenden Antragsunterlagen um inhaltliche Vorgaben zur Prüfung von Vereinigungsbeschlüssen ergänzt. 1

II. Normzweck

Die Vorschrift beinhaltet zum einen die Ermächtigung für die Ortskrankenkassen, sich innerhalb eines Landes oder auch länderübergreifend zu vereinigen; sie bestimmt zum anderen die dafür erforderlichen Unterlagen und Abläufe und regelt schließlich die Rechtsfolgen einer Vereinigung. 2

III. Allgemeines zum Norminhalt

Die Konsolidierungstendenzen bei den Ortskrankenkassen sind seit längerer Zeit nicht mehr zu übersehen. Der Gesetzgeber hat diese Entwicklung nicht nur zur Kenntnis genommen, sondern wollte sie auch aktiv stützen und fördern, indem ua § 144 geschaffen wurde. Nach betriebswirtschaftlichen Erkenntnissen sind größere Versicherungsträger in der Regel effektiver, da so Versicherungsrisiken abgemildert werden können und die Verwaltungsabläufe straffer und effizienter ausgestaltet werden können. Konsequent ist vor diesem Hintergrund daher, dass die bislang für eine Ortskrankenkassenverei- 3

---
1 BGBl. I 1988, 2477.
2 BGBl. I 2007, 378.

nigung erforderliche Zustimmungspflicht der obersten Landesverwaltungsbehörde nun ersatzlos entfallen ist.

4 Die Norm regelt die freiwillige Vereinigung von Ortskrankenkassen. Die daneben in § 145 Abs. 1, 2 vorgesehene Möglichkeit der Vereinigung durch Rechtsverordnung hat ihre praktische Bedeutung weitgehend eingebüßt. Für Ersatz-, Betriebs- und Innungskrankenkassen gelten letztlich dieselben Regelungen, vgl. §§ 150, 160, 168a. Zum Teil wird dort auf § 144 verwiesen, teilweise wird dort der Wortlaut noch einmal wiederholt.

5 Nach § 144 können sich nur Krankenkassen ein- und derselben Art vereinigen. Ein Zusammenschluss von Krankenkassen, die verschiedenen Krankenkassenarten angehören, ist jedoch seit 2007 nach Maßgabe des § 171a möglich. Die kartellrechtliche Behandlung von Krankenkassenzusammenschlüssen samt kartellrechtlicher Aufsichtsproblematik ist nicht abschließend geklärt.[3]

IV. Begriff und Rechtsnatur der Vereinigung

6 Vereinigung im Sinne der Vorschrift ist die Zusammenführung von mindestens zwei bisher verselbstständigten Krankenkassen. Das Gesetz erlaubt keine teilweise Vereinigung dergestalt, dass nur Teile eines Kassenbezirks einer Krankenkasse in das neue Gebilde eingebracht werden. Vielmehr bezieht sich die Norm auf Krankenkassen in deren jeweiligen Gesamtheit. Die Neuabgrenzung der Regionenkrankenkassen nach § 143 ist jedoch daneben möglich. Nicht geklärt ist, ob die Vereinigung sich begrifflich ausschließlich auf benachbarte Ortskrankenkassen bezieht. Der Wortlaut der Vorschrift enthält dahin gehend keinerlei Restriktionen. Angesichts der Tatsache, dass Synergieeffekte und Einsparungen in aller Regel geographische Nähe der Vereinigungspartner voraussetzen, könnte man die räumliche Distanz der beteiligten Ortskrankenkassen als einen Genehmigungsversagungsgrund nach Abs. 1 S. 2 ansehen.[4] Erforderlich ist die Zugehörigkeit zum einheitlichen Bezirk indes nicht. Auch teleologisch ist der obige Schluss nicht zwingend: Im Zuge des technischen Fortschrittes können auch sog „virtuelle" Krankenkassen dazu beitragen, Versicherten angemessenen Schutz und Beratung sicherzustellen; ein dichtes Netz an eigenen Filialen ist darüber hinaus auch betriebswirtschaftlich keine unabdingbare Voraussetzung, um Synergieeffekte nutzbar zu machen. Als ein Beispiel für die fehlende räumliche Nähe der Fusionspartner lässt sich die AOK Rheinland/Hamburg anführen. Die länderübergreifende Vereinigungsmöglichkeit entsprach auch vor der Reform 2007 im Hinblick auf die damalige Gesetzesbegründung[5] der herrschenden Meinung; im Zuge der Neufassung der Norm wurde dies nunmehr ausdrücklich in den Wortlaut aufgenommen (Abs. 1 S. 1 aE).

V. Voraussetzungen der Vereinigung

7 Zunächst müssen nach Abs. 1 S. 1 die Verwaltungsräte als Selbstverwaltungsorgane der beteiligten Krankenkassen die Vereinigung beschließen. Keine Stütze findet im Gesetzeswortlaut ein sog Vereinigungsvertrag,[6] vielmehr bewirkt einzig der Beschluss der Verwaltungsräte die Zusammenführung. Die Beschlüsse müssen gleichlautend sein, so dass das Gesetz in Abs. 1 S. 1 von einem Beschluss im Singular spricht. In jedem der Beschlüsse müssen sämtliche beteiligten Krankenkassen aufgeführt werden. Eine einfache Abstimmungsmehrheit genügt, wenn die Krankenkassensatzung keine davon abweichende Regelung enthält.

8 Da die Krankenkassen Körperschaften des öffentlichen Rechts mit Selbstverwaltung sind (vgl. § 29 Abs. 1 SGB IV), unterliegt die Frage des Zusammenschlusses der Selbstverwaltungsgarantie. Der Staat tritt jedoch nach Abs. 2 S. 2 als Kontrollinstanz auf. Diese Gestaltung soll den Krankenkassen mehr Autonomie an die Hand geben, um ausgewogene Risikostrukturen zu schaffen und Finanzausgleichsverfahren zu vermeiden.[7]

9 Die Beschlüsse müssen ordnungsgemäß zu Stande kommen. Insbesondere ist auf die Beschlussfähigkeit des Gremiums und die Mehrheitsverhältnisse bei der Abstimmung zu achten. Nähere Regelungen dazu finden sich in § 64 SGB IV.

10 Nach der erfolgreichen Beschlussfassung muss die Zusammenführung von der zuständigen Aufsichtsbehörde noch genehmigt werden. Bei länderübergreifenden Vereinigungen müssen die zuständigen Be-

---

3 Siehe dazu Eggert, VSSR 2007, 335 ff.
4 So Baier in: Krauskopf, § 144 SGB V Rn. 7.
5 BT-Dr. 11/2237, 209.
6 Anders Hänlein in: LPK-SGB V, § 144 Rn. 2.
7 BT-Dr. 11/2237, 209.

hörden aller involvierten Bundesländer die Genehmigung, die jeweils einen Verwaltungsakt darstellt, erteilen. Abs. 2 normiert die Voraussetzungen zur Antragstellung, um die nach Abs. 1 S. 2 erforderliche Genehmigung einzuholen. Der Antrag kann von einer der beteiligten Krankenkassen oder auch gemeinsam eingereicht werden. Die notwendigen Antragsunterlagen sind in Abs. 2 abschließend aufgezählt. Ohne sie darf dem Antrag nicht stattgegeben werden. Dem Antrag muss ua die Satzung der aus der Fusion hervorgehenden Krankenkasse beigelegt werden. Nicht geregelt ist, welche Krankenkasse(n) für die Ausarbeitung dieser gemeinsamen Satzung zuständig sind. Denkbar ist es, diese Aufgabe einem Ausschuss, dem Mitglieder aller beteiligten Krankenkassen angehören, anzuvertrauen.[8] Zwingend ist dies indes nicht.

Keine Regelung findet sich in § 144 zum Prüfungsumfang der Behörde. Im Zuge des Genehmigungsverfahrens müssen die formellen Gesichtspunkte (ordnungsgemäßer Antrag, keine Mängel bei der Beschlussfassung, alle geforderten Unterlagen vorhanden) überprüft werden. Da Abs. 2 unter anderem ein Konzept zur Organisations-, Personal- und Finanzstruktur der neuen Krankenkasse erfordert, ist Prüfungsmaßstab außerdem in materiellrechtlicher Hinsicht eine Schlüssigkeitsprüfung jenes Konzepts. Diese beinhaltet indes keine Zweckmäßigkeitskontrolle der beabsichtigten Vereinigung. Eine solche würde die Selbstverwaltungsgarantie der beteiligten Versicherungsträger in unzulässiger Weise beschneiden und findet auch keine Anhaltspunkte im Gesetzeswortlaut. 11

VI. Rechtsschutzmöglichkeiten

Bei einer versagten Genehmigung ist die Verpflichtungsklage nach § 54 Abs. 1 S. 1 Alt. 2 SGG statthaft. 12

§ 145 Vereinigung innerhalb eines Landes auf Antrag

(1) Die Landesregierung kann auf Antrag einer Ortskrankenkasse oder des Landesverbandes durch Rechtsverordnung einzelne oder alle Ortskrankenkassen des Landes nach Anhörung der betroffenen Ortskrankenkassen und ihrer Landesverbände vereinigen, wenn
1. durch die Vereinigung die Leistungsfähigkeit der betroffenen Krankenkassen verbessert werden kann oder
2. der Bedarfssatz einer Ortskrankenkasse den durchschnittlichen Bedarfssatz aller Ortskrankenkassen auf Bundes- oder Landesebene um mehr als 5 vom Hundert übersteigt. § 313 Abs. 10 Buchstabe a gilt entsprechend.

(2) Die Landesregierung vereinigt auf Antrag des Landesverbandes durch Rechtsverordnung einzelne oder alle Ortskrankenkassen des Landes nach Anhörung der betroffenen Ortskrankenkassen und ihrer Landesverbände, wenn
1. die Voraussetzungen nach Absatz 1 erfüllt sind und
2. eine freiwillige Vereinigung innerhalb von zwölf Monaten nach Antragstellung nicht zustande gekommen ist. Erstreckt sich der Bezirk nach der Vereinigung der Ortskrankenkassen über das Gebiet eines Landes hinaus, gilt § 143 Abs. 3 entsprechend.

(3) [1]Bedarfssatz ist das Verhältnis der Ausgaben für Leistungen zur Summe der beitragspflichtigen Einnahmen der Mitglieder im abgelaufenen Geschäftsjahr. [2]Die Ausgaben sind zu mindern um die von Dritten erstatteten Ausgaben für Leistungen, um die Ausgaben für Mehr- und Erprobungsleistungen sowie für Leistungen, auf die kein Rechtsanspruch besteht, um den nach § 266 erhaltenen Risikostrukturausgleich und um den nach § 269 erhaltenen Ausgleich aus dem Risikopool. [3]Zu den Ausgaben zählen auch die nach den §§ 266 und 269 zu tragenden Ausgleiche.

Literatur:

Andelewski/Brachmann, Arbeitsrechtliche Fragestellungen bei Fusionen von Trägern der gesetzlichen Sozialversicherung, NZA 2010, 1103; *Wigge*, Zum Rechtsschutz von Innungskrankenkassen gegen deren Vereinigung – Zugleich eine Besprechung des Beschlusses des LSG NRW v. 19. 4. 1995, Az.: L 16 SKr 13/95, NZS 1996, 504.

---

8 Baier in: Krauskopf, § 144 SGB V Rn. 14.

I. Entstehungsgeschichte

1 Die Vorschrift wurde mit Wirkung zum 1.1.1989 durch Art. 1 des Gesundheits-Reformgesetzes (GRG) vom 20.12.1988 eingeführt.[1] Sie wurde neu gefasst mit Wirkung zum 1.1.1993 durch Art. 1 Nr. 92 des Gesundheitsstrukturgesetzes vom 21.12.1992.[2] Abs. 3 S. 2 und 3 wurde mit Wirkung zum 30.3.2005 durch Art. 4 Nr. 7 des Verwaltungsvereinfachungsgesetzes vom 21.3.2005[3] um die Einnahmen bzw. Ausgaben aus dem Risikopool nach § 269 ergänzt. Durch ein Redaktionsversehen wurde im Gesetzestext S. 2 des Abs. 2 unmittelbar der Nr. 2 des S. 1 angefügt.

II. Normzweck

2 Die Vorschrift beinhaltet die Voraussetzungen, unter denen eine zwangsweise Vereinigung von Ortskrankenkassen innerhalb eines Bundeslandes durch Rechtsverordnung durchgeführt werden kann. Wie die Gesetzesbegründung zeigt, sollte die Neufassung der Norm dazu beitragen, dass Synergieeffekte entstehen und zu mehr Beitragsgerechtigkeit führen und dass Wettbewerbsverzerrungen zwischen den Kassenarten abgebaut werden.[4] Für den Fall eines länderübergreifenden Bezirks ordnet Abs. 2 S. 2 die entsprechende Geltung des § 143 Abs. 3 an.

III. Antrag der Kasse

3 Es können mehrere oder alle Ortskrankenkassen in einem Bundesland vereinigt werden. Voraussetzung ist der Antrag von Seiten einer Krankenkasse oder des Landesverbandes der Krankenkassen. Von der Landesregierung selbst darf keine Initiative ausgehen. Wie der jeweilige Wortlaut zeigt, besteht in den Fällen des Abs. 1 ein Ermessen der Landesregierung bezüglich des Antrags. In den Fällen des Abs. 2 handelt es sich hingegen um eine gebundene Entscheidung. In beiden Konstellationen entscheidet die Landesregierung autonom und ist an den Willen der Krankenkassen bzw. des Verbandes nicht gebunden.

IV. Verfahren nach Abs. 1

4 **Antragsberechtigt** ist jede Ortskrankenkasse, die von der angestrebten Vereinigung betroffen ist, und der jeweilige Landesverband.[5] Verglichen mit der alten Fassung der Vorschrift wurden die sachlichen Voraussetzungen gesenkt, so dass die Vereinigung leichter durchzuführen ist. Die Voraussetzungen nach Nr. 1 und Nr. 2 müssen nicht kumulativ vorliegen, sondern es genügt, wenn eine davon erfüllt ist: Die Verbesserung der Leistungsfähigkeit der Ortskrankenkassen muss möglich erscheinen oder der Bedarfssatz einer Krankenkasse muss um mehr als 5 % vom Bedarfssatz aller Ortskrankenkassen abweichen. Es ist nicht erforderlich, dass der Antrag auf bestimmte Krankenkassen ausgerichtet ist. Die interne Zuständigkeit für die Antragstellung ergibt sich aus der jeweiligen Satzung und liegt, wenn in der Satzung nicht dem Verwaltungsrat vorbehalten, regulär beim Vorstand (vgl. § 35 a SGB IV).

5 Nach den Vorstellungen des Gesetzgebers ist die **Verbesserung der Leistungsfähigkeit** der Krankenkassen vor allem dann zu erwarten, wenn die Wettbewerbsfähigkeit gestärkt wird und die Kassen ihre Aufgaben wirtschaftlicher erfüllen können werden. Der Wortlaut verlangt keine gesicherte Verbesserung der Leistungsfähigkeit, die ex ante auch nicht mit an Sicherheit grenzender Wahrscheinlichkeit bestimmt, sondern nur vermutet bzw. dargelegt werden kann. Die Verbesserung muss also lediglich im Bereich des Möglichen liegen und sich auf die Gesamtsituation vor und nach der Vereinigung beziehen. Regelmäßig gehen von Vereinigungen und Zusammenlegungen Einsparpotentiale und Synergieeffekte aus, allerdings ist dies keine zwingende Schlussfolgerung, wenn man größeren Koordinierungsaufwand und die Gefahr der unflexiblen, verkrusteten Strukturen bei einer größeren Einheit bedenkt. Es liegt im Ermessen der Landesregierung, die Tatsachen zu beurteilen und gegeneinander abzuwägen.

6 Abs. 1 Nr. 2 orientiert sich an der **Abweichung vom Bedarfssatz**, der mindestens 5 % betragen muss. In der neuen Fassung wurde der Anwendungsbereich der Norm erweitert, da nunmehr nicht nur der landesdurchschnittliche, sondern auch der bundesdurchschnittliche Bedarfssatz als Referenzgröße herangezogen werden kann.

---

1 BGBl. I 1988, 2477.
2 BGBl. I 1992, 2266.
3 BGBl. I 2005, 818.
4 BT-Dr. 12/3608, 108.
5 Zur Stellung der Krankenkassenverbände allgemein Paquet, SozSich 2009, 5 ff.

Der Bedarfssatz selbst wird in Abs. 3 S. 1 als das Verhältnis der Ausgaben für Leistungen zur Summe der beitragspflichtigen Einnahmen der Mitglieder im abgelaufenen Geschäftsjahr legal definiert. Im Weiteren regelt die Norm, welche Minderungsgründe bei den Ausgaben zum Ansatz gebracht werden können, während die Ausgleiche gem. §§ 266, 269 zu den Ausgaben hinzugerechnet werden.

V. Verfahren nach Abs. 2

In Abs. 2 wird der Anwendungsbereich des Abs. 1 auf den Fall erstreckt, dass trotz erfüllter Voraussetzungen des Abs. 1 und erfolgter Antragstellung innerhalb von 12 Monaten keine Vereinigung zustande gekommen ist. In diesem Fall steht der Landesregierung gemäß dem Wortlaut und dem Telos der Norm kein Ermessensspielraum mehr zu. Die Landesregierung muss daher im Falle des Vorliegens der genannten Voraussetzungen die Vereinigung vollziehen.

VI. Vollzug der Vereinigung, Rechtsschutz

Die Vereinigung wird gem. Abs. 1 und 2 durch Rechtsverordnung vollzogen. Wird ein Antrag auf Vereinigung von der Landesregierung abgelehnt, so stellt diese Ablehnungsentscheidung einen Verwaltungsakt dar und die Anfechtungsklage ist gem. § 54 Abs. 1 S. 1 Alt. 1 SGG statthafte Klageart. Erfolgt hingegen durch Rechtsverordnung eine Vereinigung und eine Ortskrankenkasse oder deren Landesverband möchte dagegen gerichtlich um Rechtsschutz nachsuchen, so ist die Feststellungsklage gem. § 55 Abs. 1 Nr. 1 SGG statthafte Klageart.

§ 146 Verfahren bei Vereinigung innerhalb eines Landes auf Antrag

(1) Werden Ortskrankenkassen nach § 145 vereinigt, legen sie der Aufsichtsbehörde eine Satzung, einen Vorschlag zur Berufung der Mitglieder der Organe und eine Vereinbarung über die Neuordnung der Rechtsbeziehungen zu Dritten vor.
(2) Die Aufsichtsbehörde genehmigt die Satzung und die Vereinbarung, beruft die Mitglieder der Organe und bestimmt den Zeitpunkt, an dem die Vereinigung wirksam wird.
(3) ¹Mit diesem Zeitpunkt sind die bisherigen Krankenkassen geschlossen. ²Die neue Krankenkasse tritt in die Rechte und Pflichten der bisherigen Krankenkassen ein.
(4) ¹Kommen die beteiligten Krankenkassen ihrer Verpflichtung nach Absatz 1 nicht innerhalb einer von der Aufsichtsbehörde gesetzten Frist nach, setzt die Aufsichtsbehörde die Satzung fest, bestellt die Mitglieder der Organe, regelt die Neuordnung der Rechtsbeziehungen zu Dritten und bestimmt den Zeitpunkt, an dem die Vereinigung wirksam wird. ²Absatz 3 gilt.

Literatur:
Dürschke, Klagearten und einstweiliger Rechtsschutz im Rahmen des Verfahrens bei der Vereinigung von Krankenkassen auf Antrag, SGb 1996, 631; *Papier/Möller*, Rechtsfragen des Zusammenschlusses von Allgemeinen Ortskrankenkassen, SGb 1994, 601; *Wigge*, Zum Rechtsschutz von Innungskrankenkassen gegen deren Vereinigung, NZS 1996, 504; *ders.*, Die Neuordnung der Organisationsstrukturen der Ortskrankenkassen durch das Gesundheitsstrukturgesetz, VSSR 1994, 131.

I. Entstehungsgeschichte

Die Vorschrift wurde mit Wirkung zum 1.1.1989 durch Art. 1 des Gesundheits-Reformgesetzes (GRG) vom 20.12.1988 eingeführt.[1] Die Vorschrift wurde bisher nicht geändert.

II. Normzweck

Die Norm bezieht sich auf den vorangehenden § 145 SGB V und bildet zusammen mit ihm einen Regelungszusammenhang, der sich mit der Vereinigung innerhalb eines Landes auf Antrag befasst. § 146 befasst sich mit den Modalitäten des Verfahrens und regelt die Rechtsnachfolge bei den geschlossenen Krankenkassen.

---

[1] BGBl. I 1988, 2477.

III. Vorlagepflichten (Abs. 1)

3 Abs. 1 regelt die Vorlagepflichten. Dass es sich nicht um eine Option, sondern um Pflichten handelt, macht der Normwortlaut hinreichend deutlich. Die Krankenkassen müssen der zuständigen Aufsichtsbehörde eine Satzung, einen Vorschlag zur Berufung der Organe und eine Vereinbarung über die Neuordnung der Rechtsbeziehungen zu Dritten vorlegen.

IV. Aufgaben der Aufsichtsbehörde (Abs. 2)

4 Abs. 2 ist an § 144 Abs. 3 im Bereich der freiwilligen Vereinigung angelehnt und zählt die Aufgaben der Aufsichtsbehörde auf. Die Behörde genehmigt die Satzung und die Vereinbarung nach Abs. 1, beruft die Organmitglieder und bestimmt den Zeitpunkt des Inkrafttretens der Fusion.

V. Rechtfolgen der Vereinigung (Abs. 3)

5 Abs. 3 stellt klar, dass mit dem Zeitpunkt des Inkrafttretens, den die Behörde nach Abs. 2 bestimmt, die bisherigen Krankenkassen nicht mehr existieren, also geschlossen sind. Es besteht eine Änderung zu der bis zum 21.12.1998 bestehenden Rechtslage: Während dort eine Krankenkasse als aufnehmende Krankenkasse die Rechte und Pflichten der vereinigten Krankenkasse übernahm, werden jetzt sämtliche beteiligten Krankenkassen geschlossen und es entsteht eine komplett neue Krankenkasse. Um Kontinuität zu gewährleisten, bestimmt Abs. 3 S. 2 jedoch, dass alle Rechte und Pflichten der beteiligten Krankenkasse auf die neue Krankenkasse übergehen (Eintreten in die Rechte und Pflichten). Vgl. auch die inhaltsgleiche Norm des § 144 Abs. 4.

VI. Ersatzvornahme (Abs. 4)

6 Wenn die Krankenkassen ihren Vorlagepflichten nach Abs. 1 trotz Fristsetzung seitens der zuständigen Aufsichtsbehörde nicht nachkommen, setzt diese die Satzung selbst fest und bestimmt alle Rechtsbeziehungen, bestellt die Organmitglieder und ordnet den Zeitpunkt des Inkrafttretens der Vereinigung an. Voraussetzung dafür ist allerdings die Aufforderung an die Krankenkasse, ihre Pflichten nach Abs. 1 zu erfüllen, wobei eine angemessene Frist eingeräumt werden muss. Aufgrund des Komplexitätsgrads des Vorgangs und der hohen Anzahl an beteiligten Organen sowie der notwendigen Zeit zur ordnungsgemäßen Willensbildung innerhalb der beteiligten Krankenkasse darf die Frist nicht zu kurz sein. Angemessen erscheinen mindestens drei Monate.[2]

7 Die Ersatzvornahme nach Abs. 4 kommt ebenso zur Anwendung, wenn die Krankenkassen lediglich zum Teil ihre Pflichten nach Abs. 1 verletzen, etwa die Satzung einreichen, aber keinen Vorschlag zur Berufung der Organmitglieder unterbreiten. Für die Ersatzvornahme ist das Verschulden der Krankenkassen bezüglich der Nichtvorlage der geforderten Unterlagen unerheblich.

8 Der Verweis auf die Geltung des Abs. 3 in Abs. 4 S. 2 hat lediglich eine klarstellende Bedeutung: Nach Durchführung der Ersatzvornahme sind die bisherigen Krankenkassen geschlossen und die neue Krankenkasse tritt in die Rechte und Pflichten der bisherigen Krankenkassen ein.

VII. Hinweis bezüglich anderer Kassenarten

9 Auf die Norm wird auch im Bereich der Betriebs-, Innungs- und Ersatzkrankenkassen verwiesen (vgl. §§ 150, 160, 168a).

§ 146a Schließung

[1]Eine Ortskrankenkasse wird von der Aufsichtsbehörde geschlossen, wenn ihre Leistungsfähigkeit nicht mehr auf Dauer gesichert ist. [2]Die Aufsichtsbehörde bestimmt den Zeitpunkt, an dem die Schließung wirksam wird, wobei zwischen diesem Zeitpunkt und der Zustellung des Schließungsbescheids mindestens acht Wochen liegen müssen. [3]§ 155, mit Ausnahme von Absatz 4 Satz 9, und § 164 Abs. 2 bis 5 gelten entsprechend.

---

[2] Baier in: Krauskopf, § 146 SGB V Rn. 8 spricht von mindestens 2 bis 3 Monaten.

Literatur:
Bohlen-Schöning, Rechtliche Stellung der Mitarbeiter bei Schließung oder Insolvenz einer Krankenkasse, KrV 2011, 85; *Füsser*, Das GKV-OrgWG – Gesetz zur Weiterentwicklung der Organisationsstrukturen in der gesetzlichen Krankenversicherung – Inhalte und Motive, SGb 2009, 126; *Gaßner/Hager*, Die Schließung von Krankenkassen wegen Überschuldung, NZS 2004, 632; *Hebeler*, Die Vereinigung, Auflösung und Schließung von Sozialversicherungsträgern, NZS 2008, 238; *Krasney*, Das Insolvenzrecht und gesetzliche Krankenkassen, NZS 2010, 443.

I. Entstehungsgeschichte

Die Vorschrift wurde mit Wirkung zum 1.1.1996 durch Art. 1 Nr. 93, Art. 35 Abs. 6 des Gesundheitsstrukturgesetzes vom 21.12.1992 eingeführt.[1] In S. 3 wurden mit Wirkung zum 1.1.2009 durch Art. 1 Nr. 2 i des Gesetzes zur Weiterentwicklung der Organisationsstrukturen (GKV-OrgWG)[2] vom 15.12.2008 die Wörter „mit Ausnahme von Absatz 4 Satz 9" eingefügt.

II. Normzweck

Die Vorschrift regelt die Schließung von Ortskrankenkassen durch einseitigen hoheitlichen Akt. Sie ist als Bestandteil des verstärkten und vom Gesetzgeber gewollten Leistungswettbewerbs zwischen verschiedenen Kassenarten zu begreifen. Die Ortskrankenkassen stehen seit dem 1.1.1996 mit allen anderen Kassenarten im Wettbewerb um Versicherte und sollen deswegen auch geschlossen werden können, wenn ihre Leistungsfähigkeit nicht mehr gegeben ist.

III. Der Begriff der Schließung

Bei der Schließung handelt es sich um einen Akt der Staatsgewalt, also um Herbeiführung der Liquidation der Kasse durch eine einseitige, hoheitliche Bestimmung. Mit der Schließung geht das Ende der Existenz der betroffenen Krankenkassen einher. Die Entscheidung über die Schließung ist eine gebundene, wenn die geforderte Leistungsfähigkeit auf Dauer fehlt. Ein Ermessen besteht für die Aufsichtsbehörde nicht, was durch den Wortlaut „wird geschlossen" deutlich wird.

IV. Verhältnis zur Insolvenz

Nicht zu verwechseln ist die Schließung der Krankenkasse mit der Eröffnung eines Insolvenzverfahrens, das in letzter Zeit im Zusammenhang mit den gesetzlichen Krankenkassen an Bedeutung gewonnen hat und nunmehr in § 171 b SGB V iVm InsO geregelt ist.[3] Ein eröffnetes Insolvenzverfahren bedeutet nicht automatisch die Abwicklung der Krankenkasse, was bei einer Schließung zwingend geschieht. Für den Fall, dass die Voraussetzungen für die Schließung und die Eröffnung des Insolvenzverfahrens zugleich gegeben sind, ordnet § 171 b Abs. 3 S. 2 den Vorrang der Schließung an. Es handelt sich allerdings um eine Soll-Vorschrift, von der in begründeten Ausnahmefällen auch abgewichen werden kann.

V. Leistungsfähigkeit und Dauerhaftigkeit

Die Ortskrankenkasse wird gem. S. 1 geschlossen, wenn auf Dauer ihre Leistungsfähigkeit nicht mehr gesichert ist. Bei der Leistungsfähigkeit handelt es sich um einen unbestimmten Rechtsbegriff. Dieser lässt sich nur schwer definieren.[4] Das SGB definiert nirgends die Leistungsfähigkeit und auch außerhalb des SGB fehlt es an normativen Anknüpfungspunkten. Allgemein wird man sagen können, dass Leistungsfähigkeit im Zusammenhang mit Verwaltungstätigkeit die Fähigkeit der Verwaltung zur Erfüllung ihrer Aufgaben bedeutet. Dies gilt grundsätzlich auch im Hinblick auf gesetzliche Krankenkassen, indes treten hier Besonderheiten des Krankenversicherungsrechts hinzu, denn gesetzliche Krankenkassen befinden sich in einer Konkurrenzsituation: Auch wenn die einzelne Krankenkasse den allgemeinen Beitragssatz nicht selbst festlegt (s. § 241), kann sie gem. § 242 gehalten sein, einen kassenindividuellen Zusatzbeitrag zu erheben. Eine Krankenkasse kann im Vergleich eher unattraktive satzungsrechtlich festgelegte Versicherungsleistungen anbieten. Dies können Faktoren sein, die Versicher-

---

1 BGBl. I 1992, 2266.
2 BGBl. I 2008, 2426.
3 Dazu Krasney, NZS 2010, 443 ff.
4 Allgemein zu den unbestimmten Begriffen der Leistungsfähigkeit und der Wirtschaftlichkeit Hebeler, NZS 2008, 238, 243.

te dazu veranlassen können, von ihrem Kassenwahlrecht (vgl. §§ 173 ff.) Gebrauch zu machen und zu einer anderen Kasse zu wechseln. Dies wiederum kann die betroffene Krankenkasse finanziell belasten und zunehmend weniger konkurrenzfähig machen. Letztlich wird man sagen können, dass unter Leistungsfähigkeit einer Krankenkasse die finanzielle Fähigkeit zu verstehen ist, ein konkurrenzfähiges Beitrags- und Leistungsangebot anbieten zu können. Eine mangelnde Leistungsfähigkeit kann aus den genannten Gründen resultieren, sie kann indes – insoweit ist keine abschließende Nennung möglich – auch durch anderen Faktoren (etwa: die Inanspruchnahme von Finanzausgleichsleistungen gem. §§ 265 ff.) bedingt sein.[5]

Der Begriff der Dauerhaftigkeit ist ebenso unbestimmt und muss im konkreten Fall jeweils gesondert festgestellt werden. Immanent ist der Betrachtung ein prognostisches Element, ob die fehlende Leistungsfähigkeit der Kasse auf längere Sicht anhalten wird.

VI. Verfahren und Rechtsschutz

6 Die Schließung erfolgt durch einen Verwaltungsakt der zuständigen Aufsichtsbehörde, die dabei auch den Zeitpunkt festsetzt, zu dem die Schließung wirksam wird. Eine Karenzzeit von mindestens acht Wochen zwischen der Zustellung des Schließungsbescheides an die Kasse und der Schließung ist nach S. 2 obligatorisch. Nach Sinn und Zweck des S. 2 sollen die Mitglieder der Kasse nämlich ausreichend Zeit haben, eine andere Krankenkasse auszuwählen.[6]

Die Schließung führt zwingend zur Abwicklung, also Liquidation der Kasse. Das Verfahren und die Haftung für Verpflichtungen richten sich weitgehend nach § 155. Für die Arbeitsverhältnisse und Versorgungsansprüche der Beschäftigten s. Erläuterungen zu § 164. Statthafte Klageart gegen die Schließung ist die Anfechtungsklage gem. § 54 Abs. 1 S. 1 Alt. 1 SGG.

VII. Hinweis bezüglich anderer Kassenarten

7 Nach mehreren Gesetzesnovellen wurden die Regelungen für die Schließung von Orts-, Betriebs-, Innungs- und Ersatzkrankenkassen aufeinander angepasst und sind weitgehend deckungsgleich. Für weitere Kassenarten gelten aber uU zusätzliche Schließungsgründe, die bei einer Ortskrankenkasse nicht zum Tragen kommen. Ebenfalls bestehen dort gesonderte Normen zum Schutz der Angestellten.[7] Vgl. auch Ausführungen zu §§ 153, 163, 170 SGB V.

Zweiter Titel Betriebskrankenkassen

§ 147 Errichtung

(1) Der Arbeitgeber kann für einen oder mehrere Betriebe eine Betriebskrankenkasse errichten, wenn
1. in diesen Betrieben regelmäßig mindestens 1 000 Versicherungspflichtige beschäftigt werden und
2. ihre Leistungsfähigkeit auf Dauer gesichert ist.

(2) ¹Bei Betriebskrankenkassen, deren Satzung keine Regelung nach § 173 Abs. 2 Satz 1 Nr. 4 enthält, kann der Arbeitgeber auf seine Kosten die für die Führung der Geschäfte erforderlichen Personen bestellen. ²Nicht bestellt werden dürfen Personen, die im Personalbereich des Betriebes oder Dienstbetriebes tätig sein dürfen. ³Wird eine Betriebskrankenkasse nach dem 31. Dezember 1995 errichtet, ist in der dem Antrag auf Genehmigung nach § 148 Abs. 3 beigefügten Satzung zu bestimmen, ob der Arbeitgeber auf seine Kosten das Personal bestellt. ⁴Lehnt der Arbeitgeber die weitere Übernahme der Kosten des für die Führung der Geschäfte erforderlichen Personals durch unwiderrufliche Erklärung gegenüber dem Vorstand der Krankenkasse ab, übernimmt die Betriebskrankenkasse spätestens zum 1. Januar des auf den Zugang der Erklärung folgenden übernächsten Kalenderjahres die bisher mit der Führung der Geschäfte der Betriebskrankenkasse beauftragten Personen, wenn diese zustimmen. ⁵Die Betriebskrankenkasse tritt in die Rechte und Pflichten aus den Dienst- oder Arbeitsverhältnissen der übernommenen Personen ein; § 613 a des Bürgerlichen Gesetzbuchs ist entsprechend anzuwenden. ⁶Neueinstellungen nimmt vom Tag des Zugangs der Erklärung nach Satz 4 an die Betriebskrankenkasse vor. ⁷Die Sätze 4 bis 6 gelten entsprechend, wenn die Betriebskrankenkasse in ihrer Satzung eine

---

5 Siehe dazu Gaßner/Hager, NZS 2004, 632 ff.
6 BT-Dr. 17/8005, 160.
7 Zur rechtlichen Stellung der Personals bei Insolvenz oder Schließung einer Krankenkasse vgl. Bohlen-Schöning, KrV 2011, 85 ff.

Regelung nach § 173 Abs. 2 Satz 1 Nr. 4 vorsieht, vom Tag des Wirksamwerdens dieser Satzungsbestimmung an.

(2 a) [1]Betriebskrankenkassen nach Absatz 2 Satz 1, bei denen der Arbeitgeber auf seine Kosten die für die Führung der Geschäfte erforderlichen Personen bestellt, leiten 85 vom Hundert ihrer Zuweisungen, die sie nach § 270 Absatz 1 Satz 1 Buchstabe c erhalten, an den Arbeitgeber weiter. [2]Trägt der Arbeitgeber die Kosten der für die Führung der Geschäfte der Betriebskrankenkasse erforderlichen Personen nur anteilig, reduziert sich der von der Betriebskrankenkasse an den Arbeitgeber weiterzuleitende Betrag entsprechend. [3]Die weitergeleiteten Beträge sind gesondert auszuweisen. [4]Der weiterzuleitende Betrag nach den Sätzen 1 und 2 ist auf die Höhe der Kosten begrenzt, die der Arbeitgeber tatsächlich trägt.

(3) [1]Betriebskrankenkassen, deren Satzung am 1. Januar 2004 eine Regelung nach § 173 Abs. 2 Satz 1 Nr. 4 enthält und bei denen der Arbeitgeber die Kosten des für die Führung der Geschäfte erforderlichen Personals trägt, übernehmen spätestens bis zum 31. Dezember 2004 die mit der Führung der Geschäfte beauftragten Personen, wenn diese zustimmen. [2]Absatz 2 Satz 5 gilt entsprechend. [3]Neueinstellungen nimmt ab dem 1. Januar 2004 die Betriebskrankenkasse vor.

(4) [1]Absatz 1 gilt nicht für Betriebe, die als Leistungserbringer zugelassen sind oder deren maßgebliche Zielsetzung die Wahrnehmung wirtschaftlicher Interessen von Leistungserbringern ist, soweit sie nach diesem Buch Verträge mit den Krankenkassen oder deren Verbänden zu schließen haben. [2]Satz 1 gilt nicht für Leistungserbringer, die nicht überwiegend Leistungen auf Grund von Verträgen mit den Krankenkassen oder deren Verbänden erbringen.

Literatur:

Förster/Heger/Heissmann, Gleichstellung der Betriebskrankenkassen mit den übrigen Krankenkassen – Auswirkungen auf die betriebliche Altersversorgung, NZS 1996, 200; *Leopold*, Weiterhin ein starker Fusionstrend in der Kranken- und Unfallversicherung, WzS 2012, 35; *Schnapp*, Die Rechtsstellung geöffneter und „virtueller" Krankenkassen, NZS 2004, 113.

I. Entstehungsgeschichte 1	V. Errichtung 5
II. Normzweck 2	VI. Voraussetzungen der Einrichtung 6
III. Recht zur Errichtung 3	VII. Personalfragen (Abs. 2, 2 a, 3) 11
IV. Problematische Situation einiger Betriebskrankenkassen 4	VIII. Von der Errichtung ausgeschlossene Betriebe (Abs. 4) 12

I. Entstehungsgeschichte

Die Vorschrift wurde mit Wirkung zum 1.1.1989 durch Art. 1 des Gesundheits-Reformgesetzes (GRG) vom 20.12.1988 eingeführt.[1] Die Vorschrift übernahm weitestgehend bisher geltendes Recht. Änderungen erfolgten durch das Gesundheitsstrukturgesetz vom 21.12.1992.[2] In Abs. 1 wurde mit Wirkung zum 1.1.1993 die Mindestanzahl Versicherungspflichtiger von 450 auf 1000 angehoben. Zudem wurde eine Regelung eingefügt, welche die Fälle gefährdeter Leistungsfähigkeit vorhandener Ortskrankenkassen bestimmte. Mit Wirkung zum 1.1.1996 wurden Abs. 1 und 2 neu gefasst und dabei die Gefährdung des Bestands oder Leistungsfähigkeit vorhandener Ortskrankenkassen als Errichtungshindernis gestrichen. Zudem wurde dem Arbeitgeber freigestellt, ob er die für die Führung der Geschäfte erforderlichen Personen auf seine Kosten bestellt. Durch Art. 1 Nr. 122 des GKV-Modernisierungsgesetzes vom 14.11.2003[3] wurden mit Wirkung zum 1.1.2004 Abs. 2 S. 1 sowie S. 4 ff. neu gefasst und hierdurch die Personalbestellung durch den Arbeitgeber auf nicht geöffnete Betriebskrankenkassen beschränkt. Zudem wurde ein neuer Absatz 3 eingefügt, durch welchen eine Übergangsregelung für bestehende geöffnete Betriebskrankenkassen getroffen wurde. Durch einen neuen Abs. 4 wurde die Errichtung von Betriebskrankenkassen für Betriebe von Leistungserbringern und ihren Verbänden ausgeschlossen. Zudem wurde mit Wirkung zum 23.7.2009 ein neuer Abs. 2 a durch Art. 15 Nr. 10 des Gesetzes zur Änderung arzneimittelrechtlicher und anderer Vorschriften vom 17.7.2009[4] eingefügt. Dieser regelt die Weiterleitung von Zuweisungen, die geschlossene Betriebskrankenkassen aus dem Gesundheitsfond erhalten haben, an den die Personalkosten tragenden Arbeitgeber.

1

---

1 BGBl. I 1988, 2477.
2 BGBl. I 1992, 2266.
3 BGBl. I 2003, 2190.
4 BGBl. I 2009, 1990.

II. Normzweck

2 Die Norm regelt die Neuerrichtung der Betriebskrankenkassen, insbesondere die allgemeinen Voraussetzungen der Errichtung, und steht im systematischen Zusammenhang mit dem nachfolgenden § 148, welcher sich den verfahrensrechtlichen Einzelheiten bei der Errichtung widmet, gleichzeitig aber selbst einige Errichtungsvoraussetzungen enthält.

III. Recht zur Errichtung

3 Im gegenwärtigen System der gesetzlichen Krankenversicherung können lediglich Innungs- und Betriebskrankenkassen neu errichtet werden. Abs. 1 gibt dem Arbeitgeber das Recht, eine „eigene" Betriebskrankenkasse zu errichten, wenn bestimmte, im Weiteren ausgeführte Voraussetzungen erfüllt sind.

IV. Problematische Situation einiger Betriebskrankenkassen

4 Seit der Einführung der Kassenwahlfreiheit fusionieren immer mehr vorwiegend kleinere Betriebskrankenkassen zu größeren Einheiten, so dass die Anzahl der Betriebskrankenkassen stetig zurückgeht.[5] Eine Betriebskrankenkasse war es auch, die erstmals in die Insolvenz gegangen ist – nämlich die City-Betriebskrankenkasse im Jahre 2011; weitere Betriebskrankenkassen geraten immer mehr in eine Schieflage.[6] Dies geht teilweise auf das verstärkte Wettbewerbsrecht zwischen verschiedenen Kassenarten, fehlende Anreize zum Ausbau der Betriebskrankenkassen, die eher ungünstige Mitgliederstruktur (überproportional viele ältere, kranke, pflegebedürftige Versicherte) und finanzielle Fehlentscheidungen zurück. Es ist zu erwarten, dass sich der Fusionstrend im Bereich der Betriebskrankenkassen weiterhin fortsetzen wird.

V. Errichtung

5 Der Begriff der Einrichtung bedeutet Gründung einer Krankenkasse durch einen staatlich-hoheitlichen Akt. Die Krankenkasse wird juristische Person des öffentlichen Rechts, genau genommen Körperschaft des öffentlichen Rechts mit Selbstverwaltungsgarantie (vgl. § 29 Abs. 1 SGB IV). Dass die Errichtung letztlich durch Hoheitsakt – nämlich die in § 148 geregelte Genehmigung – erfolgt, macht der Wortlaut von Abs. 1 nicht deutlich. Dem Arbeitgeber steht lediglich ein Antragsrecht auf Errichtung zu.

VI. Voraussetzungen der Einrichtung

6 Gemäß Abs. 1 am Anfang kann der Arbeitgeber für einen oder mehrere Betriebe eine Betriebskrankenkasse errichten. Dies bedeutet, dass nur ein Arbeitgeber eine Betriebskrankenkasse errichten kann. Mehrere Arbeitgeber dürfen sich nicht zusammenschließen, um eine Betriebskrankenkasse zu gründen. Dieser Weg wird erst gangbar, wenn mehrere Arbeitgeber jeweils eine Betriebskrankenkasse gründen und anschließend eine Vereinigung ihrer Betriebskrankenkasse durchführen. Im Hinblick auf den fortschreitenden Fusionstrend mutet der Fortbestand der Regelung des Abs. 1 zunehmend anachronistisch an und wird bisweilen als „Redaktionsversehen" bezeichnet.[7] Abs. 1 steht allerdings der Gründung einer Betriebskrankenkasse für mehrere Betriebsstätten eines Arbeitgebers nicht entgegen. Des Weiteren hat der Arbeitgeber die Wahl, ob er bei mehreren selbstständigen Betrieben eine oder mehrere Betriebskrankenkassen errichtet. Zulässig ist es, wenn mehrere Arbeitgeber sich zu einer Gesellschaft bürgerlichen Rechts iSv §§ 705 ff. BGB zusammenfinden und dann eine gemeinsame Betriebskrankenkasse errichten wollen.[8]

7 Als Arbeitgeber kann eine natürliche und auch eine juristische Person oder Personengesellschaft fungieren, die unmittelbar Arbeit an andere vergibt, über deren Arbeitskraft, Entgelt, Einstellung und Entlassung verfügt und der der Erfolg der verrichteten Arbeit bzw. Arbeitsleistung zugutekommt.[9]

8 Der Betriebsbegriff in Abs. 1 ist abzugrenzen von einem bloßen – unselbstständigen – Betriebsteil. Wenn personelle, sachliche und andere Arbeitsmittel zu einer selbstständigen Einheit zusammengeführt sind, handelt es sich um einen abgrenzbaren, selbstständigen Betrieb. Kennzeichnend sind dabei

---

5 Mühlhausen in: Becker/Kingreen, § 147 Rn. 1; vgl. auch Leopold, WzS 2012, 35 ff.
6 Siehe dazu näher Leopold, WzS 2012, 35 f.; Leopold, SozSich 2011, 60, 61.
7 Hänlein in: LPK-SGB V, §§ 147, 148 Rn. 3; Mühlhausen in: Becker/Kingreen, §§ 147, 148 Rn. 5.
8 Engelhardt in: Hauck/Noftz, SGB V, § 147 Rn. 11.
9 Siehe BSGE 18, 190, 196.

insbesondere auch die Entscheidungsspielräume der Betriebsleitung. Es ist eine Gesamtbewertung im konkreten Einzelfall erforderlich.

Gemäß Abs. 1 Nr. 1 müssen regelmäßig mindestens 1.000 Versicherungspflichtige in den Betrieben beschäftigt sein, in denen eine Betriebskrankenkasse errichtet werden soll. Hier ist es unerheblich, welcher Krankenkasse die Beschäftigten angehören, was der Vergleich mit dem Wortlaut des nachfolgenden § 148 Abs. 1 S. 2 zeigt, wo bis zum Errichtungszeitpunkt mit mindestens 1.000 Mitgliedern der Betriebskrankenkasse gerechnet werden muss. 9

Gemäß Abs. 1 Nr. 2 ist weiterhin Errichtungsvoraussetzung die dauerhaft gesicherte Leistungsfähigkeit der Betriebskrankenkasse. Zur Leistungsfähigkeit und Dauerhaftigkeit gelten die Ausführungen bei § 146 a entsprechend (→ Rn. 5). 10

VII. Personalfragen (Abs. 2, 2 a, 3)

Abs. 2, 2 a und 3 regeln Rechtsfragen, die das Personal der zu gründenden Krankenkasse betreffen. Die teilweise sehr detaillierten Regelungen sind ganz überwiegend aus sich heraus verständlich. Kurz gesagt gilt Folgendes: Der Arbeitgeber hat ein Wahlrecht: Entweder er bestellt das Personal der Betriebskrankenkasse auf seine Kosten und wird daher unwiderruflich dessen Arbeitgeber, oder die Betriebskrankenkasse selbst wird der Arbeitgeber des Personals und schließt die dazugehörigen Arbeitsverträge. Nach früherer (bis 1996 geltender) Rechtslage bestand die zweite Option für den Arbeitgeber nicht. In jedem Fall hat die Betriebskrankenkasse als solche das Direktionsrecht im Verhältnis zum Personal. 11

VIII. Von der Errichtung ausgeschlossene Betriebe (Abs. 4)

Abs. 4 schließt bestimmte Kategorien der Leistungserbringer und deren Verbände von der Möglichkeit, eigene Betriebskrankenkassen zu errichten, aus. Als Leistungserbringer zugelassene Betriebe und Betriebe, Verbände und Organisationen, welche die wirtschaftlichen Interessen der Leistungserbringer in irgendeiner Form vertreten, können keine Betriebskrankenkassen gründen. Dieser Ausschluss ist notwendig, um den Grundsatz der Gegnerfreiheit zwischen der gesetzlichen Krankenversicherung und den Leistungserbringern zu wahren. 12

§ 148 Verfahren bei Errichtung

(1) ¹Die Errichtung der Betriebskrankenkasse bedarf der Genehmigung der nach der Errichtung zuständigen Aufsichtsbehörde. ²Die Genehmigung darf nur versagt werden, wenn eine der in § 147 Abs. 1 genannten Voraussetzungen nicht vorliegt oder die Krankenkasse zum Errichtungszeitpunkt nicht 1 000 Mitglieder haben wird.

(2) ¹Die Errichtung bedarf der Zustimmung der Mehrheit der im Betrieb Beschäftigten. ²Die Aufsichtsbehörde oder die von ihr beauftragte Behörde leitet die Abstimmung. ³Die Abstimmung ist geheim.

(3) ¹Der Arbeitgeber hat dem Antrag auf Genehmigung eine Satzung beizufügen. ²Die Aufsichtsbehörde genehmigt die Satzung und bestimmt den Zeitpunkt, an dem die Errichtung wirksam wird.

Literatur:

Förster/Heger/Heissmann, Gleichstellung der Betriebskrankenkassen mit den übrigen Krankenkassen – Auswirkungen auf die betriebliche Altersversorgung, NZS 1996, 200; *Hebeler,* Die Vereinigung, Auflösung und Schließung von Sozialversicherungsträgern, NZS 2008, 238; *Leopold,* Weiterhin ein starker Fusionstrend in der Kranken- und Unfallversicherung, WzS 2012, 35; *Schnapp,* Die Rechtsstellung geöffneter und „virtueller" Krankenkassen, NZS 2004, 113.

I. Entstehungsgeschichte

Die Vorschrift wurde mit Wirkung zum 1.1.1989 durch Art. 1 des Gesundheits-Reformgesetzes (GRG) vom 20.12.1988 eingeführt.[1] Abs. 1 S. 2 wurde mit Wirkung zum 1.1.1993 die Mindestmitgliederanzahl von 450 auf 1000 angehoben. Abs. 2 S. 1 der Vorschrift wurde durch Art. 1 Nr. 95 des Gesund- 1

---

1 BGBl. I 1988, 2477.

heitsstrukturgesetzes vom 21.12.1992 neu gefasst.[2] Der Abs. 1 S. 3 wurde mit Wirkung zum 1.1.2004 durch Art. 1 Nr. 123 des GKV-Modernisierungsgesetzes vom 14.11.2003[3] gestrichen.

II. Normzweck

2 Die Norm regelt die verfahrensrechtlichen Einzelheiten bei der Errichtung von Betriebskrankenkassen und steht im systematischen Zusammenhang mit dem vorangehenden § 147, welcher die meisten Errichtungsvoraussetzungen enthält.

III. Genehmigung der Aufsichtsbehörde zur Errichtung (Abs. 1)

3 Nach Abs. 1 S. 1 bedarf die Errichtung einer Betriebskrankenkasse der Genehmigung der Aufsichtsbehörde. Die Genehmigungsentscheidung ist ein gebundener Verwaltungsakt. Die Zuständigkeit der Behörde beurteilt sich nach allgemeinen Regelungen. Bis auf die bundesunmittelbaren Krankenversicherungsträger, für die das Bundesversicherungsamt zuständig ist, ist die jeweilige für die Sozialversicherung zuständige obere Verwaltungsbehörde oder die nach Landesrecht bestimmte Behörde zuständig (siehe §§ 90, 90a SGB IV). Die Genehmigung darf nur in Fällen versagt werden, in denen die Voraussetzungen des § 147 Abs. 1 nicht erfüllt sind oder die Krankenkasse zum Errichtungszeitpunkt weniger als 1.000 Mitglieder haben wird. Den Sinn und Zweck der Mindestmitgliederzahl wird man darin zu sehen haben, dass nur so eine ausgewogene Risikostruktur und effiziente Organisationsstrukturen für die Betriebskrankenkasse gegeben sein können.

IV. Zustimmung der Beschäftigten (Abs. 2)

4 Weitere Wirksamkeitsvoraussetzung der Errichtung der Betriebskrankenkasse ist gem. Abs. 2 S. 1 die Zustimmung der Mehrheit der im Betrieb Beschäftigten. Ausweislich der Gesetzesbegründung[4] dient das Zustimmungserfordernis der demokratischen Legitimierung der Kassenerrichtung. Mehrheitliche Zustimmung meint, dass mehr als die Hälfte der Beschäftigten in einem Betrieb ausdrücklich zustimmen müssen.[5]

5 Die Abstimmung wird von der Aufsichtsbehörde oder der von ihr beauftragten Behörde geleitet und ist geheim, Abs. 2 und 3. Wenn ein Arbeitgeber eine einzige Betriebskrankenkasse für mehrere selbstständige Betriebe gründen will, muss die geheime Abstimmung über die Errichtung für jeden Betrieb gesondert erfolgen.

V. Der Zeitpunkt der Errichtung (Abs. 3)

6 Der Zeitpunkt, an dem die neue Betriebskrankenkasse als errichtet gilt, wird gem. Abs. 3 S. 2 von der zuständigen Aufsichtsbehörde bestimmt.

§ 149 Ausdehnung auf weitere Betriebe

¹Eine Betriebskrankenkasse, deren Satzung keine Regelung nach § 173 Abs. 2 Satz 1 Nr. 4 enthält, kann auf Antrag des Arbeitgebers auf weitere Betriebe desselben Arbeitgebers ausgedehnt werden. ²§ 148 gilt entsprechend.

Literatur:
Schnapp, Die Rechtsstellung geöffneter und „virtueller" Krankenkassen, NZS 2004, 113.

I. Entstehungsgeschichte

1 Die Vorschrift wurde mit Wirkung zum 1.1.1989 durch Art. 1 des Gesundheits-Reformgesetzes (GRG) vom 20.12.1988 eingeführt.[1] Die Verweisung auf § 147 Abs. 1 Nr. 3 der alten Fassung in S. 2 wurde mit Wirkung zum 1.1.1996 durch Art. 1 Nr. 96, Art. 35 Abs. 6 des Gesundheitsstrukturgesetzes vom

---

2 BGBl. I 1992, 2266.
3 BGBl. I 2003, 2190.
4 BT-Dr. 12/3608, 109.
5 Ebenso Mühlhausen in: Becker/Kingreen, § 148 Rn. 13.
1 BGBl. I 1988, 2477.

21.12.1992[2] gestrichen. In S. 1 wurde mit Wirkung zum 1.1.2004 durch Art. 1 Nr. 124 des GKV-Modernisierungsgesetzes vom 14.11.2003[3] die Einschränkung auf nicht geöffnete Betriebskrankenkassen eingefügt.

II. Normzweck

Die Norm erlaubt die Ausdehnung der Zuständigkeit einer bereits bestehenden Betriebskrankenkasse auf weitere Betriebe desselben Arbeitgebers in einem vereinfachten Verfahren.

III. Ausdehnung der Zuständigkeit (S. 1)

Nach S. 1 wird die Ausdehnung einer Betriebskrankenkasse auf weitere Betriebe desselben Arbeitgebers ermöglicht, wenn deren Satzung keine Regelung nach § 173 Abs. 2 S. 1 Nr. 4 enthält, also wenn die Betriebskrankenkasse gerade nicht für betriebsfremde Versicherte zugänglich ist. Diese Beschränkung soll die Entstehung regionaler Wettbewerbsungleichgewichte verhindern. Voraussetzung für die Anwendung der Norm ist, dass der fragliche Betrieb selbstständig ist, denn ansonsten ist begrifflich für eine Ausdehnung kein Raum, sondern der unselbstständige Betriebsteil unterfällt ohnehin der Zuständigkeit einer ordnungsgemäß errichteten Betriebskrankenkasse. Zur Abgrenzung zwischen selbstständigen Betrieben und nicht selbstständigen Betriebsteilen → § 147 Rn. 8.

Die Ausdehnung erfolgt auf Antrag des Arbeitgebers. Im Falle der Öffnung der Betriebskrankenkasse für betriebsfremde Versicherte ist der Antrag des Arbeitgebers nicht mehr gerechtfertigt, denn bei den geöffneten Kassen besteht kein expliziter Bezug mehr zum Arbeitgeber und zum Trägerbetrieb der Betriebskrankenkasse.

IV. Verweis auf § 148 (S. 2)

S. 2 ordnet die entsprechende Geltung des § 148 an. Insbesondere muss daher die Mehrheit der Beschäftigten in dem Betrieb, auf den die Betriebskrankenkasse ausgedehnt werden soll, der Erweiterung zustimmen (§ 148 Abs. 2 S. 1). Dagegen ist es nicht erforderlich, dass die Mehrheit der Beschäftigten des Betriebs, für den die betreffende Betriebskrankenkasse ursprünglich errichtet wurde, ebenfalls zustimmt.

In verfahrensrechtlicher Hinsicht ist bei der „Anschlusserrichtung" genauso wie bei einer Neuerrichtung die Genehmigung der zuständigen Aufsichtsbehörde einzuholen, wobei diese bis auf enumerative Versagungsgründe zur Genehmigung verpflichtet ist (vgl. auch die Ausführungen zu § 148). Außerdem hat die Kasse den Willen, den neuen Betrieb in die eigene Zuständigkeit aufzunehmen, dadurch zum Ausdruck zu bringen, dass die Kassensatzung entsprechend geändert wird.

§ 150 Freiwillige Vereinigung

(1) ¹Betriebskrankenkassen können sich auf Beschluß ihrer Verwaltungsräte zu einer gemeinsamen Betriebskrankenkasse vereinigen. ²Der Beschluß bedarf der Genehmigung der vor der Vereinigung zuständigen Aufsichtsbehörden.
(2) ¹§ 144 Abs. 2 bis 4 gilt entsprechend. ²Für Betriebskrankenkassen, deren Satzungen eine Regelung nach § 173 Abs. 2 Satz 1 Nr. 4 enthalten, gelten die §§ 145 und 146 entsprechend; für die Vereinigung einer oder mehrerer bundesunmittelbarer Betriebskrankenkassen mit anderen Betriebskrankenkassen gilt § 168 a Abs. 2 entsprechend.

Literatur:

Hebeler, Die Vereinigung, Auflösung und Schließung von Sozialversicherungsträgern, NZS 2008, 238; *Ruge/Maerker*, Arbeits- und personalvertretungsrechtliche Aspekte bei der Vereinigung von Krankenkassen, ZTR 2007, 663; *Schnapp*, Errichtung und errichtungsähnliche Organisationsakte in der betrieblichen Krankenversicherung, SGb 1989, 273; *Schroeder-Printzen*, Besonderheiten des Rechtsschutzes bei Fusion von Krankenkassen im Zusammenhang mit dem Risikostrukturausgleich, NZS 1997, 319.

---

2 BGBl. I 1992, 2266.
3 BGBl. I 2003, 2190.

I. Entstehungsgeschichte

1 Die Vorschrift wurde mit Wirkung zum 1.1.1989 durch Art. 1 des Gesundheits-Reformgesetzes (GRG) vom 20.12.1988 eingeführt.[1] Mit Wirkung zum 1.1.1996 wurde die Vorschrift durch das Gesundheitsstrukturgesetz vom 21.12.1992 neu gefasst.[2] Hierdurch wurde in Abs. 1 der Kreis der vereinigungsfähigen Betriebskrankenkassen erweitert. Weiterhin wurde hierdurch die Neuordnung der Selbstverwaltung in der gesetzlichen Krankenversicherung durch §§ 31 Abs. IIIa und 35a SGB IV berücksichtigt. Außerdem wurde als Folge der Neuorganisation der gesetzlichen Krankenversicherung und durch die freie Kassenwahl für alle Versicherten die Möglichkeit einer zwangsweisen Vereinigung von Betriebskrankenkassen eingeführt und die Zuständigkeit für die Genehmigung des Vereinigungsbeschlusses geändert.

II. Normzweck und Regelungsgehalt im Überblick

2 Die Norm regelt die Voraussetzungen für die Vereinigung von Betriebskrankenkassen. Durch Abs. 1 S. 1 und Abs. 2 S. 1 wird die freiwillige Vereinigung von Betriebskrankenkassen geregelt. Durch den neuen Abs. 2 S. 2 wird auch die zwangsweise Vereinigung von Betriebskrankenkassen, welche eine Satzungsregelung nach § 173 Abs. 2 S. 1 Nr. 4 getroffen haben, durch die Landesregierung zugelassen. Somit werden die Betriebskrankenkassen mit anderen Krankenkassen insoweit gleichgestellt.

III. Normstruktur

3 Die Norm verweist in Abs. 2 verschiedentlich auf §§ 144, 145, 146, so dass zahlreiche Rechtsfragen sich durch diese Normen und die Kommentierungen zu §§ 144, 145, 146 beantworten. Insbesondere zu Begriff und Rechtsnatur der Vereinigung → § 144 Rn. 6.

IV. Voraussetzungen der Vereinigung

4 Nach Abs. 1 können sich zwei oder mehr Betriebskrankenkassen freiwillig vereinigen. Die freiwillige Vereinigung setzt mehrere Betriebskrankenkassen für jeweils selbstständige Betriebe voraus. Wirtschaftliche, räumliche oder anderweitige Beziehungen der zu vereinigenden Betriebskrankenkassen sind nicht notwendig. Die freiwillige Vereinigung nach Abs. 1 ist vom Willen der beteiligten Betriebskrankenkassen abhängig. Die freiwillige Vereinigung setzt mithin getrennte, inhaltlich übereinstimmende Beschlüsse der Verwaltungsräte der Betriebskrankenkassen voraus. Ausreichend ist hier die einfache Abstimmungsmehrheit. Zum Verfahren für die freiwillige Vereinigung verweist Abs. 2 S. 1 auf die Verfahrensvorschriften für die Vereinigung von Ortskrankenkassen.

5 Nach der erfolgreichen Beschlussfassung muss die Zusammenführung von der zuständigen Aufsichtsbehörde genehmigt werden. Insoweit gelten über den Verweis in Abs. 2 S. 1 alle Modalitäten des § 144 Abs. 2 und somit auch die Ausführung bei → § 144 Rn. 10.

V. Zwangsweise Vereinigung

6 Die mit Wirkung zum 1.1.1996 neu angefügte Regelung des Abs. 2 S. 2 überträgt die für Ortskrankenkassen, Innungskrankenkassen und Ersatzkrankenkassen geltenden Regelungen der §§ 145, 146 § 168a Abs. 2 über die Vereinigung durch Rechtsverordnung der Landesregierung auf Betriebskrankenkassen, die sich durch eine Satzungsregelung nach § 173 Abs. 2 S. 1 Nr. 4 dem Wettbewerb gestellt haben. Da die Betriebskrankenkassen in einem gleichberechtigten Wettbewerb um Mitglieder mit allen anderen Krankenkassen stehen, müssen die Anforderungen an die organisatorische Leistungsfähigkeit der Krankenkassen auch nach einheitlichen Grundsätzen geregelt werden. Wenn die Leistungsfähigkeit durch Vereinigung mit anderen Betriebskrankenkassen verbessert werden kann, kann die betroffene Betriebskrankenkasse oder der Landesverband die Vereinigung mit anderen Betriebskrankenkassen durch Rechtsverordnung der Landesregierung beantragen. Abs. 2 S. 2 gilt indes nur für Betriebskrankenkassen mit einer Satzungsregelung nach § 173 Abs. 2 S. 1 Nr. 4. Somit können durch Rechtsverordnung nur Betriebskrankenkassen vereinigt werden, die durch eine Satzungsbestimmung von den Versicherten gewählt werden können.

---

1 BGBl. I 1988, 2477.
2 BGBl. I 1992, 2266.

§ 151 Ausscheiden von Betrieben

(1) Geht von mehreren Betrieben desselben Arbeitgebers, für die eine gemeinsame Betriebskrankenkasse besteht, einer auf einen anderen Arbeitgeber über, kann jeder beteiligte Arbeitgeber das Ausscheiden des übergegangenen Betriebes aus der gemeinsamen Betriebskrankenkasse beantragen.
(2) ¹Besteht für mehrere Betriebe verschiedener Arbeitgeber eine gemeinsame Betriebskrankenkasse, kann jeder beteiligte Arbeitgeber beantragen, mit seinem Betrieb aus der gemeinsamen Betriebskrankenkasse auszuscheiden. ²Satz 1 gilt nicht für Betriebskrankenkassen mehrerer Arbeitgeber, deren Satzung eine Regelung nach § 173 Abs. 2 Satz 1 Nr. 4 enthält.
(3) ¹Über den Antrag auf Ausscheiden des Betriebes aus der gemeinsamen Betriebskrankenkasse entscheidet die Aufsichtsbehörde. ²Sie bestimmt den Zeitpunkt, an dem das Ausscheiden wirksam wird.

Literatur:
Hebeler, Die Vereinigung, Auflösung und Schließung von Sozialversicherungsträgern, NZS 2008, 238; *Schnapp*, Die Rechtsstellung geöffneter und „virtueller" Krankenkassen, NZS 2004, 113.

I. Entstehungsgeschichte

Die Vorschrift wurde mit Wirkung zum 1.1.1989 durch Art. 1 des Gesundheits-Reformgesetzes (GRG) vom 20.12.1988 eingeführt.[1] Dem Abs. 2 der Vorschrift wurde ein S. 2 mit Wirkung zum 1.1.1996 durch Art. 1 Nr. 98, Art. 35 Abs. 6 des Gesundheitsstrukturgesetzes vom 21.12.1992[2] hinzugefügt. Das Ausscheiden von Betrieben aus gemeinsamen Betriebskrankenkassen war zuvor nicht ausdrücklich geregelt. Aus § 298 RVO ergab sich aber, dass einzelne Betriebe aus einer gemeinsamen Betriebskrankenkasse auf Antrag ausscheiden konnten.

II. Normzweck

Die Norm hat zum einen die Voraussetzungen, zum anderen die verfahrensrechtlichen Schritte des Ausscheidens eines Betriebs aus der Betriebskrankenkasse zum Gegenstand.

III. Ausscheiden bei Betriebsübergang (Abs. 1)

Abs. 1 beschäftigt sich mit dem Ausscheiden eines Betriebs aus der Betriebskrankenkasse im Falle eines Betriebsübergangs. Wenn einer von mehreren Betrieben, die alle derselben Betriebskrankenkasse angehören, nunmehr auf einen anderen Arbeitgeber übergeht, so haben beide Arbeitgeber – der bisherige und der neue – das Recht, das Ausscheiden des fraglichen Betriebs aus der gemeinsamen Betriebskrankenkasse zu beantragen. Dasselbe gilt für den Fall, dass der neue Arbeitgeber einen bisher unselbstständigen Betriebsteil zu einem selbstständigen Betrieb umstrukturiert. Wird dagegen der unselbstständige Teil einfach auf einen neuen Arbeitgeber übertragen, so findet die Vorschrift keine Anwendung. Das Antragsrecht geht mit keinen weiteren Voraussetzungen einher. Regelmäßig wird der Arbeitgeber von seinem Antragsrecht Gebrauch machen, um Personalkosten zu sparen oder zu vereinheitlichen.

IV. Ausscheiden eines Arbeitgebers aus der gemeinsamen Betriebskrankenkasse (Abs. 2)

Abs. 2 S. 1 gibt dem Arbeitgeber, der mit anderen Arbeitgebern eine gemeinsame Betriebskrankenkasse betreibt, das Recht, auf Antrag aus dieser Betriebskrankenkasse mit seinem Betrieb auszuscheiden. Dieses Antragsrecht steht dem Arbeitgeber nach Abs. 2 S. 2 nicht zu, wenn es sich um eine satzungsgemäß geöffnete Betriebskrankenkasse handelt. In diesem Fall besteht nämlich kein gesonderter Bezug zur Betriebskrankenkasse mehr, durch den sich das Antragsrecht rechtfertigen ließe. Der Ausschluss soll nach Sinn und Zweck des Gesetzes die Wettbewerbsbedingungen der Kassenarten untereinander ausgleichen und die Schwächung der Betriebskrankenkasse verhindern.[3]

V. Entscheidung der Aufsichtsbehörde (Abs. 3)

Über den Antrag des Arbeitgebers entscheidet gem. Abs. 3 in den Fällen des Abs. 1 und 2 die nach allgemeinen Regeln (§§ 90, 90a SGB IV) zuständige Aufsichtsbehörde. Nicht vorgesehen ist die Anhö-

---
1 BGBl. I 1988, 2477.
2 BGBl. I 1992, 2266.
3 BT-Dr. 12/3608, 110.

rung der Organe der Betriebskrankenkasse oder ihrer Beschäftigten. Die Entscheidung der Aufsichtsbehörde stellt einen Verwaltungsakt dar.

VI. Rechtsfolgen des Ausscheidens

6 Beim Ausscheiden eines Betriebs bleibt die Betriebskrankenkasse bestehen. Etwas anderes kann nur gelten, wenn die Betriebskrankenkasse ohne den ausgeschiedenen Betrieb nicht mehr leistungsfähig ist und nach § 153 geschlossen werden muss. Wenn die zuständige Aufsichtsbehörde dem Antrag zugestimmt hat, kann die Betriebskrankenkasse von Mitgliedern des ausgeschiedenen Betriebs nicht mehr als Krankenkasse neu gewählt werden. Bereits bestehende Mitgliedschaftsverhältnisse werden aber nicht aufgelöst.

§ 152 Auflösung

¹Eine Betriebskrankenkasse kann auf Antrag des Arbeitgebers aufgelöst werden, wenn der Verwaltungsrat mit einer Mehrheit von mehr als drei Vierteln der stimmberechtigten Mitglieder zustimmt. ²Über den Antrag entscheidet die Aufsichtsbehörde. ³Sie bestimmt den Zeitpunkt, an dem die Auflösung wirksam wird. ⁴Die Sätze 1 und 2 gelten nicht, wenn die Satzung der Betriebskrankenkasse eine Regelung nach § 173 Abs. 2 Satz 1 Nr. 4 enthält. ⁵Für Betriebskrankenkassen mehrerer Arbeitgeber, die nach dem 31. Dezember 1995 vereinigt wurden, ist der Antrag nach Satz 1 von allen beteiligten Arbeitgebern zu stellen.

Literatur:
Hebeler, Die Vereinigung, Auflösung und Schließung von Sozialversicherungsträgern, NZS 2008, 238.

I. Entstehungsgeschichte

1 Die Vorschrift wurde mit Wirkung zum 1.1.1989 durch Art. 1 des Gesundheits-Reformgesetzes (GRG) vom 20.12.1988 eingeführt.[1] Durch Art. 1 Nr. 99, Art. 35 Abs. 6 des Gesundheitsstrukturgesetzes vom 21.12.1992[2] wurden mit Wirkung zum 1.1.1996 der S. 1 geändert und die S. 4 und 5 eingefügt.

II. Normzweck

2 Die Norm regelt die Voraussetzungen, unter denen eine Betriebskrankenkasse auf Antrag des Arbeitgebers aufgelöst werden kann. Engere Voraussetzungen als bei einer Errichtung sind notwendig, um die schützenswerten Interessen der Mitglieder und des Kassenpersonals nicht vollständig der Entscheidung des Arbeitgebers anheim zu stellen.

III. Voraussetzungen der Auflösung

3 S. 1 und S. 4 normieren das Antragserfordernis und nähere Modalitäten des Antragsverfahrens (Antragsteller, Zustimmungserfordernis, Zustimmungsquorum). Gemäß S. 2 entscheidet über den Antrag die Aufsichtsbehörde (vgl. zu dieser §§ 90, 90 a SGB IV). S. 2 selbst normiert nicht den Entscheidungsmaßstab, aber durch S. 1 und die dortige Formulierung „kann (…) aufgelöst werden" wird deutlich, dass es sich um eine Ermessensentscheidung der Aufsichtsbehörde handelt. Der Auflösungsantrag wird ermessensfehlerfrei nur dann von der Aufsichtsbehörde versagt werden können, wenn gegen die Auflösung wichtige Interessen der betroffenen Versicherten, der beteiligten Krankenkassen oder der Allgemeinheit stehen.[3]

IV. Ausnahme

4 Wenn die Satzung der Kasse die Betriebskrankenkasse für Betriebsfremde geöffnet hat, so besteht dadurch eine nach Ansicht des Gesetzgebers „über den Betriebsbezug hinausreichende gesundheits- und sozialpolitische Verantwortung".[4] In diesem Fall verliert daher der Arbeitgeber nach S. 4 sein Recht,

---

1 BGBl. I 1988, 2477.
2 BGBl. I 1992, 2266.
3 Ebenso Mühlhausen in: Becker/Kingreen, §§ 152–155 Rn. 5.
4 BT-Dr. 12/3608, 110.

die Auflösung der Betriebskrankenkasse zu beantragen. Sein Interesse an der Schließung der Kasse tritt hinter die Interessen der Versicherten und des allgemeinen Krankenkassensystems zurück.

V. Rechtsfolgen der Auflösung

Im Falle der positiven Entscheidung über den Antrag des Arbeitgebers legt die zuständige Behörde auch den Zeitpunkt fest, an dem die Auflösung wirksam wird (S. 3). Die Auflösung hat eine Schließung nach § 155 zur Folge.

§ 153 Schließung

¹Eine Betriebskrankenkasse wird von der Aufsichtsbehörde geschlossen, wenn
1. der Betrieb schließt, für den sie errichtet worden ist und die Satzung keine Regelung nach § 173 Abs. 2 Satz 1 Nr. 4 enthält,
2. sie nicht hätte errichtet werden dürfen oder
3. ihre Leistungsfähigkeit nicht mehr auf Dauer gesichert ist.

²Die Aufsichtsbehörde bestimmt den Zeitpunkt, an dem die Schließung wirksam wird, wobei zwischen diesem Zeitpunkt und der Zustellung des Schließungsbescheids mindestens acht Wochen liegen müssen.

Literatur:
Gaßner/Hager, Die Schließung von Krankenkassen wegen Überschuldung, NZS 2004, 632; *Hebeler,* Die Vereinigung, Auflösung und Schließung von Sozialversicherungsträgern, NZS 2008, 238; *Werner,* Schließung und Insolvenz gesetzlicher Krankenkassen, 2016.

I. Entstehungsgeschichte

Die Vorschrift wurde mit Wirkung zum 1.1.1989 durch Art. 1 des Gesundheits-Reformgesetzes (GRG) vom 20.12.1988 eingeführt.[1] S. 1 Nr. 1 der Vorschrift wurde mit Wirkung zum 1.1.1996 neu gefasst durch Art. 1 Nr. 100, Art. 35 Abs. 6 des Gesundheitsstrukturgesetzes.[2] S. 2 wurde durch Gesetz vom 22.12.2011[3] neu gefasst.

II. Normzweck

Die Norm regelt die Schließungsgründe für Betriebskrankenkassen.

III. Schließung einer Betriebskrankenkasse

Bei der Schließung handelt es sich um einen Akt der Staatsgewalt, also um Herbeiführung der Liquidation der Kasse durch eine einseitige, hoheitliche Bestimmung. Mit der Schließung geht das Ende der Existenz der betroffenen Krankenkasse einher. Die Entscheidung über die Schließung ist eine gebundene Entscheidung, was durch den Wortlaut „wird (...) geschlossen" deutlich wird. Zur Aufsichtsbehörde s. §§ 90, 90a SGB IV.

IV. Schließungsgründe

Die Vorschrift enthält drei alternative Voraussetzungen für die Schließung einer Betriebskrankenkasse. Die Aufzählung der Schließungsgründe ist abschließend.

Nach S. 1 Nr. 1 wird eine nicht für Betriebsfremde geöffnete Betriebskrankenkasse geschlossen, wenn der Betrieb schließt, für den sie errichtet worden ist. Unter einer Schließung des Betriebs nach S. 1 Nr. 1 versteht man die vollständige und dauernde Einstellung des Betriebes. Eine lediglich teilweise oder vorübergehende Einstellung der Betriebstätigkeit oder das Einstellen der Produktion stellt noch keine Schließung des Betriebs dar. Werden bisher selbstständige Betriebe in andere schon bestehende Betriebe eingegliedert, werden dieser Betrieb nach S. 1 Nr. 1 sowie die für diesen Betrieb errichtete Betriebskrankenkasse geschlossen. Bei Abgabe eines von mehreren Betrieben eines Arbeitgebers ist kein

---
1 BGBl. I 1988, 2477.
2 BGBl. I 1992, 2266.
3 BGBl. I 2011, 2983.

Fall des § 153 SGB V, sondern ein Ausscheiden gem. § 151 gegeben. Für Betriebsfremde geöffnete Betriebskrankenkassen können nicht nach S. 1 Nr. 1, sondern nur nach S. 1 Nr. 2 und Nr. 3 geschlossen werden, weil die Schließung des ursprünglichen Trägerbetriebes kein sachgerechter Grund für die Schließung der Betriebskrankenkasse sein kann.

6 Nach S. 1 Nr. 2 wird eine Betriebskrankenkasse geschlossen, wenn sie nicht hätte errichtet werden dürfen, die Errichtung also rechtswidrig war. Eine rechtswidrige Errichtung liegt vor, wenn die Aufsichtsbehörde sie nicht hätte genehmigen dürfen. Die Genehmigungsversagungsgründe sind in § 148 Abs. 1 S. 2 (iVm § 147 Abs. 1) abschließend geregelt. Nur auf diese Gründe darf sich auch die Schließung gem. S. 1 Nr. 2 stützen.

7 S. 1 Nr. 3 bestimmt die Schließung einer Betriebskrankenkasse durch die Aufsichtsbehörde für den Fall, dass ihre Leistungsfähigkeit nicht mehr auf Dauer gesichert ist. Die Ausführungen zur Leistungsfähigkeit und Dauerhaftigkeit bei → § 146a Rn. 5 gelten hier entsprechend.

V. Verfahren und Rechtsschutz

8 Die Schließung durch die Aufsichtsbehörde stellt einen Verwaltungsakt dar. Dieser setzt gem. S. 2 auch den Zeitpunkt fest, zu dem die Schließung wirksam wird. Gegen die Schließung ist die Anfechtungsklage gem. § 54 Abs. 1 S. 1 Alt. 1 SGG statthafte Klageart.

§ 154 (aufgehoben)

§ 155 Abwicklung der Geschäfte, Haftung für Verpflichtungen

(1) ¹Der Vorstand einer aufgelösten oder geschlossenen Betriebskrankenkasse wickelt die Geschäfte ab. ²Bis die Geschäfte abgewickelt sind, gilt die Betriebskrankenkasse als fortbestehend, soweit es der Zweck der Abwicklung erfordert. ³Scheidet ein Vorstand nach Auflösung oder Schließung aus dem Amt, bestimmt die Aufsichtsbehörde nach Anhörung des Spitzenverbandes Bund der Krankenkassen und des Landesverbandes den Abwicklungsvorstand. ⁴§ 35a Abs. 7 des Vierten Buches gilt entsprechend.

(2) ¹Der Vorstand macht die Auflösung oder Schließung öffentlich bekannt. ²Die Befriedigung von Gläubigern, die ihre Forderungen nicht innerhalb von sechs Monaten nach der Bekanntmachung anmelden, kann verweigert werden, wenn die Bekanntmachung einen entsprechenden Hinweis enthält. ³Bekannte Gläubiger sind unter Hinweis auf diese Folgen zur Anmeldung besonders aufzufordern. ⁴Die Sätze 2 und 3 gelten nicht für Ansprüche aus der Versicherung sowie für Forderungen auf Grund zwischen- oder überstaatlichen Rechts. ⁵Der Vorstand hat unverzüglich nach Zustellung des Schließungsbescheids jedem Mitglied einen Vordruck mit den für die Erklärung nach § 175 Absatz 1 Satz 1 erforderlichen und den von der gewählten Krankenkasse für die Erbringung von Leistungen benötigten Angaben sowie eine wettbewerbsneutral gestaltete Übersicht über die wählbaren Krankenkassen zu übermitteln und darauf hinzuweisen, dass der ausgefüllte Vordruck an ihn zur Weiterleitung an die gewählte Krankenkasse zurückgesandt werden kann. ⁶Er hat die einzelnen Mitgliedergruppen ferner auf die besonderen Fristen für die Ausübung des Kassenwahlrechts nach § 175 Absatz 3a hinzuweisen sowie auf die Folgen einer nicht rechtzeitigen Ausübung des Wahlrechts. ⁷Der Abwicklungsvorstand hat außerdem die zur Meldung verpflichtete Stelle über die Schließung zu informieren sowie über die Fristen für die Ausübung des Kassenwahlrechts und für die Anmeldung des Mitglieds, wenn das Wahlrecht nicht rechtzeitig ausgeübt wird.

(3) ¹Verbleibt nach Abwicklung der Geschäfte noch Vermögen, geht dieses auf den Landesverband über. ²Das Vermögen geht auf den Spitzenverband Bund der Krankenkassen über, der dieses auf die übrigen Betriebskrankenkassen verteilt, wenn der Landesverband nicht besteht oder die Betriebskrankenkasse keinem Landesverband angehörte.

(4) ¹Reicht das Vermögen einer aufgelösten oder geschlossenen Betriebskrankenkasse nicht aus, um die Gläubiger zu befriedigen, hat der Arbeitgeber die Verpflichtungen zu erfüllen. ²Sind mehrere Arbeitgeber beteiligt, haften sie als Gesamtschuldner. ³Reicht das Vermögen des Arbeitgebers nicht aus, um die Gläubiger zu befriedigen, haben die übrigen Betriebskrankenkassen die Verpflichtungen zu erfüllen. ⁴Die Sätze 1 bis 3 gelten nicht, wenn die Satzung der geschlossenen Betriebskrankenkasse eine Regelung nach § 173 Abs. 2 Satz 1 Nr. 4 enthält; in diesem Fall haben die übrigen Betriebskrankenkassen die Verpflichtungen zu erfüllen. ⁵Die Erfüllung der Verpflichtungen nach den Sätzen 3 und 4 kann nur

vom Spitzenverband Bund der Krankenkassen verlangt werden, der die Verteilung auf die einzelnen Betriebskrankenkassen vornimmt und die zur Tilgung erforderlichen Beträge von den Betriebskrankenkassen anfordert. [6]Sind die Betriebskrankenkassen zur Erfüllung dieser Verpflichtungen nicht in der Lage, macht der Spitzenverband Bund der Krankenkassen den nicht gedeckten Betrag bei allen anderen Krankenkassen mit Ausnahme der landwirtschaftlichen Krankenkasse geltend. [7]Klagen gegen die Geltendmachung der Beträge und gegen ihre Vollstreckung haben keine aufschiebende Wirkung. [8]Übersteigen die Verpflichtungen einer Betriebskrankenkasse ihr Vermögen zum Zeitpunkt des Inkrafttretens einer Satzungsbestimmung nach § 173 Abs. 2 Satz 1 Nr. 4, hat der Arbeitgeber den Unterschiedsbetrag innerhalb von sechs Monaten nach dem Inkrafttreten der Satzungsbestimmung auszugleichen. [9]§ 164 Abs. 2 bis 4 gilt entsprechend mit der Maßgabe, dass § 164 Abs. 3 Satz 3 nur für Beschäftigte gilt, deren Arbeitsverhältnis nicht durch ordentliche Kündigung beendet werden kann.

(5) [1]Für die Erfüllung
1. einer am 1. Januar 2008 bestehende Verschuldung,
2. der sonstigen Schließungskosten, wenn die Auflösung oder Schließung innerhalb von 10 Jahren nach dem 1. Januar 2008 erfolgt und die an diesem Tag bestehende Verschuldung nach Nummer 1 zum Zeitpunkt der Auflösung oder Schließung noch nicht getilgt war,
3. der Ansprüche der Leistungserbringer und der Ansprüche aus der Versicherung,
4. der in § 171 d Abs. 1 Satz 3 genannten Verpflichtungen bis zum 31. Dezember 2049 sowie
5. der Forderungen auf Grund zwischen- und überstaatlichen Rechts

einer aufgelösten oder geschlossenen Betriebskrankenkasse haftet auch die neue Krankenkasse, wenn sich eine Betriebskrankenkasse nach dem 1. April 2007 mit einer anderen Krankenkasse nach § 171 a vereinigt und die neue Krankenkasse einer anderen Kassenart angehört. [2]Die Haftung nach Satz 1 wird nicht dadurch berührt, dass sich die aufgelöste oder geschlossene Betriebskrankenkasse nach dem 1. April 2007 mit einer anderen Krankenkasse nach § 171 a vereinigt hat und die neue Krankenkasse einer anderen Kassenart angehört. [3]Der Spitzenverband Bund der Krankenkassen stellt für jede Betriebskrankenkasse die Höhe der am 1. Januar 2008 bestehenden Verschuldung fest und nimmt ihre Verteilung auf die einzelnen Betriebskrankenkassen bei Auflösung oder Schließung einer Betriebskrankenkasse vor. [4]Absatz 4 Satz 5 bis 7 gilt entsprechend.

Literatur:
Bohlen-Schöning, Rechtliche Stellung der Mitarbeiter bei Schließung oder Insolvenz einer Krankenkasse, Die Krankenversicherung 2011, 85; *Felix*, Die Haftung für Verpflichtungen geschlossener Betriebskrankenkassen, NZS 2005, 57; *Gutzeit*, Verfassungsfragen einer gesetzlichen Beendigung von Arbeitsverhältnissen bei der Schließung von (Betriebs)Krankenkassen, NZS 2012, 361 (Teil 1), 410 (Teil 2); *Steinmeyer*, Krankenkassen zwischen Sozialrecht, Haftung und Insolvenz, NZS 2008, 393; *Ramsauer*, Soziale Krankenversicherung zwischen Solidarprinzip und Wettbewerb, NZS 2006, 505.

I. Entstehungsgeschichte

Die Vorschrift wurde mit Wirkung zum 1.1.1989 durch Art. 1 des Gesundheits-Reformgesetzes (GRG) vom 20.12.1988 eingeführt.[1] Sie hat im Wesentlichen zuvor geltendes Recht übernommen (§§ 301, 303 Abs. 1, 304 RVO in der alten Fassung). Abs. 3 wurde dahin gehend neu gefasst, dass nach der Abwicklung verbleibendes Vermögen auf die Landesverbände übergeht. Abs. 4 S. 4 und 5 wurden mit Wirkung zum 1.1.1996 durch Art. 1 Nr. 102, Art. 35 Abs. 6 des Gesundheitsstrukturgesetzes vom 21.12.1992[2] eingefügt. Abs. 4 enthält nun eine Sonderregelung für geöffnete Betriebskrankenkassen. Zudem wurde Abs. 4 um die Bestimmung ergänzt, dass der Bundesverband die Verpflichtungen eines Landesverbandes zu erfüllen hat, wenn kein Landesverband besteht oder die Krankenkasse keinem Landesverband angehört (S. 5). Abs. 4 S. 6 und Abs. 5 wurden mit Wirkung zum 1.1.2004 durch Art. 1 Nr. 125 des GKV-Modernisierungsgesetzes vom 14.11.2003[3] eingefügt. Durch Art. 1 Nr. 124, Art. 46 Abs. 9 des GKV-Wettbewerbsstärkungsgesetzes vom 26.3.2007 wurden mit Wirkung zum 1.7.2008 Abs. 3 S. 2 geändert, Abs. 4 S. 3–5 durch S. 3–6 ersetzt sowie Abs. 5 neu gefasst. Hierdurch wurde die Neuregelung der Verbände auf Bundesebene und die Bildung des Spitzenverbandes Bund der Krankenkassen berücksichtigt. Ebenso berücksichtigt wurde hierdurch die Mitgliederentwicklung

---

1 BGBl. I 1988, 2477.
2 BGBl. I 1992, 2266.
3 BGBl. I 2003, 2190.

geöffneter Betriebskrankenkassen. Die Möglichkeit zur Bildung eines Haftungsfonds wurde durch eine Regelung über die Haftung nach kassenartenübergreifender Vereinigung einer Betriebskrankenkasse ersetzt. In Abs. 1 wurden die S. 3 und 4 mit Wirkung zum 1.1.2009 durch Art. 1 Nr. 3 des Gesetzes zur Weiterentwicklung der Organisationsstrukturen (GKV-OrgWG) vom 15.12.2008[4] eingefügt. In Abs. 4 wurde durch S. 6 die Einstandspflicht der Krankenkassen anderer Kassenarten eingeführt. Durch S. 8 wurde die Weiterverwendung von unkündbaren Angestellten sichergestellt. Weiterhin wurde durch die in Abs. 5 S. 1 neu eingefügte Nr. 4 die Haftung für ungedeckte Versorgungsverpflichtungen nach kassenartübergreifenden Vereinigungen sichergestellt.

II. Normzweck und Regelungsgehalt im Überblick

2 Die Vorschrift regelt in Abs. 1 bis 3 die Voraussetzungen für die Abwicklung der Betriebskrankenkassen im Falle ihrer Auflösung oder Schließung. In Abs. 4 und 5 wird die Haftung für Verpflichtungen geregelt. In § 155 Abs. 1 S. 2 wird für die aufgelöste oder geschlossene Betriebskrankenkasse das weitere Fortbestehen unterstellt, um die Abwicklung durch den Vorstand ermöglichen zu können. In Abs. 2 wird die Bekanntmachungspflicht geregelt, welche dem Gläubigerschutz und den Interessen des haftenden Arbeitgebers bzw. des Landesverbandes der Betriebskrankenkassen zu dienen bestimmt ist. Die Überschuldung einer Betriebskrankenkasse soll nicht zulasten der Gläubiger gehen. Es sollen der Arbeitgeber bzw. der Landes- und Bundesverband für die Schulden einer früheren Betriebskrankenkasse einstehen. Aus dieser Einstandspflicht erklärt sich die Übertragung des verbleibenden Vermögens der aufgelösten oder geschlossenen Betriebskrankenkasse auf die Spitzenverbände. Bei dem neuen Abs. 5 handelt es sich um eine Sonderregelung für die Haftung für Verpflichtungen.

III. Abwicklung der Geschäfte

3 Gemäß Abs. 1 S. 1 wickelt der Vorstand einer aufgelösten oder geschlossenen Betriebskrankenkasse die Geschäfte ab. Unter der Abwicklung der Geschäfte ist neben der Klärung der vermögensrechtlichen Angelegenheiten auch die Versorgung des Personals der Betriebskrankenkasse zu verstehen.

IV. Bekanntmachung

4 Der Vorstand einer aufgelösten oder geschlossenen Betriebskrankenkasse hat gem. Abs. 2 S. 1 die Auflösung oder Schließung öffentlich bekannt zu machen. Unter öffentlicher Bekanntmachung ist die Eröffnung der Möglichkeit zur allgemeinen Kenntnisnahme zu verstehen. Dabei hat der Vorstand nach Abs. 2 S. 2 die Gläubiger zur Anmeldung ihrer Forderungen innerhalb von sechs Monaten aufzufordern und diese Aufforderung mit dem Hinweis zu versehen, dass die Erfüllung später geltend gemachter Forderungen verweigert werden kann. Dieses durch eine derartig erfolgte öffentliche Bekanntgabe entstehende Leistungsverweigerungsrecht der Krankenkasse besteht allerdings nur gegenüber unbekannten Gläubigern; bekannte Gläubiger hat der Vorstand nach Abs. 2 S. 3 unter Hinweis auf die vorgenannten Folgen zur Anmeldung ihrer Forderungen besonders aufzufordern.[5] Hiermit sind insbesondere Leistungserbringer gemeint. Unter den in Abs. 2 genannten Voraussetzungen hat die aufgelöste bzw. geschlossene Betriebskrankenkasse ein Leistungsverweigerungsrecht.

V. Fortbestehensfiktion

5 Abs. 1 S. 2 fingiert das Fortbestehen einer aufgelösten oder geschlossenen Betriebskrankenkasse, soweit es der Zweck der Abwicklung erfordert. Diese Fiktion ist erforderlich, denn ab dem von der Aufsichtsbehörde nach § 152 S. 3 und § 153 S. 2 zu bestimmenden Zeitpunkt verliert die Betriebskrankenkasse ihre Handlungsfähigkeit. Soweit und solange die Liquidation durchzuführen ist, gilt die Betriebskrankenkasse als fortbestehend, um dem Vorstand die Abwicklung der Geschäfte zu ermöglichen; die Befugnisse und Zuständigkeiten der Organe der Betriebskrankenkasse enden ansonsten mit dem Wirksamwerden der Auflösung oder Schließung. Die Betriebskrankenkasse bleibt also zunächst als Körperschaft des öffentlichen Rechts (vgl. § 29 I SGB IV) bestehen.

VI. Vermögensübergang

6 Nach der Abwicklung noch vorhandenen Vermögens geht nach Abs. 3 S. 1 auf den Landesverband über. Somit wird der Landesverband Inhaber des Vermögens, nicht jedoch Rechtsnachfolger der frühe-

---

[4] BGBl. I 2008, 2426.
[5] OLG Düsseldorf, 12.11.2015, I-12 U 18/15, 12 U 18/15, NZS 2016, 102 (Leitsatz).

ren Betriebskrankenkasse. Wenn ein Landesverband nicht besteht oder die Betriebskrankenkasse keinem Landesverband angehörte, geht das Vermögen nach Abs. 3 S. 2 auf den Bundesverband über. Kein Landesverband besteht, wenn nur eine einzige Betriebskrankenkasse in einem Land existiert.

VII. Haftung für Verpflichtungen

Reicht das Vermögen einer aufgelösten oder geschlossenen Betriebskrankenkasse, die nicht für Betriebsfremde geöffnet war, zur Befriedigung der Gläubiger nicht aus, hat der Arbeitgeber die Verpflichtungen gem. Abs. 4 S. 1 und S. 4 zu erfüllen. Mehrere Arbeitgeber haften nach Abs. 4 S. 2 als Gesamtschuldner. Reicht auch das Vermögen des Arbeitgebers nicht aus, trifft diese Verpflichtung den Landesverband der Betriebskrankenkassen, Abs. 4 S. 3. Sofern auch dessen Vermögen nicht ausreicht, hat der Bundesverband die Verpflichtungen zu erfüllen, Abs. 4 S. 5. Gleiches gilt, wenn kein Landesverband besteht oder die Betriebskrankenkasse keinem Landesverband angehörte. Bei für Betriebsfremde geöffneten Betriebskrankenkassen haften nur die Betriebskrankenkassen über den GKV-Spitzenverband, Abs. 4 S. 4. Die Haftung des Arbeitgebers entfällt somit.

VIII. Vorab-Ausgleichspflicht

Nach Abs. 4 S. 8 hat der Arbeitgeber ggf. eine Vorab-Ausgleichspflicht gegenüber der Betriebskrankenkasse, wenn die Betriebskrankenkasse für Betriebsfremde geöffnet wird. Sie tritt ein, wenn zum Zeitpunkt des Inkrafttretens der Öffnung für Betriebsfremde die Verpflichtungen der Betriebskrankenkassen deren Vermögen übersteigen. Der Arbeitgeber hat dann den Unterschiedsbetrag innerhalb einer Frist von sechs Monaten auszugleichen. Hintergrund der Ausgleichspflicht ist, dass die Arbeitgeberhaftung nach Abs. 4 S. 4 bei geöffneten Betriebskrankenkassen entfällt, so dass die übrigen Betriebskrankenkassen in die Pflicht genommen werden. Dies könnte Missbrauch zur Folge haben, indem der Arbeitgeber die Kasse öffnen lässt, um nachher seine Haftungsverpflichtung auf die anderen Betriebskrankenkassen abzuwälzen. Der Gesetzgeber versucht, diese Missbrauchsmöglichkeit einzudämmen.

Problematisch erscheint indes die Durchsetzung der Ausgleichspflicht: Zahlt der Arbeitgeber nicht, so kann ihn die Aufsichtsbehörde nicht verklagen; die Aufsichtsbehörde kann die Zahlung des Arbeitgebers nicht mit aufsichtlichen Mitteln erreichen, denn diese stehen der Aufsichtsbehörde gegenüber dem Arbeitgeber insgesamt nicht zur Verfügung. Die Klage auf Zahlung des Ausgleichsbetrags muss also entweder von der Betriebskrankenkasse selbst oder vom Landesverband ausgehen. Problematisch ist im Zusammenhang mit der Regelung des Abs. 4 S. 8 des Weiteren, wie die dortige Sechsmonatsfrist für die Zahlung zu berechnen ist. Würde die Frist ab dem Zeitpunkt der Aufnahme der Öffnungsklausel in die Satzung laufen, so würde die Ausgleichspflicht des Arbeitgebers bei erst später zu Tage getretener Vermögensunterdeckung leer laufen. Dies kann jedoch nicht die Intention des Gesetzgebers gewesen sein, da er bei der Neufassung der Norm insgesamt bestrebt war, die Missbrauchsmöglichkeiten des Arbeitgebers zu beschneiden. Nach Sinn und Zweck der Vorschrift ist die Frist damit als Handlungsfrist für den Arbeitgeber zu verstehen, die ab Entdeckung der Vermögensunterdeckung läuft. Spätere Forderungen gegen den Arbeitgeber bleiben also auch über den Sechs-Monate-Zeitraum ab der Satzungsänderung der Betriebskrankenkasse hinaus möglich.[6]

IX. Haftung nach kassenartübergreifender Vereinigung

Nach Abs. 5 S. 1 wird sichergestellt, dass die Krankenkassen, die aus einer kassenartübergreifenden Vereinigung hervorgegangen sind und ihre Kassenart wählen, sich nicht den Verpflichtungen ihrer Ursprungskassen nach Abs. 4 entziehen können.[7] Deshalb hat der Gesetzgeber einen Katalog von Verpflichtungen aufgestellt, für die auch eine vereinigte Krankenkasse haftet, auch wenn sie nicht mehr der Kassenart angehört. Der Verpflichtungskatalog und die Ansprüche aus § 164 Abs. 2 und 4 umfassen den wesentlichen Teil der bei einer Schließung zu erfüllenden Verpflichtungen.

Abs. 5 S. 2 regelt dem Wortlaut nach den Fall einer „doppelten Vereinigung". Es wird davon ausgegangen, dass Abs. 5 S. 2 den Umkehrschluss zu S. 1 bezwecken will, dass nämlich die vereinigte und in eine andere Kassenart gewechselte Kasse geschlossen wird. Die Krankenkassen der ursprünglichen Kassenart sollen dann anteilig nach Abs. 5 neben den Kassen der gewählten Kassenart haften.

---

6 Engelhard in: Hauck/Noftz, SGB V, § 155 Rn. 36.
7 Zum Umfang der Haftung Felix, NZS 2005, 57, 58 ff.

§ 156 Betriebskrankenkassen öffentlicher Verwaltungen

¹Die §§ 147 bis 155 Abs. 4 gelten entsprechend für Dienstbetriebe von Verwaltungen des Bundes, der Länder, der Gemeindeverbände oder der Gemeinden. ²An die Stelle des Arbeitgebers tritt die Verwaltung.

Literatur:
Hebeler, Die Vereinigung, Auflösung und Schließung von Sozialversicherungsträgern, NZS 2008, 238.

I. Entstehungsgeschichte

1   Die Vorschrift wurde mit Wirkung zum 1.1.1989 durch Art. 1 des Gesundheits-Reformgesetzes (GRG) vom 20.12.1988 eingeführt.[1] Übergangsregelungen waren nicht nötig. Die Norm entspricht weitestgehend § 246 RVO in der alten Fassung. Durch Art. 1 Nr. 103 des Gesundheitsstrukturgesetzes vom 21.12.1992[2] wurde mit Wirkung zum 1.1.1996 in S. 1 die Beschränkung der Verweisung bis „Satz 2" des § 155 Abs. 4 gestrichen. Hierdurch wurde die Vorschrift an die Änderung des § 155 Abs. 4 angepasst.

II. Normzweck und Inhalt

2   Die §§ 147 bis 155 wurden für die Betriebe in der Privatwirtschaft konzipiert. § 156 überträgt die entsprechende Geltung dieser Normen auch auf Dienstbetriebe von Verwaltungen des Bundes, der Länder, der Gemeindeverbände oder der Gemeinden. Lediglich der – hier weniger angebrachte – Begriff des Arbeitgebers wird dahingehend modifiziert, dass an seine Stelle die Verwaltung tritt. Ansonsten sind die Betriebskrankenkassen öffentlicher Verwaltungen mit denselben Rechten ausgestattet wie die Betriebskrankenkassen privater Arbeitgeber.

Dritter Titel Innungskrankenkassen

§ 157 Errichtung

(1) Eine oder mehrere Handwerksinnungen können für die Handwerksbetriebe ihrer Mitglieder, die in die Handwerksrolle eingetragen sind, eine Innungskrankenkasse errichten.

(2) Eine Innungskrankenkasse darf nur errichtet werden, wenn
1. in den Handwerksbetrieben der Mitglieder der Handwerksinnung regelmäßig mindestens 1 000 Versicherungspflichtige beschäftigt werden,
2. ihre Leistungsfähigkeit auf Dauer gesichert ist.

(3) Absatz 1 gilt nicht für Handwerksbetriebe, die als Leistungserbringer zugelassen sind, soweit sie nach diesem Buch Verträge mit den Krankenkassen oder deren Verbänden zu schließen haben.

Literatur:
Knispel, Zum Zuständigkeitsbereich von Innungskrankenkassen, SGb 1987, 460; *Leopold*, Weiterhin ein starker Fusionstrend in der Kranken- und Unfallversicherung, WzS 2012, 35.

I. Entstehungsgeschichte

1   Die Vorschrift wurde mit Wirkung zum 1.1.1989 durch Art. 1 des Gesundheits-Reformgesetzes (GRG) vom 20.12.1988 eingeführt.[1] Sie hat im Wesentlichen zuvor geltendes Recht übernommen. Abs. 1 und Abs. 2 Nr. 1 entsprechen § 250 Abs. 1 S. 1 RVO in der alten Fassung. Abs. 2 Nr. 2 und 3 in der alten Fassung entsprach § 251 Abs. 1 Nr. 1 und 3 RVO in der alten Fassung. In Abs. 2 Nr. 1 wurde mit Wirkung zum 1.1.1993 die Mindestanzahl versicherungspflichtig Beschäftigter von 450 auf 1.000 angehoben. Somit wurde die Vorschrift der vergleichbaren, gleichzeitig geänderten Vorschrift für Betriebskrankenkassen (§ 147 Abs. 1 Nr. 1) angepasst. Abs. 2 Nr. 3 wurde mit Wirkung zum 1.1.1996 wegen

---

1 BGBl. I 1988, 2477.
2 BGBl. I 1992, 2266.
1 BGBl. I 1988, 2477.

der Einführung der allgemeinen Kassenwahlfreiheit gestrichen. Abs. 3 wurde mit Wirkung zum 1.1.2004 durch Art. 1 Nr. 126 des GKV- Modernisierungsgesetzes vom 14.11.2003[2] eingefügt.

II. Normzweck

Die Norm enthält die Voraussetzungen, unter denen eine Innungskrankenkasse errichtet werden kann, und ist im Zusammenhang mit dem nachfolgenden § 158, der sich verfahrensrechtlichen Fragen der Errichtung widmet, zu lesen.

III. Rechtsnatur der Innungskrankenkassen

Eine Innungskrankenkasse kann von einer oder mehreren Handwerksinnungen für die in die Handwerksrolle eingetragenen Mitglieder der Handwerksbetriebe gegründet werden. Jedoch gilt die strenge gesetzliche Zuweisung der Mitglieder wie auch bei Betriebskrankenkassen als Folge der Reform zum 1.1.1996 (Einführung der Kassenwahlfreiheit) nicht mehr. Die Innungskrankenkassen sind rechtsfähige Körperschaften des öffentlichen Rechts mit Selbstverwaltungsgarantie (§ 29 Abs. 1 SGB IV).

IV. Systematische Zusammenhänge

Aufgrund der vergleichbaren Interessenlage ist das Recht der Innungskrankenkassen weitgehend an das der Betriebskrankenkassen angelehnt. Es finden sich wie auch dort Regelungen zur Errichtung, Ausdehnung, Vereinigung, Verkleinerung, Auflösung und Auseinandersetzung der Krankenkasse. Die Personalhoheit der Innung über die Innungskrankenkasse, die der Regelung in § 147 Abs. 2 bei den Betriebskrankenkassen vergleichbar wäre, fehlt hier jedoch, da die Innungskrankenkasse selbst ihr Personal anstellt. Ebenso wie die Betriebskrankenkasse durchlaufen die Innungskrankenkassen in letzter Zeit einen starken Konsolidierungsprozess.[3]

V. Errichtung und deren Voraussetzungen

Ebenso wie bei den Betriebskrankenkassen (→ § 147 Rn. 5) wird auch in Abs. 1 der Handwerksinnung bzw. den Handwerksinnungen selbst kein Errichtungsrecht eingeräumt, sondern lediglich ein Antragsrecht zur Errichtung. Der Antrag bedarf nach Maßgabe von § 158 der Genehmigung. Insoweit ist der Wortlaut von Abs. 1 etwas missverständlich. Neben dem somit gegebenen Antragserfordernis müssen weiterhin die in Abs. 2 Nr. 1, 2 geregelten materiellrechtlichen Errichtungsvoraussetzungen vorliegen. Die Handwerksbetriebe der beteiligten Innung(en) müssen mehr als 1.000 Versicherungspflichtige beschäftigen und die Leistungsfähigkeit der Kasse muss auf Dauer gesichert sein. Zur Leistungsfähigkeit und Dauerhaftigkeit → § 146 a Rn. 5, die hier entsprechend gelten.

VI. Ausschlussvorschrift für Leistungserbringerbetriebe

Nach Abs. 3 sind Handwerksbetriebe, die als Leistungserbringer zugelassen sind, aus dem Anwendungsbereich des Abs. 1 ausgenommen, so dass keine Innungskrankenkasse errichtet werden darf. Dies beruht wie bei der Parallelregelung für die Betriebskrankenkassen (§ 147 Abs. 4) auf dem Grundsatz der Gegnerfreiheit (→ § 147 Rn. 12).

§ 158 Verfahren bei Errichtung

(1) ¹Die Errichtung der Innungskrankenkasse bedarf der Genehmigung der nach der Errichtung zuständigen Aufsichtsbehörde. ²Die Genehmigung darf nur versagt werden, wenn eine der in § 157 genannten Voraussetzungen nicht vorliegt oder die Krankenkasse zum Errichtungszeitpunkt nicht 1 000 Mitglieder haben wird.
(2) Die Errichtung bedarf der Zustimmung der Innungsversammlung und der Mehrheit der in den Innungsbetrieben Beschäftigten.
(3) ¹Für das Verfahren gilt § 148 Abs. 2 Satz 2 und 3 und Abs. 3 entsprechend. ²An die Stelle des Arbeitgebers tritt die Handwerksinnung.

---

2 BGBl. I 2003, 2190.
3 Einzelheiten bei Leopold, WzS 2012, 35, 36.

Literatur:
Engelhard, Errichtung von Betriebs- und Innungskrankenkassen nach dem SGB V, SGb 1992, 534; *Hebeler*, Die Vereinigung, Auflösung und Schließung von Sozialversicherungsträgern, NZS 2008, 238.

I. Entstehungsgeschichte

1 Die Vorschrift wurde mit Wirkung zum 1.1.1989 durch Art. 1 des Gesundheits-Reformgesetzes (GRG) vom 20.12.1988 eingeführt.[1] Die Vorschrift fasste §§ 250 Abs. 1 S. 1, 251, 253, 320 RVO in der alten Fassung zusammen. Die Mindestmitgliederanzahl in Abs. 1 S. 2 wurde mit Wirkung zum 1.1.1993 von 450 auf 1.000 angehoben. Mit Wirkung zum 1.1.1996 wurde Abs. 2 neu gefasst und dabei die Zustimmung des Gesellenausschusses durch die Zustimmung der Mehrheit der in den Innungsbetrieben Beschäftigten ersetzt. Der Abs. 1 S. 3 wurde mit Wirkung zum 1.1.2004 durch Art. 1 Nr. 127 des GKV-Modernisierungsgesetzes vom 14.11.2003[2] aufgehoben.

II. Normzweck

2 Die Norm regelt die Voraussetzungen und verfahrensrechtlichen Abläufe der Errichtung einer Innungskrankenkasse und ist im Zusammenhang mit dem vorausgehenden § 157 zu lesen.

III. Einzelfragen

3 Die Norm ist weitgehend struktur- und inhaltsgleich mit § 148 (Verfahren bei Errichtung von Betriebskrankenkassen) und verweist zudem teilweise auf diese Norm (Abs. 3). Die Ausführungen bei → § 148 Rn. 3 ff. gelten daher entsprechend.

§ 159 Ausdehnung auf weitere Handwerksinnungen

(1) ¹Wird eine Handwerksinnung, die allein oder gemeinsam mit anderen Handwerksinnungen eine Innungskrankenkasse errichtet hat (Trägerinnung), mit einer anderen Handwerksinnung vereinigt, für die keine Innungskrankenkasse besteht, so gehören die in den Betrieben der anderen Handwerksinnung versicherungspflichtigen Beschäftigten der Innungskrankenkasse an, wenn die Mehrheit der in den Innungsbetrieben Beschäftigten zustimmt; § 157 Abs. 2 Nr. 2 gilt entsprechend. ²Satz 1 gilt entsprechend, wenn eine Trägerinnung ihren Zuständigkeitsbereich örtlich oder sachlich erweitert. ³§ 158 gilt entsprechend.

(2) ¹Wird auf Grund von Änderungen des Handwerksrechts der Kreis der Innungsmitglieder einer Trägerinnung verändert, hat die zuständige Aufsichtsbehörde den Mitgliederkreis der Innungskrankenkasse entsprechend anzupassen. ²Sind von der Anpassung mehr als 1 000 Beschäftigte von Innungsmitgliedern der Trägerinnung betroffen, gelten die §§ 157, 158 entsprechend.

(3) Erstreckt sich die Innungskrankenkasse nach der Anpassung über die Bezirke mehrerer Aufsichtsbehörden, treffen die Entscheidung nach Absatz 2 die Aufsichtsbehörden, die vor der Anpassung zuständig waren.

Literatur:
Engelhard, Errichtung von Betriebs- und Innungskrankenkassen nach dem SGB V, SGb 1992, 534; *Hebeler*, Die Vereinigung, Auflösung und Schließung von Sozialversicherungsträgern, NZS 2008, 238.

I. Entstehungsgeschichte

1 Die Vorschrift wurde mit Wirkung zum 1.1.1989 durch Art. 1 des Gesundheits-Reformgesetzes (GRG) vom 20.12.1988 eingeführt.[1] Abs. 1 entspricht § 250 Abs. 1a RVO in der alten Fassung. Die Ausdehnung der Zuständigkeit der Innungskrankenkassen ist jetzt zudem von der Zustimmung der Innungsversammlung und der dauerhaft gesicherten Leistungsfähigkeit der Innungskrankenkasse abhängig. Mit Wirkung zum 1.1.1993 wurde durch Art. 1 Nr. 106 des Gesundheitsstrukturgesetzes vom

---

1 BGBl. I 1988, 2477.
2 BGBl. I 2003, 2190.
1 BGBl. I 1988, 2477.

21.12.1992² verschiedentlich geändert. Mit Wirkung zum 1.1.1996 wurde in Abs. 1 S. 1 die Zustimmung des Gesellenausschusses der vereinigten Innung durch die Zustimmung der Mehrheit der in den Innungsbetrieben Beschäftigten ersetzt. Zudem wurde die Verweisung auf § 157 Abs. 2 Nr. 3 in der alten Fassung gestrichen. Hiernach stand die Gefährdung des Bestands oder der Leistungsfähigkeit der betroffenen Ortskrankenkasse einer Anpassung entgegen. Abs. 3 S. 2 wurde mit Wirkung zum 1.1.2004 durch Art. 1 Nr. 128 des GKV-Modernisierungsgesetzes vom 14.11.2003³ aufgehoben.

II. Normzweck

Die Norm bezweckt die Gewährleistung der weitgehenden Deckung der Innung mit der jeweiligen Innungskrankenkasse, indem Änderungen im Zuständigkeitsbereich der Innung entsprechend auf die Innungskrankenkasse erstreckt werden. Es lassen sich drei Konstellationen unterscheiden: Abs. 1 S. 1 regelt den Fall einer Vereinigung der Trägerinnung mit einer anderen Handwerksinnung. Abs. 1 S. 2 regelt die zweite Konstellation, nämlich in dem Fall einer örtlichen oder sachlichen Erweiterung des Zuständigkeitsbereichs einer Trägerinnung. Abs. 2 und 3 – dritte Konstellation – regeln Fragestellungen infolge von Änderungen des Handwerksrechts. Die genaueren Tatbestandsvoraussetzungen der genannten Konstellationen sowie die sich daran knüpfenden Rechtsfolgen sind detailliert in der Norm geregelt und erschließen sich durch Gesetzeslektüre. 2

§ 160 Vereinigung von Innungskrankenkassen

(1) ¹Innungskrankenkassen können sich auf Beschluß ihrer Verwaltungsräte miteinander vereinigen. ²Der Beschluß bedarf der Genehmigung der vor der Vereinigung zuständigen Aufsichtsbehörden. ³Für das Verfahren gilt § 144 Abs. 2 bis 4 entsprechend.
(2) ¹Innungskrankenkassen werden vereinigt, wenn sich ihre Trägerinnungen vereinigen. ²Für das Verfahren gilt § 146 entsprechend.
(3) Für die Vereinigung von Innungskrankenkassen durch die Landesregierung gelten die §§ 145 und 146 entsprechend.

Literatur:
Bohlen-Schöning, Rechtliche Stellung der Mitarbeiter bei Schließung oder Insolvenz einer Krankenkasse, Die Krankenversicherung 2011, 85; *Hebeler*, Die Vereinigung, Auflösung und Schließung von Sozialversicherungsträgern, NZS 2008, 238; *Ruge/Maerker*, Arbeits- und personalvertretungsrechtliche Aspekte bei der Vereinigung von Krankenkassen, ZTR 2007, 663; *Wigge*, Zum Rechtsschutz von Innungskrankenkassen gegen deren Vereinigung, NZS 1996, 504.

I. Entstehungsgeschichte

Die Vorschrift wurde mit Wirkung zum 1.1.1989 durch Art. 1 des Gesundheits-Reformgesetzes (GRG) vom 20.12.1988 eingeführt.¹ Mit Wirkung zum 1.1.1993 wurde durch Art. 1 Nr. 107, Art. 35 Abs. 1 und Abs. 6 des Gesundheitsstrukturgesetzes vom 21.12.1992² in Abs. 1 S. 2 die Genehmigungszuständigkeit geändert. In Abs. 3 wurden die Möglichkeiten der Vereinigung durch Rechtsverordnung gleichzeitig zur Regelung für Ortskrankenkassen erweitert. Mit Wirkung zum 1.1.1996 wurde Abs. 1 S. 1 an die geänderte innere Organisation der Innungskrankenkasse angepasst. 1

II. Normzweck, Normstruktur und Regelungsgehalt im Überblick

Die Norm regelt die Vereinigung von Innungskrankenkassen. Abs. 1 regelt die freiwillige Vereinigung. Abs. 1 entspricht § 150 Abs. 1, Abs. 2 S. 1, so dass insoweit auf die Ausführungen in → § 150 Rn. 2 ff., verwiesen werden kann; siehe ferner – wegen des Verweises in Abs. 1 S. 3 – → § 144 Rn. 4. Abs. 2 und 3 regeln Fälle der zwangsweisen Vereinigung von Innungskrankenkassen und verweisen auf §§ 145, 146, die entsprechend gelten (→ § 145 Rn. 1 ff., → § 146 Rn. 1 ff.). 2

---

2 BGBl. I 1992, 2266.
3 BGBl. I 2003, 2190.
1 BGBl. I 1988, 2477.
2 BGBl. I 1992, 2266.

§ 161 Ausscheiden einer Handwerksinnung

¹Eine Handwerksinnung kann das Ausscheiden aus einer gemeinsamen Innungskrankenkasse beantragen. ²Über den Antrag auf Ausscheiden entscheidet die Aufsichtsbehörde. ³Sie bestimmt den Zeitpunkt, an dem das Ausscheiden wirksam wird. ⁴Die Sätze 1 bis 3 gelten nicht für Innungskrankenkassen, deren Satzung eine Regelung nach § 173 Abs. 2 Satz 1 Nr. 4 enthält.

Literatur:

Hebeler, Die Vereinigung, Auflösung und Schließung von Sozialversicherungsträgern, NZS 2008, 238; *Schnapp*, Die Rechtsstellung geöffneter und „virtueller" Krankenkassen, NZS 2004, 113.

I. Entstehungsgeschichte

1 Die Vorschrift wurde mit Wirkung zum 1.1.1989 durch Art. 1 des Gesundheits-Reformgesetzes (GRG) vom 20.12.1988 eingeführt.[1] Mit Wirkung zum 1.1.1996 wurde durch Art. 1 Nr. 108, Art. 35 Abs. 6 des Gesundheitsstrukturgesetzes vom 21.12.1992[2] S. 4 eingefügt. Das Ausscheiden einer Trägerinnung aus einer gemeinsamen Innungskrankenkasse war bisher nicht ausdrücklich geregelt. Es hatte sich aber bereits aus § 298 Abs. 1 Nr. 8 RVO in der alten Fassung ergeben, dass einzelne Trägerinnungen aus einer gemeinsamen Innungskrankenkasse auf Antrag ausscheiden können.

II. Normzweck und Normstruktur

2 Die Vorschrift gibt einer Handwerksinnung die Möglichkeit, aus einer mit anderen Innungen betriebenen Innungskrankenkasse auszuscheiden. Die Vorschrift ist weitgehend struktur- und inhaltsgleich mit § 151 Abs. 2. S. 1 entspricht weitgehend § 151 Abs. 2 S. 1, S. 2 entspricht § 151 Abs. 3 S. 1, S. 3 entspricht § 151 Abs. 3 S. 2 (→ § 151 Rn. 4 ff.). Nach S. 4 gelten S. 1 bis 3 nicht für eine Innungskrankenkasse, die in ihre Satzung eine Öffnungsklausel nach § 173 Abs. 2 S. 1 Nr. 4 aufgenommen hat. Inzwischen sind in Deutschland jedoch ausnahmslos alle Innungskrankenkassen für Innungsfremde geöffnet und als Krankenkasse wählbar. Damit weist die Norm keine praktische Bedeutung mehr auf.

§ 162 Auflösung

¹Eine Innungskrankenkasse kann auf Antrag der Innungsversammlung nach Anhörung des Gesellenausschusses, eine gemeinsame Innungskrankenkasse auf Antrag aller Innungsversammlungen nach Anhörung der Gesellenausschüsse aufgelöst werden, wenn der Verwaltungsrat mit einer Mehrheit von mehr als drei Vierteln der stimmberechtigten Mitglieder zustimmt. ²Über den Antrag entscheidet die Aufsichtsbehörde. ³Sie bestimmt den Zeitpunkt, an dem die Auflösung wirksam wird. ⁴Die Sätze 1 bis 3 gelten nicht, wenn die Satzung der Innungskrankenkasse eine Regelung nach § 173 Abs. 2 Satz 1 Nr. 4 enthält.

Literatur:

Hebeler, Die Vereinigung, Auflösung und Schließung von Sozialversicherungsträgern, NZS 2008, 238.

I. Entstehungsgeschichte

1 Die Vorschrift wurde mit Wirkung zum 1.1.1989 durch Art. 1 des Gesundheits-Reformgesetzes (GRG) vom 20.12.1988 eingeführt.[1] Mit Wirkung zum 1.1.1996 wurde durch Art. 1 Nr. 109 Art. 35 Abs. 6 des Gesundheitsstrukturgesetzes vom 21.12.1992[2] S. 1 geändert. Ein neuer S. 4 wurde zudem eingefügt.

---

1 BGBl. I 1988, 2477.
2 BGBl. I 1992, 2266.
1 BGBl. I 1988, 2477.
2 BGBl. I 1992, 2266.

II. Normzweck und Normstruktur

Die Norm regelt die Voraussetzungen, unter denen eine Innungskrankenkasse auf Antrag der Innungsversammlung aufgelöst werden kann. Die Vorschrift ist weitgehend struktur- und inhaltsgleich mit § 151. S. 1 entspricht weitgehend § 152 S. 1, S. 2 entspricht § 152 S. 2, S. 3 entspricht § 152 S. 3, S. 4 entspricht § 152 S. 4 (→ § 152 Rn. 2 ff.).

2

§ 163 Schließung

¹Eine Innungskrankenkasse wird von der Aufsichtsbehörde geschlossen, wenn
1. die Handwerksinnung, die sie errichtet hat, aufgelöst wird, eine gemeinsame Innungskrankenkasse dann, wenn alle beteiligten Handwerksinnungen aufgelöst werden,
2. sie nicht hätte errichtet werden dürfen oder
3. ihre Leistungsfähigkeit nicht mehr auf Dauer gesichert ist.

²Die Aufsichtsbehörde bestimmt den Zeitpunkt, an dem die Schließung wirksam wird, wobei zwischen diesem Zeitpunkt und der Zustellung des Schließungsbescheids mindestens acht Wochen liegen müssen. ³Satz 1 Nr. 1 gilt nicht, wenn die Satzung der Innungskrankenkasse eine Regelung nach § 173 Abs. 2 Satz 1 Nr. 4 enthält.

Literatur:
Gaßner/Hager, Die Schließung von Krankenkassen wegen Überschuldung, NZS 2004, 632; *Hebeler,* Die Vereinigung, Auflösung und Schließung von Sozialversicherungsträgern, NZS 2008, 238; *Schnapp,* Kassenschließung trotz fehlerhafter Errichtung, NZS 2002, 449.

I. Entstehungsgeschichte

Die Vorschrift wurde mit Wirkung zum 1.1.1989 durch Art. 1 des Gesundheits-Reformgesetzes (GRG) vom 20.12.1988 eingeführt.[1] Mit Wirkung zum 1.1.1996 wurde S. 3 durch Art. 1 Nr. 110, Art. 35 Abs. 6 des Gesundheitsstrukturgesetzes vom 20.12.1992[2] eingefügt.

1

II. Normzweck und Normstruktur

Die Norm regelt die Schließung für Innungskrankenkassen. Die Vorschrift ist weitgehend struktur- und inhaltsgleich mit § 163: S. 1 Nr. 1 entspricht weitgehend § 153 S. 1 Nr. 1, S. 1 Nr. 2 entspricht § 153 S. 1 Nr. 2, S. 1 Nr. 3 entspricht § 153 S. 1 Nr. 3, S. 2 entspricht § 153 S. 2 (→ § 153 Rn. 2 ff.).

2

§ 164 Auseinandersetzung, Abwicklung der Geschäfte, Haftung bei Verpflichtungen, Dienstordnungsangestellte

(1) ¹Bei Auflösung und Schließung von Innungskrankenkassen gelten die §§ 154 und 155 Abs. 1 bis 3 entsprechend. ²Reicht das Vermögen einer aufgelösten oder geschlossenen Innungskrankenkasse nicht aus, um die Gläubiger zu befriedigen, hat die Handwerksinnung die Verpflichtungen zu erfüllen. ³Sind mehrere Handwerksinnungen beteiligt, haften sie als Gesamtschuldner. ⁴Reicht das Vermögen der Handwerksinnung nicht aus, um die Gläubiger zu befriedigen, haben die übrigen Innungskrankenkassen die Verpflichtungen zu erfüllen. ⁵Die Sätze 2 bis 4 gelten nicht, wenn die Satzung der geschlossenen Innungskrankenkasse eine Regelung nach § 173 Abs. 2 Satz 1 Nr. 4 enthält; in diesem Fall haben die übrigen Innungskrankenkassen die Verpflichtungen zu erfüllen. ⁶Für die Haftung nach den Sätzen 4 und 5 gilt § 155 Abs. 4 Satz 5 bis 7 und Abs. 5 entsprechend. ⁷Für die Haftung im Zeitpunkt des Inkrafttretens einer Satzungsbestimmung nach § 173 Abs. 2 Satz 1 Nr. 4 gilt § 155 Abs. 4 Satz 8 entsprechend.

(2) Die Versorgungsansprüche der am Tag der Auflösung oder Schließung einer Innungskrankenkasse vorhandenen Versorgungsempfänger und ihrer Hinterbliebenen bleiben unberührt.

---

1 BGBl. I 1988, 2477.
2 BGBl. I 1992, 2266.

(3) ¹Die dienstordnungsmäßigen Angestellten sind verpflichtet, eine vom Landesverband der Innungskrankenkassen nachgewiesene dienstordnungsmäßige Stellung bei ihm oder einer anderen Innungskrankenkasse anzutreten, wenn die Stellung nicht in auffälligem Mißverhältnis zu den Fähigkeiten der Angestellten steht. ²Entstehen hierdurch geringere Besoldungs- oder Versorgungsansprüche, sind diese auszugleichen. ³Den übrigen Beschäftigten ist bei dem Landesverband der Innungskrankenkassen oder einer anderen Innungskrankenkasse eine Stellung anzubieten, die ihnen unter Berücksichtigung ihrer Fähigkeiten und bisherigen Dienststellung zuzumuten ist. ⁴Jede Innungskrankenkasse ist verpflichtet, entsprechend ihrem Anteil an der Zahl der Versicherten aller Innungskrankenkassen dienstordnungsmäßige Stellungen nach Satz 1 nachzuweisen und Anstellungen nach Satz 3 anzubieten; die Nachweise und Angebote sind den Beschäftigten in geeigneter Form zugänglich zu machen.

(4) ¹Die Vertragsverhältnisse der Beschäftigten, die nicht nach Absatz 3 untergebracht werden, enden mit dem Tag der Auflösung oder Schließung. ²Vertragsmäßige Rechte, zu einem früheren Zeitpunkt zu kündigen, werden hierdurch nicht berührt.

(5) Für die Haftung aus den Verpflichtungen nach den Absätzen 2 bis 4 gilt Absatz 1 und § 155 Abs. 5 entsprechend.

Literatur:

Gutzeit, Verfassungsfragen einer gesetzlichen Beendigung von Arbeitsverhältnissen bei der Schließung von (Betriebs)Krankenkassen, NZS 2012, 361 (Teil 1), 410 (Teil 2); *Hebeler*, Die Vereinigung, Auflösung und Schließung von Sozialversicherungsträgern, NZS 2008, 238.

I. Entstehungsgeschichte

1   Die Vorschrift wurde mit Wirkung zum 1.1.1989 durch Art. 1 des Gesundheits-Reformgesetzes (GRG) vom 20.12.1988 eingeführt.¹ Mit Wirkung zum 1.1.1996 wurde Abs. 1 S. 6 durch Art. 1 Nr. 111 des Gesundheitsstrukturgesetzes vom 21.12.1992² eingefügt. Die Verweisung in Abs. 1 S. 1 auf § 154 wurde aufgehoben, da die Bezugsvorschrift gestrichen wurde. Mit Wirkung zum 1.1.2004 wurden Abs. 1 S. 7 und 8 durch Art. 1 Nr. 120 des GKV-Modernisierungsgesetzes vom 14.11.2003³ eingefügt. Durch Art. 1 Nr. 125, Art. 46 IX des GKV-Wettbewerbsstärkungsgesetzes vom 26.3.2007⁴ wurden mit Wirkung zum 1.7.2008 in Abs. 1 die S. 4–6 neu gefasst. Dadurch wurde die Haftung für Fehlbeträge aufgelöster oder geschlossener Innungskrankenkassen auf die anderen Innungskrankenkassen übertragen. Abs. 1 S. 7 wurde geändert und Abs. 1 S. 8 wurde aufgehoben. In Abs. 5 wurde der Zusatz „und § 155 Abs. 5" eingefügt, so dass die Haftung nach kassenartübergreifenden Vereinigungen (§ 171a) geregelt wurde. Durch Art. 1 Nr. 4 des Gesetzes zur Weiterentwicklung der Organisationsstrukturen (GKV-OrgWG) vom 15.12.2008⁵ wurden mit Wirkung zum 1.1.2009 Abs. 1 S. 6 und 7 wegen des neues § 155 Abs. 1 S. 6 geändert und Abs. 3 S. 4 eingefügt.

II. Normzweck und Norminhalt im Überblick

2   Die Vorschrift regelt die Abwicklung der Geschäfte, die Haftung für Fehlbeträge und die Rechtsstellung des Personals bei Auflösung oder Schließung von Innungskrankenkassen gem. §§ 162, 163. In Abs. 1 S. 1 iVm § 155 Abs. 1 S. 2 wird das Fortbestehen für die aufgelöste oder geschlossene Innungskrankenkasse unterstellt, um ihre Abwicklung durch den Vorstand zu ermöglichen. Die Bekanntmachungspflicht aus Abs. 1 S. 1 iVm § 155 Abs. 2 soll dem Gläubigerschutz und den Interessen des haftenden Arbeitgebers bzw. Landesverbandes der Innungskrankenkassen dienen. Abs. 1 S. 2–6 regeln den Ausgleich von Fehlbeträgen, welche nach Abwicklung der Geschäfte übrigbleiben. Die Überschuldung einer Innungskrankenkasse soll nicht zulasten der Gläubiger gehen. Es sollen die Handwerksinnung bzw. die übrigen Innungskrankenkassen für die Schulden einer geschlossenen oder aufgelösten Innungskrankenkasse einstehen müssen. Die in Abs. 1 S. 7 iVm § 155 Abs. 4 S. 8 benannte Vorab-Ausgleichspflicht der Handwerksinnung dient der Absicherung der übrigen Innungskrankenkassen. In Abs. 2 werden die rechtlichen Folgen der Auflösung oder Schließung einer Innungskrankenkasse für die vorhandenen Versorgungsempfänger und ihre Hinterbliebenen aufgezeigt. Die Abs. 3 bis 5 machen

---

1   BGBl. I 1988, 2477.
2   BGBl. I 1992, 2266.
3   BGBl. I 2003, 2190.
4   BGBl. I 2007, 378.
5   BGBl. I 2008, 2426.

deutlich, dass die Weiterbeschäftigung der von der Auflösung oder Schließung einer Innungskrankenkasse betroffenen Bediensteten die Intention des Gesetzgebers gewesen ist. In Abs. 3 werden auch die Unterbringungsverpflichtungen und Weiterbeschäftigungsangebote geregelt. Abs. 4 S. 1 soll dem Schutz des Gesundheitssystems und der Versichertengemeinschaft dienen.

III. Abwicklung der Geschäfte und Haftung für Verpflichtungen

Hinsichtlich der Abwicklung der Geschäfte sowie zur Verwendung eines nach Abwicklung der Geschäfte verbleibenden Restvermögens bei Auflösung und Schließung einer Innungskrankenkasse verweist Abs. 1 S. 1 auf § 155 Abs. 1 bis 3. Gemäß § 155 Abs. 1 S. 1 wickelt der Vorstand einer aufgelösten oder geschlossenen Betriebskrankenkasse die Geschäfte ab. Unter der Abwicklung der Geschäfte versteht man neben der Klärung der vermögensrechtlichen Angelegenheiten auch die Versorgung des Personals der Betriebskrankenkasse. 3

IV. Haftung für Fehlbeträge

In Abs. 1 S. 2–7 finden sich Regelungen hinsichtlich der Haftung, wenn das Vermögen einer aufgelösten oder geschlossenen Innungskrankenkasse nicht zur Gläubigerbefriedigung ausreicht. Die Regelungen entsprechen weitgehend denen in § 155 Abs. 4 S. 1–8 (→ § 155 Rn. 7 ff.). Abs. 1 S. 2–6 regelt, wie ein nach Abwicklung der Geschäfte verbleibender Fehlbetrag auszugleichen ist. Die Regelung differenziert dabei zwischen Innungskrankenkassen, die grundsätzlich nur für Innungsbetriebe zuständig sind und solchen, die eine Satzungsregelung nach § 173 Abs. 3 S. 1 Nr. 4 getroffen haben. Wenn das Vermögen einer aufgelösten oder geschlossenen Innungskrankenkasse, die keine Satzungsbestimmung nach § 173 Abs. 3 S. 1 Nr. 4 getroffen hat, nicht ausreicht, um alle Verpflichtungen zu erfüllen, hat primär die Trägerinnung hierfür einzustehen. Sind mehrere Handwerksinnungen beteiligt, haften sie nach Abs. 1 S. 3 als Gesamtschuldner. Reicht das Vermögen der Handwerksinnung(en) zur Gläubigerbefriedigung nicht aus, trifft diese Verpflichtung nach Abs. 1 S. 4 die übrigen Innungskrankenkassen. 4

V. Ansprüche der Versorgungsempfänger

Abs. 2 stellt sicher, dass die Ansprüche der Versorgungsempfänger und ihrer Hinterbliebenen durch die Liquidation der Innungskrankenkasse geschützt sind. Für sie haften nach Abs. 5 iVm Abs. 1 und § 155 Abs. 5 die übrigen Innungskrankenkassen. 5

Vierter Titel (aufgehoben)

§ 165 (aufgehoben)

Fünfter Titel Landwirtschaftliche Krankenkasse

§ 166 Landwirtschaftliche Krankenkasse

Die Sozialversicherung für Landwirtschaft, Forsten und Gartenbau als Träger der Krankenversicherung der Landwirte führt die Krankenversicherung nach dem Zweiten Gesetz über die Krankenversicherung der Landwirte durch; sie führt in Angelegenheiten der Krankenversicherung die Bezeichnung landwirtschaftliche Krankenkasse.

Literatur:
Noell/Deisler, Die Krankenversicherung der Landwirte, 2001.

I. Entstehungsgeschichte

Die landwirtschaftliche Krankenversicherung wurde nach der Unfallversicherung und der landwirtschaftlichen Altersversicherung als eigenständiger dritter Zweig der berufsständischen Sozialversicherungen durch das Gesetz über die Krankenversicherung der Landwirte (KVLG) 1972[1] mit Wirkung zum 1.10.1972 eingeführt. Sie ist neben der Deutschen Rentenversicherung Knappschaft-Bahn-See (Knappschaft) eine von zwei im SGB V geregelten öffentlich-rechtlichen Sondersystemen der Kranken- 1

---

1 BGBl. I 1972, 1433.

versicherung. Die Vorschrift des § 166 ist mit Wirkung zum 1.1.1989 durch Art. 1, 79 Abs. 1 Gesundheitsreformgesetz (GRG) vom 20.12.1988 eingeführt worden.[2] Mit Wirkung zum 1.1.2013 erhielt die Norm durch das Gesetz vom 12.4.2012[3] ihre heutige Fassung. Die landwirtschaftliche Sozialversicherung wurde insgesamt grundlegend neu organisiert, was auf den Strukturwandel der Landwirtschaft und die rückläufige Zahl der Versicherten zurückzuführen ist.

II. Normzweck

2 § 166 hält an dem Sonderrecht für die landwirtschaftlichen Krankenversicherungen fest. Bis zur jüngsten Änderung (→ Rn. 1) waren die bei den landwirtschaftlichen Berufsgenossenschaften errichteten landwirtschaftlichen Krankenkassen Träger der gesetzlichen Krankenversicherung für die Landwirte. Nunmehr ist die Sozialversicherung für Landwirtschaft, Forsten und Gartenbau Einheitsträger der gesamten landwirtschaftlichen Sozialversicherung (Alterssicherung, Unfall-, Kranken- und Pflegeversicherung), die in Angelegenheiten der Krankenversicherung die Bezeichnung landwirtschaftliche Krankenkasse führt. Die landwirtschaftliche Krankenkasse untersteht der Aufsicht des Bundesversicherungsamtes (§ 90 Abs. 1 S. 1 SGB IV).

III. Geltung des KVLG 1972 und des KVLG 1989

3 Für die landwirtschaftliche Krankenkasse und ihre Versicherten ist – anders als für die anderen Krankenkassen – nicht unmittelbar das SGB V anwendbar. Vielmehr sind die Vorschriften des KVLG 1972 und KVLG 1989 anzuwenden. Allerdings gelten diese als besondere Teile des SGB (§ 68 Nr. 5 SGB I). Außerdem entsprechen die meisten Leistungen der landwirtschaftlichen Krankenkassen – aufgrund der Verweisung des § 8 Abs. 1 KVLG 1989 auf das dritte Kapitel des SGB V – den Leistungen der anderen Krankenkassen.

Sechster Titel Deutsche Rentenversicherung Knappschaft-Bahn-See

§ 167 Deutsche Rentenversicherung Knappschaft-Bahn-See

Die Deutsche Rentenversicherung Knappschaft-Bahn-See führt die Krankenversicherung nach den Vorschriften dieses Buches durch.

Literatur:

Schulte, Die Bundesknappschaft – insbesondere als Krankenversicherung – und ihre Stellung im Gesundheitswesen, Kompass 1996, 549; *Waibel*, Rechtsnatur der „besonderen Abteilung" der Sozialversicherungsträger, WzS 2003, 238.

I. Entstehungsgeschichte

1 Die Vorschrift wurde mit Wirkung zum 1.1.1989 durch Artt. 1, 79 Abs. 1 Gesundheitsreformgesetz (GRG) vom 20.12.1988 eingeführt.[1] S. 1 wurde durch Art. 6 Nr. 15 des Gesetzes zur Organisationsreform in der gesetzlichen Rentenversicherung (RVOrgG) vom 9.12.2004[2] mit Wirkung ab dem 1.10.2005 (Art. 86 Abs. 4 RVOrgG) geändert. S. 2 wurde durch Art. 4 Nr. 9, Art. 85 Abs. 1 Rentenreformgesetz 1992 vom 18.12.1989[3] mWv 1.1.1992 neugefasst. Eine wesentliche Änderung erfuhr die ehemals aus zwei Sätzen bestehende Vorschrift sodann durch Art. 1 Nr. 127 iVm Art. 46 Abs. 1 des Gesetzes zur Stärkung des Wettbewerbs in der gesetzlichen Krankenversicherung (GKV-WSG) mit Wirkung zum 1.4.2007. S. 1 und 2 wurden gestrichen und ein neuer S. 1 eingeführt. Dabei handelte es sich um eine Folgeregelung zur Öffnung der Knappschaft auch für Versicherte, die nicht im Bergbau tätig sind.[4]

---

2 BGBl. I 1988, 2477.
3 BGBl. I 2012, 579.
1 BGBl. I 1988, 2477.
2 BGBl. I 2004, 3242.
3 BGBl. I 1988, 2261.
4 BT-Dr. 16/3100, 155.

II. Normzweck

Die Vorschrift beinhaltet den deklaratorischen Hinweis, dass für die Deutsche Rentenversicherung Knappschaft-Bahn-See bei der Durchführung der Krankenversicherung die Vorschriften des SGB V gelten. Konstitutive Bedeutung hat sie nicht. 2

III. Inhalt der Norm

§ 167 bestimmt in seiner neuen Fassung lediglich, dass die Vorschriften des SGB V bei der Durchführung anzuwenden sind. Die Deutsche Rentenversicherung Knappschaft-Bahn-See ist ein Rentenversicherungsträger im Verbund der deutschen Rentenversicherung, der am 1.10.2005 aus der Vereinigung von Bundesknappschaft, Bahnversicherungsanstalt und Seekasse hervorgegangen ist. Dieser Zusammenschluss findet seine Gründe in der Neuorganisation der gesetzlichen Rentenversicherung. Rechtsgrundlage dafür ist das Gesetz zur Organisationsreform in der gesetzlichen Rentenversicherung vom 9.12.2004.[5] Dabei gingen sowohl die Bahnversicherungsanstalt als auch die Seekasse mit ihren Vermögen sowie Rechten und Pflichten in die bisherige Bundesknappschaft über. Die Deutsche Rentenversicherung Knappschaft-Bahn-See hat ihren Sitz in Bochum. 3

Siebter Titel Ersatzkassen

§ 168 Ersatzkassen

(1) Ersatzkassen sind am 31. Dezember 1992 bestehende Krankenkassen, bei denen Versicherte die Mitgliedschaft bis zum 31. Dezember 1995 durch Ausübung des Wahlrechts erlangen können.
(2) Beschränkungen des aufnahmeberechtigten Mitgliederkreises sind nicht zulässig.
(3) ¹Der Bezirk einer Ersatzkasse kann durch Satzungsregelung auf das Gebiet eines oder mehrerer Länder oder das Bundesgebiet erweitert werden. ²Die Satzungsregelung bedarf der Genehmigung der vor der Erweiterung zuständigen Aufsichtsbehörde.

Literatur:
Eichenhofer, Ersatzkassen und ihre Verbände in der deutschen Sozialgeschichte, ZSR 58 (2012), 481; *Klose*, Das Mitgliedschaftsrecht der Ersatzkassen im SGB V, SGb 1995, 477.

I. Entstehungsgeschichte

Die Ersatzkassen sind aus privaten Selbsthilfeeinrichtungen hervorgegangen (sog Hilfskassen) und sind seit 1934 Körperschaften des öffentlichen Rechts.[1] Im Anschluss an die Regelung der §§ 504 f. RVO aF wurde der § 168 durch Art. 1 GRG vom 20.12.1988 (BGBl. I, 2477) zum 1.1.1989 eingeführt (BT-Dr. 11/2237, 213 zu § 177 des Entwurfs).[2] Die Regelung wurde durch Art. 1 Nr. 112, Art. 35 Abs. 6 GSG vom 21.12.1992 (BGBl. I, 2266) zum 1.1.1996 neu gefasst. 1

II. Normzweck

§ 168 bezweckt eine Angleichung der Wettbewerbsbedingungen zwischen den Kassenarten.[3] Daher sind für die in Abs. 1 definierten Ersatzkassen Beschränkungen des aufnahmeberechtigten Mitgliederkreises gem. Abs. 2 unzulässig und ihnen wird gem. Abs. 3 die Möglichkeit zur Erweiterung ihres räumlichen Zuständigkeitsbereiches gegeben. Bei der vorherigen Fassung des Abs. 2 wurde noch davon ausgegangen, dass die Normierung des Mitgliederkreises auch den Bestand dieser Kassen schützen soll.[4] 2

III. Definition der Ersatzkasse (Abs. 1)

Eine Kassenart ist nach § 4 Abs. 2 die Ersatzkasse. § 168 Abs. 1 definiert die Ersatzkassen zunächst dadurch, dass die Kasse am 31.12.1992 bestand (dh vor dem grundsätzlichen Inkrafttreten des GSG 3

---

5 BGBl. I 2004, 3242.
1 Dazu Eichenhofer, ZSR 58 (2012), 481 ff.; Peters, Die Geschichte der sozialen Versicherung, S. 79, 112.
2 Dazu Klose, SGb 1995, 477 ff.
3 Vgl. BT-Dr. 11/2237, 213; 12/3608, 24.
4 GmS-OBG, 10.7.1989, GmS-OB 1/88, NJW 1990, 1527.

vom 21.12.1992, BGBl. I, 2266), mithin die **Errichtung neuer Ersatzkassen** ausgeschlossen ist. Weiter erforderlich ist, dass die Versicherten die Mitgliedschaft bis zum 31.12.1995 durch Ausübung des Wahlrechts erlangen konnten. Dies knüpft an die damalige Sonderstellung der Ersatzkassen an. Ab 1996 erlangen Versicherungspflichtige und Versicherungsberechtigte die Mitgliedschaft auch bei anderen Kassenarten nicht mehr durch Zuweisung kraft Gesetzes, sondern – wie bereits vorher bei Ersatzkassen – durch Ausübung des Wahlrechts gem. §§ 173 ff.[5] Seit 1.1.2010 existieren nur noch 6 Ersatzkassen (BARMER GEK, TK, DAK-Gesundheit, KKH, HEK und hkk), deren Interessen vom Verband der Ersatzkassen eV vertreten werden.[6]

IV. Mitgliederkreis (Abs. 2)

4 Nachdem zunächst Ersatzkassen nur für bestimmte Berufsgruppen zuständig waren, sind Ersatzkassen, wie heute Abs. 2 ausdrücklich klarstellt und sich auch allgemein aus § 173 Abs. 2 Nr. 2 ergibt, **allgemein wählbar**. Ausnahmen sind heute noch für beitrittsberechtigte Schwerbehinderte nach überschrittener Altersgrenze gem. § 9 Abs. 1 Nr. 4 möglich. Nachdem die Mitgliederzahl erheblich gewachsen ist (zB 12,8 Mio. Mitglieder in Ersatzkassen 1988 lt. BArbBl. 10/1988, 104; vgl. auch BArbBl. 5/1996, 100, 102), betrug im Juli 2017 die **Versichertenzahl** bei den 6 Ersatzkassen nahezu 28 Mio. Menschen.[7]

V. Erweiterung des räumlichen Zuständigkeitsbereich (Abs. 3)

5 Da mittlerweile alle Ersatzkassen **bundesweit geöffnet** sind, besteht für die Möglichkeit der Erweiterung gem. Abs. 3 kein Anwendungsbereich mehr.

VI. Rechtsstellung der Ersatzkassen

6 Ersatzkassen sind rechtsfähige Körperschaften des öffentlichen Rechts mit Selbstverwaltung gem. § 4 Abs. 1. Anders als bei den üblicherweise paritätisch besetzten Kassen setzen sich gem. § 44 Abs. 1 Nr. 3 SGB IV die Selbstverwaltungsorgane der Ersatzkasse grundsätzlich nur aus Vertretern der Versicherten zusammen. Da sich der Zuständigkeitsbereich aller Ersatzkassen über das Gebiet eines Landes hinaus erstreckt (**bundesunmittelbare Versicherungsträger**) ist das Bundesversicherungsamt als Aufsichtsbehörde gem. §§ 90 Abs. 1 S. 1, 90a Abs. 1 Nr. 4 SGB IV zuständig.

7 Seit der Streichung des § 169 durch Art. 1 Nr. 114 GSG vom 21.12.1992 (BGBl. I, 2266) zum 1.1.1996 ist keine **Auflösung** von Ersatzkassen – ebenso wie bei AOK, anders als die Schließung bei BKK gem. § 152 und IKK gem. § 163 – mehr möglich. Der Bestand der Ersatzkassen kann sich also nur noch durch freiwillige oder zwangsweise oder kassenartübergreifende Vereinigung gem. § 168a Abs. 1, 2 bzw. § 171a oder durch Schließung gem. § 170 oder Insolvenz nach § 171b Abs. 5 verändern.

§ 168a Vereinigung von Ersatzkassen

(1) ¹Ersatzkassen können sich auf Beschluß ihrer Verwaltungsräte vereinigen. ²Der Beschluß bedarf der Genehmigung der vor der Vereinigung zuständigen Aufsichtsbehörden. ³Für das Verfahren gilt § 144 Abs. 2 bis 4 entsprechend.

(2) ¹Das Bundesministerium für Gesundheit kann auf Antrag einer Ersatzkasse durch Rechtsverordnung mit Zustimmung des Bundesrates einzelne Ersatzkassen nach Anhörung der betroffenen Ersatzkassen vereinigen. ²Für die Vereinigung von Ersatzkassen durch Rechtsverordnung des Bundesministeriums für Gesundheit gelten die §§ 145 und 146 entsprechend.

Literatur:
Andelewski/Brachmann, Arbeitsrechtliche Fragestellungen bei Fusionen von Trägern der gesetzlichen Sozialversicherung, NZA 2010, 1103; *Bieback,* Fusion öffentlich-rechtlicher Körperschaften und § 613a BGB, PersR 2000, 13; *Hebeler,* Die Vereinigung, Auflösung und Schließung von Sozialversicherungsträgern, NZS 2008, 238; *Ruge/Maerker,* Arbeits- und personalvertretungsrechtliche Aspekte bei der Vereinigung von

---

5 BT-Dr. 12/3608, 24.
6 Abrufbar unter www.vdek.com (zuletzt abgerufen am 15.7.2017).
7 Abrufbar unter www.vdek.com (zuletzt abgerufen am 15.7.2017).

Krankenkassen, ZTR 2007, 663; *Vogt*, Fusionen in der gesetzlichen Krankenversicherung, KrV 2009, 170; *Waibel*, Vereinigung von Sozialversicherungsträgern, ZfS 2003, 225.

I. Entstehungsgeschichte

Ohne Vorläuferregelung wurde § 168 a durch Art. 1 Nr. 113, 35 Abs. 5 GSG vom 21.12.1992 (BGBl. I, 2266) zum 1.1.1995 in Anlehnung an Regelungen der AOK eingeführt (BT-Dr. 12/3608, 112), wobei § 168 a Abs. 1 S. 1 für ein Jahr eine Übergangsregelung enthielt (Art. 33 § 13 GSG). In Abs. 2 S. 1 und 2 wurden die Bezeichnung für das zuständige Ministerium durch Art. 216 Nr. 1 Verordnung vom 29.10.2001 (BGBl. I, 278), Art. 204 Nr. 1 Verordnung vom 25.11.2003 (BGBl. I, 2304) und zuletzt zum 8.11.2006 durch Art. 256 Nr. 1 Verordnung vom 31.10.2006 (BGBl. I, 2407) angepasst. Als Folgeänderung zur neuen Organisationsstruktur der Verbände wurde in Abs. 2 S. 1 durch Art. 1 Nr. 128 GKV-WSG vom 26.3.2007 (BGBl. I, 378) zum 1.7.2008 der „Spitzenverband der Ersatzkassen" gestrichen (BT-Dr. 16/3100, 155).

II. Normzweck

§ 168 a ermöglicht die **kasseninterne Vereinigung** von Ersatzkassen. Dadurch sollen vor allem kleinere Ersatzkassen **wettbewerbsorientierte Organisationsstrukturen** herstellen können, was zu mehr Beitragsgerechtigkeit und zum Abbau der Wettbewerbsverzerrungen zwischen den Kassen beiträgt.[1] Inhaltlich vergleichbare Regelungen enthalten § 144 für AOK, § 150 für BKK und § 160 für IKK. Eine Vereinigung bewirkt „eine umfassende öffentlich-rechtliche Rechtsnachfolge aus Anlass des vollständigen Übergangs der Zuständigkeiten mehrerer untergegangener Hoheitsträger auf einen neuen".[2] Während dabei § 168 a Abs. 1 eine freiwillige Vereinigung von Ersatzkassen ermöglicht, kann unter den Voraussetzungen des Abs. 2 auch deren zwangsweise Vereinigung erfolgen. Daneben ist die kassenartenübergreifende Vereinigung von Kassen in § 171 a geregelt.

III. Verfassungsrechtliche Vorgaben für die Vereinigung von Ersatzkassen

Nach hM enthält Art. 87 Abs. 2 GG weder eine verfassungsrechtliche Bestandsgarantie noch einen Mindestgehalt verbandlicher Institutionen.[3] Auch die Versuche, aus dem Sozialstaatsprinzip oder aus den Grundrechten verfassungsrechtliche Vorgaben für die Organisation der sozialen Selbstverwaltung abzuleiten, waren bislang nicht überzeugend.[4] Als verfassungsrechtliche Vorgabe verbleibt somit ein **institutioneller Gesetzesvorbehalt**, wonach die Voraussetzungen und Grenzen für eine organisationsrechtliche Maßnahme einer formell-gesetzlichen Grundlage bedürfen.[5] So hat auch das Bundesverfassungsgericht explizit ausgeführt: „Vom körperschaftlichen Status der Sozialversicherungsträger abgesehen (vgl. Art. 87 Abs. 2 GG) macht das Grundgesetz dem Bundesgesetzgeber keine inhaltlichen Vorgaben zur organisatorischen Ausgestaltung der Sozialversicherung."[6] Dem wurde mit § 168 a genügt. Außerdem ist in verfassungsrechtlicher Hinsicht zu beachten, dass der Schutz in Fällen von Krankheit eine der Grundaufgaben des Staates ist.[7] Dem Bund obliegt insoweit eine **Funktionsgewährleistungsverantwortung** für das Krankenversicherungssystem gem. Art. 120 Abs. 1 S. 4 GG,[8] was bei der Anwendung des § 168 a zu beachten ist.

IV. Freiwillige Vereinigung (Abs. 1)

Abs. 1 ermächtigt nur die Vereinigung von Ersatzkassen untereinander, während sich kassenartübergreifende Vereinigungen nach § 171 a richten. Die Gründe für eine **freiwillige Vereinigung** sind unerheblich.[9] Erforderlich ist nur, dass alle Verwaltungsräte der beteiligten Ersatzkassen jeweils einen de-

---

1 BT-Dr. 12/3608, 112.
2 BSG, 2.12.2004, B 12 KR 23/04 R, NJW 2005, 923, 924.
3 Hebeler, NZS 2008, 238, 240 mwN auch zur aA.
4 Hebeler, NZS 2008, 238, 240 f. mwN auch zur aA.
5 Dazu Hebeler, NZS 2008, 238, 241.
6 BVerfG, 18.7.2005, 2 BvF 2/01, BVerfGE 113, 167, 201.
7 BVerfG, 18.7.2005, 2 BvF 2/01, BVerfGE 113, 167, 215.
8 Scholz/Buchner, ErsK 2006, 473 f.
9 Baier in: Krauskopf, § 168 a SGB V Rn. 4; Mühlhausen in: Becker/Kingreen, § 168 a Rn. 3; Thomas in: Müller (ua), SGB V Onlinekommentar, § 168 a Rn. 3 f.

ckungsgleichen Beschluss fassen, der nach § 64 Abs. 2 SGB IV nur der einfachen Mehrheit bedarf, soweit keine abweichende Satzungsregelung getroffen worden ist.[10]

5 Gemäß Abs. 1 S. 2 bedarf der Beschluss der **Genehmigung** der vor der Vereinigung zuständigen Aufsichtsbehörden. Diese Genehmigung ist **Wirksamkeitsvoraussetzung** für die Vereinigung.[11] Sie ist Ausdruck eines staatlichen Mitwirkungsrechtes, welches nach Motivation und Ausgestaltung nicht Teil der allgemeine Staatsaufsicht, sondern Mitwirkung des Staates an Einzelmaßnahmen der Versicherungsträger ist, so dass § 89 SGB IV keine Anwendung findet.[12] Sie ergeht durch einen rechtsgestaltenden Verwaltungsakt.[13] Zuständig sind nach dem Wortlaut des Abs. 1 S. 2 die Aufsichtsbehörden, deren Zuständigkeit die an der Vereinigung beteiligten Kassen vor der Vereinigung unterlagen. Ebenso wie bei der kassenartenübergreifenden Vereinigung (→ § 171 a Rn. 7) wird von den Aufsichtsbehörden nach zutreffender Ansicht nur die Recht-, nicht aber die Zweckmäßigkeit der Vereinigung überprüft. Die Genehmigung kann im Klagewege von jeder beteiligten Ersatzkasse am jeweils zuständigen Sozialgericht erstritten werden.[14]

6 Das Verfahren ist gem. § 168 a Abs. 1 S. 3 entsprechend dem Verfahren bei Vereinigung von Ortskrankenkassen gem. § 144 Abs. 2 bis 4 geregelt. Dabei stellt die Vereinigung einen Sonderfall der Schließung dar (vgl. § 144 Abs. 4 S. 1).[15] Außerdem fordert § 172 Abs. 1 eine **Verbändebeteiligung** (→ § 172 Rn. 3 ff.) und sei Mitte 2013 regelt § 172 a Fragen einer kartellrechtlichen Zusammenschlusskontrolle.

V. Zwangsweise Vereinigung durch Rechtsverordnung (Abs. 2)

7 Eine **zwangsweise Vereinigung** von Ersatzkassen kann das BMG gem. Abs. 2 S. 1 auf Antrag einer Ersatzkasse durch Rechtsverordnung mit Zustimmung des Bundesrates nach Anhörung der betroffenen Ersatzkassen herbeiführen. Die Unwirksamkeit dieser Rechtsverordnung können die davon betroffenen Kassen mit der Feststellungsklage vor den Sozialgerichten geltend machen.[16]

8 Für eine zwangsweise Vereinigung von Ersatzkassen gelten gem. Abs. 2 S. 2 die für Ortskrankenkassen vorgesehenen Vereinigungsreglungen (§§ 145, 146). Aus der Verweisung des Abs. 2 auf § 145 und damit auch dessen Abs. 2 ergibt sich ein **Vorrang einer freiwilligen Vereinigung**.[17]

9 Während nach dem Wortlaut des Abs. 2 S. 1 ein Ermessen des Bundesministeriums hinsichtlich des Erlasses der Rechtsverordnung besteht, ging die Gesetzesbegründung[18] zutreffend von einer **Vereinigungspflicht** bei Vorliegen der Voraussetzungen des § 145 Abs. 2 aus.[19] Weniger überzeugend sind die Literaturstimmen, wonach § 145 Abs. 2 von der Verweisung ausgenommen sei[20] oder auch in diesen Fällen dem Ministerium ein Ermessen eingeräumt sei,[21] weil dieses dem mit der Verweisung in § 168 Abs. 2 S. 2 zum Ausdruck kommenden Gedanken der Gleichstellung der verschiedenen Kassenarten im Wettbewerb zuwider läuft.

VI. Rechtsfolgen der Vereinigung

10 Mit dem Organisationsakt der Schließung endet die Existenz derjenigen Ersatzkassen, die es davor gegeben hat, aber anders als bei der „normalen" Schließung entsteht mit dem Organisationsakt zugleich ein neuer Träger und dieser ist **Rechtsnachfolger**.[22] Dies ergibt sich für die freiwillige Vereinigung aus Abs. 1 S. 3 iVm § 144 Abs. 4 S. 2 und bei zwangsweiser Vereinigung aus Abs. 2 S. 2 iVm § 146 Abs. 3 S. 2. Von dieser Kontinuität erfasst sind nach Wortlaut und Entstehungsgeschichte der

---

10 Thomas in: Müller (ua), SGB V Onlinekommentar, § 168 a Rn. 3 f.
11 Baier in: Krauskopf, § 144 SGB V Rn. 10.
12 Engelhard in: Hauck/Noftz, SGB V, § 168 a Rn. 8.
13 Engelhard in: Hauck/Noftz, SGB V, § 168 a Rn. 11.
14 Engelhard in: Hauck/Noftz, SGB V, § 168 a Rn. 15.
15 Hebeler, NZS 2008, 238, 242.
16 BSG, 24.11.1998, B 1 A 1/96 R, BSGE 83, 118 unter Aufgabe von BSG, 22.2.1979, 8 b RK 4/78, BSGE 48, 42; Engelhard in: Hauck/Noftz, SGB V, § 168 a Rn. 31.
17 Thomas, in Müller (ua), SGB V Onlinekommentar, § 168 a Rn. 8; in diesem Sinne auch: BT-Dr. 12/3608, 112; Brall in: Sodan, HdB KrVersR, § 32 Rn. 38; aA Baier in: Krauskopf, § 168 a SGB V Rn. 7.
18 BT-Dr. 12/3608, 112.
19 So auch Mühlhausen in: Becker/Kingreen, § 168 a Rn. 4; Klose in: Sommer, § 168 a Rn. 14, der aber eine Ermessensentscheidung in den Fällen des § 145 Abs. 1 annimmt. Für eine Ermessensreduzierung auf null Thomas in: Müller (ua), SGB V Onlinekommentar, § 168 a Rn. 9.
20 So Baier in: Krauskopf, § 168 a SGB V Rn. 7.
21 So Brall in: Sodan, HdB KrVersR, § 32 Rn. 39; Engelhard in: Hauck/Noftz, SGB V, § 168 a Rn. 29.
22 Hebeler, NZS 2008, 238, 242.

Regelung des Abs. 1 S. 3 iVm § 144 Abs. 4 S. 2 bspw. auch die Beschäftigungsverhältnisse einschließlich Dienstvereinbarungen, die auf die neue Kasse übergehen.[23] Jedoch können an rechtsgeschäftliche Vorgänge anknüpfende Regelungen wie § 613a BGB nicht auf die Vereinigung angewendet werden.[24]

§ 169 (aufgehoben)
§ 170 Schließung

[1]Eine Ersatzkasse wird von der Aufsichtsbehörde geschlossen, wenn ihre Leistungsfähigkeit nicht mehr auf Dauer gesichert ist. [2]Die Aufsichtsbehörde bestimmt den Zeitpunkt, an dem die Schließung wirksam wird, wobei zwischen diesem Zeitpunkt und der Zustellung des Schließungsbescheids mindestens acht Wochen liegen müssen.

Literatur:
Gaßner/Hager, Die Schließung von Krankenkassen wegen Überschuldung, NZS 2004, 632; *GKV-Spitzenverband*, Fragen und Antworten zum Thema „Kassenschließung", BKK 2010, 542; *Hebeler*, Die Vereinigung, Auflösung und Schließung von Sozialversicherungsträgern, NZS 2008, 238.

I. Entstehungsgeschichte

§ 516 RVO aF sah die Möglichkeit zum Widerruf einer Zulassung einer Ersatzkasse vor. Damals erfolgte ein Widerruf auch, wenn die Ersatzkasse die Voraussetzungen der Zulassung oder der Vorschriften der §§ 504 bis 513 RVO nicht oder nicht mehr entsprach. Mit § 170 wurde durch Art. 1 GRG vom 20.12.1988 (BGBl. I, 2477) zum 1.1.1989 eine dem Recht der BKK und IKK entsprechende Regelung geschaffen (BT-Dr. 11/2237, 213), wobei als Schließungsgrund der Ersatzkassen nur noch die fehlende Sicherung ihrer Leistungsfähigkeit blieb. Zum 1.1.2012 wurde durch Art. 1 Nr. 60b GKV-VStG vom 22.12.2011 (BGBl. I, 2983) in S. 2 ein Mindestzeitraum zwischen Schließung durch die Aufsichtsbehörde und dessen Wirksamwerden eingefügt, damit den Mitgliedern ausreichend Zeit für die Ausübung ihres Wahlrechtes verbleibt (BT-Dr. 17/8005, 122 f.). 1

II. Normzweck

§ 170 dient der Schließung von nicht leistungsfähigen Ersatzkassen, wobei den Mitgliedern ausreichend Zeit (zumindest 8 Wochen) für die Ausübung ihres Wahlrechtes (vgl. § 175) verbleiben soll.[1] Die Regelung bezweckt auch eine **Gleichbehandlung im Wettbewerb** durch ähnliche Schließungsnormen aller Kassen (vgl. § 146a für AOK, § 153 für BKK und § 163 für IKK), auch wenn § 146a S. 3, sowie S. 1 Nr. 1 und Nr. 2 von § 153 und § 163 weitere Regelungen enthalten. Die Folgen der Schließung ergeben sich aus § 171. 2

III. Verfassungsrechtliche Vorgaben für die Schließung von Ersatzkassen

Als verfassungsrechtliche Vorgabe für die Schließung der Ersatzkassen ist ein **institutioneller Gesetzesvorbehalt** zu beachten, dh deren Voraussetzungen und Grenzen bedürfen einer formell-gesetzlichen Grundlage (→ § 168a Rn. 3), was durch § 170 erfolgte. Außerdem obliegt dem Bund eine **Funktionsgewährleistungsverantwortung** für das Krankenversicherungssystem gem. Art. 120 Abs. 1 S. 4 GG (→ § 168a Rn. 3), was bei der Anwendung des § 170 zu beachten ist. 3

IV. Schließung mangels Leistungsfähigkeit (S. 1)

Da mittlerweile nur noch bundesunmittelbare Ersatzkassen existieren, ist für deren Schließung das Bundesversicherungsamt gem. S. 1 iVm § 90 Abs. 1 S. 1, § 90a Abs. 1 Nr. 4 SGB IV zuständig. Die Schließungsvoraussetzung der **fehlenden dauerhaften Sicherung der Leistungsfähigkeit** wird genauso von § 146a S. 1 für die Schließung einer AOK vorausgesetzt (→ § 146a Rn. 5). Möglichkeiten zur Ab- 4

---

23 BVerwG, 25.6.2003, 6 P 1/03, BeckRS 2003, 23562. Vertiefend zu den Auswirkungen auf das Beschäftigungsverhältnis: Bieback, PersR 2000, 13 ff; Ruge/Maerker, ZTR 2007, 663 ff.
24 In diesem Sinne: Andelewski/Brachmann, NZA 2010, 1103, 1104 f; Vogt, KrV 2009, 170, 171 f; aA (zumindest analog): Bieback, PersR 2000, 13, 15 f.
1 BT-Dr. 17/8005, 122 f.

wendung einer Schließung bieten eine Vereinigung mit einer anderen Ersatzkasse nach § 168 a oder kassenübergreifend gem. § 171 a sowie finanzielle Hilfen gem. § 265 bzw. § 265 b. Von diesen vorgreiflichen Möglichkeiten abgesehen, hat die Aufsichtsbehörde angesichts der Formulierung des S. 1 kein Ermessen, ob die Kasse geschlossen wird.[2]

V. Schließungszeitpunkt (S. 2)

5 Nach S. 2 bestimmt die Aufsichtsbehörde nach pflichtgemäßem Ermessen[3] den Zeitpunkt, an dem die Schließung wirksam wird. Zum 1.1.2012 wurde durch Art. 1 Nr. 60 b GKV-VStG vom 22.12.2011 (BGBl. I, 2983) in S. 2 ein Mindestzeitraum von acht Wochen zwischen Schließung durch die Aufsichtsbehörde und dessen Wirksamwerden eingefügt, damit den Mitgliedern ausreichend Zeit für die Ausübung ihres Wahlrechtes (vgl. § 175) verbleibt.[4]

VI. Ergänzende Regelungen

6 Die betroffene Ersatzkasse ist gem. § 24 SGB X zu beteiligen.[5] Daneben sind die Regelungen des § 172 über die Vermeidung der Schließung (zum Verhältnis → § 172 Rn. 2) und des § 171 b im Falle der Insolvenz (zum Verhältnis → § 171 b Rn. 12) zu beachten.

VII. Rechtsschutz

7 Die Klagebefugnis der **Kasse** gegen eine Schließungsverfügung ist unstreitig. Demgegenüber haben die Gerichte, trotz der faktischen Konsequenzen der Schließung für die **Mitarbeiter** (→ § 171 Rn. 5 f.), deren Klagebefugnis zutreffend verneint, denn weder aus den Bestimmungen des SGB V noch aus Art. 9 und 12 Abs. 1 GG lässt sich ein Anspruch eines Beschäftigten herleiten, seinen Arbeitgeber vor hoheitlichen Maßnahmen zu schützen, um ein bestehendes Arbeitsverhältnis mit ihm auch tatsächlich fortsetzen zu können.[6] Auch für Versicherte der Kassen sind entsprechende Ansprüche auf Aufrechterhaltung der Mitgliedschaft gerade in der geschlossenen Kasse nicht ersichtlich.

§ 171 Auseinandersetzung, Abwicklung der Geschäfte, Haftung für Verpflichtungen

[1]Bei Schließung gelten die §§ 154, 155 Abs. 1 bis 3 und § 164 Abs. 2 bis 5 entsprechend mit der Maßgabe, dass § 164 Abs. 3 Satz 3 nur für Beschäftigte gilt, deren Arbeitsverhältnis nicht durch ordentliche Kündigung beendet werden kann. [2]Reicht das Vermögen einer geschlossenen Ersatzkasse nicht aus, um die Gläubiger zu befriedigen, gilt § 155 Abs. 4 Satz 4 bis 7 und Abs. 5 entsprechend.

Literatur:
Bohlen-Schöning, Rechtliche Stellung der Mitarbeiter bei Schließung oder Insolvenz einer Krankenkasse, KrV 2011, 85; *Gaßner/Hager*, Die Schließung von Krankenkassen wegen Überschuldung, NZS 2004, 632; *Grau/Sittard*, Die Schließung von Krankenkassen als arbeitsrechtlicher Problemfall, KrV 2012, 6; *Gutzeit*, Verfassungsfragen einer gesetzlichen Beendigung von Arbeitsverhältnissen bei der Schließung von (Betriebs)Krankenkassen, NZS 2012, 361 ff und 410 ff; *Hebeler*, Die Vereinigung, Auflösung und Schließung von Sozialversicherungsträgern, NZS 2008, 238; *Klimpe-Auerbach*, Die Schließung der City BKK und die katastrophalen Folgen für die Beschäftigten und Personalvertretungen, SozSich 2011, 270; *Wolter*, Kurzer Prozess mit den Arbeitnehmern gesetzlicher Krankenkassen bei Schließung nach SGB V? in: FS Bepler, 2012, 675.

I. Entstehungsgeschichte

1 Mit § 171 wurde durch Art. 1 GRG vom 20.12.1988 (BGBl. I, 2477) zum 1.1.1989 eine dem Recht der BKK und IKK entsprechende Regelung geschaffen (BT-Dr. 11/2237, 213). S. 1 wurde durch Art. 1

---

2 Baier in: Krauskopf, § 170 SGB V Rn. 5.
3 Baier in: Krauskopf, § 170 SGB V Rn. 7.
4 BT-Dr. 17/8005, 122 f.
5 Klose in: Sommer, § 170 Rn. 8.
6 BSG, 12.3.2013, B 1 11/12 R, NZS 2013, 581, 582 ff.; LSG Potsdam, 2.12.2011, L 9 KR 264/11 B ER, juris Rn. 5; LSG Hmb, 28.6.2012, L 1 KR 148/11, juris Rn. 35 ff.

Nr. 115, Art. 35 Abs. 6 GSG vom 21.12.1992 (BGBl. I, 2266) zum 1.1.1996 und durch Art. 1 Nr. 5 Buchst. a, Art. 7 Abs. 1 GKV-OrgWG vom 15.12.2008 (BGBl. I, 2426) zum 1.1.2009 geändert. Nach einer Neufassung des S. 2 zum 1.7.2008 durch Art. 1 Nr. 129, Art. 46 Abs. 9 GKV-WSG vom 26.3.2007 (BGBl. I, 378) wurde dieser Satz durch Art. 1 Nr. 5 Buchst. b, Art. 7 Abs. 1 GKV-OrgWG vom 15.12.2008 (BGBl. I, 2426) zum 1.1.2009 geändert. Der seit 1.1.2004 geltende S. 3 zur Regelung eines Haftungsfonds wurde durch Art. 1 Nr. 129, Art. 46 Abs. 9 GKV-WSG vom 26.3.2007 (BGBl. I, 378) zum 1.7.2008 aufgehoben.

II. Normzweck

§ 171 bezweckt eine dem Recht der BKK und IKK entsprechende Regelung der **Folgen einer Schließung** (§ 170) von einer Ersatzkasse.[1] Dazu werden die Folgen für die Beschäftigten und die vermögensrechtliche Haftung normiert. Eine Nachfolgeregelung für die Versicherten findet sich dort nicht, vielmehr müssen die Versicherten von ihrem Wahlrecht zwischen den Krankenkassen gem. §§ 173 bis 175 Gebrauch machen.[2]

III. Entfallen der Auseinandersetzung (S. 1 iVm § 154)

Früher ergab sich die Möglichkeit einer Auseinandersetzung des Vermögens der Ersatzkasse aus der Überschrift zu § 171 und der Verweisung in S. 1 auf die entsprechende Regelung über die Auseinandersetzung der BKK in § 154. Da mit der Einführung umfassender Kassenwahlrechte für alle Versicherten zum 1.1.1996 die bei Schließung vorhandenen Mitglieder keiner bestimmten Kasse mehr zugewiesen werden, sondern ihre Kasse gem. §§ 173–175 wählen, ist eine **Vermögensauseinandersetzung** mit der „Nachfolgekrankenkasse" nicht mehr möglich.[3] Da diese Überlegungen auch für die Ersatzkassen gelten und Verweisungen innerhalb desselben Gesetzes zumeist dynamisch auszulegen sind,[4] ist die Verweisung auf § 154 obsolet geworden.[5]

IV. Abwicklung der Geschäfte (S. 1 iVm § 155 Abs. 1 bis 3)

Aus der Verweisung in S. 1 auf § 155 Abs. 1 ergibt sich, dass grundsätzlich der **Vorstand** einer geschlossenen Ersatzkasse die Geschäfte abwickelt und die Ersatzkasse als fortbestehend gilt, soweit es der Zweck der Abwicklung erfordert.[6] Insoweit wurde auch dem Personalrat ein Restmandat zugebilligt.[7] Aus S. 1 iVm § 155 Abs. 2 ergeben sich die vom Vorstand vorzunehmenden Tätigkeiten. S. 1 iVm § 155 Abs. 3 regelt weiter die Verteilung von nach der Abwicklung verbleibendem Vermögen.

V. Personal (S. 1 iVm § 164 Abs. 2 bis 5)

Regelungen zum **Personal** der geschlossenen Ersatzkasse treffen S. 1 iVm § 164 Abs. 2 bis 5. Unberührt von der Schließung bleiben gem. § 164 Abs. 2 die Versorgungsansprüche der Versorgungsempfänger und ihrer Hinterbliebenen. Dafür haften die übrigen Ersatzkassen (vgl. S. 1 iVm § 164 Abs. 5 iVm § 155 Abs. 5).[8]

Da die Ersatzkassen keine dienstordnungsmäßigen Angestellten haben, läuft die Verweisung in S. 1 auf §§ 162 Abs. 2 bis 5 insoweit leer. Nur für die **nicht ordentlich kündbaren** Angestellte der Ersatzkasse gelten die in den §§ 162 Abs. 2 bis 5 für die übrigen Beschäftigten getroffenen Regelungen entsprechend (→ § 162 Rn. 2 iVm → § 152 Rn. 5). Für die **ordentlich kündbaren Beschäftigten** endet das Vertragsverhältnis nach der Gesetzesbegründung[9] mit der Schließung der Kasse. Die Details werden anhand der parallel formulierten Regelung in § 155 Abs. 4 S. 9 (iVm § 164 Abs. 4) im Zusammenhang

---

1 Vgl. BT-Dr. 11/2237, 213.
2 Hebeler, NZS 2008, 238, 242.
3 BT-Dr. 12/3608, 110.
4 Debus, Verweisungen in deutschen Rechtsnormen, S. 67.
5 Baier in: Krauskopf, § 171 SGB V Rn. 3.
6 Dazu Meydam, NZS 2000, 332, 336.
7 VGH Mannheim, 20.12.2011, PB 15 S 2128/11, NZS 2012, 381 f.
8 Thomas in: Müller (ua), SGB V Onlinekommentar, § 171 Rn. 5.
9 BT-Dr. 16/7274, 21.

mit der Schließung der City BKK noch sehr intensiv diskutiert,[10] insbesondere weil die Schließung nicht zur Aufstellung eines Sozialplans gem. § 75 Abs. 3 Nr. 13 BPersVG ermächtigt.[11]

VI. Haftung (S. 2)

7 Reicht das Vermögen der geschlossen Ersatzkasse nicht aus, richtet sich die Haftung gem. S. 2 nach den § 155 Abs. 4 S. 4 bis 7 und Abs. 5 entsprechend (→ § 155 Rn. 7). Kostenmäßig haben somit entsprechend § 155 Abs. 4 S. 4 aE primär die übrigen Ersatzkassen die Verpflichtungen zu erfüllen.[12] Die organisatorische Abwicklung der Haftung wurde dem GKV-Spitzenverband übertragen,[13] gegenüber dem die Forderungen nach S. 2 iVm § 155 Abs. 4 S. 5 geltend gemacht werden. Sind die Ersatzkassen zur Erfüllung dieser Verpflichtungen nicht in der Lage, macht der GKV-Spitzenverband den nicht gedeckten Betrag gem. S. 2 iVm § 155 Abs. 4 S. 6 bei allen anderen – außer den Landwirtschaftlichen – Krankenkassen geltend. Das Nähere zur Geltendmachung der Beträge regelt das BMG durch Rechtsverordnung nach § 171d Abs. 2 (→ § 171d Rn. 10ff.). Klagen gegen die Geltendmachung der Beträge und gegen ihre Vollstreckung haben gem. S. 2 iVm § 155 Abs. 4 S. 7 keine aufschiebende Wirkung.

8 Eine Sonderregelung für **Altschulden** einer aufgelösten Ersatzkasse enthält S. 2 iVm § 155 Abs. 5 (→ § 155 Rn. 10).

Achter Titel Kassenartenübergreifende Regelungen

§ 171a Kassenartenübergreifende Vereinigung von Krankenkassen

(1) [1]Die im Ersten bis Dritten und Siebten Titel dieses Abschnitts genannten Krankenkassen können sich auf Beschluss ihrer Verwaltungsräte mit den in diesen Titeln genannten Krankenkassen anderer Kassenarten vereinigen. [2]Der Beschluss bedarf der Genehmigung der vor der Vereinigung zuständigen Aufsichtsbehörden. [3]§ 144 Abs. 2 bis 4 gilt entsprechend mit der Maßgabe, dass dem Antrag auf Genehmigung auch eine Erklärung beizufügen ist, welche Kassenartzugehörigkeit aufrechterhalten bleiben soll. [4]Soll danach die neue Krankenkasse Mitglied des Verbandes werden, dem die an der Vereinigung beteiligte Krankenkasse mit der kleinsten Mitgliederzahl am Tag der Beantragung der Genehmigung angehört hat, kann dieser die Mitgliedschaft der neuen Krankenkasse gegenüber den Aufsichtsbehörden nach Satz 2 ablehnen, wenn auf Grund einer von der Aufsichtsbehörde dieses Verbandes durchgeführten Prüfung einvernehmlich festgestellt wird, dass hierdurch seine finanziellen Grundlagen gefährdet würden.

(2) [1]Die neue Krankenkasse hat für die Dauer von fünf Jahren nach dem Wirksamwerden der Vereinigung Zahlungsverpflichtungen auf Grund der Haftung nach Schließung einer Krankenkasse oder der Gewährung finanzieller Hilfen nach § 265a gegenüber den Verbänden zu erfüllen, denen gegenüber die an der Vereinigung beteiligten Krankenkassen ohne die Vereinigung zahlungspflichtig geworden wären. [2]§ 155 Abs. 5 gilt. [3]Die für die Ermittlung der Zahlungsverpflichtung maßgeblichen Größen sind auf die neue Krankenkasse unter Zugrundelegung des Verhältnisses anzuwenden, in dem diese Größen bei den an der Vereinigung beteiligten Krankenkassen am Tag der Stellung des Antrags auf Genehmigung der Vereinigung zueinander gestanden haben. [4]Die neue Krankenkasse hat den betroffenen Verbänden die für die Ermittlung der Höhe des Zahlungsanspruchs erforderlichen Angaben mitzuteilen. [5]Handelt es sich bei der neuen Krankenkasse um eine Betriebs- oder Ersatzkasse, gilt bei Schließung dieser Krankenkasse § 164 Abs. 2 bis 5 entsprechend.

Literatur:

Andelewski/Brachmann, Arbeitsrechtliche Fragestellungen bei Fusionen von Trägern der gesetzlichen Sozialversicherung, NZA 2010, 1103; *Bieback,* Fusion öffentlich-rechtlicher Körperschaften und § 613a BGB, PersR 2000, 13; *Eggert,* Krankenkassen und Kartellamt – Fusionskontrolle zum Schutz des Wettbewerbs in der GKV?, VSSR 2007, 338; *Gaßner/Ahrens,* Anwendbarkeit der Regeln der Fusionskontrolle des GWB bei

---

10 Vgl. dazu BAG, 21.11.2013, 2 AZR 966/12; LArbG Berlin-Brandenburg, 24.5.2012, 18 Sa 2605/11, juris Rn. 47ff. (Revision eingelegt unter Aktenzeichen 2 AZR 533/12); ArbG Berlin, 25.11.2011, 33 Ca 7824/11 (Voraussetzungen eines zumutbaren Angebotes und Folgen bei dessen fehlen); Bohlen-Schöning, KrV 2011, 85ff.; Grau/Sittard, KrV 2012, 6ff.; Klimpe-Auerbach, SozSich 2011, 270ff.; Wolter, FS Bepler, 675ff.
11 VGH Mannheim, 27.9.2011, PB 15 S 1026/11, BeckRS 2011, 55726.
12 Peters in: KassKomm, § 171 SGB V Rn. 4.
13 BT-Dr. 16/4247, 50.

der Vereinigung gesetzlicher Krankenkassen, SGb 2007, 528; *Grosse-Hornke/Gurk*, Die „weichen Faktoren" bei der Fusion werden häufig unterschätzt, KrV 2009, 270; *Hebeler*, Die Vereinigung, Auflösung und Schließung von Sozialversicherungsträgern, NZS 2008, 238; *M. Krasney*, Krankenkassenzusammenschlüsse und nationale Fusionskontrolle nach dem In-Kraft-Treten des GKV-WSG, NZS 2007, 574; *Lüngen/Henssen*, Fusionen in der GKV – Wenn, dann richtig!, KrV 2009, 330; *Meesters*, Kassenartenübergreifende Fusionen – Holz- oder Königsweg, ErsK 2006, 69; *Osterloh/Schmitt-Sausen*, Krankenkassenfusionen – Größer, stärker, mächtiger, DÄ 2010, A 367; *Roth*, Kartellrechtliche Aspekte der Gesundheitsreform nach deutschem und europäischem Recht, GRUR 2007, 645; *Ruge/Maerker*, Arbeits- und personalvertretungsrechtliche Aspekte bei der Vereinigung von Krankenkassen, ZTR 2007, 663; *Unterhuber/Zacher*, Big ist beautiful – (k)ein Erfolgsfaktor in der GKV!, Die BKK 2009, 426; *Vogt*, Fusionen in der gesetzlichen Krankenversicherung, KrV 2009, 170; *Waibel*, Vereinigung von Sozialversicherungsträgern, ZfS 2003, 225; *Weit*, Die kassenartenübergreifende Vereinigung gesetzlicher Krankenkassen nach § 171a SGB V, 2015.

I. Entstehungsgeschichte 1	6. Sonstige Regelungen (Abs. 1 S. 3 iVm § 144 Abs. 2 bis 3; § 172 und § 172a).. 10
II. Normzweck und europarechtlicher Kontext 2	7. Rechtsfolgen der Vereinigung (insbes. Abs. 1 S. 3 iVm § 144 Abs. 4) 11
III. Verfassungsrechtliche Vorgaben für die Vereinigung von Kassen........................ 4	V. Nachhaftung (Abs. 2) 13
IV. Voraussetzungen einer kassenartenübergreifenden Vereinigung (Abs. 1) 5	1. Verpflichtung der neuen Krankenkasse (Abs. 2 S. 1) 13
1. Vereinigungsberechtigte Kassen (Abs. 1 S. 1) 5	2. Geltung des § 155 Abs. 5 (Abs. 2 S. 2).. 16
2. Beschluss der Verwaltungsräte (Abs. 1 S. 1) 6	3. Ermittlung der Zahlungsverpflichtungen (Abs. 2 S. 3 und 4) 17
3. Genehmigung des Beschlusses (Abs. 1 S. 2) 7	4. Besonderheiten bei Betriebs- und Ersatzkassen (Abs. 2 S. 5 iVm § 164 Abs. 2–5) 18
4. Erklärung zur zukünftigen Kassenartzugehörigkeit (Abs. 1 S. 3) 8	
5. Ablehnung des Verbandes mit der kleinsten Mitgliederzahl (Abs. 1 S. 4)... 9	

I. Entstehungsgeschichte

Nach dem Entwurf von SPD und BÜNDNIS 90/DIE GRÜNEN (BT-Dr. 15/1170, 33, 114 f.) und Regelungen im Koalitionsvertrag zwischen CDU, CSU und SPD[1] wurde § 171a durch Art. 1 Nr. 130, 46 Abs. 1 GKV-WSG vom 26.3.2007 (BGBl. I, 378) zum 1.4.2007 fälschlicherweise im Siebten Titel Ersatzkassen eingefügt. Als Folgeänderung zur Eingliederung der See-Krankenkasse in die Deutsche Rentenversicherung Knappschaft-Bahn-See entfiel in Abs. 1 S. 1 durch Art. 5 Nr. 8, Art. 21 XII SG IV-ÄndG vom 19.12.2007 (BGBl. I, 3024) iVm Bek. vom 28.12.2007 (BGBl. I, 3305) die Anwendbarkeit für den aufgehobenen Vierten Titel (BT-Dr. 16/6986, 36). Mit Art. 1 Nr. 6 und 9 GKV-OrgWG vom 15.12.2008 (BGBl. I, 2426) wurde die zunächst fehlerhaft erfolgte Einführung im Siebten Titel Ersatzkassen korrigiert und die Überschrift „Achter Titel Kassenübergreifende Regelungen" vorangestellt. Durch Art. 1 Nr. 11 GK-FinG vom 22.12.2010 (BGBl. I, 2309) wurden in Abs. 1 S. 1 die Wörter „und diesem Titel" durch die Wörter „und Siebten Titel" ersetzt. Mit dieser redaktionellen Änderung wurde klargestellt, dass die Möglichkeit der freiwilligen Vereinigung auch über den 1.1.2010 hinaus die Ersatzkassen erfasst (BT-Dr. 17/3040, 26).

1

II. Normzweck und europarechtlicher Kontext

Die Möglichkeit der kassenartenübergreifenden Vereinigung gem. § 171a soll den durch die vergleichbaren Regelungen über eine freiwillige Vereinigung innerhalb einer Kassenart (AOK gem. § 144, BKK gem. § 150, IKK gem. § 160 Abs. 1 und Ersatzkassen gem. § 168a Abs. 1) eingeleiteten Prozess der **Bildung dauerhaft wettbewerbs- und leistungsfähiger Krankenkassen** und der Angleichung der Wettbewerbsebenen der Kassen beschleunigen, damit die Kassen die in den letzten Jahren vorgenommenen Aufgabenübertragungen und damit einhergehenden Anforderungen an die Verwaltung und die Organisation der Leistungserbringung bewältigen können.[2] Über die grundsätzliche Zulassung einer Verei-

2

---

1 Dazu Meesters, ErsK 2006, 69 f.
2 BT-Dr. 16/3100, 155 f. Ebenso vorwiegend die Chancen betonend: Lüngen/Henssen, KrV 2009, 330 ff.; Osterloh/Schmitt-Sausen, DÄ 2010, A 367 ff. Differenzierend Grosse-Hornke/Gurk, KrV 2009, 270 ff. Mehr auf die Risiken abstellend Unterhuber/Zacher, Die BKK 2009, 426 ff.

nigung hinaus bezweckt Abs. 1 eine rechtsklare Regelung für das Verfahren[3] und die Festlegung der künftigen Verbandszugehörigkeit sowie in Abs. 2 die Sicherstellung, dass sich eine Kasse durch eine kassenartenübergreifende Vereinigung nicht bestehenden oder drohenden Haftungsverpflichtungen entziehen kann.[4] Dabei bewirkt eine Vereinigung „eine umfassende öffentlich-rechtliche Rechtsnachfolge aus Anlass des vollständigen Übergangs der Zuständigkeiten mehrerer untergegangener Hoheitsträger auf einen neuen".[5] Subsidiär kann auf allgemeine Überlegungen der Gesamtrechtsfolge zurückgegriffen werden (→ § 168a Rn. 10). Ausgenommen ist die landwirtschaftliche Krankenkasse gem. § 17 Abs. 1 S. 3 KVLG 1989, weil sie nicht am Kassenwettbewerb teilnimmt.[6]

3 Das europäische Wettbewerbsrecht der Art. 101 ff. AEUV ist für Kassen nicht anwendbar, weil sie keine Unternehmen iSd Art. 101 AEUV sind, wenn sie als Träger eine Aufgabe mit ausschließlich sozialem Charakter erfüllen, die auf dem Grundsatz der Solidarität beruht und ohne Gewinnerzielungsabsicht ausgeübt wird.[7] Demgegenüber hat der nationale Gesetzgeber mit dem Mitte 2013 in Kraft getretenen § 172a die Zusammenschlusskontrolle nach dem GWB für anwendbar erklärt.

III. Verfassungsrechtliche Vorgaben für die Vereinigung von Kassen

4 Als verfassungsrechtliche Vorgabe für eine Vereinigung von Sozialversicherungsträgern verbleibt nach hM nur ein **institutioneller Gesetzesvorbehalt**, wonach die Voraussetzungen und Grenzen für die Veränderung der Organisationsform einer formell-gesetzlichen Grundlage bedürfen (→ § 168a Rn. 3).

IV. Voraussetzungen einer kassenartenübergreifenden Vereinigung (Abs. 1)

5 **1. Vereinigungsberechtigte Kassen (Abs. 1 S. 1).** Die im Ersten bis Dritten und Siebten Titel dieses Abschnitts genannten Kassen, dh die AOK, BKK, IKK und Ersatzkassen, können sich gem. Abs. 1 S. 1 mit diesen Kassen anderer Kassenarten vereinigen. Diese Vereinigungsmöglichkeiten gelten nicht für die Deutsche Rentenversicherung Knappschaft-Bahn-See, da in ihrem Rahmen die Krankenversicherung nicht von einer selbstständigen Kasse, sondern von einer unselbstständigen Abteilung dieses Rentenversicherungsträgers in einem Verwaltungsverbund durchgeführt wird, der alle Sozialversicherungszweige umfasst.[8] Sie gilt gem. § 17 Abs. 1 S. 3 KVLG 1989 auch nicht für die landwirtschaftliche Krankenkasse, weil aufgrund deren geltenden beitrags- und leistungsrechtlichen Besonderheiten eine Vereinigung mit Kassen anderer Kassenarten unter den gegebenen Bedingungen nicht ohne Weiteres möglich ist.[9]

6 **2. Beschluss der Verwaltungsräte (Abs. 1 S. 1).** Die Vereinigung der Kassen bedarf gem. Abs. 1 S. 1 – wie sich auch aus § 197 Abs. 1 Nr. 6 ergibt – eines Beschlusses des Verwaltungsrates. Dabei müssen alle Verwaltungsräte der beteiligten Kassen jeweils einen **deckungsgleichen Beschluss** fassen, der nach § 64 Abs. 2 SGB IV lediglich der einfachen Mehrheit bedarf, soweit keine abweichende Satzungsregelung getroffen worden ist.[10]

7 **3. Genehmigung des Beschlusses (Abs. 1 S. 2).** Nach dem Wortlaut des Abs. 1 S. 2 bedarf der Beschluss der Genehmigung der vor der Vereinigung zuständigen Aufsichtsbehörden (§§ 90, 90a SGB IV). Diese Genehmigung ist **Wirksamkeitsvoraussetzung** für die Vereinigung.[11] Sie ist Ausdruck eines staatlichen Mitwirkungsrechtes, welches nach Motivation und Ausgestaltung nicht Teil der allgemeine Staatsaufsicht, sondern Mitwirkung des Staates an Einzelmaßnahmen der Versicherungsträger

---

3 Zum Verfahren aus betriebswirtschaftlicher Sicht s. Lüngen/Henssen, KrV 2009, 330 ff.
4 Baier in: Krauskopf, § 171a SGB V Rn. 2.
5 BSG, 2.12.2004, B 12 KR 23/04 R, NJW 2005, 923, 924.
6 BT-Dr. 16/9559, 19.
7 EuGH, 16.3.2004, Rs. C-264/01 ua – AOK-Bundesverband ua, Slg 2004, I-2493 Rn. 46 ff.; BSG, 12.3.2013, B 1 A 2/12 R, juris Rn. 25; 22.6.2010, B 1 A 1/09 R, BSGE 106, 199, Rn. 23 ff.; LSG Darmstadt, 15.9.2011, L 1 KR 89/10 KL, juris Rn. 81; Mühlhausen in: Becker/Kingreen, § 171a Rn. 9; aM Kontusch, Wettbewerbsrelevantes Verhalten der Krankenkassen im Rahmen des deutschen und europäischen Wettbewerbs-, Kartell- und Verfassungsrechts, 2004, S. 289 f.
8 BT-Dr. 16/3100, 156.
9 BT-Dr. 16/3100, 156.
10 Weit, Die kassenartenübergreifende Vereinigung gesetzlicher Krankenkassen nach § 171a SGB V, 58; dagegen ohne nähere Begründung auf allgemeine Grundsätze und das BGB zurückgreifend Thomas in: Müller (ua), SGB V Onlinekommentar, § 171a Rn. 17.
11 Baier in: Krauskopf, § 144 SGB V Rn. 10; M. Krasney, NZS 2007, 574.

ist, so dass § 89 SGB IV keine Anwendung findet.[12] Sie ergeht durch einen rechtsgestaltenden Verwaltungsakt.[13] Während dabei nach zutreffender Ansicht[14] die Kontrollbefugnis der Aufsichtsbehörden auf die Rechtmäßigkeit der Vereinigung beschränkt wird, wird teilweise[15] die Kontrolle auf Aspekte der Zweckmäßigkeit erweitert. Gegen eine Zweckmäßigkeitskontrolle spricht, dass dadurch zu sehr in die Kernaufgaben der Selbstverwaltung eingegriffen werden würde, weshalb eine **reine Rechtskontrolle** vorzugswürdig ist.[16] Die Genehmigung kann im Klagewege von jeder beteiligten Kasse am jeweils zuständigen Sozialgericht erstritten werden.[17]

4. Erklärung zur zukünftigen Kassenartzugehörigkeit (Abs. 1 S. 3). In dem Antrag auf Genehmigung der Vereinigung haben die beteiligten Kassen gem. Abs. 1 S. 3 festzulegen, welche der bisher für diese Kassen bestehende Kassenartenzugehörigkeit aufrechterhalten bleiben soll. Nicht gewählt werden kann demnach eine Kassenart, der keine der an der Vereinigung beteiligten Kassen angehört hat. Damit wird festgelegt, welche organisationsrechtlichen Regelungen auf die Kasse Anwendung finden und welchem Verband die neue Kasse angehört, soweit eine Verbandszugehörigkeit von Kassen kraft Gesetzes vorgeschrieben ist.[18] Zur Entscheidung innerhalb der beteiligten Kassen ist gem. § 197 Abs. 1 Nr. 1 b der Verwaltungsrat der jeweiligen Kassen zuständig, weil es sich auch bei dieser Entscheidung – vor dem Hintergrund der Nachhaftung gem. Abs. 2 – um eine Grundlagenentscheidung handelt.[19] Die Erklärung über die Kassenartzugehörigkeit bedarf **keiner Genehmigung** durch Aufsichtsbehörden.[20]

5. Ablehnung des Verbandes mit der kleinsten Mitgliederzahl (Abs. 1 S. 4). In Abs. 1 S. 4 wird dem Verband, dem die an der Vereinigung beteiligte Kasse mit der kleinsten Mitgliederzahl am Tag der Beantragung der Genehmigung angehört hat, ein Ablehnungsrecht gegenüber der Zugehörigkeit der neuen Kasse zu diesem Verband eingeräumt, wenn aufgrund einer von der Aufsichtsbehörde dieses Verbandes durchgeführten Prüfung einvernehmlich festgestellt wird, dass hierdurch seine finanziellen Grundlagen gefährdet würden. Diese Regelung sollte verhindern, dass die Wahl des Verbands, dem die neue Kasse angehören sollte, zu dessen finanzieller Überforderung führt, solange wie die Verbandshaftung bestand, dh bis zum 31.12.2007,[21] jedoch trat die Aufhebung dieser Verbandshaftung (§ 155 Abs. 4 aF) erst zum 1.7.2008 aufgrund Art. 1 Nr. 124 lit. b, Art. 46 Abs. 9 GKV-WSG vom 26.3.2007 (BGBl. I, 378) in Kraft. Diese Regelung in Abs. 1 S. 4 ist mithin **heute bedeutungslos**.[22]

6. Sonstige Regelungen (Abs. 1 S. 3 iVm § 144 Abs. 2 bis 3; § 172 und § 172 a). Von der Besonderheit der Erklärung zur Kassenartzugehörigkeit (→ Rn. 8) und dem des Verbandes mit der kleinsten Mitgliederzahl abgesehen (→ Rn. 9) ist das **Verfahren** gem. Abs. 1 S. 3 grundsätzlich entsprechend dem Verfahren bei Vereinigung von Ortskrankenkassen gem. § 144 Abs. 2 bis 4 (→ § 144 Rn. 8 ff.) geregelt. Außerdem fordert § 172 Abs. 1 eine Verbändebeteiligung (→ § 172 Rn. 3 ff.) und der Mitte 2013 in Kraft getretene § 172 a erklärt die Zusammenschlusskontrolle nach dem GWB für anwendbar.

7. Rechtsfolgen der Vereinigung (insbes. Abs. 1 S. 3 iVm § 144 Abs. 4). Die Vereinigung stellt einen Sonderfall der Schließung dar (vgl. § 144 Abs. 4 S. 1).[23] Dabei gehen die Rechte und Pflichten der beteiligten Kassen im Wege einer **Gesamtrechtsnachfolge** über, unabhängig davon, ob sie zum Vereinigungszeitpunkt bekannt waren oder nicht.[24] Aufgrund der Gesamtrechtsnachfolge gehen auch Tarifangestellte auf die fusionierte Kasse über, denn ein Widerspruchsrecht der Beschäftigten nach § 613 a BGB setzt einen rechtsgeschäftlichen Betriebsübergang voraus, der bei der Vereinigung von Kassen nicht vorliegt.[25]

---

12 Engelhard in: Hauck/Noftz, SGB V, § 171 a Rn. 23.
13 Weit, Die kassenartenübergreifende Vereinigung gesetzlicher Krankenkassen nach § 171 a SGB V, 82 mN.
14 Brall in: Sodan, HdB KrVersR, § 32 Rn. 50 b; Hähnlein in: LPK-SGB V, § 144 Rn. 7; Waibel, ZfS 2003, 225, 230.
15 Weit, Die kassenartenübergreifende Vereinigung gesetzlicher Krankenkassen nach § 171 a SGB V, 77 ff. mN.
16 Brall in: Sodan, HdB KrVersR, § 32 Rn. 50 b.
17 Engelhard in: Hauck/Noftz, SGB V, § 171 a Rn. 34.
18 BT-Dr. 16/3100, 156.
19 Thomas in: Müller (ua), SGB V Onlinekommentar, § 171 a Rn. 30.
20 Baier in: Krauskopf, SGB V, § 171 a Rn. 12.
21 BT-Dr. 16/3100, 156.
22 Weit, Die kassenartenübergreifende Vereinigung gesetzlicher Krankenkassen nach § 171 a SGB V, 75.
23 Hebeler, NZS 2008, 238, 242.
24 Baier in: Krauskopf, § 144 SGB V Rn. 29; Brall in: Sodan, HdB KrVersR, § 32 Rn. 52.
25 Andelewski/Brachmann, NZA 2010, 1103, 1104 f; Brall in: Sodan, HdB KrVersR, § 32 Rn. 52; Vogt, KrV 2009, 170, 172; aA (zumindest analog): Bieback, PersR 2000, 13, 15 f.

12 War an der Vereinigung eine **BKK** oder **IKK** beteiligt und gehört die aus der Vereinigung hervorgegangene Kasse einem Verband der BKK oder IKK an, ist gem. § 173 Abs. 7 die neue Kasse auch für diejenigen wählbar, die ein Wahlrecht zu der BKK oder IKK gehabt hätten, wenn deren Satzung vor der Vereinigung eine Regelung nach § 173 Abs. 2 S. 1 Nr. 4 enthalten hätte (→ § 173 Rn. 10 ff.). Bei einer kassenübergreifenden Vereinigung mit einer Ersatzkasse verlieren diese ihre Besonderheit der alleinigen Besetzung der Selbstverwaltungsorgane aus Vertretern der Versicherten, so dass sich danach die Vertretungsorgane auch paritätisch aus Vertretern der Versicherten und Arbeitgeber zusammensetzen (§ 44 Abs. 1 Nr. 1, 3 SGB IV).

V. Nachhaftung (Abs. 2)

13 **1. Verpflichtung der neuen Krankenkasse (Abs. 2 S. 1).** Die neue Kasse haftet gem. Abs. 2 S. 1 für die Dauer von 5 Jahren nach dem Wirksamwerden der Vereinigung für bestimmte Zahlungsverpflichtungen gegenüber den Verbänden, denen gegenüber die an der Vereinigung beteiligten Kassen ohne die Vereinigung zahlungspflichtig geworden wären. Diese Regelung soll verhindern, dass das Recht zur Wahl des zuständigen Verbands dazu genutzt werden kann, sich der aus der bisherigen Verbandsmitgliedschaft resultierenden Verpflichtungen zu entziehen, um sicherzustellen, dass diese Verbände auch nach dem Ausscheiden der an der Vereinigung beteiligten Kassen in der Lage bleiben, ihren Zahlungsverpflichtungen nachzukommen.[26] Allerdings findet gegenüber dem neuen Verband eine Aufteilung nach ehemaliger Zugehörigkeit nicht statt, so dass man hier von einer **Doppelbelastung** der vereinigten Kasse sprechen kann.[27]

14 Die **Nachhaftungsfrist** der an einer kassenartenübergreifenden Vereinigung beteiligten Kassen wurde im Gesetzgebungsverfahren von 3 auf 5 Jahre verlängert, wodurch es den betroffenen Kassen weiter erschwert werden sollte, sich durch eine kassenartenübergreifende Vereinigung bestehenden oder drohenden Haftungsverpflichtungen zu entziehen.[28] Diese 5-Jahresfrist beginnt mit dem Wirksamwerden der Vereinigung, also wenn die Genehmigung der Vereinigung nach den allgemeinen Regeln über die Bekanntgabe für Verwaltungsakte (§ 37 SGB X) wirksam geworden ist.[29] Für eine Haftung ist der Zeitpunkt der Schließung der Mitgliedskasse des Verbandes und bei Verbandsumlagen zur Finanzierung von Hilfen nach § 265 a das Entstehen der Zahlungspflicht maßgebend, während der (zufällige) Zeitpunkt des Geltendmachens des Zahlungsanspruchs des Verbands unerheblich ist.[30]

15 Der **Haftungsumfang** schließt die Zahlungsverpflichtungen aufgrund der Haftung nach Schließung einer Kasse oder der Gewährung finanzieller Hilfen nach § 265 a gegenüber den Verbänden ein. Als Beispiel für die erste Variante nennt die Gesetzesbegründung[31] die aus der bisherigen Verbandsmitgliedschaft resultierenden Verpflichtungen, wie etwa Haftungsverpflichtungen (§ 155 Abs. 4, § 164 Abs. 1). Soweit die Haftungsregelungen unvollständig sind, werden die gesellschaftsrechtlichen Regelungen über die persönliche Haftung eines ausscheidenden Gesellschafters als Anhalt vorgeschlagen.[32]

16 **2. Geltung des § 155 Abs. 5 (Abs. 2 S. 2).** „§ 155 Abs. 5 gilt" gem. Abs. 2 S. 2. Als § 171 a durch Art. 1 Nr. 130, 46 Abs. 1 GKV-WSG vom 26.3.2007 (BGBl. I, 378) zum 1.4.2007 eingefügt wurde, enthielt § 155 Abs. 5 noch Regelungen zur Bildung eines Haftungsfonds. Zum 1.7.2008 wurde die Regelung in § 155 Abs. 5 aufgrund Art. 1 Nr. 124 lit. c, Art. 46 Abs. 9 GK-WSG vom 26.3.2007 (BGBl. I, 378) durch eine neue Haftungsregelung ersetzt. Bei dem neuen § 155 Abs. 5 handelt es sich um eine Sonderregelung zur Haftung für Schulden einer aufgelösten oder geschlossenen BKK, die schon vor dem 1.1.2008 bestanden haben,[33] so dass die Regelung **nunmehr gegenstandslos** geworden ist.[34]

17 **3. Ermittlung der Zahlungsverpflichtungen (Abs. 2 S. 3 und 4).** Für die Ermittlung der Zahlungsverpflichtungen sind die maßgeblichen Größen anhand Abs. 2 S. 3 auf der Basis der nach S. 4 von der neuen Krankenkasse mitzuteilenden Angaben zu bestimmen. Danach sind für die Berechnung der Höhe der Zahlungsansprüche die jeweiligen aktuellen Parameter der neuen Kasse, wie etwa **Zahl der**

---

26 BT-Dr. 16/3100, 156.
27 Thomas in: Müller (ua), SGB V Onlinekommentar, § 171 a Rn. 40.
28 BT-Dr. 16/4247, 50.
29 Engelhard in: Hauck/Noftz, SGB V, § 171 a Rn. 46.
30 Baier in: Krauskopf, § 171 a SGB V Rn. 18.
31 BT-Dr. 16/3100, 156.
32 Thomas in: Müller (ua), SGB V Onlinekommentar, § 171 a Rn. 44 ff.
33 BT-Dr. 16/3100, 155.
34 Hänlein in: LPK-SGB V, § 171 a Rn. 4; vgl. auch Weit, Die kassenartenübergreifende Vereinigung gesetzlicher Krankenkassen nach § 171 a SGB V, 143.

Mitglieder oder Höhe der beitragspflichtigen Einnahmen ihrer Mitglieder, in dem Verhältnis aufzuteilen, in dem sie bei den an der Vereinigung beteiligten Kassen am Tag der Stellung des Antrags auf Genehmigung der Vereinigung zueinander gestanden haben.[35]

4. **Besonderheiten bei Betriebs- und Ersatzkassen (Abs. 2 S. 5 iVm § 164 Abs. 2–5).** Nach Abs. 2 S. 5 gelten für BKK oder Ersatzkassen die Regelungen zur Sicherung der Dienstordnungsangestellten bei Schließung einer IKK gem. § 164 Abs. 2 bis 5 (→ § 164 Rn. 5) durch die vereinigte Kasse entsprechend.

§ 171 b Insolvenz von Krankenkassen

(1) [1]Vom 1. Januar 2010 an findet § 12 Abs. 1 Nr. 2 der Insolvenzordnung auf Krankenkassen keine Anwendung. [2]Von diesem Zeitpunkt an gilt die Insolvenzordnung für die Krankenkassen nach Maßgabe der nachfolgenden Absätze.

(2) [1]Wird eine Krankenkasse zahlungsunfähig oder ist sie voraussichtlich nicht in der Lage, die bestehenden Zahlungspflichten im Zeitpunkt der Fälligkeit zu erfüllen (drohende Zahlungsunfähigkeit), oder tritt Überschuldung ein, hat der Vorstand der Krankenkasse dies der zuständigen Aufsichtsbehörde unter Beifügung aussagefähiger Unterlagen unverzüglich anzuzeigen. [2]Verbindlichkeiten der Krankenkasse, für die nach § 171 d Abs. 1 der Spitzenverband Bund der Krankenkassen haftet, sind bei der Feststellung der Überschuldung nicht zu berücksichtigen.

(3) [1]Der Antrag auf Eröffnung des Insolvenzverfahrens über das Vermögen der Krankenkasse kann nur von der Aufsichtsbehörde gestellt werden. [2]Liegen zugleich die Voraussetzungen für eine Schließung wegen auf Dauer nicht mehr gesicherter Leistungsfähigkeit vor, soll die Aufsichtsbehörde anstelle des Antrages nach Satz 1 die Krankenkasse schließen. [3]Stellt die Aufsichtsbehörde den Antrag nach Satz 1 nicht innerhalb von drei Monaten nach Eingang der in Absatz 2 Satz 1 genannten Anzeige, ist die spätere Stellung eines Insolvenzantrages so lange ausgeschlossen, wie der Insolvenzgrund, der zu der Anzeige geführt hat, fortbesteht. [4]§ 155 Absatz 2 Satz 5 bis 7 gilt entsprechend, wenn die Aufsichtsbehörde den Antrag auf Eröffnung des Insolvenzverfahrens gestellt hat.

(4) [1]Die Aufsichtsbehörde hat den Spitzenverband Bund der Krankenkassen unverzüglich über die Anzeige nach Absatz 2 Satz 1 und die Antragstellung nach Absatz 3 Satz 1 zu unterrichten. [2]Der Spitzenverband Bund der Krankenkassen unterrichtet hierüber unverzüglich die Krankenkassen derselben Kassenart oder deren Landesverbände. [3]Vor der Bestellung des Insolvenzverwalters hat das Insolvenzgericht die Aufsichtsbehörde zu hören. [4]Der Aufsichtsbehörde ist der Eröffnungsbeschluss gesondert zuzustellen. [5]Die Aufsichtsbehörde und der Spitzenverband Bund der Krankenkassen können jederzeit vom Insolvenzgericht und dem Insolvenzverwalter Auskünfte über den Stand des Verfahrens verlangen.

(5) Mit dem Tag der Eröffnung des Insolvenzverfahrens oder dem Tag der Rechtskraft des Beschlusses, durch den die Eröffnung des Insolvenzverfahrens mangels Masse abgelehnt worden ist, ist die Krankenkasse geschlossen mit der Maßgabe, dass die Abwicklung der Geschäfte der Krankenkasse im Fall der Eröffnung des Insolvenzverfahrens nach den Vorschriften der Insolvenzordnung erfolgt.

(6) [1]Zum Vermögen einer Krankenkasse gehören die Betriebsmittel, die Rücklage und das Verwaltungsvermögen. [2]Abweichend von § 260 Abs. 2 Satz 2 bleiben die Beitragsforderungen der Krankenkasse außer Betracht, soweit sie dem Gesundheitsfonds als Sondervermögen zufließen.

(7) Für die bis zum 31. Dezember 2009 entstandenen Wertguthaben aus Altersteilzeitvereinbarungen sind die Verpflichtungen nach § 8 a des Altersteilzeitgesetzes vollständig spätestens ab dem 1. Januar 2015 zu erfüllen.

Literatur:
Bohlen-Schöning, Krankenkasse in Finanznot, KrV 2009, 289; Bohlen-Schöning, Rechtliche Stellung der Mitarbeiter bei Schließung oder Insolvenz einer Krankenkasse, KrV 2011, 85; Bultmann, Die Insolvenzfähigkeit gesetzlicher Krankenkassen nach dem GKV-OrgWG, MedR 2009, 25; Fuchs, Die Auflösung und Abwicklung gesetzlicher Krankenkassen im Spannungsfeld zwischen dem SGB V und der Insolvenzordnung, 2016; Füsser, Das GKV-OrgWG – Inhalte und Motive, SGb 2009, 126; Gaßner, Neuregelung des Insolvenzrechts der Krankenkassen, GesR 2009, 121; Heberlein, Die Insolvenz der Krankenkassen aus der

---

35 BT-Dr. 16/3100, 156.

Sicht der Versicherten – ein verfehltes Paradigma, GesR 2009, 141; *Heeg/Kehbel,* Risiken und Nebenwirkungen der Gesundheitsreform: Droht die Insolvenz von gesetzlichen Krankenkassen?, ZIP 2009, 302; *Helstelä,* Maßnahmen zur Vermeidung von Schließung oder Insolvenz von Krankenkassen aus Sicht des GKV-Spitzenverbandes, in: Pitschas (Hrsg.), Kassenwettbewerb und Insolvenz, 2010, 41; *Hoffmann,* Die Insolvenzproblematik aus Sicht der Kassenärztlichen Vereinigungen, GesR 2009, 135; *Holzer,* Die Insolvenzfähigkeit von Krankenkassen, InsbürO 2009, 11; *Klimpe-Auerbach,* Die Schließung der City BKK und die katastrophalen Folgen für die Beschäftigten und Personalvertretungen, SozSich 2011, 270; *Kollbach,* Kasseninsolvenz mit Quotengarantie von 100 % – warum?, ZInsO 2011, 956; *Leopold,* Die erste gesetzliche Krankenkasse ist insolvent, WzS 2011, 183; *Lundberg/Sänger,* Krankenkassen und Insolvenz – Überblick über die neue Gesetzeslage, ZInsO 2010, 1211; *dies.,* Krankenkassen und Insolvenz – Aufgaben und Pflichten für Vorstände, ZInsO 2010, 1905; *dies.,* Die Insolvenz von Krankenkassen – gesetzliche Regelung trifft Wirklichkeit, ZInsO 2012, 1556; *M. Krasney,* Das Insolvenzrecht und gesetzliche Krankenkassen, NZS 2010, 443; *Minn,* Insolvenzgesetz: Massiver Eingriff in den Wettbewerb, ErsK 2008, 228; *Pfohl/Sichert/ Otto,* Die Pflicht zur Anzeige bei Insolvenz (§ 171 b Abs. 2 SGB V) – Bestand, Mangel und Folgen der Erklärung des Vorstands der Krankenkasse – NZS 2011, 8; *Pier,* Maßnahmen zur Vermeidung von Schließung oder Insolvenz von Krankenkassen aus Sicht der Aufsicht, in: Pitschas (Hrsg.), Kassenwettbewerb und Insolvenz, 2010, 29; *Scholz/Buchner,* Verfassungsrechtliche Grenzen der Insolvenz gesetzlicher Krankenkassen, ErsK 2006, 473; *Steinmeyer,* Krankenkassen zwischen Sozialrecht, Haftung und Insolvenz, NZS 2008, 393; *Stuppardt,* Maßnahmen zur Vermeidung von Schließung oder Insolvenz von Krankenkassen aus Sicht der Krankenkassen, in: Pitschas (Hrsg.), Kassenwettbewerb und Insolvenz, 2010, 47; *Uwer,* Der rechtliche Rahmen der Insolvenz von Krankenkassen, GesR 2009, 113; *Vieß,* Krankenkassen zwischen Schließung, Haftung und Insolvenz – die zentralen Elemente des „Gesetzes zur Weiterentwicklung der Organisationsstrukturen in der gesetzlichen Krankenversicherung (GKV-OrgWG)" aus Sicht des Bundesministeriums für Gesundheit, in: Pitschas (Hrsg.), Kassenwettbewerb und Insolvenz, 2010, 13; *Vöcking,* Beiträge zur Insolvenzproblematik – aus Sicht der Beteiligten und Betroffenen, GesR 2009, 138; *Werner,* Schließung und Insolvenz gesetzlicher Krankenkassen, 2016.

I. Entstehungsgeschichte........................ 1	VII. Informations-, Anhörungs- und Auskunftspflichten (Abs. 4) 15
II. Normzweck................................ 2	VIII. Schließung der Krankenkasse mit Abwicklung nach InsO (Abs. 5) 20
III. Verfassungsrechtliche Grenzen für die Insolvenzfähigkeit von Krankenkassen...... 4	IX. Vermögen einer Krankenkasse (Abs. 6) 23
IV. Modifizierte Anwendung der InsO auf Krankenkassen (Abs. 1) 5	X. Übergangsregelung zur Sicherung von Alersteilzeitwertguthaben (Abs. 7) 25
V. Anzeigepflicht bei drohender Zahlungsunfähigkeit oder Überschuldung (Abs. 2)...... 7	
VI. Schließung oder subsidiär Antrag auf Eröffnung des Insolvenzverfahrens (Abs. 3) 11	

I. Entstehungsgeschichte

1   Über einzelne Ortskrankenkassen waren vor dem Zweiten Weltkrieg Konkursverfahren eröffnet worden.[1] Im SGB V wurden zunächst die Schließungsmöglichkeiten durch die Aufsichtsbehörden gem. §§ 146a, 153, 163 bzw. 170 geregelt. Für Krankenkassen galten grds. die Konkursordnung[2] und später die InsO. Durch die Freistellung vom Insolvenzverfahren gem. § 12 Abs. 1 Nr. 2 InsO iVm Landesrecht hatten die freigestellten landesunmittelbaren Kassen einen Wettbewerbsvorteil, weil sie dadurch von der Umlage- und Beitragspflicht für Insolvenzgeld und betriebliche Altersversorgungsansprüche gem. § 358 Abs. 1 S. 2 SGB III bzw. § 17 Abs. 2 BetrAVG befreit waren. Stattdessen hätte bei deren Insolvenz gem. § 12 Abs. 2 InsO das Land für diese gehaftet.[3] Diesem Haftungsrisiko standen schwindende Einflussmöglichkeiten der Länder und die Ungleichbehandlung mit bundesunmittelbaren, insolvenzfähigen Kassen gegenüber, die nahe der insolvenzrechtlichen Überschuldung gem. § 19 Abs. 2 InsO waren.[4] Bereits im Entwurf zum GKV-WSG war die Anordnung der Insolvenzfähigkeit der Kassen vorgesehen, um die bundes- und landesunmittelbaren Kassen im Wettbewerb gleich zu behandeln (vgl. BT-Dr. 16/3100, 156 f). Aufgrund verfassungsrechtlicher Bedenken und weiterer offener Fragen wurde dies jedoch zunächst nicht im Detail ausgearbeitet (vgl. BR-Dr. 755/1/06, 78; BT-Dr. 16/4247,

---

[1] Dazu v. Lewinski, Öffentlichrechtliche Insolvenz und Staatsbankrott, 178.
[2] BSG, 1.6.1978, 12 RK 16/77, SozR 4100 § 186c Nr. 3 für Ersatzkassen; BVerwG, 14.11.1985, 3 C 44/83, NJW 1987, 793 = BVerwGE 72, 212 für AOK.
[3] Zum damaligen Rechtsstand zB Gaßner, GesR 2009, 121, 124 ff.
[4] Dazu Vieß, Sicht des Bundesministeriums für Gesundheit in: Pitschas, 13, 14 ff.

50). Zum 1.4.2007 wurde vielmehr mit § 171 b durch Art. 1 Nr. 131, Art. 46 Abs. 1 GKV-WSG vom 26.3.2007 (BGBl. I, 378) nur eine Regelung zur Bildung eines Kapitalstocks und eine Ankündigung der Geltung der InsO für alle Kassen zum Zeitpunkt des Inkrafttretens des Gesundheitsfonds eingeführt (vgl. BT-Dr. 16/3100, 156).[5] Das Insolvenzrecht der Kassen erhielt zum 1.1.2010 eine erweiterte Neufassung (vgl. BT-Dr. 16/9559, 19 f.; 16/10070, 4 ff., 15 f.) durch Art. 1 Nr. 7 GKV-OrgWG vom 15.12.2008 (BGBl. I, 2426). Ebenfalls zum 1.1.2010 wurde Abs. 7 angefügt durch Art. 1 Nr. 1, Art. 14 Abs. 2 Gesetz zur Änderung krankenversicherungsrechtlicher und anderer Vorschriften vom 24.7.2010 (BGBl. I, 983), um eine Übergangsregelung zu schaffen, die den Kassen einen zeitlich gestreckten Aufbau der vollständigen Insolvenzsicherung von Altersteilzeitkonten erlaubt (BT-Dr. 17/1297, 15). Schließlich traten zum 1.1.2012 aufgrund Art. 1 Nr. 61, Art. 15 Abs. 1 GKV-VStG vom 22.12.2011 (BGBl. I, 2983) noch folgende Änderungen ein: In Abs. 3 wurde S. 4 angefügt. In Abs. 4 wurden nach dem Wort „über" in S. 1 die Wörter „die Anzeige nach Absatz 2 Satz 1 und" eingefügt sowie S. 2 ergänzt (vgl. BT-Dr. 17/6906, 94, 17/8005, 123).

II. Normzweck

§ 171 b dient der Herstellung eines einheitlichen Insolvenzrechts für grds. (→ Rn. 5) alle Krankenkassen. Dazu enthalten Abs. 1 eine Verweisung auf die InsO und Abs. 2 bis 6 Sonderregelungen für die Kassen, die aufgrund der Besonderheiten der GKV erforderlich sind.[6] Dabei hat der Vorstand der Kasse Zahlungsunfähigkeit, drohende Zahlungsunfähigkeit oder Überschuldung gem. Abs. 2 der Aufsichtsbehörde (§§ 90, 90 a SGB IV) anzuzeigen. Dadurch wird – in Abweichung von der InsO – eine Zwischenschritt eingeführt, weil gem. Abs. 3 S. 1 der Antrag auf Eröffnung des Insolvenzverfahrens nur von der Aufsichtsbehörde gestellt werden kann. Außerdem ist die Insolvenz gem. Abs. 3 S. 2 gegenüber der Schließung subsidiär und richtet sich im Übrigen nach Abs. 3 S. 3 bis 5. Informations-, Anhörungs- und Auskunftspflichten zwischen Aufsichtsbehörde, GKV-Spitzenverband (§ 217 a), Landesverbänden, Krankenkassen und dem Insolvenzgericht enthält Abs. 4. Die Schließung der Kasse nach einem Insolvenzantrag regelt Abs. 5. Außerdem enthält Abs. 6 die Vermögensdefinition. Dabei dient Abs. 7 einer Übergangsregelung für bis zum 31.12.2009 entstandenen Wertguthaben aus Altersteilzeitvereinbarungen im Zusammenspiel mit § 171 d Abs. 1 und 1 a.

Flankierend dienen die durch das GKV-OrgWG[7] neugefassten § 171 b und § 172 und die angefügten §§ 171 c–f ebenso wie weitere Präventivmaßnahmen (finanzielle Hilfen zur Vermeidung der Schließung oder Insolvenz einer Krankenkasse gem. § 265 a, freiwillige finanzielle Hilfen gem. § 265 b sowie Rechnungslegung nach handelsrechtlichen Grundsätzen gem. § 77 Abs. 1 a SGB IV) der Vermeidung von Kassenschließungen oder -insolvenzen.[8] Außerdem bestimmt § 220 seit 1.1.2012 explizit, dass Darlehensaufnahmen nicht zulässig sind.[9] Als Präventionsmaßnahme wäre ein effektives Finanzcontrolling (zB durch den GKV-Spitzenverband) für alle Kassen wünschenswert.[10] Angesichts des Vorrangs der Schließung vor der Insolvenz gem. Abs. 3 S. 2 dürften die Regelungen über die Insolvenz praktisch relativ bedeutungslos sein.[11]

III. Verfassungsrechtliche Grenzen für die Insolvenzfähigkeit von Krankenkassen

Als verfassungsrechtliche Vorgabe für Organisationsmaßnahmen ist ein institutioneller Gesetzesvorbehalt zu beachten, dh deren Voraussetzungen und Grenzen bedürfen einer formell-gesetzlichen Grundlage (→ § 168 a Rn. 3), was mit den §§ 171 b–172 erfolgte. Den Bund trifft weiter eine Funktionsgewährleistungsverantwortung für das Krankenversicherungssystem gem. Art. 120 Abs. 1 S. 4 GG (→ § 168 a Rn. 3). Anders als bei privaten Wirtschaftsunternehmen sind Krankenkassen Ansprüchen von Versicherten und Leistungserbringern ausgesetzt, die aus verfassungsrechtlichen Gründen (insbes. Sozialstaatsprinzip und Schutzpflicht des Staates für Leben und Gesundheit aus Art. 2 Abs. 2 GG) in jedem Fall erfüllt werden müssen.[12] Auch stellt es einen Eingriff in den Schutzbereich der Eigentumsge-

---

5 Zum damaligen Rechtsstand zB Steinmeyer, NZS 2008, 393 ff.
6 BT-Dr. 16/9559, 20.
7 Dazu BT-Dr. 16/9559, 16 f.
8 Dazu Vieß, Sicht des Bundesministeriums für Gesundheit in: Pitschas, 13, 19 ff.
9 Zum Kreditverbot bereits davor BSG, 3.3.2009, B 1 A 1/08 R, BSGE 102, 281 Rn. 19 ff.
10 Pier, Sicht der Aufsicht in: Pitschas, 29, 34.
11 In diesem Sinne auch: Füsser, SGb 2009, 126, 128; Vieß, Sicht des Bundesministeriums für Gesundheit in: Pitschas, 13 f.
12 Vieß, Sicht des Bundesministeriums für Gesundheit in: Pitschas, 13, 17 f. mwN.

währleistung (Art. 14 GG) dar, wenn Versicherten, die durch ihre Beitragsleistungen einen Anspruch auf Leistungen erworben haben, diese Rechte durch eine Insolvenz nachträglich entzogen würden.[13] Deswegen wurde teilweise in der Literatur der generelle Ausschluss der Insolvenzfähigkeit angenommen, weil die Regelungen der InsO keine hinreichende Sicherheit für die Erfüllung verfassungsrechtlicher Verpflichtungen gewährleiste und weil die Mitgliedschaftsverhältnisse fortbestünden und das Interesse der Gläubiger an der Vermögensverwertung mit denen der gesetzlichen Pflichten des Vorstandes kollidieren würden.[14] Haftungsfälle durch Schließung, insbes. aber durch Insolvenz stellen dann eine Gefahr für das GKV-System dar, wenn sie eine Vertrauenskrise verursachen.[15] Daher waren bei Einführung der Insolvenzfähigkeit der Krankenkassen umfangreiche Begleitregelungen (→ Rn. 1) erforderlich, um den verfassungsrechtlichen Bedenken Rechnung zu tragen.[16] Auch wurden nach Schwierigkeiten mit dem Kassenwechsel bei einer Kassenschließung mittlerweile Erleichterungen durch § 175 Abs. 3a (→ § 175 Rn. 19 ff.) herbeigeführt. Damit dürfte bei der Anwendung der §§ 171b bis 172 den verfassungsrechtlichen Anforderungen genügt werden können.

IV. Modifizierte Anwendung der InsO auf Krankenkassen (Abs. 1)

5   Vom 1.1.2010 an findet gem. Abs. 1 S. 2 die InsO auf Krankenkassen Anwendung. Dies gilt jedoch nicht für die **landwirtschaftliche Krankenkasse** (→ § 171a Rn. 2) und auch nicht für die **Deutsche Rentenversicherung Knappschaft-Bahn-See**. Letztere Krankenkasse ist organisatorisch nur eine unselbstständige Abteilung des Rentenversicherungsträgers, für welche der Bund gem. § 214 Abs. 1 SGB VI eine unbeschränkte Liquiditätshilfe leistet (Bundesgarantie), so dass sie nicht tauglicher Adressat von gesetzlichen Regelungen über die Insolvenz von Krankenkassen sein kann.[17] Dies führt allerdings zu Verzerrung des GKV-Mitgliederwettbewerbs.[18]

6   Nach Abs. 1 S. 1 kann seit 1.1.2010 nicht mehr abweichend von § 12 Abs. 1 Nr. 2 InsO iVm Landesrecht bestimmt werden, dass landesunmittelbare Krankenkassen insolvenzunfähig sind (→ Rn. 1). Weitere Modifizierungen gegenüber der InsO ergeben sich aus Abs. 2-7 sowie §§ 171c-172. Nichtsdestoweniger verbleiben bei der Anwendung von insolvenzrechtlichen Regelungen auf Krankenkassen weitreichende **Schnittstellenprobleme**, die bei der Anwendung im Einzelfall die sorgfältige Abgrenzung von sozialrechtlichen Handlungs- und Systemvorgaben (zB verfassungsrechtliche Vorgaben, Verhaltensrechte und -pflichten von Mitgliedern und Organen, Sachleistungsprinzip) gegenüber dem Insolvenzrecht (Prinzip der bestmöglichen, gleichen Gläubigerbefriedigung) erfordern.[19] Fraglich ist bspw., inwieweit das Recht des Insolvenzverwalters gem. § 103 Abs. 1 InsO zu wählen, ob er die im Zeitpunkt der Insolvenzeröffnung noch nicht vollständig abgewickelten, gegenseitigen Verträge erfüllt, sich allein am Interesse der bestmöglichen Befriedigung der Insolvenzgläubiger oder am Interesse der Mitglieder orientiert.[20] Vereinzelt wird die Insolvenzmöglichkeit insgesamt kritisiert.[21]

V. Anzeigepflicht bei drohender Zahlungsunfähigkeit oder Überschuldung (Abs. 2)

7   Wird eine Krankenkasse zahlungsunfähig (→ Rn. 8), droht deren Zahlungsunfähigkeit (→ Rn. 9), oder tritt Überschuldung (→ Rn. 10) ein, hat deren Vorstand dies der zuständigen Aufsichtsbehörde (vgl. §§ 90, 90a SGB IV) unter Beifügung aussagefähiger Unterlagen unverzüglich (vgl. § 121 Abs. 1 S. 1 BGB) anzuzeigen.[22] Erforderlich ist dazu die positive Kenntnis des Vorstands vom Vorliegen eines Insolvenzgrundes.[23] Weitere als die in Abs. 2 genannten Adressaten braucht, anders als vom Bundesrat[24] vorgeschlagen, der Vorstand nicht zu benachrichtigen. Diese **Anzeigepflicht des Vorstandes** stellt sicher, dass die Aufsichtsbehörde rechtzeitig von dem Vorliegen von Gründen für die Eröffnung eines Insolvenzverfahrens erfährt und in die Lage versetzt wird, eine Antragstellung nach Abs. 3 zu prüfen, ohne an die Wertungen der Anzeige gebunden zu sein, und sie befreit den Vorstand von der Antrag-

---

13 Brall in: Sodan, HdB KrVersR, § 32 Rn. 58; Papier in: Maunz/Dürig, GG, Art. 14 Rn. 149.
14 Scholz/Buchner, ErsK 2006, 473, 474.
15 Helstelä, Sicht des GKV-Spitzenverbandes in: Pitschas, 41, 44.
16 Mühlhausen in: Becker/Kingreen, § 171b Rn. 5.
17 Vgl. BT-Dr. 16/9559, 19 f.
18 Mühlhausen in: Becker/Kingreen, § 171b Rn. 3.
19 Vgl. Mühlhausen in: Becker/Kingreen, § 171b Rn. 15; Steinmeyer, NZS 2008, 393, 401 f.
20 Mühlhausen in: Becker/Kingreen, § 171b Rn. 17.
21 Heberlein, GesR 2009, 141 ff.
22 Zu Fragen hinsichtlich der Anzeigepflicht s. Pfohl/Sichert/Otto, NZS 2011, 8 ff.
23 Baier in: Krauskopf, § 171b SGB V Rn. 5; Mühlhausen in: Becker/Kingreen, § 171b Rn. 9.
24 BT-Dr. 16/10070, 4, 15 f.

stellung gem. InsO.[25] Die **Strafbarkeit** der Nichtanzeige gem. Abs. 2 kann sich aus § 307a Abs. 4 ergeben. Eine **zivilrechtliche Haftung** der Vorstände kann sich aus der dienstvertraglichen Verpflichtung zur Schadensabwendung gegenüber der dienstverpflichtenden Kassen aus §§ 280, 611 BGB ergeben.[26]

Nach § 17 Abs. 2 S. 1 InsO ist der Schuldner **zahlungsunfähig**, wenn er nicht in der Lage ist, die fälligen Zahlungspflichten zu erfüllen. Zahlungsunfähigkeit ist nach der Vermutungsregel des § 17 Abs. 2 S. 2 InsO anzunehmen, wenn der Schuldner seine Zahlungen eingestellt hat. Eine Zahlungsunfähigkeit, die sich voraussichtlich innerhalb kurzer Zeit (dh etwa 2 bis 3 Wochen) beheben lässt, gilt nach hM im Bereich der InsO nur als Zahlungsstockung, die keinen Insolvenzeröffnungsgrund darstellt, soweit die Liquiditätslücke weniger als 10 % der fälligen Gesamtverbindlichkeiten beträgt.[27] Dies wird von der überwiegenden sozialrechtlichen Literatur übernommen,[28] jedoch ist im Hinblick auf die besonderen verfassungsrechtlichen Verpflichtungen (→ Rn. 4) zu fragen, ob für den Gläubigern ein Zuwarten zumutbar ist, was zB bei Leistungserbringern eher als bei Krankengeldansprüchen zu bejahen ist.[29]

Drohende Zahlungsunfähigkeit ist entsprechend § 18 Abs. 2 InsO anzunehmen, wenn die Krankenkasse voraussichtlich nicht in der Lage sein wird, die bestehenden Zahlungspflichten im Zeitpunkt der Fälligkeit zu erfüllen. Als Prognosezeitraum dürfte bei einer Krankenkasse ein Zeitraum zwischen 3 und 6 Monaten regelmäßig ausreichen, um die künftige Liquidität zu beurteilen.[30]

Überschuldung liegt analog § 19 Abs. 2 S. 1 InsO vor, wenn das Vermögen der Kasse (→ Rn. 23 f.) die bestehenden Verbindlichkeiten nicht mehr deckt, es sei denn, die Fortführung ist nach den Umständen überwiegend wahrscheinlich. Ab 1.1.2014 wurde diese Definition durch das Finanzmarktstabilisierungsgesetz modifiziert.[31] Zur Bestimmung einer Überschuldung kann nach Ansicht des BGH[32] nicht die normale Handelsbilanz herangezogen werden, sondern es muss eine Überschuldungsbilanz erstellt werden, welche die aktuellen Verkehrs- oder Liquidationswerte ausweist, wobei Vermögensgegenstände danach höher bewertet werden können als der Buchwert bei Krankenkasse spezifische Vermögenswerte wegen ihrer begrenzten Verwertbarkeit aber auch geringer zu veranschlagen sein können.[33] Dabei bleiben gem. Abs. 2 S. 2 unberücksichtigt die bis zum 31.12.2009 entstandenen Altersversorgungs- und Altersteilzeitverpflichtungen dieser Kasse und die Verpflichtungen aus Darlehen, die zur Ablösung von Verpflichtungen gegenüber einer öffentlich-rechtlichen Einrichtung zur betrieblichen Altersversorgung aufgenommen worden sind. Durch diese Sonderregelung wird vermieden, dass das Bestehen ungedeckter, alter Versorgungsverpflichtungen zu einer (sofortigen) insolvenzrechtlichen Überschuldung von Krankenkassen führt, weil sie in der Vergangenheit zwar Versorgungszusagen in erheblichem Umfang erteilt, für diese aber keine wertgleichen Rückstellungen gebildet haben.[34] Der Barwert der Versorgungsansprüche und -anwartschaften der vor allem bei AOK und IKK häufig beschäftigten Dienstordnungsangestellten wurde 2007 auf etwa 6,25 bis 8 Mrd. Euro beziffert.[35] Entsprechendes Deckungskapital ist für die Zukunft nach § 171e zu bilden. Der Ausschluss der Berücksichtigung weiterer Verbindlichkeiten[36] wurde nicht umgesetzt.

---

25 BT-Dr. 16/9559, 20.
26 Mühlhausen in: Becker/Kingreen, § 171b Rn. 9; Uwer, GesR 2009, 113, 115. Vgl. BSG, 5.5.2009, B 1 KR 9/08 R, SozR 4-2400 § 35a Nr. 4, zur Haftung des Vorstands bei Verletzung seiner Pflicht, seine Kasse zutreffend über ihre Vermögenssituation zu informieren.
27 BGH, 24.5.2005, IX ZR 123/04, NZI 2005, 547 ff. mwN auch zur aA.
28 Baier in: Krauskopf, § 171b SGB V Rn. 6; M. Krasney, NZS 2010, 443, 444 ff.; zurückhaltender Bultmann, MedR 2009, 25, 29.
29 Bohlen-Schöning, KrV 2011, 289, 292.
30 Baier in: Krauskopf, § 171b SGB V Rn. 7. Lundberg/Sänger, ZInsO 2010, 1905, 1906: Planungszeitraum von 2–3 Jahren. Vgl. auch Bultmann, MedR 2009, 25, 30; M. Krasney, NZS 2010, 443, 447; Bohlen-Schöning, KrV 2011, 289, 292 f.
31 Vgl. BT-Dr. 16/10600, 12 f.
32 BGH, 18.12.2000, II ZR 191/99, NJW 2001, 1136 mwN.
33 Baier in: Krauskopf, § 171b SGB V Rn. 8; ähnlich BT-Dr. 16/9559, 16. Vgl. auch Bohlen-Schöning, KrV 2011, 289, 293; Bultmann, MedR 2009, 25, 30; Gaßner, GesR 2009, 121, 130 f; M. Krasney, NZS 2010, 443, 446 f; Vöcking, GesR 2009, 138, 139 ff.
34 BT-Dr. 16/9559, 20.
35 Füsser, SGb 2009, 126, 127.
36 Vgl. BRat, BT-Dr. 16/10070, 5.

VI. Schließung oder subsidiär Antrag auf Eröffnung des Insolvenzverfahrens (Abs. 3)

11 Abs. 3 S. 1 beschränkt die Möglichkeit zur Stellung eines Insolvenzantrags in Anlehnung an § 46 b Abs. 1 S. 4 KredWG und § 88 Abs. 1 VAG auf die **Aufsichtsbehörde** der Krankenkasse, weil die Funktionsfähigkeit des GKV-Systems gefährdet werden könnte, wenn auch die Gläubiger aufgrund unzutreffender Informationen über die wirtschaftliche Lage einen Insolvenzantrag stellen könnten.[37] Anders als in diesen Bereichen besteht aber nur bei bundesunmittelbaren Krankenkassen mit dem Bundesversicherungsamt eine zentrale bundeseinheitliche Aufsicht, was im Vergleich zu den landesunmittelbaren Kassen zu einer uneinheitlichen Handhabung führen könnte.[38] Die relevanten Informationen hat die Aufsichtsbehörde aufgrund Abs. 2 (→ Rn. 7) bzw. § 172 Abs. 2 erhalten oder kann sie im Rahmen ihrer allgemeinen Rechtsaufsicht (§ 87 Abs. 1 S. 1 SGB IV) und ihrem Prüfrecht bzgl. der Geschäfts- und Rechnungsführung (§ 88 Abs. 1 SGB IV) von der Krankenkasse anfordern.

12 Anstatt eines Insolvenzantrags soll die Aufsichtsbehörde nach Abs. 3 S. 2 die Kasse schließen, wenn die Leistungsfähigkeit der Kasse nicht mehr auf Dauer gesichert (→ § 146 a Rn. 4 f.) ist. Der **Vorrang der Schließung** wird damit begründet, dass die Abwicklung Ultima Ratio sei, aber bei einer Schließung die Aufsichtsbehörde die Verfahrenshoheit behalte und so bis zum Wirksamwerden der Schließung zusammen mit dem GKV-Spitzenverband durch die Organisation finanzieller Hilfen oder der Vereinigung mit einer anderen Kasse die Abwicklung der betroffenen Kasse verhindern könne.[39] Auch wenn nicht zwangsläufig[40] – aber zumeist[41] – dürften bei Vorliegen der Insolvenzgründe (→ Rn. 8–10) auch die Schließungsvoraussetzungen der fehlenden dauerhaften Sicherung ihrer Leistungsfähigkeit (§§ 146 a S. 1, 153 S. 1 Nr. 3, 163 S. 1 Nr. 3, 170 S. 1) vorliegen. Bei einer Schließung entstehen im Vergleich zu einem Insolvenzverfahren weniger verfahrensbedingte Folgekosten (Gerichtskosten, Insolvenzverwalter usw.). Die Schließung ist für die Angestellten insoweit ungünstiger als deren Arbeitsverhältnisse ggf. nach § 164 Abs. 4 enden und kein Insolvenzgeld nach § 165 SGB III bezahlt wird. Demgegenüber ist die Schließung für die Gläubiger der Kasse insoweit besser, als dann für alle Verbindlichkeiten gem. § 155 Abs. 4 von den übrigen Kassen (der Kassenart) gehaftet wird, während im Insolvenzfall nur für einen Teil der Verbindlichkeiten gem. § 171 d gehaftet wird und die übrigen Forderungen nur mit der Insolvenzquote (§ 195 InsO) bedient werden.[42] Im Regelfall hat die Aufsichtsbehörde daher die Kasse zu schließen, es sei denn, dass im Einzelfall sachliche Gründe für die Stellung eines Insolvenzantrags sprechen.[43] An diese sachlichen Gründe sind – angesichts des Ausnahmecharakters der Insolvenz – strenge Anforderungen zu stellen.[44] Keine sachlichen Gründe bildet nach hM die finanzielle Überlegung, dass die Einstandspflicht des GKV-Spitzenverbandes und anderer Kassen bei Schließung geringer ausfällt, weil Abs. 3 S. 2 auch darauf abzielt, die Verbindlichkeiten der Kasse im Schließungsverfahren voll zu erfüllen und die Gläubiger nicht nur mit einer Quote (vgl. § 195 InsO) zu befriedigen.[45] Für ein Insolvenzverfahren wird eine mögliche Sanierung der Krankenkassen im Rahmen der von der InsO zur Verfügung gestellten Möglichkeiten angeführt.[46] Auch wird teilweise vermutet, dass die Aufsichtsbehörde zur Vermeidung von Amtshaftungsansprüchen im Zweifel einem Insolvenzantrag zuneigen würde.[47] Auch um dieser Gefahr zu begegnen, wird eine § 171 d Abs. 5 angelehnte Beschränkung der Haftung auf den Schwellenwert analog der Einstandsverpflichtung im Insol-

---

37 BT-Dr. 16/9559, 20.
38 Heeg/Kehbel, ZIP 2009, 301, 307.
39 BT-Dr. 16/9559, 16.
40 So aber wohl Baier in: Krauskopf, § 171 b SGB V Rn. 12; Bultmann, MedR 2009, 25, 31.
41 In diesem Sinne: BT-Dr. 16/9669, 20; Lundberg/Sänger, ZInsO 2012, 1556, 1558 ff.
42 Zu den Vor- und Nachteilen der Schließung gegenüber der Insolvenz s. Bohlen-Schöning, KV 2009, 289, 290 f; Füsser, SGb 2009, 126, 128 f.
43 BT-Dr. 16/9669, 20.
44 IdS: Fuchs, Die Auflösung und Abwicklung gesetzlicher Krankenkassen im Spannungsfeld zwischen dem SGB V und der Insolvenzordnung, 69 f.; Werner, Schließung und Insolvenz gesetzlicher Krankenkassen, 164 ff.
45 Bultmann, MedR 2009, 25, 31; Baier in: Krauskopf, § 171 b Rn. 12; aA Füsser, SGb 2009, 126, 127; M. Krasney, NZS 2010, 443, 448; vgl. Bohlen-Schöning, KrV 2011, 289, 294.
46 Holzer, InsbürO 2009, 11, 13.
47 In diesem Sinne zumeist kritisch dazu: Gesundheitsausschuss, BR-Dr. 342/1/08, 19; Brall in: Sodan, HdB KrVersR, § 32 Rn. 59; Bultmann, MedR 2009, 25, 31; Mühlhausen in: Becker/Kingreen, § 171 b Rn. 11. Für eine Vermutung des Vorrangs der Schließung in der Praxis: Heberlein, GesR 2009, 141, 146; Heeg/Kehbel, ZIP 2009, 302, 307; Holzer, InsbürO 2009, 11, 16; Lundberg/Sänger, ZInsO 2012, 1556, 1558.

venzverfahren gefordert.⁴⁸ Jedenfalls wurde die erste insolvente Krankenkasse (City BKK) nach Schließungsrecht abgewickelt.⁴⁹

Die Aufsichtsbehörde muss gem. Abs. 3 S. 3 einen **Insolvenzantrag** innerhalb von spätestens 3 Monaten nach Eingang der in Abs. 2 S. 1 genannten Anzeige (→ Rn. 7) stellen, denn eine spätere Antragstellung könnte die Gläubiger benachteiligen, deren Ansprüche nach den Regeln des Insolvenzverfahrens nur nach der Quote befriedigt werden (vgl. § 195 InsO), während bei der Schließung aufgrund der bestehenden Haftungskaskade nach § 155 alle bestehenden Verbindlichkeiten der geschlossenen Kassen voll befriedigt werden.⁵⁰ Bleibt die Behörde während der 3 Monate schuldhaft untätig, kommen Ansprüche aus Amtshaftung in Betracht.⁵¹ Dabei stellt Abs. 3 S. 3 letzter Halbsatz nach einer Ansicht⁵² klar, dass spätere Insolvenzanträge aufgrund neu eingetretener Insolvenzgründe durch die Dreimonatsfrist nicht ausgeschlossen werden. Allerdings reicht nach dem Wortlaut aus, dass der Insolvenzgrund der ersten Anzeige „fortbesteht", um ein erneutes Antragsrecht aufgrund der Anzeige eines anderen Insolvenzgrundes auszuschließen.⁵³ 13

Abs. 3 S. 4 überträgt die erweiterten **Informationspflichten** des Abwicklungsvorstands einer geschlossenen Krankenkasse gem. § 155 Abs. 2 S. 5 bis 7 (→ § 155 Rn. 2) auf den Fall der Stellung eines Insolvenzantrags durch die Aufsichtsbehörde.⁵⁴ 14

VII. Informations-, Anhörungs- und Auskunftspflichten (Abs. 4)

Abs. 4 regelt Rechte und Pflichten für die **Aufsichtsbehörde** und den GKV-Spitzenverband, die aus der Antragstellung folgen.⁵⁵ Zwar sind solche Regelungen dem Insolvenzrecht ansonsten eher fremd, weil eine Anhörung der Beteiligten im „klassischen" Insolvenzverfahren nicht vorgesehen ist, jedoch kann so in einem Insolvenzverfahren auf die für die sonstige Insolvenzpraxis eher untypischen sozialrechtlichen Bindungen hingewiesen werden.⁵⁶ Dabei soll der GKV-Spitzenverband aufgrund seiner Funktion als Haftungsträger (vgl. § 171 d) durch frühzeitige Information (vgl. auch § 172 Abs. 2) die Haftungsfolgen identifizieren und bewerten können.⁵⁷ Er ist daher gem. Abs. 4 S. 1 unverzüglich (vgl. § 121 Abs. 1 S. 1 BGB) „über" die Anzeige nach Abs. 2 S. 1 (→ Rn. 7) und die Antragstellung nach Abs. 3 S. 1 (→ Rn. 11) zu unterrichten. Die Formulierung „über" legt nahe, dass die Unterrichtung erst nach Antragstellung erfolgen soll, auch wenn eine vorherige Anzeige sinnvoll ist.⁵⁸ 15

Der **GKV-Spitzenverband** unterrichtet hierüber gem. Abs. 4 S. 2 unverzüglich (vgl. § 121 Abs. 1 S. 1 BGB) die Krankenkassen derselben Kassenart oder deren Landesverbände. Die Kassen und der Landesverband bemühen sich nämlich parallel um die Vermeidung einer Schließung oder Insolvenz durch freiwillige finanzielle Hilfen oder durch Vereinigung mit einer anderen Kasse, und sie haben im Fall der Schließung oder der Einleitung eines Insolvenzverfahrens vorrangig die hieraus resultierenden finanziellen Belastungen zu tragen, so dass sie frühzeitig die Möglichkeit erhalten sollen, kurzfristig Maßnahmen zur Haftungsprävention zu ergreifen.⁵⁹ 16

Vor der **Bestellung des Insolvenzverwalters** (§ 56 InsO) hat gem. Abs. 4 S. 3 das Insolvenzgericht die Aufsichtsbehörde zu hören. Eine Anhörung wird bei einem vorläufigen Insolvenzverwalter als Sicherungsmaßnahme (vgl. § 21 Abs. 1, Abs. 2 S. 1 Nr. 1, § 22 InsO) angesichts des begrenzten Aufgabenstellung für nicht erforderlich bewertet.⁶⁰ Dagegen spricht allerdings, dass Abs. 4 nicht zwischen endgültigem und vorläufigem Insolvenzverwalter unterscheidet und dass diese in der Praxis zumeist identisch sind.⁶¹ In jedem Fall dürfte die Bedeutung der Aufsichtsbehörde angesichts der insolvenzgerichtlichen Praxis bei der Insolvenzbestellung sehr gering sein.⁶² 17

---

48 BR-Dr. 342/1/08, 10 f.; Brall in: Sodan, HdB KrVersR, § 32 Rn. 59; Füsser, SGb 2009, 126, 129.
49 Dazu: Klimpe-Auerbach, SozSich 2011, 270 ff.; Leopold, WzS 2011, 183.
50 BT-Dr. 16/9559, 20.
51 BT-Dr. 16/9559, 20; dazu Werner, Schließung und Insolvenz gesetzlicher Krankenkassen, 127 ff.
52 BT-Dr. 16/9559, 20; Werner, Schließung und Insolvenz gesetzlicher Krankenkassen, 126 mwN.
53 Baier in: Krauskopf, § 171 b SGB V Rn. 13.
54 BT-Dr. 17/8005, 123.
55 BT-Dr. 16/9559, 20.
56 Mühlhausen in: Becker/Kingreen, § 171 b Rn. 13.
57 Mühlhausen in: Becker/Kingreen, § 171 b Rn. 13.
58 Thomas in: Müller (ua), SGB V Onlinekommentar, § 171 b Rn. 35.
59 BT-Dr. 17/6906, 94.
60 Baier in: Krauskopf, § 171 b SGB V Rn. 15.
61 Holzer, InsbürO 2009, 11, 15; Uwer, GesR 2009, 113, 119.
62 Heeg/Kehbel, ZIP 2009, 301, 308.

18 Der Eröffnungsbeschluss (§ 27 InsO) ist gem. § 30 InsO sofort öffentlich bekanntzumachen und den Gläubigern und Schuldnern der Krankenkasse und der Krankenkasse selbst ist der Beschluss besonders zuzustellen. Abs. 4 S. 4 erweitert die Zustellungsadressaten um die Aufsichtsbehörde.

19 Die Aufsichtsbehörde und der GKV-Spitzenverband können gem. Abs. 4 S. 5 jederzeit vom Insolvenzgericht und dem Insolvenzverwalter **Auskünfte** über den Stand des Verfahrens verlangen. Einschränkend wird gefordert, dass „der Stand des Insolvenzverfahrens für ihre Aufgaben von Interesse ist".[63] Aus der Pflicht zur gegenseitigen Amtshilfe (Art. 35 GG iVm §§ 3 bis 7 SGB X) wird erweiternd gefolgert, dass daneben auch ein Akteneinsichtsrecht bestehe.[64]

VIII. Schließung der Krankenkasse mit Abwicklung nach InsO (Abs. 5)

20 In Anlehnung an die für andere juristische Personen geltende Rechtslage bestimmt Abs. 5 die Eröffnung des Insolvenzverfahrens oder die Rechtskraft des Beschlusses, mit dem die Eröffnung mangels Masse abgelehnt wird, als **Zeitpunkt** von dem an eine Krankenkasse ihre Eigenschaft als Körperschaft des öffentlichen Rechts verliert und zur Abwicklungskörperschaft wird.[65] Damit enden die Existenz der Kasse als Träger der GKV und auch die bei ihr bestehenden Mitgliedschaftsverhältnisse, und gleichzeitig beginnt die Zwei-Wochen-Frist des § 175 Abs. 3 S. 2[66] für die Vorlage der Mitgliedschaftsbescheinigung der nach § 175 Abs. 3 a erleichterten Kassenwahl.

21 Bei **Eröffnung des Insolvenzverfahrens** erfolgt die Abwicklung der Geschäfte gem. Abs. 5 nach den Vorschriften der InsO. Dabei geht die Verwaltungs- und Verfügungsbefugnis gem. § 80 InsO von dem Vorstand auf den Insolvenzverwalter über. Nichtsdestoweniger dürfte die Kompetenzabgrenzung von (Abwicklungs-)Vorstand und (vorläufigem) Insolvenzverwalter (unauflösbare) Probleme aufwerfen.[67] Auch wenn nach Verfahrenseröffnung gem. § 82 InsO nur noch an den Insolvenzverwalter mit schuldbefreiender Wirkung geleistet werden kann, so wird dies die schuldbefreiende Leistung von Ärzten gegenüber den Versicherten nicht ausschließen.[68] Gegenüber der Möglichkeit eines Insolvenzplans gem. §§ 1 S. 1, 217 ff. InsO dürfte die Liquidation und sofortige Zerschlagung ähnlich wie bei der Abwicklung im Rahmen der Schließung im Vordergrund stehen, weil eine Sanierung angesichts der bereits erfolgten Beteiligung von Aufsichtsbehörde, GKV-Spitzenverband und Landesverband zu diesem Zeitpunkt unrealistisch sein dürfte.[69] Weitergehend wird die Sanierung mittels Insolvenzplans auch wegen der Interpretation des Abs. 5 als Schließungsfiktion mit Ende der Mitgliedschaft ausgeschlossen.[70] Damit wird die (entgeltliche) Übertragung des Mitgliederbestands einer insolventen Krankenkasse durch den Insolvenzverwalter bereits am sozialrechtlichen Kassenwahlrecht (§§ 173 ff.) scheitern,[71] aber auch in anderen Bereichen dürfte die datenschutzgerechte Abwicklung Probleme bereiten. Auf geringe Bindungen deutet eine Entscheidung des BGH, wonach im Insolvenzfall die ärztliche Schweigepflicht gegenüber dem Interesse an der Durchsetzung von privatärztlichen Honorarforderungen zurücktreten musste.[72] Jedoch sind diese Überlegungen nicht ohne Weiteres auf die Insolvenz einer öffentlich-rechtlichen Krankenkasse übertragbar, bei der die §§ 284 ff. SGB V gegenüber § 35 SGB I, §§ 67 ff. SGB X und dem allgemeinen Datenschutzrecht vorrangig zu beachten sind. Eine Weitergabe von gesundheitsbezogenen Daten an Personen und Institutionen, für die der strenge Sozialdatenschutz gem. §§ 67 ff. SGB X bzw. gemäß den bereichsspezifischen Vorschriften des SGB V nicht gilt, ist vielmehr von einer ausdrücklichen gesetzlichen Gestattung abhängig.[73] Allgemein werden Insolvenzverwalter privatrechtlich tätig und als Teil der verantwortlichen Stelle bewertet.[74] Eine spezielle gesetzliche Ermächtigung ist nicht ersichtlich.

22 Bei **Ablehnung der Eröffnung des Insolvenzverfahrens mangels Masse** (vgl. § 26 Abs. 1 InsO) ist das Verfahren in Abs. 5 nicht ausdrücklich geregelt. Vereinzelt wird auch in diesem Fall die insolvenzrecht-

---

63 Baier in: Krauskopf, § 171 b SGB V Rn. 17.
64 Kauke in: Sommer, § 171 b Rn. 20; Thomas in: Müller (ua), SGB V Onlinekommentar, § 171 b Rn. 42.
65 BT-Dr. 16/9559, 20.
66 Baier in: Krauskopf, § 171 b SGB V Rn. 18.
67 Mühlhausen in: Becker/Kingreen, § 171 b Rn. 17.
68 Bultmann, MedR 2009, 25, 30 f.
69 Thomas in: Müller (ua), SGB V Onlinekommentar, § 171 b Rn. 43.
70 Pfohl/Sichert/Otto, NZS 2011, 8, 14; aA Holzer, InsbürO 2009, 11, 15 f.
71 Heeg/Kehbel, ZIP 2009, 301, 309 f.
72 BGH, 17.2.2005, IX ZB 62/04, NJW 2005, 1505, 1506 f.
73 BSG, 10.12.2008, B 6 KA 37/07 R, BSGE 102, 134, Rn. 32, mit krit. Anm. Leisner, NZS 2010, 129 ff.
74 Hartung, ZInsO 2011, 1225, 1229 f.

liche Abwicklungslösung (→ Rn. 21) bevorzugt[75] oder die Anwendung der für die Rechtsform der Krankenkasse als Körperschaft des öffentlichen Rechts geltenden Regelungen zur Auflösung (§§ 89 Abs. 2, 42 Abs. 2, 47 ff. BGB) nahegelegt.[76] Jedoch legt die Formulierung „ist die Krankenkasse geschlossen" des Abs. 5 die grundsätzliche Anwendbarkeit des sozialrechtlichen Schließungsrechts nahe.[77] Und wenn nach Abs. 5 „die Abwicklung der Geschäfte der Krankenkasse im Fall der Eröffnung des Insolvenzverfahrens nach den Vorschriften der Insolvenzordnung erfolgt", so liegt der Umkehrschluss für den in Abs. 5 zwar behandelten, aber eben nicht mit dieser Rechtsfolge versehenen Fall der Ablehnung der Eröffnung des Insolvenzverfahrens mangels Masse nahe, dass die InsO insoweit gerade nicht anzuwenden ist. In diesem Fall sind vielmehr die Vorschriften über die Abwicklung der Geschäfte und die Haftung für Verpflichtungen bei Schließung durch die Aufsichtsbehörde (§§ 146 a S. 3, 155, 164, 171) anzuwenden.[78] Hinsichtlich der Altersversorgung ist aber § 171 d gegenüber den Verfahrensregelungen bei Schließung vorrangig.[79]

IX. Vermögen einer Krankenkasse (Abs. 6)

Zum Vermögen einer Kasse gehören gem. Abs. 6 S. 1 die **Betriebsmittel** (§ 81 SGB IV, § 260), die **Rücklage** (§ 82 SGB IV, § 261) und das **Verwaltungsvermögen** (§ 263). Allgemein wird die Funktion des Abs. 6 in der Bestimmung der Insolvenzmasse (vgl. § 35 Abs. 1 InsO) gesehen.[80] Daneben hat die Vermögensdefinition des Abs. 6 auch Bedeutung bei der Ermittlung der Überschuldung gem. Abs. 2 (→ Rn. 10).[81]   23

Anders als bei den Betriebsmitteln (§ 260 Abs. 2 S. 2) bleiben nach Abs. 6 S. 2 die Beitragsforderungen der Kasse außer Betracht, soweit sie dem Gesundheitsfonds als **Sondervermögen** zufließen. Mit dem Wirksamwerden des Gesundheitsfonds ziehen die Kassen die Versicherungsbeiträge nämlich nicht mehr für eigene Rechnung, sondern für den Gesundheitsfonds ein, und damit stehen sie nicht der einzelnen Kasse, sondern der GKV als Ganzer zu.[82] Das Konzept für das Sondervermögen des Gesundheitsfonds (§ 271) ist auf die für die Arbeitgeber in Form eines Sondervermögens (§ 8 Abs. 1 Aufwendungsausgleichsgesetz) verwalteten Umlagen (Krankheit – U1, Schwanger- und Mutterschaft – U2) übertragbar, wenngleich es im Abs. 6 nicht ausdrücklich verankert ist.[83] Ob auch andere Gegenstände, die für die Erfüllung der öffentlichen Aufgaben unentbehrlich sind (zB im Eigentum der Kasse befindliche Hilfsmittel), oder deren Veräußerung ein öffentliches Interesse entgegensteht, deshalb sie von der Insolvenzmasse ausgenommen sind (§ 36 Abs. 1 S. 1 InsO iVm § 282 a Abs. 2 S. 1 ZPO), ist unklar.[84] Eher der Insolvenzmasse zuzurechnen ist das zweckgebundene Deckungskapital für Altersversorgungsverpflichtungen (→ § 171 e Rn. 5). Demgegenüber gehört der kassenindividuelle Zusatzbeitrag (§ 242) zum Vermögen der jeweiligen Kasse.[85] Auch die Forderungen an den Gesundheitsfonds sowie sonstige Verpflichtungen gegenüber dem Gesundheitsfonds (zB Rückforderungen aus Überzahlungen) werden nicht von Abs. 6 S. 2 sondern von § 260 Abs. 2 S. 2 erfasst, zählen also zu den Betriebsmitteln der Kasse.[86]   24

X. Übergangsregelung zur Sicherung von Altersteilzeitwertguthaben (Abs. 7)

Die bis 31.12.2009 nicht insolvenzfähigen Kassen waren nicht zur Sicherung der Altersteilzeitwertguthaben gem. § 8 a Abs. 6 AltTZG verpflichtet. Um sie mit den ab dem 1.1.2010 erstmals geltenden gesetzlichen Verpflichtungen nicht finanziell zu überfordern, wurde rückwirkend zum 1.1.2010 eine **Übergangsregelung für Altersteilzeitwertguthaben** in Abs. 7 geschaffen, die den Kassen einen zeitlich gestreckten Aufbau der vollständigen Insolvenzsicherung der bis zum dahin entstandenen Wertgutha-   25

---

75 So wohl Mühlhausen in: Becker/Kingreen, § 171 b Rn. 14.
76 Lundberg/Sänger, ZInsO 2010, 1211, 1213 f.
77 AA Mühlhausen in: Becker/Kingreen, § 171 b Rn. 14.
78 Baier in: Krauskopf, § 171 b SGB V Rn. 21; Hänlein in: LPK-SGB V, § 171 b Rn. 17.
79 Baier in: Krauskopf, § 171 b SGB V Rn. 21; Hänlein in: LPK-SGB V, § 171 b Rn. 17.
80 Vgl. BT-Dr. 16/9559, 20.
81 Thomas in Müller (ua), SGB V Onlinekommentar, § 171 b Rn. 44.
82 BT-Dr. 16/9559, 20.
83 Hänlein in: LPK-SGB V, § 171 b Rn. 22; Heeg/Kehbel, ZIP 2009, 301, 308.
84 Mühlhausen in: Becker/Kingreen, § 171 b Rn. 18; für die Anwendbarkeit Werner, Schließung und Insolvenz gesetzlicher Krankenkassen, 264.
85 BT-Dr. 16/9559, 20.
86 Baier in: Krauskopf, § 171 b SGB V Rn. 22.

ben erlaubt.[87] Bei Insolvenzfällen bis zum 1.1.2015 haftete der GKV-Spitzenverband für die vorher entstandene Wertguthaben gem. § 171d Abs. 1, 1a (→ § 171d Rn. 3 ff.). Abs. 7 hat keine Auswirkungen auf die Verpflichtung, ab 1.1.2010 entstehende Wertguthaben aus Altersteilzeitvereinbarungen nach Maßgabe des § 8a AltTZG zu verwalten und zu sichern.[88]

§ 171c Aufhebung der Haftung nach § 12 Abs. 2 der Insolvenzordnung

Vom 1. Januar 2009 an haften die Länder nicht mehr nach § 12 Abs. 2 der Insolvenzordnung für die Ansprüche der Beschäftigten von Krankenkassen auf Leistungen der Altersversorgung und auf Insolvenzgeld.

Literatur:
Siehe § 171b.

I. Entstehungsgeschichte

1 Durch die Freistellung vom Insolvenzverfahren gem. § 12 Abs. 1 Nr. 2 InsO iVm Landesrecht hatten die freigestellten landesunmittelbaren Kassen einen Wettbewerbsvorteil, weil sie dadurch von der Umlage- und Beitragspflicht für Insolvenzgeld und betriebliche Altersversorgungsansprüche gem. § 358 Abs. 1 S. 2 SGB III bzw. § 17 Abs. 2 BetrAVG befreit waren. Anstatt der Kasse hätte bei deren Zahlungsunfähigkeit oder Überschuldung gem. § 12 Abs. 2 InsO das Land für die Ansprüche auf Leistungen der Altersversorgung und auf Insolvenzgeld gehaftet.[1] Im Gesetzgebungsverfahren zum GKV-WSG (vgl. BR-Dr. 755/1/06, 76) setzten die Länder durch, dass sie aus dieser Haftung mit Einführung des Gesundheitsfonds entlassen werden und dass dies im Regelungsauftrag des § 171b S. 2 in der vom 1.4.2007 bis 31.12 2009 geltenden Fassung festgeschrieben wurde. Dementsprechend hebt § 171c, der durch Art. 1 Nr. 8, Art. 7 Abs. 1 GKV-OrgWG vom 15.12.2008 (BGBl. I, 2426) eingeführt wurde, bereits zum 1.1.2009 die Länderhaftung aus § 12 Abs. 2 InsO auf (vgl. BT-Dr. 16/9559, 21).

II. Normzweck

2 Die Norm bezweckt die **Aufhebung der Länderhaftung** aus § 12 Abs. 2 InsO für landesunmittelbare Krankenkassen, weil die Länder als Aufsichtsbehörden (§§ 90 Abs. 2, 3, 90a SGB IV) aufgrund der durch das GKV-WSG neu geregelten Finanzierungsstruktur mit einheitlichem Beitragssatz keinen grundlegenden Einfluss auf die Finanzausstattung der ihrer Aufsicht unterstehenden Kassen mehr haben.[2]

III. Aufhebung der Länderhaftung

3 Durch § 171c erfolgte ab dem 1.1.2009 die Aufhebung der Länderhaftung gem. § 12 Abs. 2 InsO für die Ansprüche der Beschäftigten von Krankenkassen auf Leistungen der Altersversorgung und auf Insolvenzgeld. Die neuen Haftungsregelungen gem. §§ 171b, 171d bis f. traten aber erst zum 1.1.2010 in Kraft, wodurch für die Zwischenzeit Haftungsfragen aufgeworfen wurden,[3] die sich als praktisch bedeutungslos erwiesen haben.

§ 171d Haftung im Insolvenzfall

(1) ¹Wird über das Vermögen einer Krankenkasse das Insolvenzverfahren eröffnet oder die Eröffnung mangels Masse rechtskräftig abgewiesen (Insolvenzfall), haftet der Spitzenverband Bund der Krankenkassen für die bis zum 31. Dezember 2009 entstandenen Altersversorgungs- und Altersteilzeitverpflichtungen dieser Krankenkasse und für Verpflichtungen aus Darlehen, die zur Ablösung von Ver-

---

87 BT-Dr. 17/1297, 15.
88 Baier in: Krauskopf, § 171b SGB V Rn. 23.
1 Zum damaligen Rechtszustand zB Gaßner, GesR 2009, 121, 124 f.
2 BT-Dr. 16/9559, 21.
3 Dazu: Bultmann, MedR 2009, 25, 27 f.; Gaßner GesR 2009, 121, 128 ff.; Füsser, SGb 2009, 126, 127; Uwer, GesR 2009, 113, 117.

pflichtungen gegenüber einer öffentlich-rechtlichen Einrichtung zur betrieblichen Altersversorgung aufgenommen worden sind, soweit die Erfüllung dieser Verpflichtungen durch den Insolvenzfall beeinträchtigt oder unmöglich wird. ²Soweit der Träger der Insolvenzsicherung nach dem Betriebsrentengesetz die unverfallbaren Altersversorgungsverpflichtungen einer Krankenkasse zu erfüllen hat, ist ein Rückgriff gegen die anderen Krankenkassen oder ihre Verbände ausgeschlossen. ³Der Spitzenverband Bund der Krankenkassen macht die zur Erfüllung seiner Haftungsverpflichtung erforderlichen Beträge bei den übrigen Krankenkassen der Kassenart sowie bis zum 31. Dezember 2049 anteilig auch bei den Krankenkassen geltend, die aus einer Vereinigung nach § 171a hervorgegangen sind, wenn an der Vereinigung eine Krankenkasse beteiligt war, die dieser Kassenart angehört hat. ⁴Sind die in Satz 3 genannten Krankenkassen nicht in der Lage, die Verpflichtungen nach Satz 1 zu erfüllen, macht der Spitzenverband Bund der Krankenkassen den nicht gedeckten Betrag bei allen anderen Krankenkassen geltend. ⁵§ 155 Abs. 4 Satz 7 und § 164 Abs. 2 bis 4 gelten entsprechend.

(1a) Die Haftung für Altersteilzeitverpflichtungen nach Absatz 1 Satz 1 gilt nicht für Insolvenzfälle nach dem 1. Januar 2015.

(2) ¹Das Nähere zur Geltendmachung der Beträge nach Absatz 1 Satz 3 und 4, Absatz 5 Satz 1 und 2 sowie nach § 155 Abs. 4 Satz 5 und 6 und Abs. 5 Satz 1 Nr. 3 und 5 regelt das Bundesministerium für Gesundheit durch Rechtsverordnung mit Zustimmung des Bundesrates. ²Dabei ist vorzusehen, dass Betriebs- und Innungskrankenkassen, deren Satzungen keine Regelung nach § 173 Abs. 2 Satz 1 Nr. 4 enthalten, an der Finanzierung mit einer Quote in Höhe von 20 Prozent des an sich zu zahlenden Betrages beteiligt werden. ³In der Rechtsverordnung kann auch geregelt werden, welche Angaben die Krankenkassen dem Spitzenverband Bund der Krankenkassen für die Durchführung des Absatzes 1 Satz 3 und 4 mitzuteilen haben, einschließlich der Zeitpunkte für die Übermittlung dieser Angaben.

(3) ¹Im Fall der Insolvenz einer Krankenkasse, bei der vor dem 1. Januar 2010 das Insolvenzverfahren nicht zulässig war, umfasst der Insolvenzschutz nach dem Vierten Abschnitt des Betriebsrentengesetzes nur die Ansprüche und Anwartschaften aus Versorgungszusagen, die nach dem 31. Dezember 2009 entstanden sind. ²Die §§ 7 bis 15 des Betriebsrentengesetzes gelten nicht für Krankenkassen, die auf Grund Landesgesetz Pflichtmitglied beim Kommunalen Versorgungsverband Baden-Württemberg oder Sachsen sind. ³Hiervon ausgenommen ist die AOK Baden-Württemberg. ⁴Falls die Mitgliedschaft endet, gilt Satz 1 entsprechend.

(4) ¹Hat der Spitzenverband Bund der Krankenkassen auf Grund des Absatzes 1 Leistungen zu erbringen, gehen die Ansprüche der Berechtigten auf ihn über; § 9 Absatz 2 bis 3a mit Ausnahme des Absatzes 3 Satz 1 letzter Halbsatz des Betriebsrentengesetzes gilt entsprechend für den Spitzenverband Bund der Krankenkassen. ²Der Spitzenverband Bund der Krankenkassen macht die Ansprüche nach Satz 1 im Insolvenzverfahren zu Gunsten der Krankenkassen nach Absatz 1 Satz 3 und 4 geltend.

(5) ¹Für die in § 155 Abs. 5 Satz 1 Nr. 3 und 5 genannten Ansprüche und Forderungen haften im Insolvenzfall die übrigen Krankenkassen der Kassenart. ²Übersteigen die Verpflichtungen nach Satz 1 1 Prozent des Gesamtbetrages der Zuweisungen, den die Krankenkassen der jeweiligen Kassenart aus dem Gesundheitsfonds jährlich erhalten, haften hierfür auch die Krankenkassen der anderen Kassenarten. ³§ 155 Abs. 4 Satz 5 bis 7 gilt entsprechend. ⁴Soweit Krankenkassen nach Satz 1 oder Satz 2 Leistungen zu erbringen haben, gehen die Ansprüche der Versicherten und der Leistungserbringer auf sie über. ⁵Absatz 4 Satz 2 gilt entsprechend.

(6) ¹Wird der Spitzenverband Bund der Krankenkassen nach dieser Vorschrift oder nach § 155 Absatz 4 oder Absatz 5 von Gläubigern einer Krankenkasse in Anspruch genommen, kann er zur Zwischenfinanzierung des Haftungsbetrags ein nicht zu verzinsendes Darlehen in Höhe von bis zu 750 Millionen Euro aus der Liquiditätsreserve des Gesundheitsfonds nach § 271 Absatz 2 aufnehmen. ²Das Nähere zur Darlehensaufnahme vereinbart der Spitzenverband Bund der Krankenkassen mit dem Bundesversicherungsamt. ³Ein zum 31. Dezember eines Jahres noch nicht getilgter Darlehensbetrag ist bis zum 28. Februar des Folgejahres zurückzuzahlen. ⁴Überschreitet der zum Ende eines Kalendermonats festgestellte, für einen Schließungsfall aufgenommene Darlehensbetrag den Betrag von 50 Millionen Euro, ist dieser Betrag bis zum Ende des übernächsten Kalendermonats zurückzuzahlen. ⁵Die darlehensweise Inanspruchnahme des Gesundheitsfonds für Zwecke dieses Absatzes darf insgesamt den in Satz 1 genannten Betrag nicht übersteigen. ⁶§ 271 Absatz 3 gilt entsprechend.

Literatur:
Siehe § 171b.

I. Entstehungsgeschichte	1	VII. Aktivlegitimation des GKV-Spitzenverbandes (Abs. 4)	15
II. Normzweck	2		
III. Haftung für Altersversorgungsverpflichtungen (Abs. 1, 1 a)	3	VIII. Haftung für Ansprüche der Leistungserbringer und aus der Versicherung sowie aufgrund zwischen- und überstaatlichen Rechts (Abs. 5)	16
IV. Insolvenzschutz für Beschäftigte (Abs. 1 S. 5)	9		
V. Verordnungsermächtigung zur Refinanzierung des GKV-Spitzenverband (Abs. 2)	10	IX. Zwischenfinanzierung über Darlehen (Abs. 6)	19
VI. Insolvenzschutz und Beitragspflicht nach BetrAVG (Abs. 3)	13		

I. Entstehungsgeschichte

1 Die Norm wurde zum 1.1.2010 durch Art. 1 Nr. 8, Art. 7 Abs. 7 GKV-OrgWG vom 15.12.2008 (BGBl. I, 2426) eingeführt, nachdem im Regierungsentwurf (BT-Dr. 16/9559, 21 f.) nach Stellungnahmen von Bundesrat und Bundesregierung (BT-Dr. 16/10070, 6 f. bzw. 16) auf Vorschlag des Gesundheitsausschusses (BT-Dr. 16/10609, 59 f.) die Beschränkung auf „unverfallbare" Altersversorgungsverpflichtungen in Abs. 1 S. 1 gestrichen, Abs. 2 wesentlich geändert und in Abs. 3 die S. 2 bis 4 angefügt wurden. Eine Haftung des Bundes oder für Ansprüche auf Beihilfen im Krankheitsfall und eine Gleichstellung mit der Schließung wurde für nicht erforderlich bzw. sachgerecht erachtet (BReg, BT-Dr. 16/10070, 16 entgegen BRat, BT-Dr. 16/10070, 6 f.).[1] Rückwirkend zum 1.1.2010 wurde durch Art. 1 Nr. 2, Art. 14 Abs. 2 Gesetz zur Änderung krankenversicherungsrechtlicher und anderer Vorschriften vom 24.7.2010 (BGBl. I, 983) in Abs. 1 S. 1 die Altersteilzeitverpflichtungen ergänzt, Abs. 1 a eingefügt sowie in Abs. 4 S. 1 der Übergang der Ansprüche des Berechtigten auf den GKV-Spitzenverband (§ 217 a) erweitert (dazu BT-Dr. 17/1297, 15). Zum 4.8.2011 wurde durch Art. 3 Nr. 4 a, Art. 7 Abs. 1 Gesetz zur Änderung des IfSG und weiterer Gesetze vom 28.7.2011 (BGBl. I, 1622) Abs. 6 angefügt (dazu BT-Dr. 17/6141, 37), in dessen S. 3 die die Befristung bis zum „30. Juni 2012" durch die Angabe „31. Dezember 2014" aufgrund Art. 1 Nr. 61 a, Art. 15 Abs. 1 GKV-VStG vom 22.12.2011 (BGBl. I, 2983) zum 1.1.2012 ersetzt wurde (dazu BT-Dr. 17/8005, 123). Das bis zum 31.12.2014 befristet geltende Zwischenfinanzierungssystem des Abs. 6[1] wurde mWv 1.1.2015 durch Art. 1 Nr. 9, Art. 17 Abs. 1 des **GKV-Finanzstruktur- und Qualitäts-Weiterentwicklungsgesetzes (GKV-FQWG)** vom 21.7.2014 (BGBl. I, 1133, 1136) durch ein verändertes, unbefristet geltendes System ersetzt (BT-Dr. 18/1307, 38 mit Änderungen BT-Dr. 18/1657, 18 und 71).

II. Normzweck

2 Während sich nach allgemeinem Insolvenzrecht die Gläubiger mit einer geringen Insolvenzquote begnügen müssen (vgl. § 195 InsO), dient § 171 d in bestimmten Fällen der **Erweiterung der Haftung** für alle insolvenzfähigen (→ § 171 b Rn. 5) Krankenkassen. Die komplexen Regelungen über die Haftung nach Insolvenz oder Schließung beruhen auf zwei Leitgedanken: 1. Schließungen oder Insolvenzen dürfen nicht zu einer Gefährdung von Ansprüchen führen, die entweder aus sozialpolitischen (Versorgung) oder aus verfassungsrechtlichen Gründen (Ansprüche der Versicherten und der Leistungserbringer → § 171 b Rn. 4) in jedem Fall erfüllt werden müssen und 2. soll möglichst eine Haftung über die Grenzen der Kassenarten vermieden werden, soweit diese nicht erforderlich ist, um dem ersten Leitprinzip Rechnung zu tragen oder um Anschlussinsolvenzen oder Folgeschließungen anderer Krankenkassen zu verhindern.[2] Primärer Schuldner für Altersversorgungsverpflichtungen ist der Träger der Insolvenzsicherung (§ 14 BetrAVG)[3] nach Abs. 1 S. 2. Im Übrigen erfolgt die Abwicklung zunächst – auch wenn der Vorschlag einer Klarstellung in Abs. 4 a nicht erfolgte[4] – über den GKV-Spitzenverband (§ 217 a), der zwar selbst gem. § 171 f insolvenzfähig ist, aber bei **Liquiditätsengpässen** ein Darlehen nach Abs. 6 aufnehmen kann.[5] Gemäß Abs. 1, 1 a haften die übrigen Kassen der Kassenart, bei deren Überforderung die Krankenkassen der übrigen Kassenarten, zeitlich beschränkt im vollen Umfang für ungedeckte Versorgungsverpflichtungen der insolventen Krankenkasse. Die Geltendmachung der Beträge erfolgt nach Abs. 2 iVm mit der daraufhin erlassenen Rechtsverordnung. Der Umfang der Alters-

---

[1] Dazu 1. Aufl., Rn. 19 ff.
[2] Vieß, Sicht des Bundesministeriums für Gesundheit in: Pitschas, 13, 24 f.
[3] Gesetz zur Verbesserung der betrieblichen Altersversorgung (Betriebsrentengesetz – BetrAVG), zuletzt geändert durch Gesetz vom 21.12.2015 (BGBl. I 2553).
[4] Vgl. BT-Dr. 16/10070, 7.
[5] Vgl. dazu die Kritik bei Mühlhausen in: Becker/Kingreen, § 171 d Rn. 8.

ersorgungsverpflichtungen ist in Abs. 3 geregelt. Abs. 4 normiert die Aktivlegitimation des GKV-Spitzenverbandes. Für Verpflichtungen gegenüber Versicherten und Leistungserbringern, die aus verfassungsrechtlichen Gründen in vollem Umfang erfüllt werden müssen, haften die verbleibenden Krankenkassen der Kassenart gem. Abs. 5 nur bis zu einem Schwellenwert, um eine finanzielle Überforderung und Folgeinsolvenzen zu vermeiden. Für alle übrigen Verpflichtungen der betroffenen Krankenkasse gelten die Verteilungsregelungen der InsO.[6] Die Haftung ist vor dem Hintergrund der komplexen Ausgleichsmechanismen der §§ 265 ff. zu betrachten. Etwas absurd erscheint dabei, dass letztendlich Wettbewerber für ehemalige Wettbewerber aufkommen sollen,[7] was insbes. wegen der Gefahr von Folgeinsolvenzen abgelehnt wird.[8] Kritisch wird auch bewertet, dass angesichts der weitgehenden Privilegierung von Ansprüchen nach § 171 d der Umfang der entsprechend der grundsätzlichen Gleichbehandlung aller Insolvenzgläubiger nach InsO abzuwickelnden Rechte gering ist.[9]

III. Haftung für Altersversorgungsverpflichtungen (Abs. 1, 1 a)

Die Haftung für Altersversorgungsverpflichtungen in Abs. 1 erfolgt, weil die Krankenkassen in der Vergangenheit zwar Versorgungszusagen in erheblichem Umfang für Dienstordnungsangestellten in Bezug auf Zusatzversorgungsleistungen und die gesamte Altersversorgung erteilten, hierfür aber nur teilweise ein insolvenzfestes Deckungskapital gebildet haben, und auch nur teilweise eine Insolvenzsicherung nach dem BetrAVG besteht, weshalb die Versorgungsempfänger der betroffenen Krankenkassen im Insolvenzfall Leistungen allenfalls in Höhe der Insolvenzquote erhalten würden.[10] Zwar war mit dem GKV-OrgWG die weitere Angleichung der Rahmenbedingungen der Krankenkassen bezweckt, jedoch wurde der Kassenartenbezug auf lange Sicht festgeschrieben, indem die Haftung im Insolvenzfall zunächst innerhalb der Kassenarten abgewickelt wird, bevor die Krankenkassen der anderen Kassenarten herangezogen werden.[11] Dies ist auf die unterschiedlichen Haftungsrisiken zurückzuführen, weil hohe Versorgungsverpflichtungen für die Dienstordnungsangestellten der AOK ohne ausreichendes Deckungskapital und ohne Zugehörigkeit zu einer Versorgungseinrichtung bestanden, während Beschäftigte von IKK und BKK eine gesetzliche Rente erhalten.[12] Das Haftungsrisiko wird durch den Aufbau des Deckungskapitals gem. § 171 e schrittweise bis Ende 2049 auf null reduziert. Auch wenn damit die kassenartenbezogenen Unterschiede festgeschrieben sind, wird die kassenartenbezogene Haftung dann zu diskutieren sein, wenn sich die Kassenarten durch kassenartenübergreifende Vereinigungen so stark durchmischt haben werden, dass die beschriebenen Ungleichgewichte zwischen den Kassenarten in Bezug auf die Haftungsrisiken nicht mehr von ausschlaggebender Bedeutung sind.[13]

Abs. 1 S. 1 bestimmt die Haftung des GKV-Spitzenverbands für die von der Krankenkasse zugesagten Versorgungsleistungen einschließlich der Verpflichtungen aus Darlehen, die zur Ablösung von Verpflichtungen gegenüber einer öffentlich-rechtlichen Einrichtung zur betrieblichen Altersversorgung aufgenommen worden sind. **Haftungsvoraussetzung** ist das Vorliegen des in Abs. 1 S. 1 Hs. 1 definierten Insolvenzfalles. Die dazu alternativ vorausgesetzte Eröffnung des Insolvenzverfahrens oder die rechtskräftige Abweisung der Eröffnung mangels Masse erfolgt durch Gerichtsbeschluss gem. § 27 bzw. § 26 InsO. Von der Haftung umfasst sind Zusatzversorgungsleistungen, teilweise die gesamte Altersversorgung[14] und auch noch nicht unverfallbare Anwartschaften.[15] Selbst ohne ausdrückliche gesetzliche Klarstellung ist die Dynamisierung von Versorgungsansprüchen erfasst, soweit dies vertraglich zugesagt wurde.[16] In zeitlicher Hinsicht wird die Haftung in Abs. 1 S. 1 auf die bis zum 31.12.2009 entstandenen Altersversorgungs- und Altersteilzeitverpflichtungen begrenzt. Danach erfolgt die Haftung durch den Pensions-Sicherungs-Verein (PSV) und das gem. § 171 e aufgebaute Deckungskapital, so dass die Streichung dieser zeitlichen Einschränkung entbehrlich war.[17] Die Haftung

---

6 BT-Dr. 16/9559, 2.
7 Stuppardt, Sicht der Krankenkassen in: Pitschas, 47.
8 Kollbach, ZInsO 2011, 956 ff.
9 Bultmann, MedR 2009, 25, 32; Heeg/Kehbel, ZIP 2009, 301, 310.
10 BT-Dr. 16/9559, 21.
11 Vieß, Sicht des Bundesministeriums für Gesundheit in: Pitschas, 13, 16 f.
12 Vieß, Sicht des Bundesministeriums für Gesundheit in: Pitschas, 13, 17.
13 Vieß, Sicht des Bundesministeriums für Gesundheit in: Pitschas, 13, 18.
14 BT-Dr. 16/9559, 21.
15 BT-Dr. 16/10609, 59.
16 BReg, BT-Dr. 16/10070, 16; Füsser, SGb 2009, 126, 129. Eine spezielle Regelung dafür fordernd BRat, BT-Dr. 16/10070, 7.
17 BReg gegen BRat, BT-Dr. 16/10070, 6 bzw. 16.

für Altersteilzeitverpflichtungen iSd Abs. 1 S. 1 gilt gem. Abs. 1a nicht für Insolvenzfälle nach dem 1.1.2015, weil dann jede Krankenkasse eine vollständige Insolvenzsicherung der dann noch bestehenden Wertguthaben gem. § 171b Abs. 7 (→ § 171b Rn. 25) vorgenommen haben muss.[18] Der Haftungsumfang reicht nur soweit die Erfüllung dieser Verpflichtung durch den Insolvenzfall beeinträchtigt oder unmöglich wird, also nicht soweit eine Erfüllung aus der Insolvenzmasse oder dem Deckungskapital nach § 171e vorliegt oder von dem PSV gem. § 10 BetrAVG erfolgt.[19]

5 Der **Pensions-Sicherungs-Verein (PSV)** haftet bei Eröffnung des Insolvenzverfahrens oder Abweisung des Antrags auf Eröffnung des Insolvenzverfahrens mangels Masse gem. § 7 Abs. 1 S. 1 bzw. S. 4 Nr. 1 BetrAVG. Ohne die Rückgriffsmöglichkeiten des PSV nach § 9 BetrAVG zu tangieren, schließt Abs. 1 S. 2 aus, dass der PSV für an die ehemaligen Beschäftigten einer insolventen Krankenkasse erbrachten Leistungen Rückgriff bei den anderen Kassen oder ihren Verbänden nehmen kann, denn ein solcher Rückgriff wäre eine doppelte Belastung der Kassen neben ihren Beiträgen, die als Gegenleistung für die Risikoabsicherung angesehen werden können.[20]

6 Wird der GKV-Spitzenverband nach S. 1 in Anspruch genommen, erfolgt die Finanzierung nicht nach dessen allgemeinen Grundsätzen auf Basis seiner Satzung (§ 217e Abs. 1 S. 5 Nr. 3), sondern nach dem gleichen Haftungskonzept wie bei der Schließung gem. § 155 Abs. 4 und 5. Zu den von den Krankenkassen zu tragenden Haftungsbeträgen gehören auch Kosten eines gem. Abs. 6 aufgenommenen Darlehens.[21] Die Refinanzierung erfolgt gem. Abs. 1 S. 3 primär durch die verbleibenden **Krankenkassen derselben Kassenart** sowie bis 31.12.2049 durch die ehemaligen Krankenkassen dieser Kassenart, die aufgrund einer kassenartenübergreifenden Vereinigung (§ 171a) zwischenzeitlich einer anderen Kassenart angehören, weil diese Vereinigungen nicht zu einer Schmälerung der Haftungsgrundlage führen darf.[22] Letztere Kassen haben nur einen Beitrag entsprechend dem Anteil der Mitgliederzahl der an der Vereinigung beteiligten Kasse zu entrichten (§ 1 Abs. 3, § 2 Abs. 2 S. 2, § 4 Abs. 1 KKInsoV, → Rn. 10). Neben dieser anteiligen Haftung hat die vereinigte Kasse bei Insolvenzfällen in ihrer gewählten Kassenart im vollen Umfang für Fehlbeträge einzustehen, weil – rechtspolitisch problematisch – keine umgekehrte Sonderregelung besteht.[23]

7 Soweit die Krankenkassen derselben Kassenart nicht in der Lage sind, die Versorgungsverpflichtungen zu erfüllen, richten sich die Rückgriffsansprüche des GKV-Spitzenverbandes gem. S. 4 auch gegen die **Krankenkassen der anderen Kassenarten.** „Nicht in der Lage" bedeutet, dass es diesen Kassen im Rahmen ihrer Finanzierungsmöglichkeiten (Erhebung eines Zusatzbeitrags gem. § 242) unmöglich ist, diese Verpflichtungen in vollem Umfang zu erfüllen, ohne ihre eigene Leistungsfähigkeit (→ § 146a Rn. 5) zu gefährden.[24]

8 Klagen gegen die Geltendmachung der Refinanzierungsbeträge und gegen ihre Vollstreckung haben gem. S. 5 iVm § 155 Abs. 4 S. 7 keine aufschiebende Wirkung. Das Nähere zur Geltendmachung der Beträge nach S. 2 und 3 regelt die aufgrund Abs. 2 erlassene KKInsoV (→ Rn. 10). Durch die in Abs. 1 S. 5 außerdem angeordnete entsprechende Anwendung des § 164 Abs. 2 wird sichergestellt, dass Versorgungsansprüche durch einen Insolvenzfall nicht beeinträchtigt werden.[25]

IV. Insolvenzschutz für Beschäftige (Abs. 1 S. 5)

9 Die Verweisung in Abs. 1 S. 5 auf § 164 Abs. 3 bis 4 soll gewährleisten, dass insbes. **Beschäftigungsansprüche** der Dienstordnungsangestellten durch einen Insolvenzfall nicht beeinträchtigt werden.[26] Da der in Bezug genommenen § 164 die Rechtsverhältnisse innerhalb einer Kassenart regelt, wird die Ansicht vertreten, dass bei der entsprechenden Geltung die sich aus § 164 Abs. 3 ergebenden Pflichten nur die Kassen der Kassenart der insolventen Kasse und ihres Verbandes treffen.[27]

---

18 BT-Dr. 17/1297, 5.
19 BT-Dr. 16/9559, 21.
20 BT-Dr. 16/9559, 21.
21 BT-Dr. 17/6141, 37.
22 BT-Dr. 16/9559, 21.
23 Baier in: Krauskopf, § 171d SGB V Rn. 8.
24 Baier in: Krauskopf, § 171d SGB V Rn. 9.
25 BT-Dr. 16/9559, 21.
26 BT-Dr. 16/9559, 21.
27 Baier in: Krauskopf, § 171d SGB V Rn. 11; Hänlein in: LPK-SGB V, § 171d Rn. 17. Zu weiteren Besonderheiten s. Bohlen-Schöning, KrV 2011, 85, 88.

V. Verordnungsermächtigung zur Refinanzierung des GKV-Spitzenverband (Abs. 2)

Die Festlegung der rechnerischen und technischen Einzelheiten der Refinanzierung[28] erfolgt aufgrund der vom BMG mit Zustimmung des Bundesrates nach Abs. 2 erlassenen „Verordnung zur Aufteilung und Geltendmachung der Haftungsbeträge durch den Spitzenverband Bund der Krankenkassen bei Insolvenz oder Schließung einer Krankenkasse" (**KKInsoV**) vom 4.1.2010,[29] zuletzt geändert durch Art. 14 Gesetz vom 22.12.2011.[30] Die Ermächtigung betrifft die Haftung für die Ansprüche von Versicherten und Leistungserbringern bei Insolvenz oder Schließung (Abs. 5 S. 1 und 2 bzw. § 155 Abs. 5 S. 1 Nr. 3 und 5) und die Refinanzierung für nicht abgesicherte Versorgungszusagen einer Krankenkasse bei Insolvenz oder Schließung (Abs. 1 S. 3 und 4 bzw. § 155 Abs. 4 S. 5 und 6). Auch wenn nicht auf § 155 Abs. 4 S. 4 Hs. 2 verwiesen wurde, so nimmt doch § 155 Abs. 4 S. 5 auch auf diese Haftung Bezug, so dass die Ermächtigung auch für die kassenarteninterne Haftung bei Schließungen gilt.[31] Die dabei vorgesehene Haftungskaskade aus vorrangiger Finanzierung innerhalb der Kassenart gegenüber den sonstigen Krankenkassen ist auch bei dem Erlass der Rechtsverordnung zu wahren.[32] Außerdem sind bei der Haftungsverteilung die wettbewerbsneutrale Umsetzung sowie ein Überforderungsschutz der Kassen innerhalb und außerhalb derselben Kassenart zu beachten.[33] Zwar sind nach der Gesetzesbegründung[34] zu Abs. 6 auch Kosten des Darlehens von den betroffenen Mitgliedskassen zu tragen, jedoch war insoweit eine spezielle Berücksichtigungsmöglichkeit in der KKInsoV nicht erkennbar.

Die **nicht geöffneten BKK und IKK** (→ § 173 Rn. 10 ff.) werden an der Finanzierung mit einer Quote von 20 % des normalerweise zu zahlenden Betrages beteiligt. Dies trägt dem Umstand Rechnung, dass sie bei ihrer Schließung oder Insolvenz ein geringeres Haftungsrisiko für die anderen Kassen darstellen, da diese gem. § 155 Abs. 4 bzw. § 164 Abs. 1 erst dann zur Haftung herangezogen werden, wenn das Vermögen des Arbeitgebers bzw. der Innung für die Erfüllung der Verbindlichkeiten nicht ausreicht.[35] Die im Gesetz nicht ausdrücklich geregelte Zuordnung der dadurch verbleibenden 80 % des an sich zu zahlenden Betrages erfolgt gem. § 2 Abs. 3 (iVm § 4 Abs. 1) KKInsoV.

Nach S. 3 kann in der Rechtsverordnung auch die **Mitteilungspflichten der Kassen** gegenüber dem GKV-Spitzenverband für die Refinanzierung gem. Abs. 1 S. 3 und 4 (→ Rn. 6 f.) regeln. Entsprechende Daten ergeben sich bereits aus § 172 Abs. 2.

VI. Insolvenzschutz und Beitragspflicht nach BetrAVG (Abs. 3)

Für vor dem 1.1.2010 insolvenzunfähige Krankenkassen, die damit nicht nach § 10 BetrAVG beitragspflichtig zum PSV waren (→ § 171 b Rn. 1), begrenzt Abs. 3 S. 1 die Insolvenzsicherung nach den §§ 7 bis 15 BetrAVG auf die Ansprüche und Anwartschaften aus Versorgungszusagen, die nach dem 31.12.2009 entstanden sind. Dadurch müssen der PSV und die ihn tragenden Arbeitgeber nicht für Versorgungszusagen (erdienter Besitzstand) einstehen, für die in der Vergangenheit keine Beiträge entrichtet worden sind, und infolgedessen sind nach der Gesetzesbegründung die Beiträge dieser Krankenkassen zum PSV auch nur nach den ab 1.1.2010 erdienten Versorgungsansprüchen und -anwartschaften zu bemessen.[36] Jedoch hat dies jedenfalls keinen Eingang in den Gesetzeswortlaut gefunden, der die Grenze jeder Auslegung zieht, so dass die Bestimmung der Beitragsbemessungsgrundlage auch für die Krankenkassen iSd S. 1 nach den in § 10 Abs. 3 BetrAVG geregelten Maßgaben vorzunehmen ist.[37]

Vom Insolvenzsicherungssystem der §§ 7 bis 15 BetrAVG sind gem. S. 2 die Kassen ausgenommen, deren Versorgungszusagen bereits vollständig bei einem **kommunalen Versorgungsverband** abgesichert sind, wie dies bei den betroffenen Kassen in Baden-Württemberg und Sachsen der Fall ist.[38] Demge-

---

28 BT-Dr. 16/9559, 21 f.
29 BGBl. I, 2; dazu BR-Dr. 821/09.
30 BGBl. I, 2983.
31 Engelhard in: Hauck/Noftz, SGB V, § 171 d Rn. 26; aA Hoffmann, GesR 2009, 135, 137, der diese Regelung wohl als Fehler ansieht.
32 Mühlhausen in: Becker/Kingreen, § 171 d Rn. 4.
33 Dazu Mühlhausen in: Becker/Kingreen, § 171 d Rn. 5 ff.
34 BT-Dr. 17/6141, 37.
35 BT-Dr. 16/10609, 59.
36 BT-Dr. 16/9559, 22.
37 OVG Münster, 8.6.2015, 12 A 2590/12, juris Rn. 82 ff.; VG Bremen, 8.5.2015, 2 K 619/12, juris Rn. 39 ff.; VG Frankfurt, 25.6.2014, 2 K 2869/12.F, juris Rn. 21.
38 BT-Dr. 16/10609, 59.

genüber bewirkt die Einrichtung eines sog CTA-Modells keine Befreiung von diesen Beitragspflichten.[39] Sollte die Mitgliedschaft bei dem kommunalen Versorgungsverband künftig entfallen, würden die Kassen automatisch Mitglied beim PSV, und in diesem Fall haftet nach S. 4 der PSV nur für die nach dem Ende der Mitgliedschaft neu entstehenden Anwartschaften.[40] Zwar ist die AOK Baden-Württemberg ebenfalls Pflichtmitglied, haftet aber aufgrund der Sonderregelung in § 39 GKV selbst, mithin gilt für sie in Anbetracht dieses Haftungsrisikos die allgemeine Regelung des S. 1.[41]

VII. Aktivlegitimation des GKV-Spitzenverbandes (Abs. 4)

15 Bei Erbringung von Leistungen nach Abs. 1 vermittelt Abs. 4 dem **GKV-Spitzenverband** eine dem PSV vergleichbare Rechtsstellung, indem die entsprechenden Forderungen – bzw. deren Vermögen, soweit eine Unterstützungskasse die Leistungen zu erbringen gehabt hätte – auf ihn gem. S. 1 iVm § 9 Abs. 2 bis 3a ohne Abs. 3 S. 1 letzter Halbsatz BetrAVG übergehen, und er kann die übergegangenen Forderungen wie der PSV im Insolvenzverfahren gem. S. 2 geltend machen.[42] Dies gilt auch für Verpflichtungen aus Wertguthaben für Altersteilzeit.[43] Dieser Übergang kann nicht zum Nachteil des Berechtigten geltend gemacht werden und die übergegangenen Anwartschaften und Ansprüche werden als unbedingte Forderung nach § 45 InsO geltend gemacht (Abs. 4 S. 1 iVm § 9 Abs. 2 S. 2 und 3 BetrAVG).

VIII. Haftung für Ansprüche der Leistungserbringer und aus der Versicherung sowie aufgrund zwischen- und überstaatlichen Rechts (Abs. 5)

16 Abs. 5 enthält eine Sonderregelung für die Befriedigung der Ansprüche[44] der Versicherten und der Leistungserbringer sowie der Forderungen aufgrund über- und zwischenstaatlichen Rechts im Insolvenzfall, weil eine Verweisung auf die Insolvenzquote insoweit unzulässig wäre, und stattdessen eine Erfüllung in vollem Umfang gewährleistet sein muss.[45] S. 1 ordnet insoweit eine Haftung der übrigen Krankenkassen **derselben Kassenart** an. Auch wenn problematisch sein kann, welche Krankenkasse im Einzelfall zuständig ist, kann im Rahmen des Abs. 5 nicht zunächst die Einstandspflicht des GKV-Spitzenverbandes mit Refinanzierung bei den entsprechenden Kassen angenommen werden, denn die Anordnung in S. 1 ist eindeutig und aufgrund des Sachleistungsprinzips auch sinnvoll.[46] In diesem Zusammenhang ist auf die Entscheidungskompetenz des GKV-Spitzenverbandes gem. § 217f Abs. 6 hinzuweisen.

17 Wenn diese aus S. 1 folgenden Verpflichtungen in dem jeweiligen[47] Insolvenzfall 1 % des Gesamtbetrages der Zuweisungen, den die Kassen der jeweiligen Kassenart aus dem Gesundheitsfonds jährlich erhalten (vgl. §§ 266 ff.), übersteigen, haften hierfür gem. S. 2 auch die Kassen der **anderen Kassenarten**.[48] Durch die Begrenzung anhand eines Schwellenwertes, der als Indikator für die Leistungsfähigkeit der Kasse dienen kann, soll eine Überforderung dieser Kassen vermieden werden.[49] Diese bezweckte Vermeidung von Überforderungen der Kassen derselben Kassenart spricht dafür, die von S. 1 nicht gedeckten Beträge nur auf die Krankenkassen der anderen Kassenarten zu verteilen, selbst wenn der Wortlaut eine Verteilung „auch" auf die Kassen derselben Kassenart eher nahelegt.[50] Weiter wird das Fehlen eines vergleichbaren Schutzes bei der Schließung als widersprüchlich bewertet.[51]

18 Aus Gründen der Vereinfachung kann gem. S. 3 iVm § 155 Abs. 4 S. 5 die Erfüllung dieser Forderungen nur vom **GKV-Spitzenverband** verlangt werden,[52] wobei gem. S. 3 iVm § 155 Abs. 4 S. 7 die Klagen gegen die Geltendmachung der Beiträge und gegen ihre Vollstreckung keine aufschiebende Wir-

---

39 Mühlhausen in: Becker/Kingreen, § 171e Rn. 2 unter Hinweis auf VG Hamburg, 6.7.2011, 10 K 527/10, juris Rn. 18 ff.
40 BT-Dr. 16/10609, 59.
41 Vgl. BT-Dr. 16/10609, 59.
42 BT-Dr. 16/9559, 22.
43 BT-Dr. 17/1297, 5.
44 Zu den in Betracht kommenden Ansprüchen s. Hoffmann, GesR 2009, 135 f.; Werner, Schließung und Insolvenz gesetzlicher Krankenkassen, 268.
45 BT-Dr. 16/9559, 22; vgl. auch § 171b Rn. 4.
46 AA wohl Baier in: Krauskopf, § 171d SGB V Rn. 17.
47 In diesen Sinne wohl Engelhard in: Hauck/Noftz, SGB V, § 171d Rn. 51.
48 Kritisch zur kassenartenübergreifenden Haftung: Minn, ErsK 2008, 228, 229.
49 BT-Dr. 16/9559, 22.
50 Engelhard in: Hauck/Noftz, SGB V, § 171d Rn. 52.
51 Mühlhausen in: Becker/Kingreen, § 171d Rn. 13.
52 BT-Dr. 16/9559, 22.

kung haben. Soweit Krankenkassen aufgrund dessen Zahlungen zu leisten haben, gehen die Forderungen gem. S. 4 auf sie über, und der GKV-Spitzenverband macht gem. S. 5 iVm Abs. 4 S. 2 im Insolvenzverfahren die übergegangenen Forderungen zugunsten dieser Kassen geltend.[53]

IX. Zwischenfinanzierung über Darlehen (Abs. 6)

Die bis Ende 2014 befristete Regelung des Abs. 6 ermöglichte dem GKV-Spitzenverband eine Darlehnsfinanzierung in unbegrenzter Höhe am Kapitalmarkt.[54] Sie wurde mWv 1.1.2015 durch das **GKV-Finanzstruktur- und Qualitäts-Weiterentwicklungsgesetz (GKV-FQWG)** vom 21.7.2014[55] neu gefasst. Um zu vermeiden, dass die Versicherten und Leistungserbringer auf die Befriedigung fälliger Forderungen warten müssen, ist im neugefassten Abs. 6 S. 1 vorgesehen, dass der GKV-Spitzenverband zur kurzzeitigen Zwischenfinanzierung ein nicht zu verzinsendes Darlehen in Höhe von bis zu 750 Mio. EUR aus der Liquiditätsreserve des Gesundheitsfonds (§ 271 Abs. 2) aufnehmen kann.[56] Unerheblich ist nach der Formulierung des S. 1, von wem der GKV-Spitzenverband in Anspruch genommen wird, weil sich nach bisheriger Erfahrung die Gläubiger ausnahmslos direkt an die geschlossene KK wendeten und auch nur diese die Zahlungsverpflichtungen selbst prüfen kann (GKV-Spitzenverband, Ausschussdr. 18(14)0029(27.1), 20).

Während bis Ende 2014 der GKV-Spitzenverband nach Abs. 6 S. 2 aF eine Genehmigung des Bundesversicherungsamtes zur Darlehnsaufnahme benötigt wurde, wird nunmehr das Nähere zur Darlehensaufnahme zwischen diesen beiden vereinbart.

Nach Abs. 6 S. 3 ist ein zum Jahresende noch nicht getilgter Darlehensbetrag bis zum 28.2. des Folgejahres zurückzuzahlen. Die Regelung dient der Vereinfachung der Abwicklung und Rückzahlung eines aufgenommenen Darlehens und einer erheblichen Verringerung des Verwaltungsaufwands, indem die KKen des Haftungsverbunds idR nur einmal jährlich zu einer Umlage vom GKV-Spitzenverband herangezogen werden sollen.[57] Dies erscheint vertretbar und zweckmäßig, da nach den bisherigen Erfahrungen der jährliche Finanzierungsbedarf je geschlossener KK kurzfristig im einstelligen Millionenbereich liegt und damit bei entsprechend geringen Beträgen jährlich nur ein Umlagebescheid pro geschlossene KK erforderlich wird und zugleich dieser Bescheid exakt das für die Bilanzierung maßgebliche Geschäftsjahr (= Kalenderjahr) abbildet (GKV-Spitzenverband, Ausschussdr. 18(14)0029(27.1), 19).

Bereits bis zum Ende des übernächsten Kalendermonats zurückzuzahlen ist nach Abs. 6 S. 4 ein Darlehensbetrag, soweit er zum Ende eines Kalendermonats 50 Mio. EUR überschreitet, wenn er für „einen Schließungsfall" aufgenommen wurde. Der Begriff „Schließungsfall" dürfte dabei allerdings nicht nur die Fälle der §§ 146 a, 153, 163 und 170 sondern auch Insolvenzfälle erfassen. Dafür spricht die systematische Stellung im § 171 d. Außerdem wurde S. 4 erst im Gesetzgebungsverfahren eingefügt und in der Gesetzesbegründung keine Differenzierung zwischen Schließung und Insolvenz vorgenommen. Vielmehr umfasst der Zweck des S. 4, Vermeidung einer längerfristigen Belastung der Liquiditätsreserve des Gesundheitsfonds mit hohen Darlehensbeträgen,[58] auch die Insolvenzfälle. In jedem Fall ist eine Darlehensfinanzierung zur Rückzahlung des Darlehens ausgeschlossen.[59] Nicht aufgenommen wurde der Vorschlag des GKV-Spitzenverbandes (vgl. Ausschussdr. 18(14)0029(27.1), 20), dass eine unterjährige Rückzahlungspflicht bei mehreren KK ab insgesamt 100 Mio. EUR besteht, mithin ist die Regelung wohl so zu verstehen, dass *je* Krankenkasse bis zu 50 Mio. EUR ohne unterjährige Rückzahlungspflicht aufgenommen werden können.

Nach Abs. 6 S. 5 gilt die gesetzliche Finanzierungsgrenze von 750 Mio. EUR sowohl für den einzelnen Haftungsfall nach S. 1 als auch für die Inanspruchnahme des Gesundheitsfonds bei Abwicklung mehrerer KK insgesamt nach S. 4.[60]

Für den nicht vollständig auszuschließenden Fall, dass unterjährig die Liquiditätsreserve nicht ausreichen sollte, gilt nach dem neuen Abs. 6 S. 6 der § 271 Abs. 3 entsprechend mit der Folge, dass der

---

53 Dazu Werner, Schließung und Insolvenz gesetzlicher Krankenkassen, 270 ff.
54 Dazu 1. Aufl., Rn. 19 ff.
55 BGBl. I, 1133, 1136.
56 BT-Dr. 18/1307, 38.
57 BT-Dr. 18/1657, 71.
58 BT-Dr. 18/1657, 71.
59 BT-Dr. 18/1307, 38.
60 BT-Dr. 18/1307, 38.

Bund dem Gesundheitsfonds die fehlenden Mittel mittels Liquiditätsdarlehen unter den in § 271 Abs. 3 genannten Bedingungen zur Verfügung stellt.[61]

§ 171 e Deckungskapital für Altersversorgungsverpflichtungen

(1) ¹Krankenkassen haben für Versorgungszusagen, die eine direkte Einstandspflicht nach § 1 Abs. 1 Satz 3 des Betriebsrentengesetzes auslösen sowie für ihre Beihilfeverpflichtungen durch mindestens jährliche Zuführungen vom 1. Januar 2010 an bis spätestens zum 31. Dezember 2049 ein wertgleiches Deckungskapital zu bilden, mit dem der voraussichtliche Barwert dieser Verpflichtungen an diesem Tag vollständig ausfinanziert wird. ²Auf der Passivseite der Vermögensrechnung sind Rückstellungen in Höhe des vorhandenen Deckungskapitals zu bilden. ³Satz 1 gilt nicht, soweit eine Krankenkasse der Aufsichtsbehörde durch ein versicherungsmathematisches Gutachten nachweist, dass für ihre Verpflichtungen aus Versorgungsanwartschaften und -ansprüchen sowie für ihre Beihilfeverpflichtungen ein Deckungskapital besteht, das die in Satz 1 und in der Rechtsverordnung nach Absatz 3 genannten Voraussetzungen erfüllt. ⁴Der Nachweis ist bei wesentlichen Änderungen der Berechnungsgrundlagen, in der Regel alle fünf Jahre, zu aktualisieren. ⁵Das Deckungskapital darf nur zweckentsprechend verwendet werden.

(2) ¹Soweit Krankenversicherungsträger vor dem 31. Dezember 2009 Mitglied einer öffentlich-rechtlichen Versorgungseinrichtung geworden sind, werden die zu erwartenden Versorgungsleistungen im Rahmen der Verpflichtungen nach Absatz 1 entsprechend berücksichtigt. ²Wurde vor dem 31. Dezember 2009 Deckungskapital bei aufsichtspflichtigen Unternehmen im Sinne des § 1 Absatz 1 Nummer 1 und 5 des Versicherungsaufsichtsgesetzes gebildet, wird dieses anteilig berücksichtigt, sofern es sich um Versorgungszusagen nach Absatz 1 Satz 1 handelt. ³Soweit Krankenversicherungsträger dem Versorgungsrücklagegesetz des Bundes oder entsprechender Landesgesetze unterliegen, ist das nach den Vorgaben dieser Gesetze gebildete Kapital ebenfalls zu berücksichtigen.

(2 a) ¹Für die Anlage der Mittel zur Finanzierung des Deckungskapitals für Altersrückstellungen gelten die Vorschriften des Vierten Titels des Vierten Abschnitts des Vierten Buches mit der Maßgabe, dass eine Anlage auch in Euro-denominierten Aktien im Rahmen eines passiven, indexorientierten Managements zulässig ist. ²Die Anlageentscheidungen sind jeweils so zu treffen, dass der Anteil an Aktien maximal 10 Prozent des Deckungskapitals beträgt. ³Änderungen des Aktienkurses können vorübergehend zu einem höheren Anteil an Aktien am Deckungskapital führen.

(3) ¹Das Bundesministerium für Gesundheit regelt durch Rechtsverordnung mit Zustimmung des Bundesrates das Nähere über

1. die Abgrenzung der Versorgungsverpflichtungen, für die das Deckungskapital zu bilden ist,
2. die allgemeinen versicherungsmathematischen Vorgaben für die Ermittlung des Barwertes der Versorgungsverpflichtungen,
3. die Höhe der für die Bildung des Deckungskapitals erforderlichen Zuweisungsbeträge und über die Überprüfung und Anpassung der Höhe der Zuweisungsbeträge,
4. das Zahlverfahren der Zuweisungen zum Deckungskapital,
5. die Anrechnung von Deckungskapital bei den jeweiligen Durchführungswegen der betrieblichen Altersversorgung.

²Das Bundesministerium für Gesundheit kann die Befugnis nach Satz 1 durch Rechtsverordnung mit Zustimmung des Bundesrates auf das Bundesversicherungsamt übertragen. ³In diesem Fall gilt für die dem Bundesversicherungsamt entstehenden Ausgaben § 271 Abs. 6 entsprechend.

Literatur:
Siehe § 171 b sowie *Freiherr von Buddenbrock/Manhart*, Pensionsverpflichtungen – Berechnungspflicht der Krankenkasse für notwendiges Deckungskapital, BB 2013, 1083; *Th. Schmidt*, Bildung von Deckungskapital zur Finanzierung der betrieblichen Altersversorgung in der Sozialversicherung im aktuellen Niedrigzinsumfeld, WzS 2015, 131.

---

[61] BT-Dr. 18/1307, 38.

I. Entstehungsgeschichte

Eine Pflicht der Krankenkassen vom 1.1.2010 an zum Aufbau eines Kapitalstocks zur Absicherung ihrer Versorgungszusagen wurde aufgrund des zum 1.4.2007 in Kraft getretenen § 171 b durch Art. 1 Nr. 131, Art. 46 Abs. 1 GKV-WSG vom 26.3.2007 (BGBl. I, 378) eingeführt (vgl. BT-Dr. 16/3100, 156). Dieser Regelungsauftrag wurde zum 1.1.2010 durch § 171 e aufgrund Art. 1 Nr. 8, Art. 7 Abs. 7 GKV-OrgWG vom 15.12.2008 (BGBl. I, 2426) umgesetzt. Der ursprüngliche Gesetzestext entsprach dem Regierungsentwurf (vgl. BT-Dr. 16/9559, 8; zu abweichenden Vorschlägen s. BT-Dr. 16/10070, 7 f., 17). Allerdings wurde durch Art. 12 b Nr. 7 des Gesetzes vom 19.10.2012 (BGBl. I, 2192) die zunächst in Abs. 4 und 5 vorgesehene Pflicht zur Genehmigung der Ermittlung des Barwerts der Altersrückstellungen durch die Aufsichtsbehörden aufgehoben, weil die bisherigen Erfahrungen gezeigt hätten, dass eine gesonderte Genehmigung neben der allgemeinen Aufsichtstätigkeit nicht erforderlich sei (BT-Dr. 17/10156, 96). Später wurden durch Art. 2 Abs. 21 Nr. 2 des Gesetzes zur Modernisierung der Finanzaufsicht über Versicherungen (VFinAModG) vom 1.4.2015 (BGBl. I, 434) die Verweisungen in Abs. 2 S. 2 als Folgeänderung an die geänderte Nummerierung des Versicherungsaufsichtsgesetzes angepasst (BR-Dr. 430/14, 358). Außerdem wird durch Art. 3 Nr. 1 Buchst. a des Sechsten Gesetzes zur Änderung des Vierten Buches Sozialgesetzbuch und anderer Gesetze (6. SGB IV-ÄndG) vom 11.11.2016 (BGBl. I, 2500) den Krankenkassen die Aktienanlage eines begrenzten Teils des Deckungskapitals für Altersrückstellungen ermöglicht (BT-Dr. 18/8487, 49). Als Folgeänderungen wurden durch Art. 3 Nr. 1 Buchst. b und Art. 19 des 6. SGB IV-ÄndG in der Verordnungsermächtigung des § 171 e Abs. 3 Nr. 5 die Möglichkeit zur Regelung der Anlage des Deckungskapitals bzw. § 6 KK-AltRückV aufgehoben (BT-Dr. 18/8487, 49 bzw. 64). Diese Möglichkeit zur Aktienanlage wurde im Gesetzgebungsverfahren vom Bundesrat (BT-Dr. 18/8487, 69, dort mit Gegenäußerung der BReg auf S. 72, für die BReg auch Schmidt (CDU/CSU), BT-Plenarprotokoll 18/183, 18192) und von der Opposition (Birkwald (DIE LINKE) und Strengmann-Kuhn (BÜNDNIS 90/DIE GRÜNEN), BT-Plenarprotokoll 18/173, 17168 f. und 18/183, 18193 ff.) kritisiert (vgl. auch Ausschuss für Arbeit und Soziales, BT-Dr. 18/9088, 12).

II. Normzweck

Die Vorschrift dient der **Insolvenzsicherung für Altersversorgungsverpflichtungen** gegenüber allen insolvenzfähigen (→ § 171 b Rn. 5) Krankenkassen durch Bildung von Deckungskapital. Dadurch soll eine Verschiebung von Versorgungslasten in die Zukunft begrenzt werden.[1] Auch wenn einzelne Krankenkassen auf freiwilliger Basis Kapitalreserven gebildet hatten, gingen Schätzungen[2] hinsichtlich der damals bestehenden Altlasten von Beträgen zwischen 5 bis 10 Mrd. Euro aus. Angesichts der unterschiedlichen Verteilung der ungedeckten Versorgungsverpflichtungen der verschiedenen Krankenkassen war eine Frist bis zum 31.12.2049 erforderlich, um einzelne Kassen nicht zu überfordern.[3] Bis zum Endzeitpunkt werden die überwiegend durch die Dienstordnungsangestellten, die gem. § 358 RVO nur bis 1993 nach beamtenrechtlichen Grundsätzen angestellt werden konnten, verursachten Versorgungskosten aus biologischen Gründen reduziert sein.[4] Nichtsdestoweniger statuiert für diesen Übergangszeitraum Abs. 1 eine Pflicht zur Bildung von nur zweckentsprechend zu verwendendem Deckungskapital für bestimmte Versorgungsansprüche. Das Verhältnis zu anderen Sicherungssystemen normiert Abs. 2. Die Anlage des Deckungskapitals regelt Abs. 2 a durch Verweisung auf die Anlageregeln in §§ 80 ff. SGB IV modifiziert durch die Möglichkeit der Anlage von bis zu 10 % in Aktien. Im Übrigen erfolgt eine Regelung der technischen Einzelheiten zum Deckungskapital durch Rechtsverordnung aufgrund des Abs. 3. Eine parallele Absicherung der Altersversorgungsverpflichtungen ergibt sich über den Pensions-Sicherungs-Verein nach BetrAVG (→ § 171 d Rn. 13 f.).

III. Pflicht zur Bildung von Deckungskapital (Abs. 1)

Krankenkassen haben gem. Abs. 1 S. 1 Deckungskapital für ihre **Versorgungszusagen**, die eine direkte Einstandspflicht nach § 1 Abs. 1 S. 3 BetrAVG auslösen, und für ihre **Beihilfeverpflichtungen** zu bilden. Dies erfasst Versorgungszusagen, für die Durchführungswege gewählt worden sind, die eine Beitrags-

---

1 BT-Dr. 16/9559, 2.
2 Thomas in: Müller (ua), SGB V Onlinekommentar, § 171 c Rn. 7. Uwer, GesR 2009, 113, 114: bei AOK allein 6,25 bis 8 Mrd. EUR.
3 BT-Dr. 16/9559, 22 f.
4 Heberlein, GesR 2009, 141, 145.

pflicht zur Insolvenzsicherung nach § 10 BetrAVG ausgelöst haben (ua Direktzusage, Unterstützungskasse und Pensionsfonds), weil für diese keine ausreichende Sicherung besteht.[5] Außerdem sind gem. § 12 Abs. 1 S. 5 SVRV Verpflichtungen aus Vereinbarungen über die Altersteilzeitarbeit und aus Wertguthabenvereinbarungen nach § 7b SGB IV rückstellungspflichtig. Ausgehend von der Verweisung in S. 1 auf § 1 Abs. 1 S. 3 BetrAVG, der die Haftung des Arbeitgebers auch für mittelbare Versorgungszusagen statuiert, müsste die Einstandspflicht auch in diesen Fällen gelten. Demgegenüber ist nach allgemeiner Ansicht[6] die Bildung von Deckungskapital nicht obligatorisch, soweit Versorgungszusagen über eine Pensionskasse, eine Direktversicherung der in § 7 Abs. 1 S. 2 und Abs. 2 S. 1 Nr. 2 BetrAVG bezeichneten Art oder einen versicherungsförmig ausgestalteten Pensionsfonds erteilt wurden, weil in diesen Fällen eine versicherungsförmige Absicherung der Pensionsverpflichtungen gewährleistet ist, so dass der Aufbau eines ausreichenden Deckungskapitals sichergestellt ist. Von dieser Pflicht zur Bildung des Deckungskapitals nach S. 1 sind die Krankenkassen gem. S. 3 befreit, soweit sie der Aufsichtsbehörde (§§ 90, 90a SGB IV) durch ein versicherungsmathematisches Gutachten nachweisen, dass für ihre Verpflichtungen ein Deckungskapital besteht, das die in S. 1 und in der Rechtsverordnung nach Abs. 3 genannten Voraussetzungen erfüllt.

4 Der voraussichtliche **Barwert** dieser Verpflichtungen am 31.12.2049 muss gem. S. 1 bis spätestens zu diesem Tag vollständig mithilfe eines durch mindestens jährliche Zuführungen vom 1.1.2010 an gebildeten, wertgleichen Deckungskapitals ausfinanziert sein. Dies kann auch durch mehrere Krankenkassen bei einem gemeinsamen Träger, wie etwa einer gemeinsamen Pensionskasse, erfolgen.[7] Auch werden nach Maßgabe des Abs. 2 anderweitige Absicherungen berücksichtigt (→ Rn. 6). Das Deckungskapital kann sinnvoll durch statische oder flexible Zuführung gebildet werden.[8] In Höhe des vorhandenen Deckungskapitals sind nach S. 2 Rückstellungen auf der Passivseite der Vermögensrechnung zu bilden. Der Gesamtbetrag des Rückstellungsbedarfs ist gem. § 12 Abs. 1a SVRV im Anhang zur Jahresrechnung auszuweisen. Die Erfassung von künftigen Verbindlichkeiten durch Rückstellungen war dem zuvor geltenden System aus der Verordnung über das Haushaltswesen der Sozialversicherung (SVHV, jetzt zuletzt geändert durch Art. 13 Abs. 18 Gesetz vom 12.4.2012 [BGBl. I, 579]) und der Allgemeinen Verwaltungsvorschrift über das Rechnungswesen in der Sozialversicherung (SRVwV) in der jetzt geltenden Fassung der Änderung vom 19.1.2015 (BAnz AT 23.1.2015 B9) fremd.[9] Die Details ergeben sich aus der aufgrund Abs. 3 erlassenen Verordnung (→ Rn. 9). Der **Nachweis** über die Höhe der Rückstellungen ist gem. S. 4 bei wesentlichen Änderungen der Berechnungsgrundlagen, in der Regel alle 5 Jahre, zu aktualisieren, was als Spezialregelung zur alle 3 Jahre bestehenden Überprüfungspflicht nach § 16 Abs. 1 BetrAVG interpretiert wird.[10] Nichtsdestoweniger sind an die Nachweispflicht hohe Anforderungen zu stellen, um den betroffenen Rechtspositionen der (ehemaligen) Beschäftigten Rechnung zu tragen, die angesichts des wettbewerblich bedingten Interesses von Krankenkassen an einer geringen finanziellen Belastung durch die Kapitalstockbildung gefährdet sind.[11]

5 S. 5 sollte nach Ansicht des Gesundheitsausschusses des Bundesrates[12] gestrichen werden, und stattdessen sollte in Abs. 4a explizit das Deckungskapital aus der Insolvenzmasse und einigen Haftungsregelungen herausgenommen werden. Nach dem in Kraft getretenen S. 5 darf das Deckungskapital nur zweckentsprechend verwendet werden. Daraus wird (zusammen mit der Passivierungspflicht des S. 2) gefolgert, dass das Deckungskapital nicht Teil der allgemein zu verteilenden **Insolvenzmasse** sei.[13] Demgegenüber dürfte das zweckgebundene Deckungskapital eher der Insolvenzmasse zuzurechnen sein, weil eine Abgrenzung von anderen Vermögensgegenständen wohl nicht möglich ist und insoweit der Schutz der Versorgungsempfänger durch §§ 7 ff. BetrAVG sichergestellt ist.[14]

---

5 BT-Dr. 16/9559, 22.
6 BT-Dr. 16/9559, 22; Baier in: Krauskopf, § 171e SGB V Rn. 3; Thomas in: Müller (ua), SGB V Onlinekommentar, § 171e Rn. 2.
7 BT-Dr. 16/9559, 22.
8 Dazu BT-Dr. 16/9559, 22.
9 Thomas in: Müller (ua), SGB V Onlinekommentar, § 171e Rn. 5.
10 Kauke in: Sommer, § 171e Rn. 10; Thomas in: Müller (ua), SGB V Onlinekommentar, § 171e Rn. 7.
11 Mühlhausen in: Becker/Kingreen, § 171e Rn. 2.
12 BR-Dr. 342/08 (Beschluss), 20f.
13 Füsser, SGb 2009, 126, 129; Uwer, GesR 2009, 113, 117.
14 Hänlein in: LPK-SGB V, § 171b Rn. 22; im Ergebnis ebenso Mühlhausen in: Becker/Kingreen, § 171e Rn. 2; aA Kauke in: Sommer, § 171e Rn. 3.

IV. Berücksichtigung anderer Sicherungssysteme (Abs. 2)

Im Rahmen der Verpflichtungen nach Abs. 1 werden die zu erwartenden Versorgungsleistungen bei vor 31.12.2009 begründeter Mitgliedschaft des Krankenversicherungsträgers in einer öffentlich-rechtlichen Versorgungseinrichtung gem. Abs. 2 S. 1 entsprechend berücksichtigt. Dies erfasst die von der Krankenkasse über kommunale, regionale oder auf ein Bundesland begrenzte Versorgungseinrichtungen (zB Zusatzversorgungskassen) abgesicherten Dienstordnungsangestellten.[15] Gemäß S. 2 anteilig berücksichtigt wird das Deckungskapital, das sich auf Versorgungszusagen nach Abs. 1 S. 1 (→ Rn. 3) bezieht und vor dem 31.12.2009 bei aufsichtspflichtigen Unternehmen iS des jetzigen § 1 Abs. 1 Nr. 1 und 5 VAG (dh Versicherungsunternehmen oder Pensionsfonds) gebildet wurde. Nach S. 3 ist auch das nach Vorgaben des Versorgungsrücklagegesetzes des Bundes[16] oder entsprechender Landesgesetze gebildete Kapital zu berücksichtigen. In solchen Fällen ist ein weiterer Kapitalaufbau nur ergänzend notwendig.[17]

V. Anlage des Deckungskapitals (Abs. 2 a)

Für die Anlage der Mittel zur Finanzierung des Deckungskapitals für Altersrückstellungen gelten nach Abs. 2 a S. 1 die Vorschriften des Vierten Titels des Vierten Abschnitts des Vierten Buches. Damit gilt insbes. auch der Grundsatz der Anlagensicherheit des § 80 Abs. 1 SGB IV,[18] was sich bis zum 6. SGB IV-ÄndG (→ Rn. 1) explizit aus § 6 KK-AltRückV ergab. Auch gilt der Anlagekatalog des § 83 SGB IV der für die kurz- bis mittelfristig anzulegenden Mittel konzipiert ist, so dass ergänzend eine Beimischung von Aktien sinnvoll ist.[19] Insoweit bestimmt Abs. 2 a S. 1, dass eine Anlage auch in Euro-denominierten Aktien im Rahmen eines passiven, indexorientierten Managements zulässig ist. Die Regelung ermöglicht den KK die Anlage des Deckungskapitals in Aktien, um bei dem sehr langfristig zu bildenden Deckungskapital höhere Erträge zu erzielen und das Anlageportfolio stärker zu diversifizieren.[20] Durch die Vorgaben zur Ausgestaltung (passiv, indexorientiert) sowie zur Anlage in Euro-denominierten Aktien sollen die Gefahren möglicher Fehlentscheidungen des Anlagemanagements verringert und Währungsrisiken minimiert werden, um dem Grundsatz der Anlagensicherheit des § 80 Abs. 1 SGB IV Rechnung zu tragen.[21]

Ebenfalls um dem in § 80 Abs. 1 SGB IV geregelten Grundsatz der Anlagesicherheit Rechnung zu tragen, wird das bestehende Verlustrisiko insoweit begrenzt, als die Anlageentscheidungen nach Abs. 2 a S. 2 jeweils so zu treffen sind, dass der Anteil an Aktien maximal 10 % des Deckungskapitals beträgt.[22] Dabei ist nach Abs. 2 a S. 3 zulässig, dass Änderungen des Aktienkurses vorübergehend zu einem höheren Anteil an Aktien am Deckungskapital führen können. Auch wenn nach S. 3 der erhöhte Aktienanteil nur vorübergehend zulässig ist, so dürfte dies keine Pflicht zum sofortigen Verkauf bewirken. Vielmehr ist dies im Zusammenspiel mit den S. 1 und 2 so zu verstehen sein, dass bei nachfolgenden Anlageentscheidungen die §§ 80 ff. SGB IV unmodifiziert anzuwenden sind, bis die maximale 10-%-Schwelle der Anlage in Aktien wieder erreicht ist.

VI. Verordnungsermächtigung zum Deckungskapital (Abs. 3)

Abs. 3 S. 1 ermächtigt das BMG zur Regelung technischer Einzelheiten zum Aufbau des Deckungskapitals, wozu seit dem 6. SGB IV-ÄndG nicht mehr die Regelung über die Anlage des Deckungskapitals gehört (→ Rn. 1 und 7 f.). Das BMG hat von seiner gem. S. 2 bestehenden Befugnis zur Weiterdelegation auf das Bundesversicherungsamt mit der SGB V-ÜbV[23] Gebrauch gemacht, weil das Bundesversicherungsamt im Rahmen seiner Aufsichtstätigkeit ohnehin mit den versicherungsmathematischen Fragen befasst ist, die sich im Zusammenhang mit der Bildung von Deckungskapital für Altersversor-

---

15 BT-Dr. 16/9559, 23.
16 Gesetz über eine Versorgungsrücklage des Bundes (Versorgungsrücklagegesetz – VersRücklG), geändert durch Art. 4 Gesetz vom 22.12.2007 (BGBl. I, 3245).
17 BT-Dr. 16/9559, 23.
18 IdS BReg, BT-Dr. 18/8487, 49; Schmidt (CDU/CSU), BT-Plenarprotokoll 18/183, 18192.
19 Th. Schmidt, WzS 2015, 131, 136.
20 BT-Dr. 18/8487, 49.
21 BT-Dr. 18/8487, 49.
22 BT-Dr. 18/8487, 49.
23 Verordnung zur Übertragung der Befugnis zum Erlass von Rechtsverordnungen nach dem Fünften Buch Sozialgesetzbuch auf das Bundesversicherungsamt (SGB V-Übertragungsverordnung – SGB V-ÜbV) vom 12.2.2010 (BGBl. I, 88).

gungsverpflichtungen stellen.[24] Daraufhin hat das Bundesversicherungsamt die **KK-AltRückV**[25] mit Zustimmung des Bundesrates[26] erlassen. Ergänzend dazu hat es auf seiner Homepage in der Rubrik „Krankenversicherung" unter dem Punkt „Altersversorgungsverpflichtungen" einen Leitfaden eingestellt. Die durch den Verordnungserlass dem Bundesversicherungsamt entstehenden Ausgaben werden nach S. 3 iVm § 271 Abs. 6 aus den Einnahmen des Gesundheitsfonds gedeckt.

§ 171 f Insolvenzfähigkeit von Krankenkassenverbänden

Die §§ 171 b bis 171 e gelten für die Verbände der Krankenkassen entsprechend.

Literatur:
Siehe § 171 b.

I. Entstehungsgeschichte

1 Zum 1.1.2010 wurde § 171 e durch Art. 1 Nr. 8, Art. 7 Abs. 7 GKV-OrgWG vom 15.12.2008 (BGBl. I, 2426) eingeführt (vgl. BT-Dr. 16/9559, 8). Während bis dahin die Insolvenzunfähigkeit der Landesverbände nach § 12 Abs. 1 Nr. 2 InsO von den Ländern angeordnet werden konnte, ergab sich im Umkehrschluss dazu, dass der Bundesverband bereits damals insolvenzfähig war.

II. Normzweck

2 Die Regelung dient der **Gleichbehandlung von Krankenkassen und deren Verbände** durch Übertragung der insolvenzrechtlichen Vorschriften der Krankenkassen auf die Verbände der Krankenkassen.[1] Angesichts des bisherigen verbandszentrierten Haftungsausgleichs gem. § 155 (iVm §§ 146 a S. 3, 164, 171 S. 2 und 171 b Abs. 3 S. 4) hat § 171 f bislang jedoch eher theoretische Bedeutung.[2] Auch finanzieren sich der GKV-Spitzenverband und die Landesverbände gem. § 217 e Abs. 1 S. 5 Nr. 3 bzw. § 211 Abs. 4 durch Umlagen bei ihren Mittgliedern, die sie – anders als Krankenkassen – unbegrenzt an ihren Mittelbedarf anpassen können.[3] Gegen eine Auflösung eines Verbandes spricht auch die Pflicht zur Bildung eines Verbandes nach §§ 207 Abs. 1, 217 a Abs. 1.[4] Vorstellbar ist die Insolvenz eines Landesverbandes der Krankenkasse daher nur, wenn sich alle Kassen des Landes zu einer vereinigen und diese in die Rechte und Pflichten des Landesverbandes eintritt oder alle Mitgliedskassen des Verbandes geschlossen werden.[5]

III. Verfassungsrechtliche Vorgaben

3 Als verfassungsrechtliche Vorgabe für Organisationsmaßnahmen ist ein institutioneller Gesetzesvorbehalt zu beachten, dh deren Voraussetzungen und Grenzen bedürfen einer formell-gesetzlichen Grundlage (→ § 168 a Rn. 3), was insoweit erfolgte. Die Einführung der Insolvenzfähigkeit der Krankenkassenverbände ist im Hinblick auf die **Funktionsgewährleistungsverantwortung** des Bundes für das Krankenversicherungssystem gem. Art. 120 Abs. 1 S. 4 GG zwar problematisch, aber rechtlich wohl nicht zu beanstanden (→ § 171 b Rn. 4).

IV. Entsprechende Anwendung der Regelungen über die Krankenkassen

4 Gemäß § 171 f gelten für die Verbände der Krankenkasse die §§ 171 b bis 171 e entsprechend. Davon erfasst sind Verbände in der Rechtsform der Körperschaft des öffentlichen Rechts,[6] mithin die **Landesverbände** der Krankenkassen (§ 207 Abs. 1 S. 2) und der **GKV-Spitzenverband** (§ 217 a Abs. 2). Die

---

24 BR-Dr. 292/09, 2.
25 Verordnung zur Bildung von Altersrückstellungen durch die gesetzlichen Krankenkassen und ihre Verbände (Krankenkassen-Altersrückstellungsverordnung – KK-AltRückV) vom 18.7.2011 (BGBl. I, 1396), zuletzt geändert durch Art. 13 Abs. 21 LSV-NOG vom 12.4.2012 (BGBl. I, 579).
26 BR-Dr. 283/11.
1 BT-Dr. 16/9559, 23.
2 Mühlhausen in: Becker/Kingreen, § 171 b Rn. 3.
3 Baier in: Krauskopf, § 171 f SGB V Rn. 4.
4 Baier in: Krauskopf, § 171 f SGB V Rn. 4.
5 Baier in: Krauskopf, § 171 f SGB V Rn. 4.
6 BT-Dr. 16/9559, 23.

seit 1.1.2009 in Gesellschaften des bürgerlichen Rechts umgewandelten **Bundesverbände** (vgl. § 212 Abs. 1) werden davon zwar nicht erfasst, aber fallen bereits in den Anwendungsbereich der InsO. Dasselbe gilt für die als eingetragene Vereine (§ 212 Abs. 5) organisierten **Ersatzkassenverbände**. Eine Ausnahme bildet die landwirtschaftliche Krankenkasse, auf die § 171 f gem. § 34 Abs. 1 S. 3 KVLG 1989 nicht anzuwenden ist.[7] Zwar nimmt die **Deutsche Rentenversicherung Knappschaft-Bahn-See** gem. § 212 Abs. 3 die Aufgaben eines Landesverbandes wahr, aber die Krankenkasse ist organisatorisch nur eine unselbstständige Abteilung des Rentenversicherungsträgers, für welche der Bund gem. § 214 Abs. 1 SGB VI eine unbeschränkte Liquiditätshilfe leistet (Bundesgarantie), so dass sie nicht tauglicher Adressat von gesetzlichen Regelungen über die Insolvenz sein kann.[8]

Durch die entsprechende Anwendung des § 171 b Abs. 1 wird verhindert, dass durch Landesrecht gem. § 12 Abs. 1 Nr. 2 InsO das Insolvenzverfahren über das Vermögen eines Landesverbandes ausgeschlossen werden kann.[9] Ungeklärt ist bei der entsprechenden Anwendung des § 171 b, ob der **Vorrang der Schließung vor der Insolvenz** greifen kann, weil für Verbände die Schließung zumindest nicht explizit geregelt ist.[10] Außerdem kommt angesichts der Pflicht zur Bildung der Verbände eine Insolvenz letztlich nur bei einer Kasse in Betracht (→ Rn. 2). 5

Der durch die entsprechende Geltung des § 171 c bewirkte Haftungsausschluss der Länder für Verpflichtungen der Verbände ergibt sich auch aus der entsprechenden Anwendung der §§ 171 b und 171 d Abs. 1.[11] Die Haftung im Insolvenzfall der Landesverbände aufgrund der entsprechenden Anwendung des § 171 d dürfte keine besonderen rechtlichen Probleme bereiten (vgl. die dortige Kommentierung). Eine entsprechende Anwendung hinsichtlich des GKV-Spitzenverband dürfte rechtlich und faktisch sinnlos sein, weil er dann im Falle seiner Insolvenz für seine eigenen Verpflichtungen haften müsste (vgl. zB § 171 f iVm § 171 d Abs. 1 S. 1). Demgegenüber erscheint die entsprechende Anwendung von § 171 e (Deckungskapital für Altersversorgungsverpflichtungen) für alle Verbände sinnvoll, da sie über eigenes Personal verfügen.[12] 6

§ 172 Vermeidung der Schließung oder Insolvenz von Krankenkassen

(1) ¹Vor Errichtung, Vereinigung, Öffnung (§ 173 Abs. 2 Satz 1 Nr. 4), Auflösung oder Schließung von Krankenkassen sind die Verbände der beteiligten Krankenkassen zu hören. ²Satz 1 gilt entsprechend, wenn eine Krankenkasse ihren Sitz in den Bezirk eines anderen Verbandes verlegt.

(2) ¹Die Krankenkassen haben dem Spitzenverband Bund der Krankenkassen und dem Landesverband, dem sie angehören, auf Verlangen unverzüglich die Unterlagen vorzulegen und die Auskünfte zu erteilen, die diese zur Beurteilung ihrer dauerhaften Leistungsfähigkeit für erforderlich halten, oder ihnen auf Verlangen die Einsichtnahme in diese Unterlagen in ihren Räumen zu gestatten. ²Stellt der Spitzenverband Bund der Krankenkassen fest, dass in der letzten Vierteljahresrechnung einer Krankenkasse die Ausgaben die Einnahmen um einen Betrag überstiegen haben, der größer ist als 0,5 Prozent der durchschnittlichen monatlichen Zuweisungen aus dem Gesundheitsfonds für den zu beurteilenden Berichtszeitraum, so hat er hierüber die zuständige Aufsichtsbehörde zu unterrichten. ³Darüber hinaus hat der Spitzenverband Bund der Krankenkassen den Aufsichtsbehörden die in den Jahresrechnungen zum Stichtag 31. Dezember eines jeden Kalenderjahres ausgewiesenen Betriebsmittel, Rücklagen und Geldmittel zur Anschaffung und Erneuerung von Verwaltungsvermögen einer Krankenkasse mitzuteilen. ⁴Die Aufsichtsbehörde hat unter Berücksichtigung der in den Sätzen 2 und 3 genannten Finanzdaten vom Vorstand einer Krankenkasse unverzüglich die Vorlage der in Satz 1 genannten Unterlagen und Auskünfte zu verlangen, wenn sich daraus Anhaltspunkte für eine dauerhafte Gefährdung der wirtschaftlichen Leistungsfähigkeit der Kasse ergeben. ⁵Hält der Verband auf Grund der nach Satz 1 übermittelten Informationen die dauerhafte Leistungsfähigkeit der Krankenkasse für bedroht, hat er die Krankenkasse über geeignete Maßnahmen zur Sicherung ihrer dauerhaften Leistungsfähigkeit zu beraten und die Aufsichtsbehörde der Krankenkasse über die finanzielle Situation der Krankenkasse und die vorgeschlagenen Maßnahmen zu unterrichten. ⁶Kommt eine Krankenkasse ihren Verpflichtun-

---

7 BT-Dr. 16/9559, 23.
8 Vgl. BT-Dr. 16/9559, 19 f.
9 Baier in: Krauskopf, § 171 f SGB V Rn. 4.
10 Kritisch zur Schließung Baier in: Krauskopf, § 171 f SGB V Rn. 4.
11 Baier in: Krauskopf, § 171 f SGB V Rn. 5.
12 Thomas in: Müller (ua), SGB V Onlinekommentar, § 171 f Rn. 6.

gen nach den Sätzen 1 und 4 nicht nach, ist die Aufsichtsbehörde der Krankenkasse auch hierüber zu unterrichten.

(3) ¹Stellt die Aufsichtsbehörde im Benehmen mit dem Spitzenverband Bund der Krankenkassen fest, dass bei einer Krankenkasse nur durch die Vereinigung mit einer anderen Krankenkasse die Leistungsfähigkeit auf Dauer gesichert oder der Eintritt von Zahlungsunfähigkeit oder Überschuldung vermieden werden kann, kann dieser der Aufsichtsbehörde Vorschläge für eine Vereinigung dieser Krankenkasse mit einer anderen Krankenkasse vorlegen. ²Kommt bei der in ihrer Leistungsfähigkeit gefährdeten Krankenkasse ein Beschluss über eine freiwillige Vereinigung innerhalb einer von der Aufsichtsbehörde gesetzten Frist nicht zustande, ersetzt die Aufsichtsbehörde diesen Beschluss.

Literatur:
Siehe bei § 171 b sowie *Hebeler*, Die Vereinigung, Auflösung und Schließung von Sozialversicherungsträgern, NZS 2008, 238; *M. Krasney*, Maßnahmen zur Vermeidung von Schließung oder Insolvenz von Krankenkassen aus Sicht des GKV-Spitzenverbandes, in: Pitschas (Hrsg.), Kassenwettbewerb und Insolvenz, 2010, 37; *Minn*, Insolvenzgesetz: Massiver Eingriff in den Wettbewerb, ErsK 2008, 228.

I. Entstehungsgeschichte	1	2. Informationspflichten des GKV-Spitzenverbandes (Abs. 2 S. 2 und 3)	11
II. Normzweck	2	3. Auskunftsverlangen der Aufsichtsbehörde (Abs. 2 S. 4)	14
III. Anhörung der Verbände (Abs. 1)	3	4. Beratungs-/Informationspflicht des Verbandes (Abs. 2 S. 5)	15
1. Anhörungspflichtige Organisationsmaßnahmen	3	5. Informationspflicht gegenüber Aufsichtsbehörde (Abs. 2 S. 6)	18
2. Anhörende Stelle	5	6. Reaktionsmöglichkeiten der Aufsichtsbehörde	19
3. Anzuhörende Verbände	6		
4. Durchführung der Anhörung	7		
5. Rechtsfolgen/Rechtsschutz bei unterlassener Anhörung	8	V. Vereinigung mit anderer Kasse (Abs. 3)	20
IV. Information und Intervention der Verbände und Aufsichtsbehörden (Abs. 2)	10		
1. Informationsrecht des GKV-Spitzenverbandes und des Landesverbands (Abs. 2 S. 1)	10		

I. Entstehungsgeschichte

1   Die Norm trat am 1.1.1989 als Nachfolgeregelung des § 414 h RVO aF (BT-Dr. 11/2237, 213) aufgrund Art. 1, Art. 79 Abs. 1 GRG vom 20.12.1988 (BGBl. I, 2477) in Kraft und regelte damals nur die Anhörung der Verbände bei Errichtung, Vereinigung, Auflösung und Schließung von Kassen. Zum 1.1.2004 wurde durch Art. 1 Nr. 132, Art. 37 Abs. 1 GMG vom 14.11.2003 (BGBl. I, 2190) der Paragraf neugefasst, wodurch das Anhörungsrecht auf die Öffnung gem. § 173 Abs. 2 Nr. 4 und auf die Sitzverlegung erstreckt sowie das Informationsrecht nach Abs. 2 und die damit verbundenen Pflichten angefügt wurden, damit die Verbände Fehlentwicklungen rechtzeitig erkennen und entgegenwirken können (BT-Dr. 15/1525, 136). Durch Art. 1 Nr. 10, Art. 7 Abs. 1 GKV-OrgWG vom 15.12.2008 (BGBl. I, 2426) wurde zum 1.1.2009 Abs. 2 S. 1 geändert, Abs. 2 S. 2–4 eingefügt, so dass die alten S. 2 und 3 zu S. 5 und 6 wurden, und der neue S. 6 geändert, sowie Abs. 3 angefügt, damit die Aufsichtsbehörden früher informiert sind und ggf. auch eine zwangsweise Vereinigung einer in ihrer Leistungsfähigkeit gefährden Kasse herbeiführen können (BT-Dr. 16/9559, 23 f; vgl. auch BT-Dr. 16/10070, 8 f, 17). Gleichzeitig wurde mit § 34 Abs. 1 S. 3 KVLG 1989 angeordnet, dass § 172 für die landwirtschaftliche Krankenkasse nicht anzuwenden ist. Zuletzt wurden zum 1.1.2012 durch Art. 1 Nr. 62, Art. 15 Abs. 1 GKV-VStG vom 22.12.2011 (BGBl. I, 2983) in Abs. 2 S. 1 Auskunfts- und Einsichtsrechte auch den Landesverbänden der Kassen eingeräumt (BT-Dr. 17/6906, 94).

II. Normzweck

2   Vor dem Hintergrund der Finanzierung gem. §§ 220 ff., des Haftungskonzepts der §§ 146a, 155, 164, 171 und 171a sowie der insolvenzrechtlichen Tatbestände der §§ 171 b bis 171 e bezweckt § 172 die Vermeidung von Schließung und Insolvenz von finanzschwachen Kassen und die Errichtung eines Frühwarnsystems durch Informationsaustausch zwischen Kassen, Verbänden und Aufsichtsbehörden (§§ 90, 90a SGB IV).[1] Dazu sind die Verbände nach Abs. 1 bei Errichtung, Vereinigung, Eröffnung,

---
1 Vgl. BT-Dr. 15/1525, 136.

Auflösung Schließung und Sitzverlegung von Kassen anzuhören. Abs. 2 dient als Maßnahme zwischen Unterstützung und Beratung gem. § 217f Abs. 2 und finanziellen Hilfen gem. § 265a dazu, dass für den Fall der Schließung die haftenden Verbände schon im Vorfeld der Haftung die Möglichkeit erhalten, die Leistungsfähigkeit der Kasse einzuschätzen.[2] Dazu sind in Abs. 2 Informationspflichten und die Aufgaben und Befugnisse von Verbänden und Aufsichtsbehörden geregelt. Zentrale Bedeutung kommt dabei dem GKV-Spitzenverband (§ 217a) zu. Er hat nach Maßgabe der aufgrund § 171d Abs. 2 (→ § 171d Rn. 10ff.) erlassenen Verordnung die Erfüllung der Verpflichtungen der aufgelösten oder geschlossenen Kasse von den anderen Kassen zu verlangen und haftet selbst nach § 171d für Altersversorgungs- und Altersteilzeitverpflichtungen. Im Benehmen mit ihm können die Aufsichtsbehörde gem. Abs. 3 eine Vereinigung gegen den Willen einer finanzschwachen Kasse mit einer anderen Kasse erzwingen.[3] Allerdings werden diese nahezu einzigen operativen Instrumente eines präventiven Haftungs- und Risikomanagements als unzureichendes Frühwarnsystem bewertet, auch weil innerhalb des GKV-Spitzenverbandes die Haftungsverbünde teils miteinander konkurrierender Kassen zusammengefasst sind.[4] Ausgenommen ist gem. § 34 Abs. 1 S. 3 KVLG 1989 die landwirtschaftliche Krankenkasse (→ § 171a Rn. 2). Dies dürfte auch für die Deutsche Rentenversicherung Knappschaft-Bahn-See gelten, weil sie weder geschlossen werden kann noch insolvenzfähig ist (→ § 171b Rn. 5).

III. Anhörung der Verbände (Abs. 1)

1. Anhörungspflichtige Organisationsmaßnahmen. Die Pflicht zur Anhörung der Verbände besteht gem. Abs. 1 S. 1 vor Errichtung von BKK (§ 147) und IKK (§ 157), vor Vereinigung von AOK (§§ 144, 145), BKK (§ 150), IKK (§ 160) und Ersatzkassen (§ 168a) sowie kassenartenübergreifender Vereinigung (§ 171a), vor Öffnung (§ 173 Abs. 2 S. 1 Nr. 4) einer BKK oder IKK, vor Auflösung von BKK (§ 152) und IKK (§ 162), vor Schließung von AOK (§ 146a), BKK (§ 153), IKK (§ 163) und Ersatzkassen (§ 170). S. 2 erweitert die Anhörungspflicht auf die Verlegung des Sitzes einer Kasse in den Bezirk eines anderen Verbandes. Außerdem ist eine Anhörung der Landesverbände vor der Vereinigung von AOK, BKK, IKK und Ersatzkassen durch die Landesregierung in § 145 Abs. 1 (iVm §§ 150 Abs. 2 S. 2, § 160 Abs. 3 bzw. § 168a Abs. 2 S. 2) vorgesehen. Da diese Anhörungen mit denen nach Abs. 1 inhaltlich identisch sind, kann das Verhältnis der Regelungen zueinander offen bleiben.[5]

Eine Anhörungspflicht aufgrund einer **analogen Anwendung** des Abs. 1 kommt nach hM[6] bei allen den Organisationsmaßnahmen in Betracht, die Auswirkungen auf die Haftung der Verbände haben können,[7] wie insbes. für die Anpassung der Regionen bei AOK gem. § 143 Abs. 2, 3, für die Ausdehnung einer BKK auf weitere Betriebe (§ 149), für das Ausscheiden von Betrieben aus einer BKK (§ 151) und das Ausscheiden von Handwerksinnungen aus einer IKK (§ 161). Nicht anwendbar ist die Regelung für die Antragstellung zur Eröffnung des Insolvenzverfahrens.[8]

2. Anhörende Stelle. Die Anhörung hat durch die Stelle zu erfolgen, die über die Organisationsmaßnahme entscheidet bzw. sie genehmigt. In Betracht kommen die Landesregierung, das BMG oder die durch Delegation zuständige Behörde sowie das Bundesversicherungsamt (vgl. §§ 90, 90a SGB IV iVm §§ 143 Abs. 2, 144 Abs. 1 S. 2, 145 Abs. 1, 148 Abs. 1 S. 1, 149 S. 2, 150 Abs. 1 S. 2, 151 Abs. 3 S. 1, 152 S. 2, 153 S. 1, 158 Abs. 1 S. 1, 159 Abs. 1 S. 3 und Abs. 2, 160 Abs. 1 S. 2 und Abs. 3, 161 S. 2, 162 S. 2, 163 S. 1, 168a, 170, 171a Abs. 1 S. 2). Bei mehreren zuständigen Stellen (vgl. § 144 Abs. 1 S. 2, § 171a Abs. 1 S. 2) ist die Durchführung durch eine, und die Weitergabe des Ergebnisses an die anderen Stelle ausreichend.[9] Wurde die Anhörung von einer unzuständigen Behörde veranlasst, wird die Weitergabe des Anhörungsergebnisses an die zuständige Aufsichtsbehörde für ausreichend bewertet.[10]

---

2 M. Krasney, Sicht des GKV-Spitzenverbandes in: Pitschas, 37, 38f.
3 Kritisch dazu Minn, ErsK 2008, 228, 229.
4 Mühlhausen in: Becker/Kingreen, § 172 Rn. 10.
5 Baier in: Krauskopf, § 172 SGB V Rn. 7.
6 Baier in: Krauskopf, § 172 SGB V Rn. 8; Mühlhausen in: Becker/Kingreen, § 172 Rn. 4; Hänlein in: LPK-SGB V, § 172 Rn. 2. AA Klose in: Sommer, § 172 Rn. 7.
7 Vgl. BT-Dr. 15/1525, 136.
8 Vgl. BT-Dr. 16/10070, 8, 17.
9 Mühlhausen in: Becker/Kingreen, § 172 Rn. 3.
10 Baier in: Krauskopf, § 172 SGB V Rn. 11.

6 **3. Anzuhörende Verbände.** Anzuhören sind nur die Verbände der (im mitgliedschaftlichen Sinne) beteiligten Kassen, aber nicht Verbände anderer Kassenarten, die nur wettbewerblich betroffen sind.[11] Bei Sitzverlegungen sind der bisherige und der zukünftige Verband anzuhören.[12] Bei AOK, BKK und IKK ist der jeweilige Landesverband (§ 207 Abs. 1 S. 1) anzuhören. Da Ersatzkassen über keine Landesverbände verfügen, kommt insoweit nur eine Anhörung der nach § 212 Abs. 5 S. 1 fakultativ gebildeten Verbände in Betracht.[13] Im Übrigen sind die nach § 212 nunmehr als Gesellschaften des bürgerlichen Rechts konzipierten Bundesverbände zu beteiligen, soweit sich dies aus den zusätzlich vertraglich vereinbarten Aufgaben des jeweiligen Bundesverbandes gem. § 212 Abs. 4 ableiten lässt.[14] Angesichts der wettbewerblichen Neutralität des GKV-Spitzenverbandes sei seine Anhörung nach Abs. 1 nicht sachgerecht, und Abs. 2 mit ausdrücklicher Erwähnung – anders als in Abs. 1 – insoweit als speziellere Regelung zu bewerten.[15] Allerdings ist der GKV-Spitzenverband auch ein Verband iSd Abs. 1, da alle Kassen ihn gem. § 217a Abs. 1 bilden.[16] Außerdem hat gerade der GKV-Spitzenverband die Erfüllung der Verpflichtungen der anderen Kassen zur Haftung für die Verbindlichkeiten von aufgelösten oder geschlossenen Kasse wahrzunehmen, wobei diese Aufgabe entsprechende Anhörungsrechte implizieren dürften.[17]

7 **4. Durchführung der Anhörung.** Die Anhörung ist nach dem Wortlaut des Abs. 1 zwingend durchzuführen, aber eine Pflicht der Verbände zur Äußerung besteht nicht.[18] Sie soll dazu beitragen, dass der zuständigen Stelle alle für ihre Entscheidung bedeutsamen Gesichtspunkte bekannt werden und dient damit der **vollständigen Sachverhaltsermittlung** iSv § 21 SGB X.[19] Durch die Anhörung werden die Verbände nicht Beteiligte iSv § 12 SGB X, worauf der Wortlaut „die Verbände der beteiligten Krankenkassen" hindeutet.[20]

8 **5. Rechtsfolgen/Rechtsschutz bei unterlassener Anhörung.** Eine unterlassene Anhörung macht die ergangene Entscheidung zwar nicht nichtig, denn selbst die unterbliebene Anhörung eines unmittelbar Beteiligten führt nicht zur Nichtigkeit des Verwaltungsaktes (vgl. § 40 Abs. 3 Nr. 4 SGB X),[21] aber es bewirkt grundsätzlich die **Rechtswidrigkeit** der entsprechenden Aufsichtsentscheidung.[22] Eine Nachholung kann zumindest bis zur letzten Tatsacheninstanz erfolgen, wie der Erst-Recht-Schluss aus § 41 Abs. 1 Nr. 3, Abs. 2 SGB X ergibt. Ansonsten wird vertreten, dass die Entscheidung gem. § 42 S. 2 SGB X aufzuheben ist,[23] jedoch erscheint die Anwendung des § 42 S. 2 SGB X zweifelhaft, weil die Anhörung nach Abs. 1 nicht so weitreichende Bedeutung wie bei unmittelbar Beteiligten iSv § 12 SGB X hat.[24]

9 Eine **vollzogene Errichtungsgenehmigung** kann nicht durch deren Aufhebung einer errichteten Kasse rückwirkend die Rechtspersönlichkeit entziehen oder (auch nur) ihren Fortbestand ex nunc beseitigen, vielmehr kommt nur eine Fortsetzungsfeststellungsklage oder eine Verpflichtung der zuständigen Stelle zur Schließung in Betracht.[25] In diesem Sinne wurde auch eine **Fortsetzungsfeststellungsklage** nach praktisch unumkehrbarer Sitzverlegung angenommen,[26] was auch für die übrigen Organisationsakte zumeist die statthafte Klageart sein dürfte. Dabei dient Abs. 1 nicht dem Schutz subjektiver Rechte der Verbände, so dass allein aufgrund eines Anhörungsmangels die Aufhebung der Genehmigung nicht verlangt werden kann.[27] Wenn der Gesetzgeber ein subjektives Recht der Verbände gewollt hätte, hät-

---

11 Baier in: Krauskopf, § 172 SGB V Rn. 9; Mühlhausen in: Becker/Kingreen, § 172 Rn. 2; Thomas in: Müller (ua), SGB V Onlinekommentar, § 172 Rn. 17.
12 Klose in: Sommer, § 172 Rn. 8.
13 Engelhard in: Hauck/Noftz, SGB V, § 168 a Rn. 19.
14 Mühlhausen in: Becker/Kingreen, § 172 Rn. 2; aA Klose in: Sommer, § 172 Rn. 9.
15 In diesem Sinne Mühlhausen in: Becker/Kingreen, § 172 Rn. 2.
16 Baier in: Krauskopf, § 172 SGB V Rn. 9; Thomas in: Müller (ua), SGB V Onlinekommentar, § 172 Rn. 15.
17 Thomas in: Müller (ua), SGB V Onlinekommentar, § 172 Rn. 16.
18 Baier in: Krauskopf, § 172 SGB V Rn. 3.
19 LSG Hmb, 18.3.2009, L 1 KR 35/08 KL, BeckRS 2009, 61842; LSG Schleswig, 9.7.2010, L 5 KR 7/10 ER, juris Rn. 23; 8.9.2011, L 5 KR 24/10 KL, juris Rn. 27; Baier in: Krauskopf, § 172 SGB V Rn. 3.
20 LSG Schleswig, 9.7.2010, L 5 KR 7/10 ER, juris Rn. 23; 8.9.2011, L 5 KR 24/10 KL, juris Rn. 27.
21 Baier in: Krauskopf, § 172 SGB V Rn. 5.
22 Engelhard in: Hauck/Noftz, SGB V, § 172 Rn. 25; Mühlhausen in: Becker/Kingreen, § 172 Rn. 3.
23 Engelhard in: Hauck/Noftz, SGB V, § 172 Rn. 25; Mühlhausen in: Becker/Kingreen, § 172 Rn. 3.
24 Baier in: Krauskopf, § 172 SGB V Rn. 5; Hänlein in: LPK-SGB V, § 172 Rn. 4.
25 In diesem Sinne: BSG, 13.11.1985, 1/8 RR 5/83, BSGE 59, 122, 131; LSG Schleswig, 9.7.2010, L 5 KR 7/10 ER, juris Rn. 18; Engelhard in: Hauck/Noftz, SGB V, § 172 Rn. 25.
26 LSG Hmb, 18.3.2009, L 1 KR 35/08 KL, BeckRS 2009, 61842.
27 LSG Schleswig, 8.9.2011, L 5 KR 24/10 KL, juris Rn. 30; Hänlein in: LPK-SGB V, § 172 Rn. 4.

te es außerdem nicht der ausdrücklichen Bestimmung des Anhörungsrechts in § 172 bedurft, da in diesem Fall eine Anhörungspflicht nach § 24 SGB X ohnehin bestanden hätte.[28]

IV. Information und Intervention der Verbände und Aufsichtsbehörden (Abs. 2)

1. Informationsrecht des GKV-Spitzenverbandes und des Landesverbands (Abs. 2 S. 1). Die Kassen haben gem. Abs. 2 S. 1 dem GKV-Spitzenverband und dem Landesverband, dem sie angehören, auf Verlangen unverzüglich (vgl. § 121 Abs. 1 S. 1 BGB) die Unterlagen vorzulegen und die Auskünfte zu erteilen, die diese zur Beurteilung ihrer dauerhaften Leistungsfähigkeit (→ § 146 a Rn. 5) für erforderlich halten, oder ihnen auf Verlangen die Einsichtnahme in diese Unterlagen in ihren Räumen zu gestatten. Dabei deutet die Gesetzesbegründung[29] darauf hin, dass der Verband einen **Beurteilungsspielraum** hinsichtlich der im Einzelnen vorzulegenden Unterlagen und erforderlichen Auskünfte sowie der Einsichtnahme hat.[30] Auch besteht die Verpflichtung der Kassen unabhängig von ihrer Finanzsituation.[31] Daher erscheint wenig verständlich, wenn eine schriftlich begründete Anforderung vom Verband vorausgesetzt wird.[32] Werden die Pflichten aus Abs. 2 S. 1 von der Kasse nicht erfüllt, ist nach S. 6 (→ Rn. 18) die zuständige Aufsichtsbehörde zu informieren, weil diese – anders als die Verbände – über die Mittel zur Durchsetzung verfügt.[33]

2. Informationspflichten des GKV-Spitzenverbandes (Abs. 2 S. 2 und 3). Die anlassbezogenen (S. 2) und routinemäßigen (S. 3) Pflichten des GKV-Spitzenverbandes zur Informationsweitergabe an die Aufsichtsbehörden dienen dem Aufbau eines **Frühwarnsystems**, damit die Aufsichtsbehörden ggf. in Zusammenarbeit mit dem GKV-Spitzenverband die drohende Zahlungsunfähigkeit oder die dauernde Leistungsunfähigkeit der Kasse verhindern.[34] Die für die Informationspflichten erforderlichen Vierteljahresergebnisse und Jahresrechnungsergebnisse (§ 77 Abs. 1 a SGB IV) werden dem GKV-Spitzenverband gem. § 79 Abs. 1 S. 2 und Abs. 3 a S. 1 SGB IV routinemäßig übermittelt und können kurzfristig und ohne bürokratischen Aufwand ausgewertet und die Auswertungen den Aufsichtsbehörden zur Verfügung gestellt werden.[35]

Die Informationspflicht des S. 2 setzt erst dann ein, wenn in der letzten Vierteljahresrechnung einer Kasse die Ausgaben die Einnahmen um einen Betrag überstiegen haben, der größer ist als 0,5 % der durchschnittlichen monatlichen Zuweisungen aus dem Gesundheitsfonds für den zu beurteilenden Berichtszeitraum. Die Relation zur Höhe der Zuweisungen aus dem Gesundheitsfonds stellt auf die Haupteinnahmequelle der Kasse ab, und die Festlegung des Schwellenwertes soll überflüssige Meldungen an die Aufsichtsbehörden vermeiden und ins Gewicht fallende Defizitentwicklungen im Hinblick auf mögliche Haftungsfolgen aufzeigen.[36] Der **Schwellenwert** von 0,5 % könnte zu gering gewählt sein, weil er durch zu viele Meldungen von unkritischen Einzelfällen infolge von starken Ausgabenschwankungen die tatsächlich Identifikation von Risikofällen erschwert.[37]

Die jährlichen Meldungen der Betriebsmittel (§ 81 SGB IV, § 260), Rücklagen (§ 82 SGB IV, § 261) und Geldmittel zur Anschaffung und Erneuerung von Verwaltungsvermögen (§ 263) einer Kasse gem. S. 3 ermöglichen eine Beurteilung der aktuellen unterjährigen Finanzentwicklung im Zusammenhang mit den in den Jahresrechnungsergebnissen ausgewiesenen **Finanzreserven**.[38] Allerdings haben sie nicht als solches, sondern nur in Relation zum Haushaltsvolumen und unter Berücksichtigung der Finanzentwicklung einen gewichtigen Aussagewert.[39]

---

28 LSG Hmb, 18.3.2009, L 1 KR 35/08 KL, BeckRS 2009, 61842; LSG Schleswig, 9.7.2010, L 5 KR 7/10 ER, juris Rn. 24; 8.9.2011, L 5 KR 24/10 KL, juris Rn. 29.
29 BT-Dr. 15/1525, 136.
30 Baier in: Krauskopf, § 172 SGB V Rn. 13.
31 Baier in: Krauskopf, § 172 SGB V Rn. 13; Thomas in: Müller (ua), SGB V Onlinekommentar, § 172 Rn. 25.
32 So aber Mühlhausen in: Becker/Kingreen, § 172 Rn. 5; ähnlich wie hier Klose in: Sommer, § 172 Rn. 15; Thomas in: Müller (ua), SGB V Onlinekommentar, § 172 Rn. 26 ff.
33 Mühlhausen in: Becker/Kingreen, § 172 Rn. 5.
34 BT-Dr. 16/9559, 23; Füsser, SGb 2009, 126, 130; Mühlhausen in: Becker/Kingreen, § 172 Rn. 6.
35 Vgl. BT-Dr. 16/9559, 24.
36 BT-Dr. 16/9559, 23.
37 Noch kritischer: Baier in: Krauskopf, § 172 SGB V Rn. 15; Minn, ErsK 2008, 228, 230; Mühlhausen in: Becker/Kingreen, § 172 Rn. 6.
38 BT-Dr. 16/9559, 23.
39 Baier in: Krauskopf, § 172 SGB V Rn. 16.

14 **3. Auskunftsverlangen der Aufsichtsbehörde (Abs. 2 S. 4).** Wenn sich unter Berücksichtigung der in S. 2 und 3 genannten Finanzdaten Anhaltspunkte für eine dauerhafte Gefährdung der wirtschaftlichen Leistungsfähigkeit der Kasse ergeben, muss gem. S. 4 die Aufsichtsbehörde unverzüglich (vgl. § 121 Abs. 1 S. 1 BGB) die Vorlage der in S. 1 genannten Unterlagen und Auskünfte (→ Rn. 10) verlangen. Zwar weicht diese Bedingungsformulierung von dem bisherigen Tatbestand des Schließungsrechts – „nicht auf Dauer gesicherten Leistungsfähigkeit" (vgl. §§ 146 a, 153, 163, 170) – ab, aber materiell-rechtlich dürfte dies zu keinem Unterschied in der Praxis führen, denn sowohl in den sprachlichen Wendungen der Wirtschaftlichkeit als auch der Leistungsfähigkeit kommt ein erhebliches prognostisches Element zum Ausdruck.[40] Dementsprechend lösen auch Ausgaben über dem Schwellenwert des S. 2 für sich allein die Verpflichtung nicht aus, vielmehr verbleibt der Aufsichtsbehörde ein **Beurteilungsspielraum**.[41] Die Erweiterung des S. 4 auf die Fälle der drohenden Überschuldung oder Zahlungsunfähigkeit wäre parallel zu der Vereinigung nach Abs. 3 sachgerecht,[42] und idR wird sich auch das Ermessen auf eine solche Maßnahme im Rahmen der Aufsichtsmittel der § 89 SGB IV verdichten.

15 **4. Beratungs-/Informationspflicht des Verbandes (Abs. 2 S. 5).** Die Pflicht des Abs. 2 S. 5 hat „der Verband" zu erfüllen. Während teils wohl aus der Verwendung des Singulars eine Verpflichtung nur des **GKV-Spitzenverbandes** angenommen wird,[43] erscheint in Hinblick auf die Begründung des Gesetzesentwurfes bei der Einfügung der Landesverbände in S. 1 auch die Einbeziehung der **Landesverbände** in S. 5 angezeigt.[44]

16 Hält der Verband aufgrund der nach S. 1 übermittelten Informationen die dauerhafte Leistungsfähigkeit der Kasse für bedroht, hat er gem. S. 5 diese über geeignete Maßnahmen zur Sicherung ihrer dauerhaften Leistungsfähigkeit zu beraten. Dabei soll diese **Beratungspflicht** schon eingreifen, bevor festgestellt werden kann, dass die Leistungsfähigkeit der Kasse nicht mehr auf Dauer gesichert ist, da die Kasse in diesem Fall geschlossen werden müsste.[45] Die Beratung zielt auf geeignete Maßnahmen zur Sicherung der dauerhaften Leistungsfähigkeit, wie freiwillige finanziellen Hilfen gem. § 265 b, die Möglichkeit zur Anordnung von Zwangsvereinigungen (Abs. 3) und grundsätzliche Hinweise zu Maßnahmen der Geschäftsführung, aber anders als bei der entsprechenden Beratungspflicht der früheren Bundesverbände gem. § 172 Abs. 2 S. 2 aF kommen verbindliche Maßnahmen (zB Auflagen gem. § 265 a Abs. 2 idF bis zum 31.12.2008) mangels Kompetenzzuweisung nicht mehr in Betracht.[46] Sowohl hinsichtlich der Voraussetzungen der Beratungspflicht als auch hinsichtlich deren Umfangs wird ein **Beurteilungsspielraum** des Verbands angenommen.[47] Rechtspolitisch ist die Regelung insoweit problematisch, als damit originär aufsichtsrechtlichen Kompetenzen auf die Verbände verlagert und anschließend eine weitere Prüfung durch die Aufsichtsbehörde stattfindet.[48]

17 In diesen Fällen hat der Verband gem. S. 5 auch die Aufsichtsbehörde über die finanzielle Situation der Kasse und die vorgeschlagenen Maßnahmen zu unterrichten. Dadurch soll der **Informationskreislauf** zwischen Kasse, Verband und Aufsichtsbehörde geschlossen werden, damit die erforderlichen Maßnahmen zur Sicherung der dauerhaften Leistungsfähigkeit der Kasse von der Aufsichtsbehörde im Rahmen ihrer aufsichtsrechtlichen Befugnisse genutzt werden können.[49]

18 **5. Informationspflicht gegenüber Aufsichtsbehörde (Abs. 2 S. 6).** Eine Informationspflicht besteht gem. S. 6 gegenüber den Aufsichtsbehörden, wenn die Kasse ihren Verpflichtungen gegenüber dem GKV-Spitzenverband und dem Landesverband nach den S. 1 oder gegenüber den Aufsichtsbehörden gem. S. 4 nicht nachkommt. Informationspflichtig ist im Falle des S. 1 der jeweils vorgehende GKV-Spitzenverband oder Landesverband. Die Bedeutung einer Informationspflicht gegenüber der Aufsichtsbehörde gem. S. 6 im Falle der Nichterfüllung der Pflicht nach S. 4 gegenüber sich selbst er-

---

40 Hebeler, NZS 2008, 238, 243 f; Mühlhausen in: Becker/Kingreen, § 172 Rn. 7.
41 Baier in: Krauskopf, § 172 SGB V Rn. 17.
42 Weitergehend Engelhard in: Hauck/Noftz, SGB V, § 172 Rn. 25.
43 So (wohl): Mühlhausen in: Becker/Kingreen, § 172 Rn. 8; Thomas in: Müller (ua), SGB V Onlinekommentar, § 172 Rn. 31.
44 Baier in: Krauskopf, § 172 SGB V Rn. 18 unter Hinweis auf BT-Dr. 17/6906, 94.
45 BT-Dr. 15/1525, 136.
46 Mühlhausen in: Becker/Kingreen, § 172 Rn. 8.
47 Baier in: Krauskopf, § 172 SGB V Rn. 18.
48 Thomas in: Müller (ua), SGB V Onlinekommentar, § 172 Rn. 31.
49 BT-Dr. 15/1525, 136.

schließt sich auch nicht im Rückgriff auf die Gesetzesbegründung.[50] Für die Kassen selbst hat die Verletzung der Pflichten gem. S. 1 oder 4 keine unmittelbaren Rechtsfolgen.[51] Die **weit zu interpretierende Informationspflicht** umfasst – über den Wortlaut hinaus – die Beratung nach S. 5 (→ Rn. 16) und die Reaktion der Kasse, damit die Aufsichtsbehörde die gebotenen Maßnahmen (→ Rn. 19) ergreifen kann.[52]

6. Reaktionsmöglichkeiten der Aufsichtsbehörde. Die Aufsichtsbehörde kann aufgrund der nach Abs. 2 erlangten Informationen die Kasse verpflichten, ihre Pflicht aus Abs. 2 S. 1 und 4 zu erfüllen, einen kassenindividuellen Zusatzbeitrag (§ 242) zu erheben oder zu erhöhen und die Satzung entsprechend zu ändern (vgl. §§ 195 Abs. 2 und 3) und ihre Mittel wirtschaftlich und sparsam zu verwenden (vgl. § 69 Abs. 2 SGB IV).[53]

V. Vereinigung mit anderer Kasse (Abs. 3)

Abs. 3 ermöglicht der Aufsichtsbehörde, die Voraussetzungen für die Vereinigung einer in ihrer Leistungsfähigkeit gefährdeten Kasse auch **gegen deren Willen** herbeizuführen, wenn eine andere Kasse bereit ist, sich mit dieser Kasse zu vereinigen,[54] womit den verfassungsrechtlichen Vorgabe eines institutionellen Gesetzesvorbehalts (→ § 168 a Rn. 3) genügt ist. Außerdem obliegt dem Bund eine Funktionsgewährleistungsverantwortung für das Krankenversicherungssystem gem. Art. 120 Abs. 1 S. 4 GG (→ § 168 a Rn. 3), was bei der Anwendung des Abs. 3 zu beachten ist.

Zunächst ist eine Feststellung der Aufsichtsbehörde im **Benehmen mit dem GKV-Spitzenverband** gem. S. 1 erforderlich, dass bei einer Kasse nur durch die Vereinigung mit einer anderen Kasse die Leistungsfähigkeit auf Dauer gesichert (→ § 146 a Rn. 5) oder der Eintritt von Zahlungsunfähigkeit (→ § 171 b Rn. 8) oder Überschuldung (→ § 171 b Rn. 10) vermieden werden kann. Hierzu bedarf es einer „**Vermeidbarkeitsprognose**".[55] Mit dem in S. 1 verwendeten Begriff des Benehmens wird „eine Kooperation angeordnet, die zwar nicht wie bei ‚Zustimmung' oder ‚Einvernehmen' eine Willensübereinstimmung zwischen entscheidender und beteiligter Stelle erfordert, sich aber auch nicht in einer bloßen Anhörung erschöpft, die der anzuhörenden Stelle lediglich die Gelegenheit verschafft, ihre Auffassung zu der beabsichtigten Sachentscheidung darzulegen. Das Benehmen setzt vielmehr außer der – selbstverständlichen – Informierung über das Sachproblem sowie der Abgabe und Entgegennahme der Stellungnahme des Beteiligten stets zugleich eine Fühlungnahme voraus, die von dem Willen des Entscheidenden getragen ist, auch die Belange der anderen Seite zu berücksichtigen und sich mit ihr zu verständigen".[56]

Nach erfolgter Feststellung kann der GKV-Spitzenverband gem. S. 1 der Aufsichtsbehörde **Vorschläge für eine Vereinigung** dieser Kasse mit einer anderen Kasse „vorlegen", was deren Schriftlichkeit impliziert.[57] Solche Vorschläge sind keine Voraussetzung für das Tätigwerden der Aufsichtsbehörde.[58] Sie sind nur sinnvoll, wenn die vorgeschlagenen Kassen eine Vereinigung positiv bewerten.[59]

Ist eine andere Kasse bereit, etwa aufgrund der Gewährung finanzieller Hilfen nach § 265 a, sich mit der bedrohten Kasse zu vereinigen, kommt aber bei dieser innerhalb der von der Aufsichtsbehörde gesetzten Frist kein entsprechender Beschluss des Verwaltungsrates zustande, wird dieser Beschluss durch die Aufsichtsbehörde gem. S. 2 ersetzt, so dass die Vereinigung stattfinden kann.[60] Entgegen dem Vorschlag des Bundesrates wurde den Aufsichtsbehörden dabei **kein Ermessen** eingeräumt.[61]

Da die Regelung in S. 2 nur rudimentär ausgestaltet ist, stellt sich die Frage wie diese Ersetzung zu qualifizieren ist und welche Regelungen ergänzend zur Anwendung kommen sollen. Diese Ersetzung wird als Notverwaltung in Form der Ersatzvornahme qualifiziert, so dass ergänzende Rechtsgrundlage

---

50 Vgl. BT-Dr. 16/9559, 24: Folgeänderung; Engelhard in: Hauck/Noftz, SGB V, § 172 Rn. 48; Klose in: Sommer, § 172 Rn. 22.
51 Thomas in: Müller (ua), SGB V Onlinekommentar, § 172 Rn. 7.
52 Mühlhausen in: Becker/Kingreen, § 172 Rn. 8; Hänlein in: LPK-SGB V, § 172 Rn. 6.
53 Baier in: Krauskopf, § 172 SGB V Rn. 19.
54 BT-Dr. 16/9559, 24.
55 Bohlen-Schöning, KrV 2009, 289, 293; Engelhard in: Hauck/Noftz, SGB V, § 172 Rn. 53.
56 BSG, 24.8.1994, 6 RKa 15/93, BSGE 75, 37, 40; in diesem Sinne auch: Baier in: Krauskopf, § 172 SGB V Rn. 20; Engelhard in: Hauck/Noftz, SGB V, § 172 Rn. 54.
57 Thomas in: Müller (ua), SGB V Onlinekommentar, § 172 Rn. 35.
58 BT-Dr. 16/9559, 24.
59 Baier in: Krauskopf, § 172 SGB V Rn. 20.
60 BT-Dr. 16/9559, 24.
61 BT-Dr. 16/10070, 9, 17.

§ 37 Abs. 1 S. 1 SGB IV sei.[62] Näher liegen dürfte die Anwendung der Regelungen über die Vereinigung nach dem SGB V, weil nach der Gesetzesbegründung[63] die Befugnisse der Aufsichtsbehörden im Rahmen des Genehmigungsverfahrens unberührt bleiben sollen. Eine ergänzende Anwendung der Regelungen über die Zwangsvereinigung[64] scheitert, wenn eine kassenartenübergreifenden Vereinigung geplant ist, weil diese nur in freiwilliger Form möglich ist (vgl. § 171 a). Daher scheint eine analoge Anwendung der für die freiwillige Vereinigung geltenden Vorschriften (AOK gem. § 144, BKK gem. § 150, IKK gem. § 160 Abs. 1, Ersatzkassen gem. § 168 a Abs. 1 und kassenartenübergreifend gem. § 171 a) angemessen.[65]

25 Die **Anfechtungsklage**[66] einer Kasse gegen die Ersetzung hat aufschiebende Wirkung, es sei denn, die sofortige Vollziehung wurde angeordnet (§ 86 a Abs. 1, Abs. 2 Nr. 5 SGG). Dritte, insbes. die Verbände die beteiligten KK oder andere KK, die nicht Adressat des Bescheids sind, sind nicht klagebefugt.[67] Eine Klage nach vollzogener Vereinigung kann sich nicht gegen die Vereinigung als solche richten (→ Rn. 9), sondern nur gegen die Anordnung, die Vereinigung im Wege der Ersatzvornahme zu dulden.[68]

§ 172 a Zusammenschlusskontrolle bei Vereinigungen von Krankenkassen

(1) Bei der freiwilligen Vereinigung von Krankenkassen finden die Vorschriften über die Zusammenschlusskontrolle nach dem Siebten Abschnitt des Ersten Teils des Gesetzes gegen Wettbewerbsbeschränkungen nach Maßgabe des Absatzes 2 sowie die §§ 48, 49, 50 c Absatz 2, §§ 54 bis 80 und 81 Absatz 2 und 3 Nummer 3, Absatz 4 bis 10 und die §§ 83 bis 86 a des Gesetzes gegen Wettbewerbsbeschränkungen entsprechende Anwendung.
(2) ¹Finden die Vorschriften über die Zusammenschlusskontrolle Anwendung, darf die Genehmigung nach § 144 Absatz 3 erst erfolgen, wenn das Bundeskartellamt die Vereinigung nach § 40 des Gesetzes gegen Wettbewerbsbeschränkungen freigegeben hat oder sie als freigegeben gilt. ²Hat der Vorstand einer an der Vereinigung beteiligten Krankenkasse eine Anzeige nach § 171 b Absatz 2 Satz 1 abgegeben, beträgt die Frist nach § 40 Absatz 2 Satz 2 des Gesetzes gegen Wettbewerbsbeschränkungen sechs Wochen. ³Vor einer Untersagung ist mit den zuständigen Aufsichtsbehörden nach § 90 des Vierten Buches das Benehmen herzustellen. ⁴Neben die obersten Landesbehörden nach § 42 Absatz 4 Satz 2 des Gesetzes gegen Wettbewerbsbeschränkungen treten die zuständigen Aufsichtsbehörden nach § 90 des Vierten Buches. ⁵§ 41 Absatz 3 und 4 des Gesetzes gegen Wettbewerbsbeschränkungen gilt nicht.

Literatur:

Bataille/Weck, Gemeinsam stärker? Überprüfung von freiwilligen Vereinigungen gesetzlicher Krankenkassen nach dem GWB, KrV 2015, 45; *Bögemann/Günther*, 8. GWB-Novelle: Spielregeln für die wettbewerbliche Ausrichtung der gesetzlichen Krankenversicherung, KrV 2012, 93; *Gaßner/Ahrens*, Anwendbarkeit der Regeln der Fusionskontrolle des GWB bei der Vereinigung gesetzlicher Krankenkassen, SGb 2007, 528; *Krasney*, Krankenkassenzusammenschlüsse und nationale Fusionskontrolle nach dem In-Kraft-Treten des GKV-WSG, NZS 2007, 574; *Rixen*, Zum Entwurf des 8. GWB-Änderungsgesetzes, Soziale Sicherheit 2012, 266; *Sichert*, Die Zusammenschlusskontrolle als Teil des Verfahrens der freiwilligen Vereinigung von Krankenkassen (§ 172 a SGB V), GuP 2013, 215; *Soltész/Werner*, Die 8. GWB-Novelle – (K)eine neue Welt für die Krankenkassen? KrV 2013, 185; *Thüsing/Sternberg*, Umfassende kartellrechtliche Kontrolle des Kassenwettbewerbs – Chance oder Risiko für den sozialen Auftrag der gesetzlichen Krankenversicherung?, ZIP 2012, 1437; *Wallrabenstein*, Das Wettbewerbsrecht der gesetzlichen Krankenversicherung, NZS 2015, 48.

---

62 Mühlhausen in: Becker/Kingreen, § 172 Rn. 9.
63 BT-Dr. 16/9559, 24.
64 In diesem Sinne aber Thomas in: Müller (ua), SGB V Onlinekommentar, § 172 Rn. 35; Engelhard in: Hauck/Noftz, SGB V, § 172 Rn. 64.
65 Baier in: Krauskopf, § 172 SGB V Rn. 20; Klose in: Sommer, § 172 Rn. 26, 28.
66 Dafür Engelhard in: Hauck/Noftz, SGB V, § 172 Rn. 65.
67 BSG, 11.9.2012, B 1 A 2/11 R.
68 In diesem Sinne Mühlhausen in: Becker/Kingreen, § 172 Rn. 9.

I. Entstehungsgeschichte	1	b) Leistungserbringermärkte	9
II. Entsprechende Anwendung der Vorschriften über die Zusammenschlusskontrolle nach GWB (Abs. 1)	3	III. Verfahren	11
1. Anwendungsbereich	4	1. Vollzugsverbot (§ 41 Abs. 1 GWB) und Schnittstellen zu sozialrechtlichen Vereinigungs- und Schließungsverfahren (Abs. 2 S. 1, 2, 5)	11
a) Freiwillige Vereinigungen	5		
b) Aufgreifschwellen nach § 35 GWB	6		
2. Materieller Bewertungsmaßstab	7	2. Kooperation mit Aufsichtsbehörden nach § 90 SGB IV und Abs. 2 S. 3, 4	14
a) Markt für die gesetzliche Krankenversicherung	8	IV. Rechtsweg	16

I. Entstehungsgeschichte

§ 172 a ist ohne direkte Vorgängervorschrift. Das **Bundeskartellamt** hatte jedoch **bis 2011** auch ohne eine entsprechende ausdrückliche Ermächtigungsgrundlage im SGB V **Krankenkassenfusionen** nach den **Maßstäben des GWB** geprüft. Die Rechtmäßigkeit dieses Vorgehens war stark umstritten.[1] Das Hessische Landessozialgericht hatte im Jahr 2011 anlässlich der vom Bundeskartellamt eingeleiteten Überprüfung der gemeinsamen Ankündigung mehrerer Krankenkassen, Zusatzbeiträge erheben zu wollen, geurteilt, dass das Bundeskartellamt ohne ausdrückliche Rechtsgrundlage für die kartellrechtliche Aufsicht über das Verhalten der Krankenkassen im Hinblick auf das Verhältnis der Krankenkassen untereinander sowie gegenüber den Versicherten nicht zuständig sei.[2] Daraufhin stellte das Bundeskartellamt, das diese Entscheidung in Rechtskraft erwachsen ließ, aufgrund der Übertragbarkeit der Argumentation auch seine Fusionskontrollpraxis über Krankenkassen ein.[3]

Mit § 172 a wurde diese ausdrückliche Rechtsgrundlage durch Art. 3 der 8. GWB-Novelle[4] geschaffen. Die Vorschrift ist das **Ergebnis eines politischen Kompromisses** um die (erweiterte) Anwendbarkeit des Kartellrechts auf die Rechtsbeziehungen der Krankenkassen.[5] Der Kompromiss sieht vor, dass die Rechtsbeziehungen der Krankenkassen untereinander und zu den Versicherten weiterhin nicht dem Kartell- und Missbrauchsverbot nach §§ 1 ff., 19 ff. GWB unterliegen, auf freiwillige Vereinigungen von Krankenkassen aber das Fusionskontrollregime der §§ 35 ff. GWB – mit einigen sozialrechtlichen Nuancen – Anwendung findet.[6]

II. Entsprechende Anwendung der Vorschriften über die Zusammenschlusskontrolle nach GWB (Abs. 1)

Kern der Regelungen des § 172 a ist die Anordnung der entsprechenden Geltung des Regelungsregimes über die Zusammenschlusskontrolle (Fusionskontrolle) nach dem GWB auf die gesetzlichen Krankenkassen. Dabei handelt es sich um eine Rechtsgrundverweisung mit konstitutiver Funktion. Denn gesetzliche Krankenkassen gelten bislang nach herrschender, aber seit jeher umstrittener Auffassung weder nach europäischem Kartellrecht noch nach dem GWB als „Unternehmen", so dass ihre Vereinigungen vor Inkrafttreten des § 172 a dem Anwendungsbereich der kartellrechtlichen Fusionskontrolle entzogen waren.[7]

1. Anwendungsbereich. Abs. 1 verweist für freiwillige Vereinigungen umfassend auf die Fusionskontrollvorschriften des GWB. Für freiwillige Vereinigungen, die die fusionskontrollrechtlichen Aufgreifschwellen des GWB erreichen, tritt daher neben die sozial- bzw. aufsichtsrechtliche Prüfung durch die nach dem Sozialgesetzbuch zuständigen Aufsichtsbehörden nach § 90 SGB IV die fusionskontrollrechtliche Prüfung nach dem GWB durch das Bundeskartellamt.

a) Freiwillige Vereinigungen. Das Fusionskontrollregime des GWB findet ausschließlich auf freiwillige Vereinigungen von Krankenkassen Anwendung. Dagegen unterliegen zwangsweise Vereinigungen von Krankenkassen durch die Bundes- oder Landesregierung sowie sonstige „faktische Übernahmen",

---

[1] Dafür ua Gaßner/Eggert, NZS 2011, 249, 252; dagegen ua Krasney, NZS 2007, 574, 580; Mühlhausen in: Becker/Kingreen, § 172 a Rn. 3 mwN.
[2] Vgl. HessLSG, 15.9.2011, L 1 KR 89/10 KL.
[3] Vgl. Tätigkeitsbericht des Bundeskartellamts 2011/2012, BT-Dr. 17/13675, 76.
[4] BGBl. I 2013, 32.
[5] S. auch Bataille/Weck, KrV 2015, 45, 48.
[6] Zur Etablierung des Wettbewerbsparadigmas im Gesundheitswesen Wallrabenstein, NZS 2015, 48 ff.
[7] Siehe BT-Dr. 17/9852, S. 36 sowie grundlegend EuGH, Rs C-264/01, Slg 2004, I-2493 (AOK-Bundesverband), EuZW 2004, 241; ferner HessLSG, 15.9.2011, L 1 KR 89/10 KL; vgl. hierzu die Kommentierung zu § 69 Rn. 4 f., 22 ff.

selbst wenn sie einen Zusammenschlusstatbestand nach § 37 GWB darstellen, angesichts des eindeutigen Wortlauts des Abs. 1 nicht der Fusionskontrolle des GWB.

6 **b) Aufgreifschwellen nach § 35 GWB.** Die Vorschriften über die Fusionskontrolle nach §§ 35 ff. GWB gelten nur, wenn die **Umsatzschwellen** nach **§ 35 Abs. 1 Nr. 1 und Nr. 2 GWB** erfüllt sind und die Ausnahmebestimmung des § 35 Abs. 2 GWB nicht greift. Als „Umsätze" sind dabei, entsprechend der bisherigen Entscheidungspraxis des Bundeskartellamts, die Zuweisungen aus dem Gesundheitsfonds nach § 266 – korrigiert durch Ausgleichszahlung nach § 242 b – und aus den Zusatzbeiträgen nach § 242 heranzuziehen.

7 **2. Materieller Bewertungsmaßstab.** Das Bundeskartellamt prüft in materieller Hinsicht die zu erwartenden **Auswirkungen** der Vereinigung **auf die Marktstruktur.** Nach § 36 Abs. 1 GWB ist die Vereinigung zu untersagen, wenn durch die Vereinigung wirksamer Wettbewerb erheblich verhindert würde, insbesondere wenn zu erwarten ist, dass die Vereinigung eine marktbeherrschende Stellung begründet oder verstärkt. Bei dieser Bewertung ist nicht allein der durch die Vereinigung entstehende gemeinsame Marktanteil der neuen Vereinigung maßgeblich, sondern die **Marktstellung unter Gesamtwürdigung aller relevanten Umstände,** je nach relevantem Markt etwa gegenüber den Versicherten oder den Leistungserbringern. Der **Marktanteil** bleibt jedoch ein wesentlicher Faktor bei dieser Prognoseentscheidung; das Gesetz vermutet in § 18 Abs. 4, 6 GWB eine Marktbeherrschung ua bei einem Marktanteil von 40 %. Maßgeblich sind daher die Stellung der Vereinigung und die allgemeine Struktur auf den betroffenen Angebots- und Leistungserbringermärkten.

8 **a) Markt für die gesetzliche Krankenversicherung.** Das Bundeskartellamt nahm in seiner bisherigen Entscheidungspraxis einen eigenständigen sachlich relevanten **Markt für die gesetzliche Krankenversicherung** an. Davon zu unterscheiden sind der Markt für die private Krankenversicherung und der Markt für private Zusatzversicherungen.[8] Der Markt der gesetzlichen Krankenversicherung ist aufgrund des Kassenwahlrechts der Versicherten, der weitgehend bundesweit tätigen Krankenkassen und der homogenen Wettbewerbsbedingungen **bundesweit** abzugrenzen. Dagegen spricht auch nicht die Präsenz einzelner regionaler Kassen wie zB der AOKs.[9] Die **Marktanteile auf Angebotsseite** werden vom Bundeskartellamt **auf Basis der Mitgliederzahlen** (einschließlich der mitversicherten Familienmitglieder) ermittelt. Eine denkbare Orientierung an Zuweisungen aus dem Gesundheitsfonds dagegen könnte Marktanteile verzerren, da die Morbiditätsbereinigung der Zuweisungen nicht in Zusammenhang mit der Nachfrageentscheidung steht.[10]

9 **b) Leistungserbringermärkte.** Unberührt davon, dass die Leistungsbeziehungen zwischen den Krankenkassen und den Leistungserbringern stark reguliert sind und Wettbewerbselemente nahezu nicht bestehen, prüft das Bundeskartellamt auch die Auswirkungen einer Vereinigung auf die einzelnen Leistungserbringermärkte und will im Einzelfall entscheiden, bei welchen betroffenen Märkten es sich um Wettbewerbsmärkte im fusionskontrollrechtlichen Sinne handelt.[11] Die räumliche Abgrenzung der **meisten Teilmärkte** wie der (zahn)ärztlichen Versorgung, der Krankenhausversorgung, den Heil- und Hilfsmittelmärkten wird dabei bisher auf Ebene des jeweiligen **Bundeslands** durchgeführt. Allein der **Arzneimittelmarkt** wird **bundesweit** abgegrenzt. Für die **Marktanteilsermittlung** werden nachfrageseitig idR Umsatzzahlen unter Berücksichtigung auch des Nachfragevolumens der privaten Krankenversicherung und sonstigen Kostenträgern (zB Trägern der gesetzlichen Unfallversicherung) herangezogen.

10 Die Bewertung der Auswirkungen einer Vereinigung auf die einzelnen Leistungserbringermärkte ist einzelfallabhängig. Im Regelfall dürften auf den Leistungserbringermärkten, die **kollektivvertraglich** geregelt sind, jedoch keine fusionskontrollrechtlich bedenklichen Auswirkungen entstehen.[12] Durch die Kollektivverträge wird in der Regel ein Kräftegleichgewicht sichergestellt. Zudem wird durch die Vereinigung die Verhandlungsmacht der GKV-Verbände gegenüber den Leistungserbringerverbänden nicht erhöht, sondern es verschiebt sich lediglich das Gewicht einzelner Krankenkassen innerhalb des GKV-Verbands. Im Bereich **kassenindividueller Selektivverträge** dürfte es im Einzelfall darauf ankom-

---

8 Vgl. Tätigkeitsbericht des Bundeskartellamts 2009/2010, S. 101, BT-Dr. 17/6640; Krasney, NZS 2007, 574, 577.
9 Vgl. Tätigkeitsbericht des Bundeskartellamts 2009/2010, S. 101, BT-Dr. 17/6640; Soltész/Werner, KrV 2013, 185, 189.
10 Vgl. Tätigkeitsbericht des Bundeskartellamts 2009/2010, S. 101, BT-Dr. 17/6640; näher zur Marktabgrenzung und den noch offenen Fragen Bataille/Weck, KrV 2015, 45, 47 f.
11 Kritisch Mühlhausen in: Becker/Kingreen, § 172 a Rn. 10.
12 Vgl. ebenso Soltész/Werner, KrV 2013, 185, 189; aM Bögemann/Günther, KrV 2012, 93, 98 Fn. 61.

men, ob die Vereinigung als marktmächtig angesehen werden kann. Dafür ist insbesondere von Bedeutung, ob die Vereinigung keinem oder nur geringem Wettbewerbsdruck von Seiten der Leistungserbringer und deren Verbände und Zusammenschlüsse ausgesetzt wäre, so dass sie ihre Preis- und Qualitätsvorstellungen weitgehend uneingeschränkt durchsetzen könnte.[13]

III. Verfahren

1. **Vollzugsverbot (§ 41 Abs. 1 GWB) und Schnittstellen zu sozialrechtlichen Vereinigungs- und Schließungsverfahren (Abs. 2 S. 1, 2, 5).** Freiwillige Vereinigungen, die die Aufgreifschwellen erreichen, unterliegen einem sog **Vollzugsverbot** (§ 41 Abs. 1 GWB). Für das sozialrechtliche Vereinigungsverfahren bedeutet dies zunächst, dass die Aufsichtsbehörde die Genehmigung nach § 144 Abs. 3 nicht erteilen darf, bevor das Bundeskartellamt die Vereinigung nicht freigegeben hat bzw. die Vereinigung wegen Ablauf des fusionskontrollrechtlichen Fristenregimes nach § 40 Abs. 1, Abs. 2 S. 2 GWB (ein Monat bzw. vier Monate nach Eingang einer vollständigen Fusionskontrollanmeldung) als freigegeben gilt. Denn mit Wirksamkeit der Genehmigung sind gemäß § 144 Abs. 4 die bisherigen Krankenkassen geschlossen und die neue (vereinigte) Krankenkasse tritt im Wege der Gesamtrechtsnachfolge in die Rechte und Pflichten der bisherigen (geschlossenen) Krankenkassen ein, so dass eine spätere Untersagung der Vereinigung durch das Bundeskartellamt ins Leere laufen würde.[14] Durch diese Regelung wird also die *rechtliche* Umsetzung der Vereinigung, die maßgeblich von der Genehmigung durch die Aufsichtsbehörde abhängt, vor der fusionskontrollrechtlichen Freigabe verhindert. Die kartellrechtliche Fusionskontrolle hat also Vorrang vor der aufsichtsbehördlichen Freigabe. Aber auch ein *faktischer* Vollzug der Transaktion vor der fusionskontrollrechtlichen Freigabe ist nach den insoweit entsprechend anwendbaren kartellrechtlichen Regelungen (vgl. § 41 Abs. 1 GWB) unzulässig. Ein solcher faktischer Vollzug könnte – je nach den Umständen des Einzelfalls – etwa in der organisatorischen Zusammenführung einzelner Abteilungen und Fachbereiche der vereinigungswilligen Krankenkassen oder in der Herbeiführung abgestimmter Entscheidungen ihrer Organe hinsichtlich der operativen Tätigkeit liegen. Dabei ist jedoch das sozialversicherungsrechtliche Zusammenarbeitsgebot (§ 4 Abs. 3) zu beachten.

Im Fall von Sanierungsfusionen, dh wenn der Vorstand einer an der Vereinigung beteiligten Krankenkasse eine Anzeige nach § 171 b Abs. 2 S. 1 abgegeben hat, gilt ein von den üblichen fusionskontrollrechtlichen Regelungen des GWB abweichendes verkürztes Fristenregime (Abs. 2 S. 2). An die Stelle der Vier-Monats-Frist des § 40 Abs. 2 S. 2 GWB tritt eine Frist von sechs Wochen ab Eingang der vollständigen Anmeldung beim Bundeskartellamt. Der Grund dafür ist ausweislich der Gesetzesbegründung,[15] dass die Entscheidung der Aufsichtsbehörde über die Schließung oder die Insolvenz in kurzer Zeit getroffen werden muss. Mit dieser verkürzten Frist orientiert sich der Gesetzgeber an der Acht-Wochen-Frist zwischen dem Erlass eines Schließungsbescheides durch die Aufsichtsbehörde und dem Wirksamwerden der Schließung nach den §§ 146a S. 2, 153 S. 2, 163 S. 2, 170 S. 2. Damit sollte sichergestellt werden, dass die Möglichkeit, eine Schließung durch Vereinigung abzuwenden, möglichst weitgehend eröffnet bleibt.[16]

Aufgrund dieser sozialrechtlichen Besonderheiten des Vereinigungs- und Schließungsverfahrens ist eine Entflechtungsbefugnis nach § 41 Abs. 3, 4 GWB im Bereich der gesetzlichen Krankenkassen nicht erforderlich; die entsprechenden Regelungen gelten gemäß Abs. 2 S. 5 hier nicht. Das Bundeskartellamt darf außerhalb des GKV-Bereichs die „Entflechtung", dh die Beseitigung der Wettbewerbsbeschränkung von den Beteiligten fordern, wenn ein untersagungsfähiger Zusammenschluss vor Freigabe vollzogen wurde. Dieser Befugnis bedarf es nach Ansicht des Gesetzgebers im Bereich der gesetzlichen Krankenkassen nicht, da eine neue Krankenkasse vor Erteilung der Genehmigung durch die sozialrechtliche Aufsichtsbehörde nicht wirksam errichtet ist und diese Genehmigung nicht vor Freigabe oder Eintritt der Freigabefiktion erteilt werden darf. Ob die Einschätzung des Gesetzgebers zutrifft und eine Vereinigung ohne fusionskontrollrechtliche Freigabe damit sicher ausgeschlossen ist, wird sich in der Praxis zeigen. Es scheint zumindest denkbar, dass es zu einem solchen Fall kommen könnte, etwa wenn sich die zuständige Aufsichtsbehörde unter Verkennung der Rechtslage über die fehlende Freigabe des Bundeskartellamts hinwegsetzt oder etwa irrigerweise den Eintritt der Freigabefiktion wegen Fristablaufs unterstellt, obwohl tatsächlich noch gar keine vollständige Anmeldung der Vereini-

---
13 Vgl. Soltész/Werner, KrV 2013, 185, 190.
14 So ausdrücklich auch die Gesetzesbegründung, BT-Dr. 17/9852, 37.
15 BT-Dr. 17/9852, 37.
16 Vgl. BR-Dr. 176/12, 51.

gung beim Bundeskartellamt vorlag. Eine Nichtigkeit des Genehmigungsbescheides wird man in diesem Fall wohl nicht annehmen können; auch die Angreifbarkeit wegen „voreiliger" Genehmigung erscheint angesichts der Regelungssystematik zweifelhaft, zumal der Gesetzgeber selbst davon ausgeht, dass eine Vereinigung gesetzlicher Krankenkassen nicht wieder rückgängig gemacht werden kann. Käme in einem solchen Fall das Bundeskartellamt zu dem Ergebnis, dass einer Freigabe fusionskontrollrechtliche Bedenken entgegenstünden, wäre unter kartellrechtlichen Gesichtspunkten eine solche Rückgängigmachung auch nicht zwingend erforderlich.[17] Insofern wäre wohl zu überlegen, ob den fusionskontrollrechtlichen Bedenken durch (nachträgliche) Auflagen hinreichend Rechnung getragen werden könnte; die (ebenfalls denkbare) Schließung zur Beseitigung kartellrechtswidriger Folgewirkungen dürfte wohl allenfalls im Ausnahmefall als ultima ratio in Betracht kommen.

14 2. Kooperation mit Aufsichtsbehörden nach § 90 SGB IV und Abs. 2 S. 3, 4. Vor einer Untersagung muss das Bundeskartellamt mit den zuständigen Aufsichtsbehörden nach § 90 SGB IV das „Benehmen" herstellen. Das erfordert kein Einvernehmen zwischen den Behörden im Sinne einer Willensübereinstimmung. Zumindest aber muss das Bundeskartellamt die Aufsichtsbehörde anhören und sich mit den Erwägungen der Aufsichtsbehörde auseinandersetzen. Das Bundeskartellamt kann sich aber über etwaige Einwände der Aufsichtsbehörden hinwegsetzen und die Vereinigung untersagen.

15 Im Untersagungsfall besteht noch die Möglichkeit der Ministererlaubnis durch das Bundeswirtschaftsministerium (§ 42 GWB). In diesem Erlaubnisverfahren haben die Aufsichtsbehörden neben der Monopolkommission und den obersten Landesbehörden, in deren Gebiet die beteiligten Krankenkassen ihren Sitz haben, ein Recht zur Stellungnahme, Abs. 2 S. 4.

IV. Rechtsweg

16 § 63 Abs. 4 S. 3 GWB sieht gegen Entscheidungen des Bundeskartellamts im Bereich der Krankenkassenfusionen den Weg zum **Landessozialgericht Nordrhein-Westfalen** als Beschwerdeinstanz und zum **Bundessozialgericht** als Rechtsbeschwerdeinstanz vor. Ohne dieses quasi in „letzter Minute" abgegebene Zugeständnis des Bundestags (der den in Fusionskontrollfällen sonst üblichen Instanzenzug zum OLG Düsseldorf und danach zum BGH vorgeschlagen hatte) an den Bundesrat wäre die vor allem wegen ihrer Auswirkungen auf den GKV-Bereich im Gesetzgebungsverfahren lange Zeit heftig umstrittene[18] 8. GWB-Novelle wohl nicht zu Stande gekommen.

Zweiter Abschnitt
Wahlrechte der Mitglieder

§ 173 Allgemeine Wahlrechte

(1) Versicherungspflichtige (§ 5) und Versicherungsberechtigte (§ 9) sind Mitglied der von ihnen gewählten Krankenkasse, soweit in den nachfolgenden Vorschriften, im Zweiten Gesetz über die Krankenversicherung der Landwirte oder im Künstlersozialversicherungsgesetz nichts Abweichendes bestimmt ist.

(2) ¹Versicherungspflichtige und Versicherungsberechtigte können wählen
1. die Ortskrankenkasse des Beschäftigungs- oder Wohnorts,
2. jede Ersatzkasse, deren Zuständigkeit sich nach der Satzung auf den Beschäftigungs- oder Wohnort erstreckt,
3. die Betriebs- oder Innungskrankenkasse, wenn sie in dem Betrieb beschäftigt sind, für den die Betriebs- oder die Innungskrankenkasse besteht,
4. die Betriebs- oder Innungskrankenkasse, wenn die Satzung der Betriebs- oder Innungskrankenkasse dies vorsieht,
4a. die Deutsche Rentenversicherung Knappschaft-Bahn-See,
5. die Krankenkasse, bei der vor Beginn der Versicherungspflicht oder Versicherungsberechtigung zuletzt eine Mitgliedschaft oder eine Versicherung nach § 10 bestanden hat,
6. die Krankenkasse, bei der der Ehegatte oder der Lebenspartner versichert ist.

---

17 Vgl. Bechtold/Bosch, GWB, 8. Aufl. 2015, § 41 Rn. 28.
18 Ein Schlaglicht auf die Diskussion werfen Thüsing/Sternberg, ZIP 2012, 1437, 1438 ff.

²Falls die Satzung eine Regelung nach Nummer 4 enthält, gilt diese für die Gebiete der Länder, in denen Betriebe oder Innungsbetriebe bestehen und die Zuständigkeit für diese Betriebe sich aus der Satzung der Betriebs- oder Innungskrankenkasse ergibt; soweit eine Satzungsregelung am 31. März 2007 für ein darüber hinaus gehendes Gebiet gegolten hat, bleibt dies unberührt; die Satzung darf das Wahlrecht nicht auf bestimmte Personen beschränken oder von Bedingungen abhängig machen. ³Eine Satzungsregelung nach Satz 1 Nr. 4 kann nicht widerrufen werden. ⁴Ist an der Vereinigung von Betriebskrankenkassen oder von Innungskrankenkassen eine Krankenkasse mit einer Satzungsregelung nach Satz 1 Nr. 4 beteiligt, gilt diese Satzungsregelung auch für die vereinigte Krankenkasse. ⁵Satz 1 Nr. 4 und Satz 4 gelten nicht für Betriebskrankenkassen, die für Betriebe privater Kranken- oder Lebensversicherungen errichtet oder aus einer Vereinigung mit solchen Betriebskrankenkassen hervorgegangen sind, wenn die Satzung dieser Krankenkassen am 26. September 2003 keine Regelung nach Satz 1 Nr. 4 enthalten hat.

(2 a) § 2 Abs. 1 der Verordnung über den weiteren Ausbau der knappschaftlichen Versicherung in der im Bundesgesetzblatt Teil III, Gliederungsnummer 822-4, veröffentlichten bereinigten Fassung, die zuletzt durch Artikel 22 Nr. 1 des Gesetzes vom 22. Dezember 1983 (BGBl. I S. 1532) geändert worden ist, gilt nicht für Personen, die nach dem 31. März 2007 Versicherte der Deutschen Rentenversicherung Knappschaft-Bahn-See werden.

(3) Studenten können zusätzlich die Ortskrankenkasse oder jede Ersatzkasse an dem Ort wählen, in dem die Hochschule ihren Sitz hat.

(4) Nach § 5 Abs. 1 Nr. 5 bis 8 versicherungspflichtige Jugendliche, Teilnehmer an Leistungen zur Teilhabe am Arbeitsleben, behinderte Menschen und nach § 5 Abs. 1 Nr. 11 und 12 oder nach § 9 versicherte Rentner sowie nach § 9 Abs. 1 Nr. 4 versicherte behinderte Menschen können zusätzlich die Krankenkasse wählen, bei der ein Elternteil versichert ist.

(5) Versicherte Rentner können zusätzlich die Betriebs- oder Innungskrankenkasse wählen, wenn sie in dem Betrieb beschäftigt gewesen sind, für den die Betriebs- oder Innungskrankenkasse besteht.

(6) Für nach § 10 Versicherte gilt die Wahlentscheidung des Mitglieds.

(7) War an einer Vereinigung nach § 171 a eine Betriebs- oder Innungskrankenkasse ohne Satzungsregelung nach Absatz 2 Satz 1 Nr. 4 beteiligt, und gehört die aus der Vereinigung hervorgegangene Krankenkasse einem Verband der Betriebs- oder Innungskrankenkassen an, ist die neue Krankenkasse auch für die Versicherungspflichtigen und Versicherungsberechtigten wählbar, die ein Wahlrecht zu der Betriebs- oder Innungskrankenkasse gehabt hätten, wenn deren Satzung vor der Vereinigung eine Regelung nach Absatz 2 Satz 1 Nr. 4 enthalten hätte.

Literatur:

Aufsichtsbehörden der gesetzlichen Krankenversicherung, Gemeinsame Wettbewerbsgrundsätze der Aufsichtsbehörden der gesetzlichen Krankenversicherung vom 19.3.1998 i.d.F. vom 9.11.2006; *Debus*, Mehr Wettbewerb zwischen den Krankenkassen durch das GKV-FQWG? – Zur Krankenkassenwahl ab 2015, Sozialrecht aktuell 2014, 225; *Determann*, Der Betriebsbegriff in § 173 Abs. 2 S. 2 SGB V, WzS 2001, 97; *Eichenhofer*, Kassenwahl und Arbeitgeber, RdA 2006, 203; *GKV-Spitzenverband*, Rundschreiben 2012/144 vom 23.3.2012 und 2009/397 vom 28.8.2009; *Greß/Braun/Rothgang/Wasem*, Kassenwechsel zur Durchsetzung von Versicherteninteressen?, SozSich 2008, 12; *Kokemoor*, Die gesetzlichen Regelungen zum Krankenkassenwahlrecht gem. §§ 173 ff. SGB V, SGb 2003, 433; *SACHVERSTÄNDIGENRAT zur Begutachtung der Entwicklung im Gesundheitswesen*, Wettbewerb an der Schnittstelle zwischen ambulanter und stationärer Gesundheitsversorgung, Sondergutachten 2012; *B. Schmidt*, Das Recht auf Wahl der Krankenkasse – insbesondere zum Sonderkündigungsrecht bei Beitragssatzanhebungen, NJW 2004, 2628; *Schneider*, Das Recht der Kassenwahl 1996, DOK 1995, 144; *Spiethoff/Kaltschmidt*, Das neue Krankenkassenwahlrecht einmal anders betrachtet, BKK 2002, 106; *Spitzenverbände der Krankenkassen*, Gemeinsame Verlautbarung der Spitzenverbände der Krankenkassen zum Krankenkassenwahlrecht, 30.6.2008; *van Stiphout*, Krankenkassenwahl ab 1996, Die BKK 1995, 158; *Trost*, Allgemeine Krankenkassenwahlrechte, SF-Medien 2010, 7; *Trosky*, BKK – sympathisch und servicestark, Die BKK 2012, 64; *G. W. Weber*, Wechselbarrieren und die Bedeutung der spezifischen Kassenangebote, G+S 2010, 43; *G. W. Weber*, Wechseldynamik, Wechslerprofile und Motive der Kassenwahlentscheidung, G+S 2009, 32; *Zok*, Reaktionen auf Zusatzbeiträge in der GKV, WIdO-monitor 2011, 1.

I. Entstehungsgeschichte................ 1	6. Bleiberecht bei der letzten Krankenkasse (Abs. 2 S. 1 Nr. 5)................ 16
II. Normzweck....................... 2	
III. Grundsätze und Sonderregelungen (insbes. Abs. 1)............................. 3	7. Krankenkasse des Ehegatten/Lebenspartners (Abs. 2 S. 1 Nr. 6)............ 17
IV. Wählbare Kassen (Abs. 2–5, 7)....... 7	8. Zusatzregelung für Studenten (Abs. 3) 18
1. AOK des Beschäftigungs- oder Wohnorts (Abs. 2 S. 1 Nr. 1)............. 7	9. Krankenkasse eines Elternteils (Abs. 4) 19
	10. Zusatzregelung für Rentner (Abs. 5).... 20
2. Ersatzkrankenkassen des Beschäftigungs- oder Wohnorts (Abs. 2 S. 1 Nr. 2)............... 8	11. Zusatzregelung bei kassenartenübergreifender Vereinigung (Abs. 7)......... 21
	V. Kein eigenes Wahlrecht für Familienversicherte (Abs. 6)............................. 22
3. BKK und IKK (Abs. 2 S. 1 Nr. 3)....... 9	
4. Geöffnete BKK und IKK (Abs. 2 S. 1 Nr. 4, S. 2–5)............... 10	
5. Deutsche Rentenversicherung Knappschaft-Bahn-See (Abs. 2 S. 1 Nr. 4 a, Abs. 2 a)........... 15	

I. Entstehungsgeschichte

1 Der Regelfall der gesetzlichen Zuweisung der Mitgliedschaft in eine bestimmte Krankenkasse[1] wurde zum 1.1.1996 durch ein Wahlrecht gem. §§ 173 ff. aufgrund Art. 1 Nr. 116, Art. 35 Abs. 6 GSG vom 21.12.1992 (BGBl. I, 2266) ersetzt. Dadurch erfolgte eine Angleichung der unterschiedlichen Kassenwahlrechte von Arbeitern und Angestellten (BT-Dr. 12/3608, 112). Gleichzeitig wurde den BKK und IKK die Möglichkeit gegeben, sich für alle Versicherte zu öffnen (vgl. Abs. 4 S. 1 Nr. 4). Zum 1.1.1998 wurde in Abs. 1 der Hinweis auf abweichende Regelungen im AFG durch Art. 5 Nr. 4, Art. 83 Abs. 1 AFRG vom 24.3.1997 (BGBl. I, 594) gestrichen (vgl. BT-Dr. 13/4941, 234). Mit Art. 5 Nr. 26, Art. 68 Abs. 1 SGB IX vom 19.6.2001 (BGBl. I, 1046) wurde Abs. 4 zum 1.7.2001 redaktionell angepasst (BT-Dr. 14/5074, 119). Abs. 2 S. 3 bis 5 wurden durch Art. 1 Nr. 133 GMG vom 14.11.2003 (BGBl. I, 2190) eingefügt (vgl. BT-Dr. 16/1525, 136 f.). Abs. 2 S. 5 trat gem. Art. 37 Abs. 4 GMG zum 26.9.2003 und die S. 3 und 4 traten gem. Art. 37 Abs. 1 GMG zum 1.1.2004 in Kraft. Art. 1 Nr. 133, Art. 46 Abs. 1 GKV-WSG vom 26.3.2007 (BGBl. I, 378) brachten zum 1.4.2007 folgende Änderungen (vgl. BT-Dr. 16/3100, 157 f.): In Abs. 2 S. 1 wurde die Nr. 4 a eingefügt, in Abs. 2 S. 2 wurden die Wörter „für abgegrenzte Regionen im Sinne des § 143 Abs. 1" durch die Wörter „die Gebiete der Länder" ersetzt und eine „Besitzstandsregelung" für länderübergreifende Kassen eingefügt; gleichzeitig kamen Abs. 2 a und 7 hinzu. Die außerdem durch Art. 2 Nr. 27 a, Art. 46 Abs. 10 GKV-WSG zum 1.1.2009 vorgesehene Einfügung der Wörter „und die See-Krankenkasse" in Abs. 2 S. 1 Nr. 4 a wurde noch vor dem Inkrafttreten durch Art. 5 b Nr. 1, Art. 21 Abs. 13 Gesetz vom 19.12.2007 (BGBl. I, 3024) iVm der Bekanntmachung vom 28.12.2007 (BGBl. I, 3305) aufgehoben, nachdem die See-Krankenkasse aufgelöst und in die Deutsche Rentenversicherung Knappschaft-Bahn-See eingegliedert wurde. Zum 1.1.2012 wurde dem Ehegatten in Abs. 2 S. 2 Nr. 6 der Lebenspartner durch Art. 1 Nr. 63, Art. 15 Abs. 1 GKV-VStG vom 22.12.2011 (BGBl. I, 2984) gleichgestellt.

II. Normzweck

2 Abs. 1 bezweckt, einen Grundsatz der **allgemeinen Wahlfreiheit** für die Versicherten zwischen den Kassen zu statuieren. Dabei stehen sich Interessen der Versicherten an Kassen ohne Zusatzbeitrag oder mit Prämienzahlung und angeblich großzügiger Leistungsgewährung, Interessen der Arbeitgeber an einheitlicher Versicherung ihrer Arbeitnehmer bei einer einzigen Kasse sowie Interessen der Kassen an einer großen Zahl von Mitgliedern ohne schlechte Risiken gegenüber.[2] Einflussnahmen von Arbeitgebern[3] oder Kassen[4] können wettbewerbswidrig sein. Zur Konfliktregelung werden in Abs. 2–5, 7 die wählbaren Kassen normiert, welche durch die besonderen Wahlrechte in § 174 erweitert oder eingeschränkt werden. Nach Abs. 6 gilt für Familienversicherte die Wahlentscheidung des Mitglieds; im Üb-

---

1 Zur Entstehungsgeschichte s. Peters in: KassKomm, § 173 SGB V Rn. 4 ff.
2 Vgl. Peters in: KassKomm, § 175 SGB V Rn. 7.
3 OLG Düsseldorf, 28.12.2001, 20 U 119/01, NZS 2002, 597; OLG Frankfurt aM, 22.1.1998, 6 U 216/97, NJWE-WettbR 1998, 124; OLG Frankfurt (Oder), 27.1.2011, 31 O 157/10, BeckRS 2012, 07372. Vgl. auch Eichenhofer, RdA 2006, 203 ff.
4 GmS-OGB, 10.7.1989, GmS-OGB 1/88, NJW 1990, 1527 ff.; Benofsky/Reich in: Keßler, Die gesetzlichen Krankenkassen im Europäischen Binnenmarkt, 223 ff.

rigen richtet sich die Wahlrechtsausübung nach § 175. In der Praxis wechseln pro Jahr etwa 5 % der Mitglieder ihre Kasse.[5]

III. Grundsätze und Sonderregelungen (insbes. Abs. 1)

In Abkehr vom vorherigen Recht (→ Rn. 1) regelt Abs. 1, dass eine Mitgliedschaft Versicherungspflichtiger (§ 5) und Versicherungsberechtigter (§ 9) nicht mehr durch die Zwangszuweisung zu bestimmten Kassen, sondern durch die Ausübung ihres Wahlrechts entsteht.[6] Entsprechendes dürfte auch bei fortbestehender Mitgliedschaft (§§ 192, 193) sowie bei Rentenantragstellern (§ 189) gelten.[7] Kein Wahlrecht analog §§ 173, 175 haben Sozialhilfeempfänger, die nicht in der gesetzlichen Krankenversicherung versichert sind, die von ihnen zur Übernahme der Krankenbehandlung gewählte KK zu wechseln, solange diese weder geschlossen noch von einem Insolvenzeröffnungsantrag betroffen ist.[8] Von der Mitgliedschaft bei der Krankenkasse gem. Abs. 1 ist die **versicherungsrechtliche Mitgliedschaft** gem. §§ 186 ff. zu unterscheiden, weil ein Wechsel der Mitgliedschaft nicht zwangsläufig zu einem Kassenwechsel führt, aber die Mitgliedschaft Voraussetzung für die Ausübung des Kassenwahlrechts ist.[9] 3

Der Wählbarkeit der unterschiedlichen Kassen (dazu im Einzelnen ab → Rn. 7) liegen verschiedene Überlegungen zugrunde: Soweit auf den Beschäftigungs- oder Wohnort (Abs. 2 S. 1 Nr. 1, 2) oder bei Studenten auf den Sitz der Hochschule (Abs. 3) abgestellt wird, beruht dies auf der **Ortsnähe**. An betriebs- oder berufsbezogene Merkmale knüpfen die Wahlmöglichkeiten bei geschlossenen BKK oder IKK (Abs. 2 Nr. 3), bei der Rückkehr von Rentnern zu einer solchen Kasse (Abs. 2 S. 1 Nr. 3, Abs. 5) oder bei Beschäftigten dieser Kassen oder deren Verbände (§ 174 Abs. 2 f.) an. **Kontinuitätserwägungen** liegen Abs. 1 S. 1 Nr. 5 sowie § 174 Abs. 5 zugrunde. Dem Prinzip einer **familieneinheitlichen Versicherung** entsprechen die Möglichkeit zur Wahl der Kasse des Ehegatten, Lebenspartners oder eines Elternteils (Abs. 2 S. 1 Nr. 6 bzw. Abs. 4) und das Anknüpfen an die Wahlentscheidung des Mitglieds bei der Familienversicherung (Abs. 6).[10] 4

Wenn nach Abs. 2 S. 1 Nr. 5 bei Beginn einer Versicherung sogar die letzte frühere Kasse gewählt werden kann, ist bei Fortdauer der Versicherung ein Verbleib bei der bisherigen Kasse auch nach **Wegfall des Wählbarkeitsgrundes** nicht ausgeschlossen.[11] Ein Wegfall des Wählbarkeitsgrundes berechtigt aber auch nicht als solches zu einem sofortigen Wechsel, vielmehr sind auch hier die allgemeinen Bindungsregeln des § 175 zu beachten. Entsprechende Bindungen sind zu beachten, wenn nach der Wahl einer Kasse ein neues Wahlrecht (zB infolge der Öffnung einer BKK)[12] entsteht.[13] Ein Wechsel der Kasse kommt bei einem Versicherten, der unmittelbar vor dem Wechsel des Beschäftigungsortes arbeitsunfähig war, auch erst in Betracht, wenn die Beschäftigung an dem neuen Beschäftigungsort tatsächlich aufgenommen wird.[14] 5

Diese Wahlrechte gelten gem. Abs. 1 nur, soweit **keine Sonderregeln** in den nachfolgenden Vorschriften, im Zweiten Gesetz über die Krankenversicherung der Landwirte (KVLG 1989) oder im Künstlersozialversicherungsgesetz (KSVG) enthalten sind. Mit den nachfolgenden Vorschriften sind vor allem Abs. 6 und §§ 174 f. (und früher auch §§ 176 ff.) gemeint. Soweit der Vorrang des KVLG 1989 reicht, ist das Kassenwahlrecht der §§ 173 ff. ausgeschlossen. Abweichende Vorschriften sind insoweit nur für Versicherungspflichtige, nicht aber für Versicherungsberechtigte enthalten.[15] Anders als die Landwirtschaftlichen Krankenkassen gehört die deutschlandweit zuständige Künstlersozialkasse nicht zu den Trägern der gesetzlichen Krankenversicherung (vgl. § 4 Abs. 2). Sie ist durch das KSVG nur funktionell zwischen die Versicherten und die eigentlich zuständigen Kassen geschaltet und erfasst die Versiche- 6

---

5 G. W. Weber, G+S 2009, 32, 33. Weitere empirische Daten zur Kassenwahl bei: Eibisch/Schmitz/Ziebarth, DIW Wochenbericht Nr. 51 + 52.2011, 3; Greß/Braun/Rothgang/Wasem, SozSich 2008, 12 ff.; PWC, GKV im Wettbewerb, 2011; Sachverständigenrat zur Begutachtung der Entwicklung im Gesundheitswesen, 2012, Tz. 499 ff.; Trosky, Die BKK 2012, 64 ff.; G. W. Weber, G+S 2010, 43 ff.; Zok, WIdO-monitor 2011, 1 ff.
6 BT-Dr. 12/3608, 113.
7 Peters in: KassKomm, § 173 SGB V Rn. 9.
8 BSG, 8.3.2016, B 1 KR 26/15 R.
9 Brall in: Sodan, HdB KrVersR, § 33 Rn. 1.
10 Peters in: KassKomm, § 173 SGB V Rn. 11.
11 Peters in: KassKomm, § 173 SGB V Rn. 39.
12 BSG, 10.8.2000, B 12 KR 10/00 R, SozR 3-2500 § 175 Nr. 4, S. 17, 20.
13 Peters in: KassKomm, § 173 SGB V Rn. 40.
14 BSG, 4.10.1973, 3 RK 51/71, BSGE 36, 195, 197.
15 BSG, 12.2.1998, B 10 KR 3/97 R, SozR 3-2500 § 185 Nr. 1 S. 1, 6.

rungs- und Abgabepflichtigen, zieht die Beitragshälften der Versicherten sowie die Künstlersozialabgabe ein und zahlt aus diesen Mitteln und dem Zuschuss des Bundes die Beiträge an die Kassen.[16] Da die Künstlersozialkasse zur Feststellung der Versicherungspflicht (§ 8 KSVG) zuständig ist, wird dadurch faktisch eine Zuweisung zur Künstlersozialkasse erzeugt.[17] So waren 2016 dort 185.503 Personen versichert (www.kuenstlersozialkasse.de). In Bezug auf die eigentlich zuständigen Kassen besteht das Wahlrecht gem. §§ 173 ff. ohne Modifikationen.[18]

IV. Wählbare Kassen (Abs. 2–5, 7)

7 1. **AOK des Beschäftigungs- oder Wohnorts (Abs. 2 S. 1 Nr. 1).** Wählbar sind nach Abs. 2 Nr. 1 Alt. 1 die AOK (§§ 143 ff.) des Beschäftigungsorts (§§ 9 f. SGB IV) oder des Wohnorts. Bei selbstständig Tätigen kann in analoger Anwendung ein Kassenwahlrecht „des Beschäftigungsorts" am Betriebssitz zugelassen werden.[19] Bei mehrfach und unständig Beschäftigen (§ 232 Abs. 3) kann auf jeden Beschäftigungsort zurückgegriffen werden.[20] Der Wohnort umfasst sowohl den in § 30 Abs. 3 SGB I definierten Wohnsitz als auch den dort umschriebenen gewöhnlichen Aufenthalt.[21] Bei mehreren Wohnungen werden alle Ortskrankenkassen als wählbar angesehen, in deren Bezirk eine davon liegt.[22]

8 2. **Ersatzkrankenkassen des Beschäftigungs- oder Wohnorts (Abs. 2 S. 1 Nr. 2).** Abs. 2 S. 1 Nr. 2 erklärt auch jede Ersatzkasse (§ 168), deren Zuständigkeit sich nach der Satzung (→ § 194 Rn. 6) auf den Beschäftigungs- oder Wohnort (→ Rn. 7) erstreckt, für wählbar.

9 3. **BKK und IKK (Abs. 2 S. 1 Nr. 3).** Wer in einem Betrieb beschäftigt ist, kann die für ihn bestehende BKK (vgl. §§ 147 ff.) oder IKK (§§ 157 ff.) gem. Abs. 2 S. 1 Nr. 3 wählen. Bei deren Öffnung/kasseninternen Vereinigung ist Abs. 2 S. 1 Nr. 4 S. 2-5 (→ Rn. 10 ff.) und bei einer kassenartenübergreifenden Vereinigung mit einer geöffneten Kasse ist Abs. 7 (→ Rn. 21) zu beachten. Besondere Wahlrechte bestehen für gegenwärtige oder frühere Beschäftigte dieser Kassen oder deren Verbände gem. § 174 Abs. 2 bzw. Abs. 3 (→ § 174 Rn. 3 bzw. 4) und bei gem. § 5 Abs. 1 Nr. 13 Versicherungspflichtigen aus § 174 Abs. 5 (→ § 174 Rn. 5). Bei Errichtung, Ausdehnung einer BKK oder IKK oder bei betrieblichen Veränderungen ist § 175 Abs. 5 maßgeblich (→ § 175 Rn. 31 f.). Die Beschäftigten können nach Maßgabe der §§ 173 ff. auch andere Kassen wählen, so dass BKK und IKK zwar nicht vor einer Abwanderung, aber vor einer Zuwanderung geschützt sind.[23]

10 4. **Geöffnete BKK und IKK (Abs. 2 S. 1 Nr. 4, S. 2–5).** Über Abs. 2 S. 1 Nr. 3 (→ Rn. 9) hinaus gibt Nr. 4 der BKK oder IKK die **Möglichkeit zur Öffnung** auch gegenüber nicht in entsprechenden Betrieben Beschäftigten, wenn die Satzung (vgl. § 194) der BKK oder IKK dies vorsieht. Die Voraussetzungen und Grenzen sind in den S. 2 – 5 näher geregelt, die auch Organisations- und Satzungsrecht der Kassen betreffen und systematisch betrachtet in den §§ 147 ff., 157 ff. und 194 zu verorten sind.[24]

11 In räumlicher Hinsicht wird die Öffnung durch Abs. 2 S. 2 Hs. 1 auf die Länder beschränkt, in denen Betriebe oder Innungsbetriebe bestehen und sich die Zuständigkeit für diese (un- oder selbstständigen)[25] Betriebe aus der Satzung der BKK oder IKK ergibt. Anders als das Zehn-Mitglieder-Kriterium bei der BKK hängt der Erstreckungsbereich einer IKK vom Bestehen bzw. Nichtbestehen von Innungsbetrieben und ggf. unselbstständigen Betriebsteilen im jeweiligen Bundesland ab, wobei einer abweichenden Satzungsregelung keine rechtliche Wirkung entfaltet.[26] Kommt ein neuer Innungsbetrieb oder ein unselbstständiger Betriebsteil eines Innungsbetriebs in einem bislang nicht vom Erstreckungsbereich umfassten Land hinzu, erweitert sich dieser ohne eine Möglichkeit der Einflussnahme hierauf

---

[16] Vießmann in: Spickhoff, Medizinrecht, §§ 173, 174 SGB V Rn. 7.
[17] Debus, Sozialrecht aktuell 2014, 225, 226.
[18] Vießmann in: Spickhoff, Medizinrecht, §§ 173, 174 SGB V Rn. 7.
[19] Vießmann in: Spickhoff, Medizinrecht, §§ 173, 174 SGB V Rn. 9.
[20] Debus, Sozialrecht aktuell 2014, 225, 226 mN.
[21] Debus, Sozialrecht aktuell 2014, 225, 226 mN auch zur Gegenansicht.
[22] Debus, Sozialrecht aktuell 2014, 225, 226; Just in: Becker/Kingreen, § 173 Rn. 5; Peters in: KassKomm, § 173 SGB V Rn. 16.
[23] Peters in: KassKomm, § 173 SGB V Rn. 19.
[24] Peters in: KassKomm, § 173 SGB V Rn. 23.
[25] BSG, 10.3.2015, B 1 A 10/13 R, BSGE 118, 137, juris Rn. 20; dagegen diese Einschränkung auf selbständige Betriebe ausführlich begründend: Determann, WzS 2001, 97 ff.; Pitschas, NZS 2016, 321, 324 ff. mit Kritik an der gesetzlichen Regelung.
[26] LSG Schleswig, 27.6.2013, L 5 KR 14/11 KL, juris Rn. 21.

durch die IKK (sog dynamischer Zuständigkeitsregelung).[27] Diese Grundsätze gelten auch bei der Reduzierung des Kassenbereichs einer BKK.[28] Zuvor orientierten sich die räumlichen Grenzen an den Regionen der AOK, jedoch war es nicht sachgerecht, dass sich der Bezirk, in dem eine Kasse wählbar ist, nach organisationsrechtlichen Maßnahmen einer im Wettbewerb stehenden Kasse einer anderen Kassenart richtet, so dass nunmehr der Kassenbezirk einer geöffneten BKK oder IKK immer das Gebiet des Landes oder der Länder ist, in dem sich Betriebe oder Innungsbetriebe befinden, für die die Kasse satzungsgemäß zuständig ist.[29] Hs. 2 enthält dazu eine Bestandsschutzregelung für am 31.3.2007 geöffnete BKK und IKK, deren Kassenbezirk durch die Vereinigung der AOK Rheinland und Hamburg kraft Gesetzes auf die Region der jeweils anderen AOK erweitert worden war, damit verhindert wurde, dass sich der Bezirk dieser Kassen durch die Bindung an die Landesgrenzen wieder verkleinert.[30] Im letzten Halbsatz des Abs. 2 S. 2 ist außerdem festgelegt, dass die Satzung das Wahlrecht nicht auf bestimmte Personen beschränken oder von Bedingungen abhängig machen darf.

Die Öffnung einer Kasse stellt eine grundlegende organisatorische Neuausrichtung durch **Aufgabe des sachliche Bezugs zum Trägerbetrieb oder zur Trägerinnung** der Kasse dar, welcher später nicht durch einen Widerruf der Öffnung neu begründet werden kann, so dass dieser durch S. 3 ausgeschlossen wurde.[31] Weiter gelten aufgrund der Öffnung zahlreiche Sonderregelungen im Vergleich zu geschlossenen BKK (vgl. § 149 S. 1, § 150 Abs. 2 S. 2 Hs. 1, § 151 Abs. 2 S. 2, § 152 S. 4, § 153 S. 1 Nr. 1, § 155 Abs. 4 S. 4 und 8) oder IKK (vgl. § 161 S. 4, § 162 S. 4 § 163 S. 3, § 164 Abs. 1 S. 5 f. sowie Verweisungen auf das Recht der BKK). 12

Ist an der kasseninternen Vereinigung von **BKK** (vgl. § 150) oder von **IKK** (vgl. § 160) eine geöffnete Kasse beteiligt, gilt diese Satzungsregelung gem. Abs. 2 S. 4 auch für die vereinigte Kasse. Damit wird klargestellt, dass BKK oder IKK nach einer Vereinigung geöffnet bleiben, wenn an der Vereinigung eine oder mehrere geöffnete Krankenkassen beteiligt sind, und dass die Öffnung einer BKK oder IKK durch Vereinigung mit einer geschlossen Kasse nicht rückgängig gemacht werden kann.[32] Eine entsprechende Anwendung bei einer kassenartenübergreifenden Vereinigung zu einer Ortskrankenkasse kommt nicht in Betracht, weil die aus der Vereinigung entstandene Kasse eine betriebs- oder innungsbezogene Zuständigkeit iSd § 173 Abs. 2 S. 1 Nr. 3 nicht aufweisen kann.[33] 13

Abs. 2 S. 5 statuiert ein Öffnungsverbot für **BKK** privater Versicherungen, um mögliche Wettbewerbsverzerrungen durch die Einbindung in das Vertriebssystem des Kranken- oder Lebensversicherungsunternehmens zu verhindern. Dies gilt aus Gründen des Vertrauensschutzes nicht für Kassen, die am Tag der dritten Lesung (am 26.9.2003) des GMG vom 14.11.2003 (BGBl. I, 2190) schon für betriebsfremde Versicherte geöffnet waren.[34] 14

5. Deutsche Rentenversicherung Knappschaft-Bahn-See (Abs. 2 S. 1 Nr. 4 a, Abs. 2 a). Zum 1.4.2007 erfolgte die **Öffnung** der Deutschen Rentenversicherung Knappschaft-Bahn durch Abs. 2 S. 1 Nr. 4 a, die zum 1.1.2008 mit der Seekasse vereinigt wurde (→ Rn. 1). Weil dadurch ein umfassender Wettbewerb zu den anderen Krankenkassen eröffnet wurde, ist der Fortbestand von Sonderregelung nur für die Versicherten, die bisher schon Mehrleistungen in Anspruch nehmen konnten, aus Gründen des Vertrauensschutzes zu rechtfertigen;[35] für ein nach dem 31.3.2007 beigetretenes Kassenmitglied gilt deshalb gem. Abs. 2 a diese Möglichkeit der Mehrleistungen gegen Entrichtung eines Zusatzbeitrags gem. § 2 der dort genannten Verordnung nicht. 15

6. Bleiberecht bei der letzten Krankenkasse (Abs. 2 S. 1 Nr. 5). Wählbar ist weiter gem. Abs. 2 S. 1 Nr. 5 die Kasse, bei der vor Beginn der Versicherungspflicht oder Versicherungsberechtigung zuletzt eine Mitgliedschaft oder eine Familienversicherung nach § 10 bestanden hat. Bei einer Vereinigung dieser Kasse ist auch die daraus hervorgegangene Kasse wählbar.[36] Die Mitgliedschaft braucht nur „zuletzt" und nicht unmittelbar vor Beginn der Versicherungspflicht bei der früheren Kasse bestanden zu haben, damit 16

---

27 BSG, 10.3.2015, B 1 A 10/13 R, BSGE 118, 137, juris Rn. 25 f. mit Hinweisen auf die Gegenansicht.
28 LSG Darmstadt, 8.10.2015, L 1 KR 150/15 KL, juris Rn. 38.
29 BT-Dr. 16/4247, 50 f.
30 BT-Dr. 16/4242, 51.
31 BT-Dr. 15/1525, 136.
32 BT-Dr. 15/1525, 137.
33 BAG, 21.1.2014, 3 AZR 829/11, juris Rn. 41; 21.1.2014, 3 AZR 860/11, BAGE 147, 138 juris Rn. 41; 21.1.2014, 3 AZR 905/11, juris Rn. 39; 21.1.2014, 3 AZR 946/11, juris Rn. 40.
34 BT-Dr. 15/1525, 137.
35 Vgl. BT-Dr. 16/3100, 157; BSG, 2.7.2013, B 1 KR 23/12, juris Rn. 11 f.
36 Just in: Becker/Kingreen, § 173 Rn. 15; Peters in: KassKomm, § 173 SGB V Rn. 32.

ein Bleiberecht bei der letzten Kasse besteht. Die Regelung gewährt damit aber kein Rückkehrrecht, weil die erneute Wahl einer an sich nicht wählbaren Kasse aus einer inzwischen bestehenden Mitgliedschaft bei einer anderen Kasse heraus nicht mit einer angestrebten Kontinuität (→ Rn. 4) gerechtfertigt werden kann.[37]

7. Krankenkasse des Ehegatten/Lebenspartners (Abs. 2 S. 1 Nr. 6). Entsprechend der Idee einer familieneinheitlichen Versicherung (→ Rn. 4) ist gem. Abs. 2 S. 1 Nr. 6 wählbar die Kasse, bei der der Ehegatte oder der Lebenspartner versichert ist. Bei nichtehelichen Lebensgemeinschaften ist eine entsprechende Anwendung nicht möglich.[38]

8. Zusatzregelung für Studenten (Abs. 3). Studenten (vgl. § 5 Abs. 1 Nr. 9) können gem. Abs. 3 zusätzlich die AOK oder jede Ersatzkasse an dem Ort des Hochschulsitzes wählen. Damit findet keine vollständige Gleichstellung mit Beschäftigten statt, so dass nach dieser Vorschrift keine geöffnete BKK oder IKK gewählt werden kann.[39] Angesichts des Wortlauts („zusätzlich") besteht die Wählbarkeit der Kassen nach Abs. 3 auch dann, wenn der Student aufgrund einer versicherungspflichtigen Beschäftigung außerdem über ein Wahlrecht im Hinblick auf den Beschäftigungsort gem. Abs. 2 S. 1 Nr. 1 und 2 (→ Rn. 7 f.) verfügt.[40]

9. Krankenkasse eines Elternteils (Abs. 4). Dem Prinzip der familieneinheitlichen Versicherung entsprechend (→ Rn. 4) eröffnet Abs. 4 die Möglichkeit zusätzlich die Kasse zu wählen, bei der ein Elternteil versichert ist. Dazu gehören leibliche oder Adoptiveltern und wie bei Abs. 2 kann auch ein Lebenspartner iS des LPartG eines Elternteils dieses Kassenwahlrecht begründen.[41] Auch Stief-, Pflege- oder Großeltern können in den Fällen des § 10 Abs. 4 das Wahlrecht begründen.[42] Sind die Eltern bei verschiedenen Kassen versichert, kann eine davon beliebig gewählt werden.[43] Da nach dem Wortlaut ein Elternteil bei der Kasse „versichert" sein muss, kann auch eine Familienversicherung eines Elternteils das Wahlrecht vermitteln,[44] aber wohl nicht ein Elternteil, dessen Mitgliedschaft durch Tod gem. §§ 190 Abs. 1, 191 Nr. 1 erloschen ist.[45] Den Kindern steht das Wahlrecht gem. Abs. 4 nur zu, wenn sie nach § 5 Abs. 1 Nr. 5 bis 8 versicherungspflichtige Jugendliche, Teilnehmer an Leistungen zur Teilhabe am Arbeitsleben, behinderte Menschen und nach § 5 Abs. 1 Nr. 11 und 12 oder nach § 9 versicherte Rentner oder nach § 9 Abs. 1 Nr. 4 versicherte behinderte Menschen sind. Die Ausübung des Wahlrechts ist durch Abs. 6 (→ Rn. 22) und bei schwerbehinderten Menschen nach Überschreiten einer in einer Satzung festgelegten Altersgrenze gem. § 9 Abs. 1 Nr. 4 eingeschränkt.

10. Zusatzregelung für Rentner (Abs. 5). Für (pflichtig oder freiwillig) versicherte Rentner besteht gem. Abs. 5 zusätzlich die Möglichkeit, die BKK oder IKK zu wählen, wenn sie in dem Betrieb beschäftigt gewesen sind, für den die BKK oder IKK besteht. Unerheblich ist dabei die Dauer der früheren Betriebszugehörigkeit oder die seitdem verstrichene Zeit,[46] und ob vor Rentenbeginn noch eine andere Beschäftigung ausgeübt wurde.[47] Selbst die Kasse braucht zur Zeit der aktiven Beschäftigung noch nicht bestanden haben.[48]

11. Zusatzregelung bei kassenartenübergreifender Vereinigung (Abs. 7). Ähnlich wie Abs. 2 S. 4 bei kassenarteninternen Vereinigungen (→ Rn. 13) ermöglicht Abs. 7 eine erweiterte Wählbarkeit, wenn bei kassenübergreifender Vereinigung (§ 171a) eine BKK oder IKK ohne Satzungsregelung nach Abs. 2 S. 1 Nr. 4 beteiligt ist und die aus der Vereinigung hervorgegangene Kasse einem Verband der BKK oder IKK angehört. Da eine bisher nicht geöffnete BKK oder IKK durch die Vereinigung mit einer Kasse einer anderen Kassenart Versicherte hinzugewinnt, die bisher in keiner Beziehung zum

---

37 BSG, 12.2.1998, B 12 KR 3/01 R, SozR 3-2500 § 173 Nr. 3 S. 5 f.; Spiethoff/Kaltschmidt, Die BKK 2002, 106, 109.
38 Just in: Becker/Kingreen, § 173 Rn. 16.
39 Baier in: Krauskopf, § 173 SGB V Rn. 33.
40 Debus, Sozialrecht aktuell 2014, 225, 228 mN auch zur Gegenansicht.
41 Debus, Sozialrecht aktuell 2014, 225, 228.
42 Debus, Sozialrecht aktuell 2014, 225, 228 mN auch zur Gegenansicht.
43 Peters in: KassKomm, § 173 SGB V Rn. 35.
44 Debus, Sozialrecht aktuell 2014, 225, 228.
45 Vießmann in: Spickhoff, Medizinrecht, §§ 173, 174 SGB V Rn. 15; aA Hänlein in: LPK-SGB V, §§ 173, 174 Rn. 19.
46 Just in: Becker/Kingreen, § 173 Rn. 19.
47 Debus, Sozialrecht aktuell 2014, 225, 228.
48 Debus, Sozialrecht aktuell 2014, 225, 228.

Trägerbetrieb oder zur Trägerinnung gestanden haben, ist die neue Kasse auch für diejenigen wählbar, in denen Betriebe oder Innungsbetriebe der an der Vereinigung beteiligten BKK oder IKK bestehen.[49]

V. Kein eigenes Wahlrecht für Familienversicherte (Abs. 6)

Entsprechend dem Prinzip der familieneinheitlichen Versicherung (→ Rn. 4) knüpft Abs. 6 für die Familienversicherten (§ 10) an die **Wahlentscheidung des Mitglieds** an. Wenn beide Elternteile bei verschiedenen Kassen versichert sind, richtet sich die Wahl nach § 10 Abs. 5. 22

§ 174 Besondere Wahlrechte

(1) (aufgehoben)
(2) Für Versicherungspflichtige und Versicherungsberechtigte, die bei einer Betriebs- oder Innungskrankenkasse beschäftigt sind oder vor dem Rentenbezug beschäftigt waren, gilt § 173 Abs. 2 Satz 1 Nr. 3 entsprechend.
(3) Versicherungspflichtige und Versicherungsberechtigte, die bei einem Verband der Betriebs- oder Innungskrankenkassen beschäftigt sind oder vor dem Rentenbezug beschäftigt waren, können eine Betriebs- oder Innungskrankenkasse am Wohn- oder Beschäftigungsort wählen.
(4) (aufgehoben)
(5) Abweichend von § 173 werden Versicherungspflichtige nach § 5 Abs. 1 Nr. 13 Mitglied der Krankenkasse oder des Rechtsnachfolgers der Krankenkasse, bei der sie zuletzt versichert waren, andernfalls werden sie Mitglied der von ihnen nach § 173 Abs. 1 gewählten Krankenkasse; § 173 gilt.

Literatur:
Siehe § 173.

I. Entstehungsgeschichte

Einige nach der Neuregelung des Kassenwahlrechts zum 1.1.1996 (→ § 173 Rn. 1) erfolgten Änderungen (Art. 6 Nr. 16, Art. 86 Abs. 1 RVOrgG vom 9.12.2004 [BGBl. I, 3242], Art. 1 Nr. 134 lit. b, Art. 46 Abs. 1 GKV-WSG vom 26.3.2007 [BGBl. I, 378]) sind mittlerweile aufgrund der Aufhebung von Abs. 1 und 4 überholt. Abs. 1 wurde zum 1.4.2007 durch Art. 1 Nr. 134 lit. a, Art. 46 Abs. 1 GKV-WSG vom 26.3.2007 (BGBl. I, 378) aufgehoben und eine Aufhebung des Abs. 4 zum 1.1.2009 war durch Art. 2 Nr. 27b, Art. 46 Abs. 10 GKV-WSG vorgesehen. Allerdings wurde mit der Auflösung der See-Krankenkasse Abs. 4 bereits früher überflüssig (vgl. BT-Dr. 16/6986, 36), und dieser wurde zum 28.12.2007 durch Art. 2 Nr. 27a, Art. 46 Abs. 10, 10a GKV-WSG idF des Art. 5b Nr. 2 lit. b SGB IV-ÄndG vom 19.12.2007 (BGBl. I, 3024) iVm der Bekanntmachung vom 28.12.2007 (BGBl. I, 3305) aufgehoben. Durch Art. 1 Nr. 134 lit. c, Art. 46 Abs. 1 GKV-WSG wurde zum 1.4.2007 die Zuständigkeitsregelung in Abs. 5 eingefügt (vgl. BT-Dr. 16/3100, 158). 1

II. Normzweck

§ 174 dient der Übernahme bestehender und Schaffung neuer Kassenwahlrechte für **besondere Personengruppen**.[1] Abs. 2 und 3 bezwecken für die dort genannten Personengruppen die Erweiterung der Wahlrechte des § 173. Diese Erweiterungen sind im Hinblick auf mögliche Interessenkollisionen zwischen der Rolle als Beschäftigter und Versicherter nicht unproblematisch, auch wenn § 35 Abs. 1 S. 3 SGB I der Verwertung von Sozialdaten der Beschäftigten und ihrer Angehörigen bei Personalentscheidungen verbietet.[2] Ziel des Abs. 5 ist die Schaffung einer gesetzlichen Zuständigkeit für Personen, die keine Absicherung im Krankheitsfall hatten und nach § 5 Abs. 1 Nr. 13 versicherungspflichtig sind. Die Ausübung des Wahlrechts erfolgt gem. § 175. 2

---

49 Vgl. BT-Dr. 16/3100, 157 f.; → Rn. 19.
1 BT-Dr. 11/2237, 215; 12/3608, 113.
2 Dazu Baier in: Krauskopf, § 174 SGB V Rn. 3.

III. Beschäftigte und Rentner von BKK oder IKK (Abs. 2)

Abs. 2 erweitert die Wählbarkeit von BKK oder IKK gegenüber § 173 Abs. 2 S. 1 Nr. 3 „auf Versicherungspflichtige und Versicherungsberechtigte, die bei einem Verband der Betriebs- oder Innungskrankenkassen beschäftigt sind oder vor dem Rentenbezug beschäftigt waren". Angesichts dieses weiten Gesetzeswortlautes wird das Wahlrecht nicht nur zu Beginn des Rentenbezugs, sondern auch während der gesamten Rentenbezugsdauer eingeräumt und selbst dann, wenn die frühere Beschäftigung bei einer BKK oder IKK nicht unmittelbar bis zum Rentenbeginn bestanden hat, sondern durch eine andere Beschäftigung unterbrochen wurde.[3]

IV. Beschäftigte und Rentner von Verbänden der BKK oder IKK (Abs. 3)

Ebenfalls in Erweiterung zu § 173 Abs. 2 S. 1 Nr. 3 können Versicherungspflichtige und Versicherungsberechtigte, die bei einem Verband der BKK oder IKK (vgl. §§ 207, 212, 217) beschäftigt sind oder vor dem Rentenbezug beschäftigt waren (zu Unterbrechungen → Rn. 3), gem. Abs. 3 „eine", dh jede,[4] BKK oder IKK am Wohn- oder Beschäftigungsort (→ § 173 Rn. 7) wählen. Aus dem Kontext zu Abs. 2 und als teleologische Reduktion ist die Wahlmöglichkeit auf BKK oder IKK beschränkt, je nachdem bei welchem Verband die Beschäftigung besteht/bestand.[5] Da geschlossene BKK und IKK über keine räumliche Abgrenzung verfügen, ist insoweit auf § 173 Abs. 2 S. 2 zurückzugreifen.[6]

V. Personen ohne anderweitigen Absicherung (Abs. 5)

Seit 1.4.2007 (→ Rn. 1) regelt Abs. 5, welche Kasse für die Durchführung der Krankenversicherung der Personen zuständig ist, die bisher ohne Absicherung im Krankheitsfall gewesen sind und nunmehr der Versicherungspflicht unterliegen,[7] wie etwa bei einer Person, die bisher nicht in Deutschland versichert war.[8] Für sie ist die Krankenkasse zuständig, bei der sie zuletzt versichert waren, während die bloße Leistungsgewährung ohne Mitgliedschaft und Leistungspflicht keine Zuständigkeit für die Versicherung nach § 5 Abs. 1 Nr. 13 begründet.[9] Außerdem wird zwar vereinzelt aus dem Zusatz am Ende des Abs. 5 wonach „§ 173 gilt" gefolgert, dass neben der Zuweisung auch andere Kassen nach § 173 wählbar sind, jedoch bezieht sich dies nur auf die Gruppe der Versicherungspflichtigen, bei denen ein Versicherungsverhältnis nie bestand, wie sich aus der Eingangsformulierung des Abs. 5 („Abweichend von § 173") ergibt.[10] Dementsprechend ist die **Zuweisung zur früheren Kasse zwingend**, und eine abweichende Wahl kommt nur bei Fehlen der letzten Kasse in Betracht.[11] Lediglich den Personen, bei denen feststeht, dass sie zuletzt gesetzlich krankenversichert gewesen sind, jedoch nicht ermittelt werden kann in welcher Krankenkasse, steht das besondere Wahlrecht jedenfalls in analoger Anwendung des Abs. 5 S. 1 Hs. 2 zu.[12] Ansonsten kann nur nach Mitgliedschaft in der früheren Kasse und Ablauf der Bindungsfrist des § 175 eine andere Kasse gewählt werden.[13]

§ 175 Ausübung des Wahlrechts

(1) ¹Die Ausübung des Wahlrechts ist gegenüber der gewählten Krankenkasse zu erklären. ²Diese darf die Mitgliedschaft nicht ablehnen oder die Erklärung nach Satz 1 durch falsche oder unvollständige Beratung verhindern oder erschweren. ³Das Wahlrecht kann nach Vollendung des 15. Lebensjahres ausgeübt werden.

(2) ¹Die gewählte Krankenkasse hat nach Ausübung des Wahlrechts unverzüglich eine Mitgliedsbescheinigung auszustellen. ²Hat innerhalb der letzten 18 Monate vor Beginn der Versicherungspflicht oder Versicherungsberechtigung eine Mitgliedschaft bei einer anderen Krankenkasse bestanden, kann

---

3 Debus, Sozialrecht aktuell 2014, 225, 227.
4 Peters in: KassKomm, § 174 SGB V Rn. 5.
5 Debus, Sozialrecht aktuell 2014, 225, 227.
6 Kauke in: Müller (ua), SGB V Onlinekommentar, § 174 Rn. 4.
7 BT-Dr. 16/3100, 158.
8 LSG Mainz, 29.7.2014, L 5 KR 109/14 B ER, juris Rn. 14.
9 LSG Mainz, 17.10.2013, L 5 KR 281/12, juris Rn. 25.
10 Debus, Sozialrecht aktuell 2014, 225, 228mN.
11 Debus, Sozialrecht aktuell 2014, 225, 228 mN.
12 SG Duisburg, 24.4.2013, S 31 KR 93/11, juris Rn. 29 ff.
13 Debus, Sozialrecht aktuell 2014, 225, 228 mN.

die Mitgliedsbescheinigung nur ausgestellt werden, wenn die Kündigungsbestätigung nach Absatz 4 Satz 3 vorgelegt wird. ³Eine Mitgliedsbescheinigung ist zum Zweck der Vorlage bei der zur Meldung verpflichteten Stelle auch bei Eintritt einer Versicherungspflicht unverzüglich auszustellen.

(2 a) ¹Liegen der Aufsichtsbehörde Anhaltspunkte dafür vor, dass eine Krankenkasse entgegen Absatz 1 Satz 2 eine Mitgliedschaft rechtswidrig abgelehnt hat oder die Abgabe der Erklärung nach Absatz 1 Satz 1 verhindert oder erschwert, hat sie diesen Anhaltspunkten unverzüglich nachzugehen und die Krankenkasse zur Behebung einer festgestellten Rechtsverletzung und zur Unterlassung künftiger Rechtsverletzungen zu verpflichten. ²Als rechtswidrig ist insbesondere eine Beratung durch die angegangene Krankenkasse anzusehen, die dazu führt, dass von der Erklärung nach Absatz 1 Satz 1 ganz abgesehen wird oder diese nur unter erschwerten Bedingungen abgegeben werden kann. ³Die Verpflichtung der Krankenkasse nach Satz 1 ist mit der Androhung eines Zwangsgeldes von bis zu 50 000 Euro für jeden Fall der Zuwiderhandlung zu verbinden. ⁴Rechtsbehelfe gegen Maßnahmen der Aufsichtsbehörde nach den Sätzen 1 und 3 haben keine aufschiebende Wirkung. ⁵Vorstandsmitglieder, die vorsätzlich oder fahrlässig nicht verhindern, dass die Krankenkasse entgegen Absatz 1 Satz 2 eine Mitgliedschaft rechtswidrig ablehnt oder die Abgabe der Erklärung nach Absatz 1 Satz 1 verhindert oder erschwert, sind der Krankenkasse zum Ersatz des daraus entstehenden Schadens als Gesamtschuldner verpflichtet. ⁶Die zuständige Aufsichtsbehörde hat nach Anhörung des Vorstandsmitglieds den Verwaltungsrat zu veranlassen, das Vorstandsmitglied in Anspruch zu nehmen, falls der Verwaltungsrat das Regressverfahren nicht bereits von sich aus eingeleitet hat.

(3) ¹Versicherungspflichtige haben der zur Meldung verpflichteten Stelle unverzüglich eine Mitgliedsbescheinigung vorzulegen. ²Wird die Mitgliedsbescheinigung nicht spätestens zwei Wochen nach Eintritt der Versicherungspflicht vorgelegt, hat die zur Meldung verpflichtete Stelle den Versicherungspflichtigen ab Eintritt der Versicherungspflicht bei der Krankenkasse anzumelden, bei der zuletzt eine Versicherung bestand; bestand vor Eintritt der Versicherungspflicht keine Versicherung, hat die zur Meldung verpflichtete Stelle den Versicherungspflichtigen ab Eintritt der Versicherungspflicht bei einer nach § 173 wählbaren Krankenkasse anzumelden und den Versicherungspflichtigen unverzüglich über die gewählte Krankenkasse zu unterrichten. ³Für die Fälle, in denen eine Mitgliedsbescheinigung nach Satz 1 nicht vorgelegt wird und keine Meldung nach Satz 2 erfolgt, legt der Spitzenverband Bund der Krankenkassen Regeln über die Zuständigkeit fest.

(3 a) ¹Bei Schließung oder Insolvenz einer Krankenkasse haben Versicherungspflichtige spätestens innerhalb von sechs Wochen nach Zustellung des Schließungsbescheids oder der Stellung des Insolvenzantrags (§ 171 b Absatz 3 Satz 1) der zur Meldung verpflichteten Stelle eine Mitgliedsbescheinigung vorzulegen. ²Wird die Mitgliedsbescheinigung nicht rechtzeitig vorgelegt, gilt Absatz 3 Satz 2 entsprechend mit der Maßgabe, dass die Anmeldung durch die zur Meldung verpflichtete Stelle innerhalb von weiteren zwei Wochen mit Wirkung zu dem Zeitpunkt zu erfolgen hat, an dem die Schließung wirksam wird. ³Bei Stellung eines Insolvenzantrags erfolgt die Meldung zum ersten Tag des laufenden Monats, spätestens zu dem Zeitpunkt, an dem das Insolvenzverfahren eröffnet oder der Antrag mangels Masse abgewiesen wird. ⁴Wird die Krankenkasse nicht geschlossen, bleibt die Mitgliedschaft bei dieser Krankenkasse bestehen. ⁵Die gewählten Krankenkassen haben der geschlossenen oder insolventen Krankenkasse unverzüglich eine Mitgliedsbescheinigung zu übermitteln. ⁶Mitglieder, bei denen keine zur Meldung verpflichtete Stelle besteht, haben der geschlossenen Krankenkasse innerhalb von drei Monaten nach dem in Satz 1 genannten Zeitpunkt eine Mitgliedsbescheinigung vorzulegen.

(4) ¹Versicherungspflichtige und Versicherungsberechtigte sind an die Wahl der Krankenkasse mindestens 18 Monate gebunden. ²Eine Kündigung der Mitgliedschaft ist zum Ablauf des übernächsten Kalendermonats möglich, gerechnet von dem Monat, in dem das Mitglied die Kündigung erklärt. ³Die Krankenkasse hat dem Mitglied unverzüglich, spätestens jedoch innerhalb von zwei Wochen nach Eingang der Kündigung eine Kündigungsbestätigung auszustellen. ⁴Die Kündigung wird wirksam, wenn das Mitglied innerhalb der Kündigungsfrist eine Mitgliedschaft bei einer anderen Krankenkasse durch eine Mitgliedsbescheinigung oder das Bestehen einer anderweitigen Absicherung im Krankheitsfall nachweist. ⁵Erhebt die Krankenkasse nach § 242 Absatz 1 erstmals einen Zusatzbeitrag oder erhöht sie ihren Zusatzbeitragssatz, kann die Kündigung der Mitgliedschaft abweichend von Satz 1 bis zum Ablauf des Monats erklärt werden, für den der Zusatzbeitrag erstmals erhoben wird oder für den der Zusatzbeitragssatz erhöht wird. ⁶Die Krankenkasse hat spätestens einen Monat vor dem in Satz 5 genannten Zeitpunkt ihre Mitglieder in einem gesonderten Schreiben auf das Kündigungsrecht nach Satz 5, auf die Höhe des durchschnittlichen Zusatzbeitragssatzes nach § 242 a sowie auf die Übersicht des Spitzenverbandes Bund der Krankenkassen zu den Zusatzbeitragssätzen der Krankenkassen nach

§ 242 Absatz 5 hinzuweisen; überschreitet der neu erhobene Zusatzbeitrag oder der erhöhte Zusatzbeitragssatz den durchschnittlichen Zusatzbeitragssatz, so sind die Mitglieder auf die Möglichkeit hinzuweisen, in eine günstigere Krankenkasse zu wechseln. [7]Kommt die Krankenkasse ihrer Hinweispflicht nach Satz 6 gegenüber einem Mitglied verspätet nach, gilt eine erfolgte Kündigung als in dem Monat erklärt, für den der Zusatzbeitrag erstmalig erhoben wird oder für den der Zusatzbeitragssatz erhöht wird; hiervon ausgenommen sind Kündigungen, die bis zu dem in Satz 5 genannten Zeitpunkt ausgeübt worden sind. [8]Die Sätze 1 und 4 gelten nicht, wenn die Kündigung eines Versicherungsberechtigten erfolgt, weil die Voraussetzungen einer Versicherung nach § 10 erfüllt sind, Satz 1 gilt nicht, wenn die Kündigung erfolgt, weil keine Mitgliedschaft bei einer Krankenkasse begründet werden soll. [9]Die Krankenkassen können in ihren Satzungen vorsehen, dass die Frist nach Satz 1 nicht gilt, wenn eine Mitgliedschaft bei einer anderen Krankenkasse der gleichen Kassenart begründet werden soll.

(5) Absatz 4 gilt nicht für Versicherungspflichtige, die durch die Errichtung oder Ausdehnung einer Betriebs- oder Innungskrankenkasse oder durch betriebliche Veränderungen Mitglieder einer Betriebs- oder Innungskrankenkasse werden können, wenn sie die Wahl innerhalb von zwei Wochen nach dem Zeitpunkt der Errichtung, Ausdehnung oder betrieblichen Veränderung ausüben.

(6) Der Spitzenverband Bund der Krankenkassen legt für die Meldungen und Mitgliedsbescheinigungen nach dieser Vorschrift einheitliche Verfahren und Vordrucke fest.

Literatur:

Siehe bei § 173 sowie *Erdmann*, Mindestbindungsfristen für Wahltarife – ein Beratungsfall, Die Beiträge 2009, 577.

I. Entstehungsgeschichte	1
II. Normzweck	2
III. Wahlerklärung (Abs. 1 S. 1 und 3)	3
IV. Rechtswidrige Beeinträchtigung des Kassenwahlrechts (Abs. 1 S. 2 und Abs. 2 a)	10
V. Mitgliedsbescheinigung und Kündigungsbestätigung (Abs. 2)	13
VI. Vorlage der Mitgliedsbescheinigung und Ersatz der Wahl (Abs. 3)	16
VII. Ausübung des Wahlrechts bei Insolvenz, Kassenschließung (Abs. 3 a)	19
VIII. Kündigung des Versicherungsverhältnisses (Abs. 4 und 5, § 53 Abs. 8)	24
1. Grundsätzliche Bindungsfristen (Abs. 4 S. 1, § 53 Abs. 8)	24
2. Ausnahmen von der Bindungsfrist des Abs. 4 S. 1	25
a) Sonderkündigungsrecht bei Einführung oder Erhöhung eines krankenkassenindividuellen Zusatzbeitragssatzes (Abs. 4 S. 5–7)	25
b) Wechsel in die Familienversicherung oder Ausscheiden aus der GKV (Abs. 4 S. 8)	28
c) Wechsel innerhalb der gleichen Kassenart bei Satzungsregelung (Abs. 4 S. 9)	29
d) Ehemaliges Sonderkündigungsrecht bei Verschlechterung eines Differenzbetrages (Abs. 4 a aF)	30
e) Betriebliche Veränderung oder Errichtung oder Ausdehnung einer BKrankenkasse oder IKrankenkasse (Abs. 5)	31
3. Kündigungserklärung und Kündigungsfrist (Abs. 4 S. 2)	33
4. Besonderheiten bei Kündigung zum Wechseln in die PKV (Abs. 4 S. 10 aF)	34
5. Kündigungsbestätigung (Abs. 4 S. 3)	35
6. Wirksamwerden der Kündigung bei Vorlage der Mitgliedsbescheinigung der neuen Krankenkasse (Abs. 4 S. 4 und § 191 Nr. 3)	36
IX. Verfahren und Vordrucke (Abs. 6)	39

I. Entstehungsgeschichte

1 Bei der grundsätzlichen Umgestaltung des Kassenwahlrechts zum 1.1.1996 (→ § 173 Rn. 1) erfolgte eine Angleichung der unterschiedlichen Rechte von Arbeitern und Angestellten (BT-Dr. 12/3608, 112), welche vom Ausschuss für Gesundheit hinsichtlich Abs. 3 präzisiert wurde (vgl. BT-Dr. 12/3937, 17). Zum 1.7.1997 wurde durch Art. 1 Nr. 2, Art. 4 Abs. 2 des 1. NOG vom 23.6.1997 (BGBl. I, 1518) mit Abs. 4 S. 3 eine Erleichterung der Kündigung (vgl. BT-Dr. 13/5724, 5) eingefügt, welche zum gleichen Zeitpunkt durch Art. 1 Nr. 52, Art. 19 Abs. 6 des 2. GKV-NOG vom 23.6.1997 (BGBl. I, 1520) modifiziert wurde. In diesem Satz wurde das Sonderkündigungsrecht bei Veränderungen von Satzungs- und Ermessensleistungen der Kassen durch Art. 1 Nr. 24, Art. 26 Abs. 2 GKV-SolG vom 19.12.1998 (BGBl. I, 3853) zum 1.1.1999 gestrichen (vgl. BT-Dr. 14/24, 20). Zum 1.1.2000 erfolgte mit der Anfügung des Abs. 1 S. 3 durch Art. 1 Nr. 61, Art. 22 Abs. 5 GKV-GRG 2000 vom 22.12.1999 (BGBl. I, 2626) eine Klarstellung für die Ausübung des Wahlrechts durch Minderjährige (vgl. BT-Dr. 14/1245 S. 96). Art. 1 Nr. 1, Art. 3 Abs. 2 des Gesetzes zur Neuregelung der Krankenkassenwahlrechte vom

27.7.2001 (BGBl. I, 1946) verfolgte zum 1.1.2002 durch Neufassung des Abs. 2 S. 2, Anfügung eines Abs. 2 S. 3 sowie Änderung der Abs. 3 und 4 das Ziel, „eine Verstetigung der Kassenwechsel der Versicherten im Jahresverlauf zu erreichen und die Wahlrechte der Versicherungspflichtigen und der freiwilligen Mitglieder anzugleichen" (BT-Dr. 14/5957). Zum 1.1.2004 wurde in Abs. 4 S. 5 durch Art. 1 Nr. 134, Art. 37 Abs. 1 GMG vom 14.11.2003 (BGBl. I, 2190) das Sonderkündigungsrecht bei Beitragserhöhungen zeitlich befristet (BT-Dr. 15/1525, 137). Mehrfache Folgeänderungen zur neuen Organisations- und Finanzierungsstruktur sowie Versicherungspflicht (vgl. BT-Dr. 16/3100, 158) erfolgten durch Art. 1 Nr. 135 GKV-WSG vom 26.3.2007 (BGBl. I, 378) mit zeitlich gestaffeltem Inkrafttreten und dadurch bedingten Veränderungen in der Satzzählung: Seit 2.2.2007 (Art. 46 Abs. 4 GKV-WSG) ist die Kündigung zum Wechsel in die PKV erschwert durch die Anfügung des Abs. 4 S. 8, der ab dem 1.1.2009 zum S. 10 wurde. Am 1.4.2007 (Art. 46 Abs. 1 GKV-WSG) wurden Abs. 4 S. 4 und 6 geändert, wobei S. 6 ab dem 1.1.2009 zum S. 8 wurde. Zum 1.7.2008 (Art. 46 Abs. 9 GKV-WSG) wurden durch Änderung des Abs. 3 S. 3 und Neufassung des Abs. 6 Aufgaben der Spitzenverbände dem neuen GKV-Spitzenverband übertragen. Am 1.1.2009 (Art. 46 Abs. 10 GK-WSG) wurden das Sonderkündigungsrecht des Abs. 4 S. 5 an die Einführung von Zusatzbeiträgen und Prämien angepasst und eine Hinweispflicht darauf in S. 6 und die Konsequenzen eines verspäteten Hinweises in S. 7 geregelt. Zum 1.1.2012 wurde durch Art. 1 Nr. 64, Art. 15 Abs. 1 GKV-VStG vom 22.12.2011 (BGBl. I, 2983) Abs. 1 S. 2 geändert sowie die Abs. 2 a, 3 a und 4 a eingefügt, um die Mitglieder im Fall eines Kassenwechsels zu schützen, insbes. wenn dieser aufgrund einer Schließung oder Insolvenz der bisherigen Kasse erforderlich geworden ist und bei Erhebung eines Differenzbetrages (vgl. BT-Dr. 17/6906, 94 f.; 17/7274, 21 f.; 17/8005, 65 f.; 17/8005, 123 f.). Außerdem wurden mWv 1.1.2015 durch Artt. 1 Nr. 10, 17 Abs. 1 des **GKV-Finanzstruktur- und Qualitäts-Weiterentwicklungsgesetzes (GKV-FQWG)** vom 21.7.2014 (BGBl. I, 1133, 1136) Abs. 4 S. 10 und Abs. 4 a aufgehoben, Abs. 4 S. 1 um den mittlerweile nicht mehr relevanten Stichtag bereinigt und Abs. 4 S. 5 bis 7 an das neue System der Zusatzbeiträge angepasst (BT-Dr. 18/1307, 38 f. mit Änderungen BT-Dr. 18/1657, 18–20, 71).[1]

II. Normzweck

In Ergänzung der Kassenwahlrechte der §§ 173 f. (→ § 173 Rn. 2) und mit gewissen Parallelen zum Beitritt gem. § 9 Abs. 2 regelt § 175 die Ausübung des Kassenwahlrechts. Die Vorschrift bezweckt einen zeitlichen **Gleichlauf von Versicherungspflicht und Mitgliedschaft** und einen Ausgleich zwischen der Verhinderung von verwaltungsaufwändigen Kurzmitgliedschaften[2] und der Ermöglichung eines flexiblen Kassenwechsels für die Versicherten.[3] Dabei erfolgt die Wahl durch Erklärung gegenüber der gewählten Kasse gem. Abs. 1, deren Behinderung durch die Kassen gem. Abs. 2 a sanktioniert ist. Dementsprechend dienen Abs. 1 S. 2 und Abs. 2 a dem Schutz der Mitglieder im Fall eines Kassenwechsels.[4] Die gewählte Kasse hat eine Mitgliedsbescheinigung gem. Abs. 2 auszustellen. Diese haben Versicherungspflichtige gem. Abs. 3, 3 a vorzulegen. Die Bindung an die Wahl und deren erneute Ausübung regeln Abs. 4 und 5. Schließlich legt der GKV-Spitzenverband gem. Abs. 6 Verfahren und Vordrucke fest.

III. Wahlerklärung (Abs. 1 S. 1 und 3)

Die Ausübung des Wahlrechts erfolgt gem. Abs. 1 S. 1 durch eine empfangsbedürftige Willenserklärung gegenüber der gewählten Kasse. Auf die Erklärung sind mangels Regelung im SGB die Vorschriften der §§ 104 ff. BGB analog anzuwenden.[5] Sie kann grundsätzlich formlos erfolgen. Ausnahmsweise, wenn nämlich ein Versicherungsberechtigter sein Beitrittsrecht zur GKV erstmals ausüben will, gilt hierfür – und infolgedessen mittelbar auch für die Wahl der Kasse – gem. § 188 Abs. 3 Schriftform.[6]

Die Erklärung kann konkludent (zB durch einen Leistungsantrag) erfolgen.[7] Dabei muss die Auslegung ergeben, dass eine zukunftsbezogene Entscheidung über die Wahl einer Kasse getroffen werden

---

1 Dazu Debus, Sozialrecht aktuell 2014, 225 ff. sowie 1. Aufl., Rn. 44 ff.
2 Vgl. BT-Dr. 12/3608, 133.
3 Vießmann in: Spickhoff, Medizinrecht, § 175 SGB V Rn. 1.
4 BT-Dr. 17/6906, 94.
5 Debus, Sozialrecht aktuell 2014, 225, 232.
6 Peters in: KassKomm, § 175 SGB V Rn. 8.
7 LSG Darmstadt, 23.11.2006, L 1 KR 308/04, juris Rn. 19 f.; Baier in: Krauskopf, § 175 SGB V Rn. 6.

soll, und nicht nur eine (Wissens-)Erklärung über die vermeintliche Versicherung erfolgt.[8] Liegen die Voraussetzungen für die Wahl (→ Rn. 10) vor, bedarf es keiner Mitwirkung der Kasse.[9]

5 Anders als bei Abs. 3 S. 1 aF ist keine Frist mehr für die Ausübung des Wahlrechts geregelt, jedoch ergeben sich indirekt **zeitliche Aspekte**: Binnen 2 Wochen nach Eintritt der Versicherungspflicht ist die Wahl gem. Abs. 3 S. 1 auszuüben.[10] Nach Ablauf dieser zweiwöchigen Frist kann entgegen früher hM die Wahl nicht mehr erklärt werden.[11] Außerdem müssen bei einer freiwilligen Weiterversicherung die Beitrittsfristen des § 9 Abs. 2 und die Bindungsfrist des Abs. 4 S. 1 (→ Rn. 24 ff.) und die Kündigungsfrist des Abs. 4 S. 2 (→ Rn. 37) eingehalten werden. Als Statusakt wird der Kassenwechsel erst wirksam, wenn alle Voraussetzungen dafür vorliegen und wirkt auch nicht zurück, wenn sich die Wahl bei einem Streit mit der alten Kasse verzögert.[12]

6 Eine Wahl einer anderen Kasse ist zulässig, wenn aufgrund Abs. 4, 5 keine Bindung an die Wahl besteht.[13] Auch ist die Wahlerklärung in den Grenzen des § 130 BGB widerrufbar.[14] Weiter können verwaltungsrechtliche Willenserklärungen analog §§ 119 ff. BGB angefochten werden, soweit öffentlich-rechtliche Regelungen konzeptwidrig („planwidrig") nicht vorhanden sind, in denen die Frage geregelt ist, ob und ggf. mit welchen Rechtswirkungen wirksam abgegebene verwaltungsrechtliche Willenserklärungen nachträglich mit „Rückwirkung" für unwirksam erklärt werden dürfen.[15] Nach erfolgreicher Anfechtung ist dem Versicherten die Ausübung des Wahlrechts neu eröffnet und gezahlte Beiträge sind von der Kasse zu erstatten, außer Leistungen sind erbracht oder zu erbringen (vgl. § 26 Abs. 2 SGB IV).[16] Nicht überzeugen vermag die Ansicht, wonach eine allgemeine „Korrektur" bis zum Eintritt in das Beschäftigtenverhältnis bei erstmaliger Kassenwahl[17] oder zwei Wochen danach[18] oder der Rechtswirksamkeit der Kündigung/Ablauf der Kündigungsfrist/Beginn der neuen Mitgliedschaft[19] möglich sei, weil dies mit dem gesetzlichen Wahlkonzept durch Willenserklärung nicht vereinbar ist.[20]

7 Wird die **Wahl mehrerer Kassen** erklärt, so ist die Kasse gewählt, bei der die Erklärung zuerst zugeht.[21] Im späteren Zugang bei einer anderen Kasse kann kein wirksamer Widerruf der ersten Wahl (→ Rn. 6) gesehen werden.[22] Bei Zweifeln über den Zugang bleibt nur, die Wahl für unwirksam zu erkennen und neu zu wählen oder die Kasse nach Abs. 3 (→ Rn. 17 f.) zu bestimmen.[23]

8 Da eine **Vertretung** bei der Erklärung analog §§ 164 ff. BGB zulässig ist,[24] ist es wenig überzeugend eine Wahlerklärung abzulehnen, wenn der Arbeitgeber dem Wunsch des Arbeitnehmers bei der Anmeldung gem. § 198 folgt.[25] Die Erklärung kann auch „mittelbar" gegenüber der Agentur für Arbeit erfolgen.[26] Eine Erklärung des Arbeitgebers oder Sozialhilfeträgers ohne Vertretungsmacht ist nicht

---

8 BSG, 21.12.2011, B 12 KR 21/10 R, juris Rn. 23 f.
9 Debus, Sozialrecht aktuell 2014, 225, 232.
10 BSG, 21.12.2011, B 12 KR 21/10 R, juris Rn. 26.
11 BSG, 21.12.2011, B 12 KR 21/10 R, juris Rn. 26 f.; Baier in: Krauskopf, § 175 SGB V Rn. 25; aM: Kokemoor, SGb 2003, 433, 436.
12 BSG, 2.12.2004, B 12 KR 23/04 R, SozR 4-2500, § 175 Nr. 1 Rn. 19; Just in: Becker/Kingreen, § 175 Rn. 5; Peters in: KassKomm, § 173 SGB V Rn. 10.
13 Peters in: KassKomm, § 173 SGB V Rn. 15.
14 Just in Becker/Kingreen, § 175 Rn. 6.
15 BSG, 23.10.2003, B 4 RA 27/03 R, juris Rn. 21 mwN Für die Wahlerklärung eine Anfechtung zulassend zB Peters in: KassKomm, § 173 SGB V Rn. 14.
16 Peters in: KassKomm, § 173 SGB V Rn. 14.
17 So Erdmann, Die Beiträge 2009, 577, 582.
18 So Spitzenverbände der Krankenkassen, Gemeinsame Verlautbarung 30.6.2008, Tz 5.2.1.
19 Brall in: Sodan, HdB KrVersR, § 33 Rn. 4; Kokemoor, SGb 2003, 433, 435; Spitzenverbände der Krankenkassen, Gemeinsame Verlautbarung 30.6.2008, Tz. 5.2.2.
20 In diesem Sinne Peters in: KassKomm, § 175 SGB V Rn. 13.
21 Baier in: Krauskopf, § 175 SGB V Rn. 10; Just in: Becker/Kingreen, § 175 Rn. 6; Peters in: KassKomm, § 173 SGB V Rn. 12.
22 Just in: Becker/Kingreen, § 175 Rn. 6; Peters in: KassKomm, § 173 SGB V Rn. 12 f.; aA wohl Schneider DOK 1995, 144, 151; Stiphout, BKrankenkasse 1995, 158, 163; auf eine nachträgliche Benennung durch den Versicherten abstellend: Trost, SF-Medien 2010, 7, 11; Spitzenverbände der Krankenkassen, Gemeinsame Verlautbarung 30.6.2008, Tz 5.2.1.
23 Peters in: KassKomm, § 173 SGB V Rn. 12.
24 Debus, Sozialrecht aktuell 2014, 225, 232.
25 So aber LSG Hmb, 10.9.2003, L 1 KR 32/00, juris Rn. 20; aA LSG München, 23.10.2008, L 4 KR 485/07, juris Rn. 30, wo die Wirksamkeit der Weiterleitung durch den Arbeitgeber angenommen wurde, aber offen gelassen wurde, ob dies als Vertreter oder als Bote erfolgt.
26 LSG Darmstadt, 23.11.2006, L 1 KR 308/04, juris Rn. 19 f.

ausreichend, weil § 95 SGB XII keine Eingriffe in Gestaltungsrechte von Sozialhilfeempfängern beabsichtigt.[27] Auch dürfen Kassen bei Kündigungen nicht bevollmächtigt handeln.[28]

Die Wahlrechtserklärung darf gem. Abs. 1 S. 3 bereits nach Vollendung des 15. Lebensjahres selbst abgegeben werden, ohne dass eine Beschränkung gem. § 36 Abs. 2 SGB I möglich wäre.[29] Im Umkehrschluss dazu ist eine Erklärung davor nur mit Einwilligung der gesetzlichen Vertreter wirksam.[30]

IV. Rechtswidrige Beeinträchtigung des Kassenwahlrechts (Abs. 1 S. 2 und Abs. 2 a)

Abs. 1 S. 2 stellt klar, dass die Kasse die Mitgliedschaft eines Wahlberechtigten zB wegen ungünstiger Risiken nicht ablehnen darf.[31] Durch das GKV-VStG wurde das Verbot ausgedehnt, so dass die Kasse die Wahlrechtserklärung nicht durch falsche oder unvollständige Beratung verhindern oder erschweren darf. Als rechtswidrig ist gem. Abs. 2 a S. 1 insbes. eine Beratung durch die angegangene Kasse anzusehen, die dazu führt, dass von der Erklärung nach Abs. 1 S. 1 ganz abgesehen wird oder diese nur unter erschwerten Bedingungen abgegeben werden kann. So ist zB eine Beratung dahin gehend unzulässig, dass die Erklärung nur schriftlich oder nur in einer bestimmten Geschäftsstelle oder nur unter Beifügung von Unterlagen abgegeben werden kann, die für die Ausübung des Wahlrechts nicht erforderlich sind.[32] Eine Ablehnung ist nur zulässig, wenn nicht die Voraussetzungen für die konkrete Kassenwahl (insbes. Person, die weder versicherungspflichtig gem. § 5 oder versicherungsberechtigt gem. § 9 ist, oder Nichteinhaltung der Voraussetzungen des §§ 173 ff.) erfüllt sind. Maßgebender Zeitpunkt dafür ist der beabsichtigte Beginn der Mitgliedschaft.[33]

Die zum 1.1.2012 eingefügte Ergänzung in Abs. 1 S. 2 und die neue Regelung des Abs. 2 a sollen dem Stellenwert der Kassenwahlfreiheit in einem wettbewerblich organisierten Krankenversicherungssystem Rechnung tragen und dem Schutz der Mitglieder im Fall eines Kassenwechsels dienen.[34] Daher ist abweichend vom allgemeinen Opportunitätsprinzip (§ 89 SGB IV) die **Aufsichtsbehörde** gem. Abs. 2 a S. 1 verpflichtet, Verdachtsfälle einer rechtswidrigen Einschränkung der Wahlrechte aufzugreifen.[35] Bei festgestellten Rechtsverstößen hat die Aufsichtsbehörde auch kein Ermessen, sondern muss die Kasse zu deren Behebung und zur Unterlassung weiterer Rechtsverletzungen gem. Abs. 2 a S. 3 verpflichten und dies mit der Androhung eines Zwangsgelds verbinden.[36] Außerdem wurde in S. 4 angeordnet, dass Rechtsbehelfe gegen diese Maßnahmen keine aufschiebende Wirkung haben, um den zügigen Kassenwechsel zu gewährleisten und Fehlanreize zu vermeiden.[37] Nichtsdestoweniger bleiben Fragen, ob und inwieweit die Krankenkassen versuchen, die wenig lukrativen Mitgliedschaften zu vermeiden.[38] Jedenfalls wenn eine Krankenkasse auf ihrer Internetseite zur Irreführung geeignete Angaben macht, um ihre Mitglieder von einem Wechsel zu einer anderen Krankenkasse abzuhalten, kommt auch ein Unterlassungsanspruch in Betracht.[39]

Vorstandsmitglieder haften bei Vorsatz oder Fahrlässigkeit gem. Abs. 2 a S. 5 gegenüber der Kasse für einen aus der rechtswidrigen Beeinträchtigung des Kassenwahlrechts (→ Rn. 10) entstandenen Schadens. Demnach ist jedes Vorstandsmitglied, das von der Rechtsverletzung wusste oder hätte wissen müssen, für ein von der Kasse gezahltes Zwangsgeld in Regress zu nehmen.[40] Unterlässt der Verwaltungsrat den Rückgriff, ist dies von der Aufsichtsbehörde gem. S. 6 zu veranlassen.

---

27 In diesem Sinne zur Vorgängerregelung BSG, 19.12.1991, 12 RK 24/90, BSGE 70, 72, 80.
28 Aufsichtsbehörden der gesetzlichen Krankenversicherung, Gemeinsame Wettbewerbsgrundsätze vom 19.3.1998 idF vom 11.11.2015, Rn. 40.
29 Debus, Sozialrecht aktuell 2014, 225, 233 mN auch zur Gegenansicht.
30 Debus, Sozialrecht aktuell 2014, 225, 233 mN.
31 BT-Dr. 12/3608, 113.
32 BT-Dr. 17/6906, 94.
33 Peters in: KassKomm, § 175 SGB V Rn. 19; aA Kokemoor, SGb 2003, 433, 434.
34 BT-Dr. 17/6906, 94.
35 BT-Dr. 17/6906, 94.
36 BT-Dr. 17/6906, 94 f.
37 BT-Dr. 17/6906, 95.
38 Vgl. Bundesregierung, Antwort auf die Kleine Anfrage zum Thema „Mögliche Diskriminierung von Versicherten durch den Krankenkassen-Wettbewerb", 14.12.2012, BT-Dr. 17/11910.
39 BGH, 30.4.2014, I ZR 170/10, WRP 2014, 1304 ff. Zu den Wettbewerbsgrundsätzen s. Plate/Sichert, NZS 2016, 374 ff.
40 BT-Dr. 17/6906, 95.

V. Mitgliedsbescheinigung und Kündigungsbestätigung (Abs. 2)

13 Außer bei zulässiger Ablehnung wegen fehlender Voraussetzungen für die konkrete Kassenwahl (→ Rn. 10) oder fehlender Kündigungsbestätigung (→ Rn. 14) hat die gewählte Kasse gem. Abs. 2 S. 1 nach Ausübung des Wahlrechts unverzüglich (vgl. § 121 Abs. 1 S. 1 BGB) eine **Mitgliedsbescheinigung** (zu Vordrucken → Rn. 39) auszustellen. Sie ist – wie sich aus Abs. 3 S. 1 und 2 ergibt – dem künftigen Mitglied schriftlich kostenlos (vgl. § 64 SGB X) auszustellen, so dass eine direkte Übersendung an die zur Meldung verpflichtete Stelle oder die aktuell zuständige Kasse eine entsprechende Beauftragung voraussetzt.[41] Ihr Rechtscharakter könnte als (aufschiebend bedingter) Verwaltungsakt mit Dauerwirkung bewertet werden, jedoch dient die Bescheinigung lediglich Nachweiszwecken und die Annahme eines Verwaltungsaktes könnte zu impraktikablen Bindungswirkungen führen.[42]

14 Die Ausstellung der Mitgliedsbescheinigung setzt gem. Abs. 2 S. 2 die **Vorlage einer Kündigungsbestätigung** nach Abs. 4 S. 3 (→ Rn. 35) voraus, wenn innerhalb der letzten 18 Monate vor Beginn der Versicherungspflicht oder Versicherungsberechtigung eine Mitgliedschaft bei einer anderen Kasse bestanden hat. Dadurch soll klargestellt werden, dass bei einer Unterbrechungsdauer von mehr als 18 Monaten – wie bei ununterbrochener Mitgliedschaft – die Wahl einer anderen Kasse unabhängig von der Dauer der Mitgliedschaft bei der bisherigen Kasse möglich ist.[43] Und nach BSG besteht jedenfalls, wenn die Mindestbindungsfrist für die Mitgliedschaft bei der früheren Kasse abgelaufen ist, mit der nach einem Unterbrechungszeitraum ohne eigene Mitgliedschaft eintretenden Versicherung unverändert ein neues Wahlrecht unabhängig von der Erklärung einer Kündigung.[44] In der Literatur wird ohne überzeugende Begründung die Ansicht vertreten, dass für die Bindungsfrist auf die Mitgliedszeiten abzustellen sei, während Zeiten einer Familienversicherung unbeachtlich seien.[45] Jedenfalls fehlt es an einem Rechtsgrund für die Erteilung einer Kündigungsbestätigung (→ Rn. 35) und auch dafür, die Ausstellung der Mitgliedsbescheinigung von deren Vorlage abhängig zu machen, wenn die Mitgliedschaft unterbrochen ist.[46]

15 Um zusammen mit Abs. 2 S. 2 die Einhaltung der Bindungsfrist des Abs. 4 S. 1 (→ Rn. 24) zu sichern,[47] verlangt Abs. 2 S. 3, dass eine Mitgliedsbescheinigung zum Zweck der Vorlage bei der/n zur Meldung verpflichteten Stelle/n[48] auch bei Eintritt einer Versicherungspflicht unverzüglich (vgl. § 121 Abs. 1 S. 1 BGB) auszustellen ist. Damit enthält S. 3 über seinen unmittelbar verfahrensrechtlichen Gehalt hinaus auch die Regelung der **Auffangzuständigkeit der letzten Kasse**.[49]

VI. Vorlage der Mitgliedsbescheinigung und Ersatz der Wahl (Abs. 3)

16 Anders als bei Versicherungsberechtigten, die ihren Beitritt gegenüber der konkreten Kasse gem. § 9 Abs. 2 erklären, damit sie nicht ihre Mitgliedschaft in der GKV verlieren, müssen Versicherungspflichtigen stets einer Kassen zuzuordnen sein, so dass sie gem. Abs. 3 S. 1 der zur Meldung verpflichteten Stelle unverzüglich (vgl. § 121 Abs. 1 S. 1 BGB) eine Mitgliedsbescheinigung vorzulegen haben. Diese Pflicht ist unabhängig von einer evtl. damit verbundenen Kassenwahl. Trotz dieser speziellen Regelungen in Abs. 3 ist eine entsprechende Anwendung der durch § 16 Abs. 1 SGB I erleichterten Antragstellung möglich.[50] Erfolgt die Meldung fehlerhaft, so ist sie zunächst wirksam, und kann mit Wirkung ex nunc korrigiert werden, wenn nicht der Versicherungspflichtige nach außen hin zu erkennen gegeben hat, dass er trotz fehlerhafter Meldung mit der einmal begründeten Mitgliedschaft einverstanden ist.[51]

17 Bei **Nichterfüllung dieser Vorlagepflicht** hat nach Abs. 3 S. 2 Hs. 1 die zur Meldung verpflichtete Stelle iSd §§ 198 ff. den Versicherungspflichtigen ab Eintritt der Versicherungspflicht bei der Kasse anzumel-

---

41 In diesem Sinne Kauke in: Müller (ua), SGB V Onlinekommentar (Jurion), § 175 Rn. 11, 13.
42 Debus, Sozialrecht aktuell 2014, 225, 233 mN zu den verschiedenen Ansichten. Vgl. auch BSG, 21.5.1996, 12 RK 67/94, SozR 3-2200 § 306 Nr. 2, S. 1, 6 f.: Begrüßungsschreiben der Krankenkasse stellt keinen VA dar.
43 BT-Dr. 14/6568, 5.
44 BSG, 13.6.2007, B 12 KR 19/06 R, SozR 4-2500 § 175 Nr. 2 Rn. 26.
45 So Kauke in: Müller (ua), SGB V Onlinekommentar (Jurion), § 175 Rn. 15.
46 In diesem Sinne BSG, 13.6.2007, B 12 KR 19/06 R, SozR 4-2500 § 175 Nr. 2 Rn. 25 f.
47 BT-Dr. 14/5957, 5.
48 Bei mehreren verpflichteten Stellen s. Spitzenverbände der Krankenkassen, Gemeinsame Verlautbarung 30.6.2008, Tz 4.2.1.2.
49 Just in: Becker/Kingreen, § 175 Rn. 10, unter Hinweis auf BSG, 13.6.2007, B 12 KR 19/06 R, SozR 4-2500 § 175 Nr. 2 Rn. 27.
50 LSG Darmstadt, 22.8.2005, L 8 KR 113/05 ER, juris Rn. 25 ff.; aA Hänlein in: LPK-SGB V, § 175 Rn. 3.
51 LSG Potsdam, 13.4.2011, L 9 KR 192/09, juris Rn. 42.

den, bei der zuletzt eine Versicherung (Mitgliedschaft oder Familienversicherung) bestand.[52] Dabei hat eine zwischenzeitliche Versicherung in der PKV keine Bedeutung für die Frage, welches die letzte (gesetzliche) Kasse ist.[53] Bestand vor Eintritt der Versicherungspflicht keine Versicherung, hat gem. Abs. 3 S. 2 Hs. 2 die zur Meldung verpflichtete Stelle den Versicherungspflichtigen ab Eintritt der Versicherungspflicht bei einer nach §§ 173 ff. wählbaren Kasse anzumelden und den Versicherungspflichtigen unverzüglich über die gewählte Kasse zu unterrichten. Im letzteren Fall wird das Wahlrecht durch die meldepflichtige Stelle ausgeübt und hat die gleichen Bindungswirkung gem. Abs. 4 (→ Rn. 24) wie die Wahl des Versicherten.[54]

Erfolgt 6 Wochen nach Beginn der Versicherungspflicht[55] weder eine Vorlage der Mitgliedsbescheinigung nach Abs. 3 S. 1 noch eine Meldung nach Abs. 3 S. 2 (zB bei illegal Beschäftigten), gelten die Regeln über die Zuständigkeit des GKV-Spitzenverband gem. Abs. 3 S. 3. Danach erfolgt eine Zuweisung in Anlehnung an die beiden letzten Ziffern der Betriebsnummer des Arbeitgebers.[56] Außerdem wird vertreten, dass bei einer fristgemäßen Wahl – trotz Versäumung der rechtzeitigen Vorlage der Mitgliedsbescheinigung – die getroffene Wahl wirksam sei.[57] 18

VII. Ausübung des Wahlrechts bei Insolvenz, Kassenschließung (Abs. 3 a)

Abs. 3 a sieht seit 1.1.2012 (→ Rn. 1) Sonderregelungen bei der Ausübung des Wahlrechts im Falle der Schließung oder Insolvenz einer Kasse vor, wodurch sichergestellt werden soll, dass der Wechsel der versicherungspflichtigen Mitglieder der abzuwickelnden Kasse zu einer neuen Kasse im Zeitpunkt des Wirksamwerden der Schließung bzw. der Eröffnung des Insolvenzverfahrens idR vollzogen ist und freiwillig Versicherte ihr Wahlrecht vorher ausüben können.[58] Die Regelung kann entsprechend auf Personen iSd § 264 Abs. 2 angewendet werden.[59] Als flankierende Maßnahmen zu Abs. 3 a wurden das Verbot bei der Behinderung der Wahl in Abs. 1 S. 2 präzisiert und deren Verstöße gem. Abs. 2 a sanktioniert (→ Rn. 10 ff.), sowie die Frist von mindestens 8 Wochen zwischen Zustellung des Schließungsbescheids und seinem Wirksamwerden gem. § 146 a S. 2, § 153 S. 2, § 163 S. 2 bzw. § 170 S. 1 statuiert.[60] Daran anknüpfend haben Versicherungspflichtige gem. Abs. 3 a S. 1 bei Schließung oder Insolvenz innerhalb von 6 Wochen nach Zustellung des Schließungsbescheids oder der Stellung des Insolvenzantrags (§ 171 b Abs. 3 S. 1) der zur Meldung verpflichteten Stelle eine Mitgliedsbescheinigung vorzulegen. Dazu sind die Mitglieder gem. § 155 Abs. 2 (bzw. den darauf verweisenden Regelungen bei anderen Kassen) durch den Abwicklungsvorstand unverzüglich über die Frist zur Ausübung des Kassenwahlrechts und die Folgen der Nichtausübung zu informieren.[61] 19

Bei nichtrechtzeitiger Vorlage der Mitgliedsbescheinigung gilt Abs. 3 S. 2 (→ Rn. 17) entsprechend mit der Maßgabe, dass die Anmeldung durch die zur Meldung verpflichtete Stelle innerhalb von weiteren 2 Wochen mit Wirkung zu dem Zeitpunkt zu erfolgen hat, an dem die Schließung wirksam wird (Abs. 3 a S. 2). Bei Stellung eines Insolvenzantrags erfolgt gem. Abs. 3 a S. 3 die Meldung zum ersten Tag des laufenden Monats, spätestens zu dem Zeitpunkt, an dem das Insolvenzverfahren eröffnet oder der Antrag mangels Masse abgewiesen wird. Zum jeweiligen Zeitpunkt beginnt die Mitgliedschaft bei der neuen Kasse.[62] 20

Wird die Kasse nicht geschlossen, bleibt gem. Abs. 3 a S. 4 die Mitgliedschaft bei dieser Kasse bestehen. Da es keine Doppelmitgliedschaften gibt,[63] entsteht also in diesen Fällen keine Mitgliedschaft bei einer nach S. 1 oder von der Meldestelle nach S. 2 iVm Abs. 3 S. 2 gewählten Kasse.[64] 21

---

52 Debus, Sozialrecht aktuell 2014, 225, 234.
53 BSG, 21.12.2011, B 12 KR 21/10 R, juris Rn. 33.
54 BSG, 8.10.1998, B 12 KR 11/98 R, SozR 3-2500 § 175 Nr. 2 S. 7, 11 = NZS 1999, 340, 341; Peters in: Kass-Komm, § 175 SGB V Rn. 29.
55 Vießmann in: Spickhoff, Medizinrecht, § 175 SGB V Rn. 20, unter Hinweis auf § 6 DEÜV
56 Besprechung des GKV-Spitzenverbandes, der Deutschen Rentenversicherung Bund und der Bundesagentur für Arbeit über Fragen des gemeinsamen Beitragseinzugs am 2./3.11.2010, S. 21 f.
57 LSG Darmstadt, 22.8.2005, L 8 KR 113/05 ER, juris Rn. 29; Vießmann in: Spickhoff, Medizinrecht, § 175 SGB V Rn. 15.
58 BT-Dr. 17/85005, 123.
59 BSG, 8.3.2016, B 1 KR 26/15 R, juris Rn. 20.
60 BT-Dr. 17/8005, 123.
61 BT-Dr. 17/8005, 123.
62 BT-Dr. 17/8005, 123.
63 Kokemoor, SGb 2003, 433, 434.
64 Baier in: Krauskopf, § 175 SGB V Rn. 32.

22 Die gewählten Kassen haben gem. Abs. 3 a S. 5 der geschlossenen oder insolventen Kasse unverzüglich (vgl. § 121 Abs. 1 S. 1 BGB) eine Mitgliedsbescheinigung zu übermitteln. Dies dient dazu, dass der Vorstand der abzuwickelnden Kasse einen Überblick über die vollzogenen Kassenwechsel hat.[65]

23 Für freiwillige Mitglieder und nach § 5 Abs. 1 Nr. 13 Versicherungspflichtige existiert keine zur Meldung verpflichtete Stelle iSd Abs. 3 a S. 1 bis 3, vielmehr haben freiwillige Mitglieder entsprechend § 9 Abs. 2 eine Frist von 3 Monaten für die Ausübung des Kassenwahlrechts, die mit dem Tag der Zustellung des Schließungsbescheids bzw. der Stellung des Insolvenzantrags beginnt.[66] Ergänzend dazu bestimmt Abs. 3 a S. 6, dass sie in derselben Frist der geschlossenen Kasse eine Mitgliedsbescheinigung vorzulegen haben. Unterlassen sie dies, kann es im Fall ihrer Erkrankung notwendig werden, Hilfe durch eine andere Krankenkasse aufgrund einer Entscheidung des GKV-Spitzenverbandes gem. § 217 f Abs. 6 vorzusehen.[67]

VIII. Kündigung des Versicherungsverhältnisses (Abs. 4 und 5, § 53 Abs. 8)

24 **1. Grundsätzliche Bindungsfristen (Abs. 4 S. 1, § 53 Abs. 8).** Mindestbindungsfristen bei Wahltarifen enthält § 53 Abs. 8, welche Abs. 4 verdrängen.[68] Ansonsten, wenn das Wahlrecht ab dem 1.1.2002 ausgeübt wird, statuiert Abs. 4 S. 1 eine grundsätzliche Bindungsfrist von 18 Monaten nach Wirksamwerden einer Kassenwahl bzw. deren Ersetzung gem. Abs. 3 S. 2 (→ Rn. 17), nicht aber nach Beitritt zur Familienversicherung gem. § 10.[69] Aus dem Umkehrschluss zu Abs. 5 folgt, dass bei Hinzutreten eines Wahlrechts grundsätzlich eine Bindung an die bisherige Kassen nach Abs. 4 S. 1 und 2 besteht.[70] War die Zugehörigkeit zur GKV für mehr als 18 Monate unterbrochen, besteht bei erneuter Begründung einer Mitgliedschaft in der GKV eine Bindung an die frühere Kasse keinesfalls mehr, so dass unabhängig von einer Kündigung und der Vorlage einer Kündigungsbestätigung neu gewählt werden kann.[71] Gleiches soll gelten, wenn die letzte Mitgliedschaft kraft Gesetzes endete und nach einer Unterbrechung erneut Versicherungspflicht eintritt.[72] Eine solche Unterbrechung liegt vor, wenn zwischen zwei Mitgliedschaften für mindestens einen Kalendertag eine Familienversicherung oder keine Versicherung in der GKV (zB aufgrund PKV oder Auslandsaufenthalt) bestand, selbst bei Zeiten eines nachgehenden Leistungsanspruchs (vgl. § 19 Abs. 2).[73]

25 **2. Ausnahmen von der Bindungsfrist des Abs. 4 S. 1. a) Sonderkündigungsrecht bei Einführung oder Erhöhung eines krankenkassenindividuellen Zusatzbeitragssatzes (Abs. 4 S. 5–7).** Das Sonderkündigungsrecht in Abs. 4 S. 5–7 wurde durch das GKV-FQWG mWv 1.1.2015 an das neue System der Zusatzbeiträge angepasst.[74] Da in diesem Zusammenhang die Möglichkeit zur Prämienzahlung (bis 31.12.2014 gem. § 242 Abs. 2) abgeschafft wurde, entfiel auch das damit bisher verbundene Sonderkündigungsrecht bei Verringerung der Prämienzahlung.[75] Das Sonderkündigungsrecht befreit weiterhin von der achtzehnmonatigen Bindungsfrist nach S. 1, aber nicht mehr von der Tragung des erhöhten Zusatzbeitrags im Zeitraum bis zum Krankenkassenwechsel. Die bis zum 1.1.2015 gültige Nichtzahlungsklausel (§ 242 Abs. 1 S. 2 und 3) wurde nämlich gestrichen, weil eine solche Befreiung im Rahmen des Quellenabzugsverfahrens mit einem nicht vertretbaren Verwaltungsaufwand verbunden gewesen wäre.[76] Mit der Neufassung von **Abs. 4 S. 5** wurde am **Sonderkündigungsrecht** bei einer Einführung oder Erhöhung eines krankenkassenindividuellen Zusatzbeitragssatzes festgehalten, aber es wurde hinsichtlich des Zahlungsverfahrens (Quellenabzug) sowie der damit einhergehenden unterschiedlichen Fälligkeitszeitpunkte für jeweilige Mitgliedergruppen angepasst. Die Mitgliedschaft kann

---

65 BT-Dr. 17/8005, 123.
66 BT-Dr. 178005, 123.
67 Hänlein in: LPK-SGB V, § 175 Rn. 9.
68 SächsLSG, 10.8.2011, L 1 KR 44/10, NZS 2012, 425, 427; Peters in: KassKomm, § 175 SGB V Rn. 37.
69 Debus, Sozialrecht aktuell 2014, 225, 229.
70 BSG, 8.10.1998, B 12 KR 3/98 R, SozR 3-2500, § 173 Nr. 3 S. 13, 15 f = NZS 1999, 296, 297.
71 In diesem Sinne: BSG, 13.6.2007, B 12 KR 19/06 R, SozR 4-2500 § 175 Nr. 2 Rn. 25; BT-Dr. 14/6568, 5; Peters in: KassKomm, § 175 SGB V Rn. 36; Spitzenverbände der Krankenkassen, Gemeinsame Verlautbarung 30.6.2008, Tz 5.5.4.
72 Trost, SF-Medien 2010, 7, 16.
73 Trost, SF-Medien 2010, 7, 16.
74 BT-Dr. 18/1307, 38 f. mit Änderungen im Gesetzgebungsverfahren BT-Dr. 18/1657, 18-20, 71. Zur bis zum 1.1.2015 geltenden Rechtslage s. 1. Aufl. Rn. 25 bis 27.
75 BT-Dr. 18/1307, 38.
76 BT-Dr. 18/1307, 38 f. Zust. GKV-Spitzenverband, Deutscher Bundestag, Ausschuss f. Gesundheit, Ausschussdrs. 18(14)0029(27.1), 4.

bis zum Ablauf des Monats, für den die Krankenkasse einen Zusatzbeitrag nach § 242 Abs. 1 erhebt oder ihren Zusatzbeitragssatz erhöht, gekündigt werden.[77] Im Gesetzgebungsverfahren wurde kritisiert, dass die Mitglieder nicht immer bereits zum Zeitpunkt der Wirksamkeit der Änderung, wie bei der privaten Krankenversicherung nach § 205 Abs. 4 VVG, kündigen können.[78]

Die in **Abs. 4 S. 6** enthaltene **Hinweispflicht** verpflichtet die Krankenkasse, ihre Mitglieder vor der erstmaligen Erhebung eines Zusatzbeitrags oder Erhöhung des Zusatzbeitragssatzes auf das Sonderkündigungsrecht sowie auf die Höhe des durchschnittlichen Zusatzbeitragssatzes nach § 242 a hinzuweisen. Übersteigt der neue Zusatzbeitragssatz den durchschnittlichen, weist die Krankenkasse zusätzlich darauf hin, dass ein Wechsel in eine günstigere Krankenkasse möglich ist.[79] Während nach dem bis zum 1.1.2015 geltenden Recht umstritten war, ob auch ein Hinweis in einer Mitgliederzeitschrift ausreicht,[80] wird durch die Einfügung in S. 6 bestimmt, dass die Krankenkasse ihrer Hinweispflicht gegenüber dem einzelnen Mitglied durch ein gesondertes Anschreiben nachzukommen hat.[81] In dem gesonderten Anschreiben hat die Krankenkasse auch auf die Übersicht des GKV-Spitzenverbandes nach § 242 Abs. 5 hinzuweisen, woraus hervorgeht, welche Krankenkasse einen Zusatzbeitrag erheben und in welcher Höhe, so dass das Mitglied durch die Erweiterung der Hinweispflicht von dieser transparenten Vergleichsmöglichkeit Kenntnis erlangt.[82] Unklar bleibt allerdings weiterhin, ob die Hinweispflicht des S. 6 für alle Mitglieder[83] oder nur für den kleinen Kreis der Mitglieder gilt, die über ein Sonderkündigungsrecht nach S. 5 verfügen.[84] 26

Die in **Abs. 4 S. 7** angepassten Folgen einer verspäteten Erfüllung der Hinweispflicht durch die Krankenkasse sollen sicherstellen, dass bei einem verspäteten Hinweis die Frist zur Ausübung des Sonderkündigungsrechts hinausgeschoben wird, nicht aber der Zeitpunkt des Wechsels der Krankenkasse. Dies wird bei verspäteter Kündigung durch die gesetzliche Fiktion erreicht, dass die Kündigungserklärung in dem Monat erfolgt sei, für den der Zusatzbeitrag erstmalig erhoben oder erhöht wird.[85] 27

b) **Wechsel in die Familienversicherung oder Ausscheiden aus der GKV (Abs. 4 S. 8).** Wechselt ein Versicherungsberechtigter in die **Familienversicherung** nach § 10, so sind nach Abs. 4 S. 8 Alt. 1 die Einhaltung der 18-monatige Bindungsfrist des S. 1 (→ Rn. 24) und die Vorlage der Mitgliedsbescheinigung der neuen Kasse gem. S. 4 (→ Rn. 36) entbehrlich; erforderlich bleiben aber eine Kündigung und die Einhaltung der Frist gem. Abs. 4 S. 2. Bei einem **Ausscheiden aus der GKV** ist auch die Einhaltung der 18-monatigen Bindungsfrist gem. Abs. 4 S. 8 Alt. 2 entbehrlich,[86] allerdings bedarf es hier der Vorlage einer Mitgliedsbescheinigung der neuen Kasse gem. S. 4 (→ Rn. 36). Um das Vorliegen dieser Voraussetzungen deutlich zu machen, bedarf es ausnahmsweise der Angabe des Kündigungsgrundes.[87] 28

c) **Wechsel innerhalb der gleichen Kassenart bei Satzungsregelung (Abs. 4 S. 9).** Die Einhaltung der Bindungsfrist des Abs. 4 S. 1 (→ Rn. 24) ist bei einem Wechsel zu einer anderen Kasse der gleichen Kassenart (vgl. § 4 Abs. 2) entbehrlich, wenn die bisherige Kasse dies in ihrer Satzung gem. S. 9 bestimmt hat. Damit soll den Besonderheiten von **regional begrenzten Kassenbezirken** Rechnung getragen werden, die außerhalb davon keine Geschäftsstellen unterhalten, wenn der Versicherte seinen Beschäftigungsort oder seinen Wohnort außerhalb des Bezirks verlegt.[88] 29

d) **Ehemaliges Sonderkündigungsrecht bei Verschlechterung eines Differenzbetrages (Abs. 4 a aF).** Das ehemalige Sonderkündigungsrecht in Abs. 4 a im Zusammenhang mit der Erhebung eines Differenzbe- 30

---

77 BT-Dr. 18/1307, 38.
78 Fix, Deutscher Bundestag, Ausschuss f. Gesundheit, Ausschussdrs. 18(14)0029(21), 7; dies., Deutscher Bundestag, Ausschuss für Gesundheit, Protokoll-Nr. 18/13, 5.
79 BT-Dr. 18/1307, 38.
80 S. 1. Aufl. Rn. 26.
81 BT-Dr. 18/1657, 71.
82 BT-Dr. 18/1657, 71.
83 In diesem Sinne: AOK-Bundesverband, Deutscher Bundestag, Ausschuss f. Gesundheit, Ausschussdrs. 18(14)0029(22), 20; Knappschaft, Deutscher Bundestag, Ausschuss f. Gesundheit, Ausschussdrs. 18(14)0029(25), 3.
84 Debus, Sozialrecht aktuell 2014, 225, 229 f.
85 BT-Dr. 18/1307, 38.
86 Dazu Spitzenverbände der Krankenkassen, Gemeinsame Verlautbarung 30.6.2008, Tz 5.6.2.
87 Debus, Sozialrecht aktuell 2014, 225, 231.
88 BT-Dr. 14/5957, 5.

trages von Beziehern von Arbeitslosengeld II wurde als Folgeänderung zur Abschaffung des Differenzbetrages in § 242 Abs. 4 durch das GKV-FQWG mWv 1.1.2015 aufgehoben.[89]

31 e) **Betriebliche Veränderung oder Errichtung oder Ausdehnung einer BKrankenkasse oder IKrankenkasse (Abs. 5).** Eine Sonderregelung enthält Abs. 5 für Versicherungspflichtige (bzw. analog für Versicherungsberechtigte),[90] die durch die Errichtung oder Ausdehnung einer Betriebskrankenkasse (BKrankenkasse) oder Innungskrankenkasse (IKrankenkasse) oder durch betriebliche Veränderungen Mitglieder einer BKrankenkasse oder IKrankenkasse werden können, wenn sie die Wahl innerhalb von 2 Wochen nach diesem Zeitpunkt ausüben. Dies ermöglicht abweichend von Abs. 4 einen kurzfristigen Wechsel zu einer BKrankenkasse oder IKrankenkasse, die neu gegründet worden ist.[91] Dabei steht das sofortige Wahlrecht nur denjenigen zu, die selbst in diesen Betrieben beschäftigt sind, nicht aber Ehegatten, welche die Kasse nur unter den Voraussetzungen des Abs. 4 wählen können.[92] Abs. 5 setzt auch einen **betriebsbezogenen Anlass** voraus, so dass Betriebsfremde nicht infolge einer Öffnung der Kasse gem. Abs. 5 beitreten können.[93]

32 „Absatz 4 gilt nicht" nach der weiten Fassung des Wortlauts von Abs. 5. Dazu hat das BSG erwogen, dass dadurch eine Abweichung von Abs. 4 nur insoweit bezweckt sei, als anstelle der dort geregelten Kündigungsfristen ein vorzeitiger Wechsel zugelassen wird, eine Kündigung gegenüber der bisherigen Kasse aber auch in diesem Fall erforderlich sei.[94] Eine Klarstellung ist ein rechtspolitisches Desiderat.

33 **3. Kündigungserklärung und Kündigungsfrist (Abs. 4 S. 2).** Eine Kündigung der Mitgliedschaft ist formfrei[95] gem. Abs. 4 S. 2 zum Ablauf des übernächsten Kalendermonats möglich, gerechnet von dem Monat, in dem das Mitglied die Kündigung erklärt. Für sie gelten dieselben Rechtsgrundsätze wie für die Wahlrechtserklärung (→ Rn. 3 ff.). Wird die Kündigung zu einem Zeitpunkt ausgesprochen, zu dem die Bindungsfrist (→ Rn. 24 ff.) oder Kündigungsfrist noch nicht abgelaufen ist, so ist diese von der Kasse in eine Kündigung zum nächstmöglichen Zeitpunkt analog § 140 BGB umzudeuten.[96]

34 **4. Besonderheiten bei Kündigung zum Wechseln in die PKV (Abs. 4 S. 10 aF).** Abs. 4 S. 10 wurde durch das GKV-FQWG mWv 1.1.2015 zur Rechtsbereinigung aufgehoben,[97] weil der gesetzliche Stichtag für die Ausübung des Krankenkassenwahlrechts nicht relevant war.[98]

35 **5. Kündigungsbestätigung (Abs. 4 S. 3).** Abs. 4 S. 3 verpflichtet die Kassen, dem Mitglied unverzüglich (vgl. § 121 Abs. 1 S. 1 BGB), spätestens jedoch binnen 2 Wochen nach Eingang der Kündigung eine Kündigungsbestätigung nach den Vordrucken gem. Abs. 6 (→ Rn. 39) auszustellen. Diese Pflicht ist notwendig, weil die Kündigungsbestätigung für die Ausstellung der Mitgliedsbescheinigung der neuen Kasse gem. Abs. 2 S. 2 erforderlich ist (→ Rn. 14) und die Mitgliedsbescheinigung wiederum eine Möglichkeit zur Herbeiführung für das Wirksamwerden der Kündigung gem. Abs. 4 S. 4 (→ Rn. 36 ff.) ist. Endet die Mitgliedschaft kraft Gesetzes (§ 190) bedarf es keiner Kündigung, so dass die einfachste Lösung der Folgeprobleme darin besteht, dass eine Kündigungsbestätigung und die Einhaltung daran anknüpfender Regelungen dementsprechend entbehrlich sind.[99]

36 **6. Wirksamwerden der Kündigung bei Vorlage der Mitgliedsbescheinigung der neuen Krankenkasse (Abs. 4 S. 4 und § 191 Nr. 3).** Die Kündigung wird gem. Abs. 4 S. 4 Alt. 1 wirksam, wenn das Mitglied innerhalb der Kündigungsfrist eine Mitgliedschaft bei einer anderen Kasse durch eine Mitgliedsbescheinigung nach den Vordrucken gem. Abs. 6 (→ Rn. 39) nachweist. Die Frist gilt nicht, wenn zwi-

---

89 BT-Dr. 18/1307, 39. Zur bis dahin geltenden Rechtslage s. 1. Aufl. Rn. 30 bis 34.
90 Für die Analogie Spiethoff/Kaltschmidt, Die BKrankenkasse 2002, 106, 110.
91 BT-Dr. 12/3608, 113.
92 Just in: Becker/Kingreen, § 175 Rn. 22. Zur entsprechenden Vorgängerregelung auch BSG, 8.10.1998, B 12 KR 3/98 R, SozR 3-2500 § 175 Nr. 3 S. 13, 15 = NZS 1999, 296, 297.
93 BSG, 10.8.2000, B 12 KR 10/00 R, SozR 3-2500 § 175 Nr. 4 S. 17, 20. Noch weitergehend Abs. 5 auf geöffnete Kassen überhaupt nicht anwendend Baier in: Krauskopf, § 175 SGB V Rn. 55.
94 In diesem Sinne BSG, 10.8.2000, B 12 KR 10/00 R, SozR 3-2500, § 175 Nr. 4 S. 17, 22. Ein Kündigung fordert Just in: Becker/Kingreen, § 175 Rn. 23; keine Kündigung erforderlich nach: LSG Schleswig, 29.11.2006, L 5 KR 103/05, NZS 2007, 260; Baier in: Krauskopf, § 175 SGB V Rn. 54; Vießmann in: Spickhoff, Medizinrecht, § 175 SGB V Rn. 34.
95 Debus, Sozialrecht aktuell 2014, 225, 232.
96 Debus, Sozialrecht aktuell 2014, 225, 232 mN auch zur Möglichkeit der Zurückweisung.
97 Zur davor geltenden Rechtslage s. 1. Aufl. Rn. 38.
98 BT-Dr. 18/1307, 39.
99 Debus, Sozialrecht aktuell 2014, 225, 232; differenzierend bei Unterbrechungen von unter 18 Monaten: Spitzenverbände der Krankenkassen, Gemeinsame Verlautbarung, 30.6.2008, Tz 5.5.5.

schen dem Versicherten und der Kasse über das Recht zur Kündigung gestritten wird.[100] Auch wenn teils bei rechtswidrigem Unterlassen der Ausstellung einer Mitgliedschaftsbescheinigung ein sozialrechtlicher Herstellungsanspruch angenommen wird,[101] ist dennoch auch in diesen Fällen der Nachweis mittels Mitgliedsbescheinigung erforderlich.[102] Wird in diesen Fällen die Kündigungsfrist nicht eingehalten, wird die Wahl erst nach Durchlaufen des im Gesetz angelegten Verfahrens – immer nur **zukunftsbezogen** – wirksam und Schadensersatzansprüche werden in Betracht kommen.[103]

Ebenso wird die Kündigung gem. Abs. 4 S. 4 Alt. 2 wirksam, wenn das Mitglied innerhalb der Kündigungsfrist „das Bestehen einer anderweitigen Absicherung im Krankheitsfall" nachweist. Eine ausreichende „anderweitige Absicherung" ist nur dann gegeben, wenn der Versicherte im Krankheitsfall einen Rechtsanspruch auf Leistungen erhält und diesen auch (gerichtlich) durchsetzen könnte, nicht aber bei einer bloßen Solidargemeinschaft.[104] Dementsprechend wird diese allgemein formulierte Alternative teilweise einschränkend nur auf das Ende einer Pflichtversicherung gem. § 5 Abs. 1 Nr. 13 bezogen, deren Voraussetzungen bei Bestehen einer dort genannten anderweitigen Absicherung nicht mehr gegeben sind.[105] Nach anderer Ansicht ist die Regelung auch beim Wechsel von der freiwilligen Versicherung in der gesetzlichen Krankenversicherung zu einer privaten Krankenversicherung einschlägig.[106] Dazu bedarf es regelmäßig einer Bescheinigung des Vertragspartners oder der Vorlage des Vertrages selbst, während das Schreiben eines Versicherungsmaklers regelmäßig nicht ausreicht.[107]

37

Einen früheren Zeitpunkt für das Wirksamwerden der Kündigung kann die Satzung gem. § 191 Nr. 3 bei einer freiwilligen Mitgliedschaft bestimmen, wenn das Mitglied die Voraussetzungen einer Familienversicherung nach § 10 erfüllt.

38

IX. Verfahren und Vordrucke (Abs. 6)

Einheitliche Verfahren und Vordrucke für die Meldungen und Mitgliedsbescheinigungen legt der GKV-Spitzenverband (§ 217a) nach Abs. 6 fest. Für die von den Arbeitgebern abzugebenden Meldungen sei kein Regelungsbedarf gegeben, weil die Bestimmungen der Datenerfassungs- und -übermittlungsverordnung (DEÜV) gelten würden; im Übrigen wurden Vordrucke erstellt.[108]

39

§§ 176 bis 185 (aufgehoben)

Dritter Abschnitt
Mitgliedschaft und Verfassung

Erster Titel Mitgliedschaft

§ 186 [1]Beginn der Mitgliedschaft Versicherungspflichtiger

(1) Die Mitgliedschaft versicherungspflichtig Beschäftigter beginnt mit dem Tag des Eintritts in das Beschäftigungsverhältnis.

(2) [1]Die Mitgliedschaft unständig Beschäftigter (§ 179 Abs. 2) beginnt mit dem Tag der Aufnahme der unständigen Beschäftigung, für die die zuständige Krankenkasse erstmalig Versicherungspflicht festgestellt hat, wenn die Feststellung innerhalb eines Monats nach Aufnahme der Beschäftigung erfolgt, an-

---

100 BSG, 2.12.2004, B 12 KR 23/04 R, SozR 4-2500 § 175 Nr. 1 Rn. 18.
101 LSG Mainz, 22.11.2007, L 5 KR 221/06, Rn. 20 ff.
102 BSG, 9.11.2011, B 12 KR 3/10 R, juris Rn. 19.
103 In diesem Sinne BSG, 9.11.2011, B 12 KR 3/10 R, juris Rn. 15 bzw. 20.
104 LSG München, 9.6.2015, L 4 KR 27/13, juris Rn. 28.
105 Peters in: KassKomm, § 175 SGB V Rn. 41, unter Hinweis auf BT-Dr. 16/3100, 158.
106 LSG Bln-Bbg, 14.6.2013, L 1 KR 48/11, juris Rn. 33.
107 IdS LSG Bln-Bbg, 14.6.2013, L 1 KR 48/11, juris Rn. 35 f.
108 Spitzenverbände der Krankenkassen, Gemeinsame Verlautbarung 30.6.2008, Tz 10 und Anlagen 1–3, die gem. § 217f Abs. 5 weitergilt.
1 Die Kommentierung der §§ 186–193 wurde von Frauke Brosius-Gersdorf aus der Vorauflage übernommen. Text und Fußnoten wurden geprüft und gegebenenfalls verändert, so dass die volle Verantwortung für die vorliegende Fassung nunmehr allein bei dem neuen Bearbeiter liegt.

dernfalls mit dem Tag der Feststellung. ²Die Mitgliedschaft besteht auch an den Tagen fort, an denen der unständig Beschäftigte vorübergehend, längstens für drei Wochen nicht beschäftigt wird.
(2 a) Die Mitgliedschaft der Bezieher von Arbeitslosengeld II nach dem Zweiten Buch und Arbeitslosengeld oder Unterhaltsgeld nach dem Dritten Buch beginnt mit dem Tag, von dem an die Leistung bezogen wird.
(3) ¹Die Mitgliedschaft der nach dem Künstlersozialversicherungsgesetz Versicherten beginnt mit dem Tag, an dem die Versicherungspflicht auf Grund der Feststellung der Künstlersozialkasse beginnt. ²Ist die Versicherungspflicht nach dem Künstlersozialversicherungsgesetz durch eine unständige Beschäftigung (§ 179 Abs. 2) unterbrochen worden, beginnt die Mitgliedschaft mit dem Tag nach dem Ende der unständigen Beschäftigung. ³Kann nach § 9 des Künstlersozialversicherungsgesetzes ein Versicherungsvertrag gekündigt werden, beginnt die Mitgliedschaft mit dem auf die Kündigung folgenden Monat, spätestens zwei Monate nach der Feststellung der Versicherungspflicht.
(4) Die Mitgliedschaft von Personen, die in Einrichtungen der Jugendhilfe für eine Erwerbstätigkeit befähigt werden, beginnt mit dem Beginn der Maßnahme.
(5) Die Mitgliedschaft versicherungspflichtiger Teilnehmer an Leistungen zur Teilhabe am Arbeitsleben beginnt mit dem Beginn der Maßnahme.
(6) Die Mitgliedschaft versicherungspflichtiger behinderter Menschen beginnt mit dem Beginn der Tätigkeit in den anerkannten Werkstätten für behinderte Menschen, Anstalten, Heimen oder gleichartigen Einrichtungen.
(7) Die Mitgliedschaft versicherungspflichtiger Studenten beginnt mit dem Semester, frühestens mit dem Tag der Einschreibung oder der Rückmeldung an der Hochschule.
(8) ¹Die Mitgliedschaft versicherungspflichtiger Praktikanten beginnt mit dem Tag der Aufnahme der berufspraktischen Tätigkeit. ²Die Mitgliedschaft von zu ihrer Berufsausbildung ohne Arbeitsentgelt Beschäftigten beginnt mit dem Tag des Eintritts in die Beschäftigung.
(9) Die Mitgliedschaft versicherungspflichtiger Rentner beginnt mit dem Tag der Stellung des Rentenantrags.
(10) Wird die Mitgliedschaft Versicherungspflichtiger zu einer Krankenkasse gekündigt (§ 175), beginnt die Mitgliedschaft bei der neugewählten Krankenkasse abweichend von den Absätzen 1 bis 9 mit dem Tag nach Eintritt der Rechtswirksamkeit der Kündigung.
(11) ¹Die Mitgliedschaft der nach § 5 Abs. 1 Nr. 13 Versicherungspflichtigen beginnt mit dem ersten Tag ohne anderweitigen Anspruch auf Absicherung im Krankheitsfall im Inland. ²Die Mitgliedschaft von Ausländern, die nicht Angehörige eines Mitgliedstaates der Europäischen Union, eines Vertragsstaates des Abkommens über den Europäischen Wirtschaftsraum oder Staatsangehörige der Schweiz sind, beginnt mit dem ersten Tag der Geltung der Niederlassungserlaubnis oder der Aufenthaltserlaubnis. ³Für Personen, die am 1. April 2007 keinen anderweitigen Anspruch auf Absicherung im Krankheitsfall haben, beginnt die Mitgliedschaft an diesem Tag.

Literatur:
Schlegel, Versicherungs- und Beitragspflicht bei Freistellung von der Arbeit, NZA 2005, 972; *Wendtland*, Die Gesundheitsversorgung der Empfänger staatlicher Fürsorgeleistungen zur Sicherung des Lebensunterhalts, ZSR 53 (2007), 423; *Felix*, Studenten und gesetzliche Krankenversicherung, NZS 2000, 477.

I. Entstehungsgeschichte und allgemeine Bedeutung 1	4. Beginn der Mitgliedschaft von Personen, die in Einrichtungen der Jugendhilfe für eine Erwerbstätigkeit befähigt werden (Abs. 4) 27
II. Normzweck 4	
III. Beginn der Mitgliedschaft versicherungspflichtig Beschäftigter (Abs. 1) 5	5. Beginn der Mitgliedschaft versicherungspflichtiger Teilnehmer an Leistungen zur Teilhabe am Arbeitsleben (Abs. 5) 29
1. Beginn der Mitgliedschaft unständig Beschäftigter (Abs. 2) 10	
2. Beginn der Mitgliedschaft der Bezieher von Arbeitslosengeld II nach dem SGB II und der Bezieher von Arbeitslosengeld (oder Unterhaltsgeld) nach dem SGB III (Abs. 2 a) 17	6. Beginn der Mitgliedschaft versicherungspflichtiger behinderter Menschen (Abs. 6) 31
3. Beginn der Mitgliedschaft von nach dem Künstlersozialversicherungsgesetz Versicherten (Abs. 3) 23	7. Beginn der Mitgliedschaft versicherungspflichtiger Studenten (Abs. 7) 33

8.	Beginn der Mitgliedschaft versicherungspflichtiger Praktikanten und Auszubildender ohne Arbeitsentgelt (Abs. 8) 36	10.	Beginn der Mitgliedschaft Versicherungspflichtiger bei der neugewählten Krankenkasse nach Kündigung der Mitgliedschaft zu einer Krankenkasse (Abs. 10)................................. 42
9.	Beginn der Mitgliedschaft versicherungspflichtiger Rentner (Abs. 9) 39	11.	Beginn der Mitgliedschaft der nach § 5 Abs. 1 Nr. 13 versicherungspflichtigen Personen (Abs. 11) 44

I. Entstehungsgeschichte und allgemeine Bedeutung

§ 186 wurde durch das Gesetz zur Strukturreform im Gesundheitswesen (Gesundheits-Reformgesetz – GRG) vom 20.12.1988 zum 1.1.1989 eingeführt.[2] Zum 1.1.1998 wurden durch Gesetz vom 6.4.1998 in § 186 Abs. 1 die Worte „die Beschäftigung" durch „das Beschäftigungsverhältnis" ersetzt.[3] Abs. 2 a ist zum 1.1.1998 in Kraft getreten.[4] Abs. 10 wurde zum 1.1.1996 durch das Gesetz zur Sicherung und Strukturverbesserung der gesetzlichen Krankenversicherung (Gesundheitsstrukturgesetz) vom 21.12.1992 angefügt.[5] Zum 1.4.2007 wurde § 186 durch das Gesetz zur Stärkung des Wettbewerbs in der gesetzlichen Krankenversicherung (GKV-Wettbewerbsstärkungsgesetz – GKV-WSG) vom 26.3.2007 um Abs. 11 ergänzt;[6] dessen S. 4 wurde durch das Gesetz zur Beseitigung sozialer Überforderung bei Beitragsschulden in der Krankenversicherung vom 15.7.2013 wieder aufgehoben.[7]

§ 186 regelt den **Beginn der Mitgliedschaft** von nach § 5 kraft Gesetzes versicherungspflichtigen Personen in einer Krankenkasse der gesetzlichen Krankenversicherung. Mit dem Beginn der Mitgliedschaft in der gesetzlichen Krankenversicherung besteht Versicherungsschutz, so dass dem Mitglied die im SGB V geregelten Ansprüche bei Krankheit und in weiteren Versicherungsfällen (zB § 27 a) zustehen (s. §§ 11, 19). Außerdem begründet die Mitgliedschaft das Recht zur Mitwirkung an der Selbstverwaltung der Krankenversicherung (s. zB §§ 43 ff. SGB IV) sowie die Beitragspflicht des Mitglieds (§ 223 Abs. 1). Zudem kann die Mitgliedschaft ein beitragsfreies Versicherungsverhältnis zwischen Familienangehörigen des Mitglieds und der Krankenkasse entstehen lassen (§ 10).

Die Mitgliedschaft beginnt in der Regel kraft **Gesetzes**; sie ist nicht von einem Antrag oder der Kenntnis des Versicherten abhängig[8] oder davon, ob der Versicherte oder der Arbeitgeber Beiträge entrichten.[9] Ausnahmen hiervon sieht § 186 in Abs. 2 für unständig Beschäftigte und in Abs. 3 für nach dem Künstlersozialversicherungsgesetz (KSVG) Versicherte vor. Das Ende der Mitgliedschaft bestimmt sich für Pflichtmitglieder nach § 190 und für freiwillige Mitglieder nach § 191.

II. Normzweck

„Durch die gesetzliche Festlegung des Beginns der Versicherungspflicht wird verhindert, dass die Betroffenen selber über den Beginn des Versicherungsschutzes entscheiden und ihn bis zu dem Zeitpunkt hinausschieben, in dem die anfallenden Krankheitskosten die zur gesetzlichen Krankenversicherung zu entrichtenden Beiträge übersteigen."[10]

III. Beginn der Mitgliedschaft versicherungspflichtig Beschäftigter (Abs. 1)

Gemäß Abs. 1 beginnt die Mitgliedschaft **versicherungspflichtig Beschäftigter** mit dem Tag des Eintritts in das Beschäftigungsverhältnis. Für unständig Beschäftigte sieht Abs. 2 eine Sonderregelung vor. Das Ende der Mitgliedschaft versicherungspflichtig Beschäftigter regelt § 190 Abs. 2. Wer zu dem Kreis versicherungspflichtig Beschäftigter gehört, bestimmt § 5 Abs. 1 Nr. 1 und Abs. 3.

„Beschäftigung" ist gem. § 7 Abs. 1 SGB IV die nichtselbstständige Arbeit, insbesondere in einem Arbeitsverhältnis (S. 1). Anhaltspunkte für eine Beschäftigung sind eine Tätigkeit nach Weisungen und

---

2 BGBl. I 1988, 2477 ff.
3 BGBl. I 1998, 688.
4 Gesetz zur Reform der Arbeitsförderung (Arbeitsförderungs-Reformgesetz – AFRG), BGBl. I 1997, 594 ff.
5 BGBl. I 1992, 2266 ff.
6 BGBl. I 2007, 378 ff.
7 BGBl. I 2013, 2423 ff.
8 BSG, SozR 5420 § 2 Nr. 33; BSG 11 RK 3/84 vom 13.12.1984; Michels in: Becker/Kingreen, § 186 Rn. 3; Nebendahl in: Spickhoff, Medizinrecht, § 186 SGB V Rn. 3; Peters in: KassKomm, § 186 SGB V Rn. 4.
9 Muckel/Ogorek, Sozialrecht, 4. Aufl. 2011, § 8 Rn. 13; vgl. auch Waltermann, Sozialrecht, 12. Aufl. 2016, § 8 Rn. 162.
10 BT-Dr. 16/3100, 158.

eine Eingliederung in die Arbeitsorganisation des Weisungsgebers (S. 2).[11] „Eintritt" in das Beschäftigungsverhältnis iSd § 186 Abs. 1 ist der vertragsgemäße Beginn des Beschäftigungsverhältnisses.[12] Die Mitgliedschaft beginnt um 0.00 Uhr des Tages, an dem das Beschäftigungsverhältnis vertragsgemäß beginnt.[13] Der in der Regel im Arbeitsvertrag bestimmte Beginn des Beschäftigungsverhältnisses fällt regelmäßig mit dem Beginn der tatsächlichen Erbringung der vertraglich geschuldeten Arbeitsleistung zusammen. Die tatsächliche Arbeitsaufnahme ist aber für den Eintritt in das Beschäftigungsverhältnis und damit für den Beginn der Mitgliedschaft nicht erforderlich. Dies ergibt sich aus der Entstehungsgeschichte des Abs. 1: Nach der bis zum 1.1.1998 geltenden Fassung der Norm begann die Mitgliedschaft mit dem Tag der tatsächlichen Arbeitsaufnahme. Durch die Neuregelung des Abs. 1 zum 1.1.1998 wollte der Gesetzgeber den Mitgliedschaftsbeginn von der tatsächlichen Arbeitsaufnahme entkoppeln. Der Begriff „Beschäftigungsverhältnis" „stellt klar, daß eine Mitgliedschaft in der gesetzlichen Krankenversicherung auch dann zustande kommt, wenn der Arbeitnehmer zu Beginn des entgeltlichen Beschäftigungsverhältnisses aufgrund einer Vereinbarung ... von der Arbeitsleistung freigestellt ist und daher die Beschäftigung erst zu einem späteren Zeitpunkt aufnimmt. Die Mitgliedschaft beginnt in diesem Fall mit dem Tag, an dem das entgeltliche Beschäftigungsverhältnis beginnt. Die Vorschrift bewirkt darüber hinaus, daß eine Mitgliedschaft in der gesetzlichen Krankenversicherung ... auch dann beginnt, wenn die Beschäftigung wegen einer Erkrankung nicht zu dem im Arbeitsvertrag vorgesehenen Zeitpunkt aufgenommen werden kann, sofern der Arbeitnehmer Anspruch auf Fortzahlung des Arbeitsentgelts hat."[14] Dies entspricht § 190 Abs. 2, wonach die Mitgliedschaft versicherungspflichtig Beschäftigter mit Ablauf des Tages endet, an dem das Beschäftigungsverhältnis gegen Arbeitsentgelt endet.

7 Eine Mitgliedschaft soll nach dem erklärten Willen des Gesetzgebers also zum einen auch bestehen, wenn Arbeitnehmer unter vorschüssiger Entgeltzahlung zunächst von der Arbeitsleistung freigestellt sind und ihre Arbeit erst zu einem späteren Zeitpunkt aufnehmen (s. auch § 7 Abs. 1 a SGB IV).[15] Zum anderen sollte mit dem Begriff „Beschäftigungsverhältnis" bewirkt werden, dass eine Mitgliedschaft auch besteht, wenn Arbeitnehmer zu Beginn ihres Beschäftigungsverhältnisses **arbeitsunfähig** sind, aber Anspruch auf Entgeltfortzahlung haben.[16]

8 Eine Ausnahme hiervon gilt für Frauen, die wegen eines Beschäftigungsverbotes nach dem **Mutterschutzgesetz** (s. zB § 3 Abs. 2 MuSchG) ihre Arbeit nicht aufnehmen können. In diesen Fällen beginnt die Mitgliedschaft unabhängig davon, ob der Frau ein Anspruch auf Entgelt(fort)zahlung von Beginn an zusteht, mit dem Tag der Entstehung des Beschäftigungsverhältnisses. Dies gebietet das verfassungsrechtliche Schutz- und Fürsorgegebot zugunsten von Müttern (Art. 6 Abs. 4 GG) sowie das unionsrechtliche Gebot der Gleichbehandlung von Frauen und Männern im Bereich der Beschäftigung (s. Art. 23 S. 1 GRC) und der sozialen Sicherheit (s. Art. 4 Richtlinie 79/7/EWG zur schrittweisen Verwirklichung des Grundsatzes der Gleichbehandlung von Männern und Frauen im Bereich der sozialen Sicherheit).[17]

9 Nach früherer Rechtsprechung des BSG begann die Mitgliedschaft in der gesetzlichen Krankenversicherung trotz Beginns der Beschäftigung auch in Fällen des „missglückten Arbeitsversuchs" nicht zu laufen.[18] Diese Rechtsprechung hat das BSG mittlerweile aufgegeben.[19] Die Mitgliedschaft in der gesetzlichen Krankenversicherung beginnt daher auch in Fällen des „missglückten Arbeitsversuchs"

---

11 Zum Begriff und zur Feststellung eines Beschäftigungsverhältnisses eingehend Giesen, SGb 2012, 305 ff.
12 Vgl. Gerlach in: Hauck/Noftz, SGB V, § 186 Rn. 12 f.; Peters in: KassKomm, § 186 SGB V Rn. 10.
13 Peters in: KassKomm, § 186 SGB V Rn. 12; Nebendahl in: Spickhoff, Medizinrecht, § 186 SGB V Rn. 7; Zimmermann in: Sodan, HdB KrVersR, § 7 Rn. 6, vgl. auch Michels in: Becker/Kingreen, § 186 Rn. 3. Zu dem Beginn der Mitgliedschaft an Sonn- und Feiertagen, wenn die tatsächliche Arbeitsaufnahme auf den nächsten Werktag fällt, BSG, SozR 3-2500 § 186 Nr. 3; Peters in: KassKomm, § 186 SGB V Rn. 12; Michels in: Becker/Kingreen, § 186 Rn. 5.
14 BT-Dr. 13/9741, 12.
15 Nebendahl in: Spickhoff, Medizinrecht, § 186 SGB V Rn. 7 nennt insoweit Kurzarbeit ohne Arbeitsleistung und flexible Arbeitszeitmodelle als Beispiele. Zur arbeitsrechtlichen Freistellung von der Arbeit näher Joussen, SGb 2010, 448, 451 ff.; Bergwitz, NZA 2009, 518 ff.; Kramer, AuA 2009, 604 ff.; Schlegel, NZA 2005, 972 ff.
16 Siehe auch BSG, SozR 4-2500 § 44 Nr. 4.
17 Vgl. BSGE 83, 186, 189 f.; Hänlein in: LPK-SGB V, § 186 Rn. 5.
18 Zu der Rechtsfigur des „missglückten Arbeitsversuchs" näher BSGE 72, 221, 222 f.; Baier in: Krauskopf, § 186 SGB V Rn. 8; Peters in: KassKomm, § 186 SGB V Rn. 13; Nebendahl in: Spickhoff, Medizinrecht, § 186 SGB V Rn. 8.
19 Siehe etwa BSGE 81, 231, 233 ff.; BSG, SozR 3-2500 § 5 Nr. 37.

grundsätzlich mit dem Tag des Eintritts in das Beschäftigungsverhältnis. Etwas anderes gilt nur, wenn in Fällen der anfänglichen Arbeitsunfähigkeit des Arbeitnehmers ein Scheingeschäft iSd § 117 BGB vorliegt, so dass ein Beschäftigungsverhältnis, das die Versicherungspflicht (s. § 5 Abs. 1 Nr. 1 und Abs. 3) und den Beginn der Mitgliedschaft (§ 186 Abs. 1) auslöst, nicht besteht.[20]

1. Beginn der Mitgliedschaft unständig Beschäftigter (Abs. 2). Eine Sonderregelung zum Beginn der Mitgliedschaft Beschäftigter, die die Anwendung des Abs. 1 ausschließt,[21] enthält Abs. 2 für **unständig Beschäftigte**. Das Ende der Mitgliedschaft unständig Beschäftigter regelt § 190 Abs. 4. Gemäß § 186 Abs. 2 S. 1 beginnt die Mitgliedschaft unständig Beschäftigter (§ 179 Abs. 2) mit dem Tag der Aufnahme der unständigen Beschäftigung, für die die zuständige Krankenkasse erstmalig Versicherungspflicht festgestellt hat, wenn die Feststellung innerhalb eines Monats nach Aufnahme der Beschäftigung erfolgt, andernfalls mit dem Tag der Feststellung. Unständig Beschäftigte haben der zuständigen Krankenkasse den Beginn und das Ende der Ausübung ihrer unständigen Beschäftigung unverzüglich zu melden (§ 199 Abs. 1 S. 1), wobei der Arbeitgeber die unständig Beschäftigten auf ihre Meldepflicht hinweisen muss (§ 199 Abs. 1 S. 2). 10

Unständig ist eine Beschäftigung, die auf weniger als eine Woche entweder nach der Natur der Sache befristet zu sein pflegt oder im Voraus durch den Arbeitsvertrag befristet ist (§ 232 Abs. 3).[22] Diese Legaldefinition befand sich früher in § 179 Abs. 2, der durch das Gesundheitsstrukturgesetz vom 21.12.1992 aufgehoben wurde.[23] Der Verweis in § 186 Abs. 2 S. 1 auf § 179 Abs. 2 geht daher fehl. 11

§ 186 Abs. 2 S. 1 definiert den Beginn der Mitgliedschaft für unständig Beschäftigte in doppelter Abweichung von Abs. 1: Erstens beginnt die Mitgliedschaft unständig Beschäftigter gem. Abs. 2 S. 1 nicht mit dem Eintritt in das Beschäftigungsverhältnis, sondern mit dem Tag der tatsächlichen Aufnahme der unständigen Beschäftigung.[24] Zweitens setzt der Beginn der Mitgliedschaft unständig Beschäftigter voraus, dass die zuständige Krankenkasse die Versicherungspflicht feststellt. Das Erfordernis der **Feststellung** trägt der regelmäßig kurzen Dauer und dem häufigen Wechsel unständiger Beschäftigungsverhältnisse sowie der damit verbundenen Unsicherheit hinsichtlich des Bestehens einer Versicherungspflicht gem. § 5 Abs. 1 Nr. 1 Rechnung.[25] Die Feststellung ist ein **Verwaltungsakt** iSd § 31 S. 1 SGB X.[26] 12

Erfolgt die **Feststellung** innerhalb eines Monats nach Aufnahme der Beschäftigung, beginnt die Mitgliedschaft des unständig Beschäftigten mit dem Tag der Aufnahme der Beschäftigung. Trifft die Krankenkasse die Feststellung nach Ablauf des ersten Monats nach Aufnahme der Beschäftigung, beginnt die Mitgliedschaft des unständig Beschäftigten mit dem Tag der Feststellung. 13

Da Abs. 2 S. 1 für den Beginn der Mitgliedschaft in der gesetzlichen Krankenversicherung auf den Tag der Aufnahme der unständigen Beschäftigung abstellt, für die die Krankenkasse „erstmalig" Versicherungspflicht festgestellt hat, besteht die Mitgliedschaft grundsätzlich auch für nachfolgende unständige Beschäftigungsverhältnisse grundsätzlich ununterbrochen ab dem Tag der Aufnahme der ersten unständigen Beschäftigung fort. Aus Abs. 2 S. 1 ergibt sich, dass die Versicherungspflicht und Mitgliedschaft in der Krankenkasse über das Ende der unständigen Beschäftigung hinaus allerdings nur fortbesteht, wenn die unständige Beschäftigung höchstens für drei Wochen unterbrochen wird. 14

Abs. 2 S. 2 regelt das **Fortbestehen der Mitgliedschaft** unständig Beschäftigter trotz Wegfalls des die Versicherungspflicht begründenden Tatbestandes. Nach Abs. 2 S. 2 besteht die Mitgliedschaft auch an den Tagen fort, an denen der unständig Beschäftigte vorübergehend, längstens für drei Wochen nicht beschäftigt wird; in dieser Zeit liegt kein Beschäftigungsverhältnis vor.[27] Diese Regelung korrespondiert mit § 190 Abs. 4 S. 2, wonach die Mitgliedschaft unständig Beschäftigter spätestens mit Ablauf von drei Wochen nach dem Ende der letzten unständigen Beschäftigung endet. Die Norm bezweckt zu verhindern, dass die Mitgliedschaft unständig Beschäftigter in kurzen Abständen beginnt, endet und 15

---

20 BSG NZS 1999, 500, 501; BSG, SozR 3-2500 § 5 Nr. 40; Peters in: KassKomm, § 186 SGB V Rn. 13; Zimmermann in: Sodan, HdB KrVersR, § 7 Rn. 6; Dalichau, SGB V, § 186 S. 15.
21 Baier in: Krauskopf, § 186 SGB V Rn. 11.
22 Klose in: Jahn ua, SGB V, § 186 Rn. 16 nennt beispielhaft für unständig Beschäftigte „Tagelöhner", Hafenarbeiter, Aushilfskräfte im Speditionsgewerbe und nicht fest angestellte Rundfunkmitarbeiter.
23 BGBl. I 1992, 2266 ff.
24 Vgl. Nebendahl in: Spickhoff, Medizinrecht, § 186 SGB V Rn. 10; Gerlach in: Hauck/Noftz, SGB V, § 186 Rn. 13.
25 Vgl. Gerlach in: Hauck/Noftz, SGB V, § 186 Rn. 13.
26 Zimmermann in: Sodan, HdB KrVersR, § 7 Rn. 8; Klose in: Jahn ua, SGB V, § 186 Rn. 18.
27 Nebendahl in: Spickhoff, Medizinrecht, § 186 SGB V Rn. 10.

wiederbeginnt,[28] sichert also die Kontinuität der Versicherung unständig Beschäftigter.[29] Aus welchem Grund die vorübergehende Nichtbeschäftigung erfolgt, ist unerheblich.[30] Unerheblich ist auch, ob dasselbe Beschäftigungsverhältnis unterbrochen wird oder ob verschiedene Beschäftigungsverhältnisse bei demselben Arbeitgeber oder bei unterschiedlichen Arbeitgebern mit Unterbrechung aufeinanderfolgen.

16 Gemäß § 199 Abs. 1 S. 1 muss der unständig Beschäftigte der Krankenkasse den Beginn der berufsmäßigen Ausübung seiner unständigen Beschäftigung unverzüglich melden. Der Arbeitgeber hat den unständig Beschäftigten auf seine **Meldepflicht** hinzuweisen (§ 199 Abs. 1 S. 2).

17 **2. Beginn der Mitgliedschaft der Bezieher von Arbeitslosengeld II nach dem SGB II und der Bezieher von Arbeitslosengeld (oder Unterhaltsgeld) nach dem SGB III (Abs. 2 a).** Nach Abs. 2 a beginnt die Mitgliedschaft der Bezieher von **Arbeitslosengeld II** nach dem SGB II und der Bezieher von **Arbeitslosengeld** (oder Unterhaltsgeld) nach dem SGB III mit dem Tag, von dem an die Leistung bezogen wird. Das Ende der Mitgliedschaft der Bezieher von Arbeitslosengeld oder Arbeitslosengeld II regelt § 190 Abs. 12.

18 § 186 Abs. 2 a knüpft an die Regelungen des § 5 Abs. 1 Nr. 2 und Nr. 2 a an. Die Voraussetzungen, unter denen Arbeitslosengeld II gewährt wird, ergeben sich aus §§ 19 ff. SGB II. Anspruch auf Arbeitslosengeld besteht unter den Voraussetzungen der §§ 136 ff. SGB III. Die Mitgliedschaft in der gesetzlichen Krankenversicherung beginnt für die Bezieher von Arbeitslosengeld II nach dem SGB II oder von Arbeitslosengeld nach dem SGB III gem. § 186 Abs. 2 a mit dem **ersten Tag des Leistungsbezuges**.[31] Der Tag, von dem an die Leistung bezogen wird, ist der Tag, für den die Leistungen von der zuständigen Behörde bewilligt werden. Ob die Leistungen tatsächlich ausgezahlt werden, ist unerheblich.[32] Die Regelungen im SGB III zum Bezug von Unterhaltsgeld wurden zum 1.1.2005 aufgehoben,[33] so dass die Regelung zum Unterhaltsgeld in Abs. 2 a ins Leere geht.

19 Die Mitgliedschaft beginnt unabhängig davon, ob die betreffende Person rechtlich **Anspruch** auf Arbeitslosengeld II oder Arbeitslosengeld hat. Dementsprechend besteht die Mitgliedschaft auch, wenn die Entscheidung, die zum Bezug der Leistung geführt hat, rückwirkend aufgehoben oder die Leistung zurückgefordert oder zurückgezahlt worden ist, da auch in diesen Fällen gem. § 5 Abs. 1 Nr. 2 letzter Hs. eine Versicherungspflicht besteht. Etwas anderes gilt, wenn der Bewilligungsbescheid bereits vor der ersten Auszahlung des Arbeitslosengeldes II bzw. des Arbeitslosengeldes aufgehoben wird und es nicht zur Auszahlung der Leistungen kommt; in diesem Fall beginnt die Mitgliedschaft nicht.[34] Werden die Leistungen rückwirkend gewährt, beginnt auch die Mitgliedschaft mit dem rückwirkend festgelegten Tag des Leistungsbezugs.[35]

20 Eine **Ausnahme** von dem Grundsatz des Mitgliedschaftsbeginns ab dem ersten Tag des tatsächlichen Leistungsbezuges gilt, wenn Personen Arbeitslosengeld nach dem SGB III nur deshalb nicht beziehen, weil der Anspruch ab Beginn des zweiten Monats bis zur zwölften Woche einer Sperrzeit (§ 159 SGB III) oder ab Beginn des zweiten Monats wegen einer Urlaubsabgeltung (§ 157 Abs. 2 SGB III) ruht. In diesen Fällen besteht gem. § 5 Abs. 1 Nr. 2 dennoch eine Versicherungspflicht, so dass die Mitgliedschaft mit dem ersten Tag des zweiten Monats der Sperrzeit bzw. der Urlaubsabgeltung beginnt.[36]

21 Trotz des Bezuges von Arbeitslosengeld II beginnt keine Mitgliedschaft in der gesetzlichen Krankenversicherung, wenn der Bezieher des Geldes gem. § 10 als Familienangehöriger (Ehepartner, Lebenspartner oder Kind) mitversichert ist; die **Familienmitversicherung** ist in diesem Fall nicht nachrangig (s. § 10 Abs. 1 S. 1 Nr. 2).

22 Den **Krankenversicherungsbeitrag** der Bezieher von Arbeitslosengeld nach dem SGB III trägt gem. § 251 Abs. 4 a die Bundesagentur für Arbeit.

---

28 Vgl. Peters in: KassKomm, § 186 SGB V Rn. 14.
29 Michels in: Becker/Kingreen, § 186 Rn. 7.
30 Nebendahl in: Spickhoff, Medizinrecht, § 186 SGB V Rn. 10: auch Urlaub; ebenso Zimmermann in: Sodan, HdB KrVersR, § 7 Rn. 8; Peters in: KassKomm, § 186 SGB V Rn. 16.
31 Zur Maßgeblichkeit des tatsächlichen Bezugs der Leistung auch Wendtland, ZSR 53, 2007, 423, 425.
32 Nebendahl in: Spickhoff, Medizinrecht, § 186 SGB V Rn. 11; Klose in: Jahn ua, SGB V, § 186 Rn. 21 a, 27 b; aA Gerlach in: Hauck/Noftz, SGB V, § 186 Rn. 14, der den tatsächlichen Leistungsbezug für maßgeblich hält; ebenso Baier in: Krauskopf, § 186 SGB V Rn. 13.
33 Aufgehoben durch das Vierte Gesetz für moderne Dienstleistungen am Arbeitsmarkt, BGBl. I 2003, 2954.
34 Klose in: Jahn ua, SGB V, § 186 Rn. 21 a.
35 Zimmermann in: Sodan, HdB KrVersR, § 7 Rn. 9.
36 Gerlach in: Hauck/Noftz, SGB V, § 186 Rn. 15.

3. **Beginn der Mitgliedschaft von nach dem Künstlersozialversicherungsgesetz Versicherten (Abs. 3).** Abs. 3 enthält drei Regelungen zum Mitgliedschaftsbeginn der nach § 5 Abs. 1 Nr. 4 iVm § 1 KSVG versicherungspflichtigen Personen: Gemäß § 186 Abs. 3 S. 1 beginnt die Mitgliedschaft der nach dem KSVG Versicherten mit dem Tag, an dem die Versicherungspflicht aufgrund der Feststellung der Künstlersozialkasse beginnt. Ist die Versicherungspflicht nach dem KSVG durch eine unständige Beschäftigung (§ 232 Abs. 3) unterbrochen worden, beginnt die Mitgliedschaft mit dem Tag nach dem Ende der unständigen Beschäftigung (§ 186 Abs. 3 S. 2). Kann nach § 9 KSVG ein Versicherungsvertrag gekündigt werden, beginnt die Mitgliedschaft mit dem auf die Kündigung folgenden Monat, spätestens zwei Monate nach der Feststellung der Versicherungspflicht (§ 186 Abs. 3 S. 3). Den Krankenversicherungsbeitrag für die nach dem KSVG versicherungspflichtigen Personen trägt gegenüber der Krankenkasse gem. § 251 Abs. 3 S. 1 die Künstlersozialkasse; der Versicherte hat rund die Hälfte des Beitrages an die Künstlersozialkasse zu zahlen (s. § 16 Abs. 1 KSVG). Das Ende der Mitgliedschaft der nach dem KSVG Versicherten regelt § 190 Abs. 5. 23

Die Mitgliedschaft der nach § 5 Abs. 1 Nr. 4 iVm § 1 KSVG pflichtversicherten Künstler und Publizisten beginnt gem. § 186 Abs. 3 S. 1 mit dem Tag, an dem die Künstlersozialkasse den Beginn der Versicherungspflicht feststellt. Die Feststellung ist ein **Verwaltungsakt** iSd § 31 S. 1 SGB X.[37] Sie ist für die Krankenkasse bindend.[38] 24

§ 186 Abs. 3 S. 2 regelt den Fall, dass die Versicherungspflicht nach dem KSVG durch eine **unständige Beschäftigung** (§ 232 Abs. 3) unterbrochen wird. Die Mitgliedschaft in der gesetzlichen Krankenversicherung beginnt in diesem Fall mit dem Tag nach dem Ende der unständigen Beschäftigung.[39] Der Begriff der unständigen Beschäftigung ist in § 232 Abs. 3 legal definiert. Der Verweis in § 186 Abs. 3 S. 2 auf § 179 Abs. 2 geht ins Leere (→ Rn. 11). 25

§ 186 Abs. 3 S. 3 regelt den Beginn der Mitgliedschaft in der gesetzlichen Krankenversicherung, wenn ein Künstler oder Publizist im Zeitpunkt des Eintritts der Versicherungspflicht nach § 5 Abs. 1 Nr. 4 iVm dem KSVG privat krankenversichert ist und ihm nach § 9 KSVG ein Kündigungsrecht zusteht. Die Mitgliedschaft in der gesetzlichen Krankenversicherung beginnt dann mit dem auf die **Kündigung** folgenden Monat, spätestens aber zwei Monate nach Feststellung der Versicherungspflicht. 26

4. **Beginn der Mitgliedschaft von Personen, die in Einrichtung der Jugendhilfe für eine Erwerbstätigkeit befähigt werden (Abs. 4).** Die Mitgliedschaft von Personen, die in **Einrichtungen der Jugendhilfe** für eine Erwerbstätigkeit befähigt werden, beginnt mit dem Beginn der Maßnahme (Abs. 4). Das Ende ihrer Mitgliedschaft regelt § 190 Abs. 6. 27

§ 186 Abs. 4 knüpft an § 5 Abs. 1 Nr. 5 an, wonach Personen, die in Einrichtungen der Jugendhilfe für eine Erwerbstätigkeit befähigt werden, versicherungspflichtig sind, sofern sie nicht hauptberuflich selbstständig erwerbstätig sind (§ 5 Abs. 5). Ihre **Mitgliedschaft** in der gesetzlichen Krankenversicherung beginnt an dem Tag, an dem die Befähigungsmaßnahme nach dem entsprechenden behördlichen Bescheid beginnt.[40] Den Krankenversicherungsbeitrag trägt gem. § 251 Abs. 2 Nr. 1 der Träger der Einrichtung der Jugendhilfe. 28

5. **Beginn der Mitgliedschaft versicherungspflichtiger Teilnehmer an Leistungen zur Teilhabe am Arbeitsleben (Abs. 5).** Die Mitgliedschaft versicherungspflichtiger Teilnehmer an Leistungen zur Teilhabe am Arbeitsleben (s. § 5 Abs. 1 Nr. 6) beginnt mit dem Beginn der Maßnahme (§ 186 Abs. 5). Das Ende ihrer Mitgliedschaft regelt § 190 Abs. 7. 29

Leistungen zur Teilhabe am Arbeitsleben sind Leistungen iSd § 5 Nr. 2, §§ 33 ff. SGB IX. Die **Mitgliedschaft** in der gesetzlichen Krankenversicherung beginnt für Personen, die an solchen Leistungen teilnehmen, mit dem ersten Tag des Beginns der Maßnahme.[41] Den Krankenversicherungsbeitrag trägt gem. § 251 Abs. 1 der zuständige Rehabilitationsträger. 30

6. **Beginn der Mitgliedschaft versicherungspflichtiger behinderter Menschen (Abs. 6).** Die Mitgliedschaft versicherungspflichtiger **behinderter Menschen** (s. § 5 Abs. 1 Nr. 7, 8) beginnt mit dem Beginn ihrer Tätigkeit in anerkannten Werkstätten für behinderte Menschen, Anstalten, Heimen oder gleich- 31

---

37 Dalichau, SGB V, § 186 S. 21.
38 Baier in: Krauskopf, § 186 SGB V Rn. 16; Klose in: Jahn ua, SGB V, § 186 Rn. 29.
39 Nebendahl in: Spickhoff, Medizinrecht, § 186 SGB V Rn. 14.
40 Baier in: Krauskopf, § 186 SGB V Rn. 21; Nebendahl in: Spickhoff, Medizinrecht, § 186 SGB V Rn. 16; vgl. auch Peters in: KassKomm, § 186 SGB V Rn. 25.
41 Klose in: Jahn ua, SGB V, § 186 Rn. 33.

artigen Einrichtungen (§ 186 Abs. 6). Entscheidend ist die tatsächliche Aufnahme der Tätigkeit.[42] Das Ende der Mitgliedschaft regelt § 190 Abs. 8.

32 Unter den Voraussetzungen des § 251 Abs. 2 Nr. 1 trägt der Träger der Einrichtung den **Krankenversicherungsbeitrag**.

33 **7. Beginn der Mitgliedschaft versicherungspflichtiger Studenten (Abs. 7).** Die Mitgliedschaft versicherungspflichtiger **Studenten** (s. § 5 Abs. 1 Nr. 9) beginnt mit dem Semester, frühestens mit dem Tag der Einschreibung oder der Rückmeldung an der Hochschule (§ 186 Abs. 7).[43] Das Ende der Mitgliedschaft regelt § 190 Abs. 9.

34 Die Mitgliedschaft in der gesetzlichen Krankenversicherung der nach § 5 Abs. 1 Nr. 9 versicherungspflichtigen Studenten, die sich vor Semesterbeginn an der Hochschule eingeschrieben bzw. zurückgemeldet haben, beginnt mit dem ersten Tag des Semesters; auf den (oftmals späteren) Beginn der Vorlesungszeit kommt es nicht an.[44] Bei einer verspäteten **Einschreibung** oder **Rückmeldung** nach Semesterbeginn beginnt die Mitgliedschaft in der Krankenversicherung erst mit dem Tag der Einschreibung oder Rückmeldung an der Hochschule. Letzteres gilt auch, wenn die verspätete Einschreibung oder Rückmeldung hochschulrechtlich auf den Beginn des Semesters zurückwirkt.[45]

35 Die Versicherungspflicht und entsprechend die Mitgliedschaft in der Krankenversicherung besteht auch während Urlaubssemestern, Krankheit[46] und wenn das Studium lediglich formal ohne **tatsächliche Studienbemühungen** betrieben wird. Nimmt eine Hochschule die Einschreibung oder die Rückmeldung des Studenten entgegen § 254 S. 3 an, obwohl er die Beiträge für das Semester nicht im Voraus an die zuständige Krankenkasse gezahlt hat (s. § 254 S. 1), beginnt die Mitgliedschaft in der gesetzlichen Krankenversicherung gleichwohl, weil § 186 Abs. 7 an den durch (rechtmäßige oder rechtswidrige) Einschreibung oder Rückmeldung begründeten formalen Status des Studierenden anknüpft.[47]

36 **8. Beginn der Mitgliedschaft versicherungspflichtiger Praktikanten und Auszubildender ohne Arbeitsentgelt (Abs. 8).** Die Mitgliedschaft versicherungspflichtiger **Praktikanten** beginnt mit dem Tag der Aufnahme der berufspraktischen Tätigkeit, also des Praktikums (Abs. 8 S. 1). Die Mitgliedschaft von zu ihrer Berufsausbildung ohne Arbeitsentgelt Beschäftigten (**Auszubildende** ohne Arbeitsentgelt) beginnt mit dem Tag des Eintritts in die Beschäftigung, dh in das Ausbildungsverhältnis (Abs. 8 S. 2). Das Ende der Mitgliedschaft dieser Personen regelt § 190 Abs. 10.

37 § 186 Abs. 8 knüpft an § 5 Abs. 1 Nr. 10 Hs. 1 an, wonach Personen, die eine in Studien- oder Prüfungsordnungen vorgeschriebene berufspraktische Tätigkeit ohne Arbeitsentgelt verrichten, sowie zu ihrer Berufsausbildung ohne Arbeitsentgelt Beschäftigte **versicherungspflichtig** sind. Auszubildende des Zweiten Bildungswegs, die sich in einem förderungsfähigen Teil eines Ausbildungsabschnitts nach dem Bundesausbildungsförderungsgesetz befinden, sind Praktikanten gleichgestellt (§ 5 Abs. 1 Nr. 10 Hs. 2). Im Gegensatz zu Auszubildenden und Praktikanten, die gegen Arbeitsentgelt beschäftigt sind und daher § 5 Abs. 1 Nr. 1 unterfallen, erfasst § 5 Abs. 1 Nr. 10 nur Auszubildende und Praktikanten, die kein Arbeitsentgelt erhalten.[48]

38 Bei den nach § 5 Abs. 1 Nr. 10 Hs. 1 versicherungspflichtigen Personen beginnt die **Mitgliedschaft** in der gesetzlichen Krankenversicherung nach dem Wortlaut des § 186 Abs. 8 mit Beginn des Tages, an dem die Tätigkeit tatsächlich aufgenommen wird. Der vertragsgemäße Beginn des Praktikums bzw. der Ausbildung ohne gleichzeitige Tätigkeitsaufnahme löst (noch) keine Mitgliedschaft in der gesetzlichen Krankenversicherung aus.[49] Da § 5 Abs. 1 Nr. 10 Hs. 2 Auszubildende des zweiten Bildungsweges, die sich in einem förderungsfähigen Teil eines Ausbildungsabschnitts nach dem Bundesausbildungsförderungsgesetz befinden, Praktikanten gleichstellt, gilt § 186 Abs. 8 für Auszubildende des zweiten Bildungsweges entsprechend, so dass auch ihre Mitgliedschaft in der gesetzlichen Krankenversicherung mit dem Tag der Aufnahme ihrer Tätigkeit beginnt.[50]

---

42 Baier in: Krauskopf, § 186 SGB V Rn. 23; Nebendahl in: Spickhoff, Medizinrecht, § 186 SGB V Rn. 18.
43 Zum Begriff der Hochschule Felix, NZS 2000, 477.
44 Peters in: KassKomm, § 186 SGB V Rn. 29; Nebendahl in: Spickhoff, Medizinrecht, § 186 SGB V Rn. 19.
45 BSG, SozR 2200, § 306 Nr. 16.
46 Peters in: KassKomm, § 186 SGB V Rn. 29.
47 Klose in: Jahn ua, SGB V, § 186 Rn. 39; Peters in: KassKomm, § 186 SGB V Rn. 29; Baier in: Krauskopf, § 186 SGB V Rn. 24; vgl. auch Nebendahl in: Spickhoff, Medizinrecht, § 186 SGB V Rn. 20.
48 Siehe auch Fuchs/Preis, Sozialversicherungsrecht, 2. Aufl. 2009, § 18 S. 252.
49 Vgl. Nebendahl in: Spickhoff, Medizinrecht, § 186 SGB V Rn. 21; Michels in: Becker/Kingreen, § 186 Rn. 17.
50 Nebendahl in: Spickhoff, Medizinrecht, § 186 SGB V Rn. 22; Michels in: Becker/Kingreen, § 186 Rn. 17; Zimmermann in: Sodan, HdB KrVersR, § 7 Rn. 15; Peters in: KassKomm, § 186 SGB V Rn. 30.

9. Beginn der Mitgliedschaft versicherungspflichtiger Rentner (Abs. 9). Die Mitgliedschaft versicherungspflichtiger **Rentner** beginnt nach Abs. 9 mit dem Tag der Stellung des Rentenantrags. Das Ende ihrer Mitgliedschaft regelt § 190 Abs. 11. Gemäß § 201 Abs. 1 S. 1 muss der Rentenantragsteller zugleich mit dem Antrag auf eine Rente der gesetzlichen Rentenversicherung eine Meldung für die zuständige Krankenkasse einreichen. Der Rentenversicherungsträger hat die Meldung unverzüglich an die zuständige Krankenkasse weiterzugeben (§ 201 Abs. 1 S. 2).

Unter welchen Voraussetzungen Rentner versicherungspflichtig sind, regelt § 5 Abs. 1 Nr. 11 bis 12, Abs. 5. Die Mitgliedschaft für sie beginnt nach § 186 Abs. 9 an dem Tag, an dem ihr **Rentenantrag** bei dem zuständigen Rentenversicherungsträger oder einer anderen nach § 16 Abs. 1 S. 2 SGB I zur Entgegennahme verpflichteten Stelle eingeht. Der Rentenanspruch muss im Zeitpunkt der Antragstellung bestehen. Anderenfalls beginnt die Versicherungspflicht und entsprechend die Mitgliedschaft in der Krankenversicherung erst mit dem Tag, ab dem ein Rentenanspruch besteht;[51] in der Zeit zwischen der Stellung des Rentenantrags und dem Entstehen des Rentenanspruchs besteht eine Mitgliedschaft unter den Voraussetzungen des § 189. Wird die Rente rückwirkend ab einem Zeitpunkt bewilligt, der vor der Stellung des Rentenantrags liegt, beginnt die Mitgliedschaft nach § 186 Abs. 6 erst mit der Antragstellung.[52]

Wird nach Ablehnung eines **Rentenanspruchs** die Rente rückwirkend bewilligt, soll die Mitgliedschaft in der Krankenversicherung erst mit Bekanntgabe des Bewilligungsbescheides beginnen.[53]

10. Beginn der Mitgliedschaft Versicherungspflichtiger bei der neugewählten Krankenkasse nach Kündigung der Mitgliedschaft zu einer Krankenkasse (Abs. 10). Wird die Mitgliedschaft Versicherungspflichtiger bei einer Krankenkasse gekündigt (§ 175), beginnt die Mitgliedschaft bei der neugewählten **Krankenkasse** abweichend von Abs. 1 bis 9 mit dem Tag nach Eintritt der Rechtswirksamkeit der Kündigung (Abs. 10).

Abs. 10 sucht eine **Doppelmitgliedschaft** in verschiedenen gesetzlichen Krankenkassen zu vermeiden, die aufgrund des seit 1.1.1996 bestehenden Rechts der Versicherten zur Krankenkassenwahl (s. §§ 173 ff.) entstehen können. Die Mitgliedschaft bei einer neugewählten Krankenkasse beginnt daher erst mit dem Tag, der der Wirksamkeit der Kündigung der Mitgliedschaft bei der alten Krankenkasse nachfolgt.

11. Beginn der Mitgliedschaft der nach § 5 Abs. 1 Nr. 13 versicherungspflichtigen Personen (Abs. 11). Abs. 11 regelt den Mitgliedschaftsbeginn für die nach § 5 Abs. 1 Nr. 13 versicherungspflichtigen Personen. Abs. 11 zielt darauf, „**Versicherungsschutz für alle** Einwohner ohne Absicherung im Krankheitsfall in der privaten oder gesetzlichen Krankenversicherung" zu gewährleisten.[54] Abs. 11 S. 1 enthält eine Grundregelung,[55] die durch Abs. 11 S. 2–4 für einzelne Personengruppen iSd § 5 Abs. 1 Nr. 13 konkretisiert oder modifiziert wird. Das Ende der Mitgliedschaft der nach § 5 Abs. 1 Nr. 13 versicherungspflichtigen Personen regelt § 190 Abs. 13.

Gemäß § 186 Abs. 11 S. 1 beginnt die Mitgliedschaft in der gesetzlichen Krankenversicherung der nach § 5 Abs. 1 Nr. 13 Versicherungspflichtigen mit dem ersten Tag ohne anderweitigen Anspruch auf Absicherung im Krankheitsfall im Inland. Abs. 11 S. 1 regelt damit „auch den **Beginn der Mitgliedschaft** von Personen, die nach einem längeren Auslandsaufenthalt ins Inland zurückkehren oder die Angehörige eines anderen Staates der Europäischen Union, eines anderen Vertragsstaates des Abkommens über den Europäischen Wirtschaftsraum oder Staatsangehörige der Schweiz sind."[56]

Die Mitgliedschaft von nach § 5 Abs. 1 Nr. 13 versicherungspflichtigen Ausländern, die nicht **Angehörige eines Mitgliedstaates der Europäischen Union**, eines Vertragsstaates des Abkommens über den Europäischen Wirtschaftsraum oder Staatsangehörige der Schweiz sind, beginnt gem. § 186 Abs. 11 S. 2 abweichend von Abs. 11 S. 1 mit dem ersten Tag der Geltung der Niederlassungserlaubnis oder der Aufenthaltserlaubnis.

Für Personen, die am 1. April 2007 keinen anderweitigen Anspruch auf Absicherung im Krankheitsfall hatten, begann die Mitgliedschaft an diesem Tag (Abs. 11 S. 3). Abs. 11 S. 3 findet vor allem auf Deutsche sowie Staatsangehörige anderer EU-Mitgliedstaaten, eines Vertragsstaates des Abkommens über

---

51 Baier in: Krauskopf, § 186 SGB V Rn. 29.
52 Peters, NZS 2011, 612, 613.
53 BSGE 39, 235, 237 f.
54 BT-Dr. 16/3100, 1.
55 Vgl. Baier in: Krauskopf, § 186 SGB V Rn. 31: Grundsatzregelung.
56 BT-Dr. 16/3100, 158.

den Europäischen Wirtschaftsraum oder der Schweiz Anwendung, die gem. § 5 Abs. 1 Nr. 13 versicherungspflichtig sind.

48 Der durch das Gesetz zur Beseitigung sozialer Überforderung bei Beitragsschulden in der Krankenversicherung vom 15.7.2013 aufgehobene Abs. 11 S. 4 enthielt Regelungen zur **Nachforderung von Krankenversicherungsbeiträgen** bei verspäteter Anzeige der Versicherungspflicht iSd § 5 Abs. 1 Nr. 13. Nach der Gesetzesbegründung wurde § 186 Abs. 11 S. 4 aufgehoben, weil in der Vergangenheit viele Personen darauf verzichtet haben, „sich bei der zuständigen Krankenkasse zwecks Durchführung der Versicherungspflicht zu melden. Dadurch sind bei diesen Personen erhebliche Beitragsrückstände aufgelaufen. Viele der Betroffenen sind offensichtlich nicht in der Lage, ihre Beitragsrückstände zu begleichen. Zwar enthält der bislang geltende § 186 Absatz 11 Satz 4 SGB V eine Regelung, die den Krankenkassen eine Rechtsgrundlage gibt, die nachträglich zu entrichtenden Beiträge zu ermäßigen, zu stunden oder ganz zu erlassen. Voraussetzung ist aber, dass die Versicherten das verspätete Anzeigen der Versicherungspflicht ‚nicht zu vertreten haben'. In der Praxis findet die Regelung des § 186 Absatz 11 Satz 4 SGB V daher eher selten Anwendung, weil kaum nachweisbar ist, dass das Mitglied das verspätete Anzeigen nicht zu verschulden hat. Deshalb wird die Regelung für eine deutliche Entlastung der Betroffenen umfassend angepasst und erhält im § 256 a Absatz 1 SGB V einen neuen Regelungsort."[57]

§ 187 Beginn der Mitgliedschaft bei einer neu errichteten Krankenkasse

Die Mitgliedschaft bei einer neu errichteten Krankenkasse beginnt für Versicherungspflichtige, für die diese Krankenkasse zuständig ist, mit dem Zeitpunkt, an dem die Errichtung der Krankenkasse wirksam wird.

I. Entstehungsgeschichte und allgemeine Bedeutung

1 § 187 ist durch das Gesetz zur Strukturreform im Gesundheitswesen (Gesundheits-Reformgesetz – GRG) vom 20.12.1988 zum 1.1.1989 in Kraft getreten[1] und seither **unverändert** geblieben.

2 § 187 regelt den **Beginn der Mitgliedschaft** Versicherungspflichtiger bei einer neu errichteten Krankenkasse abweichend von § 186 Abs. 10.

II. Beginn der Mitgliedschaft bei einer neu errichteten Krankenkasse

3 Nach § 187 beginnt die Mitgliedschaft bei einer neu errichteten Krankenkasse für Versicherungspflichtige, für die diese Krankenkasse zuständig ist, mit dem Zeitpunkt, an dem die **Errichtung der Krankenkasse wirksam** wird. „Neu errichtete Krankenkassen" iSd § 187 sind sowohl neu errichtete Betriebs- und Innungskrankenkassen (s. §§ 147 ff., 157 ff.) als auch im Wege der Vereinigung neu entstandene Orts- und Ersatzkrankenkassen (s. §§ 144 ff., 168 a).[2] § 187 gilt auch für die Ausdehnung einer Betriebskrankenkasse auf weitere Betriebe des Arbeitgebers (s. § 149) oder einer Innungskrankenkasse auf weitere Handwerksinnungen (s. § 159).[3]

4 „Versicherungspflichtige" iSd § 187 sind nur versicherungspflichtige Personen, für die die neu errichtete Krankenkasse zuständig ist.[4] Für welche Personen eine neu errichtete Krankenkasse zuständig ist, bemisst sich grundsätzlich danach, welche Kasse die Versicherten gewählt haben (§§ 173 ff.). Bei versicherten Arbeitnehmern ist der Anwendungsbereich des § 187 auf diejenigen Arbeitnehmer beschränkt, die im Zeitpunkt des Wirksamwerdens der Neuerrichtung der Krankenkasse in dem jeweiligen Betrieb beschäftigt sind.[5] Nach § 173 Abs. 2 Nr. 3 können Versicherungspflichtige und Versicherungsberechtigte die **Betriebs- oder Innungskrankenkasse** wählen, wenn sie in dem Betrieb beschäftigt sind, für den die Betriebs- oder Innungskrankenkasse besteht. Machen Versicherungspflichtige von diesem Wahlrecht Gebrauch, gilt gem. § 175 Abs. 5 keine Sperr- oder Kündigungsfrist (s. § 175 Abs. 4), wenn sie die Wahl innerhalb von zwei Wochen nach dem Zeitpunkt der Errichtung ausüben. Teilweise wird ver-

---

57 BT-Dr. 17/13947, 38.
1 BGBl. I 1988, 2477 ff.
2 Gerlach in: Hauck/Noftz, SGB V, § 187 Rn. 4; aA Becker in: Wannagat, SGB V, § 187 Rn. 5.
3 Gerlach in: Hauck/Noftz, SGB V, § 187 Rn. 4; s. auch Becker in: Wannagat, SGB V, § 187 Rn. 6, der § 187 insoweit analog anwendet.
4 Becker in: Wannagat, SGB V, § 187 Rn. 8.
5 Vgl. Gerlach in: Hauck/Noftz, SGB V, § 187 Rn. 7.

treten, dass § 187 für diesen Fall obsolet sei.⁶ Dies ist aber nicht der Fall, weil in Fällen, in denen ein Wahlrecht gem. § 173 Abs. 2 Nr. 3 besteht, gem. § 175 Abs. 5 dessen Ausübung genügt und es keiner zusätzlichen Kündigung bei der alten Krankenkasse bedarf.⁷ Da die Mitgliedschaft mangels rechtswirksamer Kündigung in diesen Fällen nicht gem. § 186 Abs. 10 beginnen kann, besteht Bedarf für die Regelung des § 187.⁸ Die Mitgliedschaft in der gesetzlichen Krankenversicherung beginnt daher in den Fällen des **Sonderkündigungsrechts** gem. § 173 Abs. 2 Nr. 3 abweichend von § 186 Abs. 10 nicht mit dem Folgetag der Rechtswirksamkeit der Kündigung der alten Krankenkasse, sondern nach § 187 rückwirkend mit der Wirksamkeit der Errichtung der Betriebs- oder Innungskrankenkasse. Bei einer Kündigung der alten Krankenkasse nach Ablauf der Frist und der Wahl der Betriebs- oder Innungskrankenkasse bestimmt sich der Mitgliedschaftsbeginn hingegen nach § 186 Abs. 10.

§ 188 Beginn der freiwilligen Mitgliedschaft

(1) Die Mitgliedschaft Versicherungsberechtigter beginnt mit dem Tag ihres Beitritts zur Krankenkasse.

(2) ¹Die Mitgliedschaft der in § 9 Abs. 1 Nr. 1 und 2 genannten Versicherungsberechtigten beginnt mit dem Tag nach dem Ausscheiden aus der Versicherungspflicht oder mit dem Tag nach dem Ende der Versicherung nach § 10. ²Die Mitgliedschaft der in § 9 Absatz 1 Satz 1 Nummer 3 und 5 genannten Versicherungsberechtigten beginnt mit dem Tag der Aufnahme der Beschäftigung. ³Die Mitgliedschaft der in § 9 Abs. 1 Nr. 6 genannten Versicherungsberechtigten beginnt mit dem Eintritt der Versicherungspflicht nach § 5 Abs. 1 Nr. 11.

(3) Der Beitritt ist schriftlich zu erklären.

(4) ¹Für Personen, deren Versicherungspflicht oder Familienversicherung endet, setzt sich die Versicherung mit dem Tag nach dem Ausscheiden aus der Versicherungspflicht oder mit dem Tag nach dem Ende der Familienversicherung als freiwillige Mitgliedschaft fort, es sei denn, das Mitglied erklärt innerhalb von zwei Wochen nach Hinweis der Krankenkasse über die Austrittsmöglichkeiten seinen Austritt. ²Der Austritt wird nur wirksam, wenn das Mitglied das Bestehen eines anderweitigen Anspruchs auf Absicherung im Krankheitsfall nachweist. ³Satz 1 gilt nicht für Personen, deren Versicherungspflicht endet, wenn die übrigen Voraussetzungen für eine Familienversicherung erfüllt sind oder ein Anspruch auf Leistungen nach § 19 Absatz 2 besteht, sofern im Anschluss daran das Bestehen eines anderweitigen Anspruchs auf Absicherung im Krankheitsfall nachgewiesen wird.

I. Entstehungsgeschichte, allgemeine Bedeutung und Normzweck 1	VIII. Geplante Änderung durch das Blut- und Gewebegesetz 13
II. Mitgliedschaftsbeginn gem. Abs. 1 4	1. Fortsetzung der Mitgliedschaft von aus der Versicherungspflicht ausgeschiedenen Saisonarbeitnehmern (Abs. 4 S. 4) .. 14
III. Mitgliedschaftsbeginn gem. Abs. 2 S. 1 6	
IV. Mitgliedschaftsbeginn gem. Abs. 2 S. 2 7	2. Saisonarbeitnehmereigenschaft (Abs. 4 S. 5) 15
V. Mitgliedschaftsbeginn gem. Abs. 2 S. 3 8	
VI. Schriftform (Abs. 3) 9	3. Kennzeichnungspflicht des Arbeitgebers (Abs. 4 S. 6) 16
VII. Fortsetzung der Mitgliedschaft von aus der Versicherungspflicht oder der Familienversicherung ausgeschiedenen Personen als freiwillige Mitgliedschaft (Abs. 4) 10	4. Hinweispflicht der Krankenkasse (Abs. 4 S. 7) 17

I. Entstehungsgeschichte, allgemeine Bedeutung und Normzweck

§ 188 wurde durch das Gesetz zur Strukturreform im Gesundheitswesen (Gesundheits-Reformgesetz – GRG) vom 20.12.1988 eingefügt und ist zum 1.1.1989 in Kraft getreten.¹ § 188 Abs. 2 S. 2 wurde durch das Zehnte Gesetz zur Änderung des Fünften Buches Sozialgesetzbuch (10. SGB V-Änderungs-

---

6 So Baier in: Krauskopf, § 187 SGB V Rn. 2; Klose in: Jahn ua, SGB V, § 187 Rn. 3, 7; Heberlein in: BeckOK SozR, SGB V, § 187; Peters in: KassKomm, § 187 SGB V Rn. 2; Dalichau, SGB V, § 187 S. 2; aA Gerlach in: Hauck/Noftz, SGB V, § 187 Rn. 5.
7 SchlHLSG, NZS 2007, 260; Baier in: Krauskopf, § 175 SGB V Rn. 59.
8 Nebendahl in: Spickhoff, Medizinrecht, § 187 SGB V Rn. 1; Michels in: Becker/Kingreen, § 187 Rn. 2; Hänlein in: LPK-SGB V, § 187 Rn. 1; aA Baier in: Krauskopf, § 187 SGB V Rn. 3.
1 BGBl. I 1988, 2477 ff.

gesetz) vom 23.3.2002 zum 29.3.2002 angefügt.[2] Abs. 2 S. 2 und Abs. 4 wurden durch das Gesetz zur Beseitigung sozialer Überforderung bei Beitragsschulden in der Krankenversicherung vom 15.7.2013 zum 1.8.2013 eingefügt.[3]

2 § 188 regelt den **Beginn** der durch Beitritt begründeten Mitgliedschaft nicht versicherungspflichtiger freiwilliger Mitglieder der gesetzlichen Krankenversicherung (s. § 9). Das Ende der freiwilligen Mitgliedschaft bestimmt § 191. Erforderlich ist in allen Fällen des § 188 außer bei Abs. 4 eine Beitrittserklärung des Versicherungsberechtigten.

3 Abs. 1 und Abs. 3 bezwecken die rechtssichere Festlegung des Beginns der freiwilligen Mitgliedschaft in der gesetzlichen Krankenversicherung. Abs. 2 und 4 bewirken einen **lückenlosen Versicherungsschutz** für freiwillig Versicherungsberechtigte.[4]

II. Mitgliedschaftsbeginn gem. Abs. 1

4 Abs. 1 regelt den Mitgliedschaftsbeginn Versicherungsberechtigter, die erstmalig freiwillig einer gesetzlichen Krankenkasse beitreten (s. § 9).[5] Die Mitgliedschaft beginnt nach Abs. 1 S. 1 mit dem **Tag des Beitritts** zur Krankenkasse. Wegen der partiellen Sonderregelungen in Abs. 2 S. 1 für Versicherungsberechtigte iSd § 9 Abs. 1 Nr. 1 und Nr. 2, in § 186 Abs. 2 S. 3 für Versicherungsberechtigte iSd § 9 Abs. 1 S. 1 Nr. 6 und in § 186 Abs. 2 S. 2 für Versicherungsberechtigte iSd § 9 Abs. 1 S. 1 Nr. 3 und 5 ist der Anwendungsbereich des § 188 Abs. 1 auf Versicherungsberechtigte iSd § 9 Abs. 1 S. 1 Nr. 4 und 7 beschränkt.

5 Die Mitgliedschaft versicherungsberechtigter Personen iSd § 9 Abs. 1 Nr. 4 und 7 beginnt gem. § 188 Abs. 1 mit dem Tag, an dem die Beitrittserklärung der Krankenkasse zugeht. Die **Beitrittserklärung**, mit der zugleich das Wahlrecht für eine bestimmte Krankenkasse ausgeübt wird (s. § 175 Abs. 1), ist eine einseitige empfangsbedürftige Willenserklärung des Berechtigten,[6] die gem. § 130 BGB mit ihrem Zugang wirksam wird.[7] Liegen die Voraussetzungen für die Mitgliedschaft vor und erklärt der Versicherungsberechtigte seinen Beitritt rechtzeitig (s. § 9 Abs. 2), darf die Krankenkasse die Mitgliedschaft nicht ablehnen (s. § 175 Abs. 1 S. 2).[8] Einer Bestätigung der freiwilligen Mitgliedschaft durch die Krankenkasse bedarf es nicht. Bestätigt die Krankenkasse die freiwillige Mitgliedschaft gleichwohl, kommt ihr kein Regelungsgehalt zu, so dass sie keinen Verwaltungsakt darstellt.[9] Sind die gesetzlichen Voraussetzungen für eine freiwillige Krankenversicherungsmitgliedschaft nicht erfüllt, wird die Mitgliedschaft nicht durch eine Bestätigung seitens der Krankenkasse begründet. In diesem Fall kann es aber zu einer Fehlversicherung kommen,[10] bei der zu Unrecht entrichtete Beiträge an die Krankenkasse unter den Voraussetzungen des § 26 Abs. 2 und 3 SGB IV von der Kasse zu erstatten sind.

III. Mitgliedschaftsbeginn gem. Abs. 2 S. 1

6 Abs. 2 beinhaltet eine gegenüber Abs. 1 vorrangige Sonderregelung für Versicherungsberechtigte iSd § 9 Abs. 1 Nr. 1, 2, 3, 5 und 6.[11] Für Versicherungsberechtigte iSd § 9 Abs. 1 Nr. 1 und 2 beginnt die Mitgliedschaft mit dem Tag nach dem **Ausscheiden aus der Versicherungspflicht** oder mit dem Tag nach dem Ende der Versicherung nach § 10 (§ 188 Abs. 1 S. 1). Für gem. § 9 Abs. 1 Nr. 2 versicherungsberechtigte Kinder, die gem. § 10 Abs. 3 nicht familienversichert sind, muss zuvor allerdings eine Familienversicherung iSd § 10 Abs. 2 bestanden haben, damit § 188 Abs. 2 S. 1 anwendbar ist. Dies ergibt sich aus dem Wortlaut des § 188 Abs. 2 S. 1 („nach dem Ende der Versicherung nach § 10"). Bestand für Kinder vor dem freiwilligen Beitritt zur gesetzlichen Krankenversicherung keine Familienversicherung gem. § 10 Abs. 2, bemisst sich der Beginn ihrer Versicherungsmitgliedschaft nicht nach § 188 Abs. 2 S. 1, sondern nach Abs. 1.[12]

---

2 BGBl. I 2002, 1169 ff.
3 BGBl. I 2013, 2423 ff.
4 BT-Dr. 11/2237, 216.
5 Nebendahl in: Spickhoff, Medizinrecht, § 188 SGB V Rn. 1 f.
6 Zu der Genehmigungsfähigkeit des Beitritts eines Dritten für den Versicherungsberechtigten durch den Berechtigten LSG Nds, 30.5.1989, L 4 Kr 109/87.
7 Statt aller Klose in: Jahn ua, SGB V, § 188 Rn. 5; Dalichau, SGB V, § 188 S. 9. Zu der Frage der Anfechtbarkeit der Beitrittserklärung Becker in: Wannagat, SGB V, § 188 Rn. 11.
8 Statt aller Klose in: Jahn ua, SGB V, § 188 Rn. 5.
9 Klose in: Jahn ua, SGB V, § 188 Rn. 5.
10 Näher Klose in: Jahn ua, SGB V, § 188 Rn. 13.
11 Zum Charakter des § 188 Abs. 2 als Sonderregelung auch Gerlach in: Hauck/Noftz, SGB V, § 188 Rn. 3.
12 Gerlach in: Hauck/Noftz, SGB V, § 188 Rn. 11.

IV. Mitgliedschaftsbeginn gem. Abs. 2 S. 2

Nach Abs. 2 S. 2 beginnt die Mitgliedschaft der in § 9 Abs. 1 S. 1 Nr. 3 und 5 genannten Versicherungsberechtigten mit dem Tag der Aufnahme der Beschäftigung. Die Mitgliedschaft der nach § 9 Abs. 1 S. 1 Nr. 3 bzw. 5 versicherungsberechtigten Personen beginnt abweichend von § 188 Abs. 1 S. 1 mit dem Tag, an dem die Beschäftigung aufgenommen wird. Durch diese Neuregelung des **Mitgliedschaftsbeginns** in Abs. 2 S. 2 sollen Lücken im Versicherungsschutz verhindert werden, die entstehen können, wenn der Versicherungsberechtigte seinen Beitritt erst nach dem Tag der Aufnahme der Beschäftigung erklärt. Da eine Versicherungspflicht nach § 5 Abs. 1 Nr. 13 für die nach § 9 Abs. 1 S. 1 Nr. 3 iVm § 6 Abs. 1 Nr. 1 versicherungsberechtigten Personen ausgeschlossen ist, müsste die zwischen der Beschäftigungsaufnahme und dem Beitritt liegende Versicherungslücke anderenfalls durch eine private Krankenversicherung geschlossen werden. Nach der Gesetzesbegründung „ist eine Versicherung in der PKV für einen solch kurzen Zeitraum von idR weniger als einen Monat de facto nicht durchführbar." Aus diesem Grund regelt Abs. 2 S. 2 nun, „dass die Mitgliedschaft bereits mit der Aufnahme der Beschäftigung beginnt und nicht erst mit tatsächlicher Ausübung des Beitrittsrechts."[13]

V. Mitgliedschaftsbeginn gem. Abs. 2 S. 3

Nach Abs. 2 S. 2 beginnt die Mitgliedschaft für die in § 9 Abs. 1 Nr. 6 genannten Versicherungsberechtigten mit dem **Eintritt der Versicherungspflicht** nach § 5 Abs. 1 Nr. 11.[14] Für den Mitgliedschaftsbeginn ist es ebenso wie bei § 188 Abs. 2 S. 1 erforderlich, dass der Versicherte seinen Beitritt zur Krankenkasse innerhalb der Frist des § 9 Abs. 2 erklärt. Gibt er die **Beitrittserklärung** verspätet ab, beginnt die Mitgliedschaft nach § 188 Abs. 1 mit dem Tag des Beitritts.[15] Fehlt eine Beitrittserklärung des Versicherungsberechtigten, setzt sich seine Mitgliedschaft regelmäßig als Pflichtmitgliedschaft iSd § 5 Abs. 1 Nr. 11 fort.

VI. Schriftform (Abs. 3)

Gemäß Abs. 3 ist der Beitritt zur Krankenversicherung schriftlich zu erklären. Für das **Schriftformerfordernis** gilt § 126 BGB.[16] In den Fällen des § 9 Abs. 1 S. 1 Nr. 1–5 iVm § 9 Abs. 2 ist der Beitritt innerhalb von drei Monaten ab dem in § 9 Abs. 2 bestimmten Zeitpunkt zu erklären.

VII. Fortsetzung der Mitgliedschaft von aus der Versicherungspflicht oder der Familienversicherung ausgeschiedenen Personen als freiwillige Mitgliedschaft (Abs. 4)

Abs. 4 enthält eine gegenüber Abs. 1 bis 3 vorrangige **Spezialregelung** für Personen, deren Versicherungspflicht endet oder die aus der Familienversicherung ausscheiden.[17] Nach der Gesetzesbegründung gilt Abs. 4 dabei für Personen, die grundsätzlich ein Beitrittsrecht zur freiwilligen Versicherung haben (s. § 9 Abs. 1 S. 1 Nr. 1 und 2), wobei auf das Erfordernis von Vorversicherungszeiten verzichtet wird.[18] Für diese Personen setzt sich die Versicherung gem. Abs. 4 S. 1 mit dem Tag nach dem Ausscheiden aus der Versicherungspflicht oder mit dem Tag nach dem Ende der Familienversicherung als freiwillige Mitgliedschaft fort, wenn das Mitglied nicht innerhalb von zwei Wochen nach Hinweis der Krankenkasse über die Austrittsmöglichkeiten seinen Austritt erklärt (Abs. 4 S. 1). Der Austritt wird allerdings nur wirksam, wenn das Mitglied das Bestehen eines anderweitigen Anspruchs auf Absicherung im Krankheitsfall nachweist (Abs. 4 S. 2).

Abs. 4 S. 3 enthält eine **Ausnahme** von Abs. 4 S. 1. Danach setzt sich die Mitgliedschaft nicht für Personen fort, deren Versicherungspflicht endet, wenn die übrigen Voraussetzungen für eine Familienversicherung erfüllt sind oder ein Anspruch auf Leistungen nach § 19 Abs. 2 besteht, sofern im Anschluss daran das Bestehen eines anderweitigen Anspruchs auf Absicherung im Krankheitsfall nachgewiesen wird.

---

13 BT-Dr. 17/13947, 36.
14 Zu der Erforderlichkeit des § 188 Abs. 2 S. 2 als Reaktion auf das Urteil des BVerfG, 15.3.2000, 1 BvL 16/96 ua (NJW 2000, 2730 ff.) Dalichau, SGB V, § 188 S. 10; eingehend zu dem Urteil des BVerfG, 15.3.2000, 1 BvL 16/96 ua auch Becker, NZS 2001, 281 ff.; Marschner, ZTR 2001, 18 f.; Rolfs, SGb 2000, 449 ff.
15 Nebendahl in: Spickhoff, Medizinrecht, § 188 SGB V Rn. 3; Heberlein in: BeckOK SozR, SGB V, § 188.
16 Vgl. Becker in: Wannagat, SGB V, § 188 Rn. 6. Näher zum Inhalt des Schriftformerfordernisses und zu Ausnahmen von dem Schriftformgebot Klose in: Jahn ua, SGB V, § 188 Rn. 19 ff., 22 ff.
17 BT-Dr. 17/13947, 37.
18 BT-Dr. 17/13947, 37.

12 Durch die Neuaufnahme des § 188 Abs. 4 soll „der Entstehung von Beitragsschulden durch eine verspätete Anzeige der Voraussetzungen für die nachrangige Versicherungspflicht entgegen gewirkt werden."[19] Bislang konnten für Personen, die kraft Gesetzes aus einer Versicherungspflicht nach § 5 oder einer Familienversicherung iSd § 10 ausgeschieden sind und für die sich nicht unmittelbar eine neue Versicherungspflicht angeschlossen hat, erhebliche **Beitragsrückstände** entstehen. Der Grund hierfür ist, dass die gesetzlichen Krankenkassen bislang keine Möglichkeit hatten, die Versicherungspflicht nach § 5 Abs. 1 Nr. 13 durchzuführen, „wenn diese Personen zwar keinen anderweitigen Anspruch auf Absicherung im Krankheitsfall hatten, sie sich aber auch auf Aufforderung der Krankenkassen, den weiteren Versicherungsschutz zu klären, nicht bei dieser gemeldet haben. Da die Mitgliedschaft der (nachrangig) nach § 5 Absatz 1 Nummer 13 SGB V Versicherungspflichtigen bereits mit dem ersten Tag ohne anderweitigen Anspruch auf Absicherung im Krankheitsfall beginnt, konnten auf diese Weise erhebliche Beitragsrückstände bis zu dem Zeitpunkt entstehen, an dem die Mitgliedschaft schließlich rückwirkend festgestellt wurde." Aus diesem Grund hat der Gesetzgeber „für Personen, deren Versicherungspflicht wegen Überschreitens der Jahresarbeitsentgeltgrenze zum Ablauf eines Kalenderjahres endet, vorgesehen, dass sich die Mitgliedschaft als freiwillige Versicherung fortsetzt, wenn nicht innerhalb von zwei Wochen nach einem Hinweis der Krankenkasse der Austritt erklärt wird. Diese Regelung soll auf alle Personen, deren vorhergehende Versicherung bei einer Krankenkasse kraft Gesetzes endet, ohne dass sich unmittelbar ein weiterer, vorrangiger Versicherungspflichttatbestand anschließt, erweitert werden." Sie stärkt nach der Gesetzbegründung den Grundsatz des Vorrangs der freiwilligen Versicherung und vermeidet, dass die betreffenden Personen „durch eine verspätete Rückkehr zu ihrer letzten Krankenkasse hohe Beitragsschulden aufgrund der zwischenzeitlich eingetretenen nachrangigen Versicherungspflicht aufgebaut haben."[20]

VIII. Geplante Änderung durch das Blut- und Gewebegesetz

13 Der Bundestag hat am 1.6.2017 das Gesetz zur Fortschreibung der Vorschriften für Blut- und Gewebezubereitungen und zur Änderung anderer Vorschriften verabschiedet,[21] das sich mWv 1.1.2018 wie folgt auf § 188 auswirken soll: Dem Abs. 4 werden nach S. 3 die S. 4 bis 7 eingefügt, durch die eine Sonderregelung für den Mitgliedschaftsbeginn von in der Bundesrepublik vormals versicherungspflichtigen Saisonarbeitnehmern getroffen wird.

14 **1. Fortsetzung der Mitgliedschaft von aus der Versicherungspflicht ausgeschiedenen Saisonarbeitnehmern (Abs. 4 S. 4).** Gem. Abs. 4 S. 1 setzt sich die Versicherung von Saisonarbeitern, deren Versicherungspflicht mit der Beendigung der Saisonarbeitnehmertätigkeit endet, nur dann als freiwillige Mitgliedschaft fort, wenn diese Personen innerhalb von drei Monaten nach dem Ende der Versicherungspflicht ihren Beitritt zur freiwilligen Versicherung gegenüber ihrer bisherigen Krankenkasse erklären und ihren Wohnsitz oder ständigen Aufenthalt in der Bundesrepublik nachweisen. Dadurch wird das Regel-Ausnahme-Verhältnis des Abs. 4 S. 1 für die Gruppe der Saisonarbeitnehmer umgekehrt.[22] Die Regelung „trägt dem Umstand Rechnung, dass bei diesen Saisonarbeitnehmern grundsätzlich davon auszugehen ist, dass sie nach Beendigung ihrer Tätigkeit wieder an ihren bisherigen Wohnsitz im Ausland zurückkehren. Für sie wäre in diesem (Regel-)Fall somit bereits nach bestehender Rechtslage keine obligatorische Anschlussversicherung durchzuführen, weil sie sich nicht mehr im Geltungsbereich des deutschen Sozialrechts aufhalten (§§ 30 SGB I, 3 SGB IV)."[23] Sofern den Krankenkassen keine Erkenntnisse darüber vorlagen, dass der ehemalige Saisonarbeitnehmer nicht mehr dem deutschen Sozialrecht unterliegen, obwohl dieser Deutschland tatsächlich verlassen hatte, konnte die bisherige Regelung zu einer Fortsetzung der Versicherungsverhältnisse führen, obwohl die freiwillige Mitgliedschaft mangels Anwendbarkeit des deutschen Sozialrechts nicht hätte begründet werden dürfen. In diesen Fällen konnten die Krankenkassen Versicherungszeiten für den Risikostrukturausgleich melden und Zuweisungen aus dem Gesundheitsfond erhalten, obwohl tatsächlich keine Leistungen erbracht wurden.[24] Der Nachweis des Wohnsitzes oder ständigen Aufenthaltes in Deutschland könne ausweislich der Gesetzesbegründung zB durch eine aktuelle Meldebescheinigung erbracht werden.[25] Im Falle der

---

19 BT-Dr. 17/13947, 36.
20 BT-Dr. 17/13947, 37.
21 BR-Dr. 456/17 v. 16.6.2017.
22 BT-Dr. 18/12587, 59.
23 BT-Dr. 18/12587, 59.
24 BT-Dr. 18/12587, 59.
25 BT-Dr. 18/12587, 59.

Meldung erst nach Fristablauf könne unter den Voraussetzungen des § 5 Abs. 1 Nr. 13 iVm Abs. 11 die subsidiäre Auffangversicherungspflicht greifen, sodass ein lückenloser Versicherungsschutz wie bisher gewährleistet sei.[26]

2. Saisonarbeitnehmereigenschaft (Abs. 4 S. 5). Abs. 4 S. 5 definiert den Begriff des Saisonarbeitnehmers. Dies ist ein Arbeitnehmer, der vorübergehend für eine versicherungspflichtige Beschäftigung in die Bundesrepublik Deutschland gekommen ist, um mit der Tätigkeit einen jahreszeitlich bedingten, jährlich wiederkehrenden erhöhten Arbeitskräftebedarf seines Arbeitgebers abzudecken. Voraussetzung ist hiernach insbesondere, dass die Beschäftigung des Saisonarbeitnehmers versicherungspflichtig ist. Das kann insbesondere dann nicht der Fall sein, wenn der Saisonarbeiter von seinem ausländischen Arbeitgeber iSd Art. 12 Abs. 1 VO (EG) Nr. 883/2004 entsandt wurde.

3. Kennzeichnungspflicht des Arbeitgebers (Abs. 4 S. 6). Der Arbeitgeber muss den Saisonarbeitnehmer im Rahmen des elektronischen Meldeverfahrens nach § 28 a SGB IV gesondert kennzeichnen, damit die Krankenkasse ihn als solchen identifizieren kann.

4. Hinweispflicht der Krankenkasse (Abs. 4 S. 7). Abs. 4 S. 7 regelt, dass die Krankenkasse den Saisonarbeitnehmer unverzüglich nach der Meldung des Beginns der Beschäftigung durch den Arbeitgeber auf das Beitrittsrecht und die Pflicht zum Nachweis des Wohnsitzes oder ständigen Aufenthaltes in Deutschland hinzuweisen hat.

§ 189 Mitgliedschaft von Rentenantragstellern

(1) ¹Als Mitglieder gelten Personen, die eine Rente der gesetzlichen Rentenversicherung beantragt haben und die Voraussetzungen nach § 5 Absatz 1 Nummer 11 bis 12 und Absatz 2, jedoch nicht die Voraussetzungen für den Bezug der Rente erfüllen. ²Satz 1 gilt nicht für Personen, die nach anderen Vorschriften versicherungspflichtig oder nach § 6 Abs. 1 versicherungsfrei sind.

(2) ¹Die Mitgliedschaft beginnt mit dem Tag der Stellung des Rentenantrags. ²Sie endet mit dem Tod oder mit dem Tag, an dem der Antrag zurückgenommen oder die Ablehnung des Antrags unanfechtbar wird.

I. Allgemeine Bedeutung und Normzweck 1	III. Beginn und Ende der Mitgliedschaft (Abs. 2) 9
II. Mitgliedschaft von Rentenantragstellern (Abs. 1) 4	

I. Allgemeine Bedeutung und Normzweck

§ 189 wurde durch das Gesetz zur Strukturreform im Gesundheitswesen (Gesundheits-Reformgesetz – GRG) vom 20.12.1988 zum 1.1.1989 in das SGB V eingefügt.[1] Durch Art. 1 a des Gesetzes für sichere digitale Kommunikation und Anwendungen im Gesundheitswesen sowie zur Änderung weiterer Gesetze vom 21.12.2015 wurde der Anwendungsbereich des Abs. 1 S. 1 zum 1.1.2017 auf die gem. § 5 Abs. 1 Nr. 11 a und 11 b Versicherungspflichtigen erstreckt.[2]

Abs. 1 regelt die Versicherungspflicht von Personen, die eine Rente der gesetzlichen Rentenversicherung beantragt haben und die Voraussetzungen des § 5 Abs. 1 Nr. 11, Nr. 11a, Nr. 11b, Nr. 12 und Abs. 2, aber nicht die Voraussetzungen für den Bezug der Rente erfüllen[3] (sog Formalversicherung oder Formalmitgliedschaft).[4] Abs. 2 regelt, wann die Mitgliedschaft für diese Personen beginnt und endet.

§ 189 dient dem **Zweck**, Rentenantragstellern in der Zeit zwischen dem Antrag auf eine Rente der gesetzlichen Rentenversicherung und dem Rentenbescheid des Rentenversicherungsträgers Krankenversi-

---

26 BT-Dr. 18/12587, 59.
1 BGBl. I 1988, 2477 ff.
2 BGBl. I 2015, 2408 ff.
3 Zu der Beitragspflicht der Rentenantragsteller iSd § 189 Peters in: KassKomm, § 189 SGB V Rn. 19; Dalichau, SGB V, § 189 S. 4 f.; zur Ausdehnung auf § 5 Abs. 1 Nr. 11 a und 11 b BT-Dr. 18/6905, S. 77.
4 Zum Begriff eingehend Marburger, Die Sozialversicherung 1982, 235 ff.; s. auch Gerlach in: Hauck/Noftz, SGB V, § 189 Rn. 2; Klose in: Jahn ua, SGB V, § 189 Rn. 1 a; Nebendahl in: Spickhoff, Medizinrecht, § 189 SGB V Rn. 2; Peters in: KassKomm, § 189 SGB V Rn. 2. Peters, NZS 2011, 612, 613 spricht von einer „Antragsteller-Versicherung" im Gegensatz zu der „Bezieher-Versicherung" nach § 186 Abs. 9.

cherungsschutz zu gewähren, wenn der Rentenantrag nachträglich abschlägig beschieden wird oder ein Rentenanspruch erst nach Stellung des Rentenantrags entsteht. Hintergrund ist, dass zwischen der Stellung des Rentenantrags und dem Rentenbescheid oftmals einige Zeit liegt. Wird der Rentenantrag abschlägig beschieden, besteht (rückwirkend) keine Versicherungspflicht gem. § 5 Abs. 1 Nr. 11–12 und ist die Vorschrift des § 186 Abs. 9 zum Versicherungsbeginn nicht einschlägig. Die Versicherungspflicht nach § 5 Abs. 1 Nr. 11–12 und der Mitgliedschaftsbeginn gem. § 186 Abs. 9 setzen – anders als § 189 – voraus, dass dem Rentenantragsteller ein **Anspruch auf Rente** der gesetzlichen Rentenversicherung zusteht. Besteht ein Rentenanspruch im Zeitpunkt der Rentenantragstellung, besteht die Versicherungspflicht und Mitgliedschaft nach § 186 Abs. 9 ab diesem Tag. Steht dem Rentenantragsteller ein Rentenanspruch erst zu einem späteren Zeitpunkt als dem Tag der Antragstellung zu, beginnt die Mitgliedschaft nach § 186 Abs. 9 erst mit dem Tag, ab dem der Rentenanspruch besteht. Steht dem Rentenantragsteller kein Rentenanspruch zu, kommt § 186 Abs. 9 nicht zur Anwendung (→ Rn. 5). Um den Rentenantragsteller bis zur Entscheidung über seinen Antrag auf Rente wirksam zu schützen, begründet § 189 eine Mitgliedschaft in der Krankenversicherung zwischen dem Tag der Stellung des Rentenantrags und dem Tag, ab dem der Rentenanspruch besteht.[5] Eine Mitgliedschaft besteht nach § 189 auch in der Zeit zwischen dem Tag der Stellung des Rentenantrags und dem Tag, an dem der Rentenversicherungsträger den Antrag zurückweist.

II. Mitgliedschaft von Rentenantragstellern (Abs. 1)

4   Die Mitgliedschaft nach Abs. 1 S. 1 setzt voraus, dass ein wirksamer **Antrag** auf eine Rente der gesetzlichen Rentenversicherung gestellt ist. Unerheblich ist, ob es sich um einen Antrag auf Altersrente (s. §§ 35 ff. SGB VI), auf Rente wegen verminderter Erwerbsfähigkeit (s. §§ 43 ff. SGB VI) oder auf Hinterbliebenenrente (s. §§ 46 SGB VI) handelt.[6] Maßgeblich ist der Eingang des Rentenantrags bei dem zuständigen Rentenversicherungsträger oder einer anderen nach § 16 Abs. 1 S. 2 SGB I zur Entgegennahme verpflichteten Stelle. Die Mitgliedschaft wird grundsätzlich auch durch einen unbegründeten Antrag ausgelöst;[7] dies ergibt sich aus dem Zweck des § 189 (→ Rn. 3). Eine Ausnahme gilt nur, wenn der Rentenantrag rechtsmissbräuchlich allein mit dem Ziel gestellt wird, die Mitgliedschaft nach § 189 herbeizuführen.[8]

5   Abs. 1 S. 1 setzt weiter voraus, dass die Voraussetzungen der **Versicherungspflicht** nach § 5 Abs. 1 Nr. 11 bis Nr. 12 oder nach § 5 Abs. 2 mit Ausnahme des Erfordernisses des Bestehens eines Rentenanspruchs erfüllt sind. Zudem dürfen die Voraussetzungen für den Bezug der Rente nicht erfüllt sein. Von dem Zeitpunkt an, *ab* dem ein Rentenanspruch besteht, besteht eine Versicherungspflicht gem. § 5 Abs. 1 Nr. 11, 11a, 11b oder 12 und eine Mitgliedschaft in der Krankenversicherung nach § 186 Abs. 9. Die Mitgliedschaft nach § 189 Abs. 1 S. 1 besteht *bis* zu dem Tag, an dem ein Rentenanspruch besteht. Besteht ein Rentenanspruch bereits bei der Stellung des Rentenantrags, kommt nur § 186 Abs. 9 zum Tragen; für die Anwendung des § 189 Abs. 1 S. 1 ist kein Raum. Sind die Voraussetzungen für den Bezug der Rente dagegen erst später, dh nach der Stellung des Rentenantrags erfüllt, begründet § 189 Abs. 1 S. 1 die Mitgliedschaft für die Zeit zwischen der Stellung des Rentenantrags und dem Rentenanspruch;[9] ab dem Tag, an dem ein Rentenanspruch besteht, besteht die Mitgliedschaft nach § 186 Abs. 9. Steht dem Rentenantragsteller kein Rentenanspruch zu, kommt § 186 Abs. 9 nicht zur Anwendung; § 189 Abs. 1 S. 1 begründet in diesem Fall eine Mitgliedschaft in der Krankenversicherung für die Zeit zwischen der Rentenantragstellung und dem abschlägigen Rentenbescheid.

6   **Ungeschriebene Voraussetzung** für eine Mitgliedschaft gem. Abs. 1 S. 1 ist, dass der Rentenantragsteller im Fall eines Rentenanspruchs Mitglied der Krankenversicherung wäre. Besteht bei Vorliegen der Voraussetzungen für den Bezug der Rente keine Pflichtmitgliedschaft in der gesetzlichen Krankenversicherung, wäre es widersprüchlich, den Rentenantragsteller bis zur (abschlägigen) Entscheidung über den Rentenantrag bzw. bis zu dem Zeitpunkt des Rentenbezugs in der Krankenversicherung pflichtzuversichern.[10] Abs. 1 S. 1 findet auf Personen, die gem. § 6 Abs. 3 a (absolut) versicherungsfrei sind, und

---

5   Baier in: Krauskopf, § 186 SGB V Rn. 29.
6   Nebendahl in: Spickhoff, Medizinrecht, § 189 SGB V Rn. 2; Peters in: KassKomm, § 189 SGB V Rn. 5; Baier in: Krauskopf, § 189 SGB V Rn. 4.
7   BSG, SozR § 315 a RVO Nr. 3.
8   BSGE 46, 187, 189; BSG, SozR 2200 § 315 a Nr. 7; BSG, 27.4.1966, 3 RK 10/62; BSG, 19.2.1987, 12 RK 31/84.
9   Baier in: Krauskopf, § 189 SGB V Rn. 6; Klose in: Jahn ua, SGB V, § 189 Rn. 5.
10 Vgl. Klose in: Jahn ua, SGB V, § 189 Rn. 11.

auf nach § 8 von der Versicherungspflicht befreite Personen keine Anwendung, wenn während des Bestehens des Befreiungstatbestandes ein neuer Rentenantrag gestellt wird.[11]

Abs. 1 S. 1 gilt nicht für Personen, die nach anderen Vorschriften versicherungspflichtig sind (Abs. 1 S. 2 Hs. 1). Abs. 1 S. 2 Hs. 1 begründet damit einen **Vorrang** anderer Tatbestände der Versicherungspflicht vor § 5 Abs. 1 Nr. 11 bis 12. Dieser Vorrang ergibt sich für die Versicherungspflicht gem. 5 Abs. 1 Nr. 13 bereits aus dessen Charakter als subsidiärer Auffangtatbestand,[12] so dass § 189 Abs. 1 S. 2 Hs. 1 nur Bedeutung für die Versicherungspflichttatbestände des § 5 Abs. 1 Nr. 1–10 hat. Gegenüber einer freiwilligen Mitgliedschaft in der gesetzlichen Krankenversicherung (s. § 9) ist § 189 Abs. 1 S. 1 vorrangig,[13] weil Abs. 1 S. 2 Hs. 2 ausdrücklich nur von Personen spricht, die nach anderen Vorschriften „versicherungs*pflichtig*" sind. Gegenüber einer Familienversicherung gem. § 10 ist § 189 Abs. 1 S. 2 Hs. 1 ebenfalls vorrangig, weil die Familienversicherung keine eigene Mitgliedschaft begründet.[14]

Eine Mitgliedschaft nach Abs. 1 S. 1 ist ausgeschlossen, wenn Personen nach § 6 Abs. 1 **versicherungsfrei** sind (Abs. 1 S. 2 Hs. 2). Diese Regelung erscheint lückenhaft, weil andere Tatbestände der Versicherungsfreiheit wie § 6 Abs. 3 und Abs. 3 a und § 8 nicht erwähnt sind.[15]

III. Beginn und Ende der Mitgliedschaft (Abs. 2)

Abs. 2 regelt den **Beginn** und das **Ende** der Mitgliedschaft der Rentenantragsteller iSd Abs. 1. Abs. 2 S. 1 bildet das Pendant zu § 186 Abs. 9, der den Mitgliedschaftsbeginn entsprechend für versicherungspflichtige Rentner regelt.

Die **Mitgliedschaft beginnt** mit dem Tag der Stellung des Rentenantrags (Abs. 2 S. 1), also dem Tag, an dem der Antrag bei dem zuständigen Rentenversicherungsträger oder einer anderen nach § 16 Abs. 1 S. 2 SGB I zur Entgegennahme verpflichteten Stelle eingeht. Ist die Anwendung des § 189 Abs. 1 S. 1 ausgeschlossen, weil der Rentenantragsteller nach anderen, vorrangig anwendbaren Tatbeständen versicherungspflichtig ist (s. Abs. 1 S. 2 Hs. 1), beginnt die Mitgliedschaft mit dem Wegfall des vorrangigen Tatbestandes. Lehnt der zuständige Rentenversicherungsträger den Antrag auf Gewährung einer Rente ab und hebt die Ablehnung anschließend aufgrund eines Überprüfungsantrags nach § 44 Abs. 1 SGB X wieder auf, beginnt die Mitgliedschaft in der Krankenversicherung nach der Rechtsprechung des BSG mit der Bekanntgabe des Aufhebungsbescheides an den Antragsteller. Der Überprüfungsantrag selbst sei kein Rentenantrag, so dass die Mitgliedschaft in der Krankenversicherung nicht gem. § 189 Abs. 1 bereits ab der Stellung des Überprüfungsantrags wieder auflebt.[16]

Die **Mitgliedschaft endet** gem. Abs. 2 S. 2 mit dem Tod des Rentenantragstellers oder mit dem Tag, an dem der Antrag zurückgenommen oder die Ablehnung des Antrags unanfechtbar wird. Bei der Rücknahme des Rentenantrags endet die Mitgliedschaft mit dem Zugang der Rücknahme bei dem zuständigen Rentenversicherungsträger.[17] Die Nichtzahlung von Krankenversicherungsbeiträgen berührt die Mitgliedschaft nicht.[18]

Abs. 2 S. 2 enthält **keine abschließende Regelung** zum Ende der Mitgliedschaft.[19] Die Mitgliedschaft endet zB auch, wenn der Rentenantrag Erfolg hat. Wird die Rente rückwirkend gewährt, endet die Mitgliedschaft rückwirkend mit der Rentenbewilligung.

---

11 Peters in: KassKomm, § 189 SGB V Rn. 10.
12 Vgl. Peters in: KassKomm, § 189 SGB V Rn. 12 und § 5, 92. EL 2016, Rn. 183.
13 Gerlach in: Hauck/Noftz, SGB V, § 189 Rn. 10; Nebendahl in: Spickhoff, Medizinrecht, § 189 SGB V Rn. 7; Becker in: Wannagat, SGB V, § 189 Rn. 7.
14 Peters in: KassKomm, § 189 SGB V Rn. 12; Nebendahl in: Spickhoff, Medizinrecht, § 189 SGB V Rn. 7; im Ergebnis auch Gerlach in: Hauck/Noftz, SGB V, § 189 Rn. 10.
15 Zur Lückenhaftigkeit des § 189 Abs. 1 S. 2 eingehend Peters in: KassKomm, § 189 SGB V Rn. 10.
16 BSGE 80, 102, 105.
17 Vgl. Gerlach in: Hauck/Noftz, SGB V, § 189 Rn. 14; Becker in: Wannagat, SGB V, § 189 Rn. 12.
18 BSGE 46, 187, 188 f.
19 Baier in: Krauskopf, § 189 SGB V Rn. 12.

§ 190 Ende der Mitgliedschaft Versicherungspflichtiger

(1) Die Mitgliedschaft Versicherungspflichtiger endet mit dem Tod des Mitglieds.
(2) Die Mitgliedschaft versicherungspflichtig Beschäftigter endet mit Ablauf des Tages, an dem das Beschäftigungsverhältnis gegen Arbeitsentgelt endet.
(3) (aufgehoben)
(4) Die Mitgliedschaft unständig Beschäftigter endet, wenn das Mitglied die berufsmäßige Ausübung der unständigen Beschäftigung nicht nur vorübergehend aufgibt, spätestens mit Ablauf von drei Wochen nach dem Ende der letzten unständigen Beschäftigung.
(5) Die Mitgliedschaft der nach dem Künstlersozialversicherungsgesetz Versicherten endet mit dem Tage, an dem die Versicherungspflicht auf Grund der Feststellung der Künstlersozialkasse endet; § 192 Abs. 1 Nr. 2 und 3 bleibt unberührt.
(6) Die Mitgliedschaft von Personen, die in Einrichtungen der Jugendhilfe für eine Erwerbstätigkeit befähigt werden, endet mit dem Ende der Maßnahme.
(7) Die Mitgliedschaft versicherungspflichtiger Teilnehmer an Leistungen zur Teilhabe am Arbeitsleben endet mit dem Ende der Maßnahme, bei Weiterzahlung des Übergangsgeldes mit Ablauf des Tages, bis zu dem Übergangsgeld gezahlt wird.
(8) Die Mitgliedschaft von versicherungspflichtigen behinderten Menschen in anerkannten Werkstätten für behinderte Menschen, Anstalten, Heimen oder gleichartigen Einrichtungen endet mit Aufgabe der Tätigkeit.
(9) Die Mitgliedschaft versicherungspflichtiger Studenten endet einen Monat nach Ablauf des Semesters, für das sie sich zuletzt eingeschrieben oder zurückgemeldet haben.
(10) ¹Die Mitgliedschaft versicherungspflichtiger Praktikanten endet mit dem Tag der Aufgabe der berufspraktischen Tätigkeit. ²Die Mitgliedschaft von zu ihrer Berufsausbildung ohne Arbeitsentgelt Beschäftigten endet mit dem Tag der Aufgabe der Beschäftigung.
(11) Die Mitgliedschaft versicherungspflichtiger Rentner endet
1. mit Ablauf des Monats, in dem der Anspruch auf Rente wegfällt oder die Entscheidung über den Wegfall oder den Entzug der Rente unanfechtbar geworden ist, frühestens mit Ablauf des Monats, für den letztmalig Rente zu zahlen ist,
2. bei Gewährung einer Rente für zurückliegende Zeiträume mit Ablauf des Monats, in dem die Entscheidung unanfechtbar wird.

(11a) Die Mitgliedschaft der in § 9 Abs. 1 Nr. 6 genannten Personen, die das Beitrittsrecht ausgeübt haben, sowie ihrer Familienangehörigen, die nach dem 31. März 2002 nach § 5 Abs. 1 Nr. 11 versicherungspflichtig geworden sind, deren Anspruch auf Rente schon an diesem Tag bestand, die aber nicht die Vorversicherungszeit des § 5 Abs. 1 Nr. 11 in der seit dem 1. Januar 1993 geltenden Fassung erfüllt hatten und die bis zum 31. März 2002 nach § 10 oder nach § 7 des Zweiten Gesetzes über die Krankenversicherung der Landwirte versichert waren, endet mit dem Eintritt der Versicherungspflicht nach § 5 Abs. 1 Nr. 11.
(12) Die Mitgliedschaft der Bezieher von Arbeitslosengeld II nach dem Zweiten Buch und Arbeitslosengeld oder Unterhaltsgeld nach dem Dritten Buch endet mit Ablauf des letzten Tages, für den die Leistung bezogen wird.
(13) ¹Die Mitgliedschaft der in § 5 Abs. 1 Nr. 13 genannten Personen endet mit Ablauf des Vortages, an dem
1. ein anderweitiger Anspruch auf Absicherung im Krankheitsfall begründet wird oder
2. der Wohnsitz oder gewöhnliche Aufenthalt in einen anderen Staat verlegt wird.

²Satz 1 Nr. 1 gilt nicht für Mitglieder, die Empfänger von Leistungen nach dem Dritten, Vierten, Sechsten und Siebten Kapitel des Zwölften Buches sind.

I. Entstehungsgeschichte und allgemeine Bedeutung	1	IV. Ende der Mitgliedschaft von Personen, deren Jahresarbeitsentgelt die Jahresarbeitsentgeltgrenze überschreitet (Abs. 3 aF)	11
II. Ende der Mitgliedschaft Versicherungspflichtiger durch Tod (Abs. 1)	6	V. Ende der Mitgliedschaft unständig Beschäftigter (Abs. 4)	12
III. Ende der Mitgliedschaft versicherungspflichtig Beschäftigter (Abs. 2)	7	VI. Ende der Mitgliedschaft der nach dem Künstlersozialversicherungsgesetz Versicherten (Abs. 5)	14

VII. Ende der Mitgliedschaft von Personen in Einrichtungen der Jugendhilfe (Abs. 6) 16
VIII. Ende der Mitgliedschaft von Teilnehmern an Maßnahmen zur Teilhabe am Arbeitsleben (Abs. 7).................................. 18
IX. Ende der Mitgliedschaft versicherungspflichtiger behinderter Menschen (Abs. 8) .. 20
X. Ende der Mitgliedschaft versicherungspflichtiger Studenten (Abs. 9) 22
XI. Ende der Mitgliedschaft versicherungspflichtiger Praktikanten und Auszubildender ohne Arbeitsentgelt (Abs. 10) 24
XII. Ende der Mitgliedschaft versicherungspflichtiger Rentner (Abs. 11) 27
XIII. Ende der Mitgliedschaft beitrittsberechtigter Rentner und versicherungspflichtiger Angehöriger (Abs. 11 a) 32
XIV. Ende der Mitgliedschaft der Bezieher von Arbeitslosengeld II nach dem SGB II und der Bezieher von Arbeitslosengeld (oder Unterhaltsgeld) nach dem SGB III (Abs. 12) 35
XV. Ende der Mitgliedschaft der nach § 5 Abs. 1 Nr. 13 versicherungspflichtigen Personen (Abs. 13)..................................... 38

I. Entstehungsgeschichte und allgemeine Bedeutung

§ 190 wurde durch das Gesetz zur Strukturreform im Gesundheitswesen (Gesundheits-Reformgesetz – GRG) vom 20.12.1988 mit Wirkung zum 1.1.1989 in das SGB V eingefügt.[1] Abs. 5 wurde durch das Gesetz zur Änderung des Künstlersozialversicherungsgesetzes vom 20.12.1988 geändert.[2] Abs. 9 wurde zum 19.5.1995 durch das Dritte Gesetz zur Änderung des Fünften Buches Sozialgesetzbuch (3. SGB V-Änderungsgesetz) vom 10.5.1995 modifiziert.[3] Abs. 12 wurde durch das Gesetz zur Reform der Arbeitsförderung (Arbeitsförderungs-Reformgesetz – AFRG) vom 24.3.1997 zum 1.1.1998 eingefügt.[4] Durch das Gesetz zur Reform der gesetzlichen Rentenversicherung (Rentenreformgesetz 1999 – RRG 1999) vom 16.12.1997 wurden in § 189 Abs. 2 die Wörter „gegen Arbeitsentgelt" eingefügt.[5] Das Zehnte Gesetz zur Änderung des Fünften Buches Sozialgesetzbuches (10. SGB V-Änderungsgesetz) vom 23.3.2003 hat zum 29.3.2002 Abs. 11 a in § 190 aufgenommen.[6] Abs. 13 wurde zum 1.4.2007 durch das Gesetz zur Stärkung des Wettbewerbs in der gesetzlichen Krankenversicherung (GKV-Wettbewerbsstärkungsgesetz – GKV-WSG) vom 26.3.2007 erlassen.[7] Abs. 3 wurde durch das Gesetz zur Beseitigung sozialer Überforderung bei Beitragsschulden in der Krankenversicherung vom 15.7.2013 aufgehoben.[8]

§ 190 regelt das **Ende der Mitgliedschaft** versicherungspflichtiger Personen iSd § 5 und bildet damit das Gegenstück zu § 186, der den Mitgliedschaftsbeginn für versicherungspflichtige Personen bestimmt. Die Norm ist von zentraler Bedeutung, da mit dem Ende der Mitgliedschaft gem. § 19 Abs. 1 grundsätzlich der Anspruch auf Leistungen der gesetzlichen Krankenversicherung erlischt; Ausnahmen hiervon regelt § 19 Abs. 2 und 3. Außerdem erlöschen die Beitragspflicht (s. § 223 Abs. 1) und das **Recht** zur Mitwirkung an der Selbstverwaltung der Krankenversicherung (s. zB §§ 43 ff. SGB IV). Nach dem Ende der Mitgliedschaft kann auch kein beitragsfreies Versicherungsverhältnis zwischen Familienangehörigen des ehemaligen Mitglieds und der Krankenkasse mehr bestehen (s. § 10).

Das Ende der Mitgliedschaft tritt gem. § 190 grundsätzlich **kraft Gesetzes** ein; einer Beendigungserklärung des Versicherten bedarf es ebenso wenig wie der Kenntnis des Versicherten vom Ende der Mitgliedschaft. Eine Ausnahme gilt gem. Abs. 5 für nach dem Künstlersozialversicherungsgesetz (KSVG) Versicherte; die Mitgliedschaft dieser Personen endet erst durch Feststellung der Künstlersozialkasse.

§ 190 beinhaltet **keine abschließende Regelung** des Endes der Mitgliedschaft Versicherungspflichtiger, sondern regelt lediglich typische Beendigungstatbestände. Die Mitgliedschaft kann auch enden, wenn Tatbestandsmerkmale der Versicherungspflicht iSd § 5 entfallen, wenn eine vorrangige Versicherungspflicht aufgrund anderer Vorschriften entsteht oder wenn Versicherungsfreiheit gem. §§ 6 ff. eintritt. Das Ende der Mitgliedschaft durch Kündigung ergibt sich aus § 175 iVm § 186 Abs. 10.

§ 190 Abs. 1 legt das Mitgliedschaftsende bei Tod des Versicherungspflichtigen fest. Abs. 2 und Abs. 4 bis 13 regeln der Systematik des § 5 folgend und entsprechend § 186 das Ende der Mitgliedschaft in der gesetzlichen Krankenversicherung für jeweils **unterschiedliche Personengruppen**.

---

1 BGBl. I 1988, 2477 ff.
2 BGBl. I 1988, 2606 ff.
3 BGBl. I 1995, 678 ff.
4 BGBl. I 1997, 594 ff.
5 BGBl. I 1997, 2998 ff.
6 BGBl. I 2002, 1169 ff.
7 BGBl. I 2007, 378 ff.
8 BGBl. I 2013, 2423 ff.

II. Ende der Mitgliedschaft Versicherungspflichtiger durch Tod (Abs. 1)

6 Die Mitgliedschaft aller Versicherungspflichtiger endet mit dem **Tod des Mitglieds** (Abs. 1). Der Todeszeitpunkt ist in der Regel der Sterbeurkunde zu entnehmen (s. § 60 Personenstandsgesetz).[9] Da die Mitgliedschaft in der gesetzlichen Krankenversicherung ein höchstpersönliches Rechtsverhältnis ist, ist es nicht vererbbar.[10] Mit dem Tod des Mitglieds endet auch die Familienversicherung der in § 10 genannten Personen (Ehegatte, Lebenspartner, Kinder).[11]

III. Ende der Mitgliedschaft versicherungspflichtig Beschäftigter (Abs. 2)

7 Abs. 2 regelt das Ende der Mitgliedschaft gegen Arbeitsentgelt **versicherungspflichtig Beschäftigter**. Ihre Mitgliedschaft erlischt mit Ablauf des Tages, an dem das Beschäftigungsverhältnis gegen Arbeitsentgelt endet. Eine Sonderregelung zum Mitgliedschaftsende, die die Anwendung des Abs. 2 ausschließt, enthält Abs. 4 für unständig Beschäftigte. Abs. 2 knüpft an § 5 Abs. 1 Nr. 1 und Abs. 3 an, der die Versicherungspflicht Beschäftigter regelt, und bildet das **Gegenstück** zu § 186 Abs. 1, der den Beginn der Mitgliedschaft Versicherungspflichtiger festlegt.

8 Die Mitgliedschaft endet mit dem Ablauf des Tages, an dem das **Beschäftigungsverhältnis gegen Arbeitsentgelt** endet. „Beschäftigung" ist gem. § 7 Abs. 1 SGB IV die nichtselbstständige Arbeit, insbesondere in einem Arbeitsverhältnis (S. 1). Anhaltspunkte für eine Beschäftigung sind eine Tätigkeit nach Weisungen und eine Eingliederung in die Arbeitsorganisation des Weisungsgebers (S. 2).[12] Sowohl das Beschäftigungsverhältnis als auch der Entgeltanspruch enden regelmäßig, wenn das Beschäftigungsverhältnis wegen Eintritts einer Befristung endet, wenn es wirksam ordentlich oder außerordentlich gekündigt oder wenn es einvernehmlich aufgehoben wird.[13] Ist der Versicherungspflichtige bei fortbestehendem Entgeltanspruch gegen den Arbeitgeber wegen Resturlaubs oder Freistellung von der Arbeitspflicht entbunden, endet die Mitgliedschaft in der Krankenversicherung erst mit dem Erlöschen des Entgeltanspruchs.[14] Dies gilt auch, wenn der Arbeitgeber den Arbeitnehmer unwiderruflich freigestellt hat.[15]

9 Gemäß § 7 Abs. 3 S. 1 SGB IV gilt ein entgeltliches Beschäftigungsverhältnis für längstens einen Monat als **fortbestehend**, solange das Beschäftigungsverhältnis ohne Anspruch auf Arbeitsentgelt fortdauert. Die Mitgliedschaft in der gesetzlichen Krankenversicherung besteht während dieser Zeit ebenfalls fort.[16] Jenseits der Monatsfrist des § 7 Abs. 3 S. 1 SGB IV endet die Mitgliedschaft versicherungspflichtig Beschäftigter gem. § 190 Abs. 2 mit dem Ablauf des ersten Tages (0.00 Uhr), an dem der Entgeltanspruch des Beschäftigten gegen den Arbeitgeber erlischt.[17]

10 Trotz eines Anspruchs auf Arbeitsentgelt endet die Mitgliedschaft des versicherungspflichtig Beschäftigten, wenn das Arbeitsentgelt unter der **Geringfügigkeitsgrenze** des § 8 oder § 8a SGB IV liegt. Geringfügig Beschäftigte sind nicht versicherungspflichtig, so dass ihre Mitgliedschaft endet.[18]

IV. Ende der Mitgliedschaft von Personen, deren Jahresarbeitsentgelt die Jahresarbeitsentgeltgrenze überschreitet (Abs. 3 aF)

11 Der durch das Gesetz zur Beseitigung sozialer Überforderung bei Beitragsschulden in der Krankenversicherung vom 15.7.2013 aufgehobene Abs. 3 regelte das Ende der Mitgliedschaft von Personen, deren Versicherungspflicht nach § 6 Abs. 4 erlischt. Wegen der Aufnahme von § 188 Abs. 4 in das SGB V[19] ist § 190 Abs. 3 aF obsolet geworden, „da alle von der Altregelung betroffenen Personen von der Neu-

---

9 Zum Todeszeitpunkt näher Gerlach in: Hauck/Noftz, SGB V, § 190 Rn. 16; Baier in: Krauskopf, § 190 SGB V Rn. 7; Klose in: Jahn ua, SGB V, § 190 Rn. 8.
10 Peters in: KassKomm, § 191 SGB V Rn. 6; Nebendahl in: Spickhoff, Medizinrecht, § 191 SGB V Rn. 2.
11 Baier in: Krauskopf, § 190 SGB V Rn. 7; Peters in: KassKomm, § 190 SGB V Rn. 4.
12 Zum Begriff und zur Feststellung eines Beschäftigungsverhältnisses eingehend Giesen, SGb 2012, 305 ff.
13 Vgl. Klose in: Jahn ua, SGB V, § 190 Rn. 11; Nebendahl in: Spickhoff, Medizinrecht, § 190 SGB V Rn. 6.
14 Vgl. BSG NZA-RR 2009, 272, 273; bezogen auf die Freistellung wegen Insolvenz auch BSG, SozR 4100 § 168 Nr. 19.
15 BSG NJW 2009, 1772, 1773.
16 Nebendahl in: Spickhoff, Medizinrecht, § 190 SGB V Rn. 7.
17 Vgl. Klose in: Jahn ua, SGB V, § 190 Rn. 9.
18 Peters in: KassKomm, § 190 SGB V Rn. 9; Nebendahl in: Spickhoff, Medizinrecht, § 190 SGB V Rn. 7.
19 BGBl. I 2013, 2423 ff.

regelung erfasst werden."[20] Eine Anpassung der Nummerierung der Abs. 4 bis 13 des § 190 an die Streichung des Abs. 3 hat der Gesetzgeber bislang versäumt.

V. Ende der Mitgliedschaft unständig Beschäftigter (Abs. 4)

Abs. 4 trifft eine **Sonderregelung** zum Ende der Mitgliedschaft unständig Beschäftigter, die die Anwendung des Abs. 2 für diese Personengruppe ausschließt. Den Beginn der Mitgliedschaft unständig Beschäftigter legt § 186 Abs. 2 fest. Unständig Beschäftigte haben der zuständigen Krankenkasse den Beginn und das Ende der Ausübung ihrer unständigen Beschäftigung unverzüglich zu melden (§ 199 Abs. 1 S. 1); der Arbeitgeber hat sie auf ihre Meldepflicht hinzuweisen (§ 199 Abs. 1 S. 2). 12

Unständig ist eine Beschäftigung, die auf weniger als eine Woche entweder nach der Natur der Sache befristet zu sein pflegt oder im Voraus durch den Arbeitsvertrag befristet ist (§ 232 Abs. 3).[21] Die Mitgliedschaft **unständig Beschäftigter** endet gem. § 190 Abs. 4, wenn das Mitglied die berufsmäßige Ausübung der unständigen Beschäftigung nicht nur vorübergehend aufgibt. Dies ist zB der Fall, wenn der vormals unständig Beschäftigte eine Festanstellung antritt[22] oder keine Beschäftigung mehr ausübt. Eine nicht nur vorübergehende, dauerhafte **Aufgabe der unständigen Beschäftigung** ist gem. Abs. 4 spätestens mit Ablauf von drei Wochen nach dem Ende der letzten unständigen Beschäftigung gegeben. Diese Regelung korrespondiert § 186 Abs. 2 S. 2, wonach die Mitgliedschaft unständig Beschäftigter „längstens für drei Wochen" fortbesteht. 13

VI. Ende der Mitgliedschaft der nach dem Künstlersozialversicherungsgesetz Versicherten (Abs. 5)

Abs. 5 lässt die Mitgliedschaft der nach dem **Künstlersozialversicherungsgesetz** Versicherten mit dem Tag enden, an dem die Versicherungspflicht aufgrund der Feststellung der Künstlersozialkasse endet; § 192 Abs. 1 Nr. 2 und 3 bleibt unberührt. Die Feststellung ist ein Verwaltungsakt,[23] der die Krankenkasse bindet.[24] Den Beginn der Mitgliedschaft der nach dem KSVG Versicherten regelt § 186 Abs. 3. 14

Ausnahmsweise besteht die Mitgliedschaft der Künstler oder Publizisten in der gesetzlichen Krankenversicherung gem. § 190 Abs. 5 Hs. 2 in den Fällen des § 192 Abs. 1 Nr. 2 oder 3 auch dann fort, wenn ihre Versicherungspflicht durch Feststellung der Künstlersozialkasse endet (§ 190 Abs. 5 Hs. 1). Nach § 192 Abs. 1 Nr. 2 bleibt die **Mitgliedschaft** Versicherungspflichtiger erhalten, solange Anspruch auf Krankengeld oder Mutterschaftsgeld besteht oder eine dieser Leistungen oder nach gesetzlichen Vorschriften (Erziehungsgeld oder) Elterngeld bezogen oder Elternzeit in Anspruch genommen wird. § 192 Abs. 1 Nr. 3 erhält die Mitgliedschaft Versicherungspflichtiger, wenn von einem Rehabilitationsträger während einer Leistung zur medizinischen Rehabilitation Verletztengeld, Versorgungskrankengeld oder Übergangsgeld gezahlt wird. Liegen die Voraussetzungen des § 192 Abs. 1 Nr. 2 oder 3 vor und entfallen sie später, endet die Mitgliedschaft in der Krankenversicherung mit dem Wegfall der Erhaltungsvoraussetzungen. 15

VII. Ende der Mitgliedschaft von Personen in Einrichtungen der Jugendhilfe (Abs. 6)

Die Mitgliedschaft von Personen, die in **Einrichtungen der Jugendhilfe** für eine Erwerbstätigkeit befähigt werden, endet gem. Abs. 6 mit dem Ende der Maßnahme. Die Versicherungspflicht dieser Personen ergibt sich aus § 5 Abs. 1 Nr. 5, Abs. 5. Den Beginn ihrer Mitgliedschaft regelt § 186 Abs. 4. 16

Ende der Maßnahme ist der tatsächliche **Abschluss der Maßnahme**,[25] wobei im Interesse eines wirksamen Schutzes der betroffenen Personen ebenso wie bei § 190 Abs. 2 und wie bei der entsprechenden Regelung des § 186 Abs. 4 zum Mitgliedschaftsbeginn die Mitgliedschaft mit dem Ende des Tages endet, an dem die Maßnahme endet.[26] Bleibt eine Person, die in einer Einrichtung der Jugendhilfe für eine Erwerbstätigkeit befähigt werden soll, der Maßnahme fern, berührt eine nur vorübergehende Ab- 17

---

20 BT-Dr. 17/13947, 37.
21 Beispiele für unständig Beschäftigte nennt Klose in: Jahn ua, SGB V, § 186 Rn. 16. Zur Abgrenzung zwischen unständig und ständig Beschäftigten Baier in: Krauskopf, § 190 SGB V Rn. 15.
22 Gerlach in: Hauck/Noftz, SGB V, § 190 Rn. 19.
23 Nebendahl in: Spickhoff, Medizinrecht, § 190 SGB V Rn. 10.
24 Klose in: Jahn ua, SGB V, § 190 Rn. 33, § 186 Rn. 29.
25 AA Klose in: Jahn ua, SGB V, § 190 Rn. 37, der auf den planmäßigen Abschluss der Maßnahme abstellt.
26 Ebenso Baier in: Krauskopf, § 190 SGB V Rn. 23; Klose in: Jahn ua, SGB V, § 190 Rn. 36 a; Peters in: KassKomm, § 190 SGB V Rn. 14; Nebendahl in: Spickhoff, Medizinrecht, § 190 SGB V Rn. 11.

wesenheit die Mitgliedschaft nicht. Vorübergehend in diesem Sinne ist in Anlehnung an § 7 Abs. 3 SGB IV ein Monat.[27]

VIII. Ende der Mitgliedschaft von Teilnehmern an Maßnahmen zur Teilhabe am Arbeitsleben (Abs. 7)

18 Die Mitgliedschaft versicherungspflichtiger **Teilnehmer an Leistungen zur Teilhabe am Arbeitsleben** endet mit dem Ende der Maßnahme, bei Weiterzahlung des Übergangsgeldes mit Ablauf des Tages, bis zu dem Übergangsgeld gezahlt wird (Abs. 7). Den Beginn der Mitgliedschaft versicherungspflichtiger Teilnehmer an Leistungen zur Teilhabe am Arbeitsleben regelt § 186 Abs. 5.

19 Die **Versicherungspflicht** von Teilnehmern an Leistungen zur Teilhabe am Arbeitsleben ergibt sich aus § 5 Abs. 1 Nr. 6, Abs. 5. Leistungen zur Teilhabe am Arbeitsleben sind Leistungen iSd § 5 Nr. 2 und §§ 33 ff. SGB IX. Die Mitgliedschaft versicherungspflichtiger Teilnehmer an diesen Leistungen endet grundsätzlich im Interesse eines größtmöglichen Schutzes des Betroffenen entgegen dem Wortlaut der Norm nicht mit dem **Ende der Maßnahme**, sondern mit dem Ablauf des Tages, an dem die Maßnahme endet (§ 190 Abs. 7 Hs. 1).[28] Bleibt ein Teilnehmer der Maßnahme lediglich vorübergehend, dh höchstens einen Monat (vgl. § 7 Abs. 3 SGB IV) fern, bleibt die Mitgliedschaft unberührt. Erhält der Teilnehmer über das Ende der Maßnahmen hinaus **Übergangsgeld** iSd § 45 Abs. 1 Nr. 3 SGB IX iVm § 20 f. SGB VI, endet die Mitgliedschaft mit dem Ende des letzten Tages, an dem Übergangsgeld gezahlt wird (§ 190 Abs. 7 Hs. 2). Dies gilt auch, wenn das Übergangsgeld zu Unrecht gezahlt wurde,[29] da Abs. 7 Hs. 2 auf die tatsächliche Auszahlung und nicht auf das Bestehen eines entsprechenden Anspruchs abstellt.

IX. Ende der Mitgliedschaft versicherungspflichtiger behinderter Menschen (Abs. 8)

20 Die Mitgliedschaft von versicherungspflichtigen **behinderten Menschen** in anerkannten Werkstätten für behinderte Menschen, Anstalten, Heimen oder gleichartigen Einrichtungen endet mit der Aufgabe der Tätigkeit (Abs. 8). Die Voraussetzungen, unter denen behinderte Menschen versicherungspflichtig sind, ergeben sich aus § 5 Abs. 1 Nr. 7 und 8, Abs. 5. Den Beginn der Mitgliedschaft versicherungspflichtiger behinderter Menschen regelt § 186 Abs. 6.

21 Entgegen dem Wortlaut des § 190 Abs. 8 endet die Mitgliedschaft versicherungspflichtiger behinderter Menschen mit dem **Ablauf des Tages**, an dem die Tätigkeit in der anerkannten Werkstatt für behinderte Menschen, der Anstalt, dem Heim oder der gleichartigen Einrichtung aufgegeben wird.[30]

X. Ende der Mitgliedschaft versicherungspflichtiger Studenten (Abs. 9)

22 Die Mitgliedschaft versicherungspflichtiger **Studenten** endet einen Monat nach Ablauf des Semesters, für das sie sich zuletzt eingeschrieben oder zurückgemeldet haben (Abs. 9). Durch diese Regelung soll der „Verwaltungsaufwand für Hochschulverwaltungen und Krankenkassen bei dem Meldeverfahren in der Krankenversicherung der Studenten auf das erforderliche Mindestmaß" reduziert werden, „ohne den Krankenversicherungsschutz der Studenten unzumutbar zu gefährden."[31] Abs. 9 „gewährleistet, daß der Zeitpunkt der Beendigung der Mitgliedschaft versicherungspflichtiger Studenten immer einen Monat nach Ende eines Semesters liegt. Im Gegensatz zum früheren Recht endet der Krankenversicherungsschutz nicht mehr mit dem Zeitpunkt einer vor Semesterende erfolgenden Exmatrikulation. § 19 Abs. 2 SGB V, der den Schutz gegebenenfalls um weitere vier Wochen verlängert, gilt. Durch die Beachtung der Rückmeldefristen, die für das kommende Semester schon während des laufenden Semesters wahrzunehmen sind, sichert der Student die lückenlose Weiterführung seines Versicherungsschutzes, sofern die in § 5 Abs. 1 Nr. 9 SGB V genannten Voraussetzungen erfüllt sind."[32] Den Beginn der Mitgliedschaft versicherungspflichtiger Studenten regelt § 186 Abs. 7.

23 Die **Versicherungspflicht** von Studenten ergibt sich aus § 5 Abs. 1 Nr. 9, Abs. 5. Ihre Mitgliedschaft endet gem. § 190 Abs. 9 einen Monat nach dem Ende des letzten Semesters, für das der Student eingeschrieben war oder sich zurückgemeldet hat. Abweichend hiervon soll nach Ansicht der Spitzenver-

---

27 Klose in: Jahn ua, SGB V, § 190 Rn. 36; Baier in: Krauskopf, § 190 SGB V Rn. 22.
28 Nebendahl in: Spickhoff, Medizinrecht, § 190 SGB V Rn. 12.
29 Peters in: KassKomm, § 190 SGB V Rn. 15.
30 Nebendahl in: Spickhoff, Medizinrecht, § 190 SGB V Rn. 13; Baier in: Krauskopf, § 190 SGB V Rn. 32.
31 BT-Dr. 13/340, 9.
32 BT-Dr. 13/340, 9.

bände der Krankenkassen die Mitgliedschaft aufgrund einer einschränkenden Auslegung des Abs. 9 bereits mit dem Ende des betreffenden Semesters enden (also nicht einen Monat später), wenn die Versicherungspflicht eines Studenten während des laufenden Semesters endet, weil er das 30. Lebensjahr vollendet oder während des Semesters exmatrikuliert wird. Das Gleiche soll gelten, wenn die Versicherungspflicht des Studenten mit dem Ende des 14. Fachsemesters endet oder mit dem Ablauf des Semesters endet, weil eine entsprechende Verlängerungsfrist abgelaufen ist oder der Student sein Studium beendet hat.[33] Hierfür mag zwar sprechen, dass die Monatsfrist des Abs. 9 dem Zweck dient, Studenten bei regulärem Ende des Studiums nicht abrupt mit dem Ende des Studiums schutzlos zu stellen, sondern ihnen für einen weiteren Monat Versicherungsschutz zu gewähren, so dass sie ausreichend Zeit haben, sich um eine neue Krankenversicherung zu kümmern. Außerdem soll Abs. 9 für verspätet zurückgemeldete Studenten einen lückenlosen Versicherungsschutz sicherstellen.[34] Dieser **Schutzzweck** könnte bei Erreichen der Höchstalters- oder Höchstsemestergrenze für das Studium oder bei einer Exmatrikulation entfallen. Ausweislich der amtlichen Begründung wurde Abs. 9 aber eingeführt, um sicherzustellen, dass im Gegensatz zum früheren Recht „der Krankenversicherungsschutz nicht mehr mit dem Zeitpunkt einer vor Semesterende erfolgenden Exmatrikulation" endet.[35] Bei einer Exmatrikulation während des laufenden Semesters endet daher die Mitgliedschaft des Studenten in der Krankenversicherung nach Abs. 9 erst einen Monat nach dem Ende des Semesters. Das Gleiche gilt, wenn die Versicherungspflicht eines Studenten während des laufenden Semesters endet, weil der Schutzzweck des Abs. 9 in diesen Fällen gleichermaßen auf Verwirklichung drängt.

XI. Ende der Mitgliedschaft versicherungspflichtiger Praktikanten und Auszubildender ohne Arbeitsentgelt (Abs. 10)

Die Mitgliedschaft **versicherungspflichtiger Praktikanten** endet mit dem Tag der Aufgabe der berufspraktischen Tätigkeit (Abs. 10 S. 1). Die Mitgliedschaft von zu ihrer **Berufsausbildung ohne Arbeitsentgelt** Beschäftigten endet mit dem Tag der Aufgabe der Beschäftigung (Abs. 10 S. 2). Den Beginn der Mitgliedschaft versicherungspflichtiger Praktikanten und von zu ihrer Berufsausbildung ohne Arbeitsentgelt Beschäftigten legt § 186 Abs. 8 fest. 24

Die Versicherungspflicht von Praktikanten bzw. Auszubildenden ohne Arbeitsentgelt regelt § 5 Abs. 1 Nr. 10, Abs. 5. Der **Tag der Aufgabe** der berufspraktischen Tätigkeit bei Praktikanten bzw. der Beschäftigung bei Auszubildenden ohne Arbeitsentgelt fällt regelmäßig mit dem vertraglich vereinbarten Ende des Praktikums- bzw. Ausbildungsverhältnisses zusammen.[36] Gibt der Praktikant oder der Auszubildende seine Tätigkeit bzw. Beschäftigung vor dem vertragsgemäßen Ende des Praktikums- bzw. Ausbildungsverhältnisses auf, endet seine Mitgliedschaft in der Krankenversicherung mit Ablauf des Tages der Aufgabe. Lediglich vorübergehende Unterbrechungen der Tätigkeit bzw. Beschäftigung (höchstens ein Monat, vgl. § 7 Abs. 3 SGB IV) berühren die Mitgliedschaft nicht. Endet das Praktikums- bzw. Ausbildungsverhältnis vertragsgemäß und übt der Praktikant bzw. Auszubildende die Tätigkeit bzw. Beschäftigung dennoch weiter aus, endet die Mitgliedschaft in der Krankenversicherung entgegen dem Wortlaut des § 190 Abs. 10 gleichwohl.[37] 25

Ebenso wie § 186 Abs. 8 gilt § 190 Abs. 10 für **Auszubildende des zweiten Bildungsweges**, die sich in einem förderungsfähigen Teil eines Ausbildungsabschnitts nach dem Bundesausbildungsförderungsgesetz befinden, entsprechend, da § 5 Abs. 1 Nr. 10 Hs. 2 diese Personen Praktikanten gleichstellt. 26

XII. Ende der Mitgliedschaft versicherungspflichtiger Rentner (Abs. 11)

Die Mitgliedschaft **versicherungspflichtiger Rentner** endet gem. Abs. 11 Nr. 1 grundsätzlich mit Ablauf des Monats, in dem der Anspruch auf Rente wegfällt oder die Entscheidung über den Wegfall oder den Entzug der Rente unanfechtbar geworden ist, frühestens mit Ablauf des Monats, für den letztmalig Rente zu zahlen ist. Bei Gewährung einer Rente für zurückliegende Zeiträume endet die Mitglied- 27

---

33 Gemeinsames Rundschreiben der Spitzenverbände der Krankenkassen vom 21.3.2006, Ziff. 6.2.1, S. 58, abrufbar unter http://beck-online.beck.de/?bcid=Y-100-G-SO_GR_2006_03_21_Ges (zuletzt abgerufen am 7.4.2017); vgl. auch Klose in: Jahn ua, SGB V, § 190 Rn. 45; Baier in: Krauskopf, § 190 SGB V Rn. 27; aA Peters in: KassKomm, § 190 SGB V Rn. 18.
34 Gerlach in: Hauck/Noftz, SGB V, § 190 Rn. 21.
35 BT-Dr. 13/340, 9.
36 Klose in: Jahn ua, SGB V, § 190 Rn. 48; Baier in: Krauskopf, § 190 SGB V Rn. 28.
37 Vgl. Klose in: Jahn ua, SGB V, § 190 Rn. 49.

schaft versicherungspflichtiger Rentner mit Ablauf des Monats, in dem die Entscheidung unanfechtbar wird (Abs. 11 Nr. 2).

28 Unter welchen Voraussetzungen Rentner **versicherungspflichtig** sind, ergibt sich aus § 5 Abs. 1 Nr. 11–12 und Abs. 5. Den Beginn der Mitgliedschaft versicherungspflichtiger Rentner regelt § 186 Abs. 9.

29 Nach **Abs. 11 Nr. 1 Hs. 1** endet die Mitgliedschaft versicherungspflichtiger Rentner grundsätzlich mit Ablauf des Monats, in dem der Rentenanspruch wegfällt. Abs. 11 Nr. 1 regelt die Fälle, in denen eine Rente laufend gewährt wird.[38] Die Tatbestände für den Wegfall des Rentenanspruchs ergeben sich aus dem SGB VI, wonach zB der Anspruch auf Witwen-/Witwerrente bei einer erneuten Heirat entfällt (s. § 46 Abs. 1 SGB VI) oder der Rentenanspruch aufgrund einer Befristung oder wegen Todes des Berechtigten entfallen kann (s. § 102 SGB VI). Wird die Bewilligung der Rente durch Verwaltungsakt aufgehoben, endet die Mitgliedschaft in der Krankenversicherung nach § 190 Abs. 11 Nr. 1 Hs. 1 mit Ablauf des Monats, in dem die Entscheidung über den Wegfall oder Entzug der Rente unanfechtbar wird. Die Mitgliedschaft endet in diesem Fall also nicht rückwirkend bezogen auf den Zeitpunkt der Aufhebung des Rentenanspruchs.[39]

30 **Abs. 11 Nr. 1 Hs. 2 und 3** stellen klar, dass die Mitgliedschaft versicherungspflichtiger Rentner in der Krankenversicherung frühestens mit dem Ende des Monats endet, für den letztmalig Rente zu zahlen ist. Der **Ablauf den letzten Rentenmonats** wird regelmäßig dem Ablauf des Monats entsprechen, in dem der Rentenanspruch entfällt (s. Abs. 11 Nr. 1 Hs. 1).[40]

31 Gemäß **Abs. 11 Nr. 2** endet die Mitgliedschaft versicherungspflichtiger Rentner bei Gewährung einer Rente für zurückliegende Zeiträume mit Ablauf des Monats, in dem die Entscheidung unanfechtbar wird (Abs. 11 Nr. 2). Abs. 11 Nr. 2 regelt die Fälle, in denen eine Rente für die Vergangenheit bewilligt wurde, und legt das Ende der Mitgliedschaft der Rentners in der Krankenversicherung auf den Tag des Endes des Monats fest, in dem die Entscheidung unanfechtbar wird.

XIII. Ende der Mitgliedschaft beitrittsberechtigter Rentner und versicherungspflichtiger Angehöriger (Abs. 11 a)

32 Gemäß Abs. 11 a endet die Mitgliedschaft der in § 9 Abs. 1 Nr. 6 genannten Personen, die das Beitrittsrecht ausgeübt haben, sowie ihrer **Familienangehörigen**, die nach dem 31. März 2002 nach § 5 Abs. 1 Nr. 11 versicherungspflichtig geworden sind, deren Anspruch auf Rente schon an diesem Tag bestand, die aber nicht die Vorversicherungszeit des § 5 Abs. 1 Nr. 11 in der seit dem 1. Januar 1993 geltenden Fassung erfüllt haben und die bis zum 31. März 2002 nach § 10 oder nach § 7 des Zweiten Gesetzes über die Krankenversicherung der Landwirte versichert waren, mit dem Eintritt der Versicherungspflicht nach § 5 Abs. 1 Nr. 11.

33 Abs. 11 a regelt zum einen das Mitgliedschaftsende für diejenigen freiwillig versicherten Rentner, die nach der auf den Beschluss des BVerfG vom 15.3.2000[41] ab dem 1.4.2002 gültigen Fassung des § 5 Abs. 1 Nr. 11 versicherungspflichtig wurden und von ihrem Beitrittsrecht zur freiwilligen Versicherung nach § 9 Abs. 1 Nr. 6 Gebrauch gemacht haben. „Wird das Beitrittsrecht ausgeübt, endet die Mitgliedschaft mit dem Eintritt der Versicherungspflicht als Rentner, dh in der Regel rückwirkend zum 1. April 2002. Hierdurch ist sichergestellt, dass die bis zum 31. März 2002 bestehende freiwillige Mitgliedschaft der Betroffenen nahtlos fortgesetzt werden kann."[42]

34 Zum anderen legt Abs. 11 a das Ende der Mitgliedschaft der nach § 10 oder nach § 7 des Zweiten Gesetzes über die Krankenversicherung der Landwirte (KVLG 1989) bisher mitversicherten **Familienangehörigen** fest, deren Stammversicherte von dem Beitrittsrecht nach § 9 Abs. 1 Nr. 6 Gebrauch gemacht haben. „Macht der Beitrittsberechtigte von seinem Beitrittsrecht Gebrauch, endet zum gleichen Zeitpunkt auch die Mitgliedschaft eines bisher mitversicherten Familienangehörigen, wenn dieser ebenfalls nach dem 31. März 2002 nach § 5 Abs. 1 Nr. 11 SGB V versicherungspflichtig wird. Weitere Voraussetzung für die Beendigung der Mitgliedschaft des Familienangehörigen ist, dass dieser die Rente bereits vor dem 1. April 2002 bezogen hat und bis zu diesem Zeitpunkt beitragsfrei familienversichert war, weil er die durch das Gesundheitsstrukturgesetz von 1992 verschärften Voraussetzungen für den Eintritt der Versicherungspflicht als Rentner nicht erfüllt hat."[43]

---

38 Peters in: KassKomm, § 190 SGB V Rn. 21.
39 Nebendahl in: Spickhoff, Medizinrecht, § 190 SGB V Rn. 31.
40 Peters in: KassKomm, § 190 SGB V Rn. 21.
41 BVerfGE 102, 68 ff.
42 BT-Dr. 14/8099, 4.
43 BT-Dr. 14/8099, 4.

XIV. Ende der Mitgliedschaft der Bezieher von Arbeitslosengeld II nach dem SGB II und der Bezieher von Arbeitslosengeld (oder Unterhaltsgeld) nach dem SGB III (Abs. 12)

Nach Abs. 12 endet die Mitgliedschaft der **Bezieher von Arbeitslosengeld II** nach dem SGB II und **Arbeitslosengeld** (oder Unterhaltsgeld) nach dem SGB III mit Ablauf des letzten Tages, für den die Leistung bezogen wird. Den Beginn der Mitgliedschaft dieser Personen bestimmt § 186 Abs. 2 a.

Die **Versicherungspflicht** der Bezieher von Arbeitslosengeld II und Arbeitslosengeld ergibt sich aus § 5 Abs. 1 Nr. 2 und Nr. 2 a. Arbeitslosengeld II wird gem. §§ 19 ff. SGB II gewährt. Anspruch auf Arbeitslosengeld besteht unter den Voraussetzungen der §§ 136 ff. SGB III. Die Regelungen im SGB III zum Bezug von Unterhaltsgeld wurden zum 1.1.2005 aufgehoben,[44] so dass die Regelung des § 190 Abs. 12 zum Unterhaltsgeld leerläuft.

Für die Bezieher von Arbeitslosengeld II und Arbeitslosengeld endet die Mitgliedschaft mit dem **Ablauf des letzten Tages des Leistungsbezugs**. Der Tag, an dem die Leistungen letztmalig bezogen werden, ist der letzte Tag, für den die Leistungen von der zuständigen Behörde bewilligt werden. Die Mitgliedschaft endet auch dann an dem Tag der letzten Leistungsbezugs, wenn die Entscheidung, die zum Leistungsbezug geführt hat, rückwirkend aufgehoben oder die Leistung zurückgefordert oder zurückgezahlt worden ist, da dies die Versicherungspflicht unberührt lässt (s. § 5 Abs. 1 Nr. 2 letzter Hs.). Gilt für das Mitglied eine Sperrzeit gem. § 144 SGB III, endet die Mitgliedschaft mit dem Ablauf des Tages, an dem ohne die Sperrzeit der Leistungsbezug enden würde.[45]

XV. Ende der Mitgliedschaft der nach § 5 Abs. 1 Nr. 13 versicherungspflichtigen Personen (Abs. 13)

Die **Mitgliedschaft der in § 5 Abs. 1 Nr. 13 genannten Personen** endet mit Ablauf des Vortages, an dem ein anderweitiger Anspruch auf Absicherung im Krankheitsfall begründet wird (Abs. 13 S. 1 Nr. 1) oder an dem der Wohnsitz oder gewöhnliche Aufenthalt in einen anderen Staat verlegt wird (Abs. 13 S. 1 Nr. 2). Nach Abs. 13 S. 2 gilt Abs. 13 S. 1 Nr. 1 aber nicht für Mitglieder, die Empfänger von Leistungen nach dem Dritten, Vierten, Sechsten und Siebten Kapitel des SGB XII sind. Den Beginn der Mitgliedschaft versicherungspflichtiger Personen ohne anderweitige Absicherung im Krankheitsfall bestimmt § 186 Abs. 11.

Die Mitgliedschaft der nach dem Auffangversicherungstatbestand des § 5 Abs. 1 Nr. 13 versicherungspflichtigen Personen endet gem. § 190 Abs. 13 S. 1 Nr. 1 mit Ablauf des Tages, der dem Tag, an dem ein anderweitiger Anspruch auf Absicherung im Krankheitsfall begründet wird, vorangeht. Mit diesem **anderweitigen Anspruch auf Krankenversicherungsschutz** entfällt nämlich die Auffangversicherungspflicht nach § 5 Abs. 1 Nr. 13. Außerdem endet die Mitgliedschaft der nach § 5 Abs. 1 Nr. 13 Versicherungspflichtigen auch bei der Verlegung des Wohnsitzes oder des gewöhnlichem (nicht nur vorübergehenden) Aufenthalts in einen anderen Staat als Deutschland.

Keine Anwendung finden die Regelungen zum Mitgliedschaftsende in § 190 Abs. 13 S. 1 für Bezieher von Leistungen nach dem Dritten (Hilfen zum Lebensunterhalt), Vierten (Leistungen der Grundsicherung im Alter und bei Erwerbsminderung), Sechsten (Eingliederungshilfe für behinderte Menschen) und Siebten (Hilfen zur Pflege) Kapitel des **SGB XII**, das die Sozialhilfe regelt (Abs. 13 S. 2). Abs. 13 S. 2 konkretisiert insoweit den § 5 Abs. 8 a S. 2[46] und stellt sicher, „dass Personen, die gemäß § 5 Abs. 1 Nr. 13 Mitglied der gesetzlichen Krankenversicherung geworden sind, auch dann Mitglied bleiben, wenn sie nach dem Beitritt Empfänger von Leistungen" nach dem SGB XII werden.[47]

§ 191 Ende der freiwilligen Mitgliedschaft

Die freiwillige Mitgliedschaft endet
1. mit dem Tod des Mitglieds,
2. mit Beginn einer Pflichtmitgliedschaft oder
3. mit dem Wirksamwerden der Kündigung (§ 175 Abs. 4); die Satzung kann einen früheren Zeitpunkt bestimmen, wenn das Mitglied die Voraussetzungen einer Versicherung nach § 10 erfüllt.

---

44 Aufgehoben durch das Gesetz für moderne Dienstleistungen am Arbeitsmarkt, BGBl. I 2003, 2954.
45 Gerlach in: Hauck/Noftz, SGB V, § 190 Rn. 28.
46 BT-Dr. 16/4247, 51; vgl. Klose in: Jahn ua, SGB V, § 190 Rn. 65 k.
47 BT-Dr. 16/3100, 159.

I. Entstehungsgeschichte und allgemeine Bedeutung

1 § 191 wurde durch das Gesetz zur Strukturreform im Gesundheitswesen (Gesundheits-Reformgesetz – GRG) vom 20.12.1988 mit Wirkung zum 1.1.1989 erlassen.[1] Durch das Gesetz zur Neuregelung der Krankenkassenwahlrechte vom 27.7.2001 wurde § 191 Nr. 4 zum 1.1.2002 neu gefasst.[2] Die durch das GKV-Modernisierungsgesetz vom 14.11.2003 zum 1.1.2004 als S. 2 eingefügte Pflicht der Krankenkassen, bei Ausschluss aus der freiwilligen Mitgliedschaft ua darauf hinzuweisen, dass die freiwillige Versicherung nach dem Ausschluss aus der freiwilligen Mitgliedschaft wegen Zahlungsverzugs auch bei einer anderen gesetzlichen Krankenkasse ausgeschlossen ist,[3] wurde mit der Streichung dieses Beendigungstatbestandes durch das GKV-Wettbewerbsstärkungsgesetz vom 26.3.2007 zum 1.4.2007 ebenfalls wieder aufgehoben.[4]

2 § 191 regelt das **Ende der freiwilligen Mitgliedschaft** in der gesetzlichen Krankenversicherung und bildet damit das Pendant zu § 188, der den Beginn der freiwilligen Mitgliedschaft festlegt. Kraft der Verweisung des § 24 Abs. 2 des Zweiten Gesetzes über die Krankenversicherung der Landwirte (KVLG 1989) gilt § 191 auch für freiwillig Versicherte in der landwirtschaftlichen Krankenkasse. Den Beginn der freiwilligen Mitgliedschaft in der landwirtschaftlichen Krankenversicherung regelt nicht § 188, sondern § 22 KVLG 1989.

3 Gemäß § 191 endet die freiwillige Mitgliedschaft mit dem Tod des Mitglieds (Nr. 1), mit dem Beginn einer Pflichtmitgliedschaft (Nr. 2) oder mit dem Wirksamwerden der Kündigung der freiwilligen Mitgliedschaft gem. § 175 Abs. 4 (Nr. 3). Abweichend von dem Zeitpunkt der Beendigung der Mitgliedschaft durch das Wirksamwerden der Kündigung gem. § 175 Abs. 4 (§ 191 Nr. 3 Hs. 1) kann die Krankenkasse für Mitglieder, die die Voraussetzungen des § 10 erfüllen (Familienversicherte), durch Satzung einen früheren Zeitpunkt bestimmen, an dem die freiwillige Mitgliedschaft endet (§ 191 Nr. 3 Hs. 2). Die weiteren Beendigungstatbestände des § 191 Nr. 1 und 2 sind nicht dispositiv, sie dürfen nicht durch Satzung verändert werden. Da § 191 das Ende der freiwilligen Mitgliedschaft in der Krankenversicherung abschließend regelt, darf die Krankenkasse durch Satzung auch nicht weitere Beendigungstatbestände einführen.[5] Mit dem Ende der freiwilligen Mitgliedschaft enden sowohl die Leistungsansprüche (s. § 19 Abs. 1) als auch die Beitragspflicht (s. § 223 Abs. 1). Zudem endet die Familienversicherung iSd § 10, da sie sich von dem Mitglied ableitet.

4 Gerät das Mitglied mit der Zahlung seiner Krankenversicherungsbeiträge in Verzug, endet seine freiwillige Mitgliedschaft nicht;[6] dies gilt auch, wenn der Zahlungsverzug länger andauert.[7] Das Gesetz sieht als **Sanktionsmöglichkeiten** für diesen Fall die Erhebung von Säumniszuschlägen (§ 24 Abs. 1 a SGB IV) und das teilweise Ruhen von Leistungen (§ 16 Abs. 3 a S. 2) vor.[8]

II. Ende der freiwilligen Mitgliedschaft mit Tod des Mitglieds (Nr. 1)

5 Gemäß § 191 Nr. 1 endet die freiwillige Mitgliedschaft mit dem **Tod des Mitglieds** kraft Gesetzes. Die Mitgliedschaft ist als höchstpersönliches Rechtsverhältnis nicht vererbbar.[9] Der Todeszeitpunkt ist in der Regel der Sterbeurkunde zu entnehmen (s. § 60 Personenstandsgesetz).[10] Endet die freiwillige Mitgliedschaft durch Tod des Mitglieds, endet auch eine von dem Mitglied abgeleitete Familienversicherung nach § 10; für den Angehörigen besteht in diesem Fall ggf. ein Beitrittsrecht zur Krankenkasse gem. § 9 Abs. 1 Nr. 2.

III. Ende der freiwilligen Mitgliedschaft mit Beginn einer Pflichtmitgliedschaft (Nr. 2)

6 Die freiwillige Mitgliedschaft endet nach § 191 Nr. 2 außerdem mit Beginn einer Pflichtmitgliedschaft. Eine **Pflichtmitgliedschaft** iSd § 5 geht der freiwilligen Mitgliedschaft (§ 9) vor und beendet die freiwillige Mitgliedschaft kraft Gesetzes. Wann die Pflichtmitgliedschaft einer gem. § 5 versicherungspflichtigen Person beginnt, ergibt sich aus § 186. Wird die freiwillige Mitgliedschaft durch eine Pflichtmit-

---

1 BGBl. I 1988, 2477 ff.
2 BGBl. I 2001, 1946 ff.
3 BGBl. I 2003, 2190 ff.
4 BGBl. I 2007, 378 ff.
5 Baier in: Krauskopf, § 191 SGB V Rn. 3; Peters in: KassKomm, § 191 SGB V Rn. 4.
6 Siehe BGBl. I 2007, 418.
7 Thaysen, RV 2009, 214, 215.
8 Näher Peters in: KassKomm, § 191 SGB V Rn. 4.
9 Peters in: KassKomm, § 191 SGB V Rn. 6; Nebendahl in: Spickhoff, Medizinrecht, § 191 SGB V Rn. 2.
10 Gerlach in: Hauck/Noftz, SGB V, § 191 Rn. 7.

gliedschaft abgelöst, bleibt das Mitglied in der Regel in der gleichen Krankenkasse versichert, wobei die vormals freiwillige Versicherung nun als Pflichtversicherung fortbesteht.[11] Ein Kassenwechsel tritt ausnahmsweise ein, wenn bei Pflichtmitgliedschaft kraft Gesetzes eine andere Krankenkasse zuständig ist als bei vormaliger freiwilliger Mitgliedschaft. Das Vorliegen der Voraussetzungen der Familienversicherung iSd § 10 beendet die freiwillige Mitgliedschaft nicht.[12] Bereits ergangene Beitragsbescheide der Krankenkasse für die freiwillige Mitgliedschaft erledigen sich (s. § 39 Abs. 2 SGB X) und bedürfen weder der Anfechtung noch der Aufhebung.[13]

IV. Ende der freiwilligen Mitgliedschaft mit Wirksamwerden der Kündigung (Nr. 3)

Die freiwillige Mitgliedschaft endet auch mit dem Wirksamwerden der **Kündigung** des Mitglieds gem. § 175 Abs. 4 (§ 191 Nr. 3 Hs. 1). § 191 Nr. 3 Hs. 1 erfasst damit sowohl das Ausscheiden aus der gesetzlichen Krankenversicherung insgesamt durch Kündigung als auch die Beendigung der freiwilligen Mitgliedschaft bei einer Krankenkasse und die Begründung der Mitgliedschaft bei einer anderen Krankenkasse.[14] Außerdem führt eine Kündigung der freiwilligen Mitgliedschaft, um eine Familienversicherung iSd § 10 zu begründen, zum Ende der Mitgliedschaft nach § 191 Nr. 3 Hs. 1. Ausweislich der Gesetzesbegründung stellt § 191 Nr. 3 Hs. 1 eine Folgeregelung zur Neuregelung der Kassenwahlrechte der Mitglieder (s. §§ 173 ff.) dar.[15] 7

Der Verweis in § 191 Nr. 3 Hs. 1 auf § 175 Abs. 4 stellt klar, dass für die Kündigung der freiwilligen Mitgliedschaft die Frist des § 175 Abs. 4 S. 2 gilt. Allerdings ermächtigt § 191 Nr. 3 Hs. 2 die Krankenkassen, die **Kündigungsfrist** für Mitglieder, die die Voraussetzungen der Familienversicherung gem. § 10 erfüllen, durch Satzung zu verkürzen. Die Wirksamkeit der Kündigung setzt außerdem voraus, dass die weiteren Voraussetzungen des § 175 Abs. 4 vorliegen (zB Nachweis der Mitgliedschaft bei einer anderen Krankenkasse oder einer anderweitigen Absicherung im Krankheitsfall, § 175 Abs. 4 S. 4).[16] Auf diese Weise ist sichergestellt, dass die Kündigung der Mitgliedschaft bei einer Krankenkasse nur wirksam wird, wenn eine Versicherung bei einer anderen Krankenkasse oder eine private Krankenversicherung besteht.[17] 8

Für Mitglieder, die die Voraussetzungen der beitragsfreien **Familienversicherung** des 10 erfüllen, kann die Krankenkasse abweichend von dem Zeitpunkt der Beendigung der Mitgliedschaft durch das Wirksamwerden der Kündigung (§ 191 Nr. 3 Hs. 1) durch Satzung einen früheren Zeitpunkt bestimmen, an dem die freiwillige Mitgliedschaft endet (§ 191 Nr. 3 Hs. 2). Durch diese Satzungsermächtigung der Krankenkasse soll eine Schlechterstellung freiwillig Versicherter gegenüber Pflichtversicherten, die ohne Einhaltung einer Kündigungsfrist familienversichert sein können, vermieden werden.[18] 9

§ 192 Fortbestehen der Mitgliedschaft Versicherungspflichtiger

(1) Die Mitgliedschaft Versicherungspflichtiger bleibt erhalten, solange
1. sie sich in einem rechtmäßigen Arbeitskampf befinden,
2. Anspruch auf Krankengeld oder Mutterschaftsgeld besteht oder eine dieser Leistungen oder nach gesetzlichen Vorschriften Erziehungsgeld oder Elterngeld bezogen oder Elternzeit in Anspruch genommen oder Pflegeunterstützungsgeld bezogen wird,
2a. von einem privaten Krankenversicherungsunternehmen, von einem Beihilfeträger des Bundes, von sonstigen öffentlich-rechtlichen Trägern von Kosten in Krankheitsfällen auf Bundesebene, von dem Träger der Heilfürsorge im Bereich des Bundes, von dem Träger der truppenärztlichen Versorgung oder von einem öffentlich-rechtlichen Träger von Kosten in Krankheitsfällen auf Landesebene, soweit das Landesrecht dies vorsieht, Leistungen für den Ausfall von Arbeitseinkünften im Zusammenhang mit einer nach den §§ 8 und 8a des Transplantationsgesetzes erfolgenden Spende von Organen oder Geweben oder im Zusammenhang mit einer Spende von Blut zur Separation

---

11 Klose in: Jahn ua, SGB V, § 191 Rn. 16.
12 Klose in: Jahn ua, SGB V, § 191 Rn. 21; Peters in: KassKomm, § 191 SGB V Rn. 7.
13 BSGE 83, 186, 187.
14 Nebendahl in: Spickhoff, Medizinrecht, § 191 SGB V Rn. 6; Klose in: Jahn ua, SGB V, § 191 Rn. 26.
15 BT-Dr. 14/5957, 5 f.
16 So auch Klose in: Jahn ua, SGB V, § 191 Rn. 54; aA Peters in: KassKomm, § 191 SGB V Rn. 8.
17 BT-Dr. 16/3100, 158.
18 BT-Dr. 14/5957, 6.

von Blutstammzellen oder anderen Blutbestandteilen im Sinne von § 9 des Transfusionsgesetzes bezogen werden oder diese beansprucht werden können,
3. von einem Rehabilitationsträger während einer Leistung zur medizinischen Rehabilitation Verletztengeld, Versorgungskrankengeld oder Übergangsgeld gezahlt wird oder
4. Kurzarbeitergeld nach dem Dritten Buch bezogen wird.
(2) Während der Schwangerschaft bleibt die Mitgliedschaft Versicherungspflichtiger auch erhalten, wenn das Beschäftigungsverhältnis vom Arbeitgeber zulässig aufgelöst oder das Mitglied unter Wegfall des Arbeitsentgelts beurlaubt worden ist, es sei denn, es besteht eine Mitgliedschaft nach anderen Vorschriften.

Literatur:
Eichenhofer, Sozialrechtliche Folgen ausländischer Arbeitskämpfe, NZA-Beilage 2006, 67.

I. Entstehungsgeschichte, allgemeine Bedeutung und Normzweck 1	menhang mit einer Spende von Blut zur Separation von Blutbestandteilen (Abs. 1 Nr. 2 a) 13
II. Fortbestehen der Mitgliedschaft bei rechtmäßigem Arbeitskampf (Abs. 1 Nr. 1) 4	V. Fortbestehen der Mitgliedschaft bei Zahlung von Verletztengeld, Versorgungskrankengeld oder Übergangsgeld während einer Leistung zur medizinischen Rehabilitation (Abs. 1 Nr. 3) 16
III. Fortbestehen der Mitgliedschaft bei Anspruch auf Krankengeld, Mutterschaftsgeld, Erziehungsgeld, Elterngeld, Elternzeit oder Pflegeunterstützungsgeld (Abs. 1 Nr. 2) 6	VI. Fortbestehen der Mitgliedschaft bei Bezug von Kurzarbeitergeld (Abs. 1 Nr. 4) 18
IV. Fortbestehen der Mitgliedschaft bei Anspruch auf oder Bezug von Entgeltersatzleistungen nach Lebendspenden von Organen oder Geweben oder im Zusam-	VII. Fortbestehen der Mitgliedschaft bei Schwangerschaft (Abs. 2) 19

I. Entstehungsgeschichte, allgemeine Bedeutung und Normzweck

1 § 192 wurde durch das Gesetz zur Strukturreform im Gesundheitswesen (Gesundheits-Reformgesetz – GRG) vom 20.12.1988 mit Wirkung zum 1.1.1989 erlassen.[1] In Abs. 1 Nr. 2 wurden durch das Zweite Gesetz zur Änderung des Bundeserziehungsgeldgesetzes und anderer Vorschriften vom 6.12.1991 zum 1.1.1992 die Wörter „Erziehungsgeld bezogen" durch die Wörter „Erziehungsurlaub in Anspruch genommen" ersetzt;[2] diese neue Formulierung wurde ebenfalls zum 1.1.1992 rückwirkend durch das Gesetz zur Sicherung und Strukturverbesserung der gesetzlichen Krankenversicherung (Gesundheitsstrukturgesetz) vom 21.12.1992 durch die Formulierung „oder nach gesetzlichen Vorschriften Erziehungsgeld bezogen oder Erziehungsurlaub in Anspruch genommen wird" ausgetauscht.[3] Außerdem hat der Gesetzgeber in Abs. 1 Nr. 2 das Wort „Erziehungsurlaub" durch Gesetz zur Änderung des Begriffs „Erziehungsurlaub" vom 30.11.2000 zum 2.1.2001 durch das Wort „Elternzeit" ersetzt.[4] Durch das Gesetz zum Elterngeld und zur Elternzeit (Bundeselterngeld- und Elternzeitgesetz – BEEG) vom 5.12.2006 zum 1.1.2007[5] hat der Gesetzgeber in Abs. 1 Nr. 2 die Wörter „oder Elterngeld" eingefügt. Durch Gesetz zur Änderung des Transplantationsgesetzes vom 21.7.2012 wurde zum 1.8.2012 Abs. 1 Nr. 2 a eingefügt.[6] Abs. 1 Nr. 4 wurde durch Gesetz zur Reform der Arbeitsförderung (Arbeitsförderung-Reformgesetz – AFRG) vom 24.3.1997 mit Wirkung zum 1.1.1998 erlassen.[7] Durch das Gesetz zur besseren Vereinbarkeit von Familie, Pflege und Beruf vom 23.12.2014[8] wurden mit Wirkung zum 1.1.2015 in Abs. 1 Nr. 2 die Worte „oder Pflegeunterstützungsgeld bezogen" eingefügt. Durch das Gesetz zur Stärkung der Versorgung in der gesetzlichen Krankenversicherung vom 16.7.2015 wurden mit Wirkung zum 23.7.2015 in Abs. 2 a die Worte „oder im Zusammenhang mit einer Spende von Blut zur Separation von Blutstammzellen oder anderen Blutbestandteilen im Sinne von § 9 des Transfusionsgesetzes" eingefügt.[9]

---

1 BGBl. I 1988, 2477 ff.
2 BGBl. I 1991, 2142 ff.
3 BGBl. I 1992, 2266 ff.
4 BGBl. I 2000, 1638 ff.
5 BGBl. I 2006, 2748 ff.
6 BGBl. I 2012, 1601 ff.
7 BGBl. I 1997, 594 ff.
8 BGBl. I 2014, 2462, 2468.
9 BGBl. I 2015, 1211 ff.

§ 192 regelt das **Fortbestehen der Mitgliedschaft Versicherungspflichtiger** in Fällen, in denen der die Versicherungspflicht begründende gesetzliche Tatbestand nicht mehr erfüllt ist. Der Erhalt der Mitgliedschaft nach § 192 setzt voraus, dass das Mitglied zuvor pflichtversichert war; auf freiwillig Versicherte ist § 192 nicht anwendbar.[10] Auch für Familienversicherte iSd § 10 kommt § 192 nicht zum Tragen.[11] Als Pflichtmitgliedschaft genügt die Formalmitgliedschaft als Rentenantragsteller gem. § 189.[12] Wegen der Fiktion des § 7 Abs. 3 SGB IV, wonach eine Beschäftigung gegen Arbeitsentgelt (für höchstens einen Monat) als fortbestehend gilt, solange das Beschäftigungsverhältnis ohne Anspruch auf Arbeitsentgelt fortdauert, ist bei solchen Beschäftigten ohne Anspruch auf Arbeitsentgelt der die Versicherungs*pflicht* begründende Tatbestand weiter erfüllt, so dass § 192 nicht zur Anwendung gelangt.[13] Die Mitgliedschaft besteht so lange fort, wie der Versicherungspflichtige die Voraussetzungen des § 192 erfüllt.[14]

§ 192 liegt das **Ziel** zugrunde, die Mitgliedschaft in der gesetzlichen Krankenversicherung und damit die Leistungs- und Beitragspflichten[15] für Personen zu erhalten, die sich rechtmäßig in einem Arbeitskampf befinden (Abs. 1 Nr. 1) oder die aus gesundheitlichen (Abs. 1 Nr. 2–3) oder sozialen (Abs. 1 Nr. 2, 4 und Abs. 2) Gründen besonders schutzwürdig sind.[16]

II. Fortbestehen der Mitgliedschaft bei rechtmäßigem Arbeitskampf (Abs. 1 Nr. 1)

Gemäß Abs. 1 Nr. 1 bleibt die Mitgliedschaft Versicherungspflichtiger erhalten, solange sich der Versicherungspflichtige in einem **rechtmäßigen Arbeitskampf** befindet,[17] weil die Teilnahme an einem rechtmäßigen Arbeitskampf das Arbeitsverhältnis unberührt lässt.[18] Die Mitgliedschaft besteht für die gesamte Dauer des rechtmäßigen Arbeitskampfes fort.[19] Mit der Beendigung des Arbeitskampfes endet die Privilegierung nach Abs. 1 Nr. 1.[20] Das Gleiche gilt, wenn der Versicherungspflichtige seine Teilnahme an dem weiter währenden Arbeitskampf beendet, indem er zB seine Arbeit wieder aufnimmt oder seine Arbeitskraft dem Arbeitgeber wieder anbietet.[21]

Arbeitskampf ist nach gängiger Auffassung eine von der Arbeitgeber- oder Arbeitnehmerseite ergriffene kollektive Maßnahme zur Störung der Arbeitsbeziehungen, um bestimmte Verhandlungsziele zu verwirklichen.[22] Zu solchen Arbeitskampfmaßnahmen iSd Abs. 1 Nr. 1 gehören Streik und Aussperrung.[23] Rechtswidrig ist ein Arbeitskampf insbesondere, wenn er gegen das Tarifrecht, das Betriebsverfassungsgesetz oder das Personalvertretungsrecht verstößt.[24] Ist der Arbeitskampf infolge des Verhaltens des Arbeitnehmers rechtswidrig,[25] ist Abs. 1 Nr. 1 nicht einschlägig; die Mitgliedschaft des Versicherungspflichtigen besteht in diesem Fall nur befristet auf einen Monat nach § 7 Abs. 3 SGB IV fort.[26] Wird über die Rechtmäßigkeit des Arbeitskampfes gerichtlich entschieden, ist das (Nicht-)Fortbestehen des Versicherungsverhältnisses rückwirkend festzustellen.[27]

---

10 Baier in: Krauskopf, § 192 SGB V Rn. 3; Klose in: Jahn ua, SGB V, § 192 Rn. 5.
11 Baier in: Krauskopf, § 192 SGB V Rn. 4.
12 Nebendahl in: Spickhoff, Medizinrecht, § 192 SGB V Rn. 1.
13 Peters in: KassKomm, § 192 SGB V Rn. 4.
14 Klose in: Jahn ua, SGB V, § 192 Rn. 16.
15 Klose in: Jahn ua, SGB V, § 192 Rn. 8.
16 Vgl. Baier in: Krauskopf, § 192 SGB V Rn. 2.
17 Zu der Frage, ob es sich um einen inländischen Arbeitskampf handeln muss oder ob auch ein ausländischer Arbeitskampf in Betracht kommt, Eichenhofer, NZA-Beilage 2006, 67, 73 f.
18 Treber in: Schaub, ArbR-HdB, § 195 Rn. 2.
19 Eichenhofer, NZA-Beilage 2006, 67, 72.
20 Zu den weiteren sozialversicherungsrechtlichen Folgen eines rechtmäßigen Arbeitskampfes Eichenhofer, NZA-Beilage 2006, 67, 72 ff.
21 Vgl. Treber in: Schaub, ArbR-HdB, § 195 Rn. 5.
22 Vgl. Brox/Rüthers/Henssler, Arbeitsrecht, 19. Aufl. 2016, Rn. 741; Löwisch/Caspers/Klumpp, Arbeitsrecht, 10. Aufl. 2014, Rn. 1111 mwN.
23 Klose in: Jahn ua, SGB V, § 192 Rn. 19.
24 Gerlach in: Hauck/Noftz, SGB V, § 192 Rn. 13.
25 Zu der gebotenen Differenzierung zwischen der vom Arbeitnehmer und der vom Arbeitgeber bewirkten Rechtswidrigkeit des Arbeitskampfes Eichenhofer, NZA-Beilage 2006, 67, 72, der auch Beispiele für solche rechtswidrigen Arbeitskämpfe nennt.
26 Nebendahl in: Spickhoff, Medizinrecht, § 192 SGB V Rn. 2; BT-Dr. 13/8011, 69.
27 Vgl. Klose in: Jahn ua, SGB V, § 192 Rn. 22.

III. Fortbestehen der Mitgliedschaft bei Anspruch auf Krankengeld, Mutterschaftsgeld, Erziehungsgeld, Elterngeld, Elternzeit oder Pflegeunterstützungsgeld (Abs. 1 Nr. 2)

6 Gemäß Abs. 1 Nr. 2 besteht die Mitgliedschaft fort, solange **Anspruch auf Krankengeld** oder **Mutterschaftsgeld** besteht oder solange **Erziehungsgeld**, **Elterngeld** oder **Pflegeunterstützungsgeld** bezogen oder **Elternzeit** in Anspruch genommen wird.

7 Ein Anspruch auf **Krankengeld** besteht unter den Voraussetzungen der §§ 45 ff. Wegen der grundsätzlichen Begrenzung des Anspruchs auf Krankengeld bei Arbeitsunfähigkeit auf längstens 78 Wochen innerhalb von drei Jahren gem. § 48 kann auch die Mitgliedschaft der Versicherungspflichtigen nur so lange erhalten bleiben, es sei denn, dass Krankengeld ohne zugrunde liegenden Anspruch tatsächlich länger gewährt wird.

8 Nach dem Wortlaut des Abs. 1 Nr. 2 besteht die Mitgliedschaft des Versicherungspflichtigen fort, wenn er **Anspruch auf Krankengeld** hat. Der tatsächliche Bezug von Krankengeld ist für den Erhalt der Mitgliedschaft nicht erforderlich.[28] Umgekehrt besteht die Mitgliedschaft auch fort, wenn der Versicherungspflichtige Krankengeld bezieht, ohne dass er Anspruch darauf hat.[29] Dementsprechend hat die Rückforderung eines rechtswidrig gezahlten Krankengeldes auf den Fortbestand der Mitgliedschaft in der Krankenversicherung keinen (rückwirkenden) Einfluss.

9 Da Abs. 1 Nr. 2 an die Regelung des § 200 RVO anknüpft,[30] gilt Abs. 1 Nr. 2 nur für **Mutterschaftsgeld** iSd § 13 Abs. 1 iVm § 3 Abs. 2 und § 6 Abs. 1 Mutterschutzgesetz (MuSchG), das gesetzlich krankenversicherten Frauen grundsätzlich in der Zeit der letzten sechs Wochen vor der Entbindung, am Entbindungstag und bis zum Ablauf von acht Wochen nach der Entbindung gezahlt wird. Der Anspruch auf Mutterschaftsgeld nach § 13 Abs. 2 MuSchG für Frauen, die nicht Mitglied einer gesetzlichen Krankenkasse sind, lässt die Mitgliedschaft in der gesetzlichen Krankenversicherung nach § 192 Abs. 1 Nr. 2 nicht fortbestehen, weil es an der für die Anwendbarkeit des § 192 erforderlichen Versicherungspflicht fehlt.[31] Die Anwendung des Abs. 1 Nr. 2 setzt voraus, dass die Versicherungspflicht in der gesetzlichen Krankenversicherung zu Beginn der Mutterschutzfristen bestand, da § 192 nur das Fortbestehen der Mitgliedschaft solcher Mitglieder bewirkt, die vor Eintritt des Erhaltungstatbestands pflichtversichert waren.

10 Ebenso wie im Fall des Krankengelds besteht auch bei dem Mutterschaftsgeld die Mitgliedschaft der Versicherungspflichtigen sowohl fort, wenn sie **Anspruch auf Mutterschaftsgeld** haben, ohne es zu beziehen, als auch, wenn sie tatsächlich Mutterschaftsgeld beziehen, ohne Anspruch darauf zu haben.[32] Die Rückforderung eines rechtswidrig gezahlten Mutterschaftsgeldes berührt den Fortbestand der Mitgliedschaft in der Krankenversicherung nicht.

11 Erziehungsgeld wurde Eltern nach dem Gesetz zum Erziehungsgeld und zur Elternzeit (Bundeserziehungsgeldgesetz) gezahlt, das durch das Gesetz zum Elterngeld und zur Elternzeit (Bundeselterngeld- und Elternzeitgesetz – BEEG) vom 5.12.2006 zum 31.12.2006 aufgehoben wurde.[33] Der Verweis auf das Erziehungsgeld in Abs. 1 Nr. 2 läuft daher leer. Die Mitgliedschaft Versicherungspflichtiger besteht gem. Abs. 1 Nr. 2 im Falle des **Elterngelds** bzw. der **Elternzeit** nur fort, wenn Elterngeld tatsächlich bezogen bzw. Elternzeit tatsächlich in Anspruch genommen wird. Ob auf die Inanspruchnahme des Elterngelds oder der Elternzeit nach dem Bundeselterngeld- und Elternzeitgesetz ein Anspruch besteht, ist für den Fortbestand der Mitgliedschaft unerheblich.[34]

12 Seit dem **1.1.2015** besteht die Mitgliedschaft des Versicherungspflichtigen ferner fort, solange er **Pflegeunterstützungsgeld** bezieht. Mit dieser durch das Gesetz zur besseren Vereinbarkeit von Familie, Pflege und Beruf vom 23.12.2014[35] eingefügten Regelung „wird sichergestellt, dass die Mitgliedschaft Versicherungspflichtiger in der gesetzlichen Krankenversicherung, die Pflegeunterstützungsgeld beziehen, während des Leistungsbezugs erhalten bleibt. Über die Verweisung in § 49 Absatz 2 SGB XI auf

---

28 Gerlach in: Hauck/Noftz, SGB V, § 192 Rn. 14; Peters in: KassKomm, § 192 SGB V Rn. 13.
29 Gerlach in: Hauck/Noftz, SGB V, § 192 Rn. 14; Peters in: KassKomm, § 192 SGB V Rn. 13.
30 Gerlach in: Hauck/Noftz, SGB V, § 192 Rn. 14; Baier in: Krauskopf, § 192 SGB V Rn. 12; Peters in: KassKomm, § 192 SGB V Rn. 12.
31 Klose in: Jahn ua, SGB V, § 192 Rn. 27.
32 Peters in: KassKomm, § 192 SGB V Rn. 13; Nebendahl in: Spickhoff, Medizinrecht, § 192 SGB V Rn. 4.
33 BGBl. I 2006, 2748 ff.
34 Gerlach in: Hauck/Noftz, SGB V, § 192 Rn. 17; Klose in: Jahn ua, SGB V, § 192 Rn. 31; Nebendahl in: Spickhoff, Medizinrecht, § 192 SGB V Rn. 5; aA Zimmermann in: Sodan, HdB KrVersR, § 7 Rn. 26.
35 Gesetz zur besseren Vereinbarkeit von Familie, Pflege und Beruf, BGBl. I, 2462, 2468.

§ 192 gilt, dass auch die Mitgliedschaft in der sozialen Pflegeversicherung in der Zeit des Leistungsbezugs erhalten bleibt."[36]

Hintergrund dieser Ergänzung des § 192 Abs. 1 Nr. 2 ist, dass der Gesetzgeber mit Wirkung zum 1.1.2015 in § 44a Abs. 3 SGB XI einen Anspruch auf Ausgleich für entgangenes Arbeitsentgelt (Pflegeunterstützungsgeld) für die Dauer von insgesamt bis zu zehn Arbeitstagen für Beschäftigte iSd § 7 Abs. 1 PflegeZG eingeführt hat, die gem. § 2 PflegeZG kurzzeitig arbeitsverhindert sind. Gemäß § 2 Abs. 1 PflegeZG haben Beschäftigte das Recht, bis zu zehn Arbeitstage der Arbeit fernzubleiben, wenn dies erforderlich ist, um für einen pflegebedürftigen nahen Angehörigen in einer akut aufgetretenen Pflegesituation eine bedarfsgerechte Pflege zu organisieren oder eine pflegerische Versorgung in dieser Zeit sicherzustellen (kurzzeitige Arbeitsverhinderung). Während einer solchen kurzzeitigen Arbeitsverhinderung ist der Arbeitgeber zur Fortzahlung der Vergütung nur verpflichtet, soweit sich eine solche Verpflichtung aus anderen gesetzlichen Vorschriften oder einer Vereinbarung ergibt. Hat der Beschäftigte während der pflegebedingten kurzzeitigen Arbeitsverhinderung nach § 2 PflegeZG weder einen Anspruch auf Entgeltfortzahlung gegen seinen Arbeitgeber noch auf Kranken- oder Verletztengeld bei Erkrankung oder Unfall eines Kindes nach § 45 SGB V oder nach § 45 Abs. 4 SGB VII, steht ihm seit dem 1.1.2015 gem. § 44a Abs. 3 SGB XI ein Anspruch auf Pflegeunterstützungsgeld als Ausgleich für entgangenes Arbeitsentgelt zu, wobei der Anspruch zeitlich auf die maximale Dauer von insgesamt zehn Tagen für eine pflegebedürftige Person begrenzt ist.[37]

Für die Fälle des rechtmäßigen Bezugs von Pflegeunterstützungsgeld dürfte die Ergänzung des § 192 Abs. 1 Nr. 2 um den Fortbestand der Mitgliedschaft während des Bezugs von Pflegeunterstützungsgeld entbehrlich sein. Die Mitgliedschaft des Versicherungspflichtigen besteht bereits gem. § 186 Abs. 1 (fort), da seine Beschäftigung während der pflegebedingten Arbeitsverhinderung nach § 2 PflegeZG gem. § 7 Abs. 3 S. 1 SGB XI als fortbestehend gilt.

IV. Fortbestehen der Mitgliedschaft bei Anspruch auf oder Bezug von Entgeltersatzleistungen nach Lebendspenden von Organen oder Geweben oder im Zusammenhang mit einer Spende von Blut zur Separation von Blutbestandteilen (Abs. 1 Nr. 2 a)

Abs. 1 Nr. 2a regelt den Fortbestand der Mitgliedschaft Versicherungspflichtiger, die wegen einer Lebendspende von Organen oder Geweben oder im Zusammenhang mit einer Spende von Blut zur Separation von Blutstammzellen oder anderen Blutbestandteilen gem. §§ 8, 8a Transplantationsgesetz und § 9 Transfusionsgesetz Arbeitsentgeltersatzleistungen beziehen oder beanspruchen können.[38] Danach bleibt die Mitgliedschaft Versicherungspflichtiger erhalten, solange von einem privaten Krankenversicherungsunternehmen, von einem Beihilfeträger des Bundes, von sonstigen öffentlich-rechtlichen Trägern von Kosten in Krankheitsfällen auf Bundesebene, von dem Träger der Heilfürsorge im Bereich des Bundes, von dem Träger der truppenärztlichen Versorgung oder von einem öffentlich-rechtlichen Träger von Kosten in Krankheitsfällen auf Landesebene, soweit das Landesrecht dies vorsieht, Leistungen für den Ausfall von Arbeitseinkünften im Zusammenhang mit einer nach den §§ 8, 8a Transplantationsgesetz erfolgenden Spende von Organen oder Geweben oder im Zusammenhang mit einer Blutspende zur Separation von Blutbestandteilen im Sinne des § 9 Transfusionsgesetzes bezogen werden oder diese beansprucht werden können.

Abs. 1 Nr. 2a knüpft an die Rechtsprechung des BSG an, wonach sämtliche mit einer Organspende verbundenen Aufwendungen der Krankenkasse des Organempfängers zur Last fallen, wozu auch der Ersatz des Verdienstausfalles des Spenders gehört, der durch die Arbeitsunfähigkeit als Folge der Organspende entsteht.[39] Durch die Erweiterung auf Spender von Blut zur Separation von Blutstammzellen oder anderen Blutbestandteilen im Sinne des § 9 des Transfusionsgesetzes soll eine ungerechtfertigte Ungleichbehandlung dieser Spender mit Spendern von Organen oder Geweben im Gesetzestext beseitigt werden. Es sei ausweislich der Gesetzesbegründung „nicht ersichtlich, warum Spenden von Blutstammzellen oder auch anderen Blutbestandteilen wie Granulozyten aus einer peripheren Blutspende, die vom Geltungsbereich des Transfusionsgesetzes erfasst werden, anders behandelt werden sollen als Stammzellspenden aus dem Knochenmark, die den Regelungen der § 8 und § 8a des Trans-

---

36 BR-Dr. 463/14, 47.
37 BT-Dr. 18/3449, 13.
38 Zu den Voraussetzungen einer Organ- oder Gewebespende nach dem Transplantationsgesetz eingehend Edelmann, VersR 1999, 1065 ff.; Gutmann in: Schroth/König/Gutmann/Oduncu (Hrsg.), Transplantationsgesetz (TPG), 2005, § 8 TPG Rn. 1 ff.
39 BSGE 35, 102, 104.

plantationsgesetzes unterfallen ...".[40] Das entspricht der bisherigen Praxis der Krankenkassen.[41] Erfolgt die Organ-, Gewebe- oder Blutspende zugunsten eines Empfängers, der selbst gesetzlich krankenversichert ist, hat der Spender einen Anspruch auf Krankengeld gegen die Krankenkasse des Empfängers gem. § 44 a. Seine Mitgliedschaft bleibt in diesem Fall bereits nach Abs. 1 Nr. 2 erhalten. Ist der Organ- bzw. Gewebeempfänger dagegen **privat krankenversichert** und hat der Spender Anspruch auf Ersatz des Verdienstausfalls aufgrund einer Selbstverpflichtung des Verbands der Privaten Krankenversicherung vom 9.2.2012 gegen die private Krankenversicherung,[42] gegen einen Beihilfeträger des Bundes, einen sonstigen öffentlich-rechtlichen Träger von Kosten in Krankheitsfällen auf Bundesebene, den Träger der Heilfürsorge im Bereich des Bundes, den Träger der truppenärztlichen Versorgung oder einen öffentlich-rechtlichen Träger von Kosten in Krankheitsfällen auf Landesebene,[43] bleibt seine Mitgliedschaft in der gesetzlichen Krankenversicherung gem. Abs. 1 Nr. 2 a erhalten. Das Gleiche gilt gem. Abs. 1 Nr. 2 a, wenn der Spender von diesen Trägern Leistungen wegen Verdienstausfalls bezieht, ohne auf die Leistungen Anspruch zu haben. Abs. 1 Nr. 2 a stellt damit sicher, „dass die Mitgliedschaft bislang pflichtversicherter Spender von Organen oder Geweben in der GKV auch dann fortbesteht, wenn der Empfänger von Organen oder Gewebe privat krankenversichert ist und der Spender daher von dem jeweiligen privaten Krankenversicherungsunternehmen entsprechend der Selbstverpflichtung der Privaten Krankenversicherung vom 9. Februar 2012 ... eine Erstattung seines im Zusammenhang mit der Organspende entstandenen Verdienstausfalls erhält oder beanspruchen kann. Dies gilt auch, wenn Leistungen für den Ausfall von Arbeitseinkünften von einem Beihilfeträger des Bundes, von einem sonstigen öffentlich-rechtlichen Träger von Kosten in Krankheitsfällen auf Bundesebene, von dem Träger der Heilfürsorge im Bereich des Bundes, von dem Träger der truppenärztlichen Versorgung oder von einem öffentlich-rechtlichen Träger von Kosten in Krankheitsfällen auf Landesebene, soweit Landesrecht dies vorsieht, im Zusammenhang mit einer nach den §§ 8 und 8 a Transplantationsgesetz erfolgenden Spende von Organen oder Geweben bezogen werden. Damit erfolgt eine Gleichstellung gegenüber bislang pflichtversicherten Personen, die einem gesetzlich versicherten Empfänger Organe oder Gewebe spenden, bei denen die Mitgliedschaft nach § 192 Absatz 1 Nummer 2 fortbesteht, wenn sie Krankengeld nach § 44 a ... beziehen."[44]

15 Die Mitgliedschaft besteht nach dem Wortlaut des Abs. 1 Nr. 2 a fort, wenn der Spender die **Entgeltersatzleistungen bezieht** oder sie beanspruchen kann. Ob im Fall des tatsächlichen Bezugs der Leistungen auch Anspruch auf die Leistungen besteht, ist unerheblich. Umgekehrt ist im Fall eines Anspruchs auf Entgeltersatzleistungen ohne Belang, ob der Spender die Leistungen tatsächlich bezieht.

V. Fortbestehen der Mitgliedschaft bei Zahlung von Verletztengeld, Versorgungskrankengeld oder Übergangsgeld während einer Leistung zur medizinischen Rehabilitation (Abs. 1 Nr. 3)

16 Die Mitgliedschaft Versicherungspflichtiger bleibt auch erhalten, solange von einem Rehabilitationsträger während einer Leistung zur medizinischen Rehabilitation **Verletztengeld, Versorgungskrankengeld oder Übergangsgeld** gezahlt wird (Abs. 1 Nr. 3). Anspruch auf Verletztengeld gegen einen Rehabilitationsträger während einer Leistung zur medizinischen Rehabilitation besteht unter den Voraussetzungen der §§ 45 ff. SGB VII. Den Anspruch auf Versorgungskrankengeld regeln §§ 16 ff. Bundesversorgungsgesetz, den Anspruch auf Übergangsgeld normieren §§ 20 f. SGB VI.

---

40 BT-Dr. 18/4095, S. 73, 129.
41 BT-Dr. 18/4095, S. 73; Baier in: Krauskopf, § 192 SGB V Rn. 18 c.
42 S. https://www.pkv.de/w/files/organspende/selbstverpflichtung-pkv-09-02-2012.pdf (zuletzt abgerufen am 7.4.2017); s. auch BT-Dr. 17/9773, 42.
43 Vgl. § 45 a Abs. 2 Bundesbeihilfeverordnung (BBhV); § 9 Abs. 1 Nr. 11 Landesverordnung über die Gewährung von Beihilfen an Beamtinnen und Beamte in Schleswig-Holstein (BhVO); § 26 Hamburgische Beihilfeverordnung (HmbBeihVO); § 41 S. 1 Nr. 3 Niedersächsische Beihilfeverordnung (NBhVO); § 4 Abs. 1 Nr. 11 b Bremische Beihilfeverordnung (BremBVO); § 6 Abs. 1 Nr. 11 Hessische Beihilfeverordnung (HBeihVO); § 4 Abs. 1 Nr. 12 b Beihilfenverordnung NRW (BVO NRW); § 33 Abs. 1 S. 2 Beihilfenverordnung Rheinland-Pfalz (BVO); § 5 Abs. 1 Nr. 10 b Saarländische Beihilfeverordnung (SaarlBhVO); § 10 a Nr. 7 Beihilfeverordnung Baden-Württemberg (BVO); § 44 Nr. 1 Bayerische Beihilfeverordnung (BayBhV); § 45 Abs. 5 S. 2 Landesbeihilfeverordnung Berlin (LBhVO); § 80 Beamtengesetz für das Land Mecklenburg-Vorpommern (LBG M-V) iVm §§ 80 BBG, 45 Abs. 2 BBhV; § 44 Nr. 3 Thüringer Beihilfeverordnung (ThürBhV); § 32 Nr. 3 Sächsische Beihilfeverordnung (SächsBhV);§ 62 S. 1 Beamtengesetz für das Land Brandenburg (BbgLBG) iVm §§ 80 BBG, 45 Abs. 2 BBhV.
44 BT-Dr. 17/9773, 40.

Ausweislich des Wortlauts des § 192 Abs. 1 Nr. 3 bleibt die Mitgliedschaft des Versicherungspflichtigen nur erhalten, wenn er Verletztengeld, Versorgungskrankengeld oder Übergangsgeld tatsächlich bezieht; unerheblich ist, ob er auf diese Leistungen Anspruch hat. Dementsprechend berührt die Rückforderung rechtswidrig gezahlter Leistungen den Fortbestand der Mitgliedschaft in der Krankenversicherung nicht.[45] Ein Anspruch ohne tatsächliche Inanspruchnahme der Leistungen genügt für den Mitgliedschaftserhalt nach Abs. 1 Nr. 3 nicht.[46] 17

VI. Fortbestehen der Mitgliedschaft bei Bezug von Kurzarbeitergeld (Abs. 1 Nr. 4)

Abs. 1 Nr. 4 erhält die Mitgliedschaft Versicherungspflichtiger, solange sie **Kurzarbeitergeld** nach dem SGB III beziehen. Unter welchen Voraussetzungen Anspruch auf Kurzarbeitergeld besteht, regeln §§ 95 ff. SGB III. Ausweislich des Wortlautes des § 192 Abs. 1 Nr. 4 muss der Versicherungspflichtige das Kurzarbeitergeld tatsächlich beziehen; nicht maßgeblich ist, ob er es zu Recht bezieht.[47] Die Rückforderung rechtswidrig gewährter Kurzarbeitergeldzahlungen lässt den Fortbestand der Mitgliedschaft in der Krankenversicherung unberührt.[48] Der bloße Anspruch auf Kurzarbeitergeld ohne tatsächlichen Bezug der Leistung genügt für den Fortbestand der Mitgliedschaft des Leistungsberechtigten nicht. 18

VII. Fortbestehen der Mitgliedschaft bei Schwangerschaft (Abs. 2)

Abs. 2 enthält eine subsidiäre Vorschrift zum **Mitgliedschaftserhalt** bei Schwangerschaft. Eine nach anderen Vorschriften, etwa nach Abs. 1 Nr. 2,[49] fortbestehende Mitgliedschaft in der gesetzlichen Krankenversicherung ist gegenüber dem Mitgliedschaftserhalt nach Abs. 2 vorrangig. 19

Nach Abs. 2 bleibt die Mitgliedschaft Versicherungspflichtiger während der **Schwangerschaft** auch erhalten, wenn das Beschäftigungsverhältnis vom Arbeitgeber zulässig aufgelöst oder das Mitglied unter Wegfall des Arbeitsentgelts beurlaubt worden ist, es sei denn, es besteht eine Mitgliedschaft nach anderen Vorschriften. Die Mitgliedschaft kann bereits gem. § 7 Abs. 3 SGB IV für die Dauer eines Monats ab Wegfall des Arbeitsentgeltanspruchs fortbestehen. Ob der Arbeitgeber das **Arbeitsverhältnis** rechtmäßig aufgelöst hat, beurteilt sich vor allem nach § 9 MuSchG.[50] 20

Die Mitgliedschaft **endet** spätestens mit dem Ende der Schwangerschaft („während der Schwangerschaft"). Aus welchem Grund die Schwangerschaft endet (Geburt des Kindes, Fehlgeburt oder freiwilliger Abbruch), ist unerheblich. 21

Schwangere, deren Mitgliedschaft in der gesetzlichen Krankenversicherung gem. Abs. 2 erhalten bleibt, haben die **Beiträge** gem. § 250 Abs. 2 allein zu tragen. Die Höhe der beitragspflichtigen Einnahmen richtet sich nach der Satzung der Krankenkasse (§ 226 Abs. 3). 22

§ 193 [1]Fortbestehen der Mitgliedschaft bei Wehrdienst oder Zivildienst

(1) [1]Bei versicherungspflichtig Beschäftigten, denen nach § 1 Abs. 2 des Arbeitsplatzschutzgesetzes Entgelt weiterzugewähren ist, gilt das Beschäftigungsverhältnis als durch den Wehrdienst nach § 4 Abs. 1 und § 6b Abs. 1 des Wehrpflichtgesetzes nicht unterbrochen. [2]Dies gilt auch für Personen in einem Wehrdienstverhältnis besonderer Art nach § 6 des Einsatz-Weiterverwendungsgesetzes, wenn sie den Einsatzunfall in einem Versicherungsverhältnis erlitten haben.

(2) [1]Bei Versicherungspflichtigen, die nicht unter Absatz 1 fallen, sowie bei freiwilligen Mitgliedern berührt der Wehrdienst nach § 4 Abs. 1 und § 6b Abs. 1 des Wehrpflichtgesetzes eine bestehende Mitgliedschaft bei einer Krankenkasse nicht. [2]Die versicherungspflichtige Mitgliedschaft gilt als fortbestehend, wenn die Versicherungspflicht am Tag vor dem Beginn des Wehrdienstes endet oder wenn zwischen dem letzten Tag der Mitgliedschaft und dem Beginn des Wehrdienstes ein Samstag, Sonntag oder gesetzlicher Feiertag liegt. [3]Absatz 1 Satz 2 gilt entsprechend.

(3) Die Absätze 1 und 2 gelten für den Zivildienst entsprechend.

---

45 Klose in: Jahn ua, SGB V, § 192 Rn. 36 a.
46 Baier in: Krauskopf, § 192 SGB V Rn. 19; Nebendahl in: Spickhoff, Medizinrecht, § 192 SGB V Rn. 8; Klose in: Jahn ua, SGB V, § 192 Rn. 36 a; aA Peters in: KassKomm, § 192 SGB V Rn. 18.
47 Nebendahl in: Spickhoff, Medizinrecht, § 192 SGB V Rn. 9.
48 Klose in: Jahn ua, SGB V, § 192 Rn. 41.
49 Peters in: KassKomm, § 192 SGB V Rn. 20; Gerlach in: Hauck/Noftz, SGB V, § 192 Rn. 24.
50 Gerlach in: Hauck/Noftz, SGB V, § 192 Rn. 23; Nebendahl in: Spickhoff, Medizinrecht, § 192 SGB V Rn. 10.
1 Siehe KV-/PV-PauschalbeitragsVO.

(4) ¹Die Absätze 1 und 2 gelten für Personen, die Dienstleistungen oder Übungen nach dem Vierten Abschnitt des Soldatengesetzes leisten. ²Die Dienstleistungen und Übungen gelten nicht als Beschäftigungen im Sinne des § 5 Abs. 1 Nr. 1 und § 6 Abs. 1 Nr. 3.

(5) Die Zeit in einem Wehrdienstverhältnis besonderer Art nach § 6 des Einsatz-Weiterverwendungsgesetzes gilt nicht als Beschäftigung im Sinne von § 5 Abs. 1 Nr. 1 und § 6 Abs. 1 Nr. 3.

I. Entstehungsgeschichte, allgemeine Bedeutung und Normzweck 1	V. Fortbestehen der Mitgliedschaft von Personen, die Dienstleistungen oder Übungen nach dem Vierten Abschnitt Soldatengesetz leisten (Abs. 4)............................... 12
II. Fortbestehen der Mitgliedschaft versicherungspflichtig Beschäftigter während des Wehrdienstes (Abs. 1) 5	VI. Fortbestehen der Mitgliedschaft bei einem Wehrdienstverhältnis besonderer Art (Abs. 5) 14
III. Fortbestehen der Mitgliedschaft Versicherungspflichtiger, die nicht unter Abs. 1 fallen, und freiwilliger Mitglieder (Abs. 2) 9	
IV. Fortbestehen der Mitgliedschaft während des Zivildienstes (Abs. 3).................... 11	

I. Entstehungsgeschichte, allgemeine Bedeutung und Normzweck

1 § 193 ist durch Art. 1 des Gesetzes zur Strukturreform im Gesundheitswesen (Gesundheits-Reformgesetz – GRG) vom 20.12.1988 mit Wirkung zum 1.1.1989 erlassen worden.[2] Zum 29.7.1995 wurde § 193 durch Gesetz zur Änderung wehrpflichtrechtlicher, soldatenrechtlicher, beamtenrechtlicher und anderer Vorschriften vom 24.7.1995 um Abs. 4 ergänzt.[3] Durch das Gesetz zur Änderung wehrrechtlicher Vorschriften (Wehrrechtsänderungsgesetz) vom 15.12.1995 wurde zum 1.1.1996 in § 193 Abs. 1 und Abs. 2 der Verweis auf § 6 b Abs. 1 Wehrpflichtgesetz eingefügt.[4] Das Gesetz zur Reform der gesetzlichen Krankenversicherung ab dem Jahr 2000 (GKV-Gesundheitsreformgesetz 2000) vom 22.12.1999 hat zum 1.1.2000 Abs. 2 S. 2 aufgenommen.[5] Zum 18.12.2007 wurden durch Gesetz vom 12.12.2007 Abs. 1 um S. 2 und Abs. 2 um S. 3 ergänzt.[6]

2 § 193 regelt das **Fortbestehen der Mitgliedschaft** in der gesetzlichen Krankenversicherung während des Wehrdienstes oder Zivildienstes Versicherungspflichtiger. Die Ansprüche der Wehr- bzw. Zivildienstleistenden auf Leistungen der gesetzlichen Krankenversicherung ruhen während des **Wehr- bzw. Zivildienstes** (§ 16 Abs. 1 S. 1 Nr. 2 und Nr. 2 a); ihnen steht während des Wehrdienstes (oder Zivildienstes) stattdessen ein Anspruch auf unentgeltliche truppenärztliche Versorgung zu (s. § 6 Wehrsoldgesetz).

3 Mit dem Gesetz zur Änderung wehrrechtlicher Vorschriften 2011 (Wehrrechtsänderungsgesetz 2011 – WehrRÄndG 2011) vom 28.4.2011 wurde die **Wehrpflicht** außerhalb des Spannungs- oder Verteidigungsfalles beginnend vom 1.7.2011 ausgesetzt (s. § 2 WehrpflG).[7] Zum 1.7.2011 wurde die Möglichkeit eines freiwilligen Wehrdienstes geschaffen (s. §§ 58 b bis 58 h Soldatengesetz), auf den § 193 entsprechend anzuwenden ist (s. auch § 56 WehrPflG aF). Mit der Aussetzung des Wehrdienstes wurde auch der bis dahin von Kriegsdienstverweigerern zu leistende Zivildienst ausgesetzt (s. § 1 a Gesetz über den Zivildienst der Kriegsdienstverweigerer). An die Stelle des früheren Zivildienstes ist der Bundesfreiwilligendienst getreten. Die Ableistung von Bundesfreiwilligendienst nach dem Gesetz über den Bundesfreiwilligendienst (BFDG)[8] ist jedoch mit dem vormaligen Zivildienst, der ein Ersatzdienst für den Kriegsdienst war, inhaltlich nicht vergleichbar, so dass er von § 193 nicht erfasst ist. Bundesfreiwilligendienst leistende Personen sind vielmehr gem. § 13 Abs. 2 S. 1 BFDG den Dienstleistenden nach dem Gesetz zur Förderung von Jugendfreiwilligendiensten (Jugendfreiwilligendienstegesetz – JFDG)[9] gleichgestellt. Bundesfreiwilligendienstleistende sind als Beschäftigte gegen Arbeitsentgelt gem. § 5 Abs. 1 Nr. 1 versicherungspflichtig (auch bei Geringfügigkeit, § 7 Abs. 1 Nr. 3),[10] so dass § 193 für sie nicht zum Tragen kommt. Abs. 3 läuft daher leer.

---

2 BGBl. I 1988, 2477 ff.
3 BGBl. I 1995, 962 ff.
4 BGBl. I 1995, 1726 ff.
5 BGBl. I 1999, 2626 ff.
6 BGBl. I 2007, 2861 ff.
7 BGBl. I 2011, 678 ff.
8 BGBl. I 2011, 687 ff.
9 Gesetz vom 16.5.2008, BGBl. I, 842.
10 Peters in: KassKomm, § 7 SGB V Rn. 18.

§ 193 dient dem **Zweck**, die Mitgliedschaft versicherungspflichtiger bzw. freiwilliger Mitflieder in der gesetzlichen Krankenversicherung zu erhalten, während sie zum Wohle der Allgemeinheit Wehrdienst (oder Zivildienst) leisten.

II. Fortbestehen der Mitgliedschaft versicherungspflichtig Beschäftigter während des Wehrdienstes (Abs. 1)

Gemäß Abs. 1 S. 1 gilt bei **versicherungspflichtig Beschäftigten**, denen nach § 1 Abs. 2 Arbeitsplatzschutzgesetz Entgelt weiterzugewähren ist, das Beschäftigungsverhältnis als durch den Wehrdienst nach § 4 Abs. 1 und § 6 b Abs. 1 Wehrpflichtgesetz nicht unterbrochen. Dies gilt auch für Personen in einem Wehrdienstverhältnis besonderer Art nach § 6 Einsatz-WVG, wenn sie den Einsatzunfall in einem Versicherungsverhältnis erlitten haben (§ 193 Abs. 1 S. 2). Bei der Einberufung zu einem Wehrdienst hat bei versicherungspflichtig Beschäftigten der Arbeitgeber und bei Arbeitslosen die Agentur für Arbeit den Beginn des Wehrdienstes sowie das Ende des Grundwehrdienstes und einer Wehrübung oder einer Dienstleistung oder Übung nach dem Vierten Abschnitt des Soldatengesetzes der zuständigen Krankenkasse unverzüglich zu melden (§ 204 Abs. 1 S. 1).

§ 193 Abs. 1 findet auf versicherungspflichtig Beschäftigte Anwendung, die **Wehrdienst** iSd § 4 Abs. 1 (v.a. Grundwehrdienst) und § 6 b Abs. 1 Wehrpflichtgesetz (Wehrübungen) leisten und während des Wehrdienstes gem. § 1 Abs. 2 ArbPlSchG Anspruch auf Entgeltfortzahlung haben. Nach § 1 Abs. 2 ArbPlSchG haben die Arbeitnehmer im öffentlichen Dienst während des Wehrdienstes Anspruch auf Entgeltfortzahlung. Das Beschäftigungsverhältnis dieser Arbeitnehmer gilt gem. § 193 Abs. 1 während des Wehrdienstes als nicht unterbrochen, so dass die Mitgliedschaft in der gesetzlichen Krankenversicherung während des fingierten Fortbestands des Beschäftigungsverhältnisses erhalten bleibt. Voraussetzung für die Anwendbarkeit des Abs. 1 ist allerdings, dass zu Beginn des Wehrdienstes ein Beschäftigungsverhältnis mit entsprechender Versicherungspflicht bestand.

Abs. 1 S. 2 erstreckt die Weitergeltung des Beschäftigungsverhältnisses unter den Voraussetzungen des Abs. 1 auch auf Personen, die in einem **Wehrdienstverhältnis besonderer Art** nach § 6 EinsatzWVG stehen, wenn sie einen Einsatzunfall in einem Versicherungsverhältnis erlitten haben. Umstritten ist, ob sich der Verweis in Abs. 1 S. 2 auf Abs. 1 S. 1 auch auf das Erfordernis des weiterhin bestehenden Entgeltanspruchs bezieht. Abs. 1 S. 2 beinhaltet einen Rechtsgrundverweis und keinen Rechtsfolgenverweis,[11] weil der Fall, dass kein Anspruch auf Entgeltfortzahlung besteht, von Abs. 2 erfasst ist (→ Rn. 9 f.).

Die **Krankenversicherungsbeiträge** für die von Abs. 2 und Abs. 3 begünstigten Personen werden während des Fortbestehens der Mitgliedschaft gem. § 251 Abs. 4 vom Bund getragen, allerdings in geringerer Höhe (s. § 244 Abs. 1 Nr. 1), da der Anspruch auf Leistungen der gesetzlichen Krankenversicherung während des Wehrdienstes gem. § 16 Abs. 1 S. 1 Nr. 2 bzw. Nr. 2 a ruht.

III. Fortbestehen der Mitgliedschaft Versicherungspflichtiger, die nicht unter Abs. 1 fallen, und freiwilliger Mitglieder (Abs. 2)

Bei Versicherungspflichtigen, die nicht unter Abs. 1 fallen, sowie bei freiwilligen Mitgliedern berührt der Wehrdienst nach § 4 Abs. 1 und § 6 b Abs. 1 Wehrpflichtgesetz eine bestehende Mitgliedschaft bei einer Krankenkasse nicht (§ 193 Abs. 2 S. 1). Zu den Versicherungspflichtigen iSd Abs. 2 S. 1, die nicht unter Abs. 1 fallen, gehören insbesondere versicherungspflichtig Beschäftigte, die keinen Anspruch auf Entgeltfortzahlung gem. § 1 ArbPlSchG haben, andere Versicherungspflichtige und freiwillig Versicherte. Bei diesen Versicherungspflichtigen und freiwilligen Mitgliedern berührt der Wehrdienst nach § 4 Abs. 1 und § 6 b Abs. 1 Wehrpflichtgesetz eine bestehende Mitgliedschaft bei einer Krankenkasse nicht; dh, die Mitgliedschaft in der Krankenversicherung besteht während des Wehrdienstes fort. Auf Familienversicherte iSd § 10 findet § 193 Abs. 2 keine Anwendung, weil sie nicht Mitglied in der gesetzlichen Krankenversicherung sind.[12]

Gemäß Abs. 2 S. 2 gilt die versicherungspflichtige Mitgliedschaft als fortbestehend, wenn die Versicherungspflicht am Tag vor dem Beginn des Wehrdienstes endet oder wenn zwischen dem letzten Tag der Mitgliedschaft und dem Beginn des Wehrdienstes ein **Samstag, Sonntag oder gesetzlicher Feiertag** liegt (Abs. 2 S. 2). Abs. 2 S. 2 schafft Rechtssicherheit hinsichtlich des Fortbestands der Mitgliedschaft in Fällen, in denen die Versicherungspflicht bereits an dem Tag vor dem Antritt des Wehrdienstes endet

---

11 Vgl. Peters in: KassKomm, § 193 SGB V Rn. 3; Klose in: Jahn ua, SGB V, § 193 Rn. 14 d.
12 Gerlach in: Hauck/Noftz, SGB V, § 193 Rn. 9; Klose in: Jahn ua, SGB V, § 193 Rn. 15 a.

oder zwischen dem Ende der Versicherungspflicht und dem Beginn des Wehrdienstes ein Wochenendtag oder ein gesetzlicher Feiertag liegt.[13] Da Abs. 1 S. 2 im Rahmen des Abs. 2 gem. Abs. 2 S. 3 entsprechend gilt, finden die Regelungen zum Fortbestehen der Mitgliedschaft nach Abs. 2 S. 1 und 2 auch auf Personen in einem Wehrdienstverhältnis besonderer Art nach § 6 Einsatz-WVG Anwendung, wenn sie den Einsatzunfall in einem Versicherungsverhältnis erlitten haben.

IV. Fortbestehen der Mitgliedschaft während des Zivildienstes (Abs. 3)

11 Nach Abs. 3 gelten die Regelungen des Abs. 1 und Abs. 2 für den **Zivildienst** entsprechend. Da der Zivildienst mit der Aussetzung der Wehrpflicht außerhalb des Spannungs- oder Verteidigungsfalles ebenfalls ausgesetzt wurde (s. § 1a Gesetz über den Zivildienst der Kriegsdienstverweigerer), läuft § 193 Abs. 3 leer. Auf den Bundesfreiwilligendienst nach dem Gesetz über den Bundesfreiwilligendienst (BFDG) ist Abs. 3 nicht anwendbar, weil der Bundesfreiwilligendienst anders als der vormalige Zivildienst kein (zwingend zu leistender) Ersatzdienst für Wehrdienstverweigerer ist (→ Rn. 3).

V. Fortbestehen der Mitgliedschaft von Personen, die Dienstleistungen oder Übungen nach dem Vierten Abschnitt Soldatengesetz leisten (Abs. 4)

12 Abs. 1 und 2 gelten auch für Personen, die Dienstleistungen oder Übungen nach dem Vierten Abschnitt des **Soldatengesetzes** leisten (Abs. 4 S. 1). Dienstleistungen oder Übungen nach dem Vierten Abschnitt des Soldatengesetzes sind Dienstleistungen oder Übungen iSd §§ 60 bis 63 a Soldatengesetz, die von nicht wehrpflichtigen früheren Berufssoldaten, früheren Soldaten auf Zeit und freiwillig Dienstleistenden (s. § 59) verrichtet werden. Während dieser Dienstleistungen und Übungen besteht die Mitgliedschaft in der gesetzlichen Krankenversicherung fort. Der Verweis auf Abs. 1 und 2 in Abs. 4 S. 1 dürfte dabei als Rechtsfolgenverweis, nicht als Rechtsgrundverweis zu interpretieren sein.

13 Diese **Dienstleistungen und Übungen** iSd §§ 60 ff. Soldatengesetz gelten nicht als Beschäftigung iSd § 5 Abs. 1 Nr. 1 und § 6 Abs. 1 Nr. 3 (§ 193 Abs. 4 S. 2), so dass die fortbestehende Versicherung nicht durch eine neue Versicherung aus anderem Rechtsgrund verdrängt wird.[14]

VI. Fortbestehen der Mitgliedschaft bei einem Wehrdienstverhältnis besonderer Art (Abs. 5)

14 Nach Abs. 5 gilt die Zeit in einem Wehrdienstverhältnis besonderer Art nach § 6 Einsatz-WVG nicht als Beschäftigung iSd § 5 Abs. 1 Nr. 1 und § 6 Abs. 1 Nr. 3. § 193 Abs. 5 beinhaltet eine Abs. 4 S. 2 entsprechende Regelung. In einem **Wehrdienstverhältnis besonderer Art** iSd § 6 Einsatz-WVG stehen Soldatinnen und Soldaten, die einsatzgeschädigt sind, dh die eine nicht nur geringfügige gesundheitliche Schädigung durch einen Einsatzunfall iSv § 63c Soldatenversorgungsgesetz erlitten haben (S. § 1 Einsatz-WVG), die nicht in einem auf Lebenszeit angelegten Wehrdienstverhältnis stehen und deren Wehrdienstverhältnis während des Schutzzeit durch Zeitablauf endet oder aus diesem Grund zu beenden wäre (s. § 6 Abs. 1 Einsatz-WVG). Das Wehrdienstverhältnis besonderer Art endet, mit der Folge, dass auch der Fortbestand der Mitgliedschaft in der gesetzlichen Krankenversicherung nach § 193 Abs. 5 endet, durch eine Berufung in das Dienstverhältnis einer Berufssoldatin oder eines Berufssoldaten nach § 7 Abs. 1 Einsatz-WVG (§ 6 Abs. 3 Nr. Einsatz-WVG), durch eine Berufung in das Dienstverhältnis einer Beamtin oder eines Beamten nach § 8 Abs. 1 S. 1 Nr. 1 Einsatz-WVG (§ 6 Abs. 3 Nr. 2 Einsatz-WVG) oder durch eine Einstellung als Arbeitnehmerin oder Arbeitnehmer nach § 8 Abs. 1 S. 1 Nr. 2 Einsatz-WVG mit dem Beginn des Arbeitsverhältnisses (§ 6 Abs. 3 Nr. 3 Einsatz-WVG) oder mit Ablauf des Monats, in dem die oder der Einsatzgeschädigte das 65. Lebensjahr vollendet (§ 6 Abs. 3 Nr. 4 Einsatz-WVG).

Zweiter Titel Satzung, Organe

§ 194 Satzung der Krankenkassen

(1) Die Satzung muß insbesondere Bestimmungen enthalten über
1. Namen und Sitz der Krankenkasse,
2. Bezirk der Krankenkasse und Kreis der Mitglieder,

---

13 Vgl. BT-Dr. 14/1977, 175.
14 Peters in: KassKomm, § 193 SGB V Rn. 14.

3. Art und Umfang der Leistungen, soweit sie nicht durch Gesetz bestimmt sind,
4. Festsetzung des Zusatzbeitrags nach § 242,
5. Zahl der Mitglieder der Organe,
6. Rechte und Pflichten der Organe,
7. Art der Beschlußfassung des Verwaltungsrates,
8. Bemessung der Entschädigungen für Organmitglieder,
9. jährliche Prüfung der Betriebs- und Rechnungsführung und Abnahme der Jahresrechnung,
10. Zusammensetzung und Sitz der Widerspruchsstelle und
11. Art der Bekanntmachungen.

(1 a) ¹Die Satzung kann eine Bestimmung enthalten, nach der die Krankenkasse den Abschluss privater Zusatzversicherungsverträge zwischen ihren Versicherten und privaten Krankenversicherungsunternehmen vermitteln kann. ²Gegenstand dieser Verträge können alle Leistungen sein, die den gesetzlichen Krankenversicherungsschutz ergänzen, insbesondere Ergänzungstarife zur Kostenerstattung, Wahlarztbehandlung im Krankenhaus, Ein- oder Zweibettzuschlag im Krankenhaus sowie eine Auslandskrankenversicherung.

(2) ¹Die Satzung darf keine Bestimmungen enthalten, die den Aufgaben der gesetzlichen Krankenversicherung widersprechen. ²Sie darf Leistungen nur vorsehen, soweit dieses Buch sie zuläßt.

Literatur:
Finkenbusch, Die Satzung der Krankenversicherungsträger, WzS 1992, 1; *Marburger*, Satzungshoheit im Leistungsrecht der gesetzlichen Krankenversicherung, WzS 2011, 325; *Molt*, „Koexistenz statt Konkurrenz" – Private und Gesetzliche Krankenversicherung in einer neuen Dualität, KrV 2010, 332; *Obländer*, Kooperationen von GKV und PKV, Zeitschrift für Versicherungswesen 2010, 842; *Reiff*, Die Vermittlung privater Krankenzusatzversicherungen durch gesetzliche Krankenversicherungen, FS Lorenz, 353; *Schlaeger*, Rechtsfolgen einer nichtigen Satzungsbestimmung, SGb 2007, 593; *Schwintowski*, Chancen und rechtliche Grenzen bei der Vermittlung von Zusatzversicherungen, BKK 2003, 608.

I. Entstehungsgeschichte 1	8. Beschlussfassung des Verwaltungsrates (Abs. 1 Nr. 7) 11
II. Normzweck 2	9. Entschädigung für Organmitglieder (Abs. 1 Nr. 8) 12
III. Notwendiger Inhalt (insbes. Abs. 1) 4	
1. Überblick 4	
2. Name und Sitz der Krankenkasse (Abs. 1 Nr. 1) 5	10. Prüfung der Betriebs- und Rechnungsführung und Abnahme der Jahresrechnung (Abs. 1 Nr. 9) 13
3. Bezirk der Krankenkasse und Kreis der Mitglieder (Abs. 1 Nr. 2) 6	11. Zusammensetzung und Sitz der Widerspruchsstelle (Abs. 1 Nr. 10) 14
4. Art und Umfang der Leistungen (Abs. 1 Nr. 3) 7	12. Art der Bekanntmachungen (Abs. 1 Nr. 11) 15
5. Zusatzbeitrag (Abs. 1 Nr. 4) 8	
6. Zahl der Mitglieder der Organe (Abs. 1 Nr. 5) 9	IV. Vermittlung von privaten Zusatzversicherungsverträgen (Abs. 1 a) 16
7. Rechte und Pflichte der Organe (Abs. 1 Nr. 6) 10	V. Unzulässiger Inhalt (Abs. 2) und dessen Folgen 22

I. Entstehungsgeschichte

Am 1.1.1989 ist § 194 aufgrund Art. 1 GRG vom 20.12.1988 (BGBl. I, 2477) in Kraft getreten. Abs. 1 erweitert den Mindestinhalt einer Satzung über § 321 RVO aF hinaus und deren Nr. 9 konkretisiert § 77 SGB IV; Abs. 2 konkretisiert § 30 SGB IV in Entsprechung zu § 323 RVO aF (BT-Dr. 11/2237, 218). Die Änderung der Organisationsstruktur und Einfügung des Verwaltungsrates (→ § 197 Rn. 1) führte zu einer Anpassung des Abs. 1 Nr. 7 durch Art. 1 Nr. 121 GSG vom 21.12.1992 (BGBl. I, 2266) zum 1.1.1996 (vgl. BT-Dr. 12/3608, 114). Zum 1.1.2004 wurde Abs. 1 a durch Art. 1 Nr. 136 GMG vom 14.11.2003 (BGBl. I, 2190) eingefügt. Abs. 1 Nr. 4 erhielt als Folgeänderung im Hinblick auf die Einführung des einheitlichen allgemeinen Beitragssatzes (BT-Dr. 16/3100, 159) durch Art. 1 Nr. 140 GKV-WSG vom 26.3.2007 (BGBl. I, 378) mWv 1.1.2009 eine neue Fassung. Zum 1.1.2011 wurde Abs. 1 a S. 2 durch Art. 1 Nr. 12 a GKV-FinG vom 22.12.2010 (BGBl. I, 2309) zur Klarstellung neugefasst (BT-Dr. 17/3696, 47). Die Regelung in Abs. 1 Nr. 4 wurde mWv 1.1.2015 durch Art. 1 Nr. 11, 17

1

Abs. 1 des GKV-Finanzstruktur- und Qualitäts-Weiterentwicklungsgesetzes (GKV-FQWG) vom 21.7.2014 (BGBl. I, 1133) an das neue System der Zusatzbeiträge angepasst (BT-Dr. 18/1307, 39).[1]

II. Normzweck

2   Jede Kasse ist gem. § 34 Abs. 1 S. 1 SGB IV verpflichtet, eine Satzung zu erlassen. Der Erlass einer Satzung ist erforderlich bei Errichtung oder Vereinigung von Kassen (vgl. §§ 144 Abs. 3, 146 Abs. 2, 148 Abs. 3 S. 2, 150 Abs. 2, 158 Abs. 3 S. 1, 160 Abs. 2 S. 2, 168 a Abs. 1 S. 2, 171 a Abs. 1 S. 1). „Satzungen sind Rechtsvorschriften, die von einer dem Staat eingeordneten juristischen Person des öffentlichen Rechts im Rahmen der ihr gesetzlich verliehenen Autonomie mit Wirksamkeit für die ihr angehörigen und unterworfenen Personen erlassen werden."[2] Dementsprechend erlassen die Kassen die Satzung kraft der ihr gesetzlich zugewiesenen Kompetenzen als Teil ihres **autonomen Rechts**, wie aus § 33 Abs. 1 S. 1 SGB IV und § 197 Abs. 1 Nr. 1 erkennbar ist.[3]

3   § 194 bezweckt die Konkretisierung dieser allgemeinen Grundsätze für den Bereich Kassen. Dazu zählt Abs. 1 nicht abschließend den **zwingenden Mindestinhalt** der Satzung auf. Darüber hinaus kann die Kasse gem. Abs. 1a bestimmen, ob und wie sie private Zusatzversicherungsverträge vermittelt. Abs. 2 regelt die inhaltlichen Grenzen der Satzung. Außerdem wird die Satzung vom Verwaltungsrat geändert (§ 197 Abs. 1 Nr. 1), bedarf der Genehmigung gem. § 195 Abs. 1 und wird schließlich gem. § 34 Abs. 2 S. 1 SGB IV iVm Nr. 11 (→ Rn. 15) bekanntgemacht und darf gem. § 196 Abs. 1 eingesehen werden. Berichtigung und Änderung infolge nachträglich eingetretener Umstände erfolgen gem. § 195 Abs. 2 und 3.

III. Notwendiger Inhalt (insbes. Abs. 1)

4   **1. Überblick.** Abs. 1 legt einen Teil des Mindestinhalts von Satzungen fest. Sonderregeln für notwendigen Inhalt enthalten § 13 Abs. 2 S. 9 und Abs. 4 S. 4 (Verfahren der Kostenerstattung), § 53 Abs. 3, 6 (Wahltarife) und § 147 Abs. 2 S. 3 (Kosten für Personal einer BKK). Möglichkeiten für **fakultativen Inhalt** enthalten bspw. § 9 Abs. 1 Nr. 4 (Altersgrenze für Beitritt), Satzungsleistungen (→ Rn. 7), § 14 Abs. 1 (Teilkostenerstattung), § 53 Abs. 1, 2, 4, 5 (Wahltarife), § 53 Abs. 7 (Prämienzahlung), § 65 a (Bonus für gesundheitsbewusstes Verhalten) und § 112 Abs. 2 SGB IV (Einspruchsstelle, → Rn. 14).

5   **2. Name und Sitz der Krankenkasse (Abs. 1 Nr. 1).** Der gem. Abs. 1 Nr. 1 in der Satzung zu bestimmende Name muss die Kassenart erkennen lassen, einen Bezug zur Zuständigkeit oder zum Sitz haben und eine Verwechslung ausschließen.[4] Für den Sitz ist nach den tatsächlichen Verhältnissen auf den politischen Ort der Hauptverwaltung abzustellen.[5] Unzulässig sind ein Doppelsitz wegen fehlender Rechtsklarheit und Rechtssicherheit[6] sowie eine Änderung des Kassensitzes, nur um einem anderen Landesverband anzugehören.[7]

6   **3. Bezirk der Krankenkasse und Kreis der Mitglieder (Abs. 1 Nr. 2).** Bezirk der Kasse und Kreis der Mitglieder werden entgegen Abs. 1 Nr. 2 nicht durch die Satzung „bestimmt", sondern nur deklaratorisch angegeben, denn sie beruhen auf den organisationsrechtlichen Regelungen der §§ 143 ff. und den allgemeinen Regelungen über die Mitgliedschaft gem. §§ 186 ff.[8]

7   **4. Art und Umfang der Leistungen (Abs. 1 Nr. 3).** Nach Abs. 1 Nr. 3 müssen Satzungen Bestimmungen enthalten über Art und Umfang der Leistungen, soweit sie nicht durch Gesetz bestimmt sind. Dabei hat der Satzungsgeber für Gestaltungsleistungen jeweils nur ein begrenztes, vom Gesetz eröffnetes Gestaltungsfeld, während grundlegende Umgestaltungen dem Gesetzgeber vorbehalten bleiben.[9] Die zusätzlichen Leistungen dürfen inhaltlich ieS keine neuen Leistungen, sondern nur eine Weiterentwick-

---

1 Zur vorherigen Rechtslage s. 1. Aufl. Rn. 8, und zur Veränderung 1. Aufl. Rn. 25.
2 BVerfG, 9.5.1972, 1 BvR 518/62 und 308/64, BVerfGE 33, 125, 156.
3 Finkenbusch, WzS 1992, 1.
4 Baier in: Krauskopf, § 194 SGB V Rn. 6.
5 Baier in: Krauskopf, § 194 SGB V Rn. 6; Kauke in: Müller (ua), SGB V Onlinekommentar (Jurion), § 194 Rn. 6.
6 Baier in: Krauskopf, § 194 SGB V Rn. 6.
7 LSG Essen, 20.6.1985, L 16 Kr 99/83.
8 Baier in: Krauskopf, § 194 SGB V Rn. 7. Für den Bezirk auch: BAG, 21.1.2014, 3 AZR 829/11, juris Rn. 33; 21.1.2014, 3 AZR 860/11, BAGE 147, 138 juris Rn. 34; 21.1.2014, 3 AZR 905/11, juris Rn. 32; 21.1.2014, 3 AZR 946/11, juris Rn. 34.
9 BSG, 31.5.2016, B 1 A 2/15 R, juris Rn. 19.

lung der Regelversorgung darstellen, insbes. dürfen die KK die Leistungen nach Voraussetzungen, Inhalt und Umfang, nicht aber in ihrer Art und Funktion verändern, dh wesensmäßig zu einer anderen umgestalten.[10] Dies wird durch Abs. 2 S. 2 ergänzt, wonach nur Leistungen vorgesehen werden dürfen, soweit das SGB V sie zulässt (→ Rn. 23). Dies beruht auf der Unterscheidung von **Satzungsleistungen und Gesetzesleistungen**. Danach darf die Satzung Bestimmungen über Leistungen ausschließlich hinsichtlich jener Leistungen nach Abs. 1 Nr. 3 enthalten, die nicht bereits durch Gesetz bestimmt sind. Jedoch hindert dies den Satzungsgeber nicht, auf gesetzliche Regelungen Bezug (Hinweis oder wörtliches Zitat) zu nehmen, soweit nicht der Gesetzeswortlaut verlassen wird oder die eigenständige Wiedergabe des Gesetzesinhalts oder seine Auslegung erfolgt.[11]

5. Zusatzbeitrag (Abs. 1 Nr. 4). Mit Wirkung vom **1.1.2015** wurde die Regelungsbefugnis der Krankenkassen in Abs. 1 Nr. 4 durch Ar. 1 Nr. 11, 17 Abs. 1 des **GKV-Finanzstruktur- und Qualitäts-Weiterentwicklungsgesetzes (GKV-FQWG)** vom 21.7.2014[12] an das neue System der Zusatzbeiträge angepasst. Korrespondierend zu § 214 Abs. 1 wird in Abs. 1 Nr. 4 klargestellt, dass in der Satzung die Festsetzung des Zusatzbeitrags nach § 242 zu regeln ist.[13] Dies wurde in der Bundestagsdebatte[14] von *Weinberg* (DIE LINKE) insoweit kritisiert, als die Arbeitgeberseite über die Einführung von Zusatzbeiträgen, die sie selber überhaupt nicht betreffen, mit entscheidet, wodurch die Selbstverwaltungsstrukturen delegitimiert würden. Nicht mehr in der Satzung festgesetzt werden die Fälligkeit und Zahlung des Zusatzbeitrags, weil dafür die Regelungsbefugnis entfallen ist, denn im Hinblick auf die Umstellung auf den Quellenabzug wird ausdrücklich im neuen § 242 Abs. 4 geregelt, dass für die Zusatzbeiträge die Vorschriften des Zweiten und Dritten Abschnitts des Vierten Buches entsprechend gelten.[15] 8

6. Zahl der Mitglieder der Organe (Abs. 1 Nr. 5). Die Zahl der Mitglieder der Organe (vgl. § 31 SGB IV) sind gem. Abs. 1 Nr. 5 in der Satzung am Maßstab des § 43 Abs. 1 S. 1 SGB IV entsprechend der **Größe der Kasse** zu bestimmen. Der Verwaltungsrat der in § 35 a Abs. 1 SGB IV genannten Kassen darf gem. § 43 Abs. 1 S. 2 Hs. 2 SGB IV höchstens 30 Mitglieder haben. Die Zusammensetzung des Verwaltungsrates richtet sich nach §§ 44, 47 SGB IV. Für die Zahl der Mitglieder des hauptamtlichen Vorstandes von AOK, IKK und BKK legt § 35 a Abs. 4 SGB IV Obergrenzen fest, während die konkrete Zahl im Einzelfall in der Satzung zu bestimmen ist und zwar auch dann, wenn die zugelassene Höchstzahl ausgeschöpft wird.[16] 9

7. Rechte und Pflichte der Organe (Abs. 1 Nr. 6). Auch die Rechte und Pflichten der Organe (vgl. § 31 SGB IV) sind nach Abs. 1 Nr. 6 in der Satzung zu bestimmen. Dadurch können die Aufgaben und Zuständigkeiten des Verwaltungsrats und des hauptamtlichen Vorstands im Rahmen der gesetzlichen Regelungen (→ § 197 Rn. 5) voneinander abgegrenzt werden. 10

8. Beschlussfassung des Verwaltungsrates (Abs. 1 Nr. 7). Für Satzungsbestimmungen über die Art der Beschlussfassung des Verwaltungsrates gem. Abs. 1 Nr. 7 verbleibt nur wenig Anwendungsspielraum, weil die Beschlussfassung bereits in § 64 SGB IV sehr detailliert geregelt ist. Als Satzungsbestimmungen in Betracht kommen von § 64 Abs. 1 S. 1 und Abs. 2 S. 1 SGB IV abweichende Mehrheiten für die Beschlussfähigkeit und die Beschlussfassung sowie die Zulassung der schriftlichen Abstimmung (§ 64 Abs. 3 S. 2 SGB IV), demgegenüber wird die Art der Abstimmung (zB durch Handzeichen, schriftliche oder namentliche Abstimmung) üblicherweise in den Geschäftsordnungen (vgl. § 63 Abs. 1 SGB IV) ausreichend geregelt.[17] 11

9. Entschädigung für Organmitglieder (Abs. 1 Nr. 8). In der Satzung hat gem. Abs. 1 Nr. 8 die Bemessung der Entschädigung für Organmitglieder zu erfolgen. Auch wenn der Vorstand gem. § 31 SGB IV ein Organ ist, betrifft die Regelungen nach Nr. 8 nur die Ergänzung der bereits überwiegend durch § 41 SGB IV geregelten Entschädigung der **ehrenamtlich Tätigen**. In der Satzung können konstitutiv nur die festen Sätze und die Pauschbeträge geregelt werden, die schon gem. § 33 Abs. 3 S. 2 iVm § 41 12

---

10 LSG Darmstadt, 15.5.2014, L 1 KR 56/13 KL, juris Rn. 24.
11 BSG, 24.4.2002, B 7/1 A 4/00 R, BSGE 89, 227, 231 ff.
12 BGBl. I, 1133, 1136, 1147.
13 BT-Dr. 18/1307, 39.
14 Plenarprotokoll 18/34, 2870.
15 Vgl. BT-Dr. 18/1307, 43.
16 Baier in: Krauskopf, § 194 SGB V Rn. 12.
17 Baier in: Krauskopf, § 194 SGB V Rn. 14.

Abs. 4 SGB IV vom Verwaltungsrat beschlossen und von der Aufsichtsbehörde genehmigt werden müssen.[18]

13   10. **Prüfung der Betriebs- und Rechnungsführung und Abnahme der Jahresrechnung (Abs. 1 Nr. 9).** Die nach Abs. 1 Nr. 9 erforderliche Bestimmung der jährlichen Prüfung der Betriebs- und Rechnungsführung und Abnahme der Jahresrechnung enthält eine Konkretisierung des § 77 SGB IV.[19] Dementsprechend regeln auch § 197 Abs. 1 Nr. 2 und 3 die Zuständigkeit des Verwaltungsrates für die Feststellung des Haushaltsplanes sowie die Entlastung des Vorstandes zur Jahresrechnung. Nach § 31 SVHV (zuletzt geändert durch Art. 13 Abs. 18 Gesetz vom 12.4.2012, BGBl. I, 579) ist die Jahresrechnung durch eine Prüfstelle bzw. sachverständige Prüfer zu prüfen und über deren Ergebnis ein Prüfbericht aufzustellen. Anschließend hat der Vorstand gem. § 32 SVHV die geprüfte Jahresrechnung mit Prüfbericht und seiner Stellungnahme dem Verwaltungsrat zur Entlastung vorzulegen. Ergänzende konstitutive Satzungsbestimmungen können bspw. die Prüfstellen und deren Einsichtsrechte sowie die Einrichtung von vorberatenden Ausschüssen regeln.[20]

14   11. **Zusammensetzung und Sitz der Widerspruchsstelle (Abs. 1 Nr. 10).** Abs. 1 Nr. 10 verlangt eine Satzungsregelung für die Zusammensetzung und den Sitz der **Widerspruchsstelle**. Bereits gem. § 85 Abs. 1 Nr. 2 SGG (iVm § 33 Abs. 3 S. 2 SGB IV analog) ist für Widerspruchsbescheide die vom Verwaltungsrat bestimmte Stelle zuständig. Der Erlass von Widerspruchsbescheiden kann im Rahmen des § 36 a SGB IV auf Besondere Ausschüsse übertragen werden. Sitz der Widerspruchsstelle ist der Ort, an dem die Mitglieder zusammentreten und ihre Entscheidungen treffen.[21] Außerdem kann eine Einrichtung mehrerer Widerspruchsstellen und ihre Abgrenzung zueinander (zB nach regionalen oder fachlichen Inhalten) der Satzung geregelt werden,[22] auch wenn nur im Rahmen des § 36 a SGB IV der Plural verwendet wird. Darüber hinaus ist es sinnvoll in der Satzung zu regeln, welche Stelle gem. § 112 Abs. 2 SGB IV zur Behandlung von **Einsprüchen gegen Bußgeldbescheide** zuständig ist.[23]

15   12. **Art der Bekanntmachungen (Abs. 1 Nr. 11).** Nach Abs. 1 Nr. 11 ist die Art der Bekanntmachungen in der Satzung zu regeln. Für die Bekanntmachung von autonomem Recht der Kasse ergibt sich dies aus § 34 Abs. 2 S. 3 SGB IV, in deren S. 2 die „öffentliche" Bekanntmachung gefordert ist. Die in der Satzung festgelegte Art der Bekanntmachung muss rechtsstaatlichen Anforderungen[24] genügen.

IV. Vermittlung von privaten Zusatzversicherungsverträgen (Abs. 1 a)

16   Vor Einfügung des Abs. 1 a hatte der BGH entschieden, dass die Vermittlung einer privaten Zusatzsterbegeldversicherung durch eine Krankenkasse wettbewerbswidrig iS des § 1 UWG war, weil die Kasse durch die Vermittlung gegen das Verbot des § 30 Abs. 1 SGB IV verstieß, wonach die Träger der Sozialversicherung nur Geschäfte zur Erfüllung ihrer gesetzlich vorgeschriebenen oder zugelassen Aufgaben führen dürfen. Daher ist für eine Vermittlungstätigkeit der Kassen eine gesetzliche Ermächtigung aufgrund einer wirtschaftspolitischen Entscheidung notwendig.[25] Als Reaktion darauf wurde Abs. 1 a erlassen, um den Kassen nun die Möglichkeit einzuräumen, mit privaten Krankenversicherungsunternehmen zu kooperieren, damit dem Wunsch der Versicherten Rechnung getragen werden kann, bestimmte Versicherungen, die ihren Krankenversicherungsschutz ergänzen, über ihre Kasse abschließen zu können.[26] Dementsprechend kann der Regelung auch keine für Wahltarife, deren Leistungsumfang den üblichen Zusatzversicherungen entspricht, einschränkende Wirkung entnommen werden.[27] Mittlerweile kooperieren fast alle gesetzlichen Kassen mit einer privaten Krankenversicherung, wobei allerdings sechs von zehn befragten Kassen unzufrieden mit der Kooperation sind.[28] Nichtsdestoweniger wird die Kooperation insgesamt positiv bewertet.[29]

---

18 Baier in: Krauskopf, § 194 SGB V Rn. 15.
19 BT-Dr. 11/2237, 218.
20 Baier in: Krauskopf, § 194 SGB V Rn. 16.
21 Kauke in: Müller (ua), SGB V Onlinekommentar (Jurion), § 194 Rn. 6.
22 Baier in: Krauskopf, § 194 SGB V Rn. 17; Kauke in: Müller (ua), SGB V Onlinekommentar (Jurion), § 194 Rn. 6.
23 Baier in: Krauskopf, § 194 SGB V Rn. 18.
24 Dazu Debus, Verweisungen in deutschen Rechtsnormen, 120 ff.
25 BGH, 19.1.1995, I ZR 41/93, NJW 1995, 2352, 2353 f.
26 BT-Dr. 15/1525, 138.
27 In diesem Sinne Wolf, NZS 2011, 87, 90.
28 Obländer, Zeitschrift für Versicherungswesen 2010, 842 ff.
29 Molt, KrV 2010, 332 ff.; Obländer, Zeitschrift für Versicherungswesen 2010, 842 ff.

Nach Abs. 1 a S. 1 ist die Tätigkeit der Kasse auf die Vermittlung des Abschlusses privater Zusatzversicherungsverträge zwischen ihren Versicherten und privaten Krankenversicherungsunternehmen beschränkt. Dies bedeutet, dass bereits eine Versicherung bestehen muss, so dass die Werbung neuer Mitglieder bei gleichzeitiger Vermittlung günstiger Zusatzversicherungen unzulässig ist.[30] Auch folgt aus der Beschränkung auf die Vermittlung, dass die Vertragspartner der Versicherten nicht die Kassen selbst, sondern die privaten Versicherungsunternehmen werden.[31] Dementsprechend können Kassen aus Abs. 1 a auch keine Berechtigung ableiten, eigene Zusatzversicherungen anzubieten[32] oder private, für ihre Mitglieder kostenlose Auslandskrankenversicherungen abzuschließen.[33] Dies begründet auch keine Möglichkeit zum Einzug von Versicherungsprämien oder die Gewährung von Leistungen im Auftrag des Versicherungsunternehmens.[34]

Gegenstand der Kooperation ist die Vermittlung insbesondere der in S. 2 aufgeführten **Zusatzversicherungsverträge** zwischen den Versicherten der Kasse und den Versicherungsunternehmen, während eine Vermittlung von Versicherungsverträgen, die keinen Bezug zur gesetzlichen Krankenversicherung aufweisen, unzulässig ist.[35] Die ursprüngliche Regelung in S. 2 wurde um weitere Beispiele ergänzt und präzisiert; Gegenstand der Verträge können nunmehr „alle Leistungen sein, die den gesetzlichen Krankenversicherungsschutz ergänzen".[36] Aus dem Begriff „Zusatzversicherung" ergibt sich, dass keine Vollversicherungen vermittelt werden dürfen und dass es sich nur um Versicherungen zur Risikoabdeckung im Rahmen des Versicherungsschutzes der gesetzlichen Krankenversicherung handeln darf.[37] Auch wenn ein gewisser Sachzusammenhang besteht, ist die Vermittlung von Zusatzpflegeversicherungen unzulässig.[38]

Die konkreten Inhalte der Vermittlungstätigkeit der Kassen und das Nähere zur Durchführung der Kooperation werden in aller Regel Gegenstand von **Rahmenvereinbarungen** zwischen den Kassen und den Versicherungsunternehmen sein, welche vom Verwaltungsrat gem. § 197 Abs. 1 Nr. 1 a zu überwachen sind. Die Versicherten der Kassen können von einer solchen Vermittlung insbesondere dann profitieren, wenn die Kasse für sie günstige Gruppentarife ausgehandelt hat.[39] Nicht überzeugen kann der an die Gesetzesbegründung anknüpfende Versuch, ein Günstigkeitsprinzip herzuleiten, was die Kassen zu einer Preis-Leistungsbewertung zwingt.[40] Dazu fehlt zum einen ein Anknüpfungspunkt im Gesetzeswortlaut und zum anderen wäre eine Präzisierung der Maßstäbe für die Bewertung notwendig.

Da die Kassen bei der Vermittlung nicht ihren öffentlich-rechtlichen Versorgungsauftrag erfüllen, finden die Vorschriften des **Wettbewerbs- und Kartellrechts** im Übrigen Anwendung.[41] Wird ein Versicherter ohne dessen ausdrückliche Zustimmung von einer gesetzlichen Kasse angerufen, um dem Versicherten die Vermittlung einer privaten Zusatzversicherung bei einer privaten Krankenkasse anzubieten, liegt eine unzumutbare Belästigung gem. § 7 Abs. 2 Nr. 2 UWG vor.[42] Umstritten ist die Frage der Anwendbarkeit der Versicherungsvermittlungsrichtlinie[43] und des in Umsetzung dessen erfolgten Gesetzes zur Neuregelung des Versicherungsvermittlerrechts vom 19.12.2006 (BGBl. I, 3232).[44] Erfolgt die Vermittlung durch die Kasse gewerbsmäßig, ist eine **erlaubnispflichtige Vermittlertätigkeit** nach § 34 d GewO zu bejahen.[45] Ein Verstoß gegen die Marktverhaltensregelung des § 34 d GewO ist auch grds. geeignet, die Interessen von Mitbewerbern und insbes. von Verbrauchern iSv § 3 Abs. 1 UWG

---

30 Engelhard in: Hauck/Noftz, SGB V, § 194 Rn. 21.
31 BT-Dr. 15/1525, 138.
32 Engelhard, in Hauck/Noftz, SGB V, § 194 Rn. 16; Kauke in: Müller (ua), SGB V Onlinekommentar (Jurion), § 194 Rn. 9.
33 BSG, 31.5.2016, B 1 A 2/15 R, juris Rn. 12.
34 Baier in: Krauskopf, § 194 SGB V Rn. 25.
35 BT-Dr. 15/1525, 138.
36 BT-Dr. 17/3696, 18 und 47.
37 Kauke in: Müller (ua), SGB V Onlinekommentar (Jurion), § 194 Rn. 9.
38 Engelhard in: Hauck/Noftz, SGB V, § 194 Rn. 19.
39 BT-Dr. 15/1525, 138.
40 So aber Schwintowski, Die BKK 2003, 608, 612, mit weiteren Präzisierungen.
41 BT-Dr. 15/1525, 138.
42 OLG Braunschweig, 16.12.2008, 2 U 9/08, EWiR 2009, 491 mit zust. Anm. Bucher; Baier in: Krauskopf, § 194 SGB V Rn. 21.
43 RL 2002/92/EG, ABl. EU 2003, L 9/3.
44 Dafür: BGH, 18.9.2013, I ZR 183/12, VersR 2013, 1578, 1579 f.; Baier in: Krauskopf, § 194 SGB V Rn. 22; differenzierend Adjemian/Dening/Klopp/Kürn/Morath/Neuhäuser, GewArch 2009, 137, 138.
45 BGH, 18.9.2013, I ZR 183/12, VersR 2013, 1578, 1579 f.; Adjemian/Dening/Klopp/Kürn/Morath/Neuhäuser, GewArch 2009, 137, 138; Reiff, FS Lorenz, 353, 365 ff.

spürbar zu beeinträchtigen.[46] In steuerrechtlicher Hinsicht unterhalten die gesetzlichen Kassen einen Betrieb gewerblicher Art, wenn sie ihren Mitgliedern private Zusatzversicherungsverträge vermitteln und dafür von den privaten Krankenversicherungen einen Aufwendungsersatz erhalten.[47]

21 Die Vorschriften zum **Schutz der Sozialdaten** bleiben unberührt, so dass eine Weitergabe von Versichertenadressen an den Kooperationspartner unzulässig ist, und die Kassen auch nicht die Befugnis erhalten, dem Datenschutz unterliegende Versichertendaten in zweckwidriger, dem Datenschutz widersprechender Weise zu verwenden.[48] Dabei sind die §§ 284 ff. SGB V gegenüber § 35 SGB I und §§ 67 ff. SGB X vorrangig zu beachten. Vom Bundesbeauftragten für den Datenschutz und die Informationsfreiheit wurden schwere Verstöße gegen Datenschutzrecht bei der Vermittlung privater Zusatzversicherungen beanstandet und Strafanträge gem. § 85 a Abs. 2 SGB X wegen Vergehen nach § 85 a Abs. 1 iVm § 85 Abs. 2 Nr. 1, 2, 3 und 5 SGB X gestellt: Unzulässige Vorgehensweisen waren der uneingeschränkte Zugang der privaten Versicherungsunternehmen zu den Daten der gesetzlichen Kasse oder die Übermittlung sensibler personenbezogener Daten ohne Rechtsgrundlage.[49] Die Kasse darf die Sozialdaten an die Kooperationspartner nur weitergeben, soweit die Betroffenen eingewilligt haben (vgl. § 67 b Abs. 1 S. 1 SGB X).[50]

V. Unzulässiger Inhalt (Abs. 2) und dessen Folgen

22 In Konkretisierung des **Verbots der Zwecküberschreitung** (§ 30 Abs. 1 SGB IV) darf die Satzung gem. Abs. 2 S. 1 keine Bestimmungen enthalten, die den Aufgaben der gesetzlichen Krankenversicherung widersprechen. Dies folgt dem Prinzip der abgeleiteten Rechtssetzungsmacht bei Satzungen (→ Rn. 2). Eine Satzungsregelung ist rechtswidrig, wenn die Kasse ihre Kompetenz überschritten hat oder ein Verstoß gegen höherrangiges Recht vorliegt.[51] Grenzen können sich zB aus dem Gleichheitsprinzip[52] oder dem Rechtsstaatsprinzip in Bezug auf die Bestimmtheit[53] oder ein Rückwirkungsverbot[54] ergeben. Unzulässig sind Kostenerstattungen zB bei Behandlung des Versicherten durch Nichtkassenärzte,[55] bei künstlicher Befruchtung von versicherten Paaren in auf Dauer angelegter Lebensgemeinschaft[56] oder die Unterbringung des begleitenden Elternteils im Elternzimmer bei stationärer Versorgung von Schwangerschaft und Mutterschaft.[57] Auch darf eine KK keine private, für die Versicherten kostenlose Auslandskrankenversicherung abschließen.[58] Außerdem sind Bezuschussungen unzulässig bei Brillengläsern und Kontaktlinsen für Versicherte ab 18 Jahre[59] oder Blutuntersuchungen einschließlich Beratung und Aufklärung für sich vegetarisch oder vegan ernährende Versicherte[60]. Eine Satzung darf weder gegen den versicherungsmäßigen Grundsatz der Gleichbehandlung der Mitglieder noch gegen den allgemeinen Gleichheitssatz verstoßen.[61] Außerdem rechtswidrig ist, wenn die Regelungen inhaltlich nicht hinreichend klar formuliert sind,[62] wonach auch eine Bezugnahme auf Gesetzesrecht unzulässig sein kann (→ Rn. 7). Auch sind die Gebote der Sparsam- und Wirtschaftlichkeit (§ 4 Abs. 4)[63] sowie das Verbot echter Rückwirkung[64] zu beachten.

23 Die Satzung darf gem. Abs. 2 S. 1 nur Leistungen vorsehen, soweit das SGB V sie zulässt (→ Rn. 7). Die für erweiterte Satzungsregelungen in Betracht kommenden **Leistungsbereiche** sind im zum

---

46 BGH, 18.9.2013, I ZR 183/12, VersR 2013, 1578, 1580.
47 BFH, 3.2.2010, I R 8/09, BFHE 228, 273; Baier in: Krauskopf, § 194 SGB V Rn. 22.
48 BT-Dr. 15/1525, 138.
49 BfDI, 22. Tätigkeitsbericht 2007-2008 S. 116 f.
50 Baier in: Krauskopf, § 194 SGB V Rn. 26.
51 Schlaeger, SGb 2007, 593.
52 LSG Bln-Bbg, 13.6.2014, L 1 KR 435/12 KL, juris Rn. 61 ff.
53 LSG Bln-Bbg, 13.6.2014, L 1 KR 435/12 KL, juris Rn. 57 ff.
54 LSG Stuttgart, 30.11.2015, L 11 KR 2953/15, juris Rn. 29.
55 BSG, 10.2.1993, 1 RR 1/92, SozR 3-2500, § 195 Nr. 2.
56 BSG, 18.11.2014, B 1 A 1/14 R, BSGE 117, 236 juris Rn. 11.
57 LSG Halle, 30.6.2014, L 6 KR 35/14 ER, juris Rn. 25 ff.
58 BSG, 31.5.2016, B 1 A 2/15 R, juris Rn. 16 f.
59 LSG Darmstadt, 15.5.2014, L 1 KR 56/13 KL, juris Rn. 21 ff. mit zust. Anm. Zach, jurisPR-MedizinR 8/2014 Anm. 2 unter D; kritisch dazu Rehm, jurisPR-SozR 4/2015 Anm. 4 unter D.
60 LSG Mainz, 2.6.2016, L 5 KR 66/15 KL, juris Rn. 17 f.
61 BSG, 30.10.964, 3 RK 15/60, BSGE 22, 67. Unterschiede dazwischen verneinend Finkenbusch, WzS 1992, 1, 3.
62 Vgl. bspw. BSG, 19.9.2007, B 1 A 4/06 R, BSGE 99, 95, mAnm Padé, SGb 2008, 370 f.
63 Dazu Marburger, WzS 2011, 325 f.
64 Dazu BSG, 26.2.1992, 1 RR 8/91, SozR 3-2500 § 195 Nr. 1.

1.1.2012 durch Art. 1 Nr. 2 Buchst. b, 15 Abs. 1 GKV-VStG vom 22.12.2011 (BGBl. I, 2983) eingefügten § 11 Abs. 6 ausdrücklich und abschließend genannt.⁶⁵

Einer rechtswidrigen Satzung ist die Genehmigung gem. § 195 Abs. 1 zu versagen. Dennoch genehmigte, rechtswidrige Satzungen sind grundsätzlich nichtig. Ausnahmsweise ist eine Satzung übergangsweise weiter anzuwenden, wenn die Besonderheit der betreffenden Vorschrift dies notwendig macht, damit durch die sofortige und rückwirkende Unwirksamkeit kein Zustand eintritt, der von der gesetzes- und verfassungsmäßigen Ordnung noch weiter entfernt ist als der bisherige.⁶⁶ Wenn eine einzelne Satzungsregelung nichtig ist, ist im Einzelfall zu ermitteln, ob daraus die Gesamtnichtigkeit der Satzung folgt.⁶⁷ Außerdem ist eine Änderung gem. § 195 Abs. 2 oder 3 in Betracht zu ziehen. 24

§ 195 Genehmigung der Satzung

(1) Die Satzung bedarf der Genehmigung der Aufsichtsbehörde.
(2) ¹Ergibt sich nachträglich, daß eine Satzung nicht hätte genehmigt werden dürfen, kann die Aufsichtsbehörde anordnen, daß die Krankenkasse innerhalb einer bestimmten Frist die erforderliche Änderung vornimmt. ²Kommt die Krankenkasse der Anordnung nicht innerhalb dieser Frist nach, kann die Aufsichtsbehörde die erforderliche Änderung anstelle der Krankenkasse selbst vornehmen. ³Klagen gegen Maßnahmen der Aufsichtsbehörde nach den Sätzen 1 und 2 haben keine aufschiebende Wirkung.
(3) Absatz 2 gilt entsprechend, wenn die Satzung wegen nachträglich eingetretener Umstände einer Änderung bedarf.

Literatur:
Brackmann, Zur Genehmigung von Satzungen der Krankenkassen, BKK 1982, 353; *Thüsing/Pötters/Traut*, Die Haftung des Bundesversicherungsamts für die Genehmigung rechtswidriger Krankenkassensatzungen gem. § 195 Abs. 1 SGB V, SGb 2012, 569.

I. Entstehungsgeschichte... 1	V. Änderung infolge nachträglich eingetretener Umstände (Abs. 3)... 13
II. Normzweck... 2	VI. Rechtsschutz... 14
III. Genehmigung der Aufsichtsbehörde (Abs. 1)... 3	1. Genehmigung (Abs. 1)... 14
IV. Nachträgliche Erkenntnis der Nichtgenehmigungsfähigkeit (Abs. 2 S. 1 und 2)... 9	2. Anordnung und Selbstvornahme (Abs. 2)... 16

I. Entstehungsgeschichte

Zum 1.1.1989 trat § 195 aufgrund Art. 1, Art. 79 Abs. 1 GRG vom 20.12.1988 (BGBl. I, 2477) in Kraft. Abs. 1 kann als Nachfolgeregelung zu § 324 Abs. 1 S. 4 RVO aF begriffen werden. Abs. 2 entspricht inhaltlich § 326 Abs. 1, 2 RVO, überlässt aber der Aufsichtsbehörde die Bestimmung der Frist zur Durchführung ihrer Anordnung (BT-Dr. 11/2237, 218). Abs. 3 erweitert den § 326 Abs. 3 RVO, indem er auch nachträgliche Umstände erfasst, die eine Satzungsänderung erforderlich machen (BT-Dr. 11/2237, 218). Abs. 2 S. 3 wurde zum 1.1.2009 durch Art. 1 Nr. 11, Art. 7 Abs. 1 GKV-OrgWG vom 15.12.2008 (BGBl. I, 2426) angefügt, um die Effektivität des aufsichtsrechtlichen Vorgehens zu steigern (BT-Dr. 11/2237, 218). 1

II. Normzweck

§ 195 dient der Rechtskontrolle (→ Rn. 7) von Satzungen. Diese wurde durch das Genehmigungserfordernis in Abs. 1 vor Inkrafttreten der Satzung verwirklicht. Dabei hat Abs. 1 angesichts des § 34 Abs. 1 S. 2 SGB IV nur deklaratorischen Charakter;¹ konstitutiv wird aber die Zuständigkeit der Auf- 2

---

65 BT-Dr. 17/6906, 53.
66 BSG, 7.12.2004, B 2 U 43/03 R, BSGE 94, 38 Rn. 19; Schlaeger, SGb 2007, 593, 596 f; aA LSG Stuttgart, 19.10.2006, L 10 U 1323/04, juris Rn. 77 f. (aufgehoben von BSG, 4.12.2007, B 2 U 36/06 R, juris Rn. 18 ff.).
67 Dazu Schlaeger, SGb 2007, 593 ff.
1 BT-Dr. 11/2237, 218.

sichtsbehörde festgeschrieben.² In Abs. 2 und 3 sind Spezialregelungen zur Beseitigung von Mängeln der Satzung durch die Aufsichtsbehörde enthalten. Gegen diese Maßnahmen haben Klage keine aufschiebende Wirkung wegen des nachträglich eingefügten Abs. 2 S. 3, der die Effektivität des aufsichtsrechtlichen Vorgehens steigern soll.³

III. Genehmigung der Aufsichtsbehörde (Abs. 1)

3 Nach Abs. 1 bedarf eine Satzung der Genehmigung der Aufsichtsbehörde. **Genehmigungsbedürftig** sind sowohl die erste Fassung der Satzung einer neuen – neu errichteten oder vereinigten – Krankenkasse (vgl. §§ 144 Abs. 3, 146 Abs. 2, 148 Abs. 3 S. 2, 150 Abs. 2, 158 Abs. 3 S. 1, 160 Abs. 2 S. 2, 168a Abs. 1 S. 2, 171a Abs. 1 S. 1) als auch ihre Änderungen und Neufassungen.⁴

4 Die **zuständige Aufsichtsbehörde** ist bei bundesunmittelbaren Kassen nach § 90 Abs. 1 SGB IV das Bundesversicherungsamt, es sei denn es ist gem. § 90 Abs. 3 SGB IV bei einer Kasse, deren Zuständigkeitsbereich sich über das Gebiet eines Landes, aber nicht über mehr als drei Länder hinaus erstreckt, das aufsichtsführende Land durch die beteiligten Länder bestimmt. In diesem Fall und bei landesunmittelbaren Kassen führen die für die Sozialversicherung zuständigen obersten Verwaltungsbehörden der Länder oder die von den Landesregierungen durch Rechtsverordnung bestimmten Behörden die Aufsicht gem. § 90 Abs. 2 SGB IV.

5 Die Genehmigung ist **Wirksamkeitsvoraussetzung**,⁵ bis zu deren Erteilung ist die Satzung schwebend unwirksam.⁶ Sie ist im Verhältnis zum Versicherungsträger ein Verwaltungsakt.⁷ Gleichzeitig ist sie jedoch als Element der Rechtsetzung deren Regeln und nicht dem allgemeinen Verwaltungsverfahrensrecht (insbes. den §§ 44 ff. SGB X) unterworfen.⁸ Die Genehmigung kann auch nicht nach Inkrafttreten der Satzung zurückgenommen werden, um die Norm rückwirkend zu Fall zu bringen.⁹ Sie hat also keine über die Entstehung der genehmigten Norm hinausreichende Bedeutung.¹⁰ Freilich kann auch eine Genehmigung einer rechtswidrigen Satzung keine Wirksamkeit verleihen.¹¹ Damit begründet eine erteilte Genehmigung auch keinen Vertrauensschutz in dem Sinne, dass die Genehmigungsbehörde mit der Geltendmachung von später erkannten Mängeln der Satzung ausgeschlossen wäre.¹²

6 Die Genehmigung ist ein **staatlicher Mitwirkungsakt**, so dass die für aufsichtliche Maßnahme geltenden §§ 87 ff. SGB IV insoweit nicht zur Anwendung kommen.¹³ Dabei ist die zuständige Aufsichtsbehörde zu kooperativem Verhalten gegenüber der Kasse verpflichtet.¹⁴ Nichtsdestoweniger wird die Haftung des Bundesversicherungsamts für die Genehmigung von rechtswidrigen Satzungen unter Hinweis auf die Haftung der Kommunalaufsichtsbehörde nach der sog Oderwitz-Entscheidung des BGH¹⁵ befürwortet.¹⁶

7 Als **Prüfungsmaßstab** dient nur die Rechtmäßigkeit (→ § 194 Rn. 22 f.) der Satzung.¹⁷ Eine weitergehende Zweckmäßigkeitsprüfung würde dem Vorrang und dem Gestaltungsrecht der Selbstverwaltung

---

2 Baier in: Krauskopf, § 195 SGB V Rn. 3.
3 BT-Dr. 16/9559, 23.
4 Baier in: Krauskopf, § 195 SGB V Rn. 3; Kaempfe in: Becker/Kingreen, § 195 Rn. 2; Peters in: KassKomm, § 195 SGB V Rn. 3.
5 Brackmann, BBK 1982, 352, 355 mwN; Finkenbusch, WzS 1992, 1, 3; Peters in: KassKomm, § 195 SGB V Rn. 3.
6 Kaempfe in: Becker/Kingreen, § 195 Rn. 4.
7 BSG, 19.9.2007, B 1 A 4/06 R, BSGE 99, 95, Rn. 12; BSG, 22.6.2010, B 1 A 1/09 R, BSGE 106, 199 Rn. 11; 16.7.2010, 1 RR 3/95, juris Rn. 12.
8 BSG, 16.7.1996, 1 RR 3/95, juris Rn. 12. Demgegenüber § 48 SGB X anwendend Finkenbusch, WzS 1992, 1, 9.
9 BSG, 16.7.1996, 1 RR 3/95, juris Rn. 12; BSG, 12.3.2013, B 1 12/12 R juris Rn. 12.
10 BSG, 16.7.1996, 1 RR 3/95, juris Rn. 12.
11 Finkenbusch, WzS 1992, 1, 6; Kaempfe in: Becker/Kingreen, § 195 Rn. 4.
12 Kaempfe in: Becker/Kingreen, § 195 Rn. 4.
13 Brackmann, BBK 1982, 352, 355; Kaempfe in: Becker/Kingreen, § 195 Rn. 1.
14 BSG, 6.10.1988, 1 RR 7/86, BSGE 64, 124; Kaempfe in: Becker/Kingreen, § 195 Rn. 1.
15 BGH, 12.12.2002, III ZR 201/01, BGHZ 153, 198 = NVwZ 2003, 634.
16 Thüsing/Pötters/Traut, SGb 2012, 569 ff.
17 BSG, 24.4.2002, B 7/1 A 4/00 R, NZS 2003, 374, 376; BT-Dr. 11/2237, 218; Kaempfe in: Becker/Kingreen, § 195 Rn. 3; Peters in: KassKomm, § 195 SGB V Rn. 4.

widersprechen.[18] Damit besteht bei rechtmäßiger Satzung(sänderung) ein Anspruch auf Genehmigung.[19]

Umstritten ist die Frage der Zulässigkeit einer **Teilgenehmigung**.[20] Hier bietet sich an, eine Teilgenehmigung insoweit für zulässig zu erachten, als die Rechtswidrigkeit der Satzung auch nur zu einer Teilnichtigkeit führen würden (→ § 194 Rn. 24). 8

IV. Nachträgliche Erkenntnis der Nichtgenehmigungsfähigkeit (Abs. 2 S. 1 und 2)

Eine **Sonderregelung** gegenüber § 89 SGB IV enthält Abs. 2.[21] Danach kann – wenn sich nachträglich ergibt oder die Aufsichtsbehörde dies erst nachträglich erkennt,[22] dass eine Satzung nicht hätte genehmigt werden dürfen (→ Rn. 7) – die Aufsichtsbehörde anordnen, dass die Kasse innerhalb einer bestimmten Frist die erforderliche Änderung vornimmt. 9

Kommt die Kasse der Anordnung nicht innerhalb dieser **Frist** nach, kann die Aufsichtsbehörde gem. Abs. 2 S. 2 die erforderliche Änderung anstelle der Kasse selbst vornehmen. Während früher § 326 Abs. 2 RVO aF eine zwingende Monatsfrist annahm, liegt die Frist heute im Ermessen der Aufsichtsbehörde, die sich insbes. daran zu orientieren hat, wann die nächste reguläre Sitzung des Verwaltungsrats stattfinden würde und ob tatsächliche oder rechtliche Gründe eine kurzfristige Änderung erfordern.[23] 10

Die Selbstvornahme der Änderung gem. Abs. 2 S. 2 durch die Aufsichtsbehörde ist im Verhältnis zu Kasse ein – anfechtbarer – Verwaltungsakt.[24] Gleichzeitig wird damit im Außenverhältnis der Kasse (zB gegenüber anderen Kassen, Versicherten) unmittelbar die Satzung geändert, mithin liegt Normsetzung mit Außenwirkung vor, welche gem. § 34 Abs. 2 SGB IV öffentlich bekannt zu machen ist.[25] 11

Zwar gilt bei den Maßnahmen nach Abs. 2 (ggf. iVm Abs. 3) das **Opportunitätsprinzip**,[26] jedoch ist der Spielraum stark eingeengt, weil die Aufgabe der Aufsichtsbehörde grundsätzlich darin besteht, einen rechtswidrigen Zustand zu beseitigen.[27] So hat das BSG eine Pflicht zum Einschreiten dann bestätigt, wenn Gleichbehandlungsgrundsätze verletzt werden.[28] Eine Untätigkeit der Aufsichtsbehörde kommt bei unbedeutenden oder umstrittenen Rechtsverletzungen in Betracht, insbes. solchen, die sich nicht zum Nachteil der Versicherten auswirken.[29] 12

V. Änderung infolge nachträglich eingetretener Umstände (Abs. 3)

Abs. 3 erweitert die Befugnisse durch eine Verweisung auf Abs. 2, wenn die Satzung wegen nachträglich eingetretener Umstände einer Änderung bedarf. Dieser Änderungsbedarf ist gegeben, wenn die Satzung nunmehr – infolge tatsächlicher Voraussetzungen, Rechtsänderung oder geänderter Rechtsauffassung durch Rechtsprechung – rechtswidrig (→ Rn. 7) wäre.[30] 13

---

18 In diesem Sinne: BSG, 9.12.1997, 1 RR 3/94, juris Rn. 17 ff., wo ausnahmsweise bei § 41 Abs. 4 S. 3 SGB IV mehr als nur eine Rechtskontrolle stattfindet; Kauke in: Müller (ua), SGB V Onlinekommentar, § 195 Rn. 3. Demgegenüber eine Zweckmäßigkeitsprüfung anhand der Leitlinien der §§ 2 ff. SGB I favorisierend Finkenbusch, WzS 1992, 1, 4 f.
19 BSG, 19.9.2007, B 1 A 4/06 R, BSGE 99, 95, Rn. 12; 22.6.2010, B 1 A 1/09 R, BSGE 106, 199 Rn. 11; Peters in: KassKomm, § 195 SGB V Rn. 4.
20 Dazu: Brackmann, BBK 1982, 352, 354 mwN; Finkenbusch, WzS 1992, 1, 6.
21 BSG, 12.3.2013, B 1 A 2/12 R, juris Rn. 19; BT-Dr. 11/2237, 218.
22 BSG, 12.3.2013, B 1 A 2/12 R, juris Rn. 19.
23 Kauke in: Müller (ua), SGB V Onlinekommentar, § 195 Rn. 8.
24 Baier in: Krauskopf, § 195 SGB V Rn. 10; Kauke in: Müller (ua), SGB V Onlinekommentar, § 195 Rn. 9. Hinsichtlich der Vorgängerregelung undifferenziert den Erlass einer Satzung annehmend Brackmann, BBK 1982, 352, 356 f.
25 Baier in: Krauskopf, § 195 SGB V Rn. 10.
26 Explizit offen gelassen von BSG, 10.5.1995, 1 RR 2/94, juris Rn. 30.
27 Kauke in: Müller (ua), SGB V Onlinekommentar, § 195 Rn. 7.
28 BSG, 10.5.1995, 1 RR 2/94, BSGE 76, 93, 100; Kauke in: Müller (ua), SGB V Onlinekommentar, § 195 Rn. 7.
29 Engelhard in: Hauck/Noftz, SGB V, § 195 Rn. 7; Kauke in: Müller (ua), SGB V Onlinekommentar, § 195 Rn. 7.
30 Kauke in: Müller (ua), SGB V Onlinekommentar, § 195 Rn. 10.

VI. Rechtsschutz

14 **1. Genehmigung (Abs. 1).** Gegen die Genehmigung einer **rechtswidrigen Satzung** (→ Rn. 7) bestehen keine Rechtsschutzmöglichkeiten. Die beantragende Kasse ist nicht beschwert und auch die Klage des Landesverbandes, der durch die Sitzverlegung eine Mitgliedskasse verliert,[31] einer konkurrierenden gesetzlichen Kasse[32] oder eines privaten Versicherungsunternehmens[33] ist unzulässig. Mangels § 47 VwGO vergleichbarer Regelung einer Normenkontrolle in der Sozialgerichtsbarkeit kommt nur eine Inzidentkontrolle der Satzung in Betracht.[34]

15 Bei rechtswidriger **Versagung der Genehmigung** (→ Rn. 7) durch die Aufsichtsbehörde kann die Kasse Aufsichtsklage gem. § 54 Abs. 3 SGG erheben.[35] Maßgeblicher Zeitpunkt ist die Rechtslage im Zeitpunkt der letzten mündlichen Verhandlung.[36]

16 **2. Anordnung und Selbstvornahme (Abs. 2).** Gegen die **Anordnung** oder die **Selbstvornahme** gem. Abs. 2 S. 1 bzw. 2 (iVm Abs. 3) steht der Kasse ein Klagerecht zu, während einzelne Kassenmitglieder oder Mitglieder der Organe der Kasse mangels Beschwer kein Klagerecht haben.[37] Diese Klagen haben gem. Abs. 2 S. 3 keine aufschiebende Wirkung, um die Effektivität des aufsichtsrechtlichen Vorgehens zu steigern.[38] Die Aufsichtsbehörde kann die aufschiebende Wirkung gem. § 86 a Abs. 3 SGG anordnen. Das Gericht der Hauptsache kann gem. § 86 b SGG reagieren.

§ 196 Einsichtnahme in die Satzung

(1) Die geltende Satzung kann in den Geschäftsräumen der Krankenkasse während der üblichen Geschäftsstunden eingesehen werden.

(2) Jedes Mitglied erhält unentgeltlich ein Merkblatt über Beginn und Ende der Mitgliedschaft bei Pflichtversicherung und freiwilliger Versicherung, über Beitrittsrechte sowie die von der Krankenkasse zu gewährenden Leistungen und über die Beiträge.

Literatur:

U. Kruse/S. Kruse, Wie die Krankenkassen über ihre Selbstverwaltungen informieren, SozSich 2010, 370.

I. Entstehungsgeschichte

1 Zum 1.1.1989 wurde § 196 aufgrund Art. 1, Art. 79 Abs. 1 GRG vom 20.12.1988 (BGBl. I, 2477) eingeführt nach dem Vorbild von § 325 RVO aF: Während der Kreis der Anspruchsberechtigten von Mitgliedern und deren Arbeitgeber erweitert wurde (→ Rn. 7), besteht kein Anspruch mehr in Bezug auf Krankenordnungen, weil deren praktische Bedeutung verschwand (BT-Dr. 11/2237, 218).

II. Normzweck

2 § 196 dient der **Transparenz** und **Information** aller Interessierten bzw. der Mitglieder in den Fällen des Abs. 2.[1] Dadurch wird die Pflicht zur öffentlichen Bekanntmachung der Satzung und ihre Änderungen (§ 34 Abs. 2 S. 1 SGB IV) ergänzt[2] und die allgemeine Aufklärungspflicht des § 13 SGB I konkretisiert.[3]

3 Für Pflegekassen fehlen bislang entsprechende Verpflichtungen (vgl. § 47 SGB XI), was auf ein noch geringeres Informationsbedürfnis hindeutet. Dies spricht dafür, dass § 196 auch dazu dient, die Wahrnehmung von Rechten und die Erfüllung von Pflichten gegenüber der Kasse zu erleichtern.[4]

---

31 LSG Darmstadt, 15.1.2014, L 1 KR 394/13 ER KL, juris Rn. 17.
32 BSG, 25.2.1966, 3 RK 38/65, BSGE 24, 266, 268; Peters in: KassKomm, § 195 SGB V Rn. 8.
33 BSG, 12.3.2013, B 1 A 2/12 R, juris Rn. 14.
34 Dazu Peters in: KassKomm, § 195 SGB V Rn. 11.
35 BSG, 18.11.2014, B 1 A 1/14 R, BSGE 117, 236, juris Rn. 8.
36 BSG, 18.11.2014, B 1 A 1/14 R, BSGE 117, 236, juris Rn. 10.
37 Brackmann, BBK 1982, 352, 356; Finkenbusch, WzS 1992, 1, 10.
38 BT-Dr. 11/2237, 218.
1 Kaempfe in: Becker/Kingreen, § 196 Rn. 1.
2 Zu den Unterschieden s. Hauck in: Hauck/Noftz, SGB V, § 196 Rn. 3.
3 Baier in: Krauskopf, § 196 SGB V Rn. 2.
4 So im Ergebnis ohne Begründung auch Peters in: KassKomm, § 196 SGB V Rn. 2.

Nach hM bezweckt § 196 auch die **Statuierung drittbezogener Amtspflichten**, bei deren vorsätzlicher oder fahrlässiger Missachtung die Kasse für Schäden nach § 839 BGB iVm Art. 34 GG haftet.[5] Außerdem kommt ein verschuldensunabhängiger **Herstellungsanspruch** in Betracht.[6]

III. Einsichtsrecht (Abs. 1)

Abs. 1 räumt ein **Einsichtsrecht** hinsichtlich der geltenden Satzung in den Geschäftsräumen der Kasse während der üblichen Geschäftsstunden ein. Geschäftsräume sind dabei alle Räumlichkeiten, in denen üblicherweise die Geschäfte der Kasse abgewickelt werden, einschließlich Außen- und Nebenstellen, bei denen mit Publikumsverkehr zu rechnen ist.[7] Die üblichen Geschäftsstunden entsprechen der normalen Arbeitszeit der Beschäftigten, wobei eine Beschränkung auf die Zeit des geplanten Publikumsverkehrs nach dem Gesetzeswortlaut nicht möglich sein dürfte.[8]

Häufig wird davon ausgegangen, dass implizit auch eine **Pflicht der Kasse** statuiert sei, die Satzung in ihren Geschäftsräumen zur Einsichtnahme auszulegen oder auszuhängen,[9] und dass das Recht auch das Anfertigen von Kopien auf eigene Kosten oder von Abschriften umfasst.[10] Auch dürfte es dem Willen des Gesetzgebers nicht entsprechen, ältere Satzungsfassungen vorzuenthalten, selbst wenn der Gesetzeswortlaut ein Einsichtsrecht nur hinsichtlich der „geltenden" Fassung einräumt.[11]

Unter Hinweis auf die aus dem Jahre 1988 stammende Gesetzesbegründung, wird die **Einsichtsberechtigung** auf „alle Personen, die ein berechtigtes Interesse an der Einsichtnahme haben"[12] beschränkt.[13] Dies erscheint spätestens nach Inkrafttreten des IFG, welches gegenüber bundesunmittelbaren Kassen auch Informationsansprüche vermitteln kann,[14] als anachronistisch. Ausgehend vom Wortlaut des Abs. 1 ist damit jeder einsichtsberechtigt.

IV. Merkblatt (Abs. 2)

Abs. 2 konkretisiert die Aufklärungspflicht des § 13 SGB I, so dass jedes Mitglied **unentgeltlich** ein Merkblatt mit den dort aufgeführten wichtigsten Informationen zum Versicherungsverhältnis erhält. Wird das Merkblatt infolge von Gesetzes- oder Satzungsänderungen unrichtig, wird eine Pflicht der Kasse zur Neufassung des Merkblatts und dessen erneuter Aushändigung angenommen.[15] Teils wird auch nur die Unterrichtung in geeigneter Form (Mitgliederzeitschrift oder Bekanntmachungsorgan) gefordert.[16] Faktisch erfolgt die Information zu 73,9 % über Mitgliederzeitschriften und nur zu 29,4 % durch eigene Broschüren, Faltblätter etc.[17]

Neben dem Merkblatt bestehen noch **weitere Informationsmöglichkeiten** für Interessierte gem. Abs. 1, §§ 13 bis 15 SGB I, § 34 Abs. 2 S. 1 SGB IV oder den Informationsfreiheitsgesetzen bei Kassen, die der Aufsicht des Bundes[18] oder eines Landes mit Landesinformationsfreiheitsgesetz (Baden-Württemberg,[19] Berlin, Brandenburg, Bremen, Mecklenburg-Vorpommern, Nordrhein-Westfalen, Saarland, Sachsen-Anhalt, Schleswig-Holstein und Thüringen) oder Transparenzgesetz (Hamburg[20] und Rheinland-Pfalz) unterstehen. Angesichts dessen und des eindeutigen Mitgliedsbegriffs lässt sich nur schwer

---

5 Hauck in: Hauck/Noftz, SGB V, § 196 Rn. 6; Kauke in: Müller (ua), SGB V Onlinekommentar, § 196 Rn. 13, mit Nachweis zur Gegenansicht.
6 Hauck in: Hauck/Noftz, SGB V, § 196 Rn. 6.
7 Baier in: Krauskopf, § 196 SGB V Rn. 3; Kauke in: Müller (ua), SGB V Onlinekommentar, § 196 Rn. 3.
8 Hauck in: Hauck/Noftz, SGB V, § 196 Rn. 4.
9 So Hauck in: Hauck/Noftz, SGB V, § 196 Rn. 3; Kauke in: Müller (ua), SGB V Onlinekommentar, § 196 Rn. 2.
10 Baier in: Krauskopf, § 196 SGB V Rn. 3; Kaempfe in: Becker/Kingreen, § 196 Rn. 2; Kauke in: Müller (ua), SGB V Onlinekommentar, § 196 Rn. 6.
11 Kauke in: Müller (ua), SGB V Onlinekommentar, § 196 Rn. 5.
12 BT-Dr. 11/2237, 218.
13 So: Hauck in: Hauck/Noftz, SGB V, § 196 Rn. 4; Kaempfe in: Becker/Kingreen, § 196 Rn. 2; Kauke in: Müller (ua), SGB V Onlinekommentar, § 196 Rn. 4.
14 Ziekow/Debus/Musch, Bewährung und Fortentwicklung des Informationsfreiheitsrechts, 2013, S. 137 f.
15 Hauck in: Hauck/Noftz, SGB V, § 196 Rn. 5; Kauke in: Müller (ua), SGB V Onlinekommentar, § 196 Rn. 11.
16 Baier in: Krauskopf, § 196 SGB V Rn. 4.
17 Zur Empirie der Information s. U. Kruse/S.Kruse, SozSich 2010, 370 ff.
18 Dazu zB Schoch, Informationsfreiheitsgesetz, 2. Aufl. 2016; BeckOK InfoMedienR.
19 Dazu Debus, Informationszugangsrecht Baden-Württemberg, 2017.
20 Dazu Maatsch/Schnabel, Das Hamburgische Transparenzgesetz, 2015.

begründen, warum eine Pflicht zur Merkblattaushändigung auch für die nicht in Abs. 2 genannten Familienversicherten (§ 10) bestehe.[21]

§ 197 Verwaltungsrat

(1) Der Verwaltungsrat hat insbesondere
1. die Satzung und sonstiges autonomes Recht zu beschließen,
1a. den Vorstand zu überwachen,
1b. alle Entscheidungen zu treffen, die für die Krankenkasse von grundsätzlicher Bedeutung sind,
2. den Haushaltsplan festzustellen,
3. über die Entlastung des Vorstands wegen der Jahresrechnung zu beschließen,
4. die Krankenkasse gegenüber dem Vorstand und dessen Mitgliedern zu vertreten,
5. über den Erwerb, die Veräußerung oder die Belastung von Grundstücken sowie über die Errichtung von Gebäuden zu beschließen und
6. über die Auflösung der Krankenkasse oder die freiwillige Vereinigung mit anderen Krankenkassen zu beschließen.

(2) Der Verwaltungsrat kann sämtliche Geschäfts- und Verwaltungsunterlagen einsehen und prüfen.
(3) Der Verwaltungsrat soll zur Erfüllung seiner Aufgaben Fachausschüsse bilden.

Literatur:

Baier/Güner, Zur Arbeit des Verwaltungsrates, SozSich 2011, 372; *Erfmeyer/Dudda*, Die Aufgaben des Verwaltungsrates in der gesetzlichen Krankenversicherung, Die BKK 2007, 554 ff und 2008, 32 ff; *Felix*, Verwaltungsrat und Vorstand in der gesetzlichen Krankenversicherung – Aufgaben und Befugnisse in Schnapp (Hrsg.), Funktionale Selbstverwaltung und Demokratieprinzip, 2001, 43; *Finkenbusch*, Selbstverwaltung – Willensbildung im Verwaltungsrat und Haftung, SF-Medien 2008, 43; *Fuchs*, Der Verwaltungsrat in der GKV, SozSich 2011, 365; *U. Kruse/S. Kruse*, Soziale Selbstverwaltung: Grundlagen, Bedeutung und Arbeit der Ausschüsse, SozSich 2011, 377; *Thüsing/Hütter*, Zuständigkeitsverteilung zwischen Vorstand und Verwaltungsrat gesetzlicher Krankenkassen, NZS 2016, 281.

I. Entstehungsgeschichte 1	6. Vertretung gegenüber dem Vorstand und dessen Mitgliedern (Nr. 4) 11
II. Normzweck 2	7. Beschluss über bestimmte Immobiliengeschäfte (Nr. 5) 12
III. Aufgaben des Verwaltungsrates (Abs. 1) 4	
1. Beschluss der Satzung und sonstigen autonomen Rechts (Nr. 1) 6	8. Beschluss über die Auflösung oder die freiwillige Vereinigung (Nr. 6) 13
2. Überwachung des Vorstands (Nr. 1 a) .. 7	
3. Entscheidungen von grundsätzlicher Bedeutung (Nr. 1 b) 8	IV. Einsichts- und Prüfungsbefugnis des Verwaltungsrates (Abs. 2) 14
4. Feststellung des Haushaltsplans (Nr. 2) 9	V. Fachausschüsse (Abs. 3) 15
5. Entlastung des Vorstands wegen der Jahresrechnung (Nr. 3) 10	

I. Entstehungsgeschichte

1 In Anlehnung an § 345 RVO aF (BT-Dr. 11/2237, 218) wurde § 197 durch Art 1, Art. 79 Abs. 1 GRG vom 20.12.1988 (BGBl. I, 2477) zum 1.1.1989 eingeführt. Zum 1.1.1996 wurde durch Art. 1 Nr. 122, Art. 35 Abs. 6 GSG vom 21.12.1992 (BGBl. I, 2266) der bisherige Text zum Abs. 1. Gleichzeitig machten die Ersetzung der Vertreterversammlung durch den Verwaltungsrat und der Wegfall des Geschäftsführers Folgeänderungen in Nr. 1, Nr. 3 sowie die Einfügung von Nr. 1 a erforderlich (vgl. BT-Dr. 12/3608, 114). Zugleich wurden Abs. 2 und 3 eingefügt, um die Befugnisse des Verwaltungsrates zu stärken, die Tätigkeit des Vorstandes kontrollierend zu begleiten (BT-Dr. 12/3608, 114). Außerdem wurde dabei auf Empfehlung des Ausschusses für Gesundheit (BT-Dr. 12/3937, 17) mit der Einfügung der Nr. 1 b klargestellt, dass es zu den Aufgaben des Verwaltungsrats gehört, die grundsatzpolitischen Entscheidungen für die Kasse zu treffen.

---

21 Kaempfe in: Becker/Kingreen, § 196 Rn. 3; Peters in: KassKomm, § 196 SGB V Rn. 5. AA Baier in: Krauskopf, § 196 SGB V Rn. 5.

II. Normzweck

Die Regelung des Abs. 1 dient der **Zusammenfassung der wesentlichen Kompetenzen** des Verwaltungsrates, die vorher in zahlreichen Vorschriften der RVO verstreut geregelt waren.[1] Aus dieser Zuweisung von Aufgaben eines Legislativorgans der Kassen, der Entscheidungsbefugnis in allen grundlegenden Fragen sowie der Kontroll- und Aufsichtsfunktion wird deutlich, dass der Verwaltungsrat die grundlegenden Entscheidungen für die Kasse trifft und den Vorstand überwacht, also Priorität gegenüber dem Vorstand hat.[2] Unberührt bleiben die Vorschriften des SGB IV.[3] Der Erfüllung dieser Aufgaben des Abs. 1 dient das Instrumentarium der Abs. 2 (Einsichts- und Prüfungsrecht) und Abs. 3 (Bildung von Fachausschüssen), damit der Verwaltungsrat bzw. dessen Fachausschüsse das wesentliche Datenmaterial erhalten und fachkundig prüfen können.[4]

Auch wenn die amtliche Überschrift des § 197 mit „Verwaltungsrat" eine erschöpfende Behandlung vermuten lässt, enthält die Norm viele deklaratorische und/oder ausfüllungsbedürftige Regelungen. Außerdem sind gem. § 33 Abs. 3 und 4 SGB IV für die Wahl, die Zusammensetzung und das Verfahren des Verwaltungsrates die §§ 43 bis 66 SGB IV entsprechend anwendbar. Für die Rechte und Pflichte der Mitglieder des Verwaltungsrates sind die §§ 40 bis 42 SGB IV zu berücksichtigen.

III. Aufgaben des Verwaltungsrates (Abs. 1)

Abs. 1 enthält eine nicht abschließende **Aufzählung** („insbesondere") der wesentlichen Aufgaben des Verwaltungsrates. Weitere Aufgabenzuweisungen ergeben sich aus § 35a Abs. 5 und 7 (Wahl, Amtsenthebung und -entbindung des Vorstands, dessen Vorsitzenden und Stellvertreter), § 33 Abs. 3 S. 2 bzw. 3 iVm § 37 Abs. 2 (Beauftragung eines leitenden Beschäftigten bei Verhinderung von Organen), § 38 (Beanstandung von Rechtsverstößen), § 39 Abs. 1 (Wahl des Versichertenältesten), § 41 Abs. 4 (Entschädigung der ehrenamtlich Tätigen), § 60 (Nachbenennung), § 62 (Wahl des [stellv.] Vorsitzenden), § 63 Abs. 1 (Geschäftsordnung),[5] § 112 Abs. 2 SGB IV (Einspruchsstelle) sowie § 85 Abs. 2 Nr. 2 SGG (Bestimmung Widerspruchsstelle).

Vor allem die „Gesetzgebungsbefugnis" der Nr. 1 und das „Budgetrecht" der Nr. 2 verleiten zum Vergleich des Verwaltungsrates mit dem „Parlament" der Kasse, welchem gegenüber dem Vorstand **Priorität** zukommt.[6] Dementsprechend wird wohl überwiegend auch im Hinblick auf das „insbesondere" des Abs. 1 faktisch eine Kompetenz-Kompetenz des Verwaltungsrates angenommen.[7] Dabei kann er nur innerhalb des von SGB V und SGB IV abgesteckten Rahmens seine Regelungsmacht der Selbstverwaltung nutzen.[8] Eine Konkretisierung der durch Abs. 1 an den Verwaltungsrat zugewiesenen Kompetenzen ist teilweise nur in Abgrenzung zu den in § 35 und § 35a SGB IV geregelten Kompetenzen des Vorstandes möglich, wonach der Vorstand die Kasse verwaltet und vertritt.[9]

1. Beschluss der Satzung und sonstigen autonomen Rechts (Nr. 1). Ebenso wie nach §§ 33 Abs. 1 S. 1, Abs. 3 S. 1, 31 Abs. 3a SGB IV hat gem. Abs. 1 Nr. 1 der Verwaltungsrat die Satzung (vgl. § 194) und sonstiges autonomes Recht zu beschließen. Zum **autonomen Recht** zählen „alle Vorschriften, die ein Träger der sozialen Selbstverwaltung im Rahmen der Gesetze mit Wirkung auch für Dritte – insbesondere Versicherte, Arbeitgeber und Bedienstete in ihrer persönlichen Rechtsstellung – erlässt".[10] Praktische Bedeutung hat heute nur noch die **Dienstordnung** (§§ 351 bis 357 RVO), welche den beamtenähnlichen Status der Angestellten ausgestaltet. Allerdings ist die Mitwirkung des Verwaltungsrates bei der Aufstellung der Dienstordnung – trotz Nr. 1 und § 33 Abs. 3 S. 1 SGB IV – durch die spezielle Regelung des § 355 RVO auf die Zustimmung zu den vom Vorstand beschlossenen Änderungen der

---

1 BT-Dr. 11/2237, 218.
2 Kauke in: Müller (ua), SGB V Onlinekommentar, § 197 Rn. 1.
3 BT-Dr. 11/2237, 218. Zu den relevanten Vorschriften des SGB IV s. Rn. 3 f.
4 Erfmeyer/Duda, Die BKK 2007, 554.
5 Dazu und zur Durchführung von Sitzungen des Verwaltungsrates Finkenbusch, SF-Medien 169, 43, 44 ff.
6 Erfmeyer/Duda, Die BKK 2007, 554, 556; Hauck in Hauck/Noftz, § 197 Rn. 3.
7 In diesem Sinne Fuchs, SozSich 2011, 365, 369 f; aA Erfmeyer/Duda, Die BKK 2008, 32.
8 Erfmeyer/Duda, Die BKK 2007, 554, 557.
9 Erfmeyer/Duda, Die BKK 2007, 554, 556; Hauck in: Hauck/Noftz, SGB V, § 197 Rn. 1.
10 LSG Chemnitz, 25.1.2012, L 1 KR 145/11, juris Rn. 29, unter Hinweis auf BT-Dr. 7/4122, 35.

Dienstordnung beschränkt.[11] Ohne solche Sondervorschriften sind vom Vorstand beschlossene Regelungen, die inhaltlich als autonomes Recht zu qualifizieren sind, unwirksam.[12]

2. Überwachung des Vorstands (Nr. 1 a). Der Überwachung des Vorstands gem. Nr. 1 a dienen die durch Abs. 2 (→ Rn. 14) dem Verwaltungsrat eingeräumten **Einsichts- und Prüfungsrechte** sowie die allgemeinen Regelungen der §§ 33 ff. SGB V, insbes. die Berichtspflicht gem. § 35 a Abs. 2 SGB IV und die Möglichkeit zur Amtsenthebung oder Amtsentbindung gem. § 35 a Abs. 7 SGB IV. Dabei wird aus der Verwaltungs- und Vertretungsbefugnis des Vorstandes gem. § 35 a Abs. 1 SGB IV gefolgert, dass der Verwaltungsrat auch im Rahmen der Kontrollbefugnisse keine Verwaltungssache, die vom Vorstand bearbeitet wird, an sich ziehen und selbst entscheiden darf.[13]

3. Entscheidungen von grundsätzlicher Bedeutung (Nr. 1 b). Abgrenzungsfragen provoziert die Regelung der Nr. 1 b, wonach der Verwaltungsrat alle Entscheidungen zu treffen hat, die für die Kasse von grundsätzlicher Bedeutung sind. Anhaltspunkte bieten die übrigen Kompetenzen des Abs. 1.[14] Auch werden Überlegungen zur Abgrenzung der Aufgaben des Gemeinderats aus dem Kommunalrecht für die KK übertragen.[15] Jedenfalls darf nicht in die Verwaltungskompetenz des Vorstandes (insbes. § 35 a Abs. 1 SGB IV) eingegriffen werden. Angesichts dieser weitreichenden Verwaltungskompetenzen des Vorstandes besteht zumeist eine Tendenz zur restriktiven Auslegung des Abs. 1 Nr. 1 b im Sinne von **sozialpolitischen Grundsatzfragen** (→ Rn. 1 aE).[16] Dementsprechend wird wohl eher die Befugnis zum Erlass von Leitlinien für das operative Geschäft des Vorstandes verneint.[17] Auch bedeutsame Einzelfallentscheidungen (wie zB die Besetzung von Führungspositionen unterhalb der Vorstandsebenen), werden überwiegend nicht als Grundsatzentscheidungen mit Zuständigkeit des Verwaltungsrates bewertet.[18] Nichtsdestoweniger verbleiben vielfältige Gestaltungsaufgaben für die Verwaltungsräte.[19] Diese Grundsatzentscheidungen haben unmittelbare nur Wirkung im Innenverhältnis zwischen Verwaltungsrat und Vorstand, weil die Vertretung der Kasse nach außen in der Regel dem Verwaltungsrat obliegt (vgl. Nr. 4).[20]

4. Feststellung des Haushaltsplans (Nr. 2). Die Feststellung des Haushaltsplans erfolgt gem. Nr. 2 durch den Verwaltungsrat, was sich auch aus §§ 33 Abs. 3 S. 2 iVm 70 Abs. 1 S. 2 SGB IV ergibt. Dabei sind die **haushaltsrechtlichen Vorschriften** der §§ 67 ff. SGB IV zu beachten. Dementsprechend ist der Haushalt vom Vorstand aufzustellen und dem Verwaltungsrat zur Feststellung vorzulegen, wobei der Verwaltungsrat Ansätze des Vorstands korrigieren und auch eigene neue Haushaltsansätze einstellen kann.[21] Weitere Regelungen enthält die SVHV (zuletzt geändert durch Art. 13 Abs. 18 Gesetz vom 12.4.2012 [BGBl. I, 579]).[22]

5. Entlastung des Vorstands wegen der Jahresrechnung (Nr. 3). Auch die Entlastung des Vorstands wegen der Jahresrechnung durch den Verwaltungsrat gem. Nr. 3 ist bereits in § 33 Abs. 3 S. 2 iVm § 77 Abs. 1 S. 2 SGB IV geregelt. Insoweit kontrolliert der Verwaltungsrat, ob der Vorstand den festgestellten Haushaltsplan auch tatsächlich ausgeführt hat. In Anlehnung an die zivilrechtliche Rechtsprechung wird die Entlastung als eine **einseitige, nicht annahmebedürftige Willenserklärung** qualifiziert, die wie ein Verzicht oder ein negatives Schuldanerkenntnis wirkt.[23] Nach aA hat der Entlastungsbeschluss nur die Bedeutung, dass die Haushaltskontrolle für den abgelaufenen Haushaltszeitraum formell beendet und die Haushaltswirtschaft und das Finanzgebaren des Vorstands gebilligt werden, wo-

---

11 Baier in: Krauskopf, § 197 SGB V Rn. 6.
12 In diesem Sinne: BSG, 9.6.1988, 4/11 a RLw 3/87, BSGE 63, 220, 223; Baier in: Krauskopf, § 197 SGB V Rn. 5.
13 Hauck in: Hauck/Noftz, SGB V, § 197 Rn. 4.
14 Peters in: KassKomm, § 197 SGB V Rn. 6; aM Thüsing/Hütter, NZS 2016, 281, 283.
15 Thüsing/Hütter, NZS 2016, 281 ff.
16 Erfmeyer/Duda, Die BKK 2007, 554, 559; im Ergebnis ebenso Thüsing/Hütter, NZS 2016, 281, 284.
17 Kauke in: Müller (ua), SGB V Onlinekommentar, § 197 Rn. 4; aA Erfmeyer/Duda, Die BKK 2007, 554, 559.
18 Erfmeyer/Duda, Die BKK 2007, 554, 559; Felix in: Schnapp, Funktionale Selbstverwaltung und Demokratieprinzip, 43, 54; aA Thüsing/Hütter, NZS 2016, 281, 283.
19 Dazu Güner et al., SozSich 2009, 133, 135 ff.
20 Hauck in: Hauck/Noftz, SGB V, § 197 Rn. 5.
21 Kauke in: Müller (ua), SGB V Onlinekommentar, § 197 Rn. 4.
22 Dazu Fuchs, SozSich, 2011, 365, 370.
23 Kauke in: Müller (ua), SGB V Onlinekommentar, § 197 Rn. 4, unter Hinweis auf BGH, 30.10.1958, II ZR 253/56, NJW 1959, 192 (Entlastung von Geschäftsführern einer GmbH).

bei dem Beschluss keine unmittelbare Rechtswirkungen oder haftungsrechtliche Bedeutung zukommt.[24]

6. Vertretung gegenüber dem Vorstand und dessen Mitgliedern (Nr. 4). Nr. 4 weist die **Vertretung der Kasse** gegenüber dem Vorstand und dessen Mitgliedern zu, was sich auch aus §§ 33 Abs. 2 S. 1, Abs. 3 S. 1 SGB IV ergibt. Der Verwaltungsrat kann in der Satzung oder im Einzelfall gem. § 33 Abs. 2 S. 2 SGB IV bestimmen, dass das Vertretungsrecht gemeinsam durch die Vorsitzenden des Verwaltungsrats ausgeübt wird. Wenn kein Fall der Nr. 4 vorliegt, vertritt der Vorstand die Kasse gem. § 35 Abs. 1 S. 1 bzw. § 35 a Abs. 1 S. 1 SGB IV.

7. Beschluss über bestimmte Immobiliengeschäfte (Nr. 5). Über den Erwerb, die Veräußerung oder die Belastung von Grundstücken sowie über die Errichtung von Gebäuden hat der Verwaltungsrat nach Nr. 5 zu beschließen. Die Errichtung von Gebäuden soll neben dem Neubau auch Erweiterungen und Umbauten erfassen.[25] Dabei soll der Verwaltungsrat nur über das „Ob" der Grundstücksgeschäfte und der Baumaßnahmen sowie über die wesentlichen Fragen der Ausführung entscheiden, während der Vorstand die weiteren Maßnahmen ergreift.[26] Unabhängig von dieser Regelung ist § 85 SGB IV für genehmigungsbedürftige Vermögensanlagen zu beachten.

8. Beschluss über die Auflösung oder die freiwillige Vereinigung (Nr. 6). Ein Beschluss über die Auflösung oder die freiwillige Vereinigung mit anderen Kassen iSd Nr. 6 muss § 172 beachten. Außerdem sind Konkretisierungen für die Auflösung in § 152 (BKK) und § 162 (IKK) enthalten. Die freiwillige Vereinigung ist in den § 144 (AOK), § 150 (BKK), § 160 Abs. 1 (IKK), § 168 a Abs. 1 (Ersatzkasse) sowie § 171 a (kassenartenübergreifende Vereinigung) genauer normiert.

IV. Einsichts- und Prüfungsbefugnis des Verwaltungsrates (Abs. 2)

Das von Abs. 2 dem Verwaltungsrat eingeräumte Recht auf Einsicht und Prüfung sämtlicher Geschäfts- und Verwaltungsunterlagen stärkt die Befugnisse des Verwaltungsrates, um die Tätigkeit des Vorstandes kontrollierend zu begleiten.[27] Ohne diese Befugnisse könnte der Verwaltungsrat die Überwachung des Vorstands gem. Abs. 1 Nr. 1 a nur schwerlich leisten.

V. Fachausschüsse (Abs. 3)

Nach Abs. 3 „soll" der Verwaltungsrat zur Erfüllung seiner Aufgaben Fachausschüsse bilden. Dies wird als Pflicht zur Einrichtung von Fachausschüssen interpretiert, von der nur in solchen besonders begründeten Situationen abgewichen werden darf.[28] Die Ausschüsse dienen dazu, die vielfältigen Aufgaben des Verwaltungsrates qualifiziert bewältigen zu können, indem sich die Personen in den Ausschüssen durch Spezialisierung besondere Fachkompetenz aneignen. Dabei sind vor allem die Regelungen für **Besondere Ausschüsse** (§ 36 a SGB IV),[29] den **Wahlausschuss** (insbes. § 53 SGB IV) und die **Erledigungsausschüsse** (§ 66 SGB IV)[30] zu beachten. Von Erledigungsausschüssen abgesehen haben die Fachausschüsse unterstützende, vorbereitende und beratende Funktion, dürfen aber eine Entscheidung des Verwaltungsrats nicht ersetzen.[31] Dabei kann der Verwaltungsrat grundsätzlich nach freiem Ermessen die Anzahl, das Aufgabengebiet und die personelle Besetzung bestimmen.[32] Traditionell werden zumindest **Rechnungsprüfungs-, Haushalts-** und **Satzungsausschüsse** eingerichtet.[33]

---

24 Baier in: Krauskopf, § 197 SGB V Rn. 10; idS Schmidt/Schantz, NZS 2014, 5, 10.
25 Kauke in: Müller (ua), SGB V Onlinekommentar, § 197 Rn. 4.
26 Erfmeyer/Duda, Die BKK 2007, 554, 560.
27 BT-Dr. 12/3608, 114.
28 Baier in: Krauskopf, § 197 SGB V Rn. 18; Kauke in: Müller (ua), SGB V Onlinekommentar, § 197 Rn. 7.
29 Dazu U. Kruse/S. Kruse, SozSich 2011, 377, 382 f.
30 Dazu U. Kruse/S. Kruse, SozSich 2011, 377, 381 f.
31 Ohne aber die Ausnahme des § 66 SGB IV zu berücksichtigen: Erfmeyer/Duda, Die BKK 2007, 554, 559; Kauke in: Müller (ua), SGB V Onlinekommentar, § 197 Rn. 7.
32 U. Kruse/S. Kruse, SozSich 2011, 377, 378.
33 Dazu U. Kruse/S. Kruse, SozSich 2011, 377, 379 ff.

§ 197a Stellen zur Bekämpfung von Fehlverhalten im Gesundheitswesen

(1) ¹Die Krankenkassen, wenn angezeigt ihre Landesverbände, und der Spitzenverband Bund der Krankenkassen richten organisatorische Einheiten ein, die Fällen und Sachverhalten nachzugehen haben, die auf Unregelmäßigkeiten oder auf rechtswidrige oder zweckwidrige Nutzung von Finanzmitteln im Zusammenhang mit den Aufgaben der jeweiligen Krankenkasse oder des jeweiligen Verbandes hindeuten. ²Sie nehmen Kontrollbefugnisse nach § 67c Abs. 3 des Zehnten Buches wahr.

(2) ¹Jede Person kann sich in Angelegenheiten des Absatzes 1 an die Krankenkassen und die weiteren in Absatz 1 genannten Organisationen wenden. ²Die Einrichtungen nach Absatz 1 gehen den Hinweisen nach, wenn sie auf Grund der einzelnen Angaben oder der Gesamtumstände glaubhaft erscheinen.

(3) ¹Die Krankenkassen und die weiteren in Absatz 1 genannten Organisationen haben zur Erfüllung der Aufgaben nach Absatz 1 untereinander und mit den Kassenärztlichen Vereinigungen und Kassenärztlichen Bundesvereinigungen zusammenzuarbeiten. ²Der Spitzenverband Bund der Krankenkassen organisiert einen regelmäßigen Erfahrungsaustausch mit Einrichtungen nach Absatz 1 Satz 1, an dem die Vertreter der Einrichtungen nach § 81a Absatz 1 Satz 1, der berufsständischen Kammern und der Staatsanwaltschaft in geeigneter Form zu beteiligen sind. ³Über die Ergebnisse des Erfahrungsaustausches sind die Aufsichtsbehörden zu informieren.

(3a) ¹Die Einrichtungen nach Absatz 1 dürfen personenbezogene Daten, die von ihnen zur Erfüllung ihrer Aufgaben nach Absatz 1 erhoben oder an sie weitergegeben oder übermittelt wurden, untereinander und an Einrichtungen nach § 81a übermitteln, soweit dies für die Feststellung und Bekämpfung von Fehlverhalten im Gesundheitswesen beim Empfänger erforderlich ist. ²Der Empfänger darf diese nur zu dem Zweck verarbeiten und nutzen, zu dem sie ihm übermittelt worden sind.

(4) Die Krankenkassen und die weiteren in Absatz 1 genannten Organisationen sollen die Staatsanwaltschaft unverzüglich unterrichten, wenn die Prüfung ergibt, dass ein Anfangsverdacht auf strafbare Handlungen mit nicht nur geringfügiger Bedeutung für die gesetzliche Krankenversicherung bestehen könnte.

(5) ¹Der Vorstand der Krankenkassen und der weiteren in Absatz 1 genannten Organisationen hat dem Verwaltungsrat im Abstand von zwei Jahren über die Arbeit und Ergebnisse der organisatorischen Einheiten nach Absatz 1 zu berichten. ²Der Bericht ist der zuständigen Aufsichtsbehörde und dem Spitzenverband Bund der Krankenkassen zuzuleiten. ³In dem Bericht sind zusammengefasst auch die Anzahl der Leistungserbringer und Versicherten, bei denen es im Berichtszeitraum Hinweise auf Pflichtverletzungen oder Leistungsmissbrauch gegeben hat, die Anzahl der nachgewiesenen Fälle, die Art und Schwere des Pflichtverstoßes und die dagegen getroffenen Maßnahmen sowie der verhinderte und der entstandene Schaden zu nennen; wiederholt aufgetretene Fälle sowie sonstige geeignete Fälle sind als anonymisierte Fallbeispiele zu beschreiben.

(6) ¹Der Spitzenverband Bund der Krankenkassen trifft bis zum 1. Januar 2017 nähere Bestimmungen über
1. die einheitliche Organisation der Einrichtungen nach Absatz 1 Satz 1 bei seinen Mitgliedern,
2. die Ausübung der Kontrollen nach Absatz 1 Satz 2,
3. die Prüfung der Hinweise nach Absatz 2,
4. die Zusammenarbeit nach Absatz 3,
5. die Unterrichtung nach Absatz 4 und
6. die Berichte nach Absatz 5.

²Die Bestimmungen nach Satz 1 sind dem Bundesministerium für Gesundheit vorzulegen. ³Der Spitzenverband Bund der Krankenkassen führt die Berichte nach Absatz 5, die ihm von seinen Mitgliedern zuzuleiten sind, zusammen, gleicht die Ergebnisse mit den Kassenärztlichen Bundesvereinigungen ab und veröffentlicht seinen eigenen Bericht im Internet.

Literatur:

Badle, Betrug und Korruption im Gesundheitswesen, NJW 2008, 1028; *Bussmann*, Unzulässige Zusammenarbeit im Gesundheitswesen durch „Zuweisung gegen Entgelt", 2012; *Dannecker/Bülte*, Fehlverhalten im Gesundheitswesen, NZWiSt 2012, 1 ff und 81 ff; *Faust*, Bekämpfung von Fehlverhalten im Gesundheitswesen, Kompass 2011, Heft 7/8, 3; *Gaßner*, Korruption im Gesundheitswesen in: v. Arnim, Korruption und Korruptionsbekämpfung, 2007, 59; *Giring*, Zur Notwendigkeit rechtsstaatlicher Begrenzungen der Unterrichtungspflicht Kassenärztlicher Vereinigungen und Krankenkassen nach §§ 81a, 197a SGB V, FS Egon Müller, 2008, 199; *Homann*, Betrug in der gesetzlichen Krankenversicherung, 2009; *Köhler*, Korruptionsprävention im öffentlichen Gesundheitswesen unter besonderer Berücksichtigung der §§ 81 a und 197 a SGB V, VerwArch 100 (2009), 391; *Meier*, Betrug in der gesetzlichen Krankenversicherung: Was sagt die Kriminologie?, KrV 2015, 155; *Meseke*, Zehn Jahre Bekämpfung von Fehlverhalten im Gesundheitswesen – Bestandsaufnahme und Perspektive, KrV 2015, 133; *Pierburg*, Bekämpfung von Fehlverhalten im Gesundheitswesen, BKK 2004, 487; *Rixen*, Die Stellen zur Bekämpfung von Fehlverhalten im Gesundheitswesen, ZfSH/SGB 2005, 131; *Schrodi*, Stellungnahme zu Steinhilper: „Tätigkeiten der „Stellen zur Bekämpfung von Fehlverhalten im Gesundheitswesen" aus Sicht einer Krankenkasse (AOK PLUS), ZMGR 2011, 66; *Steinhilper*, Tätigkeiten der „Stellen zur Bekämpfung von Fehlverhalten im Gesundheitswesen" (§§ 81 a, 197 a SGB V), ZMGR 2010, 152; *Waschkewitz*, Die Befugnis zur Übermittlung personenbezogener Daten zwischen den Stellen zur Bekämpfung von Fehlverhalten im Gesundheitswesen nach § 81 a Abs. 3 a und § 197 a Abs. 3 a SGB V, GesR 2012, 410; *Wenner/Wiegand*, Fehlverhalten im Gesundheitswesen: Fälle und Konflikte aus der Rechtsprechung des BSG, KrV 2015, 140.

I. Entstehungsgeschichte.	1	VI. Datenübermittlung (Abs. 3 a)	8
II. Normzweck	2	VII. Unterrichtung der Staatsanwaltschaft (Abs. 4)	9
III. Einrichtung organisatorischer Einrichtungen und deren Aufgaben (Abs. 1)	3	VIII. Berichtspflicht (Abs. 5)	11
IV. Ansprechpartner für jede Person und Kontrolle aufgrund der Hinweise (Abs. 2)	6	IX. Konkretisierung durch den GKV-Spitzenverband (Abs. 6)	12
V. Zusammenarbeit mit anderen Stellen (Abs. 3)	7		

I. Entstehungsgeschichte

§ 197 a wurde durch Art. 1 Nr. 137 GMG (BGBl. I, 2003, 2190) zum 1.1.2004 eingeführt. Als Folgeänderung zur Neuorganisation der Verbände wurde die Pflicht der Spitzenverbände auf den GKV-Spitzenverband durch Art. 1 Nr. 141 GKV-WSG (BT-Dr. 16/3100, 159) übertragen. Zum 1.1.2012 wurden schließlich durch Art. 1 Nr. 64 a GKV-VStG die normklare Regelung der Datenübermittlung des Abs. 3 a eingefügt (BT-Dr. 17/8005, 124 f) und die in Abs. 5 S. 1 entbehrliche Zeitangabe über die erstmalige Berichtspflicht gestrichen (BT-Dr. 17/8005, 125). Nachdem der BGH die prinzipielle Straffreiheit von Ärzten im Hinblick auf § 299, §§ 331 ff. StGB feststellte (→ Rn. 9), sollte durch das Gesetz zur Förderung der Prävention eine Strafvorschrift in § 307 c eingeführt werden, um die Korruption im Gesundheitswesen einzudämmen. Gleichzeitig sollten außerdem die Pflichten zum Informationsaustausch und die Aufgaben des GKV-Spitzenverbandes in § 197 a Abs. 3, 5 und 6 erweitert werden (BT-Dr. 17/14184, 18 f und 39 f), jedoch fiel das Gesetz nach Widerspruch durch den Bundesrat der Diskontinuität des Bundestages zum Opfer. Diese geplanten Ergänzungen des § 197 a wurden jedoch in der 18. Legislaturperiode mit kleinen redaktionellen Änderungen durch Art. 3 Nr. 2 des Gesetzes zur Bekämpfung von Korruption im Gesundheitswesen v. 30.5.2016 (BGBl. I, 1254) in die Abs. 3, 5 und 6 (dazu BR-Dr. 360/15, 23 f.) – zusammen mit umfangreicheren Straftatbeständen (§§ 299 a bis 302 StGB) und einer Ergänzung des § 74 c GVG – eingefügt. Nicht aufgegriffen wurde der Vorschlag des Gesundheitsausschusses des Bundesrates (BR-Dr. 360/1/15, 2), auch die gesetzlichen Unfall- und Rentenversicherung in den Erfahrungsaustausch nach Abs. 3 S. 2 einzubeziehen.

1

II. Normzweck

Fehlverhalten im Gesundheitswesen[1] führten bei den Kassen im Untersuchungszeitraum 2004/2005 zu einem nachweislichen **Gesamtschaden** von über 23 Mio. EUR.[2] Im Zeitraum zwischen 2010 und 2011 gingen die Krankenkassen 52.927 Verdachtsfällen nach, in 2.602 Fällen wurde die Staatsanwaltschaft unterrichtet und 41,3 Mio. EUR wurden von den Kassen als Entschädigung geltend gemacht.[3] Auch die „Zuweisung gegen Entgelt" ist weit verbreitet.[4] Zur Bekämpfung von solchem Fehlverhalten bei den genannten Krankenversicherungsträgern sind Stellen gem. § 197 a einzurichten. Dies entspricht den gleichzeitig eingefügten § 81 a bei kassenärztlichen Vereinigungen und der Verweisung in § 47 a SGB XI für die Pflegekassen. Diese Stellen sollen den effizienten Einsatz von Finanzmitteln stärken.[5]

2

---

1 Zu Beispielen s. Wenner/Wiegand, KrV 2015, 140 ff. aus der Rspr. des BSG; Meier, KrV 2015, 155 ff. aus kriminologischer Sicht.
2 Homann, 182.
3 Korzilius, DÄ 2013, A 169.
4 Bussmann, Unzulässige Zusammenarbeit im Gesundheitswesen durch „Zuweisung gegen Entgelt", 2012.
5 BT-Dr. 15/1525, 139 iVm 99.

Dabei sollen die Selbstreinigungskräfte innerhalb des Systems der GKV durch die Unterrichtung der Staatsanwaltschaft gem. Abs. 4 und Berichtspflicht nach Abs. 5 gegenüber der Vertreterversammlung gefördert werden.[6] Gegenüber diesen Stellen haben weder Vorstand noch Vertreterversammlung eine Weisungsbefugnis.[7] Allerdings enthält das Gesetz keine Einzelheiten zur Organisationsstruktur und personeller Besetzung der Stellen.[8] Angesichts der unterschiedlichen Implementierung bei verschiedenen Krankenversicherungsträgern und einiger erster Berichte wird kritisiert, dass die Regelung „teilweise nur die Funktionen eines Placebos"[9] habe. Probleme bereitet auch, dass defizitäre strafrechtliche Bewertungen auf Seiten der GKV-Kontrollstellen mit unzureichenden sozialrechtlichen Bewertungen der Staatsanwaltschaften zusammentreffen können.[10]

III. Einrichtung organisatorischer Einrichtungen und deren Aufgaben (Abs. 1)

3   Abs. 1 S. 1 verpflichtet die **Kassen** (§ 4) und den **GKV-Spitzenverband** Stellen zur Bekämpfung von Fehlverhalten im Gesundheitswesen einzurichten. „Wenn angezeigt", gilt diese Pflicht auch für die **Landesverbände** (§ 207), wobei dies nach der Gesetzesbegründung der Fall ist, „soweit ein Bedarf besteht".[11] Da dies nicht zu den in § 211 Abs. 2 explizit genannten Verbandsaufgaben zählt, wird eine solche Stelle nur erforderlich sein, wenn der Verband für seine Mitgliedskasse tätig werden will oder sich Dritte regelmäßig wegen Fehlverhalten im Verbandsbereich an den Landesverband wenden.[12] Über die Tatbestandsvariante der rechtswidrigen Nutzung von Finanzmitteln können auch straflose Vermögensverfügungen wie Vertragsverstöße erfasst werden.[13]

4   Diese Stelle ist innerhalb ihrer Organisation als eine **verselbstständigte Ermittlungs- und Prüfungsstellen** zur Bekämpfung von Fehlverhalten im Gesundheitswesen einzurichten.[14] Dies soll deren interne Unabhängigkeit fördern; im Außenverhältnis handelt die organisatorische Einheit für ihren Rechtsträger.[15] Auch wenn dies im Gesetzestext nicht ausdrücklich festgeschrieben ist, beschränken sich die Ermittlungen bzw. Prüfungen auf den Zuständigkeitsbereich der jeweiligen Organisation.[16] Unerheblich ist, ob diese Unregelmäßigkeiten durch Leistungserbringer, Kassen oder Versicherte verursacht wurden.[17]

5   Durch die Verweisung in Abs. 1 S. 2 auf § 67c Abs. 3 SGB X wird klargestellt, dass die innerhalb ihrer Organisation vorhandenen **personenbezogenen Daten** zum Zwecke des Abs. 1 verwendet werden können.[18]

IV. Ansprechpartner für jede Person und Kontrolle aufgrund der Hinweise (Abs. 2)

6   Die in Abs. 1 genannten Organisationen sollen Ansprechpartner für alle sein, die zu einem effizienten Einsatz der Finanzmittel im Gesundheitswesen beitragen wollen, weshalb Abs. 2 vorsieht, dass sich jedermann an die Einrichtungen wenden kann. Dazu wurden auch Möglichkeiten geschaffen, dass Versicherte Hinweise über das Internet geben können.[19] Die Einrichtungen sind verpflichtet, den hinreichend substantiierten Hinweisen nachzugehen.[20] Dies umfasst auch anonyme Anzeigen.[21] Ergänzend dazu wird rechtspolitisch ein Schutz für die Hinweisgeber gefordert.[22] In keinem Fall besteht eine In-

---

6   BT-Dr. 15/1525, 139 iVm 99.
7   Steinhilper, ZGMR 2010, 152.
8   Steinhilper, ZGMR 2010, 152.
9   So Gaßner in v. Arnim, Korruption und Korruptionsbekämpfung, 2007, 59, 71 f.; ähnlich kritisch Steinhilper, ZGMR 2010, 152, 156; aM Schrodi, ZGMR 2011, 66.
10 Rixen, ZFSH/SGB 2005, 131, 133.
11 BT-Dr. 15/1525, 138.
12 Baier, in Krauskopf, § 197a SGB V Rn. 3. Weitergehende Einrichtungspflicht bei den Landesverbänden aufgrund der Unterstützungspflichten nach Engelhard in Hauck/Noftz, § 197a SGB V Rn. 7.
13 Meseke, KrV 2015, 134, 135.
14 BT-Dr. 15/1525, 138.
15 Vgl. Köhler, VerwArch 100 (2009), 391, 414 ff.
16 Vgl. BT-Dr. 15/1525, 138.
17 Kaempfe in: Becker/Kingreen, § 197a Rn. 3.
18 BT-Dr. 15/1525, 138 iVm 99.
19 Abrufbar unter http://www.gkv-spitzenverband.de/service/fehlverhalten_im_gesundheitswesen/fehlverhalten_im_gesundheitswesen.jsp (zuletzt abgerufen am 15.7.2017).
20 BT-Dr. 15/1525, 138 iVm 99.
21 Dazu Gaßner in v. Arnim, Korruption und Korruptionsbekämpfung, 2007, 59, 77 f.
22 So Meseke, KrV 2015, 133, 138 f. Allgemein dazu bspw. Király, Whistleblower in der öffentlichen Verwaltung, 2010.

formationspflicht an den Hinweisgeber, ob und mit welchem Ergebnis dem Hinweis nachgegangen wurde.[23] Das Wort „nachgehen" legt auch nahe, dass kein proaktives Ermitteln iS einer Rasterfahndung zulässig ist.[24]

V. Zusammenarbeit mit anderen Stellen (Abs. 3)

Durch Abs. 3 sind die Kassen und deren Verbände sowie die Kassenärztlichen (Bundes-)Vereinigungen zur gegenseitigen Zusammenarbeit verpflichtet, indem sie unter anderem Erfahrungen austauschen und sich wechselseitig Hinweise geben.[25] Dabei bleibt ihre jeweilige Verantwortlichkeit erhalten.[26] Dazu sollen der direkte fachliche Austausch der verantwortlichen Personen und die gemeinsame Abstimmung über das Vorgehen bei streitigen oder unklaren Fragestellungen durch solche Treffen, die bisher schon in freiwilliger Initiative organisiert worden sind, ermöglicht werden. Der gesetzliche Auftrag in Abs. 3 S. 2 verstetigt diesen Austauschprozess, um die Tätigkeit der genannten Stellen zu intensivieren und zu vereinheitlichen, wobei die Einzelheiten der Zusammenarbeit der GKV-Spitzenverband für seine jeweiligen Mitglieder nach Abs. 6 regelt. Damit auch die Erfahrungen aus der disziplinar-, berufs- und strafrechtlichen Verfolgung und Ahndung des Fehlverhaltens eingebracht werden können, sind neben Vertretern der Kassenärztlichen Vereinigungen oder Kassenärztlichen Bundesvereinigungen auch Vertreter der berufsständischen Kammern (zB der Ärzte, der Zahnärzte) sowie der Staatsanwaltschaft zu beteiligen.[27] Im Zusammenhang mit der Quantifizierung der Kosten durch die Einführung des „regelmäßigen" Erfahrungsaustausches geht die Gesetzesbegründung von einem jährlich stattfindenden Erfahrungsaustausch aus,[28] während eine systematischen Auslegung mit dem bereits vorher bestehenden Abs. 5 S. 2 wohl lediglich das Erfordernis eines Erfahrungsaustauschs zumindest innerhalb von zwei Jahren hindeutet. Der Erfahrungsaustausch nach Abs. 5 S. 2 dürfte umfassender als der nach § 81 a Abs. 3 zu verstehen sein, weil er nach § 81 a Abs. 3 S. 2 nur „für ihren Bereich" erfolgt, während eine entsprechende Einschränkung im Wortlaut des Abs. 5 S. 2 nicht enthalten ist. Über die Ergebnisse des Erfahrungsaustausches sind nach Abs. 3 S. 3 die Aufsichtsbehörden zu informieren.

VI. Datenübermittlung (Abs. 3 a)

Da Fehlverhalten im Gesundheitswesen ohne eine Zusammenarbeit der Kassen untereinander oder mit Kassen(zahn)ärztlichen Vereinigungen oft nicht feststellbar ist, werden durch Abs. 3 a nach der Gesetzesbegründung[29] explizit und normenklar die erforderlichen Datenübermittlungsbefugnisse eingeräumt. Dabei trägt die jeweilige Kasse bzw. der Verband die datenschutzrechtliche Verantwortung. Sie haben durch geeignete technische und organisatorische Maßnahmen sicherzustellen, dass die Befugnisse, insbes. der Zugang und Zugriff auf Datenbestände der Einrichtungen nach Abs. 1, und der Kreis der befugten Personen eindeutig festgelegt sind.[30] Gegenstand, Umfang sowie Grenzen der Übermittlungsbefugnisse sind in S. 1 geregelt und darüber hinaus normiert S. 2 die Zweckbindung.[31] Dabei sind die §§ 284 ff. SGB V gegenüber § 35 SGB I und §§ 67 ff. SGB X vorrangig zu beachten.

VII. Unterrichtung der Staatsanwaltschaft (Abs. 4)

Die in Abs. 1 genannten Organisationen sollen die Staatsanwaltschaft gem. Abs. 4 unverzüglich, dh ohne schuldhaftes Zögern (§ 121 Abs. 1 BGB), unterrichten, wenn die Prüfung ergibt, dass ein **Anfangsverdacht** (vgl. § 152 StPO) auf eine strafbare Handlungen bestehen könnte. Dabei ist insbes. an die Liquidation nicht erbrachter Leistungen, Betrügerische Abrechnung bei tatsächlicher Leistungserbringung und die Ausnutzung bestehender Geschäftsbeziehungen zu denken.[32] Allerdings stellte der BGH[33] fest, dass ein niedergelassener, für die vertragsärztliche Versorgung zugelassener Arzt bei der Wahrnehmung der ihm in diesem Rahmen übertragenen Aufgaben weder als Amtsträger iSd § 11

---

23 Kauke in Müller (ua), SGB V Onlinekommentar, § 197 a Rn. 7.
24 Steinhilper, ZGMR 2010, 152, 153; aM Meseke, KrV 2015, 133, 134; Schrodi, ZGMR 2011, 66.
25 BT-Dr. 15/1525, 138 iVm 99.
26 BT-Dr. 15/1525, 138 iVm 99.
27 BR-Dr. 360/15, 24 iVm 23.
28 BR-Dr. 360/15, 2 f.
29 BT-Dr. 17/8005, 124.
30 BT-Dr. 17/8005, 124.
31 Dazu Waschkewitz, GesR 2012, 410, 411 f.
32 Badle, NJW 2008, 1028, 1030 ff. Weitergehende Beispiele bei: Homann, 30 ff.; Köhler, VerwArch 100 (2009), 391, 405 ff.
33 BGHSt 57, 202, Ls.

Abs. 1 Nr. 2 StGB noch als Beauftragter der gesetzlichen Krankenkassen iSd § 299 StGB handelt, so dass daran anknüpfende Strafbarkeiten ausscheiden. Daraufhin wurden neue Straftatbestände (§§ 299 a bis 302 StGB) geschaffen (→ Rn. 1).

10 Ausgenommen von dieser Mitteilungspflicht sind Fälle von geringfügiger Bedeutung für die GKV (Bagatellfälle), auch damit nicht ein allgemeines Klima des Misstrauens insbes. in dem komplexen Verhandlungssystem der GKV erzeugt wird.[34] Entsprechend § 153 Abs. 1 StPO soll ein Verzicht auf eine Unterrichtung in Betracht kommen, wenn bei einem Vergehen (§ 12 StGB) die Schuld des Täters als gering anzusehen wäre und kein öffentliches Interesse an der Verfolgung besteht.[35] Demgegenüber soll nach anderer Ansicht die Mitteilungspflicht nicht von einer Prüfung der Schuld, sondern von einer Überschreitung der Grenze der Geringfügigkeit analog § 248 a StGB abhängen.[36] Ähnlich wird auf die Bedeutung für den Sozialversicherungsträger abgestellt.[37] Insgesamt ist eine Filterung bereits im Vorfeld der Anzeigenerstattung angesichts der allgemeinen Formulierung in Abs. 4 schwierig, weil die Normadressaden bei Verstoß gegen die Mitteilungspflicht Gefahr laufen, sich wegen **Strafvereitelung durch Unterlassen** gem. § 258 StGB verantworten zu müssen.[38]

VIII. Berichtspflicht (Abs. 5)

11 Die im Abstand von zwei Jahren wiederkehrende Berichtspflicht des Vorstandes gem. Abs. 5 gegenüber der Vertreterversammlung schafft **Transparenz** und fördert die **Selbstreinigungskräfte**; dies gilt auch für die Verpflichtung zur Weiterleitung der Berichte an die Aufsichtsbehörden[39] und an den nachträglich in Abs. 5 S. 2 eingefügten GKV-Spitzenverband. Mit der bereits bestehenden Berichtspflicht der Vorstände der Krankenkassen und der weiteren in Abs. 1 genannten Organisationen über die Tätigkeit der Stellen zur Bekämpfung von Fehlverhalten im Gesundheitswesen sollen sich nach der Gesetzesbegründung die Vertreter der Selbstverwaltung eine konkrete Vorstellung über das tatsächliche Ausmaß des Fehlverhaltens machen können, wofür in den Berichten nach dem angefügten Abs. 5 S. 2 auch die im Berichtszeitraum aufgetretene Zahl der bekannt gewordenen Fälle, deren Art, Schwere und Ahndung zu dokumentieren sowie der jeweilige Gesamtschaden für die gesetzliche Kranken- und Pflegeversicherung zu beziffern sind, der durch Prüfungen vermieden werden konnte und der nicht vermieden werden konnte.[40] Dabei wäre es allerdings verkürzt – entsprechend dem gesetzlichen Wortlaut –, nur die Anzahl der nachgewiesenen Fälle zu nennen; erforderlich ist – wie die Gesetzesbegründung nahelegt –, auch die Anzahl der bekannt gewordenen Fälle anzugeben.[41] Probleme bereitet die Ermittlung des verhinderten und des entstandenen Schadens.[42] Durch die Berichte soll auch das tatsächlich weitgehend unklare Ausmaß des Fehlverhaltens erhellt werden, wozu die Aufnahme von versichertenbezogenen Daten nicht erforderlich ist, so dass von einer Aufnahme dieser Daten abzusehen ist. Dabei kann die Fallbeschreibung des wiederholt ermittelten Fehlverhaltens helfen, vereinzelte Strukturen der Leistungserbringung und Versorgung aufzudecken, die Fehlverhalten begünstigen können, und organisatorische Maßnahmen zu dessen Vermeidung zu entwickeln. Zu den sonstigen geeigneten Fällen zählen auch Einzelfälle pflichtwidrigen Verhaltens, die Anlass für das Ergreifen organisatorischer Maßnahmen geben können. Hierzu zählen insbes. Pflichtverletzungen, die sich wegen ihrer Art der Begehungsweise oder wegen der Höhe des eingetretenen Schadens als besonders schwerwiegend erwiesen haben oder bei denen die Art der Begehungsweise den Verdacht der Wiederholung begründet.[43] Die näheren inhaltlichen Anforderungen der Berichterstattung ergeben sich aus den Bestimmungen, die der GKV-Spitzenverband auf der Grundlage des Abs. 6 erlässt.[44]

---

34 BT-Dr. 15/1525, 138 iVm 99.
35 Kauke in: Müller (ua), SGB V Onlinekommentar, § 197 a Rn. 11; aM Steinhilper, ZGMR 2010, 152, 154.
36 Meseke, KrV 2015, 133, 136.
37 Dannecker/Bülte, NZWiSt 2012, 1, 5.
38 Badle, NJW 2008, 1028, 1031; aM Dannecker/Bülte, NZWiSt 2012, 1, 7 f.
39 BT-Dr. 15/1525, 138 iVm 99.
40 BR-Dr. 360/15, 24 iVm 23.
41 So der Änderungsvorschlag von Meseke, BT-Ausschuss für Recht und Verbraucherschutz, Protokoll-Nr. 18/77, 92 ff.
42 Dazu Meseke, BT-Ausschuss für Recht und Verbraucherschutz, Protokoll-Nr. 18/77, 92 ff.
43 BR-Dr. 360/15, 24 iVm 23.
44 BR-Dr. 360/15, 24 iVm 23 f.

IX. Konkretisierung durch den GKV-Spitzenverband (Abs. 6)

Da nach den geltenden gesetzlichen Regelungen nicht auszuschließen ist, dass sich die einzelnen in Abs. 1 genannten Organisationen der Fehlverhaltensbekämpfung in sehr unterschiedlicher Intensität widmen, hatte nach Abs. 6 S. 1 der GKV-Spitzenverband bis zum 1.1.2017 nähere Bestimmungen zu treffen.[45] Die Verbindlichkeit dieser Bestimmungen wurde als Eingriff in das Selbstverwaltungsprinzip der Krankenkassen kritisiert und stattdessen lediglich „Rahmenempfehlungen" gefordert.[46] Um dementsprechend das Selbstverwaltungsprinzip möglichst wenig zu tangieren, sind die nach S. 1 möglichen Bestimmungen eng auszulegen. Diese Bestimmungen sind dem BMG nach S. 2 vorzulegen. Darüber hinaus hat nach S. 3 der GKV-Spitzenverband die Berichte der Mitglieder nach Abs. 5 regelmäßig in einem eigenen Bericht zusammenzuführen und durch dessen Veröffentlichung Transparenz über die Arbeit und die Ergebnisse der Stellen zur Bekämpfung von Fehlverhalten im Gesundheitswesen herzustellen.[47]

12

§ 197 b Aufgabenerledigung durch Dritte

¹Krankenkassen können die ihnen obliegenden Aufgaben durch Arbeitsgemeinschaften oder durch Dritte mit deren Zustimmung wahrnehmen lassen, wenn die Aufgabenwahrnehmung durch die Arbeitsgemeinschaften oder den Dritten wirtschaftlicher ist, es im wohlverstandenen Interesse der Betroffenen liegt und Rechte der Versicherten nicht beeinträchtigt werden. ²Wesentliche Aufgaben zur Versorgung der Versicherten dürfen nicht in Auftrag gegeben werden. ³§ 88 Abs. 3 und 4 und die §§ 89, 90 bis 92 und 97 des Zehnten Buches gelten entsprechend.

Literatur:

Datenschutzbeauftragte des Bundes und der Länder, Entschließung der 76. Konferenz am 6. und 7.11.2008, Steuerungsprogramme der gesetzlichen Krankenkassen datenschutzkonform gestalten; *Sichert,* die Arbeitsgemeinschaft als Akteur in der GKV, NZS 2013, 129; *Thüsing/Pötters,* Outsourcing gem. § 197 b SGB V: Möglichkeiten und Grenze einer Aufgabenerledigung durch private Dritte, SGb 2013, 320.

I. Entstehungsgeschichte	1	V. Sonstige Beschränkungen (Datenschutz- und Wettbewerbsrecht)	9
II. Normzweck	2	VI. Entsprechende Anwendung der Auftragsvorschriften des SGB X (S. 3)	11
III. Voraussetzung der Aufgabenerledigung durch Dritte (S. 1)	3		
IV. Keine wesentlichen Aufgaben (S. 2)	8	VII. Keine Verantwortungsverlagerung	12

I. Entstehungsgeschichte

Ohne Vorläufernorm trat § 197 b aufgrund Art. 1 Nr. 142 GKV-WSG (BGBl. I 2007, 378) zum 1.4.2007 in Kraft. Von geringfügigen Änderungen abgesehen (vgl. BR-Dr. 755/1/06, 84 f.; BT-Dr. 16/4200, 100) beruht die Regelung auf dem Gesetzentwurf der Fraktionen der CDU/CSU und SPD (BT-Dr. 16/3100, 40).

1

II. Normzweck

Nach § 30 SGB IV sind Versicherungsträger zur Erfüllung ihrer gesetzlich vorgeschriebenen oder zugelassen Aufgaben verpflichtet, wobei Leistungsträger nach § 87 SGB X zusammenarbeiten können. Außerdem können Arbeitsgemeinschaften auch nach § 94 SGB X oder § 219 gebildet werden, aber ihre möglichen Aufgabenbereiche sind hauptsächlich auf Informationsaustausch, Abstimmung, Koordinierung und Förderung der Zusammenarbeit beschränkt.[1] Das Outsourcing nach § 197 b geht als Mischform über eine schlichte Verwaltungshilfe hinaus, bleibt aber hinter einer klassischen Beleihung zurück.[2] Die Möglichkeiten der Zusammenarbeit und der Aufgabenerledigung durch Dritte werden durch § 197 b erweitert, um dadurch die Steigerung der Wettbewerbsfähigkeit zu erhöhen. Insbesone-

2

---

45 BR-Dr. 360/15, 24.
46 Meseke, BT-Ausschuss für Recht und Verbraucherschutz, Protokoll-Nr. 18/77, 97 ff.
47 BR-Dr. 360/15, 24.
1 Baier in: Krauskopf, § 197 b SGB V Rn. 3.
2 Thüsing/Pötters, SGb 2013, 320 f.

re für das Angebot von Wahlleistungstarifen nach § 53 werden Kooperationen erforderlich sein.[3] Das eingeräumte Ermessen der Kassen kann sich aufgrund des Wirtschaftlichkeitsgebots (§ 69 Abs. 2 SGB IV) bei erheblichen Vorteilen zu einer Pflicht verdichten.[4]

III. Voraussetzung der Aufgabenerledigung durch Dritte (S. 1)

3 Eine Aufgabenerledigung kann gem. S. 1 durch Arbeitsgemeinschaften oder durch Dritte erfolgen. **Arbeitsgemeinschaften** zeichnen sich dadurch aus, dass sie organisatorisch verselbstständigte Einheiten in freigestellter Rechtsform sind, die in rechtlich zulässiger Weise nach den Vorschriften des Sozialgesetzbuches gebildet worden sind und bei denen es um eine tatsächliche, rechtlich und finanziell verbindliche Zusammenarbeit geht.[5] Dritte können nicht die in § 197 b erwähnten Kassen, Arbeitsgemeinschaften oder Betroffenen sein; im Übrigen kommen insbesondere natürliche und juristische Personen des Privatrechts, aber auch öffentliche und gemeinnützige Einrichtungen in Betracht.[6]

4 Weiter ist nach dem Wortlaut des S. 1 die **Zustimmung** der Arbeitsgemeinschaft oder des Dritten erforderlich. In der Praxis wird eine solche Aufgabenerledigung regelmäßig durch einen dementsprechenden öffentlich-rechtlichen Vertrag (§§ 53 ff. SGB X) erfolgen.

5 Während nach der Gesetzesbegründung[7] die **Zweckmäßigkeit** der Aufgabenerledigung ausreicht, sind die Voraussetzungen in S. 1 enger formuliert.[8] Kumulativ ist zu prüfen, ob die Aufgabenwahrnehmung durch die Arbeitsgemeinschaften oder den Dritten wirtschaftlicher ist, es im wohlverstandenen Interesse der Betroffenen liegt und die Rechte der Versicherten (insbes. §§ 2 Abs. 2, 17 Abs. 1 SGB I, §§ 24 f., 67 ff. SGB X) nicht beeinträchtigt werden.

6 Die **Wirtschaftlichkeit** ist im Sinne einer Kosten-Nutzen-Analyse mit angemessenen Wirtschaftlichkeitsuntersuchungen nach § 69 Abs. 3 SGB IV nachzuweisen.[9] Anders als bei § 12 sind aber rein ökonomische Aspekte maßgeblich.[10]

7 Das **wohlverstandene Interesse der Betroffenen** erfordert nach einer Ansicht[11] eine qualitative Verbesserung durch die Aufgabenwahrnehmung, bzw. nach zutreffender Ansicht[12] ist es ausreichend, wenn keine Verschlechterung eintritt. Bei gegenläufigen Interessen der Betroffen sind diese untereinander abzuwägen.[13] Als Betroffene werden „Kunden im weitesten Sinne" angesehen.[14] Darüber hinaus werden sogar die Kasse und der Beauftragte und Vertragspartner genannt.[15] Allerdings kann der Beauftragte nicht zugleich Betroffener und Dritter sein (→ Rn. 3).

IV. Keine wesentlichen Aufgaben (S. 2)

8 Nach S. 2 dürfen wesentliche Aufgaben zur Versorgung der Versicherten nicht in Auftrag gegeben werden. Synonym zum Begriff der wesentlichen Aufgaben stellt die Gesetzesbegründung auf die der Kasse obliegenden Kernaufgaben ab.[16] Als Beispiele für unzulässige Aufgabenerledigung durch Dritte werden angeführt, wenn Versicherte für die Aufklärung oder Beratung (§§ 13, 14 SGB I) oder mit Leistungsansprüchen an (beliebige) Dritte verwiesen werden oder der Beitragseinzug durch ein Inkassobüro erfolgen soll.[17] Die Unzulässigkeit des Erlasses von Beitragsbescheiden durch Private wird auch damit begründet, dass dies als hoheitliche Entscheidung nicht auf Private übertragen werden dürfe.[18] Da jedoch S. 2 ausdrücklich auf die „Aufgaben zur Versorgung der Versicherten" abstellt, steht dies einer

---

3 Dazu Giesen, Wahltarife der gesetzlichen Krankenversicherung, 76 ff.
4 Baier in: Krauskopf, § 197 b SGB V Rn. 3; Thüsing/Pötters, SGb 2013, 320, 321 f.
5 Engelhard in: Hauck/Noftz, SGB V, § 197 b Rn. 11, unter Hinweis auf die Begründung zu § 94 SGB X, BT-Dr. 15/4228, 32.
6 Engelhard in: Hauck/Noftz, SGB V, § 197 b Rn. 12.
7 BT-Dr. 16/3100, 159.
8 Vgl. Kaempfe in: Becker/Kingreen, § 197 b Rn. 4.
9 Kauke in: Müller (ua), SGB V Onlinekommentar, § 197 b Rn. 2.
10 Engelhard in: Hauck/Noftz, SGB V, § 197 b Rn. 7.
11 Kauke in: Müller (ua), SGB V Onlinekommentar, § 197 b Rn. 2.
12 Baier in: Krauskopf, § 197 b SGB V Rn. 10; Thüsing/Pötters, SGb 2013, 320, 322.
13 Baier in: Krauskopf, § 197 b SGB V Rn. 10.
14 Kauke in: Müller (ua), SGB V Onlinekommentar, § 197 b Rn. 2.
15 So Baier in: Krauskopf, § 197 b SGB V Rn. 10.
16 BT-Dr. 16/3100, 159.
17 Peters in: KassKomm, § 197 b SGB V Rn. 4. Die letzteren beiden Beispiele auch Baier in: Krauskopf, § 197 b SGB V Rn. 12.
18 Thüsing/Pötters, SGb 2013, 320, 323.

V. Sonstige Beschränkungen (Datenschutz- und Wettbewerbsrecht)

Eine Aufgabenübertragung ist nur sinnvoll, soweit auch die benötigten Versichertendaten weitergegeben werden dürfen.[21] Dabei sind die §§ 284 ff. SGB V gegenüber § 35 SGB I und §§ 67 ff. SGB X vorrangig zu beachten. Eine Weitergabe von gesundheitsbezogenen Daten an Personen und Institutionen, für die der **strenge Sozialdatenschutz** gem. §§ 67 ff. SGB X bzw. gemäß den bereichsspezifischen Vorschriften des SGB V nicht gilt, ist von einer ausdrücklichen gesetzlichen Gestattung abhängig.[22] Nach einer rechtmäßigen Übermittlung haben die Leistungsträger und die in § 35 Abs. 1 S. 4 SGB I genannten Stellen die Regelungen der § 35 SGB I iVm §§ 67 ff. SGB X zu beachten und sonstige Stellen haben die Zweckbindung und die Geheimhaltungspflicht des § 78 SGB X einzuhalten. 9

Bei einer Kooperation von Krankenversicherungsträgern und/oder Privatversicherern sind auch die bislang nur wenig analysierten **wettbewerbsrechtlichen Beschränkungen** von UWG/GWB zu beachten.[23] 10

VI. Entsprechende Anwendung der Auftragsvorschriften des SGB X (S. 3)

Nach S. 3 sind einige Auftragsvorschriften des SGB X entsprechend anzuwenden. Sinnvoll ist dabei die Verweisung „aufzuspalten": Für **Arbeitsgemeinschaften** gelten die §§ 88 Abs. 3 (Erlass von Verwaltungsakten), Abs. 4 (Öffentliche Bekanntmachung), 89 (Ausführung des Auftrags), 90 (Anträge und Widerspruch beim Auftrag), 91 (Erstattung von Aufwendungen) sowie 92 (Kündigung des Auftrags) SGB X und bei **Dritten** gilt nur § 97 (Durchführung von Aufgaben durch Dritte) SGB X.[24] Während also beispielsweise Arbeitsgemeinschaften nach § 88 Abs. 3 SGB X Verwaltungsakte erlassen dürfen, trifft dies auf private Dritte nicht zu.[25] 11

VII. Keine Verantwortungsverlagerung

Bei einer Aufgabenerledigung durch Dritte bleibt die beauftragende **Kasse** weiterhin **verantwortlich**. Dies ergibt sich aus der Überschrift „Aufgabenerledigung" S. 3 iVm § 89 SGB X und der Umschreibung, dass die Kassen Aufgaben „wahrnehmen lassen" können.[26] Die Kasse muss also sicherstellen, dass der Auftragnehmer die Gewähr für eine sachgerechte, die Rechte und Interessen der Betroffenen wahrende Erfüllung der Aufgaben bietet.[27] 12

Vierter Abschnitt
Meldungen

Vorbemerkungen zu §§ 198 bis 206

Das Versichertenverhältnis der kraft Gesetzes Versicherten mit den ihnen daraus resultierenden Rechten und Pflichten entsteht unabhängig davon, ob die zuständige Krankenkasse davon Kenntnis hat oder nicht. Um die praktische Wirksamkeit der Versicherungspflicht zu sichern, enthalten die §§ 198 ff. vor allem **Meldepflichten** zur jeweils zuständigen Krankenkasse. Damit sollen ihr die notwendigen Basisinformationen für die Feststellung des Beitragseinzugs und eventuellen Leistungsansprüchen verschafft werden.[1] Die Hauptbedeutung der §§ 198 ff. liegt darin, die für alle Sozialversi- 1

---

19 Engelhard in: Hauck/Noftz, SGB V, § 197b Rn. 8.
20 BSG, 31.5.2016, B 1 A 2/15 R, juris Rn. 4.
21 Dazu: Der Bundesbeauftragte für den Datenschutz und die Informationsfreiheit, 22. Tätigkeitsbericht zum Datenschutz für die Jahre 2007 und 2008, 114 f; Die Bundesbeauftragte für den Datenschutz und die Informationsfreiheit, Sozialdatenschutz – Rechte der Versicherten, BfDI-Info 3, 3. Aufl. 2016, 45 f.; Polaszek, BKK 2010, 350, 354 f.
22 BSG, 10.12.2008, B 6 KA 37/07 R, BSGE 102, 134, Rn. 32, mit krit. Anm. Leisner, NZS 2010, 129 ff.
23 Dazu Giesen, Wahltarife der gesetzlichen Krankenversicherung, 81 ff.
24 Engelhard in: Hauck/Noftz, SGB V, § 197b Rn. 13 ff.
25 In diesem Sinne auch Baier in: Krauskopf, § 197b SGB V Rn. 13.
26 Baier in: Krauskopf, § 197b SGB V Rn. 6.
27 Kauke in: Müller (ua), SGB V Onlinekommentar, § 197b Rn. 7.
1 Hänlein in: LPK-SGB V, Vorbemerkungen zu §§ 198–206; Beyer in: jurisPK-SGB V, § 198 Rn. 4.

cherungszweige geltenden §§ 28 a ff. SGB IV für den Bereich der Krankenversicherung zu ergänzen und zu konkretisieren.² Zum Teil bestimmen die §§ 198 ff. nur, *wen* die Meldepflicht trifft, und verweisen für den Inhalt der Meldepflicht dann auf die §§ 28 a bis 28 c SGB IV (so zB §§ 198, 200, 203 a), zum Teil wird zumindest partiell auch der Inhalt der Meldepflicht geregelt (Beispiele: §§ 199, 201, 202, 205). Während die §§ 198 bis 205 Meldepflichten regeln, normiert § 206 eine **Auskunftspflicht** des Versicherten, die sich von den Meldepflichten unter anderem dadurch unterscheidet, dass sie erst auf ein entsprechendes Verlangen der Krankenkasse hin besteht.

2 Die §§ 198 ff. regeln nur einen Teilausschnitt der Problematik, inwieweit die Krankenkassen die für die Erfüllung ihrer gesetzlichen Aufgaben erforderlichen Informationen erhalten. Als weitere Informationsquellen sind die §§ 284 bis 305, die Meldepflicht für mitversicherte Familienmitglieder (§ 10 Abs. 6), die **Datenerfassungs- und Übermittlungsverordnung (DEÜV)** in der Fassung der Bekanntmachung vom 23.1.2006, die Auskunftspflicht des Arbeitgebers aus § 98 SGB X sowie die §§ 27 ff. KVLG 1989 zu nennen.

3 Um eine möglichst effektive Durchsetzung der Meldepflicht sicherzustellen, sind die Verletzung der Meldepflichten aus §§ 198 ff. zum Teil bußgeldbewehrt, siehe § 307 Abs. 2 SGB V und §§ 111 ff. SGB IV. Leichtfertig im dortigen Sinne handelt, wer die erforderliche Sorgfalt in besonders schwerem Maße verletzt, weil er unbeachtet lässt, was jedem einleuchten muss, wobei die individuellen Kenntnisse maßgebend sind.³

§ 198 Meldepflicht des Arbeitgebers für versicherungspflichtig Beschäftigte

Der Arbeitgeber hat die versicherungspflichtig Beschäftigten nach den §§ 28 a bis 28 c des Vierten Buches an die zuständige Krankenkasse zu melden.

Schriftum:

Hentschel, Das DEVO/DÜVO-Meldeverfahren ab 1.1.1989, NZA 1989, 380; *Pahlenberg*, Besonderheiten im Meldeverfahren, Die Beiträge 1997, 577.

I. Entstehungsgeschichte

1 § 198 ist durch das Gesundheits-Reformgesetz (GRG) vom 20.12.1988 (BGBl. I, 2477) geschaffen worden und trat am 1.1.1989 in Kraft.¹ Er ist seither unverändert. Zur systematischen Stellung und zum Normzweck vgl. Vorbemerkungen zu §§ 198 bis 206 → Rn. 1 f. Die Vorgängerregelungen fanden sich in den §§ 317 Abs. 1, 3, 317 a RVO.

II. Normzweck

2 § 198 ist eine bloße Verweisungsvorschrift rein deklaratorischen Charakters.² Denn die entsprechenden Meldepflichten des Arbeitgebers sind schon ausführlich in den in Bezug genommenen §§ 28 a bis 28 c SGB IV geregelt (siehe den Gesetzestext unten → Rn. 5).

III. Norminhalt

3 Zu den versicherungspflichtigen Beschäftigten (§ 5) zählen alle Arbeitnehmer und zu ihrer Berufsausbildung Beschäftigten, die gegen ein Entgelt in wirtschaftlicher und persönlicher Abhängigkeit beschäftigt sind. Arbeitgeber ist jede natürliche Person des privaten oder öffentlichen Rechts, die Arbeit unmittelbar an andere vergibt, über die Einstellung, Verwendung und Entlassung entscheidet und der der Erfolg der Arbeitsleistung zugute kommt.³ Die Meldung ist an die Einzugsstelle, dh in aller Regel an diejenige Krankenkasse zu richten, die die Krankenversicherung gemäß den Vorschriften der §§ 173 ff. durchführt, § 28 i SGB IV. Weitere Einzelheiten finden sich in der aufgrund von § 28 c SGB IV erlassenen DEÜV. Verletzt der Arbeitgeber die Meldepflicht, so verwirkt er damit nach § 111 Abs. 1 Nr. 2, 2a-c SGB IV ein Bußgeld.

---

2 Peters in: Peters, HdB KrV, Vor § 198 Rn. 3.
3 Fischinger in: Spickhoff, Medizinrecht, § 307 SGB V Rn. 3 (dort auch unter Rn. 4 zum Verfahren).
1 BT-Dr. 11/2237, 218 (zu § 207-E).
2 BT-Dr. 11/2237, 218 (zu § 207-E).
3 Beyer in: jurisPK-SGB V, § 198 Rn. 7.

IV. Sonstiges

Die Meldung zur gesetzlichen Krankenversicherung macht eine gesonderte Meldung zur **sozialen Pflegeversicherung** entbehrlich, § 50 Abs. 1 S. 2 SGB XI (→ SGB XI § 50 Rn. 4). Das **Wahlrecht** nach **§ 175 Abs. 1 S. 1** hat der Versicherte gegenüber der gewählten Krankenkasse auszuüben; die Meldung des Arbeitgebers nach §§ 28 a Abs. 1 Nr. 1 SGB IV, 198 SGB V stellt keine Ausübung dieses Wahlrechts dar.[4]

Gesetzestext der §§ 28 a bis 28 c SGB IV:

§ 28 a SGB IV Meldepflicht

(1) ¹Der Arbeitgeber oder ein anderer Meldepflichtiger hat der Einzugsstelle für jeden in der Kranken-, Pflege-, Rentenversicherung oder nach dem Recht der Arbeitsförderung kraft Gesetzes Versicherten
1. *bei Beginn der versicherungspflichtigen Beschäftigung,*
2. *bei Ende der versicherungspflichtigen Beschäftigung,*
3. *bei Eintritt eines Insolvenzereignisses,*
4. *(weggefallen)*
5. *bei Änderungen in der Beitragspflicht,*
6. *bei Wechsel der Einzugsstelle,*
7. *bei Anträgen auf Altersrenten oder Auskunftsersuchen des Familiengerichts in Versorgungsausgleichsverfahren,*
8. *bei Unterbrechung der Entgeltzahlung,*
9. *bei Auflösung des Arbeitsverhältnisses,*
10. *auf Anforderung der Einzugsstelle nach § 26 Absatz 4 Satz 2,*
11. *bei Antrag des geringfügig Beschäftigten nach § 6 Absatz 1 b des Sechsten Buches auf Befreiung von der Versicherungspflicht,*
12. *bei einmalig gezahltem Arbeitsentgelt,*
13. *bei Beginn der Berufsausbildung,*
14. *bei Ende der Berufsausbildung,*
15. *bei Wechsel von einem Beschäftigungsbetrieb im Beitrittsgebiet zu einem Beschäftigungsbetrieb im übrigen Bundesgebiet oder umgekehrt,*
16. *bei Beginn der Altersteilzeitarbeit,*
17. *bei Ende der Altersteilzeitarbeit,*
18. *bei Änderung des Arbeitsentgelts, wenn die in § 8 Absatz 1 Nummer 1 genannte Grenze über- oder unterschritten wird,*
19. *bei nach § 23 b Absatz 2 bis 3 gezahltem Arbeitsentgelt oder*
20. *bei Wechsel von einem Wertguthaben, das im Beitrittsgebiet und einem Wertguthaben, das im übrigen Bundesgebiet erzielt wurde,*

eine Meldung zu erstatten. ²Jede Meldung sowie die darin enthaltenen Datensätze sind mit einem eindeutigen Kennzeichen zur Identifizierung zu versehen. ³Meldungen nach diesem Buch erfolgen, soweit nichts Abweichendes geregelt ist, durch elektronische Datenübermittlung (Datenübertragung); dabei sind Datenschutz und Datensicherheit nach dem jeweiligen Stand der Technik sicherzustellen und bei Nutzung allgemein zugänglicher Netze Verschlüsselungsverfahren zu verwenden. ⁴Arbeitgeber oder andere Meldepflichtige haben ihre Meldungen durch Datenübertragung aus systemgeprüften Programmen oder mittels maschinell erstellter Ausfüllhilfen zu erstatten.

(2) Der Arbeitgeber hat jeden am 31. Dezember des Vorjahres Beschäftigten nach Absatz 1 zu melden (Jahresmeldung).

(2 a) ¹Der Arbeitgeber hat für jeden in einem Kalenderjahr Beschäftigten, der in der Unfallversicherung versichert ist, zum 16. Februar des Folgejahres eine besondere Jahresmeldung zur Unfallversicherung zu erstatten. ²Diese Meldung enthält über die Angaben nach Absatz 3 Satz 1 Nummer 1 bis 3, 6 und 9 hinaus folgende Angaben:
1. *die Mitgliedsnummer des Unternehmers;*
2. *die Betriebsnummer des zuständigen Unfallversicherungsträgers;*
3. *das in der Unfallversicherung beitragspflichtige Arbeitsentgelt in Euro und seine Zuordnung zur jeweilig anzuwendenden Gefahrtarifstelle.*

---

4 LSG Hmb, 10.9.2003, L 1 KR 32/00, juris Rn. 20, nv.

³Arbeitgeber, die Mitglied der landwirtschaftlichen Berufsgenossenschaft sind und für deren Beitragsberechnung der Arbeitswert keine Anwendung findet, haben Meldungen nach Satz 2 Nummer 1 bis 3 nicht zu erstatten. ⁴Abweichend von Satz 1 ist die Meldung bei Eintritt eines Insolvenzereignisses, bei einer endgültigen Einstellung des Unternehmens oder bei der Beendigung aller Beschäftigungsverhältnisse mit der nächsten Entgeltabrechnung, spätestens innerhalb von sechs Wochen, abzugeben.

(3) ¹Die Meldungen enthalten für jeden Versicherten insbesondere
1. seine Versicherungsnummer, soweit bekannt,
2. seinen Familien- und Vornamen,
3. sein Geburtsdatum,
4. seine Staatsangehörigkeit,
5. Angaben über seine Tätigkeit nach dem Schlüsselverzeichnis der Bundesagentur für Arbeit,
6. die Betriebsnummer seines Beschäftigungsbetriebes,
7. die Beitragsgruppen,
8. die zuständige Einzugsstelle und
9. den Arbeitgeber.

²Zusätzlich sind anzugeben
1. bei der Anmeldung
    a) die Anschrift,
    b) der Beginn der Beschäftigung,
    c) sonstige für die Vergabe der Versicherungsnummer erforderliche Angaben,
    d) die Angabe, ob zum Arbeitgeber eine Beziehung als Ehegatte, Lebenspartner oder Abkömmling besteht,
    e) die Angabe, ob es sich um eine Tätigkeit als geschäftsführender Gesellschafter einer Gesellschaft mit beschränkter Haftung handelt,
    f) die Angabe der Staatsangehörigkeit,
2. bei allen Entgeltmeldungen
    a) eine Namens-, Anschriften- oder Staatsangehörigkeitsänderung, soweit diese Änderung nicht schon anderweitig gemeldet ist,
    b) das in der Rentenversicherung oder nach dem Recht der Arbeitsförderung beitragspflichtige Arbeitsentgelt in Euro,
    c) [aufgehoben]
    d) der Zeitraum, in dem das angegebene Arbeitsentgelt erzielt wurde,
    e) Wertguthaben, die auf die Zeit nach Eintritt der Erwerbsminderung entfallen,
3. [aufgehoben]
4. bei der Meldung nach Absatz 1 Satz 1 Nummer 19
    a) das Arbeitsentgelt in Euro, für das Beiträge gezahlt worden sind,
    b) im Falle des § 23 b Absatz 2 der Kalendermonat und das Jahr der nicht zweckentsprechenden Verwendung des Arbeitsentgelts, im Falle der Zahlungsunfähigkeit des Arbeitgebers jedoch der Kalendermonat und das Jahr der Beitragszahlung.

(3 a) ¹Der Arbeitgeber oder eine Zahlstelle nach § 202 Absatz 2 des Fünften Buches kann in den Fällen, in denen für eine Meldung keine Versicherungsnummer des Beschäftigten oder Versorgungsempfängers vorliegt, im Verfahren nach Absatz 1 eine Meldung zur Abfrage der Versicherungsnummer an die Datenstelle der Träger der Rentenversicherung übermitteln; die weiteren Meldepflichten bleiben davon unberührt. ²Die Datenstelle der Träger der Rentenversicherung übermittelt dem Arbeitgeber oder der Zahlstelle unverzüglich durch Datenübertragung die Versicherungsnummer oder den Hinweis, dass die Vergabe der Versicherungsnummer mit der Anmeldung erfolgt.

(4) ¹Arbeitgeber haben den Tag des Beginns eines Beschäftigungsverhältnisses spätestens bei dessen Aufnahme an die Datenstelle der Träger der Rentenversicherung nach Satz 2 zu melden, sofern sie Personen in folgenden Wirtschaftsbereichen oder Wirtschaftszweigen beschäftigen:
1. im Baugewerbe,
2. im Gaststätten- und Beherbergungsgewerbe,
3. im Personenbeförderungsgewerbe,
4. im Speditions-, Transport- und damit verbundenen Logistikgewerbe,
5. im Schaustellergewerbe,
6. bei Unternehmen der Forstwirtschaft,
7. im Gebäudereinigungsgewerbe,

8. bei Unternehmen, die sich am Auf- und Abbau von Messen und Ausstellungen beteiligen,
9. in der Fleischwirtschaft.
²Die Meldung enthält folgende Angaben über den Beschäftigten:
1. den Familien- und die Vornamen,
2. die Versicherungsnummer, soweit bekannt, ansonsten die zur Vergabe einer Versicherungsnummer notwendigen Angaben (Tag und Ort der Geburt, Anschrift),
3. die Betriebsnummer des Arbeitgebers und
4. den Tag der Beschäftigungsaufnahme.
³Die Meldung wird in der Stammsatzdatei nach § 150 Absatz 1 und 2 des Sechsten Buches gespeichert. ⁴Die Meldung gilt nicht als Meldung nach Absatz 1 Satz 1 Nummer 1.
(4 a) ¹Der Meldepflichtige erstattet die Meldungen nach Absatz 1 Satz 1 Nummer 10 an die zuständige Einzugsstelle. 2In der Meldung sind insbesondere anzugeben:
1. die Versicherungsnummer des Beschäftigten,
2. die Betriebsnummer des Beschäftigungsbetriebes,
3. das monatliche laufende und einmalig gezahlte Arbeitsentgelt, von dem Beiträge zur Renten-, Arbeitslosen-, Kranken- und Pflegeversicherung für das der Ermittlung nach § 26 Absatz 4 zugrunde liegende Kalenderjahr berechnet wurden.
(5) Der Meldepflichtige hat der zu meldenden Person den Inhalt der Meldung in Textform mitzuteilen; dies gilt nicht, wenn die Meldung ausschließlich aufgrund einer Veränderung der Daten für die gesetzliche Unfallversicherung erfolgt.
(6) Soweit der Arbeitgeber eines Hausgewerbetreibenden Arbeitgeberpflichten erfüllt, gilt der Hausgewerbetreibende als Beschäftigter.
(6 a) Beschäftigt ein Arbeitgeber, der
1. im privaten Bereich nichtgewerbliche Zwecke oder
2. mildtätige, kirchliche, religiöse, wissenschaftliche oder gemeinnützige Zwecke im Sinne des § 10 b des Einkommensteuergesetzes

verfolgt, Personen versicherungsfrei geringfügig nach § 8, kann er auf Antrag abweichend von Absatz 1 Meldungen auf Vordrucken erstatten, wenn er glaubhaft macht, dass ihm eine Meldung auf maschinell verwertbaren Datenträgern oder durch Datenübertragung nicht möglich ist.
(7) ¹Der Arbeitgeber hat der Einzugsstelle für einen im privaten Haushalt Beschäftigten anstelle einer Meldung nach Absatz 1 unverzüglich eine vereinfachte Meldung (Haushaltsscheck) mit den Angaben nach Absatz 8 Satz 1 zu erstatten, wenn das Arbeitsentgelt (§ 14 Absatz 3) aus dieser Beschäftigung regelmäßig 450 Euro im Monat nicht übersteigt. ²Der Arbeitgeber hat der Einzugsstelle ein Lastschriftmandat zum Einzug des Gesamtsozialversicherungsbeitrags zu erteilen. ³Der Haushaltsscheck ist vom Arbeitgeber und vom Beschäftigten zu unterschreiben. ⁴Die Absätze 2 bis 5 gelten nicht.
(8) ¹Der Haushaltsscheck enthält
1. den Familiennamen, Vornamen, die Anschrift und die Betriebsnummer des Arbeitgebers,
2. den Familiennamen, Vornamen, die Anschrift und die Versicherungsnummer des Beschäftigten; kann die Versicherungsnummer nicht angegeben werden, ist das Geburtsdatum des Beschäftigten einzutragen,
3. die Angabe, ob der Beschäftigte im Zeitraum der Beschäftigung bei mehreren Arbeitgebern beschäftigt ist, und
4. a) bei einer Meldung bei jeder Lohn- oder Gehaltszahlung den Zeitraum der Beschäftigung, das Arbeitsentgelt (§ 14 Absatz 3) für diesen Zeitraum sowie am Ende der Beschäftigung den Zeitpunkt der Beendigung,
   b) bei einer Meldung zu Beginn der Beschäftigung deren Beginn und das monatliche Arbeitsentgelt (§ 14 Absatz 3),
   c) bei einer Meldung wegen Änderung des Arbeitsentgelts (§ 14 Absatz 3) den neuen Betrag und den Zeitpunkt der Änderung,
   d) bei einer Meldung am Ende der Beschäftigung den Zeitpunkt der Beendigung,
   e) bei Erklärung des Verzichts auf Versicherungsfreiheit nach § 230 Absatz 8 Satz 2 des Sechsten Buches den Zeitpunkt des Verzichts,
   f) bei Antrag auf Befreiung von der Versicherungspflicht nach § 6 Absatz 1 b des Sechsten Buches den Tag des Zugangs des Antrags beim Arbeitgeber.

²Bei sich anschließenden Meldungen kann von der Angabe der Anschrift des Arbeitgebers und des Beschäftigten abgesehen werden.

(9) Soweit nicht anders geregelt, gelten für versicherungsfrei oder von der Versicherungspflicht befreite geringfügig Beschäftigte die Absätze 1 bis 6 entsprechend. Eine Jahresmeldung nach Absatz 2 ist für geringfügig Beschäftigte nach § 8 Absatz 1 Nummer 2 nicht zu erstatten.

(10) ¹Der Arbeitgeber hat für Beschäftigte, die nach § 6 Absatz 1 Satz 1 Nummer 1 des Sechsten Buches von der Versicherungspflicht befreit und Mitglied einer berufsständischen Versorgungseinrichtung sind, die Meldungen nach den Absätzen 1, 2 und 9 zusätzlich an die Annahmestelle der berufsständischen Versorgungseinrichtungen zu erstatten; dies gilt nicht für Meldungen nach Absatz 1 Satz 1 Nummer 10. ²Die Datenübermittlung hat durch gesicherte und verschlüsselte Datenübertragung aus systemgeprüften Programmen oder mittels systemgeprüfter maschinell erstellter Ausfüllhilfen zu erfolgen. ³Zusätzlich zu den Angaben nach Absatz 3 enthalten die Meldungen die Mitgliedsnummer des Beschäftigten bei der Versorgungseinrichtung. ⁴Die Absätze 5 bis 6a gelten entsprechend.

(11) ¹Der Arbeitgeber hat für Beschäftigte, die nach § 6 Absatz 1 Satz 1 Nummer 1 des Sechsten Buches von der Versicherungspflicht befreit und Mitglied einer berufsständischen Versorgungseinrichtung sind, der Annahmestelle der berufsständischen Versorgungseinrichtungen monatliche Meldungen zur Beitragserhebung zu erstatten. ²Absatz 10 Satz 2 gilt entsprechend. ³Diese Meldungen enthalten für den Beschäftigten

1. die Mitgliedsnummer bei der Versorgungseinrichtung oder, wenn die Mitgliedsnummer nicht bekannt ist, die Personalnummer beim Arbeitgeber, den Familien- und Vornamen, das Geschlecht und das Geburtsdatum,
2. den Zeitraum, für den das Arbeitsentgelt gezahlt wird,
3. das beitragspflichtige ungekürzte laufende Arbeitsentgelt für den Zahlungszeitraum,
4. das beitragspflichtige ungekürzte einmalig gezahlte Arbeitsentgelt im Monat der Abrechnung,
5. die Anzahl der Sozialversicherungstage im Zahlungszeitraum,
6. den Beitrag, der bei Firmenzahlern für das Arbeitsentgelt nach Nummer 3 und 4 anfällt,
7. die Betriebsnummer der Versorgungseinrichtung,
8. die Betriebsnummer des Beschäftigungsbetriebes,
9. den Arbeitgeber,
10. den Ort des Beschäftigungsbetriebes,
11. den Monat der Abrechnung.

⁴Soweit nicht aus der Entgeltbescheinigung des Beschäftigten zu entnehmen ist, dass die Meldung erfolgt ist und welchen Inhalt sie hatte, gilt Absatz 5.

(12) Der Arbeitgeber hat auch für ausschließlich nach § 2 Absatz 1 Nummer 1 des Siebten Buches versicherte Beschäftigte mit beitragspflichtigem Entgelt Meldungen nach den Absätzen 1 und 3 Satz 2 Nummer 2 abzugeben.

(13) ¹Die Künstlersozialkasse hat für die nach dem Künstlersozialversicherungsgesetz krankenversicherungspflichtigen Mitglieder monatlich eine Meldung an die zuständige Krankenkasse (§ 28i) durch Datenübermittlung mit den für den Nachweis der Beitragspflicht notwendigen Angaben, insbesondere die Versicherungsnummer, den Namen und Vornamen, den beitragspflichtigen Zeitraum, die Höhe des der Beitragspflicht zugrunde liegenden Arbeitseinkommens, ein Kennzeichen über die Ruhensanordnung gemäß § 16 Absatz 2 des Künstlersozialversicherungsgesetzes und den Verweis auf die Versicherungspflicht in der Rentenversicherung des Versicherten zu übermitteln. ²Den Übertragungsweg und die Einzelheiten des Verfahrens wie den Aufbau des Datensatzes regeln die Künstlersozialkasse und der Spitzenverband Bund der Krankenkassen in Gemeinsamen Grundsätzen entsprechend § 28b Absatz 1. ³Bei der Nutzung allgemein zugänglicher Netze sind dem jeweiligen Stand der Technik entsprechende Verschlüsselungsverfahren zu verwenden.

§ 28b SGB IV Inhalte und Verfahren für die Gemeinsamen Grundsätze und die Datenfeldbeschreibung

(1) ¹Der Spitzenverband Bund der Krankenkassen, die Deutsche Rentenversicherung Bund, die Deutsche Rentenversicherung Knappschaft-Bahn-See, die Bundesagentur für Arbeit und die Deutsche Gesetzliche Unfallversicherung eV bestimmen in Gemeinsamen Grundsätzen bundeseinheitlich:
1. die Schlüsselzahlen für Personengruppen, Beitragsgruppen und für Abgabegründe der Meldungen,

2. den Aufbau, den Inhalt und die Identifizierung der einzelnen Datensätze für die Übermittlung von Meldungen und Beitragsnachweisen durch den Arbeitgeber an die Sozialversicherungsträger, soweit nichts Abweichendes in diesem Buch geregelt ist,
3. den Aufbau und den Inhalt der einzelnen Datensätze für die Übermittlung von Eingangsbestätigungen, Fehlermeldungen und sonstigen Rückmeldungen der Sozialversicherungsträger und anderer am Meldeverfahren beteiligter Stellen an die Arbeitgeber in den Verfahren nach Nummer 2,
4. gesondert den Aufbau und den Inhalt der Datensätze für die Kommunikationsdaten, die einheitlich vor oder nach jedem Datensatz nach Nummer 2 bei jeder Datenübertragung vom Arbeitgeber an die Sozialversicherung und bei Rückmeldungen an den Arbeitgeber zu übermitteln sind,
5. gesondert den Aufbau und den Inhalt aller Bestandsprüfungen in den elektronischen Verfahren mit den Arbeitgebern sowie das Verfahren zur Weiterleitung der geänderten Meldung an die Empfänger der Meldung und den Meldepflichtigen.

²Satz 1 Nummer 3 bis 5 gilt auch für das Zahlstellenmeldeverfahren nach § 202 des Fünften Buches und für das Antragsverfahren nach § 2 Absatz 3 des Aufwendungsausgleichsgesetzes. ³Die Gemeinsamen Grundsätze bedürfen der Genehmigung des Bundesministeriums für Arbeit und Soziales, das vorher die Bundesvereinigung der Deutschen Arbeitgeberverbände anzuhören hat.

(2) ¹Der Spitzenverband Bund der Krankenkassen, die Deutsche Rentenversicherung Bund, die Deutsche Rentenversicherung Knappschaft-Bahn-See und die Deutsche Gesetzliche Unfallversicherung eV bestimmen bundeseinheitlich die Gestaltung des Haushaltsschecks nach § 28 a Absatz 7 und das der Einzugsstelle in diesem Verfahren zu erteilende Lastschriftmandat durch Gemeinsame Grundsätze. ²Die Grundsätze bedürfen der Genehmigung des Bundesministeriums für Arbeit und Soziales, das vorher in Bezug auf die steuerrechtlichen Angaben das Bundesministerium der Finanzen anzuhören hat.

(3) Soweit Meldungen nach § 28 a Absatz 10 oder 11 betroffen sind, gilt Absatz 1 entsprechend mit der Maßgabe, dass die Arbeitsgemeinschaft berufsständischer Versorgungseinrichtungen eV zu beteiligen ist.

(4) ¹Alle Datenfelder sind eindeutig zu beschreiben und in allen Verfahren, für die Grundsätze oder Gemeinsame Grundsätze nach diesem Gesetzbuch und für das Aufwendungsausgleichsgesetz gelten, verbindlich in der jeweils aktuellen Beschreibung zu verwenden. ²Zur Sicherung der einheitlichen Verwendung hält der Spitzenverband Bund der Krankenkassen eine Datenbankanwendung vor, in der alle Datenfelder beschrieben sowie ihre Verwendung in Datensätzen und Datenbausteinen in historisierter wie auch in aktueller Form gespeichert sind und von den an den Meldeverfahren nach diesem Gesetzbuch Beteiligten ab dem 1. Juli 2017 automatisiert abgerufen werden können. ³Das Nähere zur Darstellung, zur Aktualisierung und zum Abrufverfahren der Daten regeln die in Absatz 1 Satz 1 genannten Organisationen der Sozialversicherung in Gemeinsamen Grundsätzen; Absatz 3 gilt entsprechend. ⁴Die Grundsätze bedürfen der Genehmigung des Bundesministeriums für Arbeit und Soziales.

§ 28 c SGB IV Verordnungsermächtigung

Das Bundesministerium für Arbeit und Soziales wird ermächtigt, durch Rechtsverordnung mit Zustimmung des Bundesrates das Nähere über das Melde- und Beitragsnachweisverfahren zu bestimmen, insbesondere

1. die Frist der Meldungen und Beitragsnachweise,
2. (weggefallen)
3. welche zusätzlichen, für die Verarbeitung der Meldungen und Beitragsnachweise oder die Durchführung der Versicherung erforderlichen Angaben zu machen sind,
4. das Verfahren über die Prüfung, Sicherung und Weiterleitung der Daten,
5. unter welchen Voraussetzungen Systemprüfungen durchzuführen, Meldungen und Beitragsnachweise durch Datenübertragung zu erstatten sind,
6. in welchen Fällen auf einzelne Meldungen oder Angaben verzichtet wird,
7. in welcher Form und Frist der Arbeitgeber die Beschäftigten über die Meldungen zu unterrichten hat.

§ 199 Meldepflichten bei unständiger Beschäftigung

(1) ¹Unständig Beschäftigte haben der nach § 179 Abs. 1 zuständigen Krankenkasse Beginn und Ende der berufsmäßigen Ausübung von unständigen Beschäftigungen unverzüglich zu melden. ²Der Arbeitgeber hat die unständig Beschäftigten auf ihre Meldepflicht hinzuweisen.
(2) ¹Gesamtbetriebe, in denen regelmäßig unständig Beschäftigte beschäftigt werden, haben die sich aus diesem Buch ergebenden Pflichten der Arbeitgeber zu übernehmen. ²Welche Einrichtungen als Gesamtbetriebe gelten, richtet sich nach Landesrecht.

Literatur:
Hansen, Der „unständige Beschäftigte" – Das Stiefkind der Sozialversicherung, Die Beiträge 2001, 257; *Schauen*, Unständig Beschäftige unzureichend erfasst, SozSich 2001, 166.

I. Entstehungsgeschichte

1 § 199 wurde im Zuge des Gesundheits-Reformgesetzes (GRG) vom 20.12.1988 (BGBl. I, 2477) geschaffen und trat am 1.1.1989 in Kraft.[1] Änderungen erfolgten seither nicht. Während § 199 Abs. 1 den § 444 Abs. 1 RVO übernimmt, ist § 446 RVO die Vorläufernorm des § 199 Abs. 2.

II. Normzweck

2 Zwar existiert bei unständig Beschäftigten jeweils ein Arbeitgeber, so dass dieser nach § 198 die für die gesetzliche Krankenversicherung notwendigen Informationen jeweils an die zuständige Krankenkasse melden könnte. Angesichts des der unständigen Beschäftigung immanenten permanenten Wechsels der Arbeitgeber wären aber bei einem derartigen Vorgehen Fehler zu befürchten. Daher bürdet § 199 Meldepflichten (auch; → Rn. 5) dem unständig Beschäftigten selbst auf und sichert so die ordnungsgemäße Durchführung der gesetzlichen Krankenversicherung.[2]

III. Unständige Beschäftigung

3 Unter einer unständigen Beschäftigung sind solche zu verstehen, die auf weniger als eine Woche entweder nach der Natur der Sache befristet zu sein pflegen oder im Voraus durch den Arbeitsvertrag befristet sind, § 232 Abs. 3. Mit Beginn der unständigen Beschäftigung, dh mit Aufnahme der unständigen Beschäftigung, beginnt die Mitgliedschaft in der gesetzlichen Krankenversicherung, § 186 Abs. 2 S. 1. Mit dem Ende der unständigen Beschäftigung ist – aus §§ 186 Abs. 2 S. 2, 190 Abs. 4 ableitbar – gemeint, dass die berufsmäßige Ausübung der unständigen Beschäftigung nicht nur vorübergehend aufgegeben wird, was spätestens mit Ablauf von drei Wochen nach dem Ende der letzten unständigen Beschäftigung der Fall ist.

IV. Meldepflichten (Abs. 1 S. 1)

4 Der unständig Beschäftigte hat Beginn und Ende seiner berufsmäßigen Ausübung unständiger Beschäftigungen unverzüglich, dh ohne schuldhaftes Zögern (§ 121 Abs. 1 S. 1 BGB), der zuständigen Krankenkasse zu melden. Zu melden ist also nicht jede einzelne unständige Beschäftigung, sondern nur der generelle Beginn bzw. das generelle Ende (→ Rn. 3) der berufsmäßigen Ausübung unständiger Beschäftigungen.[3]

Der Wortlaut des Abs. 1 ist insofern veraltet, als der in Bezug genommene § 179 mittlerweile außer Kraft getreten ist. Die Meldung hat nunmehr zu derjenigen Krankenkasse zu erfolgen, die der Versicherte nach §§ 173 ff. gewählt hat.[4] Die Verletzung der Meldepflicht ist **nicht bußgeldbewehrt**, § 307 greift nicht ein.

5 Die Meldepflicht des unständig Beschäftigten lässt die Meldepflicht des Arbeitgebers aus § 198 unberührt.[5] Denn anders als die Meldepflicht des § 199, die sich nur auf die generelle Aufnahme bzw. das generelle Ende unständiger Beschäftigungen bezieht, ist die Pflicht des jeweiligen Arbeitgebers aus

---

[1] BT-Dr. 11/2237, 218 (zu § 208-E).
[2] Baier in: Krauskopf, § 199 SGB V Rn. 2.
[3] Sonnhoff in: Hauck/Noftz, SGB V, § 199 Rn. 6; Baier in: Krauskopf, § 199 SGB V Rn. 3.
[4] Sichert in: Becker/Kingreen, § 199 Rn. 2.
[5] Baier in: Krauskopf, § 199 SGB V Rn. 5; Sichert in: Becker/Kingreen, § 199 Rn. 1; Sonnhoff in: Hauck/Noftz, SGB V, § 199 Rn. 7.

§ 198 auf die einzelne unständige Beschäftigung bezogen. Letztere ist daher zur ordnungsgemäßen Durchführung der gesetzlichen Krankenversicherung erforderlich. Die bis 31.12.2005 dem Arbeitgeber mögliche Listenmeldung unständiger Beschäftigter nach § 30 DEÜV ist aufgehoben; Meldungen für unständige Beschäftigte sind daher mit dem Datensatz Meldungen (DSME) und den entsprechenden Datenbausteinen zu übermitteln.[6]

V. Hinweispflichten (Abs. 1 S. 2)

Der **Arbeitgeber** muss den unständig Beschäftigten auf seine Meldepflicht **hinweisen**, Abs. 1 S. 2. Das Gesetz regelt weder, in welcher Form noch zu welchem Zeitpunkt dies zu geschehen hat, noch was die Rechtsfolgen einer Verletzung dieser Hinweispflicht sind. Mangels Formvorgabe wird man einen mündlichen, auch telefonischen Hinweis ausreichen lassen müssen. Da die Meldepflicht des unständig Beschäftigten „unverzüglich" zu erfüllen ist, hat auch der Hinweis des Arbeitgebers unverzüglich nach Beginn/Ende der unständigen Beschäftigung zu erfolgen. Da sich die Meldepflicht aus § 199 aber nicht auf jede einzelne unständige Beschäftigung, sondern auf die generelle berufsmäßige Ausübung unständiger Beschäftigungen bezieht, besteht auch nur insofern eine Hinweispflicht des Arbeitgebers; sie besteht ferner nur dann, wenn der Arbeitgeber weiß oder zumindest nicht ausschließen kann, dass es sich um die erste oder voraussichtlich um die letzte unständige Beschäftigung handelt.[7] Eine Verletzung der Hinweispflicht begründet nach allgemeiner Meinung keine Schadensersatzansprüche, insbesondere ist § 199 kein Schutzgesetz im Sinne von § 823 Abs. 2 BGB.[8] 6

VI. Gesamtbetriebe (Abs. 2)

Nach Abs. 2 haben Gesamtbetriebe, in denen regelmäßig unständig Beschäftigte beschäftigt werden, die sich aus diesem Buch ergebenden Pflichten der Arbeitgeber zu übernehmen. **Gesamtbetriebe** sind die Zusammenfassung mehrerer Betriebe mehrerer oder desselben Unternehmens. Grundsätzlich regelt das Landesrecht, welche Einrichtungen als Gesamtbetriebe gelten; maßgeblich ist das Recht des Landes, in dem der Gesamtbetrieb seinen Sitz hat.[9] Auch wenn Abs. 2 S. 2 nur das Landesrecht nennt, sind aber durchaus auch Gesamtbetriebe nach Bundesrecht möglich, zB nach dem GesamthafenbetriebsG. 7

Gesamtbetriebe rücken trotz der missverständlichen Formulierung („haben ... zu übernehmen") **automatisch kraft Gesetzes** in die Arbeitgeberpflichten ein, ohne dass es eines entsprechenden Willens oder gar einer entsprechenden Willensäußerung bedarf.[10] Da es sich um eine Pflichtenübernahme handelt, wird der bisher verpflichtete Arbeitgeber von den Pflichten befreit.[11] Erfasst sind alle Pflichten nach dem SGB V sowie diejenigen Pflichten anderer Sozialgesetzbücher, auf die im SGB V verwiesen wird (v.a. §§ 28 a bis 28 n SGB IV, § 98 SGB X).[12] 8

§ 200 Meldepflichten bei sonstigen versicherungspflichtigen Personen

(1) [1]Eine Meldung nach § 28 a Abs. 1 bis 3 des Vierten Buches hat zu erstatten
1. für Personen, die in Einrichtungen der Jugendhilfe für eine Erwerbstätigkeit befähigt werden sollen oder in Werkstätten für behinderte Menschen, Blindenwerkstätten, Anstalten, Heimen oder gleichartigen Einrichtungen tätig sind, der Träger dieser Einrichtung,
2. für Personen, die an Leistungen zur Teilhabe am Arbeitsleben teilnehmen, der zuständige Rehabilitationsträger,
3. für Personen, die Vorruhestandsgeld beziehen, der zur Zahlung des Vorruhestandsgeldes Verpflichtete.
[2]§ 28 a Abs. 5 sowie die §§ 28 b und 28 c des Vierten Buches gelten entsprechend.

---

6 Vgl. das Gemeinsame Rundschreiben „Gemeinsames Meldeverfahren zur Kranken-, Pflege-, Renten- und Arbeitslosenversicherung" vom 15.7.1998 in der Fassung vom 24.2.2011, S. 7 f., abrufbar unter http://www.aok-business.de/rundschreiben/pdf/deuev/rds_20110224deuev.pdf (zuletzt abgerufen am 1.3.2017).
7 Baier in: Krauskopf, § 199 SGB V Rn. 4.
8 Peters, HdB KrV, SGB V, § 199 Rn. 10; Sichert in: Becker/Kingreen, § 199 Rn. 1.
9 Peters, HdB KrV, SGB V, § 199 Rn. 14.
10 Baier in: Krauskopf, § 199 SGB V Rn. 6.
11 GKV-Komm/Schermer, SGB V, § 199 Rn. 8: Sichert in: Becker/Kingreen, § 199 Rn. 3.
12 Sichert in: Becker/Kingreen, § 199 Rn. 3; Baier in: Krauskopf, § 199 SGB V Rn. 6.

(2) ¹Die staatlichen und die staatlich anerkannten Hochschulen haben versicherte Studenten, die Ausbildungsstätten versicherungspflichtige Praktikanten und zu ihrer Berufsausbildung ohne Arbeitsentgelt Beschäftigte der zuständigen Krankenkasse zu melden. ²Das Bundesministerium für Gesundheit regelt durch Rechtsverordnung[1] mit Zustimmung des Bundesrates Inhalt, Form und Frist der Meldungen sowie das Nähere über das Meldeverfahren.

Literatur:

Bress, Ausgewählte Fragen zur Krankenversicherung der Studenten, SF-Medien Nr. 155, 61 (2006); *Lauer-Radner*, Änderungen im Meldeverfahren, Kompaß 1996, 515; *Nommensen*, Meldeverfahren für die Krankenversicherung der Studenten und Praktikanten, BKK 1990, 142; *Schäfer*, Behinderte Menschen in geschützten Einrichtungen, Die Beiträge 2001, 705; *Schulz*, Krankenversicherung der Studenten, Die Beiträge 1999, 705; *Schulz*, Versicherung behinderter Menschen, SF-Medien Nr. 167, 45 (2008); *Warsitzki*, Krankenversicherung der Studenten, BKK 1995, 749.

I. Entstehungsgeschichte

1 § 200 ist durch das Gesundheits-Reformgesetz (GRG) vom 20.12.1988 (BGBl. I, 2477) geschaffen worden und trat am 1.1.1989 in Kraft; Übergangsregelungen wurden nicht erlassen.[2] Abs. 2 S. 2 wurde durch Art. 1 Nr. 36 des 2. SGB V-ÄndG zum 1.1.1992, Abs. 2 S. 1 wurde durch das 3. SGB V-ÄndG vom 10.5.1995 (BGBl. I, S. 678) geändert. Weitere Änderungen erfolgten durch Art. 5 Nr. 30 SGB IX, Art. 204 Nr. 1 der 8. Zuständigkeitsanpassungsverordnung vom 25.11.2003 (BGBl. I, 2304) sowie Art. 256 Nr. 1 der 9. Zuständigkeitsanpassungsverordnung vom 31.10.2006 (BGBl. I, 2407). § 200 Abs. 1 S. 1 Nr. 1 entspricht zum Teil § 165 Abs. 7 RVO, § 200 Abs. 1 S. 1 Nr. 3 entspricht § 318 d Abs. 1 RVO; § 200 Abs. 2 schließlich übernimmt inhaltlich § 318 RVO.

II. Normzweck

2 Hintergrund der Regelung ist, dass bei den erfassten Versicherungspflichtigen ein Arbeitgeber, der nach § 198 iVm §§ 28 a ff. SGB IV zur Meldung verpflichtet wäre, nicht existiert. § 200 schließt die sich daraus ergebende „Meldelücke". Ergänzend siehe auch die §§ 27 ff. KVLG 1989 sowie die §§ 11 ff. KSVG. Zu beachten ist auch das Wahlrecht nach § 21 KVLG 1989, bei dessen Ausübung § 200 über die Verweisung in § 21 Abs. 2 KVLG 1989 gilt.

III. Jugendhilfe, Leistungen zur Teilhabe am Arbeitsleben, Vorruhestandsgeld (Abs. 1)

3 Abs. 1 bezieht sich auf die nach § 5 **Abs. 1 Nr. 5–8, Abs. 3** versicherungspflichtig Beschäftigten. **Abs. 1 S. 1** regelt zunächst den **Meldepflichtigen** (Träger der Einrichtung bei Nr. 1, Reha-Träger, Nr. 2, der zur Zahlung des Vorruhestandsgeldes Verpflichtete, Nr. 3). Abs. 1 S. 2 verweist sodann konstitutiv[3] auf die §§ 28 a Abs. 5, 28 b, 28 c SGB IV, die den Inhalt der Meldepflichten im Einzelnen regeln.

IV. Hochschulen (Abs. 2)

4 Abs. 2 bezieht sich auf die nach § 5 Abs. 1 Nr. 9–10 versicherungspflichtigen Studenten, Praktikanten und zu ihrer Berufsausbildung ohne Arbeitsentgelt Beschäftigten. Dabei geht Abs. 2 insoweit über § 5 Abs. 1 Nr. 9 hinaus, als er alle, dh insbesondere auch freiwillig und familienversicherte Studenten erfasst; ermöglicht wurde dies durch die mit dem 3. SGB V-ÄndG (→ Rn. 1) erfolgte Ersetzung der Worte „versicherungspflichtige Studenten" durch „versicherte Studenten".[4] Vorteil der Regelung ist einerseits, dass die für die Hochschule verwaltungsaufwendige Unterscheidung wegfällt, andererseits den Krankenkassen die Feststellungen zur Beendigung der Familienversicherung erleichtert.[5] In Umsetzung der in § 200 Abs. 2 S. 2 genannten Verordnungsermächtigung wurde die **Studentenkrankenversicherungs-Meldeverordnung (SKV-MV)** vom 27.3.1996 (BGBl. I, S. 568), die zum 1.6.1996 in Kraft trat (§ 10 S. 1 SKV-MV), erlassen;[6] die Meldepflicht der Hochschulen und Ausbildungsstätten ist daher in-

---

1 Siehe hierzu ua die Studentenkrankenversicherungs-MeldeVO.
2 BT-Dr. 11/2237, 218 (zu § 209-E).
3 Baier in: Krauskopf, § 200 SGB V Rn. 3.
4 Peters, HdB KrV, SGB V, § 200, Rn. 9; Baier in: Krauskopf, § 200 SGB V Rn. 8.
5 Sonnhoff in: Hauck/Noftz, SGB V, § 200 Rn. 2.
6 Vgl. auch die Änderung durch Art. 448 der Neunten Zuständigkeitsanpassungsverordnung, BGBl. I, 2006, 2407.

haltlich anders geregelt als die der in § 200 Abs. 1 genannten Meldepflichtigen, für die §§ 28 a ff. SGB IV gelten. Die SKV-MV regelt im Wesentlichen:
- Eine Unterrichtungspflicht staatlicher und staatlich anerkannter Hochschulen sowie der Zentralstelle für die Vergabe von Studienplätzen gegenüber Studienbewerbern und Studenten über die Versicherungspflicht in der gesetzlichen Krankenversicherung, die Befreiungsmöglichkeiten und das zur Durchführung des Versicherungsverhältnisses einzuhaltende Verfahren, § 1 S. 1 SKV-MV.
- Jeder Studienbewerber hat der Hochschule zur Einschreibung eine Versicherungsbescheinigung einzureichen, wobei er anzugeben hat, ob er versichert oder versicherungsfrei, von der Versicherungspflicht befreit oder nicht versicherungspflichtig ist (§ 2 SKV-MV; die Zuständigkeit für die Ausstellung dieser Bescheinigung folgt aus § 3 SKV-MV).
- Ist in der Versicherungsbescheinigung angegeben, dass der Student versichert ist, meldet die Hochschule der zuständigen Krankenkasse unverzüglich das Datum der Einschreibung, § 4 Abs. 1 S. 1 SKV-MV. Die Hochschule hat der Krankenkasse auch das Ende des Semesters, mit dem die Mitgliedschaft in der Hochschule endet, unverzüglich zu melden, § 4 Abs. 1 S. 2 SKV-MV.
- Umgekehrt hat die Krankenkasse der Hochschule das Ende der Mitgliedschaft versicherungspflichtiger Studenten oder die Nichterfüllung der dem versicherungspflichtigen Studenten ihr gegenüber auferlegten Verpflichtungen unverzüglich mitzuteilen, § 4 Abs. 3 SKV-MV.
- Entsprechende Meldepflichten für Praktikanten und Auszubildende ohne Arbeitsentgelt und Auszubildende des Zweiten Bildungswegs normieren §§ 6, 7 SKV-MV.

§ 201 Meldepflichten bei Rentenantragstellung und Rentenbezug

(1) [1]Wer eine Rente der gesetzlichen Rentenversicherung beantragt, hat mit dem Antrag eine Meldung für die zuständige Krankenkasse einzureichen. [2]Der Rentenversicherungsträger hat die Meldung unverzüglich an die zuständige Krankenkasse weiterzugeben.
(2) Wählen versicherungspflichtige Rentner oder Hinterbliebene eine andere Krankenkasse, hat die gewählte Krankenkasse dies der bisherigen Krankenkasse und dem zuständigen Rentenversicherungsträger unverzüglich mitzuteilen.
(3) [1]Nehmen versicherungspflichtige Rentner oder Hinterbliebene eine versicherungspflichtige Beschäftigung auf, für die eine andere als die bisherige Krankenkasse zuständig ist, hat die für das versicherungspflichtige Beschäftigungsverhältnis zuständige Krankenkasse dies der bisher zuständigen Krankenkasse und dem Rentenversicherungsträger mitzuteilen. [2]Satz 1 gilt entsprechend, wenn das versicherungspflichtige Beschäftigungsverhältnis endet.
(4) Der Rentenversicherungsträger hat der zuständigen Krankenkasse unverzüglich mitzuteilen
1. Beginn und Höhe einer Rente der gesetzlichen Rentenversicherung, den Monat, für den die Rente erstmalig laufend gezahlt wird,
2. den Tag der Rücknahme des Rentenantrags,
3. bei Ablehnung des Rentenantrags den Tag, an dem über den Rentenantrag verbindlich entschieden worden ist,
4. Ende, Entzug, Wegfall und sonstige Nichtleistung der Rente sowie
5. Beginn und Ende der Beitragszahlung aus der Rente.
(5) [1]Wird der Bezieher einer Rente der gesetzlichen Rentenversicherung versicherungspflichtig, hat die Krankenkasse dies dem Rentenversicherungsträger unverzüglich mitzuteilen. [2]Satz 1 gilt entsprechend, wenn die Versicherungspflicht aus einem anderen Grund als den in Absatz 4 Nr. 4 genannten Gründen endet.
(6) [1]Die Meldungen sind auf maschinell verwertbaren Datenträgern oder durch Datenübertragung zu erstatten. [2]Der Spitzenverband Bund der Krankenkassen vereinbart mit der Deutschen Rentenversicherung Bund das Nähere über das Verfahren im Benehmen mit dem Bundesversicherungsamt.

Literatur:
Bress, Kranken-/Pflegeversicherung der Rentenantragsteller und Rentner (Diss. 1999, Rothenburg an der Fulda); *ders.*, Kranken-/Pflegeversicherung der Rentenantragsteller und Rentner, SVFAng Nr. 106, 33 (1998); *Ehmke*, Neuerungen in der Krankenversicherung der Rentner aus der Sicht der knappschaftlichen Rentenversicherung zum 1.7.1997, Kompaß 1997, 174; *Elsen*, Das maschinelle Meldeverfahren zur Krankenversicherung der Rentner und zur Pflegeversicherung, AmtlMittLVA Rheinpr 1998, 193; *Holl/Meier*,

Das maschinelle Meldeverfahren in der KVdR, MittLVA Oberfr. 1997, 261; *Müller*, Zugehörigkeit zum versicherungspflichtigen Personenkreis der Altenteiler nach dem KVLG 1989, WzS 2006, 289; *Nommensen*, Maschinell unterstütztes Meldeverfahren für die Kranken- und Pflegeversicherung der Rentner, BKK 1996, 479; *Straub*, Die Kranken- und Pflegeversicherung der Rentner, ZfSH/SGB 1996, 408.

I. Entstehungsgeschichte

1 § 201 wurde durch das Gesundheits-Reformgesetz (GRG) vom 20.12.1988 (BGBl. I, 2477) geschaffen und trat am 1.1.1989 in Kraft.[1] § 201 Abs. 1 bis 3 entsprechen den § 317 Abs. 4, 4a, 5 RVO, § 201 Abs. 4, 5 entsprechen weitgehend § 317 Abs. 6, 7 RVO.[2] Eine Änderung erfuhr § 201 Abs. 4 Nr. 4 durch Art. 4 Nr. 11 RRG (BGBl. I, 1989, 2261); § 201 Abs. 2 wurde geändert und § 201 Abs. 6 wurde geschaffen durch Art. 2 Nr. 7 resp. Art. 8 V des 3. SGB V-ÄndG vom 10.5.1995 (BGBl. I, 678); Abs. 6 S. 2 wurde geändert durch Gesetz vom 9. 12. 2004 (BGBl. I, 3242); Abs. 6 Satz 3 wurde geändert durch Art. 256 der 9. Zuständigkeitsanpassungsverordnung vom 31.10.2006 (BGBl. I, 2407); Abs. 4 Nr. 1a wurde eingefügt und Abs. 6 S. 2 geändert durch Art. 1 Nr. 13 des GKV-Finanzierungsgesetzes vom 22. 12. 2010 (BGBl. I, 2309). Aufgehoben wurden Abs. 6 S. 3 durch Art. 1 Nr. 64b des Gesetzes zur Verbesserung der Versorgungsstrukturen in der gesetzlichen Krankenversicherung (GKV-Versorgungsstrukturgesetz, GKV-VStG) vom 22.12.2011 (BGBl. I, 2983) und Abs. 4 Nr. 1a mWv 1.1.2015 durch das Gesetz zur Weiterentwicklung der Finanzstruktur und der Qualität in der gesetzlichen Krankenversicherung (GKV-Finanzstruktur- und Qualitäts-Weiterentwicklungsgesetz – GKV-FQWG) vom 21.7.2014 (BGBl. I, 1133).

II. Normzweck

2 Rentner und Rentenantragsteller sind in aller Regel nicht mehr versicherungspflichtig bei einem Arbeitgeber beschäftigt; dementsprechend kann für die Meldepflichten nicht auf § 198 zurückgegriffen werden. Die sich andernfalls ergebende „Meldelücke" schließt § 201, der damit – sowie durch die von ihm normierten Weiterleitungs- und Mitteilungspflichten von Rentenversicherungsträgern und Krankenkassen – die ordnungsgemäße Durchführung der KVdR sicherstellt. Er wird durch §§ 202, 205 ergänzt. Für die Praxis ist Tit. A VII des Gemeinsamen Rundschreibens zur Krankenversicherung und Pflegeversicherung der Rentner (RdSchr. 08 l) relevant.

III. Rentner

3 Rentner in diesem Sinne ist entweder, wer aus eigener Versicherung eine Rente der gesetzlichen Rentenversicherung bezieht/beantragt oder selbiges als Hinterbliebener eines gesetzlich Rentenberechtigten tut; letzteres folgt zB aus der Regelung des Abs. 3 S. 1.

IV. Zivilrechtliche Bedeutung

4 Nach allgemeiner Meinung ist § 201 eine bloße Ordnungsvorschrift und kein Schutzgesetz iSv § 823 Abs. 2 BGB.[3] Die Amtspflicht des Bediensteten eines Rentenversicherungsträgers, der zuständigen Krankenkasse den Zeitpunkt der verbindlichen Ablehnung eines Rentenantrages unverzüglich mitzuteilen (Abs. 4 Nr. 3), ist keine drittgerichtete Amtspflicht, die nach § 839 BGB im Falle ihrer Verletzung Schadensersatzansprüche der Krankenkasse begründen würde.[4] Denn Rentenversicherung und Krankenversicherung erfüllen insoweit eine gemeinsame Aufgabe, bei der sie gleichsinnig und nicht etwa je zur Wahrung widerstreitender Interessen – wie sie für das Verhältnis zwischen dem Amtsträger und seinem Dienstherrn einerseits und dem Staatsbürger andererseits charakteristisch sind – zusammenwirken.

V. Rentenantragstellung (Abs. 1)

5 Abs. 1 S. 1 normiert zunächst die Pflicht eines Rentenantragstellers, mit dem Antrag auf Rente eine Meldung für die zuständige Krankenkasse einzureichen. Diese Pflicht besteht auch dann, wenn bereits

---

1 BT-Dr. 11/2237, 218 f. (zu § 210-E).
2 Im Einzelnen vgl. BT-Dr. 11/2237, 218 f. (zu § 210-E).
3 Sichert in: Becker/Kingreen, § 201 Rn. 1; Peters, HdB KrV, SGB V, § 201 Rn. 8.
4 BGH, 12.12.1991 – III ZR 18/91, NJW 1992, 972; Steinmeyer, EWiR 1992, 457; kritisch von Einem, SozVers 1993, 1; ders., BayVBl. 1994, 486.

eine Rente bezogen wird.⁵ Mehrere Hinterbliebene haben jeweils eine eigene Meldung nach Abs. 1 S. 1 abzugeben.⁶ Zuständig ist die Krankenkasse, bei der der Antragsteller im Zeitpunkt der Antragstellung versichert ist oder – so er das noch (nicht) ist – voraussichtlich versichert sein wird.⁷ Die Meldung hat der Rentenversicherungsträger sodann unverzüglich, dh ohne schuldhaftes Zögern (§ 121 Abs. 1 S. 1 BGB), an die Krankenkasse weiterzuleiten, wenn – was vom Rentenversicherungsträger zu prüfen ist – es sich um eine Meldung in diesem Sinne handelt (Abs. 1 S. 2).⁸

VI. Krankenkassenwahl (Abs. 2)

Auch Rentner haben (selbstverständlich) das Recht, ihre gesetzliche Krankenkasse frei zu wählen, §§ 173 ff. Machen sie von diesem Recht Gebrauch und wählen eine andere als die eigentlich zuständige Krankenkasse, so enthält Abs. 2 eine Pflicht der gewählten Kasse, dies der bisherigen Krankenkasse und dem zuständigen Rentenversicherungsträger unverzüglich (§ 121 Abs. 1 S. 1 BGB) mitzuteilen. Lehnt die gewählte Krankenkasse die Wahl ab und kommt es zu Widerspruchs- und Klageverfahren, so entsteht die Mitteilungspflicht erst, wenn der – aus Sicht des Versicherten: positive – Widerspruchsbescheid verbindlich wird bzw. ein dem Versicherten günstiges Urteil rechtskräftig wird.⁹

VII. Aufnahme einer Beschäftigung; anderweitige Versicherungspflicht (Abs. 3)

Die Aufnahme einer versicherungspflichtigen Beschäftigung, für die eine andere als die bisherige Krankenkasse zuständig ist, hat diese der bisher zuständigen Krankenkasse und dem Rentenversicherungsträger mitzuteilen, Abs. 3. Diese Pflicht tritt neben die regelmäßig bestehende Meldepflicht des Arbeitgebers aus § 198. Ihr liegt das Vorrangigkeitsprinzip der Versicherungspflicht aus § 5 Abs. 1 Nr. 1 gegenüber der Krankenversicherung der Rentner zugrunde;¹⁰ daher gilt diese Pflicht nur für Rentner, die in der Krankenversicherung der Rentner pflichtversichert sind.¹¹ Die Mitteilungspflicht gilt auch bei Beendigung des versicherungspflichtigen Beschäftigungsverhältnisses. Nichts anderes kann schließlich für den **Wechsel der Beschäftigung** gelten, wenn diese zu einem Wechsel der zuständigen Krankenkasse führt.

Wird der bisher nicht in der Krankenversicherung der Rentner versicherte Rentenbezieher aus einem **anderen Grund als der Aufnahme einer versicherungspflichtigen Beschäftigung** versicherungspflichtig, so hat dies die Krankenkasse dem Rentenversicherungsträger unverzüglich (§ 121 Abs. 1 S. 1 BGB) mitzuteilen (**Abs. 5 S. 2**); Abs. 5 erfasst daher – enger als Abs. 3 – nur Rentenbezieher, die nicht in der Krankenversicherung der Rentner pflichtversichert sind oder bei denen Versicherungsfreiheit vorliegt.¹² Eine Meldepflicht besteht auch bei der **Beendigung der Versicherungspflicht** aus anderen als den in Abs. 4 Nr. 4 genannten Gründen.

VIII. Pflichten der Rentenversicherungsträger (Abs. 4)

Abs. 4 regelt im Einzelnen bestimmte Mitteilungspflichten der Rentenversicherungsträger gegenüber der zuständigen Krankenkasse. Vgl. im Einzelnen den Gesetzeswortlaut.

IX. Form der Meldungen (Abs. 6)

Nach Abs. 6 S. 1 sind die Meldungen auf maschinell verwertbaren Datenträgern oder durch Datenübertragung zu erstatten. Das Nähere regelt die auf Basis von Abs. 6 S. 2 getroffene **Vereinbarung über ein maschinell unterstütztes Meldeverfahren**. Angesichts dessen war der frühere Abs. 6 S. 3, der dem Bundesministerium für Gesundheit im Einvernehmen mit dem Bundesministerium für Arbeit und Soziales eine subsidiäre Regelungskompetenz einräumte, bedeutungslos; er wurde daher zum Zwecke der Rechtsbereinigung und Entbürokratisierung durch das GKV-VStG gestrichen.¹³

---

5 Sichert in: Becker/Kingreen, § 201 Rn. 2; GKV-Komm/Schermer, SGB V, § 201 Rn. 3.
6 Sonnhoff in: Hauck/Noftz, SGB V, § 201 Rn. 7; Sichert in: Becker/Kingreen, § 201 Rn. 2.
7 Baier in: Krauskopf, § 201 SGB V Rn. 4.
8 Peters, HdB KrV, SGB V, § 201 Rn. 10.
9 Peters, HdB KrV, SGB V, § 201 Rn. 13.
10 Baier in: Krauskopf, § 201 SGB V Rn. 7.
11 Sonnhoff in: Hauck/Noftz, SGB V, § 201 Rn. 10.
12 Sonnhoff in: Hauck/Noftz, SGB V, § 201 Rn. 14.
13 BT-Dr. 17/8005, 125.

§ 202 Meldepflichten bei Versorgungsbezügen

(1) ¹Die Zahlstelle hat bei der erstmaligen Bewilligung von Versorgungsbezügen sowie bei Mitteilung über die Beendigung der Mitgliedschaft eines Versorgungsempfängers und in den Fällen des § 5 Absatz 1 Nummer 11 b die zuständige Krankenkasse des Versorgungsempfängers zu ermitteln und dieser Beginn, Höhe, Veränderungen und Ende der Versorgungsbezüge und in den Fällen des § 5 Absatz 1 Nummer 11 b den Tag der Antragstellung unverzüglich mitzuteilen. ²Bei den am 1. Januar 1989 vorhandenen Versorgungsempfängern hat die Ermittlung der Krankenkasse innerhalb von sechs Monaten zu erfolgen. ³Der Versorgungsempfänger hat der Zahlstelle seine Krankenkasse anzugeben und einen Kassenwechsel sowie die Aufnahme einer versicherungspflichtigen Beschäftigung anzuzeigen. ⁴Die Krankenkasse hat der Zahlstelle von Versorgungsbezügen und dem Bezieher von Versorgungsbezügen unverzüglich die Beitragspflicht des Versorgungsempfängers und, soweit die Summe der beitragspflichtigen Einnahmen nach § 237 Satz 1 Nummer 1 und 2 die Beitragsbemessungsgrenze überschreitet, deren Umfang mitzuteilen.

(2) ¹Die Zahlstelle hat der zuständigen Krankenkasse die Meldung durch gesicherte und verschlüsselte Datenübertragung aus systemgeprüften Programmen oder mittels maschineller Ausfüllhilfen zu erstatten. ²Die Krankenkasse hat nach inhaltlicher Prüfung alle fehlerfreien Angaben elektronisch zu übernehmen, zu verarbeiten und zu nutzen. ³Alle Rückmeldungen der Krankenkasse an die Zahlstelle erfolgen arbeitstäglich durch Datenübertragung. ⁴Den Aufbau des Datensatzes, notwendige Schlüsselzahlen und Angaben legt der Spitzenverband Bund der Krankenkassen in Grundsätzen fest, die vom Bundesministerium für Arbeit und Soziales im Einvernehmen mit dem Bundesministerium für Gesundheit zu genehmigen sind; die Bundesvereinigung der Deutschen Arbeitgeberverbände ist anzuhören.

(3) ¹Die Zahlstellen haben für die Durchführung der Meldeverfahren nach diesem Gesetzbuch eine Zahlstellennummer beim Spitzenverband Bund der Krankenkassen elektronisch zu beantragen. ²Die Zahlstellennummern und alle Angaben, die zur Vergabe der Zahlstellennummer notwendig sind, werden in einer gesonderten elektronischen Datei beim Spitzenverband Bund der Krankenkassen gespeichert. ³Die Sozialversicherungsträger, ihre Verbände und ihre Arbeitsgemeinschaften, die Künstlersozialkasse, die Behörden der Zollverwaltung, soweit sie Aufgaben nach § 2 des Schwarzarbeitsbekämpfungsgesetzes oder nach § 66 des Zehnten Buches wahrnehmen, sowie die zuständigen Aufsichtsbehörden und die Arbeitgeber dürfen die Zahlstellennummern verarbeiten, nutzen und übermitteln, soweit dies für die Erfüllung einer gesetzlichen Aufgabe nach diesem Gesetzbuch erforderlich ist. ⁴Andere Behörden, Gerichte oder Dritte dürfen die Zahlstellennummern verarbeiten, nutzen oder übermitteln, soweit dies für die Erfüllung einer gesetzlichen Aufgabe einer der in Satz 3 genannten Stellen erforderlich ist. ⁵Das Nähere zum Verfahren und den Aufbau der Zahlstellennummer regeln die Grundsätze nach Absatz 2 Satz 4.

I. Entstehungsgeschichte

1 § 202 wurde durch das Gesundheits-Reformgesetz (GRG) vom 20.12.1988 (BGBl. I, 2477) geschaffen und trat am 1.1.1989 in Kraft.[1] Der heutige Abs. 1, der den früheren § 317 Abs. 8 S. 2, Abs. 9 RVO ablöste und erweiterte, wurde nur geringfügig durch das 2. SGBÄndG v. 13.6.1994 (BGBl. I, 1229) geändert. Durch Gesetz vom 19.12.2007 (BGBl. I, 3024) wurde der heutige Abs. 2 mit Wirkung zum 1.1.2009 angefügt, wobei mit Wirkung zum 1.1.2011 in Abs. 2 S. 1 das frühere Wort „kann" durch das Wort „hat" ersetzt wurde.[2] Die letzte Änderung erfuhr § 202 durch das 5. SGB IV ÄndG vom 15.4.2015 (BGBl. I, 583), bei dem Abs. 1 S. 1 neu gefasst, Abs. 2 S. 2 und 3 eingeführt und Abs. 1 S. 5 sowie Abs. 3 aufgehoben wurden.

II. Normzweck, Übersicht

2 § 202 normiert Pflichten der Zahlstelle (Abs. 1 S. 1, 2, Abs. 2 S. 1), des Versorgungsempfängers (Abs. 1 S. 3) und der Krankenkasse (Abs. 1 S. 4, Abs. 2 S. 2). Ziel des § 202 ist es, im Interesse der Krankenkassen und der Versicherten eine möglichst frühzeitige beitragsrechtliche Erfassung der Versorgungsbezüge sicherzustellen.[3] Zu diesem Behufe wurden die Pflichten der Zahlstelle insoweit erweitert, als sie nicht nur – wie noch unter Geltung von § 317 Abs. 9 RVO – Veränderungen der Versorgungsbezüge zu

---

1 BT-Dr. 11/2237, 219 (zu § 211-E).
2 Vgl. BT-Dr. 16/6540, 27.
3 BT-Dr. 11/2237, 219 (zu § 211-E).

melden haben, sondern auch die erstmalige Bewilligung von Versorgungsbezügen. Die nach früherem Recht häufig notwendig werdenden Nachzahlungsforderungen der Krankenkasse gegenüber den Empfängern der Versorgungsbezüge sollen damit vermieden werden.[4] Für die **Landwirt-Krankenversicherung** gilt § 202 entsprechend, § 30 **KVLG 1989**.

III. Pflichten der Zahlstellen, Versorgungsempfänger und Krankenkassen (Abs. 1)

Abs. 1 S. 1 regelt zunächst die Pflichten der **Zahlstelle**, dh derjenigen Stelle, die die Versorgungsbezüge (§ 229) an den Versorgungsempfänger auszahlt. Versorgungsbezüge sind der Rente aus der gesetzlichen Rentenversicherung vergleichbare Einnahmen (vgl. auch § 205). Darauf, gegen wen sich der Versorgungsanspruch richtet, wer über den Anspruch entscheidet und mit wem das die Versorgungsberechtigung begründende Dienst- oder Arbeitsverhältnis besteht, kommt es nicht an.[5] Die Zahlstelle hat die zuständige Krankenkasse des Versorgungsempfängers zu ermitteln, und zwar sowohl bei erstmaliger Bewilligung von Versorgungsbezügen als auch bei einem Krankenkassenwechsel. „Ermitteln" ist mehr als die passive Entgegennahme von Informationen, sondern zielt – soweit erforderlich – auf die aktive Eruierung der notwendigen Informationen. Die Zahlstelle kann sich aber grds. auf die Informationen des Versorgungsberechtigten – auf dessen Informationspflicht sie ihn im Rahmen ihrer Ermittlungspflicht hinweisen muss – verlassen; nur wenn an deren Vollständigkeit oder Richtigkeit objektiv Zweifel bestehen, trifft die Zahlstelle weitere Ermittlungspflichten. Die **Mitteilungspflichten** sind umfassend: Nicht nur – wie noch unter Geltung der RVO – müssen Veränderungen, sondern auch Beginn, Höhe und Ende der Versorgungsbezüge mitgeteilt werden. Mit „Veränderungen" sind aber nur Änderungen der Höhe der Bezüge gemeint, nicht hingegen der bloße Wechsel der Anspruchsgrundlage.[6] Die Meldepflichten bestehen auch dann, wenn die zu meldenden Beträge unterhalb der Untergrenze für die Beitragspflicht nach § 226 Abs. 2 liegen. Wie die meisten anderen Pflichten aus den §§ 198 ff. auch besteht die Meldepflicht unverzüglich, dh ohne schuldhaftes Zögern, § 121 Abs. 1 S. 1 BGB. **Abs. 1 S. 2** ist mittlerweile bedeutungslos. Zum **Bußgeldtatbestand** des § 307 → Rn. 7. Die Klage einer Zahlstelle auf Feststellung des Nichtbestehens einer Verpflichtung aus § 202 ist unzulässig, wenn keine Beziehung zu einem konkreten Anwendungsfall besteht, es also nur um die Klärung einer abstrakten Rechtsfrage geht.[7] Besteht Streit darüber, ob Versorgungsbezüge gezahlt werden, ist die Krankenkasse befugt, eine Zahlstelle durch Verwaltungsakt zu verpflichten, die Beiträge aus den Versorgungsbezügen nach § 256 Abs. 1 S. 1 abzuführen und die in § 202 Abs. 1 S. 1 vorgeschriebenen Meldungen abzugeben.[8]

Um der Zahlstelle die Erfüllung ihrer Ermittlungs-, vor allem aber Meldepflichten zu ermöglichen, verpflichtet **Abs. 1 S. 3** den **Versorgungsempfänger** zur Angabe seiner Krankenkasse sowie zur Anzeige eines Krankenkassenwechsels sowie der Aufnahme einer versicherungspflichtigen Beschäftigung. Rechtspolitisch unbefriedigend ist, dass für die Erfüllung dieser Pflichten keine Frist bestimmt wurde, insbesondere nicht vorgeschrieben wurde, dass sie unverzüglich zu erfüllen sei; trotz dieser Mängel wird man angesichts des Normzwecks davon ausgehen müssen, dass die Pflichten so zeitig erfüllt werden müssen, dass der Zweck des § 202 erreicht werden kann.[9] Diese Pflichten bestehen unabhängig von den Pflichten des Versorgungsempfängers zur Meldung der in § 205 genannten Sachverhalte gegenüber der Krankenkasse (→ § 205 Rn. 2).

Um die Beiträge berechnen, einbehalten und zahlen zu können (vgl. § 256 Abs. 1), benötigt die Zahlstelle Informationen. Dementsprechend normiert **Abs. 1 S. 4** Mitteilungspflichten der Krankenkasse über die Beitragspflichten, ihren Umfang und den Beitragssatz (§ 248). Für den Umfang der Beitragspflicht ist der Betrag mitzuteilen, der bei Berücksichtigung vorrangiger beitragspflichtiger Einnahmen der Beitragspflicht unterliegt, wobei es bei wechselnder Höhe der anderen beitragspflichtigen Einnahmen ausreicht, den maximal beitragspflichtigen Teil der Versorgungsbezüge mitzuteilen.[10] Mitteilungspflichtig sind auch Änderungen der genannten Sachverhalte. Beantragt die Zahlstelle allerdings die

---

4 BT-Dr. 11/2237, 219 (zu § 211-E).
5 Baier in: Krauskopf, § 202 SGB V Rn. 4; Sonnhoff in: Hauck/Noftz, SGB V, § 202 Rn. 6.
6 Baier in: Krauskopf, § 202 SGB V Rn. 6.
7 SG Stuttgart, 20.2.2008, S 12 KR 1688/05, nv.
8 BSG, 30.1.1997, 12 RK 17/96, NZS 1997, 468, 469.
9 Peters, HdB KrV, SGB V, § 202 Rn. 18.
10 Baier in: Krauskopf, § 202 SGB V Rn. 9.

Zahlung durch das Mitglied selbst (§ 256 Abs. 4), so beschränkt sich die Mitteilungspflicht der Krankenkasse auf das Bestehen eines beitragspflichtigen Mitgliedschaftsverhältnisses.[11]

IV. Datenübertragung (Abs. 2)

6 Der mit Wirkung zum 1.1.2009 geschaffene **Abs. 2** regelt die **Art und Weise** der Datenübertragung. Die notwendigen Datensätze orientieren sich am bewährten Meldeverfahren der Sozialversicherung.[12] Während dies zunächst noch als „Kann-Regelung" ausgestaltet war, muss („hat") seit dem 1.1.2011 die Übertragung auf diese Weise erfolgen. Auf Grundlage von Abs. 2 S. 2 wurden vom Spitzenverband Bund der Krankenkassen die „Grundsätze zum maschinell unterstützten Zahlstellen-Meldeverfahren"[13] vom 22.12.2009 aufgestellt. Seit dem Jahre 2015 (BGBl. I, 583) wird die Datenübertragung ausschließlich auf elektronischem Wege zugelassen, um Fehler in den Datensätzen zu vermeiden.

V. Rechtsfolgen

7 Die Verletzung der in § 202 statuierten Pflichten ist nur in einem Fall **bußgeldbewehrt**: Nach § 307 Abs. 2 Nr. 1 lit. c begeht eine Ordnungswidrigkeit, wer vorsätzlich oder leichtfertig entgegen § 202 S. 1 eine Meldung nicht, nicht richtig, nicht vollständig oder nicht rechtzeitig erstattet. Leichtfertig handelt, wer die erforderliche Sorgfalt in besonders schwerem Maße verletzt, weil er unbeachtet lässt, was jedem einleuchten muss; entscheidend sind die individuellen Kenntnisse des Handelnden.[14]

8 Hingegen begründet die Verletzung der Pflichten der Zahlstelle grds. keinen Schadensersatzanspruch der Krankenkasse, der zB deshalb ein Schaden entsteht, weil ihre Beitragsforderung verjährt ist.[15] § 202 ist auch nicht Schutzgesetz im Sinne von § 823 Abs. 2 BGB.[16]

§ 203 Meldepflichten bei Bezug von Erziehungsgeld oder Elterngeld

Die Zahlstelle des Erziehungsgeldes oder Elterngeldes hat der zuständigen Krankenkasse Beginn und Ende der Zahlung des Erziehungsgeldes oder Elterngeldes unverzüglich mitzuteilen.

1 § 203 wurde durch das Gesundheits-Reformgesetz (GRG) vom 20.12.1988 (BGBl. I, 2477) geschaffen; er trat am 1.1.1989 in Kraft.[1] Vorgängerregelung war § 318d Abs. 2 RVO. Die Umstellung auf das Elterngeld erfolgte durch Art. 2 XIX Nr. 4, 5 des Gesetzes zur Einführung des Elterngeldes vom 5.12.2006 (BGBl. I, 2748). Die nach wie vor bestehende Erwähnung des Erziehungsgeldes hat mittlerweile keine praktische Bedeutung mehr, da auch die letzten Vorschriften des BErzGG inzwischen durch das BEEG abgelöst wurden und am 31.11.2008 außer Kraft traten. Anwendbar ist § 203 auch auf dem Elterngeld vergleichbare Leistungen der Länder.[2]

2 Weil während der Bezugsdauer von Elterngeld bzw. früher Erziehungsgeld die Versicherungspflicht erhalten bleibt (§ 192 Abs. 1 Nr. 2), zugleich aber Beitragsfreiheit besteht (§ 224), hat die Zahlstelle des Elterngeldes unverzüglich (§ 121 Abs. 1 S. 1 BGB) der zuständigen Krankenkasse Beginn und Ende der Zahlung mitzuteilen. Wer die Zahlstelle ist, bestimmen die Landesregierungen, § 12 Abs. 1 S. 1 BEEG. Zuständig ist die Krankenkasse, bei der der Berechtigte versichert ist; der Berechtigte ist insoweit gegenüber der Zahlstelle zur Auskunft analog § 28 o Abs. 1 S. 1 SGB IV verpflichtet.[3]

---

11 Baier in: Krauskopf, § 202 SGB V Rn. 9.
12 BT-Dr. 16/6540, 27.
13 Abzurufen zB unter http://www.gkv-datenaustausch.de/upload/RS_2010-02-01_GGZahlstellenverfahren_Anlage1_GG_8041.pdf (zuletzt abgerufen am 1.5.2017).
14 Fischinger in: Spickhoff, Medizinrecht, § 307 SGB V Rn. 3.
15 Baier in: Krauskopf, § 202 SGB V Rn. 14.
16 BSG, 18.11.1993 – 12 RK 39/92, SozR 3-2500 § 202 Nr. 2; BSG, 18.11.1993 – 12 RK 26/92, SozR 3-2500 § 393a Nr. 3; SG Hamburg v. 10.1.1992 – 21 KR 356/90, Die Beiträge 1993, 211; Sichert in: Becker/Kingreen, § 202 Rn. 7.
1 BT-Dr. 11/2237, 219 (zu § 212-E).
2 Baier in: Krauskopf, § 203 SGB V Rn. 2.
3 Baier in: Krauskopf, § 203 SGB V Rn. 5.

§ 203 a Meldepflicht bei Bezug von Arbeitslosengeld, Arbeitslosengeld II oder Unterhaltsgeld

Die Agenturen für Arbeit oder in den Fällen des § 6 a des Zweiten Buches die zugelassenen kommunalen Träger erstatten die Meldungen hinsichtlich der nach § 5 Abs. 1 Nr. 2 und Nr. 2 a Versicherten entsprechend §§ 28 a bis 28 c des Vierten Buches.

Literatur:

Schulz, Kranken- und Pflegeversicherung der Empfänger von Arbeitslosengeld, Arbeitslosenhilfe und Unterhaltsgeld, Die Beiträge 1998, 257.

In Kraft getreten am 1.1.1998 durch das Arbeitsförderungs-Reformgesetz vom 24.3.1997 (BGBl. I, 594)[1] wurde § 203 a wiederholt geändert: Durch Gesetze vom 23.12.2003 (BGBl. I, 2848), vom 24.12.2003 (BGBl. I, 2954), vom 30.7.2004 (BGBl. I, 2014), das Haushaltsbegleitgesetz vom 29.6.2006 (BGBl. I, 1402) und durch das Gesetz zur Fortentwicklung der Grundsicherung für Arbeitsuchende vom 20.7.2006 (BGBl. I, 1706).

§ 203 a bezieht sich auf Empfänger von Arbeitslosengeld oder Unterhaltsgeld nach dem SGB III (§ 5 Abs. 1 Nr. 2) bzw. von Arbeitslosengeld II (§ 5 Abs. 1 Nr. 2 a). Das früher in §§ 153 ff. SGB III aF geregelte Unterhaltsgeld existiert mittlerweile nicht mehr. § 203 a ist aber auf dessen Nachfolger, das Arbeitslosengeld bei beruflicher Weiterbildung (§§ 116 Nr. 1, 124 a SGB III) anzuwenden.[2]

Meldepflichtige: Bei Versicherungspflichtigen nach § 5 Abs. 1 Nr. 2 sind dies die Agentur für Arbeit, bei solchen nach § 5 Abs. 1 Nr. 2 a entweder wegen §§ 6 Abs. 1 Nr. 1, 44 b SGB II[3] die Agentur für Arbeit oder nach § 6 a SGB II die zugelassenen kommunalen Träger. Für den Inhalt der Meldung gelten die §§ 28 a bis 28 c SGB IV.[4] Die Meldung zur Krankenversicherung schließt diejenige zur sozialen Pflegeversicherung ein, § 50 Abs. 1 S. 2 SGB XI. Nähere Einzelheiten zu § 203 a regeln S. 93 ff. des **Gemeinsamen Rundschreibens vom 26.1.2007**.[5]

§ 204 Meldepflichten bei Einberufung zum Wehrdienst oder Zivildienst

(1) ¹Bei Einberufung zu einem Wehrdienst hat bei versicherungspflichtig Beschäftigten der Arbeitgeber und bei Arbeitslosen die Agentur für Arbeit den Beginn des Wehrdienstes sowie das Ende des Grundwehrdienstes und einer Wehrübung oder einer Dienstleistung oder Übung nach dem Vierten Abschnitt des Soldatengesetzes der zuständigen Krankenkasse unverzüglich zu melden. ²Das Ende eines Wehrdienstes nach § 4 Abs. 1 Nr. 6 des Wehrpflichtgesetzes hat das Bundesministerium der Verteidigung oder die von ihm bestimmte Stelle zu melden. ³Sonstige Versicherte haben die Meldungen nach Satz 1 selbst zu erstatten.

(2) ¹Absatz 1 gilt für den Zivildienst entsprechend. ²An die Stelle des Bundesministeriums der Verteidigung tritt das Bundesamt für den Zivildienst.

Literatur:

Schneider, Versicherungsrechtliche Stellung der Wehr- und Zivildienstleistenden, ZfS 1989, 307.

I. Entstehungsgeschichte

§ 204 wurde durch das Gesundheits-Reformgesetz (GRG) vom 20.12.1988 (BGBl. I, 2477) geschaffen.[1] Vorgängernorm war § 209 a Abs. 3, 5 S. 1 RVO. Für die Krankenversicherung der **Landwirte** gilt § 204 nach § 28 KVLG 1989 entsprechend. § 204 wurde mehrfach geändert, und zwar durch:

---

1 BT-Dr. 13/4941, 234.
2 So zum identischen Problem bei § 251 Abs. 4 a SGB V Rixen in: Becker/Kingreen, § 251 Rn. 6; Baier in: Krauskopf, § 251 SGB V Rn. 15.
3 Die Vorgängerregelung des § 44 b SGB II wurde durch das Urteil des BVerfG, 20.12.2007, 2 BvR 2433, 2434/04, NZS 2008, 198 für verfassungswidrig erklärt und daraufhin durch die jetzige Fassung ersetzt.
4 Gesetzestext abgedruckt unter § 198 Rn. 5.
5 Abrufbar unter unter http://www.studentenwerk-oldenburg.de/soziales/material/gkv-rundschreiben-alg2.pdf (zuletzt abgerufen am 1.3.2017).
1 BT-Dr. 11/2237, 219 (zu § 213-E).

- Art. 18 Nr. 3, 24 Abs. 1 Gesetz vom 24.7.1995 (BGBl. I, 962),
- Art. 14 SGÄndG vom 19.12.2000 (BGBl. I, 1815),
- Art. 216 Abs. 1 Nr. 7 ZustAnpVO vom 29.10.2001 (BGBl. I, 2785, 2831),
- Art. 4 Nr. 3 des Dritten Gesetzes für moderne Dienstleistungen am Arbeitsmarkt vom 23.12.2003 (BGBl. I, 2848) sowie
- Art. 20 Nr. 3 Streitkräftereserve-NeuordnungsG vom 22.4.2005 (BGBl. I, 1106).

II. Normzweck

2 Mittels der in § 204 normierten Meldepflichten soll sichergestellt werden, dass die Krankenkassen zeitnah die erforderlichen Informationen erlangen, um den krankenversicherungsrechtlichen Besonderheiten von Wehr- und Zivildienst (bzw. jetzt: Bundesfreiwilligendienst, → Rn. 3) bei Beginn/Ende des Dienstes respektive bei besonderen Dienstleistungen oder Übungen Rechnung tragen zu können.[2] Als derartige **Besonderheiten** sind zu nennen: Das Ruhen des Anspruchs auf Leistungen nach § 16 Abs. 1 Nr. 2 trotz Fortbestand der Mitgliedschaft (§ 193) bei ermäßigtem Beitragssatz (§ 244), der vom Bund zu tragen ist (§ 251 Abs. 4).

III. Bedeutung

3 Die Bedeutung von Abs. 1 ist seit **Aussetzung des Grundwehrdienstes** zum 1.7.2011 gesunken. Da nach § 2 WPflG im Spannungs- und Verteidigungsfall eine Wehrpflicht allerdings weiterhin möglich ist, behält sie insofern einen (schmalen) Anwendungsbereich; Bedeutung hat Abs. 1 zudem bei Dienstleistungen und Übungen (→ Rn. 4). Der in Abs. 2 in Bezug genommene **Zivildienst** wurde ebenfalls ausgesetzt und durch den Bundesfreiwilligendienst[3] ersetzt. Abs. 2 muss daher – schon mit Blick auf die Ordnungswidrigkeitenvorschrift des § 307 Abs. 2 (→ Rn. 10) – angepasst werden. Solange das nicht geschehen ist, wird man Abs. 2 aber **analog** auf den Bundesfreiwilligendienst anwenden können. Denn durch den Übergang von Zivil- auf Bundesfreiwilligendienst entstand eine nachträgliche (planwidrige) Gesetzeslücke[4] und die Sachverhalte sind vergleichbar (→ Rn. 10). Das lässt die Notwendigkeit einer gründlichen Überarbeitung der Vorschrift und ihrer Anpassung an die neue Rechtslage unberührt.

IV. Norminhalt

4 **1. Wehrdienst, Dienstleistungen, Übungen (Abs. 1).** Angesichts der Aussetzung des Grundwehrdienstes ist für den Begriff des **Wehrdienstes** nunmehr zu unterscheiden: Wehrdienst entsprechend der §§ 3 bis 53 WPflG ist nur noch im Spannungs- oder Verteidigungsfall als dann unbefristeter Wehrdienst zu leisten, §§ 2 S. 1, 4 Abs. 1 Nr. 7 WPflG. Daneben besteht die Möglichkeit eines freiwilligen Wehrdienstes nach den §§ 54 ff. WPflG. Zu den in Abs. 1 S. 1 genannten **Dienstleistungen** bzw. **Übungen**, zu denen die in § 59 SoldatenG Genannten herangezogen werden können, zählen befristete Übungen (§ 61 SoldatenG), besondere Auslandsverwendungen (§ 62 SoldatenG), Hilfeleistungen im Innern und im Ausland (§§ 63, 63a SoldatenG) und der unbefristete Wehrdienst im Spannungs- oder Verteidigungsfall (§ 60 Nr. 5 SoldatenG).

5 **Meldepflichtige** sind bei versicherungspflichtigen Beschäftigten der Arbeitgeber und bei Arbeitslosen (vgl. § 5 Abs. 1 Nr. 2, 2a) die Agentur für Arbeit, Abs. 1 S. 1. Beim unbefristeten Wehrdienst im Spannungs- und Verteidigungsfall hat das Bundesministerium der Verteidigung das Ende des Wehrdienstes anzuzeigen, Abs. 1 S. 2. Die nicht von Abs. 1 S. 1 oder 2 erfassten Versicherten müssen selbst die Meldung erstatten, Abs. 1 S. 3; dazu zählen freiwillig Versicherte, die von Abs. 1 S. 1 nicht erfassten Versicherungspflichtige sowie im Rahmen der Familienversicherung (§ 10) Mitversicherte.[5]

6 Seit Aussetzung des Grundwehrdienstes beschränken sich die Meldepflichten auf die folgenden **Tatbestände**: Den **Beginn** des Wehrdienstes sowie – trotz des unklaren Wortlautes – auch von Dienstleistungen oder Übungen.[6] Das **Ende** war nur bei Grundwehrdienst und Wehrübung zu melden,[7] dh nunmehr nur noch bei einer **Wehrübung**. Bestand ein Arbeitsverhältnis zu Beginn einer Wehrübung, ist der

---

2 Wille in: jurisPK-SGB V, § 204 Rn. 5; Baier in: Krauskopf, § 204 SGB V Rn. 2; Hänlein in: LPK-SGB V, § 204 Rn. 1.
3 Gesetz zur Einführung des Bundesfreiwilligendienstegesetzes vom 28.4.2001, BFDG (BGBl. I, 687).
4 Vgl. dazu Rüthers/Fischer/Birk, Rechtstheorie, 7. Aufl. 2013, Rn. 861.
5 Baier in: Krauskopf, § 204 SGB V Rn. 7.
6 So zu Recht Sichert in: Becker/Kingreen, § 204 Rn. 2.
7 Sichert in: Becker/Kingreen, § 204 Rn. 2; Baier in: Krauskopf, § 204 SGB V Rn. 7.

Arbeitgeber meldepflichtig; endet es während der Wehrübung, entfällt die Meldepflicht des Arbeitgebers,[8] es kann aber – wenn zwischenzeitlich Arbeitslosigkeit eintrat – eine Meldepflicht der Agentur für Arbeit bestehen.

Sämtliche Meldungen haben **unverzüglich**, dh ohne schuldhaftes Zögern (§ 121 Abs. 1 S. 1 BGB) zu erfolgen. 7

2. Zivil- bzw. Bundesfreiwilligendienst (Abs. 2). Wie ausgeführt ist der Zivildienst ausgesetzt und 8 durch den **Bundesfreiwilligendienst** ersetzt worden. Allerdings kann Abs. 2 analog auf die Freiwilligen nach § 2 BFDG angewandt werden (→ Rn. 3). Dementsprechend sind die Vorschriften zum Wehrdienst im Grundsatz entsprechend anzuwenden, Abs. 2 S. 1. **Meldepflichtig** für den **Beginn** des Bundesfreiwilligendienstes ist - je nachdem - der Arbeitgeber, die Agentur für Arbeit oder der Versicherte selbst (→ Rn. 5). Weil es beim Zivil-/Bundesfreiwilligendienst keine Differenzierung zwischen Grundwehrdienst und unbefristetem Wehrdienst im Spannungs- und Verteidigungsfall gibt, wird in der Literatur zu Recht vertreten, dass nach Abs. 2 S. 2 das Bundesamt für Zivildienst in jedem Fall das **Ende** des Dienstes zu melden hat.[9] Daran hat sich trotz Ersetzung des Zivildienstes durch den Bundesfreiwilligendienst im Ergebnis nichts geändert, weil das Bundesamt für Zivildienst nach § 14 Abs. 1 S. 2 BFDG das BFDG durchzuführen hat.

V. Rechtsfolgen bei Verletzung der Meldepflichten

Erstattet der **Arbeitgeber** vorsätzlich oder leichtfertig die nach Abs. 1 S. 1 abzugebende Meldung nicht, 9 nicht richtig, nicht vollständig oder nicht rechtzeitig, so handelt er **ordnungswidrig**, was mit einer Geldbuße bis zu EUR 2.500 belegt werden kann, § 307 Abs. 2 Nr. 1 lit. a, Abs. 3. Gleiches gilt, wenn der nach **Abs. 1 S. 3** Verpflichtete die Meldung nicht, nicht richtig, nicht vollständig oder nicht rechtzeitig abgibt, § 307 Abs. 2 Nr. 1 lit. b, Abs. 3.

Problematisch ist, dass die Ordnungswidrigkeiten sich auch auf die Verletzung der Meldepflicht aus 10 **Abs. 2 S. 1** beziehen (vgl. § 307 Abs. 2 Nr. 1 lit. a Alt. 2 bzw. § 307 Abs. 2 Nr. 1 lit. b Alt. 2), der Zivildienst aber ausgesetzt und durch den Bundesfreiwilligendienst ersetzt wurde (→ Rn. 3). Zwar ist Abs. 2 analog auf diesen anwendbar (→ Rn. 3), aufgrund des straf- und ordnungswidrigkeitenrechtlichen Analogieverbots[10] (vgl. § 3 OWiG) kann das aber im Rahmen des § 307 Abs. 2 Nr. 1 lit. a) respektive lit. b) nicht berücksichtigt werden. Ein Verstoß gegen die Meldepflicht im Rahmen des Bundesfreiwilligendienstes ist mithin bis zu einer Änderung von Abs. 2 **ordnungswidrigkeitenrechtlich folgenlos**.

§ 205 Meldepflichten bestimmter Versicherungspflichtiger

Versicherungspflichtige, die eine Rente der gesetzlichen Rentenversicherung oder der Rente vergleichbare Einnahmen (Versorgungsbezüge) beziehen, haben ihrer Krankenkasse unverzüglich zu melden
1. Beginn und Höhe der Rente,
2. Beginn, Höhe, Veränderungen und die Zahlstelle der Versorgungsbezüge sowie
3. Beginn, Höhe und Veränderungen des Arbeitseinkommens.

I. Entstehungsgeschichte

§ 205 wurde durch das Gesundheits-Reformgesetz (GRG) vom 20.12.1988 (BGBl. I, 2477) geschaffen, 1 trat am 1.1.1989 in Kraft und ist seither unverändert.[1] Vorgängernorm war **§ 317 Abs. 8 S. 1 RVO**.

II. Normzweck, Systematik

Bei Rentnern unterliegen die Rente, die Versorgungsbezüge sowie eventuelles Arbeitseinkommen der 2 Beitragspflicht zur gesetzlichen Krankenversicherung, §§ 237, 226 Abs. 1 S. 1 Nr. 2-4, 228, 229. Um diese Beitragspflicht effektiv durchzusetzen, normiert § 206 entsprechende Meldepflichten des Rentners.[2] § 206 wird durch zwei Normen ergänzt: Ihm zeitlich vorgelagert sind die in § 201 statuierten

---

[8] Vgl. Baier in: Krauskopf, § 204 SGB V Rn. 7 (für Wehrdienst).
[9] Baier in: Krauskopf, § 204 SGB V Rn. 8; Sichert in: Becker/Kingreen, § 204 Rn. 4.
[10] Siehe zB Rogall in: Karlsruher Kommentar zum OWiG, 3. Aufl. 2006, § 3, Rn. 51 ff. mwN.
[1] BT-Dr. 11/2237, 219 (zu § 214-E).
[2] Hänlein in: LPK-SGB V, § 205 Rn. 1.

Meldepflichten desjenigen, der eine Rente der gesetzlichen Rentenversicherung beantragt; zudem sieht § 202 Mitteilungspflichten der Zahlstelle vor. Wegen der regelmäßig bereits nach § 201 Abs. 4 Nr. 1 erfolgten Meldung des Rentenversicherungsträgers ist der Krankenkasse die Rentenzahlung in aller Regel schon bekannt; gleiches gilt wegen § 202 S. 1 für Versorgungsbezüge. Dennoch bestehen die aus den §§ 201, 202, 205 resultierenden Pflichten nebeneinander;[3] die Erfüllung der einen entbindet daher nicht von der anderen.[4]

III. Erfasster Personenkreis

3 Die Meldepflichten gelten nicht nur für Versicherungspflichtige nach § 5 Abs. 1 Nr. 11, 12, sondern für alle Versicherungspflichtigen nach § 5, die eine Rente der gesetzlichen Rentenversicherung oder Versorgungsbezüge beziehen, unabhängig davon, auf welchem Umstand die Versicherungspflicht beruht.[5]

IV. Inhalt der Meldepflicht

4 Was den Umfang respektive Inhalt der Meldepflicht angeht, ist klar zwischen den einzelnen Nummern zu unterscheiden: Während bei Renten nur Beginn und (ursprüngliche) Höhe der Rente zu melden sind (Nr. 1), müssen bei Arbeitseinkommen und Versorgungsbezügen auch deren Veränderungen (Nr. 2, 3) gemeldet werden, bei Versorgungsbezügen zusätzlich auch die zuständige Zahlstelle. Der Begriff des Arbeitseinkommens ist in § 15 SGB IV als der nach den allgemeinen Gewinnermittlungsvorschriften des Einkommensteuerrechts ermittelte Gewinn aus einer selbstständigen Tätigkeit definiert.

5 Die Meldepflichten bestehen stets unverzüglich, m.a.W. ohne schuldhaftes Zögern, § 121 Abs. 1 S. 1 BGB. Sie bestehen auch dann, wenn aus den zu meldenden Beträgen wegen § 226 Abs. 2 keine Beitragspflicht erwächst oder sie bei der Beitragsberechnung nach § 230 außer Betracht bleiben.[6] Die Meldepflicht ist auch nicht von einem entsprechenden Hinweis des Leistungsträgers abhängig, da dieser zum Hinweis auf § 205 nicht verpflichtet ist.[7]

6 Die Verletzung dieser Pflichten ist nur im Falle der Nr. 3 bußgeldbewehrt (**§ 307 Abs. 2 Nr. 1 lit. b Alt. 2**); erklären lässt sich diese Differenzierung damit, dass in den Fällen des § 205 Nr. 1 und 2 jeweils inhaltlich gleiche Meldepflichten (§ 201 Abs. 4 Nr. 1 respektive § 202 S. 1) bestehen, so dass die Meldepflichten nach § 205 Nr. 1, 2 nur eine Kontrollfunktion haben.[8]

§ 206 Auskunfts- und Mitteilungspflichten der Versicherten

(1) ¹Wer versichert ist oder als Versicherter in Betracht kommt, hat der Krankenkasse, soweit er nicht nach § 28 o des Vierten Buches auskunftspflichtig ist,
1. auf Verlangen über alle für die Feststellung der Versicherungs- und Beitragspflicht und für die Durchführung der der Krankenkasse übertragenen Aufgaben erforderlichen Tatsachen unverzüglich Auskunft zu erteilen,
2. Änderungen in den Verhältnissen, die für die Feststellung der Versicherungs- und Beitragspflicht erheblich sind und nicht durch Dritte gemeldet werden, unverzüglich mitzuteilen.

²Er hat auf Verlangen die Unterlagen, aus denen die Tatsachen oder die Änderung der Verhältnisse hervorgehen, der Krankenkasse in deren Geschäftsräumen unverzüglich vorzulegen.

(2) Entstehen der Krankenkasse durch eine Verletzung der Pflichten nach Absatz 1 zusätzliche Aufwendungen, kann sie von dem Verpflichteten die Erstattung verlangen.

I. Entstehungsgeschichte

1 § 206 wurde durch das Gesundheits-Reformgesetz (GRG) vom 20.12.1988 (BGBl. I, 2477) geschaffen und ist seitdem unverändert.[1] § 206 Abs. 1 erweitert den früheren § 318 a RVO; § 206 Abs. 2 verallge-

---

3 Sichert in: Becker/Kingreen, § 205 Rn. 1; siehe auch hier § 201 Rn. 1.
4 Sonnhoff in: Hauck/Noftz, SGB V, § 205 Rn. 5.
5 Sonnhoff in: Hauck/Noftz, SGB V, § 205 Rn. 6.
6 Baier in: Krauskopf, § 205 SGB V Rn. 3; Sichert in: Becker/Kingreen, § 205 Rn. 2.
7 LSG Saarl, 27.11.2002, L 2 KR 22/01, BeckRS 2002, 31402638; zu möglichen Ausnahmefällen siehe BSG, 24.3.2003, B 12 KR 2/03 B, BeckRS 2003 30412648.
8 Sichert in: Becker/Kingreen, § 205 Rn. 5; Sonnhoff in: Hauck/Noftz, SGB V, § 205 Rn. 5.
1 BT-Dr. 11/2237, 219 (zu § 215-E).

meinert die zuvor nur für die in der landwirtschaftlichen Krankenversicherung Versicherten (§ 61 Abs. 5 S. 3 KVLG aF) bestehende Pflicht zum Aufwendungsersatz.

II. Normzweck, Systematik

Ziel der Melde- und Auskunftspflichten des § 206 ist es, einer missbräuchlichen Inanspruchnahme von Leistungen der gesetzlichen Krankenversicherung vorzubeugen[2] und damit ihre ordnungsgemäße Durchführung sicherzustellen. § 206 ist insofern regelungstechnisch ein Fremdkörper im System der §§ 198 ff., als er teilweise (Abs. 1 S. 1 Nr. 1, Abs. 1 S. 2) nur eingreift, wenn zuvor ein entsprechendes Verlangen der Krankenkasse erfolgte. § 206 ergänzt und erweitert die allgemeine Mitteilungspflicht des Versicherten aus § 60 SGB I.

III. Subsidiarität

§ 206 ist zunächst aufgrund seines klaren Wortlauts gegenüber den Auskunfts- und Vorlagepflichten von Beschäftigten nach § 28 o SGB IV subsidiär.

§ 28 o SGB IV lautet:
Auskunfts- und Vorlagepflicht des Beschäftigten
(1) Der Beschäftigte hat dem Arbeitgeber die zur Durchführung des Meldeverfahrens und der Beitragszahlung erforderlichen Angaben zu machen und, soweit erforderlich, Unterlagen vorzulegen; dies gilt bei mehreren Beschäftigungen sowie bei Bezug weiterer in der gesetzlichen Krankenversicherung beitragspflichtiger Einnahmen gegenüber allen beteiligten Arbeitgebern.
(2) ¹Der Beschäftigte hat auf Verlangen den zuständigen Versicherungsträgern unverzüglich Auskunft über die Art und Dauer seiner Beschäftigungen, die hierbei erzielten Arbeitsentgelte, seine Arbeitgeber und die für die Erhebung von Beiträgen notwendigen Tatsachen zu erteilen und alle für die Prüfung der Meldungen und der Beitragszahlung erforderlichen Unterlagen vorzulegen. ²Satz 1 gilt für den Hausgewerbetreibenden, soweit er den Gesamtsozialversicherungsbeitrag zahlt, entsprechend.

Über diese explizit angeordnete Subsidiarität hinaus bestehen die Auskunfts- bzw. Meldepflichten nach allgemeiner Meinung dann nicht, wenn der Krankenkasse die erforderlichen Angaben **bereits auf andere Weise**, insbesondere durch Auskunft/Meldung durch Dritte bekannt sind.[3] Umstritten ist, ob das nur gilt, wenn die Meldung des Dritten **tatsächlich** erfolgt ist,[4] oder ob schon das bloße Bestehen der Meldepflicht des Dritten die Auskunftspflicht nach § 206 ausschließt, soweit dieser Meldepflicht erfahrungsgemäß nachgekommen wird und nichts dafür spricht, dass die Meldung im konkreten Fall unterblieben ist.[5] Das in favorem der zuletzt genannten Ansicht angeführte Argument, es sei nicht gerechtfertigt, die Bußgeldvorschrift des § 307 Abs. 2 Nr. 2, 3 anzuwenden, wenn die Mitteilungspflicht des Versicherten wegen Meldepflichten Dritter nur Kontrollfunktion habe, überzeugt deshalb nicht, weil damit wenn überhaupt nur eine restriktive Auslegung des § 307, nicht aber eine Einschränkung der Verhaltensnorm des § 206 zu rechtfertigen ist. Auch führt die zweite Auffassung mit ihrer Anknüpfung an das unklare Kriterium der „erfahrungsgemäßen" Erfüllung der Meldepflicht zu einem nicht unerheblichen und zudem unnötigen Maß an Rechtsunsicherheit. Die Pflichten aus § 206 entfallen daher richtigerweise nur, wenn der Dritte tatsächlich die Auskunft erteilt hat.

Eine weitere Einschränkung erfahren die Pflichten des § 206 insoweit, als man auch im Rahmen des § 206 den **§ 65 SGB I** analog anwenden können wird.[6] Dafür spricht der Grundsatz der Verhältnismäßigkeit: Wenn die Pflichten des § 206 nicht in einem angemessenen Verhältnis zu den damit für die Krankenkasse verbundenen Vorteilen steht (§ 65 Abs. 1 Nr. 1 SGB I), spricht dies dafür, sie im konkreten Einzelfall entfallen zu lassen. Diese Ausnahme ist aber nur dann zu machen, wenn dieses Verhältnis auch ohne Auskunftserteilung feststeht; bestehen daran Zweifel, bleibt die Auskunftspflicht bestehen. Nach § 65 Abs. 1 Nr. 3 SGB I analog besteht die Auskunftspflicht ferner nicht, wenn die Krankenkasse sich die erforderlichen Kenntnisse durch einen geringeren Aufwand als der Antragsteller selbst beschaffen kann.

---

2 Vgl. Fischinger in: Spickhoff, Medizinrecht, § 307 SGB V Rn. 3.
3 Vgl. BT-Dr. 11/2337, 219 (zu § 215-E); Sonnhoff in: Hauck/Noftz, SGB V, § 206 Rn. 7; Sichert in: Becker/Kingreen, § 206 Rn. 4.
4 Dafür Sichert in: Becker/Kingreen, § 206 Rn. 4.
5 Dafür Baier in: Krauskopf, § 206 SGB V Rn. 11; Sonnhoff in: Hauck/Noftz, SGB V, § 206 Rn. 7.
6 Sonnhoff in: Hauck/Noftz, SGB V, § 206 Rn. 7; Baier in: Krauskopf, § 206 SGB V Rn. 6.

IV. Verpflichteter Personenkreis

6 Erfasst sind nicht nur Versicherte, sondern auch Personen, die **als Versicherte in Betracht kommen**. An der Verfassungsmäßigkeit dessen werden zum Teil Zweifel geäußert;[7] diese Wendung ist daher insofern eng auszulegen, als ein bloß abstraktes „in Betracht kommen" nicht genügt, vielmehr konkret ein Versicherungsverhältnis in Betracht kommen muss, zB weil selbiges angestrebt wird oder weil das Bestehen einer Pflichtversicherung zwischen den Beteiligten streitig ist.[8] Ebenfalls erfasst sind Personen, die versicherungsfrei oder von der Versicherungspflicht befreit sind, sowie Mitversicherte in der Familienversicherung (§ 10).[9] Anwendbar ist § 206 auch, wenn das Versicherungsverhältnis (vermutlich) bereits beendet ist.[10]

V. Pflichten

7 Während sich die Pflicht des **Abs. 1 S. 1 Nr. 1** auf alle[11] für die Feststellung der Versicherungs- und Beitragspflicht und für die Durchführung der der Krankenkasse übertragenen Aufgaben erforderlichen Tatsachen bezieht, dafür aber nur auf Verlangen der Krankenkasse besteht, beschränkt sich der Kreis der mitteilungspflichtigen Änderungen bei **Abs. 1 S. 1 Nr. 2** auf die für die **Feststellung der Versicherungs- und Beitragspflicht** erheblichen Tatsachen; weil die Krankenkasse von diesen Veränderungen idR ja erst aufgrund der Mitteilung des Verpflichteten erfährt, besteht die Pflicht unabhängig von einem entsprechenden Mitteilungsverlangen. Demgegenüber besteht die Vorlagepflicht des **Abs. 1 S. 2**, die sich auf die in Abs. 1 S. 1 Nr. 1 genannten Tatsachen bzw. Abs. 1 S. 1 Nr. 2 angesprochenen geänderten Verhältnisse bezieht, wiederum nur bei einem vorherigen Verlangen der Krankenkasse. Die Wendung „in deren Geschäftsräumen" statuiert keine persönliche Erscheinenspflicht, der Verpflichtete genügt Abs. 1 S. 2 zB auch, wenn er die Unterlagen postalisch übersendet. Die genannten Pflichten sind jeweils **unverzüglich**, dh ohne schuldhaftes Zögern (§ 121 Abs. 1 S. 1 BGB), zu erfüllen. Soweit die Vorschrift ein **Verlangen** voraussetzt, ist dies zwar nicht formgebunden, es muss aber hinreichend bestimmt sein, auf welche Umstände es sich bezieht.[12] Mitzuteilen sind nur **Tatsachen**, nicht aber Beurteilungen oder Werturteile.

VI. Verletzung der Pflichten

8 Verletzt der Versicherte seine Pflichten aus Abs. 1, so kann die Krankenkasse die Pflicht durch Verwaltungsakt feststellen und per Verwaltungsvollstreckung durchsetzen, §§ 31, 66 SGB X, §§ 6 ff. VwVfG. Nach § 206 Abs. 2 kann sie zudem nach pflichtgemäßem Ermessen – bei dem zB ein Verschulden des Verpflichteten zu berücksichtigen ist[13] – **Erstattung** der durch die Verletzung der Pflichten zusätzlich entstehenden Aufwendungen verlangen. Bei Verletzung der Pflichten aus § 206 können schließlich die **Bußgeldtatbestände** des § 307 Abs. 2 Nr. 2, 3 erfüllt sein, für deren Verfolgung die jeweilige Krankenkasse zuständig ist, §§ 36 Abs. 1 Nr. 1 OWiG, 112 Abs. 1 Nr. 1 SGB IV. Dieser fließt auch die Geldbuße (bis zu 2.500 EUR) zu, § 112 Abs. 2, 3 SGB IV.[14]

---

[7] Sonnhoff in: Hauck/Noftz, SGB V, § 206 Rn. 6.
[8] Sonnhoff in: Hauck/Noftz, SGB V, § 206 Rn. 6; vgl. auch Peters, HdB KrV, SGB V, § 206 Rn. 5.
[9] Baier in: Krauskopf, § 206 SGB V Rn. 3 f.
[10] Sichert in: Becker/Kingreen, § 206 Rn. 1; Baier in: Krauskopf, § 206 SGB V Rn. 5.
[11] Vgl. bspw. LSG Nds-Brem, 27.1.2010, L 1 KR 241/08, nv (Pflicht zur Angabe von Weihnachtsgeld).
[12] Baier in: Krauskopf, § 206 SGB V Rn. 8.
[13] Sonnhoff in: Hauck/Noftz, SGB V, § 206 Rn. 10.
[14] Siehe dazu auch Fischinger in: Spickhoff, Medizinrecht, § 307 SGB V Rn. 3 f.

Siebtes Kapitel
Verbände der Krankenkassen

§ 207 ¹Bildung und Vereinigung von Landesverbänden

(1) ¹In jedem Land bilden

die Ortskrankenkassen einen Landesverband der Ortskrankenkassen,
die Betriebskrankenkassen einen Landesverband der Betriebskrankenkassen,
die Innungskrankenkassen einen Landesverband der Innungskrankenkassen.

²Die Landesverbände der Krankenkassen sind Körperschaften des öffentlichen Rechts. ³Die Krankenkassen gehören mit Ausnahme der Betriebskrankenkassen der Dienstbetriebe des Bundes dem Landesverband des Landes an, in dem sie ihren Sitz haben. ⁴Andere Krankenkassen können den Landesverbänden beitreten.

(2) ¹Bestehen in einem Land am 1. Januar 1989 mehrere Landesverbände, bestehen diese fort, wenn die für die Sozialversicherung zuständige oberste Verwaltungsbehörde des Landes ihre Zustimmung nicht bis zum 31. Dezember 1989 versagt. ²Die für die Sozialversicherung zuständigen obersten Verwaltungsbehörden der Länder können ihre Zustimmung nach Satz 1 unter Einhaltung einer einjährigen Frist zum Ende eines Kalenderjahres widerrufen. ³Versagen oder widerrufen sie die Zustimmung, regeln sie die Durchführung der erforderlichen Organisationsänderungen.

(2 a) Vereinigen sich in einem Land alle Mitglieder eines Landesverbandes oder werden alle Mitglieder eines Landesverbandes durch die Landesregierung zu einer Krankenkasse vereinigt, tritt diese Krankenkasse in die Rechte und Pflichten des Landesverbandes ein.

(3) ¹Länderübergreifende Landesverbände bestehen fort, wenn nicht eine der für die Sozialversicherung zuständigen obersten Verwaltungsbehörden in den betroffenen Ländern ihre Zustimmung bis zum 31. Dezember 1989 versagt. ²Jede dieser obersten Verwaltungsbehörden der Länder kann ihre Zustimmung unter Einhaltung einer einjährigen Frist zum Ende eines Kalenderjahres widerrufen. ³Wird die Zustimmung versagt oder widerrufen, regeln die beteiligten Länder die Durchführung der erforderlichen Organisationsänderungen einvernehmlich.

(4) ¹Besteht in einem Land nur eine Krankenkasse der gleichen Art, nimmt sie zugleich die Aufgaben eines Landesverbandes wahr. ²Sie hat insoweit die Rechtsstellung eines Landesverbands.

(4 a) ¹Besteht in einem Land für eine Kassenart kein Landesverband, nimmt ein anderer Landesverband dieser Kassenart mit Zustimmung der für die Sozialversicherung zuständigen obersten Verwaltungsbehörden der beteiligten Länder die Aufgabe eines Landesverbandes in diesem Land wahr. ²Kommt eine Einigung der Beteiligten nicht innerhalb von drei Monaten nach Wegfall des Landesverbandes zustande, nimmt der Bundesverband der Kassenart diese Aufgabe wahr.

(5) ¹Mit Zustimmung der für die Sozialversicherung zuständigen obersten Verwaltungsbehörden der Länder können sich Landesverbände der gleichen Krankenkassenart zu einem Verband zusammenschließen. ²Das gilt auch, wenn die Landesverbände ihren Sitz in verschiedenen Ländern haben.

Literatur:
Schüller, Ämterhäufung in der gesetzlichen Krankenversicherung, NZS 2007, 358.

I. Entstehungsgeschichte und allgemeine Bedeutung ... 1	V. Fortbestehen länderübergreifender Landesverbände (Abs. 3) ... 11
II. Bildung von Landesverbänden in den Bundesländern (Abs. 1) ... 3	VI. Wahrnehmung der Aufgaben eines Landesverbandes durch eine Krankenkasse (Abs. 4) ... 13
III. Fortbestehen von Landesverbänden (Abs. 2) ... 7	VII. Fehlen von Landesverbänden (Abs. 4 a) ... 15
IV. Gesamtrechtsnachfolge bei Landesverbänden (Abs. 2 a) ... 9	VIII. Zusammenschluss von Landesverbänden (Abs. 5) ... 20

---

1 Die Kommentierung der §§ 207–219 d wurde von Frau Prof. Brosius-Gersdorf aus der Vorauflage übernommen. Text und Fußnoten wurden geprüft und gegebenenfalls verändert, so dass die volle Verantwortung für die vorliegende Fassung nunmehr allein bei dem neuen Bearbeiter liegt.

I. Entstehungsgeschichte und allgemeine Bedeutung

1 § 207 wurde durch das Gesetz zur Strukturreform im Gesundheitswesen (Gesundheits-Reformgesetz – GRG) vom 20.12.1988 zum 1.1.1989 erlassen.[2] Abs. 2 a wurde durch das Gesetz zur Sicherung und Strukturverbesserung der gesetzlichen Krankenversicherung (Gesundheitsstrukturgesetz) vom 21.12.1992 zum 1.1.1993 angefügt.[3] Mit Gesetz zur Einführung des Wohnortprinzips bei Honorarvereinbarungen für Ärzte und Zahnärzte vom 11.12.2001 wurde § 207 Abs. 4 a erlassen, der zum 1.1.2002 in Kraft getreten ist.[4] Abs. 1 S. 3 wurde durch das Gesetz zur Weiterentwicklung der Organisationsstrukturen in der gesetzlichen Krankenversicherung (GKV-OrgWG) vom 15.12.2008 mit Wirkung zum 1.1.2009 geändert.[5]

2 § 207 regelt die **Bildung und Vereinigung der Landesverbände** der Krankenkassen sowie deren Rechtsstellung, wobei die verschiedenen Kassenarten verschiedene Landesverbände errichten. Der Zusammenschluss der Kassen in Verbände richtet sich grundsätzlich nach dem **Kassenartprinzip**,[6] wonach sich Kassen derselben Kassenart zu einem Verband zusammenschließen. § 207 knüpft an die Untergliederung der gesetzlichen Krankenversicherung in Kassenarten in § 4 Abs. 2 an und regelt die Bildung von Landesverbänden der Ortskrankenkassen, Betriebskrankenkassen und Innungskrankenkassen. Für die knappschaftliche Krankenversicherung erfüllt die Deutsche Rentenversicherung Knappschaft-Bahn-See die Aufgaben eines Landesverbandes (§ 212 Abs. 3); den Zusammenschluss der Ersatzkassen zu Landesverbänden regelt § 212 Abs. 5. Für die landwirtschaftliche Krankenversicherung nimmt als Träger der Krankenversicherung der Landwirte die Sozialversicherung für Landwirtschaft, Forsten und Gartenbau (s. § 17 Abs. 1 S. 1 Zweites Gesetz über die Krankenversicherung der Landwirte [KVLG 1989]), die Aufgaben der Landesverbände der Krankenkassen wahr (§ 36 KVLG iVm § 17 Abs. 1 S. 2 KVLG 1989). Die Aufgaben der Landesverbände der Krankenkassen sind in § 211 geregelt.

II. Bildung von Landesverbänden in den Bundesländern (Abs. 1)

3 Gemäß Abs. 1 S. 1 bilden in jedem Land die Ortskrankenkassen einen Landesverband der Ortskrankenkassen, die Betriebskrankenkassen einen Landesverband der Betriebskrankenkassen und die Innungskrankenkassen einen Landesverband der Innungskrankenkassen. Die Bildung von Landesverbänden der Krankenkassen ist danach **örtlich und sachlich gegliedert**: Die Landesverbände werden für das jeweilige Bundesland gebildet (Bundeslandprinzip)[7] und umfassen jeweils Krankenkassen derselben Art (Kassenartprinzip). In jedem Bundesland wird also ein Landesverband für jede Kassenart, mithin ein Landesverband für die Ortskrankenkassen, ein Landesverband für die Betriebskrankenkassen und ein Landesverband für die Innungskrankenkassen gebildet. Die Landesverbände bestehen kraft Gesetzes, es bedarf keines konstituierenden Aktes der Mitgliedskassen.[8] Die Mitgliedskassen sind kraft Gesetzes Pflichtmitglieder des für sie nach dem Kassenart- und Bundeslandprinzip zuständigen Landesverbands (arg. e Abs. 1 S. 1, 3 und 4).[9] Es handelt sich um eine öffentlich-rechtliche Zwangsmitgliedschaft.[10] Der Austritt einer Mitgliedskasse aus dem für sie zuständigen Landesverband und der Beitritt zu einem (fremden) Landesverband sind grundsätzlich unzulässig.[11] Da die Bildung des Landesverbandes gem. Abs. 1 nicht der Zustimmung der Mitgliedskassen bedarf, können die Kassen ihre Mitgliedschaft in dem Landesverband auch nicht kündigen.[12]

4 Die Landesverbände der Krankenkassen sind (rechtsfähige) **Körperschaften des öffentlichen Rechts** (Abs. 1 S. 2). Bestimmungen über die Organe der Landesverbände enthalten die §§ 209 ff.

5 Mit Ausnahme der Betriebskrankenkassen der Dienstbetriebe des Bundes, für die kein Landesverband besteht, gehören die Krankenkassen dem Landesverband des Landes an, in dem sie ihren Sitz haben

---

2 BGBl. I 1988, 2477 ff.
3 BGBl. I 1992, 2266 ff.
4 BGBl. I 2001, 3526 ff.
5 BGBl. I 2008, 2426 ff.
6 Zum Begriff Peters in: KassKomm, § 207 SGB V Rn. 6; Mühlhausen in: Becker/Kingreen, § 207 Rn. 3.
7 Zum Begriff Peters in: KassKomm, § 207 SGB V Rn. 7; Mühlhausen in: Becker/Kingreen, § 207 Rn. 3.
8 Krauskopf in: Krauskopf, § 207 SGB V Rn. 4.
9 Näher Schüller, NZS 2007, 358, 361, auch zu den aus dem Mitgliedschaftsverhältnis folgenden Treuepflichten des Landesverbandes gegenüber seinen Mitgliedern; s. auch Brall in: Sodan, HdB KrVersR, § 32 Rn. 64 f.; Engelhard in: Hauck/Noftz, SGB V, § 207 Rn. 4 a.
10 Vgl. BayLSG, L 4 KR 118/03 vom 12.5.2005.
11 Brall in: Sodan, HdB KrVersR, § 32 Rn. 63.
12 LSG Bln, NZS 2000, 193 f.

(Abs. 1 S. 3). Krankenkassen können daher durch die Verlegung ihres Sitzes (s. § 194 Abs. 1 Nr. 1) die Zuständigkeit eines anderen Landesverbandes begründen.

Abs. 1 S. 4 sieht vor, dass andere Krankenkassen den Landesverbänden **beitreten** können. „Andere Krankenkassen" sind Kassen, die in § 4 Abs. 2, aber nicht in Abs. 1 S. 1 genannt sind und für die daher entsprechend ihrer Kassenart kein Landesverband gebildet wird; dies sind die Sozialversicherung für Landwirtschaft, Forsten und Gartenbau und die Ersatzkassen.[13] Gemäß § 212 Abs. 3 nimmt die Deutsche Rentenversicherung Knappschaft-Bahn-See für die knappschaftliche Krankenversicherung die Aufgaben eines Landesverbands wahr. Der Beitritt iSd § 207 Abs. 1 S. 4 besteht in einer einseitigen empfangsbedürftigen Willenserklärung.[14] Die Wirksamkeit des Beitritts setzt voraus, dass er von einer beitrittsberechtigten Kasse ausgeübt wird. Da das Beitrittsrecht nach Abs. 1 S. 4 kraft Gesetzes besteht, bedarf der Beitritt der Kassen zu seiner Wirksamkeit nicht der Zustimmung des Landesverbands, zu dem der Beitritt erfolgt.[15]

III. Fortbestehen von Landesverbänden (Abs. 2)

Abs. 2 enthält eine Ausnahme von dem Bundesland- und dem Kassenartprinzip des Abs. 1 für die Bildung der Landesverbände.[16] Gemäß Abs. 2 S. 1 **bestehen** in einem Bundesland am 1.1.1989 existierende mehrere **Landesverbände fort**, wenn die für die Sozialversicherung zuständige oberste Verwaltungsbehörde des Landes ihre Zustimmung nicht bis zum 31.12.1989 versagt. Die für die Sozialversicherung zuständigen obersten Verwaltungsbehörden der Länder können ihre Zustimmung nach Abs. 2 S. 1 unter Einhaltung einer Frist von einem Jahr zum Ende eines Kalenderjahres widerrufen (Abs. 2 S. 2). Versagen oder widerrufen sie die Zustimmung, regeln sie die Durchführung der erforderlichen Organisationsänderungen (Abs. 2 S. 3).

Abs. 2 S. 1 beinhaltet eine **Übergangsregelung** für „Altverbände", die zum Zeitpunkt des Inkrafttretens des § 207 in den einzelnen Bundesländern vorhanden waren. Das Fortbestehen der „Altverbände" über den 1.1.1989 hinaus setzt allerdings voraus, dass die zuständige oberste Landesverwaltungsbehörde ihre Zustimmung nicht bis zum 31.12.1989 versagt hat. „Nichtversagen" der Zustimmung iSd Abs. 2 S. 1 bedeutet Erteilung der Zustimmung zum Fortbestand der „Altverbände".[17] Erteilt die zuständige oberste Landesverwaltungsbehörde ihre Zustimmung zum Fortbestand der „Altverbände", kann sie ihre Zustimmung gem. Abs. 2 S. 3 jederzeit unter Einhaltung einer Jahresfrist zum Ende des jeweiligen Kalenderjahres widerrufen. Ob sie ihre Zustimmung widerruft, steht grundsätzlich im Ermessen der Behörde.[18] Der Widerruf stellt einen Verwaltungsakt dar, so dass die betroffenen Landesverbände hiergegen Anfechtungsklage (s. § 54 Abs. 1 S. 1 SGG) erheben können.[19]

IV. Gesamtrechtsnachfolge bei Landesverbänden (Abs. 2a)

Abs. 2a regelt die **Gesamtrechtsnachfolge** von Krankenkassen für den Fall, dass einem Landesverband nur noch eine Krankenkasse angehört. Wenn sich in einem Bundesland alle Mitglieder, also alle Krankenkassen, eines Landesverbandes vereinigen oder wenn alle Mitglieder eines Landesverbandes durch die Landesregierung zu einer Krankenkasse vereinigt werden, tritt die verbleibende eine Krankenkasse in die Rechte und Pflichten des Landesverbandes ein. Die Krankenkasse wird Rechtsnachfolgerin des Landesverbandes, tritt „in die Dienstverhältnisse des bisherigen Landesverbandes" ein und hat „Vermögen, Forderungen und Verbindlichkeiten des Landesverbandes zu übernehmen".[20] Nach Abs. 4 nimmt die Krankenkasse in diesem Fall auch die Aufgaben des Landesverbandes wahr und hat die Rechtsstellung eines Landesverbandes.

Für die **Ortskrankenkassen** und die **Innungskrankenkassen** entspricht es mittlerweile der Regel, dass in einem Bundesland eine Orts- bzw. Innungskrankenkasse besteht, die in die Rechte und Pflichten des Landesverbandes eingetreten ist.

---

13 Vgl. Engelhard in: Hauck/Noftz, SGB V, § 207 Rn. 5; Hänlein in: LPK-SGB V, § 207 Rn. 1; aA Kauke in: Jahn ua, SGB V, § 207 Rn. 7.
14 Engelhard in: Hauck/Noftz, SGB V, § 207 Rn. 5.
15 Krauskopf in: Krauskopf, § 207 SGB V Rn. 8.
16 Vgl. Brall in: Sodan, HdB KrVersR, § 32 Rn. 65.
17 Zum Teil wird vertreten, dass die Zustimmung auch konkludent oder stillschweigend erteilt werden könne, vgl. Engelhard in: Hauck/Noftz, SGB V, § 207 Rn. 8; aA Kauke in: Jahn ua, SGB V, § 207 Rn. 8.
18 Vgl. Krauskopf in: Krauskopf, § 207 SGB V Rn. 11.
19 Engelhard in: Hauck/Noftz, SGB V, § 207 Rn. 8.
20 BT-Dr. 12/3608, 114.

V. Fortbestehen länderübergreifender Landesverbände (Abs. 3)

11 Nach Abs. 3 S. 1 bestehen länderübergreifende Landesverbände fort, wenn nicht eine der für die Sozialversicherung zuständigen obersten Verwaltungsbehörden ihre Zustimmung bis zum 31.12.1989 versagt. Jede dieser obersten Verwaltungsbehörden der Länder kann ihre Zustimmung unter Einhaltung einer einjährigen Frist zum Ende eines Kalenderjahres widerrufen (Abs. 3 S. 2). Wird die Zustimmung versagt oder widerrufen, regeln die beteiligten Länder die Durchführung der erforderlichen Organisationsänderungen einvernehmlich (Abs. 3 S. 3).

12 Abs. 3 regelt den **Fortbestand** länderübergreifender Landesverbände, die zum Zeitpunkt des Inkrafttretens der Norm am 1.1.1989 in den einzelnen Bundesländern bestanden. Die Vorschrift ist heute praktisch bedeutungslos.

VI. Wahrnehmung der Aufgaben eines Landesverbandes durch eine Krankenkasse (Abs. 4)

13 Besteht in einem Bundesland nur **eine Krankenkasse der gleichen Art**, nimmt sie zugleich die Aufgaben eines Landesverbandes wahr (Abs. 4 S. 1). Die Krankenkasse hat insoweit die Rechtsstellung eines Landesverbands (Abs. 4 S. 2).

14 Abs. 4 regelt sowohl den Fall, dass in einem Bundesland, in dem nur eine Krankenkasse der gleichen Art besteht, kein entsprechender Landesverband existiert, als auch den Fall, dass ein Landesverband besteht. In dem letzten Fall tritt die einzige verbliebene Krankenkasse ihrer Art gem. Art. 69 GRG in die Rechte und Pflichten des Landesverbandes ein. In beiden Fällen nimmt die Kasse gem. Abs. 4 die Aufgaben des Landesverbandes wahr und hat die **Rechtsstellung des Landesverbandes**.

VII. Fehlen von Landesverbänden (Abs. 4 a)

15 Besteht in einem Bundesland für eine Kassenart kein Landesverband, nimmt ein anderer Landesverband dieser Kassenart mit Zustimmung der für die Sozialversicherung zuständigen obersten Verwaltungsbehörden der beteiligten Länder die Aufgabe eines Landesverbandes in diesem Land wahr (Abs. 4 a S. 1). Kommt eine Einigung der Beteiligten nicht innerhalb von drei Monaten nach Wegfall des Landesverbandes zustande, nimmt der Bundesverband der Kassenart diese Aufgabe wahr (Abs. 4 a S. 2). Das Prinzip, dass in jedem Bundesland (Bundeslandprinzip) für die Krankenkassen derselben Kassenart (Kassenartprinzip) ein Landesverband gebildet wird (Abs. 1) wird damit durchbrochen.[21]

16 Abs. 4 a erfasst trotz der Formulierung in S. 2 („Wegfall des Landesverbandes") sowohl den Fall, dass in einem Bundesland von vornherein kein Landesverband für eine bestimmte Kassenart vorhanden ist, als auch die Situation, dass ein solcher Landesverband zunächst existierte, später aber aufgelöst wurde.[22] In diesen Fällen werden die Aufgaben des (nicht bestehenden) Landesverbandes von einem anderen Landesverband der betreffenden Kassenart eines anderen Bundeslandes wahrgenommen. Die Aufgabenübernahme bedarf der Zustimmung der für die Sozialversicherung zuständigen obersten Verwaltungsbehörden der beteiligten Länder (Abs. 4 a S. 1). Die „für die Sozialversicherung zuständigen obersten Verwaltungsbehörden der beteiligten Länder" sind die zuständigen **Behörden** des Bundeslandes, dessen Landesverband die Aufgaben wahrnehmen soll, sowie des Bundeslandes, in dem die Aufgaben wegen Fehlens eines Landesverbandes wahrzunehmen sind.

17 Wer zuständig ist, den Landesverband der betreffenden Kassenart auszuwählen, der in dem Bundesland ohne Landesverband die Aufgaben eines Landesverbands wahrnimmt, ist gesetzlich nicht geregelt. Da die Landesverbände im Wesentlichen die Aufgabe haben, die Mitgliedskassen bei der Erfüllung ihrer Aufgaben und der Wahrnehmung ihrer Interessen zu unterstützen (s. § 211 Abs. 2), dürften die Krankenkassen der jeweiligen Kassenart befugt sein, den Landesverband auszuwählen, der ihre Interessen in dem Bundesland ohne Landesverband wahrnehmen soll.[23] Die Interessen der zuständigen Behörden, die die Landesverbände ebenfalls unterstützen sollen (s. § 211 Abs. 3), sind ausreichend durch das Erfordernis der behördlichen Zustimmung (s. § 207 Abs. 4 a S. 1) gewahrt.

18 Kommt eine Einigung der Beteiligten nicht innerhalb von drei Monaten nach Wegfall des Landesverbandes zustande, nimmt der **Bundesverband** der betreffenden Kassenart die Aufgabe des (fehlenden) Landesverbandes wahr (Abs. 4 a S. 2). Abs. 4 a S. 2 soll sicherstellen, „dass den Kassenärztlichen Vereinigungen spätestens nach Ablauf von 3 Monaten ein Vertragspartner für den Abschluss des Gesamt-

---

21 Vgl. Brall in: Sodan, HdB KrVersR, § 32 Rn. 65.
22 Mühlhausen in: Becker/Kingreen, § 207 Rn. 10; Engelhard in: Hauck/Noftz, SGB V, § 207 Rn. 6 d.
23 Gleichsinnig Engelhard in: Hauck/Noftz, SGB V, § 207 Rn. 6 f.

vertrages zur Verfügung steht".²⁴ Durch die Umwandlung der Bundesverbände in Gesellschaften bürgerlichen Rechts (s. § 212 Abs. 1) sind diese jedoch keine geeigneten Vertragspartner der Kassenärztlichen Vereinigungen mehr, da der Gesamtvertrag unmittelbar für die Mitgliedskassen wirkt.²⁵ Für den Abschluss der Gesamtverträge mit den Kassenärztlichen Vereinigungen zuständig sind gem. § 83 die Landesverbände der Krankenkassen (und die Ersatzkassen).

Wer die „**Beteiligten**" iSd Abs. 4a S. 2 sind, lässt das Gesetz offen. Nach der Amtlichen Begründung soll die Einigung „zwischen den Aufsichtsbehörden und dem Landesverband" erzielt werden.²⁶ Da die Entscheidung darüber, welcher Landesverband derselben Kassenart die Aufgaben eines Landesverbandes in dem Bundesland ohne Landesverband wahrnimmt, den Mitgliedskassen obliegt und die zuständigen obersten Landesverwaltungsbehörden der von den Mitgliedskassen getroffenen Auswahl des Landesverbands zustimmen müssen (§ 212 Abs. 4a S. 1), sind Beteiligte iSd § 212 Abs. 4a S. 2 die Mitgliedskassen, die zustimmungsberechtigten obersten Landesverwaltungsbehörden und als von der Auswahl der Kassen Betroffener der gewählte Landesverband.²⁷

VIII. Zusammenschluss von Landesverbänden (Abs. 5)

Abweichend von dem Bundeslandprinzip des Abs. 1 können sich Landesverbände der gleichen Krankenkassenart mit Zustimmung der für die Sozialversicherung zuständigen obersten Verwaltungsbehörden der Länder zu einem Verband zusammenschließen (Abs. 5 S. 1). Diese Möglichkeit des **Zusammenschlusses** besteht sowohl für Landesverbände, die ihren Sitz in demselben Bundesland haben, als auch für Landesverbände, die in verschiedenen Bundesländern sitzen.²⁸

Da die Landesverbände gem. Abs. 1 S. 2 Körperschaften des öffentlichen Rechts sind, begründet auch der Zusammenschluss der Landesverbände zu einem neuen Landesverband nach Abs. 5 S. 1 eine **öffentlich-rechtliche Körperschaft**;²⁹ der Zusammenschluss der Landesverbände beruht auf öffentlich-rechtlichem Vertrag iSd § 53 SGB X.³⁰ Die beteiligten Landesverbände verlieren durch den Zusammenschluss ihre rechtliche Existenz, so dass nach teilweise vertretener Auffassung eine Anfechtung des Zusammenschlusses durch einen beteiligten Verband ausscheidet.³¹ Hiergegen spricht aber, dass auch bei dem Zusammenschluss mehrerer Gemeinden zu einer größeren Kommune oder bei der Eingemeindung oder Auflösung einer Gemeinde durch Gemeindegebietsreform der Fortbestand der Gemeinde für die Zulässigkeit einer Kommunalverfassungsbeschwerde (s. Art. 93 Abs. 1 Nr. 4b GG) fingiert wird.³² Entsprechend sollte die Existenz der durch Zusammenschluss aufgelösten Landesverbände für die Klagebefugnis einer Anfechtungsklage gegen den Zusammenschluss als fortbestehend fingiert werden.

Das Erfordernis der **Zustimmung** der für die Sozialversicherung zuständigen obersten Verwaltungsbehörden der Länder zu dem Zusammenschluss soll nicht nur eine Rechtskontrolle, sondern auch eine Zweckmäßigkeitsprüfung gestatten.³³

Gemäß Abs. 5 S. 2 besteht die Möglichkeit des Zusammenschlusses von Landesverbänden der **gleichen Krankenkassenart** (mit Zustimmung der für die Sozialversicherung zuständigen obersten Verwaltungsbehörden der Länder) auch, wenn die Landesverbände ihren Sitz in verschiedenen Ländern haben. Als actus contrarius zum Zusammenschluss von Landesverbänden zu einem neuen Verband nach Abs. 5 bedarf auch die Auflösung des neuen Verbandes zu ihrer Wirksamkeit der Zustimmung der zuständigen obersten Verwaltungsbehörden der Länder.³⁴

---

24 BT-Dr. 14/5960, 6; zu den von den Landesverbänden zu schließenden Gesamtverträgen näher Wille/Koch, Die Gesundheitsreform 2007, 2007, Rn. 717.
25 Vgl. Hess in: KassKomm, § 82 SGB V Rn. 9, § 83 SGB V Rn. 7.
26 BT-Dr. 14/5960, 6.
27 Im Ergebnis ebenso Mühlhausen in: Becker/Kingreen, § 207 Rn. 11; aA Engelhard in: Hauck/Noftz, SGB V, § 207 Rn. 6 i.
28 Engelhard in: Hauck/Noftz, SGB V, § 207 Rn. 5 a.
29 Im Ergebnis ebenso Mühlhausen in: Becker/Kingreen, § 207 Rn. 13; Dalichau, SGB V, § 207 S. 7; Engelhard in: Hauck/Noftz, SGB V, § 207 Rn. 5 b f. mit eingehender Erörterung der Rechtsform des Zusammenschlusses; nach Ansicht des BSG, SozR 3-2500 § 207 Nr. 1 lässt § 207 Abs. 5 den rechtlichen Status des Zusammenschlusses der Landesverbände offen.
30 Dalichau, SGB V, § 207 S. 3; Mühlhausen in: Becker/Kingreen, § 207 Rn. 13.
31 LSG Bln NZS 2000, 193, 194.
32 BVerfGE 3, 267, 279 f.
33 So Engelhard in: Hauck/Noftz, SGB V, § 207 Rn. 5 a.
34 Engelhard in: Hauck/Noftz, SGB V, § 207 Rn. 6.

24 Da der Zusammenschluss der Landesverbände zu einem weiteren Verband nicht der Zustimmung der Mitgliedskassen bedarf, haben die Mitgliedskassen **kein Recht zum Austritt** aus dem Verband bzw. zur Kündigung ihrer Mitgliedschaft.[35]

§ 208 Aufsicht, Haushalts- und Rechnungswesen, Vermögen, Statistiken

(1) Die Landesverbände unterstehen der Aufsicht der für die Sozialversicherung zuständigen obersten Verwaltungsbehörde des Landes, in dem sie ihren Sitz haben.
(2) ¹Für die Aufsicht gelten die §§ 87 bis 89 des Vierten Buches. ²Für das Haushalts- und Rechnungswesen einschließlich der Statistiken gelten die §§ 67 bis 70 Abs. 1 und 5, §§ 72 bis 77 Abs. 1, §§ 78 und 79 Abs. 1 und 2, für das Vermögen die §§ 80 und 85 des Vierten Buches. ³Für das Verwaltungsvermögen gilt § 263 entsprechend.

I. Entstehungsgeschichte und allgemeine Bedeutung

1 § 208 wurde zum 1.1.1989 durch das Gesetz zur Strukturreform im Gesundheitswesen (Gesundheits-Reformgesetz – GRG) vom 20.12.1988 erlassen.[1] In der Folgezeit wurde Abs. 2 S. 2 zweimal geändert, das erste Mal durch das Gesetz zur Sicherung und Strukturverbesserung der gesetzlichen Krankenversicherung (Gesundheitsstrukturgesetz) vom 21.12.1992 mit Wirkung zum 1.1.1993[2] und das zweite Mal durch das Gesetz zur Organisationsreform in der gesetzlichen Rentenversicherung (RVOrgG) vom 9.12.2004 mit Wirkung zum 1.1.2005.[3]
2 § 208 regelt die **Aufsicht** über die Landesverbände, das Haushalts- und Rechnungswesen einschließlich der Statistiken und das Vermögen.

II. Aufsicht über die Landesverbände (Abs. 1)

3 Gemäß Abs. 1 unterstehen die Landesverbände der Aufsicht der für die Sozialversicherung **zuständigen obersten Verwaltungsbehörde des Landes**, in dem sie ihren Sitz haben.
4 Landesverbände iSd Abs. 1 sind sowohl Landesverbände iSd § 207 Abs. 1 als auch fortbestehende Landesverbände nach § 207 Abs. 2 und länderübergreifende Landesverbände gem. § 207 Abs. 3 und 5.[4] Sachlich zuständige Aufsichtsbehörde der Landesverbände sind die Ministerien bzw. der Senat. Örtlich zuständig ist das Ministerium bzw. der Senat des Bundeslandes, in dem der Landesverband seinen Sitz hat.

III. Anwendbare Vorschriften für die Aufsicht, das Haushalts- und Rechnungswesen und das Vermögen der Landesverbände (Abs. 2)

5 Nach Abs. 2 S. 1 gelten für die **Aufsicht** über die Landesverbände die §§ 87 bis 89 SGB IV. § 87 SGB IV regelt den Umfang staatlicher Aufsicht, die im Bereich der gesetzlichen Krankenversicherung Rechtsaufsicht (Abs. 1) ist.[5] § 88 SGB IV ermächtigt die Aufsichtsbehörde, die Geschäfts- und Rechnungsführung der Landesverbände zu prüfen (Abs. 1) sowie die für die Ausübung der Aufsicht erforderlichen Unterlagen einzusehen und Auskünfte einzuholen (Abs. 2). § 89 Abs. 1 SGB IV regelt die Aufsichtsmittel.
6 Für das **Haushalts- und Rechnungswesen** einschließlich der Statistiken gelten die §§ 67 bis 70 Abs. 1 und 5, §§ 72 bis 77 Abs. 1, §§ 78 und 79 Abs. 1 und 2 SGB IV, für das Vermögen die §§ 80 und 85 SGB IV (§ 208 Abs. 2 S. 2). §§ 67 f. SGB IV regeln die Aufstellung, Bedeutung und Wirkung des Haushaltsplans durch die Landesverbände. § 69 SGB IV enthält Regelungen zum Ausgleich, zur Wirtschaftlichkeit und Sparsamkeit des Haushalts, zur Einführung einer Kosten- und Leistungsrechnung und Personalbedarfsermittlung. Gegenstände der §§ 72 bis 77 Abs. 1 SGB IV sind vor allem die vorläufige Haushaltsplanung (§ 72 SGB IV), die Zulässigkeit über- und außerplanmäßiger Ausgaben (§ 73

---

35 LSG Bln NZS 2000, 193 f.
1 BGBl. I 1988, 2477 ff.
2 BGBl. I 1992, 2266 ff.
3 BGBl. I 2004, 3242 ff.
4 Vgl. Engelhard in: Hauck/Noftz, SGB V, § 208 Rn. 6.
5 Zur staatlichen Aufsicht über die Träger der gesetzlichen Krankenversicherung eingehend Kluth, GewArch 2006, 446 ff.

SGB IV), die Feststellung eines Nachtragshaushalts (§ 74 SGB IV), Grundsätze der Einnahmenerhebung und die Möglichkeit der Stundung, der Niederschlagung und des Erlasses von Ansprüchen (§ 76 SGB IV) sowie die Rechnungslegung (§ 77 Abs. 1 SGB IV). § 78 SGB IV enthält die Ermächtigung der Bundesregierung zur Regelung der Grundsätze des Haushaltsplans. § 80 SGB IV regelt die Verwaltung der Mittel der Landesverbände; § 85 SGB IV schreibt die Genehmigung der Aufsichtsbehörde für bestimmte Formen der Vermögensanlage vor.

Für das **Verwaltungsvermögen** gilt nach Abs. 2 S. 3 die Vorschrift des § 263 entsprechend, die den Umfang des Verwaltungsvermögens der Landesverbände festlegt. 7

§ 209 Verwaltungsrat der Landesverbände

(1) ¹Bei den Landesverbänden der Krankenkassen wird als Selbstverwaltungsorgan ein Verwaltungsrat nach näherer Bestimmung der Satzungen gebildet. ²Der Verwaltungsrat hat höchstens 30 Mitglieder. ³In dem Verwaltungsrat müssen, soweit möglich, alle Mitgliedskassen vertreten sein.
(2) ¹Der Verwaltungsrat setzt sich je zur Hälfte aus Vertretern der Versicherten und der Arbeitgeber zusammen. ²Die Versicherten wählen die Vertreter der Versicherten, die Arbeitgeber wählen die Vertreter der Arbeitgeber. ³§ 44 Abs. 4 des Vierten Buches gilt entsprechend.
(3) Die Mitglieder des Verwaltungsrats werden von dem Verwaltungsrat der Mitgliedskassen aus dessen Reihen gewählt.
(4) ¹Für den Verwaltungsrat gilt § 197 entsprechend. ²§ 33 Abs. 3, § 37 Abs. 1, die §§ 40, 41, 42 Abs. 1 bis 3, § 51 Abs. 1 Satz 1 Nr. 3, die §§ 58, 59, 62, 63 Abs. 1, 3, 4, § 64 Abs. 3 und § 66 Abs. 1 des Vierten Buches gelten entsprechend.

I. Entstehungsgeschichte, Normzweck und allgemeine Bedeutung

§ 209 ist durch das Gesetz zur Strukturreform im Gesundheitswesen (Gesundheits-Reformgesetz – 1
GRG) vom 20.12.1988 zum 1.1.1989 in Kraft getreten.[1] Mit Wirkung zum 1.1.1996 wurde § 209 durch das Gesetz zur Sicherung und Strukturverbesserung der gesetzlichen Krankenversicherung (Gesundheitsstrukturgesetz) vom 21.12.1992 neu gefasst.[2]

§ 209 regelt die Bildung und Zusammensetzung eines **Verwaltungsrates** als Selbstverwaltungsorgan der 2
Landesverbände der Krankenkassen „nach den gleichen Grundsätzen wie (den) Verwaltungsrat der Krankenkassen", um die **Handlungsfähigkeit** der Landesverbände der Krankenkassen zu stärken.[3]

II. Bildung des Verwaltungsrates (Abs. 1)

Gemäß Abs. 1 S. 1 wird bei den Landesverbänden der Krankenkassen als **Selbstverwaltungsorgan** ein 3
Verwaltungsrat nach näherer Bestimmung der Satzungen gebildet. Die Zahl der Mitglieder des Verwaltungsrats ist auf höchstens 30 Mitglieder beschränkt (Abs. 1 S. 2). In dem Verwaltungsrat müssen, soweit dies möglich ist, alle Mitgliedskassen vertreten sein (Abs. 1 S. 3).

Abs. 1 S. 1 verpflichtet die Landesverbände zur Bildung eines Verwaltungsrates als Selbstverwaltungs- 4
organ des Verbands.[4] Die konkrete Zahl der Mitglieder des Verwaltungsrates sowie der Vertreter der einzelnen Mitgliedskassen bestimmt der Landesverband durch Satzung (s. § 209 Abs. 1 S. 1, § 210 Abs. 1 S. 3 Nr. 2), wobei der Verwaltungsrat maximal 30 Mitglieder haben darf (Abs. 1 S. 2). Soweit dies zur Berücksichtigung jeder Krankenkasse mit mindestens einem Vertreter wegen der Zahl der Mitgliedskassen erforderlich ist (Abs. 1 S. 2), muss der Verband die zulässige **Höchstgröße** des Verwaltungsrats (30 Mitglieder) in seiner Satzung ausschöpfen.[5] Nur wenn der Verband weniger als 30 Mitgliedskassen hat, darf die Verbandssatzung eine geringere Mitgliederzahl für den Verwaltungsrat vorsehen. Wegen der Begrenzung der Mitgliederzahl des Verwaltungsrates auf 30 ist die Vertretung jeder Krankenkasse mit mindestens einem Vertreter im Verwaltungsrat des Landesverbandes nur möglich, wenn der Landesverband maximal 30 Mitgliedskassen hat. Zwischen dem Gebot der Repräsentanz je-

---

1 BGBl. I 1988, 2477 ff.
2 BGBl. I 1992, 2266 ff.
3 BT-Dr. 12/3608, 114.
4 Krauskopf in: Krauskopf, § 209 SGB V Rn. 4.
5 Krauskopf in: Krauskopf, § 209 SGB V Rn. 7 f.; Peters in: KassKomm, § 186 SGB V Rn. 3; Dalichau, SGB V, § 209 S. 3.

der Mitgliedskasse im Verwaltungsrat und der Funktionsfähigkeit dieses Selbstverwaltungsorgans des Landesverbands besteht ein Spannungsverhältnis, das der Gesetzgeber durch Begrenzung der Höchstzahl der Mitglieder des Verwaltungsrats gelöst hat. Soweit ein Landesverband mehr als 30 Mitglieder hat, so dass nicht jede Kasse einen Vertreter in den Verwaltungsrat entsenden kann (s. Abs. 1 S. 2), stellt die Versichertenzahl der Kassen ein sachgerechtes Kriterium für die Auswahl der Kassen dar, die Vertreter in den Verwaltungsrat entsenden dürfen.[6]

III. Zusammensetzung des Verwaltungsrates (Abs. 2)

5 Der Verwaltungsrat eines Landesverbands setzt sich je zur Hälfte aus Vertretern der Versicherten und der Arbeitgeber zusammen (Abs. 2 S. 1), wobei die Versicherten die Vertreter der Versicherten und die Arbeitgeber die Vertreter der Arbeitgeber wählen (Abs. 2 S. 2). Von dieser grundsätzlich paritätischen Besetzung des Verwaltungsrats mit Versicherten- und Arbeitgebervertretern kann der Verwaltungsrat gem. § 209 Abs. 2 S. 3 iVm § 44 Abs. 4 SGB IV zugunsten einer Erhöhung der Versichertenvertreterzahl abweichen. § 44 Abs. 4 S. 1 SGB IV ermächtigt die Krankenkassen, die **Zusammensetzung des Verwaltungsrats**, insbesondere die Zahl der dem Verwaltungsrat angehörenden Arbeitgeber- und Versichertenvertreter sowie die Zahl und die Verteilung der Stimmen, in ihrer Satzung mit einer Mehrheit von mehr als drei Vierteln der stimmberechtigten Mitglieder abweichend zu regeln. Der Verwaltungsrat darf daher nach § 209 Abs. 2 S. 3 iVm § 44 Abs. 4 SGB IV mit drei Viertel seiner Mitglieder in der Satzung vorsehen, dass mehr als 50 % der Mitglieder des Verwaltungsrats Vertreter der Versicherten sind; eine Unterschreitung der Grenze von 50 % Versichertenvertretern ist dagegen unzulässig (§ 44 Abs. 4 S. 2). Von dem Grundsatz der paritätischen Besetzung des Verwaltungsrats darf hingegen nicht zugunsten der Arbeitgebervertreter abgewichen werden.[7]

IV. Wahl der Mitglieder des Verwaltungsrates (Abs. 3)

6 Die Mitglieder des Verwaltungsrats der Landesverbände werden von dem Verwaltungsrat der Mitgliedskassen aus dessen Reihen gewählt (Abs. 3). Die Arbeitgeber und die Versicherten wählen gem. Abs. 3 S. 2 ihre Vertreter jeweils gesondert aus ihrer Gruppe. Die Einzelheiten des **Wahlverfahrens** regeln die Landesverbände durch Satzung.

V. Anwendbare Vorschriften für den Verwaltungsrat (Abs. 4)

7 Nach Abs. 4 gelten für den Verwaltungsrat der Landesverbände § 197 (S. 1) sowie § 33 Abs. 3, § 37 Abs. 1, §§ 40, 41, 42 Abs. 1 bis 3, § 51 Abs. 1 S. 1 Nr. 3, §§ 58, 59, 62, 63 Abs. 1, 3, 4, § 64 Abs. 3 und § 66 Abs. 1 SGB IV (S. 2) entsprechend. § 197 benennt die Aufgaben des Verwaltungsrats, zu denen unter anderem der Beschluss der Satzung (Abs. 1 Nr. 1), die Überwachung des Vorstands (Abs. 1 Nr. 1a), die Feststellung des Haushaltsplans (Abs. 1 Nr. 2), die Vertretung der Krankenkasse gegenüber dem Vorstand (Abs. 1 Nr. 4) und die Prüfung der Geschäfts- und Verwaltungsunterlagen (Abs. 2) gehören. Die für den Verwaltungsrat der Landesverbände **entsprechend anwendbaren Vorschriften** des SGB IV betreffen insbesondere die ehrenamtliche Ausübung der Tätigkeit der Mitglieder des Verwaltungsrats (§ 40 SGB IV), die Entschädigung der ehrenamtlich Tätigen (§ 41 SGB IV), die Haftung der Mitglieder des Verwaltungsrats (§ 42 Abs. 1 bis 3 SGB IV), die Amtsdauer (§ 58 SGB IV) und den Verlust der Mitgliedschaft im Verwaltungsrat (§ 58 SGB IV).

§ 209 a Vorstand bei den Landesverbänden

¹Bei den Landesverbänden der Orts-, Betriebs- und Innungskrankenkassen wird ein Vorstand gebildet. ²Er besteht aus höchstens drei Personen. ³§ 35 a Abs. 1 bis 3 und 5 bis 7 des Vierten Buches gilt entsprechend.

---

6 Vgl. Mühlhausen in: Becker/Kingreen, § 207 Rn. 3; Peters in: KassKomm, § 186 SGB V Rn. 3; Krauskopf in: Krauskopf, § 209 SGB V Rn. 7.
7 Hauck in: Hauck/Noftz, SGB V, § 209 Rn. 8.

Literatur:
Schüller, Ämterhäufung in der gesetzlichen Krankenversicherung, NZS 2007, 358; *Hantel*, Dienstverhältnisse der hauptamtlichen Vorstandsmitglieder der ärztlichen Selbstverwaltung, NZS 2005, 580; *Meydam*, Amtsfunktion und Anstellungsverhältnis der Vorstände gesetzlicher Krankenkassen, NZS 2000, 332.

I. Entstehungsgeschichte und allgemeine Bedeutung

§ 209 a wurde durch das Gesetz zur Sicherung und Strukturverbesserung der gesetzlichen Krankenversicherung (Gesundheitsstrukturgesetz) vom 21.12.1992 in das SGB V eingefügt und ist zum 1.1.1996 in Kraft getreten.[1]

Die Vorschrift regelt die Bildung und Zusammensetzung eines hauptamtlichen **Vorstands** bei den Landesverbänden der Orts-, Betriebs- und Innungskrankenkassen, der als zweites Selbstverwaltungsorgan neben den Verwaltungsrat tritt.

II. Bildung und Zusammensetzung eines Vorstandes bei den Landesverbänden

Seit der Reform der Krankenkassen durch das Gesundheitsstrukturgesetz vom 21.12.1992 ist bei den Orts-, Betriebs- und Innungskrankenkassen sowie den Ersatzkassen ein Vorstand zu bilden, der die Krankenkasse verwaltet und vertritt (s. § 35 a SGB IV). An diese Regelung des § 35 a SGB IV knüpft § 209 a S. 1 an und schreibt die Bildung eines Vorstands für die **Landesverbände** der Orts-, Betriebs- und Innungskrankenkassen vor. Gemäß § 209 a S. 2 besteht der Vorstand aus höchstens drei Personen. Die Kassen dürfen diese Höchstgrenze für den Vorstand nicht überschreiten, dürfen in ihrer Satzung aber eine geringere Zahl an Vorstandsmitgliedern festlegen (entsprechend § 210 Abs. 1 S. 3 Nr. 2).[2]

Gemäß § 209 a S. 3 gilt § 35 a Abs. 1 bis 3 und Abs. 5 bis 7 SGB IV für den Vorstand der Landesverbände entsprechend. Der Vorstand verwaltet und vertritt den Landesverband (§ 35 a Abs. 1 SGB IV) und berichtet dem Verwaltungsrat über die Umsetzung von Entscheidungen von grundsätzlicher Bedeutung sowie die finanzielle Situation und voraussichtliche Entwicklung (§ 35 a Abs. 2 SGB IV). Die Mitglieder des Vorstands der Landesverbände üben ihre Tätigkeit hauptamtlich aus und werden für bis zu sechs Jahre gewählt, wobei die Wiederwahl möglich ist (§ 35 a Abs. 3 SGB IV). § 35 a Abs. 5 und 6 SGB IV regeln die **Wahl des Vorstands** durch den Verwaltungsrat. § 35 a Abs. 7 SGB IV benennt die Voraussetzungen, unter denen Mitglieder des Vorstands ihres Amtes zu entheben oder zu entbinden sind.[3]

Die konkrete **Zahl der Vorstandsmitglieder** regeln die Landesverbände in ihren Satzungen (entsprechend § 210 Abs. 1 S. 3 Nr. 2).

§ 210 Satzung der Landesverbände

(1) ¹Jeder Landesverband hat durch seinen Verwaltungsrat eine Satzung aufzustellen. ²Die Satzung bedarf der Genehmigung der für die Sozialversicherung zuständigen obersten Verwaltungsbehörde des Landes. ³Die Satzung muß Bestimmungen enthalten über
1. Namen, Bezirk und Sitz des Verbandes,
2. Zahl und Wahl der Mitglieder des Verwaltungsrats und ihrer Vertreter,
3. Entschädigungen für Organmitglieder,
4. Öffentlichkeit des Verwaltungsrats,
5. Rechte und Pflichten der Mitgliedskassen,
6. Aufbringung und Verwaltung der Mittel,
7. jährliche Prüfung der Betriebs- und Rechnungsführung,
8. Art der Bekanntmachungen.

⁴§ 34 Abs. 2 des Vierten Buches gilt entsprechend.

---

1 BGBl. I 1992, 2266 ff.
2 Vgl. Krauskopf in: Krauskopf, § 209 a SGB V Rn. 4; Dalichau, SGB V, § 209 a S. 3.
3 Zu der Rechtsstellung der Vorstandsmitglieder eingehend Schüller, NZS 2007, 358 ff.; Hantel, NZS 2005, 580 ff.; Meydam, NZS 2000, 332 ff.

(2) Die Satzung muß ferner Bestimmungen darüber enthalten, daß die von dem Spitzenverband Bund der Krankenkassen abzuschließenden Verträge und die Richtlinien nach den §§ 92, und § 282 für die Landesverbände und ihre Mitgliedskassen verbindlich sind.

I. Entstehungsgeschichte und allgemeine Bedeutung

1 § 210 ist am 1.1.1989 durch das Gesetz zur Strukturreform im Gesundheitswesen (Gesundheits-Reformgesetz – GRG) vom 20.12.1988 in Kraft getreten.[1] Abs. 1 wurde durch das Gesetz zur Sicherung und Strukturverbesserung der gesetzlichen Krankenversicherung (Gesundheitsstrukturgesetz) vom 21.12.1992 zum 1.1.1996 neu geregelt.[2] Abs. 2 wurde zunächst durch das Gesetz zur Reform der gesetzlichen Krankenversicherung ab dem Jahr 2000 (GKV-Gesundheitsreformgesetz 2000) vom 22.12.1999 mit Wirkung zum 1.1.2000[3] und in der Folgezeit noch einmal durch das Gesetz zur Stärkung des Wettbewerbs in der gesetzlichen Krankenversicherung (GKV-Wettbewerbsstärkungsgesetz – GKV-WSG) vom 26.3.2007 mit Wirkung zum 1.7.2008 geändert.[4]

2 § 210 bestimmt, dass jeder Landesverband eine Satzung aufstellen muss (Abs. 1) und trifft Regelungen zum Inhalt der Satzung (Abs. 1 und 2).

II. Verpflichtung zum Erlass einer Satzung (Abs. 1)

3 Jeder Landesverband hat durch seinen Verwaltungsrat eine Satzung aufzustellen (Abs. 1 S. 1). Die Satzung bedarf zu ihrer Wirksamkeit der **Genehmigung** der für die Sozialversicherung zuständigen obersten Verwaltungsbehörde des Landes (Abs. 1 S. 2), was in der Regel die Aufsichtsbehörde ist. Die Satzung länderübergreifender Landesverbände (s. 207 Abs. 3) bedarf der Genehmigung durch die zuständigen obersten Verwaltungsbehörden aller betroffenen Bundesländer.[5] Die Genehmigung darf nur versagt werden, wenn die Satzung rechtswidrig ist, die zuständigen Behörden sind auf eine Rechtskontrolle beschränkt.[6]

4 Abs. 1 S. 3 legt (ebenso wie Abs. 2) den **Mindestinhalt** der Satzung fest.[7] Danach muss die Satzung Bestimmungen enthalten über den Namen, Bezirk und Sitz des Verbandes (Nr. 1) sowie die Zahl und Wahl der Mitglieder des Verwaltungsrats und ihrer Vertreter (Nr. 2), wobei bei der Festlegung der Mitgliederzahl die Vorgaben des § 209 zu beachten sind. Gemäß Abs. 1 S. 3 muss die Satzung außerdem Bestimmungen vorsehen zu Entschädigungen für Organmitglieder (Nr. 3), zur Öffentlichkeit des Verwaltungsrats (Nr. 4), zu Rechten und Pflichten der Mitgliedskassen (Nr. 5), der Aufbringung und Verwaltung der Mittel (Nr. 6), der jährlichen Prüfung der Betriebs- und Rechnungsführung (Nr. 7) und der Art der Bekanntmachungen (Nr. 8).

5 Nach Abs. 1 S. 4 gilt § 34 Abs. 2 SGB IV für die Satzung des Verwaltungsrats der Landesverbände entsprechend, so dass die Satzung öffentlich bekannt zu machen ist (§ 34 Abs. 2 S. 1 SGB IV) und, sofern kein anderer Zeitpunkt bestimmt ist, am Tag nach ihrer Bekanntmachung in Kraft tritt (§ 34 Abs. 2 S. 2 SGB IV). Die Art der **Bekanntmachung** ist in der Satzung zu regeln (§ 34 Abs. 2 S. 3 SGB IV).

III. Bestimmungen über die Verbindlichkeit der vom Spitzenverband Bund der Krankenkassen abzuschließenden Verträge und Richtlinien (Abs. 2)

6 Gemäß Abs. 2 muss die Satzung der Landesverbände als **weiteren Mindestinhalt** Bestimmungen darüber enthalten, dass die von dem Spitzenverband Bund der Krankenkassen abzuschließenden Verträge sowie die Richtlinien nach § 92 und § 282 für die Landesverbände und ihre Mitgliedskassen verbindlich sind. Abs. 2 erklärt damit die von dem Spitzenverband Bund der Krankenkassen geschlossenen Verträge (s. § 82 Abs. 1 S. 1) und erlassenen Richtlinien über die Zusammenarbeit der Krankenkassen mit den Medizinischen Diensten (s. § 282 Abs. 2 S. 3) sowie die Richtlinien des gemeinsamen Bundesausschusses nach § 92 für die Krankenkassen und ihre Landesverbände für verbindlich.[8]

---

1 BGBl. I 1988, 2477 ff.
2 BGBl. I 1992, 2266 ff.
3 BGBl. I 1999, 2626 ff.
4 BGBl. I 2007, 378 ff.
5 Krauskopf in: Krauskopf, § 210 SGB V Rn. 5.
6 Kauke in: Jahn ua, SGB V, § 210 Rn. 3; Engelhard in: Hauck/Noftz, SGB V, § 210 Rn. 24.
7 Engelhard in: Hauck/Noftz, SGB V, § 210 Rn. 7; Krauskopf in: Krauskopf, § 210 SGB V Rn. 7.
8 Hänlein in: LPK-SGB V, § 210 Rn. 4.

§ 211 Aufgaben der Landesverbände

(1) Die Landesverbände haben die ihnen gesetzlich zugewiesenen Aufgaben zu erfüllen.
(2) Die Landesverbände unterstützen die Mitgliedskassen bei der Erfüllung ihrer Aufgaben und bei der Wahrnehmung ihrer Interessen, insbesondere durch
1. Beratung und Unterrichtung,
2. Sammlung und Aufbereitung von statistischem Material zu Verbandszwecken,
3. Abschluß und Änderung von Verträgen, insbesondere mit anderen Trägern der Sozialversicherung, soweit sie von der Mitgliedskasse hierzu bevollmächtigt worden sind,
4. Übernahme der Vertretung der Mitgliedskassen gegenüber anderen Trägern der Sozialversicherung, Behörden und Gerichten,
5. Entscheidung von Zuständigkeitskonflikten zwischen den Mitgliedskassen,
6. Förderung und Mitwirkung bei der beruflichen Aus-, Fort- und Weiterbildung der bei den Mitgliedskassen Beschäftigten,
7. Arbeitstagungen,
8. Entwicklung und Abstimmung von Verfahren und Programmen für die automatische Datenverarbeitung, den Datenschutz und die Datensicherung sowie den Betrieb von Rechenzentren in Abstimmung mit den Mitgliedskassen.

(3) Die Landesverbände sollen die zuständigen Behörden in Fragen der Gesetzgebung und Verwaltung unterstützen; § 30 Abs. 3 des Vierten Buches ist entsprechend anzuwenden.
(4) ¹Die für die Finanzierung der Aufgaben eines Landesverbandes erforderlichen Mittel werden von seinen Mitgliedskassen sowie von den Krankenkassen derselben Kassenart mit Mitgliedern mit Wohnsitz im Zuständigkeitsbereich des Landesverbandes aufgebracht. ²Die mitgliedschaftsrechtliche Zuordnung der Krankenkassen nach § 207 Abs. 1 Satz 3 bleibt unberührt. ³Das Nähere zur Aufbringung der Mittel nach Satz 1 vereinbaren die Landesverbände. ⁴Kommt die Vereinbarung nach Satz 3 nicht bis zum 1. November eines Jahres zustande, wird der Inhalt der Vereinbarung durch eine von den Vertragsparteien zu bestimmende Schiedsperson festgelegt.

Literatur:
Schüller, Ämterhäufung in der gesetzlichen Krankenversicherung, NZS 2007, 358.

I. Entstehungsgeschichte und allgemeine Bedeutung

Der Gesetzgeber hat § 211, der die Aufgaben der Landesverbände regelt, durch das Gesetz zur Strukturreform im Gesundheitswesen (Gesundheits-Reformgesetz – GRG) vom 20.12.1988 zum 1.1.1989 erlassen.[1] Abs. 3 Hs. 2 wurde zum 30.3.2005 durch das Gesetz zur Vereinfachung der Verwaltungsverfahren im Sozialrecht (Verwaltungsvereinfachungsgesetz) vom 21.3.2005 in das SGB V eingefügt.[2] Abs. 4 ist durch das Gesetz zur Weiterentwicklung der Organisationsstrukturen in der gesetzlichen Krankenversicherung (GKV-OrgWG) vom 15.12.2008 rückwirkend zum 17.10.2008 in Kraft getreten.[3]

II. Gesetzlich zugewiesene Aufgaben der Landesverbände (Abs. 1)

Nach Abs. 1 haben die Landesverbände die ihnen gesetzlich zugewiesenen Aufgaben zu erfüllen. Der Vorschrift kommt lediglich deklaratorische Bedeutung zu, da sich die Verpflichtung der Landesverbände zur Aufgabenwahrnehmung unmittelbar aus den entsprechenden Aufgabenbestimmungen ergibt.[4] Gesetzliche Aufgaben iSd Abs. 1 sind solche, die den Landesverbänden durch Gesetz oder Rechtsverordnung zur Erfüllung zugewiesen sind.[5] Zu den gesetzlichen Aufgabenzuweisungen iSd Abs. 1 gehören neben den Unterstützungsaufgaben gem. Abs. 2 und 3 zB der Abschluss von Rahmenvereinbarungen mit den zuständigen Landesbehörden zur Erkennung und Verhütung von Zahnerkrankungen (§ 21 Abs. 2 S. 1), die Erstellung eines Verzeichnisses der Leistungen und Entgelte für die Krankenhausbehandlung in den zugelassenen Krankenhäusern im Land oder in einer Region (§ 39 Abs. 3), die

---
1 BGBl. I 1988, 2477 ff.
2 BGBl. I 2005, 818 ff.
3 BGBl. I 2008, 2426 ff.
4 Ebenso Engelhard in: Hauck/Noftz, SGB V, § 211 Rn. 4.
5 Schüller, NZS 2007, 358, 361.

Vereinbarung der Höchstpreise für die zahntechnischen Leistungen bei den Regelversorgungen iSd § 56 Abs. 2 S. 2 (§ 57 Abs. 2 S. 1), der Abschluss einer Arznei- und Heilmittelvereinbarung (§ 84) und die Qualitäts- und Wirtschaftlichkeitsprüfung der Krankenhausbehandlung (§ 113 Abs. 1).[6]

III. Unterstützung der Mitgliedskassen durch die Landesverbände (Abs. 2)

3 Gemäß Abs. 2 unterstützen die Landesverbände die **Mitgliedskassen** bei der Erfüllung ihrer Aufgaben und der Wahrnehmung ihrer Interessen. Die Norm enthält eine beispielhafte, nicht abschließende Aufzählung der Unterstützungsaufgaben der Landesverbände („insbesondere").[7] Unterstützung iSd Abs. 2 ist die Hilfeleistung der Landesverbände zugunsten der Mitgliedskassen bei der Erfüllung ihrer Aufgaben.[8] Die vollständige Übernahme von Aufgaben der Mitgliedskassen ist nicht erfasst. Die Landesverbände müssen ihre Unterstützungsaufgaben grundsätzlich im Interesse der Mitgliedskassen wahrnehmen („Die Landesverbände unterstützen die Mitgliedskassen ... bei der Wahrnehmung ihrer Interessen"); der Verband ist verpflichtet, die Interessen seiner Mitglieder zu wahren.[9] Die Pflicht zur Unterstützung der Mitgliedskassen ist eine Pflichtaufgabe der Landesverbände; die Landesverbände müssen die Mitgliedskassen unterstützen, wenn die Kassen die Landesverbände darum ersuchen.[10] Darüber hinaus dürfen die Landesverbände ihre Unterstützungsaufgaben auch ohne ein entsprechendes Ersuchen der Kassen wahrnehmen (s. Abs. 2 und 3: „unterstützen").[11]

4 Die Beratung und Unterrichtung der Mitgliedskassen durch die Landesverbände (Abs. 2 Nr. 1) erschöpft sich in unverbindlichen Mitteilungen und Empfehlungen. Zum Abschluss und zur Änderung von Verträgen, insbesondere mit anderen Trägern der Sozialversicherung, sind die Landesverbände nur befugt, wenn sie hierzu von einer Mitgliedskasse bevollmächtigt worden sind (Abs. 2 Nr. 3). Die Vertretung der Mitgliedskassen gegenüber anderen Trägern der Sozialversicherung, Behörden und Gerichten (Abs. 2 Nr. 4) umfasst sowohl die gerichtliche als auch die außergerichtliche Vertretung.[12] In dem Fall des Abs. 2 S. 5 können die Landesverbände ausnahmsweise Entscheidungen treffen, die den Interessen von **Mitgliedskassen zuwiderlaufen**,[13] da die Lösung von Zuständigkeitskonflikten zwischen den Mitgliedkassen regelmäßig die Interessen einzelner Kassen verletzt. Sowohl der Wortlaut des Abs. 2 Nr. 5 („entscheidet") als auch der Aspekt der wirksamen Aufgabenerfüllung sprechen dafür, dass Abs. 2 Nr. 5 den Landesverbänden eine Verwaltungsaktbefugnis gegenüber den betroffenen Mitgliedskassen einräumt.[14] Die Förderung der beruflichen Aus-, Fort- und Weiterbildung der bei den Mitgliedskassen Beschäftigten (Abs. 2 Nr. 6) umfasst sowohl das eigene Angebot von Aus-, Fort- und Weiterbildungsprogrammen als auch die finanzielle Förderung der beruflichen Aus-, Fort- und Weiterbildung der Beschäftigten der Mitgliedskassen.

IV. Unterstützung der zuständigen Behörden durch die Landesverbände (Abs. 3)

5 Gemäß Abs. 3 Hs. 1 sollen die Landesverbände die zuständigen **Behörden** in Fragen der Gesetzgebung und Verwaltung unterstützen. „Sollen" bedeutet nach allgemeinen verwaltungsrechtlichen Grundsätzen, dass die Landesverbände zur Unterstützung grundsätzlich verpflichtet sind.[15] Die Unterstützungspflicht ist sachlich auf Fragen der Gesetzgebung und Verwaltung begrenzt. Zuständige Behörden iSd Abs. 3 Hs. 1 sind insbesondere die Ministerien der Länder. Als Unterstützungsleistung der Landesverbände kommt grundsätzlich jede Form (rechtlich zulässiger) fachlicher oder personeller Hilfe in Betracht, etwa die Bereitstellung von statistischem Material (s. Abs. 2 Nr. 2), Berichte über praktische Erfahrungen mit der Anwendung bestimmter Rechtsnormen oder die fachliche Beratung bei Gesetzesvor-

---

6 Weitere gesetzliche Aufgabenzuweisungen bei Wille/Koch, Die Gesundheitsreform 2007, 2007, Rn. 718 ff.; Kauke in: Jahn ua, SGB V, § 211 Rn. 4; Dalichau, SGB V, § 211 S. 6 ff.; Krauskopf in: Krauskopf, § 211 SGB V Rn. 3 ff.
7 LSG NRW, 23.1.2001, L 5 KR 115/00; SchlHLSG, 25.3.2009, L 5 KR 94/07; Dalichau, SGB V, § 211 S. 12.
8 Kauke in: Jahn ua, SGB V, § 211 Rn. 5.
9 Schüller, NZS 2007, 358, 361.
10 Ebenso Engelhardt in: Hauck/Noftz, SGB V, § 211 Rn. 9.
11 Ebenso Engelhard in: Hauck/Noftz, SGB V, § 211 Rn. 25 ff.; Krauskopf in: Krauskopf, § 211 SGB V Rn. 7; aA Mühlhausen in: Becker/Kingreen, § 207 Rn. 4; Hänlein in LPK-SGB V § 211 Rn. 4 die die Unterstützung an die Bedingung knüpfen, dass sie von den Kassen erwünscht ist.
12 Krauskopf in: Krauskopf, § 211 SGB V Rn. 14.
13 Ebenso Mühlhausen in: Becker/Kingreen, § 211 Rn. 5.
14 Hänlein in: LPK-SGB V, § 211 Rn. 5; Mühlhausen in: Becker/Kingreen, § 211 Rn. 5; aA Krauskopf in: Krauskopf, § 211 Rn. 16.
15 Vgl. nur Engelhard in: Hauck/Noftz, SGB V, § 211 Rn. 10.

haben. Die vollständige Übernahme von Aufgaben der Behörden ist durch Abs. 3 wohl nicht legitimiert.[16]

Nach Abs. 3 Hs. 2 ist § 30 Abs. 3 SGB IV auf die **Unterstützung** der zuständigen Behörden durch die Landesverbände entsprechend anzuwenden. § 30 Abs. 3 S. 1 SGB IV ermächtigt die Landesverbände die für sie zuständigen obersten Bundes- und Landesbehörden insbesondere in Fragen der Rechtsetzung kurzzeitig personell zu unterstützen. Eine kurzzeitige personelle Unterstützung iSd § 30 Abs. 3 S. 1 SGB IV ist nicht nur personelle Zuarbeit, sondern umfasst auch die Möglichkeit, Personal der Landesverbände an die zuständigen Behörden abzuordnen.[17] Hierdurch soll die „Gesetzgebungsarbeit im Bereich des Sozial- und Arbeitsrechts" optimiert werden, indem „die abgeordneten Beschäftigten … unverzichtbare Detailkenntnisse aus der Praxis der Gesetzesanwendung" einbringen.[18] Die Dauer einer Abordnung kann je nach Einzelfall neun bis zwölf Monate betragen, soll aber höchstens auf ein Jahr begrenzt sein.[19] „Die Entscheidung über eine Personalmaßnahme liegt allein" bei dem Landesverband.[20] Durch die personelle Unterstützung entstehende Kosten sind den Landesverbänden grundsätzlich von der begünstigten Behörde zu erstatten (§ 30 Abs. 3 S. 2 Hs. 1 SGB IV). 6

V. Finanzierung der Aufgaben der Landesverbände (Abs. 4)

Bis zum Inkrafttreten des Abs. 4 am 17.10.2008 finanzierten sich die Landesverbände ausschließlich über eine Verbandsumlage bei ihren Mitgliedern.[21] Dieses **Finanzierungssystem** wurde vom Gesetzgeber nicht mehr als zeitgemäß erachtet, da die Landesverbände „zunehmend auch für die Versicherten von Krankenkassen ihrer Kassenart tätig (werden), die nicht ihre Mitglieder sind".[22] Abs. 4 S. 1 bestimmt daher, dass die für die Finanzierung der Aufgaben eines Landesverbandes erforderlichen Mittel von seinen Mitgliedskassen sowie von den Krankenkassen derselben Kassenart mit Mitgliedern mit Wohnsitz im Zuständigkeitsbereich des Landesverbandes aufgebracht werden. Die Finanzierung der Landesverbände erfolgt also durch alle Krankenkassen der jeweiligen Kassenart unabhängig davon, ob die Kassen Mitglied des betreffenden oder eines anderen Landesverbands sind. Der Landesverband darf seine Ansprüche gegenüber den Mitgliedskassen durch Verwaltungsakt geltend machen.[23] 7

Eine **Umlage** zur Finanzierung der Unterstützungsaufgaben iSd Abs. 2 und 3 darf auch erfolgen, wenn die Unterstützung aus Sicht der Mitgliedskassen (Abs. 2) oder Behörden (§ 210 Abs. 3) nicht erforderlich ist.[24] 8

Die Finanzierung der Landesverbände auch durch Mitgliedskassen anderer Landesverbände ihrer Kassenart gem. § 211 Abs. 4 S. 1 lässt die **mitgliedschaftsrechtliche Zuordnung der Krankenkassen** nach § 207 Abs. 1 S. 3 unberührt (§ 211 Abs. 4 S. 2). Durch die Heranziehung der Krankenkassen zur Finanzierung eines Landesverbandes ändert sich nichts an der Zuordnung der Kassen zu ihrem Landesverband entsprechend dem Sitzprinzip des § 207 Abs. 1 S. 3. 9

Das Nähere zur **Aufbringung der Mittel** nach Abs. 4 S. 1 vereinbaren die Landesverbände (Abs. 4 S. 3), dh die Landesverbände der jeweiligen Kassenart.[25] Da jeder Landesverband durch Satzung die Aufbringung und Verwaltung seiner Mittel regeln muss (s. § 210 Abs. 1 S. 3 Nr. 6), beschränkt sich der Regelungsbedarf der Vereinbarung iSd Abs. 4 S. 1 auf die Aufbringung der Mittel, die die Landesverbände von den Krankenkassen derselben Kassenart erhalten, die nach dem Sitzprinzip (§ 207 Abs. 1 S. 3) Mitglied eines anderen Landesverbands sind. 10

Kommt die Vereinbarung iSd Abs. 4 S. 3 nicht bis zum 1. November eines Jahres zustande, wird der Inhalt der Vereinbarung durch eine von den Vertragsparteien zu bestimmende **Schiedsperson** festgelegt (Abs. 4 S. 4). 11

---

16 Vgl. Engelhard in: Hauck/Noftz, SGB V, § 211 Rn. 10 a.
17 BT-Dr. 15/4228, 23.
18 BT-Dr. 15/4228, 23.
19 BT-Dr. 15/4228, 24.
20 BT-Dr. 15/4228, 24.
21 Engelhard in: Hauck/Noftz, SGB V, § 211 Rn. 14.
22 BT-Dr. 16/10609, 60.
23 LSG NRW, 20.1.1998, L 5 Kr 15/97.
24 LSG NRW, 23.1.2001, L 5 Kr 115/00.
25 Engelhard in: Hauck/Noftz, SGB V, § 211 Rn. 19.

§ 211a Entscheidungen auf Landesebene

¹Die Landesverbände der Krankenkassen und die Ersatzkassen sollen sich über die von ihnen nach diesem Gesetz gemeinsam und einheitlich zu treffenden Entscheidungen einigen. ²Kommt eine Einigung nicht zustande, erfolgt die Beschlussfassung durch je einen Vertreter der Kassenart, dessen Stimme mit der landesweiten Anzahl der Versicherten nach der Statistik KM 6 seiner Kassenart zu gewichten ist. ³Die Gewichtung ist entsprechend der Entwicklung der Versichertenzahlen nach der Statistik KM 6 jährlich zum 1. Januar anzupassen.

I. Entstehungsgeschichte und allgemeine Bedeutung

1 § 211a wurde durch das Gesetz zur Stärkung des Wettbewerbs in der gesetzlichen Krankenversicherung (GKV-Wettbewerbsstärkungsgesetz – GKV-WSG) vom 26.3.2007 in das SGB V eingefügt und ist am 1.7.2008 in Kraft getreten.[1]

2 § 211a enthält Bestimmungen zur Einigung zwischen den Landesverbänden der Krankenkassen und den Ersatzkassen über gemeinsam und einheitlich zu treffende Entscheidungen sowie zur Konfliktlösung, wenn eine Einigung nicht zustande kommt.

II. Einigung über gemeinsam und einheitlich zu treffende Entscheidungen

3 S. 1 normiert die grundsätzliche Einigungspflicht der Landesverbände der Krankenkassen und der Ersatzkassen in Fällen, in denen sie nach dem SGB V zur gemeinsamen und einheitlichen Aufgabenerfüllung verpflichtet sind. Hintergrund dieser Regelung ist, dass zwar für die Ortskrankenkassen, die Betriebskrankenkassen und die Innungskrankenkassen je ein Landesverband besteht (§ 207 Abs. 1 S. 1), dies für die Ersatzkassen hingegen nicht zwingend vorgeschrieben ist (s. § 212 Abs. 5). Eine Verpflichtung, Aufgaben gemeinsam und einheitlich wahrzunehmen, besteht zB bei dem Abschluss gemeinsamer Rahmenvereinbarungen mit den Zahnärzten und den zuständigen Landesstellen zur Erkennung und Verhütung von Zahnerkrankungen der Versicherten (§ 21 Abs. 2 S. 1), dem Abschluss von Arzneimittelvereinbarungen gem. § 84 Abs. 1 und der Vereinbarung eines Verteilungsmaßstabs für die Gesamtvergütungen der Vertragszahnärzte mit der Kassenärztlichen Vereinigung und den Ersatzkassen (§ 85 Abs. 4 S. 2).[2]

4 Kommt eine Einigung zwischen den Landesverbänden der Krankenkassen und den Ersatzkassen nicht zustande, erfolgt die Beschlussfassung nach dem Mehrheitsprinzip durch je einen Vertreter der Kassenart, dessen Stimme mit der landesweiten Anzahl der Versicherten nach der Statistik KM6[3] seiner Kassenart zu gewichten ist (S. 2), so dass den Stimmen der Vertreter unterschiedliches Gewicht zukommt. S. 2 sieht damit einen Konfliktlösungsmechanismus für diejenigen Fälle vor, in denen sich die beteiligten Landesverbände der Orts-, Betriebs- und Innungskrankenkassen (s. § 207 Abs. 1 S. 1) mit den Ersatzkassen nicht über die gemeinsame und einheitliche Aufgabenwahrnehmung verständigen können. S. 2 löst den Konflikt dadurch, dass die Entscheidung gemeinsam von je einem Vertreter jeder Kassenart, also von einem Vertreter der Ortskrankenkassen, einem Vertreter der Betriebskrankenkassen, einem Vertreter der Innungskrankenkassen und einem Vertreter der Ersatzkrankenkassen zu treffen ist. Die Stimmen der Krankenkassenvertreter werden dabei gem. S. 2 entsprechend der Versichertenzahl der jeweiligen Kassenart nach der Statistik KM6 gewichtet; die jeweilige Stimme des Vertreters wird mit dem Prozentsatz gewichtet, der dem Versichertenanteil der von ihm vertretenen Kassenart im Verhältnis zu der Gesamtzahl der Versicherten in der gesetzlichen Krankenversicherung in dem betreffenden Bundesland entspricht.[4] Die Stimmengewichtung ist entsprechend der Entwicklung der Versichertenzahlen nach der Statistik KM6 jährlich zum 1. Januar anzupassen (S. 3).

---

1 BGBl. I 2007, 378 ff.
2 Näher Krauskopf in: Krauskopf, § 211a SGB V Rn. 3; Brall in: Sodan, HdB KrVersR, § 32 Rn. 68; Dalichau, SGB V, § 211a S. 3.
3 Die Statistik KM6 ist abrufbar über www.bmg.bund.de (zuletzt abgerufen am 1.5.2017).
4 Engelhard in: Hauck/Noftz, SGB V, § 211a Rn. 8.

§ 212 Bundesverbände, Deutsche Rentenversicherung Knappschaft-Bahn-See, Verbände der Ersatzkassen

(1) ¹Die nach § 212 Abs. 1 in der bis zum 31. Dezember 2008 geltenden Fassung bestehenden Bundesverbände werden kraft Gesetzes zum 1. Januar 2009 in Gesellschaften des bürgerlichen Rechts umgewandelt. ²Gesellschafter der Gesellschaften sind die am 31. Dezember 2008 vorhandenen Mitglieder des jeweiligen Bundesverbandes. ³Die Gesellschaften sind bis zum 31. Dezember 2012 verpflichtet, den bei den bis zum 31. Dezember 2008 bestehenden Bundesverbänden unbefristet tätigen Angestellten ein neues Beschäftigungsverhältnis zu vermitteln. ⁴So lange sind betriebsbedingte Kündigungen unzulässig ⁵Nach dem 31. Dezember 2012 steht es den Gesellschaftern frei, über den Fortbestand der Gesellschaft und die Gestaltung der Gesellschaftsverhältnisse zu entscheiden. ⁶Soweit sich aus den folgenden Vorschriften nichts anderes ergibt, finden die Vorschriften des Bürgerlichen Gesetzbuchs über die Gesellschaft bürgerlichen Rechts Anwendung. ⁷Der Gesellschaft nach Satz 1 können Krankenkassen der jeweiligen Kassenart beitreten.

(2) (aufgehoben)

(3) Für die knappschaftliche Krankenversicherung nimmt die Deutsche Rentenversicherung Knappschaft-Bahn-See die Aufgaben eines Landesverbands wahr.

(4) ¹Die Gesellschaften nach Absatz 1 sind Rechtsnachfolger der nach § 212 in der bis zum 31. Dezember 2008 geltenden Fassung bestehenden Bundesverbände. ²Zweck der Gesellschaft ist die Erfüllung ihrer sich nach § 214 ergebenden oder zusätzlich vertraglich vereinbarten Aufgaben. ³Bis zum Abschluss eines Gesellschaftsvertrages gelten die zur Erreichung des Gesellschaftszwecks erforderlichen Pflichte und Rechte als vereinbart. ⁴Das Betriebsverfassungsgesetz findet Anwendung.

(5) ¹Die Ersatzkassen können sich zu Verbänden zusammenschließen. ²Die Verbände haben in der Satzung ihre Zwecke und Aufgaben festzusetzen. ³Die Satzungen bedürfen der Genehmigung, der Antrag auf Eintragung in das Vereinsregister der Einwilligung der Aufsichtsbehörde. ⁴Die Ersatzkassen haben für alle Verträge auf Landesebene, die nicht gemeinsam und einheitlich abzuschließen sind, jeweils einen Bevollmächtigten mit Abschlussbefugnis zu benennen. ⁵Ersatzkassen können sich auf eine gemeinsame Vertretung auf Landesebene einigen. ⁶Für gemeinsam und einheitlich abzuschließende Verträge auf Landesebene müssen sich die Ersatzkassen auf einen gemeinsamen Bevollmächtigten mit Abschlussbefugnis einigen. ⁷In den Fällen der Sätze 5 und 6 können die Ersatzkassen die Verbände der Ersatzkassen als Bevollmächtigte benennen. ⁸Sofern nichts anderes bestimmt ist, haben die Ersatzkassen für sonstige Maßnahmen und Entscheidungen einen gemeinsamen Vertreter zu benennen. ⁹Können sich die Ersatzkassen in den Fällen der Sätze 6 und 8 nicht auf einen gemeinsamen Vertreter einigen, bestimmt die Aufsicht den Vertreter. ¹⁰Soweit für die Aufgabenerfüllung der Erlass von Verwaltungsakten notwendig ist, haben im Falle der Bevollmächtigung die Verbände der Ersatzkassen hierzu die Befugnis.

(6) ¹Absatz 5 Satz 6, 8 und 9 gilt für die Krankenkassen der anderen Kassenarten entsprechend. ²Besteht in einem Land ein Landesverband, gilt abweichend von Satz 1 der Landesverband als Bevollmächtigter der Kassenart. ³Satz 2 gilt entsprechend, wenn die Aufgaben eines Landesverbandes von einer Krankenkasse oder einem anderen Landesverband nach § 207 wahrgenommen werden. ⁴Bestehen in einem Land mehrere Landesverbände, gelten diese in ihrem jeweiligen Zuständigkeitsbereich als Bevollmächtigte.

Literatur:

Frank/Kaltenborn, Organisationsrechtliche Fragen des Zusammenschlusses von Ersatzkassen gem. § 212 Abs. 5 SGB V, ZFSH/SGB 2000, 664.

I. Entstehungsgeschichte und allgemeine Bedeutung 1	V. Zusammenschluss der Ersatzkassen zu Verbänden und Vertretung der Ersatzkassen (Abs. 5) 17
II. Umwandlung der Bundesverbände der Krankenkassen in Gesellschaften des bürgerlichen Rechts (Abs. 1) 4	1. Zusammenschluss der Ersatzkassen zu Verbänden (Abs. 5 S. 1 bis 3) 17
III. Die knappschaftliche Krankenversicherung nimmt die Aufgaben eines Landesverbands wahr (Abs. 3) 12	2. Vertretung der Ersatzkassen (Abs. 5 S. 4 bis 10) 19
IV. Rechtsnachfolge für die Bundesverbände und Aufgaben der Gesellschaften des bürgerlichen Rechts (Abs. 4) 13	VI. Entsprechende Anwendung von Vorschriften für die Orts-, Betriebs- und Innungskrankenkassen (Abs. 6) 27

I. Entstehungsgeschichte und allgemeine Bedeutung

1 § 212 wurde durch das Gesetz zur Strukturreform im Gesundheitswesen (Gesundheits-Reformgesetz – GRG) vom 20.12.1988 mit Wirkung zum 1.1.1989 in das SGB V aufgenommen.[1] Abs. 5 wurde zum 1.1.1993 durch das Gesetz zur Sicherung und Strukturverbesserung der gesetzlichen Krankenversicherung (Gesundheitsstrukturgesetz) vom 21.12.1992[2] geändert und anschließend noch einmal durch das Gesetz zur Modernisierung der gesetzlichen Krankenversicherung (GKV-Modernisierungsgesetz – GMG) vom 14.11.2003 zum 1.1.2004 modifiziert.[3] Zum 9.12.2004 hat der Gesetzgeber Abs. 3 durch das Gesetz zur Organisationsreform in der gesetzlichen Krankenversicherung (RVOrgG) vom 9.12.2004 neu geregelt.[4] Umfangreiche Änderungen brachte schließlich das Gesetz zur Stärkung des Wettbewerbs in der gesetzlichen Krankenversicherung (GKV-Wettbewerbsstärkungsgesetz – GKV-WSG) vom 26.3.2007 mit sich,[5] das mit Wirkung zum 1.1.2009 Abs. 1 und Abs. 4 neu gefasst, Abs. 3 und Abs. 5 geändert und Abs. 2 aufgehoben hat. Abs. 6 wurde durch das Gesetz zur Verbesserung der Versorgungsstrukturen in der gesetzlichen Krankenversicherung (GKV-Versorgungsstrukturgesetz – GKV-VStG) vom 22.12.2011 zum 1.1.2012 angefügt.[6]

2 § 212 regelt zum einen die **Umwandlung** der Bundesverbände der Krankenkassen von vormaligen Körperschaften des öffentlichen Rechts in Gesellschaften des bürgerlichen Rechts sowie die Rechtsnachfolge der Bundesverbände (Abs. 1 und 4). Zum anderen bestimmt § 212, dass für die knappschaftliche Krankenversicherung die Deutsche Rentenversicherung Knappschaft-Bahn See die Aufgaben eines Landesverbands wahrnimmt (Abs. 3), und ermächtigt die Ersatzkassen, sich zu Verbänden zusammenzuschließen (Abs. 5). Abs. 6 ordnet eine entsprechende Geltung des Abs. 5 S. 6, 8 und 9 für die Krankenkassen der anderen Kassenarten an. Nicht von § 212 erfasst ist der Bundesverband der landwirtschaftlichen Krankenkassen, der seit dem 1.1.2009 nicht mehr existiert.[7]

3 Die Aufgabe der **Bundesverbände** besteht heute vorwiegend darin, die Interessen ihrer Mitglieder gegenüber dem GKV-Spitzenverband und gegenüber der Politik zu vertreten.

II. Umwandlung der Bundesverbände der Krankenkassen in Gesellschaften des bürgerlichen Rechts (Abs. 1)

4 Nach Abs. 1 S. 1 wurden die nach Abs. 1 in der bis zum 31.12.2008 geltenden Fassung bestehenden Bundesverbände der Krankenkassen kraft **Gesetzes** zum 1.1.2009 in Gesellschaften des bürgerlichen Rechts umgewandelt. Nach Abs. 1 in der Fassung vom 31.12.2008 existierten der AOK-Bundesverband (Bundesverband der Ortskrankenkassen), der BKK-Bundesverband (Bundesverband der Betriebskrankenkassen) und der IKK-Bundesverband (Bundesverband der Innungskrankenkassen). Diese Bundesverbände waren zum Zeitpunkt des 31.12.2008 als Körperschaften des öffentlichen Rechts organisiert. Der für ihre Umwandlung in Gesellschaften bürgerlichen Rechts erforderliche Gesellschaftsvertrag (s. § 705 BGB) wird insofern durch § 212 Abs. 1 S. 1 fingiert. Die nach § 705 BGB gebotene rechtsgeschäftliche Einigung „wird durch das Gesetz fingiert".[8] Die Gesellschaften bürgerlichen Rechts sind rechtsfähig.[9]

5 **Hintergrund** dieser gesetzlichen Umwandlung der Bundesverbände der Krankenkassen in Gesellschaften des bürgerlichen Rechts ist, dass der Gesetzgeber mit der Reform des Verbandswesens der gesetzlichen Krankenversicherung durch das GKV-Wettbewerbsstärkungsgesetz einen wesentlichen Teil der nicht wettbewerblichen Aufgaben der Bundesverbände auf den neu geschaffenen einheitlichen Spitzenverband Bund der Krankenkassen (s. § 217a) übertragen hat (s. § 217f).[10] „Aufgrund der Konzentration der nicht wettbewerblichen Aufgaben bei dem Spitzenverband Bund (verblieben) für die bisheri-

---

1 BGBl. I 1988, 2477 ff.
2 BGBl. I 1992, 2266 ff.
3 BGBl. I 2003, 2190 ff.
4 BGBl. I 2004, 3242 ff.
5 BGBl. I 2007, 378 ff.
6 BGBl. I 2011, 2983 ff.
7 BT-Dr. 16/3100, 159.
8 BT-Dr. 16/3100, 160.
9 BT-Dr. 16/3100, 160.
10 Zu der Übernahme der Aufgaben der Bundesverbände durch den Spitzenverband Bund Axer, GesR 2007, 193, 198.

gen Bundesverbände keine Aufgaben, die den Status einer Körperschaft des öffentlichen Rechts" weiter erforderten.[11]

Gesellschafter der seit 1.1.2009 bestehenden Gesellschaften des bürgerlichen Rechts sind kraft Gesetzes die bisherigen, am 31.12.2008 vorhandenen Mitglieder des jeweiligen Bundesverbandes (Abs. 1 S. 2), also die Landesverbände der Orts-, Betriebs- und Innungskrankenkassen.

Die neuen Gesellschaften des bürgerlichen Rechts waren bis zum 31.12.2012 verpflichtet, den bei den bis zum 31.12.2008 bestehenden Bundesverbänden unbefristet tätigen Angestellten ein **neues Beschäftigungsverhältnis** zu vermitteln (Abs. 1 S. 3). Diese Verpflichtung der Gesellschaft bestand nach dem eindeutigen Wortlaut des Abs. 1 S. 3 nur bezogen auf unbefristet tätige Angestellte, nicht auf befristet tätige Mitarbeiter. Die Vermittlungspflicht galt auch nicht gegenüber den Dienstordnungsangestellten der Bundesverbände, da diese gem. Abs. 1 S. 7 einen Anspruch auf (Weiter-)Beschäftigung bei einem Landesverband ihrer Wahl hatten. Nach dem Wortlaut des Abs. 1 S. 3 musste die BGB-Gesellschaft den unbefristet tätigen Angestellten das neue Beschäftigungsverhältnis nicht notwendig bei der Gesellschaft selbst vermitteln; in Betracht kam auch die Vermittlung eines Arbeitsverhältnisses bei einem anderen (sogar branchenfremden) Unternehmen.[12]

Bis zur Vermittlung eines neuen Beschäftigungsverhältnisses für die unbefristet tätigen Angestellten waren betriebsbedingte Kündigungen unzulässig (Abs. 1 S. 4). Abs. 1 S. 4 begründete insofern **gesetzlichen Kündigungsschutz**.

Nach dem 31.12.2012 steht es den Gesellschaftern frei, über den **Fortbestand der Gesellschaft** und die Gestaltung der Gesellschaftsverhältnisse zu entscheiden (Abs. 1 S. 5). Seit dem 1.1.2013 „können die Gesellschafter in eigener Verantwortung entscheiden, ob sie die Gesellschaft fortführen, auflösen oder sie mit anderen Gesellschaften vereinigen. Die Ausgestaltung der Gesellschaftsverhältnisse bestimmen allein die Gesellschafter im Rahmen der §§ 705 bis 740 BGB."[13]

Soweit sich aus §§ 213 ff. nichts anderes ergibt, finden die §§ 705 ff. **BGB** auf die Gesellschaften bürgerlichen Rechts Anwendung (Abs. 1 S. 6).

Der Gesellschaft können Krankenkassen der jeweiligen Kassenart beitreten (Abs. 1 S. 7). Abs. 1 S. 7 ermöglicht damit Krankenkassen, die keinem Landesverband angehören, dem entsprechend ihrer Kassenart für sie zuständigen Bundesverband beizutreten. Nach der Gesetzesbegründung kann auch „die Bundesknappschaft ... Gesellschafterin bei einer der in § 212 Abs. 1 aufgeführten Gesellschaften werden".[14] Dies kommt indes in dem Wortlaut des Abs. 1 S. 7 nicht zum Ausdruck und ist angesichts der fortbestehenden Trennung nach Kassenarten zweifelhaft.[15]

III. Die knappschaftliche Krankenversicherung nimmt die Aufgaben eines Landesverbands wahr (Abs. 3)

Die Deutsche Rentenversicherung Knappschaft-Bahn-See, die die knappschaftliche Krankenversicherung durchführt (s. § 167), gehört keinem Landesverband oder Bundesverband an, nimmt aber für die knappschaftliche Krankenversicherung die **Aufgaben eines Landesverbands** wahr (§ 212 Abs. 3). Die für die Landesverbände geltenden Aufgabenregelungen der §§ 211, 211a finden auf die Deutsche Rentenversicherung Knappschaft-Bahn-See, soweit sie die Aufgaben eines Landesverbandes wahrnimmt, entsprechende Anwendung.[16]

IV. Rechtsnachfolge für die Bundesverbände und Aufgaben der Gesellschaften des bürgerlichen Rechts (Abs. 4)

Die Gesellschaften des bürgerlichen Rechts sind **Rechtsnachfolger** der nach § 212 in der bis zum 31.12.2008 geltenden Fassung bestehenden Bundesverbände (Abs. 4 S. 1). Durch diese Rechtsnachfolgeanordnung sind die Gesellschaften bürgerlichen Rechts in sämtliche am 1.1.2009 bestehenden Rechte und Pflichten der Bundesverbände eingetreten.

---

11 BT-Dr. 16/3100, 159.
12 Ebenso Engelhard in: Hauck/Noftz, SGB V, § 212 Rn. 14; anders dagegen BT-Dr. 16/10609, 66, wonach sicherzustellen sei, „dass die Beschäftigten der Bundesverbände eine Ersatzbeschäftigung im System der gesetzlichen Krankenversicherung finden".
13 BT-Dr. 16/3100, 159.
14 BT-Dr. 16/3100, 159.
15 Vgl. Engelhard in: Hauck/Noftz, SGB V, § 212 Rn. 11.
16 Ebenso Engelhard in: Hauck/Noftz, SGB V, § 212 Rn. 20.

14 Zweck der Gesellschaft ist die Erfüllung ihrer sich aus § 214 ergebenden oder vertraglich vereinbarten Aufgaben (§ 212 Abs. 4 S. 2). Abs. 4 S. 2 legt damit die Aufgaben der Gesellschaften bürgerlichen Rechts fest, die zum einen darin bestehen, die Verpflichtungen aufgrund der Rechtsnachfolge zu erfüllen und gesetzlich zugewiesene Aufgaben wahrzunehmen (§ 214 S. 1). Hiermit sind vor allem die Wahrnehmung der aus der Rechtsnachfolge, dem Vermögensübergang und den Arbeitsverhältnissen resultierenden Pflichten angesprochen (s. § 213).[17] Zum anderen können die Gesellschafter im Gesellschaftsvertrag weitere Aufgaben zur Unterstützung der Durchführung der gesetzlichen Krankenversicherung vereinbaren (§ 214 S. 2).

15 Bis zum Abschluss eines **Gesellschaftsvertrages** gelten die zur Erreichung des Gesellschaftszwecks erforderlichen Pflichten und Rechte als vereinbart (Abs. 4 S. 3). Abs. 4 S. 3 fingiert die Vereinbarung der Rechte und Pflichten, die zur Durchführung des gesetzlichen Gesellschaftszwecks, dh der Abwicklung der ehemaligen Bundesverbände, erforderlich sind.

16 Nach Abs. 4 S. 4 findet das **Betriebsverfassungsgesetz** Anwendung. „Hiermit ist sichergestellt, dass die Bestimmungen zum Schutze der Arbeitnehmer insbesondere die Bestimmungen über den gerechten Interessenausgleich zwischen Arbeitgeber und Arbeitnehmer bei Betriebsänderungen nach dem Betriebsverfassungsgesetz Anwendung finden."[18]

V. Zusammenschluss der Ersatzkassen zu Verbänden und Vertretung der Ersatzkassen (Abs. 5)

17 **1. Zusammenschluss der Ersatzkassen zu Verbänden (Abs. 5 S. 1 bis 3).** Gemäß Abs. 5 S. 1 können sich die **Ersatzkassen** freiwillig zu Verbänden zusammenschließen. Eine Pflicht zur Verbandsbildung besteht für die Ersatzkassen nicht. Wie sich aus Abs. 5 S. 3 ergibt („Eintragung in das Vereinsregister"), sind die Verbände als privatrechtliche eingetragene Vereine zu gründen.[19] Von dieser Ermächtigung des Abs. 5 S. 1 haben die noch bestehenden sechs Ersatzkassen (BARMER GEK, Techniker Krankenkasse (TKK), Deutsche Angestellten Krankenkasse (DAK), Kaufmännische Krankenkasse [KKH], Hanseatische Krankenkasse [HEK] und Handelskrankenkasse [hkk]) Gebrauch gemacht und sich zum 1.1.2009 zu dem Verband der Ersatzkassen (vdek) zusammengeschlossen. In diesem Verband sind der bis dahin bestehende Arbeiter-Ersatzkassen-Verband und der Verband der Angestellten-Krankenkassen zum 1.1.2009 aufgegangen.[20]

18 Die von den Ersatzkassen gebildeten **Verbände** haben in der Satzung ihre Zwecke und Aufgaben festzusetzen (Abs. 5 S. 2). Die Satzungen der Verbände bedürfen der Genehmigung der Aufsichtsbehörde; der Antrag auf Eintragung in das Vereinsregister bedarf der Einwilligung der Aufsichtsbehörde (Abs. 5 S. 3). Sowohl bei der Genehmigung als auch bei der Einwilligung ist die Aufsichtsbehörde auf eine Rechtmäßigkeitskontrolle beschränkt.[21]

19 **2. Vertretung der Ersatzkassen (Abs. 5 S. 4 bis 10).** Abs. 5 S. 4, 5 und 7 regeln die **Vertretung der Ersatzkassen** bei dem Abschluss von Verträgen, die nicht gemeinsam und einheitlich abzuschließen sind; Abs. 5 S. 6, 7 und 9 betreffen die Vertretung bei gemeinsam und einheitlich abzuschließenden Verträgen. Abs. 5 S. 8 und 9 haben die Vertretung bei sonstigen Maßnahmen und Entscheidungen zum Gegenstand. Abs. 5 S. 10 regelt die Verwaltungsaktbefugnis der Verbände der Ersatzkassen.

20 Für alle Verträge auf Landesebene, die nicht gemeinsam und einheitlich abzuschließen sind, haben die Ersatzkassen jeweils einen **Bevollmächtigten** mit Abschlussbefugnis zu benennen (Abs. 5 S. 4). „So ist gewährleistet, dass auch nach der Änderung der Funktionen und Aufgabenstellung der Verbände der Ersatzkassen eine Vertretung der Ersatzkassen zum Abschluss von Verträgen auf Landesebene gegeben ist."[22]

21 Ersatzkassen können sich auf eine **gemeinsame Vertretung** auf Landesebene einigen (Abs. 5 S. 5). Aus der Formulierung „Ersatzkassen" (nicht: „Die Ersatzkassen") folgt, dass sich auch einzelne Ersatzkassen auf eine gemeinsame Vertretung verständigen können. In dem Fall einer gemeinsamen Vertretung auf Landesebene (s. Abs. 5 S. 5) können die Ersatzkassen als Bevollmächtigte die Verbände der Ersatzkassen benennen (Abs. 5 S. 7).

---

17 Brall in: Sodan, HdB KrVersR, § 32 Rn. 74.
18 BT-Dr. 16/3100, 160.
19 AA Frank/Kaltenborn, ZFSH/SGB 2000, 664, 669 ff.
20 Zu der Entstehung und Entwicklung der Ersatzkassen und ihres Verbandes eingehend Eichenhofer, ZSR 58, 2012, 481 ff.
21 Frank/Kaltenborn, ZFSH/SGB 2000, 664 ff.; Engelhard in: Hauck/Noftz, SGB V, § 212 Rn. 24.
22 BT-Dr. 16/3110, 160.

Für gemeinsam und einheitlich abzuschließende Verträge auf Landesebene müssen sich die Ersatzkassen auf einen **gemeinsamen Bevollmächtigten** mit Abschlussbefugnis einigen (Abs. 5 S. 6). Die Bestellung eines gemeinsamen Bevollmächtigten soll gewährleisten, dass die Vertretung der Ersatzkassen „nicht zu Bürokratieaufwand führt".[23] 22

In den Fällen, in denen es eines solchen gemeinsamen Bevollmächtigten bedarf oder die Ersatzkassen sich auf einen solchen verständigt haben, kann dies auch ein **Verband der Ersatzkassen** sein, also der vdek. 23

Ebenso wie im Fall des Abs. 5 S. 5 können die Ersatzkassen als Bevollmächtigten die **Verbände der Ersatzkassen** benennen (Abs. 5 S. 7). Können sich die Ersatzkassen nicht auf einen gemeinsamen Vertreter einigen, wird der Vertreter von der Aufsichtsbehörde bestimmt (Abs. 5 S. 9). Der von der Aufsichtsbehörde benannte Vertreter muss nicht notwendig aus den Reihen der Ersatzkassen kommen. 24

Für **sonstige Maßnahmen und Entscheidungen** müssen die Ersatzkassen einen gemeinsamen Vertreter benennen, sofern nichts anderes bestimmt ist (Abs. 5 S. 8). „Bestimmt das Gesetz, dass für Maßnahmen oder sonstige Entscheidungen von den Ersatzkassen mehrere Vertreter zu benennen sind, wie zum Beispiel in § 90 Abs. 2 SGB V haben sich die Ersatzkassen auf zwei gemeinsame Vertreter zu einigen."[24] Können sich die Ersatzkassen nicht auf einen gemeinsamen Vertreter einigen, gilt ebenso wie bei Abs. 5 S. 6, dass die Aufsicht den Vertreter bestimmt (Abs. 5 S. 9).[25] 25

Soweit für die Aufgabenerfüllung der Erlass von Verwaltungsakten notwendig ist und die Ersatzkassen als Bevollmächtigten die Verbände der Ersatzkassen benennen (s. Abs. 5 S. 7 bezogen auf Abs. 5 S. 5 und 6), haben die Verbände die Befugnis zum **Erlass von Verwaltungsakten** (Abs. 5 S. 10).[26] 26

VI. Entsprechende Anwendung von Vorschriften für die Orts-, Betriebs- und Innungskrankenkassen (Abs. 6)

Nach Abs. 6 S. 1 gilt Abs. 5 S. 6, 8 und 9 für die Krankenkassen der anderen Kassenarten entsprechend. Neben den Ersatzkassen (Abs. 5) müssen sich daher auch die Orts-, Betriebs- und Innungskrankenkassen für gemeinsam und einheitlich abzuschließende Verträge auf Landesebene jeweils auf einen **gemeinsamen Bevollmächtigten mit Abschlussbefugnis** einigen (Abs. 6 S. 1 iVm Abs. 5 S. 6). Für sonstige Maßnahmen und Entscheidungen müssen die Orts-, Betriebs- und Innungskrankenkassen, sofern nichts anderes bestimmt ist, einen gemeinsamen Vertreter benennen (Abs. 6 S. 1 iVm Abs. 5 S. 8). Können sich die Orts-, Betriebs- bzw. Innungskrankenkassen nicht auf einen gemeinsamen Vertreter einigen, wird er von der Aufsichtsbehörde bestimmt (Abs. 6 S. 1 iVm Abs. 5 S. 8). Die übrigen Vorschriften des Abs. 5 finden auf Orts-, Betriebs- und Innungskrankenkassen keine Anwendung. 27

Besteht in einem Land ein Landesverband, gilt abweichend von Abs. 6 S. 1 der **Landesverband als Bevollmächtigter** der Kassenart (Abs. 6 S. 2). Besteht in einem Land kein Landesverband und werden die Aufgaben eines Landesverbandes von einer Krankenkasse oder einem anderen Landesverband nach § 207 wahrgenommen, ist die die Aufgaben des Landesverbands wahrnehmende Krankenkasse oder der andere Landesverband iSd § 207 Bevollmächtigter der Kassenart (Abs. 6 S. 3). Bestehen in einem Land mehrere Landesverbände, gelten diese in ihrem jeweiligen Zuständigkeitsbereich als Bevollmächtigte (Abs. 6 S. 4). 28

§ 213 Rechtsnachfolge, Vermögensübergang, Arbeitsverhältnisse

(1) ¹Das den bis zum 31. Dezember 2008 bestehenden Bundesverbänden zustehende Vermögen wandelt sich in Gesamthandsvermögen der Gesellschaften des bürgerlichen Rechts um. ²Für die Arbeitsverhältnisse findet § 613 a des Bürgerlichen Gesetzbuchs entsprechende Anwendung. ³Für Ansprüche aus Dienst- und Arbeitsvertrag einschließlich der Ansprüche auf Versorgung haften die Gesellschafter zeitlich unbeschränkt. ⁴Bei Auflösung eines Verbandes der Ersatzkassen oder des Austritts eines Mitglieds aus einem Verband der Ersatzkassen haften die Vereinsmitglieder für Ansprüche aus Dienst- und Arbeitsvertrag einschließlich der Ansprüche auf Versorgung zeitlich unbeschränkt. ⁵Die bei den bis zum

---

23 BT-Dr. 16/3100, 160.
24 BT-Dr. 16/3100, 160.
25 Engelhard in: Hauck/Noftz, SGB V, § 212 Rn. 33 spricht insoweit von einer Ersatzvornahme der Aufsichtsbehörde.
26 Nach Kauke in: Jahn ua, SGB V, § 212 Rn. 20 ist diese Verwaltungsaktbefugnis auf die Erfüllung der Aufgaben beschränkt, die den Verbänden von den Mitglieder-Ersatzkassen übertragen sind.

31. Dezember 2008 bestehenden Bundesverbänden tätigen Angestellten, für die die Dienstordnung gilt, werden unter Wahrung ihrer Rechtsstellung und Fortgeltung der jeweiligen Dienstordnungen bei den Gesellschaften beschäftigt. ⁶§ 164 Abs. 2 und 3 gilt entsprechend. ⁷Angestellte, für die die Dienstordnung gilt, haben einen Anspruch auf Anstellung bei einem Landesverband ihrer Wahl; der Landesverband muss zuvor Mitglied des Bundesverbandes nach § 212 in der bis zum 31. Dezember 2008 geltenden Fassung gewesen sein, bei dem der Dienstordnungsangestellte angestellt war. ⁸Der Landesverband oder die Krankenkasse, der oder die einen Dienstordnungsangestellten oder einen übrigen Beschäftigten anstellt, dessen Arbeitsplatz bei einem der bis zum 31. Dezember 2008 bestehenden Bundesverbände oder bei einer der in Satz 1 genannten Gesellschaften bürgerlichen Rechts weggefallen ist, hat einen Ausgleichsanspruch gegen die übrigen Landesverbände oder Krankenkassen der Kassenart. ⁹Für die Vergütungs- und Versorgungsansprüche haften die Gesellschafter zeitlich unbeschränkt. ¹⁰Die Sätze 6 bis 9 gelten auch für die Beschäftigten der Verbände der Ersatzkassen.

(2) ¹Die in den Bundesverbänden bis zum 31. Dezember 2008 bestehenden Personalräte nehmen ab dem 1. Januar 2009 die Aufgaben eines Betriebsrates mit dessen Rechten und Pflichten nach dem Betriebsverfassungsgesetz übergangsweise wahr. ²Das Übergangsmandat endet, sobald ein Betriebsrat gewählt und das Wahlergebnis bekannt gegeben ist; es besteht längstens bis zum 31. Mai 2010.

(3) Die in den Bundesverbänden am 31. Dezember 2008 jeweils bestehenden Dienstvereinbarungen gelten in den Gesellschaften des bürgerlichen Rechts als Betriebsvereinbarungen für längstens 24 Monate fort, soweit sie nicht durch andere Regelungen ersetzt werden.

(4) ¹Auf die bis zum 31. Dezember 2008 förmlich eingeleiteten Beteiligungsverfahren im Bereich der Bundesverbände finden bis zu deren Abschluss die Bestimmungen des Bundespersonalvertretungsgesetzes sinngemäß Anwendung. ²Dies gilt auch für Verfahren vor der Einigungsstelle und den Verwaltungsgerichten. ³In den Fällen der Sätze 1 und 2 tritt in diesen Verfahren an die Stelle der Personalvertretung die nach dem Betriebsverfassungsgesetz zuständige Arbeitnehmervertretung.

(5) Bei der Fusion von Landesverbänden wird die Gesellschaft mit dem Rechtsnachfolger des fusionierten Landesverbandes fortgeführt.

(6) ¹Der Spitzenverband Bund soll den Beschäftigten der nach § 212 Abs. 1 in der bis zum 31. Dezember 2008 geltenden Fassung bestehenden Bundesverbände sowie den Beschäftigten der Verbände der Ersatzkassen eine Anstellung anbieten, soweit dies für eine ordnungsgemäße Erfüllung der Aufgaben des Spitzenverbandes Bund erforderlich ist. ²Einer vorherigen Ausschreibung bedarf es nicht.

I. Entstehungsgeschichte, allgemeine Bedeutung und Normzweck 1	4. Rechte und Pflichten der Dienstordnungsangestellten (Abs. 1 S. 5 bis 10) .. 8
II. Vermögensumwandlung, Arbeitsverhältnisse (Abs. 1) 5	III. Personalräte (Abs. 2) 13
1. Umwandlung des Vermögens der Bundesverbände in Gesamthandsvermögen (Abs. 1 S. 1) 5	IV. Dienstvereinbarungen und Beteiligungsverfahren der Bundesverbände (Abs. 3 und 4) 14
2. Anwendbarkeit des § 613 a BGB auf Arbeitsverhältnisse (Abs. 1 S. 2) 6	V. Fusion von Landesverbänden (Abs. 5) 16
3. Haftung für Ansprüche aus Dienst- und Arbeitsverträgen (Abs. 1 S. 3 und 4) 7	VI. Angebot der Anstellung bisheriger Beschäftigter durch den Spitzenverband Bund der Krankenkassen (Abs. 6) 17

I. Entstehungsgeschichte, allgemeine Bedeutung und Normzweck

1 § 213 wurde durch das Gesetz zur Strukturreform im Gesundheitswesen (Gesundheits-Reformgesetz – GRG) vom 20.12.1988 in das SGB V eingefügt und ist zum 1.1.1989 in Kraft getreten.[1] Abs. 3 S. 1 und 2 wurden durch das Zweite Gesetz zur Änderung des Fünften Buches Sozialgesetzbuch vom 20.12.1991 mit Wirkung zum 1.1.1992 geändert;[2] Abs. 3 S. 1 Hs. 2 wurde durch das Gesetz zur Anpassung der Regelungen über die Festsetzung von Festbeträgen für Arzneimittel in der gesetzlichen Krankenversicherung (Festbetrags-Anpassungsgesetz – FBAG) vom 27.7.2001 zum 3.8.2001 gestrichen.[3] In Abs. 1 und 2 wurde durch das Gesetz zur Organisationsreform in der gesetzlichen Rentenversicherung (RVOrgG) vom 9.12.2004 zum 1.10.2005 das Wort „Bundesknappschaft" durch „DRV Knappschaft-Bahn-See" ersetzt.[4]

---

1 BGBl. I 1988, 2477 ff.
2 BGBl. I 1991, 2325 ff.
3 BGBl. I 2001, 1948 ff.
4 BGBl. I 2004, 3242 ff.

Das Gesetz zur Stärkung des Wettbewerbs in der gesetzlichen Krankenversicherung (GKV-Wettbe- 2
werbsstärkungsgesetz – GKV-WSG) vom 26.3.2007 hat § 213 insgesamt **neu gefasst**; Abs. 6 wurde
zum 1.4.2007 geändert.[5] Abs. 1 bis 5 haben durch das Gesetz zur Weiterentwicklung der Organisationsstrukturen in der gesetzlichen Krankenversicherung (GKV-OrgWG) vom 15.12.2008 zum
1.1.2009 Änderungen erfahren.[6] Abs. 1 und 2 wurden durch das Gesetz zur Änderung des Vierten Buches Sozialgesetzbuch und anderer Gesetze vom 19.12.2007 zum 28.12.2007 modifiziert.[7]

§ 213 regelt die Folgen der **Umwandlung der ehemaligen Bundesverbände** in Gesellschaften bürgerlichen Rechts zum 1.1.2009.[8] 3

Die Vorschrift dient dem **Zweck**, den Übergang des Vermögens der ehemaligen Bundesverbände auf 4
die bürgerlich-rechtlichen Gesellschaften sowie die Beschäftigungsverhältnisse und die daraus resultierenden Ansprüche der Beschäftigten der Bundesverbände sicherzustellen.[9]

II. Vermögensumwandlung, Arbeitsverhältnisse (Abs. 1)

1. Umwandlung des Vermögens der Bundesverbände in Gesamthandsvermögen (Abs. 1 S. 1). Mit der 5
Errichtung des Spitzenverbandes Bund der Krankenkassen (GKV-Spitzenverband) wurden die bisher
als Körperschaften des öffentlichen Rechts bestehenden Bundesverbände kraft Gesetzes in Gesellschaften bürgerlichen Rechts umgewandelt (§ 212 Abs. 1 S. 1). Abs. 1 regelt die **Folgen der Umwandlung**
und bestimmt in S. 1, dass das den bisherigen Bundesverbänden bis zum 31.12.2008 zustehende Vermögen in Gesamthandsvermögen der Gesellschaften bürgerlichen Rechts umgewandelt wird.

2. Anwendbarkeit des § 613 a BGB auf Arbeitsverhältnisse (Abs. 1 S. 2). Abs. 1 S. 2 erklärt für die bei 6
den Bundesverbänden bestehenden **Arbeitsverhältnisse** § 613 a BGB für entsprechend anwendbar, der
die Rechte und Pflichten bei Betriebsübergang insbesondere des neuen Betriebsinhabers und der Arbeitnehmer regelt. Gemäß § 613 a Abs. 1 S. 1 BGB tritt die neu entstandene Gesellschaft bürgerlichen
Rechts in die Rechte und Pflichten aus den im Zeitpunkt des Übergangs bestehenden Arbeitsverhältnissen der ehemaligen Bundesverbände kraft Gesetzes ein. Dazu gehören auch die tarifvertraglichen
Rechte und Pflichten wie zum Beispiel eine Unkündbarkeit;[10] sie werden Bestandteil des Arbeitsverhältnisses mit der bürgerlich-rechtlichen Gesellschaft und dürfen grundsätzlich nicht vor Ablauf eines
Jahres nach dem Zeitpunkt des Übergangs zum Nachteil des Arbeitnehmers geändert werden (§ 613 a
Abs. 1 S. 1 BGB). Eine Kündigung allein wegen des Rechtsformwechsels ist nicht zulässig (§ 613 a
Abs. 4 BGB).[11] § 613 a Abs. 5 BGB regelt Informationspflichten des bisherigen Arbeitgebers (Bundesverbände) und des neuen Betriebsinhabers (Gesellschaften bürgerlichen Rechts) gegenüber den Arbeitnehmern.

3. Haftung für Ansprüche aus Dienst- und Arbeitsverträgen (Abs. 1 S. 3 und 4). Nach Abs. 1 S. 3 haf- 7
ten die ehemaligen Mitglieder der Bundesverbände – abweichend von § 613 a Abs. 2 und 3 BGB – für
Ansprüche aus Dienst- und Arbeitsverträgen einschließlich der Ansprüche auf Versorgung zeitlich unbeschränkt. Auch für die Verbände der Ersatzkassen bestimmt Abs. 1 S. 4, dass die **Haftung der Vereinsmitglieder** für Ansprüche aus Dienst- und Arbeitsvertrag einschließlich der Ansprüche auf Versorgung nicht durch Auflösung eines Ersatzkassenverbandes oder durch Austritt eines Mitglieds aus
einem Verband erlischt, sondern zeitlich unbeschränkt (fort-)besteht.

4. Rechte und Pflichten der Dienstordnungsangestellten (Abs. 1 S. 5 bis 10). Diejenigen bei den bis 8
zum 31.12.2008 bestehenden Bundesverbänden tätigen Angestellten, für die eine Dienstordnung gilt,[12]
werden gem. Abs. 1 S. 5 unter Wahrung ihrer Rechtsstellung und Fortgeltung der jeweiligen Dienstordnungen bei den neu gebildeten bürgerlich-rechtlichen Gesellschaften weiterbeschäftigt. Die **Dienstordnungsangestellten** (sog DO-Angestellte) behalten damit ihren beamtenähnlichen Sonderstatus.[13] Sie
haben gem. Abs. 1 S. 7 einen Anspruch auf Anstellung bei einem Landesverband ihrer Wahl, wenn der

---

5 BGBl. I 2007, 378 ff.
6 BGBl. I 2008, 2426 ff.
7 BGBl. I 2007, 3024 ff.
8 Kritisch zum systematischen Aufbau der Norm Peters in: KassKomm, § 213 SGB V Rn. 4.
9 Vgl. BT-Dr. 16/3100, 160 f.
10 Vgl. BT-Dr. 16/7216, 44.
11 Vgl. BT-Dr. 16/3100, 160.
12 Vgl. §§ 349 ff. RVO.
13 Vgl. BT-Dr. 16/3100, 160.

Landesverband zuvor Mitglied des betreffenden Bundesverbandes war, bei dem der DO-Angestellte beschäftigt war.

9 Nach Abs. 1 S. 6 gilt § 164 Abs. 2 und 3 entsprechend. Gemäß § 164 Abs. 2 bleiben die **Versorgungsansprüche** der am Tag der Umwandlung der Bundesverbände in bürgerlich-rechtliche Gesellschaften vorhandenen Versorgungsempfänger und ihrer Hinterbliebenen durch die Umwandlung unberührt. Macht ein DO-Angestellter von seinem **Wahlrecht** nach § 213 Abs. 1 S. 7 keinen Gebrauch, ist er gem. § 164 Abs. 3 S. 1 grundsätzlich verpflichtet, eine ihm von einem Landesverband oder einer Krankenkasse angebotene Stelle anzunehmen; etwas anderes gilt, wenn die angebotene Stelle in einem auffälligen Missverhältnis zu den Fähigkeiten des Angestellten steht.[14] Entstehen hierdurch geringere Besoldungs- und Versorgungsansprüche, sind diese auszugleichen (§ 164 Abs. 3 S. 2).[15] Nimmt der DO-Angestellte sein Wahlrecht iSd § 213 Abs. 1 S. 7 wahr, „ist der Landesverband verpflichtet, ihm eine Stellung unter Wahrung seines Status und Fortgeltung der Dienstordnung anzubieten".[16] Der den DO-Angestellten in der Folge beschäftigende Landesverband hat einen Ausgleichsanspruch gegen die übrigen Landesverbände (Abs. 1 S. 8).

10 Gemäß Abs. 1 S. 6 iVm § 164 Abs. 3 S. 3 ist den übrigen Beschäftigten, dh den **tarifvertraglich Angestellten** der ehemaligen Bundesverbände, bei einem Landesverband oder einer Krankenkasse eine Stellung anzubieten, die ihnen unter Berücksichtigung ihrer Fähigkeiten und bisherigen Dienststellung zuzumuten ist.[17] Der Landesverband oder die Krankenkasse, der/die einen tarifvertraglich Angestellten anstellt, dessen Arbeitsplatz bei einem bis zum 31.12.2008 bestehenden Bundesverband oder bei einer der neu gegründeten Gesellschaften bürgerlichen Rechts weggefallen ist, hat einen Ausgleichsanspruch gegen die übrigen Landesverbände oder Krankenkassen der betreffenden Kassenart (§ 218 Abs. 1 S. 8).

11 Abs. 1 S. 9 ordnet in Parallele zu Abs. 1 S. 3 und 4 auch für die Vergütungs- und Versorgungsansprüche der DO-Angestellten eine zeitlich unbegrenzte **Haftung** der vormaligen Mitglieder der Bundesverbände an.

12 Gemäß Abs. 1 S. 10 gelten die Bestimmungen des Abs. 1 S. 6 bis 9 auch für die **Beschäftigten der Verbände der Ersatzkassen**. Da die Verbände der Ersatzkassen keine DO-Angestellten beschäftigen,[18] kommt dem Verweis in Abs. 1 S. 10 praktische Relevanz nur bezogen auf Abs. 1 S. 6 iVm § 164 Abs. 2 und Abs. 3 S. 3 zu.

III. Personalräte (Abs. 2)

13 Gemäß Abs. 2 S. 1 nehmen die in den Bundesverbänden bis zum 31.12.2008 bestehenden **Personalräte** ab dem 1.1.2009 die Aufgaben eines Betriebsrates mit dessen Rechten und Pflichten nach dem Betriebsverfassungsgesetz übergangsweise wahr. Das Übergangsmandat endet, sobald ein Betriebsrat gewählt und das Wahlergebnis bekannt gegeben ist; es besteht längstens bis zum 31.5.2010 (Abs. 2 S. 2). Abs. 2 stellt sicher, dass es bei der Umwandlung der ehemaligen Bundesverbände in Gesellschaften bürgerlichen Rechts (Abs. 1) „keinen Zeitraum ohne ordnungsgemäße Personalvertretung gibt".[19] Die Betriebsratswahlen fanden im März 2010 statt, so dass das Übergangsmandat gem. Abs. 2 zum 31.3.2010 ausgelaufen ist.

IV. Dienstvereinbarungen und Beteiligungsverfahren der Bundesverbände (Abs. 3 und 4)

14 Nach **Abs. 3** gelten die in den Bundesverbänden am 31.12.2008 jeweils bestehenden **Dienstvereinbarungen** in den Gesellschaften bürgerlichen Rechts als Betriebsvereinbarungen für längstens 24 Monate fort, soweit sie nicht durch andere Regelungen ersetzt werden.

15 **Abs. 4** stellt sicher, dass die bei den Bundesverbänden eingeleiteten **Beteiligungsverfahren** zu Ende geführt werden können.[20] Auf die bis zum 31.12.2008 förmlich eingeleiteten Beteiligungsverfahren im Bereich der Bundesverbände finden bis zu deren Abschluss die Bestimmungen des Bundespersonalvertretungsgesetzes sinngemäß Anwendung (Abs. 4 S. 1). Dies gilt gem. Abs. 4 S. 2 auch für Verfahren vor der Einigungsstelle und den Verwaltungsgerichten. In den Fällen des Abs. 4 S. 1 und 2 tritt in diesen

---

14 Vgl. BT-Dr. 16/3100, 160. Näher zum Begriff des Missverhältnisses, der keine Gleichartigkeit von angebotener Stelle und Fähigkeiten des Angestellten verlangt, Dalichau, SGB V, § 213 S. 3.
15 Siehe auch BT-Dr. 16/3100, 160.
16 BT-Dr. 16/3100, 160.
17 BT-Dr. 16/7216, 44.
18 Engelhard in: Hauck/Noftz, SGB V, § 213 Rn. 25.
19 BT-Dr. 16/3100, 160.
20 BT-Dr. 16/3100, 160.

Verfahren an die Stelle der Personalvertretung die nach dem Betriebsverfassungsgesetz zuständige Arbeitnehmervertretung (Abs. 4 S. 3).

V. Fusion von Landesverbänden (Abs. 5)

Abs. 5 bestimmt als **Sonderregelung** zu §§ 723 ff. BGB, dass bei der Fusion von Landesverbänden die Gesellschaft mit dem Rechtsnachfolger des fusionierten Landesverbandes fortgeführt wird, also kein Auflösungsgrund für die Gesellschaft vorliegt.[21]

VI. Angebot der Anstellung bisheriger Beschäftigter durch den Spitzenverband Bund der Krankenkassen (Abs. 6)

Der (neu geschaffene) Spitzenverband Bund der Krankenkassen soll den Beschäftigten der nach § 212 Abs. 1 zum 1.1.2009 in Gesellschaften bürgerlichen Rechts umgewandelten Bundesverbände sowie den Beschäftigten der Verbände der Ersatzkassen eine **Anstellung anbieten**, soweit dies für eine ordnungsgemäße Erfüllung der Aufgaben des Spitzenverbandes erforderlich ist (Abs. 6 S. 1). Die Regelung dient primär der effektiven Aufgabenerfüllung des Spitzenverbandes Bund. Es soll „dem Spitzenverband erleichtert werden, qualifiziertes Personal, das schon bisher in den entsprechenden Arbeitsgebieten Erfahrung gesammelt hat, ohne bürokratischen Aufwand einstellen zu können."[22] Ein Rechtsanspruch auf Anstellung besteht nicht.[23] Gemäß Abs. 6 S. 2 bedarf es keiner vorherigen Ausschreibung der Stellen.

Abs. 6 bezieht sich nur auf das im **Zeitpunkt der gesetzlichen Umwandlung** der Bundesverbände angestellte Personal; nach der Umwandlung eingestelltem Personal kommt die Regelung des Abs. 6 nicht zugute.[24]

§ 214 Aufgaben

¹Die Gesellschaft hat die Aufgabe, die Verpflichtungen auf Grund der Rechtsnachfolge oder aus Gesetz zu erfüllen. ²Die Gesellschafter können im Gesellschaftsvertrag weitere Aufgaben zur Unterstützung der Durchführung der gesetzlichen Krankenversicherung vereinbaren.

I. Entstehungsgeschichte, allgemeine Bedeutung und Normzweck

§ 214 ist durch das Gesetz zur Strukturreform im Gesundheitswesen (Gesundheits-Reformgesetz – GRG) vom 20.12.1988 am 1.1.1989 in Kraft getreten.[1] Inhalt der Regelung war ursprünglich die Aufsicht über die Bundesverbände.[2] Nachdem die Bundesverbände kraft Gesetzes zum 1.1.2009 in Gesellschaften bürgerlichen Rechts umgewandelt wurden (§ 212 Abs. 1 S. 1), ist § 214 durch das Gesetz zur Stärkung des Wettbewerbs in der gesetzlichen Krankenversicherung (GKV-Wettbewerbsstärkungsgesetz – GKV-WSG) vom 26.3.2007 zum 1.1.2009 inhaltlich neu gefasst worden.[3]

II. Aufgaben der in Gesellschaften bürgerlichen Rechts umgewandelten Bundesverbände

§ 214 regelt die **Aufgaben** der durch Umwandlung der Bundesverbände kraft Gesetzes (s. § 212 Abs. 1 S. 1) zum 1.1.2009 entstandenen Gesellschaften bürgerlichen Rechts. Die Gesellschaften haben gem. S. 1 die Aufgabe, die sich aus der Rechtsnachfolge der Bundesverbände und dem Gesetz ergebenden Verpflichtungen zu erfüllen. Zu den Rechtsnachfolge-Pflichten der Gesellschaften gehören insbesondere die aus den bestehenden Arbeitsverhältnissen.[4]

Gemäß S. 2 können die Gesellschafter im Gesellschaftsvertrag **weitere Aufgaben zur Unterstützung** der Durchführung der gesetzlichen Krankenversicherung vereinbaren. Nach der Gesetzesbegründung können die Gesellschafter durch die Vereinbarung solcher Unterstützungsaufgaben „den Fortbestand der

---

21 BT-Dr. 16/3100, 161.
22 BT-Dr. 16/4247, 52.
23 Krauskopf in: Krauskopf, § 213 SGB V Rn. 18.
24 BT-Dr. 16/4247, 52.
 1 BGBl. I 1988, 2477 ff.
 2 Eingehend Dalichau, SGB V, § 214 S. 1 f.
 3 BGBl. I 2007, 378 ff.
 4 BT-Dr. 16/3100, 161.

Gesellschaft als freiwillige, private Organisationen im Gesundheitswesen sichern."[5] Als Aufgaben zur Unterstützung der gesetzlichen Krankenversicherung kommen vor allem Maßnahmen im Bereich der wettbewerblichen Aufgaben der Krankenkassen, die ihnen durch das GKV-Wettbewerbsstärkungsgesetz übertragen wurden, in Betracht;[6] denkbar sind Unterstützungsleistungen bei der Rechtsberatung, im Bereich der IT, der Markenpflege und der Interessenvertretung der Gesellschafter auf Bundesebene beim Spitzenverband.[7]

§§ 215 bis 217 (aufgehoben)

§ 217 a Errichtung des Spitzenverbandes Bund der Krankenkassen

(1) Die Krankenkassen bilden den Spitzenverband Bund der Krankenkassen.
(2) Der Spitzenverband Bund der Krankenkassen ist eine Körperschaft des öffentlichen Rechts.

Literatur:
Axer, Finanzierung und Organisation der gesetzlichen Krankenversicherung nach dem GKV-Wettbewerbsstärkungsgesetz, GesR 2007, 193; *Pitschas,* Die Gesundheitsreform 2007 – Verfassungskonformer Einstieg in den Systemwechsel der GKV, GesR 2008, 64; *Fink,* Spitzenverband Bund – Ein doppeltes Legitimationsproblem – und mehr Verbände, Die Ersatzkasse 2006, 460; *v. Boetticher,* Der Spitzenverband Bund der Krankenkassen, SGb 2009, 15.

I. Entstehungsgeschichte, allgemeine Bedeutung und Normzweck

1 § 217 a wurde durch das Gesetz zur Stärkung des Wettbewerbs in der gesetzlichen Krankenversicherung (GKV-Wettbewerbsstärkungsgesetz – GKV-WSG) vom 26.3.2007 eingeführt und ist am 1.4.2007 in Kraft getreten.[1]

2 § 217 a regelt die **Errichtung des Spitzenverbandes Bund der Krankenkassen** (Abs. 1) und legt seine Rechtsform als Körperschaft des öffentlichen Rechts fest (Abs. 2).

3 § 217 a dient dem Ziel, „zeitliche und organisatorische Abläufe in den Verbänden und der gemeinsamen Selbstverwaltung deutlich" zu straffen und Handlungsblockaden zu vermeiden.[2]

II. Errichtung des Spitzenverbandes Bund der Krankenkassen (Abs. 1)

4 Gemäß Abs. 1 bilden die Krankenkassen den **Spitzenverband Bund der Krankenkassen**.[3] Die vormaligen Bundesverbände der Krankenkassen wurden zum 1.1.2009 in Gesellschaften bürgerlichen Rechts umgewandelt (§ 212 Abs. 1 S. 1); ihre Aufgaben werden seit 1.7.2008 größtenteils von dem Spitzenverband Bund der Krankenkassen wahrgenommen (§ 217 f). (Pflicht)Mitglieder des Spitzenverbands Bund der Krankenkassen sind gem. § 217 a Abs. 1 die gesetzlichen Krankenkassen.[4] Der Spitzenverband Bund ersetzt damit faktisch in vielerlei Hinsicht die bis zum 31.12.2008 bestehenden und zum 1.1.2009 in Gesellschaften bürgerlichen Rechts umgewandelten Bundesverbände, ohne deren Rechtsnachfolger zu sein.[5]

---

5 BT-Dr. 16/3100, 161.
6 Vgl. BT-Dr. 16/7216, 45.
7 Vgl. Krauskopf in: Krauskopf, § 214 SGB V Rn. 6.
1 BGBl. I 2007, 378 ff.
2 BT-Dr. 16/3100, 161. Eingehend zur Entstehungsgeschichte der Norm Wille/Koch, Die Gesundheitsreform 2007, 2007, Rn. 741 ff.; Sodan, HdB KrVersR, § 32 Rn. 79.
3 Zu der Diskussion über die verfassungsrechtliche Zulässigkeit der Aufgabenkonzentration bei dem Spitzenverband Bund Pitschas, GesR 2008, 64 ff.; Mühlhausen in: Becker/Kingreen, § 217 a Rn. 5 ff.; Dalichau, SGB V, § 217 a S. 1 f.; Fink, Die Ersatzkasse 2006, 460, 461 ff. Zu der demokratischen Legitimation des Spitzenverbandes Bund v. Boetticher, SGb 2009, 15 ff.; Mühlhausen in: Becker/Kingreen, § 217 c Rn. 14.
4 Näher Sodan, HdB KrVersR, § 32 Rn. 80.
5 Peters in: KassKomm, § 217 a SGB V Rn. 5.

III. Spitzenverband Bund der Krankenkassen ist Körperschaft des öffentlichen Rechts (Abs. 2)

Der Spitzenverband Bund ist nach Abs. 2 eine Körperschaft des öffentlichen Rechts, die das Recht zur Selbstverwaltung hat.[6] Für die Errichtung des Verbandes als Körperschaft des öffentlichen Rechts sah ursprünglich § 217g die Bestellung eines Errichtungsbeauftragten vor.[7] Die Vorschrift hat sich nach Abschluss der Errichtung des Spitzenverbundes Bund erledigt und wurde durch das Gesetz zur Verbesserung der Versorgungsstrukturen in der gesetzlichen Krankenversicherung (GKV-Versorgungsstrukturgesetz – GKV-VStG) gestrichen.[8] Seit 1.7.2008 firmiert der Spitzenverband Bund der Krankenkassen als „GKV-Spitzenverband".[9]

§ 217 b Organe

(1) ¹Bei dem Spitzenverband Bund der Krankenkassen wird als Selbstverwaltungsorgan ein Verwaltungsrat gebildet. ²Ein Mitglied des Verwaltungsrates muss dem Verwaltungsrat, dem ehrenamtlichen Vorstand oder der Vertreterversammlung einer Mitgliedskasse angehören. ³§ 33 Abs. 3, die §§ 40, 41, 42 Abs. 1 bis 3, die §§ 58, 59, 62 Absatz 1 bis 4 und 6, § 63 Abs. 1, 3, 4, § 64 Abs. 1 bis 3 und § 66 Abs. 1 des Vierten Buches und § 197 gelten entsprechend.

(1 a) ¹Der Verwaltungsrat kann sämtliche Geschäfts- und Verwaltungsunterlagen einsehen und prüfen. ²Der Verwaltungsrat kann von dem Vorstand jederzeit einen Bericht über Angelegenheiten der Körperschaften verlangen. ³Der Bericht ist rechtzeitig und in der Regel schriftlich zu erstatten. ⁴Die Rechte nach den Sätzen 1 und 2 können auch mit einem Viertel der abgegebenen Stimmen im Verwaltungsrat geltend gemacht werden.

(1 b) ¹Der Verwaltungsrat hat seine Beschlüsse nachvollziehbar zu begründen. ²Er hat seine Sitzungen zu protokollieren. ³Der Verwaltungsrat kann ein Wortprotokoll verlangen. ⁴Abstimmungen erfolgen in der Regel nicht geheim. ⁵Eine geheime Abstimmung findet nur in besonderen Angelegenheiten statt. ⁶Eine namentliche Abstimmung erfolgt über die in der Satzung nach § 217e Absatz 1 festzulegenden haftungsrelevanten Abstimmungsgegenstände.

(1 c) ¹Verpflichtet sich ein Mitglied des Verwaltungsrates außerhalb seiner Tätigkeit im Verwaltungsrat durch einen Dienstvertrag, durch den ein Arbeitsverhältnis nicht begründet wird, oder durch einen Werkvertrag gegenüber dem Spitzenverband Bund der Krankenkassen zu einer Tätigkeit höherer Art, so hängt die Wirksamkeit des Vertrages von der Zustimmung des Verwaltungsrates ab. ²Gewährt der Spitzenverband Bund der Krankenkassen auf Grund des Dienstvertrages oder des Werkvertrages dem Mitglied des Verwaltungsrates eine Vergütung, ohne dass der Verwaltungsrat diesem Vertrag zugestimmt hat, so hat das Mitglied des Verwaltungsrates die Vergütung zurückzugewähren, es sei denn, dass der Verwaltungsrat den Vertrag nachträglich genehmigt. ³Ein Anspruch des Mitglieds des Verwaltungsrates gegen den Spitzenverband Bund der Krankenkassen auf Herausgabe der durch die geleistete Tätigkeit erlangten Bereicherung bleibt unberührt. ⁴Der Anspruch kann jedoch nicht gegen den Rückgewähranspruch aufgerechnet werden.

(1 d) Die Höhe der jährlichen Entschädigungen der einzelnen Mitglieder des Verwaltungsrates einschließlich Nebenleistungen sind in einer Übersicht jährlich zum 1. März, erstmals zum 1. März 2017, vom Spitzenverband Bund der Krankenkassen im Bundesanzeiger und gleichzeitig in den Mitteilungen des Spitzenverbandes Bund der Krankenkassen zu veröffentlichen.

(1 e) ¹Der Verwaltungsrat kann seinen Vorsitzenden oder dessen Stellvertreter abberufen, wenn bestimmte Tatsachen das Vertrauen der Mitglieder des Verwaltungsrates zu der Amtsführung des Vorsitzenden oder des stellvertretenden Vorsitzenden ausschließen, insbesondere wenn der Vorsitzende oder der stellvertretende Vorsitzende seine Pflicht als Willensvertreter des Verwaltungsrates verletzt hat oder seine Informationspflichten gegenüber dem Verwaltungsrat verletzt hat. ²Für die Abberufung ist die einfache Mehrheit der abgegebenen Stimmen erforderlich. ³Mit dem Beschluss über die Abberufung muss der Verwaltungsrat gleichzeitig einen Nachfolger für den Vorsitzenden oder den stellvertretenden

---
6 Statt vieler und näher Sodan, HdB KrVersR, § 32 Rn. 80.
7 Hierzu näher Sodan, HdB KrVersR, § 32 Rn. 79; Wille/Koch, Die Gesundheitsreform 2007, 2007, Rn. 747 f.
8 BT-Dr. 17/8005, 125.
9 Vgl. § 1 Satzung des GKV-Spitzenverbandes. Hierzu näher Pfeiffer in: Gellner/Schmöller (Hrsg.), Solidarität und Wettbewerb, 2009, S. 101, 102.

Vorsitzenden wählen. ⁴Die Amtszeit des abberufenen Vorsitzenden oder des abberufenen stellvertretenden Vorsitzenden endet mit der Abberufung.

(2) ¹Bei dem Spitzenverband Bund der Krankenkassen wird ein Vorstand gebildet. ²Der Vorstand besteht aus höchstens drei Personen. ³Der Vorstand sowie aus seiner Mitte der Vorstandsvorsitzende und dessen Stellvertreter werden von dem Verwaltungsrat gewählt. ⁴Der Vorstand verwaltet den Spitzenverband und vertritt den Spitzenverband gerichtlich und außergerichtlich, soweit Gesetz oder sonstiges für den Spitzenverband maßgebendes Recht nichts Abweichendes bestimmen. ⁵Die Mitglieder des Vorstandes üben ihre Tätigkeit hauptamtlich aus. ⁶§ 35 a Abs. 1 bis 3, 6 bis 7 des Vierten Buches gilt entsprechend. ⁷Die Aufsichtsbehörde kann vor ihrer Entscheidung nach § 35 a Absatz 6 a des Vierten Buches in Verbindung mit Satz 6 verlangen, dass ihr der Spitzenverband Bund der Krankenkassen eine unabhängige rechtliche und wirtschaftliche Bewertung der Vorstandsdienstverträge vorlegt.

(2 a) ¹Der Vorstand hat geeignete Maßnahmen zur Herstellung und Sicherung einer ordnungsgemäßen Verwaltungsorganisation zu ergreifen. ²In der Verwaltungsorganisation ist insbesondere ein angemessenes internes Kontrollverfahren mit einem internen Kontrollsystem und mit einer unabhängigen internen Revision einzurichten. ³Die interne Revision berichtet in regelmäßigen Abständen dem Vorstand und bei festgestellten Verstößen gegen gesetzliche Regelungen oder andere wesentliche Vorschriften auch der Aufsichtsbehörde. ⁴Beziehen sich die festgestellten Verstöße auf das Handeln von Vorstandsmitgliedern, so ist auch dem Verwaltungsrat zu berichten.

(3) ¹Bei dem Spitzenverband Bund der Krankenkassen wird eine Mitgliederversammlung gebildet. ²Die Mitgliederversammlung wählt den Verwaltungsrat. ³In die Mitgliederversammlung entsendet jede Mitgliedskasse jeweils einen Vertreter der Versicherten und der Arbeitgeber aus ihrem Verwaltungsrat, ihrem ehrenamtlichen Vorstand oder ihrer Vertreterversammlung. ⁴Eine Ersatzkasse, deren Verwaltungsrat nicht zur Hälfte mit Vertretern der Arbeitgeber besetzt ist, entsendet jeweils zwei Vertreter der Versicherten aus ihrem Verwaltungsrat. ⁵§ 64 Abs. 1 und 3 des Vierten Buches gilt entsprechend.

Literatur:

Widmaier, Pluralität und Selbstverwaltung stärken Wettbewerb um Qualität und Effizienz, Die Ersatzkasse 2006, 470.

I. Entstehungsgeschichte, allgemeine Bedeutung und Normzweck 1	V. Dienst- und Werkverträge der Vorstandsmitglieder mit dem GKV-Spitzenverband (Abs. 1 c) 11
II. Verwaltungsrat (Abs. 1) 3	
1. Bildung eines Verwaltungsrates (Abs. 1 S. 1) 3	VI. Veröffentlichung der Höhe der jährlichen Entschädigung der Mitglieder des Verwaltungsrates (Abs. 1 d) 12
2. Mitgliedschaft in dem Verwaltungsrat, dem ehrenamtlichen Vorstand oder der Vertreterversammlung einer Mitgliedskasse (Abs. 1 S. 2) 4	VII. Abberufung des Vorsitzenden des Verwaltungsrates oder seines Stellvertreters (Abs. 1 e) 13
3. Aufgaben und Verfassung des Verwaltungsrates, Rechtsstellung der Mitglieder (Abs. 1 S. 3) 5	VIII. Vorstand (Abs. 2) 14
	IX. Herstellung und Sicherung einer ordnungsgemäßen Verwaltungsorganisation (Abs. 2 a) 17
III. Kontrollbefugnisse des Verwaltungsrates (Abs. 1 a) 9	X. Mitgliederversammlung (Abs. 3) 18
IV. Formelle Vorschriften für die Sitzungen und Beschlüsse des Verwaltungsrates (Abs. 1 b) 10	

I. Entstehungsgeschichte, allgemeine Bedeutung und Normzweck

§ 217 b wurde durch das Gesetz zur Stärkung des Wettbewerbs in der gesetzlichen Krankenversicherung (GKV-Wettbewerbsstärkungsgesetz – GKV-WSG) vom 26.3.2007 zum 1.4.2007 in das SGB V aufgenommen.¹ Abs. 1 S. 2 sowie Abs. 3 S. 4 wurden durch das Gesetz zur Änderung krankenversicherungsrechtlicher und anderer Vorschriften vom 24.7.2010 zum 30.7.2010 geändert.² Abs. 1 S. 2 und Abs. 3 S. 3 haben durch das Gesetz zur Verbesserung der Versorgungsstrukturen in der gesetzlichen Krankenversicherung (GKV-Versorgungsstrukturgesetz – GKV-VStG) vom 22.12.2011 zum 1.1.2012 (abermals) Änderungen erfahren.³ Mit Wirkung zum 13.8.2013 wurde der Verweis auf § 35 a SGB IV

---

1 BGBl. I 2007, 378 ff.
2 BGBl. I 2010, 983 ff.
3 BGBl. I 2011, 2983 ff.

in § 217 b Abs. 2 S. 6 auf den neu erlassenen § 35 a Abs. 6 a SGB IV ausgedehnt.[4] Durch das Gesetz zur Verbesserung der Handlungsfähigkeit der Selbstverwaltung der Spitzenorganisationen in der gesetzlichen Krankenversicherung sowie zur Stärkung der über sie geführten Aufsicht (GKV-Selbstverwaltungsstärkungsgesetz) vom 21.2.2017 wurde mit Wirkung zum 1.3.2017 Abs. 1 S. 3 geändert, Abs. 1 S. 4 gestrichen, die Abs. 1a bis 1e eingefügt sowie Abs. 2 um S. 7 ergänzt.[5]

§ 217 b benennt die **Organe des Spitzenverbandes Bund der Krankenkassen** und regelt ihre Zusammensetzung und Befugnisse.

II. Verwaltungsrat (Abs. 1)

1. Bildung eines Verwaltungsrates (Abs. 1 S. 1). Gemäß Abs. 1 S. 1 wird bei dem Spitzenverband Bund der Krankenkassen als (einziges)[6] Selbstverwaltungsorgan ein **Verwaltungsrat** gebildet. Die Zusammensetzung des Verwaltungsrates regelt § 217 c.

2. Mitgliedschaft in dem Verwaltungsrat, dem ehrenamtlichen Vorstand oder der Vertreterversammlung einer Mitgliedskasse (Abs. 1 S. 2). Gemäß Abs. 1 S. 2 muss jedes **Mitglied des Verwaltungsrates** des GKV-Spitzenverbandes dem Verwaltungsrat, dem ehrenamtlichen Vorstand oder der Vertreterversammlung einer Mitgliedskasse angehören. Die Stellung als Stellvertreter eines Mitglieds in dem Verwaltungsrat, dem ehrenamtlichen Vorstand oder der Vertreterversammlung einer Kasse genügt nicht.[7] Hauptamtliche Vorstände einer Krankenkasse kommen als Mitglied des Verwaltungsrates des Spitzenverbandes Bund ebenfalls nicht in Betracht.[8] Die Mitgliedschaft in einem der in Abs. 1 S. 2 genannten Organe einer Mitgliedskasse muss während der gesamten Amtszeit als Mitglied des Verwaltungsrates des Spitzenverbandes Bund bestehen.[9]

3. Aufgaben und Verfassung des Verwaltungsrates, Rechtsstellung der Mitglieder (Abs. 1 S. 3). Nach Abs. 1 S. 3 gelten § 33 Abs. 3, §§ 40, 41, 42 Abs. 1 bis 3, §§ 58, 59, 62 Abs. 1 bis 4 und 6, § 63 Abs. 1, 3, 4, § 64 Abs. 1 bis 3 und § 66 Abs. 1 SGB IV sowie § 197 für den Verwaltungsrat des GKV-Spitzenverbandes entsprechend.

Der Verweis auf § 197 und § 33 Abs. 3 SGB IV betrifft die Aufgaben des Verwaltungsrates. Zu den **Aufgaben des Verwaltungsrates** gehören vor allem der Erlass von Satzungen und sonstigem autonomen Recht (§ 33 Abs. 3 iVm Abs. 1 SGB IV, § 197 Abs. 1 Nr. 1), weswegen er auch als „Legislativorgan" bezeichnet wird.[10] Weitere Aufgaben des Verwaltungsrates sind die Überwachung des Vorstandes (§ 197 Abs. 1 Nr. 1 a), das Treffen von Entscheidungen von grundsätzlicher Bedeutung für den GKV-Spitzenverband (§ 197 Abs. 1 Nr. 1 a)[11] und die Vertretung des Verbandes gegenüber dem Vorstand (§ 197 Abs. 1 Nr. 4). Die Aufzählung der Aufgaben in § 197 ist nicht abschließend.[12] Grundsätzlich entscheidet der Verwaltungsrat in allen Angelegenheiten, für die nicht der Vorstand zuständig ist.[13] Der Verwaltungsrat kann sich durch Satzung weitere Aufgaben zuweisen und so auch die Aufgaben und Befugnisse des Vorstandes beschränken.[14]

Die weiteren Verweisungen des Abs. 1 S. 3 auf Vorschriften des SGB IV betreffen vor allem die **Verfassung des Verwaltungsrates** und die **Rechtsstellung seiner Mitglieder**. Gemäß § 33 Abs. 3 iVm Abs. 2 S. 1 SGB IV vertritt der Verwaltungsrat den Spitzenverband gegenüber dem Vorstand und dessen Mitgliedern. § 40 Abs. 1 S. 1 SGB IV bestimmt, dass die Mitglieder des Verwaltungsrates ihre Tätigkeit ehrenamtlich ausüben; § 41 SGB IV regelt die Entschädigung für die ehrenamtliche Tätigkeit. § 42 SGB IV verweist für die Haftung der Verwaltungsratsmitglieder bei der Verletzung von Amtspflichten auf die Vorschriften über die Amtshaftung (Art. 34 GG, § 839 BGB). Gemäß § 58 Abs. 2 SGB IV beträgt die Amtsdauer der Mitglieder des Verwaltungsrates sechs Jahre. § 59 SGB IV enthält verschiede-

---

4 BGBl. I 2013, 3108.
5 BGBl. I, 2017, 265 ff.
6 Statt vieler Engelhard, in: Hauck/Noftz, SGB V, § 217 b Rn. 4.
7 Krauskopf in: Krauskopf, § 217 b SGB V Rn. 5; Dalichau, SGB V, § 217 b S. 2.
8 Peters in: KassKomm, § 217 b SGB V Rn. 4.
9 Krauskopf in: Krauskopf, § 217 b SGB V Rn. 5.
10 Siehe etwa Krauskopf in: Krauskopf, § 217 a SGB V Rn. 7 und § 217 b SGB V Rn. 2.
11 Zu der Frage, ob sich die grundsätzliche Bedeutung einer Angelegenheit aus ihrem finanziellen Volumen ergeben kann, Baier in: Krauskopf, § 217 b SGB V Rn. 15.
12 Einen umfangreichen Überblick über die Aufgaben des Verwaltungsrates geben Wille/Koch, Die Gesundheitsreform 2007, 2007, Rn. 753 ff.
13 BT-Dr. 16/3100, S 161.
14 BT-Dr. 16/3100, S 161.

ne Tatbestände zum Verlust der Mitgliedschaft im Verwaltungsrat (Abs. 1) und regelt die Entbindung (Abs. 2) und Enthebung (Abs. 3) des Mitglieds von seinem Amt. Die Wahl des Vorsitzenden des Verwaltungsrates ist Gegenstand des § 62 SGB IV. § 63 SGB IV regelt ua die Einberufung der Sitzungen des Verwaltungsrates (Abs. 2), die Öffentlichkeit der Sitzungen (Abs. 3) sowie die Befangenheit von Mitgliedern (Abs. 3a und 4). § 64 SGB IV enthält Bestimmungen zur Beschlussfassung des Verwaltungsrates. § 66 Abs. 1 SGB IV ermächtigt den Verwaltungsrat zur Einrichtung von Erledigungsausschlüssen.[15]

III. Kontrollbefugnisse des Verwaltungsrates (Abs. 1a)

9   Der zum 1.3.2017 durch das GKV-Selbstverwaltungsstärkungsgesetz neu eingefügte Abs. 1a verbessert die **Informationsrechte der Vertreterversammlung** und damit die Grundvoraussetzung einer effektiven internen Kontrolle des Vorstandes. Abs. 1a gibt dem Verwaltungsrat das Recht, **sämtliche Geschäfts- und Verwaltungsunterlagen einsehen und prüfen zu dürfen** (Abs. 1a S. 1). Weiterhin kann der Verwaltungsrat von dem Vorstand jederzeit einen **Bericht über Angelegenheiten der Körperschaft** verlangen, der rechtzeitig und in der Regel schriftlich zu erteilen ist (Abs. 1a S. 2 und 3). Beide Rechte sind als Minderheitenrechte ausgestaltet und können gem. Abs. 1a S. 4 bereits mit einem Viertel der abgegebenen Stimmen im Verwaltungsrat geltend gemacht werden.[16] Das entspricht dem Sinn und Zweck des GKV-Selbstverwaltungsstärkungsgesetzes, die internen Kontrollbefugnisse über den Vorstand zu stärken.[17] Der Bericht ist an den Verwaltungsrat zu adressieren.[18] Die Berichtspflicht umfasst alle Angelegenheiten des Spitzenverbandes. Die Formulierung ist weit auszulegen und deckt insbesondere auch mögliche Nebentätigkeiten der Vorstandsmitglieder sowie die Inanspruchnahme externer Beratungsdienstleistungen durch den Vorstand oder einzelne Vorstandsmitglieder ab.[19] Nach Auffassung des GKV-Spitzenverbandes bedeutet die Regelung einen maßgeblichen Eingriff in die eigenverantwortliche Gestaltung der Gremienarbeit des Verwaltungsrates, weil bisher in der Satzung und Geschäftsordnung geregelte Aufgaben zur Überwachung des Vorstandes gesetzlich geregelt würden.[20]

IV. Formelle Vorschriften für die Sitzungen und Beschlüsse des Verwaltungsrates (Abs. 1b)

10 Abs. 1b regelt **formelle Anforderungen an die Beschlüsse des Verwaltungsrates** sowie **Protokoll- und Dokumentationspflichten**. Zweck der Regelung ist die Verbesserung der Transparenz und Nachvollziehbarkeit der Entscheidungsfindung des Verwaltungsrates.[21] Gem. Abs. 1b S. 1 hat der Verwaltungsrat seine Beschlüsse nachvollziehbar zu begründen. Gem. Abs. 1b S. 2 sind die Sitzungen zu protokollieren, auf Verlangen des Verwaltungsrates, für das ein Mehrheitsbeschluss erforderlich ist, muss ein Wortprotokoll geführt werden.[22] Abstimmungen erfolgen gem. Abs. 1b S. 4 in der Regel nicht geheim. Diejenigen Sachverhalte, für die eine geheime Abstimmung in Betracht kommt, sind in der Satzung festzulegen.[23] Für welche Sachbereiche eine geheime Abstimmung hiernach in der Satzung festgelegt werden kann, lässt das Gesetz offen. Nicht in Betracht kommt eine geheime Abstimmung für die in der Satzung festzulegenden[24] haftungsrelevanten Abstimmungsgegenstände, über die gem. Abs. 1b S. 6 namentlich abgestimmt werden muss, weil das Abstimmungsverhalten des einzelnen Verwaltungsratsmitgliedes für dessen individuelle Haftung relevant werden kann.[25] Der Beschluss des Verwaltungsrates über eine geheime Abstimmung ist in jedem Fall gem. Abs. 1b S. 1 schriftlich zu begründen. Nach Auffassung des GKV-Spitzenverbandes widerspricht die Regelung zum Ausschluss der Öffentlichkeit

---

15 Zu den vom Verwaltungsrat eingerichteten Fachausschüssen Pfeiffer in: Gellner/Schmöller (Hrsg.), Solidarität und Wettbewerb, 2009, S. 101, 104 – auch zum Fachbeirat des GKV-Spitzenverbandes, 104 ff.
16 BT-Dr. 18/10605, 35.
17 BT-Dr. 18/10605, 2, 35.
18 Vgl. BT-Dr. 18/1065, 35, 30.
19 BT-Dr. 18/1065, 35, 30.
20 Stellungnahme des GKV-Spitzenverbandes vom 9.1.2017 S. 9, abrufbar auf der Homepage des GKV-Spitzenverbandes unter https://www.gkv-spitzenverband.de/media/dokumente/presse/p_stellungnahmen/170109_Stn_GKV-SV_GE_GKV-SVSG.pdf (zuletzt abgerufen am 1.5.2017).
21 BT-Dr. 18/10605, 36, 30.
22 BT-Dr. 18/10605, 36, 30.
23 BT-Dr. 18/10605, 36, 30.
24 BT-Dr. 18/11009, 43.
25 BT-Dr. 18/10605, 36, 30.

in besonderen Fällen dem weiterhin enthaltenen Verweis auf § 63 Abs. 3 SGB IV in § 217 b Abs. 1.[26] Der Ausschluss der Öffentlichkeit schließt jedoch eine namentliche Abstimmung nicht aus.

V. Dienst- und Werkverträge der Vorstandsmitglieder mit dem GKV-Spitzenverband (Abs. 1c)

Abs. 1c S. 1 knüpft die Wirksamkeit eines Dienst- oder Werkvertrages, den ein Vorstandsmitglied mit dem GKV-Spitzenverband schließt, an die Zustimmung des Verwaltungsrates. Ausweislich der Gesetzesbegründung bestehe anderenfalls die Gefahr, dass der Vorstand durch den Abschluss entsprechender Verträge Mitglieder des Verwaltungsrates beeinflussen könne.[27] Die Vorschrift ist Regelungen aus dem Gesellschaftsrecht, zB § 114 AktG, nachgebildet. Bei fehlender Zustimmung sind gezahlte Vergütungen gem. Abs. 1c S. 2 zurückzugewähren, sofern der Verwaltungsrat den Vertrag nicht nachträglich genehmigt.[28] Abs. 1c S. 2 stellt eine eigene Anspruchsgrundlage dar. Der ohne Zustimmung geschlossene Vertrag ist zunächst schwebend unwirksam.[29] Durch die Geltendmachung des Rückforderungsanspruches durch den Verwaltungsrat verweigert dieser konkludent die Genehmigung des Vertrages. Bereicherungsrechtliche Ansprüche bleiben gem. Abs. 1c S. 3 zwar unberührt, das Aufrechnungsverbot in Abs. 1c S. 4 soll jedoch verhindern, dass die Geltendmachung des Rückgewähranspruches gem. Abs. 1c S. 2 durch Streitigkeiten über die Höhe der herauszugebenden Bereicherung verzögert wird.[30] Anlass für die Regelung waren zahlreiche Unregelmäßigkeiten bei der Bundesärztekammer.[31] Bei dem GKV-Spitzenverband wurden und werden derartige Verträge mit dem Vorstand nach Angaben des GKV-Spitzenverbandes nicht geschlossen.[32]

VI. Veröffentlichung der Höhe der jährlichen Entschädigung der Mitglieder des Verwaltungsrates (Abs. 1d)

Abs. 1d verpflichtet den Spitzenverband, die jährlichen Entschädigungen der einzelnen Mitglieder des Verwaltungsrates einschließlich der Nebenleistungen in einer Übersicht jährlich zum 1.3., erstmals zum 1.3.2017, im Bundesanzeiger und den Mitteilungen des Spitzenverbandes zu veröffentlichen. Der Gesetzgeber bezweckt mit der Veröffentlichungspflicht die Herstellung von Transparenz, die erforderlich sei, weil es sich um den Einsatz von gesetzlich erhobenen Beiträgen handele.[33]

VII. Abberufung des Vorsitzenden des Verwaltungsrates oder seines Stellvertreters (Abs. 1e)

Abs. 1e eröffnet die Möglichkeit, den Vorsitzenden oder stellvertretenden Vorsitzenden des Verwaltungsrates im Wege eines konstruktiven Misstrauensvotums abzuberufen. Voraussetzung ist gem. Abs. 1e S. 1, dass bestimmte Tatsachen das Vertrauen des Verwaltungsrates in die Amtsführung des Abzuberufenden ausschließen. Die ausdrücklich in Abs. 1e S. 1 aufgeführten Fälle, die Verletzung von Informationspflichten oder der Pflicht als Willensvertreter des Verwaltungsrates, sind nicht abschließend, wie sich aus der Wendung „insbesondere" ergibt. Die Gesetzesbegründung nennt als konkrete Beispiele für Pflichtverletzungen rechtsgeschäftliche Vereinbarungen zwischen der Körperschaft und dem Vorstand ohne die Beteiligung der zuständigen Gremien oder die fehlende Mitteilung einer pflichtwidrigen Handlung des Vorstandes an das Plenum des Verwaltungsrates.[34] Das zuvor abweichende Quorum wurde durch die Streichung des Verweises auf § 62 Abs. 5 SGB IV in Abs. 1 S. 3 geändert. Nunmehr ist für die Abberufung gem. Abs. 1e S. 2 nur noch die einfache Mehrheit der (gewichteten) Stimmen erforderlich.[35] Damit die kontinuierliche Vertretung des Verwaltungsrates gesichert bleibt,[36] muss gem. Abs. 1e S. 3 mit der Abberufung gleichzeitig ein neuer Vorsitzender oder stellver-

---

26 Stellungnahme des GKV-Spitzenverbandes vom 9.1.2017 S. 10, abrufbar auf der Homepage des GKV-Spitzenverbandes unter https://www.gkv-spitzenverband.de/media/dokumente/presse/p_stellungnahmen/170109_Stn_GKV-SV_GE_GKV-SVSG.pdf (zuletzt abgerufen am 1.5.2017).
27 BT-Dr. 18/10605, 36, 31.
28 BT-Dr. 18/10605, 36, 31.
29 Vgl. zu § 114 AktG BGH NJW 2012, 3235, 3236.
30 BT-Dr. 18/10605, 36, 31.
31 Vgl. Deutsches Ärzteblatt 2017, A346 f.
32 Stellungnahme des GKV-Spitzenverbandes vom 9.1.2017 S. 10, abrufbar auf der Homepage des GKV-Spitzenverbandes unter https://www.gkv-spitzenverband.de/media/dokumente/presse/p_stellungnahmen/170109_Stn_GKV-SV_GE_GKV-SVSG.pdf (zuletzt abgerufen am 1.5.2017).
33 BT-Dr. 18/10605, 31, 36.
34 BT-Dr. 18/10605, 31, 36.
35 BT-Dr. 18/10605, 31, 36.
36 BT-Dr. 18/10605, 31, 36.

tretender Vorsitzender gewählt werden. Gem. Abs. 1 e S. 4 endet die Amtszeit des abberufenen Vorsitzenden oder stellvertretenden Vorsitzenden mit dem Abberufungsbeschluss.

VIII. Vorstand (Abs. 2)

14 Bei dem Spitzenverband Bund der Krankenkassen wird als „Exekutivorgan"[37] gem. Abs. 2 ein **Vorstand** gebildet (S. 1), der aus höchstens drei Personen besteht (S. 2).[38] Der Vorstand ist zwar Organ, aber kein Selbstverwaltungsorgan des Spitzenverbandes Bund.[39] Aus Abs. 2 S. 2 folgt, dass auch eine geringere Mitgliederzahl als drei zulässig ist.

15 Der Vorstand sowie aus seiner Mitte der Vorstandsvorsitzende und dessen Stellvertreter werden gem. Abs. 2 S. 3 vom Verwaltungsrat gewählt. Die Vorstandsmitglieder üben ihre Tätigkeit hauptamtlich aus (Abs. 2 S. 5). **Aufgabe des Vorstandes** ist die Verwaltung sowie die gerichtliche und außergerichtliche Vertretung des Spitzenverbandes, soweit gesetzlich oder untergesetzlich (insbesondere durch Satzung des Verwaltungsrates, § 197 Abs. 1 Nr. 1)[40] nichts anderes bestimmt ist (Abs. 2 S. 4). Der Verwaltungsrat darf durch Satzung die Aufgaben und Befugnisse des Vorstandes nicht beliebig beschneiden. Es besteht ein Spannungsverhältnis zwischen der gem. Abs. 2 S. 4 grundsätzlich umfassenden Verwaltungskompetenz des Vorstandes und der dem Verwaltungsrat nach Abs. 3 S. 1 iVm § 197 Abs. 1 Nr. 1 b vorbehaltenen Entscheidung über Fragen von grundsätzlicher Bedeutung. Dieses Spannungsverhältnis ist bei der Verkürzung von Aufgaben des Vorstandes durch Satzung des Verwaltungsrates zu beachten. Der Vorstand darf seiner Verwaltungsaufgabe nicht gänzlich oder weitreichend enthoben werden; teilweise wird sogar angenommen, dass im Zweifel ein Primat der Kompetenzen des Vorstandes bestehe.[41]

16 Nach Abs. 2 S. 6 gelten die Regelungen des § 35a Abs. 1 bis 3, 6 bis 7 SGB IV über den Vorstand bei Orts-, Betriebs- und Innungskrankenkassen sowie Ersatzkassen für den Vorstand des GKV-Spitzenverbandes entsprechend. § 35a Abs. 1 SGB IV enthält nähere Bestimmungen zur Verwaltung und Vertretung des Verbandes durch den Vorstand; § 35a Abs. 2 SGB IV normiert Berichtspflichten des Vorstandes gegenüber dem Verwaltungsrat. § 35a Abs. 3 SGB IV betrifft die hauptamtliche Tätigkeit und Amtsdauer der Vorstandsmitglieder. § 35a Abs. 6 SGB IV regelt Anforderungen an die Eignung und die Vergütung der Vorstandsmitglieder. Durch den Verweis auf § 35a Abs. 6a SGB IV werden die für die Krankenkassen geltenden Bestimmungen über den Zustimmungsvorbehalt für Vorstandsdienstverträge auf den GKV-Spitzenverband übertragen.[42] Gem. Abs. 2 S. 7 kann die Aufsichtsbehörde vor der Erteilung ihrer Zustimmung verlangen, dass ihr der GKV- Spitzenverband eine unabhängige rechtliche und wirtschaftliche Bewertung der Vorstandsdienstverträge vorlegt. Durch die rechtliche Bewertung muss nachgewiesen werden, dass der Vertrag mit den gesetzlichen Anforderungen übereinstimmt. Die wirtschaftliche Bewertung betrifft den Grundsatz der Wirtschaftlichkeit und Sparsamkeit.[43] Das Verlangen der Vorlage einer rechtlichen und wirtschaftlichen Bewertung steht im Ermessen der Aufsichtsbehörde.

IX. Herstellung und Sicherung einer ordnungsgemäßen Verwaltungsorganisation (Abs. 2a)

17 Abs. 2a statuiert die Verpflichtung, eine ordnungsgemäße Verwaltungsorganisation zu implementieren und zu sichern. Die einzurichtende unabhängige Innenrevision berichtet bei festgestellten Verstößen gem. Abs. 2a S. 3 auch der Aufsichtsbehörde. Der GKV-Spitzenverband sieht darin einen „massive[n] Eingriff in das Verwaltungshandeln der Körperschaft des öffentlichen Rechts".[44]

---

37 Krauskopf in: Krauskopf, § 217a SGB V Rn. 8, 13.
38 Kritisch gegenüber der Beschränkung der Zahl der Vorstandsmitglieder auf drei Widmaier, Die Ersatzkasse 2006, 470, 472.
39 Dalichau, SGB V, § 217a S. 5.
40 Siehe auch BT-Dr. 16/3100, 161.
41 Engelhard in: Hauck/Noftz, SGB V, § 217b Rn. 19; Hauck in: Hauck/Noftz, SGB V, § 197 Rn. 5; Mühlhausen in: Becker/Kingreen, § 217b Rn. 5.
42 BT-Dr. 17/13770, 33.
43 BT-Dr. 17/10605, 36, 31.
44 Stellungnahme des GKV-Spitzenverbandes vom 9.1.2017 S. 11, abrufbar auf der Homepage des GKV-Spitzenverbandes unter https://www.gkv-spitzenverband.de/media/dokumente/presse/p_stellungnahmen/170109_Stn_GKV-SV_GE_GKV-SVSG.pdf (zuletzt abgerufen am 1.5.2017).

X. Mitgliederversammlung (Abs. 3)

Bei dem Spitzenverband Bund der Krankenkassen wird als weiteres Organ eine **Mitgliederversammlung** gebildet (Abs. 3 S. 1), die den Verwaltungsrat wählt (Abs. 3 S. 2). Diese besteht aus den Mitgliedskassen (Abs. 3 S. 3) und nicht – wie noch bei den Bundesverbänden – aus den Landesverbänden. Jede Mitgliedskasse entsendet jeweils einen Vertreter der Versicherten und der Arbeitgeber aus ihrem Verwaltungsrat, ihrem ehrenamtlichen Vorstand oder ihrer Vertreterversammlung in die Mitgliederversammlung des Spitzenverbandes Bund (Abs. 3 S. 3). Ersatzkassen, deren Verwaltungsrat nicht zur Hälfte mit Vertretern der Arbeitgeber besetzt ist, entsenden jeweils zwei Versichertenvertreter aus ihrem Verwaltungsrat (Abs. 3 S. 4). Nicht zur Hälfte mit Arbeitgebervertretern besetzt sind Ersatzkassen, die nicht aus einer Fusion mit einer Krankenkasse einer anderen Kassenart hervorgegangen sind (§ 44 Abs. 1 Nr. 3 Hs. 1 SGB IV). Mit der Aufnahme der ehrenamtlichen Vorstände in Abs. 3 hat der Gesetzgeber klargestellt, dass auch die ehrenamtlichen Vorstände der landwirtschaftlichen Krankenkassen und der DRV Knappschaft-Bahn-See entsendungsfähig sind.[45]

Gemäß Abs. 3 S. 5 gilt § 64 Abs. 1 und 3 SGB IV für die **Beschlussfassung der Mitgliederversammlung** des Spitzenverbandes Bund entsprechend. Die Beschlussfähigkeit ist grundsätzlich gegeben, wenn sämtliche Mitglieder ordnungsgemäß geladen und die Mehrheit der Mitglieder anwesend und stimmberechtigt sind (§ 64 Abs. 1 S. 1 SGB IV). Ist die Mitgliederversammlung nicht beschlussfähig, kann der Vorsitzende anordnen, dass in der nächsten Sitzung über den Gegenstand der Abstimmung auch dann beschlossen werden kann, wenn die in § 64 Abs. 1 S. 1 SGB IV bestimmte Mitgliedermehrheit nicht vorliegt; hierauf ist in der Ladung zur nächsten Sitzung hinzuweisen (§ 64 Abs. 1 S. 2 SGB IV). Nach § 64 Abs. 3 SGB IV kann die Mitgliederversammlung in bestimmten Fällen ohne Sitzung schriftlich abstimmen. Die Aufgaben der Mitgliederversammlung ergeben sich aus § 217 c.

§ 217 c Wahl des Verwaltungsrates und des Vorsitzenden der Mitgliederversammlung

(1) ¹Der Verwaltungsrat besteht aus höchstens 52 Mitgliedern. ²Zu wählen sind als Mitglieder des Verwaltungsrates Versichertenvertreter und Arbeitgebervertreter für die Allgemeinen Ortskrankenkassen, die Ersatzkassen, die Betriebskrankenkassen und die Innungskrankenkassen sowie gemeinsame Versicherten- und Arbeitgebervertreter für die Deutsche Rentenversicherung Knappschaft-Bahn-See und die landwirtschaftliche Krankenkasse. ³Abweichend von Satz 2 sind für die Ersatzkassen, deren Verwaltungsrat nicht zur Hälfte mit Vertretern der Arbeitgeber besetzt ist, nur Versichertenvertreter zu wählen. ⁴Für jedes Mitglied ist ein Stellvertreter zu wählen. ⁵§ 43 Absatz 2 des Vierten Buches gilt entsprechend. ⁶Die Verteilung der Sitze bestimmt sich nach den bundesweiten Versichertenzahlen der Kassenarten zum 1. Januar des Kalenderjahres, in dem die Mitgliederversammlung den Verwaltungsrat für die neue Wahlperiode wählt.

(2) ¹Die für die Krankenkassen einer Kassenart zu wählenden Mitglieder des Verwaltungsrates müssen jeweils zur Hälfte der Gruppe der Versicherten und der Gruppe der Arbeitgeber angehören. ²Abweichend von Satz 1 ist für die Festlegung der Zahl der Arbeitgebervertreter, die für die Ersatzkassen zu wählen sind, deren Verwaltungsrat mit Arbeitgebervertretern besetzt ist, die Hälfte des Anteils der Versichertenzahlen dieser Ersatzkassen an den bundesweiten Versichertenzahlen aller Ersatzkassen zum 1. Januar des Kalenderjahres zu Grunde zu legen, in dem der Verwaltungsrat gewählt wird. ³Bei Abstimmungen des Verwaltungsrates sind die Stimmen zu gewichten, soweit dies erforderlich ist, um insgesamt eine Parität der Stimmen zwischen Versichertenvertretern und Arbeitgebervertretern im Verwaltungsrat herzustellen. ⁴Die Verteilung der Sitze und die Gewichtung der Stimmen zwischen den Kassenarten haben zu einer größtmöglichen Annäherung an den prozentualen Versichertenanteil der jeweiligen Kassenart zu führen. ⁵Die Einzelheiten zur Sitzverteilung und Stimmengewichtung regelt die Satzung spätestens sechs Monate vor dem Ende der Amtsdauer des Verwaltungsrates. ⁶Die Satzung kann vorsehen, dass die Stimmenverteilung während einer Wahlperiode an die Entwicklung der Versichertenzahlen angepasst wird.

(3) ¹Die Wahl des Verwaltungsrates wird nach Vorschlagslisten durchgeführt. ²Jede Kassenart soll eine Vorschlagsliste erstellen, die mindestens so viele Bewerber enthält, wie ihr Sitze nach der Satzung zugeordnet sind. ³Entsprechendes gilt für die nach Absatz 1 gemeinsam zu wählenden Mitglieder für die

---

45 BT-Dr. 17/8005, 125. Zu der vorherigen Rechtslage Wille/Koch, Die Gesundheitsreform 2007, 2007, Rn. 750.

Deutsche Rentenversicherung Knappschaft-Bahn-See und die landwirtschaftliche Krankenkasse. ⁴Verständigt sich eine Kassenart nicht auf eine Vorschlagsliste, benennt jede Krankenkasse dieser Kassenart einen Bewerber als Versichertenvertreter und einen Bewerber als Arbeitgebervertreter; die Ersatzkassen, deren Verwaltungsrat nicht zur Hälfte mit Vertretern der Arbeitgeber besetzt ist, benennen jeweils bis zu drei Versichertenvertreter. ⁵Aus den eingereichten Einzelvorschlägen erstellt der Vorsitzende der Mitgliederversammlung die kassenartbezogene Vorschlagsliste mit den Bewerbern. ⁶Entsprechendes gilt für die Erstellung der Vorschlagslisten mit den zu wählenden Stellvertretern. ⁷Die Vorschlagslisten werden getrennt für die Vertreter der Versicherten und der Arbeitgeber sowie jeweils deren Stellvertreter erstellt. ⁸Die Wahl erfolgt jeweils getrennt für die Vertreter der Versicherten und der Arbeitgeber, getrennt für deren Stellvertreter sowie getrennt nach Kassenarten. ⁹Die Versichertenvertreter in der Mitgliederversammlung wählen die Versichertenvertreter und deren Stellvertreter aus den Vorschlagslisten für den Verwaltungsrat. ¹⁰Die Arbeitgebervertreter in der Mitgliederversammlung wählen die Arbeitgebervertreter und deren Stellvertreter aus den Vorschlagslisten für den Verwaltungsrat. ¹¹Bei den nach Satz 8 getrennten Wahlgängen hat ein wahlberechtigter Vertreter der Mitgliedskasse bei einem Wahlgang so viele Stimmen, wie jeweils Sitze nach der Satzung zur Verfügung stehen.

(4) ¹Gewählt sind jeweils die Bewerber auf der Vorschlagsliste, die die höchste der nach Absatz 4 gewichteten, abgegebenen Stimmenzahl erhalten (Höchstzahlen). ²Dabei sind so viele Bewerber mit den Höchstzahlen gewählt, wie Sitze je Kassenart nach der Satzung zu verteilen sind. ³Entsprechendes gilt für die Wahl der Stellvertreter.

(5) ¹Bei der Wahl der Mitglieder des Verwaltungsrates durch die Mitgliederversammlung sind die Stimmen der Mitgliedskassen des Spitzenverbandes Bund zu gewichten. ²Die Gewichtung orientiert sich an der bundesweiten Anzahl der Versicherten eines Mitgliedes am 1. Januar eines Jahres. ³Die Gewichtung ist entsprechend der Entwicklung der Versichertenzahlen jährlich zum 1. Februar anzupassen. ⁴Das Nähere regelt die Satzung.

(6) ¹Die Mitgliederversammlung wählt aus ihren Reihen einen Vorsitzenden und dessen Stellvertreter. ²Die Wahl des Vorsitzenden der Mitgliederversammlung erfolgt mit einer Mehrheit von zwei Dritteln der abgegebenen Stimmen der Mitgliedskassen. ³Für die Mitgliedskasse kann nur eine einheitliche Stimmabgabe erfolgen. ⁴Das Bundesministerium für Gesundheit lädt die Mitglieder des Spitzenverbandes Bund zu der ersten konstituierenden Mitgliederversammlung ein und leitet in dieser ersten Sitzung die Wahl des Vorsitzenden der Mitgliederversammlung. ⁵Für die erste Sitzung der Mitgliederversammlung gilt § 76 der Wahlordnung für die Sozialversicherung entsprechend mit der Maßgabe, dass der Vertreter des Bundesministeriums für Gesundheit die Aufgaben des Wahlausschusses wahrnimmt. ⁶Zu den nachfolgenden Sitzungen der Mitgliederversammlung beruft der Vorsitzende ein. ⁷Er leitet die Wahl des Verwaltungsrates und stellt das Wahlergebnis fest. ⁸Das Nähere regelt die Satzung.

(7) ¹Der Vorsitzende der Mitgliederversammlung lädt den gewählten Verwaltungsrat zu seiner konstituierenden Sitzung ein und leitet die Wahl des Vorsitzenden des Verwaltungsrates. ²Für die erste Sitzung des Verwaltungsrates gelten die §§ 75 und 76 der Wahlordnung für die Sozialversicherung entsprechend mit der Maßgabe, dass der Vorsitzende der Mitgliederversammlung die Aufgaben des Wahlausschusses wahrnimmt.

(8) Das Nähere zur Durchführung der Wahl des Verwaltungsrates und der Wahl des Vorsitzenden der Mitgliederversammlung sowohl für die Wahl im Errichtungsstadium wie auch für die folgenden Wahlen nach Ablauf der jeweiligen Amtsperioden kann das Bundesministerium für Gesundheit durch Rechtsverordnung ohne Zustimmung des Bundesrates in einer Wahlordnung regeln.

I. Entstehungsgeschichte, allgemeine Bedeutung und Normzweck 1	V. Wahlergebnis (Abs. 4) 15
II. Größe, Zusammensetzung und Wahl des Verwaltungsrates (Abs. 1) 3	VI. Gewichtung der Stimmen (Abs. 5) 16
III. Anteil der Arbeitnehmer- und Arbeitgebervertreter im Verwaltungsrat, Stimmengewichtung (Abs. 2) 7	VII. Vorsitzender der Mitgliederversammlung (Abs. 6) 18
IV. Wahl des Verwaltungsrates nach Vorschlagslisten (Abs. 3) 11	VIII. Konstituierende Sitzung des Verwaltungsrates (Abs. 7) 21
	IX. Verordnungsermächtigung (Abs. 8) 22

I. Entstehungsgeschichte, allgemeine Bedeutung und Normzweck

1 § 217c wurde durch das Gesetz zur Stärkung des Wettbewerbs in der gesetzlichen Krankenversicherung (GKV-Wettbewerbsstärkungsgesetz – GKV-WSG) vom 26.3.2007 in das SGB V eingefügt und ist

am 1.4.2007 (Abs. 1 bis 6) bzw. am 31.3.2007 (Abs. 7) in Kraft getreten.[1] In Abs. 1 wurde durch das Gesetz zur Änderung des Vierten Buches Sozialgesetzbuch und anderer Gesetze vom 19.12.2007 mit Wirkung zum 28.12.2007 die See-Krankenkasse gestrichen.[2] Durch das Gesetz zur Änderung krankenversicherungsrechtlicher und anderer Vorschriften vom 24.7.2010 wurden mit Wirkung zum 30.7.2010 Abs. 1 aF durch Abs. 1 und 2 ersetzt und die übrigen Absätze neu nummeriert;[3] Abs. 3, 4 und 5 wurden dabei redaktionell geändert. Durch das Gesetz zur Neuordnung der Organisation der landwirtschaftlichen Sozialversicherung (LSV-Neuordnungsgesetz – LSV-NOG) vom 12.4.2012 wurden Abs. 1 S. 2 und Abs. 3 S. 3 mit Wirkung zum 1.1.2013 redaktionell geändert.[4]

§ 217 c regelt die **Größe, Zusammensetzung und Wahl des Verwaltungsrates** des Spitzenverbandes Bund der Krankenkassen (Abs. 1 bis 5) sowie die **Wahl des Vorsitzenden der Mitgliederversammlung** und dessen Befugnisse (Abs. 6 und 7). Abs. 8 ermächtigt das Bundesministerium für Gesundheit, das Nähere zur Durchführung der Wahl des Verwaltungsrates und des Vorsitzenden der Mitgliederversammlung in einer Wahlordnung zu regeln.

II. Größe, Zusammensetzung und Wahl des Verwaltungsrates (Abs. 1)

Abs. 1 S. 1 begrenzt die Größe des **Verwaltungsrates des Spitzenverbandes Bund der Krankenkassen** auf höchstens 52 Mitglieder. Im Interesse einer größtmöglichen Abbildung der bundesweiten Versichertenzahlen der Kassenarten (s. Abs. 2 S. 4) liegt es, diese maximale Größenvorgabe auszuschöpfen. Die Satzung des GKV-Spitzenverbandes sieht für die dritte Wahlperiode einen aus 52 Mitgliedern bestehenden Verwaltungsrat vor (§ 26 Abs. 4 Satzung GKV-Spitzenverband).

Gemäß Abs. 1 S. 2 sind als **Mitglieder des Verwaltungsrates** Versichertenvertreter und Arbeitgebervertreter für die Allgemeinen Ortskrankenkassen, diejenigen Ersatzkassen, deren Verwaltungsrat nach Fusion mit einer Krankenkasse einer anderen Kassenart paritätisch mit Versicherten- und Arbeitgebervertretern besetzt ist (s. § 44 Abs. 1 Nr. 1 iVm Nr. 3 Hs. 2 SGB IV), die Betriebskrankenkassen und die Innungskrankenkassen sowie gemeinsame Versicherten- und Arbeitgebervertreter für die Deutsche Rentenversicherung Knappschaft-Bahn-See und die landwirtschaftliche Krankenkasse zu wählen. Für die (übrigen) Ersatzkassen, deren Verwaltungsrat nicht zur Hälfte mit Arbeitgebervertretern, sondern nur mit Versichertenvertretern besetzt ist (s. § 44 Abs. 1 Nr. 3 Hs. 1 SGB IV), sind gem. § 217 c Abs. 1 S. 3 nur Versichertenvertreter in den Verwaltungsrat zu wählen. Für jedes Mitglied des Verwaltungsrates ist mindestens ein Stellvertreter zu wählen (Abs. 1 S. 4).

Hinsichtlich der **Vertretung der ordentlichen Verwaltungsratsmitglieder** verweist Abs. 1 S. 5 auf die allgemeine Regelung zur Stellvertretung von Mitgliedern der Selbstverwaltungsorgane in § 43 Abs. 2 SGB IV.

Die **Verteilung der Sitze** im Verwaltungsrat bestimmt sich gem. Abs. 1 S. 6 nach den bundesweiten Versichertenzahlen der Kassenarten zum 1. Januar des Kalenderjahres, in dem die Mitgliederversammlung den Verwaltungsrat für die neue Wahlperiode jeweils wählt, also des Kalenderjahres, in dem die Sozialwahlen stattfinden. Mit dem Begriff „Kassenarten" nimmt Abs. 1 S. 6 Bezug auf die Einteilung der Kassenarten in Abs. 1 S. 2 und 3. Die aktuelle Zusammensetzung des Verwaltungsrates des Spitzenverbandes Bund in der dritten Wahlperiode ergibt sich aus § 26 Abs. 4 Satzung GKV-Spitzenverband.

III. Anteil der Arbeitnehmer- und Arbeitgebervertreter im Verwaltungsrat, Stimmengewichtung (Abs. 2)

Gemäß Abs. 2 S. 1 müssen die für die Krankenkassen einer Kassenart zu wählenden Mitglieder des Verwaltungsrates jeweils zur Hälfte der **Gruppe der Versicherten** und der **Gruppe der Arbeitgeber** angehören. Der Verwaltungsrat ist also grundsätzlich für jede Kassenart paritätisch mit Versicherten- und Arbeitgebervertretern zu besetzen. Eine Ausnahme von diesem Grundsatz gilt gem. Abs. 2 S. 2 für diejenigen Ersatzkassen, deren Verwaltungsrat bereits mit Arbeitgebervertretern – also paritätisch – besetzt ist (s. § 44 Abs. 1 Nr. 1 iVm Nr. 3 Hs. 2 SGB IV). Für diese Ersatzkassen bestimmt sich die Zahl der zu wählenden Arbeitgebervertreter nach der Hälfte des Anteils der Versichertenzahlen dieser Ersatzkassen an den bundesweiten Versichertenzahlen aller Ersatzkassen zum 1. Januar des Jahres, in

---

1 BGBl. I 2007, 378 ff.
2 BGBl. I 2007, 3024 ff.
3 BGBl. I 2010, 983 ff.
4 BGBl. I 2012, 579 ff.

dem der Verwaltungsrat gewählt wird. Die Ersatzkassen mit paritätisch besetztem Verwaltungsrat werden zur Berechnung der Zahl der Arbeitgebervertreter mithin wie eine eigenständige Kassenart behandelt. Die Zahl der Versichertenvertreter der Ersatzkassen verringert sich entsprechend.[5] Demgemäß sieht Abs. 2 S. 3 eine Stimmengewichtung bei Abstimmungen des Verwaltungsrates vor, soweit dies erforderlich ist, um insgesamt Stimmparität zwischen Versichertenvertretern und Arbeitgebervertretern im Verwaltungsrat herzustellen.[6]

8 Die Sitzverteilung und die **Gewichtung der Stimmen** zwischen den Kassenarten muss so vorgenommen werden, dass dies zu einer größtmöglichen Annäherung an den prozentualen Versichertenanteil der jeweiligen Kassenart führt (Abs. 2 S. 4); die Versichertenanteile der Kassenarten müssen also im Verhältnis zueinander möglichst exakt abgebildet werden.[7] Der Gesetzgeber hat dabei bewusst in Kauf genommen, dass dies wegen der beschränkten Anzahl an Sitzen im Verwaltungsrat nur annäherungsweise möglich ist.[8]

9 Die Einzelheiten der Sitzverteilung und Stimmengewichtung sind gem. Abs. 2 S. 5 spätestens sechs Monate vor dem Ende der Amtsdauer des Verwaltungsrates in der **Satzung** zu regeln; nach der Gesetzesbegründung kommt dem Verwaltungsrat bei dieser Festlegung kein eigener Gestaltungsspielraum zu.[9] Die Satzung kann dabei vorsehen, dass die Stimmverteilung auch während einer Wahlperiode an die Entwicklung der Versichertenzahlen angepasst wird (Abs. 2 S. 6). Damit wird der dynamischen Entwicklung im Kassenwesen Rechnung getragen. Eine solche Satzungsregelung iSd § 217 Abs. 2 S. 6 sieht § 26 Abs. 10 Satzung GKV-Spitzenverband vor, wonach die Stimmengewichtung im Verwaltungsrat nach der Hälfte der Wahlperiode entsprechend der Versichertenzahlen nach den bundesweiten Versichertenzahlen der Kassenarten zum 1. Januar überprüft und ggf. angepasst wird.

10 Nach der **Gesetzesbegründung** ist die Stimmengewichtung gem. Abs. 2 vor allem erforderlich, weil nicht alle Ersatzkassen Arbeitgebervertreter in ihrem Verwaltungsrat haben; außerdem soll durch die Stimmengewichtung „auch gewährleistet werden, dass die Proporze zwischen den Kassenarten abgebildet werden, wenn dies angesichts der beschränkten Gesamtzahl von höchstens 52 Sitzen nur annäherungsweise möglich ist.[10]

IV. Wahl des Verwaltungsrates nach Vorschlagslisten (Abs. 3)

11 Nach Abs. 3 S. 1 ist die Wahl des Verwaltungsrates nach Vorschlagslisten durchzuführen. Jede Kassenart soll **Vorschlagslisten** erstellen (vgl. Abs. 1 S. 2 Hs. 1), und zwar getrennt für die Vertreter der Versicherten und die Vertreter der Arbeitgeber sowie jeweils deren Stellvertreter (vier Listen je Kassenart; Abs. 3 S. 6). Die jeweiligen Listen der Kassenarten müssen dabei mindestens so viele Bewerber vorsehen, wie der betreffenden Kassenart nach der Satzung Sitze im Verwaltungsrat zustehen (Abs. 3 S. 2). Die DRV Knappschaft-Bahn-See und die Landwirtschaftliche Krankenkasse erstellen für die nach Abs. 1 S. 1 gemeinsam zu wählenden Mitglieder des Verwaltungsrates eine gemeinsame Vorschlagsliste (Abs. 3 S. 3).

12 Wenn sich eine Kassenart nicht auf eine Vorschlagsliste verständigen kann, benennt jede Krankenkasse dieser Kassenart einen Bewerber als Versichertenvertreter und einen Bewerber als Arbeitgebervertreter (sowie deren Stellvertreter, arg. e. Abs. 3 S. 6 bis 8); die Ersatzkassen, deren Verwaltungsrat nicht paritätisch, also nicht zur Hälfte mit Arbeitgebervertretern besetzt ist (s. § 44 Abs. 1 Nr. 3 Hs. 1 SGB IV), benennen jeweils bis zu drei Versichertenvertreter (Abs. 3 S. 4). Aus den von den Krankenkassen eingereichten Einzelvorschlägen erstellt anschließend der **Vorsitzende** der Mitgliederversammlung die kassenartbezogenen Vorschlagslisten mit den Bewerbern (Versichertenvertreter und Arbeitgebervertreter) (Abs. 3 S. 5) und den zu wählenden Stellvertretern (Abs. 3 S. 6).

13 Die **Wahlen** erfolgen sodann entsprechend den getrennten Vorschlagslisten ebenfalls jeweils getrennt für die Versichertenvertreter, die Arbeitgebervertreter, die Stellvertreter der Versichertenvertreter und

---

5 BT-Dr. 17/1297, 16.
6 Kritisch gegenüber diesem Verfahren der Stimmengewichtung Mühlhausen in: Becker/Kingreen, § 217 c Rn. 5, der auch alternative Maßnahmen zur Herstellung der erforderlichen Parität nennt; ebenfalls kritisch gegenüber der Stimmgewichtung Dalichau, SGB V, § 217 c S. 11; zu Alternativen zur Stimmengewichtung Krauskopf in: Krauskopf, § 217 c SGB V Rn. 9.
7 Eingehend zum genauen Verfahren der Stimmengewichtung Wille/Koch, Die Gesundheitsreform 2007, 2007, Rn. 757 f.; Krauskopf in: Krauskopf, § 217 c SGB V Rn. 9.
8 BT-Dr. 16/3100, 161; s. auch BT-Dr. 17/1297, 16.
9 BT-Dr. 17/1297, 16.
10 BT-Dr. 17/1297, 16.

die Stellvertreter der Arbeitgebervertreter; außerdem wird getrennt nach Kassenarten gewählt (Abs. 3 S. 8). Je Kassenart sind demnach vier Wahlgänge erforderlich, was bei fünf Kassenarten (s. Abs. 1) insgesamt 20 Wahlgänge ergibt. Für das Procedere der Wahl gilt, dass die Versichertenvertreter in der Mitgliederversammlung die Versichertenvertreter sowie deren Stellvertreter (Abs. 3 S. 9) und die Arbeitgebervertreter in der Mitgliederversammlung die Arbeitgebervertreter sowie deren Stellvertreter (Abs. 3 S. 10) aus den Vorschlagslisten für den Verwaltungsrat wählen. Jeder wahlberechtigte Vertreter einer Mitgliedskasse hat pro Wahlgang (also für die Wahl der Versichertenvertreter, die Wahl der Arbeitgebervertreter, die Wahl der Stellvertreter der Versichertenvertreter und die Wahl der Stellvertreter der Arbeitgebervertreter) so viele Stimmen, wie jeweils Sitze nach der Satzung des GKV-Spitzenverbandes zur Verfügung stehen (Abs. 3 S. 11).[11]

In der Praxis hatte das Bundesministerium für Gesundheit in § 15 der Verordnung für die **erstmalige Wahl** der oder des Vorsitzenden der Mitgliederversammlung und die erstmalige Wahl des Verwaltungsrates des Spitzenverbandes Bund der Krankenkassen im Jahr 2007 (SpivBdKKWV2007) vom 27.4.2007[12] entgegen dem eindeutigen Gesetzeswortlaut (s. Abs. 3 S. 8) ein kassenartenübergreifendes Wahlverfahren vorgeschrieben.[13] § 20 Abs. 2 Satzung des GKV-Spitzenverbandes enthält eine entsprechende Regelung.

V. Wahlergebnis (Abs. 4)

Gewählt sind diejenigen **Bewerber** auf der jeweiligen Vorschlagsliste, die die höchste der „nach Absatz 4" gewichteten, abgegebenen Stimmenzahl erhalten (Abs. 4 S. 1). Der Verweis in Abs. 4 S. 1 auf die nach Abs. 4 „gewichteten" Stimmen ist ein Redaktionsversehen; die Stimmengewichtung ist Gegenstand des Abs. 5. Gewählt sind so viele Bewerber (Versichertenvertreter und Arbeitgebervertreter) mit den Höchstzahlen, wie Sitze je Kassenart nach der Satzung des GKV-Spitzenverbandes zu verteilen sind (Abs. 4 S. 2). Entsprechendes gilt für die Wahl der Stellvertreter (Abs. 4 S. 3).

VI. Gewichtung der Stimmen (Abs. 5)

Abs. 5 regelt die **Gewichtung der Stimmen** der Mitgliedskassen des Spitzenverbandes Bund bei der Wahl des Verwaltungsrates durch die Mitgliederversammlung. Im Gegensatz zu Abs. 2, der die Gewichtung der Stimmen bei Abstimmungen des (bereits gewählten) Verwaltungsrates regelt (S. 3 bis 6), betrifft Abs. 5 die Stimmengewichtung bei der Wahl des (noch nicht konstituierten) Verwaltungsrates. Ebenfalls anders als nach Abs. 2 (S. 5 bis 6) erfolgt die Stimmengewichtung nach Abs. 5 nicht nach Maßgabe der Satzung des GKV-Spitzenverbandes; vielmehr orientiert sich die Gewichtung der Stimmen der Mitgliedskassen bei der Wahl des Verwaltungsrates an der bundesweiten Versichertenzahl der jeweiligen Kassen am 1. Januar eines Jahres (Abs. 5 S. 2). Die Stimmen sind nach dem prozentualen Anteil der Versicherten der jeweiligen Mitgliedskasse an der Gesamtzahl aller Versicherten sämtlicher gesetzlichen Krankenkassen zu gewichten. Die Anzahl der Versicherten ergibt sich aus der KM1/13-Statistik (gesetzliche Krankenversicherung: Mitglieder und Krankenstand der Pflichtmitglieder im Jahresdurchschnitt)[14] und ist gem. Abs. 5 S. 3 jährlich anzupassen. Das Nähere der Gewichtung der Stimmen der Mitgliedskassen bei der Wahl des Verwaltungsrates ist in der Satzung des GKV-Spitzenverbandes zu regeln (Abs. 5 S. 4); eine entsprechende Regelung findet sich in § 24 Abs. 1 Satzung GKV-Spitzenverband.

Wer die Stimmengewichtung festlegt, ist in § 217 c Abs. 5 nicht geregelt. Diese Aufgabe dürfte zweckmäßigerweise dem **Vorsitzenden der Mitgliederversammlung** zukommen.[15]

VII. Vorsitzender der Mitgliederversammlung (Abs. 6)

Nach Abs. 6 S. 1 wählt die Mitgliederversammlung einen Vorsitzenden sowie dessen Stellvertreter aus ihren Reihen; der **Vorsitzende** und sein **Stellvertreter** müssen also Mitglied der Mitgliederversammlung sein. Für die Wahl des Vorsitzenden ist eine Mehrheit von zwei Dritteln der abgegebenen Stimmen der Mitgliedskassen erforderlich (Abs. 6 S. 2). Eine Gewichtung der abgegebenen Stimmen wird bei der Wahl des Vorsitzenden nicht vorgenommen, da es sich bei der Vorsitzendenwahl „lediglich um eine

---

11 Näheres bei Krauskopf in: Krauskopf, § 217 c SGB V Rn. 13.
12 BAnz Nr. 82 vom 3.5.2007, S. 4519 ff.
13 Näher Mühlhausen in: Becker/Kingreen, § 217 c Rn. 8; Krauskopf in: Krauskopf, § 217 c SGB V Rn. 13.
14 Vgl. BT-Dr. 16/3100, 162.
15 Engelhard in: Hauck/Noftz, SGB V, § 217 c Rn. 41.

Organisationsentscheidung für den Ablauf der Mitgliederversammlung" handelt.[16] Welche Mehrheit für die Wahl des Stellvertreters des Vorsitzenden erforderlich ist, lässt Abs. 6 offen. Auch insoweit dürfte analog Abs. 6 S. 2 eine Mehrheit von zwei Dritteln der abgegebenen Stimmen geboten sein.

19 Bei der Wahl des Vorsitzenden der Mitgliederversammlung (und entsprechend seines Stellvertreters) kann jede Mitgliedskasse ihre Stimmen nur einheitlich abgeben (Abs. 6 S. 3). Die Versichertenvertreter und die Arbeitgebervertreter einer Mitgliedskasse haben also nicht jeweils eine Stimme, sondern eine Stimme, die sie einheitlich abgeben müssen.[17] Die Versicherten- und Arbeitgebervertreter einer Kasse müssen sich also auf eine zu wählende Person verständigen.

20 Nach Abs. 6 S. 4 lädt das Bundesministerium für Gesundheit die Mitglieder des Spitzenverbandes Bund zu der ersten konstituierenden Mitgliederversammlung ein und leitet in dieser ersten Versammlung die Wahl des ersten Vorsitzenden der Mitgliederversammlung (und seines Stellvertreters). Für die erste Sitzung der Mitgliederversammlung gilt § 76 der Wahlordnung für die Sozialversicherung[18] entsprechend mit der Maßgabe, dass der Vertreter des Bundesministeriums für Gesundheit die Aufgaben des Wahlausschusses wahrnimmt (Abs. 6 S. 5). Alle weiteren, der ersten Sitzung der Mitgliederversammlung nachfolgenden Sitzungen beruft der Vorsitzende ein (Abs. 6 S. 6), der auch die Wahl des Verwaltungsrates leitet und das Wahlergebnis feststellt (Abs. 6 S. 7). Das Nähere zur Wahl und zu den Aufgaben und Befugnissen des Vorsitzenden der Mitgliederversammlung regelt die Satzung des GKV-Spitzenverbandes (Abs. 6 S. 8); diese Satzungsermächtigung dürfte sich sowohl auf die Wahl als auch auf die Aufgaben und Befugnisse des Vorsitzenden beziehen. Entsprechende Satzungsregelungen sieht vor allem § 11 Satzung GKV-Spitzenverband vor.

VIII. Konstituierende Sitzung des Verwaltungsrates (Abs. 7)

21 Zu der ersten konstituierenden Sitzung des gewählten Verwaltungsrates lädt der Vorsitzende der Mitgliederversammlung ein, welcher auch die Wahl des Vorsitzenden des Verwaltungsrates leitet (Abs. 7 S. 1). Für die erste Sitzung des Verwaltungsrates gelten §§ 75 und 76 der Wahlordnung für die Sozialversicherung[19] entsprechend, wobei der Vorsitzende der Mitgliederversammlung die Aufgaben des Wahlausschusses wahrnimmt (Abs. 7 S. 2).

IX. Verordnungsermächtigung (Abs. 8)

22 Abs. 8 ermächtigt das Bundesministerium für Gesundheit, das Nähere zur Durchführung der Wahl des Verwaltungsrates, einschließlich des Verfahrens zur Erstellung der Vorschlagslisten[20] und der Wahl des Vorsitzenden der Mitgliederversammlung sowohl für die erstmalige Wahl als auch für nachfolgenden Wahlen durch Rechtsverordnung in einer Wahlordnung zu regeln. Die Rechtsverordnung bedarf nicht der Zustimmung des Bundesrates. Von dieser Verordnungsermächtigung hat das Bundesministerium für Gesundheit für die erstmaligen Wahlen des Verwaltungsrates und des Vorsitzenden der Mitgliederversammlung durch Erlass der Verordnung für die erstmalige Wahl der oder des Vorsitzenden der Mitgliederversammlung und die erstmalige Wahl des Verwaltungsrates des Spitzenverbandes Bund der Krankenkassen im Jahr 2007 (SpivBdKKWV2007) vom 27.4.2007 Gebrauch gemacht.[21] Diese Verordnung war allerdings nur für die ersten Wahlen im Jahr 2007 gültig und ist am 31.12.2007 wieder außer Kraft getreten (§ 21 SpivBdKKWV2007).

§ 217d Aufsicht, Haushalts- und Rechnungswesen, Vermögen, Statistiken

(1) ¹Der Spitzenverband Bund der Krankenkassen untersteht der Aufsicht des Bundesministeriums für Gesundheit, bei Ausführung des § 217f Abs. 3 der Aufsicht des Bundesministeriums für Arbeit und Soziales. ²Die Aufsicht über den Spitzenverband Bund der Krankenkassen in seiner Funktion als Verbindungsstelle nach § 219a wird vom Bundesministerium für Gesundheit im Einvernehmen mit dem Bundesministerium für Arbeit und Soziales ausgeübt.

---

16 BT-Dr. 16/3100, 162.
17 BT-Dr. 16/3100, 162.
18 SVWO vom 28.7.1997, BGBl. I 1997, 1946 ff.
19 SVWO v. 28.7.1997, BGBl. I 1997, 1946 ff.
20 BT-Dr. 16/3100, 162.
21 BAnz Nr. 82 vom 3.5.2007, S. 4519 ff.

(2) ¹Die Kosten der Tätigkeit des Spitzenverbandes Bund der Krankenkassen werden nach Maßgabe des Haushaltsplans durch die Beiträge der Mitgliedskassen gemäß den Vorgaben der Satzung aufgebracht, soweit sie nicht durch sonstige Einnahmen gedeckt werden. ²Für die Aufsicht über den Spitzenverband Bund der Krankenkassen gelten die §§ 87 bis 89 des Vierten Buches entsprechend. ³Für das Haushalts- und Rechnungswesen einschließlich der Statistiken gelten die §§ 67 bis 70 Absatz 1 und 5, die §§ 72 bis 77 Absatz 1 und 1a und die §§ 78 und 79 Absatz 1 und 2 in Verbindung mit Absatz 3a, für das Vermögen die §§ 80 bis 83 und 85 des Vierten Buches sowie § 220 Absatz 1 Satz 2 und für die Verwendung der Mittel § 305b entsprechend. ⁴Die Jahresrechnung nach § 77 Absatz 1a des Vierten Buches ist für das abgelaufene Haushaltsjahr bis zum 1. Oktober des Folgejahres aufzustellen und der Aufsichtsbehörde vorzulegen. ⁵Betriebsmittel dürfen die Ausgaben nicht übersteigen, die nach dem Haushaltsplan des Spitzenverbandes Bund der Krankenkassen auf eineinhalb Monate entfallen. ⁶Rücklagen sind zulässig, sofern sie angemessen sind und für einen den gesetzlichen Aufgaben dienenden Zweck bestimmt sind. ⁷Soweit Vermögen nicht zur Rücklagenbildung erforderlich ist, ist es zur Senkung der Beiträge der Mitgliedskassen zu verwenden oder an die Mitgliedskassen zurückzuzahlen.

(3) Für die Vollstreckung von Aufsichtsverfügungen gegen den Spitzenverband Bund der Krankenkassen kann die Aufsichtsbehörde ein Zwangsgeld bis zu einer Höhe von 10 000 000 Euro zugunsten des Gesundheitsfonds nach § 271 festsetzen.

Literatur:
Marburger, Die Aufsicht in der Sozialversicherung, DÖD 2003, 232.

I. Entstehungsgeschichte, allgemeine Bedeutung und Normzweck

§ 217d wurde durch das Gesetz zur Stärkung des Wettbewerbs in der gesetzlichen Krankenversicherung (GKV-Wettbewerbsstärkungsgesetz – GKV-WSG) vom 26.3.2007 in das SGB V eingefügt und ist am 1.4.2007 in Kraft getreten.[1] Durch das Gesetz zur Verbesserung der Handlungsfähigkeit der Selbstverwaltung der Spitzenorganisationen in der gesetzlichen Krankenversicherung sowie zur Stärkung der über sie geführten Aufsicht (GKV-Selbstverwaltungsstärkungsgesetz) vom 21.2.2017 wurden mit Wirkung zum 1.3.2017 Abs. 1 S. 3 aufgehoben und die Abs. 2 und 3 angefügt.[2]

§ 217d regelt die **Aufsicht** über den Spitzenverband Bund der Krankenkassen und enthält Bestimmungen zum **Haushalts- und Rechnungswesen**, zu den **Statistiken** und zum **Verwaltungsvermögen** des Verbandes.

II. Aufsicht über den Spitzenverband Bund der Krankenkassen (Abs. 1, Abs. 2 S. 2, Abs. 3)

1. Zuständige Aufsichtsbehörde (Abs. 1 S. 1). Der Spitzenverband Bund der Krankenkassen untersteht grundsätzlich der Aufsicht des Bundesministeriums für Gesundheit (Abs. 1 S. 1 Hs. 1); soweit er in seiner Funktion als Verbindungsstelle nach § 219 a tätig wird, übt das Bundesministerium für Gesundheit die Aufsicht im Einvernehmen mit dem Bundesministerium für Arbeit und Soziales aus (Abs. 1 S. 2). Die Beteiligung des Bundesministeriums für Arbeit und Soziales erscheint deswegen geboten, weil es „in allen bilateralen Abkommen über Soziale Sicherheit und in der Verordnung (EWG) Nr. 574/72 auf deutscher Seite als zuständige deutsche Behörde für alle Bereiche der sozialen Sicherheit genannt" wird.[3]

Etwas anderes gilt, wenn der Spitzenverband Bund auf der Grundlage des § 217f Abs. 3 tätig wird, also v.a. grundsätzliche Entscheidungen zum Beitrags- und Meldeverfahren und zur einheitlichen Beitragserhebung trifft; in diesem Fall ist das Bundesministerium für Arbeit und Soziales zuständige Aufsichtsbehörde (Abs. 1 S. 1 Hs. 2). Diese Aufsichtsregelung erscheint sachgerecht, weil das Bundesministerium für Arbeit und Soziales grundsätzlich die zuständige Aufsichtsbehörde bzw. der maßgebliche Verordnungsgeber ist, soweit Vorschriften für alle Sozialversicherungsträger gemeinsam gelten (vgl. §§ 90 Abs. 1, 28c, 28n SGB IV).

2. Durchführung der Aufsicht (Abs. 2 S. 2, Abs. 3). Für die Durchführung der Aufsicht über den Spitzenverband Bund verweist der systematisch zu Abs. 1 gehörende Abs. 2 S. 2 auf §§ 87 bis 89 SGB IV. Gemäß § 87 Abs. 1 S. 2 SGB IV ist die Aufsicht über den Spitzenverband Bund grundsätzlich Rechts-

---
1 BGBl. I 2007, 378 ff.
2 BGBl. I 2017, 265 ff.
3 BT-Dr. 16/3100, 162.

aufsicht.[4] Nach § 88 SGB IV ist die Aufsichtsbehörde zur Prüfung der Geschäfts- und Rechnungsführung des Spitzenverbandes berechtigt (Abs. 1); der Spitzenverband muss der Aufsichtsbehörde auf Verlangen erforderliche Unterlagen vorlegen und Auskünfte erteilen (Abs. 2). § 89 Abs. 1 SGB IV regelt die **Aufsichtsmittel** der Aufsichtsbehörde. Abweichend von § 89 Abs. 1 S. 3 SGB IV in Verbindung mit § 11 VwVfG kann die Aufsichtsbehörde gem. Abs. 3 für die Vollstreckung von Aufsichtsverfügungen ein Zwangsgeld bis zu einer Höhe von 1 000 000 Euro zugunsten des Gesundheitsfonds festsetzen. Nach § 89 Abs. 3 SGB IV ist die Aufsichtsbehörde befugt, Sitzungen des Spitzenverbandes anzuberaumen und zu leiten, wenn der Verband einem Verlangen der Behörde nach Einberufung der Sitzungen nicht nachkommt. § 217 g sieht weitere Aufsichtsmittel in besonderen Fällen vor.

III. Aufbringung der Mittel, Haushalts- und Rechnungswesen, Vermögen, Statistiken (Abs. 2 S. 1 und 3 bis 7)

6 Gem. Abs. 2 S. 1 werden die Kosten der Tätigkeit des GKV-Spitzenverbandes nach Maßgabe des Haushaltsplans durch die Beiträge der Mitgliedskassen aufgebracht, sofern sie nicht durch sonstige Einnahmen gedeckt werden. Abs. 2 S. 3 verweist für das **Haushalts- und Rechnungswesen** einschließlich der **Statistiken** auf §§ 67 bis 70 Abs. 1 und 5, §§ 72 bis 77 Abs. 1 und 1 a, §§ 78 und 79 Abs. 1 und 2 in Verbindung mit Abs. 3 a SGB IV. Und hinsichtlich des Vermögens auf die §§ 80 bis 83 und 85 SGB IV sowie 220 Abs. 1 S. 2 und 305 b hinsichtlich der **Verwendung der Mittel**. Damit gelten für den Spitzenverband Bund die für die Sozialversicherungsträger maßgeblichen Vorschriften über die Aufstellung, Bedeutung und Wirkung des Haushaltsplanes (§ 67 bis 70 Abs. 1 und 5 SGB IV) einschließlich der Verpflichtung zur Wirtschaftlichkeit und Sparsamkeit (§ 69 Abs. 2 und 3 SGB IV), die vorläufige Haushaltsführung (§ 72 SGB IV), die Aufstellung von Nachtragshaushalten (§ 74 SGB IV), die Stundung, Niederschlagung und den Erlass von Ansprüchen (§ 76 Abs. 2 SGB IV), zur Rechnungslegung (§ 77 Abs. 1 SGB IV) und zur Führung von Statistiken (§ 79 Abs. 1 und 2 SGB IV).

7 Für das **Vermögen** des Spitzenverbandes Bund gelten die Bestimmungen der §§ 80 bis 83 und 85 SGB IV sowie 220 Abs. 1 S. 2. Der Spitzenverband Bund ist daher insbesondere verpflichtet, seine Mittel so anzulegen und zu verwalten, dass Verluste ausgeschlossen erscheinen, ein angemessener Ertrag erzielt wird und ausreichende Liquidität gewährleistet ist (§ 80 Abs. 1 SGB IV). Außerdem finden die für die Sozialversicherungsträger geltenden Bestimmungen zur Genehmigungsbedürftigkeit von Vermögensanlagen (§ 85 SGB IV) auch für den Spitzenverband Anwendung. Nach § 220 Abs. 1 S. 2 sind Darlehensaufnahmen unzulässig. Das gilt nicht in den Fällen der Insolvenz oder Schließung einer Krankenkasse gem. § 171 d Abs. 6.[5] Gem. Abs. 2 S. 4 ist die Jahresrechnung nach § 77 Abs. 1 a SGB IV für das abgelaufene Haushaltsjahr bis zum 1.10. des Folgejahres aufzustellen und der Aufsichtsbehörde vorzulegen. Wegen des Verweises auf § 305 b sind die Jahresrechnungsergebnisse zu veröffentlichen. Gem. Abs. 2 S. 5 dürfen die Betriebsmittel die Ausgaben, die nach dem Haushaltsplan auf eineinhalb Monate entfallen, nicht übersteigen. Durch die Regelung soll die unzulässige Vermögensbildung über den Umweg der Betriebsmittel ausgeschlossen werden.[6] Gem. Abs. 2 S. 6 sind Rücklagen nur insoweit zulässig, als sie angemessen sind und für einen den gesetzlichen Aufgaben dienenden Zweck bestimmt sind. Eine Rücklage ist nur dann als angemessen anzusehen, wenn sie sich „auf das zur Erfüllung des definierten Zwecks notwendige Maß beschränkt".[7] Nicht zur Rücklagenbildung erforderliches Vermögen ist konsequenterweise gem. Abs. 2 S. 7 zur Senkung der Beiträge der Mitgliedskassen zu verwenden oder an die Mitgliedskassen zurückzuzahlen.

§ 217 e Satzung

(1) ¹Der Verwaltungsrat hat eine Satzung zu beschließen. ²Die Satzung bedarf der Genehmigung der zuständigen Aufsichtsbehörde. ³Der Spitzenverband Bund hat seinen Sitz in Berlin; die Satzung kann einen davon abweichenden Sitz bestimmen. ⁴Die Verbindungsstelle (§ 219 a) hat ihren Sitz in Bonn; die

---

4 Näher Marburger, DÖD 2003, 232 f.
5 Stellungnahme des GKV-Spitzenverbandes vom 9.1.2017 S. 13, abrufbar auf der Homepage des GKV-Spitzenverbandes unter https://www.gkv-spitzenverband.de/media/dokumente/presse/p_stellungnahmen/170109_Stn_GKV_SV_GE_GKV-SVSG.pdf (zuletzt abgerufen am 1.5.2017).
6 BT-Dr. 18/10605, 36, 27.
7 BT-Dr. 18/10605, 36, 27.

Satzung kann einen davon abweichenden Sitz in Berücksichtigung der spezifischen Aufgabenstellung festlegen. ⁵Die Satzung muss Bestimmungen enthalten über
1. die Wahl des Verwaltungsrates und des Vorstandes sowie die Ergänzung des Verwaltungsrates bei vorzeitigem Ausscheiden eines Mitglieds,
2. die Entschädigung der Mitglieder des Verwaltungsrates,
3. die Aufbringung und Verwaltung der Mittel,
4. die Beurkundung der Beschlüsse des Verwaltungsrates,
5. die Herstellung der Öffentlichkeit der Sitzungen des Verwaltungsrates,
6. das Nähere über die Entsendung der Vertreter der Mitgliedskassen in die Mitgliederversammlung, über die Wahl des Vorsitzenden der Mitgliederversammlung sowie dessen Aufgaben,
7. die Rechte und Pflichten der Mitgliedskassen,
8. die jährliche Prüfung der Betriebs- und Rechnungsführung,
9. die Art der Bekanntmachung.
⁶§ 34 Abs. 2 des Vierten Buches gilt entsprechend.
(2) Die vom Spitzenverband Bund der Krankenkassen abgeschlossenen Verträge und seine sonstigen Entscheidungen gelten für die Mitgliedskassen des Spitzenverbandes, die Landesverbände der Krankenkassen und die Versicherten.

Literatur:

v. Boetticher, Der Spitzenverband Bund der Krankenkassen, SGb 2009, 15; *Fink*, Spitzenverband Bund – Ein doppeltes Legitimationsproblem – und mehr Verbände, Die Ersatzkasse 2006, 460.

I. Entstehungsgeschichte, allgemeine Bedeutung und Normzweck 1	e) Öffentlichkeit der Sitzungen des Verwaltungsrates (Abs. 1 S. 5 Nr. 5) 10
II. Satzung des GKV-Spitzenverbandes (Abs. 1) 3	f) Mitgliederversammlung, Wahl des Vorsitzenden (Abs. 1 S. 5 Nr. 6) 11
1. Beschluss und Genehmigungsbedürftigkeit der Satzung (Abs. 1 S. 1 und 2) 3	g) Rechte und Pflichten der Mitgliedskassen (Abs. 1 S. 5 Nr. 7) 12
2. Mindestinhalt der Satzung (Abs. 1 S. 5 und 6) 5	h) Prüfung der Betriebs- und Rechnungsführung (Abs. 1 S. 5 Nr. 8) ... 13
a) Wahl und Ergänzung des Verwaltungsrates (Abs. 1 S. 5 Nr. 1) 6	i) Bekanntmachung der Satzung (Abs. 1 S. 5 Nr. 9) 14
b) Entschädigung der Verwaltungsratsmitglieder (Abs. 1 S. 5 Nr. 2).... 7	III. Sitz des Spitzenverbandes (Abs. 1 S. 3 und 4) 16
c) Aufbringung und Verwaltung der Mittel (Abs. 1 S. 5 Nr. 3)............ 8	IV. Reichweite der Befugnisse des Spitzenverbandes Bund (Abs. 2)...................... 17
d) Beurkundung der Beschlüsse des Verwaltungsrates (Abs. 1 S. 5 Nr. 4) 9	

I. Entstehungsgeschichte, allgemeine Bedeutung und Normzweck

§ 217e wurde durch das Gesetz zur Stärkung des Wettbewerbs in der gesetzlichen Krankenversicherung (GKV-Wettbewerbsstärkungsgesetz – GKV-WSG) vom 26.3.2007 mit Wirkung zum 1.4.2007 erlassen.[1]

Die Vorschrift regelt den Erlass, den Mindestinhalt und die Genehmigungsbedürftigkeit der Satzung des Spitzenverbandes Bund der Krankenkassen sowie den Sitz und die Reichweite der Befugnisse des Spitzenverbandes.

II. Satzung des GKV-Spitzenverbandes (Abs. 1)

1. Beschluss und Genehmigungsbedürftigkeit der Satzung (Abs. 1 S. 1 und 2). Gemäß Abs. 1 S. 1 hat der Verwaltungsrat des Spitzenverbandes Bund eine Satzung zu beschließen, die nach Abs. 1 S. 2 der Genehmigung der zuständigen Aufsichtsbehörde bedarf. Wer zuständige Aufsichtsbehörde ist, regelt § 217 d.

Der GKV-Spitzenverband hat seine Satzung am 18.6.2007 beschlossen. Die Satzung wurde vom Bundesministerium für Gesundheit am 3.7.2007 genehmigt und ist am 8.7.2007 in Kraft getreten.

---

[1] BGBl. I 2007, 378 ff.

5 **2. Mindestinhalt der Satzung (Abs. 1 S. 5 und 6).** Abs. 1 S. 5 benennt den **Mindestinhalt** der Satzung des GKV-Spitzenverbandes. Die Auflistung ist bezüglich des Satzungsinhaltes nicht abschließend, insbesondere kann sich der Verwaltungsrat durch Satzung selbst Aufgaben zuweisen.

6 a) **Wahl und Ergänzung des Verwaltungsrates (Abs. 1 S. 5 Nr. 1).** Gemäß Abs. 1 S. 5 Nr. 1 muss die Satzung Bestimmungen über die **Wahl des Verwaltungsrates** (geregelt in §§ 12 bis 25 Satzung GKV-Spitzenverband) und des **Vorstandes** (s. § 31 Abs. 1 Nr. 3 Satzung GKV-Spitzenverband) sowie die Ergänzung des Verwaltungsrates bei vorzeitigem Ausscheiden eines Mitglieds (s. § 26 Abs. 7 Satzung GKV-Spitzenverband) enthalten.

7 b) **Entschädigung der Verwaltungsratsmitglieder (Abs. 1 S. 5 Nr. 2).** Zum Mindestinhalt der Satzung des GKV-Spitzenverbandes gehören nach Abs. 1 S. 5 Nr. 2 Bestimmungen zur **Entschädigung der Mitglieder** des Verwaltungsrates. Der Spitzenverband hat eine entsprechende Regelung in § 27 Abs. 2 seiner Satzung vorgesehen, die in Abs. 2 auf die gesetzliche Entschädigungsregelung für bei den Versicherungsträgern ehrenamtlich tätige Personen in § 41 SGB IV Bezug nimmt, dessen Anwendung sich allerdings bereits aus dem gesetzlichen Verweis in § 217b Abs. 1 S. 3 ergibt. § 27 Abs. 2 S. 2 Satzung GKV-Spitzenverband verweist ferner auf die der Satzung als Anlage 1 beigefügte Entschädigungsregelung, die Näheres zur Entschädigung, insbesondere zur Art der erstattungsfähigen Kosten sowie zur Höhe der Entschädigung bestimmt.

8 c) **Aufbringung und Verwaltung der Mittel (Abs. 1 S. 5 Nr. 3).** Die Satzung muss Bestimmungen zur **Aufbringung und Verwaltung der Mittel** des Spitzenverbandes Bund enthalten (Abs. 1 S. 5 Nr. 3). Dieser gesetzlichen Verpflichtung ist der GKV-Spitzenverband mit § 38 seiner Satzung nachgekommen.

9 d) **Beurkundung der Beschlüsse des Verwaltungsrates (Abs. 1 S. 5 Nr. 4).** Abs. 1 S. 5 Nr. 4 sieht die Notwendigkeit von Satzungsregelungen zur **Beurkundung der Beschlüsse des Verwaltungsrates** vor. Solche Regelungen finden sich in § 33 Abs. 5 Satzung GKV-Spitzenverband.

10 e) **Öffentlichkeit der Sitzungen des Verwaltungsrates (Abs. 1 S. 5 Nr. 5).** Nach Abs. 1 S. 5 Nr. 5 muss die Satzung Bestimmungen zur **Herstellung der Öffentlichkeit der Sitzungen des Verwaltungsrates** vorsehen. Dies schließt Satzungsregelungen, die (begründete) Ausnahmen vom Grundsatz der Öffentlichkeit der Sitzungen des Verwaltungsrates vorsehen, nicht aus. Entsprechende Öffentlichkeitsregelungen sieht § 32 Abs. 1 Satzung GKV-Spitzenverband vor.

11 f) **Mitgliederversammlung, Wahl des Vorsitzenden (Abs. 1 S. 5 Nr. 6).** Die Satzung des GKV-Spitzenverbandes muss Näheres über die **Entsendung der Vertreter der Mitgliedskassen in die Mitgliederversammlung,** über die Wahl des Vorsitzenden der Mitgliederversammlung und dessen Aufgaben vorsehen (Abs. 1 S. 5 Nr. 6). Bestimmungen zur Entsendung der Vertreter der Mitgliedskassen in die Mitgliederversammlung und über die Wahl des Vorsitzenden der Mitgliederversammlung sind in §§ 6, 11 Satzung GKV-Spitzenverband geregelt; die Aufgaben des Vorsitzenden der Mitgliederversammlung nennen §§ 11 ff. Satzung GKV-Spitzenverband.

12 g) **Rechte und Pflichten der Mitgliedskassen (Abs. 1 S. 5 Nr. 7).** Gemäß Abs. 1 S. 5 Nr. 7 sind in der Satzung die **Rechte und Pflichten der Mitgliedskassen** zu regeln. Eine Bestimmung zu den Pflichten der Mitgliedskassen findet sich in § 38 Abs. 1 Satzung GKV-Spitzenverband. Satzungsvorschriften zu den Rechten der Mitgliedskassen sind zB §§ 6, 11 f. und 20 Satzung GKV-Spitzenverband.

13 h) **Prüfung der Betriebs- und Rechnungsführung (Abs. 1 S. 5 Nr. 8).** Regelungen zur jährlichen Prüfung der Betriebs- und Rechnungsführung des Spitzenverbandes Bund (Abs. 1 S. 5 Nr. 8) enthält § 40 Satzung GKV-Spitzenverband.

14 i) **Bekanntmachung der Satzung (Abs. 1 S. 5 Nr. 9).** Nach Abs. 1 S. 5 Nr. 9 muss die Satzung die Art der Bekanntmachung regeln, wobei unklar ist, ob damit nur die Bekanntmachung der Satzung oder auch anderer Maßnahmen und Entscheidungen des Spitzenverbandes Bund gemeint ist. Die Satzung GKV-Spitzenverband enthält solche Bekanntmachungsregelungen in § 46.

15 Das Erfordernis der öffentlichen Bekanntmachung der Satzung und sonstigen autonomen Rechts des GKV-Spitzenverbandes sowie die Notwendigkeit der Regelung der Art der Bekanntmachung in der Satzung des GKV-Spitzenverbandes ergibt sich auch aus § 34 Abs. 2 S. 1 und 3 SGB IV, der nach § 217e Abs. 1 S. 6 für den Spitzenverband entsprechend gilt. Gemäß § 217e Abs. 1 S. 6 iVm § 34 Abs. 2 S. 2 SGB IV tritt die Satzung, wenn kein anderer Zeitpunkt bestimmt ist, am Tag nach ihrer Bekanntmachung in Kraft.

III. Sitz des Spitzenverbandes (Abs. 1 S. 3 und 4)

Abs. 1 S. 3 legt fest, dass der Spitzenverband Bund seinen Sitz in Berlin hat, wenn nicht die Satzung des Spitzenverbandes einen abweichenden Sitz bestimmt. Die Verbindungsstelle Krankenversicherung-Ausland iSd § 219 a hat ihren Sitz in Bonn, wenn nicht die Satzung mit Blick auf die spezifische Aufgabenstellung der Verbindungsstelle einen anderen Sitz festlegt (Abs. 1 S. 4). Satzungsbestimmungen, die den Sitz des Spitzenverbandes abweichend von Berlin bzw. Bonn festlegen, sind nicht ergangen.

IV. Reichweite der Befugnisse des Spitzenverbandes Bund (Abs. 2)

Abs. 2 enthält eine Regelung zur Reichweite der Befugnisse des Spitzenverbandes Bund der Krankenkassen. Danach gelten die vom Spitzenverband geschlossenen Verträge und seine sonstigen Entscheidungen verbindlich für die Mitgliedskassen des Spitzenverbandes, die Landesverbände der Krankenkassen und die Versicherten.[2]

§ 217 f Aufgaben des Spitzenverbandes Bund der Krankenkassen

(1) Der Spitzenverband Bund der Krankenkassen hat ab dem 1. Juli 2008 die ihm gesetzlich zugewiesenen Aufgaben zu erfüllen.

(2) ¹Der Spitzenverband Bund der Krankenkassen unterstützt die Krankenkassen und ihre Landesverbände bei der Erfüllung ihrer Aufgaben und bei der Wahrnehmung ihrer Interessen, insbesondere durch die Entwicklung von und Abstimmung zu Datendefinitionen (Formate, Strukturen und Inhalte) und Prozessoptimierungen (Vernetzung der Abläufe) für den elektronischen Datenaustausch in der gesetzlichen Krankenversicherung und mit den Arbeitgebern. ²Die Wahrnehmung der Interessen der Krankenkassen bei über- und zwischenstaatlichen Organisationen und Einrichtungen ist Aufgabe des Spitzenverbandes Bund der Krankenkassen.

(3) ¹Der Spitzenverband Bund der Krankenkassen trifft in grundsätzlichen Fach- und Rechtsfragen Entscheidungen zum Beitrags- und Meldeverfahren und zur einheitlichen Erhebung der Beiträge (§§ 23, 76 des Vierten Buches). ²Der Spitzenverband Bund der Krankenkassen gibt Empfehlungen zur Benennung und Verteilung von beauftragten Stellen nach § 28 f Abs. 4 des Vierten Buches.

(4) Der Spitzenverband Bund der Krankenkassen trifft Entscheidungen zur Organisation des Qualitäts- und Wirtschaftlichkeitswettbewerbs der Krankenkassen, insbesondere zu dem Erlass von Rahmenrichtlinien für den Aufbau und die Durchführung eines zielorientierten Benchmarking der Leistungs- und Qualitätsdaten.

(4 a) ¹Der Spitzenverband Bund der Krankenkassen legt in einer Richtlinie allgemeine Vorgaben zu den Regelungen nach § 73 b Absatz 3 Satz 8 und § 140 a Absatz 4 Satz 6 und 7 fest. ²Die Richtlinie bedarf der Genehmigung des Bundesministeriums für Gesundheit.

(4 b) ¹Der Spitzenverband Bund der Krankenkassen legt bis zum 31. Januar 2018 in einer Richtlinie Maßnahmen zum Schutz von Sozialdaten der Versicherten vor unbefugter Kenntnisnahme fest, die von den Krankenkassen bei Kontakten mit ihren Versicherten anzuwenden sind. ²Die Maßnahmen müssen geeignet sein, im Verhältnis zum Gefährdungspotential mit abgestuften Verfahren den Schutz der Sozialdaten zu gewährleisten und dem Stand der Technik entsprechen. ³Insbesondere für die elektronische Übermittlung von Sozialdaten hat die Richtlinie Maßnahmen zur sicheren Identifizierung und zur sicheren Datenübertragung vorzusehen; hierbei sollen bereits vorhandene Verfahren für einen sicheren elektronischen Identitätsnachweis nach § 36 a Absatz 2 Satz 5 des Ersten Buches berücksichtigt werden. ⁴Die Richtlinie hat Konzepte zur Umsetzung der Maßnahmen durch die Krankenkassen und Vorgaben für eine Zertifizierung durch unabhängige Gutachter vorzusehen. ⁵Sie ist in Abstimmung mit der oder dem Bundesbeauftragten für den Datenschutz und die Informationsfreiheit und dem Bundesamt für Sicherheit in der Informationstechnik zu erstellen und bedarf der Genehmigung des Bundesministeriums für Gesundheit.

(5) Die von den bis zum 31. Dezember 2008 bestehenden Bundesverbänden sowie der Deutschen Rentenversicherung Knappschaft-Bahn-See, den Verbänden der Ersatzkassen und der See-Krankenkasse bis zum 30. Juni 2008 zu treffenden Vereinbarungen, Regelungen und Entscheidungen gelten solange

---

[2] Näher v. Boetticher, SGb 2009, 15; Sodan, HdB KrVersR, § 32 Rn. 91; Fink, Die Ersatzkasse 2006, 460, 461 ff.; Mühlhausen in: Becker/Kingreen, § 217 a Rn. 4.

fort, bis der Spitzenverband Bund im Rahmen seiner Aufgabenstellung neue Vereinbarungen, Regelungen oder Entscheidungen trifft oder Schiedsämter den Inhalt von Verträgen neu festsetzen.
(6) Der Spitzenverband Bund der Krankenkassen trifft Entscheidungen, die bei Schließung oder Insolvenz einer Krankenkasse im Zusammenhang mit dem Mitgliederübergang der Versicherten erforderlich sind, um die Leistungsansprüche der Versicherten sicherzustellen und die Leistungen abzurechnen.
(7) Der Spitzenverband Bund der Krankenkassen kann zur Durchführung seiner gesetzlichen Aufgaben nach § 130b die Daten nach § 268 Absatz 3 Satz 14 in Verbindung mit Satz 1 Nummer 1 bis 7 anonymisiert und ohne Krankenkassenbezug verarbeiten und nutzen.

Literatur:

Rixen, Aufsicht ist gut, Compliance ist besser: Was sich durch das GKV-Selbstverwaltungsstärkungsgesetz bei den Spitzenorganisationen der Krankenversicherung ändert, SozSich 2017, 115-123; *Pitschas*, Die Gesundheitsreform 2007 – Verfassungskonformer Einstieg in den Systemwechsel der GKV, GesR 2008, 64; *Fink*, Spitzenverband Bund – Ein doppeltes Legitimationsproblem – und mehr Verbände, Die Ersatzkasse 2006, 460; *Bornemeier*, Benchmarking in der Gesundheitsversorgung: Möglichkeiten und Grenzen, 2002; *Preuß*, Managed Care 2002, 43; *Güntert*, in: Badura/Siegrist (Hrsg.), Evaluation im Gesundheitswesen, 1999, S. 105; *Krasney*, Das Insolvenzrecht und gesetzliche Krankenkassen, NZS 2010, 443; *Gaßner/Hager*, Die Schließung von Krankenkassen wegen Überschuldung, NZS 2004, 632.

I. Entstehungsgeschichte, allgemeine Bedeutung und Normzweck 1	VI. Richtlinie zur Teilnahmeerklärung bei hausarztzentrierter Versorgung und besonderer Versorgung (Abs. 4a) 11
II. Gesetzlich zugewiesene Aufgaben des Spitzenverbandes Bund (Abs. 1)................. 3	VII. Maßnahmen zum Schutz von Sozialdaten der Versicherten (Abs. 4b) 15
III. Unterstützungsaufgaben des Spitzenverbandes Bund (Abs. 2)........................ 5	VIII. Fortgeltung von bis zum 30.6.2008 getroffenen Vereinbarungen, Regelungen und Entscheidungen (Abs. 5)................. 16
IV. Entscheidungen in grundsätzlichen Fach- und Rechtsfragen und Empfehlungen zu Weiterleitungsstellen (Abs. 3) 8	IX. Entscheidungen bei Schließung oder Insolvenz einer Krankenkasse (Abs. 6) 17
V. Entscheidungen zur Organisation des Qualitäts- und Wirtschaftlichkeitswettbewerb der Krankenkassen (Abs. 4) 10	X. Anonymisierte Verwendung von Daten des Risikostrukturausgleichs (Abs. 7) 20

I. Entstehungsgeschichte, allgemeine Bedeutung und Normzweck

1 § 217f wurde zum 1.4.2007 durch das Gesetz zur Stärkung des Wettbewerbs in der gesetzlichen Krankenversicherung (GKV-Wettbewerbsstärkungsgesetz – GKV-WSG) vom 26.3.2007 erlassen.[1] Abs. 6 und 7 wurden durch das Gesetz zur Verbesserung der Versorgungsstrukturen in der gesetzlichen Krankenversicherung (GKV-Versorgungsstrukturgesetz – GKV-VStG) vom 22.12.2011 rückwirkend zum 1.5.2011 (Abs. 6) bzw. zum 1.1.2012 angefügt.[2] Durch das Gesetz zur Verbesserung der Rechte von Patientinnen und Patienten vom 20.2.2013 wurden Abs. 2 S. 2 und Abs. 4a zum 26.2.2013 aufgenommen.[3] In Abs. 4a S. 1 wurde durch Gesetz vom 16.7.2015 der Verweis auf den aufgehobenen § 73c Abs. 2 S. 7 zum 23.7.2015 gestrichen.[4] Abs. 4b wurde zum 11.4.2017 durch das Gesetz zur Stärkung der Heil- und Hilfsmittelversorgung (Heil- und Hilfsmittelversorgungsgesetz – HHVG) vom 4.4.2017 eingefügt.[5]

2 § 217f regelt die gesetzlichen **Aufgaben des Spitzenverbandes Bund der Krankenkassen**.

II. Gesetzlich zugewiesene Aufgaben des Spitzenverbandes Bund (Abs. 1)

3 Gemäß Abs. 1 hat der Spitzenverband Bund der Krankenkassen ab dem 1.7.2008 die ihm gesetzlich zugewiesenen Aufgaben zu erfüllen.[6] Die Zuweisung der dem Spitzenverband ohnehin kraft Gesetzes

---
1 BGBl. I 2007, 378 ff.
2 BGBl. I 2011, 2983 ff.
3 BGBl. I 2013, 277 ff.
4 BGBl. I 2015, 1211 ff.
5 BGBl. I 2017, 778 ff.
6 Zu der Diskussion über die verfassungsrechtliche Zulässigkeit der Aufgabenkonzentration bei dem Spitzenverband Bund Pitschas, GesR 2008, 64 ff.; Mühlhausen in: Becker/Kingreen, § 217a Rn. 5 ff.; Dalichau, SGB V, § 217a S. 1 f.; Fink, Die Ersatzkasse 2006, 460, 461 ff.

obliegenden Aufgaben ist deklaratorischer Art. Konstitutiv ist die Festlegung des Zeitpunkts, an dem der Spitzenverband seine Tätigkeit aufnimmt, auf den 1.7.2008.[7]

Zu den **gesetzlichen Aufgaben** des Spitzenverbandes Bund zählen ua die Festlegung eines einheitlichen Verfahrens und einheitlicher Meldevordrucke für die Meldung der zur Durchführung der Familienversicherung erforderlichen Angaben (§ 10 Abs. 6 S. 2); der Beschluss prioritärer Handlungsfelder und Kriterien für Leistungen der primären Prävention (§ 20 Abs. 1 S. 3); die Festsetzung von Festbeträgen für Arznei- und Verbandmittel (§ 34 Abs. 6) sowie für Hilfsmittel iSd § 36 Abs. 1 (§ 36 Abs. 2); der Abschluss von Vereinbarungen mit den für die Wahrnehmung der Interessen stationärer Hospize maßgeblichen Spitzenorganisationen über Art und Umfang der (teil-)stationären Versorgung in Hospizen (§ 39a Abs. 1 S. 4); die Vereinbarung der Höhe der Vergütung für zahnärztliche Leistungen mit der Kassenzahnärztlichen Bundesvereinigung (§ 57 Abs. 1 S. 1); der Abschluss der Bundesmantelverträge mit den Kassenärztlichen Bundesvereinigungen (§ 82 Abs. 1 S. 1); die Abgabe von Rahmenempfehlungen über die einheitliche Versorgung mit häuslicher Krankenpflege gemeinsam mit den für die Wahrnehmung der Interessen von Pflegediensten maßgeblichen Spitzenorganisationen auf Bundesebene (§ 132a Abs. 1 S. 1).[8] 4

III. Unterstützungsaufgaben des Spitzenverbandes Bund (Abs. 2)

Abs. 2 regelt **Unterstützungsaufgaben**[9] des Spitzenverbandes Bund zugunsten der Krankenkassen und ihrer Landesverbände bei der Erfüllung ihrer Aufgaben und der Wahrnehmung ihrer Interessen. Die Unterstützungsaufgaben des Spitzenverbandes sind fremdnützig, sie werden „im Interesse" der Krankenkassen und ihrer Landesverbände erbracht und beziehen sich auf Tätigkeiten, die in den Aufgabenbereich der Mitgliedskassen und ihrer Landesverbände fallen. 5

Zu den **Unterstützungsaufgaben des Spitzenverbandes** gehören insbesondere die Entwicklung von und Abstimmung zu Datendefinitionen (Formate, Strukturen und Inhalte) und Prozessoptimierungen (Vernetzung der Abläufe) für den elektronischen Datenaustausch in der gesetzlichen Krankenversicherung und mit den Arbeitgebern (Abs. 2 S. 1). Die Regelung ist nicht abschließend. 6

Nach Abs. 2 S. 2 ist es Aufgabe des Spitzenverbandes Bund, die Interessen der Krankenkassen bei über- und zwischenstaatlichen Organisationen und Einrichtungen zu vertreten.[10] Auch insoweit handelt es sich um eine „fremdnützige", im Interesse der Mitgliedskassen liegende Aufgabe. Bis dato wurde diese Aufgabe von den Krankenkassen bzw. ihren Bundesverbänden wahrgenommen. Im Interesse einer einheitlichen Vertretung und Durchsetzung der Interessen der Krankenkassen gegenüber über- und zwischenstaatlichen Organisationen wurde diese Aufgabe dem Spitzenverband übertragen.[11] 7

IV. Entscheidungen in grundsätzlichen Fach- und Rechtsfragen und Empfehlungen zu Weiterleitungsstellen (Abs. 3)

Abs. 3 S. 1 weist dem Spitzenverband Bund die Aufgabe zu, in grundsätzlichen Fach- und Rechtsfragen Entscheidungen zum Beitrags- und Meldeverfahren und zur einheitlichen Erhebung der Beiträge (§§ 23, 76 SGB IV) zu treffen. Nach der Gesetzesbegründung dient diese Regelung dazu, „einen einheitlichen Prozess- und Verfahrensablauf" und „stärker als bisher eine einheitliche Rechtsanwendung im Beitragseinzug" sicherzustellen.[12] „Grundsätzliche" Fach- und Rechtsfragen sind solche, die über den Einzelfall hinaus Bedeutung für mehrere Krankenkassen und/oder beitragspflichtige Versicherte haben. Die Grundsatzentscheidungen des Spitzenverbandes Bund sind sowohl für die Mitgliedkassen als auch für die Versicherten verbindlich.[13] 8

Zu den weiteren Aufgaben des Spitzenverbandes Bund gehört die Abgabe von **Empfehlungen** zur Benennung und Verteilung von beauftragten Stellen nach § 28f Abs. 4 SGB IV (Abs. 3 S. 2). Die Empfehlungen sind unverbindlich. Inhaltlich müssen sie Vorschläge zur Benennung und örtlichen Verteilung der in § 28f Abs. 4 SGB IV zur Vereinfachung des Beitragseinzugs von den Arbeitgebern genannten 9

---

[7] Vgl. Engelhard in: Hauck/Noftz, SGB V, § 217f Rn. 6.
[8] Eingehend zu den Aufgaben des Spitzenverbandes Wille/Koch, Die Gesundheitsreform 2007, 2007, Rn. 724f. und 761 ff.; s. auch Pfeiffer in: Gellner/Schmöller (Hrsg.), Solidarität und Wettbewerb, 2009, S. 101, 106f.; Dalichau, SGB V, § 217f S. 5 ff.
[9] Zum Begriff BT-Dr. 16/3100, 162.
[10] BT-Dr. 17/11710, 42.
[11] Vgl. BT-Dr. 17/11710, 42.
[12] BT-Dr. 16/3100, 162.
[13] Vgl. Hänlein, Rechtsquellen im Sozialversicherungsrecht, 2000, S. 227.

Orts- und Innungskrankenkassen (Weiterleitungsstellen) enthalten, an die die Arbeitgeber ihre Meldungen, Beitragsnachweise und Beiträge entrichten können.[14]

V. Entscheidungen zur Organisation des Qualitäts- und Wirtschaftlichkeitswettbewerb der Krankenkassen (Abs. 4)

10 Gemäß Abs. 4 hat der Spitzenverband Entscheidungen über die Organisation des Qualitäts- und Wirtschaftlichkeitswettbewerbs der Krankenkassen zu treffen; hierzu gehört insbesondere der Erlass von Rahmenrichtlinien für den Aufbau und die Durchführung eines zielorientierten Benchmarking. Abs. 4 knüpft insofern an die Verpflichtung der Krankenkassen zur Durchführung eines Benchmarking (§ 69 Abs. 5 SGB IV) an.[15] Ziel des Benchmarking ist die Förderung der Effizienz der Krankenkassen.[16]

VI. Richtlinie zur Teilnahmeerklärung bei hausarztzentrierter Versorgung und besonderer Versorgung (Abs. 4 a)

11 Abs. 4a S. 1 verpflichtet[17] den Spitzenverband Bund, eine Richtlinie zu erlassen, die allgemeine Vorgaben zu den Regelungen nach § 73 b Abs. 3 S. 8, § 73 c Abs. 2 S. 7 und § 140 a Abs. 4 S. 6 und 7 trifft. Der Spitzenverband Bund hat danach allgemeine Vorgaben für die erforderliche Teilnahmeerklärung der Versicherten, die freiwillig an der hausarztzentrierten Versorgung (§ 73 b Abs. 3 S. 8) oder an der besonderen Versorgung iSd § 140 a Abs. 3 (§ 140 a Abs. 4 S. 6 und 7) teilnehmen, zu machen.

12 Die Richtlinie des Spitzenverbandes ist für die Krankenkassen verbindlich[18] und wird von den Krankenkassen durch entsprechende Satzungsregelungen umgesetzt (s. § 73 b Abs. 3 S. 7 und 8). Mit der Beschränkung auf „allgemeine" Vorgaben ist der Spitzenverband auf die Normierung von Rahmenvorgaben beschränkt, die Raum für ausfüllende Detailregelungen der Krankenkassen lassen.

13 Die Richtlinie des Spitzenverbandes Bund bedarf gem. Abs. 4a S. 2 der Genehmigung des Bundesministeriums für Gesundheit.

14 Abs. 4a liegt das Ziel zugrunde, „eine einheitliche Gewährleistung des Verbraucherschutzes bei der Einschreibung" zu ermöglichen, was „dem Schutz der informierten Entscheidung der Versicherten und dem Schutz des besonderen Vertrauensverhältnisses zwischen Arzt und Patienten" dient.[19]

VII. Maßnahmen zum Schutz von Sozialdaten der Versicherten (Abs. 4 b)

15 Abs. 4b S. 1 verpflichtet den Spitzenverband Bund der Krankenkassen, bis zum 31.1.2018 in einer Richtlinie Maßnahmen zum Schutz der Sozialdaten der Versicherten vor unbefugter Kenntnisnahme festzulegen, die von den Krankenkassen anzuwenden sind. Die Vorgaben werden in Abs. 4b S. 2 bis 5 weiter präzisiert. Der Gesetzgeber reagiert damit auf die bisher uneinheitliche Praxis bei den Krankenkassen sowie Berichte in den Medien über Sicherheitslücken bei Online-Portalen einzelner Krankenkassen. Die Norm ergänzt die allgemein und technikneutral gehaltene Regelung des § 78 a SGB X. Das Instrument einer Richtlinie soll dabei die nötige Flexibilität angesichts des technischen Fortschrittes gewährleisten. Die festzulegenden Maßnahmen sind von den Krankenkassen „bei Kontakten mit ihren Versicherten" anzuwenden, dh jedwedem Informationsaustausch zwischen den Krankenkassen und ihren Versicherten.[20] Die Richtlinie ist gem. Abs. 4b S. 5 in Abstimmung mit dem Bundesbeauftragten für den Datenschutz zu erstellen und bedarf der Zustimmung des Bundesministeriums für Gesundheit.

---

14 Vgl. BT-Dr. 16/3100, 162.
15 Zum Benchmarking in der Verwaltung und insbesondere im Krankenversicherungsbereich eingehend Bornemeier, Benchmarking in der Gesundheitsversorgung: Möglichkeiten und Grenzen, 2002, passim; Ozcan, Health care benchmarking and performance evaluation: an assessment using data envelopment analysis (DEA), 2008; Burr in: Budäus (Hrsg.) New Public Management, 1998, S. 55-92; Thau, Benchmarking in öffentlichen Verwaltungen: theoretische Fundierung und mögliche Weiterentwicklung eines Modernisierungsinstruments, 2009, passim; Augstein, DÖV 2005, 594 ff.; Riegl, KrV 2004, 256 ff.; Görres, ZSR 2002, 425 ff.; Preuß, Managed Care 2002, 43 ff.; Schlenker, RPG 2000, 16 ff.; Güntert in: Badura/Siegrist (Hrsg.), Evaluation im Gesundheitswesen, 1999, S. 105 ff.
16 BT-Dr. 16/3100, 162.
17 Zur Verpflichtung des Spitzenverbandes zum Erlass der Richtlinie BT-Dr. 17/10488, 35.
18 Vgl. BT-Dr. 17/10488, 35.
19 BT-Dr. 17/10488, 35.
20 BT-Dr. 18/10186, 40 f.

VIII. Fortgeltung von bis zum 30.6.2008 getroffenen Vereinbarungen, Regelungen und Entscheidungen (Abs. 5)

Abs. 5 ordnet die **Fortgeltung** der von den bis zum 31.12.2008 bestehenden Bundesverbänden, der Deutschen Rentenversicherung Knappschaft-Bahn-See, den Verbänden der Ersatzkassen und der See-Krankenkasse bis zum 30.6.2008 getroffenen **Vereinbarungen, Regelungen und Entscheidungen** bis zu dem Zeitpunkt an, an dem der Spitzenverband Bund im Rahmen seiner Aufgabenstellung neue Vereinbarungen, Regelungen oder Entscheidungen trifft oder Schiedsämter den Inhalt von Verträgen neu festsetzen. Abs. 5 sucht sicherzustellen, dass es durch die Errichtung des Spitzenverbandes Bund „nicht zu Lücken in den rechtlichen Grundlagen für die Versorgung der Versicherten kommt".[21]

IX. Entscheidungen bei Schließung oder Insolvenz einer Krankenkasse (Abs. 6)

Nach Abs. 6 trifft der Spitzenverband Bund der Krankenkassen Entscheidungen, die bei der **Schließung oder Insolvenz** einer Krankenkasse im Zusammenhang mit dem Übergang der Versicherten erforderlich sind, um deren Leistungsansprüche sicherzustellen und die Leistungen abzurechnen.

Voraussetzung für die Anwendung der Norm ist, dass eine Krankenkasse in die Insolvenz gerät oder – infolge einer Insolvenz oder aus anderen Gründen – geschlossen wird.[22] In diesem Fall müssen sich die bei der Krankenkasse Versicherten bei einer anderen Krankenkasse versichern. Den Versicherten steht im Fall der Insolvenz oder Schließung ihrer Krankenkasse grundsätzlich das Recht zu, eine neue Krankenkasse zu wählen (§ 175 Abs. 3 a iVm § 173 Abs. 1). Machen Sie von diesem **Wahlrecht** keinen Gebrauch, werden sie von der zuständigen Meldestelle der Krankenkasse zugewiesen, bei der sie zuletzt, dh vor der Versicherung bei der jetzt geschlossenen oder insolventen Krankenkasse versichert waren (§ 175 Abs. 3 a S. 2 iVm Abs. 3 S. 2). In der Übergangszeit, in der die Mitglieder der geschlossenen bzw. insolventen Kasse noch keine neue Krankenkasse gewählt haben oder noch nicht gemäß § 175 Abs. 3 einer neuen Krankenkasse zugewiesen wurden, sucht § 217 f Abs. 6 „bis zur Übernahme durch die neue Krankenkasse die lückenlose Realisierung der Leistungsinanspruchnahme auch praktisch" zu gewährleisten. „Die Begründung der Mitgliedschaft in der neuen Krankenkasse erfolgt zwar rückwirkend, so dass insofern eine durchgehende Mitgliedschaft gewährleistet ist. Für die praktische Abwicklung des Verfahrens des Übergangs von der geschlossenen in die neue Krankenkasse bedarf es jedoch näherer Verfahrensregelungen der Selbstverwaltung. Um in der Übergangszeit eine reibungslose Leistungsgewährung an die betroffenen Mitglieder sicherzustellen, und Verunsicherungen bei den Leistungserbringern zu vermeiden",[23] ermächtigt und verpflichtet Abs. 6 den Spitzenverband Bund in dieser Übergangsphase, die notwendigen Entscheidungen zu treffen, um die Erfüllung der Leistungsansprüche der Versicherten sicherzustellen und deren Abrechnung zu gewährleisten.

Für die Entscheidungen zuständig sein dürfte der **Verwaltungsrat** des Spitzenverbandes Bund.[24] Bedenken gegen die Bestimmtheit der Norm bestehen nicht.[25]

X. Anonymisierte Verwendung von Daten des Risikostrukturausgleichs (Abs. 7)

Abs. 7 ermächtigt (nicht: verpflichtet) den Spitzenverband, zur Erfüllung seiner gesetzlichen Aufgabe nach § 130 b diejenigen **Daten** anonymisiert und ohne Krankenkassenbezug zu verarbeiten und zu nutzen, die Gegenstand des § 268 Abs. 3 S. 14 iVm S. 1 Nr. 1–7 sind. „Ziel dieser Regelung ist es, für die Vereinbarung der Erstattungsbeträge eine aussagekräftige Informationsgrundlage zur Verfügung zu stellen, damit die Kosten, die für die Behandlung von Versicherten im jeweiligen Anwendungsgebiet bei der Behandlung mit unterschiedlichen Arzneimitteln, aber auch mit unterschiedlichen Behandlungspfaden entstehen, angemessen berücksichtigt werden können. Dies ist eine wichtige Grundlage für die Verhandlungen."[26]

Gesetzliche Aufgabe des Spitzenverbandes Bund gem. § 130 b ist der Abschluss von Vereinbarungen mit den pharmazeutischen Unternehmen über Erstattungsbeträge für Arzneimittel. Bei den in § 268

---

21 BT-Dr. 16/3100, 162.
22 Zu der Insolvenzfähigkeit von Krankenkassen und dem Insolvenzrecht für Krankenkassen eingehend Krasney, NZS 2010, 443 ff.; hierzu auch Gaßner/Hager, NZS 2004, 632 ff.
23 BT-Dr. 17/6906, 95.
24 Krauskopf in: Krauskopf, § 217 f SGB V Rn. 10; SächsLSG, 7.11.2011, L 1 KR 173/10 B ER; dazu HessLSG, 21.2.2011, L 1 KR 327/10 B ER, Rn. 30.
25 AA Mühlhausen in: Becker/Kingreen, § 217 f Rn. 8.
26 BT-Dr. 17/8005, 119.

Abs. 3 S. 14 iVm S. 1 Nr. 1–7 genannten Daten handelt es sich um von den Krankenkassen über den Spitzenverband Bund an das Bundesversicherungsamt zur Weiterentwicklung des **Risikostrukturausgleiches** übermittelte pseudonymisierte und maschinenlesbare Daten zu Krankenhausaufenthalten (§ 268 Abs. 3 S. 1 Nr. 1), stationärer Anschlussrehabilitation (§ 268 Abs. 3 S. 1 Nr. 2), verordneten Arzneimitteln (§ 268 Abs. 3 S. 1 Nr. 3), zur Zahlung von Krankengeld (§ 268 Abs. 3 S. 1 Nr. 4), zur vertragsärztlichen Versorgung (§ 268 Abs. 3 S. 1 Nr. 5), zu den Leistungserbringern iSd § 302 (§ 268 Abs. 3 S. 1 Nr. 6) und zu (weiteren) Leistungsausgaben (§ 268 Abs. 3 S. 1 Nr. 7). Der Spitzenverband darf diese Daten (nur) anonymisiert und ohne Bezug zu der die Daten übermittelnden Krankenkasse zur Vorbereitung, insbesondere Verhandlung[27] seiner Vereinbarungen mit den pharmazeutischen Unternehmen über die Erstattungsbeträge für Arzneimittel (§ 130 b) verarbeiten und nutzen. Die Nutzung der Daten zu anderen Zwecken ist unzulässig.[28]

§ 217 g Aufsichtsmittel in besonderen Fällen bei dem Spitzenverband Bund der Krankenkassen

(1) ¹Ergibt sich nachträglich, dass eine Satzung nicht hätte genehmigt werden dürfen, oder bedarf eine Satzung wegen nachträglich eingetretener rechtlicher oder tatsächlicher Umstände, die zur Rechtswidrigkeit der Satzung führen, einer Änderung, so kann die Aufsichtsbehörde anordnen, dass der Spitzenverband Bund der Krankenkassen innerhalb einer bestimmten Frist die erforderlichen Änderungen vornimmt. ²Kommt der Spitzenverband Bund der Krankenkassen der Anordnung innerhalb der Frist nicht nach, so kann die Aufsichtsbehörde die erforderlichen Änderungen selbst vornehmen.

(2) ¹Ist zur Umsetzung von gesetzlichen Vorschriften oder aufsichtsrechtlichen Verfügungen ein Beschluss des Verwaltungsrates erforderlich, so kann die Aufsichtsbehörde anordnen, dass dieser Beschluss innerhalb einer bestimmten Frist gefasst wird. ²Wird der erforderliche Beschluss innerhalb der Frist nicht gefasst, so kann die Aufsichtsbehörde den Beschluss des Verwaltungsrates ersetzen.

(3) ¹Verstößt ein Beschluss des Verwaltungsrates des Spitzenverbandes Bund der Krankenkassen gegen ein Gesetz oder gegen sonstiges für den Spitzenverband Bund der Krankenkassen maßgebendes Recht, so kann die Aufsichtsbehörde anordnen, den Beschluss innerhalb einer bestimmten Frist aufzuheben. ²Mit Zugang der Anordnung darf der Beschluss nicht vollzogen werden. ³Die Aufsichtsbehörde kann verlangen, dass Maßnahmen, die auf Grund des Beschlusses getroffen wurden, rückgängig gemacht werden. ⁴Kommt der Spitzenverband Bund der Krankenkassen der Anordnung innerhalb der Frist nicht nach, so kann die Aufsichtsbehörde den Beschluss aufheben.

(4) ¹Einer Anordnung mit Fristsetzung bedarf es nicht, wenn ein Beschluss nach Absatz 1 oder Absatz 2 auf Grund gesetzlicher Regelungen innerhalb einer bestimmten Frist zu fassen ist. ²Klagen gegen Anordnungen und Maßnahmen der Aufsichtsbehörde nach den Absätzen 1 bis 3 haben keine aufschiebende Wirkung.

Literatur:

Rixen, Was sich durch das GKV-Selbstverwaltungsstärkungsgesetz bei den Spitzenorganisationen der Krankenversicherung ändert, SozSich 2017, 115–123.

I. Entstehungsgeschichte, allgemeine Bedeutung und Normzweck

1 § 217 g wurde zum 1.3.2017 durch das Gesetz zur Verbesserung der Handlungsfähigkeit der Selbstverwaltung der Spitzenorganisationen in der gesetzlichen Krankenversicherung sowie zur Stärkung der über sie geführten Aufsicht (GKV-Selbstverwaltungsstärkungsgesetz) vom 21.2.2017 erlassen.[1]

2 § 217 g regelt besondere **Aufsichtsmittel** für die Fälle, in denen bei dem **Spitzenverband Bund der Krankenkassen** eine Satzungsänderung oder ein Beschluss des Verwaltungsrates erforderlich ist. Die Norm wird durch die weiteren aufsichtsrechtlichen Vorschriften der §§ 217 d Abs. 2 S. 2 iVm §§ 87 bis 89 SGB IV, § 217 h und § 217 i ergänzt. § 217 g ist damit eine von drei neuen aufsichtsrechtlichen

---

27 BT-Dr. 17/8005, 119.
28 BT-Dr. 17/8005, 125.
1 BGBl. I 2017, 265 ff.

Vorschriften, die als Reaktion auf die Missstände bei der Kassenärztlichen Bundesvereinigung[2] auch für den Spitzenverband Bund eingeführt wurden, ohne dass dieser dazu Anlass gegeben hätte.

II. Änderungen der Satzung (Abs. 1)

Die Regelung in Abs. 1 betrifft besondere Aufsichtsmittel für den Fall einer **rechtswidrigen Satzung** des Spitzenverbandes Bund. Die Vorschrift ist im Wesentlichen § 195 Abs. 2 S. 1, Abs. 3 nachgebildet. Gem. Abs. 1 S. 1 ist Voraussetzung, dass die Satzung des GKV-Spitzenverbandes rechtswidrig ist. Dies kann entweder der Fall sein, weil sie rechtswidrige Inhalte aufweist, oder aber weil Inhalte fehlen, ohne die die Satzung rechtswidrig ist. Unerheblich ist, ob die Satzung von Anfang an rechtswidrig war und nicht hätte genehmigt werden dürfen, oder aber aufgrund nachträglich eingetretener Umstände rechtswidrig geworden ist. In beiden Fällen kann die Aufsichtsbehörde eine Frist zur Änderung der Satzung setzen. Nach Ablauf der Frist hat die Aufsichtsbehörde gem. Abs. 1 S. 2 die Möglichkeit, die erforderliche **Satzungsänderung selbst vorzunehmen**. Ob der Aufsichtsbehörde wegen der Verwendung des Wortes „kann" ein Ermessen eingeräumt wird oder ob dies allein die Ermächtigung der Aufsichtsbehörde zum Eingreifen betont, ist bislang nicht geklärt.[3] Die Norm ist angesichts der Tatsache, dass die Aufsichtsbehörde den satzungsändernden Beschluss des Verwaltungsrates gem. Abs. 2 S. 2 ersetzen kann, überflüssig.

3

III. Herbeiführung der Beschlussfassung durch den Verwaltungsrat (Abs. 2)

Abs. 2 S. 1 sieht für den Fall, dass zur Umsetzung von gesetzlichen Vorschriften oder aufsichtsrechtlichen Verfügungen ein Beschluss des Verwaltungsrates erforderlich ist, vor, dass die Behörde die Fassung eines entsprechenden Beschlusses unter Setzung einer Frist anordnen kann. Sofern die Beschlussfassung zur Durchführung einer aufsichtsrechtlichen Verfügung erfolgen soll, ist erforderlich, dass die Aufsichtsverfügung vollziehbar ist. Sofern ein Rechtsbehelf aufschiebende Wirkung entfaltet, darf die von der Aufsichtsbehörde nach Abs. 2 S. 1 zu setzende Frist nicht vor dem Eintritt der Bestandskraft der Aufsichtsverfügung enden. Nach fruchtlosem Fristablauf kann die Aufsichtsbehörde den fehlenden **Beschluss ersetzen**. Die Norm soll ausschließen, dass der Verwaltungsrat die rechtlich gebotenen Maßnahmen verhindert.[4]

4

IV. Aufhebung rechtswidriger Beschlüsse des Verwaltungsrates (Abs. 3)

Eine Beanstandung nach Abs. 3 S. 1 setzt voraus, dass ein Beschluss des Verwaltungsrates rechtswidrig ist. Die Norm ist somit das Gegenstück zu Abs. 2 S. 1, wonach zur Herstellung rechtmäßiger Zustände die Fassung eines Beschlusses notwendig ist. Die Aufsichtsbehörde kann eine Frist zur Aufhebung des Beschlusses setzen. Mit Zugang der Anordnung samt Fristsetzung statuiert Abs. 3 S. 2 ein Vollzugsverbot des beanstandeten Beschlusses. Gem. Abs. 3 S. 3 kann die Aufsichtsbehörde verlangen, dass Maßnahmen, die aufgrund des Beschlusses getroffen wurden, rückgängig gemacht werden. Ob die Aufsichtsbehörde dies verlangt, liegt in ihrem Ermessen. Nach fruchtlosem Fristablauf kann die Aufsichtsbehörde den Beschluss selbst aufheben.

5

V. Besondere Verfahrensvorschriften, Ausschluss der aufschiebenden Wirkung von Klagen gegen Aufsichtsmittel (Abs. 4)

Nach Abs. 4 S. 1 ist die Setzung einer Frist entbehrlich, wenn die Änderung der Satzung oder die Fassung eines sonstigen Beschlusses aufgrund gesetzlicher Regelungen innerhalb einer bestimmten Frist zu fassen ist. Gem. Abs. 4 S. 2 haben Klagen gegen Aufsichtsmaßnahmen nach § 217 g **keine aufschiebende Wirkung**. Das betrifft sowohl die Anordnung der Beschlussfassung unter Setzung einer Frist als auch die eigentliche Ersatzvornahme durch die Aufsichtsbehörde.

6

---

2 Vgl. Rixen, SozSich2017, 115, 115 ff.
3 Vgl. SchlHLSG, Beschl. v. 7.12.2016, L 5 KR 151/16 KL ER, Rn. 13 ff. mwN – juris; Knispel, jurisPR-SozR 4/2017 Anm. 2.
4 BT-Dr. 18/10605, 36, 28.

§ 217h Entsandte Person für besondere Angelegenheiten bei dem Spitzenverband Bund der Krankenkassen

(1) ¹Solange und soweit die ordnungsgemäße Verwaltung bei dem Spitzenverband Bund der Krankenkassen gefährdet ist, kann die Aufsichtsbehörde eine Person an den Spitzenverband Bund der Krankenkassen entsenden, diese Person mit der Wahrnehmung von Aufgaben bei dem Spitzenverband Bund der Krankenkassen betrauen und ihr hierfür die erforderlichen Befugnisse übertragen. ²Die ordnungsgemäße Verwaltung ist insbesondere gefährdet, wenn
1. ein Mitglied des Vorstandes interne oder externe Maßnahmen ergreift, die nicht im Einklang mit den eigenen Verwaltungsvorschriften oder satzungsrechtlichen oder gesetzlichen Vorschriften stehen,
2. ein Mitglied des Vorstandes Handlungen vornimmt, die die interne Organisation der Verwaltung oder auch die Zusammenarbeit der Organe untereinander erheblich beeinträchtigen,
3. die Umsetzung von Aufsichtsverfügungen nicht gewährleistet ist oder
4. hinreichende Anhaltspunkte dafür vorliegen, dass eine Pflichtverletzung eines Organmitglieds oder eines ehemaligen Organmitglieds einen Schaden der Körperschaft verursacht hat.

³Die Aufsichtsbehörde kann die Person in diesen Fällen zur Beratung und Unterstützung des Vorstandes oder des Verwaltungsrates, zur Überwachung der Umsetzung von Aufsichtsverfügungen oder zur Prüfung von Schadensersatzansprüchen gegen Organmitglieder oder ehemalige Organmitglieder entsenden. ⁴Die Aufsichtsbehörde bestimmt, in welchem Umfang die entsandte Person im Innenverhältnis anstelle der Organe handeln darf. ⁵Die Befugnisse der Organe im Außenverhältnis bleiben unberührt. ⁶Die Entsendung erfolgt durch Verwaltungsakt gegenüber dem Spitzenverband Bund der Krankenkassen.

(2) ¹Die nach Absatz 1 entsandte Person ist im Rahmen ihrer Aufgaben berechtigt, von den Mitgliedern der Organe und von den Beschäftigten des Spitzenverbandes Bund der Krankenkassen Auskünfte und die Vorlage von Unterlagen zu verlangen. ²Sie kann an allen Sitzungen der Organe und sonstigen Gremien des Spitzenverbandes Bund der Krankenkassen in beratender Funktion teilnehmen, die Geschäftsräume des Spitzenverbandes Bund der Krankenkassen betreten und Nachforschungen zur Erfüllung ihrer Aufgaben anstellen. ³Die Organe und Organmitglieder haben die entsandte Person bei der Wahrnehmung von deren Aufgaben zu unterstützen. ⁴Die entsandte Person ist verpflichtet, der Aufsichtsbehörde Auskunft über alle Erkenntnisse zu geben, die sie im Rahmen ihrer Tätigkeit gewonnen hat.

(3) ¹Der Spitzenverband Bund der Krankenkassen gewährt der nach Absatz 1 entsandten Person eine Vergütung und angemessene Auslagen. ²Die Höhe der Vergütung wird von der Aufsichtsbehörde durch Verwaltungsakt gegenüber dem Spitzenverband Bund der Krankenkassen festgesetzt. ³Der Spitzenverband Bund der Krankenkassen trägt zudem die übrigen Kosten, die durch die Entsendung entstehen.

(4) ¹Der Entsendung der Person hat eine Anordnung vorauszugehen, mit der die Aufsichtsbehörde dem Spitzenverband Bund der Krankenkassen aufgibt, innerhalb einer bestimmten Frist das Erforderliche zur Gewährleistung einer ordnungsgemäßen Verwaltung zu veranlassen. ²Klagen gegen die Anordnung nach Satz 1 oder gegen die Entsendung der Person haben keine aufschiebende Wirkung.

Literatur

Rixen, Was sich durch das GKV-Selbstverwaltungsstärkungsgesetz bei den Spitzenorganisationen der Krankenversicherung ändert, SozSich 2017, 115–123.

I. Entstehungsgeschichte, allgemeine Bedeutung und Normzweck

1 § 217h wurde zum 1.3.2017 durch das Gesetz zur Verbesserung der Handlungsfähigkeit der Selbstverwaltung der Spitzenorganisationen in der gesetzlichen Krankenversicherung sowie zur Stärkung der über sie geführten Aufsicht (GKV-Selbstverwaltungsstärkungsgesetz) vom 21.2.2017 eingefügt.[1]

2 § 217h regelt die Entsendung eines „kleinen Staatskommissars" zum Spitzenverband Bund der Krankenkassen und stellt somit ein neues Aufsichtsinstrument unterhalb der Eingriffsschwelle der Einsetzung eines Beauftragten im Sinne des § 217i dar.

---

[1] BGBl. I 2017, 265 ff.

II. Gefährdung der ordnungsgemäßen Verwaltung bei dem Spitzenverband Bund der Krankenkassen (Abs. 1 S. 1 und 2)

Voraussetzung für die Entsendung einer Person für besondere Angelegenheiten ist gem. Abs. 1 S. 1 die **Gefährdung der ordnungsgemäßen Verwaltung** bei dem Spitzenverband Bund der Krankenkassen. Abs. 1 S. 2 zählt Fälle einer derartigen Gefährdung auf, die Aufzählung ist nicht abschließend („insbesondere"). Der Fall des Verstoßes gegen Verwaltungsvorschriften durch den Vorstand rechtfertigt nach Auffassung des GKV-Spitzenverbandes die Einsetzung einer beauftragten Person nicht, da Verwaltungsvorschriften jederzeit abänderbar seien.[2] Das ist jedoch dann nicht zutreffend, wenn es sich bei der verletzten Vorschrift um eine Grundsatzentscheidung des Verwaltungsrates gem. § 217 b Abs. 1 S. 3 iVm § 197 Abs. 1 Nr. 1 b handelt, an die der Vorstand jedenfalls dienstrechtlich gebunden ist.

Vor der Entsendung der Person muss die Aufsichtsbehörde gem. Abs. 4 S. 1 unter Setzung einer angemessenen **Frist** die Anordnung treffen, dass der Spitzenverband Bund der Krankenkassen die erforderlichen Maßnahmen zur Gewährleistung einer ordnungsgemäßen Verwaltung ergreift. Da über den Spitzenverband Bund Rechtsaufsicht geführt wird, darf die Anordnung grundsätzlich keine konkreten Maßnahmen vorschreiben, es sei denn, es kommt keine alternative Maßnahme in Betracht. Die Anordnung muss die Umstände genau bezeichnen, aus denen sich die Gefährdung der ordnungsgemäßen Verwaltung bei dem Spitzenverband Bund der Krankenkassen nach Auffassung der Aufsichtsbehörde ergeben soll.

III. Auftrag und Befugnisse der entsandten Person (Abs. 1 S. 3 bis 6, Abs. 2)

Die Aufsichtsbehörde kann die Person gem. Abs. 1 S. 3 zur **Beratung und Unterstützung** des Vorstandes oder des Verwaltungsrates, zur **Überwachung der Umsetzung von Aufsichtsverfügungen** oder zur **Prüfung von Schadensersatzansprüchen** gegen Organmitglieder oder ehemalige Organmitglieder entsenden. Es kann auch eine juristische Person entsandt werden.[3] Die Entsendung steht im Ermessen der Aufsichtsbehörde. Die Entsendung erfolgt gem. Abs. 1 S. 6 durch **Verwaltungsakt** gegenüber dem Spitzenverband Bund der Krankenkassen.

Der **Auftrag der entsandten Person** ist in der Entsendungsverfügung gem. Abs. 1 S. 6 zu umschreiben. Er darf sich jeweils nur auf die korrespondierende, in der Anordnung gem. Abs. 4 S. 1 spezifizierte Gefährdung der ordnungsgemäßen Verwaltung beziehen, weil anderenfalls das Recht des Spitzenverbandes zur eigenständigen Behebung von Defiziten in der Verwaltung umgangen würde. Entsprechend dem Zweck des Aufsichtsmittels, dem Spitzenverband Bund der Krankenkassen zunächst externe Unterstützung unterhalb der Schwelle der Bestellung eines Beauftragten nach § 217 i zuteilwerden zu lassen, können für verschiedene Aufgaben auch mehrere Personen entsandt werden, wobei es sich dann jeweils um eine eigenständige Entsendung handelt. Gem. Abs. 1 S. 4 bestimmt die Aufsichtsbehörde in der Entsendungsverfügung auch, in welchem Umfang die **entsandte Person im Innenverhältnis anstelle der Organe** handeln darf. Der Umfang der Befugnisse der entsandten Person muss verhältnismäßig zu den Defiziten der Verwaltungsführung des Spitzenverbandes sein. Eine Entsendung ohne derartige Befugnisse ausschließlich zur Beratung des Vorstandes oder Verwaltungsrates dürfte regelmäßig ungeeignet sein, da die Entsendung nicht dem Willen des Spitzenverbandes entsprechen dürfte und es anderenfalls keiner förmlichen Entsendung bedürfte, sondern sich der Spitzenverband Bund selbst um externe Beratung bemühen könnte. Die Handlungsfähigkeit der Organe selbst nach innen und außen wird durch die Entsendung nicht berührt (Abs. 1 S. 5). Zur Erfüllung ihrer Aufgaben darf die entsandte Person gem. Abs. 2 S. 1 von den Mitgliedern der Organe und den Beschäftigten des Spitzenverbandes **Auskünfte und die Vorlage von Unterlagen** verlangen. Sie kann gemäß Abs. 2 S. 2 an allen Sitzungen der Organe und sonstigen Gremien teilnehmen und alle Nachforschungen anstellen, die sie für die Erfüllung ihres Auftrages für erforderlich hält. Abs. 2 S. 3 verpflichtet die Organe und Organmitglieder, die entsandte Person bei der Wahrnehmung ihrer Aufgaben zu unterstützen. Die entsandte Person ist gem. Abs. 2 S. 4 verpflichtet, der Aufsichtsbehörde Auskunft über die im Rahmen der Entsendung gewonnenen Erkenntnisse zu geben.

---

2 Stellungnahme des GKV-Spitzenverbandes vom 9.1.2017 S. 20, abrufbar auf der Homepage des GKV-Spitzenverbandes unter https://www.gkv-spitzenverband.de/media/dokumente/presse/p_stellungnahmen/170109_Stn_GKV_SV_GE_GKV-SVSG.pdf (zuletzt abgerufen am 1.5.2017).
3 BT-Dr. 18/10605, 37, 29.

IV. Persönliche Rechtsstellung der entsandten Person und Kostentragung (Abs. 3)

6 Gem. Abs. 3 S. 1 gewährt der Spitzenverband Bund der Krankenkassen der entsandten Person eine **Vergütung** und angemessene **Auslagen**. Die Höhe der Vergütung wird gem. Abs. 3 S. 2 von der Aufsichtsbehörde durch Verwaltungsakt gegenüber dem GKV-Spitzenverband festgesetzt und muss ebenfalls angemessen sein. Gem. Abs. 3 S. 3 trägt der Spitzenverband Bund der Krankenkassen auch die übrigen durch die Entsendung entstehenden Kosten, zB für eine Versicherung gegen Haftungsfälle im Rahmen der Ausübung der Entsendung.[4]

7 Weder aus dem Gesetzeswortlaut noch aus der Gesetzesbegründung geht eindeutig hervor, in welchem Rechtsverhältnis die entsandte Person zu dem GKV-Spitzenverband und der Aufsichtsbehörde steht. Die Anordnung der Zahlung einer Vergütung durch den GKV-Spitzenverband an die entsandte Person, sowie die wohl im Gesetzgebungsverfahren geäußerte Auffassung, dass die haftungsrechtliche Verantwortung bei den Organen des Spitzenverbandes Bund der Krankenkassen liege,[5] erweckt den Anschein, dass zwischen dem Spitzenverband und der entsandten Person ein persönliches (Dienst-)Rechtsverhältnis entsteht. Dies stünde jedoch im Widerspruch dazu, dass die Person regelmäßig gegen den Willen der Organe des Spitzenverbandes entsandt werden dürfte und ausweislich der Gesetzesbegründung gegenüber der Aufsichtsbehörde weisungsgebunden sein soll.[6] Letzteres findet im Wortlaut des Gesetzes keine Stütze. Im Gegenteil geht der Gesetzgeber selbst davon aus, dass das Instrument der entsandten Person dem Spitzenverband Bund der Krankenkassen „externe Unterstützung durch eine neutrale Person" gewähren soll.[7] Die mögliche Weisungsgebundenheit folgt demgemäß nicht aus § 217h, sondern entsprechend den allgemeinen Grundsätzen im öffentlichen Dienst allenfalls aus dem persönlichen Rechtsverhältnis der entsandten Person zu seinem Dienstherren oder Arbeitgeber. Da Beamte keine Vergütung erhalten, wie es § 217h Abs. 3 S. 1 vorsieht und die entsandte Person neutral sein soll, kann es sich dabei **nicht um einen Beamten der Aufsichtsbehörde** handeln. Die entsandte Person kann vielmehr nur ein **externer Dritter** sein. Die Neutralität bezieht sich demzufolge lediglich auf die persönliche Rechtsstellung der entsandten Person. Sie darf nicht bereits Beamter oder Beschäftigter der Aufsichtsbehörde sein. Dennoch ist sie der Aufsichtsbehörde gegenüber weisungsgebunden, weil diese mit ihr einen Dienstvertrag abzuschließen hat, aus dem sodann ihr Direktionsrecht folgt. Die **haftungsrechtliche Verantwortlichkeit** für Handlungen der entsandten Person trifft demgemäß nicht die Organe des Spitzenverbandes Bund der Krankenkassen, sondern den Bund, wenn auch die Kosten einer entsprechenden Versicherung von dem Spitzenverband zu tragen sind. Das ergibt sich auch daraus, dass die entsandte Person, anders als der Beauftragte nach § 217i,[8] nicht die Stellung eines Selbstverwaltungsorgans inne hat.[9]

V. Verfahrensvorschriften, Ausschluss der aufschiebenden Wirkung von Klagen gegen die Entsendung (Abs. 4)

8 Die Entsendung einer Person für besondere Angelegenheiten setzt voraus, dass die Aufsichtsbehörde dem Spitzenverband Bund der Krankenkassen zuvor aufgibt, innerhalb einer **bestimmten Frist** das Erforderliche zur Gewährleistung einer ordnungsgemäßen Verwaltung zu unternehmen. Die Frist muss nicht nur bestimmt sein, sondern auch angemessen. Die Anordnung unter Setzung einer Frist ist lex specialis zu § 89 Abs. 1 S. 1 SGB IV, so dass es einer gesonderten Beratung nicht bedarf.[10] Bereits aus Abs. 4 S. 2 folgt, dass die Anordnung unter Fristsetzung gem. Abs. 4 S. 1 selbst einen **Verwaltungsakt** darstellt. Klagen gegen diese Anordnung oder die Entsendung haben gem. Abs. 4 S. 2 keine aufschiebende Wirkung. Nicht von Abs. 4 S. 2 erfasst ist die Festsetzung der Vergütung der entsandten Person durch die Aufsichtsbehörde. Eine Klage gegen diesen Bescheid hat demgemäß aufschiebende Wirkung gem. § 86a Abs. 1 SGG. Die vertraglich vereinbarte Vergütung ist so lange von dem vertraglich verpflichteten Bund zu zahlen.

---

4 BT-Dr. 18/10605, 37, 29.
5 Stellungnahme des GKV-Spitzenverbandes vom 9.1.2017 S. 20, abrufbar auf der Homepage des GKV-Spitzenverbandes unter https://www.gkv-spitzenverband.de/media/dokumente/presse/p_stellungnahmen/170109_Stn_GKV-SV_GE_GKV-SVSG.pdf (zuletzt abgerufen am 1.5.2017).
6 BT-Dr. 18/10605, 37, 29.
7 BT-Dr. 18/10605, 37, 29.
8 BT-Dr. 18/10506, 37, 32.
9 BT-Dr. 18/10605, 37, 29.
10 Vgl. BSGE 88, 193.

§ 217 i Verhinderung von Organen, Bestellung eines Beauftragten

(1) ¹Solange und soweit die Wahl des Verwaltungsrates und des Vorstandes des Spitzenverbandes Bund der Krankenkassen nicht zustande kommt oder der Verwaltungsrat oder der Vorstand des Spitzenverbandes Bund der Krankenkassen sich weigert, seine Geschäfte zu führen, kann die Aufsichtsbehörde die Geschäfte selbst führen oder einen Beauftragten bestellen und ihm ganz oder teilweise die Befugnisse eines oder mehrerer Organe des Spitzenverbandes Bund der Krankenkassen übertragen. ²Dies gilt auch, wenn der Verwaltungsrat oder der Vorstand die Funktionsfähigkeit der Körperschaft gefährdet, insbesondere wenn er die Körperschaft nicht mehr im Einklang mit den Gesetzen oder mit der Satzung verwaltet, die Auflösung des Spitzenverbandes Bund der Krankenkassen betreibt oder das Vermögen gefährdende Entscheidungen beabsichtigt oder trifft.

(2) ¹Die Bestellung eines Beauftragten nach Absatz 1 erfolgt durch Verwaltungsakt gegenüber dem Spitzenverband Bund der Krankenkassen. ²Die Befugnisse und Rechte des Organs, für das der Beauftragte bestellt wird, ruhen in dem Umfang und für die Dauer der Bestellung im Innen- und Außenverhältnis. ³Der Spitzenverband Bund der Krankenkassen gewährt dem nach Absatz 1 bestellten Beauftragten eine Vergütung und angemessene Auslagen. ⁴Die Höhe der Vergütung wird von der Aufsichtsbehörde durch Verwaltungsakt gegenüber dem Spitzenverband Bund der Krankenkassen festgesetzt. ⁵Der Spitzenverband Bund der Krankenkassen trägt zudem die übrigen Kosten, die durch die Bestellung des Beauftragten entstehen. ⁶Werden dem Beauftragten Befugnisse des Vorstandes übertragen, ist die Vergütung des Vorstandes entsprechend zu kürzen.

(3) ¹Der Führung der Geschäfte durch die Aufsichtsbehörde oder der Bestellung eines Beauftragten hat eine Anordnung vorauszugehen, mit der die Aufsichtsbehörde dem Spitzenverband Bund der Krankenkassen aufgibt, innerhalb einer bestimmten Frist das Erforderliche zu veranlassen. ²Klagen gegen die Anordnung nach Satz 1, gegen die Entscheidung über die Bestellung eines Beauftragten oder gegen die Wahrnehmung der Aufgaben des Spitzenverbandes Bund der Krankenkassen durch die Aufsichtsbehörde haben keine aufschiebende Wirkung.

Literatur:
Rixen, Was sich durch das GKV-Selbstverwaltungsstärkungsgesetz bei den Spitzenorganisationen der Krankenversicherung ändert, SozSich 2017, 115–123.

I. Entstehungsgeschichte, allgemeine Bedeutung und Normzweck

§ 217 i wurde zum 1.3.2017 durch das Gesetz zur Verbesserung der Handlungsfähigkeit der Selbstverwaltung der Spitzenorganisationen in der gesetzlichen Krankenversicherung sowie zur Stärkung der über sie geführten Aufsicht (GKV-Selbstverwaltungsstärkungsgesetz) vom 21.2.2017 eingefügt.[1] 1

§ 217 i regelt die Führung der Geschäfte des Spitzenverbandes Bund der Krankenkassen durch die Aufsichtsbehörde oder durch einen zu diesem Zweck bestellten „Staatskommissar". Es handelt sich um das schärfste Aufsichtsmittel gegenüber dem Spitzenverband Bund der Krankenkassen. 2

II. Voraussetzungen für die Führung der Geschäfte und die Bestellung eines Beauftragten (Abs. 1)

Voraussetzung für die Führung der Geschäfte durch die Aufsichtsbehörde oder Bestellung eines Beauftragten ist entweder nach Abs. 1 S. 1, dass die **Wahl des Verwaltungsrates und des Vorstandes** nicht zusammenkommt oder sich **Vorstand oder Verwaltungsrat weigern**, die Geschäfte des Spitzenverbandes Bund der Krankenkassen zu führen oder nach Abs. 1 S. 2, dass der Verwaltungsrat oder der Vorstand die **Funktionsfähigkeit der Körperschaft gefährdet**. Als (nicht abschließende)[2] Regelbeispiele für die Gefährdung der Funktionsfähigkeit werden eine Verwaltung nicht im Einklang mit den Gesetzen oder der Satzung, das Betreiben der Auflösung des Spitzenverbandes Bund der Krankenkassen und das Beabsichtigen oder Treffen vermögensgefährdender Entscheidungen genannt. Wie Verwaltungsrat oder Vorstand die Auflösung des Spitzenverbandes betreiben könnten, bleibt unklar, weil der Bestand des Spitzenverbandes Bund der Krankenkassen gem. § 217 a gesetzlich zwingend ist.[3] 3

---

1 BGBl. I 2017, 265 ff.
2 Vgl. Vahldiek in: Hauck/Noftz, § 79 a SGB V Rn. 6.
3 Vgl. Vahldiek in: Hauck/Noftz, § 79 a SGB V Rn. 2.

III. Befugnisse der Aufsichtsbehörde oder des Beauftragten (Abs. 2 S. 1 und 2)

4 Die Aufsichtsbehörde kann nach Abs. 1 S. 1 entweder selbst die Geschäfte führen oder einen Beauftragten bestellen und ihm ganz oder teilweise die Befugnisse eines oder mehrerer Organe des GKV-Spitzenverbandes, dh des Verwaltungsrates, des Vorstandes oder der Mitgliederversammlung, übertragen. Der Beauftragte kann damit, anders als die entsandte Person nach § 217h, mit Außenwirkung handeln. Der Umfang der Befugnisse des Beauftragten sind in der Bestellungsverfügung gem. Abs. 2 S. 1 festzulegen. Die Befugnisse des oder der betroffenen Organe ruhen während der Bestellung in deren Umfang. Nach Abs. 2 S. 6 ist die Vergütung des Vorstandes entsprechend zu kürzen, sofern dem Beauftragten Befugnisse des Vorstandes übertragen werden. Aus der Formulierung („ist ... zu kürzen") folgt, dass die Verringerung der Vergütung des Vorstandes nicht ipso iure einsetzt. Sie ist vielmehr von der Aufsichtsbehörde, der dabei kein Ermessen zukommt, durch Verwaltungsakt gegenüber dem Vorstand zu kürzen.

IV. Persönliche Rechtstellung der entsandten Person und Kostentragung (Abs. 2 S. 3 bis 6)

5 Im Umfang der Übertragung hat der Beauftragte die Stellung des Organs des Spitzenverbandes Bund der Krankenkassen.[4] Dementsprechend haftet der Spitzenverband für die Handlungen des Beauftragten wie für Handlungen desjenigen Organs, an dessen Stelle der Beauftragte gehandelt hat.[5]
Gem. Abs. 2 S. 3 gewährt der Spitzenverband Bund der Krankenkassen dem Beauftragten eine Vergütung und angemessene Auslagen. Die Höhe der Vergütung wird gem. Abs. 2 S. 4 von der Aufsichtsbehörde gegenüber dem GKV-Spitzenverband festgesetzt. Gem. Abs. 2 S. 5 trägt der GKV-Spitzenverband auch die übrigen Kosten, die durch die Bestellung des Beauftragten entstehen.

V. Verfahrensvorschriften, Ausschluss der aufschiebenden Wirkung von Klagen gegen die Führung der Geschäfte durch die Aufsichtsbehörde und gegen die Bestellung eines Beauftragten (Abs. 3)

6 Die Führung der Geschäfte durch die Aufsichtsbehörde oder die Bestellung eines Beauftragten setzt voraus, dass die Aufsichtsbehörde dem Spitzenverband Bund der Krankenkassen zuvor aufgibt, innerhalb einer bestimmten Frist das Erforderliche zur Gewährleistung einer ordnungsgemäßen Verwaltung zu unternehmen. Die Frist muss nicht nur bestimmt sein, sondern auch angemessen. Die Anordnung unter Setzung einer Frist ist lex specialis zu § 89 Abs. 1 S. 1 SGB IV, so dass es einer gesonderten Beratung nicht bedarf.[6] Bereits aus Abs. 3 S. 2 folgt, dass die Anordnung unter Fristsetzung gem. Abs. 3 S. 1 selbst einen Verwaltungsakt darstellt. Klagen gegen diese Anordnung oder die Bestellung eines Beauftragten oder die Wahrnehmung der Geschäfte durch die Aufsichtsbehörde selbst haben gem. Abs. 3 S. 2 keine aufschiebende Wirkung. Nicht von Abs. 3 S. 2 erfasst ist die Festsetzung der Vergütung des Beauftragten durch die Aufsichtsbehörde. Ebenfalls nicht von Abs. 3 S. 2 erfasst ist die Anordnung der Kürzung der Vorstandsbezüge. Klagen gegen diese Bescheide haben demgemäß aufschiebende Wirkung gem. § 86a Abs. 1 SGG.

§ 217 j Berichtspflicht des Bundesministeriums für Gesundheit

Sofern schutzwürdige Belange Dritter nicht entgegenstehen, hat das Bundesministerium für Gesundheit dem Ausschuss für Gesundheit des Deutschen Bundestages jährlich zum 1. März, erstmalig zum 1. März 2018, einen Bericht über aufsichtsrechtliche Maßnahmen nach § 217g Absatz 1 bis 3, § 217h Absatz 1 und 4 Satz 1 und § 217i Absatz 1 und 3 Satz 1 und den Erlass von Verpflichtungsbescheiden nach § 89 Absatz 1 Satz 2 des Vierten Buches in Verbindung mit § 217d Absatz 2 Satz 2 sowie über den Sachstand der Aufsichtsverfahren vorzulegen.

Literatur:

Rixen, Was sich durch das GKV-Selbstverwaltungsstärkungsgesetz bei den Spitzenorganisationen der Krankenversicherung ändert, SozSich 2017, 115–123.

---

4 BT-Dr. 18/10605, 37, 32; vgl. auch Vahldiek in: Hauck/Noftz, § 79a SGB V Rn. 9.
5 Ebenso Vahldiek in: Hauck/Noftz, § 79a SGB V Rn. 9.
6 Vgl. BSGE 88, 193.

I. Entstehungsgeschichte, allgemeine Bedeutung und Normzweck

§ 217j wurde zum 1.3.2017 durch das Gesetz zur Verbesserung der Handlungsfähigkeit der Selbstverwaltung der Spitzenorganisationen in der gesetzlichen Krankenversicherung sowie zur Stärkung der über sie geführten Aufsicht (GKV-Selbstverwaltungsstärkungsgesetz) vom 21.2.2017 eingefügt.[1]

§ 217j statuiert eine jährliche Berichtspflicht des Bundesministeriums für Gesundheit gegenüber dem Ausschuss für Gesundheit des Bundestages bezüglich der Ergreifung bestimmter Aufsichtsmaßnahmen.

II. Berichtspflicht des Bundesministeriums für Gesundheit

Die Erweiterung der Aufsichtsbefugnisse über den Spitzenverband Bund der Krankenkassen durch das GKV-Selbstverwaltungsstärkungsgesetz wird durch die Berichtspflicht des § 217j, der durch den Gesundheitsausschuss des Bundestages in den Gesetzentwurf eingefügt wurde, flankiert. Zweck der Regelung sei die Erhöhung der „Transparenz der aufsichtsrechtlichen Kontrolle über die Spitzenorganisationen der Selbstverwaltung in der gesetzlichen Krankenversicherung auf Bundesebene."[2] Das Bundesministerium für Gesundheit hat hiernach jährlich zum 1. März, erstmalig zum 1. März 2018, einen Bericht über gewisse im Berichtsjahr ergriffene Aufsichtsmaßnahmen sowie den Sachstand laufender Verfahren zu erstatten, sofern schutzwürdige Belange Dritter nicht entgegenstehen. Die von § 217j erfassten Aufsichtsmaßnahmen sind:

- Verpflichtungsbescheide nach § 89 Abs. 1 S. 2 SGB IV iVm § 217d Abs. 2 S. 2
- Beanstandungen und ggf. Änderungen der Satzung gem. § 217g Abs. 1
- Anordnung der Beschlussfassung des Verwaltungsrates oder deren Ersetzung nach § 217g Abs. 2
- Beanstandung bzw. Aufhebung rechtswidriger Beschlüsse gem. § 217g Abs. 3
- Anordnung, die erforderlichen Maßnahmen zur Sicherung einer ordnungsgemäßen Verwaltung zu ergreifen gem. § 217g Abs. 4 S. 1 sowie die Entsendung einer Person für besondere Angelegenheiten gem. § 217g Abs. 1
- Anordnung, das Erforderliche zur Abwendung der Führung der Geschäfte durch die Aufsichtsbehörde oder die Bestellung einer Beauftragten gem. § 217i Abs. 3 S. 1 sowie die Führung der Geschäfte durch die Aufsichtsbehörde oder die Bestellung eines Beauftragten gem. § 217i Abs. 1

§ 218 Regionale Kassenverbände

(1) Orts-, Betriebs- und Innungskrankenkassen können sich durch übereinstimmenden Beschluß ihrer Verwaltungsräte zu einem Kassenverband vereinigen, wenn sie ihren Sitz im Bezirk desselben Versicherungsamts haben.
(2) Mit Genehmigung der für die Sozialversicherung zuständigen obersten Verwaltungsbehörde des Landes kann sich ein Kassenverband über die Bezirke oder Bezirksteile mehrerer Versicherungsämter erstrecken.

I. Entstehungsgeschichte, allgemeine Bedeutung und Normzweck

§ 218 wurde durch das Gesetz zur Strukturreform im Gesundheitswesen (Gesundheits-Reformgesetz – GRG) vom 20.12.1988 zum 1.1.1989 in das SGB V aufgenommen.[1] In Abs. 1 wurde durch das Gesetz zur Sicherung und Strukturverbesserung der gesetzlichen Krankenversicherung (Gesundheitsstrukturgesetz) vom 21.12.1992 zum 1.1.1996 das Wort „Vertreterversammlungen" durch „Verwaltungsräte" ersetzt.[2]

§ 218 ermächtigt Krankenkassen zur Bildung kassenartübergreifender regionaler Verbände.[3]

II. Ermächtigung zur Bildung von Kassenverbänden (Abs. 1)

Abs. 1 ermächtigt Orts- Innungs- und Betriebskrankenkassen, die ihren Sitz im Bezirk desselben Versicherungsamts haben, sich durch übereinstimmenden Beschluss ihrer Verwaltungsräte zu einem Kassen-

---

1 BGBl. I 2017, 265 ff.
2 BT-Dr. 18/11009, 43.
1 BGBl. I 1988, 2477 ff.
2 BGBl. I 1992, 2266 ff.
3 Nach Ansicht von Mühlhausen in: Becker/Kingreen, § 218 Rn. 2 und Hänlein, in: LPK-SGB V, § 218 Rn. 1 kommt dieser Vorschrift kaum mehr praktische Bedeutung zu.

verband zusammenzuschließen. Der Kassenverband hat regionalen Charakter. Dies ergibt sich nicht nur aus der Überschrift des § 218 („Regionale Kassenverbände"), sondern auch aus dem Erfordernis des Sitzes der Krankenkassen im Bezirk desselben Versicherungsamtes; es folgt zudem aus dem systematischen Zusammenhang der Norm mit Abs. 2, der zwar die Bildung eines Kassenverbandes über die Bezirke oder Bezirksteile mehrerer Versicherungsämter hinaus erlaubt, landesübergreifende Verbände aber ausschließt (→ Rn. 7).

4 Da die an dem Kassenverband beteiligten Krankenkassen nach Abs. 1 nur ihren Sitz innerhalb des Bezirkes desselben Versicherungsamtes haben müssen, kann der Verband selbst räumlich die Grenzen des Zuständigkeitsbezirkes eines Versicherungsamtes überschreiten. Anders als bei den Landesverbänden (s. § 207 Abs. 1 S. 1) gestattet Abs. 1 nicht nur den Zusammenschluss von Krankenkassen derselben Art, sondern auch kassenartübergreifende Zusammenschlüsse von Innungs- Orts- und Betriebskrankenkassen. Während die Landesverbände und der Spitzenverband Bund der Krankenkassen Zwangszusammenschlüsse sind (s. § 217a Abs. 1, § 207 Abs. 1 S. 1), sind die regionalen Kassenverbände iSd Abs. 1 auf freiwilligem Beschluss der beteiligten Kassen (bzw. ihrer Verwaltungsräte) beruhende Verbände.[4]

5 Zur **Gründung des Kassenverbandes** sind grundsätzlich übereinstimmende Beschlüsse der Verwaltungsräte der beteiligten Orts- Innungs- und Betriebskrankenkassen erforderlich. Einer Genehmigung der zuständigen Verwaltungsbehörde bedarf die Gründung des Kassenverbandes nur in den Fällen des Abs. 2.

6 Die Bildung eines Kassenverbandes lässt den Bestand und die Rechtspersönlichkeit der beteiligten Krankenkassen unberührt. Umstritten ist, welche **Rechtsform** den regionalen Kassenverbänden zukommt. Zum Teil werden die Kassenverbände als Körperschaften des öffentlichen Rechts angesehen;[5] nach anderer Ansicht stellen sie Vereine dar, die der Eintragung in das Vereinsregister bedürfen, um Rechtsfähigkeit zu erlangen.[6]

III. Bildung und Genehmigung von Kassenverbänden in den Bezirken mehrerer Versicherungsämter (Abs. 2)

7 Gemäß Abs. 2 kann sich ein Kassenverband abweichend von Abs. 1 über die **Bezirke oder Bezirksteile mehrerer Versicherungsämter** erstrecken; ein solcher Versicherungsämter übergreifender Kassenverband bedarf der Genehmigung der für die Sozialversicherung zuständigen obersten Verwaltungsbehörde des Landes. Die für die Genehmigung zuständige oberste Verwaltungsbehörde ist das zuständige Ministerium des Landes, in dem der Kassenverband seinen Sitz hat. Abs. 2 gilt ebenso wie Abs. 1 nur für Orts-, Betriebs- und Innungskrankenkassen; anders als nach Abs. 1 müssen die Krankenkassen ihren Sitz nicht im Bezirk desselben Versicherungsamtes haben, sondern können in Bezirken mehrerer Versicherungsämter sitzen.

§ 219 Besondere Regelungen zu Einrichtungen und Arbeitsgemeinschaften des Spitzenverbandes Bund der Krankenkassen

(1) Die Krankenkassen und ihre Verbände können insbesondere mit Kassenärztlichen Vereinigungen und anderen Leistungserbringern sowie mit dem öffentlichen Gesundheitsdienst zur Förderung der Gesundheit, Prävention, Versorgung chronisch Kranker und Rehabilitation Arbeitsgemeinschaften zur Wahrnehmung der in § 94 Abs. 1a Satz 1 des Zehnten Buches genannten Aufgaben bilden.

(2) ¹Vor der Entscheidung des Vorstandes des Spitzenverbandes Bund der Krankenkassen über die Errichtung, Übernahme oder wesentliche Erweiterung von Einrichtungen im Sinne des § 85 Absatz 1 des Vierten Buches sowie über eine unmittelbare oder mittelbare Beteiligung an solchen Einrichtungen ist der Verwaltungsrat des Spitzenverbandes Bund der Krankenkassen durch den Vorstand auf der Grundlage geeigneter Daten umfassend über die Chancen und Risiken der beabsichtigten Betätigung zu unterrichten. ²Die Entscheidung des Vorstandes nach Satz 1 bedarf der Zustimmung des Verwaltungsrates.

(3) ¹Der Vorstand hat zur Information des Verwaltungsrates des Spitzenverbandes Bund der Krankenkassen jährlich einen Bericht über die Einrichtungen zu erstellen, an denen der Spitzenverband Bund

---

4 Näher Sodan, HdB KrVersR, § 32 Rn. 62.
5 Kauke in: Jahn ua, SGB V, § 218 Rn. 11; offen gelassen von Mühlhausen in: Becker/Kingreen, § 218 Rn. 2.
6 Sodan, HdB KrVersR, § 32 Rn. 62.

der Krankenkassen beteiligt ist. ²Der Beteiligungsbericht muss zu jeder Einrichtung mindestens Angaben enthalten über
1. den Gegenstand der Einrichtung, die Beteiligungsverhältnisse, die Besetzung der Organe der Einrichtung und die Beteiligungen der Einrichtung an weiteren Einrichtungen,
2. den fortbestehenden Zusammenhang zwischen der Beteiligung an der Einrichtung und den gesetzlichen Aufgaben des Spitzenverbandes Bund der Krankenkassen,
3. die Grundzüge des Geschäftsverlaufs der Einrichtung, die Ertragslage der Einrichtung, die Kapitalzuführungen an und die Kapitalentnahmen aus der Einrichtung durch den Spitzenverband Bund der Krankenkassen, die Auswirkungen der Kapitalzuführungen und Kapitalentnahmen auf die Haushaltswirtschaft des Spitzenverbandes Bund der Krankenkassen und die von dem Spitzenverband Bund der Krankenkassen der Einrichtung gewährten Sicherheiten,
4. die im Geschäftsjahr gewährten Gesamtbezüge der Mitglieder der Geschäftsführung, des Aufsichtsrates, des Beirates oder eines ähnlichen Gremiums der Einrichtung für jedes einzelne Gremium sowie die im Geschäftsjahr gewährten Bezüge eines jeden Mitglieds dieser Gremien unter Namensnennung.

³Der Bericht über das abgelaufene Geschäftsjahr ist dem Verwaltungsrat des Spitzenverbandes Bund der Krankenkassen und der Aufsichtsbehörde spätestens am 1. Oktober des folgenden Jahres vorzulegen.

(4) Für die Aufsicht über die Arbeitsgemeinschaften nach § 94 Absatz 1 a des Zehnten Buches in Verbindung mit Absatz 1, an denen der Spitzenverband Bund der Krankenkassen beteiligt ist, gilt § 89 des Vierten Buches entsprechend.

(5) Die Absätze 2 und 3 gelten entsprechend für Arbeitsgemeinschaften nach § 94 Absatz 1 a des Zehnten Buches in Verbindung mit Absatz 1, an denen der Spitzenverband Bund der Krankenkassen beteiligt ist.

I. Entstehungsgeschichte, allgemeine Bedeutung und Normzweck 1	III. Informationspflicht des Vorstandes vor der Errichtung, Übernahme, Erweiterung und Beteiligung an Einrichtungen im Sinne des § 85 Abs. 1 SGB IV, Zustimmungspflicht des Verwaltungsrates (Abs. 2) 11
II. Bildung von Arbeitsgemeinschaften der Krankenkassen und ihrer Verbände (Abs. 1) 2	IV. Beteiligungsbericht des Vorstandes (Abs. 3) 12
1. Verhältnis zwischen § 219 und § 94 Abs. 1 a S. 1 SGB X 2	V. Aufsicht über Arbeitsgemeinschaften, an denen der Spitzenverband Bund der Krankenkassen beteiligt ist (Abs. 4) 13
2. Rechtsform der Arbeitsgemeinschaften 6	
3. Aufsicht (§ 219 iVm § 94 Abs. 1 a und 2 SGB X) 7	VI. Entsprechende Geltung der Abs. 2 und 3 für Arbeitsgemeinschaften nach Abs. 1 unter Beteiligung des GKV-Spitzenverbandes (Abs. 5) 14
4. Haushaltsplan, Auftragsrecht (§ 94 Abs. 3 und 4 SGB X) 9	

I. Entstehungsgeschichte, allgemeine Bedeutung und Normzweck

§ 219 ist durch das Gesetz zur Strukturreform im Gesundheitswesen (Gesundheits-Reformgesetz – GRG) vom 20.12.1988 zum 1.1.1989 in Kraft getreten.[1] Durch das Gesetz zur Sicherung und Strukturverbesserung der gesetzlichen Krankenversicherung (Gesundheitsstrukturgesetz) vom 21.12.1992 wurde § 219 zum 1.1.1993 um einen Abs. 2 ergänzt und wurden die bisherigen Sätze 1 und 2 des § 219 zu Abs. 1 und 3.[2] Abs. 1 und 3 wurden sodann zum 30.3.2005 durch das Gesetz zur Vereinfachung der Verwaltungsverfahren im Sozialrecht (Verwaltungsvereinfachungsgesetz) vom 21.3.2005 wieder aufgehoben und die Absatzbezeichnung (2) wurde gestrichen.[3] Abs. 1 idF vom 21.12.1992 findet sich nun, erstreckt auf alle Sozialversicherungsträger, in § 94 Abs. 1 a S. 1 SGB X. Der Gesetzgeber beabsichtigte damit, die krankenversicherungsrechtlichen Regelungen zur Bildung von Arbeitsgemeinschaften auf sämtliche Sozialversicherungsträger auszudehnen.[4] Abs. 3 idF vom 21.12.1992 hat der Gesetzgeber nicht länger für erforderlich gehalten, weil § 94 Abs. 1 a bis 4 SGB X für die Krankenversicherungsträger und ihre Verbände unmittelbar gilt.[5] Abs. 2 bis 5 wurden durch das Gesetz zur Ver-

1

---

1 BGBl. I 1988, 2477 ff.
2 BGBl. I 1992, 2266 ff.
3 BGBl. I 2005, 818 ff.
4 BT-Dr. 15/4228, 32.
5 BT-Dr. 15/4228, 26.

besserung der Handlungsfähigkeit der Selbstverwaltung der Spitzenorganisationen in der gesetzlichen Krankenversicherung sowie zur Stärkung der über sie geführten Aufsicht (GKV-Selbstverwaltungsstärkungsgesetz) vom 21.2.2017 zum 1.3.2017 eingefügt.[6] Angesichts der zum Teil weit entwickelten Beteiligungsformen wurden durch die Einfügung der Abs. 2 bis 5 die Vorgaben insbesondere im Hinblick auf Transparenz und Kontrolle über die Beteiligungsgesellschaften verschärft.[7]

II. Bildung von Arbeitsgemeinschaften der Krankenkassen und ihrer Verbände (Abs. 1)

2 **1. Verhältnis zwischen § 219 und § 94 Abs. 1 a S. 1 SGB X.** § 219 ermächtigt die Krankenkassen und ihre Verbände, insbesondere mit Kassenärztlichen Vereinigungen und anderen Leistungserbringern sowie mit dem öffentlichen Gesundheitsdienst zur Förderung der Gesundheit, Prävention, Versorgung chronisch Kranker und Rehabilitation **Arbeitsgemeinschaften** zur Wahrnehmung der in § 94 Abs. 1 a S. 1 SGB X genannten Aufgaben zu bilden.

3 Nach § 94 Abs. 1 a S. 1 SGB X können sämtliche Träger der Sozialversicherung und ihre Verbände sowie weitere Leistungsträger im Rahmen der ihnen gesetzlich übertragenen Aufgaben Arbeitsgemeinschaften bilden, die insbesondere zur gegenseitigen Unterrichtung, Abstimmung, Koordinierung und Förderung der engen Zusammenarbeit dienen. § 219 ergänzt diese Norm für den Bereich der gesetzlichen Krankenversicherung insoweit, als er den **Kreis der in § 94 Abs. 1 a S. 1 SGB X genannten Kooperationspartner der Krankenkassen und ihrer Verbände erweitert**. Während § 94 Abs. 1 a S. 1 SGB X als Kooperationspartner der Sozialversicherungsträger nebst Verbänden bei der Bildung von Arbeitsgemeinschaften abschließend nur die Bundesagentur für Arbeit und die anderen Leistungsträger iSd § 19 a Abs. 2 SGB I (Agenturen für Arbeit und sonstige Dienststellen der Bundesagentur für Arbeit, kreisfreie Städte und Kreise) nennt, können die Krankenkassen und ihre Verbände nach § 219 Arbeitsgemeinschaften auch mit anderen Stellen, namentlich mit den Kassenärztlichen Vereinigungen und dem öffentlichen Gesundheitsdienst bilden. Die Aufzählung der Kooperationspartner der Krankenkassen und ihrer Verbände ist in § 219 – anders als in § 94 Abs. 1 a S. 1 SGB X – nicht abschließend, sondern in Betracht kommen alle Stellen, mit denen die Bildung von Arbeitsgemeinschaften der Wahrnehmung der in § 94 Abs. 1 a S. 1 SGB X genannten Aufgaben dient.

4 Die Bildung der Arbeitsgemeinschaften muss gem. § 219 dem (abschließend geregelten) **Ziel** dienen, die Gesundheit, Prävention, Versorgung chronisch Kranker und Rehabilitation zu fördern. Arbeitsgemeinschaften dürfen gem. § 219 nur zur Wahrnehmung der in der § 94 Abs. 1 a S. 1 SGB X genannten **Aufgaben** gebildet werden. Da § 94 Abs. 1 a S. 1 SGB X auf die den Trägern der Arbeitsgemeinschaft „gesetzlich übertragenen Aufgaben" Bezug nimmt, dürfen Arbeitsgemeinschaften iSd § 219 nur zur Erfüllung der den Krankenkassen und ihren Verbänden gesetzlich obliegenden Aufgaben gegründet werden.

5 Das Handeln der Arbeitsgemeinschaften erschöpft sich in **unverbindlicher** gegenseitiger Unterrichtung, Abstimmung, Koordinierung und Förderung der Zusammenarbeit der beteiligten Krankenkassen und weiteren Stellen (vgl. auch § 94 Abs. 1 a S. 1 SGB X). Die Befugnis, verbindliche Entscheidungen mit Wirkung für die an der Arbeitsgemeinschaft beteiligten Träger oder für Dritte zu treffen, steht ihnen nicht zu.

6 **2. Rechtsform der Arbeitsgemeinschaften.** Weder § 219 noch § 94 SGB X enthalten explizite Regelungen zur **Rechtsform** der Arbeitsgemeinschaften. Nach der Gesetzesbegründung zu § 94 SGB X sind Arbeitsgemeinschaften „organisatorisch selbstständige Einheiten, bei denen es um eine tatsächliche, rechtlich und finanziell verbindliche Zusammenarbeit geht." Die Rechtsform ist freigestellt.[8] Da der Gesetzgeber in seiner Begründung zu § 94 SGB X wiederholt auf § 219 Bezug nimmt und sich in der Gesetzesbegründung zu § 219 keine Aussagen zur Rechtsform speziell der Arbeitsgemeinschaften nach § 219 finden, dürfte auch im Rahmen des § 219 die Rechtsform der Arbeitsgemeinschaften freigestellt und daher von den Trägern der Arbeitsgemeinschaften zu bestimmen sein. Mangels gesetzlicher Grundlage in § 219 scheidet die Rechtsform der Körperschaft des öffentlichen Rechts und namentlich die des öffentlich-rechtlichen Zweckverbandes aus.[9] Arbeitsgemeinschaften können in privatrechtli-

---

6 BGBl. I 2017, 265 ff.
7 BT-Dr. 18/10605, 37, 25.
8 BT-Dr. 15/4228, 32.
9 BGH NVwZ-RR 2004, 804, 806.

cher Rechtsform, etwa als Gesellschaft bürgerlichen Rechts gem. §§ 705 ff. BGB errichtet werden.[10] Als privatrechtlich verfasste Einheiten können Arbeitsgemeinschaften keine Verwaltungsakte erlassen, sie sind (mangels Beleihung) keine Behörden iSd § 31 SGB X.[11]

3. Aufsicht (§ 219 iVm § 94 Abs. 1 a und 2 SGB X). Eine umfassende Regelung zur **Aufsicht** über die Arbeitsgemeinschaften fehlt in § 219. Nach der Gesetzesbegründung gelten die Aufsichtsregelungen des § 94 Abs. 1a und 2 SGB X unmittelbar auch für nach § 219 gebildete Arbeitsgemeinschaften.[12] Die Regelungen werden durch Abs. 4 ergänzt. Gemäß § 94 Abs. 2 S. 1 Hs. 1 und 2 SGB X unterliegen die Arbeitsgemeinschaften der Rechtsaufsicht, die grundsätzlich von den nach §§ 90, 90 a SGB X zuständigen Aufsichtsbehörden ausgeübt wird. Die Aufsicht bezieht sich dabei nur auf die Arbeitsgemeinschaft als solche; „die Mitglieder der Arbeitsgemeinschaft unterliegen hinsichtlich der fachlichen Aufgaben weiterhin der jeweiligen Rechts- und Fachaufsicht, dh, sie können sich dieser Aufsicht nicht durch die Errichtung einer Arbeitsgemeinschaft entziehen."[13]

Die **Aufsichtsbehörde** muss von den an der Arbeitsgemeinschaft gebildeten Trägern vor der Bildung der Arbeitsgemeinschaft und dem Beitritt zu ihnen so rechtzeitig und umfassend unterrichtet werden, dass ihr ausreichend Zeit zur Prüfung bleibt (§ 94 Abs. 1 a S. 2 SGB X). Der Gesetzgeber hat diese Pflicht zur frühzeitigen Unterrichtung vor dem Hintergrund normiert, dass die Sozialversicherungsträger zur Bildung von Arbeitsgemeinschaften regelmäßig Finanzmittel einsetzen.[14] Die Aufsichtsbehörde kann allerdings auf eine Unterrichtung verzichten (§ 94 Abs. 1 a S. 3 SGB X), was im „Interesse einer verwaltungseinfachen Regelung" liegt.[15]

4. Haushaltsplan, Auftragsrecht (§ 94 Abs. 3 und 4 SGB X). Auf die Arbeitsgemeinschaften iSd § 219 finden nach der Gesetzesbegründung auch die Vorschriften des § 94 Abs. 3 und 4 SGB X unmittelbar Anwendung.[16]

Gemäß § 94 Abs. 3 SGB X hat die Arbeitsgemeinschaft, soweit erforderlich, einen **Haushaltsplan** aufzustellen, wobei § 67 SGB IV, der Angaben zum Inhalt des Haushaltsplanes enthält, entsprechend anwendbar ist. Nach § 94 Abs. 4 SGB X gilt für die **Zusammenarbeit der Leistungsträger** im Rahmen von Arbeitsgemeinschaften § 88 Abs. 1 S. 1 und Abs. 2 SGB X entsprechend.

III. Informationspflicht des Vorstandes vor der Errichtung, Übernahme, Erweiterung und Beteiligung an Einrichtungen im Sinne des § 85 Abs. 1 SGB IV, Zustimmungspflicht des Verwaltungsrates (Abs. 2)

Gem. Abs. 2 S. 1 ist der Verwaltungsrat durch den Vorstand umfassend auf der Grundlage geeigneter Daten über die Chancen und Risiken einer Errichtung, Übernahme oder Beteiligung an Einrichtungen im Sinne des § 85 Abs. 1 SGB IV zu unterrichten. Wesentlicher Teil der Unterrichtung soll ausweislich der Gesetzesbegründung eine Wirtschaftlichkeitsuntersuchung sein, bei der sich die Darstellungs- und Berechnungsweise nach den Umständen des Einzelfalles richtet. Bei der Beteiligung an einer Einrichtung oder deren Übernahme sind insbesondere die Finanzdaten der Einrichtung vorzulegen.[17] Die Unterrichtung nach Abs. 2 S. 1 dient der Vorbereitung der Entscheidung des Verwaltungsrates über die notwendige Zustimmung nach Abs. 2 S. 1.

IV. Beteiligungsbericht des Vorstandes (Abs. 3)

Nach Abs. 3 S. 1 hat der Vorstand zur Information des Verwaltungsrates jährlich einen Beteiligungsbericht zu erstellen. Ein solcher Bericht ist zur Information des Verwaltungsrates erforderlich, weil die aus der rechtlichen und organisatorischen Verselbstständigung der Einrichtungen größere Selbstständigkeit bei der Aufgabenerfüllung zu einem Informationsdefizit des Verwaltungsrates führt, insbesondere im Hinblick auf erwirtschaftete Verluste, die nicht im Haushalt des Spitzenverbandes Bund der

---

10 Nach Krauskopf in: Krauskopf, § 219 SGB V Rn. 9 kommt für die Arbeitsgemeinschaften nur eine privatrechtliche Rechtsform in Betracht.
11 Vgl. Krauskopf in: Krauskopf, § 219 SGB V Rn. 10.
12 BT-Dr. 15/4228, 26.
13 BT-Dr. 15/4228, 32.
14 BT-Dr. 15/4228, 32.
15 BT-Dr. 15/4228, 32.
16 BT-Dr. 15/4228, 26.
17 BT-Dr. 18/10605, 37, 25.

Krankenkassen ausgewiesen werden.[18] Der Bericht bildet die Grundlage für die Entscheidung des Verwaltungsrates, ob die Beteiligung an der Einrichtung oder deren Betrieb auch weiterhin rechtlich zulässig ist. Insbesondere im Hinblick auf den Zusammenhang zwischen der Beteiligung und den gesetzlichen Aufgaben des GKV-Spitzenverbandes und die Sparsamkeit und Wirtschaftlichkeit der Verwaltung[19] macht Abs. 3 S. 2 Vorgaben für den Mindestinhalt des Beteiligungsberichtes. Gem. Abs. 3 S. 3 ist der Bericht über das abgelaufene Geschäftsjahr spätestens am 1. Oktober des folgenden Jahres dem Verwaltungsrat und der Aufsichtsbehörde vorzulegen. Der Fachausschuss Organisation und Finanzen des Verwaltungsrates beim Spitzenverband Bund der Krankenkassen wurde bisher bereits über die Haushaltsplanung und den jeweiligen Jahresabschluss der Beteiligungsgesellschaften des Spitzenverbandes unterrichtet.[20]

V. Aufsicht über Arbeitsgemeinschaften, an denen der Spitzenverband Bund der Krankenkassen beteiligt ist (Abs. 4)

13 Abs. 4 stärkt die Aufsicht über Arbeitsgemeinschaften nach § 94 Abs. 1 a SGB X. Bisher konnte die Aufsichtsbehörde gem. § 94 Abs. 4 SGB X in Verbindung mit § 88 SGB IV lediglich die Geschäfts- und Rechnungsführung der Arbeitsgemeinschaft prüfen und sich Auskünfte erteilen und Unterlagen vorlegen lassen. Nunmehr verweist Abs. 4 auf die Aufsichtsmittel in § 89 SGB IV, so dass die Aufsichtsbehörde gegenüber der Arbeitsgemeinschaft einen Verpflichtungsbescheid erlassen kann. Die Vereinheitlichung der Aufsicht über den GKV-Spitzenverband und die unter seiner Beteiligung bestehenden Arbeitsgemeinschaften ist folgerichtig, weil die Handlungsbefugnisse von Arbeitsgemeinschaften nicht weitergehen, als diejenigen des an Recht und Gesetz gebundenen GKV-Spitzenverbandes.[21] Diese Erwägungen gelten für alle Arbeitsgemeinschaften, so dass der Verweis auf § 89 systematisch überzeugender in § 94 Abs. 4 SGB X erfolgt wäre.[22]

VI. Entsprechende Geltung der Abs. 2 und 3 für Arbeitsgemeinschaften nach Abs. 1 unter Beteiligung des GKV-Spitzenverbandes (Abs. 5)

14 Abs. 5 erklärt die Abs. 2 und 3 für Arbeitsgemeinschaften nach § 94 Abs. 1 a SGB X, an denen der GKV-Spitzenverband beteiligt ist, für entsprechend anwendbar. Entsprechend dem Zweck des Abs. 2 ist dieser auch auf solche Arbeitsgemeinschaften anwendbar, an denen der Spitzenverband Bund der Krankenkassen sich zu beteiligen gedenkt im Sinne des Abs. 2 S. 1. Dafür spricht auch die Gesetzesbegründung, nach der Arbeitsgemeinschaften nur eine besondere Form der Beteiligungsgesellschaft seien, bei denen dasselbe Informations- und Kontrollbedürfnis bestehe.[23]

§ 219 a Deutsche Verbindungsstelle Krankenversicherung – Ausland

(1) ¹Der Spitzenverband Bund der Krankenkassen nimmt die Aufgaben der Deutschen Verbindungsstelle Krankenversicherung – Ausland (Verbindungsstelle) wahr. ²Er erfüllt dabei die ihm durch über- und zwischenstaatliches sowie durch innerstaatliches Recht übertragenen Aufgaben. ³Insbesondere gehören hierzu
1. Vereinbarungen mit ausländischen Verbindungsstellen,
2. Kostenabrechnungen mit in- und ausländischen Stellen,
3. Festlegung des anzuwendenden Versicherungsrechts,
4. Koordinierung der Verwaltungshilfe und Durchführung des Datenaustauschs in grenzüberschreitenden Fällen,
5. Aufklärung, Beratung und Information,
6. Wahrnehmung der Aufgaben der nationalen Kontaktstelle nach § 219 d.

---

18 BT-Dr. 18/10605, 37, 25.
19 BT-Dr. 18/10605, 37, 25.
20 Stellungnahme des GKV-Spitzenverbandes vom 9.1.2017 S. 23, abrufbar auf der Homepage des GKV-Spitzenverbandes unter https://www.gkv-spitzenverband.de/media/dokumente/presse/p_stellungnahmen/170109_Stn_GKV-SV_GE_GKV-SVSG.pdf (zuletzt abgerufen am 1.5.2017).
21 BT-Dr. 18/10605, 37, 26.
22 Vgl. Sichert, NZS 2013, 129, 137.
23 BT-Dr. 18/10605, 37, 26.

⁴Die Festlegung des anzuwendenden Versicherungsrechts erfolgt für in Deutschland wohnende und gewöhnlich in mehreren Mitgliedstaaten der Europäischen Union erwerbstätige Personen im Benehmen mit der Arbeitsgemeinschaft berufsständischer Versorgungseinrichtungen oder der Sozialversicherung für Landwirtschaft, Forsten und Gartenbau, soweit es sich um Mitglieder einer berufsständischen Versorgungseinrichtung oder der landwirtschaftlichen Sozialversicherung handelt oder eine solche Mitgliedschaft bei Anwendbarkeit des deutschen Rechts gegeben wäre. ⁵Die Satzung des Spitzenverbandes kann Einzelheiten zur Aufgabenerfüllung regeln und dabei im Rahmen der Zuständigkeit des Spitzenverbandes Bund der Verbindungsstelle auch weitere Aufgaben übertragen.

(2) ¹Der Spitzenverband Bund der Krankenkassen ist Rechtsnachfolger der Deutschen Verbindungsstelle Krankenversicherung – Ausland (Verbindungsstelle) nach § 219a in der bis zum 31. Dezember 2007 geltenden Fassung. ²§ 613a des Bürgerlichen Gesetzbuchs findet entsprechend Anwendung. ³Der für das Jahr 2008 aufgestellte Haushaltsplan gilt als Teil des Haushalts des Spitzenverbandes fort.

(3) ¹Der Verwaltungsrat hat für die Erfüllung der Aufgaben nach Absatz 1 einen Geschäftsführer und seinen Stellvertreter zu bestellen. ²Der Geschäftsführer verwaltet den Spitzenverband Bund in allen Angelegenheiten nach Absatz 1 und vertritt den Spitzenverband Bund in diesen Angelegenheiten gerichtlich und außergerichtlich, soweit Gesetz oder sonstiges maßgebendes Recht nichts anderes bestimmen. ³Für den Abschluss des Dienstvertrages gilt § 35a Abs. 6 Satz 1 des Vierten Buches entsprechend. ⁴Das Nähere über die Grundsätze der Geschäftsführung durch den Geschäftsführer bestimmt die Satzung.

(4) ¹Der Verwaltungsrat hat den Gesamthaushaltsplan des Spitzenverbandes Bund für den Aufgabenbereich der Verbindungsstelle zu untergliedern. ²Die Haushaltsführung hat getrennt nach den Aufgabenbereichen zu erfolgen.

(5) ¹Die zur Finanzierung der Verbindungsstelle erforderlichen Mittel werden durch eine Umlage, deren Berechnungskriterien in der Satzung festgelegt werden (§ 217e Abs. 1 Nr. 3), und durch die sonstigen Einnahmen der Verbindungsstelle aufgebracht. ²Die Satzung muss insbesondere Bestimmungen zur ausschließlichen Verwendung der für die Aufgabenerfüllung verfügbaren Mittel für Zwecke der Verbindungsstelle enthalten.

Literatur:
Nowak, Die Deutsche Verbindungsstelle Krankenversicherung – Ausland, ZfS 2007, 129.

I. Entstehungsgeschichte, allgemeine Bedeutung und Normzweck 1	III. Rechtsnachfolge und Haushaltsplan (Abs. 2) 10
II. Organisation und Aufgaben der Deutschen Verbindungsstelle Krankenversicherung-Ausland (Abs. 1).................... 3	IV. Geschäftsführer der Verbindungsstelle (Abs. 3)..................................... 13
1. Über- und zwischenstaatliches Recht ... 4	V. Haushalt (Abs. 4)............................. 17
2. Aufgaben der Verbindungsstelle 6	VI. Finanzierung der Verbindungsstelle und Aufsicht (Abs. 5)............................ 18

I. Entstehungsgeschichte, allgemeine Bedeutung und Normzweck

§ 219a ist durch das Gesetz zur Reform der gesetzlichen Krankenversicherung ab dem Jahr 2000 (GKV-Gesundheitsreformgesetz 2000) vom 22.12.1999 in das SGB V aufgenommen und zum 1.1.2000 in Kraft getreten.[1] Durch das Gesetz zur Stärkung des Wettbewerbs in der gesetzlichen Krankenversicherung (GKV-Wettbewerbsstärkungsgesetz – GKV-WSG) vom 26.3.2007 wurde § 219a zum 1.7.2008 neu gefasst.[2] Abs. 1 wurde durch das Gesetz zur Koordinierung der Systeme der sozialen Sicherheit in Europa und zur Änderung anderer Gesetze vom 22.6.2011 zum 29.6.2011 geändert.[3] Als redaktionelle Änderung hat der Gesetzgeber mit Gesetz zur Neuordnung der Organisation der landwirtschaftlichen Sozialversicherung (LSV-Neuordnungsgesetz – LSV-NOG) vom 12.4.2012 in Abs. 1 S. 4 die Worte „dem Spitzenverband der landwirtschaftlichen Sozialversicherung" durch „der Sozialversicherung für Landwirtschaft, Forsten und Gartenbau" ersetzt.[4] Zuletzt wurde durch das Gesetz zur Verbesserung der Rechte von Patientinnen und Patienten vom 20.2.2013 in Abs. 1 die Nr. 6 hinzugefügt und die Nr. 5 redaktionell angepasst.[5]

---

1 BGBl. I 1999, 2626 ff.
2 BGBl. I 2007, 378 ff.
3 BGBl. I 2011, 1202 ff.
4 BGBl. I 2012, 579 ff.
5 BGBl. I 2013, 277 ff.

2 Gegenstand des § 219a sind die **Organisation und Aufgaben** der Deutschen Verbindungsstelle Krankenversicherung-Ausland. Die Aufgaben der Deutschen Verbindungsstelle Krankenversicherung-Ausland wurden bis zum 31.12.1999 von dem AOK-Bundesverband wahrgenommen.[6] In der Zeit zwischen dem 1.1.2000 und dem 30.6.2008 war die Verbindungsstelle als Körperschaft des öffentlichen Rechts organisiert.[7] Seit dem 1.7.2008 ist die Verbindungsstelle als Abteilung des GKV-Spitzenverbandes eingerichtet, der § 219a mit Blick auf ihre besondere Aufgabenstellung einen Sonderstatus einräumt.[8]

II. Organisation und Aufgaben der Deutschen Verbindungsstelle Krankenversicherung-Ausland (Abs. 1)

3 Gemäß Abs. 1 S. 1 nimmt der Spitzenverband Bund der Krankenkassen die Aufgaben der Deutschen Verbindungsstelle Krankenversicherung-Ausland wahr, die kurz „Verbindungsstelle" genannt wird. Der Spitzenverband Bund erfüllt dabei die ihm durch über- und zwischenstaatliches sowie durch innerstaatliches Recht **übertragenen Aufgaben** (Abs. 1 S. 2). „Die Aufgaben der Verbindungsstelle unterscheiden sich erheblich von den übrigen Aufgaben des Spitzenverbandes. Sie sind zum einen sehr stark operativ ausgelegt (zB Abwicklung von über einer Million Abrechnungsvorgängen pro Jahr einschließlich des Beanstandungsverfahrens). Zum anderen nimmt sie Aufgaben für alle deutschen Sozialversicherungsträger wahr (Koordinierung des grenzüberschreitenden Einzugs von Sozialversicherungsbeiträgen). Zudem schließt die DVKA für den gesamten Bereich der sozialen Sicherheit – einschließlich der Familienleistungen – seit vielen Jahren im Auftrag des Bundesministeriums für Arbeit und Soziales Vereinbarungen mit den Ministerien anderer Staaten über die anzuwendenden Rechtsvorschriften ab."[9]

4 **1. Über- und zwischenstaatliches Recht.** Das in Abs. 1 S. 2 in Bezug genommene überstaatliche Recht ist das Unionsrecht. Im Kontext der Verbindungsstelle maßgeblich sind v.a. die Verordnung zur Koordinierung der Systeme der sozialen Sicherheit (EG) Nr. 883/2004[10] und die dazugehörige Durchführungsverordnung (EG) Nr. 987/2009.[11] Für die Aufgaben nach Abs. 1 S. 3 Nr. 6 bildet die Richtlinie über Patientenrechte in der grenzüberschreitenden Gesundheitsversorgung 2011/24/EU[12] den rechtlichen Rahmen.

5 **Zwischenstaatliches Recht** iSd Abs. 1 S. 2 sind im Kontext der Verbindungsstelle vor allem Abkommen mit anderen Staaten.[13] Die vorrangige Anwendung zwischenstaatlichen Rechts ergibt sich einfachgesetzlich aus den Kollisionsregeln der § 30 Abs. 2 SGB I und § 6 SGB IV.

6 **2. Aufgaben der Verbindungsstelle.** Welche Aufgaben der Spitzenverband Bund mit der Deutschen Verbindungsstelle Krankenversicherung-Ausland wahrnimmt, zählt Abs. 1 S. 3 beispielhaft auf. Hierzu gehört insbesondere der Abschluss von **Vereinbarungen mit ausländischen Verbindungsstellen** (Abs. 1 S. 3 Nr. 1), namentlich der Abschluss von Vereinbarungen mit den Ministerien anderer Staaten über die anzuwendenden Rechtsvorschriften im Auftrag des Bundesministeriums für Arbeit und Soziales (s. auch Abs. 1 S. 3 Nr. 3).[14] Weitere Aufgabe der Verbindungsstelle ist die **Abrechnung der Kosten ausländischer Leistungserbringer** mit in- und ausländischen Stellen (Abs. 1 S. 3 Nr. 2).[15]

7 Die Verbindungsstelle legt auch das **anzuwendende Versicherungsrecht** fest (Abs. 1 S. 3 Nr. 3), wobei die Festlegung für in Deutschland wohnende und gewöhnlich in mehreren Mitgliedstaaten der Europäischen Union erwerbstätige Personen, die Mitglieder einer berufsständischen Versorgungseinrichtung oder der landwirtschaftlichen Sozialversicherung sind oder bei Anwendbarkeit des deutschen Rechts wären, im Benehmen mit der Arbeitsgemeinschaft Berufsständischer Versorgungseinrichtungen oder der Sozialversicherung für Landwirtschaft, Forsten und Gartenbau erfolgen muss (Abs. 1 S. 4).

8 Schließlich obliegen der Verbindungsstelle die Koordinierung der Verwaltungshilfe und Durchführung des Datenaustauschs in grenzüberschreitenden Fällen (Nr. 4), die Aufklärung, Beratung und Informati-

---

6 Näher Wille/Koch, Die Gesundheitsreform 2007, 2007, Rn. 781 f.
7 Vgl. BT-Dr. 14/1245, 96.
8 BT-Dr. 16/4247, 53.
9 BT-Dr. 16/4247, 53.
10 ABl. Nr. L 166, S. 1.
11 ABl. Nr. L 284, S. 1.
12 ABl. Nr. L 88, S. 45.
13 Eingehend Nowak, ZfS 2007, 129; Dalichau, SGB V, § 219a S. 12 ff.
14 BT-Dr. 16/4247, 53.
15 Näher Dalichau, SGB V, § 219a S. 8 f.

on (Nr. 5) und die Wahrnehmung der Aufgaben der nationalen Kontaktstelle nach § 219 d (Nr. 6; s. auch § 219 d Abs. 1 S. 1). Die **nationale Kontaktstelle** nimmt im Wesentlichen Informationsaufgaben wahr (s. § 219 d Abs. 1 S. 2), so dass § 219 a Abs. 1 S. 3 Nr. 6 eine Spezialregelung gegenüber Abs. 1 S. 3 Nr. 5 darstellt. Zu den zentralen Aufgaben der nationalen Kontaktstelle iSd § 219 d gehört es, „EU-Bürgern Informationen über die nationalen Gesundheitsdienstleister zur Verfügung zu stellen sowie in Deutschland Versicherten Informationen über die Rechte und Ansprüche in einem EU-Mitgliedstaat im Zusammenhang mit der grenzüberschreitenden Leistungsinanspruchnahme zur Verfügung zu stellen."[16]

Der Spitzenverband kann in seiner **Satzung** sowohl Einzelheiten der Erfüllung der in Abs. 1 S. 3 genannten Aufgaben regeln als auch im Rahmen seiner Zuständigkeiten der Verbindungsstelle weitere Aufgaben übertragen. In der Praxis hat der Spitzenverband Bund bislang von der Übertragung weiterer Aufgaben auf die Verbindungsstelle abgesehen (vgl. § 42 Satzung GKV-Spitzenverband).

III. Rechtsnachfolge und Haushaltsplan (Abs. 2)

Abs. 2 S. 1 ordnet die **Gesamtrechtsnachfolge** des Spitzenverbandes Bund der Krankenkassen für die bis zum 30.6.2008 als eigenständige Körperschaft des öffentlichen Rechts bestehende Deutsche Verbindungsstelle Krankenversicherung-Ausland an. Der Hinweis in Abs. 2 S. 1 auf die bis zum 31.12.2007 geltende Fassung des § 219 a ist ein Redaktionsversehen; gemeint ist die bis zum 30.6.2008 gültige Fassung der Norm.

Nach Abs. 2 S. 2 findet § 613 a BGB entsprechende Anwendung. Aufgrund dieses Normverweises tritt der Spitzenverband Bund in die Rechte und Pflichten aus den im Zeitpunkt des **Rechtsübergangs** (30.6.2008) bei der Deutschen Verbindungsstelle Krankenversicherung-Ausland bestehenden Arbeitsverhältnisse ein (s. § 613 a Abs. 1 S. 1 BGB).

Abs. 2 S. 3 beinhaltet eine (mittlerweile erledigte) **Übergangsregelung**, derzufolge der für das Jahr 2008 aufgestellte Haushaltsplan der Verbindungsstelle als Teil des Haushaltes des GKV-Spitzenverbandes fort gilt.

IV. Geschäftsführer der Verbindungsstelle (Abs. 3)

Gemäß Abs. 3 S. 1 muss der Verwaltungsrat des Spitzenverbandes Bund der Krankenkassen für die Erfüllung der Aufgaben der Deutschen Verbindungsstelle Krankenversicherung-Ausland einen eigenen **Geschäftsführer** und Stellvertreter bestellen. Der Geschäftsführer verwaltet den Spitzenverband Bund in allen Angelegenheiten der Deutschen Verbindungsstelle Krankenversicherung-Ausland und vertritt den Spitzenverband in diesen Angelegenheiten der Verbindungsstelle gerichtlich und außergerichtlich, soweit sich aus Gesetz oder sonst maßgeblichen rechtlichen Bestimmungen nichts anderes ergibt (Abs. 3 S. 2).

Die Aufgaben des Geschäftsführers der Verbindungsstelle entsprechen im Wesentlichen denen eines Vorstandes des Spitzenverbandes Bund, vgl. den soweit identischen Wortlaut des § 217 b Abs. 2 S. 4. Der Geschäftsführer der Verbindungsstelle ist zwar wegen der abschließenden Aufzählung der Organe des Spitzenverbandes Bund in § 217 b kein Organ des Spitzenverbandes; der Geschäftsführer der Verbindungsstelle ist dennoch nicht dem Vorstand, sondern dem Verwaltungsrat berichtspflichtig.[17]

Für den Abschluss des **Dienstvertrages** des Geschäftsführers der Verbindungsstelle gilt § 35 a Abs. 6 S. 1 SGB IV entsprechend (Abs. 3 S. 3), so dass der Verwaltungsrat bei seiner Wahl des Geschäftsführers darauf achten muss, dass er die erforderliche fachliche Eignung zur Wahrnehmung der ihm obliegenden Aufgaben besitzt.

Abs. 3 S. 4 ermächtigt den Spitzenverband, in seiner **Satzung** das Nähere über die **Grundsätze der Geschäftsführung** zu regeln. Von dieser Befugnis hat der GKV-Spitzenverband in § 43 seiner Satzung Gebrauch gemacht.

V. Haushalt (Abs. 4)

Abs. 4 legt fest, dass der Verwaltungsrat des Spitzenverbandes Bund den Gesamthaushaltsplan des Spitzenverbandes für den Aufgabenbereich der Verbindungsstelle untergliedern (S. 1), also einen **Teilhaushalt** für die Verbindungsstelle bilden muss. Zudem muss auch die Haushaltsführung getrennt

---

16 BT-Dr. 17/11710, 42.
17 Kauke in: Jahn ua, SGB V, § 219 a Rn. 12; Mühlhausen in: Becker/Kingreen, § 219 a Rn. 4.

nach den Aufgabenbereichen der Verbindungsstelle einerseits und den übrigen Aufgabenfeldern des Spitzenverbandes Bund erfolgen (S. 2). Diese getrennte Haushaltsbildung und -führung ist erforderlich, weil die Verbindungsstelle separat finanziert wird (s. Abs. 5).

VI. Finanzierung der Verbindungsstelle und Aufsicht (Abs. 5)

18 Die zur Finanzierung der Verbindungsstelle erforderlichen Mittel werden zum einen durch eine Umlage, deren Berechnungskriterien in der Satzung des Spitzenverbandes Bundes festgelegt werden (§ 217e Abs. 1 Nr. 3), und zum anderen durch die sonstigen Einnahmen der Verbindungsstelle aufgebracht (Abs. 5 S. 1). Die Berechnungskriterien der Umlage zur Finanzierung der Verbindungsstelle bestimmt § 38 Abs. 3 S. 2 Satzung GKV-Spitzenverband.

19 Die für die Aufgabenerfüllung der Verbindungsstelle verfügbaren Mittel dürfen ausschließlich für Zwecke der Verbindungsstelle verwendet werden, was in der Satzung des Spitzenverbandes Bund zu regeln ist (Abs. 5 S. 1). Eine entsprechende Regelung findet sich in § 38 Abs. 3 S. 5 Satzung GKV-Spitzenverband.

§ 219 b Datenaustausch im automatisierten Verfahren zwischen den Trägern der sozialen Sicherheit und der Deutschen Verbindungsstelle Krankenversicherung – Ausland

Der Datenaustausch der Krankenkassen und der anderen Träger der sozialen Sicherheit mit dem Spitzenverband Bund der Krankenkassen, Deutsche Verbindungsstelle Krankenversicherung – Ausland, erfolgt im automatisierten Verfahren, soweit hierfür strukturierte Dokumente zur Verfügung stehen, die von der bei der Kommission der Europäischen Union eingesetzten Verwaltungskommission für die Koordinierung der Systeme der sozialen Sicherheit festgelegt worden sind.

Literatur:
Schulte, in: v. Maydell/Ruland/Becker, Sozialrechtshandbuch, 5. Auflage, 2012, § 33, Supranationales Recht.

I. Entstehungsgeschichte

1 Die Vorschrift wurde durch das „Gesetz zur Koordinierung der Systeme der sozialen Sicherheit in Europa und zur Änderung anderer Gesetz"[1] v. 22.6.2011 mit Wirkung zum 29.6.2011 eingefügt.

II. Normzweck und europarechtlicher Kontext

2 § 219 b regelt den elektronischen Datenaustausch zwischen den Krankenkassen und den jeweiligen deutschen Trägern der Systeme der Sozialen Sicherheit mit dem GKV-Spitzenverband in seiner Eigenschaft als der Deutschen Verbindungsstelle[2] Krankenversicherung – Ausland (DVKA).[3] Die Vorschrift steht in unmittelbarem Zusammenhang mit der VO (EG) Nr. 883/2004[4] (genannt „Grundverordnung")[5] und mit der VO (EG) 987/2009[6] (genannt „Durchführungsverordnung"),[7] die die nationalen

---

1 BGBl. I 2011, 1202.
2 Eine Verbindungsstelle ist nach Art. 1 Abs. 2 lit. b) Verordnung (EG) 987/2009 „eine von der zuständigen Behörde eines Mitgliedstaats für einen oder mehrere der in Art. 3 der Grundverordnung genannten Zweige der sozialen Sicherheit bezeichnete Stellen, die Anfragen und Amtshilfeersuchen für die Zwecke der Anwendung der Grundverordnung beantwortet und die die ihr nach Titel IV der Durchführungsverordnung zugewiesenen Aufgaben zu erfüllen hat".
3 Zur Aufgabenzuweisung an den GKV-Spitzenverband Bund der Krankenkassen vgl. § 219a.
4 ABl.EG 2004 L 166/1.
5 Vgl. Art. 1 Abs. 1 lit. a) VO (EG) Nr. 987/2009.
6 ABl.EG 2009 L 284/1.
7 Vgl. Art. 89 VO (EG) 883/2004; Art. 1 Abs. 1 lit. b) VO (EG) Nr. 987/2009.

Vorschriften der EU-Mitgliedstaaten im Bereich der Systeme der sozialen Sicherheit[8] koordinieren.[9] Sie sind gemäß Art. 288 Abs. 2 AEUV unmittelbar geltendes Recht und sehen ua vor, dass die Träger der sozialen Sicherheitssysteme in grenzüberschreitenden Fällen den betroffenen Personen das anzuwendende Recht bescheinigen (vgl. Art. 3 der Durchführungsverordnung). Art. 2 der Durchführungsverordnung verpflichtet die Träger der Mitgliedstaaten dazu, all diejenigen Daten unverzüglich zur Verfügung zu stellen und auszutauschen, die für die Begründung und Feststellung der Rechte und Pflichten der Personen benötigt werden, die der Grundverordnung unterfallen. § 219 b betrifft die Umsetzung des grenzüberschreitenden Krankenversicherungsrechts und regelt insoweit für die deutschen Krankenkassen und die anderen Träger der sozialen Sicherheit den innerstaatlichen elektronischen Datenaustausch mit dem GKV-Spitzenverband/DVKA.

III. Datenaustausch im automatisierten Verfahren zwischen den benannten Stellen

§ 219 b verpflichtet die benannten Leistungsträger zum Datenaustausch mit der Verbindungsstelle im automatisierten Verfahren. Format und Verfahren des Datenaustauschs werden durch Art. 4 der Durchführungsverordnung bestimmt. Für das Verfahren gibt Art. 4 Abs. 2 der Durchführungsverordnung vor, dass die Datenübermittlung zwischen den Trägern oder Verbindungsstellen[10] elektronisch entweder unmittelbar oder mittelbar über Zugangsstellen[11] in einem gemeinsamen sicheren Rahmen erfolgt, in dem die Vertraulichkeit und der Schutz der ausgetauschten Daten gewährleistet werden kann. § 219 b benennt mit dem GKV-Spitzenverband in seiner Eigenschaft als zentraler Verbindungsstelle (→ § 219 a) und Zugangsstelle sowie mit den Krankenkassen (§ 4 und §§ 143 ff.) und den anderen Trägern der sozialen Sicherheit diejenigen Stellen, die die für die Begründung und Feststellung der Rechte und Pflichten im Bereich der Krankenversicherung benötigten Daten austauschen. Austauschen meint die Übermittlung und Entgegennahme von Daten.

Der Austausch erfolgt im „**automatisierten Verfahren**". Gemeint ist der Einsatz von Datenverarbeitungsanlagen (gestützt auf Software) ohne menschliches Eingreifen.[12] Er vollzieht sich innerhalb des von der Verwaltungskommission geschaffenen EESSI-Systems (Electronic Exchange of Social Security Information).[13]

Voraussetzung für den Austausch ist („soweit"), dass „**strukturierte Dokumente** zur Verfügung stehen," die von der Verwaltungskommission[14] für die Koordinierung der Systeme der sozialen Sicherheit festgelegt worden sind. Sie bestimmt die Struktur, den Inhalt, das Format und die Verfahren für den Austausch von Dokumenten und von strukturierten elektronischen Dokumenten SED) nach Art. 4 Abs. 1 Durchführungsverordnung. Die Träger müssen sog portable documents gegenüber den Versicherten benutzen, zB die Bescheinigung A1 für das im Einzelfall anzuwendende Recht.[15] Bei den SEDs können verschiedenen Bereiche unterschieden werden: A für Anwendbares Recht, S für Krankheit und Pflege, H für Horizontale Fragen, R für Beitragseinzug und Erstattungsansprüche.[16]

---

8 Die von der Verordnung (EG) Nr. 883/2004 erfassten Zweige der sozialen Sicherheit werden in deren Art. 3 festgelegt. Danach sind jedenfalls die Rechtsvorschriften erfasst, die Leistungen bei Krankheit betreffen, bei Mutterschaft und gleichgestellte Leistungen bei Vaterschaft, Leistungen bei Invalidität, Leistungen bei Alter, Leistungen an Hinterbliebene, Leistungen bei Arbeitsunfällen und Berufskrankheiten, Sterbegeld, Leistungen bei Arbeitslosigkeit, Vorruhestandsleistungen, Familienleistungen.
9 Zur Koordienierung des europäischen Sozialrechts durch die Verordnung (EG) Nr. 883/2004 und die Verordnung (EG) 987/2009 vgl. Maydell/Ruland/Becker, Sozialrechtshandbuch/Schulte, 5. Aufl. 2012, § 33.
10 Zur europarechtlichen Def. der Verbindungsstelle vgl. Durchführungsverordnung Art. 1 Abs. 2 lit. b).
11 Def. Zugangsstelle gem. Art. 1 Abs. 2 lit. a) Durchführungsverordnung: „eine Stelle, (...) die eine elektronische Kontaktstelle, die automatische Weiterleitung auf der Grundlage der Adresse [bietet] und die intelligente Weiterleitung von Daten, gestützt auf eine Software, die eine automatische Prüfung und Weiterleitung von Daten (zB eine Anwendung künstlicher Intelligenz) und/oder menschliches Eingreifen gestattet".
12 Vgl. Art. 1 Abs. 2 lit. a) iii) der Durchführungsverordnung.
13 Vgl. Klein in: jurisPK-SGB V § 219 b Rn. 6; Sonnhoff in: Hauck/Noftz SGB V § 219 b Rn. 5.
14 Die Verwaltungskommission wurde von der EU-Kommission ua mit der Aufgabe der Anpassung des Informationsflusses und mit dem Erlass von strukturellen Regelungen für Datenverarbeitungsdienste eingesetzt. Zur Zusammensetzung und den Aufgaben vgl. Art. 71 und 72 Grundverordnung; weitere Regelungen in Art. 73 ff. Grundverordnung.
15 Vgl. auch BT-Dr. 17/4978, 20 zu Nummer 6 zu § 219 b – neu.
16 Vgl. Klein in: jurisPK-SGB V § 219 b Rn. 6.

§ 219 c Dateien bei der Deutschen Verbindungsstelle Krankenversicherung – Ausland

(1) Zur Durchführung von Artikel 15 der Verordnung (EG) Nr. 987/2009 des Europäischen Parlaments und des Rates vom 16. September 2009 zur Festlegung der Modalitäten für die Durchführung der Verordnung (EG) Nr. 883/2004 über die Koordinierung der Systeme der sozialen Sicherheit (ABl. L 284 vom 30. 10. 2009, S. 1) melden die Krankenkassen und die anderen Träger der sozialen Sicherheit, die für die Festlegung der anzuwendenden Rechtsvorschriften zuständig sind, dem Spitzenverband Bund der Krankenkassen, Deutsche Verbindungsstelle Krankenversicherung – Ausland, im automatisierten Verfahren diejenigen Daten, die
1. in der von der Verwaltungskommission festgelegten Bescheinigung über die anzuwendenden Rechtsvorschriften oder
2. in den entsprechenden strukturierten Dokumenten
enthalten sind.

(2) [1]Wenn die zuständigen Behörden des Mitgliedstaates, in dem die Tätigkeit ausgeübt wird, dies verlangen, leitet der Spitzenverband Bund der Krankenkassen, Deutsche Verbindungsstelle Krankenversicherung – Ausland, die Daten unverzüglich an den Träger des Mitgliedstaates weiter. [2]Andernfalls werden die Daten gespeichert und für spätere Anforderungen aus dem Mitgliedstaat, in dem die Tätigkeit ausgeübt wird oder ausgeübt wurde, zur Verfügung gehalten.

(3) Anforderungen und auch die bei der Antwort anfallenden Daten dürfen ebenfalls gespeichert werden.

(4) Die Daten sind spätestens fünf Jahre nach Ablauf des Geltungszeitraums zu löschen, der in der Bescheinigung oder dem entsprechenden strukturierten Dokument genannt ist.

I. Entstehungsgeschichte

1 § 219 c wurde durch Art. 1 Nr. 64 des GKV-Gesundheitsreformgesetzes 2000[1] mit Wirkung zum 1.1.2000 erstmals in das SGB V eingeführt. In dieser Ursprungsfassung regelte die Vorschrift die Einrichtung und Aufgaben eines Ständigen Arbeitsausschusses bei der Verbindungsstelle. Gemeinsam mit der organisatorischen Eingliederung der Verbindungsstelle in den GKV-Spitzenverband Bund der Krankenkassen wurde die Vorschrift durch Art. 1 Nr. 151 des GKV-WSG[2] mit Wirkung zum 1.7.2008 aufgehoben. Durch das „Gesetz zur Koordinierung der Systeme der sozialen Sicherheit in Europa und zur Änderung anderer Gesetz"[3] wurde die derzeit geltende Fassung mit Wirkung zum 29.6.2011 eingefügt.

II. Normzweck und europarechtlicher Kontext

2 § 219 c regelt die datenschutzrechtlichen Vorgaben für die Durchführung des Art. 15 VO (EG) Nr. 987/2009[4] (genannt „Durchführungsverordnung").[5] Gemäß Art. 15 der Durchführungsverordnung sind im Fall der Entsendung eines Beschäftigten in einen anderen EU-Mitgliedstaat dem Beschäftigungsstaat „Informationen über die weiterhin anwendbaren Rechtsvorschriften des Entsendestaates zugänglich"[6] zu machen. § 219 c Abs. 1 beinhaltet eine Verpflichtung der Krankenkassen und der anderen Träger der sozialen Sicherheit, dem GKV-Spitzenverband in seiner Eigenschaft als Deutsche Verbindungsstelle Krankenversicherung – Ausland (vgl. § 219 a) die in Abs. 1 aufgeführten Daten zu melden. Abs. 2 befugt zur unverzüglichen Weiterleitung dieser Daten an die zuständigen Behörden des Mitgliedstaats auf deren Verlangen und andernfalls zur Speicherung der Daten. Abs. 3 erstreckt die Speicherungsbefugnis auf die Anforderungen aus dem Mitgliedstaat und „die bei der Antwort anfallenden Daten". Abs. 4 beinhaltet eine Löschungspflicht nach fünf Jahren.

---

1 BGBl. I 1999, 2626.
2 BGBl. I 2007, 378.
3 BGBl. I 2011, 1202.
4 ABl.EG 2009 L 284/1.
5 Vgl. Art. 89 VO (EG) 883/2004; Art. 1 Abs. 1 lit. b) VO (EG) Nr. 987/2009.
6 BT-Dr. 17/4978, 20 zu Nummer 6 zu § 219 c – neu.

III. Pflicht zur Meldung von Daten (Abs. 1)

Abs. 1 erlegt den Krankenkassen (§ 4 und §§ 143 ff.) und den anderen Trägern der sozialen Sicherheit die Pflicht auf, dem GKV-Spitzenverband in seiner Eigenschaft als Deutscher Verbindungsstelle Krankenversicherung – Ausland (DVKA) die Daten zu melden, die in der von der Verwaltungskommission festgelegten Bescheinigung über die anzuwendenden Rechtsvorschriften nach Nr. 1 oder in den entsprechenden strukturierten Dokumenten (Nr. 2) enthalten sind. Grundlage für die Verpflichtung zum Datenaustausch sind Art. 12 der Grundverordnung (zu diesem Begriff → § 219 b Rn. 2). In der Bescheinigung gemäß Abs. 1 Nr. 1 (= Bescheinigung A1) informiert der zuständige Träger des Mitgliedstaats über die für den Beschäftigten anzuwendenden Rechtsvorschriften (sog Entsendebescheinigung). § 219 c Abs. 1 befugt und verpflichtet die dort genannten Stellen zur Meldung der in der Bescheinigung oder in entsprechenden strukturierten Dokumenten (zum Begriff → § 219 b Rn. 5) enthaltenen Daten an die DVKA. Der Datenweg verläuft – wie der Wortlaut des Abs. 2 deutlich macht – nicht unmittelbar von den Krankenkassen und den anderen Trägern der sozialen Sicherheit zu den zuständigen Behörden des Beschäftigungsstaates (Ausschluss eines Direktdatenaustauschs).[7] Vielmehr wird die DVKA als zentrale Datensammelstelle eingerichtet. Die Meldung erfolgt im automatisierten Verfahren (→ § 219 b Rn. 4), das von der Verwaltungskommission bestimmt wird (vgl. Art. 4 der Durchführungsverordnung).

IV. Weiterleitung und Speicherung der Daten (Abs. 2 und 3)

Auf Verlangen der zuständigen Behörden des Mitgliedstaates, in dem die Tätigkeit ausgeübt wird, leitet die DVKA die Daten nach Abs. 1 unverzüglich an den Träger des Beschäftigungsstaates weiter (Abs. 2 S. 1). Abs. 2 S. 1 stellt damit sicher, dass der von Art. 15 der Durchführungsverordnung vorgegebene Empfänger – der von den zuständigen Behörden des Beschäftigungsstaates bezeichnete Träger – die Daten auch erhält, wenn er diese anfordert. Abs. 2 S. 2 verpflichtet für den Fall, dass die Daten nicht angefordert werden („andernfalls"), zur Speicherung und Vorhaltung für eine spätere Anforderung aus dem Beschäftigungsstaat. Damit wird eine Vorratsdatenspeicherung geregelt, die längstens für fünf Jahre zulässig ist (→ Rn. 5).[8] Für die Fälle des Abs. 2 S. 1 und die „Mitgliedstaaten, die – wie Deutschland – beantragt haben, dass ihnen die Information über aus Deutschland in ihr Land Entsandte in jedem Einzelfall zugeleitet werden",[9] besteht aufgrund der eindeutigen Wortwahl des Abs. 2 S. 2 („andernfalls") und der Gesetzgebungsmaterialien[10] keine Speicherungsbefugnis der DVKA als zentraler Stelle.

Ausschließlich für den Fall des Abs. 2 S. 2 erlaubt Abs. 3, dass die Anforderungen und auch die bei der Antwort anfallenden Daten „ebenfalls" gespeichert werden dürfen.[11]

V. Löschungspflicht (Abs. 4)

Abs. 4 beinhaltet eine **absolute Löschungsfrist** von **fünf Jahren**. Die gespeicherten Daten gem. Abs. 2 S. 2 und Abs. 3 müssen daher spätestens fünf Jahre nach Ablauf des Geltungszeitraums der Entsendung, der in der Bescheinigung nach Abs. 1 Nr. 1 (oder dem entsprechend strukturierten Dokument (Abs. 1 Nr. 2) genannt ist, gelöscht werden.

§ 219 d Nationale Kontaktstelle

(1) ¹Die Aufgaben der nationalen Kontaktstelle nach der Richtlinie 2011/24/EU des Europäischen Parlaments und des Rates vom 9. März 2011 über die Ausübung der Patientenrechte in der grenzüberschreitenden Gesundheitsversorgung (ABl. L 88 vom 4. 4. 2011, S. 45) nimmt der Spitzenverband Bund der Krankenkassen, Deutsche Verbindungsstelle Krankenversicherung – Ausland, ab dem 25. Oktober 2013 wahr. ²Sie stellt insbesondere Informationen über

---

7 Vgl. Klein in: jurisPK-SGB V § 219 c Rn. 7.
8 Ebenso Peters in: KassKomm SGB V § 219 c Rn. 8 u. 10; Klein in: jurisPK-SGB V § 219 c Rn. 11 u. 13.
9 BT-Dr. 17/4978, 20 zu Nummer 6 zu § 219 c – neu.
10 Vgl. BT-Dr. 17/4978, 20 zu Nummer 6 zu § 219 c – neu: „ohne weitere Speicherung".
11 Ebenso Klein in: jurisPK-SGB V § 219 c Rn. 13; Sonnhoff in: Hauck/Noftz SGB V § 219 c Rn. 6.

1. nationale Gesundheitsdienstleister, geltende Qualitäts- und Sicherheitsbestimmungen, Patientenrechte einschließlich der Möglichkeiten ihrer Durchsetzung sowie die Zugänglichkeit von Krankenhäusern für Menschen mit Behinderungen,
2. die Rechte und Ansprüche des Versicherten bei Inanspruchnahme grenzüberschreitender Leistungen in anderen Mitgliedstaaten,
3. Mindestanforderungen an eine im grenzüberschreitenden Verkehr anerkennungsfähige Verschreibung und
4. Kontaktstellen in anderen Mitgliedstaaten

zur Verfügung. ³In den Informationen nach Satz 2 Nummer 2 ist klar zu unterscheiden zwischen den Rechten, die Versicherte nach § 13 Absatz 4 und 5 in Umsetzung der Richtlinie 2011/24/EU geltend machen können, und den Rechten, die Versicherte aus der Verordnung (EG) Nr. 883/2004 des Europäischen Parlaments und des Rates vom 29. April 2004 zur Koordinierung der Systeme der sozialen Sicherheit (ABl. L 166 vom 30.4.2004, S. 1) geltend machen können. ⁴Die Deutsche Krankenhausgesellschaft, die Kassenärztliche Bundesvereinigung, die Kassenzahnärztliche Bundesvereinigung und die privaten Krankenversicherungen stellen der nationalen Kontaktstelle die zur Aufgabenerfüllung erforderlichen Informationen zur Verfügung. ⁵Soweit es zur Erfüllung ihrer Aufgaben erforderlich ist, darf die nationale Kontaktstelle personenbezogene Daten der anfragenden Versicherten nur mit deren schriftlicher Einwilligung und nach deren vorheriger Information verarbeiten und nutzen.

(2) Der Spitzenverband Bund der Krankenkassen, Deutsche Verbindungsstelle Krankenversicherung – Ausland, und die in Absatz 1 Satz 3 genannten Organisationen vereinbaren das Nähere zur Bereitstellung der Informationen durch die nationale Kontaktstelle gemäß Absatz 1 Satz 2 in einem Vertrag.

(3) ¹An den zur Finanzierung der Aufgaben der nationalen Kontaktstelle erforderlichen Kosten sind die in Absatz 1 Satz 3 genannten Organisationen zu beteiligen. ²Das Nähere zur Finanzierung, insbesondere auch zur Höhe der jährlich erforderlichen Mittel, vereinbaren der Spitzenverband Bund der Krankenkassen, Deutsche Verbindungsstelle Krankenversicherung – Ausland, und die in Absatz 1 Satz 3 genannten Organisationen in dem Vertrag nach Absatz 2. ³Wird nichts Abweichendes vereinbart, beteiligen sich die privaten Krankenversicherungen zu 5 Prozent, die Deutsche Krankenhausgesellschaft zu 20 Prozent, die Kassenärztliche Bundesvereinigung zu 20 Prozent sowie die Kassenzahnärztliche Bundesvereinigung zu 10 Prozent an den zur Aufgabenerfüllung erforderlichen Kosten.

(4) Die in Absatz 1 Satz 2 genannten Informationen müssen leicht zugänglich sein und, soweit erforderlich, auf elektronischem Wege und in barrierefreien Formaten bereitgestellt werden.

(5) Die nationale Kontaktstelle arbeitet mit den nationalen Kontaktstellen anderer Mitgliedstaaten und der Europäischen Kommission in Fragen grenzüberschreitender Gesundheitsversorgung zusammen.

Literatur:

Frischhut/Stein, Patientenmobilität. Aktuelle Richtlinie und EuGH-Rechtsprechung, 2011; *Pötters*, Grenzüberschreitende Gesundheitsversorgung – Fragen zu § 219 d SGB V, ZESAR 2013, 160; *Reif*, Datenschutzrechtliche Aspekte des Patientenrechtegesetzes, RDV 2013, 193; *Tiedemann*, Die Regelung der Patientenrechte-Richtlinie zur grenzüberschreitenden Inanspruchnahme von Gesundheitsleistungen in der EU, ZFSH/SGB 2011, 462.

I. Entstehungsgeschichte	1	IV. Bereitstellungs- und Finanzierungsvertrag, subsidiäre gesetzliche Finanzierungsregelung (Abs. 2, 3)	14
II. Normzweck und europarechtlicher Kontext	3	V. Zugänglichkeit der Informationen (Abs. 4)	16
III. Aufgabenbestimmung, Informationsgewinnung, Datenschutz (Abs. 1)	9	VI. Europäische Vernetzung (Abs. 5)	17

I. Entstehungsgeschichte

1 § 219 d enthielt ursprünglich bis zu seiner Aufhebung zum 1.1.2000 Regelungen zur „Finanzierung und Aufsicht" über die Deutsche Verbindungsstelle Krankenversicherung – Ausland. Die Norm wurde obsolet, als die Verbindungsstelle in den Spitzenverband Bund der Krankenkassen integriert wurde (s. § 219 a). An die Leerstelle wurde später durch Art. 2 Nr. 14 des Gesetzes zur Verbesserung der Rechte von Patientinnen und Patienten vom 20.2.2013 (BGBl. I, 277) zum 26.2.2013 ein neuer § 219 d eingefügt. Er regelt die Aufgaben und die Finanzierung der „Nationalen Kontaktstelle". Die Norm wurde durch das GKV-Versorgungsstärkungsgesetz vom 16.7.2015 (BGBl. I, 1211) punktuell ergänzt.

Mit der Einfügung des § 219 d korrespondierte 2013 eine Ergänzung in § 219 a Abs. 1 S. 3 Nr. 6. Hierdurch wurde die Aufgaben der nationalen Kontaktstelle der Deutschen Verbindungsstelle Krankenversicherung – Ausland zugewiesen. Im Gesetzentwurf der Bundesregierung zum Patientenrechtegesetz[1] waren diese Bestimmungen zunächst nicht vorgesehen. Sie wurden aufgrund der Beschlussempfehlungen des Ausschusses für Gesundheit[2] in das SGB V aufgenommen.

II. Normzweck und europarechtlicher Kontext

Die Einrichtung einer nationalen Kontaktstelle geht auf Vorgaben des Europarechts, genauer RL 2011/24/EU (Patientenrichtlinie),[3] zurück.[4] § 219 a Abs. 1 S. 3 Nr. 6 bestimmt, welche Institution in Deutschland diese Kontaktstelle bildet (→ Rn. 1 und → § 219 a Rn. 4). § 219 d trifft nähere Bestimmungen zu ihren Aufgaben und ihrer Finanzierung.

Gemäß den Vorgaben der Patientenrichtlinie kommt der Kontaktstelle die **Funktion** zu, Informationen zu Fragen der grenzüberschreitenden Gesundheitsversorgung zu bündeln und den Patienten zur Verfügung zu stellen.[5] Dazu soll sie mit anderen Akteuren des Gesundheitssystems (Krankenversicherungen, Leistungserbringer), aber auch den Kontaktstellen in den anderen Mitgliedstaaten vernetzt werden (Art. 6 RL 2011/24/EU). Ausdrücklich sieht die Richtlinie die Möglichkeit vor, die Kontaktstellen in die in den Mitgliedstaaten bereits bestehende Informationsinfrastruktur zu integrieren, soweit sie als solche „deutlich erkennbar sind",[6] wie in Deutschland mit §§ 219 a, 219 d geschehen. Die Mitgliedstaaten haben Amtshilfe zu leisten (Art. 10 RL 2011/24/EU). Die Kommission berichtet Rat und Parlament in regelmäßigem Abstand über die Arbeit der Kontaktstellen (Art. 20 Abs. 1, 2 RL 2011/24/EU).

Die Patientenrichtlinie bringt klarer als der Wortlaut des § 219 d zum Ausdruck, welche konkreten Informationen den Patienten durch die Kontaktstelle zur Verfügung zu stellen sind. **§ 219 d ist im Lichte der Richtlinie auszulegen.** Sie unterscheidet zwischen den Aufgaben als Kontaktstelle des Versicherungsmitgliedstaates und denen des Behandlungsmitgliedstaates. Jeweils müssen die „Informationen leicht zugänglich sein und, soweit erforderlich, auf elektronischem Wege und in Formaten bereitgestellt werden, die für Personen mit Behinderungen zugänglich sind" (Art. 6 Abs. 5 RL 2011/24/EU).

Für welche Patienten ein Mitgliedstaat als Versicherungsmitgliedstaat zuständig ist, legt Art. 3 lit. c RL 2011/24/EU qua Legaldefinition unter Rückgriff auf Genehmigungszuständigkeiten im Koordinierungssozialrecht fest. In der Funktion als **Kontaktstelle des Versicherungsmitgliedstaates** sind diesen Patienten „auf Anfrage Informationen über" Rechte und Ansprüche „im Zusammenhang mit grenzüberschreitender Gesundheitsversorgung zur Verfügung zu stellen, insbesondere bezüglich der Regeln und Bedingungen für eine Kostenerstattung ... und der Verfahren zur Geltendmachung und Festsetzung dieser Ansprüche sowie der Möglichkeiten der Anfechtung und des Rechtsbehelfs" (Art. 5 lit. b RL 2011/24/EU, auf den Art. 6 Abs. 5 RL 2011/24/EU verweist). Die Informationspflicht bezieht sich sowohl auf das Rechtsregime des Koordinierungssozialrechts gemäß VO (EG) Nr. 883/2004 und VO (EG) Nr. 987/2009 als auch auf die Kostenerstattungsansprüche nach der Patientenrichtlinie, die Ausfluss der Dienstleistungs- und Warenverkehrsfreiheit sind (zu beiden → § 13 Rn. 8 ff.). Der 2015 nachträglich eingefügte § 219 d I S. 3 stellt nun auch im deutschen Recht ausdrücklich klar, dass sich die Informationspflichten auf beide europäische Rechtsregime beziehen.

In der Funktion als **Kontaktstelle des Behandlungsmitgliedstaates** (wesentlich bestimmt über den Ort, an dem die Behandlung tatsächlich erfolgt; s. Legaldefinition in Art. 3 lit. d RL 2011/24/EU) sind dagegen „Informationen über die Gesundheitsdienstleister zur Verfügung" zu stellen, „einschließlich – auf Anfrage – der Informationen über die Berechtigung eines konkreten Dienstleisters zur Erbringung von Leistungen oder über jegliche Beschränkungen seiner Tätigkeit" (Art. 6 Abs. 3 RL 2011/24/EU). Des weiteren erstreckt sich die Auskunftpflicht auf „Informationen über Standards und Leitlinien für Qualität und Sicherheit" (Art. 4 Abs. 1 lit. b RL 2011/24/EU), „Bestimmungen über die Überwachung und Bewertung von Gesundheitsdienstleistern sowie Informationen darüber ..., welche Gesundheitsdienstleister diesen Standards und Leitlinien unterliegen, sowie Informationen über die Zugänglichkeit von Krankenhäusern für Personen mit Behinderungen (Art. 4 Abs. 2 lit. a RL 2011/24/EU). Schließlich hat die Kontaktstelle Auskunft zu erteilen „über Patientenrechte, Beschwerdeverfahren und Verfahren

---
1 BT-Dr. 17/10488.
2 BT-Dr. 17/11710.
3 ABl.EU L 88 vom 4.4.2011, 48 ff.
4 Sonnhoff in: Hauck/Noftz, SGB V, § 219 d Rn. 6.
5 Erwägungsgrund 48 RL 2011/24/EU.
6 Erwägungsgrund 49 RL 2011/24/EU; Frischhut/Stein, Patientenmobilität, S. 48.

zur Einlegung von Rechtsbehelfen sowie über die verfügbaren rechtlichen und administrativen Möglichkeiten zur Streitbeilegung, auch bei Schäden, die im Zusammenhang mit grenzüberschreitender Gesundheitsversorgung entstanden sind" (Art. 6 Abs. 3 RL 2011/24/EU).

8 Die Beschlussempfehlungen des Gesundheitsausschusses des Deutschen Bundestages bringen zum Ausdruck, dass der deutsche Gesetzgeber die durch die Patientenrichtlinie statuierten vielfältigen Auskunftspflichten umfassend mittels § 219 d in die deutsche Rechtsordnung überführen wollte (vgl. die Aufzählungen in BT-Dr. 17/11710, 31). Zugleich wird seitens des deutschen Gesetzgebers festgehalten, dass die Kontaktstellen nur Informationen liefern, aber „kein umfangreiches Fallmanagement" zur Verfügung stellen.[7]

III. Aufgabenbestimmung, Informationsgewinnung, Datenschutz (Abs. 1)

9 Abs. 1 S. 1 wiederholt die **Aufgabenzuweisung** in § 219a Abs. 1 S. 3 Nr. 6. Doch die Norm geht in ihrer Bedeutung darüber hinaus. Durch die Bezugnahme auf die einschlägige EU-Richtlinie macht der Gesetzgeber deutlich, dass § 219 d die gegenüber § 14 SGB I speziellere Rechtsgrundlage für echte **Informationsansprüche** seitens der **Patienten** und sonstige nach der Patientenrichtlinie auskunftsberechtigte Akteure des Gesundheitssystems bildet.

10 Abs. 1 S. 2 nennt beispielhaft („insbesondere") Informationsfelder. In Nr. 1 wird im Wesentlichen auf die Informationspflichten der Behandlungsmitgliedstaaten aus der Patientenrichtlinie verwiesen und in Nr. 2 auf die Pflichten der Versicherungsmitgliedstaaten (→ Rn. 6 f.).[8] Die Informationspflicht über die Kontaktstellen in den anderen Mitgliedstaaten nach § 219 d Abs. 1 S. 2 Nr. 4 folgt Art. 6 Abs. 2 S. 2 RL 2011/24/EU. § 219 d Abs. 1 S. 2 Nr. 3 (Informationen über die Zugänglichkeit von Krankenhäusern für Menschen mit Behinderungen) dient der Umsetzung der RL 2012/52/EU.

11 Im institutionellen Gefüge des deutschen Gesundheitssystems lag es nahe, die Aufgaben der nationalen Kontaktstelle dem Spitzenverband Bund der Krankenkassen, Deutsche Verbindungsstelle Krankenversicherung – Ausland zuzuweisen und keine gänzlich neue Institution dafür aufzubauen. Die Verbindungsstelle verfügt über Erfahrung und Sachkompetenz bei der Anwendung des Sozialrechts auf grenzüberschreitende Sachverhalte und bei der Informationsvermittlung hierüber.[9] Die Patientenrichtlinie sieht ausdrücklich die Möglichkeit vor, auf solche bereits vorhandenen Kompetenzen zurückzugreifen (→ Rn. 4).

12 Um dem gesetzlichen Informationsauftrag gerecht zu werden, ist die Kontaktstelle auf die **Bereitstellung entsprechender Informationen durch Dritte** angewiesen. Abs. 1 S. 3 verpflichtet die Deutschen Krankenhausgesellschaft, die Kassenzahnärztliche und Kassenzahnärztliche Bundesvereinigung sowie die privaten Krankenversicherungen hierzu. Letztere können den Verband der privaten Krankenversicherungsunternehmen mit der Wahrnehmung ihrer Mitwirkungsaufgaben betrauen.[10] Detailregelungen sind einer vertraglichen Übereinkunft vorbehalten (→ Rn. 14).

13 Informationsgewinnung und -weitergabe ist stets **datenschutzrelevant**. Die Patientenrichtlinie trifft in Bezug auf Patientenakten besondere Regelungen (Art. 5 lit. d), verweist ansonsten aber im Wesentlichen auf die bestehenden datenschutzrechtlichen Bestimmungen der EU und ihre Umsetzung in den mitgliedstaatlichen Rechtsordnungen.[11] Angesichts der allgemeinen sekundärrechtlichen Vorgaben zum Datenschutz erscheint die Formulierung in Abs. 1 S. 4 missglückt. Sie weicht von den Datenverarbeitungsgrundsätzen nach Art. 6 der Datenschutzgrundverordnung (VO [EU] 2016/679) ab, wenn für die Verarbeitung und Nutzung personenbezogener Daten neben der Erforderlichkeit für die Erfüllung der gesetzlichen Aufgaben stets zusätzlich eine schriftliche Einwilligung des Betroffenen nach vorheriger Information verlangt wird.[12] Das Ziel der Patientenrichtlinie, eine kompetente und effektive Information Interessierter über Rechte im Bereich der grenzüberschreitenden Gesundheitsversorgung zu gewährleisten, darf durch die praktische Handhabung der spezialgesetzlichen Datenschutzbestimmung

---

7 Siehe zu den Grenzen der Informationsmöglichkeiten durch die Kontaktstellen des Behandlungsmitgliedstaates auch Frischhut/Stein, Patientenmobilität, S. 47.
8 Pötters, ZESAR 2013, 160, 161; Krasney in: KassKomm, § 219d SGB V Rn. 5; Ternes in: juris-PK SGB V, § 219 d Rn. 15 ff. und 36 ff.
9 Baier in: Krauskopf, § 219 SGB V Rn. 3.
10 BT-Dr. 17/11720, 32.
11 Reif, RDV 2013, 13 ff.; Pötters, ZESAR 2013, 160, 162.
12 Pötters, ZESAR 2013, 160, 162.

in Abs. 1 S. 4 nicht gefährdet werden. Im Lichte der sekundärrechtlichen Datenschutzbestimmungen ist Abs. 1 S. 4 deshalb einschränkend zu interpretieren.[13]

IV. Bereitstellungs- und Finanzierungsvertrag, subsidiäre gesetzliche Finanzierungsregelung (Abs. 2, 3)

Details zur Bereitstellung der erforderlichen Informationen gegenüber der Kontaktstelle durch die in Abs. 1 S. 3 genannten Akteure sowie die Budgethöhe und die Kostenverteilung untereinander sollen nach Abs. 2, 3 S. 2 vertraglich geregelt werden. Nach Auskunft der Kontaktstelle kam es 2014 zum Abschluss einer entsprechenden Vereinbarung. Für die Wahrnehmung der Aufgaben war der Abschluss des Kontraktes nicht zwingend.[14] Abs. 3 S. 3 enthält eine subsidiäre gesetzliche Kostenverteilung. Die Budgethöhe wird gesetzlich auf die „erforderlichen Kosten" der Kontaktstelle begrenzt. Auch die gesetzliche Auskunftspflicht der Deutschen Krankenhausgesellschaft, der Kassenärztlichen und Kassenzahnärztlichen Bundesvereinigung sowie der privaten Krankenversicherungen nach § 219 Abs. 1 S. 3 steht nicht unter Vertragsvorbehalt. Schließlich setzt die in den Gesetzesmaterialien ausdrücklich erwähnte Möglichkeit, mittels Internetlinks von der Homepage des Kontaktausschusses zu weiteren Informationsangeboten etwa der Deutschen Krankenhausgesellschaft oder der Kassenärztlichen Bundesvereinigung zu gelangen,[15] nicht zwingend eine vertragliche Absprache voraus. Gleichwohl setzt das Gesetz den in Abs. 1 S. 3 genannten Organisationen wie dem Spitzenverband Bund der Krankenkassen als Träger der Kontaktstelle gleichermaßen einen **Vertragsschlussanreiz**. Erstere gewinnen Einflussmöglichkeiten, letzterer Rechts- und Finanzsicherheit. Kommt es gleichwohl nicht zum Vertragsschluss, müssen über Umfang und Modus der Bereitstellungspflicht und die Erforderlichkeit der Finanzmittel ggf. die Sozialgerichte entscheiden.

Die finanzielle Kostenbeteiligung nach Abs. 3 stellt finanzverfassungsrechtlich eine **Sonderabgabe** dar. An ihrer Verfassungsmäßigkeit wurden Zweifel geäußert. Es fehle an einer Finanzierungsverantwortung der privaten Krankenkassen und die Mittel würden nicht durchgängig gruppennützig verwendet.[16] Im Lichte der jüngst bekräftigten Vorgaben seitens des Bundesverfassungsgerichts zur Zulässigkeit einer Sonderabgabe[17] erscheinen die Bedenken nicht durchgreifend.[18] Mit der Finanzierung der Aufgaben der Kontaktstelle wird ein besonderer Sachzweck verfolgt. Die zur Finanzierung Herangezogenen stehen in besonderer Sachnähe. Eine gruppennützige Verwendung besteht auch gegenüber den privaten Krankenkassen, deren Mitglieder von den über die Kontaktstelle erschließbaren Informationen zu Leistungsanbietern in anderen Mitgliedstaaten profitieren, sowie gegenüber Leistungserbringern, deren potenzieller Kundenkreis sich über das Informationsangebot der Kontaktstelle erkennbar erweitert. Eine Aufgliederung der Kostenbeteiligung nach Informationsaufgaben der Kontaktstelle für Deutschland als Versicherungsmitgliedstaat einerseits und als Behandlungsmitgliedstaat andererseits ist hingegen verfassungsrechtlich nicht zwingend geboten. Die für die Zulässigkeit einer Sonderabgabe geforderte besondere Finanzverantwortung der Abgabenpflichtigen muss nicht sämtliche Aspekte des verfolgten Sachzwecks umfassen, sondern kann sich auch auf Teilaspekte beschränken.

V. Zugänglichkeit der Informationen (Abs. 4)

Der Gesetzespflicht zur leichten Zugänglichkeit der Informationen kommt die Kontaktstelle insbesondere durch sein Internetangebot nach. Die Homepage ist unter www.eu-patienten.de abrufbar. Dort finden sich auch Kontaktdaten für Einzelfragen.

VI. Europäische Vernetzung (Abs. 5)

Die nationale Kontaktstelle ist zur Zusammenarbeit mit den Kontaktstellen in den anderen Mitgliedstaaten und der Europäischen Kommission verpflichtet. Die Kooperation mit der Kommission wird praktisch auch im Rahmen der Berichtspflicht der Kommission gegenüber Rat und Parlament relevant (→ Rn. 4).

---

13 Anders Mühlhausen in: Becker/Kingreen, SGB V, § 219 d Rn. 2, unter Verweis auf den eindeutigen Wortlaut der Norm.
14 Ternes in: juris-PK SGB V, § 219 d Rn. 51.
15 BT-Dr. 17/11710, 37.
16 Pötters, ZESAR 2013, 160, 163; wohl auch Ternes in: juris-PK SGB V, § 219 d Rn. 54.
17 BVerfG, 28.1.2014, 2 BvR 1561/12 ua.
18 Ebenso Schuler in: LPK-SGB V, § 219 d Rn. 3; Mühlhausen in: Becker/Kingreen, SGB V, § 219 d Rn. 3.

Achtes Kapitel
Finanzierung

Erster Abschnitt
Beiträge

Erster Titel Aufbringung der Mittel

Vorbemerkungen zu §§ 220 bis 248

1 Die Grundentscheidung für eine **beitragsfinanzierte Sozialversicherung** stammt aus ihrer Entstehungszeit nach der Reichsgründung von 1871. Die von Reichskanzler Bismarck geprägte Konzeption der 1883 eingeführten Krankenversicherung sah vor, dass Arbeitgeber und Arbeiter, nicht der Staat, in einer **Selbstverwaltungsorganisation** die notwendigen Mittel aufbringen und verwalten sollten. Der Grundsatz einer paritätischen Beitragsfinanzierung entwickelte sich erst später und ist inzwischen wieder in Frage gestellt. Dass der Staat die Initiative ergriff und der Sozialversicherung eine gesetzliche Grundlage verlieh und sie rechtlich beaufsichtigen wollte, wurde als ein Akt „staatlicher Fürsorge" verstanden.[1]

2 Ziel dieser Organisationsform war auch die **Beständigkeit in der Leistungsfähigkeit** und Finanzierung: Die Sozialversicherung sollte für das Deutsche Reich „neue und dauernde Bürgschaften seines inneren Friedens und den Hilfsbedürftigen größere Sicherheit und Ergiebigkeit des Beistandes, auf den sie Anspruch haben", hinterlassen.

Die Entscheidung für ein Beitragssystem wurde sehr bewusst getroffen. Man erhoffte sich eine verlässliche **Bindung an Wirtschaft und Gesellschaft**: „Der engere Anschluss an die realen Kräfte dieses Volkslebens und das Zusammenfassen der letzteren in der Form korporativer Genossenschaften unter staatlichem Schutz und staatlicher Förderung werden, wie Wir hoffen, die Lösung auch von Aufgaben möglich machen, denen die Staatsgewalt allein in gleichem Umfange nicht gewachsen sein würde. Immerhin aber wird auch auf diesem Wege das Ziel nicht ohne die Aufwendung erheblicher Mittel zu erreichen sein."[2]

3 Nachdem die Krankenkassen lange Zeit weitgehend **unabhängig in ihrem Finanzgebaren** blieben, hat es seit den 1920er Jahren Versuche stärkerer staatlicher Regulierung gegeben, die zunächst fruchtlos blieben. 1967 gab es erste Schritte hin zu einem **Finanzausgleich**, der 1977 in einen Finanzausgleich für krankenversicherte Rentner und in der Möglichkeit des kassenarteninternen Finanzausgleichs mündete. Die Reform 1993 beruhte auf einem ausgeprägten Wettbewerbsdenken und Wahlrechte für Versicherte und einigermaßen gleiche Wettbewerbsbedingungen der Krankenkassen herstellen. 1994 wurde daher ein umfassender **Risikostrukturausgleich** eingeführt, der allerdings weder die Unterschiede in den regionalen Versorgungsangeboten der Krankenkassen noch Unterschiede in der Wirtschaftlichkeit der Kassenverwaltung berücksichtigte.[3]

4 Während die Beitragssätze im Rahmen ihrer bis dahin bestehenden Finanzautonomie von den Kassen im Rahmen der Gesetze selbst festgelegt wurden, hat seit 2009 die Einführung des **Gesundheitsfonds** und die Festschreibung eines **Steuerzuschusses** eine wesentliche Systemänderung herbeigeführt.[4] Durch das **Gesetz vom 22.12.2010** und zuvor durch das GKV-WSG[5] ist der Gesundheitsfonds eingerichtet worden, welcher vom Bundesversicherungsamt verwaltet wird.[6] Zentrales Finanzierungsinstrument des Gesundheitsfonds und damit der Krankenversicherung überhaupt bleibt der Beitrag der Versicher-

---

[1] Vgl. zur Entstehungsgeschichte der Sozialversicherung Stolleis, Geschichte des Sozialrechts in Deutschland, 2003; Stolleis, Geschichte des öffentlichen Rechts in Deutschland, Bd. 2, 1992.
[2] Kaiserliche Botschaft von 1881, zitiert bei Boeckh/Huster/Benz, Sozialpolitik in Deutschland, 2004, S. 63; vgl. auch Stolleis, Die Sozialversicherung Bismarcks, in: Stolleis, Konstitution und Intervention, 2001.
[3] Schulin/Igl, Sozialrecht, 1999, Rn. 232 ff.
[4] Vgl. zu Literaturangaben und Inhalt der Reform die Kommentierung zu § 220.
[5] BGBl. I, 378.
[6] Vgl. Thomas Gerlinger, KrV 2007, 86–89, zur Rechtsnatur des Gesundheitsfonds und zum rechtlichen Verhältnis von Bund und Sozialversicherungsträgern vgl. Pfohl/Sichert, NZS 2009, 71 ff.

ten.[7] Das **GKV-FinG**, in Kraft getreten am 1.1.2011,[8] bestimmt, dass der **allgemeine Beitragssatz durch die Bundesregierung und nicht mehr durch die Kassen festgesetzt** wird (§ 241 Abs. 1). Die Krankenkassen sollen für jeden Versicherten eine Zuweisung aus dem Gesundheitsfonds erhalten, die das jeweilige Risiko (Alter, Geschlecht, Morbidität) des Versicherten berücksichtigt. Die Beiträge fließen zunächst in den Gesundheitsfonds. Von dort aus erfolgt die Verteilung auf die Kassen (§§ 266, 271). Die Veränderungen vollzogen sich aus der Perspektive des Gesetzgebers in der Logik des zuvor forcierten Wettbewerbssystems, in welchem die zahlreichen Krankenkassen zueinander stehen sollen. Mit der Neuregelung sollten **Wettbewerbsverzerrungen vermieden** werden, welche aufgrund der Konzentration negativer Risiken bei bestimmten Kassen entstehen können.[9] Da die Transparenz der Leistungen und der Quote der Leistungsgewährungen kaum die Transparenz der Beiträge und der Zusatzbeiträge erreichen kann und viele Leistungen wie zB die Krankenhausfinanzierung und die Übernahme von Arzneimittelkosten allgemeinen Regeln folgen, handelte es sich um einen **Wettbewerb der möglichst niedrigen Zusatzbeiträge**. Da der Wettbewerb unter den Leistungserbringern des Gesundheitswesens ebenfalls durch die finanziellen Bedingungen und das Verhalten der Patienten und die Vergütungssysteme der Ärzte als äußerst unvollkommen und zudem kaum als Leistungs-, sondern als Kostenwettbewerb bezeichnet werden darf, kann insgesamt das Gesundheitssystem nicht als Wettbewerbssystem oder gar als Markt, sondern eher als **öffentliches, teilsolidarisches Sozialleistungssystem mit wettbewerblichen Elementen** bezeichnet werden.

Um Missbräuche bei der Inanspruchnahme des Fonds durch die Krankenkassen zu vermeiden, hat **2017 das GKV-Selbstverwaltungsstärkungsgesetz** Maßnahmen eingeführt, um die Zuverlässigkeit und die Rechtmäßigkeit des Handelns der Selbstverwaltung zu stärken. Damit Kompetenzüberschreitungen und Unregelmäßigkeiten in der Geschäftsführung frühzeitig erkannt werden können, bedurfte es sowohl einer Stärkung der Kontrollrechte der Mitglieder der Selbstverwaltungsorgane als auch mehr Transparenz im Verwaltungshandeln. Die externe Kontrolle übernimmt im Wege der staatlichen Aufsicht das Bundesministerium für Gesundheit (BMG). Weitere Kontrollfunktionen werden nun durch externe Stellen durchgeführt.

Die Finanzentwicklung zeigte im Vergleich 2001 zu 2012 bei den Einnahmen eine Steigerung von 135 Mrd. auf 189 Mrd. EUR, bei den Ausgaben von 130 Mrd. auf 184 Mrd., davon Arzneimittel 21 zu 29 Mrd. und Krankenhausbehandlungskosten 44 zu 61 Mrd. Das BIP stieg im gleichen Zeitraum durchschnittlich ca. um 1,1 % im Jahr. Die auch im Jahr 2012 zu verzeichnende überdurchschnittliche Kostensteigerung für Krankenhausleistungen steht in einem erheblichen Widerspruch zu den Klagen von Patienten und Personal über eine wachsende Ökonomisierung, fehlende Behandlungs- und Gesprächszeit, defizitäre Personalschlüssel und eine gesellschaftlich unangemessene Bezahlung insbesondere im Bereich der Krankenpflege sowie Fehlbehandlungen aus ökonomischen Gründen. Verbindlichere Personalschlüssel, Gehälter und Gesprächsanteile sowie sozial abgefederte generelle Zuzahlungen sollten als Mittel gegen mögliche Unterfinanzierungen, Ineffizienzen und übermäßige Gewinnentnahmen bei privatgewerblichen Trägern geprüft werden.[10] Auch eine stärkere ambulante Rolle der Krankenhäuser kann diese, sowie Patienten und Personal im natürlichen Streben der Träger nach Auslastung und schwarzen Zahlen entlasten.

Seit der Einführung der Sozialversicherung haben sich **maßgebliche wirtschaftliche und gesellschaftliche Bedingungen verändert**.[11] Die „rechten Mittel und Wege" zu finden, begegnet heute weiteren neuen Herausforderungen:

- Der fortgeschrittene gesellschaftliche **Begriff der sozialen Gerechtigkeit**, der Solidarität und die Einführung des Sozialstaatsprinzips durch das Grundgesetz lassen aus Sicht mancher Akteure die Einbeziehung nur der wirtschaftlich „schutzbedürftigen" Bürgerinnen und Bürger in die Sozialver-

---

7 Grundlegend zur Beitragsfinanzierung: Sozialversicherung in: Sacher (Hrsg.), Staatslexikon, 4. Bd., 1931, S. 1734 ff.; Isensee, Umverteilung durch Sozialversicherungsbeiträge, 1973, S. 32 ff., Kirchhof, Finanzierung der Sozialversicherung, § 125 Rn. 23; Axer, Grundfragen des Versicherungs- und Beitragsrechts, in: v. Maydell/Ruland/Becker, § 14.
8 BT-Dr. 17/3040.
9 Zur Wettbewerbsfrage vgl. Oberender, Wirtschaftsdienst 2009, 329 ff.
10 NRW-Gesundheitsministerin Steffens fordert verbindliche Personalschlüssel ein, ähnliche Überlegungen des Berliner Gesundheitssenators, WDR v. 27.1.2014.
11 Dennoch ist Bismarcks Wort für heute von einer gewissen Aktualität: „Für diese Fürsorge die rechten Mittel und Wege zu finden, ist eine schwierige, aber auch eine der höchsten Aufgaben jedes Gemeinwesens, welches auf den sittlichen Fundamenten des christlichen Volkslebens steht."

sicherung als überholt erscheinen. Andere sehen gerade in vermehrter Eigenverantwortung und in einem Fortbestehen der privaten Kassen die Zukunft des Systems.

- Neue **ökonomische Abhängigkeiten** des einzelnen Bürgers, Konzentrationsprozesse in der Wirtschaft und eine teilweise Erosion regionaler kleinteiliger Wirtschaftsstrukturen bei gleichzeitiger globaler Exportorientierung lassen vermehrt Fragen nach ökonomischer Freiheit und Rechte auf positive Handlungen des Staates zur Freiheitssicherungen aufkommen.[12]
- Die extreme **Rationalisierung und Automatisierung** der Wirtschaft sowie die Rolle der Kapitalspekulation lassen eine reine Beitragsfinanzierung immer weniger sinnvoll erscheinen.
- Der **steigende Finanzierungsbedarf** hat zu einer grundsätzlichen Diskussion über Finanzierungsmodelle geführt. In dieser stehen sich im Wesentlichen die sog Kopfpauschale und die Bürgerversicherung gegenüber.[13] Aspekte der Diskussion sind die Art und der Umfang der Einbeziehung von Einnahmen in die Beitragspflicht, der Grad der Steuerfinanzierung und das Ausmaß der Einbeziehung von Bürgern in die Beitragspflicht bzw. der Privaten Krankenversicherung in die solidarische Finanzierung.
- Soweit es keine rechtlich verankerten und transparenten Leistungsbeschränkungen bei begrenzten Finanzierungen gibt, erfolgt die **Rationierung** vielfach intransparent und ohne Willkürkontrolle im Versorgungsprozess und in demokratisch schwach legitimierten Gremien. Die Politik scheut wegen der möglichen Konsequenzen bei Wahlen bisher offene Rationierungsentscheidungen.[14]
- Der Fortschritt der **Medizintechnik und der Diagnosemethoden** wird von den Versicherten intensiv angenommen. Allerdings führen der Einsatz dieser Möglichkeiten und die **demographische Entwicklung** zu erheblichen Kostensteigerungen. Das Kostenverhältnis zwischen der beratenden Medizin und der Gerätemedizin hat sich zugunsten letzterer verschoben.
- Das **Abrechnungssystem für niedergelassene Ärzte** führt im Vergleich unter den Ärzten wie auch im Vergleich etwa zu den Pflegekräften in Krankenhäusern mitunter zu unangemessen hohen Einkommen bestimmter Ärztegruppen.
- Der weitgehende Verzicht auf allgemeine, sozial abgefederte, leistungsbezogene Zuzahlungen durch die Patienten befördert mitunter die Fehlnutzung von Leistungen und zu unverhältnismäßigen Aufwendungen. Die Abschaffung der Praxisgebühr zum 1.1.2013 wurde mit bürokratischen und finanziellen Belastungen für Patienten und Praxen begründet. Das heißt nicht, dass es nicht sinnvolle und unbürokratischere Systeme der Kostentransparenz und Kostenbeteiligung geben kann.
- Beiträge zur Krankenversicherung sind in Verbindung mit den real gezahlten Steuern ein **Wettbewerbsfaktor in der globalen und lokalen Wirtschaft**. Ungleiche Marktpositionen großer wirtschaftlicher Einheiten gegenüber kleinen und mittleren Unternehmen und Wettbewerbsungleichgewichte innerhalb der EU werden mitunter durch zentrale Einkaufspolitiken und steuerliche Gestaltungsmöglichkeiten noch verschärft. Zu prüfen ist, ob die Gestaltung der Beiträge und Steuern solchen wirtschaftspolitischen Problemlagen künftig stärker Rechnung trägt.
- Die Finanzkrise hat ein **Spannungsfeld zwischen Finanz- und Realwirtschaft** offengelegt. Ohne den stärkeren Einsatz von Kapitalressourcen für die Realwirtschaft wird auch das Beitragssystem in der bisherigen Form kaum noch finanzierbar sein.
- Kein Finanzierungssystem erlässt es den Akteuren, Fehlsteuerungen zu analysieren und zu vermeiden. So werden etwa im Krankenhausbereich Finanzierungsspielräume in der Regel zugunsten der Gehaltsanpassungen für Ärzte oder der technischen Ausstattung genutzt, während sowohl die Personalausstattung wie die Gehälter in der Krankenpflege tendenziell stagnieren und ua fachliche Nachwuchsprobleme mitverursachen.
- Im Rahmen der **Freizügigkeit der Arbeitnehmer, der Sozialunternehmen und der Bürgerinnen und Bürger innerhalb der Europäischen Union**, aber auch angesichts der Krisenentwicklungen in vielen EU-Staaten bleiben grenzüberschreitende Fragen der Sozialversicherung und eines gerechten Beitrags- und Leistungsgeschehens, sowie ein Vergleich der Leistungsfähigkeit der Gesundheitssysteme auf der politischen Tagesordnung.[15] Im Jahr 2017 wird die EU-Verordnung zur Koordinierung der Systeme der sozialen Sicherheit (Nr. 883/2004) novelliert. Der Ausschluss von Pflegesachleistungen für Versicherte, welche sich im Ausland aufhalten bzw. dort ihren Alterssitz gewählt haben,

---

12 Vgl. Alexy, Theorie der Grundrechte, 1994, S. 200.
13 Sie Literaturangaben zu § 220.
14 Huster, Das Versteckspiel mit der Rationierung, FAZ v. 16.7.2009.
15 Vgl. zur gemeinschaftlichen Sozialpolitik Boeck/Huster/Benz, Sozialpolitik in Deutschland, S. 386 ff.

verstößt vermutlich gegen Art. 3 Abs. 1 GG und ist reformbedürftig. Die Überformung des Sozialrechts und eigener sozialrechtlich geregelter Wettbewerbssysteme sozialer Leistungen durch Wettbewerbs- und Wirtschaftsrecht stellt eine gewisse Gefahr für die sozialrechtlichen Prinzipien dar, weil der starken wettbewerbsrechtlichen EU-Zuständigkeit keine ähnliche sozialrechtliche Kompetenz auf europäischer Ebene entgegensteht.[16]

In den letzten Jahren hat es zahlreiche **Änderungen der Finanzierungsregelungen** gegeben. So dienen neuerdings auch **steuerfinanzierte Mittel** des Bundes den Aufwendungen der Krankenkassen. Der Bundeszuschuss findet in § 221 seine gesetzliche Grundlage. Dennoch bleibt der Grundsatz der Beitragsfinanzierung (§ 220 Abs. 1 S. 1) und die tatsächliche überwiegende Beitragsfinanzierung bestehen. Das Beitragsrecht der gesetzlichen Krankenversicherung ist im ersten Abschnitt des achten Kapitels des SGB V geregelt.

Weitere wesentliche Änderungen betreffen zB den neuerdings unmittelbar durch Gesetz festgelegten **Beitragssatz** und das damit verbundene System der kassenspezifischen Zusatzbeiträge. Vgl. insbesondere das Gesetz v. 22.12.2012[17] und die weiteren nach § 220 genannten Reformänderungen.

Teilweise wird in der Politik auch eine stärkere **Einbeziehung der privaten Krankenversicherung** in das **Solidarprinzip** und von bisher nicht Pflichtversicherten in die Versicherungspflicht angestrebt. Die demgemäße Einführung eines Basistarifs durch die **Gesundheitsreform 2007** zur Sicherstellung eines lebenslangen, umfassenden Schutzes der Mitglieder der privaten Krankenversicherung, die Ausweitung der Versicherungspflicht, sowie die teilw. Portabilität der Altersrückstellungen sind verfassungsgemäß.[18] Der Kontrahierungszwang für Krankenversicherungen nach Einführung des Basistarifs durch die Gesundheitsreform 2007 greift bei kleineren Versicherungsvereinen auf Gegenseitigkeit im Sinne von § 53 VAG in die Vereinigungsfreiheit des Art. 9 Abs. 1 GG ein. Der Kontrahierungszwang besteht deswegen nur gegenüber Antragstellern aus ihrem nach der Satzung vorgesehenen Mitgliederkreis.[19]

Das Gesetz zur Weiterentwicklung der Finanzstruktur und der Qualität in der gesetzlichen Krankenversicherung (**GKV-Finanzstruktur- und Qualitäts-Weiterentwicklungsgesetz – GKV-FQWG**) vom 21.7.2014[20] hat zu weiteren Änderungen des Finanzierungssystems geführt, mit unterschiedlichen Zeitpunkten des Inkrafttretens: in § 220 (mWv 1.8.2014), in § 221b (mWv 1.1.2015), in § 232a (mWv 1.1.2016), in § 240 (mWv 1.8.2014), in §§ 241, 242 (jew. mWv 1.1.2015), in § 242a (mWv 1.8.2014), in §§ 242b, 243, 247, 248 (jew. mWv 1.1.2015). Der Gesetzgeber hielt an seiner grundsätzlichen Linie fest, nahm aber ua Korrekturen an bisherigen Reformen vor. Die Reform führte zu einer stärkeren Verwendung von Kassen-Rücklagen, zu einer Fortsetzung der Abkopplung der Arbeitgeberbeiträge und einer stärkeren Belastung von besserverdienenden Beitragszahlern. Die Bundesregierung wollte mit diesen Instrumenten eine Entwicklung von einem Preiswettbewerb der Kassen zu einem **stärkeren Qualitätswettbewerb** forcieren. Daher zielte sie ab auf eine flächendeckende und tatsächlich stattfindende Erhebung von Zusatzbeiträgen, auf eine **stärkere Beteiligung der Versicherten an positiven Finanzentwicklungen** ihrer Kasse und auf eine einheitlichere Entwicklung der Finanzreserven der Kassen. Der Wissenschaftliche Beirat zur Weiterentwicklung des Risikostrukturausgleichs (RSA) beim Bundesversicherungsamt hat dargelegt,[21] dass die Einführung des morbiditätsorientierten **Risikostrukturausgleichs (Morbi-RSA)** gegenüber dem bis zum Jahr 2008 bestehenden RSA die Zielgenauigkeit der Zuweisungen zur Deckung der standardisierten Leistungsausgaben insgesamt erhöht hat. Die jüngsten Anpassungen, welche teilweise der Rechtsprechung folgen, führen zu höheren Zuweisungen für alle Versicherten in Versicherungsgruppen mit überdurchschnittlicher Mortalität. Die im Rahmen des GKV-Finanzierungsgesetzes vom 22.12.2010[22] erfolgte „Entkopplung" der Lohnzusatzkosten von den Gesundheitsausgaben blieb damit bestehen. Der einkommensunabhängige Zusatzbeitrag und der damit verbundene steuerfinanzierte Sozialausgleich wurden wieder abgeschafft. Dies zielte insbeson-

---

16 Vgl. Schlüter, Die Überformung der Sozialsysteme und der Gemeinnützigkeit durch Europäisches Wirtschaftsrecht hat klare Grenzen, npoR 2/2010, 33–36; ders., Diaconia Europea, europapolitische Bindungen kirchlich-diakonischer Dienste und die Interessenvertretung der Diakonie bei der Europäischen Union, Zeitschrift für ev. Kirchenrecht, 52. Bd., 3. Heft 2007, 325–353, Schlüter/Scholz, Rollenwandel der Wohlfahrtspflege in der Europäischen Union, Organisatorische und Rechtliche Aspekte, in: Linzbach/Lübking/Scholz/Schulte (Hrsg.), Globalisierung und Europäisches Sozialmodell, 2007, S. 189–214.
17 BGBl. I, 2309.
18 BVerfG, 10.6.2009, 1 BvR 708/08.
19 BVerfG, 10.6.2009, 1 BvR 708/08.
20 BGBl. I 2014, 1133.
21 Evaluationsbericht zum Jahresausgleich 2009 im Risikostrukturausgleich v. 22.6.2011.
22 BGBl. I, 2309.

re auf einen Bürokratieabbau und eine Entlastung der Arbeitgeber ab. Die Krankenkassen können den **Zusatzbeitrag** nunmehr als prozentualen Satz von den beitragspflichtigen Einnahmen erheben. Man erhofft sich dabei, den Solidarausgleich bei den Zusatzbeiträgen innerhalb der gesetzlichen Krankenversicherung zu organisieren. Der Sozialausgleich, der niemals in Anwendung trat, wurde damit entbehrlich. Damit die stark differierenden Einkommenshöhen der Versicherten nicht zu Risikoselektionsanreizen und Wettbewerbsverzerrungen führen, wurde ein vollständiger **Einkommensausgleich** eingeführt in der Erwartung, dass sich die Krankenkassen um eine wirtschaftliche und qualitativ hochwertige Versorgung bemühen. Alg II-Bezieher zahlen den Zusatzbeitrag weiterhin nicht selbst und die Möglichkeit der Erhebung des Differenzbetrages entfällt.

11 Das **Gesamtbeitragsgefüge in der Sozialversicherung** wird durch die Pflegereform und die Anhebung des Beitrags zur sozialen Pflegeversicherung mit Wirkung vom 1.1.2015 beeinflusst (**Erstes Pflegestärkungsgesetz – PSG I**).[23]

12 Das ebenfalls am 1.1.2015 in Kraft getretene **Gesetz zur besseren Vereinbarkeit von Familie, Pflege und Beruf** vom 23.12.2014[24] führt in Form des § 44a Abs. 3 SGB XI ein Pflegeunterstützungsgeld ein und modifiziert die Freistellungsregelungen bei familienbedingten Belastungen. Dazu gehört insbesondere die Einführung des Rechtsanspruchs auf Familienpflegezeit. Beschäftigte, die Pflegezeit oder Familienpflegezeit in Anspruch nehmen, haben zugleich einen Anspruch auf finanzielle Förderung (zinsloses Darlehen) zur besseren Bewältigung des Lebensunterhalts während der Freistellung, die mit einer Gehaltsreduzierung verbunden ist. Die bis zu zehntägige Auszeit für Angehörige, die kurzfristig Zeit für die Organisation einer neuen Pflegesituation benötigen, wird aufbauend auf der geltenden gesetzlichen Regelung mit einer Lohnersatzleistung (Pflegeunterstützungsgeld) gekoppelt.[25] Die Behandlung des **Pflegeunterstützungsgeldes als beitragspflichtige Einnahmen** wurde in einem neuen § 232b geregelt. Für die Verbindung mit Verletztengeld nach SGB VII wurde § 235 Abs. 2 ein neuer Satz angefügt. Für die Beitragstragung bei Pflegeunterstützungsgeld siehe den neuen § 249c und § 252 Abs. 2a.

13 Die **Beiträge** bemessen sich nach einem Vomhundertsatz der Einnahmen der Mitglieder. Für die Höhe des Beitragssatzes sind die §§ 220 und 241 bis 248 maßgeblich. Die §§ 226 bis 240 regeln die beitragspflichtigen Einnahmen. Für die Tragung und Zahlung der Beiträge sind die §§ 249 bis 251 und die 252 bis 256 maßgeblich.

Ergänzend regeln Vorschriften des **SGB IV** das Beitragsschuldverhältnis (§§ 22ff.), das Beitragseinzugsverfahren (§§ 28d ff.), die Verjährung (§ 25) und den Erstattungsanspruch bei zu Unrecht entrichteten Beiträgen (§§ 26 ff.). Vorschriften des SGB V über mit dem Beitragsrecht verknüpfte Gegenstände wie Zuzahlungen und Kündigung bei Beitragssatzerhöhungen ergänzen die Vorschriften zu den Versicherungsbeiträgen.

Das **Gesetz zur Beseitigung sozialer Überforderung bei Beitragsschulden in der Krankenversicherung**[26] vom 15.7.2013 regelt die **Ermäßigung** und den **Erlass von Beitragsschulden und Säumniszuschlägen** nunmehr in einem neuen § 256a.

14 Verschiedene aktuelle Entwicklungen werden vermutlich den Finanzbedarf der Krankenversicherung **weiter wachsen** lassen. Hierzu zählen Herausforderungen wie die digitale Vernetzung im Gesundheitswesen, die Umsetzung des **Bundesteilhabegesetzes** zur Stärkung der Leistungen für Menschen mit Behinderung, die Versorgung im ländlichen Raum, die medizinische Rehabilitation, der notwendige Ausbau der Hospiz- und Palliativversorgung, die Sicherstellung der regionalen Krankenhausversorgung und der Ausbau der Qualitätsorientierung. Allein für die Reform der Krankenhausversorgung wird für alle Kostenträger mit einem Finanzbedarf von ca. 7 Milliarden Euro gerechnet. Das **GKV-Versorgungsstärkungsgesetz**, welches am 23.7.2015 in Kraft getreten ist, dient der Sicherung einer gut erreichbaren medizinischen Versorgung, setzt Anreize zugunsten von strukturschwachen Gebieten, fördert medizinische Versorgungszentren und verstärkt die Versorgungsorientierung in der ärztlichen Vergütung.

15 Das **Gesetz zur Stärkung der Heil- und Hilfsmittelversorgung vom 1.4.2017** (HHVG) tritt am 1.1.2018 in Kraft und dient der Verbesserung der Hilfsmittelversorgung. Ziel sind Prävention, die Verhinderung des Voranschreitens chronischer Beschwerden sowie die Wiederherstellung verloren gegangener Alltagskompetenzen und Hilfen zur Bewältigung der Anforderungen des Alltags auch bei chro-

---

[23] Erstes Gesetzes zur Stärkung der pflegerischen Versorgung und zur Änderung weiterer Vorschriften vom 17.12.2014, BGBl. I, 2222.
[24] BGBl. I 2014, 2462.
[25] Begr. zum RegE, BR-Dr. 463/14, 23 f.
[26] BGBl. I 2013, Nr. 38.

nischer Erkrankung oder Behinderung. Dabei können die Vertragspartner flexibler im Rahmen der Vergütungsverhandlungen entscheiden, inwieweit Abschlüsse oberhalb der Veränderungsrate der beitragspflichtigen Einnahmen aller GKV-Mitglieder unter Beachtung der Beitragsstabilität und der gesetzlich vorgesehenen Ausnahmen gerechtfertigt sind. Weiter wurde eine Schiedsregelung für den Heilmittelbereich geschaffen. Im Hilfsmittelbereich wurde das Vertragsprinzip eingeführt und damit die wettbewerbliche Ausrichtung des Hilfsmittelbereichs gestärkt. Bei Zuschlagsentscheidungen im Rahmen von Ausschreibungen zur Hilfsmittelversorgung soll nicht nur den Preis oder die Kosten, sondern verschiedene Kriterien, wie etwa Qualitätsaspekte, berücksichtigt werden. Um die Heilmittelversorgung zu stärken, wird in den Jahren 2017 bis 2019 für die Vergütungsvereinbarungen zwischen den Krankenkassen und den Verbänden der Heilmittelerbringer die Begrenzung von Anhebungen der Vergütungen durch die Grundlohnrate aufgehoben.

Werden zudem berechtigte Forderungen etwa nach Maßnahmen der Personalbemessung in Krankenhäusern oder Maßnahmen zur mobilen medizinischen Versorgung künftig stärker berücksichtigt, müsste dies ggf. ebenfalls zu Änderungen des Finanzierungsrahmens führen. Kostensteigerungen sind auch zu erwarten durch die Ertragsanreize, welche ua Teile der fachärztlichen Versorgung im niedergelassenen Bereich oder die Rendite-Konzepte der großen Gesundheitsfirmen inkl. der zentralisierten Labortätigkeit bieten. Hinzu kommen kostenträchtige Missbräuche, wie die Manipulation von Diagnosen, beim Verkauf von Kassensitzen oder auch durch das Outsourcing fachärztlicher Diagnostik aus der DRG-finanzierten Krankenhausleistung.

Insgesamt sollte bei der Fortentwicklung der Finanzierung der gesetzlichen Krankenversicherung grundsätzlicher geprüft werden, welche Beitragsanteile in private Gewinnausschüttungen, an international agierende Gesundheitskonzerne, ein expandierendes Laborwesen, eine ausufernde Beratungsindustrie und Lebensstandarderwartungen mancher niedergelassener Ärztegruppen fließen, wie Missbräuche durch Patienten weiter einzudämmen sind und wie eine zugewandte, auch personalgestützte Medizin mit ausreichenden Zeitanteilen für Beratung, Diagnostik und Pflege Platz greifen kann. Eine umfassende Versorgung von Patienten ohne relevante eigene Beitrags- oder Steuerleistungen ruft neue Fragen für den Begriff der sozialen Gerechtigkeit auf. Statt Beitragssteigerung vornehmlich den Beschäftigten der Mittelschicht zuzuordnen, sollte man über stärkere Finanzierungsanteile aus einem gerechten Steuersystem nachdenken. Kostentransparenz gegenüber jedem Versicherten und sozial abgefederte Zuzahlungspflichten sollten weiterhin in Betracht gezogen werden.

§ 220 Grundsatz

(1) ¹Die Mittel der Krankenversicherung werden durch Beiträge und sonstige Einnahmen aufgebracht; als Beiträge gelten auch Zusatzbeiträge nach § 242. ²Darlehensaufnahmen sind nicht zulässig.
(2) ¹Der beim Bundesversicherungsamt gebildete Schätzerkreis schätzt jedes Jahr bis zum 15. Oktober für das jeweilige Jahr und für das Folgejahr
1. die Höhe der voraussichtlichen beitragspflichtigen Einnahmen der Mitglieder der Krankenkassen,
2. die Höhe der voraussichtlichen jährlichen Einnahmen des Gesundheitsfonds,
3. die Höhe der voraussichtlichen jährlichen Ausgaben der Krankenkassen sowie
4. die voraussichtliche Zahl der Versicherten und der Mitglieder der Krankenkassen.

²Die Schätzung für das Folgejahr dient als Grundlage für die Festlegung des durchschnittlichen Zusatzbeitragssatzes nach § 242a, für die Zuweisungen aus dem Gesundheitsfonds nach den §§ 266 und 270 sowie für die Durchführung des Einkommensausgleichs nach § 270a. ³Bei der Schätzung der Höhe der voraussichtlichen jährlichen Einnahmen bleiben die Beträge nach § 271 Absatz 1a außer Betracht.
(3) ¹Für das Haushalts- und Rechnungswesen einschließlich der Statistiken bei der Verwaltung des Gesundheitsfonds durch das Bundesversicherungsamt gelten die §§ 67 bis 69, 70 Abs. 5, § 72 Abs. 1 und 2 Satz 1 erster Halbsatz, die §§ 73 bis 77 Absatz 1a Satz 1 bis 6 und § 79 Abs. 1 und 2 in Verbindung mit Abs. 3a des Vierten Buches sowie die auf Grund des § 78 des Vierten Buches erlassenen Rechtsverordnungen entsprechend. ²Für das Vermögen gelten die §§ 80 und 85 des Vierten Buches entsprechend. ³Die Bestellung des Wirtschaftsprüfers oder des vereidigten Buchprüfers zur Prüfung der Jahresrechnung des Gesundheitsfonds erfolgt durch die beim Bundesversicherungsamt eingerichtete Prüfstelle im Einvernehmen mit dem Bundesministerium für Gesundheit und dem Bundesministerium der Finanzen. ⁴Die Entlastung des Präsidenten oder der Präsidentin des Bundesversicherungsamts als

Verwalter des Gesundheitsfonds erfolgt durch das Bundesministerium für Gesundheit im Einvernehmen mit dem Bundesministerium der Finanzen.

Literatur:

Albrecht/Schräder/Sehlen (Hrsg.), Modelle einer integrierten Krankenversicherung. Finanzierungseffekte, Verteilungswirkungen, Umsetzung, 2006; *Amshoff*, Positive Fortführungsprognose und nachhaltiges Existenzsicherungsprogramm – Maßnahmen zur Vermeidung von Insolvenzen oder Kassenschließungen (Teil 1–3)?, KrV 2010, 260; *Arnade*, Kostendruck und Standard – zu den Auswirkungen finanzieller Zwänge auf den Standard sozialversicherungsrechtlicher Leistungen und den haftungsrechtlichen Behandlungsstandard, 2010; *Augurzka, Göhlmann* u.a., Finanzielle Auswirkungen der Einführung des Gesundheitsfonds auf die Bundesländer, RWI Materialien, Heft 35; *Bourcarde*, Sozialreformen seit 1989 – Die Reform der Gesetzlichen Krankenversicherung. In: Zeitschrift für Wachstumsstudien 1 (2005), 19–27; *Breyer*, Die „Kopfpauschale" – Bürgerversicherung durch die Hintertür?, KrV 2010, 276; *Butzer*, Fremdlasten in der Sozialversicherung, 2001; *Dabrinski*, Der pauschale Beitrag mit sozialem Ausgleich. Eine Analyse von Fehlleistungen des Gesetzgebers – Die Finanzierung der Gesetzlichen Krankenversicherung nach dem GKV-WSG und dem GKV-OrgWG (GKV-Organisations-Weiterentwicklungsgesetz), KrV 2010, 109; *Daubenbüchel*, Eine Analyse von Fehlleistungen des Gesetzgebers – Die Finanzierung der gesetzlichen Krankenversicherung, KrV 2010, 234; *Exner*, Die Finanzierung der gesetzlichen Krankenversicherung in der Zukunft: Lassen sich Bürgerversicherung und Gesundheitsprämie kombinieren?, 2008; *Fink*, Steuerung der Ausgaben, auch nach einer Finanzreform notwendig, KrV 2012, 237; *Fischer*, Das Sachleistungsprinzip der GKV: Entstehung, Funktionen, Zukunft, in: H.-J. Blanke (Hrsg.), Die Reform des Sozialstaats zwischen Freiheitlichkeit und Solidarität, 2007; *Füsser* Das GKV-OrgWG – Gesetz zur Weiterentwicklung der Organisationsstrukturen in der gesetzlichen Krankenversicherung – Inhalte und Motive, SGb 3/2009, 126; *Giesen*, Zur Beteiligung der privaten Krankenkassen am Gesundheitsfonds, NZS 2006, 449; *Grabka*, Zwischen Bürgerversicherung und Pauschalprämie. Die künftige Finanzierung der Krankenversicherung in Deutschland, 2012; *Greilich/Wings* Schnellübersicht Sozialversicherung 2012 Beitragsrecht, 2012; *Greß*, Die Finanzierung der GKV auf dem Prüfstand – Was ist zumutbar? KrV 2010, 106; *Gründer*, Überschuss oder Defizit?, KrV 2009, 338; *Hess*, Rationalisierung – Priorisierung – Rationierung – Künftige Herausforderung des Gemeinsamen Bundesausschusses? KrV 2010, 223; *Huster*, Das Versteckspiel mit der Rationierung, FAZ v. 16.7.2009; *Leienbach*, Herausforderungen in der Gesundheitspolitik – Die Sicht der PKV?, KrV 2010, 220; *Muckel*, Sozialrecht. 2. Auflage 2007; *Neubauer*, Modellvorstellungen für eine Finanzierungsreform der GKV: Pauschalierte Versichertenbeiträge, KrV 2010, 102; *Oberender*, Der Gesundheitsfonds und die Implikationen für den Wettbewerb, Wirtschaftsdienst 5/2009, 329; *Ortmann*, Über die demografisch bedingte Entwicklung der Gesundheitskosten, KrV 2010, 144; *Paquet*, Gerechte Finanzierung der GKV? – Kritische Anmerkungen zum bestehenden System, KrV 2010, 240; *Pfaff*, Finanzierungsalternativen der Gesetzlichen Krankenversicherung. Einflussfaktoren und Optionen zur Weiterentwicklung, 2006; *Pfohl/Sichert*, Der Gesundheitsfonds: Sondervermögen des Bundes oder der Krankenkassen?, NZS 2009, 71; *Postler*, Nachhaltige Finanzierung der gesetzlichen Krankenversicherung: Eine theoretische und empirische Analyse demographischer und medizintechnischer Effekte auf den Beitragssatz, 2010; *Pressel*, Der Gesundheitsfonds: Entstehung – Einführung – Folgen, 2012; *Rosenbrock*, Die GKV ist zukunftsfähig, KrV 2010, 212; *Rebscher*, Die Eckpunkte zur Gesundheitsreform – Notmaßnahmen statt Strukturreform, KrV 2010, 216; *Sonntag*, Die Finanzierung der gesetzlichen Krankenversicherung auf dem normativen Prüfstand, 2008; *Waltermann*, Sozialrecht, 8. Auflage 2009; *Weber*, Die Auswirkungen der demographischen Entwicklung auf die Finanzierung der Gesetzlichen Krankenversicherung (GKV), 2007; *Werner*, Die wirtschaftliche Leistungsfähigkeit im Beitragsrecht der KV, 2004.

I. Entstehungsgeschichte und wesentliche Inhalte 1	III. Neugestaltung des Zusatzbeitrags und Abschaffung des Sozialausgleichs 10
II. Grundsätze des Beitragsrechts 4	IV. Gesetzlicher Beitragssatz, Gesundheitsfonds und Wettbewerbsfragen 14

I. Entstehungsgeschichte und wesentliche Inhalte

1 Die Grundsatzvorschrift zur Beitragsfinanzierung der gesetzlichen Krankenversicherung hat Änderungen durch das Gesetz zur Weiterentwicklung der Finanzstruktur und der Qualität in der gesetzlichen Krankenversicherung (GKV-Finanzstruktur- und Qualitäts-Weiterentwicklungsgesetz – GKV-FQWG) vom 21.7.2014[1] mWv 1.8.2014 erfahren. Das am 1.6.2017 vom Bundestag verabschiedete Blut- und

---

1 BGBl. I, 1133.

Gewebegesetz fügt dem Abs. 1 einen weiteren S. an: „Die Aufsichtsbehörde kann im Einzelfall Darlehensaufnahmen bei Kreditinstituten zur Finanzierung des Erwerbs von Grundstücken für Eigeneinrichtungen nach § 140 sowie der Errichtung, der Erweiterung oder des Umbaus von Gebäuden von Eigeneinrichtungen nach § 140 genehmigen."

§ 220 ist auch die **Grundsatzvorschrift der Finanzierungsstruktur** im Verhältnis Staat und Krankenkassen und im Verhältnis der Kassen untereinander. Die Vorschrift entstammt ursprünglich dem Gesundheitsreformgesetz vom 20.12.1988 und ist am 1.1.1989 in Kraft getreten.

Das **GKV-Finanzierungsgesetz** vom 22.12.2010[2] hatte ua festgelegt, dass der **allgemeine Beitragssatz durch die Bundesregierung und nicht mehr durch die Kassen** festgesetzt wird (§ 241 Abs. 1).[3] Das GKV-FinG hatte zum Ziel, die Finanzierungsgrundlage zu stärken, indem es die Zusatzbeiträge weiterentwickeln und kurzfristige Konsolidierungsmaßnahmen befördern sollte. Hierzu gehörten die Erhöhung und Festschreibung des allg. Beitragssatzes (§ 241), um die automatische Lohnkostensteigerung durch die Gesundheitsausgaben zu begrenzen. Dadurch entfielen in § 220 Abs. 1 und 2 aF die dortigen nach dem Deckungsprinzip ausgestalteten Bemessungsgrundsätze. Die über die Einnahmeentwicklung hinausgehenden Kosten sollten künftig durch einkommensunabhängige Zusatzbeiträge der Mitglieder finanziert werden. Diese waren im Grunde das Ergebnis der politischen Diskussionen um eine Kopfpauschale. Der Arbeitgeberbeitrag wurde auf 7,3 % festgeschrieben und die „Überforderungsgrenze" auf 2 % der beitragspflichtigen Einnahmen eines Mitglieds verschoben. Vermutlich wurden damit allerdings auch die Lohnsteigerungen/Personalschlüssel insbesondere für die Krankenpflegekräfte begrenzt.[4] Vor dem Hintergrund der Beitragsbemessungsgrenze und der Versicherungspflichtgrenze bedeutete die zu erwartende proportionale Zunahme des Finanzierungsanteils, welcher durch Zusatzbeiträge aufgebracht wurde, eine weitere **Systemänderung jenseits des Solidarprinzips**. Da das personal- und technikintensive Gesundheitssystem natürliche Kostensteigerungen produziert, war eine Individualisierung des Krankheitsrisikos zu verzeichnen, welches vermutlich keine leistungsbegrenzende Wirkung entfaltete, da es nicht an den tatsächlichen Leistungen ansetzte. Die Alternative einer Erhöhung des Anteils einer ausgewogenen Steuerfinanzierung wurde hier nicht verwirklicht. Der inzwischen abgeschaffte **Sozialausgleich** nach § 242 b wurde durch den Arbeitgeber bzw. den Rentenversicherungsträger durchgeführt. Bei Einnahmen aus einer Quelle und für freiwillig Versicherte wurde der Sozialausgleich automatisch durchgeführt.

Der Gesetzgeber des **GKV-FQWG 2014** (→ Rn. 1) hielt an wesentlichen Elementen der vorangegangenen Reformen wie dem Gesundheitsfonds und den Zusatzbeiträgen fest, nahm aber ua Korrekturen und einzelne Veränderungen vor. Das Gesetz zielt auf eine nachhaltigere **Etablierung der Zusatzbeiträge als Wettbewerbsinstrument und als nichtparitätisches und flexibles Finanzierungsinstrument**. Die Bundesregierung wollte so eine Entwicklung von einem Preiswettbewerb der Kassen zu einem **stärkeren Qualitätswettbewerb** forcieren. Daher zielte sie ab auf eine flächendeckende und tatsächlich stattfindende Erhebung von Zusatzbeiträgen, auf eine stärkere Beteiligung der Versicherten an positiven Finanzentwicklungen ihrer Kasse und auf eine einheitlichere Entwicklung der Finanzreserven der Kassen. Der Wettbewerbsrahmen wurde demgemäß umgestaltet: „Bei einer Neugestaltung der Finanzierungsgrundlagen ist sicherzustellen, dass die **Beitragsautonomie der Krankenkassen** weiter gestärkt wird und der Wettbewerb zwischen den Krankenkassen mit dem Ziel einer Verbesserung der Qualität und Wirtschaftlichkeit der Versorgung stattfindet. Hieraus resultierende Anreize für Risikoselektion und damit einhergehende Wettbewerbsverzerrungen sind auszuschließen."[5] Der **Wissenschaftliche Beirat zur Weiterentwicklung des Risikostrukturausgleichs (RSA)** beim Bundesversicherungsamt hat dargelegt,[6] dass die Einführung des morbiditätsorientierten **Risikostrukturausgleichs (Morbi-RSA)** gegenüber dem bis zum Jahr 2008 bestehenden RSA die Zielgenauigkeit der Zuweisungen zur Deckung der standardisierten Leistungsausgaben insgesamt erhöht hat. Unter anderem standen dabei die Zuweisungen für die Auslandsversicherten und die Zuweisungen für Krankengeld im Fokus der Untersuchung. Das durch das GKV-FQWG eingeführte neue Beitragsregime stellt aus Sicht der Bundesregierung eine erhebliche Ausweitung der Beitragsautonomie der Krankenkassen dar.[7] Um Wettbewerbsverzerrungen

---

2 BGBl. I, 2309.
3 BT-Dr. 17/3040.
4 Zu den Schwächen der Interessenvertretung insbes. der Arbeitnehmer im Gesundheitswesen und der Perspektive einer Allgemeinverbindlichkeit von Tarifen s. Schlüter, KuR 2013, 204–222.
5 BT-Dr. 18/1307, 1 f. (Hervorhebung v. Verf.).
6 Evaluationsbericht zum Jahresausgleich 2009 im Risikostrukturausgleich v. 22.6.2011.
7 BT-Dr. 18/1307, 42.

aufgrund der unterschiedlichen Mitglieder- und Einkommensstruktur der Krankenkassen zu vermeiden, wird ein vollständiger Einkommensausgleich eingeführt (vgl. § 270 a).
Zur Herstellung der **Insolvenzfähigkeit der Krankenkassen** im Jahr 2009/10 und der zugrundeliegenden Gesetzgebung vgl. *Füsser*, SGB 2009, 126, zur finanziellen Situation der gesetzlichen Krankenversicherung im Jahr 2009: *Gründer*, KrV 2009, 338.

II. Grundsätze des Beitragsrechts

4 Der Erste Abschnitt des Achten Kapitels enthält **Regelungen über die Beiträge** in folgenden Titeln: Aufbringung der Mittel (§§ 220 bis 225), Beitragspflichtige Einnahmen (§§ 226 bis 240), Beitragssätze (§§ 241 bis 248), Tragung der Beiträge (§§ 249 bis 251) und Zahlung der Beiträge (§§ 252 bis 256). Allgemein zur Beitragserhebung siehe Vorbemerkungen zu §§ 220 bis 248.

5 **Abs. 1** enthält den **Grundsatz der Beitragsfinanzierung der Krankenversicherung** und schließt dabei die Zusatzbeiträge mit ein. Sonstige Einnahmen sind ausdrücklich neben den Beiträgen vorgesehen. Zu den sonstigen Einnahmen iSd Abs. 1 gehören zB Zuzahlungen der Versicherten zu Arzneimitteln und die bisherige Praxisgebühr, daneben Mieteinnahmen, Vermögenserträge aus Veräußerungen, Ersatz- oder Erstattungsansprüche oder Gebühren und Säumniszuschläge. Zu den Bundeszuschüssen für versicherungsfremde Leistungen vgl. die Kommentierung zu § 221.

Eine Festlegung auf paritätische Beiträge von Arbeitgebern und Arbeitnehmern enthält die Vorschrift nicht. Dies würde auch dem Mechanismus des Zusatzbeitrags der Mitglieder und des Einfrierens des Arbeitgeberbeitrags widersprechen. Die Klarstellung, wonach auch **Zusatzbeiträge als Beiträge** gelten, hat zur Folge, das der gesetzliche Begriff der Beiträge auch Zusatzbeiträge umfasst, soweit nichts anderes geregelt ist.

Das ursprüngliche Deckungsprinzip als Maßgabe der Beitragsbemessung ist entfallen. Stattdessen wurden durch das GKV-Versorgungsstrukturgesetz v. 22.12.2011 in einem neuen Satz 2 **Darlehensaufnahmen für unzulässig** erklärt. Diese Vorschrift folgte aus den Erfahrungen einer teilweise unkontrollierten Darlehensaufnahme durch Kassen in den „neuen Bundesländern". Damit wird auch eine kreditunterstützte Anlagestrategie der Kassen untersagt.[8] Durch den nach § 171 b gebildeten Kapitalstock wird eine **Überschuldung der Krankenkassen** wegen ungedeckter Versorgungsverpflichtungen ausgeschlossen.[9]

Nach dem **Grundsatz der Eigenfinanzierung** haben Krankenkassen ihre Beiträge so zu bemessen, dass sie zusammen mit den sonstigen Einnahmen ausreichen, um die gesetzlichen Ausgaben und die Auffüllung der Rücklagen zu decken. Daher sind Darlehensaufnahmen grundsätzlich unzulässig. **Ausnahmen** hiervon bedürfen besonderer Legitimationsgründe. Um den Krankenkassen einen sinnvollen Betrieb von **bestandsgeschützten Eigeneinrichtungen** im Rahmen der in § 140 SGB V geäußerten Intention des Gesetzgebers auch weiterhin zu ermöglichen, sind die in der neuen Vorschrift genannten Darlehen unter den dort genannten Bedingungen **im Einzelfall und mit Genehmigung durch die Aufsichtsbehörde** möglich. Im Fall von Krankenhäusern betrifft dies solche Immobilienmaßnahmen, die über Fallpauschalen oder über Förderbeträge nach den jeweiligen Landesfördergesetzen zur Finanzierung der Krankenhausinvestitionen gefördert werden. Der Gesetzgeber hat in § 12 Abs. 1 S. 6 des Krankenhausfinanzierungsgesetzes die Möglichkeit geschaffen, die **Förderpauschalen der Länder** auch für Tilgungen der Kredite einzusetzen. Wegen der vorrangigen Regelung in § 220 Abs. 1 S. 2 SGB V wäre dieser Weg den Eigeneinrichtungen verwehrt. Die Aufsichtsbehörden haben im Rahmen des Genehmigungsverfahrens zu prüfen, ob die Darlehensaufnahme den **Grundsätzen der Wirtschaftlichkeit und Sparsamkeit** entspricht. Dabei hat die Aufsichtsbehörde die Risiken einer Darlehensaufnahme auch für den Haushalt des Trägers insgesamt zu bewerten und die Fähigkeit der Krankenkasse oder ihrer Eigeneinrichtung zur Tilgung und Zinszahlung zu prüfen. Die Aufsichtsbehörde kann im Rahmen des Genehmigungsverfahrens von der Krankenkasse bzw. ihrer Eigeneinrichtung hierfür Bestätigungen eines Wirtschaftsprüfers oder einer Wirtschaftsprüfungsgesellschaft verlangen. Darlehensverträge, die ohne Genehmigung geschlossen werden, sind schwebend unwirksam. Lehnt die Aufsichtsbehörde die Genehmigung ab, wird der Darlehensvertrag endgültig unwirksam. Es werden durch den Vertragsschluss keine Verpflichtungen für die Krankenkasse begründet (BT-Dr. 18/12587).

---

8 BSG, 3.3.2009, B 1 A 1/08 R, mwH zur Rspr. und Lit.
9 Zu einer Verbesserung der Aufsichtsinstrumente und einer Minimierung der Insolvenzrisiken vgl. Steinmeyer, NZS 2008, 393.

Insgesamt erscheint dieser begrenzte Ausnahmetatbestand als **rechtssystematisch gerechtfertigt**, da er in diesem Punkt den gleichen Wettbewerb in der schärfer werdenden Konkurrenz zwischen freigemeinnützigen, öffentlichen und privatgewerblichen Trägern stärkt. Konsequenterweise hat der Staat und die Gebietskörperschaften jedoch insgesamt verpflichtet, sicherzustellen, dass seine Zuwendungen für öffentlichrechtliche Träger nicht zu Wettbewerbsverzerrungen führen.

Abs. 2 enthält durch das GKV-FQWG 2014 modifizierte Regelungen über die **Aufgaben des Schätzerkreises beim Bundesversicherungsamt**. Der Schätzerkreis schätzt jedes Jahr bis zum 15. Oktober für das jeweilige Jahr und für das Folgejahr die Höhe der voraussichtlichen beitragspflichtigen Einnahmen der Mitglieder der Krankenkassen, der voraussichtlichen jährlichen Einnahmen des Gesundheitsfonds, der voraussichtlichen jährlichen Ausgaben der Krankenkassen sowie die voraussichtliche Zahl der Versicherten und der Mitglieder der Krankenkassen. Die Schätzung dient neben der Festlegung des durchschnittlichen Zusatzbeitragssatzes nach § 242a ua der Zuweisung aus dem Gesundheitsfonds nach den §§ 266 und 270 sowie der Durchführung des Einkommensausgleichs nach § 270a. Die Zusatzbeiträge selbst bleiben bei der Schätzung der Einnahmen des Gesundheitsfonds außer Betracht.

Abs. 2 war bereits durch das **GKV-FinG von 2010** neu gefasst worden (→ Rn. 2). Der Schätzerkreis soll aus Experten des Bundesministeriums, des Bundesversicherungsamtes, des Spitzenverbandes der Krankenkassen und weiteren Fachleuten bestehen.[10] Diese Schätzung ist „Grundlage" ua für die Festlegung des durchschnittlichen **Zusatzbeitragssatzes** nach § 242a. Das Bundesministerium kann somit nur mit besonderem Begründungsaufwand von den Annahmen der Schätzung abweichen. Andernfalls wäre der Bedeutung nicht Rechnung getragen, welche der Gesetzgeber dem Schätzerkreis durch ausdrückliche gesetzliche Erwähnung zuteil werden lässt. Dennoch sind Schätzungen des Schätzerkreises als verwaltungsinterner Vorgang nicht selbständig anfechtbar.[11] Die Kriterien für Anpassungen sind ebenfalls in § 242a festgelegt. Diese Regelung folgt der Logik des **Einfrierens des Beitragssatzes**, der folglich auch nicht mehr nach dem bisherigen Deckungsprinzip zu verändern ist. Abs. 2 regelte zuvor die Voraussetzungen für die Anpassung des allgemeinen Beitragssatzes. Erhöhungen des allg. Beitragssatzes waren vorzunehmen, wenn zu erwarten war, dass Einnahmen des Gesundheitsfonds einschließlich der Liquiditätsreserve die Ausgaben nicht decken werden. Bei der Prognose waren das laufende Kalenderjahr und das Folgejahr von Relevanz. Zielgröße war eine Deckungsquote von nur 95 %, da die Lücke mit dem Kassenindividuellen Zusatzbeitrag (§ 242) geschlossen werden sollte. Ermäßigungen des allg. Beitragssatzes waren vorzunehmen, wenn eine Deckungsquote von 100 % überschritten wurde und bei einer Senkung des Beitragssatzes um 0,2 Beitragssatzpunkte die Deckungsquote von 95 % nicht unterschritten wurde.

Die **Beiträge** werden in Höhe eines Prozentsatzes der für verschiedene Mitgliedergruppen wiederum unterschiedlich definierten beitragspflichtigen Einnahmen (Art und Umfang) erhoben (Beitragsbemessungsgrundlage). Das entspricht grundsätzlich dem sozialrechtlichen Solidarprinzip und stellt insbesondere keine Systemänderung zugunsten von Kopfpauschalen oder des Risikoprinzips dar. Der allgemeine Beitragssatz ist einheitlich, jedoch können sich für einzelne Versichertengruppen Unterschiede und Reduzierungen ergeben (§§ 243 ff.). Bei versicherungspflichtigen Beschäftigten bildet das Arbeitsentgelt, nicht aber Erträge aus Vermietung und Kapital die Beitragsbemessungsgrundlage. Eine Verbreiterung der Bemessungsgrundlage wurde verschiedentlich politisch erörtert, ist aber nicht frei von rechtlichen Fragen.[12] Besondere Regelungen bestehen in den §§ 220 ff. ua für Rentner, Rentenantragsteller, freiwillig Versicherte, Künstler, Publizisten und Praktikanten. Die Beitragsbemessungsgrenze (siehe § 223 Abs. 3) bestimmt den Umfang der zu berücksichtigenden Einnahmen. Von der Beitragsbemessung sind die **Beitragstragung** (Wer hat wirtschaftlich für die Beiträge einzustehen?) und die **Beitragszahlung** (Wer schuldet und führt die Beiträge ab?) zu unterscheiden. Der Arbeitgeber ist auch Beitragsschuldner für den Beitragsteil des Beschäftigten (§ 28g S. 1 SGB IV) und kann sich bei Nichtabführung der Beiträge nach § 266a StGB strafbar machen.[13]

Seit der Reform durch das **GKV-FinG** wird der allgemeine Beitragssatz durch die Bundesregierung und nicht mehr durch die Kassen festgesetzt (§ 241 Abs. 1).[14] Folglich wird mehr Verantwortung aus dem

---

[10] BT-Dr. 16/3100, 164 zu § 241 SGB V.
[11] So auch Axer in: Eichenhofer/Wenner, § 220 Rn. 22.
[12] Wenner, Bemessungsgrundlagen im Sozialrecht, in: Mellinghoff (Hrsg.), Steuern im Sozialstaat, 2006, S. 73, 80 ff.
[13] Grundlegend zu Fragen der Beitragsbemessung: Huster, die Beitragsbemessung in der gesetzlichen Krankenversicherung, JZ 2002, 371, 377.
[14] BT-Dr. 17/3040.

Selbstverwaltungssystem hin zur entsprechend demokratisch legitimierten staatlichen Entscheidung verlagert. Andererseits haben die Kassen mit dem Instrument der Zusatzbeiträge ein eigenes Gestaltungsinstrument erhalten. Damit konnte die **gesundheitspolitische Flexibilität** erhöht werden, um auf veränderte und dringende Bedarfe zu reagieren. Wie die Praxis der Leistungsgewährung etwa in der ambulanten Krankenpflege oder auch im Pflegesektor gezeigt hat, sind allerdings die Selbstverwaltungsorgane nicht ohne Weiteres in der Lage, auch wesentliche Versorgungsinteressen der Patienten wirksam in die Steuerung der Kassen einzubringen. Daher wird auch künftig der Gesetzgeber selbst über den allgemeinen Beitragssatz die wesentlichen Finanzierungsbedarfe sicherstellen müssen.

III. Neugestaltung des Zusatzbeitrags und Abschaffung des Sozialausgleichs

10 Nachdem die Fassung gem. GKV-WSG v. 1.1.2009 noch Regelungen über die Festlegung und Veränderung des allgemeinen Beitragssatzes enthielt, rückte mit den folgenden Reformen der Zusatzbeitrag in die Funktion, Mehrausgaben aufzufangen. Grundlage sind die in Abs. 2 genannten Erhebungen des Schätzerkreises. Über den Zusatzbeitrag nach § 242 wird somit ein zu erwartendes höheres Ausgabenvolumen durch erhöhte Zusatzbeiträge der Mitglieder, also im Wesentlichen der Arbeitnehmer, aufgefangen. Die Arbeitgeber sind damit von Kostensteigerungen nicht betroffen. Dem Ziel des Schutzes von Beschäftigung und Arbeitgebern folgend, wurde der allgemeine paritätisch finanzierte **Beitragssatz auf 14,6 %** festgesetzt, der **Arbeitgeberanteil blieb bei 7,3 %** gesetzlich festgeschrieben. Die im Rahmen des GKV-Finanzierungsgesetzes vom 22.12.2010[15] erfolgte „Entkopplung" der Lohnzusatzkosten von den Gesundheitsausgaben blieb damit bestehen.

11 Der zuvor eingeführte einkommensunabhängige Zusatzbeitrag und der damit verbundene steuerfinanzierte Sozialausgleich wurden durch das **GKV-FQWG** (→ Rn. 1) wieder abgeschafft. Die Krankenkassen erheben den **Zusatzbeitrag** nunmehr **als prozentualen Satz von den beitragspflichtigen Einnahmen**. Folglich wird in **Abs. 2** der Schätzerkreis zusätzlich verpflichtet, die **zu erwartenden Einnahmen der Mitglieder** zu erheben und in die Schätzung einzubeziehen. Man erhofft sich dabei, den Solidarausgleich bei den Zusatzbeiträgen innerhalb der gesetzlichen Krankenversicherung zu organisieren. Der Sozialausgleich wurde damit entbehrlich.

12 Die bisherigen Regeln zur Bemessung des allgemeinen Beitragssatzes stehen in Verbindung mit der **Bemessung des neuen Zusatzbeitrages**. Der Beitragssatz musste so bemessen sein, dass die zu erwartenden Beiträge und weitere Einnahmen die voraussichtlichen Ausgaben decken und den Aufbau einer Liquiditätsreserve für den Gesundheitsfonds ermöglichen. Auf Grundlage dieser Gesetzeslage leitete die Rechtsprechung Grundsätze für die Pflichten eines Krankenkassenvorstandes ab. Aus der Koppelung von Finanzsituation und den Vorstandspflichten zur Beitragsveränderung ergaben sich entsprechende Pflichten zur gesetzeskonformen Finanzierung der KK, zur Buchführung und zu den Aufklärungspflichten.[16] Die Analyse der Finanzsituation wird nunmehr durch die gesetzlich vorgesehene Tätigkeit des Schätzerkreises (§ 220 Abs. 2) erleichtert und die Krankenkassenvorstände insoweit entlastet und der Haftungsumfang entsprechend verändert. Hinsichtlich der Folgerungen für die Erhebung und Höhe des Zusatzbeitrages, welche die Kassenvorstände aus den Ergebnissen des Schätzerkreises gem. §§ 242 und 242a iVm § 220 Abs. 2 zu ziehen haben, und hinsichtlich der sorgfältigen Analyse der tatsächlichen Finanzlage der Krankenkasse wirken diese Grundsätze des BSG fort. Der Bezug zum Schätzerkreis wird im Wesentlichen nur über den Verweis des § 242 Abs. 1 S. 3 Hs. 2 auf die vom Schätzerkreis bestimmten beitragspflichtigen Einnahmen aller Krankenkassen und die Fälle der Anwendbarkeit des durchschnittlichen Zusatzbeitrages nach §§ 242 Abs. 3, 242a iVm 220 Abs. 2 hergestellt. Da der Schätzerkreis gem. 220 Abs. 2 jedoch wesentliche Daten wie die Höhe der voraussichtlichen beitragspflichtigen Einnahmen der Mitglieder sowie Daten zur Festlegung der Höhe der Zuweisung aus dem Gesundheitsfonds feststellt, werden Kassenvorstände solche Daten zu berücksichtigen haben und abweichende Prognosen nur wohlbegründet und mit Blick auf die konkrete besondere Situation der eigenen Kasse treffen können.

13 Durch die Abschaffung des durch die Mitglieder zu tragenden Beitragssatzanteils von 0,9 Prozentpunkten wurde der Beitragssatz der Arbeitnehmer von 8,2 % auf 7,3 % gesenkt. Die daraus resultierende Finanzierungslücke in Höhe von jährlich rund 11 Mrd. EUR soll durch die kassenindividuellen einkommensabhängigen Zusatzbeiträge gedeckt werden. Die Inanspruchnahme von Finanzreserven soll auch die Versicherten entlasten. Damit die stark differierenden Einkommenshöhen der Versicher-

---

15 BGBl. I, 2309.
16 BSG, 5.5.2009, B 1 KR 9/08 R.

ten nicht zu Risikoselektionsanreizen und Wettbewerbsverzerrungen führen, wurde ein **Einkommensausgleich** eingeführt in der Erwartung, dass sich die Krankenkassen um eine wirtschaftliche und qualitativ hochwertige Versorgung bemühen.

IV. Gesetzlicher Beitragssatz, Gesundheitsfonds und Wettbewerbsfragen

Durch das **Gesetz vom 22.12.2010** und insbesondere zuvor durch das **GKV-WSG**[17] hatte § 220 bereits eine Neufassung erfahren.[18] Zentrales Element der Reform war die Einführung eines Gesundheitsfonds, welcher vom Bundesversicherungsamt verwaltet wird.[19] In **Abs. 3** wurde insbesondere die verwaltungstechnischen Regeln für die Verwaltung des Gesundheitsfonds festgelegt. Er regelt die analoge Anwendung von Vorschriften des SGB IV sowie der Verordnungen nach § 78 SGB IV, darunter Vorschriften über das **Haushalts- und Rechnungswesen**.

Regelte die Vorschrift zuvor die Einnahmen und Ausgaben aus der Perspektive der einzelnen Krankenkassen, so ist nun die Gesamtfinanzierung der gesetzlichen Krankenversicherung in Form des Gesundheitsfonds Gegenstand der Vorschrift. Zentrales Finanzierungsinstrument des Gesundheitsfonds und damit der Krankenversicherung überhaupt bleibt der Beitrag der Versicherten.[20] Die Bundeskompetenz ergibt sich aus Art. 74 Abs. 1 Nr. 12 GG. Das **GKV-FinG**, in Kraft getreten am 1.1.2011,[21] bestimmt, dass der **allgemeine Beitragssatz durch die Bundesregierung** und nicht mehr durch die Kassen festgesetzt wird. (§ 241 Abs. 1). Die Krankenkassen sollen für jeden Versicherten eine Zuweisung aus dem Gesundheitsfonds erhalten, die das jeweilige Risiko (Alter, Geschlecht, Morbidität) des Versicherten berücksichtigt. Die Beiträge fließen zunächst in den Gesundheitsfonds. Von dort aus erfolgt die Verteilung auf die Kassen (§§ 266, 271). Die Veränderungen vollzogen sich aus der Perspektive des Gesetzgebers in der Logik des zuvor forcierten Wettbewerbssystems, in welchem die zahlreichen Krankenkassen zueinander stehen sollen. Mit der Neuregelung sollten **Wettbewerbsverzerrungen** vermieden werden, welche aufgrund der Konzentration negativer Risiken bei bestimmten Kassen entstehen können.[22]

Da die Transparenz der Leistungen und der Quote der Leistungsgewährungen kaum die Transparenz der Beiträge und der Zusatzbeiträge erreichen kann und viele Leistungen wie zB die Krankenhausfinanzierung und die Übernahme von Arzneimittelkosten allgemeinen Regeln folgen, handelte es sich um einen **Wettbewerb der möglichst niedrigen Zusatzbeiträge**. Da der Wettbewerb unter den Leistungserbringern des Gesundheitswesens ebenfalls durch die finanziellen Bedingungen und das Verhalten der Patienten und die Vergütungssysteme der Ärzte als äußerst unvollkommen und zudem kaum als Leistungs- sondern als Kostenwettbewerb bezeichnet werden darf, kann insgesamt das Gesundheitssystem nicht als Wettbewerbssystem oder gar als Markt, sondern nur als **öffentliches, teilsolidarisches Sozialleistungssystem mit wettbewerblichen Elementen** bezeichnet werden, dessen Volumen sich eher an den begrenzten Mitteln als an den Bedarfen der Versicherten oder den Arbeitsbedingungen etwa der Krankenpflege orientiert. Angesichts des sich weiter ausprägenden Sektors der Privatpraxen und Sonderleistungen und Bedingungen für Privatpatienten kann von einer Durchführung des Solidarprinzips innerhalb der Gesamtbevölkerung nur in Teilen gesprochen werden. Diese konzentriert sich auf einen internen Ausgleich zwischen Gesunden und Kranken, Gemeinschaftspflichten der Privaten Kassen und der steigenden Bedeutung des Steuerzuschusses. Die Einführung des Gesundheitsfonds wurde von deutlicher Kritik begleitet, die sich insbesondere auch auf die Fähigkeit des Fonds zur Kostendeckung und seriösen Beitragsfestsetzung bezogen.[23] Das Einfrieren des Arbeitgeberbeitrages zur

---

17 BGBl. I, 378.
18 BT-Dr. 16/3100, 163.
19 Vgl. Thomas Gerlinger, KrV 2007, 86–89, zur Rechtsnatur des Gesundheitsfonds und zum rechtlichen Verhältnis von Bund und Sozialversicherungsträgern vgl. Pfohl/Sichert, NZS 2009, 71 ff.
20 Grundlegend zur Beitragsfinanzierung: Sozialversicherung, in Sacher (Hrsg.), Staatslexikon, 4. Bd., 1931, S. 1734 ff.; Isensee, Umverteilung durch Sozialversicherungsbeiträge, 1973, S. 32 ff., Kirchhof, Finanzierung der Sozialversicherung, § 125 Rn. 23; Axer, Grundfragen des Versicherungs- und Beitragsrechts, in: v. Maydell/Ruland/Becker, § 14.
21 BT-Dr. 17/3040.
22 Zur Wettbewerbsfrage vgl. Oberender, Wirtschaftsdienst 2009, 329 ff.
23 ZB Stellungnahme der Verbraucherzentrale Bundesverband v. 13.10.2008, VW 2009, 50. Die PKV befürchtete dagegen wegen der Mehrausstattung durch die Konjunkturprogramme 2009 und 2010 eine „massive Wettbewerbsverzerrung", VW 2009, 187. Zu den Auswirkungen des Gesundheitsfonds siehe Augurzka, Göhlmann ua, Finanzielle Auswirkungen der Einführung des Gesundheitsfonds auf die Bundesländer, RWI Materialien, Heft 35.

Krankenversicherung schränkt das Prinzip eines paritätischen Solidaritätsbegriffs weiter ein. Das Grundgesetz gebietet zwar nicht unmittelbar eine paritätische Finanzierung,[24] jedoch sind neben dem Gleichheitssatz und dem Sozialstaatsprinzip auch die Motive der Entstehungszeit der Sozialversicherung (s. Vorbemerkungen zu §§ 220 bis 248) zu beachten, aus welchen sich sowohl der Ingerenzgedanke (Erhalt der Arbeitskraft trotz Arbeitsbelastung) wie auch einer nichtstaatlichen Selbstverwaltungsstruktur ergibt. Das Einfrieren des Arbeitgeberbeitrages verringert insbesondere in Zeiten schwacher Konjunktur die Möglichkeit einer für die Leistungserbringer, Patienten und insbesondere die Beschäftigten auskömmlichen Personal- und Gehaltsstruktur.[25]

§ 221 Beteiligung des Bundes an Aufwendungen

(1) Der Bund leistet zur pauschalen Abgeltung der Aufwendungen der Krankenkassen für versicherungsfremde Leistungen 10,5 Milliarden Euro für das Jahr 2014, 11,5 Milliarden Euro für das Jahr 2015, 14 Milliarden Euro für das Jahr 2016 und ab dem Jahr 2017 jährlich 14,5 Milliarden Euro in monatlich zum ersten Bankarbeitstag zu überweisenden Teilbeträgen an den Gesundheitsfonds.

(2) ¹Der Gesundheitsfonds überweist von den ihm zufließenden Leistungen des Bundes nach Absatz 1 der landwirtschaftlichen Krankenkasse den auf sie entfallenden Anteil an der Beteiligung des Bundes. ²Der Überweisungsbetrag nach Satz 1 bemisst sich nach dem Verhältnis der Anzahl der Versicherten dieser Krankenkasse zu der Anzahl der Versicherten aller Krankenkassen; maßgebend sind die Verhältnisse am 1. Juli des Vorjahres.

(3) ¹Der Überweisungsbetrag nach Absatz 2 Satz 1 reduziert sich
1. in den Jahren 2016 bis 2019 um den auf die landwirtschaftliche Krankenkasse entfallenden Anteil an der Finanzierung des Innovationsfonds nach § 92 a Absatz 3 und 4 und
2. ab dem Jahr 2016 um den auf die landwirtschaftliche Krankenkasse entfallenden Anteil an der Finanzierung des Strukturfonds nach Maßgabe der §§ 12 bis 14 des Krankenhausfinanzierungsgesetzes; solange der Anteil noch nicht feststeht, ist er vorläufig auf 1 Million Euro für das Haushaltsjahr festzulegen.

²Absatz 2 Satz 2 gilt entsprechend. ³Der Anteil nach Satz 1 Nummer 1 wird dem Innovationsfonds und der Anteil nach Satz 1 Nummer 2 dem Strukturfonds zugeführt. ⁴Mittel für den Innovationsfonds nach § 92 a Absatz 3 und 4, die im Haushaltsjahr nicht verausgabt wurden, sind nach Vorliegen der Geschäfts- und Rechnungsergebnisse des Gesundheitsfonds für das abgelaufene Kalenderjahr anteilig an die landwirtschaftliche Krankenkasse zurückzuführen.

I. Entstehungsgeschichte

1 Die ursprüngliche Vorschrift entstammt dem Gesundheitsreformgesetz vom 20.12.1988.[1] Sie bestimmte die Voraussetzungen der Überschreitung von Beitragsobergrenzen der Ortskrankenkassen, seit dem 1.7.1997 war darin die Erhöhung von Zuzahlungen aufgrund von Beitragssatzerhöhungen geregelt. Das Solidaritätsstärkungsgesetz vom 19.12.1998[2] hob die Vorschrift mit Wirkung zum 1.1.1999 auf. Das Gesundheitsmodernisierungsgesetz vom 14.11.2003[3] führte mit Wirkung zum 1.1.2004 eine Regelung zur Beteiligung des Bundes an der Finanzierung der Krankenkassen und zum Verteilungsmodus (VO-Ermächtigung: PauschAV v. 26.4.2004 zur Frage versicherungsfremder Leistungen) vor. Das GKV-Wettbewerbsstärkungsgesetz v. 26.3.2007[4] passte die Vorschrift nach Höhe und Verteilungsmodus an den **Bedarf des Gesundheitsfonds** an. Das GKV-OrgWG v. 15.12.2008[5] führte die Sonderregelung für die landwirtschaftlichen Krankenkassen ein.

---

24 Bieback, Der Grundsatz der hälftigen Beitragslast im Beitragsrecht der Sozialversicherung, VSSR 1997, 117, 129 ff.; Eichenhofer, Paritätische Finanzierung – internationale Mindestnorm sozialer Sicherheit, ZESAR 2011, 53 ff.
25 Zu den Schwächen der Interessenvertretung insbes. der Arbeitnehmer im Gesundheitswesen und der Perspektive einer Allgemeinverbindlichkeit von Tarifen: Schlüter, Ein allgemeinverbindlicher Tarif Soziales und Gesundheit unter Einbeziehung der Kirchen?, KuR 2/2013, 204–222.
1 BGBl. I, 2477.
2 BGBl. I, 3853.
3 BGBl. I, 2190.
4 BGBl. I, 378.
5 BGBl. I, 2426.

II. Der Bundeszuschuss aus Steuermitteln im sozialstaatlichen System

Die gesetzliche Verankerung des erstmalig 2004 gezahlten **steuerfinanzierten Bundeszuschusses** stellt einen Einschnitt in der Geschichte der gesetzl. Krankenversicherung dar. Zwar hatte sich schon *Bismarck* für einen Staatszuschuss eingesetzt, um die Arbeiter für das damals neu gegründete Reich zu gewinnen, jedoch hatte er sich gegen das scharfe Verdikt des „Staatssozialismus" nicht durchsetzen können.[6] Nachdem das Sozialstaatprinzip verfassungsmäßig verankert ist und nachdem sich Staatsinterventionen in Form der Daseinsvorsorge eine hohe Akzeptanz gefunden haben, dürfte der damalige Vorwurf nicht mehr in die heutige historische und wirtschaftliche Situation passen. Der Bürger ist Teil eines hochspezialisierten, technisierten und konzentrierten Gesellschafts- und Wirtschaftssystems, in welchem zB die Selbstversorgung mit existentiellen Gütern und Dienstleistungen für den Einzelnen idR nicht mehr möglich ist. Hier ist es der Staat, der gegenüber diesen Abhängigkeiten **Frei- und Schutzräume** zu sichern hat. Die Entlastung der durch das Beitragssystem besonders belasteten Teile der Bevölkerung und der Wirtschaft kann vor diesem Hintergrund ein Motiv für eine verstärkte Steuerfinanzierung der Sozialsysteme sein. Eine weitere Begründung stellt neben der Beitragssatzstabilität[7] die Begrenzung der Lohnnebenkosten im Kontext des nationalen und internationalen Wirtschafts- und Finanzgefüges dar.

Zuschüsse aus Steuermitteln gab es **vor 2004** nur in Randbereichen wie der Investitionsfinanzierung für Krankenhäuser. Bundeszuschüsse zur gesetzlichen Sozialversicherung deuten einen politisch motivierten Systemwechsel an. Der Bundeszuschuss zielt auf einen pauschalen **Ausgleich der „gesamtgesellschaftlichen Lasten"** ab, wie „insbesondere die beitragsfreie Mitversicherung von Kindern".[8] Die **Höhe des gesetzlich festgelegten jährlichen Zuschusses** war in den Vorentwürfen zur Gesetzesänderung zunächst schwankend, da der Zuschuss mit Einnahmen aus der Tabaksteuer finanziert werden sollte, deren Erhöhung politisch umstritten war. Der Zuschuss sollte in Schritten von 1,5 Mrd. EUR bis auf eine jährliche Gesamtsumme von 14 Mrd. EUR steigen. Ein solcher Aufwuchs des Bundeszuschusses war schon vor dem GKV FinG 2010 in der vorangegangenen Gesetzesfassung vorgesehen. Während 2011 der Bundeszuschuss tatsächlich bei 15 Mrd. EUR lag, erwog der Finanzminister 2012 angesichts der konjunkturell bedingten guten Finanzausstattung der Kassen eine Absenkung um 4 Mrd. EUR. Das Haushaltsbegleitgesetz 2013[9] hat den Betrag für 2013 auf 11,5 Mrd. EUR begrenzt, während nach der vorhergehenden Gesetzesfassung nach 7,2 Mrd. im Jahr 2009 schon 2012 die Zielmarke von 14 Mrd. EUR erreicht worden wäre. Durch das Haushaltsbegleitgesetz 2013 ist gleichfalls der Betrag von 14 Mrd. EUR ab 2014 als Festbetrag fixiert worden. Während **Abs. 1** also eine Veränderung in Form der Fortschreibung erfuhr, blieb der in **Abs. 2** geregelte Verteilungsschlüssel in Bezug auf die **Landwirtschaftlichen Krankenkassen** durch das GKV-FinG unverändert. Das Haushaltsbegleitgesetz 2014 hat die Beträge in Abs. 1 an die vom Gesetzgeber erwartete Ausgabenentwicklung in der GKV angepasst.[10]

Eine teilweise **Steuerfinanzierung** innerhalb des Sozialversicherungssystems ist rechtmäßig und verfassungsgemäß.[11] Die Grenzen sind dann erreicht, wenn eine Dominanz der Steuerfinanzierung den Begriff „Sozialversicherung" nicht mehr rechtfertigt.[12] Abs. 1 erwähnt die Steuerzuschüsse nicht, verbietet sie aber auch nicht. Aus Art. 120 Abs. 1 S. 4 GG wird verfassungsrechtlich abgeleitet, dass den Bund keine Verpflichtung zu Bundeszuschüssen trifft, dass er diese allerdings trägt, wenn es solche geben soll und nicht die Bundesländer. Weiterhin ergibt sich daraus die Verfassungsmäßigkeit der Bundeszuschüsse.[13]

Die europarechtliche Perspektive ist bisher stark aus Sicht des Wirtschafts- und Wettbewerbsrechts, weniger aus den Prinzipien des Sozialrechts geprägt worden, ua da das Wettbewerbs- und Beihilferecht bisher wichtige gemeinsame Regeln des gemeinsamen Marktes bilden, während das Sozialrecht in großen Teilen in der Zuständigkeit der Mitgliedstaaten verblieben ist. Darunter folgt mitunter eine tendenzielle Vereinnahmung sozialrechtlicher Rechtsinstitute, Systeme und eigener Wettbewerbsordnungen.

---

6 Vgl. Stolleis, Die Sozialversicherung Bismarcks, in: Stolleis, Konstitution und Intervention, 2001, S. 226–252.
7 Zu deren Bedeutung auch Axer, in Eichenhofer/Wenner, SGB V § 220 Rn. 6.
8 BT-Dr. 16/31000, 92 u. 181.
9 BGBl. 2012, 2781 ff.
10 Vgl. BT-Dr. 18/1050, 7 f.
11 Grundlegend: F. Kirchhof, Finanzierung der Sozialversicherung, in : Isensee, P. Kirchhof (Hrsg.), Handbuch des Staatsrechts, Bd. 5, 3. Aufl. 2005, § 125 Rn. 39.
12 Axer in: Eichenhofer/Wenner, § 220 Rn. 7.
13 BVerfG, 18.7.2005, 2 BvF 2/01, BVerfGE 113, 167, 207 ff.

gen[14] im Sinne des allgemeinen Wirtschaftsrechts. Bundeszuschüsse sind keine Beihilfen im Sinne des EU-Beihilferechts. Sozialversicherungsträgern fehlt die Unternehmenseigenschaft, dem Zuschuss fehlen sonstige Beihilfeeigenschaften und die Sicherstellung sozialstaatlicher Aufgaben innerhalb eigener, abgeschlossener, sozialrechtlich gestalteter und von öffentlichen Körperschaften oder staatlichen Kostenträgern dominierten und gesteuerten Wettbewerbssysteme.[15]

5 Die **gesetzliche Festlegung von bezifferten Zuschussbeträgen** ist vor der Rechtsgeschichte nach wie vor als ungewöhnlich zu bezeichnen. Im Parlamentarismus bestimmt der Haushaltsgesetzgeber über die Verwendung der Mittel für das kommende Haushaltsjahr. Die gesetzliche Vorfestlegung, an der freilich der Gesetzgeber nicht gebunden ist, soll die Berechenbarkeit des Zuschusses und die Stetigkeit der finanzierungsgrundlagen der Krankenversicherung erhöhen. Diese Festlegung geht zulasten der Gesetzestechnik, da ein Gesetz rechtstheoretisch „allgemeinen" und „abstrakt" zu sein hat, dagegen aber nicht bestimmte Sachverhalte in bestimmten Zeiträumen regelt, von Übergangsbestimmungen einmal abgesehen. Die Bundesbeteiligung hat dazu geführt, dass der **Bundesrechnungshof** die Kompetenz zur Prüfung der Haushalts- und Wirtschaftsprüfung der bundesunmittelbaren Träger der gesetzlichen Krankenversicherung beansprucht.

III. Der Ausgleich versicherungsfremder Leistungen

6 Der Bundeszuschuss dient ausdrücklich zum **Ausgleich „versicherungsfremder Leistungen"** (Abs. 1 S. 1). Die Verteilung der Mittel unter den Krankenkassen hat sich ebenfalls an deren Aufwendungen für „versicherungsfremde Leistungen" zu orientieren. Eine nähere gesetzliche Definition dieses Begriffes gibt es nicht.[16] Nachdem der Gesetzgeber die Finanzierung des Bundeszuschusses aus der Tabaksteuer nicht weiter verfolgt hat, scheidet aus diesem und aus rechtssystematischen Gründen eine Begriffsklärung mithilfe der Leistungen für Raucher aus. Solange solche Leistungen Teil des normalen Leistungskataloges sind, können sie nicht gleichzeitig als versicherungsfremd angesehen werden. Wenn ein Leistungsausschluss verfassungsrechtlich nicht darstellbar ist,[17] dann ist auch eine Einordnung der Leistungen an Raucher als versicherungsfremd allenfalls durch Gesetz und unter Berücksichtigung der verfassungsrechtlichen Vorgaben möglich. Die **PauschalabgeltungsVO** v. 26.4.2004 bezieht sich bei der Begriffsbestimmung auf den Aufwand der Krankenkassen für bestimmte Leistungsarten wie zB auf das Krankengeld bei Vorsorge- und Rehaleistungen für Mütter oder der Betreuung eines kranken Kindes. In der gesundheitspolitischen Diskussion wurden solche Leistungen als gesellschaftspolitisch erwünscht, aber medizinisch als nicht unbedingt erforderlich angesehen. In der Diskussion wird mitunter auch der Begriff der „Fremdlast" verwendet.[18] Der Bundestag hat im Zusammenhang mit der beitragsfreien Mitversicherung von Kindern von „**gesamtgesellschaftlichen Lasten**" gesprochen.[19] Dem widerspricht die Rechtsprechung des Bundesverfassungsgerichts, welche die Kindererziehung und deren Kosten gerade als Beitrag zur Sicherung der Funktionsfähigkeit der Sozialversicherung ansieht.[20]

IV. Einzelne Fragen der Gleichbehandlung

7 Die Bundeszuschüsse zur pauschalen Abgeltung für versicherungsfremde Leistungen der Krankenkassen dürfen im Risikostrukturausgleich in der Weise berücksichtigt werden, dass sie vom Beitragsbedarf der einzelnen Krankenkasse abgezogen werden.[21]

---

14 Vgl. dazu grundlegend: Cremer/Goldschmidt/Höfer, Soziale Dienstleistungen, 2014.
15 Vgl. Schlüter, Die Überformung der Sozialsysteme und der Gemeinnützigkeit durch Europäisches Wirtschaftsrecht hat klare Grenzen, in: npoR 2/2010, S. 33–36; ders. Diaconia Europea, Europapolitische Bindungen kirchlich-diakonischer Dienste und die Interessenvertretung der Diakonie bei der Europäischen Union, in: Zeitschrift für ev. Kirchenrecht, 52. Bd. 3. Heft 2007, 325–353, Schlüter/Scholz, Rollenwandel der Wohlfahrtspflege in der Europäischen Union, Organisatorische und Rechtliche Aspekte, in: Linzbach/Lübking/Scholz/Schulte (Hrsg.), Globalisierung und Europäisches Sozialmodel 2007, S. 189–214.
16 Bzw seine Reichweit ist umstritten. Vgl. grundlegend Butzer, Fremdlasten in der Sozialversicherung, 2001, S. 31 ff.
17 Hänlein in: Kruse/Hänlein, Das neue Krankenversicherungsrecht 2004, S. 171 ff.
18 Vgl. Butzer, Fremdlasten in der Sozialversicherung, 2001, S. 66, vgl. auch Hänlein, SGb 2003, 301, 305 f.
19 BT-Dr. 16/3100, 92 und 181.
20 BVerfGE 103, 242 ff.
21 BSG, 2.9.2009, B 12 KR 4/ 08 R.

Nach gefestigter Rechtsprechung des BVerfG verstößt die Schlechterstellung der verheirateten Elternteile gegenüber unverheirateten Elternteilen bei Vorliegen der einkommensbezogenen Voraussetzungen des § 10 Abs. 3 SGB V nicht gegen Art. 3 Abs. 1 GG iVm Art. 6 Abs. 1 GG.[22]

§§ 221a bis 222 (aufgehoben)
§ 223 [1]Beitragspflicht, beitragspflichtige Einnahmen, Beitragsbemessungsgrenze

(1) Die Beiträge sind für jeden Kalendertag der Mitgliedschaft zu zahlen, soweit dieses Buch nichts Abweichendes bestimmt.
(2) [1]Die Beiträge werden nach den beitragspflichtigen Einnahmen der Mitglieder bemessen. [2]Für die Berechnung ist die Woche zu sieben, der Monat zu dreißig und das Jahr zu dreihundertsechzig Tagen anzusetzen.
(3) [1]Beitragspflichtige Einnahmen sind bis zu einem Betrag von einem Dreihundertsechzigstel der Jahresarbeitsentgeltgrenze nach § 6 Abs. 7 für den Kalendertag zu berücksichtigen (Beitragsbemessungsgrenze). [2]Einnahmen, die diesen Betrag übersteigen, bleiben außer Ansatz, soweit dieses Buch nichts Abweichendes bestimmt.

I. Entstehungsgeschichte

Zur Beitragsfinanzierung als Grundsatz des Krankenversicherungssystems vgl. Vorbem. zu §§ 220 ff. und § 220. Die Vorschrift besteht seit dem Inkrafttreten des SGB V. Sie hat allerdings eine wesentliche Änderung erfahren, indem das Beitragssicherungsgesetz v. 23.12.2002,[2] in Kraft getreten zum 1.1.2003, die Beitragsbemessungsgrenze von der Jahresentgeltgrenze des § 6 Abs. 1 Nr. 1a abgekoppelt hat. Die Jahresentgeltgrenze bestimmt die Versicherungspflicht in der GKV.

1

II. Grundsätze der Beitragspflicht

Abs. 1 regelt die Beitragspflicht. Die Orientierung am Kalendertag hat historische Gründe, welche heute an Bedeutung verloren haben. Mit dem Ausscheiden aus der Mitgliedschaft im laufenden Monat endet auch die Beitragspflicht an dem konkreten Kalendertag. Die Pflicht zur Beitragszahlung ist an die Mitgliedschaft (§§ 186 ff.) gebunden. Mitversicherte Familienangehörige sind keine Mitglieder und somit auch nicht beitragspflichtig. Der Beitragsanspruch iSv § 22 Abs. 1 SGB IV der Krankenkasse entsteht mit dem Beginn der Mitgliedschaft. Die an Kalendertagen orientierte Beitragspflicht besteht auch im Falle eines Fortbestehens der Mitgliedschaft gem. § 192 Abs. 1 Nr. 1 und 3, Abs. 2 und § 193.
Das Gesetz sieht verschiedene Tatbestände der Beitragsfreiheit vor (§§ 224, 225).
Abs. 2 erklärt die „beitragspflichtigen Einnahmen" zur maßgeblichen **Berechnungsgröße** für die Beiträge. Somit findet eine Verweisung auf die §§ 226 ff. statt, welche die „beitragspflichtigen Einnahmen" näher bestimmen. Relevant sind die Einnahmen nur, soweit sie die Bemessungsgrenze nach Abs. 3 nicht übersteigen. Welche Einnahmen der Beitragspflicht unterliegen regeln die §§ 226 bis 240. Für die Bestimmung beitragspflichtiger Einnahmen bei flexiblen Arbeitszeiten dient § 23b SGB IV.

2

3

III. Die Beitragsbemessungsgrenze im Beitragssystem

Abs. 3 konstituiert eine Begrenzung der Beitragspflicht, indem er eine **Beitragsbemessungsgrenze** festlegt. Einnahmen, welche die Beitragsbemessungsgrenze übersteigen, sind regelmäßig nicht beitragspflichtig. Die nach §§ 226 bis 240 beitragspflichtigen Einnahmearten sind nur im Rahmen der Beitragsbemessungsgrenze als Beitragsbemessungsgrundlage zu berücksichtigen. Bezugsgröße war stets die Jahresarbeitsentgeltgrenze nach § 6 Abs. 7. Deren Anhebung im Jahr 2003 sollte den Kreis der Versicherten erweitern und nicht die Beitragsbemessungsgrenze verändern. Seit dem 1.1.2003 sind der Betrag der Jahresentgeltgrenze und der der Beitragsbemessungsgrenze nicht mehr identisch. Vielmehr ist

4

---

22 BVerfG, 14.6.2011, 1 BvR 429/11, NJW 2011, 2867.
1 Zur Beitragsbemessungsgrenze siehe ua die Sozialversicherungswerte und das RBMI-Rundschreiben zur Durchführung des § 257 SGB V v. 15.1.2013 (GMBl S. 206).
2 BGBl. I, 4637.

die Jahresentgeltgrenze deutlich höher. Zur Anwendung der Beitragsbemessungsgrenze bei mehreren Versicherungsverhältnissen: § 22 Abs. 2 S. 1 SGB IV.

5 Die Existenz einer Beitragsbemessungsgrenze lässt sich auch **historisch** erklären. Arbeitgeber und Arbeitnehmer sollten mit ihren Beiträgen so viel zum individuellen Schutz des Versicherten beitragen, dass dessen **persönliche Krankheitsrisiken** zu einem gewissen Grade damit abgedeckt waren. Eine Umverteilung zwischen den verschiedenen Beziehern höherer oder geringerer Einkommen war nicht vorgesehen, so dass die Summe der eingezahlten Beiträge auch die Höhe der ausgezahlten Leistung bestimmte. Dies galt auch für die Krankenkassen, deren Ausgaben ursprünglich zu fast 95 % für die Auszahlung des Krankengeldes aufgewandt wurden, welches wiederum abhängig vom Einzahlungsbetrag war. Anderseits war von Anfang an deutlich, dass Versicherte aus Gründen biographischer und gesundheitlicher Unterschiede den ihnen zugedachten Finanzierungsanteil mehr oder weniger stark in Anspruch nehmen und zB versterben bevor sie Leistungen in höherem Maße in Anspruch genommen haben. Somit war ein gewisses solidarisches Element von Anfang an systemimmanent. Bei Personen mit einem Einkommen über der Beitragsbemessungsgrenze wird weiterhin unterstellt, dass diese keinen oder zumindest keinen über diesen Beitrag hinausgehenden Schutz durch die Sozialkassen benötigen. Die Kaiserliche Botschaft als Geburtsdokument der deutschen Sozialversicherung lässt allerdings erkennen, dass Grundgedanke der Sozialversicherung mehr als das Ziel der erzwungenen Selbstvorsorge war: es sollten für Deutschland „neue und dauernde Bürgschaften seines inneren Friedens und den Hilfsbedürftigen größere Sicherheit und Ergiebigkeit des Beistandes, auf den sie Anspruch haben", hinterlassen. Der Anspruch der Hilfsbedürftigen auf eine größere „Ergiebigkeit des Beistandes" unterstreicht die den **Solidargedanken** ebenso wie der Hinweis auf die christlichen Fundamente von Staat und Gesellschaft. Auch der Bezug der Gründer der Sozialversicherung zum Gedanken der „korporativen Genossenschaften", der sich wiederum an tradierte Modelle etwa der solidarischen Handwerker- und Zunftkassen anschließt[3] weist über eine reine **Verwaltungsgemeinschaft von individuellen Selbsthilfemechanismen** hinaus. Das Solidarprinzip ist von Anfang an Teil des Sozialversicherungsgedankens und wurde zunächst bei den Sach- und Dienstleistungen der Krankenversicherung und später in der Einbeziehung der Angestelltenwitwen und in anderen Formen der Familienversicherung wirksam.[4]

6 **Sozialpolitisch** stellt die **Beitragsbemessungsgrenze** eine gezielte Begünstigung hoher Einkommen dar, deren Beitragspflicht bei Erreichen der Grenze nicht mehr ansteigt. Die Beitragsbemessungsgrenze, insbes. aber die Versicherungspflichtgrenze, stellen Solidaritätsgrenzen dar, welche nicht nur angesichts des Vorschlags einer Bürgerversicherung immer wieder am Gesamtbild der gesellschaftlichen Gerechtigkeit zu messen sind.[5] Da die Sozialversicherungslasten schwerpunktmäßig von Beziehern mittlerer Einkommen getragen werden, bedeutet die Beitragsbemessungsgrenze in Kombination mit der Versicherungspflichtgrenze eine **wesentliche Einschränkung des sozialstaatlichen Prinzips der sozialen Gerechtigkeit und der Solidarität**. Eine solche Einschränkung vorzunehmen, dürfte noch im verfassungsrechtlichen Handlungsspielraum des Gesetzgebers liegen. Die Herausnahme hoher Einkommen aus der proportionalen Solidarität stellt allerdings ein Gleichbehandlungsproblem zwischen Spitzenverdienern und mittleren Einkommensgruppen dar. Da es sich bei bestimmte Einkommensgruppen um eine gesetzliche Zwangsversicherung und einen Zwangsbeitrag handelt, dürfte die Entlassung der hohen Einkommensgruppen aus der Solidarität allerdings nicht schrankenlos sein. Die Versicherungspflichtgrenze und die Frage der Begrenzung der Einkommensarten bei der Beitragspflicht stellen verwandte Problemkreise dar. Ein Argument für die Beitragsbemessungsgrenze könnte darin liegen, die Bezieher hoher Einkommen als freiwillig Versicherte in der Solidargemeinschaft zu halten und sie nicht an die privaten Krankenversicherungen zu verlieren. Zweifelsohne gibt es jedoch auch andere gesetzliche Wege, um eine solidarische Grundfinanzierung der Sozialversicherung sicherzustellen.

7 Im Jahr 2002 betrug die Beitragsbemessungsgrenze bezogen auf das Jahr 40.500 EUR, bezogen auf den Monat 3.375 EUR, im Jahr 2009 betrug die Beitragsbemessungsgrenze 44.100 EUR, also 3.675 EUR bezogen auf den Monat. Die Beitragsbemessungsgrenze 2011 belief sich auf 44.550 EUR im Jahr und auf 3.712,50 EUR im Monat. Ab 1.1. 2012 betrug die Beitragsbemessungsgrenze 3.825,00 EUR, für 2014 betrug sie 4.050,00 EUR.

8 Sonderregelungen zur Höhe der Beitragspflicht finden sich in § 230 S. 2 iVm § 231 und in § 240 Abs. 3; mehrere Versicherungsverhältnisse: § 22 Abs. 2 S. 1 SGB IV.

---

[3] Vgl. Stolleis in: Stolleis, Konstitution und Intervention, 2001, S. 226–252.
[4] Vgl. Boeckh/Huster/Benz, Sozialpolitik in Deutschland, 2004, S. 64.
[5] Vgl. Wenner in: Eichenhofer/Wenner, § 224 Rn. 5.

§ 224 Beitragsfreiheit bei Krankengeld, Mutterschaftsgeld oder Erziehungsgeld oder Elterngeld

(1) ¹Beitragsfrei ist ein Mitglied für die Dauer des Anspruchs auf Krankengeld oder Mutterschaftsgeld oder des Bezugs von Elterngeld oder Betreuungsgeld. ²Die Beitragsfreiheit erstreckt sich nur auf die in Satz 1 genannten Leistungen.

(2) Durch die Beitragsfreiheit wird ein Anspruch auf Schadensersatz nicht ausgeschlossen oder gemindert.

Bestehen Einnahmen eines Mitglieds aus bestimmten Sozialleistungen, so wird es in Bezug auf diese Leistungen beitragsfrei gestellt. Weitere beitragspflichtige Einnahmen bleiben beitragspflichtig. Eine immatrikulierte Erziehungsgeldempfängerin bleibt verpflichtet, den Beitrag für pflichtversicherte Studierende zu entrichten, da diese Pflicht unabhängig von den Einkünften besteht.[1] Eine Motivation für diese Regelung besteht darin, diese Sozialleistungen nicht durch die Beitragspflicht schmälern zu wollen und das wieder zu nehmen, was mit der anderen Hand gegeben wurde. Insbesondere bei Pflichtmitgliedschaften, die entweder aufgrund der allg. Regeln oder wegen gesondert angeordneter Fortdauer der Pflichtmitgliedschaft (§ 192 Abs. 1 Nr. 2) bestehen, bedeutet die Vorschrift den notwendigen Ausgleich zwischen Schutz und beitragsmäßiger Entlastung. S. 1 kommt auch freiwillig Versicherten zugute.

Abs. 2 stellt klar, dass zu einem **Schadensersatzanspruch gegen Dritte** auch der fiktive Beitrag der nach Abs. 1 beitragsbefreiten Mitglieder gehört. Zu dem Schadensersatzanspruch der KK für Behandlungskosten nach §§ 842 BGB und § 116 Abs. 1 SGB X zählt also auch der aus sozialpolitischen Gründen nicht erhobene Beitrag.

Die **Beitragsfreiheit** besteht für das Krankengeld gem. §§ 44, 45, für das Mutterschaftsgeld gem. § 13 MuSchG, für das Elterngeld nach dem BEEG und für das **neue Betreuungsgeld**. Das Betreuungsgeldgesetz vom 15.2.2013,[2] in Kraft getreten am 1.8.2013, hat den bisherigen Bezug zum Erziehungsgeld durch den Bezug zum Betreuungsgeld ersetzt. Die rentenrechtlichen Regelungen unterscheiden sich teilweise von den hier getroffenen Befreiungsregeln.

Eine **analoge Anwendung der Regelung zur Beitragsfreiheit** kommt in Betracht für Arbeitgeberzuschüsse zum Krankengeld, soweit Krankengeld und Zuschuss das Nettoentgelt nicht übersteigen.[3] Vermögenswirksame Leistungen können in diese analoge Anwendung nur einbezogen werden, wenn sie eine ähnliche konkrete Zweckbestimmung und Funktion haben wie die og Arbeitgeberzuschüsse. Eine Beitragsbefreiung nur auf Grundlage des im Gesetz nicht erkennbaren Willens des Gesetzgebers[4] kommt nicht in Betracht, da der eindeutige Wortlaut des Gesetzes Ausweitungen nur zulässt, wenn sie nach Sinn und Zweck der gesetzlichen Regelung geboten ist.

Bestehen **andere als die vom Gesetz umfassten Einnahmen**, entfällt die Beitragspflicht für diese Leistungen nicht. Dies gilt auch für fiktive Einnahmen.[5]

Abs. 2 regelt den **Beitragsregress**. Er bestimmt, dass trotz der Beitragsfreiheit die Beiträge einen zivilrechtlichen Schaden nicht mindern. Entgegen der ehemaligen BGH-Rspr. gehört nun auch dieser Schaden zum Erwerbsschaden nach § 842 BGB. Dieser Teil des Anspruchs geht nach § 116 Abs. 1 S. 2 Nr. 2 SGB X auf die Krankenkasse über.

---

1 BSG, 26.5.2004, SozR 4-2500 § 224 Nr. 1.
2 BGBl. I, 254.
3 Heiland in: GK-SGB V, § 224 Rn. 13–17.
4 BT-Dr. 11/2237, 222.
5 Vgl. beitragspflichtige Sozialhilfeleistungen eines freiwilligen Mitglieds: BSG, 24.11.92, 12 RK 24/91; für Beiträge auf Basis der Einnahmen des Ehegatten: BSGE 71, 244; bei fiktiven Mindesteinnahmen freiwilliger Mitglieder: BSG, 26.5.2004, B 12 P 6/03 R; Studentin gem. 236 Abs. 1: BSG, 24.11.1992, 12 RK 8/92, aber auch BSGE 74, 282.

§ 225 Beitragsfreiheit bestimmter Rentenantragsteller

¹Beitragsfrei ist ein Rentenantragsteller bis zum Beginn der Rente, wenn er
1. als hinterbliebener Ehegatte oder hinterbliebener Lebenspartner eines nach § 5 Abs. 1 Nr. 11 oder 12 versicherungspflichtigen Rentners, der bereits Rente bezogen hat, Hinterbliebenenrente beantragt,
2. als Waise die Voraussetzungen nach § 5 Absatz 1 Nummer 11 b erfüllt und die dort genannten Leistungen vor Vollendung des achtzehnten Lebensjahres beantragt oder
3. ohne die Versicherungspflicht nach § 5 Abs. 1 Nr. 11 oder 12 nach § 10 dieses Buches oder nach § 7 des Zweiten Gesetzes über die Krankenversicherung der Landwirte versichert wäre.

²Satz 1 gilt nicht, wenn der Rentenantragsteller Arbeitseinkommen oder Versorgungsbezüge erhält.
³§ 226 Abs. 2 gilt entsprechend.

1 Bestimmte Rentenantragsteller werden von der vorläufigen Beitragspflicht des § 239 S. 1 ausgenommen, weil bei ihnen eine positive Entscheidung über den Rentenantrag zu erwarten ist. Die Regelung betrifft vor allem Witwen, Witwer und Waisen von Personen, die am Ende des Lebens eine Rente aus der ges. Rentenversicherung bezogen und daher gesetzlich krankenversichert waren. § 239 trifft Regelungen für die Schwebezeit der Rentenantragstellung. Eine beitragsfreie Mitgliedschaft während der Antragszeit bei Ablehnung des Antrags soll vermieden werden. Wird dem Rentenantrag stattgegeben, so steht schließlich fest, dass der Antragsteller ab Antragstellung Mitglied der Krankenversicherung war (§ 186 Abs. 9). Die während der Schwebezeit zu zahlenden Beiträge sind vom Antragsteller allein zu tragen (§ 250 Abs. 2). Wird dem Rentenantrag stattgegeben, findet eine Bereinigung der während der Wartezeit entrichteten Beiträge statt. Es erfolgt die Erhebung der Beiträge aus der Rentennachzahlung nach den allgemeinen Regeln so dass der Rentner nach § 249 nur die Hälfte dieser Beiträge zu zahlen hat. Die in der Schwebezeit erhobenen Beiträge sind nach § 26 Abs. 2 SGB IV dem Rentner zu erstatten.

2 S. 2 hebt die Beitragsfreiheit für den Fall auf, dass der Rentenantragsteller Arbeitseinkommen oder Versorgungsbezüge erhält. Die nach dem Arbeitseinkommen, soweit es neben einer Rente der gesetzlichen Rentenversicherung oder Versorgungsbezügen erzielt wird, zu bemessenden Beiträge sind gem. S. 3 iVm § 226 Abs. 2 nur zu entrichten, wenn die monatlichen beitragspflichtigen Einnahmen (§ 226 Abs. 1) insgesamt ein Zwanzigstel der monatlichen Bezugsgröße nach § 18 SGB IV übersteigen. Das Gleiche gilt für den Zahlbetrag der der Rente vergleichbaren Einnahmen (Versorgungsbezüge).

Zweiter Titel Beitragspflichtige Einnahmen der Mitglieder

§ 226 Beitragspflichtige Einnahmen versicherungspflichtig Beschäftigter

(1) ¹Bei versicherungspflichtig Beschäftigten werden der Beitragsbemessung zugrunde gelegt
1. das Arbeitsentgelt aus einer versicherungspflichtigen Beschäftigung,
2. der Zahlbetrag der Rente der gesetzlichen Rentenversicherung,
3. der Zahlbetrag der der Rente vergleichbaren Einnahmen (Versorgungsbezüge),
4. das Arbeitseinkommen, soweit es neben einer Rente der gesetzlichen Rentenversicherung oder Versorgungsbezügen erzielt wird.

²Dem Arbeitsentgelt steht das Vorruhestandsgeld gleich. ³Bei Auszubildenden, die in einer außerbetrieblichen Einrichtung im Rahmen eines Berufsausbildungsvertrages nach dem Berufsbildungsgesetz ausgebildet werden, steht die Ausbildungsvergütung dem Arbeitsentgelt gleich.
(2) Die nach Absatz 1 Satz 1 Nr. 3 und 4 zu bemessenden Beiträge sind nur zu entrichten, wenn die monatlichen beitragspflichtigen Einnahmen nach Absatz 1 Satz 1 Nr. 3 und 4 insgesamt ein Zwanzigstel der monatlichen Bezugsgröße nach § 18 des Vierten Buches übersteigen.
(3) Für Schwangere, deren Mitgliedschaft nach § 192 Abs. 2 erhalten bleibt, gelten die Bestimmungen der Satzung.
(4) Bei Arbeitnehmern, die gegen ein monatliches Arbeitsentgelt bis zum oberen Grenzbetrag der Gleitzone (§ 20 Absatz 2 des Vierten Buches) mehr als geringfügig beschäftigt sind, gilt der Betrag der beitragspflichtigen Einnahme nach § 163 Absatz 10 Satz 1 bis 5 und 8 oder § 276b des Sechsten Buches entsprechend.

I. Entstehungsgeschichte	1	VI. Die Einbeziehung der Rente	8
II. Die der Beitragspflicht unterliegenden Einnahmearten	2	VII. Beitragsberechnung nach dem Bruttoprinzip	11
III. Überbrückungsmodelle zur Vermeidung betriebsbedingter Kündigungen	4	VIII. Einzelfragen zur Einkommensberücksichtigung	13
IV. Die Zuordnung einzelner Einnahmearten	6	IX. Der Verweis auf die Regelung zur Gleitzone	18
V. Die Abgrenzung zur selbstständigen Tätigkeit	7		

I. Entstehungsgeschichte

Das Gesetz zur Reform des Risikostrukturausgleichs in der GKV vom 10.12.2001[1] hat in Form von S. 3 die Regelung bezüglich der Auszubildenden eingefügt. Das Zweite Gesetz für moderne Dienstleistungen am Arbeitsmarkt vom 23.12.2002[2] hat mit Wirkung zum 1.4.2003 durch einen Abs. 4 die Regelung zur Gleitzone eingeführt. Das RV-Nachhaltigkeitsgesetz v. 21.7.2004[3] hat mit Wirkung ab 1.8.2004 sowie das RVOrgG v. 9.12.2004[4] mit Wirkung ab 1.1.2005 weitere Änderungen herbeigeführt.

II. Die der Beitragspflicht unterliegenden Einnahmearten

Diese zentrale Vorschrift des Beitragsrechts und die Folgevorschriften bestimmen, welches die **beitragspflichtigen Einnahmen** der Mitglieder der gesetzlichen Krankenversicherung sind. Bei versicherungspflichtig Beschäftigten sind nach **Abs. 1** ausschließlich folgende Einnahmen zu berücksichtigen: Arbeitsentgelt, Rente aus der ges. Rentenversicherung, Versorgungsbezüge, Arbeitseinkommen (§ 15 SGB IV) neben Rente oder Versorgungsbezügen. Bez. der Rente und vergleichbaren Einnahmen siehe die Kommentierung zu §§ 228, 229. Bezüglich der Rangfolge der Berücksichtigung der Einnahmearten siehe § 230.

Abs. 1 S. 1 Nr. 1 normiert den **Regelfall der Beitragsbemessung nach dem Arbeitsentgelt** des versicherungspflichtig Beschäftigten. Nach § 14 SGB IV gehören hierzu alle laufenden oder einmaligen Einnahmen aus einer Beschäftigung. Ob auf diese Einnahmen ein Rechtsanspruch besteht, in welcher Form oder unter welcher Bezeichnung sie geleistet werden, ist für das Vorliegen eines „Arbeitsentgelts" irrelevant. Die Einnahmen können unmittelbar aus der Beschäftigung oder auch im Zusammenhang mit ihr erzielt werden.[5] Auszubildende, die zu ihrer Berufsausbildung beschäftigt werden, erhalten ebenfalls Arbeitsentgelt iS von Abs. 1 S. 1 Nr. 1. Auch rechtsgrundlose Leistungen, die durch ein Dienstverhältnis veranlasst sind, sowie der auf Haushaltsschecks ausgezahlte Betrag sind Arbeitsentgelt.[6] Die Verordnung aufgrund von § 17 SGB IV SvEV enthält weitere konkrete Zuordnungsentscheidungen.

III. Überbrückungsmodelle zur Vermeidung betriebsbedingter Kündigungen

In dem Fall, dass nach dem Ausscheiden des Mitarbeiters weiterhin monatliche Zahlungen fließen, erhält der Mitarbeiter im Regelfall Arbeitslosengeld aus der gesetzlichen Arbeitslosenversicherung.

Der Betroffene muss auf seine monatlichen Übergangsbezüge Krankenversicherungsbeiträge zahlen. Denn der Beitragspflicht unterliegen alle Einnahmen und Geldmittel, die für den Lebensunterhalt verbraucht werden oder verbraucht werden könnten. **Abfindungen** wegen der Beendigung des Arbeitsverhältnisses sind demgegenüber kein Arbeitsentgelt, sondern eine Entschädigung für den Verlust des Arbeitsplatzes. Dennoch können im Rahmen einer freiwilligen Krankenversicherung auch solche einmaligen Leistungen zur Verbeitragung herangezogen werden.[7] Das BSG hat 2015 bestätigt, dass nicht der allgemeine Beitragssatz, sondern der **ermäßigte Beitragssatz** für die Beitragslast auf Übergangsbezüge maßgeblich ist.[8] Auf den ermäßigten Beitragssatz können sich Mitglieder in der Krankenversicherung dann berufen, wenn sie keinen Anspruch auf Krankengeld haben (also insbesondere Selbstständige ohne Anspruch auf Krankengeld, freiwillig versicherte Rentner, Hausfrauen und -männer sowie Erwerbslose und Studenten). Der höhere allgemeine Beitragssatz ist dagegen auf sog Versorgungsbezüge anzu-

---

1 BGBl. I, 3465.
2 BGBl. I, 4621.
3 BGBl. I, 1791.
4 BGBl. I, 3242.
5 BSG, 26.3.1998, B 12 KR 17/97 R.
6 Weitere Beispiele und Nachweise bei Marburger in: Eichenhofer/Wenner, § 226 Rn. 6 ff.
7 BSG, 15.10.2014, B 12 KR 10/12 R.
8 BSG, 29.7.2015, B 12 KR 4/14 R.

wenden. Doch diesen Weg hat der Senat der Krankenkasse verwehrt: Übergangsbezüge sind dem Urteil nach keine Versorgungsbezüge.

5 Beitragspflichtig als **Versorgungsbezüge** sind im Wesentlichen Leistungen der betrieblichen Altersversorgung. Eine Absicherung fürs Alter, wie sie im Rahmen der betrieblichen Altersversorgung gewährt wird, liegt aber nur dann vor, wenn die Leistung ab Beginn des Ruhestandes gezahlt wird. Übergangsbezüge hingegen dienen keinem Versorgungszweck, sondern einem "Überbrückungszweck". Die Zahlungen fließen nur, um den Übergang in ein neues Arbeitsverhältnis oder in den Ruhestand zu erleichtern und enden mit dem Übergang in den Ruhestand. Anders ist der Sachverhalt dann zu beurteilen, wenn das **Arbeitsverhältnis gar nicht beendet**, sondern der Mitarbeiter nur freigestellt wird. In diesem Fall werden die "Übergangsbezüge" aus einem bestehenden Beschäftigungsverhältnis bezogen und sind beitragspflichtig. Der angestellte Mitarbeiter unterliegt dann dem allgemeinen Beitragssatz.

IV. Die Zuordnung einzelner Einnahmearten

6 Abs. 1 S. 2 und S. 3 stellen das **Vorruhestandgeld und die außerbetriebliche Ausbildungsvergütung** dem Arbeitsentgelt nach Abs. 1 S. 1 Nr. 1 gleich.

Das einmalig gezahlte Arbeitsentgelt ist ebenfalls beitragspflichtig, wenn es mit einer beitragspflichtigen Beschäftigung im Zusammenhang steht. Es handelt sich um Zuwendungen, welche dem Arbeitsentgelt zuzurechnen sind. Entgelt für einen einzelnen Abrechnungszeitraum fällt nicht darunter.[9] Auf das im laufenden Jahr bis zum fraglichen Monat erzielte Entgelt wird die anteilige Jahresarbeitsentgeltgrenze angewandt (§ 23a Abs. 3 S. 1 SGB IV). Die Anwendung der Beitragsbemessungsgrenze auf ein malig gezahltes Arbeitsentgelt könnte sonst gegenüber anderen Beitragszahlern zu unbilligen Ergebnissen führen. Das im Gegensatz zum Steuerrecht im Sozialversicherungsrecht bestehende Entstehungsprinzip wird bei einmalig gezahltem Arbeitsentgelt durchbrochen. Das heißt, es kommt nicht nur darauf an, ob der Arbeitnehmer einen Anspruch hat, sondern ob ihm das Entgelt tatsächlich zugeflossen ist (§ 22 Abs. 1 S. 2 SGB IV). Bei Entgeltverzicht des Arbeitnehmers sind besondere tarifrechtliche Bedingungen zu beachten.[10]

V. Die Abgrenzung zur selbstständigen Tätigkeit

7 Zur Abgrenzung der versicherungspflichtigen Beschäftigung zur selbstständigen Tätigkeit im Falle einer hauswirtschaftlichen Familienbetreuerin siehe BSG, 28.9.2011, B 12 R 17/09 R.[11] Dabei werden alle Indizien einer Gesamtwürdigung unterzogen. Wenn das Verhältnis eher durch die Merkmale einer Selbstständigkeit als durch diejenigen einer Beschäftigung gekennzeichnet ist, liegt Selbstständigkeit vor. Der in den Abreden der Beteiligten dokumentierte Wille ist ebenso relevant wie die Beurteilung der tatsächlichen Verhältnisse.[12] Dass jeweils einzelne, gesonderte, (nur) kurze Vertragsverhältnisse von in der Regel 14 Tagen mit Diensten „rund um die Uhr" begründet werden, lässt zwingende Schlüsse weder in die eine noch in die andere Richtung zu. Die Tätigkeit als hauswirtschaftliche Familienbetreuerin ist beispielsweise grundsätzlich sowohl im Rahmen einer Beschäftigung als auch im freien Dienstverhältnis denkbar. Zu berücksichtigen ist, ob ein umfassendes Weisungsrecht sowie eine Eingliederung in deren betriebliche Organisation und welche Spielräume in der Gestaltung der Arbeit bestehen. Ausschlaggebend ist nicht, dass die Klägerin für die „Pflegepartner" eine Berufshaftpflichtversicherung mittels einer Gruppenversicherung abschloss.

VI. Die Einbeziehung der Rente

8 Abs. 1 S. 1 Nr. 2 bezieht auch den **Zahlbetrag der Rente der gesetzlichen Rentenversicherung** in die Beitragsbemessung ein. Die Definition der „Rente der gesetzlichen Rentenversicherung" findet sich in § 228. Als Rente der gesetzlichen Rentenversicherung gelten danach Renten der allgemeinen Rentenversicherung sowie Renten der knappschaftlichen Rentenversicherung einschließlich der Steigerungsbeträge aus Beiträgen der Höherversicherung. § 228 S. 1 gilt auch, wenn vergleichbare Renten aus dem Ausland bezogen werden. Bei der Beitragsbemessung sind auch Nachzahlungen einer Rente nach § 228 Abs. 1 zu berücksichtigen, soweit sie auf einen Zeitraum entfallen, in dem der Rentner An-

---

9 Zur Abgrenzung: BSGE 66, 34.
10 Hierzu Marburger in: Eichenhofer/Wenner, § 227 Rn. 43 ff.
11 Vgl. BSG, 24.1.2007, B 12 KR 31/06 R.
12 Zu einzelnen „Einsatzaufträgen" vgl. schon BSG, 28.5.2008, B 12 KR 13/07 R.

spruch auf Leistungen nach diesem Buch hatte. Die Beiträge aus der Nachzahlung gelten als Beiträge für die Monate, für die die Rente nachgezahlt wird.

Die Beitragspflicht für Renten der ges. Rentenversicherung gilt nunmehr auch für Renten die bis 1975 durch Beitragsnachentrichtung erworben wurden (Artikel-Renten).[13] **Zusatzleistungen** der gesetzlichen Rentenversicherung wie zB der Kinderzuschuss bleiben beitragsfrei. Allerdings bezieht Abs. 1 Steigerungsbeträge der Höherversicherung (§ 269 SGB VI) mit in die Beitragspflicht ein. **Abs. 1 S. 2** ist als Klarstellung hinzugekommen und trägt den vermehrten Sachverhalten mit internationalem Bezug Rechnung. Da Renten nach dem Rentenzahlbetrag gemessen werden, bezieht **Abs. 2** auch **Rentennachzahlungen** in die Beitragsbemessung mit ein. Abs. 2 S. 2 ist relevant für die Feststellung der Beitragsbemessungsgrenze und des Beitragssatzes. Die kassenindividuellen Zusatzbeiträge gelten für Rentner und Empfänger von Versorgungsbezügen seit März 2015.

Zur Definition von als „Renten" bezeichneten beitragspflichtigen Versorgungsbezügen und der betrieblichen Altersversorgung durch eine Stiftung siehe BSG, 25.5.2011, B 12 R 13/09 R: Zu Recht seien Beiträge auf die monatlichen Zahlungen der H.-Stiftung an den Kläger zur Kranken- und Pflegeversicherung festgesetzt worden, weil es sich dabei um **beitragspflichtige Versorgungsbezüge iS von § 229 Abs. 1 S. 1 Nr. 5** handelt. Dafür sei es unerheblich, ob die Leistungen solche iS von § 1 BetrAVG sind; denn der Begriff der „betrieblichen Altersversorgung" sei im Beitragsrecht nach der ständigen Rechtsprechung des Senats eigenständig auszulegen.[14] Auch wenn der ehemaliger Arbeitgeber und leistungsgewährende Stiftung hier unterschiedliche Rechtssubjekte seien, stellen Satzung und Geschäftsordnung der Stiftung gleichwohl eine derart **enge Verbindung zwischen Arbeitgeber und früherem Arbeitsverhältnis sowie zwischen dem Eigentümer der Firmengruppe und der von ihm initiierten Stiftung her**, dass an einer Leistung der betrieblichen Altersversorgung kein Zweifel bestehen könne. Die Leistungen der Stiftung seien jedenfalls auch dazu bestimmt, Betriebsangehörigen – zu denen der Kläger gehört – ihr entgangenes Einkommen aus einer abhängigen Beschäftigung mit personellem Bezug zum Stifter zu ersetzen und haben damit Entgeltersatzfunktion. Zur **Beitragsberechnung von kapitalisierter Leistung aus der betrieblichen Altersversorgung** siehe BSG, 17.3.2010, B 12 KR 4/09 R.

VII. Beitragsberechnung nach dem Bruttoprinzip

Der Beitrag wird nach dem **Bruttoprinzip** berechnet, dh zugrunde gelegt werden die Einnahmen vor Abzug der Steuern und der Arbeitnehmeranteile der Sozialversicherungsbeiträge. Ist ein Nettolohn vereinbart, so sind auch die auf die Einnahmen des Beschäftigten zu entrichtenden Steuern und die entsprechenden Beiträge zur Sozialversicherung relevant. Der Nettolohn wird nach dem „Abtastverfahren" berechnet.[15] Neben dem tatsächlich gezahlten Arbeitsentgelt ist auch das geschuldete, aber möglicherweise vorenthaltene Arbeitsentgelt beitragspflichtig.[16] Wenn der Entgeltanspruch später verfällt, schmälert dies die Beitragspflicht nicht.[17] Für das Arbeitsentgelt ist der Lohnabrechnungszeitraum relevant, in welchem es erarbeitet wurde. Bestandteile einer Entgeltumwandlung für eine betriebliche Altersversorgung fehlten seit 1.1.2009 als Arbeitsentgelt iSv § 14 Abs. 1 S. 2 SGB IV.

Bei versicherungspflichtigen Arbeitnehmern werden nach **Abs. 1 S. 1 Nr. 2–4, Abs. 2** andere Einnahmen nur berücksichtigt, wenn es sich um Rente oder vergleichbare Einnahmen handelt oder um Arbeitseinkommen (§ 15 SGB IV), das neben der Rente oder vergleichbaren Einnahmen erzielt wird. Wenn die Versicherungspflicht eines Rentners wegen der Vorrangklausel des § 5 Abs. 8 auf einer versicherungspflichtigen Beschäftigung beruht, soll die Beitragspflicht möglichst umfassend hergestellt werden (vgl. § 237). Beiträge aus der Summe der Versorgungsbezüge und der Summe des Arbeitseinkommens unterliegen nach Abs. 2 einer Bagatellgrenze. Verwiesen wird hier auf die Bezugsgröße der alten Bundesländer.

VIII. Einzelfragen zur Einkommensberücksichtigung

Zur Versicherungs- und Beitragspflicht von Nicht-EU-Ausländern siehe BSG, 6.10.2010, B 12 KR 25/09 R.

---

13 BSGE 72, 85.
14 ZB BSG, SozR 4-2500 § 229 Nr. 7.
15 BSGE 64, 110, 112.
16 BSGE 54, 136.
17 BSGE 75, 61, 65 ff., kritisch: Bieback in: FS 50 Jahre BSG, S. 137 und Hebeler in: LPK-SGB V, § 226 Rn. 4 mwN.

14 Die finanzielle Belastung der Mitglieder durch Beiträge kann neuerdings durch Prämien gemindert werden. Eine **Staffelprämie** verstößt allerdings gegen § 53 Abs. 2: Das Gesetz bestimmt abschließend, dass nur die völlige ganzjährige Nichtinanspruchnahme einschlägiger Leistungen zu Prämienzahlungen berechtigt: Es gilt das „Alles oder Nichts-Prinzip".[18]

15 Für das **Recht zur freiwilligen Versicherung** gelten nach § 28a SGB III die Vorschriften über die Versicherungsfreiheit entsprechend. Dies bedeutet, dass für eine selbstständige Tätigkeit das Recht zur freiwilligen Versicherung nicht besteht, wenn eine vergleichbare Tätigkeit, ausgeübt in Form der abhängigen Beschäftigung, nach dem Recht der Arbeitsförderung versicherungsfrei wäre.[19]

16 In Abwendung von der vorher maßgeblichen „Summenregelung" gebietet und erlaubt das Gesetz seit der Rechtsänderung zum 1.1.1996 eine **Zusammenfassung beitragsfreier Zeiten** und eine entsprechende Gegenüberstellung von EP für beitragsversichertes Erwerbseinkommen nur noch jeweils getrennt nach Maßgabe des jeweils entsprechenden gesetzlichen Tatbestandes einer beitragsfreien Zeit.[20] Eltern haben keinen Anspruch auf Herabsetzung der Sozialversicherungsbeiträge wegen der **Erziehung und Betreuung von Kindern**.[21]

17 **Weitere Rechtsprechung**: Beitragspflicht von zur Sicherung einer Darlehensforderung abgetretenen Kapitalerträgen, Verfassungsmäßigkeit: BSG, 17.3.2010, B 12 KR 4/09 R. Tragung der Beiträge für eine Rente aus der umlagefinanzierten hüttenknappschaftlichen Zusatzversicherung: BSG, 11.3.2009, B 12 R 6/07 R. Freiwillig versicherter Selbstständiger: rückwirkende Berücksichtigung geringerer Einnahmen für die endgültige Beitragsfestsetzung auch bei Vorlage der nachweisenden Steuerbescheide erst im Widerspruchsverfahren: BSG, 11.3.2009, B 12 R 6/07 R. Ermittlung der Belastungsgrenze für Zuzahlungen, Minderung der jährlichen Bruttoeinnahmen um die Freibeträge sowohl für das sächliche Existenzminimum jedes Kindes des Versicherten und seines Lebenspartners als auch für den Betreuungs-, Erziehungs- und Ausbildungsbedarf: BSG, 30.6.2009, B 1 KR 17/08 R.

IX. Der Verweis auf die Regelung zur Gleitzone

18 Dem Abs. 4 ist aufgrund des Gesetzes im Bereich der geringfügigen Beschäftigung[22] seit dem 1.1.2013 eine weitere Verweisung hinzugefügt worden. Sie bezieht sich auf die folgende **Neuregelung des § 276b SGB VI zur Gleitzone**: „(1) Für Arbeitnehmer, die am 31.12.2012 in einer mehr als geringfügigen Beschäftigung nach § 8 Abs. 1 Nr. 1 oder § 8a iVm § 8 Abs. 1 Nr. 1 des Vierten Buches versicherungspflichtig waren, die die Merkmale einer geringfügigen Beschäftigung nach diesen Vorschriften in der ab dem 31.12.2012 geltenden Fassung erfüllt, gilt für diese Beschäftigung weiterhin § 163 Abs. 10 mit Maßgabe folgender Formel: F x 400 + (2 − F) x (AE − 400). Satz 1 gilt längstens bis zum 31.12.2014. Die Beitragstragung nach § 168 Abs. 1 Nr. 1b und 1c findet keine Anwendung. (2) Für Arbeitnehmer, die am 31.12.2012 oberhalb des oberen Grenzbetrages der Gleitzone (§ 20 Abs. 2 des Vierten Buches in der bis zum 31.12.2012 geltenden Fassung) beschäftigt waren und in derselben Beschäftigung ab dem 1.1.2013 in der Gleitzone versicherungspflichtig beschäftigt sind, ist § 163 Abs. 10 in der ab dem 1.1.2013 geltenden Fassung nur anzuwenden, wenn der Arbeitnehmer die Anwendung der Gleitzonenregelung schriftlich gegenüber dem Arbeitgeber erklärt. Eine Erklärung nach Satz 1 ist nur bis zum 31.12.2014 und mit Wirkung für die Zukunft möglich."
Die Gleitzonenregelung soll die Beitragshöhe beim Überschreiten der Geringfügigkeitsgrenze von der Beitragsfreiheit in den vollen Beitrag begrenzen. Bei mehreren Beschäftigungsverhältnissen mit mehreren Arbeitgebern, greift die Gleitzonenregelung nur, wenn die Summe der Entgelte der Regelung entspricht. Die Berechnung des Arbeitgeberanteils folgt stets den üblichen Grundsätzen.

§ 227 Beitragspflichtige Einnahmen versicherungspflichtiger Rückkehrer in die gesetzliche Krankenversicherung und bisher nicht Versicherter

Für die nach § 5 Abs. 1 Nr. 13 Versicherungspflichtigen gilt § 240 entsprechend.

---

18 BSG, 22.6.2010, B 1 A 1/09 R.
19 BSG, 2.3.2010, B 5 R 62/08 R.
20 BSG, 27.4.2010, B 5 R 6/07 R.
21 LSG BW, 27.1.2012, L 4 KR 3984/10.
22 BGBl. 2012, 2474.

I. Anwendungsbereich der Vorschrift

Die mWv 1.4.2007 durch das GKV-Wettbewerbsstärkungsgesetz vom 26.3.2007[1] eingeführte Vorschrift betrifft Versicherungspflichtige, deren Versicherungspflicht auf § 5 Abs. 1 Nr. 13 beruht. Der vorangehende Text beschäftigte sich mit einmalig gezahltem Arbeitsentgelt.

Betroffen sind Personen, die über **keinen anderen Versicherungsschutz** verfügen und zuletzt nicht gesetzlich oder privat krankenversichert waren. Für diesen Personenkreis wird die Beitragspflicht durch Satzung geregelt. Die Beitragsverfahrensgrundsätze Selbstzahler des GKV-Spitzenverbandes gelten demnach auch für den Personenkreis des § 227.

II. Berücksichtigung der gesamten wirtschaftlichen Leistungsfähigkeit

Nach § 227 iVm § 240 ist die gesamte wirtschaftliche Leistungsfähigkeit zu berücksichtigen. Die **Beitragsbemessung** wird einheitlich durch den Spitzenverband Bund der Krankenkassen geregelt. § 240 Abs. 1 S. 2 beschränkt die Beitragsbemessung nicht auf bestimmte Einkunftsarten und deren Zweckbestimmung.[2] Die wirtschaftliche Leistungsfähigkeit wird von den Einnahmen und nicht von der Bedarfssituation bestimmt.[3] Für die Einbeziehung von Einkunftsarten durch Satzung genügt eine Generalklausel. Nur wenn die Feststellung der Einnahmen auf erhebliche Schwierigkeiten stößt oder verschiedene Berechnungsweisen zur Verfügung stehen oder das Gesetz keine eindeutigen Bewertungsmaßstäbe vorgibt, so ist eine konkrete Satzungsregelung erforderlich.[4]

Der Gesetzgeber hat hinsichtlich der Gruppe der Versicherungspflichtigen die das jeweilige Pflichtversicherungsverhältnis typischerweise prägenden Einnahmearten der Beitragspflicht unterworfen, also insbesondere das Arbeitsentgelt aus der versicherungspflichtigen Beschäftigung, den Zahlbetrag der gesetzlichen Rente und die Versorgungsbezüge (§§ 226 Abs. 1, 229). Bei freiwilligen Mitgliedern und solchen die wie diese behandelt werden, wird die **gesamte wirtschaftliche Leistungsfähigkeit** zugrunde gelegt. Bei vielen freiwillig Versicherten wird der Lebensunterhalt typischerweise durch verschiedene und andere Einnahmemöglichkeiten bestritten als bei Pflichtversicherten. Innerhalb der Einkunftsarten ist ein horizontaler Verlustausgleich möglich. Diese Möglichkeit steht Pflichtversicherten nicht zu. **Einkünfte aus Kapitalvermögen** können daher in die Beitragsbemessung mit einbezogen werden.[5] Es entspricht dem Solidarprinzip der gesetzlichen Krankenversicherung, die Versicherten nach Maßgabe ihrer wirtschaftlichen Leistungsfähigkeit zu Beiträgen heranzuziehen.[6] **Mindestens** sind aber nach § 240 Abs. 2 S. 1 die Einnahmen zu berücksichtigen, die bei einem vergleichbaren versichsicherungspflichtig Beschäftigten der Beitragsbemessung zugrunde zu legen sind.

III. Die Berücksichtigung von Sozialleistungen

Gegenüber dem Wortlaut der bis zum 31.12.1988 geltenden § 180 Abs. 4 Reichsversicherungsordnung (RVO) hat der Text des § 240 auch zu einer Modifizierung der **Rechtsprechung des BSG** zu zweckbestimmten **Sozialleistungen** geführt.[7] Die Leistungen der **Sozialhilfe in besonderen Lebenslagen** zählen im Gegensatz zur Hilfe zum Lebenshalt weiterhin zu den nicht zu berücksichtigenden Leistungen.[8] Zur Beitragsbemessung für freiwillig versicherte Sozialhilfebezieher, die in stationären Pflegeeinrichtungen leben, hat das BSG am 19.12.2012[9] folgende grundsätzliche Regeln aufgestellt: Zwar dürfen solche Beiträge nach § 240 auf Sozialhilfeleistungen erhoben werden, die der Befriedigung des allgemeinen laufenden Lebensbedarfs dienen. Ausgeschlossen ist die Beitragserhebung dagegen auf Leistungen, die im Hinblick auf eine besondere Zweckbestimmung gewährt werden, zB für Hilfen in besonderen Lebenslagen iS des BSHG.[10] Auch unter Geltung des ab 1.1.2005 maßgeblichen SGB XII scheidet eine Heranziehung zu Beiträgen auf Sozialleistungen aus, die dem Versicherten mit Rücksicht auf seine

---

1 BGBl. I, 378.
2 Vgl. BSG, 19.12.2000, B 12 KR 1/00 R.
3 Vgl. BSG, 6.9.2011, B 12 KR 14/00 R. Urteile des BSG zur Anerkennung als Einnahmen zum Lebensunterhalt: 23.2.1995, 12 RK 66/93; 23.9.1999, B 12 KR 1/99 R; 6.9.2001, B 12 KR 14/00 R; 22.3.2006, B 12 KR 8/05 R.
4 BSG, 27.1.2010, B 12 KR 8/08 R.
5 St.Rspr. des BSG, zB BSG, 9.8.2006, B 12 KR 8/06 R.
6 BVerfG, 3.2.1993, 1 BvR 1920/92.
7 BSG, 19.12.2000, B 12 KR 36/00 R; 6.9.2001, B 12 KR 14/00 R; 24.1.2007, B 12 KR 28/05 R.
8 BSG, 6.9.2001, B 12 KR 14/00 R.
9 Az B 12 KR 20/11.
10 So BSG, 29.6.1993, 12 RK 9/92, SozR 3-2500 § 240 Nr. 12.

Pflegebedürftigkeit zweckgebunden gewährt werden; dazu gehören die Kosten des der Pflegebedürftigkeit geschuldeten notwendigen Aufenthalts in einem Pflegeheim.

5 Für freiwillige Mitglieder, die neben dem Arbeitsentgelt eine **Rente der gesetzlichen Rentenversicherung** beziehen, ist gem. § 240 Abs. 3 der Zahlbetrag der Rente getrennt von den übrigen Einnahmen bis zur Beitragsbemessungsgrenze zu berücksichtigen. Soweit dies insgesamt zu einer über der Beitragsbemessungsgrenze liegenden Beitragsbelastung führen würde, ist statt des entsprechenden Beitrags aus der Rente nur der Zuschuss des Rentenversicherungsträgers einzuzahlen.

6 Das **Wohngeld und die Rente der ges. Unfallversicherung** erhöhen die wirtschaftliche Leistungsfähigkeit und unterliegen daher der Beitragsbemessung.[11] Diese Leistungen wurden zuvor als „zweckbestimmt" und damit beitragsfrei angesehen. Neben den Sozialhilfeleistungen in besonderen Lebenslagen bleibt die Grundrente nach § 31 Bundesversorgungsgesetz beitragsfrei, da sie einen ideellen Ausgleich für ein besonderes der Gemeinschaft gebrachtes gesundheitliches Opfer darstellt. Ebenfalls zählen Leistungen zur **Erziehung eines Pflegekindes** § 83 Abs. 1 SGB XII nicht zum anrechenbaren Einkommen.

IV. Beitragsermäßigungen

7 § 240 Abs. 4 S. 2 sieht vor, dass beim **Nachweis niedriger Einkommen** nur noch ein Vierzigstel statt ein Dreißigstel der monatlichen Beitragsbemessungsgrenze zu zahlen ist. Weitere Beitragsermäßigungen sind nach Abs. 4 S. 3 durch Regelung des Spitzenverbandes der Krankenkassen möglich, die Untergrenze ist jedoch ein Sechzigstel der og Bezugsgröße.

§ 228 Rente als beitragspflichtige Einnahmen

(1) [1]Als Rente der gesetzlichen Rentenversicherung gelten Renten der allgemeinen Rentenversicherung sowie Renten der knappschaftlichen Rentenversicherung einschließlich der Steigerungsbeträge aus Beiträgen der Höherversicherung. [2]Satz 1 gilt auch, wenn vergleichbare Renten aus dem Ausland bezogen werden.
(2) [1]Bei der Beitragsmessung sind auch Nachzahlungen einer Rente nach Absatz 1 zu berücksichtigen, soweit sie auf einen Zeitraum entfallen, in dem der Rentner Anspruch auf Leistungen nach diesem Buch hatte. [2]Die Beiträge aus der Nachzahlung gelten als Beiträge für die Monate, für die die Rente nachgezahlt wird.

1 Die Vorschrift definiert den für §§ 237 S. 1 Nr. 2 und für § 226 Abs. 1 S. 1 Nr. 2 relevanten gesetzlichen **Begriff der „Rente der gesetzlichen Rentenversicherung"**. Neben der allgemeinen Rentenversicherung nach SGB VI zählen hierzu die Renten der knappschaftlichen Rentenversicherung und vergleichbare Auslandsrenten. Zusatzleistungen der gesetzlichen Rentenversicherung wie zB der Kinderzuschuss bleiben beitragsfrei. Allerdings bezieht **Abs. 1 S. 1** Steigerungsbeträge der Höherversicherung (§ 269 SGB VI) mit in die Beitragspflicht ein. **Abs. 1 S. 2** ist als Klarstellung hinzugekommen und trägt den vermehrten Sachverhalten mit internationalem Bezug Rechnung. Da Renten nach dem Rentenzahlbetrag gemessen werden, bezieht **Abs. 2** auch **Rentennachzahlungen** in die Beitragsbemessung mit ein. **Abs. 2 S. 2** ist relevant für die Feststellung der Beitragsbemessungsgrenze und des Beitragssatzes. Die Beitragspflicht für Renten der ges. Rentenversicherung gilt nunmehr auch für Renten die bis 1975 durch **Beitragsnachentrichtung** erworben wurden (Artikel-Renten).[1]

§ 226 bestimmt, dass auch bei versicherungspflichtig Beschäftigten der Zahlbetrag der Rente aus der gesetzlichen Rentenversicherung zu berücksichtigen ist. Die Einbeziehung der Steigerungsbeträge aus früherer Höherversicherung ist laut BSG verfassungsgemäß.[2]

Die Regelungen zu kassenindividuellen Zusatzbeiträgen gelten für Rentnerinnen und Rentner seit März 2015.

---

11 BSG, 24.1.2007, B 12 KR 28/05 R.
1 BSGE 72, 85.
2 BSG, 15.12.1989, 12 RK 15/88.

Rentenversicherungsträger sind als Trägerin einer hüttenknappschaftlichen Zusatzversorgung nicht ermächtigt, an der Stelle der zuständigen Krankenkasse Tragung und Höhe von Beiträgen aus der von ihr gezahlten Rente selbst festzusetzen.[3]

§ 229 Versorgungsbezüge als beitragspflichtige Einnahmen

(1) ¹Als der Rente vergleichbare Einnahmen (Versorgungsbezüge) gelten, soweit sie wegen einer Einschränkung der Erwerbsfähigkeit oder zur Alters- oder Hinterbliebenenversorgung erzielt werden,
1. Versorgungsbezüge aus einem öffentlich-rechtlichen Dienstverhältnis oder aus einem Arbeitsverhältnis mit Anspruch auf Versorgung nach beamtenrechtlichen Vorschriften oder Grundsätzen; außer Betracht bleiben
    a) lediglich übergangsweise gewährte Bezüge,
    b) unfallbedingte Leistungen und Leistungen der Beschädigtenversorgung,
    c) bei einer Unfallversorgung ein Betrag von 20 vom Hundert des Zahlbetrags und
    d) bei einer erhöhten Unfallversorgung der Unterschiedsbetrag zum Zahlbetrag der Normalversorgung, mindestens 20 vom Hundert des Zahlbetrags der erhöhten Unfallversorgung,
2. Bezüge aus der Versorgung der Abgeordneten, Parlamentarischen Staatssekretäre und Minister,
3. Renten der Versicherungs- und Versorgungseinrichtungen, die für Angehörige bestimmter Berufe errichtet sind,
4. Renten und Landabgaberenten nach dem Gesetz über die Alterssicherung der Landwirte mit Ausnahme einer Übergangshilfe,
5. Renten der betrieblichen Altersversorgung einschließlich der Zusatzversorgung im öffentlichen Dienst und der hüttenknappschaftlichen Zusatzversorgung.

²Satz 1 gilt auch, wenn Leistungen dieser Art aus dem Ausland oder von einer zwischenstaatlichen oder überstaatlichen Einrichtung bezogen werden. ³Tritt an die Stelle der Versorgungsbezüge eine nicht regelmäßig wiederkehrende Leistung oder ist eine solche Leistung vor Eintritt des Versicherungsfalls vereinbart oder zugesagt worden, gilt ein Einhundertzwanzigstel der Leistung als monatlicher Zahlbetrag der Versorgungsbezüge, längstens jedoch für einhundertzwanzig Monate.
(2) Für Nachzahlungen von Versorgungsbezügen gilt § 228 Abs. 2 entsprechend.

I. Entstehungsgeschichte

Die Vorschrift besteht seit dem 1.1.1989. Das Agrarreformänderungsgesetz v. 29.7.1994 modifizierte Abs. 1 S. 1 Nr. 4 hinsichtlich der Alterssicherung für Landwirte. Das GKV-Modernisierungsgesetz v. 14.11.2003[1] änderte Abs. 1 S. 3 hinsichtlich der Einmalzahlungen. Für die Beitragsbemessung aus Renten und Versorgungsbezügen bestand wegen der Änderungen durch das GKV-Finanzstruktur- und Qualitäts- Weiterentwicklungsgesetz (**GKV-FQWG**) vom 21.7.2014[2] in Form des neuen § 322 eine entsprechende Übergangsregelung bis 28.2.2015. Die neuen kassenindividuellen Zusatzbeiträge können demnach auch für Empfänger von Versorgungsbezügen seit März 2015 erhoben werden.

II. Kriterien für in die Beitragsplicht einbezogenen Versorgungsbezüge

Die Einbeziehung der Rentenleistungen in die Beitragspflicht hat auch die Einbeziehung vergleichbarer Leistungen zur Folge. Die Aufzählung in Abs. 1 wird allgemein als **abschließend** angesehen.[3] Hinsichtlich der Zuordnung einzelner zu den dort genannten Versorgungsbezügen existiert eine in der Folge aufgeführte umfangreiche Rechtsprechung. Analogiebildungen und extensive Auslegungen finden ihre Grenzen ua im Prinzip des Gesetzesvorbehalts bei Grundrechtseingriffen.

Für die **Abgrenzung von beitragspflichtigen und beitragsfreien Einnahmen** ist im Zweifel entscheidend, ob tatsächlich oder typischerweise ein **Bezug zum früheren Erwerbsleben** gegeben ist. Besteht kein Zusammenhang mit einer früheren Berufstätigkeit und sind die Einnahmen zB aus privater Vorsorge oder aus ererbtem Vermögen erzielt worden, sind sie beitragsfrei.[4] Bei versicherungspflichtigen Beschäftig-

---
3 BSG, 11.3.2009, B 12 R 6/07 R.
1 BGBl. I, 2190.
2 BGBl. I 2014, 1133.
3 Marburger in: Eichenhofer/Wenner, § 229 Rn. 3 mwN.
4 BSGE 58, 10, 12.

ten (§ 226 Abs. 1 S. 1 Nr. 1) und bei versicherungspflichtigen Rentnern (§ 237 S. 1 Nr. 3) wird der Begriff der „Versorgungsbezüge" zugrundegelegt, welcher in Abs. 1 eine Definition erfährt. Die regelmäßig wiederkehrenden Leistungen des Abs. 1 S. 1 Nr. 1–5 sind beitragspflichtig, soweit sie zur Alters- und Hinterbliebenenversorgung oder wegen der Einschränkung der Erwerbsfähigkeit erzielt werden. Abs. 1 S. 1 Nr. 1: hier ist der kindbezogene Anteil des Ortszuschlages eingeschlossen.[5] **Übergangsbezüge und die unfallbedingten Bezüge** (Abs. 1 S. 1 Nr. 1) bleiben außer Betracht. Abs. 1 S. 1 Nr. 3 bezieht sich auf die Leistungen der besonderen Versorgungseinrichtungen für bestimmte Berufe, insbesondere der freien Berufe.[6] Nr. 5 bezieht auch die Renten der betrieblichen Altersversorgung einschließlich der Zusatzversorgungen mit ein. Ob die Altersversorgung vom Arbeitgeber selbst oder von einer anderen Institution geleistet wird, spielt dabei keine Rolle. Entscheidend ist, dass der Versorgungsanspruch in Zusammenhang mit der beruflichen Tätigkeit entstanden ist.[7] Die Beitragspflicht ist auch dann gegeben, wenn die Rentenleistungen auf Leistungen des Arbeitnehmers beruhen. **Auslandsbezüge**, welche dem Charakter der beitragspflichtigen Einnahmen nach dieser Vorschrift entsprechen, sind ebenfalls in die Beitragspflicht einbezogen.[8]

III. Einzelfragen der Beitragspflicht

3 Bisherige Umgehungstatbestände bestanden teilweise im Zusammenhang mit der Vereinbarung von **Kapitalleistungen**. Das GMG[9] unterwarf daher Kapitalleistungen, welche an die Stelle von Versorgungsbezügen nach S. 1 treten, auch dann der Beitragspflicht, wenn diese Art der Leistung schon vor Eintritt des Versicherungsfalls vereinbart war. Sind kapitalisierte Versorgungsbezüge beitragspflichtig, so gilt 1/120 der Leistung als monatlicher Zahlbetrag. Eine ursprüngliche **Direktversicherung** wird mit dem Versicherungsnehmerwechsel aus dem betrieblichen Bezug gelöst.[10]
Wenn an die Stelle von Versorgungsbezügen eine Kapitalleistung tritt, ergibt sich die Beitragspflicht gem. Abs. 1 S. 3 in Form der „nicht regelmäßig wiederkehrenden Leistung". Dies gilt auch bei Vereinbarung vor Eintritt des Versicherungsfalles.[11]

4 Einer erweiternden Auslegung des § 229 zB in Bezug auf eine **Kapitallebensversicherung** steht das BSG ablehnend gegenüber. Zu den beitragspflichtigen Versorgungsbezügen gehören die im Gesetz im Einzelnen benannten Einnahmen, die im Zusammenhang mit der Berufstätigkeit stehen. Deren Aufzählung wurde im Gesetzgebungsverfahren als abschließend angesehen, Einnahmen aus betriebsfremder privater Eigenvorsorge sollten nicht beitragspflichtig sein.[12] Zu Leistungen aus einer Kapitallebensversicherung hat das BSG[13] konkretisierende Grundsätze aufgestellt.[14] Eine Aufspaltung der Zahlungen einer Lebensversicherung in einen beitragsfreien und einen beitragspflichtigen Teil ist nicht möglich; Einmalzahlungen aus einer Direktversicherung sind auch dann beitragspflichtig, wenn sie auf eigenen Beitragszahlungen des Versicherten beruhen.[15]

5 Zur Definition beitragspflichtiger Versorgungsbezüge und der betrieblichen Altersversorgung durch eine Stiftung: „Zu Recht sind seit 1.4.2002 Beiträge auf die monatlichen Zahlungen der H.-Stiftung an den Kläger zur Kranken- und Pflegeversicherung festgesetzt worden, weil es sich dabei um beitragspflichtige Versorgungsbezüge iS von § 229 Abs. 1 S. 1 Nr. 5 SGB V handelt. Dafür ist es unerheblich, ob die Leistungen solche iS von § 1 BetrAVG sind; denn der Begriff der ‚betrieblichen Altersversorgung' ist im Beitragsrecht nach der ständigen Rechtsprechung des Senats eigenständig auszulegen.[16] Ebenso ist zB ohne Belang, dass die Zuwendungen nicht die einheitliche Absicherung aller Arbeitnehmer eines Betriebes bezwecken und in welcher organisatorischen Form der Arbeitgeber die Versorgung sicherstellt."[17]

---

5 BSG SozR 3-2500 § 240 SGB V Nr. 20 u. 28.
6 ZB das Versorgungswerk der Rechtsanwälte; zum Versorgungswerk für Zahnärzte vgl. BSGE 62, 136.
7 BSGE 70, 105.
8 Dazu BSGE 63, 231.
9 BT-Dr. 15/1525, 139.
10 BSG, 28.9.2011, B 12 KR/10 B.
11 Zur Verfassungsmäßigkeit: BSG, 25.4.2007, B 12 KR 26/05 R.
12 BSG, 5.5.2010, B 12 KR 15/09 R, BT-Dr. 9/458, 29, 34.
13 BSG, 30.3.2011, NJOZ 2012, 228.
14 Vgl. Hager, NZS 2012, 281.
15 BSG, 12.11.2008, B 12 KR 9/08 R.
16 ZB BSG B 12 KR 6/08 R.
17 BSG, 25.5.2011, B 12 R 13/09 R.

Das BVerfG hat es für verfassungsgemäß angesehen, dass eine ausschließlich arbeitnehmerfinanzierte betriebliche Altersversorgung zu Beiträgen zur ges. KV herangezogen wird, solange die vom Arbeitnehmer eingezahlten Beiträge von der Versorgungszusage des Arbeitgebers umfasst sind und der Versicherungsvertrag auf den Arbeitgeber als Versicherungsnehmer ausgestellt ist.[18] § 229 Abs. 1 S. 3 verstößt auch nicht gegen Art. 2 Abs. 1 GG in Verbindung mit dem rechtsstaatlichen Grundsatz des Vertrauensschutzes.[19]

Für die beitragsrechtliche Behandlung von **Ablaufleistungen der betrieblichen Altersversorgung**, die nicht als monatliche Leistung wie eine Monatsrente der gesetzlichen Rentenversicherung iSd § 228 gezahlt werden, gilt § 229 Abs. 1 S. 3. Danach tritt bei nicht regelmäßig wiederkehrenden Leistungen an die Stelle der monatlichen Bezüge ein Bruchteil der Leistung.[20] Ob eine Kapitalleistung iSd Abs. 1 S. 3 an die Stelle eines Versorgungsbezuges tritt, bemisst sich danach, welche Leistung im Zeitpunkt des Versicherungsfalls konkret geschuldet war.[21]

Leistungen aus einer privat fortgeführten Pensionskasse sind krankenversicherungsbeitragspflichtig. In seiner Entscheidung vom 23.7.2014 stellt das BSG klar, dass Versorgungsleistungen aus einer Pensionskasse (PK) stets komplett zur Bemessung der Beiträge der gesetzlichen Krankenversicherung (GKV) herangezogen werden können, auch wenn der Leistungsempfänger die Pensionskassenbeiträge nach Ausscheiden aus der Erwerbstätigkeit privat weitergezahlt hat. Somit unterscheidet das Gericht im Rahmen der privat fortgeführten bAV zwischen dem Durchführungsweg der PK und dem der DV.[22]

Für **Versicherungsverträge, welche vor Inkrafttreten der Norm geschlossen wurden**, besteht keine Einschränkung der Beitragspflicht etwa weil bei Vertragsabschluss nicht auf die Beitragspflicht hingewiesen wurde. Auch liegen kein Bestandsschutz und keine unzulässige Rückwirkung vor.[23]

Eine **Lebensversicherungsleistung des offenen Versorgungswerks der Journalisten** ist keine Leistung iS des § 229. Eine privatrechtliche Einrichtung, die es sich zur Aufgabe gesetzt hat, der Versorgung ihrer Mitglieder zu dienen, gehört nur dann zu den in Abs. 1 S. 1 Nr. 3 genannten Versicherungseinrichtungen, wenn der Kreis der Mitglieder auf die Angehörigen eines oder mehrerer bestimmter Berufe begrenzt ist.[24]

Eine **Rentenzahlung aus dem Versorgungswerk der Presse GmbH** stellt eine Rente der betrieblichen Altersversorgung dar, die gemäß § 229 Abs. 1 S. 1 Nr. 5 SGB V der Beitragspflicht zur gesetzlichen Kranken- und Pflegeversicherung unterliegt. Der Qualifizierung als Rente der betrieblichen Altersversorgung steht weder entgegen, dass die Klägerin die Leistungsansprüche aufgrund freiwilliger Leistungen erworben hat, noch die Beiträge allein aus eigenen Mitteln und in Form einer Einmalzahlung geleistet wurden. Unerheblich ist im Übrigen, dass die Beklagte keinen konkreten Zusammenhang zwischen dem Abschluss des Vertrages und einer beruflichen Tätigkeit der Klägerin im Bereich der Presse nachgewiesen hat, da eine typisierende Betrachtung ausreichend ist.[25]

§ 230 Rangfolge der Einnahmearten versicherungspflichtig Beschäftigter

¹Erreicht das Arbeitsentgelt nicht die Beitragsbemessungsgrenze, werden nacheinander der Zahlbetrag der Versorgungsbezüge und das Arbeitseinkommen des Mitglieds bis zur Beitragsbemessungsgrenze berücksichtigt. ²Der Zahlbetrag der Rente der gesetzlichen Rentenversicherung wird getrennt von den übrigen Einnahmearten bis zur Beitragsbemessungsgrenze berücksichtigt.

Vorrangig ist das Arbeitsentgelt des Arbeitnehmers zur Beitragsbemessung heranzuziehen. Erreicht dieses die Beitragsbemessungsgrenze (§ 223) nicht, sind Einnahmen gem. der Einnahmearten des § 226 in der Rangfolge gem. S. 1 zu berücksichtigen.

Bestehen neben dem Arbeitseinkommen eines versicherungspflichtig Beschäftigten außerdem Renten- oder Versorgungsbezüge, so kann es sein, dass in der Summe die Beitragsbemessungsgrenze überschrit-

---

18 BVerfG, 3.3.2010, BvR 1660/08.
19 BVerfG, 6.9.2012, 1 BvR 739/08.
20 BayLSG, 23.6.2009, L 5 KR 462/07.
21 BSG, 30.3.1995, 12 RK 10/94.
22 BSG, 23.7.2014, B 12 KR 28/12 R.
23 BayLSG, 28.4.2009, L 5 KR 283/08. Zum Vertrauensschutz BVerfG, 28.2.2008, 1 BvR 2137/06.
24 LSG Bln, 30.10.2009, L 1 KR 131/09.
25 LSG BW, 21.10.2015, L 5 KR 2603/14.

ten wird. Daher klammert S. 2 die Rente zunächst aus der Berechnung aus. § 231 Abs. 2 sieht einen Nachteilsausgleich für den Versicherten vor. Im Übrigen regelt S. 1 die Reihenfolge der Berücksichtigung der verschiedenen Einnahmearten, für welche verschiedene Beitragssätze gelten, § 248. Bei Verweisungen auf § 230 ist „Arbeitsentgelt" als die jeweils von der verweisenden Vorschrift in Bezug genommene Zahlungsart gemeint. Bei Zuvielzahlungen siehe § 231.

§ 231 Erstattung von Beiträgen

(1) Beiträge aus Versorgungsbezügen oder Arbeitseinkommen werden dem Mitglied durch die Krankenkasse auf Antrag erstattet, soweit sie auf Beträge entfallen, um die die Versorgungsbezüge und das Arbeitseinkommen zusammen mit dem Arbeitsentgelt einschließlich des einmalig gezahlten Arbeitsentgelts die anteilige Jahresarbeitsentgeltgrenze nach § 6 Abs. 7 überschritten haben.

(2) ¹Die zuständige Krankenkasse erstattet dem Mitglied auf Antrag die von ihm selbst getragenen Anteile an den Beiträgen aus der Rente der gesetzlichen Rentenversicherung, soweit sie auf Beträge entfallen, um die die Rente zusammen mit den übrigen der Beitragsbemessung zugrunde gelegten Einnahmen des Mitglieds die Beitragsbemessungsgrenze überschritten hat. ²Die Satzung der Krankenkasse kann Näheres über die Durchführung der Erstattung bestimmen. ³Wenn dem Mitglied auf Antrag von ihm getragene Beitragsanteile nach Satz 1 erstattet werden, werden dem Träger der gesetzlichen Rentenversicherung die von diesem insoweit getragenen Beitragsanteile erstattet.

1 Abs. 1 regelt die Erstattung zugunsten des Mitglieds bei **Überzahlungen** von Beiträgen. Die Erstattung erfolgt auf Antrag. Maßgeblich für die Feststellung der Überschreitung ist die Jahresarbeitsentgeltgrenze gem. § 6 Abs. 7. Einbezogen ist auch das einmalig gezahlte Arbeitsentgelt (§ 23 a). Zusatzbeiträge werden nicht erstattet. Mangels Arbeitgeberanteil bei Beiträgen aus Versorgungsbezügen und Arbeitseinkommen aus selbstständiger Tätigkeit ist in diesen Fällen der Gesamtbeitrag zu erstatten.

2 Abs. 2 bei Beitragserhebung auf die Rente. Die Vorschrift sucht einen Ausgleich für Überbelastungen zu schaffen, welche aus der „doppelten Beitragsbemessungsgrenze" (§ 230 S. 2) resultieren. Ob eine Überzahlung eingetreten ist, bemisst sich nach § 6 Abs. 7. Die Erstattungen erfolgen nur auf Antrag. Ein Ausgleich findet auch zwischen Krankenkasse und Rentenversicherung statt, Abs. 2 S. 3.[1] Nach Abs. 2 S. 2 kann die Satzung der Krankenkasse Näheres über die Durchführung der Erstattung bestimmen. Satzungsregelungen dürfen die Erstattung nicht mindern oder ausschließen. Dies ergibt sich schon aus dem Wortlaut des Abs. 2 S. 2 („Durchführung") sowie aus rechtsstaatlichen Prinzipien.[2]

3 Durch das Heil- und Hilfsmittelversorgungsgesetz vom 4.4.2017 (BGBl. I, 778) wird folgender Abs. 3 mWv 1.1.2018 angefügt:

„(3) Weist ein Mitglied, dessen Beiträge nach § 240 Absatz 4 a Satz 6 festgesetzt wurden, innerhalb von drei Jahren nach Ablauf des Kalenderjahres, für das die Beiträge zu zahlen waren, beitragspflichtige Einnahmen nach, die für den Kalendertag unterhalb des 30. Teils der monatlichen Beitragsbemessungsgrenze liegen, wird dem Mitglied der Anteil der gezahlten Beiträge erstattet, der die Beiträge übersteigt, die das Mitglied auf der Grundlage der tatsächlich erzielten beitragspflichtigen Einnahmen nach § 240 hätte zahlen müssen."

§ 232 Beitragspflichtige Einnahmen unständig Beschäftigter

(1) ¹Für unständig Beschäftigte ist als beitragspflichtige Einnahmen ohne Rücksicht auf die Beschäftigungsdauer das innerhalb eines Kalendermonats erzielte Arbeitsentgelt bis zur Höhe von einem Zwölftel der Jahresarbeitsentgeltgrenze nach § 6 Abs. 7 zugrunde zu legen. ²Die §§ 226 und 228 bis 231 dieses Buches sowie § 23 a des Vierten Buches gelten.

(2) ¹Bestanden innerhalb eines Kalendermonats mehrere unständige Beschäftigungen und übersteigt das Arbeitsentgelt insgesamt die genannte monatliche Bemessungsgrenze nach Absatz 1, sind bei der Berechnung der Beiträge die einzelnen Arbeitsentgelte anteilmäßig nur zu berücksichtigen, soweit der

---

1 BT-Dr. 15/4228, 26 f.
2 Zu Beispielsrechnungen siehe Marburger in: Eichenhofer/Wenner, § 231 Rn. 11 ff.

Gesamtbetrag die monatliche Bemessungsgrenze nicht übersteigt. ²Auf Antrag des Mitglieds oder eines Arbeitgebers verteilt die Krankenkasse die Beiträge nach den anrechenbaren Arbeitsentgelten.

(3) Unständig ist die Beschäftigung, die auf weniger als eine Woche entweder nach der Natur der Sache befristet zu sein pflegt oder im Voraus durch den Arbeitsvertrag befristet ist.

Diese Beitragsregelung für unständig Beschäftigte betrifft oft Personen mit einfachen Tätigkeiten und sehr kurzen Beschäftigungszeiten. 1

Ist eine Beschäftigung der Natur der Sache nach oder durch Arbeitsvertrag auf weniger als eine Woche befristet ohne dass sie als „geringfügig" einzustufen ist, so ist die monatliche Beitragsbemessungsgrenze zugrunde zu legen. Abs. 3 formuliert die **Legaldefinition des „unständig Beschäftigten"** entsprechend § 163 Abs. 1 S. 2 SGB VI. Eine entsprechende systemgerechte Regelung im SGB IV ist nicht vorhanden.

Die Regelung dient der Erhaltung der Mitgliedschaft an beschäftigungslosen Tagen (§ 90 Abs. 4) und der Vereinfachung des Regelwerks. Bestehen verschiedene unständige Beschäftigungen und wird dadurch die Grenze überschritten, so werden die einzelnen Einnahmen anteilig gekürzt. 2

Bei unständig Beschäftigten ist ohne Rücksicht auf die Dauer der Beschäftigung das innerhalb eines Kalendermonats erzielte Arbeitsentgelt zu berücksichtigen. Auf Antrag kann durch eine Verteilung nach anrechenbarem Arbeitsentgelt ein durchgängiger Bezugspunkt für die Beitragsberechnung geschaffen werden.

§ 232 a Beitragspflichtige Einnahmen der Bezieher von Arbeitslosengeld, Unterhaltsgeld oder Kurzarbeitergeld

(1) ¹Als beitragspflichtige Einnahmen gelten
1. bei Personen, die Arbeitslosengeld oder Unterhaltsgeld nach dem Dritten Buch beziehen, 80 vom Hundert des der Leistung zugrunde liegenden, durch sieben geteilten wöchentlichen Arbeitsentgelts nach § 226 Abs. 1 Satz 1 Nr. 1, soweit es ein Dreihundertsechzigstel der Jahresarbeitsentgeltgrenze nach § 6 Abs. 7 nicht übersteigt; 80 vom Hundert des beitragspflichtigen Arbeitsentgelts aus einem nicht geringfügigen Beschäftigungsverhältnis sind abzuziehen,
2. bei Personen, die Arbeitslosengeld II beziehen, das 0,2155fache der monatlichen Bezugsgröße; abweichend von § 223 Absatz 1 sind die Beiträge für jeden Kalendermonat, in dem mindestens für einen Tag eine Mitgliedschaft besteht, zu zahlen.

²Bei Personen, die Teilarbeitslosengeld oder Teilunterhaltsgeld nach dem Dritten Buch beziehen, ist Satz 1 Nr. 1 zweiter Teilsatz nicht anzuwenden. ³Ab Beginn des zweiten Monats bis zur zwölften Woche einer Sperrzeit oder ab Beginn des zweiten Monats eines Ruhenszeitraumes wegen einer Urlaubsabgeltung gelten die Leistungen als bezogen.

(1 a) ¹Der Faktor nach Absatz 1 Satz 1 Nummer 2 ist im Jahr 2018 im Hinblick auf die für die Berechnung maßgebliche Struktur der Bezieherinnen und Bezieher von Arbeitslosengeld II zu überprüfen. ²Bei Veränderungen ist der Faktor nach Absatz 1 Satz 1 Nummer 2 mit Wirkung zum 1. Januar 2018 neu zu bestimmen. ³Das Nähere über das Verfahren einer nachträglichen Korrektur bestimmen das Bundesministerium für Gesundheit und das Bundesministerium für Arbeit und Soziales im Einvernehmen mit dem Bundesministerium der Finanzen.

(2) Soweit Kurzarbeitergeld nach dem Dritten Buch gewährt wird, gelten als beitragspflichtige Einnahmen nach § 226 Abs. 1 Satz 1 Nr. 1 80 vom Hundert des Unterschiedsbetrages zwischen dem Sollentgelt und dem Istentgelt nach § 106 des Dritten Buches.

(3) § 226 gilt entsprechend.

Die Vorschrift regelt die Beitragsberechnung, konkret die Art der beitragspflichtigen Einnahmen, im Falle des **Bezugs von Leistungen nach dem SGB III** (Arbeitsförderung) oder nach dem **SGB II** (Grundsicherung für Arbeitsuchende). Die von der Bundesagentur für Arbeit zu tragenden Beiträge (§ 251 Abs. 5 a) werden im Wege der Verwendung fiktiver Einnahmen berechnet. 1

Bezieher von Arbeitslosengeld I oder Unterhaltsgeld nach SGB III sind nach Abs. 1 S. 1 zu Beiträgen heranzuziehen. Das Unterhaltsgeld ist zum 1.1.2005 durch das **Arbeitslosengeld bei beruflicher Weiterbildung** ersetzt worden, ohne dass es zu einer Änderung des SGB V gekommen wäre. Nach dem Wortlaut und Sinn von Abs. 1 Nr. 1 ist die Vorschrift nun auch auf das Arbeitslosengeld bei beruflicher 2

Weiterbildung anwendbar.[1] Maßgeblich ist der Prozentsatz des dem Tagesprinzip folgenden Bemessungsentgelts. Übersteigt das Bemessungsentgelt die Beitragsbemessungsgrenze, so ist der Bemessung ein fiktives Entgelt iHv 80 % der Beitragsbemessung der GKV zugrunde zu legen. Wird kein Teilarbeitslosengeld bezogen und während der Arbeitslosigkeit ein beitragspflichtiges Arbeitsentgelt erzielt, wird ein Teil des Arbeitsentgelts auf die beitragspflichtigen Einnahmen angerechnet, § 131 SGB III. Seit der Umstellung des SGB III von dem Wochen- auf das Tagesprinzip ist die Division durch sieben nicht mehr notwendig. Bezieher von Alg I mussten die früheren pauschalen Zusatzbeträge in voller Höhe selbst tragen. Seit 1.1.2015 wird für sie der kassenindividuelle Zusatzbeitrag von der Bundesagentur für Arbeit getragen.

3   Mit dem „Gesetz zur Stärkung der beruflichen Weiterbildung und des Versicherungsschutzes in der Arbeitslosenversicherung" (Arbeitslosenversicherungsschutz- und Weiterbildungsstärkungsgesetz – AWStG) ergeben sich für Empfänger des Alg II diverse Änderungen ua bei Maßnahmen zur Aktivierung und beruflichen Eingliederung sowie bei Maßnahmen der beruflichen Weiterbildung. In diesem Zusammenhang wurde der Berechnungswert im neuen Abs. 1 S. 1 Nr. 2 angepasst.

4   Das **GKV-Finanzstruktur- und Qualitäts-Weiterentwicklungsgesetz (GKV-FQWG)** vom 21.7.2014[2] reagierte mWv **1.1.2016** auf die bisherigen Praxisprobleme und bürokratischen Beschwernisse bei der Bearbeitung durch die Jobcenter und die Krankenkassen. Es zielte ab auf eine Vereinfachung der Verfahren zum Kranken- und Pflegeversicherungsschutz für Beziehende von Arbeitslosengeld II. Grundsätzlich waren erwerbsfähige Leistungsberechtigte nach dem SGB II aufgrund des Bezugs von Arbeitslosengeld II versicherungspflichtig in der gesetzlichen Krankenversicherung und sozialen Pflegeversicherung, soweit sie nicht familienversichert waren. Die Prüfung des Vorliegens einer Familienversicherung ist nun entbehrlich, da ihr Vorrang entfällt. Zukünftig kommt es bei allen erwerbsfähigen Leistungsberechtigten nach dem SGB II, die Arbeitslosengeld II beziehen, nur noch darauf an, dass sie nicht privat kranken- und pflegeversichert oder dem System der privaten Kranken- und Pflegeversicherung zuzuordnen sind. Für jeden Monat, in dem Arbeitslosengeld II bezogen wird, ist nun eine **pauschale beitragspflichtige Einnahme** zugrunde zu legen, deren Höhe unabhängig davon ist, für wie viele Tage Arbeitslosengeld II bezogen wird und welche weiteren beitragspflichtigen Einnahmen erzielt werden

5   Gemäß des bis 31.12.2015 gültigen **Abs. 1 a** wurde anhand der auf das Jahr bezogenen **Erwartungen der in der Höhe wechselnden weiteren Einnahmen** ein monatlicher Durchschnittswert gebildet, der nachfolgend anhand der tatsächlichen Einnahmen bereinigt werden kann. Da der Bund für die **Beiträge der Alg-II-Bezieher** aufzukommen hat, hat er ein komplexes Regelwerk errichtet, um die Mehreinnahmen des Gesundheitsfonds aus der Erhöhung des Beitragssatzes für geringfügig Beschäftigte und den abgesenkten Beitragsfaktor in Ausgleich zu bringen.[3] Abweichend von dem Grundsatz in § 223 Abs. 1, der eine kalendertägliche Zahlung der Beiträge vorsieht, sind die Beiträge für jeden Kalendermonat zu bezahlen, in dem mindestens ein Tag Mitgliedschaft besteht.

6   **Abs. 2** regelt die Kalkulation beim Bezug von **Kurzarbeitergeld**. Sollentgelt ist das Bruttoentgelt, das der Arbeitnehmer ohne den Arbeitsausfall erzielt hätte. Dieser Betrag vermindert sich um Entgelt für Mehrarbeit. **Abs. 3** regelt die Beitragspflicht für **weitere Leistungen**, die neben den Leistungen aus SGB III bezogen werden.

7   Der Verweis auf § 226 stellt klar, dass neben den Beiträgen auf die og SGB III-Leistungen auch Beiträge auf eine **Rente der gesetzlichen Rentenversicherung** oder auf **Versorgungsbezüge** ggf. auch auf **Arbeitseinkommen** zu leisten sind, wenn solche Einnahmen neben den SGB III-Leistungen bestehen.

§ 232 b Beitragspflichtige Einnahmen der Bezieher von Pflegeunterstützungsgeld

(1) Bei Personen, die Pflegeunterstützungsgeld nach § 44 a Absatz 3 des Elften Buches beziehen, gelten 80 Prozent des während der Freistellung ausgefallenen, laufenden Arbeitsentgelts als beitragspflichtige Einnahmen.

---

1 So auch Hänlein in: LPK-SGB V, § 232 a Rn. 2.
2 BGBl. I, 1133.
3 Zur Motivation und Darstellung des Verfahrens siehe BT-Dr. 15/1516, 72.

(2) ¹Für Personen, deren Mitgliedschaft nach § 192 Absatz 1 Nummer 2 erhalten bleibt, gelten § 226 Absatz 1 Nummer 2 bis 4 und Absatz 2 sowie die §§ 228 bis 231 entsprechend. ²Die Einnahmen nach § 226 Absatz 1 Satz 1 Nummer 2 bis 4 unterliegen höchstens in dem Umfang der Beitragspflicht, in dem zuletzt vor dem Bezug des Pflegeunterstützungsgeldes Beitragspflicht bestand. ³Für freiwillige Mitglieder gilt Satz 2 entsprechend.

I. Entstehungsgeschichte und Kern der Regelung

Das Gesetz zur besseren Vereinbarkeit von Familie, Pflege und Beruf vom 23.12.2014[1] hat das Pflegeunterstützungsgeld zu einem wesentlichen Element der Entlastung von pflegenden Angehörigen gemacht. Folglich war eine Regelung in Bezug auf die Definition der beitragspflichtigen Einnahmen der Bezieher von Pflegeunterstützungsgeld notwendig, welche die gesetzlichen Ziele unterstützt. Diese Regelung ist zum 1.1.2015 in Kraft getreten.

1

II. Regelungen bei Mitgliedschaft

Abs. 2 trifft Regelungen für versicherungspflichtige und freiwillige Mitglieder. Bei einem Fortbestehen der Mitgliedschaft versicherungspflichtiger Mitglieder gem. § 192 Abs. 1 Nr. 2, also etwa bei Anspruch auf Krankengeld, Mutterschaftsgeld oder Erziehungsgeld, wird die entsprechende Anwendung der betreffenden Vorschriften angeordnet. Nach § 226 Abs. 1 S. 1 Nr. 2–4 bleiben Renten, Versorgungsbezüge und neben diesen erzieltes Arbeitseinkommen Teil der Beitragsbemessung. Abs. 2 S. 2 begrenzt aber die Beitragspflicht auf den Umfang, wie er zuletzt vor dem Bezug des Pflegeunterstützungsgeldes bestand. Abs. 2 S. 3 ordnet die entsprechende Anwendung auch auf freiwillige Mitglieder an. Die §§ 230 und 231 beziehen sich auf die Rangfolge der Einnahmearten und auf die Erstattung von Beiträgen.

2

§ 233 Beitragspflichtige Einnahmen der Seeleute

(1) Für Seeleute gilt als beitragspflichtige Einnahme der Betrag, der nach dem Recht der gesetzlichen Unfallversicherung für die Beitragsberechnung maßgebend ist.

(2) § 226 Abs. 1 Satz 1 Nr. 2 bis 4 und Abs. 2 sowie die §§ 228 bis 231 gelten entsprechend.

Die Vorschrift regelt den für Seeleute der Beitragsbemessung zugrundezulegenden Betrag im Sinne eines Durchschnittsentgelts. Wie bei anderen vom Gesetzgeber besonders berücksichtigte Personengruppen liegen auch hier besondere Arbeits- oder Lebensumstände vor, die eine pauschale Anwendung der allgemeinen Regeln nicht als sinnvoll erscheinen lassen. Der Verweis in **Abs. 1** zielt auf die Durchschnittsheuer und bei nichtdeutschen Seeleuten auf das tatsächliche Arbeitsentgelt (§§ 92, 154 Abs. 2 SGB VII). Der Begriff „Seeleute" ist in § 13 Abs. 1 S. 2 SGB IV definiert. Die in **Abs. 2** genannten Vorschriften werden bezüglich der Seeleute als versicherungspflichtig Beschäftigte klarstellend genannt. Zuständig ist die Deutsche Rentenversicherung Knappschaft-Bahn-See.

1

§ 234 Beitragspflichtige Einnahmen der Künstler und Publizisten

(1) ¹Für die nach dem Künstlersozialversicherungsgesetz versicherungspflichtigen Mitglieder wird der Beitragsbemessung der dreihundertsechzigste Teil des voraussichtlichen Jahresarbeitseinkommens (§ 12 des Künstlersozialversicherungsgesetzes), mindestens jedoch der einhundertachtzigste Teil der monatlichen Bezugsgröße nach § 18 des Vierten Buches Sozialgesetzbuch zugrunde gelegt. ²Für die Dauer des Bezugs von Elterngeld oder Erziehungsgeld oder für die Zeit, in der Erziehungsgeld nur wegen des zu berücksichtigenden Einkommens nicht bezogen wird, wird auf Antrag des Mitglieds das in dieser Zeit voraussichtlich erzielte Arbeitseinkommen nach Satz 1 mit dem auf den Kalendertag entfallenden Teil zugrunde gelegt, wenn es im Durchschnitt monatlich 325 Euro übersteigt. ³Für Kalendertage, für die ein Anspruch auf Krankengeld oder Mutterschaftsgeld besteht oder für die Beiträge nach

---

1 BGBl. I, 2462, 2468.

§ 251 Abs. 1 zu zahlen sind, wird Arbeitseinkommen nicht zugrunde gelegt. [4]Arbeitseinkommen sind auch die Vergütungen für die Verwertung und Nutzung urheberrechtlich geschützter Werke oder Leistungen.

(2) § 226 Abs. 1 Satz 1 Nr. 2 bis 4 und Abs. 2 sowie die §§ 228 bis 231 gelten entsprechend.

1 Die Vorschrift regelt den für **selbstständige Künstler und Publizisten** der Beitragsbemessung zugrunde zu legenden Betrag. Betroffen sind Personen, die der Versicherungspflicht nach dem Künstlersozialversicherungsgesetz (KSVG) unterliegen. Die künstlerische oder publizistische Tätigkeit muss erwerbsmäßig und nicht nur vorübergehend ausgeübt werden. Dabei darf nicht mehr als eine Person beschäftigt werden.

Wie bei anderen vom Gesetzgeber besonders berücksichtigten Personengruppen liegen auch hier besondere Arbeits- oder Lebensumstände vor, die eine pauschale Anwendung der allgemeinen Regeln nicht als sinnvoll erscheinen lassen. Für Beiträge der Künstler und Publizisten ist nach dieser Vorschrift das durchschnittlich kalendertägliche Arbeitseinkommen (§ 15 Abs. 1 SGB IV) maßgeblich. Arbeitseinkommen ist der nach allgemeinen steuerrechtlichen Gewinnermittlungsvorschriften ermittelte Gewinn aus selbstständiger Tätigkeit. Dabei sind die in **Abs. 1 Abs. 1 S. 4** genannten Anteile einzubeziehen. Das voraussichtliche Jahreseinkommen wird durch Selbst- und Fremdeinschätzung ermittelt. Dabei ist eine in **Abs. 1** geregelte Mindestbemessungsgrundlage und die Obergrenze nach § 223 Abs. 3 zu beachten. Änderungen der Bemessungsgrundlage sind nur bei Änderungen der Verhältnisse nach § 12 Abs. 3 KSVG möglich. Wenn Eltern- oder Erziehungsgeld nur wegen Berücksichtigung anderweitigen Einkommens nicht bezogen wird, steht dies dem Bezug von Eltern- und Erziehungsgeld gleich. Die hier relevante Geringfügigkeitsgrenze liegt nach § 8 Abs. 1 SGB IV bei 400 EUR. Da die Anpassung in vorliegender Vorschrift versäumt wurde, ist sie im Wege der Auslegung zu ermitteln.[1]

2 **Abs. 1 S. 3** beruht auf der Fiktion, dass während des Bezuges von Kranken- und Mutterschaftsgeld und in ähnlichen Situationen Arbeitsentgelt nicht vorhanden ist, woraus sich Beitragsfreiheit ergibt. Die Bestimmung, dass auch die Vergütungen für die **Verwertung und Nutzung urheberrechtlich geschützter Werke und Leistungen** Arbeitseinkommen ist trifft an dieser Stelle eine besondere Regelung für die Beitragsbemessung im SGB V.

Der Verweis auf § 226 führt zur Berücksichtigung des Zahlbetrages der gesetzlichen Rente, der Versorgungsbezüge und des Arbeitseinkommens, welches neben der künstlerischen oder publizistischen Tätigkeit erzielt wird. § 228 bezieht sich auf die Rente als beitragspflichtige Einnahme, § 229 mit Versorgungsbezügen, § 230 regelt die Rangfolge der zu berücksichtigenden Einnahmearten. Im Übrigen gelten die Regelungen des KSVG insbesondere auch zur Meldepflicht der voraussichtlichen Einnahmen für das kommende Kalenderjahr.

§ 235 Beitragspflichtige Einnahmen von Rehabilitanden, Jugendlichen und Behinderten in Einrichtungen

(1) [1]Für die nach § 5 Abs. 1 Nr. 6 versicherungspflichtigen Teilnehmer an Leistungen zur Teilhabe am Arbeitsleben gilt als beitragspflichtige Einnahmen 80 vom Hundert des Regelentgelts, das der Berechnung des Übergangsgeldes zugrunde liegt. [2]Das Entgelt ist um den Zahlbetrag der Rente wegen verminderter Erwerbsfähigkeit sowie um das Entgelt zu kürzen, das aus einer die Versicherungspflicht begründenden Beschäftigung erzielt wird. [3]Bei Personen, die kein Teilübergangsgeld nach dem Dritten Buch beziehen, ist Satz 2 nicht anzuwenden. [4]Wird das Übergangsgeld, das Verletztengeld oder das Versorgungskrankengeld angepaßt, ist das Entgelt um den gleichen Vomhundertsatz zu erhöhen. [5]Für Teilnehmer, die kein Übergangsgeld erhalten, sowie für die nach § 5 Abs. 1 Nr. 5 Versicherungspflichtigen gilt als beitragspflichtige Einnahmen ein Arbeitsentgelt in Höhe von 20 vom Hundert der monatlichen Bezugsgröße nach § 18 des Vierten Buches.

(2) [1]Für Personen, deren Mitgliedschaft nach § 192 Abs. 1 Nr. 3 erhalten bleibt, sind die vom zuständigen Rehabilitationsträger nach § 251 Abs. 1 zu tragenden Beiträge nach 80 vom Hundert des Regelentgelts zu bemessen, das der Berechnung des Übergangsgeldes, des Verletztengeldes oder des Versorgungskrankengeldes zugrunde liegt. [2]Absatz 1 Satz 3 gilt. [3]Bei Personen, die Verletztengeld nach § 45 Absatz 4 des Siebten Buches in Verbindung mit § 45 Absatz 1 beziehen, gelten abweichend von Satz 1

---

1 Vgl. Hänlein in: LPK-SGB V, § 235 Rn. 3.

als beitragspflichtige Einnahmen 80 Prozent des während der Freistellung ausgefallenen laufenden Arbeitsentgelts oder des der Leistung zugrunde liegenden Arbeitseinkommens.
(3) Für die nach § 5 Abs. 1 Nr. 7 und 8 versicherungspflichtigen behinderten Menschen ist als beitragspflichtige Einnahmen das tatsächlich erzielte Arbeitsentgelt, mindestens jedoch ein Betrag in Höhe von 20 vom Hundert der monatlichen Bezugsgröße nach § 18 des Vierten Buches zugrunde zu legen.
(4) § 226 Abs. 1 Satz 1 Nr. 2 bis 4 und Abs. 2 sowie die §§ 228 bis 231 gelten entsprechend; bei Anwendung des § 230 Satz 1 ist das Arbeitsentgelt vorrangig zu berücksichtigen.

Wie bei anderen vom Gesetzgeber besonders berücksichtigten Personengruppen liegen auch hier besondere Arbeits- oder Lebensumstände vor, die eine pauschale Anwendung der allgemeinen Regeln nicht als sinnvoll erscheinen lassen. Beitragspflichtige Einnahmen von **Rehabilitanden, Jugendlichen und Behinderten in Einrichtungen** werden nach Maßgabe des § 235 berücksichtigt. Für Rehabilitanden mit Übergangsgeld wird der Teil des Arbeitsentgelts der Beitragsberechnung zugrunde gelegt, nach welchem das Übergangsgeld berechnet wird. Bei Rehabilitanden ohne Übergangsgeld und versicherungspflichtigen Jugendlichen (§ 5 Abs. 1 S. 1 Nr. 5) ist ein fiktives Arbeitsentgelt iHv 20 % der monatlichen Bezugsgröße nach § 18 SGB IV maßgebend.[1]

Versicherungspflichtige Menschen mit Behinderung gem. § 5 Abs. 1 Nr. 7 und 8 sind zB Personen, die in anerkannten Behindertenwerkstätten oder Blindenwerkstätten oder in Heimarbeit tätig sind. Zudem sind Personen erfasst, die etwa in stationären Einrichtungen der Behindertenhilfe Leistungen erbringen, die mindestens einem Fünftel der Leistung einer voll erwerbsfähigen Person entsprechen. Für die Beitragsbemessung ist nach Abs. 3 das tatsächlich erzielte Arbeitsentgelt bzw. ein Mindestbetrag zu berücksichtigen.

Abs. 2 S. 3 ist durch das Gesetz zur besseren Vereinbarkeit von Familie, Pflege und Beruf vom 23.12.2014[2] mit Wirkung vom **1.1.2015** neu hinzugekommen. Er stellt die Gleichbehandlung mit anderen vergleichbaren Personenkreisen in der Freistellungsphase sicher.

§ 236 Beitragspflichtige Einnahmen der Studenten und Praktikanten

(1) ¹Für die nach § 5 Abs. 1 Nr. 9 und 10 Versicherungspflichtigen gilt als beitragspflichtige Einnahmen ein Dreißigstel des Betrages, der als monatlicher Bedarf nach § 13 Abs. 1 Nr. 2 und Abs. 2 des Bundesausbildungsförderungsgesetzes für Studenten festgesetzt ist, die nicht bei ihren Eltern wohnen. ²Änderungen des Bedarfsbetrags sind vom Beginn des auf die Änderung folgenden Semesters an zu berücksichtigen.
(2) ¹§ 226 Abs. 1 Satz 1 Nr. 2 bis 4 und Abs. 2 sowie die §§ 228 bis 231 gelten entsprechend. ²Die nach § 226 Abs. 1 Satz 1 Nr. 3 und 4 zu bemessenden Beiträge sind nur zu entrichten, soweit sie die nach Absatz 1 zu bemessenden Beiträge übersteigen.

Wie bei anderen vom Gesetzgeber besonders berücksichtigte Personengruppen liegen auch hier besondere Arbeits- oder Lebensumstände vor, die eine pauschale Anwendung der allgemeinen Regeln nicht als sinnvoll erscheinen lassen. Die versicherungspflichtigen Studenten und Praktikanten beziehen aus dem Studium als solches kein Einkommen und so wird auch hier ein **fiktives Einkommen** zugrundegelegt. Wird aus einer anderen Tätigkeit zusätzliches Einkommen, zB Arbeitseinkommen bezogen, so ist dieses mit Verweis auf § 226 Abs. 1 und die in § 236 Abs. 2 S. 2 vorgenommenen Begrenzungen grundsätzlich beitragspflichtig.

Der Verweis auf die §§ 228, 229 bezieht sich auf Rente und Versorgungsbezüge als zu berücksichtigende beitragspflichtige Einnahmen. § 230 bestimmt die Rangfolge der Berücksichtigung verschiedener Einnahmearten.

---

1 Zum Beitrag eines kinderlosen Beschäftigten zur Pflegeversicherung in einer Behindertenwerkstatt siehe BayLSG, 6.2.2009, L 5 KR 234/07.
2 BGBl. I, 2462, 2468.

§ 237 Beitragspflichtige Einnahmen versicherungspflichtiger Rentner

¹Bei versicherungspflichtigen Rentnern werden der Beitragsbemessung zugrunde gelegt
1. der Zahlbetrag der Rente der gesetzlichen Rentenversicherung,
2. der Zahlbetrag der der Rente vergleichbaren Einnahmen und
3. das Arbeitseinkommen.

²Bei Versicherungspflichtigen nach § 5 Absatz 1 Nummer 11b sind die dort genannten Leistungen bis zum Erreichen der Altersgrenzen des § 10 Absatz 2 beitragsfrei. ³Dies gilt entsprechend für die Waisenrente nach § 15 des Gesetzes über die Alterssicherung der Landwirte. ⁴§ 226 Abs. 2 und die §§ 228, 229 und 231 gelten entsprechend.

I. Entstehungsgeschichte 1	V. Die Berücksichtigung des Arbeitseinkommens 14
II. Grundsätze der Einbeziehung der Einnahmen der Rentner in die Beitragsbemessung 2	VI. Erstattung bei Überschreiten der Jahresarbeitsentgeltgrenze 16
III. Die Einbeziehung vergleichbarer Leistungen 4	
IV. Einzelfragen der Einbeziehung von Einnahmen in die Beitragsbemessung 5	

I. Entstehungsgeschichte

1 Die Vorschrift besteht seit der Einführung des SGB V am 1.1.1989 unverändert.

II. Grundsätze der Einbeziehung der Einnahmen der Rentner in die Beitragsbemessung

2 Für die Einnahmen versicherungspflichtiger Rentner ergeben sich bezifferbare und typisierte Anknüpfungspunkte. Folglich werden die Zahlbeträge (der tatsächlich zur Auszahlung kommende Betrag) der **Rente aus der gesetzlichen Rentenversicherung**, der Zahlbetrag der der Rente vergleichbarer Einnahmen und das Arbeitseinkommen zugrunde gelegt. Für die Berücksichtigung des Zahlbetrages ist es unerheblich, ob die Rente ggf. wg. Pfändung an einen Dritten ausbezahlt wird.

3 Aus dem Bezug zu §§ 228 und 229 ergibt sich Folgendes: Als **Rente der gesetzlichen Rentenversicherung** gelten Renten der allgemeinen Rentenversicherung nach SGB VI, die Renten der knappschaftlichen Rentenversicherung und vergleichbare Auslandsrenten. Zusatzleistungen der gesetzlichen Rentenversicherung wie zB der Kinderzuschuss bleiben beitragsfrei. Allerdings bezieht § 228 Abs. 1 S. 1 Steigerungsbeträge der Höherversicherung (§ 269 SGB VI) mit in die Beitragspflicht ein. Da Renten nach dem Rentenzahlbetrag gemessen werden, bezieht § 228 Abs. 2 auch **Rentennachzahlungen** in die Beitragsbemessung mit ein. Abs. 2 S. 2 ist relevant für die Feststellung der Beitragsbemessungsgrenze und des Beitragssatzes. Die Beitragspflicht für Renten der ges. Rentenversicherung gilt nunmehr auch für Renten die bis 1975 durch **Beitragsnachentrichtung** erworben wurden (Artikel-Renten).[1] § 228 Abs. 2 S. 2 ist relevant für die Feststellung der Beitragsbemessungsgrenze und des Beitragssatzes.

III. Die Einbeziehung vergleichbarer Leistungen

4 Die Einbeziehung der Rentenleistungen in die Beitragspflicht hat auch die **Einbeziehung vergleichbarer Leistungen** (Versorgungsbezüge) zur Folge. Sie werden in § 229 Abs. 1 definiert. Für die Abgrenzung von beitragspflichtigen und beitragsfreien Einnahmen ist entscheidend, ob tatsächlich oder typischerweise ein Bezug zum früheren Erwerbsleben gegeben ist. Besteht kein Zusammenhang mit einer früheren Berufstätigkeit und sind die Einnahmen zB aus privater Vorsorge oder aus ererbtem Vermögen erzielt worden, sind sie beitragsfrei.[2] Die regelmäßig wiederkehrenden Leistungen sind beitragspflichtig, soweit sie zur Alters- und Hinterbliebenenversorgung oder wegen der Einschränkung der Erwerbsfähigkeit erzielt werden. § 229 Abs. 1 S. 1 Nr. 1: hier ist der kindbezogene Anteil des Ortszuschlages eingeschlossen.[3] Übergangsbezüge und unfallbedingte Bezüge bleiben außer Betracht (§ 229 Abs. 1 S. 1 Nr. 1 a–d). § 229 Abs. 1 S. 1 Nr. 3 bezieht sich auf die Leistungen der besonderen Versorgungseinrichtungen für bestimmte Berufe, insbesondere der freien Berufe.[4] § 229 Abs. 1 S. 1 Nr. 5 bezieht auch die Renten der betrieblichen Altersversorgung einschließlich der Zusatzversorgungen mit ein. Ob die Al-

---

1 BSGE 72, 85.
2 BSGE 58, 10, 12.
3 BSG SozR 3-2500 § 240 SGB V Nr. 20 u. 28.
4 ZB das Versorgungswerk der Rechtsanwälte; zum Versorgungswerk für Zahnärzte vgl. BSGE 62, 136.

tersversorgung vom Arbeitgeber selbst oder von einer anderen Institution spielt dabei keine Rolle. Entscheidend ist, dass der Versorgungsanspruch in Zusammenhang mit der beruflichen Tätigkeit entstanden ist.[5] Bisherige Umgehungstatbestände bestanden teilweise im Zusammenhang mit der **Vereinbarung von Kapitalleistungen.** Das GMG[6] unterwarf daher Kapitalleistungen, welche an die Stelle von Versorgungsbezügen nach S. 1 treten, auch dann der Beitragspflicht, wenn diese Art der Leistung auch schon vor Eintritt des Versicherungsfalls vereinbart war. Sind kapitalisierte Versorgungsbezüge beitragspflichtig, so gilt 1/120 der Leistung als monatlicher Zahlbetrag. Eine ursprüngliche **Direktversicherung** wird mit dem Versicherungsnehmerwechsel aus dem betrieblichen Bezug gelöst.[7] **Auslandsbezüge,** welche dem Charakter der beitragspflichtigen Einnahmen nach dieser Vorschrift entsprechen, sind ebenfalls in die Beitragspflicht einbezogen.

IV. Einzelfragen der Einbeziehung von Einnahmen in die Beitragsbemessung

Einer erweiternden Auslegung des § 229 zB in Bezug auf eine **Kapitallebensversicherung** steht das BSG grundsätzlich ablehnend gegenüber. Zu den beitragspflichtigen Versorgungsbezügen gehören die im Gesetz im Einzelnen benannten Einnahmen, die im Zusammenhang mit der Berufstätigkeit stehen. Deren Aufzählung wurde im Gesetzgebungsverfahren als abschließend angesehen, Einnahmen aus betriebsfremder privater Eigenvorsorge sollten nicht beitragspflichtig sein.[8]   5

Zu Leistungen aus einer **Kapitallebensversicherung** hat das BSG[9] folgende konkretisierte Grundsätze aufgestellt: Nicht regelmäßig wiederkehrende Kapitalleistungen aus einer als Direktversicherung abgeschlossenen Kapitallebensversicherung unterliegen bei Pflichtversicherten in der gesetzlichen Krankenversicherung nur insoweit der Beitragspflicht, als die Zahlungen auf Prämien beruhen, die auf den Versicherungsvertrag für Zeiträume eingezahlt wurden, in denen der Arbeitgeber Versicherungsnehmer war. Die Krankenkassen sind nicht verpflichtet zu überprüfen, ob die Voraussetzungen für den Abschluss einer Direktversicherung im Einzelfall tatsächlich vorlagen. Weiter enthält die Entscheidung Ausführungen zur prämienratierlichen typisierenden Berechnung des beitragspflichtigen Teils sowie zur Meldepflicht des Versicherungsunternehmens.[10] Eine Aufspaltung der Zahlungen einer Lebensversicherung in einen beitragsfreien und einen beitragspflichtigen Teil ist nicht möglich, Einmalzahlungen aus einer Direktversicherung sind auch dann beitragspflichtig, wenn sie auf eigenen Beitragszahlungen des Versicherten beruhen.[11]   6

Das Bundesverfassungsgericht hat es für verfassungsgemäß angesehen, dass eine **ausschließlich arbeitnehmerfinanzierte betriebliche Altersversorgung** zu Beiträgen zur ges. KV herangezogen wird, solange die vom Arbeitnehmer eingezahlten Beiträge von der Versorgungszusage des Arbeitgebers umfasst sind und der Versicherungsvertrag auf den Arbeitgeber als Versicherungsnehmer ausgestellt ist.[12] § 229 Abs. 1 S. 3 verstößt auch nicht gegen Art. 2 Abs. 1 GG in Verbindung mit dem rechtsstaatlichen Grundsatz des Vertrauensschutzes.[13]   7

Zu einem Gruppenversicherungsvertrag der Stationierungsstreitkräfte erkannte das LSG Hessen, dass § 229 Abs. 1 S. 3 nur auf die Beseitigung von Umgehungsmöglichkeiten wegen der vorherigen Vereinbarung einer Einmalzahlung im Versicherungsfall abziele. Der vom Versorgungsbezug vorausgesetzte Versicherungsfall werde nicht erweitert. Zahlungen jenseits des Versicherungsfalles sind durch die Vorschrift demnach nicht in den Kreis der Versorgungsbezüge einzubeziehen.[14]   8

Für die beitragsrechtliche Behandlung von **Ablaufleistungen der betrieblichen Altersversorgung,** die nicht als monatliche Leistung wie eine Monatsrente der gesetzlichen Rentenversicherung iSd § 228 ge-   9

---

5 BSGE 70, 105.
6 BT-Dr. 15/1525, 139.
7 BSG, 28.9.2011, B 12 KR/10 B.
8 BSG, 5.5.2010, B 12 KR 15/09 R; BT-Dr. 9/458 S. 29,34.
9 BSG, 30.3.2011, NJOZ 2012, 228.
10 Vgl. Hager, NZS 2012, 281.
11 BSG, 12.11.2008, B 12 KR 9/08 R. Zur Beitragspflicht aus einer Deckungsrückstellung: LSG RhPf, 7.10.2010, L 5 KR 37/10. Zusammenhang der Auszahlung einer Direktversicherung nach dem 60. Lebensjahr mit dem Erwerbsleben ist gegeben: LSG Thür., 8.11.2011, L 6 KR 1167/06. Zur gesamten Problematik der Beitragspflicht im Zusammenhang mit einer Lebensversicherung: Richter/Klatt, DStR 2011, 415.
12 BVerfG, 3.3.2010, BvR 1660/08.
13 BVerfG, 6.9.2012, 1 BvR 739/08.
14 HessLSG, 18.11.2010, L 1 KR 76/10, zum Fall einer Direktversicherung der Arbeitgeberin für den verstorbenen Mann: BSG, 12.1.2011, B 12 KR 115/11 R.

zahlt werden, gilt § 229 Abs. 1 S. 3. Danach tritt bei nicht regelmäßig wiederkehrenden Leistungen an die Stelle der monatlichen Bezüge ein Bruchteil der Leistung.[15]

10 Für Versicherungsverträge welche vor Inkrafttreten der Norm geschlossen wurden, besteht keine Einschränkung der Beitragspflicht etwa weil bei Vertragsabschluss nicht auf die Beitragspflicht hingewiesen wurde. Auch liegen kein Bestandsschutz und keine unzulässige Rückwirkung vor.[16]

11 Eine Lebensversicherungsleistung des offenen Versorgungswerks der Journalisten ist keine Leistung iS des § 229. Eine privatrechtliche Einrichtung, die es sich zur Aufgabe gesetzt hat, der Versorgung ihrer Mitglieder zu dienen, gehört nur dann zu den in § 229 Abs. 1 S. 1 Nr. 3 genannten Versicherungseinrichtungen, wenn der Kreis der Mitglieder auf die Angehörigen eines oder mehrerer bestimmter Berufe begrenzt ist.[17]

12 Zur Definition von als „Renten" bezeichneter beitragspflichtiger Versorgungsbezüge und der betrieblichen Altersversorgung durch eine Stiftung: Für die Beitragspflicht sei es unerheblich, ob die Leistungen solche iS von § 1 BetrAVG sind; denn der Begriff der „betrieblichen Altersversorgung" ist im Beitragsrecht nach der ständigen Rechtsprechung des Senats eigenständig auszulegen.[18] Ebenso sei zB ohne Belang, dass die Zuwendungen nicht die einheitliche Absicherung aller Arbeitnehmer eines Betriebes bezwecken und in welcher organisatorischen Form der Arbeitgeber die Versorgung sicherstellt. Auch wenn der ehemaliger Arbeitgeber und leistungsgewährende Stiftung hier unterschiedliche Rechtssubjekte seien, stellen Satzung und Geschäftsordnung der Stiftung ggf. eine derart enge Verbindung zwischen Arbeitgeber und früherem Arbeitsverhältnis sowie zwischen dem Eigentümer der Firmengruppe und der von ihm initiierten Stiftung her, dass an einer Leistung der betrieblichen Altersversorgung kein Zweifel bestehen kann. Wenn die Leistungen der Stiftung jedenfalls auch dazu bestimmt seien, Betriebsangehörigen – zu denen der Kläger gehört – ihr entgangenes Einkommen aus einer abhängigen Beschäftigung mit personellem Bezug zum Stifter zu ersetzen, haben sie damit Entgeltersatzfunktion.[19]

13 Für die Beitragsbemessung ist die Summe der in acht Raten zu zahlenden betrieblichen Altersversorgung als unregelmäßig wiederkehrende Leistung bei der Beitragsberechnung zu berücksichtigen und von der Summe wird ein Bruchteil als monatliche beitragspflichtige Einnahme festgesetzt. „Wird eine Leistung der betrieblichen Altersversorgung nicht als Rente, sondern als Kapitalleistung, wenn auch in mehreren Raten gezahlt, handelt es sich um eine unregelmäßig wiederkehrende Leistung. Diese ist mit 1/120 des Gesamtbetrags der Leistung unabhängig vom Zufluss einzelner Raten als beitragspflichtige Einnahme zu berücksichtigen."[20]

V. Die Berücksichtigung des Arbeitseinkommens

14 Der Beitrag aus dem **Arbeitseinkommen** wird nach dem **Bruttoprinzip** berechnet, dh zugrunde gelegt werden die Einnahmen vor Abzug der Steuern und der Arbeitnehmeranteile der Sozialversicherungsbeiträge. Ist ein Nettolohn vereinbart, so sind auch die auf die Einnahmen des Beschäftigten zu entrichtenden Steuern und die entsprechenden Beiträge zur Sozialversicherung relevant. Der Nettolohn wird nach dem sog „Abtastverfahren"[21] berechnet. Neben dem tatsächlich gezahlten Arbeitsentgelt ist auch das geschuldete, aber möglicherweise vorenthaltene Arbeitsentgelt beitragspflichtig.[22] Wenn der Entgeltanspruch später verfällt, schmälert dies die Beitragspflicht nicht.[23] Für das Arbeitsentgelt ist der Lohnabrechnungszeitraum relevant, in welchem es erarbeitet wurde. Bestandteile einer Entgeltumwandlung für eine betriebliche Altersversorgung fehlten seit 1.1.2009 als Arbeitsentgelt iSv § 14 Abs. 1 S. 2 SGB IV.

15 Bei **versicherungspflichtigen Arbeitnehmern** werden nach § 226 Abs. 1 S. 1 Nr. 2–4, andere Einnahmen nur berücksichtigt, wenn es sich um Rente oder vergleichbare Einnahmen handelt oder um **Arbeitseinkommen** (§ 15 SGB IV), das neben der Rente oder vergleichbaren Einnahmen erzielt wird. Wenn die Versicherungspflicht eines Rentners wegen der Vorrangklausel des § 5 Abs. 8 auf einer versicherungspflichtigen Beschäftigung beruht, soll die Beitragspflicht möglichst umfassend hergestellt werden Bei-

---

15 BayLSG, 23.6.2009, L 5 KR 462/07.
16 BayLSG, 28.4.2009, L 5 KR 283/08, zum Vertrauensschutz BVerfG, 28.2.2008, 1 BvR 2137/06.
17 LSG Bln, 30.10.2009, L 1 KR 131/09.
18 ZB BSG, 12.11.2008, B 12 KR 6/08 R.
19 BSG, 25.5.2011, B 12 R 13/09 R.
20 BSG 17.3.2010, B 12 KR 4/09 R.
21 BSGE 64, 110, 112.
22 BSGE 54, 136.
23 BSGE 75, 61, 65 ff.; kritisch: Hänlein in: LPK-SGB V, § 226 Rn. 4 mwN.

träge aus Versorgungsbezügen oder aus Arbeitseinkommen unterliegen einer nach § 226 Abs. 2 bestehenden **Bagatellgrenze**.

VI. Erstattung bei Überschreiten der Jahresarbeitsentgeltgrenze

Der Bezug zu § 231 ergibt folgende Regel der **Beitragserstattung**: Beiträge aus Versorgungsbezügen oder Arbeitseinkommen werden dem Mitglied durch die Krankenkasse auf Antrag erstattet, soweit sie auf Beträge entfallen, um die die Versorgungsbezüge und das Arbeitseinkommen zusammen mit dem Arbeitsentgelt einschließlich des einmalig gezahlten Arbeitsentgelts die **anteilige Jahresarbeitsentgeltgrenze** nach § 6 Abs. 7 überschritten haben. Die zuständige Krankenkasse erstattet dem Mitglied auf Antrag die von ihm selbst getragenen Anteile an den Beiträgen aus der Rente der gesetzlichen Rentenversicherung, soweit sie auf Beträge entfallen, um die die Rente zusammen mit den übrigen der Beitragsbemessung zugrunde gelegten Einnahmen des Mitglieds die Beitragsbemessungsgrenze überschritten hat. Die Satzung der Krankenkasse kann Näheres über die Durchführung der Erstattung bestimmen. Wenn dem Mitglied auf Antrag von ihm getragene Beitragsanteile nach § 231 S. 1 erstattet werden, werden dem Träger der gesetzlichen Rentenversicherung die von diesem insoweit getragenen Beitragsanteile erstattet. Die Vorschrift sucht einen Ausgleich für Überbelastungen zu schaffen, welche aus der „doppelten Beitragsbemessungsgrenze" (§ 230 S. 2) resultieren. Erfasst werden Fälle der nachträglich festgestellten Überzahlung infolge der Beitragserhebung auf einmalig gezahltes Arbeitsentgelt. Ob eine Überzahlung eingetreten ist, bemisst sich nach § 6 Abs. 7. Die Erstattungen erfolgen nur auf Antrag. Ein Ausgleich findet auch zwischen Krankenkasse und Rentenversicherung statt, Abs. 2 S. 3.[24]

§ 238 Rangfolge der Einnahmearten versicherungspflichtiger Rentner

Erreicht der Zahlbetrag der Rente der gesetzlichen Rentenversicherung nicht die Beitragsbemessungsgrenze, werden nacheinander der Zahlbetrag der Versorgungsbezüge und das Arbeitseinkommen des Mitglieds bis zur Beitragsbemessungsgrenze berücksichtigt.

Die Vorschrift bezieht sich auf die in § 237 S. 1 genannten Einnahmearten und regelt die die Rangfolge der Berücksichtigung der Einnahmearten, wenn der Zahlbetrag (der tatsächlich ausgezahlte Rentenbetrag) nicht die Beitragsbemessungsgrenze erreicht. Grund sind möglicherweise unterschiedliche Beitragssätze für die verschiedenen Einnahmearten.

Die allgemeine Regelung zur Rangfolge der Einnahmearten bei Berücksichtigung für die Beitragsbemessung befindet sich in § 230.

§ 238a Rangfolge der Einnahmearten freiwillig versicherter Rentner

Bei freiwillig versicherten Rentnern werden der Beitragsbemessung nacheinander der Zahlbetrag der Rente, der Zahlbetrag der Versorgungsbezüge, das Arbeitseinkommen und die sonstigen Einnahmen, die die wirtschaftliche Leistungsfähigkeit des freiwilligen Mitglieds bestimmen (§ 240 Abs. 1), bis zur Beitragsbemessungsgrenze zugrunde gelegt.

Die Vorschrift ergänzt die Regelung des § 238 für freiwillig versicherte Rentner. Bei freiwillig versicherten Rentnern werden nach § 240 Abs. 1 auch „sonstige Einnahmen" mit erfasst, so dass auch diese Einnahmen bei der Bildung einer Rangfolge zu berücksichtigen waren.

§ 239 Beitragsbemessung bei Rentenantragstellern

¹Bei Rentenantragstellern wird die Beitragsbemessung für die Zeit der Rentenantragstellung bis zum Beginn der Rente durch den Spitzenverband Bund der Krankenkassen geregelt. ²Dies gilt auch für Personen, bei denen die Rentenzahlung eingestellt wird, bis zum Ablauf des Monats, in dem die Entscheidung über Wegfall oder Entzug der Rente unanfechtbar geworden ist. ³§ 240 gilt entsprechend.

---

24 BT-Dr. 15/4228, 26 f.

1 Die Vorschrift trifft eine Regelung für die **Schwebezeit der Rentenantragstellung**. Eine beitragsfreie Mitgliedschaft während der Antragszeit bei Ablehnung des Antrags soll vermieden werden. Wird dem Rentenantrag stattgegeben, so steht schließlich fest, dass der Antragsteller ab Antragstellung Mitglied der Krankenversicherung war (§ 186 Abs. 9). § 225 Die während der Schwebezeit zu zahlenden Beiträge sind vom Antragsteller allein zu tragen (§ 250 Abs. 2). Bestimmte Gruppen werden allerdings durch § 225 von der vorläufigen Beitragspflicht ausgenommen, wie zB rentenberechtigte Hinterbliebene. Bei einer Überschreitung bestimmter Grenzen durch das Arbeitseinkommen oder die Versorgungsbezüge gilt die Beitragsfreiheit nach § 225 S. 2 u. 3 nicht. Der Verweis auf § 240 lässt erkennen, dass bei der Beitragsbemessung die gesamte wirtschaftliche Leistungsfähigkeit zu berücksichtigen ist.[1]

2 Wird dem Rentenantrag stattgegeben, findet eine Bereinigung der während der Wartezeit entrichteten Beiträge statt. Es erfolgt die Erhebung der Beiträge aus der Rentennachzahlung nach den allgemeinen Regeln so dass der Rentner nach § 249 nur die Hälfte dieser Beiträge zu zahlen hat. Die in der Schwebezeit erhobenen Beiträge sind nach § 26 Abs. 2 SGB IV dem Rentner zu erstatten.

§ 240 Beitragspflichtige Einnahmen freiwilliger Mitglieder

(1) ¹Für freiwillige Mitglieder wird die Beitragsbemessung einheitlich durch den Spitzenverband Bund der Krankenkassen geregelt. ²Dabei ist sicherzustellen, daß die Beitragsbelastung die gesamte wirtschaftliche Leistungsfähigkeit des freiwilligen Mitglieds berücksichtigt; sofern und solange Mitglieder Nachweise über die beitragspflichtigen Einnahmen auf Verlangen der Krankenkasse nicht vorlegen, gilt als beitragspflichtige Einnahmen für den Kalendertag der dreißigste Teil der monatlichen Beitragsbemessungsgrenze (§ 223).

(2) ¹Bei der Bestimmung der wirtschaftlichen Leistungsfähigkeit sind mindestens die Einnahmen des freiwilligen Mitglieds zu berücksichtigen, die bei einem vergleichbaren versicherungspflichtig Beschäftigten der Beitragsbemessung zugrunde zu legen sind. ²Abstufungen nach dem Familienstand oder der Zahl der Angehörigen, für die eine Versicherung nach § 10 besteht, sind unzulässig. ³Der zur sozialen Sicherung vorgesehene Teil des Gründungszuschusses nach § 94 des Dritten Buches in Höhe von monatlich 300 Euro darf nicht berücksichtigt werden. ⁴Ebenfalls nicht zu berücksichtigen ist das an eine Pflegeperson weitergereichte Pflegegeld bis zur Höhe des Pflegegeldes nach § 37 Absatz 1 des Elften Buches. ⁵Die §§ 223 und 228 Abs. 2, § 229 Abs. 2 und die §§ 238 a, 247 Satz 1 und 2 und 248 Satz 1 und 2 dieses Buches sowie § 23 a des Vierten Buches gelten entsprechend.

(3) ¹Für freiwillige Mitglieder, die neben dem Arbeitsentgelt eine Rente der gesetzlichen Rentenversicherung beziehen, ist der Zahlbetrag der Rente getrennt von den übrigen Einnahmen bis zur Beitragsbemessungsgrenze zu berücksichtigen. ²Soweit dies insgesamt zu einer über der Beitragsbemessungsgrenze liegenden Beitragsbelastung führen würde, ist statt des entsprechenden Beitrags aus der Rente nur der Zuschuß des Rentenversicherungsträgers einzuzahlen.

(4) ¹Als beitragspflichtige Einnahmen gilt für den Kalendertag mindestens der neunzigste Teil der monatlichen Bezugsgröße. ²Für freiwillige Mitglieder, die hauptberuflich selbständig erwerbstätig sind, gilt als beitragspflichtige Einnahmen für den Kalendertag der dreißigste Teil der monatlichen Beitragsbemessungsgrenze (§ 223), bei Nachweis niedrigerer Einnahmen jedoch mindestens der vierzigste, für freiwillige Mitglieder, die einen monatlichen Gründungszuschuss nach § 93 des Dritten Buches oder eine entsprechende Leistung nach § 16 b des Zweiten Buches erhalten, der sechzigste Teil der monatlichen Bezugsgröße. ³Der Spitzenverband Bund der Krankenkassen bestimmt, unter welchen Voraussetzungen darüber hinaus der Beitragsbemessung hauptberuflich selbstständig Erwerbstätiger niedrigere Einnahmen, mindestens jedoch der sechzigste Teil der monatlichen Bezugsgröße, zugrunde gelegt werden. ⁴Dabei sind insbesondere das Vermögen des Mitglieds sowie Einkommen und Vermögen von Personen, die mit dem Mitglied in Bedarfsgemeinschaft leben, zu berücksichtigen. ⁵Für die Beurteilung der selbständigen Erwerbstätigkeit einer Tagespflegeperson gilt § 10 Abs. 1 Satz 2 und 3 entsprechend. ⁶Veränderungen der Beitragsbemessung auf Grund eines vom Versicherten geführten Nachweises nach Satz 2 können nur zum ersten Tag des auf die Vorlage dieses Nachweises folgenden Monats wirksam werden. ⁷Für freiwillige Mitglieder, die Schüler einer Fachschule oder Berufsfachschule oder als Studenten an einer ausländischen staatlichen oder staatlich anerkannten Hochschule eingeschrieben sind

---

1 Zur verfassungsrechtlichen Unbedenklichkeit der Regelungen zur Beitragsfreiheit: LSG Stuttgart, 14.3.2006, L 11 KR 4028/05.

oder regelmäßig als Arbeitnehmer ihre Arbeitsleistung im Umherziehen anbieten (Wandergesellen), gilt § 236 in Verbindung mit § 245 Abs. 1 entsprechend. [8]Satz 1 gilt nicht für freiwillige Mitglieder, die die Voraussetzungen für den Anspruch auf eine Rente aus der gesetzlichen Rentenversicherung erfüllen und diese Rente beantragt haben, wenn sie seit der erstmaligen Aufnahme einer Erwerbstätigkeit bis zur Stellung des Rentenantrags mindestens neun Zehntel der zweiten Hälfte dieses Zeitraums Mitglied oder nach § 10 versichert waren; § 5 Abs. 2 Satz 1 gilt entsprechend.

(4 a) [1]Die nach dem Arbeitseinkommen zu bemessenden Beiträge werden auf der Grundlage des zuletzt erlassenen Einkommensteuerbescheides vorläufig festgesetzt; dabei ist der Einkommensteuerbescheid für die Beitragsbemessung ab Beginn des auf die Ausfertigung folgenden Monats heranzuziehen; Absatz 1 Satz 2 zweiter Halbsatz gilt entsprechend. [2]Bei Aufnahme einer selbstständigen Tätigkeit werden die Beiträge auf der Grundlage der nachgewiesenen voraussichtlichen Einnahmen vorläufig festgesetzt. [3]Die nach den Sätzen 1 und 2 vorläufig festgesetzten Beiträge werden auf Grundlage der tatsächlich erzielten beitragspflichtigen Einnahmen für das jeweilige Kalenderjahr nach Vorlage des jeweiligen Einkommensteuerbescheides endgültig festgesetzt. [4]Weist das Mitglied seine tatsächlichen Einnahmen auf Verlangen der Krankenkasse nicht innerhalb von drei Jahren nach Ablauf des jeweiligen Kalenderjahres nach, gilt für die endgültige Beitragsfestsetzung nach Satz 3 als beitragspflichtige Einnahme für den Kalendertag der 30. Teil der monatlichen Beitragsbemessungsgrenze. [5]Für die Bemessung der Beiträge aus Einnahmen aus Vermietung und Verpachtung gelten die Sätze 1, 3 und 4 entsprechend. [6]Die Sätze 1 bis 5 gelten nicht, wenn auf Grund des zuletzt erlassenen Einkommensteuerbescheides oder einer Erklärung des Mitglieds für den Kalendertag beitragspflichtige Einnahmen in Höhe des 30. Teils der monatlichen Beitragsbemessungsgrenze zugrunde gelegt werden.

(4 b) [1]Der Beitragsbemessung für freiwillige Mitglieder sind 10 vom Hundert der monatlichen Bezugsgröße nach § 18 des Vierten Buches zugrunde zu legen, wenn der Anspruch auf Leistungen für das Mitglied und seine nach § 10 versicherten Angehörigen während eines Auslandsaufenthaltes, der durch die Berufstätigkeit des Mitglieds, seines Ehegatten, seines Lebenspartners oder eines seiner Elternteile bedingt ist, oder nach § 16 Abs. 1 Nr. 3 ruht. [2]Satz 1 gilt entsprechend, wenn nach § 16 Abs. 1 der Anspruch auf Leistungen aus anderem Grund für länger als drei Kalendermonate ruht, sowie für Versicherte während einer Tätigkeit für eine internationale Organisation im Geltungsbereich dieses Gesetzes.

(5) Soweit bei der Beitragsbemessung freiwilliger Mitglieder das Einkommen von Ehegatten oder Lebenspartnern nach dem Lebenspartnerschaftsgesetz, die nicht einer Krankenkasse nach § 4 Absatz 2 angehören, berücksichtigt wird, ist von diesem Einkommen für jedes gemeinsame unterhaltsberechtigte Kind, für das eine Familienversicherung wegen der Regelung des § 10 Absatz 3 nicht besteht, ein Betrag in Höhe von einem Drittel der monatlichen Bezugsgröße, für nach § 10 versicherte Kinder ein Betrag in Höhe von einem Fünftel der monatlichen Bezugsgröße abzusetzen.

I. Entstehungsgeschichte ... 1	VI. Überbrückungsmodelle zur Vermeidung betriebsbedingter Kündigungen ... 18
II. Die Grundsätze der Beitragsbemessung durch den Spitzenverband Bund der Krankenkassen ... 2	VII. Beitragspflicht für Pflichtversicherte ... 20
III. Die Behandlung von Sozialleistungen ... 4	VIII. Rechtliche Grundsätze zu Wahltarifen mit Selbstbehalt ... 21
IV. Die Reichweite der Regelungsbefugnis zur Beitragsbemessung ... 7	IX. Anpassung durch das Heil- und Hilfsmittelversorgungsgesetz ... 23
V. Grundsätze der Einbeziehung von Einnahmearten in die Beitragsbemessung ... 8	

I. Entstehungsgeschichte

Seit Inkrafttreten des SGB V besteht diese Vorschrift als eine Regelung über die beitragspflichtigen Einnahmen freiwilliger Mitglieder. Unter anderem wurde die ursprüngliche Vorschrift durch das Gesundheitsstrukturgesetz v. 21.12.1992[1] und das GKV-Modernisierungsgesetz v. 14.11.2003[2] modifiziert. Das GKV-WSG vom 26.3.2007[3] schuf im Wesentlichen die heutige Fassung. Am 1.1.2009 sind Änderungen aufgrund des Gesetzes zur Änderung arzneimittelrechtlicher und anderer Vorschriften in Kraft getreten. Das Gesetz zur Koordinierung der Systeme der soz. Sicherheit in Europa v. 22.6.2011[4] und

---

1 BGBl. I, 2266.
2 BGBl. I, 2190.
3 BGBl. I, 378.
4 BGBl. I, 1202.

das Gesetz zur Verbesserung der Eingliederungschancen am Arbeitsmarkt vom 20.12.2011[5] führten weitere Änderungen herbei.

Die Vorschrift wurde erneut geändert durch das **GKV-Finanzstruktur- und Qualitäts-Weiterentwicklungsgesetz (GKV-FQWG)** vom 21.7.2014:[6] Mit Wirkung vom 1.8.2014 wurde zur Verwaltungsvereinfachung laut Abs. 1 S. 2 nF bei der Nichtbeibringung von Nachweisen über beitragspflichtige Einnahmen eine Pauschale angesetzt. Diese Regelung war schon bisher Teil der Beitragsverfahrensgrundsätze Selbstzahler des Spitzenverbandes Bund der Krankenkassen. Die höchstrichterliche Rechtsprechung hatte jedoch das Vorhandensein einer Ermächtigungsgrundlage hierfür negiert. Sah § 240 Abs. 4 bisher allein bei freiwillig versicherten Selbstständigen vor, dass die Beitragsbemessungsgrenze im betreffenden Fall anzusetzen ist, so wird diese Regelung nun auf andere freiwillige Mitglieder ausgeweitet.

Mit Wirkung vom 1.1.2015 wurde in Abs. 2 S. 5 die Angabe „247 und 248" durch die Wörter „247 Satz 1 und 2 und § 248 Satz 1 und 2" ersetzt. Da bei freiwillig versicherten Rentnern der Zusatzbeitrag nicht im Quellenabzug durch den Rentenversicherungsträger, sondern durch Bescheid der Krankenkasse erhoben wird, ist der Verweis auf § 247 auf die Sätze 1 und 2 zu beschränken. Entsprechendes gilt für den Verweis auf § 248.

Hinweis:

Das Gesetz zur besseren Vereinbarkeit von Familie, Pflege und Beruf vom 23.12.2014[7] hat mit Wirkung vom 1.1.2015 auch für freiwillige Mitglieder in einem **neuen** § 232 b eine Regelung zu den beitragspflichtigen Einnahmen der Bezieher des neuen Pflegeunterstützungsgeldes getroffen.

Das Heil- und Hilfsmittelversorgungsgesetz vom 4.4.2017 (BGBl. I, 778), welches am 1.1.2018 in Kraft tritt, hat umfangreiche Änderungen an der Vorschrift vorgenommen, um die tatsächlichen Einnahmen Selbständiger zutreffender und effektiver zu erfassen (→ Rn. 23 ff.).

II. Die Grundsätze der Beitragsbemessung durch den Spitzenverband Bund der Krankenkassen

2 Die **Beitragsbemessung** wird einheitlich durch den **Spitzenverband Bund** der Krankenkassen geregelt. Dieser hat bei Ausübung seiner Regelungsbefugnis die gesamte wirtschaftliche Leistungsfähigkeit des freiwilligen Mitglieds zu berücksichtigen. Abs. 1 S. 2 beschränkt die Beitragsbemessung **nicht auf bestimmte Einkunftsarten und deren Zweckbestimmung**.[8] Die wirtschaftliche Leistungsfähigkeit wird von den Einnahmen und nicht von der Bedarfssituation bestimmt.[9] Für die Einbeziehung von Einkunftsarten genügt eine Generalklausel. Nur wenn die Feststellung der Einnahmen auf erhebliche Schwierigkeiten stößt oder verschiedene Berechnungsweisen zur Verfügung stehen oder das Gesetz keine eindeutigen Bewertungsmaßstäbe vorgibt, so ist eine konkrete Regelung erforderlich.[10]

Auf der Grundlage dieser Vorschrift hat der GKV-Spitzenverband die **Beitragsverfahrensgrundsätze Selbstzahler** erlassen. Wie vom Gesetzgeber vorgegeben, verzichten diese Beitragsgrundsätze in Form einer Generalklausel auf eine abschließende Aufzählung zu berücksichtigender Einnahmearten. Die Beitragsverfahrensgrundsätze enthalten auch einen Fragebogen zwecks der regelmäßigen Überprüfung der Einnahmesituation.

3 Das BSG hat durch Urteil[11] festgestellt, dass der **Regelungsbefugnis des SpVBdKK zur Beitragsfestsetzung** durch Abs. 1 S. 2 Abs. 2–5 Grenzen gesetzt seien. Das BSG hatte unter Geltung des BSHG und des § 240 in der bis 2008 geltenden Fassung für eine über die Beitragsbemessungsgrenze hinausgehende Berücksichtigung der Einnahmen freiwillig versicherter, in Heimen lebender Sozialhilfeempfänger eine spezielle Satzungsregelung für erforderlich gehalten.[12] Durch die Ersetzung der Worte „durch die Satzung" durch „einheitlich durch den Spitzenverband Bund der Krankenkassen" ergebe sich keine Ausweitung der Regelungsbefugnis gegenüber der bisherigen Satzungsautonomie. Vielmehr sei der Wille des Gesetzgebers erkennbar, dass wie bisher die gesamte wirtschaftliche Leistungsfähigkeit des

---

5 BGBl. I, 2854.
6 BGBl. I, 1133.
7 BGBl. I, 2462, 2468.
8 Vgl. BSG, 19.12.2000, B 12 KR 1/00 R.
9 Vgl. BSG, 6.9.2001, B 12 KR 14/00 R. Urteile des BSG zur Anerkennung als Einnahmen zum Lebensunterhalt: BSG, 23.2.1995, 12 RK 66/93; BSG, 22.3.2006, B 12 KR 8/05 R; BSG, 23.9.1999, B 12 kr 1/99 R.
10 BSG, 27.1.2010, B 12 KR 28/08 R.
11 19.12.2012, B 12 KR 20/11 R.
12 BSGE 56, 101 ff.

Mitglieds zu berücksichtigen sei.[13] Folglich bleibe es bei der von der Rechtsprechung gesetzten **Grundregel**, dass eine Abgrenzung von Leistungen zu treffen sei zwischen Einnahmen, die dem allgemeinen Lebensunterhalt dienen und somit die wirtschaftliche Leistungsfähigkeit des Versicherten erhöhen (Hilfe zum Lebensunterhalt) und Leistungen die zur Bewältigung bestimmter Lebenssituationen gewährt werden und uneingeschränkt für den angestrebten Zweck zur Verfügung stehen müssen. Die sich daraus ergebenden Schwierigkeiten durften durch pauschalierende und typisierende Regelungen gemindert werden, wobei die damaligen Grenzen der Satzungsautonomie zu beachten waren. Den tatsächlichen Werten der zum allgemeinen Lebensunterhalt dienenden Leistungen muss möglichst nahegekommen werden. Wenn nach aktueller Gesetzeslage bei der Festsetzung der Beitragsbemessungsgrundlage die Investitionsaufwendungen für das Heim mit berücksichtigt werden, überschreitet dies die der **Regelungsbefugnis** gesetzten Grenzen.

III. Die Behandlung von Sozialleistungen

Gegenüber dem Wortlaut der bis zum 31.12.1988 geltenden § 180 Abs. 4 Reichsversicherungsordnung (RVO) hatte der Text des § 240 bereits zu einer **Modifizierung der Rechtsprechung des BSG** zu zweckbestimmten Sozialleistungen geführt.[14] Die Leistungen der **Sozialhilfe in besonderen Lebenslagen** zählten im Gegensatz zur Hilfe zum Lebenshalt weiterhin zu den nicht zu berücksichtigenden Leistungen.[15] Zur Beitragsbemessung für freiwillig versicherte Sozialhilfebezieher, die in stationären Pflegeeinrichtungen leben, hat das BSG bereits am 21.12.2011[16] folgende Regeln aufgestellt: „Zwar dürfen solche Beiträge nach § 240 auf Sozialhilfeleistungen erhoben werden, die der Befriedigung des allgemeinen laufenden Lebensbedarfs dienen. Das sind ... die nach dem SGB XII maßgeblichen **Regelsätze, Leistungen für Kosten der Unterkunft und Verpflegung, sozialhilferechtliche Mehrbedarfe, der Barbetrag** („Taschengeld") sowie vom Grundsicherungsträger übernommene (fiktive) **Beiträge zur Kranken- und Pflegeversicherung**. Ausgeschlossen ist die Beitragserhebung dagegen auf Leistungen, die im Hinblick auf eine besondere Zweckbestimmung gewährt werden, zB für Hilfen in besonderen Lebenslagen iS des BSHG.[17] Auch unter Geltung des ab 1.1.2005 maßgeblichen SGB XII scheidet eine Heranziehung zu Beiträgen auf Sozialleistungen aus, die dem Versicherten mit Rücksicht auf seine Pflegebedürftigkeit zweckgebunden gewährt werden; dazu gehören die Kosten des der Pflegebedürftigkeit geschuldeten notwendigen Aufenthalts in einem Pflegeheim."

Das **Wohngeld und die Rente der ges. Unfallversicherung** erhöhen die wirtschaftliche Leistungsfähigkeit und unterliegen daher der Beitragsbemessung.[18] Diese Leistungen wurden zuvor als „zweckbestimmt" und damit beitragsfrei angesehen. Neben den Sozialhilfeleistungen in besonderen Lebenslagen bleiben beitragsfrei die Grundrente nach § 31 Bundesversorgungsgesetz, da sie einen ideellen Ausgleich für ein besonderes der Gemeinschaft gebrachtes gesundheitliches Opfer darstellt.

Weiter zählen Leistungen zur **Erziehung eines Pflegekindes** § 83 Abs. 1 SGB XII nicht zum anrechenbaren Einkommen.[19] Die Höhe der Leistung für die Erziehung des Pflegekindes ist an dessen Bedarf auszurichten und ist daher unabhängig von der wirtschaftlichen Leistungsfähigkeit der Pflegepersonen. Leistungen nach § 39 Abs. 1 SGB VIII haben demnach nicht den Zweck, das Einkommen der Pflegeperson zu vermehren.[20] Eltern haben keinen Anspruch auf die Herabsetzung der Beiträge wegen der Erziehung und Betreuung von Kindern und der sich hieraus ergebenden Unterhaltslast.[21] Der im **Pflegegeld** enthaltene Erziehungsbeitrag ist als beitragspflichtiges Einkommen in der vollen Höhe bei der Beitragsbemessung zu berücksichtigen.[22] Ein freiwillig versichertes Mitglied der gesetzlichen Krankenversicherung, das

Elterngeld bezieht und keine weiteren Einnahmen hat, hat für die Dauer des Bezugs von Elterngeld Beiträge nach den Mindesteinnahmen zu entrichten.[23]

---

13 Verweis auf BT-Dr. 16/3100, S. 163 zu Nr. 157 Buchst. A.
14 ZB BSG, 24.1.2007, B 12 KR 28/05 R.
15 BSG, 6.9.2001, B 12 14/00 R.
16 B 12 KR 22/09 R.
17 So BSG, 12 RK 29/92, SozR 3-2500 § 240 Nr. 12.
18 BSG, 24.1.2007, B 12 KR 28/05 R.
19 Zur Vollzeitpflege gem. § 33 SGB VIII: LSG Bln-Bbg, 7.9.2009, L 24 KR 173/09 B ER.
20 LSG Bln-Bbg, 7.9.2009, L 24 KR 173/09 B ER. Zur Berücksichtigung des Überbrückungsgeldes: LSG BW, 2.12.2011, L 4 KR 4781/09.
21 BSG, 5.7.2006, B 12 KR 20/04 R.
22 LSG SW, 15.12.2011, L 5 KR 101/10.
23 LSG BW, 12. 9. 2014, L 4 KR 75/14.

Hinweis:

Das Gesetz zur besseren Vereinbarkeit von Familie, Pflege und Beruf vom 23.12.2014[24] hat mit Wirkung vom **1.1.2015** auch für freiwillige Mitglieder in einem **neuen § 232 b** eine Regelung zu den beitragspflichtigen Einnahmen der Bezieher des neuen Pflegeunterstützungsgeldes getroffen.

IV. Die Reichweite der Regelungsbefugnis zur Beitragsbemessung

7 Das BSG hat durch Urteil[25] weiterhin festgestellt, dass zu den vom **parlamentarischen Gesetzgeber** selbst zu regelnden Materien die Festsetzung der bundesweit einheitlich geltenden Beitragssätze und die zentralen Grundsätze für die Beitragsbemessung gehörten. Die **Regelungsbefugnis des SpVBdKK** genüge dem Parlamentsvorbehalt und dem Demokratieprinzip. Den Maßstäben des BVerfG für die Übertragung öffentlicher Aufgaben an eine Funktionseinheit der öffentlichen Selbstverwaltung sei Rechnung getragen.[26] Bei der auf den Spitzenverband übertragenen Regelungsbefugnis handele es sich nicht um die Befugnis, Verwaltungsvorschriften zu erlassen, sondern die entsprechenden Regelungen seien **untergesetzliches Recht**. Das LSG Hessen sah dagegen zuvor weitergehende **Begrenzungen des Regelungsspielraums** nach Abs. 1: Die auf Grundlage des Abs. 1 erlassenen Beitragsverfahrensgrundsätze seien nach dem Demokratieprinzip und dem Rechtsstaatsprinzip bloße Verwaltungsvorschriften. Sie stellten eine Interpretation des von § 240 gesetzten Rahmens dar. Mangels einer hinreichenden demokratischen Legitimation des Vorstands des Spitzenverbandes und der fehlenden Rechtssatzform seien diese Vorschriften nicht geeignet, die Generalklausel der wirtschaftlichen Leistungsfähigkeit abweichend vom gesetzlichen Leitbild der §§ 226 ff. im Sinne von untergesetzlichen Rechtsnormen mit belastender Außenwirkung auszufüllen. Die Beitragsbemessungstatbestände der §§ 226 bis 239 regelten die Beitragserhebung auf den Zahlbetrag einer privaten Altersvorsorge dienenden Lebensversicherung nicht. Die Generalklausel des Abs. 1 ermächtige nicht zu abstrakt-generellen Regelungen, die über die gesetzliche Regelung der §§ 226 ff. hinausgehen.[27] Demgegenüber hat die höchstrichterliche Rechtsprechung solche weitgehende Bedenken schon bisher nicht geteilt.[28]

V. Grundsätze der Einbeziehung von Einnahmearten in die Beitragsbemessung

8 Der Gesetzgeber hat die Gruppe der Versicherungspflichtigen als **besonders schutzbedürftig** angesehen. Er hat folglich die das jew. Pflichtversicherungsverhältnis typischerweise prägenden Einnahmearten der Beitragspflicht unterworfen, also insbesondere das Arbeitsentgelt aus der versicherungspflichtigen Beschäftigung, den Zahlbetrag der gesetzlichen Rente und die Versorgungsbezüge (§§ 226 Abs. 1, 229). Bei freiwilligen Mitgliedern dagegen wird die **gesamte wirtschaftliche Leistungsfähigkeit**, zugrunde gelegt. Bei vielen freiwillig Versicherten wird der Lebensunterhalt typischerweise durch verschiedene und andere Einnahmemöglichkeiten bestritten. Innerhalb der Einkunftsarten ist ein horizontaler Verlustausgleich möglich. Diese Möglichkeit steht Pflichtversicherten nicht zu.

9 **Einkünfte aus Kapitalvermögen** können daher in die Beitragsbemessung mit einbezogen werden (st. Rspr.). Es entspricht dem Solidarprinzip der gesetzlichen Krankenversicherung, die Versicherten nach Maßgabe ihrer wirtschaftlichen Leistungsfähigkeit zu Beiträgen heranzuziehen.[29] Mindestens sind aber nach § 240 Abs. 2 S. 1 die Einnahmen zu berücksichtigen, die bei einem vergleichbaren versicherungspflichtig Beschäftigten der Beitragsbemessung zugrunde zu legen sind. Der Beitragsbemessung sind **Einkünfte aus Kapitalerträgen** zugrunde zu legen.[30] Unerheblich ist, ob diese Einkünfte tatsächlich zugeflossen sind oder sofort wieder in die Gesellschaft eingebracht wurden. Es kommt nur darauf an, ob sie zum Lebensunterhalt hätten verbraucht werden können. Die **Kapitalerträge aus einer Lebensversicherung** sind als beitragspflichtige Einnahmen zu berücksichtigen, auch wenn der Anspruch an eine Bank abgetreten ist: Danach sind auch Satzungsregelungen rechtmäßig, welche bei freiwilligen Mitgliedern alle monatlichen Einnahmen und Geldmittel erfasst, die zum Lebensunterhalt verbraucht wurden oder verbraucht werden konnten.[31] Zu den nach Satzung beitragspflichtigen Einnahmen eines freiwillig Versicherten, die zum Lebensunterhalt verbraucht werden können, gehört auch eine Kapital-

---

24 BGBl. I, 2462, 2468.
25 19.12.2012, B 12 KR 20/11 R.
26 Verweis auf BVerfGE 107, 59, 91 f. etc.
27 HessLSG, 21.2.2011, L 1 KR 327/ 10 B ER.
28 ZB BVerfGE 107, 59, 87, 91 f., 94; zuletzt auch SächsLSG, 7.11.2011, L 1 KR 173/10 B ER.
29 BVerfG, 3.2.1993, 1 BvR 1920/92.
30 BSG, 6.9.2001, B 12 KR 14 /00 R.
31 BSG, 17.3.2010, B 12 KR /09 R.

zahlung aus einem Rentenversicherungsvertrag.³² Zur beitragsrechtlichen Behandlung von Versicherungsleistungen von privaten Versicherungsunternehmen im Anwendungsbereich des SGB V bei Leistungen aus einer gemischt finanzierten Direktversicherung hat das BVerfG³³ entschieden, dass Versorgungsleistungen unter bestimmten Bedingungen aufzuteilen sind.³⁴

Das BSG führte am 30.3.2011³⁵ zur **Beitragspflicht Selbstständiger** aus, dass gesundheitliche Beeinträchtigungen und berufliche Überlastung bei einem als Selbstständiger am Geschäftsleben teilnehmenden Schuldner nicht die Obliegenheit beseitigen könnten, durch organisatorische Maßnahmen für zeitgerechte kalendermäßig festgelegte Zahlungen zu sorgen. 10

Das LSG Berlin-Brandenburg hat bezüglich **eines freiwillig versicherten Selbstständigen** festgestellt, dass schon wegen § 16 SGB IV das **Gesamteinkommen unverändert**, dh ohne Berücksichtigung eines eventuellen Erlasses steuerrechtlicher Verpflichtungen aus dem Einkommenssteuerbescheid zu entnehmen sei.³⁶ Beitragspflichtige Einnahme ist was nach dem Einkommenssteuerrecht als Einkommen zu bewerten ist, zB Einkünfte aus dem Gewerbebetrieb. Das Arbeitseinkommen im beitragsrechtlichen Sinn entspricht dem steuerrechtlichen Gewinn. Ein **Abzug eines Sanierungsgewinns** vom Gesamteinkommen ist weder steuerrechtlich noch sozialversicherungsrechtlich vorgesehen. Ein später vorgenommener Erlass der durch Bescheid verbindlich festgesetzten Steuerschuld bleibt sozialversicherungsrechtlich ohne Belang.³⁷ 11

Für freiwillige Mitglieder, die neben dem Arbeitsentgelt eine **Rente der gesetzlichen Rentenversicherung** beziehen, ist gem. **Abs. 3** der Zahlbetrag der Rente getrennt von den übrigen Einnahmen bis zur Beitragsbemessungsgrenze zu berücksichtigen. Soweit dies insgesamt zu einer über der Beitragsbemessungsgrenze liegenden Beitragsbelastung führen würde, ist statt des entsprechenden Beitrags aus der Rente nur der Zuschuss des Rentenversicherungsträgers einzuzahlen. Diesen Zuschuss erhalten nach § 106 Abs. 2 S. 1 und 2 SGB VI Rentenbezieher zusätzlich zu ihrer Rente, die freiwillig in der GKV versichert oder in der PKV versichert sind ohne gleichzeitig pflichtversichert zu sein. § 240 Abs. 3 S. 1 und 2 sind nur auf freiwillig krankenversicherte Beschäftigte anwendbar, die neben dem Arbeitsentgelt eine Rente beziehen. Nach dem BSG³⁸ bestehen keine Anhaltspunkte dafür, dass die Regelung auch auf auch auf freiwillig versicherte selbstständig Tätige anwendbar sei. Dabei hat das BSG auf die in ständiger Rechtsprechung vorgenommene Auslegung der Begriffe Arbeitsentgelt und Arbeitseinkommen aus § 226 Bezug genommen.³⁹ 12

Wird nach einer **vorläufigen Beitragsfestsetzung** erstmalig über die endgültige Beitragsfestsetzung entschieden, sind Beiträge auch rückwirkend aufgrund nunmehr vorliegender Nachweise einkommensgerecht festzusetzen.⁴⁰ Zur Beitragsfestsetzung ab 2018 vgl. die Ausführungen zur neuen Rechtslage aufgrund des Heil- und Hilfsmittelversorgungsgesetzes 2017 (→ Rn. 23 ff.). 13

Abs. 4 S. 1 sieht fiktive Mindesteinnahmen als Bemessungsgrundlage vor. Für freiwillige Mitglieder, die hauptberuflich selbstständig erwerbstätig sind, gilt nach **Abs. 4 S. 2** als beitragspflichtige Einnahmen für den Kalendertag der dreißigste Teil der monatlichen Beitragsbemessungsgrenze (§ 223), bei **Nachweis niedrigerer Einnahmen** jedoch mindestens der vierzigste Teil. Weitere Beitragsermäßigungen sind nach Abs. 4 S. 3 durch Regelung des Spitzenverbandes der Krankenkassen möglich, die Untergrenze ist jedoch ein Sechzigstel der og Bezugsgröße. 14

Für freiwillige Mitglieder, die einen monatlichen **Gründungszuschuss nach § 93 des Dritten Buches** oder eine entsprechende Leistung nach § 16 b des Zweiten Buches erhalten gilt der sechzigste Teil der monatlichen Bezugsgröße. Der Spitzenverband Bund bestimmt, unter welchen Voraussetzungen darüber hinaus der Beitragsbemessung hauptberuflich selbstständig Erwerbstätiger niedrigere Einnahmen, mindestens jedoch der sechzigste Teil der monatlichen Bezugsgröße, zugrunde gelegt werden. Dabei sind das Vermögen des Mitglieds sowie Einkommen und Vermögen von Personen, die mit dem Mitglied in Bedarfsgemeinschaft leben, zu berücksichtigen. 15

---

32 BSG, 27.1.2010, B 12 KR 28/08 R im Anschluss an BSG, 6.9.2001, B 12 KR 5/01 R.
33 28.9.2010, BvR 1660/08.
34 Vgl. dazu Fachkonferenz GKV Spitzenverband, 28.6.2011, S. 17 ff.
35 B 12 KR 24/9R.
36 LSG BRB, 10.3.2006, L 1 KR 36/03.
37 Zur Befreiung von der Versicherungspflicht wegen Erhöhung der Jahresarbeitsentgeltgrenze – keine Geltung für später begründetes anderes Beschäftigungsverhältnis, BSG, 25.5.2011, B 12 R 13/09 R.
38 BSG, 28.9.2011, B 12 KR 23/09 R.
39 ZB BSG, 7.2.2002, B 12 KR 6/01 R.
40 HessLSG, 12.11.2009, L 1 KR 56/09.

16 Das BVerfG hat in seinem Beschluss v. 22.5.2001[41] die **Beitragsbemessungsgrenze der hauptberuflich selbstständig erwerbstätigen freiwilligen Versicherten** nach **Abs. 4 S. 2 Hs. 2** für verfassungsgemäß erklärt. Dies bezieht sich auch auf die Beitragsbemessung hauptberuflich Selbstständiger mit geringem Arbeitseinkommen. Das BVerfG hält die „erhebliche" Ungleichbehandlung der hauptberuflich Selbstständigen für sachlich gerechtfertigt. Die Einnahmen selbstständiger würden auf einer für die Versicherten wesentlich günstigeren Bemessungsgrundlage berechnet. So werden bei Selbstständigen die nicht bilanzieren alle betrieblich veranlassten Ausgaben zum Abzug gebracht. Personen die zur Aufbringung von Mindestbeiträgen nicht in der Lage sind, werden auf Sozialhilfeleistungen verwiesen.

17 Das BSG hat in seinem Beschluss vom 26.8.2010[42] die **Einbeziehung Selbstständiger in die Krankenversicherung** nicht für verfassungswidrig gehalten.[43]

Ein **Promotionsstudent** ist kein Student im Sinne von .5 Abs. 1 Nr. 9 SGB V. Dies führt zu den entsprechenden Folgen in der Beitragsbemessung.[44]

VI. Überbrückungsmodelle zur Vermeidung betriebsbedingter Kündigungen

18 In dem Fall, dass nach dem Ausscheiden des Mitarbeiters weiterhin monatliche Zahlungen fließen, erhält der Mitarbeiter im Regelfall Arbeitslosengeld aus der gesetzlichen Arbeitslosenversicherung.

Der Betroffene muss auf seine monatlichen Übergangsbezüge Krankenversicherungsbeiträge zahlen. Denn der Beitragspflicht unterliegen alle Einnahmen und Geldmittel, die für den Lebensunterhalt verbraucht werden oder verbraucht werden könnten. **Abfindungen** wegen der Beendigung des Arbeitsverhältnisses sind demgegenüber kein Arbeitsentgelt, sondern eine Entschädigung für den Verlust des Arbeitsplatzes. Dennoch können im Rahmen einer freiwilligen Krankenversicherung auch solche einmaligen Leistungen zur Verbeitragung herangezogen werden.[45] Das BSG hat 2015 bestätigt, dass nicht der allgemeine Beitragssatz, sondern der **ermäßigte Beitragssatz** für die Beitragslast auf Übergangsbezüge maßgeblich ist.[46] Auf den ermäßigten Beitragssatz können sich Mitglieder in der Krankenversicherung dann berufen, wenn sie keinen Anspruch auf Krankengeld haben (also insbesondere Selbstständige ohne Anspruch auf Krankengeld, freiwillig versicherte Rentner, Hausfrauen und -männer sowie Erwerbslose und Studenten). Der höhere allgemeine Beitragssatz ist dagegen auf sogenannte Versorgungsbezüge anzuwenden. Doch diesen Weg hat der Senat der Krankenkasse verwehrt: Übergangsbezüge sind dem Urteil nach keine Versorgungsbezüge.

19 Beitragspflichtig als **Versorgungsbezüge** sind im Wesentlichen Leistungen der betrieblichen Altersversorgung. Eine Absicherung fürs Alter, wie sie im Rahmen der betrieblichen Altersversorgung gewährt wird, liegt aber nur dann vor, wenn die Leistung ab Beginn des Ruhestandes gezahlt wird. Übergangsbezüge hingegen dienen keinem Versorgungszweck, sondern einem „Überbrückungszweck". Die Zahlungen fließen nur, um den Übergang in ein neues Arbeitsverhältnis oder in den Ruhestand zu erleichtern und enden mit dem Übergang in den Ruhestand. Anders ist der Sachverhalt dann zu beurteilen, wenn das **Arbeitsverhältnis gar nicht beendet**, sondern der Mitarbeiter nur freigestellt wird. In diesem Fall werden die „Übergangsbezüge" aus einem bestehenden Beschäftigungsverhältnis bezogen und sind beitragspflichtig. Der angestellte Mitarbeiter unterliegt dann dem allgemeinen Beitragssatz.

VII. Beitragspflicht für Pflichtversicherte

20 Bei pflichtversicherten Mitgliedern werden der Beitragsbemessung nur das Arbeitsentgelt aus einer versicherungspflichtigen Beschäftigung, die Rente der gesetzlichen Rentenversicherung, Versorgungsbezüge und das Arbeitseinkommen zugrunde gelegt, soweit Letzteres neben der Rente der gesetzlichen Rentenversicherung oder Versorgungsbezügen erzielt wird.

Wird eine einmalige Abfindung als Entschädigung für den Verlust des Arbeitsplatzes gezahlt, ist diese für versicherungspflichtige Krankenkassenmitglieder beitragsfrei. Bei der Gestaltung von Überbrü-

---

41 BvL 4/96, BVerfGE 103, 392.
42 B 12 KR 99/09 B.
43 Zur Berücksichtigung von Arbeitseinkommen neben der Rente, welches kein Arbeitsentgelt ist: BSG, 28.9.2011, B 12 KR 23/09 R. Zum Zeitpunkt der Beitragsherabstufung bei freiwillig versicherten Selbstständigen in Bezug auf den ESt-Bescheid: BSG, 2.9.2009, B 12 KR 21/08 R. Bei geringeren Einnahmen eines Selbstständigen als im vorl. Ausgangsbescheid geregelt vgl. BSG, 11.3.2009, B 12 KR 30/07 R.
44 LSG BW, 24.4.2015, L 4 KR 2691/14.
45 BSG, 15.10.2014, B 12 KR 10/12 R.
46 BSG, 29.7.2015, B 12 KR 4/14 R.

VIII. Rechtliche Grundsätze zu Wahltarifen mit Selbstbehalt

Das BSG hat zum nunmehr möglichen **Wahltarif mit Selbstbehalt** einige Grundlinien gezogen: Ein Wahltarif per Satzungsregelung darf einen Selbstbehalt nicht auf Leistungen an Familienmitglieder erstrecken. Ein Wahltarif mit konkretem Selbstbehalt darf nicht lediglich freiwilligen Mitgliedern unter Ausschluss vergleichbarer Pflichtversicherter offenstehen. Ein Wahltarif darf nur dann als Prämie eine Beitragsrückerstattung in Höhe des Selbstbehalts vorsehen, wenn seine dauerhafte Binnenfinanzierung zu erwarten ist.[47] Unter dem Gesichtspunkt des Gleichbehandlungsgrundsatzes und der besonderen Bindungen eines gesetzlichen Krankenversicherungssystems ist diese Rechtsprechung nachvollziehbar. Gleichzeitig hat das BSG auf Grundlage von Art. 3 Abs. 1 GG den Spielraum der Krankenkassen bestätigt, „unter dem Gesichtspunkt einer typischerweise gleichen Interessenlage" Personengruppen zu bilden, denen an ihren Interessen ausgerichtete Wahltarife angeboten werden.

Abs. 4a und 5 regeln die Beitragsbemessung bei **Auslandsaufenthalt** und in Bezug auf **Ehepartner und Partner** nach dem Partnerschaftsgesetz.

IX. Anpassung durch das Heil- und Hilfsmittelversorgungsgesetz

Durch das Heil- und Hilfsmittelversorgungsgesetz vom 4.4.2017 (BGBl. I, 778) werden mWv 1.1.2018 in Abs. 4 die S. 5 und 6 sowie Abs. 4a wie folgt lauten, wobei der bisherige Abs. 4a zu Absatz 4b wird:

„(4) (...) ⁵Die durch den Spitzenverband Bund der Krankenkassen auf Grundlage der Sätze 3 und 4 bestimmten Voraussetzungen für eine Beitragsberechnung sind bis zur endgültigen Beitragsfestsetzung nach Absatz 4a Satz 3 durch das Mitglied nachzuweisen. ⁶Für die Beurteilung der selbständigen Erwerbstätigkeit einer Tagespflegeperson gilt § 10 Abs. 1 Satz 2 und 3 entsprechend. (...)

(4a) ¹Die nach dem Arbeitseinkommen zu bemessenden Beiträge werden auf der Grundlage des zuletzt erlassenen Einkommensteuerbescheides vorläufig festgesetzt; dabei ist der Einkommensteuerbescheid für die Beitragsbemessung ab Beginn des auf die Ausfertigung folgenden Monats heranzuziehen; Absatz 1 Satz 2 zweiter Halbsatz gilt entsprechend. ²Bei Aufnahme einer selbstständigen Tätigkeit werden die Beiträge auf der Grundlage der nachgewiesenen voraussichtlichen Einnahmen vorläufig festgesetzt. ³Die nach den Sätzen 1 und 2 vorläufig festgesetzten Beiträge werden auf Grundlage der tatsächlich erzielten beitragspflichtigen Einnahmen für das jeweilige Kalenderjahr nach Vorlage des jeweiligen Einkommensteuerbescheides endgültig festgesetzt. ⁴Weist das Mitglied seine tatsächlichen Einnahmen auf Verlangen der Krankenkasse nicht innerhalb von drei Jahren nach Ablauf des jeweiligen Kalenderjahres nach, gilt für die endgültige Beitragsfestsetzung nach Satz 3 als beitragspflichtige Einnahme für den Kalendertag der 30. Teil der monatlichen Beitragsbemessungsgrenze. ⁵Für die Bemessung der Beiträge aus Einnahmen aus Vermietung und Verpachtung gelten die Sätze 1, 3 und 4 entsprechend. ⁶Die Sätze 1 bis 5 gelten nicht, wenn auf Grund des zuletzt erlassenen Einkommensteuerbescheides oder einer Erklärung des Mitglieds für den Kalendertag beitragspflichtige Einnahmen in Höhe des 30. Teils der monatlichen Beitragsbemessungsgrenze zugrunde gelegt werden."

Das Heil- und Hilfsmittelversorgungsgesetz vom 4.4.2017 (BGBl. I, 778), welches am 1.1.2018 in Kraft tritt, scheint Gelegenheit geboten zu haben, auch Gesetzesänderungen vorzunehmen, welche im ursprünglichen Gesetzentwurf nicht enthalten waren, dort auch nicht begründet wurden und nicht in einem unmittelbaren Zusammenhang mit der Stärkung der Hilfs- und Hilfsmittelversorgung stehen.

Die Änderungen dienen dem Ziel, die jeweils im Kalenderjahr tatsächlich erzielten Einnahmen und damit auch alle Einnahmeschwankungen zu berücksichtigen. Die endgültige Beitragsfestsetzung erfolgt erst nach Vorlage des Steuerbescheids. Nach Abs. 1 S. 1 und 2 kann der Spitzenverband Bund der Krankenkassen weiterhin unverhältnismäßige Belastungen bei der Beitragsbemessung berücksichtigen. Die Regelungen dienen auch der Verwaltungseffizienz. Durch die Neuregelungen in § 240 Abs. 4 und 4a wird sichergestellt, dass das bei freiwillig versicherten Mitgliedern der Beitragsbemessung zugrunde zu legende **Arbeitseinkommen sowie Einnahmen aus Vermietung und Verpachtung** den tatsächlich im jeweiligen Kalenderjahr erzielten beitragspflichtigen Einnahmen entsprechen und Einnahmeschwankungen vollständig berücksichtigt werden. Die Beitragsbemessung soll somit weder durch die

---

47 BSG, 8.11.2011, B 1 A 1/11R.

Bearbeitungszeiten bei der zuständigen Finanzbehörde noch durch den Zeitpunkt der Abgabe von Einkommensteuererklärungen beeinflussbar sein.

26 Die bisherige Regelung des § 240 Abs. 4 S. 6 sah vor, dass Änderungen der Beitragsbemessung ausschließlich für die Zukunft wirksam werden, dh frühestens ab dem auf die Ausstellung des Einkommensteuerbescheids folgenden Monat. Nach den Beitragsverfahrensgrundsätzen Selbstzahler des Spitzenverbandes Bund der Krankenkassen vom 27.10.2008, geändert am 10.12.2014, war bisher nur für hauptberuflich selbständige Existenzgründer und bei Vorliegen einer unverhältnismäßigen Belastung eine vorläufige Beitragseinstufung vorgesehen. Die neuen – verwaltungseffizient ausgestalteten – Regelungen sehen vor, dass die nach dem beitragspflichtigen Arbeitseinkommen zu bemessenden Beiträge **auf der Grundlage des zuletzt erlassenen Einkommensteuerbescheids vorläufig festgesetzt** werden. Nach Vorlage des Einkommenssteuerbescheids für das Kalenderjahr erfolgen die endgültige Beitragsfestsetzung rückwirkend entsprechend der tatsächlich erzielten beitragspflichtigen Einnahmen sowie die erneute vorläufige Festsetzung der Beiträge für die Zukunft. Gleiches gilt auch für die über den Einkommensteuerbescheid nachzuweisenden Einkünfte aus Vermietung und Verpachtung, da auch diese zu den Einnahmen gehören, deren Höhe oft erst nachträglich über den Einkommensteuerbescheid endgültig festgestellt wird.

27 Der Spitzenverband Bund der Krankenkassen regelt wie bisher nach Abs. 1 S. 1 und 2 die Beitragsbemessung für freiwillige Mitglieder unter Berücksichtigung ihrer wirtschaftlichen Leistungsfähigkeit bzw. einer unverhältnismäßigen Belastung. Auch die Regelung, wonach bei Nichtvorlage von Nachweisen über die beitragspflichtigen Einnahmen für alle freiwillig versicherten Mitglieder der **dreißigste Teil der monatlichen Beitragsbemessungsgrenze** nach § 223 als beitragspflichtige Einnahme für den Kalendertag gilt, bleibt bestehen.

28 Auch in Bezug auf das im Zusammenhang mit einer nach § 44 Abs. 2 S. 1 Nr. 2 abgegebenen **Wahlerklärung bei Arbeitsunfähigkeit** zu berechnende Krankengeld ergeben sich durch die Neuregelungen keine Änderungen. Für die Berechnung des Krankengeldes für Versicherte, die nicht Arbeitnehmer sind, gilt nach § 47 Abs. 4 S. 2 als Regelentgelt der kalendertägliche Betrag, der zuletzt vor Beginn der Arbeitsunfähigkeit für die Beitragsbemessung aus Arbeitseinkommen maßgebend war. Damit ist das Regelentgelt, das zuletzt vor Beginn der Arbeitsunfähigkeit für die Krankengeldberechnung maßgeblich war, unabhängig von Beitragsnachberechnungen nach dem neuen § 240 Abs. 4 a S. 3 endgültig festzustellen. Dabei wird berücksichtigt, dass der Versicherte typischerweise zur Sicherung seines Lebensunterhalts auf das Krankengeld angewiesen ist und die Bewilligung zeitnah zum Ausfall des zu ersetzenden Einkommens erfolgen muss. Dem wird Rechnung getragen, wenn als Regelentgelt im Sinne einer widerlegbaren Vermutung auf die zuletzt vor Eintritt der Arbeitsunfähigkeit maßgeblich gewesene Beitragsbemessungsgrundlage und damit auf diejenigen Verhältnisse im aktuellen Versicherungsverhältnis abgestellt wird, die anhand einfach festzustellender Tatsachen nach dem Willen des Gesetzgebers auf diese Weise rasch und verwaltungspraktikabel ermittelt werden sollen. Dies trägt der Funktion des Krankengeldes Rechnung, den Entgeltersatz bei vorübergehendem Verlust der Arbeitsfähigkeit sicherzustellen.

29 Zu Absatz 4:
Abs. 4 S. 5 stellt klar, dass Abs. 4a auch im Falle der Beitragsfestsetzung aufgrund der nach den S. 3 und 4 in den Beitragsverfahrensgrundsätzen Selbstzahler des Spitzenverbandes Bund der Krankenkassen vom 27.10.2008, zuletzt geändert am 10.12.2014, geregelten Härtefallregelung für hauptberuflich Selbständige Anwendung findet. Hauptberuflich Selbständige können somit nach dem neuen S. 5 die Absenkung der Mindestbemessungsgrundlage auf den sechzigsten Teil der monatlichen Bezugsgröße nicht nur für die Zukunft, sondern auch im Rahmen der endgültigen Beitragsberechnung nach Abs. 4 a S. 3 rückwirkend für das jeweilige Kalenderjahr durch Vorlage entsprechender Nachweise veranlassen.

30 Zu Absatz 4 a:
Absatz 4 a regelt das neue System der Beitragsbemessung für freiwillig versicherte Selbständige in der gesetzlichen Krankenversicherung (s.o.).

31 Zu Satz 1 und 2:
Erzielt das Mitglied allein oder neben anderen beitragspflichtigen Einnahmen Arbeitseinkommen, erfolgt die **Festsetzung der Beiträge zunächst vorläufig**. Die Vorläufigkeit der Beitragsfestsetzung erstreckt sich insbesondere auf das Arbeitseinkommen und Einnahmen aus Vermietung und Verpachtung (S. 5). Die vorläufigen Beiträge werden auf Grundlage des zuletzt ausgestellten Einkommensteuerbescheids festgesetzt, sofern eine Veranlagung zur Einkommensteuer bereits erfolgt ist. Bei Aufnahme einer selbstständigen Tätigkeit werden die Beiträge auf der Grundlage der nachgewiesenen voraus-

sichtlichen Einnahmen vorläufig festgesetzt. Reicht das Mitglied Nachweise auf Verlangen der Krankenkasse nicht ein, werden die vorläufigen Beiträge von freiwillig versicherten selbständig erwerbstätigen Mitgliedern für die Zukunft entsprechend Abs. 1 S. 2 2. Hs. auf Grundlage der Beitragsbemessungsgrenze berechnet. Dies soll sicherstellen, dass den Krankenkassen unverändert ein Sanktionierungsinstrument zur Verfügung steht, sofern das Mitglied seinen Mitwirkungspflichten nach § 206 nicht nachkommt. Bei der endgültigen Beitragsfestsetzung sind die Beiträge entsprechend der tatsächlich erzielten beitragspflichtigen Einnahmen zu berechnen, so dass es möglicherweise zu Erstattungen kommt.

Zu Satz 3:

Mit Vorlage des Einkommensteuerbescheids sind die **Beiträge rückwirkend für das Kalenderjahr, für das der Einkommensteuerbescheid erlassen wurde, endgültig festzusetzen.** Bei der endgültigen Beitragsfestsetzung sind diese Beiträge entsprechend der tatsächlich erzielten beitragspflichtigen Einnahmen zu berechnen, so dass es möglicherweise zu Erstattungen oder Nacherhebungen von Beiträgen kommen kann. Zugleich sind die vorläufigen Beiträge für die Zukunft auf Grundlage des nun vorliegenden Einkommensteuerbescheides neu festzusetzen. Auf diese Weise soll der Verwaltungsaufwand für die Krankenkassen möglichst gering gehalten, da die ermittelte Höhe der beitragspflichtigen Einnahmen auf Grundlage des eingereichten Einkommensteuerbescheides sowohl für die rückwirkende endgültige Beitragsfestsetzung für das Kalenderjahr, für das der Einkommensteuerbescheid die tatsächlichen Einkünfte nachweist, als auch für die vorläufige Beitragsfestsetzung für die Zukunft maßgebend ist.

Zu Satz 4:

Es wird geregelt, dass die Beiträge selbständig erwerbstätiger Mitglieder für das jeweilige Kalenderjahr **endgültig auf Grundlage der Beitragsbemessungsgrenze** festgesetzt werden, wenn das Mitglied seine tatsächlichen beitragspflichtigen Einnahmen nicht innerhalb von drei Jahren nach Ablauf des jeweiligen Kalenderjahres nachweist. Die endgültige Beitragsberechnung auf Grundlage der Beitragsbemessungsgrenze ist ausschließlich für das Kalenderjahr vorzunehmen, für das die Nachweise nicht innerhalb von drei Jahren nach Ablauf eingereicht wurden. Die vorläufige Beitragsberechnung für die darauffolgenden Kalenderjahre bleibt solange bestehen, bis auch für diese Jahre die Dreijahresfrist abgelaufen ist.

Zu Satz 5:

Das neu eingeführte Verfahren der vorläufigen Beitragsfestsetzung für Beiträge aus dem Arbeitseinkommen wird auf die Einnahmen aus Vermietung und Verpachtung übertragen, weil insbesondere auch diese Einnahmen nachträglich über den aktuellen Einkommensteuerbescheid nachzuweisen sind. Dies gilt im Übrigen unabhängig davon, ob das freiwillig in der gesetzlichen Krankenversicherung versicherte selbständige Mitglied daneben ein beitragspflichtiges Arbeitseinkommen erzielt.

Zu Satz 6:

Die Beiträge für Mitglieder, deren zuletzt erlassener Einkommensteuerbescheid Einkünfte oberhalb der Beitragsbemessungsgrenze ausweist oder die erklären, dass sie über Einkünfte oberhalb der Beitragsbemessungsgrenze verfügen, werden aus Gründen der Verwaltungsvereinfachung auch für die Zukunft auf Grundlage der Beitragsbemessungsgrenze endgültig berechnet. Für Mitglieder, die bereits für ein gesamtes Kalenderjahr Höchstbeiträge geleistet haben und die diese auch weiterhin zu zahlen haben oder zahlen wollen, muss – wie bisher – kein weiterer Beitragsbescheid mit der endgültigen, aber unveränderten Beitragshöhe erlassen werden. Zugleich sollen damit unnötige Prüfungen weiterer Einkommensteuerbescheide entbehrlich werden. Für den Fall, dass dennoch Änderungen in den Einkommensverhältnissen des Mitglieds eintreten, die zu niedrigeren Beiträgen geführt hätten, steht ihm nach § 231 Abs. 3 ein Erstattungsanspruch für den Fall des Nachweises niedrigerer beitragspflichtiger Einnahmen zu. Das Mitglied wird dadurch Mitgliedern mit Einkünften unterhalb der Beitragsbemessungsgrenze gleichgestellt.

Dritter Titel Beitragssätze, Zusatzbeitrag

§ 241 Allgemeiner Beitragssatz

Der allgemeine Beitragssatz beträgt 14,6 Prozent der beitragspflichtigen Einnahmen der Mitglieder.

1 Eine wesentliche Änderung des Systems der Beitragssatzbestimmung wurde durch das **GKV-FinG** v. 22.12.2010[1] herbeigeführt, in Kraft getreten am 1.1.2011.[2] Nachdem der Beitragssatz bis dahin durch Verordnung bestimmt worden war, wurde er nunmehr durch Gesetz festgeschrieben. Ausgabensteigerungen, welche über die gesetzlichen Einnahmen hinausgehen, werden durch die Zusatzbeiträge der Arbeitnehmer finanziert. Zuletzt ist mWv 1.1.2015 der allgemeine Beitragssatz durch das **GKV-Finanzstruktur- und Qualitäts-Weiterentwicklungsgesetz (GKV-FQWG)** vom 21.7.2014[3] auf **14,6 %** gesenkt worden (vgl. zu den Zielen und weiteren Inhalten Vorbemerkungen zu §§ 220 bis 248). Dem Ziel des Schutzes von Beschäftigung und Arbeitgebern folgend, wird der allgemeine paritätisch finanzierte Beitragssatz auf 14,6 % festgesetzt, der **Arbeitgeberanteil bleibt bei 7,3 %** gesetzlich festgeschrieben. Die im Rahmen des GKV-Finanzierungsgesetzes vom 22.11.2010[4] erfolgte „Entkoppelung" der Lohnzusatzkosten von den Gesundheitsausgaben bleibt damit bestehen. Durch die Abschaffung des durch die Mitglieder zu tragenden Beitragssatzanteils von 0,9 Prozentpunkten wird der Beitragssatz der Arbeitnehmer von 8,2 % auf 7,3 % gesenkt. Die daraus resultierende Finanzierungslücke in Höhe von jährlich rund 11 Mrd. EUR soll durch die kassenindividuellen einkommensabhängigen Zusatzbeiträge gedeckt werden. Die Inanspruchnahme von Finanzreserven soll auch die Versicherten entlasten (vgl. Vorbemerkungen zu §§ 220 bis 248).

2 Folglich wird mehr Verantwortung aus dem Selbstverwaltungssystem hin zu entsprechend **demokratisch legitimierten staatlichen Entscheidung** verlagert. Damit konnte die gesundheitspolitische **Flexibilität** erhöht werden, um auf veränderte und dringende Bedarfe zu reagieren, auch wenn sie möglicherweise nicht im vorrangigen Interesse der Krankenkassen liegen. Wie die Praxis der ambulanten und stationären Krankenpflege oder die Arbeitsbedingungen im Pflegesektor zeigen, sind die Selbstverwaltungsorgane nicht ohne Weiteres in der Lage, auch wesentliche Versorgungsinteressen der Patienten und im Gemeininteresse liegende Voraussetzungen für geeignete Arbeitsbedingungen im Sozial- und Gesundheitswesen wirksam in die Steuerung der Kassen einzubringen.[5]

3 Die Regeln zur Bemessung des allgemeinen Beitragssatzes standen bis zum GKV-FinG in Verbindung mit der **Bemessung des neuen Zusatzbeitrages**. Der Beitragssatz musste so bemessen sein, dass die zu erwartenden Beiträge und weitere Einnahmen die voraussichtlichen Ausgaben decken und den Aufbau einer Liquiditätsreserve für den Gesundheitsfonds ermöglichen. Auf Grundlage dieser Gesetzeslage leitete die Rechtsprechung **Grundsätze für die Pflichten eines Krankenkassenvorstandes** ab. Aus der Koppelung von Finanzsituation und den Vorstandspflichten zur Beitragsveränderung ergaben sich entsprechende Pflichten zur gesetzeskonformen Finanzierung der KK, zur Buchführung und zu den Aufklärungspflichten.[6] Die Analyse der Finanzsituation wird seit dem GKV-FinG durch die gesetzlich vorgesehene Tätigkeit des **Schätzerkreises (§ 220 Abs. 2)** erleichtert, die Krankenkassenvorstände insoweit entlastet und der Haftungsumfang entsprechend verändert. Hinsichtlich der Folgerungen für die Erhebung und Höhe des Zusatzbeitrages, welche die Kassenvorstände aus den Ergebnissen des Schätzerkreises gem. §§ 242 und 242a iVm § 220 Abs. 2 zu ziehen haben, und hinsichtlich der sorgfältigen Analyse der tatsächlichen Finanzlage der Krankenkasse wirken diese Grundsätze des BSG fort. Der Bezug zum Schätzerkreis wird im Wesentlichen nur über den Verweis des § 242 Abs. 1 S. 3 Hs. 2 auf die vom Schätzerkreis bestimmten beitragspflichtigen Einnahmen aller Krankenkassen und die Fälle der Anwendbarkeit des durchschnittlichen Zusatzbeitrages nach §§ 242 Abs. 3, 242a iVm 220 Abs. 2 hergestellt. Da der Schätzerkreis gem. 220 Abs. 2 jedoch wesentliche Daten wie die Höhe der voraussichtlichen beitragspflichtigen Einnahmen der Mitglieder sowie Daten zur Festlegung der Höhe der

---

1 BGBl. I, 2309.
2 BT-Dr. 17/3040.
3 BGBl. I 2014, 1133.
4 BGBl. I, 2309.
5 Zur Gesamtproblematik der Arbeitsbedingungen im Sozial- und Gesundheitswesen und einer fehlenden Verzahnung von allgemeinem und kirchlichem Tarifrecht mit dem Finanzierungssystem des SGB: Schlüter/Bernzen, Gutachten für die SPD Bundestagsfraktion April 2013 Homepage SPD-Bundestagsfraktion; vgl. auch die Reihe „Diakonietexte" des Diakonischen Werkes der EKD zum Themenbereich SGB V und XI.
6 BSG, 5.5.2009, B 1 KR 9/08 R.

Zuweisung aus dem Gesundheitsfonds feststellt, werden Kassenvorstände solche Daten zu berücksichtigen haben und abweichende Prognosen nur wohlbegründet und mit Blick auf die konkrete besondere Situation der eigenen Krankenkasse treffen können.

§ 241a (aufgehoben)
§ 242 Zusatzbeitrag

(1) ¹Soweit der Finanzbedarf einer Krankenkasse durch die Zuweisungen aus dem Gesundheitsfonds nicht gedeckt ist, hat sie in ihrer Satzung zu bestimmen, dass von ihren Mitgliedern ein einkommensabhängiger Zusatzbeitrag erhoben wird. ²Die Krankenkassen haben den einkommensabhängigen Zusatzbeitrag als Prozentsatz der beitragspflichtigen Einnahmen jedes Mitglieds zu erheben (kassenindividueller Zusatzbeitragssatz). ³Der Zusatzbeitragssatz ist so zu bemessen, dass die Einnahmen aus dem Zusatzbeitrag zusammen mit den Zuweisungen aus dem Gesundheitsfonds und den sonstigen Einnahmen die im Haushaltsjahr voraussichtlich zu leistenden Ausgaben und die vorgeschriebene Höhe der Rücklage decken; dabei ist die Höhe der voraussichtlichen beitragspflichtigen Einnahmen aller Krankenkassen nach § 220 Absatz 2 Satz 2 je Mitglied zugrunde zu legen.

(2) ¹Ergibt sich während des Haushaltsjahres, dass die Betriebsmittel der Krankenkassen einschließlich der Zuführung aus der Rücklage zur Deckung der Ausgaben nicht ausreichen, ist der Zusatzbeitragssatz nach Absatz 1 durch Änderung der Satzung zu erhöhen. ²Muss eine Krankenkasse kurzfristig ihre Leistungsfähigkeit erhalten, so hat der Vorstand zu beschließen, dass der Zusatzbeitragssatz bis zur satzungsmäßigen Neuregelung erhöht wird; der Beschluss bedarf der Genehmigung der Aufsichtsbehörde. ³Kommt kein Beschluss zustande, ordnet die Aufsichtsbehörde die notwendige Erhöhung des Zusatzbeitragssatzes an. ⁴Klagen gegen die Anordnung nach Satz 3 haben keine aufschiebende Wirkung.

(3) ¹Die Krankenkasse hat den Zusatzbeitrag abweichend von Absatz 1 in Höhe des durchschnittlichen Zusatzbeitragssatzes nach § 242a zu erheben für
1. Mitglieder nach § 5 Absatz 1 Nummer 2a,
2. Mitglieder nach § 5 Absatz 1 Nummer 5 und 6 und Absatz 4a Satz 1,
3. Mitglieder nach § 5 Absatz 1 Nummer 7 und 8, wenn das tatsächliche Arbeitsentgelt den nach § 235 Absatz 3 maßgeblichen Mindestbetrag nicht übersteigt,
4. Mitglieder, deren Mitgliedschaft nach § 192 Absatz 1 Nummer 3 oder nach § 193 Absatz 2 bis 5 oder nach § 8 des Eignungsübungsgesetzes fortbesteht,
5. Mitglieder, die Verletztengeld nach dem Siebten Buch, Versorgungskrankengeld nach dem Bundesversorgungsgesetz oder vergleichbare Entgeltersatzleistungen beziehen, sowie
6. Beschäftigte, bei denen § 20 Absatz 3 Satz 1 Nummer 1 oder Nummer 2 oder Satz 2 des Vierten Buches angewendet wird.

²Auf weitere beitragspflichtige Einnahmen dieser Mitglieder findet der Beitragssatz nach Absatz 1 Anwendung.

(4) Die Vorschriften des Zweiten und Dritten Abschnitts des Vierten Buches gelten entsprechend.

(5) ¹Die Krankenkassen melden die Zusatzbeitragssätze nach Absatz 1 dem Spitzenverband Bund der Krankenkassen. ²Der Spitzenverband Bund der Krankenkassen führt eine laufend aktualisierte Übersicht, welche Krankenkassen einen Zusatzbeitrag erheben und in welcher Höhe, und veröffentlicht diese Übersicht im Internet. ³Das Nähere zu Zeitpunkt, Form und Inhalt der Meldungen sowie zur Veröffentlichung regelt der Spitzenverband Bund der Krankenkassen.

I. Entstehungsgeschichte	1	IV. Die Ablösung der Bemessungsgrundsätze durch die Prognose des Schätzerkreises	12
II. Die Neufassung durch das GKV-FQWG 2014	3	V. Der Zusatzbeitrag im Finanzierungssystem	14
III. Voraussetzung und Höhe des Zusatzbeitrages	9		

I. Entstehungsgeschichte

1 Die Vorschrift trat am 1.1.2009 in einer Neufassung in Kraft (GKV-WSG v. 26.3.2007).[1]
Am 1.1.2011 erfuhr die Vorschrift durch das **GKV-Finanzierungsgesetz** (GKV-FinG) v. 22.12.2010[2] mehrere Änderungen und fügte Abs. 4 und 5 hinzu. Es hatte zum Ziel, die Finanzierungsgrundlage zu stärken, indem es die **Zusatzbeiträge** weiterentwickeln und kurzfristige **Konsolidierungsmaßnahmen** befördern sollte. Hierzu gehörten die Erhöhung und Festschreibung des allg. Beitragssatzes (§ 241) um die automatische Lohnkostensteigerung durch die Gesundheitsausgaben zu begrenzen. Dadurch entfielen in § 220 Abs. 1 und 2 aF die dortigen nach dem Deckungsprinzip ausgestalteten Bemessungsgrundsätze für den Beitragssatz. Die über die Einnahmeentwicklung hinausgehenden Kosten sollten künftig durch einkommensunabhängige **Zusatzbeiträge der Mitglieder** finanziert werden. Der Arbeitgeberbeitrag wurde auf 7,3 % festgeschrieben und die „Überforderungsgrenze" auf 2 % der beitragspflichtigen Einnahmen eines Mitglieds verschoben. Vermutlich wurden damit auch die Lohnsteigerungen/Personalschlüssel insbesondere für die Krankenpflegekräfte begrenzt. Die Regelungen des GKV-FinG zur Ausgabenbegrenzung sahen ein Einfrieren der Verwaltungsausgaben der Kassen vor (§ 4 Abs. 4). Außerdem wurde für hausarztzentrierte Versorgungsverträge (HzV) der Grundsatz der Beitragssatzstabilität ausdrücklich festgeschrieben (§ 73 b). Für die vertragsärztliche Vergütung wurden die Orientierungs- und Punktwerte fortgeschrieben, die differenzierte Sonderpreise bei Über- oder Unterversorgung ausgesetzt und die ehemaligen Sicherstellungszuschläge wieder eingeführt. Die Gesamtvertragspartner hatten Vereinbarungen zur Ausgabenbegrenzung extrabudgetär zu vergütender Leistungen zu treffen. Gleichzeitig wurden aber Honorarzuwächse in der Größenordnung von 500 Mio. EUR vorgesehen. Im Krankenhausentgeltgesetz (KHEntgG) wurde ein Mehrleistungsabschlag umgesetzt, der besagt, dass Krankenhäuser für Mehrleistungen 70 % der üblichen Vergütung erhalten. Zur Versorgungsverbesserung in den neuen Bundesländern wurden die Punktwerte und Gesamtvergütungen um 2,5 % erhöht. Hinzu kamen Vereinfachungsregelungen für die Kostenerstattung (§ 13) und Veränderungen der Wahltarife (§ 53).
Abs. 4 und 5 wurden erneut durch das Gesetz zur Änderung des Infektionsschutzgesetzes v. 28.7.2011[3] geändert. In Abs. 4 sind S. 3 bis 5 durch das GKV-VersorgungsstrukturG v. 22.12.2011[4] hinzugekommen.

2 Zuletzt wurde die Vorschrift durch das **GKV-Finanzstruktur- und Qualitäts-Weiterentwicklungsgesetz** (GKV-FQWG) vom 21.7.2014[5] **mWv 1.1.2015** geändert (→ Rn. 3 ff.; zu Zielen und weiteren Inhalten → Vor § 220 Rn. 1 ff.).

II. Die Neufassung durch das GKV-FQWG 2014

3 Im Rahmen der Reform durch das GKV-FQWG (→ Rn. 2) sind alle notwendigen Regelungen aufgenommen worden, um den einkommens*un*abhängigen Zusatzbeitrag in einen **einkommensabhängigen Zusatzbeitrag** zu verwandeln. Sonderregelungen für bestimmte Einnahmearten fanden gleichfalls wieder Berücksichtigung, während bestimmte Übergangsbestimmungen nunmehr entfielen. Der einkommensunabhängige Zusatzbeitrag und der damit verbundene steuerfinanzierte Sozialausgleich wurden wieder abgeschafft. Die Krankenkassen erheben den Zusatzbeitrag als prozentualen Satz von den beitragspflichtigen Einnahmen. Man erhofft sich dabei, den Solidarausgleich bei den Zusatzbeiträgen innerhalb der gesetzlichen Krankenversicherung zu organisieren. Der Sozialausgleich wird damit entbehrlich. Damit die stark differierenden Einkommenshöhen der Versicherten nicht zu Risikoselektionsanreizen und Wettbewerbsverzerrungen führen, wurde ein **Einkommensausgleich** eingeführt in der Erwartung, dass sich die Krankenkassen um eine wirtschaftliche und qualitativ hochwertige Versorgung bemühen.
Zudem wird die Zahlung von Prämien abgeschafft. Die Sonderregelungen für die Erhebung von Zusatzbeiträgen für Bezieher von Arbeitslosengeld II werden gestrichen. Die Vorschriften zu den Personen, die den Zusatzbeitrag nicht selbst zahlen müssen, werden angepasst. Das Sanktionsinstrument des Verspätungszuschlags wird abgeschafft. Die Nichtzahlungsklausel im Zusammenhang mit der Ausübung des Sonderkündigungsrechts entfällt.

---

1 BGBl. I, 378.
2 BGBl. I 2010, 2309; BT-Dr. 762/10.
3 BGBl. I, 1622.
4 BGBl. I, 2983.
5 BGBl. I 2014, 1133.

Soweit erforderlich wurden Zusatzbeiträge von den Mitgliedern der gesetzlichen Krankenversicherung bislang in festen Eurobeträgen erhoben. Nunmehr erfolgt nach **Abs. 1** eine **einkommensabhängige Erhebung des Zusatzbeitrags**. Dies geschieht, indem ein kassenindividueller Prozentsatz auf die beitragspflichtigen Einnahmen der Mitglieder angewendet wird. Von bestimmten Personengruppen wird der Zusatzbeitrag in Höhe des durchschnittlichen Zusatzbeitragssatzes nach § 242 a erhoben (Abs. 3). In Verbindung mit der Absenkung des einheitlichen Beitragssatzes wird die Beitragsautonomie der Krankenkassen erheblich ausgeweitet. Damit die unterschiedliche Einkommensstruktur der Krankenkassen nicht zu Wettbewerbsverzerrungen führt, wird zudem ein vollständiger Einkommensausgleich eingeführt (vgl. § 270 a). Die sog Nichtzahlungsklausel in Abs. 1 im Zusammenhang mit dem Sonderkündigungsrecht entfällt im Hinblick auf den neuen § 175 Abs. 4 S. 5. Wie in dem vor 2009 geltenden Recht befreit das Sonderkündigungsrecht also von der achtzehnmonatigen Bindungsfrist, nicht aber von der Tragung des erhöhten Zusatzbeitrags im Zeitraum bis zum Krankenkassenwechsel. Dabei ist zu berücksichtigen, dass der allgemeine Beitragssatz um 0,9 Prozentpunkte gesenkt wird und die erstmalige Erhebung dieses neuen, kassenindividuellen Zusatzbeitrags insgesamt nicht zu einer Mehrbelastung der Versicherten, sondern in nicht unerheblichem Maß zu einer Entlastung führen wird. Eine Befreiung von der Zusatzbeitragserhöhung würde hingegen zu relevanten Mindereinnahmen der Krankenkassen führen. Darüber hinaus wäre eine solche Befreiung im Rahmen des Quellenabzugsverfahrens mit einem nicht vertretbaren Verwaltungsaufwand insbesondere auch für Arbeitgeber, Rentenversicherungsträger und die Bundesagentur für Arbeit verbunden, weshalb sie im Rahmen des bis 2008 geltenden Sonderkündigungsrechts nicht vorgesehen war, sondern erst mit der Erhebung des einkommensunabhängigen Zusatzbeiträge eingeführt wurde, welche die Krankenkassen direkt beim Mitglied einziehen mussten. Durch die neue Einkommensabhängigkeit der Zusatzbeiträge ist zugleich nach Ansicht der Bundesregierung gewährleistet, dass kein Mitglied übermäßig belastet wird, wenn es auch bei Ausübung des Sonderkündigungsrechts die Differenz zum neuen Beitragssatz bis zum Vollzug des Wechsels der Krankenkasse zu tragen hat.

Der neue **Abs. 2** enthält, redaktionell angepasst, aber inhaltsgleich, die Regelungen des bisherigen Abs. 3 S. 2–5. Der bisherige Abs. 2 entfällt. Damit wird die Möglichkeit der Krankenkassen abgeschafft, an ihre Mitglieder Prämien auszuzahlen, wenn die Zuweisungen aus dem Gesundheitsfonds ihren Finanzbedarf übersteigen. Der **Finanzbedarf** der gesetzlichen Krankenversicherung wird über Beiträge aus dem allgemeinen bzw. dem ermäßigten Beitragssatz, den einkommensabhängigen Zusatzbeiträgen sowie der Beteiligung des Bundes aus Steuermitteln gedeckt. Als Folge der Senkung des allgemeinen bzw. ermäßigten Beitragssatzes auf 14,6 % bzw. 14,0 % sowie der Tatsache, dass der bisherige mitgliederbezogene Beitragssatzanteil in Höhe von 0,9 % in die Zusatzbeitragssätze der Krankenkassen einfließt, soll der Preiswettbewerb nun über die Höhe der Zusatzbeiträge stattfinden.

Der neue **Abs. 3** regelt, dass die Krankenkasse den Zusatzbeitrag für bestimmte Personenkreise abweichend von Abs. 1 in Höhe des durchschnittlichen Zusatzbeitragssatzes nach § 242 a zu erheben hat. Diese obligatorische Erhebung gilt auch dann, wenn die Krankenkasse keinen individuellen Zusatzbeitragssatz nach Abs. 1 erhebt. Aus beitragsrechtlicher Sicht zeichnen sich diese Personengruppen ua dadurch aus, dass bei ihnen auch die allgemeinen Beiträge von Dritten getragen werden. Dies betrifft insbesondere versicherungspflichtige Bezieherinnen und Bezieher von Arbeitslosengeld II. Die Beitragstragung durch Dritte trifft aber auch auf andere Personengruppen zu, die bislang generell vom Zusatzbeitrag ausgenommen (Abs. 5 aF) waren. Die Träger bzw. der Bund werden bezüglich dieser Personenkreise entlastet, da der allgemeine und ermäßigte Beitragssatz der gesetzlichen Krankenversicherung gleichzeitig um jeweils 0,9 Beitragssatzpunkte gesenkt werden. Da die Krankenkassen den Zusatzbeitrag im Wettbewerb nicht mehr einkommens*un*abhängig, sondern als Prozentsatz der beitragspflichtigen Einnahmen des Mitglieds erheben und in diesen Zusatzbeitrag perspektivisch der bisherige mitgliederbezogene Beitragssatzanteil von 0,9 % einfließt, ist es sachgerecht, dass die jeweiligen Träger bzw. der Bund für die genannten Personenkreise auch die Beiträge übernehmen, die sich bei Anwendung des durchschnittlichen Zusatzbeitragssatzes auf die beitragspflichtigen Einnahmen ergeben.

Die Regelungen zur Tragung und Zahlung von Zusatzbeiträgen folgen damit im Übrigen den grundsätzlichen Regeln des Beitragsrechts der gesetzlichen Krankenversicherung. Somit werden für alle Personen Zusatzbeiträge erhoben, die auch ansonsten Krankenversicherungsbeiträge nach dem allgemeinen oder ermäßigten Beitragssatz zahlen bzw. für die diese Beiträge von Dritten getragen und gezahlt werden. Zur verwaltungsseitigen Entlastung der jeweiligen Träger bzw. des Bundes wird für diese Personenkreise nicht der kassenindividuelle Zusatzbeitragssatz nach Abs. 1 erhoben, sondern obligatorisch der durchschnittliche Zusatzbeitragssatz nach § 242 a.

8   Im neuen **Abs. 4** wird im Hinblick auf die Umstellung auf den Quellenabzug ausdrücklich geregelt, dass für die Zusatzbeiträge die Vorschriften des Zweiten und Dritten Abschnitts des Vierten Buches entsprechend gelten.

III. Voraussetzung und Höhe des Zusatzbeitrages

9   **Abs. 1** bestimmt, dass ein Zusatzbeitrag von der Krankenkasse in die Satzung aufgenommen werden muss, soweit der Finanzbedarf durch die Zuweisungen aus dem Gesundheitsfonds nicht gedeckt ist. Daraus folgt, dass er entsprechend den gesetzlichen und satzungsmäßigen Vorgaben auch zu erheben ist. Da Satzungsänderung, Erhebung und Änderung eines Zusatzbeitrages Zeit in Anspruch nehmen und das Deckungsziel möglichst im von der Unterdeckung betroffenen Haushaltsjahr erreicht werden muss, ist auch auf Grundlage der bisherigen Rechtsprechung davon auszugehen, dass der Kassenvorstand hier eine rechtzeitige Prognoseentscheidung zu treffen hat und nicht erst im Moment der Unterdeckung tätig werden darf. Dass eine Prognose bereits vor bzw. spätestens zu Beginn des Haushaltsjahres vorzunehmen ist, wird ua durch die für die Bemessungsregelung in Abs. 1 S. 3 relevante Formulierung „die im Haushaltsjahr voraussichtlich zu leistenden Ausgaben" gestützt.

10 **Abs. 2** sieht die Erhöhung eines Zusatzbeitrages dann zwingend und in Eilfällen auch durch den Vorstand vor, wenn sich die Unterdeckung während des Haushaltsjahres und damit in Bezug auf dieses Haushaltsjahr ergibt. Der Beschluss bedarf der Genehmigung der Aufsichtsbehörde. Kommt kein Beschluss zustande, ordnet die Aufsichtsbehörde die notwendige Erhöhung des Zusatzbeitragssatzes an (Abs. 2 S. 3). Klagen gegen diese Anordnung haben keine aufschiebende Wirkung (Abs. 2 S. 4). Zur Rolle des Schätzerkreises → Rn. 12 f. Der nunmehr einkommensabhängige Zusatzbeitrag ist als Prozentsatz der beitragspflichtigen Einnahmen jedes Mitglieds zu erheben.

11 **Abs. 3** bestimmt abweichend von Abs. 1 und 2, dass für bestimmte Personenkreise ein Zusatzbeitrag in jedem Fall zu erheben ist. Dieser bemisst sich nicht nach der Entscheidung der Krankenkasse, sondern nach dem durchschnittlichen Zusatzbeitragssatz gem. § 242 a. Dies betrifft ua Bezieher von Arbeitslosengeld II, Jugendliche, die in einer Einrichtung für die Erwerbsfähigkeit befähigt werden, Teilnehmer an Leistungen zur Teilhabe am Arbeitsleben, Auszubildende in einer außerbetrieblichen Einrichtung nach dem Berufsausbildungsgesetz, uU Menschen mit Behinderung, bei fortbestehender Mitgliedschaft sowie bei Entgeltersatzleistungen. Für die Einzelheiten siehe die in der Vorschrift in Bezug genommenen Regelungen.

Der Spitzenverband Bund führt gem. Abs. 5 eine Übersicht über die von den Krankenkassen erhobenen Zusatzbeiträge.

IV. Die Ablösung der Bemessungsgrundsätze durch die Prognose des Schätzerkreises

12 Das GKV-FinG (→ Rn. 1) bewirkte die Streichung von § 220 Abs. 1 S. 2, welcher Bemessungsgrundsätze für die erstmalige Festsetzung des allgemeinen Beitragssatzes vorsah. Dabei sollten die Einnahmen aus Beiträgen, der Bundesbeteiligung und voraussichtlichen sonstigen Einnahmen des Gesundheitsfonds die voraussichtlichen Ausgaben der Krankenkassen sowie den vorgeschriebenen Aufbau der Liquiditätsreserve nach § 271 decken können. Auf diesem Grundsatz baute auch die Beitragserhöhungsmaßgabe des Abs. 2 aF auf. Nunmehr wird dort nur noch auf die Einnahmen und Ausgabenschätzungen des Schätzerkreises verwiesen. Diese Schätzung dient nunmehr „als Grundlage" für die Festlegung des durchschnittlichen **Zusatzbeitrages** nach § 242 a für das Folgejahr. Zum Zusatzbeitrag für freiwillig Wehrdienstleistende und Teilnehmer des Bundesfreiwilligendienstes vgl. die Kommentierung zu § 244.

13 Die bisherigen Regeln zur Bemessung des allgemeinen Beitragssatzes standen bis zum GKV-FinG in Verbindung mit der **Bemessung des neuen Zusatzbeitrages**. Der Beitragssatz musste so bemessen sein, dass die zu erwartenden Beiträge und weitere Einnahmen die voraussichtlichen Ausgaben decken und den Aufbau einer Liquiditätsreserve für den Gesundheitsfonds ermöglichten. Auf Grundlage dieser Gesetzeslage leitete die Rechtsprechung **Grundsätze für die Pflichten eines Krankenkassenvorstandes** ab. Aus der Koppelung von Finanzsituation und den Vorstandspflichten zur Beitragsveränderung ergaben sich entsprechende Pflichten zur gesetzeskonformen Finanzierung der KK, zur Buchführung und zu den Aufklärungspflichten.[6] Die Analyse der Finanzsituation wird seit dem GKV-FinG durch die gesetzlich vorgesehene Tätigkeit des **Schätzerkreises** (§ 220 Abs. 2) erleichtert, die Krankenkassenvorstände insoweit entlastet und der Haftungsumfang entsprechend verändert. Hinsichtlich der Folgerun-

---

6 BSG, 5.5.2009, B 1 KR 9/08 R.

gen für die Erhebung und Höhe des Zusatzbeitrages, welche die Kassenvorstände aus den Ergebnissen des Schätzerkreises gem. §§ 242 und 242a iVm § 220 Abs. 2 zu ziehen haben, und hinsichtlich der sorgfältigen Analyse der tatsächlichen Finanzlage der Krankenkasse wirken diese Grundsätze des BSG fort. Der Bezug zum Schätzerkreis wird im Wesentlichen nur über den Verweis des § 242 Abs. 1 S. 3 Hs. 2 auf die vom Schätzerkreis bestimmten beitragspflichtigen Einnahmen aller Krankenkassen und die Fälle der Anwendbarkeit des durchschnittlichen Zusatzbeitrages nach §§ 242 Abs. 3, 242a iVm 220 Abs. 2 hergestellt. Der Regelungsgehalt des bisherigen § 242 Abs. 3 S. 1 wird in den Abs. 1 übernommen und angepasst: Zum einen wird als Folge der Einführung einkommensabhängiger Zusatzbeiträge klargestellt, dass die Krankenkassen den Zusatzbeitrag als Prozentsatz der beitragspflichtigen Einnahmen des Mitglieds erheben (Zusatzbeitragssatz). Zum anderen wird im Zusammenhang mit der Einführung des vollständigen Einkommensausgleichs nach § 270a und im Hinblick auf die Schätzung des Schätzerkreises nach § 220 Abs. 2 S. 2 – neu – geregelt, dass die Krankenkassen bei der Bemessung des Zusatzbeitrages die voraussichtlichen beitragspflichtigen Einnahmen aller Krankenkassen – dh nicht ihre eigenen beitragspflichtigen Einnahmen – je Mitglied zugrunde zu legen haben. Da der Schätzerkreis gem. 220 Abs. 2 jedoch wesentliche Daten wie die Höhe der voraussichtlichen beitragspflichtigen Einnahmen der Mitglieder sowie Daten zur Festlegung der Höhe der Zuweisung aus dem Gesundheitsfonds feststellt, werden Kassenvorstände solche Daten zu berücksichtigen haben und abweichende Prognosen nur wohlbegründet und mit Blick auf die konkrete besondere Situation der eigenen Kasse treffen können.

V. Der Zusatzbeitrag im Finanzierungssystem

Vor dem Hintergrund der Beitragsbemessungsgrenze und der Versicherungspflichtgrenze bedeutet die proportionale Zunahme des Finanzierungsanteils, welcher durch Zusatzbeiträge der Mitglieder aufgebracht wird, eine weitere **Systemänderung mit Wirkungen auf das Solidarprinzip**. Da das personal- und technikintensive Gesundheitssystem natürliche Kostensteigerungen produziert, ist eine Individualisierung des Krankheitsrisikos zu verzeichnen, welche vermutlich keine leistungsbegrenzende Wirkung entfaltet, da es nicht an den tatsächlichen Leistungen ansetzt. Da die bisherige 95 %-Finanzierungsgrenze aufgehoben wurde, ist eine Flexibilisierung zulasten der Zusatzbeiträge zu verzeichnen.

§ 242a Durchschnittlicher Zusatzbeitragsatz

(1) Der durchschnittliche Zusatzbeitragssatz ergibt sich aus der Differenz zwischen den voraussichtlichen jährlichen Ausgaben der Krankenkassen und den voraussichtlichen jährlichen Einnahmen des Gesundheitsfonds, die für die Zuweisungen nach den §§ 266 und 270 zur Verfügung stehen, geteilt durch die voraussichtlichen jährlichen beitragspflichtigen Einnahmen der Mitglieder aller Krankenkassen, multipliziert mit 100.
(2) Das Bundesministerium für Gesundheit legt nach Auswertung der Ergebnisse des Schätzerkreises nach § 220 Absatz 2 die Höhe des durchschnittlichen Zusatzbeitragssatzes für das Folgejahr fest und gibt diesen Wert in Prozent jeweils bis zum 1. November eines Kalenderjahres im Bundesanzeiger bekannt.

§ 242a ist durch das **GKV-FinG** v. 22.12.2010[1] mWv 1.1.2011 neu eingefügt worden. Die Vorschrift steht in Zusammenhang mit der gesetzlichen **Festschreibung des allg. Beitragssatzes**, den individuellen einkommensunabhängigen Zusatzbeiträgen und dem im bisherigen § 242b geregelten Sozialausgleich. Ziel des Gesetzgebers war es ua, die KV weniger abhängig von konjunkturellen Schwankungen zu machen.[2] Die Opposition kritisierte die Einführung dieser neuen Finanzierungsmechanismen dagegen als Ausstieg aus dem Solidarprinzip und als einseitige Belastung der Arbeitnehmer und Beitragszahler. Sie favorisierte gegenüber der Reform der Bundesregierung ihr Konzept einer Bürgerversicherung.[3]
Die Vorschrift wurde zuletzt durch das **GKV-Finanzstruktur- und Qualitäts-Weiterentwicklungsgesetz (GKV-FQWG)** vom 21.7.2014[4] neu gefasst und berücksichtigt **mWv 1.8.2014** das neue System eines

---

1 BGBl. I 2010, 2309.
2 Gesetzentwurf BT-Dr. 17/3040, Antwort der Bundesregierung – Kleine Anfrage BT-Dr. 17/4761.
3 BT-Dr. 17/1238.
4 BGBl. I, 1133.

einkommensabhängigen Zusatzbeitrages nach § 242. Zur Gesamtkonzeption der Reform vgl. die Vorbemerkungen zu §§ 220 bis 248.

§ 242 a aF regelte den durchschnittlichen Zusatzbeitrag der Krankenkassen, der für die Ermittlung der Zuweisungen nach den §§ 266 und 270 sowie für die Durchführung des Sozialausgleichs nach § 242 b aF notwendig war. Die Vorschrift regelt nun den durchschnittlichen Zusatzbeitragssatz.

Abs. 1 bestimmt, wie der durchschnittliche Zusatzbeitragssatz zu berechnen ist. Der durchschnittliche Zusatzbeitragssatz ist nunmehr **prospektiv** auf Grundlage der Ergebnisse des Schätzerkreises (§ 220 Abs. 2) zu ermitteln und durch das Bundesministerium für Gesundheit im Bundesanzeiger bekanntzugeben. Die Ergebnisse des Schätzerkreises (§ 220 Abs. 2) sind Grundlage sowohl für die Entscheidung der Krankenkassen über den kassenindividuellen Zusatzbeitrag gem. § 242 Abs. 1 und 2 wie auch für die Entscheidung des Gesundheitsministeriums (Abs. 2) über den durchschnittlichen Zusatzbeitragssatz. § 242 Abs. 2 bestimmt Personenkreise, für welche nicht der kassenindividuelle Zusatzbeitrag, sondern der durchschnittliche Zusatzbeitrag festzusetzen ist (vgl. die Kommentierung dort).

Abs. 2 regelt wie bisher die Festlegung und Bekanntmachung durch das Bundesministerium für Gesundheit, jetzt bezogen auf den durchschnittlichen Zusatzbeitragssatz. Mangels Bundeszuschuss zum ebenfalls abgeschafften Sozialausgleich entfällt auch die Notwendigkeit eines Einvernehmens mit dem Bundesminister der Finanzen.

§ 242 b (aufgehoben)

§ 243 Ermäßigter Beitragssatz

¹Für Mitglieder, die keinen Anspruch auf Krankengeld haben, gilt ein ermäßigter Beitragssatz. ²Dies gilt nicht für die Beitragsbemessung nach § 240 Absatz 4 a. ³Der ermäßigte Beitragssatz beträgt 14,0 Prozent der beitragspflichtigen Einnahmen der Mitglieder.

1 Die völlige Neufassung der Vorschrift beruht auf dem Gesetz vom 22.12.2010 (BGBl. I, 2309) und galt ab 1.1.2011. Es handelt sich hier um eine Folge der Änderung des allgemeinen Beitragssatzes (§ 241). Auch der ermäßigte Beitragssatz wurde nunmehr nicht mehr durch Satzung der Krankenkassen sondern durch das Gesetz selbst festgelegt. Mitglieder, welche keinen Anspruch auf Krankengeld haben (§ 44 Abs. 2), stellen für die Kassen eine geringere potenzielle Belastung dar, was sich in der Ermäßigung des Beitragssatzes auswirkt. Die Vorschrift und der ermäßigte Beitragssatz wurden durch das GKV-Finanzstruktur- und Qualitäts-Weiterentwicklungsgesetz (GKV-FQWG) vom 21.7.2014[1] mWv 1.1.2015 geändert (zu den Zielen dieses Reformgesetzes → Vor § 220 Rn. 1 ff.). Die Absenkung des ermäßigten Beitragssatzes von 14,9 auf 14,0 % folgt der parallelen Absenkung des allgemeinen Beitragssatzes gem. § 241.

2 Durch das Heil- und Hilfsmittelversorgungsgesetz vom 4.4.2017 (BGBl. I, 778) wird mWv 1.1.2018 in S. 2 die Angabe „Absatz 4a" durch die Angabe „Absatz 4b" ersetzt.

§ 244 Ermäßigter Beitrag für Wehrdienstleistende und Zivildienstleistende

(1) ¹Bei Einberufung zu einem Wehrdienst wird der Beitrag für
1. Wehrdienstleistende nach § 193 Abs. 1 auf ein Drittel,
2. Wehrdienstleistende nach § 193 Abs. 2 auf ein Zehntel

des Beitrags ermäßigt, der vor der Einberufung zuletzt zu entrichten war. ²Dies gilt nicht für aus Renten der gesetzlichen Rentenversicherung, Versorgungsbezügen und Arbeitseinkommen zu bemessende Beiträge.

(2) Das Bundesministerium für Gesundheit kann im Einvernehmen mit dem Bundesministerium der Verteidigung und dem Bundesministerium der Finanzen durch Rechtsverordnung mit Zustimmung des Bundesrates für die Beitragszahlung nach Absatz 1 Satz 1 Nr. 2 eine pauschale Beitragsberechnung vorschreiben und die Zahlungsweise regeln.

---

1 BGBl. I 2014, 1133.

(3) ¹Die Absätze 1 und 2 gelten für Zivildienstleistende entsprechend. ²Bei einer Rechtsverordnung nach Absatz 2 tritt an die Stelle des Bundesministeriums der Verteidigung das Bundesministerium für Familie, Senioren, Frauen und Jugend.

Die Regelung beruht auf dem Anspruch der Betroffenen auf freie Heilfürsorge. Wegen dieses Anspruchs besteht die Mitgliedschaft fort, es ruht aber der Anspruch des Versicherten (§ 16 Abs. 1 Nr. 2). Nach **Abs. 1** gelten grundsätzlich Bruchteile des bisherigen Beitrags als Grundlage für die Beitragshöhe. Beiträge für Wehr und Zivildienstleistende nach § 193 Abs. 1 werden auf ein Drittel, Personen nach § 193 Abs. 2 werden auf ein Zehntel des zuletzt errichteten Beitrags ermäßigt. Für von § 193 Abs. 2 erfasste Personen gilt die Pauschalbeitragsverordnung. 1

Aufgrund der Abs. 2 und 3 wurde für die von § 193 Abs. 2 erfassten Mitglieder die **Pauschalbeitragsverordnung** erlassen, zuletzt geändert durch Art. 13 Abs. 20 des Gesetzes v. 12.4.2012. Zur pauschalen Beitragsbemessung für Mitglieder wird das Produkt aus der jährlichen Beitragsbemessungsgrundlage, dem allgemeinen Beitragssatz und der Zahl der Diensttage durch 365 geteilt. Als beitragspflichte Einnahme gilt 80 % der Beitragsbemessungsgrundlage nach § 18 Abs. 1 SGB IV. Die Beiträge zur gesetzlichen Krankenversicherung und zur Pflegeversicherung werden vom Bundesamt für Wehrverwaltung und vom Bundesamt für Zivildienst jährlich nachträglich gezahlt. 2

Mit der **Aussetzung des Wehr- und Zivildienstes** und der Schaffung eines freiwilligen Wehrdienstes durch das Wehrrechtsänderungsgesetz 2011 (WehrRÄndG 2011) vom 26.4.2011¹ und durch die entsprechenden Änderungen des Wehrpflichtgesetzes sowie des Zivildienstgesetzes verliert die Vorschrift in Bezug auf den bisherigen Wehr- und Zivildienst insoweit und entsprechend ihre Funktion. Zum 1.7.2011 wurden noch bestehende Wehrdienstverhältnisse in den neuen freiwilligen Wehrdienst überführt. § 56 WPflG bestimmt jedoch, dass Regelungen in anderen Gesetzen oder Verordnungen, die an die Ableistung des Grundwehrdienstes anknüpfen auf Personen, die den freiwilligen Wehrdienst leisten, **entsprechend anzuwenden ist**. Für Angestellte im öffentlichen Dienst siehe § 1 Abs. 2 Arbeitsplatzschutzgesetz und § 193 Abs. 1. Nach § 4 Abs. 1 und § 6 b Abs. 1 WPflG iVm § 193 Abs. 2 SGB V und § 56 WPflG bleibt bei versicherungspflichtigen und freiwilligen Mitgliedern, die den neuen freiwilligen Wehrdienst leisten, die **Mitgliedschaft** bestehen. Nach § 193 iVm § 244 sind folglich von Personen, die den neuen freiwilligen Wehrdienst leisten, **pauschale ermäßigte Beiträge** an den Gesundheitsfonds bzw. an den Spitzenverband der landwirtschaftlichen Krankenversicherung zu zahlen. Die Beiträge zur Pflegeversicherung werden an den Ausgleichsfonds der sozialen Pflegeversicherung entrichtet. Ein **Zusatzbeitrag** nach § 242 wird von den in § 242 Abs. 5 genannten Mitgliedern nicht erhoben. Für freiwillig Wehrdienstleistende, die nach § 193 Abs. 2 und 3 Mitglied einer Krankenkasse sind, ist folglich kein Zusatzbeitrag zu erheben. Nach § 242 b Abs. 6 aF² fand kein Sozialausgleich statt. 3

Durch das Gesetz zur **Einführung eines Bundesfreiwilligendienstes** vom 28.4.2011³ wird zeitgleich der Zivildienst ausgesetzt und ein Bundesfreiwilligendienst für Männer und Frauen eingeführt, der nun neben bereits bestehende weitere freiwillige Dienstarten tritt. Der Zivildienst auch für Übergangsfälle endete spätestens am 31.12.2011. Soweit nicht eine abweichende sozialversicherungsrechtliche Regelung vorhanden ist, bestimmt § 13 Abs. 2 BFDG, dass auf den Bundesfreiwilligendienst die sozialversicherungsrechtlichen Regelungen **entsprechend Anwendung** finden, die für die **Jugendfreiwilligendienste** gelten. Nach der Art des Bundesfreiwilligendienstes handelt es sich dabei um ein abhängiges Beschäftigungsverhältnis, für welches die **Versicherungspflicht** besteht. Die Regelungen über die Versicherungsfreiheit bei geringfügiger Beschäftigung gelten für Teilnehmer am BFD nicht (§ 7 Abs. 1 S. 1 Nr. 3 SGB V). Für Teilnehmer am BFD wird gemäß § 242 Abs. 5 SGB V iVm § 20 Abs. 3 S. 1 Nr. 2 SGB IV kein Zusatzbeitrag erhoben. Nach § 242 b Abs. 6 SGB V findet kein Sozialausgleich statt. 4

§ 245 Beitragssatz für Studenten und Praktikanten

(1) Für die nach § 5 Abs. 1 Nr. 9 und 10 Versicherungspflichtigen gelten als Beitragssatz sieben Zehntel des allgemeinen Beitragssatzes.

---

1 BGBl. I, 678.
2 § 242 b wurde mWv 1.1.2015 durch das GKV-Finanzstruktur- und Qualitäts-Weiterentwicklungsgesetzes (GKV-FQWG) vom 21.7.2014 (BGBl. I, 1133) aufgehoben.
3 BGBl. I, 687.

(2) Der Beitragssatz nach Absatz 1 gilt auch für Personen, deren Mitgliedschaft in der studentischen Krankenversicherung nach § 190 Abs. 9 endet und die sich freiwillig weiterversichert haben, bis zu der das Studium abschließenden Prüfung, jedoch längstens für die Dauer von sechs Monaten.

1 Der allgemeine Beitragssatz beträgt gem. § 241 14,6 % der beitragspflichtigen Einnahmen der Mitglieder. Nachdem der Beitragssatz bisher durch Verordnung bestimmt wurde, wird der Beitragssatz nunmehr durch Gesetz festgeschrieben. Ausgabensteigerungen, welche über die gesetzlichen Einnahmen hinausgehen, werden künftig durch die Zusatzbeiträge der Arbeitnehmer, bzw. durch den steuerfinanzierten Sozialausgleich finanziert. Für Studenten und Praktikanten sieht Abs. 1 einen ermäßigten Beitragssatz vor, da man bei Studierenden nicht von einem regelmäßigen bzw. nur von einem unterdurchschnittlichen Einkommen ausgehen kann.

2 Nach Ende der Mitgliedschaft in der studentischen Krankenversicherung bietet Abs. 2 einen entsprechenden Schutz durch Fortgeltung des ermäßigten Beitragssatzes bis zur das Studium abschließenden Prüfung.

§ 246 Beitragssatz für Bezieher von Arbeitslosengeld II

Für Personen, die Arbeitslosengeld II beziehen, gilt als Beitragssatz der ermäßigte Beitragssatz nach § 243.

1 Für Empfänger von Arbeitslosengeld II im Rahmen der Grundsicherung für Arbeitsuchende nach dem SGB II, welche Versicherte nach § 5 Abs. 1 Nr. 2 a sind, sieht das Gesetz den ermäßigten Beitragssatz nach § 243 vor, da dieser Personenkreis bei Arbeitsunfähigkeit keinen Anspruch auf Krankengeld hat (vgl. § 44 Abs. 1 S. 2).

2 Die geltende Fassung des § 243 beruht weitgehend auf dem Gesetz vom 22.12.2010[1] und gilt ab 1.1.2011. Es handelt sich hier um eine Folge der Änderung des allgemeinen Beitragssatzes (§ 241). Auch der ermäßigte Beitragssatz wird nunmehr nicht mehr durch Satzung der Krankenkassen, sondern durch das Gesetz selbst festgelegt. Mitglieder, welche keinen Anspruch auf Krankengeld haben (§ 44 Abs. 2) stellen für die Kassen eine geringere potenzielle Belastung dar, was sich in der Ermäßigung des Beitragssatzes auswirkt.

3 Zur teilweisen Übernahme der Beiträge bei Leistungen aus dem SGB II hat das LSG Sachsen-Anhalt geurteilt: Ist der Antragsteller privat krankenversichert, so genügt er damit seiner Versicherungspflicht des § 193 Abs. 3 S. 1 VVG. Der Leistungsträger des SGB II ist dem Hilfebedürftigen gegenüber zur Übernahme der Beiträge bis zur Höhe des hälftigen Beitrags für den Basistarif verpflichtet. Trotz etwaiger entstehender Beitragsschulden ist das priv. Krankenversicherungsunternehmen verpflichtet, dem Hilfebedürftigen die vertraglich zugesicherten Leistungen zu erbringen.[2]

4 Die Begrenzung des Zuschusses auf den von versicherungspflichtigen Beziehern von Alg II nach § 5 Abs. 1 Nr. 2 a iVm §§ 232 a, 243 SGB V zu entrichtenden Beitrag zu den Versicherungsbeiträgen für eine private Krankenversicherung ist nicht verfassungswidrig. Es verstößt insbesondere nicht gegen das aus Art. 1, 20 GG folgende Gebot einer ausreichenden medizinischen Versorgung hilfebedürftiger Personen, noch verletzt es wegen Inkaufnahme der Anhäufung von Beitragsschulden Grundrechte aus Art. 2 GG oder das Gleichbehandlungsgebot.[3]

§ 247 Beitragssatz aus der Rente

[1]Für Versicherungspflichtige findet für die Bemessung der Beiträge aus Renten der gesetzlichen Rentenversicherung der allgemeine Beitragssatz nach § 241 Anwendung. [2]Abweichend von Satz 1 gilt bei Ver-

---

1 BGBl. I, 2309.
2 LSG SA, 15.4.2011, L 5 AS 234/10 B ER.
3 SG Berlin, 27.11.2009, S 37 AS 31127/09. Anders dagegen das LSG Nds-Brem, 3.12.2009, L 15 AS 1048/09 B ER: Die Deckungslücke sei nicht mit der verfassungsrechtlichen Pflicht des Staates zur Sicherstellung des Existenzminimums vereinbar. Die typische Lebenssituation und die eigenverantwortlichen Gestaltungsmöglichkeiten der Versicherungsverhältnisse durch die PKV-Versicherten dürften einer solchen Betrachtung entgegenstehen.

sicherungspflichtigen für die Bemessung der Beiträge aus ausländischen Renten nach § 228 Absatz 1 Satz 2 die Hälfte des allgemeinen Beitragssatzes. ³Veränderungen des Zusatzbeitragssatzes gelten jeweils vom ersten Tag des zweiten auf die Veränderung folgenden Kalendermonats an; dies gilt nicht für ausländische Renten nach § 228 Absatz 1 Satz 2.

Die Vorschrift sieht für die Beitragsbemessung aus Renten der ges. Rentenversicherung den allgemeinen gesetzlichen Beitragssatz vor und trifft eine Sonderregelung für ausländische Renten. 1

Wird eine Entscheidung des Rentenversicherungsträgers über die Tragung und Höhe aus der Rente zu bemessender Beiträge zur ges. Kranken und sozialen Pflegeversicherung angegriffen, hat nach der **Geschäftsverteilung des BSG** der 12. Senat zu entscheiden. 2

Die Vorschrift wurde zuletzt **mWv 1.1.2015** geändert durch das **GKV-Finanzstruktur- und Qualitäts-Weiterentwicklungsgesetz (GKV-FQWG)** vom 21.7.2014.[1] Die Änderungen sind Teil einer **Neuregelung des Beitragssatzgefüges**. Im Zuge der Neuausrichtung der Beitragssatzsystematik wurde in S. 2 die Senkung des allgemeinen Beitragssatzes rechnerisch nachvollzogen. Die Berücksichtigung von zuzüglich 0,45 Prozentpunkten bei bestimmten Versorgungsbezügen wird aufgehoben. 3

Der neue **Satz 3** sieht eine zweimonatige Verzögerung bei der Umsetzung von Veränderungen der kassenindividuellen Zusatzbeiträge für pflichtversicherte Rentenbezieher vor. Er trägt dem Umstand Rechnung, dass die Rentenversicherungsträger aus technischen Gründen Vorlaufzeiten bei Veränderungen der kassenindividuellen Zusatzbeiträge benötigen. Eine Ausnahme bilden Auslandsrenten, welche durch Bescheid der Krankenkasse erhoben werden. 4

Dem Ziel des Schutzes von Beschäftigten und Arbeitgebern folgend, wurde der allgemeine paritätisch finanzierte Beitragssatz auf 14,6 % festgesetzt, der Arbeitgeberanteil bleibt bei 7,3 % gesetzlich festgeschrieben. Die im Rahmen des GKV-Finanzierungsgesetzes vom 22.12.2010[2] erfolgte „Entkopplung" der Lohnzusatzkosten von den Gesundheitsausgaben bleibt damit bestehen. Der einkommensunabhängige Zusatzbeitrag und der damit verbundene steuerfinanzierte Sozialausgleich wurden wieder abgeschafft. Die Krankenkassen erheben den Zusatzbeitrag zukünftig als prozentualen Satz von den beitragspflichtigen Einnahmen. Man erhofft sich dabei, den Solidarausgleich bei den Zusatzbeiträgen innerhalb der gesetzlichen Krankenversicherung zu organisieren. Durch die Abschaffung des durch die Mitglieder zu tragenden Beitragssatzanteils von 0,9 Prozentpunkten wird der Beitragssatz der Arbeitnehmer von 8,2 % auf 7,3 % gesenkt. Für die Beitragsbemessung aus Renten und aus Versorgungsbezügen besteht in Form des neuen § 322 eine Übergangsregelung. 5

Die Beitragsbemessung für Rentner ist **nicht verfassungswidrig**. Insbesondere ist die Schrankenbestimmung in Bezug auf Art. 14 GG legitimiert. Die Beitragsverschiebung zulasten von Arbeitnehmern und Rentnern stand nicht in unmittelbarem Zusammenhang mit der Finanzierung der Aufwendungen für das – im Wesentlichen von den Arbeitnehmern – in Anspruch genommene Krankengeld. Vielmehr wurde das verfassungsrechtlich legitime anliegen verfolgt, die Funktions- und Leistungsfähigkeit des Systems im Interesse aller zu erhalten und den veränderten ökonomischen und demographischen Rahmenbedingungen anzupassen.[3] 6

§ 248 Beitragssatz aus Versorgungsbezügen und Arbeitseinkommen

¹Bei Versicherungspflichtigen gilt für die Bemessung der Beiträge aus Versorgungsbezügen und Arbeitseinkommen der allgemeine Beitragssatz. ²Abweichend von Satz 1 gilt bei Versicherungspflichtigen für die Bemessung der Beiträge aus Versorgungsbezügen nach § 229 Abs. 1 Satz 1 Nr. 4 die Hälfte des allgemeinen Beitragssatzes. ³Veränderungen des Zusatzbeitragssatzes gelten für Versorgungsbezüge nach § 229 in den Fällen des § 256 Absatz 1 Satz 1 jeweils vom ersten Tag des zweiten auf die Veränderung folgenden Kalendermonats an.

Beitragssatz für Versorgungsbezüge und Arbeitseinkommen ist der allgemeine Beitragssatz nach § 241. Der allgemeine Beitragssatz betrug nach § 241 aF 15,5 % der beitragspflichtigen Einnahmen der Mitglieder. Seit der Reform durch GKV-FQWG (→ Rn. 2) gilt ab **1.1.2015** der allgemeine Beitragssatz 1

---

1 BGBl. I, 1133.
2 BGBl. I, 2309.
3 BSG, 21.1.2009, B 12 R 1/07 R.

von 14,6 %. Nachdem der Beitragssatz bis zu den Reformen durch das GKV-FinG v. 22.12.2010[1] durch Verordnung bestimmt worden war, wird er nunmehr durch Gesetz festgeschrieben. Ausgabensteigerungen, welche über die gesetzlichen Einnahmen hinausgehen, wurden fortan durch die Zusatzbeiträge der Arbeitnehmer bzw. durch den steuerfinanzierten Sozialausgleich finanziert.

2 Die Vorschrift wurde zuletzt mWv **1.1.2015** geändert durch das **GKV-Finanzstruktur- und Qualitäts-Weiterentwicklungsgesetz (GKV-FQWG)** vom 21.7.2014[2] (vgl. die Vorbemerkungen zu §§ 220 bis 248). Im Zuge der Neuausrichtung der Beitragssatzsystematik wurde in S. 2 die Berücksichtigung von zuzüglich 0,45 Prozentpunkten bei bestimmten Versorgungsbezügen entsprechend der ebenfalls geänderten Auslandsrentenregelung in § 247 aufgehoben und durch einen neuen S. 3 die Regelung hinsichtlich des **Zusatzbeitragssatzes** neu eingefügt. Für die Beitragsbemessung aus Renten und aus Versorgungsbezügen besteht in Form des neuen § 322 eine **Übergangsregelung**.

3 Satz 2 bezieht sich auf § 229 Abs. 1 S. 1 Nr. 4: Als der Rente vergleichbare Einnahmen (Versorgungsbezüge) gelten, soweit sie wegen einer Einschränkung der Erwerbsfähigkeit oder zur Alters- und Hinterbliebenenversorgung erzielt werden, Renten und Landabgabenrenten nach dem Gesetz über die Alterssicherung der Landwirte mit Ausnahme einer Übergangshilfe. Satz 1 gilt auch, wenn Leistungen dieser Art aus dem Ausland oder von einer zwischenstaatlichen oder überstaatlichen Einrichtung bezogen werden. Tritt an die Stelle der Versorgungsbezüge eine nicht regelmäßig widerkehrende Leistung oder ist eine solche Leistung vor Eintritt des Versicherungsfalls vereinbart oder zugesagt worden, gilt ein Einhundertzwanzigstel der Leistung als monatlicher Zahlbetrag der Versorgungsbezüge, längstens jedoch für einhundertzwanzig Monate.

4 Die Erhebung von Beiträgen zur Kranken- und Pflegeversicherung der Rentner aus Leistungen der Direktversicherungen, soweit diese ursprünglich vom Arbeitgeber abgeschlossen wurden, stellt keine Verletzung von Grundrechten dar, sondern ist insbesondere im Hinblick auf Art. 3 Abs. 1 GG eine zulässige Typisierung.[3]

Vierter Titel Tragung der Beiträge

§ 249 Tragung der Beiträge bei versicherungspflichtiger Beschäftigung

(1) ¹Bei versicherungspflichtig Beschäftigten nach § 5 Abs. 1 Nr. 1 und 13 trägt der Arbeitgeber die Hälfte der Beiträge des Mitglieds aus dem Arbeitsentgelt nach dem allgemeinen oder ermäßigten Beitragssatz; im Übrigen tragen die Beschäftigten die Beiträge. ²Bei geringfügig Beschäftigten gilt § 249b.
(2) Der Arbeitgeber trägt den Beitrag allein für Beschäftigte, soweit Beiträge für Kurzarbeitergeld zu zahlen sind.
(3) ¹Abweichend von Absatz 1 werden die Beiträge bei versicherungspflichtig Beschäftigten mit einem monatlichen Arbeitsentgelt innerhalb der Gleitzone nach § 20 Abs. 2 des Vierten Buches vom Arbeitgeber in Höhe der Hälfte des Betrages, der sich ergibt, wenn der allgemeine oder ermäßigte Beitragssatz auf das der Beschäftigung zugrunde liegende Arbeitsentgelt angewendet wird, im Übrigen vom Versicherten getragen. ²Dies gilt auch für Personen, für die § 7 Absatz 3 Anwendung findet.

Literatur:
Held, Die Verfassungsmäßigkeit der Arbeitgeberbeiträge zu den Sozialversicherungen (Diss.), Hamburg 2011; *Schnapp*, Der Arbeitgeberbeitrag in der Sozialversicherung – eine rechtfertigungsbedürftige Sonderabgabe?, GSP 2007, Nr. 1/2, 25.

I. Entstehungsgeschichte 1	4. Ausnahmen 10
II. Systematische Einordnung, Normzweck 2	5. Sonstiges 13
III. Versicherungspflichtig Beschäftigte (Abs. 1) 4	IV. Kurzarbeitergeld (Abs. 2) 15
1. Erfasster Personenkreis 4	V. Gleitzone (Abs. 3) 19
2. Berechnung 8	VI. Zwingender Charakter 23
3. Arbeitsentgelt 9	

---

1 BGBl. I 2010, 2309.
2 BGBl. I, 1133.
3 BVerfG, Nichtannahmebeschluss, 6.9.2010, 1 BvR 739/08.

I. Entstehungsgeschichte

§ 249 ist durch das Gesundheits-Reformgesetz (GRG) vom 20.12.1988 (BGBl. I, 2477) geschaffen worden und trat am 1.1.1989 in Kraft. Er übernahm im Wesentlichen die Regelungen des § 381 RVO.[1]

§ 249 wurde seither häufig geändert, und zwar durch:
- Art. 2 des Gesetzes zur Einführung eines Sozialversicherungsausweises und zur Änderung anderer Sozialgesetze vom 6.10.1989 (BGBl. I, 1822),
- Art. 3 Abs. 12 Nr. 3 des Gesetzes zur Förderung des freiwilligen ökologischen Jahres vom 17.12.1993 (BGBl. I, 2118),
- Art. 2 Nr. 6 des Gesetzes zur sozialrechtlichen Behandlung von einmalig gezahltem Arbeitsentgelt vom 12.12.1996 (BGBl. I, 1859),
- Art. 5 Nr. 11 AFRG vom 24.3.1997 (BGBl. I, 594, 693),
- Art. 4 Nr. 6 des 1. SGB III-ÄndG vom 16.12.1997 (BGBl. I, 2970),
- Art. 3 Nr. 3 des Gesetzes zur Neuregelung der geringfügigen Beschäftigungsverhältnisse vom 24.3.1999 (BGBl. I, 388),
- Art. 1 Nr. 11 des 8. Euro-Einführungsgesetzes vom 23.10.2001 (BGBl. I, 2702),
- Art. 3 Nr. 7 lit. a, b des Zweiten Gesetzes für moderne Dienstleistungen am Arbeitsmarkt vom 23.12.2002 (BGBl. I, 4721),
- Art. 2 Nr. 2, Art. 3 des Gesetzes zur Änderung des SGB und anderer Gesetze vom 24.7.2003 (BGBl. I, 1526),
- Art. 1 Nr. 149 des GKV-Modernisierungsgesetzes (GMG) vom 14.11.2003 (BGBl. I, 2190),
- Art. 4 Nr. 5 des Gesetzes zur Förderung ganzjähriger Beschäftigung vom 24.4.2006 (BGBl. I, 926),
- Art. 1 Nr. 167, Art. 46 Abs. 1 GKV-WSG vom 26.3.2007 (BGBl. I, 378) sowie
- Art. 1 Nr. 70 des Gesetzes zur Verbesserung der Versorgungsstrukturen in der gesetzlichen Krankenversicherung (GKV-Versorgungsstrukturgesetz, GKV-VStG) vom 22.12.2011 (BGBl. I, 2983),
- Art. 3 Nr. 4 Gesetz zur Änderungen im Bereich der geringfügigen Beschäftigung vom 5.12.2012 (BGBl. I, 2474)
- Art. 1 Nr. 23 Gesetz zur Weiterentwicklung der Finanzstruktur und der Qualität in der gesetzlichen Krankenversicherung (GKV-Finanzstruktur- und Qualitäts-Weiterentwicklungsgesetz – GKV-FQWG) vom 21.7.2014 (BGBl. I, 1133).

II. Systematische Einordnung, Normzweck

Grundlegend ist zwischen der sog **Beitrags*tragung*** und der **Beitrags*zahlung*** zu unterscheiden. Erstere (geregelt in den §§ 249 bis 251) regelt, wer im wirtschaftlichen Ergebnis für die Beiträge zur gesetzlichen Krankenversicherung einzustehen hat, m.a.W. die Beitrags*last* zu tragen hat. Die Normen über die Beitragszahlung (§§ 252 bis 256a) regeln hingegen, wer die Beiträge an die Einzugsstelle abführen muss, dh – anders ausgedrückt – wer Beitrags*schuldner* ist. Zwar ist Beitragsschuldner grds. derjenige, der auch wirtschaftlich die Beitragslast zu tragen hat (§ 252 Abs. 1 S. 1), die beiden fallen aber häufig auseinander (so vor allem beim Arbeitsentgelt, §§ 249 Abs. 1, 253).

Vor diesem Hintergrund besteht der **Zweck** des § 249 darin, Regeln dafür aufzustellen, wer die Beiträge zur gesetzlichen Krankenversicherung zu tragen hat. Bei versicherungspflichtigen Beschäftigten nach § 5 Abs. 1 Nr. 1 und 13 sind das grundsätzlich – nach einer bestimmten Verteilungsquote – der Arbeitgeber und der Beschäftigte, Abs. 1. Diese Grundregel wird aber verschiedentlich durchbrochen, zB bei der Zahlung von Kurzarbeitergeld (Abs. 2), in der sog Gleitzone des § 20 Abs. 2 SGB IV (Abs. 4), bei geringfügig Beschäftigten (Abs. 1 S. 2 iVm § 249 b) und in den Fällen der §§ 249 a, 250, 251.

III. Versicherungspflichtig Beschäftigte (Abs. 1)

1. Erfasster Personenkreis. Zu den von Abs. 1 erfassten versicherungspflichtig Beschäftigten zählen Arbeiter, Angestellte und zu ihrer Berufsausbildung Beschäftigte, die gegen Arbeitsentgelt beschäftigt sind (**§ 5 Abs. 1 Nr. 1**); das gilt nicht in den Fällen des § 5 Abs. 5 sowie der §§ 6 bis 8.

Abs. 1 gilt über seinen Wortlaut hinaus für Bezieher von **Vorruhestandsgeld**, wenn sie unmittelbar vor Bezug des Vorruhestandsgeldes versicherungspflichtig waren und das Vorruhestandsgeld mindestens in

---

1 BT-Dr. 11/2237, 226 (zu § 258-E).

Höhe von 65 % des Bruttoarbeitsentgelts im Sinne des § 3 Abs. 2 Vorruhestandsgesetz gezahlt wird; denn sie gelten als gegen Arbeitsentgelt beschäftigte Arbeiter und Angestellte im Sinne von § 5 Abs. 1 Nr. 1, siehe § 5 Abs. 3.

6   Abs. 1 gilt ferner für Personen, die keinen anderweitigen Anspruch auf Absicherung im Krankheitsfall haben und entweder zuletzt gesetzlich krankenversichert waren oder bisher nicht gesetzlich oder privat krankenversichert waren, es sei denn, dass sie zu den in § 5 Abs. 5 oder den in § 6 Abs. 1 genannten Personen gehören oder bei Ausübung ihrer beruflichen Tätigkeit im Inland gehört hätten, § 5 Abs. 1 Nr. 13.[2]

7   Abs. 1, 3 gelten auch für nach **§ 5 Abs. 1 Nr. 7 und 8** versicherungspflichtige behinderte Menschen, wenn ihr tatsächliches Arbeitsentgelt den nach § 235 Abs. 3 maßgeblichen Mindestbetrag übersteigt, § 251 Abs. 2 S. 1 Nr. 2 Hs. 2.

8   **2. Berechnung.** Dank der häufigen konzeptionellen Schwenks des Gesetzgebers im Beitragsrecht hat die Vorschrift eine wechselvolle Geschichte hinter sich. Während früher eine hälftige Beitragsteilung erfolgte, dafür aber das Mitglied einen zusätzlichen Beitragssatz leisten musste, fand nach § 249 Abs. 1 (aF) zwischenzeitlich schon konzeptionell keine hälftige Beitragstragungsteilung mehr statt. Vielmehr wurde – ausgehend vom Beitragssatz des § 241 (aF) in Höhe von 15,5 % der beitragspflichtigen Einnahmen – zunächst ein Abzug von 0,9 Prozentpunkten gemacht und der so errechnete Rest von 14,6 % auf das beitragspflichtige Arbeitsentgelt im Sinne des § 226 Abs. 1 angewandt; von dem derart errechneten Betrag trug der Arbeitgeber die Hälfte, den Rest der Arbeitnehmer, der somit die Differenz zwischen dem aufgrund des allgemeinen Beitragssatzes nach § 241 und den beitragspflichtigen Einnahmen errechneten Beitrag und dem vom Arbeitgeber zu tragenden Anteil überbrücken musste.
Durch das **GKV-FQWG** vom 21.7.2014[3] wurde dies **mWv 1.1.2015** wiederum geändert und der von den Mitgliedern zu tragende Beitragssatzanteil in Höhe von 0,9 Prozentpunkten abgeschafft. Der neue allgemeine Beitragssatz entspricht gemäß § 241 nunmehr 14,6 %, der paritätisch getragen wird. Entsprechend ist nunmehr vor der hälftigen Teilung kein Abzug mehr vorzunehmen.
Die einzelnen Kassen können jedoch einen zusätzlichen Kassenbeitrag (sog „kassenindividueller Zusatzbeitrag") erheben, der allein vom Versicherten getragen werden muss. Dieser ist anders als der bisherige allein von den Mitgliedern zu tragende Beitragssatzanteil abhängig von der Höhe des individuellen Einkommens. Damit soll zum einen der Wettbewerb zwischen den Kassen gestärkt werden, zum anderen den unterschiedlich hohen Einkommen der Mitglieder Rechnung getragen werden. Im Ergebnis führt dies dazu, dass die Lohnnebenkosten auch bei einem erhöhten Finanzierungsbedarf der Kassen bei 7,3 % gleichbleiben.[4]

9   **3. Arbeitsentgelt.** Abs. 1 gilt nur für das nach §§ 226 Abs. 1 S. 1 Nr. 1, 230, 232, 233 SGB V, 23 a SGB IV beitragspflichtige **Arbeitsentgelt**, nicht hingegen für sonstige versicherungspflichtige Einkünfte. Erfasst sind daher Beträge, die unter § 14 SGB IV sowie die nach § 17 SGB IV erlassenen Rechtsverordnungen fallen und nach §§ 223 Abs. 3, 226 Abs. 1 S. 1 Nr. 1 zur Beitragspflicht führen.[5] **Sonstige Beträge** wie Renten aus der gesetzlichen Rentenversicherung, Versorgungsbezüge und neben einer Rente der gesetzlichen Rentenversicherung bzw. Versorgungsbezügen erzieltes Arbeitseinkommen (§ 226 Abs. 1 S. 1 Nr. 2–4) fallen nicht unter Abs. 1; hier gelten vielmehr §§ 249 a, 250 Abs. 1 Nr. 1, 2. Das Mitglied muss ferner einen eventuellen **Zusatzbeitrag** nach § 242 alleine tragen, § 250 Abs. 1. Ist ein Arbeitnehmer für **mehrere Arbeitgeber** tätig, so gilt Abs. 1 für jedes dieser Beschäftigungsverhältnisse.[6]

10 **4. Ausnahmen.** Bei Versicherten nach § 5 Nr. 13 gilt Abs. 1 nur für das erzielte Arbeitsentgelt; erzielen sie neben Arbeitsentgelt und Renten aus der gesetzlichen Rentenversicherung noch weitere Einkünfte, so tragen sie nach § 250 Abs. 3 die Beiträge insofern alleine.

11 Für **geringfügig Beschäftigte** ist § 249 b zu beachten, für Beschäftigte in der „**Gleitzone**" Abs. 4. Bei freiwillig Versicherten ist zu berücksichtigen, dass diese nach § 250 Abs. 2 zwar den Beitrag alleine tragen, dass der Arbeitgeber hier aber nach § 257 Abs. 1 S. 1 einen Beitragszuschuss leisten muss, der exakt der von Abs. 1 vorgesehenen Verteilung entspricht, so dass sich wirtschaftlich kein abweichendes Ergebnis ergibt.

---

2 Kritisch zur Gesetzesfassung Peters in: KassKomm, § 249 SGB V Rn. 7.
3 BGBl. I, 1133, 1138.
4 Entwurfsbegründung zum GKV-FQWG, BT-Dr. 18/1307, 2 f.
5 Gerlach in: Hauck/Noftz, SGB V, § 249 Rn. 27.
6 Rixen in: Becker/Kingreen, § 249 Rn. 3; Peters in: KassKomm, § 249 SGB V Rn. 8.

Bei **zu ihrer Berufsausbildung Beschäftigten** trägt der Arbeitgeber den Beitrag allein, wenn das Arbeitsentgelt 325 EUR im Monat nicht übersteigt, § 20 **Abs. 3 S. 1 Nr. 1** SGB IV; eine Versicherungsfreiheit wegen Geringfügigkeit kommt in Berufsausbildungsverhältnissen nicht in Betracht.[7] Gleiches gilt bei Versicherten, die ein **freiwilliges soziales Jahr** oder ein **freiwilliges ökologisches Jahr** oder einen Bundesfreiwilligendienst nach dem Bundesfreiwilligendienstgesetz absolvieren, § 20 **Abs. 3 S. 1 Nr. 2 SGB IV**. Für die Zeit des Vorbereitungsdienstes von **Entwicklungshelfern**, die in der gesetzlichen Krankenversicherung versichert sind, hat der Träger des Entwicklungsdienstes die Beiträge allein zu tragen, § 7 Abs. 2 EhfG.

5. Sonstiges. Bei Streitigkeiten über die Höhe der Beiträge entscheidet nach § 28 h Abs. 2 S. 1 SGB IV die Einzugsstelle. Streiten sich Arbeitgeber und Beschäftigter über die Verteilung der Beitragslast, so ist eine (Feststellungs-)Klage des versicherten Beschäftigten gegen seinen Arbeitgeber unzulässig; anzustreben ist vielmehr eine Entscheidung der Einzugsstelle bzw. ist gegen eine von dieser erlassenen Entscheidung vorzugehen.[8]

Der **Arbeitgeber** hat nach §§ 253 SGB V, §§ 28 d bis 28 m, 28 r SGB IV den nach der Beitragsverfahrensverordnung ermittelten **vollen Beitrag an die Einzugsstelle zu zahlen**. Er kann den auf den Arbeitnehmer entfallenden Anteil nur vom Arbeitslohn abziehen, § 28 g S. 2 SGB IV; ein versäumter Abzug darf nur unter den Voraussetzungen des § 28 g S. 3 SGB IV geltend gemacht werden:[9] Ein unterbliebener Abzug darf nur bei den nächsten drei Lohn- und Gehaltszahlungen nachgeholt werden, ansonsten nur dann, wenn der Abzug ohne Verschulden des Arbeitgebers unterbleiben ist.

IV. Kurzarbeitergeld (Abs. 2)

Beim Kurzarbeitergeld (§§ 95 ff. SGB III)[10] sind beitragspflichtige Einnahmen 80 % des Differenzbetrages zwischen dem Sollentgelt und dem Istentgelt (§ 106 SGB III), vgl. § 232 a Abs. 2. Den sich unter Berücksichtigung dieser Vorschrift ergebenden Beitrag trägt der **Arbeitgeber** unter Durchbrechung der Grundregel des Abs. 1 vollständig **alleine**, soweit es sich um Beiträge für Kurzarbeitergeld handelt, Abs. 2. Der auf das tatsächlich erarbeitete Arbeitsentgelt des Beziehers von Kurzarbeitergeld entfallende Beitrag ist hingegen – entsprechend der Regel des Abs. 1 – von Arbeitgeber und Beschäftigtem zu tragen.[11]

An der Verfassungsmäßigkeit von Abs. 2 besteht kein Zweifel, hatte das BVerfG[12] doch auch die entsprechende Vorgängernorm in § 163 Abs. 2 AFG für verfassungskonform gehalten.[13]

Unter Kurzarbeitergeld fällt auch das sog **Saison-Kurzarbeitergeld** (§ 101SGB III), welches das frühere Winterausfallgeld nach §§ 209 ff. SGB III aF abgelöst hat, das damals ebenfalls von Abs. 2 erfasst war; anders als für das „normale" Kurzarbeitergeld kann der Arbeitgeber für die von ihm allein zu tragenden Beiträge zur Sozialversicherung für Saison-Kurzarbeitergeldbezieher aber auf Antrag Erstattung verlangen, § 102 Abs. 4 SGB III.

Bei **freiwillig versicherten Beschäftigten**, die bei einem privaten Krankenversicherungsunternehmen versichert sind und **Kurzarbeitergeld** beziehen, entspricht die Höhe des Beitragszuschusses der Höhe des Betrages, den der Arbeitgeber bei Versicherungspflicht des Beschäftigten entsprechend § 249 Abs. 2 zu tragen hätte, jedoch höchstens in Höhe des Betrages, den der Beschäftigte für seine Krankenversicherung zu zahlen hat.

V. Gleitzone (Abs. 3)

Oberhalb der für den Versicherten beitragsfreien geringfügigen Beschäftigung des § 8 SGB IV schuf der Gesetzgeber die sog Gleitzone, die vorliegt, wenn das aus dem Beschäftigungsverhältnis – bei mehreren Beschäftigungsverhältnissen ist das insgesamt erzielte Arbeitsentgelt maßgebend – erzielte Arbeitsentgelt **zwischen 450,01 EUR und 850,00 EUR im Monat** liegt und die Grenze von 850,00 EUR im Monat regelmäßig nicht überschreitet, § 20 Abs. 2 SGB IV. Diese Gleitzone ist dadurch gekennzeich-

---

7 BSG, 15.7.2009, B 12 KR 14/08 R, SozR 4-2500 § 7 Nr. 1.
8 BSG, 30.9.1999, B 8 KN 1/98 P R, NZS 2000, 302.
9 Vgl. auch LAG Nds, 29.10.2008, 15 Sa 1901/07, BeckRS 2008, 58360 (zu § 241 a aF).
10 Zur Frage, ob Kurzarbeitergeld auch bei sog „Kurzarbeit Null" geschuldet ist, vgl. BSG, 14.9.2010, B 7 AL 21/09 R (mit abl. Anm. Fischinger, SGb 2011, 235).
11 GKV-Komm/Wasem, SGB XI, § 249 SGB V Rn. 7 a f. (mit Berechnungsbeispiel).
12 BVerfGE 60, 101.
13 Ebenso Rixen in: Becker/Kingreen, § 249 Rn. 5.

net, dass der Arbeitgeber zwar den regulären Beitragsanteil trägt (die Berechnung seines Beitragsanteils folgt daher den normalen Regeln), der Arbeitnehmer aber nur einen sukzessive innerhalb der Gleitzone ansteigenden Anteil, Abs. 4 iVm § 226 Abs. 4. Damit wird verhindert, dass der Beitragssatz des Versicherten von 0 % (im Bereich der geringfügigen Beschäftigung) auf den vollen Beitragssatz durch die Überschreitung der Grenze von 450,00 EUR „schnellt".[14] Weil deshalb der Arbeitgeber einen größeren Beitragsanteil als der Arbeitnehmer zu tragen hat, stellt auch Abs. 4 eine Durchbrechung des Grundsatzes aus Abs. 1 dar.

20 Einzelheiten zur Berechnung des Beitragssatzes des Arbeitnehmers finden sich in der Kommentierung zu § 226 Abs. 4. Charakteristikum der Gleitzone ist, dass der Vorteil für den Arbeitnehmer mit Ansteigen des Lohnsatzes zunehmend abschmilzt, m.a.W. sich sein Beitragsanteil sukzessive der Grundregel des § 249 Abs. 1 annähert.[15]

21 Die Gleitzonenregelung hat keine Auswirkung auf die Leistungen der gesetzlichen Krankenversicherung, und zwar selbst dann nicht, wenn die Leistungsberechnung von der Entgelthöhe abhängt (vgl. v.a. § 47 Abs. 1 S. 8 für das Krankengeld).

22 Durch Art. 3 Nr. 4 des Gesetzes zur Änderungen im Bereich der geringfügigen Beschäftigung vom 5.12.2012 (BGBl. I, 2474) wurde S. 1 auch auf Personen für anwendbar erklärt, die unter § 7 Abs. 3 fallen. Als Folgeänderung dient sie dem Bestandsschutz für diese Personen.[16]

VI. Zwingender Charakter

23 § 249 ist einseitig zwingend, dh der Arbeitgeber kann sich gegenüber dem Beschäftigten zwar verpflichten, einen größeren als den auf ihn nach § 249 entfallenden Anteil an den Beiträgen zu tragen, er kann aber nicht per Vereinbarung eine geringere als in § 249 vorgesehene Belastung für sich vereinbaren, § 32 SGB I.[17] Übernimmt der Arbeitgeber einen größeren als den eigentlich in § 249 normierten Anteil, so stellt diese Zahlung aus Sicht des Arbeitnehmers steuerpflichtige Einkünfte dar (für den Fall einer sog Nettoarbeitsentgeltabrede vgl. § 14 Abs. 2 SGB IV).

§ 249 a Tragung der Beiträge bei Versicherungspflichtigen mit Rentenbezug

[1]Bei Versicherungspflichtigen, die eine Rente nach § 228 Absatz 1 Satz 1 beziehen, trägt der Träger der Rentenversicherung die Hälfte der nach der Rente zu bemessenden Beiträge nach dem allgemeinen Beitragssatz; im Übrigen tragen die Rentner die Beiträge. [2]Bei Versicherungspflichtigen, die eine für sie nach § 237 Satz 2 beitragsfreie Waisenrente nach § 48 des Sechsten Buches beziehen, trägt der Träger der Rentenversicherung die Hälfte der nach dieser Rente zu bemessenden Beiträge nach dem allgemeinen Beitragssatz, wie er sie ohne die Beitragsfreiheit zu tragen hätte. [3]Die Beiträge aus ausländischen Renten nach § 228 Absatz 1 Satz 2 tragen die Rentner allein.

Literatur:

Bernsdorff, Einschnitte in das Rentenniveau – der „additive" Grundrechtsbegriff und das Bundesverfassungsgericht, SGb 2011, 121; *Ungerer*, Rentner erhalten für ihr Geld keine Gegenleistung, SuP 2009, 654; *Wahl*, Verfassungsrechtlich gerechtfertigt? – Der zusätzliche Beitragssatz in der gesetzlichen Krankenversicherung, SozSich 2005, 133; *Wenner*, Rentenniveau und Grundgesetz, in: Festschrift 50 Jahre Bundessozialgericht (2004), 625.

I. Entstehungsgeschichte

1 § 249 a wurde durch Art. 4 Nr. 17, Art. 85 Abs. 1 RRG vom 18.12.1989 (BGBl. I, 2261, 2356) zum 1.1.1992 geschaffen und seither mehrmals geändert, und zwar durch:
- Art. 1 Nr. 150 GKV-Modernisierungsgesetz vom 14.11.2003 (BGBl. I, 2190),
- Art. 1 Nr. 168 und Art. 46 Abs. 1 GKV-WSG vom 26.3.2007 (BGBl. I, 378),
- Art. 5 Nr. 5 des Gesetzes zur Änderung medizinprodukterechtlicher und anderer Vorschriften vom 14.6.2007 (BGBl. I, 1066)

---

14 Hebeler in: LPK-SGB V, § 226 Rn. 8.
15 GKV-Komm/Wasem, SGB XI, § 249 SGB V Rn. 9 c, d.
16 BT-Dr. 17/10773, 12.
17 Peters in: Peters, HdB KrV, SGB V, § 249 Rn. 9.

- Art. 1 Nr. 24 Gesetz zur Weiterentwicklung der Finanzstruktur und der Qualität in der gesetzlichen Krankenversicherung (GKV-Finanzstruktur- und Qualitäts-Weiterentwicklungsgesetz – GKV-FQWG) vom 21.7.2014 (BGBl. I, 1133) sowie
- Art. 1a Nr. 8 des Gesetzes für sichere digitale Kommunikation und Anwendungen im Gesundheitswesen sowie zur Änderung weiterer Gesetze vom 21.12.2015 (BGBl. I, 2408) mWv 1.1.2017.

II. Normzweck

§ 249a regelt vergleichbar § 249 für Einkünfte aus versicherungspflichtiger Beschäftigung die Aufteilung der Beitragslast für beitragspflichtige Renten aus der gesetzlichen Rentenversicherung. Anders als früher haben Rentner nach Inkrafttreten der Änderung durch das **GKV-FQWG** mWv 1.1.2015 nicht mehr einen besonderen Beitragsanteil von 0,9 % allein zu tragen (→ Rn. 7). Von der in § 249a geregelten Verteilung der **Beitragslast** – also dem Problem, wer letztlich wirtschaftlich den Beitrag zu „schultern" hat – ist die Frage zu unterscheiden, wer die Beiträge zu zahlen, m.a.W. an die Einzugsstelle abzuführen, hat; letzteres ist für beitragspflichtige Renten aus der gesetzlichen Rentenversicherung in § 255 geregelt.[1]

III. Erfasster Personenkreis

Der persönliche Anwendungsbereich des § 249a ist auf **versicherungspflichtige** Mitglieder der gesetzlichen Krankenversicherung beschränkt, wobei irrelevant ist, auf welchem Tatbestand die Versicherungspflicht beruht.[2] Auf **freiwillige Versicherte** findet er hingegen keine Anwendung;[3] bei diesen wird aber ein wirtschaftlich identisches Ergebnis dadurch erreicht, dass der Rentenversicherungsträger dem Rentner einen Zuschuss in Höhe des vom Rentner allein zu tragenden (§ 250 Abs. 2) halben Beitrages zu leisten hat, § 106 Abs. 2 SGB VI.[4]

Nach bisheriger Rechtslage schließt § 249a auch versicherungspflichtige Waisenrentenbezieher mit ein. Durch den neu eingeführten S. 2 wurde dies zum 1.1.2017 für die nach § 237 S. 2 beitragsfreien Bezieher einer Waisenrente geändert. Nach § 237 S. 2 sind der Versicherungspflicht unterliegende Bezieher einer Waisenrente bis zum Erreichen der Altersgrenze des § 10 Abs. 2 beitragsfrei gestellt. Damit diese Freistellung nicht vollständig zulasten der Rentenversicherungsträger geht, soll der zahlende Rentenversicherungsträger weiterhin die Hälfte der nach dieser Rente zu bemessene Beiträge nach dem allgemeinen Beitragssatz tragen, wie er sie ohne die Regelung des § 237 S. 2 zu tragen hätte.[5]

Zu den unter § 249a fallenden Personen gehören auch solche, die eine gesetzliche Rente nach deutschem Recht beziehen, aber im **Ausland** ihren Wohnsitz haben, sofern aufgrund zwischenstaatlicher Abkommen Sozialversicherungspflicht besteht.[6]

IV. Beitragstragung

In der Sache gilt § 249a nur für **Renten aus der gesetzlichen Rentenversicherung**, nicht für sonstige beitragspflichtige Einnahmen. Dazu gehören Renten der allgemeinen Rentenversicherung sowie Renten der knappschaftlichen Rentenversicherung einschließlich der Steigerungsbeträge aus Beiträgen der Höherversicherung, **§ 228 Abs. 1**. Für ausländische Renten liegt die Beitragstragung dagegen allein beim Rentenbezieher.[7]

Andere Einkünfte wie Arbeitsentgelt, Versorgungsbezüge und auch Unfallrenten fallen hingegen nicht unter § 249a.[8]

---

1 Siehe zum Unterschied von Beitragstragung und -zahlung auch § 249 Rn. 2.
2 GKV-Komm/Wasem, SGB XI, § 249 SGB V Rn. 3.
3 Rixen in: Becker/Kingreen, § 249a Rn. 2; Peters in: KassKomm, § 249a SGB V Rn. 6.
4 Diese Zuschusspflicht gilt auch für im Ausland lebende Rentenempfänger, LSG Bln-Bbg, 9.6.2010, L 4 R 583/06, nv.
5 BT-Dr. 18/6905, 79.
6 Gerlach in: Hauck/Noftz, SGB V, § 249a Rn. 9.
7 Im Hinblick auf die Europarechtskonformität dieses Regelungssystems vgl. LSG BW, 10.12.2014, L 5 KR 2498/13.
8 Gerlach in: Hauck/Noftz, SGB V, § 249a Rn. 16.

7 Während vom 1.1.1992[9] bis zum 30.6.2005 Rentenversicherungsträger und Rentner den Beitrag zur gesetzlichen Krankenversicherung jeweils tatsächlich zur Hälfte trugen, wurde dieser Paritätsgrundsatz ab 1.7.2005 insoweit faktisch durch § 241a aF eingeschränkt, als danach die Rentner neben dieser Hälfte einen zusätzlichen Beitragssatz zu leisten hatten. Nach dessen Abschaffung wurde der Paritätsgrundsatz zwischen dem 1.1.2009 und dem 1.1.2015 systematisch durch § 249a durchbrochen, der strukturell schon keine gleichmäßige Aufteilung der Beitragslast zwischen Rentenversicherungsträger und Rentner mehr vorsah, sondern zunächst einen Abzug in Höhe von 0,9 % anordnete und nur insoweit den Paritätsgrundsatz anwandte. Durch das **GKV-FQWG** (→ Rn. 1) wurde wiederum dieser Abzug mWv **1.1.2015** gestrichen, so dass nunmehr der Paritätsgrundsatz wieder gilt. Durchbrochen wird er, wenn die Krankenkasse einen **kassenindividuellen Zusatzbeitrag** nach § 242 erhebt, der vom Rentner allein zu tragen ist.

V. Kein Verzicht

8 Der Rentner kann nicht auf die Beitragslast des Rentenversicherungsträgers verzichten, und zwar selbst dann nicht, wenn er dadurch beihilferechtliche Nachteile vermeiden wollte.[10] Denn der Anteil des Rentenversicherungsträgers ist keine Sozialleistung im Sinne von § 46 Abs. 1.[11]

§ 249 b Beitrag des Arbeitgebers bei geringfügiger Beschäftigung

[1]Der Arbeitgeber einer Beschäftigung nach § 8 Abs. 1 Nr. 1 des Vierten Buches hat für Versicherte, die in dieser Beschäftigung versicherungsfrei oder nicht versicherungspflichtig sind, einen Beitrag in Höhe von 13 vom Hundert des Arbeitsentgelts dieser Beschäftigung zu tragen. [2]Für Beschäftigte in Privathaushalten nach § 8a Satz 1 des Vierten Buches, die in dieser Beschäftigung versicherungsfrei oder nicht versicherungspflichtig sind, hat der Arbeitgeber einen Beitrag in Höhe von 5 vom Hundert des Arbeitsentgelts dieser Beschäftigung zu tragen. [3]Für den Beitrag des Arbeitgebers gelten der Dritte Abschnitt des Vierten Buches sowie § 111 Abs. 1 Nr. 2 bis 4, 8 und Abs. 2 und 4 des Vierten Buches entsprechend.

Literatur (Auswahl):

Bauer/Krets, Gesetz für moderne Dienstleistungen am Arbeitsmarkt, NJW 2003, 537; *Bezner/Bothe*, Beitragsbemessung für freiwillige Mitglieder, Die Beiträge 2006, 193; *Buddemeier*, Geringfügige Beschäftigung in der Praxis, 3. Auflage 2010; *Ehm*, Geringfügige Beschäftigungen im Privathaushalt, Kompass/KBS 2008, Nr. 7/8, 12; *Knospe*, Die Attraktivität der geringfügigen Beschäftigung im zeitlichen Wandel politisch motivierter Reformen, SGb 2007, 8; *Lemke*, Die Neuregelung der „630-DM-Jobs", NJW 1999, 1825; *Marburger*, Neue Rechtsentwicklung in Zusammenhang mit geringfügig Beschäftigten, rv 2010, 25; *Schönfeld/Reimers/Hofmann*, Geringfügige Beschäftigungsverhältnisse, Mini-Jobs/400-Euro-Jobs, 2008; *Sieben/Hurnik/Harder-Buschner/Schröder*, 400 EUR-Mini-Jobs, 2. Auflage 2006; *Sodan*, Der „Beitrag" des Arbeitgebers zur Sozialversicherung für geringfügige Beschäftigungsverhältnisse, NZS 1999, 105.

I. Entstehungsgeschichte, Zweck, Verfassungskonformität

1 § 249b wurde durch Art. 3 Nr. 4 des Gesetzes zur Neuregelung der geringfügigen Beschäftigungsverhältnisse v. 24.3.1999 (BGBl. I, 388) geschaffen und trat am 1.4.1999 in Kraft. Änderungen erfolgten durch Art. 3 Nr. 8 des Zweiten Gesetzes für moderne Dienstleistungen am Arbeitsmarkt v. 23.12.2003 (BGBl. I, 4621) sowie durch Art. 10 Nr. 4 des Haushaltsbegleitgesetzes 2006 v. 29.6.2006 (BGBl. I, 1402).

2 Bis zum Inkrafttreten des § 249b waren geringfügige Beschäftigungsverhältnisse nicht nur versicherungsfrei, sondern auch beitragsfrei. Dies änderte sich mit Einführung des § 249b, der den Arbeitgeber zur Tragung und – über § 252 Abs. 1 S. 1 – Zahlung eines pauschalen Beitragssatzes verpflichtet, ohne dass dadurch ein Versicherungsverhältnis oder gar ein Leistungsanspruch des (anderweitig; →

---

9 Davor trugen die Versicherten die Beiträge aus Renten der gesetzlichen Rentenversicherung alleine, erhielten aber vom Rentenversicherungsträger zum Ausgleich einen Beitragszuschuss (vgl. Peters in: KassKomm, § 249a SGB V Rn. 3).
10 BSG, 17.12.1996, 12 RK 23/96, NZS 1997, 279; GKV-Komm/Wasem, SGB V, § 249a Rn. 5a; Hänlein in: LPK-SGB V, § 249a Rn. 4.
11 Gerlach in: Hauck/Noftz, SGB V, § 249a Rn. 12.

Rn. 8) Versicherten begründet wird. Es ist auch nicht möglich, dass der anderweitig Versicherte für die Versicherungspflicht optiert, um damit Leistungsansprüche zu erwerben.[1] Ziel des § 249 b ist es, im Verbund mit § 172 Abs. 3 S. 1 SGB VI die **Attraktivität beitragsfreier geringfügiger Beschäftigungsverhältnisse zu verringern**.[2] Vor diesem Hintergrund ist fraglich, warum in der Arbeitslosen- und Pflegeversicherung keine entsprechende Regelung aufgenommen wurde.

Nach § 249 b schuldet der Arbeitgeber die pauschale Beitragsleistung, obwohl aus dem beitragspflichtigen Beschäftigungsverhältnis keine leistungsbegründende Mitgliedschaft resultiert. Nach Auffassung des BSG ist § 249 b dennoch mit dem GG vereinbar; insbesondere bestünden keine kompetenzrechtlichen Bedenken gegen die Vorschrift und sie verstoße nicht gegen Art. 3 Abs. 1 GG.[3]

§ 249 b gilt für Versicherte in der **landwirtschaftlichen Krankenversicherung** entsprechend, § 48 Abs. 6 KVLG 1989. Für die Praxis sind die Richtlinien für die versicherungspflichtige Beurteilung von geringfügig Beschäftigten (**Geringfügigkeits-Richtlinien**) vom 12.11.2014 zu beachten.[4]

II. Voraussetzungen der Beitragspflicht

Die Beitragspflicht eigener Art des Arbeitgebers besteht unter den folgenden Voraussetzungen:

Es muss sich um eine **geringfügige Beschäftigung** nach § 8 Abs. 1 Nr. 1 SGB IV handeln, dh das Arbeitsentgelt aus dieser Beschäftigung darf regelmäßig im Monat 450 Euro nicht übersteigen. Dass geringfügige Beschäftigungen nach § 8 Abs. 1 Nr. 2 SGB IV nicht erfasst sind, ist verfassungsrechtlich nicht zu beanstanden, weil der Zweck der Regelung – Verhinderung der missbräuchlichen Eingehung geringfügiger Beschäftigungsverhältnisse – bei solchen nach § 8 Abs. 1 Nr. 2 SGB IV wesentlich weniger tangiert ist.[5] Für die Bestimmung des regelmäßigen Arbeitsentgelts ist entscheidend, auf was der Beschäftigte aus individual- oder kollektivvertraglichen Regelungen einen **Rechtsanspruch** hat; der tatsächlich ausbezahlte Betrag ist irrelevant.[6] Sonderzahlungen sind nur dann zu berücksichtigen, wenn ihre Gewährung sicher mindestens einmal im Jahr erfolgt.[7]

Der Versicherte selbst muss **in Bezug auf die geringfügige Beschäftigung versicherungsfrei** oder **nicht versicherungspflichtig** sein, vgl. §§ 6, 7 sowie § 5 Abs. 5. Zu beachten sind die Ausnahme des § 7 Abs. 1 S. 1 Hs. 2 sowie, dass durch die **Zusammenrechnung** mehrerer geringfügiger Beschäftigungen diese versicherungspflichtig werden können, § 8 Abs. 2 SGB IV, wobei insoweit § 7 S. 2 SGB V zu beachten ist.

Der Beschäftigte muss schließlich aufgrund eines anderen Tatbestandes in der gesetzlichen Krankenversicherung **versichert** sein. Dabei spielt keine Rolle, auf welchem Tatbestand dies beruht und ob er versicherungspflichtig (Beispiel: Studierender mit geringfügiger Beschäftigung), freiwillig versichert (§ 9) oder familienmitversichert (§ 10) ist.[8]

III. Rechtsfolgen

Liegen diese Voraussetzungen vor, hat der **Arbeitgeber** grundsätzlich einen Beitrag in Höhe von **13 %** des Arbeitsentgelts zu tragen, S. 1. Ein reduzierter Beitragssatz von **5 %** des Arbeitsentgelts gilt für Beschäftigte in Privathaushalten nach § 8 a S. 1 SGB IV; danach liegt eine geringfügige Beschäftigung im Privathaushalt vor, „wenn diese durch einen privaten Haushalt begründet ist und die Tätigkeit sonst gewöhnlich durch Mitglieder des privaten Haushalts erledigt wird". Beispiele hierfür sind Kochen, Waschen, Putzen, Gartenpflege, Kinder-, Kranken- und Altenbetreuung; es genügt, dass die Tätigkeit üblicherweise von Haushaltsangehörigen verrichtet zu werden pflegt, nicht erforderlich ist, dass dies auch – vor Begründung des geringfügigen Beschäftigungsverhältnisses – tatsächlich der Fall war.[9] Die Pauschalbeträge gelten unabhängig von der konkreten Höhe des Beitragssatzes der jeweiligen Krankenkasse und können daher von ihr auch nicht durch Satzungsregelung geändert werden.[10] Beitrags-

---

1 Knispel in: Peters, HdB KrV, SGB V, § 249 b Rn. 4.
2 BT-Dr. 14/280, 10, 13.
3 BSG, 25.1.2005, B 12 KR 27/04 R, SozR 4-2500 § 249 b Nr. 2; siehe ausf. BT-Dr. 14/441, 27 ff.; Knispel in: Peters, HdB KrV, SGB V, § 249 b, Rn. 2, 6 ff.; Rixen in: Becker/Kingreen, § 249 b Rn. 3 f.
4 Abzurufen beispielsweise über die Deutsche Rentenversicherung.
5 BSG, 25.1.2005, B 12 KR 27/04 R, SozR 4-2500 § 249 b Nr. 2 (juris Rn. 23 f.).
6 Knispel in: Peters, HdB KrV, SGB V, § 249 b Rn. 10.
7 BSG, 28.2.1984, 12 RK 21/83, USK 8401.
8 Rixen in: Becker/Kingreen, § 249 b Rn. 8.
9 Bauer/Krets, NJW 2003, 537, 545; Knispel in: Peters, HdB KrV, SGB V, § 249 b Rn. 19 a.
10 Rixen in: Becker/Kingreen, § 249 b Rn. 9.

pflichtig ist das gesamte Entgelt aus der geringfügigen Beschäftigung, und zwar auch ein eventuell ausnahmsweise die EUR 450-Grenze übersteigender Betrag (solange dieser nichts daran ändert, dass in der Regel nicht mehr als EUR 450 verdient werden).[11] Für die Beitragstragung gelten die §§ 28 a bis 28 r, 111 Abs. 1 Nr. 2–4, 8, Abs. 2, Abs. 4 SGB IV entsprechend; die Beiträge fließen in den Gesundheitsfonds (§ 28 k Abs. 2 SGB IV), zuständige Einzugsstelle ist die Deutsche Rentenversicherung Knappschaft-Bahn-See als Träger der Rentenversicherung, § 28 i S. 5 SGB IV. Den Arbeitgeber trifft nicht nur die Beitragslast, sondern auch die Verpflichtung zur Beitragszahlung, § 28 e Abs. 1 S. 1 SGB IV; bei geringfügig Beschäftigten in Privathaushalten nimmt er am Haushaltsscheckverfahren nach § 28 a Abs. 3, 4 SGB IV teil. Verletzt er seine Verpflichtungen, kann gegen ihn nach S. 3 iVm § 111 Abs. 1 Nr. 2–4 SGB IV ein Bußgeld verhängt werden.

10 Hingegen trifft den **Versicherten** keine Pflicht zur Beitragstragung; etwas Anderes kann auch nicht wirksam im Innenverhältnis zwischen Versichertem und Arbeitgeber vereinbart werden, vgl. § 32 SGB I.[12] Ist der Versicherte freiwillig versichert, darf das mit der Beitragspflicht des § 249 b belastete Arbeitsentgelt nach § 240 Abs. 1 S. 2 nicht nochmals zur Berechnung des Beitrags im Rahmen der freiwilligen Versicherung zugrunde gelegt werden.[13]

§ 249 c Tragung der Beiträge bei Bezug von Pflegeunterstützungsgeld

[1]Bei Bezug von Pflegeunterstützungsgeld werden die Beiträge, soweit sie auf das Pflegeunterstützungsgeld entfallen, getragen
1. bei Personen, die einen in der sozialen Pflegeversicherung versicherten Pflegebedürftigen pflegen, von den Versicherten und der Pflegekasse je zur Hälfte,
2. bei Personen, die einen in der privaten Pflege-Pflichtversicherung versicherungspflichtigen Pflegebedürftigen pflegen, von den Versicherten und dem privaten Versicherungsunternehmen je zur Hälfte,
3. bei Personen, die einen Pflegebedürftigen pflegen, der wegen Pflegebedürftigkeit Beihilfeleistungen oder Leistungen der Heilfürsorge und Leistungen einer Pflegekasse oder eines privaten Versicherungsunternehmens erhält, von den Versicherten zur Hälfte und von der Festsetzungsstelle für die Beihilfe oder vom Dienstherrn und der Pflegekasse oder dem privaten Versicherungsunternehmen jeweils anteilig,

im Übrigen von der Pflegekasse, dem privaten Versicherungsunternehmen oder anteilig von der Festsetzungsstelle für die Beihilfe oder dem Dienstherrn und der Pflegekasse oder dem privaten Versicherungsunternehmen. [2]Die Beiträge werden von der Pflegekasse oder dem privaten Versicherungsunternehmen allein oder anteilig von der Festsetzungsstelle für die Beihilfe oder dem Dienstherrn und der Pflegekasse oder dem privaten Versicherungsunternehmen getragen, wenn das dem Pflegeunterstützungsgeld zugrunde liegende monatliche Arbeitsentgelt 450 Euro nicht übersteigt.

I. Entstehungsgeschichte und Normzweck

1 § 249 c wurde durch Art. 5 Nr. 6 des Gesetzes zur besseren Vereinbarkeit von Familie, Pflege und Beruf v. 23.12.2014[1] geschaffen und ist am 1.1.2015 in Kraft getreten. Er regelt die Beitragslast bezüglich des **Pflegeunterstützungsgeldes** (§ 44 a Abs. 3 SGB XI), das ggf. während der Pflege eines nahen Angehörigen bezogen werden kann, soweit die Beiträge auf das Pflegeunterstützungsgeld entfallen. Von der Frage, wer die Beiträge wirtschaftlich zu tragen hat, ist die Frage, wer sie an die Einzugsstelle abzuführen hat (Beitragszahlung), strikt zu unterscheiden. Die Beitragszahlung ist in § 252 Abs. 2 a geregelt.

II. Norminhalt

2 Für die Beitragslast bei Zahlung des Pflegeunterstützungsgeldes ist zu unterscheiden: Ist der Pflegebedürftige in der gesetzlichen oder privaten Pflegeversicherung versichert, so tragen Versicherter und Pflegekasse/private Pflegeversicherung je die Hälfte des Beitrags (S. 1 Nr. 1 und 2). Ist der Pflegebedürftige beihilfeberechtigt, wird das Pflegeunterstützungsgeld anteilig durch die Beihilfestellen aufgebracht;

---
11 Gerlach in: Hauck/Noftz, SGB V, § 249 b Rn. 25.
12 Lemke, NJW 1999, 1825, 1829; Gerlach in: Hauck/Noftz, SGB V, § 249 b Rn. 21.
13 BSG, 16.12.2003, B 12 KR 20/01 R, SozR 4-2500 § 240 Nr. 2; Hebeler in: LPK-SGB V, § 249 b Rn. 7; Gerlach in: Hauck/Noftz, SGB V, § 249 b Rn. 23 f.; aA Passehl, NZS 2004, 539.
1 BGBl. I 2014, 2462, 2468 f.

entsprechend findet eine Aufteilung der Beitragslast statt (S. 1 Nr. 3). Der Versicherte trägt immer einen Anteil von 50 %. Die andere Hälfte wird von der Festsetzungsstelle für die Beihilfe oder dem Dienstherrn und der Pflegekasse oder dem privaten Pflegeversicherungsunternehmen übernommen, und zwar in Höhe ihres jeweiligen Beitragsanteils.[2]

Hiervon gibt es zwei geregelte Ausnahmen. Nach S. 1 aE und S. 2 werden in allen „übrigen" Fällen des S. 1 und in Fällen, in denen das dem Pflegeunterstützungsgeld zugrunde liegende monatliche Arbeitsentgelt 450 EUR nicht übersteigt, die Beiträge von der Pflegekasse, dem privaten Versicherungsunternehmen oder anteilig von der Festsetzungsstelle für die Beihilfe oder dem Dienstherrn und der Pflegekasse oder dem privaten Versicherungsunternehmen getragen.

„Im Übrigen" meint nach der Gesetzesbegründung den Fall, dass das Pflegeunterstützungsgeld auf höheren beitragspflichtigen Einnahmen beruht, als es tatsächlich ausgezahlt wird.[3]

S. 2 stellt einen Gleichlauf zu § 249 b her, so dass der Beschäftigte nicht beitragsbelastet wird.

§ 250 Tragung der Beiträge durch das Mitglied

(1) Versicherungspflichtige tragen die Beiträge aus
1. den Versorgungsbezügen,
2. dem Arbeitseinkommen,
3. den beitragspflichtigen Einnahmen nach § 236 Abs. 1
allein.
(2) Freiwillige Mitglieder, in § 189 genannte Rentenantragsteller sowie Schwangere, deren Mitgliedschaft nach § 192 Abs. 2 erhalten bleibt, tragen den Beitrag allein.
(3) Versicherungspflichtige nach § 5 Abs. 1 Nr. 13 tragen ihre Beiträge mit Ausnahme der aus Arbeitsentgelt und nach § 228 Absatz 1 Satz 1 zu tragenden Beiträge allein.

I. Entstehungsgeschichte

§ 250 wurde durch das Gesundheits-Reformgesetz (GRG) vom 20.12.1988 (BGBl. I, 2477) geschaffen und trat am 1.1.1989 in Kraft. Er fasst die §§ 381 Abs. 2, 3, 5, 381 a S. 4, 393 d Abs. 2 RVO zusammen und systematisiert sie.[1] Geändert wurde § 250 durch Art. 4 Nr. 18 Rentenreformgesetz 1992 vom 18.12.1989 (BGBl. I, 2261) und durch Art. 1 Nr. 168 lit. a und lit. b GKV-Wettbewerbsstärkungsgesetz vom 26.3.2007 (BGBl. I, 378) und zuletzt mWv 1.1.2015 durch Art. 1 Nr. 25 des Gesetzes zur Weiterentwicklung der Finanzstruktur und der Qualität in der gesetzlichen Krankenversicherung (GKV-Finanzstruktur- und Qualitäts-Weiterentwicklungsgesetz – GKV-FQWG) vom 21.7.2014 (BGBl. I, 1133). Für Versicherte der **Landwirt-Krankenversicherung** gilt § 47 KVLG 1989.

§ 250, der die Tragung der Beiträge durch das Mitglied alleine regelt, stellt rechtssystematisch die Regel dar, wird jedoch aufgrund der für die meisten Fälle anwendbaren Ausnahmen der §§ 249–249 c, die der Regel vorangestellt werden, praktisch ins Gegenteil verkehrt. Die Tragung der Beiträge durch die Mitglieder alleine stellt in der Praxis tatsächlich die Ausnahme dar.[2]

II. Versicherungspflichtige (Abs. 1)

Abs. 1 erfasst Fälle, in denen Versicherungspflichtige die Beiträge aus den dort genannten Einkunftsquellen allein zu tragen haben; keine Rolle spielt, auf welchem Tatbestand die Versicherungspflicht beruht. Nur für nach § 5 Abs. 1 Nr. 13 versicherungspflichtige Personen gilt nicht Abs. 1 sondern Abs. 3. Zum Begriff der **Versorgungsbezüge** vgl. § 229 Abs. 1, zu dem des **Arbeitseinkommens** siehe §§ 226 Abs. 1 S. 1 Nr. 4, 237 S. 1 Nr. 3, 248 SGB V, 15 SGB IV; in Ausnahme zu Abs. 1 Nr. 2 zahlt die Künstlersozialkasse nach § 251 Abs. 3 die Beiträge gegenüber der Krankenkasse. Abs. 1 Nr. 3 erfasst beitragspflichtige Einnahmen von **Studenten**, **Praktikanten** und **Auszubildenden** nach § 236 Abs. 1; die sich daraus ergebende Beitragslast wird aber insofern gemildert, als nach § 245 nur sieben Zehntel des allgemeinen Beitragssatzes als Beitragssatz gelten. Zur Beitragsbemessung vgl. §§ 226, 228 bis 238, 241 bis 248.

---

2 RegE, BR-Dr. 463/14, 48.
3 RegE, BR-Dr. 463/14, 48.
1 BT-Dr. 11/2237, 226 (zu § 259-E).
2 Peters in: KassKomm, SGB V, § 250 Rn. 2.

Wird neben den in Abs. 1 genannten Einkünften zB Arbeitsentgelt bezogen, so gelten für dieses die §§ 249 bis 251.[3] Nach dem BAG ist es zwar möglich, dass sich der Arbeitgeber dazu verpflichtet, die aus Abs. 1 resultierenden Beitragslasten zu übernehmen; angesichts der damit verbundenen Schwierigkeiten ist das aber idR nicht anzunehmen.[4]

III. Freiwillige Mitglieder (Abs. 2)

3 Für die in Abs. 2 geregelten Fälle freiwilliger Mitgliedschaft ist vorab zu prüfen, ob nicht nach §§ 224, 225 Beitragsfreiheit besteht.[5] Zudem ist der auch für freiwillig Versicherte geltende § 251 Abs. 1 lex specialis zu Abs. 2.[6] Fraglich ist, ob Abs. 2 oder § 251 Abs. 4 Anwendung findet, wenn es sich bei einem Wehr- oder Zivildienstleistenden um ein freiwilliges Mitglied handelt; richtigerweise ist ersteres anzunehmen, da sich § 251 Abs. 4 nur auf versicherungspflichtige Beschäftigte bezieht.[7] Die Beitragslast nach Abs. 2 wird für Beschäftigte durch den **Arbeitgeberzuschuss** nach § 257 Abs. 1 bzw. den Zuschuss nach § 106 Abs. 1 SGB VI gemildert. Die Beitragsbemessung ist in § 240 geregelt. Das freiwillige Mitglied hat die Beiträge nicht nur wirtschaftlich zu tragen, sondern nach § 252 auch zu **zahlen**; etwas anderes kann auch nicht durch Abrede mit dem Arbeitgeber vereinbart werden.[8]

IV. Nach § 5 Abs. 1 Nr. 13 Versicherungspflichtige (Abs. 3)

4 Die nach § 5 Abs. 1 Nr. 13 Versicherungspflichtigen haben grundsätzlich ihre Beiträge, unabhängig davon, ob sie aus einer in Abs. 1 genannten Einkunftsquelle stammen, alleine zu tragen, Abs. 3. Eine Ausnahme gilt nur für Beiträge aus Arbeitsentgelt und aus Renten der gesetzlichen Rentenversicherung; hier gelten die §§ 249 bis 249 b.[9] Die Beitragsbemessung richtet sich nach §§ 227, 240.

§ 251 Tragung der Beiträge durch Dritte

(1) Der zuständige Rehabilitationsträger trägt die auf Grund der Teilnahme an Leistungen zur Teilhabe am Arbeitsleben sowie an Berufsfindung oder Arbeitserprobung (§ 5 Abs. 1 Nr. 6) oder des Bezugs von Übergangsgeld, Verletztengeld oder Versorgungskrankengeld (§ 192 Abs. 1 Nr. 3) zu zahlenden Beiträge.
(2) ¹Der Träger der Einrichtung trägt den Beitrag allein
1. für die nach § 5 Abs. 1 Nr. 5 versicherungspflichtigen Jugendlichen,
2. für die nach § 5 Abs. 1 Nr. 7 oder 8 versicherungspflichtigen behinderten Menschen, wenn das tatsächliche Arbeitsentgelt den nach § 235 Abs. 3 maßgeblichen Mindestbetrag nicht übersteigt; im übrigen gilt § 249 Abs. 1 entsprechend.

²Für die nach § 5 Abs. 1 Nr. 7 versicherungspflichtigen behinderten Menschen sind die Beiträge, die der Träger der Einrichtung zu tragen hat, von den für die behinderten Menschen zuständigen Leistungsträgern zu erstatten.
(3) ¹Die Künstlersozialkasse trägt die Beiträge für die nach dem Künstlersozialversicherungsgesetz versicherungspflichtigen Mitglieder. ²Hat die Künstlersozialkasse nach § 16 Abs. 2 Satz 2 des Künstlersozialversicherungsgesetzes das Ruhen der Leistungen festgestellt, entfällt für die Zeit des Ruhens die Pflicht zur Entrichtung des Beitrages, es sei denn, das Ruhen endet nach § 16 Abs. 2 Satz 5 des Künstlersozialversicherungsgesetzes. ³Bei einer Vereinbarung nach § 16 Abs. 2 Satz 6 des Künstlersozialversicherungsgesetzes ist die Künstlersozialkasse zur Entrichtung der Beiträge für die Zeit des Ruhens insoweit verpflichtet, als der Versicherte seine Beitragsanteile zahlt.
(4) ¹Der Bund trägt die Beiträge für Wehrdienst- und Zivildienstleistende im Falle des § 193 Abs. 2 und 3 sowie für die nach § 5 Abs. 1 Nr. 2 a versicherungspflichtigen Bezieher von Arbeitslosengeld II.

---

3 Gerlach in: Hauck/Noftz, SGB V, § 250 Rn. 11.
4 BAG, 18.1.1974, 3 AZR 183/73, AP Nr. 19 zu § 670 BGB; BAG, 29.4.2008, 3 AZR 266/06, AP Nr. 58 zu § 2 BetrAVG.
5 Rixen in: Becker/Kingreen, § 250 Rn. 5.
6 BT-Dr. 11/2237, 226 f. (zu § 260-E); Peters, HdB KrV, SGB V, § 250 Rn. 10.
7 Ebenso Rixen in: Becker/Kingreen, § 250 Rn. 6.
8 LSG NRW, 10.12.2009, L 5 KR 128/08, nv; SG Lübeck, 22.8.2008, S 9 KR 6/07 (nv). Zur Verwirkung des Beitragsanspruchs vgl. BSG, 23.3.1993, 12 RK 62/92, Die Beiträge 1993, 503; BayLSG, 28.5.2009, L 4 KR 180/08, nv; SG Frankfurt, 19.7.2007, S 18 KR 3076/04, BeckRS 2007, 47370.
9 Hebeler in: LPK-SGB V, § 250 Rn. 3.

²Die Höhe der vom Bund zu tragenden Zusatzbeiträge für die nach § 5 Absatz 1 Nummer 2 a versicherungspflichtigen Bezieher von Arbeitslosengeld II wird für ein Kalenderjahr jeweils im Folgejahr abschließend festgestellt. ³Hierzu ermittelt das Bundesministerium für Gesundheit den rechnerischen Zusatzbeitragssatz, der sich als Durchschnitt der im Kalenderjahr geltenden Zusatzbeitragssätze der Krankenkassen nach § 242 Absatz 1 unter Berücksichtigung der Zahl ihrer Mitglieder ergibt. ⁴Weicht der durchschnittliche Zusatzbeitragssatz nach § 242 a von dem für das Kalenderjahr nach Satz 2 ermittelten rechnerischen Zusatzbeitragssatz ab, so erfolgt zwischen dem Gesundheitsfonds und dem Bundeshaushalt ein finanzieller Ausgleich des sich aus der Abweichung ergebenden Differenzbetrags. ⁵Den Ausgleich führt das Bundesversicherungsamt für den Gesundheitsfonds nach § 271 und das Bundesministerium für Arbeit und Soziales im Einvernehmen mit dem Bundesministerium der Finanzen für den Bund durch. ⁶Ein Ausgleich findet nicht statt, wenn sich ein Betrag von weniger als einer Million Euro ergibt.

(4 a) Die Bundesagentur für Arbeit trägt die Beiträge für die Bezieher von Arbeitslosengeld und Unterhaltsgeld nach dem Dritten Buch.

(4 b) Für Personen, die als nicht satzungsmäßige Mitglieder geistlicher Genossenschaften oder ähnlicher religiöser Gemeinschaften für den Dienst in einer solchen Genossenschaft oder ähnlichen religiösen Gemeinschaft außerschulisch ausgebildet werden, trägt die geistliche Genossenschaft oder ähnliche religiöse Gemeinschaft die Beiträge.

(4 c) Für Auszubildende, die in einer außerbetrieblichen Einrichtung im Rahmen eines Berufsausbildungsvertrages nach dem Berufsbildungsgesetz ausgebildet werden, trägt der Träger der Einrichtung die Beiträge.

(5) ¹Die Krankenkassen sind zur Prüfung der Beitragszahlung berechtigt. ²In den Fällen der Absätze 3, 4 und 4 a ist das Bundesversicherungsamt zur Prüfung der Beitragszahlung berechtigt. ³Ihm sind die für die Durchführung der Prüfung erforderlichen Unterlagen vorzulegen und die erforderlichen Auskünfte zu erteilen. ⁴Das Bundesversicherungsamt kann die Prüfung durch eine Krankenkasse oder einen Landesverband wahrnehmen lassen; der Beauftragte muss zustimmen. ⁵Dem Beauftragten sind die erforderlichen Unterlagen vorzulegen und die erforderlichen Auskünfte zu erteilen. ⁶Der Beauftragte darf die erhobenen Daten nur zum Zweck der Durchführung der Prüfung verarbeiten und nutzen. ⁷Die Daten sind nach Abschluss der Prüfung zu löschen. ⁸Im Übrigen gelten für die Datenerhebung, Verarbeitung und Nutzung die Vorschriften des Ersten und Zehnten Buches.

I. Entstehungsgeschichte 1	VII. Arbeitslosengeld (Abs. 4 a) 13
II. Normzweck 2	VIII. Geistliche Genossenschaften (Abs. 4 b) 14
III. Rehabilitationsträger (Abs. 1) 3	IX. Auszubildende in außerbetrieblicher Einrichtungen (Abs. 4 c) 15
IV. Jugendliche in Einrichtungen der Jugendhilfe/Behinderte Menschen in Werkstätten (Abs. 2) 6	X. Prüfungsrecht der Krankenkasse/des Bundesversicherungsamtes (Abs. 5) 16
V. Künstler (Abs. 3) 9	XI. Anpassung durch das Bundesteilhabegesetz 18
VI. Wehr- und Zivildienstleistende, Arbeitslosengeld II (Abs. 4) 11	

I. Entstehungsgeschichte

§ 251 ist durch das Gesundheits-Reformgesetz (GRG) vom 20.12.1988 (BGBl. I, 2477) geschaffen worden und trat am 1.1.1989 in Kraft.¹ Vorgängernormen sind: für Abs. 1 zum Teil § 381 Abs. 3 a RVO, für Abs. 2 S. 1 Nr. 1 der § 381 Abs. 1 S. 2 Hs. 2 RVO, für Abs. 2 S. 1 Nr. 2 der § 5 SVBG, für Abs. 2 S. 2 der § 3 Abs. 4 SVBG, für Abs. 3 S. 1 der § 381b RVO, für Abs. 4 der § 209a Abs. 2 S. 3 RVO; Abs. 5, 6 haben keine Vorgängerregelungen.

§ 251 wurde geändert durch:
- Gesetz zur Änderung des Künstlersozialversicherungsgesetzes vom 20.12.1998 (BGBl. I, 2606),
- Art. 2 Nr. 2 des Gesetzes zur Einführung eines Sozialversicherungsausweises und zur Änderung anderer Sozialgesetze vom 6.10.1989 (BGBl. I, 1822),
- Art. 4 Nr. 1 Rentenreformgesetz vom 18.12.1989 (BGBl. I, 2261),
- Art. 3 Nr. 4 des Zweiten Gesetzes zur Änderung des Sozialgesetzbuches vom 13.6.1994 (BGBl. I, 1229),
- Art. 5 Nr. 12 Arbeitsförderungs-Reformgesetz vom 24.3.1997 (BGBl. I, 594),

---
1 BT-Dr. 11/2237, 226 f. (zu § 260-E).

- Art. 1 Nr. 68 GKV-Gesundheitsreformgesetz vom 22.12.1999 (BGBl. I, 2626),
- Art. 5 Nr. 32 SGB – Neuntes Buch – (SGB IX) Rehabilitation und Teilnahme behinderter Menschen vom 19.6.2001 (BGBl. I, 1046),
- Art. 3 Nr. 4 des Gesetzes zur Reform der arbeitsmarktpolitischen Instrumente (Job-AQTIV-Gesetz) vom 10.12.2001 (BGBl. I, 3443),
- Art. 7 Hüttenknappschaftliches Zusatzversicherungs-Neuregelungs-Gesetz vom 21.6.2002 (BGBl. I, 2167),
- Art. 4 Nr. 4 und Art. 5 Nr. 12 a des Vierten Gesetzes für moderne Dienstleistungen am Arbeitsmarkt vom 24.12.2003 (BGBl. I, 2954),
- Art. 1 Nr. 170 GKV-WSG vom 26.3.2007 (BGBl. I, 378),
- Art. 1 Nr. 13 des GKV-Finanzierungsgesetzes vom 22. 12. 2010 (BGBl. I, S. 2309)
- Art. 12 Abs. 3 Nr. 3 des Gesetzes zur Ermittlung von Regelbedarfen und zur Änderung des Zweiten und Zwölften Sozialgesetzbuches vom 24.3.2011 (BGBl. I, 453),
- Art. 1 Nr. 70 a des Gesetzes zur Verbesserung der Versorgungsstrukturen in der gesetzlichen Krankenversicherung (GKV-Versorgungsstrukturgesetz, GKV-VStG) vom 22.12.2011 (BGBl. I, 2983) sowie
- Art. 1 Nr. 26 des Gesetzes zur Weiterentwicklung der Finanzstruktur und der Qualität in der gesetzlichen Krankenversicherung (GKV-FQWG) vom 21.7.2014 (BGBl. I, 1133).

II. Normzweck

2 § 251 regelt für ein Potpourri an Personengruppen, wer jeweils verpflichtet ist, die Beiträge zur gesetzlichen Krankenversicherung zu **tragen**, m.a.W., wer wirtschaftlich mit den Beiträgen belastet wird (→ § 249 Rn. 2). Angesichts der Unterschiedlichkeit der erfassten Personengruppen ist auch der Kreis der Beitragstragungspflichtigen entsprechend diversifiziert und reicht von der Bundesagentur für Arbeit (Abs. 4 a) über den Bund (Abs. 4) hin zu Trägern privater Einrichtungen (zB Abs. 2, 4 c). Gemeinsam ist allen Absätzen aber, dass die Beitragslast jeweils weder den Versicherten selbst noch seinen Arbeitgeber, sondern einen **Dritten** trifft. Wer die Beiträge jeweils zu **zahlen** hat, folgt aus §§ 252, 253. § 251 wird ergänzt durch **§ 48 KVLG 1989**.

III. Rehabilitationsträger (Abs. 1)

3 Nach Abs. 1 trifft die Beitragslast stets sofort den Rehabilitationsträger (dazu: § 6 Abs. 1 SGB IX) und weicht damit von der bisherigen Rechtslage ab.[2] Der persönliche Anwendungsbereich der Vorschrift erfasst die nach § 5 Abs. 1 Nr. 6 Pflichtversicherten sowie Personen, deren Pflichtmitgliedschaft wegen Bezugs der in § 192 Abs. 1 Nr. 3 genannten Leistung fortbesteht. Er gilt nach hM auch für **freiwillig Versicherte** und ist insoweit **lex specialis** zu § 250 Abs. 2.[3] Nicht anwendbar ist Abs. 1 für **privat Versicherte**; diese haben aber nach Maßgabe des § 258 Anspruch auf einen Zuschuss.

4 Abs. 1 gilt nur für die „aufgrund" der Teilnahme usw. „zu zahlenden Beiträge" (vgl. § 235); insbes. § 250 Abs. 1 bleibt daher im Hinblick auf **sonstige Einkünfte** (zB Versorgungsbezüge) unberührt.[4] Die Leistungen zur Teilhabe am Arbeitsleben sind in §§ 33 ff. SGB IX geregelt; die zweite Alternative von Abs. 1 regelt Fälle, in denen die Versicherungspflicht nach § 192 Abs. 1 Nr. 3 fortbesteht. Den Rehabilitationsträger trifft die Beitragslast im Falle des Bezugs von Übergangsgeld auch dann, wenn rückwirkend für diesen Zeitraum eine andere Sozialleistung gewährt wird und daher sich der Rechtsgrund ändert, und zwar selbst dann, wenn das Übergangsgeld rückwirkend zurückgefordert und zurückgezahlt wird;[5] ggf. bestehen Erstattungsansprüche zwischen den Sozialversicherungsträgern.[6]

5 Die Krankenkasse ist auch ohne besondere gesetzliche Ermächtigung zur Geltendmachung des Beitrags gegenüber dem Rehabilitationsträger per **Verwaltungsakt** berechtigt.[7]

---

2 Näher BT-Dr. 11/2237, 226 f.
3 BT-Dr. 11/2237, 226 f. (zu § 260-E); Peters, HdB KrV, SGB V, § 250, Rn. 10; Peters in: KassKomm, § 251 Rn. 4; aA Hornig in: Krauskopf, § 251 SGB V Rn. 4 unter Hinweis darauf, dass Abs. 1 gar nicht für freiwillige Mitglieder gelte; kritisch GKV-Komm/Wasem, SGB V, § 251 Rn. 4.
4 Baier in: Krauskopf, § 251 SGB V Rn. 3; Peters in: KassKomm, § 251 SGB V Rn. 4.
5 BSG, 13.5.1980, 12 RK 27/78, SozR 2200 § 381 RVO Nr. 38; BSG, 15.5.1984, 12 RK 7/83, SozR 2200 § 381 RVO Nr. 50; GKV-Komm/Wasem, SGB V, § 251 Rn. 3.
6 Vgl. BSG, 12.12.1990, 12 RK 35/89, NZA 1991, 530; BSG, 17.12.1996, 12 RK 45/95, NZS 1997, 290.
7 BSG, 2.2.1978, 12 RK 29/77, SozR 2200 § 381 Nr. 26.

IV. Jugendliche in Einrichtungen der Jugendhilfe/Behinderte Menschen in Werkstätten (Abs. 2)

Abs. 2 erfasst Jugendliche, die in Einrichtungen der Jugendhilfe für eine Erwerbstätigkeit befähigt werden sollen, und deshalb versicherungspflichtig sind (S. 1 Nr. 1) sowie die nach § 5 Abs. 1 Nr. 7, 8 versicherungspflichtigen Behinderten (S. 1 Nr. 2). Abs. 2 bezieht sich stets nur auf beitragspflichtige **Einnahmen aus § 235 Abs. 1 S. 5, Abs. 3**; für andere beitragspflichtige Einnahmen wie zB Versorgungsbezüge bleibt es bei den allgemeinen Regeln.[8]

Während der jeweilige Träger der Einrichtung den Beitrag für den **Jugendlichen** vollumfänglich alleine zu tragen hat, gilt das für den **behinderten Menschen** nur, soweit das beitragspflichtige Arbeitsentgelt den in § 235 Abs. 3 genannten Mindestbetrag nicht übersteigt; übersteigt das Arbeitsentgelt den Mindestbetrag, so führt dies nicht zu einer insgesamt hälftigen Beitragstragung (Träger der Einrichtung und behinderter Mensch nach § 249 Abs. 1). Vielmehr gilt diese, zumindest in Fällen des Überschreitens infolge einer Einmalzahlung, in entsprechender Anwendung des § 20 Abs. 3 S. 2 SGB IV nur für übersteigende Beträge.[9]

(Nur) für nach § 5 Abs. 1 Nr. 7 versicherungspflichtige behinderte Menschen hat der die Beiträge tragende Träger der Einrichtung gegen den zuständigen Leistungsträger – in der Regel der Sozialhilfeträger – einen Anspruch auf Erstattung der geleisteten Beiträge, **Abs. 2 S. 2**. Der Erstattungsanspruch bezieht sich nicht auf den Beitrag für Kinderlose nach § 55 SGB XI, denn der Träger der Einrichtung hat den Kinderlosenzuschlag nicht zu tragen.[10] Nach der Rechtsprechung des BSG handelt es sich auch bei dem Erstattungsanspruch selbst um eine Sozialleistung im Sinne des § 11 SGB I, was zur Folge hat, dass auf diesen Anspruch die Verjährungsregel des § 45 Abs. 1 SGB I Anwendung findet und der Erstattungsanspruch nach vier Jahren nach Ablauf des Jahres verjährt, in dem er entstanden ist.[11]

Der Rehabilitationsträger kann in Höhe der Beiträge, die er aufgrund des Erstattungsanspruches dem Träger der Einrichtung zu erstatten hat, gemäß § 116 Abs. 1 SGB X Rückgriff bei dem zum Ersatz des Verdienstausfalls verpflichteten Schädiger nehmen, wenn der Geschädigte vor dem schädigenden Ereignis in der Krankenversicherung pflichtversichert gewesen ist oder ohne den Unfall pflichtversichert geworden wäre.[12]

V. Künstler (Abs. 3)

Für die nach § 5 Abs. 1 Nr. 4 iVm §§ 1, 2 Künstlersozialversicherungsgesetz **Pflichtversicherten** trägt die Künstlersozialkasse die Beiträge für die beitragspflichtigen **Einnahmen aus künstlerischer/publizistischer Tätigkeit** gemäß § 234 allein, Abs. 3 S. 1. Für andere Einnahmen gilt § 250 Abs. 1 Nr. 1–3. Die Künstlersozialkasse finanziert dies einerseits durch die von den Versicherten zu tragenden Beiträge (§ 16 Künstlersozialversicherungsgesetz), andererseits durch die Abgabe der Verlage, Agenturen und sonstigen Unternehmen (§§ 23, 24 Künstlersozialversicherungsgesetz).

Abs. 3 S. 2, 3 sollen sicherstellen, dass die Künstlersozialkasse nicht für Versicherte, deren Leistungsanspruch ruht, Beiträge zahlen muss.[13] Denn für diese Zeitspanne ist eine Beitragszahlung nicht gerechtfertigt.[14]

VI. Wehr- und Zivildienstleistende, Arbeitslosengeld II (Abs. 4)

Die Bundesrepublik Deutschland trägt die Beiträge bei **versicherungspflichtigen Wehr- und Zivildienstleistenden**, wenn deren Versicherungspflicht durch den Wehr-/Zivildienst gemäß § 193 Abs. 2, 3 unberührt bleibt; für freiwillig Versicherte gilt Abs. 4 nicht (→ § 250 Rn. 3).[15] Abs. 4 gilt nur für den nach § 244 Abs. 1 S. 1 Nr. 2 zu berechnenden Regelbeitrag, nicht hingegen für weitere beitragspflichtige Einnahmen; bei diesen bewendet es bei §§ 249a, 250. Der Zivildienst wurde mit Wirkung zum

---

[8] Hornig in: Krauskopf, § 251 SGB V Rn. 7.
[9] BSG, 23.7.2013, B 12 P 1/12 R, SozR 4-2500 § 251 Nr. 2.
[10] BSG, 5.5.2010, B 12 KR 14/09 R, Die Beiträge, Beilage 2010, 237; SG Gießen, 11.1.2007, S 15 KR 316/05, nv; SG Karlsruhe, 7.4.2006, S 4 SO 3675/05, RdLH 2006, 175 mit Anm. Wendt.
[11] BSG, 6.8.2014, B 11 AL 7/13 R, NZS 2014, 938.
[12] BGH, 27.1.2015, VI ZR 54/14, BGHZ 204, 44–53, mit kritischer Würdigung von Lang, jurisPR-VerkR 17/2015 Anm. 1.
[13] Vgl. BT-Dr. 11/2964, 21 (zu § 393 Abs. 2 RVO).
[14] Hornig in: Krauskopf, § 251 SGB V Rn. 12.
[15] Rixen in: Becker/Kingreen, § 251 Rn. 5; Hornig in: Krauskopf, § 251 SGB V Rn. 13.

1.7.2011 ausgesetzt und durch den **Bundesfreiwilligendienst**[16] ersetzt; allerdings wird man Abs. 4 Alt. 1 analog anwenden können, weil insoweit eine nachträgliche planwidrige Regelungslücke entstand (→ § 204 Rn. 3).
Der Bund trägt nach Abs. 4 ferner die Beiträge für nach § 232 a Abs. 1 S. 1 Nr. 2 beitragspflichtige Einnahmen der nach § 5 Abs. 1 Nr. 2 a **versicherungspflichtigen** Bezieher von **Arbeitslosengeld II**. Für weitere beitragspflichtige Einnahmen gelten §§ 249 a, 250.

12 Die durch das **GKV-FQWG** (→ Rn. 1) mWv **1.1.2015** angefügten Abs. 4 S. 2 bis 6 normieren eine Spitzabrechnung beim durchschnittlichen Zusatzbeitragssatz für Bezieher von Arbeitslosengeld II. So trägt der Bund über die BfA und die zugelassenen kommunalen Träger die Beiträge und die Zusatzbeiträge für Versicherte nach § 5 Abs. 1 Nr. 2 a, wobei aus Vereinfachungsgründen der durchschnittliche Zusatzbeitragssatz nach § 242 a erhoben wird.[17]

VII. Arbeitslosengeld (Abs. 4 a)

13 Für die Bezieher von Arbeitslosengeld trägt die Bundesagentur für Arbeit die aus diesen Leistungen resultierenden Beiträge. Für weitere beitragspflichtige Einnahmen gelten §§ 249 a, 250. Gleiches gilt nach dem Gesetzestext für die Bezieher von Unterhaltsgeld (§§ 153 SGB III aF); da dieses aber mittlerweile nicht mehr existiert, ist Abs. 4 a auf dessen Nachfolger, das Arbeitslosengeld bei beruflicher Weiterbildung (§ 144 SGB III) anzuwenden.[18] Ist der Leistungsbezieher von der Versicherungspflicht befreit (§ 8 Abs. 1 Nr. 1 a) und **privat krankenversichert**, so hat er gegen die Bundesagentur für Arbeit einen Anspruch auf Übernahme der Beiträge nach Maßgabe des § 174 SGB III.[19]

VIII. Geistliche Genossenschaften (Abs. 4 b)

14 Abs. 4 b erfasst die nach **§ 5 Abs. 1 Nr. 1, Abs. 4 a S. 2** versicherungspflichtigen Mitglieder geistlicher Genossenschaften oder ähnlicher religiöser (nicht notwendig: christlicher)[20] Gemeinschaften. Diese erhalten in der Regel keine Ausbildungsvergütung, sondern nur ein Taschengeld. Die Genossenschaft/Gemeinschaft trägt die Beiträge allein.

IX. Auszubildende in außerbetrieblicher Einrichtungen (Abs. 4 c)

15 Für nach **§ 5 Abs. 4 a S. 1** versicherungspflichtige, in einer außerbetrieblichen Einrichtung im Rahmen eines Berufsausbildungsvertrages (§ 10 BBiG) ausgebildete Auszubildende trägt nicht der ausbildende Arbeitgeber, sondern der Träger der Einrichtung die Beiträge. Warum der Träger der Einrichtung die Beiträge für die gesamten beitragspflichtigen Einnahmen tragen muss, der Arbeitgeber im Rahmen einer „normalen" innerbetrieblichen Berufsausbildung diese aber nur bis zu einem Arbeitsentgelt von 325 EUR pro Monat trägt, ist unverständlich.[21]

X. Prüfungsrecht der Krankenkasse/des Bundesversicherungsamtes (Abs. 5)

16 Nach Abs. 5 haben die **Krankenkassen** das Recht, die Beitragszahlung zu prüfen. Systematisch ist Abs. 5 an der falschen Stelle, da er ein Prüfungsrecht bzgl. der Beitragszahlung normiert, § 251 aber die Tragung der Beitragslast regelt (→ Rn. 2). Abs. 5 weicht insofern von der im Bereich der Beitragszahlung durch den Arbeitgeber geltenden Prüfungskompetenz der Träger der Rentenversicherung (§ 28 p SGB IV) ab.

17 In den Fällen der Abs. 3, 4, 4 a tritt im Grundsatz das **Bundesversicherungsamt** an die Stelle der Krankenkassen (Abs. 5 S. 2). Mit dem GKV-VStG schuf der Gesetzgeber aber die Möglichkeit, dass das Bundesversicherungsamt – mit deren Zustimmung – eine Krankenkasse oder einen Landesverband mit der Prüfung beauftragt (Abs. 5 S. 4), weil diese grundsätzlich nicht nur das nötige Fachwissen, sondern auch ausreichend Personalmittel haben;[22] die anfallenden Kosten trägt auch im Falle der Beauftragung das Bundesversicherungsamt, wobei diese Ausgaben gemäß § 271 Abs. 6 bei der Verwaltung des Gesundheitsfonds aus dessen Einnahmen gedeckt werden. Die für die Prüfung notwendigen Informatio-

---

16 Gesetz zur Einführung des Bundesfreiwilligendienstes vom 28.4.2011, BFDG (BGBl. I, 687).
17 Näher BT-Dr. 18/1307, 45.
18 Rixen in: Becker/Kingreen, § 251 Rn. 6; Hornig in: Krauskopf, § 251 SGB V Rn. 15.
19 Peters in: KassKomm, § 251 SGB V Rn. 18.
20 Rixen in: Becker/Kingreen, § 251 Rn. 7.
21 Hornig in: Krauskopf, § 251 SGB V Rn. 17.
22 BT-Dr. 17/8005, 126.

nen sind dem Bundesversicherungsamt bzw. dem nach Satz 4 Beauftragten gemäß der Sätze 2 und 5 zu verschaffen. Der Datenschutz der Betroffenen wird über Abs. 5 S. 6–8 sichergestellt.

XI. Anpassung durch das Bundesteilhabegesetz

Durch das Bundesteilhabegesetz vom 23.12.2016 (BGBl. I, 3234) wird dem Abs. 2 mWv 1.1.2018 folgender S. 3 angefügt:

„Satz 1 Nummer 2 und Satz 2 gelten für einen anderen Leistungsanbieter nach § 60 des Neunten Buches entsprechend."

Dabei handelt es sich um eine Folgeänderung, da nunmehr im Neunten Buch auch andere Leistungsanbieter als Alternative zu Werkstätten für behinderte Menschen zugelassen werden. Es wird soweit klargestellt, dass für Menschen mit Behinderungen die Vorschriften zur Beitragstragung und zur Beitragserstattung, die bei einer Tätigkeit in einer Werkstatt für behinderte Menschen Anwendung finden, gleichermaßen für Tätigkeiten bei einem anderen Leistungsanbieter gelten.[23]

Fünfter Titel Zahlung der Beiträge

§ 252 Beitragszahlung

(1) ¹Soweit gesetzlich nichts Abweichendes bestimmt ist, sind die Beiträge von demjenigen zu zahlen, der sie zu tragen hat. ²Abweichend von Satz 1 zahlen die Bundesagentur für Arbeit oder in den Fällen des § 6a des Zweiten Buches die zugelassenen kommunalen Träger die Beiträge für die Bezieher von Arbeitslosengeld II nach dem Zweiten Buch.

(2) ¹Die Beitragszahlung erfolgt in den Fällen des § 251 Abs. 3, 4 und 4a an den Gesundheitsfonds. ²Ansonsten erfolgt die Beitragszahlung an die nach § 28i des Vierten Buches zuständige Einzugsstelle. ³Die Einzugsstellen leiten die nach Satz 2 gezahlten Beiträge einschließlich der Zinsen auf Beiträge und Säumniszuschläge arbeitstäglich an den Gesundheitsfonds weiter. ⁴Das Weitere zum Verfahren der Beitragszahlungen nach Satz 1 und Beitragsweiterleitungen nach Satz 3 wird durch Rechtsverordnung nach den §§ 28c und 28n des Vierten Buches geregelt.

(2a) ¹Die Pflegekassen zahlen für Bezieher von Pflegeunterstützungsgeld die Beiträge nach § 249c Satz 1 Nummer 1 und 3. ²Die privaten Versicherungsunternehmen, die Festsetzungsstellen für die Beihilfe oder die Dienstherren zahlen die Beiträge nach § 249c Satz 1 Nummer 2 und 3; der Verband der privaten Krankenversicherung e.V., die Festsetzungsstellen für die Beihilfe und die Dienstherren vereinbaren mit dem Spitzenverband Bund der Krankenkassen und dem Bundesversicherungsamt Näheres über die Zahlung und Abrechnung der Beiträge. ³Für den Beitragsabzug gilt § 28g Satz 1 und 2 des Vierten Buches entsprechend.

(3) ¹Schuldet ein Mitglied Auslagen, Gebühren, insbesondere Mahn- und Vollstreckungsgebühren sowie wie Gebühren zu behandelnde Entgelte für Rücklastschriften, Beiträge, den Zusatzbeitrag nach § 242 in der bis zum 31. Dezember 2014 geltenden Fassung, Prämien nach § 53, Säumniszuschläge, Zinsen, Bußgelder oder Zwangsgelder, kann es bei Zahlung bestimmen, welche Schuld getilgt werden soll. ²Trifft das Mitglied keine Bestimmung, werden die Schulden in der genannten Reihenfolge getilgt. ³Innerhalb der gleichen Schuldenart werden die einzelnen Schulden nach ihrer Fälligkeit, bei gleichzeitiger Fälligkeit anteilmäßig getilgt.

(4) Für die Haftung der Einzugsstellen wegen schuldhafter Pflichtverletzung beim Einzug von Beiträgen nach Absatz 2 Satz 2 gilt § 28r Abs. 1 und 2 des Vierten Buches entsprechend.

(5) Das Bundesministerium für Gesundheit regelt durch Rechtsverordnung¹ mit Zustimmung des Bundesrates das Nähere über die Prüfung der von den Krankenkassen mitzuteilenden Daten durch die mit der Prüfung nach § 274 befassten Stellen einschließlich der Folgen fehlerhafter Datenlieferungen oder nicht prüfbarer Daten sowie das Verfahren der Prüfung und der Prüfkriterien für die Bereiche der Beitragsfestsetzung, des Beitragseinzugs und der Weiterleitung von Beiträgen nach Absatz 2 Satz 2 durch die Krankenkassen, auch abweichend von § 274.

(6) Stellt die Aufsichtsbehörde fest, dass eine Krankenkasse die Monatsabrechnungen über die Sonstigen Beiträge gegenüber dem Bundesversicherungsamt als Verwalter des Gesundheitsfonds entgegen der

---

23 BT-Dr. 18/9522, 322.
1 Siehe hierzu ua die Prüfverordnung sonstige Beiträge.

Rechtsverordnung auf Grundlage der §§ 28n und 28p des Vierten Buches nicht, nicht vollständig, nicht richtig oder nicht fristgerecht abgibt, kann sie die Aufforderung zur Behebung der festgestellten Rechtsverletzung und zur Unterlassung künftiger Rechtsverletzungen mit der Androhung eines Zwangsgeldes bis zu 50 000 Euro für jeden Fall der Zuwiderhandlung verbinden.

I. Entstehungsgeschichte

1 § 252 ist durch das Gesundheits-Reformgesetz (GRG) vom 20.12.1988 (BGBl. I, 2477) geschaffen worden und trat am 1.1.1989 in Kraft.[2]
§ 252 wurde geändert durch:
- Art. 5 Nr. 13 AFRG vom 24.3.1997 (BGBl. I, 594),
- Art. 4 Nr. 5 Drittes Gesetz für moderne Dienstleistungen am Arbeitsmarkt vom 23.12.2003 (BGBl. I, 2848),
- Art. 5 Nr. 13 Viertes Gesetz für moderne Dienstleistungen am Arbeitsmarkt vom 24.12.2003 (BGBl. I, 2954),
- Art. 4 Nr. 3 Kommunales Optionsgesetz vom 30.7.2004 (BGBl. I, 2014),
- Art. 1 Nr. 171 GKV-WSG vom 26.3.2007 (BGBl. I, 378),
- Art. 1 Nr. 12 GKV-OrgWG vom 15.12.2008 (BGBl. I, 2426),
- Art. 1 Nr. 22 GKV-Finanzierungsgesetz vom 22.12.2010 (BGBl. I, 2309),
- Art. 12 Abs. 3 Nr. 4 des Gesetzes zur Ermittlung von Regelbedarfen und zur Änderung des Zweiten und Zwölften Sozialgesetzbuchs vom 24.3.2011 (BGBl. I, 453),
- Art. 1 Nr. 70 b des Gesetzes zur Verbesserung der Versorgungsstrukturen in der gesetzlichen Krankenversicherung (GKV-Versorgungsstrukturgesetz, GKV-VStG) vom 22.12.2011 (BGBl. I, 2983),
- Art. 1 Nr. 27 des Gesetzes zur Weiterentwicklung der Finanzstruktur und der Qualität in der gesetzlichen Krankenversicherung (GKV-FQWG) vom 21.7.2014 (BGBl. I, 1133; mWv 1.1.2015 insbes. Aufhebung von Abs. 2a und Abs. 2b),
- Art. 5 Nr. 7 des Gesetzes zur besseren Vereinbarkeit von Familie, Pflege und Beruf vom 23.12.2014 (BGBl. I, 2462; mWv 1.1.2015 Einfügung des neuen Abs. 2a) und
- Art. 4 Nr. 5 des Zweiten Gesetzes zur Stärkung der pflegerischen Versorgung und zur Änderung weiterer Vorschriften (Zweites Pflegestärkungsgesetz – PSG II) vom 21.12.2015 (BGBl. I, 2424; mWv 1.1.2016 Einfügung des neuen Abs. 2a S. 3).

II. Normzweck, Übersicht

2 Abs. 1 S. 1 legt zunächst als **Grundsatz für die Beitragszahlung** fest, dass mangels einer anderweitigen Bestimmung derjenige die Beiträge zu zahlen hat, der sie auch wirtschaftlich zu tragen hat. Dieser Grundsatz wird aber verschiedentlich durchbrochen, vor allem in Abs. 1 S. 2 und §§ 253, 255, 256. Abs. 2 regelt, an wen die Beiträge zu zahlen sind (**Beitragsgläubiger**). Abs. 2a regelt die Beitragszahlung bei Bezug von **Pflegeunterstützungsgeld** (→ Rn. 7). Abs. 3 bestimmt die **Tilgungsreihenfolge**, wenn ein Mitglied, das die dort genannten Auslagen, Gebühren usw schuldet, einen Betrag zahlt, durch den nicht sämtliche Schulden erfüllt werden. Abs. 4 regelt die **Haftung der Einzugsstellen** wegen schuldhafter Pflichtverletzung beim Einzug von Beiträgen. Abs. 5 schließlich beauftragt das Bundesministerium für Gesundheit, durch zustimmungsbedürftige Rechtsverordnung Details zur Prüfung der Einzugsstellen hinsichtlich des Einzugs und der Weiterleitung der Beiträge zur GKV zu regeln.

III. Systematik

3 Von der in den §§ 252 ff. geregelten Beitrags*zahlung* ist die Beitrags*tragung* zu unterscheiden, die in den §§ 249 ff. geregelt ist. Bei der Beitragstragung geht es um die Frage, wer im wirtschaftlichen Ergebnis für die Beiträge zur gesetzlichen Krankenversicherung einzustehen und damit m.a.W. die Beitrags*last* zu tragen hat. Die Vorschriften über die Beitragszahlung bestimmen hingegen, wer die Beiträge an die Einzugsstelle abführen muss, dh – anders ausgedrückt – wer Beitrags*schuldner* ist. Eine dem § 252 entsprechende Regelung für die Krankenversicherung der Landwirte trifft **§ 49 KVLG 1989**.

---

2 BT-Dr. 11/2237, 227 (zu § 261-E).

IV. Grundsatz der Beitragszahlung (Abs. 1 S. 1)

Abs. 1 S. 1 normiert zunächst den **Grundsatz der Beitragszahlung**: Wer den Beitrag nach den §§ 249 ff. zu tragen hat, hat ihn auch zu zahlen (**Beitragszahlung folgt Beitragstragung**). Abs. 1 S. 1 enthält zugleich aber eine Abweichungsklausel, nach der diese Grundregel subsidiär ist; tatsächlich ist sie aufgrund der Regelungen in Abs. 1 S. 2 und den §§ 253, 255, 256 die **Ausnahme**. Angesichts der mannigfaltigen Durchbrechungen greift Abs. 1 S. 1 letztlich nur in den folgenden Fällen:[3]

- Beiträge von Versicherungspflichtigen aus **Arbeitseinkommen**, § 250 Abs. 1 Nr. 2 (zum Begriff des Arbeitseinkommens: § 15 SGB IV).
- Beitragspflichtige Einnahmen von **Praktikanten und Auszubildenden** (§ 5 Abs. 1 Nr. 10) nach § 236 Abs. 1. Gleiches gilt für **freiwillig versicherte Studenten**;[4] für nach § 5 Abs. 1 Nr. 9 pflichtversicherte Studenten gilt § 254.
- **Freiwillige Mitglieder**, die ihre Beiträge nach § 250 Abs. 2 stets, dh auch zB für bezogenes Arbeitsentgelt, selbst tragen. Von der Pflicht zur Beitragszahlung kann sich das Mitglied auch nicht durch Vereinbarung mit dem Arbeitgeber, nach der dieser die Beiträge abführen soll, befreien.[5]
- Die von § 189 erfassten **Rentenantragssteller** (§ 250 Abs. 2) sowie Personen, bei denen die Rentenzahlung eingestellt wurde und über deren weitere Rentenberechtigung noch nicht rechtskräftig entschieden wurde.
- **Schwangere**, deren Mitgliedschaft nach § 192 Abs. 2 erhalten bleibt (§ 250 Abs. 2).
- **Versicherungspflichtige** nach § 5 Abs. 1 Nr. 13, vgl. § 250 Abs. 3.
- Der zuständige **Rehaträger** in den Fällen des § 251 Abs. 1.
- Die Träger der Einrichtungen der **Jugendhilfe** usw im Sinne von § 251 Abs. 2; greift allerdings § 251 Abs. 2 Nr. 2 letzter Hs. ein, gilt § 28 e Abs. 1 SGB IV, vgl. § 252.
- Die **Künstlersozialkasse** in den Fällen des § 251 Abs. 3.
- Der **Bund** in den von § 251 Abs. 4 Alt. 1 erfassten Konstellationen von **Wehr- und Zivildienstleistenden**. Der Zivildienst wurde mit Wirkung zum 1.7.2011 ausgesetzt und durch den **Bundesfreiwilligendienst**[6] ersetzt; allerdings wird man §§ 251 Abs. 4 Alt. 1, 252 analog anwenden können, weil insoweit eine nachträgliche planwidrige Regelungslücke entstand (vgl. Kommentierung zu § 204 SGB V, → Rn. 3).
- Die **Bundesagentur für Arbeit** für die Bezieher von Arbeitslosengeld bei § 251 Abs. 4 a.
- **Geistliche Genossenschaften** bei § 251 Abs. 4 b.
- Die Träger **außerbetrieblicher Ausbildungseinrichtungen** in den Fällen des § 251 Abs. 4 c.

V. Beiträge der Bezieher von Arbeitslosengeld II (Abs. 1 S. 2)

Die erste Durchbrechung des konzeptionellen Grundsatzes von Abs. 1 S. 1 enthält Abs. 1 S. 2 für die beitragspflichtigen Einnahmen der Bezieher von Arbeitslosengeld II (§ 232 a Abs. 1 S. 1 Nr. 2) nach dem SGB II. Diese Beiträge werden nach § 251 Abs. 4 Alt. 2 vom Bund getragen. Gezahlt werden sie aber entweder von der Bundesagentur für Arbeit oder – wenn eine solche tätig wird – von der Optionskommune nach § 6 a SGB II. Hat der Bezieher des Arbeitslosengelds II weitere Einnahmen (zB Versorgungsbezüge, Arbeitseinkommen), richtet sich die Beitragszahlung insoweit nicht nach Abs. 1 S. 2, sondern nach den dafür geltenden Vorschriften.[7]

VI. Beitragsgläubiger (Abs. 2)

Für die Frage, an wen die Beiträge vom jeweiligen Beitragsschuldner zu leisten sind, ist zwischen den Fällen des § 251 Abs. 3, 4, 4 a und sonstigen Konstellationen zu unterscheiden. Ersterenfalls erfolgt die Zahlung ausnahmsweise direkt an den **Gesundheitsfonds** (Abs. 2 S. 1).[8] Dies dient der Verwaltungsvereinfachung in Fällen, in denen eine Vielzahl von Beitragszahlungspflichten betroffen sind; durch die Direktzahlung an den Gesundheitsfonds wird der Umweg über die Einzugsstelle, die die Beiträge oh-

---

[3] Vgl. Hornig in: Krauskopf, § 252 SGB V Rn. 4.
[4] Peters in: KassKomm, § 254 SGB V Rn. 3.
[5] LSG NRW, 10.12.2009, L 5 KR 128/08, nv; SG Lübeck, 22.8.2008, S 9 KR 6/07 (nv); zur Verwirkung des Beitragsnachforderungsanspruchs gegenüber einem freiwilligen Mitglied vgl. SG Frankfurt, 19.7.2007, S 18 KR 3076/04, nv.
[6] Gesetz zur Einführung des Bundesfreiwilligendienstgesetzes vom 28.4.2011, BFDG (BGBl. I, 687).
[7] Peters in: KassKomm, § 252 SGB V Rn. 8.
[8] Vgl. BT-Dr. 16/3100, 166.

nehin an den Gesundheitsfonds weiterleiten müsste (Abs. 2 S. 3), erspart.[9] Einen weiteren Fall, in dem Beiträge direkt an den Gesundheitsfall gezahlt werden, regelt § 255 Abs. 4 S. 4. Im Übrigen erfolgt die Beitragszahlung an die nach § 28 i SGB IV zuständige **Einzugsstelle**, die diese einschließlich Zinsen auf Beiträge und Säumniszuschläge arbeitstäglich an den Gesundheitsfond weiterreicht, **Abs. S. 2, 3**. Die Einzugsstelle ist die Krankenkasse, die die Krankenversicherung des jeweiligen Mitglieds durchführt. Eine Aufrechnung der Einzugsstelle mit ihren Ansprüchen gegen den Gesundheitsfonds ist nur in den gesetzlich vorgesehenen Fällen zulässig.[10] Während Zinsen auf Beiträge und Säumniszuschläge weiterzuleiten sind, stehen Mahn- und Vollstreckungsgebühren der Einzugsstelle zu.[11] Abs. 2 S. 4 ergänzt die Verordnungsermächtigung des § 28 n Nr. 3 SGB IV und erstreckt sie auch auf sonstige von der Krankenkasse eingezogene Beiträge;[12] vgl. näher § 6 a Abs. 1 BVV. Zur **Haftung der Einzugsstelle** gegenüber dem Gesundheitsfonds vgl. Abs. 4 (→ Rn. 10).

VII. Bezieher von Pflegeunterstützungsgeld (Abs. 2 a)

7 Die Pflegekassen haben die Beiträge zur gesetzlichen Krankenversicherung (§ 249 c S. 1 Nr. 1, 3) für die Bezieher von Pflegeunterstützungsgeld zu zahlen, diejenigen nach § 249 c S. 1 Nr. 2 und 3 die privaten Versicherungsunternehmen, die Festsetzungsstellen für Beihilfe oder der Dienstherr. Zu zahlen ist an die nach § 28 i SGB IV zuständige Einzugsstelle, die das Geld an den Gesundheitsfonds weiterzuleiten hat (Abs. 2 S. 2).[13] Durch den neu eingefügten S. 3 hat der Gesetzgeber klargestellt, dass die Leistungsträger berechtigt sind, den Auszahlungsbetrag um den Krankenversicherungsanteil des Pflegeunterstützungsgeldbeziehers zu kürzen.[14]

VIII. Schuldentilgungsreihenfolge (Abs. 3)[15]

8 Für den Fall, dass ein Mitglied an den Gesundheitsfonds bzw. die Einzugsstelle einen Betrag zahlt, der sich unterhalb dessen bewegt, was es insgesamt an Beiträgen schuldet, regelt Abs. 3 die Schuldentilgungsreihenfolge. Er gilt entgegen der Entwurfsbegründung[16] nicht nur für die Beiträge freiwilliger Mitglieder, sondern für sämtliche Beiträge.[17] Wie bei § 366 Abs. 1 BGB liegt es zunächst in der Hand des Schuldners, zu bestimmen, welche Schuld er in welcher Höhe mit seiner Zahlung tilgen möchte (Abs. 3 S. 1). Die Bestimmung muss bei Zahlung erfolgen.[18] Geschieht dies nicht, ist die Reihenfolge des S. 1 anzuwenden (Abs. 3 S. 2), wobei innerhalb derselben Schuldenart zunächst vergleichbar § 366 Abs. 2 Alt. 1 BGB die fälligen Schulden getilgt werden; mehrere fällige Schulden werden anteilig getilgt (Abs. 3 S. 3).

IX. Schadensersatz- und Verzinsungspflicht der Einzugsstellen (Abs. 4)

9 Wenn die Beiträge – wie in der Regel – nicht direkt an den Gesundheitsfonds, sondern zunächst an die Einzugsstelle zu zahlen sind (Abs. 2, → Rn. 6), besteht die Gefahr, dass es im Bereich der Einzugsstelle zu Fehlern kommt, die beim Gesundheitsfonds materielle Schäden verursacht. Angesichts der erheblichen Beitragsleistungen führt zB schon eine bloße Verzögerung von wenigen Tagen zu erheblichen Zinsnachteilen. § 28 r SGB IV regelt schon in seinem unmittelbaren Anwendungsbereich die Haftung der Einzugsstelle beim Einzug von Beiträgen der gesetzlichen Krankenversicherung im Rahmen des Gesamtsozialversicherungsbeitrags. Durch den Verweis in Abs. 4 auf § 28 r Abs. 1, 2 SGB IV wird dieser auch für den Einzug und die Weiterleitung sonstiger Beiträge zur gesetzlichen Krankenversicherung an den Gesundheitsfonds für anwendbar erklärt.[19] Dementsprechend haftet die Einzugsstelle gegenüber dem Gesundheitsfonds, wenn eines ihrer Organe oder ein Bediensteter schuldhaft die in §§ 28 a ff. SGB IV normierten Pflichten verletzt, § 28 r Abs. 1 S. 1 SGB IV. Nach § 28 r Abs. 1 S. 2, Abs. 2 SGB IV ist bei schuldhafter, nicht arbeitstäglicher (vgl. Abs. 2 S. 3) Weiterleitung von Beiträgen,

---

9 Peters in: KassKomm, § 252 SGB V Rn. 10.
10 Hornig in: Krauskopf, § 252 SGB V Rn. 10; vgl. auch BSG, 25.4.1984, 8 RK 30/83, SozR 1500 § 55 Nr. 23.
11 Hornig in: Krauskopf, § 252 SGB V Rn. 10.
12 Vgl. BT-Dr. 16/9559, 24.
13 RegE, BR-Dr. 463/14, 48.
14 BT-Dr. 18/5926, 149.
15 Vgl. auch Geiß, BKK 2008, 498.
16 Vgl. BT-Dr. 16/10609, 60.
17 Hornig in: Krauskopf, § 252 SGB V Rn. 12.
18 Vgl. für den Parallelfall des § 366 Abs. 1 BGB MüKo-BGB/Fetzel, § 366 Rn. 9 mwN.
19 BT-Dr. 16/10609, 61.

Zinsen auf Beiträge und Säumniszuschläge ein Zinsschadensersatz von 2 von Hundert über dem jeweiligen Basiszinssatz gem. § 247 BGB zu zahlen.

X. Verordnungsermächtigung (Abs. 5)

Mit Abs. 5 will der Gesetzgeber der Gefahr vorbeugen, dass die Einzugsstellen die den Krankenkassen bisher allein zustehenden sonstigen Beiträge nach Abs. 2 S. 2 in der Zukunft nicht mehr korrekt und zeitnah festsetzen, einziehen und weiterleiten, weil sie angesichts der Weiterleitungspflicht an den Gesundheitsfonds (Abs. 2 S. 3) daran kein Interesse mehr haben.[20] Dem Bundesministerium für Gesundheit wurde daher als Verordnungsgeber das Recht eingeräumt, weitere Sanktionsmöglichkeiten vorzusehen, um auf anderenfalls drohenden Einnahmeverlust im Gesundheitswesen möglichst schnell reagieren zu können. Als Beispiel nennt der Gesetzgeber die Hochrechnung vorhandener Prüfergebnisse in Fällen, in denen eine Prüfung Unregelmäßigkeiten ergibt.[21]

XI. Zwangsgeld bei fehlenden oder unvollständigen Monatsabrechnungen (Abs. 6)

Die monatlichen Abrechnungen über die Sonstigen Beiträge sind bedeutsam, weil sie der Sicherstellung des korrekten Beitragseinzugs dienen. Um möglichst effektiv eine fristgerechte, vollständige und inhaltlich zutreffende Abrechnungspraxis sicherzustellen, gibt Abs. 6 den Aufsichtsbehörden der Krankenkassen die Kompetenz, bei Verstößen Zwangsmittel anzudrohen.[22]

§ 253 Beitragszahlung aus dem Arbeitsentgelt

Für die Zahlung der Beiträge aus Arbeitsentgelt bei einer versicherungspflichtigen Beschäftigung gelten die Vorschriften über den Gesamtsozialversicherungsbeitrag nach den §§ 28 d bis 28 n und § 28 r des Vierten Buches.

I. Entstehungsgeschichte

§ 253 ist durch das Gesundheits-Reformgesetz (GRG) vom 20.12.1988 (BGBl. I, 2477) geschaffen worden und trat am 1.1.1989 in Kraft.[1] § 253 ist seither unverändert.

II. Normzweck

§ 253 enthält einen **deklaratorischen** Hinweis auf die Vorschriften über die Beitragszahlung bei Arbeitsentgelt im SGB IV.[2] Er gilt nur für Beiträge aus dem nach §§ 226 Abs. 1 S. 1 Nr. 1, 230, 232, 233 SGB V, 23a SGB IV beitragspflichtigen **Arbeitsentgelt**, nicht für andere beitragspflichtige Einnahmen. Indem er die Zahlungspflicht alleine dem Arbeitgeber aufbürdet, durchbricht er den Grundsatz „Beitragszahlung folgt Beitragstragung", da im Ausgangspunkt die Beiträge aus Arbeitsentgelten nach § 249 von Arbeitgeber und Arbeitnehmer paritätisch zu tragen sind (→ § 249 Rn. 8).

III. Kurzübersicht über die §§ 28 d bis 28 n und § 28 r SGB IV

- § 28 d SGB IV definiert und regelt zunächst den sog **Gesamtsozialversicherungsbeitrag**, der sich aus den Beiträgen in der Kranken- und Rentenversicherung für einen kraft Gesetzes versicherten Beschäftigten oder Hausgewerbetreibenden, den Beitrag aus Arbeitsentgelt aus einer versicherungspflichtigen Beschäftigung nach dem Recht der Arbeitsförderung sowie für den Beitrag zur Pflegeversicherung und für einen in der Krankenversicherung kraft Gesetzes versicherten Beschäftigten zusammensetzt.
- § 28 e SGB IV durchbricht den Grundsatz des § 252, indem er den **Arbeitgeber** dazu verpflichtet, den **vollständigen Gesamtsozialversicherungsbeitrag zu zahlen**, dh auch diejenigen Teile, die nach § 249 Abs. 1 der Arbeitnehmer zu tragen hat. Für bestimmte Personengruppen macht § 28m SGB IV eine Ausnahme von § 28 e SGB IV.
- § 28 f SGB IV normiert **Dokumentationspflichten** des Arbeitgebers.

---

20 Peters in: KassKomm, § 252 SGB V Rn. 19.
21 BT-Dr. 16/10609, 61.
22 BT-Dr. 17/8005, 126 f.
1 BT-Dr. 11/2237, 227 (zu § 262-E).
2 Hornig in: Krauskopf, § 253 SGB V Rn. 4.

- § 28 g SGB IV regelt den aufgrund der Pflicht des Arbeitgebers zur vollständigen Zahlung des Gesamtversicherungsbeitrags bei – im Grundsatz – hälftiger Beitragstragung notwendigen Innenausgleich von Arbeitgeber und Arbeitnehmer, der nur durch Abzug vom Arbeitslohn erfolgen kann; einen selbstständigen Gegenanspruch gegen den Arbeitnehmer hat der Arbeitgeber also nicht. Ein schuldhaft unterbliebener Abzug darf nur innerhalb der nächsten drei Lohn- oder Gehaltszahlungen nachgeholt werden.
- § 28 h und § 28 i SGB IV treffen Regelungen zur Einzugsstelle.
- § 28 k SGB IV verpflichtet die Einzugsstelle zur Weiterleitung der für die Pflege-, Renten- und Arbeitslosenversicherung im Rahmen des Gesamtsozialversicherungsbeitrags gezahlten Beiträge an die Träger der Pflegeversicherung, der Rentenversicherung, die Bundesagentur für Arbeit und den Gesundheitsfonds; bei einer schuldhaften Verletzung dieser Pflicht durch ein Organ oder einen Bediensteten der Einzugsstelle haftet diese dem Träger auf Schadensersatz, § 28 r SGB IV.
- § 28 l SGB IV regelt die Vergütung der Einzugsstelle, der Träger der Rentenversicherung und der Bundesagentur für Arbeit.
- § 28 n SGB IV enthält verschiedene Verordnungsermächtigungen.

IV. Rechtsfolgen bei nicht ordnungsgemäßer Beitragszahlung durch den Arbeitgeber

4 Zahlt der Arbeitgeber entgegen den §§ 28 d ff. SGB IV die Beiträge aus dem Arbeitsentgelt nicht ordnungsgemäß, kann das straf- wie zivilrechtliche Konsequenzen haben. Enthält er der Einzugsstelle Beiträge vor, macht er sich nach § 266 a StGB strafbar. Zivilrechtlich kann er der Einzugsstelle zum Schadensersatz nach § 823 Abs. 2 BGB (§ 266 a StGB als Schutzgesetz) verpflichtet sein.[3]

§ 254 Beitragszahlung der Studenten

¹Versicherungspflichtige Studenten haben vor der Einschreibung oder Rückmeldung an der Hochschule die Beiträge für das Semester im voraus an die zuständige Krankenkasse zu zahlen. ²Der Spitzenverband Bund der Krankenkassen kann andere Zahlungsweisen vorsehen. ³Weist ein als Student zu Versichernder die Erfüllung der ihm gegenüber der Krankenkasse auf Grund dieses Gesetzbuchs auferlegten Verpflichtungen nicht nach, verweigert die Hochschule die Einschreibung oder die Annahme der Rückmeldung.

I. Entstehungsgeschichte

1 § 254 wurde durch das Gesundheits-Reformgesetz (GRG) vom 20.12.1988 (BGBl. I, 2477) geschaffen und trat am 1.1.1989 in Kraft. Vorgängernorm: § 393 d Abs. 1 RVO.[1] § 254 wurde geändert durch Art. 1 Nr. 172 GKV-WSG vom 26.3.2007 (BGBl. I, 378).

II. Normzweck

2 § 254 durchbricht anders als §§ 253, 255, 256 *nicht* den in § 252 Abs. 1 S. 1 normierten Grundsatz „Beitragszahlung folgt Beitragstragung". Er regelt lediglich die Zahlungsmodalitäten, zT in Abweichung von § 23 SGB IV.[2] Zweck ist es, die rechtzeitige Zahlung der Beiträge durch den Studenten bzw. (S. 3) die Erfüllung der sonstigen, ihm nach dem SGB V obliegenden Pflichten sicherzustellen.[3]

III. Anwendungsbereich

3 § 254 gilt nur für nach § 5 Abs. 1 Nr. 9 versicherungspflichtige Studenten, nicht aber – wie zB § 250 Abs. 1 Nr. 3 – für Praktikanten oder Auszubildende. Für freiwillig versicherte Studenten gilt § 254 nach seinem eindeutigen Wortlaut nicht; diese sind nach § 252 Abs. 1 S. 1 Beitragsschuldner (→ § 252 Rn. 4). Ob § 254 nur für den Beitrag für unter § 236 Abs. 1 fallende beitragspflichtige Einnahmen gilt oder auch für sonstige beitragspflichtige Einnahmen des Studenten wie zB Arbeitseinkommen oder

---

3 Rixen in: Becker/Kingreen, § 253 Rn. 5.
1 BT-Dr. 11/2237, 227 (zu § 263-E).
2 Rixen in: Becker/Kingreen, § 254 Rn. 1; Baier in: Krauskopf, § 254 SGB V Rn. 2.
3 Gerlach in: Hauck/Noftz, SGB V, § 254 Rn. 7.

Renten, ist umstritten.[4] Angesichts von Sinn und Zweck der Regelung, eine rechtzeitige Beitragszahlung durch den Studenten zu sichern, spricht mehr für die zuletzt genannte Auffassung.

IV. Vorauszahlung (S. 1, 2)

Nach S. 1 muss der Student vor Immatrikulation bzw. vor jeder Rückmeldung die Beiträge für das folgende Semester im Voraus an die zuständige Krankenkasse zahlen; „Semester" meint dabei nicht die Vorlesungszeit, sondern das Verwaltungssemester, das in der Regel am 1.4. bzw. am 1.10. beginnt. S. 1 weicht mit seiner Vorauszahlungspflicht von § 23 Abs. 1 SGB IV ab, wonach die Beiträge in der Regel monatlich nachträglich fällig werden. Mit „Hochschule" sind die Hochschulen des Hochschulrechts und somit nicht nur Universitäten, sondern auch Fachhochschulen gemeint;[5] keine Rolle spielt, ob es sich um eine Präsenzuniversität oder eine Fernhochschule handelt. Wegen der nach S. 2 erlassenen „Beitragsverfahrensgrundsätze Selbstzahler" (→ Rn. 5) spielt S. 1 in der Praxis nur eine untergeordnete Rolle. Die Beitragszahlungspflicht gilt auch während der Dauer einer Untersuchungshaft.[6]

S. 2 erlaubt es dem SpiBu (bzw. bis 31.12.2008 den Krankenkassen), andere Zahlungsweisen vorzusehen, zB eine monatliche Zahlung. Nach Sinn und Zweck der Norm muss aber die Beitragszahlung gesichert sein. Ausgeschlossen ist zudem eine Verschärfung der Beitragszahlung, zB für zwei Semester im Voraus.[7] Der SpiBu hat von der Ermächtigung des S. 2 durch die **„Beitragsverfahrensgrundsätze Selbstzahler"**[8] vom 10.12.2014 Gebrauch gemacht. Nach dessen § 10 werden abweichend von § 254 S. 1 die Beiträge für den jeweiligen Beitragsmonat erhoben und sind bis zum 15. des folgenden Monats zu zahlen; dies gilt aber nur, wenn die monatliche Beitragszahlung sichergestellt ist. Davon ist zumindest bei Stellung eines solventen Bürgen auszugehen. Um keine zu starken bürokratischen Hindernisse aufzustellen, wird man auch eine Einzugsermächtigung oder den Nachweis über einen Dauerauftrag ausreichen lassen können.[9]

V. Verweigerung der Immatrikulation/Rückmeldung (S. 3)

Nach S. 3 ist die Hochschule verpflichtet („verweigert"), die Immatrikulation oder die Annahme der Rückmeldung zu verweigern, wenn der versicherungspflichtige Student die Erfüllung der ihm nach dem SGB V gegenüber der Krankenkasse bestehenden Pflichten (v.a. Zahlungs- und Meldepflichten, vgl. § 206) nicht nachweist. Durch diese Sanktion soll die rechtzeitige Zahlung der Beiträge und die Einhaltung der sonstigen Pflichten sichergestellt werden.

An der **Verfassungskonformität** bestehen mit Blick auf die Gesetzgebungskompetenz des Bundes erhebliche Zweifel. Sachlich gehört die Regelung ins Hochschulrecht.[10] Dass der Bund über eine Annexkompetenz kraft Sachzusammenhang aus Art. 74 Abs. 1 Nr. 12 GG (Sozialversicherung) die Gesetzgebungskompetenz hat, wird von *Rixen* mit guten Gründen bezweifelt.[11] Folgt man dieser Auffassung, ist die Verweigerung der Immatrikulation bzw. der Annahme der Rückmeldung unter Verweis auf S. 3 rechtswidrig.

Da die Versicherungspflicht (§ 5 Abs. 1 Nr. 9) und der Beginn der Mitgliedschaft (§ 186 Abs. 7) nicht von der Beitragszahlung, sondern von der Immatrikulation/Rückmeldung abhängt, besteht das Versicherungsverhältnis auch, wenn die Hochschule unter Verletzung von S. 3 die Immatrikulation/Rückmeldung vornimmt.[12] Umstritten ist, ob sich die Hochschule in einem solchen Fall gegenüber der Krankenkasse **schadensersatzpflichtig** macht, wenn der Student die Beiträge nicht gezahlt hat und auch später nicht zahlt.[13] Dogmatisch lässt sich das nur damit begründen, dass § 254 S. 3 ein Schutzgesetz iSv **§ 823 Abs. 2 BGB** ist. Dafür lässt sich anführen, dass S. 3 der rechtzeitigen Erfüllung der dem Stu-

---

4 Für Beschränkung auf § 236 Abs. 1: Peters in: KassKomm, § 254 SGB V Rn. 4; Ulmer in: BeckOK SozR, SGB V, § 254 Rn. 1; aA Baier in: Krauskopf, § 254 SGB V Rn. 5.
5 Rixen in: Becker/Kingreen, § 254 Rn. 4.
6 LSG RhPf, 18.2.2003, L 5 KR 92/01, nv.
7 Baier in: Krauskopf, § 254 SGB V Rn. 7.
8 Abrufbar beispielsweise über die Internetseite des GKV-Spitzenverbandes.
9 So auch Baier in: Krauskopf, § 254 SGB V Rn. 8.
10 So auch Baier in: Krauskopf, § 254 SGB V Rn. 9; Peters in: KassKomm, § 254 SGB V Rn. 6.
11 Rixen in: Becker/Kingreen, § 254 Rn. 5 f.
12 Peters in: KassKomm, § 254 SGB V Rn. 6.
13 Dafür Peters in: KassKomm, § 254 SGB V Rn. 6; Baier in: Krauskopf, § 254 SGB V Rn. 9; aA Rixen in: Becker/Kingreen, § 254 Rn. 4.

denten gegenüber der Krankenkasse obliegenden Pflichten und somit deren Schutz und Interesse an der ordnungsgemäßen Durchführung der Krankenversicherung dient.

§ 255 Beitragszahlung aus der Rente

(1) ¹Beiträge, die Versicherungspflichtige aus ihrer Rente nach § 228 Absatz 1 Satz 1 zu tragen haben, sind von den Trägern der Rentenversicherung bei der Zahlung der Rente einzubehalten und zusammen mit den von den Trägern der Rentenversicherung zu tragenden Beiträgen an die Deutsche Rentenversicherung Bund für die Krankenkassen mit Ausnahme der landwirtschaftlichen Krankenkasse zu zahlen. ²Bei einer Änderung in der Höhe der Beiträge ist die Erteilung eines besonderen Bescheides durch den Träger der Rentenversicherung nicht erforderlich.

(2) ¹Ist bei der Zahlung der Rente die Einbehaltung von Beiträgen nach Absatz 1 unterblieben, sind die rückständigen Beiträge durch den Träger der Rentenversicherung aus der weiterhin zu zahlenden Rente einzubehalten; § 51 Abs. 2 des Ersten Buches gilt entsprechend. ²Wird die Rente nicht mehr gezahlt, obliegt der Einzug von rückständigen Beiträgen der zuständigen Krankenkasse. ³Der Träger der Rentenversicherung haftet mit dem von ihm zu tragenden Anteil an den Aufwendungen für die Krankenversicherung.

(3) ¹Soweit im Folgenden nichts Abweichendes bestimmt ist, werden die Beiträge nach den Absätzen 1 und 2 am letzten Bankarbeitstag des Monats fällig, der dem Monat folgt, für den die Rente gezahlt wird. ²Wird eine Rente am letzten Bankarbeitstag des Monats ausgezahlt, der dem Monat vorausgeht, in dem sie fällig wird (§ 272a des Sechsten Buches), werden die Beiträge nach den Absätzen 1 und 2 abweichend von Satz 1 am letzten Bankarbeitstag dieses Monats, für den die Rente gezahlt wird, fällig. ³Am Achten eines Monats wird ein Betrag in Höhe von 300 Millionen Euro fällig; die im selben Monat fälligen Beträge nach den Sätzen 1 und 2 verringern sich um diesen Betrag. ⁴Die Deutsche Rentenversicherung Bund leitet die Beiträge nach den Absätzen 1 und 2 an den Gesundheitsfonds weiter und teilt dem Bundesversicherungsamt bis zum 15. des Monats die voraussichtliche Höhe der am letzten Bankarbeitstag fälligen Beträge mit.

I. Entstehungsgeschichte	1	IV. Unterbliebener Einbehalt (Abs. 2)	8
II. Normzweck, Übersicht	2	V. Fälligkeit (Abs. 3)	12
III. Beitragszahlung aus der Rente (Abs. 1)	3		

I. Entstehungsgeschichte

1 § 255 wurde im Zuge des Gesundheits-Reformgesetzes (GRG) vom 20.12.1988 (BGBl. I, 2477) geschaffen und trat am 1.1.1989 in Kraft.[1] Vorgängernorm von Abs. 1 ist § 393a Abs. 1 RVO.
§ 255 wurde geändert durch:
- Art. 4 Nr. 20 RRG vom 18.12.1989 (BGBl. I, 261),
- Art. 1 Nr. 10, 8 Abs. 4 des 3. SGB-ÄndG vom 10.5.1995 (BGBl. I, 678),
- Art. 1 Nr. 4 des 10. SGB V-ÄndG vom 23.3.2002 (BGBl. I, 1169),
- Art. 7 Nr. 2 HZvNG vom 21.6.2002 (BGBl. I, 2167),
- Art. 2 des Dritten Gesetzes zur Änderung des Sechsten Buches SGB und anderer Gesetze vom 27.12.2003 (BGBl. I, 3019),
- Art. 6 Nr. 25 RVorgG vom 9.12.2004 (BGBl. I, 3242),
- Art. 4 Nr. 14 VerwVereinfachungsgesetz vom 21.3.2006 (BGBl. I, 818),
- Art. 1 Nr. 173 GKV-WSG vom 26.3.2007 (BGBl. I, 378),
- Art. 1 Nr. 23 GKV-Finanzierungsgesetz vom 22.12.2010 (BGBl. I, 2309) sowie
- Art. 1 Nr. 28 des Gesetzes zur Weiterentwicklung der Finanzstruktur und der Qualität in der gesetzlichen Krankenversicherung (GKV-FQWG) vom 21.7.2014 (BGBl. I, 1133).

II. Normzweck, Übersicht

2 Abs. 1 regelt, wer auf welche Weise die Beiträge, die Versicherungspflichtige nach § 249a aus ihrer Rente zu tragen haben, zu zahlen hat. Die Folgen einer **unterbliebenen Einbehaltung** des Beitrags regelt Abs. 2. Abs. 3 bestimmt, wann die Beiträge fällig werden.

---

1 BT-Dr. 11/2237, S. 227 (zu § 264-E).

III. Beitragszahlung aus der Rente (Abs. 1)

§ 255 regelt die Beitragszahlung aus Renten (§ 228 Abs. 1) für Versicherungspflichtige. Ob die Versicherungspflicht gerade auf dem Rentenbezug oder auf einem anderen Tatbestand beruht, ist nicht von Belang; irrelevant ist auch die Art der Rente. Die Beitragszahlungslast (Beitragsschuldnerschaft) liegt abweichend von §§ 252 Abs. 1 S. 1, 249a Abs. 1 bei den Trägern der Rentenversicherung (§§ 126, 132 SGB VI), die den gesamten aus der Rente zu leistenden Beitrag an die Deutsche Rentenversicherung Bund für die Krankenkassen zu zahlen hat. Rechtstechnisch geschieht die Beitragszahlung dergestalt, dass der Träger der Rentenversicherung in einem ersten Schritt die Rente im Wege einer verkürzten Verrechnung[2] nur „gekürzt" um den vom Versicherten zu tragenden Beitrag auszahlt (Einbehalt) und sodann im zweiten Schritt den einbehaltenen Betrag samt des auf den Träger selbst entfallenden Beitrags an die Rentenversicherung Bund für die Krankenkassen (und nicht an die einzelnen Krankenkassen) zahlt. Die Rentenversicherung Bund fungiert damit als eine Art Inkasso-Stelle für die Krankenkassen.[3] Die Regelung dient der Verwaltungsvereinfachung.[4] Die den Krankenkassen vollständig zustehenden Beiträge werden mit den Ansprüchen der Rentenversicherung Bund aus dem Risikostrukturausgleich verrechnet. Abs. 1 S. 1 gilt auch für Nachzahlungen (§ 228 Abs. 2); wird dadurch die Beitragsbemessungsgrenze überschritten, sind die Beträge nach §§ 230, 231 zu erstatten.[5]

§ 255 gilt ausschließlich für inländische Renten nach § 228 Abs. 1 S. 1. Somit sind nur die auf solche Renten entfallenden Beiträge von den Trägern der Rentenversicherung bei der Zahlung der Renten einzubehalten. Für ausländische Renten trägt der Versicherte die Beitragslast gemäß § 249a allein und hat somit nach dem allgemeinen Grundsatz des § 252 Abs. 1 S. 1 auch allein zu zahlen.[6]

§ 255 gilt nicht für freiwillig Versicherte; sie sind nach § 252 Abs. 1 S. 1 selbst Beitragsschuldner.[7]

Nicht anwendbar ist § 255 auf die in den landwirtschaftlichen Krankenkassen Versicherten. Die Beitragszahlung für sie regelt § 50 Abs. 1 KVLG 1989. Danach haben die Träger der Rentenversicherung die von den Versicherungspflichtigen zu tragenden Beiträge bei der Rentenzahlung einzubehalten und an die zuständige landwirtschaftliche Krankenkasse zu zahlen. § 255 Abs. 1 S. 2, Abs. 2, 3 S. 1, 2 gelten entsprechend.

Im Sinne einer Verwaltungsvereinfachung[8] ist bei der Änderung der Höhe der Beiträge zB durch Erhöhung oder Ermäßigung des Beitragssatzes nach Abs. 1 S. 2 ein besonderer Bescheid des Rentenversicherungsträgers unnötig.

IV. Unterbliebener Einbehalt (Abs. 2)

Wie ausgeführt (→ Rn. 3) sieht § 255 ein zweistufiges Verfahren vor, bei dem auf erster Stufe der vom Versicherten zu tragende Beitrag vom Rentenversicherungsträger bei der Rentenzahlung einzubehalten ist. Versäumt der Rentenversicherungsträger dies, bleibt dadurch seine auf zweiter Stufe bestehende Verpflichtung zur Zahlung des gesamten aus der Rente zu leistenden Beitrags an die Rentenversicherung Bund unberührt. Um eine finanzielle Einbuße des Rentenversicherungsträgers zu verhindern, verpflichtet[9] und berechtigt ihn Abs. 2 S. 1, die rückständigen Beiträge aus der weiterhin zu zahlenden Rente einzubehalten. Keine Rolle spielt, warum der Einbehalt unterblieb und wen daran die Schuld traf;[10] nur in einer Ausnahmekonstellation entschied das BSG, dass eine rückwirkende Erhebung von Beiträgen nicht mehr zulässig sei.[11] In der Regel ist auch dieser zusätzliche Einbehalt eine Form der verkürzten Verrechnung (→ Rn. 3);[12] in Ausnahmefällen kann es sich aber auch um einen Verwaltungsakt mit der Konsequenz der Anwendbarkeit der §§ 45 ff. SGB X handeln.[13] Der Einbehalt kann nur von der Rentenart erfolgen, von der der Abzug vorzunehmen gewesen wäre; bei einer Umwand-

---

2 BSG, 5.9.2006, B 4 R 71/06 R, SozR 4-2500 § 255 Nr. 1.
3 Rixen in: Becker/Kingreen, § 255 Rn. 2.
4 Gerlach in: Hauck/Noftz, SGB V, § 255 Rn. 13 f.
5 Ulmer in: BeckOK SozR, SGB V, § 255 Vor Rn. 1; Baier in: Krauskopf, § 255 SGB V Rn. 5.
6 Klarstellend, auch im Hinblick auf die Europarechtskonformität dieses Regelungssystems, LSG BW, 10.12.2014, L 5 KR 2498/13.
7 Gerlach in: Hauck/Noftz, SGB V, § 255 Rn. 11.
8 BT-Dr. 15/4751, 46.
9 Vgl. LSG BW, 14.4.2005, L 7 R 952/04, nv.
10 BSG, 23.3.1993, 12 RK 62/92, Die Beiträge 1993, 503; SG Dortmund, 27. 11. 2001, S 22 RA 108/01, nv.
11 BSG, 4.6.1991, 12 RK 52/90, SozR 3-2200 § 381 Nr. 2.
12 Vgl. LSG BW, 30.3.2004, L 13 RA 3690/03, nv.
13 SG Berlin, 11.9.1998, S 11 An 4351/96, EzS 50/360.

9 Auf den Einbehalt ist § 28 g SGB IV nicht anwendbar, der Einbehalt ist daher grundsätzlich **unbefristet** möglich.[15] Begrenzt wird die Anspruchsgeltendmachung aber zum einen dadurch, dass auch der Anspruch des Rentenversicherungsträgers auf den Anteil des Rentners am Krankenversicherungsbeitrag analog § 25 SGB IV **verjährt**.[16] Zum anderen kann der Rentenversicherungsträger den Anspruch **verwirken**, wenn er durch sein Verhalten beim Versicherten das berechtigte Vertrauen darin erweckt, dass er den Anspruch in der Zukunft nicht mehr geltend machen wird.[17]

Die einleitende Textzeile lautet: "lung einer aus dem gleichen Versicherungsverhältnis stammenden Rente ist der Einbehalt aber auch noch nach der Umwandlung möglich.[14]"

10 Um eine Belastung der Sozialhilfeträger zu vermeiden, darf der zusätzliche Einbehalt nur maximal in Höhe der Hälfte der laufenden Rentenzahlung erfolgen und ist ausgeschlossen, wenn der Versicherte nachweist, dass er durch den zusätzlichen Einbehalt **sozialhilfebedürftig** würde; dies folgt aus dem Verweis auf § 51 Abs. 2 SGB I.

11 Wird keine Rente mehr gezahlt, funktioniert das „Modell" eines zusätzlichen Einbehalts nicht; (nur) für diesen Fall verpflichtet und ermächtigt **Abs. 2 S. 2** die Krankenkasse zum Einzug der rückständigen Beiträge. Fraglich ist, ob auch in diesem Fall § 51 Abs. 2 SGB I gilt. Dagegen sprechen zwar der Wortlaut und der systematische Gegenschluss zu Abs. 2 S. 1 Hs. 2. Da mit Blick auf die Interessenlage des Versicherten und vor allem des Sozialhilfeträgers aber zwischen den unter Abs. 2 S. 1 und S. 2 fallenden Konstellationen kein Unterschied besteht, wird man von einem im Wege der analogen Anwendung zu korrigierenden gesetzgeberischen Fehler ausgehen können.[18] Der Rentenversicherungsträger haftet in Höhe seines Anteils an den Aufwendungen für die Krankenversicherung, **Abs. 2 S. 3**.

V. Fälligkeit (Abs. 3)

12 Die Fälligkeitsregelung wurde durch das GKV-WSG vom 26.3.2007 (BGBl. I, 378) weitreichend umgestaltet. Damit sollte sichergestellt werden, dass die Neuordnung des Beitragseinzuges und des Risikostrukturausgleichs nicht zu einer gegenüber der vorherigen Rechtslage veränderten Liquiditätssituation für die Rentenversicherung führt.[19] Abs. 3 betrifft allein die Zahlungsweise der Beiträge aus der Rente, dh der Beiträge, die sich nach der Rente des Mitglieds bemessen.[20] Grundsätzlich werden die nach Abs. 1, 2 von den Trägern der Rentenversicherung an die Deutsche Rentenversicherung Bund zu zahlenden Beiträge am letzten Bankarbeitstag des dem Monat der tatsächlichen Rentenzahlung folgenden Monats fällig (**Abs. 3 S. 1**). Zahlt der Rentenversicherungsträger die Rente allerdings bereits am letzten Bankarbeitstag des dem Monat, an dem die Rentenzahlung fällig wird, vorausgehenden Monats aus, so werden die Beiträge nach Abs. 1, 2 am letzten Bankarbeitstag des Monats, für den die Rente gezahlt wird, fällig (**Abs. 3 S. 2**). Einen **Abschlag** in Höhe von 300 Millionen sieht **Abs. 3 S. 3** an jedem Achten eines Monats vor; im Gegenzug verringern sich die in diesem Monat fällig werdenden Beiträge um den Betrag von 300 Millionen. **Abs. 3 S. 4** verpflichtet die Deutsche Rentenversicherung Bund erstens zur Weiterleitung der aufgrund von Abs. 1, 2 eingegangenen Geldern an den Gesundheitsfonds und zweitens zur Mitteilung an das Bundesversicherungsamt über die voraussichtlich am letzten Bankarbeitstag fällig werdenden Beiträge bis zum 15. jeden Monats.

§ 256 Beitragszahlung aus Versorgungsbezügen

(1) ¹Für Versicherungspflichtige, die eine Rente der gesetzlichen Rentenversicherung beziehen, haben die Zahlstellen der Versorgungsbezüge die Beiträge aus Versorgungsbezügen einzubehalten und an die zuständige Krankenkasse zu zahlen. ²Die zu zahlenden Beiträge werden am 15. des Folgemonats der Auszahlung der Versorgungsbezüge fällig. ³Die Zahlstellen haben der Krankenkasse die einbehaltenen Beiträge nachzuweisen; § 28 f Absatz 3 Satz 1 und 2 des Vierten Buches gilt entsprechend. ⁴Die Beitragsnachweise sind von den Zahlstellen durch Datenübertragung zu übermitteln; § 202 Absatz 2 gilt entsprechend. ⁵Bezieht das Mitglied Versorgungsbezüge von mehreren Zahlstellen und übersteigen die

---

14 Böttiger in: Krauskopf, § 255 SGB V Rn. 10.
15 Böttiger in: Krauskopf, § 255 SGB V Rn. 9.
16 Peters in: KassKomm, § 255 SGB V Rn. 14; Böttiger in: Krauskopf, § 255 SGB V Rn. 9.
17 SG Berlin, 24.11.2000, S 11 RA 2051/99, Breith 2001, 413.
18 So iE auch Peters in: KassKomm, § 255 SGB V Rn. 13.
19 BT-Dr. 16/3100, 166.
20 BT-Dr. 16/3100, 166.

Versorgungsbezüge zusammen mit dem Zahlbetrag der Rente der gesetzlichen Rentenversicherung die Beitragsbemessungsgrenze, verteilt die Krankenkasse auf Antrag des Mitglieds oder einer der Zahlstellen die Beiträge.
(2) ¹§ 255 Abs. 2 Satz 1 und 2 gilt entsprechend. ²Die Krankenkasse zieht die Beiträge aus nachgezahlten Versorgungsbezügen ein. ³Dies gilt nicht für Beiträge aus Nachzahlungen aufgrund von Anpassungen der Versorgungsbezüge an die wirtschaftliche Entwicklung. ⁴Die Erstattung von Beiträgen obliegt der zuständigen Krankenkasse. ⁵Die Krankenkassen können mit den Zahlstellen der Versorgungsbezüge Abweichendes vereinbaren.
(3) ¹Die Krankenkasse überwacht die Beitragszahlung. ²Sind für die Überwachung der Beitragszahlung durch eine Zahlstelle mehrere Krankenkassen zuständig, haben sie zu vereinbaren, daß eine dieser Krankenkassen die Überwachung für die beteiligten Krankenkassen übernimmt. ³§ 98 Abs. 1 Satz 2 des Zehnten Buches gilt entsprechend.
(4) Zahlstellen, die regelmäßig an weniger als dreißig beitragspflichtige Mitglieder Versorgungsbezüge auszahlen, können bei der zuständigen Krankenkasse beantragen, daß das Mitglied die Beiträge selbst zahlt.

I. Entstehungsgeschichte	1	V. Aufgaben der Krankenkassen	7
II. Normzweck, Übersicht	2	VI. Kleine Zahlstellen (Abs. 4)	14
III. Persönlicher Anwendungsbereich	3	VII. Beiladung der Zahlstelle	15
IV. Aufgaben der Zahlstelle (Abs. 1)	4		

I. Entstehungsgeschichte

§ 256 wurde im Zuge des Gesundheits-Reformgesetzes (GRG) vom 20.12.1988 (BGBl. I, 2477) geschaffen und trat am 1.1.1989 in Kraft. Die Vorgängernorm des § 393a Abs. 2–4 RVO ist nicht eins zu eins übernommen worden.[1] § 256 wurde **geändert** durch Art. 1 Nr. 24 GKV-Finanzierungsgesetz vom 22.12.2010 (BGBl. I, 2309), durch Art. 1 Nr. 71 des Gesetzes zur Verbesserung der Versorgungsstrukturen in der gesetzlichen Krankenversicherung (GKV-Versorgungsstrukturgesetz, GKV-VStG) vom 22.12.2011 (BGBl. I, 2983), mWv 1.1.2015 durch Art. 1 Nr. 29 des Gesetzes zur Weiterentwicklung der Finanzstruktur und der Qualität in der gesetzlichen Krankenversicherung (GKV-FQWG) vom 21.7.2014 (BGBl. I, 1133) sowie mWv 1.7.2015 durch Art. 2 Nr. 2 des Fünften Gesetzes zur Änderung des Vierten Buches Sozialgesetzbuch und anderer Gesetze (5. SGB IV-ÄndG) vom 15.4.2015 (BGBl. I, 583). 1

II. Normzweck, Übersicht

Abs. 1 verpflichtet und berechtigt damit zugleich die Zahlstellen gegenüber dem Versorgungsempfänger, die Beiträge aus Versorgungsbezügen von versicherungspflichtigen Rentenbeziehern aus der gesetzlichen Rentenversicherung **einzubehalten und an die Krankenkasse zu zahlen** und regelt weitere Details dessen. Abs. 2 regelt die **Folgen der unterbliebenen Beitragseinbehaltung**. Zur Überwachung der Beitragszahlung ist die Krankenkasse zuständig; sind für eine Zahlstelle mehrere Krankenkassen zuständig, müssen sie sich einigen, welche von ihnen die Überwachung übernimmt (Abs. 3). Zur Entlastung von Kleinzahlstellen mit weniger als dreißig beitragspflichtigen Mitgliedern gibt Abs. 4 ihnen das Recht, bei der zuständigen Krankenkasse zu **beantragen, dass ihr Mitglied selbst die Beiträge zahlt**. 2

III. Persönlicher Anwendungsbereich

§ 256 gilt in persönlicher Hinsicht für Bezieher von Versorgungsbezügen (zum Begriff: § 229 Abs. 1), die in der gesetzlichen Krankenversicherung versicherungspflichtig sind und eine Rente der gesetzlichen Rentenversicherung (§ 228) beziehen. In der Hauptsache erfasst § 256 dementsprechend die nach § 5 Abs. 1 Nr. 11, 11a, 12 versicherungspflichtigen Versorgungsempfänger, ist aber nicht darauf beschränkt.[2] Keine Anwendung findet § 256 im Gegenschluss bei **freiwilligen Mitgliedern** und solchen Beziehern von Versorgungsbezügen, die keine Rente aus der gesetzlichen Rentenversicherung erhalten; diese Mitglieder müssen die am 15. des Folgemonats fällig werdenden (vgl. § 10 Abs. 1 BeitrVerfGrdsSelbstZ) Beiträge selbst zahlen, §§ 252 Abs. 1 S. 1, 250 Abs. 1 Nr. 1.[3] Das bloße Bestehen eines Ren- 3

---
1 BT-Dr. 11/2237, 227 (zu § 265-E).
2 Baier in: Krauskopf, § 256 SGB V Rn. 3; Ulmer in: BeckOK SozR, SGB V, § 256 vor Rn. 1.
3 BSG, 23.2.1988, 12 RK 47/86, ErsK 1988, 233.

tenanspruchs genügt für die Anwendbarkeit des § 256 nicht, die Rente aus der gesetzlichen Rentenversicherung muss vielmehr **tatsächlich bezogen** werden; bei einer rückwirkenden Zuerkennung der Rente besteht daher keine Zahlungsverpflichtung der Zahlstelle für die Vergangenheit.[4]

IV. Aufgaben der Zahlstelle (Abs. 1)

4 Zahlstelle ist die Stelle, die die Versorgungsbezüge tatsächlich zahlt; das kann, muss aber nicht derjenige sein, gegen den sich der Versorgungsanspruch richtet.[5] Hauptpflichten der Zahlstellen sind die Einbehaltung des vom Versicherungspflichtigen aus dem Versorgungsbezug zu tragenden Beitrags im Wege der verkürzten Verrechnung[6] und deren **Zahlung** an die zuständige Krankenkasse, Abs. 1 S. 1. Damit wird die Grundregel des § 252 Abs. 1 S. 1 (iVm § 250 Abs. 1 Nr. 1) durchbrochen, das Mitglied hat damit grundsätzlich keine Zahlungspflichten gegenüber der Krankenkasse.[7] Um überhaupt feststellen zu können, ob diese Pflichten bestehen, müssen die Zahlstellen wissen, ob der Versorgungsempfänger versicherungspflichtig ist, ob er eine Rente aus der gesetzlichen Rentenversicherung bezieht, welche Krankenkasse zuständig ist und wie hoch der Beitragssatz (§ 248) ist; zu diesem Behufe bestehen die **Mitteilungspflichten** aus §§ 202, 205 Nr. 2. Die Zahlungspflicht der Zahlstelle gegenüber der Krankenkasse beschränkt sich auf die einbehaltenen Beiträge; die Zahlstelle wird nicht selbst zur Beitragsschuldnerin.[8] Verletzt die Zahlstelle ihre Pflichten aus Abs. 1 oder die genannten Mitteilungspflichten, so haftet sie in der Regel der Krankenkasse nicht auf Schadensersatz.[9] Die Krankenkasse kann die Zahlstelle auch nicht durch Verwaltungsakt auf Beitragszahlung in Anspruch nehmen.[10]

5 Die Beiträge aus Versorgungsbezügen sind von den laufenden Versorgungsbezügen **einzubehalten** und werden am 15. des Folgemonats nach Auszahlung der Versorgungsbezüge fällig, Abs. 1 S. 2. Die Fälligkeit knüpft nach dem eindeutigen Wortlaut an die tatsächliche Auszahlung der Versorgungsbezüge an, auf die Entstehung/Fälligkeit des Anspruchs kommt es nicht an.[11] Unterbleibt der Einbehalt (aus welchen Gründen auch immer),[12] so muss die Zahlstelle zunächst versuchen, die rückständigen Beiträge aus den weiterhin zu zahlenden Versorgungsbezügen einzubehalten, **Abs. 2 S. 1 iVm § 255 Abs. 2 S. 1**.[13] Um eine Belastung der Sozialhilfeträger zu vermeiden, darf der zusätzliche Einbehalt nicht erfolgen, wenn der Versicherte nachweist, dass er dadurch **sozialhilfebedürftig** würde; dies folgt aus dem Verweis auf § 51 Abs. 2 SGB I in § 255 Abs. 2 S. 1. Auf den Einbehalt ist zwar § 28 g SGB IV nicht anwendbar, der Einbehalt ist also **grundsätzlich unbefristet** möglich.[14] Der Versorgungsempfänger kann aber einwenden, dass der Beitragsanspruch nach § 25 SGB IV verjährt ist.[15] Ganz ausnahmsweise ist auch eine **Verwirkung** denkbar.[16] Werden keine Versorgungsbezüge mehr gezahlt und ist es der Zahlstelle daher unmöglich, den unterbliebenen Einbehalt in der Zukunft zu korrigieren, hat die Krankenkasse den Beitrag beim Mitglied einzuziehen, Abs. 2 S. 2 (→ Rn. 10).

6 Die Zahlstelle hat ferner gegenüber der Krankenkasse die Pflicht zum **Nachweis** der einbehaltenen Beiträge, Abs. 1 S. 3; dieser Nachweis ist durch gesicherte und verschlüsselte Datenübertragung aus systemgeprüften Programmen oder mittels maschineller Ausfüllhilfen zu erbringen, Abs. 1 S. 4 iVm § 202 Abs. 2 S. 1.[17] Dabei gilt § 28 f Abs. 3 S. 1 und 2 SGB IV entsprechend. Der früher in Abs. 1 S. 3 enthaltene Verweis auf § 28 f Abs. 3 S. 5 SGB IV wurde durch das GKV-FQWG (→ Rn. 1) angesichts der Aufhebung des Sozialausgleichverfahrens gestrichen.

---

4 Baier in: Krauskopf, § 256 SGB V Rn. 4.
5 Baier in: Krauskopf, § 256 SGB V Rn. 5.
6 Vgl. für § 255 BSG, 5.9.2006, B 4 R 71/06 R, SozR 4-2500 § 255 Nr. 1.
7 Zu den Ausnahmen bei Abs. 2 S. 1 iVm § 255 Abs. 2. S. 2, Abs. 1 S. 2 und Abs. 4 siehe Rn. 10.
8 BSG, 23.5.1989, 12 RK 11/87, SozR 2200 § 393 a Nr. 4; LAG SchlH, 4.7.2006, 5 Sa 119/06, nv.
9 Näher BSG, 18.11.1993, 12 RK 26/92, SozR 3-2200 § 393 a Nr. 3; BSG, 18.11.1993, 12 RK 39/92, SozR 3-2500 § 202 Nr. 3; BSG, 23.5.1989, 12 RK 11/87, SozR 2200 § 393 a Nr. 4.
10 Vgl. BSG, 23.5.1989, 12 RK 11/87, SozR 2200 § 393 a Nr. 4.
11 Baier in: Krauskopf, § 256 SGB V Rn. 9.
12 BSG, 23.3.1993, 12 RK 62/92, Die Beiträge 1993, 503.
13 Zum zeitlichen Anwendungsbereich vgl. BSG, 23.5.1989, 12 RK 11/87, SozR 2200 § 393 a Nr. 4; BSG, 19.3.1992, 12 RK 58/91, SozR 2200 § 393 a Nr. 2.
14 Böttiger in: Krauskopf, § 255 SGB V Rn. 9; diese Differenzierung zwischen Zahlstelle und Arbeitgeber ist verfassungskonform, BAG, 12.12.2006, 3 AZR 806/05, AP Nr. 1 zu § 256 SGB V; LSG Bln-Bbg, 27.8.2009, L 9 KR 202/07, nv.
15 Peters in: KassKomm, § 255 SGB V Rn. 14; Böttiger in: Krauskopf, § 255 SGB V Rn. 9; vgl. auch Rieker, rv 2010, 1.
16 Vgl. BSG, 23.3.1993, 12 RK 62/92, Die Beiträge 1993, 503; BayLSG, 28.5.2009, L 4 KR 180/08, nv.
17 Der Verweis auf § 202 Abs. 2 dient der Vereinheitlichung der technischen Verfahren, BT-Dr. 17/6906, 96.

V. Aufgaben der Krankenkassen

Zwar obliegt die Abwicklung von Beitragseinbehalt und -zahlung von Versorgungsbezügen in erster Linie der Zahlstelle, die Krankenkassen haben aber dennoch eine Reihe von (potenziellen) Pflichten zu erfüllen:[18]

7

Nach § 202 S. 4 besteht eine **Mitteilungspflicht** der Krankenkasse dahingehend, dass sie der Zahlstelle und dem Bezieher von Versorgungsbezügen unverzüglich die Beitragspflicht des Versorgungsempfängers, deren Umfang und den Beitragssatz aus Versorgungsbezügen mitzuteilen hat.

8

Die Krankenkasse hat die Beitragszahlung ferner zu **überwachen**, Abs. 3 S. 1. Diese Überwachungspflicht ist umfassend und bezieht sich daher zB darauf, dass die Bemessungsgrundlagen richtig festgestellt wurden und der Beitrag richtig berechnet wurde. Trotz der eingeschränkten Verweisung in Abs. 3 S. 3 wird man dabei richtigerweise auch **§ 98 Abs. 1 S. 3 SGB X** – bezogen auf die Zahlstellen – anwenden können mit der Folge, dass die Krankenkasse die Unterlagen der Zahlstellen überprüfen können respektive müssen.[19] Sind **mehrere Krankenkassen** für die Überwachung der Beitragszahlung durch eine Zahlstelle zuständig, müssen sie eine bestimmen, die die Überwachung vornimmt, Abs. 3 S. 2.

9

In einigen Fällen hat die Krankenkasse die Beiträge **selbst einzuziehen**:

10

- Wenn sie dem Antrag einer **kleinen Zahlstelle** nach Abs. 4 stattgibt (→ Rn. 14).
- Wenn die Zahlstelle den **Beitrag nicht einbehalten** hat und die **Versorgungsbezüge** jetzt nicht mehr **gezahlt** werden, so dass eine Nachholung des Beitragseinbehalts durch die Zahlstelle nicht mehr möglich ist, **Abs. 2 S. 1** iVm § 255 Abs. 2 S. 2.
- Die Beiträge aus **nachgezahlten Versorgungsbezügen** zieht die Krankenkasse beim Mitglied ein, es sei denn, es handelt sich um Beiträge aus Nachzahlungen aufgrund von Anpassungen der Versorgungsbezüge an die wirtschaftliche Entwicklung (**Abs. 2 S. 2, 3**). Zu Nachzahlungen kommt es, wenn rückwirkend höhere Versorgungsbezüge bewilligt werden oder wenn die Versorgungsbezüge zwar richtig festgestellt wurden, aber unrichtig bezahlt wurden; keine Nachzahlung in diesem Sinne liegt hingegen bei einer bloß verspäteten Zahlung vor.[20] Eine Verwirkung kommt in der Regel nicht in Betracht.[21]

Die Krankenkasse hat ferner die **Beiträge zu verteilen**, wenn das Mitglied Versorgungsbezüge von mehreren Zahlstellen bezieht und die Versorgungsbezüge zusammen mit dem Zahlbetrag der Rente der gesetzlichen Rentenversicherung die Beitragsbemessungsgrenze übersteigen, **Abs. 1 S. 5**. Die Aufteilung hat analog § 22 Abs. 2 SGB IV zu erfolgen.[22]

11

Auch ist es nicht Aufgabe der Zahlstelle, sondern der Krankenkassen, überzahlte Beiträge zu erstatten, **Abs. 2 S. 4**. Das gilt auch dann, wenn die Überzahlung auf einem Fehler der Zahlstelle beruht. War Grund für die Überzahlung die Überschreitung der Beitragsbemessungsgrenze, werden die Beiträge nur auf Antrag erstattet (§ 231 Abs. 1); anderenfalls erfolgt die Erstattung von Amts wegen, §§ 26 Abs. 2, 3, 27 SGB IV.[23]

12

Nach **Abs. 2 S. 5** können die Krankenkassen mit den Zahlstellen abweichende Vereinbarungen treffen. Umstritten ist, ob sich dies nur auf die Erstattungsregelung des Abs. 2 S. 4[24] bezieht oder ob auch eine Abweichung von Abs. 2 S. 2 vereinbart werden kann;[25] ersteres dürfte zutreffen.

13

VI. Kleine Zahlstellen (Abs. 4)

Auch wenn eine Zahlstelle regelmäßig an weniger als dreißig Mitglieder Versorgungsbezüge auszahlt, gilt für sie grundsätzlich § 256. Sie kann jedoch nach Abs. 4 beantragen, dass das Mitglied selbst seine Beiträge zahlt; für seine von der Krankenkasse durchzuführende (→ Rn. 10) Beitragszahlung gelten dann die allgemeinen Regeln insbes. über die Fälligkeit. Wird dem Antrag stattgegeben, wird die Zahlstelle von den Verpflichtungen nach § 256 (nicht aber denen nach § 202) frei und kann daher die

14

---

18 Peters in: KassKomm, § 256 SGB V Rn. 6.
19 Näher Baier in: Krauskopf, § 256 SGB V Rn. 21.
20 BSG, 4.7.2006, B 12 KR 67/05 B, nv; Ulmer in: BeckOK SozR, SGB V, § 256, Rn. 1.
21 BSG, 23.3.1993, 12 RK 62/92, Die Beiträge 1993, 503; BayLSG, 28.5.2009, L 4 KR 180/08, nv; vgl. auch Rieker, rv 2010, 1.
22 Baier in: Krauskopf, § 256 SGB V Rn. 12.
23 Baier in: Krauskopf, § 256 SGB V Rn. 19.
24 So Baier in: Krauskopf, § 256 SGB V Rn. 20.
25 Dafür Peters in: KassKomm, § 256 SGB V Rn. 6.

Versorgungsbezüge ohne Beitragseinbehalt ausbezahlen. Der Antrag ist bei der jeweiligen Krankenkasse, bei der das Mitglied versichert ist, zu stellen. Da jede Krankenkasse eigenständig über den Antrag entscheidet, ist denkbar, dass die Zahlstelle hinsichtlich einiger Mitglieder von den Verpflichtungen befreit wird, hinsichtlich anderer aber nicht. In Ermangelung eines triftigen Grundes muss die Krankenkasse dem Antrag stattgeben.[26]

VII. Beiladung der Zahlstelle

15 Streiten der Versicherte und die Krankenkasse um die Beitragspflicht von Versorgungsbezügen, so muss die Zahlstelle grundsätzlich nicht zwingend beigeladen werden, weil dadurch ihre Rechte und Pflichten nicht unmittelbar berührt werden. Etwas anderes gilt aber dann, wenn umstritten ist, ob die Beiträge von der Zahlstelle einzubehalten sind oder ob ein Fall (→ Rn. 10) vorliegt, in dem die Krankenkasse die Beiträge bei den Versicherten einzuziehen hat.[27]

§ 256 a   Ermäßigung und Erlass von Beitragsschulden und Säumniszuschlägen

(1) Zeigt ein Versicherter das Vorliegen der Voraussetzungen der Versicherungspflicht nach § 5 Absatz 1 Nummer 13 erst nach einem der in § 186 Absatz 11 Satz 1 und 2 genannten Zeitpunkte an, soll die Krankenkasse die für die Zeit seit dem Eintritt der Versicherungspflicht nachzuzahlenden Beiträge angemessen ermäßigen; darauf entfallende Säumniszuschläge nach § 24 des Vierten Buches sind vollständig zu erlassen.

(2) ¹Erfolgt die Anzeige nach Absatz 1 bis zum 31. Dezember 2013, soll die Krankenkasse den für die Zeit seit dem Eintritt der Versicherungspflicht nachzuzahlenden Beitrag und die darauf entfallenden Säumniszuschläge nach § 24 des Vierten Buches erlassen. ²Satz 1 gilt für bis zum 31. Juli 2013 erfolgte Anzeigen der Versicherungspflicht nach § 5 Absatz 1 Nummer 13 für noch ausstehende Beiträge und Säumniszuschläge entsprechend.

(3) Die Krankenkasse hat für Mitglieder nach § 5 Absatz 1 Nummer 13 sowie für freiwillige Mitglieder noch nicht gezahlte Säumniszuschläge in Höhe der Differenz zwischen dem nach § 24 Absatz 1 a des Vierten Buches in der bis zum 31. Juli 2013 geltenden Fassung erhobenen Säumniszuschlag und dem sich bei Anwendung des in § 24 Absatz 1 des Vierten Buches ergebenden Säumniszuschlag zu erlassen.

(4) ¹Der Spitzenverband Bund der Krankenkassen regelt das Nähere zur Ermäßigung und zum Erlass von Beiträgen und Säumniszuschlägen nach den Absätzen 1 bis 3, insbesondere zu einem Verzicht auf die Inanspruchnahme von Leistungen als Voraussetzung für die Ermäßigung oder den Erlass. ²Die Regelungen nach Satz 1 bedürfen zu ihrer Wirksamkeit der Zustimmung des Bundesministeriums für Gesundheit und sind diesem spätestens bis zum 15. September 2013 vorzulegen.

I. Entstehungsgeschichte

1 § 256 a wurde durch Art. 1 Nr. 2 d des Gesetzes zur Beseitigung sozialer Überforderung bei Beitragsschulden in der Krankenversicherung vom 15.7.2013 (BGBl. I 2013, 2423) geschaffen und trat am 1.8.2013 in Kraft.[1]

II. Normzweck

2 § 256 a soll Personen, die nach § 5 Abs. 1 Nr. 13 pflichtversichert sind, sich bislang aber nicht bei der zuständigen Krankenkasse gemeldet haben, einen Anreiz zur Anmeldung geben. Dies soll mittels einer angemessenen Ermäßigung der Beitragsrückstände sowie eines vollständigen Verzichts auf Säumniszuschläge einschließlich erhöhter Säumniszuschläge nach § 24 Abs. 1 a SGB IV aF geschehen.[2]

III. Beitragsermäßigung (Abs. 1)

3 Hintergrund der Vorschrift ist die mit dem GKV-WSG zum 1.4.2007 geschaffene Regelung des § 5 Abs. 1 Nr. 13, die eine subsidiäre Versicherungspflicht für all diejenigen Einwohner einführte, die nicht

---

26 Baier in: Krauskopf, § 256 SGB V Rn. 22.
27 BSG, 6.2.1992, 12 RK 37/91, SozR 3-2500 § 229 Nr. 1.
 1 BT-Dr. 12/13947.
 2 BT-Dr. 17/13947, 28.

bereits einen anderweitigen Anspruch auf Absicherung im Krankheitsfall haben. Diese Pflichtmitgliedschaft entsteht kraft Gesetzes unabhängig von der Kenntnis oder der Anzeige der Betroffenen am ersten Tag ohne anderweitigen Anspruch auf Absicherung im Krankheitsfall, § 186 Abs. 11 S. 1, 3. In der Vergangenheit haben zahlreiche nach § 5 Abs. 1 Nr. 13 Pflichtversicherte die erforderliche Meldung bei der zuständigen Krankenkasse zwecks Durchführung der Versicherungspflicht unterlassen. Weil Beiträge für die gesamte Zeit seit Entstehen der Mitgliedschaft (§ 186 Abs. 11 S. 1, 3) geschuldet sind, bestehen bei diesen Personen inzwischen oft erhebliche Beitragsrückstände, zu deren Begleichung sie realistischerweise nicht in der Lage sind. Nach bislang geltendem Recht konnten diese Beitragsrückstände nur dann gestundet, ermäßigt oder erlassen werden, wenn der Versicherte die verspätete Anzeige nicht zu vertreten hat (§ 186 Abs. 11 S. 4 aF). Weil das kaum einmal der Fall ist bzw. nicht nachgewiesen werden kann, wurde § 186 Abs. 11 S. 4 aF in praxi nur äußerst selten angewendet.

Mit dem über § 186 Abs. 11 S. 4 aF in zweierlei Hinsicht hinausgehenden Abs. 1 will der Gesetzgeber Anreize für die ordnungsgemäße Meldung geben und diese damit fördern. Das geschieht zum einen, indem Abs. 1 unabhängig von einem Vertretenmüssen des Versicherten eingreift. Zum anderen gestaltete der Gesetzgeber die bisherige „Kann-Regelung" des § 186 Abs. 11 S. 4 aF in eine „Soll-Regelung" (hinsichtlich der Beitragsrückstände) bzw. sogar „Muss-Regelung" (bezüglich der Säumniszuschläge nach § 24 SGB IV) um. Damit wird sichergestellt, dass die Krankenkassen regelmäßig bzw. sogar immer von diesem Instrument Gebrauch machen. Der Gesetzgeber sieht dadurch nicht nur die Interessen der Versicherten als gewahrt, sondern sieht darin auch Vorteile für die Krankenkassen, weil die Beitragsnachforderung mit unverhältnismäßigem Aufwand verbunden wäre bzw. in der Praxis ohnehin nicht erfolgreich wäre. Entsprechend seien auch die finanziellen Einbußen der Solidargemeinschaft gering.³ Diese Annahmen mögen rechtspraktisch zutreffen. Weil es rechtspolitisch aber zweifelhaft erschiene, einem säumigen Meldenden weitgehend Beitragsfreiheit für Zeiten zu gewähren, in denen er – ggf. erhebliche – von der Krankenkasse und damit letztlich der Solidargemeinschaft finanzierte Leistungen der gesetzlichen Krankenversicherung in Anspruch nahm, sollte mit Blick auf die Beitragsermäßigung aber auch nicht zu lax verfahren werden.

Die Möglichkeit einer Stundung oder eines Erlasses der Beitragsschulden gemäß § 76 Abs. 2 SGB IV wird durch Abs. 1 nicht berührt.

IV. Beitragserlass (Abs. 2)

Durch die Stichtagsregelung des Abs. 2 soll den bisher nicht gemeldeten Versicherten ein deutlicher Anreiz dafür gegeben werden, sich innerhalb der „Schonfrist" bis zum 31.12.2013 zu melden.⁴ Dies geschieht dadurch, dass – anders als bei Abs. 1 – die Krankenkassen nach **Abs. 2 S. 1** die Beitragsrückstände nicht nur angemessen ermäßigen, sondern vollständig **erlassen** sollen. Gleiches gilt für die darauf entfallenden **Säumniszuschläge** gemäß § 24 SGB IV. Nach dem Wortlaut bleibt Abs. 2 S. 1 allerdings in Bezug auf die Säumniszuschläge teilweise hinter Abs. 1 zurück, weil danach die Krankenkasse die Säumniszuschläge nur erlassen *soll*, wohingegen sie bei Abs. 1 Hs. 2 die auf ermäßigte Beiträge entfallende Säumniszuschläge vollständig erlassen *muss*. Weil der Gesetzgeber aber den meldenden Versicherten mit Abs. 2 besserstellen wollte, wird man Abs. 2 S. 1 aufgrund historischer Auslegung und im Zusammenspiel mit Abs. 1 Hs. 2 so lesen müssen, dass die Krankenkasse (1) die nachzuzahlenden *Beiträge* erlassen *soll* und (2) die darauf entfallenden *Säumniszuschläge* erlassen *muss*.

Abs. 2 S. 2 stellt klar, dass die Privilegierung des Abs. 2 S. 1 auch für solche Versicherten gilt, deren Mitgliedschaft nach § 5 Abs. 1 Nr. 13 schon vor Inkrafttreten des Gesetzes zur Beseitigung sozialer Überforderung bei Beitragsschulden in der Krankenversicherung bestand.⁵ In diesem Fall werden sowohl die vor wie auch nach Inkrafttreten dieses Gesetzes entstandenen Beitragsrückstände und Säumniszuschläge erfasst.

Einem Beitragserlass steht es nicht per se entgegen, wenn eine nach § 5 Abs. 1 Nr. 13 gesetzlich krankenversicherte Person im Nacherhebungszeitraum Leistungen der gesetzlichen Krankenversicherung im Wege der Sachleistung in Anspruch genommen hat.⁶

Die Regelung über den Beitragserlass gilt dagegen nicht für Beitragsrückstände, die erst nach Erfassung und Feststellung der Auffang-Pflichtversicherung des § 5 Abs. 1 Nr. 13 entstanden sind.⁷

---

3 BT-Dr. 17/13947, 28.
4 BT-Dr. 17/13947, 28.
5 BT-Dr. 17/13947, 29.
6 SG Berlin, 3.12.2015, S 72 KR 1002/14.
7 LSG Bln-Bbg, 4.2.2105, L 9 KR 179/14.

V. Keine Erstattung bereits geleisteter Zahlungen

8 Hat der Versicherte Beiträge oder Säumniszuschläge bereits geleistet, obwohl unter Umständen ein vollständiger oder teilweiser Erlass nach Abs. 1 oder Abs. 2 in Betracht gekommen wäre, so besteht kein Anspruch auf Erstattung der bereits geleisteten Zahlungen. Eine derartige Erstattung würde einen erheblichen Verwaltungsaufwand bedeuten. Dieser ist nicht gerechtfertigt, ist doch erstens eine Erstattung mit Blick auf das mit Abs. 1, 2 verfolgte Ziel nicht erforderlich und ist zweitens das erreichte Ergebnis angesichts der Tatsache, dass das Mitglied in diesem Zeitraum in den Genuss des vollen Versicherungsschutzes kam, nicht unbillig.[8]

VI. Säumniszuschläge nach § 24 Abs. 1a SGB IV aF (Abs. 3)

9 § 24 Abs. 1a SGB IV aF sah erhöhte Säumniszuschläge in Höhe von 5 % des rückständigen, auf 50 Euro nach unten abgerundeten Beitrages vor. Damit hatte sich das Problem der Beitragsrückstände betroffener Mitglieder weiter verschärft. Konsequenterweise schaffte der Gesetzgeber im Zuge des Gesetzes zur Beseitigung sozialer Überforderung bei Beitragsschulden in der Krankenversicherung nicht nur § 24 Abs. 1 SGB IV ab, sondern normierte auch das Gebot an die Krankenkassen, ausstehende erhöhte Säumniszuschläge zu erlassen. Die Regelung gilt für freiwillige Mitglieder wie Versicherte nach § 5 Abs. 1 Nr. 13 gleichermaßen.

VII. Detailregelung durch den Spitzenverband (Abs. 4)

10 Hinsichtlich der in Abs. 4 S. 1 vorgesehenen näheren Ausgestaltung durch den Spitzenverband Bund der Krankenkassen erscheint es dem Gesetzgeber sinnvoll, dass sich die Berechnung der Beitragsermäßigung für die Vergangenheit grundsätzlich an der Festlegung der Höhe des Beitrags im Rahmen einer Anwartschaftsversicherung nach § 240 Abs. 4a orientiert.[9] Der Gesetzgeber räumt dem Spitzenverband mit Abs. 4 explizit das Recht ein, einen Leistungsverzicht bzw. einen Verzicht auf die Einreichung von Rechnungen zur Bedingung für einen Erlass bzw. eine Ermäßigung der Beiträge zu machen.[10] Auch kann der Spitzenverband eine Definition des Nacherhebungszeitraums vornehmen und eventuelle Bagatellgrenzen für Erlässe/Ermäßigungen festlegen. Wirksam wird die Regelung allerdings nur bei rechtzeitig beantragter Zustimmung des Bundesministeriums für Gesundheit, Abs. 4 S. 2. Eine solche Regelung wurde unter der Bezeichnung „Einheitliche Grundsätze zur Beseitigung finanzieller Überforderung bei Beitragsschulden vom 4. September 2013" erlassen.[11]

Zweiter Abschnitt
Beitragszuschüsse

§ 257 Beitragszuschüsse für Beschäftigte

(1) ¹Freiwillig in der gesetzlichen Krankenversicherung versicherte Beschäftigte, die nur wegen Überschreitens der Jahresarbeitsentgeltgrenze versicherungsfrei sind, erhalten von ihrem Arbeitgeber als Beitragszuschuß den Betrag, den der Arbeitgeber entsprechend § 249 Absatz 1 oder 2 bei Versicherungspflicht des Beschäftigten zu tragen hätte. ²Bestehen innerhalb desselben Zeitraums mehrere Beschäftigungsverhältnisse, sind die beteiligten Arbeitgeber anteilig nach dem Verhältnis der Höhe der jeweiligen Arbeitsentgelte zur Zahlung des Beitragszuschusses verpflichtet.

(2) ¹Beschäftigte, die nur wegen Überschreitens der Jahresarbeitsentgeltgrenze oder auf Grund von § 6 Abs. 3a versicherungsfrei oder die von der Versicherungspflicht befreit und bei einem privaten Krankenversicherungsunternehmen versichert sind und für sich und ihre Angehörigen, die bei Versicherungspflicht des Beschäftigten nach § 10 versichert wären, Vertragsleistungen beanspruchen können, die der Art nach den Leistungen dieses Buches entsprechen, erhalten von ihrem Arbeitgeber einen Beitragszuschuß. ²Der Zuschuss wird in Höhe des Betrages gezahlt, der sich bei Anwendung der Hälfte des Beitragssatzes nach § 241 und der nach § 226 Absatz 1 Satz 1 Nummer 1 bei Versicherungspflicht zugrunde zu legenden beitragspflichtigen Einnahmen als Beitrag ergibt, höchstens jedoch in Höhe der

---

8 BT-Dr. 17/13947, 29.
9 BT-Dr. 17/13947, 29.
10 BT-Dr. 17/13947, 29.
11 Abrufbar beispielsweise über die Internetseite des GKV-Spitzenverbandes.

Hälfte des Betrages, den der Beschäftigte für seine Krankenversicherung zu zahlen hat. ³Für Beschäftigte, die bei Versicherungspflicht keinen Anspruch auf Krankengeld hätten, tritt an die Stelle des Beitragssatzes nach § 241 der Beitragssatz nach § 243. ⁴Soweit Kurzarbeitergeld bezogen wird, ist der Beitragszuschuss in Höhe des Betrages zu zahlen, den der Arbeitgeber bei Versicherungspflicht des Beschäftigten entsprechend § 249 Absatz 2 zu tragen hätte, höchstens jedoch in Höhe des Betrages, den der Beschäftigte für seine Krankenversicherung zu zahlen hat; für die Berechnung gilt der um den durchschnittlichen Zusatzbeitragssatz nach § 242 a erhöhte allgemeine Beitragssatz nach § 241. ⁵Absatz 1 Satz 2 gilt.

(2 a) ¹Der Zuschuss nach Absatz 2 wird ab 1. Januar 2009 für eine private Krankenversicherung nur gezahlt, wenn das Versicherungsunternehmen
1. diese Krankenversicherung nach Art der Lebensversicherung betreibt,
2. einen Basistarif im Sinne des § 152 Absatz 1 des Versicherungsaufsichtsgesetzes anbietet,
2a. sich verpflichtet, Interessenten vor Abschluss der Versicherung das amtliche Informationsblatt der Bundesanstalt für Finanzdienstleistungsaufsicht gemäß § 146 Absatz 1 Nummer 6 des Versicherungsaufsichtsgesetzes auszuhändigen, welches über die verschiedenen Prinzipien der gesetzlichen sowie der privaten Krankenversicherung aufklärt,
3. soweit es über versicherte Personen im brancheneinheitlichen Standardtarif im Sinne von § 257 Abs. 2 a in der bis zum 31. Dezember 2008 geltenden Fassung verfügt, sich verpflichtet, die in § 257 Abs. 2 a in der bis zum 31. Dezember 2008 geltenden Fassung in Bezug auf den Standardtarif genannten Pflichten einzuhalten,
4. sich verpflichtet, den überwiegenden Teil der Überschüsse, die sich aus dem selbst abgeschlossenen Versicherungsgeschäft ergeben, zugunsten der Versicherten zu verwenden,
5. vertraglich auf das ordentliche Kündigungsrecht verzichtet,
6. die Krankenversicherung nicht zusammen mit anderen Versicherungssparten betreibt, wenn das Versicherungsunternehmen seinen Sitz im Geltungsbereich dieses Gesetzes hat.

²Der Versicherungsnehmer hat dem Arbeitgeber jeweils nach Ablauf von drei Jahren eine Bescheinigung des Versicherungsunternehmens darüber vorzulegen, dass die Aufsichtsbehörde dem Versicherungsunternehmen bestätigt hat, dass es die Versicherung, die Grundlage des Versicherungsvertrages ist, nach den in Satz 1 genannten Voraussetzungen betreibt.

(2 b) (aufgehoben)

(2 c) (aufgehoben)

(3) ¹Für Bezieher von Vorruhestandsgeld nach § 5 Abs. 3, die als Beschäftigte bis unmittelbar vor Beginn der Vorruhestandsleistungen Anspruch auf den vollen oder anteiligen Beitragszuschuß nach Absatz 1 hatten, bleibt der Anspruch für die Dauer der Vorruhestandsleistungen gegen den zur Zahlung des Vorruhestandsgeldes Verpflichteten erhalten. ²Der Zuschuss wird in Höhe des Betrages gezahlt, den der Arbeitgeber bei Versicherungspflicht des Beziehers von Vorruhestandsgeld zu tragen hätte. ³Absatz 1 Satz 2 gilt entsprechend.

(4) ¹Für Bezieher von Vorruhestandsgeld nach § 5 Abs. 3, die als Beschäftigte bis unmittelbar vor Beginn der Vorruhestandsleistungen Anspruch auf den vollen oder anteiligen Beitragszuschuß nach Absatz 2 hatten, bleibt der Anspruch für die Dauer der Vorruhestandsleistungen gegen den zur Zahlung des Vorruhestandsgeldes Verpflichteten erhalten. ²Der Zuschuss wird in Höhe des Betrages gezahlt, der sich bei Anwendung der Hälfte des Beitragssatzes nach § 243 und des Vorruhestandsgeldes bis zur Beitragsbemessungsgrenze (§ 223 Absatz 3) als Beitrag ergibt, höchstens jedoch in Höhe der Hälfte des Betrages, den der Bezieher von Vorruhestandsgeld für seine Krankenversicherung zu zahlen hat; Absatz 1 Satz 2 gilt entsprechend.

Literatur:

Boetius, Private Krankenversicherung nach der Gesundheitsreform und der VVG-Reform, 2008; *Heimann*, Ist die Nichtberücksichtigung teilzeitbeschäftigter Selbständiger in § 257 SGB V verfassungswidrig?, SGb 2008, 14; *Marko*, Private Krankenversicherung, 2. Auflage 2010; *Marschner*, Rechtsweg – Arbeitgeberzuschuss zur privaten Krankenversicherung, 100 § 3 TVöD-AT Arbeitgeberzuschuss Krankenversicherungsbeitrag Nr. 1; *Schüffner/Schnall*, Hypotrophie des ärztlichen Sozialrechts, 2009; *Straub*, Beitragszuschuss des Arbeitgebers zur Kranken- und Pflegeversicherung, ZfSH/SGB 1998, 417; *Wallrabenstein*, Kontrolle der Privaten Krankenversicherung, in: Schmehl/dies. (Hrsg.), Steuerungsinstrumente im Recht des Gesundheitswesens Band 3, 2007, 67.

I. Beitragszuschuss für gesetzlich versicherte Beschäftigte (Abs. 1)	1
1. Allgemeines	1
a) Regelungszweck........................	1
b) Entstehungsgeschichte	3
c) Systematische Bewertung	5
2. Zuschussberechtigte............................	8
a) Beschäftigte mit Arbeitsentgelt über der Jahresarbeitsentgeltgrenze	8
aa) Freiwillige Versicherung.......	9
bb) Beschäftigung	10
cc) Versicherungsfreiheit	11
b) Vergleichbare Regelungen für andere Personen............................	15
3. Zuschusshöhe	16
4. Zuschusspflichtige..............................	19
a) Ein Arbeitgeber (Abs. 1 S. 1)......	19
b) Mehrere Arbeitgeber (Abs. 1 S. 2) ..	20
II. Beitragszuschuss für privat versicherte Beschäftigte (Abs. 2)...........................	22
1. Allgemeines	22
a) Entstehungsgeschichte	22
b) Regelungszweck........................	23
c) Mangelnde Differenzierung zu Abs. 1	27
2. Zuschussberechtigte (Abs. 2 S. 1).......	29
a) Versicherungsfreie Beschäftigte.....	29
aa) Beschäftigte mit einem Arbeitsentgelt oberhalb der Jahresarbeitsentgeltgrenze	30
bb) Von der Versicherungspflicht befreite Beschäftigte	31
cc) Nach § 6 Abs. 3 a befreite Beschäftigte.......................	32
b) Privater Krankenversicherungsschutz	33
aa) Allgemeines......................	34
bb) Familienangehörige	36
3. Zuschusshöhe	37
a) Zuschussfähiger Versicherungsschutz (Abs. 2 S. 1).....................	37
aa) Allgemeines......................	37
bb) Familienangehörige	38
b) Sozialversicherungsrechtliche Höchstgrenzen (Abs. 2 S. 2 Hs. 1, S. 3, S. 4 Hs. 1) ..	39
c) Individuelle Höchstgrenzen (Abs. 2 S. 2 Hs. 2, S. 4 Hs. 2)	41
4. Zuschusspflichtige..............................	43
III. Voraussetzungen an die substitutive private Krankenversicherung (Abs. 2 a)............	44
1. Allgemeines	44
2. Die Voraussetzungen im Einzelnen (Abs. 2 a S. 1)................................	46
a) Betrieb nach Art der Lebensversicherung (Abs. 2 a S. 1 Nr. 1)	46
b) Basistarif (Abs. 2 a S. 1 Nr. 2)......	47
c) Informationsblatt zu GKV- und PKV-Prinzipien (Abs. 2 a S. 1 Nr. 2 a)......................	50
d) Standardtarif (Abs. 2 a S. 1 Nr. 3) ..	51
e) Überschüsse (Abs. 2 a S. 1 Nr. 4)....	52
f) Kündigungsverzicht (Abs. 2 a S. 1 Nr. 5)	53
g) Spartentrennung (Abs. 2 a S. 1 Nr. 6)	54
3. Bescheinigung des Versicherungsunternehmens (Abs. 2 a S. 2)................	55
IV. Beitragszuschuss für gesetzlich versicherte Bezieher von Vorruhestandsgeld (Abs. 3)...	56
V. Beitragszuschuss für privat versicherte Bezieher von Vorruhestandsgeld (Abs. 4)...	59
VI. Besondere Verfahrenshinweise	60
1. Entstehung, Fälligkeit, Verjährung	60
2. Rechtsweg.....................................	61

I. Beitragszuschuss für gesetzlich versicherte Beschäftigte (Abs. 1)

1. Allgemeines. a) Regelungszweck. Die Regelung von Beitragszuschüssen ist eine **Konsequenz** dessen, dass die **Versicherungspflicht** in der GKV nicht für alle Beschäftigten gilt, sondern an der **Jahresarbeitsentgeltgrenze endet.**[1] Damit endet auch die zwischen Beschäftigten und Arbeitgebern geteilte Beitragstragung (§ 249 Abs. 1). Freiwillige Mitglieder tragen daher ihre Beiträge gemäß § 250 Abs. 2 allein. Damit stünden Beschäftigte, deren Arbeitsentgelt die Jahresarbeitsentgeltgrenze (§ 6 Abs. 6, 7) übersteigt, durch die Versicherungsfreiheit (§ 6 Abs. 1) schlechter als versicherungspflichtige Beschäftigte. Denn sie müssten den vollen Beitragssatz (§ 241) allein tragen. Entsprechend stünden Arbeitgeber besser, wenn sie ein Arbeitsentgelt oberhalb der Jahresarbeitsentgeltgrenze zahlen. Beides ist unerwünscht, denn die Versicherungsfreiheit soll den Beschäftigten die Möglichkeit eröffnen, aus der GKV auszusteigen. Bleibt der Beschäftigte jedoch als freiwilliges Mitglied (§ 9 Abs. 1 S. 1 Nr. 1) weiter gesetzlich versichert, soll sich der Unterschied zwischen versicherungspflichtiger und freiwilliger Mitgliedschaft **weder bei den Beschäftigten noch beim Arbeitgeber** wirtschaftlich auswirken.

Wirtschaftlich entspricht der Beitragszuschuss, den der Arbeitgeber an den Beschäftigten zahlt, dem Arbeitgeberanteil am Beitrag zur GKV. Deshalb handelt es sich bei dem Zuschuss auch nicht um umsatzsteuerpflichtiges Entgelt.[2]

b) Entstehungsgeschichte. Die Regelung geht zurück auf die vergleichbare Bestimmung des § 405 RVO. Letztere galt freilich nur für Angestellte, nicht für Arbeiter, da nur Angestellte ab der Jahresarbeitsverdienstgrenze versicherungsfrei wurden. § 405 RVO begrenzte den Beitragszuschuss in zweifa-

---

[1] Vgl. Grimmke in: jurisPK-SGB V, § 257 Rn. 35 f.
[2] BFH, 19.5.2010, XI R 35/08, DStR 2010, 2028, Anm. Grube, jurisPR SteuerR 50/2010, Anm. 6; vgl. Böttiger in: Krauskopf, § 257 SGB V Rn. 52.

cher Weise. Zum einen war der Arbeitgeber nicht verpflichtet, mehr Zuschuss zu zahlen, als bei einem versicherungspflichtigen Beschäftigten als Arbeitgeberanteil zur Krankenversicherung angefallen wäre. Zum anderen erhielt der Beschäftigte nicht mehr als die Hälfte seines tatsächlichen Krankenversicherungsbeitrags.[3] Diese **doppelte Begrenzung** war notwendig, weil vor 2008 die gesetzlichen Krankenkassen **keinen einheitlichen Beitragssatz** hatten. Vor Einführung der Kassenwahlfreiheit mit dem GSG 1992[4] waren auch Unterschiede im **satzungsmäßigen Leistungsumfang** zwischen den Krankenkassenarten noch größer. Ein Beitragszuschuss in Höhe des individuellen hälftigen Krankenkassenbeitrags konnte daher sowohl höher sein als bei versicherungspflichtigen Beschäftigten, wenn nämlich der versicherungsfreie Beschäftigte eine Ersatzkasse mit besonderen Leistungen und daher höheren Beiträgen wählte, als auch niedriger, wenn der Beschäftigte eine besonders günstige Ersatzkasse wählte. Im ersten Fall sollte der Arbeitgeber nicht stärker belastet werden als bei versicherungspflichtigen Beschäftigten – freilich war ein weiterer Zuschuss als freiwillige Arbeitgeberleistung nicht ausgeschlossen. Im zweiten Fall sollte der Arbeitnehmer nicht allein von niedrigen Beitragssätzen profitieren, sondern auch der Arbeitgeber im Rahmen der paritätischen Finanzierung daran beteiligt werden. Die Berücksichtigung solcher Abweichungen des individuellen Krankenkassenbeitrags ist **heute obsolet**, da der allgemeine Beitragssatz für alle Krankenkassen gleich ist (§ 241).

Änderungen der Beitragstragung – ursprünglich die paritätische Tragung der Beiträge, dann der zusätzliche Beitragssatz nach § 241 a,[5] später die Zuordnung von 0,9 Beitragssatzpunkten allein zu den Beschäftigten[6] und seit dem 2015 durch das **GKV-Finanzstruktur- und Qualitäts-Weiterentwicklungsgesetz (GKV-FQWG)**[7] wieder die paritätische Tragung allerdings nur des allgemeinen Beitragssatzes (§ 241) und alleinige Tragung des Zusatzbeitrags gemäß § 242 – führten ebenso zu Anpassungen des § 257 wie **Änderungen des Winterausfall- und Kurzarbeitergeldes** (§ 257 Abs. 1 S. 3 aF), die heute wieder obsolet geworden und entfallen sind.[8]   4

c) Systematische Bewertung. Das ursprüngliche Regelungsziel, den Arbeitgeber an günstigen Beiträgen durch die Zuschussbegrenzung auf den hälftigen Beitrag partizipieren zu lassen (→ Rn. 3), fügt sich nicht mehr in die heutige Struktur der GKV ein. Die Regulierung des Kassenwettbewerbs durch die Reformen seit ca. 2000 zielt darauf ab, dass Beitragsunterschiede zwischen Krankenkassen – vor allem durch den Zusatzbeitrag (§ 242) oder durch Wahltarife (§ 53) – allein bei den Versicherten realisieren. Der für die Beitragstragung des Arbeitgebers maßgebliche Beitragssatz ist konsequenterweise heute gesetzlich festgeschrieben (§ 241). Dies hat die Regelung des Beitragszuschusses nach Abs. 1 vereinfacht. Womöglich ändert sich damit auch unterschwellig seine Funktion. Anstatt Äquivalent für den Arbeitgeberbeitrag zu sein, könnte sich der Beitragszuschuss zum **Leitbild einer festen**, von den Versicherungsmodifikationen des Beschäftigten **unabhängigen Arbeitgeberbeteiligung** an den Sozialversicherungslasten der Beschäftigten entwickeln.   5

Ein Beitragszuschuss anstelle der Beitragstragung durch den Arbeitgeber hat sich aber **in anderen Sozialversicherungszweigen** oder im Rahmen von Reformen der Sozialversicherung bisher **nicht durchgesetzt**. Offenbar ist er für Pflichtversicherungssysteme keine relevante Alternative. Denn bei Beitragszuschüssen entfiele die unmittelbare Rechtsbeziehung zwischen Sozialversicherungsträgern und Arbeitgebern.   6

Konsequenterweise ist der Anspruch auf Beitragszuschuss **sozialversicherungsrechtlicher** und nicht arbeitsrechtlicher Natur. Daher ist der **Rechtsweg** zu den Sozialgerichten gegeben.[9]   7

2. Zuschussberechtigte. a) Beschäftigte mit Arbeitsentgelt über der Jahresarbeitsentgeltgrenze. Zuschussberechtigt sind ausschließlich Beschäftigte, die *nur* wegen Überschreitens der Jahresarbeitsentgeltgrenze, also aufgrund § 6 Abs. 1 Nr. 1 versicherungsfrei sind. Die maßgebliche Jahresarbeitsentgeltgrenze ergibt sich aus § 6 Abs. 6 und 7.   8

---

3 Zur RVO mN zur Rechtsprechung Gerlach in: Hauck/Noftz, SGB V, § 257 Rn. 10.
4 Gesundheitsstrukturgesetz vom 21.12.1992 (BGBl. I, 2266).
5 GKV-Modernisierungsgesetz vom 14.11.2003 (BGBl. I, 2190).
6 Gesetz zur Stärkung des Wettbewerbs in der gesetzlichen Krankenversicherung vom 26.3.2007 (BGBl. I, 378).
7 BGBl. I 2014, 1133, 1138, 1147.
8 Vgl. zu den einzelnen Gesetzesänderungen Grimmke in: jurisPK-SGB V, § 257 Rn. 1 ff.; Gerlach in: Hauck/Noftz, SGB V, § 257 Rn. 1 ff.
9 Bereits GemS-OGB, 4.6.1974, GmS-OGB 2/73, NJW 1974, 2087, zu § 405 RVO; zu § 257: BAG, 21.1.2003, 9 AZR 695/01, NZS 2003, 652; vgl. auch Rixen in: Becker/Kingreen, § 257 Rn. 7; Grimmke in: jurisPK-SGB V, § 257 Rn. 120; BAG, 19.8.2008, 5 AZB 75/08, NZA 2008, 1313; zustimmend Marschner, EZTöD 100 § 3 TVöD-AT Arbeitgeberzuschuss Krankenversicherungsbeitrag Nr. 1.

9 aa) **Freiwillige Versicherung.** Voraussetzung ist damit zunächst eine freiwillige Versicherung in der GKV gemäß § 9.

10 bb) **Beschäftigung.** Sodann ist eine Beschäftigung iSd § 7 SGB IV erforderlich. § 5 Abs. 1 Nr. 1 knüpft hieran grundsätzlich die Versicherungspflicht. Andere Personen, die unabhängig von ihrer Einkommenshöhe versicherungsfrei sind, etwa Beamte[10] und weitere Berufsgruppen im Rahmen des § 6 Abs. 1 Nr. 2 bis 8 erhalten keine Beitragszuschüsse. Denn der Regelungszweck, beim Überschreiten der Jahresarbeitsentgeltgrenze ein wirtschaftliches Äquivalent zu schaffen, greift nur bei Beschäftigten, die ohne dieses Überschreiten versicherungspflichtig wären.[11] Entsprechendes gilt für geringfügig Beschäftigte (§ 7), da die Versicherungsfreiheit sie gerade von der Beitragspflicht freistellen will, sie also keine Beitragszuschüsse benötigen.

11 cc) **Versicherungsfreiheit.** Die Eingrenzung auf Versicherungsfreiheit allein aufgrund von **§ 6 Abs. 1 Nr. 1** führt dazu, dass Versicherungsfreiheit aufgrund von **§ 6 Abs. 3** nicht zu Beitragszuschüssen berechtigt. Dies gilt auch noch, wenn das Entgelt aus der Beschäftigung, die die Voraussetzungen des § 5 Abs. 1 Nr. 1 erfüllt, die Jahresarbeitsentgeltgrenze überschreitet. Denn auch dann beruht die Versicherungsfreiheit nicht allein auf § 6 Abs. 1 Nr. 1, sondern ebenfalls auf § 6 Abs. 3.[12]

12 Bei sogenannter absoluter Versicherungsfreiheit nach **§ 6 Abs. 3 a**, wenn eine Versicherungspflicht deshalb nicht eintritt, weil sie erst nach Vollendung des 55. Lebensjahres begründet würde, ist eine freiwillige gesetzliche Versicherung nicht denkbar, so dass auch kein Beitragszuschuss nach Abs. 1 notwendig ist.[13]

13 Umstritten ist, ob Personen, die gemäß § 8 von der Versicherungspflicht befreit wurden, zuschussberechtigt sind. Die Versicherungsfreiheit gründet sich dann nicht auf § 6 Abs. 1 Nr. 1. Allerdings sei der Ausschluss solcher Personen vom Beitragszuschuss vom Gesetzgeber nicht intendiert. Unter der RVO war eine Befreiung von der Versicherungspflicht an das Vorliegen einer privaten Krankenversicherung gebunden. § 8 enthält diese Befreiungsvoraussetzung nicht mehr, so dass es vorstellbar sei, dass Personen freiwillig gesetzlich versichert und gleichwohl von der Versicherungspflicht nach § 8 befreit sind. Da es keine sachliche Rechtfertigung gebe, diese Personen schlechter zu stellen als privat Krankenversicherte (s. u.), sei Abs. 1 analog anzuwenden.[14] Praktisch relevant scheinen solche Fälle nicht geworden zu sein, da nicht erkennbar ist, warum ein freiwillig Versicherter, bei dem die Voraussetzungen des § 8 vorliegen, eine Befreiung von der Versicherungspflicht beantragen sollte. Sollte er dies dennoch tun, besteht **kein Grund**, ihn mit Versicherungspflichtigen wirtschaftlich gleichzustellen.[15] Ausschlaggebend für die Gegenauffassung ist die Konkurrenzsituation zur PKV, bei der nach Abs. 2 die Zuschussberechtigung fortbesteht (→ Rn. 26). Allerdings ist dort die Motivation eine andere: Wird ein privat Versicherter beispielsweise wegen einer vorübergehenden Teilzeitbeschäftigung versicherungspflichtig und wechselt er daher in die GKV, so verfallen seine Alterungsrückstellungen, so dass bei einem späteren Wechsel zurück in die PKV die Prämien entsprechend höher sind. Vermeiden lässt sich dies nur, indem er den Vertrag ruhend stellt, aber weiterhin als sog große Anwartschaftsversicherung bedient. Daher besteht ein wirtschaftliches Interesse, trotz geringerem Einkommen die private Krankenversicherung aufrecht zu erhalten. Dies soll durch die Weitergewährung des Zuschusses nach Abs. 2 erleichtert werden. Mit guten Gründen lässt sich die Berechtigung dieser Besserstellung privat Versicherter anzweifeln, denn die soziale Krankenversicherung stünde ja bereit, um wirtschaftliche Härten zu vermeiden. Dennoch folgt aus einer **unberechtigten Privilegierung der PKV** in Abs. 2 nicht eine ebenso wenig berechtigte Privilegierung freiwillig gesetzlich Versicherter analog Abs. 1.

14 Auch wird bezweifelt, dass der Ausschluss von **hauptberuflich Selbstständigen mit nebenberuflicher Teilzeitbeschäftigung** vom Beitragszuschuss nach Abs. 1 gerechtfertigt ist.[16] Da nach § 5 Abs. 5 die nebenberufliche Beschäftigung nicht zur Versicherungspflicht führt, hält das BSG es für widersprüchlich, wenn ein Beitragszuschuss diese Zuordnung Selbstständiger zum versicherungsfreien Personenkreis

---

10 Vgl. VG Gelsenkirchen, 17.1.2007, 1 K 404/05, BeckRS 2007, 21864.
11 Vgl. Peters in: KassKomm, § 257 SGB V Rn. 5; Rixen in: Becker/Kingreen, § 257 Rn. 3.
12 Gerlach in: Hauck/Noftz, SGB V, § 257 Rn. 15.
13 Rixen in: Becker/Kingreen, § 257 Rn. 3; Ulmer in: BeckOK SozR, SGB V, § 257 Rn. 2; Böttiger in: Krauskopf, § 257 SGB V Rn. 7 a; Peters in: KassKomm, § 257 SGB V Rn. 5.
14 Gerlach in: Hauck/Noftz, SGB V, § 257 Rn. 18; Böttiger in: Krauskopf, § 257 SGB V Rn. 8; Grimmke in: juris-PK-SGB V, § 257 Rn. 65.
15 Wie hier Peters in: KassKomm, § 257 SGB V Rn. 5; wohl auch Rixen in: Becker/Kingreen, § 257 Rn. 3.
16 So BSG, 10.3.1994, 12 RK 12/93, BSGE 74, 101; zuletzt LAG Köln, 12.1.2006, 6 (9) Sa 821/05, BeckRS 2006, 41433; dagegen Heimann, SGb 2008, 14.

teilweise rückgängig machen würde. Grundlage des Krankenversicherungsschutzes Selbstständiger sei nicht die Beschäftigung, dies unterscheide sie von Beschäftigten jenseits der Jahresarbeitsentgeltgrenze, so dass auch eine analoge Anwendung des Abs. 1 nicht geboten sei. Dem wird mit beachtlichen Argumenten widersprochen. Vor allem ist nicht zu erkennen, welche Nachteile dem GKV-System drohen könnten, wenn ein freiwillig gesetzlich versicherter Selbstständiger Beitragszuschüsse in Höhe des fiktiven Arbeitgeberanteils aus seiner Nebenbeschäftigung als Arbeitnehmer erhalten könnte. Vermutlich steht eher unbewusst hinter der ablehnenden Haltung des BSG die Annahme, dass dann auch privat versicherte Selbstständige Beitragszuschüsse aus einer Nebenbeschäftigung erhalten müssten. Gerade diese Gleichstellung ist aber nicht geboten, da bei freiwillig Versicherten in der GKV der Beitrag einkommensabhängig ist und daher die Nebenbeschäftigung grundsätzlich beitragssteigernd wirkt, dies jedoch bei privat Versicherten nicht der Fall ist. Angesichts der steigenden Zahl (Solo-)Selbstständiger mit geringen Einkünften und wechselnden bzw. kombinierten Erwerbsbiografien erscheint eine **Zuschussberechtigung von Nebenbeschäftigungen für freiwillig gesetzlich Versicherte** auch sozialpolitisch sinnvoll. Anknüpfungspunkt für eine für eine Analogiebildung erforderliche Neubewertung der historisch nicht so intendierten Norm kann die allgemeine Krankenversicherungspflicht sowie die Justierung des Verhältnisses von GKV und PKV im GKV-WSG[17] sein.

b) **Vergleichbare Regelungen für andere Personen.** Neben dem Beitragszuschuss des Arbeitgebers bestehen vergleichbare Zuschüsse anderer Träger für weitere Personengruppen in anderen Gesetzen. Zu nennen sind hier Zuschussansprüche gemäß § 10 Abs. 1 KSVG für freiwillig versicherte **Künstler und Publizisten** gegen die Künstlersozialkasse, gemäß § 106 SGB VI für freiwillig gesetzlich krankenversicherte **Rentner** gegen die Rentenversicherungsträger. Für **Vorruhestandsgeldbezieher** gilt Abs. 3 (→ Rn. 56).

3. **Zuschusshöhe.** Die Höhe des Zuschusses entspricht seit der Zentralisierung des Beitragsrechts durch das GKV-WSG dem Betrag, den der Arbeitgeber nach § 249 Abs. 1 oder 2 zu tragen hätte. Ausschlaggebend ist daher das Arbeitsentgelt des Versicherten. Schwankt das monatliche Arbeitsentgelt, so dass es nicht in jedem Monat die anteilige Beitragsbemessungsgrenze (vgl. § 223 Abs. 3) beträgt, könnte eine monatsgenaue Berechnung des Beitragszuschusses in Kombination mit einer monatsübergreifenden Berechnung der Beitragspflicht aus entsprechend hohen Einmalzahlungen (§ 23 a SGB IV) dazu führen, dass der freiwillig Versicherte im Ergebnis schlechter steht, als wenn er noch versicherungspflichtig wäre. Dies gilt es dadurch zu vermeiden, dass die Zuschussberechnung ebenso vorgenommen wird, wie die Beitragsberechnung. Aus Praktikabilitätsgründen dürfte sich auch ein monatlicher Zuschuss, der sich an der Beitragsbemessungsgrenze orientiert, anbieten.[18]

Nach § 249 trägt der Arbeitgeber die **Hälfte des um 0,9 Beitragssatzpunkte geminderten allgemeinen** (§ 241) oder **ermäßigten** (§ 243) **Beitragssatzes.**[19] Zusatzbeiträge oder Prämien der Krankenkassen (§ 242) sind nicht zu berücksichtigen.

4. **Zuschusspflichtige. a) Ein Arbeitgeber (Abs. 1 S. 1).** Im Regelfall hat ein Beschäftigter mit Einkommen über der Jahresarbeitsentgeltgrenze einen **Arbeitgeber**, der Adressat des Zuschussanspruchs ist.

b) **Mehrere Arbeitgeber (Abs. 1 S. 2).** Bei mehreren Beschäftigungsverhältnissen sieht Abs. 1 S. 2 eine anteilige Heranziehung der beteiligten Arbeitgeber vor. Der Beschäftigte erhält insgesamt nicht mehr als den Zuschuss in Höhe von Abs. 1 S. 1.

Die Jahresarbeitsentgeltgrenze kann bereits durch ein Beschäftigungsverhältnis, aber auch erst in **Kombination mehrerer Beschäftigungsverhältnisse** überschritten werden.[20] Für die anteilige Verteilung des Beitragszuschusses kommt es hierauf nicht an. Nur bei **geringfügigen Beschäftigungsverhältnissen** greift die Sonderbestimmung des § 249 b. Der Arbeitgeber des geringfügigen Beschäftigungsverhältnisses zahlt den gesetzlichen Pauschalbeitrag. Eine Beteiligung am Beitragszuschuss entfällt. Etwas anderes gilt nur, wenn die Jahresarbeitsentgeltgrenze erst durch das Haupt- und das geringfügige Beschäftigungsverhältnis gemeinsam überschritten wird. Dann liegen die Voraussetzungen des § 249 b noch gar nicht vor, da der Beschäftigte ohne das geringfügige Beschäftigungsverhältnis noch gar nicht versicherungsfrei ist.[21]

---

17 Gesetz zur Stärkung des Wettbewerbs in der gesetzlichen Krankenversicherung vom 26.3.2007 (BGBl. I, 378).
18 Vgl. im Einzelnen Gerlach in: Hauck/Noftz, SGB V, § 257 Rn. 46 ff.; Straub, ZfSH/SGB 1998, 417 (420).
19 Grimmke in: jurisPK-SGB V, § 257 Rn. 56.
20 Peters in: KassKomm, § 257 SGB V Rn. 8; Gerlach in: Hauck/Noftz, SGB V, § 6 Rn. 48; Just in: Becker/Kingreen, § 6 Rn. 8.
21 Gerlach in: Hauck/Noftz, SGB V, § 257 Rn. 75 a mN zur Praxis der Sozialversicherungsträger.

II. Beitragszuschuss für privat versicherte Beschäftigte (Abs. 2)

22 **1. Allgemeines. a) Entstehungsgeschichte.** Abs. 2 räumt Beschäftigten, die privat krankenversichert sind, ebenfalls einen Zuschuss des Arbeitgebers zu ihren Krankenversicherungskosten ein. Auch ein solcher Anspruch bestand bereits in § 405 RVO. Entsprechend enthält § 257 seit Einführung des SGB V 1988 Zuschussansprüche privat krankenversicherter Beschäftigter.

23 **b) Regelungszweck.** Regelmäßig wird der Regelungszweck des Abs. 2 nicht von demjenigen des Abs. 1 unterschieden.[22] Tatsächlich bestehen aber vollkommen **unterschiedliche Situationen** und daher auch unterschiedliche Regelungszwecke. Während freiwillig gesetzlich versicherte Beschäftigte weiterhin einkommensabhängige Beiträge zahlen, so dass beim Überschreiten der Jahresarbeitsentgeltgrenze der Wegfall der Beitragstragung durch den Arbeitgeber (§ 249) fast zu einer Verdoppelung der Beitragslast und dadurch zu einer faktischen Lohnkürzung führen würde, gilt dies für privat versicherte Beschäftigte gerade nicht. Ihre Krankenversicherungsprämie ist **einkommensunabhängig**. Das Überschreiten der Jahresarbeitsentgeltgrenze **verändert die Prämienlast nicht**. Eine wirtschaftliche **Gleichstellung** des Beschäftigten mit denjenigen, die pflichtversichert sind, ist daher **weder notwendig, noch wird sie durch den Beitragszuschuss erreicht**. Die Versicherungsprämien privat Versicherter sind teilweise niedriger, teilweise auch höher als diejenigen gesetzlich pflichtversicherter Beschäftigter; dies soll allerdings auch gerade so sein. Der Zweck des Arbeitgeberzuschusses zur privaten Krankenversicherung liegt also in etwas anderem.

24 Zunächst wird durch diese Zuschusspflicht erreicht, **dass sich Arbeitgeber** durch das Überschreiten der Jahresarbeitsentgeltgrenze **wirtschaftlich nicht besser stellen**, indem sie die Beitragspflicht nach § 249 in vollem Umfang sparen. Daraus könnten auch für die Beschäftigten ungünstige Anreize entstehen, wenn sie vom Arbeitgeber zum Ausscheiden aus der gesetzlichen Krankenversicherung gedrängt würden. Allerdings vermeidet die Zuschussregelung des Abs. 2 solche Gewinne auf Seiten des Arbeitgebers nicht vollständig. Denn ist die Krankenversicherungsprämie niedriger als der Arbeitgeberbeitrag gemäß § 249, so stellt sich der Arbeitgeber günstiger, wenn der versicherungsfreie Beschäftigte eine private anstelle der gesetzlichen Krankenversicherung wählt. Soll dieser Effekt vermieden werden, müsste der Arbeitgeber unabhängig von der Prämienhöhe des Beschäftigten mit dem Beitrag in Höhe von § 249 belastet werden. Die Gleichbehandlung der Arbeitgeber unabhängig vom Versicherungsstatus ihrer Beschäftigten ist daher letztlich auch nicht das tragende Regelungsziel.

25 Denken lässt sich daher an eine gesetzliche Absicherung der Vorstellung, dass der Arbeitgeber nicht nur Lohn schuldet, sondern – jedenfalls im Grundsatz – eine auskömmliche Existenzgrundlage des Beschäftigten und seiner Familienangehörigen. Die Übernahme eines Teils der Krankenversicherungskosten sowohl des Beschäftigten als auch seiner Familienangehörigen ist in dieser Lesart das **Relikt eines Lohnverständnisses**, das nicht rein leistungsorientiert ist und gemeinhin als überholt und inkompatibel mit den Bedingungen des modernen Arbeitsmarktes angesehen wird. Seine Beharrungskraft muss daher noch weitere Gründe haben.

26 Diese Gründe liegen in einem weiteren Regelungszweck des Abs. 2, der sich erst aus dem Nebeneinander von GKV und PKV als zwei Systemen erschließt, die um die versicherungsfrei Beschäftigten konkurrieren. In dieser Konkurrenzsituation besitzt die Forderung Durchschlagskraft, auch der **PKV gleiche Chancen wie der GKV** einzuräumen, indem auch zu den PKV-Prämien Arbeitgeberzuschüsse gewährt werden. Bei genauerer Betrachtung ist diese Forderung wenig schlüssig, da viele andere **Rahmenbedingungen zwischen GKV und PKV nicht gleich sind**, so dass kein Grund besteht, gerade bei den Arbeitgeberzuschüssen vermeintliche Gleichheit herzustellen. Nicht nachvollziehbar ist auch, warum **privat Versicherte die Hälfte** ihrer Versicherungsprämien bezuschusst bekommen, während freiwillig **gesetzlich Versicherte** weniger, nämlich **nur die Hälfte des allgemeinen Beitragssatzes**, als Zuschuss erhalten und den Zusatzbeitrag selbst tragen. Schließlich ist aus der Perspektive der Chancengleichheit der PKV nicht begründbar, warum der **Personenkreis der Zuschussberechtigten** nach Abs. 2 weiter ist als nach Abs. 1 (→ Rn. 13). Diese Besserstellungen privat Versicherter lassen sich aus dem Entstehungszusammenhang der jeweiligen Regelungen bzw. ihrer Änderungen erklären. Insgesamt zeigt sich jedenfalls auch hier ein **Beharrungsvermögen von Begünstigungen**. Dadurch erhält Abs. 2 sukzessive auch einen **Subventionscharakter zugunsten der PKV**, der noch über eine Chancengleichheit im Verhältnis zur GKV hinausgeht.

---

22 Etwa Böttiger in: Krauskopf, § 257 SGB V Rn. 2; Rixen in: Becker/Kingreen, § 257 Rn. 1; Peters in: Kass-Komm, § 257 SGB V Rn. 2; Henle in: LPK-SGB V, § 257 Rn. 1.

c) Mangelnde Differenzierung zu Abs. 1. Ungenau ist es, in Abs. 2 von einem Beitragszuschuss zu sprechen (S. 1 und S. 4). Denn der Versicherte einer privaten Krankenversicherung entrichtet keine Beiträge, sondern **Prämien** (§ 1 S. 2 VVG). Dies gilt trotz der Beitragsterminologie des VAG auch für Versicherungsvereine auf Gegenseitigkeit.[23]

Fraglich ist auch, ob die Zuordnung des Zuschussanspruchs zum Sozialversicherungsrecht und damit die **Rechtswegzuweisung zu den Sozialgerichten** (→ Rn. 25 und → Rn. 61) für Abs. 2 tatsächlich tragfähig ist. Die Rechtspraxis zeigt, dass immer wieder Arbeitsgerichte angerufen werden und auch unter Missachtung der höchstinstanzlichen Rechtsprechung[24] in der Sache entscheiden.[25] Tatsächlich besteht bei privat Versicherten auch kein Bezug zur Sozialversicherung. Auch ist wenig nachvollziehbar, warum bei ausschließlich privaten Rechtsbeziehungen ein einzelner Anspruch öffentlich-rechtlicher Natur sein soll. In der Praxis wird man gleichwohl an der gefestigten Rechtswegzuweisung zu den Sozialgerichten festhalten.

2. Zuschussberechtigte (Abs. 2 S. 1). a) Versicherungsfreie Beschäftigte. Zuschussberechtigt sind nur privat Versicherte, die **Beschäftigte** iSd § 7 SGB IV sind. Zudem müssen sie **versicherungsfrei** sein – andernfalls bestünde kein Zuschussbedarf. Die Gründe für die Versicherungsfreiheit sind allerdings weiter als im Rahmen des Abs. 1 und umfassen **drei Gruppen**.

aa) Beschäftigte mit einem Arbeitsentgelt oberhalb der Jahresarbeitsentgeltgrenze. Ausgangsfall sind Beschäftigte mit einem Arbeitsentgelt **oberhalb der Jahresarbeitsentgeltgrenze**.

bb) Von der Versicherungspflicht befreite Beschäftigte. Aber auch bei Beschäftigten, die sich von der Versicherungspflicht haben **befreien** lassen (§ 8), besteht ein Zuschussanspruch. Dies ist insoweit konsequent, als der Versicherungsvertrag privat Versicherter unabhängig von der Beschäftigungssituation und der Einkommenshöhe fortbesteht. Entfiele bei den Befreiungstatbeständen des § 8 die Zuschussberechtigung, wäre die Aufrechterhaltung der privaten Krankenversicherung bei regelmäßig sinkendem Einkommen praktisch noch schwieriger. Allerdings wird auch hier deutlich, dass ohne den Zuschuss nach Abs. 2 nicht der sozialpolitische Bedarf des Beschäftigten, der ohne Befreiung ja gesetzlich versichert und abgesichert wäre, gedeckt wird, **sondern die PKV subventioniert wird** (→ Rn. 26).

cc) Nach § 6 Abs. 3 a befreite Beschäftigte. Anderes gilt für die Zuschussberechtigung von Beschäftigten, die aufgrund von § 6 Abs. 3 a versicherungsfrei sind. Denn ihnen steht der Zugang zur GKV nicht mehr offen („absolute Versicherungsfreiheit"). Bei ihnen sichert der Arbeitgeberzuschuss tatsächlich einen **Bedarf**, der nicht durch andere sozialrechtliche Systeme aufgefangen wird.[26]

b) Privater Krankenversicherungsschutz. Die zweite Voraussetzung für einen Arbeitgeberzuschuss ist das Bestehen eines privaten Krankenversicherungsschutzes.

aa) Allgemeines. Abs. 2 S. 1 verlangt nur, dass die PKV Leistungen schuldet, die **der Art nach** den Leistungen des SGB V entsprechen. Dies ist ungenau. Denn das SGB V gewährt grundsätzlich Sachleistungen, während die private Krankenversicherung Kosten der Krankenbehandlung und ggf. Krankenhaus- und Krankentagegeld schuldet. Die Art der Leistung ist damit gerade eine andere. Gleichwohl genügt die als Schadenversicherung auf Kostenerstattung gerichtete private Krankenversicherung den Anforderungen. Präziser wäre es, wenn eine Versicherung verlangt würde, deren **Schadensfälle** den Leistungsfällen des SGB V dem Grund nach **entsprechen**.

Es ist nicht erforderlich, dass der private Versicherungsschutz den Umfang der GKV abdeckt, wie dies für § 405 RVO gefordert wurde.[27] Vielmehr **genügt auch die Versicherung eines Teils des Leistungsspektrums**. Daher sind die für die Privatversicherung typischen Leistungsgestaltungen wie Selbstbehalte, Höchstbeträge oder nur prozentuale Erstattungen unschädlich.[28]

bb) Familienangehörige. Dem Normtext nach ist weitere Bedingung für den Arbeitgeberzuschuss, dass **Angehörige**, die bei einer hypothetischen gesetzlichen Versicherung familienversichert wären (§ 10), in den privaten Versicherungsschutz des Beschäftigten **einbezogen** sind. Dabei scheint sich die Kommen-

---

23 Kaulbach in: Fahr/Kaulbach/Bähr/Pohlmann, VAG, 5. Aufl. 2012, § 24 Rn. 1.
24 GemS-OGB, 4.6.1974, GmS-OGB 2/73, NJW 1974, 2087, zu § 405 RVO, zu § 257: BAG, 21.1.2003, 9 AZR 695/01, NZS 2003, 652.
25 BAG, 21.1.2003, 9 AZR 695/01, NZS 2003, 65; vorgehend LAG Bbg, 16.11.2001, 9 Sa 523/01.
26 Siehe Begr. BT-Dr. 14/1245, 98.
27 Vgl. Gerlach in: Hauck/Noftz, SGB V, § 257 Rn. 26 a.
28 Henle in: LPK-SGB V, § 257 Rn. 10; Gerlach in: Hauck/Noftz, SGB V, § 257 Rn. 26 a; differenzierter s. Grimmke in: jurisPK-SGB V, § 257 Rn. 70–73.

Wallrabenstein

tarliteratur darin einig zu sein, dass es sich um eine konstitutive Bedingung für den Beitragszuschuss des Beschäftigten selbst handelt.[29] Dem folgt offenbar die Praxis nicht. Denn ein Rechtsstreit, wie derjenige um die Zuschussberechtigung der freiwilligen gesetzlichen Versicherung der Ehefrau eines privat versicherten Beschäftigten,[30] würde gar nicht bzw. anders geführt, wenn dabei nicht nur die Zuschusshöhe, sondern die Zuschussvoraussetzung auch für den Beschäftigten selbst in Frage stünde. Tatsächlich wird von keiner Seite die Zuschussberechtigung des Beschäftigten für seinen privaten Krankenversicherungsvertrag in Zweifel gezogen, auch wenn man einen Zuschuss zur freiwilligen gesetzlichen Krankenversicherung der Ehefrau ablehnt.[31] Auch wäre es nicht überzeugend, nicht praktikabel und seit der allgemeinen Versicherungspflicht auch überflüssig, die Absicherung der Familienangehörigen gewissermaßen vermittelt über die Zuschussberechtigungsvoraussetzungen des § 257 Abs. 2 erzwingen zu wollen. Richtigerweise ist die Absicherung der Familienangehörigen daher **keine Zuschussvoraussetzung**. Vielmehr bestimmt sie nur **die Zuschusshöhe**.

37 **3. Zuschusshöhe. a) Zuschussfähiger Versicherungsschutz (Abs. 2 S. 1). aa) Allgemeines.** Grundsätzlich sind private Krankenversicherungsverträge, die ein Beschäftigter abgeschlossen hat, insoweit zuschussfähig, wie dadurch Schadensfälle versichert sind, die „der Art nach" den Leistungen des SGB V entsprechen. Hierbei sind **keine strengen Anforderungen** an den konkreten Leistungsumfang des Krankenversicherungsvertrages zu stellen (→ Rn. 34). Zuschussfähig sind auch Versicherungen, die nur bestimmte Teile des Leistungsspektrums des SGB V umfassen.[32] Die wesentlichen Anforderungen an den Versicherungsschutz sind in Abs. 2a normiert (→ Rn. 45).

38 **bb) Familienangehörige.** Auch der Versicherungsschutz von **Familienangehörigen** ist zuschussfähig. Dafür ist keine formale Einbeziehung in den privaten Krankenversicherungsvertrag des Beschäftigten erforderlich. Vielmehr genügt auch der Abschluss eines eigenständigen privaten Krankenversicherungsvertrages.[33] Umstritten war, ob die Beiträge für eine freiwillige gesetzliche Krankenversicherung von Familienangehörigen ebenso zuschussfähig sind.[34] Das **BSG** hat dies **verneint**.[35] Die Vorinstanz hatte dies für die Zeit vor Einführung der Versicherungspflicht und den Basistarif 2009 noch anders gesehen. Erst seit 2009 könnten auch Familienangehörige mit Vorerkrankungen im PKV-System mit gleichem Leistungsumfang wie in der GKV abgesichert werden, so dass in solchen Fällen ein Rückgriff auf die freiwillige Versicherung in der GKV nicht mehr zwingend sei.[36] Das BSG hat aber **weder eine planwidrige Lücke gesehen noch einen Gleichheitsverstoß erkannt**. Denn ein privat krankenversicherter Arbeitnehmer mit einem freiwillig gesetzlich versicherten Angehörigen sei eine **atypische Konstellation**, die der Gesetzgeber nicht habe berücksichtigen müssen.[37] Das Motiv des BSG, einem Arbeitnehmer, der die private Krankenversicherung wählt, „Optimierungen" zu verwehren, geht allerdings an den Effekten der Regelung vorbei. Da freiwillig gesetzlich versicherte Angehörige die Möglichkeit haben, in die PKV zu wechseln, führt die **Versagung von Zuschüssen** für freiwillig gesetzlich versicherte Angehörige diese aus ökonomischen Gründen der PKV zu. Der Regelungszweck reduziert sich damit ganz auf den **Subventionscharakter zugunsten der PKV**. Die **Gleichstellung** der privat und gesetzlich versicherten Beschäftigten bzw. ihrer Arbeitgeber als Zweck der Zuschussregelung **bleibt unbeachtet**. Außerdem erzwingt sie faktisch eine **familieneinheitliche Entscheidung zwischen GKV und PKV**. Nur bei Personen mit Vorerkrankungen mag dies heute zu einer Versicherung im Basistarif führen; ebenso vorstellbar ist die Versicherung in einem herkömmlichen PKV-Tarif. Selbstständige Entscheidungen von Angehörigen zugunsten der PKV werden so aber unterminiert. Vorzugswürdig wäre daher die Auffassung, dass auch eine freiwillige gesetzliche Krankenversicherung von Angehörigen nicht nur bis 2009, sondern auch heute noch zuschussfähig ist.

---

29 Vgl. Henle in: LPK-SGB V, § 257, Rn. 10; Peters in: KassKomm, § 257 SGB V Rn. 13; Böttiger in: Krauskopf, § 257 SGB V Rn. 14; Grimmke in: jurisPK-SGB V, § 257 Rn. 74.
30 Vgl. LSG Darmstadt, 18.11.2010, L 1 KR 97/09, BeckRS 2011, 66627.
31 Vgl. das Urteil des LSG Darmstadt, 18.11.2010, L 1 KR 97/09.
32 Peters in: KassKomm, § 257 SGB V Rn. 13; Gerlach in: Hauck/Noftz, SGB V, 257 Rn. 26 a.
33 SG Kassel, 18.2.2009, S 12 KR 181/06, BeckRS 2009, 65065; Grimmke in: jurisPK-SGB V, § 257 Rn. 79; offengelassen in BSG, 20.3.2013, B 12 KR 4/11 R, NJOZ 2013, 2025, Rn. 17.
34 Bejahend Gerlach in: Hauck/Noftz, SGB V, § 257 Rn. 53.
35 BSG, 20.3.2013, B 12 KR 4/11 R, NJOZ 2013, 2025.
36 LSG Darmstadt, 18.11.2010, L 1 KR 97/09, BeckRS 2011, 66627; zustimmend Böttiger in: Krauskopf, § 257 SGB V Rn. 16 b.
37 BSG, 20.3.2013, B 12 KR 4/11 R, NJOZ 2013, 2025, Rn. 27.

b) Sozialversicherungsrechtliche Höchstgrenzen (Abs. 2 S. 2 Hs. 1, S. 3, S. 4 Hs. 1). Die Zuschusshöhe 39
ist **doppelt begrenzt.** Zum einen ergeben sich Höchstgrenzen aus dem Vergleich mit der Beitragstragung durch Arbeitgeber im Rahmen der Pflichtversicherung. In erster Linie wird eine Entsprechung zu Abs. 1 hergestellt, indem der Zuschuss zu privatem Krankenversicherungsschutz auf den Betrag begrenzt wird, den der Arbeitgeber nach § 249 höchstens zahlen müsste. Es dient dabei nicht der Gesetzesklarheit, dass Abs. 2 eine andere, an früheren Regelungen angelehnte, Regelungstechnik wählt, anstatt ebenso wie Abs. 1 einfacher auf § 249 zu verweisen.[38] In der Sache bilden die **hypothetischen Arbeitgeberbeiträge,** die auch bei freiwillig Versicherten nach Abs. 1 die Zuschusshöhe bestimmen, die erste und absolute Höchstgrenze.

Da die Zuschusshöhe auf diese Weise **an die Entgelthöhe des Beschäftigten gekoppelt** ist, sinkt der Zu- 40
schuss etwa bei Befreiungen nach § 8. Entfällt ein Arbeitsentgelt ganz, etwa während des **Mutterschutzes,** führt dies auch zum **Wegfall des Zuschusses.**[39] Dies wird als Diskriminierung wegen der Mutterschaft kritisiert.[40] Richtigerweise ist dies aber eine folgerichtige Konsequenz der Wahlfreiheit, die mit der Versicherungsfreiheit verbunden ist und in Kenntnis der Abhängigkeit des Zuschusses von der Einkommenshöhe wahrgenommen wurde.[41]

c) Individuelle Höchstgrenzen (Abs. 2 S. 2 Hs. 2, S. 4 Hs. 2). Die zweite, kumulative Begrenzung der 41
Zuschusshöhe folgt aus der Höhe der **individuellen Versicherungskosten.** Zu diesen Versicherungskosten zählen nicht nur die Prämien des eigenen Versicherungsschutzes, sondern auch diejenigen, die für den Versicherungsschutz der Angehörigen anfallen, die im Fall gesetzlicher Versicherungspflicht nach § 10 familienversichert wären (→ Rn. 36).

Zuschussfähig ist maximal die **Hälfte** der individuellen Versicherungskosten. Im Vergleich mit freiwil- 42
lig gesetzlich Versicherten, die heute nicht mehr die Hälfte ihres Beitrags bezuschusst bekommen, ist dies eine **besondere Privilegierung der PKV,** die durch **keinerlei sachlichen Grund** gerechtfertigt ist.

4. Zuschusspflichtige. Zuschusspflichtig sind die Arbeitgeber, ggf. bei **Mehrfachbeschäftigung** anteilig, 43
wie bei dem Beitragszuschuss gemäß Abs. 1.

III. Voraussetzungen an die substitutive private Krankenversicherung (Abs. 2 a)

1. Allgemeines. Abs. 2 a wurde mit Wirkung zum 1.7.1994 eingeführt. Zu diesem Zeitpunkt wurde 44
das **Recht der privaten Krankenversicherung erstmals kodifiziert.** Im Zuge der europarechtlich geforderten Deregulierung des Versicherungsmarktes war das Heraufzonen der bis dahin nur aus untergesetzlich durch Empfehlungen und Richtlinien der Versicherungsaufsicht bestehenden Regulierung der PKV auf die Ebene des Gesetzes erforderlich.[42] Neben den §§ 178 a ff. VVG aF erhielt auch das Versicherungsaufsichtsrecht in §§ 12 bis 12 d VAG aF neue Bestimmungen zur PKV und eben § 257 SGB V. **Gemeinsam konkretisieren sie das Bild** der substitutiven Krankenversicherung (heute § 146 VAG), die als Krankenvollversicherung geeignet ist, an die Stelle des gesetzlichen Versicherungsschutzes zu treten und daher insbesondere auch zu einem Arbeitgeberzuschuss nach Abs. 2 berechtigt. Die Kodifizierung teilweise im SGB V unterstreicht die sozialpolitische Intention der PKV-Regulierung.[43]

Die Voraussetzungen einer substitutiven Krankenversicherung lassen sich in drei Gruppen einteilen. 45
Zum einen soll die Solvenz und damit der **Bestand des Versicherungsunternehmens** gesichert werden; hierzu gehört insbesondere das Betreiben nach Art der Lebensversicherung (Abs. 2 a Nr. 1). Zum zweiten finden sich Vorgaben, die den **Versicherungsnehmer im Verhältnis zum Versicherer stärken** sollen; dies sind insbesondere Vorgaben des VAG, auf die Abs. 2 a mit Nr. 4 bis 6 Bezug nimmt. Sie gehören systematisch eigentlich nicht in das SGB V, verdanken ihre Auflistung wohl dem Ziel, sie unter den mitgliedstaatlichen Regelungsvorbehalt des Art. 54 Abs. 1 der 3. Richtlinie Schaden[44] zu subsumieren, der für die substitutive Krankenversicherung spezifische Rechtsvorschriften zum Schutz des Allgemeininteresses erlaubt. Zum dritten dienen Vorschriften dem **sozialen Schutz der Versicherten,** indem sie vor nicht verkraftbarer Prämienhöhe geschützt werden sollen. Neben der Bildung von Alterungsrück-

---

38 Aus der Gesetzesbegründung BT-Dr. 17/6906, 96 ergibt sich, dass Abs. 1 und 2 trotz unterschiedlicher Regelungstechnik die gleiche Zuschusshöhenbestimmung erreichen sollen.
39 BSG, 1.6.1977, 3 RK 2/77, BSGE 44, 51, s. auch BSG, 29.6.1993, 12 RK 9/92, NZS 1994, 179.
40 Peters in: KassKomm, § 257 SGB V Rn. 15.
41 In diesem Sinne auch Rixen in: Becker/Kingreen, § 257 Rn. 5.
42 BT-Dr. 12/3608, 116; vgl. auch GKV-Komm/Wasem, SGB V, § 257 Rn. 11 a, auch 11 d.
43 BT-Dr. 12/3608, 116; hierzu generell Wallrabenstein in: Schmehl/dies., Steuerungsinstrumente im Recht des Gesundheitswesens, Bd. 3, 2007, 67.
44 Richtlinie 92/49/EWG, 18.6.1992, ABl. Nr. L 228, 11.8.1992.

stellungen (§ 146 Abs. 1 Nr. 2 VAG) und dem 10%igen Beitragszuschlag für Krankheitskosten im Alter (§ 149 VAG) ist dies die Möglichkeit, in den Basistarif (Abs. 2 a Nr. 2) – vor 2009 in den Standardtarif – zu wechseln.

46 **2. Die Voraussetzungen im Einzelnen (Abs. 2 a S. 1). a) Betrieb nach Art der Lebensversicherung (Abs. 2 a S. 1 Nr. 1).** Die private Krankenversicherung muss nach Art der Lebensversicherung betrieben werden (Nr. 1). Diese Voraussetzung verweist auf § 146 Abs. 1 Nr. 1 und 2 VAG und die daraus folgende Bildung von **Deckungsrückstellungen** (Alterungsrückstellungen) für die im Alter zu erwartenden Schadenkosten (§ 341 f HGB).

47 **b) Basistarif (Abs. 2 a S. 1 Nr. 2).** Zudem muss die Versicherung einen Basistarif iSd § 152 VAG anbieten (Nr. 2). Diese Voraussetzung bildet den sozialpolitischen, aber auch regulatorischen Kern der Norm. Private Krankenversicherer werden verpflichtet, einen Tarif anzubieten, der mit der (freiwilligen) gesetzlichen Krankenversicherung funktional vergleichbar ist. Ziel der Regelung ist es, dass auch im System der PKV sogenannte **schlechte Risiken abgesichert** werden und die Bedingungen hierfür jedenfalls insgesamt nicht schlechter sind als in der GKV.[45] Dieser Ausbau beider Krankenversicherungssysteme zu zwei vollfunktionalen Säulen soll den sogenannten Systemwettbewerb, besser die **strukturelle Vergleichbarkeit** beider Systeme, herbeiführen.[46]

48 Die wesentlichen Elemente des Basistarifs sind: Ein Leistungsumfang, der demjenigen der GKV in Art, Umfang und Höhe vergleichbar ist (§ 152 Abs. 1 VAG, mit weiteren Präzisierungen), bei einer Prämienhöchstgrenze, die dem Höchstbeitrag in der GKV entspricht (§ 152 Abs. 3 VAG). Privat Versicherte sowie Personen, die dem PKV-System zugeordnet sind, haben einen Anspruch auf diesen Tarif unabhängig von einer Risikoprüfung (§ 152 Abs. 2 VAG). Um sozial unzumutbare Härten aufzufangen, existieren zudem Regelungen zur Absenkung des Beitrags bei Bedürftigkeit (§ 152 Abs. 4 VAG).[47]

49 In der **Praxis** ist der Basistarif so kalkuliert, dass fast alle Versicherten den gesetzlich zulässigen Höchstbeitrag zahlen. Hintergrund sind die aktuarisch zu berücksichtigenden Erwartungen, dass nur Personen mit hohen Risiken diesen Tarif wählen und dadurch stets hohe Schadenskosten zu erwarten sind. Im Jahr 2015 waren weniger als 30.000 Personen (bei insgesamt fast 8,8 Mio. Krankenvollversicherten in der PKV) im Basistarif versichert. Davon waren 16.500 hilfebedürftig.[48] Im Übrigen sind nicht alle Hilfebedürftigen, die privat krankenversichert sind, im Basistarif. Nach § 26 Abs. 1 S. 1 Nr. 2 SGB II analog erhalten privat Krankenversicherte **auch in regulären Tarifen vom Grundsicherungsträger einen Zuschuss zur privaten Krankenversicherung**. Das BSG gelangt zu dieser Analogie, weil es eine planwidrige Gesetzeslücke annimmt.[49] Angesichts der Erörterung dieser potenziellen Deckungslücke im Gesetzgebungsverfahren[50] ist diese Annahme nicht vertretbar. Im Gesetzgebungsverfahren ging man in diesen Fällen von einem Wechsel in den Basistarif aus, der einen größeren und besseren Risikobestand und damit niedrigere Prämien hätte haben sollen; zu Deckungslücken sollte es dann allenfalls in einem geringen, hinnehmbaren Umfang kommen.

50 **c) Informationsblatt zu GKV- und PKV-Prinzipien (Abs. 2 a S. 1 Nr. 2 a).** Seit 2016 ist auch die Aushändigung des Informationsblattes der Bundesanstalt für Finanzdienstleistungsaufsicht durch das PKV-Unternehmen Voraussetzung für den Beitragszuschuss. Seit 2008 besteht diese Pflicht, um den "Systemwettbewerb" zwischen GKV und PKV transparent zu gestalten (zuvor § 10 a VAG aF, nun § 146 Abs. 1 Nr. 6 VAG).

51 **d) Standardtarif (Abs. 2 a S. 1 Nr. 3).** Neben dem Basistarif müssen die Versicherer auch noch den Standardtarif fortführen, den sie **vor der Einführung des Basistarifs**, also bis zum Ende des Jahres 2008 anbieten mussten (Nr. 3). Der Standardtarif hatte eine partiell vergleichbare sozialpolitische Zielrichtung. Er sollte langjährig in der PKV Versicherten, insbesondere denen, die aufgrund von § 6 Abs. 3 a SGB V keine Rückkehrmöglichkeit in die GKV haben, eine GKV-äquivalente Alternative zum herkömmlichen privaten Krankenversicherungsvertrag bieten. Ähnlich wie der Basistarif sind auch die

---

45 Gesetzesbegründung zum GKV-WSG, BT-Dr. 16/3100, 85.
46 Zur Verfassungsmäßigkeit dieses Ansatzes: BVerfG, 10.6.2009, 1 BvR 706/08, 1 BvR 814/08, 1 BvR 819/08, 1 BvR 832/08, 1 BvR 837/08, BVerfGE 123, 186.
47 Im Einzelnen vgl. Kaulbach in: Fahr/Kaulbach/Bähr/Kohlmann, VAG, 5. Aufl. 2012, § 12 Rn. 20 ff.; Axer, MedR 2008, 482; Pitschas in: FS Stober, 2008, 295.
48 Zahlenbericht der Privaten Krankenversicherung 2015, S. 25, 30.
49 BSG, 18.1.2011, B 4 AS 108/10 R, BSGE 107, 217.
50 Wallrabenstein, Stellungnahme zum Entwurf des GKV-WSG, BT-Dr. 16/3100, Anhörung des Ausschusses für Gesundheit des Deutschen Bundestages, ADr. 14-0129(60) vom 6.11.2006, 5.

Leistungen des Standardtarifs an die GKV angelehnt und die Prämienhöhe beim Höchstbeitrag der GKV gedeckelt. Im Einzelnen vgl. § 314.

Seit der Schaffung des Basistarifs ist der Standardtarif **geschlossen** und wird nur noch zum Schutz des Vertrauens der Versicherten fortgeführt. Hat ein Versicherer keine Standardtarifversicherten mehr, muss er diesen auch nicht mehr anbieten. Bisher stiegen die Zahlen gleichwohl von knapp 20.000 Versicherten im Jahr 2005 auf fast 46.000 Versicherte im Jahr 2015.[51]

e) **Überschüsse (Abs. 2 a S. 1 Nr. 4).** Wieder für das herkömmliche PKV-Geschäft gelten die drei letzten Voraussetzungen. Zum einen (Nr. 4) sind Versicherer verpflichtet, die Überschüsse aus dem Versicherungsgeschäft überwiegend den Versicherten zufließen zu lassen, anstatt diese als Unternehmensgewinn zu verbuchen. Aufsichtsrechtlich ist dies über §§ 150, 151 VAG und die **Krankenversicherungsaufsichtsverordnung (KVAV)**[52] abgesichert. Die genannten Überschüsse entstehen gewissermaßen gesetzlich erzwungen, weil den Versicherern eine vorsichtige Risikokalkulation und Sicherheitszuschläge vorgegeben sind.[53] Daher dient die Zuführung zu den Versicherten der verursachungs- und interessengerechten Zuordnung der Kapitalerträge des „zwangsweise" angesparten Vermögens. 52

f) **Kündigungsverzicht (Abs. 2 a S. 1 Nr. 5).** Zum anderen (Nr. 5) verlangt das SGB V den Ausschluss des ordentlichen Kündigungsrechts des Versicherers. Dies ist schon **traditionell** in der deutschen Krankenversicherung so vorgesehen und seit 1994 im VVG verankert (heute § 206 Abs. 1 S. 2 VVG). Seit 2007 ist darüber hinaus jede Kündigung ausgeschlossen, mit der der Versicherte die Versicherungspflicht gemäß § 193 VVG erfüllt (§ 206 Abs. 1 S. 1 VVG). 53

g) **Spartentrennung (Abs. 2 a S. 1 Nr. 6).** Schließlich verlangt das SGB V die Spartentrennung (Nr. 6). Auch hiermit wird ein **traditionelles Prinzip** des deutschen Versicherungsrechts aufgegriffen. Versicherer mit Sitz in Deutschland erhalten ohne Spartentrennung keine Erlaubnis zum Betrieb für die Lebens- bzw. Krankenversicherung (vgl. § 8 Abs. 4 VAG). 54

3. Bescheinigung des Versicherungsunternehmens (Abs. 2 a S. 2). Die Erfüllung dieser Voraussetzungen muss der zuschussberechtigte **Beschäftigte** – hier systematisch irritierend als Versicherungsnehmer bezeichnet – dem **Arbeitgeber** regelmäßig im Abstand von drei Jahren nachweisen. Hierfür stellt der **private Krankenversicherer** eine Bescheinigung darüber aus, dass die Aufsichtsbehörde dem Versicherungsunternehmen bestätigt hat, dass die Zuschussvoraussetzungen vorliegen. 55

IV. Beitragszuschuss für gesetzlich versicherte Bezieher von Vorruhestandsgeld (Abs. 3)

Für Vorruhestandsbezieher ordnet Abs. 3 die Weitergeltung des Beitragszuschusses an. Dies ist notwendig, weil andernfalls während des Vorruhestandsbezugs **mangels Beschäftigungsverhältnisses** kein Anspruch nach Abs. 1 bestünde.[54] Die Nutzung der Vorruhestandsregelungen würde ohne eine solche Gleichstellung konterkariert. 56

Voraussetzung ist, dass der Bezieher von Vorruhestandsgeld nach § 5 Abs. 3 versicherungspflichtig wäre, wenn er unmittelbar vor Bezug des Vorruhestandsgeldes versicherungspflichtig gewesen wäre. Das bedeutet, dass das **Vorruhestandsgeld mindestens 65 %** des Bruttoarbeitsentgelts nach § 3 Abs. 2 VRG betragen muss.[55] 57

Da kein Krankengeldanspruch besteht und deshalb nur ein ermäßigter Beitragssatz bei Pflichtversicherung zu zahlen wäre, gilt im Ergebnis der **reduzierte Beitragszuschuss** gemäß Abs. 1 iVm § 249 Abs. 1 S. 1 Hs. 1 Alt. 1, § 243.[56] 58

V. Beitragszuschuss für privat versicherte Bezieher von Vorruhestandsgeld (Abs. 4)

Abs. 4 ist die Abs. 3 entsprechende Regelung für Vorruhestandsbezieher, die privat und nicht freiwillig gesetzlich krankenversichert sind. 59

---

51 Zahlenbericht der Privaten Krankenversicherung 2015, S. 29.
52 Verordnung zur Ermittlung und Verteilung von Überschuß und Überzins in der Krankenversicherung vom 8.11.1996 (BGBl. I, 1687, geändert BGBl. I 2005, 3016).
53 Verordnung über die versicherungsmathematischen Methoden zur Prämienkalkulation und zur Berechnung der Altersrückstellungen in der Privaten Krankenversicherung vom 18.11.1996 (BGBl. I, 1783, zuletzt geändert BGBl. I 2009, 3670).
54 Grimmke in: jurisPK-SGB V, § 257 Rn. 104.
55 Grimmke in: jurisPK-SGB V, § 257 Rn. 105; Böttger in: Krauskopf, § 257 SGB V Rn. 40.
56 Grimmke in: jurisPK-SGB V, § 257 Rn. 107.

VI. Besondere Verfahrenshinweise

1. Entstehung, Fälligkeit, Verjährung. Die Zuschussansprüche entstehen durch Gesetz. Die Fälligkeit ist nicht ausdrücklich geregelt. Auch wenn sie praktisch häufig mit dem Arbeitsentgelt ausgezahlt werden, werden sie doch erst bzw. bereits mit der Fälligkeit des Beitrags selbst fällig.[57] Für die Verjährung überzeugt die **analoge Anwendung des § 25 Abs. 2 SGB VI** und damit eine vierjährige Verjährungsfrist.[58]

2. Rechtsweg. Nach ständiger Rechtsprechung sind für Streitigkeiten um den Zuschuss sowohl des freiwillig gesetzlich versicherten Beschäftigten als auch des privat versicherten Beschäftigten die **Sozialgerichte** zuständig.[59] Dass gleichwohl auch immer wieder Entscheidungen der Arbeitsgerichte hierzu ergehen, beruht auf mangelnder Sensibilität der erstinstanzlichen Gerichte sowie daran, dass offenbar die Unzuständigkeit nicht gerügt wird.[60]

§ 258 Beitragszuschüsse für andere Personen

¹In § 5 Abs. 1 Nr. 6, 7 oder 8 genannte Personen, die nach § 6 Abs. 3a versicherungsfrei sind, sowie Bezieher von Übergangsgeld, die nach § 8 Abs. 1 Nr. 4 von der Versicherungspflicht befreit sind, erhalten vom zuständigen Leistungsträger einen Zuschuß zu ihrem Krankenversicherungsbeitrag. ²Als Zuschuß ist der Betrag zu zahlen, der von dem Leistungsträger als Beitrag bei Krankenversicherungspflicht zu zahlen wäre, höchstens jedoch der Betrag, der an das private Krankenversicherungsunternehmen zu zahlen ist. ³§ 257 Abs. 2a gilt entsprechend.

Literatur:
Siehe § 257.

I. Zweck der Regelung

§ 258 ergänzt die Zuschussberechtigung privat Krankenversicherter, die als Beschäftigte gemäß § 257 Abs. 2 und als Vorruhestandsbezieher gemäß § 257 Abs. 4 einen Zuschussanspruch gegen ihren Arbeitgeber haben. Sind Teilnehmer an **Leistungen zur Teilhabe am Arbeitsleben**, insbesondere Rehabilitanden oder behinderte Menschen privat krankenversichert, stellt § 258 sie insoweit Beschäftigten gleich, als sie ebenfalls Zuschüsse zu ihrer Krankenversicherungsprämie erhalten.

II. Zuschussberechtigte, Zuschussverpflichtete und Zuschusshöhe

Die Zuschussberechtigten sind in S. 1 aufgelistet. Zuschussverpflichtet ist nach dem Wortlaut der zuständige Leistungsträger. Dies sind bei Teilnehmern an Leistungen zur Teilhabe am Arbeitsleben und bei Beziehern von Übergangsgeld regelmäßig die zuständigen Träger der Renten- oder Unfallversicherung. Bei Menschen mit Behinderungen ist zuständiger Leistungsträger die **Werkstatt, das Heim oder die sonstige Einrichtung**, in der der Betreffende tätig ist. Denn sie wäre bei Versicherungspflicht beitragspflichtig (§ 251 Abs. 2 Nr. 2). Auch zur Berechnung des Zuschusses verfügt sie über die notwendige Kenntnis der hypothetischen Beitragshöhe bei Versicherungspflicht. Die Zuschusshöhe folgt den gleichen Vorgaben wie bei § 257.

III. Weitere Frage

Uneinigkeit besteht darüber, ob die Werkstätten, die bei behinderten Menschen nach § 258 iVm § 5 Abs. 1 Nr. 7 zur Zahlung des Zuschusses verpflichtet sind, die Zuschüsse ebenso vom zuständigen Leistungsträger erstattet bekommen, wie die Krankenversicherungsbeiträge im Fall von Versicherungspflichtigen gemäß § 251 Abs. 2 S. 2 erstattet werden. Der Wortlaut des § 251 spricht dagegen, weil er ausschließlich die Erstattung von Beiträgen vorsieht.[1] Allerdings entspricht es der **Zielsetzung** sowohl

---

[57] Grimmke in: jurisPK-SGB V, § 257 Rn. 115; Rixen in: Becker/Kingreen, § 257 Rn. 7.
[58] Grimmke in: jurisPK-SGB V, § 257 Rn. 116; iE auch BSG, 2.6.1982, 12 RK 66/81, allerdings für früheres Recht: § 405 RVO und die alte Verjährungsfrist der §§ 197, 201 BGB aF vor 2001 analog.
[59] GemS-OGB, 4.6.1974, GmS-OGB 2/73, NJW 1974, 2087, zu § 405 RVO, vgl. Fn. 8.
[60] Vgl. BAG, 21.1.2003, 9 AZR 695/01, NZS 2003, 652.
[1] Rixen in: Becker/Kingreen, § 258 Rn. 5.

des § 251 Abs. 2 S. 2 als auch des § 258, bei privat krankenversicherten Menschen mit Behinderungen die Einrichtungsträger nicht anders zu stellen als bei Pflichtversicherten.

Dritter Abschnitt
Verwendung und Verwaltung der Mittel

§ 259 Mittel der Krankenkasse

Die Mittel der Krankenkasse umfassen die Betriebsmittel, die Rücklage und das Verwaltungsvermögen.

I. Entstehungsgeschichte

Die Vorschrift ist durch das GRG vom 20.12.1988[1] eingeführt worden. Sie ist am 1.1.1989 in Kraft getreten und seitdem nicht geändert worden. Ihr Wortlaut entspricht dem des § 363 RVO.[2]

II. Regelungsgehalt

§ 259 bestimmt, dass sich die Mittel der Krankenkassen aus den Bestandteilen „Betriebsmittel", „Rücklage" und „Verwaltungsvermögen" zusammensetzen. Die Aufzählung der Bestandteile ist abschließend.[3] Demnach muss jede Einnahme und jede Ausgabe einem der drei Mittelbestandteile zugeordnet werden. Andere, eigene Mittel der Krankenkassen gibt es nicht.[4] Das ist die Kernaussage der Vorschrift. Deshalb dürfen die Krankenkassen außerhalb der in § 259 bestimmten Mittel (Betriebsmittel, Rücklage, Verwaltungsvermögen) keine weiteren Mittel aufbauen. Das wäre auch mit dem geltenden System der Umlagefinanzierung nur schwer vereinbar. Deswegen gibt es bei den Krankenkassen kein „freies Vermögen". So fließen beispielsweise auch die von den Krankenkassen erreichten Regresse vollumfänglich wieder in die Betriebsmittel. Sie dienen der Finanzierung der Aufgaben der Krankenkasse und werden bei den Zuweisungen aus dem Gesundheitsfonds (mindernd) berücksichtigt.

Dementsprechend gehört auch die Liquiditätsreserve des Gesundheitsfonds nicht zu den Mitteln der Krankenkassen.[5] Der Gesundheitsfonds ist zwar ein Sondervermögen aller Krankenkassen, das vom Bundesversicherungsamt verwaltet wird.[6] Die Mittel des Gesundheitsfonds können aber dennoch nicht – auch nicht anteilig – einer Krankenkasse zugeordnet werden. Denn der Gesundheitsfonds ist selbst „haushaltsfähig". Deswegen bestimmt § 220 Abs. 3, dass bei der Verwaltung des Gesundheitsfonds die Vorschriften für das Haushalts- und Rechnungswesen entsprechend gelten. Dadurch soll gewährleistet werden, dass für den Gesundheitsfonds und die Krankenkassen einheitliche Haushalts- und Rechnungslegungsvorschriften gelten.[7] Das setzt dann aber einen eigenen „Haushalt" des Gesundheitsfonds voraus. Von daher können Mittel des Gesundheitsfonds nicht zugleich Mittel der Krankenkassen sein.

Ferner gehören auch Mittel Dritter, die die Krankenkassen einziehen oder verwalten nicht zu ihren eigenen Mitteln. Solche Mittel müssen die Krankenkassen getrennt von ihren eigenen Mitteln verwalten (§ 80 Abs. 2 SGB IV). Dazu zählen auch die Mittel für den Ausgleich der Arbeitgeberaufwendungen. Nach § 8 Abs. 1 AAG verwalten die Krankenkassen diese Mittel als Sondervermögen. Problematisch ist die Zuordnung dieser Mittel im Fall der Schließung oder Insolvenz einer Krankenkasse. Bisher ist nicht eindeutig geklärt, wer Eigentümer dieses Sondervermögens ist. Es spricht vieles dafür, dass die Krankenkassen Eigentümerinnen des Sondervermögens sind. Sie nehmen die Aufgaben nach dem AAG als eigene Aufgaben im Sinne des § 30 Abs. 1 SGB IV wahr.[8] Für die eigenständige Aufgabenerfüllung muss die Krankenkasse Eigentümerin des Sondervermögens sein. Alternativ kommt wohl nur eine Eigentümerstellung der Arbeitgeber in Betracht. Problematisch wäre dabei aber zum einen, dass eine konkrete Zuordnung der Mittel bei dem wechselnden Bestand an Arbeitgebern und Versicherten tat-

---
1 BGBl. I 1988, 2477.
2 IdF des Art. 1 Nr. 2 KVMG vom 15.12.1979; BGBl. I 1979, 2241.
3 Böttiger in: Krauskopf, § 259 SGB V Rn. 4; Pfohl in: Becker/Kingreen, § 259 Rn. 1.
4 Baierl in: jurisPK-SGB V, § 259 Rn. 40.
5 Pfohl/Sichert, NZS 2009, 71, 76.
6 Pfohl/Sichert, NZS 2009, 71 ff.
7 BT-Dr. 16/10609, 60.
8 BSG, 15.7.1993, 1 RK 13/92, BSGE 73, 31, 34.

sächlich nahezu unmöglich ist. Zum anderen bestünde dann die Möglichkeit der Anfechtung durch den Insolvenzverwalter im Fall der Insolvenz eines Arbeitgebers.

5 Die Mittel der Krankenkassen nach § 259 können nicht mit dem Vermögen der Krankenkassen gleichgesetzt werden, wenn man das Vermögen in Anlehnung an § 80 SGB IV als sämtliche wirtschaftlich einsetzbare Güter der Krankenkassen definiert.[9] Denn anders als in § 80 Abs. 1 SGB IV geht es in § 259 nicht um die Anlage der Mittel. Vielmehr ist zu bedenken, dass die Mittel der Krankenkassen („Betriebsmittel", „Rücklage" und „Verwaltungsvermögen") auch null oder negativ sein können. In strikter Auslegung der haushaltsrechtlichen Vorschriften sind für jede der drei Vermögensteile gesonderte Aktiv- und Passivkonten anzulegen. Erst bei einem Überschuss auf der Aktivseite kann jeweils von einem (Rein-)Vermögen gesprochen werden,[10] das dann auch angelegt werden kann. Insofern ist Vermögen der Krankenkassen der Bestand an Mitteln, der in der durch § 259 vorgeschriebenen Untergliederung in der Jahresrechnung von der Krankenkasse nachzuweisen ist.[11]

III. Regelungszusammenhang

6 Die §§ 259 bis 263 stehen im engen Zusammenhang mit der Anlage von Mitteln (§ 80 SGB IV). Hinsichtlich der Anlage der Mittel der Krankenkassen hat das Bundesversicherungsamt ein Arbeitspapier „Grundlagen und aktuelle Entwicklungen des Vermögensrechts in der Sozialversicherung und Aufsichtspraxis" herausgegeben.[12] Es gibt hilfreiche Hinweise zum Haushaltsrecht und zu den Anlagemöglichkeiten der Mittel.[13] Grundsätzlich gilt dabei: Sicherheit vor Verlust.[14]

7 Ferner besteht ein Zusammenhang zum Haushalts- und Rechnungswesen (§§ 67 ff. SGB IV, SVHV, SVRV). Zu Recht orientiert sich die Jahresrechnung insbesondere durch die Bestimmungen in § 77 Abs. 1a SGB IV immer stärker an den handelsrechtlichen Regelungen des HGB.[15]

§ 260 Betriebsmittel

(1) Betriebsmittel dürfen nur verwendet werden
1. für die gesetzlich oder durch die Satzung vorgesehenen Aufgaben sowie für die Verwaltungskosten; die Aufgaben der Krankenkassen als Pflegekassen sind keine gesetzlichen Aufgaben im Sinne dieser Vorschrift,
2. zur Auffüllung der Rücklage und zur Bildung von Verwaltungsvermögen.

(2) ¹Die Betriebsmittel sollen im Durchschnitt des Haushaltsjahres monatlich das Eineinhalbfache des nach dem Haushaltsplan der Krankenkasse auf einen Monat entfallenden Betrages der Ausgaben für die in Absatz 1 Nr. 1 genannten Zwecke nicht übersteigen. ²Bei der Feststellung der vorhandenen Betriebsmittel sind die Forderungen und Verpflichtungen der Krankenkasse zu berücksichtigen, soweit sie nicht der Rücklage oder dem Verwaltungsvermögen zuzuordnen sind. ³Durchlaufende Gelder bleiben außer Betracht.

(3) Die Betriebsmittel sind im erforderlichen Umfang bereitzuhalten und im übrigen so anzulegen, daß sie für die in Absatz 1 genannten Zwecke verfügbar sind.

I. Entstehungsgeschichte............ 1	c) Verwendung der Betriebsmittel zur Auffüllung der Rücklage und zur Bildung von Verwaltungsvermögen (Abs. 1 Nr. 2)........... 12
II. Regelungsgehalt................ 2	
1. Begriff der Betriebsmittel (Abs. 1) 2	
2. Verwendung der Betriebsmittel (Abs. 1) 6	
a) Allgemeines 6	3. Höhe de Betriebsmittel (Abs. 2)........ 13
b) Verwendung für gesetzliche Aufgaben und Satzungsleistungen sowie für Verwaltungskosten (Abs. 1 Nr. 1)..................... 7	4. Anlage und Verwaltung der Betriebsmittel (Abs. 3) 16

---

9 Hauck/Noftz, SGB V, § 259 Rn. 3; Baierl in: jurisPK-SGB V, § 259 Rn. 42.
10 Brandts/Wirth/Held, Haushaltsrecht der Sozialversicherung, 250 § 29 Rn. 3.
11 Pfohl in: Becker/Kingreen, § 259 Rn. 4.
12 Abrufbar unter www.bundesversicherungsamt.de (zuletzt abgerufen am 1.3.2017).
13 Dazu auch Samartzis, NZS, 2009, 361.
14 Herz/Mattes, NZS 2016, 606, 608.
15 Dazu ausführlich Fischer/Kaletta, NZS 2013, 89; Kohlhepp, KrV 2013, 9; Kohlhepp/Seligmann, KrV 2014, 95 (zur Rückstellung von Altersversorgungsverpflichtungen).

I. Entstehungsgeschichte

Die Vorschrift ist durch das GRG vom 20.12.1988[1] eingeführt worden. Abs. 1 Nr. 1 ist durch das Pflege-Versicherungsgesetz vom 26.5.1994[2] geändert worden. Es wurde der zweite Halbsatz angefügt. Er stellt klar, dass die Ausgaben der Krankenkasse von denen der (von ihr geführten) Pflegekasse zu trennen sind. Eine Quersubventionierung zwischen den beiden Versicherungszweigen ist demnach nicht zulässig.

II. Regelungsgehalt

1. Begriff der Betriebsmittel (Abs. 1). Der Begriff der Betriebsmittel wird nicht im SGB V definiert, sondern in § 81 SGB IV. Danach sind Betriebsmittel die kurzfristig verfügbaren Mittel, die erstens zur Bestreitung der laufenden Ausgaben sowie zweitens zum Ausgleich von Einnahme- und Ausgabeschwankungen bereitzuhalten sind. Die Betriebsmittel setzen sich damit aus zwei Teilen zusammen. Zum einen aus den Betriebsmitteln im engeren Sinne (→ Rn. 3). Aus ihnen sind die laufenden Ausgaben zu bestreiten. Zum anderen aus der Betriebsmittelreserve (→ Rn. 4). Sie dient dem Ausgleich von Einnahme- und Ausgabeschwankungen.[3]

Zu den Betriebsmitteln im engeren Sinn zählen alle Einnahmen, die zur Bestreitung der laufenden Ausgaben benötigt werden. Zu diesen Einnahmen gehören insbesondere die Zuweisungen aus dem Gesundheitsfonds und die Einnahmen aus den Zusatzbeiträgen.[4] Alle Einnahmen sind zunächst Betriebsmittel im engeren Sinn. Werden sie dann nicht zur Finanzierung der laufenden Ausgaben benötigt, sind sie der Betriebsmittelreserve, der Rücklage oder dem Verwaltungsvermögen zuzuordnen.

Die Betriebsmittelreserve ist ein Teil der Betriebsmittel. Sie dient dem Ausgleich von Einnahme- und Ausgabeschwankungen. Insofern ist sie von den Rücklagen abzugrenzen. Der Unterschied besteht darin, dass die Betriebsmittelreserve kurzfristig verfügbar sein muss (Feuerwehrfonds).[5] Hingegen ist zu den Rücklagen erst zu greifen, wenn die Betriebsmittelreserve nicht mehr ausreicht, um die Ausgabenschwankungen auszugleichen. Die Rücklage ist insoweit subsidiär gegenüber der Betriebsmittelreserve.

Die Betriebsmittel (im engeren Sinn und die Betriebsmittelreserve) haben eine Liquiditätsfunktion. Diese ist auch im Zusammenhang mit dem Verbot der Kreditaufnahme zu sehen (§ 220 Abs. 1 S. 2). Dadurch, dass Darlehensaufnahmen selbst dann nicht zulässig sind, wenn sie einen kurzfristigen Liquiditätsengpass ausgleichen sollen, der dadurch entstanden ist, dass die Betriebsmittel erheblich günstiger angelegt wurden, als die Kreditaufnahme kostet,[6] muss die Krankenkasse auch die kurzfristige Liquidität aus eigenen Mitteln sicherstellen.[7]

2. Verwendung der Betriebsmittel (Abs. 1). a) Allgemeines. Abs. 1 bestimmt, für welche Zwecke die Betriebsmittel verwendet werden dürfen. Die Regelung konkretisiert für die GKV den allgemeinen Mittelverwendungsgrundsatz des § 30 SGB IV.[8] Die Betriebsmittel sind zweckgebunden. Für andere, nicht zugelassene Zwecke, dürfen die Betriebsmittel nicht verwendet werden. In Nr. 1 und Nr. 2 werden die zulässigen Zwecke abschließend aufgezählt.

b) Verwendung für gesetzliche Aufgaben und Satzungsleistungen sowie für Verwaltungskosten (Abs. 1 Nr. 1). Die Krankenkassen dürfen die Betriebsmittel für ihre gesetzlichen Aufgaben und für ihre Satzungsleistungen verwenden. Ferner können sie für Verwaltungskosten eingesetzt werden. Diese Ausgaben werden als erfolgswirksame Aufwendungen bezeichnet.[9] Erfolgswirksam deswegen, weil sie das (Rein-)Vermögen der Krankenkasse reduzieren.[10]

Die Krankenkasse darf aus den Betriebsmitteln alle Aufgaben bezahlen, zu denen sie kraft Gesetzes verpflichtet ist. Unter Gesetz sind nicht nur die formellen Gesetze zu verstehen, sondern auch die „gesetzesgleichen" Rechtsnormen. Erfasst sind somit insbesondere: Alle formellen Gesetze (auch außer-

---

1 BGBl. I 1988, 2477.
2 BGBl. I 1994, 1014.
3 Engelhard in: jurisPK-SGB IV, § 81 Rn. 11.
4 Pfohl in: Becker/Kingreen, § 260 Rn. 2; Thüsing/Traut/Pötters, NZS 2012, 641, 644; Bohlen-Schöning/Otto, NZS 2013, 207, 208 f.
5 Engelhard in: jurisPK-SGB IV, § 81 Rn. 11.
6 BSG, 3.3.2009, B 1 A 1/08 R.
7 Zur Unzulässigkeit der Kreditaufnahme ausführlich Schnapp/Rixen, BKR 2006, 360 ff.
8 Baier in: Krauskopf, § 260 SGB V Rn. 4.
9 Dalichau, SGB V, § 260 Anm. II.
10 Baierl in: jurisPK-SGB V, § 260 Rn. 23.

halb des SGB),[11] alle untergesetzlichen Normen (zB die Richtlinien des G-BA nach § 92), die Normsetzungsverträge und die Entscheidungen des GKV-Spitzenverbandes (zB Beitragsverfahrensgrundsätze § 240 SGB V, Entscheidungen im Zusammenhang mit der Schließung einer Krankenkasse § 217 f Abs. 6). Zu den „gesetzesgleichen" Normen zählen hier auch rechtskräftige – vor allem höchstrichterliche – Entscheidungen. Diese sind von den Krankenkassen zu beachten. Deswegen sind auch die finanzwirksamen Gerichtsentscheidungen zu dem Einsatz von Betriebsmitteln zu befolgen.[12] Eine Unterscheidung zwischen eigenen (§ 30 Abs. 1 SGB IV) und übertragenen (§ 30 Abs. 2 SGB IV) Aufgaben ist nicht erforderlich. In beiden Fällen handelt es sich um gesetzliche Aufgaben der Krankenkasse, die diese mit den Betriebsmitteln zu erfüllen hat.

9 Zu den Satzungsaufgaben gehören alle in der Satzung genannten Aufgaben. Das unabhängig davon, ob es sich um Pflicht- oder Ermessensleistungen handelt.[13] Die Verwendung der Betriebsmittel für Satzungsleistungen setzt natürlich voraus, dass die Satzungsregelungen rechtmäßig sind.[14]

10 Die Betriebsmittel dürfen auch zur Erfüllung von Verwaltungskosten verwendet werden. Verwaltungskosten sind die Ausgaben, die durch den Verwaltungsapparat bedingt sind, der zur Durchführung der Aufgaben der Krankenkasse erforderlich ist. Dazu gehören in erster Linie die Ausgaben für die personelle und sachliche Ausstattung des Krankenversicherers.[15]

11 Abs. 1 Nr. 1 stellt klar, dass die Aufgaben der Krankenkasse, die diese als Trägerin der sozialen Pflegeversicherung wahrnimmt (§ 1 Abs. 3 SGB XI), keine Aufgaben sind, die sie mit den Betriebsmitteln der Krankenversicherung finanzieren darf (Verbot der Quersubventionierung).

12 c) **Verwendung der Betriebsmittel zur Auffüllung der Rücklage und zur Bildung von Verwaltungsvermögen (Abs. 1 Nr. 2).** Die Betriebsmittel, die nicht zur Erfüllung der laufenden Ausgaben oder zur Auffüllung der Betriebsmittelreserve benötigt werden, können in die Rücklage (§ 261) oder in das Verwaltungsvermögen (§ 263) gebucht werden.

13 **3. Höhe de Betriebsmittel (Abs. 2).** Die Höhe der Betriebsmittel – Betriebsmittel im engeren Sinn und Betriebsmittelreserve zusammen – sollen das Eineinhalbfache einer durchschnittlichen Monatsausgabe des Haushaltsplanes nicht überschreiten. Als Folge der „Sollregelung" kann die Krankenkasse beim Vorliegen einer atypischen Situation ausnahmsweise auch einen höheren Betriebsmittelbestand vorhalten. Der Krankenkasse ist bei der Beurteilung, ob ein atypischer Umstand vorliegt ein Ermessensspielraum einzuräumen. Denn sie kennt die jetzige und angenommene künftige Finanzlage am Besten. Schon wegen des tatsächlich bestehenden und gewollten Wettbewerbs wird man den Krankenkassen ebenfalls einräumen müssen, dass in ihre Entscheidung auch unternehmerische und wettbewerbliche Aspekte einfließen, die dann wiederum nur sehr begrenzt (aufsichtsrechtlich) überprüfbar sind. Dies ist letztlich auch wegen des der Krankenkasse eingeräumten Selbstverwaltungsrechts gerechtfertigt (§ 29 Abs. 1 SGB IV). Danach liegt vor allem die Finanzhoheit bei den einzelnen Krankenkassen.[16]

14 Zu beachten ist, dass die Betriebsmittelreserve im Regelfall nur eine halbe Monatsausgabe beinhalten darf. Das bedeutet, dass zu Beginn eines Monats, zu einem Zeitpunkt, zu dem im Idealfall die Einnahmen des Vormonates vollständig ausgegeben sind und für den beginnenden Monat noch keine Einnahmen eingegangen sind, nach der Regelung in Abs. 2, nur eine halbe Monatseinnahme als Betriebsmittelreserve vorhanden sein darf.[17] Die Höchstgrenze (1½-fache) bezieht sich auf die Betriebsmittel insgesamt. Demnach auf die Betriebsmittel im engeren Sinn und die Betriebsmittelreserve. Beide zusammen dürfen die Höchstgrenze nicht übersteigen.

15 Die durchlaufenden Gelder sind bei der Feststellung der vorhandenen Betriebsmittel nicht zu berücksichtigen (Abs. 2 S. 3). Dazu zählen insbesondere die Beiträge, die an andere Sozialversicherungsträger oder an den Gesundheitsfonds abzuführen sind.[18] Sie bleiben demnach auch bei der Feststellung der zulässigen Höchstgrenzen für die Betriebsmittel (1½-Fache) außer Betracht.

---

11 Peters, HdB KrV, § 260 SGB V Rn. 8.
12 Peters, HdB KrV, § 260 SGB V Rn. 8.
13 Peters, HdB KrV, § 260 SGB V Rn. 9.
14 Baier in: Krauskopf, § 260 SGB V Rn. 5.
15 Brandts/Wirth/Held, Haushaltsrecht der Sozialversicherung, 210, § 67 Rn. 22.
16 Zum Kernbereich der Selbstverwaltung: BSG, 24.4.2002, B 7 A 1/01 R; BSG, 8.8.1990, RR 4/88. Zum Grundsatz der maßvollen Aufsicht: BSG, 31.5.2016, B 1 A 2/15 R, BSG, 6.5.2009, B 6 A 1/08 R; BSG, 11.8.1992, 1 RR 7/91.
17 BSG, 13.5.1982, 8 RK 30/81, Rn. 15 juris.
18 Dalichau, SGB V, § 260 Anm. III.

4. Anlage und Verwaltung der Betriebsmittel (Abs. 3). Abs. 3 legt für die Anlage und Verwaltung der Betriebsmittel das Liquiditätsgebot fest. Die in § 80 SGB IV aufgeführten anderen Anlagegrundsätze „Anlagesicherheit" und „angemessener Ertrag" nennt Abs. 3 nicht. Damit liegt bereits nach dem Wortlaut der Bestimmung die Priorität auf der Liquidität.

Übersteigen die Betriebsmittel den monatlichen Bedarf, sind sie so anzulegen, dass sie jederzeit verfügbar sind.[19] Dies grenzt die Anlagemöglichkeiten der Krankenkassen erheblich ein. Praktisch kommen nur eine Tagesgeldanlage oder vergleichbare Anlageformen in Betracht. Auch bestimmte Fondsmodelle können eine jederzeitige Verfügbarkeit sicherstellen. Insofern ist nach Abs. 3 jede Anlageform zulässig, die eine jederzeitige („von einem Tag auf den anderen") Verfügbarkeit gewährleistet. Insoweit scheiden die in § 83 SGB IV aufgezählten Anlageformen zwar nicht per se aus. Die tatsächliche Ausgestaltung dieser Anlagen wird aber in der Regel eine jederzeitige Verfügbarkeit nicht oder nur zu solchen Bedingungen ermöglichen, die dann wiederum mit dem Wirtschaftlichkeitsgebot schwer vereinbar sein werden. Letztlich kommt es auf den konkreten Einzelfall an. Kommen danach mehrere Anlagemodelle in Frage, muss die Krankenkasse die sicherste Variante wählen. Bei vergleichbar sicheren Anlagealternativen hat sie sich für die Alternative zu entscheiden, die den besten Ertrag bringt. Insofern gilt die Prioritätenliste: 1. Verfügbarkeit, 2. Sicherheit, 3. Angemessener Ertrag.[20]

§ 261 Rücklage

(1) Die Krankenkasse hat zur Sicherstellung ihrer Leistungsfähigkeit eine Rücklage zu bilden.
(2) ¹Die Satzung bestimmt die Höhe der Rücklage in einem Vomhundertsatz des nach dem Haushaltsplan durchschnittlich auf den Monat entfallenden Betrages der Ausgaben für die in § 260 Abs. 1 Nr. 1 genannten Zwecke (Rücklagesoll). ²Die Rücklage muß mindestens ein Viertel und darf höchstens das Einfache des Betrages der auf den Monat entfallenden Ausgaben nach Satz 1 betragen.
(3) ¹Die Krankenkasse kann Mittel aus der Rücklage den Betriebsmitteln zuführen, wenn Einnahme- und Ausgabeschwankungen innerhalb eines Haushaltsjahres nicht durch die Betriebsmittel ausgeglichen werden können. ²In diesem Fall soll die Rücklage in Anspruch genommen werden, wenn dadurch Erhöhungen des Zusatzbeitragssatzes nach § 242 während des Haushaltsjahres vermieden werden.
(4) Ergibt sich bei der Aufstellung des Haushaltsplans, daß die Rücklage geringer ist als das Rücklagesoll, ist bis zur Erreichung des Rücklagesolls die Auffüllung der Rücklage im Regelfall mit einem Betrag in Höhe von mindestens einem Viertel des Rücklagesolls im Haushaltsplan vorzusehen.
(5) Übersteigt die Rücklage das Rücklagesoll, ist der übersteigende Betrag den Betriebsmitteln zuzuführen.
(6) ¹Die Rücklage ist getrennt von den sonstigen Mitteln so anzulegen, daß sie für den nach Absatz 1 genannten Zweck verfügbar ist. ²Sie wird vorbehaltlich des § 262 von der Krankenkasse verwaltet.

I. Entstehungsgeschichte 1	3. Verwendung des Rücklagesolls (Abs. 3)	8
II. Regelungsgehalt 2	4. Auffüllung der Rücklage (Abs. 4)	10
1. Begriff, Sinn und Zweck der Rücklage (Abs. 1) 2	5. Überschreitung des Rücklagesolls (Abs. 5)	13
2. Rücklagenhöhe (Abs. 2) 5	6. Anlage der Rücklage (Abs. 6)	14

I. Entstehungsgeschichte

Wie auch die anderen Vorschriften zur Verwendung und Verwaltung der Mittel der Krankenkassen (§§ 259, 260, 262 und 263), ist auch § 261 durch das GRG vom 20.12.1988[1] eingeführt worden. § 261 ist seitdem durch drei Gesetze geändert worden. Erstens durch das GKV-WSG[2] vom 26.3.2007. In Abs. 3 und 4 wurde dadurch jeweils der Begriff „Beitragssatzerhöhung" durch die Worte „Erhöhung(en) des Zusatzbeitrags" ersetzt. Zweitens durch das GKV-VStG vom 22.12.2011.[3] Auf Empfehlung des Gesundheitsausschusses[4] wurde Abs. 4 so gefasst, dass die Krankenkassen nunmehr grund-

---

19 BSG, 3.3.2009, B 1 A 1/08 R, Rn. 30 juris.
20 BSG, 3.3.2009, B 1 KR 139/02, Rn. 31 ff. juris.
1 BGBl. I 1988, 2477.
2 BGBl. I 2007, 378.
3 BGBl. 2011, 2983.
4 BT-Dr. 17/8005.

sätzlich verpflichtet sind, die Rücklage innerhalb von vier Jahren bis zum satzungsgemäßen Rücklagesoll aufzufüllen. Drittens mWv **1.1.2015** durch das **GKV-Finanzstruktur- und Qualitäts-Weiterentwicklungsgesetz (GKV-FQWG)** vom 21.7.2014[5]. Dies allerdings rein redaktionell: In Abs. 3 S. 2 wurde das Wort „Zusatzbeitrag" durch den Begriff „Zusatzbeitragssatz" ersetzt. Es handelt sich insofern lediglich um eine Folgeänderung zur Umstellung vom einkommensunabhängigen auf den prozentualen Zusatzbeitrag.[6]

II. Regelungsgehalt

2 **1. Begriff, Sinn und Zweck der Rücklage (Abs. 1).** Die Rücklage ist der Teil des Vermögens einer Krankenkasse, der zur Sicherstellung ihrer Leistungsfähigkeit dient.[7] Sie ist eine Schwankungsreserve, um überplanmäßig gewachsene Ausgaben oder unterplanmäßige Einnahmen – zumindest im laufenden Haushaltsjahr – ohne die Erhebung eines Zusatzbeitrages auszugleichen.[8] Anders als die Betriebsmittel, ist die Rücklage eine reine Bestandsgröße. Sie kommt nur dann zum Einsatz, wenn die Ausgabe- und Einnahmeschwankungen nicht durch die Betriebsmittel ausgeglichen werden können.[9]

3 Der Begriff der Leistungsfähigkeit einer Krankenkasse wird im Gesetz an verschiedenen Stellen verwendet (zB § 153 S. 1 Nr. 3, § 171 b Abs. 3 S. 2, § 265 b Abs. 1 Nr. 1). Er muss im Kontext der jeweiligen Norm definiert werden. Allein die Erfüllung der Rücklageverpflichtungen sichert die (dauerhafte) Leistungsfähigkeit der Krankenkasse nicht. Dies liegt bereits daran, dass schon mit einem Viertel der geplanten durchschnittlichen Monatsausgabe die Rücklagenverpflichtung erfüllt werden kann. Demnach wird man nur im Rahmen von § 261 die Sicherstellung der Leistungsfähigkeit bejahen müssen, wenn die Krankenkasse das von ihr selbst festgelegte Rücklagensoll erfüllt.

4 § 261 ergänzt und konkretisiert für die gesetzliche Krankenversicherung § 82 SGB IV. Die Rechtsprechung und Literatur zu § 82 SGB IV ist dementsprechend auch bei der Anwendung des § 261 zu beachten.

5 **2. Rücklagenhöhe (Abs. 2).** Abs. 2 S. 1 enthält die Legaldefinition für den Begriff „Rücklagesoll".[10] Danach ist das Rücklagesoll der Betrag, der dem in der Satzung der Krankenkasse festgelegte Prozentsatz ihrer durchschnittlichen monatlichen Monatsausgabe entspricht.

6 Das Rücklagesoll ist in der Satzung festzulegen. Demnach entscheidet der Verwaltungsrat über die Höhe des Rücklagesolls (§ 33 Abs. 3 iVm Abs. 1 SGB IV). Bemessungsgrundlage für das Rücklagesoll sind die im Haushaltsplan festgestellten durchschnittlichen Monatsausgaben. Das Rücklagesoll ist in einem Vomhundertsatz festzulegen. Dadurch ist gewährleistet, dass es sich immer an die aktuelle Einnahme- und Ausgabensituation der Krankenkasse anpasst.[11] Das Rücklagesoll ist damit ein dynamischer und kein statischer Betrag.

7 Die konkrete Höhe des Rücklagesolls bestimmt der Verwaltungsrat in der Satzung der Krankenkasse. Dabei ist er allerdings durch die Regelung in Abs. 2 S. 2 eingeschränkt. Diese gibt ihm eine Spannbreite vor. Danach muss das Rücklagesoll zwischen 25 % und 100 % einer Monatsausgabe liegen. Bei der Festlegung des Rücklagesolls innerhalb dieser vorgegebenen Spannweite sind die individuellen, auch im Haushaltsplan zu Grunde gelegten Tatsachen und Erwartungen (zB Versichertenstruktur, Mitgliederentwicklung, Konjunkturentwicklung) zu berücksichtigen.

8 **3. Verwendung des Rücklagesolls (Abs. 3).** Dem Charakter von Rücklagen entsprechend, können Mittel aus der Rücklage erst dann den Betriebsmitteln zugeführt werden, wenn durch diese die Einnahme- und Ausgabeschwankungen nicht mehr ausgeleichen können.

9 Reichen die Betriebsmittel zur Deckung von Einnahme- und Ausgabeschwankungen nicht aus, „müssen" allerdings die Krankenkassen ihre Rücklagen einsetzen. Die „Kann-Bestimmung" in Abs. 3 wird faktisch zu einer „Muss-Regelung. Denn zum einen dürfen die Krankenkassen nach der Rechtsprechung des BSG auch dann kein Darlehen aufnehmen, wenn sie die Rücklage wesentlich gewinnbringender angelegt haben, als die Darlehensaufnahme kosten würde.[12] Das entspricht den gesetzlichen

---

5 BGBl. I 2014, 1133, 1138, 1147.
6 BT-Dr. 18/1307, 47.
7 Brandts/Wirth/Held, Haushaltsrecht der Sozialversicherung, 250, § 5 Rn. 14.
8 Schnapp/Rixen, BKR 2006, 360, 361.
9 Pfohl in: Becker/Kingreen, § 261 Rn. 1.
10 Peters, HdB KrV, § 261 SGB V Rn. 5.
11 Baier in: Krauskopf, § 261 SGB V Rn. 5.
12 BSG, 3.3.2009, B 1 A 1/08 R.

Regelungen (insbes. § 220 Abs. 1 S. 2), deren Verbindlichkeit nicht davon abhängt, ob sie zu wirtschaftlich vernünftigen Ergebnissen führen. Zum anderen soll die Krankenkasse die Rücklagen in Anspruch nehmen, bevor sie im laufenden Haushaltsjahr zum Ausgleich von Liquiditätsschwankungen einen Zusatzbeitragssatz erhebt (Abs. 3 S. 2). In Anbetracht der zumindest zurzeit noch bestehenden gravierenden Folgen der Erhebung des Zusatzbeitrags*satzes*, wird diese „Soll-Regelung" auch wirtschaftlich zu einer „Muss-Bestimmung". Es bleibt abzuwarten, ob daran der mit dem **GKV-FQWG**[13] eingeführte prozentuale, einkommensbezogene Zusatzbeitragssatz etwas ändert. Nach den ersten Erfahrungen scheint das durchaus der Fall zu sein.

4. Auffüllung der Rücklage (Abs. 4). Abs. 4 verpflichtet die Krankenkasse dazu, ihre Rücklage aufzufüllen, wenn sie bei der Aufstellung des Haushaltsplanes feststellt, dass das „Ist" an Rücklage von ihrem satzungsgemäßen Rücklagesoll abweicht. Von dieser Pflicht gibt es keine Ausnahme.[14] 10

Einen Ermessensspielraum hat die Krankenkasse lediglich hinsichtlich der Länge des Zeitraumes, den sie zur Auffüllung der Rücklage ansetzt. Denn (nur) darauf beziehen sich die Wörter „im Regelfall". Dies bedeutet, dass die Krankenkasse ihre Rücklage grundsätzlich innerhalb von vier Jahren wieder so aufgefüllt haben muss, dass das satzungsgemäße Rücklagensoll erreicht ist. Sie kann aber ausnahmsweise davon abweichen und einen längeren Zeitraum bis zur vollständigen Auffüllung der Rücklage vorsehen. 11

Die Beurteilung, ob eine solche Ausnahme gegeben ist, liegt im pflichtgemäßen Ermessen der Krankenkasse.[15] Nach seinem Wortlaut richtet sich Abs. 4 eindeutig an die Krankenkasse. Er stellt auf die Aufstellung des Haushaltsplanes ab. Die Frage, ob ein Ausnahmefall vorliegt, ist demnach zur Zeit der Aufstellung des Haushaltsplanes zu beantworten. Den Haushaltsplan stellt aber der Vorstand der Krankenkasse auf (§ 70 Abs. 5 S. 1 SGB IV). Er muss deswegen beurteilen, ob für die Auffüllung der Rücklage ausnahmsweise mehr als vier Jahre einzuplanen sind. Dagegen kann die Gesetzesbegründung[16] nicht angeführt werden.[17] Sie stellt zwar auf die Aufsichtsbehörde ab. Dies hat aber im Wortlaut der Norm keinen Niederschlag gefunden. Dass der Vorstand und damit die Krankenkasse über den Auffüllungszeitraum nach pflichtgemäßen Ermessen entscheidet und in den Haushaltsplan aufnimmt, ist auch insofern konsequent, als es die Krankenkasse im Rahmen des ihr gegebenen Spielraums (Abs. 2 S. 2) selbst in der Hand hat, das Rücklagesoll zu verringern und sie dadurch Mittel – auch für wettbewerbliche Maßnahmen – freistellen kann. Bei der Ausübung ihres pflichtgemäßen Ermessens kann die Krankenkasse auch ihre Wettbewerbsposition und die allgemeine Wettbewerbssituation berücksichtigen. Dabei spielen die Auswirkungen eines möglichen Zusatzbeitrages eine erhebliche Rolle.[18] Die Aufsichtsbehörde kann die Entscheidung der Krankenkasse beanstanden (§ 70 Abs. 5 S. 4 SGB IV). Das setzt allerdings das Vorliegen eines Rechtsverstoßes voraus. 12

5. Überschreitung des Rücklagesolls (Abs. 5). Übersteigen die Rücklagemittel das Rücklagesoll, muss die Krankenkasse den übersteigenden Betrag den Betriebsmitteln zuführen („ist ... zuzuführen"). Allerdings kann sie durch die Änderung ihrer Satzung ihr Rücklagesoll erhöhen, sofern dort noch nicht der gesetzlich zulässige Höchstsatz bestimmt ist. 13

6. Anlage der Rücklage (Abs. 6). Abs. 6 S. 1 bestimmt auch für die Anlage der Rücklage das Liquiditätsgebot. Nach der Rechtsprechung kommt der Liquidität der Mittel die höchste Priorität zu.[19] Gefolgt von der Anlagesicherheit und (erst dann) von dem Grundsatz, dass durch die Anlage ein angemessener Ertrag erzielt werden soll.[20] Hinsichtlich der Anlage ist § 83 SGB IV zu beachten.[21] 14

---

13 GKV-FQWG vom 21.7.2014 (BGBl. I, 1133); BT-Dr. 18/1307 vom 5.5.2014, BT-Dr. 18/1579; → Rn. 15.
14 BT-Dr. 17/8005, 127.
15 AA Pfohl in: Becker/Kingreen, § 261 Rn. 4.
16 Begr. des Gesundheitsausschusses BT-Dr. 17/8005, 127.
17 So aber Pfohl in: Becker/Kingreen, § 261 Rn. 4.
18 BT-Dr. 17/8005, 127.
19 BSG, 3.3.2009, B 1 A 1/08 R, Rn. 31 juris.
20 BSG, 3.3.2009, B 1 A 1/08 R, Rn. 31; LSG München, 25.8.2005, L 4 KR 139/02, Rn. 31 f. juris.
21 Dazu ausführlich Samartzis, NZS 2009, 361 ff.

§ 262 Gesamtrücklage

(1) ¹Die Satzungen der Landesverbände können bestimmen, daß die von den Verbandsmitgliedern zu bildenden Rücklagen bis zu einem Drittel des Rücklagesolls von dem Landesverband als Sondervermögen (Gesamtrücklage) verwaltet werden. ²Die Gesamtrücklage ist vorrangig vor dem von der Krankenkasse verwalteten Teil der Rücklage aufzufüllen.
(2) ¹Die im Laufe eines Jahres entstehenden Kapitalerträge und die aus den Veräußerungen erwachsenden Gewinne der Gesamtrücklage werden gegen die aus Veräußerungen entstehenden Verluste ausgeglichen. ²Der Unterschied wird auf die beteiligten Krankenkassen nach der Höhe ihres Rücklageguthabens beim Landesverband im Jahresdurchschnitt umgelegt.
(3) ¹Ergibt sich nach Absatz 2 ein Überschuß, wird er den Krankenkassen ausgezahlt, deren Rücklageguthaben beim Landesverband den nach Absatz 1 bestimmten Anteil erreicht hat. ²Ist dieses Rücklageguthaben noch nicht erreicht, wird der Überschuß bis zur Höhe des fehlenden Betrages nicht ausgezahlt, sondern gutgeschrieben. ³Ergibt sich nach Absatz 2 ein Fehlbetrag, wird er dem Rücklageguthaben der Krankenkassen zur Last geschrieben.
(4) ¹Die Krankenkasse kann über ihr Rücklageguthaben beim Landesverband erst verfügen, wenn die von ihr selbst verwalteten Rücklagemittel verbraucht sind. ²Hat die Krankenkasse ihr Rücklageguthaben verbraucht, kann sie von dem Landesverband ein Darlehen aus der Gesamtrücklage erhalten. ³Die Satzung des Landesverbands trifft Regelungen über die Voraussetzungen der Darlehensgewährung, die Rückzahlung und die Verzinsung.
(5) Die Gesamtrücklage ist so anzulegen, daß sie für die in § 261 Abs. 1 und 4 genannten Zwecke verfügbar ist.

1 Die praktische Bedeutung der Norm ist gering. Dies liegt zum einen daran, dass immer mehr Krankenkassen selbst die Funktion eines Landesverbandes übernehmen (§ 207 Abs. 2 a und 4).[1] Zum anderen sehen selbst die Satzungen der Landesverbände der Betriebskrankenkassen, die noch erhebliche gesetzliche Aufgaben haben, nicht mehr durchgängig die Bildung einer Gesamtrücklage vor. Dabei ist insbesondere die Möglichkeit einer Darlehensvergabe durchaus interessant. Denn die Aufnahme von Darlehen ist grundsätzlich verboten, so dass ein Darlehen aus der Gesamtrücklage – neben zB § 265b Abs. 1 Nr. 1 und Nr. 2 – eine der wenigen Möglichkeiten ist, den (unvorhergesehenen) Finanzbedarf durch eine Kreditaufnahme zu decken. Sicherlich dürfte auch der Wettbewerb unter den Krankenkassen Ursache für die Zurückhaltung sein. Insbesondere durch die Regelungen in Abs. 1 S. 2 (Vorrang der Auffüllung der Gesamtrücklage) oder in Abs. 4 S. 1 (Subsidiarität der Gesamtrücklage) werden sich Krankenkassen als Mitglieder der Landesverbände gut überlegen, ob sie der Bildung einer Gesamtrücklage zustimmen und dadurch Mittel binden.

§ 263 Verwaltungsvermögen

(1) ¹Das Verwaltungsvermögen der Krankenkasse umfaßt
1. Vermögensanlagen, die der Verwaltung der Krankenkasse sowie der Führung ihrer betrieblichen Einrichtungen (Eigenbetriebe) zu dienen bestimmt sind,
2. die zur Anschaffung und Erneuerung dieser Vermögensteile und für künftig zu zahlende Versorgungsbezüge der Bediensteten und ihrer Hinterbliebenen bereitgehaltenen Geldmittel,

soweit sie für die Erfüllung der Aufgaben der Krankenkasse erforderlich sind. ²Zum Verwaltungsvermögen gehören auch Grundstücke, die nur teilweise für Zwecke der Verwaltung der Krankenkasse oder für Eigenbetriebe erforderlich sind.
(2) Als Verwaltungsvermögen gelten auch sonstige Vermögensanlagen auf Grund rechtlicher Verpflichtung oder Ermächtigung, soweit sie nicht den Betriebsmitteln, der Rücklage oder einem Sondervermögen zuzuordnen sind.

---

[1] Ihle in: Eichenhofer/Wenner, § 262 Rn. 5.

I. Entstehungsgeschichte

§ 263 ist durch das GRG vom 20.12.1988 eingeführt worden.[1] Er ist am 1.1.1989 in Kraft getreten. Sein Regelungsgehalt entspricht dem des § 367 RVO.[2] Er ist bisher nicht geändert worden.

II. Regelungsgehalt

1. Begriff des Verwaltungsvermögens (Abs. 1 und 2). Zum Verwaltungsvermögen rechnet § 263 alle Vermögenswerte, die – mindestens teilweise – zur verwaltungsmäßigen Abwicklung der Geschäfte erforderlich sind und daher als Betriebsmittel oder Rücklage nicht zur Verfügung stehen.[3] Auch aufgrund der Auffangnorm in Abs. 2 wird der Begriff des Verwaltungsvermögens weit und in erster Linie zur Abgrenzung zu den Betriebsmitteln und den Rücklagen herangezogen. Insofern gehören zum Verwaltungsvermögen alle Vermögensteile, die für die Erfüllung der Aufgaben der Krankenkasse erforderlich sind und nicht zu den Betriebsmitteln oder zu den Rücklagen zählen.

In Abs. 1 Nr. 1 und Nr. 2 führt das Gesetz die Vermögenspositionen auf, die zum Verwaltungsvermögen gehören. Über Abs. 2 gehören zB auch Beteiligungen an Gesellschaften (Arbeitsgemeinschaften) oder Erlöse aus Grundstücken, Gebäuden und technischen Anlagen zu dem Verwaltungsvermögen.[4]

2. Höhe des Verwaltungsvermögens. Im Gegensatz zu den Betriebsmitteln und der Rücklage ist das Verwaltungsvermögen, das eine Krankenkasse bilden kann, nicht der Höhe nach begrenzt.[5] Die Grenze ergibt sich daraus, dass Verwaltungsvermögen nur gebildet werden darf, soweit dies zur Erfüllung der Aufgaben der Krankenkasse erforderlich ist. Dabei steht der Krankenkasse ein weiter Beurteilungsspielraum zu.[6] Die Entscheidungen der Krankenkassen unterliegen der Rechtsaufsicht. Die Zweckmäßigkeit kann demnach nicht mit den Mittel der Rechtsaufsicht überprüft werden. Die Krankenkasse hat dabei selbstverständlich vor allem den Grundsatz der Wirtschaftlichkeit und Sparsamkeit (§ 69 SGB IV) zu beachten.

§ 263 a (aufgehoben)

§ 264 Übernahme der Krankenbehandlung für nicht Versicherungspflichtige gegen Kostenerstattung

(1) ¹Die Krankenkasse kann für Arbeits- und Erwerbslose, die nicht gesetzlich gegen Krankheit versichert sind, für andere Hilfeempfänger sowie für die vom Bundesministerium für Gesundheit bezeichneten Personenkreise die Krankenbehandlung übernehmen, sofern der Krankenkasse Ersatz der vollen Aufwendungen für den Einzelfall sowie eines angemessenen Teils ihrer Verwaltungskosten gewährleistet wird. ²Die Krankenkasse ist zur Übernahme der Krankenbehandlung nach Satz 1 für Empfänger von Gesundheitsleistungen nach den §§ 4 und 6 des Asylbewerberleistungsgesetzes verpflichtet, wenn sie durch die Landesregierung oder die von der Landesregierung beauftragte oberste Landesbehörde dazu aufgefordert wird und mit ihr eine entsprechende Vereinbarung mindestens auf Ebene der Landkreise oder kreisfreien Städte geschlossen wird. ³Die Vereinbarung über die Übernahme der Krankenbehandlung nach Satz 1 für den in Satz 2 genannten Personenkreis hat insbesondere Regelungen zur Erbringung der Leistungen sowie zum Ersatz der Aufwendungen und Verwaltungskosten nach Satz 1 zu enthalten; die Ausgabe einer elektronischen Gesundheitskarte kann vereinbart werden. ⁴Wird von der Landesregierung oder der von ihr beauftragten obersten Landesbehörde eine Rahmenvereinbarung auf Landesebene zur Übernahme der Krankenbehandlung für den in Satz 2 genannten Personenkreis gefordert, sind die Landesverbände der Krankenkassen und die Ersatzkassen gemeinsam zum Abschluss einer Rahmenvereinbarung verpflichtet. ⁵Zudem vereinbart der Spitzenverband Bund der Krankenkassen mit den auf Bundesebene bestehenden Spitzenorganisationen der nach dem Asylbewerberleistungsgesetz zuständigen Behörden Rahmenempfehlungen zur Übernahme der Krankenbehandlung für den in Satz 2 genannten Personenkreis. ⁶Die Rahmenempfehlungen nach Satz 5, die von den

---

1 BGBl. I 1988, 2477.
2 Peters in: KassKomm, § 263 SGB V Rn. 1.
3 Baier in: Krauskopf, § 263 SGB V Rn. 3.
4 Brandts/Wirth/Held, Haushaltsrecht der Sozialversicherung, 250, § 5 Rn. 9.
5 GKV-Komm/Wasem, SGB V, § 263 Rn. 2.
6 Dalichau, SGB V, § 263 Anm. II 1.

zuständigen Behörden nach dem Asylbewerberleistungsgesetz und den Krankenkassen nach den Sätzen 1 bis 3 sowie von den Vertragspartnern auf Landesebene nach Satz 4 übernommen werden sollen, regeln insbesondere die Umsetzung der leistungsrechtlichen Regelungen nach den §§ 4 und 6 des Asylbewerberleistungsgesetzes, die Abrechnung und die Abrechnungsprüfung der Leistungen sowie den Ersatz der Aufwendungen und der Verwaltungskosten der Krankenkassen nach Satz 1. [7]Bis zum Inkrafttreten einer Regelung, wonach die elektronische Gesundheitskarte bei Vereinbarungen nach Satz 3 zweiter Halbsatz die Angabe zu enthalten hat, dass es sich um einen Empfänger von Gesundheitsleistungen nach den §§ 4 und 6 des Asylbewerberleistungsgesetzes handelt, stellen die Vereinbarungspartner die Erkennbarkeit dieses Status in anderer geeigneter Weise sicher.

(2) [1]Die Krankenbehandlung von Empfängern von Leistungen nach dem Dritten bis Neunten Kapitel des Zwölften Buches, von Empfängern laufender Leistungen nach § 2 des Asylbewerberleistungsgesetzes und von Empfängern von Krankenhilfeleistungen nach dem Achten Buch, die nicht versichert sind, wird von der Krankenkasse übernommen. [2]Satz 1 gilt nicht für Empfänger, die voraussichtlich nicht mindestens einen Monat ununterbrochen Hilfe zum Lebensunterhalt beziehen, für Personen, die ausschließlich Leistungen nach § 11 Abs. 5 Satz 3 und § 33 des Zwölften Buches beziehen sowie für die in § 24 des Zwölften Buches genannten Personen.

(3) [1]Die in Absatz 2 Satz 1 genannten Empfänger haben unverzüglich eine Krankenkasse im Bereich des für die Hilfe zuständigen Trägers der Sozialhilfe oder der öffentlichen Jugendhilfe zu wählen, die ihre Krankenbehandlung übernimmt. [2]Leben mehrere Empfänger in häuslicher Gemeinschaft, wird das Wahlrecht vom Haushaltsvorstand für sich und für die Familienangehörigen ausgeübt, die bei Versicherungspflicht des Haushaltsvorstands nach § 10 versichert wären. [3]Wird das Wahlrecht nach den Sätzen 1 und 2 nicht ausgeübt, gelten § 28 i des Vierten Buches und § 175 Abs. 3 Satz 2 entsprechend.

(4) [1]Für die in Absatz 2 Satz 1 genannten Empfänger gelten § 11 Abs. 1 sowie die §§ 61 und 62 entsprechend. [2]Sie erhalten eine elektronische Gesundheitskarte nach § 291. [3]Als Versichertenstatus nach § 291 Abs. 2 Nr. 7 gilt für Empfänger bis zur Vollendung des 65. Lebensjahres die Statusbezeichnung „Mitglied", für Empfänger nach Vollendung des 65. Lebensjahres die Statusbezeichnung „Rentner". [4]Empfänger, die das 65. Lebensjahr noch nicht vollendet haben, in häuslicher Gemeinschaft leben und nicht Haushaltsvorstand sind, erhalten die Statusbezeichnung „Familienversicherte".

(5) [1]Wenn Empfänger nicht mehr bedürftig im Sinne des Zwölften Buches oder des Achten Buches sind, meldet der Träger der Sozialhilfe oder der öffentlichen Jugendhilfe diese bei der jeweiligen Krankenkasse ab. [2]Bei der Abmeldung hat der Träger der Sozialhilfe oder der öffentlichen Jugendhilfe die elektronische Gesundheitskarte vom Empfänger einzuziehen und an die Krankenkasse zu übermitteln. [3]Aufwendungen, die der Krankenkasse nach Abmeldung durch eine missbräuchliche Verwendung der Karte entstehen, hat der Träger der Sozialhilfe oder der öffentlichen Jugendhilfe zu erstatten. [4]Satz 3 gilt nicht in den Fällen, in denen die Krankenkasse auf Grund gesetzlicher Vorschriften oder vertraglicher Vereinbarungen verpflichtet ist, ihre Leistungspflicht vor der Inanspruchnahme der Leistung zu prüfen.

(6) [1]Bei der Bemessung der Vergütungen nach § 85 oder § 87 a ist die vertragsärztliche Versorgung der Empfänger zu berücksichtigen. [2]Werden die Gesamtvergütungen nach § 85 nach Kopfpauschalen berechnet, gelten die Empfänger als Mitglieder. [3]Leben mehrere Empfänger in häuslicher Gemeinschaft, gilt abweichend von Satz 2 nur der Haushaltsvorstand nach Absatz 3 als Mitglied; die vertragsärztliche Versorgung der Familienangehörigen, die nach § 10 versichert wären, wird durch die für den Haushaltsvorstand zu zahlende Kopfpauschale vergütet.

(7) [1]Die Aufwendungen, die den Krankenkassen durch die Übernahme der Krankenbehandlung nach den Absätzen 2 bis 6 entstehen, werden ihnen von den für die Hilfe zuständigen Trägern der Sozialhilfe oder der öffentlichen Jugendhilfe vierteljährlich erstattet. [2]Als angemessene Verwaltungskosten einschließlich Personalaufwand für den Personenkreis nach Absatz 2 werden bis zu 5 vom Hundert der abgerechneten Leistungsaufwendungen festgelegt. [3]Wenn Anhaltspunkte für eine unwirtschaftliche Leistungserbringung oder -gewährung vorliegen, kann der zuständige Träger der Sozialhilfe oder der öffentlichen Jugendhilfe von der jeweiligen Krankenkasse verlangen, die Angemessenheit der Aufwendungen zu prüfen und nachzuweisen.

I. Grundsätze für Leistungen an nicht gesetzlich krankenversicherte Personen

Die mehrfach geänderte Vorschrift existiert seit der Entstehung des SGB V. Die Vorschrift wurde durch das GKV-Modernisierungsgesetz (GMG) v. 14.11.2003[1] um Abs. 2 bis 7 erweitert. Weitere Änderungen erfolgten ua durch das SGB-Einordnungsgesetz 2003 und durch das GKV-WSG v. 26.3.2007.[2] Das GKV VStG v. 22.12.2011[3] stellte zum 31.12.2011 in Abs. 6 S. 1 die nunmehr richtige Verweisung auf § 87a her.

Nach **Abs. 1** kann den dort genannten hilfsbedürftigen **Personenkreisen** Krankenbehandlung auch dann gewährt werden, wenn sie nicht gesetzlich krankenversichert sind. Voraussetzung ist die Gewährleistung des vollen Aufwendungsersatzes der jeweilig zuständigen Kostenträger (etwa Sozial- und Jugendhilfeträger) gegenüber den Krankenkassen. Hierzu zählt auch ein angemessener Teil der Verwaltungskosten. Die Garantie des Aufwendungsersatzes wird in der Praxis durch entsprechende vertragliche Vereinbarungen konkretisiert und rechtlich abgesichert werden. Bei Anhaltspunkten für eine unwirtschaftliche Leistungserbringung können die Kostenträger Nachweise von den Kassen verlangen. Mögliche Ersatzansprüche gegen Leistungserbringer gehen an die Kostenträger über.[4]

Zweck der Vorschrift ist es, Personen welche **weder die rechtlichen Voraussetzungen einer Pflichtmitgliedschaft noch einer freiwilligen Mitgliedschaft** erfüllen, dennoch eine Grundlage für die Krankenbehandlung zu gewähren und die Leistungen über die Krankenkasse abzuwickeln. Abs. 1 bezieht in die **Ermessensleistungen** Arbeits- und Erwerbslose, andere Hilfeempfänger und weitere vom BMG bisher noch nicht bezeichnete Personenkreise ein. Nach Abs. 6 S. 2 gelten die betroffenen Personen als Mitglieder ohne rechtlich Mitglieder oder Versicherte zu sein und vermeiden zB durch die Gewährung einer Versicherungskarte **Stigmatisierungswirkungen** wie sie mit dem ehemaligen „Sozialhilfe-Krankenschein" verbunden waren. In der Konsequenz haben sie den gleichen Leistungsanspruch, die die gleichen Zuzahlungspflichten und Belastungsgrenzen wie die Mitglieder. Die Gleichheit bei auch bei Leistungsausschlüssen, etwa bei nichtverschreibungspflichtigen Medikamenten, führt bei von Armut betroffenen Menschen allerdings vielfach zu ungedeckten medizinischen Bedarfen.

Durch die neue Regelung des § 5 Abs. 1 Nr. 13 hat sich der **Personenkreis** für den die Anwendung der vorliegenden Regelung in Betracht kommt verändert. In Verbindung mit § 5 Abs. 8a S. 2 ergibt sich, dass Leistungsbezieher auf Grundlage der Kapitel 3, 4, 6 und 7 SGB XII nicht in die neue Versicherungspflicht des § 5 Abs. 1 Nr. 13 einbezogen wurden. Der von der Regelung umfasste Personenkreis erweitert sich zudem um die Leistungsbezieher nach § 2 AsylbLG.

II. Pflichtleistungen ohne Ermessensspielraum

Abs. 2 bestimmt Personenkreise, deren Krankenbehandlung von den Kassen **ohne Ermessen übernommen werden muss**: die Bezieher von Leistungen nach den Kap. 3 bis 9 SGB XII sowie Empfänger von laufenden Leistungen nach § 2 AsylbLG. Abs. 2 S. 2 nimmt bestimmte Konstellationen von der Leistungspflicht aus. Dabei steht im Vordergrund, dass Leistungsbezieher in die Leistungspflicht einbezogen werden, welche mindestens einen Monat Hilfe zum Lebensunterhalt nach dem 3. Kap. SGB XII beziehen. Die kostenrelevante verpflichtende Leistung soll nur solchen Leistungsbeziehern zustehen, die genügend substantielle Leistungen beziehen und nicht an jedem Leistungstatbestand anknüpfen.

III. Einzelregelungen zur Kassenzugehörigkeit und zu bestimmten Fallkonstellationen

Abs. 3 verpflichtet die betroffenen Personenkreise, unverzüglich, dh nach §§ 175 Abs. 1 S. 2 innerhalb nach 2 Wochen nach Zugang des Bescheids des Kostenträgers eine Kasse zu wählen. Erfolgt dies nicht, wird der Betroffene bei der Kasse versichert, bei welcher er zuletzt versichert war. Mangels einer solchen erfolgt eine Auswahl auf Grundlage des § 173.

Abs. 6 regelt die Berücksichtigung der Quasi-Versicherten im System der vertragsärztlichen Versorgung. Diese Regelung dürfte durch Vereinbarungen zwischen den Kostenträgern und den Kassen ergänzungsbedürftig sein.

Sind im Rahmen einer Überprüfung bestandskräftiger Bescheide nach dem **AsylbLG** nachträglich statt niedrigerer Geldleistungen höhere Analogleistungen in entsprechender Anwendung des SGB XII für die Vergangenheit zu erbringen, muss die zurücknehmende Behörde bei deren Höhe ohne weiteren

---
1 BGBl. I, 2190.
2 BGBl. I, 378.
3 BGBl. I, 2983.
4 BSG, 28.9.2010, B 1 KR 4/10 R.

Nachweis von einem fortbestehenden Bedarf ausgehen, soweit die fortbestehende Regelleistung betroffen ist.[5]

IV. Anpassung durch das Bundesteilhabegesetz

9 Durch das Bundesteilhabegesetz vom 23.12.2016 (BGBl. I, 3234) werden mWv 1.1.2020 in Abs. 2 S. 1 nach den Wörtern „nach dem Dritten bis Neunten Kapitel des Zwölften Buches" ein Komma und die Wörter „nach dem Teil 2 des Neunten Buches" eingefügt.

Vierter Abschnitt
Finanzausgleiche und Zuweisungen aus dem Gesundheitsfonds

Vorbemerkungen zu §§ 265 bis 273

Literatur:

Axer, Finanzierung und Organisation der gesetzlichen Krankenversicherung nach dem GKV-Wettbewerbsstärkungsgesetz, GesR 2007, 193; *Ballst*, Wettbewerbliche Steuerungsinstrumente – Risiken und Chancen aus Sicht der Krankenkassen, VSSR 2012, 239; *Becker/Meeßen/Neueder/Schlegelmilch/Schön/Vilaclara*, Strukturen und Prinzipien der Leistungserbringung im Sozialrecht (Teil 2), VSSR 2012, 1; *Bieback*, Begriff und verfassungsrechtliche Legitimation von „Sozialversicherung", VSSR 2003, 1; *Drösler/Hasford/Kurth/Schaefer/Wasem/Wille*, Evaluationsbericht zum Jahresausgleich 2009 im Risikostrukturausgleich – Endfassung vom 22.6.2011, im pdf-Format (https://www.bundesgesundheitsministerium.de/nc/service/publikationen.html, zuletzt abgerufen am 1.5.2017); *Ellmann*, in: Hänlein/Kruse/Schuler (Hrsg.), SGB V, Lehr- und Praxiskommentar (LPK-SGB V), 4. Auflage 2012, Vorbem. zu §§ 265–273; *Fiedler*, Die Einnahmensituation der gesetzlichen Krankenversicherung – Erweiterung der Einnahmenbasis und Beitragsgerechtigkeit, VSSR 2003, 241; *Kircher*, in: Kingreen/Kühling (Hrsg.), Gesundheitsdatenschutzrecht, 2015, 186; *Pfohl*, in: Becker/Kingreen, SGB V, 4. Auflage 2014; *Schaaf*, Die Reform des Risikostrukturausgleichs in der gesetzlichen Krankenversicherung, SGb 2001, 537; *Sodann/Gast*, Der Risikostrukturausgleich in der gesetzlichen Krankenversicherung als Verfassungsproblem, NZS 1999, 265; *Spoerr/Winkelmann*, Rechtliche Koordinaten des Finanzausgleichs unter Krankenkassen, NZS 2004, 402.

I. Allgemeines	1	III. Ausrichtung auf Morbiditätsfaktoren	4
II. Rückverlagerung auf die Versichertenrisiken	2	IV. Nachsteuerung in der Ausgleichssystematik	5

I. Allgemeines

1 Der Vierte Abschnitt „Finanzausgleiche und Zuweisungen aus dem Gesundheitsfonds" ist von folgenden Grundüberlegungen geprägt: Finanzausgleiche wollen dem **Auseinanderdriften der Risikostrukturen** der einzelnen Krankenkassen entgegenwirken,[1] zumindest an der „Oberfläche" der Finanzierungslast; Fragen nach strukturellen Problemen der Versichertengemeinschaft, der Mitgliedschaft, der Morbiditätsentwicklung bleiben damit zunächst unbeantwortet. Finanzausgleiche dämpfen die Unterschiede, die bei den **Leistungsausgaben** auftreten. Finanzausgleiche stützen damit grundsätzlich das **Modell solidarisch aufgefangenen Wettbewerbs**, in den die Krankenkassen entlassen worden sind.

II. Rückverlagerung auf die Versichertenrisiken

2 Der Risikostrukturausgleich verlagert den Ausgleich von der Ausgabenseite zurück auf die Struktur der Versichertenrisiken („Ausgleich unterschiedlicher Risikostrukturen"[2] der Kassen). Der (Risikostruktur-)Ausgleich (ab 1994) setzt erstens bei den Einnahmen-Unterschieden der Krankenkassen an, orientiert an den Grundlohnsummen. Zweitens korrigiert der (Risikostruktur-)Ausgleich Belastungsunterschiede, die sich aus der regional unterschiedlichen Verteilung beitragsfrei versicherter Familienangehöriger ergibt. Drittens bewertet und korrigiert der (Risikostruktur-)Ausgleich Belastungsunter-

---

5 BSG, 9.6.2011, B 8 AY 1/10 R.
1 Ellmann in: LPK-SGB V, Vorbem. zu §§ 265–273 Rn. 1, zu der Notwendigkeit von Finanzausgleichssystemen in der gesetzlichen Krankenversicherung insbes. mit Blick auf die Belastungen durch den Anteil der Rentenempfänger innerhalb des Versichertenbestandes („ausgabenbezogener Finanzausgleich" sowie kassenarteninterne Ausgleichssysteme als Vorstufen).
2 Ellmann in: LPK-SGB V, Vor §§ 265–273 Rn. 2.

schiede, die sich daraus ergeben, dass sich Krankheits-(Morbiditäts-)Risiken regional und strukturell ungleichmäßig verteilen. Kriterien waren hier zunächst nur das Alter, das Geschlecht und (der Grad der) Erwerbsminderung (Invalidität), ganz im Sinne einer bloß mittelbaren Morbiditätsorientierung.

Die Umverteilungseffekte hin zu einer gleichmäßigeren Risikostruktur dürfen aber nicht ohne die Hinwendung zu einer stärkeren **Wettbewerbsorientierung** (seit 1996) kalkuliert werden: Der Kassenwahlfreiheit der Versicherten wohnt eine Tendenz zur „Entmischung der Risiken"[3] inne. Diese Tendenz wird durch zwei Faktoren verstärkt, zum einen durch Wettbewerbseffekte, indem die Kassen als Wettbewerber ihre (Zusatz-)Angebote auf Personengruppen mit (noch) geringen Morbiditätsrisiken ausrichten, zum anderen durch jene – zunächst! – nur „mittelbare Morbiditätsorientierung",[4] denn Alter, Geschlecht und auch Erwerbsminderung vermittelten ein sehr vorläufiges Bild derjenigen Risiken, deren disproportionale Verwirklichung es auszugleichen gilt.

III. Ausrichtung auf Morbiditätsfaktoren

In die Diskussion um korrigierende Stellschrauben des Systems trat erstens eine **Ausrichtung auf Morbiditätsfaktoren**,[5] denen – typisiert und pauschal – nunmehr die Versichertengruppen zugeordnet werden. Auf der Basis eines realitätsnäheren Bildes versichertengruppenspezifischer Häufung bestimmter Krankheitsmerkmale entsteht ein **wirksames Ausgleichssystem**, um – wenn schon keine Durchmischung der Morbiditätsrisiken bei den Krankenkassen erreicht werden kann – doch einen angemessenen realitätsnahen finanziellen Ausgleich für die Ungleichbelastung leisten zu können.[6] Diese Ausgleichsfunktion wird aber – und hierin liegt möglicherweise eine **strukturelle Überforderung des Systems** – mit einer zusätzlichen inhaltlichen Gestaltungskomponente im Leistungsbereich verknüpft: Disease-Management-Programme[7] sollen für eine Morbiditätsgruppe mit bestimmten Strukturmerkmalen (chronische Verläufe) die Voraussetzungen schaffen, um sie erstens kostengünstiger, zweitens angemessener (in der Zeit und bezogen auf die Abfolge der Sachleistungen, etc) und drittens auch attraktiv im wettbewerblichen Sinne gestalten zu können.

IV. Nachsteuerung in der Ausgleichssystematik

Das Erfordernis häufiger Nachsteuerung in der Ausgleichssystematik im Spannungsfeld von **Morbiditätsentwicklung**, **Solidarprinzip** und **Wettbewerb** eröffnet gleichermaßen eine historische Dimension wie eine dynamische Perspektive. Damit überlagern sich verschiedene Phasen der Rechtsentwicklung und Rechtsfortbildung, dem Jährlichkeitsprinzip[8] folgend und akzentuiert durch die jeweiligen Reform- und Nachsteuerungs-Stufen. Gerade die Rechtsprechung reflektiert in ihrer Entscheidungspraxis über die fallgegenständliche Entwicklungsstufe des Systems hinaus vielfach inzident auch deren inzwischen eingetretene Weiterentwicklung.

Der Nachsteuerungsauftrag beruht hier auch auf „wissensbasierten" Effekten, einer dem Fortschritt der medizinischen und pharmazeutischen Wissenschaft, Technologie und Technik ebenso wie anderen, insbesondere gesellschaftlichen und demographischen Faktoren geschuldeten **Offenheit von Tatbeständen**, an denen sich ein morbiditätsgruppenorientiertes System ständig neu messen lassen muss. Insbe-

---

3 Ellmann, aaO, Rn. 3.
4 Ellmann, aaO, Rn. 3.
5 Ellmann, aaO, Rn. 3, beschreibt den weiteren Reformweg weg von der bloß mittelbaren Morbiditätsorientierung, da im Zuge der demographischen Entwicklung die erneut einsetzende „Entmischung der Risiken" Nachjustierungen erforderlich machten. Als Stellschrauben ins Auge gefasst werden die Konzentration auf einen morbiditätszentrierten Risikostrukturausgleich und einen insbesondere auf den Ausgleich hoher Risiken ausgerichteten Finanzierungspool (aaO, Rn. 4). Im Ergebnis steht das Zuweisungssystem aus dem Gesundheitsfonds für die unmittelbare Morbiditätsorientierung, die das „Kernelement" des Systems bildet.
6 Ellmann, aaO, Rn. 2 zu den im Risikostrukturausgleich miteinander verknüpften Ausgleichungsmechanismen, bezogen erstens auf die Einnahmeunterschiede der Krankenkassen, zweitens die morbiditätsbedingten Belastungsunterschiede sowie drittens die Belastungsunterschiede, die sich durch beitragsfrei mitversicherte Familienangehörige ergeben können; vgl. auch aaO, Rn. 6.
7 Zu diesen ‚strukturierten Behandlungsprogrammen' vgl. § 137f (dort mit den teilweise nicht unproblematischen Auswahlkriterien, Abs. 1 S. 2 Nr. 1–6), § 137g (Zulassung von Programmen und Vertragsgestaltung); ferner Ellmann in: LPK-SGB V, Vor §§ 265–273, Rn. 4 zum Vorschlag eines (Hoch-)Risikopools, der einen solidarischen Ausgleich der Krankenkassen bei Aufwendungen für äußerst aufwendige und teure Therapien und Therapieversuchen hätte ermöglichen sollen.
8 Ellmann, aaO, Rn. 8, zur Evaluation anhand des Risikostrukturausgleichs 2009 (Bericht-Endfassung – Nachweis aaO – vom 22.6.2011), zu weiteren Korrekturen, insbesondere mit Blick auf eine zusätzliche regionale Differenzierung.

sondere § 268 dient der Verwirklichung dieses Zwecks, indem zum einen die Bildung morbiditätsorientierter Klassifikationsmerkmale als Zielvorgabe formuliert wird (dort in Abs. 1), zum zweiten vorstrukturierte Stichprobenerhebungen mit dem Ziel angeordnet werden, die „Gruppenbildung" vorzubereiten (dort in Abs. 3), was drittens (in gesetzestechnisch unerträglich komplexer Weise) mit restriktiven Wahrnehmungsklauseln für die erzielten Ergebnisse verbunden wird.

7 Hinzu kommt ganz generell die weitgehende Verlagerung der Feinsteuerung auf zwei Akteure bzw. Akteursgruppen, zum einen auf die Satzungsgeber im Rahmen des Selbstverwaltungs- und Selbststeuerungsauftrags (mit einer Autonomie wahrenden Gestaltungstendenz), zum anderen auf den (Bundes-)Verordnungsgeber in seinem ermächtigungsgebundenen Auftrag.

8 In der Rechtsprechung des LSG NRW[9] und des BSG[10] sind die Grundsätze des morbiditätsorientierten Risikostrukturausgleichs im Sinne eines **lernenden Systems**, gesundheitsökonomisch angebunden und begrenzt gestaltungsoffen in der Auseinandersetzung mit der Verwaltungspraxis des Bundesversicherungsamts, in seiner Festlegung der Zuweisungsbeträge bestätigt und nachjustiert worden.

9 Gravierende Änderungen ergeben sich nach Maßgabe des **GKV-Finanzstruktur- und Qualitäts-Weiterentwicklungsgesetzes (GKV-FQWG)**, das in erster Lesung am 5.6.2014 vom Deutschen Bundestag als Entwurf der Bundesregierung[11] in der vom Gesundheitsausschuss geänderten Fassung[12] gegen die Stimmen der Opposition angenommen und nach Ausfertigung am 21.7.2014[13] im Wesentlichen (vgl. Art. 17 GKV-FQWG) am 1.1.2015 in Kraft getreten ist. Ausgangspunkt des GKV-FQWG war von vornherein die Annahme, „perspektivisch" würden „die voraussichtlichen jährlichen Ausgaben der Krankenkassen die voraussichtlichen jährlichen Einnahmen des Gesundheitsfonds übersteigen".[14] In dem Bemühen um eine nachhaltige Finanzierung der GKV, verbunden mit einer wirtschaftlichen, qualitativ hochwertigen und an den Patientenbedürfnissen orientierten Versorgung, bedürfe es neben einer „umsichtigen Ausgabenpolitik" einer – noch zu vertiefenden – „wettbewerblichen Ausrichtung".

10 Ein weiterer Akzent dieser Reformstufe, der sich unmittelbar auf Finanzausgleich und Gesundheitsfonds niederschlägt, ist das Ziel, eine „beschäftigungsfreundliche Ausgestaltung der Finanzierungsgrundlagen" sicherzustellen: Mittel der Wahl ist – dem GKV-FQWG zufolge – erstens, „Zusatzbeiträge in Zukunft ein etabliertes Instrument der Finanzierung" der GKV werden zu lassen, sowie, zweitens, dafür Sorge zu tragen, „dass die Zusatzbeiträge tatsächlich erhoben werden".[15] In der Konsequenz des GKV-FQWG lag es, den einkommensunabhängigen Zusatzbeitrag und den mit ihm verbundenen steuerfinanzierten Sozialausgleich abzuschaffen.[16] Zu erheben ist der Zusatzbeitrag nunmehr als Prozentsatz der beitragspflichtigen Einnahmen der Krankenkassen bei ihren Mitgliedern. So wird „der Solidarausgleich bei den Zusatzbeiträgen innerhalb der gesetzlichen Krankenversicherung organisiert".[17] Gestärkt werden soll die **Beitragsautonomie**, wobei die mit der Neuregelung – ohne steuerfinanzierten Sozialausgleich – prognostizierte Unterdeckung (in Höhe von rund 11 Mrd. Euro jährlich) durch kassenindividuelle (Mitglieder-)**einkommensabhängige Zusatzbeiträge** gedeckt wird. Hierbei ließ der Gesetzgeber sich allerdings von der Erwartung leiten, „die Verwendung von Finanzreserven seitens der Krankenkassen" werde „dazu beitragen, den Anstieg der Zusatzbeiträge in den nächsten Jahren zu begrenzen".[18]

11 Der Vermeidung von Anreizen zu gezielter Risikoauswahl und -steuerung („Risikoselektionsanreizen") und Wettbewerbsverzerrungen dient ein „unbürokratischer und vollständiger **Einkommensausgleich**". Vermieden werden soll damit, dass „wegen der stark unterschiedlichen Höhe der Einkommen

---

9 LSG NRW, 6.6.2013, L 16 KR 24/09 KL, zur Tragfähigkeit der Verordnungsermächtigung in § 268 Abs. 2 S. 1 im Blick auf §§ 29 u. 31 RSAV; LSG NRW, 13.2.2014, L 16 KR 743/13 KL, zum Konflikt um den Verzicht des BVA auf die Annualisierung der Kosten unterjährig verstorbener Versicherter.
10 BSG, 20.5.2014, B 1 KR 5/14 R ua, zum Konflikt zwischen Wissenschaftlichem Beirat und BVA um höhere Zuweisungen angesichts divergenter Anwendung des Regressionsverfahrens (Behandlung von Versicherten mit unvollständigen Versichertenzeiten), dort Rn. 32 ff. zu den Festsetzungen im Rahmen des „Versichertenklassifikationsverfahrens" durch das BVA, Rn. 36 ff. zur – ermessensfehlerfreien – Auswahl und Konkretisierung der maßgeblichen Krankheiten, und Rn. 40 ff.
11 BT-Dr. 18/1307 vom 5.5.2014, BT-Dr. 18/1579.
12 BT-Dr. 18/1757.
13 BGBl. I, 1133.
14 GKV-FQWG, hier: RegE, BT-Dr. 18/1307 vom 5.5.2014, sub A, S. 1.
15 RegE, BT-Dr. 18/1307, aaO.
16 RegE, BT-Dr. 18/1307, sub B, S. 2.
17 RegE, BT-Dr. 18/1307, 2.
18 RegE, BT-Dr. 18/1307, 3.

der versicherten Mitglieder" diejenigen Krankenkassen, die in signifikanter Weise überdurchschnittlich Verdienende zu ihren Mitgliedern zählen, bei einem im Wesentlichen „gleichen Finanzierungsbedarf einen geringeren einkommensabhängigen Zusatzbeitrag" erheben müssten als Kassen „mit unterdurchschnittlich verdienenden Mitgliedern". Daran, ob allein mit einem solchen Ausgleichsmechanismus tatsächlich dauerhaft wird „sichergestellt" werden können, „dass sich der Wettbewerb an den Bedürfnissen der Versicherten orientiert und sich die Krankenkassen um eine wirtschaftliche und qualitativ hochwertige Versorgung bemühen",[19] bleiben Restzweifel, weshalb „zur Stärkung der Qualitätssicherung der Gesundheitsversorgung" dem G-BA die Einrichtung eines fachlich unabhängigen wissenschaftlichen Instituts für Qualitätssicherung und Transparenz im Gesundheitswesen aufgegeben worden ist.

Folgende **Regelungsschwerpunkte des GKV-FQWG** lassen sich für den gerade durch die Novellierung der §§ 242, 242a besonders betroffenen Bereich der §§ 265 ff. ausmachen: Sonderregelungen für Krankengeld und Auslandsversicherte – insbesondere durch den neu eingeführten § 269 –,[20] in denen die tatsächlichen Leistungsausgaben der einzelnen Krankenkassen – anteilig – berücksichtigt werden sollen. Ferner soll für die Krankenkassen ein „vollständiger Ausgleich der beitragspflichtigen Einnahmen ihrer Mitglieder" verwirklicht werden.[21] Mit der Aufhebung von § 272[22] ergibt sich eine weitere Änderung in Regulierungsanspruch und Systematik dieses Abschnitts, als Konsequenz der Umstellung auf den Gesundheitsfonds. 12

Konfliktpotenzial bergen die Regelungen des GKV-FQWG zum **Krankengeld**, wenn und soweit der Gestaltungsrahmen zulasten der Mitglieder hier erweitert werden sollte. Dies steht allerdings zu befürchten, wenn das bestehende Standardisierungsverfahren für die Berücksichtigung des Krankengeldes um ein Verfahren ergänzt wird, das „die tatsächlichen Leistungsausgaben der einzelnen Krankenkassen anteilig berücksichtigt".[23] Wenn hier laut Entwurfsbegründung[24] durch die neuen „Sonderregelungen für die Zuweisungen für Krankengeld (...)" im Wege von „Ausnahmeregelungen zum gesetzlich vorgegebenen Standardisierungsverfahren" die „Zielgenauigkeit" verbessert werden soll, signalisiert dies in Verbindung mit dem Ziel „Stärkung der Beitragsautonomie" womöglich den Weg hin zu einer stärkeren Engführung des Krankengeldanspruchs. 13

Als Regelungswerk offenbarte das GKV-FQWG erneut das regulatorische Dilemma, in das sich der Gesetzgeber hier begeben hat, indem die Regelungsmaterie weiterhin letztlich unter einen dynamischen „**Durchdringungsvorbehalt**" gestellt wird, denn erst durch das wissenschaftliche Institut für Qualitätssicherung und Transparenz im Gesundheitswesen werden fachlich unabhängige gutachtengestützte „Sonderregelungen zur Verbesserung der Zielgenauigkeit der Zuweisungen" erwartet.[25] Mit dem weiterhin „lernenden" System lässt sich noch kaum eine „dauerhaft solide Grundlage" der Versorgung[26] erreichen, immerhin eine qualitative Verbesserung der Nachsteuerungsmöglichkeiten – ohne dass sich allerdings deren Legitimationsbasis nachhaltig verbreitern würde. Konsequenz dieser Erweiterung und Verlagerung des Systems der Zusatzbeiträge sind Änderungen der RSAV,[27] mit einem Schwerpunkt im 2015 neu eingefügten § 43 RSAV zur Durchführung des Einkommensausgleichs gemäß § 270a (neu).[28] 14

Entsprechend ihrem Auftrag, auch den datenschutztechnischen und -rechtlichen Detailfragen Kontur zu geben, löste die Gesetzesnovelle zur RSAV ua (Folge-)Regelungen über die De-Pseudonymisierung zur Klärung möglicher doppelter Versicherungsverhältnisse (vgl. § 30) aus.[29] Die Unsicherheiten, die angesichts solcher **Entwicklungsoffenheit** das System der gesetzlichen Krankenversicherung begleiten, werden auch in den Gründen des GKV-FQWG-Entwurfsgesetzgebers zur **Gesetzesfolgenabschätzung** deutlich; insbesondere in den Argumenten und Ansätzen zum voraussichtlichen Erfüllungsaufwand 15

---

19 So im RegE, BT-Dr. 18/1307, 3.
20 GKV-FQWG Art. 1 Nr. 34 und zur Begr. hier: RegE, BT-Dr. 18/1307, 48 ff.
21 § 270a Abs. 1, vgl. GKV-FQWG Art. 1 Nr. 35, BGBl. I, 1133, 1139.
22 GKV-FQWG-RegE Art. 1 Nr. 37 mit Begr., hier: RegE, BT-Dr. 18/1307, 51.
23 GKV-FQWG Art. 1 Nr. 33 (§ 269), mit Begr., hier: RegE, BT-Dr. 18/1307, 47.
24 GKV-FQWG, Begr., hier: RegE, BT-Dr. 18/1307, 47.
25 RegE, BT-Dr. 18/1307, 2.
26 RegE, BT-Dr. 18/1307, 2 (sub B).
27 GKV-FQWG Art. 15, hier mit Begr., RegE BT-Dr. 18/1307, 56 ff.
28 Hierzu GKV-FQWG Art. 15 Nr. 11, hier mit Begr., RegE, BT-Dr. 18/1307, 60 ff.
29 GKV-FQWG, Art. 15 Nr. 3, hier mit Begr., RegE, BT-Dr. 18/1307, 57. Vgl. allgemein Kircher in: Kingreen/Kühling, 264 f.

der Verwaltung.[30] Die Krankenkassen sind als Adressaten stärkerer Wettbewerbsorientierung von einem deutlich erhöhten Aufwand betroffen, wie eben daraus erhellt, dass in Zusatzbeiträgen zukünftig ein „etabliertes Instrument der Finanzierung der gesetzlichen Krankenversicherung" gesehen wird und eine „bessere Ausgewogenheit zwischen Preis- und Qualitätswettbewerb" erzielt werden soll, indem die Zusatzbeiträge auch tatsächlich erhoben werden.[31]

16 Insgesamt ist der Regelungsgehalt der Bestimmungen des Vierten Abschnitts samt ihrer Steuerungswirkung disparat. Sie stammen aus verschiedenen Schichten und konzeptionellen Ausrichtungen des Systems der gesetzlichen Krankenversicherung; hier begegnen sich die Erwartungen aus dem Risikostrukturausgleich auf der Basis kassensolidarischer Unterstützung mit dem – allerdings nach wie vor unter Rechtfertigungs- und Erfolgsdruck stehenden – Konzept vor allem im gesundheitsfördernden (‚Healthcare'-)Bereich wettbewerbsorientiert agierender Versicherungsträger unter dem maßvoll ausgleichenden und stabilisierenden Finanzierungsdach des Gesundheitsfonds; hinzu treten kurz- und mittelfristig ergänzend zu finanzierende gesundheitspolitische Projekte, für die das Fonds-System vorübergehend mit weiterer gebundener Liquidität ausgestattet wird.
Es gilt, Preiswettbewerb und Ausgleich kassenspezifisch unterschiedlicher Risikohäufung miteinander effizient zu verbinden, ein Unterfangen, das angesichts der Wertungsinkongruenz dieser beiden Anforderungen immer wieder auch im Einzelnen zu scheitern droht und wegen der Diskrepanz von Profil und Erwartungen zu Frustrationen führt, aber wiederum auch das dem Sachleistungsprinzip durchaus innewohnende produktorientierte und dienstleistungsaffine Handeln zu fördern imstande ist und damit dem Selbstbewusstsein, der Corporate Identity eines modernen Verwaltungszweigs zugutekommt.

17 Einen verlässlichen Schwerpunkt des Vierten Abschnitts bildet das Zuweisungssystem in seiner nunmehr genaueren, aber auch neuen Differenzierungsaufwand auslösenden Morbiditäts(gruppen)orientierung. Für den verteilungsgerechten erheblichen Berechnungsaufwand, dessen das Zuweisungssystem bedarf, enthält der Vierte Abschnitt maßgebliche Ermächtigungsgrundlagen, so dass von hieraus auch das auf das Engste verflochtene untergesetzliche Regelungsgefüge sichtbar und zugänglich wird; hier wird die Diskrepanz von mathematisch-statistischer Operationalität der Verteilungsrichtigkeit und rechtsbegrifflich kongruenter Ausdrucksfähigkeit von Verteilungsgerechtigkeit spürbar. Dem passagenweise eher programmschreibend tätigen Gesetzgeber werden hier in ihrer Nachvollziehbarkeit bisweilen überanstrengte Verordnungs- und Satzungsnormen zur Seite gestellt. Die Zuteilungs- und Verteilungsmechanismen richtig und gerecht zu gestalten, sie den sich wandelnden gesundheits- und gesellschaftspolitischen Herausforderungen und Reflexen nachzusteuern, erweist sich immer wieder neu als komplexe Aufgabe, die gerade auch den Vierten Abschnitt als dynamische Dauerbaustelle in Erscheinung treten lässt; Bauherr ist hier bis zu einem gewissen Grad auch das Bundesversicherungsamt, dessen Steuerungsverantwortung in dem Auftrag, die Funktionsfähigkeit dieses hochdifferenzierten Trägers mittelbarer Staatsverwaltung sicherzustellen, insbesondere im Gesundheitsfonds-Finanzmanagement, deutlich spürbar wird.

§ 265 Finanzausgleich für aufwendige Leistungsfälle

¹Die Satzungen der Landesverbände und der Verbände der Ersatzkassen können eine Umlage der Verbandsmitglieder vorsehen, um die Kosten für aufwendige Leistungsfälle und für andere aufwendige Belastungen ganz oder teilweise zu decken. ²Die Hilfen können auch als Darlehen gewährt werden; Näheres über Voraussetzungen, Rückzahlung und Verzinsung regelt die Satzung des Verbandes.

Literatur:

Becker, Rechtliche Fragen im Zusammenhang mit dem Risikostrukturausgleich – unter Berücksichtigung der integrierten Versorgung, VSSR 2001, 277; *Sodan/Gast*, Der Risikostrukturausgleich in der GKV als Quadratur des Kreises, VSSR 2001, 311; *Werner*, Schließung und Insolvenz gesetzlicher Krankenkassen, 2016.

---

30 GKV-FQWG, hier: BT-Dr. 18/1307, E.3, S. 5 f.
31 Hier: RegE, BT-Dr. 18/1307, aaO, sub A, S. 1.

I. Entstehungsgeschichte	1
II. Allgemeines	2
1. Unmittelbare Hilfen von Krankenkassen derselben Kassenart auf Landesverband-Ebene	3
2. Darlehen	6
III. Finanzausgleich und Wettbewerb der Krankenkassen	7
IV. Satzungsgestaltung	15
V. „Aufwendige Leistungsfälle" zwischen Solidarprinzip und Wettbewerb	21

I. Entstehungsgeschichte

Die Regelung des § 265, bereits mit Einführung des SGB V durch das Gesundheits-Reformgesetz (GRG) vom 20.12.1988 (BGBl. I, 2477) eingerichtet, hat die Aufgaben von § 414b Abs. 2 S. 2[1] und von § 509a RVO übernommen, denen sie inhaltlich entspricht. S. 2 wurde mit Wirkung vom 28.3.1998 angefügt. **1**

II. Allgemeines

Versicherungsgrundsatz, Kassenwahlfreiheit und begrenzter Kassenwettbewerb sowie der Solidaritätsgrundsatz bestimmen den Finanzausgleich für aufwendige Leistungsfälle im Rahmen des Zuweisungssystems, finanziell gespeist aus dem Gesundheitsfonds. Die Krankenkassen als eigene Versichertenkollektive[2] haben zugleich im Rahmen ihres gesetzlichen Auftrags die sozialversicherungsrechtlich abgesicherten Leistungsansprüche der Versicherten zu erfüllen. Die §§ 265 ff. wollen der **Rechtspflicht zur Zusammenarbeit**[3] Inhalt und einen begrenzenden Rahmen geben, denn die Finanzausgleichsinstrumente wollen und können keine „Existenzgarantie"[4] einzelner Krankenkassen sein. Ist die Leistungsfähigkeit nicht dauerhaft gesichert, werden durch Schließung oder Insolvenzantrag seitens der Aufsichtsbehörde die erforderlichen Konsequenzen gezogen. Dies soll zur Bereinigung und Effizienzsteigerung des Systems beitragen. Im System der §§ 265 ff. ist § 265 als **Auffangnorm** anzusehen und von daher in Zweck und Zielrichtung grundsätzlich weit auszulegen.[5] **2**

1. Unmittelbare Hilfen von Krankenkassen derselben Kassenart auf Landesverband-Ebene. Die – unmittelbaren – Hilfen, die Krankenkassen derselben Kassenart einander auf der Ebene und im Rahmen der Landesverbände gewähren, gestaltet und begrenzt § 265, vorrangig mit dem Ziel, bestimmte Kostenbelastungen aus aufwendigen Leistungsfällen[6] und für „andere" aufwendige Belastungen „ganz oder teilweise zu decken" und damit den **Fortbestand der Krankenkassen**[7] und das ihnen aufgetragene Leistungsspektrum mittels einheitlicher Rahmenbedingungen zu sichern.[8] **3**

Auf der Ebene des Spitzenverbandes Bund der Krankenkassen nehmen **Solidarprinzip und Rechtspflicht zur Zusammenarbeit** eine andere Dimension an. Denn dort – in § 265a – sollen Schließung oder Insolvenz einer Krankenkasse durch – ebenfalls unmittelbare, gezielte – finanzielle Hilfen vermieden werden. Basis sind dort Satzungsregelungen; antragsbefugt und damit Trägerin der Initiative ist dort allein die Aufsichtsbehörde. Der Rechtspflicht zur Zusammenarbeit entsprechen allerdings eher die freiwilligen finanziellen Hilfen von Krankenkassen derselben Kassenart untereinander im Rahmen von § 265b. **4**

Auch auf der Basis einer morbiditätsorientiert standardisierten Leistungsstruktur und eines entsprechenden Risikostrukturausgleichs lässt sich nicht vermeiden, dass sich tatsächlich das Versicherungsrisiko besonders kostenintensiver Leistungsfälle jenseits der statistisch ermittelten Belastungsgrenzen verwirklicht. Ein hier gezielt entgegenwirkender Finanzausgleich kann die Funktion einer Rückversicherung erfüllen.[9] Ausgebaut wird der **Rückversicherungsgedanke** durch den Ausgleichstatbestand **5**

---

1 Vgl. Krankenversicherungs-Weiterentwicklungsgesetz (KVWG) v. 28.12.1976, BGBl. I, 3871.
2 Pfohl in: Becker/Kingreen, § 265 Rn. 1.
3 Pfohl, aaO.
4 Pfohl, aaO; vgl. Werner, S. 101: „im Vorfeld von Insolvenz oder Schließung".
5 BSG, 24.9.2008, B 12 KR 10/07 R, juris Rn. 34 = SozR 4-2500 § 265 Nr. 1; vgl. Rappl in: Krauskopf, § 265 SGB V Rn. 7.
6 Ellmann in: LPK-SGB V, § 265 Rn. 3: Aufwendige Leistungsfälle: „wenn einzelne Versicherte Aufwendungen verursachen, die die zuständige Kasse ohne Hilfe von außen zur Erhöhung ihres Beitragssatzes zwingen würde", dort insbes. unter Bezug auf SG Aachen, NSZ 2005, 483, 484.
7 Ellmann, aaO, § 265 Rn. 1, sieht den Anwendungsbereich dieses Finanzausgleichs vor allem im Schutz kleinerer Krankenkassen.
8 Pfohl in: Becker/Kingreen, § 265 Rn. 2 (im Spannungsverhältnis von Solidarprinzip und Kassenwahlfreiheit); Männle, in Rolfs/Giesen/Kreikebohm/Udsching, § 265 Rn. 1.
9 So Pfohl in: Becker/Kingreen, § 265 Rn. 3.

„andere aufwendige Belastungen":[10] Dies erweitert den Anwendungsbereich deutlich, zumal eingrenzende Zusatzkriterien nicht genannt sind.

6   **2. Darlehen.** Die Steuerung und Verstetigung der (Finanzausgleichs-)Hilfen und insbesondere die darlehensweise Vergabe von Hilfen erfolgt durch ein satzungsgeregeltes **Umlageverfahren**, an dem alle Mitglieder des jeweiligen Landesverbandes bzw. Verbandes der Ersatzkassen beteiligt werden können.[11]

III. Finanzausgleich und Wettbewerb der Krankenkassen

7   Finanzausgleich und Wettbewerb der Krankenkassen befinden sich in einem insgesamt erträglichen und zumeist funktionsgerechten **Spannungsverhältnis**, nicht im Widerspruch zueinander. Der Ausgleich findet ebenengerecht statt und innerhalb einer Kassenart. Es handelt sich um **gezielte und bedarfsorientierte Finanzierungsinstrumente**, nicht um ein Systemelement des Risikostrukturausgleichs. Es geht um gezielte Hilfen für „aufwendige Leistungsfälle" und für „andere aufwendige Belastungen", damit aber um Hilfen, die an einzelne Krankenkassen – als Verbandsmitglieder – adressiert sind und für **konkrete Bedarfsfälle**[12] finanzielle Entlastung schaffen sollen, endgültig oder auf Darlehensbasis vorübergehend oder gegebenenfalls auch mit einer Verrechnungsoption ausgestattet.[13] Umlage- und Ausgleichsebene sowie Umlage- und Ausgleichsrahmen bilden der jeweilige Landesverband.

8   **Dämpfung des Wettbewerbsanteils durch das Umlagesystem:** Der Wettbewerb zwischen den Krankenkassen ist, wie das Umlagesystem deutlich macht, gedämpft und darf nicht in einen die Leistungsfähigkeit der Krankenkassen gefährdenden Existenzkampf einmünden. Die Umlage entspricht vielmehr systematisch der **Rechtspflicht zur Zusammenarbeit** der Verbände und Krankenkassen; das Kooperationsprinzip (§ 4 Abs. 3: „Im Interesse der Leistungsfähigkeit und Wirtschaftlichkeit der gesetzlichen Krankenversicherung arbeiten die Krankenkassen und ihre Verbände sowohl innerhalb einer Kassenart als auch kassenartenübergreifend miteinander und mit allen anderen Einrichtungen des Gesundheitswesens eng zusammen") unterstreicht dieses letzthin maßgebende **solidarische Grundmuster**, wie es auch in § 15 Abs. 3 SGB I und § 86 SGB X aufscheint.

9   **Wettbewerb und Zusammenarbeit:** Maßgeblich ist auch hier der Grundsatz, den das BSG[14] entgegen einer aus der Teilnahme am marktlichen Wettbewerb hergeleiteten Grundrechtsträgerschaft der Krankenkassen formuliert hat: Demnach ist „die Bedeutung eines Wettbewerbs unter den Kassen mit dem in der gewerblichen Wirtschaft nicht vergleichbar", denn „während das Interesse der privaten Wettbewerber darauf gerichtet ist, die eigene Marktposition zulasten der Konkurrenten auszubauen, haben die Kassen zusammenzuarbeiten, um eine zweckmäßige, wirtschaftliche und qualitativ hochwertige medizinische Versorgung aller Versicherten zu den gesetzlich festgelegten Bedingungen zu gewährleisten".

10   **„Kassenwettbewerb":** Gesetzliche Krankenkassen befinden sich nicht in einer gleichsam privaten Position als Wettbewerber, wenn auch der Sozialreform-Gesetzgeber den Versuch unternommen hat, „innerhalb des überkommenen gegliederten Systems Wirtschaftlichkeitsverbesserungen durch ‚Kassenwettbewerb' zu erreichen". Allerdings findet sich der mit dem Recht der freien Kassenwahl ausgelöste „'Wettbewerb' zwischen den Krankenkassen durch seine **Systembezogenheit** und durch die Ausgleichsinstrumente des SGB V sozial flankiert", wie das Bundessozialgericht betont.[15] Und gerade „diesem Ziel – und nicht der gegenseitigen Ausgrenzung – dient auch der ‚Wettbewerb' zwischen ihnen". Im Vordergrund der gesetzgeberischen Erwartungen haben hier insbesondere „positive Auswirkungen im Sinne einer Sicherung der Funktionsfähigkeit, von mehr Effektivität und Flexibilität des Verwaltungs-

---

10 Ellmann in: LPK-SGB V, § 265 Rn. 4, umschreibt diese als „hohe Aufwendungen infolge außergewöhnlicher Verbindlichkeiten aus Schadens- und Erstattungsansprüchen oder infolge von vorübergehenden Ereignissen oder Vorhaben wie Katastrophen, Epidemien oder teuren Pilotprojekten", unter Bezug u.a auf SG Aachen, NSZ 2005, 483, 484, und LSG Essen, 25.1.2007, L 16 KR 162/06, im Sinne von „Einzelsituationen", nicht schon mit Blick auf sonstige wirtschaftliche Notlagen (bei denen §§ 265a oder 265b in Betracht zu ziehen sind). Vgl. auch Pfohl in: Becker/Kingreen, § 265 Rn. 4.
11 Männle, in Rolfs/Giesen/Kreikebohm/Udsching, § 265 Rn. 5.
12 Aber nicht im Einzelfall – vgl. Rappl in: Krauskopf, § 265 SGB V Rn. 6.
13 Vgl. auch Werner, S. 103.
14 24.1.2003, B 12 KR 19/01 R, BSGE 90, 231 ff. = SozR 4-2500 § 266 Nr. 1, hier Rn. 109, unter Bezug auf BSG, 31.3.1998, BSGE 82, 78, 81 f. = SozR 3-2500 § 4 Nr. 1.
15 BSG, 24.9.2008, B 12 KR 10/07 R = SozR 4-2500 § 265 Nr. 1, dort Rn. 39; weitere Nachw. dort: BSGE 90, 231; 265; BVerfGE 113, 167, 199, 232 ff. = SozR 4-2500 § 266 Nr. 8.

handelns, besserer Kundenorientierung, eines permanenten Ansporns zur Innovation und eines Drucks auf Preise und Beiträge" gestanden.

Wirtschaftlichkeitsgebot: Dies bedeutet insbesondere im Sinne von § 2 Abs. 1 S. 1 die Beachtung der Wirtschaftlichkeit (§ 12), die Wahrung der Eigenverantwortung der Versicherten, ferner Angebote von „Behandlungsmethoden, Arznei- und Heilmittel der besonderen Therapierichtungen", die Wahrung von Qualität und Wirksamkeit der Leistungen nach Maßgabe des allgemein anerkannten Standes medizinischer Erkenntnisse und die Berücksichtigung des medizinischen Fortschritts. Insgesamt steht nicht der marktliche Wettbewerb im Vordergrund, sondern Maßgaben für ein qualitätssicherndes Wetteifern der Krankenkassen untereinander um die Gunst der Mitglieder und Beitragszahler. Eine Verdrängung mittels durchregulierten Marktkonstrukts kann hier nur ultima ratio sein und bleibt im Grunde systemwidrig.

Sicherung des Zugangs ohne Begrenzung: Dagegen soll verhindert werden, dass durch „Wettbewerb" Zugangsprobleme zur sozialen Krankenversicherung entstehen, dass es zu einer Risikoselektion kommt oder dass unnötige Leistungen erbracht werden. Denn im Vordergrund stehe die „Funktionsfähigkeit des Systems als Ganzes", nicht hingegen eine „Marktposition der einzelnen Kasse oder Kassenart". Es fehlen „wesentlichen Befugnisse", wie etwa eine (begrenzende) Zugangsregelung für Versicherte oder Gestaltungsfreiheit im Leistungs- und Beitragsrecht, mit deren Hilfe sich die Kassen als Wettbewerber verselbstständigen und ihre Position am Markt zulasten ihrer Konkurrenten verbessern könnten.

Fortentwicklung des Risikopool-Ansatzes kassenartenübergreifenden Teilausgleichs: Die Gestaltung mittels Umlagen und Darlehen einerseits und Risikostrukturausgleichs andererseits entwickelt den Risikopool-Ansatz fort, der bis zum 31.12.2008 den „kassenartenübergreifenden Teilausgleich" aufwendiger Leistungsfälle vorgesehen hatte, in Gestalt eines von den Krankenkassen zu tragenden einheitlichen Ausgleichsbedarfssatzes.[16]

Im Sinne eines **Rückversicherungselements**[17] wird § 265 insofern ausgebaut, als er den Landesverbänden unbenommen lässt, in den entsprechenden Satzungen einen Verfahrensautomatismus vorzusehen, in dem – erstens – ein statistischer Erfahrungswert für die Häufigkeit aufwendiger Leistungsfälle zugrunde gelegt wird, dessen Überschreitung – zweitens – eine solidarische Absicherung durch alle Krankenkassen dieses Verbandes auslöst, im Sinne eines spezifischen und speziellen verbandsinternen strukturbedingten Risikoausgleichs. Die zukünftige Bedeutung des Umlage- bzw. Darlehens-Systems ist – angesichts des Gesundheitsfonds – noch unklar; immerhin können nun Umlage bzw. Darlehen dazu eingesetzt werden, die Erhebung kassenindividueller Zusatzbeiträge[18] zu vermeiden.[19]

IV. Satzungsgestaltung

Umlagen und Darlehen folgen den Maßgaben verbandlicher Satzung; dort werden die Umlagevoraussetzungen und Darlehensbedingungen im Einzelnen und verbindlich festgelegt. Hiervon abweichende Gestaltungen der Darlehensverträge sind nicht zulässig.[20] Eine auf freiwilliger Basis einzelner Krankenkassen für andere Krankenkassen zu leistende Unterstützung lässt sich auf Basis dieser Regelung nicht erbringen.

Die Satzung ist **zentrales Steuerungselement.** Satzungsgeber ist formell der Verwaltungsrat (§ 210 Abs. 1 S. 1); die Satzung bedarf der Genehmigung der „für die Sozialversicherung zuständigen obersten Verwaltungsbehörde des Landes" (Abs. 1 S. 2) und hat einen zwingenden Mindestgehalt an Bestimmungen aufzuweisen (Abs. 1 S. 3 Nr. 1 bis 8), ua über die Rechte und Pflichten der Mitgliedskassen (Nr. 5), die Aufbringung und Verwaltung der Mittel (Nr. 6), die jährliche Prüfung der Betriebs- und Rechnungsführung (Nr. 7). Überdies „muss" die Satzung „Bestimmungen darüber enthalten, dass die von dem Spitzenverband Bund der Krankenkassen abzuschließenden Verträge ... für die Landesverbände und ihre Mitgliedskassen verbindlich sind".

In materieller Hinsicht muss **hinreichende inhaltliche Bestimmtheit** gegeben sein: Diejenigen Aufwendungen müssen bestimmt werden, die als ausgleichsfähig angesehen werden sollen. Die Berechnung

---

16 Vgl. Pfohl, in: Peters, KassKomm, SGB V § 265 Rn. 3 u. 5.
17 So Pfohl in: Becker/Kingreen, § 265 Rn. 3.
18 Vgl. hier nur § 242 Abs. 1 S. 1: „Soweit der Finanzbedarf einer Krankenkasse durch die Zuweisungen aus dem Fonds nicht gedeckt ist, hat sie in ihrer Satzung zu bestimmen, dass von ihren Mitgliedern ein einkommensunabhängiger Zusatzbeitrag erhoben wird".
19 Vgl. Rappl in: Krauskopf, § 265 SGB V Rn. 3; weiterhin Pfohl in: Becker/Kingreen, § 265 Rn. 5.
20 Rappl, aaO, § 265 SGB V Rn. 12.

der Umlage, ihre Fälligkeit und die Fälligkeit der Ausgangsansprüche müssen festgelegt werden. In der Satzung können die Auszahlungsmodalitäten dem Vorstand übertragen werden bzw. ohne ausdrückliche Regelung ihm zur Gestaltung überlassen bleiben. Insgesamt ist die Ausgestaltung dem Verwaltungsrat vorbehalten; er entscheidet als Normgeber im Rahmen des Selbstverwaltungsrechts nach pflichtgemäßem Ermessen über die Modalitäten der Umlage (**Umlageermessen**). Ausdruck des Umlageermessens ist, dass die Aufsichtsbehörde nicht etwa eine Ausübung des Satzungsrechts im Zuge der Rechtsaufsicht erzwingen oder gar ersetzen darf. Die Ausübung des Satzungsrechts kann – da Normsetzungsakt – auch nicht eingeklagt werden.[21] Übt der Verwaltungsrat das Satzungsrecht indessen aus, unterfällt das Ergebnis der Genehmigungspflicht.[22] Die **Umlage- bzw. Darlehensentscheidung** ihrerseits ist Verwaltungsakt; hier entscheidet der Vorstand des Landesverbandes. Die Anfechtungsklage ist zulässig.[23] Hinzuweisen ist auf gerichtsseitige Nachprüfungsgrenzen,[24] insoweit die Umlage- bzw. Darlehensentscheidungen auch als Wahrnehmung gesundheitspolitischer Handlungsoptionen erscheinen: „Solche Maßnahmen sind als Zwischenschritt auf dem Weg zur Feststellung bzw. Stabilisierung oder, soweit noch möglich, Verminderung des später umzulegenden Passivvermögens zu verstehen. Ihnen liegen regelmäßig einerseits betriebswirtschaftliche, andererseits strategische oder sonstige Zweckmäßigkeitserwägungen zugrunde".

18 Für das **Ausmaß der Bestimmtheit** hat die Rechtsprechung hier hinreichende Kriterien entwickelt. Kein Bestimmtheitsmangel ist anzunehmen, wenn die in Betracht kommenden Interventionsmaßnahmen nicht näher präzisiert werden: „Welche Maßnahmen im Einzelfall ergriffen werden, hat sich nach Zweckmäßigkeitsgesichtspunkten an dessen Umständen zu orientieren und braucht damit gerade mit Rücksicht auf diesen Normzweck nicht näher definiert zu werden".[25] Einen Beitrag zur Konturierung des Bestimmtheitsgebots in Satzungsregelungen leistet ferner das SächsLSG,[26] indem verfassungsrechtlich „Rechtsvorschriften so gefasst sein müssen, dass der Betroffene die Rechtslage konkret erkennen und sein Verhalten danach ausrichten kann",[27] wenn sich auch die „Anforderungen nicht generell und abstrakt festlegen" lassen, „vielmehr maßgeblich die Eigenart des Regelungsgegenstands, der Regelungszweck und die Regelungsintensität in Betracht zu ziehen" sind.[28]

19 Entscheidend kommt es auf den **Ausgleichseffekt** an, für aufwendige Leistungsfälle oder für andere entsprechende Belastungen. Die Bestimmung zielt damit auf den Ausgleich einzelner Spitzenbelastungen, es ist ihr nicht um einen gleichmäßigen und regelmäßigen Ausgleich zu tun. Mit dem Ausgleichsprinzip nicht zu vereinbaren wären auch rein prospektive, ‚vorbeugende' Umlagen. Aus der – älteren – Rechtsprechung des BSG zur **Ausgleichsfunktion** und zum Gestaltungsermessen mit Blick auf § 265[29] wird indessen deutlich, dass ein Verständnis des S. 1 Alt. 2, das einen Landesverband daran gehindert hätte, im Interesse seiner Mitgliedskassen (und ihrer Versicherten) zur Abwendung des Haftungsfalls bereits im Vorfeld einer drohenden Kassenschließung tätig zu werden (und die Voraussetzungen einer Fusion zu schaffen), mit dem Zweck der Ermächtigung unvereinbar gewesen wäre.

20 Betont wird das „**Interventionsmanagement**"[30] des Landesverbandes, das – erfolgreich durchgeführt – durchaus dazu führen könne, dass die über Verbandsumlagen zu finanzierenden Mittel geringer sind als diejenigen, die sonst bei einer Haftung des Landesverbandes nach § 155 Abs. 4 hätten aufgebracht werden müssen. Überdies lasse sich so ein Ansehensverlust der betroffenen Mitglieder und damit auch ein „Ansehensverlust für das System der gesetzlichen Krankenkassen insgesamt vermeiden.

---

21 Vgl. Rappl, aaO, § 265 SGB V Rn. 5.
22 Vgl. § 210 Abs. 1 S. 2 bzw. § 212 Abs. 5 S. 3.
23 Vgl. Rappl, aaO, § 265 SGB V Rn. 5.
24 BSG, 24.9.2008, B 12 KR 10/07 R, juris Rn. 55 = SozR 4-2500 § 265 Nr. 1.
25 BSG, aaO, Rn. 45.
26 25.1.2012, L 1 KR 145/11; dazu BSG, 18.12.2013, B 12 KR 8/12 R, juris Rn. 48.
27 Unter Bezug auf BVerfG, 27.2.2008, 1 BvR 370/07 ua, BVerfGE 120, 274, 316; BVerfG, 27.7.2005, 1 BvR 668/04, BVerfGE 113, 348, 375 f.; BVerfG, 9.4.2003, 1 BvL 1/01 ua, BVerfGE 108, 52, 75.
28 Unter Hinweis auf BVerfG,13.7.2004, 1 BvR 1298/94 ua, BVerfGE 111, 191, 217; BVerfG, 8.2.2001, 2 BvF 1/00, BVerfGE 103, 111, 135; BVerfG, 24.6.1993, 1 BvR 689/92, BVerfGE 89, 69, 84, sowie BSG, 24.9.2008, B 12 KR 10/07 R, juris Rn. 45 = SozR 4-2500 § 265 Nr. 1.
29 BSG, 24.9.2008, B 12 KR 10/07 R, Rn. 38.
30 BSG, aaO, Rn. 38.

V. „Aufwendige Leistungsfälle" zwischen Solidarprinzip und Wettbewerb

Besonders kostenintensive Leistungsfälle[31] unterliegen als unbestimmter Rechtsbegriff[32] im Rahmen des Satzungsermessens entsprechender **Konkretisierung** durch die Verbände. Die Aufwendigkeit eines Leistungsfalls wird typischerweise relativ zu üblichen bzw. durchschnittlichen Kostenbelastungen bzw. zur Finanzkraft festgelegt. Im Rechtsbegriff kommt es auf die Komponente des Leistungsbezugs an, nicht auf die Typologie medizinischer Fallgestaltungen. 21

Der ohnehin unbestimmte Rechtsbegriff „andere aufwendige Belastungen" in S. 1 Alt. 2 muss unter Berücksichtigung des Zwecks der Vorschrift weit ausgelegt werden und lässt sich jedenfalls wohl nicht auf solche Belastungen begrenzen, die auf der Grundlage besonders aufwändiger Einzelfälle entstanden sind,[33] wofür Belastungen durch vorübergehende Ereignisse oder Vorhaben wie zB Katastrophen mit hohem Aufwand für viele Versicherte oder Vorhaben wie zB ein von einer Krankenkasse durchgeführtes Pilotprojekt als Beispiele genannt werden.[34] Umfasst sind vielmehr „Belastungen aus den verschiedensten Gründen", denn nur so wird den Krankenkassen auf Landesverbandsebene die Möglichkeit gegeben, „möglichst zeitnah und flexibel auf außerordentliche Belastungen einer Mitgliedskasse zu reagieren".[35] Anklänge an die Vorgängerregelung in § 414 b Abs. 2 RVO[36] hätten deutlich gemacht, dass „auch Umlagen für aus anderen Gründen notleidend gewordene Krankenkassen denkbar" sind, die Regelung mithin auf die „Anwendung für verschiedene, nicht auf aufwändige Leistungsfälle beschränkte Notlagen angelegt" sei. Ein Vergleich zum (bisherigen) Risikostrukturausgleich mache deutlich, dass dieser ein anderes Ausgleichsinstrument darstellte als der allgemeine Finanzausgleich nach § 265. Auch zwängen andere Ausgleichsinstrumente nicht zu einer Reduzierung des Anwendungsbereichs des § 265. 22

§ 265 a Finanzielle Hilfen zur Vermeidung der Schließung oder Insolvenz einer Krankenkasse

(1) ¹Die Satzung des Spitzenverbandes Bund der Krankenkassen hat bis zum 31. März 2009 Bestimmungen über die Gewährung finanzieller Hilfen zur Ermöglichung oder Erleichterung von Vereinigungen von Krankenkassen, die zur Abwendung von Haftungsrisiken für notwendig erachtet werden, vorzusehen. ²Näheres über Voraussetzungen, Umfang, Finanzierung und Durchführung der Hilfen regelt die Satzung des Spitzenverbandes Bund der Krankenkassen. ³In der Satzung ist vorzusehen, dass die Hilfen nur gewährt werden, wenn finanzielle Hilfe nach § 265 b in ausreichender Höhe gewährt wird. ⁴Die Satzungsregelungen werden mit 70 Prozent der nach § 217 c Abs. 1 Satz 2 gewichteten Stimmen der Mitglieder beschlossen.

(2) ¹Der Antrag auf Gewährung einer finanziellen Hilfe nach Absatz 1 kann nur von der Aufsichtsbehörde gestellt werden. ²Der Vorstand des Spitzenverbandes Bund der Krankenkassen entscheidet über die Gewährung der Hilfe nach Absatz 1. ³Die Hilfen können auch als Darlehen gewährt werden. ⁴Sie sind zu befristen und mit Auflagen zu versehen, die der Verbesserung der Wirtschaftlichkeit und Leistungsfähigkeit dienen.

(3) ¹Der Spitzenverband Bund der Krankenkassen macht die zur Finanzierung der Hilfen erforderlichen Beträge durch Bescheid bei seinen Mitgliedskassen mit Ausnahme der landwirtschaftlichen Krankenkasse geltend. ²Bei der Aufteilung der Finanzierung der Hilfen sind die unterschiedliche Leistungsfähigkeit der Krankenkassen sowie bereits geleistete Hilfen nach § 265 b angemessen zu berücksichtigen. ³Klagen gegen die Bescheide, mit denen die Beträge zur Finanzierung der Hilfeleistungen angefordert werden, haben keine aufschiebende Wirkung.

---

31 Rappl in: Krauskopf, § 265 SGB V Rn. 6 f.
32 Rappl in: Krauskopf, § 265 SGB V Rn. 5 (zum Bestimmtheitsgebot), Rn. 9 (zum unbestimmten Rechtsbegriff); Männle in: Rolfs/Giesen/Kreikebohm/Udsching, § 265 Rn. 6.
33 So SG Hamburg, 29.8.2006, S 48 KR 251/04, Rn. 22; Männle in: Rolfs/Giesen/Kreikebohm/Udsching, § 265 Rn. 7.
34 Unter Bezug auf Peters in: KassKomm, 265 SGB V Rn. 7; Peters in: Peters, HdB KrV, Teil II, § 265 SGB V Rn. 5.
35 Unter Bezug ua auf SG Hamburg, 9.12.2003, S 22 KR 1804/03 ER; 5.2.2004, S 37 KR 84/04 ER; 20.2.2004, S 21 KR 82/04 ER; SG Kiel, 4.3.2004, S 1 KR 13/04 ER.
36 Vgl. BT-Dr. 11/2237, 228 (zu § 274 SGB V).

(4) Ansprüche und Verpflichtungen auf Grund der bis zum 31. Dezember 2008 geltenden Fassung des § 265 a bleiben unberührt.

Literatur:
Gaßner, Wettbewerbliche Steuerungsinstrumente aus Sicht des Bundesversicherungsamtes, VSSR 2012, 213; *Köhler, A.*, Wettbewerbliche Steuerungsinstrumente aus Sicht der Kassenärztlichen Bundesvereinigung, VSSR 2012, 227; *St. Werner*, Schließung und Insolvenz gesetzlicher Krankenkassen, 2016.

I. Entstehungsgeschichte 1	7. Prognose 22
II. Grundsätzliches 2	8. Finanzierungsarten der Hilfen 23
III. Der Hilfegewährungsbescheid nach Maßgabe der Finanzhilfenordnung 10	IV. Auszahlung und Rückzahlung aus dem Hilfegewährungsbescheid 24
1. Allgemeines 10	V. Das Umlagensystem 26
2. Detaillierung der Hilfegewähr 11	VI. Der Umlagebescheid 36
3. Weitere Gestaltungsanforderungen 13	VII. Rechtsschutz (Abs. 3 S. 3) 40
4. Antrag 14	VIII. Wettbewerb und Kooperation im Haftungsverband 41
5. Notwendigkeit des Hilfebeitrags aus § 265 a 18	
6. Subsidiaritätsanforderungen zwischen Solidarität und Wettbewerb 20	

I. Entstehungsgeschichte

1 § 265 a ist durch GSG 1993 vom 21.12.1992 (BGBl. I, 2266), mWv 1.1.1994 eingeführt und durch das VÄndG vom 22.12.2006 (BGBl. I, 3439) und sodann durch das GKV-OrgWG vom 15.12.2008 (BGBl. I, 2426) mWv 1.1.2009 neu gefasst worden; Abs. 3 S. 1 ist idF durch Art. 8 Nr. 11 des Gesetzes vom 12.4.2012 (BGBl. I, 2012).

II. Grundsätzliches

2 Auf der Ebene des Spitzenverbandes Bund der Krankenkassen dienen Solidarprinzip und Rechtspflicht zur Zusammenarbeit allein dazu, die Schließung oder Insolvenz einer Krankenkasse mittels finanzieller Hilfen zu vermeiden. Verbunden ist dieses Prinzip der **Insolvenzvermeidung** aber mit einem konkreten **Gestaltungsauftrag**: solcherart robuste Vereinigungen von Krankenkassen zu ermöglichen oder zu erleichtern, wie sie „zur Abwendung von Haftungsrisiken für notwendig erachtet werden".[1]

3 Es geht zunächst um die **Festlegung von Satzungsinhalten** als Rahmen für finanzielle Hilfen, um die Vereinigung von Krankenkassen möglich zu machen oder zu erleichtern, wenn dies „für notwendig erachtet" wird (Abs. 1 S. 1), um **Haftungsrisiken** zu vermeiden, die sich mit der Schließung oder der Insolvenz einer Krankenkasse realisieren könnten.[2]

4 „Finanzielle Hilfen" bedeutet aus der Sicht der Kassen **Drittfinanzierung** aus Mitteln, die durch den Verband (der solche Mittel nicht selbst vorhalten kann) im Rahmen der Satzung zu organisieren sind und von den verbandsangehörigen Kassen als Umlagen getragen werden müssen (Abs. 3 S. 1). Aus der Perspektive dieser Konfliktlage der Kassen zum Verband ist vor allem die Regelung des (Anfechtungs-)Klagerechts (in Abs. 3 S. 3) zu sehen.

5 Das kombinierte Hilfs- und Umlagesystem wirkt nur **subsidiär**: Vorausgesetzt ist hier, dass „finanzielle Hilfe nach § 265 b in ausreichender Höhe gewährt wird" (Abs. 1 S. 3). Denn § 265 b eröffnet ein System freiwilliger vertraglich zu vereinbarender finanzieller Hilfen der Krankenkassen untereinander (zur Genehmigung durch die jeweils zuständige Aufsichtsbehörde), um insbesondere „deren Leistungs- und Wettbewerbsfähigkeit zu erhalten" (§ 265 b Abs. 1 S. 1 Nr. 1).

6 Ziel der Regelung in § 265 a ist demgegenüber jedoch ausschließlich, die Vereinigung von Krankenkassen mit dem Ziel zu erleichtern, solche **Haftungsrisiken vermeiden** zu helfen, die aus der Schließung oder Insolvenz resultieren können: Hilfen für Krankenkassen, um deren Notlage zu überbrücken oder ihre Wettbewerbsfähigkeit zu erhalten, sind in der Tat „ausdrücklich nicht Gegenstand dieser Vorschrift".[3]

---

[1] Abs. 1 S. 1; vgl. Pfohl in: Becker/Kingreen, § 265 a Rn. 1; vgl. auch Axer in: Eichenhofer/Wenner, § 265 a Rn. 1, aaO auch Rn. 3: „auf einen Zusammenschluss hin", der „durch die Hilfen erleichtert oder ermöglicht wird".
[2] Vgl. BT-Dr. 16/9559, 25; Ellmann in: LPK-SGB V, § 265 a Rn. 1.
[3] Pfohl in: Becker/Kingreen, § 265 a Rn. 1. Als „überaus restriktiv" wertet daher auch St. Werner, 105, diese Hilfsmöglichkeit.

Ein leistungsfähiges **vertragliches Hilfssystem** nach § 265 b ist indessen Voraussetzung der finanziellen 7
Hilfen nach Maßgabe von § 265 a; Abs. 1 S. 3 verlangt von der Satzung als Kriterium der Hilfeleistung
im Sinne von § 265 a, dass „finanzielle Hilfe nach § 265 b in ausreichender Höhe gewährt" worden
sein muss oder noch gewährt wird, was „in der Praxis eine entscheidende Hürde"[4] darstellen dürfte,
denn erst und nur dann, wenn aus der „Vertragsgemeinschaft nach § 265b" ausreichende Hilfe gewährt
oder verbindlich zugesagt worden ist, kommt das satzungsgemäße (und auf dieser Basis dann
auch zwingende) Hilfesystem des § 265 a zum Tragen.

Deutlicher als § 265 und § 265 b lässt § 265 a den **aufsichtsrechtlichen Systemkern** erkennen;[5] Solidarprinzip 8
und Rechtspflicht zur Zusammenarbeit sind kein Selbstzweck und folgen letztlich auch keinem
Marktbehauptungsmotiv, sondern dienen dem Erhalt der Leistungsfähigkeit des Systems. Finanzielle
Hilfen anzuordnen und durch Leistungsbescheide die Krankenkassen zu Solidarbeiträgen zu veranlassen
(vgl. Abs. 2 S. 1), unterstreichen dieses Regulierungsziel. Dennoch bleibt der Antrag auf Hilfegewährung
die ermessensgeleitete Entscheidung über die einer Schließung oder eines Antrags auf Insolvenz
vorgelagerte Handlungsmöglichkeit.[6]

Als aufsichtliches Regulierungs- und Eingriffsinstrument ist § 265 a subsidiär, wie dies der Auftrag an 9
den Satzungsgeber in Abs. 1 S. 3 deutlich macht. Im Vordergrund des Hilfesystems steht die – solidarische
und freiwillige – Unterstützung der Krankenkassen derselben Kassenart untereinander, und: Die
Satzung des Spitzenverbandes Bund zur Ausgestaltung des antragsgebundenen aufsichtlichen Hilfssystems
gemäß § 265 a muss die Regelung treffen, dass die Hilfen im Sinne von § 265 a nur dann gewährt
werden (dürfen), wenn die – freiwillige! – finanzielle Hilfe aus § 265 b „in ausreichender Höhe"
(Abs. 1 S. 3) zur Verfügung gestellt wird. Insoweit ist der antragsgebundene und satzungsrechtlich ausgestaltete
Hilfsmechanismus des § 265 a zusätzlich auf das Moment der **Freiwilligkeit** (wenn auch solidarisch
gebunden) der Krankenkassen (gleicher Kassenart) angewiesen.

III. Der Hilfegewährungsbescheid nach Maßgabe der Finanzhilfenordnung

1. Allgemeines. Es geht in diesem satzungsergänzenden Instrument (Anlage 2 zur Satzung des GKV- 10
Spitzenverbandes iVm dessen § 4 a Abs. 5) um finanzielle Hilfen zur Vermeidung der Schließung oder
Insolvenz einer Krankenkasse – Finanzhilfenordnung (FHO) auf der Grundlage von § 265 a[7] – und damit
um die Voraussetzungen formeller und inhaltlicher Art, unter denen finanzielle Hilfen zur Vermeidung
der Schließung oder Insolvenz einer Krankenkasse beantragt und gewährt werden können. Die
FHO „dient ausschließlich der Ermöglichung oder Erleichterung von Vereinigungen von Krankenkassen,
die notwendig sind, um ein Haftungsrisiko (Schließung oder Insolvenz) abzuwenden".[8] Die FHO-Regelungen
sind in die Satzung einzuarbeiten.[9]

2. Detaillierung der Hilfegewähr. Unter notwendiger Berücksichtigung von § 265 b werden hier die 11
Voraussetzungen des § 265 a im Detail herausgearbeitet:[10] Im Zentrum steht die Entscheidung über
die Gewährung finanzieller Hilfe (Hilfegewährungsbescheid) durch den Vorstand des GKV-Spitzenverbandes
(unter Beschlussfassung durch den Verwaltungsrat), unter Umständen unterstützt durch sachverständige
Beratung. Festgelegt wird den gesetzlichen Vorgaben folgend der notwendige Inhalt (§ 9
Abs. 1 FHO): „Unter anderem" gehören hierzu die Festlegung der Art der finanziellen Hilfe, die Umwandlung
von Darlehen in Zuschüsse, die Auszahlungsmodalitäten, ferner der Umfang der finanziellen
Hilfe und ihre Finanzierung.

Im **Hilfegewährungsbescheid** ist grundsätzlich die neu entstandene Krankenkasse **Adressatin**. Im Übri- 12
gen kann aber dem Stand der Fusion jeweils Rechnung getragen werden (§ 9 Abs. 4 S. 2 und 3), denn
„vor Wirksamwerden der Vereinigung sind die Vereinigungspartner Adressaten" des Bescheids, also
„entweder die bedrohte Krankenkasse oder die Vereinigungspartner oder die durch die Vereinigung
entstandene neue Krankenkasse".

---

4 Dies vermutet Pfohl, aaO, Rn. 4.
5 Vgl. Pfohl, aaO, Rn. 2.
6 Vgl. Axer in: Eichenhofer/Wenner, § 265 a Rn. 3 f.
7 In dessen Fassung durch das GKV-OrgWG v. 15.12.2008 (BGBl. I, 2426) und § 4 a Satzung des GKV-Spitzenverbandes, idF der Änderungen v. 2.12.2015; vgl. Axer, aaO, § 265 a Rn. 6.
8 FHO, Präambel, Abs. 1 S. 2.
9 Ellmann in: LPK-SGB V, § 265 a Rn. 2.
10 Ellmann in: LPK-SGB V, § 265 a Rn. 2, zu Voraussetzungen, Umfang, Finanzierung und Durchführung der finanziellen Hilfen gemäß FHO, auch Ellmann, aaO.

Der Bescheid hat gewissermaßen die Konsequenzen aus der Intensität des eigenen Einsatzes deutlich zu machen, denn die finanzielle Hilfeleistung ist – zwingend – „mit **Auflagen** zu versehen, die der Verbesserung der Wirtschaftlichkeit und Leistungsfähigkeit dienen" (§ 9 Abs. 5 FHO). Den besonderen Anforderungen an die Gestaltung bei darlehensweiser Hilfe trägt § 9 Abs. 5 S. 2 FHO Rechnung, indem hier „das Nähere über die Darlehensgewährung in einem Vertrag mit den an der Vereinigung beteiligten Krankenkassen vereinbart" werden muss.

13 **3. Weitere Gestaltungsanforderungen.** Als umfassendes Gestaltungsinstrument zwischen sozialversicherungs(organisations)rechtlichem Solidaritätsanspruch einerseits und (begrenzter) Wettbewerbsorientierung andererseits kann der Hilfegewährungsbescheid mit weiteren Regelungsanforderungen ausgestattet werden,[11] insbesondere (gemäß § 9 Abs. 6 S. 2 FHO) mit solchen **Nebenbestimmungen** (nach Maßgabe von § 32 SGB X) kombiniert werden, „die zur Sicherstellung der Vereinigung oder zur Abwendung von Haftungsrisiken auch nach der Vereinigung zweckmäßig sind". Jedenfalls aber müssen Gewähr und Auszahlung von Hilfen davon „abhängig" gemacht werden, „dass die bei Antragstellung durch die Aufsichtsbehörde angestrebte Vereinigung wirksam wird". Und überdies muss der Bescheid (gemäß § 9 Abs. 6 S. 4 iVm § 7 FHO) zurückgenommen oder widerrufen werden, wenn tatsächlich die finanzielle Hilfe aus § 265 b nicht in ausreichender Höhe gewährt (§ 265 b iVm § 265 a Abs. 1 S. 3) oder ihre vertragliche Durchsetzung nicht hinreichend gesichert wurde (weil etwa vollstreckungsfähige Finanzierungszusagen fehlen oder notleidend geworden sind).

14 **4. Antrag.** Voraussetzungen für den Hilfegewährungsbescheid sind ein **schriftlicher Antrag** der zuständigkeitshalber (§ 90 SGB IV) antragsberechtigten Aufsichtsbehörde sowie der Nachweis ausreichender finanzieller Hilfe aus § 265 b, weiter die Begründung der Notwendigkeit und des (notwendigen) Umfangs der Hilfegewährung sowie die Sicherstellung der Finanzierung im Umlagesystem (§ 4 FHO). Die Antragsberechtigung wird von der bedrohten Krankenkasse (das ist die Kasse, „deren Schließung oder Insolvenz durch die Vereinigung vermieden werden soll") aus gesehen: Deren Aufsichtsbehörde im Sinne von § 90 SGB IV ist antragsberechtigt (§ 5 FHO). Damit wird unterstrichen, dass der Antrag auf Hilfe ein Aufsichtsmittel ist und kein Marktinterventionsinstrument im Kassenwettbewerb.

15 An die schriftliche **Begründung des Antrags** durch die Aufsichtsbehörde werden Mindestanforderungen gestellt, die dem eng umgrenzten Gesetzeszweck gerecht werden müssen: Sie hat „darzulegen, warum ihrer Ansicht nach das Haftungsrisiko nur durch die Vereinigung der bedrohten Krankenkasse mit einer anderen Krankenkasse und nur durch die Inanspruchnahme finanzieller Hilfe nach der FHO abgewendet werden kann" (§ 6 Abs. 2 FHO).

16 Ferner muss der Antrag deutlich machen, dass die Tatbestandsvoraussetzung **ausreichender finanzieller Hilfe** nach Maßgabe von § 265 b gesichert ist; auch bedarf es einer Konturgebung für den unbestimmten Rechtsbegriff der ausreichenden Höhe, in der finanzielle Hilfe gemäß § 265 b erbracht sein muss; Maßstab ist die „kassenartspezifische Zuweisung": Ausreichend ist die – freiwillige – finanzielle Hilfe demnach dann, wenn sie „mindestens 3 % des zwölffachen des Betrages beträgt, den der Zuweisungsbescheid des Bundesversicherungsamtes an monatlichen Zuweisungen an die Krankenkassen der Kassenart ausweist, der auch die bedrohte Krankenkasse angehört (§ 7 Abs. 2 S. 1 FHO), wobei hier „der zum Zeitpunkt der Antragstellung jüngste in die Zukunft wirkende Zuweisungsbescheid des Bundesversicherungsamtes" maßgeblich ist. Konsequenterweise bleiben die Zuweisungen an die bedrohte Krankenkasse selbst hierbei unberücksichtigt.

17 Die finanzielle Hilfe aus § 265 b muss überdies, um ihren Zweck erfüllen zu können, hinreichend stabil und absolut verbindlich sein, in den FHO-Kriterien „unwiderruflich, endgültig und ohne Rückzahlungsverpflichtung" (§ 7 Abs. 4 S. 1); Darlehen kommen daher nicht in Betracht, und „Sachmittel sind keine finanziellen Hilfen" (§ 7 Abs. 5 S. 2 FHO). Entsprechend der drei genannten Anforderungen an die vorausgesetzte Hilfe kann der GKV-Spitzenverband von den nach Maßgabe von § 265 b als Helfer verpflichteten Vertragspartnern die Erklärung fordern, „dass zu den Verträgen nach § 265 b Abs. 2 keine weiteren, diese ergänzenden, ändernden oder aufhebenden Vereinbarungen bestehen" (§ 7 Abs. 6 S. 2 FHO).

18 **5. Notwendigkeit des Hilfebeitrags aus § 265 a.** Der im Sinne von § 265 a antragsgegenständliche Hilfebeitrag selbst hat sich an dem Maß des Notwendigen auszurichten, das allein dem Ziel dient, „das Haftungsrisiko abzuwenden" (§ 8 Abs. 1 FHO). Die auch von der FHO (in § 2) ausdrücklich benann-

---

11 Vor allem zur Straffung von Verwaltungsstrukturen: St. Werner, 105.

ten und hier ausschließlich in den Blick genommenen Haftungsrisiken bestehen in der Schließung[12] und der Insolvenz[13] von Krankenkassen.[14]

Das absolute Maß des Notwendigen, **Abwendung des Haftungsrisikos**,[15] ist zugleich immer verbunden mit den Auswirkungen der vorgängigen freiwilligen Hilfe aus § 265 b. Hier gilt es, ein **Regulierungskonzept** zu formulieren, das gezeigte Hilfe-Bereitschaft (im Sinne von § 265 b) privilegiert und überdies mangelnde Hilfsbereitschaft (aus § 265 b) noch rechnerisch sanktioniert.

6. Subsidiaritätsanforderungen zwischen Solidarität und Wettbewerb. Mit den Gestaltungsvorgaben der FHO wird versucht, das Subsidiaritätserfordernis im Spannungsfeld von Solidarität und Wettbewerb auszutarieren und die kassensolidarischen Ausgleichsmechanismen zu mobilisieren. Die FHO betont diesen Zusammenhang in ihren Eingangsformeln noch einmal deutlich.

Hiermit wird zugleich ein **Erkenntlichkeitsgrundsatz** entlang des Subsidiaritätsprinzips formuliert, mit Blick auf bereits erwiesene Hilfsbereitschaft durch Beteiligung an der freiwilligen kassenartinternen Hilfe, denn „der Grundsatz der Subsidiarität verlangt auch, dass bei der Finanzierung der Hilfen aufgrund der FHO besonders berücksichtigt wird, ob und in welchem Umfang sich die jeweilige Krankenkasse bereits an der freiwilligen kassenartinternen Hilfe beteiligt hat, sich damit solidarisch gegenüber allen anderen Krankenkassen gezeigt hat und so einen Beitrag dazu geleistet hat, dass die Hilfe nach § 265 a möglich ist und ein Haftungsfall verhindert wird".[16]

7. Prognose. Das Ziel, ein „Haftungsrisiko abzuwenden", ist immer auch Prognose (vgl. § 8 Abs. 2 S. 1 FHO). Um zu einer zutreffenden Prognoseentscheidung zu gelangen, bedarf es eines möglichst weit gespannten Wissenshintergrunds, woraus – in einem System mittelbarer Sozialstaatsverwaltung allemal – **Auskunftsrechte und Übermittlungspflichten** ebenso resultieren wie die Pflicht zur Inanspruchnahme sachverständigen Rats. Um den Hilfebetrag festzustellen, sind Aufsichtsbehörde, an der Vereinigung beteiligte Krankenkassen und die Vertragspartner-Kassen aus § 265 b „verpflichtet, dem GKV-Spitzenverband alle Auskünfte zu erteilen und Daten zu übermitteln, die seiner Ansicht nach zur Beurteilung des Hilfebedarfes und des Hilfebetrages notwendig sind" (§ 8 Abs. 3 FHO). Gleiches gilt für vom GKV-Spitzenverband beauftragte sachverständige Dritte (§ 8 Abs. 4 S. 1 FHO). Durch die Beauftragung anfallende **Kosten** werden den an der (geplanten) Vereinigung beteiligten Krankenkassen gesamtschuldnerisch auferlegt (§ 8 Abs. 4 S. 2 und 3 FHO); die entstandenen Kosten sollen mit dem Hilfebetrag verrechnet werden können (§ 8 Abs. 4 S. 4 FHO).

8. Finanzierungsarten der Hilfen. Differenziert gestaltet werden Finanzierungsarten der Hilfen gemäß § 265 a. In Betracht kommen Zuschuss, Darlehen, Kombination aus Zuschuss und Darlehen (§ 3 Abs. 1 S. 1 FHO); hinzu treten die **Umwandlungsmöglichkeit** von Darlehen in Zuschüsse (§ 3 Abs. 1 S. 2) sowie ein erweiterter Auszahlungsmodus mit Änderungsermächtigung und Ausdehnung des Zuteilungsrahmens auf bis zu mehreren Jahren. Grundsätzlich wird die finanzielle Hilfe innerhalb eines Jahres ausgezahlt (§ 3 Abs. 2 S. 1), beginnend frühestens fünf Monate, nachdem die Fusion der Krankenkassen genehmigt ist. Die Auszahlung der Hilfe in Raten ist möglich (§ 3 Abs. 2 S. 3). Auch kann der gewählte und im Hilfegewährungsbescheid festgesetzte Auszahlungsmodus nachträglich abgeändert werden (§ 3 Abs. 2 S. 4). Und zumindest „in begründeten Ausnahmefällen" ist als nachträgliche Umgestaltung die Verteilung einer Auszahlung auf mehrere Jahre erlaubt (§ 3 Abs. 2 S. 5). Bei all diesen **Gestaltungsvarianten** muss jedoch die Finanzierung und die Erfüllung der weiteren nach dem Hilfegewährungsbescheid auferlegten Auflagen und Bedingungen sichergestellt bleiben.[17]

IV. Auszahlung und Rückzahlung aus dem Hilfegewährungsbescheid

Die Steuerung von Auszahlung und (Teil-)Rückzahlung (§ 14), wie sie sich aus dem Hilfegewährungsbescheid ergibt, ist Aufgabe des Vorstands des GKV-Spitzenverbandes; er „prüft die Einhaltung der Auflagen und Bedingungen und entscheidet in Abhängigkeit davon über Auszahlungen und Rückfor-

---

12 §§ 146 a, 153, 163, 170 SGB V.
13 § 171 b Abs. 1 SGB V, §§ 11, 13 ff. InsO.
14 Zu den maßgeblichen Fragen um das Verhältnis von Schließung und Insolvenz(fähigkeit) BVerwG, 26.7.2016, 8 B 12/16, mAnm F.L. Cranshaw in: jurisPR-InsR 20/2016 Anm. 1.
15 Ellmann in: LPK-SGB V, Rn. 1 zum Normzweck der Vermeidung von Haftungsrisiken innerhalb des (Haftungs-) Verbundes einer Kassenart, die nach Maßgabe von § 155 Abs. 4 bzw. § 171 d Abs. 5 gegen den Spitzenverband Bund der Krankenkassen geltend zu machen ist.
16 Finanzhilfenordnung (FHO), Präambel, Abs. 3 S. 2.
17 § 14 Abs. 1 iVm § 3 Abs. 2 S. 6 FHO.

derungen" (§ 14 Abs. 2 S. 1 FHO). Als Konsequenz aus den allgemeinen Rücknahme- oder Widerrufsgründen (vgl. §§ 39 ff. SGB X) oder mit Blick auf die Nichteinhaltung von Auflagen und Bedingungen wird die Rückabwicklung gestaltet, bis hin zu vollständiger Rückforderung, die „insbesondere" an die Rücknahme des Hilfegewährungsbescheids wegen Fehlens von Gewährungsvoraussetzungen aus § 265 b (nach Maßgabe von § 9 Abs. 6 S. 4 FHO) oder an einen Widerruf anknüpft (§ 14 Abs. 2 S. 1 FHO).

25 Die **Ausgestaltung des Rückzahlungsbescheids**, insbesondere Fälligkeit, Verzugszinsen, sowie die Rückabwicklung der Finanzierungsbeiträge der einzelnen Kassen (einschließlich Zinsen), wird ebenso geregelt wie die Darlehensrückabwicklung, anteilig oder insgesamt. Die Rückzahlungsbeträge müssen sofort fällig gestellt werden; Verzugszinsen können den allgemeinen Regeln entsprechend (hier: § 288 Abs. 1 S. 1 und Abs. 2 BGB) erhoben werden (§ 14 Abs. 3 S. 2 FHO). Mit der Rückzahlung ist die Rückabwicklung zugunsten der finanzierungsbeteiligten Krankenkassen zwingend und unmittelbar verbunden; „rechtskräftig zurückgezahlte Hilfen" müssen nunmehr „unverzüglich" (dh ‚ohne schuldhaftes Zögern') „in dem Verhältnis der Finanzierung" an die Krankenkassen zurückverteilt werden (§ 14 Abs. 3 S. 3 FHO), unter Einschluss erlangter Zinszahlungen (§ 14 Abs. 3 S. 4 FHO). Ist die finanzielle Hilfe als Darlehen gestaltet, hat die Rückabwicklung an die beteiligten Krankenkassen in dem Verhältnis zu erfolgen, „das sie jeweils an der Finanzierung des Gesamtdarlehensvolumens hatten" (§ 14 Abs. 4 S. 1 FHO).

V. Das Umlagensystem

26 Das an dem ermittelten Hilfebetrag ausgerichtete **Umlagensystem** zur Finanzierung der Hilfen ist ein Pflichtsystem, an dem teilzunehmen die Kassen mittels nach finanzieller Leistungsfähigkeit differenzierten Umlagen verpflichtet sind (§ 10 Abs. 1 FHO). Auch hier schlägt der Subsidiaritätsgedanke wieder durch, denn (gemäß § 10 Abs. 1 FHO) wird – zwingend – die „(Nicht-)Beteiligung an den finanziellen Hilfen nach § 265 b SGB V [...] bei der Umlageerhebung angemessen berücksichtigt (§ 265 a Abs. 3 SGB V)". Für die **Leistungs- bzw. Umlagefähigkeit** der Krankenkasse gilt es objektivierbare Kriterien und Berechnungswege zu ermitteln, die gegebenenfalls auch gerichtsfest sein müssen. § 12 FHO leistet dies in der für den Bereich des SGB V typischen Komplexität verbalisierter Berechnungsvorgänge, in denen die rechnerische Nachvollziehbarkeit sehr deutlich an sprachliche Grenzen stößt.

27 Zunächst gilt es – orientiert an den Verhältnisse zum Zeitpunkt der Antragstellung (§ 12 Abs. 2 FHO) –, an aussagefähige Maßzahlen im Kernbereich der Krankenkassen selbst anzuknüpfen: Systemimmanent gilt als **Maßstab** für deren Leistungsfähigkeit „die ausgezahlte Prämie nach § 242 SGB V" ebenso wie „der erhobene bzw. nicht erhobene Zusatzbeitrag" (§ 12 Abs. 1 S. 1 FHO).

28 **Verteilung des Hilfebetrags auf mehrere Jahre**: Eine Sonderproblematik für die Beurteilung der Leistungs- bzw. Umlagefähigkeit entsteht, wenn die Auszahlung des erforderlichen Hilfebetrags auf mehrere Jahre verteilt wird (im Sinne von § 3 Abs. 2 S. 5, § 10 Abs. 4 FHO), denn hier ist man auf **Feststellungstermine** angewiesen, zu denen die (Fortdauer der) Leistungsfähigkeit an der Finanzierung beteiligter Krankenkassen in den Folgejahren jeweils erhoben wird: Dann müssen jeweils zum 1. Juni eines jeden Jahres, auf das sich die Hilfe-Teilbeträge erstrecken, die ausgezahlten Prämien, erhobene bzw. nicht erhobene Zusatzbeitrage und die Mitgliederzahlen neu festgestellt werden (§ 12 Abs. 3 S. 1 FHO).

29 **Kassenindividuelle Leistungsfähigkeit**: Für eine möglichst ausgewogene und im Sinne der Solidaritätsanforderungen gerechte Umlage-Berechnung im Einzelnen kommt es auf die kassenindividuelle Leistungsfähigkeit *aller* finanzierungsbeteiligten Kassen an: „Dabei ist die Leistungsfähigkeit und damit die Umlage umso höher, je niedriger der Zusatzbeitrag oder je höher die ausgeschüttete Prämie nach § 242 SGB V ist" (§ 13 Abs. 1 S. 2 FHO). Ein komplex gestaltetes rechnerisches **Korrektiv** soll sicherstellen, dass innerhalb gewisser Grenzen „eine günstigere Krankenkasse stärker belastet wird als eine teurere" (§ 13 Abs. 1 S. 6); denn es muss andererseits auch „sichergestellt" sein, „dass die zwischen den Krankenkassen bestehenden **Wettbewerbsunterschiede** durch die Heranziehung zur Finanzierung des Hilfebetrages nicht zu stark nivelliert werden" (§ 13 Abs. 1 S. 7). Überdies dürfen nur solche Krankenkassen zur Finanzierung des Hilfebetrages (zur Umlage) herangezogen werden, die ihre Mehrbelastung durch die Umlage erbringen können, ohne von ihren Mitgliedern einen Zusatzbeitrag (samt Einkommensprüfung nach § 242 Abs. 1 S. 3) erheben zu müssen.

30 Eine dem Subsidiaritätsmoment dieses Hilfensystems geschuldete **Privilegierung** erreichen (gemäß § 13 Abs. 2) diejenigen Krankenkassen, die als Beteiligte der „ausreichenden finanziellen Hilfe" im Rahmen von § 265 b SGB V als „betroffener Hilfeverbund" (§ 13 Abs. 2 S. 1 FHO; vgl. auch § 7 FHO) anzuse-

hen sind, denn sie werden zur Finanzierung des Hilfebetrages nur mit der Hälfte der je Mitglied an sich zu zahlenden Umlage herangezogen. Orientierung geben hier die rechnerischen Maßgaben für die „Rest-GKV" außerhalb des Hilfeverbunds (§ 13 Abs. 3 S. 1 FHO).

Die im Einzelnen (gemäß § 12 Abs. 3 S. 1 bis 4) ermittelten **Umlagebeträge** werden aber nur als „**Zwischenergebnisse**" betrachtet, als **Bestimmungsbasis** für eine möglicherweise zur Finanzierung des Hilfebetrages notwendige und gebotene „**Volumenanpassung**" (§ 13 Abs. 3 S. 5 iVm Abs. 5 oder 6). 31

Aus dem ermittelten Ergebnis werden Konsequenzen gezogen für den Fall, dass dieses **Finanzierungspotenzial** höher ausfällt als der zu finanzierende Hilfebetrag bzw. höher als der bei mehrjähriger Teilauszahlung für das jeweilige Jahr benötigte Teilbetrag. Der erforderliche Umlagebetrag wird nun ermittelt, indem der – gemäß § 13 Abs. 4 FHO – für jede Krankenkasse errechnete vorläufige Jahreswert mit einem „**Korrekturfaktor**" (§ 13 Abs. 5 S. 3) multipliziert wird, der seinerseits aus der Division des erforderlichen Hilfebetrags durch das Finanzierungspotenzial (aus § 13 Abs. 4 S. 3) errechnet wird (§ 13 Abs. 5 S. 1 und 2 FHO). 32

Für den Fall, dass ein nach Absatz 4 ermitteltes Finanzierungspotenzial niedriger ausfällt als der zu finanzierende Hilfebetrag (bzw. der für das jeweilige Jahr benötigte Teilbetrag), wird ein **für alle Mitglieder gleicher Erhöhungsbetrag** hinzugesetzt (§ 13 Abs. 6 S. 1 und 2 FHO). Auch hier bleibt die Privilegierung erhalten, gilt es doch „sicherzustellen, dass die Krankenkassen im betroffenen Hilfeverbund im Ergebnis nur 50 % des an sich je Mitglied aufzubringenden Betrages zahlen". 33

Nicht an der freiwilligen Aufbringung (iSv § 265 b) beteiligte Krankenkassen, die sich aber nach ihrer Kassenart innerhalb des betroffenen Hilfeverbundes (iSv § 265 b iVm § 13 Abs. 2 S. 1 FHO; vgl. auch § 7 FHO) befinden, werden zur Zahlung des Umlagebetrags (aus § 265 a) herangezogen, „den sie nach **kassenindividueller Leistungsfähigkeit** wie alle Krankenkassen aufzubringen haben, die nicht dem betroffenen Hilfeverbund angehören", als **Rest-GKV** (§ 13 Abs. 7 S. 1 FHO). Ein „zusätzlicher **Finanzierungsbeitrag**" (§ 13 Abs. 7 S. 3 FHO) bedeutet für die Kassen eine Verpflichtung, je Mitglied einen „weiteren Finanzierungsbeitrag" zu zahlen, „der dem höchsten Umlagebetrag je Mitglied entspricht, der zur Finanzierung der ausreichenden Hilfe nach § 265 b freiwillig geleistet wird", und zwar „zuzüglich eines Aufschlags von 20 %" – ein deutlich **sanktionierendes Element** für die **Solidaritätsdefizite** außerhalb des Hilfsverbundes, aber innerhalb der Umlagepflicht stehender Kassen. 34

Mit dem Sanktionseffekt gegen die Kassen minderer finanzieller Solidarität aus § 265 b verbunden wird überdies ein die **Entlastung** der freiwillig zahlenden Mitglieder des Hilfeverbundes verstärkendes Element, denn der für den Hilfebetrag einzusetzende „zusätzliche Finanzierungsbeitrag" (im Sinne von § 13 Abs. 7 S. 3 FHO) muss „den Finanzierungsbeitrag der übrigen Krankenkassen des betroffenen Hilfeverbunds" (im Sinne von § 265 b iVm § 13 Abs. 2 S. 1, § 7 FHO) „grundsätzlich um einen für alle gleichen Prozentsatz" (§ 13 Abs. 8 S. 1) entlasten. Die im Sinne von § 265 a „bedrohte" Krankenkasse wird zu der Finanzierung des Hilfebetrages nicht herangezogen (§ 10 Abs. 2 FHO). 35

VI. Der Umlagebescheid

Die Umlagebescheide, mit denen der GKV-Spitzenverband „die nach Leistungsfähigkeit differenzierte Umlage" bei den Krankenkassen zu erheben hat (§ 10 Abs. 3 S. 1 FHO), fassen die verschiedenen Umlagemodi (zB auch den ‚zusätzlichen Finanzierungsbeitrag') „grundsätzlich nur" in einen Bescheid zusammen, mit dem der Betrag „im Ganzen erhoben und geltend gemacht" wird (S. 2), erforderlichenfalls „zur Schonung der Liquidität der Krankenkassen auch in Raten" (S. 3), dann unter Festlegung der Höhe der Teilzahlungen und der Zahlungstermine (S. 4). 36

Die **Umlage-Fälligkeit** tritt für die einzelne Krankenkasse innerhalb von sechs Wochen nach Zustellung des Umlagebescheides ein; die Überweisung hat an den GKV-Spitzenverband zu erfolgen (§ 10 Abs. 6 S. 1 FHO); bei Teilzahlungen und bei der mehrjährigen Auszahlung des Hilfebetrages folgt die Fälligkeit aus dem im Umlagebescheid (§ 10 Abs. 3) bzw. im Grundlagenbescheid (Abs. 4) angegebenen Zahlungstermin (§ 10 Abs. 3 S. 3 und 4, Abs. 6 S. 2 FHO). Als erfolgt „gilt" die Zahlung mit der belastenden Wertstellung (§ 10 Abs. 6 S. 4 FHO). In **Verzug** gerät die zahlungspflichtige Krankenkasse mit Ablauf der (sechswöchigen) Zahlungsfrist bzw. der festgesetzten Zahlungstermine (§ 10 Abs. 6 S. 5 FHO), „insbesondere" mit der Folge, dem GKV-Spitzenverband die ihm aus der Pflicht zur finanziellen Hilfe aus § 265 a (zB durch Darlehen) entstehenden Zwischenfinanzierungskosten erstatten zu müssen (Abs. 6 S. 6). Verzugszinsen fallen allerdings nicht an (S. 7). 37

Für das gesamte Verfahren der finanziellen Hilfeleistung bedarf es eines erheblichen **Informations- und Kommunikationsaufwands**, zu dem die FHO (in § 11) eine Klarstellung bezüglich der „Datengrundlagen" beisteuert: „Verlangen" darf der GKV-Spitzenverband von den Krankenkassen „Auskünfte und 38

Nachweise" zweckbestimmt und begrenzt auf die „Durchführung der Finanzierung" (§ 11 S. 1 FHO), und zwar innerhalb von drei Wochen nach schriftlicher Anforderung durch den GKV-Spitzenverband (S. 2). Aus der Möglichkeit, die dem GKV-Spitzenverband hier (in S. 3) eingeräumt wird, nämlich „die Höhe der Umlageverpflichtung aufgrund verfügbarer oder geschätzter Daten verbindlich festsetzen" zu dürfen, wenn die Nachweise nicht fristgemäß vorliegen oder fehlerhaft oder unvollständig sind, ergeben sich Unsicherheiten für die Durchsetzbarkeit und Akzeptanz des Festsetzungs-Rechenwerks und gesonderter Streitstoff.

39 Zu der grundsätzlichen **Frage der Legitimation** des GKV-Spitzenverbands als Normsetzer – Satzungsgeber – hat das SächsLSG[18] ausführlicher Stellung bezogen und betont, dass die Zweifel an der hinreichenden demokratischen Legitimation des GKV-Spitzenverbandes zur Normsetzung[19] bekannten, aber nicht stichhaltigen Einwänden gegen die Normsetzung durch Verbände und gemeinsame Einrichtungen der Ärzte und Krankenkassen[20] folgen würden. Der entsprechende Vorwurf eines zu stark verdünnten, verfassungsrechtlich kaum belastbaren Legitimationsniveaus[21] sei jedenfalls unzutreffend.

VII. Rechtsschutz (Abs. 3 S. 3)

40 Gegen die (auf Antrag der Aufsichtsbehörde) durch den Spitzenverband Bund der Krankenkassen erlassenen **Anforderungsbescheide** bei den Mitgliedskassen (mit Ausnahme der Landwirtschaftlichen Krankenkassen), gerichtet auf Zahlung der Beträge zur Finanzierung der Hilfeleistungen, ist die **Anfechtungsklage** zulässig, indessen ohne aufschiebende Wirkung (Abs. 3 S. 3). (Anfechtungs- oder Verpflichtungs-)Klagen gegen die Entscheidungen des Spitzenverbandes über Hilfegewähr oder Ablehnung von Hilfen hingegen sollen grundsätzlich aufschiebende Wirkung haben.[22]

VIII. Wettbewerb und Kooperation im Haftungsverband

41 Das Spannungsfeld von Solidarität und Wettbewerb, in § 265 a durch die Notsituation und das Hilfe-System besonders herausgefordert, wird in der Rechtsprechung[23] dahin reflektiert, dass der Gesetzgeber mit § 265 a „dem Erhalt und der Sicherung der Wettbewerbsfähigkeit der Krankenkassen einen höheren Wert zugemessen" habe „als dem ungehinderten oder ungeregeltem Wettbewerb" und er hier die gebührende Gestaltungsfreiheit den Beschränkungen des Wettbewerbsprinzips im Bereich der Gesetzlichen Krankenversicherung habe unterstellen dürfen, zu denen „insbesondere das Solidarprinzip, das (überwiegend) einheitliche Leistungsrecht sowie die Funktionsfähigkeit und Stabilität der GKV" zählen.[24] Insoweit habe § 265 a als „eine sachlich begründete Ausprägung des Solidargedankens" zu gelten.

42 Der hier konzipierte (Umlagen-)Haftungsverbund zwischen den Kassen lässt sich als „Sonderfall der Kooperation" verstehen.[25] Für die Diskussion um die weitere **Entwicklung des Kooperationsverhältnisses** von Belang ist die 8. GWB-Novelle.[26] Ausdrücklich geregelt ist nunmehr die GWB-Anwendung für die Zusammenschlusskontrolle bei Vereinigungen von Krankenkassen – und damit unmittelbar im Regelungskontext der §§ 265, 265 a – in § 172 a („Zusammenschlusskontrolle bei Vereinigungen von

---

18 SächsLSG, 25.1.2012, L 1 KR 145/11 (zurückverwiesen durch BSG, 18.12.2013, B 12 KR 8/12 R), hier Rn. 37, 38.
19 SächsLSG, aaO, Rn. 37 unter Bezug auf das Hessische LSG, 21.2.2011, L 1 KR 327/10 B ER, juris Rn. 44 = ASR 2011, 110 ff.; BayLSG, L 4 KR 237/10, juris Rn. 38 ua unter Bezug auf BSG, 15.10.2014, B 12 KR 10/12 R, SozR 4-2500 § 240 Nr. 24; Mühlhausen in: Becker/Kingreen, § 217 a Rn. 8.
20 Unter Bezug auf BSG, 31.5.2006, B 6 KA 13/05 R, BSGE 96, 261 = SozR 4-2500 § 92 Nr. 5, jeweils Rn. 58 ff.; 9.12.2004, B 6 KA 44/03 R, BSGE 94, 50 = SozR 4-2500 § 72 Nr. 2, jeweils Rn. 64 ff.
21 Unter Bezug auf Hebeler, DÖV 2002, 936, 941 f.; Butzer/Kaltenborn, MedR 2001, 333, 339 f.; Schwerdtfeger, SDSRV 38 (1994), 27, 45. Insoweit bestätigt in BSG, 18.12.2013, B 12 KR 3/12 R, juris, Rn. 29.
22 So Axer in: Eichenhofer/Wenner, § 265 a Rn. 9, vgl. zur Anfechtbarkeit eines Umlagebescheides, der gemäß § 3 Ausgleichsordnung 2004 auf der Ermächtigungsgrundlage von § 265 a Abs. 1 SGB V aF ergangen war, BayLSG, 27.9.2011, L 5 KR 302/08, Rn. 54.
23 Hier erneut BayLSG, 27.9.2011, L 5 KR 302/08, Rn. 64.
24 Unter Verweis auf BVerfG, 9.6.2004, 2 BvR 1248/03, SozR 4-2500 § 266 Nr. 7.
25 Becker/Schweitzer, Wettbewerb im Gesundheitswesen – Welche gesetzlichen Regelungen empfehlen sich zur Verbesserung eines Wettbewerbs der Versicherer und Leistungserbringer im Gesundheitswesen?, Gutachten B, 69. Deutscher Juristentag, München 2012, S. B 37.
26 Vgl. hier den Entwurf 8. GWB-ÄndG, BT-Dr. 17/9852 v. 31.5.2012, dort Art. 3.

Krankenkassen")[27] dahin gehend, dass grundsätzlich „bei der freiwilligen Vereinigung von Krankenkassen [...] die Vorschriften über die Zusammenschlusskontrolle nach dem Siebten Abschnitt des Ersten Teils des Gesetzes gegen Wettbewerbsbeschränkungen nach Maßgabe des Absatzes 2 sowie die §§ 48, 49, 50 c Absatz 2, §§ 54 bis 80 und 81 Absatz 2 und 3 Nummer 3, Absatz 4 bis 10 und die §§ 83 bis 86 a des Gesetzes gegen Wettbewerbsbeschränkungen entsprechende Anwendung [finden]" (§ 172 a Abs. 1 S. 1). Allerdings darf hierauf die Genehmigung nach § 144 Abs. 3 erst erteilt werden, wenn das Bundeskartellamt die Vereinigung gemäß § 40 GWB „freigegeben hat oder sie als freigegeben gilt" (§ 172 a Abs. 2 S. 1).

Diese Wertung des Gesetzgebers trägt der Diskussion um die **wettbewerbliche Sicht auf die Fusion von Krankenkassen** nach der früheren **Einschätzung der Bundesregierung**[28] zu möglichen Schwierigkeiten bei der Anwendung von Kartellrecht auf die Krankenkassen Rechnung.[29] Überdies könnte noch die Ministererlaubnis für einen vom Bundeskartellamt untersagten Zusammenschluss greifen, „wenn im Einzelfall die Wettbewerbsbeschränkung von gesamtwirtschaftlichen Vorteilen des Zusammenschlusses aufgewogen wird oder der Zusammenschluss durch ein überragendes Interesse der Allgemeinheit gerechtfertigt ist" (§ 42 Abs. 1 S. 1 GWB). 43

§ 265 b Freiwillige finanzielle Hilfen

(1) ¹Krankenkassen können mit anderen Krankenkassen derselben Kassenart Verträge über die Gewährung von Hilfeleistungen schließen, um
1. deren Leistungs- und Wettbewerbsfähigkeit zu erhalten,
2. Haftungsfälle nach § 155 Abs. 4 und 5 und § 171 d Abs. 1 Satz 3 und 4 insbesondere durch die Unterstützung von freiwilligen Vereinigungen zu verhindern oder
3. die Aufteilung der Beträge nach § 171 d Abs. 1 Satz 3 und 4 abweichend von der nach § 171 d Abs. 2 erlassenen Rechtsverordnung zu regeln.

²In den Verträgen ist Näheres über Umfang, Finanzierung und Durchführung der Hilfeleistungen zu regeln. ³§ 60 des Zehnten Buches gilt entsprechend. ⁴Die Verbände nach § 172 Absatz 2 Satz 1 haben den Krankenkassen nach Satz 1 auf Verlangen die Auskünfte zu erteilen, die zur Beurteilung des Umfangs der Hilfeleistungen erforderlich sind.

(2) Die Verträge sind von den für die am Vertrag beteiligten Krankenkassen zuständigen Aufsichtsbehörden zu genehmigen.

Literatur:
Becker/Schweitzer, Wettbewerb im Gesundheitswesen – Welche gesetzlichen Regelungen empfehlen sich zur Verbesserung eines Wettbewerbs der Versicherer und Leistungserbringer im Gesundheitswesen?, 69. Deutschen Juristentag, Gutachten B, München 2012; *St. Werner*, Schließung und Insolvenz gesetzlicher Krankenkassen, 2016.

I. Entstehungsgeschichte	1	IV. Freiwillige öffentlich-rechtliche Verträge	6
II. Allgemeines	2	V. Binnenfinanzierung	14
III. Auskunftserteilungsanspruch (Abs. 1 S. 4)	4		

I. Entstehungsgeschichte

§ 265 b wurde durch das GKV-OrgWG v. 15.12.2008 (BGBl. I, 2426) mWv 1.1.2009 eingefügt und durch das GKV-Versorgungsstrukturgesetz (GKV-VStG) v. 22.12.2011 (BGBl. I, 2983) geändert, zuletzt – Abs. 1 S. 4 – durch G. v. 12.4.2012 (BGBl. I, 579) mit Geltung ab 1.1.2012. 1

---

27 Vorschrift eingefügt durch Art. 3 des 8. G zur Änderung des Gesetzes gegen Wettbewerbsbeschränkungen vom 26.6.2013 (BGBl. I, 1738). Im Einzelnen Hänlein in: LPK-SGB V, § 272 a Rn. 2 ff.; Mühlhausen in: Becker/Kingreen, § 172 a Rn. 4 (dort Rn. 5/6 auch zu den im Wesentlichen zu verneinenden EU-kartellrechtlichen Implikationen).
28 Hier BT-Dr. 17/9538 v. 8.5.2012, als Antwort auf eine Kleine Anfrage, dort zu Nr. 22.
29 BT-Dr. 17/9538. Vgl. Mühlhausen, aaO, § 172 a Rn. 4 („nicht bei mit Vereinigungszwang verbundenen ‚Rettungsvereinigungen' iSv. § 172 Abs. 3 oder § 265 a Abs. 1"), dort auch Rn. 11 zu möglichen zu erwartenden Zielkonflikten bei sog Rettungsvereinigungen: Immer geht es um die Sicherung von Funktion und Leistungsfähigkeit der Einrichtungen des GKV-Systems „vor marktstrukturellen Folgebewertungen".

II. Allgemeines

2 § 265 b als die **Primärregelung der solidarischen und freiwilligen gegenseitigen bilateralen und multilateralen finanziellen Unterstützung** der Krankenkassen gleicher Kassenart setzt auf das Gestaltungsmittel öffentlich-rechtlicher Verträge[1] und eröffnet einen erheblichen Gestaltungsspielraum, wie die Ziele[2] in Abs. 1 S. 1 Nr. 1 bis 3 erkennen lassen und wie es im Übrigen auch dem Grundsatz der Vertragsfreiheit hier im Sinne der Inhaltsfreiheit (nach Maßgabe von § 53 Abs. 1 S. 1 SGB X) entspricht.[3] Die Orientierung über den vertraglichen Mindestgehalt (in Abs. 1 S. 2) sei hier ebenso hervorgehoben wie die (klarstellend gemeinte) Verpflichtung des jeweils zuständigen Landesverbands und des Spitzenverbandes Bund der Krankenkassen zur Auskunftserteilung, um den Vertragspartnern die Beurteilung des erforderlichen Umfangs der finanziellen Hilfe zu erleichtern (§ 265 b iVm § 172 Abs. 2 S. 1).

3 Inhaltlich erweist sich der Gestaltungsrahmen als relativ offen. Ein „indirektes Abschluss- und Inhaltsverbot"[4] lässt sich immerhin aus der Betonung „derselben Kassenart" (in Abs. 1 S. 1) für Unterstützungsverträge zwischen den Kassen verschiedener Kassenarten annehmen. Im Übrigen wird aber gerade die Darlehensgewähr – wenn auch anders als im satzungsfundierten aufsichtlichen Hilfsreglement des § 265 a (Abs. 2 S. 3: „Die Hilfen können auch als Darlehen gewährt werden") in § 265 b nicht ausdrücklich benannt – hier als zulässige Vertragsgestaltung vorausgesetzt werden können, wenn man die „Überbrückungsfunktion" in Betracht zieht, die § 265 b nach den Vorstellungen des Gesetzgebers „bei Notlagen und Beeinträchtigungen der Wettbewerbsfähigkeit" erfüllen soll.[5] Die Grenzen eines darlehensgestützten Engagements ergeben sich allerdings aus dem **Verbot der Fremdfinanzierung**: Die Finanzmittel müssen durch die Vertragsgemeinschaft selbst aufgebracht werden.[6] Hinzuweisen ist auf den ambivalenten Charakter der „Vertragsgemeinschaft", wenn sie neben dem solidarischen Auftrag noch die wettbewerbliche Ausrichtung, auch innerhalb ein- und derselben Kassenart,[7] wahrnehmen soll.

III. Auskunftserteilungsanspruch (Abs. 1 S. 4)

4 Die Verbände nach § 172 Abs. 2 S. 1 haben den Krankenkassen nach S. 1 auf Verlangen die Auskünfte zu erteilen, die zur Beurteilung des Umfangs der Hilfeleistungen erforderlich sind.[8] Dieser neu eingefügte Satz ermöglicht den hilfeleistenden Krankenkassen die **realistische Einschätzung des Vereinbarungsgegenstandes**,[9] greift damit aber zugleich in die teilautonome Wirtschaftsgestaltung derjenigen Krankenkasse ein, die Adressat der Hilfeleistungen werden soll; dies ist allerdings eine in dem zugunsten der Funktionsfähigkeit des Krankenversicherungssystems aufzulösenden Spannungsverhältnis von Solidarität, Versorgungssicherheit, Wirtschaftlichkeit (§ 12) und Wettbewerbsorientierung angemessene gesetzgeberische Entscheidung. Der Transparenzgedanke kommt hier einmal mehr zum Tragen.

5 Adressaten des Auskunftserteilungsanspruchs sind die Verbände nach § 172 Abs. 2 S. 1, in erster Linie der Spitzenverband Bund der Krankenkassen. Dies ist zugleich Konsequenz des Informationsanspruchs des Spitzenverbands gegen die Krankenkassen aus § 172 Abs. 2 S. 1, denn hiernach haben diese dem Spitzenverband „auf Verlangen unverzüglich die Unterlagen vorzulegen und die Auskünfte zu erteilen, die dieser zur Beurteilung ihrer dauerhaften Leistungsfähigkeit für erforderlich hält, oder ihm auf Verlangen die Einsichtnahme in diese Unterlagen in ihren Räumen zu gestatten"; damit sollte der entsprechende, nun abzufragende Informationsstand des Spitzenverbandes gesichert sein; „auf Verlangen" (Abs. 1) erfasst das Gestaltungsermessen der Krankenkassen bei der Vertragsvorbereitung; das Vertrauen des hilfeleistenden Vertragspartners in die Vollständigkeit der Angaben der die Hilfe beanspruchenden Kasse soll grundsätzlich Vorrang behalten. „Auf Verlangen" nimmt die Vorgabe in § 172

---

1 Pfohl in: Becker/Kingreen, § 265 b Rn. 1; St. Werner, 103.
2 Ellmann in: LPK-SGB V, § 265 b Rn. 2, zu der Festlegung auf drei Zielsetzungen der freiwilligen Hilfeleistungen.
3 Pfohl in: Becker/Kingreen, § 265 b Rn. 2.
4 Pfohl, aaO, Rn. 1.
5 Pfohl, aaO, Rn. 3, unter Bezug auf BT-Dr. 16/9559, 24, dort im Zusammenhang mit der Begründung zu § 265 a. Zum Erhalt der Finanzstabilität vgl. Rappl in: Krauskopf, § 265 b SGB V Rn. 2.
6 Pfohl, aaO, Rn. 3; vgl. St. Werner, 104.
7 Pfohl, aaO, Rn. 5.
8 GKV-Versorgungsstrukturgesetz – GKV-VStG – v. 22.12.2011 (BGBl. I, 2983), Nr. 70; zuletzt geändert durch Art. 8 a G. v. 12.4.2012 (BGBl. I, 579), mit Geltung seit 1.1.2012. Vgl. Rappl in: Krauskopf, § 265 b SGB V Rn. 35.
9 Ellmann in: LPK-SGB V, § 265 b Rn. 3, zu der Nachschärfung der freiwilligen vertraglichen Gestaltung mittels des Auskunftsanspruchs.

Abs. 2 S. 1 auf und transportiert das dort spürbare Vertrauensdefizit gegen einzelne Krankenkassen in die „Beurteilung ihrer dauerhaften Leistungsfähigkeit" auf die Vorgaben zur Gestaltung des Vertragsverhältnisses (Vertragsanbahnung) der Krankenkassen untereinander im Rahmen der freiwilligen finanziellen Hilfe.

IV. Freiwillige öffentlich-rechtliche Verträge

Die Gestaltung von Finanzierungshilfen will § 265 b durch **freiwillige öffentlich-rechtliche Verträge** zwischen den Krankenkassen derselben Kassenart ermöglichen. § 265 b ist daher in besonderem Maße Ausdruck des Selbstverwaltungs- und Selbstbestimmungsrechts und verbindet die systemimmanenten Solidaritätserwartungen mit den hier der Vertragsautonomie folgenden Gestaltungsmitteln (beschränkten) Wettbewerbs. Allein schon damit ließe sich der Vorrang freiwilliger finanzieller Hilfen der Krankenkassen begründen. Den weit gefassten Gestaltungsauftrag unterstreicht die Formulierung in Abs. 1 S. 2, in dem die Verträge „Näheres über Umfang, Finanzierung und Durchführung der Hilfeleistungen regeln" sollen. Die Vertragsgestaltung folgt den Maßgaben in §§ 53ff SGB X, „soweit Rechtsvorschriften nicht entgegenstehen" (§ 53 Abs. 1 S. 1 SGB X). Die Verträge bedürfen der Genehmigung durch die Aufsichtsbehörde (Abs. 2), um wirksam zu werden; damit richtet sich die Genehmigung an beide Vertragsparteien gleichermaßen; beide sind im Falle der Genehmigungsversagung beschwert und klagebefugt, nach Maßgabe von § 78 Abs. 1 Nr. 3 SGG ohne Vorverfahren zum LSG (§ 29 Abs. 2 Nr. 2 SGG).[10]

6

Den Vertrags-Gestaltungsinhalt begrenzen die in Abs. 1 Nr. 1 bis 3 **anerkannten Vertragsziele**,[11] und nur in ihrem Rahmen ist auch die entsprechende Selbstverantwortung gerechtfertigt, Verträge abzuschließen: **(1.)** um zum Erhalt der Leistungs- und (damit auch) Wettbewerbsfähigkeit beizutragen; **(2.)** um freiwillige Zusammenschlüsse von Krankenkassen finanziell mit dem Ziel zu unterstützen, Haftungsfällen vorzubeugen, wie sie etwa in der Auflösung von (Betriebs-)Krankenkassen bei nicht ausreichendem Vermögen auftreten können – ausdrücklich in Bezug genommen werden daher § 155 Abs. 4 und 5 sowie die Konstellationen in § 171 Abs. 1 S. 3 und 4, die eine weitergreifende (Ausfall-)Haftung im Kassensystem auslösen könnten; **(3.)** um die möglichen Haftungsbeträge aus den Haftungskonstellationen des § 171 d Abs. 1 S. 3 und 4 abweichend aufteilen zu können, um den Selbstgestaltungsanspruch (unter dem Dach des Spitzenverbandes) gegen die nach § 171 d Abs. 2 zu gestaltende Rechtsverordnung geltend zu machen. Diese Selbstgestaltung wird durch den in Abs. 1 S. 4 ergänzten ausdrücklichen **Auskunftserteilungsanspruch** der Hilfe leistenden Krankenkassen unterstrichen.[12]

7

Die in Nr. 1 bis 3 von Abs. 1 aufgeführten **Vertragsziele** sind disparat in Gestaltung und Ausrichtung. Das **Hauptziel**, die Leistungs- und Wettbewerbsfähigkeit zu erhalten, öffnet den Weg für verschiedene Vertragsgestaltungen in generalklauselartiger Weite. Wenn auch die beiden anderen Zielvorgaben der Vertragsgestaltung in ihrem Wortlaut dieses Generalziel nicht aufgreifen, findet sich doch unter Berücksichtigung der besonderen Fall-Konstellationen in Nr. 2[13] und Nr. 3[14] ein zumindest indirekter Bezug zu diesem. Allerdings können die Verträge mit den Zielvorgaben der Nr. 2 und Nr. 3 grundsätzlich auch unabhängig von dem Ziel vereinbart werden, die Leistungs- und Wettbewerbsfähigkeit zu erhalten.

8

Das Generalziel der Vertragsgestaltung unterstreicht das Bekenntnis des SGB V zum **Wettbewerb** unter den Krankenkassen derselben Kassenart. Die Vertragsgestaltung folgt dem Grundsatz der **Inhaltsfreiheit** aus § 53 Abs. 1 S. 1 SGB X, die durch den hier angesichts der besonderen Bedingungen des Sozialrechts ausdrücklichen **Ausnahmevorbehalt** „soweit Rechtsvorschriften nicht entgegenstehen" besonders akzentuiert wird.[15] Überdies wird dem öffentlich-rechtlichen Vertrag zur Gestaltung der Rechtsbeziehungen der Sozialversicherungsträger untereinander erhebliche Bedeutung für die – solidarische – „Sicherung des Rechtsfriedens" zuerkannt.[16]

9

---

10 Vgl. Rappl in: Krauskopf, § 265 b SGB V Rn. 36.
11 Vgl. Rappl, aaO, Rn. 9 ff.
12 Zu diesem eingehender Pfohl in: Becker/Kingreen, § 265 b Rn. 5 (unter Hinweis auf BT-Dr. 17/6906, 97).
13 Insolvenz-Ausfallhaftung des Kassensystems, vgl. Hänlein in: LPK-SGB V, § 171 d Rn. 1.
14 Abweichende vertragliche Gestaltung der „Aufteilung der Beträge", die der Spitzenverband Bund der Krankenkassen „bei den übrigen Krankenkassen der Kassenart" gegebenenfalls geltend zu machen hat.
15 Neugefasst durch Bek. v. 18.1.2001 (BGBl. I, 130) im SGB X (zuletzt geändert durch Art. 5 Abs. 7 G v. 10.3.2017 (BGBl. I 410). Vgl. Pfohl, in: Becker/Kingreen, § 265 b Rn. 2.
16 Vgl. Diering in: Diering/Timme, SGB X, § 53 Rn. 1, 12 u. Rn. 13.

10 Einen „**Typenzwang**"[17] darf es jedenfalls mit Blick auf Abs. 1 S. 1 Nr. 1 nicht geben, weshalb freiwillige finanzielle Hilfen auch als (systeminterne) Darlehen gewährt werden könnten. Während § 265 S. 2 und § 265 a Abs. 2 S. 3 diese Möglichkeit ausdrücklich vorsehen, fehlt in § 265 b ein solcher Hinweis. Dennoch sollte eine **Darlehensvereinbarung** nicht ausgeschlossen sein (zumal sie angesichts der Rückzahlungsverpflichtung diejenige finanzielle Hilfe ist, die für die unterstützende Kasse und ihre Mitglieder am wenigsten belastend wirkt). Dem internen Charakter des Hilfensystems in § 265 b (Verträge „mit anderen Krankenkassen derselben Kassenart") entsprechend dürfen in diese Vertragsgestaltungen Dritte, etwa Banken als Kreditgeber, nicht einbezogen werden. Es bleibt insofern beim **Grundsatz ausgleichender Liquiditätsverteilung**, dem Selbstverwaltungsgedanken und dem Versicherungsprinzip verpflichtet. Träger der Finanzhilfen aus § 265 b ist ausschließlich die **Vertragsgemeinschaft**.[18] Indessen sei angemerkt, dass diese einengende systematische Interpretation keineswegs über jeden Zweifel erhaben ist, findet sie doch im Wortlaut der Vorschrift keine unmittelbare Stütze. Indem Abs. 2 die Gestaltung von „Umfang, Finanzierung und Durchführung der Hilfeleistungen" zwingend vorschreibt („ist [...] zu regeln"), wird der Vertragsinhalt von Gesetzes wegen zwar näher konturiert, zugleich aber durch den Begriff „Näheres" ein wenig zu sehr in das Ungefähre entlassen. Jedenfalls gehört die Prüfung entgegenstehender Rechtsvorschriften aus § 53 Abs. 1 S. 1 SGB X zu den zwingenden **Ausgestaltungsdirektiven**.[19]

11 Sowohl in der Abweichungsoption gegenüber der Rechtsverordnung als auch in der **Vorrangregelung zum Satzungsrecht**, wie sie sich aus § 265 a Abs. 1 S. 3 ergibt, wird das Subsidiaritätsverhältnis von Satzungsrecht und Rechtsverordnung einerseits zur Vertragsgestaltung andererseits deutlich.

12 Begrenzt wird diese Vertragsgestaltungsoption durch die **Einschränkung zulässiger Vertragspartner auf dieselbe Kassenart**. Hierin könnte man ein „indirektes Abschluss- und Inhaltsverbot" für Krankenkassen verschiedener Kassenarten sehen;[20] dem entgegen steht aber die Wertung aus der zum Zwecke erleichterter Kassenfusionen – und also mit dem Ziel der weiteren Bereinigung der Kassenlandschaft und Steigerung ihrer Wettbewerbs- und Leistungsfähigkeit – durch § 171 a ermöglichten kassenartenübergreifenden Vereinigung von Krankenkassen, wenn auch auf Orts-, Betriebs-, Innungs- sowie Ersatzkassen beschränkt (§ 171 a Abs. 1 S. 1).

13 Die Vereinbarungen im Sinne von § 265 b sind **freiwillig**; eine rechtliche Verpflichtung zum Abschluss entsprechender Verträge besteht nicht und kann weder eingeklagt noch durch aufsichtliche Maßnahmen herbeigeführt werden.[21] Allerdings wird mittelbar mit Blick auf das Subsidiaritätsverhältnis von § 265 b zu § 265 a eine gesetzliche Erwartung begründet, Vereinbarungen freiwilliger Unterstützungsleistungen zu schließen, um finanziellen Hilfen zur Vermeidung der Schließung oder Insolvenz einer Krankenkasse nach Möglichkeit entgehen zu können, jedenfalls aber die **Hilfsbereitschaft und freiwillige Solidarität der Krankenkassen derselben Kassenart** zunächst zu erproben. Dies ist deutlich sichtbar Konzept des Gesetzgebers.

V. Binnenfinanzierung

14 Es bleibt beim **Grundsatz der Binnenfinanzierung**. Die Hilfeleistungen können – wie sich aus dem Kontext der Regelung (nicht aber aus ihrem Wortlaut) klar ergibt – nur unmittelbar finanzielle Leistungen sein und weder etwa durch Sachmittel, durch Fachwissen noch durch sonstige Personalunterstützung substituiert werden.[22]

15 Überlegungen zur **angemessenen Intensität der finanziellen Hilfe** müssen sich an der Auftragsalternative orientieren, entweder die Leistungs- und Wettbewerbsfähigkeit zu erhalten oder Haftungsfälle zu verhindern oder aber nur die Aufteilung von Beiträgen (bei insgesamt gleichbleibender Höhe der Belastung) zu verändern. Dies führt **zu rechnerischen Maßgaben und Grenzwerten**, die zu unterschreiten dem Vertragszweck zuwiderlaufen würde und die zu überschreiten unzulässig wäre. Zum zulässigen und gebotenen **Umfang der Unterstützung** folgt aus Abs. 1 S. 2 unmittelbar nichts. Indessen stehen im Vordergrund der Regelung die in S. 1 Nr. 1 bis 3 umrissenen Ziele der Vereinbarung. Hieraus wird erschlossen, dass die finanzielle Unterstützung jedenfalls geeignet sein muss, ihr jeweiliges Ziel zu errei-

---

17 Pfohl, aaO, Rn. 3, unter Bezug auf BT-Dr. 16/9559, 24.
18 Pfohl, aaO.
19 Vgl. Diering in: Diering/Timme, SGB X, § 53 Rn. 12 u. Rn. 13.
20 So Pfohl, aaO, Rn. 1. Vgl. Rappl in: Krauskopf, § 265 b SGB V Rn. 5 ff.; Axer in: Eichenhofer/Wenner, § 265 b Rn. 3.
21 Vgl. Rappl in: Krauskopf, § 265 b SGB V Rn. 21, 23.
22 Rappl, aaO, Rn. 7; Axer in Eichenhofer/Wenner, § 265 b Rn. 5.

chen, um damit dem Generalziel, die Finanzstabilität der zu unterstützenden Kasse zu sichern oder wieder herzustellen, gerecht zu werden. Finanzielle Hilfen, die eine Schließung oder Insolvenz ersichtlich lediglich verzögern würden, entsprechen daher nicht der gesetzgeberischen Intention und würden den Auftrag aus dem Solidarprinzip verkennen. Andererseits muss auch die Leistungsfähigkeit der Solidargemeinschaft möglicher Unterstützer-Kassen in Betracht gezogen werden, insbesondere mit Blick darauf, dass Drittfinanzierungsmodelle über Darlehen unzulässig sind. Dass die **Eignung** finanzieller Hilfen zu dem in § 265 b vorgestellten Zweck sich unter Umständen erst aus der Summe und aus dem **Zusammenwirken finanzieller Hilfen** auf der Basis mehrerer Vereinbarungen mit verschiedenen Kassen ergibt, ist vom Gesetzeszweck gedeckt und entspricht dem aus dem Selbstverwaltungsprinzip resultierenden **Vereinbarungsermessen** der Vertragspartner.[23]

Auch die **Durchführung** unterliegt grundsätzlich dem Vereinbarungsermessen der Vertragspartner; hinsichtlich der Gestaltung besteht hier ein enger Zusammenhang zum vereinbarten Umfang der Hilfen. In Betracht kommen, jeweils auch abhängig von den mit den Unterstützungszielen (Abs. 1 S. 1 Nr. 1 bis 3) verknüpften Gestaltungserwartungen: Darlehen (§§ 488 ff. BGB iVm § 61 SGB X), verlorene Zuschüsse, Schuldübernahmen (§§ 414 ff. BGB iVm § 61 SGB X), Schuldbeitritte, Bürgschaften (§§ 765 ff. BGB iVm § 61 SGB X) sowie Sicherungsklauseln anderer Art. Die Vereinbarungen über Hilfeleistungen der Krankenkassen untereinander müssen auch **Gestaltungsvorgaben zur Finanzierung** enthalten, mit der Konsequenz entsprechender Vertragsbestimmungen über Rückzahlungsmodi etc; Finanzierungsquellen dürfen ausschließlich eigene Mittel sein, aus den laufenden (Beitrags-)Einnahmen oder aus dem Vermögensbestand.[24] Eine Fremdfinanzierung durch (Bank-)Darlehen ist nicht zulässig. 16

Ausnahmen vom Verbot der (darlehensweisen) Finanzierung durch Dritte, die außerhalb des Selbstverwaltungssystems der Krankenkassen stehen,[25] sollen auch dann nicht möglich sein, wenn sie ausschließlich dem Ziel dienen, die Finanzstabilität einer Krankenkasse zu erhalten, damit sie ihren gesetzlichen und vertraglichen sowie gegebenenfalls außervertraglichen Pflichten genügen kann. Dies weist gewisse **Parallelen zur Regelung in § 222 Abs. 2** auf. 17

Abs. 1 S. 1 setzt einen entsprechenden **Unterstützungsbedarf**[26] voraus; es dürfen also ersichtlich keine Eigenmittel vorhanden sein, um Leistungs- oder Wettbewerbsfähigkeit (iSv S. 1 Nr. 1) erhalten zu können oder (iSv Nr. 2) um aus Schließung oder Insolvenz resultierende Haftungsfälle selbst regulieren oder (nach Maßgabe von Nr. 3) um die aus einer zwischen Krankenkassen vereinbarten Änderung der an sich durch Rechtsverordnung ausgestalteten Haftungslast entstehenden Belastungen tragen zu können.[27] 18

Besonderes Augenmerk verdienen die unbestimmten Rechtsbegriffe der **Leistungsfähigkeit und Wettbewerbsfähigkeit** (in Abs. 1 Nr. 1 in einem engen unmittelbaren Wirkungszusammenhang). Die **Auslegungskompetenz** liegt zunächst bei den zur Gewährung und zum Empfang finanzieller Hilfe bereiten vertragsgestaltenden Krankenkassen. Die Auslegung kann indessen eine abweichende Beurteilung durch die Aufsichtsbehörde erfahren. Die **Begriffe der Leistungs- und Wettbewerbsfähigkeit** liegen im Überschneidungsbereich des rechtlichen Steuerungsanspruchs, der Selbstverwaltungsverantwortung, der versicherungsfachlichen Voraussetzungen und der betriebswirtschaftlichen Fundierung. 19

Die **Leistungsfähigkeit** einer Krankenkasse ist dann gegeben, „wenn sie die nötigen Voraussetzungen dafür erfüllt, ihre gesetzlichen Leistungen langfristig stabil erbringen zu können",[28] so jedenfalls im Sinne einer eher formalen begrifflichen Subkonstruktion. Die Leistungsfähigkeit orientiert sich am gesetzlichen (Leistungs-)Auftrag; maßgeblich sind die Erwartungen der Versichertengemeinschaft und die Leitvorstellungen des Sozialgesetzgebers, der auch eingedenk aller dynamischen Faktoren, die in einem System gesellschaftlicher Steuerung und Risikobegleitung notwendig eigen sind, das System auf Langfristorientierung und Stabilität einjustieren muss. Hieraus leiten sich Anforderungen ab, etwa hinsichtlich der zuträglichen „Schwankungsbreite" der Beitragseinnahmen; mit Blick auf die Stabilität der Binnenstruktur und Organisation; mit Blick auf die (dauerhafte) Wettbewerbsfähigkeit. Insgesamt sollten Aspekte herangezogen werden, die über die bloße „ausreichende finanzielle Ausstattung"[29] hinausgehen, aber mit ihr in kausalem Zusammenhang stehen. 20

---

23 Rappl, aaO, Rn. 29; dort Rn. 17 und 20 zur vertraglich vereinbarten Verschiebung der Haftungslasten.
24 Rappl, aaO, Rn. 34.
25 Zum „Verbot der Drittfinanzierung" vgl. Rappl, aaO, Rn. 2.
26 Rappl, aaO, Rn. 8.
27 Vgl. Rappl, aaO, Rn. 14 ff., zu den Fragen der Haftung nach Schließung bzw. Insolvenz.
28 Rappl, aaO, Rn. 11.
29 So Rappl, aaO.

21 Bloße **Beitragsschwankungen** genügen nicht als Indiz solidaritätsauslösender Beeinträchtigung der Leistungsfähigkeit. Eine Tendenz zu einem allgemeinen Finanzausgleich sollte in § 265 b nicht hineingelesen werden; vielmehr bedarf es einer „konkreten Gefahr"[30] für die Leistungsfähigkeit, also einer nachvollziehbaren Kausalkette, deren ununterbrochener ungehinderter Verlauf nach menschlichem Ermessen zwangsläufig in die Leistungsunfähigkeit der Kasse, in die Insolvenz laufen müsste. Auch eine „als Notlage definierbare Sondersituation"[31] wird hier zur Klarstellung vorgeschlagen, ohne dass damit eine weitere nachvollziehbare Konturbildung verbunden wäre.

22 Die insbesondere in § 265 b verankerten Stellschrauben zur Erhaltung der Leistungsfähigkeit einer Krankenkasse entbinden allerdings den Sozialgesetzgeber nicht von seiner **Gestaltungsverantwortung**. Denn das **Gebot zur Verbesserung der Leistungsfähigkeit** durchzieht die Rechtsprechung zur gesetzlichen Krankenversicherung.[32]

23 Verbunden mit der Gestaltungsverantwortung des Sozialgesetzgebers ist die ihm auferlegte entsprechende **Beobachtungspflicht**,[33] hier zwar bezogen auf die Vorschriften über den Basistarif, die Portabilität und die erweiterte Versicherungspflicht in der gesetzlichen Krankenversicherung mit Blick auf mögliche „unzumutbaren Folgen für Versicherungsunternehmen und die bei ihnen Versicherten", bedeutsam aber auch in entgegengesetzter Perspektive für den Erhalt der gesetzlichen Krankenkassen.

§ 266 Zuweisungen aus dem Gesundheitsfonds (Risikostrukturausgleich)

(1) ¹Die Krankenkassen erhalten als Zuweisungen aus dem Gesundheitsfonds (§ 271) zur Deckung ihrer Ausgaben eine Grundpauschale, alters-, geschlechts- und risikoadjustierte Zu- und Abschläge zum Ausgleich der unterschiedlichen Risikostrukturen und Zuweisungen für sonstige Ausgaben (§ 270). ²Mit den alters-, geschlechts- und risikoadjustierten Zuweisungen wird jährlich ein Risikostrukturausgleich durchgeführt, mit dem die finanziellen Auswirkungen von Unterschieden in der Verteilung der Versicherten auf nach Alter und Geschlecht getrennte Versichertengruppen (§ 267 Abs. 2) und Morbiditätsgruppen (§ 268) zwischen den Krankenkassen ausgeglichen werden.

(2) ¹Die Grundpauschale und die alters-, geschlechts- und risikoadjustierten Zu- und Abschläge dienen zur Deckung der standardisierten Leistungsausgaben der Krankenkassen. ²Die standardisierten Leistungsausgaben je Versicherten werden auf der Basis der durchschnittlichen Leistungsausgaben je Versicherten aller Krankenkassen jährlich so bestimmt, daß das Verhältnis der standardisierten Leistungsausgaben je Versicherten der Versichertengruppen zueinander dem Verhältnis der nach § 267 Abs. 3 für alle Krankenkassen ermittelten durchschnittlichen Leistungsausgaben je Versicherten der Versichertengruppen nach § 267 Abs. 2 zueinander entspricht.

(3) (aufgehoben)

(4) ¹Bei der Ermittlung der standardisierten Leistungsausgaben nach Absatz 2 bleiben außer Betracht
1. die von Dritten erstatteten Ausgaben,
2. Aufwendungen für satzungsgemäße Mehr- und Erprobungsleistungen sowie für Leistungen, auf die kein Rechtsanspruch besteht.

²Aufwendungen für eine stationäre Anschlußrehabilitation (§ 40 Abs. 6 Satz 1) sind in die Ermittlung der durchschnittlichen Leistungsausgaben nach Satz 1 einzubeziehen. ³Die Aufwendungen für die Leistungen der Knappschaftsärzte und -zahnärzte werden in der gleichen Weise berechnet wie für Vertragsärzte und -zahnärzte.

(5) ¹Das Bundesversicherungsamt ermittelt die Höhe der Zuweisungen und weist die entsprechenden Mittel den Krankenkassen zu. ²Es gibt für die Ermittlung der Höhe der Zuweisung nach Absatz 2 Satz 1 jährlich bekannt
1. die Höhe der standardisierten Leistungsausgaben aller am Ausgleich beteiligten Krankenkassen je Versicherten, getrennt nach Versichertengruppen (§ 267 Abs. 2) und Morbiditätsgruppen (§ 268 Abs. 1), und
2. die Höhe der alters-, geschlechts- und risikoadjustierten Zu- und Abschläge.

---

30 Rappl, aaO, Rn. 12.
31 Rappl, aaO.
32 BVerfG, 10.6.2009, 1 BvR 706/08 ua, BVerfGE 123, 186, 261 ff.; NJW 2009, 2033 ff. = SozR 4-2500 § 6 Nr. 8, zum PKV-Basistarif im Zuge der Gesundheitsreform 2007, hier Rn. 229.
33 BVerfGE, aaO, Rn. 241.

³Das Bundesversicherungsamt kann zum Zwecke der einheitlichen Zuordnung und Erfassung der für die Berechnung maßgeblichen Daten über die Vorlage der Geschäfts- und Rechnungsergebnisse hinaus weitere Auskünfte und Nachweise verlangen.

(6) ¹Das Bundesversicherungsamt stellt im Voraus für ein Kalenderjahr die Werte nach Absatz 5 Satz 2 Nr. 1 und 2 vorläufig fest. ²Es legt bei der Berechnung der Höhe der monatlichen Zuweisungen die Werte nach Satz 1, die zuletzt erhobene Zahl der Versicherten der Krankenkassen und die zum 1. Oktober des Vorjahres erhobene Zahl der Versicherten der Krankenkassen je Versichertengruppe nach § 267 Abs. 2 und je Morbiditätsgruppe nach § 268 zugrunde. ³Nach Ablauf des Kalenderjahres ist die Höhe der Zuweisung für jede Krankenkasse vom Bundesversicherungsamt aus den für dieses Jahr erstellten Geschäfts- und Rechnungsergebnissen und den zum 1. Oktober dieses Jahres erhobenen Versichertenzahlen der beteiligten Krankenkassen zu ermitteln. ⁴Die nach Satz 2 erhaltenen Zuweisungen gelten als Abschlagszahlungen. ⁵Sie sind nach der Ermittlung der endgültigen Höhe der Zuweisung für das Geschäftsjahr nach Satz 3 auszugleichen. ⁶Werden nach Abschluss der Ermittlung der Werte nach Satz 3 sachliche oder rechnerische Fehler in den Berechnungsgrundlagen festgestellt, hat das Bundesversicherungsamt diese bei der nächsten Ermittlung der Höhe der Zuweisungen nach den dafür geltenden Vorschriften zu berücksichtigen. ⁷Klagen gegen die Höhe der Zuweisungen im Risikostrukturausgleich einschließlich der hierauf entfallenden Nebenkosten haben keine aufschiebende Wirkung.

(7) ¹Das Bundesministerium für Gesundheit regelt durch Rechtsverordnung mit Zustimmung des Bundesrates das Nähere über
1. die Ermittlung der Höhe der Grundpauschale nach Absatz 1 Satz 1 und ihre Bekanntgabe an die Versicherten, der Werte nach Absatz 5 sowie die Art, den Umfang und den Zeitpunkt der Bekanntmachung der für die Durchführung des Risikoausgleichsverfahrens erforderlichen Daten,
2. die Abgrenzung der Leistungsausgaben nach Absatz 2, 4 und 5; dabei können für in § 267 Abs. 3 genannte Versichertengruppen abweichend von Absatz 2 Satz 3 besondere Standardisierungsverfahren und Abgrenzungen für die Berücksichtigung des Krankengeldes geregelt werden,
2a. die Abgrenzung und die Verfahren der Standardisierung der sonstigen Ausgaben nach § 270 sowie die Kriterien der Zuweisung der Mittel zur Deckung dieser Ausgaben,
3. die Abgrenzung der zu berücksichtigenden Versichertengruppen nach § 267 Absatz 2 einschließlich der Altersabstände zwischen den Altersgruppen, auch abweichend von § 267 Absatz 2; hierzu gehört auch die Festlegung der Anforderungen an die Zulassung der Programme nach § 137 g hinsichtlich des Verfahrens der Einschreibung der Versicherten einschließlich der Dauer der Teilnahme und des Verfahrens der Erhebung und Übermittlung der für die Durchführung der Programme erforderlichen personenbezogenen Daten,
4. die Berechnungsverfahren sowie die Durchführung des Zahlungsverkehrs einschließlich der Stelle, der die Berechnungen und die Durchführung des Zahlungsverkehrs übertragen werden können,
5. die Fälligkeit der Beträge und die Erhebung von Säumniszuschlägen,
6. das Verfahren und die Durchführung des Ausgleichs,
7. die Festsetzung der Stichtage und Fristen nach § 267; anstelle des Stichtages nach § 267 Abs. 2 kann ein Erhebungszeitraum bestimmt werden,
8. die von den Krankenkassen, den Rentenversicherungsträgern und den Leistungserbringern mitzuteilenden Angaben,
9. die Prüfung der von den Krankenkassen mitzuteilenden Daten durch die mit der Prüfung nach § 274 befassten Stellen einschließlich der Folgen fehlerhafter Datenlieferungen oder nicht prüfbarer Daten sowie das Verfahren der Prüfung und der Prüfkriterien, auch abweichend von § 274.

²Abweichend von Satz 1 können die Verordnungsregelungen zu Absatz 4 Satz 2 und Satz 1 Nr. 3 ohne Zustimmung des Bundesrates erlassen werden.

(8) (aufgehoben)

(9) Die landwirtschaftliche Krankenkasse nimmt am Risikostrukturausgleich nicht teil.

Literatur:

Axer, Der Risikostrukturausgleich auf dem Prüfstand des Bundessozialgerichts, SGb 2003, 485; *Becker*, Rechtliche Fragen im Zusammenhang mit dem Risikostrukturausgleich – unter Berücksichtigung der integrierten Versorgung, VSSR 2001, 277; *Göpffarth*, Theorie und Praxis des Risikostrukturausgleichs, Jahrbücher für Nationalökonomie und Statistik 227 (2007), 485; *Jabornegg/Resch/Seewald* (Hrsg.), Finanzausgleich in der Gesetzlichen Krankenversicherung, 2002; *Jacobs/Reschke/Cassel/Wasem*, Zur Wirkung des Risikostrukturausgleichs in der gesetzlichen Krankenversicherung, 2002; *Leopold*, Die Diskussion um den Risikostrukturausgleich hält an, WzS 2016, 142; *Meyers-Middendorf/Baumann/Gottfried,* Morbi-RSA reformieren – Kassenwettbewerb fair gestalten, ersatzkasse magazin 2016, Nr. 5/6, 21; *Ramsauer,* Der Risikostrukturausgleich in der gesetzlichen Krankenversicherung – verfassungswidrig?, NJW 1998, 481; *Schaaf,* Die Reform des Risikostrukturausgleichs in der gesetzlichen Krankenversicherung, SGb 2001, 537; *Schneider/Vieß,* Der Risikostrukturausgleich in der gesetzlichen Krankenversicherung – verfassungsgemäß!, NJW 1998, 2702; *Sichert/Fischer,* Alles Routine?! Kodieranreize und „strategischer" Umgang mit Leistungsdaten im Fokus der Rechtsaufsicht über Krankenkassen und der RSA-Durchführungsbehörde, NZA 2015, 694; *Sodan/Gast,* Der Risikostrukturausgleich in der GKV als Quadratur des Kreises, VSSR 2001, 311; *Stock/Lüngen/Lauterbach,* Der Risikostrukturausgleich im Gesundheitsfonds, SozSich 2007, 407; *Ulrich/Wille,* Zur Berechtigung einer regionalen Komponente im RSA. Regionale Ausgabenunterschiede als exogene Faktoren, Welt der Krankenversicherung 2015, 173; *Wasem,* Die Weiterentwicklung des Risikostrukturausgleichs ab dem Jahr 2009, GGW 3/2007, 15; *Welti,* Gibt es noch eine Selbstverwaltung in der gesetzlichen Krankenversicherung?, VSSR 2006, 133.

I. Entstehungsgeschichte	1	7. Prüfauftrag	25
II. Entwicklungs- und Ausbaustufen	2	IV. Deckung der standardisierten Leistungsausgaben	34
III. Grundlagen	4	V. Zuweisungen an die Krankenkassen zur Deckung ihrer Verwaltungskosten	40
1. Grundaussagen zum krankenkassenspezifischen Wettbewerb	4	VI. Detailregelungen der Zuweisungen zur Förderung strukturierter Behandlungsprogramme	46
2. Standardisierte Leistungsausgaben	5	VII. Rechtsschutz mit Blick auf Abs. 6 S. 7	49
3. Ausweitung des Umverteilungsprinzips	8		
4. Pauschaliertes Verfahren	15		
5. Funktion des Bundesversicherungsamts	18		
6. Spannungsverhältnis von Hochrechnung und Vollerhebung	24		

I. Entstehungsgeschichte

1 § 266 ist mit dem Inkrafttreten des SGB V durch Art. 1 GRG vom 20.12.1988 (BGBl. I, 2477) eingeführt worden (dort zum Finanzausgleich der Krankenkassen auf Landesverbandsebene untereinander); neu gefasst durch Gesetz vom 21.12.1992 (BGBl. I, 2266) in Kraft getreten am 1.1.1994, weiter geändert durch das GKV-VStG vom 22.12.2011 (BGBl. I, 2983), durch Gesetz vom 12.4.2012 (BGBl. I, 579) mWv 1.1.2012, mit Änderung insbes. von Abs. 4 Nr. 3, Neufassung von Abs. 7 S. 1 Nr. 3 und Aufhebung von Abs. 10. Zuletzt geändert mWv 1.1.2015 in Abs. 1 S. 1 durch das GKV-Finanzstruktur- und Qualitäts-Weiterentwicklungsgesetz (GKV-FQWG) vom 21.7.2014.[1]

II. Entwicklungs- und Ausbaustufen

2 Der Risikostrukturausgleich spiegelt in besonderem Maße die Geschichte, die dogmatischen Brüche und Umorientierungen sowie die **Dynamik des Systems, insbesondere des Beitrags- und des Organisationsrechts der gesetzlichen Krankenversicherung**: Dies hat das BSG[2] in einer Zusammenstellung der wichtigsten Stationen deutlich gemacht.

3 **Vom Risikostrukturausgleich zum Gesundheitsfonds:** Die Finanzierung der Krankenkassen neu zu regeln, ist zunächst mit dem Gesetz zur Stärkung des Wettbewerbs in der gesetzlichen Krankenversicherung[3] unternommen worden.[4] Die Kassen erhalten seit dem 1.1.2009 aus dem als Sondervermögen vom Bundesversicherungsamt verwalteten Gesundheitsfonds (§ 271 Abs. 1) Zuweisungen zur Deckung ihrer Ausgaben (§ 266 Abs. 1 S. 1), standardisierter Leistungsausgaben (§ 266 Abs. 2 S. 1) ebenso wie der sonstigen Ausgaben (§ 270). Als Übergangsregelung fand mittels § 272 ein jährlich gestufter **Belastungsausgleich** statt (Konvergenzregelung), in Belastungsstufen von jährlichen höchstens 100 Mio EUR als Schwellenwert, bei dessen Belastungsüberschreitung die Zuweisungen an die Krankenkassen für ihre Versicherten mit Wohnsitz in dem jeweiligen Land bis exakt zum Schwellenwert er-

---

1 BGBl. I, 1133, 1138, 1147.
2 BSG, 24.1.2003, B 12 KR, BSGE 90, 231 = SozR 4-2500 § 266 Nr. 1 Rn. 20 ff. Hingewiesen sei für die weitere Entwicklung auf das GKV-FQWG, wo (nach Maßgabe von dessen Art. 1 Nr. 32) für § 266 Abs. 1 S. 1 der Anpassungsauftrag („die Zuweisungen werden jeweils entsprechend § 272 angepasst") in Zukunft entfällt, als redaktionelle Folgeänderung zur Aufhebung der Übergangsregelungen zur Einführung des Gesundheitsfonds (so RegE, Begr. BT-Dr. 18/1307, 47). Zur Entstehungsgeschichte Axer in Eichenhofer/Wenner, § 266 Rn. 3.
3 GKV-Wettbewerbsstärkungsgesetz (GKV-WSG) v. 26.3.2007.
4 Vgl. die Entwicklungsschritte zusammenfassend LSG NRW, 28.12.2010, L 16 KR 661/10 ER, NZS 2011, 816 ff., hier Rn. 2.

höht wurden. Weitere Änderungen haben sich mWv 1.1.2015 durch die neuen Akzentsetzungen aus dem **GKV-FQWG** vom 21.7.2014[5] ergeben. Demnach darf der Finanzbedarf der Krankenkassen ergänzend mithilfe einkommensabhängiger Zusatzbeiträge ihrer Mitglieder gedeckt werden (im Zuge der neu gefassten §§ 242 und 242 a).[6] Mit Blick auf den durchschnittlichen Zusatzbeitragssatz (§ 242 a) ergeben sich auch Bezüge zu den voraussichtlichen jährlichen Einnahmen des Gesundheitsfonds und damit zu den Zuweisungen nach Maßgabe von § 266 (und § 270).

III. Grundlagen

1. Grundaussagen zum krankenkassenspezifischen Wettbewerb. Auch für den Finanzausgleich betont das BSG,[7] der Risiko(struktur)ausgleich gemäß den §§ 266 ff.[8] und der Finanzausgleich nach § 265 stellten gleichermaßen eine Ausprägung des **Solidargedankens** (§ 1 S. 1) dar, auf eine solidarische Verteilung von Belastungen zwischen Kassen einer Kassenart innerhalb eines Landesverbandes gerichtet. Finanzausgleich und bundesweiter Risiko(struktur)ausgleich sichern so die Kernaufgabe der gesetzlichen Krankenkassen, als Teil der mittelbaren Staatsverwaltung öffentlich-rechtlich geregelten Krankenversicherungsschutz für die Versicherten zu gewährleisten: „Allein der Erfüllung dieser sozialstaatlichen Aufgabe dient der ‚Kassenwettbewerb'", hierbei allerdings ohne „privatrechtlich geordnete Handlungsspielräume, wie sie etwa privaten Versicherungsunternehmen eröffnet sind". 4

2. Standardisierte Leistungsausgaben. Kassenarteninterne bzw. kassenartenübergreifende Finanzhilfen sind von dem System des Finanzausgleichs, wie es der Risikostrukturausgleich darstellt, strikt zu trennen.[9] 5
Dieser ist ein spezielles Instrument zur **Feinjustierung der Finanzmittel** innerhalb des Zuweisungssystems des Gesundheitsfonds. § 266 betrifft die **standardisierten Leistungsausgaben** (vgl. Abs. 2 S. 2), wobei die diffizile Standardisierungsaufgabe selbst im Einzelnen auf die Ebene der Rechtsverordnung verlagert wird (Abs. 7 S. 1 Nr. 1 bis 9). Überdies hat mit der Etablierung des Gesundheitsfonds seit 2009 eine **Veränderung von Struktur und Funktion** des Risikostrukturausgleichs stattgefunden. Er will nun nicht mehr unmittelbar die Finanzkraft-Unterschiede ausgleichen, die zwischen Krankenkassen mit ihren je unterschiedlichen Versicherungs- und Leistungsrisiken entstehen; der Risikostrukturausgleich dient nurmehr der risikoadjustiert ausgleichenden Verteilung der Zuweisungen des Gesundheitsfonds an die Kassen.[10] Die Relation der Kassen zueinander folgt weiterhin dem Prinzip der **Risikoadjustierung**, aber nicht mehr im unmittelbaren Ausgleich der Finanzkraftunterschiede der Kassen untereinander, sondern nun **vermittelt** in der vorläufigen (monatsweisen) sowie in der endgültigen (jahresweisen) risikoadjustierten und erforderlichenfalls zu korrigierenden (Finanz-)**Zuweisung** aus dem Gesundheitsfonds.

Der Gesundheitsfonds seinerseits als durch das Bundesversicherungsamt verwaltetes Sondervermögen des Bundes wird aus diversen Beitragsaufkommen[11] sowie (ergänzenden) Bundesmitteln[12] gespeist. War schon der Risikostrukturausgleich unmittelbar zwischen den Kassen in ein gewisses **Spannungsverhältnis** zu den Prinzipien der Kassenwahlfreiheit und der hiermit verbundenen – wenn auch solidarischen – Wettbewerbsorientierung getreten, so hat sich an diesem auch durch die neue Zuweisungs- und Mittlerfunktion und die damit gestärkte **Steuerungsfunktion des Bundesversicherungsamtes** nichts geändert. 6

Der Risikostrukturausgleich stattet alle Krankenkassen versichertenbezogen mit **Zuweisungen** aus (iSv Abs. 2 S. 1). Die im Rahmen des Risikostrukturausgleichs berücksichtigungsfähigen „standardisierten" Leistungsausgaben (iSv Abs. 4) konzentrieren sich auf die Regelleistungen bzw. auf solche Leistungen, auf die ein Anspruch besteht (vgl. Abs. 4 und Abs. 2). 7

---

5 BGBl. I, 1133, 1138, 1147.
6 GKV-FQWG-RegE Art. 1 Nr. 18, mit Begr. BT-Dr. 18/1307, 41 ff.
7 12. Senat des BSG, 24.9.2008, B 12 KR 10/07 R, Rn. 39 (aE) = SozR 4-2500 § 265 Nr. 1.
8 Unter Bezug auf BSG, aaO, Rn. 101; BVerfG, 9.6.2004, 2 BvR 1248/03, 2 BvR 1249/03, aaO, Rn. 18. SozR 4-2500 § 266 Nr. 7.
9 Hier geht es vor darum, die Kassen so zu behandeln, „als träfe sie allesamt eine durchschnittliche Risikobelastung", nicht im Sinne eines „ex-post-orientierten" Finanzausgleichs, vielmehr als ein „ex-ante-Transfersystem" (Ellmann in: LPK-SGB V, § 266 Rn. 1).
10 Vgl. Göpffarth in: Becker/Kingreen, § 266 Rn. 4, 25.
11 Nach Maßgabe von § 271 Abs. 1 Nr. 1 bis 4.
12 Nach Maßgabe von § 271 Abs. 1 Nr. 5 iVm § 221.

8 **3. Ausweitung des Umverteilungsprinzips.** Umverteilungen sind zentrales Funktionselement unter den Mitgliedern solidarischer Versichertenkollektive,[13] also innerhalb der einzelnen Krankenkassen. Die Ausweitung dieses Umverteilungsprinzip auf die Gesamtheit der gesetzlich Krankenversicherten leistet der Risikostrukturausgleich als **umfassender Solidarausgleich** für die Solidargemeinschaft Krankenversicherung (iSv § 1 S. 1). Hierbei werden auf bestimmte Risiken und auf bestimmte rechtspolitisch gewollte Differenzierungen gerichtete Faktoren zur Feinsteuerung des Ausgleichs eingesetzt. Diejenigen Ausgleichsfaktoren, die im Risikostrukturausgleich Berücksichtigung finden sollen, sind **morbiditätsorientiert**, berücksichtigen aber auch soziale und demographische Faktoren. Sie tragen zu einer „kassenübergreifenden Verwirklichung des Solidarprinzips"[14] in der gesetzlichen Krankenversicherung bei. In der Auswahl kann angesichts der Spannbreite von möglichen idealtypischen bis hin zu wirklich praxisrelevanten **Ausgleichsfaktoren** nur eine Annäherung erreicht werden.

9 **Versichertenbezogene risikoadjustierende Zu- und Abschläge:** Die Ausgleichsfaktoren bündeln die Kriterien für die risikoadjustierenden Zuschläge. Die **Grundpauschale**, mit der die Leistungsausgaben für jeden Versicherten standardisiert ausgewiesen werden, und jeweils im Einzelnen in komplexen Rechenoperationen festzulegende versichertenbezogen Risiko-adjustierende Zu- und Abschläge bilden ein **Ausgleichssystem**, das den Krankenkassen ermöglicht, als untereinander chancengleiche Wettbewerber den Solidarausgleich zu wahren. Um ein Ausgleichssystem handelt es sich vor allem deshalb, weil rein rechnerisch die Summe aller Zu- und Abschläge für alle Krankenkassen zusammengenommen auf null aufgeht.[15] Zunächst gehört die Zahl der Familienversicherten zu den Ausgleichsfaktoren; dies sind der Ehegatte, der Lebenspartner und die Kinder von Mitgliedern sowie die Kinder von familienversicherten Kindern; hier sind die Kriterien aus § 10 Abs. 1 S. 1 Nr. 1 bis 5 maßgebend.

10 Bei den **übrigen Ausgleichsfaktoren** handelt es sich um **Risikogruppen**. In ihnen sind jeweils mehr oder weniger spezifische Risiken krankheits-, demographie-, gender- oder auch versicherungs(leistungs-)bezogen als typbildend und abgrenzungsgeeignet zusammengefasst. Bei den Risikogruppen im Vordergrund stehen (seit dem 1.1.2009) zweifellos die Morbiditätsgruppen.[16] Aus den Diagnosen und den Verordnungen des Vorjahres werden bis zu achtzig besonders kostenintensive chronische Krankheiten und solche mit schwerwiegendem Verlauf herausgefiltert; die mehrfache Zuordnung ein- und desselben Versicherten zu verschiedenen Morbiditätsgruppen ist als „Multi-Morbidität" zulässig. Die **Morbiditätserfassung** ist ein dynamisches Element, das es erlaubt, die Schwerpunkte und Schwerpunktverlagerungen in der Morbiditätsentwicklung wirklichkeitsnäher abzubilden.[17]

11 Zu den weiteren Ausgleichsfaktoren, denen jeder Versicherte einfach und eindeutig zuzuordnen ist, gehören die alters- und geschlechtsbezogene Gruppenzuordnung und der Bezug von Erwerbsminderungsrenten. Auch die Zuweisung von Krankengeld bildet eine gesonderte Zuordnungsgruppe. Hinzu treten – ebenfalls als gesondert auszuweisende Gruppen – diejenigen, die ihren Wohnsitz oder gewöhnlichen Aufenthalt im Ausland haben und daher weder Risiko- noch Morbiditätsgruppen zugeordnet werden, sondern gemittelte Riskozuschläge erhalten, und diejenigen Versicherten, die anstelle der Sach- oder Dienstleistungen im Wesentlichen Kostenerstattung gewählt haben (vgl. § 13 Abs. 2 S. 1).

12 Ein weiteres – mit den Ausgleichsfaktoren eng zusammenhängendes – Konstruktionselement ist die **Grundpauschale**, durch die den Krankenkassen ermöglicht wird, ihre – standardisierten – Leistungsausgaben bezogen auf den einzelnen Versicherten zu decken, wobei wiederum zusätzlich durch ein System versichertenbezogener Zu- und Abschläge alters-, geschlechts- und risikobezogen nachjustiert wird und so trotz Pauschalierung eine weitere Ebene der Feinsteuerung eingezogen wird. Diese Zu- und Abschläge bleiben aus der Perspektive des Gesundheitsfonds in der Gesamtsumme **ausgabenneutral**; sie sollen nur helfen, trotz Grundpauschale die ungleiche Verteilung der Risiken auf die einzelnen Krankenkassen zumindest abzufedern.

13 Zur Stabilisierung des Systems und zur Erleichterung vorausschauender Planung wird die Grundpauschale auf der Basis der voraussichtlichen standardisierten Leistungsausgaben sowie auch der voraussichtlichen Entwicklung der Versichertenzahlen festgelegt und über das Kalenderjahr konstant gehalten;[18] für das Folgejahr hat das Bundesversicherungsamt jeweils bis zum 15. November die verbindli-

---

13 Vgl. Göpffarth, aaO, Rn. 12 – „Ausgleichstatbestände".
14 Göpffarth, aaO, Rn. 12.
15 Göpffarth, aaO, Rn. 25.
16 Vgl. Göpffarth, aaO, Rn. 19.
17 Ellmann in: LPK-SGB V, § 266 Rn. 6, zu Details des morbiditätsbestimmten Versichertenklassifikationsmodell.
18 Vgl. BT-Dr. 16/9559, 27.

che Höhe der Grundpauschale festzulegen. § 36 RSAV bildet hier die Grundlage des Berechnungssystems für die Grundpauschale.[19]

Ziel des Risikostrukturausgleichs ist es indessen, einigermaßen **risikoadäquate Zuweisungen** an die Krankenkassen sicherzustellen, nicht hingegen, „standardisierte Leistungsausgaben je Versichertem zu ermitteln".[20] Vielmehr sollen auch „gröbere Typisierungen"[21] zulässig bleiben, als „pauschalierendes Verfahren" wird der Risikostrukturausgleich erst dann für fragwürdig gehalten, wenn er systematischen Verzerrungen Vorschub leisten würde.[22] Indem die Grundpauschale konstant gehalten wird, bedarf es insbesondere des Ausgleichs gelegentlicher „unterjähriger Schwankungen" der tatsächlichen Leistungsausgaben mittels der **Liquiditätsreserve**, die aus dem Gesundheitsfonds aufzubauen war (§ 271 Abs. 2 S. 1).[23] 14

4. Pauschaliertes Verfahren. Der Risikostrukturausgleich bleibt alles in allem ein pauschaliertes Verfahren; die jeweils ermittelten Werte auf der Basis der entsprechenden Datenmeldungen (vgl. insbes. §§ 267, 268) werden mit der – gemessen an den Leistungszielen der gesetzlichen Krankenversicherung – gewissen Unschärfe der Kriterien für die Risikogruppen kombiniert. Immerhin erhalten die Krankenkassen durch die Grundpauschale gewissermaßen eine „Volumengarantie".[24] 15

Der Risikostrukturausgleich unterliegt einem einigermaßen aufwendigen **mehrphasigen Verfahren:**[25] erstens bei der Berechnung und Festsetzung monatlicher Abschlagszahlungen;[26] zweitens mit Blick auf eine jedes Halbjahr durchzuführende Strukturanpassung;[27] drittens hinsichtlich des jährlichen Ausgleichs,[28] sowie viertens bezogen auf das Korrekturverfahren,[29] das dazu dient, in begrenztem und begrenzbarem Umfang sachliche und rechnerische Fehler im nächstfolgenden Jahresausgleich einzuarbeiten, auf dass „nachträglich festgestellte Mängel Anknüpfungspunkt für zukünftige Ausgleichszahlungen werden".[30] 16

Das **Korrekturverfahren** erweist sich in den Händen des Gesetz- und des Verordnungsgebers als einigermaßen flexibles Steuerungsinstrument, denn insbesondere dem Verordnungsgeber bleibt es vorbehalten, die zeitliche Reichweite, aber auch die tatbestandliche Anknüpfung zu verändern. Inzwischen[31] ist das Korrekturverfahren auf ein Jahr begrenzt. 17

5. Funktion des Bundesversicherungsamts. Dem Bundesversicherungsamt sind nicht die Aufgaben einer Aufsichtsbehörde zur Krankenkassenprüfung zugewiesen; es ist allenfalls mit begrenzten Prü- 18

---

19 Ellmann, aaO, Rn. 16, zur RSAV.
20 Göpffarth in: Becker/Kingreen, § 266 Rn. 28.
21 Göpffarth, aaO.
22 Göpffarth, aaO, unter Verweis auf BSG, SozR 4-2500, § 266 Nr. 3, dort juris Rn. 26 ff. zu den begrenzten Wirkungen der „Verwerfungen" zwischen Einnahmen- und Ausgabenseite.
23 Zur Annualisierung als durchzuhaltendes Prinzip vgl. LSG NRW, 13.2.2014, L 16 KR 743/13 KL, juris Rn. 46, wonach die Festlegungen des beklagten Bundesversicherungsamts nach Maßgabe von § 31 Abs. 4 RSAV für das Ausgleichsjahr 2014 wegen Verzichts auf die Annualisierung der Kosten unterjährig verstorbener Versicherter gegen § 266 Abs. 1 S. 2, § 268 Abs. 1 S. 1 Nr. 3 SGB V iVm § 31 RSAV verstoßen, indem sie das hiernach ausgegebene „zentrale Gesetzesziel" verfehlten, „zwischen den gesetzlichen Krankenkassen Anreize zur Auswahl ihrer Versicherten nach Morbidität (Risikoselektion) zu verringern".
24 Göpffarth, in: Becker/Kingreen, § 266 Rn. 31, unter Bezug auf §§ 40, 41 Abs. 2 RSAV.
25 Vgl. Göpffarth, aaO, Rn. 35 ff.; Ellmann in: LPK-SGB V, § 266 Rn. 14.
26 Vgl. Göpffarth, aaO, Rn. 35.
27 Vgl. Göpffarth, aaO.
28 Vgl. Göpffarth, aaO, Rn. 36.
29 Vgl. Göpffarth, aaO, Rn. 38, ohne hierdurch ein „allgemeines Prüfrecht" zu begründen, aaO, Rn. 34.
30 Göpffarth, aaO, Rn. 38.
31 Seit BGBl. I, 2001, 1622.

fungs- und Sanktionsbefugnissen ausgestattet.[32] Dem Bundesversicherungsamt kommen im Übrigen gerade im Kontext des Risikostrukturausgleichs zentrale **Aufgaben** zu:[33] Zunächst ging es um den Umbau angesichts der Anforderungen, die der Gesundheitsfonds stellte, ferner um die Anforderungen aus der Weiterentwicklung des Risikostrukturausgleichs und dem Wegfall gesonderten Finanzkraftausgleichs. Das Bundesversicherungsamt ist insbesondere **Durchführungsbehörde** für den Risikostrukturausgleich (Abs. 5 S. 1), womit zugleich seine einzige originäre Zuständigkeit derzeit erschöpfend beschrieben wäre. Die Krankenkassen stellen die entsprechenden Daten zur Verfügung, das Bundesversicherungsamt ist demgegenüber **ohne eigene Amtsermittlungspflicht**, ihm obliegt lediglich die **Richtigkeitsprüfung**.[34] Dies ändert nichts an der **Hinwirkenspflicht** des Bundesversicherungsamts, seine **Durchführungsverantwortung** für den Risikostrukturausgleich gegenüber den Kassen, ihren Spitzenverbänden und den Aufsichtsbehörden im Sinne einer Beseitigung „aus dem Zusammenlauf der Daten oder in gerichtlichen Verfahren" erkannter Mängel auszuüben.[35]

19 Einen Hinweis auf die **Zuweisung von Prüfungsverantwortung** gibt auch die Ermächtigung in § 266 Abs. 7 Nr. 9, wonach es dem Bundesministerium für Gesundheit zukommt, durch zustimmungspflichtige Rechtsverordnung Näheres über „die Prüfung der von den Krankenkassen mitzuteilenden Daten durch die mit der Prüfung nach § 274 befassten Stellen einschließlich der Folgen fehlerhafter Datenlieferungen oder nicht prüfbarer Daten sowie das Verfahren der Prüfung und der Prüfkriterien, auch abweichend von § 274" zu regeln.

20 **Rechtsform der Entscheidung:** Im Rahmen seiner Durchführungsverantwortung für den Risikostrukturausgleich berechnet das Bundesversicherungsamt die Zuweisungssumme (Art. 5 S. 1 RSAV) aus Daten der Krankenkassen, zur Überweisung an die Krankenkassen, auf der Basis monatlicher Abschlagszahlungen und einer **Jahresschlusszuweisung** (Abs. 6 S. 3 und 5). Diese Zuweisung ergeht als Verwaltungsakt. Das BSG stellt hierzu klar,[36] dass es sich um „förmliche Bescheide" handelt, denn „das BVA setzt im Jahresausgleich eine Ausgleichsverpflichtung oder Ausgleichsberechtigung fest". Zwar spreche § 19 Abs. 2 S. 2 RSAV insofern nur von Mitteilungen an die Krankenkassen, das Bundesversicherungs-

---

32 LSG NRW, 13.2.2014, L 16 KR 743/13 KL, juris Rn. 46, betonte (unter Bezug auf LSG NRW, 6.6.2013, L 16 KR 24/09 KL, juris Rn. 72 ff., und – in etwas anderer Nuancierung – bestätigt durch BSG, 20.5.2014, B 1 KR 5/14 R ua (juris) im Zusammenhang mit der Anwendung des Annualisierungsprinzips, das BVA könne sich insoweit nicht etwa „auf einen gerichtlich nicht voll nachprüfbaren Entscheidungsspielraum eigener Art" berufen. Zwar handele es sich – LSG NRW, aaO, Rn. 48 – bei den Festlegungen des Bundesversicherungsamts um außenverbindliche Rechtssätze, in der Funktion normkonkretisierender Verwaltungsvorschriften im Sinne einer „zwischengeschalteten Regelungsebene", die „zwischen Gesetz bzw. Verordnung und Verwaltungsakt" angesiedelt ist, womit der Verordnungsgeber dem Bundesversicherungsamt mit den RSAV-Festlegungen „in einem begrenzten Umfang eine Befugnis zur letztverbindlichen Entscheidung" zugestanden habe; die vorgeprägten „Regeln für einen funktionsfähigen Risikostrukturausgleich" und ihre jährliche Nachjustierung „im Sinne eines auf ständige Überprüfung und Verbesserung angelegten lernenden Systems" nehmen demnach auf „außerrechtliche, dh gesundheitsökonomische Vorgaben Bezug" und sehen das RSA-Modell „insoweit als unvollständig sowie ergänzungsbedürftig angelegt"; dies habe das Modell „einer Ausgestaltung und Implementierung durch die vollziehende Gewalt geöffnet", aber eben „nur innerhalb der Bandbreite des wissenschaftlichen Meinungsspektrums" (LSG NRW, aaO, Rn. 48). Dieser „gesetzgeberische Optimierungsauftrag" und die für normkonkretisierende Verwaltungsvorschriften legitimationsstiftende Wirkung der „Partizipation einschlägigen Sachverstands" indessen „beschränken noch zusätzlich den behördlichen Entscheidungsspielraum" (LSG NRW, aaO, Rn. 50). Deshalb dürften Festlegungen des Bundesversicherungsamts „weder die anerkannten Standards der Gesundheitswissenschaft noch die zu ihrer Umsetzung erforderlichen Regeln der Versicherungsmathematik und der Statistik verletzen". Dies gelte insbes. für die sachgerechte Ausgestaltung direkter RSA-Morbiditätsorientierung, und zwar „von dem Zeitpunkt an, in dem die Festlegungen […] das von Gesetz und Verordnung vorgesehene, für allgemeine Verwaltungsvorschriften charakteristische dialogische Verfahren zur Wissenserzeugung ordnungsgemäß durchlaufen haben" (unter Bezug auf BSG, 4.7.2013, L 16 KR 646/12 KL und L 16 KR 756/12 KL), weshalb hier das BVA nicht etwa „vorrangig berufen" sein könne, „aufgrund persönlichen Eindrucks, besonderer Erfahrung oder nicht ersetzbarer Sachkunde" außerrechtliche Gesichtspunkte zu beurteilen (LSG NRW, aaO). Das BSG, 20.5.2014, B 1 KR 5/14 R ua (juris) bestätigt dies, Rn. 24 ff., 30 ff. Vgl. zur Institution aus budgetärer Sicht (Bundes-) Haushaltsgesetz 2017 vom 20.12.2016 (BGBl. I, 3016), dort Anlage Bundeshaushaltsplan 2017, Einzelplan 11, Kapitel 1116 Bundesversicherungsamt (S. 99 ff.).
33 Vgl. Göpffarth in: Becker/Kingreen, § 266 Rn. 33 f.
34 So BSGE 90, 231, 242 f. (Rn. 42) = SozR 4-2500 § 266 Nr. 1, unter Hinweis auf Schäfer, SGb 1998, 516ff, und entgegen Bayerischem LSG, 17.6.1996, L 4 B 100/96.Kr-VR) = SozSich 1997, 200. Vgl. Göpffarth, aaO, § 266 Rn. 34.
35 BSGE, aaO, Rn. 45.
36 Vgl. im Einzelnen BSGE 90, 231, 242 f. (Rn. 37, 38/39) = SozR 4-2500 § 266 Nr. 1.

amt habe indessen „zutreffend die Form von Bescheiden gewählt, wie sich aus § 19 Abs. 3 RSAV („Zusendung des Bescheides')" ergebe, wenn auch das vom BSG ebenfalls herangezogene Argument aus dem früheren S. 8 des § 266 Abs. 6 („Zahlungsbescheide") inzwischen wieder entfallen ist.

Anhörung der Krankenkassen durch das BVA? Der Risikostrukturausgleich (Zuweisungen aus dem Gesundheitsfonds) in seiner (Teil-)Transparenz richtete sich bislang zumindest nach den durch das BSG[37] bestätigten Grundsätzen, was bedeutete, dass eine Anhörung der Krankenkassen vor Mitteilung des Jahresausgleichs nach § 19 Abs. 2 S. 2 RSAV nicht vorgesehen war, vielmehr nur für die Fälle des § 3 Abs. 4 S. 5 RSAV, bei nicht rechtzeitig vorgelegten oder in erheblichem Maße fehlerhaften Daten. Nur unter diesen besonderen Gegebenheiten sollte das Bundesversicherungsamt die betroffenen Spitzenverbände oder Kassen anhören müssen, ehe es „frühere Daten unter Berücksichtigung der Mitgliederfluktuation und eines angemessenen Sicherheitsabzugs" hätte zu Grunde legen können, denn anders als nach Maßgabe dieser Begrenzung wäre es wohl nicht möglich, das **Jährlichkeitsprinzip** (§ 266 Abs. 1 S. 2 SGB V, § 19 Abs. 5 RSAV) zu wahren, sollte etwa „das BVA nach Abschluss der Berechnung noch eine zeitaufwändige Anhörung von mehreren hundert Kassen durchzuführen" haben.[38] Das BSG[39] betont, die Krankenkassen wüssten „auch ohne kassenindividuelle Anhörung und ohne weitergehende Begründung in den Bescheiden und ihren Anlagen, weshalb das BVA eine bestimmte Regelung getroffen" habe. Wollte man hier weitergehende Anhörungs- und Begründungspflichten aus dem SGB X zugrunde legen, würde man „das Verfahren komplizieren und verzögern, ohne die Rechtsstellung der Kassen nennenswert zu verbessern".

Die Besonderheiten des Risikostrukturausgleichs genügten nach Ansicht des Bundessozialgerichts[40] schon bisher rechtsstaatlichen Grundsätzen;[41] Art. 103 Abs. 1 GG begründe für Entscheidungen von Verwaltungsbehörden **kein vorheriges Anhörungsrecht**; der Grundsatz fairer Verfahrensgestaltung[42] sei nicht verletzt. Für Krankenkassen gelten hier mit Blick auf deren Sach- und Rechtskundigkeit und in Anbetracht der ihr Handeln bestimmenden dichten normativen Grundlagen besondere Anforderungen, denn „die Kassen müssen mit der Erteilung der Jahresausgleichsbescheide rechnen", und der Gesetzgeber habe berücksichtigen dürfen, „dass Adressaten der Bescheide Körperschaften des öffentlichen Rechts mit Rechts- und Sachkunde sind, die über den jeweiligen Stand des RSA informiert werden (...) oder sich selbst die nötigen Kenntnisse verschaffen können".

An der nötigen **Verfahrenstransparenz** fehle es nicht,[43] woran auch die Tatsache nichts zu ändern vermöge, dass „nicht jede Kasse zur Überprüfung der an sie ergangenen Bescheide die Vorlage und die Nachprüfung der konkreten Daten aller oder beliebiger anderer Kassen verlangen" könne: „Die Überprüfung der Einhaltung von Gesetzen ohne drittschützende Wirkung ist vielmehr Sache der Aufsichtsbehörden". An diesen **Grundsätzen** hat sich nichts geändert, wie das LSG NRW[44] bestätigt. Und durch den Einbau der nachträglichen Prüfung gemäß § 15 a RSAV in das System des Risikostrukturausgleichs[45] hat das BVA den Auftrag erhalten, ein breit gefächertes und eben weiterhin nachgängiges jahresbezogenes Prüfprogramm zu realisieren.

6. Spannungsverhältnis von Hochrechnung und Vollerhebung. Im Zentrum steht die funktionsadäquate Lösung des Spannungsverhältnisses grundsätzlich ausreichender Hochrechnung zum (Einzel-)Verfahren der Vollerhebung, jeweils im Kontext des § 274, dem gemäß das Bundesversicherungsamt und die für die Sozialversicherung zuständigen obersten Verwaltungsbehörden der Länder mindestens alle fünf Jahre die Geschäfts-, Rechnungs- und Betriebsführung der ihrer Aufsicht unterstehenden Krankenkassen und deren Arbeitsgemeinschaften zu prüfen haben (§ 274 Abs. 1 S. 1). Dieser Grundsatz wird indessen im Rahmen von § 15 a RSAV in eine letztlich jährliche Frequenz von Teilprüfungen bzw. Prüfungsschritten ausdifferenziert, in deren Verlauf dann **Nachkorrekturbedarf** sichtbar werden könnte. Die mit der Prüfung befassten Stellen haben dem Bundesversicherungsamt, der Krankenkasse und dem Spitzenverband der betroffenen Krankenkasse unverzüglich (also ohne schuldhafte,

---

37 BSGE 90, 231, 242 f. (Rn. 46).
38 BSGE, aaO.
39 BSGE, aaO, Rn. 49.
40 BSGE, aaO, Rn. 112, unter Bezug auf BVerfGE 101, 397, 404 mwN.
41 Axer in: Eichenhofer/Wenner, Rn. 14 ff. zu Verfahren und Rechtsschutz.
42 BVerfGE 101, 397, 405 mwN.
43 BSGE, aaO, Rn. 113.
44 LSG NRW, 23.2.2012, L 16 KR 81/08, NZS 2012, 669 ff., hier Rn. 32.
45 Eingeführt durch die Fünfte RSA-Änderungsverordnung v. 4.12.2002 (BGBl. I, 4506).

nicht durch die Rechtsordnung gerechtfertigte Verzögerungen) das Ergebnis dieser Prüfungen mitzuteilen (§ 15 a Abs. 1 S. 5 RSAV).

25 **7. Prüfauftrag.** Gemäß dem generellen Prüfauftrag in § 15 a Abs. 1 RSAV haben die mit dem Prüfungsauftrag aus § 274 betrauten Stellen „jährlich im Wechsel" ua die Einzel-Prüfaufträge über die Meldung aller Versicherungszeiten aus § 3 RSAV (iVm § 15 a Abs. 1 S. 1 RSAV) wahrzunehmen, wobei für in ein nach § 137g zugelassenes strukturiertes Behandlungsprogramm eingeschriebene Versicherte auch geprüft werden muss, ob sie die Voraussetzungen der Zugehörigkeit zu dieser Gruppe gemäß § 2 Abs. 1 S. 3 RSAV auch tatsächlich erfüllen (§ 15 a Abs. 1 S. 2 Alt. 1 RSAV).

26 Mit Blick auf die **Verfahrensstruktur** dieser Prüfungen kommt es dem Bundesversicherungsamt zu, nach Anhörung der prüfungsbefassten Stellen und der Spitzenverbände der Krankenkassen zu „bestimmen, dass die Krankenkassen die zu prüfenden Daten elektronisch zur Verfügung zu stellen haben" sowie die Einzelheiten des Verfahrens (§ 15 a Abs. 1 S. 3 RSAV). Und im Übrigen legt das Bundesversicherungsamt nach Anhörung der Spitzenverbände der Krankenkassen und der prüfungsbefassten Stellen (vgl. § 274) „für den jeweiligen Prüfzyklus die Stichproben- und Hochrechnungsmethodik, insbesondere das jeweilige Verfahren zur Bestimmung eines angemessenen Stichprobenumfangs, fest und bestimmt das Nähere über die Anforderungen an die Erhebung der Stichproben sowie über die Mitteilung der Prüfergebnisse" (§ 15 a Abs. 1 S. 4 RSAV), die – gemäß S. 5 – „unverzüglich" an das Bundesversicherungsamt, die Krankenkasse und den Spitzenverband der betroffenen Krankenkasse weitergeleitet werden müssen.

27 Gemäß § 15 a Abs. 2 S. 1 RSAV hat das Bundesversicherungsamt die bei der Prüfung der Versicherungszeiten einer Krankenkasse (aus § 15 a Abs. 1 S. 1 RSAV) festgestellte Quote fehlerhafter oder nicht plausibler Fälle auf die Gesamtheit der Versicherten dieser Krankenkasse **hochzurechnen** – womit allerdings der Annäherungsfaktor nicht unbedingt verbessert wird.

28 Die Maßgaben des Hochrechnungsverfahrens unterliegen einer gewissen – auszuhandelnden – **Gestaltungsvariabilität**, indem das Bundesversicherungsamt das hier jeweils anzuwendende Verfahren im Benehmen mit den Spitzenverbänden der Krankenkassen zu bestimmen hat (§ 15 a Abs. 2 S. 3 RSAV) und in diesem Rahmen auch vorsehen darf, dass die Hochrechnung nur erfolgt, wenn die fehlerhaften oder nicht plausiblen Fälle eine bestimmte **Quote** überschreiten (§ 15 a Abs. 2 S. 4 RSAV), um damit das System mit Blick auf den relativ engen Zeitrahmen seiner kalenderjährlichen Wiederholung zügiger und weniger störanfällig gestalten zu können.

29 Auf der Basis der hochgerechneten Versicherungszeiten (§ 15 a Abs. 2 S. 1 und 2 RSAV) hat das Bundesversicherungsamt den Korrekturbetrag zu ermitteln, um ihn dann durch **Hochrechnungsbescheid** gegen die Krankenkasse geltend zu machen (§ 15 a Abs. 3 S. 1 RSAV).

30 Der Zahlungspflicht eines angesichts fehlerhafter oder nicht plausibler Fälle durch das Bundesversicherungsamt festgesetzten Korrekturbetrags kann die Krankenkasse durch eine von ihr selbst zu veranlassende **Vollerhebung aller Versicherungszeiten**[46] – aber nun nicht mehr der bislang gemäß § 28 a Abs. 3 RSAV zu meldenden Fälle (§ 15 a Abs. 1 S. 1, S. 2 Alt. 2 RSAV) – zuvorkommen. Nach Maßgabe einer solchen Vollerhebung (im Sinne von § 15 a Abs. 3 S. 3 RSAV) darf die Krankenkasse die zugrunde liegende Datenmeldung korrigieren. Die Krankenkasse hat (gemäß § 15 a Abs. 3 S. 4 RSAV) dem Bundesversicherungsamt mitzuteilen, ob sie eine Vollerhebung durchführen wird. Hierfür steht ihr eine **dreimonatige Mitteilungsfrist** zur Verfügung; diese beginnt mit Zugang des Festsetzungsbescheides über den hochgerechneten Korrekturbetrag (Hochrechnungsbescheid). In diesem Fall beträgt gemäß § 15 a Abs. 3 S. 6 RSAV die (großzügig bemessene) Frist zur Durchführung der Vollerhebung ein Jahr ab dem Zugang des (Hochrechnungs-)Bescheids nach § 15 a Abs. 3 S. 1 RSAV. Auf die gesonderte Mitteilung der Krankenkasse hin, keine Vollerhebung durchführen zu wollen, oder nach mitteilungslosem Verstreichenlassen der Dreimonatsfrist hat das Bundesversicherungsamt den Korrekturbetrag endgültig festzusetzen und den Korrekturbetrag dann im nächsten Jahresausgleich zu berücksichtigen (§ 15 a Abs. 3 S. 5 RSAV).

31 Stellt das Bundesversicherungsamt – nach Abschluss der Vollerhebung durch die Krankenkasse – fest, dass die Kasse ihre Datenmeldung ordnungsgemäß korrigiert hat, wird der Krankenkasse der nach Maßgabe des Hochrechnungsbescheids geleistete **Korrekturbetrag zurückerstattet** (§ 15 a Abs. 3 S. 7 RSAV). „Anderenfalls", wenn also binnen Jahresfrist keine korrigierte Datenmeldung eingegangen ist

---

46 Aus § 3 iVm § 15 a Abs. 1 S. 1 RSAV, unter Einschluss der Besonderheiten für die gemäß § 137g in zugelassene strukturierte Behandlungsprogramme eingeschriebenen Versicherten, insoweit unter Bezug auf § 2 Abs. 1 S. 3 iVm § 15 a Abs. 1 S. 2 Alt. 1 RSAV.

oder – so wird man ergänzen müssen – eine eingegangene Datenmeldung sich erneut als fehlerhaft oder unplausibel erweisen sollte, hat das Bundesversicherungsamt den Korrekturbetrag **endgültig** festzusetzen und ihn im nächstfolgenden Jahresausgleich zu verrechnen (§ 15 a Abs. 3 S. 8 RSAV).

Neben der Vollerhebung findet sich eine kompromisshafte **Korrekturvariante** aus Hochrechnung und Vollerhebung in der **Fiktion ordnungsgemäßer Korrektur** gemäß § 15 a Abs. 3 S. 9 RSAV, wonach die (hochgerechnete) Datenmeldung dann als ordnungsgemäß korrigiert gilt, wenn die prüfungszuständige Stelle (§ 274) dem Bundesversicherungsamt die ordnungsgemäße Korrektur bestätigt; Basis hat hier nur eine innerhalb von zehn Monaten nach der letzten Vollerhebung neu gezogene **Stichprobe** im Sinne von § 15 a Abs. 1 RSAV zu sein. **Voraussetzung** dieses mittels Fiktion vereinfachten Verfahrens ist aber eine Vollerhebung im vorangegangenen Prüfjahr.

Die **Fälligkeit** zu leistender Beträge tritt mit der Bekanntmachung unmittelbar ein; das Bundesversicherungsamt gibt den Fälligkeitstermin den Krankenkassen mit Zusendung des Bescheides verbindlich auf (§ 19 Abs. 3 iVm § 15 a Abs. 3 S. 2 RSAV). Ein **Säumniszuschlag** entsprechend § 14 Abs. 3 S. 1 muss für verspätete Ausgleichszahlungen für jeden angefangenen Monat der Säumnis an den Zahlungsempfänger gezahlt werden, und zwar in Höhe von 1 % des rückständigen Betrags (§ 15 a Abs. 3 S. 2 RSAV). Säumniszuschläge sind dann im jeweils nächsten Jahresausgleich zu berücksichtigen (§ 15 a Abs. 3 S. 11); dies gilt auch für **Zinserträge**.

IV. Deckung der standardisierten Leistungsausgaben

Gemäß **Abs. 2 S. 1** dienen die Grundpauschale und die alters-, geschlechts- und risikoadjustierten Zu- und Abschläge zur Deckung der standardisierten Leistungsausgaben der Krankenkassen. Anknüpfungspunkt für die Detailregelungen zur Ermittlung der Grundpauschale ist § 36 RSAV. Die voraussichtlichen standardisierten Leistungsausgaben (Abs. 2 S. 1) der Krankenkassen bestimmen die Grundpauschale (§ 36 Abs. 1 S. 1 RSAV). Verbunden wird dies mit der Korrektur („Bereinigung") dieser Leistungsausgaben um die auf sie entfallenden – für strukturierte Behandlungsprogramme im Sinne von § 137 g vorbehaltenen – Zuweisungen gemäß § 38 RSAV, welche die Krankenkassen für jeden in solche Programme eingeschriebenen Versicherten (vgl. § 2 Abs. 1 S. 3 RSAV) „zur Deckung der Programmkosten für medizinisch notwendige Aufwendungen wie Dokumentations- oder Koordinationsleistungen" (§ 38 Abs. 1 S. 1 RSAV) erhalten – wobei diese Zuweisungen allerdings unter dem Vorbehalt stehen, dass sie bei Aufhebung der jeweiligen Programmzulassung durch das Bundesversicherungsamt (gemäß § 137 g Abs. 2) zurückgezahlt werden müssen (§ 38 Abs. 1 S. 2 RSAV).

Die Grundpauschale wird jeweils im Voraus durch das Bundesversicherungsamt für ein Ausgleichsjahr festgestellt (§ 36 Abs. 2 RSAV). Die Grundpauschale sowie die **Werte aus § 266 Abs. 5 S. 2** sind durch das Bundesversicherungsamt bis zum 15. November für das Folgejahr bekanntzumachen (§ 36 Abs. 3 S. 1 RSAV): **erstens** die nach Versichertengruppen (§ 267 Abs. 2) und nach Morbiditätsgruppen (§ 268 Abs. 1) getrennt aufbereitete und auf die einzelnen Versicherten umgerechnete Höhe der standardisierten Leistungsausgaben aller am Ausgleich beteiligten Krankenkassen (gemäß § 268 Abs. 1 Nr. 2) sowie **zweitens** die Höhe der entsprechenden alters-, geschlechts- und risikoadjustierten Zuschläge. Den Versicherten wird die – dann mit Erläuterungen versehene – Grundpauschale einen Monat später „in geeigneter Form" bekanntgegeben (§ 36 Abs. 3 S. 2 RSAV). Auf die in § 36 RSAV ebenfalls in allen Einzelheiten geregelten abweichenden, den Übergang gestaltenden Ermittlungs- und Bekanntgabegrundsätze für die Jahre 2009 bis 2011 (in Abs. 3 S. 1, Abs. 3 S. 2 und Abs. 4) sei hier hingewiesen.

Den für die Zuweisungen aus dem Gesundheitsfonds maßgeblichen Beitragsbedarf einer Krankenkasse (**Abs. 2**) zu ermitteln, orientiert sich an den (nach Maßgabe von § 267 Abs. 2) nach bestimmten Kriterien (Statusmerkmalen) getrennt zu bildenden **Versichertengruppen** (zu den Details § 2 RSAV).

Berücksichtigungsfähige Leistungsausgaben (§ 4 RSAV) sind ua Aufwendungen für Programmkosten der in strukturierte Behandlungsprogramme eingeschriebenen Versicherten nach § 2 Abs. 1 S. 3 RSAV, soweit diese Aufwendungen bei den Krankenkassen zusätzlich und unmittelbar im Zusammenhang mit der Entwicklung, Zulassung, Durchführung und Evaluation von strukturierten Behandlungsprogrammen entstehen; die Aufwendungen sind als Pauschalbeträge zu berücksichtigen. Die Spitzenverbände der Krankenkassen bestimmen das Nähere in ihrer Vereinbarung nach § 267 Abs. 7 Nr. 1 und 2 (§ 4 Abs. 1 S. 1 Nr. 11 RSAV).

Der **Jahresausgleich** iSv Abs. 2 S. 1 erfährt seine **Detailregelung in § 41 RSAV**,[47] eine Regelung, die wiederum die Komplexität des Rechenverfahrens mit dem hohen Maß an Differenzierungsbedarf zu

---

[47] In der Fassung durch die 24. ÄndVO RSAV.

verknüpfen sucht, denn neben dem zahlenmäßigen Ausgleich steht der stetig mitlaufende Korrekturbedarf der zunächst vorläufigen (monatlich ermittelten bzw. vorjährigen) Datenlage. Einmal mehr stellt sich allerdings die (Neben-)Frage, bis zu welchem Grade Rechenoperationen wirklich in Form von Rechtsnormen darstellbar sind und ob sie in diesem Kontext ihre Handhabarkeit behalten oder zumindest noch als Rechtfertigungsgrundlage zu dienen imstande sind. Eine gewisse **Komplexitätslinderung** ist durch die aktuelle Neufassung gelungen. Im Jahresausgleich ermittelt (gemäß § 41 Abs. 1 S. 1 RSAV) das Bundesversicherungsamt – sobald ihm die Geschäfts- und Rechnungsergebnisse aller am monatlichen Ausgleich teilnehmenden Krankenkassen für das jeweilige abgelaufene Kalenderjahr (Ausgleichsjahr) vorliegen – auf dieser (Jahresgesamt-)Basis besondere **Berechnungsgrößen**.

39 Zur weiteren Durchführung des Jahresausgleichs ermittelt nunmehr das Bundesversicherungsamt – gemäß § 41 Abs. 2 RSAV – für jede Krankenkasse den **Änderungsbetrag** (um den die Zuweisungen für jede Krankenkasse im Jahresausgleich zu verändern sind). Hierbei gelten die **Berechnungsgrundsätze** gemäß § 41 Abs. 2 S. 1 Nr. 1 bis 3 RSAV. Eine besonders komplexe Lage im Zuweisungssystem des Gesundheitsfonds bietet die **Berechnung des Jahresausgleichs**, wenn Krankenkassen im Ausgleichsjahr oder in dem auf das Ausgleichsjahr folgenden Jahren **vereinigt** werden (§ 41 Abs. 3 Sätze 2 und 3 RSAV); insofern besteht ein Gestaltungsermessen. Die in ihrer Verklammerung im Regelwerk komplizierte Regelung des Korrekturbetrags (unter entsprechender Heranziehung des § 39 Abs. 3 S. 6) ist mit der Streichung von § 41 Abs. 3 S. 4 RSAV[48] entfallen.

V. Zuweisungen an die Krankenkassen zur Deckung ihrer Verwaltungskosten

40 Eingehende Detailregelung erfahren auch die aus dem Gesundheitsfonds zu leistenden Zuweisungen an die Krankenkassen zur Deckung ihrer Verwaltungskosten, hier insbesondere das Standardisierungsverfahren. Maßgeblich für die Zuweisungen, die den Krankenkassen zur Deckung ihrer standardisierten Verwaltungskosten aus dem Gesundheitsfonds zuerkannt werden, ist unter anderem – als Divisionsfaktor – die **Summe der Zuweisungen gemäß Abs. 2 S. 1** (§ 37 Abs. 1 S. 2 Nr. 3 RSAV).

41 Bei der Berechnung der **Höhe der Verwaltungskostenpauschale** für eine jede Krankenkasse bildet die Grundlage der „durchschnittliche" (will heißen: nicht kassenindividuelle) Zusatzbeitrag der Krankenkassen – soweit also der Finanzbedarf der Krankenkassen durch die Zuweisungen aus dem Gesundheitsfonds nicht gedeckt ist – nach Maßgabe von § 242a Abs. 1.

42 Mit Blick auf § 266 Abs. 4 S. 1 Nr. 2 enthält § 37 Abs. 4 RSAV nähere **Berechnungsgrundlagen** für Zuweisungen an die Krankenkassen aus dem Gesundheitsfonds, die sich auf die Deckung ihrer standardisierten Aufwendungen beziehen. Das sind solche Leistungen, die für satzungsgemäße Mehr- und Erprobungsleistungen eingesetzt werden oder solche Leistungen, auf die ein Rechtsanspruch nicht besteht.

43 Für das **Berechnungsverfahren** (Einzelheiten in § 37 Abs. 4 S. 2 Nr. 1 bis 3 RSAV) maßgebend ist grundsätzlich (von einigen hiervon ausgenommenen Sonderpositionen an Leistungen und Aufwendungen abgesehen) zunächst **erstens** eine Addition der Aufwendungen aller Krankenkassen für ihre jeweiligen satzungsgemäßen Mehr- und Erprobungsleistungen und für solche Leistungen, auf die kein Anspruch der Versicherten besteht. Die hieraus ermittelte Summe ist – **zweitens** – durch die Gesamtsumme aller Versicherungszeiten der Krankenkassen zu dividieren; hierfür sind die für die Weiterentwicklung und Durchführung des Risikostrukturausgleichs nach § 268 durch die Krankenkassen versichertenbezogen zu erhebenden Angaben über die Versicherungstage unter Angabe von Geburtsjahr und Geschlecht maßgeblich (§ 30 Abs. 1 S. 1 Nr. 1 RSAV). **Drittens** ist das aus dieser Division ermittelte Ergebnis mit den Versicherungszeiten der einzelnen Krankenkasse zu multiplizieren, will man die für die einzelne Krankenkasse maßgebliche Zuweisung zur Deckung standardisierter Aufwendungen gemäß § 266 Abs. 4 S. 1 Nr. 2 erhalten.

44 Die vom Bundesversicherungsamt vorläufig auf der Basis der monatlichen Meldungen ermittelten **Zuweisungsbeträge gemäß § 266 Abs. 2 S. 1** für die Krankenkassen, die vorläufig ermittelten Zuweisungsbeträge standardisierter Verwaltungskosten-Aufwendungen für alle Krankenkassen, die vorläufig ermittelten Zuweisungsbeträge für standardisierte Aufwendungen gemäß Abs. 4 S. 1 Nr. 2 für alle Krankenkassen und die Summe der von den Krankenkassen übermittelten Versicherungszeiten (§ 30 Abs. 1 S. 1 Nr. 1 RSAV) hat das Amt bis zum 15. November jeden Jahres bekannt zu machen.

45 Für die Ermittlung der **Zuweisungen für die Ausgleichsjahre 2011 und 2012** waren gemäß § 37 Abs. 1 S. 3 RSAV aF die Verwaltungsausgaben des Jahres 2010 zugrunde zu legen; für die Ermittlung der Zu-

---

48 Seit der 24. ÄndVO.

weisungen für die Ausgleichsjahre 2011 und 2012 gilt nun gemäß § 37 Abs. 1 S. 3 RSAV in der Fassung der 24. Änderungsverordnung, dass „höchstens die Verwaltungsausgaben des Jahres 2010 zugrunde zu legen" waren – ausgenommen die Ausgaben für die elektronische Gesundheitskarte, zur Finanzierung der erforderlichen erstmaligen Ausstattungskosten in der Festlegungs-, Erprobungs- und Einführungsphase der Telematikinfrastruktur sowie die Kosten für den laufenden Betrieb der Telematikinfrastruktur, gemäß § 291a Abs. 7 S. 4 Nr. 1 und Nr. 2 und Abs. 5.

VI. Detailregelungen der Zuweisungen zur Förderung strukturierter Behandlungsprogramme

Detailregelungen über die Zuweisungen an die Krankenkassen zur Förderung der Durchführung strukturierter Behandlungsprogramme (iSv § 137g) in § 38 RSAV lassen sich als ein **Standardisierungsverfahren** verstehen. Im Vordergrund steht der Auftrag zur Pseudonymisierung. Das **Verfahren der Pseudonymisierung** richtet sich nach § 38 Abs. 2 S. 3 iVm § 30 Abs. 3 RSAV (in der Fassung der 24. ÄndVO) in der Vereinbarung der Spitzenverbände der Krankenkassen untereinander im Einvernehmen mit dem Bundesversicherungsamt (entsprechend § 30 Abs. 3 S. 1 RSAV), als „schlüsselabhängiges Verfahren mit jährlichem Schlüsselwechsel", in dem sichergestellt sein muss, „dass einem Versicherten unabhängig von seiner Kassenzugehörigkeit jeweils dasselbe Pseudonym zugeordnet wird und die Daten jedes Versicherten über die Berichtszeiträume hinweg verknüpfbar bleiben" (dort Satz 2). Die einheitliche technische Aufbereitung und den jeweils erforderlichen Datenumfang kann das Bundesversicherungsamt nach Anhörung der Spitzenverbände der Krankenkassen bestimmen (dort Satz 3). **Versichertenbezug** durch die Krankenkassen herstellen zu lassen, ist gemäß § 30 Abs. 2 S. 3 RSAV zulässig, allerdings nur, soweit dies für die **Prüfung der Datenmeldungen** im Rahmen von § 42 RSAV erforderlich ist. Unzulässig ist im Übrigen, die erhobenen – pseudonymisierten – Daten über mehrere Leistungsbereiche hinweg bei der Krankenkasse versichertenbezogen zusammenzuführen.[49]

46

Zum Pseudonymisierungsverfahren haben die Spitzenverbände der Krankenkassen im Einvernehmen mit dem Bundesversicherungsamt und im Benehmen mit dem Bundesamt für Sicherheit in der Informationstechnik „das Nähere" zu vereinbaren.[50] Dieses Verfahren muss schlüsselabhängig und mit einem jährlichen Schlüsselwechsel gestaltet werden. Mit Blick auf die **Einheitlichkeit der technischen Datenaufbereitung** und deren erforderlichen **Umfang** darf das Bundesversicherungsamt nach Anhörung der Spitzenverbände der Krankenkassen Näheres bestimmen.[51] Die Übermittlung der erhobenen und pseudonymisierten Daten an das Bundesversicherungsamt hat bis zum 15. August des Folgejahres zu erfolgen,[52] unter Bezug auf die Grundsätze (in § 3 Abs. 4 RSAV).

47

Den Spitzenverbänden der Krankenkassen ist eine **weitergehende Datenverarbeitung** erlaubt, aber zeitlich auf 32 Monate begrenzt und inhaltlich auf die Erfüllung ihrer Aufgaben im Rahmen der RSAV beschränkt[53] – genannt werden „insbesondere" die abweichende Berechnung der Verhältniswerte gemäß Abs. 2 S. 3 und Abs. 5 Nr. 1 (§ 5 Abs. 1 S. 2 RSAV), statistische Glättungsverfahren, um dem Ausgabenausgleich einzelner Krankenkassen untereinander entgegenwirken zu können (§ 5 Abs. 6 RSAV) sowie die Anhörung der Spitzenverbände zum (neuen) Versichertenklassifikationsmodell im Sinne von § 29 RSAV. Dies gilt mit Blick auf die berücksichtigungsfähigen Krankheiten, Morbiditätsgruppen, den Algorithmus, um den Gruppen die Versicherten auch zuordnen zu können, das Regressionsverfahren zur Ermittlung der Gewichtungsfaktoren und das Berechnungsverfahren zur Ermittlung der Risikozuschläge (§ 31 Abs. 4 S. 1 RSAV).

48

VII. Rechtsschutz mit Blick auf Abs. 6 S. 7

Zu möglichen **Anfechtungsklagen** von Krankenkassen gegen Rückzahlungsverpflichtungen von **Zuweisungen** im Sinne von Abs. 6 S. 7 (und **Ausgleichsanspruch**):[54] Die Zuweisungen gemäß Abs. 6 S. 2 (unter Berücksichtigung der Werte aus Abs. 5 S. 2 Nr. 1 und 2) sind nach Maßgabe von S. 5 zum „Ausgleich" zu bringen. Systemgerecht und funktionsangemessen müssen die „Abschlagszahlungen" als den (im Sinne von S. 4) „nach S. 2 erhaltenen Zuweisungen" sich ebenso auf Zahlungsansprüche von Krankenkassen gegen den Gesundheitsfonds beziehen wie auf „negative Zuweisungen", also auf die

49

---

49 Entsprechend § 30 Abs. 2 S. 6 iVm § 38 Abs. 2 S. 3 RSAV in der Fassung der 24. ÄndVO.
50 Entsprechend § 30 Abs. 3 S. 1 iVm § 38 Abs. 2 S. 3 RSAV in der Fassung der 24. ÄndVO.
51 Entsprechend § 30 Abs. 4 S. 3 iVm § 38 Abs. 2 S. 3 RSAV in der Fassung der 24. ÄndVO.
52 Entsprechend § 30 Abs. 4 S. 1 iVm § 38 Abs. 2 S. 3 RSAV in der Fassung der 24. ÄndVO.
53 Entsprechend § 30 Abs. 4 S. 6 – 24. ÄndVO RSAV – iVm § 38 Abs. 2 S. 3 RSAV in der Fassung der 24. ÄndVO RSAV.
54 Vgl. Göpffarth in: Becker/Kingreen, § 266 Rn. 39 f.

Rechnungskonstellation, „dass die endgültig festgestellte Zuweisung unter dem Betrag der bereits erhaltenen Zuweisungen liegt".[55] Grundlage ist ein **Verrechnungsmodus**, wie er bereits in der Vorgängerregelung[56] zum Risikostrukturausgleich zwischen den „Zahlerkassen" und „Empfängerkassen" enthalten war.

50 Wie schon bei der Vorgängerregelung ist auch bei der Neuregelung vorrangiges Ziel, die reibungslose Abwicklung des Zahlungsverkehrs zu gewährleisten. Dies wirkt sich auch auf die Struktur möglicher **Anfechtungsklagen** von Krankenkassen gegen Rückzahlungsverpflichtungen aus. Wollte man für den Gesundheitsfonds die aufschiebende Wirkung einer Klage gegen Rückzahlungsverpflichtungen zulassen, würde die Abwicklungsphase weit über den Abrechnungszeitraum hinaus „in der Schwebe" bleiben und es könnte auch mangels verfügbarer Mittel zu weiteren Störungen im Ausgleichssystem kommen.[57] In der Konsequenz der vorrangig zeitgerecht und effizient zu gestaltenden Ausgleichsfunktion spricht nichts für die Annahme, „dass nunmehr im Falle einer Klage festgestellte Ausgleichsverpflichtungen nicht mehr sofort zu erfüllen sein sollten"[58] Erst nach Eintritt der Rechtskraft eines nachgängigen Klageantrags hat gegebenenfalls eine Korrektur nach Maßgabe von Abs. 6 S. 6 stattzufinden. Die aufschiebende Wirkung in diesen Fällen zu versagen, soll die Durchführbarkeit des Risikostrukturausgleichs sichern helfen, andernfalls geriete das gesamte Ausgleichssystem ins Stocken oder der Gesundheitsfonds müsste mit Blick auf die Prozessrisiken erheblich (und unvertretbar) ausgeweitet werden.

51 Wie das LSG NRW[59] im Zusammenhang mit der Anwendung des Annualisierungsprinzips durch das BVA betont hat, kann sich dieses keinesfalls „auf einen gerichtlich nicht voll nachprüfbaren Entscheidungsspielraum eigener Art" berufen. Hier ist indessen im konkreten Fall mit Blick auf den Grundlagenbescheid I/2014 (für das Ausgleichsjahr 2014) im Konflikt der (klägerischen) Krankenkasse gegen das (beklagte) Bundesversicherungsamt das Gericht dem Klageantrag, der darauf gerichtet war, die kassenindividuellen Zuweisungen aus dem Grundlagenbescheid aufzuheben und das beklagte Amt zu verpflichten, auf einer Neuberechnung basierende höhere Zuweisungen für Leistungsausgaben der Kasse anzuweisen, nur dahin gefolgt, die beklagte Partei (BVA) „zu verpflichten, die vorläufige Höhe der Zuweisungen für das Jahr 2014 unter Beachtung der Rechtsauffassung des Gerichts neu zu ermitteln".[60] Denn es wäre der klägerischen Partei im Entscheidungszeitpunkt noch nicht möglich gewesen, die von ihr beanspruchte Zuweisungshöhe zu konkretisieren, „weil die Auswirkungen der von ihr angenommenen Unwirksamkeit der Festlegungen des BVA von ihr nicht zu beziffern sind".[61]

52 Aus dem **GKV-Finanzstruktur- und Qualitäts-Weiterentwicklungsgesetz** (GKV-FQWG) vom 21.7.2014[62] (ergänzende einkommensabhängige Zusatzbeiträge der Krankenkassen-Mitglieder im Zuge der Neuregelung von §§ 242 und 242a)[63] ergeben sich erhebliche Änderungen im System der Zuweisungen aus dem Gesundheitsfonds: Der durchschnittliche Zusatzbeitragssatz, der nach Maßgabe von § 242a ermittelt wird, wirkt sich auf die Höhe der voraussichtlichen jährlichen Einnahmen des Gesundheitsfonds und damit auf die Zuweisungen nach Maßgabe von § 266 (und § 270) aus.

Die Neuregelung durch das GKV-FQWG ist zugleich redaktionelle Folgeänderung zur Aufhebung der obsolet gewordenen Übergangsregelung zum Gesundheitsfonds („Konvergenzklausel") in § 272.[64]

Zur Ermittlung der Zuweisungshöhen wird für die in § 266 Abs. 5 S. 2 Nr. 1 in Bezug genommenen Versichertengruppen (aus § 267 Abs. 2) durch die Neufassung von § 269 (siehe dort) hinsichtlich des **Krankengeldes** das bestehende Standardisierungsverfahren allerdings „ergänzt", indem „die tatsächlichen Leistungsausgaben der einzelnen Krankenkassen für Krankengeld anteilig berücksichtigt" wer-

---

55 So LSG NRW, 28.12.2010, L 16 KR 661/10 ER, NZS 2011, 816 ff. (hier juris Rn. 39; sub b).
56 Bis zum 31.12.2008 im § 266 Abs. 6 S. 8 aF.
57 Vgl. LSG NRW, 28.12.2010, L 16 KR 661/10 ER, NZS 2011, 816ff (hier juris Rn. 42; sub d). Zu den Konsequenzen begrenzter Rechtsschutzwirkungen aus der Vorläufigkeit der monatlichen Zuweisungsbescheide als vorläufigen Verwaltungsakten s. BSG, 20.5.2014, B 1 KR 5/14 R ua, juris Rn. 21 ff.
58 LSG NRW, aaO.
59 LSG NRW, 13.2.2014, L 16 KR 743/13 KL, juris Rn. 46, unter Bezug auf LSG NRW, 6.6.2013, L 16 KR 24/09 KL, juris Rn. 72 ff., und – in etwas anderer Nuancierung – bestätigt durch BSG, 20.5.2014, B 1 KR 5/14 R ua (BSG-Medieninform. Nr. 12/14 v. 20.5.2014).
60 LSG NRW, aaO, Rn. 23.
61 LSG NRW, aaO, Rn. 45.
62 BGBl. I, 1133, 1138, 1147.
63 GKV-FQWG Art. 1 Nr. 18, mit Begr. BT-Dr. 18/1307, 41 ff.
64 Vgl. GKV-FQWG Art. 1 Nr. 32, mit Begr. BT-Dr. 18/1307, 47.

den müssen.[65] Und nach Maßgabe von § 269 Abs. 2 wird für **Auslandsversicherte**[66] die Höhe der Zuweisungen aus dem Gesundheitsfonds auf die (tatsächlich) verursachten Leistungsausgaben im Durchschnittswert aller Krankenkassen für diese Versichertengruppe begrenzt anzusetzen sein.

§ 267 Datenerhebungen zum Risikostrukturausgleich

(1) Die Krankenkassen erheben für jedes Geschäftsjahr nicht versichertenbezogen die Leistungsausgaben in der Gliederung und nach den Bestimmungen des Kontenrahmens.

(2) ¹Die Krankenkassen erheben jährlich zum 1. Oktober die Zahl der Mitglieder und der nach § 10 versicherten Familienangehörigen nach Altersgruppen mit Altersabständen von fünf Jahren, getrennt nach Mitgliedergruppen und Geschlecht. ²Die Trennung der Mitgliedergruppen erfolgt danach, ob

1. die Mitglieder bei Arbeitsunfähigkeit für Anspruch auf Fortzahlung des Arbeitsentgelts oder auf Zahlung einer die Versicherungspflicht begründenden Sozialleistung haben, die Mitglieder nach § 46 Satz 3 einen Anspruch auf Krankengeld von der siebten Woche der Arbeitsunfähigkeit an haben oder die Mitglieder eine Wahlerklärung nach § 44 Absatz 2 Satz 1 Nummer 3 abgegeben haben,
2. die Mitglieder keinen Anspruch auf Krankengeld haben oder ob die Krankenkasse den Umfang der Leistungen auf Grund von Vorschriften dieses Buches beschränkt hat oder
3. die Mitglieder nach § 10 des Entgeltfortzahlungsgesetzes Anspruch auf Zahlung eines Zuschlages zum Arbeitsentgelt haben.

³Die Zahl der Personen, deren Erwerbsfähigkeit nach den §§ 43 und 45 des Sechsten Buches gemindert ist, wird in der Erhebung nach Satz 1 als eine gemeinsame weitere Mitgliedergruppe getrennt erhoben.

(3) ¹Die Krankenkassen erheben in Abständen von längstens drei Jahren, erstmals für das Geschäftsjahr 1994, nicht versichertenbezogen die in Absatz 1 genannten Leistungsausgaben und die Krankengeldtage auch getrennt nach den Altersgruppen gemäß Absatz 2 Satz 1 und nach dem Geschlecht der Versicherten, die Krankengeldausgaben nach § 44 und die Krankengeldtage zusätzlich gegliedert nach den in Absatz 2 Satz 2 genannten Mitgliedergruppen; die Ausgaben für Mehr- und Erprobungsleistungen und für Leistungen, auf die kein Rechtsanspruch besteht, werden mit Ausnahme der Leistungen nach § 266 Abs. 4 Satz 2 nicht erhoben. ²Bei der Erhebung nach Satz 1 sind die Leistungsausgaben für die Gruppe der Personen, deren Erwerbsfähigkeit nach den §§ 43 und 45 des Sechsten Buches gemindert ist, getrennt zu erheben. ³Die Leistungsausgaben für die Gruppen der Versicherten nach Absatz 2 Satz 4 sind bei der Erhebung nach den Sätzen 1 bis 3 nach Versichertengruppen getrennt zu erheben. ⁴Die Erhebung der Daten nach den Sätzen 1 bis 3 kann auf für die Region und die Krankenkassenart repräsentative Stichproben im Bundesgebiet oder in einzelnen Ländern begrenzt werden. ⁵Der Gesamtumfang der Stichproben beträgt höchstens 10 vom Hundert aller in der gesetzlichen Krankenversicherung Versicherten.

(4) Die Krankenkassen legen die Ergebnisse der Datenerhebung nach den Absätzen 1 und 3 bis zum 31. Mai des Folgejahres, die Ergebnisse der Datenerhebung nach Absatz 2 spätestens drei Monate nach dem Erhebungsstichtag über den Spitzenverband Bund der Krankenkassen der in der Rechtsordnung nach § 266 Abs. 7 genannten Stelle auf maschinell verwertbaren Datenträgern vor.

(5) ¹Für die Datenerfassung nach Absatz 3 können die hiervon betroffenen Krankenkassen auf der elektronischen Gesundheitskarte auch Kennzeichen für die Mitgliedergruppen nach Absatz 3 Satz 1 bis 3 verwenden. ²Enthält die elektronische Gesundheitskarte Kennzeichnungen nach Satz 1, übertragen Ärzte und Zahnärzte diese Kennzeichnungen auf die für die vertragsärztliche Versorgung verbindlichen Verordnungsblätter und Überweisungsscheine oder in die entsprechenden elektronischen Datensätze. ³Die Kassenärztlichen und Kassenzahnärztlichen Vereinigungen und die Leistungserbringer verwenden die Kennzeichen nach Satz 1 bei der Leistungsabrechnung; sie weisen zusätzlich die Summen der den einzelnen Kennzeichen zugeordneten Abrechnungsbeträge in der Leistungsabrechnung gesondert aus. ⁴Andere Verwendungen der Kennzeichen nach Satz 1 sind unzulässig. ⁵Die Kassenärztlichen und Kassenzahnärztlichen Vereinigungen und die Leistungserbringer stellen die für die Datenerfassung

---

[65] GKV-FQWG § 269 Abs. 1, mit Begr. BT-Dr. 18/1307, 48.
[66] § 269 Abs. 2 S. 1.

nach den Absätzen 1 bis 3 notwendigen Abrechnungsdaten in geeigneter Weise auf maschinell verwertbaren Datenträgern zur Verfügung.

(6) ¹Die Krankenkassen übermitteln den Trägern der gesetzlichen Rentenversicherung über den Spitzenverband Bund der Krankenkassen die Kennzeichen nach § 293 Abs. 1 sowie die Versicherungsnummern nach § 147 des Sechsten Buches der bei ihnen pflichtversicherten Rentner. ²Die Träger der gesetzlichen Rentenversicherung melden den zuständigen Krankenkassen über den Spitzenverband Bund der Krankenkassen jährlich bis zum 31. Dezember auf der Grundlage der Kennzeichen nach Satz 1 die Information, welche Versicherten eine Rente wegen Erwerbsminderung oder eine Berufs- oder Erwerbsunfähigkeitsrente erhalten. ³Die Träger der gesetzlichen Rentenversicherung können die Durchführung der Aufgaben nach Satz 2 auf die Deutsche Post AG übertragen; die Krankenkassen übermitteln über den Spitzenverband Bund der Krankenkassen die Daten nach Satz 1 in diesem Fall an die Deutsche Post AG. ⁴§ 119 Abs. 6 Satz 1 des Sechsten Buches gilt. ⁵Die Träger der gesetzlichen Rentenversicherung oder die nach Satz 3 beauftragte Stelle löschen die Daten nach Satz 1, sobald sie ihre Aufgaben nach diesem Absatz durchgeführt haben. ⁶Die Krankenkassen dürfen die Daten nur für die Datenerhebung nach den Absätzen 1 bis 3 verwenden. ⁷Die Daten nach Satz 2 sind zu löschen, sobald der Risikostrukturausgleich nach § 266 durchgeführt und abgeschlossen ist.

(7) ¹Der Spitzenverband Bund der Krankenkassen bestimmt das Nähere über
1. den Erhebungsumfang, die Auswahl der Regionen und der Stichprobenverfahren nach Absatz 3 und
2. das Verfahren der Kennzeichnung nach Absatz 5 Satz 1.

²Der Spitzenverband Bund der Krankenkassen vereinbart
1. mit den Kassenärztlichen Bundesvereinigungen in den Vereinbarungen nach § 295 Abs. 3 das Nähere über das Verfahren nach Absatz 5 Satz 2 bis 4 und
2. mit der Deutschen Rentenversicherung Bund das Nähere über das Verfahren der Meldung nach Absatz 6.

(8) (aufgehoben)

(9) Die Kosten werden getragen
1. für die Erhebung nach den Absätzen 1 und 2 von den betroffenen Krankenkassen,
2. für die Erhebung nach Absatz 3 vom Spitzenverband Bund der Krankenkassen,
3. für die Erhebung und Verarbeitung der Daten nach Absatz 5 von den Kassenärztlichen und Kassenzahnärztlichen Vereinigungen und den übrigen Leistungserbringern,
4. für die Meldung nach Absatz 6 von den Trägern der gesetzlichen Rentenversicherung.

(10) Die Absätze 1 bis 9 gelten nicht für die landwirtschaftliche Krankenkasse.

I. Entstehungsgeschichte 1	2. Ermittlung der durchschnittlichen Leistungsausgaben jedes Versicherten (Abs. 3) 5
II. Ausgangspunkt und Maßgabe für die Zuweisungen 2	
1. Abgrenzung der Versichertengruppen (Abs. 2) 4	III. Datenmeldepflichten 6

I. Entstehungsgeschichte

1 § 267 in der Fassung durch das GRG vom 20.12.1988 (BGBl. I, 2477) eingeführt, regelte finanzielle Hilfen in besonderen Notlagen (vergleichbar dem jetzigen § 265a), neu gefasst durch GSG vom 21.12.1992 (BGBl. I, 2266) mWv 1.1.1993 (zum Entwurf BT-Dr. 12/3608 mit Begr. S. 118 ff.), ua geändert durch GKV-VStG vom 22.12.2011 (BGBl. I, 2983), ferner geändert durch G vom 12.4.2012 (BGBl. I, 579) mWv 1.1.2012 (Abs. 11 wird aufgehoben) sowie durch G vom 21.12.2015 (BGBl. I, 2408) mit Blick auf die weitere Einführung der elektronischen Gesundheitskarte.

II. Ausgangspunkt und Maßgabe für die Zuweisungen

2 Ausgangspunkt und Maßgabe für die Zuweisungen sind die **standardisierten Leistungsausgaben** (Abs. 2 S. 2). Diese Standards werden auf der Basis bestimmter Durchschnittswerte jedes Versicherten ermittelt. Basis dieser Durchschnittswerte sind die durchschnittlichen Leistungsausgaben je Versicherten aller Krankenkassen pro Jahr. Für die Ermittlung dieses Durchschnittswertes werden zunächst Versichertengruppen (mit vergleichbaren standardisierten Risiken) gebildet.

3 Nunmehr werden (Abs. 2 S. 3) Vergleichszahlen der Versicherten ermittelt, differenziert nach Versicherungsgruppen. Zum Vergleich stehen hier auf der einen Seite die standardisierten Leistungsausgaben

der Versichertengruppen zueinander, auf der anderen Seite die für alle Krankenkassen in summa ermittelten durchschnittlichen Leistungsausgaben je Versichertem der Versichertengruppen. Maßgeblich sind Abs. 3, um die für alle Krankenkassen durchschnittlichen **Leistungsausgaben** je Versicherten der Versicherungsgruppen zu erhalten, und Abs. 2, um die Versichertengruppen abzugrenzen.

1. Abgrenzung der Versichertengruppen (Abs. 2). Die Differenzierung der Versichertengruppen leistet Abs. 2 S. 2 Nr. 1 bis 3 iVm S. 3 dieser Vorschrift. Auf dieser Basis präzisiert § 2 Abs. 1 S. 2 Nr. 1 bis 5 RSAV die Versichertengruppen (unter Hereinnahme der zusätzlichen Kategorie in ihrer Erwerbsfähigkeit aus §§ 43 und 45 SGB VI geminderter Personen): **(1.)** die Gruppe derjenigen Versicherten, die bei Arbeitsunfähigkeit Anspruch auf Krankengeld geltend machen können, dabei jedoch auch für mindestens sechs Wochen Anspruch auf Fortzahlung ihres Arbeitsentgelts oder auf Zahlung einer die Versicherungspflicht begründenden Sozialleistung haben, ohne diejenigen Versicherten,[1] deren Erwerbsfähigkeit gemäß §§ 43 und 45 SGB VI gemindert ist (§ 2 Abs. 1 S. 2 Nr. 1 RSAV); **(2.)** die Gruppe derjenigen Versicherten, die bei Arbeitsunfähigkeit zwar Anspruch auf Krankengeld haben, jedoch nicht für mindestens sechs Wochen Anspruch auf Fortzahlung ihres Arbeitsentgelts oder auf Zahlung einer die Versicherungspflicht begründenden Sozialleistung, ohne diejenigen Versicherten,[2] deren Erwerbsfähigkeit gemäß §§ 43 und 45 SGB VI gemindert ist (§ 2 Abs. 1 S. 2 Nr. 2 RSAV); **(3.)** die Gruppe derjenigen Versicherten, die bei Arbeitsunfähigkeit keinen Anspruch auf Krankengeld haben, ohne diejenigen Versicherten, deren Erwerbsfähigkeit gemäß §§ 43 und 45 SGB VI gemindert ist (§ 2 Abs. 1 S. 2 Nr. 3 RSAV); **(4.)** die Gruppe derjenigen Versicherten, die bei Arbeitsunfähigkeit Anspruch auf Krankengeld haben und überdies für mindestens sechs Wochen Anspruch auf Fortzahlung ihres Arbeitsentgelts oder auf Zahlung einer die Versicherungspflicht begründenden Sozialleistung[3] und derjenigen Versicherten, die bei Arbeitsunfähigkeit zwar Anspruch auf Krankengeld haben, jedoch nicht für mindestens sechs Wochen auch Anspruch auf Fortzahlung ihres Arbeitsentgelts oder auf Zahlung einer die Versicherungspflicht begründenden Sozialleistung,[4] bei denen aber jeweils die Erwerbsfähigkeit gemäß §§ 43 und 45 SGB VI gemindert ist (§ 2 Abs. 1 S. 2 Nr. 4 RSAV); **(5.)** die Gruppe derjenigen Versicherten, die bei Arbeitsunfähigkeit keinen Anspruch auf Krankengeld haben,[5] deren Erwerbsfähigkeit aber gemäß §§ 43 und 45 SGB VI gemindert ist (§ 2 Abs. 1 S. 2 Nr. 5 RSAV). Sämtliche fünf hier genannten Versichertengruppen werden jeweils gemäß § 267 Abs. 2 S. 1 „nach Altersgruppen mit Altersabständen von fünf Jahren" getrennt erfasst und innerhalb dieser Erfassungszeiträume überdies getrennt nach Geschlecht. Es ergibt sich ein auf den ersten Blick verwirrendes, aber in der elektronisch unterlegten Verwaltungspraxis differenziertes Bild eindeutig abgrenzbarer Tatbestände.

2. Ermittlung der durchschnittlichen Leistungsausgaben jedes Versicherten (Abs. 3). Abs. 3 dient nun (iVm Abs. 1: „Die Krankenkassen erheben für jedes Geschäftsjahr nicht versichertenbezogen die Leistungsausgaben in der Gliederung und nach den Bestimmungen des Kontenrahmens") dazu, die für alle Krankenkassen durchschnittlichen Leistungsausgaben für jeden Versicherten der Versicherungsgruppen zu ermitteln, indem es die für alle Krankenkassen durchschnittlichen Leistungsausgaben je Versichertem der Versicherungsgruppen – „nicht versichertenbezogen" – wie folgt nach spezifischen **Merkmalen** kennzeichnet: **(1.)** die in Abs. 1 genannten Leistungsausgaben und die Krankengeldtage auch getrennt nach den Altersgruppen gemäß Abs. 2 S. 1 (siehe soeben) und nach dem Geschlecht der Versicherten; **(2.)** die Krankengeldausgaben nach § 44; **(3.)** die Krankengeldtage zusätzlich gegliedert nach den in Abs. 2 S. 2 genannten Mitgliedergruppen (Abs. 3 S. 1 Hs. 1); **(4.)** Leistungen nach § 266 Abs. 4 S. 2 (die Ausgaben für Mehr- und Erprobungsleistungen und für Leistungen, auf die kein Rechtsanspruch besteht, werden im Übrigen nicht erhoben Abs. 3 S. 1 Hs. 2); **(5.)** getrennte Erhebung der Leistungsausgaben für die Gruppe derjenigen Personen, deren Erwerbsfähigkeit nach den §§ 43 und 45 des Sechsten Buches gemindert ist (Abs. 3 S. 2); **(6.)** getrennte Erhebung nach S. 1 bis 3 der Leistungsausgaben für die Gruppen der Versicherten nach Abs. 2 S. 4 nach Versichertengruppen getrennt (Abs. 3 S. 3). Und schließlich gilt allgemein, dass die Erhebung der genannten Daten „auf für die Region und die Krankenkassenart repräsentative Stichproben im Bundesgebiet oder in einzelnen Ländern begrenzt werden" kann (Abs. 3 S. 4); hierbei muss aber der „Gesamtumfang der Stichproben" auf „höchstens 10 vom Hundert aller in der gesetzlichen Krankenversicherung Versicherten" beschränkt bleiben (Abs. 3 S. 5).

---

1 Sie sind in § 2 Abs. 1 S. 2 Nr. 4 RSAV genannt.
2 Sie sind in § 2 Abs. 1 S. 2 Nr. 4 RSAV genannt.
3 Insoweit wie in § 2 Abs. 1 S. 2 Nr. 1 RSAV.
4 Insoweit wie in § 2 Abs. 1 S. 2 Nr. 2 RSAV.
5 Insoweit wie in § 2 Abs. 1 S. 2 Nr. 3 RSAV.

III. Datenmeldepflichten

6 Ohne die als zwingende Rechtspflichten ausgestalteten Datenmeldungen wäre der Risikostrukturausgleich des § 266 zum Scheitern verurteilt. Im Zuge seiner veränderten Bedeutung als Instrument des Gesundheitsfonds werden die Datenmeldepflichten aus § 267 zunehmend durch die Bestimmungen zur Weiterentwicklung des Risikostrukturausgleichs in § 268 überlagert und verdrängt.[6] Die Vorschrift ist insoweit zumindest noch Beleg und Anknüpfungspunkt für das **dynamische Prinzip**, das mit § 268 dann eine neue Perspektive gewonnen hat. § 267 kann auch als Anknüpfungspunkt für die Stärkung der Funktion des Bundesversicherungsamtes durch Sanktionsmöglichkeiten im Kontext der Datenerhebungen gelten.[7]

7 Dem **Wandel** unterworfen sind insbesondere die folgenden **Regelungsgegenstände** und -ziele in § 267: die Versichertenstruktur in der Trennung nach Mitgliedergruppen (Abs. 2);[8] die Ausgabenverteilung auf die Versichertengruppen (Abs. 3);[9] der Dreijahresrahmen (als gesetzlicher Mindeststandard) für die nicht versichertenbezogene Erhebung von Leistungsdaten (Abs. 3 S. 1).[10] Die Übermittlungspflichten der Leistungserbringer sind inzwischen von der Kennzeichnung der Krankenversichertenkarte auf die elektronische Gesundheitskarte umgestellt worden (Abs. 5 S. 1 und 2);[11] hinzuweisen ist auf die Einzelfallnachweisregelung des § 295 (Aufzeichnungs- und Übermittlungspflichten).

8 Grundsätzlich unterstützt und steuert die Datenerfassung auch die **weitere Feinausbildung der Versichertenstruktur** (Abs. 2) und die zeitnahe Vergewisserung über Veränderungstendenzen.[12] An der allgemeinen Zielvorgabe, „hinreichende Datenqualität mit angemessenem Aufwand zu erzeugen",[13] hat sich im Grundsatz nichts geändert, wenn auch inzwischen die Voraussetzungen leicht verbessert worden sind, unter denen das Bundesversicherungsamt seiner Datensammlungs- und -auswertungspflicht nachzukommen hat. Mit dem Anspruch an die Datenqualität ist § 267 nach wie vor Anknüpfungspunkt für die **Aufgabenverteilung** zwischen Bundesversicherungsamt als Träger der Datenaufbereitungsverantwortung einerseits und den Krankenkassen als Trägern des Datenermittlungsauftrags und -aufwands sowie den Spitzenverbänden der Krankenkassen mit ihrem Auftrag zur Plausibilitäts- und Vollständigkeitskontrolle andererseits.

9 Ein bleibender Gewinn aus § 267 ist jedenfalls die Stärkung des Bundesversicherungsamtes gemäß § 15 a RSAV, dort vor allem Abs. 2 und 3.

10 Die **Bestimmung des GKV-Spitzenverbandes** zum morbiditätsorientierten RSA nach § 267 Abs. 7 Nr. 1 und 2 – in der Fassung vom 6.2.2012, die seit dem 15.4.2012 in Kraft ist – strukturiert die Datenerhebung auf der Basis der §§ 30 und 32 RSAV inhaltlich und vor allem in der Verfahrensdimension: „Für die Weiterentwicklung und Durchführung des Risikostrukturausgleichs nach § 268 SGB V bestimmt der GKV-Spitzenverband im Einvernehmen mit dem Bundesversicherungsamt nach § 30 RSAV das Nähere über das Verfahren der Datenerhebung und -übermittlung".[14]

11 Die **Pseudonymisierung** (§ 7 der Bestimmung) als ein Mittelweg zwischen Authentizitätsnachweis der einzelnen Daten einerseits und absolutem Schutz personenbezogener und (höchst-)persönlicher Daten andererseits steht im Zentrum dieser Regelungen: Sämtliche versichertenbezogenen Daten müssen vor ihrer Weiterleitung pseudonymisiert werden; das Grundprinzip hierbei lautet: „Ein Rückschluss auf einzelne Versicherte ist nicht möglich" (§ 7 Abs. 1 S. 2 der Bestimmung). Andererseits muss die Pseudonymisierung aber „für jeden Versicherten eindeutig sein" (§ 7 Abs. 2 S. 1 der Bestimmung).

12 Aus der Kritik am Risikostrukturausgleich, „nicht nur der Vollzug sei mangelhaft, das Gesetz selbst sei strukturell defizitär und bewirke systematische Beitragssatzverzerrungen, weil das in § 267 Abs. 3 S. 4

---

6 Axer in: Eichenhofer/Wenner, § 267 Rn. 3, betont den trotz Beschränkung auf Erhebungen zu den Leistungsausgaben neuen Datenbedarf, ausgelöst durch die Morbiditätsorientierung des Risikostrukturausgleichs; eine „Totalerhebung" (aaO) stößt nach wie vor auf Durchführbarkeitsprobleme, dem praktizierten Stichprobenverfahren fehle es allerdings an Zielgenauigkeit. Einer verbesserten Datenvalidität dient nunmehr vor allem § 273.
7 Vgl. Göpffarth in: Becker/Kingreen, § 267 Rn. 7.
8 Vgl. Göpffarth, aaO, Rn. 3.
9 Vgl. Göpffarth, aaO, Rn. 4.
10 Vgl. Göpffarth, aaO, Rn. 7.
11 Vgl. Göpffarth, aaO, Rn. 5.
12 Ellmann in: LPK-SGB V, § 267 Rn. 1, als maßgeblich für die Zielgenauigkeit des Gesundheitsfonds.
13 Göpffarth in: Becker/Kingreen, § 267 Rn. 4.
14 So die Vorbemerkung zur Bestimmung v. 6.2.2012. Vgl. auch das GKV-FQWG (BGBl. I 2014, 1133) Art. 15 Nr. 3, dort mit Begr. BT-Dr. 18/1307, 57, auch zur (De-)Pseudonymisierung, also zur Befugnis, den Versichertenbezug (wieder) herzustellen.

vorgesehene Stichprobenverfahren nicht ausreichend repräsentativ sei, um die maßgeblichen Daten realitätsgerecht abbilden zu können", ergaben sich für das BVerfG[15] „keine durchgreifenden verfassungsrechtlichen Bedenken. Vom Gesetzgeber, der 1992 ein neuartiges Finanzausgleichsinstrument in der gesetzlichen Krankenversicherung etablierte, konnte verfassungsrechtlich lediglich gefordert werden, dass er aufmerksam beobachtet, ob das von ihm geschaffene Datenerhebungsverfahren Eignungsmängel zeigt, und dass er eventuell zu Tage tretenden Schwächen mit geeigneten Maßnahmen begegnet. Diesbezüglich können dem Gesetzgeber keine Versäumnisse angelastet werden".

§ 268 Weiterentwicklung des Risikostrukturausgleichs

(1) ¹Die Versichertengruppen nach § 266 Abs. 1 Satz 2 und 3 und die Gewichtungsfaktoren nach § 266 Abs. 2 Satz 2 sind vom 1. Januar 2009 an abweichend von § 266 nach Klassifikationsmerkmalen zu bilden (Morbiditätsgruppen), die zugleich
1. die Morbidität der Versicherten auf der Grundlage von Diagnosen, Diagnosegruppen, Indikationen, Indikationengruppen, medizinischen Leistungen oder Kombinationen dieser Merkmale unmittelbar berücksichtigen,
2. an der Höhe der durchschnittlichen krankheitsspezifischen Leistungsausgaben der zugeordneten Versicherten orientiert sind,
3. Anreize zu Risikoselektion verringern,
4. keine Anreize zu medizinisch nicht gerechtfertigten Leistungsausweitungen setzen und
5. 50 bis 80 insbesondere kostenintensive chronische Krankheiten und Krankheiten mit schwerwiegendem Verlauf der Auswahl der Morbiditätsgruppen zugrunde legen.

²Im Übrigen gilt § 266.

(2) ¹Das Bundesministerium für Gesundheit regelt bis zum 31. Dezember 2009 durch Rechtsverordnung nach § 266 Abs. 7 mit Zustimmung des Bundesrates das Nähere zur Umsetzung der Vorgaben nach Absatz 1. ²In der Verordnung ist auch zu bestimmen, ob einzelne oder mehrere der bis zum 31. Dezember 2008 geltenden Kriterien zur Bestimmung der Versichertengruppen neben den in Absatz 1 Satz 1 genannten Vorgaben weitergelten; § 266 Abs. 7 Nr. 3 gilt.

(3) ¹Für die Vorbereitung der Gruppenbildung und Durchführung der Untersuchung nach Absatz 2 Satz 5 erheben die Krankenkassen für die Jahre 2001 und 2002 als Stichproben entsprechend § 267 Abs. 3 Satz 3 und 4 bis zum 15. August des jeweiligen Folgejahres getrennt nach den Versichertengruppen nach § 267 Abs. 2 je Versicherten die Versichertentage und die Leistungsausgaben in der Gliederung und nach den Bestimmungen des Kontenrahmens in den Bereichen
1. Krankenhaus einschließlich der Angaben nach § 301 Abs. 1 Satz 1 Nr. 6, 7 und 9 sowie die Angabe des Tages der Aufnahme und der Aufnahmediagnosen nach § 301 Abs. 1 Satz 1 Nr. 3, jedoch ohne das Institutionskennzeichen der aufnehmenden Institution und ohne die Uhrzeit der Entlassung,
2. stationäre Anschlussrehabilitation einschließlich der Angaben nach § 301 Abs. 4 Satz 1 Nr. 5 und 7, jedoch ohne das Institutionskennzeichen der aufnehmenden Institution,
3. Arzneimittel einschließlich des Kennzeichens nach § 300 Abs. 1 Nr. 1,
4. Krankengeld nach § 44 einschließlich der Angaben nach § 295 Abs. 1 Satz 1 Nr. 1,
5. vertragsärztliche Versorgung einschließlich der Angaben nach § 295 Abs. 1 Satz 1 Nr. 2 sowie der abgerechneten Punktzahlen und Kosten und der Angaben nach § 295 Abs. 1 Satz 4, jedoch ohne den Tag der Behandlung,
6. der Leistungserbringer nach § 302 einschließlich der Diagnose, des Befunds und des Tages der Leistungserbringung, jedoch ohne die Leistungen nach Art, Menge und Preis sowie ohne die Arztnummer des verordnenden Arztes,
7. die nach den Nummern 1 bis 6 nicht erfassten Leistungsausgaben ohne die Leistungsausgaben nach § 266 Abs. 4 Satz 1.

²Sofern die Erhebung nach Satz 1 Nummer 1 bis 7 Diagnosedaten und Arzneimittelkennzeichen beinhaltet, dürfen ausschließlich Diagnosedaten und Arzneimittelkennzeichen verarbeitet oder genutzt werden, die von den Krankenkassen nach den §§ 294 bis 303 erhoben wurden. ³Die für die Stichprobe

---

15 Zu den stichprobengestützten Erhebungen vgl. BVerfGE 113, 167, 251 f. = SozR 4-2500 § 266 Nr. 8. Weitere Änderungen – hier vor allem mit Blick auf die RSAV – ergeben sich durch das GKV-FQWG (BGBl. I 2014, 1133), mit Begr. in BT-Dr. 18/1307, 18/1579 und BT-Dr. 18/1757.

erforderlichen versichertenbezogenen Daten sind zu pseudonymisieren. [4]Der Schlüssel für die Herstellung des Pseudonyms ist vom Beauftragten für den Datenschutz der Krankenkasse aufzubewahren und darf anderen Personen nicht zugänglich gemacht werden. [5]Die Kassenärztlichen und Kassenzahnärztlichen Vereinigungen übermitteln den Krankenkassen die erforderlichen Daten zu Satz 1 Nr. 5 bis spätestens 1. Juli des Folgejahres. [6]Die Daten sind vor der Übermittlung mit einem Pseudonym je Versicherten zu versehen, das den Kassenärztlichen und Kassenzahnärztlichen Vereinigungen hierfür von den Krankenkassen übermittelt wird. [7]Die Krankenkassen übermitteln die Daten nach Satz 1 in pseudonymisierter und maschinenlesbarer Form über ihren Spitzenverband an das Bundesversicherungsamt. [8]Die Herstellung des Versichertenbezugs ist zulässig, soweit dies für die Berücksichtigung nachträglicher Veränderungen der nach Satz 7 übermittelten Daten erforderlich ist. [9]Über die Pseudonymisierung in der Krankenkasse und über jede Herstellung des Versichertenbezugs ist eine Niederschrift anzufertigen. [10]Die Spitzenverbände der Krankenkassen bestimmen bis zum 31. März 2002 im Einvernehmen mit dem Bundesversicherungsamt in ihrer Vereinbarung nach § 267 Abs. 7 Nr. 1 und 2 sowie in Vereinbarungen mit der Kassenärztlichen Bundesvereinigung und den für die Wahrnehmung der wirtschaftlichen Interessen der übrigen Leistungserbringer gebildeten maßgeblichen Spitzenorganisationen das Nähere über den Umfang der Stichproben und das Verfahren der Datenerhebung und -übermittlung. [11]In der Vereinbarung nach Satz 10 kann die Stichprobenerhebung ergänzend auch auf das erste Halbjahr 2003 erstreckt werden. [12]§ 267 Abs. 9 und 10 gilt. [13]Kommen die Vereinbarungen nach Satz 10 nicht zustande, bestimmt das Bundesministerium für Gesundheit bis zum 30. Juni 2002 in der Rechtsverordnung nach § 266 Abs. 7 das Nähere über das Verfahren. [14]Die Rechtsverordnung bestimmt außerdem, welche der in Satz 1 genannten Daten vom 1. Januar 2005 an für die Durchführung des Risikostrukturausgleichs sowie für seine weitere Entwicklung zu erheben sind, Verfahren und Umfang dieser Datenerhebung sowie die Voraussetzungen, unter denen die Herstellung des Versichertenbezugs zulässig ist, Satz 2 gilt entsprechend; im Übrigen gilt § 267.

(4) [1]Die Krankenkassen erheben vom 1. Juli 2017 an versichertenbezogen den amtlichen Gemeindeschlüssel des Wohnorts des Versicherten. [2]Das Nähere über die zeitliche Zuordnung und das Verfahren der Erhebung und Übermittlung der Daten nach Satz 1 bestimmt der Spitzenverband Bund der Krankenkassen im Einvernehmen mit dem Bundesversicherungsamt in der Bestimmung nach § 267 Absatz 7 Satz 1 Nummer 1 und 2. [3]§ 268 Absatz 3 Satz 7 gilt entsprechend.

Literatur:

Augsberg, Der morbiditätsorientierte Risikostrukturausgleich zwischen politischer Gestaltungsfreiheit und verfassungsrechtlicher Kontrolle, GesR 2008, 515; *Buchner/Schillo*, RSA-Systeme im internationalen Vergleich, GuS 4-5/2016, 54; *Elsner*, Morbi-RSA reformieren für einen fairen Kassenwettbewerb, GuS 4-5/2016, 100; *Gaßner/Göpffarth*, Die jüngsten Änderungen im Risikostrukturausgleich zwischen den Krankenkassen, SozSich 2015, 67; *Glaeske*, Morbi-RSA und die Krankheitsauswahl, GuS 4-5/2016, 21; *Göpffarth*, Morbi-RSA: Ziele, Methoden und Weiterentwicklung, GuS 4-5/2016, 8; *Greiner*, Brauchen wir eine Reform des RSA?, GuS 4-5/2016, 91; *Hohnl/Berndt*, Anreize für Prävention im Morbi-RSA, GuS 4-5/2016, 84; *Jacobs/Staudt/Wasem*, Wie kommen wir zu einem gerechten Risikostrukturausgleich?, SozSich 2007, 420; *Knieps*, Der RSA vor Gericht – Welche Rolle spielt die Dritte Gewalt?, GuS 4-5/2016, 61; *Litsch*, Morbi-RSA – Drei Gründe, warum wir eine Gesamtevaluation brauchen, FfG 2016, Nr. 1-2, 18; *ders.*, Brauchen wir eine Reform des RSA?, GuS 4-5/2016, 104; *Neumann*, Wettbewerbsgerechtigkeit des RSA objektivieren – Managementleistung der Kassen vergleichen, GuS 4-5/2016, 45; *Reiners*, Der Streit um den Morbiditäts-Risikostrukturausgleich, SozSich 2005, 50; *ders.*, Missverständnisse und Irrtümer – Anmerkungen zur Debatte um eine RSA-Reform, GuS 4-5/2016, 96; *Sichert/Fischer*, Alles Routine?!, NZS 2015, 694; *Straub*, Der Morbi-RSA muss weiterentwickelt werden, FfG 2016, Nr. 1-2, 10; *Wille*, Der RSA in der deutschen Regionalisierungsdebatte, GuS 4-5/2016, 28.

I. Entstehungsgeschichte	1	2. Kriterien-Evaluierung	7
II. Dynamisches Prinzip	2	III. Ergänzung durch Abs. 4: regionenbezogene Datenergänzung	12
1. (Teil-)Realisierte Gestaltungsaufträge des Gesetzgebers	4		

I. Entstehungsgeschichte

1   Die §§ 268 bis 273 regelten ursprünglich – in der Fassung des GRG vom 20.12.1988 (BGBl. I, 2477) – den Finanzausgleich innerhalb der Krankenversicherung der Rentner, aufgehoben durch GKV-GRG 2000 vom 22.12.1999 (BGBl. I, 2626), mWv 1.1.2001. § 268 diente neugefasst durch das Gesetz zur

Reform des Risikostrukturausgleichs in der GKV vom 10.12.2001 (BGBl. I, 3465) nun der stufenweisen Einführung der Morbiditätsorientierung zunächst bis zum Jahre 2007, durch VÄndG vom 30.12.2006 (BGBl. I, 3439) bis 2009 aufgeschoben. Weitere Änderungen erfolgten durch GKV-VStG vom 22.12.2011 (BGBl. I, 2983) und durch Gesetz vom 12.4.2012 (BGBl. I, 579) mWv 1.1.2012 (Aufhebung von Abs. 2 S. 2, 3, 5 und 6). Gravierendere Änderungen ergaben sich durch das GKV-Finanzstruktur- und Qualitäts-Weiterentwicklungsgesetz (GKV-FQWG) vom 21.7.2014[1] mWv 1.1.2015, hier für § 268 allerdings nur im Hinblick auf die Voraussetzungen der Datenerhebung in Abs. 3 S. 14, wenn die RVO-Ermächtigung auf die Voraussetzungen erstreckt wird, unter denen ein Versichertenbezug hergestellt werden darf.[2] Durch das Gesetz zur Stärkung der Heil- und Hilfsmittelversorgung (HHVG) v. 4.4.2017, BGBl. I, 778, mWv 11.4.2017 in seiner Entwurfsfassung durch den BT-Ausschuss für Gesundheit, Ausschussdrucksache 18(14) 0226.2 v. 24.1.2017, 4. Nr. 16 c wird Abs. 3 S. 7 eingefügt und dort durch Nr. 16 d der Absatz 4 (dazu im Einzelnen → Rn. 12 ff.).

II. Dynamisches Prinzip

Der Weiterentwicklungs-Terminus im Titel des § 268 bringt das dynamische Prinzip zum Ausdruck, von dem auch die Vorschrift selbst (in Abs. 2) deutlich Zeugnis ablegt, indem sie sich zeitlich und systematisch überholter Regelungsbestandteile schrittweise entledigt.[3] Kerngedanke und Zielpunkt dieser Norm war und ist die **Neustrukturierung der Versichertengruppen**, die „vom 1.1.2009 an abweichend von § 266 Abs. 2 S. 2" darangeht, die Versicherten nach bestimmten Klassifikationsmerkmalen in Morbiditätsgruppen einzuteilen.[4] Diese Klassifikationsmerkmale (in Abs. 1 S. 1 Nr. 1 bis 5) sollten so beschaffen sein, dass sie überdies (Abs. 1 S. 1: „zugleich") einige weitere aussagefähige Kriterien mit enthalten und Aufträge für bestimmte Steuerungs-Anreize (vgl. Abs. 1 S. 1 Nr. 3 und 4) erteilen können. Dem systemischen Weiterentwicklungsprinzip folgend, ist durch das GKV-FQWG mW seit dem 1.1.2015 in Abs. 3 S. 14 die Grundlage für einen intensivierten Versichertenbezug bei Aufrechterhaltung des Datenschutzes zumindest als **Gutachtenauftrag** gelegt worden.[5]

Der ursprüngliche „Zeitplan zur Einführung der direkten Morbiditätsorientierung",[6] dem § 268 letztlich Ausdruck verleiht, hat sich nicht einhalten lassen; erst seit dem Jahre 2009 ist das neue System hinreichend stabilisiert. Die detailreiche Ermächtigung zu Verfahrensregelungen (in Abs. 3 Sätze 13 und 14) wurde zunächst als subsidiäre Regelung gesehen gegenüber einer vom Gesetzgeber präferierten vertraglichen Gestaltung in der Verantwortung der Spitzenverbände der Krankenkassen im Einvernehmen mit dem Bundesversicherungsamt nach Maßgabe von § 267 Abs. 7 Nr. 1 und 2 sowie in der Gestaltung der Kassenärztlichen Bundesvereinigung und der Spitzenorganisationen der übrigen Leistungserbringer (Abs. 3 S. 10 bis 12); tatsächlich ist der entscheidende Gestaltungsbeitrag der Rechtsverordnung gemäß § 266 Abs. 7 vorbehalten. Subsidiär bzw. ergänzend gilt § 266 weiter (Abs. 1 S. 2: „Im Übrigen gilt § 266").

1. (Teil-)Realisierte Gestaltungsaufträge des Gesetzgebers. Auch im Übrigen zeichnet sich § 268 durch mehrere – inzwischen teilweise erfüllte – Aufträge aus: **Erstens** gilt es – mit Blick auf die Bedeutung der Risikozuschläge – hinreichend präzise Versichertenklassifikationsmodelle unter unmittelbarer Berücksichtigung der Morbidität der Versicherten auf der Grundlage von Diagnosen, Diagnosegruppen, Indikationen, Indikationengruppen, medizinischen Leistungen oder in Kombinationen dieser Merkmale zu entwickeln (Abs. 1 S. 1 Nr. 1). **Zweitens** geht es um die Gestaltung des Verhältnisses der – nunmehr abgesenkten – Basiszuweisungen des abgelösten Risikostrukturausgleichs zu den Risikozuschlägen (Abs. 1 S. 1 Nr. 2). **Drittens** wird der ausdrückliche Auftrag, die „Anreize zur Risikoselektion verringern" zu sollen, normiert (in Abs. 1 S. 1 Nr. 3) – ein allgemeiner Auftrag, der möglichen Strategien von Krankenkassen begegnen soll, ihre Versichertengemeinschaft von bestimmten Risiken (und deren

---

1 BGBl. I, 1133, 1138, 1147, mit Begr. BT-Dr. 18/1307, 18/1579 u. BT-Dr. 18/1757.
2 GKV-FQWG Art. 1 Nr. 33 (BGBl. I 2014, 1133, 1138), mit Begr. BT-Dr. 18/1307, 47.
3 Zu den Entwicklungsphasen vgl. *Göpffarth*, GuS 4-5/2016, 8, 9 f.
4 Vgl. BSG, 20.5.2014, B 1 KR 5/14 R, juris Rn. 28 ff., 34 ff., 38 ff.; ferner Ellmann in: LPK-SGB V, § 268 Rn. 1 f.: Vom Konzept der auf standardisierte Gruppenmerkmale zugerichteten „Hilfsindikatoren" mit der Gefahr der gezielten Auswahlsteuerung günstiger Risiken zum morbiditätsverankerten, dem kriterien- und methodengebunden ermittelten Ausgleichssystem, verbunden mit kurzfristig wirksamen Anschub-Maßnahmen für das Reformprojekt (aaO, Rn. 3): erstens strukturierte Behandlungsprogramme chronisch Kranker (vgl. §§ 137 f. und 137 g, sowie § 270 Abs. 1 S. 1 lit. b), und zweitens den solidarischen Belastungsausgleich im Risikopool (§ 269). Vgl. eingehend Becker in: jurisPK-SGB V § 268 Rn. 13 ff.
5 GKV-FQWG Art. 1 Nr. 34 (BGBl. I, 2014, 1133, 1138), dort § 269 Abs. 3 S. 3, mit Begr. BT-Dr. 18/1307, 48 f.
6 So Göpffarth in: Becker/Kingreen, § 268 Rn. 1; vgl. auch Becker in: jurisPK-SGB V § 268 Rn. 5 und 11.

Häufung) freizuhalten, und der als Relikt der bisherigen Gesetzesfassung erhalten geblieben ist, aber seit der Neufassung (mWv 1.1.2009) aus dem Zusammenhang mit weiteren allgemeinen Förderungszielen – Qualität, Wirtschaftlichkeit, Praktikabilität, Kontrollierbarkeit – gerissen ist.[7]

5 **Viertens** – und insoweit die soeben bereits erwähnten aufgehobenen Generalziele teils ersetzend, teils konkretisierend – wird versucht, die in der Morbiditätsorientierung des Risikostrukturausgleichs einbeschlossene Motivation insoweit zu dämpfen, als „keine Anreize zu medizinisch nicht gerechtfertigten Leistungsausweitungen" gesetzt werden dürfen (Abs. 1 S. 1 Nr. 4). Ebenso wird im Sinne dieses anreizdämpfenden Ansatzes der Rahmen von 50 bis 80 „insbesondere" kostenintensiven chronischen Krankheiten und Krankheiten mit schwerwiegendem Verlauf abgesteckt, die der **Auswahl der Morbiditätsgruppen**[8] zugrunde zu legen sind (Abs. 1 S. 1 Nr. 5); neben den **Dämpfungseffekten** wird auch der Entwicklungscharakter deutlich, will man doch die „gleitende Einführung der direkten Morbiditätsorientierung sicherstellen" und zugleich „die Kalkulationssicherheit und Planbarkeit für die Krankenkassen erhöhen".[9] Damit ist ein gesundheitspolitischer Auftrag[10] in einen rechtlichen Rahmen gefasst, dessen weitere Entwicklung offen ist, derzeit aber eher stagniert.[11] Zu den möglichen Initiatoren weiterer Schritte in der Nachschärfung der im Sinne der Morbiditätsorientierung maßgeblichen Krankheiten gehört zuvörderst der Parlamentsgesetzgeber selbst, dem zumindest das Bundessozialgericht einen Evaluierungsauftrag erteilt hat.[12] Auch das Bundesversicherungsamt, gemäß § 31 Abs. 2 S. 1 RSAV[13] begleitet durch einen wissenschaftlichen Beirat, gehört zu den Initiativträgern, indem es für die regelmäßige (derzeit jährliche) Überprüfung der Krankheiten-Auswahl Sorge zu treffen hat.[14]

6 Hingewiesen wird auf mögliche **Diskriminierungseffekte**, die aus Sicht der Versicherten, einzelner Krankenkassen, aber auch der Leistungserbringer entstehen könnten, wenn bestimmte Krankheiten sachwidrig keine Berücksichtigung fänden. „**Medikalisierung**" (ungerechtfertigte Leistungsausweitung samt entsprechender Verordnungspraxis) und „**Hospitalisierung**" (nicht gerechtfertigte Krankenhauseinweisungen), aber auch „**Upcoding**" (Einflussnahme von Krankenkassen auf ärztliches Kodierverhalten) bilden Schlagworte, die nicht erwünschte Anreizeffekte kennzeichnen.[15] Dem zu begegnen dient zum einen § 273 mit seinem Auftrag zur „Sicherung der Datengrundlagen für den Risikostrukturausgleich", zum anderen aber auch die im wesentlichen klarstellende **Eingrenzung** verwendbarer Diagnosedaten und Arzneimittelkennzeichen (§ 268 Abs. 3 S. 2).

7 **2. Kriterien-Evaluierung.** Abs. 2 S. 2 gibt dem (RSA-)Verordnungsgeber auf zu bestimmen, ob einzelne oder mehrere der Kriterien, die bis zum 31.12.2008 für die Gruppendifferenzierung eingesetzt wurden, weitergelten sollen. Die RSAV hat dieses Gestaltungselement aufgegriffen: Die Morbiditätsgruppenbildung auf der Basis des Klassifikationsmodells tritt neben die in gewissem Sinne querlaufenden Gruppenzuordnungskriterien der Alters- und Geschlechtsgruppen (§ 31 Abs. 4 S. 5 RSAV) und der Erwerbsminderungsgruppen (§ 31 Abs. 4 S. 4 RSAV), nach Maßgabe von § 29 Nr. 2 und 3 RSAV. Die Erwerbsminderungsgruppen (§ 31 Abs. 4 S. 4 RSAV) setzen den Bezug einer Rente wegen Erwerbsminderung voraus. Für die Bezieher von Krankengeld gilt § 29 Nr. 4 RSAV.

8 Mit dem sich weiterentwickelnden Risikostrukturausgleich wurde das sog **Zellenmodell**[16] durch das sog **Zuschlagsmodell** ersetzt, das es erlaubt, einen Versicherten zu gleicher Zeit mehreren Risikogruppen zuzuordnen und damit die sog **Multimorbidität** angemessener zu berücksichtigen.[17]

---

7 Göpffarth, aaO, Rn. 3.
8 Zur inhaltlichen Umsetzung der Klassifikationskriterien Becker, aaO, § 268 Rn. 31 ff.
9 Göpffarth, aaO, Rn. 5, unter Bezug auf BT-Dr. 16/3100, 204.
10 Eindringlich *Glaeske*, GuS 4-5/2016, 21, 24 ff.
11 Vgl. etwa die Diskussionsbeiträge von *Buchner/Schillo*, GuS 4-5/2016, 54; *Elsner*, GuS 4-5/2016, 100; *Göpffarth*, GuS 4-5/2016, 8, 14; *Greiner*, GuS 4-5/2016, 91; *Litsch*, FfG 2016, Nr. 1-2, 18; *ders.*, GuS 4-5/2016, 104; *Reiners*, GuS 4-5/2016, 96; *Straub*, FfG 2016, Nr. 1-2, 10; *Wille*, GuS 4-5/2016, 28.
12 Im Sinne einer Beobachtungs- und Nachbesserungspflicht; BSG NZS 2003, 537 (Rn. 59) = SozR 4-2500 § 266 Nr. 1; hierzu Göpffarth, aaO, Rn. 5, sowie dort § 266 Rn. 20.
13 Insoweit idF des Gesetzes vom 19.12.2016 (BGBl. I, 2986) – zuletzt geändert durch HHVG v. 4.4.2017 (BGBl. I, 778) mWv 11.4.2017.
14 Vgl. Göpffarth, aaO, Rn. 5 und 15 („lernendes System").
15 Göpffarth, aaO, Rn. 4.
16 Im Sinne einer möglichst eindeutigen Zuordnung eines jeden Versicherten zu einer „RSA-Zelle", Göpffarth, aaO, Rn. 14.
17 Vgl. Göpffarth, aaO, Rn. 14, unter Hinweis auf § 31 Abs. 4 S. 1 RSAV; ferner Becker in: jurisPK-SGB V § 268 Rn. 38.

9 Die verfahrensmäßige Umsetzung des gesetzgeberischen Auftrags ua zur Morbiditätserfassung und der Weiterentwicklungsauftrag im Risikostrukturausgleich treten in ein gewisses Spannungsverhältnis zueinander (→ Rn. 12 ff.). Zweifellos als „lernendes System"[18] ausgestaltet und insofern vornehmlich durch § 31 RSAV gesteuert, steht im Zentrum zum einen verfahrensbezogen die jährliche – zum 30.9. des kommenden Jahres vorgeschriebene – Taktung für die Festlegungen bzw. Bestätigungen von Morbiditätskriterien und für die Maßgaben zum Berechnungsverfahren. Zum anderen kommt durch die Anhörung des Spitzenverbandes Bund der Krankenkassen und insbesondere durch den wissenschaftlichen Beirat des Bundesverbandes[19] die inhaltliche Dimension des lernenden Systems zur Ausprägung. Während § 31 Abs. 2 S. 1 RSAV die normative Grundlage bildet, um den wissenschaftlichen Beirat einzurichten, schweigen § 268 Abs. 2 S. 1 als Ermächtigungsgrundlage und ebendort S. 2 für die Frage der Weitergeltung (und damit Ausweis des Weiterentwicklungsprinzips) zu dieser sinnvollen, geradezu notwendigen institutionell-organisatorischen Ergänzung an der Schnittstelle von Sicherstellungsauftrag und Anpassung an den Stand von Wissenschaft und Forschung ebenso wie an gesundheitspolitische Forderungen. Hingewiesen sei auf den Errichtungserlass;[20] er bestätigt das Jährlichkeitsprinzip für die Überprüfung der Krankheitslast und ein Vorschlagsrecht bezüglich möglicher Anpassungen des Klassifikationsmodells und seiner „laufenden Pflege".[21]

10 Die für die Leistungsfähigkeit des sich morbiditätsorientiert weiterentwickelnden Risikostrukturausgleichs – und letztlich auch für die Beratungstätigkeit des wissenschaftlichen Beirats – notwendigen Datenerhebungen[22] folgen den Grundsätzen in § 268 Abs. 3 S. 14, deren Umsetzung der (RSA-)Verordnungsebene zugewiesen ist.[23] Maßgeblich ist hier § 30 RSAV.

11 Das LSG NRW[24] hat den verbleibenden Gestaltungsrahmen des morbiditätsgewichteten Risikostrukturausgleichs ausgelotet; berücksichtigt werden kann bei der Krankheiten-Auswahl insbesondere auch „das Versorgungsgeschehen insgesamt", ferner aber „nicht ausschließlich besonders kostenträchtige Krankheiten", vielmehr nicht zuletzt solche Krankheiten, „die zwar im Einzelfall nicht so kostenintensiv sind, aber wegen ihrer Verbreitung kostentreibend wirken". Vor diesem Hintergrund reflektiert das Landessozialgericht den Wertungsrahmen, innerhalb dessen sich das morbiditätsorientierte System weiter entwickeln könnte. Das Bundesverwaltungsamt gewichtet mittlerweile die Prävalenz stärker.[25]

III. Ergänzung durch Abs. 4: regionenbezogene Datenergänzung

12 Zur Absicherung der Voraussetzungen, unter denen die Herstellung des Versichertenbezuges zulässig ist (Abs. 3 S. 7), wird das ‚lernende System' der gesetzlichen Krankenversicherung ua durch den neu eingefügten Abs. 4[26] morbiditätsorientiert und – erneut – regionenspezifisch aufbereitet und nachgesteuert, hier vor allem mit Blick auf die auch zum Schutz vor unzulässiger Diagnosebeeinflussung weiter auszubauende Sicherung der Datengrundlagen für den Risikostrukturausgleich und für die nicht zuletzt morbiditätsbezogen aufschlussreiche neue Erhebung eines Regionalkennzeichens. Deshalb bedarf es der zusätzlichen versichertenbezogenen Daten nach Maßgabe der amtlichen Gemeindeschlüssel des Wohnorts des Versicherten. In der Entwurfsbegründung[27] wird die regionale Zuordnung der Versi-

---

18 Göpffarth, aaO, Rn. 15. Vgl. auch LSG NRW, 13.2.2014, L 16 KR 743/13 KL, juris Rn. 48; LSG NRW, 6.6.2013, L 16 KR 24/09 KL, juris Rn. 82 („... zu berücksichtigen, dass der RSA insgesamt als lernendes System auf ständige Überprüfung und Verbesserung angelegt ist ...").
19 Vgl. Göpffarth, aaO, Rn. 16.
20 www.bva.de – Risikostrukturausgleich/wissenschaftlicher Beirat.
21 Vgl. Göpffarth, in: Becker/Kingreen, § 268 Rn. 15.
22 Vgl. Sichert/Fischer, NZS 2015, 694, 698.
23 Im Einzelnen Becker in: jurisPK-SGB V § 268 Rn. 20 ff.
24 LSG NRW, 6.6.2013, L 16 KR 24/09 KL, juris Rn. 83. Skeptisch zur Zielgenauigkeit ua angesichts fortbestehender Zweifel an der Datenvalidität Axer in: Eichenhofer/Wenner, § 268 Rn. 6.
25 Vgl. aber Litsch, Krankheiten im Morbi-RSA: Aufhebung der Krankheitsbegrenzung statt Diskussion um Prävalenzgewichtung!, GuS 4-5/2016, 69.
26 Nach Maßgabe des Gesetzes zur Stärkung der Heil- und Hilfsmittelversorgung (HHVG) v. 4.4.2017 (BGBl. I, 778), mWv 11.4.2017 auf der Basis des Entwurfs im BT-Ausschuss für Gesundheit, Ausschussdrucksache 18(14) 0226.2 v. 24.1.2017, Änderungsantrag 1 der Fraktionen der CDU/CSU und SPD zum Entwurf eines Gesetzes zur Stärkung der Heil- und Hilfsmittelversorgungsgesetz – HHVG, BT-Dr. 18/10186, hier ua zu Art. 1 Nr. 16 d im Kontext der Verhinderung unzulässiger Diagnosebeeinflussung, der Sicherung der Datengrundlagen für den Risikostrukturausgleich und der Erhebung eines Regionalkennzeichens.
27 BT-Ausschuss für Gesundheit, Ausschussdrucksache 18(14) 0226.2 v. 24.1.2017, Änderungsantrag 1, S. 5, zu Nr. 16 d (§ 268).

cherten als Ziel besonders hervorgehoben und damit die Notwendigkeit, den amtlichen Gemeindeschlüssel des Wohnorts zu erheben; auch hierfür sind zwangsläufig die Krankenkassen erhebungszuständig. Im Rahmen des Gesamtziels einer weiteren Verbesserung der Steuerungswirkungen des Risikostrukturausgleichs bietet die Möglichkeit regionaler Zuordnung für Zwecke der Auswertung und Analyse des Risikostrukturausgleichs und seiner Datengrundlagen Präzisierungschancen: „Auf Grundlage dieser Daten können wissenschaftliche Untersuchungen zum Risikostrukturausgleich im Auftrag des Bundesministeriums für Gesundheit oder des Bundesversicherungsamts (BVA) erfolgen".

13 Letztlich sollen die regionalen Bezüge auch helfen, die Auffälligkeitsprüfung und die sich gegebenenfalls anschließende Einzelfallprüfung in ihren Datengrundlagen besser abzusichern; gerade für regionenbezogene und -begrenzte Auffälligkeiten erhält das Bundesversicherungsamt mit der Neuregelung eine Regionalkennziffer und damit ein „zusätzliches Analysemerkmal, um bei der Untersuchung der von den Krankenkassen übermittelten Daten auch regionale Auffälligkeiten feststellen zu können", dies besonders im Bereich der Selektivverträge mit Blick auf die hier übermittelten Diagnosekodierungen.

Als Bezugsgröße für die Regionalkennziffer wird der amtliche Gemeindeschlüssel herangezogen, womit allerdings Versicherte mit Wohnsitz außerhalb der Bundesrepublik Deutschland nicht erfasst werden können. Die Datenschutzregeln folgen auch hier den Vorgaben aus Abs. 3 S. 7 in entsprechender Anwendung. Dies soll hinreichenden Schutz bei der Erhebung, Verarbeitung und Übermittlung der personenbezogenen Daten bieten.

14 Das Nähere über die zeitliche Zuordnung und das Verfahren der Erhebung und Übermittlung der Daten nach Satz 1 bestimmt auch hier der Spitzenverband Bund der Krankenkassen im Einvernehmen mit dem Bundesversicherungsamt nach Maßgabe von § 267 Abs. 7 S. 1 Nr. 1 und 2. Als Beitrag zur Aufwandsverringerung soll dort auch die Übermittlung der neu zu erhebenden Daten mit denjenigen zur RSA-Durchführung verbunden werden können.

§ 269 Sonderregelungen für Krankengeld und Auslandsversicherte

(1) Für die in § 267 Absatz 2 Satz 2 genannten Versichertengruppen kann das bestehende Standardisierungsverfahren für die Berücksichtigung des Krankengeldes ab dem Ausgleichsjahr 2013 um ein Verfahren ergänzt werden, das die tatsächlichen Leistungsausgaben der einzelnen Krankenkassen für Krankengeld anteilig berücksichtigt.

(2) Für Versicherte, die während des überwiegenden Teils des dem Ausgleichsjahr vorangegangenen Jahres ihren Wohnsitz oder gewöhnlichen Aufenthalt außerhalb des Gebiets der Bundesrepublik Deutschland hatten, ist ab dem Ausgleichsjahr 2013 die Höhe der Zuweisungen zur Deckung ihrer standardisierten Leistungsausgaben auf die tatsächlichen Leistungsausgaben aller Krankenkassen für diese Versichertengruppen zu begrenzen.

(3) ¹Das Bundesversicherungsamt gibt Gutachten in Auftrag, mit denen Modelle für eine zielgerichtetere Ermittlung der Zuweisungen zur Deckung der Aufwendungen für Krankengeld und für Versicherte, die während des überwiegenden Teils des dem Ausgleichsjahr vorangegangenen Jahres ihren Wohnsitz oder gewöhnlichen Aufenthalt außerhalb des Gebiets der Bundesrepublik Deutschland hatten, entwickelt werden sollen. ²Dabei ist auch zu untersuchen, ob zusätzliche Daten erforderlich sind, um das in Satz 1 genannte Ziel zu erreichen. ³§ 268 Absatz 1 Satz 1 Nummer 2 bis 4 ist bei der Entwicklung der Modelle zu beachten. ⁴Zur Erfüllung des jeweiligen Gutachtenauftrags ist der beauftragten Person oder Personengruppe vom Bundesversicherungsamt Einsicht in die diesem nach § 268 Absatz 3 Satz 7 übermittelten pseudonymisierten versichertenbezogenen Daten zu geben. ⁵Zu diesem Zweck ist der beauftragten Person oder Personengruppe bei der Deutschen Verbindungsstelle Krankenversicherung – Ausland ebenso Einsicht in die dieser nach Artikel 35 der Verordnung (EG) Nr. 883/2004 des Europäischen Parlaments und des Rates vom 29. April 2004 zur Koordinierung der Systeme der sozialen Sicherheit (ABl. L 166 vom 30.4.2004, S. 1, L 200 vom 7.6.2004, S. 1, L 204 vom 4.8.2007, S. 30) in Verbindung mit Titel IV der Verordnung (EG) Nr. 987/2009 des Europäischen Parlaments und des Rates vom 16. September 2009 zur Festlegung der Modalitäten für die Durchführung der Verordnung (EG) Nr. 883/2004 über die Koordinierung der Systeme der sozialen Sicherheit (ABl. L 284 vom 30.10.2009, S. 1) vorliegenden Daten zu geben; Einsicht ist nur in pseudonymisierte oder anonymisierte Daten zu geben.

(3 a) ¹Das Bundesversicherungsamt gibt Folgegutachten in Auftrag, mit denen insbesondere die in den Gutachten nach Absatz 3 Satz 1 entwickelten Modelle auf Grundlage der nach § 30 Absatz 1 der Risikostruktur-Ausgleichsverordnung sowie nach den Absätzen 3 b und 3 c erhobenen Daten überprüft und zur Umsetzungsreife weiterentwickelt werden sollen. ²Zur Erfüllung des jeweiligen Gutachtenauftrags ist der beauftragten Person oder Personengruppe beim Bundesversicherungsamt Einsicht in die diesem nach § 30 Absatz 4 Satz 1 der Risikostruktur-Ausgleichsverordnung sowie nach Absatz 3 d übermittelten pseudonymisierten versichertenbezogenen Daten zu gewähren. ³Absatz 3 Satz 3 und 5 gilt entsprechend.

(3 b) ¹Im Folgegutachten zu den Zuweisungen zur Deckung der Aufwendungen für Krankengeld sind die im Gutachten nach Absatz 3 Satz 1 entwickelten Modelle für eine zielgerichtetere Ermittlung der Zuweisungen zur Deckung der Aufwendungen für Krankengeld insbesondere auf Grundlage der Daten, mit welchen sich die für die Höhe der Krankengeldausgaben der Krankenkassen maßgeblichen Bestimmungsfaktoren gemäß dem Gutachten nach Absatz 3 Satz 1 abbilden lassen, zu überprüfen und zur Umsetzungsreife weiterzuentwickeln. ²Dazu erheben die Krankenkassen für die Berichtsjahre 2016 und 2017 versichertenbezogen folgende zur Abbildung der Bestimmungsfaktoren nach Satz 1 erforderliche Angaben:
1. die beitragspflichtigen Einnahmen aus nichtselbständiger Tätigkeit gemäß der Jahresarbeitsentgeltmeldung nach § 28 a Absatz 3 Satz 2 Nummer 2 Buchstabe b des Vierten Buches sowie den Zeitraum, in dem diese Einnahmen erzielt wurden,
2. die beitragspflichtigen Einnahmen aus selbständiger Tätigkeit sowie den Zeitraum, in dem diese erzielt wurden,
3. die beitragspflichtigen Einnahmen aus dem Bezug von Arbeitslosengeld nach § 136 des Dritten Buches sowie die jeweiligen Bezugstage,
4. die Diagnosen nach § 295 Absatz 1 Satz 1 Nummer 1 einschließlich des Datums der Feststellung der Arbeitsunfähigkeit und des Beginns der Arbeitsunfähigkeit,
5. die Leistungsausgaben für Krankengeld nach § 44 sowie das Datum des Beginns und des Endes des Krankengeldbezugs,
6. die Leistungsausgaben für Krankengeld nach § 45 sowie das Datum des Beginns und des Endes des Krankengeldbezugs,
7. den Tätigkeitsschlüssel nach § 28 a Absatz 3 Satz 1 Nummer 5 des Vierten Buches sowie
8. die dem Beschäftigungsbetrieb des Versicherten zugeordnete Betriebsnummer nach § 28 a Absatz 3 Satz 1 Nummer 6 des Vierten Buches.

(3 c) ¹Im Folgegutachten zu den Zuweisungen für Versicherte, die während des überwiegenden Teils des dem Ausgleichsjahr vorangegangenen Jahres ihren Wohnsitz oder gewöhnlichen Aufenthalt außerhalb des Gebiets der Bundesrepublik Deutschland hatten, sind die im Gutachten nach Absatz 3 Satz 1 entwickelten Modelle für eine zielgerichtetere Ermittlung der Zuweisungen zur Deckung der Aufwendungen für diese Versichertengruppe insbesondere auf Grundlage der Daten, mit welchen sich die für die Höhe der Ausgaben einer Krankenkasse für diese Versichertengruppen maßgeblichen Bestimmungsfaktoren gemäß dem Gutachten nach Absatz 3 Satz 1 abbilden lassen, zu überprüfen und zur Umsetzungsreife weiterzuentwickeln. ²Dazu erheben die Krankenkassen für die Berichtsjahre 2016 und 2017 versichertenbezogen folgende zur Abbildung der Bestimmungsfaktoren nach Satz 1 erforderliche Angaben:
1. das Grenzgängerkennzeichen,
2. das Länderkennzeichen des Wohnstaats.

³Darüber hinaus erhebt der Spitzenverband Bund der Krankenkassen, Deutsche Verbindungsstelle Krankenversicherung – Ausland –, nicht personenbezogen die mit den Krankenkassen abgerechneten Rechnungssummen, differenziert nach dem Wohnstaat, dem Abrechnungsjahr und der leistungspflichtigen Krankenkasse, und übermittelt diese an das Bundesversicherungsamt. ⁴Das Nähere zur Erhebung und Übermittlung sowie zum Umfang der Datenerhebung nach Satz 3 bestimmt das Bundesversicherungsamt im Einvernehmen mit dem Spitzenverband Bund der Krankenkassen. ⁵Es kann auch bestimmt werden, dass der Spitzenverband Bund der Krankenkassen, Deutsche Verbindungsstelle Krankenversicherung – Ausland –, weitere für das Gutachten nach Satz 1 erforderliche nicht personenbezogene Daten zu Abrechnungen von Versicherten nach Satz 1 erhebt und an das Bundesversicherungsamt übermittelt.

(3 d) ¹Die Daten nach den Absätzen 3 b und 3 c Satz 1 und 2 sind dem Bundesversicherungsamt erstmals bis zum 15. Juni 2018 und letztmals bis zum 15. April 2019 zu übermitteln; für die Erhebung und Übermittlung der Daten gilt § 268 Absatz 3 Satz 2 bis 9 entsprechend. ²Das Nähere über die zeit-

liche Zuordnung, zum Umfang sowie zum Verfahren der Erhebung und Übermittlung der Daten nach Satz 1 bestimmt der Spitzenverband Bund der Krankenkassen im Einvernehmen mit dem Bundesversicherungsamt in der Bestimmung nach § 267 Absatz 7 Satz 1 Nummer 1 und 2. ³Die Nutzung der Daten nach den Absätzen 3b und 3c ist auf die Zwecke nach den Absätzen 3b und 3c beschränkt. ⁴Das Bundesversicherungsamt oder der Spitzenverband Bund der Krankenkassen, Deutsche Verbindungsstelle Krankenversicherung – Ausland –, kann den nach Absatz 3a beauftragten Personen oder Personengruppen ausschließlich für die Zwecke der Folgegutachten nach den Absätzen 3b und 3c die jeweils erforderlichen versichertenbezogenen Daten nach Absatz 3a Satz 2 und 3 in pseudonymisierter oder anonymisierter Form übermitteln, wenn eine ausschließliche Nutzung der Daten über eine Einsichtnahme nach Absatz 3a Satz 2 und 3 aus organisatorischen oder technischen Gründen nicht ausreichend ist. ⁵Die nach Satz 4 übermittelten Daten sind von den nach Absatz 3a beauftragten Personen oder Personengruppen jeweils unverzüglich nach Übergabe der Gutachten an das Bundesversicherungsamt zu löschen. ⁶Die Löschung ist von den nach Absatz 3a beauftragten Personen oder Personengruppen dem Bundesversicherungsamt oder dem Spitzenverband Bund der Krankenkassen, Deutsche Verbindungsstelle Krankenversicherung – Ausland –, nachzuweisen.

(4) Das Nähere zur Umsetzung der Vorgaben der Absätze 1 bis 3d, insbesondere zur Abgrenzung der Leistungsausgaben, zum Verfahren einschließlich der Durchführung des Zahlungsverkehrs sowie zur Festlegung der Vorgaben für die Gutachten regelt die Rechtsverordnung nach § 266 Absatz 7 Satz 1.

Literatur:
Beerheide/Mybaum, Bundessozialgericht bestätigt Gesetzgeber, DÄ 2016, A 1959; *Gaßner/Göpffarth*, Die jüngsten Änderungen im Risikostrukturausgleich zwischen den Krankenkassen. Mehr Gerechtigkeit oder neue Unwuchten?, SozSich 2015, 67; *Greiner*, Brauchen wir eine Reform des RSA?, GuS 4-5/2016, 91; *Knieps*, Der RSA vor Gericht – Welche Rolle spielt die Dritte Gewalt?, GuS 4-5/2016, 61; *Paulus/Schömann*, Der Zusatzbeitrag nach dem GKV-FQWG-Referentenentwurf – Vom einkommensunabhängigen Zusatzbeitrag in Euro zum einkommensabhängigen Zusatzbeitragssatz in Prozent, GuP 2014, 41; *Prange*, Anmerkung zu BSG, 25.10.2016, B 1 KR 11/16 R, NZS 2017, 118; Wasem/Lux/Schillo, Gutachten zu Zuweisungen für Auslandsversicherte nach § 269 Abs. 3 SGB i.V.m. § 33 Abs. 4 RSAV. Endbericht, Essen 2016 (abrufbar unter www.Bundesversicherungsamt.de/...).

I. Entstehungsgeschichte 1	IV. Folgegutachten zum Risikostrukturausgleich 15
II. Dynamisches Prinzip 2	1. Allgemeines 15
III. Verbesserung der Zielgenauigkeit für Standardisierungsverfahren 3	2. Zu Abs. 3a: Nachsteuerung 16
1. Auslandsversicherte (Abs. 2) 4	3. Zu Absatz 3b: Nachsteuerung bei den Krankengeld-Zuweisungen 17
2. Gutachtenaufträge zur Verbesserung der Zielgenauigkeit (Abs. 3) 5	4. Zu Abs. 3c: Zuweisungen bei Auslandsbezug von Versicherungsleistungen (Auslandsversicherten) 18
3. Vorläufige Verbesserung für Standardisierungsverfahren 7	5. Zu Absatz 3d: Datenübermittlung und Datenschutz 19
4. Vorgaben für die Gutachtenziele im Einzelnen 9	6. Konsequenzen der Neuregelung für die RSAV 21
5. Dateneinsichtnahme und Datenschutz – Sicherstellung durch das BVA 12	
6. Weitere Ausgestaltung durch die RSAV (Abs. 4) 14	

I. Entstehungsgeschichte

1 § 269 ist neu an diese Stelle getreten, mWv 1.8.2014 nach Maßgabe des GKV-Finanzstruktur- und Qualitäts-Weiterentwicklungsgesetzes (GKV-FQWG) vom 21.7.2014.¹ Folgeänderungen zu § 33 RSAV, ebenfalls mWv 1.8.2014, finden sich in Art. 15 Nr. 5 GKV-FQWG.² Weitere gravierendere Änderungen – die Anfügung der Abs. 3a, b, c und d – durch das Gesetz zur Stärkung der Heil- und Hilfsmittelversorgung (Heil- und Hilfsmittelversorgungsgesetz – HHVG), v. 4.4.2017 (BGBl. I, 778), mWv 11.4.2017, hier auf der Basis des Änderungsentwurfs des BT-Ausschusses für Gesundheit, Ausschussdrucksache 18(14) 0226.2 v. 24.1.2017, Änderungsantrag Nr. 3 der Fraktionen der CDU/CSU und SPD, zu Art. 1 Nr. 16e und Artikel 1e (§ 269 des fünften Buches Sozialgesetzbuch; § 33a Risikostruktur-Ausgleichsverordnung). In Abs. 4 S. 1 wird als redaktionelle Folgeänderung die Angabe „3"

---

1 BGBl. I, 1133, 1138, 1147 (mit Begr. BT-Dr. 18/1307, 18/1579, BT-Dr. 18/1757).
2 Mit RegE-Begr. BT-Dr. 18/1307, 58.

durch die Angabe „3d" ersetzt. Mit Art. 5 Nr. 11 des Gesetzes zur Weiterentwicklung der Versorgung und der Vergütung für psychiatrische und psychosomatische Leistungen (PsychVVG) v. 19.12.2016 (BGBl. I, 2986) sind mWv 1.8.2014 rückwirkend (vgl. Art. 7 Abs. 2 PsychVVG) in § 269 Abs. 1 und in Abs. 2 jeweils die Worte „ab dem Ausgleichsjahr 2013" eingefügt worden.

II. Dynamisches Prinzip

Dem **Weiterentwicklungsprinzip** folgend ist mit dem GKV-FQWG die Grundlage für einen intensivierten Versichertenbezug (bei Aufrechterhaltung des Datenschutzes) zumindest als Gutachtenauftrag gelegt worden.[3] Mit dem GKV-FQWG wird dies bereits in § 268 Abs. 3 S. 14 reflektiert, wenn dort die Ermächtigung zur weiteren Ausgestaltung der RSAV dahin ergänzt wird, ua „die Voraussetzungen, unter denen die Herstellung eines Versichertenbezugs zulässig ist", zu schaffen.[4] In Folge der Gutachtenaufträge in § 269 Abs. 3 sind auch erhebliche Ergänzungen der RSAV erforderlich geworden (GKV-FQWG Art. 15 Nr. 5), hier in der Neufassung von § 33 RSAV („Gutachten zu Zuweisungen zur Deckung der Aufwendungen für Krankengeld und Auslandsversicherte").

III. Verbesserung der Zielgenauigkeit für Standardisierungsverfahren

Die hier neu eingerichtete Vorschrift will in den Bereichen **Krankengeld** und **Auslandsversicherte** nachsteuern bzw. Neuregelungen vorbereiten; sie gehört daher zu denjenigen Vorschriften im Gestaltungsbereich der Gesetzlichen Krankenversicherung, die der Anpassung und Konsolidierung des Systems dienen, ohne selbst über einen dauerhaft stabilen Regelungskern zu verfügen.

Indessen ist die Regelung in § 269 Abs. 1 und in Abs. 2 mit der Ergänzung durch Art. 5 Nr. 11 iVm Art. 7 Abs. 2 PsychVVG[5] insoweit mWv 1.8.2014 (rückwirkend) für die beiden Bereiche präzisiert worden, als „ab dem Ausgleichsjahr 2013" nunmehr für Auslandsversicherte das zu erarbeitende Zuweisungsbemessungssystem zwingend auf die tatsächlichen Leistungsausgaben zu beziehen ist (Abs. 2), während für die nach Abs. 1 in Bezug genommenen in § 267 Abs. 2 S. 2 aufgeführten Versichertengruppen mit Blick auf den Bezug von Krankengeld eine in das (gutachtengeleitete Gestaltungs-)Ermessen gestellte Ergänzung des bestehenden Standardisierungsverfahrens um Anteile nach Maßgabe der tatsächlichen Leistungsanteile der einzelnen Krankenkassen ermöglicht wird.

Die Regelung will im Bereich der Zuweisungen für Krankengeld[6] und im Bereich der Auslandsversicherten[7] versuchen, „über **Ausnahmeregelungen** zum gesetzlich vorgegebenen Standardisierungsverfahren die Zielgenauigkeit in den betreffenden Bereichen zu verbessern".[8]

1. Auslandsversicherte (Abs. 2). Abs. 2 dient als Ermächtigungsgrundlage, um für Auslandsversicherte die Zuweisungen an die Krankenkassen „auf die Summe der von diesen verursachten Leistungsausgaben" zu begrenzen.[9] Denn mit Blick auf die Auslandsversicherten[10] ist durch den wissenschaftlichen Beirat festgestellt worden, dass zwar die Gesamtausgaben für Auslandsversicherte durch die Gesamtzuweisungen für diese Gruppe eine „erhebliche Überdeckung" aufweise, ohne dass allerdings bislang die Ursachen für erhebliche Unterschiede bei den einzelnen Kassen geklärt worden sind. Als Ursache werden die **Einbindungsdifferenzen** im koordinierenden Sozialrecht der Europäischen Union genannt, angesichts der teilweise erheblich voneinander abweichenden **Abrechnungsmodalitäten** innerhalb dieses Systems, an dem die deutschen Krankenkassen mit unterschiedlicher Intensität und (Ausland-)Versichertenstrukturen beteiligt sind. Jedenfalls unterschieden sich die Regeln für die Erstattungen in bilateralen Abkommen zwischen den Mitgliedstaaten „erheblich in der Art der Abrechnung (pauschal, einzelleistungsbezogen) und in der Höhe".

---

3 GKV-FQWG Art. 1 Nr. 34, dort § 269 Abs. 3 S. 3, mit Begr. BT-Dr. 18/1307, 48. Hierzu Göpffarth in Becker/Kingreen, § 269 Rn. 10f.
4 GKV-FQWG Art. 1 Nr. 33 mit Begr. BT-Dr. 18/1307, 47.
5 Vom 19.12.2016 (BGBl. I, 2986).
6 Vgl. Becker in: jurisPK-SGB V § 269 Rn. 9f.
7 „Versicherte, die während des überwiegenden Teils des dem Ausgleichsjahr vorangegangenen Jahres ihren Wohnsitz oder gewöhnlichen Aufenthalt außerhalb des Gebiets der Bundesrepublik Deutschland hatten" (Abs. 3 S. 1). Vgl. Greiner, GuS 4-5/2016, 91, 94. Vgl. Becker in: jurisPK-SGB V § 269 Rn. 11f.
8 GKV-FQWG RegE-Begr. BT-Dr. 18/1307, 47 (dort 1. Abs.).
9 GKV-FQWG RegE-Begr. BT-Dr. 18/1307, 48 (zu Abs. 2).
10 GKV-FQWG RegE-Begr. BT-Dr. 18/1307, 47f. (dort 3. Absatz).

Für den erheblichen **Rechercheaufwand in den Versichertenbiographien** gerade dieses komplexen **Ausgleichssystems des koordinierenden EU-Sozialrechts** werden in Abs. 3 S. 5[11] Maßgaben für die Realisierung des entsprechenden Gutachtenauftrags (iSv Abs. 3 S. 4) formuliert, mit deren Hilfe die Gutachter bzw. Gutachtergruppen leichter Einsicht in die pseudonymisierten oder anonymisierten personenbezogenen Versichertendaten und auf einer verlässliche (und klar umgrenzbaren) Basis erhalten sollen.[12]

5   **2. Gutachtenaufträge zur Verbesserung der Zielgenauigkeit (Abs. 3).** Die Vorschrift zieht – mit Abs. 3 – eine Zwischenebene der erweiterten und präzisierenden Begutachtung der **Störanfälligkeit** und mangelnden Effizienz des „gesetzlich vorgegebenen Standardisierungsverfahrens (§ 268 Absatz 1 Satz 1 Nummer 2)",[13] indem an das Bundesversicherungsamt der – gesetzesbasierte und gesetzesbegrenzte – Auftrag für „Modelle zur zielgerichteteren Ermittlung der Zuweisungen" (Abs. 3 S. 1) bei den standardisierten Krankengeldausgaben und bei den standardisierten Ausgaben für Auslandsversicherte ausgegeben wird, um deren finanzielle Deckung zu verbessern (und womöglich zu begrenzen).

6   Auslöser ist eine konzeptionelle Blockade hinsichtlich des Zuweisungsmodells für Krankengeld, auf die in der Entwurfsbegründung Bezug genommen wird,[14] denn demnach hat der wissenschaftliche Beirat in seinem Evaluationsbericht 27 Alternativen zum derzeitigen Zuweisungsmodell „konzeptionell entwickelt und empirisch überprüft", wobei allerdings eine „deutlich verbesserte Zielgenauigkeit gegenüber dem Status quo" nicht festgestellt werden konnte. Weiterhin erheblicher **Forschungsbedarf** bestehe insbesondere hinsichtlich externer, „wesentlicher, von einer Krankenkasse nicht beeinflussbarer Parameter" mit Einfluss auf die Krankengeldzahlungen, ohne dass bislang die entsprechenden Daten erhoben worden sind.

7   **3. Vorläufige Verbesserung für Standardisierungsverfahren.** In einer **Übergangsphase** soll – wie Abs. 1 als erste (zügig zu erstellende) Berechnungsgrundlage verspricht – „als erster Schritt zu zielgenaueren Zuweisungen" vorläufig eine Zuweisungsbegrenzung für Auslandsversicherte dahin realisiert werden können, dass die Gesamtsumme der Zuweisungen für Auslandsversicherte an die Krankenkassen auf die Summe der von diesen tatsächlich verursachten Leistungsausgaben reduziert wird – ein originelles Instrument der Integration einer Gutachtenermächtigung in einen gesetzlichen Steuerungsauftrag.

Mit **Abs. 1** wird dem Ziel, Ursachen für die teilweise erheblichen **Schwankungen der Deckungsquoten der standardisierten Krankengeldausgaben** bei den einzelnen Krankenkassen im Vergleich zur Zielgenauigkeit der Zuweisungen zur Deckung der übrigen Leistungsausgaben zu finden, möglicherweise etwas näher zu kommen sein. Vorläufig ist es aber mit der Ermächtigung in Abs. 1, was die Versichertengruppen mit Anspruch auf Krankengeld (§ 267 Abs. 2 S. 2) anbetrifft, darum zu tun, das bislang unangefochtene bzw. methodisch und vom Ergebnis her unübertroffene Standardisierungsverfahren um ein Verfahren zu ergänzen, das „die tatsächlichen Leistungsausgaben der einzelnen Krankenkassen für Krankengeld (dh ihre Ist-Kosten) anteilig berücksichtigt, um die Abweichungen der Deckungsquoten zu reduzieren".[15]

8   Die Regelung will **zwei Funktionen** erfüllen, erstens bis auf Weiteres ein Verfahren etablieren, das kombiniert aus Standardisierungsverfahren und einem an die tatsächlichen Leistungsausgaben angebundenen Korrektiv arbeitet, und zweitens einen Vorbehalt für die Rückkehr in ein dann „verbessertes Modell zur Standardisierung der Zuweisungen auf der Grundlage weiterer Forschung" – und damit für die Rückkehr „zur bisherigen RSA-Systematik".[16]

9   **4. Vorgaben für die Gutachtenziele im Einzelnen.** Das GKV-FQWG enthält **Sonderregelungen** für die Zuweisungen an die Krankenkassen aus dem Gesundheitsfonds für Krankengeld und für Auslandsversicherte zur Verbesserung der „Zielgenauigkeit"[17] des Systems; es geht um den zumindest partiellen

---

11 GKV-FQWG Art. 1 Nr. 34 mit RegE-Begr. BT-Dr. 18/1307, 48 (zu Abs. 3).
12 Einige Präzisierungen hierzu folgen aus dem mit Art. 15 Nr. 5 GKV-FQWG insoweit neu gefassten § 33 RSAV; dort enthält Abs. 1 den Hinweis, dass die Gutachter(gruppen) „über besonderen Sachverstand in Bezug auf die Versichertenklassifikation nach § 31 Absatz 4 [RSAV] verfügen" müssen. § 33 Abs. 5 (neu) RSAV terminiert die „Untersuchungen" (gemeint sind aber laut RegE-Begr. die „Gutachten") auf den 31.12.2015 – in der Sicherstellungsverantwortung des BVA. Vgl. hierzu auch RegE-Begr. BT-Dr. 18/1307, 58. Ferner zum Gutachtenauftrag Becker in: jurisPK-SGB V § 269 Rn. 13 f.
13 GKV-FQWG RegE-Begr. BT-Dr. 18/1307, 47 (dort 1. Abs.).
14 GKV-FQWG RegE-Begr. BT-Dr. 18/1307, 47 (dort 2. Abs.).
15 GKV-FQWG RegE-Begr. BT-Dr. 18/1307, 48 (zu Abs. 1).
16 GKV-FQWG RegE-Begr. BT-Dr. 18/1307, 48 (zu Abs. 1 aE).
17 GKV-FQWG RegE-Begr. BT-Dr. 18/1307, 47 (dort 2. Abs.).

Ausbau des Versichertenbezugs. Grundlage soll die Neuregelung in § 269 als „Sonderregelung für Krankengeld und Auslandsversicherte" werden, der folgend für die nach § 267 Abs. 2 S. 2 differenzierten Versichertengruppen hinsichtlich des Krankengeldes das „bestehende Standardisierungsverfahren" nun um ein Verfahren ergänzt werden soll, „das die tatsächlichen Leistungsausgaben der einzelnen Krankenkassen [...] anteilig berücksichtigt".[18] Die erforderliche **permanente Nachsteuerung** des Systemelements der Begrenzung auf die tatsächlichen Leistungsausgaben wird nach dem GKV-FQWG zu weiteren gesetzlich begründeten Gutachtenaufträgen führen, mit denen das Bundesversicherungsamt für die Deckung der Aufwendungen für Krankengeld und Auslandsversicherte „Modelle für eine zielgerichtetere Ermittlung der Zuweisungen" wird entwickeln müssen.[19]

In Abs. 3 werden die **Gutachtenziele bzw. Modellstrukturen** – synchron zu den ins Auge gefassten Regelungszielen des Gesetzes – für die Zuweisungen mit Blick auf die Aufwendungen für Krankengeld und für Auslandsversicherte[20] dahin vorgegeben, dass die Modelle die „grundlegenden Anforderungen an die Weiterentwicklung des RSA beachten" sollen; insbesondere sollen sie „Anreize zur Risikoselektion verringern und Wirtschaftlichkeitsanreize wahren". In der Entwurfsbegründung wird zudem hervorgehoben, dass die Erforderlichkeit von – weiteren – „**Datengrundlagen** für die Ausgestaltung und Prüfung der Modelle" Gutachtengegenstand sein soll, denn „entsprechend der Erkenntnisse aus dem Evaluationsbericht ist insbesondere eine Verbreiterung der Datengrundlagen gegenüber dem Status Quo durch Einbeziehung weiterer Parameter, die Einfluss auf die Ausgaben der Krankenkassen für Krankengeld oder Auslandsversicherte haben, zu prüfen".[21]

Ausweislich der Entwurfsbegründung zu § 269[22] besteht die Absicht der Bundesregierung, das Bundesgesundheitsministerium damit zu betrauen, den Sachverständigenrat auf der Basis von § 142 Abs. 2 ein (ergänzendes) **Sondergutachten** erstellen zu lassen. Vor dem Hintergrund einer „seit Jahren stark steigenden Ausgabenentwicklung beim Krankengeld" soll dieses Gutachten „neben der demographischen, morbiditätsbedingten und ökonomischen Ursachen von lang andauernder Arbeitsunfähigkeit und Krankengeldausgaben auch die Steuerungsmöglichkeiten der gesetzlichen Krankenkassen und des Gesetzgebers mit Blick auf das Ausgabengeschehen analysieren und geeignete Lösungsmöglichkeiten aufzeigen".

5. Dateneinsichtnahme und Datenschutz – Sicherstellung durch das BVA. Um den Gutachtenauftrag erfüllen zu können, wird den Gutachtern Einsicht in die dem Bundesversicherungsamt gemäß § 268 Abs. 3 S. 7 übermittelten **pseudonymisierten Daten** gegeben.[23] Hierbei soll insbesondere auch mit Blick auf Auslandsversicherte die Einsichtnahme in pseudonymisierte oder anonymisierte Datenbestände der Deutschen Verbindungsstelle Krankenversicherung – Ausland (DVKA) – unter Bezugnahme auf

---

18 § 269 Abs. 1 idF des GKV-FQWG Art. 1 Nr. 34, mit Begr. BT-Dr. 18/1307, 48.
19 § 269 Abs. 3 S. 1 idF des GKV-FQWG Art. 1 Nr. 34, mit Begr. BT-Dr. 18/1307, 48.
20 Vgl. Göpffarth in Becker/Kingreen, § 269 Rn. 7 ff. Hinzuweisen ist auf BSG v. 25.10.2016, B 1 KR 11/16 R (gegen LSG NRW v. 29.10.2015, L 5 KR 745/14 KL); das BSG hat hier nicht zuletzt mit Blick auf die gewollte Verschränkung von Parlamentsgesetz und Verordnungsrecht zur abweichenden Gestaltung der Berücksichtigung von Auslandsversicherten klargestellt (juris Rn. 20): „§ 31 Abs. 5 RSAV ermächtigt das BVA eigenständig und abweichend von den spezifisch morbiditätsorientierten Grundsätzen nach § 31 Abs. 4 RSAV, Festlegungen für Auslandsversicherte im Rechtssinne bezüglich des Jahresausgleichs (§ 41 RSAV) zu erlassen. Sie sind anders als im Festlegungsverfahren nach § 31 Abs. 4 RSAV weder an bestimmte, weit im Vorfeld des Jahresausgleichsbescheids liegende gesetzliche Fristen gebunden noch im Falle ihrer bescheidmäßigen Fixierung einer eingeschränkten Abänderbarkeit unterworfen. Bei der Regelung für Auslandsversicherte im Rechtssinne geht es allein darum, die im Ausgleichsjahr den einzelnen KKn durch Auslandskrankenversicherte entstandene gesamte tatsächliche Kostenlast bis zum Erlass des Jahresausgleichsbescheids bestmöglich zu ermitteln und zwischen ihnen auszugleichen [...]". Vgl. noch *Knieps*, GuS 4-5/2016, 61, 63.
21 § 269 Abs. 3 idF des GKV-FQWG Art. 1 Nr. 34, mit Begr. BT-Dr. 18/1307, 48. Weitere Details finden sich in § 33 RSAV idF durch Art. 15 Nr. 5 GKV-FQWG. In § 33 Abs. 3 RSAV wird das Prüfprogramm für Krankengeld-Aufwendungen weiter präzisiert und in Abs. 4 dieser Vorschrift die Gewichtung derjenigen Bestimmungsfaktoren vorgeprägt, welche die Höhe der Krankenkassenausgaben für Auslandsversicherte bestimmen.
22 GKV-FQWG RegE-Begr. BT-Dr. 18/1307, 49 (zu Abs. 3 aE). Vgl. *Axer* in Eichenhofer/Wenner, § 269 Rn. 6.
23 § 269 Abs. 3 S. 3 idF des GKV-FQWG Art. 1 Nr. 34, mit Begr. BT-Dr. 18/1307, 48 f. Vgl. zum Einsichtsrecht (Begriff) § 67 Abs. 6 S. 2 Nr. 3 lit. b Alt. 1 SGB X.

Art. 35 VO (EG) Nr. 883/2004 iVm der (Durchführungs-)VO (EG) Nr. 987/2009 ermöglicht werden.[24] § 269 Abs. 3 soll dem weiteren Forschungsbedarf Rechnung tragen, auch mit Blick auf die Verringerung von Anreizen zur Risikoselektion.[25] § 269 Abs. 4 nunmehr idF des GKV-FQWG stellt den Bezug zur RSAV her, zur Abgrenzung der Leistungsausgaben, zum Verfahren sowie zu weiteren Gutachtenvorgaben.[26]

13 In der Entwurfsbegründung wurde betont, BVA und DVKA hätten „sicherzustellen, dass die zur Einsichtnahme bereitgestellten Daten diese Einrichtungen nicht verlassen";[27] zu gestatten sei lediglich, anonymisierte bzw. aggregierte Daten zu exportieren bzw. in den zu erstellenden Gutachten zu verwenden. Dies könne beispielsweise dadurch sichergestellt werden, dass für die Gutachter(gruppen) entsprechende Arbeitsmöglichkeiten unmittelbar **vor Ort** bereitgestellt werden und durch technische Absicherungsmaßnahmen „die Zugriffsrechte auf die genannten Daten beschränkt und ein Export dieser Daten durch Kopieren, Versenden, Ausdrucken o.ä. unmöglich" gemacht würde. Zur Begriffsbestimmung vgl. § 67 Abs. 6 S. 2 Nr. 3 lit. a SGB X.

14 **6. Weitere Ausgestaltung durch die RSAV (Abs. 4).** Abs. 4 enthält mit dem Verweis auf § 266 Abs. 7 S. 1 die Ermächtigung an den RSA-Verordnungsgeber, (mit Zustimmung des Bundesrates) die – vorübergehenden – Sonderregelungen zum Krankengeld und zu den Auslandsversicherten, zur Durchführung des Zuweisungsverfahrens und zu den Gutachten auszugestalten.

Die mit der differenzierten Ermächtigung in § 268 Abs. 3 S. 14 bereits angelegte Ausbaustufe wird um diejenigen Voraussetzungen erweitert, „unter denen die Herstellung eines Versichertenbezugs zulässig ist".[28] Die RSAV setzt hier an,[29] indem die **datenschutzrechtlichen Voraussetzungen** dafür geschaffen werden, dass erstens doppelte (gleichzeitige) Versicherungsverhältnisse (wenn verschiedene Krankenkassen zugleich dieselbe Person als Versicherten führen) geklärt werden können und zweitens divergente Alters- und Geschlechtsangaben bei demselben Versicherten bei verschiedenen Krankenkassen „auch künftig im Zusammenwirken zwischen dem Spitzenverband Bund der Krankenkassen und den betroffenen Krankenkassen geklärt werden können".[30]

---

24 Vgl. hier im Wortlaut (auszugsweise): VO (EG) 883/2004 des Europäischen Parlaments und des Rates zur Koordinierung der Systeme der sozialen Sicherheit: Art. 35 (Erstattungen zwischen Trägern): „(1) Die von dem Träger eines Mitgliedstaats für Rechnung des Trägers eines anderen Mitgliedstaats nach diesem Kapitel gewährten Sachleistungen sind in voller Höhe zu erstatten. (2) Die Erstattungen nach Absatz 1 werden nach Maßgabe der Durchführungsverordnung festgestellt und vorgenommen, und zwar entweder gegen Nachweis der tatsächlichen Aufwendungen oder auf der Grundlage von Pauschalbeträgen für Mitgliedstaaten, bei deren Rechts- und Verwaltungsstruktur eine Erstattung auf der Grundlage der tatsächlichen Aufwendungen nicht zweckmäßig ist. (3) Zwei oder mehr Mitgliedstaaten und deren zuständige Behörden können andere Erstattungsverfahren vereinbaren oder auf jegliche Erstattung zwischen den in ihre Zuständigkeit fallenden Trägern verzichten". – Hier zum Teilaspekt tatsächlicher Aufwendungen: VO (EG) Nr. 987/2009 des Europäischen Parlaments und des Rates zur Festlegung der Modalitäten für die Durchführung der Verordnung (EG) Nr. 883/2004 über die Koordinierung der Systeme der sozialen Sicherheit, Art. 62 (Grundsätze): „(1) Bei der Anwendung von Artikel 35 und 41 der Grundverordnung erstattet der zuständige Träger dem Träger, der die Sachleistungen gewährt hat, diese in Höhe der tatsächlichen Ausgaben, die sich aus der Rechnungsführung dieses Trägers ergeben, außer bei Anwendung des Artikels 63 der Durchführungsverordnung. (2) Geht der tatsächliche Betrag der in Absatz 1 genannten Ausgaben für Sachleistungen nicht oder teilweise nicht aus der Rechnungsführung des Trägers, der sie gewährt hat, hervor, so wird der zu erstattende Betrag auf der Grundlage aller geeigneten Bezugsgrößen, die den verfügbaren Daten entnommen werden, pauschal berechnet. Die Verwaltungskommission beurteilt die Grundlagen für die Berechnung der Pauschalbeträge und stellt deren Höhe fest".
25 GKV-FQWG Art. 15 Nr. 5 (§ 33 RSAV), RegE-Begr. BT-Dr. 18/1307, 58 (dritter Absatz).
26 Hierzu GKV-FQWG Art. 1 Nr. 34, RegE-Begr. BT-Dr. 18/1307, 49 (zu Abs. 4), sowie, aaO, Art. 15 Nr. 5 (§ 33 RSAV), mit RegE-Begr., BT-Dr. 18/1307, 58.
27 Hierzu RegE-Begr., BT-Dr. 18/1307, 48 aE (zu Abs. 3).
28 GKV-FQWG Art. 1 Nr. 33.
29 GKV-FQWG Art. 15 Nr. 3.
30 Hierzu RegE-Begr., BT-Dr. 18/1307, 48 f., sowie, aaO, Art. 15 Nr. 5 (§ 33 RSAV), mit Begr. BT-Dr. 18/1307, 58. Im Einzelnen vgl. zum Verhältnis von Datenschutz und De-Pseudonymisierung GKV-FQWG Art. 15 Nr. 3 (§ 30 Abs. 5 RSAV), mit RegE-Begr. BT-Dr. 18/1307, 57.

IV. Folgegutachten zum Risikostrukturausgleich

1. Allgemeines. Diese Neuregelung durch das HHVG[31] will dem Bundesversicherungsamt den Weg für weitere Folgegutachten zum Risikostrukturausgleich ebnen, indem der Zugang zu bestimmten Daten für mit entsprechenden Gutachten beauftragte Person oder Personengruppe weiter geöffnet wird. Ziel ist die Weiterentwicklung bestimmter im Gesetz in § 269 Abs. 3 genauer umrissener Modelle anhand einigermaßen konkret eingegrenzter Prüfaufträge, die sich insbesondere aus den neu in § 269 eingefügten Abs. 3 a, b, c und d ergeben. Auch hier wird also im ‚lernenden System' der gesetzlichen Krankenversicherung ein **Nachsteuerungsauftrag** gesetzt, in den sich der Gesetzgeber und die beauftragten Gutachter teilen, um dem Ziel der „Umsetzungsreife" (Abs. 3 a S. 1) näher zu kommen.

Einmal mehr verschwimmen die Grenzen zwischen Normsetzung, dem verbindlichen und unmittelbar umsetzbaren, hinreichend bestimmten, nach Tatbestand und Rechtsfolge strukturierten Gesetzesbefehl einerseits und einer in die relative Unverbindlichkeit eines gutachtlichen Gestaltungsauftrags gegebenen Steuerungsverheißung andererseits. In diesem Spannungsverhältnis gilt es, **systemimmanente Fortentwicklungsaufträge** abzustecken.

Es bleibt allerdings die Frage, wie groß die **Leistungsfähigkeit des Gesetzgebers** hier insgesamt noch ist. Erstens besteht die Problematik in sich rasant verstärkendem Maße, Umfang und Gehalt einer Gesetzesnorm in einem Rahmen zu halten, in dem sich Anwendungsfreundlichkeit und Bestimmtheit erkennen lassen; eine weitere Herabzonung von Regelungsgegenständen auf die (RSA-)Verordnungsebene wäre sicher möglich, vielleicht auch eine gesonderte Ermächtigungsgrundlage für die Gutachtensteuerung durch Rechtsverordnung. Zweitens ist der Hinweis auf die Dynamik des Systems nur begrenzt belastbar, da die Dynamik in erster Linie durch die vertraglichen Beziehungen der maßgeblichen Akteure gestaltet werden (sollten). Drittens sollte geprüft werden, wie weitgehend auf mittlere Sicht delegitimierende Effekte aus der relativ sehr dichten Gutachtenfolge und ihrer weiteren Stufung folgen können. Viertens bedarf es auf absehbare Zeit einer grundlegenden **Neustrukturierung des Datenverarbeitungsrechts** der gesetzlichen Krankenversicherung; Versichertenbezug, Grenzen der Pseudonymisierung, Regionaldaten unter Einschluss von Datengrundlagen für die Auslandsversicherten, Koordinierungsaufgaben im EU-System sozialer Sicherung fordern dies.

2. Zu Abs. 3 a: Nachsteuerung. Ausgangspunkt für die Nachsteuerung durch Abs. 3 a sind die Modelle, für die Abs. 3 S. 1 den Auftrag formuliert. **Instrumente der Nachsteuerung sind Folgegutachten**, die das Bundesversicherungsamt in Auftrag geben soll. Grundlage dieses Auftrags – und hierauf nimmt die Begründung unmittelbar Bezug – ist der **Evaluationsbericht**, den der Wissenschaftliche Beirat zur Weiterentwicklung des Risikostrukturausgleichs beim Bundesversicherungsamt im Jahre 2011 verfasst hatte und in dem bereits auf einen erheblichen **Forschungsbedarf** bei der hier „zielgerichteteren" (sic!) Ermittlung derjenigen Zuweisungen hingewiesen wurde, die vorgesehen werden müssen, um den Bedarf für Krankengeld und für Auslandsversicherte[32] zu decken. Hierfür ist ein mehrstufiger **Forschungs- und Analyseprozess** angestoßen worden.

Die Modelle bis zur **Umsetzungsreife** weiterzuentwickeln, bedeutet, sie im Gutachten möglichst konkret zu beschreiben und auszugestalten, um auf der erzielten Grundlage in einem weiteren gesetzgeberischen Schritt Regelungen für eine angepasste Standardisierung in diesen Bereichen beschließen und – unter Einbeziehung der ebenfalls anzupassenden RSAV[33] – umsetzen zu können. Die Ausdehnung des Gutachtenauftrags und die deutlicher zielgerichtete Fokussierung will – ausweislich der Begründung[34] – die bisher nur auf der Basis von Stichproben konzipierten Modelle nachschärfen, um für die Zukunft sicherstellen zu können, dass sie **keiner stichprobenbedingten Verzerrung** mehr unterliegen.

3. Zu Absatz 3 b: Nachsteuerung bei den Krankengeld-Zuweisungen. Inhaltlich im Zentrum stehen nach Abs. 3 b die Zuweisungen an die Krankenkassen zur Deckung der Aufwendungen für Kranken-

---

31 In der Fassung durch das Gesetz zur Stärkung der Heil- und Hilfsmittelversorgung (HHVG) v. 4.4.2017 (BGBl. I, 778), mWv 11.4.2017 nach Maßgabe der Entwurfsergänzung durch den BT-Ausschuss für Gesundheit, Ausschussdrucksache 18(14) 0226.2 v. 24.1.2017, hier Änderungsantrag 3 der Fraktionen der CDU/CSU und SPD zu Art. 1 Nr. 16 e und Art. 1 e (§ 269 des fünften Buches Sozialgesetzbuch; § 33 a Risikostruktur-Ausgleichsverordnung).
32 Personen, die während des überwiegenden Teils des dem Ausgleichsjahr vorangegangenen Jahres ihren Wohnsitz oder gewöhnlichen Aufenthalt außerhalb des Gebiets der Bundesrepublik Deutschland hatten.
33 Hier § 33 a Abs. 1 RSAV: „Das Bundesversicherungsamt beauftragt Personen oder Personengruppen, die über besonderen Sachverstand in Bezug auf die Versichertenklassifikation nach § 31 Absatz 4 verfügen, mit der Erstellung von wissenschaftlichen Folgegutachten nach § 269 Absatz 3 a des Fünften Buches Sozialgesetzbuch".
34 Ausschussdrucksache 18(14) 0226.2 v. 24.1.2017, hier Änderungsantrag 3, S. 16.

geld zur deutlicher zielgerichteten Ermittlung der Zuweisungen zur Deckung der Krankengeld-Aufwendungen. An die Krankenkassen richtet sich der Erhebungsauftrag aus Abs. 3 b für die Berichtsjahre 2016 und 2017 im Sinne des einigermaßen strikt gebundenen Gutachtenauftrags mit folgenden Maßgaben.

Der **Erhebungsauftrag** umfasst erstens die beitragspflichtigen Einnahmen aus nichtselbstständiger Tätigkeit gemäß Jahresarbeitsentgeltmeldung (§ 28 a Abs. 3 S. 2 Nr. 2 lit. b SGB IV) einschließlich der Daten für den einnahmeerheblichen Zeitraums; zweitens die beitragspflichtigen Einnahmen aus selbstständiger Tätigkeit samt einnahmeerheblichen Zeitraum; drittens die beitragspflichtigen Einnahmen aus dem Bezug von Arbeitslosengeld (§ 136 SGB III) samt der jeweiligen Bezugstage; viertens die Aufzeichnungen und Übermittlungsvorgänge zu Abrechnungen der vertragsärztlichen Leistungen mit Blick auf Arbeitsunfähigkeitsbescheinigungen (Diagnosen nach § 295 Abs. 1 S. 1 Nr. 1) einschließlich der Daten der Feststellung der Arbeitsunfähigkeit und des Beginns der Arbeitsunfähigkeit; fünftens die Leistungsausgaben für Krankengeld nach § 44 sowie das Datum des Beginns und des Endes des Krankengeldbezugs, sechstens die Leistungsausgaben für Krankengeld bei Erkrankung des Kindes (nach § 45) unter Einschluss der Daten vom Beginn und Ende des Krankengeldbezugs; hinzu treten siebtens der Tätigkeitsschlüssel für Arbeitgebermeldungen nach § 28 a Abs. 3 S. 1 Nr. 5 SGB IV (Schlüsselverzeichnis der Bundesagentur für Arbeit) sowie achtens die dem Beschäftigungsbetrieb des Versicherten zugeordnete Betriebsnummer (nach § 28 a Abs. 3 S. 1 Nr. 6 SGB IV). Auf diese Weise sollen die versichertenindividuellen Krankengeldzahlbeträge näherungsweise bestimmt und insbesondere der „Preiseffekt" beim Krankengeld ermittelt werden.

Das **Datenprofil** ist stark konturiert nach den jeweils datumsgenau zu meldenden beitragspflichtigen Versicherten-Einnahmen aus nichtselbstständiger oder selbstständiger Tätigkeit oder aus dem Bezug von Arbeitslosengeld, ergänzt um Daten zu Arbeitsunfähigkeitsdiagnosen und damit zur Morbidität.[35] Die versichertenbezogenen Daten zu den Arbeitsunfähigkeitsdiagnosen (S. 2 Nr. 4) sollen erlauben, aus der krankengeldspezifischen Morbidität zielgenauere Modelle zum Krankengeld zu entwickeln. Weitere Differenzierungen in den abzurufenden Datensätzen mit Blick auf §§ 44 und 45 erlauben, Modelle nach normalem Krankengeld und dem sogenannten Kinderpflegekrankengeld aufzubauen. Daten zu Tätigkeitsschlüsseln (S. 2 Nr. 7) und betriebsbezogenen Merkmalen (S. 2 Nr. 8) lassen weitere Modelldifferenzierungen nach Branche oder Tätigkeit der Versicherten, auch hier zu dem Zweck einer „zielgenaueren Zuweisung".[36]

18 **4. Zu Absatz 3 c: Zuweisungen bei Auslandsbezug von Versicherungsleistungen (Auslandsversicherten).** Zur Verbesserung der Datenlage gerade in diesem erfassungsmäßig bisher eher vernachlässigten Bereich der Auslandsversicherten[37] soll für das Folgegutachten zu den Berichtsjahren 2016 und 2017 eine versichertenbezogene Vollerhebung bezüglich des Grenzgängerkennzeichens[38] und des Länderkennzeichens vorgelegt werden.[39] Im Folgegutachten zu den Auslandsversicherten sind die bereits im Gutachten nach Abs. 3 S. 1 entwickelten Modelle für eine **stärker zielgerichtete Ermittlung der Zuweisungen** zu überprüfen und auch hier bis zur **Umsetzungsreife** weiterzuentwickeln. Der zur Übermittlung an das Bundesversicherungsamt an die Krankenkassen gerichtete Erhebungsauftrag zu Auslandsversicherten zielt über das Grenzgängerkennzeichen und das Länderkennzeichen des Wohnstaates hinaus nicht personenbezogen auf mit den Krankenkassen abgerechnete Rechnungssummen nach Wohnstaat, Abrechnungsjahr und leistungspflichtiger Krankenkasse. Das Bundesversicherungsamt kann überdies – im Einvernehmen mit dem Spitzenverband Bund der Krankenkassen – die Deutsche Verbindungsstelle Krankenversicherung-Ausland dazu veranlassen, **weitere** für das Auslandsversicherten-Gutachten erforderliche nicht personenbezogene **Versicherten-Abrechnungsdaten zu erheben** und an das Bundesversicherungsamt zu übermitteln (Abs. 3 c S. 5).

---

35 Ausschussdrucksache, aaO, S. 16.
36 Ausschussdrucksache, aaO, S. 17.
37 Dazu ergänzend § 33 a Abs. 2 S. 2 RSAV: „Die Vorgaben des § 268 Absatz 1 Satz 1 Nummer 2 bis 4 des Fünften Buches Sozialgesetzbuch sind bei der Überprüfung und Weiterentwicklung der Modelle zu beachten", womit Orientierungen an der Höhe der durchschnittlichen krankheitsspezifischen Leistungsausgaben der zugeordneten Versicherten, an einer Verringerung von Anreizen zur Risikoselektion und an der Vermeidung von Anreizen zu medizinisch nicht gerechtfertigten Leistungsausweitungen gemeint sind.
38 Kennzeichnung von Versicherten, die in Deutschland arbeiten und krankenversichert sind, aber im Ausland wohnen.
39 Kennzeichnung des Wohnstaates derjenigen Versicherten, die in Deutschland arbeiten und krankenversichert sind.

5. Zu Absatz 3 d: Datenübermittlung und Datenschutz. Abs. 3 d fasst einige für die gutachtenbezogenen Datenmengen, die nach Maßgabe von Abs. 3 b und Abs. 3 c S. 1 und 2 zu gewinnen sind, erhebliche datenverarbeitungs- und datenschutzrelevante ergänzende Regelungen zusammen, insbesondere zur **Eingrenzung des Erhebungszeitraums**: Die Daten sind erstmals bis zum 15.6.2018 und letztmals bis zum 15.4.2019 zu übermitteln.[40] Die **Pseudonymisierungsgrundsätze** für die Erhebung und Übermittlung der Daten haben § 268 Abs. 3 S. 2 bis 9 zu entsprechen. Eine grundsätzliche umfassende Zweckbeschränkung zur Datenverwendung enthält Abs. 3 d S. 3. Weiterhin geht der Gesetzgeber grundsätzlich von einer auf die versichertenbezogen pseudonymisierte **Einsichtnahme** durch die Gutachter beschränkten Datensichtung aus, so wie dies in Abs. 3 a S. 2 und 3 angedeutet ist. Für den – allerdings wohl eher regelmäßig auftretenden – Ausnahmefall organisations- oder technikbedingter Übermittlungserfordernisse kommt eine pseudonymisierte oder anonymisierte **Datenübermittlung** in Betracht, aber ausschließlich auf die Zwecke der Folgegutachten beschränkt (Abs. 3 d S. 3). Die Entwurfsbegründung[41] verweist auf die Situation, dass die Bearbeitung der gutachterlichen Fragestellungen besonderer räumlicher **oder informationstechnischer Infrastruktur** bedarf und diese nicht ohne erheblichen Aufwand bereitgestellt werden könnte – angesichts der zur Verarbeitung heranstehenden Datenmenge eher der Normalfall. Die Entwurfsbegründung[42] weist ferner darauf hin, dass die erforderlichen Daten für die Durchführung und Weiterentwicklung des Risikostrukturausgleichs beim Bundesversicherungsamt bereits pseudonymisiert vorgehalten werden. Auch hier wird betont, dass selbst die pseudonymisierten oder anonymisierten Daten ausschließlich für die Gutachtenerstellung zu verwenden sind.

Mit den Sätzen 5 und 6 enthält Abs. 3 d eine **strikte Löschungsanordnung**: Die Löschung hat „unverzüglich" (ohne schuldhafte Verzögerung) zu erfolgen, sobald die Gutachten an das Bundesversicherungsamt übergeben worden sind. Für den verbindlichen Zeitpunkt der Gutachtenübergabe enthält die Regelung keinen Hinweis, zumal im Grunde auch für Nachfragen und Nachbesserungen die Datensubstanz den Gutachtern noch zur Verfügung stehen müsste. Jedenfalls bedarf es aber – soweit es sich nicht um statistisches und damit anonymisiertes Material handelt – eines **Löschprotokolls**, mit dessen Hilfe die Gutachter gegenüber dem Bundesversicherungsamt oder der Deutschen Verbindungsstelle Krankenversicherung – Ausland (DVKA) des Spitzenverbandes Bund der Krankenkassen den Löschungsnachweis führen, und zwar hinsichtlich Datum und Zeitangabe der Löschung, des Löschverfahrens sowie unter Nennung des Löschungspersonals.

6. Konsequenzen der Neuregelung für die RSAV. Mit der Einfügung von § 33 a RSAV[43] ist eine notwendige untergesetzliche Ergänzung zu § 269 Ab. 3 a bis 3 d für die **Folgegutachten zu Zuweisungen** zur Deckung der Aufwendungen für Krankengeld und Auslandsversicherte eingerichtet worden. Besonders hingewiesen sei hier nur auf § 33 a Abs. 3 S. 2 und 3 RSAV, die für den Kontext von § 269 Abs. 3 b S. 2 aus den maßgeblichen **Bestimmungsfaktoren** weitere mögliche Gutachtenfragen entwickeln: „ob und inwieweit" sich weitere Angaben gemäß § 269 Abs. 3 b S. 2 in das Modell umsetzungsfähig einbeziehen lassen, ob dies die Zielgenauigkeit des Modells verbessern würde und ob ergänzend eine Regelung entsprechend § 41 Abs. 1 S. 3 erforderlich sein würde oder eine alternative anteilige Berücksichtigung der tatsächlichen Aufwendungen der Krankenkassen für das Krankengeld nach § 44. In einem gesonderten Modell sollten für jede Krankenkasse die Zuweisungen für die Krankengeldaufwendungen nach § 45 auf Grundlage der tatsächlichen Aufwendungen der Krankenkasse ermittelt werden.[44] Dies dient ausweislich der Entwurfsbegründung[45] dazu, zur Lösung eines möglicherweise fortbestehenden Problems kleiner Krankenkassen beizutragen, „bei denen eine erhebliche Unterde-

---

40 Hierzu § 33 a Abs. 5 RSAV: „Die Gutachten nach Absatz 3 und 4 sind dem Bundesversicherungsamt jeweils bis zum 31. Dezember 2019 zu erstatten", womit ausweislich der Entwurfsbegründung mögliche notwendige IT-technische Anpassungsbedarfe berücksichtigt werden sollen, die sich für die Krankenkassen oder die DVKA aus der Bereitstellung der Daten ergeben könnten (vgl. Ausschussdrucksache, aaO, 20).
41 Ausschussdrucksache, aaO, 18.
42 Ausschussdrucksache, aaO, 18.
43 Risikostruktur-Ausgleichsverordnung v. 3.1.1994 (BGBl. I, 55), geändert durch Art. 6 a des Gesetzes vom 19.12.2016 (BGBl. I, 2986) und zuletzt in der Fassung durch das Gesetz zur Stärkung der Heil- und Hilfsmittelversorgung (HHVG), v. 4.4.2017 (BGBl. I, 778), mWv 11.4.2017, hier auf der Basis des Änderungsentwurfs des BT-Ausschusses für Gesundheit, Ausschussdrucksache 18(14) 0226.2 v. 24.1.2017, Änderungsantrag Nr. 3 der Fraktionen der CDU/CSU und SPD, zu Art. 1 Nr. 16 e und Art. 1 e (§ 269 des fünften Buches Sozialgesetzbuch; § 33 a Risikostruktur-Ausgleichsverordnung).
44 Ausschussdrucksache, aaO, 14 f.
45 Ausschussdrucksache, aaO, 19.

ckung einzelner Versicherter relevanten Einfluss auf die Deckungsquote der Krankenkasse hat": Der Prüfauftrag zielt erstens auf einen ergänzenden Ausgleich der Ist-Ausgaben, in Anlehnung an die geltende Regelung in § 41 Abs. 1 S. 3; in Betracht kommt ferner zweitens – und ebenfalls nach der Entwurfsbegründung[46] – ein Ausgleich eines je nachdem geringeren oder höheren Anteils der Aufwendungen. Und drittens ließe sich auch „die Installation eines spezifischen Hochrisikopools für Krankengeldfälle" denken. Weiterhin wird vorgeschlagen, den Gutachtenauftrag im Lichte von § 45 (Krankengeld bei der Erkrankung eines Kindes) bei der Weiterentwicklung der Modelle zur Ermittlung der Zuweisungen für die Krankengeld-Leistungsausgaben nach § 44 nicht zu berücksichtigen, „da sie in keinem Zusammenhang mit der Morbidität der Versicherten stehen", und stattdessen die Grundlagen für ein „gesondertes Kinderkrankengeld-Zuweisungsmodell zu entwickeln", fokussiert insbesondere auf ein „Modell, das für jede Krankenkasse einen Ist-Ausgleich entsprechend ihrer Aufwendungen für Kinderkrankengeld vorsieht". Laut Entwurfsbegründung[47] ist im Gutachten „zu skizzieren, ob und wie ein solcher Ist-Kosten-Ausgleich oder eine mögliche Alternative organisiert und umgesetzt werden sollte".

§ 33a Abs. 4 RSAV gibt die Anforderungen für das Folgegutachten im Bereich der Auslandsversicherten vor. Die Vorschrift setzt mit ihrem Anliegen, Zuweisungen für Auslandsversicherte landesspezifisch zu differenzieren, auf dem Gutachten nach § 269 Abs. 3 S. 1 auf, weil sich die Ausgabenniveaus der Krankenkassen für die Inanspruchnahme von Leistungen durch Auslandsversicherte (Sachleistungsaushilfe) zwischen den verschiedenen Ländern erheblich unterscheiden. Vorgefasstes Gutachtenziel ist es, die Summe der Zuweisungen für Auslandsversicherte an die Krankenkassen insgesamt auf die Summe der von den Auslandsversicherten verursachten Leistungsausgaben zu begrenzen.

§ 270 Zuweisungen aus dem Gesundheitsfonds für sonstige Ausgaben

(1) ¹Die Krankenkassen erhalten aus dem Gesundheitsfonds Zuweisungen zur Deckung
a) ihrer standardisierten Aufwendungen nach § 266 Abs. 4 Satz 1 Nr. 2 mit Ausnahme der Leistungen nach § 11 Absatz 6 und § 53,
b) ihrer standardisierten Aufwendungen, die auf Grund der Entwicklung und Durchführung von Programmen nach § 137g entstehen und die in der Rechtsverordnung nach § 266 Abs. 7 näher zu bestimmen sind, sowie
c) ihrer standardisierten Verwaltungsausgaben.
²§ 266 Abs. 5 Satz 1 und 3, Abs. 6 und 9 gilt entsprechend.
(2) ¹Für die Ermittlung der Höhe der Zuweisungen nach Absatz 1 erheben die Krankenkassen nicht versichertenbezogen jährlich die Aufwendungen nach § 266 Abs. 4 Satz 1 Nr. 2 und die Verwaltungsausgaben. ²§ 266 Absatz 4 Satz 1 Nummer 1 und § 267 Absatz 4 gelten entsprechend.

Literatur:
Baumann/Meyers-Middendorf, Einnahmen und Ausgaben driften auseinander, ersatzkasse magazin 2015 Nr. 11, 30; *Gaßner/Göpffarth*, Die jüngsten Änderungen um Risikostrukturausgleich zwischen den Krankenkassen, SozSich 2015, 67; *Sichert/Göpffahrt*, Das System der Zuweisungen aus dem Gesundheitsfonds, SGb 2010, 394; *Steinmeyer*, Grenzen der Rechtsprechung und Regelungstechnik in der gesetzlichen Krankenversicherung, in: Steinmeyer/Roeder/v. Eiff (Hrsg.), Medizin – Haftung – Versicherung, FS Bergmann, 2016, 285.

I. Entstehungsgeschichte

1 § 270 ist in seiner ursprünglichen Fassung durch das GRG vom 20.12.1988 (BGBl. I, 2477) mWv 1.1.1989 eingeführt worden, mit damaligem Inhalt durch das GKV-GRG 2000 vom 22.12.1999 (BGBl. I, 2626) mWv 1.1.2001 aufgehoben worden und durch das GKV.WSG vom 26.3.2007 (BGBl. I, 378) mWv 1.1.2009 mit Bestimmungen zum Gesundheitsfonds neu gefasst worden. Weitere Änderungen folgten mit dem GKV-GKV-VStG vom 22.12.2011 (BGBl. I, 2983), mit dem Gesetz vom 12.4.2012 (BGBl. I, 579) mWv 1.1.2012. und mit dem Gesetz vom 16.7.2015 (BGBl. I, 1211) mWv 23.7.2015.

---

46 Ausschussdrucksache, aaO, 19.
47 Ausschussdrucksache, aaO, 20.

II. Ergänzung für Strukturprinzipien des Gesundheitsfonds

Die Vorschrift reflektiert und ergänzt Strukturprinzipien des Gesundheitsfonds (§ 271) und bildet systematisch die Brücke zum Risikostrukturausgleich in seinem weiterentwickelten Verständnis als ein Element im **Zuweisungssystem** des Gesundheitsfonds und dient dem **Ausgleich** der unterschiedlichen Risikostrukturen.[1] Die Vorschrift erfasst einen Teil des Zuweisungssystems, aus dem die Krankenkassen ihre Leistungen erbringen. Als kassenübergreifende Ausweitung solidarischer Finanzierung deckt der Gesundheitsfonds die Ausgaben der Krankenkassen durch Zuweisungen aus dem im Gesundheitsfonds (§ 271) zusammengeführten Beitragsaufkommen (nach Maßgabe der Beitragssätze aus § 241 und – ermäßigt – aus § 243). Indem § 270 die Zuweisungen für „sonstige Ausgaben" abdeckt, tritt er in Ergänzung zu den Zuweisungen aus dem Gesundheitsfonds nach Maßgabe des Risikostrukturausgleichs (vgl. § 266). Die – verkürzt ausgedrückt – **sonstigen Zuweisungen**[2] umfassen (Zuweisungen für) Satzungs- und Ermessensleistungen, für strukturierte Behandlungsprogramme, für Verwaltungsausgaben.

Die Regelung bezieht sich auf eine Funktion des Gesundheitsfonds, den Krankenkassen in bestimmter Weise **standardisierte Aufwendungen** auszugleichen, und zwar nicht versichertenbezogen (Abs. 2 S. 1). Auch dies ist Ausdruck des grundlegend geänderten Finanzierungsmodells einer Konzentration der Beitragseinnahmen auf den Gesundheitsfonds. Die **solidarische Finanzierung** macht den wesentlichen Perspektivenwechsel deutlich, mit der Konsequenz nur mehr vermittelter Zuweisung der Beitragseinnahmen an die Krankenkassen, im Sinne des **zentralisierten Verteilungs- und Zuteilungssystems** für die Beitragseinnahmen. Diese zentralisierte Steuerung des Zuweisungssystems richtet sich auf alle Ausgabenkategorien; das Beitragszuweisungssystem und damit die solidarische Finanzierung werden auch auf **Verwaltungsausgaben** sowie auf die Ausgaben(verteilung) für **Satzungs- und Ermessensleistungen** ausgeweitet.

Das auf Standardisierung beruhende Zuweisungssystem unter Wegfall kassenindividueller Beitragssätze kennt allerdings **Ausnahmen** von dieser solidarischen Finanzierung dann, wenn es den erhöhten Krankengeldanspruch (seit 2009) zu finanzieren gilt: Hier tragen die Versicherten gegenüber ihrer Krankenkasse den Mehraufwand unmittelbar durch (Zusatz-)Prämien; § 53 regelt dies im Einzelnen.[3]

Durch § 53 werden die mitgliedschaftlichen (**Zusatz-**)**Prämienzahlungen** näher ausgestaltet, in Abs. 6 S. 3 dieser Vorschrift, indem die Krankenkasse „entsprechend der Leistungserweiterung Prämienzahlungen des Mitglieds vorzusehen" hat, deren Höhe „unabhängig von Alter, Geschlecht oder Krankheitsrisiko des Mitglieds festzulegen" ist. Die Krankenkasse kann durch **Satzungsregelung** die Durchführung von Wahltarifen für bestimmte Versichertengruppen (insbes. Krankengeld, nach Maßgabe von § 53 Abs. 6 S. 1 iVm § 44 Abs. 2 Nr. 2, 3 ua) auf eine andere Krankenkasse oder einen Landesverband übertragen (§ 53 Abs. 6 S. 5), wobei allerdings die Prämien weiterhin an die übertragende Krankenkasse zu zahlen sind (§ 53 Abs. 6 S. 6), wohingegen die Rechenschaftslegung der durchführenden Krankenkasse oder dem durchführenden Landesverband aufzuerlegen ist (§ 53 Abs. 6 S. 7).

III. Ausgaben für strukturierte Behandlungsprogramme

Als Problem werden die Ausgaben für strukturierte Behandlungsprogramme gesehen. Hierbei steht der Erhalt des Bemühens „um eine qualitativ hochwertige Versorgung chronisch Kranker"[4] im Vordergrund. Grundsätzlich ist mit der **Weiterentwicklung des Risikostrukturausgleichs** weg vom kassenindividuell an dem Versichertenprofil ausgerichteten Beitragsaufkommen auch der Fortbestand strukturierter Behandlungsprogramme (im Sinne von § 268 Abs. 1 S. 1 lit. b) erfasst und wird nunmehr durch standardisierte Zuweisungen finanziert. Damit entfallen die kassenindividuell unterschiedlich hohen Finanzierungsbelastungen. Hier wird das geforderte hohe Qualitätsniveau der Versorgung nunmehr durch standardisierte Zuweisungen pro Patient realisiert, der Höhe nach festgelegt durch den Spitzenverband des Bundes der Krankenkassen (§ 38 Abs. 2 RSAV). Damit ist das **Spannungsverhältnis** von Standardisierung sowie Pauschalierung einerseits und Qualitätsanreiz andererseits auch zukünftig ge-

---

[1] Axer in: Eichenhofer/Wenner, § 270 Rn. 1.
[2] Vgl. Göpffarth in: Becker/Kingreen, § 270 Rn. 3 ff.; vgl. auch Böttiger in: Krauskopf, § 270 SGB V Rn. 2.
[3] Ellmann in: LPK-SGB V, § 270 Rn. 1, ua zu den nicht zuweisungsfähigen (dh aus Eigenmitteln der Kassen zu finanzierenden) Leistungen aus Wahltarifen (§ 53 SGB V) und aus Satzungsregelungen nach Maßgabe von § 11 Abs. 6 SGB V.
[4] Im Sinne der Begr. zur Gesetzesnovelle in: BT-Dr. 16/3100, 205.

wahrt, wenn und soweit die Finanzierungspauschale den durchschnittlichen Behandlungsaufwand angemessen abbildet.

IV. Verwaltungsausgaben

7 Mit Blick auf die Verwaltungsausgaben ist das System stufenweise an die zentralisierte Finanzierung durch den Gesundheitsfonds herangeführt worden. Die erste bis zum 31.12.2010 befristete Stufe hatte ein zweigeteiltes Quotierungssystem vorgesehen (§ 37 Abs. 1 bis 3 RSAV), zu 50 % orientiert an der Zahl der Versicherten, zu 50 % an der Gesamtsumme der standardisierten Leistungsausgaben. In der zweiten Stufe wird das System dann nach Evaluierung der ersten Stufe durch das Bundesgesundheitsministerium auf der Basis einer Rechtsverordnung entsprechend gestaltet. Das Ziel einer **wirtschaftlichkeitsorientierten Anreizsteuerung** richtet sich gemäß den Regeln über Zuweisungen aus dem Gesundheitsfonds (Risikostrukturausgleich) nach § 266 Abs. 7 Nr. 2 a, wonach das Bundesministerium für Gesundheit durch Rechtsverordnung mit Zustimmung des Bundesrates nähere Regelungen über „die Abgrenzung und die Verfahren der Standardisierung der sonstigen Ausgaben nach § 270 sowie die Kriterien der Zuweisung der Mittel zur Deckung dieser Ausgaben" trifft.

V. Datenerhebungen

8 Abs. 2 nimmt für die Ermittlung der Zuweisungshöhe die diesbezüglichen differenzierenden Erhebungsvorschriften in Bezug, so dass Aufwendungen der Krankenkassen für satzungsgemäße Mehr- und Erprobungsleistungen und für Leistungen, auf die kein Rechtsanspruch besteht (Abs. 2 S. 1 iVm § 266 Abs. 4 S. 1 Nr. 2), und die Verwaltungsausgaben berücksichtigt werden, hingegen die seitens Dritter erstatteten Ausgaben außer Ansatz bleiben (Abs. 2 S. 2 iVm § 266 Abs. 4 S. 1 Nr. 1). Die Daten-Vorlagetermine folgen den Datenerhebungen zum Risikostrukturausgleich im Übrigen (Abs. 2 S. 2 iVm § 267 Abs. 4).[5]

§ 270 a Einkommensausgleich

(1) Zwischen den Krankenkassen wird im Hinblick auf die von ihnen erhobenen Zusatzbeiträge nach § 242 nach Maßgabe der folgenden Absätze ein vollständiger Ausgleich der beitragspflichtigen Einnahmen ihrer Mitglieder durchgeführt.
(2) ¹Die Krankenkassen, die einen Zusatzbeitrag nach § 242 erheben, erhalten aus dem Gesundheitsfonds die Beträge aus den Zusatzbeiträgen ihrer Mitglieder in der Höhe, die sich nach dem Einkommensausgleich ergibt. ²Die Höhe dieser Mittel für jede Krankenkasse wird ermittelt, indem der Zusatzbeitragssatz der Krankenkasse nach § 242 Absatz 1 mit den voraussichtlichen durchschnittlichen beitragspflichtigen Einnahmen je Mitglied aller Krankenkassen und ihrer Mitgliederzahl multipliziert wird.
(3) Weicht der Gesamtbetrag aus den Zusatzbeiträgen nach § 242 von den notwendigen Aufwendungen für die Mittel nach Absatz 2 ab, wird der Abweichungsbetrag entweder aus den Mitteln der Liquiditätsreserve des Gesundheitsfonds nach § 271 Absatz 2 aufgebracht oder der Liquiditätsreserve zugeführt.
(4) ¹Das Bundesversicherungsamt verwaltet für die Zwecke der Durchführung des Einkommensausgleichs die eingehenden Beträge aus den Zusatzbeiträgen; § 271 Absatz 6 Satz 1 ist entsprechend anzuwenden. ²Das Bundesversicherungsamt ermittelt die Höhe der Mittel nach Absatz 2 und weist sie den Krankenkassen zu. ³§ 266 Absatz 5 Satz 3 und Absatz 6 Satz 7 ist entsprechend anzuwenden. ⁴Das Nähere zur Ermittlung der vorläufigen und endgültigen Mittel, die die Krankenkassen im Rahmen des Einkommensausgleichs erhalten, zur Durchführung, zum Zahlungsverkehr und zur Fälligkeit der Beiträge regelt die Rechtsverordnung nach § 266 Absatz 7 Satz 1.

Literatur:
Eilts, Neues Beitragsrecht in der gesetzlichen Krankenversicherung ab 1.1.2015, 2015; *Paulus/Schömann*, Der Zusatzbeitrag nach dem GKV-FQWG-Referentenentwurf – Vom einkommensunabhängigen Zusatzbeitrag in Euro zum einkommensabhängigen Zusatzbeitragssatz in Prozent, GuP 2014, 41.

---

5 Axer in: Eichenhofer/Wenner, § 270 Rn. 5 iVm Rn. 2 unter Bezug auf die Änderungsbegründung BT-Dr. 17/6906, 97.

I. Entstehungsgeschichte	1	IV. Detailsteuerung der rechnerischen Ermittlung	7
II. Vollständiger Kassenausgleich der Zusatzbeiträge	2	V. Berechnungsschritte	9
III. Durchführung des Einkommensausgleichs	4	VI. Rechtsschutz	14

I. Entstehungsgeschichte

§ 270a wurde mWv 1.1.2015 eingefügt durch Art. 1 Nr. 35 des GKV-Finanzstruktur- und Qualitäts-Weiterentwicklungsgesetzes (GKV-FQWG) vom 21.7.2014.[1]   1

II. Vollständiger Kassenausgleich der Zusatzbeiträge

Mit einem neuen § 270a wird das GKV-FQWG im Hinblick auf die einkommensabhängigen Zusatzbeiträge aus § 242[2] – „soweit der Finanzbedarf einer Krankenkasse durch die Zuweisungen aus dem Gesundheitsfonds nicht gedeckt ist"[3] – zwischen den Krankenkassen einen **vollständigen**[4] **Ausgleich der beitragspflichtigen Einnahmen ihrer Mitglieder** aus eben diesen Zusatzbeiträgen realisieren. Auch dies folgt dem Grundgedanken des GKV-FQWG, von einkommensunabhängigen auf einkommensabhängige Zusatzbeiträge umzustellen, um (weiteren) Wettbewerbsverzerrungen zwischen den Kassen entgegenzuwirken. Daher werden dem GKV-FQWG zufolge diejenigen Krankenkassen, die einen Zusatzbeitrag nach § 242 erheben, aus dem Gesundheitsfonds anteilig die Beiträge aus den Zusatzbeiträgen ihrer Mitglieder in der Höhe erhalten, „die sich nach dem Einkommensausgleich ergibt".[5] Die Zusatzbeiträge, welche die Krankenkassen bei ihren Mitgliedern einheben, werden von den Kassen nur eingezogen (**Einzugsstellen**) und unmittelbar an das Bundesversicherungsamt weitergeleitet, das für den Gesundheitsfonds diese Beitragseinnahmen verwaltet und für die Zuweisungen zum Einkommensausgleich vorbereitet.[6]   2

In einem ersten (Rechen-)Schritt wird die Höhe dieses Anteils ermittelt, indem man den Zusatzbeitragssatz mit den voraussichtlichen beitragspflichtigen Einnahmen je Mitglied aller Krankenkassen und ihrer Mitglieder multipliziert.[7] In einem zweiten Schritt wird – dem GKV-FQWG zufolge – der Gesamtbetrag der Einnahmen aus den Zusatzbeiträgen nach § 242 mit den „notwendigen Aufwendungen" des Gesundheitsfonds für die (Ausgleichs-)Mittel verglichen und dann – in einem dritten Schritt – je nachdem, ob diese Vergleichung einen Überschuss oder ein Defizit erbracht hat, „der **Abweichungsbetrag** entweder aus den Mitteln der **Liquiditätsreserve** des Gesundheitsfonds nach § 271 Absatz 2 aufgebracht oder der Liquiditätsreserve zugeführt".[8]   3

III. Durchführung des Einkommensausgleichs

Mit Abs. 4 ist dem Bundesversicherungsamt der Auftrag erteilt, die aus der Erhebung der Zusatzbeiträge eingehenden Beträge „für die Zwecke der Durchführung des Einkommensausgleichs zu verwalten".[9] Gesondert wird noch klargestellt, dass „die Durchführung des Einkommensausgleichs in die bestehenden Strukturen des Gesundheitsfonds integriert" werden muss; insbesondere müssen die Beträge aus dem Einkommensausgleich – ebenso wie die Strukturanpassungen und der Jahresausgleich – durch das Bundesversicherungsamt „synchron zu den Zuweisungen nach §§ 266, 270 berechnet und beschieden" werden.[10] Auch hier sind die dem Bundesversicherungsamt entstehenden **Verwaltungskosten** aus den Einnahmen des Gesundheitsfonds zu begleichen.[11]   4

Im Übrigen stellte der Regierungsentwurf zum GKV-FQWG[12] klar: „Das Verfahren zur Ermittlung der Zuweisungen nach den §§ 266 und 270 bleibt vom Einkommensausgleich unberührt".   5

---

1 BGBl. I, 1133, 1139, 1147 (mit Begr. BT-Dr. 18/1307, 18/1579, BT-Dr. 18/1757).
2 Ebenfalls in der Neufassung durch das GKV-FQWG.
3 § 242 Abs. 1 S. 1 (idF GKV-FQWG).
4 Axer in: Eichenhofer/Wenner, § 270a Rn. 1; Ellmann in: LPK-SGB V, § 270a Rn. 1.
5 § 270a Abs. 2 S. 1 (idF GKV-FQWG). Zum Berechnungsverfahren Axer, aaO, § 270a Rn. 5.
6 Axer, aaO, § 270a Rn. 4; Ellmann, aaO, § 270a Rn. 1.
7 § 270a Abs. 2 S. 1 (idF GKV-FQWG).
8 § 270a Abs. 3 (idF GKV-FQWG). Vgl. Göpffarth in: Becker/Kingreen, SGB V, § 270a Rn. 7f.
9 § 270a Abs. 4 S. 1 Hs. 1 (idF GKV-FQWG); Ellmann in: LPK-SGB V, § 270a Rn. 4.
10 GKV-FQWG RegE-Begr. BT-Dr. 18/1307, 50 (zu Abs. 4).
11 § 270a Abs. 4 S. 1 Hs. 2 idF GKV-FQWG iVm § 271 Abs. 6 S. 1 analog.
12 RegE-Begr. BT-Dr. 18/1307, 49.

6   § 270 a Abs. 4 S. 3 stellt die entsprechende Anwendbarkeit von § 266 Abs. 5 S. 3 klar und erlaubt dem Bundesversicherungsamt damit, zur Durchführung des Einkommensausgleichs von den Krankenkassen weitere Auskünfte und Nachweise zu verlangen.[13]

IV. Detailsteuerung der rechnerischen Ermittlung

7   Auch in der Neufassung erfolgt die Detailsteuerung einer rechnerischen Ermittlung der vorläufig bzw. endgültig den Krankenkassen im Rahmen dieses Einkommensausgleichs zuzuweisenden Mittel[14] im Schwerpunkt durch die **RSAV**,[15] wie aus der Bezugnahme auf die entsprechende Ermächtigungsgrundlage des § 266 Abs. 7 S. 1 durch § 270 a Abs. 4 S. 4[16] zu schließen ist.[17] Insbesondere wird das Bundesversicherungsamt auch weitere Auskünfte und Nachweise von den Krankenkassen fordern können, um den Einkommensausgleich abzuwickeln. Verwiesen sei auf die im GKV-FQWG vorgesehene Ergänzung durch den neuen § 43 RSAV.[18]

8   Dieser neu in die RSAV eingesetzte § 43 bestätigt – in seinem ersten Absatz – die Grundregelung in § 270 a Abs. 4 S. 2 GKV-FQWG. Zum **Zahlungsverfahren** gestaltet der neue § 43 Abs. 2 RSAV sodann das monatliche RSA-Abschlagsverfahren unter Bezug auf § 39 Abs. 2 RSAV analog: Zugrunde gelegt werden der jeweilige Zusatzbeitragssatz der einzelnen Kassen und deren Mitgliederzahlen vom Vormonat. Ausgeschlossen von diesem **Ausgleichssystem** bleiben in Zukunft diejenigen Kassen, die keinen Zusatzbeitrag erheben.[19] Wie in § 39 Abs. 4 S. 1 RSAV für die Zuweisungen für das monatliche Abschlagsverfahren vorgesehen ist, wird entsprechend – und dem GKV-FQWG gemäß – das Bundesversicherungsamt auch die **Mittel aus dem Ausgleich der einkommensabhängigen Zusatzbeiträge** in Teilbeträgen auszahlen, die sich an den (Hauptfälligkeits-)Zeitpunkten orientieren, zu denen die Beträge (einschließlich der Einnahmen aus den Zusatzbeiträgen) beim Gesundheitsfonds eingehen; spätestens aber zum 15. Kalendertag des Monats, der auf die erste (Monatsteil-)Auszahlung unmittelbar folgt (also regelmäßig im übernächsten Monat nach der ersten Teilzahlung), muss die Auszahlung an die Kassen vollständig realisiert sein.[20]

V. Berechnungsschritte

9   Die Berechnung wird – dem § 43 Abs. 2 S. 2 RSAV[21] gemäß – dem üblichen Schema folgend erstens den Durchschnitt der voraussichtlichen beitragspflichtigen Einnahmen aller Krankenkassen ermitteln und im zweiten Schritt diese für das einzelne Mitglied errechnete Zahl multiplizieren mit dem aus § 242 Abs. 1[22] zu ermittelnden einkommensabhängigen Zusatzbeitragssatz der einzelnen Krankenkasse und der Zahl ihrer jeweiligen Mitglieder.[23]

10 Einen weiteren Berechnungsauftrag erteilt die Neuregelung dem Bundesversicherungsamt in § 43 Abs. 3 RSAV,[24] indem es zu den Zeitpunkten, an denen es gemäß § 39 Abs. 3 RSAV[25] den Risikostrukturausgleich – also die Zuweisungen aus dem Gesundheitsfonds im Sinne von § 266 Abs. 1 S. 1[26] – vornimmt, auch für jede Krankenkasse gesondert auf der Basis ihrer zu diesen Zeitpunkten aktuellen Mitgliederzahlen (entnommen aus den Monatsstatistiken) für die jeweils zurückliegenden Monate des Ausgleichsjahres die Höhe der **Mittel aus dem Einkommensausgleich** neu ermittelt.[27]

---

13 Ellmann in: LPK-SGB V, § 270 a Rn. 4; Göpffarth in: Becker/Kingreen, SGB V, § 270 a Rn. 6.
14 Zusammenfassend Ellmann in: LPK-SGB V, § 270 a Rn. 2.
15 RSAV idF durch Art. 15 insbes. Nr. 7 (zu § 39 a RSAV), Nr. 8 (zu § 39 a RSAV), Nr. 10 (zu § 41 RSAV), Nr. 11 (zu § 43 RSAV) des GKV-FQWG vom 21.7.2014 (BGBl. I, 1133) mWv 1.1.2015.
16 IdF GKV-FQWG.
17 Mit RegE-Begr. BT-Dr. 18/1307, 50 (zu Abs. 4).
18 GKV-FQWG Art. 15 Nr. 11 mit RegE-Begr., BT-Dr. 18/1307, 60 f.
19 GKV-FQWG Art. 15 Nr. 11 mit RegE-Begr., BT-Dr. 18/1307, 60 (zu Abs. 2).
20 § 43 Abs. 2 S. 4 RSAV (idF GKV-FQWG), mit RegE-Begr. BT-Dr. 18/1307, 60 (zu Abs. 2 aE).
21 IdF GKV-FQWG.
22 IdF GKV-FQWG.
23 § 43 Abs. 2 S. 2 RSAV (idF GKV-FQWG), mit RegE-Begr. BT-Dr. 18/1307, 60.
24 IdF GKV-FQWG.
25 Neuberechnung der Höhe der vorläufigen Zuweisungen für das monatliche Abschlagsverfahren bis zum 15.4. und zum 15.10. des Ausgleichsjahres und bis zum 15.10. des Folgejahres.
26 Auch hier greift das GKV-FQWG durch Streichung des zweiten Halbsatzes ein, indem der Anschluss an die Übergangsregelung entsprechend § 272 entfällt; vgl. GKV-FQWG Art. 1 Nr. 32 u. Nr. 37 mit RegE-Begr. BT-Dr. 18/1307, 47 u. 51: „im Zuge der Rechtsbereinigung abgeschafft".
27 GKV-FQWG Art. 15 Nr. 11 mit RegE-Begr. BT-Dr. 18/1307, 60 f. (zu Abs. 3).

Für das Berechnungsverfahren zum **Ausgleich der Unterschiedsbeträge** werden dann § 39 Abs. 3 S. 5 u. Abs. 3 a RSAV[28] entsprechend angewendet (§ 43 Abs. 3 S. 2 RSAV [idF GKV-FQWG]). 11
Und schließlich wird dem Bundesversicherungsamt aus § 43 Abs. 4 S. 1 RSAV[29] noch der Auftrag für die jeweilige **Abschluss-Berechnung** erteilt, dergestalt, dass es im Zusammenhang mit dem Jahresausgleich für die Zuweisungen aus dem Gesundheitsfonds nach § 266 Abs. 1 S. 1 auch die Höhe der Mittel für den Einkommensausgleich neu berechnet, sobald die „Geschäfts- und Rechnungsergebnisse aller am monatlichen Ausgleich teilnehmenden Krankenkassen für das Ausgleichsjahr" vorliegen, und zwar zu dem Termin, der im – auch nach dem GKV-FQWG unverändert gebliebenen – § 41 Abs. 5 S. 1 RSAV genannt wird („Der Jahresausgleich ist bis zum Ende des auf das Ausgleichsjahr folgenden Kalenderjahres durchzuführen").

Die **Verfahrenskomponente** folgt dem – ebenfalls unverändert gebliebenen – § 41 Abs. 4 RSAV in entsprechender Anwendung,[30] für die Bekanntgabe der Werte und für die Mitteilung der Beträge an die einzelnen Krankenkassen, verbunden mit dem entsprechenden Ausgleichsgebot für den Unterschiedsbetrag bei überschießendem bzw. unterschrittenem Zuweisungsbetrag. Für das Zahlungs-, Forderungs- und Verrechnungsmanagement lassen sich die Regeln des § 39 Abs. 3 a S. 3–6 auch hier entsprechend anwenden. 12

Mit Blick auf den – abgesehen von Abs. 5 unverändert fortgeltenden – **§ 39 a RSAV** – möchte das GKV-FQWG klargestellt sehen: „Ein Korrekturverfahren wird nicht durchgeführt".[31] Darin zeigt sich erneut auch der in diesem Kontext unter Vereinfachungs- und Beschleunigungsaspekten konzentrierte Aufgabenzuschnitt des Bundesversicherungsamts. Von Auffälligkeitsprüfungen wird abgesehen (vgl. § 273). 13

VI. Rechtsschutz

Klagen von Krankenkassen, gerichtet gegen die Höhe der Auszahlungen im Einkommensausgleichsverfahren, haben keine aufschiebende Wirkung (§ 270 a Abs. 4 S. 3 iVm § 266 Abs. 6 S. 7 analog).[32] 14

§ 271 Gesundheitsfonds

(1) Das Bundesversicherungsamt verwaltet als Sondervermögen (Gesundheitsfonds) die eingehenden Beträge aus:
1. den von den Einzugsstellen nach § 28 k Abs. 1 Satz 1 des Vierten Buches und nach § 252 Abs. 2 Satz 3 eingezogenen Beiträgen für die gesetzliche Krankenversicherung,
2. den Beiträgen aus Rentenzahlungen nach § 255,
3. den Beiträgen nach § 28 k Abs. 2 des Vierten Buches,
4. der Beitragszahlung nach § 252 Abs. 2 und
5. den Bundesmitteln nach § 221.

(1 a) ¹Die eingehenden Beträge nach Absatz 1 sind, soweit es sich dabei um Zusatzbeiträge nach § 242 handelt, in voller Höhe für den Einkommensausgleich nach § 270 a zu verwenden. ²Sie sind dem Bundesversicherungsamt als Verwalter der eingehenden Beträge aus den Zusatzbeiträgen nachzuweisen.

(2) ¹Der Gesundheitsfonds hat liquide Mittel als Liquiditätsreserve vorzuhalten. ²Aus der Liquiditätsreserve sind unterjährige Schwankungen in den Einnahmen, nicht berücksichtigte Einnahmeausfälle in den nach § 242 a Absatz 1 zugrunde gelegten voraussichtlichen jährlichen Einnahmen des Gesundheitsfonds und die erforderlichen Aufwendungen für die Durchführung des Einkommensausgleichs

---

28 Diese Regeln bleiben im GKV-FQWG unverändert; ua Abs. 3: abweichende Ermittlung der vorläufigen Höhe der Zuweisungen für das monatliche Abschlagsverfahren im Einzelfall auf Antrag der Krankenkasse; Verfahrensausgestaltungsverantwortung beim Bundesversicherungsamt nach Anhörung des Spitzenverbandes Bund der Krankenkassen; Abs. 3 a: Abwicklung der Zahlungsvorgänge bei Unterschreitung bzw. Überschreitung der ermittelten monatlichen Zuweisungen im Vergleich zu den festgesetzten Zuweisungen; verbindliche Fälligkeitstermine; Verrechnungsmodus bei unvollständiger bzw. nicht terminsgerechter Zahlung durch Krankenkassen.
29 IdF GKV-FQWG.
30 So § 43 Abs. 4 S. 2 RSAV (idF GKV-FQWG).
31 So zu GKV-FQWG Art. 15 Nr. 11 (§ 43 RSAV), RegE-Begr., BT-Dr. 18/1307, 61 (zu Abs. 4).
32 Vgl. auch GKV-FQWG, RegE-Begr., BT-Dr. 18/1307, 50 (zu Abs. 4); Axer in: Eichenhofer/Wenner, § 270 a Rn. 4; Ellmann in: Hänlein/Schuler, § 270 a Rn. 4.

nach § 270a zu decken. ³Die Höhe der Liquiditätsreserve muss nach Ablauf eines Geschäftsjahres mindestens 25 Prozent der durchschnittlich auf den Monat entfallenden Ausgaben des Gesundheitsfonds betragen. ⁴Den Einnahmen des Gesundheitsfonds nach Absatz 1 werden im Jahr 2017 1,5 Milliarden Euro aus der Liquiditätsreserve zugeführt. ⁵Zur Finanzierung der Fördermittel nach § 92a Absatz 3 und 4 werden dem Innovationsfonds aus der Liquiditätsreserve des Gesundheitsfonds in den Jahren 2016 bis 2019 jährlich 150 Millionen Euro abzüglich der Hälfte des anteiligen Betrages der landwirtschaftlichen Krankenkasse gemäß § 221 Absatz 3 Satz 1 Nummer 1 und 4[1] zugeführt; Finanzmittel aus der Liquiditätsreserve, die im Haushaltsjahr nicht verausgabt wurden, werden nach § 92a Absatz 3 Satz 5 anteilig an die Liquiditätsreserve des Gesundheitsfonds zurückgeführt. ⁶Ab dem Jahr 2016 werden dem Strukturfonds zudem aus der Liquiditätsreserve des Gesundheitsfonds zur Finanzierung der Fördermittel nach § 12 des Krankenhausfinanzierungsgesetzes Finanzmittel bis zu einer Höhe von 500 Millionen Euro abzüglich des anteiligen Betrages der landwirtschaftlichen Krankenkasse gemäß § 221 Absatz 3 Satz 1 Nummer 2 zugeführt, soweit die Fördermittel von den Ländern nach Maßgabe der §§ 12 bis 14 des Krankenhausfinanzierungsgesetzes abgerufen werden.

(2a) ¹Bei Schließung oder Insolvenz einer Krankenkasse kann das Bundesversicherungsamt einer leistungsaushelfenden Krankenkasse auf Antrag ein Darlehen aus der Liquiditätsreserve gewähren, wenn dies erforderlich ist, um Leistungsansprüche von Versicherten zu finanzieren, deren Mitgliedschaftsverhältnisse noch nicht geklärt sind. ²Das Darlehen ist innerhalb von sechs Monaten zurückzuzahlen. ³Das Nähere zur Darlehensgewährung, Verzinsung und Rückzahlung regelt das Bundesversicherungsamt im Benehmen mit dem Spitzenverband Bund der Krankenkassen.

(3) ¹Reicht die Liquiditätsreserve nicht aus, um alle Zuweisungen nach § 266 Abs. 1 Satz 1 zu erfüllen, leistet der Bund dem Gesundheitsfonds ein nicht zu verzinsendes Liquiditätsdarlehen in Höhe der fehlenden Mittel. ²Das Darlehen ist im Haushaltsjahr zurückzuzahlen. ³Die jahresendliche Rückzahlung ist durch geeignete Maßnahmen sicherzustellen.

(4) Die im Laufe eines Jahres entstehenden Kapitalerträge werden dem Sondervermögen gutgeschrieben.

(5) Die Mittel des Gesundheitsfonds sind so anzulegen, dass sie für den in den §§ 266, 269 und 270 genannten Zweck verfügbar sind.

(6) ¹Die dem Bundesversicherungsamt bei der Verwaltung des Fonds entstehenden Ausgaben einschließlich der Ausgaben für die Durchführung und Weiterentwicklung des Risikostrukturausgleichs werden aus den Einnahmen des Gesundheitsfonds gedeckt. ²Das Nähere regelt die Rechtsverordnung nach § 266 Abs. 7.

Literatur:

Axer, Finanzierung und Organisation der gesetzlichen Krankenversicherung nach dem GKV-Wettbewerbsstärkungsgesetz, GesR 2007, 193; *Boecken/Jacobsen*, Verteilung von „Milliardenüberschüssen" der gesetzlichen Krankenversicherung: Realitäten und Begehrlichkeiten, ZRP 2012, 76; *Göpffarth/Greß/Jacobs/Wasem* (Hrsg.), Jahrbuch Risikostrukturausgleich 2007 – Gesundheitsfonds, 2007; *Hänlein* in: Kruse/Hänlein, SGB V, 3. Auflage 2009, § 271; *Ph. Kirchner* in: Kingreen/Kühling (Hrsg.), Gesundheitsdatenschutzrecht, 2015, 186; *Nakielski*, GKV-Finanzierung – Einnahmen und Ausgaben driften auseinander, SozSich 2016, 49; *Pfohl/Sichert*, Der Gesundheitsfonds – Sondervermögen des Bundes oder der Krankenkassen?, NZS 2009, 71; *Pressel*, Der Gesundheitsfonds – Entstehung, Einführung, Entwicklung, Folgen, 2012; *Stock/Lüngen/Lauterbach*, Der Risikostrukturausgleich im Gesundheitsfonds, SozSich 2007, 407; *Ulrich*, Umbau des Krankenversicherungssystems: Wofür haben wir künftig noch Geld?, VSSR 2015, 333; *Weselski*, Modelle zur Reform der gesetzlichen Krankenversicherung, VSSR 2006, 25.

I. Entstehungsgeschichte.................... 1	V. Weitere Entwicklung seit dem GKV-FQWG (Abs. 1a, Abs. 2, Abs. 6) 21
II. Zentralnorm für die Gestaltung des Gesundheitsfonds............................ 2	VI. Ergänzungen aus der Liquiditätsreserve 27
III. Einspeisungen in den Gesundheitsfonds 7	VII. Liquiditätsdarlehen.......................... 30
IV. Liquiditätsreserve............................ 13	

I. Entstehungsgeschichte

1 § 271 ist in seiner ursprünglichen Fassung durch das GRG vom 20.12.1988 (BGBl. I, 2477) mWv 1.1.1989 eingeführt und mit damaligem Inhalt durch das GKV-GRG 2000 vom 22.12.1999

---

1 Richtig wohl: „§ 221 Absatz 3 Satz 1 Nummer 1".

(BGBl. I, 2626) mWv 1.1.2001 aufgehoben worden. Mit neuem Inhalt wurde § 271 durch Gesetz vom 26.3.2007 (BGBl. I, 378) mWv 1.1.2009 gefasst und mehrfach geändert, vor allem durch das GKV-VStG vom 22.12.2011 (BGBl. I, 2983), weiter durch Gesetz vom 12.4.2012 (BGBl. I, 579) mWv 1.1.2012, durch das HaushaltsBeglG 2013 vom 20.12.2012 (BGBl. I, 2781), durch das Gesetz zur Regelung des Assistenzpflegebedarfs in stationären Vorsorge- oder Rehabilitationseinrichtungen vom 20.12.2012 (BGBl. I, 2789), Abs. 2 S. 5 ferner durch das Gesetz zur Beseitigung sozialer Überforderung bei Beitragsschulden in der Krankenversicherung (vgl. BT-Dr. 17/13947 ua). Weitere Neuerungen betreffen Abs. 2 S. 4, S. 5 (geändert), Abs. 2 a (eingefügt), Abs. 3 S. 4 (gestrichen). Gravierendere Änderungen ergaben sich mWv 1.1.2015 nach Maßgabe des **GKV-Finanzstruktur- und Qualitäts-Weiterentwicklungsgesetzes (GKV-FQWG)** vom 21.7.2014: **Abs. 1 a** wurde neu eingefügt; **Abs. 2** und **Abs. 6** wurden geändert. **Abs. 2 S. 4** ist zuletzt durch Art. 5 Nr. 12 des G. zur Weiterentwicklung der Versorgung und der Vergütung für psychiatrische und psychosomatische Leistungen (PsychVVG) v. 19.12.2016 (BGBl. I, 2986) angepasst worden; **Abs. 2 S. 5** wurde eingefügt durch G. v. 16.7.2015 (BGBl. I, 1211), geändert durch G. zur Reform der Strukturen der Krankenhausversorgung (Krankenhausstrukturgesetz – KHSG) v. 10.12.2015 (BGBl. I, 2229) mWv 1.1.2016. **Abs. 2 S. 6** wurde eingefügt durch Art. 6 Nr. 21 lit. b des G. v. 10.12.2015 (BGBl. I, 2229) mWv 1.1.2016.

II. Zentralnorm für die Gestaltung des Gesundheitsfonds

§ 271 ist Zentralnorm für die Gestaltung des Gesundheitsfonds und bezeichnet das „Kernelement"[2] in der grundlegenden Neugestaltung des Finanzierungssystems der gesetzlichen Krankenversicherung. **Effizienz** und **Transparenz** der Finanzierungsstrukturen der gesetzlichen Krankenversicherung sollen durch den Gesundheitsfonds gestärkt werden;[3] auf der Einnahmenseite soll die Finanzsituation der Krankenkassen stabilisiert werden,[4] nicht zuletzt auch durch die in den Gesundheitsfonds leichter einzusteuernden Bundesmittel;[5] auf der (Ausgaben- und) Leistungsseite den Versicherten gegenüber stehen Qualität und Effizienz der Versorgung im Vordergrund und insoweit auch ein – begrenzter – Wettbewerb. Zunehmend in den Blick gerät der in diesem Kernelement des Gesundheitsfinanzierungssystems erforderliche **Datenverarbeitungsaufwand** in der Verwaltung des Sondervermögens.[6]

Das Bundesversicherungsamt verwaltet den Gesundheitsfonds als **Sondervermögen** (§ 271 Abs. 1 und Abs. 6).[7] Der Gesundheitsfonds als Sondervermögen des Bundes in der Verwaltung durch das Bundesversicherungsamt bündelt[8] die Beitragseinnahmen der Versicherten und die Bundesmittel (im Sinne von § 221 iVm § 271 Abs. 1 Nr. 5). Über den Gesundheitsfonds laufen letztlich auch die kassenindividuellen Zusatzbeiträge gemäß § 242, bleiben aber „rechnerisch getrennt":[9] In ihnen realisiert sich ein – dann sehr begrenztes – Moment der wettbewerblichen Orientierung der einzelnen Kassen unter- und

---

2 Göpffarth in: Becker/Kingreen, § 271 Rn. 1. Erheblichen Änderungen haben sich durch das GKV-FQWG mit einem neu eingefügten Abs. 1 a und einem erheblich umgearbeiteten Abs. 2 ergeben, jeweils Konsequenz des Systems vollständigen Ausgleichs einkommensabhängiger Zusatzbeiträge der Krankenkassen im Sinne des nach dem GKV-FQWG neu eingefügten § 270 a (iVm dem ebenfalls neu gefassten § 242). Einstweilen pauschal von „neue[n] Finanzierungsmechanismen" spricht Böttiger in: Krauskopf, § 271 SGB V Rn. 2.
3 Göpffarth in: Becker/Kingreen, § 271 Rn. 2 („auf eine neue Basis gestellt"), unter Bezug auf BT-Dr. 16/3100, 91 f.
4 Axer in: Eichenhofer/Wenner, § 271, weist – Rn. 4 – unter Bezug auf BT-Dr. 16/3100, 85 ff. auf den Begründungszusammenhang des Gesundheitsfonds mit der Notwendigkeit, auch die Einnahmen der GKV „zu stabilisieren und nachhaltig zu sichern", mit Blick auf steigende Entwicklungskosten im Bereich medizinischer Wissenschaft und Technik, mit Blick auf die demographischen Herausforderungen, unter weiterer Steigerung des steuerfinanzierten Anteils und einer Reduzierung der Relation zur Arbeitsmarktentwicklung.
5 Axer, aaO, weist – Rn. 1 – auf den kompromisshaften und grundsätzlich entwicklungsoffenen Charakter des Regelungskonzepts im rechts- und gesundheitspolitischen Spannungsfeld von Gesundheitsprämie – „Kopfpauschale" – und Bürgerversicherung, mit Nachw., insbes. zu den Grundlagen dieser Diskussion bei Weselski, Modelle zur Reform der gesetzlichen Krankenversicherung, VSSR 2006, 25 ff.
6 Ph. Kirchner in: Kingreen/Kühling, Gesundheitsdatenschutz, 264 f.
7 Axer, aaO, verweist – Rn. 7 – mit Blick auf die Konstruktion des Gesundheitsfonds als Sondervermögen auf die Parallelisierung zur Pflegeversicherung mit § 65 SGB XI unter Bezug auf BT-Dr. 16/3100, 170; Göpffarth in: Becker/Kingreen, § 271 Rn. 9.
8 Göpffarth, aaO Rn. 9, dort auch Rn. 1: „Sammelstelle".
9 Göpffarth, aaO, Rn. 7.

gegeneinander. Die Steuerungseffekte dieser Ausnahme werden hinsichtlich Zielrichtung und Intensität sehr unterschiedlich eingeschätzt.[10]

4 **Fortbestand des Selbstverwaltungsauftrags:** Zum Gesundheitsfonds als Sondervermögen hatte schon das SächsLSG[11] ausführlicher Stellung bezogen, mit Blick auf eine gewisse Indizwirkung zulasten eines Fortbestands des entsprechenden Selbstverwaltungsauftrags. Allerdings betonte das LSG,[12] es liege ein grundsätzliches Missverständnis der zum 1.1.2009 neu gestalteten Finanzierungsstrukturen der gesetzlichen Krankenversicherung vor, wenn bezweifelt werde, „dass es sich nach Einführung des Gesundheitsfonds bei der Beitragsbemessung überhaupt noch um eine Angelegenheit der gesetzlichen Krankenversicherung handele, die der Regelung durch die Krankenkassen – und demzufolge durch deren Spitzenverband – zugänglich sei", denn eben jenes „Kernelement", der Gesundheitsfonds, sei kein Sondervermögen des Bundes,[13] vielmehr „ein gemeinschaftliches Sondervermögen der Krankenkassen".[14] Aus dem Verwaltungsauftrag an das Bundesversicherungsamt über den Gesundheitsfonds (Abs. 1 Hs. 1) folge noch keine Trägerschaft des Bundes über dieses Sondervermögen.

5 **Beiträge für Bund und Länder als „Fremdgelder":** Die im Gesundheitsfonds gesammelten Beitragsmittel dienen nach wie vor der Absicherung des Krankheitsrisikos durch die gesetzliche Krankenversicherung (vgl. § 3 S. 1), weshalb sie „aufgrund ihrer Zweckbindung und ihrer Funktion verfassungsrechtlich nach wie vor als Sozialversicherungsbeiträge zu qualifizieren" sind.[15] Das LSG betont in diesem Zusammenhang, Sozialversicherungsbeiträge sollten „wegen ihrer strengen Zweckbindung weder den Bund oder die Länder noch sonstige staatliche Aufgabenträger zu eigenverantwortlichen finanziellen Entscheidungen befähigen". Nach wie vor stellten die Beiträge für Bund und Länder „Fremdgelder" dar, „der eigenen Haushaltsgewalt entzogen" und „von den allgemeinen Staatsfinanzen zu trennen".[16] Das SächsLSG[17] kommt damit zu dem Schluss, der Gesundheitsfonds könne, da er „ganz überwiegend aus Beitragsmitteln gespeist wird, nur ein gemeinschaftliches Sondervermögen der Krankenkassen sein, das für diese vom Bundesversicherungsamt treuhänderisch verwaltet wird".[18]

6 **Stabilität und Gleichmäßigkeit**[19] bilden Ziele, die mithilfe des Gesundheitsfonds- und (umfassenden) Zuweisungsmodells erreicht werden sollen: Die – stabilisierende – Grundpauschale sowie die alters- und risikoadjustierten Zuschläge – § 266 Abs. 1 S. 2 – und die Zuweisungen für sonstige Ausgaben im Sinne von § 270 bilden damit die Finanzierungsbasis für das Leistungssystem.

III. Einspeisungen in den Gesundheitsfonds

7 Der Gesundheitsfonds speist sich aus Zahlungen, welche die **Krankenkassen** in ihrer (ihnen insoweit verbliebenen) **Funktion als Einzugsstellen** (im Sinne von § 28 i SGB IV) wahrnehmen, zur arbeitstäglichen **Weiterleitung an den Gesundheitsfonds**. Die Einzugsstellen (Krankenkassen) sind auch Weiterlei-

---

10 Kritisch Axer in: Eichenhofer/Wenner, § 271 Rn. 14, indem der Gesundheitsfonds durch seine Funktion „als zentrale Geldsammel- und Geldverteilstelle" die (wettbewerblichen, beitragsfinanziellen und leistungsbezogenen) „autonomen Gestaltungsspielräume" weiter einschränke, die den Krankenkassen noch verblieben waren; die Bedeutung dieser Einschränkung hängt von der Grundrechtsträgerschaft ab, die den Krankenkassen aber nach überwiegender und zutreffender Ansicht nur in prozessrechtlicher Hinsicht zusteht; auch das – objektivrechtliche – Prinzip der Willkürfreiheit in der Behandlung der Kassen bleibt ihnen in der Kombination von Gesundheitsfonds und Risikostrukturausgleich letztlich erhalten (aaO, mit BVerfG-Rechtsprechungsnachweisen).
11 SächsLSG, 25.1.2012, L 1 KR 145/11, hier Rn. 39.
12 Insoweit entgegen SG München, 2.3.2010, S 19 KR 873/09, juris Rn. 26 = Sozialrecht aktuell 2010, 183 ff.
13 So aber SG München, 2.3.2010, S 19 KR 873/09, juris Rn. 26. Ebenso Axer in: Eichenhofer/Wenner, § 271 Rn. 7. Offen bei Ellmann in: LPK-SGB V, § 271 Rn. 1 f.
14 Unter Bezug auf Becker in: jurisPK-SGB V, § 271 Rn. 16; Göpffarth in: Becker/Kingreen, § 271 Rn. 9, sowie Pfohl/Sichert, NZS 2009, 71, 74 ff.
15 Unter Bezug auf Axer, NZS 2007, 193, 196.
16 Unter Verweis auf BVerfG, 18.7.2005, 2 BvF 2/01, BVerfGE 113, 167, 204 f. = SozR 4-2500 § 266 Nr. 8.
17 SächsLSG, 25.1.2012, L 1 KR 145/11 (anhängig BSG, B 12 KR 8/12 R), hier Rn. 39.
18 Axer in: Eichenhofer/Wenner, § 271 Rn. 12 ff., zur verfassungsrechtlichen Bewertung des Gesundheitsfonds entlang der BVerfG-Rechtsprechung, und insbesondere – Rn. 15, dort mit weiteren Nachweisen in Fn. 24 u. 25 – zum wenig griffigen Kriterium der Systemgerechtigkeit, ferner zu den verwandten, aber stärker am Gleichheitssatz ausgerichteten Aspekten der Folgerichtigkeit und der Kohärenz, hier als „Ansatzpunkte für eine tiefergehende, zugleich aber auch die Entscheidung des Gesetzgebers respektierende verfassungsrechtliche Überprüfung". Insgesamt bleiben aber die Prüfkriterien insbes. aus BVerfGE 113, 167 als eine Grenzlinie, hinter die auch die sozialversicherungsrechtlichen Gesetz- und Verordnungsgeber nicht zurücktreten dürfen.
19 Göpffarth in: Becker/Kingreen, § 271 Rn. 1 nennt auch „Planbarkeit". Vgl. auch Axer in: Eichenhofer/Wenner, § 271 Rn. 4.

tungsstellen für sonstige Krankenversicherungsbeiträge gemäß § 252 Abs. 2 S. 2 und 3 („Ansonsten erfolgt die Beitragszahlung an die nach § 28 i des Vierten Buches zuständige Einzugsstelle. Die Einzugsstellen leiten die nach S. 2 gezahlten Beiträge einschließlich der Zinsen auf Beiträge und Säumniszuschläge arbeitstäglich an den Gesundheitsfonds weiter"). Zu dieser Gruppe gehören die Beiträge der Selbstzahler, der Rehabilitanden, sowie die Beiträge aus Versorgungsbezügen. Hier fungieren die Krankenkassen (Weiterleitungsstellen) als Treuhänder; die Beiträge „stellen ausschließlich Finanzierungsmittel des Gesundheitsfonds dar".[20] Als Weiterleitungsstelle fungiert auch die Minijobzentrale für Beiträge aus geringfügiger Beschäftigung (§ 28 i S. 5 SGB IV).[21]

Unmittelbar an den Gesundheitsfonds ohne den verwaltungstechnisch aufwendigeren Weg über die Krankenkassen als Einzugsstellen gehen die Beiträge aus Rentenzahlungen (§ 255) und die durch Dritte aufzuwendenden Beiträge (§ 252 Abs. 2 S. 1: „Die Beitragszahlung erfolgt in den Fällen des § 251 Abs. 3, 4 und 4 a an den Gesundheitsfonds"), also durch die Künstlersozialkasse für die Beiträge der nach dem Künstlersozialversicherungsgesetz versicherungspflichtigen Mitglieder (§ 251 Abs. 3 S. 1), ferner durch den Bund für die Beiträge, die er für Wehrdienst- und Zivildienstleistende im Falle des § 193 Abs. 2 und 3 aufzubringen hat sowie für die nach § 5 Abs. 1 Nr. 2 a versicherungspflichtigen Bezieher von Arbeitslosengeld II (§ 251 Abs. 4), sowie schließlich durch die Bundesagentur für Arbeit für solche Beiträge, die sie für die Bezieher von Arbeitslosengeld und Unterhaltsgeld gemäß SGB III aufzubringen hat (§ 251 Abs. 4 a). 8

Der Gesundheitsfonds trägt auch zur Vereinfachung der differenzierten und teilweise sehr unübersichtlich gewordenen Ausgleichssträge der Träger der verschiedenen Sozialversicherungszweige untereinander bei, indem durch den Weg der **direkten Beitragszahlung** das komplexe System der Einzugsstellen und Weiterleitungsstellen zumindest tendenziell vereinfacht und transparenter wird. Überdies werden komplizierte Wege der Verrechnung der Krankenkassen und weiterer Sozialversicherungsträger untereinander reduziert.[22] 9

Der Gesundheitsfonds bietet ebenso dem Bund eine vereinfachte Möglichkeit, Steuermittel in das System der Gesetzlichen Krankenversicherung einzuspeisen, nunmehr vornehmlich in die Liquiditätsreserve. Die dem Gesundheitsfonds gemäß § 271 Abs. 1 Nr. 5 in der Verwaltung durch das Bundesversicherungsamt zugeordneten „eingehenden Beträge (...) aus den **Bundesmitteln nach § 221**" verweisen auf das dort – in § 221 Abs. 1 – durch den Gesetzgeber vorstrukturierte gestufte Beteiligungsprogramm des Bundes „zur pauschalen Abgeltung der Aufwendungen der Krankenkassen für versicherungsfremde Leistungen" in der jeweils geltenden Fassung:[23] 10

Maßstab für diesen Überweisungsbetrag – so § 221 Abs. 2 S. 1 – ist das „Verhältnis der Anzahl der Versicherten dieser Krankenkassen zu der Anzahl der Versicherten aller Krankenkassen", ausgerichtet an den Verhältnissen am 1. Juli des Vorjahres. 11

Die **Zweckbestimmung des Bundeszuschusses**, einen Beitrag zur finanziellen Konsolidierung zu leisten[24] wird ergänzt durch die **sozialpolitischen Aufträge**, die an den Gesundheitsfonds als Liquiditätsreserve gerichtet werden.[25] 12

IV. Liquiditätsreserve

Ein wesentlicher Beitrag zur Stabilisierung – und wesentliches Regelungselement in § 271 – ist der Auftrag zum Aufbau (und Erhalt) einer Liquiditätsreserve durch den Gesundheitsfonds (Abs. 2 S. 1).[26] 13

---

20 Göpffarth, aaO, § 271 Rn. 3.
21 Göpffarth, aaO, § 271 Rn. 4.
22 Vgl. Göpffarth, aaO, Rn. 6.
23 Seit G. v. 20.12.2012 (BGBl. I, 2781) – dort Art. 3 Nr. 1.
24 BT-Dr. 17/3030, 50.
25 Vgl. Göpffarth in: Becker/Kingreen, § 271 Rn. 8.
26 Axer in: Eichenhofer/Wenner, aaO, Rn. 8 f. (zur Liquiditätsreserve); Göpffarth, aaO, Rn. 10 ff. Vgl. im Übrigen den RegE zum GKV-FQWG Art. 1 Nr. 36 b), mit einer neuen Systematik der für die Liquiditätsreserve vorzuhaltenden Mittel.

14 Ziel ist, „gleichmäßige Auszahlungen auch bei unterjährigen Schwankungen oder Einnahmeausfällen zu gewährleisten".[27] Ein weiteres zumindest „nach außen" **Stabilität stiftendes Element** im Kontext der Liquiditätsreserve besteht im Instrument der antragsabhängigen „Darlehen aus der Liquiditätsreserve" (Abs. 2 a S. 1), begrenzt auf die Tatbestände der Schließung oder Insolvenz einer Krankenkasse, mit der entsprechend leistungsaushelfenden Krankenkasse als Darlehensnehmerin, bezogen auf ein begrenztes Finanzierungsziel: „wenn dies erforderlich ist, um Leistungsansprüche von Versicherten zu finanzieren, deren Mitgliedschaftsverhältnisse noch nicht geklärt sind". Eine gewisse Bedeutung der Liquiditätsreserve ergibt sich auch aus ihrer Funktion als **Anlagekapital**, ohne dass hier allerdings der begrenzte zeitliche Bindungsrahmen außer Acht gelassen werden darf: Die Stabilisierungsfunktion behält den Vorrang vor der Rendite. Hingewiesen wird auf die Parallelen der Liquiditätsreserve zum **Ausgleichsfonds in der Pflegeversicherung** (§ 65 SGB XI), dem der Gesundheitsfonds in Aufbau und Funktion folgt.[28]

15 Ein gestufter **Eskalationsrahmen**,[29] um dem Sicherstellungsauftrag Liquidität[30] des Gesundheitsfonds gerecht zu werden und damit die Funktionsfähigkeit des Zuweisungssystems unter allen Umständen zu erhalten, betrifft daher auf der ersten Stufe die Beitragseinnahmen und die Bundesmittel (Abs. 1 Nr. 5 iVm § 221 sowie Abs. 2); auf der zweiten Stufe kommt die Inanspruchnahme der Liquiditätsreserve als Darlehen im Sinne von Abs. 2 a in Betracht;[31] auf der dritten Stufe darf das Darlehen (iSv Abs. 3) „durch ein Vorziehen des jährlichen Bundeszuschusses nach § 221 vermieden werden";[32] und viertens schließlich steht die Liquiditätssicherung durch unverzinsliche Darlehen aus Bundesmitteln (Abs. 3) bereit.

16 „Liquiditätsreserve" ist als **Rechtsbegriff** problematisch; in einer vornehmlich funktionalen Sicht entwickelt er seine inhaltliche Bedeutung zur Bezeichnung betriebswirtschaftlich begründeter Ausgleichsmechanismen bei Einnahmeschwankungen bzw. -ausfällen im System der Gesetzlichen Krankenversicherung.

17 Der Gesundheitsfonds hat keine ausdrückliche Regelung für den **Umgang mit Überschüssen**[33] erhalten, so dass insoweit Unsicherheit herrscht und Begehrlichkeiten entstehen könnten und neue systemische Rechtfertigungszwänge auftreten. Neben einem „Heimfall" von Überschussanteilen an den Bundeshaushalt (eingedenk stattgehabter Ergänzungszuweisungen aus dem Bundeshaushalt) treten Überlegungen, derlei Überschüsse zumindest anteilig zur Entlastung der Versicherten zu verwenden (beispielsweise durch Aussetzen der Praxisgebühr) oder aber eben, sie dem Gesundheitsfonds zu belassen und ihn in seiner **Stabilisierungsfunktion** zu stärken, ohne dass hierbei die Gefahr entstünde, der Fonds könnte sich in der Hand des Bundesversicherungsamtes – systemwidrig – zum eigentlichen Lenkungsinstrument des Systems aufschwingen.

18 In den Änderungen, die Abs. 2 S. 4 erfahren, äußern sich die diversen und divergenten **Steuerungserwartungen und -wirkungen** des Gesundheitsfonds im Verbund mit dem mehr oder weniger behutsamen Einsatz der Liquiditätsreserven. So hatte der Gesetzgeber in Reaktion auf die Prognosen des GKV-Schätzerkreises zu den Finanzergebnissen des Gesundheitsfonds in den Jahren 2012 und 2013 unter Einsatz von Liquiditätsreserven alsbald Spielraum für eine Erhöhung der Zuweisungen des Gesundheitsfonds an die Krankenkassen schaffen können, mit deren Hilfe diese die ihnen durch die Fi-

---

27 Göpffarth in Becker/Kingreen, § 271 Rn. 1. Vgl. auch Ellmann in: LPK-SGB V, § 271 Rn. 4: Er sieht die strukturelle Nähe zur Rücklage im Sinne von § 82 SGB IV („Die Versicherungsträger haben nach Maßgabe der besonderen Vorschriften für die einzelnen Versicherungszweige zur Sicherstellung ihrer Leistungsfähigkeit, insbesondere für den Fall, dass Einnahme- und Ausgabeschwankungen durch Einsatz der Betriebsmittel nicht mehr ausgeglichen werden können, eine Rücklage bereitzuhalten"), ebenso aber dezidiert den Unterschied darin, dass es bei § 271 SGB V lediglich um den Ausgleich unterjähriger, jahreszeitlich bedingter Schwankungen gehe.
28 Wie § 271 Abs. 1, 4 und 5 zeigen; vgl. Göpffarth in: Becker/Kingreen, § 271 Rn. 1 (vgl. dort auch Rn. 9).
29 Göpffarth, aaO, Rn. 20.
30 Vgl. den Ermächtigungsrahmen für Liquiditätshilfen an den Gesundheitsfonds nach § 271 Abs. 3 (bis zu 2 Mrd. Euro), der wiederholt in Anspruch genommen werden darf, in § 12 Abs. 5 S. 1 und S. 2 des Haushaltsgesetzes 2017 vom 20.12.2016 (BGBl. I, 3016).
31 Göpffarth, aaO, Rn. 18.
32 BT-Dr. 16/3100, 170, Nr. 182 (hier zu § 271 Abs. 3).
33 Vgl. Zum "Anlagehorizont der Mittel" Göpffarth, aaO, Rn. 21.

nanzierung von Krankenhausleistungen im Jahr 2014 entstandenen Mehrausgaben abdecken sollten.[34] Dank dieser Gesetzesänderung hatten den Einnahmen des Gesundheitsfonds im Jahr 2014 insgesamt 2,34 Milliarden Euro aus der Liquiditätsreserve zugeführt werden können.[35] Durch diese Abflüsse hatte man die **Funktionsfähigkeit der Liquiditätsreserve** nicht gefährdet gesehen – so ausdrücklich in der damaligen Entwurfsbegründung[36] –, „da die Liquiditätsreserve die in § 271 Absatz 2 S. 2 SGB V vorgesehene Mindestgrenze von 20 Prozent der durchschnittlich auf den Monat entfallenden Ausgaben des Gesundheitsfonds auch nach der Bereitstellung dieses Betrages voraussichtlich noch deutlich überschreiten wird".[37] Mit der **aktuellen Fassung** werden den Einnahmen des Gesundheitsfonds im Jahr 2017 1,5 Mrd. Euro zugeführt und damit Konsequenzen gezogen, die durch das PsychVVG[38] – dort Art. 5 – veranlasst sind und vom Gesetzgeber in seiner Entwurfsbegründung unter Hinweis auf GKV-Mehrbelastungen und Investitionserfordernisse als einmalige und anteilige Finanzierung aus der Liquiditätsreserve begründet werden[39], auch hier, ohne dass hierdurch die gesetzlichen **Absicherungs- und Ausgleichsfunktionen** der Liquiditätsreserve gefährdet würden.

Zunächst handelt es sich um einen **Auftrag des Gesetzgebers zum Finanzierungsaufbau** mit einem eindeutig definierten (Mindest-)Ziel. Inzwischen ist die dauerhaft zu erzielende Reserve in Höhe von zumindest 20 % des Volumens des monatlichen Mittelabflusses des Gesundheitsfonds – in der Dimension von zunächst ca. 3 Mrd. Euro, heute: 4,3 Mrd.[40] – längst aufgebaut. Der weiteren Stabilisierung der Reserve diente anfangs auch die Regelung in Abs. 2 S. 3, der zufolge mögliche Überschüsse der Einnahmen über die Ausgaben des Gesundheitsfonds beim durchschnittlichen Zusatzbeitrag (im Sinne von § 242 a Abs. 1 S. 1) der Liquiditätsreserve hatten zugeschlagen werden müssen. Die geltende robustere Regelung in Satz 3 sieht nunmehr vor, dass die Höhe der Liquiditätsreserve nach Ablauf eines Geschäftsjahres mindestens 25 Prozent der durchschnittlich auf den Monat entfallenden Ausgaben des Gesundheitsfonds betragen muss. 19

Hervorzuheben ist die gesetzliche **Begrenzung des Verwendungszwecks** der Liquiditätsreserve auf die in Abs. 2 S. 2 festgelegten (Deckungs-)Zwecke: (**1.**) geht es um die Deckung **unterjähriger Schwankungen** in den Einnahmen (als offenbarer Hauptzweck), und (**2.**) dient die Liquiditätsreserve zur Deckung nicht berücksichtigter Einnahmeausfälle, die entstehen, weil die nach § 242 a Abs. 1 zugrunde zu legenden Erwartungen über die jährlichen Einnahmen des Gesundheitsfonds zu hoch gewesen sind. 20

---

34 RegE zum Haushaltsbegleitgesetz 2014, 18/1050 v. 4.4.2014, S. 1: „Aufgrund der weiterhin positiven Finanzentwicklung der gesetzlichen Krankenversicherung und der bis Ende 2013 aufgebauten Liquiditätsreserve kann der Bundeszuschuss an den Gesundheitsfonds auch für das Jahr 2014 auf 10,5 Mrd. Euro und für das Jahr 2015 auf 11,5 Mrd. Euro vorübergehend abgesenkt werden. Die Mindereinnahmen aus dem Bundeszuschuss zum Gesundheitsfonds können in beiden Jahren durch Entnahmen von 3,5 Mrd. Euro (für 2014) und von 2,5 Mrd. Euro (für 2015) der Liquiditätsreserve ausgeglichen werden. Dadurch wird in diesem Bereich abermals ein erheblicher Beitrag zur Konsolidierung des Bundeshaushalts geleistet". Allerdings wollte der Gesetzgeber mit Blick darauf, dass in absehbarer Zeit die voraussichtlichen jährlichen Ausgaben der Krankenkassen die voraussichtlichen jährlichen Einnahmen des Gesundheitsfonds übersteigen würden, eine nachhaltige Stärkung der Finanzierungsgrundlagen der GKV erreichen, indem er vorschlug, „den Bundeszuschuss ab 2016 auf seine ursprüngliche Höhe von 14 Mrd. Euro anzuheben und ihn ab 2017 auf jährlich 14,5 Mrd. Euro festzuschreiben".
35 Diese Summe war Konsequenz der Gesetzesänderung vom 21.12.2013 (Gesetz zur Regelung des Assistenzpflegebedarfs in stationären Vorsorge- oder Rehabilitationseinrichtungen) zur Kompensation von Mehrausgaben aus der Abschaffung der Praxisgebühr der – geschätzten – Mehrausgaben im Zusammenhang mit der Finanzierung von Krankenhausleistungen (vgl. BT-Dr. 17/13947, 39 f.).
36 BT-Dr. aaO, 40.
37 In der Fassung durch das GKV-FQWG-RegE wird nach Maßgabe des im Gesetzgebungsverfahren durch den Ausschuss für Gesundheit neu hinzugesetzten Abs. 2 S. 3 die Liquiditätsreserve „nach Ablauf eines Geschäftsjahres mindestens 25 Prozent der durchschnittlich auf den Monat entfallenden Ausgaben des Gesundheitsfonds betragen" müssen, um, so Satz 2, erstens „unterjährige Schwankungen in den Einnahmen" zu decken, zweitens „nicht berücksichtigte Einnahmenausfälle in den [...] jährlichen Einnahmen des Gesundheitsfonds" sowie drittens „die erforderlichen Aufwendungen für die Durchführung des Einkommensausgleichs" (dieser dann auf der Basis des ebenfalls neu eingefügten § 270 a).
38 Vom 19.12.2016 (BGBl. I, 2986).
39 Entwurfsbegründung zu Art. 5 Nr. 13, S. 53.
40 Vgl. Göpffarth in: Becker/Kingreen, § 271 Rn. 10.

V. Weitere Entwicklung seit dem GKV-FQWG (Abs. 1a, Abs. 2, Abs. 6)

21 Durch das **GKV-Finanzstruktur- und Qualitäts-Weiterentwicklungsgesetz (GKV-FQWG)** vom 21.7.2014[41] hat § 271 mWv 1.1.2015 zwei wichtige Änderungen erfahren, als Konsequenz aus der Einführung des einkommensabhängigen kassenindividuellen Zusatzbeitrags gemäß § 242 (idF GKV-FQWG): zum einen durch **Abs. 1a**, dessen Regelungsgehalt dahin geht, dass die dem Gesundheitsfonds nach Maßgabe von Abs. 1 zufließenden Beträge, „soweit es sich dabei um Zusatzbeiträge nach § 242 handelt, in voller Höhe für den Einkommensausgleich nach § 270a zu verwenden" sind. Zum anderen ist **Abs. 2** weitgehend neu gefasst worden, der die Konsequenz aus dem **Abschluss der Aufbauphase** für die Liquiditätsreserve zieht. Nunmehr gilt (nach Abs. 2 S. 1) in Dauerperspektive: „Der Gesundheitsfonds hat liquide Mittel als Liquiditätsreserve vorzuhalten". Diese Mittel müssen – so fordert dann S. 3 – „nach Ablauf eines [jeden] Geschäftsjahres mindestens 25 Prozent der durchschnittlich auf den Monat entfallenden Ausgaben des Gesundheitsfonds betragen".[42]

22 Der Gesetzgeber zog mit dieser Neufassung „**rechtsbereinigend**"[43] die Konsequenz aus dem zwischenzeitlich vollständigen Abschluss des Aufbaus der Liquiditätsreserve, indem er die Regelungen zu ihrem schrittweisen Aufbau ebenso gestrichen hat wie die Abtragung des Überschusses der jährlichen Einnahmen des Gesundheitsfonds an die Liquiditätsreserve, denn dieser Fall kann seit dem Beitragsjahr 2015 nicht mehr eintreten, wenn „durch die Abschaffung des mitgliederbezogenen Beitragssatzanteils in Höhe von 0,9 Prozentpunkten eine deutliche Unterdeckung eintreten und sukzessive ansteigen wird".

23 Der **Liquiditätsreserve**[44] überträgt der novellierte Abs. 2 S. 2 eine geänderte Aufgabe: Zu decken sind nunmehr (1.) „unterjährige Schwankungen in den Einnahmen", (2.) „nicht berücksichtigte Einnahmeausfälle in den nach § 242a Absatz 1 zugrunde gelegten voraussichtlichen jährlichen Einnahmen des Gesundheitsfonds" sowie (3.) „die erforderlichen Aufwendungen für die Durchführung des Einkommensausgleichs nach § 270a" – bezogen auf § 242a Abs. 1 und § 270a jeweils in der novellierten Fassung. Dieser **Finanzierungszweck**, den vollständigen Einkommensausgleich bei den Krankenkassen gemäß § 270a insbesondere für die Einführungsphase der einkommensabhängigen Zusatzbeiträge sicherzustellen, trat neu hinzu.[45] Denn angesichts der seit 2014 stärker akzentuierten Wettbewerbsorientierung wurde erwartet, dass bei einigen Kassen – zunächst und vorübergehend – Finanzreserven aufgezehrt bzw. „abgeschmolzen" würden, wenn und soweit die von ihnen eingehobenen Mittel aus den Zusatzbeiträgen (§ 242 idF GKV-FQWG) hinter den Aufwendungen (aus § 270 Abs. 2) zurückbleiben; diese Differenz ist sodann für das jeweils laufende Jahr aus der Liquiditätsreserve des Gesundheitsfonds zu finanzieren.[46]

24 Hingewiesen sei auf den Einkommensausgleich,[47] hier nach Maßgabe von § 270a Abs. 3 mit Blick auf den „**Abweichungsbetrag**", der dann entsteht, wenn der Gesamtbetrag aus den Zusatzbeiträgen gemäß § 242[48] abweicht „von den notwendigen Aufwendungen für die Mittel nach Absatz 2" – das sind die Beträge, die diejenigen Krankenkassen, die Zusatzbeiträge von ihren Mitgliedern erheben, aus dem Gesundheitsfonds erhalten, wenn der Einkommensausgleich durchgeführt worden ist. Dieser Abweichungsbetrag wird dann entweder aus den Mitteln der Gesundheitsfonds-Liquiditätsreserve (Abs. 2) aufgebracht oder in die Liquiditätsreserve eingezahlt.

25 Gemäß **Abs. 6 S. 1** sind neben den Ausgaben für die Verwaltung des Gesundheitsfonds und die Durchführung des Risikostrukturausgleichs auch die **Kosten seiner „Weiterentwicklung"** aus den Einnahmen des Fonds zu decken, also insbesondere die Gutachtenkosten, die dem Bundesversicherungsamt gemäß § 269 Abs. 3 entstehen.[49]

26 Die diesbezügliche Aufgabe, unter Einsatz der Liquiditätsreserve möglichen **Liquiditäts-Schwankungen** des Gesundheitsfonds zu begegnen und seine Leistungsfähigkeit sicherzustellen, ist dem **Bundesversicherungsamt** übertragen. Sichergestellt werden muss der laufende Ausgleich von Einnahmeschwan-

---

41 BGBl. I, 1133, 1139 f., 1147.
42 GKV-FQWG Art. 1 Nr. 36 (§ 271), BGBl. I, 1133, 1139 f., mit RegE-Begr. BT-Dr. 18/1307, 51 (zu lit. b).
43 GKV-FQWG RegE-Begr., aaO, 51 (zu lit. b, letzter Abs.).
44 Göpffarth in: Becker/Kingreen, § 271 Rn. 10 ff.
45 GKV-FQWG RegE-Begr., aaO, 51 (zu lit. b).
46 RegE-Begr., aaO, 51 (zu lit. b), 50 f.
47 Vgl. auch GKV-FQWG Art. 1 Nr. 35 (§ 270a), BGBl. I, 1133, 1139, mit RegE-Begr. BT-Dr. 18/1307, 51.
48 In seiner Fassung durch das GKV-FQWG.
49 GKV-FQWG Art. 1 Nr. 36, BGBl. I, 1133, 1139 f., mit RegE-Begr. BT-Dr. 18/1307, 51 (zu lit. c).

kungen und „dass die Liquidität des Gesundheitsfonds zu jeder Zeit gewährleistet ist".[50] Die Einnahmeschwankungen müssen durch den Gesundheitsfonds mithilfe der Liquiditätsreserve vorfinanziert werden. Die Liquiditätsreserve wird als „arbeitstäglich"[51] wirkende Schwankungsreserve eingesetzt, insbesondere, um die unterjährigen bzw. saisonalen nicht zuletzt einkommensabhängigen Schwankungen[52] auf der Einnahmenseite des Gesundheitsfonds auszugleichen – ein Ausgleich der angesichts der gesetzlichen Anforderungen an die Gleichmäßigkeit der Zuweisungen an die Krankenkassen unverzichtbar ist.[53]

VI. Ergänzungen aus der Liquiditätsreserve

Abs. 2 S. 4 zieht Konsequenzen aus der gesundheitspolitischen Entscheidung für eine **Weiterentwicklung der Versorgung** und der Vergütung für psychiatrische und psychosomatische Leistungen,[54] indem es den Einnahmen des Gesundheitsfonds (nach Maßgabe von Abs. 1) für das Jahr 2017 Mittel aus der Liquiditätsreserve in Höhe von 1,5 Mrd. Euro zuschlägt. Ausweislich der Entwurfsbegründung der Bundesregierung zum PsychVVG sind diese Zuweisungen aus der Liquiditätsreserve als einmalige Zuführung vorgesehen, um zum einen Mehrbelastungen aufzufangen, die der GKV durch die gesundheitliche Versorgung von Asylberechtigten entstehen (sobald diese über einen Aufenthaltstitel verfügen und sobald sie in der GKV versicherungspflichtig werden); hierbei wird von vorübergehenden finanziellen Auswirkungen ausgegangen, indem „bei erfolgreicher Integration in den Arbeitsmarkt" mit „perspektivisch zu erwartenden Mehreinnahmen" gerechnet wird.[55] Zum anderen dient die Mittelzufuhr aus der Liquiditätsreserve aber auch als Investition in den „Aufbau einer modernen und innovativen Versorgung" (nicht allgemein, sondern bezogen auf den spezifischen Förderzweck des Gesetzes) mit dem Ziel einer „mittel- bis langfristig" sichtbaren „qualitativ besseren sowie wirtschaftlicheren Versorgung".[56] Der spezifische Förderzweck liegt hier ausweislich der Entwurfsbegründung[57] im **Ausbau der Telematikinfrastruktur** im Sinne von § 291 a Abs. 7 S. 5 Nr. 1,[58] wobei ausdrücklich unter Bezug auf die diesbezügliche Projektplanung „für das Jahr 2017 einmalige von den Krankenkassen zu finanzierende **Investitionsbelastungen** für die Erstausstattung der Arztpraxen mit Konnektoren, Kartenlesegeräten, VPN-Zugängen sowie den damit zusammenhängenden Installationskosten" aus der Liquiditätsreserve finanziell abgefedert werden sollen.

27

Abs. 2 S. 5 und 6 schreiben das Finanzierungsprogramm für die Hauptprojekte vor, wie es sich aus den Vorgaben des **Krankenhausstrukturgesetzes (KHSG)** vom 10.12.2015[59] ergibt. Hierbei werden jeweils die der landwirtschaftlichen Krankenkasse gemäß § 221 vorbehaltenen Mittel aus der finanziellen Beteiligung des Bundes an Aufwendungen der Krankenkassen anteilig zurückgehalten bzw. falls nicht verausgabt, zurückgeführt.[60] Zur Finanzierung des „Innovationsfonds", also hier der Fördermittel für neue Versorgungsformen und für die Versorgungsforschung nach § 92 a Abs. 3 (und nach Maßgabe den Finanzierungs- und Verwaltungsbestimmungen aus § 92 a Abs. 4), sind dem **Innovationsfonds** aus der Liquiditätsreserve des Gesundheitsfonds in den Jahren 2016 bis 2019 jährlich 150 Millionen Euro abzüglich der Hälfte des anteiligen Betrages der landwirtschaftlichen Krankenkasse zuzuführen. Im Haushaltsjahr zur Finanzierung des Innovationsfonds nicht verausgabte Mittel aus der Liquiditätsreserve müssen anteilig an die Liquiditätsreserve des Gesundheitsfonds zurückgeführt werden.[61]

28

Abs. 2 S. 6 legt fest, dass seit dem Jahr 2016 dem – neu eingerichteten – **Strukturfonds** zudem aus der Liquiditätsreserve des Gesundheitsfonds zur Finanzierung der Fördermittel nach § 12 des Gesetzes zur wirtschaftlichen Sicherung der Krankenhäuser und zur Regelung der Krankenhauspflegesätze (Kran-

29

---

50 Göpffarth in: Becker/Kingreen, § 271 Rn. 12.
51 Göpffarth, aaO, Rn. 13.
52 Vgl. mwN Göpffarth, aaO.
53 Zu den anders als die Einnahmerisiken nicht durch den Gesundheitsfonds gegenüber den Krankenkassen abgesicherten Ausgaberisiken (die von den Krankenkassen getragen werden müssen) Göpffarth, aaO, Rn. 14, dort auch Rn. 21.
54 Art. 5 Nr. 12 PsychVVG v. 19.12.2016, BGBl. I, 2986.
55 Entwurfsbegr. zum PsychVVG v. 19.12.2016 (BGBl. I, 2986), S. 53.
56 Entwurfsbegr., aaO, S. 53.
57 Entwurfsbegr., aaO.
58 Demnach treffen die GKV-Spitzenorganisationen (hier aufgelistet in § 291 a Abs. 7 S. 1) eine Vereinbarung zur Finanzierung.
59 BGBl. I, 2229.
60 § 221 Abs. 3 S. 1 Nr. 1 und S. 4 bzw. Abs. 3 S. 1 Nr. 2.
61 § 92 a Abs. 3 S. 5 iVm § 271 Abs. 2 S. 5.

kenhausfinanzierungsgesetz – KHG) Finanzmittel bis zu einer Höhe von 500 Mio. Euro abzüglich des anteiligen Betrages der landwirtschaftlichen Krankenkasse zugeführt werden sollen, soweit die – aus dem Gesundheitsfonds samt Liquiditätsreserve – bereitgestellten Fördermittel von den Ländern nach Maßgabe der §§ 12 bis 14 KHG abgerufen werden, hier dem Zweck des Krankenhausstrukturgesetzes vom 10.12.2016[62] folgend, wie er sich aus der Entwurfsbegründung der Bundesregierung ergibt:[63] Denn hier geht es um die Einrichtung und (Mit-)Finanzierung eines neuen Strukturfonds „zur Förderung von Vorhaben der Länder zur Verbesserung der Strukturen der Krankenhausversorgung" gemäß § 12 KHG.[64] Die – durchaus spannungsvolle – Besonderheit liegt hier in dem in § 271 Abs. 2 S. 6 am Ende deutlich anklingenden Vorbehalt der hälftigen Mitfinanzierung aus den Landeshaushalten, wie in § 12 Abs. 2 S. 1 Nr. 2 KHG[65] als Förderungsvoraussetzung aufgestellt. Und in der KHSG-Entwurfsbegründung[66] wird versprochen, es werde „sichergestellt, dass nur die tatsächlich benötigten Finanzmittel aus der Liquiditätsreserve an den Strukturfonds ausgekehrt werden". Die Belastungen für den Gesundheitsfonds im Verbund mit der Liquiditätsreserve und eventuellen Liquiditätsdarlehen (siehe sogleich) angesichts der Bildung neuer nachgelagerter innovativer Struktur fördernder Fonds und ähnlicher (Binnen-) Finanzierungsmodelle gilt es weiterhin kritisch im Blick zu behalten.

VII. Liquiditätsdarlehen

30 Bei der Sicherung durch Liquiditätsdarlehen (Abs. 3) kann es sich – dem Charakter der **steuerfinanzierten Komponente** entsprechend – nur um eine begrenzte Intervention handeln: unverzinslich zwar, aber auf den konkreten Fehlbetrag beschränkt, unter Rückzahlungsverpflichtung noch im selben Haushaltsjahr, kann also wirklich nur zum Ausgleich der unterjährlichen Schwankungen dienen.

31 Abs. 2 a ist durch das GKV-VStG[67] mit Geltung seit 1.1.2012 eingefügt worden, als Konsequenz der auch wettbewerbsbedingt zu beobachtenden und durch den Gesetzgeber (mittels §§ 145 ff.) mittelbar geförderten Konsolidierung des „Marktes" der gesetzlichen Versicherungen und um deren Auswirkungen auf die Versicherten abzumildern. Insofern leisten einen Beitrag zur Verbesserung der Versorgungsstrukturen in der gesetzlichen Krankenversicherung die Instrumente der **Leistungsaushilfe** durch andere Krankenkassen[68] und die – ausnahmsweise – darlehensmäßige Absicherung dieser Leistungsaushilfe, im Rahmen einer Ermessensregelung. Diese Instrumente sollen das Leistungsprofil für die Übergangszeit aufrechterhalten, die es bei Schließung oder Insolvenz einer Krankenkasse zu überbrücken gilt.[69]

32 Bei **Schließung** (vgl. § 146 a S. 1) **einer Ortskrankenkasse durch die Aufsichtsbehörde** in dem Fall, dass deren Leistungsfähigkeit nach Ansicht der Aufsichtsbehörde nicht mehr auf Dauer gesichert erscheint, findet § 155 entsprechende Anwendung, womit für die Abwicklung der Geschäfte und für die Haftung für Verpflichtungen ua entsprechend § 155 Abs. 1 S. 2 während des Abwicklungszeitraums die Krankenkasse als fortbestehend gilt, „soweit es der Zweck der Abwicklung erfordert".

33 Im Kontext von Schließung und Insolvenz ist der **Vermeidungsgrundsatz** im Sinne von § 172 von Bedeutung, dem zufolge dann, wenn die Aufsichtsbehörde im Benehmen mit dem Spitzenverband Bund der Krankenkassen feststellen sollte, „dass bei einer Krankenkasse nur durch die Vereinigung mit einer anderen Krankenkasse die Leistungsfähigkeit auf Dauer gesichert oder der Eintritt von Zahlungsunfähigkeit oder Überschuldung vermieden werden kann", der Verband der Aufsichtsbehörde Vorschläge für eine Vereinigung dieser Krankenkasse mit einer anderen Krankenkasse vorlegen darf (§ 172 Abs. 3 S. 1). Dieses Vorschlagsrecht wird flankiert von einer entsprechenden Ersetzungspflicht durch einen Vereinigungsbeschluss seitens der Aufsichtsbehörde gemäß § 172 Abs. 3 S. 2, wenn bei der in ihrer Leistungsfähigkeit gefährdeten Krankenkasse ein Beschluss über eine freiwillige Vereinigung innerhalb einer von der Aufsichtsbehörde gesetzten Frist nicht zustande kommen sollte.

---

62 KHSG (BGBl. I, 2229).
63 Hier: BR-Dr. 277/15 v. 11.6.2015 zu Art. 6 Nr. 21 b, 114.
64 In seiner Neufassung durch Art. 1 Nr. 5 KHSG.
65 In der Fassung durch Art. 1 Nr. Nr. 5 KHSG.
66 In BR-Dr. 277/15, S. 114.
67 G. v. 22.12.2011 (BGBl. I, 2983).
68 Ellmann in: LPK-SGB V, § 271 Rn. 5 (S. 1706) betont die strukturelle Nähe von Abs. 2 a zu den §§ 265 a und b.
69 Ellmann, aaO, Rn. 5 (zweiter Absatz), zur Überbrückungsfunktion von Darlehen aus der Liquiditätsreserve für die bei Schließung einer Krankenkasse leistungsaushelfende Kasse, wenn wegen fortbestehender Versichertenmitgliedschaften Leistungsfälle eintreten, ohne dass bereits eine neue Mitgliedschaft bei einer anderen Kasse begründet worden wäre.

Diesem zur Vermeidung der Schließung oder Insolvenz von Krankenkassen möglichen Gestaltungsbeschluss geht ein mehrstufiges Informations-, Anhörungs- und Prüfungsverfahren voraus. In diesen Kontext wirkt das Liquiditätsdarlehen beruhigend ein, das aus der Liquiditätsreserve finanziert werden muss, die der Gesundheitsfonds gemäß § 271 Abs. 2 sukzessive aufzubauen hat. Es ist antragsgebunden und unterliegt dem pflichtgemäßen Ermessen des Bundesversicherungsamtes.

§ 271 a Sicherstellung der Einnahmen des Gesundheitsfonds

(1) ¹Steigen die Beitragsrückstände einer Krankenkasse erheblich an, so hat die Krankenkasse nach Aufforderung durch das Bundesversicherungsamt diesem die Gründe hierfür zu berichten und innerhalb einer Frist von vier Wochen glaubhaft zu machen, dass der Anstieg nicht auf eine Pflichtverletzung zurückzuführen ist. ²Entscheidungserhebliche Tatsachen sind durch geeignete Unterlagen glaubhaft zu machen.

(2) ¹Werden die entscheidungserheblichen Unterlagen nicht vorgelegt oder reichen diese nicht zur Glaubhaftmachung eines unverschuldeten Beitragsrückstandes aus, wird die Krankenkasse säumig. ²Für jeden angefangenen Monat nach Aufforderung zur Berichtslegung wird vorläufig ein Säumniszuschlag in Höhe von 10 Prozent von dem Betrag erhoben, der sich aus der Rückstandsquote des die Berichtspflicht auslösenden Monats abzüglich der des Vorjahresmonats oder der des Vorjahresdurchschnitts der Krankenkasse, multipliziert mit den insgesamt zum Soll gestellten Beiträgen der Krankenkasse des die Berichtspflicht auslösenden Monats, ergibt. ³Es wird der jeweils niedrigere Wert zur Berechnung der Säumniszuschläge in Ansatz gebracht.

(3) ¹Die Krankenkasse erhält ihre Säumniszuschläge zurück, wenn sie innerhalb einer angemessenen, vom Bundesversicherungsamt festzusetzenden Frist, die im Regelfall drei Monate nach Eintritt der Säumnis nach Absatz 2 nicht unterschreiten soll, glaubhaft macht, dass die Beitragsrückstände nicht auf eine Pflichtverletzung ihrerseits zurückzuführen sind. ²Anderenfalls werden die Säumniszuschläge endgültig festgesetzt und verbleiben dem Gesundheitsfonds.

(4) ¹Bleiben die Beitragsrückstände auch nach Ablauf der Frist nach Absatz 3 erheblich im Sinne des Absatzes 1 und ist die Krankenkasse säumig im Sinne des Absatzes 2, ist von einer fortgesetzten Pflichtverletzung auszugehen. ²In diesem Fall soll das Bundesversicherungsamt den Säumniszuschlag um weitere 10 Prozentpunkte pro Monat bis zur vollen Höhe des für die Berechnung der Säumniszuschläge zu Grunde gelegten Differenzbetrages nach Absatz 2 erhöhen. ³Diese Säumniszuschläge gelten als endgültig festgesetzt und verbleiben dem Gesundheitsfonds.

(5) Klagen gegen die Erhebung von Säumniszuschlägen haben keine aufschiebende Wirkung.

(6) § 28 r des Vierten Buches und § 251 Abs. 5 Satz 2 bleiben unberührt.

I. Entstehungsgeschichte	1	2.	Berichtspflichten an das Bundesversicherungsamt	13
II. Zahlungsdisziplin und Liquiditätssicherung als Regelungsziele	2	3.	Eskalationssystematik	15
III. Erheblicher Anstieg der Beitragsrückstände	10	IV.	Zusammenwirken von Bundesversicherungsamt und Aufsichtsbehörden	25
1. Erheblichkeit als Tatbestandsmerkmal und unbestimmter Rechtsbegriff	11	V.	Rechtsschutz	27

I. Entstehungsgeschichte

§ 271 a wurde durch das GKV-OrgWG vom 17.12.2008 (BGBl. I, 2426) mWv 1.1.2009 eingefügt.

II. Zahlungsdisziplin und Liquiditätssicherung als Regelungsziele

Beitragsrückstände einzelner Krankenkassen können sich als spezifisches Risiko für die Funktionsfähigkeit des Gesundheitsfonds als des zentralen und zentralisierten Finanzierungssystems der Krankenversicherung erweisen. Zahlungsdisziplin und Liquiditätssicherung dürfen als Ziel der Regelung gelten.¹ Durchgesetzt werden soll der wesentliche Beitrag, den die Krankenkassen selbst zur Funktionsfä-

---

1 Axer in Eichenhofer/Wenner, § 271 a Rn. 1, weist auf den besonderen Charakter dieser Vorschrift hin, die Bestandteil der den Gesundheitsfonds flankierenden Durchsetzungsordnung ist und überdies die „gewisse Skepsis des Gesetzgebers gegenüber den Krankenkassen im Hinblick auf den Beitragseinzug und die Weiterleitung der Beiträge zum Ausdruck" bringe. In diesem Sinne auch Sichert/Göpfarth in: Becker/Kingreen, § 271 a Rn. 1 („Steuerungsfunktion zur Verbesserung der Zahlungsdisziplin").

higkeit des Gesundheitsfonds leisten müssen. Es gilt, sicherzustellen, dass die Beiträge seitens der Krankenkassen ordnungsgemäß eingezogen und an den Gesundheitsfonds weitergeleitet werden.[2] Die Liquiditätssicherung als zentrales Element und als gesetzliche Verpflichtung, der sich das System des Säumnis-Managements unbedingt unterzuordnen hat, folgt auch aus der Pflicht des Gesundheitsfonds, eine **Liquiditätsreserve** aufzubauen und zu erhalten und hierfür erforderlichenfalls aus dem Bundeshaushalt verzinsliche Darlehen in Anspruch zu nehmen, verbunden mit der Pflicht, diese spätestens zum Ende des Haushaltsjahrs zurückzuzahlen und dies auch „durch geeignete Maßnahmen sicherzustellen" (§ 271 Abs. 3 S. 3); diese Verpflichtung verengt den Gestaltungsspielraum des Bundesversicherungsamtes erheblich.[3] Blickt man auf die Grundsatzregelung in § 28 r SGB IV für andere Zweige der Sozialversicherung zur Haftung bei schuldhafter Pflichtverletzung der jeweiligen „Einzugsstellen", stellt die hiesige Gestaltung eine Verschärfung und deutlichere Konturierung dar.

3 Das Gesetz sieht hier ein **gestuftes Säumnisverfahren** vor, das an die Voraussetzung einer Pflichtverletzung seitens der Krankenkasse(n) anknüpft. In der Sache werden Pflichtverletzung und unverschuldeter Beitragsrückstand unterschieden. Zur Abwehr des Vorwurfs der Pflichtverletzung bedarf es (nur) der Glaubhaftmachung, dass der Beitragsrückstand unverschuldet eingetreten sei. Zur Glaubhaftmachung ist die Vorlage von „entscheidungserheblichen Unterlagen" (Abs. 2 S. 1) erforderlich.

4 Das Säumnisverfahren dient der Simulation eines gewissen Anreizes wirtschaftlicher und liquiditätsorientierter Verantwortung auch eingedenk der Tatsache, dass weder Beitragsautonomie noch ein eigenes Inkassorisiko gegeben sind, die das Verhalten der Krankenkassen wirksam steuern könnten. Insgesamt erweist sich das Säumnisverfahren als abgemildert: Die vorläufige und gegebenenfalls endgültige Festsetzung von Säumniszuschlägen folgt einem strikten Fristenreglement, das beitragssäumigen Krankenkassen genügend Zeit für die Erfüllung der Beitragsforderung einräumt und damit auch für die Rückgewähr (Abs. 3 S. 1) vorläufig entrichteter Säumniszuschläge. Eine weitere wesentlich knapper gestaltete Säumnisregelung weist der Risikostrukturausgleich mit § 266 Abs. 8 auf.

5 **Verfahrensleitung und -verantwortung** liegen beim Bundesversicherungsamt.[4] Sein materiellrechtlicher Prüfauftrag orientiert sich daran, ob der Anstieg der Beitragsrückstände einer Krankenkasse als „erheblich" (Abs. 1 S. 1) eingeschätzt werden muss. Der mit diesem unbestimmten Rechtsbegriff dem Bundesversicherungsamt eingeräumte Auslegungs-, wenn nicht sogar Beurteilungsspielraum bedarf schon mit Blick auf die mögliche Belastung des Bundeshaushalts in seiner Reservefunktion aus § 271 Abs. 3 einer deutlicheren Konturierung. Hier ist der Rückgriff auf diverse Hinweise im Gesetz ebenso wie auf die Intentionen des Gesetzgebers angezeigt. Festzuhalten bleibt zunächst, dass ein Rückbezug auf das Säumnismodell und damit auf die schuldrechtliche Wechselbeziehung von Gläubiger und Schuldner hier nicht eine systemische Lösung sucht, sondern die Abwicklung des Verpflichtungsverhältnisses auf den konkreten Schuldner (die bezeichnete Krankenkasse) und deren quasi-individuelle Situation akzentuiert und isoliert betrachtet wissen will.

6 Auf die „**kassenindividuelle**" **Lage** und die spezifischen Argumente, die sie zur Begründung des Rückstands vorzubringen imstande ist, kommt es in allererster Linie an. Dennoch lässt sich auch angesichts der sehr begrenzten wettbewerblichen Autonomie der einzelnen Krankenkasse nicht auf eine **systemische Gesamtschau** anhand übergeordneter Vergleichsmaßstäbe verzichten, und hier muss ein gewisses Maß an auch gesundheitspolitischer und kassenartspezifischer Flexibilität in Kauf genommen und in die Betrachtung der Erheblichkeit (wie auch sodann der Verschuldensmaßstäbe) einbezogen werden. Auch der Beurteilungsspielraum des Bundesversicherungsamtes bezüglich dessen, was „erheblich" sei, unterliegt indessen den allgemeinen Grenzen, wie sie unbestimmten Rechtsbegriffen durch die Rechts- und Verfassungsordnung zugewiesen sind.

7 Das Verfahrenselement der „**Glaubhaftmachung**" (Abs. 2 S. 1) bringt im Gegensatz zum strikten Nachweis oder Beweis bzw. zur Versicherung an Eides statt eine gewisse argumentative Erleichterung für die betroffene Krankenkasse, bedeutet aber zugleich, dass an die **Responsivität** des Schuldners größere Erwartungen gerichtet werden müssen als dies bei einem förmlichen Beweisverfahren vom Beweispflichtigen erwartet werden könnte.[5] Die **Funktionsfähigkeit des Systems** insgesamt darf nicht

---

2 Diesen Sicherstellungsauftrag betont BT-Dr. 16/10609, 61.
3 Ellmann in: LPK-SGB V, § 271 a Rn. 2, betont den präventiv die Liquidität des Gesundheitsfonds unterstützenden Charakter der Vorschrift angesichts der unterschiedlich hohen Rückstandsquoten der Krankenkassen, weshalb es den Beitragseinzug zu forcieren galt.
4 Vgl. www.bundesversicherungsamt.de/Gesundheitsfonds.
5 Zu den „grundsätzlich strengen Maßstäben" bei mangelnder Glaubhaftmachung vgl. Sichert/Göpffarth in: Becker/Kingreen, § 271 a Rn. 9.

durch allzu stark formalisierte Verfahrensgänge gelähmt werden. Die hiermit erleichterte ‚Beweis'-Führung, die bloße „Glaubhaftmachung" ist auch dem Respekt gegen der Krankenkasse als zentralem Akteur im Gesundheitswesen und im System der gesetzlichen Krankenversicherung geschuldet; der hier zum Ausdruck gebrachte ‚institutionelle' Vertrauensvorschuss ist angesichts des intensiv gesetzlich gebundenen Selbstverwaltungsauftrags auch gerechtfertigt und geboten. Die allgemeine Vorschrift des § 23 SGB X setzt den Rahmen, innerhalb dessen § 271 a die lex specialis-Gestaltung gibt. Das Erfordernis der Glaubhaftmachung lässt gewisse oder auch vernünftige Zweifel an der Vortragsrichtigkeit durchaus passieren, im Rahmen einer Abwägung müssen jedoch deutlich mehr Argumente für die Glaubwürdigkeit sprechen als gegen sie. Wenn nach § 23 Abs. 1 Hs. 2 SGB X „[...] auch die Versicherung an Eides statt zugelassen werden [kann]", so ist dieser Weg indessen hier im Rahmen von § 271 a nicht eröffnet; es fehlt eben gerade an einer speziellen Vorschrift (mindestens im Rang einer Rechtsverordnung), die eine Versicherung an Eides statt ausdrücklich vorsieht.[6]

Für die Glaubhaftmachung bedarf es der **Aufforderung durch das Bundesversicherungsamt**. Diese Aufforderung stellt keinen (selbstständigen) Verwaltungsakt dar, dient lediglich als vorbereitende Handlung. Eine Anfechtungsklage kommt daher mangels selbstständigen Regelungsgehalts nicht in Betracht. Auch kann das Bundesversicherungsamt nicht durch Untätigkeitsklage Dritter dazu verpflichtet werden, die „Aufforderung zur Berichtslegung" (Abs. 2 S. 2) abzugeben. Hier fehlt es wohl an der drittschützenden Wirkung;[7] ob sich diese Auffassung mit Blick auf den – eingeschränkten – Wettbewerb der Krankenkassen in vollem Umfang halten lässt, mag bezweifelt werden. 8

Für das Säumnisverfahren ist ein **spezifisches Fristenmanagement** vorgesehen, für das die Grundsätze aus § 26 SGB X anzuwenden sind, was Fristenberechnung und Fristenlauf anbelangt, nicht jedoch die Bestimmungen über Fristverlängerungen nach § 26 Abs. 7 SGB X; dieser sozialrechtstypisch betroffenenfreundlichen und insofern „umfassend"[8] angelegten Ermessensgestaltung bedarf es im Verhältnis des Bundesversicherungsamtes zu den Krankenkassen nicht. 9

III. Erheblicher Anstieg der Beitragsrückstände

Den **wesentlichen Anknüpfungspunkt** des Regelungsgehalts von § 271 a bildet das Kriterium eines erheblichen Anstiegs der Beitragsrückstände (Abs. 1 S. 1). Hierzu führt der GKV-OrgWG-Entwurfsgesetzgeber als Regelungsmotiv an: „Säumnisse in diesem Bereich können zu erheblichen Belastungen des Bundes führen, der nach der Neukonzeption des GKV-WSG dem Gesundheitsfonds im Falle von Liquiditätsengpässen ein zinsloses Darlehen zur Verfügung stellen muss (§ 271 Abs. 3)", wie in Beschlussempfehlung und Bericht des Ausschusses für Gesundheit zum Entwurf des GKV-OrgWG[9] deutlich hervorgehoben wird. 10

1. Erheblichkeit als Tatbestandsmerkmal und unbestimmter Rechtsbegriff. Um einen erheblichen Anstieg feststellen zu können, komme es auf eine „Gesamtbetrachtung"[10] an, für die insbesondere – also keinesfalls ausschließlich – die im Folgenden näher zu betrachtenden Vergleichsmaßstäbe heranzuziehen seien und gegeneinander abgewogen werden müssten: Ausgangspunkt ist jedenfalls die sogenannte „Rückstandsquote", das ist das „Verhältnis der Beitragsrückstände zu den insgesamt zum Soll gestellten Beiträgen der Krankenkasse". Drei Varianten für einen „erheblichen Anstieg" werden nun standardisiert: (**1.**) Die Rückstandsquote der Krankenkasse fällt höher aus als ihre Rückstandsquote im selben Vorjahresmonat, oder (**2.**) die Rückstandsquote der Krankenkasse ist höher als ihre Rückstandsquote im Vorjahresdurchschnitt, oder (**3.**) die Rückstandsquote der Krankenkasse ist höher als diejenige der gesamten gesetzlichen Krankenversicherung oder die der Kassenart im Vorjahresmonat oder im Vorjahresdurchschnitt. Diese **Gesamtschau** soll die Feststellung, ob sich eine Rückstandsquote „erheblich" erhöht haben könnte, erleichtern.[11] Wenn auch nur auf den Begründungserwägungen fußend, so zeigt die dortige „insbesondere"-Fassung für die **Wahl der Vergleichsmaßstäbe**, dass dem unbestimmten Rechtsbegriff der Erheblichkeit ein gewisser Beurteilungsspielraum zugeordnet sein soll, den das Bundesversicherungsamt einzelfallbezogen auszufüllen hat. 11

---

6 Nachweise bei H. Lang in: Diering/Timme, SGB X, § 23 Rn. 4; vgl. auch Sichert/Göpffarth, aaO, § 271 a Rn. 8: „materiespezifisch".
7 So Sichert/Göpffarth, aaO, Rn. 7.
8 Timme in: Diering/Timme, SGB X, § 26 Rn. 23.
9 BT-Dr. 16/10609, 61.
10 So die Beschlussempfehlung wie vor, BT-Dr. 16/10609, 61. Vgl. Axer in Eichenhofer/Wenner, § 271 a Rn. 3.
11 BT-Dr. 16/10609, 61.

12 Insgesamt ergibt sich die Möglichkeit, die **Rückstandsquote** auf verschiedene Weise nach Maßgabe unterschiedlicher, hier zur Auswahl angebotener Vergleichsmaßstäbe festzusetzen und darzustellen, sei es im Vergleich zur kassenindividuellen Rückstandsquote des entsprechenden Vorjahresmonats oder des Vorjahresdurchschnitts, sei es im Vergleich zur GKV-umfassenden oder aber kassenartspezifischen Rückstandsquote des entsprechenden Vorjahresmonats oder des Vorjahresdurchschnitts.[12]

13 **2. Berichtspflichten an das Bundesversicherungsamt.** An diesen zunächst grob umrissenen Tatbestand knüpfen sich aufforderungsgebundene Berichtspflichten zum Bundesversicherungsamt an, verbunden mit dem Ziel einer durch entsprechende Tatsachen unterlegten Glaubhaftmachung, der erhebliche Rückstandsanstieg sei „nicht auf eine Pflichtverletzung zurückzuführen" (Abs. 1 S. 1 Hs. 2).

14 Eine „verschärfte Haftung"[13] knüpft an eine **„Pflichtverletzung"** und damit an ein Verschuldenskriterium (Abs. 1 S. 1 Hs. 2, S. 2) an,[14] für dessen Nichtvorliegen der beitragssäumigen Krankenkasse die Darlegungslast zugewiesen ist. „Unverschuldet" soll die Pflichtverletzung dann sei, „wenn Drittverschulden gegeben ist und sich die Pflichtverletzung nicht der Risikosphäre der Krankenkasse zuordnen lässt. Der Risikosphäre der Krankenkasse ist das Verschulden von in ihrem Auftrag tätigen Dritten zuzurechnen" (und damit ein Drittverschulden im vorbenannten Sinne nicht gegeben). Im Übrigen könne die Vorschrift den intendierten Zweck nur erfüllen, wenn an das Kriterium unverschuldeter Pflichtverletzung „strenge Maßstäbe" angelegt werden.[15] Adressat des Verschuldensvorwurfs ist die einzelne Krankenkasse.

15 **3. Eskalationssystematik.** Unter der Voraussetzung erheblicher Beitragsrückstände ergeht – zwingend – eine Aufforderung durch das Bundesversicherungsamt an die Krankenkasse zur Berichterstattung; für die Berichterstattung gilt die Frist nach Maßgabe von § 26 SGB X. Die Rechtsfolge ist **Säumnis** (Abs. 2 S. 1). Als weitere zwingende Rechtsfolge tritt die vorläufige Festsetzung des Säumniszuschlags „für jeden angefangenen Monat nach Aufforderung zur Berichtslegung" (Abs. 2 S. 2) hinzu.[16] Die Festsetzung des Säumniszuschlags ist sofort vollziehbarer Verwaltungsakt.[17] Einer jeweils monatlich neuerlichen Bescheidung bedarf es nicht.

16 Der **vorläufige Säumniszuschlag** (iSv Abs. 2 S. 2) wird in Höhe von 10 % von einem Betrag erhoben, in den die individuelle Rückstandsquote der betroffenen Krankenkasse als der die Rückstandsquote im Vorjahresdurchschnitt (oder wahlweise die Rückstandsquote des Vormonats) überschießende Betrag, vervielfacht um die „insgesamt zum Soll gestellten Beiträge der Krankenkassen des die Berichtspflicht auslösenden Monats" einfließt. Grundlage zur **Berechnung des Säumniszuschlags** bildet die „Rückstandsquote des die Berichtspflicht auslösenden Monats"; als kassenindividuelle Rückstandsquote wird das aus der Monatsrechnung der Krankenkasse ersichtliche Verhältnis der Rückstandssalden zu dem zum Soll gestellten Monatsbeitrag angesetzt.[18] Bei der Frage, ob die Rückstandsquote des Vormonats in Abzug zu bringen ist oder diejenige des Vorjahresdurchschnitts, wird (gemäß Abs. 2 S. 3) zugunsten der Krankenkasse „der jeweils niedrigere Wert zur Berechnung der Säumniszuschläge in Ansatz gebracht".

17 Die **endgültige Festsetzung** der Säumniszuschläge ist – gemäß Abs. 3 S. 1, Abs. 4 S. 1 – fristgebunden. Die Frist ist selbst Element der dem Verhältnismäßigkeitsprinzip unterstellten Verfahrensgestaltung; sie hat angemessen zu sein, soll regelmäßig den Zeitraum von drei Monaten vom Eintritt der (ersten) Säumnis an „nicht unterschreiten" (Abs. 3 S. 1). Die Frist dient dem „Ausgleich zwischen der erforderlichen Liquiditätssicherung und den zeitlichen Erfordernissen an die Beweislast".[19]

18 Das **dem fristsetzenden Bundesversicherungsamt eingeräumte Ermessen** hat sich sicherlich nicht zuletzt an dem Sicherstellungsauftrag zu orientieren. Bei der zeitlichen Bemessung, die in entsprechend begründeten Ausnahmefällen die Dreimonatsfrist deutlich überschreiten könnte, ist die Reduzierung der Anforderungen an die Darlegungs- bzw. Beweislast durch das Erfordernis (lediglich) der Glaub-

---

12 Vgl. auch Sichert/Göpffarth in: Becker/Kingreen, § 271 a Rn. 5, Rn. 10.
13 Sichert/Göpffarth, aaO, Rn. 2.
14 Vgl. die nicht hinreichende „Glaubhaftmachung", Abs. 2 S. 1.
15 In diesem Sinne die Beschlussempfehlung wie vor, BT-Dr. 16/10609, 61.
16 Vgl. Axer in Eichenhofer/Wenner, § 271 a Rn. 3.
17 Vgl. § 86 a SGG iVm § 62 SGB X, hierzu Diering in: Diering/Timme, SGB X, § 62 Rn. 53.
18 Sichert/Göpffarth in: Becker/Kingreen, § 271 a Rn. 4; vgl. § 6 Abs. 2 BVV (Verordnung über die Berechnung, Zahlung, Weiterleitung, Abrechnung und Prüfung des Gesamtsozialversicherungsbeitrages (Beitragsverfahrensverordnung) vom 3.5.2006 (BGBl. I, 1138), zuletzt geändert durch Art. 8 G v. 8.12.2016, BGBl. I 2838.
19 So Sichert/Göpffarth, aaO, Rn. 11.

haftmachung durchaus zulasten der betroffenen Krankenkasse zu berücksichtigen; zu ihren Gunsten hinwiederum kann der erhebliche Vorlageaufwand entsprechender Unterlagen gehen.[20]

Die nächste **Eskalationsstufe** knüpft an den Begriff der „**fortgesetzten Pflichtverletzung**" an (Abs. 4 S. 1) und setzt voraus, dass erstens auch nach Anlauf der – gegebenenfalls ermessensgeleitet verlängerten – Dreimonats(exkulpations)frist die bereits beanstandeten Beitragsrückstände erheblich bleiben und zweitens die gesetzlich (in Abs. 2 S. 1) angeordnete Säumnisfolge (weiterhin) besteht, also weder zwischenzeitlich entscheidungserhebliche Unterlagen vorgelegt worden sind noch das Nicht-Verschulden hinsichtlich des Beitragsrückstandes hinreichend glaubhaft gemacht werden konnte. Rechtsfolge einer in diesem Sinne „fortgesetzten Pflichtverletzung" der Krankenkasse (als Einzugsstelle) „soll" die im Einzelnen in Anknüpfung an den Differenzbetrag (in Abs. 2) ausgestaltete Erhöhung des Säumniszuschlags sein. Die Sollens-Regelung macht hier eine Zuspitzung des pflichtgemäßen Prüfrahmens des Bundesversicherungsamtes insoweit deutlich, als in der Regel die Erhöhung des Säumniszuschlags zwingend angeordnet werden muss und hiervon zugunsten der Säumigen abweichende Gestaltungen nur in solchen Einzelfällen in Betracht kommen, die deutlich Ausnahmecharakter tragen. Mit der „fortgesetzten Pflichtverletzung" ist die **Anhebung des Säumniszuschlags** um weitere 10 % gegenüber dem vorläufigen Säumniszuschlag (aus Abs. 2 S. 2) verbunden, nun aber in säumnismonatlichen 10 %-Stufen „bis zur vollen Höhe des für die Berechnung der Säumniszuschläge zu Grunde gelegten Differenzbetrags" (Abs. 4 S. 2 iVm Abs. 2 S. 2).

Damit wird insgesamt das vom Organisationsreformgesetzgeber mit § 271 a verfolgte Konzept deutlich: „Sollten sich die Sanktionsmittel nach den Absätzen 1 bis 3 als nicht wirkungsvoll erweisen, wird der finanzielle Druck auf die Krankenkassen nach Ablauf der Frist spürbar erhöht. Die Steigerung um monatlich 10 Prozentpunkte soll dazu führen, dem Gesundheitsfonds die ihm zustehende Liquidität zu verschaffen".[21]

Die Eskalationsstufen sind auf eine **Obergrenze** – „bis zur vollen Höhe" – gedeckelt, ein fester Betrag[22] bezeichnet demnach die Obergrenze. Indessen ist gerade in diesem zentralen und eingriffsintensiven Aspekt die Vorschrift unklar und lässt verschiedene Auslegungen zu, ein im – hier im weitesten Sinne – vollstreckungsrechtlichen Zusammenhang unhaltbarer Zustand. Der praktisch naheliegenden Berechnungsweise zufolge wird die „Steigerung um monatlich 10 Prozentpunkte"[23] alsbald erreicht und allein schon dadurch der „finanzielle Druck auf die Krankenkassen nach Ablauf der Frist spürbar erhöht".[24] Es ergibt sich allerdings ein „Sanktionsvolumen"[25] von bis zu 130 %, da die maximal erreichbaren 30 % aus der (dann als abgelaufen anzusetzenden) Dreimonatsfrist der ersten Eskalationsstufe hinzugerechnet werden müssten.

Das Bundesversicherungsamt setzt die (eskalierenden) Säumniszuschläge nach Maßgabe von Abs. 4 S. 1 durch Bescheid (**Verwaltungsakt**) fest, in den praktischerweise auch die endgültige Festsetzung des Säumniszuschlags (der ersten Eskalationsstufe) aufgenommen werden sollte.[26]

Insgesamt gilt: Auch ein solches ‚eskalierendes' System stößt an **Umsetzungsgrenzen**: Zum einen kann rein theoretisch das Ziel von § 271 a dadurch erreicht werden, dass durch das Aufkommen an Säumniszuschlägen die Beitragsrückstände aus der Erheblichkeitszone (iSv Abs. 1 S. 1) herausgeführt werden. Andere Gründe können ebenfalls dazu führen, dass „ein erheblicher Anstieg nicht mehr zu verzeichnen ist".[27] Die verfristete bzw. verspätete Glaubhaftmachung selbst löst keine Rückabwicklungsfolgen hinsichtlich der Säumniszuschläge mehr aus; sie wirkt *ex tunc*, was mit dem Ziel, dem Gesundheitsfonds „Liquidität zu verschaffen" übereinstimmt.

Zum anderen: Neben dieses Säumnisverfahren, das lediglich auf Symptome erheblich gestiegener Beitragsrückstände reagiert und schon von daher wohl doch an Grenzen einer unverhältnismäßigen Überspannung des Vollstreckungsprinzips stößt, treten diejenigen Gestaltungselemente, die in finanziellen Krisen einzelner Krankenkassen dem solidarischen Ausgleich der Kassen untereinander dienen sollen oder ‚von außen' stabilisierend (und liquiditätssichernd) einwirken können (insbesondere § 265 b).

---

20 Vgl. den Weiterleitungsauftrag in § 5 BVV sowie die Regelungen in §§ 6, 6 a BVV; vgl. ferner § 14 RSAV.
21 Beschlussempfehlung und Bericht des Ausschusses für Gesundheit zum Entwurf des GKV-OrgWG (BT-Dr. 16/10609, 61).
22 Vgl. Sichert/Göpffarth, aaO, § 271 a Rn. 14.
23 BT-Dr. 16/10609, 61, s. o. Rn. 16.
24 BT-Dr. 16/10609, 61.
25 So Sichert/Göpffarth, aaO, § 271 a Rn. 14.
26 Vgl. Sichert/Göpffarth, aaO, Rn. 15, 17.
27 Sichert/Göpffarth, aaO, Rn. 16.

IV. Zusammenwirken von Bundesversicherungsamt und Aufsichtsbehörden

25 Hier lässt sich die Frage nach dem Verhältnis der Erheblichkeitsprüfung durch das Bundesversicherungsamt einerseits zur Kontrolle durch die **Aufsichtsbehörden** andererseits anschließen.[28] § 271 a ist zwar im wesentlichen Sanktionsinstrument des Bundesversicherungsamtes, erfüllt darüber hinaus aber, indem es „zur Verbesserung der Zahlungsdisziplin"[29] eingesetzt werden soll, eben auch Aufgaben der **Finanzierungssicherstellung.** Das Bundesversicherungsamt als Aufsichtsbehörde bei bundesunmittelbaren Versicherungsträgern (§ 90 Abs. 1 SGB IV) und im Übrigen die Aufsichtsbehörden der Länder (nach Maßgabe von § 90 Abs. 2 und 3 SGB IV) haben vom Umfang der Aufsicht (§ 87 SGB IV: „Beachtung von Gesetz und sonstigem Recht, das für die Versicherungsträger maßgebend ist", dort Abs. 1 S. 2), von den Instrumenten (insbesondere Prüfungs- und Unterrichtungsrechte, § 88 SGB IV) und von den Befugnissen (Aufsichtsmittel, § 89 SGB IV) her gesehen ein breites Spektrum an Möglichkeiten, den Auftrag aus § 271 a zu stützen und zu vertiefen.

26 Indem Abs. 6 auf § 28 r SGB IV (zu **Schadensersatzpflicht und Verzinsung**) und auf § 251 Abs. 5 S. 2 (Prüfungsbefugnis des Bundesversicherungsamtes bei Tragung der Beiträge durch Dritte) verweist, verbreitert sich die Basis des **Bundesversicherungsamtes** für seinen Einnahmen-Sicherstellungsauftrag. Zum einen bedeutet die **Schadensersatzpflicht** aus § 28 r Abs. 1 SGB IV eine verschuldensabhängige (Amts- und Organ-)Haftung, übergeleitet auf die Einzugsstelle als Haftungsadressaten. Denn „verletzt ein Organ oder ein Bediensteter der Einzugsstelle schuldhaft eine diesem nach diesem Abschnitt auferlegte Pflicht, haftet die Einzugsstelle dem Träger der Pflegeversicherung, der Rentenversicherung und der Bundesagentur für Arbeit sowie dem Gesundheitsfonds für einen diesen zugefügten Schaden" (§ 28 r Abs. 1 SGB IV). Für den hiesigen Zusammenhang wird die Schadensersatzpflicht dem Umfang nach beschränkt (nach Maßgabe von § 28 r Abs. 2 SGB IV), denn werden Beiträge, Zinsen auf Beiträge oder Säumniszuschläge schuldhaft nicht rechtzeitig weitergeleitet, hat die (Krankenkasse als) Einzugsstelle Zinsen in Höhe von zwei vom Hundert über dem jeweiligen Basiszinssatz (§ 247 BGB) zu zahlen.

V. Rechtsschutz

27 Die pflichtige **Aufforderung** durch das Bundesversicherungsamt an die Krankenkasse zur Berichterstattung (nach Maßgabe von Abs. 1 S. 1) kann nicht Gegenstand einer Verpflichtungs- bzw. Untätigkeitsklage sein und ist nicht – weder als angeblich unzulässiger Verfahrensschritt noch als in der Sache unbegründetes (mit Blick auf das Erheblichkeitskriterium) Verwaltungshandeln – anfechtbar, erstens mangels drittschützender Wirkung und zweitens mangels Verwaltungsaktcharakters; die allgemeine Leistungsklage scheitert am Fehlen der Drittwirkung. Die Festsetzung des Säumniszuschlags ist ein sofort vollziehbarer Verwaltungsakt[30] und hat keine aufschiebende Wirkung.

§ 272 (aufgehoben)

§ 273 Sicherung der Datengrundlagen für den Risikostrukturausgleich

(1) ¹Das Bundesversicherungsamt prüft im Rahmen der Durchführung des Risikostrukturausgleichs nach Maßgabe der folgenden Absätze die Datenmeldungen der Krankenkassen hinsichtlich der Vorgaben des § 268 Absatz 3 Satz 1, 2 und 14, insbesondere die Zulässigkeit der Meldung von Diagnosedaten und Arzneimittelkennzeichen. ²§ 266 Absatz 7 Satz 1 Nummer 9 und § 274 bleiben unberührt.

(2) ¹Das Bundesversicherungsamt unterzieht die Daten nach § 268 Absatz 3 Satz 14 in Verbindung mit Satz 1 Nummer 5 einer Prüfung zur Feststellung einer Auffälligkeit. ²Die Daten nach § 268 Absatz 3 Satz 14 in Verbindung mit Satz 1 Nummer 1 bis 4 und 6 bis 7 kann das Bundesversicherungsamt einer Prüfung zur Feststellung einer Auffälligkeit unterziehen. ³Die Prüfung erfolgt als kassenübergreifende Vergleichsanalyse. ⁴Der Vergleichsanalyse sind geeignete Analysegrößen, insbesondere Häufigkeit und Schweregrad der übermittelten Diagnosen, sowie geeignete Vergleichskenngrößen und Vergleichszeit-

---

28 Vgl. Sichert/Göpffarth, aaO, Rn. 3. Axer in Eichenhofer/Wenner, § 271 a, Rn. 1, sieht den besonderen Wert der flankierenden Durchsetzungsordnung darin, dass sie in den Händen des Bundesversicherungsamts unabhängig von den möglichen Festsetzungsverfahren der jeweiligen Aufsichtsbehörden bleibt.
29 Sichert/Göpffarth, aaO, § 271 a Rn. 1.
30 Vgl. § 86 a Abs. 2 Nr. 4 SGG iVm § 62 SGB X, hierzu Diering in: Diering/Timme, SGB X, § 62 Rn. 53; Sichert/Göpffarth, aaO, Rn. 17.

punkte zugrunde zu legen, um Veränderungen der Daten und ihre Bedeutung für die Klassifikation der Versicherten nach Morbidität nach § 268 Absatz 1 Satz 1 Nummer 1 erkennbar zu machen. ⁵Das Nähere, insbesondere einen Schwellenwert für die Feststellung einer Auffälligkeit, bestimmt das Bundesversicherungsamt im Benehmen mit dem Spitzenverband Bund der Krankenkassen.

(3) ¹Hat das Bundesversicherungsamt eine Auffälligkeit nach Absatz 2 festgestellt, unterzieht es die betroffene Krankenkasse insbesondere wegen der Zulässigkeit der Meldung von Diagnosedaten nach § 268 Absatz 3 Satz 14 einer Einzelfallprüfung. ²Das Gleiche gilt auch dann, wenn bestimmte Tatsachen den Verdacht begründen, dass eine Krankenkasse die Vorgaben des § 268 Absatz 3 Satz 1, 2 und 14 nicht eingehalten hat. ³Die Krankenkassen sind verpflichtet, bei der Prüfung aufklärend mitzuwirken und auf Verlangen des Bundesversicherungsamts diesem weitere Auskünfte und Nachweise, insbesondere über die zugehörigen anonymisierten Arztnummern sowie die abgerechneten Gebührenpositionen, in einer von diesem gesetzten angemessenen Frist zu liefern; legt die Krankenkasse die geforderten Unterlagen nicht innerhalb der Frist vor, kann das Bundesversicherungsamt ein Zwangsgeld entsprechend § 71 Absatz 6 Satz 5 festsetzen. ⁴Das Nähere über die einheitliche technische Aufbereitung der Daten kann das Bundesversicherungsamt bestimmen. ⁵Das Bundesversicherungsamt kann die betroffene Krankenkasse auch vor Ort prüfen. ⁶Eine Prüfung der Leistungserbringer, insbesondere im Hinblick auf Diagnosedaten, ist ausgeschlossen. ⁷Die von den Krankenkassen übermittelten Daten dürfen ausschließlich für die Prüfung zur Feststellung einer Auffälligkeit nach Absatz 2 sowie für die Einzelfallprüfung nach diesem Absatz verarbeitet oder genutzt werden.

(4) ¹Das Bundesversicherungsamt stellt als Ergebnis der Prüfungen nach den Absätzen 2 und 3 fest, ob und in welchem Umfang die betroffene Krankenkasse die Vorgaben des § 268 Absatz 3 Satz 1, 2 und 14 eingehalten hat. ²Hat die betroffene Krankenkasse die Vorgaben des § 268 Absatz 3 Satz 1, 2 und 14 nicht oder nur teilweise eingehalten, ermittelt das Bundesversicherungsamt einen Korrekturbetrag, um den die Zuweisungen nach § 266 Absatz 2 Satz 1 für diese Krankenkasse zu kürzen sind. ³Das Nähere über die Ermittlung des Korrekturbetrags und die Kürzung der Zuweisungen regelt das Bundesministerium für Gesundheit durch Rechtsverordnung nach § 266 Absatz 7 mit Zustimmung des Bundesrates.

(5) ¹Das Bundesversicherungsamt teilt der betroffenen Krankenkasse seine Feststellung nach Absatz 4 Satz 1 und den Korrekturbetrag nach Absatz 4 Satz 2 mit. ²Klagen bei Streitigkeiten nach dieser Vorschrift haben keine aufschiebende Wirkung.

Literatur:
Glombik, Elektronischer Datenaustausch in der Sozialversicherung, rv 1/2016, 15; *Göpffarth/Sichert*, Morbi-RSA und Einflussnahmen auf ärztliches Kodierverhalten, KrV 2009, 186; *Kingreen/Kühling* (Hrsg.), Gesundheitsdatenschutzrecht, 2015; *Orlowski*, Neue Versorgungsstrukturen in der hausärztlichen Versorgung, ZMGR 2009, 124; *Plassmann*, Die Rolle der Kassenärztlichen Vereinigung im Spannungsfeld von kollektivvertraglichen Verpflichtungen und selektiv-vertraglichen Angeboten wettbewerbsorientierten Krankenkassen, VSSR 2012, 233; *Roßnagel*, Die arbeitsteilige Bearbeitung von Gesundheitsdaten und Datenverantwortung, in: Spiecker gen. Döhmann/Wallrabenstein (Hrsg.), IT-Entwicklungen im Gesundheitswesen: Herausforderungen und Chancen, 2016, 89; *Sichert/Fischer*, Alles Routine?!, NZS 2015, 694.

I. Entstehungsgeschichte 1	3. Einzelfallprüfung (Abs. 3) 17
II. Weiterentwicklung und Stabilisierung des Risikostrukturausgleichs 2	4. Formelles Prüfungsresultat (Abs. 4) 23
III. System der Datenmeldungen 3	5. Korrekturbedarfsermittlung durch das Bundesversicherungsamt (Abs. 4 S. 2) .. 24
IV. Prüfungssystem aus Auffälligkeits- und Einzelfallprüfungen (Abs. 1) 7	V. Rechtsschutz (Abs. 5) 30
1. Bundesversicherungsamt als Träger des Prüfauftrags 9	VI. Nachschärfung von Abs. 3 Satz 3 im Zuge der Neufassung durch das HHVG 33
2. Vergleichsanalysen, quartalsweise und vorjahresbezogen (Abs. 2) 11	

I. Entstehungsgeschichte

§ 273 gehörte zunächst ebenfalls zu den Regelungen über den Finanzausgleich in der Krankenversicherung der Rentner und wurde in dieser Funktion durch das GKV-GRG 2000 vom 22.12.1999 (BGBl. I, 2626) mWv 1.1.2002 aufgehoben. § 273 in seiner neuen Funktion (Sicherung der Datengrundlagen für den RSA), eingefügt durch das G zur Änderung arzneimittelrechtlicher und anderer Vorschriften vom 17.7.2009 (BGBl. I, 1990), ist mWv 23.7.2009 in Kraft getreten und nunmehr durch das Gesetz zur Stärkung der Heil- und Hilfsmittelversorgung (HHVG) v. 4.4.2017 (BGBl. I, 778), mWv 11.4.2017, in der vom BT-Ausschuss für Gesundheit mit Ausschussdrucksache 18(14) 0226.2 v. 24.1.2017 durch Änderungsantrag 1 der Fraktionen der CDU/CSU und SPD zu Art. 1 Nr. 16 f um § 273 Abs. 3 Satz 3 ergänzten Fassung novelliert worden.

II. Weiterentwicklung und Stabilisierung des Risikostrukturausgleichs

2 § 273 steht ganz im Zeichen der Weiterentwicklung und Stabilisierung des Risikostrukturausgleichs. Es handelt sich um einen **zwingenden gesetzlichen Auftrag** an das Bundesversicherungsamt (Abs. 2 S. 1), ergänzt um eine in das pflichtgemäße Ermessen des Amtes gestellte Prüfung (Abs. 2 S. 2). Gestützt auf ein fest umgrenztes Datengerüst und im Rahmen eines auf Vergleichsanalysen angelegten Verfahrens, das Züge eines Qualitätssicherungs- bzw. Controlling-Systems aufweist, werden im Erreichen und Überschreiten bestimmter (und im einzelnen „im Benehmen mit dem Spitzenverband Bund der Krankenkassen" [§ 273 Abs. 2 S. 5] festzulegender) Schwellenwerte „Auffälligkeiten" identifiziert (erster Schritt), deren förmliche Feststellung das Bundesversicherungsamt (in einem zweiten Schritt) zwingend zu einer „Einzelfallprüfung" (Abs. 3 S. 1) veranlasst. Diese Einzelfallprüfung basiert auf einer bestimmten, weiter eingegrenzten Datengrundlage: Es geht um die Prüfung der „Zulässigkeit der Meldung von Diagnosedaten nach § 268 Absatz 3 S. 1" (§ 273 Abs. 3 S. 1) durch die bereits „auffällig" gewordene Krankenkasse. Dies ist angesichts der enormen Datenmassen derzeit noch die einzige Möglichkeit effizienter teilautomatisierter Prüfung.

III. System der Datenmeldungen

3 Das (zusammen mit § 268 Abs. 3 S. 2) etablierte System der Datenmeldungen zur Sicherung der Datengrundlagen für den Risikostrukturausgleich[1] dient vor allem einer kontinuierlichen **Verbesserung der Datengrundlagen** und soll gewährleisten, dass für die Datenerhebungen die hierfür vorgesehenen Datenübermittlungsvorschriften eingehalten werden. Wird hier von einer „erweiterten Plausibilitätsprüfung (ex ante)" gesprochen,[2] macht dies die Funktion von § 273 besonders deutlich, die Zuverlässigkeit des Rechensystems der RSAV sicherzustellen. Ziel ist vor allem, das angemessene und rechtmäßige „Kodierverhalten der Leistungserbringer"[3] zu überwachen. Generell gilt die Erhebung von Datengrundlagen als zentrales und unverzichtbares Instrument, um zu wissenschaftlicher Zuverlässigkeit, Wirtschaftlichkeit und Sparsamkeit im Gesundheitswesen beizutragen, aber auch den Erfordernissen vernetzter Gesundheitsvorsorge und vernetzter Bemühungen um die Heilung von Krankheiten und Verletzungen gerecht werden zu können.[4] In den vielfältigen arbeitsteiligen Prozessen des Gesundheitswesens entsteht aus den verschiedensten Motiven der Bedarf nach Standardisierung immer wieder neu und muss mit der Weiterentwicklung der e-Technologie und der Programmsprachen Schritt zu halten versuchen und jederzeit ein **Höchstmaß** an **Kompatibilität** gewährleisten. Die Zuverlässigkeit als elektronisch abbildbares Abrechnungssystem im Rahmen des Risikostrukturausgleichs ist da eher eine Nebenforderung. Auch hier gilt es die Balance von rechtlicher Regelung und technologischem Fortschritt zu halten und dem Gesetzgeber nicht die Programm-Entwicklung zu überantworten. Wenn auch die weitere Automatisierung ein Governance-Problem ist, sollte eben nicht der Gesetzgeber die technologischen Schritte ins Ungewisse formulieren und die Governance-Anteile vorprägen müssen, so, wie dies schon bei der eGesundheitskarte zu beobachten ist.[5]

4 Die Einheitlichkeit und zwingende **Standardisierung der Datengrundlagen**, der Zuständigkeit und des Verfahrens ihrer Erhebung sollen gesichert werden. § 273 knüpft damit an die Übermittlungs- und Aufbereitungsregeln für Leistungsdaten an, wie sie in den §§ 294 bis 303 ausgeprägt sind. Die Vorschrift will – mit Blick auf § 268 Abs. 3 S. 2 („Sofern die Erhebung nach S. 1 Nummer 1 bis 7 Diagnosedaten und Arzneimittelkennzeichen beinhaltet, dürfen ausschließlich Diagnosedaten und Arzneimit-

---

1 Vgl. dazu den Entwurf eines Gesetzes zur Änderung arzneimittelrechtlicher und anderer Vorschriften, BT-Dr. 16/13428, hier S. 94 f.; Axer in: Eichenhofer/Wenner, § 273 Rn. 4 zum begrenzten Kontrollauftrag des Bundesversicherungsamts; ferner Sichert/Eischer, NZS 2015, 694, 696.
2 Göpffarth/Sichert in: Becker/Kingreen, § 273 Rn. 2 mit Rn. 6 (zum inhaltlich begrenzten Prüfauftrag), unter Bezug auf BT-Dr. 16/13428, 95.
3 Göpffarth/Sichert, aaO, Rn. 1; Becker in: jurisPK-SGB V § 273 Rn. 6.
4 Vgl. generell zu den Spannungslagen der Datenerhebung im Gesundheitswesen Roßnagel, Die arbeitsteilige Bearbeitung, 89 ff.
5 Vgl. als illustratives Beispiel die Governance-Programmierung in Art. 1 Nr. 5, Nr. 10 bis Nr. 13 – zu § 87 sowie §§ 291 bis 291 g (!).

telkennzeichen verarbeitet oder genutzt werden, die von den Krankenkassen nach den §§ 294 bis 303 erhoben wurden") – noch einmal ausdrücklich und nahezu gleichlautend „klargestellt" sehen, „dass Diagnosedaten und Arzneimittelkennzeichen für die Durchführung des Risikostrukturausgleichs in Bezug auf die Leistungsbereiche der Nummern 1 bis 7 nur verarbeitet oder genutzt werden dürfen (vgl. § 67 Absatz 6 und 7 SGB X), wenn sie unter Einhaltung der **Datenübermittlung** nach den §§ 294 bis 303 erhoben wurden".[6] Dem entsprechend sind „Nacherfassungen und Korrekturen"[7] jenseits dieses Systems grundsätzlich unzulässig: „Diagnosedaten und Arzneimittelkennzeichen, die außerhalb oder unter Missachtung dieser Abrechnungswege erhoben wurden, dürfen damit für die Durchführung des Risikostrukturausgleichs in Bezug auf die Leistungsbereiche der Nummern 1 bis 7 nicht verarbeitet oder genutzt werden".[8] Diese **Datenerfassungsstrenge** ist unverzichtbar, um die Sorgfalt der Ersterhebung zu sichern, will aber auch der Standardisierung des Systems und damit seiner **Abbildungszuverlässigkeit** dienen.

„Unberührt" von diesen **systemimmanenten Instrumenten** bleiben indessen die „Bemühungen der Krankenkassen, im Rahmen der Abrechnungsprüfung die Übereinstimmung der abgerechneten Leistungen mit den Diagnosen zu überprüfen", wie dies die „gesonderte datenschutzrechtliche Ermächtigung" aus § 284 Abs. 1 S. 1 Nr. 8 (hier im Rahmen von § 106a Abs. 3) erlaubt.[9] Denn unter den **Grundsätzen der Datenverwendung** gilt (gemäß § 284 Abs. 1 S. 1 Nr. 8), dass die Krankenkassen Sozialdaten für Zwecke der Krankenversicherung nur erheben und speichern dürfen, soweit diese für die Abrechnung mit den Leistungserbringern, einschließlich der Prüfung der **Rechtmäßigkeit und Plausibilität** der Abrechnung erforderlich sind. Dies entspricht vollkommen den Anforderungen an den Prüfauftrag, denn (gemäß § 106 a Abs. 1 iVm Abs. 3 Nr. 1 bis 3) haben die Kassenärztlichen Vereinigungen und die Krankenkassen die Rechtmäßigkeit und Plausibilität der Abrechnungen der Vertragsärzte zu prüfen, insbesondere hinsichtlich des Bestehens und des Umfangs ihrer Leistungspflicht (Nr. 1), der **Plausibilität** von Art und Umfang der für die Behandlung eines Versicherten abgerechneten Leistungen in Bezug auf die angegebene Diagnose, bei zahnärztlichen Leistungen in Bezug auf die angegebenen Befunde (Nr. 2), sowie der Plausibilität der Zahl der vom Versicherten in Anspruch genommenen Vertragsärzte, unter Berücksichtigung ihrer Fachgruppenzugehörigkeit (Nr. 3). Im Übrigen gilt, dass auch die Befugnisse der Prüfdienste „unberührt" bleiben sollen.[10]

Die **Gesetzgebungskompetenz des Bundes** ist auch angesichts der weitreichenden Prüfbefugnisse in die am Risikostrukturausgleich beteiligten bundesunmittelbaren ebenso wie landesunmittelbaren Krankenkassen gegeben; der Prüfauftrag ist unproblematisch gemäß Art. 74 Abs. 1 Nr. 12 GG dem Aufgabenfeld der gesetzlichen Sozialversicherung zuzuordnen.[11]

IV. Prüfungssystem aus Auffälligkeits- und Einzelfallprüfungen (Abs. 1)

§ 273 etabliert ein **gestuftes Prüfungssystem**,[12] bestehend aus **Auffälligkeitsprüfungen** und sich gegebenenfalls anschließenden Einzelfallprüfungen, das im Ergebnis Kürzungen von Zuweisungen begründen kann. Die Kürzungen werden durch ein zusätzlich eingefügtes monetäres Sanktionselement zu einem sog **Korrekturbetrag** aufaddiert. Die Prüfungskriterien „Plausibilität" (Schlüssigkeit der Angaben zB auf der Basis von Vorjahresangaben bzw. sonstigen Erfahrungswerten) und „Auffälligkeit" (Überschreiten bestimmter Schwellenwert-Grenzen) bedingen einander, sind aber noch nicht hinreichend aufeinander abgestimmt. Das BSG[13] hat eine Amtsermittlungspflicht aus § 273 grundsätzlich verneint; diese Vorschrift bestätige die bisherige Rspr. und lasse sich von der Erkenntnis leiten, dass – wenn es dem Bundesversicherungsamt bis dahin nicht möglich gewesen sei, festzustellen, ob die gemeldeten Daten unter Missachtung der Vorgaben des § 278 Abs. 3 S. 1 und 14 SGB V erhoben wurden und damit fehlerhaft – nunmehr durch § 273 „eine erweiterte Plausibilitätsprüfung des Bundesversicherungsamts an den gemeldeten Daten, vor ihrer Verwendung im RSA, ermöglicht" wird;[14] denn führe der Gesetzgeber eine solcherart partielle Prüfbefugnis des Bundesversicherungsamts als der zur RSA-

---

6 BT-Dr. 16/13428, 94 (zu § 268 – Sicherung der Datengrundlagen für den Risikostrukturausgleich); §§ 294 bis 303.
7 Göpffarth/Sichert in: Becker/Kingreen, § 273 Rn. 1.
8 BT-Dr. 16/13428, 94.
9 Dies betonend BT-Dr. 16/13428, 94, dort zu § 268.
10 BT-Dr. 16/13428, 94, zu § 273.
11 Vgl. BT-Dr. 16/13428, 95, unter Bezug auf BVerfGE 113, 167, 195 ff.
12 Vgl. Ellmann in: LPK-SGB V, § 273 Rn. 2; Becker in: jurisPK-SGB V § 273 Rn. 7 ff.
13 Urt. v. 20.5.2014, B 1 KR 3/14 R, BSGE 116, 31.
14 Unter Bezug auf BT-Dr. 16/13428, 94 zu Nr. 11 b.

Durchführung zuständigen Stelle ein, um zu untersuchen, ob die beteiligten Krankenkassen rechtliche Vorgaben eingehalten haben und um die einheitliche Verwendung der Daten für den Risikostrukturausgleich sicherzustellen sowie Wettbewerbsverzerrungen zu verhindern, bestätige dies die Annahme, „dass im Übrigen eine Amtsermittlungspflicht hinsichtlich der erhobenen Daten gerade nicht besteht".[15] Die Funktionen des § 273, **Einheitlichkeit der Datenverwendung** sicherzustellen und **Wettbewerbsverzerrungen entgegenzuwirken,** werden hier bestätigt und bestärkt.

8   Nr. 3 der „Zweite[n] Bestimmung des Bundesversicherungsamtes nach § 273 Abs. 2 S. 5 SGB V zur kassenübergreifenden **Auffälligkeitsprüfung** im Rahmen der Sicherung der Datengrundlagen für den Risikostrukturausgleich (RSA)" in der Fassung vom 29. März 2011[16] hat das Prozedere in drei Sätzen zusammengefasst: „Die Feststellung einer Auffälligkeit nach Maßgabe der Ziff. 2 dieser Bestimmung in Verbindung mit § 273 Abs. 2 SGB V hat eine Einzelfallprüfung zur Folge (§ 273 Abs. 3 S. 1 SGB V). Das Ergebnis der Auffälligkeitsprüfung (§ 273 Abs. 2 SGB V) und das Ergebnis der Einzelfallprüfung (§ 273 Abs. 3 SGB V) werden den betroffenen Krankenkassen jeweils bekannt gegeben (§ 273 Abs. 4 S. 1, Abs. 5 S. 1 Halbs. 1 SGB V). Die Vorgehensweise zur Ermittlung eines möglichen Korrekturbetrages wird – in Abstimmung mit dem Spitzenverband Bund der Krankenkassen – in einer gesonderten Bestimmung festgelegt, § 39a Abs. 5 S. 1 RSAV". Im Vordergrund von § 273 stehen gesetzgeberische Ermächtigungsvorgaben und Klarstellungsanliegen. Insbesondere die Einzelheiten der **Korrekturbetragsermittlung** sind der Ausgestaltung durch den Verordnungsgeber (mit Zustimmungserfordernis des Bundesrates) im Rahmen der RSAV überantwortet (vgl. § 273 Abs. 4 S. 3).

9   **1. Bundesversicherungsamt als Träger des Prüfauftrags.** § 273 stellt das Bundesversicherungsamt als Träger des Prüfauftrags in das Zentrum der Regelung. Es erhält „als für die Durchführung des Risikostrukturausgleichs zuständige Stelle" die **Befugnis zur Prüfung,** ob die am Risikostrukturausgleich beteiligten bundesunmittelbaren und landesunmittelbaren Krankenkassen die „rechtlichen Vorgaben eingehalten haben, um die einheitliche Verwendung der Daten für den RSA sicherzustellen und Wettbewerbsverzerrungen zu verhindern".[17]

10 Die Regelung (in Abs. 1) präzisiert den bereits vorhandenen, zum Schutz des RSAV-Berechnungssystems eingerichteten Fehlerfilter in § 30 Abs. 4 S. 4 RSAV, dem gemäß solche Daten, die – erkennbar – erhebliche Fehler aufweisen, für die Ermittlung der Risikozuschläge unberücksichtigt bleiben dürfen (ausdrücklich iS einer ‚Kann'-Bestimmung). Durch die mit § 273 eingeführte Regelung besteht nun eine „Möglichkeit festzustellen, ob die von den Krankenkassen gemeldeten Daten unter Missachtung der Vorgaben des § 268 Absatz 3 S. 1 und 14 SGB V erhoben wurden und damit als fehlerhaft anzusehen sind",[18] im Zuge der nunmehr **erweiterten Plausibilitätsprüfung**[19] der gemeldeten Daten vor ihrer Verwendung im Risikostrukturausgleich, um also unrechtmäßigerweise erhöhte Zuweisungen aus dem Gesundheitsfonds auszuschließen.[20] Erwartet wird hier als „Schwerpunkt der Prüfung" „die Meldung ambulanter Diagnosen im Hinblick auf ihre Übereinstimmung mit § 295 Abs. 1 S. 1 Nr. 2 und S. 2".[21]

11 **2. Vergleichsanalysen, quartalsweise und vorjahresbezogen (Abs. 2).** Insbesondere hat das Bundesversicherungsamt die Verpflichtung, die gemeldeten ambulanten Diagnosen einer Prüfung zu unterziehen, um **Auffälligkeiten** festzustellen (Abs. 2 S. 1 iVm § 268 Abs. 3 S. 14 iVm S. 1 Nr. 5).[22] Auffälligkeiten in diesem Sinne müssen einen bestimmten, im Einzelnen im Benehmen mit dem Spitzenverband durch das Bundesversicherungsamt zu bestimmenden Schwellenwert überschreiten (Abs. 2 S. 5). Die „Auffäl-

---

15 BSG, aaO, juris Rn. 18. Vgl. BT-Dr. 16/13428, 95, unter Bezug auf BVerfGE 113, 167, 195 ff.
16 S. http://www.bundesversicherungsamt.de/cln_339/nn_1440958/DE/Risikostrukturausgleich/Datengrundlagen/zweite__Bestimmung__273__Abs__2__S.__5,templateId=raw,property=publicationFile.pdf/zweite_Bestimmung_273_Abs_2_S._5.pdf, S. 10 (zuletzt abgerufen am 1.5.2017).
17 BT-Dr. 16/13428, 94, zu Nr. 11 b – neu – § 273; Axer in: Eichenhofer/Wenner, § 273 Rn. 2 f., zu den Prüfungs- und Sanktionsbefugnissen des Bundesversicherungsamts, um – insoweit in engem systematischen Zusammenhang mit § 268 Abs. 3 SGB V – eine belastbare Datengrundlage zu gewinnen, ohne nachdrücklich auf „ärztliches Kodierverhalten" (vgl. Göpffarth/Sichert, Morbi-RSA und Einflussnahmen auf ärztliches Kodierverhalten, KrV 2009, 186 ff.) einzuwirken, mit Blick auf § 273 Abs. 3 S. 6 („Eine Prüfung der Leistungserbringer, insbesondere im Hinblick auf Diagnosedaten, ist ausgeschlossen").
18 BT-Dr. 16/13428, 94.
19 BT-Dr. 16/13428, 95; Axer in: Eichenhofer/Wenner, § 273 Rn. 5.
20 BT-Dr. 16/13428, 95.
21 BT-Dr. 16/13428, 95.
22 Vgl. BT-Dr. 16/13428, 95. Axer in: Eichenhofer/Wenner, § 273 Rn. 5, zu Anforderungen an die „erweiterte Plausibilitätsprüfung" im Kontext der Auffälligkeitsprüfung iSv Abs. 2. Vgl. auch Becker in: juris-SGB V § 273 Rn. 10.

ligkeit" (im Sinne von Abs. 2 S. 2) wird damit zu einer **systemimmanent ausgehandelten** und im Einzelnen bestimmten Rechengröße umgestaltet.

Die Ausgestaltung des Systems der **Auffälligkeitskontrolle** im Rahmen der Datengewinnung für den Risikostrukturausgleich im Einzelnen, „insbesondere einen Schwellenwert für die Feststellung einer Auffälligkeit" (Abs. 2 S. 5), „bestimmt" das Bundesversicherungsamt, allerdings „im Benehmen" mit dem Spitzenverband Bund der Krankenkassen; das „Benehmen" deutet auf eine – keineswegs zwingend auch auf Einvernehmen gerichtete – Vorabklärung des Schwellenwerts hin, die es ermöglicht, spezifische strukturelle Argumente, mögliche Entwicklungsperspektiven in der Entwicklung von Versichertengruppen, aber auch der wettbewerblichen Situation der Krankenkassen untereinander und damit zugleich auch **Selbstverwaltungsaspekte** in die Schwellenwertfestsetzung einfließen zu lassen. Erneut wird deutlich, dass dem Bundesaufsichtsamt hier keine im eigentlichen Sinne aufsichtliche Kontrollfunktion zukommt, sondern dass es „im Rahmen der Durchführung des Risikostrukturausgleichs" (Abs. 1 S. 1) in das Verfahren um seine Datenbasis einbezogen ist. Die Auffälligkeitskontrolle reflektiert ein Regelungsmuster, das § 296 als „Auffälligkeitsprüfungen" „für die arztbezogenen Prüfungen nach § 106" vorsieht.

12

Der Pflichtprüfung gemeldeter ambulanter Diagnosen wird ein **Ermessensspielraum** zur Seite gestellt, soweit es um die Prüfung der Daten aus § 268 Abs. 3 S. 1 Nr. 1 bis 4 und 6 bis 7 zu tun ist (Abs. 2 S. 2). Für diesen Ermessensgebrauch legt der Gesetzgeber Maßgaben vor. Sowohl die Pflichtprüfungen als auch die ermessensbasierten Prüfungen erfolgen als **kassenübergreifende Vergleichsanalysen** der jeweils gemeldeten Daten (Abs. 2 S. 3). Gefordert werden (gemäß S. 4) im Rahmen dieser Vergleichsanalysen geeignete **Analysegrößen**, die etwa in der durchschnittlichen Diagnosen-Anzahl je Versichertem[23] liegen können, sowie geeignete **Vergleichskenngrößen**; hier wird „die durchschnittliche Zahl der Diagnosen je Versicherten bei einer Krankenkasse im Vergleich zum GKV-Durchschnitt oder zum Durchschnitt der Krankenkassen in derselben Region" zugrunde gelegt.[24] Als Ziel hat der Gesetzgeber vorgegeben, „Veränderungen der gemeldeten Daten im Hinblick auf ihre Auswirkungen im Versichertenklassifikationsmodell festzustellen".[25]

13

Details der kassenübergreifenden Vergleichsanalyse enthält die „Zweite Bestimmung":[26] Diese soll Prüfgegenstand, die notwendigen Vergleichsgrößen und -zeitpunkte sowie die Analysegrößen spezifizieren, den Prüfablauf im Einzelnen vorgeben und die Schwellenwerte bestimmen, die das Vorliegen einer Auffälligkeit definieren. Hierzu erfasst die „Zweite Bestimmung" beide für § 273 zentralen Prüfbereiche, zum einen die obligatorische Prüfung der Diagnosedaten aus der vertragsärztlichen Versorgung (gemäß Abs. 2 S. 1), zum anderen die fakultative Prüfung der Diagnosedaten aus dem Krankenhaussektor (gemäß Abs. 2 S. 2). Zu Recht wird in diesem Dokument (unter Nr. 2.7) betont: „Es bleiben unvermeidlich Grenzwerte bzw. Toleranzbereiche zu definieren, die den ‚Normbereich' der Untersuchung bilden. Liegen die errechneten Werte der Analysegrößen außerhalb dieser Toleranzbereiche, so gelten die Daten als auffällig". Nr. 2.2 der „Zweiten Bestimmung" arbeitet die Details der Vergleichskenngrößen und -zeitpunkte heraus.

14

Bildung von Analyseschwerpunkten (2.4 der „Zweiten Bestimmung"): Als Voraussetzung einer Vergleichsanalyse im Sinne von Abs. 2 S. 3 wird eine „vollständige Gruppierung (**Grouping**) der Versicherten nach Vorgaben des Klassifikationsmodells" gefordert, im Sinne einer „Verdichtung der aus den rohen Morbiditätsdaten zu gewinnenden Informationen", die „durch Aggregation der Diagnose und auch der Arzneimitteldaten" erfolgt.

15

Beschränkung auf signifikante Abweichungen bei den gemeldeten Daten: Der (gemäß § 273 Abs. 2 S. 5) im Benehmen mit dem Spitzenverband Bund der Krankenkassen durch das Bundesversicherungsamt zu bestimmende **Schwellenwert** will sicherstellen, „dass nur signifikante Abweichungen bei den gemeldeten Daten als auffällig gelten".[27] Hier geben die „**Dritte Bestimmung des Bundesversicherungsamtes** nach § 273 Abs. 2 S. 5 SGB V zur kassenübergreifenden Auffälligkeitsprüfung" vom

16

---

23 BT-Dr. 16/13428, 95.
24 BT-Dr. 16/13428, 95.
25 BT-Dr. 16/13428, 95; vgl. § 268 Abs. 1 S. 1 Nr. 1 bis 5, auch § 87a Abs. 5 S. 5.
26 In der Fassung v. 29.5.2011 (aaO).
27 BT-Dr. 16/13428, 95.

10.6.2015[28] und das statistische Berechnungsmodell weitere Orientierung.[29] Hingewiesen sei auf das LSG NRW, Urt. v. 13.2.2014,[30] in dem mit Blick auf BVA-Gestaltungsspielräume klargestellt wird, dass eine wie auch immer gestaltete Fehler- oder **Unschärfen-Kompensation** nicht statthaft ist: „In Bezug auf die Regressionsanalyse lässt sich aus Gesetz und Verordnung keine Befugnis des BVA ableiten, im Interesse übergeordneter Erwägungen vor allem mit Blick auf eine Gesamtverbesserung der Wirkungsweise des RSA auf die Korrektur eindeutig identifizierter Fehler des Berechnungsverfahrens zu verzichten, um damit Unzulänglichkeiten an anderer Stelle ganz oder teilweise zu kompensieren. Weder der Gesetz- noch der Verordnungsgeber haben dem BVA den dafür erforderlichen umfassenden politisch-planerischen Entscheidungsfreiraum (...) bei der Gestaltung des Wettbewerbs zwischen den gesetzlichen Krankenversicherungen eingeräumt". Insoweit in diesem Verfahren die beklagte Partei einen „weiten Entscheidungsspielraum eigener Art" beansprucht hatte, hat das LSG[31] ausgeführt, der Gesetzgeber habe dem Bundesversicherungsamt hinsichtlich des Regressionsverfahrens, das er „nur als eher untergeordnete technische Festlegung einstuft, **keine vergleichbare Letztentscheidungsbefugnis** eröffnet".

17 **3. Einzelfallprüfung (Abs. 3).** Zwei vorgegebene Lagen rechtfertigen die Einzelfallprüfung[32] und begrenzen zugleich das **Prüfungsprogramm**: zum einen eine Auffälligkeit im Sinne dieser Vorschrift (vgl. Abs. 2), mit der Konsequenz einer „insbesondere" auf die Zulässigkeit der Meldung von Diagnosedaten (im Sinne von § 268 Abs. 3 S. 14) gerichteten Prüfung (Abs. 3 S. 1). Zum anderen ist eine Einzelfallprüfung gerechtfertigt, „wenn bestimmte Tatsachen den Verdacht begründen, dass eine Krankenkasse die Vorgaben des § 268 Absatz 3 S. 1, 2 und 14 nicht eingehalten hat" (S. 2).

18 Hierbei muss es sich um einen **Anfangsverdacht aufgrund konkreter Anhaltspunkte** handeln.[33] Den Schwerpunkt der Einzelfallprüfung sieht der Gesetzgeber in der Meldung ambulanter und stationärer Diagnosen, wobei zum einen deren Übereinstimmung mit den Anforderungen aus § 295 Abs. 1 S. 1 Nr. 2 geprüft werden muß, denen gemäß die an der vertragsärztlichen Versorgung teilnehmenden Ärzte und Einrichtungen verpflichtet sind, in den Abrechnungsunterlagen die von ihnen erbrachten vertragsärztlichen Leistungen mit Behandlungstag, bei ärztlicher Behandlung mit Diagnosen, bei zahnärztlicher Behandlung mit Zahnbezug und Befunden aufzuzeichnen und zu übermitteln. Und zum anderen geht der Prüfauftrag nach Maßgabe von § 301 Abs. 1 S. 1 Nr. 7 iVm § 301 Abs. 2 S. 1 dahin, ob die gemäß § 108 zur Leistungserbringung zugelassenen Krankenhäuser ihre Verpflichtung eingehalten haben, den Krankenkassen bei Krankenhausbehandlung den Tag, die Uhrzeit und den Grund von Entlassung oder Verlegung zu übermitteln, bei externer Verlegung überdies das Institutionskennzeichen der aufnehmenden Institution, bei Entlassung oder Verlegung die für die Krankenhausbehandlung maßgebliche Hauptdiagnose und die Nebendiagnosen, und zwar jeweils mittels elektronischer Datenübertragung oder maschinell verwertbar auf Datenträgern. Auch hier handelt es sich um in erheblichem Maße **datenschutzrelevante Informationskonglomerate**.

19 Zu den weiteren **Auskünften und Nachweisen**, die (gemäß Abs. 3 S. 3 bisheriger Fassung) das Bundesversicherungsamt von den betroffenen Krankenkassen schon verlangen durfte, zählen Auskünfte über Abschluss und Inhalt von Selektivverträgen,[34] also Verträgen (im Rahmen der §§ 127, 132, 132 a–e, 133 Abs. 1, 140 c), die neben die versorgungstypischen Kollektivverträge „ergänzend (und ersetzend)" treten können und alternativ auch Abschlussmöglichkeiten für Verträge mit einzelnen bzw. auch ausländischen (vgl. § 140 e) Leistungserbringern bieten, „um den Schwächen des kollektivvertraglichen

---

28 Neufassung der Dritte[n] Bestimmung des Bundesversicherungsamtes nach § 273 Abs. 2 Satz 5 SGB V zur kassenübergreifenden Auffälligkeitsprüfung im Rahmen der Sicherung der Datengrundlagen für den Risikostrukturausgleich (RSA) in der Fassung vom 8.7.2013; früher noch mit Blick auf § 39 a RSAV: Bestimmung des Bundesversicherungsamtes nach § 39 a Abs. 5 RSAV zur Ermittlung eines Korrekturbetrages nach Abs. 4 S. 2 und 3 iVm § 39 a RSAV in der Fassung vom 22.3.2011.
29 In der „Vorbemerkung" zu diesem Dokument heißt es ua: „Das Nähere zur Durchführung der Auffälligkeitsprüfungen ab dem Berichtsjahr 2009 wird nachfolgend bestimmt. Gegenüber der zweiten Bestimmung zur kassenübergreifenden Auffälligkeitsprüfung in der Fassung vom 29.3.2011 ergeben sich zT größere formale und inhaltliche Veränderungen. Der Spitzenverband Bund der Krankenkassen (GKV-Spitzenverband) hat dem Konzept zu dieser Bestimmung nach einem eingehenden Abstimmungsprozess am 8.7.2013 zugestimmt. Die letzte Aktualisierung erfolgte am 10.6.2015". Vgl. Göpffarth/Sichert in: Becker/Kingreen, § 273 Rn. 5.
30 LSG NRW, 13.2.2014, L 16 KR 743/13 KL, juris Rn. 58.
31 LSG NRW, aaO, unter Bezug auf LSG NRW, 6.6.2013, L 16 KR 24/09 KL, juris Rn. 83.
32 Axer in: Eichenhofer/Wenner, § 273 Rn. 6; Becker in: jurisPK-SGB § 273 Rn. 11.
33 BT-Dr. 16/13428, 95.
34 BT-Dr. 16/13428, 95. Vgl. Plassmann, VSSR 2012, 233 ff.

Systems mit mehr Wettbewerb und einer Verzahnung des ambulanten Bereichs mit dem stationären Bereich zu begegnen".[35] Im Zuge der Einzelfallprüfungen sind auch Prüfungen vor Ort vorgesehen.[36] **Nachschärfungen** sind durch die Neufassung von Abs. 3 S. 3 vom Gesetzgeber für notwendig gehalten worden, um zu Tage getretenen Kooperationsdefiziten der Krankenkassen entgegenzuwirken.[37]

Mit Blick auf das Selbstverwaltungsrecht der Kassen einerseits und die Berufsausübungsfreiheit der Leistungserbringer andererseits besteht **kein eigenes Prüfungsrecht** des Bundesversicherungsamts gegenüber den Leistungserbringern; ein (auch nur mittelbarer) Eingriff in die Diagnosen wäre unzulässig (Abs. 3 S. 6).

Abschließend wird in Abs. 3 S. 7 ausdrücklich klargestellt,[38] dass das Bundesversicherungsamt die seitens der Krankenkassen für den Risikostrukturausgleich gemeldeten Daten ausschließlich zum Zwecke der Prüfung zur Feststellung einer Auffälligkeit und zum Zwecke der Einzelfallprüfung bei der betroffenen Krankenkasse verwenden darf. Gemäß § 39 a Abs. 1 RSAV ergeht im Rahmen der Ermittlung des Korrekturbetrags ein Prüfauftrag an das Bundesversicherungsamt um Korrekturmeldungen eines gesamten Berichtsjahrs.

Vereinfachter Ermittlungsrahmen: Bei einer Korrekturmeldung muss das Bundesversicherungsamt die adjustierten jährlichen Zuweisungen von den nach § 41 Abs. 3 RSAV ermittelten Zuweisungen abziehen; so ergibt sich der **Differenzbetrag bei Korrekturmeldung** (§ 39 a Abs. 2 S. 4 RSAV), zu ermitteln allerdings nur bei einem positiven Differenzbetrag (§ 39 a Abs. 2 S. 5 RSAV). Und auch im Übrigen bleibt es bei einem **eingeschränkten bzw. erleichterten Ermittlungsauftrag** des Bundesversicherungsamtes (§ 39 a Abs. 3 S. 1 Hs. 1 RSAV).

4. Formelles Prüfungsresultat (Abs. 4). Als Ergebnisse der **Vergleichsanalyse** (Abs. 2) und der **Einzelfallprüfung** (Abs. 3) hat das Bundesversicherungsamt gemäß Abs. 4 förmlich zweierlei festzustellen (und zwar jeweils als **Verwaltungsakt**[39] – mit Rechtsbehelfsbelehrung versehen – anfechtbar): **(1.)** „ob und in welchem Umfang" betroffene Krankenkassen die Vorgaben hinsichtlich der Gruppenbildungen eingehalten haben, und zwar getrennt nach den Versichertengruppen (§ 267 Abs. 2) je Versichertem. Und **(2.)** hat das Bundesversicherungsamt – nachdem es die Ergebnisse der Vergleichsanalyse und der Einzelfallprüfung gewürdigt hat – einen Korrekturbetrag zu ermitteln, wenn die betroffene Krankenkasse die genannten Vorgaben (aus § 268 Abs. 3 S. 1, 2 und 14) „nicht oder nur teilweise eingehalten" hat. Um diesen Betrag sind die Zuweisungen nach § 266 Abs. 2 S. 1 für diese Krankenkasse zu kürzen; die Kürzung ist festzustellen und förmlich festzusetzen (Abs. 4 S. 2).

5. Korrekturbedarfsermittlung durch das Bundesversicherungsamt (Abs. 4 S. 2). Die Einzelheiten der **Ermittlung** des Korrekturbedarfs durch das Bundesversicherungsamt (gemäß Abs. 4 S. 2) richten sich nach § 39 a RSAV.[40] Ermächtigungsgrundlage ist hier Abs. 4 S. 3.

Für die **Ermittlung des Korrekturbetrags**, um den die Zuweisungen (Grundpauschale und die alters-, geschlechts- und risikoadjustierten Zu- und Abschläge, § 266 Abs. 2 S. 1, zur Deckung der standardisierten Leistungsausgaben), die für die betroffene Krankenkasse zuvor ermittelt worden sind, gekürzt werden müssen, hat das Bundesversicherungsamt „alle Umstände zu berücksichtigen, die ihm zur Kenntnis gelangt sind".[41]

Das Bundesversicherungsamt hat bei den Meldungen versichertenbezogener Daten (gemäß § 30 Abs. 4 S. 1 iVm Abs. 1 S. 1 Nr. 1 bis 6 sowie 8, 9 und 11 RSAV), bei der Erstmeldung und bei den neuen – berichtigten – Datenmeldungen (gemäß § 30 Abs. 4 S. 2 RSAV), den Korrekturmeldungen, bis zum 15. August des zweiten bzw. des zweiten und dritten auf das Berichtsjahr folgenden Jahres zu prüfen, ob die Vorgaben für die Stichproben (aus § 268 Abs. 3 S. 1, 2 und 14) eingehalten worden sind. Bei

---

35 Schuler in: LPK-SGB V, § 69 Rn. 12.
36 BT-Dr. 16/13428, 95.
37 Siehe unten VI.
38 In Übereinstimmung mit BT-Dr. 16/13428, 95.
39 Axer in: Eichenhofer/Wenner, § 273 Rn. 7.
40 Zuletzt geändert durch Art. 10 des Gesetzes v. 17.7.2015 (BGBl. I 1368).
41 BT-Dr. 16/13428, 95. Vgl. Becker in: jurisPK-SGB V § 273 Rn. 12 ff.

(teilweiser) Nichteinhaltung hat das Bundesversicherungsamt den **Korrekturbetrag** getrennt für Erst- und Korrekturmeldung zu ermitteln und festzusetzen (vgl. Abs. 4 S. 2).[42]

27 Auch hinsichtlich der „**Häufigkeit der Risikomerkmale**"(§ 39 Abs. 2 S. 2 RSAV) bedarf es einiger weiterer Eingrenzungen: Ist das Bundesversicherungsamt in der Lage, noch aufzuklären, welche Daten durch die betroffene Krankenkasse nicht nach Maßgabe der Vorgaben für die Stichproben (iSv § 268 Abs. 3 S. 1, 2 und 14) erhoben worden sind, dürfen auch diese nicht berücksichtigt werden.

28 Für die Korrekturbeträge bei Erstmeldungen ebenso wie bei Korrekturmeldungen gelten bestimmte **Fälligkeits- und Verrechnungsmodalitäten** (entsprechend § 39 Abs. 3 a S. 3 bis 6 iVm § 39 a Abs. 5 S. 3 RSAV) für die Krankenkassen.

29 Die **Einnahmen aus den Korrekturbeträgen** (Erstmeldung bzw. Korrekturmeldung) sowie die Zinserträgnisse werden dem Gesundheitsfonds zugewiesen und im nächsten Jahresausgleich zu demjenigen Wert hinzugerechnet, der (gemäß § 41 Abs. 2 Nr. 1 RSAV) vom Bundesversicherungsamt für jede Krankenkasse ermittelt wird, um den die Zuweisungen für jede Krankenkasse schließlich im Jahresausgleich zu verändern sind.

V. Rechtsschutz (Abs. 5)

30 Indem das Bundesversicherungsamt der betroffenen Krankenkasse das Ergebnis seiner Prüfung sowie den ermittelten Korrekturbetrag förmlich mitteilt, unterliegen beide Feststellungen – Prüfergebnis und Korrekturbetrag – als Verwaltungsakte jeweils der **Anfechtbarkeit**: Aufschiebende Wirkung ist mit der Klageerhebung nicht verbunden (Abs. 5 S. 2; vgl. als durchgängiges Prinzip dieses auf Annuität angelegten Systems auch § 266 Abs. 6 S. 7, sowie § 86 a Abs. 2 SGG). Gemäß § 29 Abs. 3 Nr. 1 SGG entscheidet hier das Landessozialgericht Nordrhein-Westfalen im ersten Rechtszug (Streitigkeiten zwischen gesetzlichen Krankenkassen oder ihren Verbänden und dem Bundesversicherungsamt betreffend den Risikostrukturausgleich).[43]

31 Soweit das Bundesversicherungsamt aus Abs. 3 S. 3 heraus weitere Auskünfte und Nachweise verlangen darf, dürfte eine **gesonderte klageweise Anfechtung** solchen Verlangens nur ganz ausnahmsweise möglich sein,[44] handelt sich doch um die Feststellungsentscheidung lediglich vorbereitende Verfahrensbestandteile, die regelmäßig nicht gesondert einklagbar sind;[45] anders läge es bei vorgeschalteten – die Rechtslage feststellenden – Entscheidungen (Feststellung des Prüfergebnisses iSv Abs. 4 S. 1).

32 Das Verhältnis der Entscheidungen über die Zuweisungshöhe samt Anpassungsentscheidungen und Jahresausgleich (vgl. § 266) zu den Entscheidungen gemäß Abs. 4 orientiert sich an deren **Bestandskraftwirkung**. Ist sie eingetreten, lassen sich die Zuweisungsentscheidungen nicht mehr erfolgreich mit dem Argument angreifen, die Korrekturbeträge seien fehlerhaft ermittelt worden.[46] Hier greifen die Grundsätze materieller Bestandskraft in ihrer Abänderungs- und Abweichungsverbotswirkung.[47]

VI. Nachschärfung von Abs. 3 Satz 3 im Zuge der Neufassung durch das HHVG

33 Abs. 3 S. 3 ist mit dem Gesetz zur Stärkung der Heil- und Hilfsmittelversorgung eingefügt worden[48] und zieht aus den **Hauptzielen der Ergänzung** – Verhinderung unzulässiger Diagnosebeeinflussung, Sicherung der Datengrundlagen für den Risikostrukturausgleich und Erhebung eines Regionalkennzeichens – die notwendigen Konsequenzen, was die **Kooperation der Krankenkassen mit dem Bundesversicherungsamt** betrifft: Aufklärende Mitwirkung ist das entscheidende Kooperationsinstrument und verpflichtet die Krankenkassen, „auf Verlangen des Bundesversicherungsamts diesem weitere Auskünfte und Nachweise, insbesondere über die zugehörigen anonymisierten Arztnummern sowie die abge-

---

42 Das Berechnungssystem für die Auffälligkeitsprüfung setzt hier an: Vgl. erneut die „Dritte Bestimmung des Bundesversicherungsamts […] zur kassenübergreifenden Auffälligkeitsprüfung" idF vom 10.6.2015, dort Nr. 2.1 zum Prüfgegenstand, sowie ferner dort Nr. 4 (grouping) und unter Nr. 5 das für die Regressionsanalyse zur Identifikation der kassenbezogenen Auffälligkeiten verwendete und in der Realität automatisierte statistische Berechnungsmodell, unter Nr. 9 (Anhang) ausführlicher und mit dem Anspruch „nachvollziehbar und transparent" zu sein (zur maßgeblichen Statistik-Software unter Nr. 9.4 aE).
43 Vgl. BT-Dr. 16/13428, 95; Axer in: Eichenhofer/Wenner, § 273 Rn. 7; Ellmann in: LPK-SGB V, § 273 Rn. 3.
44 Vgl. Göpfarth/Sichert in: Becker/Kingreen, § 273 Rn. 11. Ablehnend Becker in: jurisPK-SGB V § 273 Rn. 13.
45 Vgl. Siewert/Waschull in: Diering/Timme, SGB X, § 31 Rn. 54.
46 Göpffarth/Sichert, aaO, Rn. 11.
47 Vgl. Siewert/Waschull, aaO, § 39 Rn. 2.
48 HHVG v. 4.4.2017 (BGBl. I, 778), mWv 11.4.2017; die Entwurfsbegründung findet sich in: BT-Ausschuss für Gesundheit, Ausschussdrucksache 18(14) 0226.2 v. 24.1.2017, hier: Änderungsantrag 1 der Fraktionen der CDU/CSU und SPD, zu Art. 1 Nr. 16 f (§ 273 SGB V).

rechneten Gebührenpositionen, in einer von diesem gesetzten angemessenen Frist zu liefern" (Abs. 3 Hs. 1).[49]

Nachdruck verliehen wird einer fristgerechten Wahrnehmung der Pflicht zu aufklärender Mitwirkung durch das **Sanktionsmittel eines Zwangsgeldes**, vom Bundesversicherungsamt entsprechend § 71 Abs. 6 S. 5 festzusetzen. Damit hat der Gesetzgeber ausdrücklich eine Analogie zu den Durchsetzungsmitteln der Beitragssatzstabilität in § 71 eingerichtet und sich aus dem allgemeinen System der zwangsweisen Durchsetzung von Aufsichtsanordnungen in § 89 SGB IV zugunsten einer Spezialregelung entfernt.[50] Die Analogie ist mit Blick auf das dem § 71 innewohnende Regelungsziel der Beitragssatzstabilität auch zu rechtfertigen, und angesichts des systematischen Zusammenhalts ist die Verweisung hinreichend bestimmt und angemessen. 34

Im Vergleich zu Abs. 3 S. 3 in seiner bisherigen Fassung[51] liegt damit eine deutliche **Nachschärfung** vor, die den genannten Hauptzielen mehr Durchsetzungsfähigkeit verleihen soll. In den Entwurfsgründen kommt hierzu insbesondere der Nachweis der Schadenshöhe aus den in unzulässiger Weise gemeldeten Diagnosedaten zum Tragen, den es zu führen gilt. Bei bisherigen Prüfungen habe sich gezeigt, „dass Krankenkassen sich teilweise einer Kooperation entziehen und die angeforderten Auskünfte und Nachweise nicht, nicht vollständig oder nicht fristgerecht an das BVA liefern".[52] Hier ist auf den auch in der Entwurfsbegründung betonten **Ermessensspielraum** hinzuweisen, der dem Bundesversicherungsamt zuzumessen ist, wenn es den Krankenkassen die Auskunfts- bzw. Nachweisfristen setzt; diese Frist muss angemessen sein (S. 3 Hs. 1 aE), also Rücksicht auf die internen personellen und organisatorischen Strukturen und die Datenverarbeitungskapazität nehmen; damit dürfte in der Tat die Verhältnismäßigkeit soweit gewahrt sein, wie es die Entwurfsbegründung versichert. Wenn dort indessen dem Gesetzeswortlaut in § 71 Abs. 6 S. 5 folgend allein auf die Möglichkeit des Bundesversicherungsamts verwiesen wird, „ein Zwangsgeld in Höhe von bis zu 10 Millionen Euro zu verhängen", bleibt unerwähnt, dass dieses letztlich aus den Versichertenbeiträgen aufzubringen ist; auch insoweit müssen deshalb **Verhältnismäßigkeitserwägungen** angestellt werden[53] – dies auch eingedenk der Tatsache, dass die Krankenkassen als Träger mittelbarer Staatsverwaltung am Rechtsstaatsprinzip auch in einer Garantenstellung teilhaben und ihrer autonomiegestützten Interessenwahrung gegen das Bundesversicherungsamt schon aus systemischen Gründen Grenzen gesetzt sind.

Für **Klagen** einer Krankenkasse gegen die Festsetzung eines Zwangsgeldes geht die Regelung in § 273 Abs. 5 S. 2 derjenigen aus § 71 Abs. 6 S. 7 (bzw. deren Schweigen hinsichtlich des Zwangsgeldes) vor, so dass die aufschiebende Wirkung (vgl. § 86 a Abs. 1 S. 1 SGG) auch hier entfällt.

Fünfter Abschnitt
Prüfung der Krankenkassen und ihrer Verbände

§ 274 Prüfung der Geschäfts-, Rechnungs- und Betriebsführung

(1) ¹Das Bundesversicherungsamt und die für die Sozialversicherung zuständigen obersten Verwaltungsbehörden der Länder haben mindestens alle fünf Jahre die Geschäfts-, Rechnungs- und Betriebsführung der ihrer Aufsicht unterstehenden Krankenkassen und deren Arbeitsgemeinschaften zu prüfen. ²Das Bundesministerium für Gesundheit hat mindestens alle fünf Jahre die Geschäfts-, Rechnungs- und Betriebsführung des Spitzenverbandes Bund der Krankenkassen und der Kassenärztlichen Bundesvereinigungen, die für die Sozialversicherung zuständigen obersten Verwaltungsbehörden der Länder haben mindestens alle fünf Jahre die Geschäfts-, Rechnungs- und Betriebsführung der Landesverbände der Krankenkassen und der Kassenärztlichen Vereinigungen sowie der Prüfstelle und des Beschwerdeausschusses nach § 106 c zu prüfen. ³Das Bundesministerium für Gesundheit kann die Prüfung der bundesunmittelbaren Krankenkassen und deren Arbeitsgemeinschaften, die der Aufsicht des Bundesversicherungsamts unterstehen, des Spitzenverbandes Bund der Krankenkassen und der Kassenärztlichen Bundesvereinigungen, die für die Sozialversicherung zuständigen obersten Verwaltungsbehörden

---

49 Hierzu die Entwurfsbegründung in: Ausschussdrucksache 18(14) 0226.2 v. 24.1.2017, 5.
50 Vgl. Engelmann in: jurisPK-SGB V § 71 Rn. 74.
51 „Das Bundesversicherungsamt kann von der betroffenen Krankenkasse weitere Auskünfte und Nachweise verlangen, insbesondere über die zugehörigen anonymisierten Arztnummern sowie die abgerechneten Gebührenpositionen".
52 Entwurfsbegründung, aaO, 5.
53 Vgl. Engelmann, aaO, § 71 Rn. 75.

der Länder können die Prüfung der landesunmittelbaren Krankenkassen und deren Arbeitsgemeinschaften, die ihrer Aufsicht unterstehen, der Landesverbände der Krankenkassen und der Kassenärztlichen Vereinigungen auf eine öffentlich-rechtliche Prüfungseinrichtung übertragen, die bei der Durchführung der Prüfung unabhängig ist, oder eine solche Prüfungseinrichtung errichten. ⁴Die Prüfung hat sich auf den gesamten Geschäftsbetrieb zu erstrecken; sie umfaßt die Prüfung seiner Gesetzmäßigkeit und Wirtschaftlichkeit. ⁵Die Krankenkassen, die Verbände und Arbeitsgemeinschaften der Krankenkassen, die Kassenärztlichen Vereinigungen und die Kassenärztlichen Bundesvereinigungen haben auf Verlangen alle Unterlagen vorzulegen und alle Auskünfte zu erteilen, die zur Durchführung der Prüfung erforderlich sind. ⁶Die mit der Prüfung nach diesem Absatz befassten Stellen können nach Anhörung des Spitzenverbandes Bund der Krankenkassen bestimmen, dass die Krankenkassen die zu prüfenden Daten elektronisch und in einer bestimmten Form zur Verfügung stellen.

(2) ¹Die Kosten, die den mit der Prüfung befaßten Stellen entstehen, tragen die Krankenkassen ab dem Jahr 2009 nach der Zahl ihrer Mitglieder. ²Das Nähere über die Erstattung der Kosten einschließlich der zu zahlenden Vorschüsse regeln für die Prüfung der bundesunmittelbaren Krankenkassen und des Spitzenverbandes Bund der Krankenkassen das Bundesministerium für Gesundheit, für die Prüfung der landesunmittelbaren Krankenkassen und der Landesverbände die für die Sozialversicherung zuständigen obersten Verwaltungsbehörden der Länder. ³Die Kassenärztlichen Vereinigungen, die Kassenärztlichen Bundesvereinigungen sowie die Verbände und Arbeitsgemeinschaften der Krankenkassen tragen die Kosten der bei ihnen durchgeführten Prüfungen selbst. ⁴Die Kosten werden nach dem tatsächlich entstandenen Personal- und Sachaufwand berechnet. ⁵Der Berechnung der Kosten für die Prüfung der Kassenärztlichen Bundesvereinigungen sind die vom Bundesministerium des Innern erstellten Übersichten über die Personalkostenansätze des laufenden Rechnungsjahres für Beamte, Angestellte und Lohnempfänger einschließlich der Sachkostenpauschale eines Arbeitsplatzes/Beschäftigten in der Bundesverwaltung, der Berechnung der Kosten für die Prüfung der Kassenärztlichen Vereinigungen die entsprechenden, von der zuständigen obersten Landesbehörde erstellten Übersichten zugrunde zu legen. ⁶Fehlt es in einem Land an einer solchen Übersicht, gilt die Übersicht des Bundesministeriums des Innern entsprechend. ⁷Zusätzlich zu den Personalkosten entstehende Verwaltungsausgaben sind den Kosten in ihrer tatsächlichen Höhe hinzuzurechnen. ⁸Die Personalkosten sind pro Prüfungsstunde anzusetzen. ⁹Die Kosten der Vor- und Nachbereitung der Prüfung einschließlich der Abfassung des Prüfungsberichts und einer etwaigen Beratung sind einzubeziehen. ¹⁰Die Prüfungskosten nach Satz 1 werden um die Prüfungskosten vermindert, die von den in Satz 3 genannten Stellen zu tragen sind.

(3) ¹Das Bundesministerium für Gesundheit kann mit Zustimmung des Bundesrates allgemeine Verwaltungsvorschriften für die Durchführung der Prüfungen erlassen. ²Dabei ist ein regelmäßiger Erfahrungsaustausch zwischen den Prüfungseinrichtungen vorzusehen.

(4) Der Bundesrechnungshof prüft die Haushalts- und Wirtschaftsführung der gesetzlichen Krankenkassen, ihrer Verbände und Arbeitsgemeinschaften.

1 Die gesamte Geschäfts-, Rechnungs- und Betriebsführung der Krankenkassen, ihrer Verbände und Arbeitsgemeinschaften sowie der kassenärztlichen Vereinigungen unterliegen einer **Pflicht zur regelmäßigen Prüfung** ihrer Wirtschaftlichkeit. Davon zu unterscheiden ist die allgemeine Aufsicht über die Kassen.

2 Zur Prüfung verpflichtet sind je nach Regelung in den einzelnen Absätzen das Bundesversicherungsamt, die zust. Verwaltungsbehörden der Länder, und das BMG oder unabhängige öffentlich-rechtliche Prüfungsstellen. Die Kosten der Prüfung tragen nach **Abs. 2** die Krankenkassen nach dem Verhältnis der Zahl ihrer Mitglieder. Die Kostenfestsetzung kann durch VA erfolgen.[1] **Abs. 3** ermächtigt das BMG zum Erlass allgemeiner Verwaltungsvorschriften. Die vorangegangene Diskussion um die Zuständigkeit des Bundesrechnungshofs nach Einführung des Bundeszuschusses beendet **Abs. 4**, indem er die Prüfungskompetenz des Rechnungshofs gegenüber der gesetzlichen Krankenkassen, ihrer Verbände und Arbeitsgemeinschaften ausdrücklich gesetzlich verankert.[2]

3 Zu den im Jahre 2008 erfolgten erheblichen Änderungen die Prüfungen der Krankenkassen betreffend, insbes. In Form der **Abschaffung des Prüfungsausschusses**, der Neugestaltung der Prüfgremien, die neuen Regelungen für die Richtgrößenprüfung.[3]

---

1 BSG SozR 3-2500 § 274 Nr. 1, S. 5–7.
2 Vgl. BT-Dr. 16/3100, 170 f.
3 Vgl. Engelhard, SGb 2008, 150 ff.

Die Pflichten der Krankenkassen zur ordnungsgemäßen und wirtschaftlichen Geschäftsführung sind in den vergangenen Jahren auch durch die Rechtsprechung konkretisiert worden. Auch die **Festsetzung von Zusatzbeiträgen** erfordert eine möglichst realitätsnahe Erfassung der Finanzlage. Von **Bedeutung ist der Grundgedanke des § 241 Abs. 1 alter Fassung**: Die Einnahmeseite muss so bemessen sein, dass die zu erwartenden Beiträge und weitere Einnahmen die voraussichtlichen Ausgaben decken und den Aufbau einer Liquiditätsreserve für den Gesundheitsfonds ermöglichen. Auf Grundlage dieser Gesetzeslage leitete die Rechtsprechung Grundsätze für die Pflichten eines Krankenkassenvorstandes ab. Aus der Koppelung von Finanzsituation und den Vorstandspflichten zur Beitragsveränderung ergaben sich entsprechende Pflichten zur gesetzeskonformen Finanzierung der KK, zur Buchführung und zu den Aufklärungspflichten. Die Analyse der Finanzsituation wird nunmehr durch die gesetzlich vorgesehene Tätigkeit des **Schätzerkreises** erleichtert und die Krankenkassenvorstände insoweit entlastet und der Haftungsumfang entsprechend verändert. Hinsichtlich der Folgerungen für die Höhe des Zusatzbeitrages, welche die Kassenvorstände aus den Ergebnissen des Schätzerkreises zu ziehen haben und hinsichtlich der sorgfältigen Analyse der tatsächlichen Finanzlage der Krankenkasse wirken diese Grundsätze des BSG fort und beziehen sich entsprechend auf das Bemessungsverfahren des § 242 Abs. 3 aktueller Fassung.

Das 2017 in Kraft getretene **GKV-Selbstverwaltungsstärkungsgesetz** beabsichtigt angesichts vorangegangener Unregelmäßigkeiten, welche auch mit den neuen Finanzierungsmechanismen im Rahmen des Gesundheitsfonds zusammenhingen, die **Kontrolle des Selbstverwaltungshandelns** zu stärken. Die Reform zielte auch auf das rechtzeitige Erkennen solcher möglicherweise umfangreichen Schadensvorgänge.[4] Folglich wurden ua die Aufsicht sowie die Kontroll- und Überwachungsrechte der Mitglieder der Selbstverwaltungsorgane gestärkt. Das bisherige fünfjährige Prüfungsrecht des BMG entfällt. Prüfungen werden nunmehr **durch externe Stellen** durchgeführt, was zu entsprechenden Folgen auch für die Kostenregelungen führt. Die mit der Prüfung befassten Stellen können gegenüber den Krankenkassen verlangen, dass ihnen Daten elektronisch oder in einer bestimmten Form zur Verfügung gestellt werden. Es wurden insgesamt mehrere Änderungen in den Abs. 1 und 2 vorgenommen.

Neuntes Kapitel
Medizinischer Dienst der Krankenversicherung

Erster Abschnitt
Aufgaben

Vorbemerkungen zu §§ 275 bis 283

Literatur:

Arnold/Erdmann, Die Sechswochenfrist des § 275 Abs. 1 c S. 2 SGB V im Lichte der Rechtsprechung, GesR 2012, 136; *Cramer,* Der Medizinische Dienst der Krankenversicherung, 1998; *von Eiff/Beyer/Krämer/Jansen,* Für Durchblick sorgen, f.&w 1/2012, 16; *Deutsche Krankenhausgesellschaft,* Reizthema MDK-Prüfungen: Kliniken wehren sich gegen unberechtigte Vorwürfe, DKG-Vorschlag für eine Neuregelung der Vorschriften zur Einzelfallprüfung nach §§ 275 ff SGB V, Das Krankenhaus 2011, 1069; *Felix,* Die Krankenhausbehandlung im Spannungsfeld von Therapiefreiheit und Wirtschaftlichkeitsgebot, NZS 2012, 1; *Gitter/Köhler-Fleischmann,* Rechtsnatur des Medizinischen Dienstes und die Stellung seiner Organe, Geschäftsführer und Verwaltungsrat sowie über die Möglichkeit einer Amtsenthebung des Geschäftsführers, 1. Teil: SGb 1999, 157 ff, 2. Teil: SGb 1999, 220 ff; *Hambüchen,* Aktuelle Rechtsprechung des BSG zum Krankenhausrecht, GesR 2008, 393; *Hambüchen,* Vereinbarung über das Nähere zum Prüfverfahren nach § 275 Abs. 1 c SGB V (Prüfverfahrensvereinbarung – PrüfV) gemäß § 17 c Abs. 2 KHG, jurisPR-SozR 21/2014 Anm. 1; *Hambüchen,* Verpflichtung von Krankenhäusern und Krankenkassen zur Anrufung eines Landesschlichtungsausschusses, zugl. Anm. zu BSG, 23.6.2015, B 1 KR 26/14 R, jurisPR-SozR 25/2015 Anm. 4; *Heberlein,* Kein Einsichtsrecht für Krankenkassen! Zugleich Replik auf Knispel, GesR 2011, 518; *Knispel,* Zum Einsichtsrecht der Krankenkassen in die Behandlungsunterlagen eines Krankenhauses, GesR 2011, 518; *Kraemer/Gamperl,* Abrechnungsprüfungen des MDK in Krankenhäusern / Patientenrechte im Krankenhaus, NZS 2012, 212; *Meschke/Dahm,* Die Befugnis der Krankenkassen zur Einsichtnahme in Patientenunterlagen, MedR 2002, 346; *Müller-Held/Rebscher/Schütgens,* Medizinischer Dienst der Krankenversicherung, Grundwerk, Band 1, 1989, 7. Lieferung 1997; *Ossege,* Krankenhausfinanzierung: Missglückter

---

4 BR-Dr. 681/16, 1 (17.11.2016).

Schnellschuss, Health & Care Management, Heft 10-2013, 58; *Ossege*, I.O.E. Fachkonferenz am 10. Mai 2012 in Bonn, Tagungsbericht zum Thema: „MDK-Prüfungen im Krankenhaus und Compliance Management", GuP 2012, 147; *Rittweger*, Abrechnungsprüfungen des MDK in Krankenhäusern, NZS 2012, 367; *van der Ploeg*, Die Dauer eines MDK-Prüfverfahrens auf dem Prüfstand! Einwendungsausschluss einer Krankenkasse bei Verzögerungen?, NZS 2012, 210; *Sikorski*, Die Rechtsgrundlagen für das Anfordern medizinischer Unterlagen durch den MDK, MedR 1999, 449; *Schliephorst*, Rechtsprechung: Zeitnahe Durchführung einer MDK-Prüfung nach § 275 SGB V, Das Krankenhaus 2012, 47; *Schulin (Hrsg.)*, Handbuch des Sozialversicherungsrechts, Band 1 Krankenversicherungsrecht, 1994, § 46 (S. 1107 ff); *Schulin*, Handbuch des Sozialversicherungsrechts, Band 4 Pflegeversicherungsrecht, 1997, § 14 (S. 379 ff); *Schuster/Pezzella/Taube/Bialas/Diemer/Bauer*, Verzögerungen beim morgendlichen Operationsbeginn, Deutsches Ärzteblatt Jg. 110 (2013), Heft 14, 237; Salomé, Auge in Auge mit dem MDK, KU special Medizincontrolling August 2013, 13; *Spickhoff (Hrsg.)*, Medizinrecht, 2. Aufl. 2014, §§ 275 ff SGB V; *Toth/Genz*, Wer sich nicht wehrt, hat schon verloren!, Das Krankenhaus 2013, 593; Weis/Romeyke, Streit um Abrechnungen!, KU 12/2013, 67.

1 Mit Wirkung zum 1.1.1989 ist im Rahmen des **Gesundheitsreformgesetzes vom 20.12.1988 (GRG)** das SGB V in Kraft getreten.[1] Bestandteil dieses Gesetzes war die Neugründung des „Medizinischen Dienstes der Krankenversicherung (MDK)". Insbesondere wurde hierin eine Weiterentwicklung des bisherigen Vertrauensärztlichen Dienstes (VäD) zu einem effektiven medizinischen Beratungsdienst in der Verantwortung der Krankenkassen gesehen. § 275 löste insoweit die Vorschrift des § 369 b Abs. 1 RVO über den VäD ab. Für den VäD waren zunächst die Landesversicherungsanstalten zuständig. Dies beruhte auf dem Gesetz zum Aufbau der Sozialversicherung vom 5.7.1934,[2] das bestimmte Aufgaben der Krankenversicherung – wozu auch der VäD gehörte – als „Gemeinschaftsaufgabe" den Landversicherungsanstalten (LVA) übertragen hat. Die Krankenkassen waren in den bei den LVA gebildeten Ausschüssen für Fragen der Krankenversicherung („K-Ausschüsse") vertreten; diese „K-Ausschüsse" hatten aber nur beratende Funktion. Die Verantwortung und Entscheidung über die Durchführung der Aufgaben, die Organisation, das Personal usw des VäD oblag bis unmittelbar vor Inkrafttreten des GRG am 1.1.1989 allein den Organen der LVA. Die Kosten für den VäD (zB 1986: 380 Mio. DM) trugen jedoch die Krankenkassen. Die geringen Einflussmöglichkeiten und die fehlende Verantwortung für den VäD führten zum Teil zu einer geringen Akzeptanz bei den Krankenkassen. Immer wieder wurde vorgeschlagen, die Gemeinschaftsaufgaben zu reformieren.[3]

2 Zuvor hatte es im Oktober 1985 auf Bundesebene zwischen den Spitzenverbänden der GKV und dem Verband Deutscher Rentenversicherungsträger ein Abkommen, die *„Empfehlungsvereinbarung zur Weiterentwicklung des Vertrauensärztlichen Dienstes auf der Grundlage des geltenden Rechts"* gegeben.[4] Jedoch konnte dadurch der Einfluss der Krankenkassen auf den VäD nicht erhöht werden, zumal rechtliche Bedenken gegen die Selbstbindung der Organe der Landesversicherungsanstalten an die Beschlüsse der Krankenkassen bestanden. Als Lösung wurde der MDK eingeführt, der die Selbstverwaltung der Krankenkassen stärken sollte.

3 Das GRG übernahm die bis dahin bewährten Strukturen des bisherigen VäD, indem die Aufgaben weiterhin kassenübergreifend wahrgenommen wurden. Medizinische Fragen mit den vielfältigen fachspezifischen Problemen sollten nur von allen Krankenkassen gemeinsam behandelt werden können, um die Einrichtung eines MDK bei jeder Krankenkasse, sowie den finanziellen Aufwand zu verhindern.

4 Um den Verwaltungs- und Personalaufwand so gering wie möglich zu halten, sah das GRG vom 20.12.1988[5] vor, dass die Krankenkassen das bei den LVA mit den Aufgaben des VäD betraute Personal übernahmen. Eine Übernahme der überwiegend als Beamte beschäftigten Vertrauensärzte setzte voraus, dass der „Übernehmende" Dienstherreneigenschaft erhält. Aus diesem Grunde erhielten die MDK Dienstherreneigenschaft und die Rechtsform einer **Körperschaft des öffentlichen Rechts**, allerdings eingeschränkt auf die von der Landesversicherungsanstalt zu übernehmenden Beschäftigten. Die MDK bekamen jedoch nicht die Befugnis, neue Beamtenverhältnisse zu begründen. Wenn jedoch kein

---

[1] BGBl. I, 2477 (BGBl.-Angaben beziehen sich nachfolgend grds. auf das Kalenderjahr des Erlasses des jeweiligen Gesetzes), vgl. auch BT-Dr. 11/2237, 230 ff.
[2] Aufbaugesetz, RGBl. I, 577.
[3] Vgl. Salomé, Auge in Auge mit dem MDK, KU special Medizincontrolling August 2013, 13.
[4] Vgl. Rebscher, Von der „Empfehlungsvereinbarung" zum Medizinischen Dienst – Chronologie einer politischen Reform, in: Müller-Held/Rebscher/Schütgens, S. I 3 – 3.
[5] BGBl. I, 2477.

Grund mehr für die Dienstherrneigenschaft gegenüber den übernommenen Beamten besteht, entfallen auch die Dienstherrnfähigkeit und der Status als Körperschaft des öffentlichen Rechts. Daher sind die MDK heute in den östlichen Bundesländern in der Rechtsform des eingetragenen Vereins, in den westlichen Bundesländern hingegen immer noch als Körperschaft des öffentlichen Rechts organisiert. Um den eigenen Personalbestand auf ein Minimum zu begrenzen und um einen größtmöglichen Praxisbezug zu gewährleisten, haben die MDK vorrangig Gutachter heranzuziehen, die nicht bei ihnen beschäftigt sind. Hierbei wird der schon für den VäD geltende Grundsatz eingehalten, dass seine Ärzte nicht befugt sind, in die ärztliche Behandlung einzugreifen. Wie vor Inkrafttreten des GRG am 1.1.1989 haben MDK und behandelnder Arzt zum Wohle des Versicherten zusammenzuwirken.

Der **Name** „Medizinischer Dienst der Krankenversicherung" sollte die Breite des Aufgabengebietes zum Ausdruck bringen und verdeutlichen, dass zur Beratung und Begutachtung neben Ärzten und Zahnärzten auch andere Berufe des Gesundheitswesens einzubeziehen sind. 5

Grundsätzlich sind die MDK[6] in jedem Bundesland als **eigenständige Arbeitsgemeinschaft** organisiert. Ausnahmen bestehen in Nordrhein-Westfalen, wo es zwei MDK gibt, jeweils einen in den Landesteilen Nordrhein und Westfalen-Lippe. Berlin und Brandenburg haben einen landesübergreifenden MDK mit Sitz in Potsdam. Die MDK in Hamburg und Schleswig-Holstein haben sich zum MDK Nord mit Sitz in Hamburg zusammengeschlossen. Die MDK der verschiedenen Länder erhalten Unterstützung vom sog Medizinischen Dienst des Spitzenverbandes Bund der Krankenkassen eV (MDS); zu Zweck und Aufgaben wird auf § 3 der Satzung des MDS verwiesen.[7] 6

Zu hinterfragen ist das **Verhältnis der Krankenkassen zum MDK**. Mit Blick auf die Überschrift über die §§ 275 ff. *„Medizinischer Dienst der Krankenversicherung"* könnte von einem besonderen Näheverhältnis ausgegangen werden. Praktische Relevanz könnte deswegen gegeben sein, da etwaige Fehler des MDK bei der Aufgabenerledigung nach §§ 275 ff. den Krankenkassen anzulasten bzw. zuzurechnen sind. 7

Am 28.9.2006 hat das BSG zunächst die Eigenständigkeit des MDK betont.[8] Es hat dies damit begründet, dass die Aufgaben des MDK und die ihm dabei zustehenden Rechte und Pflichten im Verhältnis zu den Krankenkassen, den Krankenhäusern, den anderen Leistungserbringern sowie den Versicherten seien in den §§ 275, 276 und 277 gesetzlich geregelt und dort als eigener Pflichtenkreis ausgestaltet. Der MDK sei zwar eine von den Krankenkassenverbänden im jeweiligen Land gemeinsam getragene Arbeitsgemeinschaft (§ 278 Abs. 1 S. 1), die als rechtsfähige Körperschaft des öffentlichen Rechts verfasst sei (§ 278 Abs. 1 S. 2). Organe des MDK wären der aus Vertretern der Kassen gewählte Verwaltungsrat und der Geschäftsführer (§§ 279, 280). Die an der Arbeitsgemeinschaft als Mitglieder beteiligten Krankenkassenverbände einerseits und die Pflegekassen andererseits trügen auch die Kosten des MDK je zur Hälfte (§ 281 Abs. 1), wären aber ansonsten – bis auf die Vertreterversammlung (§ 279 Abs. 2) – mit dem MDK als juristischer Person des öffentlichen Rechts nicht organisatorisch oder rechtlich verbunden. Insbesondere bestünde kein allgemeines Aufsichtsrecht der Krankenkassen gegenüber dem MDK oder dessen Mitarbeitern. Der MDK unterliege auch keinem Weisungsrecht der Krankenkassen im Einzelfall, was allein im Übrigen eine Stellung als Erfüllungshilfe ebenfalls nicht begründen würde. Der MDK unterstehe vielmehr der Aufsicht der für die Sozialversicherung zuständigen obersten Verwaltungsbehörde des Landes, in dem er seinen Sitz habe (§ 281 Abs. 3). Die Krankenkassen bzw. deren Verbände und der MDK unterlägen damit der Aufsicht derselben Verwaltungsbehörde des Landes. Die Fachaufgaben des MDK würden von Ärzten und Angehörigen anderer Heilberufe wahrgenommen, wobei vorrangig Gutachter und Sachverständige zu beauftragen seien (§ 279 Abs. 5). Die Ärzte des MDK wären bei der Wahrnehmung ihrer medizinischen Aufgaben nur ihrem ärztlichen Gewissen unterworfen (§ 275 Abs. 5 S. 1). Es fehle somit an jeglichem Zurechnungsgrund dafür, etwaige Fehler des MDK bei der Aufgabenerledigung nach § 275 Abs. 1 Nr. 1 den Krankenkassen anzulasten. 8

Am 16.5.2012 hat das BSG diese Rechtsprechung aufgegeben, so dass Fehler der MDK in Abrechnungsstreitigkeiten zwischen Krankenhäusern und Krankenkassen nicht unbeachtlich sind.[9] Die Gründe hierfür liegen nach Auffassung des BSG darin, dass das BSG die vormalige Entscheidung zu einer Zeit getroffen hat, als es § 275 Abs. 1c (in Kraft getreten am 1.4.2007) noch nicht gab. Insbesondere 9

---

6 Aufgrund ihrer Organisationsstruktur werden die MDK nachfolgend stets im Plural benannt.
7 Fassung vom 18.11.2014, https://www.mds-ev.de/fileadmin/dokumente/Grafiken_Organigramm_Preisliste_MV_VR/MDS_Satzung_18-11-14.pdf (zuletzt abgerufen am 1.3.2017).
8 Vgl. BSG, 28.9.2006, B 3 KR 23/05 R, juris Rn. 17 = GesR 2007, 83 ff.
9 BSG, 16.5.2012, B 3 KR 14/11 R, juris = GesR 2012, 492 ff.

betont das BSG die engen Beziehung, die § 275 Abs. 1 c zwischen der MDK-Tätigkeit und einem möglichen Rechtsverlust der Krankenkasse bzw. ihrer Pflicht zur Zahlung einer Aufwandspauschale herstellt. Im Rahmen der öffentlich-rechtlich geordneten Rechtsbeziehungen zwischen Krankenhäusern und Krankenkassen seinen dem MDK durch Gesetz und ggf. zusätzlich im Rahmen vertraglicher Konkretisierung – Landesverträge nach § 112 – Aufgaben zugewiesen worden, die ebenfalls dem öffentlichen Recht zuzuordnen sind und deren Beachtung oder Verletzung deshalb auch Auswirkungen im Verhältnis zwischen Krankenkassen und Krankenhäusern haben könnten. Ohne Bedeutung hierfür sei es, ob der MDK insoweit als Vertreter der Krankenkassen anzusehen ist oder als deren Erfüllungsgehilfe. Wesentlich sei vielmehr, ob er seinen öffentlich-rechtlichen Verpflichtungen hinreichend nachgekommen sei und ob etwaige Fehler des MDK bei der Einleitung oder Durchführung des Prüfverfahrens zur Folge hätten, dass eine Krankenkasse im Vergütungsstreit mit Einwendungen gegen die Richtigkeit der Krankenhausabrechnung ausgeschlossen sei.[10]

10 Haben die Gerichte den hieraus sich ergebenden Grenzen der Amtsermittlung zuwider gleichwohl Behandlungsunterlagen des Krankenhauses beigezogen oder ansonsten Sozialdaten erhoben, so dürfen nach Auffassung des BSG im Prozess weder diese Unterlagen oder Angaben noch darauf gestützte weitere Beweisergebnisse verwertet werden. Zwar seien weder im SGG noch in der ZPO oder der VwGO ausdrückliche Regelungen zu Beweisverwertungsverboten für unzulässig erlangten Beweismittel getroffen. Jedoch sei in Rechtsprechung und Literatur anerkannt, dass die Verwertung unzulässig erlangter Beweismittel verboten sein kann. Demnach ziehe die Rechtswidrigkeit der Beweiserhebung nicht automatisch ein Verwertungsverbot nach sich, sondern es seien ausgehend von der verletzten Rechtsnorm die Folgen des jeweiligen Verstoßes zu beurteilen. Diese wögen zwar nicht so schwer wie etwa die Verletzung von allgemeinen Persönlichkeitsrechten. Andererseits sei zu beachten, dass der Gesetzgeber mit der Einführung des § 275 Abs. 1 c das Interesse der Krankenkassen an der Einzelfallprüfung der Krankenhausvergütung dem Ziel der beschleunigten Abwicklung der Krankenhausabrechnung untergeordnet habe, soweit dazu Prüfungen nach § 275 Abs. 1 Nr. 1 erforderlich seien. Entscheidend sei deshalb, dass nach der gesetzlichen Wertung mit Ablauf der Ausschlussfrist des § 275 Abs. 1 c S. 2 für weitergehende medizinische Ermittlungen schlechthin kein Anlass mehr bestünde, selbst wenn sich die fragliche Vergütungsforderung im Einzelfall möglicherweise als fehlerhaft erweisen könnte. Dem könne nur Rechnung getragen werden, indem auch im Rechtsstreit von der Verwertung jedenfalls solcher Beweismittel abgesehen würde, die vom Krankenhaus nur auf besondere gerichtliche Aufforderung zur Verfügung gestellt worden seien.[11]

11 Nach einer weiteren Entscheidung des BSG vom 13.11.2012 muss sich die Krankenkasse im Rahmen der Abrechnungsprüfung Prüfanzeigefehler des MDK zurechnen lassen.[12] Zeige der MDK die Einleitung der Prüfung dem Krankenhaus nicht oder nicht rechtzeitig nach § 275 Abs. 1 c S. 2 an, bewirke dies ein sich auch auf das Gerichtsverfahren erstreckendes Beweisverwertungsverbot. Das BSG gehe von einem solchen Verbot sowie auch davon aus, dass das Beweisverwertungsverbot auf Verfahren der Abrechnungsprüfung zwecks Minderung des abgerechneten Betrags nach § 275 Abs. 1 c beschränkt sei, bei denen der MDK Sozialdaten benötige. Über das Verwertungsverbot hinaus stehe eine Verletzung der Informationspflicht des MDK über die Einleitung der Prüfung schon einem Anspruch der Krankenkasse aus § 276 Abs. 2 S. 1 Hs. 2 auf Übermittlung der den Versicherten betreffenden Behandlungsdaten an den MDK entgegen, wenn es hierzu komme. Insoweit müsse sich die Krankenkasse das Verhalten des MDK hinsichtlich der Prüfanzeige im Rahmen der Erteilung von den genannten Abrechnungsprüfaufträgen nach § 275 zurechnen lassen. Die Zurechnung des Handelns des MDK in diesem Rechtsverhältnis mit Wirkung gegenüber den Krankenkassen ergäbe sich nicht aus der analogen Anwendung zivilrechtlicher Zurechnungstatbestände, sondern unmittelbar aus § 275. Hiernach seien die Krankenkassen gehalten, das Wirtschaftlichkeitsgebot nach § 12 durch die entsprechende Vergabe von Prüfaufträgen an den MDK durchzusetzen. Auch würde ansonsten der Regelungszweck des § 275 Abs. 1 c unterlaufen werden. Krankenhäuser können sich danach gegenüber Krankenkassen auf das Unterlassen oder die Verspätung der Prüfanzeige als rechtserhebliche Mängel des Prüfverfahrens nach § 275 Abs. 1 Nr. 1 und Abs. 1 c berufen, obwohl sie der Sphäre des MDK zuzurechnen sei.[13]

---

10 BSG, 16.5.2012, B 3 KR 14/11 R, juris Rn. 29 = GesR 2012, 492 ff.
11 BSG, 16.5.2012, B 3 KR 14/11 R, juris Rn. 30 = GesR 2012, 492 ff.
12 BSG, 13.11.2012, B 1 KR 24/11 R, juris = GesR 2013, 550 ff.
13 BSG, 13.11.2012, B 1 KR 24/11 R, juris Rn. 25 = GesR 2013, 550 ff.

Gesetzessystematisch gliedern sich die maßgeblichen Vorschriften im SGB V in zwei Teile: Während in den §§ 275 bis 277 die Aufgaben der MDK beschrieben werden, geht es in den §§ 278 bis 283 um die Organisation.

§ 275 Begutachtung und Beratung

(1) Die Krankenkassen sind in den gesetzlich bestimmten Fällen oder wenn es nach Art, Schwere, Dauer oder Häufigkeit der Erkrankung oder nach dem Krankheitsverlauf erforderlich ist, verpflichtet,
1. bei Erbringung von Leistungen, insbesondere zur Prüfung von Voraussetzungen, Art und Umfang der Leistung, sowie bei Auffälligkeiten zur Prüfung der ordnungsgemäßen Abrechnung,
2. zur Einleitung von Leistungen zur Teilhabe, insbesondere zur Koordinierung der Leistungen und Zusammenarbeit der Rehabilitationsträger nach den §§ 10 bis 12 des Neunten Buches, im Benehmen mit dem behandelnden Arzt,
3. bei Arbeitsunfähigkeit
    a) zur Sicherung des Behandlungserfolgs, insbesondere zur Einleitung von Maßnahmen der Leistungsträger für die Wiederherstellung der Arbeitsfähigkeit, oder
    b) zur Beseitigung von Zweifeln an der Arbeitsunfähigkeit

eine gutachtliche Stellungnahme des Medizinischen Dienstes der Krankenversicherung (Medizinischer Dienst) einzuholen.

(1 a) ¹Zweifel an der Arbeitsunfähigkeit nach Absatz 1 Nr. 3 Buchstabe b sind insbesondere in Fällen anzunehmen, in denen
a) Versicherte auffällig häufig oder auffällig häufig nur für kurze Dauer arbeitsunfähig sind oder der Beginn der Arbeitsunfähigkeit häufig auf einen Arbeitstag am Beginn oder am Ende einer Woche fällt oder
b) die Arbeitsunfähigkeit von einem Arzt festgestellt worden ist, der durch die Häufigkeit der von ihm ausgestellten Bescheinigungen über Arbeitsunfähigkeit auffällig geworden ist.

²Die Prüfung hat unverzüglich nach Vorlage der ärztlichen Feststellung über die Arbeitsunfähigkeit zu erfolgen. ³Der Arbeitgeber kann verlangen, daß die Krankenkasse eine gutachtliche Stellungnahme des Medizinischen Dienstes zur Überprüfung der Arbeitsunfähigkeit einholt. ⁴Die Krankenkasse kann von einer Beauftragung des Medizinischen Dienstes absehen, wenn sich die medizinischen Voraussetzungen der Arbeitsunfähigkeit eindeutig aus den der Krankenkasse vorliegenden ärztlichen Unterlagen ergeben.

(1 b) ¹Der Medizinische Dienst überprüft bei Vertragsärzten, die nach § 106 a Absatz 1 geprüft werden, stichprobenartig und zeitnah Feststellungen der Arbeitsunfähigkeit. ²Die in § 106 Absatz 1 Satz 2 genannten Vertragspartner vereinbaren das Nähere.

(1 c) ¹Bei Krankenhausbehandlung nach § 39 ist eine Prüfung nach Absatz 1 Nr. 1 zeitnah durchzuführen. ²Die Prüfung nach Satz 1 ist spätestens sechs Wochen nach Eingang der Abrechnung bei der Krankenkasse einzuleiten und durch den Medizinischen Dienst dem Krankenhaus anzuzeigen. ³Falls die Prüfung nicht zu einer Minderung des Abrechnungsbetrags führt, hat die Krankenkasse dem Krankenhaus eine Aufwandspauschale in Höhe von 300 Euro zu entrichten. ⁴Als Prüfung nach Satz 1 ist jede Prüfung der Abrechnung eines Krankenhauses anzusehen, mit der die Krankenkasse den Medizinischen Dienst beauftragt und die eine Datenerhebung durch den Medizinischen Dienst beim Krankenhaus erfordert.

(2) Die Krankenkassen haben durch den Medizinischen Dienst prüfen zu lassen
1. die Notwendigkeit der Leistungen nach den §§ 23, 24, 40 und 41 unter Zugrundelegung eines ärztlichen Behandlungsplans in Stichproben vor Bewilligung und regelmäßig bei beantragter Verlängerung; der Spitzenverband Bund der Krankenkassen regelt in Richtlinien den Umfang und die Auswahl der Stichprobe und kann Ausnahmen zulassen, wenn Prüfungen nach Indikation und Personenkreis nicht notwendig erscheinen; dies gilt insbesondere für Leistungen zur medizinischen Rehabilitation im Anschluß an eine Krankenhausbehandlung (Anschlußheilbehandlung),
2. (entfällt)
3. bei Kostenübernahme einer Behandlung im Ausland, ob die Behandlung einer Krankheit nur im Ausland möglich ist (§ 18),
4. ob und für welchen Zeitraum häusliche Krankenpflege länger als vier Wochen erforderlich ist (§ 37 Abs. 1),

5. ob Versorgung mit Zahnersatz aus medizinischen Gründen ausnahmsweise unaufschiebbar ist (§ 27 Abs. 2).

(3) Die Krankenkassen können in geeigneten Fällen durch den Medizinischen Dienst prüfen lassen
1. vor Bewilligung eines Hilfsmittels, ob das Hilfsmittel erforderlich ist (§ 33); der Medizinische Dienst hat hierbei den Versicherten zu beraten; er hat mit den Orthopädischen Versorgungsstellen zusammenzuarbeiten,
2. bei Dialysebehandlung, welche Form der ambulanten Dialysebehandlung unter Berücksichtigung des Einzelfalls notwendig und wirtschaftlich ist,
3. die Evaluation durchgeführter Hilfsmittelversorgungen,
4. ob Versicherten bei der Inanspruchnahme von Versicherungsleistungen aus Behandlungsfehlern ein Schaden entstanden ist (§ 66).

(3 a) Ergeben sich bei der Auswertung der Unterlagen über die Zuordnung von Patienten zu den Behandlungsbereichen nach § 4 der Psychiatrie-Personalverordnung in vergleichbaren Gruppen Abweichungen, so können die Landesverbände der Krankenkassen und die Verbände der Ersatzkassen die Zuordnungen durch den Medizinischen Dienst überprüfen lassen; das zu übermittelnde Ergebnis der Überprüfung darf keine Sozialdaten enthalten.

(4) ¹Die Krankenkassen und ihre Verbände sollen bei der Erfüllung anderer als der in Absatz 1 bis 3 genannten Aufgaben im notwendigen Umfang den Medizinischen Dienst oder andere Gutachterdienste zu Rate ziehen, insbesondere für allgemeine medizinische Fragen der gesundheitlichen Versorgung und Beratung der Versicherten, für Fragen der Qualitätssicherung, für Vertragsverhandlungen mit den Leistungserbringern und für Beratungen der gemeinsamen Ausschüsse von Ärzten und Krankenkassen, insbesondere der Prüfungsausschüsse. ²Der Medizinische Dienst führt die Aufgaben nach § 116b Absatz 2 durch, wenn der erweiterte Landesausschuss ihn hiermit nach § 116b Absatz 3 Satz 8 ganz oder teilweise beauftragt.

(4 a) ¹Soweit die Erfüllung der sonstigen dem Medizinischen Dienst obliegenden Aufgaben nicht beeinträchtigt wird, kann er Beamte nach den §§ 44 bis 49 des Bundesbeamtengesetzes ärztlich untersuchen und ärztliche Gutachten fertigen. ²Die hierdurch entstehenden Kosten sind von der Behörde, die den Auftrag erteilt hat, zu erstatten. ³§ 281 Absatz 1a Satz 2 gilt entsprechend. ⁴Der Medizinische Dienst des Spitzenverbandes Bund der Krankenkassen und das Bundesministerium des Innern vereinbaren unter Beteiligung der Medizinischen Dienste, die ihre grundsätzliche Bereitschaft zur Durchführung von Untersuchungen und zur Fertigung von Gutachten nach Satz 1 erklärt haben, das Nähere über das Verfahren und die Höhe der Kostenerstattung. ⁵Die Medizinischen Dienste legen die Vereinbarung ihrer Aufsichtsbehörde vor, die der Vereinbarung innerhalb von drei Monaten nach Vorlage widersprechen kann, wenn die Erfüllung der sonstigen Aufgaben des Medizinischen Dienstes gefährdet wäre.

(5) ¹Die Ärzte des Medizinischen Dienstes sind bei der Wahrnehmung ihrer medizinischen Aufgaben nur ihrem ärztlichen Gewissen unterworfen. ²Sie sind nicht berechtigt, in die ärztliche Behandlung einzugreifen.

I. Entstehungsgeschichte, Grundlagen......... 1	d) Zeitnahe Prüfung bei Krankenhausbehandlung (Abs. 1 c)............... 30
II. Vorgängervorschriften..................... 13	aa) Anwendbarkeit des Abs. 1 c... 41
III. Normauslegung 14	bb) Begriff der Zeitnähe (Abs. 1 c) 44
1. Norminhalt............................ 14	cc) Sechswochenfrist (Abs. 1 c) ... 49
2. Normauslegung 15	dd) Aufwandspauschale (Abs. 1 c) 53
a) Einholung einer gutachterlichen Stellungnahme (Abs. 1) 15	ee) Zuständigkeit der MDK (Abs. 1 c)........................ 61
aa) Prüfung der Leistungserbringung und Abrechnung (Abs. 1 Nr. 1).................. 20	ff) Auffälligkeitsprüfungen und Prüfungen auf sachlich-rechnerische Richtigkeit einer Krankenhausrechnung (Abs. 1c S. 4)................. 62
bb) Leistungsentscheidung (Abs. 1 Nr. 2).................. 24	e) Pflicht zur Prüfung (Abs. 2)......... 66
cc) Arbeitsunfähigkeit (Abs. 1 Nr. 3).................. 25	f) Ermessen der Krankenkassen (Abs. 3)............................. 76
b) Gutachterliche Stellungnahme bei Zweifeln an der Arbeitsunfähigkeit (Abs. 1a) 27	g) Zuordnung von Patienten (Abs. 3 a)........................... 81
c) Stichprobenartige und zeitnahe Feststellung der Arbeitsunfähigkeit (Abs. 1b)........................... 29	h) Allgemeine Aufgaben (Abs. 4)...... 83
	i) Begutachtungen von Bundesbeamten durch MDK (Abs. 4a)......... 88

| j) Unabhängigkeit der ärztlichen Gutachter (Abs. 5) .... 91 | IV. Anpassung durch das Bundesteilhabegesetz (BTHG) .... 94 |

I. Entstehungsgeschichte, Grundlagen

Mit Wirkung zum 1.1.1989 ist § 275 im Rahmen des Gesundheitsreformgesetzes vom 20.12.1988 (GRG) in Kraft getreten (BGBl. I, 2477). Anschließend erfolgten folgende Änderungen: Abs. 1 Nr. 1: IdF d. Art. 1 Nr. 6 b Gesetz v. 23.4.2002 (BGBl. I, 1412) mWv 1.1.2003; Abs. 1 Nr. 2: IdF d. Art. 5 Nr. 33 lit. a nach Maßgabe d. Art. 67 Gesetz v. 19.6.2001 (BGBl. I, 1046) mWv 1.7.2001; Abs. 1 Nr. 2: IdF d. Art. 6 Nr. 14 Gesetz v. 23.12.2016 (BGBl. I, 3234) mWv 1.1.2018; Abs. 1 Nr. 3 lit. b: IdF d. Art. 4 Nr. 11 lit. a nach Maßgabe des Vierten Teils (Art. 36 bis 52) Gesetz v. 26.5.1994 (BGBl. I, 1014) mWv 1.1.1995; Abs. 1 a: Eingef. durch Art. 4 Nr. 11 lit. b nach Maßgabe des Vierten Teils (Art. 36 bis 52) Gesetz v. 26.5.1994 (BGBl. I, 1014) mWv 1.1.1995; Abs. 1 b: Eingef. durch Art. 4 Nr. 11 lit. b nach Maßgabe des Vierten Teils (Art. 36 bis 52) Gesetz v. 26.5.1994 (BGBl. I, 1014) mWv 1.1.1995; Abs. 1 b S. 2: IdF d. Art. 1 Nr. 72 a Gesetz v. 22.12.1999 (BGBl. I, 2626) mWv 1.1.2000; Abs. 1 c: Eingef. durch Art. 1 Nr. 185 lit. a Gesetz v. 26.3.2007 (BGBl. I, 378) mWv 1.4.2007; Abs. 1 c S. 3: IdF d. Art. 3 Nr. 8 a Gesetz v. 17.3.2009 (BGBl. I, 534) mWv 25.3.2009; Abs. 1 c S. 4: Art. 6 Nr. 21 a Gesetz v. 10.12.2015 (BGBl. I, 2229) mWv 1.1.2016; Abs. 2 Nr. 1: IdF d. Art. 5 Nr. 33 lit. b nach Maßgabe d. Art. 67 Gesetz v. 19.6.2001 (BGBl. I, 1046) mWv 1.7.2001 u. d. Art. 1 Nr. 185 lit. b aa Gesetz v. 26.3.2007 (BGBl. I, 378) mWv 1.4.2007, bb mWv 1.7.2008; Abs. 2 Nr. 2: Aufgeh. durch Art. 4 Nr. 11 lit. c nach Maßgabe des Vierten Teils (Art. 36 bis 52) Gesetz v. 26.5.1994 (BGBl. I, 1014) mWv 1.4.1995; Abs. 2 Nr. 3: IdF d. Art. 1 Nr. 45 Gesetz v. 20.12.1991 (BGBl. I, 2325) mWv 1.1.1992; Abs. 2 Nr. 5: Eingef. durch Art. 1 Nr. 147 lit. a Gesetz v. 21.12.1992 (BGBl. I, 2266) mWv 1.1.1993; Abs. 3 Nr. 1: Früherer Nr. 1 aufgeh., frühere Nr. 2 jetzt Nr. 1 gem. Art. 1 Nr. 155 lit. a u. b Gesetz v. 14.11.2003 (BGBl. I, 2190) mWv 1.1.2004; Abs. 3 Nr. 2: Früher Nr. 3 gem. Art. 1 Nr. 155 lit. b Gesetz v. 14.11.2003 (BGBl. I, 2190) mWv 1.1.2004; Abs. 3 Nr. 3 u. 4: Eingef. durch Art. 1 Nr. 185 lit. c Gesetz v. 26.3.2007 (BGBl. I, 378) mWv 1.4.2007; Abs. 3 a: Eingef. durch Art. 1 Nr. 147 lit. b Gesetz v. 21.12.1992 (BGBl. I, 2266) mWv 1.1.1993; idF d. Art. 3 Nr. 5 Gesetz v. 13.6.1994 (BGBl. I, 1229) mWv 1.7.1994 u. d. Art. 1 Nr. 54 nach Maßgabe d. Art. 17 Gesetz v. 23.6.1997 (BGBl. I, 1520) mWv 1.7.1997; Abs. 4: IdF d. Art. 1 Nr. 185 lit. d Gesetz v. 26.3.2007 (BGBl. I, 378) mWv 1.4.2007; Abs. 4 S. 2: Eingef. durch Art. 1 Nr. 77 a Gesetz v. 22.12.2011 (BGBl. I, 2983) mWv 1.1.2012; Abs. 4 a: Eingef. durch Art. 1 Nr. 80 Gesetz v. 16.7.2015 (BGBl. I, 1211) mWv 23.7.2015.

Die fortschreitende medizinische Entwicklung hat zu Informationsdefiziten auf Seiten der Krankenkassen geführt, die es auszugleichen gilt. Nur wenn auch die Krankenkassen über den notwendigen medizinischen Sachverstand verfügen, sind sachgerechte, medizinische Gesichtspunkte einschließende Entscheidungen möglich. § 275 zählt beispielhaft einige besonders wichtige Bereiche auf, in denen seitens der Krankenkassen medizinischer Sachverstand erforderlich ist.[1] Zu den klassischen Problembereichen der Krankenkassen an die MDK gehören solche der Arbeitsunfähigkeit der Versicherten. Mit Einführung der Abrechnung von voll- und teilstationären Krankenhausleistungen nach diagnosebezogenen Fallpauschalen (DRG)[2] steht nun auch das Thema der stationären Versorgung im Vordergrund der Anfragen. Angesichts der Tatsache, dass die meisten Krankenkassen heute eigene Ärzte beschäftigen, deren Aufgabe in der Erstellung von gutachterlichen Stellungnahmen besteht, ist grundsätzlich zu fragen, ob das Wissensdefizit zumindest bei diesen Krankenkassen nach wie vor vorhanden ist.

Beispielhaft sollen die Zahlen der versichertenbezogenen Beratungen und Begutachtungen der MDK für die GKV und die SPV[3] im Jahr 2015 dargestellt werden:[4]

---

1 BT-Dr. 11/2237, 232.
2 Einführung im Rahmen des Gesetzes zur Einführung des diagnose-orientierten Fallpauschalensystems für Krankenhäuser v. 23.4.2002 (BGBl. I, 1412).
3 Soziale Pflegeversicherung.
4 S. https://www.mds-ev.de/mdk-statistik/leistungen-der-mdk-gesamt.html (zuletzt abgerufen am 1.3.2017).

Ebenso beispielhaft sollen die Zahlen zu der versichertenbezogenen Beratungen und Begutachtungen der MDK für die GKV für die Jahre 2011 bis 2015 nach Anlassgruppen dargestellt werden:[5]

	2011	2012	2013	2014	2015
Arbeitsunfähigkeit	24,4	23,1	22,8	23,3	23,2
Krankenhausleistungen	39,6	41,1	42,4	42,4	43,4
Ambulante Leistungen	6,8	7,7	7,7	7,3	7,3
Neue Untersuchungs- und Behandlungsmethoden/ Arzeimittel	2,2	2,3	2,3	2,3	1,9
Vorsorge/Reha	16,4	15,7	15,0	14,8	14,2
Hilfsmittel	7,9	7,7	7,3	6,3	6,2
Zahnmedizin	0,6	0,6	0,6	0,5	0,5
Ansprüche gegenüber Dritten	0,5	0,5	0,6	0,7	0,7
Sonstige Anlässe	1,6	1,3	1,3	2,5	2,6
Gesamt	100,0	100,0	100,0	100,0	100,0

4 Das **Initiativrecht zur Einschaltung der MDK** liegt abschließend bei den Krankenkassen,[6] bei den Pflegekassen (zB § 18 SGB XI) und bei den jeweiligen Kassenverbänden (zB §§ 114 ff. SGB XI); insoweit werden sie als Herren der Begutachtungsaufträge bezeichnet.[7] Da die §§ 275 ff. jedoch allgemein mit „Medizinischer Dienst der Krankenversicherung" überschrieben sind und es zB einen „Medizinischen Dienst der Pflegekassen" nicht gibt, wird unabhängig davon, wer das Initiativrecht jeweils ausübt, nachfolgend grundsätzlich der Begriff „Krankenversicherung" oder „Krankenkasse" benutzt, wobei der begriffliche Unterschied darin besteht, dass „Krankenversicherung" allgemein zu verstehen ist, während die „Krankenkasse" sich als Teil der „Krankenversicherung" in einzelnen Kassenarten bzw. Krankenkassen untergliedert (vgl. § 4).

5 Aus dem Initiativrecht lässt sich ein einklagbarer Anspruch der Krankenkassen gegen die MDK herleiten (vgl. § 194 Abs. 1 BGB). Dementsprechend sind im Verhältnis der Krankenkassen zu den MDK

---

5 S. https://www.mds-ev.de/mdk-statistik/gkv-beratungen-und-begutachtungen.html (zuletzt abgerufen am 1.3.2017).
6 Vgl. Quaas, NZS 2002, 454/455.
7 Vgl. BSG, 28.2.2007, B 3 KR 12/06 R, juris Rn. 15 = NZS 2007, 653; BayLSG, 23.5.2011, L 5 KR 82/11 B ER, juris Rn. 23 = RDG 2011, 238 f.

auf der einen Seite die Krankenkassen Gläubiger der MDK und die MDK Schuldner; auf der anderen Seite sind die MDK Gläubiger der ihrer Finanzierung zugrundeliegenden Entgelte und die Kassen Schuldner.

Das Recht der Krankenkassen lässt sich wiederum wie folgt unterteilen: zum einen in die Frage, ob der jeweilige MDK eingeschaltet wird, zum anderen welche Aufgaben konkret zu erfüllen sind (zB konkreter Fragenkatalog)[8] und schließlich in die weitere Frage der Art und Weise der Erstellung der gutachterlichen Stellungnahme (zB Prüfung nach Aktenlage oder Prüfung vor Ort im Krankenhaus, um ggf. mit dem Patienten oder den behandelnden Krankenhausarzt sprechen zu können). Daher ist jedenfalls im Grundsatz zunächst davon auszugehen, dass die MDK selber kaum Entscheidungsspielräume haben.

Insoweit ist jedoch zu berücksichtigen die sog „Vereinbarung über das Nähere zum Prüfverfahren nach § 275 Abs. 1 c SGB V (Prüfverfahrensvereinbarung – PrüfvV) gemäß § 17 c Abs. 2 KHG".[9] Die Vereinbarung ist am 4.8.2014 zwischen dem GKV-Spitzenverband und der Deutschen Krankenhausgesellschaft geschlossen worden. Sie ist am 1.9.2014 in Kraft getreten und gilt für alle Patienten, die ab dem 1.1.2015 in ein Krankenhaus aufgenommen werden. Die Vereinbarung soll ein effizientes, konsensorientiertes Verfahren der Prüfungen nach § 275 Abs. 1 c SGB V näher regeln. Sie gilt für die gutachtlichen Stellungnahmen nach § 275 Abs. 1 c SGB V zur Krankenhausbehandlung nach § 39 SGB V. Die Inhalte der Vereinbarung sind für die Krankenkassen, den MDK und die zugelassenen Krankenhäuser unmittelbar verbindlich.[10]

Die **Krankenkassen** sind an die medizinischen Festellungen der MDK **nicht gebunden**.[11] Dies ergibt sich zum einen aus dem Initiativrecht der Krankenkassen bzw. ihrer Funktion als „Herren der Begutachtungsaufträge",[12] woraus sich nicht nur das Recht ableiten lässt, Aufträge zu erteilen, sondern auch Aufträge zu ändern oder zurückzunehmen. Darüber hinaus werden Entscheidungen o.ä. von den Krankenkassen getroffen, die auch die sich daraus ergebenden Rechtsfolgen tragen, und nicht von den MDK.[13]

Bei der **Haftung der MDK** ist zu differenzieren, wobei beispielhaft **zwei Fallgruppen** benannt werden sollen. Die erste Fallgruppe betrifft den Fall, dass ein Versicherter Schadensersatz von einem MDK fordert, da dieser zB die vorgelegten Unterlagen nur unsorgfältig ausgewertet hat und die Krankenkasse aus dem Grund einen entsprechenden Antrag negativ beschieden hat. Die zweite Fallgruppe hingegen betrifft den Fall, dass eine Krankenkasse Schadensersatz von einem MDK fordert, da dieser zB im Rahmen einer Prüfung der Krankenhausverweildauer die vorgelegten Unterlagen ebenfalls nur unsorgfältig ausgewertet hat, aufgrund dessen ein gerichtliches Verfahren eingeleitet worden ist, dass die Krankenkasse dann verloren hat, wodurch ihr ein finanzieller Schaden entstanden ist.

In der **ersten Fallgruppe** ergibt sich die Anspruchsgrundlage des Versicherten aus den Grundsätzen der Amtshaftung nach Art. 34 GG, § 839 BGB. Sachlich zuständig sind insoweit die ordentlichen Gerichte, dh die Landgerichte in erster Instanz, Art. 34 S. 3 GG, § 71 Abs. 2 Nr. 2 GVG. Nach Art. 34 S. 1 GG haftet anstelle des Bediensteten, soweit dieser in Ausübung des ihm anvertrauten öffentlichen Amtes gehandelt hat, der Staat oder die Körperschaft, in dessen Dienst er steht. Die persönliche Haftung des Bediensteten ist in diesem Fall grundsätzlich ausgeschlossen; bei Vorsatz und grober Fahrlässigkeit bleibt gemäß Art. 34 S. 2 GG jedoch der Rückgriff vorbehalten. Ob sich das Handeln einer Person als Ausübung eines öffentlichen Amtes darstellt, bestimmt sich danach, ob die eigentliche Zielsetzung, in deren Sinn der Betreffende tätig wurde, hoheitlicher Tätigkeit zuzurechnen ist und ob zwischen dieser Zielsetzung und der schädigenden Handlung ein so enger äußerer und innerer Zusammenhang be-

---

8 Das SG Hannover (22.4.2013, S 2 KR 929/11, juris ua Rn. 34) nimmt richtigerweise an, dass der MDK an nur einen begrenzten Prüfauftrag (Dauer der KH-Behandlung) gebunden ist und einer späteren Erweiterung der Prüfung" auf Kodierauffälligkeit der Versäumung der Frist des § 275 Abs. 1 c S. 2 entgegensteht.
9 S. http://www.dkgev.de/media/file/17501.Anlage_Pruefverfahrensvereinbarung.pdf (zuletzt abgerufen am 1.3.2017), hierzu Hambüchen, Vereinbarung über das Nähere zum Prüfverfahren nach § 275 Abs. 1 c SGB V (Prüfverfahrensvereinbarung – PrüfvV) gemäß § 17 c Abs. 2 KHG, jurisPR-SozR 21/2014 Anm. 1.
10 Zum Inhalt Rn. 36 ff.
11 Vgl. BSG, 30.9.1993, 4 RK 1/92, juris Rn. 50 = NZS 1994, 130 ff.; BGH, 22.6.2006, III ZR 270/05, juris Rn. 15 = GesR 2006, 413 ff.; vgl. jedoch § 62 Abs. 3 BMV-Ä: „Das Gutachten des MDK zur Beurteilung der Arbeitsunfähigkeit ist vorbehaltlich der Bestimmung in Abs. 4 verbindlich.", inhaltsgleich § 19 Abs. 3 EKV.
12 Vgl. BSG, 28.2.2007, B 3 KR 12/06 R, juris Rn. 15 = NZS 2007, 653; BayLSG, 23.5.2011, L 5 KR 82/11 B ER, juris Rn. 23 = RDG 2011, 238 f.
13 AA Cramer in: Der medizinische Dienst der Krankenversicherung, S. 17 unter Berufung auf BGH, 21.1.1997, VI ZR 86/96, juris Rn. 11, 12 = NJW 1997, 1446 f.

steht, dass die Handlung ebenfalls als noch dem Bereich hoheitlicher Betätigung angehörend angesehen werden muss. Dabei ist nicht auf die Person des Handelnden, sondern auf seine Funktion, dh auf die Aufgabe, deren Wahrnehmung die im konkreten Fall ausgeübte Tätigkeit dient, abzustellen. Die Vorbereitung und Abgabe einer sozialmedizinischen Stellungnahme durch den Arzt eines MDK nach § 275 ist unabhängig davon, ob dieser öffentlich- oder privat-rechtlich organisiert ist, einer hoheitlichen Tätigkeit zuzurechnen und stellt sich damit als Ausübung eines öffentlichen Amts im Sinne des Art. 34 S. 1 GG dar. Die gutachtlichen Stellungnahmen, die die MDK gemäß § 275 abzugeben haben, sollen nach der zivilrechtlichen Rechtsprechung der Klärung der Voraussetzungen für die Gewährung von Leistungen der GKV dienen. Das Leistungsverhältnis zwischen Versicherten und der Krankenkasse ist öffentlich-rechtlicher Natur. Über die Gewährung der einzelnen Leistung entscheidet grundsätzlich die Krankenkasse. Die MDK geben hierzu, wenn sie nach § 275 hinzugezogen werden, eine gutachtliche Stellungnahme ab. Den Gutachten der MDK kommt trotz fehlender Bindungswirkung für die Entschließung der Krankenkassen in der Regel ausschlaggebende Bedeutung zu. Denn der Tätigkeit der Gutachter der MDK hängen mit der Entscheidung der Krankenkassen auf das Engste zusammen und bildet, wie es in § 275 angelegt ist, geradezu einen Bestandteil der von der Krankenkasse ausgeübten öffentlich-rechtlichen Tätigkeit. Der BGH hat bereits mehrfach entschieden, dass in Fällen, in denen die Sachverständigen von Hoheitsträgern kraft Gesetzes, durch Verwaltungsakt oder aufgrund öffentlich-rechtlichen Vertrags mit der Beschaffung wesentlicher Entscheidungsgrundlagen betraut werden, die Herangezogenen selbst hoheitlich tätig werden.[14] Dies bedeutet, dass die für die MDK tätigen Ärzte für etwaige Pflichtverletzungen gemäß Art. 34 S. 1 GG nicht selbst haften.

10 Diese Grundsätze gelten jedoch nur in dem Fall, dass die MDK *öffentlich-rechtlich* organisiert sind. Soweit die MDK privatrechtlich organisiert ist, scheiden sie als Haftungssubjekte für Ansprüche aus Art. 34 S. 1 GG, § 839 BGB aus. Körperschaft kann nur eine solche des öffentlichen Rechts sein, nicht aber eine juristische Person des bürgerlichen Rechts.[15] Soweit die MDK privat-rechtlich organisiert sind, haften für etwaige Pflichtverletzungen grundsätzlich ebenfalls nicht die einzelnen für die MDK tätigen Ärzte, sondern ggf. nur die eingetragenen Vereine mit ihren Vereinsvermögen.

11 Rechtlich nicht geklärt ist die Frage der Haftung in der **zweiten Fallgruppe**, wobei sich diese Fallgruppe wiederum in zwei Untergruppen unterteilen lässt: In der einen Untergruppe wendet sich eine Körperschaft des öffentlichen Rechts (= Krankenkasse) gegen eine andere Körperschaft des öffentlichen Rechts (= MDK KöR). In der anderen Untergruppe wendet sich die Krankenkasse gegen einen privatrechtlich organisierten eingetragenen Verein (= MDK eV). Beiden Fallgruppen ist gemeinsam, dass zwischen Krankenkassen und MDK keine vertraglichen Beziehungen im Sinne des § 280 BGB bestehen, sondern ein gesetzliches Verhältnis eigener Art, so dass schuldrechtliche Ansprüche insoweit ausscheiden.[16]

12 Eine Haftung aus den Grundsätzen der Amtshaftung nach Art. 34 GG, § 839 BGB kommt in der ersten Untergruppe wohl nicht in Frage, da der Staat wohl kein „Dritter" ist und sich das Amtshaftungsrecht an dem Verhältnis Staat-Bürger orientiert. Möglicherweise ist insoweit Art. 104a Abs. 5 S. 1 Alt. 2 S. 2 GG heranzuziehen, wonach grundsätzlich der Bund und die Länder im Verhältnis zueinander für eine ordnungsmäßige Verwaltung haften.[17] Zwar hat der Bundesgesetzgeber den Verfassungsauftrag des Art. 104a Abs. 5 S. 2 GG, durch Gesetz mit Zustimmung des Bundesrates das Nähere zu bestimmen, bislang nicht erfüllt. Damit wird dem Grundsatz des § 104a Abs. 5 S. 1 Alt. 2 GG indes die vom Verfassungsgesetzgeber gewollte unmittelbare Wirksamkeit nicht genommen. Die infolge des Fehlens des Ausführungsgesetzes bestehende Lücke ist vielmehr im Wege des Richterrechts zu schließen.[18] Für Klagen aus Art. 104a Abs. 5 GG ist das BVerwG gemäß § 50 Abs. 1 Nr. 1 VwGO in erster und letzter Instanz zuständig.[19] In der zweiten Untergruppe, in der die MDK privatrechtlich organisiert sind, richten sich die Ansprüche wohl nach vereinsrechtlichen Grundsätzen. Danach haften für etwaige Pflichtverletzungen grundsätzlich ebenfalls nicht die einzelnen für die MDK tätigen Ärzte, sondern ggf. nur die eingetragenen Vereine mit ihren Vereinsvermögen.

---

14 BGH, 22.6.2006, III ZR 270/05, juris Rn. 15 mwN = GesR 2006, 413 ff.; LG Mönchengladbach, 14.7.2009, 3 O 411/08, juris Rn. 32.
15 BGH, 22.6.2006, III ZR 270/05, juris Rn. 15 mwN = GesR 2006, 413 ff.; vgl. auch LG Mönchengladbach, 14.7.2009, 3 O 411/08, juris Rn. 32.
16 Vgl. BSG, 28.9.2006, B 3 KR 23/05 R, juris Rn. 17 = GesR 2007, 83 ff.
17 Maurer, Allgemeines Verwaltungsrecht, 18. Auflage 2011, § 26 Rn. 54, 54a.
18 BVerwG, 25.8.2011, 3 A 2/10, juris Rn. 19 = ZFSH/SGB 2011, 703 ff.
19 BVerwG, 25.8.2011, 3 A 2/10, juris Rn. 16 = ZFSH/SGB 2011, 703 ff.

II. Vorgängervorschriften

Vorgängervorschrift des § 275 war § 369 b Abs. 1 RVO, der die Aufgaben des VäD geregelt hat. 13

III. Normauslegung

1. Norminhalt. Als zentrale Norm des 9. Kapitels des SGB V ist § 275 grundsätzlich in fünf Teile gegliedert: Abs. 1 verpflichtet die Krankenkassen zur Einholung einer gutachterlichen Stellungnahme beim MDK in den gesetzlich bestimmten Fällen oder wenn es nach Art, Schwere, Dauer, Häufigkeit der Erkrankung oder nach dem Krankheitsverlauf erforderlich ist. Nach Abs. 2 haben die Krankenkassen in den Fällen der Nrn. 1 bis 5 eine Prüfung des MDK vornehmen zu lassen. Das bedeutet, dass sie insoweit keinen Entscheidungsspielraum haben. Hingegen eröffnet Abs. 3 den Krankenkassen die Möglichkeit, den MDK einzuschalten („... *können in geeigneten Fällen* ..."). Nach Abs. 4 *sollen* die MDK oder andere Gutachterdienste in anderen als den in Abs. 1 bis 3 genannten Fällen zu Rate gezogen werden. Nach Abs. 5 sind die Ärzte der MDK bei der Wahrnehmung ihrer medizinischen Aufgaben nur ihrem ärztlichen Gewissen unterworfen; sie sind nicht berechtigt, in die ärztliche Behandlung einzugreifen. 14

2. Normauslegung. a) Einholung einer gutachterlichen Stellungnahme (**Abs. 1**). Gemäß Abs. 1 sind die Krankenkassen in den gesetzlich bestimmten Fällen oder wenn es nach Art, Schwere, Dauer, oder Häufigkeit der Erkrankung oder nach dem Krankheitsverlauf verpflichtet, eine gutachterliche Stellungnahme des MDK einzuholen. Abs. 1, der auf eine Prüfung im Einzelfall ausgerichtet ist, gliedert sich daher in zwei Bereiche: Zum einen in die gesetzlich bestimmten Fälle, in denen die MDK eingeschaltet werden müssen und zum anderen richtet sich die Einschaltung nach nach Art, Schwere, Dauer, oder Häufigkeit der Erkrankung oder nach dem Krankheitsverlauf. 15

Gesetzlich vorgeschriebene sind ua die in Abs. 2 normierten Fälle. Die Vorschrift ist als Auffangtatbestand zu verstehen, durch den über § 275 hinausgehende Prüfaufträge nicht ausgeschlossen werden sollen.[20] Nach Abs. 2 prüft der MDK beispielsweise die medizinischen Voraussetzungen der Notwendigkeit der Leistungen nach den §§ 23, 24, 40 und 41 unter Zugrundelegung eines ärztlichen Behandlungsplans in Stichproben vor Bewilligung und regelmäßig bei beantragter Verlängerung (Abs. 2 Nr. 1), bei Kostenübernahme einer Behandlung im Ausland, ob die Krankenbehandlung nur im Ausland möglich ist (§§ 18, 275 Abs. 2 Nr. 3), ob und für welchen Zeitraum häusliche Krankenpflege länger als vier Wochen erforderlich ist (§§ 37 Abs. 1, 275 Abs. 2 Nr. 4) und ob die Versorgung mit Zahnersatz aus medizinischen Gründen ausnahmsweise unaufschiebbar ist (§§ 27 Abs. 2, 275 Abs. 2 Nr. 5). 16

Darüber hinaus sind die Krankenkassen verpflichtet den MDK einzuschalten, wenn dies nach *Art, Schwere, Dauer, Häufigkeit der Erkrankung oder nach dem Krankheitsverlauf* erforderlich ist. Hierbei handelt es sich um unbestimmte Rechtsbegriffe, die den Krankenkassen einen Beurteilungsspielraum eröffnen.[21] 17

Für die Frage, welcher MDK für die Durchführung einer Prüfung nach Abs. 1 c zuständig ist, ist keine normative Regelung vorhanden. Jedoch bietet es sich mit Blick auf die Landesverträge nach § 112 grds. an, nach dem sog Tatortprinzip zu verfahren. Danach ist der MDK des Ortes der Krankenhausbehandlung für die Durchführung der Fallprüfung zuständig. Andernfalls wäre es denkbar, dass die Krankenkassen dies entgegen dem Gebot von Treu und Glauben ausnutzen, da ihnen das Initiativrecht zur Einschaltung des MDK zusteht;[22] insoweit werden sie als Herren des Begutachtungsauftrags bezeichnet.[23] 18

In den Abs. 1 Nr. 1 bis 3 lit. b) werden verschiedene Begutachtungsanlässe aufgelistet. 19

aa) **Prüfung der Leistungserbringung und Abrechnung (Abs. 1 Nr. 1).** Nach Abs. 1 Nr. 1 sind die Krankenkassen bei der Erbringung von Leistungen, insbesondere zur Prüfung von Voraussetzungen, Art und Umfang der Leistung, sowie bei Auffälligkeiten zur Prüfung der ordnungsgemäßen Abrechnung, verpflichtet, eine gutachtliche Stellungnahme des MDK einzuholen. Das bedeutet, hiervon werden sämtliche Leistungen nach § 11 umfasst.[24] In der Literatur wird die Vorschrift allgemein als Gene- 20

---

20 Strack in: jurisPK-SGB V, § 275 Rn. 10.
21 Wollenschläger in: Wannagat, SGB V, § 275 Rn. 3.
22 Quaas, NZS 2002, 454, 455.
23 Vgl. BSG, 28.2.2007, B 3 KR 12/06 R, juris Rn. 15 = NZS 2007, 653 ff.; BayLSG, 23.5.2011, L 5 KR 82/11 B ER, juris Rn. 23 = RDG 2011, 238 ff.
24 Strack in: jurisPK-SGB V, § 275 Rn. 11.

ralklausel verstanden.[25] Die Prüfung erfolgt daher auch unter Wahrung des Wirtschaftlichkeitsgebotes nach § 12. Nicht im Wortlaut der Vorschrift ist verankert, ob auch eine Begutachtung von Behandlungsfehlern im Rahmen des § 275 Abs. 1 Nr. 1 erfolgt. Nach allgemeiner Auffassung werden jedenfalls Behandlungsfehler einer Begutachtung unterzogen, die im unmittelbaren Zusammenhang mit Versicherungsleistungen stehen.[26] Alle übrigen Leistungen unterfallen dem Auffangtatbestand des Abs. 4.[27]

21 Im Rahmen der Krankenhausfinanzierung kann in Einzelfällen bei Auffälligkeiten auch die Rechnungslegung durch den MDK geprüft werden. Das Verfahren wird jedoch ausdrücklich auf solche Fälle begrenzt, in denen die Krankenkassen einen Anfangsverdacht haben. Die Krankenkassen müssen in diesen Fällen die Möglichkeit haben, abgerechnete Leistungen von den MDK überprüfen zu lassen. Dies gilt zB für Leistungen, die vor der Behandlung genehmigt wurden oder für die eine Kostenübernahmeerklärung abgegeben wurde, aber auch für Leistungen, die nicht genehmigungsbedürftig sind. Diese Prüfung in Einzelfällen ist im Krankenhausbereich abzugrenzen von der verdachtsunabhängigen Stichprobenprüfung nach § 17c KHG.[28]

22 Zu den Beanstandungsgründen durch die MDK wird beispielhaft für das Bundesland Bayern auf nachfolgende Tabelle verwiesen:[29]

Primäre Fehlbelegung (falsch gestellte Indikation bei der Aufnahme in eine stationäre Einrichtung)	15,3 %
Sekundäre Fehlbelegung (fehlende Notwendigkeit der stationären Unterbringung an einem Tag)	31,0 %
Sonstige Fragestellung	2,0 %
Fallzusammenführung (Zusammenführung zeitlich dicht beieinanderliegender stationärer Behandlungen zu einem Fall)	0,3 %
Kodierqualität (korrekte Darstellung des Fallverlaufs im Rahmen der DRG)	40,1 %

23 Nach § 17c Abs. 2 KHG in der bis zum 31.8.2013 gültigen Fassung[30] konnten die Krankenkassen zusätzlich im Rahmen der verdachtsunabhängigen Stichprobenprüfung durch Einschaltung der MDK (§ 275 Abs. 1) die Einhaltung der in § 17c Abs. 1 KHG genannten Verpflichtungen durch Stichproben prüfen; über die Einleitung der Prüfung entschieden die Krankenkassen mehrheitlich. Die MDK waren befugt, Stichproben von akuten und abgeschlossenen Fällen zu erheben und zu verarbeiten. Die Stichproben konnten sich auch auf bestimmte Organisationseinheiten sowie bestimmte Diagnosen, Prozeduren und Entgelte beziehen. Das Krankenhaus hatte den MDK die dafür erforderlichen Unterlagen einschließlich der Krankenunterlagen zur Verfügung zu stellen und die erforderlichen Auskünfte zu erteilen. Die Ärzte der MDK waren zu diesem Zweck befugt, nach rechtzeitiger Anmeldung die Räume der Krankenhäuser an Werktagen von 08.00 bis 18.00 Uhr zu betreten. Krankenhäuser, die den Qualitätsbericht nach § 137 Abs. 1 S. 3 Nr. 6 nicht fristgerecht veröffentlicht hatten, sollten jährlich geprüft werden.

In den Jahren 2005 bis 2008 sind insgesamt 101 Stichprobenüberprüfungen nach § 17c KHG aF durch die MDK durchgeführt worden. Dabei sind 1.050 Rechnungen korrigiert worden, 764 Rechnungen zugunsten der Krankenkassen und 286 Rechnungen zugunsten der Krankenhäuser korrigiert worden. Im Jahre 2009 sind von 165 Krankenhäuser wohl lediglich in drei Krankenhäusern Stichprobenprüfungen nach § 17c KHG durchgeführt worden.[31]

24 **bb) Leistungsentscheidung (Abs. 1 Nr. 2).** Nach Abs. 1 Nr. 2 sind die Krankenkassen zur *Einleitung von Leistung und Teilhabe insbesondere Koordinierung der Leistungen und Zusammenarbeit der Re-*

---

25 Cramer, Der medizinische Dienst der Krankenkassen, S. 15.
26 Sikorski, MedR 2001, 188, 188.
27 LSG Bad.-Württ., 11.12.1996, L 5 Ka 1130/95, MedR 1997, 331, 334.
28 BT-Dr. 14/7862, S. 6.
29 Angabe des Staatsministeriums für Umwelt und Gesundheit vom 28.7.2011, BayL.-Dr. 16/9452 vom 24.8.2011.
30 § 17c KHG aF eingef. durch Art. 2 Nr. 5 Gesetz vom 23.4.2002 (BGBl. I, 1412) mWv 30.4.2002, zuletzt geändert durch Gesetz vom 21.7.2012 (BGBl. I, 1612) mWv 1.1.2013 – gültig bis zum Inkrafttreten des BeitrSchuldG vom 15.7.2013 (BGBl. 2423) am 1.8.2013.
31 BReg. in BT-Dr. 17/5742, S. 4.

habilitationsträger nach den §§ 14 bis 24 SGB IX[32] verpflichtet, eine gutachtliche Stellungnahme des MDK einzuholen. Dabei geht es insbesondere darum, dass im Zuge eines Gesamtplanes unter Einbeziehung des behandelnden Arztes, verschiedene Rehabilitationsmaßnahmen koordiniert werden. Bei der Auswahl und Abstimmung wird dem behandelnden Arzt die Möglichkeit gegeben Stellung zu nehmen, die Begutachtung erfolgt daraufhin durch den MDK.[33]

cc) **Arbeitsunfähigkeit (Abs. 1 Nr. 3).** Abs. 1 Nr. 3 nennt als weiteren Begutachtungsanlass die Arbeitsunfähigkeit. Ziel ist zum einen die Sicherung des Behandlungserfolges, insbesondere zur *Einleitung von Maßnahmen der Leistungsträger für die Wiederherstellung der Arbeitsfähigkeit* (a). Ein weiteres Ziel besteht in der *Beseitigung von Zweifeln an der Arbeitsunfähigkeit* (b). Die Vorschrift dient vor allem der Verhinderung von Missbrauch der Entgeltfortzahlung im Einzelfall.[34]

Abs. 1 Nr. 3 ist in Zusammenhang mit Abs. Abs. 1 a zu sehen, der nicht abschließend zwei mögliche Fälle nennt, in denen Zweifel an der festgestellten Arbeitsunfähigkeit bestehen können. Dies kann insbesondere dann der Fall sein, wenn *Versicherte auffällig häufig oder auffällig häufig nur für kurze Dauer arbeitsunfähig sind oder der Beginn der Arbeitsunfähigkeit häufig auf einen Arbeitstag am Beginn oder am Ende einer Woche fällt (a)*. Zudem können Zweifel am Vorliegen von Arbeitsunfähigkeit auch dann bestehen, wenn *die Arbeitsunfähigkeit von einem Arzt festgestellt worden ist, der durch die Häufigkeit der von ihm ausgestellten Bescheinigungen über Arbeitsunfähigkeit auffällig geworden ist (b)*. Hierbei ist zu beachten, dass die Überprüfung durch den MDK unverzüglich nach Vorlage der ärztlichen Feststellung zu erfolgen hat. Nur auf diese Weise kann aktuell das Vorliegen der Arbeitsunfähigkeit bestätigt oder widerlegt werden.

b) **Gutachterliche Stellungnahme bei Zweifeln an der Arbeitsunfähigkeit (Abs. 1 a).** Zweifel an der Arbeitsunfähigkeit nach Abs. 1 Nr. 3 Buchstabe b sind gemäß Abs. 1 a S. 1 insbesondere in Fällen anzunehmen, in denen
a) Versicherte auffällig häufig oder auffällig häufig nur für kurze Dauer arbeitsunfähig sind oder der Beginn der Arbeitsunfähigkeit häufig auf einen Arbeitstag am Beginn oder am Ende einer Woche fällt oder
b) die Arbeitsunfähigkeit von einem Arzt festgestellt worden ist, der durch die Häufigkeit der von ihm ausgestellten Bescheinigungen über Arbeitsunfähigkeit auffällig geworden ist.

Gemäß Abs. 1 a S. 2 hat die Prüfung unverzüglich, dh ohne schuldhaftes Zögern,[35] nach Vorlage der ärztlichen Feststellung über die Arbeitsunfähigkeit zu erfolgen. Nach Abs. 1 a S. 3 kann der Arbeitgeber seinerseits verlangen, dass die Krankenkasse eine gutachterliche Stellungnahme des MDK bezüglich der Arbeitsunfähigkeit anfertigen lässt. Die Krankenkasse darf hiervon nur absehen, wenn sie die Arbeitsunfähigkeit eindeutig aus den vorliegenden ärztlichen Unterlagen ergibt (Abs. 1 a S. 4). Es besteht jedoch keine Pflicht der Krankenkasse, dem Arbeitgeber die Gründe für die Erfolglosigkeit seines Verlangens zu übermitteln.[36]

Bezüglich der Anforderungen der **gutachterlichen Stellungnahmen der MDK** nach Abs. 1 Nr. 1 bis 3 ist darauf hinzuweisen, dass eine **wissenschaftlich-methodische Untersuchung** erfolgen muss, wobei sich die Ärzte der MDK nicht lediglich auf die vorliegenden Unterlagen beziehen dürfen, sondern nötigenfalls den Versicherten auch selber untersuchen müssen.[37] Zudem hat eine gutachterliche Stellungnahme nur dann die erforderliche Güte, wenn grds. die vollständigen Behandlungsunterlagen zur Verfügung gestanden haben. Dies ergibt sich daraus, dass die Krankenkassen oftmals auf der Grundlage der MDK-Stellungnahme die Gerichte einschalten, die ebenfalls grds. die vollständigen Behandlungsunterlagen in ihre Entscheidungen einbeziehen; davon ausgenommen sind nur solche Unterlagen, die offensichtlich keine Relevanz für den in Rede stehenden Vorgang haben. Bei den Gutachtern des MDK ist darauf zu achten, dass diese im Hinblick auf die entscheidungserheblichen Sachverhalte ausreichend qualifiziert sind, also insbesondere auf die zu beurteilenden medizinischen Fachgebiete ausgewiesen sind und Erfahrung mit der medizinischen Ausrichtung des betroffenen Krankenhauses besitzt.[38]

---

32 Bis zum 31.12.2017 in Kraft befindliche Fassung: „... §§ 10 bis 12 des Neunten Buches ...", vgl. Bundesteilhabegesetz (BTHG) v. 23.12.2016 (BGBl. I, 3234, 3311, 3349) und BT-Dr. 18/9522, S, 322.
33 Wollenschläger in: Wannagat, SGB V, § 275 Rn. 6.
34 Cramer, Der medizinische Dienst der Krankenversicherung, S. 16.
35 Vgl. die Legaldefinition in § 121 BGB.
36 Sichert in: Becker/Kingreen, § 275 Rn. 41.
37 Schulteis, GesR 2008, 80/81.
38 Vgl. BSG, 10.4.2008, B 3 KR 19/05 R, juris Rn. 43 = NZS 2009, 273 ff.

29 c) **Stichprobenartige und zeitnahe Feststellung der Arbeitsunfähigkeit (Abs. 1 b).** Gemäß Abs. 1 b überprüfen die MDK bei Vertragsärzten, die im Rahmen einer Zufälligkeitsprüfung nach § 106 Abs. 2 S. 1 Nr. 2 geprüft werden, stichprobenartig und zeitnah die Feststellungen der Arbeitsunfähigkeit. Das Nähere ist gemäß §§ 275 Abs. 1 b S. 2, 106 Abs. 2 S. 4 SGB V in der Prüfvereinbarung zu regeln.[39]

30 d) **Zeitnahe Prüfung bei Krankenhausbehandlung (Abs. 1 c).** Nach Abs. 1 c ist bei einer Krankenhausbehandlung nach § 39 eine Prüfung nach § 275 Abs. 1 Nr. 1 zeitnah durchzuführen. Die Gründe für die Einführung der Vorschrift durch das GKV-WSG zum 1.4.2007 lagen nach Auffassung des Gesetzgebers darin, dass im Krankenhausbereich Handlungsbedarf im Hinblick auf den Umfang der gutachtlichen Stellungnahmen der MDK bestanden hat, die Krankenkassen im Rahmen der Einzelfallprüfung nach Abs. 1 Nr. 1 anfordern.[40]

31 Von einzelnen Krankenkassen wird die Prüfungsmöglichkeit in unverhältnismäßiger und nicht sachgerechter Weise zur Einzelfallsteuerung genutzt. Dies führte nicht nur zu unnötiger Bürokratie. Für einzelne Kassenarten lagen Hinweise zu Prüfquoten im Rahmen der Einzelfallprüfung in Höhe von 45 % der Krankenhausfälle vor. Dies belastet die Abläufe in den Krankenhäusern teils erheblich, sorgt für zusätzlichen personellen und finanziellen Aufwand und führt in der Regel zu hohen und nicht gerechtfertigten Außenständen und Liquiditätsproblemen. Eine zeitnahe Prüfung war daher nicht immer gewährleistet. Teilweise wurden weit zurückliegende Fälle aus Vorjahren geprüft. Dies führte auch zu Unsicherheiten bei Erlösausgleichen und Jahresabschlüssen.[41]

32 Unter den in Abs. 1 c S. 1 verwendeten Ausdruck „Krankenhausbehandlung nach § 39" ist nach § 39 Abs. 1 S. 1 ist die vollstationäre, teilstationäre, vor- und nachstationäre (§ 115 a) sowie die ambulante (§ 115 b) Krankenhausbehandlung zu verstehen. Aufgrund des Wortlauts nicht umfasst ist die Entbindungsanstaltspflege nach § 197 RVO.[42]

33 Ausgelöst werden die Prüfvorgänge der MDK durch Prüfaufträge der Krankenkassen, die durch einen Abrechnungsvorgang der Krankenhäuser – Schlussrechnung oder auch Zwischenrechnung – in Gang gesetzt werden.[43]

34 Nach **§ 17 c Abs. 1 KHG** wirkt der Krankenhausträger durch geeignete Maßnahmen darauf hin, dass
1. keine Patienten in das Krankenhaus aufgenommen werden, die nicht der stationären Krankenhausbehandlung bedürfen, und bei Abrechnung von tagesbezogenen Pflegesätzen keine Patienten im Krankenhaus verbleiben, die nicht mehr der stationären Krankenhausbehandlung bedürfen (Fehlbelegung),
2. eine vorzeitige Verlegung oder Entlassung aus wirtschaftlichen Gründen unterbleibt,
3. die Abrechnung der nach § 17 b KHG vergüteten Krankenhausfälle ordnungsgemäß erfolgt.

35 Nach § 17 c Abs. 2 KHG nF[44] regeln der Spitzenverband Bund der Krankenkassen und die Deutsche Krankenhausgesellschaft das Nähere zum Prüfverfahren nach § 275 Abs. 1 c; in der Vereinbarung sind abweichende Regelungen zu Abs. 1 c S. 2 möglich. Dabei haben sie insbesondere Regelungen über den Zeitpunkt der Übermittlung zahlungsbegründender Unterlagen an die Krankenkassen, über das Verfahren zwischen Krankenkassen und Krankenhäusern bei Zweifeln an der Rechtmäßigkeit der Abrechnung im Vorfeld einer Beauftragung des MDK, über den Zeitpunkt der Beauftragung des MDK, über die Prüfungsdauer, über den Prüfungsort und über die Abwicklung von Rückforderungen zu treffen; die §§ 275 bis 283 bleiben im Übrigen unberührt. Kommt eine Vereinbarung bis zum 31.3.2014 ganz oder teilweise nicht zu Stande, trifft auf Antrag einer Vertragspartei die Schiedsstelle nach § 18 a Abs. 6 KHG die ausstehenden Entscheidungen. Die Vereinbarung oder Festsetzung durch die Schiedsstelle ist für die Krankenkassen, den MDK und die zugelassenen Krankenhäuser unmittelbar verbindlich.

36 Zur Durchführung der Prüfung ist zu verweisen auf die sog „Vereinbarung über das Nähere zum Prüfverfahren nach § 275 Abs. 1 c SGB V (Prüfverfahrensvereinbarung – PrüfvV) gemäß § 17 c Abs. 2

---

39 Sichert in: Becker/Kingreen, § 275 Rn. 42.
40 BT-Dr. 16/3100, 171.
41 BT-Dr. 16/3100, 171.
42 LSG RhPf, L 5 KR 184/09, juris Rn. 13 = KRS 10.036.
43 BSG, 16.5.2012, B 3 KR 12/11 R, juris Rn. 15 ff. = GesR 2012, 548 ff.
44 BeitrSchuldG vom 15.7.2013 (BGBl. I, 2423) mWv 1.8.2013.

KHG".[45] Danach sollen sich der MDK und das Krankenhaus zur Durchführung der Prüfung darauf verständigen, ob die Prüfung vor Ort oder im schriftlichen Verfahren erfolgt. Ist eine Verständigung nicht möglich, entscheidet der MDK, ob er von seiner Befugnis nach § 276 Abs. 4 SGB V zu einer Prüfung vor Ort Gebrauch macht. In den übrigen Fällen erfolgt eine Prüfung im schriftlichen Verfahren. Die Prüfung vor Ort richtet sich nach den Vorgaben des § 276 Abs. 4 SGB V. Bei einer Prüfung im schriftlichen Verfahren kann der MDK die Übersendung einer Kopie der Unterlagen verlangen, die er zur Beurteilung von Voraussetzungen, Art und Umfang der Leistung sowie zur Prüfung der ordnungsgemäßen Abrechnung benötigt. Das Krankenhaus hat die Unterlagen innerhalb von 4 Wochen nach Zugang der Unterlagenanforderung an den MDK zu übermitteln. Erfolgt dies nicht, hat das Krankenhaus einen Anspruch nur auf den unstrittigen Rechnungsbetrag.

Die Krankenkasse hat den MDK in folgenden Fällen mit der Durchführung einer Prüfung nach § 275 Abs. 1c SGB V zu beauftragen:
(a) Im Vorverfahren erfolgt keine Datenkorrektur oder -ergänzung.
(b) Es erfolgt im Vorverfahren zwar eine Datenkorrektur oder -ergänzung, die Notwendigkeit zur Begutachtung durch den MDK ist dadurch jedoch aus Sicht der Krankenkasse nicht entfallen.
(c) Es wird trotz Aufforderung kein Falldialog durchgeführt.
(d) Es wird ein Falldialog durchgeführt, jedoch keine Einigung erzielt.
(e) Aus Sicht der Krankenkasse bedarf es der direkten Beauftragung des MDK.

In den Fällen des Absatzes (a) bis (d) erfolgt die Beauftragung des MDK zwei Wochen nach Beendigung des Vorverfahrens, spätestens jedoch 12 Wochen nach Einleitung des Prüfverfahrens. Im Fall von (e) erfolgt die Beauftragung des MDK durch die Krankenkasse innerhalb der 6-Wochen-Frist des § 275 Abs. 1c S. 2 SGB V. Sämtliche insoweit geregelten Fristen sind Ausschlussfristen. Der MDK zeigt dem Krankenhaus die Einleitung der MDK-Prüfung, einschließlich des Datums seiner Beauftragung, unverzüglich an. In der Prüfanzeige sind die bei der Einleitung des Prüfverfahrens mitgeteilten Auffälligkeiten gegebenenfalls zu konkretisieren und, sofern in dem Vorverfahren weitere Erkenntnisse gewonnen wurden, zu ergänzen. Eine Beschränkung der MDK-Prüfung auf den Prüfanlass besteht nicht. Eine Erweiterung des Prüfanlasses ist dem Krankenhaus anzuzeigen.

Nach § 17c Abs. 4 KHG können die Ergebnisse der Prüfungen nach § 275 Abs. 1c durch Anrufung des Schlichtungsausschusses überprüft werden. Aufgabe des Schlichtungsausschusses ist die Schlichtung zwischen den Vertragsparteien. Nach § 17c Abs. 4b KHG ist gegen die Entscheidungen der Schiedsstelle nach § 17c Abs. 2 S. 3, Abs. 3 S. 7 und Abs. 4a S. 5 KHG sowie des Schlichtungsausschusses auf Bundesebene nach § 17c Abs. 3 KHG und der Schlichtungsausschüsse nach § 17c Abs. 4 KHG der Sozialrechtsweg gegeben. Bei Klagen, mit denen nach Durchführung einer Abrechnungsprüfung nach § 275 Abs. 1c eine streitig gebliebene Vergütung gefordert wird, ist vor der Klageerhebung das Schlichtungsverfahren nach § 17c Abs. 4 KHG durchzuführen, wenn der Wert der Forderung 2.000 EUR nicht übersteigt.[46]

Nach Auffassung des 3. Senats des BSG greift der gesetzliche Schlichtungszwang jedoch nicht, solange es keine arbeitsfähigen Schlichtungsstellen gibt, die ihre Zuständigkeit öffentlich angezeigt haben.[47] Andernfalls verstoße die Zwangsschlichtung gegen das Gebot zur Gewährung effektiven Rechtsschutzes. Dem Gebot würde nicht hinreichend entsprochen, wenn die betroffenen Krankenhausträger und Krankenkassen jeweils recherchieren müssen, ob ein Ausschuss bestehe und auch arbeitsfähig sei.

Der 1. Senat des BSG hat diese Rechtsprechung bereits nach kurzer Zeit wieder aufgegeben. Danach setzen Leistungsklagen auf Krankenhausvergütung bis zu 2000 Euro nach Auffälligkeitsprüfung grds. ab 1.9.2014, bei Vertrauensschutz jedenfalls ab 1.9.2015, einen Schlichtungsfehlschlag voraus, auch wenn der Schlichtungsausschuss seine Errichtung und Funktionsfähigkeit nicht förmlich angezeigt hat. Eine fehlgeschlagene Schlichtung ist Voraussetzung aller zeitlich betroffener Leistungsklagen auf Krankenhausvergütung bis zu 2000 Euro nach tatsächlich erfolgter Auffälligkeitsprüfung im Rechtssinne

---

45 S. http://www.dkgev.de/media/file/17501.Anlage_Pruefverfahrensvereinbarung.pdf (zuletzt abgerufen am 1.3.2017), hierzu Hambüchen, Vereinbarung über das Nähere zum Prüfverfahren nach § 275 Abs. 1c SGB V (Prüfverfahrensvereinbarung – PrüfvV) gemäß § 17c Abs. 2 KHG, jurisPR-SozR 21/2014 Anm. 1., vgl. zu formalen Aspekten Rn. 6.
46 Ossege, Health & Care Management, Heft 10-2013, 58-59.
47 BSG, 8.10.2014, B 3 KR 7/14 R, juris Rn. 27, 28 = SozR 4-5560 § 17c Nr. 2.

unabhängig davon, ob der Streit eine Vergütungsforderung unmittelbar oder nur mittelbar wegen Aufrechnung mit einer strittigen Erstattungsforderung betrifft.[48]

41 **aa) Anwendbarkeit des Abs. 1 c.** Zu fragen ist, in welchen Fällen Abs. 1 c überhaupt anzuwenden ist. Nach der insoweit grundlegenden Rechtsprechung des BSG[49] bestehen im Verhältnis zwischen Krankenhäusern, Krankenkassen und den MDK im Rahmen eines bis zu dreistufigen Prüfverfahrens folgende Auskunfts- und Mitwirkungspflichten:

42 Nach **Auffassung des BSG** zwingend sind auf der ersten Stufe der Sachverhaltserhebung zunächst die Angaben nach § 301 Abs. 1. Danach besteht die Pflicht des Krankenhauses, der Krankenkasse bei Krankenhausbehandlung die wesentlichen Aufnahme- und Behandlungsdaten zu übermitteln. Aus datenschutzrechtlichen Gründen ist abschließend und enumerativ aufgelistet, welche Angaben der Krankenkasse bei einer Krankenhausbehandlung ihrer Versicherten auf jeden Fall zu übermitteln sind. Dazu zählen nach § 301 Abs. 1 S. 1 Nr. 3 vor allem die Stammdaten des Versicherten sowie Detailangaben über Aufnahme, Verlegung, Art der Behandlung und Entlassung einschließlich der Angabe des einweisenden Arztes mit Einweisungs- und Aufnahmediagnose, aber auch die medizinische Begründung für eine Verlängerung der Verweildauer sowie Datum und Art der durchgeführten Operationen und Prozeduren. Nach der Vorstellung des Gesetzgebers sind damit die Mindestangaben bezeichnet, die die Krankenkasse insbesondere zur ordnungsgemäßen Abrechnung und zur Überprüfung der Notwendigkeit der Krankenhausbehandlung benötigt. Genügt die Anzeige des Krankenhauses diesen (Mindest-)Anforderungen nicht, fehlt es bereits an der Fälligkeit der Vergütungsforderung. Deshalb dürfen die Krankenkassen bei Zweifeln oder Unklarheiten in Bezug auf die gemäß § 301 übermittelten Daten durch nicht-medizinische Nachfragen selbst beim Krankenhaus klären, ob die jeweiligen Voraussetzungen der Zahlungspflicht im Einzelfall gegeben sind, wenn keine ausreichenden Angaben zum Grund der Krankenhausaufnahme ersichtlich sind (§ 301 Abs. 1 S. 1 Nr. 3). Erschließen sich die Notwendigkeit der Krankenhausbehandlung oder weitere Abrechnungsvoraussetzungen den Krankenkassen aufgrund der Angaben nach § 301 oder eines Kurzberichts nicht selbst, ist nach Auffassung des BSG auf der zweiten Stufe der Sachverhaltserhebung ein Prüfverfahren nach § 275 Abs. 1 Nr. 1 einzuleiten. Danach ist bei den MDK eine gutachtliche Stellungnahme einzuholen, wenn die vom Krankenhaus erteilten und ansonsten zur Verfügung stehenden Informationen zur Prüfung insbesondere von Voraussetzung, Art und Umfang der Krankenhausbehandlung nicht ausreichen. Dazu hat die Krankenkasse den MDK nach § 276 Abs. 1 S. 1 jedenfalls diejenigen zur Begutachtung erforderlichen Unterlagen vorzulegen, die ihr vom Krankenhaus zur Verfügung gestellt worden sind, also insbesondere die Angaben nach § 301; vom Versicherten überlassene Unterlagen sind bei dessen Zustimmung ebenfalls zur Verfügung zu stellen (§ 276 Abs. 1 S. 2). Daraus hat das BSG ist abgeleitet, dass den Krankenkassen kein Recht zusteht, selbst in die ärztlichen Behandlungsunterlagen Einsicht zu nehmen. Ebenso dürfen die Krankenkassen keine medizinischen Unterlagen „zur Vorprüfung des Vergütungsanspruchs" anfordern, es sei denn, es handele sich um eine medizinische Begründung bei Überschreitung der voraussichtlichen Dauer der Krankenhausbehandlung oder der maßgebliche Landesvertrag nach § 112 sieht dies ausdrücklich vor (sog Kurzbericht). Hieraus folgt aber nicht, dass die Krankenkassen nach Bundesrecht verpflichtet wären, Krankenhausrechnungen auch dann in voller Höhe zu begleichen, wenn sie innerhalb angemessener Frist substantiierte und der Höhe nach bezifferte Einwendungen gegen die Abrechnung geltend machen. Vielmehr erlegt § 275 Abs. 1 Nr. 1 den Krankenkassen gerade die Pflicht auf, bei Zweifeln über die Erbringung von Leistungen, insbesondere zur Prüfung von Voraussetzungen, Art und Umfang, sowie bei Auffälligkeiten zur Prüfung der ordnungsgemäßen Abrechnung eine gutachtliche Stellungnahme der MDK einzuholen. Im Rahmen einer auf diesen Voraussetzungen ordnungsgemäß eingeleiteten Prüfung hat das Krankenhaus nach Auffassung des BSG schließlich auf der dritten Stufe der Sachverhaltserhebung (wenn sich also unter Auswertung der auf der ersten und zweiten Stufe verfügbaren Sozialdaten kein abschließendes Ergebnis finden lässt) den MDK auch über die Anzeige nach § 301 und einen etwaigen Kurzbericht hinaus alle weiteren Angaben zu erteilen und Unterlagen vorzulegen, die im Einzelfall zur Beantwortung der Prüfanfrage der Krankenkasse benötigt werden. Rechtsgrundlage hierfür ist § 276 Abs. 2 S. 1 Hs. 2. Danach sind die Leistungserbringer verpflichtet, Sozialdaten auf Anforderung der MDK unmittelbar an diese zu über-

---

48 BSG, 23.6.2015, B 1 KR 26/14 R, juris = GesR 2015, 482 ff. zurecht kritisch Verpflichtung von Krankenhäusern und Krankenkassen zur Anrufung eines Landesschlichtungsausschusses, zugl. Anm. zu BSG, 23.6.2015, B 1 KR 26/14 R, jurisPR-SozR 25/2015 Anm. 4.
49 BSG, 16.5.2012, B 3 KR 14/11 R, juris Rn. 17 ff. = GesR 2012, 492 ff.; vgl. auch BSG, 16.5.2012, B 3 KR 12/11 R, juris Rn. 14 ff. = GesR 2012, 548 ff.

mitteln, soweit dies für die gutachtliche Stellungnahme und Prüfung erforderlich ist, soweit die Krankenkassen nach § 275 Abs. 1 bis 3 eine gutachtliche Stellungnahme oder Prüfung durch die MDK veranlasst haben. Auf dieser Grundlage sind die MDK ermächtigt, die erforderlichen Sozialdaten beim Krankenhaus anzufordern; das Krankenhaus ist zu deren Vorlage verpflichtet, weil allein durch die Angaben gemäß § 301 und einen etwaigen Kurzbericht eine zuverlässige Beurteilung der Krankenhausbehandlungsbedürftigkeit oder anderer Fragen der Abrechnung nicht möglich ist.

Das bedeutet nach Auffassung des BSG, dass beispielsweise die Ausschlussfrist des Abs. 1c S. 2 nur für die dritte Ebene der Sachverhaltsermittlung Bedeutung besitzt. „Prüfung" im Sinne von Abs. 1c S. 2 ist demnach nicht jede Befassung der MDK mit medizinischen Fragen aus Anlass der den Krankenkassen zwingend aufgetragenen Kontrolle von Krankenhausabrechnungen. Prüfungstätigkeit im Sinne dieser Norm entfalten die MDK vielmehr erst dann, wenn auch von ihnen die Ordnungsgemäßheit einer Abrechnung nicht allein anhand der vom Krankenhaus bei der Aufnahme oder der Abrechnung überlassenen Daten beurteilbar ist und deshalb gemäß § 276 Abs. 2 S. 1 Hs. 2 beim Krankenhaus selbst zusätzliche Sozialdaten erhoben werden müssen, wenn also der Sachverhalt nur anhand zusätzlicher medizinischer Unterlagen und Angaben des Krankenhauses zu klären ist, also insbesondere die Krankenbehandlungsakte oder Teile davon eingesehen werden müssen. Dies folgt aus dem systematischen Zusammenhang mit der Aufwandspauschale des § 275 Abs. 1c S. 3. Dieser kommt kein Straf- oder Sanktionscharakter zu, sondern sie dient dem Ausgleich eines besonderen Zusatzaufwandes infolge der nochmaligen und zeitaufwändigen Befassung mit einem bereits abgeschlossenen Versorgungsvorgang. Zahlungsansprüche nach Abs. 1c S. 3 können deshalb nur entstehen, wenn dem Krankenhaus auf der Prüfantrag hin überhaupt ein tatsächlicher Aufwand entstanden ist, der über die Erfüllung der üblichen Mitteilungs- und Abrechnungsobliegenheiten hinaus reicht. Demgemäß kann die Ausschlussfrist des Abs. 1c S. 2 für die Prüftätigkeit der MDK auch nur dann von Bedeutung sein, wenn sie über eine Beratung der Krankenkasse auf der Grundlage der dieser vom Krankenhaus bereits überlassenen Daten hinausreicht und auf der Basis von § 276 Abs. 2 S. 1 Hs. 2 eine eigenständige Erhebung von Sozialdaten zum Gegenstand hat. Erfasst demzufolge die Ausschlusswirkung des § 275 Abs. 1c S. 2 nur MDK-Prüfaufträge auf der 3. Stufe der Abrechnungsprüfung, so folgt daraus im Umkehrschluss, dass die Rechnungskontrolle auf den beiden ersten Prüfebenen unabhängig hiervon erfolgt. Auf den beiden vorgeschalteten Prüfebenen verbleibt es hingegen bei der allgemeinen Verpflichtung der Krankenkassen, die von den Krankenhäusern vorgelegten Abrechnungen zügig auf ihre sachliche und rechnerische Richtigkeit zu überprüfen. Beschränkt sind sie hierbei nach Ablauf der Frist des Abs. 1c S. 2 aber insoweit, dass der medizinische Sachverhalt nicht mehr durch Ermittlungen der MDK gemäß § 276 Abs. 2 S. 1 Hs. 2 überprüft oder weiter aufgeklärt werden kann. Entsprechende Prüfaufträge an die MDK sind unzulässig und die Krankenhäuser nicht mehr zur Übermittlung von Sozialdaten verpflichtet.

bb) Begriff der Zeitnähe (Abs. 1c). Die Auslegung des Begriffs „zeitnah" in Abs. 1c S. 1 führte immer wieder zu Rechtsunklarheiten; insbesondere handelt es sich dabei um einen unbestimmten Rechtsbegriff. Ansätze für eine Konkretisierung sind in der Rechtsprechung zwar vorhanden; diese Ansätze sind jedoch uneinheitlich, was im Ergebnis dazu führen könnte, dass die allgemeinen Verjährungsvorschriften[50] insoweit nicht anzuwenden sind. Ebenfalls könnten die allgemeinen Verwirkungsvorschriften nicht angewendet werden, die neben dem bloßen Zeitablauf immer auch ein Umstandselement in der Weise verlangen, dass derjenige, der sich auf Verwirkung beruft, über das bloße Verstreichen von Zeit hinaus aus dem Verhalten des anderen schließen kann, dieser wolle und werde seine Rechtsposition nicht weiter verfolgen.[51]

So ist das SG Berlin[52] der Auffassung, dass im Rahmen der von Abs. 1c S. 1 geforderten zeitnahen Durchführung der Prüfung der Krankenkasse ein Verschulden des MDK nicht zurechenbar ist. Beauftragt die Krankenkasse den MDK innerhalb der Frist gemäß Abs. 1c S. 2 mit einer Prüfung der stationären Verweildauer und stellt der MDK in diesem Rahmen das Vorliegen einer fehlerhaften Abrechnung fest, ist die Krankenkasse mit Einwendungen gegen die Abrechnung weder wegen der Überschreitung des Prüfauftrages durch den MDK noch wegen Nichteinhaltung der Prüffrist gemäß Abs. 1c S. 2 ausgeschlossen. Insbesondere fällt eine lange Dauer des Prüfverfahrens allein in den Verantwortungsbereich des MDK. Das Gericht beruft sich dabei auf die Rechtsprechung des 3. Senats des

---

50 Vier Jahre gemäß § 45 SGB I analog, BSG, 12.5.2005, B 3 KR 32/04 R, juris Rn. 13, 14 = GesR 2005, 409 ff.; BSG, 28.2.2007, B 3 KR 12/06 R, juris Rn. 25 = NZS 2007, 653 ff.
51 Vgl. BSG, 11.5.2011, B 6 KA 5/11 B, Rn. 12 = AMK 2013, Nr. 5, 13; Grüneberg in: Palandt, § 242 BGB Rn. 95.
52 SG Berlin, 11.1.2012, S 36 KR 242/11, juris Rn. 23, 39.

BSG.⁵³ Eine andere Auffassung vertritt hingegen das Bayerische LSG.⁵⁴ Danach sind Krankenhäuser auf Dauer berechtigt, die Herausgabe von Behandlungsunterlagen zu verweigern, wenn ein Zeitraum von acht Monaten ungenutzt vergeht.

46 Mittlerweile hat sich das **BSG** mit dem Problem „Zeitnähe" auseinandergesetzt. Nach dem Urteil vom 13.11.2012 konkretisiert Abs. 1 c die allgemeinen Anforderungen von Treu und Glauben, nach denen Krankenhaus und Krankenkasse angesichts ihrer auf Dauer angelegten Rechtsbeziehung gehalten sind, so zügig zu kooperieren, dass es nicht zu treuwidrigen Verzögerungen kommt. Die Bestimmung regelt abschließend die sozialrechtlichen Sanktionen bei Verstößen. Das entspricht dem Wortlaut sowie Sinn und Zweck der Regelung unter Berücksichtigung des Regelungssystems. Abs. 1 c S. 1 ordnet in Bezug auf die Krankenhausbehandlung nach § 39 an, dass eine Prüfung nach § 275 Abs. 1 Nr. 1 „zeitnah" durchzuführen ist. Dieses wird in Abs. 1 c S. 2 dahin präzisiert, dass eine Prüfung spätestens sechs Wochen nach Eingang der Abrechnung bei der KK einzuleiten und durch den MDK dem Krankenhaus anzuzeigen ist. Die Regelung schneidet den Krankenkassen keine weiteren Rechte ab, mithilfe des MDK Abrechnungen von Krankenhäusern zu überprüfen. Abs. 1 c begründet keine gesetzliche Ausschlussregelung jenseits der sechswöchigen Ausschlussfrist des Abs. 1 c S. 2. Namentlich aus Abs. 1 c S. 1 und dem dort geregelten Erfordernis der zeitnahen Prüfung kann eine Ausschlussfrist nicht abgeleitet werden.⁵⁵

47 Die abschließende, abgestufte Regelungskonzeption des Abs. 1 c, lediglich die kurze Frist des Satzes 2 zu sanktionieren, bei im Anschluss an gezielte Abrechnungsprüfungen nicht erfolgten Abrechnungskürzungen zu einer pauschalen Aufwandspauschale zu gelangen und nach erfolgter rechtskonformer Einleitung der Prüfung die Verjährungsfrist als Zeitgrenze eingreifen zu lassen, eröffnet keinen Raum für die Krankenhäuser, sich etwa wegen zögerlicher Prüfbearbeitung des MDK auf Verwirkung zu berufen. Zudem passt das Rechtsinstitut der Verwirkung als ergänzende Regelung innerhalb der kurzen vierjährigen Verjährungsfrist nicht. Es ist als Ausprägung des Grundsatzes von Treu und Glauben (§ 242 BGB) auch für das Sozialversicherungsrecht und insbesondere für die Nachforderung von Beiträgen zur Sozialversicherung anerkannt. Die Verwirkung setzt als Unterfall der unzulässigen Rechtsausübung voraus, dass der Berechtigte die Ausübung seines Rechts während eines längeren Zeitraums unterlassen hat und weitere besondere Umstände hinzutreten, die nach den Besonderheiten des Einzelfalls und des in Betracht kommenden Rechtsgebietes das verspätete Geltendmachen des Rechts nach Treu und Glauben dem Verpflichteten gegenüber als illoyal erscheinen lassen. Solche, die Verwirkung auslösenden „besonderen Umstände" liegen vor, wenn der Verpflichtete infolge eines bestimmten Verhaltens des Berechtigten (Verwirkungsverhalten) darauf vertrauen durfte, dass dieser das Recht nicht mehr geltend machen werde (Vertrauensgrundlage) und der Verpflichtete tatsächlich darauf vertraut hat, dass das Recht nicht mehr ausgeübt wird (Vertrauenstatbestand) und sich infolgedessen in seinen Vorkehrungen und Maßnahmen so eingerichtet hat (Vertrauensverhalten), dass ihm durch die verspätete Durchsetzung des Rechts ein unzumutbarer Nachteil entstehen würde. Hat der MDK die Prüfung nach Abs. 1 c angezeigt, ohne sodann zügig in eine Prüfung einzutreten, fehlt es bereits an einem Verwirkungsverhalten. Allein der Zeitablauf stellt ein solches Verwirkungsverhalten noch nicht dar. Denn die Verwirkung unterscheidet sich von der Verjährung dadurch, dass der bloße Zeitablauf nicht genügt, um die Ausübung des Rechts als unzulässig anzusehen. Nichtstun, also Unterlassen, kann ein schutzwürdiges Vertrauen ausnahmsweise allenfalls dann begründen und zur Verwirkung des Rechts führen, wenn der Schuldner dieses als bewusst und planmäßig erachten darf. Davon ist bei Unterlassen von Prüfmaßnahmen des MDK innerhalb der kurzen, vierjährigen Verjährungsfrist bei von der KK als „Herrin" des Prüfverfahrens erteiltem Prüfauftrag nicht auszugehen.⁵⁶

48 Der Ablauf der Verjährungsfrist wird auch nicht nach § 45 Abs. 2 SGB I iVm § 204 Abs. 1 Nr. 8 BGB durch die Einleitung des Prüfverfahrens durch den MDK gehemmt. Insbesondere kommt weder eine

---

53 BSG, 28.9.2006, B 3 KR 23/05 R, juris Rn. 17 = GesR 2007, 83 ff.
54 Bayerische LSG, 4.10.2011, L 5 KR 14/11, juris Rn. 37.
55 BSG, 13.11.2012, B 1 KR 24/11, juris Rn. 30, 33 = GesR 2013, 550 ff.; BSG, 18.7.2013, B 3 KR 22/12 R, juris = SozR 4-2500 § 276 Nr. 2.
56 BSG, 13.11.2012, B 1 KR 24/11, juris Rn. 36 bis 39 = GesR 2013, 550 ff.; BSG, 18.7.2013, B 3 KR 22/12 R, juris = Reg.-Nr. 30929 (BSG-Intern).

unmittelbare noch eine analoge Heranziehung von Hemmungstatbeständen außerhalb des BGB in Betracht.[57]

cc) **Sechswochenfrist (Abs. 1 c).** Die Prüfung nach Abs. 1 c S. 1 ist gemäß Abs. 1 c S. 2 spätestens sechs Wochen nach Eingang der Abrechnung bei der Krankenkasse einzuleiten und durch den MDK anzuzeigen.[58] Die Sechswochenfrist ist dabei Ausdruck des allgemein zu beachtenden Beschleunigungsgebotes,[59] beinhaltet mithin eine von Amts wegen zu berücksichtigenden Ausschlussfrist.[60] Das bedeutet jedoch nicht, dass eine verspätete Anzeige bereits zur Unzulässigkeit der Prüfung führt,[61] sondern dass die Prüfung auch dann noch möglich ist, wenn sie zwar fristgemäß eingeleitet, jedoch erst außerhalb der Frist durch den MDK angezeigt wird, so dass eine Fristversäumnis nicht zulasten der Krankenkassen gehen kann. Hinsichtlich der Anzeige durch den MDK ist eine Schriftform gesetzlich zwar nicht vorgeschrieben, aus Beweisgründen jedoch zu empfehlen.[62]

Für die Berechnung der Sechswochenfrist ist auf § 69 zu verweisen, wonach die Regelungen des BGB grds. entsprechend gelten und somit auch die §§ 187 ff. BGB für die Berechnung der Fristen.

Zudem ist die Krankenkasse nach Ablauf der sechswöchigen Frist nicht mehr befugt, den MDK einzuschalten.[63] Vom **BSG** mittlerweile geklärt ist die Frage, ob die Ausschlussfrist nur für das außergerichtliche[64] oder auch für das gerichtliche Verfahren gilt.[65] Das BSG ist der Auffassung, dass es sich bei der sechswöchigen Frist um eine Ausschlussfrist handelt, die **auch im sozialgerichtlichen Verfahren beachtlich ist und den Amtsermittlungsgrundsatz einschränkt**; sie sperre sogar die Verwertung dazu im Widerstreit erlangter Beweisergebnisse. Abs. 1 c würde aber nur in Verfahren gelten, in denen die Krankenkasse eine medizinische Sachverhalts-prüfung gemäß § 276 Abs. 2 S. 1 durch den MDK veranlasst habe.[66]

Zu fragen ist, ob entgegen dem Wortlaut des § 275 Abs. 1 c S. 2, wonach die Einleitung der Prüfung spätestens sechs Wochen nach Eingang der Abrechnung bei der Krankenkasse "durch den Medizinischen Dienst dem Krankenhaus anzuzeigen" ist, auch die Krankenkasse selbst die Anzeige fristwahrend vornehmen kann.[67]

dd) **Aufwandspauschale (Abs. 1 c).** Durch die Erhöhung der Aufwandspauschale in Abs. 1 c S. 3 von ursprünglich 100 EUR[68] auf 300 EUR[69] wurde dem Umstand Rechnung getragen, dass der Prüfumfang und der damit einhergehende Verwaltungsaufwand nach wie vor sehr hoch war. Durch die dreifache Erhöhung sollte ein weiterer Anstoß gegeben werden, ohne konkrete Verdachtsmomente von einer initiierten Einzelfallprüfung abzusehen.[70] Die Aufwandspauschale in Abs. 1 c S. 3 fällt nach der Rspr. des BSG ausschließlich bei einer Prüfung nach Abs. 1 Nr. 1 und nicht bei einer Stichprobenprüfung nach § 17c Abs. 2 KHG an.[71]

Hintergrund der Einführung der Aufwandspauschale: Dem Gesetzgeber drängte sich der Verdacht auf, dass Krankenkassen das MDK-Verfahren „*in unverhältnismäßiger und nicht sachgerechter Weise zur Einzelfallsteuerung [nutzen]*."[72] Dem wollte mit der Einführung eines neuen § 275 Abs. 1 c S. 3 in das SGB V entgegenwirken. In der Begründung heißt es: „*Um einer ungezielten und übermäßigen Einleitung von Begutachtungen entgegenzuwirken, wird mit S. 3 eine Aufwandspauschale von 100 Euro eingeführt. Diese ist von der prüfungseinleitenden Krankenkasse an das Krankenhaus zu entrichten. Die*

---

57 BSG, 19.9.2013, B 3 KR 31/12 R, juris Rn. 15 ff. = GesR 2014, 111 ff.; BSG, 17.12.2013, B 1 KR 59/12 R, juris Rn. 13 ff. = ZMGR 2014, 122 ff.; vgl. auch SächsLSG, 16.5.2012, L 1 KR 115/10, juris = KHE 2012/49; aA LSG Bln-Bbg, 18.1.203, L 1 KR 278/10, juris = KHE 2013/34, 1 ff., das die Gefahr eines ewigen Prüfverfahrens sieht.
58 BSG, 13.11.2012, B 1 KR 24/11, juris Rn. 28; Sichert Becker/Kingreen, § 275 Rn. 19.
59 BSG, 17.12.2009, B 3 KR 12/08 R, juris Rn. 18 = GesR 2010, 382 ff.
60 BT-Dr. 16/3100, 171.
61 So aber Sichert in: Becker/Kingreen, § 275 Rn. 20.
62 Sieper, GesR 2007, 446, 447.
63 Sieper, GesR 2007, 446, 448.
64 SG Braunschweig, 7.9.2010, S 40 KR 532/07, nv.
65 LSG Nds-Brem, 13.7.2011, L 1 KR 501/10, s. www.sozialgerichtsbarkeit.de (zuletzt abgerufen am 1.3.2017).
66 Vgl. BSG, 16.5.2012, B 3 KR 14/11 R, juris Rn. 17 ff. = GesR 2012, 492 ff.
67 Vgl. BSG, 27.11.2014, B 3 KR 7/13 R, juris Rn. 23 = SozR 4-2500 § 275 Nr. 24.
68 GKV-WSG vom 26.3.2007, BGBl. I, 378.
69 KHRG vom 17.3.2009, BGBl. I, 534.
70 BT-Dr. 16/11429, 47.
71 BSG, 16.5.2012, B 3 KR 12/11 R, juris Rn. 13 = GesR 2012, 548 ff.
72 BT-Dr. 16/3100, 171.

Aufwandspauschale ist nach S. 3 für alle diejenigen Krankenhausfälle zu zahlen, in denen die Einzelfallprüfung nicht zu einer Minderung des Abrechnungsbetrages durch die Krankenkasse führt. Die Verpflichtung zur Zahlung einer Aufwandspauschale durch die Krankenkasse entsteht somit grundsätzlich unabhängig davon, ob eine Rechnung bereits beglichen ist oder nicht. Das betroffene Krankenhaus hat der jeweiligen Krankenkasse die Aufwandspauschale in Rechnung zu stellen; zur Vermeidung unnötigen bürokratischen Aufwands ggf. in Form einer Sammelrechnung."[73]

Der Bundesrat konnte eine dem entgegen gesetzte Sichtweise nicht durchsetzen. In der Begründung heißt es: *„Die bisherigen Prüfungen durch die Medizinischen Dienste zeigen schon heute eine gute Fallauswahl der Krankenkassen, die einen sehr hohen Anteil von weit über 40 Prozent fehlkodierter Fälle zeigen. ... Die Einführung eines „Sanktionsbetrages" wäre kontraproduktiv, weil er die Prüfung und deren Wirkungen ausschließlich an ökonomischen Kriterien misst. Hinzu kommt, dass die Einführung einer Aufwandspauschale Krankenhäuser und Krankenkassen mit erhöhtem Verwaltungsaufwand belasten würde."*[74]

55 Nach dem Gesetzeswortlaut ist die Aufwandspauschale nur bei einer Minderung des Abrechnungsbetrages zu entrichten. Nicht zu entrichten ist die Pauschale hingegen bei einer Erhöhung des Abrechnungsbetrages oder in Fällen fehlerhafter Kodierung, soweit sich die Abrechnung nicht mindert.

56 Ein Krankenhaus kann die Aufwandspauschale nicht beanspruchen, wenn die Krankenkasse durch eine fehlerhafte Abrechnung des Krankenhauses zur Einleitung des Prüfverfahrens veranlasst worden ist, selbst wenn sich der Gesamtabrechnungsbetrag für die Krankenhausbehandlung anschließend im Ergebnis nicht verringert.[75]

57 Eine Aufwandspauschale ist nicht zu entrichten bei einer Entbindungsanstaltspflege nach § 197 RVO, obwohl es sich dabei um eine Krankenhausbehandlung handelt, da § 275 Abs. 1 c S. 1 lediglich von einer Krankenhausbehandlung nach § 39 spricht.[76]

58 Zu den Aufwandspauschalen wird immer wieder vorgetragen, dass neben der entsprechenden Vorschrift nach Abs. 1 c, wonach die Krankenkassen den Krankenhäusern eine Aufwandspauschale in Höhe von 300 EUR bei nicht erfolgreichen Prüfungen durch die MDK zahlen müssen, eine entsprechende Vorschrift fehlt, die Falschabrechnungen der Krankenhäuser sanktioniert. Um Anreize zur Falschabrechnung zu vermeiden, wird gefordert, dass neben der Rückzahlung der falschen Abrechnungen auch spürbare Sanktionen für systematische Falschabrechnungen erfolgen müssen.[77] Hierzu ist für anlassunabhängige Stichprobenprüfungen auf § 17 c Abs. 3 S. 4 Hs. 1 KHG zu verweisen. Danach sind der Differenzbetrag und zusätzlich ein Betrag in derselben Höhe zurückzuzahlen, soweit nachgewiesen wird, dass Fallpauschalen grob fahrlässig zu hoch abgerechnet wurden.

59 Bei der Aufwandspauschale handelt es sich um eine Geldschuld, für die Verzugs- und Prozesszinsen anfallen können.[78]

60 Bei der Begutachtung der Abrechnungen der Krankenhäuser durch den MDK handelt es sich nicht um ein vereinbartes, sondern um ein gemäß Abs. 1 Nr. 1 gesetzlich vorgegebenes und damit einseitiges Begutachtungsverfahren. Einseitig veranlasste Gutachten entfalten jedoch gerade keine verjährungshemmende Wirkung.[79]

61 ee) Zuständigkeit der MDK (Abs. 1 c). Für die Frage, welcher MDK für die Durchführung einer Prüfung nach Abs. 1 c zuständig ist, ist darauf hinzuweisen, dass das SGB V die örtliche Zuständigkeit des MDK nicht nach dem Leistungsort regelt, sondern dass es nach Auffassung des BSG hierzu schweigt.[80] Insbesondere begnügt sich das SGB V insgesamt damit, Vorgaben für die grundsätzlich landesbezogene Organisationsstruktur des MDK und für seine Finanzierung zu machen. Weder Wortlaut noch Systematik, Entstehungsgeschichte und Zielsetzung der gesetzlichen Regelungen bieten Anhaltspunkte für die Annahme, dass die dem MDK zugewiesenen Aufgaben ausschließlich nach räumlichen Wirkungs-

---

73 BT-Dr. 16/3100, 171; BSG, 16.5.2012, B 3 KR 12/11 R, juris Rn. 11 = GesR 2012, 548 ff.
74 BT-Dr. 16/3950, 35.
75 BSG, 22.6.2010, B 1 KR 1/10 R, juris Rn. 18 = ZMGR 2010, 384 ff.
76 LSG RhPf, 19.8.2010, L 5 KR 184/09, juris Rn. 13 = KRS 10.036.
77 Vgl. den Antrag ua der Fraktion der SPD zum Thema „Korruption im Gesundheitswesen wirksam bekämpfen" v. 10.11.2011, BT-Dr. 17/3685, 3.
78 LSG BW, 19.5.2009, L 11 KR 5231/08, juris Rn. 23 = KRS 09.011.
79 SG Frankfurt/Oder, 29.3.2011, S 27 KR 74/09, juris Rn. 25 = sozialgerichtsbarkeit.de (Berufung anhängig beim LSG Bln-Bbg, L 1 KR 180/11 (zuletzt abgerufen am 1.3.2017)).
80 BSG, 17.12.2013, B 1 KR 52/12 R, juris Rn. 16 = SozR 4-2500 § 109 Nr. 36; aA Quaas, NZS 2002, 454, 455.

kreisen wahrzunehmen sind. Etwas anderes ergibt sich auch nicht aus der „Richtlinie über die Zusammenarbeit der Krankenkassen mit dem MDK und Empfehlungen zur vorrangigen Beauftragung von Gutachtern" vom 30.4.1990 (MDK-RL).[81] Die Richtlinie binden nämlich lediglich Krankenkassen und ihre Verbände sowie die MDK. Sie verschaffen Dritten keine Rechtspositionen. Leistungserbringende Dritte wie ein Krankenhausträger, dessen Abrechnung überprüft werden soll, können sich auf die Verletzung der MDK-RL nicht berufen, weil sie nicht drittschützend sind.

ff) **Auffälligkeitsprüfungen und Prüfungen auf sachlich-rechnerische Richtigkeit einer Krankenhausrechnung (Abs. 1 c S. 4).** In einem Urteil des BSG[82] hat der 1. Senat eine rechtliche Differenzierung zwischen Auffälligkeitsprüfungen und Prüfungen auf sachlich-rechnerische Richtigkeit einer Krankenhausrechnung vorgenommen. Während er auf Auffälligkeitsprüfungen § 275 Abs. 1 c anwendet, ist er der Auffassung, dass diese Vorschrift für Prüfungen der sachlich-rechnerischen Richtigkeit nicht gilt. Für Letztere gelte weder die Frist des § 275 Abs. 1 c S. 2 noch die Pflicht zur Entrichtung eine Aufwandspauschale nach § 275 Abs. 1 c S. 3. Vielmehr unterlägen sie einem eigenen Prüfregime.[83]

Infolge dieses Urteils sind zwischen Krankenhäusern und Krankenkassen Probleme entstanden, weil Krankenkassen sich bei Prüfungen der Krankenhausabrechnungen durch die MDK vermehrt auf den Standpunkt stellen, es handele sich um Prüfungen der sachlich-rechnerischen Richtigkeit, bei denen keine Aufwandspauschale zu zahlen und keine Frist zu beachten sei. Hinzu kommt, dass im Schrifttum teilweise kritisiert wird, dass es für die Trennung der beiden Prüfarten im Gesetz keine hinreichende Stütze gebe und es an Abgrenzungskriterien fehle.

Deshalb wird in § 275 Abs. 1 c S. 4 bestimmt, dass sich die Fristen- und Anzeigeregelung des Satzes 2 und die Regelung zur Aufwandspauschale in S. 3 auf jede Prüfung der Abrechnung einer stationären Behandlung beziehen, mit der eine Krankenkasse den MDK beauftragt und die eine Datenerhebung durch den MDK beim Krankenhaus erfordert. Dies gilt sowohl für die vom 1. Senat des BSG angesprochenen Auffälligkeitsprüfungen als auch für die Prüfungen auf sachlich-rechnerische Richtigkeit. Mit der Voraussetzung, dass es sich um Prüfungen handeln muss, die eine Datenerhebung durch den MDK erfordern, wird auf das vom BSG entwickelte System der dreistufigen Sachverhaltsermittlung Bezug genommen. Dadurch wird in Übereinstimmung mit diesem Ansatz zum Ausdruck gebracht, dass § 275 Abs. 1 c nur für Prüfungen auf der dritten Stufe der Sachverhaltserhebung anwendbar ist. Dies ist dann der Fall, wenn der MDK den Prüfauftrag der Krankenkasse nur mit Angaben und Unterlagen des Krankenhauses erfüllen kann und deshalb eine Prüfung durchführen muss, die Außenwirkung auf das Krankenhaus hat. Durch eine derartige Prüfung entsteht dem Krankenhaus ein besonderer Aufwand, der – falls es nicht zu einer Minderung des Abrechnungsbetrages kommt – durch die Pauschale zu entschädigen ist.

Die Neuregelung hat zugleich zur Folge, dass Sachverhaltsermittlungen, die eine Einsichtnahme in Unterlagen des Krankenhauses oder sonstige Datenanforderungen beim Krankenhaus erfordern, ausgeschlossen sind, wenn die Frist nach S. 2 ungenutzt abgelaufen ist. Dies gilt unabhängig davon, ob es sich um eine Prüfung der sachlichen und rechnerischen Richtigkeit der Krankenhausabrechnung oder um eine Auffälligkeitsprüfung handelt. Dadurch sollen die bereits mit den Sätzen 2 und 3 verfolgten Zwecke der Beschleunigung und Planungssicherheit gestärkt werden. Das Recht der Krankenkassen, für ihre Prüfung andere zulässige Informationsquellen zu nutzen, bleibt – wie auch der 1. Senat des BSG ausdrücklich feststellt – unberührt und gilt für alle Prüfungen der Krankenhausrechnungen durch die Krankenkassen.

e) **Pflicht zur Prüfung (Abs. 2).** Die Krankenkassen haben durch die MDK gemäß **Abs. 2** prüfen zu lassen

1. die Notwendigkeit der Leistungen nach den §§ 23, 24, 40 und 41 SGB V unter Zugrundelegung eines ärztlichen Behandlungsplans in Stichproben vor Bewilligung und regelmäßig bei beantragter Verlängerung; der Spitzenverband Bund der Krankenkassen regelt in Richtlinien den Umfang und die Auswahl der Stichprobe und kann Ausnahmen zulassen, wenn Prüfungen nach Indikation und Personenkreis nicht notwendig erscheinen; dies gilt insbesondere für Leistungen zur medizinischen Rehabilitation im Anschluss an eine Krankenhausbehandlung (Anschlussheilbehandlung), …
2. bei Kostenübernahme einer Behandlung im Ausland, ob die Behandlung einer Krankheit nur im Ausland möglich ist (§ 18 SGB V),

---

81 (Link lässt sich nicht öffnen.).
82 1.7.2014, B 1 KR 29/13 R, juris = SozR 4-2500 § 301 Nr. 4.
83 Vgl. BT-Dr. 18/6586, S. 110.

3. ob und für welchen Zeitraum häusliche Krankenpflege länger als vier Wochen erforderlich ist (§ 37 Abs. 1 SGB V),
4. ob Versorgung mit Zahnersatz aus medizinischen Gründen ausnahmsweise unaufschiebbar ist (§ 27 Abs. 2 SGB V).

67 Die Korrektur einer Schlussrechnung durch ein Krankenhaus ist innerhalb von sechs Wochen seit Rechnungsstellung grundsätzlich möglich. Nach Ablauf dieser Frist kann eine Schlussrechnung nach Treu und Glauben – von offensichtlichen Schreib- und Rechenfehlern abgesehen – gegenüber der Krankenkasse nur noch dann korrigiert werden, wenn die Nachforderung über 100 EUR (ab 25.3.2009: über 300 EUR) liegt und zudem mindestens 5 % des Ausgangsrechnungswerts erreicht.[84]

68 Bereits nach dem Wortlaut der Vorschrift besteht eine Verpflichtung der Krankenkassen zur Einschaltung der MDK in den enumerativ aufgeführten Leistungsbereichen der Nummern 1 bis 5 (außer Nr. 2). Die Krankenkassen haben insoweit keinen Entscheidungsspielraum. Abs. 2 Nr. 2 ist aufgehoben worden und lautete bis zum 31.3.1995: *„Die Krankenkassen haben durch den Medizinischen Dienst prüfen zu lassen, ob Schwerpflegebedürftigkeit vorliegt (§ 53 SGB V); dies ist in der Regel aufgrund einer Untersuchung des Versicherten in seiner häuslichen Umgebung zu prüfen; die Prüfung soll auch Möglichkeiten zur Rehabilitation einbeziehen und ist in angemessenen Zeitabständen zu wiederholen."*

69 Abs. 2 Nr. 1 gliedert sich in drei Halbsätze; diese Halbsätze lassen sich in jeweils eine Gruppe unterteilen. Die Krankenkassen haben durch die MDK somit prüfen zu lassen:
- die Notwendigkeit der Leistungen nach den §§ 23, 24, 40 und 41 unter Zugrundelegung eines ärztlichen Behandlungsplans in Stichproben vor Bewilligung und regelmäßig bei beantragter Verlängerung (= 1. Gruppe);
- der Spitzenverband Bund der Krankenkassen regelt in Richtlinien den Umfang und die Auswahl der Stichprobe und kann Ausnahmen zulassen, wenn Prüfungen nach Indikation und Personenkreis nicht notwendig erscheinen (= 2. Gruppe);
- dies gilt insbesondere für Leistungen zur medizinischen Rehabilitation im Anschluss an eine Krankenhausbehandlung (Anschlussheilbehandlung; = 3. Gruppe).

70 Die erste Gruppe betrifft die obligatorischen Prüfungen der medizinischen Notwendigkeit von medizinischen Vorsorgeleistungen gemäß § 23, von medizinischen Vorsorgeleistungen für Mütter und Väter gemäß § 24, von Leistungen zur medizinischen Rehabilitation gemäß § 40 und von Leistungen zur medizinischen Rehabilitation für Mütter und Väter nach § 41. Auf der Grundlage des für den jeweiligen Fall zu erstellenden ärztlichen Behandlungsplans erfolgt die Begutachtung vor der erstmaligen Bewilligung in Stichproben, dh nicht generell. Dadurch werden die MDK vor einem übermäßigen Prüfaufwand geschützt und trägt damit auch zum Bürokratieabbau bei. Bei der Beantragung einer Verlängerung der Leistungen erfolgt die Prüfung der medizinischen Notwendigkeit durch die MDK hingegen regelmäßig.[85]

71 Nach der zweiten Gruppe regelt der Spitzenverband Bund der Krankenkassen in Richtlinien den Umfang und die Auswahl der Stichprobe und kann Ausnahmen zulassen, wenn Prüfungen nach Indikation und Personenkreis nicht notwendig erscheinen. Insoweit wird verwiesen auf die Richtlinie über Umfang und Auswahl der Stichproben bei der Begutachtung durch den MDK und Ausnahmen davon nach Abs. 2 Nr. 1 (Richtlinie MDK-Stichprobenprüfung) vom 2.7.2008.[86] Danach sind die Krankenkassen verpflichtet, die Notwendigkeit von Vorsorge- und Rehabilitationsleistungen durch den Medizinischen Dienst der Krankenversicherung (MDK) prüfen zu lassen. Seit Juli 2008 werden diese nur noch stichprobenhaft durchgeführt. Dabei wird jeder 4. Antrag auf Leistungen zur medizinischen Vorsorge und Rehabilitation – nach den §§ 23, 24, 40 und 41 SGB V – geprüft. Die Richtlinie zur MDK-Stichprobenprüfung (Fassung: Juli 2008) enthält Regelungen zum Umfang und zur Auswahl der Stichprobe. Bei folgenden Fällen kann von einer Prüfung abgesehen werden: Anschlussrehabilitationen, Vorsorge- und Rehabilitationsmaßnahmen für Kinder und Jugendliche, Leistungsanträge im Zusammenhang mit Disease-Management-Programmen (DMP) bzw. Integrierter Versorgung sowie sogenannte Problem- und Zweifelfälle.

---

84 BSG, 17.12.2009, B 3 KR 12/08 R, juris Rn. 16 = SozR 4-2500 § 109 Nr. 20.
85 BT-Dr. 16/3100, 171.
86 S. https://www.gkv-spitzenverband.de/media/dokumente/krankenversicherung_1/rehabilitation/richtlinien_und_vereinbarungen/mdk_stichprobenpruefung/Reha_MDK-Richtlinie_02072008.pdf (zuletzt abgerufen am 1.3.2017).

Nach der dritten Gruppe gilt dies, dh die vorherigen Ausführungen, insbesondere für Leistungen zur medizinischen Rehabilitation im Anschluss an eine Krankenhausbehandlung (Anschlussheilbehandlung). Der Begriff der „Anschlussheilbehandlung" wird insoweit in Abs. 2 Nr. 1 Hs. 3 legaldefiniert.

Nach **Abs. 2 Nr. 3** haben die Krankenkassen durch die MDK bei Kostenübernahme einer Behandlung im Ausland prüfen zu lassen, ob die Behandlung einer Krankheit nur im Ausland möglich ist (§ 18). Durch die Bezugnahme auf § 18 ist unter Ausland ein Staat zu verstehen, der sich außerhalb des Geltungsbereichs des Vertrages zur Gründung der Europäischen Gemeinschaft und des Abkommens über den Europäischen Wirtschaftsraum befindet.

Nach **Abs. 2 Nr. 4** haben die Krankenkassen durch die MDK prüfen zu lassen, ob und für welchen Zeitraum häusliche Krankenpflege länger als vier Wochen erforderlich ist (§ 37 Abs. 1). Eine Prüfung macht insoweit jedoch nur dann Sinn, wenn das Ergebnis der Prüfung zeitlich vor einer entsprechenden Leistungsgewährung vorliegt. Der Anspruch auf häusliche Krankenpflege besteht gemäß § 37 Abs. 1 S. 4 bis zu vier Wochen je Krankheitsfall. Gemäß § 37 Abs. 1 S. 5 kann die Krankenkasse in begründeten Ausnahmefällen die häusliche Krankenpflege für einen längeren Zeitraum bewilligen, wenn die MDK festgestellt haben, dass dies aus den in § 37 Abs. 1 S. 1 genannten Gründen erforderlich ist. Diese Gründe liegen vor, wenn Krankenhausbehandlung geboten, aber nicht ausführbar ist, oder wenn sie durch die häusliche Krankenpflege vermieden oder verkürzt wird. Systematisch ergibt sich die Prüfpflicht sowohl aus § 275 Abs. 2 Nr. 4 als auch aus § 37 Abs. 1 S. 5.

Nach **Abs. 2 Nr. 5** haben die Krankenkassen durch die MDK prüfen zu lassen, ob die Versorgung mit Zahnersatz aus medizinischen Gründen ausnahmsweise unaufschiebbar ist (§ 27 Abs. 2). Bei dem in § 27 Abs. 2 genannten Personenkreis handelt es sich um Versicherte, die sich nur vorübergehend im Inland aufhalten, Ausländer mit beschränkter Aufenthaltserlaubnis, asylsuchende Ausländer, deren Asylverfahren noch nicht unanfechtbar abgeschlossen ist sowie Vertriebene und Spätaussiedler, ihre Ehegatten, Lebenspartner und Abkömmlinge. Diese haben Anspruch auf Versorgung mit Zahnersatz, wenn sie unmittelbar vor Inanspruchnahme mindestens ein Jahr lang Mitglied einer Krankenkasse oder familienversichert waren oder wenn die Behandlung aus medizinischen Gründen ausnahmsweise unaufschiebbar ist. Durch die vorherige Prüfpflicht der MDK wird die Versorgung von Zahnersatz einschränkt.

f) **Ermessen der Krankenkassen (Abs. 3).** Nach Abs. 3 können die Krankenkassen in geeigneten Fällen in den in der Vorschrift aufgezählten Fällen die MDK einschalten. Im Gegensatz zu Abs. 2 besteht insoweit keine Verpflichtung. Es liegt im Ermessen der Krankenkassen, ob die MDK mit der Anfertigung einer gutachterlichen Stellungnahme betraut werden. Die Krankenkassen werden die MDK vor allem dann einschalten, wenn sie selbst Zweifel an der Geeignetheit oder Notwendigkeit der zu erbringenden medizinischen Leistung haben und dies nur folgerichtig von einem unabhängigen Gutachter geklärt werden kann.[87] Insoweit besteht eine Verpflichtung der MDK zur Gutachtenerstellung, selbst wenn sie das Anliegen für unbegründet halten.[88]

Nach **Abs. 3 Nr. 1** können die Krankenkassen durch die MDK vor Bewilligung eines Hilfsmittels prüfen lassen, ob das Hilfsmittel erforderlich ist (§ 33). Die MDK haben hierbei den Versicherten zu beraten. Zudem haben sie mit den Orthopädischen Versorgungsstellen zusammenzuarbeiten.

Nach **Abs. 3 Nr. 2** können die Krankenkassen durch die MDK bei Dialysebehandlungen prüfen lassen, welche Form eine ambulante Dialysebehandlung unter Berücksichtigung des Einzelfalls notwendig und wirtschaftlich ist.

Nach **Abs. 3 Nr. 3** können die Krankenkassen durch die MDK die Evaluation durchgeführter Hilfsmittelversorgungen prüfen lassen.

Nach **Abs. 3 Nr. 4** können die Krankenkassen durch die MDK prüfen lassen, ob Versicherten bei der Inanspruchnahme von Versicherungsleistungen aus Behandlungsfehlern ein Schaden entstanden ist (§ 66). Damit wird klargestellt, dass auch zukünftig Gutachten der MDK, die die Krankenkassen im Zusammenhang mit der Unterstützung von Versicherten nach § 66 bei möglichen Behandlungsfehlern in Auftrag geben, im Umlageverfahren vergütet werden. Die Regelung trägt dem Umstand Rechnung, dass die Leistungen sowohl der Durchsetzung von Ansprüchen im Einzelfall dienen als auch zur Fehlerprophylaxe und damit zur Patientensicherheit beitragen. Die Klarstellung ist wegen der Änderungen

---

87 Wollenschläger in: Wannagat, SGB V, § 275 Rn. 14.
88 Wollenschläger in: Wannagat, SGB V, § 275 Rn. 13.

der Finanzierungsregelung der MDK in § 281 erforderlich. Diese Leistungen des MDK wurden bisher allgemein unter § 275 Abs. 4 gefasst und im Umlageverfahren finanziert.[89]

81 **g) Zuordnung von Patienten (Abs. 3 a).** Ergeben sich bei der Auswertung der Unterlagen über die Zuordnung von Patienten zu den Behandlungsbereichen nach § 4 Psych-PV[90] in vergleichbaren Gruppen Abweichungen, so können die Landesverbände der Krankenkassen und die Verbände der Ersatzkassen die Zuordnungen gemäß Abs. 3 a Hs. 1 durch die MDK überprüfen lassen. Dabei ist die Zuordnung von Patienten zu Behandlungsbereichen nach § 4 Psych-PV Grundlage für die Ermittlung des Personalbedarfs. Ergeben sich bei der Patientenzuordnung Abweichungen, können die MDK beauftragt werden, diese Abweichungen zu überprüfen.[91]

82 Das an die Landesverbände der Krankenkassen und die Verbände der Ersatzkassen zu übermittelnde Ergebnis der Überprüfung darf gemäß Abs. 3 a Hs. 2 keine Sozialdaten im Sinne von § 67 Abs. 1 SGB X enthalten.

83 **h) Allgemeine Aufgaben (Abs. 4).** Gemäß Abs. 4 S. 1 sollen die Krankenkassen und ihre Verbände bei der Erfüllung anderer als der in Abs. 1 und Abs. 3 genannten Aufgaben im notwendigen Umfang die MDK oder andere Gutachterdienste zu Rate ziehen, insbesondere

- für allgemeine medizinische Fragen der gesundheitlichen Versorgung und Beratung der Versicherten,
- für Fragen der Qualitätssicherung,
- für Vertragsverhandlungen mit den Leistungserbringern und
- für Beratungen der gemeinsamen Ausschüsse von Ärzten und Krankenkassen, insbesondere der Prüfungsausschüsse.

Darüber hinaus führen die MDK Aufgaben nach § 116 b Abs. 2 durch, wenn der erweiterte Landesausschuss ihn hiermit nach § 116 b Abs. 3 S. 8 ganz oder teilweise beauftragt.

84 Die benannten Fälle sind nicht abschließend zu verstehen. Die Verwendung des Wortes „insbesondere" lässt die Schlussfolgerung zu, dass auch andere Bereiche von einer Begutachtung umfasst sein können. Daher sind in allen Bereichen, in denen die Krankenkassen medizinischen Sachverstand benötigen, die MDK zu Rate zu ziehen. Folglich sind die MDK bei **allen sozialmedizinischen Fragestellungen** umfassend einzubeziehen.[92]

85 Abs. 4 S. 1 eröffnet seit Inkrafttreten des GKV-WSG am 1.4.2007 zudem die Möglichkeit, die **Beratung auch durch andere Gutachterdienste** vornehmen zu lassen. Mit der Änderung wird den Krankenkassen und ihren Verbänden die Möglichkeit eingeräumt, für ihren Beratungsbedarf zu allgemeinen übergreifenden Fragen und damit gerade auch in wettbewerbsorientierten Themenfeldern auch andere Gutachterdienste als die MDK zu Rate zu ziehen.[93] Die Einbeziehung auch anderer Gutachterdienste dient demnach der Wettbewerbsförderung. Mithin erweist sie sich als Ausdruck eines hohen Bedürfnisses an der Erstellung von unabhängigen Beratungsfragen.[94]

Die Auswahl der anderen Gutachterdienste erfolgt nach pflichtgemäßem Ermessen der Krankenkassen.[95]

86 Die **Vergütung** der MDK bzw. anderer Gutachterdienste erfolgt nicht umlagefinanziert, sondern aufwandsbezogen nutzerorientiert, § 281 Abs. 1 a.

87 Mit der Regelung in Abs. 4 S. 2, die erst durch den Ausschuss für Gesundheit in das Gesetz eingebracht worden ist,[96] wird klargestellt, dass es zu den Tätigkeitsfeldern der MDK gehört, die Aufgaben nach § 116 b Abs. 2 durchzuführen, wenn ihn der **erweiterte Landesausschuss** hiermit nach § 116 b Abs. 3 S. 8 ganz oder teilweise beauftragt. Darüber hinaus wird klargestellt, dass es zu den Tätigkeitsfeldern der MDK gehört, die Aufgaben nach § 116 b Abs. 2 durchzuführen, wenn ihn der erweiterte Landesausschuss hiermit nach § 116 b Abs. 3 S. 8 ganz oder teilweise beauftragt.

88 **i) Begutachtungen von Bundesbeamten durch MDK (Abs. 4 a).** Die Bundesbehörden haben zunehmend Schwierigkeiten, zeitnah Gutachter für die Beurteilung der Dienstfähigkeit von Bundesbeamten

---

89 BT-Dr. 16/4247, 55.
90 Vgl. BT-Dr. 17/8986, 24 zur geplanten Aufhebung der PsychPV gemäß Art. 7 Psych-Entgeltgesetz.
91 BT-Dr. 12/3608, 120 f.
92 Cramer, Der medizinische Dienst der Krankenversicherung, S. 19.
93 BT-Dr. 16/3100, 172.
94 Sichert in: Becker/Kingreen, § 275 Rn. 58.
95 Sichert in: Becker/Kingreen, § 275 Rn. 59.
96 Bericht vom 30.11.2011, BT-Dr. 17/8005, 92 u. 167.

zu finden. Darüber hinaus hat auch die Dauer der einzelnen Gutachtenverfahren deutlich zugenommen. Der damit verbundene Zeitaufwand kann weder den betroffenen Beamten noch den Behörden zugemutet werden. Insoweit ist es erforderlich, den Kreis der Stellen, die grundsätzlich bereit sind, Gutachten in den Fällen der §§ 44 bis 49 des Bundesbeamtengesetzes (BBG) abzugeben, zu erweitern. Der MDK bietet sich als Institution an, die Bundesbehörden bei der Feststellung der Dienstunfähigkeit zu unterstützen, da er über die erforderliche sozialmedizinische Kompetenz verfügt und flächendeckend präsent ist.[97]

Mit der Regelung wird den MDK ermöglicht, Bundesbeamte auf ihre Dienstfähigkeit zu untersuchen und hierzu Gutachten zu erstellen, wenn die zuständige Behörde sich mit einem entsprechenden Ersuchen an den MDK wendet. Voraussetzung ist, dass die Wahrnehmung der übrigen Aufgaben durch den MDK für die gesetzliche Kranken- und Pflegeversicherung nicht beeinträchtigt wird. Die Bundesbehörde hat dem MDK die Kosten der Untersuchung und Begutachtung zu erstatten. Eine Verwendung von Umlagemitteln zur Finanzierung dieser Aufgaben ist dabei auszuschließen (§ 281 Abs. 1 a S. 2 i V. m. § 275 Abs. 4 a S. 3). Die näheren Einzelheiten des Verfahrens, insbesondere zum Verfahren der Auftragserteilung, zur Frist für die Gutachtenerstellung und zum Verfahren der Begutachtung sowie zum Verfahren und zur Höhe der Kostenerstattung, sind in einer Vereinbarung zu regeln, die der MDK des Spitzenverbands Bund der Krankenkassen und das Bundesministerium des Innern unter Beteiligung der Medizinischen Dienste, die Aufgaben nach S. 1 übernehmen wollen, abschließen. Die MDK haben die Vereinbarung ihrer Aufsichtsbehörde vorzulegen, die der Vereinbarung innerhalb von drei Monaten widersprechen kann, wenn die Erfüllung der übrigen Aufgaben des MDK gefährdet wäre. Mit der Neuregelung wird lediglich der Kreis der möglichen Gutachter erweitert. 89

Die Regelung ist für den MDK kostenneutral, da die den Medizinischen Diensten entstehenden Kosten von der beauftragenden Behörde erstattet werden. Die auf Seiten der beauftragenden Behörde entstehenden Kosten beruhen nicht auf der Neuregelung, sondern auf den Vorschriften über die ärztliche Begutachtung (§§ 44 bis 49 BBG) und sind den Behörden auch bislang schon entstanden. Insgesamt wird erwartet, dass durch den erweiterten Gutachterkreis die Dauer der Verfahren zur Zurruhesetzung bei Dienstunfähigkeit verkürzt werden können, so dass damit langfristig – nicht bezifferbare – Einsparungen für den Bundeshaushalt erzielt werden können.[98] 90

j) **Unabhängigkeit der ärztlichen Gutachter (Abs. 5).** Die Ärzte der MDK sind gemäß Abs. 5 S. 1 bei der Wahrnehmung ihrer medizinischen Aufgaben nur ihrem ärztlichen Gewissen unterworfen. Entsprechend dem ärztlichen Berufsrecht (vgl. §§ 1, 2, 30 ff. MBO-Ärzte) sind auch die Ärzte der MDK bei der Wahrnehmung ihrer medizinischen Aufgaben nur ihrem ärztlichen Gewissen unterworfen. Die Grenzen dieser Unabhängigkeit liegen in Gesetzen, insbesondere in den §§ 2, 4, 12, sowie in Richtlinien (vgl. § 282 S. 3 SGB V, §§ 17, 53 a SGB XI). 91

Die Ärzte der MDK sind gemäß Abs. 5 S. 2 jedoch nicht berechtigt, in die ärztliche Behandlung einzugreifen. 92

Streitigkeiten um den Widerruf von gutachtlichen Stellungnahmen der MDK und um die Unterlassung von Äußerungen darin sind öffentlich-rechtliche Streitigkeiten, für die die Sozialgerichte zuständig sind. Soweit sich die die Ärzte der MDK im Rahmen des § 275 Abs. 1 bis 4 bewegen, bestehen keine Widerrufs- oder Unterlassungsansprüche eines Leistungserbringers gegen den MDK.[99] 93

IV. Anpassung durch das Bundesteilhabegesetz (BTHG)

Durch das Bundesteilhabegesetz v. 23.12.2016 (BGBl. I, 3234, 3311) wird Abs. 1 S. 1 Nr. 2 mit Wirkung zum 1.1.2018 wie folgt gefasst: 94

„2. zur Einleitung von Leistungen zur Teilhabe, insbesondere zur Koordinierung der Leistungen nach den §§ 14 bis 24 des Neunten Buches, im Benehmen mit dem behandelnden Arzt,".

Es handelt sich insoweit um eine redaktionelle Folgeänderung aufgrund der Neufassung der Vorschriften zur Koordinierung der Leistungen zwischen den Rehabilitationsträgern nach Teil 1 Kapitel 4 SGB IX.[100] 95

---

97 Vgl. BT-Dr. 18/4095, S. 131 f.
98 Vgl. BT-Dr. 18/4095, S. 132.
99 SG Wiesbaden, 6.6.2011, S 2 KR 100/08, juris Rn. 19, 26.
100 Vgl. BT-Dr. 18/9522, S. 322.

§ 275 a Durchführung und Umfang von Qualitätskontrollen in Krankenhäusern durch den Medizinischen Dienst

(1) ¹Der Medizinische Dienst führt nach Maßgabe der folgenden Absätze und der Richtlinie des Gemeinsamen Bundesausschusses nach § 137 Absatz 3 Kontrollen zur Einhaltung von Qualitätsanforderungen in den nach § 108 zugelassenen Krankenhäusern durch. ²Voraussetzung für die Durchführung einer solchen Kontrolle ist, dass der Medizinische Dienst hierzu von einer vom Gemeinsamen Bundesausschuss in der Richtlinie nach § 137 Absatz 3 festgelegten Stelle oder einer Stelle nach Absatz 4 beauftragt wurde. ³Die Kontrollen sind aufwandsarm zu gestalten und können unangemeldet durchgeführt werden.

(2) ¹Art und Umfang der vom Medizinischen Dienst durchzuführenden Kontrollen bestimmen sich abschließend nach dem konkreten Auftrag, den die in den Absätzen 3 und 4 genannten Stellen erteilen. ²Der Auftrag muss in einem angemessenen Verhältnis zu den Anhaltspunkten stehen, die Auslöser für die Kontrollen sind. ³Gegenstand dieser Aufträge können sein
1. die Einhaltung der Qualitätsanforderungen nach den §§ 135 b und 136 bis 136 c,
2. die Kontrolle der Richtigkeit der Dokumentation der Krankenhäuser im Rahmen der externen stationären Qualitätssicherung und
3. die Einhaltung der Qualitätsanforderungen der Länder, soweit dies landesrechtlich vorgesehen ist.

⁴Werden bei Durchführung der Kontrollen Anhaltspunkte für erhebliche Qualitätsmängel offenbar, die außerhalb des Kontrollauftrags liegen, so teilt der Medizinische Dienst diese dem Auftraggeber nach Absatz 3 oder Absatz 4 sowie dem Krankenhaus unverzüglich mit.

(3) ¹Die vom Gemeinsamen Bundesausschuss hierfür bestimmten Stellen beauftragen den Medizinischen Dienst nach Maßgabe der Richtlinie nach § 137 Absatz 3 mit Kontrollen nach Absatz 1 in Verbindung mit Absatz 2 Satz 3 Nummer 1 und 2. ²Soweit der Auftrag auch eine Kontrolle der Richtigkeit der Dokumentation nach Absatz 2 Satz 3 Nummer 2 beinhaltet, sind dem Medizinischen Dienst vom Gemeinsamen Bundesausschuss die Datensätze zu übermitteln, die das Krankenhaus im Rahmen der externen stationären Qualitätssicherung den zuständigen Stellen gemeldet hat und deren Richtigkeit der Medizinische Dienst im Rahmen der Kontrolle zu prüfen hat.

(4) Der Medizinische Dienst kann auch von den für die Krankenhausplanung zuständigen Stellen der Länder mit Kontrollen nach Absatz 1 in Verbindung mit Absatz 2 Satz 3 Nummer 3 beauftragt werden.

I. Entstehungsgeschichte, Grundlagen..........	1	
II. Normauslegung	2	
1. Norminhalt..................................	2	
2. Normauslegung	4	
a) Durchführung der Kontrolle der Qualitätsanforderungen in zugelassenen Krankenhäusern (Abs. 1).....	4	
b) Art und Umfang der vom MDK durchzuführenden Kontrollen (Abs. 2).............................	8	
c) Stellen für die Beauftragung des MDK (Abs. 3)......................	12	
d) Stellen für die Beauftragung des MDK (Abs. 4)......................	15	
III. Geplante Änderung durch das Blut- und Gewebegesetz................................	16	

I. Entstehungsgeschichte, Grundlagen

1 § 275 a wurde mit Wirkung zum 1.1.1993 eingeführt durch Art. 1 Nr. 148 des Gesundheitsstrukturgesetzes vom 21.12.1992 (BGBl. I, 2266). Abs. 4 S. 2 geändert durch Art. 3 Nr. 6 Gesetz v. 13.6.1994 (BGBl. I, 1229) mWv 1.7.1994); § 275 a: Aufgeh. durch Art. 1 Nr. 7 Gesetz v. 23.4.2002 (BGBl. I, 1412) mWv 30.4.2002. § 275 a: Eingef. durch Art. 6 Nr. 22 Gesetz v. 10.12.2015 (BGBl. I, 2229) mWv 1.1.2016.

II. Normauslegung

2 **1. Norminhalt.** Die Neuregelung des § 275 a und die Folgeänderungen in den §§ 276 ff. setzen den Eckpunkt der Bund-Länder-Arbeitsgruppe zur Krankenhausreform und aus dem Koalitionsvertrag vom 27.11.2013[1] um, dass der MDK zur Einhaltung der Qualitätsanforderungen des G-BA und der

---

[1] S. https://www.bundesregierung.de/Content/DE/_Anlagen/2013/2013-12-17-koalitionsvertrag.pdf?__blob=publicationFile (zuletzt abgerufen am 1.3.2017).

Länder sowie zur Richtigkeit der Dokumentation für die externe stationäre Qualitätssicherung zukünftig unangemeldet Kontrollen in den Krankenhäusern durchführen soll.

Diese Kontrollen stellen einen wichtigen Bestandteil des Konzeptes zur Durchsetzung und Kontrolle der Qualitätsvorgaben des G-BA dar. Die Neuregelungen der §§ 275 a, 276, 277 und 281 schaffen den gesetzlichen Rahmen für diese Kontrollen im Hinblick auf die Aufgabenzuweisung an den MDK, die konkrete Beauftragung des MDK mit diesen Kontrollen und den generellen Umfang der Kontrollen. Einzelheiten hierzu werden durch den G-BA in der Richtlinie nach § 137 Abs. 3 geregelt.[2] Die gesetzlichen Neuregelungen umfassen ferner die erforderlichen Vorschriften für die Mitwirkung der Krankenhäuser an den Kontrollen, die datenschutzrechtlichen Begleitregelungen und die Finanzierung der Kontrolltätigkeit des MDK. Nach den og Eckpunkten kann im Rahmen der Kontrollen auch überprüft werden, ob landesrechtlich geregelte Qualitätsanforderungen der Länder eingehalten sind. Voraussetzung dafür, dass der MDK hier tätig werden kann, ist, dass die erforderlichen Rahmenbedingungen – wie zB der diesbezügliche Kontrollauftrag, Mitwirkungspflichten der Krankenhäuser und den Datenschutz betreffende Rechte und Pflichten – landesrechtlich verankert sind.[3]

2. Normauslegung. a) Durchführung der Kontrolle der Qualitätsanforderungen in zugelassenen Krankenhäusern (Abs. 1). Absatz 1 überträgt dem MDK die neue Aufgabe der Durchführung der Kontrolle der Qualitätsanforderungen des G-BA in den nach § 108 zugelassenen Krankenhäusern. Voraussetzung ist, dass der MDK hierzu von einer Stelle beauftragt wird, die über konkrete und belastbare Anhaltspunkte für eine Nichteinhaltung der og Qualitätsanforderungen oder über Verstöße gegen die Dokumentationspflichten verfügt.

Auftraggeber dieser Kontrollen sind daher die in Abs. 3 genannten und in der Richtlinie nach § 137 Abs. 3 näher zu bestimmenden Stellen. Hierfür kommen grundsätzlich die Landesgesellschaften für Qualitätssicherung oder das Institut nach § 137a in Frage. Die Anhaltspunkte, die die Kontrollen rechtfertigen, sind dem MDK in dem Auftrag mitzuteilen. Das Nähere zu diesen Anhaltspunkten ist – soweit die Qualitätssicherung des G-BA betroffen ist – in der Richtlinie zu konkretisieren.

Für die Kontrollen der Einhaltung der Qualitätsanforderungen der Länder sind die die Kontrolle rechtfertigenden Anhaltspunkte ggf. landesrechtlich näher zu regeln. Diese müssen ebenfalls im Auftrag an den MDK dargelegt werden. Die Kontrollen sind für alle Beteiligten möglichst aufwandsarm durchzuführen. Dies kann beispielsweise dadurch erreicht werden, dass die Einhaltung der Qualitätsvorgaben des G-BA und der Qualitätsvorgaben der Länder durch ein Krankenhaus vom MDK in einem gemeinsamen Kontrollverfahren überprüft wird. Im Übrigen obliegt es dem G-BA und den Ländern, durch geeignete Festlegungen möglichst konkrete Vorgaben zum Prüfumfang und -inhalt zu machen. Die Kontrollen können unangemeldet durchgeführt werden. Soweit es im Einzelfall sachgerecht ist, können Kontrollen auch angekündigt erfolgen, zB um den Kontrollaufwand zu reduzieren und sicherzustellen, dass seitens des Krankenhauses die nötigen Ansprechpartner zeitnah verfügbar sind und die erforderlichen Unterlagen bereitliegen.

Zur Sicherstellung einer möglichst einheitlichen Umsetzung der Kontrollen durch die Medizinischen Dienste können der Medizinische Dienst des GKV-Spitzenverbands und die Medizinischen Dienste Empfehlungen erarbeiten, die die Vorgaben der Richtlinie des G-BA nach § 137 Abs. 3 hinsichtlich des Verfahrens zur Durchführung der Kontrollen durch den MDK weiter konkretisieren.

b) Art und Umfang der vom MDK durchzuführenden Kontrollen (Abs. 2). Satz 1 bestimmt, dass Art und Umfang der vom MDK durchzuführenden Kontrollen sich abschließend aus dem konkreten Kontrollauftrag ergeben. In dem Auftrag ist genau anzugeben, was vom MDK im Einzelnen zu prüfen ist.[4]

---

2 § 137 Abs. 3 lautet: „*¹Der Gemeinsame Bundesausschuss regelt in einer Richtlinie die Einzelheiten zu den Kontrollen des Medizinischen Dienstes der Krankenversicherung nach § 275 a, die durch Anhaltspunkte begründet sein müssen. ²Er trifft insbesondere Festlegungen, welche Stellen die Kontrollen beauftragen, welche Anhaltspunkte Kontrollen auch unangemeldet rechtfertigen, zu Art, Umfang und zum Verfahren der Kontrollen sowie zum Umgang mit den Ergebnissen und zu deren Folgen. ³Der Gemeinsame Bundesausschuss hat hierbei vorzusehen, dass die nach Absatz 1 Satz 5 für die Durchsetzung der Qualitätsanforderungen zuständigen Stellen zeitnah einrichtungsbezogen über die Prüfergebnisse informiert werden. ⁴Er legt fest, in welchen Fällen der Medizinische Dienst der Krankenversicherung die Prüfergebnisse wegen erheblicher Verstöße gegen Qualitätsanforderungen unverzüglich einrichtungsbezogen an Dritte, insbesondere an jeweils zuständige Behörden der Länder zu übermitteln hat. ⁵Die Festlegungen des Gemeinsamen Bundesausschusses nach den Sätzen 1 und 2 sollen eine möglichst aufwandsarme Durchführung der Kontrollen nach § 275 a unterstützen.*"
3 Vgl. BR-Dr. 277/15, 114 ff.
4 Vgl. BR-Dr. 277/15, S. 114 ff.

9 Um zu vermeiden, dass Krankenhäuser aus geringem Anlass durch übermäßigen Aufwand bei der Mitwirkung an der Kontrolle belastet werden, wird in S. 2 gesetzlich vorgegeben, dass die Anhaltspunkte, die Auslöser für die Kontrolle sind, und der Prüfumfang in einem angemessenen Verhältnis zueinander stehen müssen.

10 Satz 3 führt enumerativ die abstrakten Regelungsgegenstände auf, die im Rahmen der Kontrollen des MDK geprüft werden können. Dies ist zum einen die Einhaltung der nach den §§ 135 b und 136 bis 136 c festgelegten, in Richtlinien und Beschlüssen des G-BA konkretisierten Qualitätsanforderungen. Zum anderen kann auch geprüft werden, inwieweit die vom G-BA im Rahmen der externen stationären Qualitätssicherung festgelegten Dokumentationspflichten erfüllt werden, insbesondere ob die von den Krankenhäusern für die Zwecke der Qualitätssicherung erhobenen und übermittelten Daten mit den in den Krankenhäusern vorgehaltenen Daten übereinstimmen. Zudem kann im Rahmen der Kontrollen des MDK auch überprüft werden, inwieweit die Qualitätsanforderungen der Länder – soweit solche landesrechtlich geregelt sind – erfüllt werden.

11 Um zu vermeiden, dass erhebliche Qualitätsmängel, die dem MDK im Rahmen seiner Kontrollen auffallen, aber nicht vom Kontrollauftrag abgedeckt sind, unberücksichtigt bleiben, wird der MDK in S. 4 verpflichtet, diese seinem Auftraggeber und dem Krankenhaus unverzüglich mitzuteilen.

12 **c) Stellen für die Beauftragung des MDK (Abs. 3).** Voraussetzung für die konkrete Kontrolle eines Krankenhauses ist, dass der MDK hierzu von einer Stelle beauftragt wird, die über konkrete und belastbare Anhaltspunkte für eine Nichteinhaltung der og Qualitätsanforderungen oder für Verstöße gegen die Dokumentationspflichten verfügt.

13 Die Auftraggeber dieser Kontrollen sind daher vom G-BA in der Richtlinie nach § 137 Abs. 3 festzulegen. Hierfür kommen grundsätzlich die Landesgesellschaften für Qualitätssicherung oder das Institut nach § 137 a in Frage. In dem Auftrag an den MDK müssen ihm die Anhaltspunkte, die die Kontrollen rechtfertigen, und der konkret zu prüfende Kontrollumfang mitgeteilt werden.

14 Der MDK kann die Richtigkeit der Dokumentation der Datensätze, die Krankenhäuser im Rahmen der externen stationären Qualitätssicherung melden, nur dann kontrollieren, wenn ihm die von einem Krankenhaus gemeldeten Datensätze, deren Richtigkeit er prüfen soll, vorliegen. Soweit der Auftrag die Kontrolle der Richtigkeit der Dokumentation umfasst, sind ihm deshalb mit dem Auftrag die zu prüfenden Datensätze zu übermitteln. Einzelheiten zu dem Verfahren für die Erteilung des Auftrages an den MDK sind in der Richtlinie des G-BA nach § 137 Abs. 3 zu regeln.

15 **d) Stellen für die Beauftragung des MDK (Abs. 4).** In Bezug auf die Einhaltung von landesrechtlich vorgesehenen Qualitätsanforderungen der Länder wird geregelt, dass die für die Krankenhausplanung zuständige Landesbehörde den MDK mit der Kontrolle eines Krankenhauses beauftragen kann. Der Auftrag muss die diese Kontrolle rechtfertigenden Anhaltspunkte sowie den konkreten Gegenstand und Umfang des Kontrollauftrags umfassen. Eine Kontrolle der Einhaltung von Qualitätsanforderungen der Länder durch den MDK kann erfolgen, wenn die erforderlichen landesrechtlichen Voraussetzungen (zB zur Durchführung der Kontrollen, zu den Mitwirkungspflichten der Krankenhäuser und den notwendigen datenschutzrechtlichen Befugnissen) gegeben sind.

III. Geplante Änderung durch das Blut- und Gewebegesetz

16 Der Bundestag hat am 1.6.2017 das Gesetz zur Fortschreibung der Vorschriften für Blut- und Gewebezubereitungen und zur Änderung anderer Vorschriften verabschiedet,[5] das sich ein Tag nach seiner Verkündung wie folgt auf § 275 a auswirken soll: Dem § 275 a Abs. 2 wird folgender S. 5 angefügt: „Satz 2 gilt nicht für Stichprobenprüfungen zur Validierung der Qualitätssicherungsdaten nach § 137 Absatz 3 Satz 1."

Dabei handelt es sich um eine Folgeänderung zur Ergänzung des § 137 Abs. 3 S. 1. Diese Ergänzung macht deutlich, dass der G-BA in Krankenhäusern auch Kontrollen durch den MDK vorsehen kann, die im Rahmen von Stichprobenprüfungen zur Validierung der Qualitätssicherungsdaten erforderlich sind. Da bei Stichprobenprüfungen die einzubeziehenden Krankenhäuser zufällig ausgewählt werden, kann in diesen Fällen der Vorgabe des § 275 a Abs. 2 S. 2 nicht entsprochen werden, nach der der Auftrag zur Kontrolle durch den MDK in einem angemessenen Verhältnis zu den Anhaltspunkten stehen muss, die Auslöser für die Kontrolle sind. Die Folgeänderung schließt deshalb die Geltung der Vorgabe

---

5 BR-Dr. 456/17 v. 16.6.2017.

des § 275a Abs. 2 S. 2 für die Fälle aus, in denen Kontrollen durch den MDK zur Validierung der Qualitätssicherungsdaten im Rahmen von Stichprobenprüfungen erfolgen. Für die Stichprobenprüfungen gilt nach § 137 Abs. 3 S. 1 die Voraussetzung der Erforderlichkeit; das heißt, sie müssen zur Datenvalidierung notwendig sein und ihr Umfang muss nach wissenschaftlichen Kriterien bestimmt werden.[6]

§ 275 b Durchführung und Umfang von Qualitäts- und Abrechnungsprüfungen bei Leistungen der häuslichen Krankenpflege durch den Medizinischen Dienst

(1) [1]Die Landesverbände der Krankenkassen veranlassen bei Leistungserbringern, mit denen die Krankenkassen Verträge nach § 132a Absatz 4 abgeschlossen haben und die keiner Regelprüfung nach § 114 Absatz 2 des Elften Buches unterliegen, Regelprüfungen durch den Medizinischen Dienst; § 114 Absatz 2 und 3 des Elften Buches gilt entsprechend. [2]Der Medizinische Dienst führt bei Leistungserbringern, mit denen die Krankenkassen Verträge nach § 132a Absatz 4 abgeschlossen haben, im Auftrag der Krankenkassen oder der Landesverbände der Krankenkassen auch anlassbezogen Prüfungen durch, ob die Leistungs- und Qualitätsanforderungen nach diesem Buch und den nach diesem Buch abgeschlossenen vertraglichen Vereinbarungen für Leistungen nach § 37 erfüllt sind und ob die Abrechnung ordnungsgemäß erfolgt ist; § 114 Absatz 4 des Elften Buches gilt entsprechend. [3]Das Nähere, insbesondere zu den Prüfanlässen, den Inhalten der Prüfungen, der Durchführung der Prüfungen, der Beteiligung der Krankenkassen an den Prüfungen sowie zur Abstimmung der Prüfungen nach den Sätzen 1 und 2 mit den Prüfungen nach § 114 des Elften Buches bestimmt der Spitzenverband Bund der Krankenkassen in Richtlinien nach § 282 Absatz 2 Satz 3. [4]§ 114a Absatz 7 Satz 5 bis 8 und 11 des Elften Buches gilt entsprechend mit der Maßgabe, dass auch den für die Wahrnehmung der Interessen von Pflegediensten maßgeblichen Spitzenorganisationen auf Bundesebene Gelegenheit zur Stellungnahme zu geben ist. [5]Die Richtlinien sind bis zum 30. September 2017 zu beschließen.

(2) [1]Für die Durchführung der Prüfungen nach Absatz 1 gelten § 114a Absatz 1 bis 3 des Elften Buches sowie § 276 Absatz 2 Satz 3 bis 9 entsprechend. [2]Prüfungen nach Absatz 1 bei Leistungserbringern, mit denen die Krankenkassen Verträge nach § 132a Absatz 4 abgeschlossen haben und die in einer Wohneinheit behandlungspflegerische Leistungen erbringen, die nach § 132a Absatz 4 Satz 12 anzeigepflichtig sind, sind grundsätzlich unangemeldet durchzuführen. [3]Räume dieser Wohneinheit, die einem Wohnrecht der Versicherten unterliegen, dürfen vom Medizinischen Dienst ohne deren Einwilligung nur betreten werden, soweit dies zur Verhütung dringender Gefahren für die öffentliche Sicherheit und Ordnung erforderlich ist; das Grundrecht der Unverletzlichkeit der Wohnung (Artikel 13 Absatz 1 des Grundgesetzes) wird insoweit eingeschränkt. [4]Der Medizinische Dienst ist im Rahmen der Prüfungen nach Absatz 1 befugt, zu den üblichen Geschäfts- und Betriebszeiten die Räume des Leistungserbringers, mit dem die Krankenkassen Verträge nach § 132a Absatz 4 abgeschlossen haben, zu betreten, die erforderlichen Unterlagen einzusehen und personenbezogene Daten zu erheben, zu verarbeiten und zu nutzen, soweit dies für die Prüfungen nach Absatz 1 erforderlich und in den Richtlinien nach Absatz 1 Satz 3 festgelegt ist; für die Einwilligung der Betroffenen gilt § 114a Absatz 3 Satz 5 des Elften Buches entsprechend. [5]Der Leistungserbringer, mit dem die Krankenkassen Verträge nach § 132a Absatz 4 abgeschlossen haben, ist zur Mitwirkung bei den Prüfungen nach Absatz 1 verpflichtet und hat dem Medizinischen Dienst Zugang zu den Räumen und den Unterlagen zu verschaffen sowie die Voraussetzungen dafür zu schaffen, dass der Medizinische Dienst die Prüfungen nach Absatz 1 ordnungsgemäß durchführen kann. [6]Im Rahmen der Mitwirkung ist der Leistungserbringer befugt und verpflichtet, dem Medizinischen Dienst Einsicht in personenbezogene Daten zu gewähren oder diese Daten dem Medizinischen Dienst auf dessen Anforderung zu übermitteln. [7]Für die Einwilligung der Betroffenen gilt § 114a Absatz 3 Satz 5 des Elften Buches entsprechend. [8]§ 114a Absatz 4 Satz 2 und 3 des Elften Buches sowie § 277 Absatz 1 Satz 4 gelten entsprechend.

(3) [1]Der Medizinische Dienst berichtet dem Medizinischen Dienst des Spitzenverbandes Bund der Krankenkassen über seine Erfahrungen mit den nach den Absätzen 1 und 2 durchzuführenden Prüfungen, über die Ergebnisse seiner Prüfungen sowie über seine Erkenntnisse zum Stand und zur Entwicklung der Pflegequalität und der Qualitätssicherung in der häuslichen Krankenpflege. [2]Die Medizini-

---

6 Vgl. BT-Dr. 18/12587, 60.

schen Dienste stellen unter Beteiligung des Medizinischen Dienstes des Spitzenverbandes Bund der Krankenkassen die Vergleichbarkeit der gewonnenen Daten sicher. ³Der Medizinische Dienst des Spitzenverbandes Bund der Krankenkassen hat die Erfahrungen und Erkenntnisse der Medizinischen Dienste zu den nach den Absätzen 1 und 2 durchzuführenden Prüfungen sowie die Ergebnisse dieser Prüfungen in den Bericht nach § 114 a Absatz 6 des Elften Buches einzubeziehen.

I. Entstehungsgeschichte 1	5. Ort der Prüfung und Inaugenscheinnahme der Versicherten (Abs. 2) 10
II. Normzweck und Systematik 2	6. Intensivpflege in Wohneinheiten 13
III. Norminhalt und Normauslegung 3	7. Mitwirkung des Pflegedienstes.......... 16
1. Regelprüfungen (Abs. 1 S. 1)............ 3	8. Prüfungsergebnis............................... 20
2. Anlassprüfungen (Abs. 1 S. 2)........... 4	9. Berichtspflicht (Abs. 3) 21
3. Richtlinien (Abs. 1 S. 3) 5	10. Kosten und Finanzierung 22
4. Datenverarbeitung- und -nutzung (Abs. 2)... 8	

I. Entstehungsgeschichte

1 § 275 b ist im Rahmen des Dritten Pflegestärkungsgesetz (PSG III) vom 23.12.2016 mit Wirkung zum 1.1.2017 in Kraft getreten.[1]

II. Normzweck und Systematik

2 Mit § 275 b werden die Prüfaufgaben des MDK im Bereich der Leistungen der Häuslichen Krankenpflege (HKP, § 37) erweitert und systematisch so ausgestaltet, dass sie den Prüfvorgaben für die Qualitätsprüfungen im Auftrag der Pflegekassen nach den §§ 114 und 114a SGB XI entsprechen. Dem MDK wird deshalb die Aufgabe zugewiesen, im Auftrag der Landesverbände der Krankenkassen oder einzelner Krankenkassen Qualitäts- und Abrechnungsprüfungen bei Pflegediensten durchzuführen, die Leistungen der HKP nach § 37 für die Krankenkassen erbringen und abrechnen. Die Prüfung der Qualität und der Abrechnung der Leistungen eines Pflegedienstes erfolgt dabei im Rahmen einer zeitlich zusammenhängenden Prüfung.[2]

III. Norminhalt und Normauslegung

3 **1. Regelprüfungen (Abs. 1 S. 1).** Mit S. 1 erhalten die Landesverbände der Krankenkassen die Aufgabe, den MDK mit Regelprüfungen bei den Pflegediensten zu beauftragen. Dieser Auftrag betrifft nur die ambulanten Pflegedienste, die bisher nicht unter die Regelprüfungen nach § 114 Abs. 2 SGB XI fallen, weil sie nur HKP-Leistungen für die Krankenkassen und keine Pflegesachleistungen für die Pflegekassen erbringen. Diese Pflegedienste stellen nur einen kleinen Teil (rund 200 bis 300 von insgesamt rd. 12.000) aller ambulant tätigen Pflegedienste dar. Die Krankenkassen können diese Pflegedienste aus ihren Vertragsdaten durch einen Abgleich mit den Daten der Pflegekassen ermitteln. Der weit überwiegende Teil der Pflegedienste erbringt sowohl HKP-Leistungen für die Krankenkassen als auch Pflegesachleistungen für die Pflegekassen und unterliegt damit bereits den Regelprüfungen nach § 114 SGB XI. Diese Pflegedienste werden von der Regelung und damit von Regelprüfungen im Auftrag der Landesverbände der Krankenkassen nicht erfasst. Für die Regelprüfungen gelten die gesetzlichen Vorgaben nach § 114 Abs. 2 SGB XI zum zeitlichen Abstand (regelmäßig im Abstand von höchstens 1 Jahr) und zum Umfang der Regelprüfung, die auch die Prüfung der Abrechnung der erbrachten Leistungen einschließlich notwendiger Qualifikationen der Pflegekräfte umfasst, sowie – soweit die zu prüfenden Pflegedienste einer heimrechtlichen Aufsicht unterliegen – auch die Vorgaben zur Abstimmung der Prüfungen mit den nach heimrechtlichen Vorschriften zuständigen Aufsichtsbehörden (§ 114 Abs. 3 SGB XI) entsprechend.

4 **2. Anlassprüfungen (Abs. 1 S. 2).** In S. 2 wird die Beauftragung des MDK mit anlassbezogenen Qualitäts- und Abrechnungsprüfungen bei Pflegediensten (Anlassprüfung) geregelt. Anlassprüfungen können Pflegedienste betreffen, die HKP-Leistungen für die Krankenkassen und Pflegesachleistungen für die Pflegekassen erbringen. Um anlassbezogene Doppelprüfungen eines Pflegedienstes zu vermeiden, haben die Krankenkassen und die Pflegekassen die Beauftragung von Anlassprüfungen miteinander abzustimmen. Die Regelung des Näheren zur Abstimmung der Prüfungen erfolgt im Rahmen der Richtlinie nach S. 3. Anlassprüfungen können sowohl durch die Landesverbände der Krankenkassen

---

[1] BGBl. I, 3191.
[2] Vgl. BT-Dr. 18/9518, 104 ff.

als auch durch einzelne Krankenkassen veranlasst werden, weil auch einzelnen Krankenkassen hinreichende Anhaltspunkte vorliegen können, die eine Überprüfung durch den MDK rechtfertigen. Hinzu kommt, dass eine ausschließliche Veranlassung von Anlassprüfungen durch einen Landesverband der Krankenkassen zu unnötigen Verzögerungen führen kann. Gegenstand der Anlassprüfungen ist die Einhaltung der Leistungs- und Qualitätsanforderungen für die HKP-Leistungen nach den Vorschriften des SGB V oder der nach den Vorschriften des SGB V abgeschlossenen vertraglichen Vereinbarungen sowie die ordnungsgemäße Abrechnung der HKP-Leistungen mit den Krankenkassen. Für den Umfang der Anlassprüfungen sowie ggf. erforderlicher Wiederholungsprüfungen gilt im Übrigen § 114 Abs. 4 SGB XI entsprechend.

3. Richtlinien (Abs. 1 S. 3). Nach S. 3 ist das Nähere insbesondere zu Prüfanlässen, zu Inhalten, zur Durchführung, zur Beteiligung der Krankenkassen an den MDK-Prüfungen sowie zur Abstimmung der Prüfungen nach SGB V und SGB XI vom Spitzenverband Bund der Krankenkassen in Richtlinien nach § 282 Abs. 2 S. 3 festzulegen. Diese Richtlinien dienen der Sicherstellung einer einheitlichen Prüfpraxis des MDK und einer einheitlichen Verwaltungspraxis der Krankenkassen. Bei der Bestimmung der Prüfinhalte sind die Inhalte aus den Rahmenempfehlungen nach § 132 a Abs. 1 und den vertraglichen Vereinbarungen nach § 132 a Abs. 2 zur Qualitätssicherung und zum Abrechnungsverfahren zu beachten. In den Richtlinien können auch Prüfkriterien für Personengruppen mit besonderem Pflegebedarf vorgesehen werden, wie zB für Personen, bei denen die Notwendigkeit einer speziellen Krankenbeobachtung im Rahmen einer außerklinischen Intensivpflege besteht. Für die Beauftragung von Anlassprüfungen müssen bei den Krankenkassen oder deren Landesverbänden hinreichende Anhaltspunkte vorliegen. Die Anlassprüfungen sind möglichst aufwandsarm zu gestalten und ihr konkreter Umfang muss in einem angemessenen Verhältnis zu den Anhaltspunkten stehen, die Auslöser für den Prüfauftrag an den MDK waren.

Nach S. 4 sind bei der Erstellung der Richtlinien die Beteiligungsvorgaben nach § 114 a Abs. 7 S. 5 bis 7 SGB XI entsprechend anzuwenden. Dies gilt mit der Maßgabe, dass neben den dort genannten Organisationen – soweit diese von der Erbringung von HKP-Leistungen für die Krankenkassen betroffen sind – auch den zur Wahrnehmung der Interessen von Pflegediensten maßgeblichen Spitzenorganisationen auf Bundesebene Gelegenheit zur Stellungnahme mit einer angemessenen Frist geben ist. Die Stellungnahmen sind bei der Festlegung des Inhalts der Richtlinie einzubeziehen. Ferner sind die Richtlinien in regelmäßigen Abständen an den medizinisch-pflegefachlichen Fortschritt anzupassen (§ 114 a Abs. 7 S. 8 SGB XI). Die Richtlinien sind für die Medizinischen Dienste verbindlich (§ 114 a Abs. 7 S. 11 SGB XI). Die entsprechende Geltung dieser Vorschrift umfasst nicht den Prüfdienst des Verbandes der privaten Krankenversicherung eV Dieser Prüfdienst ist von Qualitäts- und Abrechnungsprüfungen von HKP-Leistungen nicht betroffen, weil den HKP-Leistungen entsprechende Leistungen grundsätzlich nicht zum Leistungsumfang der privaten Krankenversicherung gehören.

Die Richtlinien sind nach S. 5 spätestens neun Monate nach Inkrafttreten der Neuregelung zu beschließen, um einen möglichst zügigen Beginn der Prüfungen sicherzustellen.

4. Datenverarbeitung- und -nutzung (Abs. 2). Die Prüfungen nach Abs. 1 erfolgen bei Pflegediensten, die HKP erbringen und die insoweit grundsätzlich ambulanten Pflegeeinrichtungen entsprechen. Nach S. 1 gelten für die Durchführung der MDK–Prüfungen die gesetzlichen Vorschriften für die Datenverarbeitung- und -nutzung beim MDK nach § 276 Abs. 2 S. 3 bis 9 sowie die Regelungen des § 114 a Abs. 1 bis 3 a SGB XI entsprechend.

Mit der entsprechenden Geltung der § 276 Abs. 2 S. 3 bis 9 SGB V wird klargestellt, dass die gesetzlichen Regelungen für die Datenverarbeitung und Nutzung der rechtmäßig erhobenen und gespeicherten Sozialdaten beim MDK auch für die im Rahmen der Prüfungen nach Abs. 1 erhobenen Sozialdaten Anwendung finden.

5. Ort der Prüfung und Inaugenscheinnahme der Versicherten (Abs. 2). Ferner sind die Prüfungen nach Abs. 1 an Ort und Stelle durchzuführen (§ 114 a Abs. 1 S. 1 SGB XI). Regelprüfungen bei ambulanten Pflegediensten nach Abs. 1 S. 1 sind grundsätzlich am Tag zuvor anzukündigen und Anlassprüfungen nach Abs. 1 S. 2 sollen unangemeldet erfolgen (§ 114 a Abs. 1 S. 3 SGB XI).

Darüber hinaus ist der MDK berechtigt, die Qualität der Leistungen des Pflegedienstes mit Einwilligung der Versicherten auch in deren Wohnungen zu überprüfen (§ 114 a Abs. 2 S. 4 SGB XI).

Die Vorgaben des § 114 a Abs. 3 SGB XI insbesondere zur Inaugenscheinnahme der Versicherten und zur Befragung von Angehörigen oder Betreuern der Pflegebedürftigen und von Mitarbeitern des Pflegedienstes sowie zur Berücksichtigung des Ergebnisses der Inaugenscheinnahme der Versicherten, der Befragungen und der Einsichtnahmen in die Pflegedokumentationen bei der Erarbeitung des Ergebnisses der Prüfung sind auch bei den Prüfungen des MDK nach Abs. 1 zu beachten. Gleiches gilt für die Freiwilligkeit der Teilnahme an der Inaugenscheinnahme und Befragung, für die Erhebung personenbezogener Daten von Versicherten zum Zwecke der Erstellung des Prüfberichts mit Einwilligung der Versicherten sowie für die Vorgaben zur Einwilligung nach § 114a Abs. 3a SGB XI.

13 **6. Intensivpflege in Wohneinheiten.** In den Sätzen 2 und 3 werden für die Pflegedienste, die im Rahmen der HKP in Wohneinheiten anzeigepflichtige Intensivpflegeleistungen im Sinne des § 132a Abs. 2 S. 11 erbringen, von den übrigen ambulanten Pflegediensten abweichende Regelungen zur Ankündigung der Prüfungen und zum Betretensrecht von Räumen mit Wohnrecht der Versicherten in diesen Wohneinheiten durch den MDK getroffen. Solche Leistungen der Intensivpflege liegen vor, wenn HKP-Leistungen erbracht werden, die eine permanente Anwesenheit einer Pflegefachkraft erfordern, um einem erhöhten Pflegeaufwand gerecht zu werden oder eine Bedrohung der Vitalfunktionen des Versicherten zu vermeiden, wie zB bei der Beatmung eines Versicherten. Die Versorgung mehrerer Intensivpflegepatienten in einer durch den Pflegedienst oder einen Dritten organisierten Wohneinheit, wie zB in Wohngruppen mit Beatmungspatienten, weist eine ähnliche Struktur, Art und Intensität auf wie die Leistungserbringung in stationären Pflegeeinrichtungen.

14 Aufgrund dieser Ähnlichkeit sollen für die Prüfung dieser besonderen Pflegedienste im Hinblick auf die Ankündigung der Prüfungen und bezüglich des Betretensrechts für den MDK die Vorgaben gelten, die für die Prüfungen der stationären Pflegeeinrichtungen nach § 114a SGB XI anzuwenden sind. Damit sind die Prüfungen für diese besonderen Pflegedienste grundsätzlich unangemeldet durchzuführen. Der MDK darf nach S. 3 Räume dieser Wohneinheiten, die einem Wohnrecht der Versicherten unterliegen, ohne deren Einwilligung nur betreten, soweit dies zur Verhütung drohender Gefahren für die öffentliche Sicherheit und Ordnung erforderlich ist. Das Grundrecht der Unverletzlichkeit der Wohnung (Art. 13 Abs. 1 GG) wird insoweit eingeschränkt.

15 § 132a Abs. 4 S. 11[3] verpflichtet die Leistungserbringer, die Erbringung intensivpflegerischer Leistungen in stationsähnlichen Wohnformen gegenüber der jeweiligen Krankenkasse anzuzeigen. Intensivpflegerische Leistungen werden für Versicherte erbracht, die aufgrund eines erhöhten Pflegeaufwandes oder einer Bedrohung der Vitalfunktionen einer ununterbrochenen Anwesenheit einer Pflegefachkraft bedürfen. Mit der Anzeigepflicht wird die Grundlage für die besonderen Prüfbefugnisse des MDK nach § 275b Abs. 2 S. 2 und 3 bei Pflegediensten, die Leistungen der Intensivpflege in besonderen – mit dem stationären Bereich vergleichbaren – Wohnformen erbringen, geschaffen.[4]

16 **7. Mitwirkung des Pflegedienstes.** Nach S. 4 erhält der MDK die Befugnis, die Räume des Pflegedienstes zu den üblichen Geschäfts- und Betriebszeiten zu betreten und die für die Kontrolle erforderlichen Unterlagen einzusehen sowie die personenbezogenen Daten, soweit dies in den Richtlinien nach Abs. 1 S. 3 festgelegt und für die Prüfungen nach Abs. 1 erforderlich ist, zu erheben, zu verarbeiten und zu nutzen. Dabei sind die Regelungen des § 114a Abs. 3 S. 5 SGB XI zum Einwilligungserfordernis für die Einsichtnahme und Erhebung personenbezogener Daten der betroffenen Versicherten zu beachten.

17 Durch S. 5 wird die Pflicht der Pflegedienste zur Mitwirkung an den Prüfungen konkretisiert. Sie haben dem MDK Zugang zu ihren Räumen und den Unterlagen zu verschaffen sowie die Voraussetzungen für eine ordnungsgemäße Durchführung der Kontrolle zu schaffen.

18 Die Pflegedienste haben nach S. 6 hierzu dem MDK auch Einsicht in personenbezogene Daten zu gewähren oder diese auf Anforderung dem MDK zu übermitteln.

19 Soweit es um personenbezogene Daten der Versicherten geht, ist nach S. 7 das Einwilligungserfordernis nach § 114a Abs. 3 S. 5 SGB XI zu beachten. Nach § 114a Abs. 4 S. 2 und 3 SGB XI kann der Träger der Pflegeeinrichtung verlangen, dass eine Vereinigung (Trägervereinigung), deren Mitglied er ist, an der Qualitätsprüfung beteiligt wird, soweit die Durchführung der Kontrolle hierdurch voraussichtlich nicht verzögert wird. Mit S. 7 wird geregelt, dass dies ist auch bei Prüfungen nach Abs. 1 zu beachten ist.

20 **8. Prüfungsergebnis.** Mit S. 7 wird der MDK ebenfalls verpflichtet, nach Abschluss der Prüfungen das Prüfergebnis dem Auftraggeber und dem kontrollierten Pflegedienst mitzuteilen (§ 277 Abs. 1 S. 4). Dies entspricht der Regelung, die auch für die Qualitätskontrollen in Krankenhäusern nach § 275a gilt. In schwerwiegenden Fällen systematischer Abrechnungsauffälligkeiten kann das Prüfergebnis

---

3 In das SGB V eingefügt im Rahmen des PSG III vom 23.12.2016 mit Wirkung zum 1.1.2017, BGBl. I, 3191.
4 Vgl. BT-Dr. 18/9518, 104.

über die Krankenkasse auch an die jeweilige Stelle zur Bekämpfung von Fehlverhalten im Gesundheitswesen weitergeleitet werden.

9. Berichtspflicht (Abs. 3). Um die Erfahrungen der MDK mit der Durchführung der Prüfungen nach den Absätzen 1 und 2 sowie die Ergebnisse dieser Prüfungen und die Erkenntnisse der MDK zum Stand und zur Entwicklung der Pflegequalität und der Qualitätssicherung in der HKP für den Bericht nach § 114a Abs. 6 SGB XI verwerten zu können, werden die MDK verpflichtet, dem Medizinischen Dienst des Spitzenverbandes Bund der Krankenkassen (MDS) hierüber zu berichten. Mit der entsprechenden Geltung des § 114a Abs. 6 S. 2 SGB XI wird den MDK vorgeben, die Vergleichbarkeit der gewonnenen Daten unter Beteiligung des MDS sicherzustellen. Die Erfahrungen und Erkenntnisse des MDK und des MDS sowie die Ergebnisse der Prüfungen nach den Absätzen 1 und 2 sind in den Bericht nach § 114a Abs. 6 SGB XI einzubeziehen.

10. Kosten und Finanzierung. Der Gesetzgeber schätzt die entstehenden Fallzahlen für die Regelprüfungen durch den MDK auf jährlich 250. Die dadurch entstehenden Mehrkosten schätzt der Gesetzgeber auf 640.000 EUR auf Seiten des MDK sowie 160.000 EUR auf Seiten der Pflegedienste. Dabei wird ein Aufwand seitens des MDK von zwei Personen für zwei Tage je 8 Stunden plus 100% Aufschlag für die übrigen Kosten (zB Reisekosten) zugrunde gelegt. Für die Pflegedienste wird 1/4 dieser Kosten angenommen, da ein Mitarbeiter für einen Arbeitstag zur Verfügung gestellt werden muss.[5]

Hinsichtlich der Anlassprüfungen schätzt der Gesetzgeber eine Fallzahl von 7,5 jährlich (3 % der Regelprüfungen) und legt einen Aufwand von 75 % einer Regelprüfung zugrunde. Es werden Kosten von 14.400 EUR auf Seiten des MDK sowie von 3.600 EUR auf Seiten der betroffenen Pflegedienste erwartet.[6]

Die neue Aufgabe des MDK zur Durchführung von Qualitäts- und Abrechnungsprüfungen bei Leistungen der HKP nach § 275b ist über die mitgliederbezogene Umlage von den Krankenkassen zu finanzieren. Daher wurde diese neue Aufgabe in § 281 Abs. 1 S. 1 eingefügt.[7]

§ 276 Zusammenarbeit

(1) ¹Die Krankenkassen sind verpflichtet, dem Medizinischen Dienst die für die Beratung und Begutachtung erforderlichen Unterlagen vorzulegen und Auskünfte zu erteilen. ²Unterlagen, die der Versicherte über seine Mitwirkungspflicht nach den §§ 60 und 65 des Ersten Buches hinaus seiner Krankenkasse freiwillig selbst überlassen hat, dürfen an den Medizinischen Dienst nur weitergegeben werden, soweit der Versicherte eingewilligt hat. ³Für die Einwilligung gilt § 67b Abs. 2 des Zehnten Buches.

(2) ¹Der Medizinische Dienst darf Sozialdaten erheben und speichern sowie einem anderen Medizinischen Dienst übermitteln, soweit dies für die Prüfungen, Beratungen und gutachtlichen Stellungnahmen nach § 275 erforderlich ist. ²Haben die Krankenkassen oder der Medizinische Dienst für eine gutachtliche Stellungnahme oder Prüfung nach § 275 Absatz 1 bis 3 erforderliche versichertenbezogene Daten bei den Leistungserbringern angefordert, so sind die Leistungserbringer verpflichtet, diese Daten unmittelbar an den Medizinischen Dienst zu übermitteln. ³Die rechtmäßig erhobenen und gespeicherten Sozialdaten dürfen nur für die in § 275 genannten Zwecke verarbeitet oder genutzt werden, für andere Zwecke, soweit dies durch Rechtsvorschriften des Sozialgesetzbuchs angeordnet oder erlaubt ist. ⁴Die Sozialdaten sind nach fünf Jahren zu löschen. ⁵Die §§ 286, 287 und 304 Abs. 1 Satz 2 und 3 und Abs. 2 gelten für den Medizinischen Dienst entsprechend. ⁶Der Medizinische Dienst hat Sozialdaten zur Identifikation des Versicherten getrennt von den medizinischen Sozialdaten des Versicherten zu speichern. ⁷Durch technische und organisatorische Maßnahmen ist sicherzustellen, dass die Sozialdaten nur den Personen zugänglich sind, die sie zur Erfüllung ihrer Aufgaben benötigen. ⁸Der Schlüssel für die Zusammenführung der Daten ist vom Beauftragten für den Datenschutz des Medizinischen Dienstes aufzubewahren und darf anderen Personen nicht zugänglich gemacht werden. ⁹Jede Zusammenführung ist zu protokollieren.

(2a) ¹Ziehen die Krankenkassen den Medizinischen Dienst oder einen anderen Gutachterdienst nach § 275 Abs. 4 zu Rate, können sie ihn mit Erlaubnis der Aufsichtsbehörde beauftragen, Datenbestände leistungserbringer- oder fallbezogen für zeitlich befristete und im Umfang begrenzte Aufträge nach

---
5 BT Dr. 18/9518, 57, 115.
6 BT-Dr. 18/9518, 57, 115.
7 BT-Dr. 18/9518, 6, 107.

§ 275 Abs. 4 auszuwerten; die versichertenbezogenen Sozialdaten sind vor der Übermittlung an den Medizinischen Dienst oder den anderen Gutachterdienst zu anonymisieren. ²Absatz 2 Satz 2 gilt entsprechend.

(2 b) Beauftragt der Medizinische Dienst einen Gutachter (§ 279 Abs. 5), ist die Übermittlung von erforderlichen Daten zwischen Medizinischem Dienst und dem Gutachter zulässig, soweit dies zur Erfüllung des Auftrages erforderlich ist.

(3) Für das Akteneinsichtsrecht des Versicherten gilt § 25 des Zehnten Buches entsprechend.

(4) ¹Wenn es im Einzelfall zu einer gutachtlichen Stellungnahme über die Notwendigkeit und Dauer der stationären Behandlung des Versicherten erforderlich ist, sind die Ärzte des Medizinischen Dienstes befugt, zwischen 8.00 und 18.00 Uhr die Räume der Krankenhäuser und Vorsorge- oder Rehabilitationseinrichtungen zu betreten, um dort die Krankenunterlagen einzusehen und, soweit erforderlich, den Versicherten untersuchen zu können. ²In den Fällen des § 275 Abs. 3 a sind die Ärzte des Medizinischen Dienstes befugt, zwischen 8.00 und 18.00 Uhr die Räume der Krankenhäuser zu betreten, um dort die zur Prüfung erforderlichen Unterlagen einzusehen.

(4 a) ¹Der Medizinische Dienst ist im Rahmen der Kontrollen nach § 275 a befugt, zu den üblichen Geschäfts- und Betriebszeiten die Räume des Krankenhauses zu betreten, die erforderlichen Unterlagen einzusehen und personenbezogene Daten zu erheben, zu verarbeiten und zu nutzen, soweit dies in der Richtlinie des Gemeinsamen Bundesausschusses nach § 137 Absatz 3 festgelegt und für die Kontrollen erforderlich ist. ²Absatz 2 Satz 3 bis 9 gilt für die Durchführung von Kontrollen nach § 275 a entsprechend. ³Das Krankenhaus ist zur Mitwirkung verpflichtet und hat dem Medizinischen Dienst Zugang zu den Räumen und den Unterlagen zu verschaffen sowie die Voraussetzungen dafür zu schaffen, dass er die Kontrollen nach § 275 a ordnungsgemäß durchführen kann; das Krankenhaus ist hierbei befugt und verpflichtet, dem Medizinischen Dienst Einsicht in personenbezogene Daten zu gewähren oder diese auf Anforderung des Medizinischen Dienstes zu übermitteln. ⁴Die Sätze 1 und 2 gelten für Kontrollen nach § 275 a Absatz 4 nur unter der Voraussetzung, dass das Landesrecht entsprechende Mitwirkungspflichten und datenschutzrechtliche Befugnisse der Krankenhäuser zur Gewährung von Einsicht in personenbezogene Daten vorsieht.

(5) ¹Wenn sich im Rahmen der Überprüfung der Feststellungen von Arbeitsunfähigkeit (§ 275 Abs. 1 Nr. 3 b, Abs. 1 a und Abs. 1 b) aus den ärztlichen Unterlagen ergibt, daß der Versicherte auf Grund seines Gesundheitszustandes nicht in der Lage ist, einer Vorladung des Medizinischen Dienstes Folge zu leisten oder wenn der Versicherte einen Vorladungstermin unter Berufung auf seinen Gesundheitszustand absagt und der Untersuchung fernbleibt, soll die Untersuchung in der Wohnung des Versicherten stattfinden. ²Verweigert er hierzu seine Zustimmung, kann ihm die Leistung versagt werden. ³Die §§ 65, 66 des Ersten Buches bleiben unberührt.

(6) Die Aufgaben des Medizinischen Dienstes im Rahmen der sozialen Pflegeversicherung ergeben sich zusätzlich zu den Bestimmungen dieses Buches aus den Vorschriften des Elften Buches.

I. Entstehungsgeschichte 1	e) Akteneinsichtsrecht durch den Versicherten (Abs. 3) 25
II. Vorgängervorschriften 2	f) Betretungs-, Einsichts- und Untersuchungsrechte des MDK (Abs. 4).. 28
III. Normauslegung 3	
1. Norminhalt.......................... 3	
2. Normauslegung 4	g) Befugnisse der MDK bei Krankenhauskontrollen gemäß § 275 a SGB V (Abs. 4 a) 33
a) Übermittlung von Daten an die MDK (Abs. 1)....................... 4	
b) Erhebung von Daten durch den MDK (Abs. 2)....................... 7	h) Untersuchungen der Versicherten im Zusammenhang mit Arbeitsunfähigkeit (Abs. 5) 36
c) Befugnis der Krankenkassen zur Beauftragung externer Gutachter (Abs. 2 a)........................ 21	i) Aufgaben der MDK im Rahmen der sozialen Pflegeversicherung (Abs. 6)............................. 43
d) Datenübermittlung wischen MDK und externen Gutachter (Abs. 2 b).. 24	

I. Entstehungsgeschichte

1 § 276 wurde mit Wirkung zum 1.1.1989 durch Art. 1 des GRG vom 20.12.1988 (BGBl. I, 2477) eingeführt und führt in der Sache den bis dahin geltenden § 369 b Abs. 5 RVO fort. Anschließend erfolgten folgende Änderungen: § 276 Abs. 1 S. 3: IdF d. Art. 3 Nr. 7 lit. a Gesetz v. 13.6.1994 (BGBl. I, 1229) mWv 1.7.1994; § 276 Abs. 2 S. 1 u. 2: Früher S. 1 gem. u. idF d. Art. 6 Nr. 23 lit. a Gesetz v. 10.12.2015 (BGBl. I, 2229) mWv 1.1.2016; IdF d. Art. 1 Nr. 16 g Gesetz vom 4.4.2017 (BGBl. I,

779) mWv 11.4.2017; § 276 Abs. 2 S. 3 (früher S. 2): Früherer S. 2 wurde S. 3 gem. u. idF d. Art. 3 Nr. 7 lit. b bb und cc Gesetz v. 13.6.1994 (BGBl. I, 1229) mWv 1.7.1994; früherer S. 2 aufgeh., früherer S. 3 wurde S. 2 gem. Art. 1 Nr. 186 lit. a Gesetz v. 26.3.2007 (BGBl. I, 378) mWv 1.4.2007; früherer S. 2 jetzt S. 3 gem. Art. 6 Nr. 23 lit. a Gesetz v. 10.12.2015 (BGBl. I, 2229) mWv 1.1.2016; § 276 Abs. 2 S. 4 (früher S. 3): Früherer S. 3 wurde S. 4 gem. u. idF d. Art. 3 Nr. 7 lit. b bb und dd Gesetz v. 13.6.1994 (BGBl. I, 1229) mWv 1.7.1994; früherer S. 4 wurde S. 3 gem. Art. 1 Nr. 186 lit. a Gesetz v. 26.3.2007 (BGBl. I, 378) mWv 1.4.2007; früherer S. 3 jetzt S. 4 gem. Art. 6 Nr. 23 lit. a Gesetz v. 10.12.2015 (BGBl. I, 2229) mWv 1.1.2016; § 276 Abs. 2 S. 5 (früher S. 4): Früherer S. 4 wurde S. 5 gem. Art. 3 Nr. 7 lit. b bb Gesetz v. 13.6.1994 (BGBl. I, 1229) mWv 1.7.1994; früherer S. 5 wurde S. 4 gem. Art. 1 Nr. 186 lit. a Gesetz v. 26.3.2007 (BGBl. I, 378) mWv 1.4.2007; früherer S. 4 jetzt S. 5 gem. Art. 6 Nr. 23 lit. a Gesetz v. 10.12.2015 (BGBl. I, 2229) mWv 1.1.2016; § 276 Abs. 2 S. 6 bis 9 (früher S. 5 bis 8): Früher S. 6 gem. u. idF d. Art. 1 Nr. 156 Gesetz v. 14.11.2003 (BGBl. I, 2190) mWv 1.1.2004; früherer S. 6 bis 9 wurde S. 5 bis 8 gem. Art. 1 Nr. 186 lit. a Gesetz v. 26.3.2007 (BGBl. I, 378) mWv 1.4.2007; früherer S. 5 bis 8 jetzt S. 6 bis 9 gem. Art. 6 Nr. 23 lit. a Gesetz v. 10.12.2015 (BGBl. I, 2229) mWv 1.1.2016; § 276 Abs. 2 a: Eingef. durch Art. 1 Nr. 186 lit. b Gesetz v. 26.3.2007 (BGBl. I, 378) mWv 1.4.2007; § 276 Abs. 2 b (früher Abs. 2 a): Eingef. durch Art. 3 Nr. 7 lit. c Gesetz v. 13.6.1994 (BGBl. I, 1229) mWv 1.7.1994; früherer Abs. 2 a jetzt Abs. 2 b gem. Art. 1 Nr. 186 lit. c Gesetz v. 26.3.2007 (BGBl. I, 378) mWv 1.4.2007; § 276 Abs. 4 S. 2: Eingef. durch Art. 1 Nr. 149 lit. b Gesetz v. 21.12.1992 (BGBl. I, 2266) mWv 1.1.1993; § 276 Abs. 4 a: Eingef. durch Art. 6 Nr. 23 lit. b Gesetz v. 10.12.2015 (BGBl. I, 2229) mWv 1.1.2016; § 276 Abs. 5 und 6: Eingef. durch Art. 4 Nr. 12 nach Maßgabe des Vierten Teils (Art. 36 bis 52) Gesetz v. 26.5.1994 (BGBl. I, 1014) mWv 1.1.1995.

II. Vorgängervorschriften

Nach der Vorgängervorschrift des § 276 SGB V wurde die Zusammenarbeit mit dem VäD durch Richtlinien geregelt, § 369 b Abs. 5 RVO. Insoweit ist auf Richtlinie über die Zusammenarbeit der Krankenkassen mit dem Vertrauensärztlichen Dienst vom 20.6.1996 zu verweisen.[1] 2

III. Normauslegung

1. Norminhalt. § 276 regelt die erforderliche Zusammenarbeit zwischen den MDK bzw. anderen Gutachterdiensten (§ 275 Abs. 4) sowie mit Kranken- bzw. Pflegekassen. Nur bei einer Zusammenarbeit beider Einrichtungen kann eine Begutachtung erfolgen, die rechtlich nicht zu beanstanden ist. In Abs. 1 werden Rechte und Pflichten der Krankenkassen bei der Weitergabe von Informationen an die MDK normiert. Die Vorschrift dient der Klarstellung, dass die Vorlage von Unterlagen und die Erteilung von Auskünften zulässig sind. In Abs. 2 werden Voraussetzungen und Grenzen der Erhebung und Verwendung von Sozialdaten festgelegt. In Abs. 2 b ist die Übermittlung von Sozialdaten an externe Gutachter geregelt. Abs. 3 normiert das Akteneinsichtsrecht der Versicherten nach § 25 SGB X. Trotz dieser strikten Reglementierung sind die Krankenkassen verpflichtet, den MDK die erforderlichen Unterlagen zukommen zu lassen. Demnach stellt § 276 eine Gratwanderung zwischen dem Schutz der Sozialdaten der Versicherten einerseits und der Wahrnehmung der Aufgaben der Krankenkassen bzw. der MDK andererseits dar. Mit Blick auf Art. 13 GG regelt zunächst Abs. 4 das Betretungsrecht der Gutachter der MDK in die Räume der Krankenhäusern und Abs. 5 im Rahmen der Prüfung von Arbeitsunfähigkeit das Betretungsrecht in die Wohnung der Versicherten. Nach Abs. 6 ergeben sich die Aufgaben der MDK im Rahmen des SGB XI zusätzlich zu den Bestimmungen des SGB V aus dem SGB XI. 3

2. Normauslegung. a) Übermittlung von Daten an die MDK (Abs. 1). Die Begutachtung sowie die umfassende und sachgerechte Beratung von leistungsrechtlichen Ansprüchen erfolgt durch die MDK (§ 275). Um diese Aufgaben erfüllen zu können, sind die Krankenkassen gemäß Abs. 1 S. 1 verpflichtet, den MDK die für die Beratung und Begutachtung erforderlichen Unterlagen vorzulegen und Auskünfte zu erteilen. Denn nur in dem Fall ist es den MDK möglich, fachlich fundierte, dem Auftrag der Krankenkasse gerecht werdende Gutachten und Beratung zu erbringen.[2] Die MDK sollte sich vorab mit den Krankenkassen in Verbindung setzen, um diesen mitzuteilen, welche weiteren Informationen (neben den bereits vorliegenden Unterlagen) für eine Begutachtung bzw. Beratung erforderlich sind. Gegebenenfalls sind diese von den Krankenkassen bei den Leistungserbringern und/oder bei den Versi- 4

---

1 Strack in: jurisPK-SGB V, § 276 Rn. 3.
2 Cramer, Der medizinische Dienst der Krankenversicherung, S. 60.

cherten anzufordern. Die Leistungserbringer sind dabei im Rahmen des Abs. 2 S. 1 Hs. 2 verpflichtet, die Informationen auf Anforderung des MDK an diesen zu übermitteln, soweit dies erforderlich ist. Auf dieser Grundlage sind die MDK ermächtigt, die erforderlichen Sozialdaten bei den Leistungserbringern anzufordern.[3] Die Leistungserbringer sind insoweit zu deren Vorlage verpflichtet. Im krankenhausvergütungsrechtlichen Bereich ergibt sich dies daraus, weil allein durch die Angaben gemäß § 301 und etwaige Kurzberichte eine zuverlässige Beurteilung der Krankenhausbehandlungsbedürftigkeit oder anderer Fragen der Abrechnung nicht möglich ist.[4] Die gesetzliche Befugnis zur Beschaffung von Informationen für Zwecke der Krankenversicherung und zur Weiterleitung an den MDK ergibt sich unmittelbar aus § 284 Abs. 1 Nr. 7, wobei die Vorschrift allerdings nicht bestimmt, bei wem die Sozialdaten erhoben werden dürfen.[5]

5 **Unterlagen,** die der Versicherte über seine Mitwirkungspflicht nach den §§ 60 und 65 SGB I hinaus seiner Krankenkasse freiwillig selbst überlassen hat, dürfen gemäß § 276 Abs. 1 S. 2 an den MDK nur weitergegeben werden, soweit der Versicherte ausdrücklich eingewilligt hat. Für die **Einwilligung** gilt nach Abs. 1 S. 3 die Vorschrift des § 67b Abs. 2 SGB X. Wird danach die Einwilligung bei dem Versicherten eingeholt, ist er auf den Zweck der vorgesehenen Verarbeitung oder Nutzung sowie auf die Folgen der Verweigerung der Einwilligung hinzuweisen. Die Einwilligung des Versicherten ist nur wirksam, wenn sie auf dessen freier Entscheidung beruht. Die Einwilligung und der Hinweis bedürfen der Schriftform, soweit nicht wegen besonderer Umstände eine andere Form angemessen ist. Soll die Einwilligung zusammen mit anderen Erklärungen schriftlich erteilt werden, ist die Einwilligungserklärung im äußeren Erscheinungsbild der Erklärung hervorzuheben.

6 Darüber hinaus können sich die MDK fehlende Unterlagen bei den Leistungserbringern direkt beschaffen. Dies ergibt sich aus dem 2. SGBÄndG.[6] Es regelt ua einen direkten Informationsaustausch, soweit dies für die gutachtliche Stellungnahme und Prüfung erforderlich ist, zwischen dem Medizinischen Dienst und den Leistungserbringern. Nach dem Willen des Gesetzgebers soll die primäre Informationsbeschaffung jedoch bei den Krankenkassen verbleiben, die Sachverhalte von Amts wegen zu ermitteln haben (vgl. § 20 SGB X).[7]

7 **b) Erhebung von Daten durch den MDK (Abs. 2).** Mit der Streichung des Wortes „nur" in Abs. 2 S. 1 soll die Möglichkeit eröffnet werden, auch in Abs. 4a datenschutzrechtliche Befugnisse des MDK zu regeln. Mit der Streichung des Satzteils zu Modellvorhaben nach § 275a aF wird die überholte Bezugnahme auf eine frühere, nicht mehr geltende Regelung des § 275a aF beseitigt. Die Änderungen in dem neuen S. 2 greifen ein Anliegen der Bundesbeauftragten für den Datenschutz hinsichtlich der Übermittlung der vom MDK für die Einzelfallbegutachtung nach § 275 benötigten personenbezogenen Daten durch die Leistungserbringer auf und stehen nicht im Zusammenhang mit den neu eingeführten Qualitätskontrollen nach § 275a und den daraus resultierenden Folgeänderungen.

8 Bisher haben die Leistungserbringer (zB die Vertragsärzte) die Unterlagen entweder direkt dem MDK übersandt oder auf entsprechende Anforderung der Krankenkassen aus Gründen der Verwaltungsvereinfachung über die Krankenkasse an den MDK übermittelt. Hierfür wurde das sog Umschlagverfahren genutzt. Dabei werden die angeforderten Unterlagen in einem verschlossenen Umschlag mit dem Hinweis, dass die Unterlagen nur für den MDK bestimmt sind, an die Krankenkasse gesandt. Die Krankenkasse leitet den verschlossenen Umschlag dann an den MDK weiter. Die Bundesbeauftragte für den Datenschutz hat im Rahmen ihrer Kontrolltätigkeit wiederholt beanstandet, dass das beschriebene Umschlagverfahren nicht eingehalten wird und Krankenkassen Kenntnis von Unterlagen erhalten, die nur für den MDK bestimmt sind. Die Neuregelung sieht vor, dass es zwar zur Vereinfachung des Verwaltungsablaufes weiterhin möglich ist, dass auch die Krankenkasse für den MDK personenbezogene Daten anfordern kann der Rücklauf aber nur noch direkt an den MDK zu erfolgen hat. Damit wird sichergestellt, dass die Krankenkasse keine Kenntnis von den für die Begutachtung durch den MDK erforderlichen und nur für diesen bestimmten Daten erhält.

9 Nach Abs. 2 S. 1 dürfen die MDK Sozialdaten nur erheben und speichern sowie einem anderen Medizinischen Dienst übermitteln, soweit dies für die Prüfungen, Beratungen und gutachtlichen Stellungnahmen nach § 275 und für die Modellvorhaben nach § 275a erforderlich ist. Zulässig ist damit aller-

---

3 Cramer, Der Medizinische Dienst der Krankenversicherung, S. 69; vgl. LSG Bad.-Württ., 11.12.1996, L 5 Ka 1130/95, MedR 1997, 331 ff.
4 BSG, 16.5.2012, B 3 KR 14/11 R, juris Rn. 21 = GesR 2012, 492 ff.
5 BSG, 23.7.2002, B 3 KR 64/01 R, juris Rn. 19 = GesR 202, 99 ff.
6 Vom 13.6.1994 (BGBl. I S. 1229).
7 Strack in: jurisPK-SGB V, § 276 Rn. 11; BT-Dr. 12/5187, 33.

dings nicht jegliche Datenerhebung durch den MDK. Die Daten müssen vielmehr für die jeweilige Prüfung relevant sein.[8] Die Vorschrift dient daher dem Schutz der Sozialdaten der Versicherten. Das Merkmal „erforderlich" ist im Rahmen pflichtgemäßen Ermessens zu prüfen.[9]

Im Rahmen der Tätigkeit der MDK kann es in bestimmten Situationen erforderlich werden, dass von einem MDK rechtmäßig erhobene und gespeicherte Sozialdaten an einen anderen MDK übermittelt werden müssen, um bei einem Wechsel der Zuständigkeit für einen Auftrag dessen Bearbeitung zu ermöglichen. Mit der Ergänzung des Satzes 1 wird die datenschutzrechtliche Grundlage für die Übermittlung von Sozialdaten zwischen den MDK geschaffen. Voraussetzung für die rechtmäßige Übermittlung der Sozialdaten zwischen den MDK ist, dass diese für die Prüfungen, Beratungen und gutachtliche Stellungnahmen des MDK, an den die Sozialdaten übermittelt werden, im Rahmen seiner Zuständigkeit erforderlich sind.[10]   10

Mangels spezialgesetzlicher Regelung im SGB V sind **Sozialdaten** nach der Begriffsbestimmung in § 67 Abs. 1 S. 1 SGB X Einzelangaben über persönliche oder sachliche Verhältnisse einer bestimmten oder bestimmbaren natürlichen Personen (Betroffener), die von einer in § 35 SGB I genannten Stelle im Hinblick auf ihre Aufgaben nach diesem Gesetzbuch erhoben, verarbeitet oder genutzt werden. Unter „erheben" von Sozialdaten ist nach § 67 Abs. 5 SGB X das Beschaffen von Daten über den Betroffenen zu verstehen. Unter „speichern" ist nach § 67 Abs. 6 S. 2 Nr. 1 SGB X das Erfassen, Aufnehmen oder Aufbewahren von Sozialdaten auf einem Datenträger zum Zwecke ihrer weiteren Verarbeitung oder Nutzung zu verstehen. Aus § 67 Abs. 6 S. 1 SGB X ergibt sich, dass das „Speichern" nur ein Teil des „Verarbeiten(-s) von Sozialdaten" ist. Ob eine Erhebung oder Speicherung erforderlich ist, hängt davon ab, inwiefern eine Begutachtung nur unter Inaugenscheinnahme der Unterlagen vorgenommen werden kann.   11

Bei wem Sozialdaten erhoben werden dürfen, bestimmt das SGB V ebenfalls nicht. Dies richtet sich vielmehr nach § 67a SGB X, da nach § 37 S. 2 SGB I iVm § 35 Abs. 2 SGB I die Erhebung von Sozialdaten durch die Krankenkassen nur unter den Voraussetzungen des Zweiten Kapitels des SGB X zulässig ist. Nach § 67a Abs. 2 S. 2 Nr. 2 lit. a) SGB X dürfen Sozialdaten ohne Mitwirkung des Betroffenen bei anderen als den in § 35 SGB I bzw. in § 69 Abs. 2 SGB X genannten Stellen oder Personen (zB bei Krankenhäusern) nur erhoben werden, wenn eine Rechtsvorschrift die Erhebung bei ihnen zulässt oder die Übermittlung an die erhebende Stelle ausdrücklich vorschreibt. Dabei ist zu berücksichtigen, dass nach der Begründung des Gesetzentwurfs der Sozialdatenschutz allein den Regelungen des Sozialgesetzbuchs unterliegt.[11] Als Vorschrift, die die Einsichtnahme der Krankenkassen in die Behandlungsunterlagen der Versicherten ausdrücklich zulässt, kommt lediglich § 100 Abs. 1 S. 1 Nr. 1, S. 3 SGB X in Betracht. Danach ist ein Arzt oder Angehörige eines anderen Heilberufs (zB Krankenhäuser) verpflichtet, im Einzelfall den Krankenkassen auf Verlangen Auskunft zu erteilen, soweit es für die Durchführung ihrer Aufgaben nach dem Sozialgesetzbuch erforderlich und gesetzlich zugelassen ist oder der Betroffene eingewilligt hat.   12

Am **Beispiel** von **Krankenhäusern** soll dies weiter erläutert werden. Die Übermittlung von Behandlungsunterlagen wird von der Auskunftspflicht nicht erfasst. Denn der Begriff „Auskunft" ist bereits seinem Wortsinn nach etwas anderes als „die Herausgabe der Unterlagen". Dies zeigt vor allem auch die Regelung des Abs. 1 S. 1, wonach die Krankenkassen verpflichtet sind, dem MDK die für die Beratung und Begutachtung erforderlichen Unterlagen vorzulegen und Auskünfte zu erteilen. Eine Vorschrift, die die Übermittlung der Behandlungsunterlagen an die Krankenkassen ausdrücklich vorschreibt, ist nicht vorhanden. § 301 zählt aus datenschutzrechtlichen Gründen abschließend auf, welche Angaben den Krankenkassen bei einer Krankenhausbehandlung ihrer Versicherten zu übermitteln sind.[12] Dazu gehören insbesondere die Stammdaten des Versicherten, die Institutionenkennzeichen von Krankenkassen und Krankenhaus, Detaildaten über Aufnahme, Verlegung, Art der Behandlung und Entlassung einschließlich der Angabe des einweisenden Arztes mit Einweisungsdiagnose, Aufnahmediagnose und Änderung von Diagnosen, die medizinische Begründung für die Verlängerung der Verweildauer sowie Datum und Art der durchgeführten Operationen und Prozeduren – nicht aber die Behandlungsunterlagen der Versicherten, die in § 301 keine Erwähnung finden. Zwar können nach § 67a Abs. 2 S. 2 Nr. 2 lit. b SGB X bei Krankenhäusern Sozialdaten auch dann ohne Mitwirkung des   13

---

8 Vgl. BSG, 18.7.2013, B 3 KR 21/12 R, juris Rn. 16 = SozR 4-2500 § 275 Nr. 14.
9 Sikorski, MedR 1999, 449, 450.
10 Vgl. BT-Dr. 18/11205, S. 33, 76.
11 BT-Dr. 12/5187, 36.
12 Vgl. BT-Dr. 12/3608, 112.

Betroffenen erhoben werden, wenn die Aufgaben der Krankenkassen nach dem Sozialgesetzbuch ihrer Art nach eine Erhebung bei anderen Personen oder Stellen erforderlich machen (§ 67a Abs. 2 S. 2 Nr. 2 lit. b aa) oder die Erhebung beim Betroffenen einen unverhältnismäßigen Aufwand erfordern würde (§ 67a Abs. 2 S. 2 Nr. 2 lit. b bb). Ein Anspruch der Krankenkassen, die für erforderlich gehaltenen Behandlungsunterlagen vom Adressaten der Erhebung zu erhalten, lässt sich aus der Vorschrift allerdings nicht ableiten.[13]

14 Haben die Krankenkassen nach § 275 Abs. 1 bis 3 eine gutachtliche Stellungnahme oder Prüfung durch die MDK veranlasst, sind die Leistungserbringer nach Abs. 2 S. 1 Hs. 2 verpflichtet, Sozialdaten auf Anforderung des MDK unmittelbar an diesen zu übermitteln, soweit dies für die gutachtliche Stellungnahme und Prüfung erforderlich ist. Nach Auffassung des BVerfG kann Abs. 2 S. 1 Hs. 2 ohne Verfassungsverstoß dahin gehend ausgelegt werden, dass diese Vorschrift auch eine länderübergreifende Beauftragung der MDK zulässt. Weder Wortlaut noch Systematik, Entstehungsgeschichte oder Zielsetzung der gesetzlichen Regelungen bieten Anhaltspunkte für die Annahme, dass die den MDK zugewiesenen Aufgaben ausschließlich nach räumlichen Wirkungskreisen wahrzunehmen seien.[14]

15 Gesetzlich ist jedoch nur geregelt, an wen die Sozialdaten zu übermitteln sind, nicht aber, wer den **Anspruch auf Herausgabe von Sozialdaten gerichtlich geltend machen** kann. Das BSG[15] hat insoweit entschieden, dass der MDK zwar ermächtigt sei, Herausgabe der Sozialdaten an sich zu verlangen, es ihm aber nicht zugemutet werden könne, diesen Anspruch selbst und auf eigene Kosten gerichtlich geltend zu machen. Diese Möglichkeit falle den Krankenkassen zu, da sie entscheiden könnten, ob und mit welchen Mitteln vorgegangen werden solle, wenn ein Beteiligter die Erteilung erbetener Auskünfte, die erbetene Einsichtnahme in medizinische Unterlagen oder deren Übermittlung bzw. sonstige Formen der Zusammenarbeit verweigere. In diesen Fällen sei die Krankenkasse berechtigt, den Anspruch auf Übermittlung der Sozialdaten in eigenem Namen gerichtlich geltend zu machen. Ziel dieses Herausgabeanspruchs könne jedoch immer nur die Herausgabe der Unterlagen an den MDK sein.

16 Abs. 2 S. 3 stellt fest, dass die rechtmäßig erhobenen und gespeicherten Sozialdaten nur für die in § 275 genannten Zwecke verarbeitet oder genutzt werden. Für andere Zwecke nur, wenn dies durch Rechtsvorschriften des Sozialgesetzbuches angeordnet oder erlaubt ist. Unter „**Verarbeiten**" versteht man nach § 67 Abs. 6 SGB X die Speicherung, Veränderung, Übermittlung, Sperrung und Löschung von Sozialdaten. Unter „**Nutzen**" versteht man nach § 67 Abs. 7 jede Verwendung von Sozialdaten, soweit es sich nicht um Verarbeitung handelt, auch die Weitergabe innerhalb der verantwortlichen Stelle.

17 Nach Abs. 2 S. 4 sind die Sozialdaten **nach fünf Jahren zu löschen**.

18 Abs. 2 S. 4 stellt fest, dass die §§ 286, 287 und 304 Abs. 1 S. 2 und 3 und Abs. 2 für den MDK entsprechend gelten. Nach § 286 müssen die MDK einmal jährlich eine Übersicht über die Art der gespeicherten Sozialdaten zu erstellen und diese der zuständigen Aufsichtsbehörde (§ 281 Abs. 3) vorlegen. § 287 betrifft Forschungsvorhaben. In § 304 werden Regelungen zur Aufbewahrung getroffen.

19 Nach Abs. 2 S. 6 haben die MDK **Sozialdaten zur Identifikation des Versicherten getrennt von den medizinischen Sozialdaten des Versicherten zu speichern**. Durch technische und organisatorische Maßnahmen ist gemäß Abs. 2 S. 7 sicherzustellen, dass die Sozialdaten nur den Personen zugänglich sind, die sie zur Erfüllung ihrer Aufgaben benötigen. Der Schlüssel für die Zusammenführung der Daten ist gemäß Abs. 2 S. 8 vom Beauftragten für den Datenschutz der MDK aufzubewahren und darf anderen Personen nicht zugänglich gemacht werden. Jede Zusammenführung ist nach Abs. 2 S. 9 zu protokollieren.

20 Nach der vor Inkrafttreten des GMG vom 14.11.2003,[16] dh bis zum 31.12.2003, geltenden Regelung konnten die MDK in Dateien nur Angaben zur Person und Hinweise auf bei ihnen vorhandene Akten aufnehmen. Mithin war es den MDK bis dahin verwehrt, sich bei der Erfüllung seiner Aufgaben auf EDV-Einsatz zu stützen, obwohl bei den Leistungserbringern als auch bei den Krankenversicherungsträgern zunehmend der EDV-Einsatz, zum Teil sogar verpflichtend (Krankenversichertenkarte, Abrechnungsvorschriften), eingeführt worden ist. Dies führte in der Praxis dazu, dass den MDK Daten auf Papier zur Verfügung gestellt wurden. Die MDK erfassten diese Daten in ihren Computern, druckten die Gutachten in Papierform aus, um sie dann im Computer zu löschen. Die Gutachten wurden der

---

13 BSG, 23.7.2002, B 3 KR 64/01 R, juris Rn. 19 = GesR 202, 99 ff.; im Ergebnis ebenso Meschke/Dahm, MedR 2002, 346, 350.
14 Vgl. BVerfG, 8.11.2016, 1 BvR 935/14, juris Rn. 14; Makoski, jurisPR-MedizinR 11/2016 Anm. 4.
15 BSG, 28.2.2007, B 3 KR 12/06 R, juris Rn. 15, 17 = SozR 4-2500 § 276 Nr. 1.
16 BGBl. I, 2190.

Krankenkasse in Papierform zugeleitet und bei den MDK in Papierform archiviert. Nach Ablauf der Aufbewahrungsfrist, dh jeweils zum 1. Januar, musste jede Akte durchgesehen und überprüft werden. Durch den Einsatz von EDV konnte jedoch eine wirtschaftlichere und sparsamere Aufgabenerfüllung erreicht werden, was zum 1.1.2004 dann unter Berücksichtigung der Neuregelungen auch umgesetzt worden ist.[17]

c) **Befugnis der Krankenkassen zur Beauftragung externer Gutachter (Abs. 2 a).** Nach Abs. 2 a S. 1 Hs. 1 sind die Krankenkassen befugt, bei der Auswertung von Datenbeständen sowohl den MDK, als auch externe Gutachter zu Rate zu ziehen. Dabei können die Krankenkassen mit Erlaubnis der Aufsichtsbehörde Datenbestände leistungserbringer- oder fallbezogen für zeitlich befristete und im Umfang begrenzte Aufträge nach § 275 Abs. 4 auswerten. Vor der Übermittlung müssen die Sozialdaten gemäß § 276 Abs. 2 a S. 1 Hs. 2 anonymisiert werden.

„Anonymisieren" ist nach § 67 Abs. 8 SGB X das Verändern von Sozialdaten derart, dass die Einzelangaben über persönliche oder sachliche Verhältnisse nicht mehr oder nur mit einem unverhältnismäßig großen Aufwand an Zeit, Kosten und Arbeitskraft einer bestimmten oder bestimmbaren natürlichen Person zugeordnet werden können.

Gemäß Abs. 2 a S. 2 gilt die **datenschutzrechtliche Zweckbindung** nach Abs. 2 S. 2 entsprechend. Nach Abs. 2 S. 2 dürfen die rechtmäßig erhobenen und gespeicherten Sozialdaten nur für die in § 275 genannten Zwecke verarbeitet oder genutzt werden, für andere Zwecke, soweit dies durch Rechtsvorschriften des Sozialgesetzbuchs angeordnet oder erlaubt ist.

d) **Datenübermittlung wischen MDK und externen Gutachter (Abs. 2 b).** Beauftragen die MDK externe Gutachter gemäß § 279 Abs. 5, so ist die Übermittlung von erforderlichen Daten zwischen MDK und dem Gutachter gemäß § 276 Abs. 2 b zulässig, soweit dies zur Erfüllung des Auftrages erforderlich ist. Abs. 2 b schafft insoweit die Grundlage für die Zulässigkeit von zweckgerichteten wechselseitigen Übermittlungen von Daten. Die Vorschrift bezieht sich auf § 279 Abs. 5, wonach die MDK bei der Erfüllung ihrer Aufgaben vorrangig Gutachter zu beauftragen hat. Die Vorschrift befugt sowohl die MDK, Daten an externe Gutachter weiterzuleiten; auch in entgegengesetzter Richtung werden externen Gutachter befugt, Daten an die MDK zu übermitteln. Die Übermittlung von Daten unterliegt dabei aber dem Grundsatz der Erforderlichkeit, die sich nach objektiven Kriterien bestimmt. Demnach dürfen Daten nur übermittelt werden, wenn dies für die Erstellung von gutachterlichen Stellungnahmen notwendig und zweckmäßig ist.

e) **Akteneinsichtsrecht durch den Versicherten (Abs. 3).** Für das Akteneinsichtsrecht des Versicherten gilt gemäß Abs. 3 die Vorschrift des § 25 SGB X. Die Vorschrift befugt daher die Versicherten als Verfahrensbeteiligte nach § 12 Abs. 1 SGB X, Einsicht in die das Verfahren betreffenden Akten zu nehmen. Das Recht zur Einsichtnahme richtet sich dabei unmittelbar gegen die MDK, die in der Regel die erforderlichen Unterlagen von den Leistungserbringern übermittelt bekommen haben. Die Akteneinsicht ist zu gewähren, soweit deren Kenntnis zur Geltendmachung oder Verteidigung ihrer rechtlichen Interessen erforderlich ist. Einschränkungen hiervon bestehen ua dann, wenn die Akten Angaben enthalten, die den Versicherten einen unverhältnismäßigen Nachteil, insbesondere an der Gesundheit zufügen würde. In den Fällen soll der Inhalt der Akten von einem Arzt vermittelt werden. Weitere Einschränkungen ergeben sich dann, wenn die Akten Angaben enthalten, die die Entwicklung und Entfaltung der Persönlichkeit des Beteiligten beeinträchtigen können. Schließlich sind die MDK zur Gestattung der Akteneinsicht nicht verpflichtet, soweit die Vorgänge wegen der berechtigten Interessen der Beteiligten oder dritter Personen geheim gehalten werden müssen.

Das Akteneinsichtsrecht beginnt mit der Erteilung des Gutachterauftrages an die MDK und endet mit Abschluss des Verwaltungsverfahrens der Krankenkasse. D.h., das Recht auf Akteneinsicht dauert bis zur bestandskräftigen Entscheidung der Krankenkassen über die Leistung an.[18]

Vom Akteneinsichtsrecht **abzugrenzen** ist das Auskunftsrecht nach § 83 SGB X. Dieses gewährt aufgrund der informationellen Selbstbestimmung des Versicherten ein umfängliches vorlaufendes Auskunftsrecht zu Daten über seine Person. In der Gesetzesbegründung wird darauf hingewiesen, dass die MDK durch geeignete Veröffentlichungen auf den umfänglichen Auskunftsanspruch hinzuweisen haben.[19]

---

17 BT-Dr. 15/1525, 141 f.
18 Cramer in: Der medizinische Dienst der Krankenversicherung, S. 82.
19 BT-Dr. 11/3480, 67.

28 f) **Betretungs-, Einsichts- und Untersuchungsrechte der MDK (Abs. 4)**. Wenn es im Einzelfall zu einer gutachtlichen Stellungnahme über die Notwendigkeit und Dauer der stationären Behandlung des Versicherten erforderlich ist, sind die Ärzte der MDK gemäß Abs. 4 S. 1 befugt, zwischen 8.00 und 18.00 Uhr die Räume der Krankenhäuser und Vorsorge- oder Rehabilitationseinrichtungen zu betreten, um dort die Krankenunterlagen einzusehen und, soweit erforderlich, den Versicherten untersuchen zu können.

29 Den MDK wird damit ein **allgemeines Betretungsrecht** der Räume der Krankenhäuser, Vorsorge- und Rehabilitationseinrichtungen gewährt. Darüber hinaus ist es den MDK gestattet, dort die erforderlichen **Krankenunterlagen einzusehen** und ggf. den **Versicherten zu untersuchen**. Diese Befugnisse sind jedoch zeitlich begrenzt. Die MDK sind nur befugt, die Räume zwischen 08:00 und 18:00 Uhr zu betreten; mit Genehmigung der Einrichtungen ist ein Betreten aber auch zu anderen Zeiten denkbar. Zum anderen ist die Befugnis beschränkt durch die Erforderlichkeit der Erstellung einer gutachtlichen Stellungnahme über die Notwendigkeit und Dauer der stationären Behandlung des Versicherten. Eine weitere Restriktion liegt insoweit vor, als die Ärzte der MDK sich zunächst auf die Einsicht in die Krankenunterlagen beschränken sollen; erst wenn dies zu keinem Ergebnis führt, können diese den Patienten untersuchen, was wiederum voraussetzt, dass sich der Versicherte zwecks stationärer Behandlung im Krankenhaus befindet.

30 **Verfassungsrechtlich** ist insoweit das Grundrecht der Unverletzlichkeit der Wohnung nach Art. 13 GG zu beachten. Art. 13 GG schützt die Wohnräume der Bewohner vor unbefugtem Betreten (Hausrecht). Nach ständiger Rechtsprechung umfasst dies aber auch Geschäftsräume.[20] Das Betreten von Geschäftsräumen ist von der Rechtsprechung demnach anerkannt, jedoch nicht ohne Beschränkungen.[21] Grundsätzlich unterliegen Geschäftsräume nicht dem gleichen hohen Schutzbedürfnis wie Privatwohnungen. Der Grund dafür liegt darin, dass Tätigkeiten in Geschäftsräumen gewerblicher Natur sind und demnach Außenwirkung entfalten und für die Allgemeinheit von Gewicht sein können. Vor diesem Hintergrund ist den MDK das Betreten der Geschäftsräume grundsätzlich zu gestatten.[22] Abs. 4 S. 1 ist daher als Befugnisnorm zu verstehen.[23] Um den Schutz des Art. 13 GG nicht zu sehr auszuhöhlen, ist eine restriktive Auslegung geboten. Daher ist es rechtlich zulässig, wenn die Einrichtungen sowohl einen Raum für die Einsichtnahme in die Unterlagen, als auch einen Untersuchungsraum bestimmen.

31 Gemäß Abs. 4 S. 2 sind die Ärzte der MDK in den Fällen des § 275 Abs. 3 a befugt, zwischen 8.00 und 18.00 Uhr die Räume der Krankenhäuser zu betreten, um dort die zur Prüfung erforderlichen Unterlagen einzusehen. Fälle nach § 275 Abs. 3 a liegen vor, wenn sich bei der Auswertung der Unterlagen über die Zuordnung von Patienten zu den Behandlungsbereichen nach § 4 der Psychiatrie-Personalverordnung in vergleichbaren Gruppen Abweichungen ergeben.

32 Abs. 4 vergleichbare Regelungen finden sich ergänzend in den zweiseitigen **Landesverträgen** nach § 112 Abs. 2 S. 2 Nr. 2 Alt. 1, die die Überprüfung der Notwendigkeit und Dauer der Krankenhausbehandlung regeln.[24]

33 g) **Befugnisse der MDK bei Krankenhauskontrollen gemäß § 275 a SGB V (Abs. 4 a)**. Absatz 4 a schafft auf der einen Seite die erforderliche gesetzliche Grundlage für das Betretensrecht des MDK bei Krankenhauskontrollen und die datenschutzrechtlichen Befugnisse für die Einsichtnahme in die erforderlichen Krankenunterlagen. Auf der anderen Seite werden die hiermit korrespondierenden Pflichten auf Seiten der Krankenhäuser normiert. Das Krankenhaus ist insbesondere verpflichtet, dem MDK zu den üblichen Betriebs- und Geschäftszeiten Zugang zu den Räumen und den Unterlagen zu verschaffen. Es hat dafür Sorge zu tragen, dass alle Voraussetzungen vorliegen, damit der MDK seine Kontrollen ordnungsgemäß durchführen kann. Die Krankenhäuser sind damit auch verpflichtet, dem MDK Einsicht in personenbezogene Unterlagen zu gewähren und diese auf Anforderung des MDK an ihn zu übermitteln, soweit dies in der Richtlinie des G-BA nach § 137 Abs. 3 festgelegt und für die Kontrolle erforderlich ist.[25]

34 Um die Durchführung der Kontrollen durch den MDK möglichst einheitlich zu gestalten und um durch ein möglichst standardisiertes Vorgehen den Kontrollaufwand für alle Beteiligten zu reduzieren,

---

20 BVerfG, 5.5.2011, 2 BvR 1011/10, juris Rn. 18 = NJW 2011, 2275 ff.
21 BVerfG, 5.5.2011, 2 BvR 1011/10, juris Rn. 19 f. = NJW 2011, 2275 ff.
22 Cramer in: Der medizinische Dienst der Krankenversicherung, S. 76.
23 Strack in: jurisPK-SGB V, § 276 Rn. 19.
24 Vgl. zB Bayern: Vertrag vom 24.9.1991; Berlin: Vertrag vom 1.11.1994; NRW: Vertrag vom 6.3.1991.
25 BR-Dr. 277/15, 117.

ist es notwendig, insbesondere nicht näher definierte Qualitätsanforderungen, wie zB die Verfügbarkeit bestimmter personeller oder technischer Ressourcen, so zu konkretisieren, dass diese auch sachgerecht, aufwandsarm und nach einheitlichen Vorgaben kontrolliert werden können. Diese Konkretisierung kann nur durch den G-BA erfolgen, der diese Qualitätsanforderungen festlegt. Deshalb ist in den Richtlinien nach § 137 Abs. 3 auch eine Operationalisierung der zu prüfenden Qualitätsanforderungen vorzunehmen. Der G-BA hat danach insbesondere festzulegen, welche Informationsquellen mit welchen personenbezogenen Daten in die Überprüfung von Qualitätsanforderungen einbezogen werden dürfen. Hierbei kann es sich beispielsweise um Operationsberichte, Röntgenbilder oder Laborwerte handeln. Zur Operationalisierung sind insbesondere auch Festlegungen zum Umfang der einzusehenden Unterlagen (zB Zahl der einzusehenden Patientenakten) erforderlich.

Da der Gesetzgeber die Krankenhäuser im SGB V nur insoweit zur Mitwirkung verpflichten kann, als 35
es um die Einhaltung der Qualitätsanforderungen des G-BA geht, und da bezüglich der Einhaltung der Qualitätsanforderungen der Länder Landesrecht maßgeblich ist, stellt S. 5 klar, dass die Betretensrechte und Einsichtnahmerechte des MDK nach S. 1 bis 3 nur dann bestehen, wenn auch das Landesrecht entsprechende Pflichten der Krankenhäuser vorsieht.

h) **Untersuchungen der Versicherten im Zusammenhang mit Arbeitsunfähigkeit (Abs. 5).** Wenn sich 36
im Rahmen der Überprüfung der Feststellungen von Arbeitsunfähigkeit (§ 275 Abs. 1 Nr. 3 b, Abs. 1a und Abs. 1 b) aus den ärztlichen Unterlagen ergibt, dass der Versicherte aufgrund seines Gesundheitszustandes nicht in der Lage ist, einer Vorladung der MDK Folge zu leisten oder wenn der Versicherte einen Vorladungstermin unter Berufung auf seinen Gesundheitszustand absagt und der Untersuchung fernbleibt, soll gemäß Abs. 5 S. 1 **die Untersuchung in der Wohnung des Versicherten** stattfinden.

Der Zweck der Vorschrift besteht vor allem darin, schnellstmöglich Klarheit über das Vorliegen von 37
Arbeitsunfähigkeit zu schaffen. Insbesondere soll der Versicherte Klarheit über das Vorliegen oder das Nichtvorliegen von Arbeitsunfähigkeit erhalten, um klarzustellen, gegen wen er Ansprüche auf Zahlung von Lohn bzw. Lohnersatzleistungen geltend machen kann. Der Arbeitgeber hat deswegen Interesse an der Feststellung, da er eine ungerechtfertigte Zahlung von Lohnkosten vermeiden will. Schließlich hat die Krankenkasse deshalb Interesse an einer zeitnahen Feststellung, da sie die Zahlung von Krankengeld (Lohnersatzleistung) vermeiden will.

Abs. 5 ist ebenso wie Abs. 4 unter Berücksichtigung von Art. 13 GG auszulegen. Mit der Vorschrift 38
wird eine Grundlage geschaffen, die den MDK die Befugnis („soll") einräumt, die Versicherten mit deren Zustimmung in deren Wohnung aufzusuchen. Die gilt aber nur, wenn beispielsweise aus den Befundberichten hervorgeht, dass der Versicherte sich nicht fortbewegen kann oder nicht transportfähig ist oder der Versicherte dies selbst mitteilt und deshalb zu einem Untersuchungstermin nicht erscheint.[26]

Voraussetzung des Abs. 5 ist daher, dass der Versicherte entweder aufgrund seines Gesundheitszustan- 39
des nicht in der Lage ist, einer Vorladung der MDK Folge zu leisten, oder einen Vorladungstermin unter Berufung auf seinen Gesundheitszustand absagt und der Untersuchung fernbleibt. Die Rechtsfolge der Vorschrift besteht darin, dass die Untersuchung in der Wohnung des Versicherten stattfinden soll.

Abs. 5 begründet zwar keine eigenständige Pflicht zur Mitwirkung, verweist jedoch in Abs. 5 S. 2 da- 40
rauf, dass ihm die Leistung verweigert werden kann, wenn er seine Zustimmung zur Untersuchung verweigert. Unter dem Begriff „Leistung" in diesem Sinne sind Sozialleistungen nach § 11 S. 1 SGB I, insbesondere Krankengeld, zu verstehen, § 21 Abs. 1 Nr. 2. g) SGB I. Außerdem bleiben nach Abs. 5 S. 3 die §§ 65, 66 SGB I unberührt.

Das bedeutet, dass eine Mitwirkung nach § 65 SGB I dann nicht besteht, soweit zum einen ihre Erfül- 41
lung nicht in einem angemessenen Verhältnis zu der in Anspruch genommenen Sozialleistung oder ihrer Erstattung steht oder zum anderen ihre Erfüllung dem Betroffenen aus einem wichtigen Grund nicht zugemutet werden kann oder soweit schließlich der Leistungsträger sich durch einen geringeren Aufwand als der Antragsteller oder Leistungsberechtigte die erforderlichen Kenntnisse selbst beschaffen kann. Dies ist hier insbesondere der Fall, wenn sich Erkenntnisse bereits aus den ärztlichen Unterlagen ergeben und sich eine Untersuchung in den privaten Räumlichkeiten als entbehrlich erweist. Darüber hinaus können Behandlungen und Untersuchungen, bei denen im Einzelfall ein Schaden für Leben oder Gesundheit nicht mit hoher Wahrscheinlichkeit ausgeschlossen werden kann, die mit erheblichen Schmerzen verbunden sind oder die einen erheblichen Eingriff in die körperliche Unversehrtheit bedeuten, abgelehnt werden.

---

26 BT-Dr. 12/5952, 52.

42 Falls der Versicherte jedoch zu einer Mitwirkung verpflichtet ist und dieser nicht ordnungsgemäß Folge leistet, ergeben sich die in § 66 SGB I aufgeführten **Konsequenzen.** Danach kann die Krankenkasse ohne weitere Ermittlungen die Leistung bis zur Nachholung der Mitwirkung ganz oder teilweise versagen oder entziehen. Das bedeutet, dass die Krankenkasse in dem Fall die Zahlung von Krankengeld versagen kann. Dies gilt entsprechend, wenn der Antragsteller oder Leistungsberechtigte in anderer Weise absichtlich die Aufklärung des Sachverhalts erheblich erschwert. Die Zahlung von Krankengeld darf wegen fehlender Mitwirkung jedoch nur versagt oder entzogen werden, nachdem der Leistungsberechtigte auf diese Folge schriftlich hingewiesen worden ist und seiner Mitwirkungspflicht nicht innerhalb einer ihm gesetzten angemessenen Frist nachgekommen ist.

43 **i) Aufgaben der MDK im Rahmen der sozialen Pflegeversicherung (Abs. 6).** Ein weiteres Aufgabenfeld der MDK ergibt sich im Zusammenhang mit dem Inkrafttreten der Pflegeversicherung zum 1.1.1995.[27] Nach Abs. 6 ergeben sich die Aufgaben der MDK im Rahmen der sozialen Pflegeversicherung zusätzlich zu den Bestimmungen des SGB V aus den Vorschriften des SGB XI. Durch die Vorschrift werden die MDK im Interesse der Rechtssystematik auch förmlich an die Vorschriften des SGB XI gebunden.[28]

44 Vor diesem Hintergrund lassen sich aus dem SGB XI mehrere zusätzliche Aufgabenbereiche der MDK ableiten, die nachfolgend beispielhaft benannt werden. Die MDK prüfen zunächst nach §§ 17, 18 SGB XI die Voraussetzungen der Pflegebedürftigkeit und die Einstufung in eine konkrete Pflegestufe; insbesondere sind die MDK an der Erstellung von Richtlinien der Pflegekassen beteiligt. Darüber hinaus überprüfen die MDK die Versorgung mit Pflegehilfsmitteln, § 40 Abs. 1 S. 2 SGB XI. Auch stellen die MDK im Rahmen der sozialen Sicherung der Pflegepersonen nach § 44 SGB XI im Einzelfall fest, ob und in welchem zeitlichen Umfang häusliche Pflege durch eine Pflegeperson erforderlich ist. Dann helfen die MDK bei der Entwicklung von Maßstäben und Grundsätzen zur Sicherung und Weiterentwicklung der Pflegequalität und wirken bei der Qualitätssicherung in der stationären Pflege durch örtliche Prüfungen mit (§ 113 Abs. 1 SGB XI). Zur Durchführung von Qualitätsprüfungen erteilen die Landesverbände der Pflegekassen den MDK Prüfaufträge, §§ 114, 114a SGB XI.

§ 277 Mitteilungspflichten

(1) [1]Der Medizinische Dienst hat dem an der vertragsärztlichen Versorgung teilnehmenden Arzt, sonstigen Leistungserbringern, über deren Leistungen er eine gutachtliche Stellungnahme abgegeben hat, und der Krankenkasse das Ergebnis der Begutachtung und der Krankenkasse die erforderlichen Angaben über den Befund mitzuteilen. [2]Er ist befugt, den an der vertragsärztlichen Versorgung teilnehmenden Ärzten und den sonstigen Leistungserbringern, über deren Leistungen er eine gutachtliche Stellungnahme abgegeben hat, die erforderlichen Angaben über den Befund mitzuteilen. [3]Der Versicherte kann der Mitteilung über den Befund an die Leistungserbringer widersprechen. [4]Nach Abschluss der Kontrollen nach § 275a hat der Medizinische Dienst die Kontrollergebnisse dem geprüften Krankenhaus und dem jeweiligen Auftraggeber mitzuteilen. [5]Soweit in der Richtlinie nach § 137 Absatz 3 Fälle festgelegt sind, in denen Dritte wegen erheblicher Verstöße gegen Qualitätsanforderungen unverzüglich einrichtungsbezogen über das Kontrollergebnis zu informieren sind, hat der Medizinische Dienst sein Kontrollergebnis unverzüglich an die in dieser Richtlinie abschließend benannten Dritten zu übermitteln. [6]Soweit erforderlich und in der Richtlinie des Gemeinsamen Bundesausschusses nach § 137 Absatz 3 vorgesehen, dürfen diese Mitteilungen auch personenbezogene Angaben enthalten; in der Mitteilung an den Auftraggeber und den Dritten sind personenbezogene Daten zu anonymisieren.
(2) [1]Die Krankenkasse hat, solange ein Anspruch auf Fortzahlung des Arbeitsentgelts besteht, dem Arbeitgeber und dem Versicherten das Ergebnis des Gutachtens des Medizinischen Dienstes über die Arbeitsunfähigkeit mitzuteilen, wenn das Gutachten mit der Bescheinigung des Kassenarztes im Ergebnis nicht übereinstimmt. [2]Die Mitteilung darf keine Angaben über die Krankheit des Versicherten enthalten.

---

27 BGBl. I, 1014.
28 BT-Dr. 12/5952, 52.

I. Entstehungsgeschichte 1	a) Mitteilungspflichten der MDK (Abs. 1) 5
II. Vorgängervorschriften 2	b) Mitteilungspflichten der Krankenkassen (Abs. 2) 15
III. Normauslegung 3	
1. Norminhalt 3	
2. Normauslegung 4	

I. Entstehungsgeschichte

§ 277 wurde mit Wirkung zum 1.1.1989 durch Art. 1 des GRG vom 20.12.1988 (BGBl. I, 2477) eingeführt und führt in der Sache den bis dahin geltenden § 369b Abs. 2 und 3 RVO fort[1] (BT-Dr. 11/2237, S. 232). Inhaltlich ist § 277 weiter zu verstehen, als § 369b RVO, da nicht mehr nur der Kassenarzt zu benachrichtigen war, sondern nunmehr auch die sonstigen Leistungserbringer.[2] Anschließend erfolgten folgende Änderungen: Abs. 1: IdF d. Art. 1 Nr. 150 Gesetz v. 21.12.1992 (BGBl. I, 2266) mWv 1.1.1993; Abs. 1 S. 1: IdF d. Art. 3 Nr. 8 lit. a Gesetz v. 13.6.1994 (BGBl. I, 1229) mWv 1.7.1994; Abs. 1 S. 2: Eingef. durch Art. 3 Nr. 8 lit. b Gesetz v. 13.6.1994 (BGBl. I, 1229) mWv 1.7.1994; Abs. 1 S. 3: Früher S. 2 gem. Art. 3 Nr. 8 lit. b Gesetz v. 13.6.1994 (BGBl. I, 1229) mWv 1.7.1994; Abs. 1 S. 4 bis 6: Eingef. durch Art. 6 Nr. 24 Gesetz v. 10.12.2015 (BGBl. I, 2229) mWv 1.1.2016.

II. Vorgängervorschriften

Vorgängervorschrift war § 369b Abs. 2 S. 2 und Abs. 3 RVO. Danach hatte der Vertrauensarzt dem Versicherten das Ergebnis der Begutachtung, dem Vertragsarzt und der Krankenkasse auch die erforderlichen Angaben über den Befund mitzuteilen. Die Leistungserbringer gehörten nicht zu den Adressaten.

III. Normauslegung

1. Norminhalt. § 277 beinhaltet Mitteilungspflichten der MDK sowie der Krankenkassen. Abs. 1 beinhaltet die verfahrensmäßige Verpflichtung der MDK, den Vertragsärzten, sonstigen Leistungserbringern über deren Leistung er eine gutachtliche Stellungnahme abgegeben hat und der Krankenkasse das Ergebnis der Begutachtung und die erforderlichen Angaben über den Befund mitzuteilen. Zudem räumt die Vorschrift die Befugnis ein, den an der vertragsärztlichen Versorgung teilnehmenden Ärzten und den sonstigen Leistungserbringern über deren Leistung er eine gutachtliche Stellungnahme abgegeben hat, die erforderlichen Angaben über den Befund mitzuteilen. Nach Abs. 2 hat die Krankenkasse bei Bestehen eines Anspruchs auf Fortzahlung des Arbeitsentgelts dem Arbeitgeber und dem Versicherten das Ergebnis des Gutachtens der MDK über die Arbeitsunfähigkeit mitzuteilen, wenn das Gutachten mit der Bescheinigung des Kassenarztes im Ergebnis nicht übereinstimmt; die Mitteilung darf keine Angaben über die Krankheit des Versicherten enthalten.

2. Normauslegung. Im Falle der Beauftragung zur Fertigung einer gutachterlichen Stellungnahme durch eine Krankenkasse ist der MDK verpflichtet, eine solche zu erstellen. § 277 begründet eine Pflicht der MDK zur Mitteilung. Die Vorschrift räumt den MDK zudem Mitteilungsbefugnisse ein.

a) Mitteilungspflichten der MDK (Abs. 1). Nach Abs. 1 S. 1 haben die MDK dem an der vertragsärztlichen Versorgung teilnehmenden Arzt, sonstigen Leistungserbringern, über deren Leistungen er eine gutachtliche Stellungnahme abgegeben hat, und der Krankenkasse das Ergebnis der Begutachtung und der Krankenkasse die erforderlichen Angaben über den Befund mitzuteilen.

Die Krankenkassen prüfen im Rahmen eines Verwaltungsverfahrens nach § 8 SGB X, unter welchen Voraussetzungen den Versicherten Leistungen zur Verfügung gestellt werden. Die Ermittlung des Sachverhalts erfolgt dabei nach den Regelungen des allgemeinen Verfahrensrechts. Dabei bedienen sich die Krankenkassen für medizinische Fragestellungen der MDK. Im Auftrag der Krankenkassen erstellen die MDK dann gutachtliche Stellungnahmen. Somit übernehmen die MDK Teile der Verwaltungsverfahren der Krankenkassen.[3] Die Verpflichtung der MDK zur Erstellung der gutachterlichen Stellungnahmen folgt aus § 275.

Für die Fertigung der gutachtlichen Stellungnahmen benötigen die MDK **Sozialdaten**, die ihnen von den jeweiligen Krankenkassen zur Verfügung gestellt werden. Gemäß Abs. 1 S. 1 sind die Krankenkas-

---

1 BT-Dr. 11/2237, 232.
2 Cramer, Der Medizinische Dienst der Krankenversicherung, S. 74.
3 Strack in: jurisPK, SGB V, § 277 Rn. 7.

sen verpflichtet, den MDK die für die Beratung und Begutachtung erforderlichen Unterlagen vorzulegen und Auskünfte zu erteilen. Auf der Grundlage dieser Sozialdaten sowie der Informationen, die sich ggf. aus körperlichen Untersuchungen der Versicherten ergeben haben, erstellen die MDK die gutachterlichen Stellungnahmen.

8 Abs. 1 S. 1 bestimmt nun, dass den an der vertragsärztlichen Versorgung teilnehmenden Ärzten, sonstigen Leistungserbringern und der Krankenkasse das **Ergebnis der Begutachtung mitzuteilen** ist, aber nur dann, wenn die MDK über deren Leistungen eine gutachterliche Stellungnahme abgegeben hat. Der Begriff des Leistungserbringers ist allgemein zu verstehen. Auch die an der vertragsärztlichen Versorgung teilnehmenden Ärzte sind Leistungserbringer; dies gilt konsequenterweise auch für MVZ.[4] Er ist nur deshalb besonders benannt, weil seine Inanspruchnahme insoweit einen Schwerpunkt in der Leistungserbringung bedeutet. Als sonstige Leistungserbringer sind grundsätzlich solche nach dem SGB V zu verstehen, die den Status des Leistungserbringers entweder durch Zulassung (zB Vertragsarzt- oder Heilmittelrecht) oder durch Abschluss eines Versorgungsvertrages (zB Krankenhäuser, Hilfsmittelbringer) begründet haben. Darüber hinaus richtet sich die Eigenschaft als Leistungserbringer ausschließlich nach dem jeweils einschlägigen Berufs- und Gewerberecht (zB Apotheken gemäß § 2 ApoG, Hebammen gemäß §§ 2 HebG).[5] Zudem sind den Krankenkassen die erforderlichen Angaben über den Befund mitzuteilen.

9 Im Anschluss an die Mitteilung sind die Krankenkassen in der Regel in der Lage, ihr medizinisches Wissensdefizit auszugleichen und über die Gewährung einer Leistung zu entscheiden. Entgegen einer verbreiteten Meinung treffen die MDK selber keine Leistungsentscheidungen, sie sind insoweit sachverständige Beratungsorgane.

10 Die MDK sind verpflichtet, lediglich das Ergebnis der Begutachtung an den Vertragsarzt bzw. den sonstigen Leistungserbringern weiterzuleiten. Unter „**Ergebnis der Begutachtung**" ist die Empfehlung an die Krankenkasse zu verstehen, die das Ergebnis der gutachterlichen Stellungnahmen darstellen. Hierbei handelt es sich in aller Regel um die Antwort der MDK auf die von der jeweiligen Krankenkasse gestellte sozialmedizinischen Fragestellung.[6] Bei den zusätzlich den Krankenkassen mitzuteilenden Angaben über den Befund geht es um allgemeine medizinische Angaben, die für die zu gewährende Leistung in einem Versicherungsfall von Bedeutung sein kann.[7]

11 Die MDK sind nach Abs. 1 S. 2 befugt, dh nicht verpflichtet, Vertragsärzten und sonstigen Leistungserbringern die erforderlichen Angaben über den Befund mitzuteilen. Die **Mitteilung des Befundes** ist jedoch nur dann geboten, *„wenn dies nach dem Ergebnis der Begutachtung gerechtfertigt erscheint"*, was beispielsweise dann nicht der Fall ist bei einem die Gewährung der Leistung stützenden *„positiven Ergebnis"*.[8]

12 Nach Abs. 1 S. 3 kann der **Versicherte** der Mitteilung ausschließlich über den Befund an die Leistungserbringer **widersprechen**. In der Praxis hat dieses Recht jedoch nur eine geringe Bedeutung. Dem Wortlaut der Vorschrift nach ist keine Informationspflicht der MDK an den Versicherten vorgesehen. Ebenfalls dem Wortlaut nach bezieht sich das Widerspruchsrecht des Versicherten nicht auf das Ergebnis der Begutachtung, so dass insoweit kein Widerspruchsrecht besteht. Da es in Abs. 1 S. 1 und 2 um die Mitteilungspflichten des MDK geht, ist der Widerspruch der Versicherten an die MDK zu richten. Um das Widerspruchsrecht nicht ins Leere laufen zu lassen, kann der Widerspruch zur Folge haben, dass der Versicherte die Übermittlung des Befundes verhindern kann. Zur genauen Bestimmung des Willens haben die MDK jedoch gegebenenfalls eigenständig Ermittlungen anzustellen.

13 Voraussetzung für einen Widerspruch ist jedoch, dass der Versicherte Kenntnis von der Begutachtung durch die MDK hat. Dies ist insbesondere bei einer körperlichen Untersuchung oder bei einer Auskunftserteilung der Fall. Das Widerspruchsrecht des Versicherten ist jedoch sinnentleert, wenn sich die Krankenkasse mit dem den Versicherten behandelnden Arzt in Verbindung setzt, der dann häufig die Anfrage bzw. den Befund mit dem Versicherten bespricht.[9]

14 § 277 Abs. 1 S. 4 ff. legt – wie in den S. 1 bis 3 zur Einzelfallbegutachtung – auch für die Aufgabe der Qualitätskontrollen nach § 275 a fest, wem der MDK die Kontrollergebnisse mitzuteilen hat. Dies sind das geprüfte Krankenhaus und die den MDK beauftragenden Stellen nach § 275 Abs. 3 und 4. Nähere

---

4 Vgl. Pawlita in: jurisPK SGB V, § 103 Rn. 194.
5 Vgl. Becker/Kingreen in: Becker/Kingreen, § 69 Rn. 10 bis 13.
6 Strack in: jurisPK, SGB V, § 277 Rn. 8.
7 Wollenschläger in: Wannagat, SGB V, § 277 Rn. 3.
8 BT-Dr. 12/6334, 7.
9 Vgl. Cramer in: Der medizinische Dienst der Krankenversicherung, S. 75.

Einzelheiten werden in der Richtlinie des G-BA nach § 137 Abs. 3 geregelt. Sofern der G-BA in seiner Richtlinie nach § 137 Abs. 3 Fälle festlegt, in denen es wegen erheblicher Verstöße gegen Qualitätsanforderungen wichtig ist, dass auch Dritte das Kontrollergebnis schnell erfahren, hat der MDK das Kontrollergebnis unverzüglich an diese in der Richtlinie abschließend benannten Dritten zu übermitteln. Aus datenschutzrechtlichen Gründen wird auch die gesetzliche Legitimation dafür geschaffen, dass die Mitteilung des Ergebnisses personenbezogene Angaben enthalten darf. Die personenbezogenen Daten sind dabei in der Mitteilung der Ergebnisse an den Auftraggeber und den Dritten zu anonymisieren, da eine unverschlüsselte Übermittlung personenbezogener Daten der Versicherten für eine Prüfung von möglichen Folgen aus dem Kontrollergebnis nicht erforderlich ist.[10]

b) **Mitteilungspflichten der Krankenkassen (Abs. 2).** Hinsichtlich des Vor- bzw. Nichtvorliegens von Arbeitsunfähigkeit (AU) regelt Abs. 2 die Pflicht der Krankenkasse („*hat ... mitzuteilen*") zur Information von Arbeitgeber und Versicherten über das Ergebnis des Gutachtens der MDK bezüglich der Arbeitsunfähigkeit. Die Mitteilungspflicht bezieht sich jedoch nicht auf ein andersartiges Ergebnis.[11]

Erste Voraussetzung ist, dass ein Anspruch auf Fortzahlung des Arbeitsentgelts besteht. Der Anspruch besteht nach § 3 Abs. 1 S. 1 EFZG regelmäßig nur im Zeitraum von sechs Wochen nach Beginn der Verhinderung an der Arbeitserbringung durch AU. Der Zeitraum kann bei Vorliegen entsprechender tarifvertraglicher Regelungen oder bei Vorliegen unterschiedlicher Erkrankungen jedoch einen erheblich längeren Zeitraum in Anspruch nehmen.[12]

Sowohl für den versicherten Arbeitnehmer als auch für den Arbeitgeber kann die Vorschrift eine nicht unerhebliche Bedeutung haben. Dies ergibt sich aus dem schuldrechtlichen Arbeitsverhältnis, dessen Pflichten erlöschen, wenn keine Arbeitsunfähigkeit (mehr) vorliegt. Beide haben daher im Regelfall ein großes Interesse an einer unverzüglichen (§ 121 BGB) Mitteilung des Ergebnisses der Gutachten der MDK.

Zweite Voraussetzung ist, dass das Gutachten der MDK mit der Bescheinigung des Kassenarztes nicht übereinstimmt. Neben medizinischen Gründen kann dies auch dann der Fall sein, wenn der Versicherte sich ohne wichtigen Grund nicht bei der Untersuchung durch den MDK einfindet.[13] Bejaht der MDK die Arbeitsfähigkeit des Versicherten, so hat dieser ohne weiteren Beweis der Arbeitsunfähigkeit keinen Anspruch auf Zahlung des Krankengeldes.[14]

Abs. 2 S. 2 legt ausdrücklich fest, dass die Mitteilung keine Angaben über die Krankheit des Versicherten enthalten darf. Dies dient dem Persönlichkeitsschutz des Versicherten. Bei nicht unverzüglicher Information des Arbeitgebers droht dem Vertragsarzt eine Schadensersatzpflicht, § 106 Abs. 3 a.

Zweiter Abschnitt
Organisation

§ 278 Arbeitsgemeinschaft

(1) ¹In jedem Land wird eine von den Krankenkassen der in Absatz 2 genannten Kassenarten gemeinsam getragene Arbeitsgemeinschaft „Medizinischer Dienst der Krankenversicherung" errichtet. ²Die Arbeitsgemeinschaft ist nach Maßgabe des Artikels 73 Abs. 4 Satz 3 und 4 des Gesundheits-Reformgesetzes eine rechtsfähige Körperschaft des öffentlichen Rechts.
(2) Mitglieder der Arbeitsgemeinschaft sind die Landesverbände der Orts-, Betriebs- und Innungskrankenkassen, die landwirtschaftliche Krankenkasse, die Ersatzkassen und die BAHN-BKK.
(3) ¹Bestehen in einem Land mehrere Landesverbände einer Kassenart, kann durch Beschluß der Mitglieder der Arbeitsgemeinschaft in einem Land ein weiterer Medizinischer Dienst errichtet werden. ²Für mehrere Länder kann durch Beschluß der Mitglieder der betroffenen Arbeitsgemeinschaften ein gemeinsamer Medizinischer Dienst errichtet werden. ³Die Beschlüsse bedürfen der Zustimmung der für die Sozialversicherung zuständigen obersten Verwaltungsbehörden der betroffenen Länder.

---

10 BR-Dr. 277/15, 118.
11 Cramer, Der medizinische Dienst der Krankenversicherung, S. 86.
12 Nebendahl in: Spickhoff, Medizinrecht, § 277 SGB V Rn. 6.
13 Vgl. § 276 Abs. 5; Sichert in: Becker/Kingreen, § 277 Rn. 6 mwN.
14 BSG, 8.11.2005, B 1 KR 18/04, juris Rn. 21 = SozR 4-2500 § 44 Nr. 7.

I. Entstehungsgeschichte............................	1	c) Mitglieder der Arbeitsgemeinschaft MDK (Abs. 2)...........................	9
II. Vorgängervorschriften..........................	2	d) Durchbrechung des Regionalprinzips der MDK (Abs. 3)..............	14
III. Normauslegung	3		
1. Norminhalt................................	3	e) Auflistung der MDK in der Bundesrepublik Deutschland...............	15
2. Normauslegung	4		
a) Errichtung der MDK (Abs. 1 S. 1)..	4		
b) Rechtsform der MDK (Abs. 1 S. 2)	6		

I. Entstehungsgeschichte

1 § 278 wurde im Rahmen des GRG vom 20.12.1988 (BGBl. I, 2477) zum 1.1.1989 eingeführt. Anschließend erfolgten folgende Änderungen: Abs. 2: IdF d. Art. 1 Nr. 187 Gesetz v. 26.3.2007 (BGBl. I, 378) mWv 1.7.2008; Art. 8 Nr. 14 Gesetz v. 12.4.2012 (BGBl. I, 579) mWv 1.1.2013; Art. 1 Nr. 81 Gesetz v. 16.7.2015 (BGBl. I, 1211) mWv 23.7.2015.

II. Vorgängervorschriften

2 § 278 hat wegen der Neuordnung der MDK keine Vorgängervorschrift.

III. Normauslegung

3 **1. Norminhalt.** § 278 leitet den zweiten Abschnitt des neunten Kapitels des SGB V ein, der organisationsrechtliche Regelungen der MDK beinhaltet. Nach § 278 werden von allen in Abs. 2 benannten Krankenkassenarten (Orts-, Betriebs- und Innungskrankenkassen, landwirtschaftliche Krankenkasse und Ersatzkassen) gemeinsam in jedem Land Arbeitsgemeinschaften mit der Bezeichnung „Medizinischer Dienst der Krankenversicherung" errichtet. Abs. 3 regelt die Durchbrechung des Gliederungsprinzips: Bestehen in einem Land mehrere Landesverbände einer Kassenart, kann ein weiterer MDK errichtet werden.

4 **2. Normauslegung. a) Errichtung der MDK (Abs. 1 S. 1).** Gemäß Abs. 1 S. 1 wird kraft Gesetzes in jedem Land eine von den Krankenkassen aller genannten Kassenarten gemeinsam getragene Arbeitsgemeinschaft „Medizinischer Dienst der Krankenversicherung" errichtet. Damit wird, wie für die Verbände der Krankenkassen (§ 207), grundsätzlich die Landesebene als regionale Abgrenzung der Zuständigkeit der Medizinischen Dienste gewählt.

5 Darüber hinaus werden die MDK kassenartübergreifend tätig. Damit wollte der Gesetzgeber sicherstellen, dass die medizinische Beratung nicht auf eine Krankenkassenart bezogen sein kann und nicht unterschiedlich bewertet werden darf.[1]

6 **b) Rechtsform der MDK (Abs. 1 S. 2).** Gemäß Abs. 1 S. 2 ist die Arbeitsgemeinschaft nach Maßgabe des Art. 73 Abs. 4 S. 3 und 4 des GRG eine rechtsfähige Körperschaft des öffentlichen Rechts. Zum Verständnis ist zunächst darauf zu verweisen, dass die MDK auf dem bisherigen VäD aufbauen. Die Weiterentwicklung des medizinischen Beratungsdienstes, wie sie bereits von den Spitzenverbänden der Krankenkassen im Vertragswege eingeleitet wurde, erforderte daher auch die Übernahme der überwiegend als Beamte beschäftigte Vertrauensärzte der Landesversicherungsanstalten. Eine Loslösung des bisherigen Beratungsdienstes aus den Landesversicherungsanstalten war aber nur dann möglich, wenn die dort beschäftigten Beamten und Beamtenanwärter von einem anderen Dienstherrn übernommen wurden. Dienstherrneigenschaft können aber nur Körperschaften des öffentlichen Rechts erhalten (§ 121 Nr. 2 BRRG). Die Arbeitsgemeinschaft wurde daher als Körperschaft des öffentlichen Rechts ausgestaltet, solange die Notwendigkeit für die Dienstherrnfähigkeit bestanden hat.[2] Um den Verwaltungs- und Personalaufwand der MDK so gering wie möglich zu halten, ist die Dienstherreigenschaft der MDK auf die von der Landesversicherungsanstalt zu übernehmenden Beamten beschränkt worden. Die MDK erhalten daher nicht das Recht, neue Beamtenverhältnisse zu begründen.[3] Sie haben vielmehr für die Durchführung der Fachaufgaben vorrangig Gutachter zu beauftragen, die nicht bei Ihnen beschäftigt sind.[4] Daraus folgt, dass sobald die Dienstherreneigenschaft und damit auch der Status der Körperschaft des öffentlichen Rechtes entfällt, keine Beamten mehr beschäftigt werden dürfen.[5]

---

[1] Cramer, Der medizinische Dienst der Krankenversicherung, S. 109.
[2] Vgl. Art. 73 Abs. 4 S. 3 GRG.
[3] Vgl. Art. 73 Abs. 4 S. 2 GRG.
[4] § 287 Abs. 5, BT-Dr. 11/2237, 232 f., 273.
[5] Vgl. Salomé, Auge in Auge mit dem MDK, KU special Medizincontrolling August 2013, 13.

Nach einer Aufhebung der bestehenden Rechtsform aufgrund ausgeschiedener Beamten, steht es den Mitgliedern der MDK (den Krankenkassen) zu, eine neue Rechtsform zu begründen. Die Arbeitsgemeinschaft MDK kann eine sachgerechte Rechtsform wählen.[6] Dabei ist zwischen den alten und den neuen Bundesländern zu differenzieren, die beide verpflichtet waren eine Arbeitsgemeinschaft MDK einzurichten. In den neuen Bundesländern gab es keine Landesversicherungsanstalten, die Beamte beschäftigten. Somit entfiel die Notwendigkeit der Errichtung von Körperschaften des öffentlichen Rechts mit Dienstherreneigenschaft. Angesichts der vielfältigen Anforderungen an die MDK und der Tatsache, dass diese klagen und verklagt werden können muss, wird eine BGB-Gesellschaft diesen Anforderungen nicht gerecht. Sachgerechter erscheint eine Errichtung eines eingetragenen Vereins, §§ 121 ff. BGB. In den fünf neuen Bundeländern wurden die MDK im Jahre 1992 jeweils als eingetragene Vereine errichtet.[7]

In den alten Bundesländern ist nach Wegfall der Beamtenverhältnisse eine neue Rechtsform frei wählbar. In diesem Zuge hat der MDK Berlin mit der Fusion der MDK Brandenburg seinen Körperschaftsstatus aufgegeben.[8]

c) Mitglieder der Arbeitsgemeinschaft MDK (Abs. 2). Da die MDK auf Landesebene errichtet werden, sind Mitglieder der Arbeitsgemeinschaft nach Abs. 2 die Landesverbände der Orts-, Betriebs- und Innungskrankenkassen, die landwirtschaftliche Krankenkasse und die Ersatzkassen und die BAHN-BKK (vgl. § 207).

Bei der zum 1.1.2013 in Kraft getretenen Änderung in Abs. 2, durch die die Wörter „landwirtschaftlichen Krankenkassen" durch die Wörter „landwirtschaftliche Krankenkasse" (Singular) ersetzt werden, handelt es sich um Folgeänderungen zur Schaffung eines Bundesträgers (§ 166). Träger der landwirtschaftlichen Krankenversicherung ist zukünftig die Sozialversicherung für Landwirtschaft, Forsten und Gartenbau. Zur Verdeutlichung der jeweiligen Funktion, in der die Sozialversicherung für Landwirtschaft, Forsten und Gartenbau tätig ist, und zur besseren Nachvollziehbarkeit für die VN führt die Sozialversicherung für Landwirtschaft, Forsten und Gartenbau in Angelegenheiten der Krankenversicherung die Bezeichnung „landwirtschaftliche Krankenkasse".[9]

Die zum 23.7.2015 in Kraft getretene Ergänzung der BAHN-BKK in § 278 Abs. 2 ist eine Folgeänderung zur Streichung der Sätze 1 und 2 des § 283. Um eine Vertretung der BAHN-BKK in den den MDK tragenden Gremien sicherzustellen, wird die BAHN-BKK Mitglied der Arbeitsgemeinschaften „Medizinischer Dienst der Krankenversicherung". Dies ist erforderlich, weil die BAHN-BKK nicht Mitglied eines Landesverbandes der Betriebskrankenkassen ist. Mit der Ergänzung wird auch gewährleistet, dass die Finanzierung der Leistungen des MDK für die BAHN-BKK nach den Regelungen für die übrigen Krankenkassen in § 281 Abs. 1 S. 1 bis 3 und 5 erfolgt. Denn diese Regelungen beziehen sich auf die Krankenkassen, die Mitglied in den Arbeitsgemeinschaften MDK in den Ländern sind.[10]

Da die landwirtschaftlichen Krankenkassen und die Ersatzkassen keine Landesverbände gebildet haben, sind die landwirtschaftliche Krankenkasse im jeweiligen Land Mitglieder sowie die Ersatzkassen.[11] Mit Wirkung zum 1.7.2008 sind die Ersatzkassen direkt Mitglieder der Arbeitsgemeinschaften geworden. Mit der Änderung ist den Neuregelungen zur Organisationsstruktur der Verbände der Krankenkassen und deren Auswirkungen auf die Organisationsstruktur der MDK Rechnung getragen worden.[12]

Von diesen Grundsätzen gibt es einige Ausnahmen, auf die nachfolgend beispielhaft hingewiesen werden soll: Wenn länderübergreifende Verbände vorhanden sind (§ 207 Abs. 5), hat dies zweierlei Rechtsfolgen: Zum einen nehmen diese Verbände unabhängig von ihrem Sitz die Aufgaben eines Landesverbandes wahr, zum anderen sind sie in mehreren Ländern Mitglied der jeweiligen MDK.[13] Eine weitere Ausnahme besteht dann, wenn in einem Land nur eine Krankenkasse der gleichen Art besteht; in dem Fall nimmt sie zugleich die Aufgaben eines Landesverbandes wahr. Sie hat insoweit die Rechtsstellung eines Landesverbands (§ 207 Abs. 4). Ist in einem Bundesland eine Krankenkassenart nicht

---

6 Cramer, Der medizinische Dienst der Krankenversicherung, S. 111.
7 Cramer, Der medizinische Dienst der Krankenversicherung, S. 112; Sichert in: Becker/Kingreen, § 278 Rn. 2.
8 Cramer, Der medizinische Dienst der Krankenversicherung, S. 112, Lücking in: Sodan, HdB KrVersR, § 40 Rn. 52.
9 Vgl. BR-Dr. 698/11 vom 4.11.2011, 35, 36, 86.
10 Vgl. BT-Dr. 18/4095, 132.
11 BT-Dr. 11/2237, 233.
12 BT-Dr. 16/3100, 172.
13 Sichert in: Becker/Kingreen, § 278 Rn. 3.

aktiv, so ist sie auch kein Mitglied des jeweiligen MDK.[14] Schließlich besteht keine Mitgliedschaft in der Arbeitsgemeinschaft für die Bundesknappschaft, die See-Krankenkasse und die besonderen Betriebskrankenkassen von Bahn und Post. Diese bilden nach § 283 eine eigene Organisation für die Aufgaben des MDK.

14 **d) Durchbrechung des Regionalprinzips der MDK (Abs. 3).** Um insbesondere regionalen Besonderheiten gerecht zu werden, erlaubt Abs. 3 eine Durchbrechung des verankerten Regionalprinzips des Abs. 1. Entsprechend den gewachsenen Strukturen der Landesverbände oder aufgrund der Größe der jeweiligen Landesverbände kann es zweckmäßig sein, entweder in einem Land einen weiteren MDK zu errichten (zB aufgrund des Bevölkerungsreichtums in Nordrhein-Westfalen: MDK Westfalen-Lippe und MDK Nordrhein) oder für mehrere Bundesländer einen gemeinsamen MDK zu errichten (zB aus Gründen der Zweckmäßigkeit und der Einsparung von Verwaltungskosten MDK Berlin-Brandenburg oder MDK Nord [Hamburg und Schleswig-Holstein]). Die Vorschrift überlässt es den in Abs. 2 genannten Mitgliedern, entsprechende Beschlüsse zu fassen, die der Zustimmung der betroffenen Länder bedürfen.[15] Voraussetzung für eine Durchbrechung des Regionalprinzips ist zunächst ein vorheriger Zustimmungsbeschluss der jeweiligen Mitglieder der Arbeitsgemeinschaft. Anschließend bedürfen die Beschlüsse der Zustimmung der für die Sozialversicherung zuständigen obersten Verwaltungsbehörden der betroffenen Länder.

15 **e) Auflistung der MDK in der Bundesrepublik Deutschland.** Nachfolgend werden die MDK in der Bunderepublik aufgeführt:[16]
- *MDK Baden-Württemberg*, Ahornweg 2, 77933 Lahr, Telefon: 07821/938-0, Geschäftsführer: Erik Scherb, Ltd. Arzt: PD Dr. Matthias Mohrmann, E-Mail: info@mdkbw.de;
- *MDK in Bayern*, Haidenauplatz 1, 81667 München, Telefon: 089/67008-0, Geschäftsführer: Reiner Kasperbauer, Ltd. Ärztin: Dr. Ottilie Randzio, E-Mail: Hauptverwaltung@mdk-in-bayern.de;
- *MDK Berlin-Brandenburg eV*, Lise-Meitner-Straße 1, 10589 Berlin, Telefon: 030/202023-1000, Geschäftsführer und Ltd. Ärzt: Dr. Axel Meeßen, E-Mail: info@mdk-bb.de;
- *MDK im Lande Bremen*, Falkenstraße 9, 28195 Bremen, Telefon: 0421/1628-0, Geschäftsführer: Wolfgang Hauschild, Ltd. Arzt: Dr. Brigitte Löser-Arnold, E-Mail: postmaster@mdk-bremen.de;
- *MDK Nord (Hamburg, Schleswig-Holstein)*, Hammerbrookstraße 5, 20097 Hamburg, Telefon: 040/25169-0, Geschäftsführer: Peter Zimmermann, Ltd. Arzt: Dr. Bernhard van Treeck, E-Mail: info@mdkhh.de;
- *MDK in Hessen*, Zimmersmühlenweg 23, 61440 Oberursel, Telefon: 06171/634-00, Geschäftsführer: Dr. Dr. Wolfgang Gnatzy, Ltd. Arzt: Dr. Jörg van Essen, E-Mail: info@mdk-hessen.de;
- *MDK Mecklenburg-Vorpommern eV*, Lessingstraße 31, 19059 Schwerin, Telefon: 0385/7440-100, Geschäftsführerin: Dr. Ina Bossow, Ltd. Ärztin: Dr. Ulrike Schwabe, E-Mail: info@mdk-mv.de-online.de;
- *MDK Niedersachsen*, Hildesheimer Straße 202, 30519 Hannover, Telefon: 0511/8785-0, Geschäftsführer: Carsten Cohrs, Ltd. Arzt: Prof. Dr. Wolfgang Seger, E-Mail: kontakt@mdkn.de;
- *MDK Nordrhein*, Berliner Allee 52, 40212 Düsseldorf, Telefon: 0211/1382-0, Geschäftsführer: Andreas Hustadt, Ltd. Arzt: Dr. Klaus-Peter Thiele, E-Mail: post@mdk-nordrhein.de;
- *MDK Rheinland-Pfalz*, Albiger Straße 19 d, 55232 Alzey, Telefon: 06731/486-0, Geschäftsführerin: Dr. Ursula Weibler-Villalobos, Ltd. Ärztin: Dr. Ursula Weibler-Villalobos, E-Mail: post@mdk-rlp.de;
- *MDK im Saarland*, Dudweiler Landstraße 5, 66123 Saarbrücken, Telefon: 0681/93667-0, Geschäftsführer: Jochen Messer, Ltd. Ärztin: Dr. Anja Hünninghausen, E-Mail: info@mdk-saarland.de;
- *MDK im Freistaat Sachsen eV*, Am Schießhaus 1, 01067 Dresden, Telefon: 0351/4985-30, Geschäftsführer: Dr. Ulf Sengebusch, Ltd. Ärztin: Dr. Sabine Antonioli, E-Mail: info@mdk-sachsen.de;
- *MDK Sachsen-Anhalt eV*, Allee-Center, Breiter Weg 19 c, 39104 Magdeburg, Telefon: 0391/5661-0, Geschäftsführer: Volker Rehboldt, Ltd. Arzt: Dr. Marion Rittierodt, E-Mail: info@mdk-sachsen-anhalt.de;

---

14 Hebeler in: Hänlein/Schuler, § 278 Rn. 2.
15 Vgl. BT-Dr. 11/2237, 233.
16 Abrufdatum der jeweiligen Homepage: 1.3.2017.

- *MDK Thüringen eV*, Richard-Wagner-Straße 2a, 99423 Weimar, Telefon: 03643/553-0, Geschäftsführer: Kai-Uwe Herber, Ltd. Ärztin: Dr. Martina Sambale, E-Mail: Kontakt@mdk-th.de;
- *MDK Westfalen-Lippe*, Roddestraße 12, 48153 Münster, Telefon 0251/5354-0, Geschäftsführer: Dr. Ulrich Heine, Ltd. Arzt: Dr. Martin Rieger, E-Mail: info@mdk-wl.de.

§ 279 Verwaltungsrat und Geschäftsführer; Beirat

(1) Organe des Medizinischen Dienstes sind der Verwaltungsrat und der Geschäftsführer.

(2) ¹Der Verwaltungsrat wird von den Verwaltungsräten oder der Vertreterversammlung der Mitglieder gewählt. ²§ 51 Abs. 1 Satz 1 Nr. 2 bis 4, Abs. 6 Nr. 2 bis 4, Nr. 5 Buchstabe b und c und Nr. 6 Buchstabe a des Vierten Buches gilt entsprechend. ³Beschäftigte des Medizinischen Dienstes sind nicht wählbar. ⁴Beschäftigte der Krankenkassen oder Beschäftigte von Verbänden oder Arbeitsgemeinschaften der Krankenkassen dürfen zusammen mit höchstens einem Viertel der Mitglieder im Verwaltungsrat vertreten sein.

(3) ¹Der Verwaltungsrat hat höchstens sechzehn Vertreter. ²Sind mehrere Landesverbände einer Kassenart Mitglieder des Medizinischen Dienstes, kann die Zahl der Vertreter im Verwaltungsrat angemessen erhöht werden. ³Die Mitglieder haben sich über die Zahl der Vertreter, die auf die einzelne Kassenart entfällt, zu einigen. ⁴Kommt eine Einigung nicht zustande, entscheidet die für die Sozialversicherung zuständige oberste Verwaltungsbehörde des Landes.

(4) ¹Der Geschäftsführer führt die Geschäfte des Medizinischen Dienstes nach den Richtlinien des Verwaltungsrats. ²Er stellt den Haushaltsplan auf und vertritt den Medizinischen Dienst gerichtlich und außergerichtlich. ³Die Höhe der jährlichen Vergütungen des Geschäftsführers und seines Stellvertreters einschließlich Nebenleistungen sowie die wesentlichen Versorgungsregelungen sind in einer Übersicht jährlich zum 1. März im Bundesanzeiger zu veröffentlichen. ⁴Abweichend davon erfolgt die erstmalige Veröffentlichung zum 1. September 2011. ⁵Die Art und die Höhe finanzieller Zuwendungen, die dem Geschäftsführer und seinem Stellvertreter im Zusammenhang mit ihrer Geschäftsführertätigkeit von Dritten gewährt werden, sind dem Vorsitzenden und dem stellvertretenden Vorsitzenden des Verwaltungsrates mitzuteilen.

(4a) ¹Bei den Medizinischen Diensten wird ein Beirat errichtet, der den Verwaltungsrat bei seinen Entscheidungen berät und durch Vorschläge und Stellungnahmen unterstützt. ²Er ist vor allen Entscheidungen des Verwaltungsrates zu hören. ³Der Beirat besteht aus bis zu acht Vertretern. ⁴Die Anzahl der Vertreter im Beirat soll der Hälfte der Anzahl der Mitglieder des Verwaltungsrates entsprechen. ⁵Die Vertreter im Beirat werden von der für die Sozialversicherung zuständigen obersten Verwaltungsbehörde des Landes bestimmt, und zwar zur einen Hälfte auf Vorschlag der für die Wahrnehmung der Interessen und der Selbsthilfe der pflegebedürftigen und behinderten Menschen sowie der pflegenden Angehörigen maßgeblichen Organisationen auf Landesebene und zur anderen Hälfte auf Vorschlag der maßgeblichen Verbände der Pflegeberufe auf Landesebene. ⁶Die für die Sozialversicherung zuständige oberste Verwaltungsbehörde des Landes bestimmt die Voraussetzungen der Anerkennung der maßgeblichen Organisationen und Verbände nach Satz 3, insbesondere zu den Erfordernissen an die Organisationsform und die Offenlegung der Finanzierung. ⁷Sie legt auch die Einzelheiten für das Verfahren der Übermittlung und der Bearbeitung der Vorschläge der Organisationen und Verbände nach Satz 3 fest. ⁸Die Kosten der Tätigkeit des Beirats trägt der Medizinische Dienst. ⁹Die Vertreter des Beirates nach Satz 1 erhalten Reisekosten nach dem Bundesreisekostengesetz oder nach den Vorschriften des Landes über Reisekostenvergütung, Ersatz des Verdienstausfalls in entsprechender Anwendung des § 41 Absatz 2 des Vierten Buches sowie einen Pauschbetrag für Zeitaufwand in Höhe eines Fünfzigstels der monatlichen Bezugsgröße (§ 18 des Vierten Buches) für jeden Kalendertag einer Sitzung. ¹⁰Das Nähere, insbesondere zum Verfahren der Beteiligung des Beirats und zu seiner Finanzierung, ist in der Satzung des Medizinischen Dienstes zu regeln.

(5) Die Fachaufgaben des Medizinischen Dienstes werden von Ärzten und Angehörigen anderer Heilberufe wahrgenommen; der Medizinische Dienst hat vorrangig Gutachter zu beauftragen.

(6) Folgende Vorschriften des Vierten Buches gelten entsprechend: §§ 34, 37, 38, 40 Abs. 1 Satz 1 und 2 und Abs. 2, §§ 41, 42 Abs. 1 bis 3, § 43 Abs. 2, §§ 58, 59 Abs. 1 bis 3, Abs. 5 und 6, §§ 60, 62 Abs. 1 Satz 1 erster Halbsatz, Abs. 2, Abs. 3 Satz 1 und 4 und Abs. 4 bis 6, § 63 Abs. 1 und 2, Abs. 3 Satz 2 und 3, Abs. 4 und 5, § 64 Abs. 1 und Abs. 2 Satz 2, Abs. 3 Satz 2 und 3 und § 66 Abs. 1 Satz 1 und Abs. 2.

I. Entstehungsgeschichte...............	1	c) Vertreter im Verwaltungsrat der MDK (Abs. 3)...............	10
II. Vorgängervorschriften...............	2	d) Aufgaben der Geschäftsführung der MDK (Abs. 4)...............	11
III. Normauslegung...............	3	e) Errichtung eines Beirats (Abs. 4 a)..	14
1. Norminhalt...............	3	f) Fachaufgaben der MDK (Abs. 5)...	16
2. Normauslegung...............	4	g) Entsprechende Anwendung von Vorschriften des SGB IV (Abs. 6)...	18
a) Organe der MDK (Abs. 1)..........	4		
b) Wahl des Verwaltungsrates der MDK (Abs. 2)...............	6		

I. Entstehungsgeschichte

1   § 279 wurde mit Wirkung zum 1.1.1989 durch das Gesundheitsreformgesetz (GRG) eingeführt (BGBl. I, 2477). Anschließend erfolgten folgende Änderungen: Überschrift: IdF d. Art. 1 Nr. 82 lit. a Gesetz v. 16.7.2015 (BGBl. I, 1211) mWv 1.1.2016; Abs. 2 S. 1: IdF d. Art. 1 Nr. 82 lit. b aa Gesetz v. 16.7.2015 (BGBl. I, 1211) mWv 1.1.2016; Abs. 2 S. 4: Eingef. durch Art. 1 Nr. 82 lit. b bb Gesetz v. 16.7.2015 (BGBl. I, 1211) mWv 1.1.2016; idF d. Art. 6 Nr. 24 a Gesetz v. 10.12.2015 (BGBl. I, 2229) mWv 2.1.2016; Abs. 4 S. 3 bis 5: Eingef. durch Art. 3 Nr. 4 f Gesetz v. 28.7.2011 (BGBl. I, 1622) mWv 4.8.2011; Abs. 4 a: Eingef. durch Art. 1 Nr. 82 lit. c Gesetz v. 16.7.2015 (BGBl. I, 1211) mWv 1.1.2016; Abs. 4 a S. 9 IdF d. Art. 1 Nr. 16 h Gesetz vom 4.4.2017 (BGBl. I, 778) mWv 11.4.2017; Abs. 4 a S. 10 (früherer S. 9) IdF d. Art. 1 Nr. 16 h Gesetz vom 4.4.2017 (BGBl. I, 778) mWv 11.4.2017.

II. Vorgängervorschriften

2   § 279 hat wegen der Neuordnung der MDK keine Vorgängervorschriften.

III. Normauslegung

3   **1. Norminhalt.** § 279 regelt die verwaltungsrechtliche Organisation der MDK. Als Organe fungieren Verwaltungsrat und Geschäftsführer. Nähere Regelungen über die Wahl und die Mitglieder des selbstverwaltenden Verwaltungsrates finden sich in den Abs. 2 und 3. Insbesondere sind die Geschäftsführungs- und Vertretungsbefugnisse der Geschäftsführer in den Richtlinien des Verwaltungsrates niedergelegt. Abs. 4 enthält darüber hinaus Regelungen über die Vergütung der Geschäftsführer. Nach Abs. 4 a wird dem Verwaltungsrat des MDK ein Beirat aus dem Kreis der Pflegebedürftigen und ihrer Angehörigen sowie der Pflegeberufe zur Seite gestellt. In Abs. 5 werden die Fachaufgaben zugeordnet. In Abs. 6 werden abschließend Vorschriften des SGB IV benannt, die entsprechend gelten.

4   **2. Normauslegung. a) Organe der MDK (Abs. 1).** Nach Abs. 1 sind die Organe der MDK zum einen der Verwaltungsrat und zum anderen der Geschäftsführer. Um den Verwaltungsaufwand der MDK so gering wie möglich zu halten, werden lediglich zwei Organe, der Verwaltungsrat als Selbstverwaltungsorgan und der Geschäftsführer als Verwaltungsorgan, gebildet. Während der Verwaltungsrat die „legislativen" Vorgaben für die Durchführung der Aufgaben zu beschließen hat, hat der Geschäftsführer die Aufgaben der „Exekutive", die Verwaltungsaufgaben, durchzuführen.[1]

5   In Abweichung zu der sonst dreigliedrig aufgebauten Organisationsstruktur im Krankenversicherungssystem,[2] finden sich hier lediglich zwei Organe. Ziel war eine Entbürokratisierung der Verwaltungsstrukturen im Krankenversicherungssystem.[3]

6   **b) Wahl des Verwaltungsrates der MDK (Abs. 2).** Abs. 2 S. 1 bestimmt, dass die Mitglieder des Verwaltungsrates von den Vertreterversammlungen der Mitglieder gewählt werden. Der Verwaltungsrat hat nach Abs. 3 S. 1 **höchstens 16 Vertreter**.

7   Um den Verwaltungsrat mit fachkundigen und mit den Aufgaben eines medizinischen Beratungsdienstes vertrauten Personen besetzen zu können, wird die **Wählbarkeit** nur durch die für anwendbar erklärten Vorschriften im SGB IV eingeschränkt. Vorausgesetzt werden nach Abs. 2 S. 2 somit Volljährigkeit (§ 51 Abs. 1 Nr. 2 SGB IV), das Wahlrecht zum Deutschen Bundestag oder eine Wohnung oder eine Beschäftigung in der Nähe des MDK zu haben (§ 51 Abs. 1 Nr. 3 SGB IV), eine Gebietsansässigkeit plus 100 km zu haben (§ 51 Abs. 1 Nr. 4 SGB IV), öffentliche Ämter bekleiden und Rechte aus

---

[1] BT-Dr. 11/2237, 233.
[2] Vertreterversammlung, Vorstand und Geschäftsführer, Cramer in: Der medizinische Dienst der Krankenversicherung, S. 114 Fn. 119.
[3] Cramer, Der medizinische Dienst der Krankenversicherung, S. 114.

öffentlichen Wahlen erlangen zu dürfen (§ 51 Abs. 6 Nr. 2 SGB IV), nicht in Vermögensverfall geraten zu sein (§ 51 Abs. 6 Nr. 3 SGB IV), nicht wegen grober Verletzung seiner Pflichten nach § 59 Abs. 3 SGB IV seines Amtes enthoben worden zu sein (§ 51 Abs. 6 Nr. 4 SGB IV), kein leitender Beamter oder Angestellter bei einer Behörde zu sein, die Aufsichtsrechte gegenüber den MDK hat (§ 51 Abs. 6 Nr. 5 b) und c) SGB IV) und nicht regelmäßig für die MDK oder eines mit ihnen abgeschlossenen Vertrages freiberuflich tätig zu sein (§ 51 Abs. 6 Nr. 6 SGB IV). Auch Beschäftigte des MDK können nach § 279 Abs. 2 S. 3 nicht gewählt werden. Im Übrigen ist die Vertreterversammlung frei. Sie kann zB Verwaltungsfachleute aus dem Bereich der Krankenkassen oder auch ärztliche Berater in den Verwaltungsrat entsenden.[4]

Beschäftigte der Krankenkassen können grds. in die Verwaltungsräte der MDK gewählt werden. Mit einem vollständigen Ausschluss der Wählbarkeit von hauptamtlichen Mitarbeitern der Krankenkassen in die Verwaltungsräte würde es insbes. für bundesweit tätige Krankenkassen schwierig, die erforderliche Anzahl von sachkundigen Personen aus der Selbstverwaltung für die Vertretung in allen MDK-Verwaltungsräten zu stellen. Die grundsätzliche Wählbarkeit von Beschäftigten der Krankenkassen wird allerdings insoweit eingeschränkt, als für ihren Anteil an der Gesamtzahl der Mitglieder im Verwaltungsrat eine Obergrenze eingeführt wird. Nach Abs. 2 S. 4 wird der Anteil der Beschäftigten von Krankenkassen in den Verwaltungsräten der MDK auf höchstens ein Viertel der Gesamtzahl der Mitglieder begrenzt. Die Höhe dieser Begrenzung ergibt sich aus dem Durchschnitt des derzeitigen Anteils hauptamtlicher Krankenkassenmitarbeiter aller MDK (rd. 25 Prozent). Sie soll bei der nächsten regulär anstehenden Wahl des Verwaltungsrates wirksam werden. Um den Beteiligten eine ausreichende Vorlaufzeit von sechs Monaten einzuräumen, ist ein Inkrafttreten dieser Regelung sechs Monate nach Inkrafttreten der Regelung am 1.1.2016 vorgesehen.[5] Mit dem GKV-Versorgungsstärkungsgesetz wurde eine Begrenzung der Wählbarkeit von Beschäftigten der Krankenkassen auf ein Viertel der Mitglieder des Verwaltungsrates der Medizinischen Dienste der Krankenversicherung (MDK) vorgenommen. Von dieser Begrenzung sollen nicht nur direkt bei den Krankenkassen Beschäftige, sondern auch Beschäftigte von Verbänden und Arbeitsgemeinschaften der Krankenkassen umfasst sein. Die Ergänzung dient der Klarstellung des gesetzgeberisch Gewollten.[6]

Insoweit ist auf das Schreiben des Bundesminister für Arbeit und Sozialordnung vom 23.3.1989 hinzuweisen, in dem es ua heißt: *„Die Wählbarkeit der Vertreter für den Verwaltungsrat wird nur durch die anwendbar erklärten allgemeinen Vorschriften des 4. Buches SGB eingeschränkt, dh es muss Volljährigkeit vorliegen, es darf keine Wohnung oder Beschäftigung in der Nähe des Medizinischen Dienstes bestehen, Besitz der Fähigkeit öffentliche Ämter zu bekleiden etc Auch Beschäftigte des Medizinischen Dienstes dürfen nach ausdrücklicher gesetzlicher Vorschrift nicht gewählt werden. Dies bedeutet, dass die Vertreterversammlung, im Rahmen dieser allgemeinen Einschränkungen, in der Wahl frei ist. Sie hat die Möglichkeit, die Personen zu wählen, die sie für geeignet hält, die Aufgaben des Verwaltungsrates des Medizinischen Dienstes fachkundig umzusetzen, wie zB Satzungen zu beschließen, Haushaltspläne festzustellen, die Betriebs- und Rechnungsführung zu prüfen, Richtlinien für die Aufgaben des medizinischen Dienstes aufzustellen etc Beispielhaft seien hier nur einige Wahlmöglichkeiten aufgezählt: Vertreter der Arbeitgeber, Vertreter der Versicherten, Mitarbeiter von Krankenkassen auf Bundes-, Länder- oder örtlicher Ebene, Geschäftsführer von Krankenkassen aller Ebenen, sonstige für verwaltungs- oder Sozialversicherungsfragen sachkundige Personen, die weder Versicherten- noch Arbeitgebervertreter sind, noch aus dem Bereich der Krankenkassen kommen."*[7]

c) **Vertreter im Verwaltungsrat der MDK (Abs. 3).** Nach Abs. 3 S. 1 hat der Verwaltungsrat höchstens 16 Vertreter. Der Zweck dieser Höchstgrenze besteht in der Sicherstellung einer effektiven Arbeit des Verwaltungsrats. Die Anzahl kann nach Abs. 3 S. 2 angemessen erhöht werden, wenn mehrere Landesverbände einer Kassenart vorhanden sind. Die meisten MDK haben 12 bis 14 Verwaltungsratsmitglieder.[8] Die Begrenzung der Zahl der Vertreter im Verwaltungsrat gibt den Mitgliedern den erforderlichen Spielraum, den regionalen Besonderheiten sowie der unterschiedlichen Größe und Struktur der

---

4 BT-Dr. 11/2237, 233.
5 Vgl. BT-Dr. 18/5123, 138.
6 Vgl. BT-Dr. 18/6586, 75.
7 Auszug aus dem Schreiben des Bundesminister für Arbeit und Soziales vom 23.3.1989 – V3-43421-2 – an die Spitzenverbände der Krankenkassen, die Minister und Senatoren für Arbeit und Soziales der Länder sowie an das Bundesversicherungsamt zum Thema der Bildung und Zusammensetzung des Verwaltungsrats des MDK.
8 Cramer, Der medizinische Dienst der Krankenversicherung, S. 114.

einzelnen Kassenarten durch eine entsprechende Zahl von Vertretern Rechnung zu tragen.[9] Grundsätzlich müssen die Mitglieder im Verwaltungsrat die Sitze pro Kassenart selbst bestimmt und aufgeteilt werden. Dabei muss Einigkeit vorliegen. Ist dies nicht der Fall, entscheidet die für die Sozialversicherung zuständige oberste Verwaltungsbehörde des Landes, zumeist die Aufsichtsbehörde. Sie darf aber nicht selbst die Vertreter bestimmen, sondern nur die vertretene Mitgliederanzahl.

11 d) **Aufgaben der Geschäftsführung der MDK (Abs. 4).** Gemäß Abs. 4 S. 1 führt der Geschäftsführer als ausführendes Organ die Geschäfte der MDK nach Maßgabe der Richtlinien des Verwaltungsrates. Die Aufgaben des Geschäftsführers ergeben sich aus Abs. 4 S. 2. Zunächst vertritt er den MDK gerichtlich (zB zivil-, arbeits- oder sozialgerichtliche Klagen) und außergerichtlich (zB als Arbeitgeber gegenüber den Angestellten). Somit nimmt der Geschäftsführer sämtliche laufenden Verwaltungsgeschäfte vor. Zudem stellt er den Haushaltsplan auf, wobei er die Grundsätze der Wirtschaftlichkeit und Sparsamkeit (§ 69 SGB IV) zu beachten hat. In welchem Umfang im Einzelnen Aufgaben auf den Geschäftsführer übertragen werden, hat der Verwaltungsrat zu entscheiden. Insbesondere muss der Geschäftsführer die ihm übertragenen Aufgaben unter Wahrung der bestehenden Richtlinien des Verwaltungsrates vornehmen. Die Richtlinien werden als innerdienstliche Verwaltungsvorschriften konkretisiert und geben Vorgaben über Ausrichtung und Tätigkeit der laufenden Geschäfte.[10]

12 Mit Inkrafttreten des Gesetzes zur Änderung des Infektionsschutzgesetzes und weiterer Gesetze am 4.8.2011[11] ist Abs. 4 um die Sätze 3 bis 5 ergänzt worden. Sie stellen konkrete Bestimmungen über die Vergütung und deren Veröffentlichungen der Geschäftsführer der MDK und ihrer Vertretung auf. Danach muss die jährliche Vergütung des Geschäftsführers und seines Vertreters einschließlich Nebenleistungen sowie den wesentlichen Vorsorgeregelungen in einer Übersicht jährlich zum 1. März veröffentlicht werden. Die Veröffentlichung erfolgt im Bundesanzeiger. Die erste Veröffentlichung erfolgt in Abweichung zunächst am 1. September 2011. Darüber hinaus sind die Zuwendungen Dritter, die der Geschäftsführer oder sein Vertreter erhält, dem Vorsitzenden und stellvertretenden Vorsitzenden des Verwaltungsrates mitzuteilen. Aus der Gesetzesbegründung lässt sich entnehmen, dass diese Neuregelung der Transparenz der Vergütungsentgelte dient. Die Vergütung des Geschäftsführers und seines Vertreters des MDK werden letztlich auch aus Sozialversicherungsbeiträgen finanziert. Durch die Neuregelung wird sichergestellt, dass die gleichen Veröffentlichungsmaßstäbe der Vergütung wie für die Vorstände der Krankenkassen und ihrer Verbände gelten.[12]

13 Zu berücksichtigen ist dabei, dass nur die Geschäftsführer der MDK zur Veröffentlichung verpflichtet werden. Der MDS wird nicht erfasst.[13] Insoweit ist von einer Lücke auszugehen, die der Gesetzgeber im Rahmen der Gleichbehandlung schließen sollte.

14 e) **Errichtung eines Beirats (Abs. 4 a).** Mit Abs. 4 a wird dem Verwaltungsrat des MDK ein Beirat aus dem Kreis der Pflegebedürftigen und ihrer Angehörigen sowie der Pflegeberufe zur Seite gestellt. Der Beirat ist vor allen Entscheidungen des Verwaltungsrates zu hören und seine Vorschläge und Stellungnahmen sind bei den Entscheidungen zu berücksichtigen. Die Zahl der Vertreter soll der Hälfte der Zahl der Mitglieder des Verwaltungsrates des jeweiligen MDK entsprechen und darf acht Vertreter nicht überschreiten. Die für die Bestimmung der Vertreter des Beirates vorgesehenen Regelungen in den Sätzen 3 bis 5 entsprechen den bisher im Entwurf enthaltenen Regelungen. Mit der Einrichtung des neuen Beirates können die Anliegen der Pflegebedürftigen und ihrer Angehörigen sowie der Pflegeberufe zielführend in die Entscheidungen des Verwaltungsrates Eingang finden. Die Tätigkeit des Beirates wird vom MDK finanziert. Das Nähere zur Finanzierung des Beirates und zur Ausgestaltung seiner Beteiligung an der Beschlussfassung, wie zB die Häufigkeit der Sitzungen des Beirates, ist in der Satzung des MDK zu regeln. In der Satzung ist insbesondere festzulegen, dass dem Beirat Gelegenheit zur Stellungnahme zu allen Beschlussvorlagen des Verwaltungsrates eingeräumt wird und dass die Stellungnahmen des Beirates vom Verwaltungsrat in seine Beschlussfassung einbezogen werden. Die Errichtung des Beirates ist nicht an die Amtsperiode des Verwaltungsrates geknüpft. Sie hat daher unabhängig von den jeweiligen Amtsdauern der Verwaltungsräte nach Inkrafttreten der Regelung zu er-

---

9 BT-Dr. 11/2237, 233.
10 Sichert in: Becker/Kingreen, § 279 Rn. 4.
11 Gesetz zur Änderung des Infektionsschutzgesetzes und weiterer Gesetze (IfSGuaÄndG) vom 28.7.2011, BGBl. I, 1622.
12 BT-Dr. 17/5708, 14.
13 BT-Dr. 17/5708, 19.

folgen. Um den Beteiligten ausreichend Vorlauf einzuräumen, tritt die Regelung sechs Monate nach Inkrafttreten dieses Gesetzes in Kraft.[14]

§ 279 Abs. 4 a S. 8 regelt, dass der MDK die Kosten der Tätigkeit des bei dem MDK zu errichtenden Beirats zu tragen hat. Der Umfang und die Grenzen der Kostentragungspflicht sind nicht eindeutig geregelt. Es bestehen Unklarheiten in der Rechtsanwendung durch die MDK in den einzelnen Ländern. Mit der Übernahme der Regelungen des § 140 f Abs. 5 zur Kostentragung für sachkundige Personen im Rahmen der Beteiligung von Interessenvertretungen der Patienten wird eine einheitliche Vorgabe für die Rechtsanwendung bezüglich der bei den MDK errichteten Beiräte geschaffen und eine Gleichstellung mit den Regelungen für die Beteiligung von Interessenvertretungen der Patienten vorgenommen. Um die Gefahr einer unterschiedlichen Rechtsauslegung in den Satzungen der MDK in den einzelnen Ländern zum Nachteil der Beteiligungsrechte der Vertreter der Pflegebedürftigen und ihrer pflegenden Angehörigen sowie der Pflegeberufe in den Beiräten der MDK zu vermeiden, ist die Regelung in S. 9 mit Wirkung zum 11.4.2017 in das Gesetz eingefügt worden.[15] Der Anspruch der Vertreter der Beiräte richtet sich gegen den MDK, bei dem der Beirat nach S. 1 errichtet ist.[16]

f) **Fachaufgaben der MDK (Abs. 5).** Abs. 5 dient der Abgrenzung zwischen den Organ- und Fachaufgaben des MDK. Letztere werden von Ärzten aller Fachbereiche, Zahnärzten, Apotheker und Angehörige anderer Gesundheitsberufe wie Orthopädiehandwerker und Augenoptiker erbracht, um auf diese Weise insbesondere eine möglichst qualifizierte Begutachtung zu ermöglichen. Um die Nähe zur Praxis zu gewährleisten, haben die MDK vorrangig auf Gutachter und Sachverständige zurückzugreifen, die nicht bei ihnen beschäftigt sind. Dies werden insbesondere erfahrene Krankenhausärzte mit Fachgebietsanerkennung, Ärzte mit mehrjähriger Erfahrung in selbstständiger kassenärztliche Tätigkeit oder Fachkräfte anderer Heilberufe mit besonderer fachlicher Qualifikation sein. Dies ermöglicht, die in der Praxis gewonnenen Erfahrungen und Erkenntnisse für die MDK nutzbar zu machen.[17]

Die hohen Anforderungen an externe Gutachter sind auch unter Haftungsgesichtspunkten von nicht unerheblicher Bedeutung. Der MDK haftet unter gegenüber den Krankenkassen und den Versicherten für Schäden, die aus der Begutachtung hervorgehen (§ 839 BGB iVm Art. 34 GG). Der externe Gutachter kann dabei jedoch nur im Innenverhältnis in Regress genommen werden.[18]

g) **Entsprechende Anwendung von Vorschriften des SGB IV (Abs. 6).** Abs. 6 verweist auf Vorschriften des SGB IV und erklärt diese für entsprechend anwendbar. Damit wird die enge Verbindung zwischen den Krankenkassen in ihrer Eigenschaft als Sozialversicherungsträger und dem MDK deutlich, auch wenn diese Verbindung nicht so weit geht, dass die MDK als Körperschaft des öffentlichen Rechts mit jeweils eigenem Pflichtenkreis Organ oder Vertreter oder Erfüllungsgehilfe der Krankenkassen sind, so dass die Krankenkasse für Fehler der MDK auch nicht haften.[19] § 34 SGB IV trifft Regelung über Satzungen. In § 37 SGB IV werden Regelungen bei Verhinderung von Organen getroffen. Falls Beschlüsse gegen geltendes Recht verstoßen, trifft § 38 SGB IV die Rechtsfolge, wonach dieser schriftlich zu beanstanden ist. Die Beanstandung hat insoweit aufschiebende Wirkung. § 40 SGB IV, dessen Abs. 1 S. 1 und 2, sowie Abs. 2 entsprechende Anwendung finden, regelt die ehrenamtliche Tätigkeit der Mitglieder des Verwaltungsrates. Die §§ 41, 42 Abs. 1 bis 3 SGB IV geben entsprechend Auskunft über die Entschädigung und die Haftung der ehrenamtlichen Mitglieder. Nach § 43 Abs. 2 SGB IV wird ein Mitglied, das verhindert ist, durch einen Stellvertreter vertreten. Die Amtsdauer der Mitglieder des Verwaltungsrates beträgt gemäß § 58 SGB IV sechs Jahre. In § 59 Abs. 1 bis 3, Abs. 5 und 6 SGB IV werden Regelungen über die vorzeitige Beendigung der Verwaltungsratsmitglieder getroffen (zB Tod). Daran anknüpfend regelt § 60 SGB IV Nachfolgeregelungen bei Ausscheiden eines Verwaltungsratsmitgliedes. In § 62 Abs. 1 S. 1 Hs. 1 SGB IV wird bestimmt, dass der Vorsitzende des Verwaltungsrats aus der Mitte des Verwaltungsrats gewählt wird. In § 62 Abs. 2 und 3 S. 1 und 4 SGB IV, sowie in § 62 Abs. 4 bis 6 SGB IV werden Regelungen über den Wahlvorgang, die Amtsdauer und das Ausscheiden eines Vorstandes getroffen. § 63 Abs. 1 SGB IV verlangt, dass sich der Verwaltungsrat eine Geschäftsordnung gibt. § 63 Abs. 2 und 3 S. 2 und 3, sowie die Abs. 4 und 5 SGB IV geben Auskunft über die Sitzungen des Verwaltungsrates, sowie dessen Voraussetzungen zur Einberufung. Zudem wer-

---

14 Vgl. BT-Dr. 18/5123, S. 138, 139.
15 Vgl. BGBl. I, 778.
16 Vgl. BT-Dr. 18/11205, S. 33, 76.
17 BT-Dr. 11/2237, 233 f.
18 Hebeler in: Hänlein/Schuler, § 279 Rn. 7.
19 BSG, 28.9.2006, B 3 KR 23/05 R, juris Rn. 17 = GesR 2007, 83 ff.

den Regelungen über die Anwesenheit von Verwaltungsratsmitgliedern getroffen. In § 64 Abs. 1 und 2 S. 2 sowie in den Abs. 3 S. 2 und 3 SGB IV werden Bestimmungen über die Beschlussfähigkeit des Verwaltungsrates getroffen. Demnach ist er beschlussfähig, wenn sämtliche Mitglieder ordnungsgemäß geladen sind und die Mehrheit der Mitglieder anwesend und stimmberechtigt ist. Beschlüsse werden nach Mehrheit der abgegebenen Stimmen gefasst. In Eilsituationen kann der Vorstand schriftlich ohne Sitzung abstimmen. Schließlich erlaubt § 66 Abs. 1 S. 1 und Abs. 2 SGB IV die Übertragung einzelner Aufgaben an sog Erledigungsausschüsse. Danach kann der Verwaltungsrat Aufgaben, mit Ausnahme von Rechtssetzungsaufgaben, diesen Erledigungsausschüssen übertragen.

§ 280 Aufgaben des Verwaltungsrats

(1) ¹Der Verwaltungsrat hat
1. die Satzung zu beschließen,
2. den Haushaltsplan festzustellen,
3. die jährliche Betriebs- und Rechnungsführung zu prüfen,
4. Richtlinien für die Erfüllung der Aufgaben des Medizinischen Dienstes unter Berücksichtigung der Richtlinien und Empfehlungen des Spitzenverbandes Bund der Krankenkassen nach § 282 Abs. 2 aufzustellen,
5. Nebenstellen zu errichten und aufzulösen,
6. den Geschäftsführer und seinen Stellvertreter zu wählen und zu entlasten.

²§ 210 Abs. 1 gilt entsprechend. ³§ 35 a Absatz 6 a des Vierten Buches gilt entsprechend.
(2) ¹Beschlüsse des Verwaltungsrats werden mit einfacher Mehrheit der Mitglieder gefaßt. ²Beschlüsse über Haushaltsangelegenheiten und über die Aufstellung und Änderung der Satzung bedürfen einer Mehrheit von zwei Dritteln der Mitglieder.

I. Entstehungsgeschichte	1	a) Aufgaben des Verwaltungsrates der MDK (Abs. 1)	4
II. Vorgängervorschriften	2	b) Beschlüsse des Verwaltungsrates der MDK (Abs. 2)	14
III. Normauslegung	3		
1. Norminhalt	3		
2. Normauslegung	4		

I. Entstehungsgeschichte

1 § 280 wurde mit Wirkung zum 1.1.1989 durch das Gesundheitsreformgesetz (GRG) eingeführt (BGBl. I, 2477). Anschließend erfolgten folgende Änderungen: Abs. 1 S. 1 Nr. 4: IdF d. Art. 1 Nr. 188 Gesetz v. 26.3.2007 (BGBl. I, 378) mWv 1.7.2008; Abs. 1 S. 3: IdF d. Art. 3 Nr. 9 Gesetz v. 7.8.2013 (BGBl. I, 3108) mWv 13.8.2013.

II. Vorgängervorschriften

2 § 280 hat wegen der Neuordnung der MDK keine Vorgängervorschriften.

III. Normauslegung

3 **1. Norminhalt.** § 280 regelt die Aufgaben und Beschlussfassungen der MDK. In Abs. 1 findet sich ein abschließender Katalog der Aufgaben des Verwaltungsrates. Für alle übrigen Aufgaben ergibt sich eine vermutete Zuständigkeit der Geschäftsführer der MDK. In Abs. 2 werden Bestimmungen über die Mehrheitsverhältnisse bei Beschlussfassungen des Verwaltungsrates getroffen.

4 **2. Normauslegung. a) Aufgaben des Verwaltungsrates der MDK (Abs. 1).** Nach Abs. 1 S. 1 Nr. 1 ist es die Kernleistung des Verwaltungsrates, eine Satzung zu beschließen. Der Verwaltungsrat setzt demnach das autonome Recht als Selbstverwaltungsorgan.

5 Nach Abs. 1 S. 2 gilt § 210 Abs. 1 entsprechend nicht für den gesamten § 210 Abs. 1, sondern lediglich für seine Sätze 2 bis 4, da § 280 Abs. 1 Nr. 1 im Verhältnis zu § 210 Abs. 1 S. 1 eine spezielle Regelung beinhaltet. Nach § 210 Abs. 1 S. 3 muss die Satzung Bestimmungen enthalten über 1. Namen, Bezirk und Sitz des Verbandes, 2. Zahl und Wahl der Mitglieder des Verwaltungsrats und ihrer Vertreter, 3. Entschädigungen für Organmitglieder, 4. Öffentlichkeit des Verwaltungsrats, 5. Rechte und Pflichten der Mitgliedskassen, 6. Aufbringung und Verwaltung der Mittel, 7. jährliche Prüfung der Betriebs- und Rechnungsführung sowie 8. Art der Bekanntmachungen. Durch den direkten Verweis auf die Vor-

schrift über den Inhalt der Satzung der Landesverbände der Krankenkassen wird die Nähe der Selbstverwaltung des Sozialversicherungsträgers Krankenkasse mit dem Verwaltungsrat des MDK deutlich.[1] Nach § 210 Abs. 1 S. 4 gilt § 34 Abs. 2 SGB IV entsprechend, was bedeutet, dass die Satzungen öffentlich bekannt zu machen sind. Sie treten, wenn kein anderer Zeitpunkt bestimmt ist, am Tag nach ihrer Bekanntmachung in Kraft. Die Art der Bekanntmachung wird durch die Satzung geregelt.

Nach Abs. 1 S. 1 Nr. 2 hat der Verwaltungsrat den Haushaltsplan festzustellen, der gemäß § 279 Abs. 4 S. 2 Alt. 1 zuvor durch die Geschäftsführer aufgestellt wird. Die Feststellung des Haushaltsplans beinhaltet eine Ermächtigung, die bewirkt, dass die Umsetzung, insbesondere die mit dem Haushaltsplan festgesetzten Ausgaben, durchgeführt werden dürfen.

Nach Abs. 1 S. 1 Nr. 3 hat der Verwaltungsrat jährlich die Betriebs- und Rechnungsführung zu prüfen. Dabei handelt es sich um eine nachträgliche Überprüfung des Haushaltsplanes.[2]

Nach Abs. 1 S. 1 Nr. 4 hat der Verwaltungsrat Richtlinien für die Erfüllung der Aufgaben des MDK aufzustellen, um eine wirksame Umsetzung der Aufgaben der MDK zu gewährleisten.[3] Der Verwaltungsrat hat dabei die in § 275 beschriebenen Aufgaben der MDK unter Berücksichtigung der Empfehlungen des Spitzenverbandes Bund der Krankenkassen nach § 282 zu berücksichtigen. Dabei handelt es sich zum einen um allgemeine Fragen der Geschäftsführung und zum anderen aber auch um Fach- und Personalfragen.[4] Die Richtlinien sollen mithin eine verbindliche Arbeitsgrundlage schaffen, auf die sich alle Beteiligten berufen können. Des Weiteren soll ein solides Fundament für die Zusammenarbeit aufgestellt werden.[5]

Der Verwaltungsrat hat gemäß Abs. 1 S. 1 Nr. 5 Nebenstellen zu errichten und auch aufzulösen. Dies dient dazu, den regionalen Besonderheiten gerecht zu werden. Dabei sind Bevölkerungsdichte und -struktur, sowie die Infrastruktur (zB Arzt- und Krankenhausdichte) zu berücksichtigen.[6]

Nach Abs. 1 Nr. 6 obliegt es dem Verwaltungsrat den Geschäftsführer und seinen Stellvertreter zu wählen und auch wieder abzuberufen.[7] Hierfür liegen keine gesetzlichen Bestimmungen und Voraussetzungen vor. Im Hinblick auf die Aufstellung des jährlichen Rechnungsabschlusses[8] hat der Verwaltungsrat den Geschäftsführer zu entlasten.

Durch Art. 3 Nr. 19 des 3. Gesetzes zur Änderung arzneimittelrechtlicher und anderer Vorschriften vom 7.8.2013 wurde Abs. 1 mit Wirkung zum 13.8.2013 um einen weiteren S. 3 ergänzt.[9] Danach gilt gemäß Abs. 1 S. 3 für den Verwaltungsrat § 35a Abs. 6a SGB IV entsprechend. Nach § 35a Abs. 6a SGB IV, der unmittelbar für die Vorstände der Orts-, Betriebs- und Innungskrankenkassen sowie Ersatzkassen gilt, bedürfen der Abschluss, die Verlängerung oder die Änderung eines Vorstandsdienstvertrags zu ihrer Wirksamkeit der vorherigen Zustimmung der Aufsichtsbehörde. Die Vergütung der Mitglieder des Vorstandes haben in angemessenem Verhältnis zum Aufgabenbereich, zur Größe und zur Bedeutung der Körperschaft zu stehen. Dabei ist insbesondere die Zahl der Mitglieder der Körperschaft zu berücksichtigen.

Da auch die Vergütungen des durch den Verwaltungsrat bestimmten Geschäftsführers und seines Stellvertreters der MDK letztlich aus Sozialversicherungsbeiträgen finanziert werden, sollen für sie die gleichen aufsichtsrechtlichen Vorgaben gelten wie für die Krankenkassenvorstände. Im Übrigen bleibt es weiterhin Aufgabe des Verwaltungsrates als Selbstverwaltungsorgan, das Nähere über die Vergütung der Geschäftsführer zu beschließen.[10]

Die für die Krankenkassen geltenden Regelungen über den Zustimmungsvorbehalt für Vorstandsdienstverträge werden auf die MDK übertragen. Da auch die Vergütungen der Geschäftsführer der

---

1 Cramer, Der medizinische Dienst der Krankenversicherung, S. 119.
2 Strack, in: JurisPK-SGB V, § 280 Rn. 9.
3 BT-Dr. 11/2237, 234.
4 Cramer, Der medizinische Dienst der Krankenversicherung, S. 121.
5 Vorwort der Richtlinien über die Zusammenarbeit der Krankenkassen mit dem MDK, abrufbar unter http://www.volkssolidaritaet.de/fileadmin/content/kap_media/Grundlagen/MDS-Richtlinie-Beauftragung-Gutachter.pdf (zuletzt abgerufen am 1.3.2017).
6 Cramer, Der medizinische Dienst der Krankenversicherung, S. 121.
7 Strack in: jurisPK-SGB V, § 280 Rn. 12.
8 § 281 Abs. 2 SGB V iVm § 77 Abs. 1 SGB IV.
9 Gesetz v. 7.8.2013 (BGBl. I, 3108).
10 Strack in: jurisPK-SGB V, § 280 Rn. 13; vgl. BR-Dr. 492/1/13 vom 21.6.2013 zur Kritik am Verfahren des Zustimmungsvorbehaltes der jeweiligen Aufsichtsbehörde.

MDK letztlich aus Sozialversicherungsbeiträgen finanziert werden, sollen für sie die gleichen Vorgaben gelten wie für die Krankenkassenvorstände.[11]

14 b) **Beschlüsse des Verwaltungsrates der MDK (Abs. 2).** Nach Abs. 2 S. 1 werden Beschlüsse des Verwaltungsrats mit einfacher Mehrheit seiner Mitglieder gefasst. Bei Stimmengleichheit kommt es nach § 279 Abs. 6 SGB V iVm § 64 Abs. 2 S. 2 SGB IV zu einer Wiederholung des Beschlussfassungsvorganges nach erneuter Beratung.

15 Nach Abs. 2 S. 2 bedürfen Beschlüsse über Haushaltsangelegenheiten und über die Aufstellung und Änderung der Satzung einer Mehrheit von zwei Dritteln der Mitglieder des Verwaltungsrats. Hintergrund ist, dass es bei Haushalts- und Satzungsangelegenheiten um Fragen geht, die von einer breiten Zustimmung der Krankenkassen getragen sein müssen. Für diese Beschlüsse wird eine Zweidrittelmehrheit vorgeschrieben.[12]

§ 281 Finanzierung und Aufsicht

(1) ¹Die zur Finanzierung der Aufgaben des Medizinischen Dienstes nach § 275 Absatz 1 bis 3 a, den §§ 275 a und 275 b erforderlichen Mittel mit Ausnahme der erforderlichen Mittel für die Kontrollen nach § 275 a Absatz 4 werden von den Krankenkassen nach § 278 Abs. 1 Satz 1 durch eine Umlage aufgebracht. ²Die Mittel sind im Verhältnis der Zahl der Mitglieder der einzelnen Krankenkassen mit Wohnort im Einzugsbereich des Medizinischen Dienstes aufzuteilen. ³Die Zahl der nach Satz 2 maßgeblichen Mitglieder der Krankenkasse ist nach dem Vordruck KM 6 der Statistik über die Versicherten in der gesetzlichen Krankenversicherung jeweils zum 1. Juli eines Jahres zu bestimmen. ⁴Werden dem Medizinischen Dienst Aufgaben übertragen, die für die Prüfung von Ansprüchen gegenüber Leistungsträgern bestimmt sind, die nicht Mitglied der Arbeitsgemeinschaft nach § 278 sind, sind ihm die hierdurch entstehenden Kosten von den anderen Leistungsträgern zu erstatten. ⁵Die Pflegekassen tragen abweichend von Satz 3 die Hälfte der Umlage nach Satz 1.

(1 a) ¹Die Leistungen der Medizinischen Dienste oder anderer Gutachterdienste im Rahmen der ihnen nach § 275 Abs. 4 übertragenen Aufgaben sind von den jeweiligen Auftraggeber durch aufwandsorientierte Nutzerentgelte zu vergüten. ²Dies gilt auch für Kontrollen des Medizinischen Dienstes nach § 275 a Absatz 4. ³Eine Verwendung von Umlagemitteln nach Absatz 1 Satz 1 zur Finanzierung dieser Aufgaben ist auszuschließen.

(2) ¹Für das Haushalts- und Rechnungswesen einschließlich der Statistiken gelten die §§ 67 bis 69, § 70 Abs. 5, § 72 Abs. 1 und 2 Satz 1 erster Halbsatz, die §§ 73 bis 77 Abs. 1 und § 79 Abs. 1 und 2 in Verbindung mit Absatz 3 a des Vierten Buches sowie die auf Grund des § 78 des Vierten Buches erlassenen Rechtsverordnungen entsprechend. ²Für die Bildung von Rückstellungen und Deckungskapital von Altersversorgungsverpflichtungen gelten § 171 e sowie § 12 Absatz 1 und 1 a der Sozialversicherungs-Rechnungsverordnung entsprechend. ³Für das Vermögen gelten die §§ 80 und 85 des Vierten Buches entsprechend.

(3) ¹Der Medizinische Dienst untersteht der Aufsicht der für die Sozialversicherung zuständigen obersten Verwaltungsbehörde des Landes, in dem er seinen Sitz hat. ²§ 87 Abs. 1 Satz 2 und die §§ 88 und 89 des Vierten Buches sowie § 274 gelten entsprechend. ³§ 275 Abs. 5 ist zu beachten.

I. Entstehungsgeschichte............................. 1	b) Vergütung der MDK und anderer Gutachterdienste durch aufwandsorientierte Nutzerentgelte
II. Vorgängervorschriften............................. 2	
III. Normauslegung 3	
1. Norminhalt.................................... 3	(Abs. 1 a) 17
2. Normauslegung 4	c) Haushalts- und Rechnungswesen der MDK (Abs. 2).................. 19
a) Umlagefinanzierung der MDK (Abs. 1)....................................... 4	d) Aufsicht der MDK (Abs. 3)......... 20

I. Entstehungsgeschichte

1 § 281 wurde mit Wirkung zum 1.1.1989 durch das Gesundheitsreformgesetz (GRG) eingeführt (BGBl. I, 2477). Zweck der Neuordnung war eine Umstrukturierung der Finanzierungsregelung der

---

11 Vgl. BT-Dr. 17/13770, 33.
12 BT-Dr. 11/2237, 234.

MDK: Vor Einführung der MDK, dh bis zum 31.12.1988, wurden die Kosten der medizinischen Beratung des VäD vollständig von den Krankenkassen getragen. Die Höhe der Beteiligung der Krankenkassen an den Kosten bestimmte sich nach den Mitgliederzahlen oder nach der Häufigkeit der Begutachtung (BT-Dr. 11/2237, S. 231, 234). Anschließend erfolgten folgende Änderungen: Abs. 1 S. 1: IdF d. Art. 1 Nr. 189 lit. a aa Gesetz v. 26.3.2007 (BGBl. I, 378) mWv 1.4.2007; Art. 6 Nr. 25 lit. a Gesetz v. 10.12.2015 (BGBl. I, 2229) mWv 1.1.2016; Art. 13 Nr. 6 Gesetz v. 28.12.2016 (BGBl. I, S. 3191) mWv 1.1. 2017; Abs. 1 S. 2: IdF d. Art. 1 Nr. 189 lit. a aa Gesetz v. 26.3.2007 (BGBl. I, 378) mWv 1.4.2007; Abs. 1 S. 3: Eingef. durch Art. 1 Nr. 189 lit. a bb Gesetz v. 26.3.2007 (BGBl. I, 378) mWv 1.4.2007; Abs. 1 S. 4 (früher S. 3): Eingef. durch Art. 1 Nr. 151 Gesetz v. 21.12.1992 (BGBl. I, 2266) mWv 1.1. 1993; früherer S. 3 jetzt S. 4 gem. Art. 1 Nr. 189 lit. a bb Gesetz v. 26.3.2007 (BGBl. I, 378) mWv 1.4.2007; Abs. 1 S. 4: Eingef. durch Art. 4 Nr. 13 nach Maßgabe des Vierten Teils (Art. 36 bis 52) Gesetz v. 26.5.1994 (BGBl. I, 1014) mWv 1.1.1995; Abs. 1a: IdF d. Art. 1 Nr. 189 lit. b Gesetz v. 26.3.2007 (BGBl. I, 378) mWv 1.4.2007; Abs. 1a S. 2: Eingef. durch Art. 6 Nr. 25 lit. b Gesetz v. 10.12.2015 (BGBl. I, 2229) mWv 1.1.2016; Abs. 2 S. 1: IdF d. Art. 4 Nr. 7 Gesetz v. 16.12.1997 (BGBl. I, 2970) mWv 1.1.1998, d. Art. 6 Nr. 28 lit. a Gesetz v. 9.12. 2004 (BGBl. I, 3242) mWv 1.1.2005, d. Art. 6 Nr. 28 lit. b Gesetz v. 9.12.2004 (BGBl. I, 3242) mWv 1.10.2005, d. Art. 1 Nr. 189 lit. c Gesetz v. 26.3.2007 (BGBl. I, 378) mWv 1.4.2007 u. d. Art. 5 Nr. 4 lit. a Gesetz v. 20.4.2007 (BGBl. I, 554) mWv 1.1.2005, Nr. 3 lit. b mWv 1.10.2005; Abs. 2 S. 2: Eingef. durch Art. 3 Nr. 5 Gesetz v. 28.7.2011 (BGBl. I, 1622) mWv 4.8.2011; Abs. 2 S. 3: Früher S. 2 gem. Art. 3 Nr. 5 Gesetz v. 28.7.2011 (BGBl. I, 1622) mWv 4.8.2011.

II. Vorgängervorschriften

§ 281 hat wegen der Neuordnung der MDK keine Vorgängervorschriften. 2

III. Normauslegung

1. **Norminhalt.** § 281 regelt die Finanzierung und die Aufsicht über die MDK. Abs. 1 legt für Leistungen nach § 275 Abs. 1 bis 3 a eine einheitliche Umlagefinanzierung der MDK fest. Leistungen der MDK oder anderer Gutachterdienste nach § 275 Abs. 4 sind nach § 281 Abs. 1 a durch aufwandsorientierte Nutzentgelte zu vergüten. Für das Haushalts- und Rechnungswesen einschließlich von Statistiken gelten die nach Abs. 4 dort explizit benannten Vorschriften des SGB IV entsprechend. Auch für die Aufsicht der MDK gelten nach Abs. 3 die dort ebenfalls explizit benannten Vorschriften des SGB IV entsprechend. 3

2. **Normauslegung. a) Umlagefinanzierung der MDK (Abs. 1).** Nach Abs. 1 S. 1 erfolgt die zur Finanzierung der Aufgaben des MDK nach § 275 Abs. 1 bis 3 a durch eine Umlage. Seit dem 1.4.2007[1] wird die Umlage von den Krankenkassen nach § 278 Abs. 1 S. 1 aufgebracht; hierbei handelt es sich um die Krankenkassen der Kassenarten nach § 278 Abs. 2, nämlich der Orts-, Betriebs- und Innungskrankenkassen sowie der landwirtschaftlichen Krankenkassen und der Ersatzkassen. 4

Die Ergänzung in S. 1 („Die zur Finanzierung der Aufgaben des Medizinischen Dienstes nach § 275 Abs. 1 bis 3 a, den §§ 275 a und 275 b erforderlichen Mittel mit Ausnahme der erforderlichen Mittel für die Kontrollen nach § 275 a Abs. 4 ...") stellt sicher, dass die nach § 137 Abs. 3 in Verbindung mit § 275 a vorgesehenen und vom MDK durchzuführenden Prüfungen der Qualitätsanforderungen des G-BA über die Umlage der Krankenkassen finanziert werden. Die von den Ländern beauftragten Kontrollen der Qualitätsanforderungen der Länder nach § 275 a Abs. 4 sind nach § 275 a Abs. 5 nutzerfinanziert. Die Kosten hierfür sind von den Ländern zu tragen.[2] 5

Die Aufgabe des MDK zur Durchführung von Qualitäts- und Abrechnungsprüfungen bei Leistungen der Häuslichen Krankenpflege (HKP, § 37) nach § 275 b ist über die mitgliederbezogene Umlage von den Krankenkassen zu finanzieren. Daher ist diese Aufgabe im Rahmen des Dritten Pflegestärkungsgesetz (PSG III) vom 23.12.2016[3] mit Wirkung zum 1.1.2017 in Abs. 1 S. 1 eingefügt worden.[4] 6

Die Aufgabe des MDK zur Durchführung von Qualitäts- und Abrechnungsprüfungen bei Leistungen der HKP nach § 275 b ist über die mitgliederbezogene Umlage von den Krankenkassen zu finanzieren.[5] 7

---
1 GKV-WSG vom 26.3.2007, BGBl. I, 378.
2 BT-Dr. 18/5372, 99.
3 BGBl. I, 3191.
4 Vgl. BT-Dr. 18/9518, 107.
5 BT-Dr. 18/9518, 107.

8 Um eine gleichmäßige Belastung dieser Kassenarten sicherzustellen und um dem Umstand Rechnung zu tragen, dass aus Kostengründen auf eine Inanspruchnahme der MDK verzichtet wird, sind nach Abs. 1 S. 2 die Mittel im Verhältnis der Zahl der Mitglieder der einzelnen Krankenkassen mit Wohnort im Einzugsbereich des MDK aufzuteilen;[6] zu den Mitgliedern einer Krankenkasse gehören im Übrigen nicht die familienversicherten Personen nach § 10.

9 Da die Gesetzesbegründung von einem „Festhalten" spricht,[7] ist davon auszugehen, dass das Wohnortprinzip auch schon vor dem 1.4.2007 gegolten hat. Daher ist die Formulierung in Abs. 1 S. 2 in der Fassung des GKV-WSG vom 26.3.2007[8] seit dem 1.4.2007 nur als gesetzliche Klarstellung zu verstehen.

10 Nach Abs. 1 S. 3 ist die Zahl der maßgeblichen Mitglieder des MDK nach dem Vordruck KM6 der Statistik über die Versicherten in der gesetzlichen Krankenversicherung jeweils zum 1. Juli eines Jahres zu bestimmen. Dabei ist mangels Anhaltspunkten von demselben Kalenderjahr auszugehen, dh Grundlage der Anforderungen der MDK sind die Mitgliederzahlen des jeweils laufenden Kalenderjahres.

11 Liegt der Fall vor, dass den durch die Krankenkassen umlagefinanzierten MDK über die Tätigkeiten für Krankenkassen hinaus Aufgaben durch andere Leistungsträger (zB Rentenversicherungsträger), übertragen werden, so sind diese gemäß Abs. 1 S. 4 kostenerstattungspflichtig.[9] Dabei handelt es sich zumeist um die Überprüfung von konkreten Leistungen.

12 Durch die Inanspruchnahme der Pflegekassen sind diese nach Abs. 1 S. 5 verpflichtet, die Hälfte der auf die Kasse entfallenden Umlage gemäß Abs. 1 S. 1 zu tragen.

13 Die Frage, ob **Finanzierungsmittel gerichtlich durchsetzbar** sind, ist bisher nicht weiter erörtert worden. Die Zahlungsverpflichtung der Krankenkassen entsteht unmittelbar mit ihrer Mitgliedschaft in der Arbeitsgemeinschaft „Medizinischer Dienst der Krankenversicherung". Der Pflicht zur Leistungserbringung der MDK nach § 275 Abs. 1 bis 3a steht ein Vergütungsanspruch gegenüber, der sich auf der Grundlage der gesetzlichen Ermächtigung aus den § 281 Abs. 2 in Verbindung mit §§ 67 bis 69, § 70 Abs. 5, § 72 Abs. 1 und 2 S. 1, §§ 73 bis 77 Abs. 1 und § 79 Abs. 1 und 2 in Verbindung mit Abs. 3a SGB IV sowie die aufgrund des § 78 SGB IV erlassenen Rechtsverordnungen zwischen dem MDK und den Mitgliedern der Arbeitsgemeinschaft ergibt. Der Zahlungsanspruch der MDK korrespondiert insoweit mit dem Anspruch der entsprechenden Kassen auf Leistungserbringung nach § 275 Abs. 1 bis 3a.

14 Das bedeutet, dass sich die Anspruchsgrundlage für den Vergütungsanspruch der MDK für die Zahlung der Umlagebeträge nicht unmittelbar aus § 281 ergibt, sondern vielmehr aus den vorbenannten systematischen Zusammenhängen.

15 Dementsprechend sind im Verhältnis der Krankenkassen zu den MDK auf der einen Seite die Krankenkassen Gläubiger der in § 275 Abs. 1 bis 3a beschriebenen Aufgaben der MDK und die MDK Schuldner. Auf der anderen Seite sind umgekehrt die MDK Gläubiger der ihrer Finanzierung zugrundeliegenden Entgelte und die Krankenkassen Schuldner. Die Gläubigereigenschaft der MDK hinsichtlich der Mittel für die Finanzierung ergibt sich im Übrigen auch aus § 281 Abs. 2 in Verbindung mit den darin genannten Vorschriften des SGB IV. Insbesondere aus § 67 SGB IV ergibt sich die Pflicht der MDK, für jedes Kalenderjahr (Haushaltsjahr) ein Haushaltsplan aufzustellen, der alle voraussichtlichen Einnahmen und Ausgaben und die voraussichtlich benötigte Verpflichtungsermächtigung enthält.

16 Für die gerichtliche Durchsetzung von Zahlungsansprüchen sind die Sozialgerichte sachlich zuständig. Statthafte Klageart ist die allgemeine Leistungsklage. Insbesondere sind die MDK nicht befugt, Finanzierungsmittel per Bescheid einzufordern. Etwas anderes ergibt sich auch nicht aus der Entscheidung des BSG vom 25.6.2002.[10] Im Verhältnis MDK – Krankenkasse besteht kein Über-/Unterordnungsverhältnis.

17 **b) Vergütung der MDK und anderer Gutachterdienste durch aufwandsorientierte Nutzerentgelte (Abs. 1 a).** Leistungen der MDK oder anderer Gutachterdienste im Rahmen der ihnen nach § 275 Abs. 4 SGB V übertragenen Aufgaben werden gemäß § 281 Abs. 1a von dem jeweiligen Auftraggeber durch aufwandsorientierte Nutzerentgelte vergütet. Hierbei handelt es sich um allgemeine Beratungsleistungen, die beispielsweise keine Aufgaben nach § 275 Abs. 1 bis 3 sind, die vielmehr allgemeine

---

6 Wohnortprinzip, BT-Dr. 16/3100, 172.
7 BT-Dr. 16/3100, 172.
8 BGBl. I, 378.
9 BT-Dr. 12/3608, 121 f.
10 B 1 KR 10/01 R, juris = SozR 3-2500 § 217 Nr. 1.

medizinische Fragen der gesundheitlichen Versorgung und Beratung der Versicherten sowie Fragen der Qualitätssicherung betreffen. Allgemeine Beratungsleistungen umfassen auch solche Leistungen, die für Vertragsverhandlungen mit Leistungserbringern und Beratungen der gemeinsamen Ausschüsse von Ärzten und Krankenkassen, insbesondere der Prüfungsausschüsse, erforderlich sind. Dabei spielt auch die stärker wettbewerbsorientierte Ausrichtung der MDK eine Rolle.[11] Eine Verwendung von Umlagemitteln nach Abs. 1 S. 1 zur Finanzierung dieser Aufgaben ist jedoch nach Abs. 1 a S. 2 auszuschließen. Die zum 23.7.2015 in Kraft getretene Einfügung des S. 2 in Abs. 1 a (*„Dies gilt auch für Kontrollen des Medizinischen Dienstes nach § 275 a Absatz 4."*) stellt auch hier sicher, dass die nach § 137 Abs. 3 in Verbindung mit § 275 a vorgesehenen und vom MDK durchzuführenden Prüfungen der Qualitätsanforderungen des GBA über die Umlage der Krankenkassen finanziert werden. Die von den Ländern beauftragten Kontrollen der Qualitätsanforderungen der Länder nach § 275 a Abs. 4 sind nach § 275 a Abs. 5 nutzerfinanziert. Die Kosten hierfür sind von den Ländern zu tragen.[12]

c) **Haushalts- und Rechnungswesen der MDK (Abs. 2).** Für die Regelungen zum Haushalts- und Rechnungswesen verweist Abs. 2 auf abschließend benannte Vorschriften des SGB IV, die entsprechend anzuwenden sind. In § 67 SGB IV werden nähere Bestimmungen zum **Haushaltsplan** aufgeführt, der alle im Haushaltsjahr voraussichtlich zu leistenden Ausgaben und voraussichtlich benötigten Verpflichtungsermächtigungen sowie alle zu erwartenden Einnahmen enthält. Nach § 68 SGB IV dient der Haushaltsplan der Festsetzung von Mitteln, die zu Erfüllung der Aufgaben im Haushaltsjahr voraussichtlich erforderlich sind. Nach § 69 SGB IV müssen einige Grundsätze bei Erstellung des Haushaltsplanes beachtet werden. Insbesondere ist der Haushaltsplan in Einnahmen und Ausgaben auszugleichen. Nach § 70 Abs. 5 SGB IV ist der Haushaltsplan jedes Jahr spätestens am 01.11. vor Beginn des Kalenderjahres, für das er gelten soll, der Aufsichtsbehörde vorzulegen, wenn diese es verlangt. Die Aufsichtsbehörde ist befugt diesen zu beanstanden. § 72 Abs. 1 und 2 S. 2 Hs. 1 SGB IV sowie die §§ 73 bis 75 SGB IV regeln die Haushaltsdurchführung, § 76 SGB IV die rechtzeitige und vollständige Erhebung der Einnahmen, § 77 Abs. 1 SGB IV den Rechnungsabschluss, die Jahresrechnung und die Entlastung der Organe, § 79 Abs. 1 und 2 iVm Abs. 3 a SGB IV die Geschäftsübersichten und Statistiken der Sozialversicherung. § 78 SGB IV enthält eine Verordnungsermächtigung. Nach § 281 Abs. 2 S. 2 gelten für die Bildung von Rückstellungen und Deckungskapital für Altersversorgungsverpflichtungen § 171 e sowie § 12 Abs. 1 und 1 a der Sozialversicherungs-Rechnungsverordnung entsprechend. Mit den Änderungen in den §§ 281 und 282 wird klargestellt, dass bezüglich des Aufbaus von Rückstellungen für die Altersvorsorge von Bediensteten der MDK die Übergangsfristen gelten, die auch für die Krankenkassen maßgeblich sind. Eine sofortige Bildung von Alterungsrückstellungen würde sich ansonsten unmittelbar auf die Höhe der Umlagen zur Finanzierung der MDK auswirken, die von den Krankenkassen zu zahlen sind. Die MDK bekommen damit Zeit, ein wertgleiches Deckungskapital bezüglich des voraussichtlichen Barwertes ihrer Verpflichtungen aus Altersversorgungszusagen nicht sofort, sondern erst bis zum 31.12.2049 zu bilden. Mit dieser zeitlichen Streckung ist eine finanzielle Entlastung verbunden, da die jährlichen Zuführungen durch die zeitliche Streckung geringer ausfallen können.[13] Nach § 281 Abs. 2 S. 3 gelten die §§ 80, 85 SGB IV für das Vermögen der MDK entsprechend. § 80 SGB IV enthält dabei die grundsätzliche Regelung über die Anlage und Verwaltung der Mittel: Grundsatz der Anlagesicherheit, Erzielung eines angemessenen Ertrages, Sicherstellung einer ausreichenden Liquidität und die getrennte Mittelverwaltung. Nach § 85 SGB IV sieht der Gesetzgeber bei bestimmten Vermögensanlagen die Mitwirkung der Aufsichtsbehörde vor. Dabei wird zwischen unbeschränkt genehmigungspflichtigen, beschränkt genehmigungspflichtigen und anzeigepflichtigen Vermögensanlagen unterschieden.

d) **Aufsicht der MDK (Abs. 3).** Abs. 3 regelt die staatliche Aufsicht des MDK. Nach Abs. 3 S. 1 untersteht der MDK der Aufsicht der für die Sozialversicherung zuständigen obersten Verwaltungsbehörde des Landes, in dem er seinen Sitz hat. Zumeist ist das Sozial- oder Gesundheitsministerium des jeweiligen Landes die entsprechende Aufsichtseinrichtung:[14]

- *MDK Baden-Württemberg*: Ministerium für Soziales und Integration Baden-Württemberg, Schellingstraße 19, 70174 Stuttgart und Ministerium für Wirtschaft, Arbeit und Wohnungsbau Baden-Württemberg, Schloßplatz 4, 70173 Stuttgart;

---

11 Vgl. BT-Dr. 16/3100, 172.
12 Vgl. BT-Dr. 18/5372, S. 99.
13 Vgl. BT-Dr. 17/5178, 14 f.
14 Sand: 1.2.2017.

- *MDK Bayern:* Bayerische Staatsministerium für Gesundheit und Pflege, Haidenauplatz 1, 81667 München;
- *MDK Berlin-Brandenburg:* Ministerium für Arbeit, Soziales, Gesundheit und Frauen des Landes Brandenburg, Henning-von-Tresckow-Straße 2-13, 14467 Potsdam;
- *MDK Bremen:* Der Senator für Gesundheit, Contrescarpe 72, 28195 Bremen;
- *MDK Nord (Hamburg, Schleswig-Holstein):* Behörde für Arbeit, Soziales, Familie und Integration, Hamburger Straße 37, 22083 Hamburg;
- *MDK Hessen:* Hessisches Ministerium für Soziales und Integration, Dostejewskistraße 4, 65187 Wiesbaden;
- *MDK Mecklenburg-Vorpommern:* Ministerium für Arbeit, Gleichstellung und Soziales, Friedrich-Engels-Straße 47, 19061 Schwerin;
- *MDK Niedersachen:* Ministerium für Soziales, Gesundheit und Gleichstellung, Hinrich-Wilhelm-Kopf-Platz 2, 30159 Hannover;
- *MDK Nordrhein:* Ministerium für Gesundheit, Emanzipation, Pflege und Alter des Landes Nordrhein-Westfalen, Horionplatz 1, 40213 Düsseldorf;
- *MDK Rheinland-Pfalz:* Ministerium für Soziales, Arbeit, Gesundheit und Demografie, Bauhofstraße 9, 55116 Mainz;
- *MDK Saarland:* Ministerium für Soziales, Gesundheit, Frauen und Familie, Franz-Josef-Röder-Straße 23, 66119 Saarbrücken;
- *MDK Sachen:* Sächsisches Staatsministerium für Soziales und Verbraucherschutz, Albertstraße 10, 01097 Dresden;
- *MDK Sachen-Anhalt:* Ministerium für Arbeit, Soziales und Integration des Landes Sachsen-Anhalt, Turmschanzenstraße 25, 39114 Magdeburg;
- *MDK Thüringen:* Thüringer Ministerium für Arbeit, Soziales, Gesundheit, Frauen und Familie, Werner-Seelenbinderstraße 6, 99096 Erfurt;
- *MDK Westfalen-Lippe:* Ministerium für Gesundheit, Emanzipation, Pflege und Alter des Landes Nordrhein-Westfalen, Horionplatz 1, 40213 Düsseldorf.

21 Gemäß Abs. 3 S. 2 gelten § 87 Abs. 1 S. 2 SGB IV und die §§ 88 und 89 SGB IV sowie § 274 entsprechend.

22 § 87 Abs. 1 S. 2 SGB IV regelt den Umfang der Aufsicht. Diese erstreckt sich auf die Beachtung der Gesetze und sonstigem Recht, das für die Versicherungsträger und folglich für die MDK maßgebend ist (Rechtsaufsicht). Die Aufsichtsbehörde kann nach § 88 SGB IV die Geschäfts- und Rechnungsführung überprüfen. Auf Verlangen sind die erforderlichen Unterlagen herauszugeben. In § 89 SGB IV wird Auskunft über die zulässigen Rechtsmittel gegeben, wenn der MDK durch sein Handeln oder Unterlassen das Recht verletzt hat. Demnach soll dem MDK zunächst eine Frist zur Behebung gesetzt werden, bevor die Verpflichtung mit Mitteln des Verwaltungsvollstreckungsrechts durchgesetzt wird. Über § 274 gelten die Bestimmungen zur Prüfung der Geschäfts-, Rechnungs- und Betriebsführungen entsprechend. Gemäß § 281 Abs. 3 S. 3 ist § 275 Abs. 5 zu beachten. Das heißt, bei der Prüfung durch die Aufsichtsbehörden haben diese die ärztliche Unabhängigkeit der Ärzte des MDK zu wahren. Die Ärzte sind bei der Wahrnehmung der Aufgaben nur ihrem Gewissen unterworfen.

§ 282 Medizinischer Dienst des Spitzenverbandes Bund der Krankenkassen

(1) ¹Der Spitzenverband Bund der Krankenkassen bildet zum 1. Juli 2008 einen Medizinischen Dienst auf Bundesebene (Medizinischer Dienst des Spitzenverbandes Bund der Krankenkassen). ²Dieser ist nach Maßgabe des Artikels 73 Abs. 4 Satz 3 und 4 des Gesundheits-Reformgesetzes eine rechtsfähige Körperschaft des öffentlichen Rechts.

(2) ¹Der Medizinische Dienst des Spitzenverbandes Bund der Krankenkassen berät den Spitzenverband Bund der Krankenkassen in allen medizinischen Fragen der diesem zugewiesenen Aufgaben. ²Der Medizinische Dienst des Spitzenverbandes Bund der Krankenkassen koordiniert und fördert die Durchführung der Aufgaben und die Zusammenarbeit der Medizinischen Dienste der Krankenversicherung in medizinischen und organisatorischen Fragen. ³Der Spitzenverband Bund der Krankenkassen erlässt Richtlinien über die Zusammenarbeit der Krankenkassen mit den Medizinischen Diensten, zur Sicherstellung einer einheitlichen Begutachtung sowie über Grundsätze zur Fort- und Weiterbildung. ⁴Im Übrigen kann er Empfehlungen abgeben. ⁵Die Medizinischen Dienste der Krankenversicherung haben

den Medizinischen Dienst des Spitzenverbandes Bund der Krankenkassen bei der Wahrnehmung seiner Aufgaben zu unterstützen.
(2a) ¹Mitglieder des Medizinischen Dienstes des Spitzenverbandes Bund der Krankenkassen sind der Spitzenverband Bund der Krankenkassen als allein entscheidungsbefugtes Mitglied sowie fördernde Mitglieder. ²Als fördernde Mitglieder können die Verbände der Krankenkassen und die Medizinischen Dienste der Krankenversicherung beitreten; der Beitritt von für die Wahrnehmung der Interessen der Patientinnen und Patienten und der Selbsthilfe chronisch kranker und behinderter Menschen maßgeblichen Organisationen auf Bundesebene als weitere fördernde Mitglieder kann in der Satzung nach Absatz 2e geregelt werden. ³Organe des Medizinischen Dienstes des Spitzenverbandes Bund der Krankenkassen sind der Verwaltungsrat, die Geschäftsführung und die Mitgliederversammlung.
(2b) ¹Bei dem Medizinischen Dienst des Spitzenverbandes Bund der Krankenkassen wird als Selbstverwaltungsorgan ein Verwaltungsrat gebildet. ²Der Verwaltungsrat setzt sich zusammen aus stimmberechtigten Vertretern der im Verwaltungsrat des Spitzenverbandes Bund der Krankenkassen vertretenen Versicherten und Arbeitgeber sowie aus stimmberechtigten Vertretern des Vorstandes des Spitzenverbandes Bund der Krankenkassen. ³Das Nähere, insbesondere zur Zusammensetzung des Verwaltungsrates, zur Wahl des Vorsitzenden und dessen Stellvertreter sowie zur Wahl nicht stimmberechtigter Mitglieder aus dem Kreis der fördernden Mitglieder des Medizinischen Dienstes des Spitzenverbandes Bund der Krankenkassen, regelt die Satzung nach Absatz 2e. ⁴§ 217b Absatz 1 Satz 3 und Absatz 1a bis 1e gilt entsprechend.
(2c) ¹Bei dem Medizinischen Dienst des Spitzenverbandes Bund der Krankenkassen wird eine Mitgliederversammlung gebildet. ²Die Mitgliederversammlung setzt sich zusammen aus Vertretern der im Verwaltungsrat des Spitzenverbandes Bund der Krankenkassen vertretenen Versicherten und Arbeitgeber sowie aus Vertretern der fördernden Mitglieder des Medizinischen Dienstes des Spitzenverbandes Bund der Krankenkassen. ³Das Nähere regelt die Satzung nach Absatz 2e, insbesondere zur Zusammensetzung, zu den Aufgaben, zu den Rechten und Pflichten der Mitglieder, zu den Beiträgen der fördernden Mitglieder sowie zur Beschlussfassung der Mitgliederversammlung.
(2d) ¹Bei dem Medizinischen Dienst des Spitzenverbandes Bund der Krankenkassen wird eine Geschäftsführung gebildet, die Vorstand im Sinne des Sozialgesetzbuches ist. ²Die Geschäftsführung besteht aus einem Geschäftsführer und einem Stellvertreter, die vom Verwaltungsrat des Medizinischen Dienstes des Spitzenverbandes Bund der Krankenkassen gewählt werden. ³Der Geschäftsführer und sein Stellvertreter führen die Geschäfte des Medizinischen Dienstes des Spitzenverbandes Bund der Krankenkassen, soweit nicht der Verwaltungsrat oder die Mitgliederversammlung zuständig ist, und vertreten den Medizinischen Dienst des Spitzenverbandes Bund der Krankenkassen gerichtlich und außergerichtlich. ⁴In der Satzung nach Absatz 2e können die Aufgaben der Geschäftsführung näher konkretisiert werden. ⁵§ 217b Absatz 2 Satz 7 und Absatz 2a sowie § 35a Absatz 1 bis 3, 6 Satz 1, Absatz 6a und 7 des Vierten Buches gelten entsprechend.
(2e) ¹Der Verwaltungsrat hat eine Satzung zu beschließen. ²Die Satzung bedarf der Genehmigung der Aufsichtsbehörde. ³§ 34 Absatz 2 des Vierten Buches und § 217e Absatz 1 Satz 5 gelten entsprechend.
(3) ¹§ 217d Absatz 2 gilt mit der Maßgabe entsprechend, dass der Spitzenverband Bund der Krankenkassen die Mittel zur Wahrnehmung der Aufgaben des Medizinischen Dienstes des Spitzenverbandes Bund der Krankenkassen nach diesem und dem Elften Buch aufzubringen hat. ²Für fördernde Mitglieder des Medizinischen Dienstes des Spitzenverbandes Bund der Krankenkassen kann ein Beitrag zur Finanzierung vorgesehen werden. ³Das Nähere zur Finanzierung regelt die Satzung nach Absatz 2e. ⁴Für die Bildung von Rückstellungen und Deckungskapital von Altersversorgungsverpflichtungen gelten § 171e sowie § 12 Absatz 1 und 1a der Sozialversicherungs-Rechnungsverordnung entsprechend.
(4) ¹Der Medizinische Dienst des Spitzenverbandes Bund der Krankenkassen untersteht der Aufsicht des Bundesministeriums für Gesundheit. ²§ 217d Absatz 3 und die §§ 217g bis 217j, 219, 274, 279 Absatz 4 Satz 3 und 5 gelten entsprechend. ³§ 275 Absatz 5 ist zu beachten.

I. Entstehungsgeschichte		1	b) Aufgaben des MDS (Abs. 2)	9
II. Vorgängervorschriften		2	c) Mitglieder und Organe des MDS	
III. Normauslegung		3	(Abs. 2a)	14
1. Norminhalt		3	d) Selbstverwaltungsorgan des MDS	
2. Normauslegung		7	(Abs. 2b)	15
a) Errichtung des MDS als Körperschaft des öffentlichen Rechts (Abs. 1)		8	e) Mitgliederversammlung des MDS (Abs. 2c)	16

f)	Geschäftsführung des MDS (Abs. 2 d)	17	h) Finanzierung des MDS (Abs. 3)	19
g)	Satzung des MDS (Abs. 2 e)	18	i) Aufsicht über den MDS (Abs. 4) ...	20

I. Entstehungsgeschichte

1 § 282 ist mit Wirkung zum 1.1.1989 im Rahmen des Gesundheitsreformgesetzes vom 20.12.1988 (GRG) in Kraft getreten.[1] Danach hatten die Spitzenverbände der Krankenkassen die wirksame Durchführung der Aufgaben und die Zusammenarbeit der medizinischen Dienste zu fördern. Zu diesem Zwecke hatten sie sich wegen der Anbindung des Vertrauensärztlichen Dienstes an die Landesversicherungsanstalten noch zusammen mit den Rentenversicherungsträgern zu einer Arbeitsgemeinschaft in der Form eines eingetragenen Vereins zusammengeschlossen, um die übergreifenden Probleme zu klären und eine einheitliche Durchführung der Aufgaben zu fördern. Die Spitzenverbände der Krankenkassen hatten gemeinsam und einheitlich Richtlinien über die Zusammenarbeit der Krankenkassen mit den MDK, zur Sicherstellung einer einheitlichen Begutachtung sowie über Grundsätze zur Fort- und Weiterbildung zu beschließen. Im Übrigen konnten sie Empfehlungen abgeben, die von den MDK zu berücksichtigen waren oder Richtlinien für die Zusammenarbeit der Krankenkassen mit dem MDK beschließen, die für die Landesverbände und ihre Mitgliedskassen verbindlich waren.[2] Bis zum 31.12.2008 hatten auf Bundesebene die Arbeitsgemeinschaft für Gemeinschaftsaufgaben der Krankenversicherung (AGKV) die Aufgaben des VäD koordiniert. Anschließend erfolgten folgende Änderungen: § 282: IdF d. Art. 1 Nr. 190 Gesetz v. 26.3.2007 (BGBl. I, 378) iVm Art. 9 Nr. 1 Gesetz v. 14.6.2007 (BGBl. I, 1066) mWv 1.7.2008; Abs. 2a-e: IdF d. Art. 1 Gesetz v. 21.2.2017 (BGBl. I, 265, 273 f.) mWv 1.3.2017; Abs. 3: IdF d. Art. 1 Gesetz v. 21.2.2017 (BGBl. I, 265, 273 f.) mWv 1.3.2017; Abs. 3 S. 2: IdF d. Art. 3 Nr. 6 lit. a Gesetz v. 28.7.2011 (BGBl. I, 1622) mWv 4.8.2011; Abs. 3 S. 2: IdF d. Art. 3 Nr. 10 Gesetz v. 7.8.2013 (BGBl. I, 3108) mWv 13.8.2013; Abs. 4: Eingef. durch Art. 3 Nr. 6 lit. b Gesetz v. 28.7.2011 (BGBl. I, 1622) mWv 4.8.2011; IdF d. Art. 1 Gesetz v. 21.2.2017 (BGBl. I, 265, 273 f.) mWv 1.3.2017.

II. Vorgängervorschriften

2 § 282 hat wegen der Neuordnung der MDK keine Vorgängervorschriften.

III. Normauslegung

3 **1. Norminhalt.** Durch die Anordnung des § 282 wurde dem Medizinischen Dienst des Spitzenverbandes Bund der Krankenkassen (MDS) auferlegt, für eine bundeseinheitliche Durchführung der zugeteilten Aufgaben der verschiedenen Medizinischen Dienste in den einzelnen Bundesländern zu sorgen.

4 Viele Menschen in Deutschland haben nicht das beste Bild von der Selbstverwaltung, wozu die Organisationen und Gremien selbst beitragen. Zudem werde das Gesundheitssystem immer weiter kommerzialisiert, was zu einer Veränderung medizinischer Tätigkeiten und des beruflichen Selbstverständnisses des medizinischen Personals führe. Da diese negativen Auswirkungen des immer stärkeren Wettbewerbs auf die Ethik im Gesundheitssystem nur mittel- und langfristig verändert werden könnten, werden kurzfristig Korrektive in der Selbstverwaltung benötigt. Das seit dem 1.3.2017 in Kraft befindliche GKV-SelbstverwaltungsstärkungsG zielt daher auf eine Stärkung der Kontrollrechte der Mitglieder der Selbstverwaltungsorgane sowie auf mehr Transparenz im Verwaltungshandeln ab. Ziel sei es, die Selbstverwaltung als ein tragendes Prinzip der gesetzlichen Krankenversicherung zu stärken, da es praxisnahe und eigenverantwortliche Entscheidungen sowie ein hohes Maß an Akzeptanz der Entscheidungen sichere. Die gesetzlichen Regelungen zu den internen und externen Kontrollmechanismen der Selbstverwaltungskörperschaften seien aufgrund historischer Entwicklungen uneinheitlich und nicht mehr ausreichend und bedürften daher einer Weiterentwicklung.[3]

5 Mit den im Rahmen des GKV-SelbstverwaltungsstärkungsG eingeführten Änderungen in § 282 sollen die für den GKV-Spitzenverband eingeführten Änderungen auch auf den MDS übertragen werden, um für alle Spitzenorganisationen, die der Aufsicht des BMG unterliegen, einheitliche Vorschriften zu schaffen. Da es bisher nur wenige gesetzliche Vorgaben zum Aufbau des MDS und seiner Organe gab, wurde § 282 darüber hinaus entsprechend ergänzt. Die Organe des MDS sind der Verwaltungsrat und

---

1 Vgl. BGBl. I, 2477.
2 Vgl. BT-Dr. 11/2237, 234.
3 Vgl. BT-Dr. 18/11009, 2.

die Geschäftsführung, die aus dem Geschäftsführer und dessen Stellvertreter besteht, und die Mitgliederversammlung. Dies entspricht der bestehenden Gremienstruktur, die sich an der des GKV-Spitzenverbandes orientiert und die seit Gründung des MDS im Jahr 2008 wesentlich dazu beigetragen hat, dass der MDS seine gesetzlichen Aufgaben wahrnimmt.[4]

Nach Abs. 1 ist der MDS seiner Rechtsform nach eine rechtsfähige Körperschaft des öffentlichen Rechts. In Abs. 2 werden die Aufgaben des MDS beschrieben. Bei den Absätzen 2a bis 2d sowie 3 und 4 handelt es sich größtenteils um deklaratorische Regelungen der bisher in der Satzung des MDS festgelegten und erfolgreich funktionierenden Strukturen. Diese werden auf eine klare Rechtsgrundlage gestellt. Vor diesem Hintergrund ergibt sich grundsätzlich kein zusätzlicher Aufwand, der über die für den GKV-Spitzenverband mit diesem Gesetz neu eingeführten Regelungen hinausgeht.[5]

2. Normauslegung. Die Spitzenverbände der Krankenkassen haben am 18.10.1989 die Arbeitsgemeinschaft Medizinischer Dienst der Spitzenverbände der Krankenkassen (MDS) zur Erfüllung ihrer gesetzlich vorgeschriebenen Verpflichtung aus dem Gesundheitsreformgesetz gegründet.[6] Sitz des MDS: Theodor-Althoff-Straße 47, 45133 Essen, Telefon 0201/8327-0, Geschäftsführer: Dr. Peter Pick, E-Mail: office@mds-ev.de. Träger des MDS waren zunächst die Spitzenverbände der Krankenkassen, insbesondere der AOK-Bundesverband, die Bundesverbände der Betriebs-, Innungs- und der landwirtschaftlichen Krankenkassen, die See-Krankenkasse, die Bundesknappschaft und die Bundesverbände der Ersatzkassen. Mit Inkrafttreten des GKV-WSG hat die Vorschrift erhebliche Änderungen erfahren. Mit Wirkung zum 1.7.2008 ist der vormals als Arbeitsgemeinschaft organisierte Medizinische Dienst der Spitzenverbände vom Spitzenverband Bund der Krankenkassen (MDS) gebildet worden.[7] Mit der Neufassung des Gesetzestextes ist bezweckt worden, die Koordinierungsaufgaben des MDS sowohl bezogen auf medizinische als auch auf organisatorische Fragen, auf eine ausreichende gesetzliche Grundlage zu stellen.[8]

a) Errichtung des MDS als Körperschaft des öffentlichen Rechts (Abs. 1). In Abs. 1 S. 1 wird explizit festgelegt, dass der Spitzenverband Bund der Krankenkassen bis zum 1.7.2008 einen Medizinischen Dienst auf Bundesebene, mithin den Medizinischen Dienst des Spitzenverbandes Bund der Krankenkassen zu errichten hat. Dieser ist hinsichtlich seiner Rechtsnatur nach Abs. 1 S. 2 organisiert als Körperschaft des öffentlichen Rechts.[9] Der MDS tritt im Rechtsverkehr als eingetragener Verein (eV) auf. Die Satzung des MDS[10] normiert dies zudem ausdrücklich in § 1 Abs. 1.

b) Aufgaben des MDS (Abs. 2). Die Aufgaben des MDS sind in Abs. 2 – nicht abschließend – geregelt. Nach § 3 Abs. 1 der Satzung des MDS[11] bestehen dessen Aufgaben zunächst darin, den Spitzenverband Bund der Krankenkassen in allen medizinischen Fragen der diesem zugewiesenen Aufgaben zu beraten, § 3 Abs. 1. Nach § 3 Abs. 2 koordiniert und fördert er die Durchführung der Aufgaben und die Zusammenarbeit der MDK in medizinischen und organisatorischen Fragen. Dazu gehören insbesondere 1. die Berichterstattung über die Arbeit und die Ergebnisse der MDK in Form von Statistiken, 2. die bundesweite Fort- und Weiterbildung, 3. die Vorbereitung der vom Spitzenverband Bund zu erlassenden Richtlinien und die Schaffung von Transparenz über deren Umsetzung sowie 4. die Förderung einer gemeinsamen Tarifpolitik und die organisatorische Unterstützung durch die Geschäftsstelle MDK-T[12] Nach § 3 Abs. 3 können dem MDS weitere Aufgaben, die im Zusammenhang mit seiner Aufgabenstellung stehen, mit Zustimmung des Verwaltungsrates des MDS übertragen werden. Insoweit ist beispielhaft zunächst auf Teil A der **Richtlinie über die Zusammenarbeit der Krankenkassen mit dem MDK und Empfehlungen zur vorrangigen Beauftragung von Gutachtern vom 30.4.1990**

---

4 Vgl. BT-Dr. 18/10605, 38.
5 Vgl. BT-Dr. 18/10605, 38.
6 Vgl. BT-Dr. 11/2237.
7 Berichtigung der Fassung des GKV-WSG vom 26.3.2007, BGBl. I, 378, durch das Gesetz vom 14.7.2007, BGBl. 2007, 1066.
8 Vgl. BT-Dr. 16/3100, 172.
9 Kritisch hierzu Sichert in: Becker/Kingreen, § 282 Rn. 2.
10 Fassung vom 18.11.2014, https://www.mds-ev.de/fileadmin/dokumente/Grafiken_Organigramm_Preisliste_MV_VR/MDS_Satzung_18-11-14.pdf (zuletzt abgerufen am 1.3.2017).
11 S. https://www.mds-ev.de/fileadmin/dokumente/Grafiken_Organigramm_Preisliste_MV_VR/MDS_Satzung_18-11-14.pdf (zuletzt abgerufen am 1.3.2017).
12 MDK-T = Tarifvertrag für die Beschäftigten der MDK.

zu verweisen.[13] Ebenso ist auf die Richtlinie über die Fort- und Weiterbildung im Medizinischen Dienst vom 28.3.2001 zu verweisen.[14]

11 Verfahrensrechtlich stellen die **Richtlinien reine Verwaltungsvorschriften** dar, die zunächst ausschließlich die Ersteller der Richtlinien binden (Binnenrecht). Eine Umsetzung der Richtlinien erfolgt nach § 211 Abs. 2. Danach müssen die Satzungen der Landesverbände der Krankenkassen Bestimmungen darüber enthalten, dass die Richtlinien nach § 282 für die Landesverbände und ihre Mitgliedskassen verbindlich sind.

12 Im Übrigen kann der Spitzenverband Bund der Krankenkassen **Empfehlungen** abgeben. Diese werden als unverbindliche Ratschläge eingestuft; sie sollen von dem MDS berücksichtigt werden. Insoweit wird beispielhaft auf Teil B. der Richtlinie über die Zusammenarbeit der Krankenkassen mit dem MDK und Empfehlungen zur vorrangigen Beauftragung von Gutachtern vom 30.4.1990 verwiesen.[15] Weiter wird auf die Empfehlungen zur Hilfsmittelbegutachtung bei bestehender Pflegebedürftigkeit und häuslicher Pflege vom 8.6.2009 verwiesen.[16]

13 Schließlich wird in Abs. 2 S. 5 geregelt, dass die MDK den MDS bei der Wahrnehmung seiner Aufgaben zu unterstützen haben.

14 c) **Mitglieder und Organe des MDS (Abs. 2 a).** Satz 1 und 2 bestimmen entsprechend der geltenden Satzung des MDS als Mitglieder des MDS den GKV-Spitzenverband als allein entscheidungsbefugtes Mitglied sowie weitere fördernde Mitglieder. Die Stellung des GKV-Spitzenverbandes als allein entscheidungsbefugtes Mitglied ergibt sich dabei aus der Vorgabe in Abs. 1 S. 1, nach der nur der GKV-Spitzenverband den MDS bildet. Fördernde Mitglieder können gemäß S. 2, 1. Hs. die Verbände der Krankenkassen und die MDK iSd § 275 Abs. 1 sein. Um die Aufnahme für die Wahrnehmung der Interessen der Patientinnen und Patienten und der Selbsthilfe chronisch kranker und behinderter Menschen maßgeblichen Organisationen auf Bundesebene als weitere fördernde Mitglieder auch ohne gesetzliche Änderung zu ermöglichen, ist mit S. 2, 2. Hs. die Option geschaffen worden, dass durch eine entsprechende Änderung der Satzung nach Abs. 2 e diese Organisationen als fördernde Mitglieder dem MDS beitreten können.[17] Nach S. 3 sind Organe des MDS der Verwaltungsrat, die Geschäftsführung und die Mitgliederversammlung. Mit den Vorschriften des Abs. 2 a sind insgesamt keine Änderungen gegenüber den bereits in der Satzung getroffenen und praktizierten Regelungen verbunden.[18]

15 d) **Selbstverwaltungsorgan des MDS (Abs. 2 b).** Das maßgebende Selbstverwaltungsorgan des MDS ist nach S. 1 der Verwaltungsrat. Dieser Verwaltungsrat besteht gemäß S. 2 aus stimmberechtigten Vertretern der im Verwaltungsrat des GKV-Spitzenverbandes vertretenen Versicherten und Arbeitgeber sowie aus stimmberechtigten Vertretern des Vorstandes des GKV-Spitzenverbandes. In der bestehenden Satzung ist geregelt, dass sich der Verwaltungsrat des MDS aus 16 stimmberechtigten Mitgliedern zusammensetzt. Davon werden 14 stimmberechtigte Mitglieder vom Verwaltungsrat des GKV-Spitzenverbandes aus den Reihen seiner Mitglieder – jeweils sieben von den dort vertretenen Vertretern der Versicherten bzw. der Arbeitgeber gewählt. Weitere zwei stimmberechtigte Mitglieder werden vom Vorstand des GKV-Spitzenverbandes entsendet. Nach S. 3 ist in der Satzung nach Abs. 2 e auch das Nähere zur Zusammensetzung des Verwaltungsrates sowie zur Wahl der oder des Vorsitzenden und dessen Stellvertreters sowie zur Wahl nicht stimmberechtigter Mitglieder des Verwaltungsrates des MDS aus dem Kreis der fördernden Mitglieder zu regeln. Dies entspricht dem bereits geübten Vorgehen. Mit dem Verweis auf die Vorschrift des § 217 b Abs. 1 S. 3 in S. 4 finden die allgemeinen Regelungen zum Verwaltungsrat in gleicher Weise wie beim Verwaltungsrat des GKV-Spitzenverbandes entsprechende Anwendung. Durch die Bezugnahme auf die mit diesem Gesetz in § 217 b eingefügten Abs. 1 a bis 1 e (vgl. Art. 1 Nr. 11 lit. b) gelten darüber hinaus für den Verwaltungsrat des MDS auch diese neu eingeführten gesetzlichen Vorgaben entsprechend. Anpassungsbedarf gegenüber dem bisher praktizierten

---

13 S. http://www.volkssolidaritaet.de/fileadmin/content/kap_media/Grundlagen/MDS-Richtlinie-Beauftragung-Gutachter.pdf (zuletzt abgerufen am 1.3.2017).
14 S. https://www.mds-ev.de/fileadmin/dokumente/Bundesweite_Fortbildung/Fort_und_Weiterbildung_Richtlinien_2001.pdf (zuletzt abgerufen am 1.3.2017).
15 S. http://www.volkssolidaritaet.de/fileadmin/content/kap_media/Grundlagen/MDS-Richtlinie-Beauftragung-Gutachter.pdf (zuletzt abgerufen am 1.3.2017).
16 S. https://www.mds-ev.de/fileadmin/dokumente/Publikationen/SPV/Begutachtungsgrundlagen/Empf_Himi_Pflege_2009.pdf (zuletzt abgerufen am 1.3.2017).
17 Vgl. BT-Dr. 18/11009, 44 (2. Hs. ist erst durch den 14. Ausschuss am 25.1.2017 in das Gesetz eingefügt worden).
18 Vgl. BT-Dr. 18/10605, 38.

Vorgehen besteht grundsätzlich nur für diese neu eingeführten Vorgaben, weil die allgemeinen Regelungen für den Verwaltungsrat nach § 217b Abs. 1 S. 3 bereits aufgrund der geltenden Satzung des MDS entsprechend angewendet werden.[19]

e) **Mitgliederversammlung des MDS (Abs. 2 c).** Die Mitgliederversammlung ist ein beratendes Organ, dessen Aufgaben insbesondere die Beratung von Leitlinien und Grundsätzen für die Förderung der Zusammenarbeit der Medizinischen Dienste und des MDS mit den Krankenkassen, die Entgegennahme von Berichten des Verwaltungsrates sowie die Beschlussfassung über eine Geschäftsordnung der Mitgliederversammlung und über die Beiträge der fördernden Mitglieder nach Abs. 2 a S. 2 sind. Der Verwaltungsrat des MDS als maßgebendes Selbstverwaltungsorgan des MDS wird nicht von der Mitgliederversammlung des MDS gebildet, sondern vom Verwaltungsrat des GKV-Spitzenverbandes und vom Vorstand des GKV-Spitzenverbandes. In der vom Verwaltungsrat zu beschließenden Satzung nach Abs. 2 e ist nach S. 3 das Nähere zur Zusammensetzung, zu den Aufgaben, zu den Rechten und Pflichten der Mitglieder, zu den Sitzungen, zu den Beiträgen der fördernden Mitglieder, zur Wahl des Vorsitzenden und des stellvertretenden Vorsitzenden der Mitgliederversammlung sowie zur Beschlussfassung der Mitgliederversammlung zu regeln.[20]

f) **Geschäftsführung des MDS (Abs. 2 d).** Mit Abs. 2 d werden überwiegend in der geltenden Satzung des MDS geregelte Sachverhalte deklaratorisch auf eine rechtliche Grundlage gestellt. Danach besteht die Geschäftsführung des MDS, die Vorstand im Sinne des Sozialgesetzbuches ist, nach den Sätzen 1 und 2 aus einem vom Verwaltungsrat des MDS gewählten Geschäftsführer und dessen Stellvertreter. Der Geschäftsführer und sein Stellvertreter führen gemäß S. 3 die Geschäfte des MDS, soweit dies nicht dem Verwaltungsrat oder der Mitgliederversammlung vorbehalten ist, und vertreten den MDS gerichtlich und außergerichtlich. Die Aufgaben des Vorstandes können nach S. 4 in der Satzung nach Abs. 2 e näher konkretisiert werden. Durch die in S. 5 enthaltenen Verweisungen finden die dort genannten Vorschriften zur Wahl des Geschäftsführers, zu geeigneten Maßnahmen zur Herstellung und Sicherung einer ordnungsgemäßen Verwaltungsorganisation, zur Vertretung des MDS durch die Geschäftsführer, zu den Berichtspflichten des Geschäftsführers gegenüber dem Verwaltungsrat, zur hauptamtlichen Ausübung der Tätigkeit der Geschäftsführer und zu deren fachlichen Eignung, zur Genehmigungspflicht der Dienstverträge der Geschäftsführer durch die Aufsichtsbehörde sowie zur Amtsenthebung der Geschäftsführer (§ 35 a Abs. 1, 2, 6 S. 1, Abs. 6 a und 7 SGB IV) entsprechende Anwendung. Dies entspricht grundsätzlich dem bereits praktizierten Vorgehen. Anpassungsbedarf gegenüber den bisher in der Satzung festgelegten Regelungen ergibt sich durch den Verweis auch auf die für den GKV-Spitzenverband geltenden und mit diesem Gesetz eingeführten Vorschriften des § 217b Abs. 2 S. 7 (Vorlage einer unabhängigen Bewertung der Vorstandsdienstverträge hier der Geschäftsführerdienstverträge auf Verlangen der Aufsichtsbehörde) und des § 217b Abs. 2a (Einrichtung interner Kontrollverfahren mit einem internen Kontrollsystem) sowie durch den Verweis auf § 35 a Abs. 3 SGB IV (Amtszeit des Vorstandes bis zu 6 Jahren). Diese Begrenzung ist im Hinblick auf die Vergleichbarkeit mit Vorständen von Krankenkassen und deren Verbände gerechtfertigt. Die Neuregelung findet für den MDS jedoch nur Anwendung für Neuverträge. Bestehende Verträge bleiben davon unberührt.[21]

g) **Satzung des MDS (Abs. 2 e).** Mit Ausnahme des Genehmigungsvorbehaltes durch die Aufsichtsbehörde handelt es sich bei den Vorgaben der Sätze 1 und 2 um deklaratorische Regelungen, da die Satzung des MDS bereits vom Verwaltungsrat beschlossen wird. Das gegenüber der bisherigen Praxis neue Genehmigungserfordernis für die Satzung entspricht den für den GKV-Spitzenverband, die KBV und die Kassenzahnärztliche Bundesvereinigung geltenden gesetzlichen Vorgaben. Durch den Verweis auf die mit diesem Gesetz für den GKV-Spitzenverband eingeführte Vorschrift des § 217e Abs. 1 S. 5 und den Verweis auf § 34 Abs. 2 SGB IV werden Vorgaben für den Inhalt der Satzung festgelegt. Die geltende Satzung des MDS entspricht dem weitgehend. Ein geringer Anpassungsbedarf kann sich im Detail bei einigen Vorgaben ergeben, wie zB bei den Satzungsregelungen zur Vorbereitung der Beschlussfassung, zu den Anforderungen an die Dokumentation der Sitzungen, zur Information der Mitglieder des Verwaltungsrates und zu den Berichtspflichten der Geschäftsführer.[22]

---

19 Vgl. BT-Dr. 18/10605, 38.
20 Vgl. BT-Dr. 18/10605, 38, 39.
21 Vgl. BT-Dr. 18/10605, 39.
22 Vgl. BT-Dr. 18/10605, 39.

19 h) **Finanzierung des MDS (Abs. 3).** Absatz 3 enthält die Regelungen zur Finanzierung des MDS. Mit S. 1 wird für den MDS die entsprechende Geltung der gesetzlichen Vorgaben zum Haushalts- und Rechnungswesen (§ 217 d Abs. 2) geregelt. Dies soll mit der Maßgabe gelten, dass die Mittel für die Wahrnehmung der Aufgaben des MDS nach diesem und dem Elften Buch vom Spitzenverband Bund der Krankenkassen aufzubringen sind. Für die fördernden Mitglieder des MDS nach Abs. 2a S. 2 kann ein Beitrag zur Finanzierung des MDS in der Satzung des MDS nach Abs. 2e festgelegt werden. Nach S. 3 ist das Nähere zur Finanzierung des MDS in der Satzung nach Abs. 2e zu regeln. S. 4 entspricht dem geltenden § 282 Abs. 4 im Hinblick auf die Bildung von Rückstellungen und Deckungskapital von Altersversorgungsverpflichtungen. Die Vorgaben des Absatzes 3 entsprechen insgesamt dem bisher geübten Vorgehen.[23]

20 i) **Aufsicht über den MDS (Abs. 4).** In dem im Rahmen des GKV-SelbstverwaltungsstärkungsG neu gefassten Abs. 4 werden die Regelungen zur Aufsicht über den MDS zusammengefasst. Der MDS untersteht wie bisher nach § 282 Abs. 3 S. 1 der Aufsicht des BMG. Durch die in S. 2 enthaltenen Verweise gelten für den MDS die für den GKV-Spitzenverband geltenden aufsichtsrechtlichen gesetzlichen Vorgaben entsprechend. Auch die Bezugnahme auf die Vorschriften des § 279 Abs. 4 S. 3 und 5 (Veröffentlichung der jährlichen Vergütungen der Geschäftsführer und weiterer Zuwendungen) gilt unverändert. Mit S. 3 wird die bereits geltende Vorgabe, dass die Unabhängigkeit der Gutachter des Medizinischen Dienstes zu beachten ist, beibehalten. Anpassungsbedarf gegenüber dem bisher praktizierten Vorgehen ergibt sich grundsätzlich aus dem Verweis auf die mit diesem Gesetz eingeführten Regelungen des § 217 d Abs. 3 und 4 sowie der §§ 217g bis 217j, 219 und 274.[24]

§ 283 Ausnahmen

Die Aufgaben des Medizinischen Dienstes nimmt für die Krankenversicherung der Deutschen Rentenversicherung Knappschaft-Bahn-See deren Sozialmedizinischer Dienst wahr.

I. Entstehungsgeschichte

1 § 283 ist im Rahmen des Gesundheitsreformgesetzes (GRG) mit Wirkung zum 1.1.1989 in Kraft getreten (BGBl. I, 2477). Anschließend erfolgten folgende Änderungen: § 283 (früher S. 3 [bezeichnet als "Abs. 1 S. 3"]): IdF d. Art. 5 Nr. 15 Gesetz v. 19.7.2007 (BGBl. I, 3024) iVm Bek. v. 28.12.2007 (BGBl. I, 3305) mWv 28.12.2007; früherer S. 1 u. 2 aufgeh., früherer S. 3 jetzt einziger Text gem. Art. 1 Nr. 83 Gesetz v. 16.7.2015 (BGBl. I, 1211) mWv 23.7.2015.

II. Vorgängervorschriften

2 § 283 hat wegen der Neuordnung der MDK keine Vorgängervorschriften.

III. Normauslegung

3 **1. Norminhalt.** § 283 ist als Ausnahmevorschrift zu verstehen. Danach sollen die bewähren Strukturen, die sich aus den Besonderheiten einiger bundesweit als Anstalten organisierter Betriebskrankenkassen ergeben, beibehalten werden. Die Vorschrift stellt weiterhin sicher, dass der für die Deutsche Rentenversicherung Knappschaft-Bahn-See schon bisher bestehende eigenständige Sozialmedizinische Dienst erhalten bleibt.

4 **2. Normauslegung.** Die Regelung in § 283 dient der Beibehaltung von bewährten Strukturen. Es soll möglich sein, dass bundesunmittelbare Krankenkassen für die Wahrnehmung ihrer Aufgaben nicht die Arbeitsgemeinschaft MDK beauftragen, sondern eigene Dienste in Anspruch nehmen.

5 Bis zum Inkrafttreten des GKV-VSG zum 23.7.2015 regelte die Vorschrift des § 283 Ausnahmen von dem Grundsatz, dass in den Ländern ein Medizinischer Dienst für alle Krankenkassen tätig ist. Diese Ausnahmeregelung betrifft nach S. 1 die BAHN-BKK, nach S. 2 die Betriebskrankenkasse nach § 7 des Postsozialversicherungsorganisationsgesetzes (Bundespost-Betriebskrankenkasse – BKK POST), die BKK des Bundesministeriums für Verkehr, Bau und Stadtentwicklung (BKK BMVBS) und nach S. 3 die Knappschaft-Bahn-See. Die BAHN BKK ist nicht Mitglied eines Landesverbandes der Betriebskran-

---

23 Vgl. BT-Dr. 18/10605, 39, 40.
24 Vgl. BT-Dr. 18/10605, 40 u. BT-Dr. 18/11009, 44.

kenkassen. Der MD BEV ist infolge des geschlossenen Personalbestandes des Bundeseisenbahnvermögens seit Anfang 2013 nicht mehr in der Lage, die Aufgaben des MDK für die BAHN-BKK wahrzunehmen. Im Vorgriff auf eine gesetzliche Regelung haben die MDK mit der BAHN-BKK eine Rahmenvereinbarung zur Übernahme der Aufgaben ab dem 1. Januar 2013 geschlossen, die von den für den MDK zuständigen Aufsichtsbehörden der Länder bis zur Schaffung einer Rechtsgrundlage toleriert wird. Mit der Streichung der Ausnahmeregelung des bisherigen Satzes 1 und der Einbeziehung der BAHN-BKK in die Arbeitsgemeinschaften MDK (vgl. Ergänzung in § 278 Abs. 2) ist die Rechtsgrundlage dafür geschaffen worden, dass künftig der jeweils zuständige MDK die Aufgaben des MDK für die BAHN-BKK wahrnimmt. Für die BKK POST und die BKK des BMVBS ist die Ausnahmeregelung des bisherigen Satzes 2 durch die Vereinigung dieser Krankenkassen mit anderen BKKen gegenstandslos geworden. S. 2 ist daher ebenfalls aufgehoben worden.[1]

Die Aufgaben des MDK für die Knappschaft-Bahn-See nimmt weiterhin deren Sozialmedizinischer Dienst wahr.[2]

Zehntes Kapitel
Versicherungs- und Leistungsdaten, Datenschutz, Datentransparenz
Erster Abschnitt
Informationsgrundlagen
Erster Titel Grundsätze der Datenverwendung

Vorbemerkungen zu §§ 284 bis 305 b

Literatur:
Albrecht/Jozo, Das neue Datenschutzrecht der EU, 2017; *Binne/Rixen*, in: Maydell/Ruland/Becker, Sozialrechtshandbuch, 5. Auflage 2012, § 10 Sozialdatenschutz; *Böckenförde*, Auf dem Weg zur elektronischen Privatsphäre, JZ 2008, 925; *Britz*, Europäisierung des grundrechtlichen Datenschutzes, EuGRZ 2009, 1; *Buchner*, Outsourcing in der Arztpraxis – zwischen Datenschutz und Schweigepflicht, MedR 2013, 337; *Buchner/Schwichtenberg*, Gesundheitsdatenschutz unter der Datenschutz-Grundverordnung, GuP 2016, 218; *Eul*, in: Schulin, Handbuch des Sozialversicherungsrechts Bd. 1, 1994, § 48 Die Informations- und Datenschutzregelungen im Zehnten Kapitel des SGB V; *Gurlit*, Verfassungsrechtliche Rahmenbedingungen des Datenschutzes, NJW 2010, 1035; *Grätzel von Grätz*, Telemedizin ist seit Jahrzehnten im Einsatz, ersatzkasse magazin 2013, 34; *Hilderink*, Datenschutz in der gesetzlichen Krankenversicherung, 2000; *Hoeren*, Ein Lob für Frau Reding, BB 2012, I; *Hoffmann-Riem*, Der grundrechtliche Schutz der Vertraulichkeit und Integrität eigengenutzter informationstechnischer Systeme, JZ 2008, 1009; *Hornung*, Eine Datenschutz-Grundverordnung für Europa? ZD 2012, 99; *Kircher*, Der Schutz personenbezogener Gesundheitsdaten im Gesundheitswesen, 2016; *Kingreen/Kühling*, Gesundheitsdatenschutzrecht 2015; *Lücking*, in: Sodan, Handbuch des Krankenversicherungsrechts, 2010, § 41 Daten, Datenschutz, Datentransparenz; *Lübking/Zilkens*, Datenschutz in der Kommunalverwaltung, 2. Auflage 2008; *Masing*, Herausforderungen des Datenschutzes, NJW 2012, 2305; *Peifer*, Auswirkungen der EU-Datenschutz-Grundverordnung auf öffentliche Stellen, GewArch 2014, 142; *Reding*, Herausforderungen an den Datenschutz bis 2010: Eine europäische Perspektive, ZD 2011, Editorial; *Reding*, Sieben Grundsteine der europäischen Datenschutzreform, ZD 2012, 195; *Schantz*, Die Datenschutz-Grundverordnung – Beginn einer neuen Zeitrechnung im Datenschutzrecht, NJW 2016, 1841; *Sendler*, Zur Subsidiarität des Bundesdatenschutzgesetzes, DuD 1979, 81; *Spiecker gen. Döhmann/Eisenbarth*, Kommt das Volkszählungsurteil nun durch den EuGH? – der Europäische Datenschutz nach Inkrafttreten des Vertrages von Lissabon, JZ 2011, 169; *Streinz*, Die Rechtsprechung des EuGH zum Datenschutz, DuD 2011, 602; *Taupitz*, Der Entwurf einer europäischen Datenschutz-Grundverordnung – Gefahren für die medizinische Forschung, MedR 2012, 423; *Tinnefeld*, Europas Datenschutz unter Reformdruck, ZD 2012, Editorial, 301; *von Schwanenflügel*, E-Health und Pflege – Chancen für eine Verbesserung der Versorgung, GSP 2012, 36; *Waschkewitz*, Die Befugnis zur Übermittlung personenbezogener Daten zwischen den Stellen zur Bekämpfung von Fehlverhalten im Gesundheitswesen nach § 81 a Abs. 3 a und § 197 a Abs. 3 a SGB V, GesR 2012, 410.

---

1 Vgl. BT-Dr 18/4095, 134.
2 Vgl. BT-Dr 18/4095, 134; Hess. LSG, 4.5.2015, L 1 KR 381/13, juris Rn. 18 = KRS 2016, 181 ff.

I. Ausgangspunkt und Regelungssystematik des 10. Kapitels ... 1
II. Entwicklung des bereichsspezifischen Datenschutzes im SGB V ... 2
III. Verfassungsrechtliche Maßstäbe ... 8
IV. Europarechtliche Entwicklungen ... 10
V. Verhältnis zu anderen Datenerhebungs-, Datenverarbeitungs- und Datenschutzvorschriften ... 17
 1. Sozialgesetzbuch (SGB) ... 17
 2. Bundesdatenschutzgesetz (BDSG) ... 20
 3. Anwendbare Regelungen nach Bereichen ... 21
VI. Begriffsbestimmungen ... 23

I. Ausgangspunkt und Regelungssystematik des 10. Kapitels

1 Die Versorgung der Versicherten mit Leistungen der Gesetzlichen Krankenversicherung (GKV) sowie deren Abrechnung und Prüfung erfordern personenbezogene Angaben der Versicherten und der Leistungserbringer. Dabei verlangt das Grundrecht auf informationelle Selbstbestimmung (näher → Rn. 5) den Schutz des Versicherten vor einer unbegrenzten Erhebung, Verarbeitung und Nutzung personenbezogener Daten. Auf Leistungserbringerseite können datenschutzrechtliche Vorgaben Eingriffe in die Berufsfreiheit (Art. 12 GG) darstellen.[1] Vor diesem grundrechtlichen Hintergrund sind die Vorschriften des 10. Kapitels als bereichsspezifische[2] „Datenverarbeitungs- und Datenschutzregelungen"[3] für die GKV zu qualifizieren, die für die dort tätigen Institutionen und Personen Befugnisse für den Umgang mit Versicherungs- und Leistungsdaten sowie Vorgaben für den Datenschutz und die Datentransparenz beinhalten.[4] Die §§ 284 bis 305b regeln den Umgang mit personenbezogenen Daten in der GKV nicht umfassend, weshalb bereichsspezifische Datenverarbeitungs- und Datenschutzregelungen auch in anderen Kapiteln des SGB V normiert sind (→ Rn. 17; zum Verhältnis zum allgemeinen Datenschutzrecht und anderen Gesetzen → Rn. 20 ff.). Systematisch unterteilt sich das 10. Kapitel in drei **Abschnitte**, von denen der erste Abschnitt (§§ 284 bis 293) die Informationsgrundlagen, der zweite Abschnitt (§§ 294 bis 303f) die Übermittlung und Aufbereitung von Leistungsdaten sowie die Datentransparenz regelt und der dritte Abschnitt (§§ 304 bis 305b) Vorschriften zur Datenlöschung und zur Auskunftspflicht beinhaltet.

II. Entwicklung des bereichsspezifischen Datenschutzes im SGB V

2 Die Entstehungsgeschichte des Datenschutzes im Bereich der GKV lässt sich als Entwicklung von allgemeinen strafrechtlichen Vorschriften in der RVO zu einem bereichsspezifischen Sozialdatenschutz beschreiben.[5] Die Reichsversicherungsordnung (**RVO**)[6] von 1911 kannte mit §§ 141, 142 verschiedene Straftatbestände, die „eine individuelle Geheimhaltungsverpflichtung für die Beschäftigten im Sozialversicherungsbereich normierten."[7] Danach stand das unbefugte Offenbaren von dienstlich bekannt gewordenen Informationen über Krankheiten und Gebrechen sowie deren Ursachen und von Betriebs- und Geschäftsgeheimnissen unter Strafe. Mit der Strafrechtsreform von 1975 wurden diese Straftatbestände in der RVO mit Wirkung zum 1.1.1975 aufgehoben[8] und in §§ 203, 204 StGB übernommen.[9]

3 Die mit der Aufhebung von §§ 141, 142 RVO im Sozialrecht entstandene Lücke wurde ca. ein Jahr später durch § 35 SGB I geschlossen, dessen erste Fassung zum 1.1.1976 in Kraft trat und für die Sozialleistungsträger ein Verbot der Offenbarung für „Geheimnisse, insbesondere die zum persönlichen

---

1 Vgl. Kircher, Der Schutz personenbezogener Gesundheitsdaten im Gesundheitswesen, 2016, S. 79.
2 BSG 10.12.2008, B 6 KA 37/07 R, BSGE 102, 135, 138; BSG, 2.11.2010, B 1 KR 12/10 R, SGb 2011, 709, 711; v. Maydell/Ruland/Becker/Binne/Rixen, Sozialrechtshandbuch, 5. Aufl. 2012, § 10 Rn. 216; Michels in: Becker/Kingreen SGB V Vor § 284 Rn. 2; Mrozynski SGB I, 5. Aufl. 2014, § 35 Rn. 19.
3 v. Maydell/Ruland/Becker/Binne/Rixen, Sozialrechtshandbuch, 5. Aufl. 2012, § 10 Rn. 216.
4 Vgl. v. Maydell/Ruland/Becker/Binne/Rixen, Sozialrechtshandbuch, 5. Auf. 2012, § 10 Rn. 217.
5 Vgl. zur historischen Entwicklung des Sozialdatenschutzes v. Maydell/Ruland/Becker/Binne/Rixen, Sozialrechtshandbuch, 5. Aufl. 2012, § 10 Rn. 1 ff.; Hilderink, Datenschutz in der gesetzlichen Krankenversicherung, 2000, S. 6 ff.; Krahmer, Sozialdatenschutz nach SGB I und X/ Krahmer, 3. Aufl. 2011, Einführung; Kircher, Der Schutz personenbezogener Gesundheitsdaten im Gesundheitswesen, 2016, S. 33 ff.; Lücking in: Sodan, HdB KrVersR § 41 Rn. 1 ff.
6 RGBl. 1911, 509.
7 Hilderink, Datenschutz in der gesetzlichen Krankenversicherung, 2000, S. 7.
8 Vgl. EGStGB, 2.3.1974, BGBl. 1974 I 613.
9 Vgl. BGBl. 1974 I 487; v. Maydell/Ruland/Becker/Binne/Rixen, Sozialrechtshandbuch, 5. Aufl. 2012, § 10 Rn. 2; Hilderink, Datenschutz in der gesetzlichen Krankenversicherung, 2000, S. 7; vertiefend zum Hintergrund und der Entwicklung Steinbach in: Hauck/Noftz SGB 05/12 § 35 SGB I Rn. 10 ff.

Lebensbereich gehörenden Geheimnisse sowie Betriebs- und Geschäftsgeheimnisse" enthielt. Die Normierung des Datenschutzes vollzog sich in den 70er Jahren auch in den Bundesländern, die zwischen 1970 und 1977 Entwürfe für Datenschutzgesetze diskutierten und Landesdatenschutzgesetze verabschiedeten,[10] sowie auf Bundesebene für den gesamten privaten und öffentlichen Bereich, in dem personenbezogene Daten erhoben, verarbeitet oder genutzt wurden. Nach Vorlage des Referentenentwurfs für das BDSG im Jahr 1971 mündete eine mehrjährige Diskussion über die Regelung des Datenschutzes schließlich in der Erstfassung des BDSG, die am 1.2.1977 verkündet wurde.[11] Die Regelungen des **BDSG** galten auch für die GKV.[12] Nach § 45 BDSG 1977 hatten aber die Rechtsvorschriften in den speziellen Bereichen Vorrang.[13]

Im Anschluss an die Erstfassung des BDSG wurde der **Sozialdatenschutz** mit Wirkung zum 1.1.1981 **novelliert**, ohne jedoch den Bereich der gesetzlichen Krankenversicherung im SGB V spezialgesetzlich auszuprägen. Hintergrund war, dass die Anwendung des § 35 SGB I in der Praxis erhebliche Schwierigkeiten bereitete.[14] § 35 SGB I wurde daher neu gefasst und um das Zweite Kapitel des SGB X (§§ 67 ff.) ergänzt.[15] Seitdem besteht die sog „zweispurige Lösung"[16] mit § 35 SGB I als „Grundnorm"[17] und mit weiteren Vorschriften zum Schutz von Sozialdaten im Zweiten Kapitel des SGB X (§§ 67 ff.). Die Novellierung der Datenschutzvorschriften im SGB lehnte sich an das BDSG an,[18] weshalb überwiegend die Terminologie und die Konstruktion (zB „Verbot mit Erlaubnisvorbehalt")[19] des BDSG aufgenommen wurden.

Die weitere Entwicklung des Sozialdatenschutzes und die Aufnahme des zehnten Kapitels in das SGB V wurden wesentlich durch die verfassungsrechtlichen Vorgaben des Bundesverfassungsgerichts bestimmt. Eine erste grundrechtliche Verortung erfolgte 1969 in der sog. Mikrozensus-Entscheidung,[20] in der das Gericht die statistische Erhebung von Persönlichkeits- und Leistungsdaten am „Schutz der menschlichen Persönlichkeit in ihrer Würde" bzw. am „Selbstbestimmungsrecht im innersten Lebensbereich"[21] misst und dafür Art. 2 Abs. 1 und Art. 1 Abs. 1 GG heranzieht. Im **Volkszählungsurteil**[22] im Jahr 1983 entwickelte das Gericht dann das **Grundrecht auf informationelle Selbstbestimmung** als den verfassungsrechtlichen Prüfungsmaßstab für die Erhebung, Verarbeitung und Nutzung von personenbezogenen Daten aus dem Allgemeinen Persönlichkeitsrecht (Art. 2 Abs. 1 in Verbindung mit Art. 1 Abs. 1 GG). Das Grundrecht schützt den Einzelnen „gegen unbegrenzte Erhebung, Speicherung, Verwendung und Weitergabe seiner Daten".[23] Es gewährleistet dessen „Befugnis, grundsätzlich selbst über die Preisgabe und Verwendung seiner persönlichen Daten zu bestimmen."[24] Aufgrund der „Gemeinschaftsbezogenheit und der Gemeinschaftsgebundenheit"[25] des Einzelnen muss er Einschränkungen seines Grundrechts aber im überwiegenden Allgemeininteresse hinnehmen.[26] Dazu bedarf es einer verfassungskonformen gesetzlichen Grundlage, aus der sich im Hinblick auf das Gebot der Normenklarheit die Voraussetzungen und der Umfang der Beschränkungen des Grundrechts klar ergeben müssen.[27] Zudem müssen die Beschränkungen verhältnismäßig sein.[28] Der Gesetzgeber muss

---

10 Vgl. Überblick bei Hilderink, Datenschutz in der gesetzlichen Krankenversicherung, 2000, S. 7.
11 BGBl. 1977 I 201.
12 Vgl. Hilderink, Datenschutz in der gesetzlichen Krankenversicherung, 2000, S. 9.
13 Vgl. Eul in Schulin HS-KV § 47 Rn. 2; vertiefend Sendler DuD 1979, 81 ff.
14 Vgl. vertiefend v. Maydell/Ruland/Becker/Binne/Rixen, Sozialrechtshandbuch, 5. Aufl. 2012, § 10 Rn. 3.
15 BGBl. 1981 I 2218; zum Hintergrund für die Neuregelung vgl. zusammenfassend mwN Hilderink, Datenschutz in der gesetzlichen Krankenversicherung, 2000, S. 9.
16 v. Maydell/Ruland/Becker/Binne/Rixen, Sozialrechtshandbuch, 5. Aufl. 2012, § 10 Rn. 4.
17 BT-Dr. 8/4022, 80.
18 Vgl. BT-Dr. 8/4022, 80.
19 Hilderink, Datenschutz in der gesetzlichen Krankenversicherung, 2000, S. 10.
20 BVerfG, 16.7.1969, 1 BvL 19/63, BVerfGE 27, 1.
21 Beide Zitate BVerfG, 16.7.1969, 1 BvL 19/63, BVerfGE 27, 1, 7.
22 BVerfG, 15.12.1983, 1 BvR 209, 269, 362, 420, 440, 484/83, BVerfGE 65, 1 ff.
23 BVerfG, 15.12.1983, 1 BvR 209, 269, 362, 420, 440, 484/83, BVerfGE 65, 1, 43.
24 BVerfG, 15.12.1983, 1 BvR 209, 269, 362, 420, 440, 484/83, BVerfGE 65, 1; BVerfG, 11.6.1991, 1 BvR 239/90, BVerfGE 84, 192, 194. Zur Wirkung des Grundrechts zwischen privaten Akteuren: BVerfG, 23.10.2006, 1 BvR 2027/02, JZ 2007, 576 ff. zu einer Schweigepflichtentbindungsklausel in einem privaten Versicherungsvertrag; BVerfG, 9.1.2006, 2 BvR 443/02, NJW 2006, 1116, 1117, zum Recht auf Einsicht in Krankenunterlagen für einen im Maßregelvollzug Untergebrachten.
25 BVerfG, 15.12.1983, 1 BvR 209, 269, 362, 420, 440, 484/83, BVerfGE 65, 1, 44.
26 Vgl. BVerfG, 15.12.1983, 1 BvR 209, 269, 362, 420, 440, 484/83, BVerfGE 65, 1, 44.
27 Vgl. BVerfG, 15.12.1983, 1 BvR 209, 269, 362, 420, 440, 484/83, BVerfGE 65, 1, 44.
28 Vgl. BVerfG, 15.12.1983, 1 BvR 209, 269, 362, 420, 440, 484/83, BVerfGE 65, 1, 44.

organisatorische und verfahrensrechtliche Vorkehrungen treffen, „welche der Gefahr einer Verletzung des Persönlichkeitsrechts entgegenwirken."[29] Wird die Angabe personenbezogener Daten als Zwang angeordnet, so muss der Gesetzgeber „den Verwendungszweck bereichsspezifisch und präzise bestimmen"[30] und die Angaben müssen für diesen Zweck geeignet und erforderlich sein.[31] Die Daten dürfen nur zu dem gesetzlich bestimmten Zweck verwendet werden. Zum Schutz dieser Zweckbindung sind „Weitergabe- und Verwertungsverbote"[32] sowie „Aufklärungs-, Auskunfts- und Löschungspflichten"[33] wesentlich.

6 Auch wenn das BVerfG im Volkszählungsurteil die Regelungen des Sozialdatenschutzes „als in die verfassungsrechtlich gebotene Richtung"[34] weisend bewertet hatte, sah der Gesetzgeber nach diesen Vorgaben einen Regelungsbedarf für die Datenverarbeitung und den Datenschutz im Bereich der GKV. Durch das GRG[35] vom 20.12.1988 wurden gemeinsam mit der Schaffung des neuen SGB V das **zehnte Kapitel mit Wirkung zum 1.1.1989** und drei Teilvorschriften (§§ 300 Abs. 1 Nr. 1, 301 Abs. 1 und Abs. 3) mit Wirkung zum 1.1.1990 in das SGB V eingefügt (zur Entstehungsgeschichte einzelner Vorschriften s. dort).[36] Die Regelungen sind wie die Sozialdatenschutzvorschriften im SGB X als Verbot mit Erlaubnisvorbehalt ausgestaltet.[37] Mit ihnen verfolgte der Gesetzgeber drei Ziele:

- „die Transparenz des Leistungsgeschehens insgesamt zu verbessern und vor allem auch den Versicherten unterrichten zu können,
- die Voraussetzungen für eine qualifizierte Prüfung von Wirtschaftlichkeit, Zweckmäßigkeit und Notwendigkeit der abgerechneten Leistungen sowie zur Bekämpfung von Missbrauch und Abrechnungsmanipulation zu schaffen,
- und damit den Krankenkassen zu ermöglichen, daß sie ihre Aufgaben wirksamer und besser als bisher erfüllen."[38]

7 In der Folge wurden die Vorschriften des zehnten Kapitels entsprechend der rechtlichen und informationstechnischen Entwicklungen (zB Novellierungen des BDSG oder zunehmende elektronische Vernetzungsmöglichkeiten und die Entwicklung von Smartcards wie etwa bei § 291) geändert, angepasst und ergänzt. Aus den zahlreichen Änderungen ist für die Auslegung der Vorschriften die Reform des Sozialdatenschutzes durch das 2. SGBÄndG[39] mit Wirkung zum 1.1.1994 hervorzuheben. Sie brachte für das zehnte Kapitel eine Abkehr von der Terminologie des BDSG und führte stattdessen die Begriffe des Sozialdatenschutzes ein. Zudem wurden die Verweise auf das BDSG im SGB weitgehend gestrichen.[40] Vor dem Hintergrund der aufgezeigten Entwicklung kann dennoch von einer „Leitbildfunktion"[41] des BDSG für den bereichsspezifischen Sozialdatenschutz ausgegangen werden, die sich im Hinblick auf jüngere Herausforderungen des Datenschutzes in der GKV (zB durch mobile personenbezogene Speicher- und Verarbeitungsmedien wie Mikroprozessorkarten, Apps und health wearables) wieder aktualisiert hat (vgl. auch § 291 a Abs. 2 S. 2, 291 a Abs. 3 S. 7).

III. Verfassungsrechtliche Maßstäbe

8 Den verfassungsrechtlichen Prüfungsmaßstab für den Datenschutz im SGB V bildet das im Volkszählungsurteil entwickelte **Grundrecht auf informationelle Selbstbestimmung** (→ Rn. 5). Daneben kann im Hinblick auf die Weiterentwicklung der Informationstechnik, die zunehmenden elektronischen Vernetzungen und deren Gefahren vor Infiltration durch Online-Zugriffe das „**Grundrecht auf Gewähr-**

---

29 BVerfG, 15.12.1983, 1 BvR 209, 269, 362, 420, 440, 484/83, BVerfGE 65, 1.
30 BVerfG, 15.12.1983, 1 BvR 209, 269, 362, 420, 440, 484/83, BVerfGE 65, 1, 46.
31 Vgl. BVerfG, 15.12.1983, 1 BvR 209, 269, 362, 420, 440, 484/83, BVerfGE 65, 1, 46.
32 BVerfG, 15.12.1983, 1 BvR 209, 269, 362, 420, 440, 484/83, BVerfGE 65, 1, 46; vgl. dazu auch BSG, 10.12.2008, B 6 KA 37/07 R, BSGE 102, 135, 138.
33 BVerfG, 15.12.1983, 1 BvR 209, 269, 362, 420, 440, 484/83, BVerfGE 65, 1, 46.
34 BVerfG, 15.12.1983, 1 BvR 209, 269, 362, 420, 440, 484/83, BVerfGE 65, 1, 45.
35 BGBl. I 1988, 2477.
36 Die Entwicklung zusammenfassend unter Einbezug der Entstehungsmaterialien vgl. Luthe in: Hauck/Noftz SGB V, § 284 Rn. 3; Hintergründe und Motive auch bei Hilderink, Datenschutz in der gesetzlichen Krankenversicherung, 2000, S. 11.
37 Vgl. BSG, 10.12.2008, B 6 KA 37/07 R, BSGE 102, 135, 138 mwN für die Literatur.
38 BT-Dr. 11/2237, 235.
39 BGBl. I 1993, 1229.
40 Vgl. vertiefend zur Reform Hilderink, Datenschutz in der gesetzlichen Krankenversicherung, 2000, S. 16 ff.
41 Vertiefend zur Reform Hilderink, Datenschutz in der gesetzlichen Krankenversicherung, 2000, S. 18.

leistung der Vertraulichkeit und Integrität informationstechnischer Systeme"[42] an Bedeutung gewinnen, das vom BVerfG als weitere Ausprägung des Allgemeinen Persönlichkeitsrechts entwickelt wurde. Als informationstechnische Systeme in diesem Sinn gelten etwa PCs, Smartphones und elektronische Terminkalender mit umfassenden Datenspeicherungs- und -weiterleitungsfunktionen.[43] Das Grundrecht, das „schutzlückenfüllend"[44] konzipiert ist, soll gewährleisten, dass „die von einem vom Schutzbereich erfassten informationstechnischen System erzeugten, verarbeiteten und gespeicherten Daten vertraulich bleiben."[45] Geschützt wird die Integrität dieses Systems vor Zugriffen, die Dritten die Nutzung der Leistungen, der Funktionen und der Speicherinhalte erlauben.[46] Diese Ausgestaltung des Allgemeinen Persönlichkeitsrechts kann etwa bei Gesundheits-Apps eine Rolle spielen, die zB im Falle von Bewegungsaufzeichnungen mit Krankenkassen verknüpft werden sollen; als weiteres Anwendungsfeld sind die Schaffung einer besonderen Sicherheitsinfrastruktur für die elektronische Gesundheitskarte (§ 291 a), deren vielfältige Nutzungen und mögliche Vernetzungen zu nennen.[47]

Aus der **Grundrechtsperspektive der Leistungserbringer** enthalten die §§ 284 ff. Berufsausübungsregeln, beispielsweise in Gestalt der Verpflichtung zur Erfassung und Weiterleitung personenbezogener Daten der Patienten und der Diagnosen zum Zweck der Abrechnung und deren Kontrolle (Wirtschaftlichkeitsprüfung).[48] Soweit die **Berufsausübungsfreiheit** (Art. 12 Abs. 1 GG) durch eine solche Pflicht wie die Verschlüsselungspflicht betroffen ist, werden vernünftige Gründe des Gemeinwohls zur Rechtfertigung des Eingriffs benötigt. Das BVerfG hat dafür bisher das funktionierende vertragsärztliche System der gesetzlichen Krankenversicherung und die Volksgesundheit anerkannt.[49]

IV. Europarechtliche Entwicklungen

Auf europäischer Ebene ist der Schutz personenbezogener Daten in unterschiedlichen Rechtsquellen des Sekundärrechts und des Primärrechts verankert. Die historische Entwicklung des europäischen Datenschutzrechts lässt sich dahin gehend zusammenfassen, dass sich von anfänglich losen Übereinkünften zwischen nur wenigen europäischen Staaten die Regelungsdichte stetig vergrößert hat. Mit der VO (EU) 2016/679 vom 27.4.2016 (= Datenschutz-Grundverordnung, im Folgenden: DS-GVO), die seit dem 25.5.2016 in Kraft ist, hat eine „neue Zeitrechnung"[50] im europäischen Datenschutzrecht begonnen.[51] Nach der durch den EuGH[52] begründeten Wirkung der RL 95/46/EG in Richtung einer weitgehenden Vollharmonisierung, hat der europäische Gesetzgeber mit der DS-GVO das europäische Datenschutzrecht endgültig vollharmonisiert, wobei für die Mitgliedstaaten im Bereich der Gesundheitsversorgung und Verwaltung einschließlich der Sozialsysteme gewisse Gestaltungsspielräume bleiben (→ Rn. 16).

Historisch betrachtet wurden nach einer überwiegend nationalstaatlichen Regelungsphase in den 70er Jahren zunächst im Jahr **1980** „Guidelines on the Protection of Privacy and Transborder Flows of Personal Data"[53] auf der Ebene der OECD vereinbart.[54] Ihnen folgte auf der Ebene des Europarats im Jahr 1981 das Übereinkommen zum Schutz des Menschen bei der automatischen Verarbeitung perso-

---

42 BVerfG, 27.2.2008, 1 BvR 370/07, 1 BvR 595/07, BVerfGE 120, 274 ff. = NJW 2008, 822 mAnm Roßnagel/Schnabel, NJW 2008, 3534; Hornung, CR 2008, 299; vgl. auch Böckenförde, Auf dem Weg zur elektronischen Privatsphäre, JZ 2008, 925 ff.
43 Vgl. BVerfG, 27.2.2008, 1 BvR 370/07, 1 BvR 595/07, BVerfGE 120, 274, 313 f.; nach Hoffman-Riem, Der grundrechtliche Schutz der Vertraulichkeit und Integrität eigengenutzter informationstechnischer Systeme, JZ 2008, 1009, 1012 zählen auch externe Festplatten und rechnerverbundene USB-Sticks zu solchen Systemen.
44 Gurlit, Verfassungsrechtliche Rahmenbedingungen des Datenschutzes, NJW 2010, 1035, 1037.
45 BVerfG, 27.2.2008, 1 BvR 370/07, 1 BvR 595/07, BVerfGE 120, 274, 314.
46 BVerfG, 27.2.2008, 1 BvR 370/07, 1 BvR 595/07, BVerfGE 120, 274, 314.
47 Gegen eine generelle Einordnung, aber für eine Einschlägigkeit der elektronischen Gesundheitskarte im Einzelfall Kühling/Seidel, in Kingreen/Kühling, Gesundheitsdatenschutzrecht 2015, 175 f.
48 Vgl. BVerfG, 10.4.2000, 1 BvR 422/00, NJW 2001, 883 zum ICD 10 – Diagnoseschlüssel.
49 Vgl. BVerfG, 10.4.2000, 1 BvR 422/00, NJW 2001, 883 zum ICD 10 – Diagnoseschlüssel.
50 Schantz, NJW 2016, 1841.
51 Vgl. zur Entstehungsgeschichte Schantz, NJW 2016, 1841 sowie ausführlich Albrecht/Jozo, Das neue Datenschutzrecht der EU, 2017.
52 EuGH, 24.11.2011, verb. Rs. C-468/10 und C-469/10 Rn. 1, 35 f. – ASNEF, NZA 2011, 1409.
53 BAnz, Amtl. Teil, 14.11.1981, Nr. 215.
54 Vgl. Sobotta in: Grabitz/Hilf/Nettesheim, Das Recht der Europäischen Union, AEUV Art. 16 Rn. 2 ff.

nenbezogener Daten,[55] das nach seiner Ratifikation in Frankreich, Norwegen, Schweden, Spanien und Deutschland im Jahr **1985** in Kraft trat.[56] Der maßgebliche Beitrag des Übereinkommens (auch **Europaratskonvention**[57] genannt) zum europäischen Datenschutz lag in der Statuierung von fünf Datenschutzgrundsätzen für die automatisierte Verarbeitung personenbezogener Daten, die seither als konsentiert gelten konnten.[58] Die Konvention – ein „non-self-executing treaty"[59] – sollte für die nationalen Gesetzgeber Anreize schaffen, verbindliche Regelungen für den Datenschutz zu treffen.[60] Die einzelnen Staaten konnten auf der Grundlage des Übereinkommens nicht unmittelbar zu einer gesetzgeberischen Tätigkeit gezwungen werden. Auch konnten aus der Konvention keine Rechte abgeleitet werden.[61] Dennoch wirkte die Konvention prägend auf verschiedene nationale Datenschutzgesetze.[62] Im Hinblick auf sensible Daten, zu denen auch Gesundheitsdaten gehören, enthielt Art. 6 der Konvention eine Sonderregelung. Die automatisierte Verarbeitung solcher Daten wurde bis zur Einführung „angemessener Schutzvorkehrungen" auf nationaler Ebene suspendiert,[63] ohne dass die angemessenen Schutzvorkehrungen durch das Übereinkommen präzisiert wurden. Die nationalen Gesetzgeber konnten dementsprechend das Schutzniveau unterschiedlich festlegen.

12 Mit der sich entwickelnden starken Zunahme des Datenaustauschs und -verkehrs innerhalb der EU entstand ein Bedürfnis nach Vereinheitlichung des Datenschutzniveaus.[64] Auf der Ebene des Europäischen Sekundärrechts wurde die „**Richtlinie 95/46/EG des Europäischen Parlaments und des Rates vom 24. Oktober 1995 zum Schutz natürlicher Personen bei der Verarbeitung personenbezogener Daten und zum freien Datenverkehr**" (**Datenschutzrichtlinie** genannt) geschaffen, die erst mit mehrjähriger Verspätung nach einem Vertragsverletzungsverfahren im Jahr 2001 in Deutsches Recht – u.a. im Sozialgesetzbuch in die Bücher I und X – umgesetzt wurde.[65] Für sensible Daten wie **Gesundheitsdaten** statuierte Art. 7 der Richtlinie ein Verbot der Datenverarbeitung mit Erlaubnisvorbehalt.

13 Neben der Datenschutzrichtlinie bestand auf der Ebene der Sekundärrechts zunächst die Telekommunikations-Datenschutzrichtlinie („RL 97/66/EG des Europäischen Parlaments und des Rates v. 15.12.1997 über die Verarbeitung personenbezogener Daten und den Schutz der Privatsphäre im Bereich der Telekommunikation"),[66] die durch die Richtlinie für elektronische Kommunikation („RL 2002/58/EG des Europäischen Parlaments und des Rates v. 12.7.2002 über die Verarbeitung personenbezogener Daten und den Schutz der Privatsphäre in der elektronischen Kommunikation")[67] aufgehoben wurde. Weiterhin wurde eine Richtlinie zur Vorratsdatenspeicherung („RL 2006/24/EG des Europäischen Parlaments und des Rates v. 15.3.2006 über die Vorratsdatenspeicherung von Daten, die bei der Bereitstellung öffentlich zugänglicher elektronischer Kommunikationsnetze erzeugt oder verarbeitet werden") erlassen.[68] Beide Richtlinien enthalten keine speziellen Regelungen für den Sozialdatenschutz bzw. den Schutz von Gesundheitsdaten.[69] Die Richtlinie über die Vorratsdatenspeicherung hat der EuGH für ungültig erklärt.[70]

---

55 Vgl. zur internationalen Entwicklung des Datenschutzrechts allgemein Simitis in Simitis BDSG, 8. Aufl. 2014, Einleitung Rn. 151 ff.; speziell zur Entwicklung auf europäischer Ebene Sobotta in: Grabitz/Hilf/Nettesheim, Das Recht der Europäischen Union, AEUV Art. 16 Rn. 2; Bernsdorff in: Meyer Charta der Grundrechte der Europäischen Union, 4. Aufl. 2014, Art. 8 Rn. 2 ff.
56 Vgl. BGBl. II 1985, 539.
57 Vgl. Simitis in: Simitis BDSG, 8. Aufl. 2014, Einleitung Rn. 137.
58 Wiedergabe bei Simitis in Simitis BDSG, 8. Aufl. 2014, Einleitung Rn. 158; Lübking/Zilkens, Datenschutz in der Kommunalverwaltung, 2. Aufl. 2008, Rn. 21.
59 Simitis in: Simitis BDSG, 8. Aufl. 2014, Einleitung Rn. 153.
60 Vgl. Lübking/Zilkens, Datenschutz in der Kommunalverwaltung, 2. Aufl. 2008, Rn. 21.
61 Vgl. Simitis in: Simitis BDSG, 8. Aufl. 2014, Einleitung Rn. 153.
62 Vgl. Simitis in: Simitis BDSG, 8. Aufl. 2014, Einleitung Rn. 138.
63 Vgl. Simitis in: Simitis BDSG, 8. Aufl. 2014, Einleitung Rn. 162.
64 Vgl. Lübking/Zilkens, Datenschutz in der Kommunalverwaltung, 2. Aufl. 2008, Rn. 19.
65 Die Richtlinie hätte bis zum 24.10.1998 umgesetzt werden müssen. Ausführlich zur Bedeutung der Datenschutzrichtlinie für das nationale Recht: Stähler in: Krahmer, Sozialdatenschutz nach SGB I und X, 3. Aufl. 2011, Einführung Rn. 28 ff. und Rn. 32.
66 ABl. 1998 L 24, 1.
67 ABl. 2002 L 201, 47.
68 ABl. 2006 L 105, 54.
69 Vgl. Überblick bei Lübking/Zilkens, Datenschutz in der Kommunalverwaltung, 2. Aufl. 2008, Rn. 24 f.
70 EuGH, 8.4.2014, C-293/12, C-594/12, EuZW 2014, 459.

Im **grundrechtlichen Bereich** wurde der Schutz personenbezogener Daten als Ausprägung des Rechts 14 auf Achtung der Privatsphäre (Art. 8 EMRK) durch die Rechtsprechung des EuGH entwickelt.[71] Der EuGH zog dafür die gemeinsamen Verfassungsüberlieferungen der Mitgliedstaaten und die EMRK als Rechtserkenntnisquellen heran (vgl. auch Art. 6 Abs. 3 EUV).[72] Er orientierte sich an der Rechtsprechung des EGMR zu Art. 8 EMRK und am Sekundärrecht zum Datenschutz (insbesondere der Datenschutzrichtlinie).[73] Durch den Vertrag von Lissabon wurde das Datenschutzgrundrecht mit **Art. 8 GRCh** als europäische Grundrechtsgewährleistung rechtverbindlich kodifiziert,[74] die die Mitgliedstaaten, die Organe, Einrichtungen und Stellen der Union verpflichtet.[75] Art. 8 Abs. 1 GRCh gewährleistet jeder Person das Recht auf Schutz der sie betreffenden personenbezogenen Daten, wobei sich Umfang und Grenzen des Schutzes in erster Linie nach den gemeinschaftsrechtlichen Regelungen richten.[76] Art. 8 Abs. 2 S. 2 GRCh beinhaltet einen Auskunfts- und Berichtigungsanspruch des Betroffenen.[77] Art. 8 Abs. 3 GRCh sieht vor, dass die Einhaltung der Vorschriften des Art. 8 Abs. 1 und Abs. 2 GRCh durch eine unabhängige Stelle (gemeint: den europäischen Datenschutzbeauftragten)[78] überwacht wird. Neben Art. 8 GRCh wird das Grundrecht auf den Schutz personenbezogener Daten in **Art. 16 Abs. 1 AEUV** wiederholt. Art. 16 Abs. 2 AEUV begründet darüber hinaus eine Gesetzgebungskompetenz im Datenschutzrecht für die Union und ordnet die Überwachung der Datenschutzvorschriften durch unabhängige Behörden an, wobei – anders als bei Art. 8 Abs. 3 GRCh – auch die Kontrollstellen der Mitgliedstaaten erfasst sind.[79] Der EuGH hat das Grundrecht des Art. 8 GRCh, das er „in engem Zusammenhang"[80] mit Art. 7 GRCh sieht, in mehreren Entscheidungen konturiert und dabei eine mit dem deutschen Grundrechtsstandard im Wesentlichen vergleichbare Grundrechtsgewährleistung geschaffen.[81]

Die Datenschutzrichtlinie führte zu unterschiedlichen Datenschutzregelungen innerhalb der EU.[82] Angesichts eines Mosaiks an Datenschutzregimen, des 1995 „in seinem Ausmaß" nicht absehbaren „Wachstums der Onlinewirtschaft",[83] der ebenfalls nicht absehbaren informationstechnischen Entwicklungen, die zu einem „digitalen Binnenmarkt"[84] geführt haben, und angesichts eines gesellschaft- 15

---

71 Vgl. EuGH, 20.5.2003, C-465/00, C-138/01 und C-139/01, EuR 2004, 276 Rn. 70 ff.; EuGH, 29.1.2008, C-275/06, MMR 2008, 227 (229 Rn. 64); Überblick bei Streinz/Streinz EU-Grundrechtecharta Art. 8 Rn. 4 f. mwN für die Rspr. des EuGH; Calliess/Ruffert/Kingreen AEUV Art. 16 Rn. 3; Calliess/Ruffert/Kingreen EU-GRCharta Art. 8 Rn. 2 ff.; frühere Entwicklung der Rspr. bis 2006 bei Johlen in: Tettinger/Stern GRCh 2006 Art. 8 Rn. 23 mwN zur Rspr. des EuGH.
72 Vgl. zur Entwicklung des europäischen Grundrechtsschutzes allgemein Calliess/Ruffert/Calliess EU-GRCharta Art. 1 Rn. 1; Britz EuGRZ 2009, 1 ff. sowie Streinz DuD 2011, 602, 604.
73 Vgl. Britz EuGRZ 2009, 1, 6 f.; vgl. speziell zum Schutz von Gesundheitsdaten im Zusammenhang mit einem HIV-Test im Rahmen eines Einstellungsverfahrens: EuGH, 5.10.1994, C-404/92 P, NJW 1994, 3005 ff.; im Zusammenhang mit der Kontrolle der Einfuhr von Arzneimitteln durch Privatpersonen werden das Recht auf Achtung des Privatlebens und der Schutz des Arztgeheimnisses als geschützte Grundrechte erwähnt: EuGH, 8.4.1992, C-62/90, NJW 1992, 1553, 1554 Rn. 23.
74 Zur Entwicklung der Charta allgemein vgl. Bernsdorff in: Meyer Charta der Grundrechte der Europäischen Union Art. 8 Rn. 1–11 a; Zur Bedeutung und Tragweite von Art. 8 GRCh und Art. 8 EMRK vgl. Streinz DuD 2011, 602, 604; zur Entwicklung des europäischen Datenschutzes und der Verankerung des Grundrechts auf Datenschutz in der Charta vgl. Spiecker gen. Döhmann/Eisenbarth JZ 2011, 169, 171.
75 Vgl. Bernsdorff in: Meyer Charta der Grundrechte der Europäischen Union Art. 8 Rn. 18.
76 Vgl. Bernsdorff in: Meyer Charta der Grundrechte der Europäischen Union Art. 8 Rn. 14.
77 Vgl. dazu Jarass Charta der Grundrechte der EU Art. 8 Rn. 16.
78 Vgl. Bernsdorff in: Meyer Charta der Grundrechte der Europäischen Union Art. 8 Rn. 24; Calliess/Ruffert/Kingreen EU-GRCharta Art. 8 Rn. 17; Streinz/Streinz EU-Grundrechtecharta Art. 8 Rn. 10.
79 Vgl. zum Verhältnis von Art. 8 GRCh zu Art. 16 AEUV Calliess/Ruffert/Kingreen EU-GRCharta Art. 8 GRCh Rn. 2 ff. und Calliess/Ruffert/ Kingreen AEUV Art. 16 Rn. 8 zu den unabhängigen Behörden; zur Datenschutzgesetzgebungskompetenz vgl. auch Kircher, Der Schutz personenbezogener Gesundheitsdaten im Gesundheitswesen, 2016, S. 54.
80 EuGH, 9.11.2010, C-92/09 und 93/09, EuZW 2010, 939 Rn. 47; EuGH, 24.11.2011, C-468/10 und C-469/10, NZA 2011, 1409 Rn. 41.
81 Vgl. dazu näher Kircher, Der Schutz personenbezogener Gesundheitsdaten im Gesundheitswesen, 2016, S. 56 ff.
82 Vgl. Wybitul/Rauer ZD 2012, 160; die EU-Kommissarin in Justizsachen, Reding ZD 2011, Editorial 1, begründet die Rechtswahl der Verordnung mit einem „Flickenteppich an unterschiedlichen nationalen Datenschutzvorgaben, die zu einem ernsthaften Hindernis in unserem Binnenmarkt zu werden drohen und sich in der Praxis oft nicht grenzüberschreitend durchsetzen lassen."
83 Beide Zitate von Reding ZD 2012, 195.
84 Reding ZD 2012, 195, 196.

lichen Wandels im Umgang mit personenbezogenen Daten (wie der freiwilligen Preisgabe privater Datensammlungen im weltweiten Netz und der Zunahme des Datenaustauschs unter Privaten im Internet)[85] erschien die Datenschutzrichtlinie der Kommission nicht mehr zeitgemäß. Sie hat daher eine **Reform des europäischen Datenschutzrechts** angestoßen, die das Datenschutzrecht auf EU-Ebene mit unmittelbarer Wirkung für die Mitgliedstaaten mit bindender Wirkung für Private und öffentliche Verwaltung regeln sollte.[86] Die **DS-GVO** ist zum 25.5.2016 in Kraft getreten und wird ab dem 25.5.2018 unmittelbar geltendes Recht in allen Mitgliedstaaten der Europäischen Union sein.

16 Die Verarbeitung besonderer Kategorien personenbezogener Daten, zu denen auch **genetische Daten** (Art. 4 Nr. 13 DS-GVO) und **Gesundheitsdaten** iSv Art. 4 Nr. 15 DS-GVO gehören, ist in Art. 9 DS-GVO geregelt. Sie ist grundsätzlich untersagt (Art. 9 Abs. 1 DS-GVO). Die Verarbeitung für Zwecke der Gesundheitsvorsorge, für die Versorgung oder Behandlung im Gesundheits- oder Sozialbereich oder für die Verwaltung von Systemen und Diensten im Gesundheits- oder Sozialbereich gilt das Verbot jedoch nicht (vgl. Art. 9 Abs. 2 lit. h). Zudem enthält Art. 9 Abs. 4 DS-GVO eine Öffnungsklausel, die den Mitgliedstaaten gestattet, zusätzliche Bedingungen einschließlich Beschränkungen für die Verarbeitung von genetischen Daten und Gesundheitsdaten festzulegen. Die Öffnungsklausel erlaubt sowohl die Beibehaltung zusätzlicher Bedingungen und Beschränkungen für die Mitgliedstaaten als auch die Einführung zusätzlicher Regelungen.[87] Weitgehende Änderungen im Gesundheitsdatenschutzrecht werden aufgrund des Spielraums für Deutschland nicht erwartet.[88]

V. Verhältnis zu anderen Datenerhebungs-, Datenverarbeitungs- und Datenschutzvorschriften

17 **1. Sozialgesetzbuch (SGB).** Das Verhältnis der Vorschriften des zehnten Kapitels zu den übrigen Datenerhebungs-, Datenverarbeitungs- und Datenschutzvorschriften des SGB wird durch § 37 S. 1 SGB I bestimmt. §§ 284 bis 305 b gehen daher als **Spezialregelungen** den §§ 67 ff. SGB X vor, soweit sie abschließend sind. Eine Ausnahme gilt für die in § 35 SGB I geregelten Grundsätze des Sozialdatenschutzes, da von ihnen gemäß § 37 S. 2 SGB I nicht abgewichen werden kann.[89]

18 Die Erhebung, Übermittlung und Nutzung von Versicherungs- und Leistungsdaten sowie die Vorgaben zum Datenschutz und zur Datentransparenz sind im zehnten Kapitel des SGB V nicht umfassend für den Bereich der gesetzlichen Krankenversicherung geregelt. Spezialregelungen sind auch in anderen Kapiteln des **SGB V** enthalten. **Weitere spezialgesetzliche Vorschriften** existieren mit § 73 Abs. 1 b für die Erhebung von Behandlungsdaten und Befunden durch Hausärzte sowie für die Übermittlung und Nutzung dieser Daten zwischen Haus- und Fachärzten, mit § 81 a Abs. 3 a und § 197 a Abs. 3 a für die Übermittlung personenbezogener Daten zwischen den Stellen zur Bekämpfung von Fehlverhalten im Gesundheitswesen,[90] mit § 11 Abs. 4 S. 5 für die Übermittlung von personenbezogenen Daten im Rahmen des Versorgungsmanagements, mit § 39 Abs. 1 S. 5 für das Entlassmanagement im Zusammenhang mit einer Krankenhausbehandlung, mit § 63 Abs. 5 für den Umgang mit personenbezogenen Daten im Rahmen von Modellvorhaben, mit §§ 73 b Abs. 7 S. 4, 73 c Abs. 6 S. 4, 140 d Abs. 1 S. 3 für die Übermittlung arzt- und versichertenbezogener Daten zum Zweck der Bereinigung der Gesamtvergütung, mit dem Gebot der Vertraulichkeit für Beratungen des Bewertungsausschusses einschließlich der Beratungsunterlagen und der Niederschriften sowie einschließlich des gesamten Vorbereitungsprozesses der Beratungen in § 87 Abs. 3 S. 3 und S. 4, mit § 87 Abs. 3 f für verschiedene Datenaufgaben der Kassenärztlichen Vereinigungen und der Krankenkassen sowie den Bewertungsausschuss im Zusammenhang mit der Gesamtvergütung, mit § 87 c für die sog. Transparenz der Vergütung vertragsärztli-

---

85 Vgl. dazu auch die Begründung für die „Verordnung des Europäischen Parlaments und des Rates zum Schutz natürlicher Personen bei der Verarbeitung personenbezogener Daten und zum freien Datenverkehr (Datenschutz-Grundverordnung)", KOM (2012) 11 endg., 1; Masing NJW 2012, 2305 f.; vgl. zu den gesellschaftlichen Entwicklungen und Herausforderungen auch Peifer GewArch 2014, 142, 143.
86 Kritisch dazu wegen der weitreichenden Folgen für den deutschen Grundrechtsschutz Masing, „Ein Abschied von den Grundrechten?", Süddeutsche Zeitung (SZ), 9.1.2012; Masing NJW 2012, 2305.
87 Überblick bei Weichert in: Kühling/Buchner, Datenschutz-Grundverordnung, Kommentar, 2017, Art. 9 Rn. 150–154.
88 Vgl. Buchner/Schwichtenberg, GuP 2016, 218 ff.
89 Vgl. v. Maydell/Ruland/Becker/Binne/Rixen, Sozialrechtshandbuch, 5. Aufl. 2012, § 10 Rn. 216.
90 Vgl. dazu Waschkewitz GesR 2012, 410 ff.

cher Leistungen und mit § 131 Abs. 4 für die Datenübermittlung durch pharmazeutische Unternehmen.[91]

Wegen § 37 S. 1 SGB I bedarf es in den übrigen Büchern des SGB nicht der Anordnung, dass das SGB I 19 und die Vorschriften des Zweiten Kapitels des SGB X auch für die übrigen Sozialleistungsbereiche gelten. Soweit deren Anwendungsbereich eröffnet ist (zB für Krankenkassen als Leistungsträger iSv § 35 Abs. 1 S. 1 und Kassenärztliche Vereinigungen/Kassenzahnärztliche Vereinigungen als öffentlich-rechtliche Vereinigungen iSv § 34 Abs. 1 S. 4 SGB I)[92] und die Materie nicht abschließend im SGB V geregelt ist, finden § 35 SGB I und §§ 67 – 85 a SGB X Anwendung, zB § 80 SGB X für die Datenverarbeitung im Auftrag von gesetzlichen Krankenkassen oder die §§ 67 ff. SGB X für die Erhebung und Speicherung von Sozialdaten durch Krankenkassen aufgrund der Anordnung gemäß § 284 Abs. 1 S. 5 SGB V. Für Leistungserbringer – einschließlich Krankenhäuser, die nicht als Eigeneinrichtungen der Krankenkassen betrieben werden – gelten die §§ 67 bis 85 a SGB X nur, soweit auf sie ausdrücklich verwiesen wird (§ 295 a Abs. 2 S. 2, Abs. 3 S. 3), da sie keine Sozialleistungsträger sind, die Sozialdaten iSv § 67 Abs. 1 SGB X erheben, verarbeiten oder nutzen.[93] Über die Vorschriften des Zweiten Kapitels des SGB X hinaus kann unter den Voraussetzungen des § 100 SGB X für Ärzte, Angehörige eines anderen Heilberufs, Krankenhäuser und für Vorsorge- und Rehabilitationseinrichtungen eine Auskunftspflicht gegenüber den Leistungsträgern bestehen.[94]

2. Bundesdatenschutzgesetz (BDSG). Das Verhältnis zum BDSG wird durch § 1 Abs. 3 BDSG bestimmt, wonach bereichsspezifische Vorschriften des Bundes den Regelungen des BDSG vorgehen. Soweit im SGB nicht auf die Anwendung von Regelungen des BDSG verwiesen wird (in den §§ 284 bis 305 b SGB V in: §§ 291 a Abs. 2 S. 2 und Abs. 3 S. 7, 295 a Abs. 2 S. 2 Hs. 2), findet das BDSG keine Anwendung.[95] Dadurch entfällt nach der Rspr. des BSG insbesondere die Legitimierung der Verwendung personenbezogener Daten durch eine Einwilligung, wenn diese nicht im SGB als Erlaubnistatbestand normiert ist (zB § 73 Abs. 1 b S. 1 SGB V) und deren Voraussetzungen erfüllt sind.[96] 20

3. Anwendbare Regelungen nach Bereichen. Leistungserbringer im Sinne des SGB V müssen neben 21 den §§ 284 bis 305 b weitere datenschutzrechtliche Vorschriften beachten.[97] Für **Ärzte/Zahnärzte und Psychotherapeuten** gelten insbesondere die berufsrechtlichen Pflichten (zur ärztlichen Schweigepflicht vgl. zB die in regionales Satzungsrecht der Ärzte-, Zahnärzte- und Psychotherapeutenkammern umgesetzten § 9 MBO-Ä/§ 7 MBO-Z, zur Dokumentationspflicht vgl. zB § 10 MBO-Ä/§ 12 MBO-Z), weiterhin als strafrechtliche Absicherung und Sanktionsnorm § 203 StGB[98] und für spezielle Untersuchungen oder Operationen ggf. weitere Vorschriften[99] wie § 11 GenDG oder § 7 TPG.

Für die Krankenhausbehandlung durch **zugelassene Krankenhäuser** iSv § 108 und solche, die als Eigeneinrichtungen der Krankenkassen betrieben werden, kommen die §§ 284 bis 305 b zur Anwendung. Auf außerhalb dieser Regelungsmaterie liegende Datenverwendungszusammenhänge können andere spezialgesetzliche Datenschutzvorschriften Anwendung finden. Welches Gesetz als Prüfungs- 22

---

91 Zukünftig wird § 65 c SGB V hinzukommen, nach dem die Länder zur Verbesserung der Qualität der onkologischen Versorgung klinische Krebsregister einrichten dürfen, die personenbezogene Daten der Patienten erfassen. Zum Hintergrund vgl. BT-Dr. 17/12221, 29 f.
92 Zur Anwendung der §§ 67 SGB X auf Kassenärztliche Vereinigungen vgl. speziell BSG, 2.11.2010, B 1 KR 12/10 R, SGb 2011, 709, 711.
93 Vgl. zur Nichtanwendbarkeit der §§ 67 ff. SGB X auf Leistungserbringer BSG, 10.12.2008, B 6 KA 37/07 R, BSGE 102, 135, 140; BSG, 2.11.2010, B 1 KR 12/10 R, SGb 2011, 709, 711.
94 Vgl. dazu näher Roos in: von Wulffen/Schütze, SGB X, 8. Aufl. 2014, § 100.
95 Vgl. BSG, 28.11.2002, B 7/1 A 2/00 R, BSGE 90, 162, 169; BSG, 10.12.2008, B 6 KA 37/07 R, BSGE 102, 135, 144 f.; Bieresborn in: von Wulffen/Schütze, SGB X, 8. Aufl. 2014, vor § 67 Rn. 18.
96 Noch offen gelassen von BSG 28.11.2002, B 7/1 A 2/00 R, BSGE 90, 162, 170; nunmehr explizit abgelehnt von BSG, 10.12.2008, B 6 KA 37/07 R, BSGE 102, 135, 144 ff.; kritisch: Bieresborn in: von Wulffen/Schütze, SGB X, 8. Aufl. 2014, § 67 a Rn. 5 a; ausführlich zu BSGE 102, 135 ff. Hornung in: Hänlein/Schuler SGB V Vorbemerkungen §§ 284–305 Rn. 17 ff.; zur Diskussion dieses Verhältnisses vgl. näher Literatur bei § 295 a.
97 Ausschließlich privatärztlich tätige Ärzte, Zahnärzte und Psychotherapeuten unterfallen dagegen nicht den Regelungen des SGB V. Für sie gilt im Verhältnis zu Patienten und Verrechnungsstellen das BDSG, soweit keine das BDSG verdrängenden spezialgesetzlichen Datenschutzvorschriften bestehen. Auf jeden Fall finden die berufsrechtlichen Regelungen Anwendung, die auch für Leistungserbringer gelten.
98 Zur Geltung der Schweigepflicht auch unter Ärzten vgl. BGH, 11.12.1991, VIII ZR 4/91, NJW 1992, 737 ff.; OLG Düsseldorf, 11.12.2008, I-15 U 170/07, 15 U 170/07, GesR 2008, 587, 588; zur Schweigepflicht im Fall des Outsourcings von Patientendaten in Arztpraxen vgl. Buchner MedR 2013, 337 ff.
99 Zum Anspruch eines Arztes auf Auskunft gegenüber der Kassenärztlichen Vereinigung nach dem Informationsfreiheitsgesetz vgl. VG Düsseldorf, 14.2.2012, 26 K 1653/11, MedR 2012, 409 ff.

maßstab heranzuziehen ist, entscheidet sich nach der Trägerschaft des Krankenhauses.[100] Krankenhäuser in privater Trägerschaft sind nicht-öffentliche Stellen gemäß § 1 Abs. 4 BDSG, weshalb grundsätzlich der 3. Abschnitt des BDSG (§§ 27 ff.) anwendbar ist. Krankenhäuser des Bundes unterfallen als öffentlich-rechtliche Unternehmen gemäß § 27 Abs. 1 S. 1 Nr. 2 a) BDSG ebenfalls dem 3. Abschnitt des BDSG. Allerdings gilt für Krankenhäuser in privater Trägerschaft wie für solche in Trägerschaft des Bundes, dass bereichsspezifische Regelungen (zB aus den Landeskrankenhausgesetzen oder den Gesundheitsdatenschutzgesetzen) der Länder das BDSG als spezialgesetzliche Vorschriften verdrängen.[101] Für kirchliche Einrichtungen wurden von der Evangelischen Kirche das DSG-EKD und die DSVO-KH und von der Katholischen Kirche die Anordnung über den kirchlichen Datenschutz des Verbandes der Diözesen Deutschlands (KDO) und die KDO-DVO erlassen. Teilweise finden sich in den Landesgesetzen Vorschriften, die den Kirchen und Religionsgemeinschaften die eigenständige Regelung des Datenschutzrechts für kirchliche Krankenhäuser und Einrichtungen überlassen (zB § 2 Abs. 3 GDSG NRW, § 2 Abs. 3 KHG MVP, § 3 Abs. 2 KHG RhlPf).[102] Auch im finanzrechtlichen Bereich bestehen bereichsspezifische Vorschriften für Krankenhäuser. Aus ihnen kann sich eine Pflicht zur Offenbarung personenbezogener Patientendaten ergeben.[103] So sollen sich Krankenhäuser gegenüber Finanzbehörden für die Außenprüfung der Körperschaftsteuer, der Gewerbesteuer und der Umsatzsteuer wegen § 147 Abs. 6 AO nicht auf die ärztliche Schweigepflicht berufen dürfen und müssen Einsicht in Patientendaten gewähren.[104]

VI. Begriffsbestimmungen

23 Vor dem Hintergrund der Entstehungsgeschichte der §§ 284 bis 305 b (→ Rn. 2 ff.) setzten die ursprünglich zunächst im SGB I und SGB X eingeführten Begrifflichkeiten und Konzeptionen auf denen des BDSG auf. Im Laufe der Erweiterungen und Reformen der Datenschutzvorschriften in den verschiedenen Büchern des SGB hat sich der Gesetzgeber bewusst für eine Abkehr von der Terminologie des BDSG und für die Schaffung eines eigenständigen bereichsspezifischen sozialdatenschutzrechtlichen Begriffsverständnisses entschieden (→ Rn. 4, 6 und 7). Soweit das 10. Kapitel keine gesonderten eigenständigen Definitionen oder Verweisungen auf andere Datenschutzgesetze enthält, ist daher die Terminologie des Sozialdatenschutzes des SGB X zugrunde zu legen. Für die Begriffsbestimmungen (wie beispielsweise das Erheben, Verarbeiten und Nutzen von Sozialdaten) kann dementsprechend auf den Katalog in § 67 SGB X zurückgegriffen werden (s. näher bei den einzelnen Vorschriften).

§ 284 Sozialdaten bei den Krankenkassen

(1) ¹Die Krankenkassen dürfen Sozialdaten für Zwecke der Krankenversicherung nur erheben und speichern, soweit diese für
1. die Feststellung des Versicherungsverhältnisses und der Mitgliedschaft, einschließlich der für die Anbahnung eines Versicherungsverhältnisses erforderlichen Daten,
2. die Ausstellung des Berechtigungsscheines und der elektronischen Gesundheitskarte,
3. die Feststellung der Beitragspflicht und der Beiträge, deren Tragung und Zahlung,
4. die Prüfung der Leistungspflicht und der Erbringung von Leistungen an Versicherte einschließlich der Voraussetzungen von Leistungsbeschränkungen, die Bestimmung des Zuzahlungsstatus und die Durchführung der Verfahren bei Kostenerstattung, Beitragsrückzahlung und der Ermittlung der Belastungsgrenze,
5. die Unterstützung der Versicherten bei Behandlungsfehlern,

---

100 Vgl. Hannika in: HK-AKM (Stand: 45. Erglf. Dezember 2012), Ordner I, Datenschutz 1340 Rn. 34 ff.; Überblick bei Heldt-Andreas in: NK-MedR, vor §§ 284 ff. SGB V Rn. 9 ff.
101 Zum Datenschutz im Krankenhaus vgl. Hannika in HK-AKM, Stand: 45. Erglf. Dezember 2012, Ordner I Datenschutz 1340 Rn. 34 ff.; ausführlich Hauser, Datenschutz im Krankenhaus, 3. Aufl. 2008; zur datenschutzkonformen Gestaltung und Nutzung von Krankenhausinformationssystemen vgl. den Beschluss der 81. Konferenz der Datenschutzbeauftragten des Bundes und der Länder, 16. und 17.3.2011, Arzt und Krankenhaus 2011, 260 ff.
102 Zu dem Streit, ob das BDSG, die Landesdatenschutzgesetze und die bereichsspezifischen Landesbestimmungen für kirchliche Krankenhäuser anwendbar sind, vgl. Überblick bei Heldt-Andreas in NK-MedR Vor §§ 284 ff. SGB V Rn. 11 Fn. 17 mwN für die Literatur.
103 FG Baden-Württemberg, 16.11.2011, 4 K 4819/08, EFG 2012, 577 ff. zu § 147 Abs. 6 AO.
104 FG Baden-Württemberg, 16.11.2011, 4 K 4819/08, EFG 2012, 577.

6. die Übernahme der Behandlungskosten in den Fällen des § 264,
7. die Beteiligung des Medizinischen Dienstes,
8. die Abrechnung mit den Leistungserbringern, einschließlich der Prüfung der Rechtmäßigkeit und Plausibilität der Abrechnung,
9. die Überwachung der Wirtschaftlichkeit der Leistungserbringung,
10. die Abrechnung mit anderen Leistungsträgern,
11. die Durchführung von Erstattungs- und Ersatzansprüchen,
12. die Vorbereitung, Vereinbarung und Durchführung von Vergütungsverträgen nach dem § 87 a,
13. die Vorbereitung und Durchführung von Modellvorhaben, die Durchführung des Versorgungsmanagements nach § 11 Abs. 4, die Durchführung von Verträgen zur hausarztzentrierten Versorgung, zu besonderen Versorgungsformen und zur ambulanten Erbringung hochspezialisierter Leistungen, einschließlich der Durchführung von Wirtschaftlichkeitsprüfungen und Qualitätsprüfungen, soweit Verträge ohne Beteiligung der Kassenärztlichen Vereinigungen abgeschlossen wurden,
14. die Durchführung des Risikostrukturausgleichs (§ 266 Abs. 1 bis 6, § 267 Abs. 1 bis 6, § 268 Abs. 3) sowie zur Gewinnung von Versicherten für die Programme nach § 137 g und zur Vorbereitung und Durchführung dieser Programme,
15. die Durchführung des Entlassmanagements nach § 39 Absatz 1 a,
16. die Auswahl von Versicherten für Maßnahmen nach § 44 Absatz 4 Satz 1 und nach § 39 b sowie zu deren Durchführung,
16a. die Überwachung der Einhaltung der vertraglichen und gesetzlichen Pflichten der Leistungserbringer von Hilfsmitteln nach § 127 Absatz 5 a [ab 1.1.2018: ,]
17. [Nr. 17 ab 1.1.2018:] die Erfüllung der Aufgaben der Krankenkassen als Rehabilitationsträger nach dem Neunten Buch

erforderlich sind. ²Versichertenbezogene Angaben über ärztliche Leistungen dürfen auch auf maschinell verwertbaren Datenträgern gespeichert werden, soweit dies für die in Satz 1 Nr. 4, 8, 9, 10, 11, 12, 13, 14 und § 305 Absatz 1 bezeichneten Zwecke erforderlich ist. ³Versichertenbezogene Angaben über ärztlich verordnete Leistungen dürfen auf maschinell verwertbaren Datenträgern gespeichert werden, soweit dies für die in Satz 1 Nr. 4, 8, 9, 10, 11, 12, 13, 14 und § 305 Abs. 1 bezeichneten Zwecke erforderlich ist. ⁴Die nach den Sätzen 2 und 3 gespeicherten Daten sind zu löschen, sobald sie für die genannten Zwecke nicht mehr benötigt werden. ⁵Im Übrigen gelten für die Datenerhebung und -speicherung die Vorschriften des Ersten und Zehnten Buches.

(2) Im Rahmen der Überwachung der Wirtschaftlichkeit der vertragsärztlichen Versorgung dürfen versichertenbezogene Leistungs- und Gesundheitsdaten auf maschinell verwertbaren Datenträgern nur gespeichert werden, soweit dies für Stichprobenprüfungen nach § 106 a Absatz 1 Satz 1 oder § 106 b Absatz 1 Satz 1 erforderlich ist.

(3) ¹Die rechtmäßig erhobenen und gespeicherten versichertenbezogenen Daten dürfen nur für die Zwecke der Aufgaben nach Absatz 1 in dem jeweils erforderlichen Umfang verarbeitet oder genutzt werden, für andere Zwecke, soweit dies durch Rechtsvorschriften des Sozialgesetzbuchs angeordnet oder erlaubt ist. ²Die Daten, die nach § 295 Abs. 1 b Satz 1 an die Krankenkasse übermittelt werden, dürfen nur zu Zwecken nach Absatz 1 Satz 1 Nr. 4, 8, 9, 10, 11, 12, 13, 14 und § 305 Abs. 1 versichertenbezogen verarbeitet und genutzt werden und nur, soweit dies für diese Zwecke erforderlich ist; für die Verarbeitung und Nutzung dieser Daten zu anderen Zwecken ist der Versichertenbezug vorher zu löschen.

(4) ¹Zur Gewinnung von Mitgliedern dürfen die Krankenkassen Daten erheben, verarbeiten und nutzen, wenn die Daten allgemein zugänglich sind, es sei denn, dass das schutzwürdige Interesse des Betroffenen an dem Ausschluss der Verarbeitung oder Nutzung überwiegt. ²Ein Abgleich der erhobenen Daten mit den Angaben nach § 291 Abs. 2 Nr. 2, 3, 4 und 5 ist zulässig. ³Widerspricht der Betroffene bei der verantwortlichen Stelle der Nutzung oder Übermittlung seiner Daten, ist sie unzulässig. ⁴Die Daten sind zu löschen, sobald sie für die Zwecke nach Satz 1 nicht mehr benötigt werden. ⁵Im Übrigen gelten für die Datenerhebung, Verarbeitung und Nutzung die Vorschriften des Ersten und Zehnten Buches.

Literatur:
Albers, Informationelle Selbstbestimmung, 2005; *Bress*, Schutz von Sozialdaten – ein Überblick aus Sicht der GKV, WzS 1999, 321 ff (Teil 1) und WzS 2000, 9 ff (Teil 2); *Düwell/Ganz*, Individuelle Beratung und

Hilfestellung durch die Krankenkasse – zugleich eine kritische Anmerkung zum Krankengeldfallmanager, ArbAktuell 2016, 27; *Göpffarth/Sichert*, Morbi-RSA und Einflussnahmen auf ärztliches Kodierverhalten, KrV 2009, 186; *Hilderink*, Datenschutz in der gesetzlichen Krankenversicherung, 2000; *Hübner*, Umfang und Grenzen des strafrechtlichen Schutzes des Arztgeheimnisses nach § 203 StGB, 2011; *Huster/Schütz*, Die Neuordnung der selektivvertraglichen Versorgung durch das GKV-Versorgungsstärkungsgesetz, NZS 2016, 645; *Kettinger*, Datenschutzrechtliche Befugnisse einer gesetzlichen Krankenkasse in Abgrenzung in Abgrenzung zum Medizinischen Dienst der Krankenversicherung, DuD 2014, 826; *Marburger*, Datenverwendung für die Gewinnung von Mitgliedern, Markt und Wettbewerb 2004, 353; *Meschke/Dahm*, Die Befugnis der Krankenkassen zur Einsichtnahme in Patientenunterlagen, MedR 2002, 346; *Nodorf*, Datenschutz in der gesetzlichen Krankenversicherung, 1995; *Podlech*, Der Informationshaushalt der Krankenkassen, 1995; *Röhrig*, Marketing contra Wahrung der Persönlichkeitsrechte, ErsK 2008, 485; *Schulin*, Handbuch des Sozialversicherungsrechts, Band 1: Krankenversicherungsrecht, 1994; *Steinmeyer/von Koppenfels*, Berücksichtigung des Datenschutzes bei der Nutzung von Routinedaten, Prävention durch Krankenkassen 2002, 85.

I. Entstehungsgeschichte 1	V. Verarbeitung und Nutzung von versichertenbezogenen Daten (Abs. 3) 8
II. Regelungsgehalt und Normzweck 2	
III. Erhebung und Speicherung von Sozialdaten für die Aufgabenerfüllung (Abs. 1) 3	VI. Erhebung, Verarbeitung und Nutzung von allgemein zugänglichen Daten für die Mitgliedergewinnung (Abs. 4) 9
IV. Speicherung auf Datenträgern für die Wirtschaftlichkeitsprüfung (Abs. 2) 7	

I. Entstehungsgeschichte

1 § 284 wurde durch Art. 1 des **GRG**[1] vom 20.12.1988 gemeinsam mit den übrigen Vorschriften des 10. Kapitels in das SGB V eingeführt und trat zum 1.1.1989 in Kraft. Mit Art. 1 Nr. 152 des **Gesundheitsstrukturgesetzes**[2] wurden die Aufgaben in Abs. 1 S. 2 und S. 3 erweitert und in Abs. 2 der Bezug auf § 106 Abs. 2 S. 1 Nr. 2 (und nicht mehr Nr. 3) geschaffen (gültig ab 1.1.1993). Im Zuge der Reform des Sozialdatenschutzes durch das **2. SGB ÄndG**[3] wurden mit Wirkung zum 1.7.1994 terminologische Anpassungen in Abs. 1, 2 und 3 vorgenommen und Abs. 4 gestrichen. Durch Art. 2 Nr. 7 des **Gesetzes zur sozialrechtlichen Behandlung von einmalig gezahltem Arbeitsentgelt**[4] wurden in Abs. 1 Nr. 3 weitere Bezugsvorschriften aufgenommen (gültig ab 1.1.1997). Mit Art. 1 Nr. 5 des **Gesetzes zur Reform des Risikostrukturausgleichs in der gesetzlichen Krankenversicherung**[5] fügte der Gesetzgeber mit Wirkung zum 1.1.2002 in Abs. 1 die Nr. 11 ein und nahm Nr. 11 auch in Abs. 1 S. 2 und S. 3 auf. Weitgehende Änderungen erfuhr § 284 durch Art. 1 Nr. 159 des **GMG**[6] mit Wirkung zum 1.1.2004: Der Aufgabenkatalog des Abs. 1 wurde auf insgesamt 14 Nummern erweitert, die S. 2 und 3 des Abs. 1 entsprechend angepasst und Abs. 3 wurde um S. 2 ergänzt. Zudem wurde der derzeit geltende Abs. 4 aufgenommen. Durch Art. 1 Nr. 191 des **GKV-WSG**[7] wurden die Bezugsvorschriften in Abs. 1 Nr. 12 geändert und in Nr. 13 „die Durchführung des Versorgungsmanagements nach § 11 Abs. 4" aufgenommen. Der Gesetzgeber des **Pflege-Weiterentwicklungsgesetzes**[8] erweiterte durch Art. 6 Nr. 13 Abs. 1 Nr. 4 um die „Voraussetzungen von Leistungsbeschränkungen" (gültig ab 1.7.2008). Mit Art. 1 Nr. 26 des **GKV-FinG**[9] wurde in Abs. 1 Nr. 3 die „Durchführung des Sozialausgleichs" als weitere Aufgabe ergänzt (gültig ab 1.1.2011). Durch Art. 1 Nr. 78 des **GKV-VStG**[10] wurden mit Wirkung zum 1.1.2012 in Abs. 1 S. 1 Nr. 12 die Bezugnahme auf § 87a beschränkt und in Abs. 1 S. 2 „§ 305 Absatz 1" aufgenommen. Infolge der Abschaffung des Sozialausgleichs (bisher geregelt in § 242b) hat der Gesetzgeber des **GKV-Finanzstruktur- und Qualitäts-Weiterentwicklungsgesetzes (GKV-FQWG)** vom 21.7.2014[11] zum 1.1.2015 die Erhebungs- und Speicherungsbefugnis der Krankenversicherung zum Zwecke der „Durchführung des Sozialausgleichs" (vgl. Abs. 1 S. 1 Nr. 3 Alt. 3) aufgehoben. Mit

---

1 BGBl. I 1988, 2477.
2 BGBl. I 1992, 2266.
3 BGBl. I 1994, 1229.
4 BGBl. I 1996, 1859.
5 BGBl. I 2001, 3465.
6 BGBl. I 2003, 2190.
7 BGBl. I 2007, 378.
8 BGBl. I 2008, 874.
9 BGBl. I 2010, 2309.
10 BGBl. I 2011, 2983.
11 BGBl. I 2014, 1133.

dem **GKV-Versorgungsstärkungsgesetz** (**GKV-VSG**) vom 16.7.2015[12] wurden ua die §§ 73 a, 73 c aufgehoben, § 73 b Abs. 3, Abs. 4, Abs. 5, Abs. 7 und Abs. 9 geändert und § 140 a neu gefasst.[13] Für die Erhebungs- und Speicherungsbefugnis der Krankenkassen zog der Gesetzgeber mit Wirkung zum 23.7.2015 in Abs. 1 Nr. 13 die Aufnahme der „hausarztzentrierten Versorgung" nach und ersetzte die „Verträge zu integrierten Versorgungsformen" durch Verträge zu „besonderen" Versorgungsformen. Abs. 1 Nr. 14 bereinigte er um die Erhebungs- und Speicherungsbefugnis für die Durchführung des Risikopools (§ 269 Abs. 1 bis Abs. 3), da dieser bereits seit dem Ausgleichsjahr 2009 nicht mehr durchgeführt wurde.[14] Zugleich schuf er mit den Nr. 15 und Nr. 16 für die Krankenkassen weitere Erhebungs- und Speicherungsbefugnisse für das Entlassmanagement (Nr. 15) sowie für Beratungsleistungsleistungen und Hilfestellungen für die Wiederherstellung der Arbeitsfähigkeit (Nr. 16).[15] Aufgrund der Neuordnung der Regelungen der Wirtschaftlichkeitsprüfung (§ 106–106 c) wurden in Abs. 2 die Vorschriften der Stichprobenprüfungen zuletzt durch das GKV-VSG mit Wirkung zum 1.1.2017 redaktionell angepasst. Die Erhebungs- und Speicherungsbefugnis für die Hospiz- und Palliativberatung durch die Krankenkassen (§ 39 b) wurde durch das **Hospiz- und Palliativgesetzes** (**HPG**)[16] vom 1.12.2015[17] in Abs. 1 Nr. 16 integriert. In Abs. 1 Nr. 2 hat der Gesetzgeber des **E-Health-Gesetzes**[18] vom 21.12.2015 die Krankenversicherungskarte gestrichen, die seit dem 1.1.2015 nicht mehr gültig ist.[19] Durch das **Heil- und Hilfsmittelversorgungsgesetz** (**HHVG**)[20] vom 4.4.2017[21] wurde in Abs. 1 Nr. 16 a mit Wirkung zum 5.4.2017 neu eingefügt. Zum 1.1.2018 wird die durch das **Bundesteilhabegesetz**[22] vom 29.12.2016 angefügte Nr. 17 in Abs. 1 in Kraft treten.

II. Regelungsgehalt und Normzweck

§ 284 ist die gesetzliche Grundlage für die Erhebung, Verarbeitung und Nutzung von Sozialdaten durch Krankenkassen, die Eingriffe in das informationelle Selbstbestimmungsrecht der Betroffenen (→ Vor § 284 Rn. 5) sind. Die Vorschrift regelt in Abs. 1 die zulässige Erhebung und Speicherung und in Abs. 3 die Befugnisse für die Verarbeitung und Nutzung der rechtmäßig erhobenen und geispeicherten Sozialdaten. Abs. 2 trifft eine Sonderregelung für die Speicherung von versichertenbezogenen Leistungs- und Gesundheitsdaten für Stichprobenprüfungen nach § 106 a Abs. 1 S. 1 oder § 106 b Abs. 1 S. 1. Abs. 4 lässt die Erhebung, Verarbeitung und Nutzung von allgemein zugänglichen Daten zum Zweck der Mitgliederwerbung zu und enthält weitere Regelungen dafür.

III. Erhebung und Speicherung von Sozialdaten für die Aufgabenerfüllung (Abs. 1)

Nach Abs. 1 dürfen die Krankenkassen **Sozialdaten** (= alle Einzelangaben über persönliche oder sachliche Verhältnisse einer bestimmten oder bestimmbaren natürlichen Person, die von einer in § 35 SGB I genannten Stelle im Hinblick auf ihre Aufgaben nach diesem Gesetzbuch erhoben, verarbeitet oder genutzt werden, § 67 Abs. 1 S. 2 SGB X) ausschließlich für den Zweck der Krankenversicherung erheben (Definition gem. § 67 Abs. 5 SGB X) und **speichern** (= Unterfall der Datenverarbeitung nach § 67 Abs. 6 Nr. 1 SGB X), wobei dies für die Erfüllung der in den Nr. 1 bis 17 benannten Aufgaben erforderlich sein muss. **Erforderlich** ist ein unbestimmter Rechtsbegriff, der für das Sozialrecht unter Zugrundelegung des im gesamten Datenschutzrecht vertretenen Verständnisses eng auszulegen ist.[23] Erforderlich sind nur solche Sozialdaten, die notwendig sind,[24] um die jeweilige Aufgabe der benannten

---

12 BGBl. I 2015, 1211.
13 Vgl. Huster/Schütz, NZS 2016, 645.
14 Vgl. BT-Dr. 18/5132, 139.
15 Vgl. zur Begründung BR-Dr. 641/14, 164.
16 Gesetz zur Verbesserung der Hospiz- und Palliativversorgung in Deutschland.
17 BGBl. I 2015, 2114.
18 Gesetz für sichere digitale Kommunikation und Anwendungen im Gesundheitswesen sowie zur Änderung weiterer Gesetze, BGBl. I 2015, 2408.
19 Vgl. BR-Dr. 257/15, 42.
20 Gesetz zur Stärkung der Heil- und Hilfsmittelversorgung.
21 BGBl. I 2017, 778.
22 BGBl. I 2016, 3234.
23 BSG 28.11.2002, B 7/1 A 2/00 R, BSGE 90, 162, 168 unter Bezug auf BVerfG, 15.12.1983, 1 BvR 209/83, 1 BvR 269/83, 1 BvR 362/83, 1 BvR 420/83, 1 BvR 440/83, 1 BvR 484/83, BVerfGE 65, 1, 44 sowie auf die Literatur; vgl. aus der Literatur: Biersborn in von Wulffen/Schütze SGB X, 8. Aufl. 2014, § 67 a Rn. 4; Gola/Klug/Körffer in Gola/Schomerus BDSG § 13 Rn. 3.
24 Vgl. in diese Richtung auch BT-Dr. 17/6906, 100: „... zugewiesene Aufgabe, zu deren Erfüllung die jeweiligen Daten benötigt werden".

Institution (hier der Krankenkasse) „rechtmäßig, vollständig und in angemessener Zeit erfüllen zu können".[25] Dass die Daten geeignet oder zweckmäßig für die Aufgabenerfüllung sind, genügt nicht.[26] Auch ist eine Datenverarbeitung „auf Vorrat"[27] zu unbestimmten oder noch nicht bestimmbaren Zwecken nicht zulässig. Nach dem Verhältnismäßigkeitsgrundsatz darf der angestrebte Zweck der Erhebung und Speicherung der Daten nicht außer Verhältnis zum Eingriff in das informationelle Selbstbestimmungsrecht des Betroffenen stehen.[28]

4 Abs. 1 S. 1 ist eine Befugnisnorm, die für die Erhebung und Speicherung von Sozialdaten mit den gesetzlichen Aufgaben der Krankenkassen korrespondiert.[29] Der **Katalog** der Nr. 1 bis 17 ist **abschließend**:

- **Nr. 1** berechtigt die Krankenkassen, alle Sozialdaten zu erheben und zu speichern, die für die „Anbahnung eines Versicherungsverhältnisses" (zum Versicherungsverhältnis siehe §§ 5 bis 10) – also im Vorfeld zu dessen Begründung – und für die Feststellung der Mitgliedschaft erforderlich sind, wobei die zuletzt genannte Alternative auch zur Erhebung und Speicherung zum Zweck der Feststellung der Beendigung der Mitgliedschaft berechtigt.[30] Nicht erfasst wird die Mitgliederwerbung, wie sich aus der gesonderten Erhebungs-, Verarbeitungs- und Nutzungsregelung des Abs. 4 ergibt (→ Rn. 9 ff.).
- **Nr. 2:** Zu den zulässigen Angaben für die Ausstellung von Berechtigungsscheinen s. § 15 Abs. 4; zur elektronischen Gesundheitskarte siehe § 291 Abs. 2.
- **Nr. 3:** Zu den zulässigen Angaben für die Feststellung der Beitragspflicht und der Beiträge, einschließlich deren Tragung s. §§ 223 bis 225, § 23 a ff. SGB IV.
- **Nr. 4** erfasst die Daten, die für die Prüfung der Leistungspflicht der Krankenkasse gegenüber dem Versicherten (nicht aber für den MDK, → Nr. 7) erforderlich sind, einschließlich Einzelangaben, die Leistungsbeschränkungen (§ 52) begründen können, für die Bestimmung des Zuzahlungsstatus (§ 61), die Durchführung der Verfahren bei Kostenerstattung (§ 13) und für die Ermittlung der Belastungsgrenze (§ 62) notwendig sind. Der Zweck der „Beitragsrückzahlung" geht seit der Aufhebung von § 54 durch das GKV-WSG[31] ins Leere.
- **Nr. 5:** Die Erhebungs- und Speicherungsbefugnis für die Unterstützung der Versicherten bei Behandlungsfehlern (§ 66) ist subsidiär zu Nr. 11 und greift daher nur, wenn der Ersatzanspruch nicht gemäß § 116 SGB X auf die Krankenkasse übergegangen ist.
- **Nr. 6** befugt zur Erhebung und Speicherung der Einzelangaben von nicht in der GKV Versicherten in den Fällen des § 264 (Spezialregelung zu Nr. 4), für die Krankenkassen im Wege des gesetzlichen Auftrags die Behandlungskosten übernehmen.[32]
- **Nr. 7:** Erfasst werden nur die Angaben, die die Krankenkassen für die Entscheidung über die Beteiligung des MDK (§ 275 Abs. 1) benötigen, also für die Frage, ob eine Begutachtung und Beratung im Sinne des § 275 erfolgen soll.[33] Die Erhebungs- und Speicherungsbefugnis des MDK zum Zweck der Prüfung, Beratung und gutachterlichen Stellungnahme ergibt sich aus § 276 Abs. 2. Für das sog Krankengeldfallmanagement der Krankenkassen, das auch die Beiziehung von Behandlungsunterlagen umfasst,[34] greift Nr. 7 für die Zeit bis zum Beginn des Krankengeldanspruchs für weitergehende Datenerhebungen nur, wenn die angeforderten Unterlagen ohne Kenntnisnahme der Krankenkasse zB in einem verschlossenen Umschlag mit der Bestimmung für den MDK an diesen weitergeleitet werden;[35] ab Eintritt der Voraussetzungen für das Krankengeld (§ 44) gilt Nr. 16.

---

25 BSG 28.11.2002, B 7/1 A 2/00 R, BSGE 90, 162, 168.
26 Vgl. BSG, 28.11.2002, B 7/1 A 2/00 R, BSGE 90, 162, 168.
27 BVerfG, 15.12.1983, 1 BvR 209/83, 1 BvR 269/83, 1 BvR 362/83, 1 BvR 420/83, 1 BvR 440/83, 1 BvR 484/83, BVerfGE 65, 1, 46; Luthe in: Hauck/Noftz, SGB V, § 284 Rn. 18.
28 Vgl. vertiefend zum Grundsatz der Erforderlichkeit im Sinne der Verhältnismäßigkeit Schneider in: Krauskopf SozKV § 284 Rn. 26 ff.
29 Zu dem Wechselverhältnis von Aufgabenerfüllung und Befugnisnorm vgl. auch BSG, 19.11.1985, 6 RKa 14/83, BSGE 29, 172, 178.
30 Vgl. Schneider in: Krauskopf SozKV § 284 Rn. 40.
31 BGBl. I 2007, 378.
32 Vgl. zu dieser Auftragsangelegenheit der Krankenkassen und der damit systematisch näher liegenden Datenerhebungs- und Datenspeicherungsbefugnis aus dem „Recht des primär zuständigen Leistungsträgers" Eul in: Schulin HS-KV § 48 Rn. 24.
33 Vgl. Hornung in: Hänlein/Schuler § 284 Rn. 12.
34 Vgl. Kettinger, DuD 2014, 826, 827 f.
35 Vgl. BSG, 28.2.2007, B 3 KR 12/06 R, NZS 2007, 653, 655.

- **Nr. 8** berechtigt die Krankenkassen zum Zweck der Abrechnung mit den Leistungserbringern (§§ 69–140 h) Sozialdaten zu erheben (zB durch eine Befragung des Versicherten zu einer Behandlung)[36] und zu speichern, einschließlich zu dem Zweck der Prüfung der Rechtmäßigkeit und Plausibilität der Abrechnung. Die für die Erhebung und Speicherung durch die Krankenkasse notwendige Übermittlung der Sozialdaten erfolgt durch die Leistungserbringer gemäß §§ 294–303.
- **Nr. 9** erfasst Angaben, die für die Überwachung der Wirtschaftlichkeit in allen (und nicht nur den ambulanten vertragsärztlichen und vertragszahnärztlichen)[37] Leistungsbereichen erforderlich sind, einschließlich der Krankenhausleistungen und der Leistungen anderer Leistungserbringer.[38]
- **Nr. 10:** Zwischen Krankenkassen und anderen Leistungsträgern können verschiedene Rechtsbeziehungen bestehen (zB mit den Rentenversicherungsträgern, Pflegeversicherungsträgern und der Bundesanstalt für Arbeit nach § 28 k SGB IV, mit Unfallversicherungsträgern im Zusammenhang mit Auftragsverhältnissen zur Zahlung von Verletztengeld nach § 88 SGB X, mit Versorgungsträgern nach § 18 c Abs. 1 S. 3 BVG). Erbringen die Krankenkassen Leistungen für sie, rechnen sie Erstattungsansprüche (zB § 28 l SGB IV, § 91 SGB X, § 19 BVG) mit ihnen ab. Die dafür erforderlichen Angaben dürfen gemäß Nr. 10 erfasst werden.
- **Nr. 11:** Erstattungsansprüche sind in §§ 102 bis 105 SGB X und § 14 SGB IX geregelt. Ersatzansprüche können aufgrund von übergegangenem Recht gemäß § 116 SGB X bestehen.[39]
- **Nr. 12** berechtigt zur Erhebung und Speicherung von Sozialdaten für die Vorbereitung (Vertragsverhandlungen), Vereinbarung und Durchführung von Vergütungsverträgen nach § 87 a. Für die regionale Vereinbarung der morbiditätsbedingten Gesamtvergütung nach § 87 a Abs. 3 muss das Punktzahlvolumen auf der Grundlage des Behandlungsbedarfs bestimmt werden. Um den Behandlungsbedarf bemessen zu können, sind verschiedene Angaben zur Zahl und Morbiditätsstruktur der Versicherten und zB zum Umfang der Leistungen notwendig (vgl. zB § 87 a Abs. 3). Diese Angaben fallen unter die Nr. 12. Zu weiteren „Vorgaben" der Datengrundlagen durch den Bewertungsausschuss s. § 87 a Abs. 6.
- **Nr. 13:** Erfasst werden Angaben, die die Krankenkassen für die Vorbereitung (gemeint: die Vertragsverhandlungen) und Durchführung von Modellvorhaben (§§ 63 ff.), für die Durchführung des Versorgungsmanagements nach § 11 Abs. 4, die Durchführung von Verträgen zur hausarztzentrierten Versorgung gemäß § 73 b, zu besonderen Versorgungsformen und zur ambulanten Erbringung hochspezialisierter Leistungen (nun gemeint: ambulante spezialfachärztliche Versorgung gemäß § 116 b) benötigen. „Besondere Versorgungsformen" sind nicht legal definiert, aber durch die Vertragsinhalte des § 140 a Abs. 1 S. 2 umschrieben.[40] Die Erhebungs- und Speicherungsbefugnis der Krankenkassen ist dementsprechend begrenzt.
- **Nr. 14:** Zu den weitgehend nichtversichertenbezogenen Angaben für die Durchführung des Risikostrukturausgleichs (§ 266 Abs. 1 bis Abs. 6, § 267 Abs. 1 bis Abs. 6, § 268 Abs. 3) → § 267 Abs. 1 bis 3; sog „nachgebesserte M-RSA relevante ambulante Diagnosen", die aufgrund von Einwirkungen von Krankenkassen auf Ärzte erfasst werden, fallen nicht unter die Nr. 14;[41] dafür spricht seit dem HHVG (→ Rn. 1) auch die Wertung des § 305 a S. 7. Zur Gewinnung von Versicherten für die Programme nach § 137 g (sog Disease-Management-Programme) sowie zur Vorbereitung und Durchführung dieser Programme → § 137 g.
- **Nr. 15** gewährt den Krankenkassen eine Erhebungs- und Speicherungsbefugnis für die Durchführung des Entlassmanagements nach § 39 Abs. 1 a. Nr. 15 ist keine alternative Befugnis zur Einwilligung des Versicherten.[42] Vielmehr setzen die Erhebung und Speicherung der Sozialdaten des Versicherten zum Zweck der Unterstützung beim Entlassmanagement (§ 39 Abs. 1 a S. 5) die wirksame

---

36 BSG, 13.11.2012, B 1 KR 14/12 R, BeckRS 2013, 67677 Rn. 35: Befragung zu einer Transplantation.
37 So aber streitig bis zur Streichung des früheren Klammerverweises auf § 106 durch das GMG, BGBl. I 2003, 2190, vgl. Luthe in: Hauck/Noftz SGB V § 284 Rn. 30.
38 Vgl. Hornung in: Hänlein/Schuler § 284 Rn. 12; vertiefend auch den früheren Streit darstellend: Luthe in Hauck/Noftz SGB V § 284 Rn. 30.
39 Vgl. vertiefend Hornung in: Hänlein/Schuler § 284 Rn. 12; Luthe Hauck/Noftz SGB V § 284 Rn. 32.
40 Vgl. Huster/Schütz, NZS 2016, 645, 646.
41 Vgl. Göpffarth/Sichert KrV 2009, 186, 187 unter Bezug auf eine einstimmige Feststellung der Aufsichtsbehörden des Bundes und der Länder auf ihrer 73. Arbeitstagung, 25/26.11.2008 (TOP 31); BVA, Schreiben an die Aufsichtsbehörden der Sozialversicherungsträger der Länder v. 17.7.2008; BFGI, 22. Tätigkeitsbericht 2007–2008, 2009, 116. Zur anhaltenden Rechtspraxis der Kodierberatung und den aufsichtsrechtlichen Verfahren vgl. zudem die Begründung zur Anfügung des § 305 a S. 7: BT-Dr. 18/11205, 78.
42 So aber Leopold in: KassKomm SGB V, 92.EL Dezember 2016, § 284 Rn. 28.

Einwilligung des Versicherten (oder seines Personensorgeberechtigten oder des Betreuers) gemäß § 39 Abs. 1 a S. 11–13 voraus. Ab dem 1.7.2017 sind für die vorherige Information und Einwilligung die vom Bundesschiedsamt festgelegten Bestimmungen des Rahmenvertrags (§ 39 Abs. 1 a S. 9) und seiner Anlagen zu beachten.[43]

- **Nr. 16** gestattet die Erhebung und Speicherung von Sozialdaten zum Zweck der Beratung und Hilfestellung gemäß § 44 Abs. 4 S. 1 und für die Hospiz-und Palliativberatung nach § 39b. Mit der ersten Variante hat der Gesetzgeber eine Rechtsgrundlage für das von den Krankenkassen bereits vor Einfügung des § 44 Abs. 4 durch das GKV-VSG praktizierte Krankengeldfallmanagement geschaffen.[44] Unter Auswahl ist die Festlegung der für die Beratung und die Hilfestellung in Betracht kommenden Personen aus dem Kreis der Versicherten zu verstehen, die bereits Krankengeld beziehen müssen. Im Vorfeld – also noch während der Entgeltfortzahlung durch den Arbeitgeber – kann sich die Krankenkasse für die Auswahl und Durchführung nicht auf Nr. 16 berufen;[45] in diesen Fällen greift ggf. Nr. 7. Voraussetzung für die Erhebung und Speicherung von Daten für die Durchführung der Beratung und Hilfestellung zur Wiederherstellung der Arbeitsfähigkeit ist eine wirksame Einwilligung (→ § 44 Abs. 4 S. 2, S. 3). Auch für die zweite Variante, die Auswahl von Versicherten für die individuelle Beratung und Hilfestellung zu den Leistungen der Hospiz- und Palliativversorgung nach § 39b sowie für die Erhebung und Speicherung von Daten für deren Durchführung greift das zusätzliche Einwilligungserfordernis (§ 39b Abs. 1 S. 7 und S. 8) nur für die Durchführung. Zu den einzelnen Beratungs- und Versorgungsangeboten → § 39b.
- **Nr. 16a:** Die Übermittlungspflichten und die für die Überwachung der Einhaltung der vertraglichen und gesetzlichen Pflichten der Leistungserbringer von Hilfsmitteln erforderlichen Sozialdaten ergeben sich aus § 127 Abs. 5 a. Zu den einrichtungsbezogenen Informationen nach § 127 Abs. 5 a S. 3 gehören nach dem Willen des Gesetzgebers zB die Lieferzeiten, die Qualifikation des mit der Versorgung und Beratung betrauten Personals, die Zahl der durchgeführten Beratungen und Hausbesuche, die Benennung der ausgewählten Produkte, soweit diese bekannt sind sowie das Ausmaß und die Zahl der Reparaturen.[46] Versichertenbezogen darf nur die Tatsache erhoben und gespeichert werden, dass eine Beratung erfolgt ist, nicht aber deren Inhalt;[47] eine Einwilligung des Versicherten ist dafür nicht erforderlich. Für die Prüfung der sensiblen medizinischen Daten der personenbezogenen Dokumentation über den Hilfsmittelberatungsverlauf einzelner Versicherter bedarf es der wirksamen Einwilligung des Versicherten gemäß § 67b Abs. 2 SGB X und der Anforderung der Krankenkasse beim jeweiligen Leistungserbringer (§ 127 Abs. 5 a S. 4).
- **Nr. 17** ermächtigt ab dem 1.1.2018 (→ Rn. 1) die Krankenkassen die Sozialdaten zu erheben und zu speichern, die für alle[48] Aufgaben als Rehabilitationsträger nach dem SGB IX erforderlich sind. Dazu zählen die Sozialdaten, die unmittelbar für die Leistungserbringung nach § 6 Abs. 1 Nr. 1 SGB IX (Leistungen zur medizinischen Rehabilitation gemäß § 5 Nr. 1, §§ 42–48 SGB IX sowie unterhaltssichernde Leistungen und andere Ergänzungen gemäß § 5 Nr. 3, §§ 64–74 SGB IX) erhoben und gespeichert werden, weiterhin diejenigen für den Teilhabeverfahrensbericht (§ 41 SGB IX); für die Erhebung und Speicherung „mit und ohne Teilhabeplanung" greift § 41 Nr. 7 SGB IX nach dem Willen des Gesetzgebers des BTHG für Krankenkassen nicht;[49] sie sollen auch von der Erfassung nach § 41 Nr. 16 SGB IX wegen der damit verbundenen Anonymisierung ausgenommen sein.[50] Nr. 17 ist zudem für das Gesamtplanverfahren (§§ 117–122 SGB IX) einschlägig.

5 **S. 2 und S. 3 des Abs. 1** lassen die Befugnis zur Erhebung und Speicherung der Sozialdaten nach Abs. 1 S. 1 unberührt, gestatten aber den Krankenkassen, **versichertenbezogene** Angaben über ärztliche Leistungen (S. 2) und ärztlich verordneten Leistungen (S. 3) auf maschinell verwertbaren Datenträgern (zB CD-Roms, USB-Sticks, Festplatten) unter dem Vorbehalt zu speichern, soweit dies für die in S. 1 Nr. 4, 8, 9, 10, 11, 12, 13, 14 (→ Rn. 4) benannten Aufgaben und für die Auskünfte an Versicherte (§ 305

---

43 Vgl. Rahmenvertrag über ein Entlassmanagement beim Übergang in die Versorgung nach Krankenhausbehandlung nach § 39 Abs. 1 a S. 9 SGB V (Rahmenvertrag Entlassmanagement) vom 17.10.2016 sowie Anlagen 1 a, 1 b und 2; abrufbar unter https://gkv-spitzenverband.de/krankenversicherung/krankenhaeuser/entlassmanagement/entlassmanagement.jsp (zuletzt abgerufen am 29.4.2017).
44 Vgl. Düwell/Ganz, ArbAktuell 2016, 27.
45 So auch die Zielgruppenbeschreibung für den Anspruch nach § 44 Abs. 4 S. 1: BR-Dr. 641/14, 92.
46 BR-Dr. 490/16, 30.
47 BR-Dr. 490/16, 30.
48 Vgl. BT-Dr. 18/9522, 323.
49 Vgl. BT-Dr. 18/9522, 250 und 323.
50 Vgl. BT-Dr. 18/9522, 250 und 323.

Abs. 1) erforderlich (zum Begriff → Rn. 3) ist. „Soweit" bezieht sich auf den zulässigen Umfang der für die Aufgabenerfüllung zu erhebenden und zu speichernden Daten. Hintergrund ist, dass die Speicherung der in S. 2 und S. 3 benannten Daten (und nicht sämtlicher Sozialdaten nach Abs. 1) auf maschinell verwertbaren Datenträgern die Aufgabenerledigung erleichtert. Eine Legaldefinition im SGB X fehlt möglicherweise auch deshalb, weil die Verarbeitung der Daten auf diesen Trägern letztlich automatisierte Datenverarbeitung (§ 67 Abs. 3 SGB X) ist. Da diese Daten besonders sensibel und schutzbedürftig sind, verpflichtet der Gesetzgeber die Krankenkassen in **Abs. 1 S. 4** zur Löschung (→ § 304 Rn. 7), sobald diese für die genannten Zwecke nicht mehr benötigt werden. Im Verhältnis zu § 304 Abs. 1 handelt es sich grundsätzlich um eine **spezialgesetzliche Regelung**. Dieses Verhältnis wird nur für die in Abs. 1 S. 1 Nr. 14 benannten Angaben für die Durchführung des Risikostrukturausgleichs durch § 304 Abs. 1 S. 1 Nr. 2 und Abs. 1 S. 3 durchbrochen. Danach müssen sie spätestens nach vier Jahren gesperrt werden; für die Löschung gilt die gemäß § 266 Abs. 7 erlassene Risikostruktur-Ausgleichsverordnung (maßgeblich: § 30 Abs. 2 RSAV; → § 304).

Abs. 1 S. 5 eröffnet für die von Abs. 1 nicht erfasste Erhebung und Speicherung von Sozialdaten durch Krankenkassen (vgl. „im Übrigen") die Anwendung der den Sozialdatenschutz regelnden Vorschriften des **SGB I und des SGB X**.[51] § 284 Abs. 1 ist bezogen auf den dort geregelten Anwendungsbereich im Vergleich zu den benannten Vorschriften des SGB I und SGB X speziell und abschließend. Eine parallele Anwendung des SGB I, des SGB X und des SGB V kommt insoweit nicht in Betracht.[52]

IV. Speicherung auf Datenträgern für die Wirtschaftlichkeitsprüfung (Abs. 2)

Die Krankenkassen überwachen mit den Kassenärztlichen Vereinigungen die Wirtschaftlichkeit der vertragsärztlichen Versorgung durch Beratungen und Prüfungen (→ § 106 Abs. 1). Dafür bilden sie eine gemeinsame Prüfungsstelle und einen Beschwerdeausschuss (§ 106 c). Für die Prüfungen der Wirtschaftlichkeit bestehen zwar mit §§ 296, 297 und § 298 spezielle Übermittlungsbefugnisse für die Kassenärztlichen Vereinigungen und die Kassenärztlichen Vereinigungen an die Prüfungsstellen. Die Krankenkassen werden auch zur Erhebung und Speicherung der für die Überwachung der Wirtschaftlichkeit erforderlichen Daten nach Abs. 1 Nr. 9 befugt. Für die Stichprobenprüfungen nach § 106 a Abs. 1 S. 1 oder solche nach freier Vereinbarung der Vertragspartner nach § 106 b Abs. 1 S. 1 ist es zweckmäßig, dass die versichertenbezogenen Daten auch auf maschinell verwertbaren Datenträgern (→ Rn. 5) gespeichert werden.

V. Verarbeitung und Nutzung von versichertenbezogenen Daten (Abs. 3)

Abs. 3 S. 1 regelt die zulässige Verarbeitung (§ 67 Abs. 6 SGB X) und Nutzung (§ 67 Abs. 7 SGB X) von rechtmäßig erhobenen und gespeicherten versichertenbezogenen Daten. Rechtmäßig erhoben und gespeichert sind die Daten nur, wenn die Vorgaben des Abs. 1 oder Abs. 2 eingehalten sind. Nicht rechtmäßig erhobene und gespeicherte Daten dürfen daher überhaupt nicht verarbeitet oder genutzt werden.[53] Die Verarbeitung und Nutzung der Sozialdaten ist nur in dem erforderlichen (→ Rn. 3) Umfang und zu den Zwecken nach Abs. 1 zulässig. Für **andere Zwecke** dürfen die Krankenkassen die versichertenbezogenen Sozialdaten verarbeiten und nutzen, soweit dies durch **Rechtsvorschriften des Sozialgesetzbuchs** angeordnet oder erlaubt wird. Erfasst werden alle Vorschriften des SGB, insbesondere das SGB I und das SGB X (zB Übermittlung an Dritte nach §§ 67 d ff. SGB X; § 197 a Abs. 3). Durch das Wort „soweit" wird die Verarbeitung und Nutzung der Sozialdaten sowohl bezüglich des „Ob" als auch bezüglich des Umfangs auf das in der jeweiligen Vorschrift vorgegebene Maß beschränkt. **Abs. 3 S. 2** trifft eine **Sonderregelung** für die zulässige Verarbeitung und Nutzung von versichertenbezogenen Abrechnungsdaten, die von Leistungserbringern der hausarztzentrierten Versorgung (§ 73 b), der besonderen Versorgungsformen (§ 140 a), von Psychiatrischen Institutsambulanzen gemäß § 118 und Leistungserbringern, die an der spezialfachärztlichen Versorgung gemäß § 116 b Abs. 2 teilnehmen, erhoben und gespeichert werden und an die Krankenkassen direkt nach § 295 Abs. 1 b übermittelt werden (zu dieser Fallgestaltung näher → § 295 Rn. 7). Diese Daten dürfen die Krankenkassen nur zu den Zwecken nach Abs. 1 Nr. 4, 8, 9, 10, 11, 12, 13, 14 (→ Rn. 4) und zur Beratung der Versicherten nach § 305 Abs. 1 verarbeiten und speichern. Auch hier gilt der Erforderlichkeitsvorbehalt (→

---

51 Zum Verhältnis der Vorschriften des Datenschutzes in den verschiedenen Büchern des SGB allgemein vgl. v. Maydell/Ruland/Becker/Binne/Rixen, Sozialrechtshandbuch, 5. Aufl. 2011, § 10 Rn. 216.
52 Vgl. BSG, 2.11.2010, B 1 KR 12/10 R, NZS 2011, 582 (584 Rn. 20).
53 Vgl. Hornung in: Hänlein/Schuler § 284 Rn. 22; Schneider in: Krauskopf SozKV § 284 Rn. 71.

Rn. 3). Für andere Zwecke wird die Verarbeitung und Nutzung der Daten nur gestattet, wenn der Versichertenbezug vorher gelöscht wird.

VI. Erhebung, Verarbeitung und Nutzung von allgemein zugänglichen Daten für die Mitgliedergewinnung (Abs. 4)

9 Abs. 4 wurde als Reaktion auf eine Entscheidung des BSG in das SGB V eingefügt, nach der die Mitgliederwerbung nicht zu den Aufgaben gehört, für die die Krankenkassen nach Abs. 1 Sozialdaten erheben durften.[54] Der Gesetzgeber fügte daraufhin Abs. 4 ein, der Krankenkassen berechtigt, allgemein zugängliche Daten zum Zweck der Mitgliederwerbung zu erheben (zum Begriff → Rn. 3), zu verarbeiten (zum Begriff → Rn. 8) und zu nutzen (zum Begriff → Rn. 8). Gelangt die Krankenkasse im Wege der verpflichtenden Abwägung vor der beabsichtigten Maßnahme zu dem Ergebnis, dass schutzwürdige Interessen des Betroffenen einen Ausschluss der Erhebung, Verarbeitung oder Nutzung begründen, ist diese unzulässig.

10 Abs. 4 S. 1 verpflichtet die Krankenkassen, den **Grundsatz der Zweckbindung** zu beachten, der auch in der Löschungspflicht (s. S. 4) zum Ausdruck kommt. Die Daten dürfen nur für den **Zweck der Gewinnung von Mitgliedern** erhoben, verarbeitet oder genutzt werden, zB durch Informationsschreiben über Leistungen und Angebote der Krankenkasse. Dafür dürfen nicht sämtliche Daten potenzieller Versicherter und Mitglieder erhoben werden, sondern nur allgemein zugängliche Daten, die für die Begründung eines Mitgliedschafts- oder Versichertenverhältnisses geeignet sind. Mit dem Begriff der allgemein zugänglichen Daten und dem Abwägungserfordernis verwendet der Gesetzgeber eine Terminologie und eine gesetzliche Gestaltung, die im BDSG im Zusammenhang mit der Erhebung, Verarbeitung und Nutzung von personenbezogenen Daten zum Zweck der Werbung geläufig ist (vgl. § 28 BDSG).[55] Gleiches gilt für das Widerspruchsrecht des Abs. 4 S. 3. **Allgemein zugängliche Daten** iSd S. 1 sind solche, die erkennbar der Öffentlichkeit zur Verfügung stehen, deren Zugang also nicht besonders beschränkt wird. Dabei stehen technische Hindernisse oder finanzieller Aufwand der allgemeinen Zugänglichkeit nicht entgegen.[56] Entscheidend ist vielmehr, ob die Daten durch besondere Schutzvorkehrungen nur einem begrenzten und gezielten Personenkreis zugänglich gemacht sind. Allgemein zugänglich sind Daten, die sich an jedermann oder einen nicht weiter abgrenzbaren Personenkreis richten, zB Daten von einer frei zugänglichen Homepage, aus öffentlichen Telefon- und Adressverzeichnissen und aus den Massenmedien. Diese Daten über eine Person können auch als Daten aus einer allgemein zugänglichen Quelle charakterisiert werden. Ein Eingriff in das informationelle Selbstbestimmungsrecht (Art. 2 Abs. 1 iVm Art. 1 Abs. 1 GG) scheidet bei der Erhebung von personenbezogenen Daten aus allgemein zugänglichen Quellen aus,[57] weshalb deren Erhebung, Verarbeitung und Nutzung prima facie zulässig ist. Anders kann sich dies aber bei dem Zusammentragen solcher Informationen darstellen, die gezielt zum Zweck der Werbung derart zusammengestellt, verarbeitet und genutzt werden, dass erst ein bestimmtes Datenprofil von einer Person entsteht, wie es bisher nicht frei zugänglich verfügbar war. Die schutzwürdigen Interessen des Betroffenen sind daher im Rahmen der Verhältnismäßigkeitsprüfung gegen das Informationsinteresse der Krankenkasse entsprechend der Intensität eines Eingriffs abzuwägen. Abs. 4 S. 1 knüpft die Zulässigkeit jeglicher Datenmaßnahme zur Mitgliederwerbung aus Gründen des in Betracht kommenden grundrechtlichen Schutzes des Betroffenen an eine solche Abwägungsentscheidung („Interesse ... überwiegt"). Besteht ein **schutzwürdiges Interesse des Betroffenen**, das gegenüber dem Werbeinteresse der Krankenkasse überwiegt, ist die Erhebung zu unterlassen und bereits erhobene Daten sind zu löschen. Der Begriff des schutzwürdigen Interesses ist wertausfüllungsbedürftig im Sinne der Grundrechte.[58] Er verlangt, dass die Datenerhebung, -verarbeitung oder -nutzung gemessen an ihrer Eignung und Erforderlichkeit zu dem vorgesehenen Zweck den Betroffenen (= das potenzielle Mitglied) nicht unverhältnismäßig belastet. In diese **Abwägung** ist auf Seiten der Krankenkasse das Interesse an der Erhebung und Verwendung zu Werbezwecken einzustellen. Art, In-

---

54 Vgl. BSG, 28.11.2002, B 7/1 A 2/00 R, BSGE 90, 162 ff.; vgl. BT-Dr. 15/1525, 143; zu den Werbemaßnahmen der Ersatzkassen, die den rechtsfaktischen Hintergrund bildeten, vgl. den 15. Tätigkeitsbericht des Bundesdatenschutzbeauftragten, BT-Dr. 13/1150, 86.
55 Vgl. BT-Dr. 15/1525, 143 zu Nummer 159 zu Buchstabe c.
56 Vgl. Schneider in: Krauskopf SozKV § 284 Rn. 80.
57 Vgl. BVerfG, 27.2.2008, 1 BvR 370/07, 1 BvR 595/07, BVerfGE 120, 274, 344 f. auch für den Fall, dass eine staatliche Behörde einen offenen Chat beobachtet.
58 Vgl. zB BGH, 23.6.2009, VI ZR 196/08, NJW 2009, 2888 im Zusammenhang mit der Zulässigkeit der Bewertung von Lehrern durch Schüler in Internetportalen.

halt und Aussagekraft der Daten, die erhoben, verarbeitet oder genutzt werden sollen, sind an diesem Zweck zu messen. Schutzwürdige Interessen des Betroffenen liegen in der Wahrung des Rechts auf informationelle Selbstbestimmung. Dabei wird zu berücksichtigen sein, dass nur die Daten zur Mitgliederwerbung erhoben, verarbeitet oder genutzt werden, die ohnehin aus allgemein zugänglichen Quellen stammen und Abs. 4 zur Absicherung des Betroffenen diesem ein Widerspruchsrecht und einen Löschungsanspruch gewährt. Vor diesem Hintergrund wird nur in wenigen Fallkonstellationen ein überwiegendes Interesse des Betroffenen anzunehmen sein. Ein entgegenstehendes den Zweck der Werbung überwiegendes schutzwürdiges Interesse des Betroffenen wird zB angenommen, wenn Sozialdaten nur versehentlich allgemein zugänglich gemacht wurden.[59] Auch darunter fallen Konstellationen, in denen die Daten nicht durch den Betroffenen, sondern von einem Dritten – aber ohne Einwilligung des Betroffenen oder trotz Widerrufs/Widerspruchs des Betroffenen – allgemein zugänglich gemacht wurden (zB auf einer Homepage). Die Erhebung, Verarbeitung oder Nutzung von Daten, die unter Ausnutzung eines schutzwürdigen Vertrauens des Betroffenen in die Identität und die Motivation des Kommunikationspartners im Wege eines Einschleichens in soziale Netzwerke erlangt werden, legitimiert Abs. 4 aus grundrechtlichen Gründen ebenfalls nicht.[60]

Sind die Daten für die Mitgliederwerbung zulässig erhoben, darf die Krankenkasse nach **Abs. 4 S. 2** 11 diese Daten mit den folgenden Angaben auf der Krankenversichertenkarte bzw. elektronischen Gesundheitskarte (§ 291 Abs. 2) **abgleichen**: Familienname und Vorname (§ 291 Abs. 2 Nr. 2), Geburtsdatum (Nr. 3), Geschlecht (Nr. 4) und Anschrift (Nr. 5). Die Krankenkassen können dadurch sicherstellen, dass sie sich mit ihren Werbemaßnahmen nicht an Mitglieder und Versicherte wenden, die als Zielgruppe ausscheiden.

Abs. 4 S. 3 gewährt dem Betroffenen das Recht zum Widerspruch. Der **Widerspruch** nach S. 3 kann 12 formlos erfolgen. Ausreichend ist, dass der Widersprechende (auch konkludent) zu erkennen gibt, dass er mit der Nutzung oder Übermittlung der Daten zu Werbezwecken nicht einverstanden ist, zB indem er seine Verärgerung über Werbemaßnahmen äußert. **Verantwortliche Stelle** ist diejenige Krankenkasse, die die Daten für die Mitgliederwerbung verarbeitet oder nutzt.

Abs. 4 S. 4 beinhaltet eine **Löschungspflicht** (zum Begriff der Löschung → § 304 Rn. 7), sobald die Da- 13 ten nicht mehr für die Zweck der Mitgliederwerbung benötigt werden. Ihr korrespondiert auf Seiten des Betroffenen ein Löschungsanspruch. Die Verpflichtung nach S. 4 besteht für die Krankenkasse nur, wenn der Betroffene nicht bereits widersprochen hat. Fraglich ist dabei, ab welchem Zeitpunkt („sobald") der Zweck der Mitgliederwerbung entfällt. Diese Frage stellt sich insbesondere für Werbemaßnahmen ohne eine positive Rückmeldung der Versicherten. Unproblematisch besteht die Pflicht jedenfalls ab dem Zeitpunkt, zu dem für die Krankenkasse durch eine schriftliche oder telefonische Rückmeldung oder ein Beratungsgespräch eine Ablehnung der Mitgliedschaft durch den Betroffenen (ggf. auch konkludent) eindeutig zu erkennen ist (zB weil sich die Mitgliedschaft als nachteilig herausstellt).[61] In allen anderen Fällen erscheint es sachgerecht, die Verwendung der Daten solange zu Werbemaßnahmen zuzulassen, wie nicht objektive Gründe (zB Tod des Betroffenen) oder ein erklärter Wille gegen die Mitgliedschaft zumindest konkludent geäußert werden.

Abs. 4 S. 5 entspricht der Grundaussage von Abs. 1 S. 5 (→ Rn. 6), wobei aber auch die Nutzung ein- 14 bezogen wird. Dadurch wird deutlich, dass Daten zum Zweck der Mitgliederwerbung auch aufgrund einer Mitwirkung des Betroffenen erhoben, verarbeitet und genutzt werden dürfen (vgl. § 67a Abs. 2 und 3).[62]

§ 285 Personenbezogene Daten bei den Kassenärztlichen Vereinigungen

(1) Die Kassenärztlichen Vereinigungen dürfen Einzelangaben über die persönlichen und sachlichen Verhältnisse der Ärzte nur erheben und speichern, soweit dies zur Erfüllung der folgenden Aufgaben erforderlich ist:

---

59 Vgl. Schneider in: Krauskopf SozKV § 284 Rn. 80.
60 Vgl. BVerfG, 27.2.2008, 1 BvR 370/07, 1 BvR 595/07, BVerfGE 120, 274, 344.
61 Vgl. zum Grund des feststehenden Nachteils auch Luthe in: Hauck/Noftz SGB V § 284 Rn. 47.
62 Zum Mitwirkungserfordernis vgl. Stähler in: Krahmer, Sozialdatenschutz nach SGB I und X, 3. Aufl. 2011, § 67a Rn. 7; zu der kontrovers diskutierten Frage, ob nicht auch eine Einwilligung genügt vgl. Bieresborn in von Wulffen/Schütze SGB X, 8. Aufl. 2014, § 67a Rn. 5a ff.

1. Führung des Arztregisters (§ 95),
2. Sicherstellung und Vergütung der vertragsärztlichen Versorgung einschließlich der Überprüfung der Zulässigkeit und Richtigkeit der Abrechnung,
3. Vergütung der ambulanten Krankenhausleistungen (§ 120),
4. Vergütung der belegärztlichen Leistungen (§ 121),
5. Durchführung von Wirtschaftlichkeitsprüfungen (§ 106 bis § 106 c),
6. Durchführung von Qualitätsprüfungen (§ 135 b).

(2) Einzelangaben über die persönlichen und sachlichen Verhältnisse der Versicherten dürfen die Kassenärztlichen Vereinigungen nur erheben und speichern, soweit dies zur Erfüllung der in Absatz 1 Nr. 2, 5, 6 sowie den §§ 106 d und 305 genannten Aufgaben erforderlich ist.

(3) [1]Die rechtmäßig erhobenen und gespeicherten Sozialdaten dürfen nur für die Zwecke der Aufgaben nach Absatz 1 in dem jeweils erforderlichen Umfang verarbeitet oder genutzt werden, für andere Zwecke, soweit dies durch Rechtsvorschriften des Sozialgesetzbuchs angeordnet oder erlaubt ist. [2]Die nach Absatz 1 Nr. 6 rechtmäßig erhobenen und gespeicherten Daten dürfen den ärztlichen und zahnärztlichen Stellen nach § 17 a der Röntgenverordnung und den ärztlichen Stellen nach § 83 der Strahlenschutzverordnung übermittelt werden, soweit dies für die Durchführung von Qualitätsprüfungen erforderlich ist. [3]Die beteiligten Kassenärztlichen Vereinigungen dürfen die nach Absatz 1 und 2 rechtmäßig erhobenen und gespeicherten Sozialdaten der für die überörtliche Berufsausübungsgemeinschaft zuständigen Kassenärztlichen Vereinigung übermitteln, soweit dies zur Erfüllung der in Absatz 1 Nr. 1, 2, 4, 5 und 6 genannten Aufgaben erforderlich ist. [4]Sie dürfen die nach den Absätzen 1 und 2 rechtmäßig erhobenen Sozialdaten der nach § 24 Abs. 3 Satz 3 der Zulassungsverordnung für Vertragsärzte und § 24 Abs. 3 Satz 3 der Zulassungsverordnung für Vertragszahnärzte ermächtigten Vertragsärzte und Vertragszahnärzte auf Anforderung untereinander übermitteln, soweit dies zur Erfüllung der in Absatz 1 Nr. 2 genannten Aufgaben erforderlich ist. [5]Die zuständige Kassenärztliche und die zuständige Kassenzahnärztliche Vereinigung dürfen die nach Absatz 1 und 2 rechtmäßig erhobenen und gespeicherten Sozialdaten der Leistungserbringer, die vertragsärztliche und vertragszahnärztliche Leistungen erbringen, auf Anforderung untereinander übermitteln, soweit dies zur Erfüllung der in Absatz 1 Nr. 2 sowie in § 106 a genannten Aufgaben erforderlich ist. [6]Sie dürfen rechtmäßig erhobene und gespeicherte Sozialdaten auf Anforderung auch untereinander übermitteln, soweit dies zur Erfüllung der in § 32 Abs. 1 der Zulassungsverordnung für Vertragsärzte und § 32 Abs. 1 der Zulassungsverordnung für Vertragszahnärzte genannten Aufgaben erforderlich ist. [7]Die Kassenärztlichen Vereinigungen dürfen rechtmäßig erhobene und gespeicherte Sozialdaten auch untereinander übermitteln, soweit dies im Rahmen eines Auftrags nach § 77 Absatz 6 Satz 2 in Verbindung mit § 88 des Zehnten Buches erforderlich ist. [8]Versichertenbezogene Daten sind vor ihrer Übermittlung zu pseudonymisieren.

(3 a) Die Kassenärztlichen Vereinigungen sind befugt, personenbezogene Daten der Ärzte, von denen sie bei Erfüllung ihrer Aufgaben nach Absatz 1 Kenntnis erlangt haben, und soweit diese
1. für Entscheidungen über die Rücknahme, den Widerruf oder die Anordnung des Ruhens der Approbation oder
2. für berufsrechtliche Verfahren

erheblich sind, den hierfür zuständigen Behörden und Heilberufskammern zu übermitteln.

(4) Soweit sich die Vorschriften dieses Kapitels auf Ärzte und Kassenärztliche Vereinigungen beziehen, gelten sie entsprechend für Psychotherapeuten, Zahnärzte und Kassenzahnärztliche Vereinigungen.

Literatur:

Detsch, Sozialdatenschutz nach dem 2. SGB-Änderungsgesetz, RDV 1995, 16; *Gaßner*, Korruption im Gesundheitswesen – Definition, Ursachen, Lösungsansätze, NZS 2012, 521; *Hübner*, Umfang und Grenzen des strafrechtlichen Schutzes des Arztgeheimnisses nach § 203 StGB, 2011; *Kubiciel/Hoven*, Korruption im Gesundheitswesen, 2016; *Schreiber*, Stimmt das neue Gesundheits-Reformgesetz von 1988 mit dem Grundgesetz überein?, JR 1990, 353.

I. Entstehungsgeschichte

1 § 285 wurde durch Art. 1 des **GRG**[1] vom 20.12.1988 mit Wirkung zum 1.1.1989 in das SGB V eingefügt. Mit Art. 1 Nr. 153 des Gesundheitsstrukturgesetzes[2] wurde Abs. 2 um die Aufgabe der Versicher-

---

1 BGBl. I 1988, 2477.
2 BGBl. I 1992, 2266.

tenauskunft nach Abs. 1 Nr. 6 erweitert (gültig ab 1.1.1993). Im Zuge der Reform des Sozialdatenschutzes durch das 2. SGB ÄndG[3] wurden terminologische Anpassungen in Abs. 1, 2 und 3 vorgenommen und die Aufgaben in Abs. 2 um den damaligen § 83 Abs. 2 ergänzt.[4] Mit Art. 2 Nr. 16 des Gesetzes über die Berufe des Psychologischen Psychotherapeuten und des Kinder- und Jugendpsychotherapeuten, zur Änderung des Fünften Buches Sozialgesetzbuch und anderer Gesetze[5] wurde mit Wirkung zum 1.1.1999 Abs. 4 auch auf Psychotherapeuten erstreckt. Der Wortlaut des Abs. 4 wurde durch Art. 1 Nr. 73 des **Gesundheitsreformgesetzes 2000**[6] umgestellt (gültig ab 1.1.2000). Art. 5 b des **FPÄndG**[7] führte mit Wirkung zum 22.7.2003 für die Kassen(zahn)ärztlichen Vereinigungen in Abs. 3 mit S. 4 eine weitere Übermittlungsbefugnis ein. Diese wurde durch Art. 1 Nr. 17 des **VÄndG**[8] mit Wirkung zum 1.1.2007 unter den Erforderlichkeitsvorbehalt gestellt. Zugleich wurden die S. 3 bis 6 an Abs. 3 angefügt. In Abs. 2 wurde § 83 Abs. 2 durch § 106 a ersetzt. Mit Art. 1 Nr. 192 des **GKV-WSG**[9] wurden die Aufgaben in Abs. 2 um Abs. 1 Nr. 2 erweitert. In Abs. 3 wurde S. 4 – beschränkt auf die Übermittlung an die Stellen nach § 17 a RöV – eingefügt.[10] Die Befugnis in S. 5 wurde von den MVZs auf die „Leistungserbringer" erweitert (gültig ab 1.4.2007). Mit Art. 3 Nr. 7 des **Gesetzes zur Änderung des Infektionsschutzgesetzes und weiterer Gesetze**[11] wurde S. 4 um die Übermittlungsbefugnis an die ärztlichen Stellen nach § 83 StrlSchV ergänzt (gültig ab 4.8.2011). Durch Art. 1 Nr. 79 des **GKV-VStG**[12] wurden mit Wirkung zum 1.1.2012 an Abs. 3 die S. 7 und 8 angefügt. Nachdem das Thema Korruption im Gesundheitswesen verstärkt in den Blick der Öffentlichkeit geraten ist,[13] wollte der Bundesgesetzgeber die berufsrechtliche Bekämpfung von Fehlverhalten durch eine Legitimationsgrundlage für die Übermittlung von arztbezogenen Daten der Kassen(zahn)ärztlichen Vereinigungen an die Approbationsbehörden und die Heilberufskammern unterstützen.[14] Daher fügte er im Rahmen des **Krebsfrüherkennungs- und -registergesetzes (KFRG)**[15] Abs. 3 a mit Wirkung zum 9.4.2013 ein. Mit dem **Krankenhausstrukturgesetz**[16] **(KHSG)** vom 10.12.2015[17] hat der Gesetzgeber die Qualitätssicherungsregelungen im Neunten Abschnitt neu strukturiert; in Abs. 1 Nr. 6 wurde der Klammerzusatz („§ 136" aF) mit Wirkung zum 1.1.2016 durch den Bezug auf 135 b angepasst. Eine redaktionelle Folgeänderung haben Abs. 1 Nr. 5 (Bezug auf §§ 106–106 c) und Abs. 2 (Bezug auf § 106 d) mit Wirkung zum 1.1.2017 aufgrund der Neuordnung der Wirtschaftlichkeitsprüfung durch das **GKV-Versorgungsstärkungsgesetz (GKV-VSG)** vom 16.7.2015[18] erfahren.

II. Regelungsgehalt und Normzweck

§ 285 regelt die Erhebung, Verarbeitung und Nutzung von (zahn)arzt- und versichertenbezogenen Daten durch Kassenärztliche Vereinigungen (KVen) und Kassenzahnärztliche Vereinigungen (KZVen). Die Vorschrift stellt die gesetzliche Grundlage für Eingriffe in das informationelle Selbstbestimmungs-

---

3 BGBl. I 1994, 1229.
4 Nach § 83 Abs. 2 in der damaligen Fassung waren in den Gesamtverträgen auch Verfahren zu vereinbaren, die die Prüfung der Abrechnungen auf Rechtmäßigkeit durch Plausibilitätskontrollen der Kassenärztlichen Vereinigungen, insbesondere auf der Grundlage von Stichproben, ermöglichten.
5 BGBl. I 1998, 1311.
6 BGBl. I 1999, 2626.
7 BGBl. I 2003, 1461.
8 BGBl. I 2006, 3439.
9 BGBl. I 2007, 378.
10 Vgl. BT-Dr. 16/4247, 55 zu Nummer 92 zu Buchstabe b zu Doppelbuchstabe aa.
11 BGBl. I 2011, 1622.
12 BGBl. I 2011, 2983.
13 Vgl. dazu zB den Beschluss des Großen Strafsenats, 29.3.2012, GSSt 2/11, NJW 2012, 2530, 2535 mit Hinweis auf die Zuständigkeit des Gesetzgebers; aus der Literatur zum Thema Korruption zB Gaßner, NZS 2013, 521.
14 Vgl. BT-Dr. 17/12221, 25 zu Nummer 9; zu der Bedeutung und dem Begriff der „Korruption" im Gesundheitswesen vgl. Gaßner NZS 2013, 521 ff.; zu den politischen Folgen des Beschlusses des Großen Senats für Strafsachen des BGH, 29.3.2012, NJW 2012, 2530 ff. vgl. zB die Forderung, die Korruption im Gesundheitswesen durch eine Vorschrift unter Strafe zu stellen und die verschiedenen Regelungsvorschläge dazu (RDG 2013, 60; FD-StrafR 2013, 344782; BT-Dr. 17/12693; BT-Dr. 17/14158; BR-Dr. 451/13; zur Strafbarkeit wegen Bestechlichkeit und Bestechung im Gesundheitswesen gemäß §§ 299 a, 299 b StGB vgl. zB Kubiciel/Hoven, Korruption im Gesundheitswesen, 2016.
15 BGBl. I 2013, 617.
16 Gesetz zur Reform der Strukturen der Krankenhausversorgung.
17 BGBl. I 2015, 2229.
18 BGBl. I 2015, 1211.

recht der Betroffenen (Art. 2 Abs. 1 iVm Art. 1 Abs. 1 GG) dar und fordert dafür von den Adressaten die strikte Einhaltung der vorgegebenen Zwecke und des Erforderlichkeitsvorbehalts. Abs. 1 und Abs. 2 korrespondieren auf der Befugnisebene mit den gesetzlichen Aufgaben der KVen/KZVen. Die Regelungen erlauben die Erhebung und Speicherung personenbezogener Daten, die für die Erfüllung der in Abs. 1 und Abs. 2 genannten Aufgaben notwendig sind.[19] Dabei regelt **Abs. 1** die zulässige Erhebung und Speicherung (zahn)arztbezogener Daten und **Abs. 2** die Erlaubnis zur Erhebung und Speicherung versichertenbezogener Einzelangaben. **Abs. 3** beinhaltet die Vorgaben für die Verarbeitung und Nutzung rechtmäßig erhobener und gespeicherter Daten nach Abs. 1 und Abs. 2. **Abs. 3 a** berechtigt die Kassen(zahn)ärztlichen Vereinigungen, ihnen im Rahmen der Aufgabenerfüllung bekannt gewordene personenbezogene Einzelangaben der Ärzte an die Approbationsbehörden und an die Heilberufskammern zu übermitteln, um sie – so die Gesetzesbegründung – in die Lage zu versetzen, „über die Rücknahme, den Widerruf oder das Ruhen der Approbation bzw. die Einleitung eines berufsrechtlichen Verfahrens zu entscheiden."[20] Der Gesetzgeber wollte mit der Übermittlungsbefugnis eine datenschutzrechtliche Lücke für die berufsrechtliche Verfolgung von Korruption und von sog Fehlverhalten im Gesundheitswesen schließen, die bisher für eine Mitteilung von den Kassen(zahn)ärztlichen Vereinigungen an die Landeskammern und die Approbationsbehörden bestand.[21] **Abs. 4** erstreckt die Geltung der Vorschriften des gesamten 10. Kapitels (§§ 284 bis 305 b) auf Zahnärzte, Psychotherapeuten und Kassenzahnärztlichen Vereinigungen. Im Vergleich zu der Befugnisnorm für Krankenkassen (§ 284) hat der Gesetzgeber keine spezielle Löschungsregelung getroffen. Es gilt daher die allgemeine Regelung des § 84 Abs. 2 SGB X, wenn kein Tatbestand des § 304 vorliegt, der für bestimmte Daten absolute Löschungsfristen enthält (→ § 304 Rn. 8 ff.).

III. Erhebung und Speicherung arztbezogener Daten (Abs. 1)

3   Abs. 1 regelt die Erhebung (§ 67 Abs. 5 SGB X) und Speicherung (als Unterfall der Datenverarbeitung iSv § 67 Abs. 6 SGB X) von „Einzelangaben über persönliche und sachliche Verhältnisse der Ärzte" (arztbezogene Daten) durch Kassenärztliche Vereinigungen und Kassenzahnärztliche Vereinigungen. Voraussetzung für die zulässige Erhebung und Speicherung der arztbezogenen Daten ist, dass sie für die Erfüllung einer der in den Nr. 1 bis Nr. 6 aufgezählten **Aufgaben** erforderlich ist. Der Katalog der **Nr. 1 bis Nr. 6** ist abschließend. Erforderlich ist ein unbestimmter Rechtsbegriff, der eng auszulegen ist.[22] Erforderlich sind daher nur solche Daten, die notwendig sind,[23] um die Aufgabe der Institution „rechtmäßig, vollständig und in angemessener Zeit erfüllen zu können".[24] Dass die Daten geeignet oder zweckmäßig für die Aufgabenerfüllung sind, genügt nicht.[25]

4   Die Befugnis zur Erhebung und Speicherung der arztbezogenen Daten gemäß **Nr. 1** erstreckt sich neben den Vertragsärzten, Vertragszahnärzten und Psychotherapeuten (vgl. Abs. 4) auch auf die nicht für die vertrags(zahn)ärztliche Versorgung zugelassenen (Zahn)Ärzte und Psychotherapeuten, die die Eintragung in das (Zahn)Arztregister (vgl. § 95 Abs. 2) beantragt haben. Von Nr. 1 werden diejenigen personenbezogenen Daten erfasst, die im (Zahn)Arztregister einzutragen sind (vgl. § 95 Abs. 2 S. 4, § 2 iVm Anlage Ärzte-ZV/ § 2 iVm Anlage Zahnärzte-ZV). Die Sicherstellung nach **Nr. 2** umfasst die Bedarfsplanung (§ 99) und die dafür erforderlichen Angaben (zB für Planungen und zum Zweck der Dokumentation) einschließlich der Angaben für Maßnahmen nach §§ 100 bis 105 (zB Angaben für Wartelisten in zulassungsbeschränkten Gebieten gemäß § 103 Abs. 5). Nr. 2 erlaubt auch Angaben, die für die Vergütung der vertrags(zahn)ärztlichen Versorgung einschließlich der Überprüfung der Zulässigkeit und Richtigkeit der Abrechnung erforderlich sind. Die Vergütung ist in §§ 85 ff. geregelt. Für den Anspruch auf angemessene Teilhabe an der Gesamtvergütung benötigt die K(Z)V arztbezogene Angaben, zB für die Zuweisung des arzt- und praxisbezogenen Regelleistungsvolumens (§ 87 b Abs. 1). Für

---

19 Zu dem Wechselverhältnis von Aufgabenerfüllung und Befugnisnorm vgl. auch BSG, 19.11.1985, 6 RKa 14/83, BSGE 29, 172, 178.
20 BT-Dr. 17/12221, 25 zu Nummer 9.
21 Vgl. BT-Dr. 17/12221, 25 zu Nummer 9.
22 BSG 28.11.2002, B 7/1 A 2/00 R, BSGE 90, 162, 168 unter Bezug auf BVerfG, 15.12.1983, 1 BvR 209/83, 1 BvR 269/83, 1 BvR 362/83, 1 BvR 420/83, 1 BvR 440/83, 1 BvR 484/83, BVerfGE 65, 1, 44 sowie auf die Literatur; aus der Literatur: Bieresborn in v. Wulffen/Schütze SGB X, 8. Aufl. 2014, § 67 a Rn. 4; Gola/Klug/Körffer in: Gola/Schomerus BDSG § 13 Rn. 3.
23 Vgl. in diese Richtung auch BT-Dr. 17/6906, 100: „... zugewiesene Aufgabe, zu deren Erfüllung die jeweiligen Daten benötigt werden".
24 BSG 28.11.2002, B 7/1 A 2/00 R, BSGE 90, 162, 168.
25 Vgl. BSG, 28.11.2002, B 7/1 A 2/00 R, BSGE 90, 162, 168.

die Zulässigkeit und Richtigkeit der Abrechnung müssen zB Angaben zur Leistungsberechtigung und zum Zeitaufwand des Arztes erhoben und gespeichert werden (vgl. § 106 d). **Nr. 3** betrifft Angaben für die Vergütung ambulanter Krankenhausleistungen gemäß § 120, zu denen aufgrund des Sachzusammenhangs auch betriebsbezogene Angaben über die jeweilige Einrichtung (zB Krankenhaus oder stationäre Pflegeeinrichtung nach § 119 b) zählen.[26] Für die Vergütung belegärztlicher Leistungen nach § 121 (**Nr. 4**) dürfen die Kassenärztlichen Vereinigungen im Hinblick auf die Vergütung von vom Belegarzt (Def. s. § 121 Abs. 2) veranlassten Leistungen (vgl. § 121 Abs. 3) auch Angaben bei nachgeordneten Krankenhausärzten erheben und speichern.[27] **Nr. 5** erfasst arztbezogene Angaben für die Durchführung der Wirtschaftlichkeitsprüfungen nach §§ 106–106 c, **Nr. 6** benennt als zulässigen Zweck die Durchführung von Qualitätsprüfungen (§ 135 b). Die Angaben werden durch den G-BA festgelegt (→ § 299 Rn. 7).

IV. Erhebung und Speicherung versichertenbezogener Daten (Abs. 2)

Abs. 2 gestattet den Kassenärztlichen Vereinigungen und Kassenzahnärztlichen Vereinigungen (vgl. Abs. 4) Einzelangaben über die persönlichen und sachlichen Verhältnisse der Versicherten (vgl. § 5 und § 10) zu erheben (zum Begriff → Rn. 3) und zu speichern (zum Begriff → Rn. 3). Voraussetzung ist, dass die Erhebung oder die Speicherung für die Erfüllung der in Abs. 2 abschließend benannten Aufgaben erforderlich (→ Rn. 3) ist: für die Sicherstellung und Vergütung der vertragsärztlichen Versorgung einschließlich der Überprüfung der Zulässigkeit und Richtigkeit der Abrechnung nach Abs. 1 Nr. 2 (→ Rn. 4) und nach § 106 d, die Durchführung von Wirtschaftlichkeitsprüfungen nach §§ 106–106 c (→ Rn. 4), die Durchführung von Qualitätsprüfungen nach § 135 b (→ Rn. 4). Der Zweck der Auskunftserteilung nach § 305 geht ins Leere, da die Mitwirkung der Kassen(zahn)ärztlichen Vereinigungen bei dem Auskunftsanspruch nach § 305 seit dem 1.1.2012 entfallen ist (→ § 305 Rn. 9). 5

V. Verarbeitung und Nutzung der arzt- und versichertenbezogenen Daten (Abs. 3)

Abs. 3 regelt die zulässige Verarbeitung (zum Begriff → § 284 Rn. 8) und Nutzung (zum Begriff → § 284 Rn. 8) der rechtmäßig erhobenen und gespeicherten Sozialdaten durch KVen/KZVen. Für versichertenbezogene Angaben nach Abs. 2 ist richtigerweise eine Verarbeitung und Nutzung der Daten nur für die in Abs. 2 benannten Aufgaben zulässig. Andernfalls würde die Verarbeitungs- und Nutzungsbefugnis über die Erhebungsbefugnis hinausgehen.[28] Dagegen spricht der Sinn und Zweck der Regelung, der in der Beschränkung der Datenverarbeitung und -nutzung auf die ausdrücklich genannten Aufgaben zum Schutz des informationellen Selbstbestimmungsrechts der Versicherten liegt. Die Verarbeitung und Nutzung der rechtmäßig erhobenen Daten ist zu anderen Zwecken als den in Abs. 1 und Abs. 2 genannten Aufgaben nur erlaubt, soweit eine Rechtsvorschrift des SGB dies anordnet oder dazu befugt. Zu den „anderen Zwecken" gehören sämtliche Zwecke, die im SGB benannt werden, zB die Herausgabe zum Zweck der Durchführung eines Strafverfahrens gem. § 69 Abs. 1 Nr. 2 SGB X, wobei der Begriff des Strafverfahrens auch das staatsanwaltliche Ermittlungsverfahren erfasst.[29] Eine Kassenärztliche Vereinigung kann sich daher nicht auf das Sozialgeheimnis berufen, wenn die Staatsanwaltschaft originalgetreue Ablichtungen der Sammelerklärungen und Honorarbescheide eines Beschuldigten bei der KV für ein staatsanwaltliches Ermittlungsverfahren wegen Abrechnungsbetrugs anfordert und muss diese auch ohne richterliche Anordnung gem. § 73 Abs. 3 SGB X an die Staatsanwaltschaft herausgeben.[30] **Abs. 3 S. 2** ergänzt den Katalog der Verarbeitungszwecke nach Abs. 3 S. 1, indem er die Übermittlung an die ärztlichen und zahnärztlichen Stellen nach § 17 a RöV und § 83 StrlSchV zulässt.[31] 6

Die **Abs. 3 S. 3 bis S. 6** enthalten Erlaubnistatbestände für die Übermittlung von rechtmäßig erhobenen und gespeicherten Angaben zwischen verschiedenen Kassen(zahn)ärztlichen Vereinigungen. S. 3 be- 7

---

26 Vgl. Hornung in: Hänlein/Schuler § 285 Rn. 4; Luthe in: Hauck/Noftz SGB V § 285 Rn. 5; aA Waschull in: Krauskopf SozKV § 285 Rn. 11.
27 Vgl. Hornung in: Hänlein/Schuler § 285 Rn. 4; Waschull in: Krauskopf SozKV § 285 Rn. 12.
28 Vgl. Spickhoff/Fischinger SGB V § 285 SGB V Rn. 4; Hornung in: Hänlein/Schuler § 285 Rn. 8.
29 AG Saarbrücken, 1.9.1997, 7 Gs 1464/96, wistra 1997, 360; AG Kiel, 5.5.2011, 43 Gs 612/11, NZS 2011, 879.
30 AG Kiel, 5.5.2011, 43 Gs 612/11, NZS 2011, 879, wonach sich die Herausgabepflicht aus § 95 Abs. 1 StPO als „Minus" zu den Originalunterlagen ergibt und die Anordnung eines Ordnungsgeldes iHv 250,00 EUR als ausreichend erachtet wird.
31 Zu den Gründen für die Einfügung der Übermittlungsbefugnis an die Stellen nach § 83 StrlSchV vgl. BT-Dr. 17/5178, 22.

trifft den Fall, dass mehrere Ärzte/Zahnärzte in einer überörtlichen Berufsausübungsgemeinschaft tätig sind und erlaubt die Übermittlung der Angaben unter dem Erforderlichkeitsvorbehalt für die Erfüllung der Aufgaben nach Abs. 1 Nr. 1, 2, 4, 5 und 6 (→ Rn. 4). S. 4 regelt die Übermittlung der Angaben nach Abs. 1 und Abs. 2 im Fall der Ermächtigung eines Vertrags(zahn)arztes zur Erbringung von Leistungen in einer („überörtlichen")[32] Zweigpraxis, die in dem Bezirk einer anderen Kassen(zahn)ärztlichen Vereinigung liegt als der Hauptsitz.[33] In diesem Fall dürfen die Angaben zwischen den KV/KZVen übermittelt werden, soweit dies zur Sicherstellung und Vergütung der vertrags(zahn)ärztlichen Versorgung einschließlich der Überprüfung der Zulässigkeit und Richtigkeit der Abrechnung erforderlich ist. Der Gesetzgeber hat allerdings die Änderung des § 24 Abs. 3 Ärzte-ZV durch Art. 9 Nr. 8 des GKV-VStG[34] (mit Wirkung zum 1.1.2012) in § 285 Abs. 3 S. 4 noch nicht durch Bezug auf § 24 Abs. 3 S. 6 nachvollzogen. S. 5 erlaubt die anlassbezogene Übermittlung auf Anforderung von Angaben nach Abs. 1 und Abs. 2 zwischen KVen und KZVen in Fällen, in denen vertragsärztliche und vertragszahnärztliche Leistungserbringer (Ärzte, Zahnärzte, MVZs, Berufsausübungsgemeinschaften) sowohl ärztliche als auch zahnärztliche Leistungen erbringen (zB Ärzte und Zahnärzte mit Doppelzulassung).[35] Die Übermittlung steht unter dem Vorbehalt der Erforderlichkeit und ist nur für die Erfüllung der Aufgaben nach Abs. 1 Nr. 2 sowie für die in § 106 a benannte Aufgaben (Vergütung und Abrechnungsprüfung) zulässig. Sie dient der Vermeidung von Doppelabrechnungen.[36] S. 6 erlaubt die Datenübermittlung in Fällen nach § 32 Abs. 1 Ärzte-ZV/Zahnärzte-ZV (persönliche Ausübung in freier Praxis, Vertretung), beschränkt auf die Erforderlichkeit der Daten für die in § 32 Abs. 1 Ärzte-ZV/Zahnärzte-ZV benannte Aufgabenerfüllung.

8 **Abs. 3 S. 7 und 8** wurden durch das GKV-VStG (→ Rn. 1) angefügt. Sie erlauben eine Datenübermittlung im Fall der Aufgabenübertragung von einer KV/KZV auf eine andere KV/KZV nach § 77 Abs. 6 S. 2 SGB V iVm § 88 Abs. 1 S. 1 SGB X. Da der Datenfluss zwischen KVen/KZVen datenschutzrechtlich eine Übermittlung iSv § 67 Abs. 6 S. 2 Nr. 3 SGB X ist, hat der Gesetzgeber eine gesetzliche Grundlage für die Übertragung von Daten zum Zwecke der Aufgabenwahrnehmung geschaffen.[37] Erfasst wird zB die Übermittlung von Daten für die Aufgabenübernahme der Abrechnungsprüfung. Versichertenbezogene Angaben sind jedoch vor ihrer Übermittlung nach S. 8 zu pseudonymisieren (zum Begriff s. § 67 Abs. 8 a SGB X).

VI. Übermittlungsbefugnis der Kassenärztlichen Vereinigungen für arztbezogene Angaben an die Approbationsbehörden und die Heilberufskammern (Abs. 3 a)

9 Abs. 3 a ermächtigt die Kassenärztlichen Vereinigungen (für Kassenzahnärztliche Vereinigungen: Abs. 4), personenbezogene Arztdaten, von denen sie im Rahmen ihrer Aufgabenerfüllung Kenntnis erlangt haben, zu den in Nr. 1 und Nr. 2 aufgeführten Zwecken an die zuständigen Behörden zu übermitteln. **Zuständige Behörde** ist im Fall der Nr. 1 die Approbationsbehörde (vgl. § 12 Abs. 4 BÄO), die gemäß § 5 BÄO über den Widerruf und die Rücknahme der Approbation und gemäß § 6 BÄO über das Ruhen der Approbation entscheidet. Im Fall der Nr. 2 wird die zuständige Behörde – die jeweilige Ärzte-, Zahnärzte- oder Psychotherapeutenkammer – für die Einleitung eines berufsrechtlichen Verfahrens durch die Heilberufs- und Kammergesetze der Länder bestimmt. Die Legitimation zur Übermittlung (s. zu diesem Begriff § 67 Abs. 6 Nr. 3 SGB X) erstreckt sich auf personenbezogene Daten der Ärzte (Zahnärzte und Psychotherapeuten gemäß Abs. 4). **Personenbezogene Daten der Ärzte** sind Daten im Sinne von → Rn. 3. Aufgrund des Wortlauts, des Zwecks der Vorschrift und des Willens des Gesetzgebers erstreckt sich die Befugnis – wie auch die Gesetzbegründung hervorhebt[38] – nicht auf Einzelangaben über persönliche oder sachliche Verhältnisse der Versicherten. Weitere Voraussetzung für die Übermittlungsbefugnis ist, dass die Kassen(zahn)ärztliche Vereinigung von den Tatsachen im Rahmen ihrer Aufgabenerfüllung nach Abs. 1 **Kenntnis** erlangt hat. Kenntnis meint ein subjektives

---

32 BSG, 11.2.2015, B 6 KA 11/14 R, BeckRS 2015, 69428 Rn. 39.
33 S. 4 wurde durch Art. 1 Nr. 192 des GKV-WSG (BGBl. I 2007, 378) eingefügt. Rn. 1, zu den Gründen und der Fallkonstellation vgl. BT-Dr. 16/4247, 55 zu Nummer 92 zu Buchstabe b zu Doppelbuchstabe aa.
34 BGBl. I 2011, 2983: der frühere S. 3 wurde S. 6.
35 Vgl. BSG, 30.11.2016, B 6 KA 17/15 R, BeckRS 2016, 116701 Rn. 35; Luthe in: Hauck/Noftz SGB V § 285 Rn. 13.
36 Vgl. BT-Dr. 16/3950, 36; zum gezielten Einbezug von MKG-Chirurgen: SG Marburg, 7.5.2014, S 12 KA 646/13, BeckRS 2014, 70154, bestätigt durch BSG, 30.11.2016, B 6 KA 17/15 R, BeckRS 2016, 116701.
37 Vgl. BT-Dr. 17/6906, 97 zu Nummer 79.
38 Vgl. BT-Dr. 17/12221 zu Nummer 9: „Eine Mitteilung versichertenbezogener Daten ist hierfür nicht erforderlich und deshalb auch nicht vorgesehen."

Überzeugtsein, zumindest eine bewußte Erkenntnis von den Tatsachen. Weiterhin dürfen die Kassen(zahn)ärztlichen Vereinigungen nur solche Daten an die Approbationsbehörden weitergeben oder zur Einsicht bereit halten, die die Einleitung eines Verfahrens auf Approbationswiderruf oder -rücknahme oder auf Ruhen der Approbation (Nr. 1) begründen können und an die Heilberufskammer (Nr. 2) nur solche arztbezogenen Daten übermitteln, die für eine Berufspflichtverletzung in Betracht kommen können („soweit ... erheblich"). Die Übermittlung beschränkt sich daher auf Tatsachen, die konkrete Anhaltspunkte für die Einleitung eines Verfahrens nach §§ 5,6 BÄO oder für die Einleitung eines berufsrechtlichen Verfahrens wegen Verletzung einer Berufspflicht bieten.[39] Ein loser Verdachtsmoment genügt nicht.

VII. Entsprechende Anwendung der Vorschriften des 10. Kapitels (Abs. 4)

Abs. 4 ordnet die entsprechende Geltung aller Vorschriften des 10. Kapitels (§§ 284 bis 305 b) für Psychotherapeuten,[40] Zahnärzte und Kassenzahnärztliche Vereinigungen an, soweit sich die Vorschriften auf Ärzte und Kassenärztliche Vereinigungen beziehen. Der Anordnung kommt nur bezogen auf die Kassenzahnärztlichen Vereinigungen deklaratorische Wirkung zu, da diese von der Begriffsbestimmung des § 77 Abs. 1 S. 1 bereits erfasst sind.[41] Für Zahnärzte und Psychotherapeuten war die Anordnung notwendig, da sich § 72 Abs. 1 S. 2, der die entsprechende Geltung von Vorschriften des SGB V vorsieht, ausdrücklich nur auf die Vorschriften des 4. Kapitels bezieht.[42] Wegen des eindeutigen Wortlauts von Abs. 4 gilt die Anordnung nicht auch für die Kassenärztliche Bundesvereinigung und Kassenzahnärztliche Bundesvereinigung (§ 77 Abs. 4).

10

§ 286 Datenübersicht

(1) ¹Die Krankenkassen und die Kassenärztlichen Vereinigungen erstellen einmal jährlich eine Übersicht über die Art der von ihnen oder in ihrem Auftrag gespeicherten Sozialdaten. ²Die Übersicht ist der zuständigen Aufsichtsbehörde vorzulegen.

(2) Die Krankenkassen und die Kassenärztlichen Vereinigungen sind verpflichtet, die Übersicht nach Absatz 1 in geeigneter Weise zu veröffentlichen.

(3) Die Krankenkassen und die Kassenärztlichen Vereinigungen regeln in Dienstanweisungen das Nähere insbesondere über

1. die zulässigen Verfahren der Verarbeitung der Daten,
2. Art, Form, Inhalt und Kontrolle der einzugebenden und der auszugebenden Daten,
3. die Abgrenzung der Verantwortungsbereiche bei der Datenverarbeitung,
4. die weiteren zur Gewährleistung von Datenschutz und Datensicherheit zu treffenden Maßnahmen, insbesondere der Maßnahmen nach der Anlage zu § 78 a des Zehnten Buches.

I. Entstehungsgeschichte

§ 286 wurde gemeinsam mit den übrigen Datenschutzvorschriften des 10. Kapitels durch Art. 1 Abs. 1 des Gesundheitsreform-Gesetzes (GRG)[1] mit Wirkung zum 1.1.1989 in das SGB V eingefügt. Durch Art. 3 Nr. 11 des 2. SGBÄndG[2] wurde § 286 mit Wirkung zum 1.7.1994 im Zuge der Reform des Sozialdatenschutzes (SGB I und X) an eine einheitliche Begriffsverwendung und an die Systematik des Sozialdatenschutzes angepasst.

1

II. Regelungsgehalt und Regelungszweck

Die Vorschrift verpflichtet die Krankenkassen (§§ 143 ff.) und die Kassenärztlichen Vereinigungen (§ 77), einmal jährlich eine Datenübersicht über die Art der von ihnen gespeicherten und der in ihrem

2

---

39 Vgl. BT-Dr. 17/12221, 25 zu Nummer 9.
40 Auch für psychologische Psychotherpeuten: SG Kiel, 14.6.2016, S 2 KA 728/13, juris Rn. 15 (rechtskräftig).
41 Vgl. Spickhoff/Fischinger SGB V § 285 SGB V Rn. 6; Hornung in: Hänlein/Schuler § 285 Rn. 2; Luthe in: Hauck/Noftz SGB V § 285 Rn. 15; Waschull in: Krauskopf SozKV § 285 Rn. 25.
42 Vgl. Spickhoff/Fischinger SGB V § 285 Rn. 6; Hornung in: Hänlein/Schuler § 285 Rn. 2; Luthe in: Hauck/Noftz SGB V § 285 Rn. 15; aA Hess in: KassKomm SGB V § 285 Rn. 6; Waschull in: Krauskopf SozKV § 285 Rn. 25, die beide Abs. 4 wegen § 72 Abs. 1 S. 2 und § 77 Abs. 1 S. 2 für überflüssig halten.
1 BGBl. I 1988, 2477.
2 BGBl. I 1994, 1229.

Auftrag gespeicherten Sozialdaten zu erstellen und zu veröffentlichen (Abs. 1 und Abs. 2). Sie schafft mit der Informationspflicht Transparenz über die Art der bei den genannten Körperschaften insgesamt gespeicherten Sozialdaten und stellt durch Abs. 1 S. 2 die Kontrolle durch die Aufsichtsbehörden sicher. Abs. 3 bezweckt einen einheitlichen Umgang mit Sozialdaten innerhalb der Krankenkassen und Kassenärztlichen Vereinigungen und die Gewährleistung von Datensicherheit, indem die Verpflichteten durch Dienstanweisungen Näheres zu dem Mindestprogramm („insbesondere") der Nr. 1 bis Nr. 4 regeln müssen.

III. Pflicht zur Erstellung einer jährlichen Datenübersicht (Abs. 1)

3 Gegenstand der Übersicht, die jede Körperschaft nach Abs. 1 für sich gesondert zu erstellen hat, sind nicht sämtliche Sozialdaten (zum Begriff → § 284 Rn. 3), die bei der jeweiligen Krankenkasse/Kassen(zahn)ärztlichen Vereinigung oder in deren Auftrag gespeichert sind. Darzustellen ist die „Art" der Sozialdaten, ohne dass das SGB eine Definition dieses Begriffs kennt. Bei Einbeziehung des erforderlichen Schutzzwecks (Information über die gespeicherten Daten zur Prüfung der Verletzung des informationellen Selbstbestimmungsrechts der Versicherten) ist ein eingriffsbezogenes Verständnis vorgegeben. Damit ist eine Differenzierung nach Sozialdaten der Versicherten und Sozialdaten von Leistungserbringern nicht hinreichend. Maßstab für die Aufnahme in die Darstellung ist, ob die Speicherung der Angabe durch die jeweilige Körperschaft des Abs. 1 als Eingriff in Art. 2 Abs. 1 iVm Art. 1 Abs. 1 GG zu qualifizieren ist. Die „Art" der Sozialdaten meint den Bezugspunkt für die Systematisierung von Angaben in Gestalt einer Oberkategorie (zB zur Person des Versicherten, zum Versicherungsverhältnis, Beiträge, zur Leistungsbeantragung, zur Gewährung von Leistungen und deren Ursachen, zur Leistungsabrechnung, zu Leistungserbringer und Vertragsdaten), wobei innerhalb jeder Oberkategorie wiederum in weitere abstrakt formulierte Unterkategorien differenziert werden kann (zB bei Leistungserbringern nach Arzt und Zahnarzt, Chefarzt, KV-Nummer, Praxisnummer, etc). Da Krankenkassen gemäß § 80 SGB X auch andere Stellen (zB Rechenzentren) mit der Verarbeitung von Sozialdaten beauftragen können, müssen für die Transparenz auch diese Daten nach Strukturmerkmalen abgebildet werden. Die Vorschrift legt keinen Zeitpunkt für die Erstellung der Datenübersicht fest, sondern verpflichtet nur zur jährlichen Aufstellung. Hintergrund dafür ist, dass sämtliche Arten der im Laufe des Jahres gespeicherten Sozialdaten aufgeführt werden sollen.[3]

4 Die Datenübersicht dient auch der Kontrolle der Sozialdatenspeicherung durch die Aufsichtsbehörde, weshalb sie gemäß S. 2 der zuständigen (für Krankenkassen vgl. § 90 SGB IV; für Kassen(zahn)ärztliche Vereinigungen vgl. § 78 Abs. 1 SGB V) Aufsichtsbehörde vorzulegen ist. Die Aufsichtsbehörde kann die ihr zustehenden Aufsichtsmittel einsetzen (für Krankenkassen: § 89 SGB IV; für Kassenärztliche Vereinigungen: § 78 Abs. 3 SGB V iVm § 89 SGB IV).

IV. Veröffentlichung in geeigneter Weise (Abs. 2)

5 Die Datenübersicht muss nach Abs. 2 in geeigneter Weise veröffentlicht werden. **Geeignet** ist jede Form der Veröffentlichung, die den Zweck der Daten-Transparenz gegenüber den Versicherten, Leistungserbringern und sonstigen Betroffenen von der Speicherung erfüllt. In Betracht kommen der Aushang in den Geschäftsräumen, die Bekanntmachung in Mitgliederzeitschriften[4] und Massenanschreiben an Versicherte und Ärzte. Angesichts der zunehmenden Digitalisierung[5] der Gesellschaft kann die Übersicht ergänzend auch auf den Internetseiten der jeweiligen Körperschaft veröffentlicht werden.[6]

V. Verpflichtung zum Erlass von Dienstanweisungen (Abs. 3)

6 Um der Gefahr der Verletzung des informationellen Selbstbestimmungsrechts der Betroffenen durch die Krankenkassen und die Kassen(zahn)ärztlichen Vereinigungen entgegenzuwirken, werden diese durch Abs. 3 dazu verpflichtet, die wesentlichen Aspekte der Datenverarbeitung und Datensicherheit (Nr. 1 bis 4) durch Dienstanweisungen zu regeln. **Dienstanweisungen** sind Verwaltungsvorschriften, die sich an die mit der Wahrnehmung der Aufgabe (hier: der Datenverarbeitung) betrauten Mitarbeiter

---

[3] Kranig in: Hauck/Noftz SGB V § 286 Rn. 4.
[4] Vgl. zB für die Knappschaft-Bahn-See: Kompass/KBS 2016, Nr. 7/8, 20–21.
[5] Vgl. dazu die Zahlen der Forschungsgruppe Wahlen, nach denen 100 % der Altersgruppe der 18- bis 34-jährigen Männer und 99 % der gleichen Altersgruppe der Frauen im vierten Quartal 2013 das Internet nutzten, abrufbar unter http://www.forschungsgruppe.de/Aktuelles/Internet-Strukturdaten/ (zuletzt abgerufen am 28.4.2014).
[6] Vgl. Spickhoff/Fischinger SGB V § 286 Rn. 4; Hornung in: Hänlein/Schuler § 286 Rn. 5.

der Krankenkassen und Kassen(zahn)ärztlichen Vereinigungen richten und diese binden. Der Regelungsauftrag („das Nähere") ist als Befugnis zur „Konkretisierung der entsprechenden gesetzlichen Regelungen"[7] zu verstehen, nicht also als Erlaubnis, neue eigenständige Regelungen zum Datenschutz ohne gesetzliche Grundlage zu schaffen.[8] Im Hinblick auf die Wesentlichkeitstheorie, nach der dem Gesetzgeber die Regelung der für den Grundrechtsschutz wesentlichen Fragen zumindest in den Grundzügen vorbehalten ist,[9] besteht kein „eigener materieller Gestaltungsspielraum".[10] Auch wenn die Aufzählung der **Regelungsgegenstände in Nr. 1 bis 4** beispielhaft und nicht abschließend („insbesondere") ist, sind daher weitere über das Mindestprogramm der Nr. 1 bis 4 hinausgehende Regelungen nicht zulässig. In diesem Sinne sind:

- „die zulässigen Verfahren der Verarbeitung der Daten" (**Nr. 1**): die im SGB V (zB §§ 284, 285) und SGB X normierten Verfahren (§ 67 b). Die Verarbeitung der Daten umfasst den gesamten Prozess im Sinne des § 67 Abs. 6 SGB X.
- „Art, Form, Inhalt und Kontrolle der einzugebenden und der auszugebenden Daten" (**Nr. 2**) beziehen sich auf die Daten nach dem SGB V (zB zu Art, Form und Inhalt, vgl. §§ 284, 285, 288 ff., 296) und dem SGB X (zur Eingabekontrolle vgl. Nr. 5 der Anlage zu § 78 a). Geregelt werden kann, welche Personen welche Daten auf welche Art und Weise in das System eingeben dürfen und welche Personen Daten aus dem System an welche Personen/Stellen ausgeben dürfen sowie auf welche Art und Weise dies zu geschehen hat.
- Die „Abgrenzung der Verantwortungsbereiche bei der Datenverarbeitung" (**Nr. 3**) muss nicht nur zwischen Krankenkassen und Kassen(zahn)ärztlichen Vereinigungen erfolgen,[11] sondern auch innerhalb dieser Körperschaften für verschiedene Organisationseinheiten, die mit der Datenverarbeitung befasst sind.
- Nr. 4 erlaubt, weitere Maßnahmen zur Gewährleistung von Datenschutz und Datensicherheit aufzunehmen (zB bestimmte Anonymisierungsverfahren für interne Forschungsvorhaben nach § 287) und nimmt dafür beispielhaft auf die Anlage zu § 78 a SGB X Bezug, so dass Vorgaben zur Kontrolle des Zutritts, des Zugangs, des Zugriffs, der Weitergabe, bei der Verarbeitung im Auftrag zu dessen Kontrolle sowie zur Verfügbarkeit und zum Gebot der Trennung getroffen werden können.

§ 287 Forschungsvorhaben

(1) Die Krankenkassen und die Kassenärztlichen Vereinigungen dürfen mit Erlaubnis der Aufsichtsbehörde die Datenbestände leistungserbringer- oder fallbeziehbar für zeitlich befristete und im Umfang begrenzte Forschungsvorhaben, insbesondere zur Gewinnung epidemiologischer Erkenntnisse, von Erkenntnissen über Zusammenhänge zwischen Erkrankungen und Arbeitsbedingungen oder von Erkenntnissen über örtliche Krankheitsschwerpunkte, selbst auswerten oder über die sich aus § 304 ergebenden Fristen hinaus aufbewahren.
(2) Sozialdaten sind zu anonymisieren.

Literatur:
Bizer, Forschungsfreiheit und Informationelle Selbstbestimmung, 1992; *Chruscz/Schumann/Bellwinkel/Zoike*, Betriebliche Gesundheitsberichterstattung – Nutzbarmachung und Ergänzung von Sekundärdaten der Krankenkassen, Berufsgenossenschaften und der betriebsärztlichen Dienste, Schriftenreihe Forum Sozial- und Gesundheitspolitik, Band 11, Public Health Forschung mit Gesundheits- und Sozialdaten, 1997, 83; *Gerling*, Datenschutz in der Forschung, in Roßnagel/Abel, Handbuch Datenschutzrecht, 2003, Kap. 7.10; *Janhsen*, Public-Health-Forschung mit Arzneimitteldaten gesetzlicher Krankenkassen, Bundesgesundheitsblatt 2004, 521; *Kilian*, Rechtsfragen der medizinischen Forschung mit Patientendaten, 1983; *Kingreen/Kühling*, Gesundheitsdatenschutzrecht, 2015; *Pigeot/Ahrens/Kübler*, Datenquellen in der Epidemiologie, Bundesgesundheitsblatt 2006, 628; *Schneider*, Sekundärdatennutzung klinischer Daten – Rechtliche Rahmenbedingungen, 2015; *Ziegler*, Datenschutzrechtliche Anforderungen an den klinischen Aufbau und Betrieb von Biomaterialbanken, GuP 2012, 172.

---

7 Kranig in: Hauck/Noftz SGB V § 286 Rn. 7; im Ergebnis auch Hornung in: Hänlein/Schuler § 286 Rn. 6.
8 Vgl. Kranig in: Hauck/Noftz SGB V § 286 Rn. 7.
9 BVerfG, 9.5.1972, 1 BvR 518/62, 1 BvR 308/64, BVerfGE 33, 125, 163.
10 Waschull in: Krauskopf SozKV § 286 Rn. 10.
11 Vgl. Kranig in: Hauck/Noftz SGB V § 286 Rn. 8.

I. Entstehungsgeschichte

1 § 287 geht auf Art. 1 des GRG[1] zurück und wurde mit Wirkung zum 1.1.1989 in das SGB V aufgenommen. Änderungen in Gestalt begrifflicher Anpassungen an den Sozialdatenschutz hat die Vorschrift lediglich durch Art. 3 Nr. 11 des 2. SGBÄndG[2] mit Wirkung zum 1.7.1994 erfahren.

II. Normzweck und Regelungsgehalt

2 Da die Auswertung und Aufbewahrung von Sozialdaten zur Eigenforschung der Krankenkassen und Kassenärztlichen Vereinigungen nicht von den in § 284 und § 285 aufgeführten Zwecken erfasst ist, musste der Gesetzgeber nach dem Volkszählungsurteil des BVerfG (→ Vor § 284 Rn. 5) für diesen Zweck eine gesonderte datenschutzrechtliche Regelung treffen. Die Vorschrift bringt das Forschungsinteresse der Krankenkassen und Kassen(zahn)ärztlichen Vereinigungen mit dem von Art. 2 Abs. 1 iVm Art. 1 Abs. 1 GG geschützten informationellen Selbstbestimmungsrecht der Betroffenen durch Einschränkungen zulasten der benannten Körperschaften zum Ausgleich. Im Unterschied zu § 75 SGB X, der für externe Forschung die Bekanntgabe von Sozialdaten an Dritte regelt, erlaubt § 287 SGB V Krankenkassen und Kassen(zahn)ärztlichen Vereinigungen, unter engen Voraussetzungen die Auswertung und Aufbewahrung der nach § 284 Abs. 1, Abs. 2 und § 285 Abs. 1, Abs. 2 erhobenen und gespeicherten Daten zum Zweck eigener Forschungsvorhaben (sog interne Forschung).

III. Voraussetzungen für interne Forschungsvorhaben (Abs. 1)

3 Abs. 1 benennt die Voraussetzungen für interne Forschungsvorhaben. Der Begriff der **Forschungsvorhaben** wird dabei nicht definiert. Mangels einer eigenständigen Definition kann nicht davon ausgegangen werden, dass der Begriff anders zu verstehen ist als der im allgemeinen Sprachgebrauch verwandte Forschungsbegriff. Forschung und Forschungsvorhaben setzen eine Fragestellung voraus, deren Beantwortung mittels einer bestimmten Methode erfolgt, wobei die derart systematisch gewonnen Erkenntnisse nachprüfbar sein müssen.[3]

4 **1. zeitlich befristet und im Umfang begrenzt.** Die Vorhaben müssen „zeitlich befristet" sein, weshalb keine Dauerauswertung und -aufbewahrung der Datenbestände legitimierbar ist.[4] Zeitliche Grenzen, die für alle Forschungsvorhaben gelten, lassen sich nicht festlegen. Vielmehr wird die konkrete Befristung von der Forschungsfrage abhängig sein, der das Vorhaben nachgeht.[5] Das Forschungsvorhaben muss darüber hinaus auch „im Umfang begrenzt" sein. Damit sollen derart allgemein und weit gefasste Forschungsfragestellung ausgeschlossen werden (Beispiel: Wie haben sich die von der GKV erfassten Leistungen insgesamt bei den Versicherten entwickelt?), deren Beantwortung eine Auswertung sämtlicher leistungserbringer- und fallbeziehbarer Datenbestände bedürfte.

5 **2. Zweck des Forschungsvorhabens.** Umstritten ist, ob der Zweck des Forschungsvorhabens ausschließlich ein medizinischer sein muss. Dafür werden der „Rechtfertigungsgrund der Vermeidung von Krankheiten"[6] und die inhaltliche Ausrichtung der beispielhaft genannten Zwecke („Gewinnung epidemiologischer Erkenntnisse, von Erkenntnissen über Zusammenhänge zwischen Erkrankungen und Arbeitsbedingungen oder von Erkenntnissen über örtliche Krankheitsschwerpunkte") angeführt.[7] Bei letzteren handele es sich um „mit Regelbeispielen"[8] vorgenommene „Typisierungen".[9] Gegen diese Auslegung spricht zwar der Wortlaut der Vorschrift, nach dem die aufgezählten Zwecke beispielhaft („insbesondere") und nicht abschließend sind. Der Katalog bringt zum Ausdruck, dass bei den genannten Zwecken jedenfalls ein Forschungsvorhaben iSd § 287 anzunehmen ist. Vor dem Hintergrund der Korrespondenz von Aufgabenzuweisungen und datenschutzrechtlichen Befugnisnormen im SGB V werden richtigerweise jedoch nur diejenigen Forschungsvorhaben von § 287 erfasst, die sich im Rah-

---

[1] BGBl. I 1988, 2477.
[2] BGBl. I 1994, 1229.
[3] Vgl. ähnlich BVerfG, 29.5.1973, 1BvR 424/71, 1 BvR 325/72, BVerfGE 35, 79, 113.
[4] Vgl. Kranig in: Hauck/Noftz SGB V § 287 Rn. 6.
[5] Vgl. Kranig in: Hauck/Noftz SGB V, § 287 Rn. 6.
[6] Hornung in: Hänlein/Schuler § 287 Rn. 3.
[7] Vgl. Hornung in: Hänlein/Schuler § 287 Rn. 3.
[8] Hornung in: Hänlein/Schuler § 287 Rn. 3.
[9] Hornung in: Hänlein/Schuler § 287 Rn. 3.

men des gesetzlich zugewiesenen Aufgabenkreises der Krankenkassen und Kassen(zahn)ärztlichen Vereinigungen bewegen.[10]

3. Gegenstand des Forschungsvorhabens: nur abgeschlossene Vorgänge. Fraglich ist, ob sich das Erkenntnisinteresse ausschließlich auf bereits abgeschlossene Vorgänge beziehen muss oder auch Forschungsvorhaben zulässig sind, die Daten einbeziehen, die während des laufenden Forschungsprojekts (sog **verlaufsbezogene Forschungsvorhaben**) anfallen. Das Problem wird häufig bei der Frage der zulässigen Auswertung und Aufbewahrung der Datenbestände („fallbeziehbar") oder bei der Anonymisierung iSd Abs. 2 aufgeworfen.[11] Faktisch wie rechtlich stellt sich die Frage aber bereits bei den Voraussetzungen und der Vorlage des Forschungsprojekts zur Prüfung bei der Aufsichtsbehörde, denn ihre Beantwortung kann eine Einschränkung des Forschungsvorhabens auf die Analyse von Daten aus abgeschlossenen Vorgängen der Vergangenheit beinhalten und damit eine weitere Einschränkung des Forschungsvorhabens bedeuten. Wäre die Auswertung und Aufbewahrung von Daten aus verlaufsbezogenen Forschungsvorhaben unzulässig,[12] könnten ggf. kurzfristige und aktuelle Problemstellungen (zB plötzlich und neu auftretende Seuchen) oder auch aktuell einsetzende Änderungen der Sachlage von den Krankenkassen und den Kassen(zahn)ärztlichen Vereinigungen nicht bearbeitet oder einbezogen werden, obwohl die Datenbestände vorhanden sind. Bei solchen Forschungsvorhaben sind regelmäßig Überprüfungen und Datenabgleiche notwendig, um eine Verzerrung der Ergebnisse zu vermeiden. Sie erfordern eine Pseudonymisierung[13] der Daten (§ 67 Abs. 8 a SGB X). Neben der forschungspraktischen Notwendigkeit im Bereich der epidemiologischen Untersuchungen wird für die Einbeziehung verlaufsbezogener Daten ein dahingehender (nicht dokumentierter) Wille des Gesetzgebers angeführt. Danach sollten Daten aus verlaufsbezogenen Vorhaben nicht unterbunden werden.[14] Der Ausschluss verlaufsbezogener Daten kann zu Einbußen an Geld und Zeit führen, denn aktuelle Problemlagen betreffende Forschungsvorhaben (zB zu kurzfristig und neu auftretenden Krankheiten mit einer hohen Verbreitungsrate) müssen unter Einhaltung des Prüfprogramms gemäß § 75 SGB X zB auf kostenintensive Dienstleister-Institute ausgelagert werden. Dennoch wird man trotz dieser bedeutenden Einwände und Argumente auf den eindeutigen Wortlaut von Abs. 2 abstellen müssen, nach dem Sozialdaten zu anonymisieren sind.[15] Durch eine Anonymisierung (→ Rn. 9) können die für verlaufsbezogene Forschungsvorhaben erforderlichen Überprüfungen und Datenabgleiche nicht mehr durchgeführt werden. Hier besteht Nachbesserungs- bzw. Änderungsbedarf für den Gesetzgeber, wenn auch interne Forschungsvorhaben zu aktuellen Problemstellungen durch die Krankenkassen und Kassen(zahn)ärztlichen Vereinigungen auf der Grundlage von § 287 zulässig sein sollen.

4. mit Erlaubnis der Aufsichtsbehörde. Das Forschungsvorhaben darf nur „mit Erlaubnis der Aufsichtsbehörde" durchgeführt werden. Erlaubnis meint die vorherige Zustimmung der Aufsichtsbehörde (§ 90 SGB IV für Krankenkassen, § 78 SGB V für Kassen(zahn)ärztliche Vereinigungen). Die Rechtsaufsicht prüft, ob die Vorgaben des § 287 eingehalten sind.

IV. Leistungserbringer- und fallbeziehbare Auswertung und Aufbewahrung

Die Auswertung der Datenbestände darf nur leistungserbringer- oder fallbeziehbar erfolgen. Unter **Auswertung** sind systematisch geordnete auf die Forschungsfragestellung hin vorzunehmende Analysen der leistungserbringer- oder fallbeziehbaren Datenbestände zu verstehen,[16] insbesondere sämtliche statistische Verfahren (zB Häufigkeitsauszählungen, Mittelwertberechnungen, Kreuztabellen, Korrelationen, multivariate Verfahren wie Regressionsanalysen). **Leistungserbringerbeziehbare** Daten sind Einzelangaben über persönliche oder sachliche Verhältnisse von bestimmbaren (gemeint: individualisierbar, aber nicht individualisierten) Leistungserbringern, die von den Krankenkassen oder Kas-

---

10 Vgl. Spickhoff/Fischinger SGB V § 287 Rn. 2; Kranig in: Hauck/Noftz SGB V § 287 Rn. 6; Waschull in: Krauskopf SozKV § 287 Rn. 7; Torbohm in: Kingreen/Kühling, Gesundheitsdatenschutzrecht, 2015, S. 362 f.; zur Korrespondenz von Aufgabensystem und Befugnisnormen → § 285 Rn. 2.
11 Vgl. Spickhoff/Fischinger SGB V § 287 SGB V Rn. 3; Hornung in: Hänlein/Schuler § 287 Rn. 3 und 8; Kranig in: Hauck/Noftz SGB V § 287 Rn. 8 und 11; Waschull in: Krauskopf SozKV § 287 Rn. 20.
12 So Kranig in: Hauck/Noftz SGB V § 287 Rn. 8 und 11.
13 Vgl. zB die Unterscheidung zwischen beziehbaren und bezogenen Daten bei Kranig in: Hauck/Noftz SGB V § 287 Rn. 8 und 11.
14 Vgl. Kranig in: Hauck/Noftz SGB V § 287 Rn. 8 und 11.
15 Vgl. Spickhoff/Fischinger SGB V § 287 SGB V Rn. 3; Hornung in: Hänlein/Schuler § 287 Rn. 3 und 8; Waschull in: Krauskopf SozKV § 287 Rn. 19 f.
16 Vgl. Waschull in: Krauskopf SozKV § 287 Rn. 10.

sen(zahn)ärztlichen Vereinigungen rechtmäßig erhoben (§§ 284, 285) wurden. **Fallbeziehbare** Daten sind rechtmäßig erhobene (§§ 284, 285) Einzelangaben über persönliche und sachliche Verhältnisse eines Versicherten, der aber aufgrund der Daten weder bestimmbar noch bestimmt ist.[17] Letzteres folgt aus Abs. 2 sowie der Formulierung „fallbeziehbar" (und nicht „versichertenbeziehbar"). Unter diese Kategorie dürfte beispielsweise die Auswertung von Versichertendaten (zB Kosten) nach einer bestimmten Krankheit fallen, wobei der Kreis der einbezogenen Versicherten derart gebildet sein muss, dass eine Individualisierbarkeit ausscheidet (zB alle Versicherten der Altersgruppe zwischen 18 und 34 Jahre). Die Datenbestände dürfen über die Fristen des § 304 hinaus bei den Krankenkassen und Kassen(zahn)ärztlichen Vereinigungen aufbewahrt werden (vgl. § 67 Abs. 6 Nr. 1 SGB X). Eine Pflicht zur Löschung wird mit der Erreichung des Zwecks des Forschungsvorhabens entstehen.[18]

V. Anonymisierung von Sozialdaten (Abs. 2)

9 Abs. 2 verlangt für alle Sozialdaten (also auch für leistungserbringerbeziehbare Daten) eine Anonymisierung (§ 67 Abs. 8 SGB X).[19] Dies bedeutet, dass die Identifizierungselemente (zB Name, Anschrift, Vertragsarztsitz, lebenslange Arztnummer) zu löschen sind oder die Einzelangaben über persönliche und sachliche Verhältnisse derart zu verändern sind, dass sie nur mit einem unverhältnismäßig großen Aufwand an Zeit, Kosten und Arbeitskraft einer bestimmten oder bestimmbaren Person zugeordnet werden können (zB durch Formen der Merkmalsaggregierung:[20] Zusammenführung verschiedener Facharztgruppen zur Gruppe der Fachärzte in einer größeren Region).

Zweiter Titel Informationsgrundlagen der Krankenkassen

§ 288 Versichertenverzeichnis

¹Die Krankenkasse hat ein Versichertenverzeichnis zu führen. ²Das Versichertenverzeichnis hat alle Angaben zu enthalten, die zur Feststellung der Versicherungspflicht oder -berechtigung, zur Bemessung und Einziehung der Beiträge, soweit nach der Art der Versicherung notwendig, sowie zur Feststellung des Leistungsanspruchs einschließlich der Versicherung nach § 10 erforderlich sind.

Literatur:
Hilderink, Datenschutz in der gesetzlichen Krankenversicherung, 2000; *Knispel*, Zwischenruf, SGb 2011, 384.

I. Entstehungsgeschichte

1 § 288 knüpft historisch an § 319 a RVO und § 35 der „Verwaltungsvorschriften über das Rechnungswesen bei den Trägern der sozialen Krankenversicherung" (VVR) vom 31.8.1956 an.[1] Danach waren die Krankenkassen verpflichtet, ein Mitgliederverzeichnis zu führen, in das die Aufzeichnungen aufzunehmen waren, die zur rechtmäßigen Erfüllung ihrer Aufgaben erforderlich waren. § 288 wurde durch Art. 1 des GRG[2] in das SGB V eingefügt und gilt seit dem 1.1.1989.

II. Normzweck und Regelungsgehalt

2 § 288 leitet die Vorschriften zu den „Informationsgrundlagen der Krankenkassen" ein, dient der Transparenz des Leistungsgeschehens und der Verwaltungsvereinfachung. Die Krankenkassen sollen durch § 288 in die Lage versetzt werden, ihren Versicherten- und Mitgliederbestand bei Bedarf schnell zu ermitteln, ohne im Einzelfall jeweils von Neuem feststellen zu müssen, ob das Versicherungsverhältnis und ein Anspruch auf die Leistung besteht.[3] In diesem Sinn unterstützt § 288 den in § 17 Abs. 1

---

17 Vgl. Hornung in: Hänlein/Schuler § 287 Rn. 3; Kranig in: Hauck/Noftz SGB V § 287 Rn. 8.
18 Vgl. Hornung in: Hänlein/Schuler § 287 Rn. 6.
19 Zu dem Begriff und der Diskussion über die Anonymisierung im Datenschutzrecht allgemein vgl. Schneider, Sekundärnutzung klinischer Daten – Rechtliche Rahmenbedingungen, 2015, S. 11 ff.
20 Vgl. Stähler in: Krahmer, Sozialdatenschutz nach SGB I und X, 3. Aufl. 2011, § 69 Rn. 1.
1 Vgl. BT-Dr. 11/2237, 236.
2 BGBl. I 1988, 2477.
3 Vgl. Spickhoff/Fischinger SGB V § 288 Rn. 1; Hornung in: Hänlein/Schuler § 288 Rn. 4; KassKomm/Peters SGB V, § 288 Rn. 2.

Nr. 1 SGB I normierten Anspruch auf zügige und umfassende Gewährung von Sozialleistungen. Darüber hinaus sind die Angaben des Versicherungsverzeichnisses für den Risikostrukturausgleich relevant.[4] § 288 verpflichtet die Krankenkasse, ein Versicherungsverzeichnis zu führen, das alle Angaben enthalten muss, „die für die Beurteilung des Versicherungsverhältnisses und den Anspruch auf Versicherungsleistungen von Bedeutung sind".[5] Die Vorschrift erlaubt den Krankenkassen nicht die Erhebung der Sozialdaten, die in das Versicherungsverzeichnis aufzunehmen sind (s. dazu § 284).

III. Führen eines Versicherungsverzeichnisses (S. 1)

Die Krankenkasse führt das Versichertenverzeichnis. **Führen** umfasst den gesamten Vorgang von der Eintragung der gemäß § 284 erhobenen Angaben (zum Inhalt → Rn. 4), über deren Speicherung, ggf. Änderung, Überprüfung bis hin zur Löschung.[6] Die Krankenkasse kann die Form (Kartei, elektronischer Datei), in der sie das Versicherungsverzeichnis führt, frei wählen, da § 288 keine Vorgaben dazu macht. Das Verzeichnis ist eine Datei iSd § 67 Abs. 3 SGB X, wobei regelmäßig eine automatisierte Datei vorliegt.[7] Zeitpunkt für die erste Eintragung ist der Beginn des Versicherungsverhältnisses.[8] Der Zeitpunkt der Löschung wird aufgrund des eindeutigen Wortlauts von § 304 Abs. 1, der nur für bestimmte Fälle die relative Löschungsfrist gemäß § 84 Abs. 2 SGB X durch maximal zulässige Aufbewahrungszeiten modifiziert (→ § 304 Rn. 6 ff.), durch § 304 Abs. 1 SGB V iVm § 84 Abs. 2 SGB X bestimmt (→ § 304 Rn. 6). Für Versichertenstammdaten entsteht die Löschungspflicht mit dem Ende des Versicherungsverhältnisses, da der Zweck des § 288 – die Vermeidung der bei Bedarf neuen Ermittlung der erforderlichen Angaben – erst ab diesem Zeitpunkt nicht mehr erfüllt werden kann.[9] Beim Wechsel der Krankenkasse müssen die für die Fortführung der Versicherung erforderlichen Angaben gem. § 304 Abs. 2 auf deren Verlangen hin der neuen Krankenkasse mitgeteilt werden (→ § 304 Rn. 14).

IV. Inhalt des Versicherungsverzeichnisses (S. 2)

Die in das Verzeichnis aufzunehmenden Angaben für die Beurteilung des Versicherungsverhältnisses und der darauf basierenden Ansprüche richten sich nach der „Art des Versicherungsverhältnisses oder der Mitgliedschaft"[10] (Pflichtversicherung als Beschäftigter, Student, Rentner, oder freiwillige Mitgliedschaft, Familienversicherung). Sie werden begrenzt durch die Erforderlichkeit der Angaben („notwendige Angaben") für den jeweiligen Zweck: der Feststellung der Versicherungspflicht (vgl. §§ 5 ff.), der Versicherungsberechtigung (§§ 9, 10) und der Bemessung und Einziehung der Beiträge (vgl. §§ 223 ff., §§ 249 ff.). Für die Feststellung des Leistungsanspruchs sind die für die Inanspruchnahme von Leistungen der GKV relevanten Sachverhaltsdaten aufzunehmen (zB für den Anspruch auf Krankengeld gem. §§ 44 ff. die Zeiten der ärztlich festgestellten Arbeitsunfähigkeit, für das Ruhen eines Anspruchs gem. § 16 etwa ein Auslandsaufenthalt, für den Ausschluss eines Anspruchs gem. § 12 die Tatsache eines Arbeitsunfalls oder einer Berufskrankheit).[11]

§ 289 Nachweispflicht bei Familienversicherung

¹Für die Eintragung in das Versichertenverzeichnis hat die Krankenkasse die Versicherung nach § 10 bei deren Beginn festzustellen. ²Sie kann die dazu erforderlichen Daten vom Angehörigen oder mit dessen Zustimmung vom Mitglied erheben. ³Der Fortbestand der Voraussetzungen der Versicherung nach § 10 ist auf Verlangen der Krankenkasse nachzuweisen.

---

4 Vgl. BSG, 24.1.2003, B 12 KR 19/01 R, BSGE 90, 231, 245 zu nicht ordnungsgemäß geführten Versicherungsverzeichnissen durch die Krankenkassen.
5 BT-Dr. 11/2237, 236.
6 Vgl. Spickhoff/Fischinger SGB V § 288 Rn. 3; Hornung in: Hänlein/Schuler § 288 Rn. 3; Kranig in: Hauck/Noftz SGB V § 288 Rn. 4.
7 Vgl. Kranig in Hauck/Noftz SGB V § 288 Rn. 4; Waschull in: Krauskopf SozKV § 288 Rn. 4.
8 Vgl. Spickhoff/Fischinger SGB V § 288 Rn. 2; Kranig in: Hauck/Noftz SGB V § 288 Rn. 4.
9 Vgl. Spickhoff/Fischinger SGB V § 288 Rn. 3; Kranig in: Hauck/Noftz SGB V § 288 Rn. 4.
10 Kranig in: Hauck/Noftz SGB V § 288 Rn. 4.
11 Vgl. Spickhoff/Fischinger SGB V § 288 Rn. 2; Hornung in: Hänlein/Schuler § 288 Rn. 2; Kranig in: Hauck/Noftz SGB V § 288 Rn. 4.

Literatur:

Hilderink, Datenschutz in der gesetzlichen Krankenversicherung, 2000; *Knispel,* (Vorläufige) Fortführung der Familienversicherung bei Widerspruch und Klage gegen die Feststellung des Endes der Familienversicherung? SGb 2011, 384; *Nodorf,* Datenschutz in der gesetzlichen Krankenversicherung, 1995.

I. Entstehungsgeschichte

1 § 289 wurde durch Art. 1 des GRG[1] vom 20.12.1988 in das SGB V eingefügt und trat zum 1.1.1989 in Kraft.

II. Regelungskontext und Regelungsgehalt

2 Die in § 10 aufgeführten Familienangehörigen sind weder Mitglieder der Krankenkassen noch beitragspflichtig. Durch die Vorschrift werden sie bei Vorliegen der Voraussetzungen kraft Gesetzes mitversichert.[2] § 289 ergänzt § 288.[3] Um das Versichertenverzeichnis (§ 288) ordnungsgemäß führen zu können, benötigt die Krankenkasse auch für die nach § 10 Mitversicherten die für das Verzeichnis notwendigen Angaben. Das Verzeichnis erlaubt der Krankenkasse bei der Geltendmachung von Ansprüchen die schnelle Überprüfung, ob ein Versicherungsverhältnis besteht. § 289 dient dementsprechend der Information über das Bestehen des Versicherungsverhältnisses (S. 1), ist Befugnisnorm für die Erhebung der erforderlichen Daten (S. 2) und beinhaltet mit S. 3 eine Nachweispflicht über den Fortbestand der Voraussetzungen der Familienversicherung gegenüber der Krankenkasse.

III. Feststellung der Familienversicherung (S. 1)

3 S. 1 verpflichtet die Krankenkasse, den Beginn der Familienversicherung (§ 10) für die Eintragung in das Versichertenverzeichnis (§ 288) festzustellen. Dies erfolgt durch feststellenden Verwaltungsakt, dem – weil die Feststellung nur „für das Versichertenverzeichnis" erfolgt – deklaratorische Wirkung zukommt.[4] Der Anspruch auf Versicherungsleistungen hängt ausschließlich von dem Beginn der Familienversicherung ab, der kraft Gesetzes eintritt. Sind die gesetzlichen Voraussetzungen erfüllt, hat der Angehörige Anspruch auf die Versicherungsleistungen.[5]

IV. Datenerhebung (S. 2)

4 **1. Voraussetzungen und Verhältnis zu § 67a Abs. 2 SGB X.** S. 2 befugt die Krankenkasse, die für die Führung des Versichertenverzeichnisses erforderlichen Daten zu erheben. Die Regelung „modifiziert"[6] den Grundsatz der Direkterhebung (vgl. dazu die 1. Var. „vom Angehörigen") gemäß § 67a Abs. 2 SGB X, indem sie die Erhebung der Daten beim Mitglied nur mit Zustimmung des Angehörigen erlaubt. Im Verhältnis zu § 67a Abs. 2 SGB X stellt sie eine bereichsspezifische Regelung dar, die § 67a Abs. 2 SGB X verdrängt.[7] Für die bereichsspezifische Abweichung von § 67a Abs. 2 SGB X zum Zweck der Feststellung des Versicherungsverhältnisses gem. § 284 Abs. 1 Nr. 1 SGB V musste nach der Rechtsprechung des BVerfG[8] eine eigenständige gesetzliche Grundlage geschaffen werden. Zustimmung meint aufgrund der historischen Entwicklung des Sozialdatenschutzes (→ Vor § 284 Rn. 2), insbesondere wegen der Vorbildfunktion des BDSG für den bereichsspezifischen Datenschutz in den grundlegenden Geboten und Begriffen (vgl. zB § 67b Abs. 2 SGB X und § 4a Abs. 1 BDSG), die (vor-

---

1 BGBl. I 1988, 2477.
2 Vgl. BSG, 7.12.2000, B 10 KR 3/99 R, Breith 2001, 427 ff.; LSG Bln-Bbg, 4.8.2005, L 9 KR 136/03.
3 Vgl. Hilderink, Datenschutz in der gesetzlichen Krankenversicherung, 2000, S. 114.
4 BSG, 16.11.1995, 4 RK 1/94, BSGE 77, 86, 90; Spickhoff/Fischinger SGB V § 289 Rn. 2; Hornung in: Hänlein/Schuler § 289 Rn. 1; Knispel, SGb 2011, 384, 385; Luthe in: Hauck/Noftz SGB V § 289 Rn. 4; Scholz in: RGKU, BeckOK SozR § 289 Rn. 3.
5 Vgl. BSG, 18.5.2004, B 1 KR 24/02 R, SozR 4-2500 § 10 Nr. 4.
6 Spickhoff/Fischinger SGB V § 289 Rn. 2; Hornung in: Hänlein/Schuler § 289 Rn. 2; vertiefend zu dem Verhältnis zu § 67a Abs. 2 S. 2 Nr. 2 SGB X: Waschull in: Krauskopf SozKV § 289 Rn. 7 ff.
7 Vgl. Hornung in: Hänlein/Schuler § 289 Rn. 2; Luthe in: Hauck/Noftz SGB V § 289 Rn. 5, Waschull in: Krauskopf SozKV § 289 Rn. 9.
8 BVerfG, 15.12.1983, 1 BvR 209/83, 1 BvR 269/83, 1 BvR 420/83, 1 BvR 440/83, 1 BvR 484/83, BVerfGE 65, 1 ff.

herige) auf freier Entscheidung beruhende Einwilligung.[9] Die Angaben werden durch den Grundsatz der Erforderlichkeit beschränkt („erforderliche Daten").

2. Einwilligung bei Minderjährigen und Betreuten. Bei Minderjährigen kommt es für die Einwilligung auf deren Einsichtsfähigkeit an,[10] weil das informationelle Selbstbestimmungsrecht dem Minderjährigen als Grundrecht zusteht. Je jünger der Minderjährige ist, desto eher wird aber das Erziehungsrecht der Eltern (Art. 6 Abs. 2 GG) zu berücksichtigen sein. Sie können bei fehlender Einsichtsfähigkeit als gesetzliche Vertreter einwilligen. Wegen des in § 36 SGB I zum Ausdruck gebrachten Grundsatzes der Handlungsfähigkeit von Minderjährigen, die das 15. Lebensjahr vollendet haben, wird man als Regelfall ab diesem Zeitpunkt von der Einsichtsfähigkeit ausgehen können. Bei Betreuten (§§ 1896 ff. BGB) müssen die Daten beim Betreuer erhoben werden, der mit dem Aufgabenkreis „Sorge für die Gesundheit" betraut ist.[11]

3. Verhältnis zu § 10 Abs. 6. Das Verhältnis zu § 10 Abs. 6 wird als „Spannungsverhältnis"[12] bewertet, da § 289 S. 2 die Datenerhebung beim Mitglied nur mit Zustimmung des Angehörigen gestattet, während § 10 Abs. 6 das Mitglied verpflichtet, die notwendigen Angaben ohne Einwilligung für Familienangehörige iSd § 10 Abs. 1 bis 4 der Krankenkasse zu melden einschließlich ihrer Änderung. Vertreten wird, dass das Spannungsverhältnis aufgehoben werden kann, indem § 10 Abs. 6 als allgemeine Meldepflicht des Mitglieds und § 289 als Regelung qualifiziert wird, die nur im Rahmen gezielter Datenerhebungen durch die Krankenkasse greift, die „idR bei vollständiger Erfüllung der Meldepflichten der Mitglieder nicht erfolgen" werde und „sich ggf. nur auf ergänzende Angaben"[13] beziehe.[14] Vereinzelt wird eine Normenkollision abgelehnt, da die Meldepflicht des § 10 Abs. 6 nur im Rahmen von § 289 S. 2 gelte.[15] Gegen beide Ansichten wird zurecht angeführt, dass weder der Wortlaut von § 10 Abs. 6 noch dessen Entstehungsgeschichte diese Auslegungen stützen.[16] Die Differenzierung zwischen Meldepflicht und gezielter Datenerhebungsbefugnis der Krankenkasse überzeugt auch deswegen nicht, weil die gesetzliche Anordnung der Meldepflicht in § 10 Abs. 6 in der Sache ebenfalls als Eingriff in das informationelle Selbstbestimmungsrecht (Art. 2 Abs. 1 iVm Art. 1 Abs. 1 GG) zu werten ist, der die gleichen Daten (die Angaben zum Angehörigen für die Familienversicherung) und das gleiche Ziel (die Feststellung des Bestehens der Familienversicherung) zum Gegenstand hat. Der „direkte Widerspruch"[17] sollte durch eine einheitliche Regelung des Gesetzgebers aufgelöst werden.[18]

V. Nachweispflicht für den Fortbestand (S. 3)

Der Bestand der Familienversicherung hängt von dem Versicherungsverhältnis des Stammversicherten ab[19] sowie vom Fortbestehen der Voraussetzungen gemäß § 10 Abs. 1 bis Abs. 4 bei dem Angehörigen. Veränderungen im Stammversichertenverhältnis und/oder bei den Voraussetzungen für den Angehörigen (zB Anstieg des Gesamteinkommens, Abschluss einer Berufsausbildung, rechtskräftige Scheidung) können daher zu einer Beendigung der Familienversicherung führen, die nach Bekanntgabe durch feststellenden Verwaltungsakt erlischt.[20] § 289 S. 3 enthält für die Überprüfung der Krankenkasse, ob die Familienversicherung weiterhin besteht, eine spezielle Nachweispflicht (zB Vorlage einer Schulbescheinigung über die Dauer der voraussichtlichen Schullaufbahn) „auf Verlangen" der Krankenkasse, die

---

9 Im Ergebnis wie hier Spickhoff/Fischinger SGB V § 289 SGB V Rn. 3; Luthe in: Hauck/Noftz SGB V § 289 Rn. 5 stellt zurecht auf das informationelle Selbstbestimmungsrecht ab.
10 Vgl. Hornung in: Hänlein/Schuler § 289 Rn. 2.
11 Vgl. BSG, 14.5.2002, B 12 KR 14/01 R, NJW 2002, 2413 ff. zu den Pflichten eines Betreuers mit dem Aufgabenkreis „Sorge für die Gesundheit", insbesondere zur Abgabe von Erklärungen gegenüber der Krankenkasse; Spickhoff/Fischinger SGB V § 289 SGB V Rn. 3; Luthe in: Hauck/Noftz SGB V § 289 Rn. 5.
12 Luthe in: Hauck/Noftz SGB V § 289 Rn. 5; ähnlich Hornung in: Hänlein/Schuler § 289 Rn. 3: „direkter Widerspruch".
13 Beide Zitate Luthe in: Hauck/Noftz SGB V § 289 Rn. 5.
14 Vgl. Didong jurisPK-SGB V § 289 Rn. 11; offen gelassen von Spickhoff/Fischinger SGB V § 289 Rn, 3.
15 Vgl. Waschull in: Krauskopf SozKV § 289 Rn. 6.
16 Vgl. Hornung in: Hänlein/Schuler § 289 Rn. 3.
17 Hornung in: Hänlein/Schuler § 289 Rn. 3.
18 Vgl. richtigerweise Hornung in: Hänlein/Schuler § 289 Rn. 3.
19 Vgl. zB BSG, 29.7.2003, B 12 KR 16/02 R, BSGE 91, 190, 191: „Die Familienversicherung ist streng akzessorisch; ihr Bestehen oder Nichtbestehen betrifft zugleich die Ausgestaltung und Umfang der Stammversicherung".
20 Zum Erlöschen durch Verwaltungsakt vgl. BSG, 16.11.1995, 4 RK 1/94, BSGE 77, 86 ff.

sich auf Stammmitglieder und familienversicherte Angehörigen erstreckt.[21] Auch wenn die Krankenkasse gem. § 21 Abs. 1 SGB X zur Amtsermittlung verpflichtet ist, wird durch § 289 S. 3 SGB V die Darlegungs- und Beweislast im Sinne einer speziellen Mitwirkungsverpflichtung auf den Versicherten und den jeweiligen Angehörigen übertragen. Die Vorschrift konkretisiert die allgemeine Mitwirkungspflicht des § 60 SGB I im Hinblick auf die Familienversicherung in der GKV.[22] Bei fehlender Mitwirkung gelten die §§ 66, 67 SGB I.

§ 290 Krankenversichertennummer

(1) [1]Die Krankenkasse verwendet für jeden Versicherten eine Krankenversichertennummer. [2]Die Krankenversichertennummer besteht aus einem unveränderbaren Teil zur Identifikation des Versicherten und einem veränderbaren Teil, der bundeseinheitliche Angaben zur Kassenzugehörigkeit enthält und aus dem bei Vergabe der Nummer an Versicherte nach § 10 sicherzustellen ist, dass der Bezug zu dem Angehörigen, der Mitglied ist, hergestellt werden kann. [3]Der Aufbau und das Verfahren der Vergabe der Krankenversichertennummer haben den Richtlinien nach Absatz 2 zu entsprechen. [4]Die Rentenversicherungsnummer darf nicht als Krankenversichertennummer verwendet werden. [5]Eine Verwendung der Rentenversicherungsnummer zur Bildung der Krankenversichertennummer entsprechend den Richtlinien nach Absatz 2 ist zulässig, wenn nach dem Stand von Wissenschaft und Technik sichergestellt ist, dass nach Vergabe der Krankenversichertennummer weder aus der Krankenversichertennummer auf die Rentenversicherungsnummer noch aus der Rentenversicherungsnummer auf die Krankenversichertennummer zurückgeschlossen werden kann; dieses Erfordernis gilt auch in Bezug auf die vergebende Stelle. [6]Die Prüfung einer Mehrfachvergabe der Krankenversichertennummer durch die Vertrauensstelle bleibt davon unberührt. [7]Wird die Rentenversicherungsnummer zur Bildung der Krankenversichertennummer verwendet, ist für Personen, denen eine Krankenversichertennummer zugewiesen werden muss und die noch keine Rentenversicherungsnummer erhalten haben, eine Rentenversicherungsnummer zu vergeben.

(2) [1]Der Spitzenverband Bund der Krankenkassen hat den Aufbau und das Verfahren der Vergabe der Krankenversichertennummer durch Richtlinien zu regeln. [2]Die Krankenversichertennummer ist von einer von den Krankenkassen und ihren Verbänden räumlich, organisatorisch und personell getrennten Vertrauensstelle zu vergeben. [3]Die Vertrauensstelle gilt als öffentliche Stelle und unterliegt dem Sozialgeheimnis nach § 35 des Ersten Buches. [4]Sie untersteht der Rechtsaufsicht des Bundesministeriums für Gesundheit. [5]§ 274 Abs. 1 Satz 2 gilt entsprechend. [6]Die Richtlinien sind dem Bundesministerium für Gesundheit vorzulegen. [7]Es kann sie innerhalb von zwei Monaten beanstanden. [8]Kommen die Richtlinien nicht innerhalb der gesetzten Frist zu Stande oder werden die Beanstandungen nicht innerhalb der vom Bundesministerium für Gesundheit gesetzten Frist behoben, kann das Bundesministerium für Gesundheit die Richtlinien erlassen.

Literatur:

Hilderink, Datenschutz in der gesetzlichen Krankenversicherung, 2000; *Lehmann*, Einführung einer bundeseinheitlichen kassenartübergreifenden Krankenversichertennummer gemäß § 290 SGB V, SdL 2005, 259; *Marburger*, Rentenversicherungs- und Krankenversichertennummer – wichtige Organisationselemente der gesetzlichen Sozialversicherung, Die Beiträge 1998, 321.

I. Entstehungsgeschichte

1   Bis zur Einführung von § 290 durch Art. 1 des GRG[1] mit Wirkung zum 1.1.1989 haben die Krankenkassen die Versichertennummern genutzt, die von den Rentenversicherungsträgern vergeben wurden (§§ 1414a RVO, § 136a AVG, § 141b RKG iVm der „Verordnung über die Vergabe und Zusammensetzung der Versichertennummer"[2] vom 7.12.1987).[3] Die Gefahr einer unkontrollierten Datenzusammenführung, die aus Sicht der Datenschutzbeauftragten für die weitere Verwendung der Rentenversicherungsnummer als einheitliches Kennzeichen bestand, sollte mit der Einführung einer eigenen Kran-

---

21 Vgl. Spickhoff/Fischinger SGB V § 289 Rn. 4; Hornung in: Hänlein/Schuler § 289 Rn. 4.
22 Luthe in: Hauck/Noftz SGB V § 289 Rn. 6.
1 BGBl. I 1988, 2477.
2 BGBl. I 1987, 2535.
3 Vgl. vertiefend Hilderink, Datenschutz in der gesetzlichen Krankenversicherung, 2000, 116 f.

kenversichertennummer beseitigt werden.[4] Seit der Einfügung von § 290 darf die Rentenversicherungsnummer nicht mehr als Krankenversicherungsnummer verwendet werden. § 290 hat verschiedene Änderungen erfahren. Durch Art. 1 Nr. 160 des **GMG**[5] wurde die Krankenversicherungsnummer in einen unveränderbaren Teil und einen veränderbaren Teil gespalten (gültig ab 1.1.2004). Neben der Erweiterung des Abs. 1 S. 2 und der Ergänzung des S. 3 (der frühere Satz 3 wurde zu S. 4) wurde Abs. 2 angefügt. Mit Art. 1 Nr. 2 des **Gesetzes zur Organisationsstruktur der Telematik im Gesundheitswesen**[6] wurden in Abs. 1 die S. 5 bis S. 7 eingefügt. Abs. 2 wurde erweitert (gültig ab 28.6.2005). Durch Art. 256 Nr. 1 der **Neunten Zuständigkeitsanpassungsverordnung**[7] wurden in Abs. 2 die S. 4, 6 und 7 an die geänderte Organisation und Bezeichnung des Bundesministeriums für Gesundheit (Streichung der Worte „und Soziale Sicherung") angepasst. Durch Art. 1 Nr. 193 des **GKV-WSG**[8] wurde mit Wirkung zum 1.7.2008 Abs. 2 geringfügig geändert.

II. Regelungsgehalt und Regelungszweck

§ 290 regelt die Vergabe und Bildung der Krankenversichertennummer. Die Krankenversichertennummer ermöglicht es der Krankenkasse, „Leistungs- und Beitragsvorgänge dem individuellen Versicherten einfach"[9] zuzuordnen und trägt damit zur Erleichterung des Bürokratieaufwands bei. Die Regelung bezweckt mittelbar auch, die Prüfung der Abrechnungsdaten durch die dafür im SGB V beauftragten Stellen zu erleichtern, da durch den unveränderlichen Teil der Krankenversichertennummer auch beim Kassenwechsel ein Bezug zum Versicherten sichergestellt ist.[10] Weiterhin dient die Vorschrift – wie die übrigen Vorschriften des zehnten Kapitels – dem verfassungsrechtlich (Art. 2 Abs. 1 iVm Art. 1 Abs. 1 GG) gewährleisteten Schutz des informationellen Selbstbestimmungsrechts des Betroffenen (des Versicherten), indem für die Vergabe der Krankenversichertennummer, die ein „Identifikationsmerkmal"[11] für den Versicherten ist, ein einheitliches Verfahren der Pseudonymisierung (§ 67 Abs. 8a SGB X) vorgeschrieben wird (Abs. 1), die Regelungen zur Bildung der Krankenversichertennummer nach Abs. 1 durch eine von den Krankenkassen und Krankenkassenverbänden unabhängige Vertrauensstelle vorgegeben werden (Abs. 2) und ein Rückschluss von der Rentenversicherungsnummer auf die Krankenversichertennummer sowie umgekehrt ausgeschlossen wird (Abs. 1 S. 5).[12]

Zwischen der Krankenversichertennummer und der Pflegeversicherungsnummer (s. § 101 Abs. 1 S. 1 SGB XI) darf Identität bestehen. Der Grund liegt in der Aufgabenwahrnehmung der Pflegeversicherung durch die Krankenkassen (vgl. § 1 Abs. 3 SGB XI).[13] Eine gemeinsame Identifikationsnummer erscheint daher sachgerecht.

III. Anwendungsbereich und Bedeutung in der PKV

Die Vorschrift ist für alle gesetzlich krankenversicherten Personen anwendbar. Innerhalb der privaten Krankenversicherung hat § 290 für die Vergabe der elektronischen Gesundheitskarte gemäß § 291a Abs. 1a S. 2 bis S. 5 Bedeutung (→ § 291a Rn. 6).

IV. Verwendung und Aufbau der Krankenversichertennummer (Abs. 1)

Nach Abs. 1 S. 1 wird die Krankenversichertennummer für „jeden Versicherten" einschließlich der familienversicherten Angehörigen gemäß § 10 verwendet. Die Krankenversichertennummer findet sich zB auf Berechtigungsscheinen gem. § 15 Abs. 3, auf der Krankenversichertenkarte (§ 291 Abs. 2 Nr. 6) sowie auf der elektronischen Gesundheitskarte (§ 291a Abs. 2 S. 1).

Die Nummer besteht gem. Abs. 1 S. 2 aus zwei Teilen: einem „unveränderbaren Teil zur Identifikation des Versicherten" und einem veränderbaren Teil, der die Kassenzugehörigkeit und bei Familienversi-

---

4 Vgl. Hilderink, Datenschutz in der gesetzlichen Krankenversicherung, 2000, 117.
5 BGBl. I 2003, 2190.
6 BGBl. I 2005, 1720.
7 BGBl. I 2006, 2407.
8 BGBl. I 2007, 378.
9 Didong in: jurisPK-SGB V § 290 Rn. 8.
10 Vgl. BT-Dr. 15/1525, 143.
11 Vgl. Luthe in: Hauck/Noftz SGB V § 290 Rn. 2; ähnlich Hornung in: Hänlein/Schuler Rn. 1: „einheitliches Identifizierungs- und Ordnungsmerkmal in der gesetzlichen Krankenversicherung".
12 Vgl. Spickhoff/Fischinger SGB V § 290 Rn. 1; zur fehlenden Rückschlussmöglichkeit vgl. auch BT-Dr. 15/4924, 8 zu Nummer 2 zu Buchstabe a.
13 Vgl. BT-Dr. 12/5262, 152.

cherten den Bezug zum Stammmitglied herstellen lassen muss.[14] Aus der Identifizierungsfunktion des **unveränderbaren Teils** folgt, dass dieser unverwechselbar sein muss und nur einmal vergeben werden darf.[15] Ein Personenbezug durch Geburtsdatum (wie zB bei der Rentenversicherungsnummer) oder den Namen ist dafür nicht erforderlich.[16] Die Identifizierung kann vielmehr auch durch eine einzigartige Ziffern- und/oder Buchstabenfolge erreicht werden. Im Gegensatz zum unveränderbaren Teil wird der **veränderbare Teil** bei einem Wechsel der Krankenkasse, bei Familienversicherten bei Umgestaltungen des Versicherungsverhältnisses des Stammmitglieds oder bei veränderten Lebensverhältnissen des Angehörigen (zB Abschluss der Schul- oder Berufsausbildung, Altersgrenzenüberschreitung, Heirat) geändert.[17]

7 Der inhaltliche Aufbau der Krankenversichertennummer im Detail sowie das Vergabeverfahren müssen gem. Abs. 1 S. 3 den Richtlinien nach Abs. 2 entsprechen. Dabei darf wegen Abs. 1 S. 4 die Krankenversichertennummer mit der Rentenversicherungsnummer nicht identisch sein. Nach Abs. 1 S. 5 dürfen die Richtlinien der GKV-Spitzenverbands (vgl. Abs. 2 S. 1) die Rentenversicherungsnummer aber als Datengrundlage heranziehen, wenn sie bei Bildung einer Krankenversichertennummer sicherstellen, dass weder von der Renten- auf die Krankenversichertennummer noch umgekehrt geschlossen werden kann. Wegen der fortschreitenden informationstechnischen Entwicklung, die auch Entschlüsselungslösungen betrifft, sieht Abs. 1 S. 5 als Maßstab für die fehlende Rückschlussmöglichkeit den „Stand von Wissenschaft und Technik" vor. Er führt zu einer Beobachtungs- und ständigen Überprüfungspflicht. Zur Sicherung der Identifikationsfunktion der Krankenversichertennummer gewährt Abs. 1 S. 6 der Vertrauensstelle das Recht, die Mehrfachvergabe einer Nummer zu prüfen. S. 7 schafft eine Rechtsgrundlage für die Vergabe der Rentenversicherungsnummer an Personen, die bisher noch keine Rentenversicherungsnummer erhalten haben und auf deren Basis eine Krankenversichertennummer gebildet werden soll (vgl. § 147 Abs. 1 S. 1 SGB VI).

8 Umstritten ist, ob die Krankenversichertennummer selbst **Sozialdatum** iSv § 67 Abs. 1 S. 1 SGB X ist. Solange sie keine personenbeziehbare Angaben wie Namen oder Namenskürzel, Geburtsdatum oder Rentenversicherungsnummer enthält und auch nicht wie in S. 6 zur Zuordnung einer Person (zB mittels einer Referenzliste oder Referenzdatei) eingesetzt wird, wird eine Qualifikation als Sozialdatum abgelehnt.[18] Dagegen wird vertreten, dass der Sozialdatenbegriff weit auszulegen sei und auch sonst nicht verlangt werde, dass die Zuordnungskriterien offen gelegt würden, weshalb die Krankenversichertennummer vom Sozialdatenbegriff erfasst werde.[19] Richtigerweise kommt es für die Qualifizierung der Nummer als Sozialdatum iSv § 67 Abs. 1 S. 1 SGB X darauf an, ob mittels der Nummer ein Personenbezug hergestellt werden kann, denn § 67 Abs. 1 S. 1 SGB X lässt die Bestimmbarkeit der Person genügen.[20] Da § 290 nicht die Anonymisierung, sondern nur eine Pflicht zur Pseudonymisierung iSd § 67 Abs. 8 SGB X (vgl. Identifizierungsfunktion des unveränderbaren Teils der Nummer) verlangt, kann unter Zugrundelegung eines weiten Sozialdatenbegriffs die Krankenversichertennummer als Sozialdatum qualifiziert werden.

V. Richtlinien und Vergabe der Nummer (Abs. 2)

9 Der Spitzenverband Bund der Krankenkassen (§ 217a) regelt den Aufbau und die Vergabe der Krankenversichertennummer nach den Vorgaben des Abs. 1 im Detail (s. Abs. 2 S. 1). Abs. 2 stellt wegen der kassenübergreifenden Anwendung der Nummer eine „Abstimmung ... zwischen allen Krankenkassen"[21] auf ein einheitliches Verfahren sicher. Die Richtlinien sind gem. Abs. 2 S. 6 dem Bundesgesundheitsministerium (BMG) vorzulegen, dem gem. Abs. 2 S. 7 ein Beanstandungsrecht innerhalb von zwei Monaten zukommt. Das BMG kann nach Ausschöpfung der Beanstandungsmittel und bei Nichtabhilfe durch den Spitzenverband Bund der Krankenkassen die Richtlinien selbst erlassen (Abs. 2 S. 8), womit dem BMG auch Zweckmäßigkeitserwägungen gestattet werden.[22]

---

14 Vgl. BT-Dr. 15/1525, 143.
15 Vgl. Luthe in: Hauck/Noftz SGB V § 290 Rn. 10.
16 Vgl. zu recht Luthe in: Hauck/Noftz SGB V § 290 Rn. 10.
17 Vgl. Luthe in: Hauck/Noftz SGB V § 290 Rn. 11 f.
18 Vgl. Luthe: in Hauck/Noftz, SGB V § 290 Rn. 9.
19 Spickhoff/Fischinger SGB V § 290 Rn. 2; Waschull in: Krauskopf SozKV § 290 Rn. 3 und 5 mwN.
20 Ähnlich Hornung in: Hänlein/Schuler § 290 Rn. 2: Entscheidung im Einzelfall je nach Kenntnis über die Zuordnungsregel.
21 BT-Dr. 15/1525, 143.
22 Vgl. Luthe in: Hauck/Noftz SGB V § 290 Rn. 18.

Die Vergabe der Nummer erfolgt gem. Abs. 2 S. 2 durch die **Vertrauensstelle**, die zur Vermeidung von Interesseneinflüssen von den Krankenkassen und ihren Verbänden unabhängig sein soll, weshalb eine räumliche, organisatorische und personelle Trennung Voraussetzung ist. Rechtsfaktisch ist die Informationstechnische Servicestelle der gesetzlichen Krankenversicherung GmbH mit der Einrichtung und dem Betrieb der „Vertrauensstelle Krankenversichertennummer (VST)" von den Spitzenverbänden der Krankenkassen beauftragt worden.[23] Zur Sicherstellung eines einheitlichen Sozialdatenschutzes wird die Vertrauensstelle gem. Abs. 2 S. 3 dem Sozialgeheimnis (§ 35 SGB I) unterstellt. Sie unterliegt der Rechtsaufsicht des Bundesgesundheitsministeriums und der Geschäfts- Rechnungs- und Betriebsprüfung durch dieses (Abs. 2 S. 4 und S. 5).

§ 291 Krankenversichertenkarte

(1) ¹Die Krankenkasse stellt für jeden Versicherten eine elektronische Gesundheitskarte aus. ²Sie dient dem Nachweis der Berechtigung zur Inanspruchnahme von Leistungen im Rahmen der vertragsärztlichen Versorgung (Versicherungsnachweis) sowie der Abrechnung mit den Leistungserbringern. ³Neben der Verwendung nach Satz 2 hat die elektronische Gesundheitskarte die Durchführung der Anwendungen nach § 291 a Absatz 2 und 3 zu gewährleisten. ⁴Die elektronische Gesundheitskarte ist von dem Versicherten zu unterschreiben. ⁵Die Karte gilt nur für die Dauer der Mitgliedschaft bei der ausstellenden Krankenkasse und ist nicht übertragbar. ⁶Bei Inanspruchnahme ärztlicher Behandlung bestätigt der Versicherte auf den Abrechnungsschein des Arztes das Bestehen der Mitgliedschaft durch seine Unterschrift. ⁷Die Krankenkasse kann die Gültigkeit der Karte befristen.

(2) ¹Die elektronische Gesundheitskarte enthält vorbehaltlich des § 291 a folgende Angaben:
1. die Bezeichnung der ausstellenden Krankenkasse, einschließlich eines Kennzeichens für die Kassenärztliche Vereinigung, in deren Bezirk der Versicherte seinen Wohnsitz hat,
2. den Familiennamen und Vornamen des Versicherten,
3. das Geburtsdatum des Versicherten,
4. das Geschlecht des Versicherten,
5. die Anschrift des Versicherten,
6. die Krankenversichertennummer des Versicherten,
7. den Versichertenstatus, für die Personengruppen nach § 264 Absatz 2 den Status der auftragsweisen Betreuung,
8. den Zuzahlungsstatus des Versicherten,
9. den Tag des Beginns des Versicherungsschutzes,
10. bei befristeter Gültigkeit der elektronischen Gesundheitskarte das Datum des Fristablaufs.

²Über die Angaben nach Satz 1 hinaus kann die elektronische Gesundheitskarte auch Angaben zum Nachweis von Wahltarifen nach § 53, von zusätzlichen Vertragsverhältnissen und in den Fällen des § 16 Absatz 1 Satz 1 Nummer 2 bis 4 und Absatz 3 a Angaben zum Ruhen des Anspruchs auf Leistungen enthalten. ³Die Angaben nach den Sätzen 1 und 2 sind in einer Form zu speichern, die geeignet ist für eine maschinelle Übertragung auf die für die vertragsärztliche Versorgung vorgesehenen Abrechnungsunterlagen und Vordrucke nach § 295 Absatz 3 Nummer 1 und 2. ⁴Die elektronische Gesundheitskarte ist mit einem Lichtbild des Versicherten zu versehen. ⁵Versicherte bis zur Vollendung des 15. Lebensjahres sowie Versicherte, deren Mitwirkung bei der Erstellung des Lichtbildes nicht möglich ist, erhalten eine elektronische Gesundheitskarte ohne Lichtbild. ⁶Bei Vereinbarungen nach § 264 Absatz 1 Satz 3 zweiter Halbsatz hat die elektronische Gesundheitskarte die Angabe zu enthalten, dass es sich um einen Empfänger von Gesundheitsleistungen nach den §§ 4 und 6 des Asylbewerberleistungsgesetzes handelt.

(2 a) Die elektronische Gesundheitskarte muss technisch geeignet sein, Authentifizierung, Verschlüsselung und elektronische Signatur zu ermöglichen.

(2 b) ¹Die Krankenkassen sind verpflichtet, Dienste anzubieten, mit denen die Leistungserbringer die Gültigkeit und die Aktualität der Daten nach Absatz 1 und 2 bei den Krankenkassen online überprüfen und auf der elektronischen Gesundheitskarte aktualisieren können. ²Diese Dienste müssen auch ohne Netzanbindung an die Praxisverwaltungssysteme der Leistungserbringer online genutzt werden

---

[23] Informationen dazu sind abrufbar unter https://kvnummer.gkvnet.de/(S(nxqubfxryyl1lcktxgugflmu))/default.aspx (zuletzt abgerufen am 11.6.2017).

können. ³Die an der vertragsärztlichen Versorgung teilnehmenden Ärzte, Einrichtungen und Zahnärzte prüfen bei der erstmaligen Inanspruchnahme ihrer Leistungen durch einen Versicherten im Quartal die Leistungspflicht der Krankenkasse durch Nutzung der Dienste nach Satz 1. ⁴Dazu ermöglichen sie den Online-Abgleich und die -Aktualisierung der auf der elektronischen Gesundheitskarte gespeicherten Daten nach Absatz 1 und 2 mit den bei der Krankenkasse vorliegenden aktuellen Daten. ⁵Die Prüfungspflicht besteht ab dem Zeitpunkt, ab dem die Dienste nach Satz 1 sowie die Anbindung an die Telematikinfrastruktur zur Verfügung stehen und die Vereinbarungen nach § 291a Absatz 7a und 7b geschlossen sind. ⁶Die hierfür erforderlichen Maßnahmen hat die Gesellschaft für Telematik bis zum 30. Juni 2016 durchzuführen. ⁷Hält die Gesellschaft für Telematik die Frist nach Satz 6 nicht ein, dürfen die Ausgaben in den Haushalten des Spitzenverbands Bund der Krankenkassen sowie der Kassenärztlichen Bundesvereinigungen ab 2017 die Ausgaben des Jahres 2014 abzüglich 1 Prozent so lange nicht überschreiten, bis die Maßnahmen nach Satz 1 durchgeführt worden sind. ⁸Die Ausgaben zur Finanzierung der Deutschen Verbindungsstelle Krankenversicherung – Ausland, des Medizinischen Dienstes des Spitzenverbands Bund der Krankenkassen und der Gesellschaft für Telematik, die Umlagen nach den §§ 65b und 303a Absatz 3 dieses Gesetzes in Verbindung mit § 6 der Datentransparenzverordnung, die Umlagen an die Bundeszentrale für gesundheitliche Aufklärung nach § 20a sowie der Sicherstellungszuschlag für Hebammen nach § 134a Absatz 1b zählen nicht zu den Ausgaben nach Satz 7. ⁹Das Bundesministerium für Gesundheit kann die Frist nach Satz 6 durch Rechtsverordnung[1] ohne Zustimmung des Bundesrates verlängern. ¹⁰§ 15 Absatz 5 ist entsprechend anzuwenden. ¹¹Die Durchführung der Prüfung ist auf der elektronischen Gesundheitskarte zu speichern. ¹²Die Mitteilung der durchgeführten Prüfung ist Bestandteil der an die Kassenärztliche oder Kassenzahnärztliche Vereinigung zu übermittelnden Abrechnungsunterlagen nach § 295. ¹³Die technischen Einzelheiten zur Durchführung des Verfahrens nach Satz 2 bis 5 sind in den Vereinbarungen nach § 295 Absatz 3 zu regeln. ¹⁴Den an der vertragsärztlichen Versorgung teilnehmenden Ärzten, Einrichtungen und Zahnärzten, die die Prüfung nach Satz 3 ab dem 1. Juli 2018 nicht durchführen, ist die Vergütung vertragsärztlicher Leistungen pauschal um 1 Prozent so lange zu kürzen, bis sie die Prüfung nach Satz 3 durchführen. ¹⁵Das Bundesministerium für Gesundheit kann die Frist nach Satz 14 durch Rechtsverordnung mit Zustimmung des Bundesrates verlängern.

(3) Das Nähere zur bundesweiten Verwendung der elektronischen Gesundheitskarte als Versicherungsnachweis vereinbaren die Vertragspartner im Rahmen der Verträge nach § 87 Absatz 1.

(4) ¹Bei Beendigung des Versicherungsschutzes oder bei einem Krankenkassenwechsel ist die elektronische Gesundheitskarte von der bisherigen Krankenkasse einzuziehen oder zu sperren, sobald die Dienste nach Absatz 2b zur Verfügung stehen. ²Abweichend von Satz 1 kann der Spitzenverband Bund der Krankenkassen zur Verbesserung der Wirtschaftlichkeit und der Optimierung der Verfahrensabläufe für die Versicherten die Weiternutzung der elektronischen Gesundheitskarte bei Kassenwechsel beschließen; dabei ist sicherzustellen, dass die Daten nach Absatz 2 Satz 1 Nummer 1, 6, 7, 9 und 10 fristgerecht aktualisiert werden. ³Der Beschluss bedarf der Genehmigung des Bundesministeriums für Gesundheit. ⁴Vor Erteilung der Genehmigung ist der oder dem Bundesbeauftragten für den Datenschutz und die Informationsfreiheit Gelegenheit zur Stellungnahme zu geben. ⁵Wird die elektronische Gesundheitskarte nach Satz 1 eingezogen, hat die einziehende Krankenkasse sicherzustellen, dass eine Weiternutzung der Daten nach § 291a Abs. 3 Satz 1 durch die Versicherten möglich ist. ⁶Vor Einzug der elektronischen Gesundheitskarte hat die einziehende Krankenkasse über Möglichkeiten zur Löschung der Daten nach § 291a Abs. 3 Satz 1 zu informieren. ⁷Die Sätze 5 und 6 gelten auch bei Austausch der elektronischen Gesundheitskarte im Rahmen eines bestehenden Versicherungsverhältnisses.

Literatur:

Auktor, Der „Chipkartenboykott" – ein legitimes Mittel der Ärzte im Streit mit Krankenkassen?, MedR 2003, 503; *Bales/Dierks/Holland/Müller*, Die elektronische Gesundheitskarte, Rechtskommentar, Standpunkte und Erläuterungen für die Praxis, 2007; *Bales/von Schwanenflügel*, Die elektronische Gesundheitskarte, NJW 2012, 2475; *Buchner*, Datenschutz und Datensicherheit in der digitalisierten Medizin, MedR 2016, 660; *Bundesamt für Sicherheit in der Informationstechnik*, Chipkarten im Gesundheitswesen, 1995; *Feige*, Die Einführung der Krankenversichertenkarte, KrV 1992, 323; *Gleiss*, Die Versichertenkarte – mehr als ein Ausweis KrV 1994, 163; *Hanika*, Bismarck geht online, MedR 2004, 149; *Hilderink*, Datenschutz in der gesetzlichen Krankenversicherung, 2000; *Kilian*, Rechtliche Aspekte bei Verwendung von Patienten-

---

[1] Siehe hierzu die VO zur Verlängerung der Frist nach § 291 Absatz 2b Satz 6 des Fünften Buches Sozialgesetzbuch, wonach die genannte Frist bis zum 30. Juni 2017 verlängert wird.

chipkarten, NJW 1992, 2313; *Kraft*, Telematik im Gesundheitswesen, 2003; *Kruse/Kruse*, Die neue Krankenversichertenkarte gem § 291 SGB V, SozVers 1992, 147; *Marbuger*, Die Krankenversichertenkarte – rechtliche Grundlagen und praktische Durchführung, Die Leistungen 1993, 361; *Paland/Holland*, Das Gesetz für sichere digitale Kommunikation und Anwendungen im Gesundheitswesen, NZS 2016, 247; *Riemer*, Vergütungsanspruch trotz ungültiger Versichertenkarte?, DMW 2006, 1178; *Seebach*, Das E-Health-Gesetz, KrV 2016, 96.

I. Entstehungsgeschichte	1	VI. Online-Dienste zur Prüfung und Aktualisierung der Versichertenstammdaten (Abs. 2 b)	10
II. Regelungsgehalt, Kontext und Normzweck	2		
III. Ausstellung, Funktionen und zulässige Verwendungszwecke der Karte (Abs. 1)	5	VII. Regelungsermächtigung für die Bundesmantelvertragspartner (Abs. 3)	11
IV. Inhalt der Karte (Abs. 2)	8		
V. Technische Anforderungen (Abs. 2 a)	9	VIII. Einziehung und Weiternutzung der Karte (Abs. 4)	12

I. Entstehungsgeschichte

§ 291 wurde durch Art. 1 des **GRG**[2] vom 20.12.1988 in das SGB V eingefügt und trat zum 1.1.1989 in Kraft. Nach der Ursprungsfassung musste jede Krankenkasse bis spätestens zum 1.1.1992 für jeden Krankenversicherten eine Krankenversichertenkarte ausstellen. Diese Frist wurde durch Art. 1 Nr. 154 des **Gesundheitsstrukturgesetzes**[3] (gültig ab 1.1.1993) bis zum 1.1.1995 verlängert. Abs. 2 Nr. 6 (nun: Nr. 7) wurde durch Art. 1 Nr. 6 des **Gesetzes zur Reform des Risikostrukturausgleichs in der gesetzlichen Krankenversicherung**[4] mit Wirkung zum 1.1.2002 erweitert. Abs. 2 Nr. 1 wurde durch Art. 1 Nr. 9 des **Gesetzes zur Einführung des Wohnortprinzips bei Honorarvereinbarungen für Ärzte und Zahnärzte** mit Wirkung zum 1.1.2002 ergänzt. Zugleich wurde S. 2 in Abs. 2 aufgenommen. Mit Art. 1 Nr. 161 des **GMG**[5] wurde Abs. 2 a eingefügt (gültig ab 1.1.2004). Der Inhalt der Krankenversichertenkarte in Abs. 2 wurde um ein Lichtbild (umzusetzen bis spätestens 1.1.2006) erweitert und der Katalog der Nr. 1 bis Nr. 10 in die seitdem geltende Fassung überführt. Darüber hinaus wurde die Zweckbegrenzung der Karte in Abs. 1 unter den Vorbehalt von § 291a gestellt. Weitere Änderungen betrafen Abs. 2 a (Einführung der Verpflichtung zur Erweiterung der Karte zu einer elektronischen Gesundheitskarte). Abs. 4. Abs. 2 S. 1 Hs. 2 wurde durch Art. 4 Nr. 17 des **Verwaltungsvereinfachungsgesetzes**[6] mit Wirkung zum 30.3.2005 eingefügt. Im Rahmen dieses Gesetzes wurde weiterhin Abs. 4 um die S. 2 bis 7 erweitert. Mit Art. 256 Nr. 1 der **Neunten Zuständigkeitsanpassungs-Verordnung**[7] wurde Abs. 4 mit Wirkung zum 8.11.2006 an die Umbenennung des Bundesministeriums für Gesundheit angepasst. Abs. 2 a S. 3 wurde durch Art. 1 Nr. 194 des **GKV-WSG**[8] mit Wirkung zum 1.4.2007 eingefügt. Eine weitere Änderung betraf Abs. 4 S. 4. Durch Art. 1 Nr. 5 a des **Gesetzes zur Änderung krankenversicherungsrechtlicher und anderer Vorschriften** wurde mit Wirkung zum 30.7.2010 Abs. 2 b eingefügt.[9] Das **Asylverfahrensbeschleunigungsgesetz** v. 20.10.2015[10] fügte an Abs. 2 S. 3 an, nach dem die elektronische Gesundheitskarte als Angabe den Status nach dem AsylbLG enthalten sollte, wenn ein öffentlich-rechtlicher Vertrag nach § 264 Abs. 1 S. 3 geschlossen war. Die Regelung, die zum 1.11.2016 in Kraft treten sollte, ist durch das **E-Health-Gesetz**[11] vom 21.12.2015 gegenstandslos geworden. Die §§ 291–291 b wurden durch dieses Gesetz weitgehend geändert und um die §§ 291 c–291 g ergänzt.[12] Mit Wirkung zum 29.12.2015 erhielt § 291 eine neue Überschrift. Weitere Änderungen betrafen sämtliche Absätze der Vorschrift (zu den Neuregelungen → Rn. 3).[13]

1

---

2 BGBl. I 1988, 2477.
3 BGBl. I 1992, 2266.
4 BGBl. I 2001, 3465.
5 BGBl. I 2003, 2190.
6 BGBl. I 2005, 818.
7 BGBl. I 2006, 2407.
8 BGBl. I 2007, 378.
9 Zu den Gründen vgl. BT-Dr. 17/2170, 38 zu Nummer 5 a (neu).
10 BGBl. I 2015, 1722.
11 Gesetz für sichere digitale Kommunikation und Anwendungen im Gesundheitswesen sowie zur Änderung weiterer Gesetze, BGBl. I 2015, 2408.
12 Zur Begründung vgl. BT-Dr. 18/5293, 41 und BT-Dr. 18/6905, 60 f. und 69; Zu den Änderungen durch das E-Health-Gesetz insgesamt Palandt/Holland, NZS 2016, 247 ff. und Seebach, KrV 2016, 96 ff.
13 Zur Begründung vgl. BT-Dr. 18/5293, 41 und BT-Dr. 18/6905, 60 f. und 69.

II. Regelungsgehalt, Kontext und Normzweck

2   Mit dem Ende der Gültigkeit der Krankenversichertenkarte zum 31.12.2014 hat die elektronische Gesundheitskarte (eGK) die Funktion als Berechtigungsnachweis übernommen.[14] § 291 regelt die **Funktion** der elektronischen Gesundheitskarte als Versicherungsnachweis (Abs. 1), deren obligatorischen und fakultativen **Inhalt** (Abs. 2) sowie die zum Schutz des informationellen Selbstbestimmungsrechts der Versicherten **erforderlichen technischen Anforderungen** (Abs. 2 a) an die Karte. Abs. 2 b erlegt den Krankenkassen die Verpflichtung auf, den Leistungserbringen die Prüfung der Gültigkeit der Karte und der Aktualität der auf der Karte gespeicherten administrativen Daten zu ermöglichen, ohne dass eine zwingende Netzanbindung an die Praxisverwaltungssysteme vorgesehen ist. Für die Umsetzung des verpflichtenden **Versichertenstammdatendienstes** sind verschiedene Anreize bzw. Sanktionsmechanismen verankert. Abs. 3 ermächtigt die Vertragspartner gem. § 87 Abs. 1 das Nähere zur bundesweiten Verwendung der elektronischen Gesundheitskarte zu regeln. Abs. 4 trifft Regelungen für die **Beendigung des Versicherungsverhältnisses und den Krankenkassenwechsel**.

3   Während die §§ 291 ff. als datenschutzrechtliche Rechtsgrundlagen die Funktionen, Entwicklung und Bereitstellung von personenbezogenen Daten der elektronischen Gesundheitskarte regeln, ist der Anspruch der behandelnden Leistungserbringer auf Vorlage der eGK vor der Behandlung in § 15 Abs. 2 geregelt. Zur Bedeutung von § 291 Abs. 2 S. 1 Nr. 1–9 für die Ausstellung von Berechtigungsscheinen → § 15 Abs. 4; zur Möglichkeit der Nachreichung der eGK → § 15 Abs. 5; Näheres zur Ausgabe der eGK wie zum Ausgabezeitpunkt, zur Gebührenfreiheit im Grundsatz und zur wiederholten Ausstellung → § 15 Abs. 6. Die sich **an § 291 anschließenden Vorschriften** betreffen das Nähere zur Verwendung der eGK zur Bereitstellung personenbezogener medizinischer Behandlungsdaten (§ 291 a), die Aufgaben, die Organisation und die Befugnisse der Gesellschaft für Telematik (§ 291 b) sowie die bei ihr einzurichtende Schlichtungsstelle (§ 291 c), die Sicherstellung der Überführbarkeit elektronisch gesicherter Daten zwischen verschiedenen informationstechnischen Systemen durch offene und standardisierte Schnittstellen (§ 291 d), die Einrichtung eines Interoperabilitätsverzeichnisse (§ 291 e), die Vergütung für die Übermittlung elektronischer Arztbriefe (§ 291 f) und die Vorgaben für die Festlegung von Anforderungen an die technischen Verfahren für die konsiliarische Befundübermittlung von Röntgenaufnahmen und für Videosprechstunden (§ 291 g).[15]

4   Seit der Einführung der **eGK** gilt diese **ausschließlich als Berechtigungsnachweis** für die Inanspruchnahme von vertragsärztlichen Leistungen durch die Versicherten;[16] sie ist Voraussetzung für die Abrechnung der Leistungen durch die Leistungserbringer (Abs. 1 S. 2). Vorausgesetzt, dass die vom Gesetzgeber vorgesehenen dem Datenschutz dienenden technischen Anforderungen vollzogen werden können und damit die Anwendungen vollständig einsatzbereit sind, bietet sie die Chance für eine erhebliche Verwaltungsvereinfachung und für eine bessere Abstimmung und Koordinierung der einzelnen Leistungserbringer im Versorgungsprozess, so dass Doppelbehandlungen vermieden und Kosten eingespart werden könnten.[17] Für die Versicherten bietet die Karte Zugriffsmöglichkeiten und damit einen Transparenzgewinn, der eine den Informationsprozess mitgestaltende Einbindung in die ihre Gesundheit betreffenden Behandlungen ermöglicht.

III. Ausstellung, Funktionen und zulässige Verwendungszwecke der Karte (Abs. 1)

5   Abs. 1 S. 1 verpflichtet die Krankenkassen, für alle Versicherten (→ § 5 und § 10) eine elektronische Gesundheitskarte auszustellen. Auf Seiten des Versicherten entspricht der Pflicht ein Anspruch auf Ausstellung der Karte, der sich aus § 15 Abs. 6 ableitet und der auch besteht, wenn der Versicherte im Ausland lebt und Krankenversicherungsleistungen nur bei vorübergehenden Aufenthalten in Deutsch-

---

14 Zu den mit der Entwicklung und Einführung verbundenen Verwaltungskosten vgl. Hanika, MedR 2004, 149, 153.
15 Materialien zu den Regelungen und Motiven im Einzelnen: BR-Dr. 257/15; BT-Dr. 18/5293; BT-Dr. 18/6905; BT-PlPr 18/116; BR-PlPr 935; BT-PlPr 18/143; BR-PlPr 940.
16 Vgl. zur Gültigkeit der Krankenversichertenkarte bis zur tatsächlichen Einführung der eGk LSG LSA, 1.10.2012, L 4 KR 57/12 B ER, BeckRS 2013, 74580; zur Rechtslage vor der bundesweiten Einführung auch BSG, 12.6.2008, B 3 KR 19/07 R, BSGE 101, 33, 39: Versicherungsnachweis für die ambulante Behandlung, nicht aber für die Krankenhausbehandlung.
17 Kritisch zu den rechtlichen Anforderungen und den faktischen technischen Möglichkeiten der eGK Buchner, MedR 2016, 660, 662 f.

land in Anspruch nimmt.[18] Ein Anspruch auf Ausstellung einer Zweitkarte besteht nicht, wobei § 15 Abs. 6 Regelungen für die wiederholte Ausstellung beinhaltet.[19]

Abs. 1 S. 2 benennt als **Verwendungszweck** der eGK den Nachweis für die Berechtigung der Inanspruchnahme von Leistungen im Rahmen der vertragsärztlichen Versorgung und für die Abrechnung der Leistungserbringer. S. 3 beinhaltet einen Auftrag, die Anwendungen nach § 291a Abs. 2 (Übermittlung ärztlicher Verordnungen in elektronischer oder anderer Form) und Abs. 3 (Berechtigungsnachweis bei der Inanspruchnahme von Leistungen in der EU, einem anderen Vertragsstaat des Abkommens über den Europäischen Wirtschaftsraum oder der Schweiz) zu gewährleisten. Abs. 1 S. 4 beinhaltet eine Verpflichtung des Versicherten, die Karte zu unterschreiben. Die Unterschrift ist Voraussetzung für die **Identifikationsfunktion** der Karte, die wiederum Voraussetzung für die Legitimationswirkung der Karte für die Inanspruchnahme der Leistungen in der ambulanten Behandlung ist (S. 2). Um die Identifikation und Legitimation zu gewährleisten und einem Missbrauch der Karte durch einen Nichtversicherten vorzubeugen, ordnet Abs. 1 S. 5 zusätzlich an, dass die Karte nicht übertragbar ist. Der Vorlage der Krankenversichertenkarte kommt in Verbindung mit der Unterschrift des Versicherten auf dem Abrechnungsschein des Arztes (S. 6) eine Vertrauensschutz- und Sicherungsfunktion für die Abrechnung des Vertragsarztes zu. Aus dem Wortlaut (§§ 15, 291 SGB V) und dem Regelungszusammenhang folgt, dass die Karte als Nachweis der Leistungsberechtigung nur für die ambulante Behandlung dient. Ein Krankenhaus kann sich daher für die Vergütung der stationären Behandlung gegenüber der Krankenkasse nicht auf einen Vertrauensschutz aufgrund der Vorlage der Karte berufen.[20]

Die Karte gilt nicht zeitlich unbegrenzt, sondern **maximal für die Dauer der Mitgliedschaft** bei der ausstellenden Krankenkasse (Abs. 1 S. 5). Mit der Beendigung der Mitgliedschaft verliert sie ihre sozialrechtliche Vertrauensschutz- und Sicherungsfunktion aber nicht, sondern erst mit der Einziehung bei Beendigung des Versicherungsverhältnisses (→ Rn. 13). Für Familienversicherte, die nicht Mitglied der Krankenkasse sind (→ § 289 Rn. 2), endet das Versicherungsverhältnis mit dem Ende des Versicherungsverhältnisses des Stammversicherten oder mit dem Wegfall der Voraussetzungen des § 10 (→ § 289 Rn. 7); nachgehender Versicherungsschutz kann sich aus § 19 Abs. 2 und Abs. 3 ergeben. Der auf die berechtigte Inanspruchnahme vertrauende – weil unwissende – Arzt darf die erbrachten Leistungen mit der Kassenärztlichen Vereinigung abrechnen, auch wenn die Mitgliedschaft des Versicherten bereits beendet ist.[21] Der missbräuchliche Gebrauch der Krankenversichertenkarte trotz Kündigung des Mitgliedschaftsverhältnisses kann strafbar sein (§ 263 StGB).[22] Es steht im Ermessen („kann") der Krankenkasse, die Gültigkeit der Karte zu befristen (**Abs. 1 S. 7**).

IV. Inhalt der Karte (Abs. 2)

Abs. 2 S. 1 legt den Inhalt der eGK unter dem Vorbehalt von § 291a gemeinsam mit S. 2 **abschließend** fest. Für die **Pflichtangaben**[23] des S. 1 ergibt sich die Erhebungs- und Speicherungsbefugnis der Krankenkassen aus § 284 Abs. 1 Nr. 2. Durch das E-Health-Gesetz (→ Rn. 1) hat der Gesetzgeber weitere Angaben in S. 2 aufgenommen, die den **fakultativen Inhalt der eGK** darstellen: Angaben zum Nachweis von Wahltarifen nach § 53, von zusätzlichen Vertragsverhältnissen und zum Ruhen des Anspruchs auf Leistungen in den Fällen des § 16 Abs. 1 S. 1 Nr. 2–4, Abs. 3 a. Die Angaben sind gemäß S. 3 in einer Form zu speichern, die für eine maschinelle Übertragung auf die für die vertragsärztliche Versorgung vorgesehenen Abrechnungsunterlagen und Vordrucke (§ 295 Abs. 3 Nr. 1 und 2) geeignet ist (→ § 295 Rn. 12). Die eGK hat weiterhin das **Lichtbild** des Versicherten zu enthalten, soweit nicht ein Ausnahmefall Abs. 2 S. 5 vorliegt. Danach erhalten Versicherte, die das 15. Lebensjahr noch nicht vollendet haben oder nicht bei der Erstellung des Lichtbildes mitwirken können (zB „bettlägerige Personen, Personen in geschlossenen Einrichtungen"),[24] eine Karte ohne Lichtbild. Der Gesetzgeber hat von dem Lichtbilderfordernis in diesen Fällen abgesehen, weil sich die Gesichtszüge noch verändern können oder aus gesundheitlichen Gründen die Mitwirkung bei der Erstellung des Lichtbildes nicht

---

18 Vgl. BSG, 5.6.2005, B 1 KR 4/04 R, SGb 2006, 233.
19 Vgl. für die Rechtslage vor der eGK: LSG Bln-Bbg, 11.12.2009, L 1 KR 270/09, BeckRS 2010, 66060.
20 Vgl. BSG, 12.6.2008, B 3 KR 19/07 R, BSGE 101, 33, 39 zur Problematik der missbräuchlichen Verwendung der Karte durch einen nicht krankenversicherten Patienten, der unter dem Namen eines Versicherten auftritt und dessen Karte verwendet; BSG, 5.6.2005, B 1 KR 4/04 R, SGb 2006, 233.
21 Vgl. BSG, 17.4.1996, 3 RK 19/95, NZS 1997, 76; Hornung in: Hänlein/Schuler § 291 Rn. 3; Waschull in: Krauskopf SozKV § 291 Rn. 8.
22 Vgl. OLG Hamm, 9.3.2006, 1 Ss58/06, NJW 2006, 2341.
23 Vgl. zu dem Kreis der Pflichtangaben im Einzelnen LSG BW, 21.6.2016, L 11 KR 2510/15, ZD 2016, 498 f.
24 BT-Dr. 15/4228, 27 f. zu Nummer 17 zu Buchstabe a.

möglich ist.[25] Aufgrund des Wortlauts von § 291 Abs. 1 S. 1 und des Sinn und Zwecks des Lichtbildes (Identifizierungsfunktion → Rn. 6) besteht außerhalb der ausdrücklichen Ausnahmen kein Anspruch des Versicherten, von der Pflicht zur Vorlage eines Lichtbildes befreit zu werden.[26] **Verfassungsrechtlich** liegt in den Pflichtangaben und der damit verbundenen Mitwirkung des Versicherten gem. Abs. 2 ein Eingriff in sein informationelles Selbstbestimmungsrecht (Art. 2 Abs. 1 iVm Art. 1 Abs. 1 GG), der mit dem Allgemeininteresse an dem Funktionieren des Systems der gesetzlichen Krankenversicherung gerechtfertigt werden kann.[27] Um sicherzustellen, dass tatsächlich auch nur diejenigen die Leistungen der GKV in Anspruch nehmen, die zum versicherten Personenkreis gehören und um damit die Finanzierbarkeit der Leistungen bei begrenzten Mitteln (§§ 220 ff.) zu gewährleisten, ist es notwendig, die Berechtigung zur Inanspruchnahme der Leistungen überprüfen zu können. Diesem Zweck dient das Lichtbild in Ergänzung zur Unterschrift des Versicherten auf der Karte. Die Unterschrift alleine würde aufgrund der Fälschungsgefahr die Identitätsfunktion nicht in gleichem Maße erfüllen können wie das Lichtbild. Auch andere Kennzeichen unterlägen einer Fälschungsgefahr und würden darüber hinaus nicht sicherstellen können, dass die Karte der Person zugeordnet werden kann, die sie vorlegt. Glaubens- und Gewissensgründe (Art. 4 GG) hat die Rspr. bisher nicht genügen lassen, um einen verfassungsrechtlichen Anspruch auf Verzicht eines Lichtbildes anzuerkennen;[28] religiöse Gründe können aber bei zureichender Begründung die Vorlage eines Lichtbildes mit Kopfbedeckung[29] begründen.

V. Technische Anforderungen (Abs. 2 a)

9 Abs. 2 a beinhaltet Vorgaben für die **technische Eignung** der eGK. Sie muss die Authentifizierung (= „elektronische Identitätsprüfung einer Person"),[30] die Verschlüsselung und die elektronische Signatur ermöglichen, wobei die qualifizierte elektronische Signatur (§ 2 Nr. 3 SigG) nicht verpflichtend ist.[31]

VI. Online-Dienste zur Prüfung und Aktualisierung der Versichertenstammdaten (Abs. 2 b)

10 Abs. 2 b ergänzt § 15 Abs. 6 S. 2.[32] Die Regelung dient ua der Missbrauchsbekämpfung, indem sie ermöglichen soll, verloren oder gestohlen gemeldete Karten zu erkennen.[33] Sie will ein „zeitgemäßes Verfahren"[34] zum Nachweis der Berechtigung der Inanspruchnahme der ambulanten Behandlungsleistungen bereitstellen. Vor diesem Hintergrund **verpflichtet** Abs. 2 b einerseits die Krankenkassen zum Angebot von Diensten, die den **Online-Abgleich** und die **Aktualisierung** der auf der eGK enthaltenen Angaben nach Abs. 1 und Abs. 2 mit den Versichertenstammdaten bei den Krankenkassen erlauben (Abs. 2 b S. 1) und andererseits die an der vertragsärztlichen Versorgung teilnehmenden Ärzte, Einrichtungen und Zahnärzte zur Nutzung der angebotenen Dienste, um die Leistungsberechtigung zu prüfen (Abs. 2 b S. 3). Der Abgleich der Versichertenstammdaten (= Daten nach Abs. 2 S. 1) aus dem IT-System der Arztpraxis mit dem IT-System der zuständigen Krankenkasse (Versichertenstammdatenmanagement) durch die Leistungserbringer muss bei erstmaliger Inanspruchnahme der Leistungen und sodann quartalsweise erfolgen. Um eine größtmögliche Flexibilität der Onlineprüf- und Aktualisierungsdienste zu ermöglichen, sieht Abs. 2 b S. 2 vor, dass sie auch ohne Netzanbindung an die Praxisverwaltungsysteme der Leistungserbringer online genutzt werden können müssen. Die Prüfpflicht besteht ab dem Zeitpunkt der Anbindung an die Telematikinfrastruktur und nach Abschluss der Finan-

---

25 Vgl. BT-Dr. 15/4228, 27 f. zu Nummer 17 zu Buchstabe a.
26 Vgl. SG Düsseldorf, 28.6.2012, S 9 KR 111/09, DuD 2012, 846, 847.
27 Std. Rspr. LSG BW, 24.1.2017, L 11 KR 3562/16, BeckRS 2017, 105768 im Anschluss an LSG Bln-Bbg, 6.3.2014, L 1 KR 23/14 ER, BeckRS 2014, 69609 und LSG Bbg, 6.3.2014, L 1 KR 23/14 ER, BecksRS 2016, 70304; LSG Bln-Bbg, 20.3.2015, L 1 KR 18/14, ZD 2015, 445; BSG 18.11.2014 – B 1 KR 35/13 R, ZD 2015, 441; Hess. LSG 26.9.2013, L 1 KR 50/13, ZD 2014, 160; LSG BW, 20.11.2012, L 11 KR 4746/12 ER-B, BeckRS 2013, 65642; aus der Literatur vgl. Bales/von Schwanenflügel, NJW 2012, 2475, 2477; kritisch Anmerkung Ziebarth, WzS 2016, 51 f.; zu Anforderungen an das Lichtbild und zur Speicherdauer für die Krankenversichertenkarte BDHM eGK, 2007 § 291 Rn. 13 ff.
28 Vgl. LSG BW, 24.1.2017, L 11 KR 3562/16, BeckRS 2017, 105768 Rn. 31; SG Stralsund, 19.10.2015, S 3 KR 235/15 ER, BeckRS 2015, 72860 aufgrund mangelnder Glaubhaftmachung (bloße pauschale Berufung auf religiöse Gründe genügt nicht); BVerwG, 24.10.1990, 1 B 98/90, Buchholz 402.02 PAuswG Nr. 3.
29 Vgl. LSG BW, 24.1.2017, L 11 KR 3562/16, BeckRS 2017, 105768 Rn. 30.
30 BDHM eGK, 2007, § 291 Rn. 36.
31 Wie hier Hornung in: Hänlein/Schuler § 291 Rn. 7.
32 Vgl. BT-Dr. 17/2170, 38 zu Nummer 5 a (neu).
33 Vgl. BT-Dr. 17/2170, 38 zu Nummer 5 a (neu).
34 BT-Dr. 17/2170, 38 zu Nummer 5 a (neu).

zierungsvereinbarungen gemäß § 291a Abs. 7a und 7b (Abs. 2b S. 5). Die Durchführung der Prüfung ist auf der eGK zu speichern (Abs. 2b S. 11). Abs. 2b S. 12 verpflichtet die Leistungserbringer der ambulanten Versorgung zur Übermittlung der Mitteilung der durchgeführten Prüfung gemäß § 295. S. 13 ergänzt die Vorgaben für die Vereinbarungen nach § 295 Abs. 3 durch eine Regelungsermächtigung für die technischen Einzelheiten zur Durchführung des Prüfungs- und Aktualisierungsverfahrens. S. 14 setzt mit dem 1.7.2018 den Leistungserbringern eine Frist (1.7.2018), ab der die Prüfung verpflichtend durchzuführen ist und droht bei Nichtdurchführung des Abgleichs mit einer Honorarkürzung um 1 Prozent, bis die Prüfung durchgeführt wurde. Das BMG kann die Frist durch Rechtsverordnung mit Zustimmung des Bundesrats verlängern (S. 15). Ob diese Frist eingehalten werden kann, hängt in erster Linie von den Vorarbeiten der Gesellschaft für Telematik (gematik) ab. In der Vergangenheit ist dies vielfach an den fehlenden technischen Möglichkeiten gescheitert.[35] Um die Einführung des „überschaubaren Datenverarbeitungsprozess[es]"[36] des Stammdatenmanagements zu beschleunigen, hat der Gesetzgeber des E-Health-Gesetzes in den S. 6–9 **Sanktionen** geregelt. Der gematik wurde zum Abschluss der erforderlichen Maßnahmen eine Frist bis zum 30.6.2016 gesetzt, um die bundesweite Durchführung der online-Prüfung und des Abgleichs der Versichertenstammdaten in jeder Arztpraxis sicherzustellen.[37] Bei Nichteinhaltung der Frist sieht S. 7 Haushaltskürzungen für die Gesellschafter der Telematik (→ § 291a Abs. 7) ab dem Jahr 2017 vor. S. 8 nimmt für die Berechnung der Ausgaben im Sinne des S. 7 die sog „durchlaufenden Posten"[38] im Haushalt des GKV-Spitzenverbands Bund der Krankenkassen aus. Eine Fristverlängerung für den Abschluss der Maßnahmen zur Einführung des Stammdatenmanagements ist durch Rechtsverordnung des Bundesgesundheitsministeriums nach Zustimmung durch den Bundesrat möglich (S. 9). Ergänzend zu diesem Sanktionsmechanismus ist § 291c SGB V zu sehen, der mit dem dort neu aufgenommenen Schlichtungsverfahren ebenfalls eine Beschleunigung bewirken kann. Erhält ein Gesellschafterbeschluss der gematik für die Anwendung des Online-Versichertenstammdatenmanagements nicht die erforderliche Mehrheit von 67 % der Stimmen, so kann jeder von der potenziellen Haushaltskürzung bedrohte Gesellschafter ein Schlichtungsverfahren vor der Schlichtungsstelle nach § 291c beantragen (§ 291c Abs. 6 S. 2).

VII. Regelungsermächtigung für die Bundesmantelvertragspartner (Abs. 3)

Abs. 3 ermächtigt die Partner der Verträge gemäß § 87 Abs. 1, darin das Nähere über die bundesweite Gestaltung der Krankenversicherungskarte zu vereinbaren. Die Bundesmantelvertragspartner haben dazu als Anlage 4a zum BMV-Ä die Vereinbarung zur elektronischen Gesundheitskarte geschlossen, die zum 1.10.2016 erstmals in Kraft getreten ist. 11

VIII. Einziehung und Weiternutzung der Karte (Abs. 4)

Abs. 4 beinhaltet Regelungen für die Beendigung des Versicherungsverhältnisses (nicht der Mitgliedschaft),[39] einen Krankenkassenwechsel und für den Austausch der Karte. In den ersten beiden Fällen ist die eGK von der bisherigen Krankenkasse **einzuziehen** oder zu sperren (Wahlrecht der Krankenkasse), sobald die Dienste nach Abs. 2b durch die neue Krankenkasse zur Verfügung stehen (Abs. 4 S. 1). Die Krankenkasse wird befugt, die Karte zurückzufordern und in Besitz zu nehmen. Der Einzug erfordert einen Bürokratieaufwand, der zu Verzögerungen führen kann. Abhilfe hat der Gesetzgeber des E-Health-Gesetzes (→ Rn. 1) durch die **Sperrmöglichkeit** der Karte geschaffen. Die Krankenkasse kann dadurch den Versicherten einseitig von der missbräuchlichen Inanspruchnahme von Leistungen durch Verwendung der eGK ausschließen.[40] Abs. 4 S. 2 lässt als Ausnahme von der Einziehung die Weiternutzung der eGK nach Beschluss des Spitzenverbands Bund der Krankenkassen zum Zweck der Verbesserung der Wirtschaftlichkeit und der Optimierung der Verfahrensabläufe für die Versicherten zu. Der GKV-Spitzenverband muss dabei die fristgerechte Aktualisierung der Daten nach Abs. 2 Nr. 1, 6, 7, 9 und 10 sicherstellen. Der Beschluss ist nach Abs. 4 S. 3 genehmigungspflichtig durch das Bundesgesundheitsministerium, das nach S. 4 den Bundesbeauftragten für den Datenschutz und die Informationsfreiheit zwingend („ist") zu beteiligen hat. Die Beteiligung erschöpft sich in einer Stellungnahme. 12

---

35 Vgl. Buchner, MedR 2016, 660, 663.
36 Buchner, MedR 2016, 660, 663.
37 Vgl. zu den erforderlichen Maßnahmen im Einzelfall BT-Dr. 18/5293, 42; Überblick bei Paland/Holland, NZS 2016, 247, 251.
38 Paland/Holland, NZS 2016, 247, 251 Fn. 40; BT-Dr. 18/6905, 69.
39 Vgl. Michels in: Becker/Kingreen SGB V § 291 Rn. 6.
40 Vgl. BT-Dr. 18/6505, 77.

Für den Fall des Einzugs der eGK beinhaltet Abs. 4 S. 5 eine Verpflichtung der Krankenkasse, die Weiternutzung der Anwendungen der eGK gemäß § 291a Abs. 3 S. 1 sicherzustellen. Nach Abs. 4 S. 6 muss sie vor Einzug der eGK den Versicherten über die Möglichkeiten der Löschung der Daten nach § 291a Abs. 3 S. 1 informieren. Durch Abs. 4 S. 7 werden die Verpflichtungen der S. 5 und 6 auch auf den Austausch der eGK im bestehenden Versicherungsverhältnis erstreckt.

§ 291a Elektronische Gesundheitskarte und Telematikinfrastruktur

(1) Die elektronische Gesundheitskarte dient mit den in den Absätzen 2 und 3 genannten Anwendungen der Verbesserung von Wirtschaftlichkeit, Qualität und Transparenz der Behandlung.

(1 a) ¹Werden von Unternehmen der privaten Krankenversicherung elektronische Gesundheitskarten für die Verarbeitung und Nutzung von Daten nach Absatz 2 Satz 1 Nr. 1 und Absatz 3 Satz 1 an ihre Versicherten ausgegeben, gelten Absatz 2 Satz 1 Nr. 1 und Satz 2 sowie die Absätze 3 bis 5 a, 6 und 8 entsprechend. ²Für den Einsatz elektronischer Gesundheitskarten nach Satz 1 können Unternehmen der privaten Krankenversicherung als Versichertennummer den unveränderbaren Teil der Krankenversichertennummer nach § 290 Abs. 1 Satz 2 nutzen. ³§ 290 Abs. 1 Satz 4 bis 7 gilt entsprechend. ⁴Die Vergabe der Versichertennummer erfolgt durch die Vertrauensstelle nach § 290 Abs. 2 Satz 2 und hat den Vorgaben der Richtlinien nach § 290 Abs. 2 Satz 1 für den unveränderbaren Teil der Krankenversichertennummer zu entsprechen. ⁵Die Kosten zur Bildung der Versichertennummer und, sofern die Vergabe einer Rentenversicherungsnummer erforderlich ist, zur Vergabe der Rentenversicherungsnummer tragen die Unternehmen der privaten Krankenversicherung. ⁶Die Regelungen dieses Absatzes gelten auch für die Postbeamtenkrankenkasse und die Krankenversorgung der Bundesbahnbeamten.

(2) ¹Die elektronische Gesundheitskarte muss geeignet sein, Angaben aufzunehmen für
1. die Übermittlung ärztlicher Verordnungen in elektronischer und maschinell verwertbarer Form sowie
2. den Berechtigungsnachweis zur Inanspruchnahme von Leistungen in einem Mitgliedstaat der Europäischen Union, einem Vertragsstaat des Abkommens über den Europäischen Wirtschaftsraum oder der Schweiz.

²§ 6 c des Bundesdatenschutzgesetzes findet Anwendung.

(3) ¹Über Absatz 2 hinaus muss die Gesundheitskarte geeignet sein, folgende Anwendungen zu unterstützen, insbesondere das Erheben, Verarbeiten und Nutzen von
1. medizinischen Daten, soweit sie für die Notfallversorgung erforderlich sind,
2. Befunden, Diagnosen, Therapieempfehlungen sowie Behandlungsberichten in elektronischer und maschinell verwertbarer Form für eine einrichtungsübergreifende, fallbezogene Kooperation (elektronischer Arztbrief),
3. Daten des Medikationsplans nach § 31 a einschließlich Daten zur Prüfung der Arzneimitteltherapiesicherheit,
4. Daten über Befunde, Diagnosen, Therapiemaßnahmen, Behandlungsberichte sowie Impfungen für eine fall- und einrichtungsübergreifende Dokumentation über den Patienten (elektronische Patientenakte),
5. durch von Versicherten selbst oder für sie zur Verfügung gestellte Daten,
6. Daten über in Anspruch genommene Leistungen und deren vorläufige Kosten für die Versicherten (§ 305 Abs. 2),
7. Erklärungen der Versicherten zur Organ- und Gewebespende,
8. Hinweisen der Versicherten auf das Vorhandensein und den Aufbewahrungsort von Erklärungen zur Organ- und Gewebespende sowie
9. Hinweisen der Versicherten auf das Vorhandensein und den Aufbewahrungsort von Vorsorgevollmachten oder Patientenverfügungen nach § 1901 a des Bürgerlichen Gesetzbuchs;

die Verarbeitung und Nutzung von Daten nach Nummer 1 muss auch auf der Karte ohne Netzzugang möglich sein. ²Die Authentizität der Erklärungen nach Satz 1 Nummer 7 muss sichergestellt sein. ³Spätestens bei der Versendung der Karte hat die Krankenkasse die Versicherten umfassend und in allgemein verständlicher Form über deren Funktionsweise, einschließlich der Art der auf ihr oder durch sie zu erhebenden, zu verarbeitenden oder zu nutzenden personenbezogenen Daten zu informieren. ⁴Zugriffsberechtigte nach Absatz 4 Satz 1 und Absatz 5 a Satz 1 dürfen mit dem Erheben, Verarbeiten und Nutzen von Daten der Versicherten nach Satz 1 erst beginnen, wenn die Versicherten gegenüber einem zugriffsberechtigten Arzt, Zahnarzt, Psychotherapeuten oder Apotheker dazu ihre Einwilligung erklärt haben. ⁵Die Einwilligung ist bei erster Verwendung der Karte vom Leistungserbringer oder unter dessen Aufsicht von einer Person, die bei dem Leistungserbringer oder in einem Krankenhaus als berufsmäßiger Gehilfe oder zur Vorbereitung auf den Beruf tätig ist auf der Karte zu dokumentieren; die Einwilligung ist jederzeit widerruflich und kann auf einzelne Anwendungen nach diesem Absatz beschränkt werden. ⁶Satz 4 gilt nicht, wenn Versicherte mit dem Erheben, Verarbeiten und Nutzen von Daten nach Satz 1 ohne die Unterstützung von Zugriffsberechtigten nach Absatz 4 Satz 1 und Absatz 5 a Satz 1 begonnen haben. ⁷§ 6 c des Bundesdatenschutzgesetzes findet Anwendung.

(4) Zum Zwecke des Erhebens, Verarbeitens oder Nutzens mittels der elektronischen Gesundheitskarte dürfen, soweit es zur Versorgung der Versicherten erforderlich ist, auf Daten
1. nach Absatz 2 Satz 1 Nr. 1 ausschließlich
    a) Ärzte,
    b) Zahnärzte,
    c) Apotheker, Apothekerassistenten, Pharmazieingenieure, Apothekenassistenten,
    d) Personen, die
        aa) bei den unter Buchstabe a bis c Genannten oder
        bb) in einem Krankenhaus
    als berufsmäßige Gehilfen oder zur Vorbereitung auf den Beruf tätig sind, soweit dies im Rahmen der von ihnen zulässigerweise zu erledigenden Tätigkeiten erforderlich ist und der Zugriff unter Aufsicht der in Buchstabe a bis c Genannten erfolgt,
    e) sonstige Erbringer ärztlich verordneter Leistungen,
2. nach Absatz 3 Satz 1 Nr. 1 bis 5 ausschließlich
    a) Ärzte,
    b) Zahnärzte,
    c) Apotheker, Apothekerassistenten, Pharmazieingenieure, Apothekenassistenten,
    d) Personen, die
        aa) bei den unter Buchstabe a bis c Genannten oder
        bb) in einem Krankenhaus
    als berufsmäßige Gehilfen oder zur Vorbereitung auf den Beruf tätig sind, soweit dies im Rahmen der von ihnen zulässigerweise zu erledigenden Tätigkeiten erforderlich ist und der Zugriff unter Aufsicht der in Buchstabe a bis c Genannten erfolgt,
    e) nach Absatz 3 Satz 1 Nr. 1, beschränkt auf den lesenden Zugriff, auch Angehörige eines anderen Heilberufs, der für die Berufsausübung oder die Führung der Berufsbezeichnung eine staatlich geregelte Ausbildung erfordert,
    f) Psychotherapeuten

zugreifen. Die Versicherten haben das Recht, auf die Daten nach Absatz 2 Satz 1 und Absatz 3 Satz 1 zuzugreifen.

(5) ¹Das Erheben, Verarbeiten und Nutzen von Daten mittels der elektronischen Gesundheitskarte in den Fällen des Absatzes 3 Satz 1 ist nur mit dem Einverständnis der Versicherten zulässig. ²Durch technische Vorkehrungen ist zu gewährleisten, dass in den Fällen des Absatzes 3 Satz 1 Nr. 2 bis 6 der Zugriff vorbehaltlich Satz 4 nur durch Autorisierung der Versicherten möglich ist. ³Soweit es zur Notfallversorgung erforderlich ist, ist der Zugriff auf Daten nach Absatz 3 Satz 1 Nummer 1 ohne eine Autorisierung der Versicherten zulässig; ansonsten ist der Zugriff auf Daten nach Absatz 3 Satz 1 Nummer 1 zulässig, soweit er zur Versorgung der Versicherten erforderlich ist und wenn nachprüfbar protokolliert wird, dass der Zugriff mit Einverständnis der Versicherten erfolgt. ⁴Bei Daten nach Absatz 3 Satz 1 Nummer 3 können die Versicherten auf das Erfordernis der Zugriffsautorisierung nach Satz 2 verzichten. ⁵Der Zugriff auf Daten sowohl nach Absatz 2 Satz 1 Nr. 1 als auch nach Absatz 3 Satz 1 Nummer 1 bis 6 mittels der elektronischen Gesundheitskarte darf nur in Verbindung mit einem elektronischen Heilberufsausweis, im Falle des Absatzes 2 Satz 1 Nr. 1 auch in Verbindung mit einem entsprechenden Berufsausweis, erfolgen, die jeweils über eine Möglichkeit zur sicheren Authentifizierung und über eine qualifizierte elektronische Signatur verfügen. ⁶Zugriffsberechtigte Personen nach Absatz 4 Satz 1 Nr. 1 Buchstabe d und e sowie Nr. 2 Buchstabe d und e, die über keinen elektronischen Heilberufsausweis oder entsprechenden Berufsausweis verfügen, können auf die entsprechenden Daten zugreifen, wenn sie hierfür von Personen autorisiert sind, die über einen elektronischen Heilberufsausweis oder entsprechenden Berufsausweis verfügen, und wenn nachprüfbar elektronisch protokolliert wird, wer auf die Daten zugegriffen hat und von welcher Person die zugreifende Person autorisiert

wurde. ⁷Der Zugriff auf Daten nach Absatz 2 Satz 1 Nr. 1 mittels der elektronischen Gesundheitskarte kann abweichend von den Sätzen 5 und 6 auch erfolgen, wenn die Versicherten den jeweiligen Zugriff durch ein geeignetes technisches Verfahren autorisieren. ⁸Abweichend von Satz 5 können die Versicherten auf Daten nach Absatz 3 Satz 1 Nummer 5 auch zugreifen, wenn sie sich für den Zugriff durch ein geeignetes technisches Verfahren authentifizieren. ⁹Auf Wunsch des Versicherten haben Zugriffsberechtigte nach Absatz 4 bei Erhebung, Verarbeitung oder Nutzung der mittels der elektronischen Gesundheitskarte gespeicherten Daten nach Absatz 3 Satz 1 sowie der Daten nach § 291 f diese dem Versicherten als Daten nach Absatz 3 Satz 1 Nummer 5 zur Verfügung zu stellen; die Zugriffsberechtigten haben die Versicherten über diese Möglichkeit zu informieren.

(5 a) ¹Zum Zwecke des Erhebens, Verarbeitens oder Nutzens mittels der elektronischen Gesundheitskarte dürfen, soweit es zur Versorgung erforderlich ist, auf Daten nach Absatz 3 Satz 1 Nummer 7 bis 9 ausschließlich

1. Ärzte,
2. Personen, die
    a) bei Ärzten oder
    b) in einem Krankenhaus

    als berufsmäßige Gehilfen oder zur Vorbereitung auf den Beruf tätig sind, soweit dies im Rahmen der von ihnen zulässigerweise zu erledigenden Tätigkeiten erforderlich ist und der Zugriff unter Aufsicht eines Arztes erfolgt,

in Verbindung mit einem elektronischen Heilberufsausweis, der über eine Möglichkeit zur sicheren Authentifizierung und über eine qualifizierte elektronische Signatur verfügt, zugreifen; Absatz 5 Satz 1 und 6 gilt entsprechend. ²Ohne Einverständnis der betroffenen Person dürfen Zugriffsberechtigte nach Satz 1 auf Daten

1. nach Absatz 3 Satz 1 Nummer 7 und 8 nur zugreifen, nachdem der Tod nach § 3 Absatz 1 Satz 1 Nummer 2 des Transplantationsgesetzes festgestellt wurde und der Zugriff zur Klärung erforderlich ist, ob die verstorbene Person in die Entnahme von Organen oder Gewebe eingewilligt hat,
2. nach Absatz 3 Satz 1 Nummer 9 nur zugreifen, wenn eine ärztlich indizierte Maßnahme unmittelbar bevorsteht und die betroffene Person nicht fähig ist, in die Maßnahme einzuwilligen.

³Zum Speichern, Verändern, Sperren oder Löschen von Daten nach Absatz 3 Satz 1 Nummer 7 durch Zugriffsberechtigte nach Satz 1 ist eine technische Autorisierung durch die Versicherten für den Zugriff erforderlich. ⁴Versicherte können auf Daten nach Absatz 3 Satz 1 Nummer 7 bis 9 zugreifen, wenn sie sich für den Zugriff durch ein geeignetes technisches Verfahren authentifizieren. ⁵Sobald die technische Infrastruktur für das Erheben, Verarbeiten und Nutzen von Daten nach Absatz 3 Satz 1 Nummer 7 bis 9 flächendeckend zur Verfügung steht, haben die Krankenkassen die Versicherten umfassend über die Möglichkeiten der Wahrnehmung ihrer Zugriffsrechte zu informieren sowie allein oder in Kooperation mit anderen Krankenkassen für ihre Versicherten technische Einrichtungen zur Wahrnehmung ihrer Zugriffsrechte nach Satz 4 flächendeckend zur Verfügung zu stellen. ⁶Der Spitzenverband Bund der Krankenkassen hat über die Ausstattung jährlich einen Bericht nach den Vorgaben des Bundesministeriums für Gesundheit zu erstellen und ihm diesen erstmals zum 31. Januar 2016 vorzulegen.

(5 b) ¹Die Gesellschaft für Telematik hat Verfahren zur Unterstützung der Versicherten bei der Verwaltung von Daten nach Absatz 3 Satz 1 Nummer 7 bis 9 zu entwickeln und hierbei auch die Möglichkeit zu schaffen, dass Versicherte für die Dokumentation der Erklärung auf der elektronischen Gesundheitskarte die Unterstützung der Krankenkasse in Anspruch nehmen können. ²Bei diesen für die Versicherten freiwilligen Verfahren sind Rückmeldeverfahren der Versicherten über die Krankenkassen mit einzubeziehen, bei denen die Krankenkassen mit Zustimmung der Versicherten Daten nach Absatz 3 Satz 1 Nummer 7 und 8 speichern und löschen können. ³Über das Ergebnis der Entwicklung legt die Gesellschaft für Telematik dem Deutschen Bundestag über das Bundesministerium für Gesundheit spätestens bis zum 30. Juni 2013 einen Bericht vor. ⁴Anderenfalls kann das Bundesministerium für Gesundheit Verfahren nach den Sätzen 1 und 2 im Rahmen eines Forschungs- und Entwicklungsvorhabens entwickeln lassen, dessen Kosten von der Gesellschaft für Telematik zu erstatten sind. ⁵In diesem Fall unterrichtet das Bundesministerium für Gesundheit den Deutschen Bundestag über das Ergebnis der Entwicklung.

(5 c) ¹Die Gesellschaft für Telematik hat bis zum 31. Dezember 2018 die erforderlichen Voraussetzungen dafür zu schaffen, dass Daten über den Patienten in einer elektronischen Patientenakte nach Absatz 3 Satz 1 Nummer 4 bereitgestellt werden können. ²Die technischen und organisatorischen Verfahren hierfür müssen geeignet sein, Daten nach Absatz 3 Satz 1 Nummer 1 bis 3 sowie Daten nach

§ 291 f für eine fall- und einrichtungsübergreifende Dokumentation verfügbar zu machen. ³Sie sollen geeignet sein, weitere medizinische Daten des Versicherten verfügbar zu machen.

(5 d) ¹Die Länder bestimmen entsprechend dem Stand des Aufbaus der Telematikinfrastruktur
1. die Stellen, die für die Ausgabe elektronischer Heilberufs- und Berufsausweise zuständig sind, und
2. die Stellen, die bestätigen, dass eine Person
   a) befugt ist, einen der von Absatz 4 Satz 1 erfassten Berufe im Geltungsbereich dieses Gesetzes auszuüben oder, sofern für einen der in Absatz 4 Satz 1 erfassten Berufe lediglich die Führung der Berufsbezeichnung geschützt ist, die Berufsbezeichnung zu führen oder
   b) zu den sonstigen Zugriffsberechtigten nach Absatz 4 gehört.

²Die Länder können zur Wahrnehmung der Aufgaben nach Satz 1 gemeinsame Stellen bestimmen. ³Die nach Satz 1 Nummer 2 oder nach Satz 2 jeweils zuständige Stelle hat der nach Satz 1 Nummer 1 zuständigen Stelle die für die Ausgabe elektronischer Heilberufs- und Berufsausweise erforderlichen Daten auf Anforderung zu übermitteln. ⁴Entfällt die Befugnis zur Ausübung des Berufs, zur Führung der Berufsbezeichnung oder sonst das Zugriffsrecht nach Absatz 4, hat die jeweilige Stelle nach Satz 1 Nr. 2 oder Satz 2 die herausgebende Stelle in Kenntnis zu setzen; diese hat unverzüglich die Sperrung der Authentifizierungsfunktion des elektronischen Heilberufs- oder Berufsausweises zu veranlassen.

(6) ¹Daten nach Absatz 2 Satz 1 Nr. 1 und Absatz 3 Satz 1 müssen auf Verlangen der Versicherten gelöscht werden; die Verarbeitung und Nutzung von Daten nach Absatz 2 Satz 1 Nr. 1 für Zwecke der Abrechnung bleiben davon unberührt. ²Daten nach Absatz 2 Satz 1 Nummer 1 und Absatz 3 Satz 1 Nummer 5 und 7 bis 9 können Versicherte auch eigenständig löschen. ³Durch technische Vorkehrungen ist zu gewährleisten, dass mindestens die letzten 50 Zugriffe auf die Daten nach Absatz 2 oder Absatz 3 für Zwecke der Datenschutzkontrolle protokolliert werden. ⁴Eine Verwendung der Protokolldaten für andere Zwecke ist unzulässig. ⁵Die Protokolldaten sind durch geeignete Vorkehrungen gegen zweckfremde Verwendung und sonstigen Missbrauch zu schützen.

(7) ¹Der Spitzenverband Bund der Krankenkassen, die Kassenärztliche Bundesvereinigung, die Kassenzahnärztliche Bundesvereinigung, die Bundesärztekammer, die Bundeszahnärztekammer, die Deutsche Krankenhausgesellschaft sowie die für die Wahrnehmung der wirtschaftlichen Interessen gebildete maßgebliche Spitzenorganisation der Apotheker auf Bundesebene schaffen die insbesondere für die Nutzung der elektronischen Gesundheitskarte und ihrer Anwendungen erforderliche interoperable und kompatible Informations-, Kommunikations- und Sicherheitsinfrastruktur (Telematikinfrastruktur). ²Sie nehmen diese Aufgabe durch eine Gesellschaft für Telematik nach Maßgabe des § 291 b wahr, die die Regelungen zur Telematikinfrastruktur trifft sowie deren Aufbau und Betrieb übernimmt. ³Über Anwendungen der elektronischen Gesundheitskarte hinaus kann die Telematikinfrastruktur für weitere elektronische Anwendungen des Gesundheitswesens sowie für die Gesundheitsforschung verwendet werden, wenn
1. die Wirksamkeit der Maßnahmen zur Gewährleistung von Datenschutz und Datensicherheit sowie die Verfügbarkeit und Nutzbarkeit der Telematikinfrastruktur nicht beeinträchtigt werden,
2. im Falle des Erhebens, Verarbeitens und Nutzens personenbezogener Daten die dafür geltenden Vorschriften zum Datenschutz eingehalten und die erforderlichen technischen Maßnahmen getroffen werden, um die Anforderungen an die Sicherheit der Anwendung im Hinblick auf die Schutzbedürftigkeit der Daten zu gewährleisten, und
3. bei den dafür erforderlichen technischen Systemen und Verfahren Barrierefreiheit für den Versicherten gewährleistet ist.

⁴Vereinbarungen und Richtlinien zur elektronischen Datenübermittlung nach diesem Buch müssen, soweit sie die Telematikinfrastruktur berühren, mit deren Regelungen vereinbar sein. ⁵Die in Satz 1 genannten Spitzenorganisationen treffen eine Vereinbarung zur Finanzierung
1. der erforderlichen erstmaligen Ausstattungskosten, die den Leistungserbringern in der Festlegungs-, Erprobungs- und Einführungsphase der Telematikinfrastruktur sowie
2. der Kosten, die den Leistungserbringern im laufenden Betrieb der Telematikinfrastruktur, einschließlich der Aufteilung dieser Kosten auf die in den Absätzen 7 a und 7 b genannten Leistungssektoren, entstehen.

⁶Zur Finanzierung der Gesellschaft für Telematik zahlt der Spitzenverband Bund der Krankenkassen an die Gesellschaft für Telematik jährlich einen Betrag in Höhe von 1,00 Euro je Mitglied der gesetzlichen Krankenversicherung; die Zahlungen sind quartalsweise, spätestens drei Wochen vor Beginn des jeweiligen Quartals, zu leisten. ⁷Die Höhe des Betrages kann das Bundesministerium für Gesundheit entsprechend dem Mittelbedarf der Gesellschaft für Telematik und unter Beachtung des Gebotes der

Wirtschaftlichkeit durch Rechtsverordnung ohne Zustimmung des Bundesrates anpassen. ⁸Die Kosten der Sätze 5 und 6 zählen nicht zu den Ausgaben nach § 4 Abs. 4 Satz 2 und 6.

(7 a) ¹Die bei den Krankenhäusern entstehenden Investitions- und Betriebskosten nach Absatz 7 Satz 5 Nummer 1 und 2 werden durch einen Zuschlag finanziert (Telematikzuschlag). ²Der Zuschlag nach Satz 1 wird in der Rechnung des Krankenhauses jeweils gesondert ausgewiesen; er geht nicht in den Gesamtbetrag oder die Erlösausgleiche nach dem Krankenhausentgeltgesetz oder der Bundespflegesatzverordnung ein. ³Das Nähere zur Höhe und Erhebung des Zuschlags nach Satz 1 regelt der Spitzenverband Bund der Krankenkassen gemeinsam mit der Deutschen Krankenhausgesellschaft in einer gesonderten Vereinbarung. ⁴Kommt eine Vereinbarung nicht innerhalb einer vom Bundesministerium für Gesundheit gesetzten Frist oder, in den folgenden Jahren, jeweils bis zum 30. Juni zu Stande, legt die Schiedsstelle nach § 18a Absatz 6 des Krankenhausfinanzierungsgesetzes auf Antrag einer Vertragspartei oder des Bundesministeriums für Gesundheit mit Wirkung für die Vertragsparteien innerhalb einer Frist von zwei Monaten den Vereinbarungsinhalt fest. ⁵Die Klage gegen die Festsetzung der Schiedsstelle hat keine aufschiebende Wirkung. ⁶Für die Finanzierung der Investitions- und Betriebskosten nach Absatz 7 Satz 5, die bei Leistungserbringern nach § 115b Absatz 2 Satz 1, § 116b Absatz 2 Satz 1 und § 120 Absatz 2 Satz 1 sowie bei Notfallambulanzen in Krankenhäusern, die Leistungen für die Versorgung im Notfall erbringen, entstehen, finden die Sätze 1 und 2 erster Halbsatz sowie die Sätze 3 und 4 entsprechend Anwendung.

(7 b) ¹Zum Ausgleich der Kosten nach Absatz 7 Satz 5 erhalten die in diesem Absatz genannten Leistungserbringer nutzungsbezogene Zuschläge von den Krankenkassen. ²Das Nähere zu den Regelungen der Vereinbarung nach Absatz 7 Satz 5 für die an der vertragsärztlichen Versorgung teilnehmenden Ärzte, Zahnärzte, Psychotherapeuten sowie medizinischen Versorgungszentren vereinbaren der Spitzenverband Bund der Krankenkassen und die Kassenärztlichen Bundesvereinigungen in den Bundesmantelverträgen. ³Bis zum 30. September 2017 vereinbaren die Vertragspartner nach Satz 2 mit Wirkung ab dem 1. Januar 2018 nutzungsbezogene Zuschläge für die Nutzung von Daten nach Absatz 3 Satz 1 Nummer 1 und für die Nutzung von Daten nach Absatz 3 Satz 1 Nummer 3. ⁴Das Nähere zu den Regelungen der Vereinbarung nach Absatz 7 Satz 5 für die Arzneimittelversorgung vereinbaren der Spitzenverband Bund der Krankenkassen und die für die Wahrnehmung der wirtschaftlichen Interessen gebildete maßgebliche Spitzenorganisation der Apotheker auf Bundesebene im Rahmenvertrag nach § 129 Abs. 2; die nutzungsbezogenen Zuschläge für die Nutzung von Daten nach Absatz 3 Satz 1 Nummer 3 sind bis zum 30. September 2017 mit Wirkung ab dem 1. Januar 2018 zu vereinbaren. ⁵Kommt eine Vereinbarung nach Satz 2 nicht innerhalb einer vom Bundesministerium für Gesundheit gesetzten Frist zustande oder kommt eine Vereinbarung nach Satz 3 nicht bis zum 30. September 2017 zustande, legt das jeweils zuständige Schiedsamt nach § 89 Absatz 4 auf Antrag einer Vertragspartei oder des Bundesministeriums für Gesundheit mit Wirkung für die Vertragsparteien innerhalb einer Frist von zwei Monaten den Vereinbarungsinhalt fest. ⁶Kommt eine Vereinbarung nach Satz 4 erster Halbsatz nicht innerhalb einer vom Bundesministerium für Gesundheit gesetzten Frist zustande oder kommt eine Vereinbarung nach Satz 4 zweiter Halbsatz nicht bis zum 30. September 2017 zustande, legt die Schiedsstelle nach § 129 Absatz 8 auf Antrag einer Vertragspartei oder des Bundesministeriums für Gesundheit innerhalb einer Frist von zwei Monaten den Vereinbarungsinhalt fest. ⁷In den Fällen der Sätze 5 und 6 ist Absatz 7 a Satz 5 entsprechend anzuwenden.

(7 c) ¹Kommt eine Vereinbarung zu den Kosten nach Absatz 7 Satz 4 Nr. 1 nicht innerhalb einer vom Bundesministerium für Gesundheit gesetzten Frist zu Stande oder wird sie gekündigt, entrichten die Gesellschafter der Gesellschaft für Telematik den Finanzierungsbeitrag für die Kosten nach Absatz 7 Satz 4 Nr. 1 gemäß ihrem jeweiligen Geschäftsanteil und nach Aufforderung durch die Geschäftsführung der Gesellschaft; die Spitzenverbände der Krankenkassen erstatten den Finanzierungsbeitrag unmittelbar den Spitzenorganisationen, soweit die nachfolgenden Vorschriften keine andere Regelung enthalten. ²Im Krankenhausbereich erfolgt die Erstattung des Finanzierungsbeitrages über einen Zuschlag entsprechend Absatz 7 a Satz 1 durch vertragliche Vereinbarung der Spitzenverbände der Krankenkassen mit der Deutschen Krankenhausgesellschaft. ³Kommt eine Vereinbarung nicht innerhalb einer vom Bundesministerium für Gesundheit gesetzten Frist oder, in den folgenden Jahren, jeweils bis zum 30. Juni zu Stande, entscheidet die Schiedsstelle nach § 18a Abs. 6 des Krankenhausfinanzierungsgesetzes auf Antrag einer Vertragspartei innerhalb einer Frist von zwei Monaten. ⁴Im Bereich der vertragsärztlichen Versorgung gilt für die Erstattung des Finanzierungsbeitrages Absatz 7 b Satz 1, 2 und 4 entsprechend, im Bereich der Arzneimittelversorgung gilt Absatz 7 b Satz 1, 3 und 5 entsprechend.

(7 d) ¹Kommt eine Vereinbarung zu den Kosten nach Absatz 7 Satz 5 Nummer 1 nicht innerhalb einer vom Bundesministerium für Gesundheit gesetzten Frist als Grundlage der Vereinbarungen nach Absatz 7 a Satz 3 und 5 sowie Absatz 7 b Satz 2 bis 4 zu Stande, trifft der Spitzenverband Bund der Krankenkassen Vereinbarungen zur Finanzierung der den jeweiligen Leistungserbringern entstehenden Kosten nach Absatz 7 Satz 5 Nummer 1 jeweils mit der Deutschen Krankenhausgesellschaft, den Kassenärztlichen Bundesvereinigungen und der für die Wahrnehmung der wirtschaftlichen Interessen gebildeten maßgeblichen Spitzenorganisation der Apotheker auf Bundesebene. ²Soweit diese Vereinbarungen nicht zu Stande kommen, entscheidet bei Nichteinigung mit der Deutschen Krankenhausgesellschaft die Schiedsstelle nach § 18 a Abs. 6 des Krankenhausfinanzierungsgesetzes, bei Nichteinigung mit den Kassenärztlichen Bundesvereinigungen das jeweils zuständige Schiedsamt nach § 89 Abs. 4 und bei Nichteinigung mit der für die Wahrnehmung der wirtschaftlichen Interessen gebildeten maßgeblichen Spitzenorganisation der Apotheker auf Bundesebene die Schiedsstelle nach § 129 Abs. 8 jeweils auf Antrag einer Vertragspartei innerhalb einer Frist von zwei Monaten.

(7 e) ¹Kommt eine Vereinbarung zu den Kosten nach Absatz 7 Satz 5 Nummer 2 nicht innerhalb einer vom Bundesministerium für Gesundheit gesetzten Frist als Grundlage der Vereinbarungen nach Absatz 7 a Satz 3 und 5, Absatz 7 b Satz 2 bis 4 zu Stande, bilden die Spitzenorganisationen nach Absatz 7 Satz 1 eine gemeinsame Kommission aus Sachverständigen. ²Die Kommission ist innerhalb einer Woche nach Ablauf der Frist nach Satz 1 zu bilden. ³Sie besteht aus jeweils zwei Mitgliedern, die von den Spitzenorganisationen der Leistungserbringer und von dem Spitzenverband Bund der Krankenkassen berufen werden sowie einer oder einem unparteiischen Vorsitzenden, über die oder den sich die Spitzenorganisationen nach Absatz 7 Satz 1 gemeinsam verständigen. ⁴Kommt es innerhalb der Frist nach Satz 2 nicht zu einer Einigung über den Vorsitz oder die Berufung der weiteren Mitglieder, beruft das Bundesministerium für Gesundheit die Vorsitzende oder den Vorsitzenden und die weiteren Sachverständigen. ⁵Die Kosten der Kommission sind aus den Finanzmitteln der Gesellschaft für Telematik zu begleichen. ⁶Die Kommission gibt innerhalb von drei Monaten eine Empfehlung zur Aufteilung der Kosten, die den einzelnen Leistungssektoren nach den Absätzen 7 a und 7 b im laufenden Betrieb der Telematikinfrastruktur entstehen. ⁷Die Empfehlung der Kommission ist innerhalb eines Monats in der Vereinbarung nach Absatz 7 Satz 5 Nummer 2 zu berücksichtigen. ⁸Das Bundesministerium für Gesundheit wird ermächtigt, durch Rechtsverordnung ohne Zustimmung des Bundesrates die Aufteilung der Kosten, die den einzelnen Leistungssektoren nach den Absätzen 7 a und 7 b im laufenden Betrieb der Telematikinfrastruktur entstehen, als Grundlage der Vereinbarungen nach den Absätzen 7 a und 7 b festzulegen, sofern die Empfehlung der Kommission nicht berücksichtigt wird.

(8) ¹Vom Inhaber der Karte darf nicht verlangt werden, den Zugriff auf Daten nach Absatz 2 Satz 1 Nr. 1 oder Absatz 3 Satz 1 anderen als den in Absatz 4 Satz 1 und Absatz 5 a Satz 1 genannten Personen oder zu anderen Zwecken als denen der Versorgung der Versicherten, einschließlich der Abrechnung der zum Zwecke der Versorgung erbrachten Leistungen, zu gestatten; mit ihnen darf nicht vereinbart werden, Derartiges zu gestatten. ²Sie dürfen nicht bevorzugt oder benachteiligt werden, weil sie einen Zugriff bewirkt oder verweigert haben.

Literatur:

Bales, Die Einführung der elektronischen Gesundheitskarte in Deutschland, Bundesgesundheitsblatt 2005, 727; *Bales/Dierks/Holland/Müller*, Die elektronische Gesundheitskarte, Rechtskommentar, Standpunkte und Erläuterungen für die Praxis, 2007; *Bales/von Schwanenflügel*, Die elektronische Gesundheitskarte, NJW 2012, 2475; *Bales/Holland/Pellens*, Zulassungsentscheidungen der gematik – Rechtsanspruch, Rechtsnatur, Rechtsschutz, GesR 2008, 9; *Brand*, Pilotprojekt mit Physiotherapeuten, DÄBl. 2013, A 1941; *Binne/Rixen*, Sozialdatenschutz, in: Maydell/Ruland/Becker, Sozialrechtshandbuch, 5. Auflage 2012; *Borchers*, Die Einführung der elektronischen Gesundheitskarte in das deutsche Gesundheitswesen, 2008; *Buchner*, Datenschutz und Datensicherheit in der digitalisierten Medizin, MedR 2016, 660; *Caumanns*, Datenschutz und Datennutz bei elektronischen Patientenakten, DuD 2013, 137; *Dierks*, Gesundheits-Telematik – Rechtliche Antworten, DuD 2006, 142; *Dierks/Nitz/Grau*, Gesundheitstelematik und Recht – Rechtliche Rahmenbedingungen und legislativer Anpassungsbedarf, 2003; *Elmer*, Der OnlineRollout nimmt Fahrt auf, ersatzkasse magazin 2013, 30; *Fox*, Elektronische Gesundheitskarte, DuD 2010, 844; *Förster*, E-Rezept und Arzneimitteldokumentation als zentrale Anwendungen der Gesundheitskarte, A & R 2006, 268; *Goetz*, eHealth: Welchen Nutzen erwartet der Bürger?, DuD 2010, 811; *Goetz*, Gesundheitstelematik zwischen konventioneller Wahrnehmung und neuen Herausforderungen, DuD 2011, 847; *Goetz*, Zukunftsaufgabe Gesundheitstelematik, DuD 2013, 164; *Göres*, Die elektronische Gesundheitskarte: neue Optionen bei größtmöglicher Sicherheit, BKK 2008, 329; *Hanika*, Bismarck goes online, MedR 2004, 149; *Hartge*, Auf dem langen Weg zur eGK, BKK 2011, 332; *Hornung*, Datenschutz bei Chipkarten, Die Anwendung des § 6 c BDSG auf Signatur- und Biometriekarten, DuD 2004, 15; *Hornung*, Die digitale Identität, 2005; *Hornung/Roßnagel*, Forschung a la Card? Grenzen und Vorschläge für eine Nutzung der elektronischen Gesundheitskarte zur medizinischen Forschung, MedR 2008, 538; *Huneke/Hanzelmann*, Transsektoraler Datentransfer: Fallstricke und Lösungsansätze, RDG 2009, 256; *Jäckel*, Telemedizinführer Deutschland, 2008; *Karl*, Rechtsfragen grenzüberschreitender telematischer Diagnostik, MedR 2016, 675; *Koch/Marx/Elmer*, Informationelle Selbstbestimmung und Patientensouveränität in einem vernetzten Gesundheitswesen, DuD 2013, 131; *Krahmer*, Sozialdatenschutz nach dem SGB I und X, Kommentar, 3. Auflage 2011; *Kruse/Kruse*, Die elektronische Gesundheitskarte und ihre Anwendungen, WzS 2006, 129; *Lücking*, Daten, Datenschutz und Datentransparenz, in Sodan, Handbuch des Krankenversicherungsrechts, 2010; *Meister*, Elektronische Heilberufsausweise – Herausgabe und Nutzung im Krankenhaus, KH 2006, 674; *Meister/Beck*, Neuausrichtung des Projekts elektronische Gesundheitskarte, KH 2010, 1039; *Menzel*, Informationelle Selbstbestimmung in Projekten der Gesundheits-Telematik, DuD 2006, 148; *Osterloh*, Telematikinfrastruktur: Testbeginn in einem Jahr, DÄBl. 2013, A 1778; *Paland*, Werkzeug für eine verbesserte Gesundheitsversorgung, BKK 2006, 22; *Paland/Holland*, Das Gesetz für sichere digitale Kommunikation und Anwendungen im Gesundheitswesen, NZS 2016, 247; *Piontek*, Psychologiken im Umfeld der elektronischen Gesundheitskarte, DuD 2013, 160; *Pitschas*, Regulierung des Gesundheitssektors durch Telematikinfrastruktur – die elektronische Gesundheitskarte, NZS 2009, 177; *Reimer/Artmann/Stroetmann*, Rechtliche Aspekte der Nutzung von elektronischen Gesundheitsdaten, DuD 2013, 154; *Schütz*, Wider das Vergessen: Wettbewerbsrichtlinie verhindert E-Health-Monopol Innovation & Konvergenz, MMR 2009, 666; *Spidla*, Die europäische Krankenversichertenkarte, BKK 2006, 35; *Weichert*, Datenschutzrechtliche Anforderungen an Chipkarte, DuD 1997, 266; *Weichert*, Die elektronische Gesundheitskarte, DuD 2004, 391; *Weichert*, Vertrauen in die Vertraulichkeit bei der elektronischen Gesundheitskarte, GesR 2005, 151; *Zöpfgen*, Die elektronische Gesundheitskarte tanzt den Echternacher Pilgerschritt, Kompass 2013, 3.

I. Entstehungsgeschichte	1
II. Europarechtlicher Kontext	2
III. Normzweck und Regelungsgehalt	3
IV. Einführung und Zwecke der Elektronischen Gesundheitskarte (Abs. 1)	4
V. Einsatz in der Privaten Krankenversicherung und Sozialeinrichtungen (Abs. 1 a)	6
VI. Pflichtanwendungen und Transparenzgebot (Abs. 2)	7
1. Verpflichtende Angaben für die eGK (Abs. 2 S. 1)	8
2. Transparenzgebot (Abs. 2 S. 2)	10
VII. Freiwillige Anwendungen der Karte nach Einwilligung der Versicherten (Abs. 3)	11
1. Anwendungen (Abs. 3 S. 1 Nr. 1–9)	11
2. Einwilligung und Informationspflichten	12
VIII. Berechtigter Personenkreis (Abs. 4)	14
IX. Schutzvorkehrungen für den konkreten Zugriff, Zugriffsberechtigung für Abs. 3 Nr. 7–9 und Zuständigkeitsvorgaben (Abs. 5 bis 5 d)	15
1. Überblick	15
2. Einverständnis und Autorisierung des Zugriffs durch den Versicherten (Abs. 5 S. 1 und 2)	16
3. Weitere Sicherungsmaßnahmen in den Fällen von Abs. 3 Nr. 1–6 (Abs. 5 S. 5–9)	17
4. Zugriffsberechtigung und Sicherungsmaßnahmen in den Fällen des Abs. 3 Nr. 7–9 (Abs. 5 a)	18
5. Entwicklungsaufgaben für die Gesellschaft für Telematik (Abs. 5 b, 5 c)	19
6. Zuständigkeit für Heilberufs- und Berufsausweise und die Bestätigung von sonstigen Zugriffsberechtigungen (Abs. 5 d)	20
X. Löschung von Daten, Zugriffsprotokolle und Missbrauchsschutz (Abs. 6)	21
XI. Aufbau der Telematikinfrastruktur und Finanzierung (Abs. 7, Abs. 7 a bis 7 e)	23
1. Aufbau der Telematikinfrastruktur als Aufgabe der Gesellschaft für Telematik	23
2. Finanzierung	24
XII. Absicherung der Zugriffsberechtigung und Neutralitätsgebot (Abs. 8)	29

I. Entstehungsgeschichte

1 § 291 a wurde durch Art. 1 Nr. 162 des GMG[1] mit Wirkung zum 1.1.2004 in das SGB V eingeführt. Durch Art. 4 Nr. 18 des Verwaltungsvereinfachungsgesetzes[2] wurde der Kreis der Zugriffsberechtigungen erweitert und Abs. 3 geändert (gültig ab 30.3.2005). Weitere Änderungen (ua Streichungen in Abs. 3, Einfügung von Abs. 5 a, 7 a, 7 b, 7 c, 7 d, 7 e und eines Abs. 9) erfuhr die Vorschrift durch Art. 1 Nr. 3 des Gesetzes zur Organisationsstruktur der Telematik im Gesundheitswesen[3] mit Wirkung

---

1 BGBl. I 2003, 2190.
2 BGBl. I 2005, 818.
3 BGBl. I 2005, 1720.

zum 28.6.2005. Dabei wurde zudem Abs. 9 mit Wirkung zum 1.1.2007 aufgehoben. Mit Art. 256 Nr. 1 der **Neunten Zuständigkeitsanpassungs-Verordnung**[4] wurden die Bezeichnungen des Ministeriums an die Umorganisation der Bundesministerien mit Wirkung zum 8.11.2006 angepasst. Art. 1 Nr. 195 des **GKV-WSG**[5] erstreckte die eGK durch Einfügung des Abs. 1 a auch auf die private Krankenversicherung und änderte Abs. 7 und Abs. 7 c (gültig ab 1.4.2007). Weitere Modifikationen der Kostenregelungen (Abs. 7 bis 7 e) traten aufgrund des GKV-WSG mit Wirkung zum 1.7.2008 in Kraft. Durch Art. 15 Nr. 12 des **Gesetzes zur Änderung arzneimittelrechtlicher und anderer Vorschriften**[6] wurde Abs. 3 mit Wirkung zum 23.7.2009. ergänzt. An Abs. 7 a wurde S. 6 angefügt, Abs. 7 d und 7 e wurden jeweils in S. 1 um den Bezug auf Abs. 7 a S. 5 erweitert. Durch Art. 1 Nr. 5 b des **Gesetzes zur Änderung krankenversicherungsrechtlicher und anderer Vorschriften**[7] wurden mit Wirkung zum 30.7.2010 in Abs. 7 a und 7 b jeweils ein Antragsrecht des Bundesgesundheitsministeriums für das Schiedsverfahren verankert. In Abs. 7 a wurde S. 5 eingefügt, in Abs. 7 b wurde S. 6 angefügt. Mit Art. 1 Nr. 27 des **GKV-FinG**[8] wurde die Änderung des § 4 Abs. 4 SGB V in der Ausgabendefinition in Abs. 7 S. 7 aufgenommen. Die Pflichtfunktion der Karte gemäß Abs. 2 S. 1 Nr. 2 wurde durch Art. 4 Nr. 13 des **Gesetzes zur Koordinierung der Systeme der sozialen Sicherheit in Europa und zur Änderung anderer Gesetze**[9] mit Wirkung zum 29.6.2011 geändert. Mit Art. 2 Nr. 1 des **Gesetzes zur Regelung der Entscheidungslösung im Transplantationswesen**[10] wurden mit Wirkung zum 1.11.2012 als freiwillige Anwendungen der eGK in Abs. 3 die Nr. 7 bis 9 aufgenommen. Abs. 3 S. 2 und S. 7 wurden eingefügt und S. 4 geändert. Weiterhin wurden Abs. 5 a und Abs. 5 b eingefügt.[11] Abs. 6 wurde um ein eigenständiges Löschungsrecht der Versicherten (S. 2) erweitert. In Abs. 8 S. 1 wurde der Bezug auf Abs. 4 S. 1 und auf Abs. 5 a aufgenommen. Mit Art. 4 Nr. 8 des **PsychEntgG**[12] wurde in Abs. 7 a S. 2 Hs. 2 die Auswirkung des Zuschlags durch Schaffung der Alternative „oder Erlösausgleiche nach dem Krankenhausentgeltgesetz" neu gefasst (gültig ab 1.1.2013). Durch das **E-Health-Gesetz**[13] wurden mit Wirkung zum 29.12.2015 die Überschrift des § 291 a um die „Telematikstruktur" ergänzt, Abs. 1 nach Ablauf der Gültigkeitsdauer der Krankenversichertenkarte und Einführung der eGK zum 1.1.2015 redaktionell angepasst, der Medikationsplan in Abs. 3 Nr. 3 neu aufgenommen und die Möglichkeit des Verzichts auf die Autorisierung des Zugriffs für diese Daten in Abs. 5 S. 3 normiert; weitere Änderungen betreffen insbesondere Abs. 4 S. 1 Nr. 2 lit. e, in dem „in Notfällen" gestrichen und „beschränkt auf den lesenden Zugriff" eingefügt wurde, in Abs. 5 die Regelung des Zugriffs auf medizinische Daten für die Notfallversorgung und Erleichterungen des Zugriffs für Versicherte auf das sog Patientenfach (S. 8) sowie die Aufnahme eines Übermittlungsanspruchs der Versicherten gegenüber den Zugriffsberechtigten nach Abs. 4 für erhobene, verarbeitete oder genutzte Daten nach Abs. 3 S. 1 und nach § 291 f einschließlich einer Informationspflicht über diesen Anspruch für die Zugriffsberechtigten (S. 9); Abs. 5 c wurde neu gefasst; Abs. 5 c aF wurde zu Abs. 5 d nF mit der Ergänzung um einen Übermittlungsanspruch auf Anforderung in S. 3; in Abs. 7 wurde der Einsatzbereich der Telematikinfrastruktur auf weitere elektronische Anwendungen des Gesundheitswesens sowie für die Gesundheitsforschung erweitert.[14]

II. Europarechtlicher Kontext

Die Fortentwicklung der Krankenversichertenkarte zu einer elektronische Gesundheitskarte fügt sich in Bestrebungen auf europäischer Ebene ein, den grenzüberschreitenden Austausch von Gesundheitsdaten durch den Aufbau interoperabler elektronischer Gesundheitsdienste zu fördern. Auf europäi-

2

---

4 BGBl. I 2006, 2407.
5 BGBl. I 2007, 378.
6 BGBl. I 2009, 1990.
7 BGBl. I 2010, 983.
8 BGBl. I 2010, 2309.
9 BGBl. I 2011, 1202.
10 BGBl. I 2012, 1504.
11 Zu den Gründen vgl. BT-Dr. 17/9030, 4 und 17 ff.
12 BGBl. I 2012, 1613.
13 Gesetz für sichere digitale Kommunikation und Anwendungen im Gesundheitswesen sowie zur Änderung weiterer Gesetze vom 21.12.2015, BGBl. I 2015, 2408.
14 Zur Begründung im Einzelnen vgl. BT-Dr. 18/5293, 43 ff. und BT-Dr. 18/6905, 60 und 70 ff.; zu den Änderungen durch das E-Health-Gesetz insgesamt Paland/Holland, NZS 2016, 247 ff. und Seebach, KrV 2016, 96 ff.

scher Ebene finden sich dazu zunehmend Verrechtlichungstendenzen.[15] Seit dem Jahr 2004 hat die Europäische Kommission zunächst Aktionspläne[16] für elektronische Gesundheitsdienste beschlossen und Projekte im Bereich E-Health[17] (zB epSOS)[18] unterstützt. Rechtliche Regelungen für den E-Health-Bereich wurden erstmals mit Art. 14 der Richtlinie 2011/24/EU (sog Patientenmobilitätsrichtlinie)[19] geschaffen, der ein freiwilliges Netzwerk für elektronische Gesundheitsdienste vorsieht. Dadurch sollen die Zusammenarbeit und der Austausch von Informationen zwischen den Mitgliedstaaten erleichtert und unterstützt werden. Eines der Ziele des Netzwerks ist die Erarbeitung von Leitlinien zu einer Liste mit Angaben, die in Patientenakten aufzunehmen sind und von Angehörigen der Gesundheitsberufe gemeinsam genutzt werden können. Weiterhin sollen die Mitgliedstaaten gemeinsame Identifizierungs- und Authentifizierungsmaßnahmen entwickeln, um die Übertragbarkeit von Daten in der grenzüberschreitenden Gesundheitsversorgung zu erleichtern.[20] Die Richtlinie war bis zum 25.10.2013 umzusetzen.

III. Normzweck und Regelungsgehalt

3   Die Vorschrift stellt seit den weitgehenden Umgestaltungen der §§ 291 ff. durch das E-Health-Gesetz (→ Rn. 1) die Ermächtigungsgrundlage für die Verwendung der elektronischen Gesundheitskarte (eGK) für die Bereitstellung personenbezogener medizinischer Behandlungsdaten und für die Schaffung der erforderlichen Telematikinfrastruktur dar.[21] Die eGK soll die Qualität der medizinischen Versorgung der Versicherten verbessern, die Behandlung transparenter machen und „Rationalisierungspotentiale"[22] durch die „weitgehende Umstellung auf elektronische Verarbeitungsprozesse"[23] erschließen. Dabei ist dem Grundrecht auf informationelle Selbstbestimmung der Versicherten (Art. 2 Abs. 1 GG iVm Art. 1 Abs. 1 GG) auf der einen Seite und der Berufsfreiheit der Leistungserbringer (Art. 12 Abs. 1 GG) auf der anderen Seite Rechnung zu tragen.

- Abs. 1 der Vorschrift benennt den Zweck der elektronischen Gesundheitskarte (eGK),
- Abs. 1a regelt die Ausgabe der eGK durch Unternehmen der privaten Krankenversicherung,
- Abs. 2 enthält detaillierte[24] Vorgaben zu den Pflichtanwendungen,
- Abs. 3 legt die Anforderungen für weitere zusätzliche (freiwillige) Anwendungen fest,
- Abs. 4 bestimmt den Kreis der zugriffsberechtigten Personen,[25]
- an den sich die Zugriffsschutzmaßnahmen in Abs. 5, Abs. 5a und Abs. 5b sowie die Aufgabe der Gesellschaft für Telematik für die Einrichtung der elektronischen Patientenakte (Abs. 5c) anschließen,

---

15 Überblick zu den europäischen Rahmenbedingungen für elektronische Gesundheitsdienste bei Reimer/Artmann/Stroetmann, DuD 2013, 154 ff.; Karl, MedR 2016, 675.
16 Vgl. Überblick dazu im „Aktionsplan für elektronische Gesundheitsdienste 2012-2020 – innovative Gesundheitsfürsorge im 21. Jahrhundert" (Fassung v. 6.12.2012 Com(2012) 736 final), abrufbar unter http://eur-lex.europa.eu/LexUriServ/LexUriServ.do?uri=COM:2012:0736:FIN:DE:PDF (zuletzt abgerufen am 28.4.2014).
17 Unter diesem weiten Begriff versteht die Europäische Kommission elektronische Gesundheitsdienste. Nach dem „Aktionsplan für elektronische Gesundheitsdienste 2012-2020 – innovative Gesundheitsfürsorge im 21. Jahrhundert" (Fassung v. 6.12.2012 Com(2012) 736 final), S. 3 (s. Fn. 14) erfasst der Begriff E-Health den „Einsatz von Informations- und Kommunikationstechnologie in gesundheitsbezogenen Produkten, Dienstleistungen und Prozessen in Verbindung mit organisatorischen Änderungen in den Gesundheitssystemen und neuen Kompetenzen zur Verbesserung der Gesundheit der Bürger, der Effizienz und Produktivität bei der Erbringung von Gesundheitsfürsorgediensten und des wirtschaftlichen und sozialen Werts der Gesundheit. Er umfasst das Zusammenwirken zwischen Patienten und Gesundheitsdienstleistern, die Datenübertragung zwischen verschiedenen Einrichtungen oder die direkte Kommunikation zwischen Patienten und/oder Angehörigen der Gesundheitsberufe."
18 epSOS ist ein Projekt, bei dem ua die Entwicklung eines geeigneten E-Health-Rahmens sowie einer informations- und kommunikationstechnologischen Infrastruktur im Vordergrund steht, die einen sicheren Zugriff auf Gesundheitsinformationen von Patienten unter verschiedenen Gesundheitssystemen in der EU erlaubt.
19 Abrufbar unter http://eur-lex.europa.eu/LexUriServ/LexUriServ.do?uri=OJ:L:2011:088:0045:0065:DE:PDF (zuletzt abgerufen am 28.4.2014).
20 Vgl. zu den Zielen Art. 14 Abs. 2 lit. b der Patientenmobilitätsrichtlinie (Fn. 17).
21 Vgl. auch BT-Dr. 18/5293, 41.
22 Bales/Holland/Pellens, GesR 2008, 9, 11.
23 Bales/Holland/Pellens, GesR 2008, 9, 11.
24 Kritisch dazu Peters in: KassKomm SGB V, Stand: 79. Erglf. 2013, § 291a Rn. 4: „§ 291a wirkt zT detailverssessen".
25 Zur Steuerung des Zugriffs nach 3 291a im Vergleich zur herkömmlichen Steuerung von Zugriffsrechten zB Caumanns, DuD 2013, 137, 142.

- Abs. 5 d legt die zuständigen Stellen für die Ausgabe der Heilberufs- und Berufsausweise und für die Bestätigung der Zugriffsberechtigungen fest sowie weitere für diese Stellen geltenden Übermittlungsvorgaben und sonstigen Anforderungen im Zusammenhang mit ihren Aufgaben für die eGK,
- Abs. 6 betrifft Löschungsansprüche und -rechte sowie Protokollpflichten,
- Abs. 7 bestimmt als Aufgabe der dort benannten Institutionen, die die Gesellschaft für Telematik (→ § 291 b) bilden, die Schaffung der Telematikinfrastruktur und trifft nähere Regelungen dafür; das E-Health-Gesetz (→ Rn. 1) hat in diesem Kontext die Öffnung der eGK für weitere elektronische Anwendungen des Gesundheitswesens und für die Gesundheitsforschung zugelassen;
- Abs. 7 a–e enthalten Finanzierungsvorgaben,
- Abs. 8 regelt Schutzmaßgaben, die zur Vermeidung der missbräuchlichen Verwendung der Karte einzuhalten sind.

§ 291 a steht im Zusammenhang mit § 291 b, der die Aufgaben, Organisation und die Befugnisse der Gesellschaft für Telematik regelt (→ § 291 b Rn. 2 ff.).

IV. Einführung und Zwecke der Elektronischen Gesundheitskarte (Abs. 1)

Mit der Änderung des § 291 a durch das E-Health-Gesetz (→ Rn. 1) regelt Abs. 1 nunmehr nur noch 4 die Zwecke der eGK (→ Rn. 5). Dass die Frist zur Einführung der Karte und der Schaffung einer dem Datenschutzrecht entsprechenden Telematikinfrastruktur weggefallen ist, hängt mit der bereits bisher äußerst schleppenden Umsetzung der gesetzlichen Vorgaben zusammen, die den Gesetzgeber des E-Health-Gesetzes zur Einführung eines Schlichtungsverfahrens und finanzieller Sanktionsinstrumente bewegt haben.[26] Mit Wirkung zum 29.12.2015 – also ca. zehn Jahre nach der ursprünglichen Zielvorgabe, „bis spätestens zum 1. Januar 2006" die eGK einzuführen – hat er sich dazu entschieden, die inzwischen auf den 1.1.2011 verlegte Einführungsfrist zu streichen. Da weder § 291 a noch eine andere Vorschrift des SGB V bei einem fruchtlosen Verstreichenlassen des 1.1.2011 eine Sanktion vorsah, blieb die **unterlassene Einführung der Karte** durch die Krankenkassen zunächst folgenlos. Erst mit der Einfügung von § 4 Abs. 6 durch das GKV-FinG[27] mit Wirkung zum 1.1.2011 und dessen Änderung durch das GKV-VStG[28] mit Wirkung zum 1.1.2012 haben die Krankenkassen zum 1.10.2011 begonnen, die eGK an ihre Versicherten auszugeben.[29] Die Gründe für die mehr als fünfjährige Verzögerung der Ausgabe sind vielgestalt. Sie liegen in dem erhöhten Regelungsbedarf der Materie, der sich seit Beginn der Testphase (beginnend zum 1.1.2004) gezeigt hat (vgl. dazu zB auch die Änderungshistorie der Norm → Rn. 1), in technischen Problemen bei der Herstellung einer sicheren Telematikinfrastruktur,[30] datenschutzrechtlichen Bedenken und einem erheblichen Widerstand auf Seite der Leistungserbringer.[31] Die seit dem 1.10.2011 ausgegebenen Karten beschränken sich derzeit noch immer auf die Versichertenstammdaten nach § 291 Abs. 2 und auf ein Lichtbild (sog Basis-Rollout).[32] Die Rückseite enthält die europäische Krankenversichertenkarte, die für die grenzüberschreitende Gesundheitsversor-

---

26 Vgl. Buchner, MedR 2016, 660; Paland/Holland, NZS 2016, 247.
27 BGBl. I 2010, 2309.
28 BGBl. I 2011, 2983.
29 Zur Druckwirkung der Regelung des § 4 Abs. 6 vgl. Bales/von Schwanenflügel, NJW 2012, 2475, 2476; BT-Dr. 17/9030, 5. Nach § 4 Abs. 6 setzt ein zeitlich gestufter Mechanismus ein: Bei Krankenkassen, die bis zum 31.12.2011 nicht an wenigstens 10 % ihrer Versicherten die eGK ausgegeben haben, werden die Verwaltungsausgaben pauschal um 2 % für das Jahr 2012 im Vergleich zu dem Jahr 2010 gekürzt. Bei Krankenkassen, die bis zum 31. Dezember 2012 nicht an mindestens 70 Prozent ihrer Versicherten elektronische Gesundheitskarten nach § 291 a ausgegeben haben, dürfen sich die Verwaltungsausgaben im Jahr 2013 gegenüber dem Jahr 2012 nicht erhöhen.
30 Zu den Beteiligten der Telematikstruktur und zu dem stufenweisen geplanten Ausbau vgl. Koch/Marx/Elmer, DuD 2013, 131, 133.
31 Vgl. Buchner, MedR 2016, 660, 663 sieht das Problem des § 291 a darin, dass die Regelungen technische Rahmenbedingungen voraussetzen, die bis heute nicht realisierbar seien, benennt aber auch die Blockade der beiden Bänke der Kostenträger und der Leistungsträger (664); Luthe in: Hauck/Noftz SGB V § 291 a Rn. 3; Fox, DuD 2010, 12; Lücking in: Sodan HdB KrVersR § 41 Rn. 45; Palandt, BKK 2006, 22. Der Deutsche Ärztetag hat das gesamte „politische Projekt eGK" als „gescheitert" beschlossen, vgl. Beschlussprotokoll des 115. Deutschen Ärztetags 2012 in Nürnberg, TOP VI, S. 296, abrufbar unter http://www.bundesaerztekammer.de/downloads/115Beschlussprotokoll20120702final.pdf (zuletzt abgerufen am 28.4.2014); vgl. zu Bedenken aus der Politik und gegen eine „übereilte" Einführung zB das Moratorium für die elektronische Gesundheitskarte der FDP-Fraktion, BT-Dr. 16/11245; zu Herausforderungen der neuen Gesundheitstelematik für den Datenschutz vgl. Goetz, DuD 2011, 847, 848 ff.; Goetz, DuD 2013, 164 ff.; Piontek, DuD 2013, 160 ff.
32 Vgl. Antwort der Bundesregierung auf die Kleine Anfrage von Abgeordneten der Fraktion DIE LINKE zum Entwicklungsstand bei der neuen elektronischen Gesundheitskarte, BT-Dr. 17/5838, 3.

gung einsetzbar ist. Trotz des E-Health-Gesetzes müssen die Patientinnen und Patienten noch immer auf medizinische Anwendungen warten.[33] In Vorbereitung sind weitere Anwendungen:[34]

- die Onlineprüfung und -aktualisierung der Versichertenstammdaten (Online-Rollout der Stufe 1 bzw. Versichertenstammdatenmanagement),
- das Online-Rollout der Stufe 2: das Notfalldatenmanagement (bis zum 31.12.2017),
- die sichere Kommunikation zwischen den Leistungserbringern und die Schaffung einer sicheren Telematikinfrastruktur,
- der Zugriff auf das sog Patientenfach (bis zum 31.12.2018),
- die Arzneimittelsicherheitsprüfung.

Das Online-Rollout startete trotz der für das Jahr 2013 anvisierten Erprobung erst im November 2016 in der Testregion Nordwest mit 20 Arztpraxen, in der Region Südost war der Erprobungsstart im April 2017.[35] Aufgrund der Einführung zahlreicher Fristen und finanzieller Sanktionen durch das E-Health-Gesetz besteht nun die Hoffnung, dass die Speicherung der Notfalldaten auf der eGK die erste medizinische Anwendung sein wird, die nach dem Abschluss des Pilotprojekts „Notfalldatenmanagement-Sprint" flächendeckend zum Einsatz kommen soll.[36]

5 Abs. 1 erschöpft sich in der Nennung der **Zwecke**, die mit den Anwendungen der eGK nach Abs. 2 und 3 verfolgt werden. Sie sollen die Wirtschaftlichkeit, die Qualität und die Transparenz der Behandlung verbessern. Die **Wirtschaftlichkeit** der Behandlung kann zB durch das elektronische Rezept (Abs. 2 Nr. 1) verbessert werden, da die Umstellung auf elektronische Verarbeitungsprozesse die Prüfung der Wirtschaftlichkeit erleichtert. Die **Qualität der Behandlung**, die ua von einer möglichst umfassenden Information der Ärzte über den Gesundheitszustand und bisherige Therapien des Patienten abhängt, soll durch die in Abs. 3 genannten freiwilligen Anwendungen erhöht werden.[37] Hervorgehobene Bedeutung kommt dabei dem Medikationsplan nach § 31 a (Abs. 3 Nr. 3) einschließlich der Daten zur Prüfung der Arzneimittelsicherheit zu.[38] Die Ärzte können bei Einwilligung des Patienten ohne Zeitverlust und administrativen Aufwand (zB förmliche Anfrage gem. § 73 Abs. 1 b) die Gesundheitsdaten abrufen und sich dadurch schnell ein umfassendes Bild vom Gesundheitszustand machen. Therapien können so besser abgestimmt, unerwünschte Wechselwirkungen erkannt und vermieden werden.[39] Die eGK will durch mehr **Transparenz der Behandlung** auch die Patientensouveränität fördern.[40] Für den Patienten besteht durch die freiwilligen Anwendungen nach Abs. 3 die Möglichkeit, einen besseren Überblick über seinen Gesundheitszustand und die Behandlungen durch Ärzte, Zahnärzte und Psychotherapeuten einschließlich der Verordnungen, Diagnosen und Befunde zu erhalten.[41] Abs. 3 fordert dabei nicht nur von den Leistungserbringern (vgl. dazu Abs. 3 S. 4), sondern auch von den Krankenkassen (vgl. Abs. 3 S. 3) die Information der Versicherten. Dadurch können Versicherte ein erhöhtes Interesse an den mit (zahn)medizinischen Behandlungen verbundenen Daten und Behandlungsmaßnahmen entwickeln und so zu besserem Austausch zwischen Patienten und Leistungserbringern beitragen.

V. Einsatz in der Privaten Krankenversicherung und Sozialeinrichtungen (Abs. 1a)

6 Abs. 1 a eröffnet Unternehmen der Privaten Krankenversicherung (PKV), der Postbeamtenkrankenkasse und der Krankenversorgung der Bundesbahnbeamten (Abs. 1a S. 6) die Option, die eGK auszugeben. Die Postbeamtenkasse und die Krankenversorgung der Bundesbahnbeamten sind Sozialeinrich-

---

33 Zum Stand vgl. BT-Dr. 18/12500 – Tätigkeitsbericht 2015 und 2016 der Bundesbeauftragten für den Datenschutz und die Informationsfreiheit vom 30.5.2017, 94.
34 Vgl. BT-Dr. 18/12500 – Tätigkeitsbericht 2015 und 2016 der Bundesbeauftragten für den Datenschutz und die Informationsfreiheit vom 30.5.2017, 94.
35 Vgl. BT-Dr. 18/12500 – Tätigkeitsbericht 2015 und 2016 der Bundesbeauftragten für den Datenschutz und die Informationsfreiheit vom 30.5.2017, 94.
36 Vgl. BT-Dr. 18/12500 – Tätigkeitsbericht 2015 und 2016 der Bundesbeauftragten für den Datenschutz und die Informationsfreiheit vom 30.5.2017, 94.
37 Vgl. BT-Dr. 15/1525, 145 li. Spalte oben.
38 Vgl. Paland/Holland, NZS 2016, 247, 249.
39 Nach Göres, BKK 2008, 328 war der Lipobay-Skandal im Jahr 2001 ein Auslöser für die Einführung der eGK.
40 Vgl. Begründung des Gesetzesentwurfs zum GMG, BT-Dr. 15/1525, 145 li Spalte oben.
41 Vgl. zum besseren Überblick auch Hanika, MedR 2004, 149, 153; Koch/Marx/Elmer, DuD 2013, 131 ff.

tungen, die weder der GKV noch der PKV zuzuordnen sind,[42] weshalb die Anwendung des Abs. 1 a auf sie gesondert angeordnet werden musste. Entscheidet sich ein Unternehmen für die Einführung der eGK, so regelt Abs. 1 a S. 1 durch Bezugnahmen auf Abs. 2 S. 1 Nr. 1 und S. 2 sowie auf die Abs. 3 bis 5 a, 6 und 8, dass diese Regelungen aus der gesetzlichen Krankenversicherung auch für die Ausgabe und Nutzung der eGK privater Krankenversicherungsunternehmen gelten. Abs. 1 a S. 2 bis S. 4 treffen Vorgaben zur Bildung der Versichertennummer. Damit auch im Fall eines Wechsels von der PKV in die GKV die erhobenen und gespeicherten Daten der eGK verwendbar sind,[43] ermöglicht Abs. 1 a S. 2 den Unternehmen der PKV den unveränderbaren Teil der Krankenversicherungsnummer nach § 290 Abs. 1 S. 2 für die Bildung der Versichertennummer zu nutzen. Abs. 1 a S. 3 ordnet an, dass auch die Regelungen zur Verwendung der Rentenversicherungsnummer im Zusammenhang mit der Bildung der Krankenversicherungsnummer (§ 290 Abs. 1 S. 4 bis S. 7) Anwendung finden. Abs. 1 a S. 4 legt die Vertrauensstelle nach § 290 Abs. 2 S. 2 als ausgebende Stelle fest und verpflichtet die PKV dazu, bezüglich des unveränderbaren Teils der Krankenversicherungsnummer die Richtlinie des Spitzenverbands Bund der Krankenkassen nach § 290 Abs. 2 S. 1 zu beachten. Abs. 1 a S. 5 erlegt den Unternehmen der PKV bzw. den Sozialeinrichtungen des S. 6 die Kosten für die Bildung der Versichertennummer und auch für die Bildung der Rentenversicherungsnummer auf.

VI. Pflichtanwendungen und Transparenzgebot (Abs. 2)

Abs. 2 regelt den verpflichtenden Inhalt der eGK in S. 1 und erlegt durch die Anordnung der Anwendung von § 6 c BDSG in Satz 2 den Stellen, die die eGK ausgeben und die Verarbeitungsprozesse auf der Karte ausführen, ua Informationspflichten gegenüber den Versicherten auf (sog Transparenzgebot → Rn. 10). 7

1. Verpflichtende Angaben für die eGK (Abs. 2 S. 1). Abs. 2 S. 1 legt die Pflichtangaben („hat zu enthalten") der eGK fest. Sie entsprechen durch den Verweis auf die Angaben nach § 291 Abs. 2 dem bisher auf der Krankenversicherungskarte gespeicherten Inhalt. Darüber hinaus benennt S. 1 mit Nr. 1 und Nr. 2 zwei Eignungsanforderungen an die Karte. Nach **Nr. 1** muss die Karte geeignet sein, Angaben für die Übermittlung ärztlicher Verordnungen in elektronischer oder maschinell verwertbarer Form aufzunehmen (sog **elektronisches Rezept oder eRezept**). Weiterhin muss die Karte auch Angaben für den Berechtigungsnachweis zur Inanspruchnahme von Krankenversicherungsleistungen in anderen EU-Mitgliedstaaten, der Schweiz oder einem Vertragsstaat des Abkommens über den europäischen Wirtschaftsraum aufnehmen können (**Nr. 2**). Die Funktion der Rückseite der Karte als **europäische Krankenversicherungskarte** (European Health Insurance Card – EHIC) lässt die Notwendigkeit der Vorlage eines schriftlichen Formulars (sog Auslandskrankenschein) entfallen.[44] 8

Die mit der eGK verbundenen **verfassungsrechtlichen Fragen** wurden bisher vom Bundesverfassungsgericht nicht entschieden. Das Gericht hat zwei Verfassungsbeschwerden nicht zur Entscheidung angenommen,[45] gleichwohl im Rahmen eines Nichtannahmebeschlusses darauf hingewiesen, dass auf persönliche Daten kein Recht im Sinne einer absoluten, uneinschränkbaren Herrschaft bestehe.[46] Einschränkungen seines Rechts auf informelle Selbstbestimmung müsse der Einzelne im überwiegenden Allgemeininteresse hinnehmen.[47] Für die Frage, ob die Beschränkung verfassungskonform ist, kommt es auf die persönlichkeitsrechtliche Bedeutung des fraglichen Datums, den Verwendungszusammenhang sowie die Verknüpfungs- und Verwendungsmöglichkeiten an.[48] Dabei werden auch die konkreten Schutzvorkehrungen zugunsten der Versicherten zu berücksichtigen sein, wie sie von § 291 a vorgegeben und wie sie durch die Anbieter von Komponenten und Diensten umgesetzt werden. Angesichts der mit der eGK verfolgten Zwecke (→ Rn. 3 und 5) und der von § 291 a vorgesehenen differenzierten Schutzvorkehrungen für Pflichtanwendungen und freiwillige Anwendungen der Karte ist die 9

---

42 Vgl. BSG, 12.1.2011, B 12 KR 11/09, NZS 2001, 856, 858 zur Krankenversorgung der Bundesbahnbeamten; BVerwG, 16.12.2009, 2 C 79/08, NVwZ-RR 2010, 365 für die Postbeamtenkasse.
43 Vgl. Begründung des Gesetzesentwurfs zum GKV-WSG BT-Dr. 16/310, 173 zu Nummer 195 zu Buchstabe a.
44 Vgl. zur Einführung der Europäischen Krankenversicherkarte auch Europäische Kommission, Mitteilung der Kommission zur Einführung der europäischen Krankenversicherkarte v. 17.2.2003, KOM (2003) 73 endg.
45 BVerfG, 17.10.2016, 1 BvR 2183/16, SGb 2016, 691 = BeckRS 2016, 53584; BVerfG, 13.2.206, 1 BvR 1184/04, BVerfGK 7, 276 = BeckRS 2006, 21428.
46 Vgl. BVerfG, 13.2.2006, 1 BvR 1184/04, BVerfGK 7, 276, 278.
47 Vgl. BVerfG, 13.2.2006, 1 BvR 1184/04, BVerfGK 7, 276, 278.
48 BVerfG, 13.2.2006, 1 BvR 1184/04, BVerfGK 7, 276, 278.

Literatur bezüglich eines Verfassungsverstoßes zurückhaltend bis ablehnend.[49] Die Sozialgerichtsbarkeit hält die Ausgestaltung und Verwendung der eGk für verfassungskonform.[50]

2. Transparenzgebot (Abs. 2 S. 2). Die eGK ist eine Mikroprozessorkarte (Smartcard), die als ein mobiles personenbezogenes Speicher- und Verarbeitungsmedium zu qualifizieren ist.[51] Auf ihr können Datenverarbeitungsprozesse durchgeführt werden, die für den Versicherten nicht unmittelbar sichtbar werden (zB Update zum Zuzahlungsstatus des Versicherten durch die Krankenkasse).[52] Da der Datenschutz im SGB bereichsspezifisch geregelt und das BDSG damit nur durch Verweisung anwendbar ist,[53] musste der Gesetzgeber die Anwendung des § 6 c BDSG anordnen. Die Anwendung von § 6 c dient der Herstellung von Transparenz für die Versicherten. Die ausgebende Stelle (= die Krankenkasse) sowie die Stellen, die Verarbeitungsverfahren auf der eGK aufbringen, sind danach zur Information der Versicherten verpflichtet (vgl. § 6 c Abs. 1 BDSG). Darüber hinaus müssen Geräte zur Wahrnehmung der Auskunftsrechte zum unentgeltlichen Gebrauch zur Verfügung gestellt werden (§ 6 c Abs. 2) und Kommunikationsvorgänge, die auf der eGK eine Datenverarbeitung auslösen, müssen für die Versicherten erkennbar sein.

VII. Freiwillige Anwendungen der Karte nach Einwilligung der Versicherten (Abs. 3)

1. Anwendungen (Abs. 3 S. 1 Nr. 1–9). Die eGK unterscheidet sich von der Krankenversichertenkarte alter Provenienz ua durch die Anwendungen, die die Karte gemäß Abs. 3 unterstützen können muss (freiwillige Anwendungen). Der Katalog der Anwendungen (Nr. 1 bis Nr. 9) ist nicht abschließend („insbesondere"). Soll die eGK weitere freiwillige Funktionen erfüllen, bedürfen sie gleichwohl aufgrund der verfassungsrechtlichen Vorgaben des informationellen Selbstbestimmungsrechts (Art. 2 Abs. 1 iVm Art. 1 Abs. 1 GG) einer gesetzlichen Fassung,[54] wie dies zB im Jahr 2012 durch Anfügung der Nr. 7 bis 9 erfolgt ist und zuletzt durch die Neufassung des Abs. 7 S. 3 für zusätzliche Anwendungen außerhalb der Festlegungskompetenz der Gesellschaft für Telematik (Gematik).[55] Bisher muss die Karte für das Erheben, Verarbeiten und Nutzen medizinischer Daten für die **Notfallversorgung (Nr. 1)** geeignet sein, wobei sich diese Anwendung auf die für die Notfallversorgung unbedingt notwendigen Daten beschränken muss („soweit ... erforderlich"). Sie muss weiterhin für das Erheben, Verarbeiten und Nutzen der in **Nr. 2** festgelegten Informationen für **elektronische Arztbriefe**, von Daten des **Medikationsplans** nach § 31 einschließlich Daten zur Prüfung der Arzneimittelsicherheit (**Nr. 3**), von den in **Nr. 4** festgelegten Informationen für eine fall- und einrichtungsübergreifende Dokumentation über den Patienten (sog **elektronische Patientenakte**) sowie von Daten, die von den Versicherten selbst oder für ihn zur Verfügung gestellt werden (**Nr. 5**) geeignet sein. **Nr. 6** sieht die Möglichkeit einer elektronischen Patientenquittung im Sinne einer Übersicht des Versicherten über die in Anspruch genommenen Leistungen und deren vorläufige Kosten gem. § 305 Abs. 2 vor. Durch die **Nr. 7** können die Versicherten **Erklärungen zur Organ- und Gewebespende** abgeben. Die Erklärungen erfassen die nach § 2 Abs. 1 TPG getroffenen Entscheidungen der Versicherten für oder gegen Organ- und/oder Gewebespenden.[56] Da zunächst (zumindest bis zur Einführung der Anwendungsmöglichkeiten nach Abs. 3) weiterhin Erklärungen in Papierform möglich sind und im Entscheidungsfall über eine Organ- oder Gewebespende schnell die Informationen vorliegen sollen, beinhaltet **Nr. 8** zudem die Möglichkeit, dass die Versicherten Hinweise auf das Vorhandensein und den Aufbewahrungsort von Erklärungen zur Organ- und Gewebespende speichern.[57] Ebenso sollen Patientenverfügungen (§ 1901 a BGB) und

---

49 Vgl. zB Spickhoff/Fischinger SGB V § 291 a Rn. 2; Hornung in: Hänlein/Schuler § 291 a Rn. 3; ders., 2005, 207 ff.; Luthe in: Hauck/Noftz SGB V § 291 a Rn. 8.
50 Vgl. zB BSG, 18.11.2014, B 1 KR 35/13 R, BSGE 117, 224 = ZD 2015, 441 (Vorinstanz: HessLSG, 26.9.2013, L 1 KR 50/13, unter Bezug auf BVerfG, 13.2.2006, 1 BvR 1184/04, Nichtannahmebeschluss, BVerfGK 7, 276 ff.; LSG BW, 24.1.2017, L 11 KR 3562/16, BeckRS 2017, 105768; LSG Bln-Bbg, 20.3.2015, L 1 KR 18/14, ZD 2015, 446.
51 Vgl. BT-Dr. 15/1525, 144; Fox, DuD 2010, 844.
52 Vgl. BT-Dr. 15/1525, 144 li. Spalte oben; Fox, DuD 2010, 844.
53 Vgl. v. Maydell/Ruland/Becker, Sozialrechtshandbuch/Binne/Rixen, 5. Aufl. 2012, § 10 Rn. 15; Krahmer, Sozialdatenschutz nach SGB I und X, 3. Aufl. 2011, Einführung Rn. 1 und Rn. 14.
54 Vgl. BVerfG, 15.12.1983, 1BvR 209, 269, 362, 420, 440, 484/83, BVerfGE 65, 1.
55 Vgl. BT-Dr. 17/9030, 4, 14, 17 ff.; vgl. auch Roßnagel/Hornung, MedR 2008, 538, 543 speziell zur Nutzung der gespeicherten Daten und zur Speicherung von Daten zu Forschungszwecken; zu Abs. 7 S. 3 vgl. Paland/Holland, NZS 2016, 247, 252.
56 Vgl. dazu BT-Dr. 17/9030, 4 f. und 17.
57 Vgl. dazu BT-Dr. 17/9030, 4 f. und 17 f.

Vorsorgevollmachten schnell aufgefunden werden können, weshalb **Nr. 9** Hinweise der Versicherten auf das Vorhandensein und den Aufbewahrungsort von Vorsorgevollmachten oder Patientenverfügungen gestattet.[58] Sämtliche Daten müssen nach S. 1 aE sowohl direkt auf der eGK gespeichert werden können und damit „ohne Netzzugang" zur Verfügung stehen. S. 2 erfordert für die Erklärungen der Nr. 7, dass deren Authentizität sichergestellt ist. **Authentizität** der Erklärungen ist gegeben, wenn die mit der eGK abrufbaren Erklärungen zur Organ- und Gewebespende tatsächlich von dem Versicherten selbst abgegeben wurden und nicht von Unbefugten aufgenommen oder verändert wurden. Authentizität umfasst damit zwei Komponenten: die Urheberschaft und die Integrität.[59] Sie müssen durch entsprechende technische Maßnahmen sichergestellt werden und nachprüfbar sein.

2. Einwilligung und Informationspflichten. Die Erhebung, Verarbeitung und Nutzung der in Abs. 3 S. 1 Nr. 1 bis Nr. 9 genannten Daten und Erklärungen ist an die **vorherige Einwilligung** des Versicherten **(Abs. 3 S. 4)** gegenüber den Zugriffsberechtigten nach Abs. 4 S. 1 und Abs. 5 a geknüpft. Die nach Abs. 3 S. 4 und S. 5 für die Zugriffsberechtigung geltenden Voraussetzungen entsprechen den im Sozialdatenschutz geltenden qualifizierten Einwilligungserfordernissen.[60] Die Einwilligung ist bei der ersten Verwendung der eGK vom Leistungserbringer oder unter dessen Aufsicht von einem berufsmäßigen Gehilfen (zB Sprechstundenhilfe, nicht aber externes Personal wie Mitarbeiter eines EDV-Wartungsunternehmens) oder einer Person, die zur Vorbereitung auf den Beruf dort tätig ist, auf der Karte zu dokumentieren (Abs. 3 S. 5 Hs. 1), nicht dagegen ein Widerspruch gegen eine Speicherung.[61] Die Initialisierung (Erhebung, Verarbeitung oder Nutzung) jeder Anwendung nach Abs. 3 Nr. 1 bis Nr. 9 soll dadurch vom Willen des Versicherten abhängen. Dessen Einwilligung ist **jederzeit widerruflich** und kann auf einzelne Anwendungen nach Abs. 3 beschränkt werden (Abs. 3 S. 5 Hs. 2). Damit der Versicherte das Widerrufsrecht ausüben kann, muss er darüber informiert werden. Gleiches gilt für die Möglichkeit der Beschränkung der Einwilligung auf einzelne Anwendungen des Abs. 3. Mangels eines gesetzlichen Formerfordernisses kann die Einwilligung grundsätzlich auch mündlich erfolgen (im Unterschied zur Dokumentation der Einwilligung auf der Karte selbst). Aus Beweisgründen empfiehlt es sich gleichwohl, die Einwilligung schriftlich erteilen zu lassen. Wenn Versicherte eigenständig (ohne Zutun oder Unterstützung der Leistungserbringer) mit dem Erheben, Verarbeiten oder Nutzen von Daten nach Abs. 3 S. 1 beginnen, ist die in Abs. 3 S. 4 geregelte Mitwirkung (Aufklärung und Dokumentation der Einwilligung auf der Karte) der Leistungserbringer entbehrlich, weshalb **Abs. 3 S. 6** für diese Fälle anordnet, dass S. 4 nicht gilt. Da die Einwilligung verweigert oder nach Erteilung jederzeit widerrufen werden kann, hat die Rechtsprechung bisher eine Verletzung des informationellen Selbstbestimmungsrechts des Versicherten (Art. 2 Abs. 1 GG iVm Art. 1 Abs. 1 GG) als Besorgung der Rechtsbeeinträchtigung und damit als betroffenes klagefähiges Recht gegen die möglichen freiwilligen Anwendungen der eGK nach Abs. 3 abgelehnt (→ Rn. 9 aE).

Zeitlich vor der Erteilung der Einwilligung trifft die Krankenkasse nach S. 3 eine **Informationspflicht**: Sie muss spätestens zum Zeitpunkt der Versendung der Karte über die Funktionsweise der Karte, der Art der auf ihr oder durch sie zu erhebenden, zu verarbeitenden oder zu nutzenden personenbezogenen Daten informieren. Das muss umfassend und in allgemein verständlicher Form geschehen, wobei Maßstab für die allgemeine Verständlichkeit der durchschnittlich Versicherte im Sinne eines Laien ist.[62] Bei Versicherten, die der deutschen Sprache nicht derart mächtig sind, dass sie ein Standardschreiben mit dem entsprechenden Informationsinhalt verstehen, muss die Krankenversicherung wegen § 19 SGB X, der gem. § 37 S. 1 SGB I auch für das SGB V gilt, nicht in der Heimatsprache informieren.[63] Wie bei Abs. 2 gilt auch für die Anwendungen des Abs. 3 § 6 c BDSG (vgl. Abs. 3 S. 7, s. zu § 6 c BDSG näher → Rn. 10).

---

58 Vgl. dazu BT-Dr. 17/9030, 4 f. und 17 f.
59 Vgl. zB Huneke/Hanzelmann, RDG 2009, 256, 259.
60 Vgl. HessLSG, 26.9.2013, L 1 KR 50/13, juris Rn. 44.
61 Vgl. HessLSG, 26.9.2013, L 1 KR 50/13, juris Rn. 44.
62 Vgl. Didong in: jurisPK-SGB V § 291 a Rn. 19.
63 Im Ergebnis auch Luthe in: Hauck/Noftz SGB V K § 291 a Rn. 14, der die Information nur vorbehaltlich etwaiger Gleichstellungsgesetze an bestimmte Personengruppen anpassen möchte; aA Didong in: jurisPK-SGB V § 291 a Rn. 19, der eine Information in den Heimatsprachen verlangt, die in einem größeren Anteil in der BRD vertreten sind.

VIII. Berechtigter Personenkreis (Abs. 4)

14 Abs. 4 benennt abschließend („ausschließlich") den Kreis der **Berechtigten** für das Erheben, Verarbeiten und Nutzen der personenbezogenen Daten der eGK. Dabei differenziert der Gesetzgeber zwischen den Verordnungsdaten nach Abs. 2 S. 1 Nr. 1 (vgl. Abs. 4 Nr. 1), deren Zugriff unter dem Vorbehalt der Erforderlichkeit für die Versorgung der Versicherten steht, und den Daten für die freiwilligen Anwendungen der eGK (Nr. 2). Auf die Verordnungsdaten dürfen die in Nr. 1 lit. a bis c genannten Personen zugreifen sowie deren berufsmäßige Gehilfen (zB Arzthelfer, Krankenpfleger, Röntgenassistenten, Pharmazeutisch technische Assistenten) oder Personen, die bei den in lit. a bis c genannten Personen zur Vorbereitung auf den Beruf tätig sind. Darüber hinaus werden auch die sonstigen Erbringer ärztlich verordneter Leistungen (zB Krankengymnasten, Physiotherapeuten;[64] Masseure, Ergotherapeuten, Logopäden, Augenoptiker, Hörgeräteakustiker) zum Zugriff auf die Verordnungsdaten berechtigt. Der Kreis der Zugriffsberechtigten für die **freiwilligen Anwendungen** nach Abs. 3 S. 1 Nr. 1 bis Nr. 5 ist weiter. Er umfasst nach lit. e für den Zugriff auf die zur Notfallversorgung erforderlichen medizinischen Daten (Abs. 3 S. 1 Nr. 1) auch die Angehörigen eines anderen Heilberufs, der für die Berufsausübung oder die Führung der Berufsbezeichnung eine staatlich geregelte Ausbildung erfordert, allerdings nur beschränkt auf den lesenden Zugriff.[65] Dazu zählen Rettungsassistenten (vgl. RettAssG). Nach lit. f. sind weiterhin Psychotherapeuten zugriffsberechtigt. Auf die Daten für die **elektronische Patientenquittung** dürfen ausschließlich die Versicherten zugreifen. Sie haben darüber hinaus eine Zugriffsberechtigung auch für die Daten nach Abs. 2 S. 1. Zur Zugriffsberechtigung auf Daten nach Abs. 3 S. 1 Nr. 7 bis Nr. 9 vgl. Abs. 5 a (→ Rn. 18).

IX. Schutzvorkehrungen für den konkreten Zugriff, Zugriffsberechtigung für Abs. 3 Nr. 7–9 und Zuständigkeitsvorgaben (Abs. 5 bis 5 d)

15 **1. Überblick.** Zur Gewährleistung, dass nur die Berechtigten und keine Unbefugten auf die Daten zugreifen, enthalten § 291a Abs. 5, Abs. 5b und Abs. 5c verfahrensrechtliche und technische Maßnahmen für den konkreten Zugriff. **Abs. 5** knüpft zu diesem Zweck den konkreten Zugriff für die freiwilligen Anwendungen (Abs. 3 S. 1) an das Einverständnis der Versicherten (S. 1) und regelt in den S. 2 – 9 weitere Vorkehrungen für den Zugriff auf die Daten nach Abs. 3 Nr. 1 bis Nr. 6. **Abs. 5a** regelt die spezielle Zugriffsberechtigung für die Daten nach Abs. 3 Nr. 7 bis Nr. 9. **Abs. 5b** überträgt der Gesellschaft für Telematik (→ § 291b) die Aufgabe der Entwicklung von Verfahren, die die Versicherten bei der Verwaltung der Daten nach Abs. 3 S. 1 Nr. 7 bis Nr. 9 unterstützen. Speziell für die Anwendung der elektronischen Patientenakte (Abs. 3 S. 1 Nr. 4) erhält die Gesellschaft für Telematik durch **Abs. 5c** den Auftrag, die technischen und organisatorischen Voraussetzungen für die Bereitstellung von Daten zu schaffen.[66] **Abs. 5d** legt die zuständigen Stellen für die Ausgabe der Heilberufs- und Berufsausweise und für die Bestätigung der Zugriffsberechtigungen fest sowie weitere für diese Stellen geltenden Übermittlungsvorgaben und sonstigen Anforderungen im Zusammenhang mit ihren Aufgaben für die eGK.

16 **2. Einverständnis und Autorisierung des Zugriffs durch den Versicherten (Abs. 5 S. 1 und 2).** Die freiwilligen Anwendungen der eGK (Abs. 3) setzen das „Einverständnis" des Versicherten voraus. **Einverständnis** ist die Zustimmung des Versicherten zur Erhebung, Verarbeitung oder Nutzung der personenbezogenen Daten auf der eGK zum jeweiligen Anwendungszweck nach Abs. 3 gegenüber dem Leistungserbringer oder seinen Gehilfen nach Abs. 4. Da S. 1 keine besonderen Formanforderungen stellt, kann das Einverständnis auch mündlich erklärt werden. Unabhängig von dieser materiellrechtlichen Voraussetzung für den Zugriff ist nach S. 2 – von der Ausnahme des S. 3 für Notfalldaten und des S. 4 für den Medikationsplan und die Prüfung der Arzneimittelsicherheit abgesehen – der Zugriff auf Daten nach Abs. 3 Nr. 2 bis Nr. 6 nur nach Autorisierung durch die Versicherten zulässig, die durch technische Vorkehrungen sicherzustellen ist. **Autorisierung** meint Freigabe des jeweiligen Zugriffs durch den Versicherten, zB durch Eingabe einer PIN.[67] Im Fall von **Notfallbehandlungen** ist der Zugriff auch ohne Autorisierung zulässig (S. 3), soweit es zur Versorgung der Versicherten erforderlich ist und wenn nachprüfbar protokolliert wird, dass der Zugriff mit Einverständnis der Versicherten erfolgt. Es genügt das mutmaßliche Einverständnis, das bei mangelnder Befragbarkeit des Versicherten beispielsweise bei Bewusstlosigkeit in Frage kommt. Voraussetzung sind konkrete Anhaltspunkte wie Wünsche

---

64 Zu einem Pilotprojekt für diese Berufsgruppe vgl. Brand, DÄBl. 2013, A 1941.
65 Zum anwendbaren Personenkreis und dem beschränkt lesenden Zugriff vgl. BT-Dr. 5293, 44.
66 Vgl. dazu Paland/Holland, NZS 2016, 247, 254.
67 Nolte in: Jahn/Sommer SGB V § 291a Rn. 55.

oder Einstellungen des Versicherten, dass er zum Zweck der Notfallbehandlung mit einem Zugriff auf die Daten einverstanden ist. Bei **Daten des Medikationsplans und Daten zur Prüfung der Arzneimittelsicherheit** (Abs. 3 S. 1 Nr. 3) ist der Verzicht der Versicherten auf die Autorisierung zulässig (S. 4).

3. Weitere Sicherungsmaßnahmen in den Fällen von Abs. 3 Nr. 1–6 (Abs. 5 S. 5–9). Nach S. 5 bis S. 8 sind für den konkreten Zugriff weitere Sicherungsvorkehrungen zu treffen, die sicherstellen, dass nur die für den jeweiligen Verwendungszweck Befugten nach Abs. 4 auf die Daten zugreifen. Für die Anwendung des **elektronischen Rezepts** (Abs. 2 Nr. 1) muss ein Berechtigungsausweis in Gestalt eines elektronischen Heilberufsausweises oder Berufsausweises nachgewiesen werden, der über eine gesicherte Authentifizierung und eine qualifizierte elektronische Signatur (vgl. § 2 Nr. 3 SigG) verfügen muss (S. 5). Soweit die Gehilfen der Leistungserbringer nicht über solche Ausweise verfügen, dürfen sie nur durch Autorisierung der Leistungserbringer auf die Daten zugreifen (S. 6). Dafür muss die Autorisierung und die zugreifende Person nachprüfbar elektronisch protokolliert werden. Alternativ zum Nachweis durch den elektronischen Heilberufs- oder Berufsausweis auf Seiten des Leistungserbringers bzw. seiner Gehilfen kann eine Autorisierung des Zugriffs im Wege eines geeigneten technischen Verfahrens durch den Versicherten selbst erfolgen (S. 7). Geeignete technische Verfahren sind beispielsweise Verschlüsselungen oder Benutzercodes mit Freigabeoptionen durch den Versicherten. Für die **freiwilligen Anwendungen** der Karte nach Abs. 3 Nr. 2 bis Nr. 6 genügt die Autorisierung durch die Versicherten nicht. Voraussetzung für den Zugriff auf die Daten ist in diesen Fällen stets ein elektronischer Heilberufs- oder Berufsausweis (S. 5). Auf Daten, die die Versicherten selbst einstellen oder die für die Versicherten im sog **Patientenfach** nach Abs. 3 S. 1 Nr. 5 zur Verfügung gestellt werden, konnte der Versicherte bis zur Neufassung durch das E-Health-Gesetz selbst nur durch eine eigene Signaturkarte mit qualifizierter elektronischer Signatur zugreifen. Da viele Versicherten über eine solche Signatur nicht verfügen, hat der Gesetzgeber den Zugriff durch S. 8 für Versicherte erleichtert. Nach S. 8 dürfen **Versicherte** auf das Fach auch zugreifen, wenn sie sich für den Zugriff durch ein geeignetes technisches Verfahren authentifizieren. Mit der Streichung des früheren S. 3 Hs. 2 hat der Gesetzgeber deutlich gemacht, dass zu diesen Verfahren nicht mehr nur die qualifizierte Signatur gehört. **S. 9** gewährt den Versicherten auf Wunsch gegenüber den zugriffsberechtigten Leistungserbringern (nach Abs. 4) einen **Anspruch** darauf, dass die Zugriffsberechtigten die mittels der eGK verarbeiteten **Daten den Versicherten im Patientenfach** zur Verfügung stellen. Um die Versicherten in die Lage zu versetzen, den Wunsch äußern zu können, müssen die Zugriffsberechtigten die Versicherten über die Möglichkeit der Hinterlegung der Daten im Patientenfach informieren (S. 9 Hs. 2).

4. Zugriffsberechtigung und Sicherungsmaßnahmen in den Fällen des Abs. 3 Nr. 7–9 (Abs. 5 a). Abs. 5 a S. 1 benennt den **Kreis der zugriffsberechtigten Personen** für das Erheben, Verarbeiten und Nutzen der Daten nach Abs. 3 Nr. 7 bis 9 (Erklärungen und Hinweise zu Organ- und Gewebespende, zu Vorsorgevollmachten und Patientenverfügung) in Nr. 1 und Nr. 2 **abschließend**. Zu den berufsmäßigen Gehilfen und Personen, die zur Vorbereitung auf den Beruf tätig sind. Der Zugriff darf nur zum **Zweck der Versorgung** erfolgen und steht unter dem Erforderlichkeitsvorbehalt (zu diesem Begriff → § 284 Rn. 3). Die Versorgung umfasst nicht nur die Versorgung des potenziellen Spenders, sondern auch die der potenziellen Organempfänger.[68] Der Zugriff auf die Daten setzt nach S. 1 die sichere Authentifizierung durch einen elektronischen Heilberufsausweis voraus, der über eine qualifizierte elektronische Signatur (§ 2 Nr. 3 SigG) verfügen muss, sowie nach S. 1 Hs. 2 das Einverständnis der Versicherten (→ Rn. 16). Soweit die berufsmäßigen Gehilfen oder die Personen zur Vorbereitung auf den Beruf nicht über einen Heilberufsausweis verfügen, dürfen sie nur durch Autorisierung der Leistungserbringer auf die Daten zugreifen und wenn nachprüfbar elektronisch protokolliert wird, wer auf die Daten zugegriffen hat und von welcher Person die Autorisierung erfolgt ist (Abs. 5 S. 6 gilt entsprechend). Die Zugriffsberechtigung der berufsmäßigen Gehilfen und der zur Vorbereitung auf den Beruf tätigen Personen beschränkt sich auf die von ihnen zulässigerweise zu erledigenden Tätigkeiten. **Abs. 5 a S. 2** regelt abschließend ein **Zugriffsrecht** in Fällen, in denen **kein Einverständnis** des Versicherten vorliegt. Nr. 1 gewährt ein Zugriffsrecht auf Erklärungen zur Organ- und Gewebespende in den Fällen von Abs. 3 Nr. 7 und Nr. 8. Die Nr. 2 gestattet den Zugriff auf Hinweise iSd Abs. 3 Nr. 9. Der Gesetzgeber hat für die Zugriffsberechtigung nach Nr. 1 das datenschutzrechtliche Konzept des TPG, insbesondere § 7 TPG, übernommen.[69] Der „**schreibende Zugriff**"[70] auf Erklärungen zur Organ-

---

68 Vgl. BT-Dr. 17/9030, 18 Zu Buchstabe d.
69 Vgl. BT-Dr. 17/9030, 18 Zu Buchstabe d.
70 BT-Dr. 17/9030, 18 Zu Buchstabe d.

und Gewebespende (Speichern, Verändern, Sperren und Löschen) setzt neben der Zugriffsberechtigung die Autorisierung (Begriff → Rn. 16) durch die Versicherten voraus (**Abs. 5 a S. 3**). Der lesende Zugriff ist ohne technische Autorisierung zulässig.[71] Greift der **Versicherte eigenständig** (unabhängig vom Leistungserbringer) auf Erklärungen und Hinweise nach Abs. 3 Nr. 7 bis Nr. 9 zu, erfordert der Zugriff (durch Speichern, Verändern, Sperren oder Löschen) nach **Abs. 5 a S. 4** nur technische Vorkehrungen zur Authentifizierung, um die Urheberschaft der Erklärungen und Hinweise zum Schutz vor Missbrauch sicherzustellen. **Abs. 5 a S. 5** beinhaltet eine Pflicht der Krankenkassen zur **umfassenden Information** der Versicherten über die Möglichkeiten der Wahrnehmung ihrer eigenständigen Zugriffsrechte auf die Daten nach Abs. 3 Nr. 7 bis Nr. 9. Die Informationspflicht besteht erst ab dem Zeitpunkt, ab dem die technische Infrastruktur für den schreibenden und den lesenden Zugriff flächendeckend möglich ist. Angesichts der Komplexität der Materie ist eine schriftliche Information über die eigenständigen Zugriffsrechte empfehlenswert. Weiterhin sind die Krankenkassen nach S. 5 verpflichtet, alleine oder in Kooperation mit anderen Krankenkassen für die Versicherten **technische Einrichtungen zur Wahrnehmung** ihrer Zugriffsrechte flächendeckend zur Verfügung zu stellen. Technische Einrichtungen zur Wahrnehmung der Zugriffsrechte können zB Patiententerminals in den Geschäftsstellen oder in Arztpraxen sein. Darunter fallen aber auch Zugriffsmöglichkeiten in der häuslichen Umgebung.[72] Um die Umsetzung der Ausstattung zu überwachen und sicherzustellen, besteht nach **Abs. 5 a S. 6** die Pflicht zu einem jährlichen Bericht des Spitzenverbands Bund der Krankenkassen gegenüber dem Bundesgesundheitsministerium (BMG). Der Bericht ist nach den Vorgaben des BMG abzufassen und erstmals zum 31.1.2016 diesem vorzulegen.

19 5. **Entwicklungsaufgaben für die Gesellschaft für Telematik (Abs. 5 b, 5 c).** Abs. 5 b überträgt der Gesellschaft für Telematik (→ Abs. 7 und § 291 b) den **Auftrag, Verfahren zu entwickeln**, mit denen die Versicherten bei der Verwaltung ihrer Hinweise und Erklärungen nach Abs. 3 Nr. 7 bis Nr. 9 unterstützt werden. Mit „Verwaltung" sind sämtliche Maßnahmen der Versicherten gemeint, die diese mit Hinweisen und Erklärungen auf der Karte selbst durchführen können, also das Erheben, Speichern, Ändern, Sperren und Löschen.[73] Nach **Abs. 5 b S. 2** erfasst der Entwicklungsauftrag auch **Rückmeldeverfahren**, nach denen die Krankenkassen als Dienstleistung für die Versicherten auf deren Rückmeldung hin die Erklärung der Versicherten zur Organ- und Gewebespende (Abs. 3 Nr. 7 und Nr. 8) auf der eGK speichern oder löschen können. Damit werden die Krankenkassen aber weder befugt, selbst die Daten bei sich zu speichern, noch erhalten sie ein über den Dienstleistungsauftrag hinausgehendes Zugriffsrecht auf die Daten.[74] Die Gesellschaft kann die Entwicklung der Verfahren nach S. 1 und S. 2 an Dritte vergeben (→ § 291 b Abs. 1). Soweit die Verfahren nicht entwickelt werden, steht dem BMG nach **Abs. 5 b S. 3** das Recht zu, die Verfahren nach S. 1 und S. 2 entwickeln zu lassen. Da das BMG in diesem Fall eine Aufgabe der Gesellschaft für Telematik übernimmt, hat das BMG ihr gegenüber einen **Anspruch auf Kostenerstattung (Abs. 5 b S. 4)**. S. 5 erlegt dem BMG für den Fall der Übernahme und Vergabe der Verfahrensentwicklung eine Berichtspflicht über das Ergebnis der Entwicklung gegenüber dem Bundestag auf. Die **elektronische Patientenakte** nach Abs. 3 S. 1 Nr. 4 soll einen systematischen Überblick über die Behandlungsdaten des Versicherten ermöglichen. Da sich ihre Inhalte aus unterschiedlichen Anwendungen zusammensetzen (zB aus Notfalldaten, elektronischen Briefen und sonstigen fall- und einrichtungsübergreifenden Dokumentation gem. § 291 f), ist die Entwicklung der Anwendung komplex. Der Gesetzgeber hat mit Abs. 5 c die Gesellschaft für Telematik beauftragt, die technischen und organisatorischen Voraussetzungen für die Bereitstellung von Daten bis zum 31.12.2018 zu schaffen (S. 1).[75] Abs. 5 c S. 2–3 enthalten dafür nähere Vorgaben.

20 6. **Zuständigkeit für Heilberufs- und Berufsausweise und die Bestätigung von sonstigen Zugriffsberechtigungen (Abs. 5 d).** Abs. 5 d regelt die Zuständigkeit für die Ausgabe elektronischer Heilberufs- und Berufsausweise (Nr. 1), für die Bestätigung der berechtigten Berufsausübung bzw. des Tragens einer geschützten Berufsbezeichnung (Nr. 2 lit. a) und für die Bestätigung einer sonstigen Zugriffsberechtigung (Nr. 2 lit. b). Nach **Abs. 5 d S. 1** sind die **Länder** für die Bestimmung dieser Stellen zuständig, wobei sie für diese Aufgaben auch eine gemeinsame Stelle festlegen können (S. 2). Die Länder haben die Ausgabe der **Heilberufsausweise** für Angehörige eines Kammerberufs und deren Gehilfen über-

---

71 Vgl. BT-Dr. 17/9030, 18 Zu Buchstabe d.
72 Vgl. BT-Dr. 17/9030, 19 li. Spalte.
73 Vgl. BT-Dr. 17/9030, 19 li. Spalte unten.
74 Vgl. BT-Dr. 17/9030, 19 re. Spalte.
75 Vgl. dazu Paland/Holland, NZS 2016, 247, 254.

wiegend durch die Heilberufs-/Kammergesetze auf die Ärztekammern übertragen.[76] Die Ausgabe des **Berufsausweises** in den nichtverkammerten Berufen (zB Pflegekräfte, Hebammen, Physiotherapeuten)[77] soll nach einem Beschluss der 80. Gesundheitsministerkonferenz der Länder durch ein bundesweites elektronisches Gesundheitsberuferegister (eGBr) erfolgen.[78] **S. 3** wurde durch das E-Health-Gesetz (→ Rn. 1) neu aufgenommen. Danach haben die Stellen nach Abs. 5 d S. 1 Nr. 2 bzw. die gemeinsame Stelle an die den Heilberufsausweis und den Berufsausweis ausgebende Stelle die erforderlichen Daten auf Anforderung zu übermitteln. **Abs. 5 d S. 4** dient der Verhinderung des Zugriffsmissbrauchs durch ehemals Zugriffsberechtigte, die ihre Zugriffsberechtigung verloren haben. Mit der Aufhebung der Befugnis zur Berufsausübung, zur Führung der Berufsbezeichnung oder dem Verlust des Zugriffsrechts hat die bestätigende Stelle nach Nr. 2 bzw. S. 2 die den Ausweis herausgebende Stelle in Kenntnis zu setzen. Diese hat die Authentifizierungsfunktion des Ausweises unverzüglich zu sperren, damit die Zugriffsberechtigung entfällt.

X. Löschung von Daten, Zugriffsprotokolle und Missbrauchsschutz (Abs. 6)

Abs. 6 regelt die Löschung von Daten, beinhaltet eine Pflicht zur Protokollierung von Zugriffen für Zwecke der Datenschutzkontrolle und macht Vorgaben für die Verwendung und Sicherung der Protokolldaten. **Abs. 6 S. 1** stellt die Löschung in das alleinige Dispositionsrecht des Versicherten durch eine Pflicht zur Löschung auf Verlangen des Versicherten. **Löschung** ist das Unkenntlichmachen der gespeicherten Daten auf der eGK und erfasst jede Handlung, durch die irreversibel bewirkt wird, dass eine Information nicht länger aus gespeicherten Daten auf der eGK gewonnen werden kann. Dazu zählen das Überschreiben der Daten ebenso wie das Entfernen. **Verlangen** ist der ausdrückliche (auch konkludente eindeutige) Wunsch, dass die Daten gelöscht werden sollen bzw. nicht mehr zu einem der Zwecke des Abs. 3 eingesetzt werden sollen. Abs. 6 S. 2 gewährt den Versicherten ein **eigenes Löschungsrecht** für ärztliche Verordnungen nach Abs. 2 S. 1, für von ihnen selbst über für sie auf der eGK zur Verfügung gestellte Daten (Abs. 3 Nr. 5) sowie für die Erklärungen und Hinweise zur Organ- und Gewebespende und für Hinweise auf Vorsorgevollmachten und Patientenverfügungen (Abs. 3 Nr. 7 bis Nr. 9).

21

Die S. 3 bis 5 des Abs. 6 enthalten Maßnahmen zur Kontrolle und zum Missbrauchsschutz der Daten. Nach S. 3 ist durch technische Vorkehrungen zu gewährleisten, dass mindestens die letzten 50 Zugriffe auf sämtliche Daten nach Abs. 2 und Abs. 3 für Zwecke der Datenschutzkontrolle protokolliert werden. **Technische Vorkehrungen** sind Protokollprogramme, die auf der eGK ablaufen. Sie können das Protokoll des gesamten Zugriffs erlauben: den Zugreifenden, die Zeit und die Daten, auf die zugegriffen wurde. Die Protokollpflicht dient auch der Beweissicherung für im Nachhinein erfolgende Maßnahmen der Datenschutzaufsicht. Damit sichergestellt ist, dass die Daten der eGK nicht aus den Protokollen zu anderen Zwecken als der Kontrolle ausgelesen und verwendet werden, erklärt Abs. 6 S. 4 die Verwendung zu anderen Zwecken für unzulässig. Der Schutz der Protokolldaten wird durch die weiteren technischen Absicherungen des Abs. 6 S. 5 flankiert, nach dem die Protokolldaten durch geeignete Vorkehrungen gegen zweckfremde Verwendung und sonstigen Missbrauch zu schützen sind.

22

XI. Aufbau der Telematikinfrastruktur und Finanzierung (Abs. 7, Abs. 7 a bis 7 e)

1. Aufbau der Telematikinfrastruktur als Aufgabe der Gesellschaft für Telematik. Die eGK erfordert eine „bisher dem Leistungs- und Leistungserbringerrecht unbekannte neue Rechtsinfrastruktur".[79] Abs. 7 S. 1 überträgt die Aufgabe der Entwicklung einer **Telematikinfrastruktur**,[80] die durch S. 1 definiert wird, den Spitzenorganisationen und -verbänden auf Bundesebene, die diese gemäß S. 2 durch die von ihnen zu errichtende Gesellschaft für Telematik (→ § 291 b) wahrnehmen. Die „insbesondere" zu schaffende Infrastruktur umfasst die Entwicklung der eGK ebenso wie die Migrationsfähigkeit der

23

---

76 Vgl. zB § 4 Abs. 1 Nr. 12 Heilberufe-Kammergesetz Baden-Württemberg; § 4 Abs. 1 Nr. 7 Berliner Kammergesetz; § 2 Abs. 1 Nr. 11 HeilBerG Brandenburg; § 8 Abs. 1 Nr. 7 HeilBerG Bremen; § 6 Abs. 1 Nr. 9 HmbKGH; § 5 Abs. 1 Nr. 7 HeilBerG Hessen; § 4 Abs. 1 Nr. 12 HeilBerG Mecklenburg-Vorpommern; § 9 Abs. 1 Nr. 10 HKG Niedersachsen; § 6 Abs. 1 Nr. 11 HeilBerG NRW; § 4 Abs. 1 Nr. 14 SHKG; § 5 Abs. 1 Nr. 12 SächsHKaG; § 5 Abs. 1 Nr. 9 KGHB – LSA; § 3 Abs. 1 Nr. 7 HBKG Schleswig-Holstein; § 5 ABs. 1 Nr. 7 ThürHeilBG.
77 Vgl. dazu Brand, DÄBl. 2013, A 1941.
78 Nähere Informationen zu dem derzeit im Aufbau befindlichen elektronischen Gesundheitsberuferegister (eGBR) sind abrufbar unter http://www.egbr.de/startseite/ (zuletzt abgerufen am 28.4.2014).
79 Pitschas, NZS 2009, 177.
80 Zum Begriff der Telematikinfrastruktur vgl. auch Schütz, MMR 2009, 666, 667.

Karte für zu berücksichtigende Telematikanwendungen.[81] Sie muss zB auch in die Praxisverwaltungssysteme, Apothekenverwaltungssysteme und Krankenhausinformationssysteme integriert werden können. Durch die beispielhafte Aufzählung der Bestandteile der Telematikinfrastruktur („insbesondere") in S. 1 wird deutlich, dass die Gematik zukünftig auch **Anwendungen außerhalb der eGK** für das Gesundheitswesen und für die Gesundheitsforschung entwickeln soll. **Abs. 7 S. 3** normiert für die Verwendung solcher Anwendungen die näheren Voraussetzungen (Nr. 1–3). Da nach dem SGB Vereinbarungen und Regelungen zur elektronischen Datenübermittlung (zB § 295 Abs. 3) getroffen werden müssen, legt S. 4 fest, dass sie mit den Regelungen für die Telematikinfrastruktur, soweit sie berührt werden, vereinbar sein müssen.

24 **2. Finanzierung. Abs. 7** S. 5–8 treffen Regelungen zur Finanzierung der erforderlichen erstmaligen Ausstattungskosten, die den Leistungserbringern in der Festlegungs-, Erprobungs- und Einführungsphase entstehen (S. 5 Nr. 1), zur Kostentragung für den laufenden Betrieb (S. 5 Nr. 2) sowie zur Finanzierung der Gesellschaft für Telematik (S. 6 bis S. 8). Die Finanzierung der erforderlichen erstmaligen Ausstattungskosten nach S. 5 Nr. 1 und der Kosten des laufenden Betriebs nach S. 5 Nr. 2 werden jeweils durch eine **grundlegende Finanzierungsvereinbarung** der in S. 1 genannten Spitzenorganisationen geregelt.[82]

25 Die grundlegende Finanzierungsvereinbarung zu den **erstmaligen Anschaffungskosten** nach **Abs. 7 S. 5 Nr. 1** muss innerhalb einer vom BMG gesetzten Frist zustande kommen (vgl. **Abs. 7d S. 1**). Andernfalls trifft sie der Spitzenverband Bund der Krankenkassen mit den in Abs. 7d S. 1 benannten Spitzenorganisationen. Kommt eine solche Vereinbarung nicht zustande, ist die Vereinbarung schiedsfähig (Abs. 7d S. 2).

26 Die grundlegende Finanzierungsvereinbarung zu den **laufenden Betriebskosten (Abs. 7 S. 5 Nr. 2)** muss wie die Finanzierungsvereinbarung nach Abs. 7 S. 54 Nr. 1 innerhalb einer vom BMG bestimmten Frist zustande kommen (vgl. **Abs. 7e S. 1**). Andernfalls bilden die Spitzenorganisationen nach Abs. 7 S. 1 innerhalb einer Woche nach Fristablauf eine Kommission aus Sachverständigen (Abs. 7e S. 2), die aus den in Abs. 7e S. 3 benannten Mitgliedern einschließlich eines unparteiischen Vorsitzenden besteht. Abs. 7e S. 4–5 treffen nähere Regelungen zur Bildung der Kommission und zur Tragung der Kosten der Kommission. Die Kommission gibt nach S. 6 innerhalb von drei Monaten eine Empfehlung zur Aufteilung der Kosten nach Leistungssektoren ab. Wird die Empfehlung nicht innerhalb eines Monats in einer Vereinbarung nach Abs. 7 S. 5 Nr. 2 berücksichtigt, darf das BMG die Aufteilung durch Rechtsverordnung ohne Zustimmung des Bundesrates festlegen (Abs. 7e S. 8).

27 Die Abs. 7a und 7b regeln die Finanzierung der bei den Krankenhäusern (Abs. 7a) und bei den sonstigen Leistungserbringern (Abs. 7b) entstehenden Kosten.[83] **Abs. 7a** sieht für **Krankenhäuser** einen in der Rechnung des jeweiligen Krankenhauses gesondert auszuweisen Telematikzuschlag vor (S. 1 und S. 2). Das Nähere zur Höhe und Erhebung des Zuschlags ist durch gesonderte Vereinbarung des Spitzenverbands Bund der Krankenkassen und der Deutschen Krankenhausgesellschaft zu regeln (S. 3). Bei Nichteinigung innerhalb der in S. 4 vorgeschriebenen Frist legt die Schiedsstelle nach § 18a Abs. 6 KHG durch Schiedsspruch (Verwaltungsakt) den Inhalt fest. Die Klage gegen den Schiedsspruch hat keine aufschiebende Wirkung (S. 5). S. 6 trifft eine Regelung für die Finanzierung der Investitions- und Betriebskosten nach Abs. 7 S. 4 Nr. 1 und Nr. 2 für die genannten Sonderbereiche.

28 **Abs. 7b** legt fest, dass die benannten **sonstigen Leistungserbringer** (Ärzte, Zahnärzte, Psychotherapeuten, MVZs) zum Ausgleich der Kosten nutzungsbezogene Zuschläge von den Krankenkassen erhalten. Das Nähere zu den Regelungen der Vereinbarung nach Abs. 7 S. 5 Nr. 1 und Nr. 2 wird für diese Leistungserbringer in den Bundesmantelverträgen getroffen (S. 2). Nach S. 3 müssen die KBV und der Spitzenverband Bund der Krankenkassen bis zum 30.9.2017 mit Wirkung ab dem 1.1.2017 die nutzungsbezogenen Zuschläge für die Nutzung der Notfalldaten nach Abs. 3 S. 1 Nr. 1 und für die Nutzung der Daten des Medikationsplans und zur Prüfung der Arzneimittelsicherheit vereinbaren. S. 4 sieht für die Arzneimittelversorgung nähere Regelungen im Rahmenvertrag nach § 129 Abs. 2 vor. Für den Fall, dass eine Vereinbarung nach S. 2 oder S. 4 nicht innerhalb der vorgegebenen Frist zustande kommt, regeln die S. 4 bis S. 7 das weitere Verfahren (Schiedsverfahren mit der Möglichkeit der Klage gegen den als Verwaltungsakt ergehenden Schiedsspruch ohne aufschiebende Wirkung).

---

81 Vgl. BT-Dr. 15/1525, 145 Zu Absatz 7.
82 Begriff der grundlegenden Finanzierungsvereinbarung in Anlehnung an die „grundlegenden Vereinbarungen" bei Luthe in: Hauck/Noftz SGB V § 291a Rn. 24.
83 Zu den Gründen für die Regelungen vgl. ausführlich BDHM eGK, 2007, § 291a B I Rn. 139, 149 ff. und 153 ff.

XII. Absicherung der Zugriffsberechtigung und Neutralitätsgebot (Abs. 8)

Abs. 8 sichert die Zugriffsberechtigung und die Zweckbindung des Zugriffs durch ein Verbotsgesetz (S. 1) und ein Neutralitätsgebot gegenüber dem Versicherten (S. 2) ab. Dadurch soll in sozialen Abhängigkeitsbeziehungen (zB Arbeits- oder Versicherungsverhältnissen) kein Druck auf den Versicherten ausgeübt werden können, einen Zugriff auf Daten zu gestatten, der von § 291a Abs. 1 bis Abs. 5a nicht erlaubt wird.[84] Abs. 8 S. 1 ist ein **Verbotsgesetz** („darf nicht verlangt werden") und begründet eine **strenge Zweckbindung** für die Zugriffe: Vom Karteninhaber darf weder der Zugriff auf Verordnungsdaten (Abs. 2 S. 1 Nr. 1) oder auf Daten nach Abs. 3 S. 1 zu einem anderen Zweck als dem der Versorgung der Versicherten noch der Zugriff durch eine nicht autorisierte Person (→ Abs. 4 S. 1 oder Abs. 5a) verlangt werden. Zum Zweck der Versorgung der Versicherten zählt auch die Abrechnung der zur Versorgung erbrachten Leistungen. Wer eine Gestattung verlangt oder mit dem Inhaber der eGK eine Gestattung vereinbart, die gegen S. 1 verstößt, handelt gemäß § 307 Abs. 1 ordnungswidrig (Sanktion: Geldbuße bis zu 50.000 EUR). Zivilrechtlich ist eine solche Vereinbarung nach § 134 BGB nichtig.[85] **Abs. 8 S. 2** beinhaltet ein **Neutralitätsgebot** bzw. ein **Diskriminierungsverbot**.[86] Versicherte dürfen weder bevorzugt noch benachteiligt werden, weil sie einen Zugriff bewirkt oder verweigert haben.

29

§ 291b Gesellschaft für Telematik

(1) ¹Im Rahmen der Aufgaben nach § 291a Absatz 7 Satz 2 hat die Gesellschaft für Telematik
1. die funktionalen und technischen Vorgaben einschließlich eines Sicherheitskonzepts zu erstellen,
2. Inhalt und Struktur der Datensätze für deren Bereitstellung und Nutzung festzulegen,
3. Vorgaben für den sicheren Betrieb der Telematikinfrastruktur zu erstellen und ihre Umsetzung zu überwachen,
4. die notwendigen Test- und Zertifizierungsmaßnahmen sicherzustellen und
5. Verfahren einschließlich der dafür erforderlichen Authentisierungsverfahren festzulegen zur Verwaltung
   a) der in § 291a Absatz 4 und 5a geregelten Zugriffsberechtigungen und
   b) der Steuerung der Zugriffe auf Daten nach § 291a Absatz 2 und 3.

²Bei der Gestaltung der Verfahren nach Satz 1 Nummer 5 berücksichtigt die Gesellschaft für Telematik, dass die Telematikinfrastruktur schrittweise ausgebaut wird und die Zugriffsberechtigungen künftig auf weitere Leistungserbringergruppen ausgedehnt werden können. ³Soweit bei den Festlegungen und Maßnahmen nach Satz 1 Fragen der Datensicherheit berührt sind, sind diese im Einvernehmen mit dem Bundesamt für Sicherheit in der Informationstechnik zu treffen. ⁴Die Gesellschaft für Telematik hat die Interessen von Patienten zu wahren und die Einhaltung der Vorschriften zum Schutz personenbezogener Daten sowie zur Barrierefreiheit sicherzustellen. ⁵Die Gesellschaft für Telematik hat Aufgaben nur insoweit wahrzunehmen, als dies zur Schaffung einer interoperablen, kompatiblen und sicheren Telematikinfrastruktur erforderlich ist. ⁶Mit Teilaufgaben der Gesellschaft für Telematik können einzelne Gesellschafter oder Dritte beauftragt werden; hierbei sind durch die Gesellschaft für Telematik Interoperabilität, Kompatibilität und das notwendige Sicherheitsniveau der Telematikinfrastruktur zu gewährleisten. ⁷Im Auftrag des Bundesministeriums für Gesundheit nimmt die Gesellschaft für Telematik auf europäischer Ebene Aufgaben wahr, soweit die Telematikinfrastruktur berührt ist oder künftig berührt werden kann. ⁸Das Bundesministerium für Gesundheit kann ihr dabei Weisungen erteilen. ⁹Bis zum 31. Dezember 2017 hat die Gesellschaft für Telematik die Maßnahmen durchzuführen, die erforderlich sind, damit zugriffsberechtigte Ärzte auf die Daten nach § 291a Absatz 3 Satz 1 Nummer 1 zugreifen können. ¹⁰Bis zum 31. Dezember 2017 hat die Gesellschaft für Telematik die Maßnahmen durchzuführen, die erforderlich sind, damit die Daten nach § 291a Absatz 3 Satz 1 Nummer 3 genutzt werden können. ¹¹§ 291 Absatz 2b Satz 7 bis 9 gilt für die Fristen nach den Sätzen 9 und 10 jeweils mit der Maßgabe entsprechend, dass die Ausgaben ab dem Jahr 2018 die Ausgaben des Jahres 2014 abzüglich 1 Prozent nicht überschreiten dürfen. ¹²Bis zum 31. Dezember 2018 hat die Gesellschaft für Telematik die Maßnahmen durchzuführen, die erforderlich sind, damit nach § 291a Ab-

---

84 Vgl. Hornung in: Hänlein/Schuler § 291a Rn. 23.
85 Vgl. Schneider in: Krauskopf SozKV § 291a Rn. 86.
86 Schneider in: Krauskopf SozKV § 291a Rn. 87.

satz 3 Satz 1 Nummer 5 Versicherte selbst Daten zur Verfügung stellen oder Daten für sie zur Verfügung gestellt werden können. [13]Bis zum 31. Dezember 2016 hat die Gesellschaft für Telematik zu prüfen, inwieweit mobile und stationäre Endgeräte der Versicherten zur Wahrnehmung ihrer Rechte, insbesondere der Zugriffsrechte gemäß § 291a Absatz 4 Satz 2, und für die Kommunikation im Gesundheitswesen einbezogen werden können. [14]Über das Ergebnis der Prüfung nach Satz 13 legt die Gesellschaft für Telematik dem Deutschen Bundestag über das Bundesministerium für Gesundheit spätestens bis zum 31. März 2017 einen Bericht vor.

(1a) [1]Die Komponenten und Dienste der Telematikinfrastruktur werden von der Gesellschaft für Telematik zugelassen. [2]Die Zulassung wird auf Antrag des Anbieters einer Komponente oder des Anbieters eines Dienstes erteilt, wenn die Komponente oder der Dienst funktionsfähig, interoperabel und sicher ist. [3]Die Zulassung kann mit Nebenbestimmungen versehen werden. [4]Die Gesellschaft für Telematik prüft die Funktionsfähigkeit und Interoperabilität auf der Grundlage der von ihr veröffentlichten Prüfkriterien. [5]Der Nachweis der Sicherheit erfolgt nach den Vorgaben des Bundesamtes für Sicherheit in der Informationstechnik durch eine Sicherheitszertifizierung. [6]Hierzu entwickelt das Bundesamt für Sicherheit in der Informationstechnik geeignete Prüfvorschriften und veröffentlicht diese im Bundesanzeiger. [7]Das Nähere zum Zulassungsverfahren und zu den Prüfkriterien wird von der Gesellschaft für Telematik in Abstimmung mit dem Bundesamt für Sicherheit in der Informationstechnik beschlossen. [8]Die Gesellschaft für Telematik veröffentlicht eine Liste mit den zugelassenen Komponenten und Diensten. [9]Die für die Aufgaben nach den Sätzen 5, 6 und 12 beim Bundesamt für Sicherheit in der Informationstechnik entstehenden Kosten sind diesem durch die Gesellschaft für Telematik zu erstatten. [10]Die Einzelheiten werden von dem Bundesamt für Sicherheit in der Informationstechnik und der Gesellschaft für Telematik einvernehmlich festgelegt. [11]Die Gesellschaft für Telematik kann eine befristete Genehmigung zur Verwendung von nicht zugelassenen Komponenten und Diensten in der Telematikinfrastruktur erteilen, wenn dies zur Aufrechterhaltung der Funktionsfähigkeit und Sicherheit der Telematikinfrastruktur erforderlich ist. [12]Hinsichtlich der Sicherheit ist die Genehmigung im Einvernehmen mit dem Bundesamt für Sicherheit in der Informationstechnik zu erteilen.

(1b) [1]Die Gesellschaft für Telematik hat eine diskriminierungsfreie Nutzung der Telematikinfrastruktur für Anwendungen nach § 291a Absatz 7 Satz 3 zu gewährleisten. [2]Dabei sind elektronische Anwendungen, die der Erfüllung von gesetzlichen Aufgaben der Kranken- und Pflegeversicherung dienen, vorrangig zu berücksichtigen. [3]Für die Nutzung der Telematikinfrastruktur für Anwendungen nach § 291a Absatz 7 Satz 3 legt die Gesellschaft für Telematik in Abstimmung mit dem Bundesamt für Sicherheit in der Informationstechnik und der oder dem Bundesbeauftragten für den Datenschutz und die Informationsfreiheit die erforderlichen Voraussetzungen bis zum 30. Juni 2016 fest und veröffentlicht diese auf ihrer Internetseite. [4]Die Erfüllung dieser Voraussetzungen muss der Anbieter einer Anwendung gegenüber der Gesellschaft für Telematik in einem Bestätigungsverfahren nachweisen. [5]Die Einzelheiten des Bestätigungsverfahrens sowie die dazu erforderlichen Prüfkriterien legt die Gesellschaft für Telematik in Abstimmung mit dem Bundesamt für Sicherheit in der Informationstechnik bis zum 30. September 2016 fest und veröffentlicht sie auf ihrer Internetseite. [6]Das Bestätigungsverfahren wird auf Antrag eines Anbieters einer Anwendung durchgeführt. [7]Die Bestätigung kann mit Nebenstimmungen versehen werden. [8]Die Gesellschaft für Telematik veröffentlicht eine Liste mit den erteilten Bestätigungen auf ihrer Internetseite. [9]Für Leistungserbringer in der gesetzlichen Kranken- und Pflegeversicherung, die die Telematikinfrastruktur für Anwendungen nach § 291a Absatz 7 Satz 3 nutzen wollen und für die noch keine sicheren Authentisierungsverfahren nach Absatz 1 Satz 1 Nummer 5 festgelegt sind, legt die Gesellschaft für Telematik diese Verfahren in Abstimmung mit dem Bundesamt für Sicherheit in der Informationstechnik fest. [10]Die nach diesem Absatz beim Bundesamt für Sicherheit in der Informationstechnik sowie bei der oder dem Bundesbeauftragten für den Datenschutz und die Informationsfreiheit entstehenden Kosten sind durch die Gesellschaft für Telematik zu erstatten. [11]Die Gesellschaft für Telematik legt die Einzelheiten der Kostenerstattung einvernehmlich jeweils mit dem Bundesamt für Sicherheit in der Informationstechnik sowie der oder dem Bundesbeauftragten für den Datenschutz und die Informationsfreiheit fest.

(1c) [1]Betriebsleistungen sind auf der Grundlage der von der Gesellschaft für Telematik zu beschließenden Rahmenbedingungen zu erbringen. [2]Zur Durchführung des operativen Betriebs der Telematikinfrastruktur vergibt die Gesellschaft für Telematik Aufträge oder erteilt in einem transparenten und diskriminierungsfreien Verfahren Zulassungen; sind nach Absatz 1 Satz 6 erster Halbsatz einzelne Gesellschafter oder Dritte beauftragt worden, so sind die Beauftragten für die Vergabe und für die Erteilung der Zulassung zuständig. [3]Bei der Vergabe von Aufträgen sind abhängig vom Auftragswert die Vorschriften über die Vergabe öffentlicher Aufträge: Teil 4 des Gesetzes gegen Wettbewerbsbeschränkungen sowie die Vergabeverordnung und § 22 der Verordnung über das Haushaltswesen in der Sozialversicherung sowie der Abschnitt 1 des Teils A der Vergabe- und Vertragsordnung für Leistungen (VOL/A) anzuwenden. [4]Für die freihändige Vergabe von Leistungen gemäß § 3 Absatz 5 Buchstabe i der Vergabe- und Vertragsordnung für Leistungen – Teil A (VOL/A) werden die Ausführungsbestimmungen vom Bundesministerium für Gesundheit festgelegt und im Bundesanzeiger veröffentlicht. [5]Bei Zulassungsverfahren nach Satz 2 haben Anbieter von operativen Betriebsleistungen einen Anspruch auf Zulassung, wenn

1. die zu verwendenden Komponenten und Dienste nach den Absätzen 1 a und 1 e zugelassen sind,
2. der Anbieter den Nachweis erbringt, dass die Verfügbarkeit und Sicherheit der Betriebsleistung gewährleistet sind, und
3. der Anbieter sich vertraglich verpflichtet, die Rahmenbedingungen für Betriebsleistungen der Gesellschaft für Telematik einzuhalten.

[6]Die Zulassung kann mit Nebenbestimmungen versehen werden. [7]Die Gesellschaft für Telematik beziehungsweise die von ihr beauftragten Organisationen können die Anzahl der Zulassungen beschränken, soweit dies zur Gewährleistung von Interoperabilität, Kompatibilität und des notwendigen Sicherheitsniveaus erforderlich ist. [8]Die Gesellschaft für Telematik beziehungsweise die von ihr beauftragten Organisationen veröffentlichen

1. die fachlichen und sachlichen Voraussetzungen, die für den Nachweis nach Satz 5 Nr. 2 erfüllt sein müssen, sowie
2. eine Liste mit den zugelassenen Anbietern.

(1 d) [1]Die Gesellschaft für Telematik kann für die Zulassungen und Bestätigungen der Absätze 1 a bis 1 c und 1 e Gebühren und Auslagen erheben. [2]Die Gebührensätze sind so zu bemessen, dass sie den auf die Leistungen entfallenden durchschnittlichen Personal- und Sachaufwand nicht übersteigen. [3]Das Bundesministerium für Gesundheit wird ermächtigt, durch Rechtsverordnung ohne Zustimmung des Bundesrates die gebührenpflichtigen Tatbestände zu bestimmen und dabei feste Sätze oder Rahmensätze vorzusehen sowie Regelungen über die Gebührenentstehung, die Gebührenerhebung, die Erstattung von Auslagen, den Gebührenschuldner, Gebührenbefreiungen, die Fälligkeit, die Stundung, die Niederschlagung, den Erlass, Säumniszuschläge, die Verjährung und die Erstattung zu treffen. [4]Für die Nutzung der Telematikinfrastruktur für Anwendungen nach § 291 a Absatz 7 Satz 3, die nicht in diesem Buch oder im Elften Buch Sozialgesetzbuch geregelt sind, kann die Gesellschaft für Telematik Entgelte verlangen. [5]Der Entgeltkatalog bedarf der Genehmigung des Bundesministeriums für Gesundheit.

(1 e) [1]Die Gesellschaft für Telematik legt bis zum 31. Dezember 2016 sichere Verfahren zur Übermittlung medizinischer Dokumente über die Telematikinfrastruktur in Abstimmung mit dem Bundesamt für Sicherheit in der Informationstechnik und mit der oder dem Bundesbeauftragten für den Datenschutz und die Informationsfreiheit fest und veröffentlicht diese Festlegungen auf ihrer Internetseite. [2]Die Erfüllung dieser Festlegungen muss der Anbieter eines Dienstes für ein Übermittlungsverfahren gegenüber der Gesellschaft für Telematik in einem Zulassungsverfahren nachweisen. [3]Für das Zulassungsverfahren gilt Absatz 1 a. [4]Die für das Zulassungsverfahren erforderlichen Festlegungen sind bis zum 31. März 2017 zu treffen und auf der Internetseite der Gesellschaft für Telematik zu veröffentlichen. [5]Die nach diesem Absatz bei dem Bundesamt für Sicherheit in der Informationstechnik und bei der oder dem Bundesbeauftragten für den Datenschutz und die Informationsfreiheit entstehenden Kosten sind durch die Gesellschaft für Telematik zu erstatten. [6]Die Gesellschaft für Telematik legt die Einzelheiten der Kostenerstattung einvernehmlich mit der oder dem Bundesbeauftragten für den Datenschutz und die Informationsfreiheit fest.

(2) Der Gesellschaftsvertrag bedarf der Zustimmung des Bundesministeriums für Gesundheit und ist nach folgenden Grundsätzen zu gestalten:

1. Die in § 291 a Abs. 7 Satz 1 genannten Spitzenorganisationen sind Gesellschafter der Gesellschaft für Telematik. Die Geschäftsanteile entfallen zu 50 Prozent auf den Spitzenverband Bund der Krankenkassen und zu 50 Prozent auf die anderen in § 291 a Abs. 7 Satz 1 genannten Spitzenorganisationen. Mit Zustimmung des Bundesministeriums für Gesundheit können die Gesellschafter den Beitritt weiterer Spitzenorganisationen der Leistungserbringer auf Bundesebene und des Verbandes der Privaten Krankenversicherung beschließen; im Falle eines Beitritts sind die Geschäftsanteile innerhalb der Gruppen der Kostenträger und Leistungserbringer entsprechend anzupassen;

2. unbeschadet zwingender gesetzlicher Mehrheitserfordernisse entscheiden die Gesellschafter mit der Mehrheit von 67 Prozent der sich aus den Geschäftsanteilen ergebenden Stimmen, soweit nicht der Gesellschaftsvertrag eine geringere Mehrheit vorsieht;
3. das Bundesministerium für Gesundheit entsendet in die Versammlung der Gesellschafter eine Vertreterin oder einen Vertreter ohne Stimmrecht;

(2 a) ¹Die Gesellschaft für Telematik hat einen Beirat einzurichten, der sie in fachlichen Belangen berät. ²Er kann Angelegenheiten von grundsätzlicher Bedeutung der Gesellschafterversammlung der Gesellschaft für Telematik zur Befassung vorlegen und ist vor der Beschlussfassung zu Angelegenheiten von grundsätzlicher Bedeutung zu hören. ³Zu Angelegenheiten von grundsätzlicher Bedeutung gehören insbesondere:
1. Fachkonzepte zu Anwendungen der elektronischen Gesundheitskarte,
2. Planungen und Konzepte für Erprobung und Betrieb der Telematikinfrastruktur sowie
3. Konzepte zur Evaluation von Erprobungsphasen und Anwendungen.

⁴Hierzu sind dem Beirat die entsprechenden Informationen in verständlicher Form so rechtzeitig zur Verfügung zu stellen, dass er sich mit ihnen inhaltlich befassen kann. ⁵Die Gesellschaft für Telematik hat sich mit den Stellungnahmen des Beirats zu befassen und dem Beirat mitzuteilen, inwieweit sie die Empfehlungen des Beirats berücksichtigt. ⁶Der Vorsitzende des Beirats kann an den Gesellschafterversammlungen der Gesellschaft für Telematik teilnehmen. ⁷Der Beirat besteht aus vier Vertretern der Länder, drei Vertretern der für die Wahrnehmung der Interessen der Patienten und der Selbsthilfe chronisch Kranker und behinderter Menschen maßgeblichen Organisationen, drei Vertretern der Wissenschaft, drei Vertretern der für die Wahrnehmung der Interessen der Industrie maßgeblichen Bundesverbände aus dem Bereich der Informationstechnologie im Gesundheitswesen, einem Vertreter der für die Wahrnehmung der Interessen der an der hausarztzentrierten Versorgung teilnehmenden Vertragsärzte maßgeblichen Spitzenorganisation sowie der oder dem Bundesbeauftragten für den Datenschutz und die Informationsfreiheit und der oder dem Beauftragten der Bundesregierung für die Belange der Patientinnen und Patienten. ⁸Vertreter weiterer Gruppen und Bundesbehörden können berufen werden. ⁹Die Mitglieder des Beirats werden von der Gesellschafterversammlung der Gesellschaft für Telematik im Einvernehmen mit dem Bundesministerium für Gesundheit berufen; die Vertreter der Länder werden von den Ländern benannt. ¹⁰Die Gesellschafter, der Geschäftsführer der Gesellschaft für Telematik sowie das Bundesministerium für Gesundheit können an den Sitzungen des Beirats teilnehmen.

(3) ¹Wird die Gesellschaft für Telematik nicht innerhalb einer vom Bundesministerium für Gesundheit gesetzten Frist gegründet oder löst sich die Gesellschaft für Telematik auf, kann das Bundesministerium für Gesundheit eine oder mehrere der in § 291 a Abs. 7 Satz 1 genannten Spitzenorganisationen zur Errichtung der Gesellschaft für Telematik verpflichten; die übrigen Spitzenorganisationen können mit Zustimmung des Bundesministeriums für Gesundheit der Gesellschaft für Telematik als Gesellschafter beitreten. ²Für die Finanzierung der Gesellschaft für Telematik nach Satz 1 gilt § 291 a Absatz 7 Satz 6 bis 8 entsprechend.

(4) ¹Die Beschlüsse der Gesellschaft für Telematik zu den Regelungen, dem Aufbau und dem Betrieb der Telematikinfrastruktur sind dem Bundesministerium für Gesundheit vorzulegen, das sie, soweit sie gegen Gesetz oder sonstiges Recht verstoßen, innerhalb eines Monats beanstanden kann; bei der Prüfung der Beschlüsse hat das Bundesministerium für Gesundheit der oder dem Bundesbeauftragten für den Datenschutz und die Informationsfreiheit Gelegenheit zur Stellungnahme zu geben. ²In begründeten Einzelfällen, insbesondere wenn die Prüfung der Beschlüsse innerhalb von einem Monat nicht abgeschlossen werden kann, kann das Bundesministerium für Gesundheit die Frist vor ihrem Ablauf um höchstens einen Monat verlängern. ³Erfolgt keine Beanstandung, werden die Beschlüsse nach Ablauf der Beanstandungsfrist für die Leistungserbringer und Krankenkassen sowie ihre Verbände nach diesem Buch verbindlich. ⁴Kommen die erforderlichen Beschlüsse nicht innerhalb einer vom Bundesministerium für Gesundheit gesetzten Frist zustande oder werden die Beanstandungen des Bundesministeriums für Gesundheit nicht innerhalb der von ihm gesetzten Frist behoben, so kann das Bundesministerium für Gesundheit den Inhalt der Beschlüsse im Benehmen mit den zuständigen obersten Landesbehörden durch Rechtsverordnung ohne Zustimmung des Bundesrates festlegen oder die Schlichtungsstelle nach § 291 c anrufen. ⁵Die Gesellschaft für Telematik ist verpflichtet, dem Bundesministerium für Gesundheit zur Vorbereitung der Rechtsverordnung unverzüglich nach dessen Weisungen zuzuarbeiten.

(5) Die vom Bundesministerium für Gesundheit und von seinem Geschäftsbereich zur Vorbereitung der Rechtsverordnung nach Absatz 4 veranlassten Kosten sind unverzüglich aus den Finanzmitteln der

Gesellschaft für Telematik zu begleichen; dies gilt auch, soweit Arbeiten zur Vorbereitung der Rechtsverordnung im Rahmen von Forschungs- und Entwicklungstätigkeiten durchgeführt werden.

(6) ¹Soweit von Komponenten und Diensten eine Gefahr für die Funktionsfähigkeit oder Sicherheit der Telematikinfrastruktur ausgeht, ist die Gesellschaft für Telematik in Abstimmung mit dem Bundesamt für Sicherheit in der Informationstechnik befugt, die erforderlichen technischen und organisatorischen Maßnahmen zur Abwehr dieser Gefahr zu treffen. ²Betreiber von nach den Absätzen 1 a und 1 e zugelassenen Diensten und Betreiber von Diensten für nach Absatz 1 b bestätigte Anwendungen haben erhebliche Störungen der Verfügbarkeit, Integrität, Authentizität und Vertraulichkeit dieser Dienste unverzüglich an die Gesellschaft für Telematik zu melden. ³Erheblich sind Störungen, die zum Ausfall oder zur Beeinträchtigung der Sicherheit oder Funktionsfähigkeit der in Satz 2 genannten Dienste oder zum Ausfall oder zur Beeinträchtigung der Sicherheit oder Funktionsfähigkeit der Telematikinfrastruktur führen können oder bereits geführt haben. ⁴Die Gesellschaft für Telematik hat die ihr nach Satz 2 gemeldeten Störungen sowie darüber hinausgehende bedeutende Störungen, die zu beträchtlichen Auswirkungen auf die Sicherheit oder Funktionsfähigkeit der Telematikinfrastruktur führen können oder bereits geführt haben, unverzüglich an das Bundesamt für Sicherheit in der Informationstechnik zu melden. ⁵Die Gesellschaft für Telematik kann zur Gefahrenabwehr im Einzelfall insbesondere Komponenten und Dienste für den Zugang zur Telematikinfrastruktur sperren oder den weiteren Zugang zur Telematikinfrastruktur nur unter der Bedingung gestatten, dass die von der Gesellschaft für Telematik angeordneten Maßnahmen zur Beseitigung der Gefahr umgesetzt werden.

(7) ¹Die Gesellschaft für Telematik kann für Komponenten und Dienste, die die Telematikinfrastruktur nutzen, aber außerhalb der Telematikinfrastruktur betrieben werden, in Abstimmung mit dem Bundesamt für Sicherheit in der Informationstechnik solche Maßnahmen zur Überwachung des Betriebs treffen, die erforderlich sind, um die Sicherheit, Verfügbarkeit und Nutzbarkeit der Telematikinfrastruktur zu gewährleisten. ²Die Gesellschaft für Telematik legt hierzu fest, welche näheren Angaben ihr die Betreiber der Komponenten und Dienste offenzulegen haben, damit die Überwachung durchgeführt werden kann. ³Für die Erstattung der Kosten des Bundesamtes für Sicherheit in der Informationstechnik gilt Absatz 1 a Satz 9 und 10 entsprechend.

Literatur:

Bales/Dierks/Holland/Müller, Die elektronische Gesundheitskarte, 2007; *Bales/Holland*, Zulassungsentscheidungen der gematik – Rechtsanspruch, Rechtsnatur, Rechtsschutz, GesR 2008, 9; *Bales/von Schwanenflügel*, Die elektronische Gesundheitskarte, NJW 2012, 2475; *Byok*, Auftragsvergabe im Gesundheitssektor, GesR 2007, 553; *Engelmann*, Keine Geltung des Kartellvergaberechts für Selektivverträge der Krankenkassen mit Leistungserbringern, SGb 2008, 133; *Goetz*, Gesundheitstelematik zwischen konventioneller Wahrnehmung und neuen Herausforderungen, DuD 2011, 847; *Holland*, Das Verfahren zur Einführung der elektronischen Gesundheitskarte – grundlegende Änderungen durch das Gesetz zur Organisationsstruktur der Telematik im Gesundheitswesen, GesR 2005, 299; *Meister*, Einführung der elektronischen Gesundheitskarte (eGK) im Krankenhaus, 2011; *Menzel*, Informationelle Selbstbestimmung in Projekten der Gesundheits-Telematik, DuD 2006, 148; *Schütz*, Wider das Vergessen: Wettbewerbsrichtlinie verhindert E-Health-Monopol Innovation & Konvergenz, MMR 2009, 666.

I. Entstehungsgeschichte ... 1	3. Beschlussfassung (Abs. 2 Nr. 2) ... 15
II. Bedeutung, Überblick und Regelungsgehalt ... 2	4. Teilnahmerecht des BMG an der Gesellschafterversammlung (Abs. 2 Nr. 3) ... 16
III. Aufgaben der Gesellschaft für Telematik nach Abs. 1 ... 3	5. Bildung eines Beirats mit Beratungsfunktion (Abs. 2 a) ... 17
IV. Zulassung von Komponenten und Diensten, Vergabe und Zulassung von Betriebsleistungen, Vorgaben für den sicheren Austausch medizinischer Dokumente (Abs. 1 a–1 e) ... 6	VI. Verpflichtung zur Neu-Errichtung der Gesellschaft (Abs. 3) ... 19
	VII. Verbindlichkeit der Beschlüsse, Prüfungs-, Beanstandungs- und Ersetzungsrecht des BMG (Abs. 4) ... 20
V. Gestaltungsvorgaben für die Gesellschaft (Abs. 2) ... 12	VIII. Kostenerstattung (Abs. 5) ... 22
1. Gesellschafter (Abs. 2 Nr. 1 S. 1 und S. 2) ... 13	IX. Überwachung des Betriebs und Sicherheitsmaßnahmen (Abs. 6 und Abs. 7) ... 23
2. Geschäftsanteile (Abs. 2 Nr. 1 S. 2) ... 14	

I. Entstehungsgeschichte

1 § 291 b wurde mit Art. 1 Nr. 4 des Gesetzes zur Organisationsstruktur der Telematik im Gesundheitswesen[1] in das SGB V eingefügt (gültig ab 28.6.2005).[2] Durch Art. 256 Nr. 1 der Neunten Zuständigkeitsanpassungs-Verordnung[3] wurde die Vorschrift mit Wirkung zum 8.11.2006 an die Umbenennung der Bundesministerien angepasst. Abs. 1 a, 1 b und 1 c wurden durch Art. 1 Nr. 196 des GKV-WSG[4] mit Wirkung zum 1.4.2007 eingefügt. Zugleich wurden Abs. 2 Nr. 4 und Abs. 4 an die Umbenennung des Bundesbeauftragten für den Datenschutz angepasst. Weitere Änderungen erfuhren Abs. 2 Nr. 1 und Abs. 3 durch das GKV-WSG mit Wirkung zum 1.7.2008. Art. 15 Nr. 13 des Gesetzes zur Änderung arzneimittelrechtlicher und anderer Vorschriften[5] führte mit Wirkung zum 23.7.2009 in Abs. 1 a S. 4 für den Nachweis der Sicherheit eine Sicherheitszertifizierung ein und überantwortete dem Bundesamt für Sicherheit in der Informationstechnik in S. 5 die Entwicklung geeigneter Prüfvorschriften. S. 6 wurde für die Regelung des Näheren zum Zulassungsverfahren und zu den Prüfkriterien aufgenommen. Durch Art. 1 Nr. 5 c des Gesetzes zur Änderung krankenversicherungsrechtlicher und anderer Vorschriften[6] wurden die S. 8 und 9 in Abs. 1 a eingefügt (gültig ab 30.7.2010). Mit Art. 2 Abs. 116 Nr. 1 des Gesetzes zur Änderung von Vorschriften über Verkündung und Bekanntmachung sowie der Zivilprozessordnung, des Gesetzes betreffend die Einführung der Zivilprozessordnung der Abgabenordnung[7] wurde mit Wirkung zum 1.4.2012 in Abs. 1 a und Abs. 1 b die Bekanntmachung im Bundesanzeiger (und nicht mehr im elektronischen Bundesanzeiger) angeordnet. Das E-Health-Gesetz[8] hat die Vorschrift mit Wirkung zum 29.12.2015 weitgehend neu gefasst und um die Abs. 1 d und 1 e, 2 a und 7 erweitert.[9] Die Änderungen in Abs. 1 b S. 3 und S. 4, die Art. 2 Abs. 12 Nr. 13 lit. a und lit. b des Gesetzes zur Modernisierung des Vergaberechts (Vergaberechtsmodernisierungsgesetz – VergRModG)[10] v. 17.2.2016, die mit Wirkung zum 18.4.2016 vorgesehen waren, wurden wegen falscher Absatzbezeichnungen nicht ausgeführt.

II. Bedeutung, Überblick und Regelungsgehalt

2 § 291 b konkretisiert die Aufgaben und die Organisation der Gesellschaft für Telematik (→ § 291 a Abs. 7), die sich „gematik Gesellschaft für Telematikanwendungen der Gesundheitskarte" (im Folgenden: gematik) nennt und am 11.1.2005 in der Rechtsform der GmbH gegründet wurde. Die Gesellschaft soll die Einführung einer sicheren elektronischen Infrastruktur für die eGK und deren Anwendungen beschleunigen.[11] § 291 b ist im Zusammenhang mit § 291 a Abs. 7 zu lesen, der den Aufbau und Betrieb der Telematikinfrastruktur einschließlich der für sie zu treffenden Regelungen als Aufgabe den Spitzenorganisationen überträgt. Mit dem E-Health-Gesetz (→ Rn. 1) hat der Gesetzgeber die Definition der Telematikinfrastruktur in § 291 a Abs. 7 S. 1 erweitert und durch § 291 a Abs. 7 S. 3 auch elektronische Anwendungen im Gesundheitswesen außerhalb der eGK und für die Gesundheitsforschung aufgenommen. Zugleich kommt der gematik für die Integration offener Schnittstellen in informationstechnischen Systemen nach § 291 d, für das Interoperabilitätsverzeichnis nach § 291 e, für die Vereinbarung nach § 291 f, die das Nähere für die Übermittlung elektronsicher Briefe in der vertragsärztlichen Versorgung regelt, sowie für die Vereinbarung nach § 291 g über die technischen Verfahren zur konsiliarischen Befundbeurteilung und zur Videosprechstunde eine zentrale Rolle zu. Der Gesetzgeber des E-Health-Gesetzes hat ihr in all diesen Bereichen entweder konkrete Aufgaben (zB § 291 e) oder zumindest Beteiligungsrechte (zB § 291 d Abs. 2–4, § 291 f Abs. 2 S. 1, § 291 g Abs. 1 S. 1) eingeräumt. Der gematik kommt damit für das Ziel des Gesetzgebers, die sektorale IT-Gliederung des Gesundheitswesens zu überwinden und das Gesundheitssozialrecht an die Erfordernisse einer modernen

---

1 BGBl. I 2005, 1720.
2 Zur Begründung vgl. eingehend BT-Dr. 15/4924, 10 ff. zu Nummer 4; zum Vergleich und weiteren Kontext der Entstehungsgeschichte: BDHM eGK, 2007, § 291 b Rn. 1.
3 BGBl. I 2006, 2407.
4 BGBl. I 2007, 378.
5 BGBl. I 2009, 1990.
6 BGBl. I 2010, 983.
7 BGBl. I 2011, 3044.
8 Gesetz für sichere digitale Kommunikation und Anwendungen im Gesundheitswesen sowie zur Änderung weiterer Gesetze vom 21.12.2015, BGBl. I 2015, 2408.
9 Zur Begründung im Einzelnen vgl. BR-Dr. 257/15, 8 f. und 49–55; BT-Dr. 18/6905, 72.
10 BGBl. I 2016, 203.
11 Vgl. BT-Dr. 15/4924, 9 Zu Buchstabe d: „Die Errichtung der Gesellschaft für Telematik ermöglicht Handlungsfähigkeit, straffe Entscheidungsstrukturen sowie eine rationelle Betriebsführung".

digitalen Datenerhebung, -verarbeitung und -nutzung anzupassen, die zentrale Steuerungsfunktion zu. § 291 b Abs. 1–1 e legen die näheren **Aufgaben der Gesellschaft für Telematik und die Vorgaben für die Verfahrensausgestaltung** fest. Im Einzelnen:
- **Abs. 1** konkretisiert den Aufgabenkatalog des § 291 a Abs. 7,
- **Abs. 1 a** regelt die Zulassung von Komponenten und Diensten,
- **Abs. 1 b** enthält Vorgaben zur Umsetzung der neuen elektronischen Anwendungen außerhalb der eGK nach § 291 a Abs. 7 S. 3,
- **Abs. 1 c** regelt die Vergabe von Betriebsleistungen,
- **Abs. 1 d** bestimmt Gebühren, Auslagen und Entgelte für die Zulassungen und Bestätigungen nach Abs. 1 a–c und für die Nutzung der Telematikinfrastruktur für die zusätzlichen Anwendungen nach § 291 a Abs. 7 S. 3,
- **Abs. 1 e** überträgt der Gesellschaft für Telematik die Aufgabe, funktionale und technische Vorgaben für den sicheren Austausch medizinischer Dokumente festzulegen.

Abs. 2 enthält Gestaltungsvorgaben für den Gesellschaftsvertrag der Gesellschaft für Telematik. Der durch das E-Health-Gesetz neu eingefügte **Abs. 2 a** regelt die Einrichtung des Beirats (früher: § 291 Abs. 2 Nr. 4), dessen Besetzung, Aufgaben und Beteiligungsrechte. **Abs. 3** betrifft den bisher nicht eingetretenen Fall, dass die Gründung der Gesellschaft nicht innerhalb der vom Bundesministerium für Gesundheit gesetzten Frist erfolgt oder dass die Gesellschaft aufgelöst wird. Das Bundesgesundheitsministerium kann die „(Neu)Errichtung"[12] erzwingen. **Abs. 4** beinhaltet ein Beanstandungsrecht für Beschlüsse, die die Gesellschaft zu den Regelungen, dem Aufbau und dem Betrieb der Telematikinfrastruktur fasst, sowie ein Recht zur Ersatzvornahme durch Rechtsverordnung für das Bundesgesundheitsministerium (BMG). **Abs. 5** enthält einen Anspruch des BMG auf Erstattung der zur Vorbereitung der Rechtsverordnung nach Abs. 4 entstandenen Kosten. Der durch das E-Health-Gesetz völlig neu gefasste **Abs. 6** überträgt der Gesellschaft für Telematik die Aufgabe, die erforderlichen Sicherheitsmaßnahmen zu treffen, wenn von Komponenten und Diensten eine Gefahr für die Funktionsfähigkeit oder Sicherheit der Telematikinfrastruktur ausgeht und sieht Meldepflichten für die Betreiber von Diensten nach Abs. 1 a, 1 e und 1 c vor. **Abs. 7** befugt die Gesellschaft zur Überwachung des Betriebs solcher Komponenten und Dienste der Telematikinfrastruktur, die außerhalb dieser Struktur angewendet werden (§ 291 a Abs. 7 S. 3) und zur Ergreifung der erforderlichen Maßnahmen.

III. Aufgaben der Gesellschaft für Telematik nach Abs. 1

Abs. 1 konkretisiert die allgemeine Aufgabenzuweisung des § 291 a Abs. 7 S. 2 für die Gesellschaft für Telematik. Nach **Abs. 1 S. 1 Nr. 1** in der früheren Fassung hatte die Gesellschaft die technischen Vorgaben einschließlich eines Sicherheitskonzeptes zu erstellen. Sie entwickelte dafür zunächst ein Gesamtkonzept („Rahmen und Lösungsarchitektur"),[13] das technische Vorgaben im Sinne „technischer Standards zur Ausgestaltung der Infrastruktur"[14] beinhaltete.[15] Dazu gehören Vorgaben zur Funktionsweise einzelner Komponenten, die in Form von Lasten- und Pflichtenheften und Spezifikationen erfolgen.[16] Der Gesetzgeber des E-Health-Gesetzes hat den Wortlaut der Nr. 1 an diese technischen Entwicklungen angepasst und auch die Erstellung funktionaler Vorgaben zur Aufgabe der Gesellschaft erklärt.[17] Ein weiterer zwingender Teil des Gesamtkonzeptes ist ein Sicherheitskonzept, das – aufbauend auf einer „Bedrohungsanalyse und Schutzbedarfsbetrachtung für die sicherheitskritischen Komponenten und Dienste der Telematikinfrastruktur"[18] – die „Grundsätze des Datenschutzes und der Datensicherheit"[19] enthalten muss. Bestandteil des Sicherheitskonzepts ist eine gemeinsame Sicherheitsrichtlinie für die elektronischen Heilberufs- oder Berufsausweise (§ 291 a Abs. 5 S. 3).[20] Nach **Abs. 1 S. 1 Nr. 2** legt die Gesellschaft Inhalt und Struktur der Datensätze für deren Bereitstellung und Nutzung fest. Der Inhalt der Datensätze wird durch die zulässigen Anwendungen der Karte (vgl. § 291 a Abs. 2

---

12 Spickhoff/Fischinger SGB V § 291 b Rn. 4.
13 BT-Dr. 15/4924, 10.
14 BT-Dr. 15/4924, 10 zu Nummer 4 zu Absatz 1.
15 Vgl. BT-Dr. 15/4924, 10 zu Nummer 4 zu Absatz 1.
16 BT-Dr. 15/4924, 10 zu Nummer 4 zu Absatz 1; Bales/Holland/Pellens, GesR 2008, 9, 10.
17 Vgl. BT-Dr. 18/5293, 47 zu Nummer 12 zu Buchstabe a.
18 BT-Dr. 15/4924, 10 zu Nummer 4 zu Absatz 1.
19 BT-Dr. 15/4924, 10 zu Nummer 4 zu Absatz 1.
20 Vgl. BT-Dr. 15/4924, 10 zu Nummer 4 zu Absatz 1. Die Zertifikate sollen auf die Richtlinie verweisen. Sie soll auch Regelungen für den Verlust des Ausweises oder bei Missbrauchsverdacht treffen.

und Abs. 3) bestimmt. Darüber hinaus hat das E-Health-Gesetz Abs. 1 S. 1 um die Nr. 3–5 erweitert. Von der Überwachungsaufgabe der Nr. 3 sind auch externe Sicherheitsprüfungen und das Anfordern von Berichten umfasst.[21] Die Aufgabenzuweisung der Sicherstellung der notwendigen Test- und Zertifizierungsmaßnahmen, die bereits in der Altfassung des § 291a Abs. 1 S. 1 aE genannt war, erhält nun durch die Einfügung als Nr. 4 eine eigenständige Bedeutung. Zu ihr gehören auch Testmaßnahmen zur sicheren Signierung und Verschlüsselung.[22] Nach Nr. 5 hat die Gesellschaft auch Verfahren einschließlich der dafür erforderlichen Authentisierungsverfahren festzulegen, wobei lit. a und b diese Zuständigkeit auf die dort genannten Fälle begrenzen. S. 2 und S. 3 wurden ebenfalls durch das E-Health-Gesetz neu eingefügt.[23] Zu den in S. 2 genannten **weiteren Leistungserbingergruppen**, auf die die Zugriffsberechtigungen im Zuge des schrittweisen Ausbaus der Telematikinfrastruktur ausgeweitet werden sollen, gehören beispielsweise die Angehörigen nichtakademischer Heilberufe und der Gesundheitshandwerke.[24] S. 3 erlegt der gematik auf, die Festlegungen und Maßnahmen, die nach S. 1 Fragen der Datensicherheit berühren, nur im **Einvernehmen** mit dem Bundesamt für Sicherheit in der Informationstechnik (BSI) zu treffen. Dafür müssen die beabsichtigten Festlegungen und Maßnahmen dem BSI vorgelegt werden und das BSI muss damit einverstanden sein. Eine bloße Beteiligung im Sinne einer unverbindlichen Stellungnahme des BSI genügt nicht.

4 **Abs. 1 S. 4** verpflichtet („hat") die Gesellschaft, die Interessen von Patientinnen und Patienten zu wahren und dabei die Einhaltung der Vorschriften zum **Schutz personenbezogener Daten** sicherzustellen. Der Schutzauftrag erfordert, dass die Komponenten und Dienste, die für die Telematikinfrastruktur zu entwickeln und zuzulassen sind, technische Vorkehrungen aufweisen müssen, mit denen die Einhaltung der Bestimmungen zum Datenschutz sichergestellt wird. Dazu wird die Gesellschaft auf die allgemein im Datenschutzrecht geltenden Grundsätze zu den technischen und organisatorischen Maßnahmen (§ 9 BDSG, § 78a SGB X) aufsetzen können, soweit diese nicht durch § 291a bereits bereichsspezifisch für die eGK ausgeprägt sind. Zu den Rechten der Patientinnen und Patienten gehören vor allem Einsichts-, Sperrungs- und Löschungsrechte.

5 **Abs. 1 S. 5** begrenzt den Aufgabenbereich der Gesellschaft durch einen Erforderlichkeitsvorbehalt: Die Gesellschaft darf die Aufgaben nur insoweit wahrnehmen, wie dies zur Schaffung einer interoperablen und kompatiblen Telematikinfrastruktur erforderlich ist. **Interoperabilität** bedeutet, dass die verschiedenen Dienste und Komponenten zusammenwirken können müssen.[25] **Kompatibel** sind sie, wenn sie miteinander kommunizieren können.[26] Der Begriff der Kompatibilität ist mehrdimensional und umfasst die kommunikationstechnische Kompatibilität (Übertragungsweg), die syntaktische Kompatibilität (Standardisierung der Struktur der Daten zur Sicherstellung ihrer Weiterverarbeitung) und die semantische Kompatibilität (Standardisierung von Inhalten zum Ausschluss von Mehrdeutigkeiten bestimmter Begriffe und Vercodungen).[27] **Abs. 1 S. 6** erlaubt die Beauftragung einzelner Gesellschafter oder Dritter mit Teilaufgaben. Auch in diesen Fällen bleibt die Gewährleistungsverantwortung für die Interoperabilität, Kompatibilität und das notwendige Sicherheitsniveau aber bei der Gesellschaft.[28] S. 7 überträgt der Gesellschaft für Telematik diejenigen Aufgaben auf europäischer Ebene im Auftrag des Bundesministeriums für Gesundheit (BMG) wahrzunehmen, die die Telematikinfrastruktur berühren oder zukünftig berühren werden. Das BMG ist dafür nach S. 8 weisungsbefugt. In den S. 9–14 sind detaillierte Sanktionsmechanismen in Gestalt von Fristsetzungen und Haushaltskürzungen bei Nichteinhaltung der Fristen vorgesehen.

---

21 BT-Dr. 18/5293, 47 zu Nummer 12 zu Buchstabe a.
22 BT-Dr. 18/5293, 47 zu Nummer 12 zu Buchstabe a.
23 Vgl. BT-Dr. 18/5293, 47 zu Buchstabe a.
24 Vgl. BT-Dr. 18/5293, 47 zu Buchstabe a.
25 Vgl. BT-Dr. 15/4924, 10.
26 Vgl. Waschull in: Krauskopf SozKV § 291b Rn. 4.
27 Vgl. ausführlich Waschull in: Krauskopf SozKV 291b Rn. 5.
28 Zu der Verteilung von Teilbereichen der eGK (zB das Notfalldatenmanagement oder die Integration der elektronischen Fallakte) auf einzelner Gesellschafter vgl. Goetz, DuD 2011, 847, 848.

IV. Zulassung von Komponenten und Diensten, Vergabe und Zulassung von Betriebsleistungen, Vorgaben für den sicheren Austausch medizinischer Dokumente (Abs. 1 a–1 e)

Nach **Abs. 1 a** S. 1 bedürfen **Komponenten** (zB die Gesundheitskarte, Kartenlesegeräte/Kartenterminals) und **Dienste** (zB Onlinedienste als Fachdienste oder Zugangsdienste)[29] der Zulassung durch die Gesellschaft für Telematik. Komponenten und Dienste sollen damit offensichtlich nicht von der Gesellschaft selbst, sondern von Anbietern des freien Marktes erbracht werden. Die Zulassung wird auf Antrag des Anbieters erteilt und ist die öffentlich-rechtliche Gestattung zur Erbringung der Leistung, auf die ein Rechtsanspruch („wird erteilt") besteht, wenn die Komponenten und Dienste funktionsfähig, interoperabel (→ Rn. 5) und sicher sind (S. 2). Sie kann nach S. 3 mit Nebenbestimmungen versehen werden (§ 32 Abs. 1 SGB X; zur Befristungsmöglichkeit s. Abs. 1 a S. 11). Der Gesetzgeber wollte dadurch eine befristete Verwendungsgenehmigung ermöglichen, die bis zum Abschluss des zuweilen monatelangen Zulassungsverfahrens den vorläufigen Einsatz gestattet.[30] Hinsichtlich der Sicherheit ist für die Erteilung der Genehmigung das Einvernehmen des BSI (→ Rn. 3) erforderlich (S. 12). Die **Gesellschaft für Telematik** (zur privaten Rechtsform → Rn. 12) wird bei Zulassungsentscheidungen als **Beliehene** tätig,[31] die die Zulassung durch Verwaltungsakt (§ 31 SGB X) gewährt. Sie prüft die Voraussetzungen der Funktionsfähigkeit und Interoperabilität auf der Grundlage von veröffentlichten Prüfkriterien. Die Sicherheit ist durch eine Sicherheitszertifizierung nachzuweisen, für die das Bundesamt für Sicherheit in der Informationstechnik (BSI) geeignete Prüfvorschriften entwickelt (S. 5) und im Bundesanzeiger veröffentlicht (S. 6). Für die Sicherheitszertifizierung gelten Schutzprofile („Protection Profiles")[32] und teilweise auch technische Richtlinien[33] des BSI. S. 7 gestattet der Gesellschaft für Telematik in Abstimmung mit dem BSI eine Konkretisierung („das Nähere") des Zulassungsverfahrens. Erfasst werden Verfahrensgestaltungen, die sich im Rahmen von Abs. 1 c bewegen müssen. Zur Gewährleistung von Transparenz verpflichtet S. 8 die Gesellschaft für Telematik dazu, eine Liste mit den zugelassenen Komponenten und Diensten zu veröffentlichen. S. 9 beinhaltet einen Kostenerstattungsanspruch des BSI gegen die Gesellschaft für Telematik für Kosten, die dem BSI entstanden sind, zB für die Entwicklung von Prüfvorschriften. Die Einzelheiten der Kostenerstattung werden einvernehmlich zwischen dem BSI und der Gesellschaft festgelegt (S. 10).

Abs. 1 b trifft nähere Vorgaben zur Umsetzung der neuen elektronischen Anwendungen außerhalb der eGK (§ 291 a Abs. 7 S. 3). Nach Abs. 1 b S. 2 haben solche elektronischen Anwendungen Vorrang, die der Erfüllung von gesetzlichen Aufgaben der Kranken- und Pflegeversicherung dienen. S. 3 überantwortet die Festlegungen der erforderlichen Voraussetzungen für die Nutzung der Telematikinfrastruktur der gematik in **Abstimmung** mit dem BSI und der/dem Bundesbeauftragten für Datenschutz und Informationsfreiheit. Die Abstimmung soll zwar mehr als ein bloßes Benehmen und die Einigung mit dem BSI „den Regelfall" darstellen.[34] Gleichwohl hat der Gesetzgeber bewusst auf ein Einvernehmenserfordernis verzichtet und fordert im Fall einer Entscheidung gegen das BSI eine gesonderte und nachvollziehbare Dokumentation und Begründung.[35] S. 4 erlegt dem Anbieter einer elektronischen Anwendung die Nachweispflicht für die Erfüllung der Voraussetzungen auf. Die S. 5–11 enthalten weitere Vorgaben zum Verfahren, der Nebenbestimmungsfähigkeit der Erteilung der Bestätigung, zur Veröffentlichungspflicht einer Liste der erteilten Bestätigungen im Internet, zur Festlegung von sicheren Verfahren für Leistungserbringer in der gesetzlichen Kranken- und Pflegeversicherung, zu den Kosten und letztlich zur Kostenerstattung.

---

29 Zu infrastrukturbezogenen Dienstleistungen der Telematikinfrastruktur vgl. Schütz, MMR 2009, 666, 667.
30 BT-Dr. 18/ 5296, 48.
31 Vgl. vertiefend Bales/Holland, GesR 2008, 9, 12 f.; Bales/von Schwanenvogel, NJW 2012, 2475, 2478; Luthe in: Hauck/Noftz SGB V § 291 b Rn. 6; Scholz in: BeckOK SozR SGB V § 291 b Rn. 4.
32 Abrufbar unter https://www.bsi.bund.de/cln_156/DE/Themen/ZertifizierungundAnerkennung/Zertifizierungn achCCundITSEC/SchutzprofileProtectionProfiles/schutzprofileprotectionprofiles_node.html (zuletzt abgerufen am 28.4.2014), zB BSI-CC-PP-0020-V3-2010 für die eGK (Version 2.9), abrufbar unter https://www.bsi.bund .de/SharedDocs/Zertifikate/PP/aktuell/PP_0020+V2+V3.html (zuletzt abgerufen am 28.4.2014); BSI-CC-PP-0032-2007 für Anforderungen an den Chipkartenterminal.
33 BSI TR-03116 „eCard-Projekte der Bundesregierung" und BSI TR-03120 „Sichere Kartenterminalidentität (Betriebskonzept)", beide abrufbar unter http://www.gematik.de/cms/de/zulassung/formularedownload/protec tionprofilestr/protectionprofilestechnischerichtlinienvombsi.jsp (zuletzt abgerufen am 28.4.2014).
34 Vgl. BT-Dr. 18/5293, 49.
35 Vgl. BT-Dr. 18/5293, 49.

8 Der **operative Betrieb** der Komponenten, Dienste und Schnittstellen der Telematikinfrastruktur wird nicht durch die Gesellschaft für Telematik, sondern durch Dritte nach einem Vergabeverfahren erbracht. Die Gesellschaft beschließt nach **Abs. 1 c** S. 1 die Rahmenbedingungen für Betriebsleistungen und verbleibt in ihrer Gewährleistungsverantwortung durch Abs. 1 S. 5 und S. 6. Will die Gesellschaft nicht selbst Betriebsleistungen durch Aufträge vergeben, so kann sie dafür entweder einzelne Gesellschafter oder Dritte (Abs. 1 S. 6) beauftragen. Nach S. 2 vergibt die Gesellschaft zur Durchführung des operativen Betriebs der Telematikinfrastruktur Aufträge und erteilt in einem transparenten und diskriminierungsfreien Verfahren Zulassungen. Da der Gesetzgeber das Zulassungsverfahren nicht für alle Betriebsleistungen für geeignet hielt,[36] hat er sowohl das Vergabeverfahren als auch das Zulassungsverfahren vorgesehen. Für Dienste etwa, die es nur einmal in der Telematikinfrastruktur geben darf (beispielhaft wird eine Zeitstempeluhr genannt), soll das Vergabeverfahren geeigneter sein.[37] Die für die **Vergabe der Aufträge** geltenden Regelungen des Vergaberechts ergeben sich aus S. 3 und S. 4.

9 Nach S. 5 und S. 6 kann die Gesellschaft alternativ zum Vergabeverfahren für operative Betriebsleistungen ein **Zulassungsverfahren** durchführen, wobei ein **Rechtsanspruch** auf die Zulassung besteht, wenn die Vorgaben des S. 5 Nr. 1–3 erfüllt sind. Die Zulassung kann nach S. 6 mit einer Nebenbestimmung (→ § 32 Abs. 1 SGB X) versehen werden. Die Gesellschaft für Telematik oder von ihr beauftragte Organisationen können die Zahl der Zulassungen gemäß S. 7 beschränken, soweit dies zur Gewährleistung von Interoperabilität (→ Rn. 5), Kompatibilität (→ Rn. 5) und des notwendigen Sicherheitsniveaus erforderlich ist. Für den Nachweis nach S. 5 Nr. 2 werden die fachlichen und sachlichen Voraussetzungen durch die Gesellschaft für Telematik oder einer von ihr beauftragten Organisation veröffentlicht (S. 8 Nr. 1). Ebenso wird eine Liste mit den zugelassenen Anbietern publiziert (S. 8 Nr. 2). Die Zulassung ist eine Dienstleistungskonzession nach europäischem Wettbewerbsrecht.[38]

10 **Abs. 1 d** S. 1 ermächtigt die Gesellschaft für Telematik (bzw. von ihr beauftragte Organisationen) **Gebühren** und **Auslagen** für die Zulassungen und Bestätigungen der **Abs. 1 a–c** und **1 e** zu erheben. S. 2 regelt die Gebührenbemessung. S. 3 enthält eine Verordnungsermächtigung für das Bundesministerium für Gesundheit (BMG) zur Regelung der Einzelheiten der Gebührenbemessung und des Verfahrens.[39] Für die Nutzung der Telematikinfrastruktur für **Anwendungen nach § 291 a** Abs. 7 S. 3 kann die Gesellschaft für Telematik **Entgelte** verlangen (S. 4). Der Entgeltkatalog, nach dem die Entgelte zu bemessen sind, bedarf der Genehmigung durch das BMG (S. 5).

11 Nach **Abs. 1 e** S. 1 hat die Gesellschaft für Telematik die Aufgabe, funktionale und technische Vorgaben für den **sicheren Austausch medizinischer Dokumente** festzulegen. Die S. 2–6 regeln die Nachweispflicht der Anbieter im Zulassungsverfahren, die anwendbaren Regelungen für das Zulassungsverfahren, die Veröffentlichung der bis zum 31.3.2017 erforderlichen Festlegungen auf den Internetseiten der gematik sowie die Kosten und die Kostenerstattung.[40]

V. Gestaltungsvorgaben für die Gesellschaft (Abs. 2)

12 Abs. 2 regelt die Gründung der Gesellschaft durch „Gesellschaftsvertrag", benennt die Gesellschafter sowie weitere Grundsätze, die in dem Vertrag umzusetzen sind. Die Rechtsform der Gesellschaft wird durch das Erfordernis eines Gesellschaftsvertrages nur insoweit vorgegeben, als dass eine Körperschaft oder Anstalt des öffentlichen Rechts ausscheidet.[41] Rechtsfaktisch wurde die gematik als GmbH gegründet, die den spezifisch sozialrechtlichen Regelungen wie auch den gesellschafts- und zivilrechtlichen Bestimmungen unterfällt. Zur Kontrolle und Sicherstellung der Aufnahme der Vorgaben der Nr. 1 bis Nr. 3 in den Gesellschaftsvertrag muss dieser dem Bundesgesundheitsministerium vorgelegt werden und bedarf der Zustimmung. Folgende Vorgaben muss der Gesellschaftsvertrag erfüllen:

13 1. **Gesellschafter (Abs. 2 Nr. 1 S. 1 und S. 2).** Abs. 2 Nr. 1 S. 1 benennt die sieben Gründungsgesellschafter. Die Gesellschafter ergeben sich aus § 291 a Abs. 7 S. 1:
- der Spitzenverband Bund der Krankenkassen (§ 217 a),
- die Kassenärztliche Bundesvereinigung (§ 77 Abs. 4 S. 1),
- die Kassenzahnärztliche Bundesvereinigung (§ 77 Abs. 4 S. 1),

---

36 Vgl. BT-Dr. 18/5293, 49 zu Buchstabe d.
37 Vgl. BT-Dr. 18/5293, 49 zu Buchstabe d.
38 Vgl. Luthe in: Hauck/Noftz SGB V § 291 b Rn. 16; vertiefend Schneider in: Krauskopf SozKV § 291 b Rn. 21.
39 BT-Dr. 18/5293, 49 zu Buchstabe e.
40 Vgl. dazu BT-Dr. 18/5293, 50 zu Buchstabe f.
41 Vgl. Bales/Holland/Pellens, GesR 2008, 9, 11.

- die Bundesärztekammer (= die Arbeitsgemeinschaft der Landesärztekammern),[42]
- die Bundeszahnärztekammer,
- die Deutsche Krankenhausgesellschaft eV(§ 108 S. 2),
- der Deutsche Apothekerverband eV als die für die Wahrnehmung der wirtschaftlichen Interessen gebildete Spitzenorganisation der Apotheker auf Bundesebene.

Der Kreis der Gesellschafter kann nach Gründung durch Beitritt **erweitert** werden: auf Seiten der Kostenträger (Spitzenverband Bund der Krankenkassen) durch den Verband der Privaten Krankenversicherung, auf Seiten der Leistungserbringer durch „weitere Spitzenorganisationen der Leistungserbringer" (Nr. 1 S. 2). Voraussetzung für die Erweiterung sind der Mehrheitsbeschluss der Gesellschafter (→ Rn. 15) und die Zustimmung des Bundesgesundheitsministeriums. Zur Auswirkung auf die Geschäftsanteile → Rn. 14.

2. Geschäftsanteile (Abs. 2 Nr. 1 S. 2). Der Spitzenverband Bund der Krankenkassen muss über 50 % der Geschäftsanteile der Gesellschaft verfügen. Die übrigen Gesellschafter auf Seiten der Leistungserbringer teilen die verbleibenden 50 % der Anteile untereinander auf. Die Anteile können sich aber verändern, wenn Gesellschafter beitreten (→ Rn. 13). Sie sind innerhalb der Gruppe, zu der der Beitretende zu rechnen ist, entsprechend zu verteilen bzw. anzupassen (vgl. Nr. 1 S. 2 Hs. 2). 14

3. Beschlussfassung (Abs. 2 Nr. 2). Soweit nicht das Gesetz, zB § 53 Abs. 2 S. 1 GmbHG für Änderungen des Gesellschaftsvertrags einer GmbH, zwingend andere Mehrheitsverhältnisse vorsieht, sind Beschlüsse der Gesellschaftsversammlung mit **qualifizierter Mehrheit von 67 %** der sich aus den Geschäftsanteilen ergebenden Stimmen zu treffen (Nr. 2), nicht also mit 67 % der abgegebenen Stimmen. Diese Regelung ist dispositiv (Nr. 2 Hs. 2: „soweit nicht der Gesellschaftsvertrag eine geringere Mehrheit vorsieht"). 15

4. Teilnahmerecht des BMG an der Gesellschafterversammlung (Abs. 2 Nr. 3). Zu den Gesellschafterversammlungen entsendet das Bundesgesundheitsministerium (BMG) eine Vertreterin oder ein Vertreter, die/der aber kein Stimmrecht hat (Nr. 3). Das BMG kann durch das Teilnahme- und Mitberatungsrecht bereits im Vorfeld zu Beschlüssen nach Abs. 4, die dem BMG als Aufsichtsbehörde vorzulegen sind, auf den Entscheidungsprozess Einfluss nehmen. 16

5. Bildung eines Beirats mit Beratungsfunktion (Abs. 2 a). Abs. 2 a verpflichtet zur Einrichtung eines Beirats, dessen Aufgabe in der **fachlichen Beratung der Gesellschaft** besteht. Die fachliche Beratung erstreckt sich inhaltlich auf alle Aufgaben der Gesellschaft und wird maßgeblich durch die Zusammensetzung der Fachkreise des Beirats bestimmt. Für **Angelegenheiten von grundsätzlicher Bedeutung** hat der Beirat ein Initiativrecht für die Beschlussfassung durch die Gesellschafterversammlung (S. 2). Darüber hinaus muss („ist") er bei solchen Angelegenheiten vor Beschlussfassung gehört werden, so dass bei der Vorbereitung der Gesellschafterversammlungen stets zu prüfen ist, ob ein Anhörungsrecht für den Beirat besteht.[43] Der Begriff der „Angelegenheiten von grundsätzlicher Bedeutung" wird durch S. 3 Nr. 1–3 beispielhaft („insbesondere") definiert. Dem Beirat steht über den Beispielkatalog hinaus ein weiter Spielraum zu. Zur Vorbereitung der Anhörung müssen dem Beirat rechtzeitig vorher Informationen in verständlicher Form zur Verfügung gestellt werden, so dass er sich mit ihnen befassen im Sinne von auseinandersetzen kann (S. 4). S. 5 sieht eine Verpflichtung der Gesellschaft vor, sich mit den Empfehlungen des Beirats zu befassen und dem Beirat mitzuteilen, inwieweit sie die Empfehlungen berücksichtigt. 17

Der Beirat besteht aus **mindestens** den folgenden **15 Mitgliedern**: 18
- vier Vertretern der Länder,
- drei Vertretern von den maßgeblichen Organisationen für die Wahrnehmung der Interessen der Patienten und der Organisationen der Selbsthilfe chronisch kranker und behinderter Menschen,
- drei Vertretern der Wissenschaft (zB Universitäten und wissenschaftlichen Forschungseinrichtungen),
- drei Vertretern von den für die Wahrnehmung der Interessen der Industrie maßgeblichen Bundesverbände aus dem Bereich der Informationstechnologie,

---

42 Vgl. näher zur Rechtsnatur der Bundesärztekammer Rehborn in: Prütting FAnwK MedR MBO Einleitung Rn. 2.
43 Vgl. BDHM eGK, 2007, § 291 b Rn. 52.

- einem Vertreter der Spitzenorganisation der für die Wahrnehmung der Interessen der an der hausarztzentrierten Versorgung (§ 73 b) teilnehmenden Vertragsärzte und
- der/dem Bundesbeauftragten für Datenschutz und Informationsfreiheit.

Der Beirat kann um Vertreter anderer Gruppen (zB Bundesapothekerkammer, Bundespsychotherapeutenkammer) und Bundesbehörden (zB Bundesamt für Sicherheit in der Informationstechnik) erweitert werden (Abs. 2 a S. 8). Mit Ausnahme der Landesvertreter, die von den Ländern benannt werden, werden die Mitglieder durch die Gesellschafterversammlung im Einvernehmen (im Sinne positiver Zustimmung) mit dem Bundesgesundheitsministerium berufen. Die Gesellschafter, der Geschäftsführer und das BMG dürfen an den Sitzungen des Beirats teilnehmen (S. 10).

VI. Verpflichtung zur Neu-Errichtung der Gesellschaft (Abs. 3)

19 Abs. 3 befugt das BMG zu verschiedenen **Maßnahmen der Ersatzvornahme** für die Errichtung und Neuerrichtung der Gesellschaft. Es kann den in § 291 a Abs. 7 S. 1 genannten Spitzenorganisationen eine Frist für die Gründung der Gesellschaft setzen. Läuft die Frist ab, ohne dass die Gesellschaft gegründet ist, darf das BMG eine einzelne oder mehrere (Wahlrecht des BMG) der Spitzenorganisationen zur Errichtung verpflichten. Gleiches gilt, wenn die Gesellschaft zwar gegründet wurde, aber aufgelöst wird. Die Verpflichtung der Spitzenorganisation, die Gesellschaft zu gründen, ist ein Verwaltungsakt. Der Gesellschafterkreis kann auf die übrigen Spitzenorganisationen erweitert werden. Voraussetzung ist die Zustimmung des Bundesgesundheitsministeriums und der Beitritt. S. 2 regelt die Finanzierung der Kosten der errichteten Gesellschaft. Dafür gelten § 291 a Abs. 7 S. 6 bis S. 8 entsprechend.

VII. Verbindlichkeit der Beschlüsse, Prüfungs-, Beanstandungs- und Ersetzungsrecht des BMG (Abs. 4)

20 Abs. 4 sieht für Beschlüsse der Gesellschaft zu den Regelungen, dem Aufbau und dem Betrieb der Telematikinfrastruktur eine **Aufsicht** durch das BMG mit Beanstandungs- und Ersetzungsmöglichkeiten vor. Die in Abs. 4 geregelten Einwirkungsbefugnisse des BMG auf Beschlüsse werden als „spezialgesetzlich geregeltes Mitwirkungsrecht" qualifiziert.[44] Sie gehen jedenfalls dann über eine herkömmliche Rechtsaufsicht hinaus, wenn das BMG einen Beschluss durch Rechtsverordnung ersetzt (→ S. 4) und dementsprechend auch Zweckmäßigkeitserwägungen anstellt.[45] Durchzuführen ist ein **gestuftes Verfahren**. Werden Beschlüsse gefasst, sind sie dem BMG zur Prüfung vorzulegen. Das BMG prüft die Beschlüsse auf Übereinstimmung mit dem Gesetz und sonstigem Recht und kann sie innerhalb eines Monats beanstanden. Das Prüfungsrecht erstreckt sich auf die Einhaltung der Vorschriften des SGB V, SGB I, SGB X sowie auf untergesetzliche Vorschriften (zB die TestV). Der Bundesbeauftragte für Datenschutz und Informationsfreiheit ist bei der Prüfung zwingend („hat") zu beteiligen (Abs. 4 S. 1 Hs. 2). Er hat aber nur ein Stellungnahmerecht. Die Prüffrist kann „in begründeten Einzelfällen" um einen weiteren Monat verlängert werden. Wann ein solcher Einzelfall vorliegt, ist nach dem Sinn und Zweck der Frist zu bestimmen. Diese muss so bemessen sein, dass es dem BMG möglich ist, den Beschluss zu prüfen, die Stellungnahme des Bundesdatenschutzbeauftragten einzuholen und bei der Prüfung zu berücksichtigen. Dies wird regelmäßig innerhalb eines Monats möglich sein. Ein Abweichen von der Regelfrist und damit ein begründeter Einzelfall liegen bei komplexen Sachfragen oder Regelungen und umfangreichen Beschlüssen vor.[46] Wird der Beschluss nicht innerhalb der Frist beanstandet, wird er gemäß S. 3 für die Leistungserbringer und die Krankenkassen sowie ihre Verbände nach dem SGB V verbindlich im Sinne von verpflichtend. Abs. 4 S. 4 regelt die Mittel des BMG für den Fall, dass die Gesellschaft für Telematik die Beschlüsse nicht innerhalb der vom BMG gesetzten Frist fasst oder die Beanstandung des BMG nicht innerhalb der gesetzten Frist behebt. In beiden Varianten ist das BMG berechtigt, die Inhalte der Beschlüsse durch Rechtsverordnung ohne Zustimmung des Bundesrats im Benehmen (→ Rn. 21) mit den zuständigen obersten Landesbehörden festzusetzen. Alternativ kann das BMG ein Schlichtungsverfahren vor der Schlichtungsstelle nach § 291 c einleiten. Durch

---

44 BDHM eGK, 2007, § 291 b Rn. 62; Bales/Holland/Pellens, GesR 2008, 9, 11.
45 Dagegen nehmen Bales/von Schwanenflügel, NJW 2012, 2475, 2479 eine Rechts- und Fachaufsicht über das Zulassungsverfahren und nur eine Rechtsaufsicht über Beschlüsse an; für den Fall der Ersetzung eines Beschluss durch eine Rechtsverordnung sehen Bales/Holland/Pellens, GesR 2008, 9, 11 die Befugnisse des BMG denen gleich, die „klassischerweise im Rahmen einer Fachaufsicht ausgeübt werden"; ebenso Luthe in: Hauck/Noftz SGB V § 291 b Rn. 28.
46 Vgl. BT-Dr. 15/4924, 12.

S. 5 wird die Gesellschaft für Telematik verpflichtet, dem BMG zur Vorbereitung der Rechtsverordnung unverzüglich nach dessen Weisungen zuzuarbeiten.

Die Ersetzung des Inhalts der Beschlüsse durch eine Rechtsverordnung des BMG setzt das Benehmen mit den zuständigen obersten Landesbehörden voraus. Der Begriff des Benehmens (Abs. 4 S. 4) hat im SGB V und der RVO Tradition. Das Gesetz meint damit „eine bestimmte Art der Mitwirkung".[47] **Benehmen** verlangt keine Zustimmung (so das Einvernehmen), aber wiederum auch mehr als eine bloße Anhörung der obersten Landesbehörden.[48] Entsprechend der Auslegung des Begriffs durch das BSG muss das BMG die Rechtsverordnung den obersten Landesbehörden zur Stellungnahme vorlegen, die Stellungnahme in Empfang nehmen, auf „erhebliche Einwände oder Bedenken"[49] eingehen und sich um einen Ausgleich der aufgetretenen Differenzen bemühen.[50] Bei erheblichen Einwänden und Bedenken wird eine „Fühlungnahme"[51] verlangt, „die von dem Willen des Entscheidenden getragen ist, auch die Belange der anderen Seite zu berücksichtigen und sich mit ihr zu verständigen."[52] Für die Herstellung des Benehmens müssen angemessene Fristen gesetzt werden. Sie erfordern, dass die obersten Landesbehörden genügend Zeit haben, die Rechtsverordnung zu prüfen, sich eine Meinung dazu zu bilden und eine Stellungnahme abzugeben.[53] Können die Differenzen trotz eines solchen Bemühens um Ausgleich und Konsens nicht ausgeräumt werden, entscheidet letztlich das BMG. 21

VIII. Kostenerstattung (Abs. 5)

Abs. 5 enthält einen Kostenerstattungsanspruch des BMG. Die für die Vorbereitung der Rechtsverordnung veranlassten Kosten sind dem BMG unverzüglich durch die Gesellschaft für Telematik aus ihren Finanzmitteln zu begleichen (vgl. **Abs. 5 Hs. 1**). Dahinter steht der Verursachergedanke, nach dem das BMG im Fall der Rechtsverordnung eine originäre Aufgabe der Gesellschaft wahrnimmt.[54] Es ist daher sachgerecht, dieser auch die Kostenerstattung aufzuerlegen. Veranlasst sind alle Kosten, die dem BMG oder in seinem Geschäftsbereich für die Vorbereitung der Rechtsverordnung entstanden sind. Kosten, die ohnehin auch bei ordnungsgemäßer Beschlussfassung oder Behebung der Beanstandungen durch die Gesellschaft für Telematik angefallen wären, werden nicht erfasst. Der Kostenerstattungsanspruch erstreckt sich nicht nur auf Verwaltungs- und Personalkosten der Behörde,[55] sondern nach dem 2. Halbsatz ausdrücklich auch auf Arbeiten „im Rahmen von Forschungs- und Entwicklungstätigkeiten", die für die Vorbereitung der Rechtsverordnung durchgeführt werden. 22

IX. Überwachung des Betriebs und Sicherheitsmaßnahmen (Abs. 6 und Abs. 7)

Abs. 6 und Abs. 7 regeln Überwachungsbefugnisse der Gesellschaft für Telematik für den Betrieb von Komponenten und Diensten. **Abs. 6** betrifft die **Betriebsüberwachung der Komponenten und Dienste innerhalb der Anwendungen der eGK**. Er überträgt der Gesellschaft für Telematik die Aufgabe, die erforderlichen Sicherheitsmaßnahmen zu treffen, wenn von Komponenten und Diensten eine Gefahr für die Funktionsfähigkeit oder Sicherheit der Telematikinfrastruktur ausgeht (S. 1) und sieht in S. 2 Meldepflichten für die Betreiber von Diensten nach Abs. 1a, 1e und 1c für erhebliche Störungen (Definition → Abs. 6 S. 3) vor. Die gematik muss die gemeldeten Störungen sowie darüber hinausgehende Störungen – also solche, die sie selbst feststellt – unverzüglich an das Bundesamt für Sicherheit in der Informationstechnik melden (S. 4). Zur Gefahrenabwehr im Einzelfall kann die die entsprechende Störung auslösende Komponente bzw. der Dienst gesperrt werden, wobei die Sperrung mit Blick auf den für den jeweiligen Anbieter maßgeblichen Grundrechtseingriff verhältnismäßig sein muss. Ein milderes Mittel ist die Anordnung von Maßnahmen zur Beseitigung der Gefahr durch die gematik gegenüber dem konkreten Anbieter, verknüpft mit der Bedingung, dass nach erfolgreicher Umsetzung der Zugang gestattet ist. **Abs. 7** befugt die Gesellschaft zur Überwachung des Betriebs solcher **Komponenten und Dienste der Telematikinfrastruktur, die außerhalb dieser Struktur angewendet werden** (§ 291a Abs. 7 23

---

47 BSG, 24.8.1994, 6 RKa 15/93, BSGE 75, 37, 40 f.
48 Vgl. BSG, 21.1.1969, 6 RKa 27/67, BSGE 29, 111, 113; BSG, 24.8.1994, 6 RKa 15/93, BSGE 75, 37, 40 f.
49 BSG, 21.1.1969, 6 RKa 27/67, BSGE 29, 111, 113.
50 Vgl. BSG, 21.1.1969, 6 RKa 27/67, BSGE 29, 111, 113; BSG, 24.8.1994, 6 RKa 15/93, BSGE 75, 37, 40 f.; BSG, 7.2.1996, 6 RKa 68/94, BSGE 77, 288, 290.
51 BSG, 21.1.1969, 6 RKa 27/67, BSGE 29, 111, 113; BSG, 24.8.1994, 6 RKa 15/93, BSGE 75, 37, 40 f.
52 BSG, 24.8.1994, 6 RKa 15/93, BSGE 75, 37, 40 f.
53 Vgl. BSG, 24.8.1994, 6 RKa 15/93, BSGE 75, 37, 40 f.
54 Vgl. BT-Dr. 15/4924, 12 Zu Absatz 5.
55 Vgl. BDHM eGK, 2007, § 291 b Rn. 79.

S. 3) und zur Ergreifung der erforderlichen Maßnahmen. Für diese Komponenten und Dienste kann die Gesellschaft für Telematik nur in Abstimmung (Begriff → Rn. 7) mit dem Bundesamt für Sicherheit in der Informationstechnik Überwachungsmaßnahmen für den Betrieb treffen, die erforderlich sind, um die Sicherheit, Verfügbarkeit und Nutzbarkeit der Telematikinfrastruktur zu gewährleisten. Die Art und der Umfang der Maßnahmen sollen sich auf rein betriebstechnische Daten der jeweiligen Anwendungen an den technischen Schnittstellen zur Telematikinfrastruktur beziehen.[56] Beispielhaft dafür nennt der Gesetzgeber die „Konformität der Netzwerkprotokolle, Datenpakete, Reaktionszeiten, o.ä."[57] Nicht von der Überwachung erfasst werden anwendungsbezogene Inhalte.[58] S. 2 überlässt der Gesellschaft für Telematik die Festlegung, welche näheren Angaben ihr die Betreiber der Komponenten und Dienste offenzulegen haben, um die Überwachung durchführen zu können. S. 3 ist eine Kostenregelung.

§ 291c Schlichtungsstelle der Gesellschaft für Telematik

(1) Bei der Gesellschaft für Telematik ist eine Schlichtungsstelle einzurichten.

(2) ¹Die Schlichtungsstelle hat einen unparteiischen Vorsitzenden. ²Über den unparteiischen Vorsitzenden sollen sich die Gesellschafter der Gesellschaft für Telematik einigen. ³Kommt nach Fristsetzung durch das Bundesministerium für Gesundheit keine Einigung zustande, benennt das Bundesministerium für Gesundheit den Vorsitzenden.

(3) ¹Der Spitzenverband Bund der Krankenkassen kann einen Vertreter als Mitglied der Schlichtungsstelle benennen, die übrigen in § 291a Absatz 7 Satz 1 genannten Gesellschafter der Gesellschaft für Telematik können einen gemeinsamen Vertreter als Mitglied der Schlichtungsstelle benennen. ²Die Amtsdauer der Mitglieder der Schlichtungsstelle beträgt zwei Jahre. ³Wiederbenennung ist zulässig.

(4) Die Schlichtungsstelle gibt sich eine Geschäftsordnung, die der Genehmigung durch das Bundesministerium für Gesundheit bedarf.

(5) ¹Die Selbstverwaltungsorganisationen tragen die Kosten für die von ihnen benannten Vertreter jeweils selbst. ²Die Kosten für den unparteiischen Vorsitzenden sowie die sonstigen Kosten der Schlichtungsstelle werden aus den Finanzmitteln der Gesellschaft für Telematik finanziert.

(6) ¹Erhält ein Beschlussvorschlag zu den Regelungen, zum Aufbau und zum Betrieb der Telematikinfrastruktur nach § 291b Absatz 4 Satz 1 in der Gesellschafterversammlung oder in anderen Beschlussgremien der Gesellschafter der Gesellschaft für Telematik nicht die für eine Beschlussfassung erforderliche Mehrheit, so wird ein Schlichtungsverfahren zu den Inhalten des Beschlussvorschlags eingeleitet, wenn mindestens 50 Prozent der Gesellschafter der Gesellschaft für Telematik oder das Bundesministerium für Gesundheit ein solches beantragen. ²Bei Beschlussvorschlägen zu § 291 Absatz 2b Satz 6 und zu § 291b Absatz 1 Satz 9 gilt Satz 1 mit der Maßgabe, dass jede der in § 291 Absatz 2b Satz 7 genannten Organisationen das Schlichtungsverfahren einleiten kann.

(7) ¹Innerhalb von vier Wochen nach Einleitung des Schlichtungsverfahrens hat die Geschäftsführung der Gesellschaft für Telematik eine Gesellschafterversammlung einzuberufen. ²Die Schlichtungsstelle hat zur Gesellschafterversammlung einen Entscheidungsvorschlag vorzulegen. ³Erhält bei der Gesellschafterversammlung kein Vorschlag die erforderliche Mehrheit, entscheidet die Schlichtungsstelle innerhalb von zwei Wochen nach der Gesellschafterversammlung. ⁴Jedes Mitglied der Schlichtungsstelle hat eine Stimme. ⁵Die Schlichtungsstelle entscheidet mit einfacher Stimmenmehrheit. ⁶Ergibt sich keine Mehrheit, gibt die Stimme des unparteiischen Vorsitzenden den Ausschlag.

(8) ¹Die Gesellschaft für Telematik oder die von ihr beauftragten Organisationen sind verpflichtet, der Schlichtungsstelle nach deren Vorgaben unverzüglich zuzuarbeiten. ²Der unparteiische Vorsitzende kann an den Gesellschafterversammlungen der Gesellschaft für Telematik teilnehmen.

(9) ¹Die Entscheidung der Schlichtungsstelle ist dem Bundesministerium für Gesundheit zur Prüfung vorzulegen. ²Bei der Prüfung der Entscheidung hat das Bundesministerium für Gesundheit der oder dem Bundesbeauftragten für den Datenschutz und die Informationsfreiheit Gelegenheit zur Stellungnahme zu geben. ³Das Bundesministerium für Gesundheit kann die Entscheidung, soweit sie gegen Gesetz oder sonstiges Recht verstößt, innerhalb von einem Monat beanstanden. ⁴Werden die Beanstan-

---

56 BT-Dr. 18/5293, 51.
57 BT-Dr. 18/5293, 51.
58 BT-Dr. 18/5293, 51.

dungen nicht innerhalb einer vom Bundesministerium für Gesundheit gesetzten Frist behoben, so kann das Bundesministerium für Gesundheit anstelle der Schlichtungsstelle entscheiden. ⁵Die Gesellschaft für Telematik ist verpflichtet, dem Bundesministerium für Gesundheit zur Vorbereitung seiner Entscheidung unverzüglich nach dessen Weisungen zuzuarbeiten. ⁶Die Entscheidungen nach den Sätzen 1 und 4 sind für alle Gesellschafter, für die Leistungserbringer und Krankenkassen sowie für ihre Verbände nach diesem Buch verbindlich; sie können nur durch eine alternative Entscheidung der Gesellschafterversammlung der Gesellschaft für Telematik in gleicher Sache ersetzt werden.

Literatur:

Buchner, Datenschutz und Datensicherheit in der digitalisierten Medizin, MedR 2016, 660; *Paland/Holland*, Das Gesetz für sichere digitale Kommunikation und Anwendungen im Gesundheitswesen, NZS 2016, 247.

I. Entstehungsgeschichte, Kontext und Zielsetzung

§ 291 c wurde durch Art. 1 Nr. 13 des Gesetzes über die Kommunikation und Anwendungen im Gesundheitswesen sowie zur Änderung weiterer Gesetze vom 21.12.2015[1] (**E-Health-Gesetz**) mit Wirkung zum 29.12.2015 in das SGB V eingefügt. Zum Regelungskontext → § 291 Rn. 3. Der Gesetzgeber nimmt mit § 291 c die positiven Erfahrungen auf, die die Gesellschaft für Telematik (gematik) mit der Schlichtungsstelle nach § 7 der Verordnung über Testmaßnahmen für die Einführung der elektronischen Gesundheitskarte in der Testphase gesammelt hat.[2] Die Bewährung dieser Schlichtungsstelle in der Testphase hat ihn dazu bewogen, auch für die Wirkphase eine Schlichtungsstelle einzurichten.[3] Die Schlichtungsstelle soll nach der langen Tradition der Verzögerungen[4] bei der Entwicklung und dem sog Rollout der eGK gemeinsam mit den Sanktionsmöglichkeiten des § 291 Abs. 2 b S. 6–9 die Einführung des online-Versichertenstammdatenmanagements beschleunigen (→ § 291 Rn. 10). Die Beschleunigung ergibt sich aus der Vier-Wochen-Frist für die Einberufung einer Gesellschafterversammlung des Abs. 7 S. 1, die einen Entscheidungsvorschlag für das online-Versichertenstammdatenmanagement beschließen kann. Abs. 1–5 betreffen die Einrichtung, Zusammensetzung und Arbeitsweise der Schlichtungsstelle. Abs. 6 regelt die Anrufungsberechtigung, Abs. 7 den Ablauf des Schlichtungsverfahrens, Abs. 8 eine Zuarbeitsverpflichtung für die gematik und die von ihr beauftragten Organisationen. Abs. 9 beinhaltet für die Entscheidungen der Schlichtungsstelle ein Prüfungs- und Beanstandungsrecht des Bundesministeriums für Gesundheit (BMG).

II. Errichtung, Zusammensetzung und Arbeitsweise

Abs. 1 ordnet die Einrichtung der Schlichtungsstelle an. Nach Abs. 2 hat die Schlichtungsstelle einen unparteiischen Vorsitzenden (S. 1), der durch die Gesellschafter der Gesellschaft für Telematik (§ 291 a Abs. 7 S. 1) bestimmt wird. Können sich die Gesellschafter nicht einigen, so setzt das Bundesministerium für Gesundheit eine Frist und bestimmt nach deren Ablauf den Vorsitzenden (Abs. 2 S. 3). Die Schlichtungsstelle besteht neben dem unparteiischen Vorsitzenden aus einem Vertreter der Kostenträgerseite, der durch den GKV-Spitzenverband Bund der Krankenkassen benannt wird und aus einem von den übrigen Gesellschaftern (§ 291 a Abs. 7 S. 1) gemeinsam zu bestimmenden Vertreter (§ 291 c Abs. 3). Die Mitglieder können nach der zweijährigen Amtszeit (Abs. 3 S. 2) wieder benannt werden (Abs. 3 S. 4). Die Kosten für den eigenen Vertreter trägt die jeweilige „Bank" der Schlichtungsstelle (Abs. 5 S. 1), die Kosten für den unparteiischen Vorsitzenden und die übrigen Kosten werden durch die Gesellschaft für Telematik finanziert (Abs. 5 S. 2). Abs. 4 verpflichtet die Schlichtungsstelle, sich eine Geschäftsordnung zu geben, die durch das BMG zu genehmigen ist.

III. Anrufungsberechtigung, Verfahren, Beteiligung des BMG

Abs. 6 S. 1 und S. 2 regeln die **Anrufungsberechtigten** der Schlichtungsstelle nicht abschließend. Die Regelung unterscheidet zwischen zwei Fällen: Kommt ein nach § 291 b Abs. 4 S. 1 erforderlicher Beschluss zum Aufbau und zum Betrieb der Telematikinfrastruktur in der gematik oder einem anderen

---

[1] BGBl. I 2015, 2408.
[2] Vgl. BT-Dr. 18/5293, 51.
[3] Vgl. BT-Dr. 18/5293, 51.
[4] Zu den Verzögerungen vgl. Buchner, MedR 2016, 660, 663; zur Beschleunigungsfunktion vgl. Paland/Holland, NZS 2016, 247, 252.

Beschlussgremium der Gesellschaft nicht zustande, so kann das Schlichtungsverfahren durch mindestens 50 % der Gesellschafter oder das BMG eingeleitet werden (Abs. 6 S. 1). Der zweite Fall betrifft Beschlüsse zu den erforderlichen Maßnahmen für die Einführung des online-Abgleichs der Versichertenstammdaten (dazu → § 291 Rn. 10 und § 291 b Abs. 1 S. 9). Weitere Fälle für die Einleitung eines Schlichtungsverfahrens sind § 291 b Abs. 4 S. 4 (Antragsrecht für das BMG), § 31 a Abs. 4 S. 3 (Antragsrecht für jeden Vertragspartner und das BMG) und § 291 g Abs. 2 S. 1 (Antragsrecht jedes Vertragspartners).

4 Voraussetzung für das Schlichtungsverfahren ist, dass die jeweiligen Beschlüsse nicht zustande gekommen sind. Innerhalb von vier Wochen nach Einleitung des Schlichtungsverfahrens muss die Gesellschafterversammlung einberufen werden (Abs. 7 S. 1), um über einen innerhalb dieses Zeitraums durch die Schlichtungsstelle vorzubereitenden Entscheidungsvorschlag zu beschließen (Abs. 7 S. 2). Kann sich die Gesellschafterversammlung nicht mit der erforderlichen Mehrheit auf einen Beschluss einigen, so entscheidet die Schlichtungsstelle innerhalb von zwei Wochen nach der Gesellschafterversammlung (Abs. 7 S. 3). Für die Entscheidung genügt die einfache Mehrheit (S. 4), bei Stimmengleichheit entscheidet die Stimme des unparteiischen Vorsitzenden (S. 5).

5 Abs. 9 regelt die Beteiligung des BMG. Ihm sind die Entscheidungen der Schlichtungsstelle zu Prüfung vorzulegen. Die S. 2–6 gewähren dem Bundesbeauftragten für den Datenschutz und die Informationsfreiheit das Recht zur Stellungnahme und sehen bei Rechtsverstößen einer Entscheidung der Schlichtungsstelle ein Beanstandungs- und Ersetzungsrecht des BMG vor.

§ 291 d Integration offener Schnittstellen in informationstechnische Systeme

(1) In informationstechnische Systeme, die zum Erheben, Verarbeiten und Nutzen von personenbezogenen Patientendaten eingesetzt werden in
1. der vertragsärztlichen Versorgung,
2. der vertragszahnärztlichen Versorgung und
3. Krankenhäusern,

sollen so bald wie möglich offene und standardisierte Schnittstellen zur systemneutralen Archivierung von Patientendaten sowie zur Übertragung von Patientendaten bei einem Systemwechsel integriert werden.

(2) ¹Für die in der vertragsärztlichen Versorgung eingesetzten informationstechnischen Systeme trifft die Kassenärztliche Bundesvereinigung im Benehmen mit der Gesellschaft für Telematik sowie den für die Wahrnehmung der Interessen der Industrie maßgeblichen Bundesverbänden aus dem Bereich der Informationstechnologie im Gesundheitswesen die erforderlichen Festlegungen zu den offenen und standardisierten Schnittstellen. ²Die Kassenärztliche Bundesvereinigung bestätigt auf Antrag eines Anbieters eines informationstechnischen Systems, dass das System die Festlegungen nach Satz 1 erfüllt. ³Sie veröffentlicht eine Liste mit den bestätigten informationstechnischen Systemen.

(3) ¹Für die in der vertragszahnärztlichen Versorgung eingesetzten informationstechnischen Systeme trifft die Kassenzahnärztliche Bundesvereinigung im Benehmen mit der Gesellschaft für Telematik sowie den für die Wahrnehmung der Interessen der Industrie maßgeblichen Bundesverbänden aus dem Bereich der Informationstechnologie im Gesundheitswesen die erforderlichen Festlegungen zu den offenen und standardisierten Schnittstellen. ²Die Kassenzahnärztliche Bundesvereinigung bestätigt auf Antrag eines Anbieters eines informationstechnischen Systems, dass das System die Festlegungen nach Satz 1 erfüllt. ³Sie veröffentlicht eine Liste mit den bestätigten informationstechnischen Systemen.

(4) ¹Für die in den Krankenhäusern eingesetzten informationstechnischen Systeme trifft die Deutsche Krankenhausgesellschaft im Benehmen mit der Gesellschaft für Telematik sowie den für die Wahrnehmung der Interessen der Industrie maßgeblichen Bundesverbänden aus dem Bereich der Informationstechnologie im Gesundheitswesen die erforderlichen Festlegungen zu den offenen und standardisierten Schnittstellen. ²Die Deutsche Krankenhausgesellschaft bestätigt auf Antrag eines Anbieters eines informationstechnischen Systems, dass das System die Festlegungen nach Satz 1 erfüllt. ³Sie veröffentlicht eine Liste mit den bestätigten informationstechnischen Systemen.

(5) Die nach den Absätzen 2 bis 4 für die Festlegung zuständigen Organisationen stimmen sich mit dem Ziel ab, bei inhaltlichen Gemeinsamkeiten der Schnittstellen sektorübergreifende einheitliche Vorgaben zu treffen.

(6) Die nach den Absätzen 2 bis 4 getroffenen Festlegungen sind in das Interoperabilitätsverzeichnis nach § 291 e aufzunehmen.

§ 291 d wurde durch Art. 1 Nr. 13 des Gesetzes über die Kommunikation und Anwendungen im Gesundheitswesen sowie zur Änderung weiterer Gesetze vom 21.12.2015[1] (**E-Health-Gesetz**) mit Wirkung zum 29.12.2015 in das SGB V eingefügt. Zum Regelungskontext → § 291 Rn. 3. Die Regelung soll es erleichtern, die vielfach sehr unterschiedlich aufgebauten Informationsverwaltungssysteme, die für die Erhebung, Verarbeitung und Nutzung von Patientendaten durch die Vertrags(zahn)ärzte und Krankenhäuser eingesetzt werden, für die Datenüberführung kompatibler zu gestalten. Der Gesetzgeber hat dieses Problem insbesondere für die aufgrund berufsrechtlicher und vertragsarztrechtlicher Aufbewahrungspflichten[2] archivierten Patientendaten für regelungsbedürftig gehalten.[3] Um die Überführung und Archivierung der personenbezogenen Patientendaten bei einem Systemwechsel zu erleichtern, sollen (= Appell)[4] nach § 291 Abs. 1 schnellstmöglich offene und standardisierte Schnittstellen integriert werden.

Die Abs. 2–4 bestimmen die Festlegungen für die informationstechnischen Systeme im jeweiligen Bereich und die festlegenden Institutionen (Abs. 2 für den vertragsärztlichen Bereich: die KBV → § 77 Abs. 4, Abs. 3 für den vertragszahnärztlichen Bereich: die KZBV → § 77 Abs. 4, Abs. 4 für die Krankenhäuser: die Deutsche Krankenhausgesellschaft → § 108 a S. 2). Die Festlegungen zu den offenen und standardisierten Schnittstellen dürfen jeweils nur **im Benehmen** mit der Gesellschaft für Telematik (§ 291 a Abs. 7 S. 1, 2, § 291 b) sowie den für die Wahrnehmung der Interessen der Industrie maßgeblichen Berufsverbänden aus dem Bereich der Informationstechnologie getroffen werden. Das Benehmen ist hergestellt, wenn die Festlegungen der gematik und den maßgeblichen Berufsverbänden vorgelegt wurden und diese dazu Stellung nehmen konnten. Die jeweiligen festlegenden Institutionen der Abs. 2, 3 und 4 haben weiterhin die Aufgabe, einem Anbieter eines informationstechnischen Systems auf dessen Antrag hin die Einhaltung der Festlegungen zu bestätigen (Abs. 2 S. 2, Abs. 3 S. 2, Abs. 4 S. 2). Der Begriff des **Anbieters** ist weit gefasst. Zu ihnen gehören nach dem Willen des Gesetzgebers auch Hersteller, Zwischenhändler und Lieferanten.[5] Für jeden Versorgungsbereich ist die Liste mit den bestätigten informationstechnischen Systemen zu veröffentlichen (Abs. 2 S. 3, Abs. 3 S. 3, Abs. 4 S. 3). Der Bestätigung kommt dabei allein die Funktion eines Gütesiegels zu.[6] Abs. 5 beinhaltet ein Abstimmungsgebot für die festlegenden Institutionen, um bei Schnittmengen möglichst einheitliche Schnittstellenfestlegungen und damit eine die Versorgungssektoren übergreifende Kompatibilität zu erreichen. Abs. 6 bestimmt, dass die nach den Abs. 2–4 getroffenen Festlegungen in das Interoperabilitätsverzeichnis nach § 291 e aufzunehmen sind.

§ 291 e Interoperabilitätsverzeichnis

(1) ¹Die Gesellschaft für Telematik hat bis zum 30. Juni 2017 ein elektronisches Interoperabilitätsverzeichnis für technische und semantische Standards, Profile und Leitfäden für informationstechnische Systeme im Gesundheitswesen aufzubauen und dieses Interoperabilitätsverzeichnis zu pflegen und zu betreiben. ²Das Interoperabilitätsverzeichnis dient der Förderung der Interoperabilität zwischen informationstechnischen Systemen.

(2) Das Interoperabilitätsverzeichnis ist für die Nutzung öffentlich zur Verfügung zu stellen.

(3) ¹Die Gesellschaft für Telematik erstellt hinsichtlich des Interoperabilitätsverzeichnisses eine Geschäfts- und Verfahrensordnung. ²Die Geschäfts- und Verfahrensordnung bedarf der Genehmigung durch das Bundesministerium für Gesundheit. ³Sie ist dem Bundesministerium für Gesundheit spätestens zwölf Monate nach Inkrafttreten dieses Gesetzes vorzulegen. ⁴Die Geschäfts- und Verfahrensordnung regelt das Nähere
1. zum Aufbau, zur Pflege und zum Betrieb sowie zur Nutzung des Interoperabilitätsverzeichnisses,

---

1 BGBl. I 2015, 2408.
2 § 10 Musterberufsordnung für Ärzte: 10 Jahre; § 57 Abs. 2 BMV-Ä: 10 Jahre, längere Fristen nach der Röntgenverordnung und dem Transfusionsgesetz.
3 Vgl. BT-Dr. 18/5293, 52.
4 Wie hier Hornung in: Hänlein/Schuler § 291 d Rn. 1.
5 Vgl. BT-Dr. 18/5293, 52.
6 Vgl. BT-Dr. 18/5293, 52.

2. zur Benennung der Experten und zu deren Kostenerstattung nach Absatz 5,
3. zum Verfahren der Aufnahme von Informationen nach den Absätzen 7 bis 9 in das Interoperabilitätsverzeichnis sowie
4. zum Verfahren der Aufnahme von Informationen in das Informationsportal nach Absatz 11.

(4) ¹Für die Aufnahme von Informationen nach Absatz 8 in das Interoperabilitätsverzeichnis kann die Gesellschaft für Telematik Entgelte verlangen. ²Der Entgeltkatalog bedarf der Genehmigung durch das Bundesministerium für Gesundheit.

(5) ¹Die Gesellschaft für Telematik benennt mit Zustimmung des Bundesministeriums für Gesundheit Experten, die über Fachwissen im Bereich der Gesundheitsversorgung und im Bereich der Informationstechnik und Standardisierung im Gesundheitswesen verfügen. ²Die Experten sind aus folgenden Gruppen auszuwählen:
1. Anwendern informationstechnischer Systeme,
2. für die Wahrnehmung der Interessen der Industrie maßgeblichen Bundesverbänden aus dem Bereich der Informationstechnologie im Gesundheitswesen,
3. Ländern,
4. fachlich betroffenen Bundesbehörden,
5. fachlich betroffenen nationalen und internationalen Standardisierungs- und Normungsorganisationen sowie
6. Vertretern wissenschaftlicher Einrichtungen.

³Die Experten können der Gesellschaft für Telematik für den Aufbau, die Pflege und die Weiterentwicklung des Interoperabilitätsverzeichnisses Empfehlungen geben. ⁴Die Gesellschaft für Telematik erstattet den Experten die ihnen durch die Mitarbeit entstehenden Kosten.

(6) ¹Die Gesellschaft für Telematik hat die Fachöffentlichkeit über den Stand des Aufbaus, der Pflege und der Weiterentwicklung des Interoperabilitätsverzeichnisses auf der Internetseite des Interoperabilitätsverzeichnisses zu informieren. ²Die Gesellschaft für Telematik hat die Fachöffentlichkeit über elektronische Informationstechnologien zu beteiligen bei
1. Festlegungen nach Absatz 7 Satz 2,
2. Bewertungen nach Absatz 8 Satz 3 sowie
3. Empfehlungen nach Absatz 9 Satz 1.

³Hierzu hat die Gesellschaft für Telematik die Entwürfe der Festlegungen nach Absatz 7 Satz 2, der Bewertungen nach Absatz 8 Satz 3 und der Empfehlungen nach Absatz 9 Satz 1 auf der Internetseite des Interoperabilitätsverzeichnisses zu veröffentlichen. ⁴Die Entwürfe sind mit dem Hinweis zu veröffentlichen, dass Stellungnahmen während der Veröffentlichung abgegeben werden können. ⁵Die eingegangenen Stellungnahmen hat die Gesellschaft für Telematik auf der Internetseite des Interoperabilitätsverzeichnisses zu veröffentlichen und in die weitere Prüfung der Entwürfe einzubeziehen.

(7) ¹Technische und semantische Standards, Profile und Leitfäden, die die Gesellschaft für Telematik zur Nutzung in Anwendungen nach den §§ 291 und 291a Absatz 2 und 3 festgelegt hat (Interoperabilitätsfestlegungen), sind frühestmöglich, jedoch spätestens dann in das Interoperabilitätsverzeichnis aufzunehmen, wenn sie für den flächendeckenden Wirkbetrieb der Telematikinfrastruktur freigegeben sind. ²Vor Festlegungen nach Satz 1, die die Gesellschaft für Telematik nach dem Inkrafttreten dieses Gesetzes trifft, hat sie den Experten nach Absatz 5 Gelegenheit zur Stellungnahme zu geben. ³In ihren Stellungnahmen können die Experten weitere Empfehlungen zur Umsetzung und Nutzung der in das Interoperabilitätsverzeichnis aufgenommenen Inhalte sowie zu anwendungsspezifischen Konkretisierungen und Ergänzungen abgeben. ⁴Die Gesellschaft für Telematik hat die Stellungnahmen in ihre Entscheidung einzubeziehen. ⁵Die Stellungnahmen sind auf der Internetseite des Interoperabilitätsverzeichnisses zu veröffentlichen.

(8) ¹Technische und semantische Standards, Profile und Leitfäden, deren Aufnahme nicht nach dem in Absatz 7 geregelten Verfahren erfolgt, nimmt die Gesellschaft für Telematik auf Antrag in das Interoperabilitätsverzeichnis auf. ²Antragsberechtigt sind die Anwender der informationstechnischen Systeme und deren Interessenvertretungen, die Anbieter informationstechnischer Systeme, wissenschaftliche Einrichtungen sowie Standardisierungs- und Normungsorganisationen. ³Vor Aufnahme in das Interoperabilitätsverzeichnis bewertet die Gesellschaft für Telematik, inwieweit die technischen und semantischen Standards, Profile und Leitfäden den Interoperabilitätsfestlegungen nach Absatz 7 Satz 1 entsprechen. ⁴Vor ihrer Bewertung hat die Gesellschaft für Telematik den Experten nach Absatz 5 Gelegenheit zur Stellungnahme zu geben. ⁵In ihren Stellungnahmen können die Experten weitere Empfehlungen zur Umsetzung und Nutzung der in das Interoperabilitätsverzeichnis aufgenommenen Inhalte

sowie zu anwendungsspezifischen Konkretisierungen und Ergänzungen abgeben. [6]Die Gesellschaft für Telematik hat die Stellungnahmen in ihre Entscheidung einzubeziehen. [7]Die Stellungnahmen der Experten sowie die Bewertung der Gesellschaft für Telematik sind auf der Internetseite des Interoperabilitätsverzeichnisses zu veröffentlichen.

(9) [1]Die Gesellschaft für Telematik kann die Zusammenarbeit der Standardisierungs- und Normungsorganisationen unterstützen und im Interoperabilitätsverzeichnis enthaltene technische und semantische Standards, Profile und Leitfäden nach Absatz 8 als Referenz für informationstechnische Systeme im Gesundheitswesen empfehlen. [2]Vor ihrer Empfehlung hat die Gesellschaft für Telematik den Experten nach Absatz 5 sowie bei Empfehlungen zur Datensicherheit und zum Datenschutz dem Bundesamt für Sicherheit in der Informationstechnik sowie dem oder der Bundesbeauftragten für den Datenschutz und die Informationsfreiheit Gelegenheit zur Stellungnahme zu geben. [3]Die Gesellschaft für Telematik hat die Stellungnahmen und Vorschläge in ihre Entscheidung einzubeziehen. [4]Die Stellungnahmen und Vorschläge der Experten sowie die Empfehlungen der Gesellschaft für Telematik sind auf der Internetseite des Interoperabilitätsverzeichnisses zu veröffentlichen.

(10) [1]Elektronische Anwendungen im Gesundheitswesen dürfen aus Mitteln der gesetzlichen Krankenversicherung nur ganz oder teilweise finanziert werden, wenn die Anbieter der elektronischen Anwendungen die Festlegungen nach Absatz 7 Satz 1 sowie die Empfehlungen nach Absatz 9 Satz 1 beachten. [2]Anbieter einer elektronischen Anwendung im Gesundheitswesen nach § 291 a Absatz 7 Satz 3 oder einer elektronischen Anwendung, die aus Mitteln der gesetzlichen Krankenversicherung ganz oder teilweise finanziert wird, haben einen Antrag nach Absatz 8 Satz 1 zu stellen.

(11) [1]Als Bestandteil des Interoperabilitätsverzeichnisses hat die Gesellschaft für Telematik ein Informationsportal aufzubauen. [2]In das Informationsportal aufgenommen werden auf Antrag Informationen insbesondere über den Inhalt, den Verwendungszweck und die Finanzierung von elektronischen Anwendungen im Gesundheitswesen, insbesondere von telemedizinischen Anwendungen. [3]Antragsberechtigt sind Projektträger und Anbieter einer elektronischen Anwendung. [4]Projektträger und Anbieter einer elektronischen Anwendung, die aus Mitteln der gesetzlichen Krankenversicherung ganz oder teilweise finanziert wird, haben einen Antrag zu stellen. [5]Das Nähere zu den Inhalten des Informationsportals und zu den Mindestinhalten des Antrages nach Satz 2 legt die Gesellschaft für Telematik in der Geschäfts- und Verfahrensordnung nach Absatz 3 fest.

(12) [1]Die Gesellschaft für Telematik legt dem Bundesministerium für Gesundheit zwei Jahre nach Inkrafttreten dieses Gesetzes einen Bericht vor. [2]Das Bundesministerium für Gesundheit leitet den Bericht an den Deutschen Bundestag weiter. [3]Der Bericht enthält Informationen über den Aufbau des Interoperabilitätsverzeichnisses, Anwendungserfahrungen und Vorschläge zur Weiterentwicklung des Interoperabilitätsverzeichnisses. [4]Außerdem enthält er eine Einschätzung zur Standardisierung im Gesundheitswesen sowie Empfehlungen zur Harmonisierung der Standards. [5]Das Bundesministerium für Gesundheit kann weitere Inhalte für den Bericht bestimmen. [6]Im Abstand von zwei Jahren ist ein neuer Bericht zu erstellen und vorzulegen.

I. Entstehungsgeschichte und Normzweck

§ 291 e wurde durch Art. 1 Nr. 13 des Gesetzes über die Kommunikation und Anwendungen im Gesundheitswesen sowie zur Änderung weiterer Gesetze vom 21.12.2015[1] (E-Health-Gesetz) mit Wirkung zum 29.12.2015 in das SGB V eingefügt. Zum Regelungskontext → § 291 Rn. 3. Das von der Vorschrift geregelte Interoperabilitätsverzeichnis soll **Transparenz** über die technischen und semantischen Standards, Profile und Leitfäden für informationstechnische Systeme des Gesundheitswesens herstellen und damit einen Beitrag zur Förderung der Interoperabilität dieser Systeme leisten (Abs. 1 S. 1 aE).[2] Der Gesetzgeber versteht den Begriff der informationstechnischen Systeme weit. Er soll alle Systeme umfassen, „die bei der Erbringung von Leistungen der gesetzlichen Kranken- und Pflegeversicherung eingesetzt werden, einschließlich der Verfahren zur Abrechnung, Qualitätssicherung und für das Berichtswesen",[3] wozu auch die elektronischen Nutzungsverfahren zur Bereitstellung und Nutzung des Medikationsplans nach § 31 a gehören.

1

---

1 BGBl. I 2015, 2408.
2 Vgl. BT-Dr. 18/5293, 52.
3 BT-Dr. 18/5293, 53 f.

II. Regelungsgehalt

2 Abs. 1 ist eine **Aufgabenzuweisung** an die Gesellschaft für Telematik (→ § 291a Abs. 7, § 291b), die das Verzeichnis für die technischen und semantischen Standards, Profile und Leitfäden für informationstechnische Systeme bis zum 30.6.2017 aufbauen muss. Das Verzeichnis muss über die Angaben des Abs. 1 S. 1 hinaus auch die Interoperabilitätsfestlegungen nach § 291d Abs. 6 enthalten (→ § 291d Rn. 2). Das Verzeichnis ist nach **Abs. 2** öffentlich zugänglich zu machen. **Abs. 3** sieht die Erstellung einer Geschäfts- und Verfahrensordnung vor, die vom Bundesministerium für Gesundheit (BMG) zu genehmigen ist und das Nähere zum Aufbau, zur Pflege, zum Betrieb und zur Nutzung des Interoperabilitätsverzeichnisses regelt (Abs. 3 S. 4) sowie Verfahrensregelungen für die Benennung der Experten nach Abs. 5 und für die Aufnahme von Informationen in ein nach Abs. 11 aufzubauendes Informationsportal enthält. Das **Informationsportal** ist Bestandteil des Verzeichnisses. Werden Informationen nach **Abs. 8** in das Verzeichnis aufgenommen, kann die Gesellschaft für Telematik ein **Entgelt** gemäß dem durch das BMG zu genehmigenden Entgeltkatalog verlangen (**Abs. 4**). Der Entgeltkatalog kann Bestandteil der Geschäfts- und Verfahrensordnung nach Abs. 3 sein.[4] Abs. 5 regelt ein Expertenbeteiligungsverfahren, um die notwendige Expertise aus den verschiedenen Bereichen für den Aufbau, die Pflege und die Weiterentwicklung des Interoperabilitätsverzeichnisses sicherzustellen.[5] Abs. 6 legt eine **Informationspflicht der Fachöffentlichkeit** über den Stand des Aufbaus, der Pflege und der Weiterentwicklung des Interoperabilitätsverzeichnisses fest sowie eine Beteiligungspflicht der Fachöffentlichkeit für die Festlegungen nach Abs. 7 S. 2, die Bewertungen nach Abs. 8 S. 3 sowie die Empfehlungen nach Abs. 9 S. 1. Vor dem Hintergrund der Verzögerungen – die Experten nach Abs. 5 wurden erst Anfang Mai 2017 ernannt und haben sowohl in dem Verfahren nach **Abs. 7** für die **Pflicht- und Wahlanwendungen der eGK** als auch in dem Verfahren für die **Festlegungen im Übrigen** nach **Abs. 8** ein Stellungnahmerecht – ist ein Aufbau des Verzeichnisses bis zum 30.6.2017 (vgl. Abs. 1) ambitioniert. Die Stellungnahmen sind in die Entscheidung über die Festlegungen einzubeziehen und auf der Internetseite des Interoperabilitätsverzeichnisses zu veröffentlichen.

3 **Abs. 9** ermöglicht („kann") der Gesellschaft für Telematik, die Zusammenarbeit der Standardisierungs- und Normungsorganisationen zu unterstützen und im Interoperabilitätsverzeichnis enthaltene technische und semantische Standards, Profile und Leitfäden nach Abs. 8 als Referenz für informationstechnische Systeme zu empfehlen. Vor der Empfehlung ist den Experten nach Abs. 5 die Möglichkeit der Stellungnahme zu geben. Die Stellungnahmen und Vorschläge müssen in die Entscheidung einbezogen werden, so dass die jeweilige Entscheidung eine Auseinandersetzung mit den Stellungnahmen und Vorschlägen erkennen lassen muss. Bei Empfehlungen zur Datensicherheit und Datenschutz haben weiterhin das Bundesamt für Sicherheit in der Informationstechnik sowie der Bundesbeauftragte für Datenschutz und Informationsfreiheit ein Stellungnahmerecht.

4 **Abs. 10** ist eine Anreizregelung für Anbieter und Anwender elektronischer Systeme im Gesundheitswesen. Die Vorschrift untersagt, elektronische Anwendungen aus den Mitteln der Gesetzlichen Krankenversicherung (GKV) nach § 220 zu finanzieren, wenn die Festlegungen nach Abs. 7 S. 1 und die Empfehlungen nach Abs. 9 S. 1 nicht beachtet wurden (S. 1). Die Anbieter zusätzlicher Anwendungen nach § 291a Abs. 7 S. 3 oder einer elektronischen Anwendung, die aus Mitteln der GKV finanziert werden, müssen einen Antrag auf Aufnahme in das Verzeichnis nach Abs. 8 S. 1 stellen. Unter diese von Abs. 10 S. 2 benannte Anwendungen fallen sowohl Angebote der Regelversorgung als auch Modellvorhaben oder besondere Versorgungsformen.[6] Letztlich erlegt **Abs. 12** der Gesellschaft für Telematik eine **Berichtspflicht** gegenüber dem BMG über den Aufbau des Interoperabilitätsverzeichnisses auf sowie ein Vorschlagsrecht zur Weiterentwicklung des Verzeichnisses und zur Standardisierung im Gesundheitswesen. Der Bericht soll zudem Empfehlungen zur Harmonisierung des Standards beinhalten. Das BMG leitet den Bericht dem Deutschen Bundestag zu.

§ 291f Übermittlung elektronischer Briefe in der vertragsärztlichen Versorgung

(1) ¹Der Zuschlag nach § 291a Absatz 7b Satz 1 erhöht sich im Jahr 2017 um eine Pauschale von 55 Cent pro Übermittlung eines elektronischen Briefs zwischen den an der vertragsärztlichen Versorgung

---

[4] BT-Dr. 18/5293, 54.
[5] BT-Dr. 18/5293, 54.
[6] Vgl. BT-Dr. 18/5293, 54.

teilnehmenden Ärzten und Einrichtungen, wenn die Übermittlung durch sichere elektronische Verfahren erfolgt und dadurch der Versand durch Post-, Boten- oder Kurierdienste entfällt. ²Der Wegfall des Versands durch Post-, Boten- oder Kurierdienste ist bei der Anpassung des Behandlungsbedarfes nach § 87a Absatz 4 zu berücksichtigen. ³§ 73 Absatz 1b Satz 1 bis 3 gilt entsprechend. ⁴Ein sicheres elektronisches Verfahren setzt voraus, dass der elektronische Brief durch geeignete technische Maßnahmen entsprechend dem aktuellen Stand der Technik gegen unberechtigte Zugriffe geschützt wird.

(2) ¹Das Nähere, insbesondere über Inhalt und Struktur des elektronischen Briefs, zur Abrechnung, zu Regelungen, die eine nicht bedarfsgerechte Mengenausweitung vermeiden, und Einzelheiten zu den Sicherheitsmaßnahmen, regelt die Kassenärztliche Bundesvereinigung im Benehmen mit dem Spitzenverband Bund der Krankenkassen und der Gesellschaft für Telematik in einer Richtlinie. ²In der Richtlinie ist festzulegen, dass für die Übermittlung des elektronischen Briefs zugelassene Dienste nach § 291b Absatz 1e genutzt werden, sobald diese zur Verfügung stehen. ³Die Richtlinie ist dem Bundesministerium für Gesundheit zur Prüfung vorzulegen. ⁴Bei der Prüfung der Richtlinie ist der oder dem Bundesbeauftragten für den Datenschutz und die Informationsfreiheit und dem Bundesamt für Sicherheit in der Informationstechnik Gelegenheit zur Stellungnahme zu geben. ⁵Das Bundesministerium für Gesundheit kann die Richtlinie innerhalb von einem Monat beanstanden.

(3) ¹Die Kassenärztliche Bundesvereinigung bestätigt auf Antrag eines Anbieters eines informationstechnischen Systems für an der vertragsärztlichen Versorgung teilnehmende Ärzte und Einrichtungen, dass sein System die in der Richtlinie enthaltenen Vorgaben erfüllt. ²Die Kassenärztliche Bundesvereinigung veröffentlicht eine Liste mit den bestätigten informationstechnischen Systemen.

(4) ¹Die Abrechnung des Zuschlags nach Absatz 1 ist zulässig, wenn für das verwendete informationstechnische System eine Bestätigung nach Absatz 3 gegenüber der zuständigen Abrechnungsstelle nachgewiesen wird. ²Die Abrechnung eines Zuschlags nach Absatz 1 ist über die Voraussetzungen des Satzes 1 hinaus nur zulässig, wenn der elektronische Brief mit einer qualifizierten elektronischen Signatur nach dem Signaturgesetz versehen ist, die mit einem elektronischen Heilberufsausweis nach § 291a Absatz 5 Satz 5 erzeugt wurde.

(5) ¹Für den Zeitraum ab 2018 wird die Höhe des Zuschlags durch die Vertragspartner nach § 291a Absatz 7b Satz 2 vereinbart. ²Der Zuschlag darf nur vereinbart werden, wenn für die Übermittlung des elektronischen Briefs zugelassene Dienste nach § 291b Absatz 1e genutzt werden.

(6) Die Absätze 1 bis 5 gelten nicht für die Vertragszahnärzte.

Mit Art. 1 Nr. 13 des E-Health-Gesetzes[1] wurde § 291f als eine datenschutzrechtliche Ermächtigungsgrundlage für die elektronische Übermittlung von Briefen in der vertragsärztlichen Versorgung aufgenommen.[2] Die Norm will die Übermittlung elektronischer Briefe durch einen Zuschlag und damit durch einen finanziellen Anreiz fördern.[3] Sie gilt **nicht für Vertragszahnärzte** (Abs. 6). Im **Jahr 2017** beträgt der Zuschlag 55 Cent pro Übermittlung eines Arztbriefes zwischen den an der vertragsärztlichen Versorgung teilnehmenden Ärzten und Einrichtungen (§ 95 Abs. 1). Er wird nur gezahlt, wenn die Übermittlung durch sichere elektronische Verfahren (dazu Abs. 1 S. 4) erfolgt und dadurch der Post-, Boten- oder Kurierdienstversand entfällt. Für den **Zeitraum ab 2018** ist der Zuschlag in Höhe der Vereinbarung nach Abs. 5 zu zahlen. 1

Abs. 2 delegiert die **Regelung des Näheren** an die Kassenärztliche Bundesvereinigung, die im Benehmen (zum Begriff → § 291d Rn. 2) mit dem Spitzenverband Bund der Krankenkassen und der Gesellschaft für Telematik (§ 291a Abs. 7, § 291b) eine **Richtlinie** erlässt. Der Kreis der festzulegenden Inhalte der Richtlinie ist nicht abschließend („insbesondere") durch die Aufzählung in Abs. 2 S. 1 bestimmt: Inhalt und Struktur des elektronischen Briefs, das Nähere zur Abrechnung; zu Regelungen, die eine nicht bedarfsgerechte Mengenausweitung vermeiden und Einzelheiten zu den Sicherheitsmaßnahmen. Abs. 2 S. 3 legt als weiteren zwingenden Inhalt der Richtlinie die verpflichtende Nutzung der Dienste nach § 291b Abs. 1e für die Übermittlung der Briefe ab dem Zeitpunkt fest, an dem diese zur Verfügung stehen. Die Richtlinie ist dem **Bundesgesundheitsministerium zur Prüfung** vorzulegen, das den Bundesbeauftragten für den Datenschutz und Informationsfreiheit zu beteiligen hat und die Richtlinie innerhalb eines Monats **beanstanden** kann (Abs. 2 S. 3–5). Die Kassenärztliche Bundesvereinigung bestätigt auf Antrag eines Anbieters eines informationstechnischen Systems für an der vertrags- 2

---

1 Gesetz über die Kommunikation und Anwendungen im Gesundheitswesen sowie zur Änderung weiterer Gesetze vom 21.12.2015, BGBl. I 2015, 2408.
2 Materialien: BT-Dr. 18/5293; BT-Dr. 18/6905.
3 BT-Dr. 18/6905, 73.

ärztlichen Versorgung teilnehmende Ärzte und Einrichtungen die Erfüllung der Vorgaben der Richtlinie (Abs. 3 S. 1) und veröffentlicht eine Liste mit den bestätigten informationstechnischen Systemen.

3 Die **Abrechenbarkeit der Übermittlung** des elektronischen Briefs setzt die Einhaltung der Vorgaben der Richtlinien nach Abs. 2 und den Nachweis der Bestätigung nach Abs. 3 (Abs. 4 S. 1) voraus sowie in den Fällen des Abs. 1 – außerhalb der Nutzung der zugelassenen Dienste nach § 291 b Abs. 1 e – die Verwendung eines elektronischen Heilberufsausweises nach § 291 f Abs. 4, der den Brief mit einer qualifizierten elektronischen Signatur nach § 2 Nr. 3 SigG versieht.

§ 291 g Vereinbarung über technische Verfahren zur konsiliarischen Befundbeurteilung und zur Videosprechstunde

(1) [1]Die Kassenärztliche Bundesvereinigung vereinbart bis zum 30. Juni 2016 mit dem Spitzenverband Bund der Krankenkassen im Benehmen mit der Gesellschaft für Telematik die Anforderungen an die technischen Verfahren zur telemedizinischen Erbringung der konsiliarischen Befundbeurteilung von Röntgenaufnahmen in der vertragsärztlichen Versorgung, insbesondere Einzelheiten hinsichtlich der Qualität und der Sicherheit, und die Anforderungen an die technische Umsetzung. [2]Die Vereinbarung ist dem Bundesministerium für Gesundheit zur Prüfung vorzulegen. [3]Bei der Prüfung der Vereinbarung ist der oder dem Bundesbeauftragten für den Datenschutz und die Informationsfreiheit und dem Bundesamt für Sicherheit in der Informationstechnik Gelegenheit zur Stellungnahme zu geben. [4]Das Bundesministerium für Gesundheit kann die Vereinbarung innerhalb von einem Monat beanstanden.
(2) [1]Kommt die Vereinbarung nach Absatz 1 nicht bis zum 31. März 2016 zustande, so ist auf Antrag einer der Vereinbarungspartner nach Absatz 1 ein Schlichtungsverfahren bei der Schlichtungsstelle nach § 291 c Absatz 1 einzuleiten. [2]Innerhalb von vier Wochen nach Einleitung des Schlichtungsverfahrens hat die Schlichtungsstelle einen Entscheidungsvorschlag vorzulegen. [3]Vor ihrem Entscheidungsvorschlag hat die Schlichtungsstelle den Vereinbarungspartnern nach Absatz 1 und der Gesellschaft für Telematik Gelegenheit zur Stellungnahme zu geben. [4]Kommt innerhalb von zwei Wochen nach Vorlage des Entscheidungsvorschlags keine Entscheidung der Vereinbarungspartner nach Absatz 1 zustande, entscheidet die Schlichtungsstelle anstelle der Vereinbarungspartner nach Absatz 1 innerhalb von zwei Wochen. [5]Auf die Entscheidungen der Schlichtungsstelle findet § 291 c Absatz 7 Satz 4 bis 6 Anwendung. [6]Die Entscheidung der Schlichtungsstelle ist für die Vereinbarungspartner nach Absatz 1 und für die Leistungserbringer und Krankenkassen sowie für ihre Verbände nach diesem Buch verbindlich; sie kann nur durch eine alternative Entscheidung der Vereinbarungspartner nach Absatz 1 in gleicher Sache ersetzt werden.
(3) Sofern die Vereinbarung nach Absatz 1 nicht bis zum 30. Juni 2016 getroffen wird, gilt § 291 Absatz 2 b Satz 7 bis 9 entsprechend für die Kassenärztliche Bundesvereinigung und den Spitzenverband Bund der Krankenkassen.
(4) Die Absätze 1 bis 3 gelten für die Vereinbarung über technische Verfahren zu Videosprechstunden entsprechend mit der Maßgabe, dass die Vereinbarung nach Absatz 1 bis zum 30. September 2016 zu treffen ist.

1 § 291 g wurde durch Art. 1 Nr. 13 des Gesetzes über die Kommunikation und Anwendungen im Gesundheitswesen sowie zur Änderung weiterer Gesetze vom 21.12.2015[1] (E-Health-Gesetz) mit Wirkung zum 29.12.2015 in das SGB V eingefügt. Die Vorschrift steht im **Kontext** mit den Änderungen des § 87 **Abs. 2** a S. 14–22 durch das E-Health-Gesetz. § 87 Abs. 2 a S. 17, 18 verpflichten seitdem den Bewertungsausschuss zur Prüfung und bis zum 1.4.2017 zur Anpassung des EBM-Ä für konsiliarische Befundbeurteilungen von Röntgenaufnahmen und Videosprechstunden. Die datenschutzrechtlichen Vorgaben für die Durchführung und Abrechenbarkeit der Leistungen enthält § 291 g. Die Anforderungen an die technischen Verfahren zur telemedizinischen Befundbeurteilung von Röntgenaufnahmen und zur Videosprechstunde einschließlich der Einzelheiten zur Qualität, Sicherheit sowie der Anforderungen zur technischen Umsetzung vereinbaren die Kassenärztliche Bundesvereinigung und der Spitzenverband Bund der Krankenkassen bis zum 31.6.2016 (Abs. 1, Abs. 3 iVm Abs. 1 für Videosprechstunden). Die Vertragspartner haben **vor Vertragsabschluss das Benehmen** (zum Begriff → § 291 d Rn. 2) mit der Gesellschaft für Telematik (§ 291 a Abs. 7, § 291 b) herzustellen. Die Vereinbarung ist

---
1 BGBl. I 2015, 2408.

dem Bundesministerium für Gesundheit (**BMG**) zur Prüfung vorzulegen, das dem Bundesbeauftragten für den Datenschutz und Informationssicherheit und dem Bundesamt für Sicherheit in der Informationstechnik Gelegenheit zur Stellungnahme gibt. Das BMG kann den Vertrag innerhalb eines Monats nach Vorlage **beanstanden** (Abs. 1 S. 4).

Kommt die Vereinbarung nach Abs. 1 nicht bis zum 31.3.2016 zustande, kann jeder der Vertragspartner nach Abs. 1 ein Schlichtungsverfahren vor der Schlichtungsstelle nach § 291c einleiten (Abs. 2 S. 1). S. 2–6 regeln das weitere Verfahren vor der Schlichtungsstelle für diesen Fall. Ein weiterer Gestaltungsanreiz soll von Abs. 3 ausgehen: Kommt die Vereinbarung auch im Schlichtungsverfahren oder durch Entscheidung der Schlichtungsstelle nicht bis zum 30.6.2016 zustande, greifen Haushaltskürzungen für die Vertragspartner nach § 291 Abs. 2 b S. 7–9 (→ § 291 Rn. 10). Abs. 4 ordnet die entsprechende Geltung der Abs. 1–3 für Videosprechstunden an. Dabei sind insbesondere § 9 BDSG für die technischen und organisatorischen Maßnahmen und § 4 a BDSG für die Einwilligung des Patienten zu beachten.[2]

§ 292 Angaben über Leistungsvoraussetzungen

[1]Die Krankenkasse hat Angaben über Leistungen, die zur Prüfung der Voraussetzungen späterer Leistungsgewährung erforderlich sind, aufzuzeichnen. [2]Hierzu gehören insbesondere Angaben zur Feststellung der Voraussetzungen von Leistungsansprüchen bei Krankenhausbehandlung, medizinischen Leistungen zur Gesundheitsvorsorge und Rehabilitation sowie zur Feststellung der Voraussetzungen der Kostenerstattung und zur Leistung von Zuschüssen. [3]Im Falle der Arbeitsunfähigkeit sind auch die Diagnosen aufzuzeichnen.

Literatur:
Nodorf, Datenschutz in der gesetzlichen Krankenversicherung, 1995; *Kingreen/Kühling*, Gesundheitsdatenschutzrecht, 2015.

I. Entstehungsgeschichte

§ 292 wurde durch Art. 1 des GRG[1] in das SGB V eingefügt und trat zum 1.1.1989 in Kraft. Die Regelung wurde seitdem mehrfach geändert. In ihrer Ursprungsfassung enthielt sie zwei Absätze, von denen der erste weitgehend der derzeit geltenden Fassung der Vorschrift entsprach. Für den Fall der Arbeitsunfähigkeit war zunächst aber nicht die Diagnose, sondern nur die „Art der Erkrankung" anzugeben. Die Pflicht zur Aufzeichnung der Diagnose wurde mit Art. 3 Nr. 13 des 2. SGBÄndG[2] mit Wirkung zum 1.7.1994 eingeführt. Zugleich wurde Abs. 2 um die Sätze 2 und 3 ergänzt, Abs. 3 und Abs. 4 wurden angefügt. Letztere betreffen den Umgang mit Angaben zur Beitragsrückzahlung. Der Gesetzgeber des GKV-Gesundheitsreformgesetzes 2000[3] hat die Absätze 2 bis 4 aufgehoben (gültig ab 1.1.2000).

II. Regelungsgehalt, Kontext und Normzweck

§ 292 regelt eine Dokumentationspflicht für Angaben durch Krankenkasse, die diesen für die Prüfung späterer Leistungsgewährung übermittelt werden. Die Vorschrift dient einerseits der Verwaltungsvereinfachung und Missbrauchsabwehr sowie andererseits der Entlastung der Versicherten, indem diese die Nachweise nicht aufbewahren müssen.[4] Für die Verwaltungsvereinfachung und die Missbrauchsabwehr sind zwei Gesichtspunkte maßgebend: Erstens ist der Eintritt des Zwecks der Datenverarbeitung zum Zeitpunkt der Aufzeichnung noch ungewiss.[5] § 292 konkretisiert damit § 284 Abs. 1 S. 1 Nr. 4 insoweit, als dass der Zeitpunkt der zulässigen Speicherung der tatsächlichen Prüfung vorgelagert wird.[6] Zugleich ergänzt die Vorschrift § 288, der die Krankenkassen verpflichtet, ein Versicherten-

---

2 Vgl. BT-Dr. 18/6905, 74.
1 BGBl. I 1988, 2477.
2 BGBl. I 1994, 1229.
3 BGBl. I 1999, 2626.
4 Vgl. Seifert in: Eichenhofer/Wenner § 292 Rn. 3; Scholz in: BeckOK SGB V § 292 Rn. 1; Hornung in: Hänlein/Schuler § 292 Rn. 1.
5 Vgl. Nodorf, Datenschutz in der gesetzlichen Krankenversicherung, 1995, 59.
6 Vgl. Nodorf, Datenschutz in der gesetzlichen Krankenversicherung, 1995, 59.

verzeichnis zu führen, in dem die für die Feststellung des Leistungsanspruchs erforderlichen Angaben aufzunehmen sind. In diesem Normzusammenhang kommt § 292 zweitens vor allem für Angaben solcher Leistungen Bedeutung zu, die innerhalb bestimmter Fristen nicht erneut beansprucht werden dürfen.[7] Die Angaben werden gemäß § 295 Abs. 2 a von den an der ärztlichen Versorgung teilnehmenden (Zahn-)Ärzten, Einrichtungen und Leistungserbringern in besonderen Versorgungsformen (§ 140 a) und in der hausarztzentrierten Versorgung (§ 73 b) sowie von den Leistungserbringern der spezialfachärztlichen Versorgung (§ 116 b) übermittelt. § 292 legt den Umfang der Aufzeichnungspflicht der Krankenkassen fest und setzt damit letztlich das aus dem Rechtsstaatsprinzip folgende Bestimmtheitsgebot um, das im Datenschutzrecht von besonderer Bedeutung ist (→ Vor § 284 Rn. 5).

III. Aufzeichnungspflicht und -gegenstände

3 § 292 S. 1 verpflichtet („hat") die Krankenkasse dazu, versichertenbezogene Angaben zu Leistungen aufzuzeichnen, die für die Prüfung der Voraussetzungen einer späteren Leistungsgewährung erforderlich sind. Aufzeichnen ist ein Unterfall des Speicherns von Sozialdaten (§ 67 Abs. 6 S. 2 Nr. 1 SGB X). Die Angaben, auf die sich die Aufzeichnungspflicht erstreckt, werden durch S. 2 nicht abschließend („insbesondere") beispielhaft benannt: Angaben zur Feststellung von zukünftigen Leistungsansprüchen bei Krankenhausbehandlung (§ 39), zur Gesundheitsvorsorge (§§ 20 ff.) und Rehabilitation (§ 40), zur Kostenerstattung (§ 13 Abs. 2 und Abs. 3, nicht aber § 53 Abs. 4)[8] und für die Leistung von Zuschüssen. Dazu gehören weiterhin beispielsweise auch Angaben für Leistungen zur Verhütung von Zahnerkrankungen (§ 22 Abs. 1), zur Verhütung von Zahnerkrankungen auch bei Pflegebedürftigen (§ 22 a Abs. 1), zu Medizinischen Vorsorgeleistungen (§ 23 Abs. 5 S. 2, § 40 Abs. 3 S. 2), zum Anspruch auf Krankengeld bei Erkrankung eines Kindes (§ 45 Abs. 2) und für die Verhütung von Zahnerkrankungen (§ 22) erfasst.[9] Aufzuzeichnen sind nur die „erforderlichen" Angaben. Erforderlich ist ein unbestimmter Rechtsbegriff, der aufgrund des Verhältnismäßigkeitsgrundsatzes eng auszulegen ist. Maßgeblich für die Erforderlichkeit ist, ob die Angaben für die Beurteilung des zukünftigen Leistungsfalls, der unterstellt wird, benötigt werden.[10] Im Fall der Arbeitsunfähigkeit sind nach S. 3 auch die Diagnosen aufzuzeichnen. Hintergrund ist, dass die Krankenkasse für die Prüfung eines Anspruchs auf Krankengeld (§ 48) die Diagnose kennen muss. Scheidet ein Anspruch auf Krankengeld aus anderen Gründen aus, darf die Diagnose nicht gespeichert werden.[11]

IV. Zeitliche Grenze

4 § 292 begrenzt die Aufbewahrung der aufgezeichneten Daten in zeitlicher Hinsicht nicht. Nach § 84 Abs. 2 SGB X sind die Angaben zu löschen, wenn ihre Aufbewahrung unzulässig ist (§ 84 Abs. 2 S. 1 SGB X). Dies ist der Fall wenn sie für die Prüfung einer späteren Leistungsgewährung nicht mehr benötigt werden. Sie sind aber auch dann zu löschen, wenn ihre Kenntnis für die Krankenkasse für deren Aufgabenerfüllung (Leistungsgewährung) nicht mehr erforderlich ist und kein Grund zu der Annahme besteht, dass durch die Löschung schutzwürdige Interessen des Betroffenen beeinträchtigt werden (§ 84 Abs. 2 S. 2 SGB X). Gemäß § 304 Abs. 1 Nr. 1 sind die Angaben jedenfalls spätestens nach zehn Jahren zu löschen (absolute Höchstgrenze).

§ 293 Kennzeichen für Leistungsträger und Leistungserbringer

(1) [1]Die Krankenkassen verwenden im Schriftverkehr, einschließlich des Einsatzes elektronischer Datenübertragung oder maschinell verwertbarer Datenträger, beim Datenaustausch, für Maßnahmen zur Qualitätssicherung und für Abrechnungszwecke mit den anderen Trägern der Sozialversicherung, der Bundesagentur für Arbeit und den Versorgungsverwaltungen der Länder sowie mit ihren Vertragspartnern einschließlich deren Mitgliedern bundeseinheitliche Kennzeichen. [2]Der Spitzenverband Bund der Krankenkassen, die Spitzenorganisationen der anderen Träger der Sozialversicherung, die Postbeam-

---

7 Vgl. Waschull in: Krauskopf SozKV § 292 Rn. 3.
8 Wie hier Hornung in: Hänlein/Schuler § 292 Rn. 3; Kircher in: Kingreen/Kühling, Gesundheitsdatenschutzrecht, 2015, 236.
9 Vgl. Spickhoff/ Fischinger, § 292 SGB V Rn. 2; weitere Aufzählung bei Kranig in: Hauck/Noftz, SGB V, § 292 Rn. 3; Hornung in: Hänlein/Schuler § 292 Rn. 3.
10 Hornung in: Hänlein/Schuler § 292 Rn. 2; Waschull in: Krauskopf SozKV § 292 Rn. 7.
11 Spickhoff/Fischinger § 292 SGB V Rn. 3; Hornung in: Hänlein/Schuler § 292 Rn. 4.

tenkrankenkasse, die Bundesagentur für Arbeit und die Versorgungsverwaltungen der Länder bilden für die Vergabe der Kennzeichen nach Satz 1 eine Arbeitsgemeinschaft.
(2) Die Mitglieder der Arbeitsgemeinschaft nach Absatz 1 Satz 2 gemeinsam vereinbaren mit den Spitzenorganisationen der Leistungserbringer einheitlich Art und Aufbau der Kennzeichen und das Verfahren der Vergabe und ihre Verwendung.
(3) Kommt eine Vereinbarung nach Absatz 2 nicht oder nicht innerhalb einer vom Bundesministerium für Gesundheit gesetzten Frist zustande, kann dieses im Einvernehmen mit dem Bundesministerium für Arbeit und Soziales nach Anhörung der Beteiligten das Nähere der Regelungen über Art und Aufbau der Kennzeichen und das Verfahren der Vergabe und ihre Verwendung durch Rechtsverordnung mit Zustimmung des Bundesrates bestimmen.
(4) ¹Die Kassenärztliche und die Kassenzahnärztliche Bundesvereinigung führen jeweils ein bundesweites Verzeichnis der an der vertragsärztlichen Versorgung teilnehmenden Ärzte und Zahnärzte sowie Einrichtungen. ²Das Verzeichnis enthält folgende Angaben:
1. Arzt- oder Zahnarztnummer (unverschlüsselt),
2. Hausarzt- oder Facharztkennung,
3. Teilnahmestatus,
4. Geschlecht des Arztes oder Zahnarztes,
5. Titel des Arztes oder Zahnarztes,
6. Name des Arztes oder Zahnarztes,
7. Vorname des Arztes oder Zahnarztes,
8. Geburtsdatum des Arztes oder Zahnarztes,
9. Straße der Arzt- oder Zahnarztpraxis oder der Einrichtung,
10. Hausnummer der Arzt- oder Zahnarztpraxis oder der Einrichtung,
11. Postleitzahl der Arzt- oder Zahnarztpraxis oder der Einrichtung,
12. Ort der Arzt- oder Zahnarztpraxis oder der Einrichtung,
13. Beginn der Gültigkeit der Arzt- oder Zahnarztnummer und
14. Ende der Gültigkeit der Arzt- oder Zahnarztnummer.
³Das Verzeichnis ist in monatlichen oder kürzeren Abständen zu aktualisieren. ⁴Die Arzt- und Zahnarztnummer ist so zu gestalten, dass sie ohne zusätzliche Daten über den Arzt oder Zahnarzt nicht einem bestimmten Arzt oder Zahnarzt zugeordnet werden kann; dabei ist zu gewährleisten, dass die Arzt- und Zahnarztnummer eine Identifikation des Arztes oder Zahnarztes auch für die Krankenkassen und ihre Verbände für die gesamte Dauer der vertragsärztlichen oder vertragszahnärztlichen Tätigkeit ermöglicht. ⁵Die Kassenärztliche Bundesvereinigung und die Kassenzahnärztliche Bundesvereinigung stellen sicher, dass das Verzeichnis die Arzt- und Zahnarztnummern enthält, welche Vertragsärzte und -zahnärzte im Rahmen der Abrechnung ihrer erbrachten und verordneten Leistungen mit den Krankenkassen nach den Vorschriften des Zweiten Abschnitts verwenden. ⁶Die Kassenärztliche Bundesvereinigung und die Kassenzahnärztliche Bundesvereinigung stellen dem Spitzenverband Bund der Krankenkassen das Verzeichnis bis zum 31. März 2004 im Wege elektronischer Datenübertragung oder maschinell verwertbar auf Datenträgern zur Verfügung; Änderungen des Verzeichnisses sind dem Spitzenverband Bund der Krankenkassen in monatlichen oder kürzeren Abständen unentgeltlich zu übermitteln. ⁷Der Spitzenverband Bund der Krankenkassen stellt seinen Mitgliedsverbänden und den Krankenkassen das Verzeichnis zur Erfüllung ihrer Aufgaben, insbesondere im Bereich der Gewährleistung der Qualität und der Wirtschaftlichkeit der Versorgung sowie der Aufbereitung der dafür erforderlichen Datengrundlagen, zur Verfügung; für andere Zwecke darf der Spitzenverband Bund der Krankenkassen das Verzeichnis nicht verwenden.
(5) ¹Die für die Wahrnehmung der wirtschaftlichen Interessen gebildete maßgebliche Spitzenorganisation der Apotheker führt ein bundeseinheitliches Verzeichnis über die Apotheken und stellt dieses dem Spitzenverband Bund der Krankenkassen im Wege elektronischer Datenübertragung oder maschinell verwertbar auf Datenträgern unentgeltlich zur Verfügung. ²Änderungen des Verzeichnisses sind dem Spitzenverband Bund der Krankenkassen in monatlichen oder kürzeren Abständen unentgeltlich zu übermitteln. ³Das Verzeichnis enthält den Namen des Apothekers, die Anschrift und das Kennzeichen der Apotheke; es ist in monatlichen oder kürzeren Abständen zu aktualisieren. ⁴Die für die Wahrnehmung der wirtschaftlichen Interessen gebildete maßgebliche Spitzenorganisation der Apotheker stellt das Verzeichnis und die Änderungen nach Satz 2 auch der nach § 2 Satz 1 des Gesetzes über Rabatte für Arzneimittel gebildeten zentralen Stelle im Wege elektronischer Datenübertragung oder maschinell verwertbar auf Datenträgern zur Verfügung; die zentrale Stelle hat die Übermittlungskosten zu tragen.

⁵Der Spitzenverband Bund der Krankenkassen stellt seinen Mitgliedsverbänden und den Krankenkassen das Verzeichnis zur Erfüllung ihrer Aufgaben im Zusammenhang mit der Abrechnung der Apotheken, der in den §§ 129 und 300 getroffenen Regelungen sowie der damit verbundenen Datenaufbereitungen zur Verfügung; für andere Zwecke darf der Spitzenverband Bund der Krankenkassen das Verzeichnis nicht verwenden. ⁶Die zentrale Stelle darf das Verzeichnis an die Träger der Kosten in Krankheits-, Pflege- und Geburtsfällen nach beamtenrechtlichen Vorschriften, die Unternehmen der privaten Krankenversicherung sowie die sonstigen Träger von Kosten in Krankheitsfällen weitergeben. ⁷Das Verzeichnis darf nur für die in § 2 des Gesetzes über Rabatte für Arzneimittel genannten Zwecke verarbeitet oder genutzt werden. ⁸Apotheken nach Satz 1 sind verpflichtet, die für das Verzeichnis erforderlichen Auskünfte zu erteilen. ⁹Weitere Anbieter von Arzneimitteln sind gegenüber dem Spitzenverband Bund der Krankenkassen entsprechend auskunftspflichtig.

(6) ¹Der Spitzenverband Bund der Krankenkassen und die Deutsche Krankenhausgesellschaft führen auf der Grundlage der Vereinbarung nach § 2a Absatz 1 Satz 1 des Krankenhausfinanzierungsgesetzes ein bundesweites Verzeichnis der Standorte der nach § 108 zugelassenen Krankenhäuser und ihrer Ambulanzen. ²Sie können das Institut für das Entgeltsystem im Krankenhaus mit der Aufgabe nach Satz 1 beauftragen. ³In diesem Fall sind die notwendigen Aufwendungen des Instituts aus dem Zuschlag nach § 17b Absatz 5 Satz 1 Nummer 1 des Krankenhausfinanzierungsgesetzes zu finanzieren. ⁴Die zugelassenen Krankenhäuser sind verpflichtet, der das Verzeichnis führenden Stelle auf Anforderung die für den Aufbau und die Durchführung des Verzeichnisses erforderlichen Daten sowie Veränderungen dieser Daten auch ohne Anforderung zu übermitteln. ⁵Das Verzeichnis ist in nach Satz 10 Nummer 3 zu vereinbarenden Abständen zeitnah zu aktualisieren und im Internet zu veröffentlichen. ⁶Die Krankenhäuser verwenden das im Verzeichnis enthaltenen Kennzeichen zu Abrechnungszwecken, für Datenübermittlungen an die Datenstelle nach § 21 Absatz 1 des Krankenhausentgeltgesetzes sowie zur Erfüllung der Anforderungen der Richtlinien und Beschlüsse zur Qualitätssicherung des Gemeinsamen Bundesausschusses. ⁷Die Kostenträger nutzen das Verzeichnis zur Erfüllung ihrer Aufgaben insbesondere im Zusammenhang mit der Abrechnung von Leistungen sowie mit Anforderungen der Richtlinien und Beschlüsse des Gemeinsamen Bundesausschusses zur Qualitätssicherung. ⁸Der Gemeinsame Bundesausschuss nutzt das Verzeichnis, sofern dies zur Erfüllung der ihm nach diesem Gesetzbuch übertragenen Aufgaben insbesondere im Rahmen der Qualitätssicherung erforderlich ist. ⁹Das Bundeskartellamt erhält die Daten des Verzeichnisses von der das Verzeichnis führenden Stelle im Wege elektronischer Datenübertragung oder maschinell verwertbar auf Datenträgern zur Erfüllung seiner Aufgaben nach dem Gesetz gegen Wettbewerbsbeschränkungen. ¹⁰Die Deutsche Krankenhausgesellschaft und der Spitzenverband Bund der Krankenkassen vereinbaren bis zum 30. Juni 2017 das Nähere zu dem Verzeichnis nach Satz 1, insbesondere 1. die Art und den Aufbau des Verzeichnisses, 2. die Art und den Aufbau der im Verzeichnis enthaltenen Kennzeichen sowie die Voraussetzungen und das Verfahren für die Vergabe der Kennzeichen, 3. die geeigneten Abstände einer zeitnahen Aktualisierung und das Verfahren der kontinuierlichen Fortschreibung, 4. die sächlichen und personellen Voraussetzungen für die Verwendung der Kennzeichen sowie die sonstigen Anforderungen an die Verwendung der Kennzeichen und 5. die Finanzierung der Aufwände, die durch die Führung und die Aktualisierungen des Verzeichnisses entstehen. ¹¹§ 2a Absatz 2 des Krankenhausfinanzierungsgesetzes gilt entsprechend für die Auftragserteilung nach Satz 2 und die Vereinbarung nach Satz 10.

Literatur:
Zuck, Die Apotheke in der GKV-Gesundheitsreform 2000, 1999.

I. Entstehungsgeschichte

1 Vorgängervorschrift zu § 293 SGB V war § 319 Abs. 3 RVO in der Fassung vom 10.8.1972.¹ Die Vorschrift ermächtigte den Bundesminister für Arbeit und Soziales durch Rechtsverordnung mit Zustimmung des Bundesrates eine Kennzeichnung der Träger der Sozialversicherung einzuführen, den Anwendungsbereich der Kennzeichnung vorzuschreiben sowie Art und Aufbau der Kennzeichnung und das Verfahren der Vergabe zu bestimmen. Mit einer freiwilligen Vereinbarung² der Spitzenverbände der Krankenkassen etablierte sich 1979 die Verwaltungspraxis, ein Institutskennzeichen (IK) zu ver-

---

1 BGBl. I 1972, 1433.
2 Vgl. Gemeinsames Rundschreiben der Spitzenverbände vom 10.8.1979, DOK 1979, 304, 956, 957.

wenden. Art. 1 des **GRG**[3] führte § 293 mit Wirkung zum 1.1.1989 ein. Durch Abs. 1 der damaligen Fassung wurde die Verwendung eines bundeseinheitlichen Kennzeichens für die Krankenkassen im Schriftverkehr und für Abrechnungszwecke vorgeschrieben, Abs. 2 überließ Art, Aufbau und die Regelung der Vergabe des Kennzeichens einer freiwilligen Vereinbarung der Spitzenverbände, die bereits existierte. Abs. 3 gewährte dem Bundesminister für Arbeit und Sozialordnung ein Recht zur Ersatzvornahme für den Fall, dass die Vereinbarung nicht oder nicht innerhalb einer von ihm gesetzten Frist zustande kam. Die Vorschrift wurde in der Folge mehrfach geändert. Mit Art. 61 Nr. 3 der **Fünften Zuständigkeitsanpassungs-Verordnung**[4] wurde das Ersatzvornahmerecht des Abs. 3 dem Bundesgesundheitsminister „im Einvernehmen mit dem Bundesminister für Arbeit und Soziales" überantwortet (gültig ab 13.3.1993).[5] Durch Art. 3 Nr. 15 des **2. SGBÄndG**[6] wurde mit Wirkung zum 1.7.1994 die Verwendung der Kennzeichen auch für den Einsatz von maschinell lesbaren Datenträgern, beim Datenaustausch und zum Zweck der „Maßnahmen zur Qualitätssicherung" in Abs. 1 S. 1 verpflichtend. Mit Art. 1 Nr. 163 des **GKV-Gesundheitsreformgesetz 2000**[7] wurde § 293 um Abs. 4 und Abs. 5 ergänzt, die zum 1.1.2000 in Kraft traten. Art. 216 Nr. 1 der **Siebten Zuständigkeitsanpassungs-Verordnung**[8] übertrug mit Wirkung zum 7.11.2001 das Recht zur Festsetzung einer Frist für eine Vereinbarung sowie das Ersatzvornahmerecht nach Abs. 3 auf das Bundesgesundheitsministerium. Durch Art. 1 Nr. 163 des **GMG**[9] wurden mit Wirkung zum 1.1.2004 Abs. 1, Abs. 4 und Abs. 5 geändert. U.a. wurde in Abs. 4 der Katalog der Nr. 1 bis 14 eingefügt. Art. 204 Nr. 6 der **Achten Zuständigkeitsanpassungs-Verordnung**[10] übertrug mit Wirkung zum 28.11.2003 die Zuständigkeit für das Ersatzvornahmerecht auf das Bundesministerium für Gesundheit und Soziales „im Einvernehmen mit dem Bundesministerium für Wirtschaft und Arbeit". Durch Art. 4 Nr. 6 des **Dritten Gesetzes für moderne Dienstleistungen am Arbeitsmarkt**[11] wurden Abs. 1 und Abs. 2 an die Neubenennung der Bundesanstalt für Arbeit in „Bundesagentur für Arbeit" angepasst. Art. 256 Nr. 7 der **Neunten Zuständigkeitsanpassungs-Verordnung**[12] v. 31.10.2006 nahm mit Wirkung zum 8.11.2006 in Abs. 3 die Umorganisation und -benennung der Bundesministerien auf. Durch Art. 1 Nr. 197 des **GKV-WSG**[13] wurden mit Wirkung zum 1.7.2008 in Abs. 1 die „Versorgungsverwaltungen der Länder" sowie die Pflicht zur Bildung einer Arbeitsgemeinschaft in Abs. 1 S. 2 aufgenommen, um die bisher für das Kennzeichen verantwortliche Sammel- und Verteilungsstelle von der Umsatzsteuer zu befreien.[14] Abs. 1, Abs. 2, Abs. 4 S. 6 und 7, Abs. 5 S. 1, 2, 4 und 6 erfuhren durch dasselbe Gesetz mit Wirkung zum 1.7.2008 Änderungen. Ebenfalls zum 1.7.2008 wurde durch Art. 6 Nr. 14 des **Pflege-Weiterentwicklungsgesetzes**[15] Abs. 4 S. 1 an die Änderungen des § 119 b angepasst, indem nicht mehr nur ärztlich und zahnärztlich geleitete Einrichtungen, sondern auch Pflegeeinrichtungen aufgenommen wurden.[16] Durch Art. 3 Nr. 8 des **Gesetzes zur Änderung des Infektionsschutzgesetzes und weiterer Gesetze**[17] wurde Abs. 1 S. 2 mit Wirkung zum 4.8.2011 um „die Spitzenorganisationen der anderen Träger der Sozialversicherung, die Postbeamtenkassen" ergänzt, die unbeabsichtigt für die Bildung der Arbeitsgemeinschaft vergessen worden waren. Weiterhin wurden die S. 4, 6 und 7 in Abs. 5 eingefügt.[18] Durch Art. 5 Nr. 12 des **Gesetzes zur Weiterentwicklung der Versorgung und der Vergütung für psychiatrische und psychosomatische Leistungen (PsychVVG)**[19] v. 19.12.2016 hat der Gesetzgeber die Vorschrift mit Wirkung zum 1.1.2017 um Abs. 6 erweitert. Abs. 7 wurde mit Wirkung zum 29.7.2017 durch das **Gesetz zur Fort-**

---

3 BGBl. I 1988, 2477.
4 BGBl. I 1993, 278.
5 BGBl. I 1993, 278.
6 BGBl. I 1994, 1229.
7 BGBl. I 1999, 2190.
8 BGBl. I 2001, 2785.
9 BGBl. I 2003, 2190.
10 BGBl. I 2003, 2304.
11 BGBl. I 2003, 2848.
12 BGBl. I 2006, 2407.
13 BGBl. I 2007, 378.
14 Vgl. BT-Dr. 16/3100, 174.
15 BGBl. I 2008, 874.
16 Vgl. BT-Dr. 16/7439, 98.
17 BGBl. I 2011, 1622.
18 Vgl. dazu auch die Gründe in BT-Dr. 17/5178, 23.
19 BGBl. I 2016, 2986.

schreibung der Vorschriften für Blut- und Gewebezubereitungen und zur Änderung anderer Vorschriften[20] v. 18.7.2017 angefügt.[21]

II. Regelungsgehalt und Normzweck

2 **Abs. 1 S. 1** enthält eine Verpflichtung der Krankenkassen, ein bundeseinheitliches Kennzeichen im Schriftverkehr und elektronischen Datenverkehr zu den dort aufgeführten Zwecken zu verwenden. Art und Aufbau sowie das Verfahren der Vergabe werden im Wege der Vereinbarung durch die Mitglieder der Arbeitsgemeinschaft bestimmt (**Abs. 2**), die aus den in **Abs. 1 S. 2** genannten Beteiligten besteht. Die Vereinbarung wird mit den Spitzenorganisationen der Leistungserbringer getroffen (Abs. 2). **Abs. 3** berechtigt das Bundesgesundheitsministerium zur Ersatzvornahme, falls die Vereinbarung nicht oder nicht innerhalb einer gesetzten Frist zustande kommt. Die **Abs. 4–7** enthalten eine Pflicht zur Führung bundeseinheitlicher Verzeichnisse für die Kassenärztliche und die Kassenzahnärztliche Bundesvereinigung (Abs. 4), für die Spitzenorganisation der Apotheker (Abs. 5), eine Pflicht zum Aufbau und zur Führung eines Standortverzeichnisses für zugelassene Krankenhäuser und ihrer Ambulanzen (Abs. 6) sowie zum Aufbau eines Verzeichnisses aller in zugelassenen Krankenhäusern und Ambulanzen tätigen Ärztinnen und Ärzte (Abs. 7).

3 Der Regelungsgehalt der Norm verfolgt **mehrere Zwecke**. Während Abs. 1 bis 3 der Verwaltungsbeschleunigung und -vereinfachung dient,[22] sollen die Angaben, die nach Abs. 4 und Abs. 5 für die bundeseinheitlichen Verzeichnisse vorgeschrieben sind, Steuerungsaufgaben in der Gesetzlichen Krankenversicherung unterstützen, für mehr Transparenz (zB in der ärztlichen und zahnärztlichen Leistungsabrechnung) und Kontrollmöglichkeiten sorgen.[23] Dies gilt auch für Abs. 6, der eine bessere Datengrundlage für die Qualitätssicherung, die Krankenhausplanung und die Fusionskontrolle sowie für die Statistik bilden soll (→ Rn. 9). Das Krankenhausarztregister des Abs. 7 verfolgt das Ziel einer verbesserten Transparenz und Kontrolle der ärztlichen Verordnung von Arzneimitteln und anderer Leistungen sowie der Feststellung der Arbeitsunfähigkeit und dient dem Qualifikationsnachweis der Ärztinnen und Ärzte in Krankenhäusern und Ambulanzen.[24]

4 **1. Pflicht zur Verwendung eines bundeseinheitlichen Kennzeichens (Abs. 1).** Die in Abs. 1 enthaltene **Pflicht** zur Verwendung eines bundeseinheitlichen Kennzeichens richtet sich an die Krankenkassen. Sie besteht im Schriftverkehr (also jeglichem schriftlichen Austausch) sowie im elektronischen Datenverkehr („einschließlich des Einsatzes elektronischer Datenübertragung oder maschinell verwertbarer Datenträger") mit anderen Trägern der Sozialversicherung (s. § 12 SGB I), mit der Bundesagentur für Arbeit (§ 6 SGB II), mit den Versorgungsverwaltungen der Länder sowie mit deren Vertragspartnern einschließlich deren Mitgliedern. Die Vorschrift verpflichtet nicht die Leistungserbringer (s. aber für Krankenhäuser § 301 Abs. 1 Nr. 2, Hebammen und Entbindungspfleger § 301a Abs. 1 Nr. 6; für Vertrags(zahn)ärzte und sonst zur Erbringung vertrags(zahn)ärztlicher Leistungen zugelassener Einrichtungen und Personen kann sie sich aus den Vereinbarungen gem. § 295 Abs. 3, für Apotheken aus den Vereinbarungen gem. § 300 Abs. 3 und für die übrigen Leistungserbringer aus § 302 Abs. 2 ergeben). Das Kennzeichen muss beim Datenaustausch für Maßnahmen der Qualitätssicherung und für Abrechnungszwecke verwendet werden.

5 Für die Vergabe des Kennzeichens haben der Spitzenverband Bund der Krankenkassen, die Spitzenorganisationen der anderen Träger der Sozialversicherung, die Postbeamtenkrankenkasse, die Bundesagentur für Arbeit und die Versorgungsverwaltungen der Länder eine **Arbeitsgemeinschaft** zu bilden. Die Arbeitsgemeinschaft wird im SGB nicht definiert,[25] obwohl sie häufig verwendet wird (vgl. zB für das SGB V: §§ 197b, 219, 278, 303; § 78 SGB VIII, § 12 Abs. 2 SGB IX, § 94 SGB X). Die Rspr. versteht sie als „Zusammenschluss mehrerer natürlicher oder juristischer Personen zur Verfolgung eines gemeinsamen Zwecks".[26] Sie können sich dazu der Rechtsformen des Privatrechts (GbR, aber auch

---

20 BGBl. I 2017, 2757.
21 Zur Begründung vgl. BT-Dr. 18/12587, 60.
22 Vgl. Spickhoff/Fischinger SGB V § 293 Rn. 1; Luthe in: Hauck/Noftz SGB V § 293 Rn. 2.
23 Vgl. BT-Dr. 14/1245, 103.
24 BT-Dr. 18/12587, 61 zu Nummer 13.
25 Vgl. so auch BVerwG, 11.11.1999, 3 C 33/98, NZS 2000, 244, 245.
26 BVerwG, 11.11.1999, 3 C 33/98, NZS 2000, 244, 245; vertiefend Engelmann in: v. Wulffen/Schütze, SGB X, 8. Aufl. 2014, § 94 Rn. 4 ff.; Sehnert in: Hauck/Noftz SGB X § 94 Rn. 5.

juristische Personen wie zB der eingetragene Verein) bedienen.²⁷ Die Arbeitsgemeinschaft des § 293 wird als Zusammenschluss der benannten öffentlich-rechtlichen Körperschaften zur Wahrnehmung der Aufgabe der Vergabe des Institutskennzeichens gebildet.

2. Art, Aufbau und Vergabe des Kennzeichens (Abs. 2, Abs. 3). Nach Abs. 2 hat die Arbeitsgemeinschaft mit den Spitzenorganisationen der Leistungserbringer eine **Vereinbarung** über die Art (zB Ziffern- oder Buchstabenfolge), den Aufbau (Zuweisung einer Bedeutung zu den jeweiligen Positionen der Ziffern und Reihenfolge der Ziffern) und das Verfahren der Vergabe zu treffen.²⁸ Da die im Jahr 1979 geschlossene Vereinbarung (s. → Rn. 1) weiterhin besteht, kam das Ersatzvornahmerecht des Bundesgesundheitsministeriums durch Rechtsverordnung gem. Abs. 3 bisher nicht zum Einsatz.

3. Bundesweite Verzeichnisse (Abs. 4 und 5). a) Ärzte- und Zahnärzteverzeichnis (Abs. 4). In das bundesweite Verzeichnis der Kassenärztlichen und Kassenzahnärztlichen Vereinigung (Abs. 4) werden die an der vertragsärztlichen Versorgung **teilnehmenden Ärzte und Zahnärzte** (§ 95 Abs. 1 S. 1) und Einrichtungen (§ 95 Abs. 1 S. 1 und S. 2 sowie die Pflegeeinrichtungen nach § 119 b) mit den in den Nr. 1 bis 14 enthaltenen Pflichtangaben eingetragen (Abs. 4 S. 1 und S. 2). Für die Form der **Arzt- und Zahnarztnummer** stellt § 293 Abs. 4 S. 2 Nr. 1 die „Grundnorm" ²⁹ dar, die auch für die Übermittlung dieser Angabe an die Krankenkassen nach § 295 Abs. 2 gilt.³⁰ Soweit die Arzt- oder Zahnarztnummer in anderen die Datenerhebung bzw. -übermittlung betreffenden Vorschriften genannt wird (zB §§ 268 Abs. 1 Nr. 6, 296 Abs. 1 S. 1 Nr. 1 und Abs. 2 S. 1 Nr. 1, 297 Abs. 2 Nr. 1, 301 Abs. 1 S. 1 Nr. 4, 302 Abs. 1) und dort nicht ausdrücklich eine Verschlüsselung angeordnet ist, die über die ohnehin gemäß Abs. 4 S. 5 erfolgende Pseudonymisierung hinausgeht, sind die Arzt- und die Zahnarztnummer unverschlüsselt zu übermitteln. Eine abweichende Vereinbarung durch die Vertragspartner der Bundesmantelverträge verstößt gegen die durch das Gesetz (§ 293 Abs. 4 S. 2 Nr. 1, § 295 Abs. 2) vorgegebene Verpflichtung zur unverschlüsselten Speicherung und Übermittlung der Arzt- und Zahnarztnummer.³¹ Abs. 4 S. 3 beinhaltet zur Gewährleistung der dauerhaften Funktion des Verzeichnisses eine **Pflicht zur Aktualisierung**, die einmal monatlich oder in kürzeren Zeitabständen durchzuführen ist. S. 4 und S. 5 des Abs. 4 sehen nähere Vorgaben für die Arzt- und Zahnarztnummer vor, die gem. S. 2 Nr. 1 in das Verzeichnis aufzunehmen ist. Nach den Anforderungen des S. 4 ist die Arzt- bzw. Zahnarztnummer, die gem. **Abs. 4 S. 5 die Abrechnungsnummer** des Arztes bzw. Zahnarztes ist, ein Sozialdatum. Sie ist nach S. 4 Hs. 1 zu **pseudonymisieren** (§ 67 Abs. 8 a SGB X), wobei für die Krankenkassen und ihre Verbände die Möglichkeit der Aufdeckung des Pseudonyms gegeben sein muss (S. 4 Hs. 2). **Rechtsfaktisch** besteht die Arztnummer bzw. die Zahnarztnummer derzeit aus einer sieben- bis neunstelligen Ziffernfolge, wobei die ersten beiden Ziffern die Kassen(zahn)ärztliche Vereinigung angeben, die dritte und die vierte Ziffer stehen für die Facharztgruppe, die fünfte und die folgenden Ziffern sind der Identifikationsteil für den jeweiligen Arzt/Zahnarzt.³² **Abs. 4 S. 6** stellt eine gesetzliche Grundlage für die Pflicht zur erstmaligen Übermittlung des Verzeichnisses bis zum 31.3.2004 durch die KBV/KZBV an den Spitzenverband Bund der Krankenkassen (§ 217 a) sowie für die Pflicht zur späteren Übermittlung der Änderungen des Verzeichnisses in monatlichen oder kürzeren Abständen dar. **Abs. 4 S. 7** befugt den Spitzenverband Bund der Krankenkassen, das Verzeichnis seinen Mitgliedsverbänden und den Krankenkassen zur Verfügung zu stellen, aber streng begrenzt (vgl. Hs. 2) auf den Zweck der Erfüllung ihrer Aufgaben. Als Aufgaben werden beispielhaft und nicht abschließend („insbesondere") der Bereich der Qualität und der Wirtschaftlichkeit der Versorgung sowie die Aufbereitung der dafür erforderlichen Datengrundlagen genannt.

b) Apothekenverzeichnis (Abs. 5). Abs. 5 verpflichtet die **Spitzenorganisation der Apotheker** – das ist der Deutsche Apothekerverband eV (Abda) – dazu, ein bundeseinheitliches Verzeichnis der Apotheken zu führen und dieses unentgeltlich dem Spitzenverband Bund der Krankenkassen elektronisch oder maschinell verwertbar auf Datenträgern zur Verfügung zu stellen (Abs. 5 S. 1). Verändern sich die Angaben, die in das Verzeichnis aufzunehmen sind, hat die Spitzenorganisation einen Anspruch auf unentgeltliche Übermittlung der Änderungen in monatlichen oder kürzeren Abständen (S. 2); sie ist auch

---

27 Vgl. BVerwG, 11.11.1999, 3 C 33/98, NZS 2000, 244, 245; rechtstatsächlich besteht die Arbeitsgemeinschaft in der Form eines eingetragenen Vereins, vgl. www.arge-ik.de (zuletzt abgerufen am 1.5.2017).
28 Rechtsfaktisch besteht das Kennzeichen derzeit aus einer Ziffernfolge, zum Aufbau vgl. Hornung in: Hänlein/Schuler SGB V § 293 Rn. 3.
29 BSG, 2.4.2014, B 6 KA 19/13 R, BeckRS 2014, 71032 Rn. 19.
30 BSG, 2.4.2014, B 6 KA 19/13 R, BeckRS 2014, 71032 Rn. 19.
31 BSG, 2.4.2014, B 6 KA 19/13 R, BeckRS 2014, 71032 Rn. 39.
32 Vgl. Didong/Koch in: jurisPK-SGB V § 293 Rn. 12.

zur mindestens monatlichen Aktualisierung verpflichtet (S. 2 aE). In das Verzeichnis sind der Name und die Anschrift des Apothekers sowie das Kennzeichen der Apotheke aufzunehmen (S. 3). S. 4 verpflichtet die Spitzenorganisation der Apotheker dazu, das Verzeichnis weiterhin der gem. § 2 S. 1 AMRabG gebildeten **zentralen Stelle** gegen Übernahme der Übermittlungskosten (vgl. Hs. 2) zukommen zu lassen. **S. 5–7** regeln die **Übermittlungszwecke**: S. 5 betrifft den Spitzenverband Bund der Krankenkassen; S. 6 regelt die Weitergabeberechtigung der zentralen Stelle an die Kostenträger in Krankheits-, Pflege- und Geburtsfällen einschl. der privaten Krankenversicherungen und der sonstigen Kostenträger in Krankheitsfällen. S. 7 begrenzt den **Verarbeitungs- und Nutzungszweck** des Verzeichnisses auf die in § 2 AMRabattG genannten Zwecke. **S. 8** gewährt der Spitzenorganisation nach S. 1 einen **Anspruch auf Auskunft** gegenüber den Apotheken auf die für das Verzeichnis erforderlichen Daten. Diese Auskunftspflicht kann nur für die Mitglieder des Deutschen Apothekerverbands bestehen.[33] Daher erstreckt S. 9 erstreckt die Auskunftspflicht auch auf die **weiteren Anbieter von Arzneimitteln**, also Nichtmitglieder wie zB Versandapotheken aus anderen Mitgliedstaaten der EU.[34]

9 **4. Standortverzeichnis der Krankenhäuser und ihrer Ambulanzen (Abs. 6).** Abs. 6 S. 1 verpflichtet den Spitzenverband Bund der Krankenkassen und die Deutsche Krankenhausgesellschaft zum Führen eines bundesweiten **Standortverzeichnisses** der nach § 108 zugelassenen **Krankenhäuser und Ambulanzen**. Der Aufbau und das Führen des Verzeichnisses erfordern in der ersten Stufe eine Festlegung des Standortbegriffs. Die Kriterien für den Standort der zugelassenen Krankenhäuser und Ambulanzen sowie der Standortbegriff sind bis zum 30.6.2017 durch den Spitzenverband Bund der Krankenkassen und die Deutsche Krankenhausgesellschaft im Benehmen (= Berücksichtigung der Stellungnahme, nicht: Einvernehmen wie in Abs. 7) mit den Ländern und dem Verband der Privaten Krankenversicherung bundeseinheitlich zu definieren (vgl. § 2a Abs. 1 S. 1 KHG). Die Definition ist nicht nur für den Spitzenverband Bund der Krankenkassen und deren Mitgliedskassen, sondern auch für die Unternehmen der privaten Krankenversicherung, die Deutsche Krankenhausgesellschaft, die Kassenärztlichen Bundesvereinigungen und deren Mitglieder sowie für die Leistungserbringer verbindlich (§ 2a Abs. 1 S. 4 KHG). Kommt eine einvernehmliche Definition bis zum 30.6.2017 nicht zustande, legt die Schiedsstelle nach § 18a Abs. 6 KHG (§ 2a Abs. 2) die Kriterien und die Definition des Standortes ohne Antrag einer Partei innerhalb von sechs Wochen fest. Wenn S. 1 als Grundlage für das Verzeichnis nur die „Vereinbarung nach § 2a Absatz 1 Satz 1 des Krankenhausfinanzierungsgesetzes" nennt, ist davon auch die durch die Schiedsstelle ersetzte Definition erfasst (S. 11). Das Verzeichnis soll eine bessere Grundlage für die Qualitätssicherung, die Krankenhausplanung und die (Krankenhaus-)Statistik des Bundesamtes für Statistik schaffen.[35] S. 2 gewährt den Verpflichteten nach S. 1 die Möglichkeit, das Institut für das Entgeltsystem im Krankenhaus (InEK: www.g-drg.de) mit dem Aufbau und dem Führen des Verzeichnisses **zu beauftragen**. Für diesen Fall sieht S. 3 einen Anspruch auf Finanzierung der notwendigen Aufwendungen aus dem Zuschlag nach § 17b Abs. 5 S. 1 Nr. 1 KHG vor. Notwendig sind nur diejenigen Aufwendung, die für die Aufgabenerfüllung erforderlich sind. Sie soll für das InEK kostenneutral sein.[36] Die das Verzeichnis aufbauende Stelle hat gemäß S. 4 einen **Anspruch auf Übermittlung** der für das Verzeichnis erforderlichen Daten gegenüber den zugelassenen Krankenhäusern. Er setzt eine Anforderung voraus. Veränderungen der Daten sind auch ohne Anforderung an die das Verzeichnis führende Stelle zu übermitteln. Das Verzeichnis ist im Internet zu veröffentlichen und zeitnah zu aktualisieren (S. 5), wobei der Zeitabstand der Aktualisierung wie auch die weiteren von S. 10 Nr. 1–5 benannten Regelungsaspekte durch die Deutsche Krankenhausgesellschaft und den Spitzenverband Bund der Krankenkassen **vereinbart** werden. Auch dieser Vertrag kann durch die Schiedsstelle nach § 18a Abs. 6 KHG ersetzt werden, wenn er nicht bis zum 30.6.2017 zustande gekommen ist (S. 11). Die **S. 6–9** regeln die **Nutzungszwecke**. Die zugelassenen Krankenhäuser (§ 108) müssen das im Verzeichnis erhaltene Kennzeichen („Standortkennzeichen")[37] zu Abrechnungszwecken (verpflichtend ab dem 1.1.2020 → § 301 Abs. 1 S. 1 Nr. 2) und zur Qualitätssicherung nutzen (S. 6). Für die Kostenträger (S. 7) sind die Nutzungszwecke nicht abschließend festgelegt, sondern mit der Abrechnung von Leistungen und den Anforderungen der Richtlinien und Beschlüsse des GBA zur Qualitätssicherung nur beispielhaft („insbesondere") benannt. Für den GBA liegt der Nutzungszweck in allen ihm nach dem SGB V übertragenen Aufgaben, wobei die Qualitätssicherung beispielhaft hervorgeho-

---

33 Vgl. Luthe in: Hauck/Noftz SGB V § 293 Rn. 24.
34 Vgl. Luthe in: Hauck/Noftz SGB V § 293 Rn. 24.
35 Fischbach BT-PlPr 18/190, 18962C; zum Zweck für das Bundesamt für Statistik BR-Dr. 429/16, 51.
36 Vgl. BR-Dr. 429/16, 51.
37 BR-Dr. 429/16, 51.

ben ist (S. 8). Das Bundeskartellamt, das ein eigenes Verzeichnis mit Krankenhausstandorten führt, hat einen Übermittlungsanspruch gegenüber das der Verzeichnis führenden Stelle zum Zweck der Aufgabenerfüllung nach dem GWB (S. 9), wobei die Übermittlung maschinell verwertbar auf Datenträgern oder im Wege der elektronischen Datenübertragung zu erfolgen hat, um den Verwaltungsaufwand für das Einspielen der Daten in das Verzeichnis des Bundeskartellamtes gering zu halten.[38]

5. Verzeichnis aller Ärzte in zugelassenen Krankenhäusern und Ambulanzen (Abs. 7). Mit **Abs. 7** wurde durch das Gesetz zur Fortschreibung der Vorschriften für Blut- und Gewebezubereitungen und zur Änderung anderer Vorschriften (→ Rn. 1) ein bundesweites Verzeichnis aller in zugelassenen Krankenhäusern (§ 108) und Ambulanzen tätigen Ärztinnen und Ärzte (**Krankenhausarztregister**) eingeführt. Das Verzeichnis muss spätestens bis zum 1.1.2019 aufgebaut sein, da die Krankenkassen und die Krankenhäuser ab diesem Zeitpunkt verpflichtet sind, die Angaben des Verzeichnisses zu verwenden und zu nutzen (S. 8). Bis dahin soll eine Übergangsregelung durch die Partner des Rahmenvertrags für das Entlassmanagement (§ 39 Abs. 1 a S. 9) gelten, die eine alternative Kennzeichnung zur Identifikation der handelnden Ärztinnen und Ärzte erlaubt.[39] Das Verzeichnis wird – soweit nach S. 2 kein Dritter (zB das Institut für das Entgeltsystem im Krankenhaus nach S. 7) beauftragt ist – durch den Spitzenverband Bund der Krankenkassen und die Deutsche Krankenhausgesellschaft (DKG) geführt (S. 1). Für die das Verzeichnis führende Stelle gilt § 35 SGB I entsprechend (S. 2 Hs. 2). Die **Pflichtangaben**, die für alle im Krankenhaus und in den Ambulanzen tätigen Ärzte (nicht für „alle Ärzte mit abgeschlossener Facharztausbildung"[40]) aufzunehmen sind, werden durch S. 3 Nr. 1–9 abschließend vorgegeben. Die **Struktur der Arztnummer** (Abs. 7 S. 3 Nr. 1) muss derjenigen des Arztverzeichnisses nach Abs. 4 S. 2 (zum Aufbau → Rn. 7) entsprechen (S. 4). S. 5 ist eine **Rechtsgrundlage für die Übermittlung** der Daten, die für den Aufbau und die Durchführung des Krankenhausarztregisters erforderlich sind, einschließlich der Veränderungen der Daten. Die Angaben sind von den zugelassenen Krankenhäusern an die das Verzeichnis führende Stelle bei Veränderung der Daten ohne Anforderung zu übermitteln (= weiterzugeben). S. 6 teilt die **Kosten** für das Führen des Verzeichnisses zwischen dem Spitzenverband Bund der Krankenkassen und der DKG. S. 7 sieht für das Institut für das Entgeltsystem im Krankenhaus (InEK) einen Anspruch auf Finanzierung der notwendigen Aufwendungen (→ Rn. 9) vor, wenn ihm die Führung des Verzeichnisses übertragen wird. S. 8 legt den **Verwendungszweck** des Verzeichnisses, S. 9 den Verwendungs- und Nutzungszweck der Angaben des Verzeichnisses für unterschiedliche Adressaten fest. Während S. 8 den Spitzenverband Bund der Krankenkassen ermächtigt, das Verzeichnis selbst den Krankenkassen für die gesetzlich bestimmten Fälle zur Verfügung zu stellen, bestimmt S. 9 den Verwendungs- und Nutzungszweck der Angaben des Verzeichnisses für die Krankenkassen und die Krankenhäuser. Letzterer ist auf die gesetzlich bestimmten Fälle – zunächst rechtsfaktisch ausschließlich auf den Bereich des Entlassmanagements (→ § 39 Abs. 1 a S. 6) – begrenzt.[41] Das Nähere zu dem Verzeichnis ist nach S. 10 Nr. 1–4 bis zum 31.12.2017 durch **Vertrag** zwischen dem Spitzenverband Bund der Krankenkassen und der Deutschen Krankenhausgesellschaft mit Willensübereinstimmung („Einvernehmen") der Kassenärztlichen Bundesvereinigung (KBV) zu regeln. Der Katalog der Nr. 1–4 ist nicht abschließend („insbesondere"), so dass auch dort nicht genannte Aspekte der Regelungsverantwortung der Vertragspartner überlassen sind, solange sie nicht in Widerspruch zu Abs. 7 oder zur Verhältnismäßigkeit des Eingriffs in die Berufsfreiheit (Art. 12 GG) der betroffenen Ärztinnen und Ärzte stehen. S. 11 erstreckt die Regelungen des Vertrages auf die Krankenkassen, die Mitglieder der DKG, der KBV und auf die Leistungserbringer. Der Vertrag ist auf Antrag einer Vertragspartei schiedsfähig; S. 12 legt dafür die Einzelheiten fest.

---

38 Vgl. BR-Dr. 429/16, 51.
39 Vgl. BT-Dr. 18/12587, 56 zu Nummer 2; Stellungnahme der Kassenärztlichen Bundesvereinigung v. 21.4.2017 für die öffentliche Anhörung im Ausschuss für Gesundheit des Deutschen Bundestags, Ausschussdrucksache 18 (14)0253(16), 4 f.
40 Diesem Vorschlag der deutschen Krankenhausgesellschaft ist der Gesetzgeber nicht gefolgt, vgl. Stellungnahme der Deutschen Krankenhausgesellschaft zum Gesetzesentwurf der Bundesregierung zur Fortschreibung der Vorschriften für Blut- und Gewebezubereitungen und zur Änderung anderer Vorschriften BT-Dr. 18/11488 einschließlich Änderungsanträge Ausschuss-Dr. 18(14)250.1, 18 (14) 250.2 vom 21.4.2017, Ausschuss-Dr. 18(14)0253(11), 20.
41 Vgl. BT-Dr. 18/12587, 60.

Zweiter Abschnitt
Übermittlung und Aufbereitung von Leistungsdaten, Datentransparenz

Erster Titel Übermittlung von Leistungsdaten

§ 294 Pflichten der Leistungserbringer

Die an der vertragsärztlichen Versorgung teilnehmenden Ärzte und die übrigen Leistungserbringer sind verpflichtet, die für die Erfüllung der Aufgaben der Krankenkassen sowie der Kassenärztlichen Vereinigungen notwendigen Angaben, die aus der Erbringung, der Verordnung sowie der Abgabe von Versicherungsleistungen entstehen, aufzuzeichnen und gemäß den nachstehenden Vorschriften den Krankenkassen, den Kassenärztlichen Vereinigungen oder den mit der Datenverarbeitung beauftragten Stellen mitzuteilen.

Literatur:

Adelt, Notwendiger Informationsfluss zwischen Krankenhaus und Krankenkasse, BKK 2001, 513; *Beier,* Datenschutz in der Medizin, 1979; *Bäumler,* Medizinische Dokumentation und Datenschutzrecht, MedR 98, 400; *Detsch,* Sozialdatenschutz nach dem 2. SGB-Änderungsgesetz, RDV 1995, 16; *Heberlein,* Krankenversicherung – Weitergabe von Patientendaten durch Leistungserbringer an private Dienstleistungsunternehmen zwecks Leistungsabrechnung, SGb 2009, 724; *Hohberg,* Datenaustausch mit Leistungserbringern – Ein Großprojekt wird realisiert, ErsK 1997, 201; *Kamps/Kiesecker,* Auskunftspflicht des Arztes gegenüber Leistungsträgern des Sozialgesetzbuches, MedR 1997, 216; *Kraft,* Telematik im Gesundheitswesen, 2002; *Meier,* Der rechtliche Schutz patientenbezogener Gesundheitsdaten, 2002; *Mrozynski,* Zum Schutz von Sozialdaten im Recht der Leistungserbringer, NZS 1996, 545; *Musielak,* Im Datenaustausch Kosten senken – Die Clearingzentrale, Die Ersatzkasse 1997, 322; *Schmidt,* Ärztliche Schweigepflicht und Sozialdatenschutz, 1985; *Strobel,* Datenaustausch mit Leistungserbringern, DOK 1994, 649.

I. Entstehungsgeschichte

1 § 294 wurde gemeinsam mit den übrigen Datenschutzvorschriften des 10. Kapitels durch Art. 1 des GRG[1] vom 20.12.1988 mit Wirkung zum 1.1.1989 in das SGB V eingefügt. Mit Art. 1 Nr. 155 des Gesundheitsstrukturgesetzes[2] vom 21.12.1992 wurde die „kassen- und vertragsärztliche Versorgung" durch die „vertragsärztliche Versorgung" ersetzt (gültig ab 1.1.1993). Durch Art. 3 Nr. 15 des 2. SGBÄndG[3] wurde das Wort „befugt" im Zuge der Reform des Sozialdatenschutzes (SGB I und X) mit Wirkung zum 1.7.1994 gestrichen. Datenschutzrechtlich ist die Anordnung der Verpflichtung aber gleichsam Befugnis zur Erhebung und Verarbeitung der notwendigen Angaben.[4]

II. Regelungsgehalt und Normzweck

2 § 294 leitet die Vorschriften zur Übermittlung von Leistungsdaten durch die Leistungserbringer ein. Die Regelung ordnet die Aufzeichnung und die Mitteilung der Angaben an, die mit der Leistungserbringung, Verordnung und der Abgabe von Versicherungsleistungen entstehen. Verfassungsrechtlich war sie zur Rechtfertigung des Eingriffs in das informationelle Selbstbestimmungsrecht (Art. 2 Abs. 1 iVm Art. 1 Abs. 1 GG) der Betroffenen notwendig, da die Vergütung der ärztlichen und nichtärztlichen Leistungserbringer, derer sich die Krankenkassen aufgrund des Sachleistungsprinzips (s. § 2 Abs. 1) für die Erfüllung ihrer Aufgaben bedienen, die Speicherung und Übermittlung von Leistungsdaten an die Krankenkassen und die Kassen(zahn)ärztlichen Vereinigungen erfordert. Die Ausgestaltung der allgemeinen Aufzeichnungs- und Übermittlungspflicht für bestimmte Zwecke erfolgt in den nachfolgenden Vorschriften, die jeweils gemeinsam mit § 294 die gesetzliche Grundlage für die Auf-

---

1 BGBl. I 1988, 2477.
2 BGBl. I 1992, 2266.
3 BGBl. I 1994, 1229.
4 Vgl. BT-Dr. 12/5187, 33 zu Nummer 11; BSG, 10.12.2008, B 6 KA 37/07 R, BSGE 102, 134, 143; Spickhoff/Fischinger SGB V § 294 Rn. 1; Hornung in: Hänlein/Schuler SGB V § 294 Rn. 1; Krauskopf-Schneider SozKV § 294 Rn. 1.

zeichnung und Übermittlung der Angaben bilden.⁵ § 294 stellt iVm der jeweiligen Vorschrift eine Offenbarungsbefugnis dar, die verhindert, dass sich die Leistungserbringer gem. § 203 Abs. 1 Nr. 1 StGB strafbar machen.⁶ Aus der versicherungsrechtlichen Natur und dem Zweck der Vorschrift folgt, dass sie unabhängig von der berufsrechtlichen Dokumentationspflicht der Ärzte, Zahnärzte und Psychotherapeuten besteht.⁷ § 294 bezweckt den Nachweis der erbrachten Leistungen gegenüber den Krankenkassen und den Kassen(zahn)ärztlichen Vereinigungen und dient der Prüfbarkeit einer wirtschaftlichen und ordnungsgemäßen Leistungserbringung.⁸ Die Auftragsdatenverarbeitung durch Rechenzentren ist nur zulässig, soweit sie bereichsspezifisch ausdrücklich durch eine gesetzliche Regelung zugelassen ist (für Leistungserbringer s. §§ 295 a, 300 Abs. 2, 301 a Abs. 2 iVm § 302 Abs. 2, 302 Abs. 2; für Krankenkassen: § 80 SGB X).⁹

Neben § 294 existieren weitere Aufzeichnungs- und Übermittlungsbefugnisse im SGB: Zur Übermittlungsbefugnis von Behandlungsdaten und Befunden zwischen Hausärzten und anderen den Versicherten behandelnden Leistungserbringern s. § 73 Abs. 1 b; zur Verarbeitungs- und Nutzungsbefugnis für die Durchführung von Verträgen der besonderen Versorgung s. § 140 a Abs. 5. Zur Vorlage- und Auskunftspflicht gegenüber dem MDK s. § 276 Abs. 1, 277 Abs. 1. Zur Auskunftspflicht von Ärzten, Angehörigen anderer Heilberufe (zB Zahnärzte, Apotheker, Hebammen, Logopäden, Psychotherapeuten) und Krankenhäuser gegenüber Krankenkassen im Einzelfall: § 100 SGB X; zur Mitteilungspflicht von Krankenkassen gegenüber dem behandelnden Arzt: § 101 SGB X.

III. Adressaten

Adressaten der Vorschrift sind „die an der vertragsärztlichen Versorgung teilnehmenden Ärzte und die übrigen Leistungserbringer". Gemäß § 285 Abs. 4 werden neben den Ärzten auch die Zahnärzte und die Psychotherapeuten erfasst. Weiterhin gehören zu den Adressaten alle übrigen zugelassenen und ermächtigten Personen und Einrichtungen (zB Krankenhäuser). Die übrigen Leistungserbringer sind etwa Apotheker¹⁰ (§ 69), Heilmittel- und Hilfsmittelbringer (§§ 124, 126), insbesondere Masseure, Krankenpfleger und ambulante Pflegedienste, Krankengymnasten, Physiotherapeuten, Ergotherapeuten, Logopäden, etc.

IV. Aufzeichnen und mitteilen der notwendigen Angaben

Die Leistungserbringer sind verpflichtet, die „notwendigen Angaben" aufzuzeichnen und mitzuteilen. „Aufzeichnen" meint erheben und speichern (§ 67 Abs. 5 und Abs. 6 Nr. 1 SGB X).¹¹ Unter „mitteilen" ist „übermitteln" iSd § 67 Abs. 6 Nr. 3 SGB X zu verstehen.¹² Der Begriff der „Angaben" meint – wie sich aus dem Zusammenspiel mit der Überschrift des Erstens Titels des zweiten Abschnitts ergibt – die „Leistungsdaten", die aufgrund des Entstehungszusammenhangs („der Erbringung, der Verordnung oder der Abgabe der Versicherungsleistung") aufzuzeichnen und mitzuteilen sind. Sie sind versichertenbezogen.¹³ Die Verpflichtung bezieht sich auf die „notwendigen" Angaben, womit eine Beschränkung im Sinne des Erforderlichkeitsgrundsatzes aufgestellt wird: Es sind nur diejenigen Leistungsdaten aufzuzeichnen und mitzuteilen, die für die Abrechnung oder den Nachweis der wirtschaftlichen und ordnungsgemäßen Leistungserbringung, Verordnung oder der Abgabe der Versicherungsleistung unbedingt notwendig sind. Welche Angaben dies sind, ergibt sich aus den nachfolgenden Vorschriften (zB für Ärzte aus §§ 295 und 295 a, für Krankenhäuser aus § 301, für Apotheken aus § 300; für die Auffälligkeitsprüfungen aus § 296, für Zufälligkeitsprüfungen aus § 297). Details (zB zum Ver-

---

5 Vgl. Hornung in: Hänlein/Schuler SGB V § 294 Rn. 3; Krauskopf-Schneider SozKV § 294 Rn. 2; zur Verbindung von § 294 mit den nachfolgenden Regelungen als gesetzliche Grundlage vgl. BayLSG, 9.11.2005, L 3 KA 5012/04; LSG LSA, 19.1.2005, L 4 KA 7/04, GesR 2005, 372.
6 Spickhoff/Fischinger SGB V § 294 Rn. 1; Hornung in: LPK-SGB V § 294 Rn. 2; Krauskopf-Schneider SozKV § 294 Rn. 3.
7 Vgl. Michels in: Becker/Kingreen SGB V § 294 Rn. 5; Krauskopf-Schneider SozKV § 294 Rn. 4.
8 Vgl. SG Marburg, 6.4.2011, S 12 KA 831/10; ähnlich Krauskopf-Schneider SozKV § 294 Rn. 4: „Durchführung der ... Prüfinstrumentarien".
9 Vgl. BSG, 10.12.2008, B 6 KA 37/07 R, BSGE 102, 134 ff.
10 Vgl. zur Einbindung der Apotheken BayLSG, 8.2.2011, L 5 KR 352/06, BeckRS 2011, 74560.
11 Vgl. vertiefend Krauskopf-Schneider SozKV § 294 Rn. 9.
12 Vgl. ebenso Hornung in: Hänlein/Schuler SGB V, § 294 Rn. 6; Krauskopf-Schneider SozKV § 294 Rn. 10.
13 Ebenso Kranig in: Hauck/Noftz SGB V § 243 Rn. 6; ähnlich Spickhoff/Fischinger SGB V § 294 Rn. 1: „leistungsbezogenen Angaben".

fahren und Kennzeichen) finden sich in den „Richtlinien für den Datenaustausch mit den gesetzlichen Krankenkassen".[14]

Die Angaben sind an die Krankenkassen, die Kassenärztlichen Vereinigungen oder die mit der Datenverarbeitung beauftragten Stellen zu übermitteln. Letztere erfasst die von den Krankenkassen und die von den Kassenärztlichen Vereinigungen beauftragten Stellen gem. § 80 SGB X. Das sind Rechenzentren, die nicht von den Leistungserbringern beauftragt werden (→ Rn. 2).

§ 294 a Mitteilung von Krankheitsursachen und drittverursachten Gesundheitsschäden

(1) [1]Liegen Anhaltspunkte dafür vor, dass eine Krankheit eine Berufskrankheit im Sinne der gesetzlichen Unfallversicherung oder deren Spätfolgen oder die Folge oder Spätfolge eines Arbeitsunfalls, eines sonstigen Unfalls, einer Körperverletzung, einer Schädigung im Sinne des Bundesversorgungsgesetzes oder eines Impfschadens im Sinne des Infektionsschutzgesetzes ist oder liegen Hinweise auf drittverursachte Gesundheitsschäden vor, sind die an der vertragsärztlichen Versorgung teilnehmenden Ärzte und Einrichtungen sowie die Krankenhäuser nach § 108 verpflichtet, die erforderlichen Daten, einschließlich der Angaben über Ursachen und den möglichen Verursacher, den Krankenkassen mitzuteilen. [2]Bei Hinweisen auf drittverursachte Gesundheitsschäden, die Folge einer Misshandlung, eines sexuellen Missbrauchs, eines sexuellen Übergriffs, einer sexuellen Nötigung, einer Vergewaltigung oder einer Vernachlässigung von Kindern und Jugendlichen sein können, besteht keine Mitteilungspflicht nach Satz 1. [3]Bei Hinweisen auf drittverursachte Gesundheitsschäden, die Folge einer Misshandlung, eines sexuellen Missbrauchs, eines sexuellen Übergriffs, einer sexuellen Nötigung oder einer Vergewaltigung einer oder eines volljährigen Versicherten sein können, besteht die Mitteilungspflicht nach Satz 1 nur dann, wenn die oder der Versicherte in die Mitteilung ausdrücklich eingewilligt hat.

(2) [1]Liegen Anhaltspunkte für ein Vorliegen der Voraussetzungen des § 52 Abs. 2 vor, sind die an der vertragsärztlichen Versorgung teilnehmenden Ärzte und Einrichtungen sowie die Krankenhäuser nach § 108 verpflichtet, den Krankenkassen die erforderlichen Daten mitzuteilen. [2]Die Versicherten sind über den Grund der Meldung nach Satz 1 und die gemeldeten Daten zu informieren.

Literatur:

Beck/Hausch, Das Recht des Patienten auf informationelle Selbstbestimmung im Spannungsfeld zum Akteneinsichtsanspruch der Krankenkasse nach § 294 a SGB V, VersR 2008, 1321; *Bergmann*, Besteht ein Anspruch der Krankenkasse auf Einsichtnahme oder Herausgabe der Behandlungsunterlagen? KH 2008, 825; *Bergmann*, Das Einsichtsrecht der Krankenkassen in Behandlungsunterlagen eines verstorbenen Patienten, KH 2016, 897; *Bernzen*, Die neue Mitteilungspflicht nach § 294 a Abs. 2 SGB V und der Leistungsausschluss nach § 52 Abs. 2 SGB V – verschleiert, verschmälert, verfassungswidrig, MedR 2008, 549; *Hauser*, Vermutete Behandlungsfehler und das Herausgabeverlangen von Patientendaten durch Krankenkassen, KH 2012, 919; *Hauser*, Anforderung von Krankenunterlagen durch Krankenkassen auf der Grundlage des § 294 a SGB V, KH 2005, 128; *Kunz*, § 294 a SGB V – eine Ermächtigungsgrundlage für gesetzliche Krankenkassen zur Herausgabe von Behandlungsunterlagen?, KHR 2009, 85; *Marbuger*, Schadensersatzansprüche nach § 116 SGB X – Pflichten der Leistungserbringer gegenüber Sozialleistungsträgern, WzS 2011, 71; *Marbuger*, Pflichten der Leistungserbringer in Zusammenhang mit Schadensersatzansprüchen nach § 116 SGB X, Die Leistungen 2007, 129; *Reimer/Merold*, Leistungsbeschränkungen und ärztliche Mitteilungspflichten in der GKV, SGb 2008, 713; *Schulze-Zeu*, Die Durchsetzung von zivilrechtlichen Auskunftsansprüchen der Krankenkassen gegen Ärzte, Kliniken und Pflegeheime, VersR 2009, 1050; *Schulze-Zeu*, Die Übergangsfähigkeit zivilrechtliche Akteneinsichtsansprüche von Patienten und Pflegeheimbewohnern gegen Ärzte, Kliniken und Pflegeheime, VersR 2011, 194; *Schulze-Zeu/Riehn*, Das Akteneinsichtsrecht der Krankenkassen und Pflegekassen im Regressfall gegen Krankenhäuser, ärztlich geleitete Einrichtungen und Pflegeeinrichtungen unter Berücksichtigung von § 294 a SGB V und neuester Gesetzesinitiativen, VersR 2007, 467; *Schulze-Zeu/Riehn*, Ärztliche Behandlungsfehler – die Unterstützungspflicht der gesetzlichen Krankenkassen gem. § 66 SGB V, VersR 2013, 1482; *Smentkowski*, Akteneinsichtsrecht der Krankenkassen nach § 294 a SGB V und Gesetzesinitiativen, VersR 2008, 465, 468; *Teichner/Schröder*, Medizinisch nicht indizierte, ästhetische Eingriffe und das GKV-WSG – aktuelle Rechtsfragen und Folgen für die Praxis, MedR

---

14 Abrufbar unter www.gkv-datenaustausch.de (zuletzt abgerufen am 27.5.2017).

2009, 586; *Wolf*, Bei Entfernung gesundheitsgefährdender Brustimplantate – Wann und wie weit müssen sich die Versicherten an den Kosten beteiligen?, SozSich 2012, 110.

I. Entstehungsgeschichte	1	3. Aktive und reaktive Mitteilungspflicht?	10
II. Regelungsgehalt und Normzweck	2	4. Erforderliche Daten	11
III. Verhältnis zum zivilrechtlichen Einsichtsrecht und anderen Vorschriften	4	5. Information der Versicherten?	12
IV. Mitteilungspflicht gegenüber der Krankenkasse bei Fremdverschulden (Abs. 1)	5	V. Ausnahme von der Mitteilungspflicht und Erforderlichkeit der Einwilligung für bestimmte Angaben	13
1. Fremdverschulden und Normadressaten	5	VI. Mitteilungspflicht bei Selbstverschulden des Versicherten (Abs. 2 S. 1)	14
2. Anhaltspunkte und Hinweise	9	VII. Information des Versicherten (Abs. 2 S. 2)	15

I. Entstehungsgeschichte

§ 294a wurde durch Art. 1 Nr. 166 des GMG[1] mit Wirkung zum 1.1.2004 in das SGB V eingefügt. Durch Art. 6 Nr. 15 des Pflege-Weiterentwicklungsgesetzes[2] wurden Abs. 2 mit Wirkung zum 1.7.2008 angefügt und Abs. 1 geändert. Stationäre Pflegeeinrichtungen, die gem. § 119b ambulante Behandlungsleistungen erbringen, unterfallen seitdem den Mitteilungspflichten.[3] Durch Abs. 2 wurde die Pflicht auch auf selbstverschuldete Krankheiten gemäß von § 52 Abs. 2 erstreckt.[4] Mit Art. 3 Nr. 11 des Dritten Gesetzes zur Änderung arzneimittelrechtlicher und anderer Vorschriften[5] hat der Gesetzgeber mit Wirkung zum 13.8.2013 die bisher für den Fall der Geltendmachung von Schadensersatzansprüchen nach § 116 SGB X in Abs. 1 S. 2 enthaltene Mitteilungspflicht der Kassenärztlichen Vereinigungen an die Krankenkassen aufgehoben und eine Ausnahme von der Mitteilungspflicht für Hinweise auf solche drittverursachte Gesundheitsschäden eingeführt, die Folge einer Misshandlung, eines sexuellen Missbrauchs oder einer Vernachlässigung von Kindern und Jugendlichen sein können. Dieser Katalog der Ausnahmen von der Mitteilungspflicht wurde durch Art. 1 Nr. 18 lit. a des **Gesetzes zur Stärkung der Heil- und Hilfsmittelversorgung (Heil- und Hilfsmittelversorgungsgesetz – HHVG)**[6] v. 4.4.2017 um die Tatbestände des sexuellen Übergriffs, der sexuellen Nötigung und der Vergewaltigung mit Wirkung zum 11.4.2017 erweitert. Zugleich hat Art. 1 Nr. 18 lit. b dieses Gesetzes Abs. 1 um S. 3 ergänzt.

II. Regelungsgehalt und Normzweck

§ 294a verpflichtet die an der vertragsärztlichen Versorgung teilnehmenden Ärzte und Einrichtungen sowie die gemäß § 108 zugelassenen Krankenhäuser, bei Anhaltspunkten für drittverschuldete (Abs. 1) oder im Sinne von § 52 Abs. 2 selbstverschuldeten (Abs. 2) Krankheiten unaufgefordert die erforderlichen Daten den Krankenkassen mitzuteilen. Von der **Mitteilungspflicht** ausgenommen sind die in Abs. 1 S. 2 benannten drittversursachten Gesundheitsschäden. In diesen Fällen soll der Behandlungserfolg nicht dadurch gefährdet werden, dass die Krankenkasse im Anschluss an die Mitteilung Schritte gegen den Verursacher einleitet, die zu Konflikten im Umfeld der Betroffenen führen können.[7]

Während die Mitteilungspflicht früher ausschließlich im untergesetzlichen Recht des § 58 BMV-Ä und § 16 Abs. 3 BMV-Z geregelt war, wurde mit § 294a ein gesetzlicher **Erlaubnistatbestand** geschaffen, der mit Ausnahme der in Abs. 1 S. 2 geregelten Fälle zur Mitteilung der Daten an die Krankenkassen verpflichtet. Die Vorschrift ist Rechtfertigungsnorm für den Eingriff in das informationelle Selbstbestimmungsrecht (Art. 2 Abs. 1 iVm Art. 1 Abs. 1 GG) der Versicherten und soll die Krankenkassen in die Lage versetzen, die Informationen zu erhalten, die sie für die Geltendmachung von Ersatzansprüchen gegen andere Sozialleistungsträger (§§ 102 ff. SGB X) und für Leistungsbeschränkungen gegen-

---

1 BGBl. I 2003, 2190.
2 BGBl. I 2008, 874.
3 Vgl. BT-Dr. 16/7439, 98 zu Nummer 15 zu Buchstabe b.
4 Vgl. dazu Beck/Hausch, VersR 2008, 1321; Reimer/Merold, SGb 2008, 713; Teichner/Schröder, MedR 2009, 586.
5 BGBl. I 2013, 3108.
6 BGBl. I 2017, 778.
7 Vgl. BT-Dr. 17/13770, 33 zu Nummer 11.

über dem Versicherten gemäß § 52 benötigen.[8] Sie dient mittelbar auch der Kostenentlastung der Krankenkassen.[9] § 294a entbindet von der ärztlichen Schweigepflicht (§ 203 StGB).[10]

III. Verhältnis zum zivilrechtlichen Einsichtsrecht und anderen Vorschriften

4 Die Mitteilungspflicht nach Abs. 1 S. 1 und Abs. 2 unterscheidet sich von dem zivilrechtlichen Einsichtsrecht der Krankenkasse grundlegend. Jenes geht als Nebenrecht gem. § 116 Abs. 1 S. 1 SGB X, § 401 Abs. 1 BGB analog, § 412 BGB nur dann auf die Krankenkasse über, wenn eine Einwilligung oder zumindest ein vermutetes Einverständnis vorliegt.[11] Die Mitteilungspflicht gemäß § 294a ist dagegen eine **sozialrechtliche** Pflicht, die einen Anspruch der Krankenkasse auf unaufgeforderte Mitteilung von Daten zu den in § 294a genannten Zwecken und nur an die Krankenkasse (und nicht den Medizinischen Dienst) unter den genannten Voraussetzungen begründet.[12] Für die Prüfung ihrer Leistungspflicht kann die Krankenkasse ggf. nach §§ 275 ff. Einsicht in die Unterlagen durch den Medizinischen Dienst verlangen. Zur Auskunftspflicht von Ärzten, Krankenhäusern- Vorsorge- und Rehabilitationseinrichtungen bei gesetzlicher Anordnung oder Einwilligung des Betroffenen auf Verlangen der Krankenkasse s. § 100 SGB X.

IV. Mitteilungspflicht gegenüber der Krankenkasse bei Fremdverschulden (Abs. 1)

5 **1. Fremdverschulden und Normadressaten.** Abs. 1 beinhaltet eine Mitteilungspflicht in den folgenden Fällen des Fremdverschuldens: Berufskrankheit (§ 9 SGB VII), Arbeitsunfall (§ 8 SGB VII), bei Folgen eines Arbeitsunfalls (= alle Krankheiten, die ursächlich mit dem Arbeitsunfall zusammenhängen),[13] bei Spätfolgen einer Berufskrankheit oder eines Arbeitsunfalls (= Krankheiten, die auf die Berufskrankheit oder den Arbeitsunfall zurückzuführen sind). Die Folgen und die Spätfolgen müssen nach den Vorschriften des SGB VII anerkannt werden können.[14] Weitere genannte Fälle des Abs. 1 S. 1 sind: ein sonstiger Unfall (= plötzlich einsetzendes und unerwartetes von außen kommendes Ereignis),[15] eine Körperverletzung (Eingriff in die körperliche und/oder psychische Unversehrtheit, der zu einer nicht nur unerheblichen Beeinträchtigung führt, sowie die Hervorrufung oder Steigerung eines wenn auch vorübergehenden pathologischen Zustandes),[16] eine Schädigung im Sinne des BVG (s. § 1 BVG), ein Impfschaden im Sinne des IfSG (Def. s. § 2 Nr. 11 IfSG und ggf. Anspruch gem. § 60 IfSG). Letztlich werden drittverursachte Gesundheitsschäden genannt. Diese Kategorie stellt einen Auffangtatbestand dar, der sämtliche nicht unerhebliche Beeinträchtigungen der körperlichen und psychischen Gesundheit erfasst, die nicht von den vorgenannten Alternativen erfasst werden.[17]

6 Sämtliche Tatbestände gehen von einer **Drittverursachung** aus, auch die Kategorie des „Gesundheitsschadens". Dritter ist, wer in der von § 294a erfassten Datenmitteilungs- und Datenübermittlungsverpflichtung nicht beteiligt ist. Der Leistungserbringer, zB ein Krankenhaus, ist gegenüber der Krankenkasse als der die Daten empfangenden Stelle daher kein Dritter, auch wenn die Krankenkasse Anhalts-

---

8 Vgl. BT-Dr. 15/1525, 146 zu Nummer 166 zum Zweck von § 294 Abs. 1; BT-Dr. 17/9213, 3 zu Kostenbeteiligung von Versicherten nach § 294 a Abs. 2 iVm § 52; BGH, 23.3.2010, VI ZR 327/08, VersR 2010, 969, 970; Spickhoff/Fischinger SGB V § 294a Rn. 1; KassKomm/Hess SGB V, § 294a Rn. 2; Hornung in: Hänlein/Schuler § 294a Rn. 1; Schneider in: Krauskopf SozKV § 294a Rn. 2; Scholz in: BeckOK SozR SGB V § 294a Rn. 1.
9 Vgl. Didong in: juristPK-SGB V § 294a Rn. 6.
10 Vgl. BGH, 23.3.2010, VI ZR 327/08, VersR 2010, 969, 970; SG Berlin, 1.6.2004, S 82 KR 2038/02, juris Rn. 22; aA Smentkowski, VersR 2008, 465, 468.
11 Vgl. BGH, 23.3.2010, VI ZR 327/08, VersR 2010, 969, 970 unter Bezug auf BGH, 31.3.1983, VI ZR 259/81, VersR 1983, 834; aA Bergmann, KH 2008, 825; zur neueren BGH-Rspr. zusammenfassend: Schulze-Zeu, VersR 2011, 194; Schulze-Zeu/Riehn, VersR 2013, 1482, 1487.
12 Vgl. auch LG Bochum, 22.8.2008, I 5 S 72/08, BeckRS 2009, 12000: eigener Auskunftsanspruch der Krankenkasse.
13 Vgl. Padé in: Eichenhofer/Wenner SGB V § 294a Rn. 9.
14 Vgl. Padé in: Eichenhofer/Wenner SGB V § 294a Rn. 9.
15 Vgl. Padé in: Eichenhofer/Wenner SGB V § 294a Rn. 12.
16 Vgl. FAKomm-MedR/Duttge StGB § 223 Rn. 4 und 5 mwN aus der Rspr. und der Lit.
17 Ähnlich Padé in: Eichenhofer/Wenner SGB V § 294a Rn. 12.

punkte für Ansprüche auf Erstattung zu Unrecht abgerechneter Vergütungsleistungen sieht.[18] Eine Mitteilungspflicht der beteiligten Leistungserbringer besteht nicht.[19] Zur Möglichkeit der Einschaltung des MDK → § 275 Abs. 1 Rn. 15 ff.

Fraglich ist, ob Abs. 1 bezüglich der **Körperverletzung** eine Fremdverursachung verlangt, insbesondere ob eigene Behandlungsfehler des Vertrags(zahn)arztes den Tatbestand der Körperverletzung iSd Abs. 1 erfüllen können und daraus eine Mitteilungspflicht im Sinne einer Selbstanzeigepflicht für den Vertrags(zahn)arzt folgt. Die Rspr. hat ein Einsichtsrecht der Krankenkasse in die Behandlungsunterlagen des Vertrags(zahn)arztes auf § 294a gestützt.[20] Dies würde allerdings entgegen § 100 Abs. 2 SGB X eine Verpflichtung des Leistungserbringers zur Selbstbelastung (Risiko eines strafrechtlichen Verfahrens) bedeuten. Mit Blick auf den Wortlaut, die Systematik, die Entstehungsgeschichte sowie auf Sinn und Zweck wird man eine Mitteilungspflicht und ein Einsichtsrecht der Krankenkasse bei eigenen Behandlungsfehlern des Leistungserbringers gemäß § 294a Abs. 1 ablehnen müssen.[21]

Die Mitteilungspflicht nach Abs. 1 S. 1 besteht für die an der vertragsärztlichen Versorgung teilnehmenden **Ärzte** (§ 95), **Zahnärzte und Psychotherapeuten** (s. § 285 Abs. 4), **Einrichtungen** (zB MVZ, stationäre Pflegeeinrichtungen) und **zugelassenen Krankenhäuser** gem. § 108. Bei **Pflegeeinrichtungen** bezieht § 294a Abs. 1 S. 1 aber nur diejenigen Einrichtungen ein, die von § 119b erfasst sind. Für andere Pflegeeinrichtungen kann § 294a mangels planwidriger Regelungslücke nicht analog angewendet werden.[22]

2. Anhaltspunkte und Hinweise. Die Mitteilungspflicht setzt „Anhaltspunkte" - bzw. synonym zu verstehen – „Hinweise" für einen der in S. 1 umschriebenen Tatbestände voraus. Nicht ausreichend dafür ist der pauschale Bezug in einer Mitteilung auf § 294a.[23] Andererseits ist auch keine Gewissheit oder ein feststehender Sachverhalt notwendig, da die Mitteilung der Angaben dem Zweck der weiteren Ermittlung und Aufklärung des Sachverhalts durch die Krankenkasse dient.[24] Genügend aber auch erforderlich ist, dass dem Normadressaten „konkrete Tatsachen" bekannt werden, die „einen Verdacht (…) oder eine nennenswerte Wahrscheinlichkeit iS eines Anfangsverdachts begründen können."[25] In diesem Sinne hinreichend sind jedenfalls Tatsachen, die durch „eindeutige Befunde oder Berichte gestützt werden."[26] Die datenschutzrechtliche Verantwortung für die Zulässigkeit der Übermittlung der Daten liegt, da keine Anforderung der Krankenkassen notwendig ist, bei den übermittelnden Stellen (vgl. § 67d Abs. 2 S. 1 SGB X).[27]

3. Aktive und reaktive Mitteilungspflicht? Umstritten ist, ob § 294a nur zur **aktiven** Mitteilung verpflichtet oder auch zur Mitteilung auf Anforderung der Krankenkassen (sog **reaktives** Vorgehen) befugt.[28] Mitteilen meint, dass ein Leistungserbringer die erforderlichen Daten der Krankenkasse von sich aus zur Verfügung stellt. Die Krankenkasse kann aber aus verschiedenen Quellen Anhaltspunkte im Sinne des Abs. 1 erhalten, zB durch Mitteilungen des Betroffenen, Abrechnungsprüfungen oder

---

18 Vgl. LSG Nds-Brem, 11.11.2009, L 1 KR 152/08, BeckRS 2010, 72475 (rechtskräftig durch Rücknahme der Revision vor dem BSG, vgl. BSG, Terminbericht zu 12.8.2010 zu B 3 KR 16/09 R: keine Drittverursachung bei Überprüfung einer Krankenhausabrechnung und möglicher Ansprüche auf Erstattung zu Unrecht abgerechneter Vergütungsleistungen durch die Krankenkassen; aber Möglichkeit gem. §§ 275 ff. SGB V); Bergmann, KH 2016, 897, 898.
19 Vgl. LSG Nds-Brem, 11.11.2009, L 1 KR 152/08, BeckRS 2010, 72475 und BSG, Terminbericht zu 12.8.2010, B 3 KR 16/09 R.
20 Vgl. SG Potsdam, 27.3.2008, S 1 KA 191/06, BeckRS 2008, 53611.
21 Vgl. ausführlich LSG Nds-Brem, 11.11.2009, L 1 KR 152/08, BeckRS 2010, 72475 mwN.
22 Vgl. BGH, 23.3.2010, VI ZR 327/08, VersR 2010, 969, 970; LG Bochum, 22.8.2008, I 5 S 72/08, BeckRS 2009, 12000.
23 Vgl. LSG Nds-Brem, 11.11.2009, L 1 KR 152/08, BeckRS 2010, 72475 = juris Rn. 98.
24 Vgl. SG Berlin, 1.6.2004, S 82 KR 2038/02, juris Rn. 19; in Anlehnung daran auch Spickhoff/Fischinger SGB V § 294a Rn. 3.
25 LSG Nds-Brem, 11.11.2009, L 1 KR 152/08, BeckRS 2010, 72475 = juris Rn. 88.
26 LSG Nds-Brem, 11.11.2009, L 1 KR 152/08, BeckRS 2010, 72475 = juris Rn. 88 unter Bezug auf Schneider in: Krauskopf SozKV § 294a Rn. 7; großzügiger Schultze-Zeu/Riehn, VersR 2007, 467, nach denen eine Vermutung, ein Verdacht, Bedenken, Zweifel, Mutmaßung, Argwohn, Misstrauen oder ein Hinweis ausreichen; Luthe in: Hauck/Noftz SGB V § 294a Rn. 4 lässt es genügen, wenn Hinweise einen der genannten Schädigungsfälle plausibel erscheinen lassen, da die Mitteilung die Prüfung der Krankenkasse nicht vorwegnehmen sollen.
27 Vgl. LSG Nds-Brem, 11.11.2009, L 1 KR 152/08, BeckRS 2010, 72475 = juris Rn. 96.
28 Offen gelassen von LSG Nds-Brem, 11.11.2009, L 1 KR 152/08, BeckRS 2010, 72475 = juris Rn. 106.

Qualitätsprüfungen des MDK.[29] Es stellt sich dann die Frage, ob auch eine Anforderung der Daten durch die Krankenkasse zu der Mitteilungspflicht des Betroffenen führt. Gegen eine **reaktive Mitteilungspflicht** wird der Wortlaut des § 294a angeführt,[30] der kein Merkmal „und auf Verlangen" enthalte. Andererseits wird der Zusatz „auf Verlangen" im Rahmen der Datenschutzregelungen des SGB V nur dann verwendet, wenn die Übermittlung gerade nicht unaufgefordert erfolgen soll, sondern im Interesse des informationellen Selbstbestimmungsrechts und aufgrund der Verhältnismäßigkeit erst auf die konkrete Anforderung hin (zB § 295 Abs. 1a, § 296 Abs. 4, § 304 Abs. 2). In diesem Sinn wird ein **reaktives Vorgehen** zulässig sein, wenn die erforderlichen Anhaltspunkte von den Krankenkassen den Leistungserbringern nach Abs. 1 mitgeteilt werden und diese eine eigene Prüfung der Anhaltspunkte vornehmen, nach deren Ergebnis sie die Daten zur Verfügung stellen.[31]

11 **4. Erforderliche Daten.** Mitzuteilen sind die erforderlichen Daten, einschließlich der Angaben über Ursachen und den möglichen Verursacher. Wegen des Verhältnismäßigkeitsgrundsatzes ist der unbestimmte Begriff „erforderlich" eng auszulegen (→ § 284 Rn. 3).[32] Zu übermitteln sind daher nur diejenigen Daten, die für die weitere Klärung und Prüfung durch die Krankenkasse unbedingt notwendig sind.[33] Dazu zählen die erbrachten Leistungen, die Diagnose in Form des Diagnoseschlüssels und nach dem Wortlaut des Abs. 1 S. 1 „Angaben über Ursachen" (zB Impfschaden) und die „möglichen Verursacher".[34] Der Datenbegriff ist nicht speziell oder enger als der Sozialdatenbegriff auszulegen.[35] Er umfasst auch „Einzelangaben über in der Vergangenheit liegende gesundheitliche Verhältnisse, die zB in ärztlichen Berichten, Gutachten oder Röntgen- oder CT-Aufnahmen dokumentiert sein können,"[36] etwa auch Operationsberichte und Krankenhausentlassungsberichte.[37] Bei Anhaltspunkten für einen Behandlungsfehler durch einen Vertrags(zahn)arzt wurde der Anspruch der Krankenkasse gemäß Abs. 1 auch auf die Einsicht in die Behandlungsunterlagen bejaht, die „nur wenige Jahre zurückliegende Behandlungen betreffen"[38] (→ Rn. 7 aE).

12 **5. Information der Versicherten?** Im Gegensatz zu Abs. 2 S. 2 besteht nach dem Wortlaut des Abs. 1 keine Pflicht zur Information des Versicherten. Dennoch wird diese bei der Weitergabe von Behandlungsinformationen aus Gründen der Transparenz (zT unter Bezug auf § 4 Abs. 3 S. 1 Nr. 3 BDSG) angenommen bzw. empfohlen.[39]

V. Ausnahme von der Mitteilungspflicht und Erforderlichkeit der Einwilligung für bestimmte Angaben

13 Abs. 1 S. 2 enthält für drittverursachte Gesundheitsschäden, die Folge einer Misshandlung, eines sexuellen Missbrauchs, eines sexuellen Übergriffs, einer sexuellen Nötigung, einer Vergewaltigung oder einer Vernachlässigung von Kindern und Jugendlichen sein können, eine **Ausnahme von der Mitteilungspflicht** gemäß Abs. 1 S. 1. Die Vorschrift will **Kinder und Jugendliche** besonders vor den Folgen einer solchen Mitteilung schützen. Sexuelle Übergriffe, die sexuelle Nötigung und die Vergewaltigung sind iSd § 177 StGB zu verstehen und gelten seit dem 11.4.2017.[40] In allen genannten Fällen können

---

29 Vgl. LSG Nds-Brem, 11.11.2009, L 1 KR 152/08, BeckRS 2010, 72475 = juris Rn. 91.
30 Vgl. LSG Nds-Brem, 11.11.2009, L 1 KR 152/08, BeckRS 2010, 72475 = juris Rn. 104.
31 Schneider in: Krauskopf SozKV § 294a Rn. 9 und 14 für den Fall ärztlicher Behandlungsfehler; ohne Begründung: Hornung in: Hänlein/Schuler § 294a Rn. 8; Schulze-Zeu/Riehn, VersR 2007, 467; ohne Begründung BGH, 23.3.2010, VI ZR 327/08, VersR 2010, 971, 972: „von sich aus und gegebenenfalls auf Anforderung der Krankenkassen".
32 Vgl. speziell Hauser, KH 2005, 128, 130; Beck/Hausch, VersR 2008, 1321, 1322f.; ebenso allgemeine Ansicht in der Literatur: zB Hornung in: Hänlein/Schuler § 294a Rn. 5; Scholz in: BeckOK SozR SGB V § 294a Rn. 4.
33 Vgl. auch Ansicht der Bundesregierung BT-Dr. 17/9213, 9: „Erstinformation, die die wichtigsten Angaben in knapper Form enthalten sollte."
34 Vgl. Schneider in: Krauskopf SozKV § 294a Rn. 8.
35 Vgl. SG Berlin, 1.6.2004, S 82 KR 2038/02, BeckRS 2009, 57976.
36 SG Berlin, 1.6.2004, S 82 KR 2038/02, BeckRS 2009, 57976 = juris Rn. 20 unter Bezug auf BayLSG, 23.9.1998, L 12 KA 533/96, NZS 1999, 553 im Zusammenhang mit § 276 SGB V.
37 Vgl. SG Koblenz, 8.6.2009, S 3 KR 332/08, VersR 2010, 1245 mAnm Jaeger.
38 SG Potsdam, 27.3.2008, S 1 KA 191/06, BeckRS 2008, 53611: Einblick in die gesamte Patientenakte, die zwei Jahre vor dem vermeintlichen Behandlungsfehler begann.
39 Spickhoff/Fischinger SGB V § 294a Rn. 3; KassKomm/Hess SGB V § 294a SGB V Rn. 3; Hornung in: Hänlein/Schuler § 294a Rn. 10; Schneider in: Krauskopf SozKV § 294a Rn. 13.
40 Vgl. dazu BR-Dr. 490/16, 39.

die im Anschluss an eine Mitteilung gegen den möglichen Verursacher eingeleiteten Schritte zu Konflikten im Umfeld des Betroffenen führen, die den Behandlungserfolg gefährden können. Aus diesem Grund regelt Abs. 1 S. 2 eine Ausnahme von der Mitteilungspflicht für drittverursachte Gesundheitsschäden in den benannten Fällen. Dabei genügt die Möglichkeit der Misshandlung, des Missbrauchs und der anderen genannten Fälle, die aus Sicht des Behandelnden aber aufgrund konkreter Tatsachen bestehen muss (→ Rn. 9). Da der Wortlaut keine zeitliche Beschränkung der Ausnahme vorsieht, gilt diese auch dann noch, wenn die Misshandlung, der Missbrauch oder die anderen benannten Fälle bereits längere Zeit zurückliegen, zB weil sich der Betroffene erst im Erwachsenenalter behandeln lässt und die Behandelnden erst dann die Hinweise erhalten.[41] Abs. 1 S. 2 befreit aufgrund des Wortlauts nur von der Mitteilung an die Krankenkasse, nicht aber von der Information des Jugendamtes, soweit die Voraussetzungen nach § 4 Abs. 4 des Gesetzes zur Kooperation und Information im Kinderschutz (KKG) gegeben sind. Der seit dem 11.4.2017 geltende S. 3 knüpft für die **Mitteilungspflicht** bei Hinweisen auf drittverursachte Gesundheitsschäden, die Folge einer Misshandlung, eines sexuellen Missbrauchs, eines sexuellen Übergriffs, einer sexuellen Nötigung oder einer Vergewaltigung eines/einer **volljährigen Versicherten** an eine ausdrückliche Einwilligung.[42] Die Anforderungen an die Einwilligung richten sich nach § 67 b Abs. 1 und Abs. 2 SGB X.

VI. Mitteilungspflicht bei Selbstverschulden des Versicherten (Abs. 2 S. 1)

Abs. 2 verpflichtet die Leistungserbringer nach Abs. 1 (→ Rn. 8) zur Mitteilung der erforderlichen Daten an die Krankenkasse, wenn Anhaltspunkte für ein Selbstverschulden des Versicherten iSd § 52 Abs. 2 (s. Kommentierung zu § 52) gegeben sind. Voraussetzung ist daher eine medizinisch nicht indizierte ästhetische Operation, eine Tätowierung oder ein Piercing. Mitzuteilen sind nur die erforderlichen Daten (→ Rn. 11) eischließlich der Abrechnungsdaten, da Abs. 2 angefügt wurde, damit die Krankenkasse die gebundene Entscheidung gemäß § 52 Abs. 2 treffen kann.[43] Nicht erforderlich ist die Mitteilung des Verursachers, da dieser nach der hinter § 52 Abs. 2 stehenden Wertung der Versicherte selbst ist.[44] Anders wird dies für den Fall des Verdachts auf eine nicht lege artis erfolgte medizinische Maßnahme gemäß § 52 Abs. 2 und einen daraus resultierenden Gesundheitsschaden gesehen. In diesem Fall muss die Mitteilung auch den Verursacher benennen. Die Pflicht ergibt sich aber dann richtigerweise aus Abs. 1 S. 1.[45]

14

VII. Information des Versicherten (Abs. 2 S. 2)

Abs. 2 S. 2 beinhaltet eine Pflicht zur Information des Versicherten über den Grund der Meldung nach Abs. 2 S. 1 und die gemeldeten Daten. Sie besteht – entgegen dem Wortlaut der Vorschrift ("Versicherte"), der für eine Mitteilungspflicht der Krankenkassen spricht[46] – nach der Normstruktur und dem Willen des Gesetzgebers für den Leistungserbringer vor der Mitteilung der Daten an die Krankenkasse.[47] Erklärt sich der Informierte zur Tragung der gesamten Kosten wie ein Privatpatient bereit, so ist auf die Mitteilung der Angaben an die Krankenkasse zu verzichten,[48] da der Sinn und Zweck der Mitteilungspflicht nach Abs. 2 nicht mehr erreicht wird: Infolge der vollständigen persönlichen Tragung der Kosten durch den Patienten entstehen der Krankenkasse keine Kosten, an denen der Patient gemäß § 52 Abs. 2 beteiligt werden könnte.

15

---

41 Vgl. BT-Dr. 17/13770, 33 zu Nummer 11.
42 Vgl. zu den Motiven BR-Dr. 490/16, 39.
43 Vgl. Padé in: Eichenhofer/Wenner SGB V § 294 a Rn. 16.
44 Ebenso Schneider in: Krauskopf SozKV § 294 a Rn. 18.
45 Vgl. Hornung in: Hänlein/Schuler § 294 a Rn. 13; Schneider in: Krauskopf SozKV 294 a Rn. 18.
46 So Padé in: Eichenhofer/Wenner SGB V § 294 a Rn. 26.
47 Spickhoff/Fischinger SGB V § 294 a Rn. 5; Hornung in: Hänlein/Schuler § 294 a Rn. 15 unter Bezug auf BT-Dr. 16/7439, 98; Schneider in: Krauskopf SozKV § 294 a Rn. 19.
48 Vgl. Schneider in: Krauskopf SozKV § 294 a SGSB V Rn. 20.

§ 295 Abrechnung ärztlicher Leistungen

(1) ¹Die an der vertragsärztlichen Versorgung teilnehmenden Ärzte und Einrichtungen sind verpflichtet,
1. in dem Abschnitt der Arbeitsunfähigkeitsbescheinigung, den die Krankenkasse erhält, die Diagnosen,
2. in den Abrechnungsunterlagen für die vertragsärztlichen Leistungen die von ihnen erbrachten Leistungen einschließlich des Tages und, soweit für die Überprüfung der Zulässigkeit und Richtigkeit der Abrechnung erforderlich, der Uhrzeit der Behandlung, bei ärztlicher Behandlung mit Diagnosen, bei zahnärztlicher Behandlung mit Zahnbezug und Befunden,
3. in den Abrechnungsunterlagen sowie auf den Vordrucken für die vertragsärztliche Versorgung ihre Arztnummer, in Überweisungsfällen die Arztnummer des überweisenden Arztes sowie die Angaben nach § 291 Abs. 2 Nr. 1 bis 10 maschinenlesbar

aufzuzeichnen und zu übermitteln. ²Die Diagnosen nach Satz 1 Nr. 1 und 2 sind nach der Internationalen Klassifikation der Krankheiten in der jeweiligen vom Deutschen Institut für medizinische Dokumentation und Information im Auftrag des Bundesministeriums für Gesundheit herausgegebenen deutschen Fassung zu verschlüsseln. ³Das Bundesministerium für Gesundheit kann das Deutsche Institut für medizinische Dokumentation und Information beauftragen, den in Satz 2 genannten Schlüssel um Zusatzkennzeichen zur Gewährleistung der für die Erfüllung der Aufgaben der Krankenkassen notwendigen Aussagefähigkeit des Schlüssels zu ergänzen. ⁴Von Vertragsärzten durchgeführte Operationen und sonstige Prozeduren sind nach dem vom Deutschen Institut für medizinische Dokumentation und Information im Auftrag des Bundesministeriums für Gesundheit herausgegebenen Schlüssel zu verschlüsseln. ⁵Das Bundesministerium für Gesundheit gibt den Zeitpunkt des Inkrafttretens der jeweiligen Fassung des Diagnosenschlüssels nach Satz 2 sowie des Prozedurenschlüssels nach Satz 4 im Bundesanzeiger bekannt[1].

(1a) Für die Erfüllung der Aufgaben nach § 106a sind die an der vertragsärztlichen Versorgung teilnehmenden Ärzte verpflichtet und befugt, auf Verlangen der Kassenärztlichen Vereinigungen die für die Prüfung erforderlichen Befunde vorzulegen.

(1b) ¹Ärzte, Einrichtungen und medizinische Versorgungszentren, die ohne Beteiligung der Kassenärztlichen Vereinigungen mit den Krankenkassen oder ihren Verbänden Verträge zu besonderen Versorgungsformen (§ 140a) oder zur Versorgung nach § 73b abgeschlossen haben, psychiatrische Institutsambulanzen sowie Leistungserbringer, die gemäß § 116b Abs. 2 an der ambulanten spezialfachärztlichen Versorgung teilnehmen, übermitteln die in Absatz 1 genannten Angaben, bei Krankenhäusern einschließlich ihres Institutionskennzeichens, an die jeweiligen Krankenkassen im Wege elektronischer Datenübertragung oder maschinell verwertbar auf Datenträgern; vertragsärztliche Leistungserbringer können in den Fällen des § 116b die Angaben über die Kassenärztliche Vereinigung übermitteln. ²Das Nähere regelt der Spitzenverband Bund der Krankenkassen mit Ausnahme der Datenübermittlung der Leistungserbringer, die gemäß § 116b Absatz 2 an der ambulanten spezialfachärztlichen Versorgung teilnehmen, sowie der psychiatrischen Institutsambulanzen. ³Die psychiatrischen Institutsambulanzen übermitteln die Angaben nach Satz 1 zusätzlich an die Datenstelle nach § 21 Absatz 1 Satz 1 des Krankenhausentgeltgesetzes. ⁴Die Selbstverwaltungspartner nach § 17b Absatz 2 des Krankenhausfinanzierungsgesetzes vereinbaren für die Dokumentation der Leistungen der psychiatrischen Institutsambulanzen nach Satz 1 sowie für die Durchführung der vom Gemeinsamen Bundesausschuss nach § 101 Absatz 1 Satz 1 Nummer 2b zu beschließenden Bestimmungen bis spätestens zum 1. Januar 2018 einen bundeseinheitlichen Katalog, der nach Art und Umfang der Leistung sowie der zur Leistungserbringung eingesetzten personellen Kapazitäten getrennt nach Berufsgruppen und Fachgebieten differenziert, sowie das Nähere zur Datenübermittlung nach Satz 3; für die Umsetzung des Prüfauftrags nach § 17d Absatz 1 Satz 3 des Krankenhausfinanzierungsgesetzes vereinbaren sie dabei auch, ob und wie der Prüfauftrag auf der Grundlage der Daten einer Vollerhebung oder einer repräsentativen Stichprobe der Leistungen psychiatrischer Institutsambulanzen sachgerecht zu erfüllen ist. ⁵§ 21 Absatz 4, Absatz 5 Satz 1 und 2 sowie Absatz 6 des Krankenhausentgeltgesetzes ist für die Vereinbarung zur Datenübermittlung entsprechend anzuwenden. ⁶Für die Vereinbarung einer bundeseinheitlichen Dokumentation der Leistungen der psychiatrischen Institutsambulanzen gilt § 21 Absatz 4 und 6 des

---

[1] Für das Jahr 2017 siehe hierzu ua die Bek. nach den §§ 295 und 301 SGB V zur Anwendung des Diagnosenschlüssels und die Bek. nach den §§ 295 und 301 SGB V zur Anwendung des Operationen- und Prozedurenschlüssels.

Krankenhausentgeltgesetzes entsprechend mit der Maßgabe, dass die Schiedsstelle innerhalb von sechs Wochen entscheidet. [7]Die Schiedsstelle entscheidet innerhalb von sechs Wochen nach Antrag einer Vertragspartei auch über die Tatbestände nach Satz 4 zweiter Halbsatz, zu denen keine Einigung zustande gekommen ist.

(2) [1]Für die Abrechnung der Vergütung übermitteln die Kassenärztlichen Vereinigungen im Wege elektronischer Datenübertragung oder maschinell verwertbar auf Datenträgern den Krankenkassen für jedes Quartal für jeden Behandlungsfall folgende Daten:
1. Angaben nach § 291 Abs. 2 Nr. 1, 6 und 7,
2. Arzt- oder Zahnarztnummer, in Überweisungsfällen die Arzt- oder Zahnarztnummer des überweisenden Arztes,
3. Art der Inanspruchnahme,
4. Art der Behandlung,
5. Tag und, soweit für die Überprüfung der Zulässigkeit und Richtigkeit der Abrechnung erforderlich, die Uhrzeit der Behandlung,
6. abgerechnete Gebührenpositionen mit den Schlüsseln nach Absatz 1 Satz 5, bei zahnärztlicher Behandlung mit Zahnbezug und Befunden,
7. Kosten der Behandlung.

[2]Die Kassenärztlichen Vereinigungen übermitteln für die Durchführung der Programme nach § 137g die in den Richtlinien des Gemeinsamen Bundesausschusses nach § 137f festgelegten Angaben versichertenbezogen an die Krankenkassen, soweit sie an der Durchführung dieser Programme beteiligt sind. [3]Die Kassenärztlichen Vereinigungen übermitteln den Krankenkassen die Angaben nach Satz 1 für Versicherte, die an den Programmen nach § 137f teilnehmen, versichertenbezogen. [4]§ 137f Abs. 3 Satz 2 bleibt unberührt.

(2a) Die an der vertragsärztlichen Versorgung teilnehmenden Ärzte und Einrichtungen sowie Leistungserbringer, die ohne Beteiligung der Kassenärztlichen Vereinigungen mit den Krankenkassen oder ihren Verbänden Verträge zu besonderen Versorgungsformen (§ 140a) oder zur Versorgung nach § 73b abgeschlossen haben, sowie Leistungserbringer, die gemäß § 116b Abs. 2 an der ambulanten spezialfachärztlichen Versorgung teilnehmen, sind verpflichtet, die Angaben gemäß § 292 aufzuzeichnen und den Krankenkassen zu übermitteln; vertragsärztliche Leistungserbringer können in den Fällen des § 116b die Angaben über die Kassenärztliche Vereinigung übermitteln.

(3) Die Vertragsparteien der Verträge nach § 82 Abs. 1 und § 87 Abs. 1 vereinbaren als Bestandteil dieser Verträge das Nähere über
1. Form und Inhalt der Abrechnungsunterlagen für die vertragsärztlichen Leistungen,
2. Form und Inhalt der im Rahmen der vertragsärztlichen Versorgung erforderlichen Vordrucke,
3. die Erfüllung der Pflichten der Vertragsärzte nach Absatz 1,
4. die Erfüllung der Pflichten der Kassenärztlichen Vereinigungen nach Absatz 2, insbesondere auch Form, Frist und Umfang der Weiterleitung der Abrechnungsunterlagen an die Krankenkassen oder deren Verbände,
5. Einzelheiten der Datenübermittlung einschließlich einer einheitlichen Datensatzstruktur und der Aufbereitung von Abrechnungsunterlagen nach den §§ 296 und 297.

(4) [1]Die an der vertragsärztlichen Versorgung teilnehmenden Ärzte, Einrichtungen und medizinischen Versorgungszentren haben die für die Abrechnung der Leistungen notwendigen Angaben der Kassenärztlichen Vereinigung im Wege elektronischer Datenübertragung oder maschinell verwertbar auf Datenträgern zu übermitteln. [2]Das Nähere regelt die Kassenärztliche Bundesvereinigung.

Literatur:
Engelmann, (Ver)Kauf von Forderungen (Factoring) aus medizinischen Behandlungen, insbesondere in der gesetzlichen Krankenversicherung, GesR 2009, 449; *Gola/Pappai*, Das Verbot des Personenbezugs bei Datenübermittlungen zur Abrechnung kassenärztlicher Leistungen gemäß § 295 Abs. 2 SGB V, RDV 1996, 57; *Göpffarth/Sichert*, Morbi-RSA und Einflussnahme auf ärztliches Kodierverhalten, KrV 2009, 186; *Hauser*, Weitergabe von Patientendaten gesetzlich Versicherter an externe Abrechnungsstellen, KH 2011, 910; *Heberlein*, Weitergabe von Patientendaten durch Leistungserbringer an private Dienstleistungsunternehmen zwecks Leistungsabrechnung, SGb 2009, 717; *Hellmann*, Ist die Datenautobahn zur KV wirklich sicher?, Der Kassenarzt 2010, 47; *Hilderink*, Datenschutz in der gesetzlichen Krankenversicherung, 2000; *Hümmerich/Gola/Wienke*, Zur Frage einer datenschutzkonformen Regelung der Datenübermittlung auf der Grundlage des § 295 II SGB V, NZS 1996, 145; *Jandt/Roßnagel/Wilke*, Outsourcing der Verarbeitung von Patien-

tendaten, NZS 2011, 641; *Kassenärztliche Vereinigung Baden-Württemberg*, Die Online-Abrechnung erleichtert die Arbeit und bietet eine Fülle von Möglichkeiten, ergo 2011, 26; *Kingreen/Temizel*, Die Übermittlung ärztlicher Leistungsdaten in der hausarztzentrierten Versorgung, GesR 2010, 225; *Kleinert*, Datenschutzaspekte bei der Abrechnung von Patientendaten, DuD 2010, 240; *Kluckhuhn*, Papier ade, ZM 2011, 22; *Kühling/Seidel*, Die Abrechnung von Gesundheitsleistungen im Spannungsfeld von Datenschutz und Berufsfreiheit – Handlungsbedarf für den Gesetzgeber?, GesR 2010, 231; *Kullmann*, Immaterieller Schadensersatzanspruch des Patienten bei Diagnosemitteilung des Arztes an Abrechnungsstellen, Krankenkassen und Versicherungen trotz Widerspruch des Patienten, MedR 2001, 343; *Leisner*, Einschaltung Privater bei der Leistungsabrechnung in der Gesetzlichen Krankenversicherung – Verfassungsrechtliche Vorgaben für eine anstehende gesetzliche Neuregelung, NZS 2010, 129; *Meydam*, Abrechnungs-Prüfungsbefugnis der gesetzlichen Krankenkassen und Datenschutz – zugleich eine Erwiderung auf Hümmerich, Gola und Wienke in NZS 1996, 145; *Rümmelin*, Die neue bundeseinheitliche PIA-Dokumentationsvereinbarung, KH 2012, 775; *Schneider*, Abrechnungsstellen und Datenschutz in der GKV, VSSR 2009, 381; *Ulmer*, Datenverarbeitung und Datenschutz im Gesundheitswesen – technische Möglichkeiten und rechtliche Grundlagen, RDG 2012, 272; *Vetter*, Chancen und Risiken zentralisierter Patientendatenbestände, DuD 2003, 39.

I. Entstehungsgeschichte 1	2. Sonderregelungen für PIAs (Abs. 1 b S. 3 bis S. 7) 9
II. Regelungsgehalt und Normzweck 2	VI. Datenübermittlung der Kassenärztlichen Vereinigungen an die Krankenkassen (Abs. 2) 10
III. Aufzeichnungs- und Übermittlungspflichten (Abs. 1) 3	
IV. Befundübermittlung an die Kassenärztlichen Vereinigungen für die Abrechnungsprüfung (Abs. 1 a) 6	VII. Übermittlung von Angaben über Leistungsvoraussetzungen an die Krankenkassen (Abs. 2 a) 11
V. Übermittlungspflichten für Teilnehmer besonderer Versorgungsformen, spezialfachärztlicher Versorgung und für PIAs (Abs. 1 b) 7	VIII. Regelung des Näheren durch Verträge (Abs. 3) 12
	IX. Art der Datenübermittlung (Abs. 4) 13
1. Regelungsauftrag an den GKV-Spitzenverband (Abs. 1 b S. 2) 8	

I. Entstehungsgeschichte

1 § 295 wurde mit Art. 1 des **GRG**[2] in das SGB V eingeführt und trat zum 1.1.1989 in Kraft. Durch Art. 1 Nr. 156 des **Gesundheitsstrukturgesetzes**[3] v. 21.12.1992 wurde die Vorschrift mit Wirkung zum 1.1.1993 in Abs. 1 um weitere zu speichernde und zu übermittelnde Angaben erweitert und in Abs. 2 ergänzt. Abs. 1 a und Abs. 2 a wurden mit Art. 3 Nr. 16 des **2. SGBÄndG**[4] eingefügt und traten zum 1.7.1994 in Kraft. Zugleich wurden in Abs. 1 Nr. 3 § 291 Abs. 2 Nr. 7 und Nr. 8 aufgenommen. Durch Art. 1 Nr. 16 des **GKV-Gesundheitsreformgesetz 2000**[5] wurden mit Wirkung zum 1.1.2000 Abs. 1 und Abs. 2 a geändert, und der frühere Abs. 4 und § 299 in Abs. 3 Nr. 5 gestrichen. Mit Art. 216 Nr. 1 der **Siebten Zuständigkeitsanpassungs-Verordnung**[6] v. 29.10.2001 wurde der „Bundesminister" in Abs. 1 durch das „Bundesministerium" (Geltung ab 7.11.2001) ersetzt. In Abs. 2 wurden die S. 2 bis 5 durch das „Gesetz zur Reform des Risikostrukturausgleichs in der gesetzlichen Krankenversicherung"[7] mit Wirkung zum 1.1.2002 eingefügt. Die **Achte Zuständigkeitsanpassungs-Verordnung**[8] passte Abs. 1 mit Wirkung zu 28.11.2003 an die Umbenennung und Organisation der Bundesministerien an. Weitgehende Änderungen brachte Art. 1 Nr. 167 des **GMG**[9] mit Wirkung zum 1.1.2004: in Abs. 1 Nr. 3 wurde die Arztnummer des überweisenden Arztes aufgenommen, in Abs. 1 a wurde statt § 83 Abs. 2 auf § 106 a Bezug genommen, Abs. 1 b wurde eingefügt, in Abs. 2 wurde die elektronische Datenübertragung eingeführt und die für jeden Behandlungsfall zu übermittelnden Daten wurden in Nr. 1 bis Nr. 8 konkretisiert, für besondere Versorgungsformen (§ 140 a, § 73 b und § 116 b) wurde in Abs. 2 a eine Aufzeichnungs- und Übermittlungspflicht an die Krankenkassen normiert, Abs. 4 und Abs. 4 a wurden weitgehend neu gefasst. Mit Art. 256 Nr. 1 der **Neunten Zuständigkeitsanpassungs-Verordnung**[10]

---

2 BGBl. I 1988, 2477.
3 BGBl. I 1992, 2266.
4 BGBl. I 1994, 1229.
5 BGBl. I 1999, 2626.
6 BGBl. I 2001, 2785.
7 BGBl. I 2001, 3465.
8 BGBl. I 2003, 2304.
9 BGBl. I 2003, 2190.
10 BGBl. I 2006, 2407.

passte der Gesetzgeber mit Wirkung zum 8.11.2006 Abs. 1 S. 2 an die Umorganisation und Umbenennung der Bundesministerien an. Weitere Änderungen traten durch Art. 1 Nr. 198 des **GKV-WSG**[11] ab dem 1.4.2007 in Kraft. Sie betrafen Abs. 1 b, Abs. 2, Abs. 2 a und Abs. 3. Ebenfalls im Zuge des GKV-WSG wurden Abs. 1 b und Abs. 3 mit Wirkung zum 1.7.2008 redaktionell an die Neuorganisation der Krankenkassenverbände in einem Spitzenverband Bund der Krankenkassen angepasst. Durch Art. 6 Nr. 16 und Nr. 17 des **Pflege-Weiterentwicklungsgesetzes**[12] wurden die Aufzeichnungs- und Übermittlungspflichten gemäß Abs. 1, 1 b, 2 a und 4 auf Einrichtungen insgesamt (und nicht mehr nur: „ärztlich geleitete Einrichtungen") erstreckt. Mit Art. 3 Nr. 9 Buchst. a und b des **KHRG**[13] wurden mit Wirkung zum 25.3.2009 in Abs. 1 b auch Regelungen für die psychiatrischen Institutsambulanzen aufgenommen. Durch Art. 15 Nr. 13 a Buchst. a des **Gesetzes zur Änderung arzneimittelrechtlicher und anderer Vorschriften**[14] wurde mit Wirkung zum 23.7.2009 in Abs. 1 b S. 5 bis 8 eine Übergangsregelung (Geltung bis 30.6.2010) geschaffen, die eine Auftragsdatenverarbeitung durch externe Rechenzentren zum Zweck der Abrechnung in Selektivverträgen erlaubte. Mit Art. 1 Nr. 80 Buchst. a des **GKV-VStG**[15] wurden die Abs. 1 b, 2 und 3 geändert. Art. 1 Nr. 10 des **Krebsfrüherkennungs- und -registergesetzes**[16] hat mit Wirkung zum 9.4.2013 für den Leistungserbringer in den Fällen des § 116 b Abs. 6 S. 16 die Möglichkeit der Auftragsdatenverarbeitung zum Zweck der Abrechnung der ambulanten spezialfachärztlichen Leistungen geschaffen (Abs. 5). Abs. 1 b S. 1 und Abs. 2 a haben mit Wirkung zum 23.7.2015 durch Art. 1 Nr. 85 lit. a des **GKV-Versorgungsstärkungsgesetzes (GKV-VSG)** v. 16.7.2015[17] redaktionelle Anpassungen erfahren; Abs. 5 wurde durch Art. 85 lit. b des GKV-VSG zum 23.7.2015 aufgehoben. Art. 5 Nr. 14 lit. a. des **Gesetzes zur Weiterentwicklung der Versorgung und der Vergütung für psychiatrische und psychosomatische Leistungen (PsychVVG)**[18] v. 19.12.2016 benannte mit Wirkung zum 1.1.2017 die DRG-Datenstelle in Abs. 1 b S. 3 in „Datenstelle" um; S. 4 wurde durch Art. 5 Nr. 14 lit. b des PsychVVG um die Verpflichtung der Selbstverwaltungspartner zur Vereinbarung des bundeseinheitlichen Katalogs bis zum 1.1.2018 ergänzt, der für die durch den GBA nach § 101 Abs. 1 S. 4 Nr. 2 b zu beschließenden Bestimmungen nach Art und Umfang der Leistung sowie der zur Leistungserbringung eingesetzten personellen Kapazitäten getrennt nach Berufsgruppen und Fachgebieten differenziert. Mit Art. 1 Nr. 18 a lit. a des **Gesetzes zur Stärkung der Heil- und Hilfsmittelversorgung (Heil- und Hilfsmittelversorgungsgesetz – HHVG)**[19] v. 4.4.2017 wurden mit Wirkung zum 11.4.2017 in Abs. 1 S. 1 Nr. 2 und in Abs. 2 Nr. 5 die Verpflichtung zur Übermittlung der Uhrzeit der Behandlung aufgenommen, soweit sie für die Überprüfung der Zulässigkeit und Richtigkeit der Abrechnung erforderlich ist.

II. Regelungsgehalt und Normzweck

§ 295 gestaltet als datenschutzrechtliche gesetzliche Grundlage[20] die in § 294 enthaltene Verpflichtung zur Aufzeichnung und Übermittlung der für die Aufgabenerfüllung der Krankenkassen und Kassenärztlichen Vereinigungen notwendigen Angaben der ambulanten Leistungen für den Zweck der Abrechnung aus. **Abs. 1** beinhaltet allgemeine Aufzeichnungs- und Übermittlungspflichten der erbrachten Leistungen für die an der vertragsärztlichen Versorgung teilnehmenden Ärzte, Zahnärzte, Psychotherapeuten und Einrichtungen. **Abs. 1 a** verpflichtet diese, die für die Abrechnungsprüfung (ehemals: § 106 a, nun: § 106 d) notwendigen Befunde auf Verlangen an die Kassenärztlichen Vereinigungen zu übermitteln. Für die Erbringer von Leistungen in besonderen Versorgungsformen (§ 140 a) und der hausarztzentrierten Versorgung nach § 73 b schreiben die **Abs. 1 b und 2 a** die Direktübermittlung von Angaben nach Abs. 1 an die Krankenkassen vor (zur Übermittlung durch Vertragspartner und beauftragte Rechenzentren → § 295 a). Abs. 1 b enthält darüber hinaus eine Datenübermittlungsverpflichtung für **psychiatrische Institutsambulanzen** gemäß § 118 (PIAs) und für Leistungserbringer, die an der **ambulanten spezialfachärztlichen Versorgung** gemäß § 116 b Abs. 2 teilnehmen. **Abs. 2** bildet die gesetzliche Grundlage für die quartalsmäßige Übermittlung von Daten durch die Kassen(zahn)ärztlichen

---

11 BGBl. I 2007, 378.
12 BGBl. I 2008, 874.
13 BGBl. I 2009, 534.
14 BGBl. I 2009, 1990.
15 BGBl. I 2011, 2983.
16 BGBl. I 2013, 617.
17 BGBl. I 2015, 1211.
18 BGBl. I 2016, 2986.
19 BGBl. I 2017, 778.
20 Vgl. BSG, 10.12.2008, B 6 KA 37/07 R, BSGE 102, 134, 143.

Vereinigungen an die Krankenkassen. Die Regelung des **Abs. 3** enthält Vorgaben für die Gestaltung der Bundesmantelverträge durch die Selbstverwaltungspartner, **Abs. 4** einen Auftrag an die Kassenärztliche Bundesvereinigung für die Ausgestaltung der Art der Datenübermittlung.

III. Aufzeichnungs- und Übermittlungspflichten (Abs. 1)

3   **Abs. 1 S. 1** verpflichtet die an der vertragsärztlichen Versorgung teilnehmenden **Ärzte** (§ 95 Abs. 1 und ermächtigte Ärzte nach §§ 116, 119 b), **Zahnärzte und Psychotherapeuten** (gemäß § 285 Abs. 4) sowie **Einrichtungen** (Medizinische Versorgungszentren gem. § 95 Abs. 1, ermächtigte Pflegeeinrichtungen gem. § 119 b), die in den Nr. 1 bis 3 abschließend genannten Angaben aufzuzeichnen und zu übermitteln.[21] Aufzeichnen umfasst das Erfassen und Speichern der Angaben; übermitteln ist iSv § 67 Abs. 6 Nr. 3 SGB X zu verstehen. Die Angaben nach Nr. 1 sind an die Krankenkasse, die Angaben nach Nr. 2 und Nr. 3 im Regelfall an die Kassen(zahn)ärztliche Vereinigung zu übermitteln.[22] Werden die Daten nicht an die Krankenkassen übermittelt, greift die Nacherfassungspflicht und das Recht zur pauschalen Rechnungskürzung steht im Raum (→ § 303 Abs. 3).

4   Nach **Abs. 1 S. 1 Nr. 1** sind in der Arbeitsunfähigkeitsbescheinigung, die die Krankenkasse erhält, die **Diagnosen** anzugeben.[23] Eine Begründung der Diagnosen ist grundsätzlich nicht erforderlich.[24] Die Leistungserbringer tragen die Verantwortung dafür, dass die Diagnosen korrekt verkodet werden. Für nachträgliche Berichtigungen gilt § 303 Abs. 4. Ein upcoding auf der Grundlage der Beratung durch Krankenkassen oder von Betreuungsstrukturverträgen ist nicht zulässig (→ § 303 Rn. 8). Die Adressaten haben die Diagnosen – wie auch im Fall der Nr. 2 – gemäß **S. 2** nach der Internationalen Klassifikation der Krankheiten zu verschlüsseln. Zu verwenden ist die jeweils vom Deutschen Institut für medizinische Dokumentation und Information (DIMDI) herausgegebene deutsche Fassung des **ICD**. Der mit der Verpflichtung zur Verschlüsselung nach dem Diagnoseschlüssel ICD verbundene Eingriff in die Berufsausübungsfreiheit (Art. 12 Abs. 1 GG) dient dem Gemeinwohlbelang der Sicherung der finanziellen Stabilität der gesetzlichen Krankenversicherung und ist auch verhältnismäßig; eine dagegen erhobene Verfassungsbeschwerde hat das BVerfG nicht angenommen.[25] Die Operationen und sonstigen Prozeduren sind gemäß **S. 4** nach dem vom DIMDI im Auftrag des Bundesgesundheitsministeriums (BMG) herausgegebenen Schlüssel zu kodieren (**OPS**).[26] **S. 3** ermöglicht, den Diagnoseschlüssel um ein Zusatzkennzeichen zu ergänzen, um die notwendige Aussagefähigkeit des Schlüssels für die Erfüllung der Aufgaben der Krankenkassen zu gewährleisten (zB Angabe der Seitenlokalisation der Erkrankung: linker oder rechter Arm).[27] Die Ergänzung des Schlüssels setzt eine Beauftragung des DIMDI durch das BMG voraus.

5   **Abs. 1 S. 1 Nr. 2 und Nr. 3** beinhalten Angaben, die in den Abrechnungsunterlagen und Vordrucken (zu Konkretisierungen durch die Bundesmantelverträge vgl. Abs. 3 → Rn. 12) aufzuzeichnen und zu übermitteln sind. Die „erbrachten Leistungen" sind nach den Positionen des EBM-Ä/BEMA-Z (→ § 87 Abs. 1), einschließlich des Behandlungstages und bei ärztlicher Behandlung mit Diagnosen, bei zahnärztlicher Behandlung nur mit Zahnbezug und Befunden zu erfassen und weiterzuleiten. Seit dem 11.4.2017 sind auch die Uhrzeiten der Behandlungen zu übermitteln, soweit dies für die Überprüfung der Zulässigkeit und Richtigkeit der Abrechnung erforderlich ist. Eine solche Erforderlichkeit nimmt der Gesetzgeber bei folgenden Fallgruppen an: Abrechnung von Notfallleistungen, von mehr als einem Besuch oder einer Visite an demselben Tag sowie von mehr als einer Inanspruchnahme derselben Betriebsstätte an demselben Tag, sofern berechnungsfähige Leistungen erbracht werden.[28] Eine Verpflichtung zur Abgabe einzelfallbezogener Begründungen besteht nur, wenn dies im EBM-Ä/BEMA-Z oder

---

21 Keine Verletzung des allgemeinen Persönlichkeitsrechts der Ärzte durch die Verpflichtung zur Datenübermittlung nach SG Köln, 6.7.1995, S 19 Ka 27/95, MedR 1996, 479 ff. zu § 294 Abs. 2 idF v. 1995; Nichtannahme einer Verfassungsbeschwerde gegen Verpflichtung zur Angabe der Diagnose auf Arbeitsunfähigkeitsbescheinigung: BVerfG, 29.11.2000, 1 BvR 630/96, NJW 2001, 3402 f.
22 Vgl. Kingreen/Temizel, GesR 2010, 225, 227.
23 Die Diagnosen waren auch in der Fassung des § 295 vor dem 1.1.1993 bereits anzugeben, vgl. BSG, 4.5.1994, 6 RKa 37/92, NZS 1995, 92 ff.
24 Vgl. SchlHLSG, 11.5.1999, L 6 KA 38/98, MedR 2000, 345, 346.
25 BVerfG, 10.4.2000, 1 BvR 422/00, NZS 2000, 454 ff.; zuvor im Zusammenhang mit einem Eilverfahren ebenfalls ablehnend BVerfG, 7.2.1996, 1 BvR 2399/95, NJW 1996, 771.
26 Abrufbar unter http://www.dimdi.de/static/de/klassi/ops/kodesuche/onlinefassungen/opshtml2017 (zuletzt abgerufen am 16.6.2017).
27 Vgl. BT-Dr. 14/1245, 106 zu Nummer 120 zu Buchstabe b zu Doppelbuchstabe cc.
28 Vgl. BT-Dr. 18/11205, 77.

in anderen Rechtsquellen vorgeschrieben ist.[29] Will die Krankenkasse oder der MDK in die Behandlungsunterlagen einsehen, müssen sie diese selbst anfordern.[30] Nr. 3 verlangt die Angabe der Arztnummer, in Überweisungsfällen die Angaben der Arztnummer des überweisenden Arztes sowie die Angaben der Krankenversichertenkarte (§ 291 Abs. 2 Nr. 1 bis Nr. 10) maschinenlesbar.

IV. Befundübermittlung an die Kassenärztlichen Vereinigungen für die Abrechnungsprüfung (Abs. 1 a)

Abs. 1 a ist die gesetzliche Grundlage für die Verpflichtung der an der vertragsärztlichen Versorgung teilnehmenden Ärzte (§ 95 Abs. 1: zugelassene und ermächtigte Ärzte) zur Vorlage der für die Abrechnungsprüfungen gem. § 106 d erforderlichen Befunde bei der Kassenärztlichen Vereinigung (KV) auf deren Verlangen hin. Dass § 295 Abs. 1 a die Aufgaben nach „§ 106a" benennt, ist eine Redaktionsfehler, der dem Gesetzgeber im Zuge der Anpassung der datenschutzrechtlichen Vorschriften an die Neuordnung der Wirtschaftlichkeitsprüfungen unterlaufen ist. Bis zum Inkrafttreten des durch das GKV-VSG (→ Rn. 1) neugefassten § 106 a zum 1.1.2017 regelte die Altfassung dieser Norm die Abrechnungsprüfung in der vertragsärztlichen Versorgung. Mit Wirkung ab dem 1.1.2017 wurde der bisherige § 106 a zu § 106 d. Da die Gesetzesmaterialien keine Anhaltspunkte erkennen lassen, dass der Gesetzgeber seit dem 1.1.2017 den Übermittlungszweck des § 295 Abs. 1 a verändern wollte, ist davon auszugehen, dass er die notwendige Rechtsbereinigung übersehen hat. Für ärztlich geleitete Einrichtungen und medizinische Versorgungszentren gilt die Verpflichtung gemäß Abs. 1 a analog.[31] Vorlegen iSd Regelung meint „übermitteln" gemäß § 67 Abs. 6 Nr. 3 SGB X. Die Verpflichtung ist auf die für die Prüfung unbedingt notwendigen („erforderlich") Befunde beschränkt und nur zum **Zweck der Aufgabenerfüllung** nach § 106 d zulässig. Erfasst wird die Prüfung der Rechtmäßigkeit der Abrechnung und der Plausibilität. Die Vorlagepflicht setzt das **konkrete Anfordern** der Kassenärztlichen Vereinigung („auf Verlangen") voraus. Die Anforderung sämtlicher Patientenkarteikarten eines Quartals ohne nähere Anhaltspunkte für einen konkreten Verstoß des Vertragsarztes in allen Fällen ist nicht erforderlich.[32]

V. Übermittlungspflichten für Teilnehmer besonderer Versorgungsformen, spezialfachärztlicher Versorgung und für PIAs (Abs. 1 b)

Abs. 1 b bildet die gesetzliche Grundlage für Übermittlungspflichten von Ärzten, Einrichtungen und medizinischen Versorgungszentren, die Leistungen in besonderen Versorgungsformen erbringen (§ 140 a) sowie für Psychiatrische Institutsambulanzen gemäß § 118 (genannt PIAs) und Leistungserbringer, die an der ambulanten spezialfachärztlichen Versorgung gemäß § 116 b Abs. 2 teilnehmen. Für diese Adressatengruppe sieht S. 1 die Verpflichtung vor, die Angaben nach Abs. 1 – für Krankenhäuser ebenfalls das Institutskennzeichen (→ § 293) – direkt an die Krankenkassen zu übermitteln (Def. § 67 Abs. 6 Nr. 3 SGB X). Eine **Ausnahme** des Gebots der Direktübermittlung enthält der 2. Halbsatz für die vertragsärztlichen Leistungserbringer in den Fällen des § 116 b. Sie sind befugt, Kassenärztliche Vereinigungen mit der Abrechnung der Leistungen zu beauftragen und ihnen die Daten zu übermitteln (§ 116 b Abs. 6 S. 1).[33] Daneben lässt § 295 a für die Leistungserbringer im Rahmen von Verträgen nach § 73 b und § 140 a auch die Datenverarbeitung durch die Vertragspartner oder durch von ihnen beauftragte Rechenzentren zu. In der Zeit vom 18.6.2009 bis zum 1.7.2011 regelte die Übergangsvorschrift des Abs. 1 b S. 5 bis S. 8 diese Möglichkeit (§ 320 und § 295 a). Bei der Direktübermittlung gemäß Abs. 1 b sind die Angaben nach Abs. 1 elektronisch oder maschinell verwertbar auf Datenträgern weiterzuleiten.

1. Regelungsauftrag an den GKV-Spitzenverband (Abs. 1 b S. 2). S. 2 ermächtigt den GKV-Spitzenverband Bund der Krankenkassen (§ 217 a) das „Nähere" zu regeln, wobei davon die Datenübermittlung

---

29 Vgl. BSG, 1.7.1998, B 6 KA 48/97 R, Breith 1999, 659 ff.; so nun auch BT-Dr. 18/11205, 77.
30 Vgl. SG Düsseldorf, 29.1.1996, S 4 Kr 22/95, Breith 1996, 879.
31 Spickhoff/Fischinger, SGB V § 295 Rn. 4; Hornung in: Hänlein/Schuler § 295 Rn. 7; Schneider in: Krauskopf SozKV § 295 Rn. 13; im Ergebnis ebenfalls, aber ohne Analogie: Pflugmacher in: Eichenhofer/Wenner SGB V § 295 Rn. 6.
32 In diese Richtung auch LSG LSA, 19.1.2005, L 4 KA 7/04, GesR 2005, 372, 374 für Anforderung von 653 Papierkarteikarten ohne nähere Erläuterung.
33 Grundlegendes Motiv für die Anfügung des 2. Hs. war eine vereinfachte Abwicklung der Abrechnung für die an der vertragsärztlichen Versorgung teilnehmenden Leistungserbringer über die bestehenden Datenwege, vgl. BT-Dr. 17/8005, 167 zu Nummer 80 zu Buchstabe a zu Doppelbuchstabe aa.

für die Leistungserbringer gem. § 116 b Abs. 2 und die die psychiatrischen Institutsambulanzen (§ 118) ausgenommen sind. Zulässig sind verfahrensrechtliche Ausgestaltungen zum Datenaustausch zwischen den an den besonderen Versorgungsformen (§ 140 a) und der hausarztzentrierten Versorgung ohne Beteiligung der Kassenärztlichen Vereinigungen teilnehmenden Leistungserbringern und den Krankenkassen. Sie wurden durch die „Richtlinie des GKV-Spitzenverbands zur Umsetzung des Datenaustauschs nach § 295 Abs. 1 b SGB V"[34] einschließlich der technischen Anlagen getroffen, die laufend überarbeitet werden. Für die Teilnehmer an der **spezialfachärztlichen Versorgung** gilt § 295 Abs. 1 b S. 1 entsprechend (→ § 116 b Abs. 6 S. 11 und S. 12).

9   **2. Sonderregelungen für PIAs (Abs. 1 b S. 3 bis S. 7).** Für die **Direktabrechnung der Psychiatrischen Institutsambulanzen** gilt § 120 Abs. 2 und Abs. 3 sowie die „Vereinbarung zum § 120 Abs. 3 SGB V über Form und Inhalt der Abrechnungsunterlagen für die Einrichtungen nach den §§ 117 bis 119 SGB V",[35] zusätzlich muss jede PIA gemäß S. 3 die Daten nach Abs. 1 b S. 1 an die **Datenstelle** gemäß § 21 Abs. 1 S. 1 KHEntgG übermitteln. Weitere Sonderregelungen für PIAs sehen **Abs. 1 b S. 4 bis S. 7** vor. Sie gehen auf das GKV-VStG (→ Rn. 1) zurück, wobei S. 5 bis S. 7 neu angefügt wurden.[36] S. 4 beinhaltet einen Regelungsauftrag an die Selbstverwaltungspartner gemäß § 17 b Abs. 2 KHG (= Spitzenverband Bund der Krankenkassen und der Verband der privaten Krankenversicherung gemeinsam sowie die Deutsche Krankenhausgesellschaft), spätestens bis zum 1.1.2018 für die **Dokumentation der Leistungen der PIAs** und für die Durchführung der vom G-BA nach § 101 Abs. 1 S. 2 Nr. 2 b zu beschließenden Bestimmungen einen **bundeseinheitlichen Katalog** zu vereinbaren, der nach Art und Umfang der Leistung sowie der zur Leistungserbringung eingesetzten personellen Kapazitäten in qualitativer Hinsicht getrennt nach Berufsgruppen und Fachgebieten differenziert, wobei die Festlegungen zu den personellen Kapazitäten auch quantitativ nach Vollzeitäquivalenten erfolgen soll.[37] Zudem werden die Vertragspartner verpflichtet, das Nähere für die Datenübermittlung nach S. 3 zu vereinbaren. Die Leistungsdokumentation soll nach dem Willen des Gesetzgebers vor dem Hintergrund der beabsichtigten größeren Transparenz im Bereich des psychiatrischen Leistungsgeschehens insbesondere Angaben zum medizinisch-therapeutischen Inhalt und zur zeitlichen Dauer der Leistung enthalten.[38] In der Vereinbarung ist weiterhin nach Abs. 1 b S. 4 Hs. 2 festzulegen, ob und wie der **Prüfauftrag** gem. § 17 d Abs. 1 S. 3 KHG umzusetzen ist.[39] **Abs. 1 b S. 5** ordnet für die Vereinbarung zur Datenübermittlung die entsprechende Anwendung von § 21 Abs. 4 KHENtgG an (insbesondere Einbeziehung des Bundesbeauftragten für Datenschutz und des Bundesamtes für die Sicherheit in der Informationstechnik), § 21 Abs. 5 S. 1 und S. 2 KHEntgG (Vereinbarung eines Abschlags von der Fallpauschale bei Verstößen gegen die Übermittlungspflicht und Unterrichtungspflicht der Vertragsparteien über Verstöße durch die DRG-Datenstelle), sowie von § 21 Abs. 6 KHEntgG (Schiedsfähigkeit der Vereinbarung durch die Schiedsstelle gem. § 18 a Abs. 6 KHG). Für die Vereinbarung der bundeseinheitlichen Leistungsdokumentation gelten § 21 Abs. 4 und Abs. 6 ebenfalls entsprechend, aber mit der Beschleunigungsmaßgabe einer Schiedsstellenentscheidung innerhalb von sechs Wochen (Abs. 1 b S. 6). Letztlich sieht S. 7 die Schiedsfähigkeit unter dem gleichnamigen Beschleunigungsgebot („Entscheidung innerhalb von sechs Wochen") für die Vereinbarung des Ob und des Wie der Umsetzung des Prüfauftrags von § 17 d Abs. 1 S. 3 vor.

VI. Datenübermittlung der Kassenärztlichen Vereinigungen an die Krankenkassen (Abs. 2)

10 **Abs. 2 S. 1** beinhaltet für die Kassenärztlichen Vereinigungen die Verpflichtung, die in den Nr. 1 – 7 abschließend aufgezählten Daten den Krankenkassen quartalsweise für die Abrechnung der Vergütung zu übermitteln (zum Begriff vgl. § 67 Abs. 6 Nr. 3 SGB X). Die Übermittlung der Daten muss „für jeden **Behandlungsfall**" (Begriff gem. § 1 a Nr. 28 BMV-Ä) erfolgen. Die Arzt- und die Zahnarztnummern (**Nr. 2**) sind unverschlüsselt zu übermitteln (zur Begründung → § 293 Rn. 7).[40] Seit dem 11.4.2017 ist auch die Uhrzeit der Behandlung anzugeben, soweit dies für die Überprüfung der Zuläs-

---

34 Abrufbar unter http://www.gkv-datenaustausch.de/Datenaustausch_nach___295_Abs__1_b_SGB_V.gkvnet (zuletzt abgerufen am 28.4.2014).
35 Abrufbar in der jeweils fortgeschriebenen Fassung unter https://www.gkv-datenaustausch.de/leistungserbringer/direktabrechner/vertraege_120_sgb_v/vertraege_120_sgb_v.jsp (zuletzt abgerufen am 16.6.2017).
36 Zu den Gründen vgl. BT-Dr. 17/8005, 92 f. und 168 zu Nummer 80 zu Doppelbuchstabe cc und dd.
37 Vgl. BR-Dr. 429/16, 52.
38 BR-Dr. 429/16, 52.
39 Vgl. § 2 PIA-Doku-Vereinbarung.
40 BSG, 2.4.2014, B 6 KA 19/13 R, GesR 2014, 614.

sigkeit und Richtigkeit der Abrechnung erforderlich ist (**Nr. 5**).[41] Dadurch wird die Prüfung von Auffälligkeiten im Sinne einer außergewöhnlichen Häufung der Abrechnung von uhrzeitabhängigen Leistungen gestärkt.[42] Der **Zweck** der Übermittlung ist zwar auf die **Abrechnung** begrenzt. Der Begriff „Abrechnung" im Sinne der Vorschrift ist jedoch weit zu verstehen, nicht also nur auf die Bildung der Gesamtvergütung gemäß § 85 begrenzt.[43] Die Krankenkassen können daher auch die Datenübermittlung auf der Grundlage von § 295 Abs. 2 verlangen, wenn keine Einzelleistungsvergütung geschuldet ist.[44] Er bezieht die nachträgliche Überprüfung der Leistungsabrechnung der Vertragsärzte gemäß § 106 d ein.[45] Der mit § 295 Abs. 2 verbundene Eingriff in die Berufsfreiheit der Vertragsärzte (Art. 12 Abs. 1 GG) wird durch den „Gesichtspunkt der Funktionsfähigkeit des gesamten Abrechnungsverfahrens und der Sicherung der eine gerechten Vergütungssystems für alle beteiligten Vertragsärzte"[46] gerechtfertigt. Die Daten müssen elektronisch oder maschinell verwertbar auf Datenträgern übermittelt werden (vgl. dazu die Konkretisierungen in Abs. 3 → Rn. 12). Die Verpflichtung gilt gem. § 285 Abs. 4 auch für Kassenzahnärztliche Vereinigungen. Sie verlangt keine Anforderung der Daten durch die Krankenkassen, auch keine Konkretisierung durch Verträge nach Abs. 3 S. 1 Nr. 4.[47] Die Daten werden arztbezogen (vgl. Nr. 2) und – wie sich aus dem Bezug der Nr. 1 auf § 291 Abs. 2 Nr. 1, 6 und 7 ergibt – versichertenbezogen übermittelt. Der Versichertenbezug ist für die Abrechnungsprüfung durch die Krankenkassen gemäß § 106 d Abs. 3 notwendig.[48] **Abs. 2 S. 2 bis S. 4** verpflichten die Kassenärztlichen Vereinigungen zudem zur Übermittlung von Angaben für strukturierte Behandlungsprogramme bei chronischen Krankheiten (§ 137 f). Auch diese Angaben müssen versichertenbezogen weitergeleitet werden. Wie S. 4 deutlich macht, setzt die Übermittlung der Angaben der teilnehmenden Versicherten die ordnungsgemäße Einschreibung in das Programm voraus, die die schriftliche Einwilligung gemäß § 137 f Abs. 3 S. 2 fordert. Übermitteln die Kassen(zahn)ärztlichen Vereinigungen die Angaben nicht auf elektronischem Wege oder auf Datenträgern, so sind die Krankenkassen verpflichtet die Daten nachzuerfassen und es kann eine pauschale Rechnungskürzung in Höhe von bis zu 5 % erfolgen (§ 303 Abs. 3).

VII. Übermittlung von Angaben über Leistungsvoraussetzungen an die Krankenkassen (Abs. 2 a)

Abs. 2 a (Hs. 1) verpflichtet die Vertragspartner besonderer Versorgungsformen (§ 140 a) und der hausarztzentrierten Versorgung (§ 73 b), die ohne die Beteiligung der Kassenärztlichen Vereinigungen mit den Krankenkassen Verträge schließen, sowie die Teilnehmer an der ambulanten spezialfachärztlichen Versorgung (§ 116 b Abs. 2), die Angaben, die für die Prüfung der Voraussetzungen späterer Leistungsgewährung (§ 292) erforderlich sind, aufzuzeichnen (zum Begriff → Rn. 3) und auf direktem Weg an die Krankenkassen zu übermitteln (zum Begriff s. § 67 Abs. 6 Nr. 3 SGB X). Eine Ausnahme des Gebots der Direktübermittlung enthält der 2. Halbsatz für die vertragsärztlichen Leistungserbringer in den Fällen des § 116 b. Sie sind befugt, die Daten über die Kassenärztlichen Vereinigungen zu übermitteln (→ § 116 b Abs. 6 S. 1).[49]

VIII. Regelung des Näheren durch Verträge (Abs. 3)

Abs. 3 verpflichtet die Kassenärztliche Bundesvereinigung (§ 77 Abs. 4) und den GKV-Spitzenverband Bund der Krankenkassen (§ 217 a) als Vertragspartner der Bundesmantelverträge gem. § 82 Abs. 1 und § 87 Abs. 1, das Nähere über die in den Nr. 1 bis Nr. 5 vorgegebenen Aspekte als Bestandteil der Bun-

---

41 Zu den Motiven vgl. BT-Dr. 18/11205, 77.
42 Bis zum 31.12.2003 nur fallbezogene Übermittlung, vgl. Hümmerich/Gola/Wienke, NZS 1996, 145 ff.; Meydam, NZS 1996, 145.
43 SchlHLSG, 2.11.2016, L 4 KA 14/12, BeckRS 2016, 119250 Rn. 25, anhängig beim BSG unter dem Az. B 6 KA 27/17 R.
44 SchlHLSG, 2.11.2016, L 4 KA 14/12, BeckRS 2016, 119250 Rn. 24 zur Übermittlung bei der Zahlung von Kopfpauschalen, anhängig beim BSG unter dem Az. B 6 KA 27/17 R.
45 BSG, 2.4.2014, B 6 KA 19/13, SozR4-2500 § 295 Nr. 3; SchlHLSG, 2.11.2016, L 4 KA 14/12, BeckRS 2016, 119250 Rn. 25, anhängig beim BSG unter dem Az. B 6 KA 27/17 R.
46 SchlHLSG, 2.11.2016, L 4 KA 14/12, BeckRS 2016, 119250 = juris Rn. 34.
47 Vgl. SG Düsseldorf, 10.2.2010, S 2 KA 4/08; Scholz in: BeckOK SozR SGB V § 295 Rn. 11.
48 Vgl. BT-Dr. 15/1525, 146 zu Nummer 167 zu Buchstabe d.
49 Grundlegendes Motiv für die Anfügung des Hs. 2 war eine vereinfachte Abwicklung der Abrechnung für die an der vertragsärztlichen Versorgung teilnehmenden Leistungserbringer über die bestehenden Datenwege, vgl. BT-Dr. 17/8005, 167 zu Nummer 80 zu Buchstabe a zu Doppelbuchstabe aa.

desmantelverträge zu vereinbaren. Der Regelungsgehalt der Vereinbarungen ist in Nr. 1 bis Nr. 5 abschließend aufgezählt und lässt nur verfahrensrechtliche Ausgestaltungen zu.[50] Die Vertragspartner haben Regelungen zu Form und Inhalt der im Rahmen der vertragsärztlichen Versorgung erforderlichen Vordrucke (Nr. 2) in der Anlage 2 („Vereinbarung über Vordrucke für die vertragsärztliche Versorgung"),[51] Anlage 2 a (Blankoformularbedruckung) und Anlage 2 b (digitale Vordruck) zum BMV-Ä getroffen. Anlage 6 zum BMV-Ä enthält den „Vertrag über den Datenaustausch auf Datenträgern" sog DTA-Vertrag,[52] der das Nähere im Sinne der Nr. 4 und 5 regelt. Vorgaben für Form und Inhalt der Abrechnungsunterlagen (Nr. 1) und für die Pflichten der Vertragsärzte nach Absatz 1 (Nr. 3) enthalten der 11. Abschnitt des BMV-Ä (§§ 42 – 44). Die frühere Verpflichtung der an der vertragsärztlichen Versorgung teilnehmenden Leistungserbringer, die ambulanten Kodierrichtlinien anzuwenden, ist mit dem Ziel des Abbaus von Überregulierung durch das GKV-VStG aufgehoben worden (§ 293 Abs. 3 S. 2 aF).[53]

IX. Art der Datenübermittlung (Abs. 4)

13 Abs. 4 S. 1 verpflichtet die an der vertragsärztlichen Versorgung teilnehmenden Ärzte, Einrichtungen und medizinischen Versorgungszentren (vgl. § 95 Abs. 1 S 1, §§ 116, 119 b), die für die Leistungsabrechnung notwendigen Angaben im Wege elektronischer Datenübertragung (zB durch zertifizierte Software) oder auf Datenträgern (zB CDs, USB-Sticks oder Disketten) zu übermitteln, wobei die Angaben auf Letzteren maschinell verwertbar sein müssen. Zur Regelung des Näheren ist die Kassenärztliche Bundesvereinigung (KBV) durch Abs. 4 S. 2 ermächtigt. Diese Konkretisierungen des Abrechnungsverfahrens (zB Verpflichtung zur ausschließlich elektronischen Abrechnung und der Verwendung einer von der KBV zertifizierten Software, Aufbewahrungspflicht der Sicherungskopie der Abrechnungsdatei für 16 Quartale, Übernahme der Daten der Krankenversicherungskarte oder der eGK) finden sich in den „Richtlinien der Kassenärztlichen Bundesvereinigung für den Einsatz von IT-Systemen in der Arztpraxis zum Zweck der Abrechnung gemäß § 295 Abs. 4 SGB V".[54] Die Verpflichtung Adressaten des Abs. 4 S. 1 zur Online-Abrechnung ohne ihnen die Alternative zu Übermittlung der erforderlichen Abrechnungsangaben auf Datenträgern einzuräumen, wird zum Teil für rechtswidrig gehalten.[55]

§ 295 a Abrechnung der im Rahmen von Verträgen nach § 73 b und § 140 a sowie vom Krankenhaus im Notfall erbrachten Leistungen

(1) ¹Für die Abrechnung der im Rahmen von Verträgen nach § 73 b und § 140 a erbrachten Leistungen sind die an diesen Versorgungsformen teilnehmenden Leistungserbringer befugt, die nach den Vorschriften dieses Kapitels erforderlichen Angaben an den Vertragspartner auf Leistungserbringerseite als verantwortliche Stelle zu übermitteln, indem diese Angaben entweder an ihn oder an eine nach Absatz 2 beauftragte andere Stelle weitergegeben werden; für den Vertragspartner auf Leistungserbringerseite gilt § 35 des Ersten Buches entsprechend. ²Voraussetzung ist, dass der Versicherte vor Abgabe der Teilnahmeerklärung an der Versorgungsform umfassend über die vorgesehene Datenübermittlung informiert worden ist und mit der Einwilligung in die Teilnahme zugleich in die damit verbundene Datenübermittlung schriftlich eingewilligt hat. ³Der Vertragspartner auf Leistungserbringerseite oder die beauftragte andere Stelle dürfen die übermittelten Daten nur zu Abrechnungszwecken verarbeiten und nutzen; sie übermitteln die Daten im Wege elektronischer Datenübertragung oder maschinell verwertbar auf Datenträgern an den jeweiligen Vertragspartner auf Krankenkassenseite.

(2) ¹Der Vertragspartner auf Leistungserbringerseite darf eine andere Stelle mit der Erhebung, Verarbeitung und Nutzung der für die Abrechnung der in Absatz 1 genannten Leistungen erforderlichen personenbezogenen Daten beauftragen; § 291 a bleibt unberührt. ²§ 80 des Zehnten Buches ist anzu-

---

50 Vgl. zur Beschränkung der Vertragspartner auf verfahrensrechtliche Ausgestaltungen SG Düsseldorf, 10.2.2010, S 2 KA 4/08.
51 Abrufbar im Internet auf den Seiten der KBV.
52 Abrufbar im Internet auf den Seiten der KBV.
53 Vgl. BT-Dr. 17/6906, 98 zu Nummer 80 zu Buchstabe d.
54 Abrufbar im Internet auf den Seiten der KBV, Stand: 27. März 2015; DÄBl. 2015, A-595.
55 „kaum zulässig" nach Hornung in: Hänlein/Schuler § 295 a Rn. 14; Scholz in: BeckOK SozR SGB V § 295 Rn. 6: „rechtswidrig" unter Bezug auf LSG Nds-Brem, L 3 KA 25/11 B ER (nicht veröffentlicht).

wenden mit der weiteren Maßgabe, dass Unterauftragsverhältnisse ausgeschlossen sind und dass abweichend von dessen Absatz 5 die Beauftragung einer nichtöffentlichen Stelle auch zulässig ist, soweit die Speicherung der Daten den gesamten Datenbestand erfasst; Auftraggeber und Auftragnehmer unterliegen der Aufsicht der nach § 38 des Bundesdatenschutzgesetzes zuständigen Aufsichtsbehörde. ³Für Auftraggeber und Auftragnehmer, die nicht zu den in § 35 des Ersten Buches genannten Stellen gehören, gilt diese Vorschrift entsprechend; sie haben insbesondere die technischen und organisatorischen Maßnahmen nach § 78 a des Zehnten Buches zu treffen.

(3) ¹Für die Abrechnung von im Notfall erbrachten ambulanten ärztlichen Leistungen darf das Krankenhaus eine andere Stelle mit der Erhebung, Verarbeitung und Nutzung der erforderlichen personenbezogenen Daten beauftragen, sofern der Versicherte schriftlich in die Datenweitergabe eingewilligt hat; § 291 a bleibt unberührt. ²Der Auftragnehmer darf diese Daten nur zu Abrechnungszwecken verarbeiten und nutzen. ³Absatz 2 Satz 2 und 3 gilt entsprechend.

Literatur:

Engelmann, (Ver)Kauf von Forderungen (Factoring) aus medizinischen Behandlungen, insbesondere in der gesetzlichen Krankenversicherung, GesR 2009, 449; *Hauser*, Weitergabe von Patientendaten gesetzlich Versicherter an externe Abrechnungsstellen, KH 2011, 910; *Heberlein*, Weitergabe Patientendaten/Abrechnung, SGb 2009, 717; *Jand/Roßnagel*, Factoring von Forderungen aus Behandlungsverträgen der Krankenhäuser, MedR 2013, 17; *Jandt/Roßnagel/Wilke*, Outsourcing der Verarbeitung von Patientendaten, NZS 2011, 641; *Kingreen/Temizel*, Die Übermittlung ärztlicher Leistungsdaten in der hausarztzentrierten Versorgung, GesR 2010, 225; *Kleinert*, Datenschutzaspekte bei der Abrechnung von Patientendaten, DuD 2010, 240; *Krüger-Brand*, Datenschutz geregelt: Selektivverträge, DÄBl. 2011, A 1832; *Kühling/Seidel*, Die Abrechnung von Gesundheitsleistungen im Spannungsfeld von Datenschutz und Berufsfreiheit – Handlungsbedarf für den Gesetzgeber? GesR 2010, 231; *Leisner*, Einschaltung Privater bei der Leistungsabrechnung in der Gesetzlichen Krankenversicherung – Verfassungsrechtliche Vorgaben für eine anstehende gesetzliche Neuregelung, NZS 2010, 129; *Schirmer*, Veränderte Versorgungsstrukturen in der hausärztlichen Versorgung aus Sicht der kassenärztlichen Vereinigungen, ZMGR 2009, 143; *Schneider*, Abrechnungsstellen und Datenschutz in der GKV, VSSR 2009, 381; *Schömann*, Weitergabe von Patientendaten durch Leistungserbringer – keine Datenübermittlung an private Dienstleistungsunternehmen zwecks Leistungsabrechnung, jurisPR-SozR 21/2009, Anm. 4; *Schütz*, Veränderte Versorgungsstrukturen in der hausärztlichen Versorgung aus Sicht des Hausärzteverbandes, ZMGR 2009, 155; *Weichert*, Datenschutz unter Einschaltung von Gemeinschaften in Verträgen nach § 73 b, 73 c SGB V, ZMGR 2009, 263.

I. Entstehungsgeschichte 1	4. Informierte Einwilligung des Versicherten als weitere Voraussetzung (Abs. 1 S. 2) 9
II. Regelungsgehalt und Normzweck 2	
III. Datenübermittlung zur Abrechnung in besonderen Versorgungsformen (Abs. 1).... 3	5. Art der Übermittlung an die Krankenkassen (Abs. 1 S. 3) 12
1. Überblick 3	IV. Auftragsdatenverarbeitung durch Rechenzentren in Selektivverträgen (Abs. 2) 13
2. Übermittlung der Leistungserbringer an die Vertragspartner auf Leistungserbringerseite (Abs. 1 S. 1) 4	V. Auftragsdatenverarbeitung durch Rechenzentren für die Abrechnung ambulanter Notfallleistungen (Abs. 3) 15
3. Die für die Abrechnung erforderlichen Angaben 8	

I. Entstehungsgeschichte

§ 295 a wurde durch Art. 3 Nr. 9 des „Gesetzes zur Änderung des Infektionsschutzgesetzes und weiterer Gesetze"[1] mit Wirkung zum 4.8.2011 in das SGB V eingefügt. Die Regelung löst die Übergangsbestimmungen des § 295 Abs. 1 b S. 5 bis S. 8 in der Fassung vom 17.7.2009 (gültig vom 18.6.2009 bis zum 1.7.2010) und des § 320 ab, der die Anwendung des § 295 Abs. 1 b S. 5–8 in der Fassung v. 17.7.2009[2] bis zum 1.7.2011 verlängerte. § 295 a wurde im Rahmen der Beratungen des Gesundheitsausschusses in das Gesetzgebungsverfahren eingebracht.[3] Die Regelung schließt eine datenschutzrechtliche Diskussion ab, die seit der Entscheidung des Bundessozialgerichts[4] zur Auftragsabrechnung ambulanter Notfallleistungen von Krankenhäusern durch externe Rechenzentren in Rechtswissen-

---

1 BGBl. I 2011, 1622.
2 Vgl. zu den Gründen BT-Dr. 16/13428, 138.
3 Vgl. zu der Begründung BT-Dr. 17/6141, 50 zu Nummer 9.
4 BSG, 10.12.2008, B 6 KA 37/07 R, BSGE 102, 135.

schaft[5] und Praxis[6] lebhaft geführt wurde. Die Rechtslage im Nachgang zu der Entscheidung des BSG war durch zT weitreichende Vollzugshindernisse[7] vor allem in der hausarztzentrierten Versorgung geprägt. Mit der Einführung des Begriffs der „besonderen Versorgung" durch das **GKV-Versorgungsstärkungsgesetz (GKV-VSG)** v. 16.7.2015[8] (§ 140 a) und der Neuordnung der selektivvertraglichen Versorgung hat der Gesetzgeber durch Art. 1 Nr. 86 lit. a die Überschrift und durch Art. 1 Nr. 86 lit. b Abs. 1 S. 1 (jeweils Streichung von § 73 c) mit Wirkung zum 23.7.2015 redaktionell angepasst.

II. Regelungsgehalt und Normzweck

2 § 295 a erlaubt als **bereichsspezifische gesetzliche Grundlage**[9] den Leistungserbringern, die an den Verträgen zur hausarztzentrierten Versorgung (§ 73 b) und der Versorgung nach § 140 a teilnehmen, die für den **Zweck der Abrechnung** erforderlichen Angaben nach dem zehnten Kapitel des SGB V an die Vertragspartner der Krankenkassen auf Leistungserbringerseite zu übermitteln (Abs. 1). Abs. 2 gestattet dem Vertragspartner auf Leistungserbringerseite, eine **andere Stelle** (zB ein Rechenzentrum) mit der Erhebung, Verarbeitung und Nutzung der personenbezogenen Daten zum Zweck der Abrechnung zu **beauftragen**, regelt die Voraussetzungen und Ausgestaltung der Beauftragung (einschließlich der Aufsicht) und ordnet die entsprechende Geltung von § 35 Abs. 1 SGB I an. Abs. 3 gestattet Krankenhäusern die Beauftragung externer Stellen für die Erhebung, Verarbeitung und Nutzung von im **Notfall** erbrachten ambulanten ärztlichen Leistungen zum Zweck der Abrechnung und gibt dafür die Voraussetzungen und die Ausgestaltung vor.

III. Datenübermittlung zur Abrechnung in besonderen Versorgungsformen (Abs. 1)

3 **1. Überblick.** Abs. 1 S. 1 beinhaltet für die Leistungserbringer, die an Verträgen zur hausarztzentrierten Versorgung (§ 73 b) oder der besonderen Versorgung nach § 140 a teilnehmen – in Ergänzung zu der Direktabrechnung gemäß § 295 Abs. 1 b – die Befugnis, die nach dem zehnten Kapitel erforderlichen **Angaben an den Vertragspartner auf Leistungserbringerseite** (zB eine Gemeinschaft oder den Träger einer Einrichtung, → Rn. 6) zu übermitteln **oder** an eine nach Abs. 2 **beauftragte andere Stelle** weiterzugeben. § 295 Abs. 1 b und § 295 a Abs. 1, Abs. 2 lassen als spezifische Datenschutzregelungen damit insgesamt drei Möglichkeiten des Datenflusses für die Abrechnung zu: die Direktübermittlung der Daten von den teilnehmenden Leistungserbringern an die Krankenkassen (§ 295 Abs. 1 b), die Übermittlung von den teilnehmenden Leistungserbringern an die Vertragspartner auf Leistungserbringerseite (→ Rn. 6) und sodann an die Krankenkassen (§ 295 a Abs. 1 S. 1) und die Weitergabe von den teilnehmenden Leistungserbringern an beauftragte Rechenzentren (§ 295 a Abs. 1 S. 1 iVm Abs. 2). **Abs. 1 S. 2** nennt als **weitere Voraussetzungen**, die sowohl für die Übermittlung an die Vertragspartner auf Leistungserbringerseite als auch an die nach Abs. 2 beauftragte Stelle erfüllt sein müssen, die umfassende Information des Versicherten und dessen Einwilligung in die Datenübermittlung. Abs. 1 S. 3 regelt den Grundsatz der Zweckbindung und die Art der Übertragung der Daten an die Krankenkassen.

4 **2. Übermittlung der Leistungserbringer an die Vertragspartner auf Leistungserbringerseite (Abs. 1 S. 1).** Abs. 1 S. 1 erlaubt den an der hausarztzentrierten Versorgung (§ 73 b) und an der besonderen Versorgung (§ 140 a) teilnehmenden Leistungserbringern die Übermittlung der für die Abrechnung erforderlichen Angaben nach den Vorschriften des zehnten Kapitels an die Vertragspartner auf Leistungserbringerseite. **Leistungserbringer**, die an den **Verträgen der hausarztzentrierten Versorgung** gemäß § 73 b teilnehmen, sind Hausärzte (s. Begriffsbestimmung in § 73). Zu den Teilnehmern an den Verträgen der besonderen Versorgungsformen s. § 140 a Abs. 3.

5 Abs. 1 S. 1 verpflichtet die Leistungserbringer nicht, sondern **befugt** sie, die für die Abrechnung der erbrachten Leistungen erforderlichen Angaben an die Vertragspartner auf Leistungserbringerseite zu

---

[5] Engelmann, GesR 2009, 449; Hauser, KH 2011, 910; Heberlein, SGb 2009, 717; Leisner, NZS 2010, 129; Kingreen/Temizel, GesR 2010, 225; Kleinert, DuD 2010, 240; Krüger-Brand, DÄBl. 2011, A 1832; Kühling/Seidel, GesR 2010, 231; Schneider, VSSR 2009, 381; Schömann jurisPR-SozR 21/2009, Anm. 4.
[6] ZB Engelmann, GesR 2009, 449, 457 mit Überblick über die Diskussion im Jahr 2009; Schirmer, ZMGR 2009, 143; Schütz, ZMGR 2009, 155.
[7] Vgl. die Aufsichtsverfügung des Unabhängigen Landeszentrums für Datenschutz Schleswig-Holstein (ULD), 21.7.2010 (abrufbar unter https://www.datenschutzzentrum.de/medizin/, zuletzt abgerufen am 1.5.2017) und den darüber geführten Eilrechtsstreit bis zum OVG Schleswig, 12.1.2011, 4 MB 56/10, CR 2011, 359.
[8] BGBl. I 2015, 1211.
[9] Vgl. BT-Dr. 17/6141, 50 zu Nummer 9; zu dem Erfordernis einer spezifischen Datenschutzregelung vgl. BSG, 10.12.2008, B 6 KA 37/07 R, BSGE 102, 135, 147.

übermitteln. Der Gesetzgeber wollte dadurch den Vertragspartnern der Verträge gemäß §§ 73 b, 140 a die Möglichkeit einräumen, den Datenweg für die Abrechnung der Leistungen abweichend von § 295 Abs. 1 b (Direktabrechnung) zu bestimmen und die teilnehmenden Leistungserbringer zur Datenübermittlung an die vertraglich vorgesehenen Stellen zu verpflichten.[10] Eine konkrete Verpflichtung kann sich aus dem Vertrag ergeben, aber nur wenn die vertraglichen Regelungen und ggf. die Beauftragung des Rechenzentrums die Vorgaben gemäß § 295 a Abs. 1 und ggf. gemäß Abs. 2 einhalten. Nicht von der Befugnis erfasst ist die Abtretung der Forderungen an die Auftragsdatenverarbeiter gemäß Abs. 2.[11]

Die teilnehmenden Leistungserbringer werden durch Abs. 1 S. 1 befugt, die für die Abrechnung der erbrachten Leistungen erforderlichen Angaben an die **Vertragspartner der Krankenkassen** zu übermitteln. Die Vertragspartner der Krankenkassen werden für die hausarztzentrierte Versorgung durch § 73 b Abs. 4, für die besondere Versorgung durch § 140 a Abs. 3 bestimmt. Bei der hausarztzentrierten Versorgung ist dies regelmäßig der jeweilige regionale Hausärzteverband.[12]

Übermitteln wird – abweichend von § 67 Abs. 6 Nr. 3 SGB X – definiert als Weitergeben der Angaben, so dass das Bereithalten der Daten zur Einsicht durch Dritte oder zum Abruf (so § 67 Abs. 6 Nr. 3 lit. b) SGB X) nicht zulässig ist. Weitergeben erfasst daher nur die aktive Weiterleitung der Angaben. Im Gesetzgebungsverfahren[13] und in der Literatur[14] wird der Begriff „weitergeben" als unklar bewertet, da er nicht gesetzlich definiert sei und dadurch zwischen der Datenübermittlung und der Auftragsdatenverarbeitung nicht mehr unterschieden werde. Auch wenn die Forderung nach einer einheitlichen Begrifflichkeit für die Auslegung der datenschutzrechtlichen Regelungen und Konzeptionen im SGB durchaus zu unterstützen ist, wird für den vorliegenden Fall durch den eindeutigen Wortlaut des Abs. 1 S. 1 jedoch Klarheit bezüglich der datenschutzrechtlich zulässigen Maßnahmen geschaffen. Zulässig ist die Weitergabe der für die Abrechnung erforderlichen Angaben an die Vertragspartner auf Leistungserbringerseite als Unterfall des Übermittelns (§ 67 Abs. 6 Nr. 3 lit. a SGB X). Dabei gibt S. 1 zu erkennen, dass der Vertragspartner auf Leistungserbringerseite in jedem Fall – also gleich ob die Weitergabe der Angaben direkt an ihn oder an eine nach Abs. 2 beauftragte Stelle erfolgt – Dritter und nicht Auftragnehmer einer Auftragsdatenverarbeitung ist, da der Vertragspartner nach dem ausdrücklichen Wortlaut „verantwortliche Stelle" ist. Die „verantwortliche Stelle" ist im gängigen „datenschutzrechtlichen Sinne"[15] zu verstehen (Def. in § 67 Abs. 9 SGB X und § 3 Abs. 7 BDSG). Auftragnehmer einer Auftragsdatenverarbeitung sind dagegen im datenschutzrechtlichen Sinn herkömmlich gemäß § 67 Abs. Abs. 9, Abs. 10 SGB X und § 3 Abs. 7, Abs. 8 BDSG Empfänger, aber keine verantwortliche Stelle.

3. Die für die Abrechnung erforderlichen Angaben. Die Befugnis zur Datenübermittlung ist begrenzt auf den **Zweck der Abrechnung** und erfasst die **erforderlichen Angaben** nach dem zehnten Kapitel. Das sind die Angaben gemäß § 295 Abs. 1 (vgl. § 295 Abs. 1 b) und für die Erbringer anderer als ärztlicher Leistungen (zB sonstige Leistungserbringer im Rahmen der integrierten Versorgung) die in den „jeweiligen Vorschriften genannten Angaben."[16] Für andere als ärztliche Leistungserbringer können nur diejenigen Angaben von Leistungen gemeint sein, die diese Leistungserbringer im Rahmen des Vertrages erbringen dürfen und deren Übermittlung im Rahmen des zehnten Kapitels vorgesehen ist. Die **strenge Begrenzung** der Datenübermittlung iSv Abs. 1 S. 1 auf den Zweck der Abrechnung wird durch

---

10 Vgl. BT-Dr. 17/6141, 50 zu Nummer 9 zu Absatz 1.
11 Vgl. Schneider in: Krauskopf SozKV § 295 a Rn. 27, der die Abtretung für unwirksam hält, soweit nicht der Anspruch auf Weitergabe sämtlicher Informationen und Unterlagen gemäß § 402 ausgeschlossen wird; zu dieser Problematik ebenfalls Jandt/Roßnagel, MedR 2013, 17, 21.
12 Vgl. zu einer solchen Fallgestaltung zB BSG, 25.3.2015, B 6 KA 9/14 R, BSGE 118, 164 ff. = BeckRS 2015, 70023.
13 Zur Kritik an diesem Begriff im Rahmen des Gesetzgebungsverfahrens vgl. Weichert, Stellungnahme zu dem Entwurf eines Gesetzes zur Änderung des Infektionsschutzgesetzes und weiterer Gesetz (BT-Dr. 17/5178), hier Änderungsantrag 6: Einfügung eines § 295 a SGB V (Stand: 28.4.2011), S. 5, 2. Absatz, abrufbar unter https://www.datenschutzzentrum.de/medizin/gkv/20110428-anhoerung-gesa-hzv.pdf (zuletzt abgerufen am 2.4.2014).
14 Vgl. Scholz in: BeckOK SozR SGB V § 295 a Rn. 3; positiv zu dem Begriff „Weitergeben" Leisner, NZS 2010, 129, 131.
15 BT-Dr. 17/6141, 50 zu Nummer 9 zu Absatz 1.
16 BT-Dr. 17/6141, 50 zu Nummer 9 zu Absatz 1; kritisch dazu: Weichert, Stellungnahme zu dem Entwurf eines Gesetzes zur Änderung des Infektionsschutzgesetzes und weiterer Gesetz (BT-Dr. 17/5178), hier Änderungsantrag 6: Einfügung eines § 295 a SGB V (Stand: 28.4.2011), S. 5, 1. Absatz, abrufbar unter https://www.datenschutzzentrum.de/medizin/gkv/20110428-anhoerung-gesa-hzv.pdf (zuletzt abgerufen am 2.4.2014).

Abs. 1 S. 3 bekräftigt, der die Datenverarbeitung und -nutzung „nur zu Abrechnungszwecken" hervorhebt. Zu den Abrechnungszwecken gehört neben der Abrechnungsprüfung auch die Honorarverteilung gegenüber den teilnehmenden Leistungserbringern, die von den Vertragspartnern auf Leistungserbringerseite durchgeführt wird.[17] Zur Übermittlungsbefugnis von Daten über verordnete Arzneimittel in Verträgen gem. §§ 73 b, 140 a s. § 305 a S. 6.

9 **4. Informierte Einwilligung des Versicherten als weitere Voraussetzung (Abs. 1 S. 2).** Weitere Voraussetzung für die zulässige Übermittlung der Daten an die Vertragspartner auf Leistungserbringerseite oder an die nach Abs. 2 beauftragte Stelle ist die **informierte Einwilligung des Versicherten vor Abgabe der Teilnahmeerklärung (Abs. 1 S. 2)**. Der Versicherte muss „umfassend über die vorgesehene Datenübermittlung informiert werden". Die Krankenkasse oder der Leistungserbringer können den Versicherten aufklären. Er ist „umfassend" im Sinne des Abs. 1 S. 2 informiert, wenn er „alle Informationen erhalten" hat, „die notwendig sind um Anlass, Ziel und Folgen der Verarbeitung einschätzen zu können."[18] In Anlehnung an die allgemeinen datenschutzrechtlichen Anforderungen für die Information des Betroffenen, die Voraussetzung für eine wirksame Einwilligung sind (vgl. §§ 4 Abs. 3, 4 a BDSG, §§ 67 a Abs. 3, 67 b Abs. 2 SGB X), muss die Information die **Daten** erfassen, die übermittelt werden, den **Zweck der Übermittlung** und die die Daten **empfangende Stelle**.[19] Im Hinblick auf die Verknüpfung der Teilnahme des Versicherten an der besonderen Versorgungsform mit der Einwilligung (→ Rn. 10) und der teilweise gesetzlich vorgesehenen zeitlichen Bindung des Versicherten an die besondere Versorgungsform (zB ein Jahr gem. § 73 b Abs. 3 S. 6) wird auch über die Folgen der Verweigerung der Einwilligung oder deren Widerruf aufzuklären sein, damit der Versicherte die Tragweite seiner Entscheidung abschätzen kann. Für die aufklärende Krankenkasse oder den Leistungserbringer ist aus Nachweisgründen der Einsatz von schriftlichen Merkblättern empfehlenswert. Für den Versicherten weisen sie den Vorteil auf, dass er die Vielzahl an Informationen besser erfassen und in seine Überlegungen einbeziehen kann.

10 Die Einwilligung des Versicherten ist die Zustimmung in die Datenübermittlung. Sie muss schriftlich (§ 126 BGB) und „zugleich" mit der Teilnahme erklärt werden. Ob die zwingende Verbindung der Teilnahmeerklärung mit der Einwilligung zulässig ist oder nicht der Freiwilligkeit der Einwilligung entgegensteht, wird in der Literatur zumindest kritisch betrachtet.[20] Dagegen wird unter Bezug auf die Gesetzbegründung mit dem „Allgemeininteresse an der Durchführung der besonderen Versorgungsformen"[21] sowie mit der „Weiterentwicklung der gesetzlichen Krankenversicherung und damit auch dem Gemeinwohl"[22] argumentiert. Mit den Versorgungsformen werden Einsparungseffekte (zB durch weniger Krankenhauseinweisungen, weniger Doppelbehandlungen durch Fachärzte oder durch ein abgestimmtes und integriertes Gesamtbehandlungskonzept) bei gleichzeitig verbesserter Versorgung der Versicherten bezweckt. Einzubeziehen ist auch, dass die Teilnahme an den besonderen Versorgungsformen für die Versicherten freiwillig ist (§ 73 b Abs. 3 S. 1, § 140 a Abs. 4 S. 1).[23]

11 Eine andere Frage ist, ob die Einwilligung widerrufbar ist. Auch dabei wirkt sich die Kopplung der Teilnahmeerklärung an die Einwilligung aus. Die Versicherten sind gemäß § 73 b mit Abgabe der Teilnahmeerklärung ein Jahr an ihre Entscheidung gebunden (→ Rn. 9). Auch wenn der jederzeitige **Widerruf der Einwilligung** rechtlich zulässig ist,[24] kann er je nach Ausgestaltung der Abrechnungs- und der Datenwege durch die Vertragspartner rechtsfaktisch für die Versicherten keine Option darstellen, so dass sie ihr bestehendes Recht auf Widerruf der Einwilligung nicht ausüben. Dies dürfte zumindest dann der Fall sein, wenn die Versicherte entweder an der besonderen Versorgungsform teilnehmen möchte, aber eine Direktdatenübermittlung (§ 295 Abs. 1 b) wünscht, die nicht vom Vertrag vorgesehen ist oder wenn er vorzeitig kündigen möchte, aber weiß, dass sich der Austritt aufgrund von Sat-

---

17 Vgl. BT-Dr. 17/6141, 50 zu Nummer 9 zu Absatz 1.
18 Beide Zitate: BT-Dr. 17/6141, 51 li. Spalte.
19 Vgl. BT-Dr. 17/6141, 51 li. Spalte.
20 Vgl. Hornung in: Hänlein/Schuler § 295 a Rn. 5: „im Grundsatz problematisch"; Michels in: Becker/Kingreen SGB V § 295 a Rn. 3 in Bezug auf die Freiwilligkeit der Einwilligung: „erscheint fraglich"; kritisch auch Weichert, Stellungnahme zu dem Entwurf eines Gesetzes zur Änderung des Infektionsschutzgesetzes und weiterer Gesetz (BT-Dr. 17/5178), hier Änderungsantrag 6: Einfügung eines § 295 a SGB V (Stand: 28.4.2011), S. 5, 1. Absatz, abrufbar unter https://www.datenschutzzentrum.de/medizin/gkv/20110428-anhoerung-gesa-hzv.pd f (zuletzt abgerufen am am 2.4.2014), S. 6: „Es fehlt im Rahmen der Einwilligung an der Freiwilligkeit".
21 Schneider in: Krauskopf SGB V § 295 a Rn. 24; BT-Dr. 17/6141, 51 li. Spalte.
22 BT-Dr. 17/6141, 51 li. Spalte; vgl. auch Schneider in: Krauskopf SGB V § 295 a Rn. 24.
23 Vgl. Schneider in: Krauskopf SozKV § 295 a Rn. 26; ders. VSSR 2009, 381, 396.
24 Vgl. Schneider in: Krauskopf SozKV § 295 a Rn. 26.

zungsregelungen seiner Krankenkasse nachteilig auswirkt, zB durch den Wegfall der Prämienzahlungen.

5. **Art der Übermittlung an die Krankenkassen (Abs. 1 S. 3).** Die verarbeiteten Abrechnungsdaten sind von den Vertragspartnern auf Leistungserbringerseite oder den von ihnen nach Abs. 2 beauftragten Rechenzentren an die Vertragspartner auf Krankenkassenseite **elektronisch** (zB durch eine zertifizierte Software) oder **maschinell verwertbar auf Datenträgern** (zB auf einer CD) zu übertragen. Für die Ausgestaltung des Übermittlungsverfahrens gilt § 291 Abs. 1 b S. 2 (→ § 295 Rn. 8).[25]

IV. Auftragsdatenverarbeitung durch Rechenzentren in Selektivverträgen (Abs. 2)

Abs. 2 ist die Folgeregelung zu § 295 Abs. 1 b S. 5 bis S. 8 in der Fassung vom 17.7.2009 (→ Rn. 1). Abs. 2 S. 1 erlaubt den Vertragspartnern auf Leistungserbringerseite (→ Rn. 6), eine andere Stelle mit der Erhebung, Verarbeitung und Nutzung der für die Abrechnung der in Absatz 1 genannten Leistungen erforderlichen personenbezogenen Daten (→ Rn. 8) zu beauftragen. Unter dem **Erheben, Verarbeiten und dem Nutzen** sind – mangels abweichender Definitionen – die anerkannten datenschutzrechtlichen Festlegungen dieser Begriffe (vgl. § 3 Abs. 3, Abs. 4 und Abs. 5 BDSG; § 67 Abs. 5, Abs. 6 und Abs. 7 SGB X) zu verstehen. Wird die eGk vorgelegt (→ § 291a), so dürfen für die Zwecke der Abrechnung nur die Angaben nach § 291 Abs. 2 S. 1 Nr. 1 bis 10 übernommen werden (Abs. 1 S. 1 Hs. 2).[26]

Auch für die Datenverarbeitung im Auftrag gilt die **strenge Bindung an den Zweck der Abrechnung** („für die Abrechnung") und an Abs. 1 S. 3, (→ Rn. 12). Voraussetzung für eine gemäß Abs. 2 zulässige Erhebung, Verarbeitung und Nutzung der Daten im Auftrag ist gemäß S. 1, dass der **Vertragspartner auf Leistungserbringerseite Auftraggeber** und damit die verantwortliche Stelle im datenschutzrechtlichen Sinn (→ Rn. 7) ist.[27] Das Auftragsverhältnis ist entsprechend der Vorgaben des § 80 SGB X durch schriftlichen Vertrag auszugestalten (S. 2). Auch die technischen und organisatorischen Maßnahmen nach § 78 a SGB X sind in der Beauftragung zu regeln (Abs. 2 S. 3 Hs. 2 ist daher deklaratorischer Natur); **Unterauftragsverhältnisse**, sind im Gegensatz zu § 80 Abs. 2 SGB X ausdrücklich ausgeschlossen (S. 2 Hs. 2).[28] Diese Begrenzung soll dem Schutz des informationellen Selbstbestimmungsrechts des Versicherten (Art. 2 Abs. 1 iVm Art. 1 Abs. 1 GG) dienen. Bei der Beauftragung der Rechenzentren handelt es sich regelmäßig um nicht-öffentliche Stellen im Sinne des § 80 Abs. 5 SGB X. Da für diese – wie für die Auftraggeber gemäß Abs. 2 S. 3 das Sozialgeheimnis gemäß § 35 SGB I entsprechend gilt, hat der Gesetzgeber von den „strengen Vorgaben"[29] des § 80 Abs. 5 abgesehen. Die Beauftragung ist auch zulässig, soweit die Speicherung der Daten den gesamten Datenbestand erfasst (S. 2 Hs. 2). Da auf das BDSG nach dem BSG aufgrund der Bereichsspezifität der Datenschutzregelungen im SGB V nicht zurückgegriffen werden darf,[30] hat der Gesetzgeber Auftraggeber und Auftragnehmer der Aufsicht nach § 38 BDSG unterstellt. Zwar regelt bereits § 80 Abs. 6 SGB X, dass Auftraggeber und Auftragnehmer den Landesbeauftragten für den Datenschutz unterstehen. § 38 BDSG umfasst aber auch die Aufsichtsmittel (zB Betretungs- und Prüfungsrechte, das Recht Unterlagen anzufordern und Anordnungs- und Untersagungsbefugnisse) und ist damit weitreichender. Aufsichtsbehörde für die **Anzeige nach § 80 Abs. 3 SGB X** ist für die Krankenkassen die gemäß § 90 SGB IV zuständige Behörde, für die Vertragspartner auf Leistungserbringerseite und deren Auftragnehmer der Landesbeauftragte für Datenschutz gemäß § 38 Abs. 6 BDSG entsprechend (Abs. 2 S. 2 Hs. 2).

V. Auftragsdatenverarbeitung durch Rechenzentren für die Abrechnung ambulanter Notfallleistungen (Abs. 3)

Abs. 3 ist Nachfolgeregelung zu § 320 und § 120 Abs. 6. Sie erlaubt dem Krankenhaus (gemeint: dem Rechtsträger des Krankenhauses), eine andere Stelle mit der Erhebung, Verarbeitung und Nutzung (Def. → Rn. 13) der Daten für den Zweck der Abrechnung von erbrachten ambulanten Notfallleistungen zu beauftragen. Aus dem Wortlaut von S. 1 und S. 2 folgt, dass die Auftragsdatenverarbeitung

---

25 Vgl. BT-Dr. 17/6141, 51 Zu Absatz 1 re. Spalte, 2. Absatz; mit einem Votum für mehr Freiräume der Vertragspartner Schneider in: Krauskopf SozKV § 295 a Rn. 28.
26 Vgl. BT-Dr. 16/13428, 96 und 91 rechte Spalte unten.
27 So auch BT-Dr. 17/6141, 51 Zu Absatz 2: „wird durch die Formulierung klargestellt".
28 Dies war bei der Vorgängerregelung offen, vgl. BT-Dr. 17/6141, 51 Zu Abs. 2.
29 BT-Dr. 17/6141, 51 Zu Abs. 2.
30 Vgl. BSG, 10.12.2008, B 6 KA 37/07 R, BSGE 102, 134 (144 ff.).

ebenso wie bei Abs. 2 streng an den Zweck der Abrechnung gebunden ist. Zu Abs. 3 S. 1 Hs. 2 (§ 291a bleibt unberührt) → Rn. 13.

16 Für die Gestaltung und Durchführung der Auftragsdatenverarbeitung ist § 80 SGB X anzuwenden (S. 3, → Rn. 14). Voraussetzung ist, dass der Versicherte schriftlich (§ 126 BGB) in die Datenweitergabe (Def. → Rn. 7) eingewilligt hat. Die Einwilligung setzt entsprechend den allgemeinen im Datenschutzrecht geltenden Wirksamkeitsanforderungen (vgl. §§ 4 Abs. 3, 4a BDSG, §§ 67a Abs. 3, 67b Abs. 2 SGB X) die Information des Versicherten voraus. Das Krankenhaus muss den Versicherten über die Daten, die übermittelt werden, den Zweck der Übermittlung und die die Daten empfangende Stelle informieren.[31] Zu achten ist darauf, dass die Behandlung nicht von der Einwilligung abhängig gemacht wird.[32] Die Einwilligung muss freiwillig erfolgen und darf auch „nach der erfolgten Notfallbehandlung"[33] eingeholt werden. Wird die Einwilligung nicht erteilt, kann nur unmittelbar mit der Krankenkasse abgerechnet werden.

§ 296 Datenübermittlung für Wirtschaftlichkeitsprüfungen

(1) ¹Für die arztbezogenen Prüfungen nach § 106 übermitteln die Kassenärztlichen Vereinigungen im Wege elektronischer Datenübertragung oder maschinell verwertbar auf Datenträgern den Prüfungsstellen nach § 106c aus den Abrechnungsunterlagen der Vertragsärzte für jedes Quartal folgende Daten:
1. Arztnummer, einschließlich von Angaben nach § 293 Abs. 4 Satz 1 Nr. 2, 3, 6, 7 und 9 bis 14 und Angaben zu Schwerpunkt- und Zusatzbezeichnungen sowie zusätzlichen Abrechnungsgenehmigungen,
2. Kassennummer,
3. die abgerechneten Behandlungsfälle sowie deren Anzahl, getrennt nach Mitgliedern und Rentnern sowie deren Angehörigen,
4. die Überweisungsfälle sowie die Notarzt- und Vertreterfälle sowie deren Anzahl, jeweils in der Aufschlüsselung nach Nummer 3,
5. durchschnittliche Anzahl der Fälle der vergleichbaren Fachgruppe in der Gliederung nach den Nummern 3 und 4,
6. Häufigkeit der abgerechneten Gebührenposition unter Angabe des entsprechenden Fachgruppendurchschnitts,
7. in Überweisungsfällen die Arztnummer des überweisenden Arztes.

²Soweit es zur Durchführung der in den Vereinbarungen nach § 106b Absatz 1 Satz 1 vorgesehenen Wirtschaftlichkeitsprüfungen erforderlich ist, sind die Daten nach Satz 1 Nummer 3 jeweils unter Angabe der nach § 295 Absatz 1 Satz 2 verschlüsselten Diagnose zu übermitteln.

(2) ¹Für die arztbezogenen Prüfungen nach § 106 übermitteln die Krankenkassen im Wege elektronischer Datenübertragung oder maschinell verwertbar auf Datenträgern den Prüfungsstellen nach § 106c über die von allen Vertragsärzten verordneten Leistungen (Arznei-, Verband-, Heil- und Hilfsmittel sowie Krankenhausbehandlungen) für jedes Quartal folgende Daten:
1. Arztnummer des verordnenden Arztes,
2. Kassennummer,
3. Art, Menge und Kosten verordneter Arznei-, Verband-, Heil- und Hilfsmittel, getrennt nach Mitgliedern und Rentnern sowie deren Angehörigen, oder bei Arzneimitteln einschließlich des Kennzeichens nach § 300 Abs. 3 Nr. 1,
4. Häufigkeit von Krankenhauseinweisungen sowie Dauer der Krankenhausbehandlung.

²Soweit es zur Durchführung der in den Vereinbarungen nach § 106b Absatz 1 Satz 1 vorgesehenen Wirtschaftlichkeitsprüfungen erforderlich ist, sind der Prüfungsstelle auf Anforderung auch die Versichertennummern arztbezogen zu übermitteln.

(3) ¹Die Kassenärztliche Bundesvereinigung und der Spitzenverband Bund der Krankenkassen bestimmen im Vertrag nach § 295 Abs. 3 Nr. 5 Näheres über die nach Absatz 2 Nr. 3 anzugebenden Arten und Gruppen von Arznei-, Verband- und Heilmitteln. ²Sie können auch vereinbaren, dass jedes einzel-

---

31 Nur so kann der Hinweis der Gesetzesbegründung (BT-Dr. 17/6141, 52 Zu Abs. 3, re. Spalte) auf die Geltung von § 67b Abs. 2 SGB X zu verstehen sein, der für Leistungserbringer unmittelbar keine Anwendung findet.
32 Vgl. BT-Dr. 17/6141, 52 Zu Abs. 3.
33 BT-Dr. 17/6141, 52 Zu Abs. 3.

ne Mittel oder dessen Kennzeichen angegeben wird. ³Zu vereinbaren ist ferner Näheres zu den Fristen der Datenübermittlungen nach den Absätzen 1 und 2 sowie zu den Folgen der Nichteinhaltung dieser Fristen.

(4) Soweit es zur Durchführung der in den Vereinbarungen nach § 106 b Absatz 1 Satz 1 vorgesehenen Wirtschaftlichkeitsprüfungen erforderlich ist, sind die an der vertragsärztlichen Versorgung teilnehmenden Ärzte und Einrichtungen verpflichtet und befugt, auf Verlangen der Prüfungsstelle nach § 106 c die für die Prüfung erforderlichen Befunde vorzulegen.

Literatur:
Baumann, Anscheinsbeweis bei elektronisch ermittelten Verordnungsdaten und Rückwirkung von Richtgrößenvereinbarungen, jurisPR-SozR 11/2006 Anm. 4; *Plagemann*, Ausnahmsweise Zulässigkeit der angeordneten Rückwirkung der für das Jahr 2002 maßgeblichen Richtgrößen, jurisPR-MedizinR 8/2011 Anm. 2; *Storck*, Arzneikostenregress und Datengrundlagen, GesR 2005, 533.

I. Entstehungsgeschichte

§ 296 wurde gemeinsam mit den übrigen Datenschutzvorschriften des 10. Kapitels durch Art. 1 des GRG[1] mit Wirkung zum 1.1.1989 in das SGB V eingefügt. Mit Art. 1 Nr. 157 des **Gesundheitsstrukturgesetzes**[2] hat die Vorschrift mit Wirkung zum 1.1.1993 ihre seitdem geltende Überschrift erhalten; für den Fall der Überweisung wurde die Übermittlung „des die Überweisung annehmenden Arztes" in Abs. 2 aufgenommen. Abs. 1 und Abs. 3 wurden redaktionell angepasst (zB die „Kassenärzte" in Abs. 1 gestrichen und durch die „Vertragsärzte" ersetzt). Weitere Änderungen erfuhr § 296 durch Art. 1 Nr. 6 des **ABAG**[3] v. 19.12.2001. Mit Wirkung zum 31.12.2001 wurden Abs. 1, Abs. 3 und Abs. 4 ergänzt.[4] Durch Art. 1 Nr. 168 des **GMG**[5] wurde § 296 weitgehend geändert (gültig ab 1.1.2004). U.a. wurde der Katalog der zu übermittelnden Daten in Abs. 1 auf die Nr. 1 bis 3 beschränkt und es wurde die Pflicht zur Übermittlung der nach § 295 Abs. 1 S. 2 verschlüsselten Diagnosen normiert. Aufgenommen wurde der Weg der elektronischen Datenübermittlung (in Abs. 1 und Abs. 2). In Abs. 4 wurde die Pflicht zur Übermittlung der Befunde auf Verlangen der Geschäftsstelle des Prüfungsausschusses aufgenommen. Art. 1 Nr. 199 des **GKV-WSG**[6] v. 26.3.2007 hat ua die in Abs. 1 aufgezählten Daten um die Nr. 4 bis 7 mit Wirkung zum 1.1.2008 erweitert. Abs. 2 wurde um die Nr. 4 und um S. 2 ergänzt. Weitere Änderungen betreffen Abs. 1, Abs. 2 und Abs. 4 (insbesondere die Abschaffung der Prüfungsausschüsse und Einführung der Prüfungsstelle).[7] Abs. 3 wurde weiterhin mit Wirkung zum 1.7.2008 („Spitzenverband Bund der Krankenkassen" statt „Spitzenverbände der Krankenkassen") geändert. Mit dem **GKV-Versorgungsstärkungsgesetz (GKV-VSG)** v. 16.7.2015[8] wurde die Wirtschaftlichkeitsprüfung (§§ 106–106 d) weitgehend neu geordnet, weshalb zugleich Folgeänderungen in den Datenübermittlungsvorschriften (§§ 296, 297) vorzunehmen waren. Durch Art. 2 Nr. 19 lit. a des GKV-VSG erhielt § 296 mit Wirkung zum 1.1.2017 eine neue Überschrift; zugleich wurde Abs. 1 S. 2, Abs. 2 und Abs. 4 durch Art. 2 Nr. 19 lit. b, c und lit. d weitgehend nur redaktionell angepasst.

II. Regelungskontext und -gehalt

§ 296 regelt nach der seit dem 1.1.2017 geltenden Überschrift die Datenübermittlung für die Wirtschaftlichkeitsprüfung. Die Vorschrift ist keine abschließende datenschutzrechtliche Komplementärnorm zu den §§ 106–106 c. Hinzuzunehmen sind die „weiteren Regelungen zur Datenübermittlung für die Wirtschaftlichkeitsprüfung" in § 297. Beide Vorschriften stehen in einem Ergänzungsverhältnis betreffend die Übermittlungsbefugnis für die in den Wirtschaftlichkeitsprüfungen relevanten arztbezogenen Angaben. Dies ergibt sich auch aus § 106 Abs. 2 S. 2. § 298 ist ein Auffangtatbestand für die Übermittlung versichertenbezogener Daten zum Zweck der Wirtschaftlichkeitsprüfung. Dass der Ge-

---
1 BGBl. I 1988, 2477.
2 BGBl. I 1992, 2266.
3 BGBl. I 2001, 3773.
4 Vgl. dazu BT-Dr. 14/7170, 15 zu Art. 1 Nr. 6.
5 BGBl. I 2003, 2190.
6 BGBl. I 2007, 378.
7 Vgl. zu der Neugestaltung der Prüfgremien durch das GKV-WSG und zu den Datengrundlagen: Engelhardt, SGb 2008, 150 ff.
8 BGBl. I 2015, 1211.

setzgeber des GKV-VSG (→ Rn. 1) die Wirtschaftlichkeitsprüfung neu geordnet hat, ohne zugleich auch die §§ 296, 297 neu zu ordnen, ist unglücklich, da sich der durch die früheren Normen vorgegebene unterschiedliche Regelungsrahmen (§ 296 für Auffälligkeitsprüfungen, § 297 für Zufälligkeitsprüfungen) überholt hat. Für die Rechtsanwendung nachvollziehbarer wäre eine dem Aufbau der §§ 106–106 c entsprechende Regelung der Datenübermittlungsbefugnisse mit einer Befugnisnorm für die arztbezogenen Prüfungen ärztlicher Leistungen (§ 106 a) und einer Befugnisnorm für die arztbezogenen Prüfungen ärztlich veranlasster Leistungen (§ 106 b) gewesen.

3 § 296 verpflichtet die **Kassenärztlichen Vereinigungen** (Abs. 1) und die **Krankenkassen** (Abs. 2) dazu, den Prüfungsstellen nach § 106 c die jeweils benannten Daten für die arztbezogene Prüfung der ärztlichen Leistungen und der ärztlich verordneten Leistungen zu übermitteln. Abs. 3 enthält einen Regelungsauftrag an die **KBV** und den **Spitzenverband Bund der Krankenkassen**, Näheres über die anzugebenden Arten und Gruppen von Arznei-, Verband- und Heilmitteln durch Verträge festzulegen. Abs. 4 beinhaltet für die an der vertragsärztlichen Versorgung teilnehmenden **Ärzte und Einrichtungen** eine Verpflichtung zur Vorlage der für die arztbezogene Prüfung der ärztlich verordneten Leistungen erforderlichen Befunde, wenn dies in den Vereinbarungen nach § 106 b Abs. 1 S. 1 vorgesehen ist und die Prüfungsstelle diese anfordert. § 296 (und § 297) finden für die Übermittlung der in der ambulanten Versorgung **außerhalb der vertragsärztlichen Versorgung** verordneten Leistungen entsprechend Anwendung (§ 106 Abs. 1 S. 5). § 296 hat weiterhin – wie § 297 – Bedeutung für eine Haftung von Vorständen der Krankenkassen und der Kassenärztlichen Vereinigungen (§ 106 Abs. 4, Abs. 5), wenn die Vorgaben nicht eingehalten werden (→ Rn. 8).

III. Datenübermittlung durch die Kassenärztlichen Vereinigungen (Abs. 1)

4 Abs. 1 S. 1 verpflichtet die Kassenärztlichen Vereinigungen (§ 77) sowie gemäß § 285 Abs. 4 die Kassenzahnärztlichen Vereinigungen, aus den Abrechnungsunterlagen die in den Nr. 1 bis 7 aufgeführten Daten für die arztbezogenen Prüfungen nach § 106 an die Prüfungsstellen nach § 106 c zu übermitteln. „Übermitteln" ist das Bekanntgeben der gespeicherten Daten iSv § 67 Abs. 6 Nr. 3 SGB X. Dies erfolgt unaufgefordert und für jedes Quartal. Die Daten sind **arzt-, nicht aber versichertenbezogen** elektronisch (zB durch eine zertifizierte Software) oder maschinell verwertbar auf Datenträgern (zB CDs, Disketten, USB-Sticks) zu übermitteln. Im Einzelfall können sie dennoch – dann aber auf der Grundlage von § 298 – versichertenbezogen angefordert werden. Die Aufzählung der von den Kassen(zahn-)ärztlichen Vereinigungen zu übermittelnden Daten in den Nr. 1 bis 7 ist abschließend. Zur Definition des **Behandlungsfalles** vgl. § 21 Abs. 1 S. 1 BMV-Ä. Der Inhalt und die Durchführung der Prüfungen sowie die Voraussetzungen für Einzelfallprüfungen werden seit dem 1.1.2017 durch die regionalen Verträge nach § 106 Abs. 1 S. 1 bestimmt. Soweit dort Art und Umfang der in die Prüfungen einzubeziehenden Leistungen beschränkt werden, muss sich dies wegen des Verhältnismäßigkeitsgrundsatzes auch bei den gemäß § 296 zu übermittelnden Daten widerspiegeln.[9] Für die arztbezogene Prüfung der ärztlich verordneten Leistungen bilden die regionalen Vereinbarungen nach § 106 b den Maßstab. Nur für diese Prüfungen normiert Abs. 1 S. 2 die Verpflichtung, für die Anzahl der abgerechneten Behandlungsfälle (getrennt nach Mitgliedern, Rentnern sowie deren Angehörigen) auch die gem. § 295 Abs. 1 S. 2 **verschlüsselten Diagnosen** zu übermitteln, wenn dies für die Prüfung erforderlich (→ § 284 Rn. 3) ist.

IV. Datenübermittlung durch die Krankenkassen (Abs. 2)

5 Abs. 2 S. 1 verpflichtet die Krankenkassen – spiegelbildlich[10] zu Abs. 1 – für die von allen Vertragsärzten (§ 95 Abs. 1) **verordneten Leistungen** (Arznei-, Verband-, Heil- und Hilfsmittel) die in den Nr. 1 bis Nr. 4 abschließend aufgezählten Daten an die Prüfungsstellen nach § 106c zu übermitteln. Zur Def. Übermittlung → Rn. 4. Die Weitergabe erfolgt unaufgefordert und quartalsweise auf elektronischen Wege (zB durch eine Software und eine Signatur)[11] oder maschinell verwertbar auf Datenträgern (zB CD, Diskette, USB-Stick).

6 § 296 Abs. 2 befugt grundsätzlich **nicht** dazu, die **Originalverordnungsblätter** zu verlangen. Für die auf elektronischem Weg erfassten und an die Prüfungsstelle übermittelten Verordnungsdaten des einzelnen

---

9 Vgl. Spickhoff/Fischinger SGB V § 296 Rn. 1; Hornung in: Hänlein/Schuler § 296 Rn. 2; Waschull in: Krauskopf SozKV § 296 Rn. 3.
10 Vgl. Spickhoff/Fischinger SGB V § 296 Rn. 3; Hornung in: Hänlein/Schuler § 296 Rn. 5.
11 Vgl. Didong in: jurisPK-SGB V, 3. Aufl. 2016, § 296 Rn. 9.

Vertragsarztes gilt die Vermutung der Richtigkeit.[12] Will der Vertragsarzt den „Anscheinsbeweis"[13] erschüttern, muss er konkrete, die Vermutung widerlegende Tatsachen vortragen.[14] Bringt er substantiierte Einwendungen vor, müssen die Prüfgremien in den konkret „geltend gemachten Einzelfällen Verordnungsblätter bzw. Images von den Krankenkassen beiziehen", prüfen und „ggf. festgestellte Fehlbuchungen bereinigen."[15] Nur in diesen Fällen sind daher die Originalverordnungsblätter für die Prüfung vorzulegen. Die datenschutzrechtliche Befugnis dafür stellt § 298 dar.

Abs. 2 S. 2 normiert für den Fall, dass dies für die Durchführung der Wirtschaftlichkeitsprüfungen nach den Vereinbarungen des § 106 b erforderlich (→ § 284 Rn. 3) ist, die Verpflichtung der Krankenkassen, der Prüfstelle auch die **Versichertennummern** arztbezogen zu übermitteln.

V. Verträge zur Datenübermittlung (Abs. 3) und Vorstandshaftung

Abs. 3 S. 1 verpflichtet die Kassenärztliche Bundesvereinigung (KBV) und den Spitzenverband Bund der Krankenkassen dazu, im Vertrag nach § 295 Abs. 3 das Nähere über die nach Abs. 2 Nr. 3 anzugebenden Arten und Gruppen von Arznei-, Verband- und Heilmittel (→ § 295 Rn. 12) zu regeln. S. 2 ermöglicht den Vertragspartnern die Aufnahme der Verpflichtung zur Angabe jedes einzelnen Mittels oder dessen Kennzeichens in den Vertrag. Weiterhin sind Regelungen zu den Übermittlungsfristen sowie zu den Folgen für die Nichteinhaltung der Fristen zu treffen (S. 3). Seit der Anpassung des § 296 an § 84 Abs. 6 S. 2 durch das GMG (→ Rn. 1) können die Vertragspartner zB auch die Übermittlung altersbezogener Daten festlegen.[16]

Für Verstöße gegen die Datenübermittlungspflichten ist § 106 Abs. 4 von Bedeutung. Danach haften die zuständigen Vorstandsmitglieder der Krankenkassen und Kassenärztlichen Vereinigungen, wenn Wirtschaftlichkeitsprüfungen nicht in dem entsprechenden Umfang oder entsprechend der für die Durchführung geltenden Vorschriften durchgeführt werden können, weil die erforderlichen Daten gem. §§ 296, 297 nicht oder nicht in dem vorgesehenen Umfang fristgemäß übermittelt wurden.

VI. Verpflichtung der Ärzte und Einrichtungen zur Vorlage von Befunden (Abs. 4)

Abs. 4 verpflichtet die an der vertragsärztlichen Versorgung teilnehmenden Ärzte und Einrichtungen (§ 95 Abs. 1), für die Prüfung der ärztlich verordneten Leistungen nach § 106 b die erforderlichen Befunde der Prüfungsstelle gem. § 106 c vorzulegen. Im Gegensatz zu Abs. 1 und Abs. 2 muss dies nur auf Verlangen der Prüfungsstelle erfolgen. Die Vorlagepflicht beschränkt sich auf die erforderlichen Befunde. Erforderlich ist ein unbestimmter Rechtsbegriff, der im Datenschutzrecht aus Gründen der Verhältnismäßigkeit eng auszulegen ist (→ § 284 Rn. 3). Daher ist in jedem Einzelfall von der Prüfungsstelle zu prüfen, ob der Befund für die Beurteilung auch tatsächlich notwendig ist. Eine pauschale Anforderung sämtlicher Befunddaten der Patienten eines Quartals wird daher zu Recht als unzulässig bewertet.[17]

§ 297 Weitere Regelungen zur Datenübermittlung für Wirtschaftlichkeitsprüfungen

(1) Die Kassenärztlichen Vereinigungen übermitteln den Prüfungsstellen nach § 106 c für jedes Quartal eine Liste der Ärzte, die gemäß § 106 a Absatz 4 in die Prüfung nach § 106 a einbezogen werden.

(2) ¹Die Kassenärztlichen Vereinigungen übermitteln im Wege der elektronischen Datenübertragung oder maschinell verwertbar auf Datenträgern den Prüfungsstellen nach § 106 c aus den Abrechnungsunterlagen der in die Prüfung einbezogenen Vertragsärzte folgende Daten:
1. Arztnummer,
2. Kassennummer,

---

12 Vgl. BSG, 27.4.2004, B 6 KA 1/94 R, BSGE 94, 273, 278 f.; BSG, 2.11.2005, B 6 KA 63/04 R, BSGE 95, 199, 203; LSG NRW, 14.12.2011, L 11 KA 75/10, BeckRS 2012, 71837.
13 LSG NRW, 14.12.2011, L 11 KA 75/10, BeckRS 2012, 71837.
14 Vgl. LSG NRW, 14.12.2011, L 11 KA 75/10, BeckRS 2012, 71837.
15 Beide Zitate aus LSG Nds-Brem, 28.5.2009, L 3 KA 90/08 ER, juris Rn. 22 unter Bezug auf BSG, 2.11.2005, B 6 KA 63/04 R, SozR 4-2500 § 106 Nr. 11 und BSG, 14.1.2009, L 3 KA 44/08 ER.
16 Vgl. LSG Nds-Brem, 6.5.2011, L 3 KA 9/11 B ER, BeckRS 2011, 72454.
17 Vgl. Spickhoff/Fischinger SGB V § 296 Rn. 5; Hornung in: Hänlein/Schuler § 296 Rn. 9; Scholz in: BeckOK SozR SGB V § 296 Rn. 6.

3. Krankenversichertennummer,
4. abgerechnete Gebührenpositionen je Behandlungsfall einschließlich des Tages der Behandlung, bei ärztlicher Behandlung mit der nach dem in § 295 Abs. 1 Satz 2 genannten Schlüssel verschlüsselten Diagnose, bei zahnärztlicher Behandlung mit Zahnbezug und Befunden, bei Überweisungen mit dem Auftrag des überweisenden Arztes.

[2]Die Daten sind jeweils für den Zeitraum eines Jahres zu übermitteln.

(3) [1]Die Krankenkassen übermitteln im Wege der elektronischen Datenübertragung oder maschinell verwertbar auf Datenträgern den Prüfungsstellen nach § 106c die Daten über die von den in die Prüfung nach § 106a einbezogenen Vertragsärzten getroffenen Feststellungen der Arbeitsunfähigkeit jeweils unter Angabe der Arztnummer, der Kassennummer und der Krankenversichertennummer. [2]Die Daten über die Feststellungen der Arbeitsunfähigkeit enthalten zusätzlich die gemäß § 295 Abs. 1 übermittelte Diagnose sowie die Dauer der Arbeitsunfähigkeit. [3]Die Daten sind jeweils für den Zeitraum eines Jahres zu übermitteln.

(4) [1]Soweit es zur Durchführung der in den Vereinbarungen nach § 106b Absatz 1 Satz 1 vorgesehenen Wirtschaftlichkeitsprüfungen erforderlich ist, übermitteln die Krankenkassen im Wege der elektronischen Datenübertragung oder maschinell verwertbar auf Datenträgern den Prüfungsstellen nach § 106c die Daten über die von den in die Prüfung einbezogenen Vertragsärzten verordneten Leistungen unter Angabe der Arztnummer, der Kassennummer und der Krankenversichertennummer. [2]Die Daten über die verordneten Arzneimittel enthalten zusätzlich jeweils das Kennzeichen nach § 300 Absatz 3 Satz 1. [3]Die Daten über die Verordnungen von Krankenhausbehandlungen enthalten zusätzlich jeweils die gemäß § 301 übermittelten Angaben über den Tag und den Grund der Aufnahme, die Einweisungsdiagnose, die Aufnahmediagnose, die Art der durchgeführten Operationen und sonstigen Prozeduren sowie die Dauer der Krankenhausbehandlung. [4]Die Daten sind jeweils für den Zeitraum eines Jahres zu übermitteln.

Literatur:

Funk, Die Wirtschaftlichkeitsprüfung im Vertragsarztrecht, 1994; *Nodorf*, Datenschutz in der gesetzlichen Krankenversicherung, 1995; *Podlech*, Der Informationshaushalt der Krankenkassen, 1995.

I. Entstehungsgeschichte

1 § 297 wurde unter der Überschrift „Stichprobenprüfung" durch Art. 1 des **GRG**[1] vom 20.12.1988 mit Wirkung zum 1.1.1989 in das SGB V eingefügt. Mit Art. 1 Nr. 158 des **Gesundheitsstrukturgesetzes**[2] hat die Vorschrift ihre nun geltende Überschrift erhalten und weitere Änderungen erfahren (gültig ab 1.1.1993). Durch Art. 3 Nr. 17 des **2. SGBÄndG**[3] wurden im Zuge der Reform des Sozialdatenschutzes mit Wirkung zum 1.7.1994 in Abs. 4 das Wort „versichertenbeziehbar" durch das Wort „versichertenbezogen" und das Wort „verknüpft" durch das Wort „zusammengeführt" ersetzt. Durch Art. 1 Nr. 169 des **GMG**[4] wurde § 297 mit Wirkung zum 1.1.2004 in den Absätzen 1, 2 und 3 weitgehend neu gefasst. Mit Art. 1 Nr. 200 des **GKV-WSG**[5] v. 26.3.2007 hat sich die Organisation der Prüfungsgremien gemäß § 106 Abs. 4a (Einführung der Prüfungsstellen) mit Wirkung zum 1.1.2008 geändert. Der Gesetzgeber hat in § 297 Abs. 1, Abs. 2 und Abs. 3 Folgeänderungen vorgenommen. Mit Art. 2 Nr. 20 lit. a des **GKV-Versorgungsstärkungsgesetzes (GKV-VSG)** v. 16.7.2015[6] wurde die Überschrift der Vorschrift infolge der Neuordnung der Wirtschaftlichkeitsprüfung (→ § 296 Rn. 1) mit Wirkung zum 1.1.2017 neu gefasst. Art. 2 Nr. 20 lit. b–e GKV-VSG passten die Abs. 1–4 redaktionell an.[7]

II. Regelungsgehalt und Normzweck

2 § 297 ergänzt die Datenübermittlungsbefugnisse des § 296 (zum Verhältnis der Vorschriften zueinander (→ § 296 Rn. 1). Die Norm verpflichtet die Kassenärztlichen Vereinigungen (Abs. 1 und Abs. 2) und die Krankenkassen (Abs. 3 und Abs. 4), den Prüfungsstellen nach § 106c weitere Daten für die

---

1 BGBl. I 1988, 2477.
2 BGBl. I 1992, 2266.
3 BGBl. I 1994, 1229.
4 BGBl. I 2003, 2190.
5 BGBl. I 2007, 378.
6 BGBl. I 2015, 1211.
7 Materialien: BT-Dr. 18/4095, 141 und BT-Dr. 18/5123, 139 f.

Wirtschaftlichkeitsprüfungen zu übermitteln, die nicht von der Befugnis des § 296 erfasst sind. Ihr kommt weiterhin – wie § 296 – Bedeutung für eine Haftung von Vorständen der Krankenkassen und der Kassenärztlichen Vereinigungen zu (→ § 106 Abs. 4 und → § 296 Rn. 8).

III. Übermittlung der Liste der Ärzte durch die Kassenärztlichen Vereinigungen (Abs. 1)

Für die Zufälligkeitsprüfungen gem. § 106 a Abs. 1 S. 1 werden arzt- und versichertenbezogene Stichproben nach Eingang der Abrechnungsunterlagen für die vertragsärztlichen Leistungen bei den Kassenärztlichen Vereinigungen gebildet, die 2 % der Ärzte pro Quartal umfassen. Das Verfahren der Stichprobenbildung wird gem. § 106 a Abs. 3 S. 1 in den Richtlinien zwischen der Kassenärztlichen Bundesvereinigung und dem Spitzenverband Bund der Krankenkassen festgelegt, das gem. § 106 a Abs. 4 Bestandteil der regionalen Prüfvereinbarungen ist. Damit die Prüfstellen das Verfahren beginnen können, benötigen sie die für die jeweiligen Quartale in die Zufälligkeitsprüfung einbezogenen Ärzte. Abs. 1 verpflichtet die Kassenärztlichen Vereinigungen dazu, den Prüfstellen für jedes Quartal die von ihnen erstellte Liste der Ärzte zu übermitteln (Def. s. § 67 Abs. 6 Nr. 3 SGB X).

IV. Datenübermittlung durch die Kassenärztlichen Vereinigungen (Abs. 2)

Damit die Prüfstellen die Stichprobenprüfungen in dem beschriebenen Umfang (→ Rn. 3) vornehmen können, benötigen sie die dafür erforderlichen **Daten aus den Abrechnungsunterlagen** der einbezogenen Ärzte (s. zu den Abrechnungsunterlagen die Konkretisierungen durch die Bundesmantelverträge, → § 295 Rn. 12). § 297 Abs. 2 S. 1 verpflichtet die **Kassenärztlichen Vereinigungen**, die in den **Nr. 1 bis 4** (Arztnummer, Kassennummer, die Krankenversichertennummer gem. § 290, abgerechnete Gebührenpositionen je Behandlungsfall einschließlich der Tage der Behandlung, ggf. die nach § 295 Abs. 1 S. 2 verschlüsselten Diagnosen, bei zahnärztlicher Behandlung: mit Zahnbezug und Befunden, bei Überweisungen mit dem Auftrag des überweisenden Arztes) **abschließend** aufgezählten Daten aus den Abrechnungsunterlagen an die Prüfstellen zu übermitteln (Def. → Rn. 3). Durch die Nr. 3 und 4 wird eine versichertenbezogene Auswertung des Behandlungsverhaltens ermöglicht. Die Übermittlung der Daten nach Abs. 2 muss elektronisch (zB durch eine bestimmte Software) oder maschinell verwertbar auf Datenträgern (zB einer CD Rom) erfolgen. Da der für die Stichprobenprüfung zugrundeliegende Zeitraum gem. § 106 a Abs. 1 S. 4 mindestens ein Jahr beträgt, erstreckt sich die Übermittlungsverpflichtung der Kassenärztlichen Vereinigungen zeitlich ebenfalls auf die **Daten jeweils eines Jahres** (Abs. 2 S. 3).

V. Datenübermittlung zur Arbeitsunfähigkeit durch die Krankenkassen (Abs. 3)

Abs. 3 S. 1 verpflichtet die **Krankenkasse**, die Feststellungen zur **Arbeitsunfähigkeit** (→ § 44 Rn. 11 ff.) zu übermitteln, die von den in die Prüfungen zu ärztlich verordneten Leistungen einbezogenen Vertragsärzte getroffen wurden. Weiterhin sind die Arztnummer, die Kassennummer und die Krankenversichertennummer weiterzuleiten, damit die Prüfungsstelle nach § 106 c das Feststellungsverhalten des Arztes im Hinblick auf die Arbeitsunfähigkeit versichertenbezogen auswerten und beurteilen kann. Nach S. 2 sind zudem die gemäß § 295 Abs. 1 übermittelten Diagnosen sowie die Dauer der Arbeitsunfähigkeit anzugeben. Die Übermittlung erfolgt – wie bei Abs. 1 – elektronisch oder maschinell verwertbar auf Datenträgern (→ Rn. 4) jeweils für den Zeitraum eines Jahres (S. 3). Zum Begriff der Übermittlung → Rn. 3.

VI. Übermittlung der ärztlich verordneten Leistungen durch Krankenkassen (Abs. 4)

Die arztbezogenen Prüfungen ärztlich verordneter Leistungen richten sich seit dem 1.1.2017 nach den regionalen Vereinbarungen der Kassenärztlichen Vereinigungen mit den Landesverbänden der Krankenkassen (§ 106 b Abs. 1). Für die in diese Prüfung einbezogenen Vertragsärzte müssen die **Krankenkassen** die Daten über die ärztlich verordneten Leistungen an die Prüfungsstellen nach § 106 c unter Angabe der Arztnummer, der Kassennummer und der Krankenversichertennummer übermitteln (Abs. 4 S. 1), soweit dies erforderlich (→ § 284 Rn. 3) ist. Zusätzlich muss das Kennzeichen gem. § 300 Abs. 3 Nr. 1 (= die Pharmazentralnummer) angegeben werden (S. 2). Für die Verordnung von **Krankenhausbehandlung** gibt S. 3 weitere Daten (Tag und Grund der Aufnahme, die Einweisungsdiagnose, die Aufnahmediagnose, die Art der durchgeführten Operationen und sonstigen Prozeduren sowie die Dauer der Krankenhausbehandlung) vor, die zu übermitteln sind. Die Übermittlung erfolgt – wie bei Abs. 1 und Abs. 2 – elektronisch oder maschinell verwertbar auf Datenträgern (→ Rn. 4) jeweils für den Zeitraum eines Jahres (S. 4). Zum Begriff der Übermittlung → Rn. 3.

§ 298 Übermittlung versichertenbezogener Daten

Im Rahmen eines Prüfverfahrens ist die versichertenbezogene Übermittlung von Angaben über ärztliche oder ärztlich verordnete Leistungen zulässig, soweit die Wirtschaftlichkeit oder Qualität der ärztlichen Behandlungs- oder Verordnungsweise im Einzelfall zu beurteilen ist.

Literatur:

Baumann, Anscheinsbeweis bei elektronisch ermittelten Verordnungsdaten und Rückwirkung von Richtgrößenvereinbarungen, jurisPR-SozR 11/2006 Anm. 4; *Clemens*, der Kampf des Arztes gegen Arzneikostenregresse, FS Küttner, 2006, 193; *Hilderink*, Datenschutz in der gesetzlichen Krankenversicherung, 2000.

I. Entstehungsgeschichte

1 § 298 wurde durch Art. 1 des GRG[1] vom 20.12.1988 in das SGB V eingefügt und trat zum 1.1.1989 in Kraft. Durch Art. 3 Nr. 18 des 2. SGBÄndG[2] wurde die „versichertenbeziehbare Übermittlung" im Zuge der Reform des Sozialdatenschutzes (SGB I und X) mit Wirkung zum 1.7.1994 durch die „versichertenbezogene Übermittlung" ersetzt und die Befugnis zur Übermittlung auch auf den Zweck von „Qualitätsprüfungen" erstreckt. Seitdem gilt die Vorschrift unverändert.

II. Regelungsgehalt und Normzweck

2 § 298 befugt zur Übermittlung von **versichertenbezogenen** Daten über ärztliche und ärztlich verordnete Leistungen im Rahmen eines Prüfverfahrens, wobei grundsätzlich **Wirtschaftlichkeitsprüfungen** (§§ 106–106c) und Qualitätsprüfungen einbezogen sind. Die Regelung ergänzt die Übermittlungsbefugnisse gemäß §§ 296, 297 insoweit, als dass sie für Prüfverfahren auch die Übermittlung von Einzeldaten der Versicherten zulässt (zum Verhältnis zu §§ 296, 297 → § 296 Rn. 2).[3] Sie erlaubt, konkrete Fälle der Behandlungs- oder Verordnungsweise anhand weiterer von §§ 296, 297 nicht erfasster (Original-)Unterlagen beurteilen zu können,[4] zB aufgrund von Abrechnungsscheinen, Überweisungsscheinen oder Verordnungsblättern,[5] einschließlich der inzwischen vielfach digitalisierten Nachweise. Im Bereich der **Qualitätssicherung** ist § 298 ebenfalls ein Auffangtatbestand. Für die Zwecke der Beurteilung der Qualität der Behandlungs- und Verordnungsweise normiert die Vorschrift für Prüfverfahren eine Übermittlungsbefugnis der versichertenbezogenen Daten, soweit nicht § 299 einschlägig ist. Durch die Änderung der Vorschrift im Rahmen des GKV-VStG beschränkt sich der Anwendungsbereich auf die Fälle der Übermittlung aufgrund von Qualitätssicherungsvereinbarungen nach § 135 Abs. 2. In allen Fällen dürfen nur die **erforderlichen Angaben** (zum Begriff „erforderlich" → § 284 Rn. 3) übermittelt werden.

III. Verhältnis zur ärztlichen Schweigepflicht

3 § 298 entbindet Vertragsärzte von der ärztlichen Schweigepflicht (§ 203 StGB),[6] so dass sie sich nicht gegenüber Anforderungen durch die Prüfungsstellen oder die Kassenärztlichen Vereinigungen (für Qualitätsprüfungen nach § 135b) auf die Schweigepflicht berufen können.

IV. Anwendungsbereich

4 Der persönliche Anwendungsbereich der Norm ist weit gefasst. Während § 296 und § 297 jeweils die zu übermittelnde Stelle (Krankenkassen, Kassenärztliche Vereinigungen, die an der vertragsärztlichen Versorgung teilnehmenden Ärzte oder Einrichtungen) explizit benennen, fehlt eine solche Zuordnung bei § 298. Aufgrund des Auffangcharakters des § 298 ergibt sich die verpflichtete Stelle dort richtigerweise aus der Inhaberschaft der jeweiligen versichertenbezogenen Angabe. Jeder am Verfahren Betei-

---

1 BGBl. I 1988, 2477.
2 BGBl. I 1994, 1229.
3 Vgl. Spickhoff/Fischinger SGB V § 298 Rn. 1; Hornung in: Hänlein/Schuler V § 298 Rn. 1, der § 298 als Auffangtatbestand qualifiziert; Waschull in: Krauskopf, SozKV § 298 Rn. 2 hebt eine Ergänzungsfunktion hervor.
4 Vgl. dazu die ursprüngliche nur auf Prüfverfahren der Wirtschaftlichkeit hin angelegte Intention des Gesetzgebers, BT-Dr. 11/3480, 70 Zu § 306.
5 Vgl. Michels in: Becker/Kingreen SGB V § 298 Rn. 2; KassKomm/Hess SGB V § 298 Rn. 2.
6 Vgl. LSG NRW, 14.12.2011, L 11 KA 75/10, juris Rn. 34; BSG, 19.7.2006, B 6 KA 5/06 B, juris Rn. 10; Didong in: jurisPK-SGB V § 298 Rn. 7; im Hinblick auf Qualitätsprüfungen nach § 136 ausdrücklich BT-Dr. 12/5187, 33 zu Nummer 14.

ligte ist zur Übermittlung verpflichtet. Übermitteln ist im Sinne von § 67 Abs. 6 S. 2 Nr. 3 SGB X zu verstehen.[7] Die Übermittlung der Originalbelege darf in elektronischer Form erfolgen, auch wenn die elektronische Form im Wortlaut des § 298 nicht genannt wird. Sie leitet sich aber aus dem Zweck der Prüfung des jeweiligen Einzelfalls ab.[8] Nicht von § 298 erfasst werden die Befugnisse für die speziell geregelten Qualitäts- und Wirtschaftlichkeitsprüfungen anderer Leistungserbringer wie die der Krankenhausbehandlung (→ § 113).

In sachlicher Hinsicht wird der Anwendungsbereich auf Datenübermittlungen für **Einzelfallbeurteilungen** (vgl. „soweit ... im Einzelfall zu beurteilen ist") beschränkt. Dies ist Ausdruck des im Datenschutzrecht geltenden Erforderlichkeitsgrundsatzes. Die Vorschrift berechtigt nach dem Wortlaut nicht zu einer „generellen Heranziehung sämtlicher versichertenbezogener Verordnungsblätter ohne einzelfallbezogenen Aufklärungsbedarf".[9] Ihr kommt **ergänzende datenschutzrechtliche Funktion** zum Grundsatz der Amtsermittlung (§ 20 SGB X) nur dahin gehend zu, dass die Prüfungsstellen berechtigt sind, Einzelverordnungsblätter beizuziehen, „soweit dies erforderlich ist, um eine beweiskräftige Datenbasis für die Prüfung der Wirtschaftlichkeit der Verordnungsweise des Arztes zu gewinnen."[10] Dies erfordert eine konkrete Anforderung bzw. Darlegung der Einzelfälle und der notwendigen tatsächlichen Beurteilungsgrundlagen. § 298 wurde ebenfalls im Rahmen eines vom Schadensbeschwerdeausschusses zu prüfenden Schadensersatzanspruches gem. § 23 BMV-Z angewendet (Vorlage einer Kopie der Karteikarte, Röntgenaufnahmen und Modellen wegen in Frage stehender fehlerhafter prothetischer Versorgung).[11] Kommt der Vertrags(zahn)arzt seiner Mitwirkungspflicht nicht nach, drohen disziplinarische Maßnahmen.[12]

§ 299 Datenerhebung, -verarbeitung und -nutzung für Zwecke der Qualitätssicherung

(1) ¹Die an der vertragsärztlichen Versorgung teilnehmenden Ärzte, zugelassenen Krankenhäuser und übrigen Leistungserbringer gemäß § 135a Absatz 2 sind befugt und verpflichtet, personen- oder einrichtungsbezogene Daten der Versicherten und der Leistungserbringer für Zwecke der Qualitätssicherung nach § 135a Absatz 2, § 135b Absatz 2 oder § 137a Absatz 3 zu erheben, verarbeiten oder nutzen, soweit dies erforderlich und in Richtlinien und Beschlüssen des Gemeinsamen Bundesausschusses nach § 135b Absatz 2 und § 136 Absatz 1 Satz 1 und § 136b sowie in Vereinbarungen nach § 137d vorgesehen ist. ²In den Richtlinien, Beschlüssen und Vereinbarungen nach Satz 1 sind diejenigen Daten, die von den Leistungserbringern zu erheben, zu verarbeiten oder zu nutzen sind, sowie deren Empfänger festzulegen und die Erforderlichkeit darzulegen. ³Der Gemeinsame Bundesausschuss hat bei der Festlegung der Daten nach Satz 2 in Abhängigkeit von der jeweiligen Maßnahme der Qualitätssicherung insbesondere diejenigen Daten zu bestimmen, die für die Ermittlung der Qualität von Diagnostik oder Behandlung mit Hilfe geeigneter Qualitätsindikatoren, für die Erfassung möglicher Begleiterkrankungen und Komplikationen, für die Feststellung der Sterblichkeit sowie für eine geeignete Validierung oder Risikoadjustierung bei der Auswertung der Daten medizinisch oder methodisch notwendig sind. ⁴Die Richtlinien und Beschlüsse sowie Vereinbarungen nach Satz 1 haben darüber hinaus sicherzustellen, dass

1. in der Regel die Datenerhebung auf eine Stichprobe der betroffenen Patienten begrenzt wird und die versichertenbezogenen Daten pseudonymisiert werden,
2. die Auswertung der Daten, soweit sie nicht im Rahmen der Qualitätsprüfungen durch die Kassenärztlichen Vereinigungen erfolgt, von einer unabhängigen Stelle vorgenommen wird und
3. eine qualifizierte Information der betroffenen Patienten in geeigneter Weise stattfindet.

---

7 Vgl. LSG NRW, 14.12.2011, L 11 KA 75/10, juris Rn. 34.
8 Vgl. Waschull in: Krauskopf SozKV 298 Rn. 7; so nun auch KassKomm/Hess SGB V § 298 Rn. 2: „ausschließlich online".
9 Vgl. SG Berlin, 14.10.2009, S 71 KA 250/02 W06, juris Rn. 32; vgl. auch BSG, 2.11.2005, B 6 KA 63/04 R, BSGE 95, 199, 204.
10 SG Berlin, 14.10.2009, S 71 KA 250/02 W06, juris Rn. 32 unter Bezug auf BSG, 27.4.2005, B 6 KA 1/04 R, BSGE 94, 273.
11 Vgl. BayLSG, 23.9.1998, L 12 KA 518/97, MedR 2000, 289.
12 Vgl. BayLSG, 23.9.1998, L 12 KA 518/97, MedR 2000, 289.

⁵Abweichend von Satz 4 Nummer 1 können die Richtlinien, Beschlüsse und Vereinbarungen
1. auch eine Vollerhebung der Daten aller betroffenen Patienten vorsehen, sofern dies aus gewichtigen medizinisch fachlichen oder gewichtigen methodischen Gründen, die als Bestandteil der Richtlinien, Beschlüsse und Vereinbarungen dargelegt werden müssen, erforderlich ist;
2. auch vorsehen, dass von einer Pseudonymisierung der versichertenbezogenen Daten abgesehen werden kann, wenn für die Qualitätssicherung die Überprüfung der ärztlichen Behandlungsdokumentation fachlich oder methodisch erforderlich ist und die technische Beschaffenheit des die versichertenbezogenen Daten speichernden Datenträgers eine Pseudonymisierung nicht zulässt und die Anfertigung einer Kopie des speichernden Datenträgers, um auf dieser die versichertenbezogenen Daten zu pseudonymisieren, mit für die Qualitätssicherung nicht hinnehmbaren Qualitätsverlusten verbunden wäre; die Gründe sind in den Richtlinien, Beschlüssen und Vereinbarungen darzulegen.

⁶Auch Auswahl, Umfang und Verfahren der Stichprobe sind in den Richtlinien und Beschlüssen sowie den Vereinbarungen nach Satz 1 festzulegen und von den an der vertragsärztlichen Versorgung teilnehmenden Ärzten und den übrigen Leistungserbringern zu erheben und zu übermitteln. ⁷Es ist auszuschließen, dass die Krankenkassen, Kassenärztlichen Vereinigungen oder deren jeweilige Verbände Kenntnis von Daten erlangen, die über den Umfang der ihnen nach den §§ 295, 300, 301, 301 a und 302 zu übermittelnden Daten hinaus geht; dies gilt nicht für die Kassenärztlichen Vereinigungen in Bezug auf die für die Durchführung der Qualitätsprüfung nach § 135 b Absatz 2 sowie die für die Durchführung der Aufgaben einer Datenannahmestelle oder für Einrichtungsbefragungen zur Qualitätssicherung aus Richtlinien nach § 136 Absatz 1 Satz 1 erforderlichen Daten. ⁸Eine über die in den Richtlinien nach § 136 Absatz 1 Satz 1 festgelegten Zwecke hinausgehende Erhebung, Verarbeitung und Nutzung dieser Daten, insbesondere eine Zusammenführung mit anderen Daten, ist unzulässig. ⁹Aufgaben zur Qualitätssicherung sind von den Kassenärztlichen Vereinigungen räumlich und personell getrennt von ihren anderen Aufgaben wahrzunehmen.

(1 a) ¹Die Krankenkassen sind befugt und verpflichtet, nach § 284 Absatz 1 erhobene und gespeicherte Sozialdaten für Zwecke der Qualitätssicherung nach § 135 a Absatz 2, § 135 b Absatz 2 oder § 137 a Absatz 3 zu verarbeiten oder zu nutzen, soweit dies erforderlich und in Richtlinien und Beschlüssen des Gemeinsamen Bundesausschusses nach § 135 b Absatz 2 und § 136 Absatz 1 Satz 1, §§ 136 b und 137 b Absatz 1 sowie in Vereinbarungen nach § 137 d vorgesehen ist. ²In den Richtlinien, Beschlüssen und Vereinbarungen nach Satz 1 sind diejenigen Daten, die von den Krankenkassen für Zwecke der Qualitätssicherung zu verarbeiten oder zu nutzen sind, sowie deren Empfänger festzulegen und die Erforderlichkeit darzulegen. ³Absatz 1 Satz 3 bis 7 gilt entsprechend.

(2) ¹Das Verfahren zur Pseudonymisierung der Daten wird durch die an der vertragsärztlichen Versorgung teilnehmenden Ärzte und übrigen Leistungserbringer gemäß § 135 a Absatz 2 angewendet. ²Es ist in den Richtlinien und Beschlüssen sowie den Vereinbarungen nach Absatz 1 Satz 1 unter Berücksichtigung der Empfehlungen des Bundesamtes für Sicherheit in der Informationstechnik festzulegen. ³Das Verfahren zur Pseudonymisierung der Daten kann in den Richtlinien, Beschlüssen und Vereinbarungen auch auf eine von den Krankenkassen, Kassenärztlichen Vereinigungen oder deren jeweiligen Verbänden räumlich, organisatorisch und personell getrennte Stelle übertragen werden, wenn das Verfahren für die in Satz 1 genannten Leistungserbringer einen unverhältnismäßig hohen Aufwand bedeuten würde; für Verfahren zur Qualitätsprüfung nach § 135 b Absatz 2 kann dies auch eine gesonderte Stelle bei den Kassenärztlichen Vereinigungen sein. ⁴Die Gründe für die Übertragung sind in den Richtlinien, Beschlüssen und Vereinbarungen darzulegen. ⁵Bei einer Vollerhebung nach Absatz 1 Satz 5 hat die Pseudonymisierung durch eine von den Krankenkassen, Kassenärztlichen Vereinigungen oder deren jeweiligen Verbänden räumlich organisatorisch und personell getrennten Vertrauensstelle zu erfolgen.

(2 a) ¹Enthalten die für Zwecke des Absatz 1 Satz 1 erhobenen, verarbeiteten und genutzten Daten noch keine den Anforderungen des § 290 Absatz 1 Satz 2 entsprechende Krankenversichertennummer und ist in Richtlinien des Gemeinsamen Bundesausschusses vorgesehen, dass die Pseudonymisierung auf der Grundlage der Krankenversichertennummer nach § 290 Absatz 1 Satz 2 erfolgen soll, kann der Gemeinsame Bundesausschuss in den Richtlinien ein Übergangsverfahren regeln, das einen Abgleich der für einen Versicherten vorhandenen Krankenversichertennummern ermöglicht. ²In diesem Fall hat er in den Richtlinien eine von den Krankenkassen und ihren Verbänden räumlich, organisatorisch und personell getrennte eigenständige Vertrauensstelle zu bestimmen, die dem Sozialgeheimnis nach § 35 Absatz 1 des Ersten Buches unterliegt, an die die Krankenkassen für die in das Qualitätssicherungsverfahren einbezogenen Versicherten die vorhandenen Krankenversichertennummern übermitteln. ³Weite-

re Daten dürfen nicht übermittelt werden. ⁴Der Gemeinsame Bundesausschuss hat in den Richtlinien die Dauer der Übergangsregelung und den Zeitpunkt der Löschung der Daten bei der Stelle nach Satz 2 festzulegen.

(3) ¹Zur Auswertung der für Zwecke der Qualitätssicherung nach § 135 a Abs. 2 erhobenen Daten bestimmen in den Fällen des § 136 Absatz 1 Satz 1 und § 136 b der Gemeinsame Bundesausschuss und im Falle des § 137 d die Vereinbarungspartner eine unabhängige Stelle. ²Diese darf Auswertungen nur für Qualitätssicherungsverfahren mit zuvor in den Richtlinien, Beschlüssen oder Vereinbarungen festgelegten Auswertungszielen durchführen. ³Daten, die für Zwecke der Qualitätssicherung nach § 135 a Abs. 2 für ein Qualitätssicherungsverfahren verarbeitet werden, dürfen nicht mit für andere Zwecke als die Qualitätssicherung erhobenen Datenbeständen zusammengeführt und ausgewertet werden. ⁴Für die unabhängige Stelle gilt § 35 Absatz 1 des Ersten Buches entsprechend.

(4) ¹Der Gemeinsame Bundesausschuss kann zur Durchführung von Patientenbefragungen für Zwecke der Qualitätssicherung in den Richtlinien und Beschlüssen nach den §§ 136 bis 136 b eine zentrale Stelle (Versendestelle) bestimmen, die die Auswahl der zu befragenden Versicherten und die Versendung der Fragebögen übernimmt. ²In diesem Fall regelt er in den Richtlinien oder Beschlüssen die Einzelheiten des Verfahrens; insbesondere legt er die Auswahlkriterien fest und bestimmt, wer welche Daten an die Versendestelle zu übermitteln hat. ³Dabei kann er auch die Übermittlung nicht pseudonymisierter personenbezogener Daten der Versicherten und nicht pseudonymisierter personen- oder einrichtungsbezogener Daten der Leistungserbringer vorsehen, soweit dies für die Auswahl der Versicherten oder die Versendung der Fragebögen erforderlich ist. ⁴Der Rücklauf der ausgefüllten Fragebögen darf nicht über die Versendestelle erfolgen. ⁵Die Versendestelle muss von den Krankenkassen und ihren Verbänden, den Kassenärztlichen Vereinigungen und ihren Verbänden, der Vertrauensstelle nach Absatz 2 Satz 5, dem Institut nach § 137a und sonstigen nach Absatz 1 Satz 2 festgelegten Datenempfängern räumlich, organisatorisch und personell getrennt sein und darf über die Daten nach Satz 2 hinaus keine Behandlungs-, Leistungs- oder Sozialdaten von Versicherten erheben und verarbeiten. ⁶Die Versendestelle hat die ihr übermittelten Identifikationsmerkmale der Versicherten in gleicher Weise geheim zu halten wie derjenige, von dem sie sie erhalten hat; sie darf diese Daten anderen Personen oder Stellen nicht zugänglich machen. ⁷Die an der vertragsärztlichen Versorgung teilnehmenden Ärzte, zugelassenen Krankenhäuser und übrigen Leistungserbringer gemäß § 135 a Absatz 2 sowie die Krankenkassen sind befugt und verpflichtet, die vom Gemeinsamen Bundesausschuss nach Satz 2 festgelegten Daten an die Stelle nach Satz 1 zu übermitteln. ⁸Die Daten nach Satz 7 sind von der Versendestelle zu löschen, wenn sie zur Erfüllung ihrer Aufgaben nicht mehr erforderlich sind, spätestens jedoch sechs Monate nach Versendung der Fragebögen.

(5) Der Gemeinsame Bundesausschuss ist befugt und berechtigt, abweichend von Absatz 3 Satz 3 transplantationsmedizinische Qualitätssicherungsdaten, die aufgrund der Richtlinien nach § 136 Absatz 1 Satz 1 Nummer 1 erhoben werden, nach § 15 e des Transplantationsgesetzes an die Transplantationsregisterstelle zu übermitteln sowie von der Transplantationsregisterstelle nach § 15 f des Transplantationsgesetzes übermittelte Daten für die Weiterentwicklung von Richtlinien und Beschlüssen zur Qualitätssicherung transplantationsmedizinischer Leistungen nach den §§ 136 bis 136 c zu erheben, zu verarbeiten und zu nutzen.

Literatur:

Axer, Rechtsfragen einer sektorenübergreifenden Qualitätssicherung, VSSR 2010, 183;; *Dillman/Smyth/Jolene/Christian*, Internet, phone, and mixed-mode surveys, 4. Aufl. 2014; *Dillman*, Mail and Internet surveys, 2007; *Faulbaum*, Total Survey Error, in: Baur/Blasius, Handbuch Methoden der empirischen Sozialforschung, 2014, Teil 2, Kapitel 31; *Egger*, Rechtliche Regelungen der Qualitätssicherung im Vergleich ambulant/stationär, GuP 2013, 141; *Gerdelmann*, Qualitätssicherung im Krankenhaus ist gerüstet für neue Herausforderungen, ErsK 2007, 179; *Huster*, Rechtsfragen und Regulierungsbedarf von „Pay for Performance" in der Gesetzlichen Krankenversicherung, GuP 2011, 1; *Jandt/Roßnagel*, Qualitätssicherung im Krankenhaus, MedR 2011, 140; *Klakow-Franck*, Qualitätssicherung (QS) im Vergleich ambulant – stationär, GuP 2013, 147; *Leber*, Steuerung der Versorgung durch qualitätsbezogene Vergütung aus Sicht der Krankenkassen, VSSR 2010, 215; *Ludwig/Nettekoven*, Die Entwicklung des Krebsregistergesetzes in Deutschland, GuP 2014, 22; *Nobmann*, Vorfahrt Datenschutz, ZM 2012, 22; *Rexin*, Gute Daten für bessere Qualität, G+G 2011, 16; *Roßnagel/Scholz*, Anonymität und Pseudonymität, MMR 2000, 721; *Siebig*, Perspektiven der sektorenübergreifenden Qualitätssicherung, KH 2010, 525; *Unabhängiges Landeszentrum für Datenschutz Schleswig-Holstein (ULD)*, Datenschutz bei der Qualitätskontrolle und bei Früherkennungsuntersuchungen nach dem SGB V, 2009; *Weichert*, Datenschutzrechtliche Probleme in der sektorenübergreifenden Qualitätssicherung, VSSR 2010, 227.

I. Entstehungsgeschichte	1	IV. Verarbeitung und Nutzung durch die Krankenkassen (Abs. 1 a)	11
II. Regelungsgehalt und Normzweck	2	V. Pseudonymisierungsverfahren (Abs. 2)	12
III. Verpflichtung zur Datenerhebung, -verarbeitung und -nutzung für Zwecke der Qualitätssicherung (Abs. 1)	3	VI. Übergangsverfahren bis zur Einführung der eGK (Abs. 2 a)	13
1. Die Leistungserbringer als Adressaten (Abs. 1 S. 1)	3	VII. Datenauswertung (Abs. 3)	14
2. Erhebung, Verarbeitung und Nutzung personen- oder einrichtungsbezogener Daten für Zwecke der Qualitätssicherung	4	VIII. Patientenbefragungen und Versendestelle (Abs. 4)	15
3. Bindung an den Erforderlichkeitsgrundsatz und weitere datenschutzrechtliche Vorgaben	6	IX. Transplantationsmedizinische Qualitätssicherungdaten (Abs. 4)	16

I. Entstehungsgeschichte

1 § 299 wurde durch Art. 1 des GRG[1] vom 20.12.1988 mit Wirkung zum 1.1.1989 in das SGB V eingefügt. Die Vorschrift regelte in dieser Ursprungsfassung den Umgang mit „Abrechnungsdaten bei Beitragsrückzahlung" (so die Überschrift). Mit Art. 1 Nr. 77 des GKV-Gesundheitsreformgesetzes 2000[2] wurde § 299 gestrichen. Durch Art. 1 Nr. 20 des **GKV-WSG**[3] v. 26.3.2007 hat der Gesetzgeber § 299 (gültig ab 1.4.2007) mit einem anderen Regelungsgehalt wieder eingeführt. Die Vorschrift regelt seitdem die „Datenerhebung, -verarbeitung und -nutzung für Zwecke der Qualitätssicherung". Weitgehende Änderungen hat § 299 durch Art. 1 Nr. 80 a des **GKV-VStG**[4] v. 22.12.2011 erfahren. Mit Wirkung zum 1.1.2012 wurde Abs. 1 umfassend geändert und ergänzt. In Abs. 2 wurde der Bezug auf § 135 a Abs. 2 hergestellt und an Abs. 3 wurde S. 4 angefügt.[5] Abs. 1 a und Abs. 2 a wurden neu aufgenommen. Mit der Einführung eines neuen „Instituts für Qualitätssicherung und Transparenz im Gesundheitswesen" (§ 137 a) hat der Gesetzgeber des **GKV-Finanzstruktur- und Qualitäts-Weiterentwicklungsgesetzes (GKV-FQWG)** vom 21.7.2014[6] mWv 25.7.2014 die Befugnis der Leistungserbringer zur Datenübermittlung für Zwecke der Qualitätssicherung Abs. 1 S. 1 auch auf Daten nach § 137 a Abs. 3 erstreckt; zugleich wurde die Befugnis der Krankenkassen gemäß Abs. 1 a S. 1 auf diese Daten erweitert und Abs. 1 a S. 3 um den Zusatz „bis 7" ergänzt, so dass nunmehr für die Datenlieferungen der Krankenkassen Abs. 1 S. 3 bis 7 entsprechend gelten. Art. 1 Nr. 87 lit. a des **GKV-Versorgungsstärkungsgesetzes (GKV-VSG)** v. 16.7.2015[7] hat Abs. 1 S. 5 um die Nr. 2 mit Wirkung zum 23.7.2015 erweitert, so dass der GBA nun unter den dort geregelten Vorgaben von einer Pseudonymisierung versichertenbezogener Daten absehen kann.[8] Abs. 1 S. 7 wurde um eine Ausnahme für Kassenärztliche Vereinigungen im 2. Hs. ergänzt. Zudem änderte Art. 1 Nr. 87 lit. b in Abs. 2 den S. 3 und fügte S. 4 an, nach denen das Pseudonymisierungsverfahren auf eine festzulegende Stelle übertragen werden kann und die Gründe für die Übertragung in der Richtlinie, dem Beschluss oder der Vereinbarung darzulegen sind. S. 5 wurde redaktionell angepasst. Die Neustrukturierung der Qualitätssicherungsregelungen (§§ 135–139 d) durch das **Krankenhausstrukturgesetz**[9] (KHSG) vom 10.12.2015[10] erforderte die Änderung der Verweisnormen in Abs. 1, 1 a, Abs. 2 und Abs. 3, die der Gesetzgeber durch Art. 6 Nr. 27 lit. a–d des KHSG vornahm. Zugleich fügte er durch Art. 6 Nr. 27 lit. e Abs. 4 an, um Patientenbefra-

---

1 BGBl. I 1988, 2477.
2 BGBl. I 1999, 2626.
3 BGBl. I 2007, 378.
4 BGBl. I 2011, 2983.
5 Der Ausschuss für Gesundheit, der die Änderungen eingebracht hat, beabsichtigte, die datenschutzrechtlichen Befugnisse und Pflichten der Leistungserbringer und der Krankenkassen für die Datenerhebung, -verarbeitung und -nutzung für Zwecke der Qualitätssicherung zu bündeln und abschließend in § 299 zu regeln, vgl. BT-Dr. 17/8005, 169 zu Nummer 80 a – neu.
6 BGBl. I 2014, 1133.
7 BGBl. I 2015, 1211.
8 Zur Begründung vgl. BR-Dr. 641/14, 164 ff.
9 Gesetz zur Reform der Strukturen der Krankenhausversorgung.
10 BGBl. I 2015, 2229.

gungen verstärkt als zusätzliche Informationsquelle für die Qualitätssicherung zuzulassen.[11] Mit Art. 2 Nr. 2 des **Gesetzes zur Errichtung eines Transplantationsregisters und zur Änderung weiterer Gesetze**[12] v. 11.10.2015 wurde die Vorschrift mit Wirkung zum 1.11.2016 um Abs. 5 ergänzt, der eine Ermächtigungsgrundlage für den GBA zur Übermittlung transplantationsmedizinischer Qualitätssicherungsdaten sowie für die Erhebung, Verarbeitung und Nutzung übermittelter Daten ist. Art. 1 Nr. 18 lit. b des **Heil- und Hilfsmittelversorgungsgesetzes (HHVG)**[13] vom 4.4.2017[14] erweiterte das Recht zur Kenntnisnahme für Kassenärztlicher Vereinigungen mit Wirkung zum 11.4.2017 in Abs. 1 S. 7 Hs. 2 und fügte S. 8 sowie S. 9 an.[15]

II. Regelungsgehalt und Normzweck

Mit der Einfügung der Vorschrift durch das GKV-WSG wurde der Qualitätssicherung mit Blick auf den Sozialdatenschutz ein hoher Stellenwert beigemessen, der mit der Weiterentwicklung der Instrumente für die Qualitätssicherung (→ Rn. 1) zunehmend an Bedeutung gewinnt.[16] Die für die verschiedenen Maßnahmen der Qualitätssicherung erforderlichen Datenerhebungen, -verarbeitungen und -nutzungen sollen grundsätzlich unabhängig von der Einwilligung der Patienten durchgeführt werden können.[17] Vor diesem Hintergrund regelt § 299 „abschließend"[18] die Befugnisse[19] und Verpflichtungen der von der Norm erfassten Adressaten für die Zwecke der Qualitätssicherung nach § 135 a Abs. 2, § 135 b Abs. 2 und § 137 a Abs. 3 (ergänzend zu anderen Maßnahmen der Qualitätssicherung gemäß § 298). Dabei ist zwischen den Befugnissen und Verpflichtungen der an der ambulanten Versorgung teilnehmenden Ärzte, zugelassenen Krankenhäuser und der übrigen Leistungserbringer nach § 135 a Abs. 2 (**Abs. 1**) einerseits sowie denjenigen der Krankenkassen (**Abs. 1 a**) andererseits zu unterscheiden. Abs. 1 beinhaltet weiterhin Regelungsvorgaben für den Gemeinsamen Bundesausschuss (G-BA → § 91) und für die Vereinbarungspartner nach § 137 d, die mit Blick auf das verfassungsrechtliche Bestimmtheitsgebot detailliert gefasst sind (→ Rn. 6). **Abs. 2** trifft nähere Regelungen zu dem anzuwendenden Verfahren der Pseudonymisierung für Stichproben und Vollerhebungen. **Abs. 2 a** ermächtigt den G-BA zum Erlass von Richtlinien für ein Übergangsverfahren, das so lange Anwendung finden kann, bis sämtliche GKV-Versicherte eine Krankenversichertennummer mit dem unveränderbaren Teil gem. § 290 Abs. 1 S. 2 (sog „lebenslange Krankenversichertennummer")[20] haben. Gegenstand des **Abs. 3** sind Vorgaben für die Auswertung der Daten zum Zwecke der Qualitätssicherung nach § 135 a Abs. 2. Soweit der G-BA für Zwecke der Qualitätssicherung Patientenbefragungen nicht vollständig selbst durchführen möchte, ermöglicht **Abs. 4**, eine zentrale Stelle (Versendestelle) einzusetzen, die die Auswahl der zu Befragenden und die Versendung der Fragebögen vornimmt. Zudem bestimmt Abs. 4 die näheren datenschutzrechtlichen Aufgaben und Grenzen dieser Stelle einschließlich einer Löschungspflicht. **Abs. 5** beinhaltet Erhebungs-, Verarbeitungs- und Nutzungsbefugnisse für den G-BA betreffend transplantationsmedizinischer Qualitätssicherungsdaten.

III. Verpflichtung zur Datenerhebung, -verarbeitung und -nutzung für Zwecke der Qualitätssicherung (Abs. 1)

1. Die Leistungserbringer als Adressaten (Abs. 1 S. 1). Die Verpflichtung und Befugnis zur Erhebung, Verarbeitung und Nutzung (→ Rn. 4) personen- oder einrichtungsbezogener Daten gemäß Abs. 1 erstreckt sich auf die an der vertragsärztlichen Versorgung teilnehmenden Ärzte, auf die zugelassenen Krankenhäuser (§ 108) und die übrigen Leistungserbringer nach § 135 a Abs. 2. Durch den ausdrücklichen Bezug des Satzes 1 auf § 135 a Abs. 2 und auf § 137 d werden alle Leistungserbringer dieser Vorschriften einbezogen, also zB Vertrags(zahn)ärzte, Medizinische Versorgungszentren, zugelassene Krankenhäuser, Erbringer von Vorsorge- oder Rehabilitationsmaßnahmen „sowie Einrichtungen des Müttergenesungswerks oder gleichartige Einrichtungen".[21]

---

11 Zur Begründung im Einzelnen vgl. BT-Dr. 18/6586, 111 ff.
12 BGBl. I 2016, 2233.
13 Gesetz zur Stärkung der Heil- und Hilfsmittelversorgung.
14 BGBl. I 2017, 778.
15 Zur Begründung vgl. BT-Dr. 18/11205, 77.
16 Vgl. zur Entwicklung Qualitätssicherung Klakow-Franck, GuP 2013, 147.
17 Vgl. BT-Dr. 16/3100, 175 zu Nummer 201.
18 Vgl. BT-Dr. 17/8005, 169 zu Nummer 80 a – neu.
19 Kritisch zur verfassungsrechtlichen Legitimation der Vorfassung Weichert, VSSR 2010, 227, 233.
20 BT-Dr. 17/8005, 170 Zu Buchstabe d.
21 BT-Dr. 17/8005, 169.

4   2. **Erhebung, Verarbeitung und Nutzung personen- oder einrichtungsbezogener Daten für Zwecke der Qualitätssicherung.** Erhebung, Verarbeitung und Nutzung sind iSv § 67 Abs. 5, Abs. 6 und Abs. 7 SGB X zu verstehen.[22] Die „personen- oder einrichtungsbezogenen Daten" haben den Begriff der „Sozialdaten"[23] abgelöst. Der Gesetzgeber will dadurch sowohl leistungserbringerbezogene[24] (zB arztbezogene) Daten einbeziehen als auch Daten, die bisher nicht unter die „Sozialdaten" subsumiert werden konnten, „zB krankenhaus- oder praxisbezogene Daten wie etwa bestimmte Labor- oder Röntgenbefunde".[25] Der damit verbundene Eingriff in die Berufsausübungsfreiheit der Leistungserbringer (Art. 12 Abs. 1 GG) wird durch die „überwiegenden Interessen des Systems der gesetzlichen Krankenversicherung sowie der Patientinnen und Patienten an einer Verbesserung der Versorgung und einer Erhöhung der Patientensicherheit"[26] gerechtfertigt. **Personenbezogene Daten** sind Einzelangaben über persönliche oder sachliche Verhältnisse einer bestimmten oder bestimmbaren natürlichen Person (§ 3 Abs. 1 BDSG), wobei der Kreis der natürlichen Personen auf Versicherte (§§ 5 ff.) und Leistungserbringer (→ Rn. 3) eingegrenzt ist. Der Begriff „einrichtungsbezogene Daten" wird bisher weder von bereichsspezifischen Vorschriften für den Datenschutz im SGB V noch in den allgemeinen Sozialdatenschutzvorschriften verwandt. Unter Zugrundelegung des Zwecks, den der Gesetzgeber mit der Streichung des Begriffs der „Sozialdaten" verfolgt (= Erweiterung der Erhebungs-, Verarbeitungs- und Nutzungsbefugnis auch auf Patientendaten, die bisher nicht vom Begriff des Sozialdatums erfasst wurden), fallen unter die einrichtungsbezogenen Daten alle Einzelangaben einer Einrichtung im Sinne des Abs. 1 (→ Rn. 3), die für Zwecke der Qualitätssicherung nach § 135 a Abs. 2, § 135 b Abs. 2 oder § 137 a Abs. 3 von Bedeutung sind und Geheimnischarakter haben. Geheimnischarakter weisen solche Tatsachen auf, die dem in der Einrichtung tätigen – ggf. noch dem Versicherten – bekannt sind und an deren Geheimhaltung die Versicherten und/oder die Leistungserbringer ein aus ihrer Sicht schutzwürdiges Interesse haben oder bei Kenntnis haben würden.[27] Einrichtungsbezogene Daten iSd Abs. 1 unterscheiden sich von Betriebs- und Geschäftsgeheimnissen (vgl. zB § 67 Abs. 1 S. 2 SGB X) dadurch, dass jene kein berechtigtes wirtschaftliches Interesse des Betriebsinhabers (einschließlich des Anteilsinhabers) an der Geheimhaltung erfordern und sich die Geheimhaltungspflicht für die in der Einrichtung tätigen Personen entweder strafrechtlich (§ 203 StGB) oder berufsrechtlich begründet.[28] Erfasst werden etwa die vom Gesetzgeber in der Begründung benannten Befundtatsachen, die bisher nicht unter den Begriff des Sozialdatums (§ 67 Abs. 1 SGB X) fielen und dem Sozialgeheimnis nach § 35 Abs. 1 SGB I nicht unterstellt waren, es sei denn dass sie durch Kassenärztliche Vereinigungen gespeichert oder anders verarbeitet wurden (vgl. § 67 Abs. 1 SGB X iVm § 35 Abs. 1 S. 4 SGB I iVm § 77 Abs. 1 SGB V).[29]

5   Die Erhebung, Verarbeitung oder Nutzung der Daten wird nur für Zwecke der Qualitätssicherung erlaubt. Der Begriff der Qualitätssicherung ist zwar nicht gesetzlich definiert, wird aber punktuell konkretisiert (→ § 135 a Rn. 6 ff.). Durch den Bezug auf § 135 b wird deutlich, dass die datenschutzrechtlichen Vorgaben des § 299 auch für die Maßnahmen der Qualitätssicherung der Kassenärztlichen Vereinigungen gelten.

6   3. **Bindung an den Erforderlichkeitsgrundsatz und weitere datenschutzrechtliche Vorgaben.** Die personen- und einrichtungsbezogenen Daten dürfen nur erhoben, verarbeitet oder genutzt werden, soweit sie **erforderlich** sind. „Erforderlich" ist wegen des für Eingriffe in das informationelle Selbstbestimmungsrecht der Betroffenen (Art. 2 Abs. 1 iVm Art. 1 Abs. 1 GG) einzuhaltenden Verhältnismäßigkeitsprinzips eng auszulegen (→ § 284 Rn. 3). Erforderlich sind nur solche Daten, die für die Zwecke der Qualitätssicherung nach § 135 a Abs. 2, § 135 b Abs. 2 oder § 137 a Abs. 3 notwendig sind. Durch die Bezugnahme des § 299 S. 1 auf die Richtlinien nach § 136 Abs. 1 S. 1 sind auch die Qualitätssicherungsmaßnahmen nach § 115 b Abs. 1 S. 3 und § 116 b Abs. 3 S. 3 einzubeziehen. Insoweit wirkt die an sich als Begrenzung gedachte Voraussetzung, dass die Datenerhebung, -verarbeitung oder -nutzung in

---

22 Die Angleichung erfolgte durch das GKV-VStG zum 1.1.2012, durch das das frühere „zur Verfügung stellen" durch die „legaldefinierten datenschutzrechtlichen Fachbegriffe" ersetzt wurde, vgl. BT-Dr. 17/8005, 169 zu Nummer 80 a – neu, zu Buchstabe a.
23 Kritisch zu dem früheren Begriff „Sozialdaten": Weichert, VSSR 2010, 227, 236.
24 Vgl. BT-Dr. 17/8005, 169 zu Nummer 80 a – neu, zu Buchstabe a.
25 BT-Dr. 17/8005, 169.
26 BT-Dr. 17/8005, 169 zu Nummer 80 a – neu, zu Buchstabe a.
27 Vgl. zum Begriff des Geheimnisses im Sozialdatenschutzrecht Biersborn in: v. Wulffen/Schütze SGB X, 8. Aufl. 2014, § 67 Rn. 13.
28 Vgl. zum Begriff des Betriebs- und Geschäftsgeheimnisses Biersborn in: v. Wulffen/Schütze SGB X, 8. Aufl. 2014, § 67 Rn. 12 ff.
29 Vgl. Biersborn in: v. Wulffen/Schütze SGB X, 8. Aufl. 2014, § 67 Rn. 10 b.

den Richtlinien und Beschlüssen des G-BA nach § 135 b Abs. 2, § 136 Abs. 1 S. 1, § 136 b oder in den Vereinbarungen nach § 137 d vorgesehen sein muss, erweiternd. Die S. 2 und S. 3 konkretisieren, was unter „vorgesehen" in S. 1 zu verstehen ist. Um sicherzugehen, dass die Richtlinien, Beschlüsse und Vereinbarungen den Bestimmtheitsanforderungen in Bezug auf die zu erhebenden, zu verarbeitenden oder zu nutzenden Daten nachkommen, normiert **Abs. 1 S. 2**, dass in den Richtlinien, Beschlüssen und Vereinbarungen die zu erhebenden, zu verarbeitende und zu nutzenden Daten sowie die Empfänger festzulegen sind und die Erforderlichkeit **dazulegen** ist. Durch die zuletzt genannte Vorgabe kann einer Erhebung, Verarbeitung oder Nutzung der Daten auf Vorrat vorgebeugt werden. Die Darlegung ist eine Begründung, die vom G-BA für jede Festlegung abzugeben ist und den G-BA fordert, für jede Vorgabe das informationelle Selbstbestimmungsrecht gegen das Interesse an der Qualitätssicherung zur Verbesserung der Versorgung der gesetzlich Versicherten abzuwägen.

Abs. 1 S. 3 benennt weitere Anforderungen für die Festlegung der Daten durch den G-BA. Danach muss der G-BA „in Abhängigkeit von der jeweiligen Maßnahme der Qualitätssicherung", also für jede Qualitätssicherungsmaßnahme einzeln, diejenigen Daten bestimmen, die: 7

- für die Ermittlung der Qualität von Diagnostik oder Behandlung mithilfe geeigneter Qualitätsindikatoren,
- für die Erfassung möglicher Begleiterkrankungen und Komplikationen,
- für die Feststellung der Sterblichkeit,
- für die geeignete Validierung oder Risikoadjustierung bei der Auswertung der Daten

medizinisch oder methodisch notwendig sind. Der Begriff „**Maßnahme der Qualitätssicherung**" (vgl. auch zB § 135 b: „Maßnahmen zur Förderung der Qualität...", § 135 a Abs. 2 Nr. 1: „Maßnahmen der Qualitätssicherung" jeweils ohne Definition) wird ebenso wenig gesetzlich definiert wie der Begriff der Qualitätssicherung. Er ist weit zu verstehen und umfasst sämtliche Handlungsanleitungen, Prüfungen, Evaluationen und Projekte, die gemäß §§ 135 a ff. für die Qualitätssicherung durchgeführt werden. Abs. 1 S. 3 verwendet eine Vielzahl unbestimmter Rechtsbegriffe („geeignete Qualitätskriterien", „geeignete Validierung oder Risikoadjustierung", „medizinisch oder methodisch notwendig"), die dem G-BA einen weiten Beurteilungsspielraum zugesteht. Dieser wird im Einzelfall am Maßstab des Art. 2 Abs. 1 iVm Art. 1 Abs. 1 GG und der im Volkszählungsurteil entwickelten Vorgaben (→ Vor § 284 Rn. 5) zu betrachten sein.

Abs. 1 S. 4 bis S. 7 bilden die gesetzliche Grundlage für die Festlegung der Datengrundlagen für die Erhebungen zur Qualitätssicherung und für die weiteren in Richtlinien und Beschlüssen durch den G-BA oder in den Vereinbarungen nach § 137 d zu regelnden Vorgaben. Danach werden die Datenerhebungen grundsätzlich als **Stichprobe** (**Abs. 1 S. 4 Nr. 1**) der betroffenen Patienten (nicht also der gesamten Bevölkerung) durchgeführt und dürfen nur ausnahmsweise („bei gewichtigen medizinisch fachlichen oder gewichtigen methodischen Gründen") als **Vollerhebung** erfolgen (**Abs. 1 S. 5**). Die Vollerhebung ist eine Untersuchung aller Merkmalsträger bzw. Elemente der Grundgesamtheit, die bezogen auf eine bestimmte Fragestellung untersucht werden soll. Die Stichprobe ist ein verkleinertes strukturgleiches Abbild der Grundgesamtheit, das durch ein Verfahren (bewußt, willkürlich oder zufällig) ausgewählt wird. Gewichtige medizinisch fachliche Gründe für eine Vollerhebung sind zB Qualitätssicherungsverfahren für Krankheiten oder Therapien, die bisher nicht oder wenig erforscht sind, weshalb noch „grundlegende Erkenntnisse gesammelt werden müssen".[30] Ein gewichtiger methodischer Grund für eine Vollerhebung ist gegeben, wenn zB die Aussagekraft der Daten einer Stichprobe äußerst beschränkt wäre, weil die Qualitätssicherungsmaßnahme eine Krankheitsbild bei nur sehr wenigen Patienten betrifft.[31] 8

Für die **Stichproben** sind die Auswahl (zB bewußt, willkürlich oder zufällig, der Zeitpunkt der Ziehung der Stichprobe, die Gründe für die Bildung einer Stichprobe), der Umfang (Festlegung der Anzahl der einzubeziehenden Elemente der Grundgesamtheit) und das Verfahren der Stichprobe (Untersuchungs- und Prüfungsmethode) in den Richtlinien, Beschlüssen und Vereinbarungen festzulegen (**Abs. 1 S. 6 Hs. 1**). Die Daten, auf deren Grundlage die Auswahl erfolgt, müssen gemäß Abs. 1 S. 6 Hs. 2 bei den Ärzten und übrigen Leistungserbringern (→ Rn. 3) erhoben (→ Rn. 4) und von diesen übermittelt werden (→ Rn. 4). 9

Unabhängig von dem Auswahlverfahren (= Stichprobe oder Vollerhebung) müssen die Richtlinien, Beschlüsse und Vereinbarungen weiterhin Folgendes sicherstellen: 10

---

30 BT-Dr. 16/3100, 176 zu Nummer 201 zu Absatz 1.
31 Vgl. BT-Dr. 16/3100, 176 zu Nummer 201 zu Absatz 1.

- die versichertenbezogenen Daten sind bei Stichproben- und Vollerhebungen **grundsätzlich zu pseudonymisieren** (Abs. 1 S. 4 Nr. 1, Ausnahme: Abs. 1 S. 5 Nr. 2),
- die Datenauswertung muss – soweit sie nicht im Rahmen der Qualitätsprüfungen durch die Kassenärztlichen Vereinigungen erfolgt – von einer **unabhängigen Stelle** erfolgen (Abs. 1 S. 4 Nr. 2)
- und die betroffenen Patienten sind in geeigneter Weise **qualifiziert zu informieren** (Abs. 1 S. 4 Nr. 3).

Die Nr. 1 bis Nr. 3 sind **gesetzliche Mindestanforderungen** zum Schutz des informationellen Selbstbestimmungsrechts der Betroffenen (Art. 2 Abs. 1 iVm Art. 1 Abs. 1 GG), wobei Abs. 1 S. 5 Nr. 2 unter den dort genannten Voraussetzungen ausnahmsweise ein Abweichen von der Pseudonymisierung der versichertenbezogenen Daten erlaubt. Zum Pseudonymisierungsverfahren → Rn. 12. Zur Datenauswertung durch eine unabhängige Stelle → Rn. 14. Eine **qualifizierte Information** der betroffenen Patienten muss diese aufgrund des ihnen zustehenden informationellen Selbstbestimmungsrechts über die Art der zu erhebenden, verarbeitenden oder zu nutzenden Daten, den Umfang, den Zweck sowie über das Auskunftsrecht (§ 83 Abs. 1 S. 1 SGB X) in Kenntnis setzen.[32] Da § 299 kein Formerfordernis für die Information vorschreibt, genügt jeglicher Informationsweg, der sicherstellt, dass die betroffenen Patienten tatsächlich in Kenntnis gesetzt werden. Textform (§ 126 b BGB) ist im Hinblick auf die Komplexität des Inhalts ratsam.[33] Die **Pflicht zur qualifizierten Information** trifft **die Leistungserbringer**.[34] Abs. 1 S. 7 verlangt, dass in den Richtlinien, Beschlüssen und Vereinbarungen auszuschließen ist, dass die Krankenkassen und die Kassenärztlichen Vereinigungen oder deren Verbände Kenntnis von Daten erlangen, die ihnen nicht im Wege der Abrechnung (§§ 294, 300, 301, 301 a und 302) übermittelt wurden. Sie sind vom Grundsatz her auf die Abrechnungsdaten beschränkt. S. 7 Hs. 2 macht davon für **Kassenärztliche Vereinigungen** eine Ausnahme. Ihnen wird ein Einsichtsrecht in die erforderlichen Daten für die Durchführung der Qualitätsprüfung nach § 135 b Abs. 2 gewährt, in die Daten für die Aufgaben als Datenannahmestelle (= Prüfung der Daten auf Vollständigkeit, Plausibilität und Unterstützung der Ärztinnen und Ärzte bei möglichen Fehlermeldungen)[35] und in die Daten, die sie im Rahmen von Einrichtungsbefragungen zur Qualitätssicherung aus Richtlinien nach § 136 Abs. 1 S. 1 (zB die Einrichtung von Webportalen für Einrichtungsbefragungen im Auftrag des G-BA)[36] erzielen. Hintergrund der Regelung ist, dass für die sektorübergreifende Qualitätssicherung im ambulanten Bereich bisher keine Software-Programme oder zumindest keine flächendeckenden Programme angeboten wurden.[37] Die KVen sollen dies nun übernehmen. S. 8 begrenzt die Kassenärztlichen Vereinigungen in der Reichweite der Erhebung, Verarbeitung und Nutzung der Daten auf die Zwecke, die in den Richtlinien nach § 136 Abs. 1 S. 1 festgelegt sind; zugleich wird ihnen untersagt, die Daten, die sie auf der Grundlage dieser Richtlinien erhalten, mit anderen Daten (zB Abrechnungsdaten) zusammenzuführen (**Matchingverbot**). S. 9 beinhaltet ein **Trennungsgebot**. Die Regelung verpflichtet die Kassenärztlichen Vereinigungen, Aufgabe zur Qualitätssicherung **räumlich und personell** getrennt ihren anderen Aufgaben wahrzunehmen.

IV. Verarbeitung und Nutzung durch die Krankenkassen (Abs. 1a)

11 Die Krankenkassen werden durch Abs. 1 a – erstmals zum 1.1.2012 (→ Rn. 1) – befugt und verpflichtet, die nach § 284 Abs. 1 erhobenen und gespeicherten Sozialdaten (zB Versichertenstamm- und Abrechnungsdaten) für Zwecke der Qualitätssicherung nach § 135 a Abs. 2, § 135 b Abs. 2 oder nach § 137 a Abs. 3 zu verarbeiten und zu nutzen (zu dem Begriff → Rn. 4), soweit dies erforderlich ist (zB „Abrechnungsdaten zu Komplikationen einer Behandlung")[38] und in den Richtlinien und Beschlüssen des G-BA nach § 135 b Abs. 2 und § 136 Abs. 1 S. 1, § 136 b und § 137 b Abs. 1 oder in den Vereinbarungen nach § 137 d vorgesehen ist. In den Richtlinien, Beschlüssen und Vereinbarungen sind weiterhin die Empfänger festzulegen und die Erforderlichkeit der Datenverarbeitung und/oder -nutzung darzulegen. Für die Erforderlichkeit ist eine Abwägung der „maßgeblichen Aspekte wie Nutzen und In-

---

32 Spickhoff/Fischinger SGB V § 299 Rn. 6: Art, Umfang und Auskunftsrecht; ebenso Hornung in: Hänlein/Schuler § 299 Rn. 6, und Schneider in: Krauskopf SGB V § 299 Rn. 10.
33 Vgl. Hornung in: Hänlein/Schuler § 299 Rn. 6: „individuelle Textform erforderlich"; Schneider in: Krauskopf SozKV § 299 Rn. 10: „in jedem Fall Textform (...) angezeigt."
34 Vgl. Spickhoff/Fischinger SGB V § 299 Rn. 6; Schneider in: Krauskopf SozKV § 299 Rn. 10.
35 Vgl. BT-Dr. 18/11205, 77.
36 Vgl. BT-Dr. 18/11205, 77.
37 Vgl. BT-Dr. 18/11205, 77.
38 BT-Dr. 17/8005, 170 Zu Buchstabe b.

V. Pseudonymisierungsverfahren (Abs. 2)

Die für die Qualitätssicherung erhobenen Daten werden gemäß Abs. 2 dezentral durch die Leistungserbringer **pseudonymisiert**. Pseudonymisieren ist im Sinne von § 67 Abs. 8 a SGB X zu verstehen. Das Pseudonymisierungsverfahren wird in den Richtlinien, Beschlüssen und Vereinbarungen nach Abs. 1 S. 1 festgelegt (Abs. 2 S. 2). Der G-BA und die Vertragspartner gem. § 137d haben dabei die Empfehlungen des Bundesamtes für Sicherheit in der Informationstechnik zu berücksichtigen, damit „Sicherheit und Technik dem aktuellen Stand entsprechen."[40] Für den Fall der Datenerhebung und -verarbeitung in Stichproben kann die Pseudonymisierung durch Richtlinien, Beschlüsse oder die Vereinbarungen nach § 137d auf eine unabhängige Stelle übertragen werden, wenn das Verfahren für die Leistungserbringer nach Abs. 1 S. 1 einen unverhältnismäßig hohen Aufwand bedeuten würde. Wann ein solcher unverhältnismäßiger Aufwand anzunehmen ist, wird durch das Gesetz nicht definiert. Richtigerweise ist auf die Bewertung des Aufwands durch die Leistungserbringer unter Einbezug objektiver Elemente abzustellen. Die Erledigung der übrigen ihnen obliegenden Aufgaben muss trotz des durch die Pseudonymisierung erforderlichen Aufwands möglich sein und darf nicht in den Hintergrund treten. Für Vollerhebungen nach Abs. 1 S. 5 muss die Pseudonymisierung zentral durch eine räumlich, organisatorisch und personell unabhängige Vertrauensstelle durchgeführt werden (Abs. 2 S. 3).

12

VI. Übergangsverfahren bis zur Einführung der eGK (Abs. 2 a)

Bis zur bundesweiten Ausgabe der elektronischen Gesundheitskarte war die Übergangsregelung des Abs. 2 a von Bedeutung. Wurde in diesem Zeitraum die Pseudonymisierung auf der Grundlage des nicht veränderbaren Teils der Krankenversichertenkarten (→ § 290 Abs. 1 S. 2) vorgenommen, konnten Schwierigkeiten in der einrichtungsübergreifenden Qualitätssicherung bei der Verfolgung von Behandlungsverläufen entstehen, wenn zT die alten Krankenversichertennummern zurückgegriffen wurde und nicht alle Versicherten die neue Karte mit der neuen Nummer hatten.[41] Um dieses Problem zu lösen, sieht Abs. 2 a ein Übergangsverfahren vor, das der **G-BA in den Richtlinien** regeln kann und das einen Abgleich erlaubt.[42] In den Richtlinien sind auch die Dauer der Regelung und der Zeitpunkt der Löschung der Daten festzulegen.

13

VII. Datenauswertung (Abs. 3)

Um eine bundeseinheitliche Vergleichbarkeit der Datenauswertung zu gewährleisten,[43] ist für die Auswertung der erhobenen Daten zum Zweck der Qualitätssicherung nach § 135 a Abs. 2 eine unabhängige Stelle zu bestimmen. Der G-BA bestimmt die unabhängige Stelle in den Fällen des § 136 Abs. 1 S. 1 und § 136b. Im Fall des § 137d liegt das Bestimmungsrecht bei den Vertragspartnern. Die Auswertung der Qualitätssicherungsdaten nach § 135b liegt weiterhin bei den Kassenärztlichen Vereinigungen (aber mit Geltung des Trennungsgebots → Rn. 10). Für die verschiedenen Qualitätssicherungsverfahren können unterschiedliche unabhängige Stellen gebildet werden.[44] Die Unabhängigkeit der Stelle setzt eine organisatorische, persönliche und räumliche Eigenständigkeit voraus. Die Stelle wird der strikten Zweckbindung unterworfen: Sie ist nach Abs. 3 S. 2 darauf beschränkt, die Daten nur für Qualitätssicherungsverfahren mit den in den Richtlinien, Beschlüssen oder Vereinbarungen festgelegten Auswertungszielen durchzuführen. Abs. 3 S. 3 beinhaltet ein Verbot, die Daten für Qualitätssicherungsverfahren mit für andere Zwecke als die Qualitätssicherung erhobenen Datenbeständen zusammenzuführen und auszuwerten. Für die unabhängige Stelle gilt gem. Abs. 3 S. 4 § 35 Abs. 1 SGB I entsprechend. Damit ist aber nicht das gleiche Datenschutzniveau sichergestellt wie bei den Stellen, die

14

---

39 BT-Dr. 17/8005, 170 Zu Buchstabe b.
40 BT-Dr. 16/3100, 176 zu Absatz 2.
41 Vgl. BT-Dr. 17/8005, 170 Zu Buchstabe d.
42 Vgl. BT-Dr. 17/8005, 170 Zu Buchstabe d.
43 Vgl. BT-Dr. 16/3100, 176.
44 Vgl. BT-Dr. 16/3100, 176.

dem Sozialgeheimnis unterliegen,[45] da Abs. 2 nicht in Bezug genommen ist, so dass §§ 67 ff. SGB X nicht anwendbar sind.

VIII. Patientenbefragungen und Versendestelle (Abs. 4)

15 Abs. 4 gestattet dem G-BA zur Durchführung von Patientenbefragungen für Zwecke der Qualitätssicherung in den Richtlinien und Beschlüssen nach §§ 136–136 b eine zentrale Stelle zu bestimmen, die die Auswahl der zu befragenden Zielpersonen vornimmt und die Versendung der Fragebögen (**Versendestelle**) übernimmt. Der Gesetzgeber wollte mit der Ermächtigungsgrundlage das Institut für Qualitätssicherung und Transparenz im Gesundheitswesen (IQTiG) absichern, das nach § 137a Abs. 3 S. 2 Nr. 1 mit der Aufgabe betraut ist, Patientenbefragungen zu entwickeln.[46] Zwar könnten Patientenbefragungen zum Zweck der Qualitätssicherung auch dezentral durch die Leistungserbringer und die Krankenkassen durchgeführt werden. Eine solche Vorgehensweise birgt jedoch vor dem Hintergrund der Ergebnisse der Methodenforschung in der empirischen Sozialforschung die Gefahr der Verzerrung der Untersuchungsergebnisse auf verschiedenen Ebenen.[47] Entscheidet sich der G-BA für die Bestimmung einer Versendestelle, so hat er in den Richtlinien und Beschlüssen (§§ 136–136 b) die **Einzelheiten des Verfahrens** festzulegen, insbesondere die Auswahlkriterien für die Stichprobenziehung und wer welche Daten an die Versendestelle übermittelt (S. 2). Darüber hinausgehende Festlegungen wie der Zeitpunkt der Übermittlung sind zulässig (Wortlaut: „insbesondere"). Zu den für die Stichprobenziehung und die Versendung erforderlichen Daten gehören Namen und Anschriften der Versicherten. Die Bestimmung, dass personen- oder einrichtungsbezogene Daten der Leistungserbringer in nicht pseudonymisierter Form zu übermitteln sind, ist für den Zweck der Auswahl und Versendung der Fragebögen daher zulässig (S. 3). Sollen Patientenbefragungen nach verschiedenen Qualitätssicherungsverfahren differenziert werden, so ist es zudem für die Entwicklung und die Versendung der Fragebögen durch die Versendungsstelle erforderlich, zu wissen, für welchen Versicherten welches Qualitätssicherungsverfahren vorgesehen ist.[48] Durch den Terminus der Versendestelle und S. 4 macht der Gesetzgeber deutlich, dass Patientenbefragungen ausschließlich in **Form schriftlicher postalischer Befragungen** (und nicht telefonisch, als persönlich-mündliche Interviews oder online) durchgeführt werden. Mit dem „Rücklauf der ausgefüllten Fragebögen" ist der Eingang der ausgefüllten Fragebögen per Post gemeint. Dieser darf nicht bei der Versendestelle liegen (S. 4). S. 5 normiert darüber hinaus das Gebot, dass die Versendestelle von den Krankenkassen und ihren Verbänden, den Kassenärztlichen Vereinigungen und ihren Verbänden und dem Institut nach § 137a (= IQTiG) und sonstigen Datenempfangsstellen nach Abs. 1 S. 2 (→ Rn. 6) räumlich, personell und organisatorisch zu trennen ist. Zugleich gilt für die Versendestelle ein **Erhebungs- und Verarbeitungsverbot** von versichertenbezogenen Behandlungs-, Leistungs- und Sozialdaten, die nicht in den Richtlinien und Beschlüssen nach Abs. 4 S. 2 als zu übermittelnde Daten festgelegt sind (S. 5). Die Versendestelle unterliegt bei der **Geheimhaltung der übermittelten Identifikationsmerkmals** (zB Name und Anschrift) der Versicherten den gleichen Anforderungen wie die diese Daten übermittelnde Stelle und darf diese Daten anderen Personen oder Stellen nicht zugänglich machen (S. 6). S. 7 sichert das Anforderungsrecht der Versendestelle für die an sie zu übermittelnden Daten nach Abs. 4 S. 1 gegenüber den an der vertragsärztlichen Versorgung teilnehmenden Ärzten (§ 95 Abs. 1), den zugelassenen Krankenhäusern (§ 108) und den übrigen Leistungserbringern nach § 135a Abs. 2 sowie den Krankenkassen ab. Sie werden zur Übermittlung der durch den G-BA in den Richtlinien und Beschlüssen festgelegten Daten befugt und verpflichtet. S. 8 gebietet die Löschung der Daten, wenn sie zur Erfüllung der Aufgaben der Versendestelle nicht mehr erforderlich sind, wobei dieser Zeitpunkt erst nach dem Abschluss der vollständigen Erhebungsphase (einschließlich mehrerer Erinnerungsschreiben) eintritt, spätestens sechs Monate nach Versendung der Fragebögen. Dieser Zeitpunkt (sechs Monate nach Versendung der Fragebögen) ist allerdings bei Einbezug der internationalen Methodenstandards für Umfragen insoweit wiederum relativ, als dass über den Erstversand eines Fragebogens hinaus in der sich daran anschließenden Feldphase die mehrmalige

---

45 So die Absicht des Gesetzgebers, vgl. BT-Dr. 17/8005, 171.
46 Vgl. BT-Dr. 18/6586, 111 zu Art. 6 Nummer 27.
47 Vgl. BT-Dr. 18/6586, 111 zu Art. 6 Nummer 27 benennt explizit die Auswahl der Befragten und die Gefahr sozial erwünschter Beantwortung der Fragebögen.
48 Vgl. BT-Dr. 18/6586, 111 zu Art. 6 Nummer 27.

Zusendung des gleichen Fragebogens mit Erinnerungsschreiben zu unterschiedlichen Zeitpunkten für die Reduzierung potenzieller Verzerrungen (**nonresponse error**) erforderlich ist.[49]

IX. Transplantationsmedizinische Qualitätssicherungdaten (Abs. 4)

Abs. 5 ist eine Ermächtigungsgrundlage für die Erhebung, Verarbeitung und Nutzung von transplantationsmedizinischen Qualitätssicherungsdaten durch den **G-BA**. Er darf erstens transplantationsmedizinische Qualitätssicherungsdaten, die aufgrund der Richtlinien nach § 136 Abs. 1 S. 1 Nr. 1 (Richtlinien über Maßnahmen der Qualitätssicherung in Krankenhäusern) erhoben werden, an die **Transplantationsregisterstelle** nach § 15 e TPG übermitteln. Die zu übermittelnden personenbezogenen und medizinischen Organspender- und Organempfängerdaten ergeben sich aus § 15 e Abs. 2 TPG. Die Übermittlungsbefugnis umfasst nur die versichertenbezogenen Daten und setzt die Einwilligung der Versicherten nach § 15 e Abs. 6 TPG voraus.[50] Zweitens darf der G-BA die von der Transplantationsregisterstelle nach § 15 f TPG übermittelten Daten erheben, verarbeiten und nutzen, begrenzt auf den Zweck der Weiterentwicklung von Richtlinien und Beschlüssen zur Qualitätssicherung transplantationsmedizinischer Leistungen nach den §§ 136–136 c. Dadurch wird dem G-BA gestattet, die durch die Transplantationsregisterstelle zusammengeführten Daten abweichend von Abs. 3 S. 3 auch auszuwerten.[51]

16

§ 300 Abrechnung der Apotheken und weiterer Stellen

(1) ¹Die Apotheken und weitere Anbieter von Arzneimitteln sind verpflichtet, unabhängig von der Höhe der Zuzahlung (oder dem Eigenanteil),
1. bei Abgabe von Fertigarzneimitteln für Versicherte das nach Absatz 3 Nr. 1 zu verwendende Kennzeichen maschinenlesbar auf das für die vertragsärztliche Versorgung verbindliche Verordnungsblatt oder in den elektronischen Verordnungsdatensatz zu übertragen,
2. die Verordnungsblätter oder die elektronischen Verordnungsdatensätze an die Krankenkassen weiterzuleiten und diesen die nach Maßgabe der nach Absatz 3 Nr. 2 getroffenen Vereinbarungen erforderlichen Abrechnungsdaten zu übermitteln.

²Satz 1 gilt auch für Apotheken und weitere Anbieter, die sonstige Leistungen nach § 31 sowie Impfstoffe nach § 20 i Absatz 1 und 2 abrechnen, im Rahmen der jeweils vereinbarten Abrechnungsverfahren.

(2) ¹Die Apotheken und weitere Anbieter von Leistungen nach § 31 können zur Erfüllung ihrer Verpflichtungen nach Absatz 1 Rechenzentren in Anspruch nehmen. ²Die Rechenzentren dürfen die Daten für im Sozialgesetzbuch bestimmte Zwecke und ab dem 1. Januar 2003 nur in einer auf diese Zwecke ausgerichteten Weise verarbeiten und nutzen, soweit sie dazu von einer berechtigten Stelle beauftragt worden sind; anonymisierte Daten dürfen auch für andere Zwecke verarbeitet und genutzt werden. ³Die Rechenzentren übermitteln die Daten nach Absatz 1 auf Anforderung den Kassenärztlichen Vereinigungen, soweit diese Daten zur Erfüllung ihrer Aufgaben nach § 73 Abs. 8, den §§ 84 und 305 a erforderlich sind, sowie dem Bundesministerium für Gesundheit oder einer von ihm benannten Stelle im Wege elektronischer Datenübertragung oder maschinell verwertbar auf Datenträgern. ⁴Dem Bundesministerium für Gesundheit oder der von ihm benannten Stelle sind die Daten nicht arzt- und nicht versichertenbezogen zu übermitteln. ⁵Vor der Verarbeitung der Daten durch die Kassenärztlichen Vereinigungen ist der Versichertenbezug durch eine von der jeweiligen Kassenärztlichen Vereinigung räumlich, organisatorisch und personell getrennten Stelle zu pseudonymisieren. ⁶Für die Datenübermittlung an die Kassenärztlichen Vereinigungen erhalten die Rechenzentren einen dem Arbeitsaufwand entsprechenden Aufwandsersatz. ⁷Der Arbeitsaufwand für die Datenübermittlung ist auf Nachfrage der Kassenärztlichen Vereinigungen diesen in geeigneter Form nachzuweisen.

(3) ¹Der Spitzenverband Bund der Krankenkassen und die für die Wahrnehmung der wirtschaftlichen Interessen gebildete maßgebliche Spitzenorganisation der Apotheker regeln in einer Arzneimittelabrechnungsvereinbarung das Nähere insbesondere über

---

49 Vgl. zB Dillman/Smyth/Jolene/Christian, Internet, phone, and mixed-mode surveys, 4. Aufl. 2014, 351 ff. Dillman, Mail and Internet surveys, 2007, 149 ff.; Faulbaum in: Baur/Blasius, Handbuch Methoden der empirischen Sozialforschung, 2014, 446.
50 Vgl. BR-Dr. 157/16, 39.
51 Vgl. BR-Dr. 157/16, 39.

1. die Verwendung eines bundeseinheitlichen Kennzeichens für das verordnete Fertigarzneimittel als Schlüssel zu Handelsname, Hersteller, Darreichungsform, Wirkstoffstärke und Packungsgröße des Arzneimittels,
2. die Einzelheiten der Übertragung des Kennzeichens und der Abrechnung, die Voraussetzungen und Einzelheiten der Übermittlung der Abrechnungsdaten im Wege elektronischer Datenübertragung oder maschinell verwertbar auf Datenträgern sowie die Weiterleitung der Verordnungsblätter an die Krankenkassen, spätestens zum 1. Januar 2006 auch die Übermittlung des elektronischen Verordnungsdatensatzes,
3. die Übermittlung des Apothekenverzeichnisses nach § 293 Abs. 5.

[2]Bei der nach Absatz 1 Satz 1 Nummer 2 genannten Datenübermittlung sind das bundeseinheitliche Kennzeichen der Fertigarzneimittel in parenteralen Zubereitungen sowie die enthaltenen Mengeneinheiten von Fertigarzneimitteln zu übermitteln. [3]Satz 2 gilt auch für Fertigarzneimittel, aus denen wirtschaftliche Einzelmengen nach § 129 Absatz 1 Satz 1 Nummer 3 abgegeben werden. [4]Für Fertigarzneimittel in parenteralen Zubereitungen sind zusätzlich die mit dem pharmazeutischen Unternehmer vereinbarten Preise ohne Mehrwertsteuer zu übermitteln. [5]Besteht eine parenterale Zubereitung aus mehr als drei Fertigarzneimitteln, können die Vertragsparteien nach Satz 1 vereinbaren, Angaben für Fertigarzneimittel von der Übermittlung nach den Sätzen 1 und 2 auszunehmen, wenn eine Übermittlung unverhältnismäßig aufwändig wäre.

(4) Kommt eine Vereinbarung nach Absatz 3 nicht oder nicht innerhalb einer vom Bundesministerium für Gesundheit gesetzten Frist zustande, wird ihr Inhalt durch die Schiedsstelle nach § 129 Abs. 8 festgesetzt.

Literatur:

Baierl, LsV-SpV realisiert Arzneimittelprüfungen in der GUV, BPUVZ 2012, 28; *Becker*, Die Steuerung der Arzneimittelversorgung im Recht der GKV, 2003; *Engelmann*, (Ver-)Kauf von Forderungen (Factoring) aus medizinischen Behandlungen, insbesondere in der gesetzlichen Krankenversicherung, GesR 2009, 449; *Fischer*, Datenschutz in der Apotheke, RDV 2005, 93; *Hilderink*, Datenschutz in der gesetzlichen Krankenversicherung, 2000; *Kühling/Klar*, Unsicherheitsfaktor Datenschutzrecht – Das Beispiel des Personenbezugs und der Anonymität, NJW 2013, 3611; *Kühling/Seidel*, Die Abrechnung von Gesundheitsleistungen im Spannungsfeld von Datenschutz und Berufsfreiheit – Handlungsbedarf für den Gesetzgeber? GesR 2010, 231; *Kühling/Seidel*, Abrechnung von Gesundheitsleistungen durch Private nach dem ASNEF-Urteil des EuGH – „Novemberrevolution" im Datenschutz?!, GesR 2012, 402; *Lips/Schönberger*, Unechtes Factoring im Gesundheitswesen: Ein Geschäftsmodell vor dem Aus?, NJW 2007, 1567; *Sendatzki*, § 300 SGB V – maschinelle Arzneimittel-Abrechnung, BKK 1995, 516; *Sendatzki*, Elektronische Verordnung – Einstieg der GKV in die Telemedizin, ASP 1998, 34; *Zuck*, Die Apotheke in der GKV-Gesundheitsreform 2000, 1999.

I. Entstehungsgeschichte

1 § 300 wurde mit Art. 1 des **GRG**[1] in das SGB V eingefügt und trat zum 1.1.1989 in Kraft. Die Vorschrift galt in der Ursprungsfassung nur für Apotheken. Durch Art. 1 Nr. 159 des **GSG**[2] vom 21.12.1992 wurden mit Wirkung zum 1.1.1993 Abs. 1 Nr. 1 und Abs. 2 geändert. Mit Art. 61 Nr. 1 der **Fünften Zuständigkeitsanpassungs-Verordnung**[3] wurde die Zuständigkeit in Abs. 4 dem Bundesminister für Gesundheit überantwortet (gültig ab 13.3.1993). Der Gesetzgeber des GKV-Gesundheitsreformgesetzes 2000[4] hat mit Art. 1 Nr. 78 die Pflichten gem. § 300 auch auf andere Anbieter in Abs. 1 und Abs. 2 erstreckt und den Regelungsauftrag an die Vertragspartner nach Abs. 3 um die Nr. 3 erweitert. Die Änderungen traten zum 1.1.2000 in Kraft. Durch Art. 216 Nr. 1 der **Siebenten Zuständigkeitsanpassungs-Verordnung**[5] wurde mit Wirkung zum 7.11.2001 die Zuständigkeit in Abs. 4 vom Bundesminister auf das Bundesministerium für Gesundheit übertragen. Abs. 2 wurde durch Art. 1 Nr. 7 des **AABG**[6] geändert (gültig ab 23.2.2002). Insbesondere wurde in Abs. 2 die Übermittlungsbefugnis an die Kassenärztlichen Vereinigungen eingefügt. Mit Art. 256 Nr. 1 der Achten Zuständigkeits-

---

1 BGBl. I 1988, 2477.
2 BGBl. I 1992, 2266.
3 BGBl. I 1993, 278.
4 BGBl. I 1999, 2626.
5 BGBl. I 2001, 2785.
6 BGBl. I 2002, 684.

anpassungs-Verordnung[7] wurde mit Wirkung zum 28.11.2002 Abs. 4 an die Umbenennung der Bundesministerien angepasst. Durch Art. 1 Nr. 170 des **GMG**[8] wurde in Abs. 1 die Unabhängigkeit der Übertragungs- und Übermittlungspflicht des Arzneimittelkennzeichens von der Höhe der Zuzahlung (oder des Eigenanteils) eingeführt sowie die elektronische Datenübertragung in Abs. 1 und Abs. 2 (gültig ab 1.1.2004). Seit Art. 1 Nr. 9 des **Gesetzes zur Verbesserung der Wirtschaftlichkeit in der Arzneimittelversorgung**[9] (gültig ab 1.5.2006) sind die Rechenzentren (Abs. 2) auch zur Übermittlung der erforderlichen Abrechnungsdaten auf Anforderung des Prüfungsausschusses verpflichtet. Mit Art. 256 Nr. 1 der **Neunten Zuständigkeitsanpassungs-Verordnung**[10] wurde mit Wirkung zum 8.11.2006 die Umbenennung und Neuorganisation der Bundesministerien in Abs. 4 aufgenommen. Art. 1 Nr. 202 des **GKV-WSG**[11] passte Abs. 3 an die Neuorganisation des Spitzenverbands Bund der Krankenkassen an (gültig ab 1.7.2008). Durch Art. 1 Nr. 14c des **GKV-OrgWG**[12] wurde Abs. 2 mit Wirkung zum 1.1.2009 geändert. U.a. wurden die Übermittlungspflicht an das Bundesgesundheitsministerium eingefügt und die Übermittlungspflicht an die Kassenärztlichen Vereinigungen von deren Anforderung abhängig gemacht. Art. 15 Nr. 14 des **Gesetzes zur Änderung arzneimittelrechtlicher und anderer Vorschriften**[13] erweiterte Abs. 3 um die S. 2 bis 5 (gültig ab 1.1.2010). Durch das **GKV-VStG**[14] wurde mit Wirkung zum 1.1.2012 die Überschrift geändert, Abs. 1 um S. 2 ergänzt und in Abs. 2 die „Leistungen nach § 31" aufgenommen. Art. 1 Nr. 88 des **GKV-Versorgungsstärkungsgesetzes (GKV-VSG)**[15] v. 16.7.2015 hat mit Wirkung zum 23.7.2015 Abs. 2 S. 6 gestrichen, der auf den zwischenzeitlich ebenfalls aufgehobenen § 84 Abs. 7a Bezug nahm. Mit Art. 1 Nr. 21 des **Gesetzes zur Stärkung der Gesundheitsförderung und der Prävention (Präventionsgesetz – PrävG)**[16] vom 17.7.2015 wurden in Abs. 1 S. 2 die Vorgaben des S. 1 mit Wirkung zum 25.7.2015 auf Apotheken und Anbieter erstreckt, die Impfstoffe nach § 20i Abs. 1 und Abs. 2 anbieten. Mit Art. 1 Nr. 13 des **Gesetzes zur Stärkung der Arzneimittelversorgung in der GKV (GKV-Arzneimittelversorgungsstärkungsgesetz – AMVSG)**[17] v. 4.5.2017 wurde Abs. 2 mit Wirkung zum 13.5.2017 um die S. 6 und 7 ergänzt.

II. Regelungsgehalt und Normzweck

§ 300 regelt als bereichsspezifische Datenschutzvorschrift die Abrechnung von verordneten Arzneimitteln durch Apotheken und weitere Anbieter von anderen Leistungen nach § 31 (wie Verbandmittel, Medizinprodukte, Harn- und Blutteststreifen oder bilanzierte Diäten zur enteralen Ernährung) sowie von Impfstoffen gemäß § 20i Abs. 1 und Abs. 2 mit den Krankenkassen. Während Abs. 1 die für die Abrechnung zu übermittelnden Angaben und den Kreis der Verpflichteten festlegt, ist Abs. 2 eine spezialgesetzliche Befugnis für die Einschaltung von externen Rechenzentren zum Zweck der Abrechnung und legt die Voraussetzungen für die Auftragsdatenverarbeitung fest. Abs. 3 enthält einen Auftrag an den Spitzenverband Bund der Krankenkassen und die für die Wahrung der wirtschaftlichen Interessen gebildete maßgebliche Spitzenorganisation der Apotheker, in einer Arzneimittelabrechnungsvereinbarung nähere Regelungen zu den in Abs. 3 vorgegebenen Aspekten zu treffen. Für den Fall, dass sich die Vertragspartner nach Abs. 3 nicht über den Inhalt der Arzneimittelabrechnungsvereinbarung (Abs. 3) verständigen können, sieht Abs. 4 die Entscheidung einer Schiedsstelle vor. § 300 bezweckt, die Abrechnung der verordneten Arzneimittel und sonstigen benannten Leistungen der Apotheken und weiteren von § 300 erfassten Anbieter transparent und hinreichend bestimmt im Sinne einer spezialgesetzlichen Datenschutzvorschrift zu regeln.[18]

2

---

7 BGBl. I 2003, 2304.
8 BGBl. I 2003, 2190.
9 BGBl. I 2006, 984.
10 BGBl. I 2006, 2407.
11 BGBl. I 2007, 378.
12 BGBl. I 2008, 2426.
13 BGBl. I 2009, 1990.
14 BGBl. I 2011, 2983.
15 BGBl. I 2015, 1211.
16 BGBl. I 2015, 1368.
17 BGBl. I 2017, 1050.
18 Vgl. BT-Dr. 17/6909, 98 zu Nummer 81 zu Buchstabe b.

III. Pflichten der Apotheken und der weiteren Anbieter nach Abs. 1

3 Abs. 1 beinhaltet für die Apotheken und die weiteren Anbieter **zwei Pflichten**: Unabhängig von der Höhe der Zuzahlung (also auch bei sog Nullrezepten)[19] ist bei der Abgabe von Fertigarzneimitteln (Def. § 4 Abs. 1 AMG) ein bundeseinheitlich genutztes Kennzeichen maschinenlesbar auf das für die vertragsärztliche Versorgung verbindliche Verordnungsblatt oder in den elektronischen Verordnungsdatensatz zu übertragen (Nr. 1); zudem sind die Verordnungsblätter oder die elektronischen Verordnungsdatensätze sowie die erforderlichen Abrechnungsdaten nach der Arzneimittelabrechnungsvereinbarung (Abs. 3 Nr. 2) an die Krankenkassen zu übermitteln. Die Rezepturen fallen, da sie keine Fertigarzneimittel iSd Nr. 1 sind, unter Nr. 2 S. 2.[20] Der in Nr. 1 verwandte Begriff „**übertragen**" ist kein „spezifischer datenschutzrechtlicher Begriff"[21] und meint das Übernehmen des vom pharmazeutischen Unternehmer angegebenen Arzneimittelkennzeichens gemäß § 131 Abs. 5 S. 1 in das Verordnungsblatt bzw. den elektronischen Datensatz durch den Apotheker. Das bundeseinheitlich zu **verwendende Kennzeichen** (= Arzneimittelkennzeichen) ist die Pharmazentralnummer, die von der Informationsstelle für Arzneispezialitäten zugeteilt wird und Rückschlüsse auf den Handelsnamen, den Hersteller, die Darreichungsform, Wirkstoffstärke und Packungsgröße zulässt. Auch für die Abgabe parenteraler Zubereitungen ist das vergebene Arzneimittelkennzeichen anzugeben. Der Inhalt des Verordnungsblattes ergibt sich gemäß §§ 34 Abs. 1 BMV-Ä, 6 EKV-Ä aus der Anlage 2 (Vordruckvereinbarung). Die Verordnungsblätter sind mit den nach der Abrechnungsvereinbarung (Abs. 3) erforderlichen Abrechnungsdaten an die Krankenkassen weiterzuleiten (Nr. 2). Werden die Arzneimittel auf dem Weg der elektronischen Gesundheitskarte (§ 291a Abs. 2 Nr. 1) verordnet, müssen die Apotheken die elektronischen Verordnungsdatensätze übermitteln. Verfassungsrechtlichen Bedenken gegen § 300 Abs. 1 S. 1 Nr. 1 hat das BVerfG bisher nicht geteilt. Eine den Abs. 1 Nr. 1 betreffende Verfassungsbeschwerde hat es nicht zur Entscheidung angenommen.[22]

4 Abs. 1 S. 2 erstreckt die Pflichten der Apotheken auch auf die sog **weiteren Anbieter** von sonstigen Leistungen gem. § 31 und von Impfstoffen nach § 20i Abs. 1 und Abs. 2. Mit Abs. 1 S. 2 wollte der Gesetzgeber eine einheitliche Übermittlung der Daten nach § 300 (und nicht § 302) für alle Leistungen schaffen, die von § 31 erfasst werden (wie Verbandmittel, Harn- und Blutteststreifen und Medizinprodukten).[23] Einbezogen werden nunmehr auch Anbieter von Produkten der enteralen Ernährung für bilanzierte Ernährung nach § 31 Abs. 5.[24] Ausgenommen sind „Einzelleistungen, die im Rahmen von Komplexleistungen erbracht und vergütet werden und mithin nicht einzeln abgerechnet werden."[25]

Werden die Daten nicht gemäß der Anforderungen nach Abs. 1 übermittelt, sind sie von den Krankenkassen gem. § 303 Abs. 3 nachzuerfassen und es besteht die Möglichkeit der pauschalen Rechnungskürzung (s. § 303).

IV. Beauftragung von Rechenzentren (Abs. 2)

5 **1. Bedeutung.** Abs. 2 S. 1 berechtigt die Apotheken und die weiteren Anbieter, zur Erfüllung ihrer Verpflichtungen nach Abs. 1 Rechenzentren in Anspruch zu nehmen. In der Praxis rechnen „fast alle niedergelassenen Apotheker"[26] über die Rechenzentren ab. Die Regelung ist gesetzliche Grundlage für die Zulässigkeit der **Verarbeitung von Daten im Auftrag** von Apotheken oder weiteren Anbietern. Sie gehört zu den wenigen speziell im SGB V normierten Fällen (weiterhin §§ 295a, 301a Abs. 2, 302 Abs. 2), in denen Dritte in den Abrechnungsweg zwischengeschaltet werden dürfen.[27] Die Apotheken und die weiteren Anbieter bleiben für die Datenverarbeitung und -nutzung verantwortlich („berechtigte Stelle"). Das Auftragsverhältnis („soweit sie ... beauftragt sind") wird zwischen den Apotheken (oder weiteren Anbietern) und den Rechenzentren durch gesonderten Vertrag (zB Dienst-, Werk oder Geschäftsbesorgungsvertrag) geregelt.

---

19 Vgl. Begriff aus BT-Dr. 15/1525, 148 zu Nummer 170 zu Buchstabe a.
20 Ebenso Hornung in: Hänlein/Schuler § 300 Rn. 3.
21 Schneider in: Kauskopf SozKV § 300 Rn. 5.
22 Vgl. BVerfG, 14.10.1996, 1 BvR 10/90, BeckRS 1996, 12480: „Es ist nicht ersichtlich, daß die angegriffene gesetzliche Regelung Verfassungsrecht verletzt."
23 Vgl. BT-Dr. 17/6909, 98 zu Nummer 81 zu Buchstabe b.
24 Anders noch LSG NRW, 6.10.2005, L 16 KR 232/04: Abrechnungsweg gemäß § 300 oder gemäß § 302 wählbar.
25 BT-Dr. 17/6909, 98 zu Nummer 81 zu Buchstabe b.
26 BSG, 30.9.2015, B 3 KR 1/15 R, BSGE 120, 11, 14.
27 Vgl. BSG, 10.12.2008, B 6 KA 37/07 R, SGb 2009, 717, 721.

2. Zweckbindung, Datenwege und nähere Vorgaben (Abs. 2 S. 2–5). Für die Vertragsgestaltung und die Durchführung sind die Vorgaben der S. 1–5 zu beachten. Die vertragliche Beauftragung der Rechenzentren für die **Verpflichtungen nach Abs. 1** muss diesen Zweck festlegen (S. 1). Sollen die Daten für andere Zwecke verarbeitet und genutzt werden, so ist dies nur **für im SGB bestimmte Zwecke** zulässig, also nicht nur für Zwecke des SGB V. Eine Verarbeitung und Nutzung für außerhalb des SGB liegende Zwecke (zB berufspolitische Interessen der Apotheker) darf nur für **anonymisierte** Daten vereinbart werden (Abs. 2 S. 2 Hs. 2). Für die Anonymisierung ist es ausreichend, wenn die Angaben nur durch einen unverhältnismäßig großen Aufwand an Zeit, Kosten und Arbeitskraft einer Person zugeordnet werden können (vgl. § 67 Abs. 8 SGB X und § 3 Abs. 6 BDSG). Die konkreten Anforderungen für die Praxis der Rechenzentren standen noch vor wenigen Jahren in der Kritik.[28] Für die Prüfung, ob der Aufwand unverhältnismäßig ist, muss eine Wahrscheinlichkeitsprognose getroffen werden. Maßgeblich ist, ob bei der verantwortlichen Stelle ein Interesse an einer Deanonymisierung besteht und inwiefern sich hieraus ein wirtschaftlicher Nutzen für sie ergeben kann, der gegebenenfalls auch hohe Kosten als gerechtfertigt erscheinen lässt.[29] Die Daten dürfen von den Rechenzentren an die Krankenkassen (Abs. 1 iVm Abs. 2 S. 1), bei Vorliegen der Voraussetzungen des **Abs. 2 S. 3** an die Kassenärztlichen Vereinigungen, das Bundesgesundheitsministerium oder eine von ihm benannte Stelle übermittelt (§ 67 Abs. 6 Nr. 3 SGB X) werden. Die Übermittlung an die Kassenärztlichen Vereinigungen ist nur soweit zulässig, wie diese zur Information der Vertragsärzte (§ 73 Abs. 8), für die Verhandlung und den Abschluss von Arzneimittel- und Heilmittelvereinbarungen (§ 84) oder die Beratung der Vertragsärzte (§ 305 a) unbedingt notwendig („**erforderlich**") ist. Die Übermittlung muss elektronisch (zB mittels zertifizierter Software) oder maschinell verwertbar auf Datenträgern erfolgen. Vor der Übermittlung der Daten an das Bundesgesundheitsministerium oder an die von ihm benannte nachgeordnete Stelle sind die Daten gemäß **Abs. 2 S. 4** zu anonymisieren. Vor der Übermittlung an die Kassenärztlichen Vereinigungen muss der Versichertenbezug der Daten **pseudonymisiert** (§ 67 Abs. 8 a SGB X) werden. Die Pseudonymisierung muss durch eine von der Kassenärztlichen Vereinigung räumlich, organisatorisch und personell getrennten Stelle durchgeführt werden. § 80 SGB X ist für die Beauftragung nach § 300 Abs. 2 nicht anwendbar, da Apotheken und weitere Anbieter iSd Abs. 1 nicht die Voraussetzungen für die Anwendung der §§ 67 ff. SGB X und mithin des § 80 SGB X erfüllen.[30]

3. Aufwandsersatzanspruch (Abs. 2 S. 6, 7). S. 6 regelt einen Aufwendungsersatzanspruch für Rechenzentren, die für die Datenübermittlung eingeschaltet werden. Die Höhe des Aufwendungsersatzes richtet sich nach dem Arbeitsaufwand.[31] Der tatsächliche Arbeitsaufwand ist auf Nachfrage der Kassenärztlichen Vereinigung dieser gegenüber in geeigneter Form nachzuweisen (S. 7).

V. Arzneimittelabrechnungsvereinbarung (Abs. 3)

Abs. 3 überlässt dem Spitzenverband Bund der Krankenkassen (§ 217 a) und der für die Wahrnehmung der wirtschaftlichen Interessen gebildeten Spitzenorganisation der Apotheker (= Deutscher Apothekerverband eV) die Regelung des Näheren in einem Normenvertrag,[32] der Arzneimittelabrechnungsvereinbarung.[33] Der Mindestinhalt des Vertrages wird durch die Nr. 1–Nr. 3 nicht abschließend („insbesondere") bestimmt. Abs. 3 S. 2 bis 5 treffen Regelungen für die Abgabe von Fertigarzneimitteln in parenteralen Zubereitungen. S. 2 und S. 4 verpflichten zur Übermittlung des bundeseinheitlichen Kennzeichens (Pharmazentralnummer), der Mengeneinheiten und der vereinbarten Preise ohne Mehrwertsteuer. S. 5 ermöglicht den Vertragspartnern nach Abs. 3, Angaben für parenterale Zubereitungen, die aus mehr als drei Fertigarzneimitteln bestehen, auszunehmen.

---

28 Vgl. Antwort der Bundesregierung v. 24.9.2013, BT-Dr. 17/14786; Kühling/Klar, NJW 2013, 3611, 3613; OVG Schleswig, 28.2.2014, 4 MB 82/13, ZD 2014, 536.
29 Kühling/Klar, NJW 2013, 3611, 3613.
30 AA Luthe in: Hauck/Noftz SGB V § 300 Rn. 10; Scholz in: BeckOK SozR SGB V § 300 Rn. 4; widersprüchlich: BSG, 10.12.2008, B 6 KA 37/07 R, SGb 2009, 717, 720 f.: keine Anwendung der das Sozialgeheimnis konkretisierenden Normen in §§ 67 bis 85 SGB X auf Leistungserbringer (Nr. 11), aber für Apotheken Zulässigkeit der Beauftragung von Rechenzentren nach § 300 mit explizitem Bezug auf § 80 SGB X; offen bei Hornung in: Hänlein/Schuler § 300 Rn. 6; Pflugmacher in: Eichenhofer/Wenner SGB V § 300 Rn. 6 ff.
31 Vgl. BT-Dr. 18/11449, 38.
32 Vgl. BGH, 10.12.2014, 5 StR 136/14, NZS 2015, 299; BSG, 2.7.2013, B 1 KR 18/12 R BSGE 114, 36, 51.
33 „Vereinbarung über die Übermittlung von Daten im Rahmen der Arzneimittelabrechnung gemäß § 300 SGB V" in der Fassung v. 4.11.1994 in Kraft seit dem 1.1.1995, abrufbar unter http://www.gkv-datenaustausch.de/leistungserbringer/apotheken/apotheken.jsp (zuletzt abgerufen am 28.4.2014).

VI. Schiedsstellenentscheidung (Abs. 4)

9 Abs. 4 sieht für den Fall, dass die Arzneimittelvereinbarung (Abs. 3) nicht oder nicht innerhalb einer vom Bundesgesundheitsministerium gesetzten Frist zustande kommt, eine Festsetzung des Vertrages durch die Schiedsstelle nach § 129 Abs. 8 vor. Die Regelung ist bisher nicht zur Anwendung gekommen.

§ 301 Krankenhäuser

(1) ¹Die nach § 108 zugelassenen Krankenhäuser oder ihre Krankenhausträger sind verpflichtet, den Krankenkassen bei Krankenhausbehandlung folgende Angaben im Wege elektronischer Datenübertragung oder maschinell verwertbar auf Datenträgern zu übermitteln:
1. die Angaben nach § 291 Abs. 2 Nr. 1 bis 10 sowie das krankenhausinterne Kennzeichen des Versicherten,
2. das Institutionskennzeichen der Krankenkasse und des Krankenhauses sowie ab dem 1. Januar 2020 dessen Kennzeichen nach § 293 Absatz 6,
3. den Tag, die Uhrzeit und den Grund der Aufnahme sowie die Einweisungsdiagnose, die Aufnahmediagnose, bei einer Änderung der Aufnahmediagnose die nachfolgenden Diagnosen, die voraussichtliche Dauer der Krankenhausbehandlung sowie, falls diese überschritten wird, auf Verlangen der Krankenkasse die medizinische Begründung, bei Kleinkindern bis zu einem Jahr das Aufnahmegewicht,
4. bei ärztlicher Verordnung von Krankenhausbehandlung die Arztnummer des einweisenden Arztes, bei Verlegung das Institutionskennzeichen des veranlassenden Krankenhauses, bei Notfallaufnahme die die Aufnahme veranlassende Stelle,
5. die Bezeichnung der aufnehmenden Fachabteilung, bei Verlegung die der weiterbehandelnden Fachabteilungen,
6. Datum und Art der im oder vom jeweiligen Krankenhaus durchgeführten Operationen und sonstigen Prozeduren,
7. den Tag, die Uhrzeit und den Grund der Entlassung oder der Verlegung, bei externer Verlegung das Institutionskennzeichen der aufnehmenden Institution, bei Entlassung oder Verlegung die für die Krankenhausbehandlung maßgebliche Hauptdiagnose und die Nebendiagnosen,
8. Aussagen zur Arbeitsfähigkeit und Vorschläge zur erforderlichen weiteren Behandlung für Zwecke des Entlassmanagements nach § 39 Absatz 1 a mit Angabe geeigneter Einrichtungen,
9. die nach den §§ 115 a und 115 b sowie nach dem Krankenhausentgeltgesetz und der Bundespflegesatzverordnung berechneten Entgelte.

²Die Übermittlung der medizinischen Begründung von Verlängerungen der Verweildauer nach Satz 1 Nr. 3 sowie der Angaben nach Satz 1 Nr. 8 ist auch in nicht maschinenlesbarer Form zulässig.
(2) ¹Die Diagnosen nach Absatz 1 Satz 1 Nr. 3 und 7 sind nach der Internationalen Klassifikation der Krankheiten in der jeweiligen vom Deutschen Institut für medizinische Dokumentation und Information im Auftrag des Bundesministeriums für Gesundheit herausgegebenen deutschen Fassung zu verschlüsseln. ²Die Operationen und sonstigen Prozeduren nach Absatz 1 Satz 1 Nr. 6 sind nach dem vom Deutschen Institut für medizinische Dokumentation und Information im Auftrag des Bundesministeriums für Gesundheit herausgegebenen Schlüssel zu verschlüsseln; der Schlüssel hat die sonstigen Prozeduren zu umfassen, die nach § 17 b und § 17 d des Krankenhausfinanzierungsgesetzes abgerechnet werden können. ³Das Bundesministerium für Gesundheit gibt den Zeitpunkt der Inkraftsetzung der jeweiligen Fassung des Diagnoseschlüssels nach Satz 1 sowie des Prozedurenschlüssels nach Satz 2 im Bundesanzeiger bekannt; es kann das Deutsche Institut für medizinische Dokumentation und Information beauftragen, den in Satz 1 genannten Schlüssel um Zusatzkennzeichen zur Gewährleistung der für die Erfüllung der Aufgaben der Krankenkassen notwendigen Aussagefähigkeit des Schlüssels zu ergänzen.
(3) Das Nähere über Form und Inhalt der erforderlichen Vordrucke, die Zeitabstände für die Übermittlung der Angaben nach Absatz 1 und das Verfahren der Abrechnung im Wege elektronischer Datenübertragung oder maschinell verwertbar auf Datenträgern vereinbart der Spitzenverband Bund der Krankenkassen mit der Deutschen Krankenhausgesellschaft oder den Bundesverbänden der Krankenhausträger gemeinsam.
(4) ¹Vorsorge- oder Rehabilitationseinrichtungen, für die ein Versorgungsvertrag nach § 111 oder § 111 c besteht, sind verpflichtet, den Krankenkassen bei stationärer oder ambulanter Behandlung fol-

SGB IX⁶ die „ergänzenden Leistungen" aufgenommen (gültig ab 1.7.2001). Durch Art. 216 Nr. 1 der **Siebenten Zuständigkeitsanpassungs-Verordnung**[7] wurde mit Wirkung zum 7.11.2001 die Zuständigkeit in Abs. 2 vom Bundesminister auf das Bundesministerium für Gesundheit übertragen. Der Gesetzgeber des **FPG**[8] änderte mit Art. 1 Nr. 8 des FPG Abs. 1 Nr. 3 und Nr. 9 ab (gültig ab 30.4.2002). Mit Art. 204 Nr. 1 der **Achten Zuständigkeitsanpassungs-Verordnung**[9] wurde mit Wirkung zum 28.11.2003 Abs. 2 an die Umbenennung der Bundesministerien angepasst. In Abs. 1 und Abs. 4 wurde die elektronische Datenübertragung gestrichen und stattdessen auf maschinell verwertbare Datenträger und eine maschinenlesbare Übertragung der Angaben abgestellt. Ab dem 1.1.2004 wurde mit Art. 1 Nr. 171 des **GMG**[10] wiederum die elektronische Datenübertragung (Abs. 1, Abs. 3, Abs. 4) als Alternative zu maschinell verwertbaren Datenträgern eingeführt. Zugleich wurden Abs. 1 Nr. 1 und Abs. 4 Nr. 1 um Angaben erweitert. Mit Art. 256 Nr. 1 der **Neunten Zuständigkeitsanpassungs-Verordnung**[11] wurde mit Wirkung zum 8.11.2006 die Umbenennung und Neuorganisation der Bundesministerien in Abs. 2 aufgenommen. Art. 1 Nr. 203 des **GKV-WSG**[12] passte Abs. 3 an die Neuorganisation des Spitzenverbands Bund der Krankenkassen an (gültig ab 1.7.2008). Art. 4 Nr. 9 des Psych-EntgG[13] hat mit Wirkung zum 1.1.2013 in Abs. 2 S. 2 § 17d KHG aufgenommen. Art. 6 Nr. 27 des **Krankenhausstrukturgesetzes**[14] (KHSG) vom 10.12.2015[15] hat mit Wirkung zum 1.1.2016 in Abs. 4 S. 1 die Alternative „oder § 111c" aufgenommen und verpflichtet die Vorsorge- und Rehabilitationseinrichtungen nunmehr auch für ambulante Behandlungen die Angaben im Datenträgeraustausch zu übermitteln.[16] Mit Art. 5 Nr. 15 des **Gesetzes zur Weiterentwicklung der Versorgung und der Vergütung für psychiatrische und psychosomatische Leistungen (PsychVVG)**[17] v. 19.12.2016 hat der Gesetzgeber mit Wirkung zum 1.1.2017 den Anwendungsbereich des Abs. 1 S. 1 auf Krankenhausträger erweitert, in Abs. 1 Nr. 2 für den Zeitraum ab dem 1.1.2020 eine Pflicht zur Übermittlung des Institutionenkennzeichen festgeschrieben und Nr. 6 des Abs. 6 redaktionell an die Einführung einer stationsäquivalenten psychiatrischen Behandlung im häuslichen Umfeld (§ 39) angepasst.[18] In Abs. 1 S. 1 Nr. 8 wurden die Angaben über die im jeweiligen Krankenhaus durchgeführten Leistungen zur medizinischen Rehabilitation und die ergänzenden Leistungen durch Art. 1 Nr. 19 des **Heil- und Hilfsmittelversorgungsgesetzes (HHVG)**[19] vom 4.4.2017[20] mit Wirkung zum 11.4.2017 gestrichen.

II. Regelungsgehalt und Normzweck

2   § 301 gehört zu den **zentralen datenschutzrechtlichen Abrechnungsvorschriften** (vgl. daneben §§ 295, 295a, 300, 301a, 302). Die Vorschrift stellt die gesetzliche Grundlage für die Verpflichtung und Befugnis zur Übermittlung von Angaben an die Krankenkassen zum Zweck der Abrechnung von Leistungen und damit vor allem für die Abrechnungsprüfung[21] (als Prüfung der sachlich-rechnerischen Richtigkeit) dar. In diesem Sinne beinhaltet § 301 „Informationsobliegenheiten und -pflichten".[22] Die zu übermittelnden Leistungsangaben werden von zugelassenen den Krankhäusern gemäß § 108 oder von ihren Krankenhausträgern (Abs. 1, Abs. 2), von den Vorsorge- und Rehabilitationseinrichtungen mit Versorgungsvertrag gemäß § 111 oder § 111c (Abs. 4) oder von den ermächtigten Krankenhausärzten und den Wahlärzten (Abs. 5) erbracht. Abs. 3 beinhaltet eine Ermächtigung des Spitzenverbands Bund der Krankenkassen mit der Deutschen Krankenhausgesellschaft (DKG) oder den Bundesverbänden der Krankenhauträger gemeinsam, das Nähere über Form und Inhalt der erforderlichen Vordrucke, die Zeitabstände der Übermittlung und das Abrechnungsverfahren zu regeln. Gemäß

---

6   BGBl. I 2001, 1046.
7   BGBl. I 2001, 2785.
8   BGBl. I 2002, 1412.
9   BGBl. I 2003, 2304.
10 BGBl. I 2003, 2190.
11 BGBl. I 2006, 2407.
12 BGBl. I 2007, 378.
13 BGBl. I 2012, 1613.
14 Gesetz zur Reform der Strukturen der Krankenhausversorgung.
15 BGBl. I 2015, 2229.
16 Zur Begründung BT-Dr. 18/6586, 113.
17 BGBl. I 2016, 2986.
18 Zur Begründung BR-Dr. 429/16, 52 f.
19 Gesetz zur Stärkung der Heil- und Hilfsmittelversorgung.
20 BGBl. I 2017, 778.
21 Vgl. BSG, 25.10.2016, B 1 KR 18/16 R, BeckRS 2016, 113299 Rn. 21.
22 BSG, 21.4.2015, B 1 KR 10/15 R, NZS 2015, 578 f.

gende Angaben im Wege elektronischer Datenübertragung oder maschinell verwertbar auf Datenträgern zu übermitteln:
1. die Angaben nach § 291 Abs. 2 Nr. 1 bis 10 sowie das interne Kennzeichen der Einrichtung für den Versicherten,
2. das Institutionskennzeichen der Vorsorge- oder Rehabilitationseinrichtung und der Krankenkasse,
3. den Tag der Aufnahme, die Einweisungsdiagnose, die Aufnahmediagnose, die voraussichtliche Dauer der Behandlung sowie, falls diese überschritten wird, auf Verlangen der Krankenkasse die medizinische Begründung,
4. bei ärztlicher Verordnung von Vorsorge- oder Rehabilitationsmaßnahmen die Arztnummer des einweisenden Arztes,
5. den Tag, die Uhrzeit und den Grund der Entlassung oder der externen Verlegung sowie die Entlassungs- oder Verlegungsdiagnose; bei externer Verlegung das Institutionskennzeichen der aufnehmenden Institution,
6. Angaben über die durchgeführten Vorsorge- und Rehabilitationsmaßnahmen sowie Vorschläge für die Art der weiteren Behandlung mit Angabe geeigneter Einrichtungen,
7. die berechneten Entgelte.

²Die Übermittlung der medizinischen Begründung von Verlängerungen der Verweildauer nach Satz 1 Nr. 3 sowie Angaben nach Satz 1 Nr. 6 ist auch in nicht maschinenlesbarer Form zulässig. ³Für die Angabe der Diagnosen nach Satz 1 Nr. 3 und 5 gilt Absatz 2 entsprechend. ⁴Absatz 3 gilt entsprechend.

(5) ¹Die ermächtigten Krankenhausärzte sind verpflichtet, dem Krankenhausträger im Rahmen des Verfahrens nach § 120 Abs. 1 Satz 3 die für die Abrechnung der vertragsärztlichen Leistungen erforderlichen Unterlagen zu übermitteln; § 295 gilt entsprechend. ²Der Krankenhausträger hat den Kassenärztlichen Vereinigungen die Abrechnungsunterlagen zum Zweck der Abrechnung vorzulegen. ³Die Sätze 1 und 2 gelten für die Abrechnung wahlärztlicher Leistungen entsprechend.

Literatur:

Adelt, Notwendiger Informationsfluss zwischen Krankenhaus und Krankenkasse, BKK 2001, 513; *Deutsche Krankenhausgesellschaft*, Datenübermittlung nach § 301 Abs. 3 SGB V, 10. Fortschreibung Stand: 1.1.2012, 12. Aufl. 2012; *Gebauer*, Grenzen der Übermittlung von Patientendaten zwischen Krankenhaus und Krankenkasse, NJW 2003, 777; *Groß*, Datenträgeraustausch mit Krankenhäusern. Vereinbarung gemäß § 301 Abs. 3 SGB V, DOK 1995, 267; *Hauser/Weddehage*, Datenschutz im Krankenhaus, 3. Aufl. 2008; *Jandt/Roßnagel/Wilke*, Outsourcing der Verarbeitung von Patientendaten, NZS 2011, 641; *Jandt/Roßnagel*, Factoring von Forderungen aus Behandlungsverträgen der Krankenhäuser, MedR 2013, 17; *Jenschke*, Die MDK-Prüfung von Krankenhausabrechnungen nach § 275 Abs. 1 Nr. 1 SGB V im Spiegel neuerer Rechtsprechung, NZS 2012, 927; *Knispel*, Auskunfts- und Prüfpflichten zwischen Krankenhäusern und Krankenkassen, GesR 2015, 200; *Kühling/Klar*, § 301 SGB V als umfassende Ermächtigungsgrundlage für die hoheitliche Bereitstellung von Abrechnungsschlüsseln in Krankenhäusern, NZS 2013, 161; *Leber*, Dürfen Krankenkassen bei Zahlungsstreitigkeiten Behandlungsunterlagen des Krankenhauses einsehen?, KH 2010, 966; *Ulmer*, Krankes Abrechnungsverfahren der Kliniken?, NZS 2005, 456; *Völlink*, Datenübermittlung zwischen Krankenhäusern und Krankenkassen nach § 301 SGB V, KH 1997, 113; *Völlink*, Datenübermittlung nach § 301 SGB V, KH 1998, 40.

I. Entstehungsgeschichte

§ 301 wurde durch Art. 1 des **GRG**[1] vom 20.12.1988 in das SGB V eingefügt. Durch Art. 1 Nr. 160 des **GSG**[2] vom 21.12.1992 wurde die Vorschrift mit Wirkung zum 1.1.1993 grundlegend neu gefasst. U.a. wurde der Katalog der zu übermittelnden Angaben in Abs. 1 (Nr. 1 bis Nr. 9) aufgenommen. Abs. 1 Nr. 1 dieses Katalogs wurde mit Art. 3 Nr. 19 des **2. SGBÄndG**[3] mit Wirkung zum 1.7.1994 geringfügig geändert. Art. 1 Nr. 11 des **3. SGB V-ÄndG**[4] führte in Abs. 2 die Pflicht zur Verschlüsselung der Krankheiten und der Operationen ein (gültig ab 1.1.1995). Abs. 2 wurde durch Art. 1 Nr. 79 des **GKV-Gesundheitsreformgesetzes**[5] mit Wirkung zum 1.1.2000 modifiziert und der Katalog des Abs. 1 wurde in Nr. 3, 6, 7 und 8 um Angaben erweitert. In Abs. 1 Nr. 8 wurden mit Art. 5 Nr. 34 des

---

1 BGBl. I 1988, 2477.
2 BGBl. I 1992, 2266.
3 BGBl. I 1994, 1229.
4 BGBl. I 1995, 678.
5 BGBl. I 1999, 2626.

§ 17c Abs. 5 S. 2 KHG gilt § 301 entsprechend, wenn ein privat versicherter Patient gegenüber dem Krankenhaus in die Direktabrechnung mit seiner privaten Krankenversicherung einwilligt. Die Rechtsprechung hat sich im Zusammenhang mit Abrechnungsstreitigkeiten insbesondere mit Abs. 1 Nr. 3 beschäftigt: Danach bezweckt Abs. 1 Nr. 3, „ordnungsgemäße KH-Abrechnungen zu gewährleisten und die für die Erfüllung der gesetzlichen Aufgaben der KKn, ua die für in besonderen Verträgen vorgesehene Überprüfung der Notwendigkeit und Dauer der KH-Behandlung (§ 112 Abs. 2 S. 1 Nr. 2 SGB V) und die für die Wirtschaftlichkeitsprüfungen (§ 113) erforderlichen Daten zur Verfügung zu stellen."[23]

III. Abrechnung der Krankenhäuser (Abs. 1)

Mit der Aufnahme der Krankenhausträger in Abs. 1 S. 1 wollte der Gesetzgeber eine standortübergreifende Abrechnung ermöglichen.[24] S. 1 listet enumerativ (**Nr. 1 bis Nr. 9**) die Angaben auf, die der Krankenkasse bei der Krankenhausbehandlung zu übermitteln (§ 67 Abs. 6 Nr. 3 SGB X) sind. Im Zusammenhang mit Abrechnungsstreitigkeiten ist wiederholt die Frage aufgeworfen worden, ob der Katalog der zu übermittelnden Angaben **abschließend**[25] ist und der Anforderung weiterer Angaben und Sozialdaten entgegensteht. Das BSG qualifiziert die Angaben von Abs. 1 Nr. 3 als „**Mindestangaben**", die „auf jeden Fall"[26] zu übermitteln sind. Die Krankenkasse ist dann auf einer zweiten Stufe berechtigt, weitere über Abs. 1 hinausgehende Angaben für den Zweck der Prüfung der Abrechnung auf der Grundlage eines Prüfverfahrens gemäß §§ 275, 276 an den MDK zu verlangen.[27] Die Rechtsprechung hat ein **dreistufiges Auskunfts- und Prüfpflichten-System** entwickelt.[28] Die Angaben gemäß Abs. 1 Nr. 3 stellen die erste Stufe der Sachverhaltserhebung im Verhältnis zwischen Krankenhaus, Krankenkasse und MDK dar und sind Voraussetzung für die Fälligkeit der Vergütungsforderung.[29] Für den Fall, dass die Anzeige des Krankenhauses aus Sicht der Krankenkasse den Mindestanforderungen nach Abs. 1 nicht genügt (zB Unklarheiten über den Grund der Aufnahme), darf die Krankenkasse selbst (nicht-medizinische) Nachfragen an das Krankenhaus stellen und die Voraussetzungen für die Zahlungspflicht prüfen.[30] Ob die vom Krankenhaus genannten Gründe vorliegen und medizinisch stichhaltig sind, darf dagegen ausschließlich der MDK prüfen und beurteilen.[31] Aus Abs. 1 kann kein eigenes Recht der Krankenkassen auf Einsicht in die Behandlungsunterlagen des Krankenhauses hergeleitet werden.[32] Die Krankenkasse kann nur eine Übermittlung der Sozialdaten an den MDK (§ 276) verlangen, wenn dies für die gutachterliche Stellungnahme und Prüfung erforderlich ist.[33] § 301 hat Bedeutung für die 6-Wochen-Frist der Erteilung der Prüfanzeige gemäß § 275 Abs. 1c S. 2. Diese beginnt erst zu laufen, wenn die Datenübermittlung den Voraussetzungen des § 301 entspricht.[34] Die Rechnungsprüfung der privaten Krankenkassen erfolgt ebenfalls am Maßstab des § 301 (→ Rn. 2).[35] Bei **Verstößen gegen Abs. 1** greift die Nacherfassungspflicht gemäß § 303 Abs. 3 und es besteht das Recht zur pauschalen Rechnungskürzung. Die Krankenhäuser haben die Abrechnung selbst durchzuführen.

---

23 BSG, 16.12.2008, B 1 KN 3/08 KR R, SGb 2010, 96, 100; BT-Dr. 12/3608, 124 zu Nummer 141 zu Absatz 1.
24 Vgl. BR-Dr. 429/16, 52.
25 So BSG, 22.4.2009, B 3 KR 24/07 R, NZS 2010, 387, 389; LSG Bbg, 3.11.2004, L 4 KR 30/03, juris; Auswertung der Rspr. des BSG bei Knispel, GesR 2015, 200, 202; Hornung in: Hänlein/Schuler SGB V § 301 Rn. 5; Michels in: Becker/Kingreen SGB V § 301 Rn. 2; aA Waschull in: Krauskopf SGB V § 301 Rn. 6.
26 Beide Zitate BSG, 22.4.2009, B 3 KR 24/07 R, NZS 2010, 387, 389 unter Bezug auf BT-Dr. 12/3608, 124; bestätigt durch BSG, 16.5.2013, B 3 KR 32/12 R, juris Rn. 21.
27 Std. Rspr. des BSG, zuletzt BSG, 23.6.2015, B 1 KR 13/14 R, MedR 2016, 186 = BeckRS 2015, 70980 Rn. 24; BSG, 16.5.2013, B 3 KR 32/12 R, juris Rn. 21; BSG, 22.4.2009, B 3 KR 24/07 R, NZS 2010, 387, 389; BSG, 16.12.2008, B 1 KN 3/08 KR R, SGb 2010, 96, 100; BSG, 28.2.2007, B 3 KR 12/06 R, NZS 2007, 653.
28 Vgl. zuletzt BSG, 16.5.2013, B 3 KR 32/12 R; BSG, 21.3.2013, B 3 KR 28/12 R, KHE 2013/44; BSG, 16.5.2012, B 3 KR 14/11 R, GesR 2012, 492 ff.; BSG, 23.7.2002, B 3 KR 64/01 R, NZS 2003, 594 ff.
29 Vgl. dazu beispielhaft BSG, 16.5.2012, B 3 KR 14/11 R, GesR 2012, 492, 494 f.; BSG, 21.3.2013, B 3 KR 28/12 R, SozR 4-2500 § 109 Nr. 29.
30 Vgl. BSG, 16.5.2013, B 3 KR 32/12 R, juris Rn. 21; kritisch dazu Kunze, GesR 2013, 343.
31 Vgl. BSG, 16.5.2013, B 3 KR 32/12 R, juris Rn. 21.
32 Zuletzt BSG, 16.5.2013, B 3 KR 32/12 R, juris Rn. 22; BSG, 21.3.2013, B 3 KR 28/12 R, KHE 2013/44; BSG, 15.11.2007, B 3 KR 13/07 R, GesR 2008, 142, 144; BSG, 23.7.2002, B 3 KR 64/01 R, BSGE 90, 1.
33 Vgl. BSG, 28.2.2007, B 3 KR 12/06 R, NZS 2007, 653,; BSG, 22.4.2009, B 3 KR 24/07 R, NZS 2010, 387, 389.
34 Vgl. BSG, 27.11.2014, B 3 KR 7/13 R, BeckRS 2015, 65648 Rn. 29.
35 Vgl. BSG, 25.10.2016, B 1 KR 18/16 R, BeckRS 2016, 113299 Rn. 20 mwN.

Die Beauftragung externer Rechenzentren ist mit Ausnahme der Fälle ambulanter Notfallleistungen (vgl. § 295 a Abs. 3) mangels gesetzlicher Grundlage nicht zulässig.[36]

4　**1. Einzelne Angaben (Abs. 1 S. 1 Nr. 1– 9).** Nr. 1 beinhaltet die Übermittlung der Angaben der Krankenversicherungskarte (§ 291 Abs. 2 Nr. 1 bis 10) zur Identifikation des Versicherten. Nach **Nr. 2** ist das Institutskennzeichen (IK) des Krankenhauses zu übermitteln. Es besteht aus einer neunstelligen Ziffernfolge und wird von der „Arbeitsgemeinschaft Institutskennzeichen (ARGE IK)" vergeben (→ § 293). Ab dem 1.1.2020 muss das Standortzeichen des Krankenhauses aus dem bundesweiten Standortverzeichnis (§ 293 Abs. 6) übermittelt werden. Bereits zuvor kann das Standortkennzeichen zur Prüfung seiner Richtigkeit freiwillig gegenüber der Krankenkasse angegeben werden.[37] Die **Nr. 3** enthält Leistungsangaben, die für die Beurteilung der Zahlungspflicht der Krankenkasse (insbesondere die Erforderlichkeit der stationären Behandlung gemäß § 39) von Bedeutung sind. Es sind „wahre Angaben zum Behandlungsgeschehen zu machen, die Fehlvorstellungen der Krankenkassen über das konkrete, abrechnungsrelevante Behandlungsgeschehen ausschließen."[38] Wird eine Angabe durch das Krankenhaus fehlerhaft übermittelt und dadurch eine Einzelfallprüfung durch dem MDK veranlasst, kann dies zum Ausschluss des Anspruchs auf die Aufwandspauschale gem. § 275 Abs. 1c S. 3 führen.[39] Wegen des Grundsatzes „ambulant vor stationär" hat ein Krankenhaus zu dem „Grund der Aufnahme" auch „notwendige Angaben dazu zu machen, warum eine im Regelfall ambulant durchführbare Versorgung im konkreten Einzelfall stationär vorgenommen worden ist."[40] Bei Überschreiten der regelmäßig vorgesehenen Behandlungsdauer besteht nur auf besondere Anforderung der Krankenkasse eine Verpflichtung zur medizinischen Begründung durch das Krankenhaus.[41] Durch die Angaben der **Nr. 4** kann die Notwendigkeit der Einweisung, der Verlegung und der Notaufnahme eines Patienten geprüft werden. Anzugeben sind die den Arzt und das Krankenhaus identifizierenden Nummern (bei Einweisung: Arztnummer, bei Verlegung: das Institutskennzeichen) sowie bei der Notaufnahme die die Aufnahme veranlassende Stelle. Nach **Nr. 5** sind die Bezeichnung der aufnehmenden Fachabteilung, bei Verlegung die der weiterbehandelnden Fachabteilung zu übermitteln. Diese Angaben sind für die Erforderlichkeit der Krankenhausbehandlung und die Angemessenheit der Verweildauer von Bedeutung. Gleiches gilt für die **Nr. 6** (Datum und Art der im oder vom jeweiligen Krankenhaus durchgeführten Operationen und sonstigen Prozeduren). Durch das PsychVVG (→ Rn. 1) wurden stationsäquivalente psychiatrische Behandlungen im häuslichen Umfeld ermöglicht (§ 39). Daher sind seit dem 1.1.2017 auch Datum und Art der außerhalb des Krankenhauses erfolgenden Operationen und Prozeduren zu übermitteln. Von Nr. 6 erfasst sind weiterhin die im jeweiligen Krankenhaus sowie außerhalb dessen durchgeführten medizinischen Rehabilitationsleistungen und ergänzenden Leistungen, die bis um 11.4.2017 der Nr. 8 unterfielen.[42] Die Angaben der **Nr. 7** (Tag, Uhrzeit und Grund der Entlassung oder der Verlegung, bei externer Verlegung das IK der aufnehmenden Institution, bei Entlassung oder Verlegung die für die Krankenhausbehandlung maßgebliche Hauptdiagnose und die Nebendiagnosen) spielen für die Anschlussversorgung des Versicherten (Rehabilitation) und die Berechnung der Pflegesätze eine Rolle. **Nr. 8** enthält seit dem 11.4.2017 nur noch Aussagen zur Arbeitsunfähigkeit und Vorschlägen zur erforderlichen weiteren Behandlung für Zwecke des Entlassmanagements nach § 39 Abs. 1 a mit Angabe geeigneter Einrichtungen. Mit dem Bezug auf § 39 Abs. 1 a wollte der Gesetzgeber klarstellen, dass auch das Einwilligungserfordernis des § 39 Abs. 1 a S. 11) gilt.[43] Letztlich beinhaltet **Nr. 9** die für die Vergütung der stationären Leistungen benötigten Entgelte nach §§ 115 a und 115 b, dem KHEntgG und der BPflV.

5　**2. Veschlüsselung von Diagnosen, Operationen und sonstige Prozeduren (Abs. 2).** Abs. 2 S. 1 verpflichtet die Krankenhäuser, die Diagnosen, die gem. Abs. 1 Nr. 3 und Nr. 7 zu übermitteln sind, nach der Internationalen Klassifikation der Krankheiten zu verschlüsseln (für die ärztliche Abrechnung s. § 295 Abs. 1 S. 2 bis 5). Zu verwenden ist die jeweils vom Deutschen Institut für medizinische Do-

---

36　BSG, 10.12.2008, B 6 KA 37/07 R, BSGE 102, 134 ff.
37　Vgl. BR-Dr. 429/16, 51.
38　BSG, 25.10.2016, B 1 KR 18/16 R, BeckRS 2016, 113299 Rn. 24.
39　BSG, 22.6.2010, B 1 KR 1/10 R, BSGE 106, 214.
40　BSG, 21.3.2013, B 3 KR 28/12 R, KHE 2013/44; bestätigt durch BSG, 16.5.2013, B 3 KR 32/12 R, juris Rn. 21.
41　LSG Bln-Bbg, 20.9.2013, L 1 KR 161/11, juris Rn. 19, rechtskräftig (vgl. BSG, 21.4.2015, B 1 KR 6/15 R, NZS 2015, 615).
42　Vgl. BR-Dr. 490/16, 39.
43　Vgl. BR-Dr. 490/16, 39 f.

kumentation und Information (DIMDI) herausgegebene deutsche Fassung (ICD-10-GM).[44] Der mit der Verpflichtung zur Verschlüsselung nach dem Diagnoseschlüssel ICD-10 verbundene Eingriff in die Berufsausübungsfreiheit (Art. 12 Abs. 1 GG) dient dem Gemeinwohlbelang der Sicherung der finanziellen Stabilität der gesetzlichen Krankenversicherung und ist auch verhältnismäßig; eine dagegen erhobene Verfassungsbeschwerde hat das BVerfG nicht angenommen.[45] Die Operationen und sonstigen Prozeduren sind gemäß Abs. 2 S. 2 nach dem vom DIMDI im Auftrag des Bundesgesundheitsministeriums (BMG) herausgegebenen Schlüssel zu kodieren.[46] S. 3 ermöglicht, den Diagnoseschlüssel um ein Zusatzkennzeichen zu ergänzen, um die notwendige Aussagefähigkeit des Schlüssels für die Erfüllung der Aufgaben der Krankenkassen zu gewährleisten (zB Angabe der Seitenlokalisation der Erkrankung: linker oder rechter Arm).[47] Die Ergänzung des Schlüssels setzt eine Beauftragung des DIMDI durch das BMG voraus. Die Heranziehung von ärztlichen Mitarbeitern einer Klinik zur Verschlüsselung unterliegt der Mitbestimmung.[48]

3. Übertragungsweg. Die Angaben nach Abs. 1 sind elektronisch oder auf maschinell verwertbaren Datenträgern zu übermitteln. S. 2 gestattet für die medizinische Begründung von Verlängerungen der Verweildauer (S. 1 Nr. 3) und der Angaben nach S. 1 Nr. 8 auch die Übertragung in nicht maschinenlesbarer Form. 6

4. Regelungsermächtigung für die Selbstverwaltung (Abs. 3). Abs. 3 ermächtigt den Spitzenverband Bund der Krankenkassen, mit der DKG oder den Bundesverbänden der Krankenhausträger das Nähere über Form und Inhalt der erforderlichen Vordrucke, die Zeitabstände der Übermittlung der Angaben nach Abs. 1 und das Abrechnungsverfahren im Wege elektronischen Datenübertragung oder auf maschinell verwertbaren Datenträgern zu regeln. Im Gegensatz zu § 300 Abs. 3 ist die Regelungsbefugnis auf die genannten Aspekte begrenzt (nicht: „insbesondere" wie bei § 300 Abs. 3). Die Ermächtigung wurde durch den GKV-Spitzenverband und die DKG durch eine Vereinbarung zur Datenübermittlung nach § 301 Abs. 3 SGB V umgesetzt, die fortgeschrieben wird. 7

IV. Abrechnung der Vorsorge- und Rehabilitationseinrichtungen (Abs. 4)

Abs. 4 verpflichtet die Vorsorge- und Rehabilitationseinrichtungen, für die ein Versorgungsvertrag gemäß § 111 (stationäre Behandlung) oder nach § 111 c (ambulante Behandlungen) besteht, zur Übermittlung der Angaben gemäß der Nr. 1 bis Nr. 7 an die Krankenkassen. Nr. 1 bis Nr. 7 sind abschließend und entsprechen mit geringen Modifikationen den Angaben in Abs. 1, (→ Rn. 4). Anders als bei Abs. 1 greift bei Verstößen § 303 Abs. 3 nicht, da dieser nicht auf § 301 Abs. 4 Bezug nimmt. Es besteht daher kein Recht zur pauschalen Rechnungskürzung durch die Krankenkassen. Die Übermittlung erfolgt im Wege elektronischer Datenübertragung oder maschinell verwertbar auf Datenträgern. Eine Ausnahme sieht S. 2 für die Übertragung der Angaben nach Abs. 4 S. 1 Nr. 3 und Nr. 6 vor. Sie ist auch in nicht maschinenlesbarer Form zulässig. Für die Diagnosen nach Nr. 1 Nr. 3 und Nr. 5 ist die Kodierung nach Abs. 2 (→ Rn. 5) vorzunehmen. Auch für die Datenübermittlung der Vorsorge- und Rehabilitationseinrichtungen gilt nach S. 4 die Regelungsermächtigung nach Absatz 3 (→ Rn. 7). 8

V. Übermittlungsbefugnis für ermächtigte Krankenhausärzte und Wahlärzte (Abs. 5)

Abs. 5 regelt nicht die Abrechnung der von den ermächtigten Krankenhausärzten und von den Wahlärzten erbrachten Leistungen, sondern hat ausschließlich datenschutzrechtliche Funktion im Sinne einer gesetzlichen Grundlage für die Übermittlung von Abrechnungsangaben an den Krankenhausträger. Die ermächtigten Krankenhausärzte (§ 95 Abs. 1 und Abs. 4), die ambulante Versorgungsleistungen erbringen, erhalten ihre Vergütung gemäß § 120 Abs. 1 S. 3 von den Kassenärztlichen Vereinigungen. Die Abrechnung erfolgt jedoch gemäß § 120 Abs. 1 S. 3 durch den Krankenhausträger. Abs. 5 verpflichtet die ermächtigten Ärzte dazu, die für die Abrechnung vertragsärztlicher Leistungen gem. § 120 Abs. 1 S. 3 erforderlichen Unterlagen dem Krankenhausträger zu übermitteln (§ 67 Abs. 6 Nr. 3 9

---

44 Abrufbar unter http://www.dimdi.de/static/de/klassi/icd-10-gm/index.htm (zuletzt abgerufen am 25.5.2017).
45 BVerfG, 10.4.2000, 1 BvR 422/00, NZS 2000, 454 ff.
46 Die jährlichen OPS-Versionen sind abrufbar unter http://www.dimdi.de/static/de/klassi/ops/index.htm (zuletzt abgerufen am 25.5.2017). Zur Frage, ob der hoheitliche bereitgestellte Dokumentationsschlüssel so gestaltet werden darf, dass er gleichzeitig auch eine klinische Dokumentation in der Krankenhäusern ermöglicht und zur Weiterentwicklung des Fallpauschalensystems und des OPS verwendet werden kann, vgl. Kühling/Klar, NZS 2013, 161.
47 Vgl. BT-Dr. 14/1245, 106 zu Nummer 120 zu Buchstabe b zu Doppelbuchstabe cc.
48 BVerwG, 18.5.2004, 6 P 13/03, BVerwGE 121, 121.

SGB X), wobei § 295 entsprechend gilt (vgl. Hs. 2). S. 2 ist die gesetzliche Grundlage für die weitere Übermittlung der Abrechnungsangaben vom Krankenhausträger an die Kassenärztlichen Vereinigungen und beschränkt die Vorlage der Abrechnungsunterlagen auf den Zweck der Abrechnung. S. 3 ist eine im SGB V an sich sachfremde[49] Regelung, da sie die Abrechnung wahlärztlicher Leistungen betrifft, die außerhalb der gesetzlichen Krankenversicherung nach der GOÄ entsprechend vergütet werden (vgl. § 17 Abs. 3 KHEntgG). Erwartungsgemäß müsste daher gemäß der allgemeinen datenschutzrechtlichen Regelungssystematik das jeweilige Krankenhausgesetz des Landes oder das BDSG die gesetzliche Grundlage für die Übermittlung der für die Abrechnung erforderlichen Angaben vom Wahlarzt an den Krankenhausträger sein. Stattdessen greift in dieser Konstellation allein § 301 Abs. 5 S. 3, der die entsprechende Geltung von Abs. 5 S. 1 und S. 2 anordnet. Dem Krankenhausträger ist auf der Grundlage dieser Angaben die Ermittlung der Kosten für die Kostenerstattung (§ 19 Abs. 2 KHEntgG) und die Rechnungsprüfung (§ 17 Abs. 3 S. 4 KHEntgG) möglich.

§ 301 a Abrechnung der Hebammen und der von ihnen geleiteten Einrichtungen

(1) ¹Freiberuflich tätige Hebammen und von Hebammen geleitete Einrichtungen sind verpflichtet, den Krankenkassen folgende Angaben im Wege elektronischer Datenübertragung oder maschinell verwertbar auf Datenträgern zu übermitteln:
1. die Angaben nach § 291 Abs. 2 Satz 1 Nr. 1 bis 3, 5 und 6,
2. die erbrachten Leistungen mit dem Tag der Leistungserbringung,
3. die Zeit und die Dauer der erbrachten Leistungen, soweit dies für die Höhe der Vergütung von Bedeutung ist,
4. bei der Abrechnung von Wegegeld Datum, Zeit und Ort der Leistungserbringung sowie die zurückgelegte Entfernung,
5. bei der Abrechnung von Auslagen die Art der Auslage und, soweit Auslagen für Arzneimittel abgerechnet werden, eine Auflistung der einzelnen Arzneimittel,
6. das Kennzeichen nach § 293; rechnet die Hebamme ihre Leistungen über eine zentrale Stelle ab, so ist in der Abrechnung neben dem Kennzeichen der abrechnenden Stelle das Kennzeichen der Hebamme anzugeben.

²Ist eine ärztliche Anordnung für die Abrechnung der Leistung vorgeschrieben, ist diese der Rechnung beizufügen. ³§ 134 a Absatz 5 gilt entsprechend.
(2) § 302 Abs. 2 Satz 1 bis 3 und Abs. 3 gilt entsprechend.

Literatur:
Engelmann, (Ver)Kauf von Forderungen (Factoring) aus medizinischen Behandlungen, insbesondere in der gesetzlichen Krankenversicherung, GesR 2009, 449.

I. Entstehungsgeschichte

1   § 301 a wurde durch Art. 3 Nr. 20 des **2. SGBÄndG**[1] v. 13.6.1994 in das SGB V (gültig ab 1.7.1994) eingefügt. Die Vorschrift verpflichtete Hebammen und Entbindungspfleger, den Krankenkassen die für die Abrechnung durch Rechtsverordnung vorgeschriebenen Angaben zu übermitteln. Durch Art. 1 Nr. 172 des **GMG**[2] wurde mit Wirkung zum 1.1.2004 die elektronische Datenübertragung oder die Übertragung auf maschinell verwertbaren Datenträgern als Übermittlungsweg vorgeschrieben. Umfangreiche Änderungen erfuhr § 301 a mit Wirkung zum 1.8.2007 durch Art. 5 Nr. 3 des **2. FPÄndG**[3] (gültig seit 1.8.2007). Seitdem legt der Katalog in Abs. 1 (Nr. 1 bis Nr. 6) fest, welche Daten für die Abrechnung zu übermitteln sind. Zudem wurde Abs. 1 S. 2 aufgenommen. Durch den neu geschaffenen Abs. 2 wird durch Verweis auf § 302 Abs. 2 S. 1 bis S. 3 die Abrechnung im Wege der Auftragsdatenverarbeitung erlaubt und durch den Verweis auf § 302 Abs. 3 sichergestellt, dass der Spitzenverband Bund der Krankenkassen in Richtlinien die Voraussetzungen und das Verfahren für die elektroni-

---
49 Vgl. Kranig in: Hauck/Noftz SGB V K § 301 Rn. 14.
1 BGBl. I 1994, 1229.
2 BGBl. I 2003, 2190.
3 BGBl. I 2004, 3429.

sche Datenübertragung regelt. Durch Art. 3 Nr. 20 des **Pflege-Neuausrichtungs-Gesetzes (PNG)**[4] v. 23.10.2012 wurden die Befugnisse des Abs. 1 auch auf die „von Hebammen geleiteten Einrichtungen" erstreckt, für die bisher keine gesetzliche Grundlage zur Datenübermittlung zum Zweck der Abrechnung existierte.[5] In Nr. 1 wurde „Nr. 7 sowie 9 und 10" gestrichen. Neu aufgenommen wurde die Krankenversichertennummer (§ 291 Abs. 2 S. 1 Nr. 6).[6] In Abs. 1 S. 3 wird die Erstreckung der Vorschrift auf Entbindungspfleger nunmehr durch Verweis auf § 134 a Abs. 5 geregelt.

II. Regelungsgehalt und Normzweck

§ 301 a ist eine Ermächtigungsgrundlage für die Datenübermittlung zum Zweck der Abrechnung. Die Vorschrift erfasst zum einen die Hebammen und Entbindungspfleger, die freiberuflich iSd § 1 Abs. 2 PartGG tätig sind, zum anderen die von diesen geleiteten Einrichtungen, womit insbesondere Geburtshäuser gemeint sind. § 301 a dient dem Schutz des informationellen Selbstbestimmungsrechts der Versicherten (Art. 2 Abs. 1 iVm Art. 1 Abs. 1 GG),[7] indem das Verfahren der Datenübermittlung und die Verpflichtung dazu auf die genannten Angaben festlegt werden, begrenzt auf den Zweck der Abrechnung und die Verpflichteten an weitere Verfahrensregelungen gebunden werden (Verweis in Abs. 2 auf § 302 Abs. 3). § 301 a erlaubt sowohl die Direktabrechnung der freiberuflichen Hebammen und Entbindungspfleger mit der Krankenkasse (Abs. 1), als auch die Abrechnung im Wege der Auftragsdatenverarbeitung durch ein externes Rechenzentrum (Abs. 2 iVm § 302 Abs. 2).

III. Direktabrechnung

Freiberufliche Hebammen und Entbindungspfleger sowie von diesen Personengruppen geleitete Einrichtungen (Geburtshäuser) dürfen Hebammenhilfe zulasten der gesetzlichen Krankenversicherung nach Verträgen erbringen, die mit dem Spitzenverband Bund der Krankenkassen geschlossen werden (§ 134 a). Die Verträge regeln ua die abrechnungsfähigen Leistungen. Die Leistungsansprüche der Versicherten sind in §§ 24 c–f. normiert. § 301 a Abs. 1 S. 1 Nr. 1 bis Nr. 6 und S. 2 ordnen abschließend an, welche Angaben an die Krankenkassen zu übermitteln sind (Def. s. § 67 Abs. 6 Nr. 3 SGB X). Die Weitergabe der Daten hat elektronisch oder maschinell verwertbar auf Datenträgern zu erfolgen.

Näheres über Form und Inhalt des Abrechnungsverfahrens sowie Voraussetzungen und das Verfahren der elektronischen Übermittlung (zB auch Verschlüsselungsvorgaben) werden gem. § 301 a Abs. 2 iVm § 302 Abs. 2 und Abs. 3 durch die Richtlinien des Spitzenverbandes Bund der Krankenkassen und deren Anlagen geregelt.[8]

IV. Auftragsdatenverarbeitung durch Rechenzentren

Abs. 2 erlaubt durch Verweis auf § 302 Abs. 2 die Abrechnung auch durch die Einschaltung eines Rechenzentrums (zu den Voraussetzungen → § 302 Rn. 7 ff.). Das BSG qualifiziert § 301 a Abs. 2 iVm § 302 Abs. 2 als „seltene Ausnahme"[9] und „Sonderregelung"[10] für einen der „wenigen gesetzlich normierten Fälle",[11] in denen der Gesetzgeber die Einschaltung externer Rechenzentren in den Abrechnungsweg zwischen Leistungserbringer und Krankenkassen „unter Beachtung weitreichender datenschutzrechtlicher Vorgaben"[12] zugelassen habe. Im Gegensatz zu § 295 a Abs. 2 enthält weder § 301 a Abs. 2 noch § 302 Abs. 2 eine Bestimmung, dass für die Datenverarbeitung im Auftrag der Hebammen und Entbindungspfleger § 80 SGB X anzuwenden ist. Da freiberufliche Hebammen und Entbindungspfleger nicht zu den in § 35 SGB I aufgezählten Adressaten gehören, unterfallen sie weder dem SGB I

---

4 BGBl. I 2012, 2246; die Vorschrift wurde erst im Rahmen der Beratungen des Gesundheitsausschusses in das Gesetz aufgenommen; zu den Gründen für die Änderungen vgl. BT-Dr. 17/10170, 26 zu Nummer 20.
5 Vgl. BT-Dr. 17/10170, 26 zu Nummer 20.
6 Vgl. BT-Dr. 17/10170, 26 zu Nummer 20.
7 Vgl. auch SG Würzburg, 31.5.2016, S 6 KR 191/15, BeckRS 2016, 71344.
8 Vgl. „Richtlinien der Spitzenverbände der Krankenkassen nach § 302 Abs. 2 SGB V über Form und Inhalt des Abrechnungsverfahrens mit „sonstigen Leistungserbringern" sowie Hebammen und Entbindungspflegern (§ 301 a SGB V)" v. 9.5.1996 in der Fassung v. 20.11.2006, abrufbar unter www.gkv-datenaustausch.de/leistungserbringer/sonstig_leistungserbringer/sonstige_leistungserbringer.jsp (zuletzt abgerufen am 25.5.2017).
9 BSG, 10.12.2008, B 6 KA 37/07 R, BSGE 102, 134, 142 = SGb 2009, 717, 721; vgl. dazu auch OLG Hamm, 17.11.2006, 19 U 81/06, BB 2007, 2763, 2764: nicht analogiefähige Ausnahmeregelung, die nicht die Abtretung von Vergütungsforderungen aus Krankenpflegeleistungen gestatte.
10 BSG, 10.12.2008, B 6 KA 37/07 R, BSGE 102, 134, 142 (= SGb 2009, 717, 721).
11 BSG, 10.12.2008, B 6 KA 37/07 R, BSGE 102, 134, 142 (= SGb 2009, 717, 721).
12 BSG, 10.12.2008, B 6 KA 37/07 R, BSGE 102, 134, 142 (= SGb 2009, 717, 721).

noch dem SGB X. Sollen für die Einschaltung von Rechenzentren durch Hebammen und Entbindungspfleger die speziell sozialdatenschutzrechtlichen Anforderungen für die Auftragsdatenverarbeitung nach § 80 SGB X maßgeblich sein, ist der Gesetzgeber gefordert, dies anzuordnen. Anders sieht dies für die Beauftragung der Durchführung der Abrechnung durch die gesetzlichen Krankenkassen aus, die als Leistungsträger gem. § 12 SGB I unmittelbar § 80 SGB X unterfallen.[13]

§ 302 Abrechnung der sonstigen Leistungserbringer

(1) [1]Die Leistungserbringer im Bereich der Heil- und Hilfsmittel und die weiteren Leistungserbringer sind verpflichtet, den Krankenkassen im Wege elektronischer Datenübertragung oder maschinell verwertbar auf Datenträgern die von ihnen erbrachten Leistungen nach Art, Menge und Preis zu bezeichnen und den Tag der Leistungserbringung sowie die Arztnummer des verordnenden Arztes, die Verordnung des Arztes mit der Diagnose und den erforderlichen Angaben über den Befund und die Angaben nach § 291 Abs. 2 Nr. 1 bis 10 anzugeben; bei der Abrechnung über die Abgabe von Hilfsmitteln sind dabei die Bezeichnungen des Hilfsmittelverzeichnisses nach § 139 zu verwenden. [2]Bei der Abrechnung von Leistungen der häuslichen Krankenpflege nach § 37 ist zusätzlich zu den Angaben nach Satz 1 die Zeit der Leistungserbringung anzugeben und die Höhe der mit dem Versicherten abgerechneten Mehrkosten nach § 33 Absatz 1 Satz 5 anzugeben.

(2) [1]Das Nähere über Form und Inhalt des Abrechnungsverfahrens bestimmt der Spitzenverband Bund der Krankenkassen in Richtlinien, die in den Leistungs- oder Lieferverträgen zu beachten sind. [2]Die Leistungserbringer nach Absatz 1 können zur Erfüllung ihrer Verpflichtungen Rechenzentren in Anspruch nehmen. [3]Die Rechenzentren dürfen die Daten für im Sozialgesetzbuch bestimmte Zwecke und nur in einer auf diese Zwecke ausgerichteten Weise verarbeiten und nutzen, soweit sie dazu von einer berechtigten Stelle beauftragt worden sind; anonymisierte Daten dürfen auch für andere Zwecke verarbeitet und genutzt werden. [4]Die Rechenzentren dürfen die Daten nach Absatz 1 den Kassenärztlichen Vereinigungen übermitteln, soweit diese Daten zur Erfüllung ihrer Aufgaben nach § 73 Abs. 8, § 84 und § 305 a erforderlich sind.

(3) Die Richtlinien haben auch die Voraussetzungen und das Verfahren bei Teilnahme an einer Abrechnung im Wege elektronischer Datenübertragung oder maschinell verwertbar auf Datenträgern zu regeln.

(4) Soweit der Spitzenverband Bund der Krankenkassen und die für die Wahrnehmung der Interessen der Leistungserbringer maßgeblichen Spitzenorganisationen auf Bundesebene in Rahmenempfehlungen Regelungen zur Abrechnung der Leistungen getroffen haben, die von den Richtlinien nach den Absätzen 2 und 3 abweichen, sind die Rahmenempfehlungen maßgeblich.

(5) [1]Der Spitzenverband Bund der Krankenkassen veröffentlicht erstmals bis zum 30. Juni 2018 und danach jährlich einen nach Produktgruppen differenzierten Bericht über die Entwicklung der Mehrkostenvereinbarungen für Versorgungen mit Hilfsmittelleistungen. [2]Der Bericht informiert ohne Versicherten- oder Einrichtungsbezug insbesondere über die Zahl der abgeschlossenen Mehrkostenvereinbarungen und die durchschnittliche Höhe der mit ihnen verbundenen Aufzahlungen der Versicherten. [3]Der Spitzenverband Bund der Krankenkassen bestimmt zu diesem Zweck die von seinen Mitgliedern zu übermittelnden statistischen Informationen sowie Art und Umfang der Übermittlung.

Literatur:

Engelmann, (Ver-)Kauf von Forderungen (Factoring) aus medizinischen Behandlungen, insbesondere in der gesetzlichen Krankenversicherung, GesR 2009, 449; *Eschmann,* Start des maschinellen Datenaustausches mit sonstigen Leistungserbringern, ErsK 1998, 565; *Grömar,* Leistungs- und Vergütungsrecht der Ergotherapeuten, ZMGR 2011, 16; *Hauser,* Verbot der Weitergabe von Patientendaten an externe Abrechnungsstellen, KH 2009, 466; *Hilderink,* Datenschutz in der gesetzlichen Krankenversicherung, 2000; *Hilderink,* Unechtes Factoring im Zusammenhang mit der Leistungsabrechnung nach § 302 SGB V, DuD 2008, 25; *Huber,* Globalzession von (bestimmten) Ansprüchen gegen Kostenträger der Gesetzlichen Krankenversicherung als Kreditsicherheit, WM 2012, 635; *Kleinert,* Datenschutzaspekte bei der Abrechnung von Patientendaten, DuD 2010, 240; *Kühnel,* Die zukünftige Abrechnung und Datengliederung der „Sonstigen Leis-

---

13 Vgl. dazu auch § 7 Abs. 4 der „Richtlinien der Spitzenverbände der Krankenkassen nach § 302 Abs. 2 SGB V über Form und Inhalt des Abrechnungsverfahrens mit „sonstigen Leistungserbringern" sowie Hebammen und Entbindungspflegern (§ 301 a SGB V)" v. 9.5.1996 in der Fassung v. 20.11.2006.

tungserbringer", KrV 1995, 301; *Lips/Schöneberger*, Unechtes Factoring im Gesundheitswesen: Ein Geschäftsmodell vor dem Aus? NJW 2007, 1567; *Schneider*, Abrechnungsstellen und Datenschutz in der GKV, VSSR 2009, 381.

I. Entstehungsgeschichte	1	c) Beschränkung der Datenverarbeitung durch Rechenzentren	10
II. Regelungsgehalt und Normzweck	2	3. Richtlinien (Abs. 2 S. 1, Abs. 3) und Rahmenempfehlungen (Abs. 4)	11
1. Direktabrechnung mit den Krankenkassen (Abs. 1)	3	4. Berichtspflicht des Spitzenverbands Bund der Krankenkassen (Abs. 5)	13
2. Auftragsdatenverarbeitung durch Rechenzentren (Abs. 2 S. 2)	7		
a) Verhältnis zu § 80 SGB X	8		
b) Besondere Voraussetzungen (Abs. 2 S. 2–4)	9		

I. Entstehungsgeschichte

§ 302 wurde unter der Überschrift „Sonstige Leistungserbringer" durch Art. 1 des **GRG** vom 20.12.1988[1] in das SGB V eingefügt und trat zum 1.1.1989 in Kraft. Mit Art. 1 Nr. 161 des **Gesundheitsstrukturgesetzes**[2] v. 21.12.1992 erhielt die Vorschrift mit Wirkung zum 1.1.1993 die seitdem geltende Überschrift. Zugleich wurden die „sonstigen Leistungserbringer" in Abs. 1 durch „Leistungserbringer im Bereich der Heil- und Hilfsmittel und weitere Leistungserbringer" ersetzt und die Verpflichtung zur maschinenlesbaren Bezeichnung und Angabe der erbrachten Leistungen eingeführt. Bei den anzugebenden Daten wurden zusätzlich zur Krankenversichertennummer weitere Pflichtangaben aufgenommen. Mit Art. 1 Nr. 80 des **GKV-Gesundheitsreformgesetzes 2000**[3] wurden die Leistungserbringer verpflichtet, auch „die Verordnung des Arztes mit der Diagnose und den erforderlichen Angaben über den Befund" anzugeben (gültig ab 1.1.2000). In Abs. 2 S. 2 und S. 3 wurde die Möglichkeit der Auftragsdatenverarbeitung durch die Einschaltung von Rechenzentren geschaffen. Die Anforderungen an die Auftragsdatenverarbeitung wurden durch Art. 1 Nr. 8 des **AABG**[4] ergänzt (gültig ab 23.2.2002), indem die Rechenzentren die Daten nur in einer auf die im SGB bestimmten Zwecke ausgerichteten Weise verarbeiten und nutzen dürfen (vgl. Abs. 2 S. 3). In Abs. 2 wurde S. 4 angefügt. Die Vorgaben für den Übermittlungsweg in Abs. 1 und Abs. 2 wurden durch Art. 1 Nr. 173 des **GMG**[5] mit Wirkung zum 1.1.2004 um die elektronische Datenübertragung ergänzt. Weiterhin wurden die Angaben gemäß § 291 Abs. 2 um die Nr. 7 bis 10 erweitert. Mit Art. 1 Nr. 104 des **GKV-WSG**[6] ersetzte der Gesetzgeber zum 1.7.2008 als Folge der geänderten Organisation der Verbände der Krankenkassen „die Spitzenverbände der Krankenkassen" durch den „Spitzenverband Bund" der Krankenkassen in Abs. 2 S. 1. Durch Art. 1 Nr. 14 d des **GKV-OrgWG**[7] wurde in Abs. 1 § 139 (statt vorher: § 128) in Bezug genommen (gültig seit 1.1.2009). Art. 1 Nr. 82 des **GKV-VStG**[8] hat Abs. 4 mit Wirkung zum 1.1.2012 angefügt. Abs. 1 wurde durch Art. 13 Nr. 7 des Dritten Gesetzes zur Stärkung der pflegerischen Versorgung und zur Änderung weiterer Vorschriften (Drittes Pflegestärkungsgesetz – PSG III)[9] vom 23.12.2016 mit Wirkung zum 1.1.2017 um S. 2 erweitert.[10] Die Pflicht zur Angabe der Höhe der mit dem Versicherten abgerechneten Mehrkosten nach § 33 Abs. 1 S. 5 ist in S. 2 durch Art. 1 Nr. 20 des **Heil- und Hilfsmittelversorgungsgesetzes (HHVG)**[11] vom 4.4.2017[12] mit Wirkung zum 11.4.2017 aufgenommen worden.[13] Zugleich wurde Abs. 5 angefügt.[14] Durch das **Gesetz zur Fortschreibung der Vorschriften für Blut- und Gewebezubereitungen und zur Änderung anderer Vorschriften**[15] v. 18.7.2017 hat der Gesetzgeber einen versehentlichen redaktionellen Verweisfehler des Abs. 1 S. 2 aE

---

1 BGBl. I 1988, 2477.
2 BGBl. I 1992, 2266.
3 BGBl. I 1999, 2626.
4 BGBl. I 2002, 684.
5 BGBl. I 2003, 2190.
6 BGBl. I 2007, 378.
7 BGBl. I 2008, 2426.
8 BGBl. I 2011, 2983.
9 BGBl. I 2016, 3191.
10 Zur Begründung vgl. BR-Dr. 410/16, 108.
11 Gesetz zur Stärkung der Heil- und Hilfsmittelversorgung.
12 BGBl. I 2017, 778.
13 Zur Begründung vgl. BR-Dr. 490/16, 40.
14 Begründung vgl. BT-Dr. 18/11205, 78.
15 BGBl. I 2017, 2757.

korrigiert, indem er den Hs. 2 des S. 2 mit dem Verweis auf § 33 Abs. 1 S. 5 in den Abs. 1 S. 1 aE verschoben und die in Bezug genommene Norm durch § 33 Abs. 1 S. 6 ersetzt hat.[16]

II. Regelungsgehalt und Normzweck

2 § 302 ist eine datenschutzrechtliche Regelung ohne leistungsrechtlichen Gehalt,[17] die die gesetzliche Grundlage für die Übermittlung von Abrechnungsdaten für die **sonstigen Leistungserbringer** (→ Rn. 3) bildet. Sie regelt, welche Angaben (Abs. 1, Abs. 2) an die Krankenkassen (Abs. 1) und die Kassenärztliche Vereinigungen (Abs. 2 S. 4) elektronisch oder maschinell verwertbar auf Datenträgern zu übermitteln sind. Abs. 1 sieht die **Direktabrechnung** der sonstigen Leistungserbringer mit den Krankenkassen vor. Abs. 2 erlaubt die **Auftragsdatenverarbeitung** zum Zweck der Abrechnung durch Rechenzentren. Verfahrensvorgaben durch Richtlinien (Abs. 2) und Rahmenempfehlungen (Abs. 4) sichern den Schutz des informationellen Selbstbestimmungsrechts (Art. 2 Abs. 1 iVm Art. 1 GG) zusätzlich ab.

3 **1. Direktabrechnung mit den Krankenkassen (Abs. 1).** Abs. 1 verpflichtet die „Leistungserbringer im Bereich der Heil- und Hilfsmittel und die weiteren Leistungserbringer", den Krankenkassen die von ihnen erbrachten Leistungen nach Art, Menge und Preis zu bezeichnen und weitere in Abs. 1 benannte Daten anzugeben. Abs. 1 ist für die zu übermittelnden Angaben „abschließend und enumerativ".[18] Aus dem zweiten Teil der Überschrift der Vorschrift („der sonstigen Leistungserbringer"), aus Abs. 1 Hs. 2 sowie aufgrund der systematischen Stellung von § 302 innerhalb der bereichsspezifischen datenschutzrechtlichen Abrechnungsvorschriften für die erbrachten Leistungen (§§ 295 – 301a) folgt, dass alle **sonstigen Leistungserbringer** von der Verpflichtung erfasst sind, die nicht in den Anwendungsbereich der §§ 295 bis 301a fallen. Dazu zählen die ausdrücklich von Abs. 1 S. 1 benannten Leistungserbringer von **Heil- und Hilfsmittelleistungen** (§§ 124, 126), zB Physiotherapeuten, Logopäden, Ergotherapeuten, Masseure, Augenoptiker[19] und Hörgeräteakustiker, Leistungserbringer nichtärztlicher Dialyseeinrichtungen (§ 126 Abs. 3) sowie die **„weiteren Leistungserbringer"**, beispielsweise Erbringer von Haushaltshilfeleistungen (§ 132), von häuslichen Krankenpflegeleistungen (§ 132a),[20] von Soziotherapieleistungen (§ 132b), von spezialisierter ambulanter Palliativversorgung (§ 132d) oder von Krankentransportleistungen (§ 133). Direktvertreiber von Verbandsmaterial können den Leistungserbringern gemäß der Richtlinien nach § 302 Abs. 2 gleichgestellt sein.[21]

4 Die sonstigen Leistungserbringer haben den Krankenkassen unmittelbar (Direktübermittlung) elektronisch (zB über zertifizierte Software) oder maschinell verwertbar auf Datenträgern (zB CDs, USB-Sticks) die von ihnen erbrachten Leistungen nach Art, Menge und Preis zu bezeichnen, weiterhin den Tag der Leistungserbringung, die Arztnummer des verordnenden Arztes, die Verordnung des Arztes mit der Diagnose und den erforderlichen Angaben über den Befund sowie die Angaben nach § 291 Abs. 2 Nr. 1 bis 10 anzugeben. Für die Abrechnung von Hilfsmittelleistungen sind die Bezeichnungen des Hilfsmittelverzeichnisses nach § 139 anzugeben (Abs. 1 S. 1 aE) und die Höhe der mit dem Versicherten abgerechneten **Mehrkosten** nach § 33 Abs. 1 S. 6 (seit 11.4.2017, → Rn. 1). Die verpflichtende Angabe der Mehrkosten wurde zum Zweck der Prüfung der Versorgung der Versicherten mit Hilfsmitteln eingeführt.[22] Der Gesetzgeber hatte Zweifel, ob die Wahl der konkreten Versorgungsform auf einer informierten abgewogenen Entscheidung der Versicherten beruht oder Folge einer zielgerichteten Beratung der Hilfsmittelerbringer ist.[23] Durch die Übermittlungspflicht der Versorgungen mit Mehrkosten erlangen die Krankenkassen Erkenntnisse zum Umfang der Versorgungen ohne Mehrkosten (§ 33 Abs. 1 S. 1) und über diejenigen mit Mehrkosten (§ 33 Abs. 1 S. 6); diese sind wiederum für das Auffinden von Auffälligkeiten in den Auffälligkeitsprüfungen nach § 127 Abs. 5a von Bedeutung.[24] Zur flankierenden Berichtspflicht des Spitzenverbands Bund der Krankenkassen s. Abs. 5 bzw. → Rn. 13. Hinsichtlich der Diagnosen muss im Gegensatz zu § 295 Abs. 1 S. 2 und § 301 Abs. 2 der ICD-10-Schlüssel aufgrund von § 302 Abs. 1 nicht verwendet werden. Er kann aber in den Richtlinien nach Abs. 2 vorgegeben werden. **Bezeichnen und Angaben** (S. 1) sind keine „spezifisch datenschutz-

---

16 Zur Begründung vgl. BT-Dr. 18/12587, 61 zu Nummer 14.
17 LSG NRW, 16.5.2012, L 1 (16) KR 265/09, NZS 2012, 917, 918 Rn. 12.
18 BSG, 28.11.2013, B 3 KR 27/12 R, BSGE 115, 40, 47.
19 Vgl. BSG, 28.11.2013, B 3 KR 24/12 R; BSG, 28.11.2013, B 3 KR 27/12 R, BSGE 115, 40.
20 Vgl. zB SG Kassel, 7.4.2011, S 12 KR 150/09.
21 Vgl. LSG Hmb, 24.2.2011, L 1 KR 32/08, MedR 2011, 609.
22 Vgl. BT-Dr. 18/10186, 43 zu Nummer 20.
23 Vgl. BT-Dr. 18/10186, 43 zu Nummer 20.
24 Vgl. BT-Dr. 18/10186, 43 zu Nummer 20.

rechtlichen" Begriffe.[25] Gemeint ist das Übermitteln der von Abs. 1 S. 1 bestimmten Angaben.[26] S. 2 verpflichtet Leistungsbringer der **häuslichen Krankenpflege** nach § 37 weiterhin zur Angabe der Zeit der Leistungserbringung (seit dem 1.1.2017, → Rn. 1). Diese zusätzliche Angabe hat der Gesetzgeber der Vorgabe des § 105 SGB X nachgebildet, um besser nachprüfen zu können, ob die abgerechneten Leistungen bei einem Versicherten innerhalb des dort verbrachten Zeitfensters erbracht werden konnten.[27] Anzugeben ist die „Zeit der Leistungserbringung bezogen auf alle in einem zeitlichen Zusammenhang erbrachten Leistungen eines Pflegedienstes",[28] nicht die Anfangs- und Endzeiten jeder einzelnen Leistung.

Will ein sonstiger Leistungserbringer in einem Prüfverfahren die Richtigkeit der elektronischen Datenerfassung und Datenübermittlung anzweifeln, muss er substantiierte Einwände dagegen vorbringen.[29] Nach § 302 Abs. 1 wird die **Richtigkeit** zugunsten der Prüfgremien und Gerichte vermutet. Sie dürfen ihre Entscheidungen darauf stützen, „dass die elektronisch übermittelten Verordnungskosten tatsächlich auf Verordnungen des jeweiligen Vertragsarztes beruhen, selbst wenn eine Störanfälligkeit des praktizierten Systems nicht ausgeschlossen und damit eine völlige Fehlerfreiheit nicht gewährleistet werden kann."[30]

§ 302 gewährt den Krankenkassen zwar das Recht bei Zweifeln und Unklarheiten in Bezug auf die übermittelten Daten durch nicht-medizinische Nachfragen selbst beim sonstigen Leistungserbringer zu klären, ob die jeweiligen Voraussetzungen der Zahlungspflicht im Einzelfall gegeben sind.[31] Eine solche Nachfrage kann auf § 302 gestützt werden, da sie sich – in einem auch für sonstige Leistungserbringer geltenden mehrstufigen Auskunfts- und Prüfregime (→ § 301 Rn. 3) der Abrechnungsprüfung – auf der ersten Stufe der Sachverhaltsaufklärung bewegt.[32] Soweit die Leistungserbringer der Übermittlungspflicht ordnungsgemäß (zum Inhalt → Rn. 3 f.) nachgekommen sind, steht der Krankenkasse aufgrund von § 302 aber kein weitergehender Auskunfts- und Herausgabeanspruch auf die Kundenunterlagen und -daten, insbesondere auf Karteikarten oder etwaige Lieferscheine zu.[33]

2. Auftragsdatenverarbeitung durch Rechenzentren (Abs. 2 S. 2). Abs. 2 S. 2 erlaubt den sonstigen Leistungserbringern, externe Rechenzentren für die Datenverarbeitung nach Abs. 1 („zur Erfüllung ihrer Verpflichtungen nach Absatz 1") in Anspruch zu nehmen. Die Regelung ist eine der wenigen bereichsspezifisch „geltenden Sonderregelungen"[34] im SGB V für die Beauftragung von Rechenzentren für die Aufbereitung der Daten von Leistungsbringern zum Zweck der Abrechnung und zur Übermittlung der Angaben an die Krankenkasse (weiterhin §§ 295a, 300 Abs. 2, 301a Abs. 2).

a) **Verhältnis zu § 80 SGB X.** Die Voraussetzungen und Anforderungen für die Beauftragung externer Rechenzentren zur Datenverarbeitung für die Abrechnung ergeben sich aus S. 2 bis S. 4, nicht aber aus § 80 SGB X.[35] § 80 SGB X greift für die sonstigen Leistungserbringer ebenso wenig wie für die Leistungserbringer.[36] Die Anwendbarkeit des § 80 SGB X erfordert die Beauftragung einer anderen Stelle mit der Datenverarbeitung durch eine verantwortliche Stelle. Verantwortliche Stelle für die Beauftragung kann nach § 67 Abs. 9 SGB X nur eine solche sein, die vom Anwendungsbereich der §§ 67 ff. SGB X erfasst wird. Dies sind nach der Grundsatzregel des § 35 SGB I die in § 35 Abs. 1 oder § 35

---

25 Vgl. Didong/Koche in: jurisPK-SGB V § 302 Rn. 10; Schneider in: Krauskopf SozKV § 302 Rn. 5.
26 Ganz allgemeine Ansicht, vgl. Didong/Koch in: jurisPK-SGB V § 302 Rn. 10; Hornung in: Hänlein/Schuler § 302 Rn. 2; Luthe in: Hauck/Noftz SGB V § 302 Rn. 5; Michels in: Becker/Kingreen SGB V § 302 Rn. 2; Schneider in: Krauskopf SozKV 302 Rn. 5.
27 Vgl. BT-Dr. 18/9518, 107 zu Nummer 7.
28 BT-Dr. 18/9518, 107 zu Nummer 7.
29 Vgl. HessLSG, 28.6.2009, L 4 KA 16/05, juris Rn. 26.
30 HessLSG, 28.6.2009, L 4 KA 16/05, juris Rn. 27.
31 BSG, 28.11.2013, B 3 KR 27/12 R, BSGE 115, 40, 47.
32 BSG, 28.11.2013, B 3 KR 27/12 R, BSGE 115, 40, 48.
33 BSG, 28.11.2013, B 3 KR 27/12 R, BSGE 115, 40, 47 f.
34 BSG, 10.12.2008, B 6 KA 37/07 R, BSGE 102, 134, 142.
35 AA Luthe in: Hauck/Noftz SGB V § 300 Rn. 10; ders. § 302 Rn. 8 ohne Begr.; Scholz in: BeckOK SozR SGB V § 302 Rn. 4 ohne Begr.
36 Für Leistungserbringer allgemein BSG, 10.12.2008, B 6 KA 37/07 R, BSGE 102, 102 (134, 140 mwN aus Rspr. und Lit.: „So finden die datenschutzrechtlichen Bestimmungen des SGB I wie des SGB X nach zutreffender Ansicht (...) auf Leistungserbringer keine Anwendung, da sie allein den Schutz von Sozialdaten im Verwaltungsverfahren der Sozialleistungsträger regeln (...)."; Schneider in: Krauskopf SGB V § 302 Rn. 10 und § 300 Rn. 8 ff.; ders., VSSR 2009, 381, 387.

Abs. 1 S. 4 SGB I benannten Stellen, zu denen die Leistungserbringer nicht zählen.[37] Darüber hinaus ordnet § 302 Abs. 2 SGB V als bereichsspezifische „Sonderregelung" im SGB V – anders als § 295 a Abs. 2 – nicht die Anwendung des § 80 SGB X an.[38]

b) Besondere Voraussetzungen (Abs. 2 S. 2–4). Abs. 2 S. 2 verlangt von den Leistungserbringern nach Abs. 1, dass diese ein Rechenzentrum in Anspruch nehmen. S. 3 setzt einen Auftrag voraus. Inanspruchnehmen und **beauftragen** meint ein Vertragsverhältnis zwischen Auftraggeber und Auftragnehmer, zB in Gestalt eines Dienstvertrags oder eines Auftrags. Keine Auftragsverarbeitung liegt vor, wenn die zugrundeliegende Aufgabe übertragen wird (dann: Funktionsübertragung), wobei maßgebliches Kriterium für die Auftragsdatenverarbeitung die **Erfüllung von Hilfsfunktionen** für die verantwortliche Stelle ist.[39] Verantwortlich für die Datenverarbeitung bleiben die Leistungserbringer nach Abs. 1. Dies sollte vertraglich geregelt sein, zB durch Weisungsrechte, Auskunftsrechte, ein Betretungsrecht des Auftraggebers bezüglich des Betriebsgrundstücks und der Geschäftsräume des Auftragnehmers und ein Einsichtsrecht in geschäftliche Unterlagen. Die Auftragsdatenverarbeitung ist auf die „im **Sozialgesetzbuch bestimmten Zwecke**" beschränkt (Abs. 2 S. 3). Damit gemeint sind – wie bei § 300 – ausschließlich Abrechnungszwecke.[40] **Anonymisierte Daten** (Def. s. § 67 Abs. 8 SGB X) dürfen auch zu anderen Zwecken (zB zu berufspolitischen Zwecken) verarbeitet (also gespeichert, verändert, übermittelt, gesperrt oder gelöscht) oder genutzt werden (Def. s. § 67 Abs. 7 SGB X). Abs. 2 S. 4 erlaubt weiterhin die Übermittlung (§ 67 Abs. 6 SGB X) der Angaben nach Abs. 1 an die **Kassenärztlichen Vereinigungen** für den Abschluss von Arznei- und Heilmittelvereinbarungen (§ 84), für die Informationsverpflichtung gegenüber Ärzten für eine wirtschaftliche Verordnungsweise (§ 73 Abs. 8) sowie für die Beratung der Vertragsärzte (§ 305 a), soweit die Übermittlung für die Erfüllung der benannten Aufgaben erforderlich, also unbedingt notwendig ist.

c) Beschränkung der Datenverarbeitung durch Rechenzentren. Streitig ist, ob Abs. 2 S. 2 über die gesetzliche Befugnis zur Weitergabe von Daten hinaus auch die **Abtretung der Forderung** und das damit verbundene Recht des Abtretungsempfängers auf Weitergabe sämtlicher Informationen und Unterlagen zulässt. Die Rechtsprechung lehnt dies ab.[41] Nach § 302 seien lediglich Rechenzentren als Dienstleister für Leistungserbringer im Rahmen der Ermittlung und Zuordnung der Vergütungsforderungen gegen die einzelnen Leistungsträger vorgesehen, die die Daten nur im Rahmen der Vorschriften des SGB für Abrechnungszwecke verwenden dürften. Damit sei aber nicht geregelt, dass sie Inhaber der Forderungen werden dürften und mit ihnen so verfahren könnten, wie sie es für richtig hielten, etwa die ursprüngliche Vergütungsforderung für medizinische Leistungen auch weiter abzutreten.[42] Eine Befugnis zur Weitergabe sämtlicher Informationen und Unterlagen, die zu der Forderung gehörten und auf die der Abtretungsempfänger Anspruch gem. § 402 BGB habe, folge aus Abs. 2 S. 2 nicht.[43] In der Literatur wird dies vereinzelt anders gesehen.[44] Die Vorschrift berechtige nach ihrem Regelungsgehalt die Rechenzentren dazu, die Forderungen geltend zu machen und einzuziehen.[45] Dies ergebe sich aus § 4 Abs. 3 der „Richtlinien der Spitzenverbände der Krankenkassen nach § 302 Abs. 2 SGB V über Form und Inhalt des Abrechnungsverfahrens mit „sonstigen Leistungserbringern" sowie Hebammen und Entbindungspflegern (§ 301 a SGB V)".[46] Die Vorschrift sei eine datenschutzrechtliche Regelung, die zu der Frage der Abtretbarkeit der Forderungen von Leistungserbringern keine Aussage treffe, aber auch kein Verbot der Forderungsabtretung enthalte.[47] Der Missbrauchsgefahr durch Weiterabtretun-

---

37 Vgl. BSG, 10.12.2008, B 6 KA 37/07 R, BSGE 102, 102 (134,141).
38 So im Ergebnis auch Schneider, VSSR 2009, 381, 387, der sich für eine Anwendbarkeit von § 11 BDSG ausspricht; ebenso Pflugmacher in Eichenhofer/Wenner SGB V § 302 Rn. 9 aber ohne Begründung.
39 Vgl. Bieresborn in: v. Wulffen/Schütze SGB X, 8. Aufl. 2014, § 80 Rn. 3; Gola/Klug/Körffer in: Gola/Schomerus, BDSG, 12. Aufl. 2015, § 11 Rn. 9; Sommer in: Krahmer, Sozialdatenschutz nach SGB I und X, 3. Aufl. 2011, § 80 Rn. 5.
40 Vgl. BT-Dr. 14/1245, 106 zu Nummer 121 Zu Buchstabe b.
41 Vgl. OLG Hamm, 17.11.2006, 19 U 81/06, BB 2007, 2763, 2764.
42 Vgl. OLG Hamm, 17.11.2006, 19 U 81/06, BB 2007, 2763, 2764: Verstoß gegen § 203 StGB und Nichtigkeit gemäß § 134 BGB.
43 Zustimmend aus der Literatur: Engelmann, GesR 2009, 449, 453; Hornung in: Hänlein/Schuler § 302 Rn. 4; Schneider in: Krauskopf SozKV § 302 SGB V Rn. 10.
44 Vgl. Hilderink, DuD 2008, 25, 26; Lips/Schönberger, NJW 2007, 1567, 1568; Siegmann/Binder, BB 2007, 2765 f.
45 Hilderink, DuD 2008, 25, 26.
46 Vgl. Hilderink, DuD 2008, 25, 26.
47 Vgl. Hilderink, DuD 2008, 25, 27.

gen beuge Abs. 2 S. 3 vor.[48] Auch wird damit argumentiert, dass die Rechenzentren durch die Abtretung nicht mehr Daten erhielten, als nach Abs. 2 S. 2 ohnehin zum Zwecke der Abrechnung in legitimierter Weise übermittelt würden.[49] Diese Ansichten übersehen das grundlegende Merkmal der Auftragsdatenverarbeitung. Der Leistungserbringer, der das Rechenzentrum beauftragt, bleibt Verantwortlicher für die Datenverarbeitung, wie der Wortlaut deutlich macht („zur Erfüllung *ihrer* Verpflichtungen"). Das Rechenzentrum rechnet nur in seiner Hilfsfunktion für die sonstigen Leistungserbringer ab. Es darf dafür nur die in Abs. 1 benannten Daten verarbeiten, nicht aber weitere über Abs. 1 hinausgehende Informationen und Unterlagen einholen oder die Forderung weiter abtreten.

3. Richtlinien (Abs. 2 S. 1, Abs. 3) und Rahmenempfehlungen (Abs. 4). Abs. 2 S. 1 ermächtigt nur den Spitzenverband Bund der Krankenkassen (§ 217a) Näheres über Form und Inhalt des Abrechnungsverfahrens durch **Richtlinien** zu bestimmen, die weiterhin gemäß Abs. 3 auch die Voraussetzungen und das Verfahren bei der Teilnahme an der elektronischen Abrechnung zu regeln haben.[50] Die Regelungsgegenstände sind abschließend aufgezählt. 11

Abs. 4 beinhaltet eine **Kollisionsregel** für den Fall des Widerspruchs zwischen Richtlinien (Abs. 3) und Rahmenempfehlungen (§ 127 Abs. 6, § 133 Abs. 4). Abs. 4 wurde durch das GKV-VStG angefügt (→ Rn. 1). Die Notwendigkeit einer Kollisionsregel liegt darin begründet, dass der Gesetzgeber mit § 127 Abs. 6, der ebenfalls durch das GKV-VStG eingeführt wurde, für die Vereinheitlichung der Durchführung und der Abrechnung der Hilfsmittel eine zweite Regelungskompetenz geschaffen hat. Gemäß § 127 Abs. 6 ist vorgesehen, dass der Spitzenverband Bund der Krankenkassen gemeinsam mit den Spitzenorganisationen der Leistungserbringer Rahmenempfehlungen zur Vereinheitlichung und Vereinfachung der Abrechnung der Versorgung mit Hilfsmitteln abgeben. Dies gilt auch für die Versorgung mit Krankentransportmitteln (§ 133 Abs. 4). Für den Fall des Widerspruchs zwischen Richtlinien und Rahmenempfehlungen gilt § 302 Abs. 4:[51] Bei einem Abweichen der Abrechnungsregelungen der Rahmenempfehlungen von den Regelungen der Richtlinie sind die Rahmenempfehlungen maßgeblich. 12

4. Berichtspflicht des Spitzenverbands Bund der Krankenkassen (Abs. 5). Abs. 5 soll der Transparenz über geleistete Aufzahlungen der Versicherten auf Versorgung mit Hilfsmitteln gemäß § 33 Abs. 1 S. 6 dienen.[52] Dem Spitzenverband Bund der Krankenkassen wird eine jährliche Berichtspflicht auferlegt (erstmals zum 30.6.2018). Der Bericht muss eine nach Produktgruppen differenzierte Übersicht über die Entwicklung der Mehrkostenvereinbarungen für die Versorgungen nach § 33 Abs. 1 S. 6 ohne Versicherten- oder Einrichtungsbezug. S. 2 nennt den verpflichtenden Inhalt beispielhaft und nicht abschließend. S. 3 gewährt dem Spitzenverband Bund der Krankenkassen gegenüber seinen Mitgliedern einen Übermittlungsanspruch für die für den Bericht benötigten statistischen Informationen sowie das Recht, diese Angaben, die Art und den Umfang der Übermittlung festzulegen. 13

§ 303 Ergänzende Regelungen

(1) Die Landesverbände der Krankenkassen und die Verbände der Ersatzkassen können mit den Leistungserbringern oder ihren Verbänden vereinbaren, daß
1. der Umfang der zu übermittelnden Abrechnungsbelege eingeschränkt,
2. bei der Abrechnung von Leistungen von einzelnen Angaben ganz oder teilweise abgesehen
wird, wenn dadurch eine ordnungsgemäße Abrechnung und die Erfüllung der gesetzlichen Aufgaben der Krankenkassen nicht gefährdet werden.
(2) ¹Die Krankenkassen können zur Vorbereitung und Kontrolle der Umsetzung der Vereinbarungen nach § 84, zur Vorbereitung der Prüfungen nach den § 112 Abs. 2 Satz 1 Nr. 2 und § 113, zur Vorbereitung der Unterrichtung der Versicherten nach § 305 sowie zur Vorbereitung und Umsetzung der Beratung der Vertragsärzte nach § 305 a Arbeitsgemeinschaften nach § 219 mit der Speicherung, Verar-

---

48 Vgl. Hilderink, DuD 2008, 25, 27.
49 Vgl. Lips/Schönberger, NJW 2007, 1567, 1568.
50 Vgl. „Richtlinien der Spitzenverbände der Krankenkassen nach § 302 Abs. 2 SGB V über Form und Inhalt des Abrechnungsverfahrens mit „sonstigen Leistungserbringern" sowie Hebammen und Entbindungspflegern (§ 301 a SGB V)" v. 9.5.1996 in der Fassung v. 20.11.2006, abrufbar unter http://www.gkv-datenaustausch.de / leistungserbringer/sonstige_leistungserbringer/sonstige_leistungserbringer.jsp (zuletzt abgerufen am 26.5.2017).
51 Vgl. BT-Dr. 17/6906, 98 zu Nummer 82.
52 Vgl. BT-Dr. 18/11205, 78 zu Nummer 20.

beitung und Nutzung der dafür erforderlichen Daten beauftragen. ²Die den Arbeitsgemeinschaften übermittelten versichertenbezogenen Daten sind vor der Übermittlung zu anonymisieren. ³Die Identifikation des Versicherten durch die Krankenkasse ist dabei zu ermöglichen; sie ist zulässig, soweit sie für die in Satz 1 genannten Zwecke erforderlich ist. ⁴§ 286 gilt entsprechend.

(3) ¹Werden die den Krankenkassen nach § 291 Abs. 2 Nr. 1 bis 10, § 295 Abs. 1 und 2, § 300 Abs. 1, § 301 Abs. 1, §§ 301a und 302 Abs. 1 zu übermittelnden Daten nicht im Wege elektronischer Datenübertragung oder maschinell verwertbar auf Datenträgern übermittelt, haben die Krankenkassen die Daten nachzuerfassen. ²Erfolgt die nicht maschinell verwertbare Datenübermittlung aus Gründen, die der Leistungserbringer zu vertreten hat, haben die Krankenkassen die mit der Nacherfassung verbundenen Kosten den betroffenen Leistungserbringern durch eine pauschale Rechnungskürzung in Höhe von bis zu 5 vom Hundert des Rechnungsbetrages in Rechnung zu stellen. ³Für die Angabe der Diagnosen nach § 295 Abs. 1 gilt Satz 1 ab dem Zeitpunkt der Inkraftsetzung der überarbeiteten Zehnten Fassung des Schlüssels gemäß § 295 Abs. 1 Satz 3.

(4) ¹Sofern Datenübermittlungen zu Diagnosen nach den §§ 295 und 295a fehlerhaft oder unvollständig sind, ist eine erneute Übermittlung in korrigierter oder ergänzter Form nur im Falle technischer Übermittlungs- oder formaler Datenfehler zulässig. ²Eine nachträgliche Änderung oder Ergänzung von Diagnosedaten insbesondere auch auf Grund von Prüfungen gemäß den §§ 106 bis 106c, Unterrichtungen nach § 106d Absatz 3 Satz 2 und Anträgen nach § 106d Absatz 4 ist unzulässig. ³Das Nähere regeln die Vertragspartner nach § 82 Absatz 1 Satz 1.

Literatur:
Hilderink, Datenschutz in der gesetzlichen Krankenversicherung, 2000; *Korthus*, Rechnungskürzung durch die Krankenkasse nach § 303 Abs. 3 SGB V, KH 2008, 56; *Schmidt*, Wer nicht gehorcht, kriegt kein Honorar, Der Kassenarzt 1995, 16; *Sichert*, Die Arbeitsgemeinschaft als Akteur in der GKV – Von offenen Kooperationsgewinnen und verborgenen Kontrollverlusten, NZS 2013, 129; *Sichert/Fischer*, Alles Routine?! Kodieranreize und „strategischer" Umgang mit Leistungsdaten im Fokus der Rechtsaufsicht über Krankenkassen und der RSA-Durchführungsaufgabe, NZS 2015, 694.

I. Entstehungsgeschichte

1 § 303 wurde durch Art. 1 des GRG[1] in das SGB V eingefügt und trat zum 1.1.1989 in Kraft. Mit Art. 1 Nr. 162 des Gesundheitsstrukturgesetzes[2] v. 21.12.1992 wurden mit Wirkung zum 1.1.1993 Abs. 2 und Abs. 3 angefügt. In Abs. 1 wurde die „Erfüllung der gesetzlichen Aufgaben der Krankenkassen" aufgenommen. Durch Art. 1 Nr. 12 des 3. SGB V-ÄndG[3] wurde in Abs. 3 S. 3 die Pflicht zur Verschlüsselung der Diagnosen nach § 295 Abs. 1 vorgeschrieben. Diese Regelung wurde durch Art. 1 Nr. 55 des 2. GKV-NOG[4] mit Wirkung zum 1.7.1997 in Bezug auf die anzuwendende Fassung des Diagnoseschlüssels konkretisiert. Art. 1 Nr. 6a des ABAG[5] hat die Zwecke für die Datenverarbeitung und die Datennutzung durch Arbeitsgemeinschaften in Abs. 2 um die „Kontrolle der Umsetzung der Vereinbarungen nach § 84", um die „Vorbereitung" der Prüfungen nach §§ 106, 112 Abs. 2 S. 1 Nr. 2 und § 113 sowie um die „Vorbereitung und Umsetzung der Beratung der Vertragsärzte nach § 305a" erweitert. Art. 1 Nr. 174 des GMG[6] v. 14.11.2003 hat mit Wirkung zum 1.1.2004 Abs. 3 geändert. Eingeführt wurden ua die Nacherfassungspflicht und die Möglichkeit zur pauschalen Rechnungskürzung. Zuvor hatten die Krankenkassen ein Zurückbehaltungsrecht, wenn die Daten nicht ordnungsgemäß elektronisch übertragen worden waren.[7] Art. 1 Nr. 20 lit. a des Heil- und Hilfsmittelversorgungsgesetzes (HHVG)[8] vom 4.4.2017[9] hat mit Wirkung zum 11.4.2017 Abs. 4 angefügt.[10]

---

1 BGBl. I 1988, 2477.
2 BGBl. I 1992, 2266.
3 BGBl. I 1995, 678.
4 BGBl. I 1997, 1520.
5 BGBl. I 2001, 3773.
6 BGBl. I 2003, 2190.
7 Vgl. dazu SG Speyer, 23.3.2004, S 7 KR 575/02, BeckRS 2004, 19239.
8 Gesetz zur Stärkung der Heil- und Hilfsmittelversorgung.
9 BGBl. I 2017, 778.
10 Zur Begründung vgl. BT-Dr. 18/11205, 78.

II. Regelungsgehalt und Normzweck

Die Vorschrift dient der **Vereinfachung von Verwaltungsverfahren** durch drei Vorgaben, die sich an unterschiedliche Adressaten richten: **Abs. 1** ermöglicht den Landesverbänden der Krankenkassen und den Verbänden der Ersatzkassen mit den Leistungserbringern und deren Verbänden, einschränkende Regelungen zum Umfang der Abrechnungsbelege und ein Absehen von Angaben zu vereinbaren. **Abs. 2** erlaubt den Krankenkassen, zu bestimmten Zwecken Arbeitsgemeinschaften mit der Datenverarbeitung und der Datennutzung zu beauftragen. **Abs. 3** setzt einen Anreiz zur elektronischen Übermittlung der genannten Angaben (S. 1 und S. 3) für die Krankenkassen, indem diese bei Verstößen gegen die genannten Übermittlungsvorschriften dazu verpflichtet werden, die Daten nachzuerfassen (S. 1) und berechtigt werden, für den Aufwand der von ihnen vorzunehmenden Nacherfassung das Honorar des Leistungserbringers pauschal um bis zu 5 % zu kürzen, wenn dieser die nicht maschinelle verwertbare Datenübertragung zu vertreten hat (S. 2). **Abs. 4** regelt die Voraussetzungen für nachträgliche Korrekturen bereits übermittelter Diagnosen nach den §§ 295 und § 295 a (→ Rn. 8).

III. Reduzierung von Angaben durch Vereinbarungen (Abs. 1)

Abs. 1 ermächtigt die Landesverbände der Krankenkassen und die Verbände der Ersatzkassen (s. § 207), mit den Leistungserbringern oder deren Verbänden Vereinbarungen zu treffen, die eine Reduzierung des Umfangs der für die Abrechnung zu übermittelnden Belege (Nr. 1) zum Gegenstand haben und/oder den vollständigen oder teilweisen Verzicht auf einzelne Abrechnungsangaben (Nr. 2). Ob die Parteien abweichende Regelungen treffen, wird von den praktischen Bedürfnissen nach Verwaltungsvereinfachung bestimmt.[11] Die ordnungsgemäße Abrechnung und die Erfüllung der gesetzlichen Aufgaben der Krankenkassen dürfen nicht gefährdet werden.[12]

IV. Auftragsdatenverarbeitung durch Arbeitsgemeinschaften (Abs. 2)

Abs. 2 S. 1 erlaubt den Krankenkassen, Arbeitsgemeinschaften nach § 219 mit der Verarbeitung und Nutzung von Daten für die in Abs. 2 **abschließend aufgezählten Zwecke** (Vorbereitung und Kontrolle der Umsetzung der Arzneimittel- und der Heilmittelvereinbarungen nach § 84, Überprüfung der Notwendigkeit und Dauer der Krankenhausbehandlung einschließlich eines Kataloges an Leistungen nach § 112 Abs. 2 S. 1 Nr. 2, Qualitäts- und Wirtschaftlichkeitsprüfung der Krankenhausbehandlung nach § 113, Vorbereitung der Unterrichtung der Versicherten über die von diesen verlangten Auskünfte nach § 305, Vorbereitung und Umsetzung der Beratung von Vertragsärzten nach § 305 a zu beauftragen. Zum Begriff der Arbeitsgemeinschaft[13] und den Rechtsformen → § 293 Rn. 5. Für den Umfang der Daten, mit deren Verarbeitung und Nutzung die Arbeitsgemeinschaften beauftragt werden dürfen, gilt der Erforderlichkeitsgrundsatz („dafür erforderliche Daten", zum Begriff „erforderlich" → § 284 Rn. 3). Sie führen eine Auftragsdatenverarbeitung und -nutzung iSv § 80 SGB X durch,[14] weshalb die Krankenkassen gem. § 80 Abs. 1 S. 1 SGB X verantwortlich bleiben. Zur Durchführung und Beauftragung s. § 80 SGB X.

Abs. 2 S. 2 ordnet an, dass die versichertenbezogenen Daten vor der Weitergabe an die Arbeitsgemeinschaft zu **anonymisieren** sind. Mit Blick auf **Abs. 2 S. 3**, nach dem die Identifikation durch die Krankenkasse zu ermöglichen ist, ist jedoch keine Anonymisierung (§ 67 Abs. 8 SGB X), sondern eine Pseudonymisierung (§ 67 Abs. 8 a SGB X) gemeint.[15] Im Sinne einer einheitlichen terminologischen Verwendung im Sozialdatenschutz wäre eine gesetzgeberische Klarstellung wünschenswert. Da gem. Abs. 2 S. 4 § 286 entsprechend gilt, hat die Arbeitsgemeinschaft im Fall der Beauftragung jährlich eine Datenübersicht zu veröffentlichen (zu den Anforderungen s. § 286).

V. Nacherfassungspflicht und Rechnungskürzung (Abs. 3)

Abs. 3 S. 1 sieht eine **Verpflichtung** der Krankenkassen zur **elektronischen Nacherfassung** der Daten vor, wenn die nach § 291 Abs. 2 Nr. 1 bis 10, § 295 Abs. 1 und Abs. 2, § 300 Abs. 1, § 301 Abs. 1, § 301 a und 302 Abs. 1 zu übertragenden Daten nicht im Wege der elektronischen Datenübertragung

---

11 Vgl. Waschull in: Krauskopf SozKV § 303 Rn. 2.
12 Vgl. Pflugmacher in: Eichenhofer/Wenner SGB V § 303 Rn. 3.
13 Vgl. allgemein Sichert, NZS 2013, 129.
14 Spickhoff/Fischinger SGB V § 303 Rn. 3; Hornung in: LPK-SGB V § 303 Rn. 2; Waschull in: Krauskopf SozKV § 303 Rn. 6.
15 So richtigerweise auch Hornung in: Hänlein/Schuler § 303 Rn. 2.

oder maschinell verwertbar auf Datenträgern übermittelt (§ 67 Abs. 6 Nr. 3 SGB X) werden. Auch fehlerhaft übermittelte Daten werden erfasst.[16] Nacherfassen ist das Übertragen und Speichern der Angaben in einer Datei. Die Aufzählung der zu übermittelnden Angaben und der Verpflichteten in S. 1 ist abschließend. S. 3 gibt vor, dass die Diagnosen nach § 295 Abs. 1 verschlüsselt zu übermitteln sind und ab welchem Zeitpunkt die Verschlüsselungspflicht gilt (zu der aktuell geltenden Fassung → § 295 Rn. 4). Abs. 3 betrifft Krankenhäuser, die gegen die Übermittlungspflicht gemäß § 301 Abs. 1 verstoßen, nicht dagegen Vorsorge- und Rehabilitationseinrichtungen, für die § 301 Abs. 4 gilt. Die Übermittlungsart (Papier oder im Wege des elektronischen Datenverkehrs) wirkt sich auf die Fälligkeit einer Vergütung nicht aus.[17]

7 Muss die Krankenkasse die Daten elektronisch nacherfassen, so ist sie nach **Abs. 3 S. 2** berechtigt, den **Rechnungsbetrag** des Leistungserbringers pauschal in **Höhe von bis zu 5 %** zu kürzen, wenn dieser die Datenübermittlung in zumindest nicht maschinell verwertbarer Form zu vertreten hat. Für das Vertretenmüssen kommt es drauf an, ob der Verpflichtete die Möglichkeit hatte, die Daten elektronisch oder maschinell verwertbar auf Datenträgern an die Krankenkassen zu übermitteln. Die Rspr. stellt für das Vertretenmüssen auf die Grundregel des § 276 Abs. 1 S. 1 BGB ab.[18] Für den Fall der Insolvenz eines Softwareunternehmens, die ein Krankenhaus zum Wechsel des Anbieters ihres Krankenhausinformationssystems zwang und in dem die Daten nicht in das neue System übersetzt werden konnten, wurde ein Vertretenmüssen abgelehnt.[19] Solange im Fall eines Systemwechsels wegen Insolvenz kein Datensystem existiere, das ein Einlesen der Daten erlaube, scheide Fahrlässigkeit aus.[20] Die Höhe der Kürzung des Rechnungsbetrags wird durch die Obergrenze von 5 % beschränkt. Sie liegt bis zu dieser Obergrenze im pflichtgemäßen Ermessen der Krankenkasse.[21]

VI. Zulässige nachträgliche Korrekturen von Diagnosen

8 Abs. 4 stellt eine Reaktion auf die Beratungen der Leistungserbringer durch die Krankenkassen dar. In der Vergangenheit haben Krankenkassen gezielt auf das Diagnoseverhalten der Vertragsärzte mit dem Ziel einer günstigeren Berücksichtigung im Risikostrukturausgleich Einfluss genommen.[22] Die Vertragsärzte sollten den Versicherten der jeweiligen Kasse „eine höhere Krankenlast zuweisen, als dies tatsächlich der Fall war."[23] Anreize für ein solches up-coding setzten die Kassen ua durch sog Betreuungsstrukturverträge, die in den Gesamtverträgen bzw. als Anlage zu den Gesamtverträgen (§ 83) abgeschlossen wurden und Geldzahlungen von zehn Euro pro Fall vorsahen.[24] Die Aufsichtsbehörden hielten diese Verträge bereits vor der Reaktion des Gesetzgebers für rechtswidrig.[25] Der Gesetzgeber will mit dem HHVG ua unzulässige Diagnosebeeinflussungen verhindern, indem verschiedene Regelungen erweitert (zB § 305 S. 7) oder geändert wurden. Darauf zielt auch die Anfügung des Abs. 4 ab, der einer nachträglichen Korrektur und Ergänzung bereits übermittelter Diagnosen einen engen Rahmen zieht, um „missbräuchliche [...] Veränderungen der dokumentierten Diagnoseschlüssel auszuschließen."[26] Eine erneute Übermittlung von Diagnosen nach §§ 295 und 295 a ist nur für den Fall technischer Übermittlungs- oder formaler Datenfehler zulässig (S. 1). S. 2 bestimmt, dass nachträgliche Veränderungen von Diagnosedaten auch im Rahmen der Wirtschaftlichkeitsprüfungen (§§ 106–106 d) unzulässig sind. Nicht ausgeschlossen sind Korrekturen der sog administrativen Daten der Leistungserbringer wie zB Institutskennzeichen und Arztnummer sowie der Versichertenangaben nach § 291 Abs. 2 S. 1, da sie „keine Diagnosen" iSd Abs. 4 sind.[27]

---

16 Michels in: Becker/Kingreen SGB V § 303 Rn. 6.
17 Vgl. SG Mainz, 1.12.2015, S 14 KR 556/12, KH 2015/118.
18 Vgl. SG Bremen, 12.7.2007, S 4 KR 148/05, KH 2008, 55.
19 Vgl. SG Bremen, 12.7.2007, S 4 KR 148/05, KH 2008, 55.
20 Vgl. SG Bremen, 12.7.2007, S 4 KR 148/05, KH 2008, 55.
21 Ebenso Spickhoff/Fischinger SGB V § 303 Rn. 5.
22 Vgl. zur Problematik Sichert/Fischer, NZS 2015, 694 ff.
23 Lauterbach BT-PlPr 18/218, 21823 (A).
24 Vgl. Frankfurter Allgemeine Sonntagszeitung v. 9.10.2016 Nr. 40, S. 35 sowie v. 23.11.2017 Nr. 16, S. 34; BT-Dr. 18/11205, 63 zu Nummer 5 b.
25 Vgl. Rundschreiben v. 12.12.2016 zu den Beschlüssen der Aufsichtsbehörden vom 23.11.2016, abrufbar unter www.bundesversicherungsamt.de/risikostrukturausgleich/rundschreiben.html (zuletzt abgerufen am 22.4.2017).
26 BT-Dr. 18/11205, 78 zu Nummer 20 a.
27 Vgl. BT-Dr. 18/11205, 78 zu Nummer 20 a.

Zweiter Titel Datentransparenz

§ 303 a Wahrnehmung der Aufgaben der Datentransparenz

(1) ¹Die Aufgaben der Datentransparenz werden von öffentlichen Stellen des Bundes als Vertrauensstelle nach § 303 c und Datenaufbereitungsstelle nach § 303 d wahrgenommen. ²Das Bundesministerium für Gesundheit bestimmt durch Rechtsverordnung ohne Zustimmung des Bundesrates zur Wahrnehmung der Aufgaben der Datentransparenz eine öffentliche Stelle des Bundes als Vertrauensstelle nach § 303 c und eine öffentliche Stelle des Bundes als Datenaufbereitungsstelle nach § 303 d.

(2) In der Rechtsverordnung nach Absatz 1 Satz 2 ist auch das Nähere zu regeln
1. zum Datenumfang,
2. zu den Verfahren der in den §§ 303 a bis 303 e vorgesehenen Datenübermittlungen,
3. zum Verfahren der Pseudonymisierung (§ 303 c Absatz 2),
4. zu den Kriterien für die ausnahmsweise pseudonymisierte Bereitstellung von Daten (§ 303 e Absatz 3 Satz 3).

(3) ¹Die Kosten, die den öffentlichen Stellen nach Absatz 1 durch die Wahrnehmung der Aufgaben der Datentransparenz entstehen, tragen die Krankenkassen nach der Zahl ihrer Mitglieder. ²Das Nähere über die Erstattung der Kosten einschließlich der zu zahlenden Vorschüsse regelt das Bundesministerium für Gesundheit in der Rechtsverordnung nach Absatz 1 Satz 2.

I. Entstehungsgeschichte

§ 303 a wurde gemeinsam mit den übrigen Vorschriften des zweiten Titels (§§ 303 b bis 303 f) unter der Überschrift „Datentransparenz" durch Art. 1 Nr. 175 des **GMG**[1] mit Wirkung zum 1.1.2004 eingefügt. Art. 256 Nr. 1 der **Neunten Zuständigkeitsanpassungs-Verordnung**[2] nahm mit Wirkung zum 8.11.2006 in Abs. 1 und Abs. 3 eine redaktionelle Folgeänderung an die Neubenennung der Bundesministerien vor. Durch Art. 1 Nr. 205 des **GKV-WSG**[3] wurde Abs. 1 S. 1 „aufgrund der Neuorganisation im Bereich der Krankenkassenverbände"[4] mit Wirkung zum 1.7.2008 geändert. Eine vollständige Neuregelung haben die Vorschriften des Zweiten Titels (§§ 303 a–303 e) mit Wirkung zum 1.1.2012 durch das **GKV-VStG**[5] erfahren. Die Selbstverwaltung hatte die ihr zum 1.1.2004 übertragenen Aufgaben der Datentransparenz „nur ansatzweise umgesetzt",[6] was der Gesetzgeber als „ein deutliches Vollzugsdefizit"[7] bewertete. Weil er die Aufgabe der Datenbereitstellung und -auswertung für gesundheitspolitische Entscheidungsprozesse („zB Nutzen- und Kostenanalyse")[8] sowie für die Versorgungsforschung („zB Längsschnittanalysen zum Versorgungsgeschehen über längere Zeiträume bezüglich bestimmter Fragestellungen")[9] für wichtig erachtete und eine Umsetzung wünschte,[10] um eine verbesserte Versorgung der GKV-Versicherten zu erreichen, wurden die §§ 303 a–303 e durch das GKV-VStG weitgehend neu gefasst. Die „Wahrnehmung der Aufgaben der Datentransparenz" (§ 303 a) wurde öffentlichen Stellen zugewiesen (zu Aufgaben und Organisation s. § 303 c und § 303 d), zu deren Bildung das Bundesgesundheitsministerium durch Rechtsverordnung ermächtigt wird. Die Datengrundlagen wurden auf die vorhandenen Daten, die für den Risikostrukturausgleich (§ 268) erhoben werden, beschränkt (→ § 303 b). Der frühere Beirat (§ 303 b aF) konnte entfallen.[11] In § 303 e wurde die Verarbeitung und die Nutzung der pseudonymisiert zusammengeführten Daten einschließlich der Zwecke

---

1 BGBl. I 2003, 2190.
2 BGBl. I 2006, 2407.
3 BGBl. I 2007, 378.
4 BT-Dr. 16/3100, 175.
5 BGBl. I 2011, 2983.
6 BT-Dr. 17/6906, 98.
7 Pflugmacher in: Eichenhofer/Wenner SGB V § 303 a Rn. 3; vgl. zu der Unzufriedenheit des Bundesgesundheitsministeriums die Stellungnahme des damaligen parlamentarischen Staatssekretärs Daniel Bahr v. 27.8.2010: BT-Dr. 17/2843, 42; zu den auch technischen Gründen für die mangelnde Umsetzung vgl. Mansky/Robra/Schubert DÄBl. 2012, A-1082, 1084.
8 BT-Dr. 17/6906, 98 Zu Nummer 83.
9 BT-Dr. 17/6906, 98 Zu Nummer 83.
10 Vgl. zur Prognose, dass eine Umsetzung durch die bisher Beteiligten bei bestehen bleibenden Strukturen auch zukünftig nicht erfolgen wird: BT-Dr. 17/6906, 98 Zu Nummer 83 Zu § 303 a Zu Absatz 1.
11 Vgl. BT-Dr.17/6906, 99.

und des Kreises der Nutzungsberechtigten geregelt, der durch das GKV-VStG erweitert worden ist (→ § 303 e Rn. 3).

II. Regelungsgehalt

2 Abs. 1 überträgt die „Aufgaben der Datentransparenz" öffentlichen Stellen des Bundes als Vertrauensstelle (§ 303 c) und als Datenaufbereitungsstelle (§ 303 d) und ermächtigt das Bundesgesundheitsministerium zur Bestimmung dieser Stellen im Wege der Rechtsverordnung. Abs. 2 beinhaltet einen Auftrag zur Regelung des Datenumfangs, des Datenübermittlungsverfahrens nach §§ 303 a bis 303 e, dem Verfahren der Pseudonymisierung (§ 303 c) und der ausnahmsweise pseudonymisierten Bereitstellung von Daten (§ 303 e). Abs. 3 regelt die Kostentragung und ermächtigt das Bundesgesundheitsministerium, eine Rechtsverordnung über das Nähere zur Kostenerstattung zu erlassen.

III. Normzweck

3 § 303 a bezweckt gemeinsam mit den weiteren Regelungen des Zweiten Titels (§§ 303 b bis 303 e), eine Datengrundlage für Entscheidungen zu schaffen (→ § 303 e Abs. 2), die die in § 303 e genannten Institutionen im Rahmen ihrer Aufgabenerfüllung treffen. Die Datengrundlage wird durch die Daten aus dem Risikostrukturausgleich (→ § 268) geschaffen. Sie dürfen für gesundheitspolitische Entscheidungen unter Einhaltung der Anforderungen des Datenschutzes verwendet werden, die in den Folgevorschriften für die Verarbeitung und Nutzung der Daten geregelt sind. Die Funktion von § 303 a liegt in der **Gewährleistung der Einrichtung einer von der Selbstverwaltung unabhängigen Stelle**, die ohne an Interessen der Selbstverwaltungspartner gebunden zu sein, die **Aufgaben der Datentransparenz** umsetzt.

IV. Öffentliche Stellen des Bundes und Verordnungsermächtigung (Abs. 1 und Abs. 2)

4 **1. Bestimmung der öffentlichen Stellen.** Abs. 1 S. 1 überträgt die Aufgaben der Datentransparenz auf öffentliche Stellen des Bundes als **Vertrauensstelle** gem. § 303 c und als **Datenaufbereitungsstelle** gem. § 303 d. Abs. 1 S. 2 ermächtigt das Bundesgesundheitsministerium durch **Rechtsverordnung** ohne Zustimmung des Bundesrates die öffentlichen Stellen zu bestimmen. Im Gesetzgebungsverfahren wurde etwa an das Bundesversicherungsamt gedacht.[12] Das Bundesgesundheitsministerium hat durch die „Verordnung zur Umsetzung der Vorschriften über die Datentransparenz (Datentransparenzverordnung – DaTraV)"[13] vom 18.9.2012 das Deutsche Institut für Medizinische Dokumentation und Information (DIMDI), eine nachgeordnete Behörde des BMG, mit den Aufgaben der Vertrauensstelle und der Datenaufbereitungsstelle betraut.

5 **2. Weiterer Inhalt der Rechtsverordnung.** Neben der Bestimmung der Stellen nach Abs. 1 wird der Regelungsumfang und -inhalt der Rechtsverordnung durch die in Abs. 2 Nr. 1 bis Nr. 4 aufgeführten Aspekte festgelegt. Sie muss Regelungen zum Datenumfang (Nr. 1), zu dem in den §§ 303 a–303 e vorgesehenen Verfahren der Datenübermittlung (Nr. 2), zu dem Pseudonymisierungsverfahren gem. § 303 c Abs. 2 (Nr. 3) und zu den Kriterien für die ausnahmsweise pseudonymisierte Bereitstellung der Daten gem. § 303 e Abs. 3 S. 3 (Nr. 4) treffen. Weiterhin sind in der Verordnung auch die Einzelheiten zur Kostenerstattung zu regeln (s. Abs. 3 S. 2). § 303 a Abs. 2 berechtigt ausschließlich zu Konkretisierungen („das Nähere") durch Rechtsverordnung, nicht aber zur Schaffung neuer Verarbeitungstatbestände oder Nutzungszwecke, die sich nicht in dem von §§ 303 a–303 e gezogenen Rahmen bewegen.

V. Kosten (Abs. 3)

6 Abs. 3 S. 1 erlegt allein den **Krankenkassen** die Kosten auf, die den öffentlichen Stellen nach Abs. 1 durch die Aufgabenwahrnehmung entstehen. Die Krankenkassen haben dies im Gesetzgebungsverfahren mit dem Argument kritisiert, dass auch die „Leistungserbringer der Ärzteschaft und Krankenhäuser neben staatlichen Organisationen in den Nutzerkreis der Daten aufgenommen"[14] seien. Der Gesetzgeber hat dieser Kritik nicht entsprochen. Der Grund dafür ist der Umstand, dass die Aufgaben

---

12 BT-Dr. 17/6906, 98.
13 BGBl. I 2012, 1895.
14 Stellungnahme des AOK-Bundesverbandes zum Entwurf eines Gesetzes zur Verbesserung der Versorgungsstrukturen in der gesetzlichen Krankenversicherung (GKV-Versorgungsstrukturgesetz – GKV-VStG) BT-Dr. 17/6906 vom 5.9.2011 (Stand: 13.10.2011), 130 – abrufbar unter http://www.aok-bv.de/imperia/md/aokbv/p olitik/reformaktuell/stellungnahme_aokbv_vstg.pdf (zuletzt abgerufen am 29.4.2014).

der Datentransparenz auch ursprünglich durch die Selbstverwaltung hätten finanziert werden sollen.[15] Von den Kosten erfasst sind zB die technische Ausstattung und der entstehende Personalbedarf, die „durch die gesetzliche Krankenversicherung und gegebenenfalls durch Nutzungsentgelte finanziert"[16] (→ § 303 e Abs. 2) werden sollen. Wie **Abs. 3 S. 2** deutlich macht, haben die öffentlichen Stellen nach **Abs. 1** einen **Anspruch auf Vorschuss und Kostenerstattungsansprüche** gegenüber den Krankenkassen, wobei die Einzelheiten in der Rechtsverordnung des Bundesgesundheitsministeriums zu konkretisieren sind („das Nähere"). Der Gesetzgeber rechnet mit einem „Anfangsinvestitionsbedarf von rund einer Million Euro"[17] und mit nachfolgenden jährlichen Kosten ohne Berücksichtigung von Nutzungsentgelten in Höhe von ca. 500.000 EUR.

§ 303 b Datenübermittlung

(1) ¹Das Bundesversicherungsamt übermittelt die nach § 268 Absatz 3 Satz 14 in Verbindung mit Satz 1 Nummer 1 bis 7 erhobenen Daten für die in § 303 e Absatz 2 genannten Zwecke an die Datenaufbereitungsstelle nach § 303 d sowie eine Liste mit den dazugehörigen Pseudonymen an die Vertrauensstelle nach § 303 c. ²Die Daten sollen übermittelt werden, nachdem die Prüfung auf Vollständigkeit und Plausibilität durch das Bundesversicherungsamt abgeschlossen ist.

(2) ¹Die Krankenkassen ermitteln aus den bei ihnen nach § 284 Absatz 1 gespeicherten Daten für die in § 303 e Absatz 2 genannten Zwecke die Postleitzahl des Wohnortes des Versicherten (Regionalkennzeichen). ²Sie übermitteln die Regionalkennzeichen zusätzlich zu den Daten nach Absatz 1 Satz 1 jährlich an das Bundesversicherungsamt nach dem in § 268 Absatz 3 in Verbindung mit der Rechtsverordnung nach § 266 Absatz 7 geregelten Verfahren. ³Die Krankenkassen haben die Regionalkennzeichen so zu verschlüsseln, dass nur die Datenaufbereitungsstelle nach § 303 d in der Lage ist, die Regionalkennzeichen zu entschlüsseln und mit den Daten nach Absatz 1 zusammenzuführen.

(3) ¹Das Bundesversicherungsamt übermittelt die Regionalkennzeichen mit den Daten nach Absatz 1 an die Datenaufbereitungsstelle nach § 303 d. ²Für die Jahre 2009 und 2010 übermittelt das Bundesversicherungsamt die bei ihm für Zwecke des § 272 gespeicherten Kennzeichen zum Wohnort der Versicherten an die Datenaufbereitungsstelle nach § 303 d sowie eine Liste mit den dazugehörigen Pseudonymen an die Vertrauensstelle nach § 303 c.

(4) Das Nähere zu den Datenübermittlungen nach den Absätzen 2 und 3 vereinbaren der Spitzenverband Bund der Krankenkassen, das Bundesversicherungsamt und die nach § 303 a Absatz 1 Satz 2 bestimmten Stellen.

I. Entstehungsgeschichte

Vorgängervorschrift zu § 303 b war § 303 e, der bis zum 31.12.2011 in Kraft war. § 303 e aF übertrug der Arbeitsgemeinschaft nach § 303 a aF sowie dem Beirat nach § 303 b aF ua die Aufgabe, Richtlinien über die Auswahl der Daten zu beschließen, die zur Erfüllung der Zwecke nach § 303 f Abs. 2 aF erforderlich waren, sowie über die Struktur, die Prüfqualität und das Verfahren der Übermittlung der Abrechnungs- und Leistungsdaten an die Vertrauensstelle. Durch Art. 1 Nr. 83 des **GKV-VStG**[1] wurde die Ursprungsfassung des § 303 b SGB V, die die Bildung eines Beirats[2] regelte, durch § 303 b nF (gültig ab 1.1.2012) ersetzt. Der Gesetzgeber hielt den Beirat nicht mehr für notwendig, „weil im Rahmen des Rechtsverordnungsverfahrens nach § 303 a alle interessierten Fachkreise beteiligt werden."[3] Mit Art. 1 Nr. 39 a des **GKV-Finanzstruktur- und Qualitäts-Weiterentwicklungsgesetzes (GKV-FQWG)** vom 21.7.2014[4] wurden mWv 1.8.2014 Abs. 2 bis Abs. 4 angefügt.[5]

---

15 Vgl. BT-Dr. 17/6906, 99.
16 BT-Dr. 17/6906, 99.
17 BT-Dr. 17/6906, 99.
1 BGBl. I 2011, 2983.
2 Der frühere Beirat setzte sich ua aus Vertretern der Arbeitsgemeinschaft, der Deutschen Krankenhausgesellschaft, der für die Wahrnehmung der wirtschaftlichen Interessen gebildeten maßgeblichen Spitzenorganisationen der Leistungserbringer auf Bundesebene, des Bundesbeauftragten für Datenschutz und aus Patientenvertretern zusammen.
3 BT-Dr. 17/6006, 99.
4 BGBl. I 2014, 1133.
5 Zur Begr. vgl. BT-Dr. 18/1657, 68 f.

II. Regelungsgehalt und Normzweck

2 § 303 b legt die Datengrundlage für die Bildung eines die Versorgungssektoren übergreifenden Datensatzes fest, der gemäß § 303 e für die dort genannten Zwecke und Nutzungsberechtigten verarbeitet und genutzt werden darf. Zugleich verpflichtet die Vorschrift das Bundesversicherungsamt, die Daten für die in § 303 e Abs. 2 genannten Zwecke an die Datenaufbereitungsstelle gemäß § 303 d und eine Liste mit den dazugehörigen Pseudonymen an die Vertrauensstelle nach § 303 c zu übermitteln. Nach Abs. 1 S. 2 darf die Übermittlung erst nach Abschluss der Prüfung auf Vollständigkeit und Plausibilität der Daten erfolgen. Zweck der Vorschrift ist es, eine valide Datengrundlage für Versorgungsanalysen auch über längere Zeitreihen zu schaffen und dieses versorgungspolitische Ziel mit dem Schutz des informellen Selbstbestimmungsrechts der Versicherten (Art. 2 Abs. 1 iVm Art. 1 Abs. 1 GG) durch die Anforderungen der Pseudonymisierung zum Ausgleich zu bringen. Abs. 2 erweitert seit dem 1.8.2014 die Datengrundlagen für die Versorgungsforschung um ein Regionalkennzeichen, beinhaltet eine Übermittlungspflicht des Regionalkennzeichens an das Bundesversicherungsamt und das dafür anzuwendende Verfahren sowie eine Verschlüsselungspflicht. Abs. 3 bestimmt das Weitere für die Übermittlung des Regionalkennzeichens an die Datenaufbereitungsstelle. Abs. 4 ermöglicht dem Bundesversicherungsamt, dem Spitzenverband Bund der Krankenkassen und dem DIMDI (zu seiner Aufgabe als Vertrauensstelle und Datenaufbereitungsstelle → § 303 a Rn. 4) das Nähere für die Umsetzung der Datenübermittlungen zu vereinbaren.

III. Datengrundlage und Datenübermittlung (Abs. 1)

3 Während die **Datengrundlage** nach früherem Recht auch Abrechnungs- und Leistungsdaten der Krankenkassen und der Kassenärztlichen Vereinigungen umfasste, die der Vertrauensstelle zu übermitteln waren (vgl. § 303 e Abs. 2 aF), beschränkt sich die Datengrundlage nun auf diejenigen Daten, die von den Krankenkassen für den Risikostrukturausgleich erhoben (s. dazu die spezielle Erhebungsbefugnis gemäß § 267) und an das Bundesversicherungsamt übermittelt werden (s. **§ 268 Abs. 3 S. 14 iVm § 30 RSAV**). Die Datengrundlage umfasst die in § 30 RSAV festgelegten Angaben. Die Liste mit den zu den Daten gehörenden **Pseudonymen**, die nach § 268 Abs. 3 S. 14 iVm § 30 Abs. 1 Nr. 1 bis Nr. 10 RSAV erhoben werden, soll den „Grundsätzen der Datensparsamkeit und der Verhältnismäßigkeit"[6] dienen. Pseudonyme sind Platzhalter/Kennzeichen für den Namen oder ein anderes Identifizierungsmerkmal, damit der Betroffene nicht bestimmt werden kann oder dies zumindest wesentlich erschwert ist (vgl. § 67 Abs. 8 a SGB X). Bereits die RSA-Daten werden gemäß § 30 Abs. 3 RSAV in einem vereinbarten Verfahren pseudonymisiert.[7] Das Bundesversicherungsamt (§ 94 SGB IV) hat die RSA-Daten an die Datenaufbereitungsstelle gemäß § 303 d, die Liste der Pseudonyme an die Vertrauensstelle gemäß § 303 c zu übermitteln. Übermitteln ist iSv § 67 Abs. 6 Nr. 3 SGB X zu verstehen, also als aktive Weitergabe der Daten an einen Dritten (hier: die Datenaufbereitungsstelle gemäß § 303 d und die Vertrauensstelle gemäß § 303 c) oder das passive Einsehenlassen in die Daten durch einen Dritten.[8] Um eine valide Datengrundlage zu gewährleisten, darf das Bundesversicherungsamt die Daten gem. **Abs. 1 S. 2** erst übermitteln, wenn es sie auf **Vollständigkeit und Plausibilität** geprüft hat. Der Übermittlungsweg wird durch § 303 b nicht geregelt, sondern durch die Rechtsverordnung gem. § 303 a Abs. 2 Nr. 2, vgl. „Verordnung zur Umsetzung der Vorschriften über die Datentransparenz (Datentransparenzverordnung – DaTraV".[9]

IV. Regionalkennzeichen (Abs. 2 bis 4)

4 Da das **Regionalkennzeichen** nicht zu den in Abs. 1 genannten Daten gehört, hat der Gesetzgeber für dessen Ermittlung und die weiteren Maßnahmen eine gesonderte gesetzliche Regelung schaffen (Abs. 2 bis 4). Er ermöglicht der Versorgungsforschung Untersuchungen, die eine nach Regionen ausdifferenzierte Analyse erlauben. Das Regionalkennzeichen besteht aus der Postleitzahl, wobei die beiden ersten Ziffern die sog Postleitregion angeben. Die Postleitzahl wird von den Krankenkassen aus den nach

---

[6] BT-Dr. 17/6906, 99.
[7] Für die Pseudonymisierung wird ein jährlich wechselnder Schlüssel verwandt, vgl. § 7 Abs. 2 der „Bestimmung des GKV-Spitzenverbandes nach § 267 Abs. 7 Nr. 1 und 2 SGB V", abrufbar im Internet auf den Seiten des Bundesversicherungsamtes unter Risikostrukturausgleich, Rechtsgrundlagen, weshalb der Gesetzgeber zur Nachverfolgung von Änderungen über die Zeit bei ein und demselben Versicherten der Vertrauensstelle die Aufgabe übertragen hat, ein periodenübergreifendes Pseudonym zu entwickeln (s. § 303 c Abs. 2).
[8] Vgl. Bieresborn in: v. Wulffen/Schütze SGB X, 8. Aufl. 2014, § 67 Rn. 26.
[9] BGBl. I 2012, 1895.

§ 284 Abs. 1 gespeicherten Daten ermittelt (Abs. 2 S. 1) und nach Verschlüsselung zusätzlich zu den Daten nach Abs. 1 jährlich an das Bundesversicherungsamt übermittelt. Als Übermittlungsverfahren ist das **Verfahren** zu verwenden, das in § 268 Abs. 3 iVm RSAV geregelt ist (Abs. 2 S. 3). Vor der Übermittlung haben die Krankenkassen das Regionalkennzeichen gem. Abs. 2 S. 3 so zu verschlüsseln, dass ausschließlich die Datenaufbereitungsstelle nach § 303 d das Regionalkennzeichen entschlüsseln und mit den anderen Daten nach Abs. 1 zusammenführen kann (zu der Problematik der Betrauung des DIMDI als Vertrauens- und Datenaufbereitungsstelle → § 303 c Rn. 7). **Abs. 3** bestimmt den Weg des Regionalkennzeichens vom Bundesversicherungsamt zur Datenaufbereitungsstelle (Abs. 3 S. 1) und enthält für die Jahre 2009 und 2010 eine Sonderregelung (Abs. 3 S. 2). Für diesen Zeitraum lagen dem Bundesversicherungsamt bereits versichertenbezogene Kennzeichen zum Wohnort vor, weshalb Abs. 3 S. 2 – parallel zu den Anforderungen des Abs. 1 – eine Übermittlungspflicht des Bundesversicherungsamts an die Datenaufbereitungsstelle (→ § 303 d) regelt und die Pflicht zur Übersendung einer Liste mit den dazugehörigen Pseudonymen an die Vertrauensstelle nach § 303 c.

§ 303 c Vertrauensstelle

(1) Die Vertrauensstelle überführt die ihr nach § 303 b übermittelte Liste der Pseudonyme nach einem einheitlich anzuwendenden Verfahren, das im Einvernehmen mit dem Bundesamt für Sicherheit in der Informationstechnik zu bestimmen ist, in periodenübergreifende Pseudonyme.
(2) ¹Es ist ein schlüsselabhängiges Verfahren vorzusehen und das periodenübergreifende Pseudonym ist so zu gestalten, dass für alle Leistungsbereiche ein bundesweit eindeutiger periodenübergreifender Bezug der Daten zu dem Versicherten, der Leistungen in Anspruch genommen hat, hergestellt werden kann. ²Es ist auszuschließen, dass Versicherte durch die Verarbeitung und Nutzung der Daten bei der Vertrauensstelle, der Datenaufbereitungsstelle oder den nutzungsberechtigten Stellen nach § 303 e Absatz 1 wieder identifiziert werden können.
(3) ¹Die Vertrauensstelle hat die Liste der periodenübergreifenden Pseudonyme der Datenaufbereitungsstelle zu übermitteln. ²Nach der Übermittlung dieser Liste an die Datenaufbereitungsstelle hat sie die Listen mit den temporären und den periodenübergreifenden Pseudonymen bei sich zu löschen.
(4) ¹Die Vertrauensstelle ist räumlich, organisatorisch und personell eigenständig zu führen. ²Sie unterliegt dem Sozialgeheimnis nach § 35 des Ersten Buches und untersteht der Rechtsaufsicht des Bundesministeriums für Gesundheit.

I. Entstehungsgeschichte

§ 303 c wurde durch Art. 1 Nr. 175 des **GMG**[1] mit Wirkung zum 1.1.2004 in das SGB V eingefügt. Nach der redaktionellen Anpassung des Abs. 3 S. 3 zum 8.11.2006 durch Art. 256 Nr. 1 der **Neunten Zuständigkeitsanpassungs-Verordnung**[2] hat Art. 1 Nr. 83 des **GKV-VStG**[3] die Vorschrift mit Wirkung zum 1.1.2012 weitgehend neu gefasst.[4] Abs. 1 wurde – entsprechend der Beschränkung der Datengrundlage auf die vorhandenen Daten des Risikostrukturausgleichs (→ § 303 b) – um die Vorgaben zu den Leistungs- und Abrechnungsdaten verschlankt und um die Vorgabe der Schaffung periodenübergreifender Pseudonyme ergänzt. In Abs. 2 wurde die Einführung eines schlüsselabhängigen Verfahrens als Pseudonymisierungsverfahren angeordnet. Die nach früherem Recht vorgesehenen Zuordnungsmöglichkeiten des Pseudonyms zu einzelnen Merkmalen des Versicherten (Geburtsjahr des Versicherten, Postleitzahl für den Wohnort, Geschlecht, Versichertenstatus, in Anspruch genommene Leistungserbringer, etc)[5] wurden gestrichen; das Nähere zur Gestaltung der Pseudonymisierung ist einer Rechtsverordnung (→ § 303 a Abs. 2 Nr. 3) überlassen. Abs. 3 wurde ebenfalls abgeändert. Die beabsichtigte Eigenständigkeit der Vertrauensstelle ist in Abs. 4 aufgenommen worden.[6]

---

1 BGBl. I 2003, 2190.
2 BGBl. I 2006, 2407.
3 BGBl. I 2011, 2983.
4 Zu den Gründen vgl. BT-Dr. 17/6906, 99 f.
5 Vgl. § 303 c Abs. 2 S. 2 aF.
6 Vgl. dazu BT-Dr. 17/6906, 100 Zu Abs. 4.

II. Regelungsgehalt und Normzweck

2 § 303 c bestimmt als Aufgabe der Vertrauensstelle die Überführung der ihr übersandten temporären Pseudonyme (→ § 303 b Rn. 3) in periodenübergreifende Pseudonyme (Abs. 1), gibt den Rahmen für das Pseudonymisierungsverfahren vor (Abs. 2), ordnet die Übermittlung der Liste mit den periodenübergreifenden Pseudonymisierungen an die Datenaufbereitungsstelle an und die sich daran anschließende Löschungspflicht (Abs. 3), regelt die Einrichtung der eigenständigen und unabhängigen Vertrauensstelle und unterwirft sie dem Sozialgeheimnis nach § 35 SGB I sowie der Rechtsaufsicht des Bundesgesundheitsministeriums (Abs. 4). Die Vorschrift dient in erster Linie dem Schutz des informationellen Selbstbestimmungsrechts (Art. 2 Abs. 1 iVm Art. 1 Abs. 1 GG) der von der Datenverarbeitung und -nutzung betroffenen Versicherten, da der Schwerpunkt der Regelung in den Vorgaben für die Pseudonymisierung liegt, eine Löschungspflicht angeordnet wird und das Trennungsgebot zwischen der für die Pseudonyisierung zuständigen Stelle der Daten und der Verarbeitung der RSA-Daten durch die Schaffung einer unabhängigen Stelle umgesetzt wird.

III. Pseudonymisierung und Übermittlung der Pseudonyme (Abs. 1 bis 3)

3 **1. Pseudonymisierung als Aufgabe der Vertrauensstelle (Abs. 1).** Die Vertrauensstelle hat nach Abs. 1 die Pseudonyme der vom Bundesversicherungsamt übermittelten Liste (vgl. § 303 b S. 1) in periodenübergreifende Pseudonyme zu überführen und dafür im Einvernehmen mit dem Bundesamt für Sicherheit in der Informationstechnik ein einheitlich anzuwendendes Verfahren zu bestimmen. **Pseudonyme** sind Kennzeichen, mit denen der Name und andere Identifikationsmerkmale so ersetzt werden, dass die Bestimmung des Betroffenen ausgeschlossen oder wesentlich erschwert wird (§ 67 Abs. 8 a SGB X). Die Daten aus dem Risikostrukturausgleich werden gem. § 30 Abs. 3 RSAV durch ein schlüsselabhängiges Verfahren pseudonymisiert, wobei der Schlüssel jährlich wechselt. Dadurch handelt es sich bei den Pseudonymen der Liste nach § 303 b um temporäre Pseudonyme, die in periodenübergreifende Pseudonyme zu überführen sind. **Periodenübergreifend** sind Kennzeichen, die dauerhaft („über den gesamten Zeitraum")[7] einem Versicherten zugeordnet werden. Das dafür anzuwendende Verfahren ist im **Einvernehmen** mit dem Bundesamt für Sicherheit in der Informationstechnik, einer dem Bundesinnenministerium unterstellten Bundesbehörde (vgl. Gesetz zur Stärkung der Sicherheit in der Informationstechnik des Bundes),[8] zu bestimmen. Einvernehmen bedeutet positive Zustimmung (Willensübereinstimmung) des Bundesamtes zu dem Verfahren; eine bloße Anhörung genügt nicht.[9]

4 **2. Verfahren der Pseudonymisierung (Abs. 2).** Abs. 2 S. 1 verpflichtet die Vertrauensstelle, für die Pseudonymisierung ein schlüsselabhängiges Verfahren zu wählen und das Pseudonym so zu gestalten, dass für alle Leistungsbereiche ein bundesweit eindeutiger periodenübergreifender Bezug der Daten zu dem Versicherten hergestellt werden kann, der Leistungen in Anspruch genommen hat. Durch die Festschreibung des schlüsselabhängigen Verfahrens entfällt das Führen einer Referenzliste. Die Herstellung eines eindeutigen periodenübergreifenden Bezugs ist vor allem für chronische oder sich über einen langen Zeitraum erstreckende Erkrankungen von Bedeutung, die für die Versorgungsforschung und politische Entscheidungen zur Weiterentwicklung der GKV eine Rolle spielen können. Um eine valide Datengrundlage auch für solche Erkrankungen bilden zu können, muss die Möglichkeit der Kontrolle und des Datenabgleichs bestehen, die durch den eindeutigen periodenübegreifenden Bezug hergestellt werden kann. Als weitere Vorgabe für das Verfahren beinhaltet Abs. 2 S. 2 den Ausschluss der Reidentifizierung der Versicherten, wobei auch ein Verfahren diese Anforderung erfüllen soll, das eine Reidentifizierung so gut wie ausgeschlossen erscheinen lässt.[10] Näheres zu dem Verfahren ist durch die Rechtsverordnung nach § 303 a Abs. 2 Nr. 3 zu regeln.

5 **3. Übermittlung und Löschung (Abs. 3).** Abs. 3 verpflichtet die Vertrauensstelle zur Übermittlung der Liste mit den periodenübergreifenden Pseudonymen an die Datenaufbereitungsstelle nach § 303 d. Übermittlung ist im Sinne von § 67 Abs. 5 Nr. 3 SGB X gemeint, gewährt der Vertrauensstelle also das Wahlrecht zwischen der Weitergabe der Liste oder dem Ermöglichen der Einsicht in die Liste durch die Datenaufbereitungsstelle. Durch die Verwendung des Begriffs der Übermittlung der Daten von der Vertrauensstelle an die Datenaufbereitungsstelle macht der Gesetzgeber deutlich, dass die Datenaufbereitungsstelle im Verhältnis zum Bundesversicherungsamt und zur Vertrauensstelle Dritte sein muss.

---

7 BT-Dr. 17/6906, 99.
8 BGBl. I 2009, 2821.
9 Vgl. zum Begriff des Einvernehmens BSG, 24.8.1994, 6 RKa 15/93, BSGE 75, 37, 40.
10 Vgl. Scholz in: BeckOK SozR SGB V § 303 c Rn. 2.

Der aus historischen Gründen (→ Vor § 284 Rn. 3 f.) von dem Begriffsverständnis des BDSG abgeleitete Begriff des Dritten erfasst die Person oder Stelle, die nicht Betroffener ist, keine verantwortliche Stelle für die Datenerhebung, -verarbeitung oder –nutzung ist und dies auch nicht im Auftrag für eine verantwortliche Stelle durchführt (vgl. § 67 Abs. 10 S. 2 und S. 3 SGB X). Dieses Verständnis wird auch durch die Konzeption der §§ 303 a ff. unterstützt, die zwischen Vertrauensstelle und Datenaufbereitungsstelle differenziert. Wurden die Aufgaben der Vertrauensstelle und der Datenaufbereitungsstelle (§ 303 d) daher durch Rechtsverordnung auf eine Institution – das DIMDI – übertragen (→ § 303 a Rn. 4), so müssen beide Stellen derart organisatorisch, räumlich und personell getrennt sein, dass sie völlig eigenständig voneinander geführt werden.

Abs. 3 S. 3 beinhaltet weiterhin die Pflicht zur **Löschung** der Listen mit den temporären und den periodenübergreifenden Pseudonymen, nachdem die Liste mit den periodenübergreifenden Pseudonymen an die Datenaufbereitungsstelle übermittelt worden ist. Löschen bedeutet Unkenntlichmachen der Pseudonyme, zB durch Zerstörung des Datenträgers oder Überschreiben. Löschen erfordert die Aufhebung der Informationsfunktion.[11] Die Anweisung an die Mitarbeiter, auf die Liste nicht mehr zuzugreifen, genügt daher nicht.[12] 6

IV. Einrichtung der Vertrauensstelle (Abs. 4)

Die Vertrauensstelle ist nach Abs. 4 S. 1 räumlich, **organisatorisch und personell eigenständig** zu führen und wird durch S. 2 dem Sozialgeheimnis gem. § 35 SGB I unterstellt. Durch S. 1 soll die Unabhängigkeit der Vertrauensstelle und ihre Begrenzung auf die Aufgabe der Pseudonymisierung im Interesse des informationellen Selbstbestimmungsrechts (Art. 2 Abs. 1 iVm Art. 1 Abs. 1 GG) des Betroffenen sichergestellt werden. „Verbindungen zu anderen Datenbeständen und -verarbeitungsprozessen"[13] der Stelle, bei der die Vertrauensstelle angesiedelt ist, müssen ausgeschlossen sein. Mit Blick auf den Sinn und Zweck der Trennung der Vertrauensstelle und ihrer Aufgaben von der Datenaufbereitungsstelle (§ 303 d) stellt sich die Frage, ob die Einrichtung beider Stellen bei ein und dergleichen Institution mit § 303 c Abs. 4 und § 303 d Abs. 2 vereinbar ist. Dafür kann der Wortlaut der beiden Vorschriften angeführt werden, der die räumliche, organisatorische und personelle Trennung und Eigenständigkeit beiden Stellen fordert, aber auch genügen lässt. Er enthält kein Verbot der Einrichtung bei ein- und dergleichen Institution. Andererseits besteht gerade in einer solchen Konstellation die besondere Gefahr der Datenzusammenführung oder des Austauschs der Mitarbeiter, weil die Wege kurz sind. Zudem kann der Sinn und Zweck des Trennungsgebots gegen die Zulässigkeit angeführt werden. In der Begründung des Gesetzesentwurfs finden sich dazu Anhaltspunkte. So soll durch die Eigenständigkeit der Datenaufbereitungsstelle sichergestellt werden, „dass Personen, die mit der Datenerhebung und -aufbereitung beschäftigt sind, keine Kenntnisse über die Verschlüsselung haben."[14] Wird dieser Gefahr durch entsprechende räumliche, personelle und organisatorische Trennung der Stellen, einschließlich datentechnischer Schutzmaßnahmen und Anweisungen an das Personal Rechnung getragen, kann dem Sicherungszweck des Gesetzgebers entsprochen werden. Dabei wird es auf die Ausgestaltung im Einzelfall ankommen. 7

Da die Vertrauensstelle in erster Linie versichertenbeziehbare Daten verarbeitet, aber nicht zu den Adressaten des Sozialgeheimnisses nach § 35 SGB I zählt, wird sie zur Gewährleistung eines einheitlichen Datenschutzniveaus für versichertenbeziehbare Daten dem **Sozialgeheimnis** nach § 35 SGB I unterstellt und damit durch § 35 Abs. 2 auch den Vorgaben des 10. Kapitels des SGB X (einschl. § 78 a SGB X). Sie untersteht der Rechtsaufsicht des Bundesgesundheitsministeriums. 8

§ 303 d Datenaufbereitungsstelle

(1) ¹Die Datenaufbereitungsstelle hat die ihr vom Bundesversicherungsamt und von der Vertrauensstelle übermittelten Daten zur Erstellung von Datengrundlagen für die in § 303 e Absatz 2 genannten Zwecke aufzubereiten und den in § 303 e Absatz 1 genannten Nutzungsberechtigten zur Verfügung zu

---

11 Vgl. Dammann in: Simitis BDSG, 8. Aufl. 2014, § 3 Rn. 173.
12 Vgl. Dammann in: Simitis BDSG, 8. Aufl. 2014, § 3 Rn. 182 mit weiteren Bsp. für nicht eine Löschung bewirkende Maßnahmen.
13 BT-Dr. 17/6906, 99.
14 BT-Dr. 17/6906, 100 Zu § 303 d Zu Absatz 2.

stellen. ²Die Datenaufbereitungsstelle hat die Daten zu löschen, sobald diese für die Erfüllung ihrer Aufgaben nicht mehr erforderlich sind.

(2) ¹Die Datenaufbereitungsstelle ist räumlich, organisatorisch und personell eigenständig zu führen. ²Sie unterliegt dem Sozialgeheimnis nach § 35 des Ersten Buches und untersteht der Rechtsaufsicht des Bundesministeriums für Gesundheit.

I. Entstehungsgeschichte

1 § 303 d wurde durch Art. 1 Nr. 175 des GMG[1] mit Wirkung zum 1.1.2004 in das SGB V eingefügt. Durch Art. 256 Nr. 1 der **Neunten Zuständigkeitsanpassungs-Verordnung**[2] mit Wirkung zum 8.11.2006 wurde Abs. 2 S. 3 an die Umbenennung der Bundesministerien angepasst. Mit Art. 1 Nr. 83 des GKV-VStG[3] hat § 303 d mit Wirkung zum 1.1.2012 seine derzeitige Fassung erhalten.[4] In Abs. 1 S. 1 wurde „das Bundesversicherungsamt" aufgenommen. Entsprechend der Neuregelung der Datenverarbeitung und -nutzung in § 303 e (statt § 303 f aF) wurde S. 1 weiterhin an diese Änderungen redaktionell angepasst. Die Löschungspflicht in S. 2 wurde der Datenaufbereitungsstelle zugeordnet. In Abs. 2 wurde das Gebot der räumlichen, organisatorischen und personellen Eigenständigkeit der Datenaufbereitungsstelle eingeführt. Zum Regelungskontext → § 303 a Rn. 1.

II. Regelungsgehalt und Normzweck

2 Abs. 1 S. 1 überträgt der Datenaufbereitungsstelle die Aufbereitung der vom Bundesversicherungsamt (§ 303 b) und der von der Vertrauensstelle (§ 303 c) übermittelten Daten für die weitere Nutzung der Daten gemäß § 303 e, die Weiterleitung dieser Daten an die zulässigen Nutzer nach § 303 e und verpflichtet die Stelle in S. 2 zur Löschung der Daten nach der Zweckerreichung. Abs. 2 regelt die Einrichtung der Datenaufbereitungsstelle, unterwirft sie dem Sozialgeheimnis gemäß § 35 SGB I und unterstellt sie der Rechtsaufsicht des Bundesgesundheitsministeriums.

3 Die Vorschrift verfolgt das Ziel, eine „Datengrundlage für die Wahrnehmung von Steuerungsaufgaben in der gesetzlichen Krankenversicherung und für Entscheidungen zur Weiterentwicklung der gesetzlichen Krankenversicherung und der Strukturen der medizinischen Versorgung"[5] zu gewährleisten. Andererseits soll sie durch die Aufgabenbegrenzungen, die Löschungspflicht, den Grundsatz der Trennung sowie die Verpflichtung auf das Sozialgeheimnis dem Schutz des informellen Selbstbestimmungsrecht (Art. 2 Abs. 1 iVm Art. 1 Abs. 1 GG) der Versicherten Rechnung tragen, die von den Aufbereitungsmaßnahmen und der Weiterleitung der aufbereiteten Daten an die Nutzungsberechtigten gem. § 303 e betroffen sind.

III. Aufbereiten und zur Verfügung stellen der Daten, Löschungspflicht (Abs. 1)

4 Abs. 1 S. 1 befugt die nach § 303 a Abs. 1 S. 2 durch Rechtsverordnung bestimmte Datenaufbereitungsstelle, die ihr vom Bundesversicherungsamt und der Vertrauensstelle übermittelten Daten aufzubereiten und den Nutzungsberechtigten nach § 303 e zur Verfügung zu stellen. Der Begriff der **Datenaufbereitung** wird durch das Gesetz nicht definiert. Aus dem Zusammenhang folgt, dass die Aufbereitung ausschließlich für die in § 303 e Abs. 2 aufgeführten Zwecke erfolgt. Aufbereiten umfasst daher sämtliche Umgestaltungen der übermittelten Daten, damit die Daten von den Nutzungsberechtigten nach § 303 e Abs. 1 zu dem von ihnen verfolgten zulässigen Zweck später verwendet werden können. Erfasst sind zB das Anordnen der Daten in einer bestimmten Reihenfolge, die Reduzierung des Datensatzes auf bestimmte Variablen, das Umkodieren von Variablen und die Zusammenfassung oder Gruppierung von Daten zu Aggregaten. Welche Datenaufbereitung konkret erfolgt, hängt von der Anfrage des Nutzungsberechtigten und dem Nutzungszweck ab, die von der Datenaufbereitungsstelle geprüft werden (§ 303 e Abs. 3). S. 1 verpflichtet die Datenaufbereitungsstelle, im Anschluss an die Aufbereitung die Daten den Nutzungsberechtigten gem. § 303 e Abs. 1 **zur Verfügung zu stellen**. Nach dem allgemeinen Sprachgebrauch beinhaltet „zur Verfügung stellen" sowohl die Weiterleitung der Daten an die Nutzungsberechtigten zum Zweck der Kenntnisnahme, Verarbeitung und Nutzung als auch die Gewährung der Einsichtnahme in die Daten und deren Abrufs, zB durch einen online-Zugriff. Letzte-

---

[1] BGBl. I 2003, 2190.
[2] BGBl. I 2006, 2407.
[3] BGBl. I 2011, 2983.
[4] Zu den Gründen vgl. BT-Dr. 17/6906, 99 f.
[5] BT-Dr. 17/6906, 100.

rer war bei der Einführung der Vorschrift nicht vorgesehen,[6] ist aber – nachdem der Gesetzgeber des GKV-VStG diesen Weg nicht mehr ausgeschlossen hat[7] – bei Bereitstellung und Inanspruchnahme einer entsprechenden informationstechnischen Sicherheitsarchitektur zulässig.

Abs. 1 S. 2 verpflichtet die Datenaufbereitungsstelle die Daten zu löschen, sobald sie ihre Aufgaben erfüllt hat. Löschen ist das Unkenntlichmachen von Daten, zB durch Überschreiben oder Vernichten des Datenträgers.[8] Die Anweisung an die Mitarbeiter, auf die Liste nicht mehr zuzugreifen, genügt nicht.[9]

IV. Einrichtung der Stelle, Sozialgeheimnis und Rechtsaufsicht (Abs. 2)

Die Datenaufbereitungsstelle ist wie die Vertrauensstelle nach § 303 c Abs. 4 räumlich, organisatorisch und personell eigenständig zu führen. Zu diesen Anforderungen → § 303 c Rn. 7. Die Eigenständigkeit der Stelle soll sicherstellen, „dass Personen, die mit der Datenerhebung und -aufbereitung beschäftigt sind, keine Kenntnisse über die Verschlüsselung haben".[10] Zur Problematik, dass die Vertrauensstelle und die Datenaufbereitungsstelle derzeit beide beim DIMDI eingerichtet sind → § 303 c Rn. 7. Wie für die Vertrauensstelle (§ 303 c Abs. 4 S. 2) wird für die Datenaufbereitungsstelle die Geltung des Sozialgeheimnisses (→ § 303 c Rn. 8) angeordnet (Abs. 2 S. 2). Die Datenaufbereitungsstelle untersteht der Rechtsaufsicht des Bundesgesundheitsministeriums.

§ 303 e Datenverarbeitung und -nutzung, Verordnungsermächtigung

(1) Die bei der Datenaufbereitungsstelle gespeicherten Daten können von folgenden Institutionen verarbeitet und genutzt werden, soweit sie für die Erfüllung ihrer Aufgaben erforderlich sind:
1. dem Spitzenverband Bund der Krankenkassen,
2. den Bundes- und Landesverbänden der Krankenkassen,
3. den Krankenkassen,
4. den Kassenärztlichen Bundesvereinigungen und den Kassenärztlichen Vereinigungen,
5. den für die Wahrnehmung der wirtschaftlichen Interessen gebildeten maßgeblichen Spitzenorganisationen der Leistungserbringer auf Bundesebene,
6. den Institutionen der Gesundheitsberichterstattung des Bundes und der Länder,
7. den Institutionen der Gesundheitsversorgungsforschung,
8. den Hochschulen und sonstigen Einrichtungen mit der Aufgabe unabhängiger wissenschaftlicher Forschung, sofern die Daten wissenschaftlichen Vorhaben dienen,
9. dem Gemeinsamen Bundesausschuss,
10. dem Institut für Qualität und Wirtschaftlichkeit im Gesundheitswesen,
11. dem Institut des Bewertungsausschusses,
12. der oder dem Beauftragten der Bundesregierung für die Belange der Patientinnen und Patienten,
13. den für die Wahrnehmung der Interessen der Patientinnen und Patienten und der Selbsthilfe chronisch kranker und behinderter Menschen maßgeblichen Organisationen auf Bundesebene,
14. der[1] Institut nach § 137 a,
15. dem Institut nach § 17 b Absatz 5 des Krankenhausfinanzierungsgesetzes (DRG-Institut),
16. den für die gesetzliche Krankenversicherung zuständigen obersten Bundes- und Landesbehörden sowie deren jeweiligen nachgeordneten Bereichen und den übrigen obersten Bundesbehörden,
17. der Bundesärztekammer, der Bundeszahnärztekammer, der Bundespsychotherapeutenkammer sowie der Bundesapothekerkammer,
18. der Deutschen Krankenhausgesellschaft.

---

6 Vgl. BT-Dr. 15/1525, 149; Scholz in: BeckOK SozR SGB V § 303 d Rn. 1.
7 Vgl. BT-Dr. 17/6906, 100 und 101 mit beispielhafter Aufzählung von Bereitstellungsverfahren: „... Inhouseverfahren durch Bereitstellung von Arbeitsplätzen oder Bereitstellung von Scientific-Use-File".
8 Gola/Klug/Körffer in: Gola/Schomerus, BDSG, § 3 Rn. 40.
9 Vgl. Dammann in: Simitis, BDSG, 8. Aufl. 2014, § 3 Rn. 183 mit weiteren nicht für eine Löschung genügenden Maßnahmen.
10 BT-Dr. 17/6906, 100 Zu § 303 d Zu Absatz 2.
1 Richtig wohl: „dem".

(2) ¹Die nach Absatz 1 Berechtigten können die Daten insbesondere für folgende Zwecke verarbeiten und nutzen:
1. Wahrnehmung von Steuerungsaufgaben durch die Kollektivvertragspartner,
2. Verbesserung der Qualität der Versorgung,
3. Planung von Leistungsressourcen (zum Beispiel Krankenhausplanung),
4. Längsschnittanalysen über längere Zeiträume, Analysen von Behandlungsabläufen, Analysen des Versorgungsgeschehens zum Erkennen von Fehlentwicklungen und von Ansatzpunkten für Reformen (Über-, Unter- und Fehlversorgung),
5. Unterstützung politischer Entscheidungsprozesse zur Weiterentwicklung der gesetzlichen Krankenversicherung,
6. Analyse und Entwicklung von sektorenübergreifenden Versorgungsformen sowie von Einzelverträgen der Krankenkassen.

²Die nach § 303 a Absatz 1 Satz 2 bestimmte Datenaufbereitungsstelle erhebt für individuell zurechenbare öffentliche Leistungen nach § 303 d Absatz 1 in Verbindung mit § 303 e Absatz 3 zur Deckung des Verwaltungsaufwandes Gebühren und Auslagen. ³Die Gebührensätze sind so zu bemessen, dass das geschätzte Gebührenaufkommen den auf die Leistungen entfallenden durchschnittlichen Personal- und Sachaufwand nicht übersteigt. ⁴Das Bundesministerium für Gesundheit wird ermächtigt, durch Rechtsverordnung² ohne Zustimmung des Bundesrates die gebührenpflichtigen Tatbestände zu bestimmen und dabei feste Sätze oder Rahmensätze vorzusehen sowie Regelungen über die Gebührenentstehung, die Gebührenerhebung, die Erstattung von Auslagen, den Gebührenschuldner, Gebührenbefreiungen, die Fälligkeit, die Stundung, die Niederschlagung, den Erlass, Säumniszuschläge, die Verjährung und die Erstattung zu treffen.

(3) ¹Die Datenaufbereitungsstelle hat bei Anfragen der nach Absatz 1 Berechtigten zu prüfen, ob der Zweck zur Verarbeitung und Nutzung der Daten dem Katalog nach Absatz 2 entspricht und ob der Umfang und die Struktur der Daten für diesen Zweck ausreichend und erforderlich sind. ²Die Daten werden anonymisiert zur Verfügung gestellt. ³Ausnahmsweise werden die Daten pseudonymisiert bereitgestellt, wenn dies für den angestrebten Zweck erforderlich ist. ⁴Das Ergebnis der Prüfung ist dem Antragsteller mitzuteilen und zu begründen.

I. Entstehungsgeschichte

1 § 303 e wurde durch Art. 1 Nr. 175 des **GMG**³ mit Wirkung zum 1.1.2004 in das SGB V eingefügt. Art. 256 Nr. 1 der Neunten Zuständigkeitsanpassungs-Verordnung⁴ passte Abs. 2 mit Wirkung zum 8.11.2006 an die Umorganisation und Benennung der Bundesministerien an. Art. 1 Nr. 206 des **GKV-WSG**⁵ änderte Abs. 3. Mit Art. 1 Nr. 83 des **GKV-VStG**⁶ wurde § 303 e mit Wirkung zum 1.1.2012 völlig neu gefasst.⁷ Die ehemals in § 303 f enthaltenen Vorgaben für die Datenverarbeitung und -nutzung werden nunmehr – modifiziert ua um weitere Nutzungsberechtigte – von § 303 e geregelt. § 303 f wurde aufgehoben. Durch Art. 3 Nr. 12 des **Dritten Gesetzes zur Änderung arzneimittelrechtlicher und anderer Vorschriften**⁸ hat der Gesetzgeber mit Wirkung zum 13.8.2013 Abs. 2 S. 2 bis S. 4 dahingehend geändert, dass die Ermächtigung für den Erlass einer Rechtsverordnung zur Regelung der von der Datenaufbereitungsstelle zu erhebenden Gebühren nunmehr detaillierte Vorgaben enthält. Infolge der Neufassung des § 137 a durch das **Krankenhausstrukturgesetzes**⁹ (KHSG) vom 10.12.2015¹⁰ wurde Abs. 1 Nr. 14 mit Wirkung zum 1.1.2016 durch Art. 6 Nr. 28 des KHSG redaktionell angepasst.

II. Regelungsgehalt und Normzweck

2 § 303 e bestimmt den Kreis der Nutzungsberechtigten der bei der Datenaufbereitungsstelle gespeicherten Daten (Abs. 1), die berechtigten Zwecke für die Verarbeitung und Nutzung der Daten sowie die Berechtigung der Datenaufbereitungsstelle zur Erhebung von Gebühren und Auslagen für den Verwal-

---

2 Siehe hierzu ua die Datentransparenz-Gebührenverordnung.
3 BGBl. I 2003, 2190.
4 BGBl. I 2006, 2407.
5 BGBl. I 2007, 378.
6 BGBl. I 2011, 2983.
7 Zu den Gründen vgl. BT-Dr. 17/6906, 100.
8 BGBl. I 2013, 3108.
9 Gesetz zur Reform der Strukturen der Krankenhausversorgung.
10 BGBl. I 2015, 2229.

tungsaufwand auf der Grundlage einer Rechtsverordnung des Bundesgesundheitsministeriums (Abs. 2). Weiterhin regelt die Vorschrift Prüfpflichten der Datenaufbereitungsstelle und enthält Vorgaben für die Bereitstellung der Daten (Abs. 3). § 303 e soll die „Datengrundlagen für die Versorgungsforschung deutlich verbessern und mit einer zuverlässigen Datenbasis Entscheidungsprozesse zur Weiterentwicklung des GKV-Systems"[11] unterstützen. Sie bringt den Willen des Gesetzgebers zum Ausdruck, die weitere Entwicklung und Steuerung des GKV-Systems sowie die Versorgung der Versicherten nicht ausschließlich von interessenpolitischen Standpunkten, sondern auch von statistisch messbaren Zusammenhängen und Aussagen abhängig zu machen. Weiterhin dient die Vorschrift dem Schutz des informationellen Selbstbestimmungsrechts der Betroffenen, da sie die Verarbeitung auf die erforderliche Aufgabenerfüllung begrenzt (Abs. 1) sowie Prüfpflichten, Anonymisierungs- und Pseudonymisierungsvorgaben enthält (Abs. 3).

III. Nutzungsberechtigte (Abs. 1)

Abs. 1 benennt in den Nr. 1–18 die **Nutzungsberechtigten** der bei der Datenaufbereitungsstelle gespeicherten Daten. Durch das GKV-VStG[12] wurde der Kreis der Nutzungsberechtigten um die Nr. 9, 11–15, 17 und 18 sowie um die „übrigen obersten Bundesbehörden" (Nr. 16 aE) erweitert.[13] Die Aufzählung ist abschließend, lässt aber vereinzelt durch die Verwendung ausfüllungsfähiger Begriffe in den Nr. 5, 6, 7, 8 und 13 die Subsumtion auch nicht namentlich genannter Institutionen zu.[14] Für sämtliche Institutionen des Abs. 1 gilt, dass die **Datenverarbeitung** (vgl. § 67 Abs. 6 SGB X) und die **Datennutzung** (vgl. § 67 Abs. 7 SGB X) stets auf die Erforderlichkeit für die Aufgabenerfüllung begrenzt wird („soweit für die Erfüllung ihrer Aufgaben erforderlich"). „**Erforderlich**" ist ein unbestimmter Rechtsbegriff, der eng auszulegen ist.[15] Erforderlich sind daher nur solche Daten, die notwendig sind,[16] um die Aufgabe der Institution „rechtmäßig, vollständig und in angemessener Zeit erfüllen zu können".[17] Die Eignung der Daten für die Aufgabenerfüllung genügt nicht.[18]

Welche **Aufgaben** die Institutionen wahrzunehmen haben, ergibt sich aus den Büchern des SGB sowie sonstigen gesetzlichen Vorschriften. Für die Nummer 17 (Bundesärztekammer, Bundeszahnärztekammer, Bundespsychotherapeutenkammer sowie Bundesapothekerkammer) wird auch auf die Landesgesetze (Heilberufs- und Kammergesetze) mit der regelmäßigen Berechtigung der Kammern zuzugreifen sein, sich zur Abstimmung von Berufs- und Standesfragen zu Arbeitsgemeinschaften (wie der Bundesärztekammer und der Bundeszahnärztekammer) zusammen zu schließen. Der Gesetzgeber des GKV-VStG hat als Aufgaben der Heilberufskammern – entsprechend der für das Berufsausübungsrecht einschlägigen Landeskompetenz des Art. 70 GG – die „Regelung der Aus- und Fortbildung",[19] weiterhin die „Qualitätssicherung"[20] genannt. Darüber hinaus hat er auf die Förderung der Versorgungsforschung durch die Bundesärztekammer hingewiesen.[21] Für die in Nr. 18 benannte Deutsche Krankenhausgesellschaft (DKG), die beispielsweise gem. § 91 Abs. 1 Mitglied des Gemeinsamen Bundesausschusses ist, wird auf ihre Mitgliedschaftsfunktion bzw. Partnerfunktion der Selbstverwaltung abzustellen sein und die in der Selbstverwaltung von ihr mit zu beratenden Fragestellungen.[22] Insoweit werden die Aufgaben der DKG mittelbar gesetzlich durch die Aufgaben der Selbstverwaltung bestimmt, in der sie mitwirkt.

---

11 BT-Dr. 17/6906, 100.
12 BGBl. I 2011, 2983.
13 Zu den Nr. 9 bis 16 vgl. BT-Dr. 17/6906, 100; zu den Nr. 17 und 18 vgl. BT-Dr. 17/8005, 100 und 171.
14 Vgl. BT-Dr. 17/8005, 171.
15 BSG, 28.11.2002, B 7/1 A 2/00 R, BSGE 90, 162, 168 unter Bezug auf BVerfG, 15.12.1983, 1 BvR 209/83, 1 BvR 269/83, 1 BvR 362/83, 1 BvR 420/83, 1 BvR 440/83, 1 BvR 484/83, BVerfGE 65, 1, 44 und die Literatur; vgl. aus der Literatur: Bieresborn in: v. Wulffen/Schütze SGB X, 8. Aufl. 2014, § 67 a Rn. 4; Gola/Klug/Körffer in: Gola/Schomerus, BDSG, 12. Aufl. 2015, § 13 Rn. 3.
16 Vgl. in diese Richtung auch BT-Dr. 17/6906, 100: „... zugewiesene Aufgabe, zu deren Erfüllung die jeweiligen Daten benötigt werden".
17 BSG, 28.11.2002, B 7/1 A 2/00 R, BSGE 90, 162, 168.
18 Vgl. BSG, 28.11.2002, B 7/1 A 2/00 R, BSGE 90, 162, 168.
19 BT-Dr. 17/8005, 171.
20 BT-Dr. 17/8005, 171.
21 BT-Dr. 17/8005, 171.
22 Vgl. zu der Stellung der DKG als Partner der Selbstverwaltung BT-Dr. 17/8005, 171.

IV. Berechtigte Zwecke (Abs. 2)

5 Abs. 2 S. 1 regelt als weitere Voraussetzung für die Datenverarbeitung und -nutzung die berechtigten Zwecke. Die Aufzählung in S. 1 Nr. 1 bis 6 ist nicht abschließend („insbesondere"), sondern beispielhaft. Untersuchungen zur Arzneimittelsicherheit können unter die Nr. 2 subsumiert werden, weshalb der Gesetzgeber die Aufnahme als gesonderten Zweck für nicht notwendig befunden hat.[23] Neu ist der Zweck der „Analyse und Entwicklung von Einzelverträgen der Krankenkassen", der durch das GKV-VStG in die Nr. 6 aufgenommen wurde und ua die Messung der Wirksamkeit von Selektivverträgen (§§ 73 b, 73 c, 140 a ff.) erlaubt. Die Zwecke, zu denen die Daten verarbeitet oder genutzt werden sollen, müssen sich stets im Rahmen der zugewiesenen Aufgaben bewegen.[24] Sofern sie nicht in den Nr. 1 bis 6 explizit aufgeführt sind, müssen sie den dort genannten Zwecken aber entsprechen (vgl. Abs. 3 S. 1). Der Gesetzgeber legt damit die Zielrichtung für die Datennutzung fest,[25] die eine gesundheits- und steuerungspolitische ist.

6 Abs. 2 S. 2 bis S. 4 berechtigen die Datenaufbereitungsstelle zur Erhebung von Gebühren und Auslagen für die in S. 2 benannten Leistungen nach den Vorgaben der Rechtsverordnung des S. 4. S. 3 regelt, wie die Gebührensätze zu bemessen sind. Gebühren und Auslagen dürfen nur für die Deckung des Verwaltungsaufwandes erhoben werden. Gebühren sind Gegenleistungen für die tatsächliche Inanspruchnahme der individuell zurechenbaren Leistungen der Datenaufbereitungsstelle nach § 303 d Abs. 1 in Verbindung mit § 303 e Abs. 3. Auslagen sind tatsächliche Aufwendungen, die der Datenaufbereitungsstelle entstehen (wie zB Schreibauslagen). Die Entscheidung über die Erhebung der Gebühren und Auslagen ist Verwaltungsakt (§ 31 SGB X).

V. Prüfpflichten und Vorgaben für die Bereitstellung der Daten (Abs. 3)

7 Abs. 3 gewährt der Datenaufbereitungsstelle die Befugnis zum Erlass eines Verwaltungsaktes (§ 31 SGB X), mit dem über den **Antrag** (vgl. Abs. 3 S. 4) einer Institution nach Abs. 1 entschieden wird. Die **Datenaufbereitungsstelle** prüft, ob ein zulässiger Zweck (→ Rn. 5) für die Verarbeitung und/oder Nutzung der beantragten Daten vorliegt sowie, ob der Umfang und die Struktur der Daten für diesen Zweck „ausreichend und erforderlich" (Abs. 3 S. 1) sind. Gelangt sie zu einem positiven Ergebnis, so entscheidet sie weiterhin darüber, ob die Daten – wie von Abs. 3 S. 2 für den Regelfall vorgesehen – **anonymisiert** (vgl. § 67 Abs. 8 SGB X) oder ausnahmsweise – wenn dies für den angestrebten Zweck erforderlich ist (Abs. 3 S. 3) – **pseudonymisiert** (vgl. § 67 Abs. 8 a SGB X) zur Verfügung gestellt werden. Die Kriterien für die ausnahmsweise zulässige Pseudonymisierung ergeben sich aus der „Verordnung zur Umsetzung der Vorschriften über die Datentransparenz (Datentransparenzverordnung – DaTraV)"[26] vom 18.9.2012, die gem. § 303 a Abs. 2 Nr. 4 erlassen wurde. Das Ergebnis der Prüfung durch die Datenaufbereitungsstelle ist gem. S. 4 mitzuteilen und zu begründen. Für die Form und die Bestimmtheit des Bescheids gilt § 33 SGB X. Gegen eine ablehnende Entscheidung ist der Widerspruch gem. § 78 Abs. 1 S. 1 SGG zulässig.

§ 303 f (aufgehoben)

Dritter Abschnitt
Datenlöschung, Auskunftspflicht

§ 304 Aufbewahrung von Daten bei Krankenkassen, Kassenärztlichen Vereinigungen und Geschäftsstellen der Prüfungsausschüsse

(1) ¹Für das Löschen der für Aufgaben der gesetzlichen Krankenversicherung bei Krankenkassen, Kassenärztlichen Vereinigungen und Geschäftsstellen der Prüfungsausschüsse gespeicherten Sozialdaten gilt § 84 Abs. 2 des Zehnten Buches entsprechend mit der Maßgabe, daß

---

23 Vgl. BT-Dr. 17/7274, 34.
24 Vgl. BT-Dr. 17/6906, 100.
25 Vgl. Scholz in: BeckOK SozR SGB V § 303 e Rn. 2.
26 BGBl. I 2012, 1895.

1. die Daten nach § 292 spätestens nach zehn Jahren,
2. Daten nach § 295 Abs. 1 a, 1 b und 2 sowie Daten, die für die Prüfungsausschüsse und ihre Geschäftsstellen für die Prüfungen nach § 106 bis 106 c erforderlich sind, spätestens nach vier Jahren und Daten, die auf Grund der nach § 266 Abs. 7 Satz 1 erlassenen Rechtsverordnung für die Durchführung des Risikostrukturausgleichs (§§ 266, 267) erforderlich sind, spätestens nach den in der Rechtsverordnung genannten Fristen

zu löschen sind. ²Die Aufbewahrungsfristen beginnen mit dem Ende des Geschäftsjahres, in dem die Leistungen gewährt oder abgerechnet wurden. ³Abweichend von Satz 1 Nummer 2 können Krankenkassen die rechtmäßig gespeicherten ärztlichen Abrechnungsdaten für Zwecke der Weiterentwicklung und Durchführung des Risikostrukturausgleichs länger aufbewahren; sie sind nach spätestens vier Jahren zu sperren und spätestens nach den in der Rechtsverordnung genannten Fristen zu löschen. ⁴Die Krankenkassen können für Zwecke der Krankenversicherung Leistungsdaten länger aufbewahren, wenn sichergestellt ist, daß ein Bezug zum Arzt und Versicherten nicht mehr herstellbar ist.

(2) Im Falle des Wechsels der Krankenkasse ist die bisher zuständige Krankenkasse verpflichtet, die für die Fortführung der Versicherung erforderlichen Angaben nach den §§ 288 und 292 auf Verlangen der neuen Krankenkasse mitzuteilen.

(3) Für die Aufbewahrung der Kranken- und sonstigen Berechtigungsscheine für die Inanspruchnahme von Leistungen einschließlich der Verordnungsblätter für Arznei-, Verband-, Heil- und Hilfsmittel gilt § 84 Abs. 2 und 6 des Zehnten Buches.

Literatur:
Hilderink, Datenschutz in der gesetzlichen Krankenversicherung, 2000; *Stütz*, Stellenwert des Datenschutzes als Beitrag zu mehr sozialer Sicherheit, ZfS 2009, 97.

I. Entstehungsgeschichte 1	4. Fristbeginn (Abs. 1 S. 2) 11
II. Regelungsgehalt und Normzweck 2	5. Längere Aufbewahrung von Leistungsdaten (Abs. 1 S. 3 und S. 4) 12
III. Löschungspflicht (Abs. 1 S. 1) 4	IV. Mitteilungspflicht bei einem Krankenkassenwechsel (Abs. 2) 14
1. Adressaten 5	
2. Gespeicherte Sozialdaten 6	V. Löschung von Kranken- und Berechtigungsscheinen, Verordnungsblättern (Abs. 3) 16
3. Löschungsfristen 7	
a) Löschen 7	
b) Relative und absolute Löschungsfristen 8	

I. Entstehungsgeschichte

§ 304 trat mit Art. 1 des **GRG**[1] mit Wirkung zum 1.1.1989 in Kraft. Art. 1 Nr. 163 des **GSG**[2] hat mit Wirkung zum 1.1.1993 Abs. 1 um die Nr. 2 erweitert. Im Zuge der Reform des Sozialdatenschutzes wurden durch Art. 3 Nr. 21 des **2. SGBÄndG**[3] mit Wirkung zum 1.7.1994 die „personenbezogenen Daten" in Abs. 1 durch die „Sozialdaten" ersetzt. Zudem wurde in Abs. 1 der Bezug auf § 84 Abs. 4 SGB X präzisiert (vorher: § 84). Gleiches erfolgte für Abs. 3. Der Gesetzgeber des **GKV-Gesundheitsreformgesetzes 2000**[4] änderte die Vorschriften, für die die absoluten Löschungsfristen gem. Abs. 1 Nr. 1 und Nr. 2 gelten, mit Wirkung zum 1.1.2000 ab. Mit dem **GMG**[5] wurden mit 1.1.2004 die Löschungspflichtigen in Abs. 1 aufgenommen und auch auf die Daten erstreckt, die für die Prüfungsausschüsse und ihre Geschäftsstellen für die Prüfungen gemäß § 106 erforderlich sind. Obwohl mit dem **GKV-VStG**[6] mit § 269 die Regelungen zum Risikostrukturausgleich, die bis 2008 galten, aufgehoben wurden, blieb der Wortlaut des § 304 Abs. 1 Nr. 2 zunächst davon unberührt. Erst mit dem **GKV-Finanzstruktur- und Qualitäts-Weiterentwicklungsgesetz (GKV-FQWG)** vom 21.7.2014[7] hat der Gesetzgeber mWz 1.1.2015 in Abs. 1 Nr. 2 „oder des Risikopools (§ 269)" gestrichen; zugleich hat er die zulässige Aufbewahrungsdauer von rechtmäßig gespeicherten ärztlichen Abrechnungsdaten für Zwecke der Weiterentwicklung und Durchführung des Risikostrukturausgleichs durch einen neuen

---
1 BGBl. I 1988, 2477.
2 BGBl. I 1992, 2266.
3 BGBl. I 1994, 1229.
4 BGBl. I 1999, 2626.
5 BGBl. I 2003, 2190.
6 BGBl. I 2011, 2983.
7 BGBl. I 2014, 1133.

S. 3 in Abs. 1 verlängert. Abs. 1 Nr. 2 wurde durch Art. 2 Nr. 21 des **GKV-Versorgungsstärkungsgesetzes (GKV-VSG)**[8] v. 16.7.2015 um die Wörter „bis § 106c" mit Wirkung zum 1.1.2017 ergänzt, um § 304 Abs. 1 Nr. 2 redaktionell an die Neuordnung der Regelungen zur Wirtschaftlichkeitsprüfung (§§ 106–106 d) anzupassen.

II. Regelungsgehalt und Normzweck

2 § 304 regelt eine zeitliche Begrenzung (Abs. 1) der zulässigen Aufbewahrung von gespeicherten Sozialdaten bei Krankenkassen, Kassenärztlichen Vereinigungen und bei den Geschäftsstellen der Prüfungsausschüsse in Gestalt relativer und absoluter Löschungsfristen. Die Überschrift („Aufbewahrung von Daten ...") ist allerdings wegen einer im SGB V fehlenden Aufbewahrungspflicht „missglückt"[9] formuliert. Abs. 2 beinhaltet eine gesetzliche Übermittlungspflicht für die gemäß §§ 288 und 292 gespeicherten Daten für den Fall des Krankenkassenwechsels. Abs. 3 legt die zulässigen Aufbewahrungszeiten für Kranken- und sonstige Berechtigungsscheine einschließlich der Verordnungsblätter fest.

3 Abs. 1 und Abs. 3 dienen dem Schutz des informationellen Selbstbestimmungsrechts der Betroffenen (Art. 2 Abs. 1 iVm Art. 1 Abs. 1 GG). Löschungspflichten sind „verfahrensrechtliche Schutzvorkehrungen",[10] die der Gefahr der Verletzung des Persönlichkeitsrechts entgegenwirken,[11] da sie die Datenspeicherung auf das für die Aufgabenerfüllung notwendige zeitliche Maß beschränken. Abs. 2 bezweckt eine Reduzierung des Verwaltungsaufwands, da die nach §§ 288 und 292 ohnehin gespeicherten Daten von der neuen Krankenkasse nicht neu erhoben werden müssen.[12]

III. Löschungspflicht (Abs. 1 S. 1)

4 Abs. 1 beinhaltet eine Pflicht zur Löschung von gespeicherten Sozialdaten (→ Rn. 6) innerhalb bestimmter Fristen (→ Rn. 7 f.). Ihr entspricht auf Seiten des Betroffenen ein Anspruch auf Löschung.[13] S. 2 legt den Zeitpunkt für den Beginn der Löschungsfrist fest (→ Rn. 11). S. 3 trifft eine Sonderregelung für die Aufbewahrung von Abrechnungsdaten gem. Abs. 1 Nr. 2. S. 4 regelt die Aufbewahrung von Leistungsdaten durch Krankenkassen (→ Rn. 12).

5 **1. Adressaten.** Abs. 1 S. 1 verpflichtet die **Krankenkassen**, die **Kassenärztlichen Vereinigungen** und die **Geschäftsstellen der Prüfungsausschüsse** zur Löschung der Sozialdaten. Gemäß § 285 Abs. 4 gilt § 304 Abs. 1 ebenfalls für die **Kassenzahnärztlichen Vereinigungen**, nicht aber für Ärzte, Zahnärzte, Psychotherapeuten und die sonstigen Leistungserbringer. Für sie gelten berufsrechtliche Aufbewahrungszeiten (vgl. zB § 10 Abs. 3 MBO-Ä für ärztliche Aufzeichnungen die Empfehlungen der MBO-Ä, die in die Berufsordnungen der jeweiligen Ärztekammern als regionales Satzungsrecht umgesetzt sind).[14] Die „Geschäftsstellen der Prüfungsausschüsse" existieren nicht mehr. Sie wurden durch das GKV-WSG[15] von den „Prüfungsstellen" (vgl. § 106 c) ersetzt.[16] Der Gesetzgeber muss die diesbezügliche redaktionelle Folgeänderung in § 304 Abs. 1 noch vornehmen.

6 **2. Gespeicherte Sozialdaten.** Die Pflicht zur Löschung bezieht sich nach S. 1 auf die gespeicherten Sozialdaten (§ 67 Abs. 1 SGB X). **Gespeichert** sind Sozialdaten, die auf einem Datenträger erfasst, aufgenommen oder aufbewahrt werden (vgl. § 67 Abs. 6 Nr. 1 SGB X). Nicht von der Löschungspflicht erfasst werden die Sozialdatenbestände, die zum Zweck interner Forschungsvorhaben bei Krankenkassen und Kassenärztlichen Vereinigungen ausgewertet werden. Ihre maximal zulässige Aufbewahrungszeit richtet sich nach § 287. Auch für die Versichertenstammdaten des Versichertenverzeichnisses (§ 288) gelten die absoluten Höchstfristen des Abs. 1 nicht. Dafür spricht der Wortlaut der Nr. 1 und der Nr. 2, unter den die Stammdaten der Versicherten nicht subsumiert werden können. Darüber hi-

---

[8] BGBl. I 2015, 1211.
[9] Waschull in: Krauskopf SozKV § 304 Rn. 13.
[10] BVerfG 15.12.1983, 1 BvR 209, 269, 362, 420, 440, 484/83, BVerfGE 65, 1, 46.
[11] Vgl. BVerfG, 15.12.1983, 1 BvR 209, 269, 362, 420, 440, 484/83, BVerfGE 65, 1, 46; BVerfG, 17.7.1984, 2 BvE 11/83, 2 BvE 15/83, BVerfGE 67, 100, 143; BVerfG, 9.3.1988, 1 BvL 49/86, BVerfGE 78, 77, 84 ff.; BVerfG, 27.6.1991, 2 BvR 1493/89, BVerfGE 84, 239, 279 f.; BVerfG, 14.1.2005, 2 BvR 488/04, BVerfG(K) 5, 32, 36.
[12] Vgl. Spickhoff/Fischinger SGB V § 304 Rn. 1; Waschull in: Krauskopf SozKV § 304 Rn. 25.
[13] Ebenso Spickhoff/Fischinger SGB V § 304 Rn. 1; Hornung in: Hänlein/Schuler § 304 Rn. 1.
[14] Vgl. Rehborn in: Prütting FAnwK MedR MBO-Ä § 10 Rn. 18 ff.
[15] BGBl. I 2007, 378.
[16] Vgl. zum Wegfall der Prüfungsausschüsse und zur Erstarkung der Geschäftsstellen zu den Prüfungsstellen BT-Dr. 16/3100, 26 und 137 Zu Buchstabe g zu Doppelbuchstabe aa.

naus kann auch mit der Zwecksetzung des Versichertenverzeichnisses argumentiert werden.[17] Die Löschung der Versichertenstammdaten richtet sich nach § 84 Abs. 2 SGB X (→ § 288 Rn. 3), so dass die Löschungspflicht erst mit dem Ende des Versicherungsverhältnisses entsteht.

3. Löschungsfristen. a) Löschen. Abs. 1 S. 1 ordnet für das Löschen der gespeicherten Sozialdaten die Geltung von § 84 Abs. 2 SGB X an, modifiziert die dort geregelten relativen Löschungsfristen aber für die in Nr. 1 und Nr. 2 genannten Angaben zu sog absoluten Löschungsfristen, indem eine maximal zulässige Aufbewahrungsdauer in Jahren festgesetzt wird (für die in Nr. 1 benannten Daten: zehn Jahre; für die in Nr. 2 Alt. 1 benannten Daten: vier Jahre; für die in Nr. 2 Alt. 2 benannten Daten: Festlegung der Frist durch eine Rechtsverordnung, → Rn. 9). **Löschen** ist das Unkenntlichmachen gespeicherter Sozialdaten (§ 67 Abs. 6 Nr. 5 SGB X), zB durch Schwärzen oder Überschreiben oder Vernichten des Datenträgers.[18] Der Verweis auf § 84 Abs. 2 SGB X ist wegen § 37 SGB I deklaratorischer Natur.

b) Relative und absolute Löschungsfristen. Gemäß § 84 Abs. 2 SGB X sind die gespeicherten Sozialdaten zu löschen, wenn die Speicherung unzulässig ist (vgl. dazu §§ 67 b, 67 c SGB X). Darüber hinaus sind sie zu löschen, wenn ihre Kenntnis für die verantwortliche Stelle (hier: die Krankenkassen, die Kassen[zahn-]ärztlichen Vereinigungen und die Prüfstellen) zur rechtmäßigen Erfüllung der in ihrer Zuständigkeit liegenden Aufgaben nicht mehr erforderlich ist und kein Grund zu der Annahme besteht, dass durch die Löschung schutzwürdige Interessen des Betroffenen beeinträchtigt werden. Da der Zeitpunkt der Löschung durch den Wegfall bzw. die Erledigung der Aufgabenerfüllung sowie den Wegfall des schutzwürdigen Interesses an der Speicherung bestimmt wird, handelt es sich um einen relativen (daher: **relative Löschungsfrist**).

In Abweichung zu dieser grundsätzlich für gespeicherte Sozialdaten geltenden relativen Löschungsfrist sieht § 304 Abs. 1 Nr. 1 und Nr. 2 für die dort genannten Daten absolute Zeitpunkte vor, zu denen sie zu löschen sind (**absolute Löschungsfristen**):

- spätestens nach **zehn Jahren** (Nr. 1): die Angaben über erbrachte Leistungen, die für die Prüfung späterer Leistungsgewährung erforderlich sind (§ 292)
- spätestens nach **vier Jahren** (Nr. 2): die Daten gemäß § 295 Abs. 1 a, die Daten nach § 295 Abs. 1 b für Leistungen gemäß § 73 b, 116 b Abs. 2 und 140 a, die Daten gemäß § 295 Abs. 2 (Behandlungsfalldaten und strukturierte Behandlungsprogramme) sowie Daten für die Wirtschaftlichkeitsprüfung gemäß §§ 106–106 d
- mit Ablauf der gemäß § 266 Abs. 7 S. 1 durch **Rechtsverordnung bestimmten Frist** (Nr. 2): die für die Durchführung des Risikostrukturausgleichs (§§ 266, 267). Die Aufbewahrungsfristen nach § 3 Abs. 7 der Risikostruktur-Ausgleichsverordnung (RSAV) betragen neun oder zwölf Jahre (nur bei Feststellung der Erforderlichkeit durch das Bundesversicherungsamt).

Die absoluten Löschungsfristen greifen unabhängig davon ein, ob die Voraussetzungen des § 84 Abs. 2 SGB X erfüllt sind. Dafür spricht der eindeutige Wortlaut des § 304 Abs. 1:[19] Die allgemeinen Voraussetzungen für die Löschung gem. § 84 Abs. 2 SGB X werden um die in Nr. 1 und Nr. 2 genannten absoluten Löschungsfristen modifiziert („gilt § 84 Abs. 2 des Zehnten Buches *entsprechend mit der Maßgabe*, daß"). Mit Ablauf der in Nr. 1 und Nr. 2 benannten Fristen sind die Daten **spätestens** zu löschen.[20] Vor Ablauf dieser Maximalzeiträume gelten die Löschungskriterien gem. § 84 Abs. 2 SGB X, so dass die Pflicht zur Löschung bereits weit vor den Löschungszeitpunkten des Abs. 1 entstehen kann.

4. Fristbeginn (Abs. 1 S. 2). Für die Berechnung der absoluten Löschungsfristen legt Abs. 1 S. 2 den Zeitpunkt fest, zu dem die Frist zu laufen beginnt. Dies ist das Ende des Geschäftsjahres, in dem die Leistungen gewährt oder abgerechnet werden. Das Geschäftsjahr entspricht regelmäßig dem Kalenderjahr. Soweit die Leistungsgewährung und die Abrechnung zeitlich auseinanderfallen, kommt es auf den späteren Zeitpunkt an.[21]

5. Längere Aufbewahrung von Leistungsdaten (Abs. 1 S. 3 und S. 4). Abs. 1 S. 3 gewährt den Krankenkassen die Möglichkeit der längeren Aufbewahrung rechtmäßig gespeicherter Abrechnungsdaten

---

17 Spickhoff/Fischinger SGB V § 304 Rn. 4.
18 Vgl. Bieresborn in: v. Wulffen/Schütze SGB X § 67 Rn. 28.
19 Dies unterstützt auch die Begründung des Gesetzgebers für § 116 SGB XI in der Fassung des Pflege-Versicherungsgesetzes (nun: § 107 SGB XI), der § 304 SGB V entspricht: BT-Dr. 12/5262, 153.
20 Spickhoff/Fischinger SGB V § 304 Rn. 4; Hornung in: Hänlein/Schuler § 304 Rn. 2; Waschull in: Krauskopf SozKV § 304 Rn. 2, 10 und 12.
21 Vgl. Didong in: jurisPK-SGB V § 304 Rn. 14; Spickhoff/Fischinger SGB V § 304 Rn. 5; Waschull in: Krauskopf SozKV § 304 Rn. 14.

zum Zweck der **Weiterentwicklung des Risikostrukturausgleichs** (§ 268), wobei diese Daten spätestens nach vier Jahren zu sperren und derzeit nach sechs Jahren (§ 30 Abs. 2 S. 6 RSAV) zu löschen sind. Abs. 1 S. 4 sieht die Möglichkeit („können") einer über die Fristen des Abs. 1 S. 1 hinausgehenden Aufbewahrung von Leistungsdaten vor, die bei den Krankenkassen für Zwecke der Krankenversicherung aufbewahrt werden. **Leistungsdaten** sind „diejenige Daten, die für die Bewilligung und Gewährung einer Leistung nach dem SGB V erforderlich sind",[22] wie zB die Art der Leistung (Krankenhausbehandlung oder Hilfsmittel) und die Dauer der Bewilligung, aber auch die konkrete Leistung in Gestalt von Abrechnungsziffern. Voraussetzung für die längere Speicherung der Leistungsdaten ist, dass weder ein Arzt- noch ein Versichertenbezug herstellbar ist, die Daten folglich anonymisiert sind (§ 67 Abs. 8 SGB X). Abs. 1 S. 4 ist – wie die systematische Stellung in Abs. 1 deutlich macht – eine **Sonderregelung**, die **ausschließlich für Krankenkassen** gilt. Das Gesetz legt keine Begrenzung der maximal zulässigen Aufbewahrung dieser Daten fest, sondern gestattet sie nur „länger". Es stellt sich damit die Frage, ob sie unbegrenzt vorgehalten werden dürfen. Unter teleologischen Gesichtspunkten wird einer unbegrenzten Speicherung das informationelle Selbstbestimmungsrecht der Betroffenen jedenfalls nicht entgegen gehalten werden können, da die längere Aufbewahrung davon abhängt, dass ein Arzt- oder Versichertenbezug nicht mehr hergestellt werden kann.[23] Dadurch entfällt die Personenbeziehbarkeit und die Notwendigkeit einer Löschungsfrist als verfahrensrechtliche Schutzvorkehrung. Ob von den Löschungsfristen nach Abs. 1 Abstand genommen wird und wie lange, steht bei Vorliegen der Voraussetzungen im Ermessen („können") der Krankenkasse.

13 Umstritten ist, ob Daten auch dann länger aufbewahrt werden dürfen, wenn sie die Voraussetzungen des Abs. 1 S. 4 nicht erfüllen, etwa für die „Sachverhaltsaufklärung in laufenden Gerichtsverfahren".[24] Mit dem Argument, der Datenschutz dürfe nicht dazu führen, dass materielle Anspruchspositionen beeinträchtigt würden, wird dies teilweise bejaht.[25] Dagegen spricht jedoch der eindeutige Wortlaut, der die längere Aufbewahrung an enge Voraussetzungen knüpft und deutlich macht, dass Abs. 1 S. 4 eine Sonderregel darstellt.[26] Andernfalls muss der Gesetzgeber den Wortlaut ändern.

IV. Mitteilungspflicht bei einem Krankenkassenwechsel (Abs. 2)

14 Abs. 2 verpflichtet die bisher zuständige Krankenkasse im Fall des Versichertenwechsels zu einer anderen Kasse, dieser auf Verlangen die erforderlichen Angaben nach § 288 (Versichertenverzeichnis) und § 292 (für die Prüfung der späteren Leistungsgewährung) mitzuteilen. Die Regelung ist eine Übermittlungsbefugnis iSd § 67 d Abs. 1 Alt. 2 SGB X („andere Rechtsvorschrift"). Streitig ist, ob die Übermittlung ausschließlich auf Verlangen der Krankenkasse[27] oder auch auf Verlangen des Versicherten[28] zulässig ist. Da der Wortlaut keine eindeutige Zuordnung des Verlangens ausschließlich zur Krankenkasse vornimmt, genügt richtigerweise auch das Verlangen des Versicherten.

15 Fraglich ist, ob die Übermittlung der „erforderlichen Angaben" eine Prüfung im Einzelfall[29] voraussetzt oder sämtliche[30] Angaben nach §§ 288 und 292 mitzuteilen sind. Auch wenn der Erforderlichkeitsgrundsatz als Vorkehrung zum Schutz des informationellen Selbstbestimmungsrechts eine Begrenzung des Umfangs der Weitergabe personenbezogener Daten fordert, dürfen im Fall des Kassenwechsels sämtliche Daten übermittelt werden, da der Schutz auch durch §§ 288 und 292 hergestellt wird. Beide Vorschriften knüpfen für die Speicherung der Daten ebenfalls an den Erforderlichkeitsgrundsatz an.

V. Löschung von Kranken- und Berechtigungsscheinen, Verordnungsblättern (Abs. 3)

16 Abs. 3 regelt die zulässige Dauer der Aufbewahrung von „Originalbelegen".[31] Für sie gelten nicht die Höchstfristen des Abs. 1. Kranken- und Berechtigungsscheine (s. § 15) sowie Verordnungsblätter für

---

22 Waschull in: Krauskopf SozKV § 304 Rn. 15.
23 Ebenso Waschull in: Krauskopf SozKV § 304 Rn. 19.
24 Spickhoff/Fischinger SGB V § 304 Rn. 4.
25 Vgl. Spickhoff/Fischinger SGB V § 304 Rn. 4; Hilderink, Datenschutz in der gesetzlichen Krankenversicherung, 2000, 228.
26 Wie hier Hornung in: Hänlein/Schuler § 304 Rn. 3.
27 Waschull in: Krauskopf SozKV § 304 Rn. 26 f.
28 Spickhoff/Fischinger SGB V § 304 Rn. 7; Hornung in: Hänlein/Schuler § 304 Rn. 5; Scholz in: BeckOK SozR SGB V § 304 Rn. 5.
29 So Spickhoff/Fischinger SGB V § 304 Rn. 7.
30 So Waschull in Krauskopf SozKV § 304 Rn. 29.
31 Hornung in: Hänlein/Schuler § 304 Rn. 6.

Arznei-, Verband-, Heil- und Hilfsmittel sind keine Sozialdaten, können diese aber enthalten. Ihre Löschung bestimmt sich durch die gesetzliche Anordnung des Abs. 3 nach § 84 Abs. 2– 6 SGB X. Dadurch wird mittelbar über den Bezug auf § 71 Abs. 1 S. 3 SGB X auch die Übermittlung für die Erfüllung der gesetzlichen Pflichten zur Sicherung und Nutzung von Archivgut nach §§ 2 und 5 BundesarchivG/entsprechender Landesgesetze erlaubt.

§ 305 Auskünfte an Versicherte

(1) ¹Die Krankenkassen unterrichten die Versicherten auf deren Antrag über die in einem Zeitraum von mindestens 18 Monaten vor Antragstellung in Anspruch genommenen Leistungen und deren Kosten. ²Die Unterrichtung über die in Anspruch genommenen ärztlichen Leistungen erfolgt getrennt von der Unterrichtung über die ärztlich verordneten und veranlassten Leistungen. ³Die für die Unterrichtung nach Satz 1 erforderlichen Daten dürfen ausschließlich für diesen Zweck verarbeitet und genutzt werden; eine Gesamtaufstellung der von den Versicherten in Anspruch genommenen Leistungen darf von den Krankenkassen nicht erstellt werden. ⁴Eine Mitteilung an die Leistungserbringer über die Unterrichtung des Versicherten ist nicht zulässig. ⁵Die Krankenkassen können in ihrer Satzung das Nähere über das Verfahren der Unterrichtung regeln.

(2) ¹Die an der vertragsärztlichen Versorgung teilnehmenden Ärzte, Einrichtungen und medizinischen Versorgungszentren haben die Versicherten auf Verlangen schriftlich in verständlicher Form, direkt im Anschluss an die Behandlung oder mindestens quartalsweise spätestens vier Wochen nach Ablauf des Quartals, in dem die Leistungen in Anspruch genommen worden sind, über die zu Lasten der Krankenkassen erbrachten Leistungen und deren vorläufige Kosten (Patientenquittung) zu unterrichten. ²Satz 1 gilt auch für die vertragszahnärztliche Versorgung. ³Der Versicherte erstattet für eine quartalsweise schriftliche Unterrichtung nach Satz 1 eine Aufwandspauschale in Höhe von 1 Euro zuzüglich Versandkosten. ⁴Das Nähere regelt die Kassenärztliche Bundesvereinigung. ⁵Die Krankenhäuser unterrichten die Versicherten auf Verlangen schriftlich in verständlicher Form innerhalb von vier Wochen nach Abschluss der Krankenhausbehandlung über die erbrachten Leistungen und die dafür von den Krankenkassen zu zahlenden Entgelte. ⁶Das Nähere regelt der Spitzenverband Bund der Krankenkassen und die Deutsche Krankenhausgesellschaft durch Vertrag.

(3) ¹Die Krankenkassen informieren ihre Versicherten auf Verlangen umfassend über in der gesetzlichen Krankenversicherung zugelassene Leistungserbringer einschließlich medizinische Versorgungszentren und Leistungserbringer in der besonderen Versorgung sowie über die verordnungsfähigen Leistungen und Bezugsquellen, einschließlich der Informationen nach § 73 Abs. 8, § 127 Absatz 1 Satz 4, Absatz 3 und 4 a. ²Die Krankenkasse hat Versicherte vor deren Entscheidung über die Teilnahme an besonderen Versorgungsformen in Wahltarifen nach § 53 Abs. 3 umfassend über darin erbrachte Leistungen und die beteiligten Leistungserbringer zu informieren. ³§ 69 Absatz 1 Satz 3 gilt entsprechend.

Literatur:
Brands, Die Pflichten der Krankenkassen und Leistungserbringer zur Information der Versicherten über Leistungen und Kosten, GesR 2004, 497; *Gundermann,* Zur datenschutzrechtlichen Zulässigkeit von Bewertungsportalen am Beispiel des AOK Arztnavigators, VuR 2010, 329; *Hoffmann/Stelzer/Weber*, Die Auskunftsansprüche des Versicherten über Leistungen und deren Kosten gemäß § 305 SGB 5 im Hinblick auf Rechtsanwendung, Rechtsanwendungssperre und Systemversagen, SozVers 2002, 281–301 und SozVers 2002, 309; *Hennig/Etgeton*, Arztbewertungen im Internet, DuD 2011, 841; *Igl*, Die neuen Patientenrechte – Was bedeutet das für den Arzt? ArztuR 2004, 43; *Kaltenbach,* Um die Strukturen zu verändern, muss weiter gesprungen werden, FfG 2011, 27; *Kieser*, Apothekenwerbung durch Krankenkassen? A & R 2007, 20; *Marburger*, Zweifelsfragen in Zusammenhang mit Auskunftspflichten der Sozialversicherung und Datenschutz, WzS 2011, 269; *Martini*, Ein Patienten-TÜV für ärzte? DÖV 2010, 573; *Müller*, Die BKK Online-Suche für Krankenhaus, Arzt und Co, BKK 2011, 674; *Opitz*, Mehr Kostentransparenz für gesetzlich Versicherte?, Welt der Krankenversicherung 2012, 252; *Riemer*, Auskunftsansprüche von GKV-Versicherten über die von Kassenärztlichen Vereinigungen gespeicherten Sozialdaten, NZS 2011, 927; *Schümann/ Hoffmann*, Möglichkeiten und Grenzen der Gesundheitsinformation und -beratung durch gesetzliche Krankenkassen, 2004; *Stelzer*, Missglückte Reform der Auskunftsrechte von Patienten bzw Versicherten ua im Hinblick auf die „Patientenquittung"?, SozVers 2003, 197; *Stelzer*, Die Auskunftsansprüche des Versicherten über Leistungen und deren Kosten gemäß § 305 SGB V im Hinblick auf Rechtsanwendung, Rechtsanwendungssperre und Systemversagen, ZfS 2002, 321; *Töpfer/Opitz*, Mehr Kostentransparenz für gesetzlich

Versicherte?, Welt der Krankenversicherung 2012, 252; *Weber*, Die Patientenquittung – Ein ungenutztes Marketing-Instrument der Gesetzlichen Krankenversicherung?, GSP 2006, 30.

I. Entstehungsgeschichte 1	V. Auskunftspflicht der an der vertragsärztlichen Versorgung teilnehmenden Ärzte, Zahnärzte, Einrichtungen, MVZs und der Krankenhäuser (Abs. 2) 14
II. Regelungsgehalt und Normzweck 2	
III. Auskunftspflicht der Krankenkassen (Abs. 1) 4	
1. Überblick 4	1. Verpflichtete 15
2. Verhältnis zu §§ 25, 83 SGB X 5	2. Anspruchsberechtigte und Zeitpunkt der Auskunftserteilung 16
3. Voraussetzungen und Umfang der Auskunft 6	3. Schriftlich in verständlicher Form 17
a) Antrag 6	4. Aufwandspauschale für Quartalsquittung (Abs. 2 S. 3) 18
b) Antragsberechtigte 7	
c) Zeitlicher Umfang der Auskunft: Mindestzeitraum 8	5. Ausgestaltungsrecht der Selbstverwaltung (Abs. 2 S. 4 und S. 6) 19
d) Inhaltlicher Umfang und Formfreiheit 9	VI. Informationspflicht der Krankenkassen (Abs. 3) 20
e) Kein Ausschluss aufgrund Rechtsmissbrauchs? 12	VII. Rechtsschutz 23
IV. Schutzvorkehrung zugunsten des Versicherten 13	

I. Entstehungsgeschichte

1 § 305 wurde durch Art. 1 des **GRG**[1] mit Wirkung zum 1.1.1989 in das SGB V eingefügt. Mit Art. 1 Nr. 164 des **Gesundheitsstrukturgesetzes**[2] wurde die Vorschrift zum 1.1.1996 weitgehend neu gefasst. Durch Art. 17 des **2. GKV-Neuordnungsgesetzes**[3] wurde zum 1.7.1997 in Abs. 2 erstmals die Auskunftspflicht aufgenommen. Sie wurde durch Art. 1 Nr. 177 des **GMG**[4] mit Wirkung zum 1.1.2004 modifiziert. Zugleich fügte der Gesetzgeber Abs. 3 an. Art. 256 Nr. 1 der **Neunten Zuständigkeitsanpassungs-Verordnung**[5] passte Abs. 2 S. 7 mit Wirkung zum 8.11.2006 an die veränderte Benennung der Bundesministerien an. Mit dem **GKV-WSG**[6] hat der Gesetzgeber die Informationspflicht nach Abs. 3 mit Wirkung zum 1.4.2007 erweitert. Nach weiteren redaktionellen Anpassungen durch das GKV-WSG, das **Pflege-Weiterentwicklungsgesetz**[7] und das **GKV-OrgWG**[8] wurde § 305 Abs. 1 durch Art. 1 Nr. 83 a Buchst. a des **GKV-VStG**[9] mit Wirkung zum 1.1.2012 neu gefasst, um „den Versicherten einen möglichst unkomplizierten Zugang zu zeitnahen Informationen über Leistungen und deren Kosten zu ermöglichen."[10] Aufgrund der Einführung des Begriffs der „besonderen Versorgung" durch das GKV-Versorgungsstärkungsgesetz (GKV-VSG) v. 16.7.2015[11] (§ 140 a) hat der Gesetzgeber mit Wirkung zum 23.7.2015 Abs. 3 durch Art. 1 Nr. 89 redaktionell angepasst, indem es die integrierte Versorgung durch die besondere Versorgung ersetzt hat. Mit Art. 1 Nr. 21 des **Heil- und Hilfsmittelversorgungsgesetzes (HHVG)**[12] vom 4.4.2017[13] wurden mit Wirkung zum 11.4.2017 die von Abs. 3 in Bezug genommenen Abs. des § 127 infolge der Neuregelung des § 127 Abs. 1 S. 4 und Abs. 4 a geändert.

II. Regelungsgehalt und Normzweck

2 § 305 beinhaltet verschiedene Auskunftsansprüche der Versicherten gegenüber der Krankenkasse (Abs. 1 und Abs. 3) sowie gegenüber den an der vertragsärztlichen Versorgung teilnehmenden Ärzten, Einrichtungen und Medizinischen Versorgungszentren, gegenüber den Vertragszahnärzten und den

---

1 BGBl. I 1988, 2477.
2 BGBl. I 1992, 2266.
3 BGBl. I 1997, 1520.
4 BGBl. I 2003, 2190.
5 BGBl. I 2006, 2407.
6 BGBl. I 2007, 378.
7 BGBl. I 2008, 874.
8 BGBl. I 2008, 2426.
9 BGBl. I 2011, 2983.
10 BT-Dr. 17/8005, 171 zu Nummer 83 a – neu.
11 BGBl. I 2015, 1211.
12 Gesetz zur Stärkung der Heil- und Hilfsmittelversorgung.
13 BGBl. I 2017, 778.

Krankenhäusern (Abs. 2). Abs. 2 definiert dabei die sog Patientenquittung. Abs. 3 verpflichtet die Krankenkassen zur Information der Versicherten auf Verlangen über die zugelassenen Leistungserbringer, die verordnungsfähigen Leistungen und Bezugsquellen sowie über die in besonderen Versorgungsformen erbrachten Leistungen und die daran teilnehmenden Leistungserbringer.

Die Vorschrift bezweckt, die Angebote, Leistungen, Kosten und die Qualität der erbrachten, verordneten und veranlassten Leistungen für die Versicherten **transparent** zu machen und diese dadurch in ihrer Beteiligtenstellung zu stärken.[14] Sie soll „einen Beitrag zur Steigerung des **Kostenbewusstseins der Versicherten** leisten".[15] Speziell mit Abs. 3 werden die Versicherten durch die Information in die Lage versetzt, die Versorgungsangebote zu vergleichen und auf dieser Grundlage auszuwählen. Diese Informationsverpflichtung der Krankenkassen bezweckt auch, den **Qualitätswettbewerb** um die Versicherten zu unterstützen.[16]

III. Auskunftspflicht der Krankenkassen (Abs. 1)

1. Überblick. Abs. 1 erlegt den Krankenkassen eine Auskunftspflicht gegenüber den Versicherten über die in Anspruch genommenen Leistungen und deren Kosten auf, normiert ein Trennungsgebot für die Unterrichtung über ärztlich verordnete und veranlasste Leistungen (Abs. 1 S. 2) und einen Zweckbindungsgrundsatz für die Datenverarbeitung und -nutzung (Abs. 1 S. 3 Hs. 1). Abs. 1 S. 3 Hs. 2 verbietet den Krankenkassen, eine Gesamtaufstellung der von den Versicherten in Anspruch genommenen Leistungen zu erstellen. Abs. 1 S. 4 untersagt der Krankenkasse, die Leistungserbringer über die Unterrichtung des Versicherten zu informieren. S. 5 überlässt den Krankenkassen die nähere Regelung der Unterrichtung in ihren Satzungen.

2. Verhältnis zu §§ 25, 83 SGB X. Der Auskunftsanspruch der Versicherten gem. Abs. 1 unterscheidet sich vom Akteneinsichtsrecht gem. § 25 SGB X, das von § 305 SGB V unberührt bleibt. Während § 25 SGB X einen Anspruch auf Einsicht in die den Versicherten betreffenden krankenversicherungsrechtlichen Unterlagen gewährt, berechtigt § 305 Abs. 1 gerade nicht zur umfassenden Einsicht,[17] sondern nur zur Auskunft über die in Anspruch genommenen Leistungen und Kosten. Der Auskunftsanspruch gem. § 305 Abs. 1 besteht neben dem Auskunftsanspruch gem. § 83 SGB X.[18]

3. Voraussetzungen und Umfang der Auskunft. a) Antrag. Voraussetzung für den Auskunftsanspruch ist ein Antrag des Versicherten, der gegenüber der Krankenkasse gestellt wird. Der Antrag bedarf keiner Form, weshalb die Krankenkasse die Versicherten nicht zwingen darf, bestimmte Formulare zu verwenden. Ausreichend ist, dass der Versicherte zu erkennen gibt, dass er Auskunft über die Leistungen und/oder die Kosten für einen bestimmten Zeitraum begehrt. Maßgebend ist der objektive Sinngehalt der Erklärung, der auch den Wunsch auf eine beschränkte Auskunft zum Gegenstand haben kann.

b) Antragsberechtigte. Antragsberechtigt sind der Versicherte und die Familienversicherten gem. § 10. Für Minderjährige ist der gesetzliche Vertreter berechtigt, wobei entsprechend dem in § 175 Abs. 1 S. 1 und in § 36 Abs. 1 SGB I zum Ausdruck kommenden Rechtsgedanken bei Jugendlichen ab dem 15. Lebensjahr grundsätzlich eine eigene Berechtigung anzunehmen ist.[19] Die Einsichtsfähigkeit kann je nach Entwicklungstand aber auch bereits früher eintreten.[20] Die Erben haben keinen Auskunftsanspruch gegen die Krankenkasse.[21] Sofern der Versicherte vor seinem Tod in die Weitergabe der Angaben über die erbrachten Leistungen und/oder über die Kosten eingewilligt hat, ist eine Auskunft der Krankenkasse aber zulässig (vgl. § 67 b SGB X).

---

14 Vgl. zu dem Motiv der stärkeren Einbeziehung der Versicherten in die Entscheidungsprozesse der GKV BT-Dr. 15/1525, 151 zu Nummer 177 Zu Buchstabe a.
15 BSG, 2.11.2010, B 1 KR 12/10 R, Breith. 2011, 823, 826 unter Bezug auf BT-Dr. 11/2237, 238.
16 Vgl. BT-Dr. 16/4247, 57 zu Nummer 208 Zu Doppelbuchstabe bb.
17 Vgl. LSG Bln, 24.9.1997, L 9 Kr 9/97, E-LSG KR-130.
18 Vgl. BSG, 2.11.2010, B 1 KR 12/10 R, Breith. 2011, 823; Brandts, GesR 2004, 497, 499; Luthe in: Hauck/Noftz SGB V § 305 Rn. 4; Schneider in: Krauskopf SozKV § 305 Rn. 7.
19 Aber OLG Hamm, 20.9.2012, I 4 U 85/12, DuD 2013, 106 die „nötige Reife" von 15jährigen ablehnend, um die Tragweite der Einwilligungserklärung zur Datenspeicherung und Datenverwendung zur Werbezwecken abzusehen.
20 Ebenso Hornung in: Hänlein/Schuler § 305 Rn. 2 und 6; Schneider in: Krauskopf SozKV § 305 Rn. 8.
21 BSG, 29.10.1985, 11 a RK 6/84, NJW 1986, 3105 (3106).

8 c) **Zeitlicher Umfang der Auskunft: Mindestzeitraum.** Die Auskunft ist für einen **Mindestzeitraum** („mindestens") von 18 Monaten vor Antragstellung zu erteilen. Die Versicherten können dementsprechend auch Angaben aus dem laufenden Geschäftsjahr der Krankenkasse verlangen.[22] Die Krankenkassen können gem. Abs. 1 S. 5 in ihren Satzungen vorsehen, den Versicherten auch über einen länger zurückliegenden Zeitraum Auskunft zu gewähren.[23]

9 d) **Inhaltlicher Umfang und Formfreiheit.** Die Krankenkasse ist verpflichtet, über die in Anspruch genommenen **Leistungen** und deren **Kosten** zu unterrichten. Die Unterrichtungspflicht erfasst die tatsächlich erbrachten und abgerechneten Leistungen sowie deren Kosten,[24] nicht aber die Diagnosen[25] und die Leistungen der Familienversicherten, die einen eigenen Auskunftsanspruch haben (→ Rn. 7). Abs. 1 S. 2 beinhaltet für die Auskunft ein **Trennungsgebot**: Die Unterrichtung muss für die ärztlich erbrachten Leistungen und die ärztlich veranlassten und verordneten Leistungen getrennt erfolgen. Im Gegensatz zu der bis zum 31.12.2011 geltenden Fassung muss die Kassen(zahn)ärztlichen Vereinigung bei der Zusammenstellung der Daten nicht mehr mitwirken. Der Gesetzgeber wollte dadurch den bürokratischen Aufwand reduzieren.[26]

10 Als Schutz des Versicherten befugt Abs. 1 S. 3 die Krankenkassen, ausschließlich zum **Zweck der Erstellung der begehrten Auskunft** die erhobenen und gespeicherten Daten der Versicherten zu verarbeiten (§ 67 Abs. 6 SGB X) und zu nutzen (§ 67 Abs. 7 SGB X). Dabei ist den Krankenkassen eine Gesamtaufstellung der in Anspruch genommenen Leistungen versagt (Abs. 1 S. 3 Hs. 2).

11 Für die Unterrichtung gilt kein Schriftformerfordernis. Die Krankenkasse darf daher auch internetbasiert elektronisch Auskunft geben.[27] Voraussetzung für eine internetbasierte Auskunft ist, dass datenschutzrechtliche Sicherheitsmaßnahmen nach dem aktuellen Stand der Technik ergriffen werden,[28] die gewährleisten, dass ausschließlich der Versicherte die Angaben erhält und einsehen kann. Sie dürfen auch nicht manipulierbar sein.

12 e) **Kein Ausschluss aufgrund Rechtsmissbrauchs?** Hat der Versicherte nach dem eigenen Vortrag „bessere Kenntnis über die beanspruchten Leistungen als die Krankenkasse",[29] besteht kein Anspruch auf Auskunftserteilung gemäß § 305 Abs. 1.[30] Der Zweck des gesetzlichen Anspruchs könne dann nicht mehr erfüllt werden, weshalb der Antrag rechtsmissbräuchlich sei.[31] Richtigerweise ist der Patient aber in diesem Fall nicht über die Kosten informiert, weshalb ein Rechtsmissbrauch abzulehnen ist.[32]

IV. Schutzvorkehrung zugunsten des Versicherten

13 Die Krankenkasse darf die Leistungserbringer gem. Abs. 1 S. 4 nicht darüber informieren, dass sie einem Versicherten überhaupt und worüber sie diesem Auskunft gegeben hat. Über die Vorgaben des Abs. 1 hinaus dürfen die Krankenkassen das Auskunftsrecht des Versicherten nicht einschränken, auch nicht im Wege des Satzungsrechts (S. 5). Dort dürfen nur Verfahrensanforderungen geregelt werden, die eine prozedurale Absicherung des Auskunftsanspruchs für den Versicherten bedeuten.

V. Auskunftspflicht der an der vertragsärztlichen Versorgung teilnehmenden Ärzte, Zahnärzte, Einrichtungen, MVZs und der Krankenhäuser (Abs. 2)

14 Abs. 2 begründet einen eigenständigen Auskunftsanspruch der Versicherten gegenüber den Vertrags(zahn)ärzten, den an der vertragsärztlichen Versorgung teilnehmenden Einrichtungen, Medizinischen Versorgungszentren (MVZs) und den Krankenhäusern. Die Ansprüche und Verpflichtungen nach Abs. 2 und Abs. 1 sind unabhängig voneinander. Die Verpflichteten nach Abs. 2 können dem An-

---

22 Anders war dies in der bis zum 31.12.2011 geltenden Fassung, die nur Auskünfte für das „letzte Geschäftsjahr" vorsah, vgl. zu der Neufassung die Motive des Gesetzgebers in BT-Dr. 17/8005, 171 zu Nummer 83 a – neu.
23 Vgl. BT-Dr. 17/8005, 171 zu Nummer 83 a – neu.
24 SchlHLSG, 19.4.2005, L 5 KR 10/05, juris Rn. 19.
25 Brandts, GesR 2004, 497, 499; SG Düsseldorf, 12.8.2009, S 14 KA 316/06, NZS 2010, 98, 99; LSG Bln, 24.9.1997, L 9 Kr 9/97, E-LSG KR-130, juris Rn. 18.
26 Vgl. BT-Dr. 17/8005, 171 zu Nummer 83 a – neu.
27 Vgl. so auch der ausdrückliche Wille des Gesetzgebers BT-Dr. 17/8005, 172.
28 Vgl. BT-Dr. 17/8005, 172.
29 SchlHLSG 19.4.2005, L 5 KR 10/05, juris Rn. 20.
30 Vgl. SchlHLSG, 19.4.2005, L 5 KR 10/05, juris Rn. 20; aA Hornung in: Hänlein/Schuler § 305 Rn. 3.
31 Vgl. SchlHLSG, 19.4.2005, L 5 KR 10/05, juris Rn. 20.
32 Wie hier Hornung in: Hänlein/Schuler § 305 Rn. 3.

spruchsberechtigten (→ Rn. 16) daher nicht den Auskunftsanspruch gegenüber der Krankenkasse nach Abs. 1 entgegenhalten.[33]

1. Verpflichtete. Abs. 2 S. 1 verpflichtet die an der vertragsärztlichen Versorgung teilnehmenden Ärzte, Einrichtungen und Medizinischen Versorgungszentren, die Versicherten über die zulasten der Krankenkasse in Anspruch genommenen Leistungen und Kosten zu informieren, wobei dies entweder unmittelbar nach der Behandlung oder spätestens vier Wochen nach Ende des Quartals erfolgen muss, in dem die Leistungen erbracht wurden (= Definition der **Patientenquittung**). Voraussetzung ist ein „Verlangen" des Versicherten (zu den Anspruchsberechtigten → Rn. 16). Der Anspruchsberechtigte muss zumindest konkludent die Auskunft verlangen. Für die Verpflichteten muss sich aus dem Auskunftsverlangen ergeben, ob er Auskunft über die während einer konkreten Behandlung oder über die innerhalb eines gesamten Quartals („quartalsweise") erbrachten Leistungen und vorläufigen Kosten erteilen soll. Die begehrte Auskunft kann von dem Anspruchsberechtigten auf die erbrachten Leistungen beschränkt werden. **Abs. 2 S. 2** erstreckt die Informationspflicht auch auf die erbrachten Leistungen und/oder vorläufigen Kosten der vertragszahnärztlichen Versorgung und damit auf Vertragszahnärzte. Die Krankenhäuser müssen die Versicherten auf deren Verlangen hin über die erbrachten Leistungen und die von den Krankenkassen zu zahlenden Entgelte informieren (**Abs. 2 S. 4**). Die Patientenquittung wird zukünftig eine Funktion der elektronischen Gesundheitskarte (vgl. § 291 a Abs. 3 Nr. 6) sein. Dadurch wird der in Abs. 2 gewährte Auskunftsanspruch faktisch bei Bestehen der entsprechenden Sicherheitsarchitektur leichter und weniger bürokratisch erfüllbar sein. Die Auskunftspflicht verletzt die von Art. 12 Abs. 1 GG geschützte Berufsausübungsfreiheit der an der vertrags(zahn)ärztlichen Versorgung teilnehmenden (Zahn-)Ärzte, Einrichtungen und MVZs nicht.[34]

2. Anspruchsberechtigte und Zeitpunkt der Auskunftserteilung. Anspruchsberechtigt sind die Versicherten, aber auch Familienversicherte nach § 10. Zum Antragsrecht von Minderjährigen → Rn. 7. Die Anspruchsberechtigten (und nicht die Verpflichteten)[35] können wählen,[36] ob die Auskunft unmittelbar im Anschluss an die Behandlung (sog „Tagesquittung")[37] oder spätestens vier Wochen nach Quartalsablauf über die während des gesamten Quartals erbrachten Leistungen und vorläufigen Kosten (sog Quartalsquittung)[38] erteilt werden soll. Gegen das Wahlrecht der Verpflichteten sprechen die beiden gleichrangig nebeneinander stehenden Alternativen der Tages- und der Quartalsquittung. Die Alternative der Unterrichtung über die innerhalb einer konkreten Behandlung erbrachten Leistung und/oder vorläufigen Kosten (Tagesquittung) macht nur Sinn, wenn der Anspruchsberechtigte sein Verlangen „direkt im Anschluss an die Behandlung" zum Ausdruck bringt. Dadurch wird sein Auskunftsbegehren auf eine bestimmte Behandlung konkretisiert. Daher sind Adressaten des Auskunftsanspruchs auch „direkt im Anschluss an die Behandlung" zu der begehrten Auskunft verpflichtet. Den Krankenhäusern steht nach keiner Ansicht ein Wahlrecht zu. Sie müssen „innerhalb von vier Wochen nach Abschluss der Krankenhausbehandlung" die Versicherten über die erbrachten Leistungen und die Entgelte unterrichten. Der „Abschluss der Krankenhausbehandlung" ist der Tag der Entlassung. Verpflichteter ist der Krankenhausträger, gegen den der Anspruch zu richten ist.

3. Schriftlich in verständlicher Form. Die Information muss „schriftlich in verständlicher Form" erfolgen. Letzteres bestimmt sich nach dem Empfängerhorizont eines durchschnittlichen Versicherten. Von ihm kann nicht erwartet werden, dass er das Vergütungssystem kennt, weshalb für die Unterrichtung über die Kosten die Abrechnung nach dem EBM (für Krankenhäuser die Abrechnung nach DRG) zu erläutern ist. Nicht ausreichend ist die bloße Angabe der EBM- oder der DRG-Ziffer(n). Auch der dazugehörige Kurztext ist wiederzugeben.[39]

4. Aufwandspauschale für Quartalsquittung (Abs. 2 S. 3). Soweit der Versicherte nicht unmittelbar im Anschluss an die Behandlung informiert wird, sondern innerhalb von vier Wochen nach Quartalsablauf, besteht für den Leistungserbringer nach S. 1 und S. 2 ein Anspruch gegenüber dem Versicherten auf Zahlung einer Aufwandspauschale in Höhe von 1 EUR zuzüglich Versandkosten (S. 3). Der Leis-

---

33 BSG, 7.12.2004, B 1 KR 38/02 R, BSGE 94, 13, 17.
34 Vgl. BSG, 7.12.2004, B 1 KR 38/02 R, BSGE 94, 13, 18.
35 Für ein Wahlrecht der Leistungserbringer: Spickhoff/Fischinger SGB V § 305 Rn. 11; Hornung in: Hänlein/Schuler § 305 Rn. 6.
36 Ebenso Brandts, GesR 2004, 497, 500.
37 Vgl. Schneider in: Krauskopf SozKV § 305 Rn. 20.
38 Vgl. Schneider in: Krauskopf SozKV § 305 Rn. 20.
39 Ebenso Didong/Koch in: jurisPK-SGB V § 305 Rn. 11.

tungserbringer ist vorleistungspflichtig („erstattet").[40] Für Krankenhäuser gilt S. 3 nicht. Sie dürfen daher keine Aufwandspauschale in Rechnung stellen.

19 **5. Ausgestaltungsrecht der Selbstverwaltung (Abs. 2 S. 4 und S. 6).** S. 4 ermächtigt die Kassenärztliche Bundesvereinigung zur näheren Regelung der Patientenquittung nach S. 1. Für die Patientenquittung der Krankenhäuser werden der Spitzenverband Bund der Krankenkassen und die Deutsche Krankenhausgesellschaft zur Regelung des Näheren durch Vertrag berechtigt (S. 6).[41]

VI. Informationspflicht der Krankenkassen (Abs. 3)

20 **Abs. 3 S. 1** erlegt den Krankenkassen eine umfassende Informationspflicht gegenüber Versicherten über zugelassene Leistungserbringer (→§ 95 Abs. 1) einschließlich der MVZs und Leistungserbringer in der besonderen Versorgung (→§ 140 a) sowie über verordnungsfähige Leistungen und Bezugsquellen auf. Die Unterrichtung der Versicherten, zB in Gestalt von Preisvergleichen beinhaltet auch die Informationen nach § 73 Abs. 8 und gemäß § 127 Abs. 1 S. 4, Abs. 3 und Abs. 4a. Voraussetzung für die Information der Versicherten ist deren „Verlangen", weshalb sich die Krankenkassen für ein eigenständiges aktives Informationsverhalten nicht auf Abs. 3 S. 2 stützen können. Zu solchen Maßnahmen zählt etwa Werbung für einen bestimmten Leistungserbringer, mit der die Krankenkasse die Versicherten unaufgefordert gezielt postalisch anschreibt oder anruft und über ein bestimmtes Angebot informiert.[42] Streitig ist, ob Arztbewertungsprotale von Krankenkassen für Patienten auf Abs. 3 S. 1 gestützt werden können. Dagegen wird angeführt, dass die Portale unabhängig von der Anforderung einzelner Versicherter Informationen bereitstellen und nicht vom Gesetzgeber beabsichtigt gewesen sei.[43] Für den Fall, dass die Bewertung erst nach einer Registrierung, zB durch einen Login, abgerufen wird, lässt sich Abs. 3 S. 1 aber durchaus als gesetzliche Grundlage qualifizieren, da darin das „Verlangen" des Versicherten gesehen werden kann.[44]

21 Darüber hinaus muss („hat") die Krankenkasse die Versicherten gemäß **Abs. 3 S. 2** vor deren Entscheidung über die Teilnahme an besonderen Versorgungsformen (§§ 63, 73 b, 137 f, 140 a) in Wahltarifen gem. § 53 Abs. 3 umfassend über darin erbrachte Leistungen und die beteiligten Leistungserbringer informieren.

22 **Abs. 3 S. 3** ordnet an, dass § 69 Abs. 1 S. 3 entsprechend gilt. Mit diesem Verweis soll klargestellt werden, dass für eventuelle Rechtsstreitigkeiten die Sozialgerichte zuständig sind.[45] Die entsprechende Anordnung kann insbesondere bei dem Vorwurf wettbewerbsverzerrenden oder wettbewerbswidrigen Verhaltens durch das Informationsverhalten der Krankenkassen relevant werden.[46]

VII. Rechtsschutz

23 Auskunftsberechtigte können die Auskunftserteilung vor dem Sozialgericht einklagen. Statthafte Klageart ist die Leistungsklage, da die Auskunftserteilung tatsächliches Verhalten („Wissenserklärung")[47] und kein Verwaltungsakt ist.[48] Lehnt dagegen die Krankenkasse die Auskunftserteilung ab, so ist die Ablehnung als Verwaltungsakt zu qualifizieren, gegen den sich der Berechtigte mit der kombinierten Anfechtungs- und Leistungsklage (sog unechte Leistungsklage) wenden kann.[49]

---

40 Vgl. Spickhoff/Fischinger SGB V § 305 Rn. 14.
41 Die Einzelheiten zum Auskunftsbegehren, dem Inhalt der Patientenquittung, der Übermittlung, etc sind in dem „Vertrag nach § 305 Abs. 2 SGB V", 16.9.2004 geregelt, abrufbar unter http://www.dkgev.de/pdf/506.pd f (zuletzt abgerufen am 21.4.2017).
42 Vgl. Kieser, A&R 2007, 20, 22 f. zu SG Frankfurt, 9.8.2006, S 21 KR 429/06 ER, GewArch 2006, 478 und nachgehend Hess LSG, 30.4.2007, L 8 KR 199/06 ER, A&R 2007, 128 ff.; Scholz in: BeckOK SozR SGB V § 305 Rn. 7.
43 Hornung in: LPK-SGB V § 305 Rn. 7; vgl. zu Arztbewertungsportalen und Datenschutz auch Gundermann, VuR 2010, 329; Hennig/Etgeton, DuD 2011, 841 ff.
44 Vgl. Martini, DÖV 2010, 573, 577.
45 Vgl. BT-Dr. 15/1525, 151 zu Nummer 177 Zu Buchstabe b mit dem ursprünglichen Verweis auf den geltenden § 69 Abs. 1 S. 4.
46 Vgl. Hornung in: LPK-SGB V § 305 Rn. 8; Scholz in: BeckOK SozR § 305 Rn. 8.
47 Brandts, GesR 2004, 497, 499.
48 Vgl. Brandts, GesR 2004, 497, 499; Spickhoff/Fischinger SGB V § 305 Rn. 9; Hornung in: Hänlein/Schuler § 305 Rn. 2; im Zusammenhang mit § 83 vgl. auch Bieresborn in: v. Wulffen/Schütze SGB X, 8. Aufl. 2014, § 83 Rn. 9.
49 Vgl. im Zusammenhang mit § 83 zu § 83 SGB X: BSG, 13.11.2012, B 1 KR 13/12 R, BSGE 112, 170; Bieresborn in: v. Wulffen/Schütze SGB X, 8. Aufl. 2014, § 83 Rn. 9.

§ 305 a Beratung der Vertragsärzte

¹Die Kassenärztlichen Vereinigungen und die Krankenkassen beraten in erforderlichen Fällen die Vertragsärzte auf der Grundlage von Übersichten über die von ihnen im Zeitraum eines Jahres oder in einem kürzeren Zeitraum erbrachten, verordneten oder veranlassten Leistungen über Fragen der Wirtschaftlichkeit. ²Ergänzend können die Vertragsärzte den Kassenärztlichen Vereinigungen die Daten über die von ihnen verordneten Leistungen nicht versichertenbezogen übermitteln, die Kassenärztlichen Vereinigungen können diese Daten für ihre Beratung des Vertragsarztes auswerten und auf der Grundlage dieser Daten erstellte vergleichende Übersichten den Vertragsärzten nicht arztbezogen zur Verfügung stellen. ³Die Vertragsärzte und die Kassenärztlichen Vereinigungen dürfen die Daten nach Satz 2 nur für im Sozialgesetzbuch bestimmte Zwecke verarbeiten und nutzen. ⁴Ist gesetzlich oder durch Vereinbarung nach § 130 a Abs. 8 nichts anderes bestimmt, dürfen Vertragsärzte Daten über von ihnen verordnete Arzneimittel nur solchen Stellen übermitteln, die sich verpflichten, die Daten ausschließlich als Nachweis für die in einer Kassenärztlichen Vereinigung oder einer Region mit mindestens jeweils 300 000 Einwohnern oder mit jeweils mindestens 1 300 Ärzten insgesamt in Anspruch genommenen Leistungen zu verarbeiten; eine Verarbeitung dieser Daten mit regionaler Differenzierung innerhalb einer Kassenärztlichen Vereinigung, für einzelne Vertragsärzte oder Einrichtungen sowie für einzelne Apotheken ist unzulässig. ⁵Satz 4 gilt auch für die Übermittlung von Daten über die nach diesem Buch verordnungsfähigen Arzneimittel durch Apotheken, den Großhandel, Krankenkassen sowie deren Rechenzentren. ⁶Abweichend von Satz 4 dürfen Leistungserbringer und Krankenkassen Daten über verordnete Arzneimittel in vertraglichen Versorgungsformen nach den §§ 63, 73 b, 137 f oder 140 a nutzen. ⁷Eine Beratung des Arztes oder Psychotherapeuten durch die Krankenkasse oder durch einen von der Krankenkasse beauftragten Dritten im Hinblick auf die Vergabe und Dokumentation von Diagnosen auch mittels informationstechnischer Systeme ist unzulässig.

Literatur:

Becker, Die Steuerung des Arzneimittelversorgung im Recht der GKV, 2003; *Francke,* Rechtliche Bewertung der neuen Steuerungsinstrumente am Beispiel der Arzneimittelversorgung und ihre Auswirkungen auf die Therapiefreiheit des Arztes, VSSR 2002, 299; *Fiß/Selke/Langner/Neubauer/Knoblich/Dolfen,* Gute Beratung ist ein Gewinn, G+G 2015, Nr. 7/8, 33; *Langner/Selke,* Gut beraten – klug verordnen, G+G 2006, 26; *Lorz,* Verfassungs- und europarechtliche Probleme des geplanten GKV-WSG – Das beabsichtigte Verbot der Weitergabe von Verordnungsdaten und die geplante Kosten-Nutzen-Bewertung für neue Arzneimittel, PharmR 2007, 20; *Meurers,* Arzneimittelverordnungsdaten: Erhebung und Nutzung nach Inkrafttreten des GKV-WSG, AZR 2007, 61; *Rinke/Tubis,* Die Anwendungsbeobachtungen im Lichte des GKV-WSG, Verstößt die Erhebung von Daten bei der Anwendungsbeobachtung gegen die Neuregelung des § 305 a Sätze 4 und 5 SGB V?, PharmR 2007, 374; *Rolfs/de Groot,* Die Unwirksamkeit des Verbots der Datenübermittlung gemäß § 305 a SGB V, MedR 2007, 573.

I. Entstehungsgeschichte

§ 305 a wurde durch Art. 1 Nr. 83 GKV-Gesundheitsreformgesetz 2000[1] mit Wirkung zum 1.1.2000 unter der Überschrift „Information der Vertragsärzte" in das SGB V aufgenommen. Mit Art. 1 Nr. 7 des ABAG[2] v. 19.12.2001 erhielt die Vorschrift ihre seitdem geltende Überschrift und wurde auch inhaltlich neu gefasst. S. 4 bis 6 wurden durch Art. 1 Nr. 209 des GKV-WSG[3] mit Wirkung zum 1.4.2007 eingefügt.[4] Art. 1 Nr. 90 des **GKV-Versorgungsstärkungsgesetzes (GKV-VSG)**[5] v. 16.7.2015 hat mit Wirkung zum 23.7.2015 in S. 6 § 73 c gestrichen. S. 7 wurde durch Art. 1 Nr. 22 des Heil- und Hilfsmittelversorgungsgesetzes (HHVG)[6] vom 4.4.2017[7] mit Wirkung zum 11.4.2017 angefügt.[8]

1

---

1 BGBl. I 1999, 2626.
2 BGBl. I 2001, 3773.
3 BGBl. I 2007, 378.
4 Vgl. zu den Motiven BT-Dr. 16/3100, 176 f. zu Nummer 209 und BT-Dr. 16/4247, 57.
5 BGBl. I 2015, 1211.
6 Gesetz zur Stärkung der Heil- und Hilfsmittelversorgung.
7 BGBl. I 2017, 778.
8 Zur Begründung vgl. BT-Dr. 18/11205, 78.

II. Regelungsgehalt und Normzweck

2 § 305 a regelt die Beratung der Vertragsärzte durch Kassenärztliche Vereinigungen und Krankenkassen mit dem Ziel der Verbesserung der Wirtschaftlichkeit der erbrachten, verordneten und veranlassten Leistungen und ist Rechtsgrundlage für die Verarbeitung und Nutzung der für diese Aufgabe benötigten Daten. Die Beratung soll präventiv auf das Leistungs- und Verordnungsverhalten der Vertragsärzte einwirken, um Kosten zu sparen.[9] Speziell S. 4 bis S. 6 bezwecken mit der Festlegung von Gruppengrößen für die Auswertung von Arzneimittelverordnungsdaten einen verbesserten Schutz der Daten vor den Steuerungsinteressen der Pharmaindustrie.[10] Die Vorgaben zur Aufbereitung dieser Daten sollen verhindern, dass Arzneimittelverordnungsdaten für Prämiensysteme der Pharmaindustrie ausgewertet und an Pharmaberater übermittelt werden können, damit diese Verordnungszuwächse bei einzelnen Ärzten gezielt fördern und belohnen können.[11]

III. Verpflichtung zur Individualberatung (S. 1)

3 S. 1 erlegt den **Kassenärztlichen Vereinigungen** und den **Krankenkassen** die „Pflichtaufgabe"[12] auf, in erforderlichen Fällen einzelne Vertragsärzte auf der Grundlage von Leistungsübersichten, die bezogen auf einen bestimmten Zeitraum erstellt werden, über Fragen der Wirtschaftlichkeit zu beraten. Von der Pflicht zur Individualberatung werden gemäß § 285 Abs. 4 auch die **Kassenzahnärztlichen Vereinigungen** gegenüber den Vertragszahnärzten erfasst. Der in der Literatur[13] vereinzelt angesprochene Gegenschluss „zB zu §§ 304 I 1, 305 II 2, die explizit auf die KZV Bezug nehmen", überzeugt gerade wegen der expliziten Anordnung in § 285 Abs. 4 nicht. Der Beratungspflicht entspricht auf Seiten des Vertrags(zahn-)arztes ein Anspruch auf Beratung.

4 Die Verpflichtung zur Individualberatung besteht nur in den „**erforderlichen** Fällen", also in denjenigen Fällen, in denen die Kassen(zahn)ärztliche Vereinigung oder die Krankenkasse aufgrund der übermittelten Daten in Gestalt von Behandlungs-, Verordnungs- und Veranlassungsangaben, die zu einer Übersicht zusammenzustellen sind, konkrete Anhaltspunkte für ein nicht wirtschaftliches Behandlungs- und Verordnungsverhalten des Vertragsarztes haben. Die Übersichten dürfen einen maximal zulässigen Zeitraum von **einem Jahr** zum Gegenstand haben (S. 1), möglich sind auch kürzere Zeiträume.

5 Die Vertragsärzte werden auf der Grundlage der Übersichten „über **Fragen der Wirtschaftlichkeit**" beraten. Gegenstand können daher sämtliche Aspekte des Behandlungs- und Verordnungsverhaltens sein, die von der Wirtschaftlichkeitsprüfung gemäß §§ 106–106 c erfasst werden können.

IV. Ergänzende Daten für die Beratung durch die KVen (S. 2) und Zweckbindung (S. 3)

6 S. 2 Hs. 1 berechtigt die **Vertragsärzte** ergänzend (gemeint: zu den Daten nach S. 1), den Kassenärztlichen Vereinigungen (nicht aber den Krankenkassen) Daten über ihre Verordnungsleistungen zu übermitteln (Def. s. § 67 Abs. 6 Nr. 3 SGB X). Da es für die Beratung der Vertragsärzte, die auf das systematische Verordnungsverhalten zielt, nicht notwendig ist, dass ein Versichertenbezug der Daten besteht, dürfen die Verordnungsdaten nur „nichtversichertenbezogen" (gemeint: anonymisiert iSd § 67 Abs. 8 SGB X) übermittelt werden. **S. 2 Hs. 2** befugt die **Kassenärztlichen Vereinigungen**, diese Daten (gemeint: die anonymisierten Verordnungsdaten) zum Zweck der Beratung der Vertragsärzte auszuwerten. Zugleich wird den Kassenärztlichen Vereinigungen durch S. 2 Hs. 2 erlaubt, vergleichende Übersichten zu erstellen und den Vertragsärzten zur Verfügung zu stellen, um das Verordnungsverhalten des einzelnen Vertragsarztes zu dem der übrigen Ärzte (zB der gleichen Facharztgruppe) in Bezug setzen zu können und eine valide Bewertung und Einordnung des Verordnungsverhaltens zu ermöglichen. Diese Übersichten dürfen aber „nicht arztbezogen" sein, also Einzelangaben über persönliche oder sachliche Verhältnisse bestimmter oder bestimmbarer Vertragsärzte enthalten. **S. 3** eröffnet den Kassenärztlichen Vereinigungen für die Verarbeitung (Def. s. § 67 Abs. 6 SGB X) und Nutzung (Def. s. § 67 Abs. 7 SGB X) der nach S. 2 übermittelten Daten auch weitere Zwecke als die Beratung nach S. 2, wobei diese auf Zwecke des Sozialgesetzbuchs beschränkt werden.

---

9 Vgl. Spickhoff/Fischinger SGB V § 305 a Rn. 1.
10 Vgl. BT-Dr. 16/3100, 176 zu Nummer 209.
11 Vgl. BT-Dr. 16/4247, 57 zu Nummer 209.
12 Vgl. BT-Dr. 14/7170, 15 zu Art. 1 Nr. 7.
13 Vgl. offen gelassen von Spickhoff/Fischinger SGB V § 305 a Rn. 1; ohne Begründung ablehnend Michels in: Becker/Kingreen SGB V § 305 a Rn. 1.

V. Beschränkungen für Arzneimittelverordnungsdaten (S. 4 bis S. 6)

S. 4 bis S. 6 regeln die zulässige Übermittlung und Verarbeitung von **arztbezogenen Arzneimittelverordnungsdaten**. Sie werden grundsätzlich (zu Ausnahmen → Rn. 9) nur für festgelegte Raumeinheiten – bemessen nach Einwohnerzahlen oder Ärzten – zugelassen (S. 4 und S. 5). Der Gesetzgeber wollte dadurch sicherstellen, dass Pharmaunternehmen und von ihnen eingesetzte Pharmaberater keine Einzelauswertungen von Arzneimittelverordnungen vornehmen können und auf das Verordnungsverhalten der einzelnen Ärzte oder Einrichtungen gezielt Einfluss nehmen (→ Rn. 2). Sie sollten auf ihre eigentliche Aufgabe nach dem AMG zurückgeführt werden, die Ärzte über die Arzneimittel, ihre Wirkweise, Indikationen, Wechsel- und Nebenwirkungen sowie über Risiken zu informieren.[14] Die S. 4 und 5 lassen vor diesem Hintergrund die Übermittlung (§ 67 Abs. 6 Nr. 3 SGB X) arztbezogener („von ihnen verordneter") Arzneimittelverordnungsdaten[15] grundsätzlich nur an solche Stellen zu, die sich verpflichten, die Daten aggregiert zu verarbeiten (zB zu speichern, zu verändern oder zu übermitteln, Def. s. § 67 Abs. 6 SGB X): Jeglicher Vorgang der Datenverarbeitung (zB bereits die Speicherung, aber auch eine Auswertung) durch eine Empfangsstelle muss entweder die Arzneimittelverordnungsdaten aus einer Kassenärztlichen Vereinigung oder aus einer Region mit mindestens 300.000 Einwohnern oder die von jeweils mindestens 1.300 Ärzten insgesamt in Anspruch genommenen Leistungen (gemeint: Arzneimittelverordnungen)[16] umfassen. Damit diese Schwelle nicht innerhalb eines Gebiets einer Kassenärztlichen Vereinigung unterschritten wird und dadurch dennoch zB Auswertungen für kleinere Räume durchgeführt werden, legt S. 4 Hs. 2 fest, dass auch innerhalb einer Kassenärztlichen Vereinigung eine Verarbeitung mit regionaler Differenzierung unzulässig ist. Soll daher zB das Arzneimittelverordnungsverhalten innerhalb einer KV verglichen werden, ist dies nur für Regionen mit 300.000 Einwohnern (oder mehr Einwohnern) oder mit 1.300 Ärzten (oder mehr Ärzten) zulässig. Darüber hinaus ist nach S. 4 Hs. 2 die Verarbeitung der arztbezogenen Arzneimittelverordnungsdaten für einzelne Vertragsärzte, Einrichtungen und einzelne Apotheken ebenfalls unzulässig. Ein Verbot der Mitteilung von *bundes*weiten Verordnungszahlen kann aus S. 4 nicht hergeleitet werden.[17] S. 5 erstreckt die Übermittlungs- und Verarbeitungsvorgaben des Satzes 4 auch auf Apotheken, den Großhandel, Krankenkassen und deren Rechenzentren. § 305 a S. 4 und 5 benennen die **Stellen**, an die Vertragsärzte, Apotheken, Großhandel, Krankenhäuser und deren Rechenzentren die Daten übermitteln, nicht in Form eines Katalogs, sondern abstrakt als „Stelle". Erfasst werden daher sowohl öffentliche als auch nicht-öffentliche Stellen, wie zB die Pharmaindustrie, Marktforschungsinstitute, Pharmaberater, aber auch private Anbieter für Arzneimittel-Auswertungen.

Die S. 4 bis S. 5 werfen **verfassungsrechtliche Fragen** auf. In der Literatur werden sie vereinzelt für verfassungswidrig gehalten.[18] Die Vorgaben seien eine „objektive Berufswahlsperre"[19] für Marktforschungsinstitute und Pharmaunternehmen und griffen daher in Art. 12 Abs. 1 GG ein. Eine Rechtfertigung, zB mit der „Leistungsfähigkeit der Solidargemeinschaft"[20] der GKV oder mit der Vermeidung einer zumindest höchstwahrscheinlich zu besorgenden Gefahr für die Finanzierbarkeit der gesetzlichen Krankenversicherung werden abgelehnt.[21] Richtigerweise handelt es sich bei den Vorgaben um Eingriffe in die Berufsausübungsfreiheit,[22] die durch vernünftige Erwägungen des Allgemeinwohls[23] gerechtfertigt werden können. Im Hinblick auf die Verhältnismäßigkeit hat der Gesetzgeber bereits auf der ersten Stufe kein schützenswertes Recht der Pharmaunternehmen gesehen, das ärztliche Verordnungsverhalten individuell zu überprüfen und zu steuern, wenn dies mit dem sozialstaatlich legitimier-

---

[14] BT-Dr. 16/4247, 57 zu Nummer 209; auch Kranig in: Hauck/Noftz SGB V § 305 a Rn. 6.
[15] Nach Rinke/Tubis, PharmR 2007, 374, 379 werden Daten, die im Rahmen von Anwendungsbeobachtungen nach § 67 AMG erhoben werden, nicht erfasst.
[16] Vgl. BT-Dr. 16/3100, 176 f. zu Nummer 209 spricht nur von „Arzneimittelverordnungsdaten".
[17] LSG BW, 27.2.2008, L 5 KR 507/08 ER-B, juris Rn. 191.
[18] Vgl. Lorz, PharmR 2007, 20; Rolfs/de Groot, MedR 2007, 573 ff.
[19] Rolfs/de Groot, MedR 2007, 573, 574.
[20] Rolfs/ de Groot, MedR 2007, 573, 575.
[21] Vgl. Rolfs/ de Groot, MedR 2007, 573, 575.
[22] So auch Lorz, PharmR 2007, 20, 22.
[23] Vgl. BVerfG, 11.6.1958, 1 BvR 596/56, BVerfGE 7, 377, 405 ff.; BVerfG, 4.10.1983, 1 BvR 1633/82, 1 BvR 1549/82, BVerfGE 65, 116, 125 f.; BVerfG, 10.5.1988, 1 BvR 111/77, BVerfGE 78, 155, 163; BVerfG, 11.2.1992, 1 BvR 1531/90, BVerfGE 85, 248, 259; BVerfG, 5.12.1995, 1 BvR 2011/94, BVerfGE 93, 362, 369; BVerfG, 13.12.2000, 1 BvR 395/97, BVerfGE 103, 1, 10.

ten Ziel einer strikten Bindung der Verordnungen ausschließlich an die Prinzipien der Wirtschaftlichkeit, der Zweckmäßigkeit und der medizinischen Notwendigkeit kollidiert.[24]

VI. Ausnahmen für die Verarbeitung und Nutzung von Arzneimittelverordnungsdaten

9   Für Verträge gem. § 130 Abs. 8 a (Rabattverträge) und wenn gesetzlich etwas anderes bestimmt ist, gelten die in Rn. 7 benannten Beschränkungen des S. 4 nicht (S. 4 Hs. 1). Gesetzlich anders bestimmt ist etwa Verarbeitung von Arzneimittelverordnungsdaten zum Zweck der Abrechnung (§ 300), im Rahmen der Beratung nach § 106 Abs. 3 S. 4, zu Zwecken der Wirtschaftlichkeitsprüfung gemäß § 106 a und § 106 b sowie zu den in § 303 e genannten Zwecken.[25] Durch S. 6 nimmt weiterhin die Nutzung (Def. s. § 67 Abs. 7 SGB X) von Arzneimittelverordnungsdaten für Leistungserbringer und Krankenkassen in den vertraglichen Versorgungsformen §§ 63, 73 b, 137 f und § 140 a aus.

VII. Keine Beratung zu Vergabe und Dokumentation der Diagnosen

10 S. 7 stellt den Umfang der Beratungsbefugnisse der Krankenkassen gegenüber Vertragsärzten und Psychotherapeuten dahin gehend klar, dass die Beratung zur Vergabe und Dokumentation von Diagnosen keine eigene oder zugelassene Aufgabe der Krankenkasse iSd § 30 Abs. 1 SGB IV ist.[26] Darunter fällt auch die Beratung zum Kodierverhalten (zB zu einem upcoding im Sinne der Krankenkassen, um eine bessere Mittelzuteilung aus dem Risikostrukturausgleich zu erhalten); zur ausnahmsweise nachträglichen Korrektur fehlerhafter oder unvollständiger Diagnosen s. § 303 Abs. 4.

§ 305 b   Veröffentlichung der Jahresrechnungsergebnisse

¹Die Krankenkassen, mit Ausnahme der landwirtschaftlichen Krankenkasse, veröffentlichen im elektronischen Bundesanzeiger sowie auf der eigenen Internetpräsenz zum 30. November des dem Berichtsjahr folgenden Jahres die wesentlichen Ergebnisse ihrer Rechnungslegung in einer für die Versicherten verständlichen Weise. ²Die Satzung hat weitere Arten der Veröffentlichung zu regeln, die sicherstellen, dass alle Versicherten der Krankenkasse davon Kenntnis erlangen können. ³Zu veröffentlichen sind insbesondere Angaben zur Entwicklung der Zahl der Mitglieder und Versicherten, zur Höhe und Struktur der Einnahmen, zur Höhe und Struktur der Ausgaben sowie zur Vermögenssituation. ⁴Ausgaben für Prävention und Gesundheitsförderung sowie Verwaltungsausgaben sind gesondert auszuweisen. ⁵Das Nähere zu den zu veröffentlichenden Angaben wird in der Allgemeinen Verwaltungsvorschrift über das Rechnungswesen in der Sozialversicherung geregelt.

I. Entstehungsgeschichte

1   § 305 b wurde durch Art. 1 Nr. 178 GMG[1] vom 14.11.2003 in das SGB V eingefügt. Durch Art. 1 Nr. 83 b GKV-VStG[2] und Art. 8 a Nr. 1 LSV-NOG v. 18.4.2012 hat die Vorschrift weitgehende Änderungen erfahren,[3] die zum 1.1.2014 in Kraft getreten sind.

II. Regelungsgehalt und Normzweck

2   § 305 b verpflichtet die Krankenkassen mit Ausnahme der landwirtschaftlichen Krankenkassen zur Rechenschaftslegung über die Verwendung ihrer Mittel. Die Regelung bezweckt, den Mitgliedern Informationen über die Mittelverwendung zu gewähren, über die die Versicherten ansonsten nicht verfügen. Durch die Rechenschaft werden sie in die Lage versetzt, ihre Krankenkasse zu bewerten und mit anderen Krankenkassen zu vergleichen. Die Rechenschaftspflicht dient daher unmittelbar der Transpa-

---

24 Vgl. BT-Dr. 16/3100, 176 f.; Anschluss der Literatur durch: Spickhoff/Fischinger SGB V § 305 a Rn. 4; Hornung in: Hänlein/Schuler § 305 a Rn. 2: „zu enges Verständnis des Berufsbegriffs; aA Lorz, PharmR 2007, 20, 22 ff., der die Regelung zwar als Berufsausübungsbeschränkung bewertet, sie aber für unverhältnismäßig hält.
25 Wie hier, aber noch zu der Fassung vor Neuordnung der Wirtschaftlichkeitsprüfung durch das GKV-VSG Didong/Koch in: jurisPK-SGB V § 305 a Rn. 12; Waschull in: Krauskopf SozKV § 305 a Rn. 17.
26 Vgl. BT-Dr. 18/11205, 78 zu Nummer 22.
 1 BGBl. I 2003, 2190.
 2 BGBl. I 2011, 2983.
 3 Vgl. zu den Gründen BT-Dr. 17/8005, 131.

renz[4] und Kostenkontrolle sowie mittelbar dem Wettbewerb der Krankenkassen um Versicherte.[5] Zu der gesondert bestehenden Pflicht zur Veröffentlichung der Höhe der jährlichen Vergütungen der Vorstandsmitglieder s. § 35 a Abs. 6 S. 2 SGB IV.

III. Veröffentlichung der Rechenschaft und Inhalt

Die Krankenkasse hat Rechenschaft über die Verwendung ihrer Mittel im elektronischen Bundesanzeiger und auf der eigenen Internetpräsenz zu geben. Daneben können die Satzungen (§ 194) der Krankenkassen weitere Arten der Veröffentlichung vorsehen, die sicherstellen, dass alle Versicherten die Rechenschaft zur Kenntnis nehmen können. Dafür kommen zB die Veröffentlichung in der Mitgliederzeitschrift oder die Möglichkeit der Einsichtnahme in der Geschäftsstelle in Betracht, die auch solchen Versichertengruppen den Zugang zu der Rechenschaftslegung ermöglichen, die sich häufiger noch über herkömmliche Medien informieren.[6] Die Rechenschaft ist bis zum 30. November des dem Berichtsjahr folgenden Jahres zu veröffentlichen. Das Datum trägt der Tatsache Rechnung, dass auch die „Ergebnisse des vom BVA durchgeführten Versicherungsausgleichs"[7] berücksichtigt werden sollen. **Rechenschaft** ist eine besondere Art der Auskunft, die durch eine Zusammenstellung von – wie hier gesetzlich geforderten – Angaben gegeben wird. Die Auskunft muss in einer für die Versicherten **verständlichen Weise** erfolgen. Dafür muss sie so gefasst sein, dass sie von einem durchschnittlich verständigen Mitglied verstanden wird. S. 3 legt die verpflichtenden Angaben fest: Entwicklung der Mitglieds- und Versichertenzahlen, Höhe und Struktur der Einnahmen, Höhe und Struktur der Ausgaben sowie Angaben zur Vermögenssituation. Die Aufzählung ist nicht abschließend. S. 4 normiert eine Pflicht zur gesonderten Ausweisung der Präventions- und Gesundheitsförderungsausgaben sowie der Verwaltungsausgaben. S. 5 überlässt das Nähere zu den zu veröffentlichen Angaben der „Allgemeinen Verwaltungsvorschrift über das Rechnungswesen in der Sozialversicherung" (BAnz AT 23.1.2015 B9), die in § 38 Abs. 3 die Mindestangaben regeln.

Ob die Vorschrift ein subjektives Recht der Versicherten auf Veröffentlichung beinhaltet, wird unterschiedlich bewertet.[8] Mit ihrer Neufassung zum 1.1.2014 wollte der Gesetzgeber die bis dato bestehenden Rechenschaftspflichten der Krankenkassen über die Verwendung ihrer Mittel „erweiter[n] und differenzier[en]."[9] Es kam ihm darauf an, allen Versicherten der benannten Krankenkassen Zugang zu „den wesentlichen Ergebnissen der Rechnungslegung" (Wortlaut) zu verschaffen, damit sie bei der Wahlentscheidung für bzw. gegen eine Krankenkasse auch die wirtschaftliche Lage der Krankenkasse berücksichtigen können (zum Wahlrecht s. §§ 173–176). Dieser Transparenzzweck und der Bezug auf die Versicherten genügen mit Blick auf den Regelungsinhalt der Vorschrift zwar nicht, um ein subjektives Recht auf Rechnungslegung der Jahresergebnisse zu begründen. § 305 b regelt nur die Art und Weise der Veröffentlichung und deren Mindestangaben. Der Gesetzgeber hat jedoch mit der Norm komplementär zu der Verpflichtung zur Rechnungslegung nach § 77 Abs. 1 und Abs. 2 SGB IV, die gegenüber der Vertreterversammlung besteht, für die Versicherten einen Zugangsanspruch – begrenzt auf die wesentlichen Ergebnisse der Rechnungslegung – geschaffen. Hält die Krankenasse die Vorgaben gemäß § 305 b nicht ein, kann sich die Aufsicht (§ 90 SGB IV) einschalten und von den ihr gemäß § 89 SGB IV zustehenden Aufsichtsmitteln Gebrauch machen.

Elftes Kapitel
Straf- und Bußgeldvorschriften

§ 306 Zusammenarbeit zur Verfolgung und Ahndung von Ordnungswidrigkeiten

[1]Zur Verfolgung und Ahndung von Ordnungswidrigkeiten arbeiten die Krankenkassen insbesondere mit der Bundesagentur für Arbeit, den Behörden der Zollverwaltung, den Rentenversicherungsträgern, den Trägern der Sozialhilfe, den in § 71 des Aufenthaltsgesetzes genannten Behörden, den Finanzbe-

---

4 BT-Dr. 17/8005, 131.
5 Wie hier Spickhoff/Fischinger SGB V § 305 b Rn. 1; Waschull in: Krauskopf SozKV § 305 b Rn. 2; vgl. BT-Dr. 17/8005, 131 zu Nummer 83 b – neu.
6 Zu diesen Möglichkeiten allgemein vgl. BT-Dr. 17/8005, 172 zu Nummer 83 b – neu.
7 BT-Dr. 17/8005, 131 zu Nummer 83 b – neu.
8 Ablehnend Fischinger in: Spickhoff SGB V § 305 b Rn. 3; Waschull in: Krauskopf SozKV § 305 b Rn. 2; aA Hornung in: Hänlein/Schuler § 305 b Rn. 1.
9 BT-Dr. 17/8005, 131.

hörden, den nach Landesrecht für die Verfolgung und Ahndung von Ordnungswidrigkeiten nach dem Schwarzarbeitsbekämpfungsgesetz zuständigen Behörden, den Trägern der Unfallversicherung und den für den Arbeitsschutz zuständigen Landesbehörden zusammen, wenn sich im Einzelfall konkrete Anhaltspunkte ergeben für
1. Verstöße gegen das Schwarzarbeitsbekämpfungsgesetz,
2. eine Beschäftigung oder Tätigkeit von nichtdeutschen Arbeitnehmern ohne den erforderlichen Aufenthaltstitel nach § 4 Abs. 3 des Aufenthaltsgesetzes, eine Aufenthaltsgestattung oder eine Duldung, die zur Ausübung der Beschäftigung berechtigen, oder eine Genehmigung nach § 284 Abs. 1 des Dritten Buches,
3. Verstöße gegen die Mitwirkungspflicht nach § 60 Abs. 1 Satz 1 Nr. 2 des Ersten Buches gegenüber einer Dienststelle der Bundesagentur für Arbeit, einem Träger der gesetzlichen Unfall- oder Rentenversicherung oder einen Träger der Sozialhilfe oder gegen die Meldepflicht nach § 8a des Asylbewerberleistungsgesetzes,
4. Verstöße gegen das Arbeitnehmerüberlassungsgesetz,
5. Verstöße gegen die Vorschriften des Vierten und des Siebten Buches über die Verpflichtung zur Zahlung von Beiträgen, soweit sie im Zusammenhang mit den in den Nummern 1 bis 4 genannten Verstößen stehen,
6. Verstöße gegen Steuergesetze,
7. Verstöße gegen das Aufenthaltsgesetz.
²Sie unterrichten die für die Verfolgung und Ahndung zuständigen Behörden, die Träger der Sozialhilfe sowie die Behörden nach § 71 des Aufenthaltsgesetzes. ³Die Unterrichtung kann auch Angaben über die Tatsachen enthalten, die für die Einziehung der Beiträge zur Kranken- und Rentenversicherung erforderlich sind. ⁴Die Übermittlung von Sozialdaten, die nach den §§ 284 bis 302 von Versicherten erhoben werden, ist unzulässig.

Literatur:
Bohnert/Krenberger/Krumm, Kommentar zum Ordnungswidrigkeitengesetz, 4. Auflage 2016; *Senge* (Hrsg.), Karlsruher Kommentar zum Gesetz über Ordnungswidrigkeiten, 4. Auflage 2014.

I. Allgemeines 1	2. Unterrichtungspflicht (S. 2, 3) 14
1. Überblick 1	3. Privilegierte Daten (S. 4) 16
2. Entstehungsgeschichte 5	III. Praxishinweise 17
II. Regelungsgehalt 8	
1. Pflicht zur Zusammenarbeit (S. 1) 8	

I. Allgemeines

1 **1. Überblick.** Die Vorschrift des § 306 verpflichtet die Krankenkassen zur Zusammenarbeit mit öffentlichen Stellen bei der Verfolgung und Ahndung von Ordnungswidrigkeiten. Der **Normzweck** des § 306 besteht in der Bekämpfung der illegalen Beschäftigung von Arbeitnehmern, der Beitragshinterziehung und des Leistungsmissbrauchs.[1]

2 Mit der Regelung des § 86 SGB X, der die Leistungsträger, ihre Verbände sowie die im SGB X genannten öffentlich-rechtlichen Vereinigungen zur engen Zusammenarbeit verpflichtet, weist § 306 nur scheinbar Gemeinsamkeiten auf.[2] So unterfallen § 86 SGB X zB nicht die in § 306 genannten Behörden der Zollverwaltung oder die Finanzbehörden. Auch liegt der Normzweck des § 86 SGB X nicht in der Verfolgung und Ahndung von Ordnungswidrigkeiten, sondern in der gegenseitigen Unterstützung der Behörden bei der Erfüllung ihrer *sozialrechtlichen* Aufgaben.[3]

3 Dem § 306 ähnliche Vorschriften zur Zusammenarbeit enthalten die §§ 113 SGB IV, 321 SGB VI, 211 SGB VII und 405 Abs. 4 SGB III. Vgl. zu der über § 306 hinausgehenden Verpflichtung zum automatischen Datenabgleich auch § 52 Abs. 2 SGB II.

---

1 AllgM; vgl. dazu etwa Baier in: Krauskopf, § 306 SGB V Rn. 3; Fischinger in: Spickhoff, Medizinrecht, § 306 SGB V Rn. 1; Scholz in: BeckOK SozR, SGB V, § 306 Rn. 1; Sonnhoff in: Hauck/Noftz, SGB V, § 306 Rn. 2; Strauß in: jurisPK-SGB V, § 306 Rn. 16; vgl. auch BT-Dr. 13/8653 - B. – zu Art. 3 zu Nr. 7, S. 29.
2 AA Becker in: Becker/Kingreen, § 306 Rn. 4, und Fischinger in: Spickhoff, Medizinrecht, § 306 SGB V Rn. 1, die in § 306 lediglich eine Konkretisierung des § 86 SGB X erblicken.
3 Wie hier Strauß in: jurisPK-SGB V, § 306 Rn. 17.

§ 306 verpflichtet nur die Krankenkassen zur Zusammenarbeit mit den genannten öffentlichen Stellen. Die Pflicht zur **Zusammenarbeit dieser Stellen mit den Krankenkassen** ergibt sich aus den jeweiligen Fachgesetzen.[4]

2. Entstehungsgeschichte. § 306 wurde durch Art. 1 des Gesetzes zur Strukturreform im Gesundheitswesen (GRG) vom 20.12.1988 (BGBl. I, 2477) eingeführt und ist am 1.1.1989 in Kraft getreten. Zuvor war die Zusammenarbeit zwischen Krankenkassen und anderen Behörden zur Verfolgung von Ordnungswidrigkeiten in § 317b RVO geregelt. Diese Vorschrift war durch Art. 2 Nr. 1 des Gesetzes zur Bekämpfung der illegalen Beschäftigung – BillBG – vom 15.12.1981 (BGBl. I, 1390) eingefügt worden und am 1.1.1982 in Kraft getreten. § 306 hat den Regelungsgehalt des § 317b RVO unter Hinzufügung der S. 4 sowie mit einigen redaktionellen Änderungen übernommen. Eine umfangreiche Änderung erfuhr die Vorschrift zum 1.1.1998 durch Art. 4 Nr. 8 des Ersten Gesetzes zur Änderung des Dritten Buches Sozialgesetzbuch und anderer Gesetze (1. SGB III-ÄndG) vom 16.12.1997 (BGBl. I, 2970): In S. 1 wurde die Pflicht der Krankenkassen zur Zusammenarbeit auf die Hauptzollämter, die Rentenversicherungsträger und die Träger der Sozialhilfe erweitert.

Ebenso wurden S. 1 Nr. 3 und S. 2 neu gefasst, in S. 1 Nr. 5 die Zusammenarbeit mit den Unfallversicherungsträgern geregelt, S. 1 Nr. 6 gestrichen; die bisherigen Nr. 7 und 8 wurden zu Nr. 6 und 7, und in S. 3 wurde das Wort „erheblich" durch „erforderlich" ersetzt.[5] Zum 1.8.2002 wurde durch Art. 4 des Gesetzes zur Erleichterung der Bekämpfung von illegaler Beschäftigung und Schwarzarbeit vom 23.7.2002 (BGBl. I, 2787) in S. 1 die Bezeichnung „Hauptzollämter" in „Behörden der Zollverwaltung" geändert. Die in § 306 normierten Pflichten der Krankenkassen bestehen seitdem nicht mehr nur gegenüber den Hauptzollämtern, sondern auch gegenüber anderen Behörden der Zollverwaltung. Darüber hinaus hat § 306 zahlreiche redaktionelle Änderungen erfahren.[6]

II. Regelungsgehalt

1. Pflicht zur Zusammenarbeit (S. 1). S. 1 verpflichtet die Krankenkassen zum Zwecke der Verfolgung und Ahndung von Ordnungswidrigkeiten zur Zusammenarbeit mit den dort genannten **öffentlichen Stellen**. Die Aufzählung ist hinsichtlich der öffentlichen Stellen nicht abschließend („insbesondere").

Eine Pflicht zur Zusammenarbeit nach § 306 besteht nur, wenn konkrete Anhaltspunkte für die Begehung einer Ordnungswidrigkeit in Form eines **Verstoßes gegen die in Nr. 1–7 genannten Vorschriften** bestehen. Die Nummern 1–7 bilden einen abschließenden Katalog.[7]

Die Pflicht zur Zusammenarbeit dient ausschließlich der **Verfolgung und Ahndung von Ordnungswidrigkeiten**. Ordnungswidrigkeiten sind nach § 1 Abs. 1 OWiG nur solche tatbestandsmäßigen und rechtswidrigen Handlungen, für die das Gesetz die Ahndung mit einer Geldbuße androht.[8] Verstöße gegen sonstige Vorschriften der in Nr. 1–7 aufgeführten Gesetze sind von der Verpflichtung des § 306 zur Zusammenarbeit nicht erfasst.[9]

Eine Pflicht zur Zusammenarbeit besteht nur, wenn sich im Einzelfall **konkrete Anhaltspunkte** für Verstöße gegen die in Nr. 1–7 genannten Vorschriften ergeben. Solche liegen vor, wenn der Krankenkasse im Einzelfall Tatsachen bekannt sind, die mit hinreichender Wahrscheinlichkeit auf eine Ordnungswidrigkeit hindeuten. Bloße Vermutungen oder ein allgemein bleibender Verdacht genügen nicht.[10]

Art und Weise der Zusammenarbeit werden durch § 306 nicht vorgegeben. Die Pflicht dürfte daher jede rechtlich zulässige Maßnahme umfassen, die zur Verfolgung und Ahndung der genannten Ordnungswidrigkeiten geeignet und erforderlich sowie den Krankenkassen zumutbar ist. Hierunter werden insbes. die Erteilung von Auskünften und die Gewährung von Akteneinsicht, aber auch sonstige Formen der Amtshilfe fallen.

Nach verbreiteter Meinung ist die Verpflichtung zur Zusammenarbeit auf jene Behörden zu beschränken, in deren Aufgabenbereich die jeweilige gesetzliche Regelung fällt.[11] Normativ lässt sich dies da-

---
4 Siehe hierzu die Übersicht bei Baier in: Krauskopf, § 306 SGB V Rn. 2.
5 Näher zum Hintergrund dieser Änderung Sonnhoff in: Hauck/Noftz, SGB V, § 306 Rn. 1.
6 Siehe hierzu den Überblick bei Baier in: Krauskopf, § 306 SGB V Rn. 1; Sonnhoff in: Hauck/Noftz, SGB V, § 306 Rn. 1 ff.; Strauß in: jurisPK-SGB V, § 306 Rn. 1 ff.
7 So auch Fischinger in: Spickhoff, Medizinrecht, § 306 SGB V Rn. 2; Sonnhoff in: Hauck/Noftz, SGB V, § 306 Rn. 7; Strauß in: jurisPK-SGB V, § 306 Rn. 10.
8 Vgl. dazu Bohnert/Krenberger/Krumm, OWiG, § 1 Rn. 5; Rogall in: KK-OWiG, § 1 Rn. 1, 9.
9 AA offenbar Fischinger in: Spickhoff, Medizinrecht, § 306 SGB V Rn. 3.
10 Vgl. Scholz in: BeckOK SozR, SGB V, § 306 Rn. 3; Strauß in: jurisPK-SGB V, § 306 Rn. 12.
11 Fischinger in: Spickhoff, Medizinrecht, § 306 SGB V Rn. 2; Sonnhoff in: Hauck/Noftz, SGB V, § 306 Rn. 8.

raus ableiten, dass eine Zusammenarbeit nach § 306 nur zur Verfolgung und Ahndung von Ordnungswidrigkeiten zulässig ist. Die Verfolgung und Ahndung von Ordnungswidrigkeiten wiederum ist nach § 35 OWiG Aufgabe der jeweils **zuständigen Verwaltungsbehörde**.

14 **2. Unterrichtungspflicht (S. 2, 3).** S. 2 normiert – über die allgemeine Pflicht zur Zusammenarbeit des S. 1 hinaus – eine **Unterrichtungspflicht**, der die Krankenkassen von Amts wegen nachzukommen haben. Danach sind die Krankenkassen gehalten, den für die Verfolgung und Ahndung zuständigen Behörden, den Sozialhilfeträgern und den Ausländerbehörden von sich aus mitzuteilen, wenn konkrete Anhaltspunkte für eine Ordnungswidrigkeit iS des S. 1 bestehen.

15 S. 3 stellt klar, dass die Unterrichtung auch Angaben über jene Tatsachen enthalten kann, die für die Einziehung der Beiträge zur Kranken- und Rentenversicherung erforderlich sind.

16 **3. Privilegierte Daten (S. 4).** S. 4 verbietet die Übermittlung von Sozialdaten, die nach den §§ 284 bis 302 nur beim Versicherten erhoben werden *dürfen*. Das Verbot gilt sowohl für die Unterrichtungspflicht nach S. 2 als auch für die Pflicht zur Zusammenarbeit nach S. 1. Dem im Zehnten Kapitel normierten **Datenschutz** wird für die dort genannten Daten damit Vorrang vor dem Interesse des Staates an der Verfolgung von Ordnungswidrigkeiten eingeräumt.[12] Dass die Daten tatsächlich *beim Versicherten erhoben wurden*, wird nicht vorausgesetzt. Denn Zweck des S. 4 ist es nicht, eine bestimmte Art der Datenerhebung zu untersagen, sondern besonders sensible Daten zu schützen. Dem Übermittlungsverbot des S. 4 unterfallen Daten daher bereits dann, wenn sie als so sensibel einzustufen sind, dass sie nach den §§ 284 bis 302 nur vom Versicherten erhoben werden dürften.[13]

III. Praxishinweise

17 Übergangsvorschriften bestehen nicht. Zu beachten bleibt § 55 Abs. 1 SGB II, der – über die Befugnisse des § 306 hinausgehend – einen verdachtsunabhängigen automatisierten Datenabgleich ermöglicht.[14]

§ 307 Bußgeldvorschriften

(1) Ordnungswidrig handelt, wer entgegen § 291a Abs. 8 Satz 1 eine dort genannte Gestattung verlangt oder mit dem Inhaber der Karte eine solche Gestattung vereinbart.

(2) Ordnungswidrig handelt, wer vorsätzlich oder leichtfertig
1. a) als Arbeitgeber entgegen § 204 Abs. 1 Satz 1, auch in Verbindung mit Absatz 2 Satz 1, oder
   b) entgegen § 204 Abs. 1 Satz 3, auch in Verbindung mit Absatz 2 Satz 1, oder § 205 Nr. 3 oder
   c) als für die Zahlstelle Verantwortlicher entgegen § 202 Absatz 1 Satz 1
   eine Meldung nicht, nicht richtig, nicht vollständig oder nicht rechtzeitig erstattet,
2. entgegen § 206 Abs. 1 Satz 1 eine Auskunft oder eine Änderung nicht, nicht richtig, nicht vollständig oder nicht rechtzeitig erteilt oder mitteilt oder
3. entgegen § 206 Abs. 1 Satz 2 die erforderlichen Unterlagen nicht, nicht vollständig oder nicht rechtzeitig vorlegt.

(3) Die Ordnungswidrigkeit kann in den Fällen des Absatzes 1 mit einer Geldbuße bis zu fünfzigtausend Euro, in den übrigen Fällen mit einer Geldbuße bis zu zweitausendfünfhundert Euro geahndet werden.

Literatur:
Fischer, Strafgesetzbuch und Nebengesetze, 62. Auflage 2015; *Bohnert/Krenberger/Krumm*, Kommentar zum Ordnungswidrigkeitengesetz, 4. Auflage 2016; *Meister*, Einführung der elektronischen Gesundheitskarte (eGK) im Krankenhaus, 2011; *Roßnagel/Hornung*, Forschung à la Carte?, MedR 2008, 538; *Senge* (Hrsg.), Karlsruher Kommentar zum Gesetz über Ordnungswidrigkeiten, 4. Auflage 2014.

I. Allgemeines	1	II. Verstoß gegen § 291a (Abs. 1)	3
1. Überblick	1	1. Objektiver Tatbestand	4
2. Entstehungsgeschichte	2	2. Subjektiver Tatbestand	7

---

12 Vgl. BT-Dr. 11/2237, 239 – B. – zu Art. 1 zu § 313.
13 Vgl. dazu auch Scholz in: BeckOK SozR, SGB V, § 306 Rn. 4.
14 Siehe dazu Strauß in: jurisPK-SGB V, § 306 Rn. 19.

3. Rechtswidrigkeit, Vorwerfbarkeit 9
4. Vollendung, Versuch 11
5. Beteiligung 13
6. Rechtsfolgen............................. 14
7. Konkurrenzen........................... 15
8. Verjährung 17
III. Verstoß gegen Melde-, Auskunfts- und Vorlagepflichten der §§ 202 ff. (Abs. 2)......... 18
   1. Objektiver Tatbestand 20
      a) Verstoß gegen die Meldepflicht des § 204 Abs. 1 S. 1 (Abs. 2 Nr. 1 lit. a) 20
      b) Verstoß gegen die Meldepflichten des § 204 Abs. 1 S. 3 und § 205 Nr. 3 (Abs. 2 Nr. 1 lit. b) 21
      c) Verstoß gegen die Meldepflicht des § 202 S. 1 (Abs. 2 Nr. 1 lit. c) 22
      d) Verstoß gegen die Auskunfts- und Vorlagepflichten des § 206 Abs. 1 S. 1 und 2 (Abs. 2 Nr. 2, 3) 23
   2. Subjektiver Tatbestand................. 24
   3. Rechtswidrigkeit, Vorwerfbarkeit 26
   4. Vollendung, Versuch 27
   5. Beteiligung 29
   6. Rechtsfolgen............................. 30
   7. Konkurrenzen........................... 31
   8. Verjährung 32
IV. Verfahren................................. 33
V. Praxishinweise............................. 35

I. Allgemeines

1. Überblick. Die Vorschrift erhebt in Abs. 1 das in § 291a Abs. 8 S. 1 enthaltene Verbot zur Ordnungswidrigkeit. Eine Ordnungswidrigkeit begeht demnach, wer den Inhaber einer elektronischen Gesundheitskarte (eGK) dazu auffordert, die auf der Karte gespeicherten Daten einem Nichtberechtigten zugänglich zu machen. Ebenso ist verboten, mit dem Karteninhaber einen entsprechenden Zugriff zu vereinbaren. Abs. 2 sanktioniert die Verletzung einzelner Melde-, Auskunfts- und Vorlagepflichten der §§ 202 ff. Abs. 3 enthält die Rechtsfolgen zu den Abs. 1 und 2.

2. Entstehungsgeschichte. § 307 wurde durch Art. 1 des Gesetzes zur Strukturreform im Gesundheitswesen vom 20.12.1988 (BGBl. I, 2477) mWv 1.1.1989 als Nachfolgeregelung des § 530 RVO eingeführt. § 307 sanktionierte in Abs. 1 – anders als die Vorgängervorschrift des § 530 RVO – ursprünglich nur vorsätzliche Verstöße gegen verschiedene Melde-, Auskunfts- und Vorlagepflichten. Durch Art. 2 Nr. 3 des Gesetzes zur Einführung eines Sozialversicherungsausweises und zur Änderung anderer Sozialgesetze vom 6.10.1989 (BGBl. I, 1822) wurden mWv 1.1.1990 leichtfertige Verstöße erneut in die Regelung einbezogen. Durch Art. 1 Nr. 12 des Gesetzes zur Umstellung von Gesetzen und anderen Vorschriften auf dem Gebiet des Gesundheitswesens auf Euro vom 23.10.2001 (BGBl. I, 2701) wurde mWv 1.1.2002 der Höchstbetrag der Geldbuße von DM auf Euro umgestellt. Durch Art. 1 Nr. 180 des Gesetzes zur Modernisierung der gesetzlichen Krankenkassen vom 14.11.2003 (BGBl. I, 2190, 2240) wurde mit Wirkung vom 1.1.2004 der Ordnungswidrigkeitentatbestand des Abs. 1 neu eingefügt; die bisherigen Abs. 1 und 2 wurden zu Abs. 2 und 3. Durch Art. 3 Nr. 3 des Gesetzes zur Bekämpfung von Korruption im Gesundheitswesen vom 30.5.2016 (BGBl. I, 1254) wurde Abs. 2 Nr. 1 lit. c mit Wirkung vom 4.6.2016 redaktionell an die Änderung der dort zitierten Vorschrift angepasst.

II. Verstoß gegen § 291a (Abs. 1)

Nach § 291a Abs. 4 dürfen auf die in § 291a Abs. 2 S. 1 Nr. 1, Abs. 3 S. 1 Nr. 1–5 aufgeführten Daten nur bestimmte Personen zu bestimmten Zwecken zugreifen. Vergleichbares gilt nach § 291a Abs. 5a S. 1 für Daten nach § 291a Abs. 3 S. 1 Nr. 7–9. Ein Zugriff zu anderen Zwecken und/oder durch andere Personen ist durch § 307b iVm § 291a Abs. 8 S. 1 unter Strafe gestellt. Nach den Regeln der strafrechtlichen Einwilligung[1] wäre ein solcher Zugriff bei Zustimmung des Karteninhabers gerechtfertigt und damit nicht mit Strafe bedroht. § 307 Abs. 1 untersagt deshalb im Vorfeld des Zugriffs das Verlangen nach einer Gestattung bzw. deren Vereinbarung. Die Vorschrift schützt – außer den auf der elektronischen Gesundheitskarte gespeicherten Daten – auch den Karteninhaber davor, von Unberechtigten unter Druck gesetzt zu werden, um den Zugriff auf die Daten zu gestatten.[2]

1. Objektiver Tatbestand. Als Täter des Abs. 1 kommt jeder in Betracht; ausgenommen ist lediglich der Inhaber der eGK.[3] Dies schließt als mögliche Täter die in § 291a Abs. 4 S. 1 und Abs. 5a S. 1 privilegierten Personen ein, soweit das Verlangen oder die Vereinbarung der Gestattung eines Zugriffs zu einem anderen Zweck als „der Versorgung der Versicherten" erfolgt.

---

1 Siehe zu dieser zB Fischer, StGB, Vor § 32 Rn. 3a ff.; Rengier in: KK-OWiG, Vor §§ 15, 16 Rn. 9 ff.
2 Vgl. BT-Dr. 15/1525, S. 151; wie hier zB O'Sullivan in: jurisPK-SGB V, § 307 Rn. 30; Sonnhoff in: Hauck/Noftz, SGB V, § 306 Rn. 7.
3 Ebenso O'Sullivan in: jurisPK-SGB V, § 307 Rn. 32.

5 **Tathandlung** ist das an den Inhaber der eGK gerichtete **Verlangen**, den Zugriff auf Daten iSd § 291a Abs. 2 S. 1 Nr. 1 oder Abs. 3 S. 1 anderen als den in Abs. 4 S. 1 und Abs. 5 a S. 1 genannten Personen, aber auch den dort genannten Personen zu gestatten, soweit der Zugriff anderen Zwecken als der Versorgung der Versicherten oder der Abrechnung der hierfür erbrachten Leistungen dient. Die **Vereinbarung der Gestattung** eines Zugriffs mit dem Inhaber der eGK erfüllt ebenfalls den objektiven Tatbestand. Ein Einverständnis des Karteninhabers schließt den Tatbestand nicht aus.

6 Eine konkrete Gefährdung der auf der eGK gespeicherten Daten oder der Entschließungsfreiheit des Karteninhabers setzt Abs. 1 nicht voraus; die Tat ist reines **Tätigkeitsdelikt** bzw. **abstraktes Gefährdungsdelikt**.[4]

7 **2. Subjektiver Tatbestand.** Ordnungswidrig ist in Fällen des Abs. 1 nur **vorsätzliches Handeln**, § 10 OWiG. Vorsätzlich handelt, wer den Tatbestand wissentlich und/oder willentlich verwirklicht. Bedingt vorsätzliches Handeln, sog **Eventualvorsatz** (dolus eventualis), genügt. Eventualvorsatz liegt vor, wenn der Täter die Verwirklichung des gesetzlichen Tatbestandes für möglich hält und zumindest billigend in Kauf nimmt.[5]

8 Ein **Irrtum** über einen Tatumstand schließt den Vorsatz gem. § 11 Abs. 1 OWiG aus.[6] Eine subsidiäre Haftung wegen Fahrlässigkeit kommt für Taten nach Abs. 1 nicht in Betracht, da dessen fahrlässige Verwirklichung nicht ordnungswidrig ist (§ 10 OWiG).

9 **3. Rechtswidrigkeit, Vorwerfbarkeit.** Abs. 1 bezweckt, über § 307 b hinaus auch jene Fälle zu erfassen, in denen der Inhaber der eGK mit dem Zugriff auf seine Daten einverstanden ist. Eine **Einwilligung** des Karteninhabers schließt die Rechtswidrigkeit daher nicht aus. Als Rechtfertigungsgründe kommen aber Notwehr bzw. rechtfertigender Notstand in Betracht (§§ 15 f. OWiG).[7]

10 Eine Ahndung setzt **Vorwerfbarkeit** iSd § 12 OWiG, dh insbesondere Strafmündigkeit und Schuldfähigkeit, voraus.[8] Die Unkenntnis der Ordnungswidrigkeit des Verhaltens lässt gem. § 11 Abs. 2 OWiG nur bei Unvermeidbarkeit des Irrtums die Vorwerfbarkeit entfallen.[9]

11 **4. Vollendung, Versuch.** Vollendet ist die Tat mit dem Verlangen bzw. dem Abschluss einer Vereinbarung, den Zugriff auf Daten nach § 291a Abs. 2 S. 1 Nr. 1 oder Abs. 3 S. 1 anderen als den in § 291a Abs. 4 S. 1 und Abs. 5 a S. 1 genannten Personen bzw. den dort genannten Personen zu anderen als den gesetzlich erlaubten Zwecken zu gestatten.

12 Der **Versuch** wird nicht als Ordnungswidrigkeit geahndet (vgl. § 13 Abs. 2 OWiG).

13 **5. Beteiligung.** Nach § 14 OWiG handelt jeder Tatbeteiligte ordnungswidrig, unabhängig davon, ob seine Beteiligung nach strafrechtlichen Grundsätzen als Täterschaft oder Teilnahme (Anstiftung, Beihilfe) zu klassifizieren wäre (Prinzip des „**Einheitstäters**").

14 **6. Rechtsfolgen.** Die Höhe der Geldbuße beträgt mindestens 5 EUR (§ 17 Abs. 1 OWiG) und höchstens 50.000 EUR (§ 307 Abs. 3). Der Höchstbetrag kann gem. § 17 Abs. 4 OWiG überschritten werden, um dem Täter die wirtschaftlichen Vorteile der Tat zu entziehen. Die Bemessung der Geldbuße richtet sich nach den Zumessungskriterien des § 17 Abs. 3 OWiG.

15 **7. Konkurrenzen.** Bei tateinheitlichem Zusammentreffen mit einer Straftat tritt § 307 zurück, soweit eine Strafe verhängt wird (§ 21 Abs. 1 u. 2 OWiG).[10] Relevant wird dies insbes. bei einem nachfolgenden unberechtigten Zugriff auf die Daten iSd § 307 b.

16 Werden § 307 und § 307 b **tatmehrheitlich** verwirklicht, wird § 307 als mitbestrafte Vortat durch § 307 b verdrängt. Bei tatmehrheitlichem Zusammentreffen mit sonstigen Straftaten kann die Ordnungswidrigkeit nach § 307 dagegen selbstständig geahndet werden.[11]

---

4 Vgl. zur Systematik statt Vieler Roxin, Strafrecht AT I, 4. Aufl. 2006, § 10 Rn. 124, § 11 Rn. 147 ff., 153 ff. AA O'Sullivan in: jurisPK-SGB V, § 307 Rn. 29, 33, der von einem konkreten Gefährdungsdelikt ausgeht.
5 BGHSt 7, 363; Fischer, StGB, § 15 Rn. 9 ff.
6 Einzelheiten bei Rengier in: KK-OWiG, § 11 Rn. 2 f., 10 ff.
7 Dazu sowie zu weiteren Rechtfertigungsgründen Rengier in: KK-OWiG, Vor §§ 15, 16 Rn. 1 ff.
8 Einzelheiten zur Vorwerfbarkeit bei Rengier in: KK-OWiG, § 12 Rn. 2 ff.; zum Erlaubnistatbestandsirrtum ders. in: KK-OWiG, § 11 Rn. 103 ff.
9 Siehe zum Verbotsirrtum Rengier in: KK-OWiG, § 11 Rn. 50 ff.
10 Zur Tateinheit von Ordnungswidrigkeiten Bohnert/Krenberger/Krumm in: KK-OWiG, § 19 Rn. 17 ff.; zu ihrem Zusammentreffen mit Straftaten ders., § 21 Rn. 1 ff.
11 Einzelheiten zur Tatmehrheit von Ordnungswidrigkeiten bei Bohnert/Krenberger/Krumm in: KK-OWiG, § 20 Rn. 1 ff.

8. Verjährung. Die Verfolgung von Ordnungswidrigkeiten nach Abs. 1 verjährt gem. § 31 Abs. 2 Nr. 1 OWiG in drei Jahren. Da Abs. 1 keinen Erfolgseintritt voraussetzt, beginnt die Verjährung mit dem Abschluss der Tathandlung, § 31 Abs. 3 S. 1 OWiG.

III. Verstoß gegen Melde-, Auskunfts- und Vorlagepflichten der §§ 202 ff. (Abs. 2)

Nach Abs. 2 handelt ordnungswidrig, wer die in Nrn. 1 und 2 genannten Meldungen und Auskünfte nicht, nicht richtig, nicht vollständig oder nicht rechtzeitig vornimmt oder die in Nr. 3 aufgeführten Unterlagen nicht, nicht richtig, nicht vollständig oder nicht rechtzeitig vorlegt. Die Aufzählung ist abschließend.

Die Krankenkassen benötigen die aufgeführten Daten und Unterlagen zur Prüfung von Leistungsansprüchen bzw. zum Beitragseinzug. Die Vorschrift soll mithin vor Leistungsmissbrauch schützen.[12]

1. Objektiver Tatbestand. a) Verstoß gegen die Meldepflicht des § 204 Abs. 1 S. 1 (Abs. 2 Nr. 1 lit. a). Abs. 2 Nr. 1 lit. a) sanktioniert die Verletzung der dem Arbeitgeber gegenüber der Krankenkasse gem. § 204 Abs. 1 S. 1 obliegenden Meldepflicht bei Einberufung eines versicherungspflichtigen AN zum Wehr- oder Zivildienst oder einer Wehrübung.

b) Verstoß gegen die Meldepflichten des § 204 Abs. 1 S. 3 und § 205 Nr. 3 (Abs. 2 Nr. 1 lit. b). Nicht versicherungspflichtige AN haben die Meldung nach § 204 Abs. 1 S. 3 selbst vorzunehmen. Für den Zivildienst gilt die Meldepflicht entsprechend (§ 204 Abs. 2). Nach § 205 Nr. 3 haben Versicherungspflichtige, die eine Rente oder Versorgungsbezüge beziehen, Beginn, Höhe und Veränderungen ihres Arbeitseinkommens der Krankenkasse zu melden. Die Verletzung der genannten Meldepflichten ist gem. Abs. 2 Nr. 1 lit. b) ordnungswidrig.

c) Verstoß gegen die Meldepflicht des § 202 S. 1 (Abs. 2 Nr. 1 lit. c). Nach Abs. 2 Nr. 1 lit. c) handelt ordnungswidrig, wer als Verantwortlicher einer Zahlstelle für Versorgungsbezüge gegen die Meldepflichten des § 202 S. 1 verstößt.

d) Verstoß gegen die Auskunfts- und Vorlagepflichten des § 206 Abs. 1 S. 1 und 2 (Abs. 2 Nr. 2, 3). Nach Abs. 2 Nr. 2 handelt ordnungswidrig, wer als Versicherter (ebenso: jemand, der „als Versicherter in Betracht kommt")[13] Auskünfte nach § 206 Abs. 1 S. 1 nicht ordnungsgemäß erteilt. Ebenso handelt nach Abs. 2 Nr. 3 ordnungswidrig, wer auf Verlangen die in § 206 Abs. 1 S. 2 genannten Unterlagen nicht ordnungsgemäß vorlegt.

2. Subjektiver Tatbestand. Die Tat setzt eine vorsätzliche oder zumindest leichtfertige Begehung voraus. Siehe zum **Vorsatz** oben, → Rn. 7.

Leichtfertigkeit ist eine gesteigerte Form der Fahrlässigkeit. Sie liegt vor, wenn der Täter grob achtlos handelt und unbeachtet lässt, was sich ihm angesichts seiner persönlichen Kenntnisse und Fähigkeiten aufdrängen muss.[14]

3. Rechtswidrigkeit, Vorwerfbarkeit. Die Ahndung als Ordnungswidrigkeit setzt Rechtswidrigkeit und Vorwerfbarkeit des Verhaltens voraus. Siehe zu diesen Voraussetzungen oben, → Rn. 9 f.

4. Vollendung, Versuch. Vollendet ist die Tat, wenn eine unrichtige Meldung oder Auskunft erstattet wird oder Unterlagen nicht vollständig vorgelegt werden, aber auch bereits dann, wenn die Meldung oder Auskunft nicht rechtzeitig erfolgt oder Unterlagen nicht rechtzeitig vorgelegt werden.

Eine Nachholung der geforderten Handlung kann deshalb nicht als „Rücktritt vom Versuch" (vgl. § 13 Abs. 3 f. OWiG), sondern allenfalls bei der Bemessung der Höhe des Bußgeldes berücksichtigt werden.

Der Versuch ist nicht als Ordnungswidrigkeit ausgestaltet, § 13 Abs. 2 OWiG.

5. Beteiligung. Siehe zur Beteiligung im Ordnungswidrigkeitenrecht oben, → Rn. 13.

6. Rechtsfolgen. Die Geldbuße beträgt bei Abs. 2 mindestens 5 EUR (§ 17 Abs. 1 OWiG) und höchstens 2.500 EUR bei vorsätzlichem (Abs. 3) bzw. 1.250 EUR bei leichtfertigem Handeln (§ 17 Abs. 2 OWiG). Siehe zu den Zumessungskriterien und der Möglichkeit der Überschreitung der Höchstgrenze oben, → Rn. 14.

---

12 Dazu Fischinger in: Spickhoff, Medizinrecht, § 307 SGB V Rn. 1, 3.
13 Zu den rechtsstaatlichen Bedenken gegen diese Formulierung Sonnhoff in: Hauck/Noftz, SGB V, § 206 Rn. 6.
14 Vgl. Bohnert/Krenberger/Krumm, OWiG, § 10 Rn. 18; Fischer, StGB, § 15 Rn. 20; Rengier in: KK-OWiG, § 10 Rn. 49.

31 7. **Konkurrenzen.** Siehe zum Zusammentreffen mehrerer Ordnungswidrigkeiten §§ 19 f. OWiG; zum Zusammentreffen von Ordnungswidrigkeiten und Straftaten § 21 OWiG sowie oben, → Rn. 15 f.

32 8. **Verjährung.** Die Verfolgungsverjährung beträgt für Taten nach Abs. 2 ein Jahr (§ 31 Abs. 2 Nr. 3 OWiG).

IV. Verfahren

33 Für die Verfolgung von Ordnungswidrigkeiten nach Abs. 1 ist die Krankenkasse zuständig, welche die eGK ausgegeben hat; für Ordnungswidrigkeiten nach Abs. 2 jene Krankenkasse, gegenüber der die Melde-, Auskunfts- und Vorlagepflichten bestehen (§§ 36 Abs. 1 Nr. 1 OWiG iVm § 112 Abs. 1 Nr. 1 SGB IV).

34 Gem. § 41 Abs. 1 OWiG hat die Krankenkasse das Verfahren an die Staatsanwaltschaft abzugeben, wenn Anhaltspunkte bestehen, dass durch die Tat zugleich ein Straftatbestand verwirklicht wurde. Siehe zur Möglichkeit der **Übernahme** des Verfahrens durch die Staatsanwaltschaft § 42 OWiG.

V. Praxishinweise

35 Übergangsregelungen bestehen nicht.

36 Gem. § 3 OWiG können Handlungen nur dann als Ordnungswidrigkeit verfolgt werden, wenn die Ahndung vor Begehung der Tat gesetzlich bestimmt war. Bei Änderung des Ordnungswidrigkeitentatbestandes gilt § 4 OWiG.

§ 307a Strafvorschriften

(1) Mit Freiheitsstrafe bis zu drei Jahren oder mit Geldstrafe wird bestraft, wer entgegen § 171b Absatz 2 Satz 1 die Zahlungsunfähigkeit oder die Überschuldung nicht, nicht richtig oder nicht rechtzeitig anzeigt.

(2) Handelt der Täter fahrlässig, so ist die Strafe Freiheitsstrafe bis zu einem Jahr oder Geldstrafe.

Literatur:
Bultmann, Die Insolvenzfähigkeit der gesetzlichen Krankenkassen nach dem GKV-OrgWG, MedR 2009, 25; *Fischer*, Strafgesetzbuch und Nebengesetze, 62. Auflage 2015; *Lundberg/Sänger*, Krankenkassen und Insolvenz – Aufgaben und Pflichten für Vorstände, ZInsO 2010, 1905; *Pfohl/Sichert/Otto*, Die Pflicht zur Anzeige bei Insolvenz (§ 171b Abs. 2 SGB V) – Bestand, Mangel und Folgen der Erklärung des Vorstands der Krankenkasse, NZS 2011, 8; *Poertzgen/Meyer*, Haftungsrisiken für Vorstände gesetzlicher Krankenversicherungen bei Verstoß gegen § 171b Abs. 2 SGB V?, MedR 2012, 301; *Roßnagel/Hornung*, Forschung à la Carte?, MedR 2008, 538.

I. Allgemeines 1	4. Vollendung, Versuch 7
1. Überblick, Normzweck 1	5. Beteiligung 9
2. Entstehungsgeschichte 2	6. Rechtsfolgen 10
II. Voraussetzungen der Strafbarkeit (Abs. 1) .. 3	7. Verjährung 11
1. Objektiver Tatbestand 3	III. Fahrlässigkeit (Abs. 2) 12
2. Subjektiver Tatbestand 5	IV. Praxishinweise 16
3. Rechtswidrigkeit, Schuld 6	

I. Allgemeines

1 1. **Überblick, Normzweck.** § 307a bedroht die Verletzung der nach § 171b Abs. 2 S. 1 bestehenden Anzeigepflichten des Vorstands einer Krankenkasse mit Strafe. Die Vorschrift bezweckt, die für die Eröffnung eines Insolvenzverfahrens antragsberechtigte Aufsichtsbehörde rechtzeitig über die Erforderlichkeit eines Insolvenzverfahrens zu informieren.[1]

2 2. **Entstehungsgeschichte.** § 307a wurde mit der heute in § 307b Abs. 1 bis 3 enthaltenen Regelung mit Wirkung vom 1.1.2004 durch Art. 1 Nr. 181 des Gesetzes zur Modernisierung der gesetzlichen Krankenversicherung vom 14.11.2003 (GMG) geschaffen. Durch Art. 1 Nr. 15 des GKV-OrgWG (BGBl. I, 2426) wurde mWv 1.1.2010 in Abs. 4 eine dem heutigen § 307a ähnelnde insolvenzstraf-

---
[1] Vgl. BT-Dr. 16/9559, 25.

rechtliche Regelung angefügt. Durch Art. 1 Nr. 7 des Gesetzes zur Änderung krankenversicherungsrechtlicher und anderer Vorschriften vom 24.7.2010 (BGBl. I, 983) wurden zum 30.7.2010 die Abs. 1 bis 3 zu § 307b; § 307a Abs. 4 aF wurde zu § 307a Abs. 1 u. 2. Die Gesetzesänderung diente vor allem dem Verzicht auf den in Abs. 4 aF enthaltenen Verweis auf § 55 Abs. 1 KWG, da eine dynamische Verweisung in einer Strafnorm verfassungsrechtliche Bedenken aufwirft.[2]

II. Voraussetzungen der Strafbarkeit (Abs. 1)

1. Objektiver Tatbestand. Der objektive Tatbestand ist erfüllt, wenn die Zahlungsunfähigkeit (vgl. § 17 Abs. 2 InsO) oder die Überschuldung (vgl. § 19 Abs. 2 S. 1 InsO) entgegen § 171b Abs. 2 S. 1 der zuständigen Aufsichtsbehörde[3] nicht, nicht richtig oder nicht rechtzeitig anzeigt wird.[4] Die lediglich *unvollständige Anzeige* ist in der aktuellen Gesetzesfassung nicht mehr ausdrücklich mit Strafe bedroht.[5] Soweit eine Anzeige aufgrund ihrer Unvollständigkeit allerdings so lückenhaft ist, dass sie dadurch „*unrichtig*" wird, kann sie dem Tatbestand gleichwohl unterfallen.[6] Ein Verstoß gegen die in § 171b Abs. 2 S. 1 enthaltene Anzeigepflicht bei *drohender Zahlungsunfähigkeit* ist dagegen nicht mit Strafe bewehrt.[7]

Täter können nur die Mitglieder des Vorstands einer Krankenkasse (§§ 31 Abs. 3a, 35a SGB IV) sein; nur diese trifft die Pflicht zur Anzeige nach § 171b Abs. 2 S. 1. Andere Personen kommen nur als Teilnehmer in Betracht (→ Rn. 9).

2. Subjektiver Tatbestand. Ein Verstoß gegen Abs. 1 ist nur bei vorsätzlicher Verwirklichung des Tatbestandes strafbar, § 15 StGB. Zu den Einzelheiten → § 307 Rn. 7 f.

3. Rechtswidrigkeit, Schuld. Die Tat muss rechtswidrig und schuldhaft begangen worden sein. Die Rechtswidrigkeit ist zu verneinen, wenn sich der Täter auf einen anerkannten strafrechtlichen Rechtfertigungsgrund berufen kann. Dazu zählen insbesondere Notwehr (§ 32 StGB), rechtfertigender Notstand (§ 34 StGB) und die im Strafrecht nicht gesetzlich geregelte, aber durch § 228 StGB vorausgesetzte rechtfertigende Einwilligung. Aufgrund der Eigenheiten der Insolvenzdelikte und der diesen zugrunde liegenden Wertentscheidungen des Gesetzgebers dürfte eine Rechtfertigung eines Verstoßes gegen § 307a aber nur in besonders gelagerten Ausnahmekonstellationen in Betracht kommen. Eine schuldhafte Tatbegehung setzt die Schuldfähigkeit des Täters voraus (§§ 20 f. StGB); zudem darf kein Entschuldigungsgrund vorliegen. Der im Strafrecht bedeutsame Entschuldigungsgrund des entschuldigenden Notstandes (§ 35 StGB) dürfte mangels Betroffenheit der dort genannten Rechtsgüter für § 307a allerdings kaum praktische Bedeutung erlangen.[8]

4. Vollendung, Versuch. Die Tat ist vollendet, sobald der Täter eine unrichtige Anzeige abgibt oder die Anzeige verzögert.

Der Versuch ist nicht strafbar, da es sich bei § 307a lediglich um ein Vergehen iSd § 12 StGB handelt und der Gesetzgeber eine Versuchsstrafbarkeit nicht ausdrücklich angeordnet hat (vgl. § 23 Abs. 1 StGB).

5. Beteiligung. Strafbar ist sowohl die täterschaftliche Verwirklichung des Tatbestandes in Gestalt der Alleintäterschaft, der Mittäterschaft und der mittelbaren Täterschaft (siehe dazu jeweils § 25 StGB) als

---

2 Vgl. BT-Dr. 17/1297, 17 – B. – zu Art. 1 zu Nr. 6.
3 Vgl. zur Zuständigkeit der Aufsichtsbehörde die §§ 90, 90a SGB IV.
4 Siehe zu den Einzelheiten der Anzeigepflicht § 171b Rn. 7 ff.
5 So auch Pfohl/Sichert/Otto, NZS 2011, 8, 11, 13; Scholz in: BeckOK SozR, SGB V, § 307a Rn. 1. Nach O'Sullivan in: jurisPK-SGB V, § 307a Rn. 37 soll gleichwohl offenbar jede unvollständige Anzeige dem Tatbestand unterfallen; mit dem Gesetzeswortlaut ist diese Ansicht kaum zu vereinbaren (vgl. Art. 103 Abs. 2 GG, § 1 StGB).
6 Dem vergleichbar erwägen Pfohl/Sichert/Otto, NZS 2011, 8, 11, eine durch Zurückhalten von Prüfungsunterlagen „unvollständige" Anzeige als „nicht rechtzeitige" vollständige Anzeige anzusehen. Angesichts der Gefahr einer Umgehung der im Rahmen der Gesetzesänderung von einer Strafdrohung ausdrücklich ausgenommenen „unvollständigen" Anzeige wird dies allerdings nur in Fällen einer völlig aussagelosen und deshalb unbrauchbaren Anzeige in Betracht kommen.
7 Vgl. BT-Dr. 16/10609, 24, 63. Wie hier: Baier in: Krauskopf, § 307a SGB V Rn. 4; Pfohl/Sichert/Otto, NZS 2011, 8, 13; Scholz in: BeckOK SozR, SGB V, § 307a Rn. 1. Die gegenteilige Auffassung von O'Sullivan in: jurisPK-SGB V, § 307a Rn. 35, und Sonnhoff in: Hauck/Noftz, SGB V, § 307a Rn. 7 ff., verkennt, dass § 307a nicht jeden Verstoß gegen § 171b Abs. 2 S. 1 unter Strafe stellt und ist deshalb mit Art. 103 Abs. 2 GG, § 1 StGB nicht zu vereinbaren.
8 Siehe zu den Einzelheiten möglicher Rechtfertigungs- und Entschuldigungsgründe im Strafrecht Fischer, StGB, Vor § 32 Rn. 2 ff., 14 f.

auch die Teilnahme an der vorsätzlichen und rechtswidrigen Tat eines anderen als Anstifter (§ 26 StGB) oder Gehilfe (§ 27 StGB).[9] Der Teilnehmer braucht nicht selbst Vorstand der Krankenkasse zu sein (vgl. § 28 Abs. 1 StGB sowie → Rn. 4).

10 **6. Rechtsfolgen.** Die Strafe für Taten nach Abs. 1 beträgt Geldstrafe oder Freiheitsstrafe bis zu drei Jahren.

11 **7. Verjährung.** Die Verfolgung der Tat verjährt gemäß § 78 Abs. 3 Nr. 4 StGB in fünf Jahren.

III. Fahrlässigkeit (Abs. 2)

12 Abs. 2 stellt die fahrlässige Begehung unter Strafe. Fahrlässigkeit liegt vor, wenn der Täter objektiv gegen eine Sorgfaltspflicht – hier: die nach § 171 b Abs. 2 S. 1 bestehende Anzeigepflicht bei Zahlungsunfähigkeit oder Überschuldung – verstößt und die hierdurch verursachte Rechtsgutsverletzung nach seinen subjektiven Kenntnissen und Fähigkeiten voraussehen und vermeiden konnte.[10]

13 Für Fahrlässigkeitstaten verfolgt das Strafrecht das Konzept des Einheitstäters, dh das Gesetz verzichtet auf die Unterscheidung zwischen Täter und Teilnehmer. Einzelheiten zum Begriff des Einheitstäters und zu den sich daraus ergebenden Folgerungen bei → § 307 Rn. 13.

14 Als Strafe für Taten nach Abs. 2 kommt Geldstrafe oder Freiheitsstrafe bis zu einem Jahr in Betracht.

15 Die Verfolgung der Tat nach Abs. 2 verjährt gemäß § 78 Abs. 3 Nr. 5 StGB in drei Jahren.

IV. Praxishinweise

16 Für Altfälle bleibt die frühere Fassung des Tatbestandes als § 307 a Abs. 4 aF zu beachten.

§ 307 b Strafvorschriften

(1) Mit Freiheitsstrafe bis zu einem Jahr oder mit Geldstrafe wird bestraft, wer entgegen § 291 a Absatz 4 Satz 1 oder Absatz 5 a Satz 1 erster Halbsatz oder Satz 2 auf dort genannte Daten zugreift.
(2) Handelt der Täter gegen Entgelt oder in der Absicht, sich oder einen Anderen zu bereichern oder einen Anderen zu schädigen, so ist die Strafe Freiheitsstrafe bis zu drei Jahren oder Geldstrafe.
(3) ¹Die Tat wird nur auf Antrag verfolgt. ²Antragsberechtigt sind der Betroffene, der Bundesbeauftragte für den Datenschutz oder die zuständige Aufsichtsbehörde.

Literatur:
Fischer, Strafgesetzbuch und Nebengesetze, 62. Auflage 2015; *Bohnert/Krenberger/Krumm*, Kommentar zum Ordnungswidrigkeitengesetz, 4. Auflage 2016; *Meister*, Einführung der elektronischen Gesundheitskarte (eGK) im Krankenhaus, 2011.

I. Allgemeines	1	4. Vollendung, Versuch		11
1. Überblick, Normzweck	1	5. Beteiligung		13
2. Entstehungsgeschichte	2	6. Rechtsfolgen		14
II. Grundtatbestand (Abs. 1)	3	7. Konkurrenzen		15
1. Objektiver Tatbestand	3	8. Verjährung		16
a) Zugriff auf Daten	4	III. Qualifikation (Abs. 2)		17
b) Ohne Berechtigung	7	IV. Strafantrag (Abs. 3)		22
2. Subjektiver Tatbestand	9	V. Praxishinweise		25
3. Rechtswidrigkeit, Vorwerfbarkeit	10			

I. Allgemeines

1 **1. Überblick, Normzweck.** § 307 b stellt den unter Verletzung des § 291 a Abs. 4 S. 1, Abs. 5 a S. 1 Hs. 1, S. 2 erfolgten Zugriff auf Daten der elektronischen Gesundheitskarte (eGK) unter Strafe. Die Vorschrift dient dem Schutz bestimmter, auf der eGK gespeicherter Daten (vgl. § 291 a Abs. 4 S. 1 iVm Abs. 2 Nr. 1, Abs. 3 S. 1 Nr. 1–5, Abs. 5 a S. 1 Hs. 1, S. 2 iVm Abs. 3 S. 1 Nr. 7–9).

---

9 Einzelheiten bei Fischer, StGB, Vor § 25 Rn. 1 ff.
10 Siehe zum Begriff der Fahrlässigkeit BGHSt 49, 1, 5; Fischer, StGB, § 15 Rn. 12 a.

2. Entstehungsgeschichte. Die Vorschrift wurde mit Wirkung vom 1.1.2004 als § 307a eingefügt. 2
Durch Art. 1 Nr. 7 des Gesetzes zur Änderung krankenversicherungsrechtlicher und anderer Vorschriften vom 24.7.2010 (BGBl. I, 983) wurden die Abs. 1–3 des § 307a mit Wirkung vom 30.7.2010 zu
§ 307b (weitere Einzelheiten hierzu → § 307a Rn. 2). Durch Art. 2 Nr. 2 des Gesetzes zur Regelung
der Entscheidungslösung im Transplantationsgesetz (BGBl. I, 1504) wurde die Strafbarkeit nach
§ 307b mit Wirkung vom 1.11.2012 auf Verstöße gegen den neu geschaffenen § 291a Abs. 5a S. 1
Hs. 1, S. 2 erstreckt.

II. Grundtatbestand (Abs. 1)

1. Objektiver Tatbestand. Gemäß § 291a Abs. 4 S. 1, Abs. 5a S. 1 Hs. 1, S. 2 dürfen nur bestimmte 3
Personengruppen zu bestimmten Zwecken auf Daten nach § 291a Abs. 2 Nr. 1 (elektronisch gespeicherte ärztliche Verordnungen), § 291a Abs. 3 S. 1 Nr. 1–5 (medizinische Daten wie zB Befunde, Diagnosen usw.) und § 291a Abs. 3 S. 1 Nr. 7–9 (Erklärungen des Versicherten zur Organ- und Gewebespende sowie zu Vorsorgevollmachten oder Patientenverfügungen) zugreifen. Der objektive Tatbestand
des Abs. 1 ist erfüllt, wenn eine unberechtigte Person oder eine berechtigte Person zu anderen als den
gesetzlich zugelassenen Zwecken auf diese Daten zugreift.

a) Zugriff auf Daten. Ein Zugriff liegt nicht erst bei Kenntnisnahme der (unverschlüsselten) Daten 4
vor.[1] Im Hinblick auf den Schutzzweck des § 307b und den vergleichbaren Regelungsgehalt des
§ 202a StGB ist ein Zugriff bereits anzunehmen, wenn hierdurch die **Möglichkeit der Kenntnisnahme**
geschaffen wird. Ein Zugriff liegt daher auch im Entschlüsseln der verschlüsselten Daten oder im Kopieren der entschlüsselten Daten von der eGK auf eigene Datenträger (etwa zum Zwecke der späteren
Kenntnisnahme oder zur Weitergabe an Dritte). Dass der Gesetzgeber den Zugriff auf Daten auch im
Übrigen nicht nur in deren Kenntnisnahme erblickt, belegt S. 2 Nr. 3 der Anlage zu § 9 S. 1 BDSG. Danach umfasst der Begriff des Zugriffs bereits die *Möglichkeit* des Lesens, Kopierens, Veränderns oder
Entfernens der Daten.

Ein Zugriff unterfällt nur dann Abs. 1, wenn sich die **Daten auf der eGK** befinden. Nicht erfasst sind 5
Zugriffe auf inhaltsgleiche Daten auf sonstigen Datenträgern, wie zB zentralen Servern, aber auch Zugriffe auf Daten, die zuvor von der eGK auf andere Datenträger kopiert wurden.[2]

Das bloße Auslesen oder Kopieren verschlüsselter Daten stellt bei § 202a StGB nach hM noch kein 6
Verschaffen des Zugangs zu den gesicherten Daten dar, wenn der Täter nicht zugleich den erforderlichen Zugangsschlüssel besitzt.[3] Vergleichbares wird auch für § 307b zu gelten haben: Auch hier liegt
der Schwerpunkt des Vorwurfs in der Überwindung der Zugangssicherung der verschlüsselt gespeicherten Daten.[4] Da § 307b einen Zugriff auf Daten voraussetzt, die sich auf der eGK befinden, läge
jeweils kein **Zugriff auf Daten** iSd § 307b vor, wenn verschlüsselte Daten zunächst nur auf andere Datenträger kopiert werden und unabhängig davon, dh von einem anderen Täter – oder von demselben
Täter mit neu gefasstem Vorsatz – nachfolgend entschlüsselt werden: Im ersten Fall läge noch kein
„Zugriff"; im letzteren kein Zugriff auf *Daten der eGK* vor. Sofern hierin eine „Strafbarkeitslücke"
erblickt wird, ist dies nur durch den Gesetzgeber zu korrigieren.

b) Ohne Berechtigung. Der Zugriff muss **ohne Berechtigung** erfolgen. Zum Zugriff berechtigt sind die 7
in § 291a Abs. 4 S. 1, Abs. 5 a S. 1 genannten Personen, wenn sie auf die für sie gesetzlich freigegebenen Daten zu den gesetzlichen vorgesehenen Zwecken zugreifen. Die Berechtigung fehlt, wenn Nichtberechtigte auf die Daten zugreifen. Sie fehlt auch, wenn grundsätzlich Berechtigte auf für sie nicht
freigegebene Daten[5] oder auf für sie freigegebene Daten zu anderen als den gesetzlich erlaubten Zwecken zugreifen.[6]

Als **Täter** kommt jede Person mit Ausnahme des Karteninhabers in Betracht; Letzterem ist durch 8
§ 291a Abs. 4 S. 2, Abs. 5a S. 4 das Recht zum Zugriff eingeräumt.[7]

---

1 AA O'Sullivan in: jurisPK-SGB V, § 307b Rn. 30, der eine Kenntnisnahme der Daten voraussetzt.
2 Insoweit auch O'Sullivan in: jurisPK-SGB V, § 307b Rn. 30.
3 Vgl. BGH, 14.1.2010, 4 StR 93/09, NStZ 2010, 275; vgl. zum Streitstand Fischer, StGB, § 202a Rn. 11a.
4 AA Michels in: Becker/Kingreen, § 307a Rn. 2, der jegliches Kopieren oder Übermitteln der Daten von Abs. 1
 erfasst sieht.
5 Ebenso O'Sullivan in: jurisPK-SGB V, § 307b Rn. 32.
6 Vgl. Baier in: Krauskopf, § 307b SGB V Rn. 3; Fischinger in: Spickhoff, Medizinrecht, § 307b SGB V Rn. 2.
7 Vgl. auch O'Sullivan in: jurisPK-SGB V, § 307b Rn. 31, 33.

9   **2. Subjektiver Tatbestand.** Strafbar ist nur vorsätzliches Handeln (vgl. § 15 StGB). Bedingter Vorsatz genügt. Zum strafrechtlichen Begriff des Vorsatzes → § 307 Rn. 7.

10 **3. Rechtswidrigkeit, Vorwerfbarkeit.** Als Rechtfertigung kommt insbes. eine **Einwilligung des Karteninhabers** in Betracht.[8] Eine Strafbarkeit nach § 307 b wird durch eine wirksame Einwilligung ausgeschlossen. Verlangt der Täter vom Karteninhaber aber eine Einwilligung oder vereinbart er eine solche mit ihm, kann dies allerdings als Ordnungswidrigkeit nach § 307 geahndet werden. Siehe zu sonstigen strafrechtlichen Rechtfertigungsgründen bereits oben, → § 307 a Rn. 6.

11 **4. Vollendung, Versuch.** Die Tat ist mit dem Zugriff auf die Daten **vollendet**. Eine Aus- oder Verwertung der Daten oder eine Schädigung des Karteninhabers setzt das Gesetz nicht voraus.[9]

12 Der Versuch ist nicht unter Strafe gestellt (§§ 23 Abs. 1, 12 Abs. 1 StGB).

13 **5. Beteiligung.** Zu den möglichen Formen der Beteiligung an einer Straftat → § 307 a Rn. 9.

14 **6. Rechtsfolgen.** Die Strafe ist Geldstrafe oder Freiheitsstrafe bis zu einem Jahr.

15 **7. Konkurrenzen.** Beim Zusammentreffen von einer Straftat nach § 307 b durch unberechtigten Zugriff auf die Daten mit einer vorangegangenen Ordnungswidrigkeit nach § 307 durch das Verlangen oder die Vereinbarung einer Gestattung des Zugriffs wird § 307 durch § 307 b verdrängt, soweit beide Taten in Tateinheit verwirklicht wurden (§ 21 Abs. 1 OWiG).[10] Andernfalls bleiben – insbesondere im Fall eines erfolglosen Verlangens des Zugriffs mit anschließendem eigenmächtigem Zugriff auf die Daten – beide Vorschriften in Tatmehrheit nebeneinander bestehen.[11]

16 **8. Verjährung.** Taten nach Abs. 1 verjähren gemäß § 78 Abs. 3 Nr. 5 StGB in drei Jahren.

III. Qualifikation (Abs. 2)

17 Abs. 2 ist eine Qualifikation des Grundtatbestandes nach Abs. 1. Die Vorschrift droht eine erhöhte Strafe an, wenn der Täter gegen Entgelt, mit Bereicherungs- oder mit Schädigungsabsicht handelt.

18 **Entgelt** ist gem. § 11 Abs. 1 Nr. 9 StGB jede in einem Vermögensvorteil bestehende Gegenleistung (BGH NStZ 2006, 444). Ob die Gegenleistung tatsächlich erbracht wird und ihre Vereinbarung rechtlich wirksam ist, ist ohne Bedeutung.[12] Ein Handeln gegen Entgelt setzt nicht voraus, Gewinn erzielen oder sich bereichern zu wollen. Subjektiv muss der Täter im Hinblick auf das Entgelt mindestens mit Eventualvorsatz handeln.

19 **Bereicherungsabsicht** liegt vor, wenn der Täter in der Absicht handelt, einen Vermögensvorteil zu erlangen.[13] Die Absicht, einen anderen zu bereichern, genügt. Der Vermögensvorteil braucht nicht rechtswidrig zu sein.

20 Für **Schädigungsabsicht** genügt regelmäßig zielgerichtetes Handeln iS des dolus directus 2. Grades.[14] Der angestrebte Nachteil muss kein Vermögensschaden sein; ihm muss auf Seiten des Täters kein Vorteil gegenüberstehen. Auch muss die zu schädigende Person nicht mit dem Karteninhaber identisch sein.

21 Als Strafe kommt in Fällen des Abs. 2 Freiheitsstrafe bis zu drei Jahre oder Geldstrafe in Betracht. Die Verfolgung verjährt gemäß § 78 Abs. 3 Nr. 4 StGB in fünf Jahren.

IV. Strafantrag (Abs. 3)

22 Die Verfolgung von Taten nach § 307 b Abs. 1, 2 setzt einen Strafantrag voraus; § 307 b ist ein **absolutes Antragsdelikt**.[15]

---

8 Zu den Voraussetzungen der rechtfertigenden Einwilligung Fischer, StGB, Vor § 32 Rn. 3 c.
9 Ebenso Baier in: Krauskopf, § 307 b SGB V Rn. 5; Fischinger in: Spickhoff, Medizinrecht, § 307 b SGB V Rn. 2; vgl. auch Michels in: Becker/Kingreen, § 307 a Rn. 2.
10 Einzelheiten zur Konkurrenz zwischen Straftaten und Ordnungswidrigkeiten bei Bohnert/Krenberger/Krumm, OWiG, § 21 Rn. 1 ff.
11 Vgl. Bohnert/Krenberger/Krumm, OWiG, § 21 Rn. 10.
12 Hierzu und zum Folgenden Fischer, StGB, § 11 Rn. 31.
13 Vgl. BGHSt 32, 61, 64.
14 Vgl. hierzu und zum Folgenden Fischinger in: Spickhoff, Medizinrecht, § 307 b SGB V Rn. 3; Michels in: Becker/Kingreen, § 307 a Rn. 5.
15 Zum Begriff Fischer, StGB, Vor § 77 Rn. 3. Siehe zu den Einzelheiten des Strafantragserfordernisses die §§ 77 ff. StGB.

Antragsberechtigt ist der Betroffene, der Bundesbeauftragte für den Datenschutz[16] und „die zuständige Aufsichtsbehörde". „Betroffener" ist der Inhaber der eGK, aber auch ein Dritter, soweit er durch die Tat geschädigt wird (vgl. die Absicht zur Schädigung eines Dritten nach Abs. 2). Mit der zuständigen Aufsichtsbehörde dürfte die Aufsichtsbehörde jener Krankenkasse gemeint sein, welche die eGK ausgegeben hat. Dies ist das für die Krankenkasse zuständige Bundes- oder Landesversicherungsamt (vgl. § 90 SGB IV).

Die **Antragsfrist** beträgt drei Monate ab Kenntnis des Antragsberechtigten von der Tat und der Person des Täters (§ 77 b Abs. 1, 2 S. 1 StGB).

V. Praxishinweise

Aufgrund des strafrechtlichen Rückwirkungsverbotes (Art. 103 Abs. 2 GG; § 1 StGB) sind Taten, die vor Inkrafttreten der Vorschrift begangen wurden, nicht nach § 307 b strafbar. Zu beachten bleibt der frühere (zT inhaltsgleiche) Straftatbestand des § 307 a Abs. 1 bis 3 aF.

Zwölftes Kapitel
Überleitungsregelungen aus Anlaß der Herstellung der Einheit Deutschlands

§ 308 (aufgehoben)

§ 309 Versicherter Personenkreis

(1) Soweit Vorschriften dieses Buches
1. an die Bezugsgröße anknüpfen, gilt vom 1. Januar 2001 an die Bezugsgröße nach § 18 Abs. 1 des Vierten Buches auch in dem in Artikel 3 des Einigungsvertrages genannten Gebiet,
2. an die Beitragsbemessungsgrenze in der allgemeinen Rentenversicherung anknüpfen, gilt von dem nach Nummer 1 maßgeblichen Zeitpunkt an die Beitragsbemessungsgrenze nach § 159 des Sechsten Buches auch in dem in Artikel 3 des Einigungsvertrages genannten Gebiet.

(2)–(4) (aufgehoben)

(5) ¹Zeiten der Versicherung, die in dem in Artikel 3 des Einigungsvertrages genannten Gebiet bis zum 31. Dezember 1990 in der Sozialversicherung oder in der Freiwilligen Krankenkostenversicherung der Staatlichen ehemaligen Versicherung der Deutschen Demokratischen Republik oder in einem Sonderversorgungssystem (§ 1 Abs. 3 des Anspruchs- und Anwartschaftsüberführungsgesetzes) zurückgelegt wurden, gelten als Zeiten einer Pflichtversicherung bei einer Krankenkasse im Sinne dieses Buches. ²Für die Anwendung des § 5 Abs. 1 Nr. 11 gilt Satz 1 vom 1. Januar 1991 an entsprechend für Personen, die ihren Wohnsitz und ihre Versicherung im Gebiet der Bundesrepublik Deutschland nach dem Stand vom 2. Oktober 1990 hatten und in dem in Artikel 3 des Einigungsvertrages genannten Gebiet beschäftigt waren, wenn sie nur wegen Überschreitung der in diesem Gebiet geltenden Jahresarbeitsentgeltgrenze versicherungsfrei waren und die Jahresarbeitsentgeltgrenze nach § 6 Abs. 1 Nr. 1 nicht überschritten wurde.

Literatur:
Horst, Die Auswirkungen des Gesundheits-Strukturgesetzes auf die neuen Bundesländer, SGb 1993, 539; *Nommensen*, Krankenversicherung der Rentner in den neuen Bundesländern ab 1.1.1992, BKK 1992, 25; *Wasem*, Wandel der Strukturen des Gesundheitswesens in Ostdeutschland in: von Maydell (Hrsg), Transformation der Sozialordnung in den neuen Bundesländern: Tagungsband des Sozialrechtlichen Colloquiums der Berichtsgruppe VI der KSPW, Berlin 1995, 11.

I. Grundlagen

§ 309 ist im Rahmen des Einigungsvertragsgesetzes vom 23.9.1990 (EinigVtrG; BGBl. II 885, 1048) mit Wirkung zum 29.9.1990 in Kraft getreten. Anschließend erfolgten folgende Änderungen: Abs. 1: IdF d. Art. 1 Nr. 2 Buchst. a Gesetz v. 22.12.1999 (BGBl. I, 2657) mWv 1.1.2001; Abs. 1 Nr. 2: IdF d. Art. 6 Nr. 30 Gesetz v. 9.12.2004 (BGBl. I, 3242) mWv 1.1.2005; Abs. 2 bis 4: Aufgeh. durch Art. 1 Nr. 1 Gesetz v. 22.12.1999 (BGBl. I, 2657) mWv 1.1.2001; Abs. 5: Eingef. durch Art. 6 Nr. 5 Gesetz v. 25.7.1991 (BGBl. I, 1606) mWv 1.8.1991 u. idF d. Art. 1 Nr. 166 Buchst. c Gesetz v. 21.12.1992

---

16 Nunmehr: „Bundesbeauftragter für Datenschutz und Informationsfreiheit"; § 22 Abs. 1 S. 1 BDSG.

(BGBl. I, 2266) mWv 1.1.1993; Abs. 5 S. 2: IdF d. Art. 1 Nr. 2 Buchst. b Gesetz v. 22.12.1999 (BGBl. I, 2657) mWv 1.1.2001; Abs. 6: Aufgeh. durch Art. 1 Nr. 1 Gesetz v. 22.12.1999 (BGBl. I, 2657) mWv 1.1.2001.

II. Auslegung

2 **1. Jahresarbeitsentgeltsgrenze (Abs. 1).** § 309 sah in seiner ursprünglichen Fassung, dh seit dem 29.9.1990, für das in Art. 3 des Einigungsvertrages genannte Gebiet eine eigene, dh niedrigere Jahresarbeitsentgeltgrenze vor. Nachdem die Grenze zum 1.1.1995 zunächst in Berlin angeglichen worden ist, regelt die Vorschrift, dass ab dem 1.1.2001 die für die alten Länder festgelegten Rechenwerte in der gesetzlichen Krankenversicherung einheitlich im ganzen Bundesgebiet gelten. Eine Trennung zwischen den alten und den neuen Ländern besteht dann insoweit nicht mehr.[1]

3 Die Regelung verstößt nicht gegen Verfassungsrecht.[2]

4 **2. Gleichstellung von Versicherungszeiten (Abs. 5).** Gemäß Abs. 5 S. 1 gelten Zeiten der Versicherung, die in dem in Artikel 3 des Einigungsvertrages genannten Gebiet bis zum 31. Dezember 1990

- in der Sozialversicherung oder
- in der Freiwilligen Krankenkostenversicherung der Staatlichen ehemaligen Versicherung der Deutschen Demokratischen Republik oder
- in einem Sonderversorgungssystem (§ 1 Abs. 3 des Anspruchs- und Anwartschaftsüberführungsgesetzes)

zurückgelegt wurden, als Zeiten einer Pflichtversicherung bei einer Krankenkasse im Sinne des SGB V.[3]

5 Gemäß § 309 Abs. 5 S. 2 gilt für die Anwendung des § 5 Abs. 1 Nr. 11 die Vorschrift des § 309 Abs. 5 S. 1 vom 1.1.1991 an entsprechend für Personen, die ihren Wohnsitz und ihre Versicherung im Gebiet der Bundesrepublik Deutschland nach dem Stand vom 2.10.1990 hatten und in dem in Artikel 3 des Einigungsvertrages genannten Gebiet beschäftigt waren, wenn sie nur wegen Überschreitung der in diesem Gebiet geltenden Jahresarbeitsentgeltgrenze versicherungsfrei waren und die Jahresarbeitsentgeltgrenze nach § 6 Abs. 1 Nr. 1 nicht überschritten wird.

6 § 309 Abs. 5 S. 2 enthält eine Sonderregelung für die Vorversicherungszeiten in der Krankenversicherung der Rentner (KVdR) gemäß § 5 Abs. 1 Nr. 11. Die Regelung erfasst Personen, die in den alten Ländern wohnen, dort versichert sind und in den neuen Ländern eine Beschäftigung ausüben. Auch wenn diese Personen die die Versicherungspflichtgrenze West nicht überschreiten, sind sie freiwillig versichert, wenn ihr regelmäßiges Jahresarbeitsentgelt die Versicherungspflichtgrenze Ost übersteigt. Diese Personen können deshalb nur geringerer Pflichtversicherungszeiten nachweisen als vergleichbare Personen, die in den alten Ländern mit gleichem Arbeitsentgelt beschäftigt sind. Der Zugang zur KVdR, der durch die Neuregelung des Gesundheitsstrukturgesetzes Vorversicherungszeiten als Pflichtmitglied voraussetzt, wird für den betroffenen Personenkreis erschwert. Mit dieser Bestimmung sollen die betroffenen Personen bei der Berücksichtigung ihrer Vorversicherungszeiten für die KVdR mit Versicherten gleichgestellt werden, die aufgrund ihrer Beschäftigung in den alten Ländern mit gleich hohem Arbeitsentgelt versicherungspflichtig sind.[4]

7 Aufgrund der Entscheidung des BVerfG vom 15.3.2003 reichen seit dem 1.4.2002 wieder Zeiten der freiwilligen Versicherung als Vorversicherungszeiten aus, so dass § 309 Abs. 5 S. 2 keinen Anwendungsbereich mehr hat.[5]

---

1 BT-Dr. 14/1977, 182; BSG, 7.3.2007, B 12 KR 33/06 R, juris Rn. 13, 14 = SozR 4-2500 § 309 Nr. 1; BSG, 30.3.2000, B 12 KR 13/99 R, juris Rn. 15–17 = SozR 3-2500 § 308 Nr. 1.
2 BSG, 7.3.2007, B 12 KR 33/06 R, juris Rn. 16 ff. = SozR 4-2500 § 309 Nr. 1; BSG, 30.3.2000, B 12 KR 13/99 R, juris Rn. 18 ff. = SozR 3-2500 § 308 Nr. 1.
3 Vgl. Peters in: KassKomm, § 309 SGB V Rn. 5.
4 BT-Dr. 13/340, 11.
5 BVerfG, 15.3.2000, 1 BvL 16/96, 1 BvL 17/96, 1 BvL 18/96, 1 BvL 19/96, 1 BvL 20/96, 1 BvL 18/97, juris = SozR 3-2500 § 5 Nr. 42; Just in: Becker/Kingreen, § 309 Rn. 4; Just in: Becker/Kingreen, § 5 Rn. 48.

§ 310 Leistungen

(1), (2) (aufgehoben)
(3) Die erforderlichen Untersuchungen gemäß § 30 Abs. 2 Satz 2 und Abs. 7 gelten für den Zeitraum der Jahre 1989 bis 1991 als in Anspruch genommen.

I. Grundlagen

§ 310 ist im Rahmen des Einigungsvertragsgesetzes vom 23.9.1990 (EinigVtrG; BGBl. II 885, 1048) mit Wirkung zum 29.9.1990 in Kraft getreten. Anschließend erfolgten folgende Änderungen: Abs. 1 u. 2: Aufgeh. durch Art. 1 Nr. 1 Gesetz v. 22.12.1999 (BGBl. I, 2657) mWv 1.1.2001; Abs. 3 S. 1 u. 3: Aufgeh. durch Art. 1 Nr. 1 Gesetz v. 22.12.1999 (BGBl. I, 2657) mWv 1.1.2001; Abs. 3 (früher S. 2): IdF d. Art. 1 Nr. 167 Buchst. b Gesetz v. 21.12.1992 (BGBl. I, 2266) mWv 1.1.1993; Abs. 4 bis 11: Aufgeh. durch Art. 1 Nr. 1 Gesetz v. 22.12.1999 (BGBl. I, 2657) mWv 1.1.2001.

II. Auslegung

§ 310 sieht eine Minderung der Höhe des Eigenanteils von Versicherten beim Zahnersatz vor.
Bei dem Verweis auf § 30 Abs. 7 aF handelt es sich offensichtlich um ein Redaktionsversehen, da ein Abs. 7 nie vorhanden war. Richtigerweise hätte der Verweis auf § 30 Abs. 2 S. 3–6 gerichtet sein müssen.[1]
§ 310 ist jedoch nicht mehr anzuwenden. Zunächst verweist die Vorschrift auf eine Norm, die aufgehoben und zum 1.1.2005 durch § 55 ersetzt worden ist.[2] Zudem ist Regelung bereits Endes des Jahres 2001 ausgelaufen, da sich die Fiktion von Maßnahmen der Gesunderhaltung nach § 30 aF bzw. § 55 Abs. 1 S. 5 maximal 10 Jahre auswirken konnte.[3]

§ 311 Beziehungen der Krankenkassen zu den Leistungserbringern

(1) (aufgehoben)
(2) ¹Die im Beitrittsgebiet bestehenden ärztlich geleiteten kommunalen, staatlichen und freigemeinnützigen Gesundheitseinrichtungen einschließlich der Einrichtungen des Betriebsgesundheitswesens (Polikliniken, Ambulatorien, Arztpraxen) sowie diabetologische, nephrologische, onkologische und rheumatologische Fachambulanzen nehmen in dem Umfang, in dem sie am 31. Dezember 2003 zur vertragsärztlichen Versorgung zugelassen sind, weiterhin an der vertragsärztlichen Versorgung teil. ²Im Übrigen gelten für die Einrichtungen nach Satz 1 die Vorschriften dieses Buches, die sich auf medizinische Versorgungszentren beziehen, entsprechend.
(2 a), (3) (aufgehoben)
(4) (aufgehoben)
(5) § 83 gilt mit der Maßgabe, daß die Verbände der Krankenkassen mit den ermächtigten Einrichtungen oder ihren Verbänden im Einvernehmen mit den Kassenärztlichen Vereinigungen besondere Verträge schließen können.
(6) (aufgehoben)
(7) Bei Anwendung des § 95 gilt das Erfordernis des Absatzes 2 Satz 3 dieser Vorschrift nicht
a) für Ärzte, die bei Inkrafttreten dieses Gesetzes in dem in Artikel 3 des Einigungsvertrages genannten Gebiet die Facharztanerkennung besitzen,
b) für Zahnärzte, die bereits zwei Jahre in dem in Artikel 3 des Einigungsvertrages genannten Gebiet zahnärztlich tätig sind.
(8) Die Absätze 5 und 7 gelten nicht in dem in Artikel 3 des Einigungsvertrages genannten Teil des Landes Berlin.

---

1 Fahlbusch in: jurisPK-SGB V, § 310 Rn. 3; Lang in: Becker/Kingreen, § 310 Rn. 1; Höfler in: KassKomm, § 310 SGB V Rn. 9.
2 GKV-Modernisierungsgesetz – GMG v. 14.11.2003 (BGBl. I, 2190).
3 Vgl. Fahlbusch in: jurisPK-SGB V, § 310 Rn. 4.

Literatur:

Feldmeier-Berens/v. Stackelberg, Polikliniken vor dem Aus?, DOK 1992, 419; *Engels,* Vertragsrecht und Vertragspolitik in den neuen Bundesländern, KrV 1991, 37; *Fiedler/Weber,* Medizinische Versorgungszentren, NZS 2004, 358; *Fuchs,* Erfahrungen der Polikliniken und Dispensaire-Einrichtungen mit multidisziplinären Versorgungsangeboten, SozSich 1991, 309; *Hoffmann,* Die rechtliche Einordnung der Polikliniken in den neuen Bundesländern, MedR 1994, 27; *Horst,* Die Auswirkungen des Gesundheits-Strukturgesetzes auf die neuen Bundesländer, SGb 1993, 539; *Knieps,* Die Krankenversicherung im beigetretenen Teil Deutschlands, DOK 1991, 37; *Kothe,* Die Umgestaltung des Gesundheitswesens in Ostdeutschland, SDSRV Nr. 46, 29 (2000); *Schirmer,* Rechtsvereinheitlichung im Ärztlichen Berufsrecht und Kassenarztrecht aus Anlass der Herstellung der Einheit Deutschlands, MedR 1991, 55; *Wasem,* Vom staatlichen zum kassenärztlichen System, 1997; *Wigge,* Medizinische Versorgungszentren nach dem GMG, MedR 2004, 123.

I. Entstehungsgeschichte	1	2. Normauslegung	5
II. Vorgängervorschriften	2	a) Bestandsschutz (Abs. 2)	5
III. Normzweck und Systematik	3	b) Besitzstand (Abs. 5)	10
IV. Norminhalt und Normauslegung	4	c) Vertrauensschutz (Abs. 7)	12
1. Norminhalt	4	d) Besonderheiten für Berlin (Abs. 8)	15

I. Entstehungsgeschichte

1 Mit Wirkung zum 29.9.1990 ist § 311 durch Anl. I Kap. VIII Sachg. G Abschn. II Nr. 1 des Einigungsvertrages vom 31.8.1991 iVm dem Einigungsvertragsgesetz vom 23.9.1990, in Kraft getreten (BGBl. II 1990, 885). Anschließend erfolgten folgende Änderungen: Abs. 1: Aufgeh. durch Art. 1 Nr. 84 Gesetz vom 22.12.1999 (BGBl. I, 2626) mWv 1.1.2000; Abs. 2: IdF d. Art. 1 Nr. 182 Buchst. a Gesetz vom 15.11.2003 (BGBl. I, 2190) mWv 1.1.2004; Abs. 2a: Aufgeh. durch Art. 1 Nr. 1 Gesetz vom 22.12.1999 (BGBl. I, 2657) mWv 1.1.2001; Abs. 3: Aufgeh. durch Art. 1 Nr. 1 Gesetz vom 22.12.1999 (BGBl. I, 2657) mWv 1.1.2001; Abs. 4: Aufgeh. durch Art. 1 Nr. 182 Buchst. b Gesetz vom 15.11.2003 (BGBl. I, 2190) mWv 1.1.2005; Abs. 6: Aufgeh. durch Art. 1 Nr. 1 Gesetz vom 22.12.1999 (BGBl. I, 2657) mWv 1.1.2001; Abs. 8: Eingef. durch Art. 1 Nr. 3 Gesetz vom 22.12.1999 (BGBl. I, 2657) mWv 1.1.2001; Abs. 9 bis 11: Aufgeh. durch Art. 1Nr. 1 Gesetz vom 22.12.1999 (BGBl. I, 2657) mWv 1.1.2001.

II. Vorgängervorschriften

2 § 311 hat wegen der Deutschen Einheit keine Vorgängervorschriften.

III. Normzweck und Systematik

3 § 311 befindet sich im Zwölften Kapitel des SGB V, das mit „Überleitungsregelungen aus Anlass der Herstellung der Einheit Deutschlands" überschrieben ist. Systematisch handelt es sich um eine Übergangsregelung zu einzelnen Vorschriften des Vierten Kapitels („Beziehungen der Krankenkassen zu den Leistungserbringern").

IV. Norminhalt und Normauslegung

4 **1. Norminhalt.** § 311 beinhaltet Überleitungsregelungen. Von der Vorschrift sind von ursprünglich 11 Absätzen nur noch vier Absätze übrig geblieben. Abs. 2 beinhaltet eine Bestandsschutzregelung für die Teilnahme der in der Vorschrift näher bezeichneten Leistungserbringer an der vertragsärztlichen Versorgung;[1] die für MVZ geltenden Bestimmungen sind für diese Leistungserbringer entsprechend anwendbar. Abs. 5 enthält eine Besitzstandsklausel zugunsten ermächtigter Einrichtungen, wenn diese bereits vor dem Beitritt eine Rechtsposition erworben hatten. Abs. 7 enthält eine Vertrauensschutzregelung für Zahnärzte. Nach Abs. 8 gelten die Abs. 5 und 8 nicht im Gebiet des ehemaligen Ost-Berlin.

5 **2. Normauslegung. a) Bestandsschutz (Abs. 2).** Gemäß Abs. 1 S. 1 nehmen die im Beitrittsgebiet bestehenden

- ärztlich geleiteten kommunalen, staatlichen und freigemeinnützigen Gesundheitseinrichtungen einschließlich der Einrichtungen des Betriebsgesundheitswesens (Polikliniken, Ambulatorien, Arztpraxen) sowie
- diabetologische, nephrologische, onkologische und rheumatologische Fachambulanzen

---

[1] BT-Dr. 15/1525, 151.

in dem Umfang, in dem sie am 31.12.2003 zur vertragsärztlichen Versorgung zugelassen waren, weiterhin an der vertragsärztlichen Versorgung teil.

Somit sind die in Abs. 2 S. 1 aufgeführten sowie im Beitrittsgebiet bestehenden ärztlich geleiteten Einrichtungen und Fachambulanzen zur Sicherstellung der Versorgung kraft Gesetzes zur ambulanten Versorgung zugelassen, soweit sie am 1.10.1992 noch bestanden haben. Diese Einrichtungen sind somit kraft Gesetzes zur ambulanten Versorgung zugelassen, einer darüber hinaus gehenden Zulassung gemäß § 95 bedarf es nicht.[2]

Im Übrigen gelten für die Einrichtungen nach Abs. 2 S. 1 die Vorschriften des, die sich auf MVZ beziehen, gemäß Abs. 2 S. 2 entsprechend.[3] Die Gleichbehandlung ist auch grundsätzlich sachgerecht, weil Vorbild für die durch das GKV-Modernisierungsgesetz vom 14.11.2003[4] eingeführten MVZ die Polikliniken des ehemaligen DDR-Gesundheitswesens waren, die nach Abs. 2 als ärztlich geleitete Gesundheitseinrichtungen weiterhin an der vertragsärztlichen Versorgung teilnehmen dürfen.[5] Daher sind wesentliche Strukturen von Einrichtungen nach Abs. 2 und MVZ nahezu inhaltsgleich; in beiden erfolgt die Leistungserbringung durch angestellte Ärzte.[6] Zu fragen ist allerdings, ob Einrichtungen nach § 311 wie Vertragsärzte und MVZ durch einen Antrag auf Umwandlung einer Anstellungsgenehmigung in eine Zulassung nach § 95 Abs. 9 b einem angestellten Arzt zu einem Zulassungsanspruch verhelfen können.[7]

Nach Auffassung des BSG sind sie kraft Gesetzes als MVZ zur vertragsärztlichen Versorgung zugelassen.[8] Dem kann aufgrund systematischer Unterschiede nicht zugestimmt werden. Denn aufgrund des Bestandsschutzes ist es nicht notwendig, dass die Einrichtung fachübergreifend geführt wird.[9] Auch ein Trägerwechsel ist für die Zulassung unbeachtlich.[10]

Die „Fachambulanzen" sind zu unterscheiden von den „ermächtigten Krankenhausfachambulanzen" im Sinne des § 24 Abs. 2 S. 4 BMV-Ä aF. Denn die von § 311 Abs. 2 erfassten Fachambulanzen nahmen und nehmen nicht aufgrund einer Ermächtigung an der vertragsärztlichen ambulanten Versorgung teil, sondern sind kraft Gesetzes zugelassen. Weil aber § 24 Abs. 2 S. 4 BMV-Ä seinem klaren Wortlaut nach nur „ermächtigte" Fachambulanzen an Krankenhäusern erfasst, gilt das darin geregelte Überweisungsverbot gerade nicht für die Fachambulanzen im Sinne des § 311 Abs. 2.[11]

b) Besitzstand (Abs. 5). Gemäß Abs. 5 gilt § 83 mit der Maßgabe, dass die Verbände der Krankenkassen mit den ermächtigten Einrichtungen oder ihren Verbänden im Einvernehmen mit den kassenärztlichen Vereinigungen besondere Verträge schließen können. Daraus folgt, dass Abs. Abs. 5 eine Spezialregelung zu § 83 zugunsten der in § 311 Abs. 2 benannten Einrichtungen darstellt. Das heißt, Abs. 5 eröffnet den Krankenkassen die Möglichkeit, statt der ansonsten geltenden Gesamtverträge nach § 83 besondere Verträge zu schließen.[12]

Inhalt solcher Verträge kann alles sein, was in den Gesamtverträgen nach § 83 geregelt werden kann.[13] Gemäß 83 S. 1 müssen die Gesamtverträge die vertragsärztliche Versorgung der Versicherten einschließlich der mitversicherten Familienangehörigen regeln. Gemäß § 83 S. 2 regeln sie zudem die Vergütung für vertragsärztliche Leistungen.[14]

---

2 BSG, 11.3.2009, B 6 KA 15/08 R, juris Rn. 11 = GesR 2009, 534 ff.
3 Vgl. zB zur Nachbesetzung LSG Bln-Bbg, 26.2.2016, L 24 KA 68/14, juris Rn. 56 ff. = GesR 2016, 487.
4 BGBl. I, 2190.
5 Vgl. Sächsisches LSG, 11.8.2010, L 1 KA 54/09, juris Rn. 10 = KRS 10.062.
6 BT-Dr. 15/1525, 151; Hebeler in: Hänlein/Schuler, § 311 Rn. 3, der vor allem auf eine Vergleichbarkeit verweist hinsichtlich einer Genehmigungsbedürftigkeit der Anstellung (§ 95 Abs. 2 S. 7–9), Mitgliedschaft in der Kassenärztlichen Vereinigung (§ 95 Abs. 3 S. 2), Fortbildungspflicht (§ 95 d Abs. 5) oder Berücksichtigung beim Versorgungsgrad (§ 101 Abs. 1 Nr. 6).
7 Vgl. LSG Bln-Bbg, 19.9.2013, L 7 KA 71/13 B ER, juris Rn. 4.
8 BSG, 6.2.2013, B 6 KA 6/12 R, juris Rn. 15 = SozR 4-2500 § 311 Nr. 1.
9 BT-Dr. 15/1525, 151.
10 Krauskopf in: Krauskopf, § 311 SGB V Rn. 3.
11 BSG, 2.4.2014, B 6 KA 20/13 R, juris = SozR 4-2500 § 117 Nr. 6; Sächsisches LSG, 14.11.2012, L 8 KA 26/10, juris Rn. 22.
12 Hebeler in: Hänlein/Schuler, § 311 Rn. 4.
13 Krauskopf in: Krauskopf, § 311 SGB V Rn. 5.
14 Freudenberg in: jurisPK-SGB V, § 83 Rn. 38 ff.

12 c) **Vertrauensschutz (Abs. 7).** Bei Anwendung des § 95 gilt das Erfordernis des § 95 Abs. 2 S. 3[15] nicht
   a) für Ärzte, die bei Inkrafttreten dieses Gesetzes in dem in Artikel 3 des Einigungsvertrages genannten Gebiet die Facharztanerkennung besitzen,
   b) für Zahnärzte, die bereits zwei Jahre in dem in Artikel 3 des Einigungsvertrages genannten Gebiet zahnärztlich tätig sind.
13 Diejenigen Ärzte, die am 1.1.1991 die Facharztanerkennung besaßen, wurden von der damaligen Verpflichtung einer einjährigen Vorbereitungszeit befreit. Mit Wegfall dieser und der Einführung des § 95a durch das GSG zum 1.1.1993[16] ist die Eintragung ins Arztregister nur noch an die Approbation und den Nachweis einer entsprechenden Weiterbildung geknüpft, so dass § 311 Abs. 7 insoweit keine Geltung mehr hat.[17]
14 Weiterhin privilegiert werden dagegen die Zahnärzte des Beitrittsgebiets, die vor dem 1.1.1991 bereits zwei Jahre als solcher gearbeitet haben. Für sie entfällt die zweijährige Vorbereitungszeit. Die Regelung dürfte aufgrund der verstrichenen Zeit inzwischen allerdings gegenstandslos sein.
15 d) **Besonderheiten für Berlin (Abs. 8).** Nach Abs. 8 gelten Abs. 5 und 7 nicht für den ehemaligen Ostteil Berlins.

§§ 311 a bis 313 a   (aufgehoben)

Dreizehntes Kapitel
Weitere Übergangsvorschriften
§ 314   Beitragszuschüsse für Beschäftigte

(1) Versicherungsverträge, die den Standardtarif nach § 257 Abs. 2 a in der bis zum 31. Dezember 2008 geltenden Fassung zum Gegenstand haben, werden auf Antrag der Versicherten auf Versicherungsverträge nach dem Basistarif gemäß § 152 Absatz 1 des Versicherungsaufsichtsgesetzes umgestellt.
(2) ¹Zur Gewährleistung der in § 257 Absatz 2 a Satz 1 Nr. 2 und 2 a bis 2 c in der bis zum 31. Dezember 2008 geltenden Fassung genannten Begrenzung bleiben im Hinblick auf die ab 1. Januar 2009 weiterhin im Standardtarif Versicherten alle Versicherungsunternehmen, die die nach § 257 Abs. 2 zuschussberechtigte Krankenversicherung betreiben, verpflichtet, an einem finanziellen Spitzenausgleich teilzunehmen, dessen Ausgestaltung zusammen mit den Einzelheiten des Standardtarifs zwischen der Bundesanstalt für Finanzdienstleistungsaufsicht und dem Verband der privaten Krankenversicherung mit Wirkung für die beteiligten Unternehmen zu vereinbaren ist und der eine gleichmäßige Belastung dieser Unternehmen bewirkt. ²Für in Absatz 2 a Satz 1 Nr. 2 c in der bis 31. Dezember 2008 geltenden Fassung genannte Personen, bei denen eine Behinderung nach § 4 Abs. 1 des Gesetzes zur Eingliederung Schwerbehinderter in Arbeit, Beruf und Gesellschaft festgestellt worden ist, wird ein fiktiver Zuschlag von 100 vom Hundert auf die Bruttoprämie angerechnet, der in den Ausgleich nach Satz 1 einbezogen wird.

Literatur:
Merkens, Der Standardtarif in der PKV und Öffnungsaktion der PKV für Beamte, Die Beiträge 2000, 577.

1 Die Übergangsbestimmung regelt den **Bestandsschutz** und damit das **Fortgelten des ehemaligen Standardtarifs** nach § 257 Abs. 2 a aF. Bei Schaffung des Basistarifs durch das GKV-WSG war für die soziale Absicherung privat Versicherter der Standardtarif überflüssig geworden. Gleichwohl blieb er zum Schutz des Vertrauens der Versicherten, die in diesem Tarif versichert waren, erhalten. Die Norm regelt seine Weiterführung (→ § 257 Rn. 51).

---

15 § 95 Abs. 2 S. 3 in der bis zum 1.1.1993 geltenden Fassung: „Die Eintragung in ein Arztregister erfolgt auf Antrag nach Ableistung einer einjährigen Vorbereitungszeit für Kassenärzte sowie einer zweijährigen Vorbereitungszeit für Kassenzahnärzte."
16 Gesundheitsstrukturgesetz (GSG) vom 21.12.1992 (BGBl. I, 2266).
17 Freudenberg in: jurisPK-SGB V, § 311 Rn. 28.

§ 315 Standardtarif für Personen ohne Versicherungsschutz

(1) ¹Personen, die weder
1. in der gesetzlichen Krankenversicherung versichert oder versicherungspflichtig sind,
2. über eine private Krankheitsvollversicherung verfügen,
3. einen Anspruch auf freie Heilfürsorge haben, beihilfeberechtigt sind oder vergleichbare Ansprüche haben,
4. Anspruch auf Leistungen nach dem Asylbewerberleistungsgesetz haben, noch
5. Leistungen nach dem Dritten, Vierten, Sechsten und Siebten Kapitel des Zwölften Buches beziehen,

können bis zum 31. Dezember 2008 Versicherungsschutz im Standardtarif gemäß § 257 Abs. 2 a verlangen; in den Fällen der Nummern 4 und 5 begründen Zeiten einer Unterbrechung des Leistungsbezugs von weniger als einem Monat keinen entsprechenden Anspruch. ²Der Antrag darf nicht abgelehnt werden. ³Die in § 257 Abs. 2 a Nr. 2 b genannten Voraussetzungen gelten für Personen nach Satz 1 nicht; Risikozuschläge dürfen für sie nicht verlangt werden. ⁴Abweichend von Satz 1 Nummer 3 können auch Personen mit Anspruch auf Beihilfe nach beamtenrechtlichen Grundsätzen, die bisher nicht über eine auf Ergänzung der Beihilfe beschränkte private Krankenversicherung verfügen und auch nicht freiwillig in der gesetzlichen Krankenversicherung versichert sind, eine die Beihilfe ergänzende Absicherung im Standardtarif gemäß § 257 Abs. 2 a Nr. 2 b verlangen.

(2) ¹Der Beitrag von im Standardtarif nach Absatz 1 versicherten Personen darf den durchschnittlichen Höchstbeitrag der gesetzlichen Krankenversicherung gemäß § 257 Abs. 2 a Satz 1 Nr. 2 nicht überschreiten; die dort für Ehegatten oder Lebenspartner vorgesehene besondere Beitragsbegrenzung gilt für nach Absatz 1 versicherte Personen nicht. ²§ 152 Absatz 4 des Versicherungsaufsichtsgesetzes, § 26 Absatz 1 Satz 1 und Absatz 2 Satz 1 Nummer 2 des Zweiten Buches sowie § 32 Absatz 5 des Zwölften Buches gelten für nach Absatz 1 im Standardtarif versicherte Personen entsprechend.

(3) ¹Eine Risikoprüfung ist nur zulässig, soweit sie für Zwecke des finanziellen Spitzenausgleichs nach § 257 Abs. 2 b oder für spätere Tarifwechsel erforderlich ist. ²Abweichend von § 257 Abs. 2 b sind im finanziellen Spitzenausgleich des Standardtarifs für Versicherte nach Absatz 1 die Begrenzungen gemäß Absatz 2 sowie die durch das Verbot von Risikozuschlägen gemäß Abs. 1 Satz 3 auftretenden Mehraufwendungen zu berücksichtigen.

(4) Die gemäß Absatz 1 abgeschlossenen Versicherungsverträge im Standardtarif werden zum 1. Januar 2009 auf Verträge im Basistarif nach § 152 Absatz 1 des Versicherungsaufsichtsgesetzes umgestellt.

Literatur:
Hess/Hübner, Der modifizierte Standardtarif lässt viele Fragen offen, DÄ 2007, A-3301.

Auch diese Übergangsbestimmung ist Folge der Einführung des Basistarifs durch das GKV-WSG. Mit Verabschiedung des Gesetzes im Juli 2007 war die Versicherungspflicht ab dem 1.1.2009 vorgezeichnet. Den gesetzlich vorgesehenen Basistarif musste die Versicherungswirtschaft allerdings erst entwickeln. Um Personen, die bisher keinen Versicherungsschutz hatten, die aber mit dem GKV-WSG auch nicht der gesetzlichen Krankenversicherung zugeordnet wurden, gleichwohl **sofort** einen **Zugang zu privatem Krankenversicherungsschutz** zu eröffnen, wollte der Gesetzgeber ihre Aufnahme in den bestehenden Standardtarif erreichen. Dieser musste allerdings hierfür modifiziert werden; als modifizierter Standardtarif ist er nicht mit dem zuvor bestehenden und nach § 314 fortgeführten Standardtarif zu verwechseln. Zwar ähneln sich die Versicherungsbedingungen, aber es handelt sich um unterschiedliche Kollektive und unterschiedliche Zielsetzungen.

Der modifizierte Standardtarif war eine **vorwirkende Übergangserscheinung**. Mit Einführung des Basistarifs wurden die dort Versicherten in den Basistarif überführt (Abs. 4).[1]

---

[1] Zu den Spezifika des modifizierten Standardtarifs vgl. Flint in: Hauck/Noftz, SGB V, § 315 Rn. 14 ff.; Baier in: Krauskopf, § 315 SGB V Rn. 6.

§ 316 Übergangsregelung zur enteralen Ernährung

Versicherte haben bis zur Veröffentlichung der Zusammenstellung nach § 31 Abs. 5 Satz 2 im Bundesanzeiger Anspruch auf enterale Ernährung nach Maßgabe des Kapitels E der Arzneimittel-Richtlinien in der Fassung vom 25. August 2005 (BAnz. S. 13 241).

1 Die Norm ist eine klassische Übergangsvorschrift, eingefügt durch das GKV-OrgWG.[1] Anlass war eine Entscheidung des BSG[2] zur Vorgängerregelung, wonach eine Ausweitung des Leistungsanspruchs durch untergesetzliche Normen teilweise rechtswidrig sei. Die Regelung der näheren Einzelheiten obliegt dem G-BA. Der von ihm zu schaffende Katalog ist bislang nicht in Kraft, so dass nach dieser Übergangsregelung die AMRL, Abschnitt E, idF v. 25.8.2005 gelten. Dies führt aber nicht zu einer unbegrenzten Öffnung, wie das BSG[3] festgestellt hat. Es bleibt bei dem Grundsatz, dass die Nahrungsmittelaufnahme idR nicht Gegenstand des Leistungskatalogs der GKV ist. Versicherte haben danach gegen ihre Krankenkasse keinen Anspruch auf krankheitsbedingt erforderliche Diätnahrung, die keine bilanzierte Diät ist. Sie können die Nährstoffformulierung einer Diät vermittels planvoller Nahrungszubereitung im häuslichen Bereich selbst bilanzieren. Dadurch wird die Nahrungsmittelaufnahme nicht zu einer bilanzierten Diät. Fehle Versicherten die wirtschaftliche Leistungsfähigkeit, um sich selbst mit erforderlicher einfacher Diätnahrung zu versorgen, stünden ihnen Ansprüche gegen Sozialleistungsträger zu, die Fälle der Bedürftigkeit absichern, nicht aber gegen Krankenkassen. Die nach § 31 Abs. 5 gesetzlich nur eingeschränkte Öffnung des Leistungskatalogs der gesetzlichen Krankenversicherung für Nahrungsmittel beruhe auf sachgerechten Gründen, ohne dem allgemeinen Gleichheitssatz des Art. 3 GG zu widersprechen. Die gesetzliche Konzeption, Lebensmittel, die nicht die Qualität bilanzierter Diäten erreichen – hier eiweißreduzierte Diätnahrung – innerhalb der GKV der Eigenverantwortung des Versicherten) zuzuweisen, führe auch nicht zu unzumutbaren, verfassungsrechtlich nicht hinnehmbaren Belastungen der Versicherten. Durch § 6 iVm § 19 der Arzneimittel-Richtlinien[4] idF vom 15.12.2015 ist nun der Anspruch der Versicherten auf bilanzierte Diäten nach der Diätverordnung neu geregelt (Aminosäuremischungen, Eiweißhydrolysate, Elementardiäten und Sondennahrung sowie ergänzende bilanzierte Diäten).

§ 317 Psychotherapeuten

[1]Abweichend von § 95 Abs. 10 werden Psychotherapeuten zur vertragsärztlichen Versorgung zugelassen, wenn sie
1. eine Approbation nach dem Psychotherapeutengesetz und den Fachkundenachweis nach § 95 c Satz 2 Nr. 3 haben,
2. in der Zeit vom 25. Juni 1994 bis zum 24. Juni 1997 an der ambulanten psychotherapeutischen Versorgung in einem anderen Mitgliedstaat der Europäischen Union oder in einem anderen Vertragsstaat des Abkommens über den Europäischen Wirtschaftsraum teilgenommen haben und diese Tätigkeit vergleichbar mit der in der gesetzlichen Krankenversicherung war und
3. bis zum 30. Juni 2009 die Approbationsurkunde vorlegen und den Antrag auf Erteilung der Zulassung gestellt haben.

[2]Der Zulassungsausschuss hat über die Zulassungsanträge bis zum 30. September 2009 zu entscheiden.

I. Grundlagen

1 § 317 ist im Rahmen des GKV-OrgWG vom 15.12.2008 (BGBl. I, 2426) mit Wirkung zum 1.1.2009 in Kraft getreten. Die Vorschrift ergänzt § 95 Abs. 10 und enthält eine Übergangsregelung für Psychotherapeuten aus anderen Mitgliedstaaten der Europäischen Union oder aus anderen Vertragsstaaten

---

1 GKV-OrgWG v. 15.12.2008 (BGBl. I, 2426).
2 BSG, 28.2.2008, B 1 KR 16/07, BSGE 100, 103.
3 BSG, 8.11.2011, B 1 KR 20/10 R, BSGE 109, 218, Aufhebung von LSG Baden-Württemberg, 14.7.2010, L 5 KR 2103/09.
4 BAnz. AT v. 16.12.2015 B2.

des Abkommens über den Europäischen Wirtschaftsraum. Die Vorschrift hat das Urteil des EuGH vom 6.12.2007 umgesetzt.[1]

II. Auslegung

Die Europäischen Kommission hatte gegen die Bundesrepublik Deutschland ein Vertragsverletzungsverfahren eingeleitet und die Frage gestellt, ob es mit europarechtlichen Bestimmungen unvereinbar ist, dass die Teilnahmevoraussetzungen des § 95 Abs. 10 S. 1 Nr. 3 nur durch Behandlungen von Versicherten der Krankenkassen in der Bundesrepublik Deutschland erfüllt werden können, so dass Personen, die während der fraglichen Zeit zwischen Mitte 1994 und Mitte 1997 in einem anderen EU-Staat tätig gewesen sind, diese Voraussetzungen von vornherein nicht erfüllen könnten.[2]

Nach Auffassung des EuGH hat die Bundesrepublik Deutschland hat dadurch gegen ihre Verpflichtungen aus Art. 43 EG verstoßen, dass sie die Übergangs- bzw. Bestandsschutzregelungen, aufgrund deren die Psychotherapeuten eine Zulassung bzw. eine Genehmigung zur Berufsausübung unabhängig von den geltenden Zulassungsbestimmungen erhalten, lediglich auf die Psychotherapeuten anwendet, die ihre Tätigkeit in einer Region Deutschlands im Rahmen der deutschen gesetzlichen Krankenkassen ausgeübt haben, und die vergleichbare bzw. gleichartige Berufstätigkeit von Psychotherapeuten in anderen Mitgliedstaaten nicht berücksichtigt.[3]

In Umsetzung dieses Urteils sieht der neue § 317 nunmehr vor, dass Psychotherapeutinnen und Psychotherapeuten, die in der Zeit vom 25.6.1994 bis zum 24.6.1997 an der ambulanten psychotherapeutischen Versorgung in einem anderen Mitgliedstaat der Europäischen Union oder in einem anderen Vertragsstaat des Abkommens über den Europäischen Wirtschaftsraum teilgenommen haben, die Möglichkeit erhalten, bedarfsunabhängig an der vertragsärztlichen Versorgung in der gesetzlichen Krankenversicherung teilzunehmen, wenn die Tätigkeit in dem anderen Mitgliedstaat der Europäischen Union oder dem anderen Vertragsstaat des Abkommens über den Europäischen Wirtschaftsraum vergleichbar mit der Tätigkeit in der gesetzlichen Krankenversicherung war. Voraussetzung ist, dass sie die erforderlichen fachlichen Anforderungen erfüllen und bis zum 30.6.2009 die Approbationsurkunde vorlegen sowie einen entsprechenden Antrag beim zuständigen Zulassungsausschuss stellen. Dieser hat dann bis zum 30.9.2009 über den Antrag zu entscheiden.[4]

§ 318 Übergangsregelung für die knappschaftliche Krankenversicherung

[1]Die Regelung des § 37 Abs. 3 der Risikostruktur-Ausgleichsverordnung ist nicht anzuwenden, wenn die Deutsche Rentenversicherung Knappschaft- Bahn-See die Verwaltungsausgaben der knappschaftlichen Krankenversicherung abweichend von § 71 Abs. 1 Satz 2 des Vierten Buches getrennt im Haushaltsplan ausweist sowie die Rechnungslegung und den Jahresabschluss nach § 77 des Vierten Buches für die Verwaltungsausgaben der knappschaftlichen Krankenversicherung getrennt durchführt. [2]Satz 1 gilt nur, wenn das Bundesversicherungsamt rechtzeitig vor der Bekanntmachung nach § 37 Abs. 5 der Risikostruktur-Ausgleichsverordnung für das folgende Ausgleichsjahr auf der Grundlage eines von der Deutschen Rentenversicherung Knappschaft-Bahn-See erbrachten ausreichenden Nachweises feststellt, dass die Verwaltungsausgaben der knappschaftlichen Krankenversicherung getrennt im Haushaltsplan ausgewiesen sind. [3]Entsprechend gilt Satz 1 für den Jahresausgleich nach § 41 der Risikostruktur-Ausgleichsverordnung nur, wenn das Bundesversicherungsamt rechtzeitig vor der Durchführung des Jahresausgleichs auf der Grundlage eines von der Deutschen Rentenversicherung Knappschaft-Bahn-See erbrachten ausreichenden Nachweises feststellt, dass sie die Rechnungslegung und den Jahresabschluss nach § 77 des Vierten Buches für die Verwaltungsausgaben der knappschaftlichen Krankenversicherung getrennt durchgeführt hat.

Literatur:
Brandts/Wirth/Held, Haushaltsrecht der Sozialversicherung, Loseblatt, Stand: 2016.

---

1 EuGH, 6.12.2007, C-456/05 = NZS 2008, 650 ff.
2 Vgl. BSG, 28.9.2005, B 6 KA 19/05 B, juris Rn. 15 = EuroAS 2006, 13–15 (Kurzwiedergabe).
3 EuGH, 6.12.2007, C-456/05 = NZS 2008, 650 ff.
4 Vgl. BT-Dr. 16/10609, 63.

I. Allgemeines	1	3. Getrennte Rechnungslegung	9
1. Normzweck, Regelungsgegenstand	1	III. Rechtsfolge	10
2. Entstehungsgeschichte	2	IV. Feststellungen des Bundesversicherungsamtes	14
II. Voraussetzungen	3		
1. Normadressat	3	V. Übergangscharakter der Vorschrift	18
2. Getrennte Ausweisung der Verwaltungsausgaben der Krankenversicherung im Haushaltsplan	4		

I. Allgemeines

1 **1. Normzweck, Regelungsgegenstand.** Die Vorschrift regelt die **Höhe der Zuweisungen** für Verwaltungsausgaben aus dem Gesundheitsfonds an die knappschaftliche Krankenversicherung. Danach soll die knappschaftliche Krankenversicherung bei der Standardisierung der Verwaltungsausgaben nur dann wie jede andere Krankenkasse behandelt werden, wenn sie sich hinsichtlich der haushaltsmäßigen Veranschlagung und der Rechnungslegung für Verwaltungsausgaben wie alle anderen Krankenkassen verhält, obwohl dieses aufgrund ihrer gesetzlichen vorgeschriebenen Besonderheit als ein rechtlich unselbstständiger Teil des einheitlichen Verbundträgers Deutsche Rentenversicherung Knappschaft-Bahn-See nicht erforderlich ist (vgl. § 71 SGB IV). Die Norm ist die Klammer im Rahmen eines Geflechts von mehreren Regel-Ausnahme-Systemen, die zur Lösung einer Situation der Normenkonkurrenz mit § 71 SGB IV in das SGB V und nicht in die RSAV, zu der ein enger Regelungszusammenhang besteht, aufgenommen wurde.

2 **2. Entstehungsgeschichte.** Im Rahmen des Gesetzes zur Weiterentwicklung der Organisationsstrukturen in der gesetzlichen Krankenversicherung (GKV-OrgWG) vom 15.12.2008 (BGBl. I, 2426) wurde die Norm in das Gesetz aufgenommen. Im ursprünglichen Gesetzentwurf der Bundesregierung (BT-Dr. 16/9559) war sie nicht enthalten. Vielmehr wurde sie erst im Rahmen der Beratung des Gesundheitsausschusses des Bundestages in das Gesetzgebungsverfahren eingebracht (BT-Dr. 16/10609). Sie trat am 1.1.2009 in Kraft. Die Vorschrift ist neu; eine Vorgängerregelung existiert nicht.

II. Voraussetzungen

3 **1. Normadressat.** Die Vorschrift richtet sich ausschließlich an die Deutsche Rentenversicherung Knappschaft-Bahn-See. Diese vereint als Verbundträger vier Zweige der Sozialversicherung in einer Körperschaft des öffentlichen Rechts: Krankenversicherung (§ 4 Abs. 2), Pflegeversicherung (§ 46 Abs. 1 S. 2 SGB XI), knappschaftliche Rentenversicherung (§ 132 SGB VI) und allgemeine Rentenversicherung (§ 125 SGB VI). Diese Versicherungszweige sind traditionell[1] rechtlich unselbstständige Teile des Trägers. Im Widerspruch zu ihrem Namen ist diese Körperschaft daher kein ausschließlicher Rentenversicherungsträger. Vormals hieß sie Bundesknappschaft und wurde erst im Jahre 2005 im Rahmen der Organisationsreform in der gesetzlichen Rentenversicherung umbenannt (§ 4 Gesetz zur Errichtung der Deutschen Rentenversicherung Bund und der Deutschen Rentenversicherung Knappschaft-Bahn-See vom 9.12.2004, BGBl. I, 3242, 3292). Ihre Aufgaben als Kranken- und Pflegeversicherungsträger nimmt sie unter dem Namen „Knappschaft" wahr (§ 194 Abs. 1 Nr. 1 iVm § 2 Abs. 1 Satzung der Deutschen Rentenversicherung Knappschaft-Bahn-See).

4 **2. Getrennte Ausweisung der Verwaltungsausgaben der Krankenversicherung im Haushaltsplan.** Die Träger der Krankenversicherung gliedern ihren Haushaltsplan gemäß § 1 Abs. 2 S. 1 SVHV im Bereich der Verwaltungsausgaben nach der **Systematik des Kontenrahmens** für die Träger der gesetzlichen Krankenversicherung (Anlage 1 zu § 25 Abs. 2 Nr. 1 SRVwV). Lediglich die Deutsche Rentenversicherung Knappschaft-Bahn-See ist berechtigt, von dieser Systematik abzuweichen. In dem Verbundträger werden Querschnittsaufgaben für alle oder mehrere Versicherungszweige von einer Organisationseinheit wahrgenommen. Um die sachgerechte Zuordnung der Kostenanteile auf jeden Versicherungszweig sicherzustellen, hat der Gesetzgeber in § 71 Abs. 1 S. 2 SGB IV festgelegt, dass in einem ersten Schritt **alle Verwaltungsausgaben des Trägers als solche der knappschaftlichen Rentenversicherung** behandelt werden. Die knappschaftliche Krankenversicherung (und auch der Versicherungszweig der allgemeinen Rentenversicherung) erstatten der knappschaftlichen Rentenversicherung nach einem von der Aufsichtsbehörde (Bundesversicherungsamt) zu genehmigenden Schlüssel die auf sie entfallenden Verwaltungsausgaben (§ 71 Abs. 2 SGB IV). Die auf die Krankenversicherung entfallenden Ausgaben werden anschließend von dieser **in einem Betrag** verausgabt und von der knappschaftlichen Rentenversiche-

---

[1] Vgl. hierzu schon § 6 Reichsknappschaftsgesetz vom 1.7.1926 (RGBl. I, 369).

rung in einem Betrag vereinnahmt. Daher werden die Verwaltungsausgaben von der Deutschen Rentenversicherung Knappschaft-Bahn-See in ihrem Teilhaushalt der Krankenversicherung in einem Betrag veranschlagt.[2]

Sowohl § 318 SGB V als auch § 71 SGB IV verwenden den Begriff der Verwaltungsausgaben. Dabei ist diese Regelungen über ihren Wortlaut hinaus **auch auf Verwaltungseinnahmen** anzuwenden, denn anders kann die vom Gesetzgeber erwartete **Transparenz** nicht realisiert werden. Daher umfasst der Begriff der Verwaltungsausgaben alle in der Kontenklasse 7 des Kontenrahmens der Träger der gesetzlichen Krankenversicherung genannten Einnahmen- und Ausgabenpositionen, also zB auch die Kontengruppe 76 („Von anderen erstattete Verwaltungskosten").[3]

Dass die Verwaltungsausgaben „getrennt" auszuweisen sind, bedeutet, dass die Verwaltungskosten der Krankenversicherung in dem Detaillierungsgrad des Kontenrahmens für die Träger der gesetzlichen Krankenversicherung darzustellen sind. Hierzu ist der nach § 71 Abs. 2 SGB IV ermittelte Gesamtbetrag im Wege einer Rückrechnung auf die Haushaltsstellen, wie sie vom Kontenrahmen der Träger der gesetzlichen Krankenversicherung vorgegeben werden, aufzuschlüsseln. Tatsächlich ist damit für jeden Titel der Gesamtverwaltungsausgaben der Deutschen Rentenversicherung Knappschaft-Bahn-See der Teilbetrag für die Krankenversicherung zu ermitteln. In der Praxis geschieht dies über eine betriebswirtschaftliche **Kostenstellenrechnung**. Dieser Teilbetrag für die Krankenversicherung ist sodann einem Titel, wie er sich aus dem Kontenrahmen für die Träger der gesetzlichen Krankenversicherung ergibt, zuzuordnen. Die Kontenrahmen der Kranken- und Rentenversicherung sind nicht deckungsgleich. Die Entsprechungen sind über den Inhalt der Bestimmungen zum Kontenrahmen zu finden.

Zu beachten ist bei dieser Zuordnung zu den Haushaltstellen der Krankenversicherung zudem die Bestimmung des § 25 Abs. 3 SRVwV, wonach bei einem Auseinanderlaufen von Regelungen bei Verwaltungsausgaben in den Bereichen der Kranken- und der Rentenversicherung, die Regelungen der Rentenversicherung den Vorrang haben.

Der Begriff „ausweisen" entspricht nicht dem traditionellen haushaltsrechtlichen Begriffskatalog und wurde erst seit etwa 2004 in haushaltsrelevante Vorschriften aufgenommen (§§ 70 Abs. 4 S. 2, 71 e S. 1 SGB IV und 318). Nach § 67 SGB IV „enthält" der Haushaltsplan alle Einnahmen und Ausgaben, nach § 1 Abs. 1 S. 1 SVHV und § 73 Abs. 1 SGB IV werden diese „veranschlagt". Wenn der Gesetzgeber von „Ausweisen" spricht, scheint ihm eine **unverbindliche Form der Darstellung** der Verwaltungsausgaben der Krankenversicherung in dem Haushaltsplan der Deutschen Rentenversicherung Knappschaft-Bahn-See zu genügen.[4] Verbindlich veranschlagt werden die Verwaltungsausgaben der Krankenversicherung daher weiterhin als Bestandteil der Verwaltungsausgaben der knappschaftlichen Rentenversicherung. Im Teilhaushalt der Krankenversicherung werden die Verwaltungsausgaben für den Bereich der Krankenversicherung somit nur nachrichtlich, also erläuternd wiedergegeben. In der Praxis kommt die Deutsche Rentenversicherung Knappschaft-Bahn-See diesem Gebot dadurch nach, dass die Aufzählung der Titel mit den Ansätzen nicht unter der Überschrift „Zweckbestimmung", sondern unter der Angabe „Ausweisung" erfolgt.

3. Getrennte Rechnungslegung. Ferner sind **die Rechnungslegung und der Jahresabschluss** für die Verwaltungsausgaben der knappschaftlichen Krankenversicherung getrennt durchzuführen. Dementsprechend wird der Teilbetrag der Gesamtverwaltungsausgaben des abgelaufenen Kalenderjahres für die Krankenversicherung in einem vergleichbaren Verfahren wie bei der Haushaltsaufstellung errechnet und dann auf die einzelnen Konten des Kontenrahmens für die Träger der gesetzlichen Krankenversicherung sachgerecht verteilt und in der Jahresrechnung nach § 77 SGB IV dargestellt. Soweit der Gesetzgeber in § 318 den Begriff „Jahresabschluss" verwendet, meint er damit die Jahresrechnung gemäß § 77 SGB IV. Eine andere als die synonyme Verwendung ist nicht denkbar.

III. Rechtsfolge

Der Gesamtbetrag der Zuweisungen für Verwaltungsausgaben an die Krankenkassen aus dem Gesundheitsfonds wird nach § 37 Abs. 1 RSAV auf diese zur einen Hälfte nach der Zahl der Versicherten und zur anderen Hälfte morbiditätsorientiert verteilt. Von diesem Verteilungsverfahren ist wiederum die Krankenversicherung der Deutschen Rentenversicherung Knappschaft-Bahn-See ausgenommen. Nach § 37 Abs. 3 RSAV erhält diese nur den Betrag für jeden Versicherten, der durchschnittlich auf

---

2 Vgl. hierzu Brandts/Wirth/Held, 210, § 71 Rn. 7 ff.; Borrmann in: Hauck/Noftz, SGB IV, K § 71, Rn. 6 f.
3 Siehe hierzu auch BT-Dr. 16/9559, 28, li.Sp.
4 So auch Borrmann in: Hauck/Noftz, SGB IV, K § 71 Rn. 7 a; aA Brandts/Wirth/Held, 210, § 67 Rn. 4 g.

jeden Versicherten aller anderen Krankenkassen unter Anwendung der Regelung des § 37 Abs. 3 RSAV entfällt.

11 Letztlich bestimmt § 318 S. 1 eine weitere Ausnahme von der zuletzt geschilderten Ausnahme. Erfüllt die Deutsche Rentenversicherung Knappschaft-Bahn-See die zuvor geschilderten Voraussetzungen, dann wird sie bei der Zuweisung zur Deckung ihrer Verwaltungsausgaben aus dem Gesundheitsfonds wie alle anderen Krankenkassen behandelt.

12 Da die Versicherten der Krankenversicherung der Deutschen Rentenversicherung Knappschaft-Bahn-See eine um mehr als 30 vom Hundert höhere Morbidität als der durchschnittliche Krankenversicherte aufweisen, ist diese Bestimmung für die Deutsche Rentenversicherung Knappschaft-Bahn-See im Hinblick auf die Finanzierung ihrer Krankenversicherung von Bedeutung. Die Deutsche Rentenversicherung Knappschaft-Bahn-See entscheidet, ob sie Bedingungen für den Eintritt der Rechtsfolge erfüllen will.[5]

13 Weiterhin werden im Jahresausgleich nach § 41 RSAV die vorab ermittelten Zuweisungen auf der Basis der Rechnungsabschlüsse aller Krankenkassen überrechnet und durch Rückforderungen bzw. Nachzahlungen korrigiert.

IV. Feststellungen des Bundesversicherungsamtes

14 Nach § 318 S. 2 und 3 treten diese Rechtsfolgen nur dann ein, wenn das Bundesversicherungsamt
- für das monatliche Zuweisungsverfahren rechtzeitig vor der **Bekanntmachung der Höhe der Zuweisungen nach § 37 Abs. 5 RSAV** (das ist spätestens der 15. November des Vorjahres) aufgrund eines von der Deutschen Rentenversicherung Knappschaft-Bahn-See erbrachten **ausreichenden Nachweises** feststellt, dass diese im Haushaltsplan die Verwaltungskosten der Krankenversicherung getrennt ausgewiesen hat bzw
- für den Jahresausgleich rechtzeitig vor seiner **Durchführung nach § 41 RSAV** aufgrund eines von der Deutschen Rentenversicherung Knappschaft-Bahn-See erbrachten **ausreichenden Nachweises** feststellt, dass diese die Rechnungslegung und den Jahresabschluss für die Verwaltungsausgaben der knappschaftlichen Krankenversicherung getrennt durchgeführt hat.

Dabei prüft das Bundesversicherungsamt nicht nur die formale Seite der getrennten Ausweisung, sondern auch **inhaltlich die Richtigkeit** der dargestellten Beträge.

15 Bei der Feststellung durch das Bundesversicherungsamt für die Ermittlung der monatlichen Zuweisungen hat der Gesetzgeber ein **zeitliches Problem** übersehen. Der Haushaltsplan der Deutschen Rentenversicherung Knappschaft-Bahn-See soll der Bundesregierung bis zum 1. November vor Beginn des Kalenderjahres, für das er gelten soll, zur Genehmigung vorgelegt werden (§ 71 Abs. 3 S. 2 SGB IV). Das anschließende Genehmigungsverfahren dauert in der Regel etwa 6 Wochen, so dass die Bundesregierung erst Mitte Dezember über die Genehmigung des Haushaltsplanes der Deutschen Rentenversicherung Knappschaft-Bahn-See entscheidet. Bis zur Genehmigungsentscheidung durch die Bundesregierung ist der Haushaltsplan schwebend unwirksam.[6] Trotzdem muss das Bundesversicherungsamt bereits zum Beginn des Monats November seine abschließende Feststellung treffen, damit zum 15. November die monatlichen Zuweisungen nach § 37 RSAV bekannt gemacht werden können. In der Praxis trifft das Bundesversicherungsamt seine Feststellungsentscheidung auf der Basis des von der Vertreterversammlung der Deutschen Rentenversicherung Knappschaft-Bahn-See festgestellten Haushaltes. Ergänzend übermittelt die Deutsche Rentenversicherung Knappschaft-Bahn-See dem Bundesversicherungsamt eine Vielzahl von Berechnungsunterlagen, damit dieses in die Lage versetzt wird, das Zahlenwerk des Trägers umfassend zu prüfen.

16 Die vom Bundesversicherungsamt durchzuführende inhaltliche Prüfung zum Jahresausgleich fällt materiell zusammen mit der **Prüfung des Verwaltungskostenschlüssels** nach § 71 Abs. 2 SGB IV.

17 Bei den vom Bundesversicherungsamt zu treffenden Feststellungen handelt es sich um **Verwaltungsakte**, die unabhängig von den Bekanntmachungen im Rahmen des Risikostrukturausgleiches angefochten werden können. Bei der Entscheidung hat das Bundesversicherungsamt **kein Ermessen**.[7]

---

[5] Nolte in: KassKomm, § 318 SGB V Rn. 5; Baier in: Krauskopf, § 318 SGB V Rn. 5.
[6] So auch Borrmann in: Hauck/Noftz, SGB IV, K § 71 Rn. 10; Brandts/Wirth/Held, 210, § 71 Rn. 15.
[7] Ebenso Becker in: Becker/Kingreen, § 318 Rn. 2; Baier in: Krauskopf, § 318 SGB V Rn. 5; Nolte in: KassKomm, § 318 SGB V Rn. 5.

V. Übergangscharakter der Vorschrift

Die Vorschrift wurde in das 13. Kapitel, somit als Übergangsvorschrift in das SGB V aufgenommen. Nach der Begründung zu § 37 RSAV (BT-Dr. 16/9559, 28) sollte die besondere Regelung der Zuweisung für Verwaltungskosten an die knappschaftliche Krankenversicherung im Jahr 2010 durch das Bundesgesundheitsministerium überprüft und mit Wirkung ab dem Jahr 2011 angepasst werden. Demzufolge hätte die Vorschrift des § 318 in diesem Zusammenhang durch Gesetz aufgehoben werden können. Eine Neuregelung ist trotz Zeitablaufs bislang nicht erfolgt.

§ 319 Übergangsregelung zum Krankengeldwahltarif

(1) Wahltarife, die Versicherte auf der Grundlage der bis zum 31. Juli 2009 geltenden Fassung des § 53 Absatz 6 abgeschlossen haben, enden zu diesem Zeitpunkt.
(2) ¹Versicherte, die am 31. Juli 2009 Leistungen aus einem Wahltarif nach § 53 Absatz 6 bezogen haben, haben Anspruch auf Leistungen nach Maßgabe ihres Wahltarifs bis zum Ende der Arbeitsunfähigkeit, die den Leistungsanspruch ausgelöst hat. ²Aufwendungen nach Satz 1 bleiben bei der Anwendung des § 53 Absatz 9 Satz 1 unberücksichtigt.
(3) ¹Die Wahlerklärung nach § 44 Absatz 2 Satz 1 Nummer 2 oder Nummer 3 kann bis zum 30. September 2009 mit Wirkung vom 1. August 2009 abgegeben werden. ²Wahltarife nach § 53 Absatz 6 können bis zum 30. September 2009 oder zu einem in der Satzung der Krankenkasse festgelegten späteren Zeitpunkt mit Wirkung vom 1. August 2009 neu abgeschlossen werden. ³Abweichend von den Sätzen 1 und 2 können Versicherte nach Absatz 2 innerhalb von acht Wochen nach dem Ende des Leistungsbezugs rückwirkend zu dem Tag, der auf den letzten Tag des Leistungsbezugs folgt, die Wahlerklärung nach § 44 Absatz 2 Satz 1 Nummer 2 oder Nummer 3 abgeben oder einen Wahltarif wählen.

I. Allgemeines

Die Norm beinhaltet eine Übergangsregelung zu den mWv 1.8.2009 geänderten §§ 44 Abs. 2 und 53 Abs. 6. Bis zum 31.7.2009 waren gem. § 53 aF Risikoelemente (insbes. Altersstaffelungen) bei der Ausgestaltung von Wahltarifen zulässig.¹ Durch § 53 Abs. 6 S. 4 nF wurde dies untersagt, um die damit verbundene Benachteiligung besonders schutzbedürftiger Versichertengruppen (insbes. Älterer) künftig auszuschließen (→ § 53 Rn. 34).

II. Beendigung alter Wahltarife (Abs. 1)

Nach altem Recht abgeschlossene Wahltarife enden gem. Abs. 1 mit Inkrafttreten der Neuregelung am 1.8.2009. Damit wurde namentlich die Mindestbindungsfrist iSd § 53 Abs. 8 S. 1 modifiziert und abgekürzt.² Der Zweck des § 53 Abs. 6, die Unterbindung von Altersdiskriminierung (→ § 53 Rn. 34, soll nicht durch Fortgeltung alter Wahltarife unterlaufen werden. Von der Regelung werden alte Wahltarife auch dann erfasst, wenn sie nach neuem Recht gleichfalls zulässig wären; damit soll Rechtsunsicherheit hinsichtlich der Fortgeltung eines Alttarifs vermieden werden.³

III. Übergangsregelung bei Krankengeldbezug am 31.7.2009 (Abs. 2)

Aktuell am Stichtag 31.7.2009 aus einem Wahltarif nach altem Recht bezogene Leistungen werden nach Abs. 2 über den 1.8.2009 hinaus fortgeschrieben, solange die Arbeitsunfähigkeit besteht. Hierdurch wird sichergestellt, dass eventuelle Verzögerungen des Angebots neuer Wahltarife nicht zu Leistungslücken zum Nachteil des Versicherten führen.⁴ Der Anspruch muss nach den Bestimmungen des Wahltarifes bereits bestanden haben; ein früherer, noch nicht zum Krg-Bezug berechtigender Eintritt der Arbeitsunfähigkeit genügt nicht.⁵ Diese (nur vorübergehenden) Leistungen sind gem. Abs. 2 S. 2

---

1 Vgl. Lang in: Becker/Kingreen, § 319 Rn. 2; Nolte in: KassKomm, § 319 SGB V Rn. 2.
2 Vgl. Nolte in: KassKomm, § 319 SGB V Rn. 3; Dreher in: jurisPK-SGB V, § 319 Rn. 7.
3 Vgl. Hohnholz in: Hauck/Noftz, SGB V, § 319 Rn. 4.
4 Vgl. Beschlussempfehlung und Bericht des Ausschusses für Gesundheit, BT-Dr. 16/13428; Nolte in: KassKomm, § 319 SGB V Rn. 4; Hohnholz in: Hauck/Noftz, SGB V, § 319 Rn. 5.
5 Nolte in: KassKomm, § 319 SGB V Rn. 4.

bei der Wirtschaftlichkeitsbetrachtung gem. § 53 Abs. 9 S. 1 nicht zu berücksichtigen, da ihnen nach Außerkrafttreten des bisherigen Wahltarifs ohnehin keine Einnahmen mehr gegenüberstehen.[6]

IV. Rückwirkende Wahlentscheidungen (Abs. 3)

4 Abs. 3 ließ für eine 2-monatige Übergangsfrist nach Inkrafttreten des § 53 Abs. 6 nF Wahlentscheidungen mit Rückwirkung zum 1.8.2009 zu. Dies betraf zunächst (nach S. 1) die Wahlerklärung nach § 44 Abs. 2 S. 1 Nr. 2 und 3: Hauptberuflich selbstständige Erwerbstätige und die unter § 44 Abs. 2 Nr. 3 fallenden Versicherten – insbes. kurzzeitig Beschäftigte – konnten bis zum 30.9.2009 erklären, dass die Mitgliedschaft bei der Krankenversicherung rückwirkend ab dem 1.8.2009 den Anspruch auf Krg umfassen solle (→ § 44 Rn. 46). Gleichermaßen konnte nach S. 2 innerhalb derselben Frist auch der Abschluss von Wahltarifen rückwirkend erfolgen. Insb. für den Fall einer Verzögerung des Angebots neuer Wahltarife sieht das Gesetz auch die Festsetzung eines späteren Zeitpunkts durch Satzung der GKV vor.

5 Für Versicherte, die am 31.7.2009 Anspruch auf Krg-Bezug hatten, erlaubt S. 3 eine rückwirkende Entscheidung auch nach Ablauf der Frist nach den Sätzen 1 und 2 innerhalb einer 8-Wochen-Frist nach Ende des Leistungsbezugs;[7] damit sollte dem möglichen Ausübungshindernis einer bestehenden Erkrankung Rechnung getragen werden.

§ 320 Übergangsregelung zur befristeten Weiteranwendung aufgehobener Vorschriften

§ 120 Absatz 6 und § 295 Absatz 1 b Satz 5 bis 8 in der Fassung des Artikels 15 Nummer 6 a Buchstabe c und Nummer 13 a Buchstabe b des Gesetzes vom 17. Juli 2009 (BGBl. I S. 1990) sind bis zum 1. Juli 2011 weiter anzuwenden.

Literatur:
Siehe § 295 a.

I. Entstehungsgeschichte und Bedeutung

1 § 320 ist durch Art. 1 Nr. 8 des „Gesetzes zur Änderung krankenversicherungsrechtlicher und anderer Vorschriften"[1] mit Wirkung zum 1.7.2010 in das SGB V eingefügt worden. Die Vorschrift hat durch Zeitablauf der von ihr getroffenen Übergangsregelung größtenteils ihre Bedeutung verloren und gilt nur noch für Altfälle.[2] Die datenschutzrechtlichen Anforderungen an die Abrechnung von Leistungen im Rahmen von Selektivverträgen (§§ 73 b, 140 a ff., 73 c idF bis 30.6.2011) und an die Abrechnung ambulanter Notfallleistungen durch Krankenhäuser richten sich seit dem 4.8.2011 nach § 295 a.

II. Regelungsgehalt

2 § 320 ist eine Übergangsregelung, die die Beauftragung von Rechenzentren mit der Datenverarbeitung zum Zweck der Abrechnung durch die Vertragspartner von Selektivverträgen (§§ 73 b, 140 a ff, 73 c idF bis 30.6.2011) auf Leistungserbringerseite zulässt sowie durch Krankenhäuser zum Zweck der Abrechnung ambulanter Notfallleistungen. Die Vorschrift ordnet die weitere Geltung von § 295 Abs. 1 b S. 5–8 SGB V sowie von § 120 Abs. 6 in der Fassung vom 17.7.2009 bis zum 1.7.2011 an. Die beiden zuletzt genannten Vorschriften wurden durch Art. 15 des „Gesetzes zur Änderung arzneimittelrechtlicher und anderer Vorschriften"[3] als Übergangsregelungen erstmals mit Wirkung vom 18.6.2009 in das SGB V eingefügt.[4] Den Anlass dazu gab eine Entscheidung des BSG,[5] nach der in der damaligen Fassung des SGB V eine gesetzliche Grundlage für die Abrechnung ambulanter Notfallleistungen durch

---

6 Nolte in: KassKomm, § 319 SGB V Rn. 5.
7 Vgl. Nolte in: KassKomm, § 319 SGB V Rn. 7; Krauskopf in: Krauskopf, § 319 SGB V Rn. 9.
1 BGBl. 2010 I, 983.
2 Vgl. zB BSG, 25.3.2015, B 6 KA 9/14 R, BSGE 118, 164, 196 Rn. 92.
3 BGBl. 2009 I, 1990.
4 Vgl. zu den Gründen und der Ausgestaltung der Übergangsregelung des § 295 Abs. 1 b S. 5 bis S. 8 durch den Gesundheitsausschuss BT-Dr. 16/13428, 95 f. zu Nummer 13 a – neu.
5 BSG, 10.12.2008, B 6 KA 37/07 R, BSGE 102, 134 ff. = GesR 2009, 305 ff.

externe Rechenzentren fehlte und daher die praktizierten Abrechnungen rechtswidrig waren. Das BSG erstreckte diese rechtliche Bewertung auch auf die damals geübte Praxis der Datenverarbeitung zur Abrechnung von Leistungen in Selektivverträgen (§§ 73 b, 73 c und 140 a).[6] Für den Zeitraum nach Ablauf der Übergangsfrist von sechs Monaten (Mitte des Jahres 2009)[7] sorgte der Gesetzgeber mit § 295 Abs. 1 b S. 5–8 zunächst befristet bis zum 30.6.2010 für eine Übergangsregelung, um die im Bereich besonderer Versorgungsformen bereits bestehende Abrechnungspraxis zu ermöglichen und abzusichern.[8] Sie regelte die näheren datenschutzrechtlichen Anforderungen für die Beauftragung und Durchführung der Abrechnung durch externe Rechenzentren in Selektivverträgen. § 320 verlängert die Geltung der Übergangsregelung bis zum 1.7.2011. Gleiches wird für die in Bezug genommene Fassung von § 120 Abs. 6 („Nummer 13 a Buchstabe b des Gesetzes vom 17. Juli 2009")[9] angeordnet. § 120 Abs. 6 aF befugte die Krankenhäuser zur Einschaltung externer Rechenzentren für die Abrechnung ambulanter Notfallleistungen. Dass zwischen dem 1.7.2011 und dem 3.8.2011 eine Rechtsgrundlage für die Übermittlung von Abrechnungsdaten an die Rechenzentren fehlte, hat sich in der Rechtspraxis bis auf eine Ausnahme nicht streitig ausgewirkt.[10]

§ 321 Übergangsregelung für die Anforderungen an die strukturierten Behandlungsprogramme nach § 137 g Absatz 1

[1]Die in § 28 b Absatz 1, den §§ 28 c, 28 e sowie in den Anlagen der Risikostruktur-Ausgleichsverordnung in der bis zum 31. Dezember 2011 geltenden Fassung geregelten Anforderungen an die Zulassung von strukturierten Behandlungsprogrammen nach § 137 g Absatz 1 für Diabetes mellitus Typ 2, Brustkrebs, koronare Herzkrankheit, Diabetes mellitus Typ 1 und chronisch obstruktive Atemwegserkrankungen gelten jeweils weiter bis zum Inkrafttreten der für die jeweilige Krankheit vom Gemeinsamen Bundesausschuss nach § 137 f Absatz 2 zu erlassenden Richtlinien. [2]Dies gilt auch für die in den §§ 28 d und 28 f der Risikostruktur-Ausgleichsverordnung in der bis zum 31. Dezember 2011 geltenden Fassung geregelten Anforderungen, soweit sie auf die in Satz 1 genannten Anforderungen verweisen. [3]Die in § 28 f Absatz 1 Nummer 3 und Absatz 1 a und § 28 g der Risikostruktur-Ausgleichsverordnung in der bis zum 31. Dezember 2011 geltenden Fassung geregelten Anforderungen an die Aufbewahrungsfristen gelten weiter bis zum Inkrafttreten der in den Richtlinien des Gemeinsamen Bundesausschusses nach § 137 f Absatz 2 Satz 1 Nummer 5 zu regelnden Anforderungen an die Aufbewahrungsfristen. [4]Die in § 28 g der Risikostruktur-Ausgleichsverordnung in der bis zum 31. Dezember 2011 geltenden Fassung geregelten Anforderungen an die Evaluation gelten weiter bis zum Inkrafttreten der in den Richtlinien des Gemeinsamen Bundesausschusses nach § 137 f Absatz 2 Satz 1 Nummer 6 zu regelnden Anforderungen an die Evaluation.

Literatur:
Siehe § 137 f.

Die §§ 137 f, 137 g und 321 regeln die Grundsätze zur Entwicklung, Umsetzung und Zulassung von strukturierten Behandlungsprogrammen (Disease-Management-Programme = DMP). § 321 ist mit dem GKV-VStG neu eingefügt worden. Mit dem Inkrafttreten dieses Gesetzes zum 1.1.2012 wurde die Regelungskompetenz für die Ausgestaltung von DMP vom BMG auf den G-BA verlagert, der diese durch den Erlass von Richtlinien wahrnimmt (§ 137 f Abs. 1 und 2). Bis zu diesem Zeitpunkt wurden Inhalt und Umsetzungsverfahren durch die Bestimmungen der Risikostruktur-Ausgleichsverordnung (§§ 28 b–28 h RSAV und deren Anlagen) verbindlich vorgegeben. Vor diesem Hintergrund regelt § 321 die Fortgeltung der bis zum 31.12.2011 geltenden Regeln der RSAV bis zum Erlass entsprechender entsprechenden Richtlinien durch den G-BA.

---

6 Vgl. BSG, 10.12.2008, B 6 KA 37/07 R, BSGE 102, 134, 147.
7 BSG, 10.12.2008, B 6 KA 37/07 R, BSGE 102, 134, 147 f.: „dh bis Mitte 2009".
8 Vgl. BT-Dr. 16/13428, 96; OVG Schleswig, 12.1.2011, 4 MB 56/10, CR 2011, 359, 361.
9 Vgl. BT-Dr. 16/13428, 91 f. zu Nummer 6 a – neu.
10 Vgl. OLG Düsseldorf, 7.12.2011, VII-verg 77/11, AMK 2012 Nr. 2, 16 Rn. 59.

2 Der G-BA hat zwischenzeitlich drei DMP Richtlinien[1] erlassen (zu den Inhalten der Richtlinien → § 137f Rn. 4):
- DMP-Richtlinie (DMP-RL),
- DMP-Anforderungen-Richtlinie (DMP-A-RL),
- DMP-Aufbewahrungsfristen-Richtlinie (DMP-AFRL).

§ 322 Übergangsregelung zur Beitragsbemessung aus Renten und aus Versorgungsbezügen

Für Versicherungspflichtige findet für die Bemessung der Beiträge aus Renten der gesetzlichen Rentenversicherung sowie aus Versorgungsbezügen nach § 229 Absatz 1 Satz 1 Nummer 1, 2, 3 und 5 für die Zeit vom 1. Januar 2015 bis 28. Februar 2015 übergangsweise ein Gesamtbeitragssatz in Höhe von 15,5 Prozent sowie für die Bemessung der Beiträge aus Versorgungsbezügen nach § 229 Absatz 1 Satz 1 Nummer 4 für die Zeit vom 1. Januar 2015 bis 28. Februar 2015 übergangsweise weiter ein Gesamtbeitragssatz in Höhe von 8,2 Prozent Anwendung; von diesen gelten jeweils 0,9 Prozentpunkte als Zusatzbeitrag gemäß § 242.

1 Diese Übergangsregelung wurde durch das **GKV-FQWG v. 21.7.2014** notwendig, welches das Beitragssatzgefüge reformiert. Dem Ziel des Schutzes von Beschäftigung und Arbeitgebern folgend, wird der allgemeine paritätisch finanzierte Beitragssatz wird auf 14,6 % festgesetzt, der Arbeitgeberanteil bleibt bei 7,3 % gesetzlich festgeschrieben. Die im Rahmen des GKV-Finanzierungsgesetzes vom 22. Dezember 2010 (BGBl. I, 2309) erfolgte „Entkopplung" der Lohnzusatzkosten von den Gesundheitsausgaben bleibt damit bestehen.
2 Der einkommensunabhängige Zusatzbeitrag und der damit verbundene steuerfinanzierte Sozialausgleich werden nunmehr wieder abgeschafft. Die Krankenkassen erheben den Zusatzbeitrag zukünftig als prozentualen Satz von den beitragspflichtigen Einnahmen. Man erhofft, sich dabei, den Solidarausgleich bei den Zusatzbeiträgen zukünftig innerhalb der gesetzlichen Krankenversicherung zu organisieren. Der Sozialausgleich wird damit entbehrlich.
3 Durch die Abschaffung des durch die Mitglieder zu tragenden Beitragssatzanteils von 0,9 Prozentpunkten wird der Beitragssatz der Arbeitnehmer von heute 8,2 % auf 7,3 % abgesenkt. Die daraus resultierende Finanzierungslücke in Höhe von jährlich rund 11 Mrd. EUR soll durch die kassenindividuellen einkommensabhängigen Zusatzbeiträge gedeckt werden. Die Inanspruchnahme von Finanzreserven soll auch die Versicherten künftig entlasten.

---

1 Eine tabellarische Auflistung des Standes der Überführung der Regelungen in Richtlinien des G-BA (Stand: 31.12.2016) findet sich bei Roters in: Kasseler Kommentar Sozialversicherungsrecht, 93. EL März 2017, § 321 SGB V Rn. 4.

SGB XI

Sozialgesetzbuch (SGB) Elftes Buch (XI)
– Soziale Pflegeversicherung –[1]

Vom 26. Mai 1994 (BGBl. I S. 1014)

(FNA 860-11)

zuletzt geändert durch Art. 1 c Heil- und HilfsmittelversorgungsG vom 4. April 2017 (BGBl. I S. 778)

Erstes Kapitel
Allgemeine Vorschriften

§ 1 Soziale Pflegeversicherung

(1) Zur sozialen Absicherung des Risikos der Pflegebedürftigkeit wird als neuer eigenständiger Zweig der Sozialversicherung eine soziale Pflegeversicherung geschaffen.

(2) ¹In den Schutz der sozialen Pflegeversicherung sind kraft Gesetzes alle einbezogen, die in der gesetzlichen Krankenversicherung versichert sind. ²Wer gegen Krankheit bei einem privaten Krankenversicherungsunternehmen versichert ist, muß eine private Pflegeversicherung abschließen.

(3) Träger der sozialen Pflegeversicherung sind die Pflegekassen; ihre Aufgaben werden von den Krankenkassen (§ 4 des Fünften Buches) wahrgenommen.

(4) Die Pflegeversicherung hat die Aufgabe, Pflegebedürftigen Hilfe zu leisten, die wegen der Schwere der Pflegebedürftigkeit auf solidarische Unterstützung angewiesen sind.

(5) In der Pflegeversicherung sollen geschlechtsspezifische Unterschiede bezüglich der Pflegebedürftigkeit von Männern und Frauen und ihrer Bedarfe an Leistungen berücksichtigt und den Bedürfnissen nach einer kultursensiblen Pflege nach Möglichkeit Rechnung getragen werden.

(6) ¹Die Ausgaben der Pflegeversicherung werden durch Beiträge der Mitglieder und der Arbeitgeber finanziert. ²Die Beiträge richten sich nach den beitragspflichtigen Einnahmen der Mitglieder. ³Für versicherte Familienangehörige und eingetragene Lebenspartner (Lebenspartner) werden Beiträge nicht erhoben.

Literatur:

Bieback, Solidarität und Sozialversicherung, SGb 2012, 1; *Hoffer*, Geschlechtergerechte Pflege als Herausforderung für eine gleichstellungsorientierte Pflegepolitik, djbZ 2011, 47; *Hoffmeister/Hille*, Bedeutung, Wesen und Merkmale des Ehrenamts im Pflegebereich, NJW 2015, 3753; *Kostorz/Kernebeck*, 20 Jahre soziale Pflegeversicherung – Bilanz und Ausblick, WzS 2015, 35; *Leube*, Sozialversicherung in Gestalt der Privatversicherung – rechtliche Rahmenbedingungen, NZS 2003, 449; *Rothgang*, Solidarität in der Pflegeversicherung – Das Verhältnis von Sozialer Pflegeversicherung und Privater Pflegeversicherung, Sozialer Fortschritt, 2011, 81; *Ruland*, Das BVerfG und der Familienlastenausgleich in der Pflegeversicherung, NJW 2001, 1673; *Waßer*, Schnittstellen zwischen Kranken- und Pflegeversicherung, KrV 2015, 89.

I. Entstehungsgeschichte	1	V. Aufgaben	8
II. Normzweck und europarechtliche Bezüge	2	VI. Versicherte	11
III. Die soziale Pflegeversicherung	4	VII. Finanzierung	15
IV. Träger der sozialen Pflegeversicherung	7		

I. Entstehungsgeschichte

Die Vorschrift ist aufgrund von Art. 1, 68 Abs. 1 PflegeVG v. 26.5.1994 (BGBl. I, 1014) mWv 1.1.1995 in Kraft getreten. Sie ist seither weitgehend unverändert geblieben. In Abs. 6 S. 3 sind durch Art. 3 § 56 Nr. 1, Art. 5 des Gesetzes es zur Beendigung der Diskriminierung gleichgeschlechtlicher Gemeinschaften: Lebenspartnerschaften v. 16.2.2001 (BGBl. I, 266) mWv 1.8.2001 die Wörter „und eingetragene Lebenspartner (Lebenspartner)" eingefügt worden. Abs. 4a wurde mWv 1.7.2008 durch Art. 1 Nr. 1 a Pflege-WeiterentwicklungsG v. 28.5.2008 (BGBl. I, 874) eingefügt. MWv 1.1.2016

1

---

[1] Verkündet als Art. 1 Pflege-VersicherungsG v. 26.5.1994 (BGBl. I, 1014); Inkrafttreten gem. Art. 68 Abs. 1 dieses G am 1.1.1995, mit Ausnahme der §§ 36 bis 42, 44 und 45, die gem. Art. 68 Abs. 2 am 1.4.1995, des § 43, der gem. Art. 68 Abs. 3 am 1.7.1996, und des § 46 Abs. 1, 2, 5 und 6 sowie der §§ 47, 52, 53, 93 bis 108, die gem. Art. 68 Abs. 4 Pflege-VersicherungsG am 1.6.1994 in Kraft getreten sind.

wurde schließlich aufgrund Art. 1 Nr. 2 PSG II v. 21.12.2015 (BGBl I 2424) Abs. 5, der bis dahin die stufenweise Einführung von Leistungen der Pflegeversicherung (Leistungen bei häuslicher Pflege vom 1.4.1995 an, Leistungen bei stationärer Pflege vom 1.7.1996 an) geregelt hatte, aufgehoben und Abs. 4a zu Abs. 5. Beides erfolgte wegen des ausschließlich in der Vergangenheit liegenden Gegenstandes der aufgehobenen Regelungen „zur Rechtsbereinigung".[1]

II. Normzweck und europarechtliche Bezüge

2 § 1 gibt als Teil der Allgemeinen Vorschriften (§§ 1 bis 13) des Ersten Kapitels einen Überblick über die Strukturprinzipien der Versicherung. So wenig wie das SGB XI in seiner Gesamtheit ist – entgegen der Überschrift – auch der Inhalt des § 1 auf die **soziale Pflegeversicherung (sPV)** beschränkt, die neben der privaten Pflegeversicherung (pPV) nur einen Teil des Systems repräsentiert. Die sPV ist der vorläufig letzte Zweig der Sozialversicherung (Abs. 1) und wird durch die Pflegekassen als öffentlich-rechtliche Träger durchgeführt (Abs. 3). Die Versicherungspflicht folgt (grundsätzlich) derjenigen in der Krankenversicherung (Abs. 2 S. 1). Abs. 2 S. 2 deutet die hieraus folgende partielle Risikozuweisung an die pPV und damit die Zweigliedrigkeit des Systems der Pflegeversicherung an. Das Risiko der Pflegebedürftigkeit wird den Solidargemeinschaften in Abhängigkeit von der Schwere der Pflegebedürftigkeit zugewiesen (Abs. 4). Die Finanzierung (der sPV) erfolgt entsprechend den allgemeinen Grundsätzen auf der Grundlage der beitragspflichtigen Einnahmen der Mitglieder solidarisch (Abs. 6). Der systematisch deplatzierte Abs. 5 gibt – ohne selbst einen Anspruch zu vermitteln – spezifische Bestimmungskriterien für die Festlegung des konkreten Leistungsinhalts vor.

3 Die **Kompetenz zur Ausgestaltung** des nationalen Systems der sozialen Sicherheit liegt allein beim deutschen Gesetzgeber. Dieser bestimmt daher auch grundsätzlich die Exportierbarkeit von Leistungen, hat dabei aber die Grundfreiheiten des Primärrechts zu beachten. Das gegenüber dem nationalen Recht vorrangige supranationale Koordinationsrecht der Verordnung (EG) Nr. 883/2004, die zum 1.5.2010 die VO (EG) Nr. 1408/71 abgelöst hat, ordnet die Leistungen der Pflegeversicherung grundsätzlich den „Leistungen bei Krankheit" zu.[2] Dennoch bestehen nach Auffassung des EuGH Unterschiede, da insbesondere Pflegebedürftigkeit betreffende Leistungen grundsätzlich nicht darauf angelegt seien, nur für kurze Zeit gezahlt zu werden.[3] Das deutsche Pflegegeld wird aus der Sicht des Sekundärrechts als (exportierbare) Geldleistung angesehen (s. auch § 34 Abs. 1a). Jedenfalls sofern der Aufenthaltsstaat ein entsprechendes Leistungsangebot vorsieht,[4] kommt zudem der Bezug von Sachleistungen vom Träger des Aufenthaltsmitgliedstaates für Rechnung des zuständigen Trägers in Deutschland in Betracht. Zur häuslichen Pflegehilfe und zur Versorgung mit Pflegehilfsmitteln hat der EuGH zuletzt entschieden, die Kommission habe den Nachweis über die Vertragswidrigkeit der deutschen Regelungen über die fehlende Kostenerstattung für von ausländischen Anbietern erbrachte Leistungen nicht erbracht.[5]

III. Die soziale Pflegeversicherung

4 Die Gesundheitsversorgung ist nach der ständigen Rechtsprechung des Bundesverfassungsgerichts ein besonders wichtiges Gemeinschaftsgut. Entsprechendes gilt für den Sektor der Pflege alter und gebrechlicher Menschen.[6] Die Fürsorge für Menschen, die vor allem im Alter zu den gewöhnlichen Verrichtungen im Ablauf des täglichen Lebens aufgrund von Krankheit und Behinderung nicht in der Lage sind (§ 14 Abs. 1 idF bis 31.12.2016) gehört im Geltungsbereich des Grundgesetzes zu den sozialen Aufgaben der staatlichen Gemeinschaft (Art. 20 Abs. 1, Art. 28 Abs. 1 S. 1 GG).[7] Für den ab 1.1.2017 maßgeblichen neuen Begriff der Pflegebedürftigkeit (§ 14 Abs. 1 idF des PSG II v. 21.12.2015)[8] gilt nichts anderes. Dass der Einzelne die hierfür anfallenden Kosten aus eigenen Einkünften, auf die die Sozialversicherung grundsätzlich und in aller Regel abstellt, nicht zu tragen vermag, ist evident; der rechtpolitische Einwand, es handele sich um eine „Erbenschutzversicherung"

---

1 BT-Dr. 18/5926, 83.
2 EuGH, 5.3.1998, Rs. C 160/96, Slg 1998 I-843 ff.
3 EuGH, 12.7.2012, Rs. C-562/10.
4 Zur Europarechtskonformität der mangelnden Exportierbarkeit deutscher Leistungen, wenn dies nicht der Fall ist, s. EuGH v. 16.7.2009, Rs C-208/07, von Chamier-Glisczinski, FamRZ 2009, 1472 ff.
5 EuGH, 12.7.2012, Rs. C-562/10.
6 BVerfG, 17.10.2007, 2 BvR 1095/05, SozR 4-3300 § 9 Nr. 3.
7 BVerfG, 3.4.2001, 1 BvR 2014/95, SozR 3-1100 Art. 74 Nr. 4.
8 BGBl. I, 2424.

schon deshalb verfehlt. Das SGB XI hat in diesem Sinne die gesetzlichen Grundlagen für die öffentlich-rechtlich verfasste soziale und für die sog Private Pflege-Pflichtversicherung geschaffen. Beide Zweige zusammen bilden in Abgrenzung zur freiwilligen privaten (Zusatz-)Pflegeversicherung die **gesetzliche Pflegeversicherung;**[9] die **Rechtswegzuständigkeit** für das Gesamtsystem liegt bei der Sozialgerichtsbarkeit (§ 51 Abs. 2 S. 2 SGG).[10] Abs. 1 ordnet auf der Grundlage von Art. 74 Abs. 1 Nr. 12 GG[11] die sPV als neuen eigenständigen Zweig der Sozialversicherung zu (§§ 4, 21 a SGB I, §§ 1 Abs. 1 S. 1 SGB IV).

Zum **weiten verfassungsrechtlichen Gattungsbegriff der Sozialversicherung** gehört jedenfalls die gemeinsame Deckung eines möglichen, in seiner Gesamtheit schätzbaren Bedarfs durch Verteilung auf eine organisierte Vielheit und neben dem sozialen Bedürfnis nach Ausgleich besonderer Lasten die organisatorische Bewältigung der Aufgabe durch selbstständige Anstalten oder Körperschaften des öffentlichen Rechts, die ihre Mittel durch Beiträge der „Beteiligten aufbringen.[12] Auch die sPV ist daher Solidargemeinschaft mit begrenzter Verantwortlichkeit (Abs. 1, 4). Auch hat der Gesetzgeber die Aufgabe der sPV den Pflegekassen (§ 4) als **Personalkörperschaften des öffentlichen Rechts** übertragen. Sie sind in ihrer Gesamtheit zur Mitwirkung bei der Erfüllung der gesamtgesellschaftlichen Aufgabe „pflegerische Versorgung der Bevölkerung" (§ 8) berufen und sind für die Sicherstellung der pflegerischen Versorgung ihrer Versicherten verantwortlich (§ 12). Dass die sPV entsprechend den auch insofern maßgeblichen Verhältnissen in der gKV (§ 48 Abs. 1) als Gesamtheit von deren Trägern zu verstehen ist und in deren Zusammenwirken besteht, zeigt etwa der Umstand, dass die Versicherungspflicht unabhängig von der Mitgliedschaft besteht (§ 5), das Gesetz eine „Mitgliedschaft" Versicherungspflichtiger (§ 186) auch kennt, bevor diese (rückwirkend) bei einer bestimmten Kasse begründet wird (§ 175 Abs. 3 S. 2 u. 3) und die Mitglieder einer Kasse nicht nur deren Aufgaben, sondern übergreifend auch diejenigen anderer Kassen zu finanzieren haben (§§ 65 ff.).

Die Aufgaben von sozialer und privater Pflegeversicherung sind – was das Leistungsverhältnis angeht – grundsätzlich identisch. Beide sind mit der „sozialen Absicherung des Risikos der Pflegebedürftigkeit" mit der sich zentral aus Abs. 4 ergebenden Aufgabe betraut. Inhalt und Wortlaut von Abs. 1 beziehen sich nicht auf einen speziellen Aufgabenbereich der sPV, sondern auf den diesem Zweig obliegenden Teil an der gemeinsamen Aufgabe. Zur Eröffnung des Aufgabenbereichs von sPV und pPV bedarf es keines spezifischen Wagnisses; hierzu genügt vielmehr unabhängig von der konkreten Ursache grundsätzlich jeder gesundheitlich bedingte Eintritt von Pflegebedürftigkeit in einem dem Gesetz entsprechenden Umfang.

IV. Träger der sozialen Pflegeversicherung

Die sPV hat mit den **Pflegekassen** eigenständige rechtsfähige Körperschaften mit Selbstverwaltung als Träger (Abs. 3 Hs. 1, § 46 Abs. 1 S. 1), die grundsätzlich bei den Krankenkassen errichtet werden (§ 46 Abs. 1 S. 2). Die Aufgaben der sPV werden von den Krankenkassen wahrgenommen (Abs. 3 Hs. 2). Organe der Pflegekassen sind die Organe der Krankenkassen, bei denen sie errichtet sind (§ 46 Abs. 2 S. 2). Die damit ausgestaltete **Doppelfunktion der Krankenkassen** und ihrer Organe – zum Einen Handeln im eigenen Namen und in eigener Zuständigkeit, zum anderen Handeln zur Erfüllung der Aufgaben im Rahmen der sPV und im Namen der Pflegekasse – führt in der Praxis immer wieder zu Problemen. Insbesondere ergehen vielfach Verwaltungsakte zu Gegenständen der sPV im Namen der Krankenkasse.[13] Die Rechtsprechung hat daher die mangelnde äußere Erkennbarkeit des erlassenden Trägers nur für eine Übergangszeit hingenommen.[14] Akzeptiert wird – bei hinreichender Unterscheidbarkeit der Regelungsgegenstände – eine Mehrheit in einem gemeinsamen Bescheid beider Träger verlautbarter Regelungen.[15]

---

9 Vgl. BVerfG, 3.4.2001, 1 BvR 2014/95, SozR 3-1100 Art. 74 Nr. 4.
10 Für Zeiten vor dem 2.1.2002: BSG, 8.8.1996, 3 BS 1796, SozR 3-1500 § 51 Nr. 19.
11 BVerfG, aaO.
12 BVerfG, 10.5.1960, 1 BvR 190/58 ua, BVerfGE 11, 105 ff. und BVerfG, 8.4.1987, 2 BvR 909/82 ua, BVerfGE 75, 108 ff. Bei zu „Unternehmen" mutierten Kassen ist das nicht mehr allgemein bekannt: „Wir sind keine Behörde" (Stellenanzeige der signal-iduna-ikk in der SZ v. 27./28.6.2009).
13 Vgl. BSG, 25.8.2004, B 12 KR 30/03 R, SozR 4-2500 § 229 Nr. 3.
14 BSG, 6.11.1997, 12 RP 4/96, SozR 3-3300 § 55 Nr. 1 sowie BSG, 26.1.2005, B 12 P 4/02 R1, SozR 4-2400 § 3 Nr. 1 und B 12 P 9/03 R, USK 2005-3.
15 Vgl. BSG, 9.11.2011, B 12 KR 21/09 R, Breith 2012, 500 ff.

V. Aufgaben

8 Der PV ist zur Absicherung des Risikos der Pflegebedürftigkeit in ihrer Gesamtheit („Die Pflegeversicherung ...") die **Aufgabe** zugewiesen, Pflegebedürftigen Hilfe zu leisten, die wegen der Schwere der Pflegebedürftigkeit auf solidarische Unterstützung angewiesen sind (Abs. 1, 4). Nähere Bestimmungen zu Eintritt und Feststellung des Versicherungsfalls fehlen. Die Formulierung „wegen der Schwere" verdeutlicht aber bereits, dass nicht jeder Grad von Pflegebedürftigkeit bereits für die PV relevant ist (näher § 14 Abs. 1 S. 3, § 15 jeweils idF ab 1.1.2017). Die PV leistet zwar bedürftigkeitsunabhängig, aber nicht bedarfsdeckend.[16] Damit verbleibt notwendig ein komplementärer Bereich der finanziellen und organisatorischen Eigenverantwortung der Versicherten bzw. der (fortbestehenden) Zuständigkeit der Sozialhilfe.

9 Soweit der Aufgabenbereich der PV eröffnet ist, wird Hilfe an die Bedürftigen auf der Grundlage von **Solidarität der Versichertengemeinschaft** erbracht. Wie in der gesetzlichen Krankenversicherung handelt es sich auch hierbei um „Solidarität" in einem spezifisch rechtlichen Kontext, der Inhalt und Grenzen autonom bestimmt. Die Solidargemeinschaft besteht demgemäß aus denjenigen, die jeweils aufgrund gesetzlicher Anordnung einbezogen werden oder denen der freiwillige Zugang eröffnet ist. Umgekehrt kommt daher von vornherein nicht in Betracht, die berechtigte Verwendung des Begriffs im Gesetz deshalb zu bestreiten, weil Elemente fehlen, die in angeblich anderen Bedeutungskontexten für ihn konstituierend sind. Gemeinsamer Ausgangspunkt ist folglich auch im SGB XI zunächst der Begriff der Solidarität, wie er sich in der Sozialversicherung allgemein herausgebildet hat. Weder die Heterogenität der Versichertengemeinschaft [17] noch die überwiegend fehlende Freiwilligkeit bei der Begründung der Versicherung[18] können daher seiner gesetzlichen Verwendung entgegen gehalten werden.

10 Die PV weist zudem das Spezifikum einer Aufteilung der System-Solidarität auf die jeweiligen **Solidargemeinschaften** der sPV und der pPV auf. Die Verwendung des gemeinsamen Ober- Begriffs bleibt inhaltlich trotz der systembedingt notwendigen Modifikationen berechtigt, führt aber nicht auch organisatorisch zu einer teilsystemübergreifenden Solidarität. Dies gilt insbesondere im Blick auf die – kompetenzrechtlich bedenkliche[19] – Annäherung beider Bereiche durch Anreicherung der pPV mit Elementen des sozialen Ausgleichs (§ 110).

VI. Versicherte

11 Die PV sollte nach der ursprünglichen Planung als die gesamte Bevölkerung erfassende öffentlich-rechtliche Zwangsversicherung ausgestaltet werden. Den privaten Krankenversicherungsunternehmen gelang die politische Abkehr von diesem Vorhaben insbesondere durch die Zusage, den durch Überalterung gekennzeichneten Mitgliederbestand der Postbeamtenkrankenkasse und der Krankenversorgung der Bundesbahn im Rahmen der pPV zu versichern.[20] Rechtliches Ergebnis dieser politischen Entwicklung ist die Verteilung des Versichertengutes nach dem der in Abs. 2 niedergelegte Grundsatz „PV folgt KV".

12 In die sPV sind hiernach unabhängig vom Grund ihrer dortigen Einbeziehung kraft Gesetzes **alle in der gKV (als Mitglied) Versicherten** als **Pflichtversicherte** einbezogen (Abs. 2 S. 1, § 20 Abs. 1 S. 1). Dies entspricht dem ursprünglichen Ziel der „Volksversicherung" und gewährleistet gleichzeitig eine Erfassung der Betroffenen mit vertretbarem Verwaltungsaufwand).[21] Maßgeblich hierfür sind die jeweils einschlägigen Regelungen des SGB V, nicht die lediglich deklaratorische Aufzählung des § 20 Abs. 1 S. 2. Die Erfüllung eines Versicherungstatbestandes in der gKV führt insofern (mittelbar) gleichzeitig und ebenfalls kraft Gesetzes zur Pflichtversicherung in der sPV. Aus der Sicht der sPV ist die Versicherung in der gKV umgekehrt Vorfrage für die Versicherung im eigenen Zweig der SV. Verwaltungsverfahrensrechtlich sind die Krankenkassen im Rahmen der Beschäftigtenversicherung ohnehin als Einzugsstellen zur Feststellung auch der Versicherungspflicht in der PV berufen (§ 28h Abs. 2 S. 1 SGB IV). Jedenfalls hat aber jede sonstige Feststellung über das (Nicht-)Bestehen einer Krankenversi-

---

16 Kostorz/Kernebeck, S. 2 mwN.
17 Siehe zu diesem Aspekt Bieback, SGb 2012, 1.
18 Bieback, SGb 2012, 2.
19 BVerfG, 3.4.2001, 1 BvR 2014/95, BVerfGE 103, 197 ff.
20 BVerfG, aaO.
21 Zur verfassungsrechtlichen Unbedenklichkeit dieses Konzepts s. BVerfG, 3.4.2001, 1 BvR 2014/95, SozR 3-1100 Art. 74 Nr. 4.

cherung durch sie Tatbestandswirkung für die im Übrigen von den eigenständigen Trägern der sPV zu treffende Entscheidung über die Einbeziehung in die sPV.

§ 25 sieht darüber hinaus als zusätzliche Rechtsfolge der Mitgliedschaft in der sPV eigenständig die beitragsfreie (§ 1 Abs. 6 S. 3, § 56 Abs. 1) **Familienversicherung** für Ehegatten, Lebenspartner und (Kindes-)Kinder vor. Über den Grundsatz „PV folgt KV" hinaus besteht Versicherungspflicht in der sPV für den in § 21 im Einzelnen benannten Personenkreis der Bezieher bestimmter öffentlicher Leistungen. § 26 erlaubt unter bestimmten Umständen eine Weiterversicherung in der sPV. Mit § 26a hat der Gesetzgeber schließlich die Entscheidung des BVerfG v. 3.4.2001[22] umgesetzt und eröffnet ausnahmsweise und unter engen Voraussetzungen eine Möglichkeit zum freiwilligen Beitritt, um Defizite, die sich bei strikter Einhaltung des Konzepts „PV folgt KV" gegenüber dem Konzept der Volksversicherung ergeben, zu kompensieren.[23]

Soweit Versicherte hiernach nicht als Mitglieder oder Familienversicherte in die sPV einbezogen sind, sind sie als Versicherte eines privaten Versicherungsunternehmens gesetzlich verpflichtet, für sich und ihre Angehörigen einen **privaten Pflegeversicherungsvertrag** abzuschließen (Abs. 2 S. 2, §§ 23, 110). Hiergegen bestehen keine verfassungsrechtlichen Bedenken.[24] Insbesondere sind die Grenzen der Gesetzgebungszuständigkeit nach Art. 74 Abs. 1 Nr. 11 nicht deshalb verletzt, weil das Zustandekommen des Versicherungsvertrages auf einer öffentlich-rechtlichen Pflicht beruht, der Versicherer einem Kontrahierungszwang unterliegt und die privatrechtliche Gestaltung des Vertrages nicht unerheblich eingeschränkt ist.

VII. Finanzierung

Abs. 6 bezieht sich trotz des umfassenden Wortlauts (Pflegeversicherung) der Sache nach nur auf die sPV. Für die Beiträge zur pPV enthält das Gesetz mit § 110 Abs. 1 Nr. 2 Buchst. d, e, f., g, Abs. 3 Nr. 3, 5, 6 und § 111 besondere Regelungen zur Prämiengestaltung und Finanzierung, die vom herkömmlichen Bild der Privatversicherung abweichen. Die insofern getroffenen Regelungen bleiben dennoch am Leitbild der Individualversicherung orientiert und halten sich somit innerhalb der Kompetenznorm des Art. 74 Abs. 1 Nr. 11.[25] Soweit sich aus der unterschiedlichen Zuordnung der Betroffenen Unterschiede in der Beitragsbelastung ergeben, ist dies verfassungsrechtlich unbedenklich.[26]

Wie § 3 SGB V ist der – im Wesentlichen inhaltsgleiche – Abs. 6 von seinem rechtlichen Gehalt her bloße Programmnorm, ohne selbst einen konkreten Regelungsgehalt zu verlautbaren. Die dortigen Ausführungen gelten entsprechend.

§ 2 Selbstbestimmung

(1) ¹Die Leistungen der Pflegeversicherung sollen den Pflegebedürftigen helfen, trotz ihres Hilfebedarfs ein möglichst selbständiges und selbstbestimmtes Leben zu führen, das der Würde des Menschen entspricht. ²Die Hilfen sind darauf auszurichten, die körperlichen, geistigen und seelischen Kräfte der Pflegebedürftigen, auch in Form der aktivierenden Pflege, wiederzugewinnen oder zu erhalten.
(2) ¹Die Pflegebedürftigen können zwischen Einrichtungen und Diensten verschiedener Träger wählen. ²Ihren Wünschen zur Gestaltung der Hilfe soll, soweit sie angemessen sind, im Rahmen des Leistungsrechts entsprochen werden. ³Wünsche der Pflegebedürftigen nach gleichgeschlechtlicher Pflege haben nach Möglichkeit Berücksichtigung zu finden.
(3) ¹Auf die religiösen Bedürfnisse der Pflegebedürftigen ist Rücksicht zu nehmen. ²Auf ihren Wunsch hin sollen sie stationäre Leistungen in einer Einrichtung erhalten, in der sie durch Geistliche ihres Bekenntnisses betreut werden können.
(4) Die Pflegebedürftigen sind auf die Rechte nach den Absätzen 2 und 3 hinzuweisen.

---

22 1 BvR 81/98, SozR 3-3300 § 20 Nr. 6.
23 BT-Dr. 14/7473, 17, 20 f.
24 BVerfG, 3.4.2001, 1 BvR 2014/95, BVerfGE 103, 197 ff.
25 BVerfG, 3.4.2001, 1 BvR 2014/95, BVerfGE 103, 197 ff.
26 BSG, 3.9.1998, B 12 P 3/97 R, SozR 3-3300 § 20 Nr. 4.

Literatur:

Addicks, Verfassungsrechtliche Aspekte in der Rechtsprechung zur Veröffentlichung von Qualitätsprüfungsergebnissen in der ambulanten und stationären Pflege, PflR 2011, 58; *Banafsche*, Die UN-Behindertenkonvention und das deutsche Sozialrecht – eine Vereinbarkeitsanalyse, SGb 2012, 373, 440; *Boecken*, Zur Frage des Anspruchs von Pflegebedürftigen auf gleichgeschlechtliche Pflege, SGb 2008, 698; *Borutta*, Pflege zwischen Schutz und Freiheit, 2000; *Eichenhofer*, Die Rolle von öffentlichem und privatem Recht bei der Erbringung sozialer Dienstleistungen, SGb 2003, 365; *Garms-Homolova*, Teilhabe und Selbstbestimmung von Menschen mit Pflegebedarf, 2009; *Gaßner/Strömer*, Im Dickicht der Standards verfangen – Haftungsrechtliche Sorgfaltspflichten in der Pflege, MedR 2012, 487; *Giesbers*, Zwischen Autonomie und Fürsorge, JbchristlSozwiss 57, 21 (2016); *Martini*, Alexandra Albert, Finden, statt Suchen? Der Pflege-TÜV und risikoorientierte Suchfunktionen als casus belli (Teil 1), NZS 2012, 201; *Meyer*, Ausschreibungen und personenbezogene Budgets als neue Steuerungsmodelle in der Sozialwirtschaft, ZSR 2010, 85; *Mrozynski*, Autonomie des Pflegebedürftigen und Qualität der Pflege in der privaten Pflegeversicherung, SGb 2001, 249; *Offczors*, Ein (weiteres) Manko des derzeitigen Pflegeversicherungsleistungsrechts – Das ständige Changieren zwischen konkreter und generalisierender Bemessung des Pflegebedarfs, GuP 2012, 100; *Ossege*, Rechtliche Aspekte des Pflege-TÜV, NZS 2012, 526; *Welti*, Keine Einschränkung des Wahlrechts bei ambulanten Pflegeleistungen durch örtlichen Einzugsbereich im Versorgungsvertrag, jurisPR-SozR 22/2006 Anm. 4.

I. Entstehungsgeschichte	1	V. Wunschrecht	12
II. Normzweck	2	VI. Religiöse Bedürfnisse	15
III. Ziel der Pflege	3	VII. Hinweispflicht	17
IV. Wahlrecht	7		

I. Entstehungsgeschichte

1 Die Vorschrift ist aufgrund von Art. 1, 68 Abs. 1 PflegeVG v. 26.5.1994 (BGBl. I, 1014) mWv 1.1.1995 in Kraft getreten. Sie ist seither weitgehend unverändert geblieben. Abs. 2 S. 3 wurde durch Art. 1 Nr. 2 des Pflege-Weiterentwicklungsgesetzes v. 28.5.2008 (BGBl. I, 874) mWv 1.7.2008 eingeführt. Zuletzt wurde mit Art. 2 Nr. 2 des PSG II vom 21.12.2015 (BGBl. I, 2424) zum 1.1.2017 in § 2 Abs. 1 S. 2 nach dem Wort „Pflegebedürftigen" ein Komma und die Wörter „auch in Form der aktivierenden Pflege," eingefügt.

II. Normzweck

2 § 2 beschreibt als Teil der Allgemeinen Vorschriften (§§ 1 bis 13) des Ersten Kapitels die Rolle des Pflegebedürftigen im Rahmen der Leistungserbringung. Die Vorschrift verlautbart keine eigenständigen normativen Anordnungen und begründet keine eigenständigen Leistungsansprüche, kann aber zur Auslegung spezieller Regelungen durchaus herangezogen werden. Der Pflegebedürftige darf entsprechend der Anknüpfung an Art. 1 Abs. 1 S. 1 GG (Schutz der Menschenwürde) auch im Rahmen der Pflege nicht zum bloßen Objekt degradiert werden. Ziel aller Leistungen ist daher die Hilfe zu einem selbstbestimmte und selbstbestimmten Leben (Abs. 1 S. 1) und die Wiedergewinnung möglichst weitgehender Unabhängigkeit durch Besserung oder zumindest Erhaltung der noch vorhandenen körperlichen, geistigen und seelischen Kräfte (Abs. 1 S. 2). Dem entspricht ein Wahlrecht unter einer Mehrheit von Einrichtungen und Diensten (Abs. 2 S. 1, § 33 SGB I, Art. 2 Abs. 1 GG) unter Betonung der Möglichkeit im Rahmen der stationären Pflege durch Geistlich des eigenen Bekenntnisses betreut zu werden (Abs. 2 S. 1, Abs. 3 S. 2). Schließlich besteht ein – wenn auch von vornherein bedingtes – Recht zur aktiven Mitgestaltung hinsichtlich der Gestaltung der Pflege unter erneuter Betonung der religiösen Bedürfnisse (Abs. 3 S. 1, § 33 SGB I, Art. 2 Abs. 1, 4 Abs. 1 GG) und des Aspekts der gleichgeschlechtlichen Pflege (Abs. 2 S. 2).

III. Ziel der Pflege

3 Leistungen der PV bestehen wesentlich in der Erbringung der jeweils erforderlichen Hilfe bei Verrichtungen des täglichen Lebens mit dem kontinuierlichen Ziel, die möglichst eigenständige Übernahme durch den Pflegebedürftigen zu erreichen (§§ 5, 14 Abs. 3). Abs. 1 beschreibt die dem damit verankerten Konzept „So viel Hilfe wie nötig – so viel Selbstständigkeit wie möglich" zugrunde liegenden Leitlinien. Abs. 1 verkörpert in diesem Sinne die Gewährleistung eines möglichst selbstständigen und selbstbestimmen Lebens, das der Würde des Menschen entspricht, als allgemeine und verbindliche Zielbestimmung der (aller) Leistungsansprüche nach dem SGB XI. Entgegen dem Wortlaut („soll")

sind Ausnahmen schon wegen Art. 1 Abs. 1 S. 1 GG nicht denkbar und ist allenfalls die faktische Zielerreichung durch das im Einzelfall Mögliche limitiert. S. 2 konkretisiert S. 1 iS einer zwingend („sind ... zu") die Ganzheit der Person (Körper, Geist und Seele) erfassenden Ausrichtung aller Hilfen. Die Vorschrift wird ihrerseits etwa durch den Förderauftrag des § 1 S. 2 SGB IX näher erläutert.[1] Die Ergänzung des § 2 Abs. 1 S. 2 zum 1.1.2017 soll dem Umstand Rechnung tragen, dass gleichzeitig § 28 Abs. 4 aufgehoben wird, und klarstellen, dass Pflege – auch und gerade unter Geltung des neuen Pflegebedürftigkeitsbegriffs – aktivierend zu erbringen ist.[2]

Zumindest bei **nicht harninkontinenten Pflegebedürftigen**, ist daher etwa eine Versorgung mit Windeln oder Blasenkathetern unzumutbar, da diese Maßnahme allein der Verringerung des Pflegeaufwands dient, ohne zu berücksichtigen, dass vorrangiges Ziel der Leistungen der Pflegeversicherung sein soll, den Pflegebedürftigen zu helfen, trotz ihres Hilfebedarfs ein möglichst selbstständiges und selbstbestimmtes Leben zu führen, das der Würde des Menschen entspricht (§ 2 Abs. 1 S. 1 SGB XI). Die Hilfen sind danach auszurichten, die körperlichen, geistigen und seelischen Kräfte des Pflegebedürftigen möglichst zu erhalten, bevor sie durch apparative Unterstützung ersetzt werden (§ 2 Abs. 2 S. 2).[3]

Die Zielbestimmung des Abs. 1 gilt umgekehrt nur innerhalb des gesetzlichen Leistungsrechts und schafft nicht ihrerseits neue Ansprüche. Sind daher zwingende leistungsrechtliche Vorgaben zu beachten, ergeben sich auch aus dem gesetzlichen **Individualisierungsgebot** (Bedarfsgerechtigkeit) keine Änderungen.[4] So ist etwa hinsichtlich der Transferzeiten zur Pflegeperson ungeachtet des Abs. 1 ein objektiver Maßstab zugrunde zu legen. Zwar rechtfertigt es der Gesichtspunkt der Bedarfsgerechtigkeit, bei der Feststellung des Pflegebedarfs nicht nur Art und Schwere der krankheits- und behinderungsbedingten Funktionseinbußen, psychische Probleme und Abneigungen sowie durch Krankheiten verursachte Lebensgewohnheiten abzustellen, sondern auch das häusliche Umfeld und die konkrete Wohnsituation des Pflegebedürftigen einzubeziehen. Die Grenzen der Berücksichtigungsfähigkeit von individuellen Lebensumständen und -gewohnheiten, insbesondere von solchen, die nicht mehr innerhalb einer gesellschaftlich akzeptierten Bandbreite liegen oder Luxus darstellen, sind dabei allerdings umstritten Dies kann indessen dahinstehen, wenn es um den für alle nach gleichen Maßstäben zu bemessenden Pflegeaufwand geht und die Transferzeit allein durch die besonderen Lebensumstände der Pflegeperson bestimmt ist.[5]

Soweit allerdings das BSG unter Hinweis auf die sog Materialien eine generell restriktive Auslegung des Gesetzes mit dem Anliegen „des Gesetzgebers" begründet, „wegen des beschränkten finanziellen Rahmens die Anforderungen an die Solidargemeinschaft überschaubar zu halten",[6] bleiben gleichermaßen § 17 Abs. 1 Nr. 1, § 31 SGB I wie auch Abs. 1 und der Vorrang materiellen Rechts vor allein haushaltsrechtlichen Regelungen gänzlich unberücksichtigt. Dies dürfte die verfassungsrechtlichen Grenzen der „Auslegung" überschreiten. Für die **Durchsetzung** von Leistungsansprüchen in der Praxis ergeben sich durch die restriktive Budget-Fixierung der Träger und eine rechtswidrige Konzentration der Begutachtungstätigkeit in der Hand „fachkundiger Pflegekräfte"[7] vielfach zusätzlich fast unüberwindliche Schwierigkeiten.

IV. Wahlrecht

Wahlrechte sind ein notwendiges und geeignetes Mittel zur **Vermeidung von Entmündigung** durch das System und zur tatsächlichen Gewährleistung des gesetzlichen Leistungsniveaus.[8] Das aus diesem Grunde eingeräumte Wahlrecht „zwischen Einrichtungen und Diensten verschiedener Träger" (Abs. 2 S. 1 und spiegelbildlich § 11 Abs. 2 S. 1) ist allerdings gleichermaßen sachlich persönlich und faktisch begrenzt. Es ist sachlich stets auf diejenigen Anbieter beschränkt, die für Leistungen in Betracht kommen, deren Anspruchsvoraussetzungen im Einzelfall unter Beachtung des Wirtschaftlichkeitsgebots (§ 29 Abs. 1) erfüllt sind. Persönlich dürfen zudem in der sPV nur Leistungserbringer in Anspruch ge-

---

1 Sächsisches LSG, 7.1.2009, L 1 P 15/08.
2 BT-Dr. 18/5926, 107.
3 BSG, 31.8.2000, B 3 P 14/99 R, SozR 3-3300 § 14 Nr. 15.
4 Vgl. zur Bestimmung, wann eine Hilfeleistung „nachts" stattfindet, BSG, 18.3.1999, B 3 P 3/98 R, SozR 3-3300 § 15 Nr. 5.
5 Vgl. insgesamt BSG, 21.2.2002, B 3 P 12/02 R, SozR 3-3300 § 14 Nr. 19. Ebenso zur mangelnden Relevanz des Schlafrhythmus der Pflegeperson BSG, 18.3.1999, B 3 P 3/98 R, SozR 3-3300 § 15 Nr. 5.
6 BSG, 19.2.1998, B 3 P //97 R, SozR 3-3300 § 15 Nr. 1.
7 Vgl. etwa Berchtold in: Berchtold/Richter, Prozesse in Sozialsachen, 2. Aufl. 2016, § 6 Rn. 461 ff.
8 Vgl. BVerfG, 11.1.2016, 1 BvR 2980/14, NJW 2016, 1716 = juris Rn. 25.

8 Ist dies allerdings der Fall, dh hat eine **Pflegeeinrichtung** mit dem für sie örtlich zuständigen Vertragspartner (§ 72 Abs. 2 S. 1) einen Versorgungsvertrag geschlossen, ist dieser zugleich für die Pflegeeinrichtung und für alle Pflegekassen unmittelbar verbindlich (S. 2). Die Zulassung in einem Bundesland genügt, den Status als „zugelassene Pflegeeinrichtung" zu begründen. Der Pflegebedürftige kann diese Pflegeeinrichtung ungeachtet seines außerhalb des Einzugsbereichs der Pflegeeinrichtung liegenden Wohn- oder Aufenthaltsorts wählen (Abs. 2 S. 1).[9] Das BSG[10] zieht sogar in Erwägung, dass die ambulante Versorgung im Blick auf das Wunsch- und Wahlrecht des Pflegebedürftigen nur dann gewährleistet sein könnte, wenn dieser mit der Versorgung durch den in seinem Einzugsbereich allein vorhandenen Pflegeeinrichtung auch einverstanden ist. Ebenso wird dort für möglich gehalten, dass ein Vorrang zugelassener Pflegedienste (§ 77 Abs. 1 S. 1 Hs. 1) zu verneinen und damit mittelbar ein Anspruch des Pflegebedürftigen auf Abschluss eines Versorgungsvertrages mit einer einzelnen qualifizierten Pflegekraft zu bejahen sein könnte, wenn der Pflegebedürftige mit dieser Pflegekraft ein Vertrauensverhältnis aufgebaut hat und er für die Ablehnung der Versorgung durch einen Pflegedienst sachliche Gründe anführen kann.

9 In der – lediglich zu Geldleistungen verpflichteten – pPV besteht dem gegenüber kein „Vorrang" ambulanter Pflegedienste. Ebenso fehlt es an einer Grundlage für eine zwingende vorherige „Anerkennung" der Pflegeperson durch das private Versicherungsunternehmen. Zur Sicherstellung eines einheitlichen Leistungsniveaus in der PV ist indessen jedenfalls bei einem Kostenerstattungsbegehren nach § 36 Abs. 3 nachzuweisen, dass die Pflegeperson über eine der sPV entsprechende **Qualifikation** verfügt.[11]

10 Ein „Wahlrecht" setzt logisch und rechtlich eine **Pluralität von Leistungsanbietern** voraus und erfordert zur Herstellung von Vergleichbarkeit darüber hinaus die Verfügbarkeit von Informationen über die einzelnen Leistungsanbieter. Der Gesetzgeber hat dies grundsätzlich erkannt, und zunächst mit § 115 Abs. 1a (in der bis 31.12.2015 geltenden Fassung) den Versuch einer Problemlösung unternommen.[12] Das wenig aussagefähige Benotungssystem des sog **Pflege-TÜV**, die Kriterienbildung ohne gesicherte pflegewissenschaftliche Erkenntnis und ohne verantwortliche Beteiligung der Organisationen von Betroffenen[13] sowie eine fragwürdige Prüfpraxis verhinderten eine adäquate Darstellung von Qualitätsunterschieden. Bundesweit hatten Heime einen Notenschnitt von 1 bis 1,5.[14] Im Einzelnen war Vieles streitig und scheiterte die Offenheit zugunsten der Pflegebedürftigen am Widerstand der Leistungserbringer. Oberstgerichtliche Rechtsprechung fehlt unverändert.[15] Die seit 1.1.2016 geltende Neuregelung durch das PSG II vom 21.12.2015[16] versucht – nachdem die rechtspolitische Weiterentwicklung durch die Vertragsparteien offensichtlich zum Stillstand gekommen war –[17] einen Neuanfang.[18] Ob die Vertragsparteien ihrer Pflicht zur Entwicklung eines wissenschaftlich anspruchsvollen und terminlich ambitionierten Instruments zur vergleichenden Qualitätsberichterstattung überhaupt nachkommen (können) und insbesondere ggf. getroffene „Qualitätsdarstellungsvereinbarungen" gegen die Leistungserbringer auch gegen deren Lobby-Macht werden durchsetzen können, bleibt offen.

11 Vornehmlich im Bereich der **stationären Pflege** liegt faktisch Vieles im Argen. Es gibt zumindest gravierende Anhaltspunkte dafür, dass sich die an Kosten/Profit orientierte konsensuale Akzeptanz „kleiner Missstände" zulasten der Pflegebedürftigen auswirkt, die ihrerseits systemischen Defiziten kaum durch eine Wahlentscheidung entgehen können. Die großzügige Rspr. des BSG, das Qualitätsmängel erst dann unwiderlegbar vermuten will, wenn ein Personalabgleich ergeben hat, dass die vereinbarte Personalausstattung über mehrere Monate hinweg um mindestens 8 vH unterschritten worden ist oder ein

---

9 BSG, 24.5.2006, B 3 P 1/05 R, BSGE 96, 233 ff.
10 BSG, 30.3.2000, B 3 P 21/99 R, BSGE 86, 94 ff.
11 BSG, 30.3.2000, B 3 P 21/99 R, BSGE 86, 94 ff.
12 BT-Dr. 16/7439, 88 f., und Ossege, Rechtliche Aspekte des Pflege-TÜV, NZS 2012, 526.
13 Siehe BT-Dr. 17/10693.
14 Augsburger Allgemeine v. 4.10.2012 „Missstände trotz Note 1".
15 Zur Unzulässigkeit einer vorbeugenden Unterlassungsklage gegen die Veröffentlichung von Prüfungsergebnissen schlechthin vgl. BSG, 16.5.2013, B 3 P 5/12 R, SozR 4-3300 § 115 Nr. 2.
16 BGBl I, 2424.
17 BT-Dr. 17/10693.
18 Vgl. BT-Dr. 18/5926, 106.

Heimträger die vereinbarte Personalausstattung planmäßig und zielgerichtet nicht bereitstellt,[19] leistet insofern einen zusätzlichen Beitrag. Die Investition („Private Placement") in Pflegeimmobilien ist längst als lohnende – weil konjunkturunabhängige – Geldanlage mit einer Renditeerwartung von „mehr als 6,5 Prozent" bis möglicherweise „über acht Prozent"[20] bzw. „neun bis 13 Prozent"[21] entdeckt. Die vermeintliche Vielfalt des Angebots verliert an Charme, wenn sich hinter den nach Außen auftretenden Trägern ein **einheitliches Investment-Konzept** verbirgt.[22] Immobilienfonds mit europaweiter Ausrichtung bestimmen daher bereits vielfach allein an Renditegesichtspunkten orientiert auch die bevorzugt autobahnnahe Lage von Pflegeeinrichtungen. Sie orientieren sich damit an den Bedürfnissen der entscheidenden Kinder und weniger an denjenigen der Pflegebedürftigen.[23] Die weitgehende Renditeorientierung birgt zudem die Gefahr eines einheitlichen Sparzwangs mit planmäßiger Unterbeschäftigung, die umgekehrt die Position der Pflegekassen bei der Verhandlung mit anderen Leistungsanbietern stärken könnte.[24] Dass sich entsprechende Interessen bereits im Gesetzgebungsverfahren durchgesetzt haben zeigen ungeachtet ihrer Wirkungslosigkeit im Blick auf die sonstige Ausgestaltung (Rechtsanspruch aller geeigneten Pflegeeinrichtung auf Zulassung und Verbot der Benachteiligung einzelner Leistungserbringer)[25] des Gesetzes § 11 Abs. 2 S. 3 und § 72 Abs. 3 S. 2 (Bevorzugung ua Privater vor öffentlichen Trägern).

V. Wunschrecht

Nach Abs. 2 S. 2 ist für die Gestaltung der Hilfe auch der Wunsch des Pflegebedürftigen maßgeblich. Das Wunschrecht betrifft die Ausgestaltung gesetzlich vorgesehener[26] und im Einzelfall in Betracht kommender Leistungen. Ihm ist im Rahmen der Angemessenheit grundsätzlich („soll") Rechnung getragen werden. Es ist daher kein Leistungswunschrecht und erweitert weder den Katalog in Betracht kommender Leistungen noch ersetzt es die jeweiligen Anspruchsvoraussetzungen. So ist etwa der Pflegebedarf ungeachtet des konkreten Aufwands für den Transfer des Pflegebedürftigen zur Wohnung der Pflegeperson objektiv zu bestimmen.[27] 12

In Ermangelung von leistungsrechtlichen Entscheidungsspielräumen der Kassen ist für ein Wunschrecht bei der Gestaltung der Hilfe (Abs. 2 S. 2) relativ wenig Raum, keineswegs aber ausgeschlossen. So sind etwa im Rahmen von Wohnumfeldverbesserungen nach § 40 Abs. 4 Wünsche des dialysepflichtigen Kleinkindes bei Umbau eines Zimmers im elterlichen Haus zu einem Behandlungsraum zu beachten; das – für die PV nicht unmittelbar anwendbare – Gebot des § 1 S. 2, ua den besonderen Bedürfnissen von Kindern Rechnung zu tragen, stellt insofern einen speziellen Aspekt der allgemeinen Zielvorgabe des § 2 Abs. 1 SGB IX dar.[28] 13

Der Wunsch nach **gleichgeschlechtlicher Pflege** (Abs. 2 S. 3) steht in engem Zusammenhang mit dem zeitgleich eingeführten § 1 Abs. 4a (seit 1.1.2016 Abs. 5). Auch er ist seiner Art nach auf das Leistungsprogramm der PV beschränkt und betrifft innerhalb seines Anwendungsbereichs nur einen Gesichtspunkt neben anderen, ohne stets Anspruch auf Durchsetzbarkeit oder Vorrang erheben zu können. Ein öffentlich-rechtlicher Anspruch auf gleichgeschlechtliche Pflege wird hierdurch nicht begründet, obwohl dies schon im Blick auf Abs. 1 S. 1 naheläge.[29] Letztendlich hat sich auch insofern das Interesse der Leistungserbringer durchgesetzt, deren Interesse, die faktische mehrheitliche Beschäftigung von Frauen fortzuführen, grundrechtliche Aspekte überwiegt.[30] Zu Recht wird erwogen, dass unab- 14

---

19 BSG, 12.9.2012, B 3 P 5/11 R, BSGE 112, 1 ff.
20 http://finop-gmbh.de/priavte-placement-inpflegeimbilien/.
21 Welt am Sonntag v. 3.10.2011, Korruption und Betrug – der große Altenheim-Report.
22 Deutsche Bank.
23 Augsburger Allgemeine v. 18.4.2011, Altenheime an der Autobahn.
24 Welt am Sonntag v. 3.10.2011, Korruption und Betrug – der große Altenheim-Report.
25 BSG, 28.6.2001, B 3 P 9/00, BSGE 88, 215 ff. und BVerwG, 13.5.2004, 3 C 2/04, PflR 2004, 349 ff.
26 BayLSG, 13.1.2016, L 6 P 66/14, ZFSH/SGB 2016, 143 = juris Rn. 30.
27 BSG, 21.2.2002, B 3 P 12/01, SozR 3-3300 § 14 Nr. 19.
28 Sächsisches LSG, 7.1.2009, L 1 P 15/08; ebenso bereits BSG, 17.7.2008, B 3 P 12/07 R, SozR 4-3300 § 40 Nr. 9.
29 Boecken, Zur Frage des Anspruchs von Pflegebedürftigen auf gleichgeschlechtliche Pflege, SGb 2008, 698, 700.
30 BT-Dr. 16/7439, 45.

hängig von Abs. 2 S. 3 ein derartiger Anspruch jedenfalls auf der Grundlage des privatrechtlichen Heimvertrages iVm § 241 Abs. 2 BGB in Betracht kommen könnte.[31]

VI. Religiöse Bedürfnisse

15 Auf die religiösen Bedürfnisse der Pflegebedürftigen ist – zwingend – „Rücksicht zu nehmen" (s. auch § 10 Abs. 2 S. 2). Auch insofern geht es allein um die Gestaltung von Hilfen bzw. die Auswahl unter mehreren zur Verfügung stehenden, nicht aber um die Begründung neuer Ansprüche. Hilfebedarf beim „Gehen" iS von § 14 Abs. 4 Nr. 3 (bis 31.12.2016, ab 1.1.2017 Abs. 2 Nr. 1) entsteht daher nicht dadurch zusätzlich, dass der Pflegebedürftige nach den Regeln seiner Religionsgemeinschaft zu bestimmten Verrichtungen aufgerufen ist.[32] Auch innerhalb seines Anwendungsbereichs, der umgekehrt das gesamte Leistungsprogramm der PV umfasst, begründet S. 1 nicht etwa einen absoluten Vorrang des Aspekts des religiösen Bekenntnisses, sondern gebietet – insofern zwingend" und nicht als bloßer „Appell"[33] – seine ausnahmslose Berücksichtigung überhaupt und die Abwägung mit anderen Sachgesichtspunkten der Pflege.

16 Speziell hinsichtlich der Auswahl unter den stationären Pflegeeinrichtungen soll (grundsätzlich) die Auswahl auch in der Weise eröffnet sein, dass die Betreuung durch Geistliche des jeweiligen Bekenntnisses sichergestellt werden kann. Die Annahme eines bloßen „Appells" ist auch insofern nicht mit dem Wortlaut („soll") zu vereinbaren.[34] Auch innerhalb der ua durch Abs. 2 S. 1 gewährleisteten Auswahl stellt der Aspekt des religiösen Bekenntnisses nur einen und im Regelfall zu beachtenden Gesichtspunkt dar.

VII. Hinweispflicht

17 Abs. 4 genügt höchsten Anforderungen an die Unbestimmtheit einer Rechtsnorm. Mit der gewählten passivischen Formulierung (vgl. ebenso etwa § 13 Abs. 4 b) bleibt praktisch alles offen. Nach dem Sachzusammenhang kann erwogen werden, die Vorschrift als spezielle Ausprägung der allgemeinen Aufklärungs- und Beratungspflicht aus § 13 f SGB I, § 7 a zu verstehen und ihr die Verpflichtung der jeweils mit der Beratung Betrauten zu entnehmen, Pflegebedürftige auf die Wunsch- und Wahlrechte der Abs. 2 und 3 hinzuweisen. Der normative Aufwand übersteigt auch insofern den sachlichen Gehalt.

§ 3 Vorrang der häuslichen Pflege

¹Die Pflegeversicherung soll mit ihren Leistungen vorrangig die häusliche Pflege und die Pflegebereitschaft der Angehörigen und Nachbarn unterstützen, damit die Pflegebedürftigen möglichst lange in ihrer häuslichen Umgebung bleiben können. ²Leistungen der teilstationären Pflege und der Kurzzeitpflege gehen den Leistungen der vollstationären Pflege vor.

Literatur:

Beyer, Die Pflicht, der freie Wille und das Geld, NDV 2015, 147; *Brose,* Die sozialversicherungsrechtlichen Nebenwirkungen von Pflegezeit und Familienpflegezeit, NZS 2012, 499; *Hoffmeister,* Bedeutung, Wesen und Merkmale des Ehrenamts im Pflegebereich, NJW 2015, 3753; *Igl,* Grundprobleme des Leistungsprogramms der Pflegeversicherung im ambulanten Bereich, VSSR 1999, 305; *Offczors,* Ein weiteres Manko des derzeitigen Pflegeversicherungsleistungsrechts – Das ständige Changieren zwischen konkreter und generalisierender Bemessung des Pflegebedarfs, GuP 2012, 100; *Tybussek,* Pflege-Weiterentwicklungsgesetz – Grundsatz „ambulant vor stationär" gestärkt und Demenzbetreuung verbessert, GesR 8/2008, 403; *Udsching,* Das Teilkaskosystem der Pflegeversicherung und die Erwartungen der Bevölkerung, jurisPR-SozR 24/2013 Anm. 2.

---

31 Boecken, Zur Frage des Anspruchs von Pflegebedürftigen auf gleichgeschlechtliche Pflege, SGb 2008, 698, 701 ff.
32 BSG, 10.10.2000, B 3 P 15/99 R, SozR 3-3300 § 14 Nr. 16.
33 Insofern missverständlich BSG, 10.10.2000, B 3 P 15/99 R, SozR 3-3300 § 14 Nr. 16.
34 Anders BSG, 10.10.2000, B 3 P 15/99 R, SozR 3-3300 § 14 Nr. 16.

I. Entstehungsgeschichte

Die Vorschrift ist aufgrund von Art. 1, 68 Abs. 1 PflegeVG v. 26.5.1994 (BGBl. I, 1014) mWv 1.1.1995 in Kraft getreten. Sie ist seither weitgehend unverändert geblieben.

II. Normzweck

§ 3 betont als Teil der Allgemeinen Vorschriften (§§ 1 bis 13) den **Vorrang der häuslichen Pflege**. Deren Unterstützung ist primäres Ziel aller Leistungen der PV (S. 1). Leistungen der teilstationären Pflege und der Kurzzeitpflege, die die Pflege im häuslichen Bereich unterstützen bzw. temporär ersetzen, gehen folgerichtig der vollstationären Pflege vor (S. 2). § 2 verlautbart keine vollständige normative Anordnung, ist also insbesondere weder Anspruchs- noch Eingriffsnorm noch Konkurrenzregel. Als Programmsatz liefert er die verbindende Idee für das Leistungsprogramm der PV und bietet insofern Anhaltspunkte für das Verständnis leistungsrechtlicher Normen.[1]

III. Ziel der Pflege

Die PV ist nach der gesamten Ausrichtung ihres Leistungsrechts nach eine „**Teilkaskoversicherung**" mit dem Ziel der ergänzenden Hilfe zur Selbsthilfe bei den „Verrichtungen im Ablauf des täglichen Lebens" (§ 14 Abs. 1). Kann ein derartiger Hilfebedarf nicht unter Mitwirkung des Betroffenen (§ 6) von vornherein durch Prävention oder Rehabilitation verhindert oder behoben werden (§ 5), ist natürliche sachliche und rechtliche (§§ 29, 36ff) Anknüpfung der Hilfe die häusliche Pflegesituation, die der Pflegebedürftige soweit wie möglich autonom sowie bevorzugt mithilfe von Familie und Nachbarn gestaltet (S. 1). Sie findet daher ihre Ergänzung in Maßnahmen zur Verbesserung des individuellen Wohnumfeldes (§ 40 Abs. 4 S. 1) und in Leistungen für die Pflegeperson (§§ 44ff., 19). Zur Sicherstellung der häuslichen Pflege und Betreuung sowie der hauswirtschaftlichen Versorgung kann die Pflegekasse nach Maßgabe der individuellen Versorgungslage im Einzelfall[2] Verträge mit einzelnen Pflegekräften schließen (§ 77) Grundsätzlich hat daher auch die Prüfung der Voraussetzungen der Pflegebedürftigkeit durch den Medizinischen Dienst im häuslichen Bereich zu erfolgen (§ 18 Abs. 2 S. 1).

Zuletzt hat das Pflege-Neuausrichtungsgesetz vom 23.10.2012[3] den Bereich der **häuslichen Pflege** um neue Wohnformen erweitert. Insbesondere erhalten Pflegebedürftige in ambulant betreuten Wohngruppen einen pauschalen Zuschlag (§ 38 a) und dürfen nach dem neuen § 40 Abs. 4 Zuschüsse bis zu 2.557 EUR je Pflegebedürftigem und einem Gesamtbetrag von 10.228 EUR für Maßnahmen zur Verbesserung des individuellen Wohnumfelds gewährt werden, wenn mehrere Pflegebedürftige in einer gemeinsamen Wohnung wohnen.

IV. Vorrang

„Vorrang" bzw. „Vorgehen" iS von § 2 meint zunächst die **Abstufung der Pflegeleistungen** nach der notwendigen Intensität der Hilfe. Solange häusliche Pflege notwendig und hinreichend ist, schließt sie tatbestandlich die Ergänzung durch teilstationäre Pflege und Kurzzeitpflege (§ 41 Abs. 1 S. 1, § 42 Abs. 1 S. 2) sowie erst recht vollstationäre Pflege (§ 43 Abs. 1) aus. Wählt der Pflegebedürftige dennoch die – nicht erforderliche – vollstationäre Pflege, erhält er aufgrund ausdrücklicher gesetzlicher Anordnung und unter Verzicht auf eine Umsetzung des Vorrangs häuslicher Pflege auch insofern zu den pflegebedingten Aufwendungen einen Zuschuss in Höhe der entsprechenden Pflegesachleistung (§ 43 Abs. 4). Ebenfalls im Sinne der Abstufung nach der pflegebedingten Notwendigkeit geht die teilstationäre Pflege der Kurzzeitpflege (§ 42 Abs. 1 S. 1), beide zudem jeweils der vollstationären Pflege vor (§§ 3 S. 2, 43 Abs. 1).

Die gesetzliche Abstufung ist bereits durch die vom Staat gleichermaßen vor Eingriffen zu schützende wie aktiv zu fördernde Würde des Einzelnen, die einen spezialgesetzlichen Schutz ihrer Betätigung in Art. 2 Abs. 1 GG und ihres äußeren Realisierungsraums im Schutz der Wohnung (Art. 13 GG)[4] findet, geboten. Sie scheint zudem aus der Sicht der Betroffenen die zu bevorzugende Lösung.[5] Dass die Beträge des § 36 Abs. 3 regelmäßig unterhalb des tatsächlichen Aufwands liegen, ist hiermit allerdings

---

[1] SG Freiburg (Breisgau), 28.4.2004, S 5 P 3179/03, ASR 2004, 136 f. und SG Stade, 14.11.1996, S 12 P 8/96, RzP § 14 SGB XI NR 5.
[2] SG Freiburg (Breisgau), 28.4.2004, S 5 P 3179/03, ASR 2004, 136 f.
[3] BGBl. I, 2246.
[4] Vgl. etwa BVerfG, 26.5.1993, 1 BvR 208/93, BVerfGE 89, 1 ff.
[5] Vgl. exemplarisch „Der Pflege-Kollaps", Augsburger Allgemeine v. 6./7.10.2012.

nur schwer vereinbar. Andererseits darf der Gesetzgeber typisierend zugrunde legen, dass Pflege im häuslichen Bereich kostengünstiger zu erbringen ist als in stationären Einrichtungen, so dass der Vorrang des S. 1 insofern eine rechtliche Stütze auch im Wirtschaftlichkeitsgebot des § 29 Abs. 1 S. 1 findet.

7 „Vorrang" oder „Vorgehen" iS von § 3 betreffen dagegen nicht ein exklusives **Konkurrenzverhältnis** mehrerer zeitlich und sachlich parallel bestehender Ansprüche. Insofern gewährleistet grundsätzlich zunächst das Wahlrecht des § 2 Abs. 2 S. 1 die autonome Entscheidung des Pflegebedürftigen. Die Entscheidung, welche Pflege der Pflegebedürftige erhält und wie er seine Pflege gestaltet, bleibt ungeachtet finanzieller Nachteile für die Versichertengemeinschaft allein ihm überlassen.[6] Erst die betätigte Entscheidung für (den Anspruch auf) eine Leistungsart schließt dann – unabhängig von § 3 – andere Ansprüche entweder bereits tatbestandlich aus (so der Anspruch auf die Kurzzeitpflege oder auf Pflege in vollstationären Einrichtungen naturgemäß alle Ansprüche, die häusliche Pflege voraussetzen) oder macht koordinierende Regelugen auf der Rechtsfolgenseite erforderlich (§ 41 Abs. 4 bis 6 zur parallelen Inanspruchnahme von teilstationärer Pflege und Sachleistungen bzw. Pflegegeld oder einer Kombination von beiden).

§ 4 Art und Umfang der Leistungen

(1) ¹Die Leistungen der Pflegeversicherung sind Dienst-, Sach- und Geldleistungen für den Bedarf an körperbezogenen Pflegemaßnahmen, pflegerischen Betreuungsmaßnahmen und Hilfen bei der Haushaltsführung sowie Kostenerstattung, soweit es dieses Buch vorsieht. ²Art und Umfang der Leistungen richten sich nach der Schwere der Pflegebedürftigkeit und danach, ob häusliche, teilstationäre oder vollstationäre Pflege in Anspruch genommen wird.

(2) ¹Bei häuslicher und teilstationärer Pflege ergänzen die Leistungen der Pflegeversicherung die familiäre, nachbarschaftliche oder sonstige ehrenamtliche Pflege und Betreuung. ²Bei teil- und vollstationärer Pflege werden die Pflegebedürftigen von Aufwendungen entlastet, die für ihre Versorgung nach Art und Schwere der Pflegebedürftigkeit erforderlich sind (pflegebedingte Aufwendungen), die Aufwendungen für Unterkunft und Verpflegung tragen die Pflegebedürftigen selbst.

(3) Pflegekassen, Pflegeeinrichtungen und Pflegebedürftige haben darauf hinzuwirken, daß die Leistungen wirksam und wirtschaftlich erbracht und nur im notwendigen Umfang in Anspruch genommen werden.

Literatur:

Dietrich, Pflegeleistungen im Spannungsfeld sich überschneidender Zuständigkeiten der Pflegeversicherung und der Sozialhilfe, SVFAng Nr. 120, 55; *Hoffmeister*, Bedeutung, Wesen und Merkmale des Ehrenamts im Pflegebereich, NJW 2015, 3753; *Igl*, Wirtschaftlichkeits- und Wirksamkeitsprüfungen von Pflegeleistungen aus sozial- und verfassungsrechtlicher Perspektive, in: Fiat iustitia – Recht als Aufgabe der Vernunft 2006, 115; *ders.*, Pflege aus rechtswissenschaftlicher Sicht – Die BSG-Rechtsprechung, ihre Folgen und der Dialog mit der Wissenschaft, Grundlagen und Herausforderungen des Sozialstaats – Denkschrift 60 Jahre Bundessozialgericht 2015, 119; *Koch*, Geldleistungen für Pflegebedürftige nach dem SGB XI, VSSR 2000, 57; *Rasch*, Bundesteilhabegesetz und Pflegestärkungsgesetz III, RP-Reha 2016, Nr. 4 ff.; *Richter*, Die Übergangsrechte der sozialen Pflegeversicherung nach dem PSG II und PSG III, PflR 2017, 139; *Teubner*, Perspektivwechsel in der Pflegeversicherung mit dem Pflegestärkungsgesetz II (PSG II), PflR 2016, 3.

I. Entstehungsgeschichte

1 Die Vorschrift ist aufgrund von Art. 1, 68 Abs. 1 PflegeVG v. 26.5.1994 (BGBl. I, 1014) mWv 1.1.1995 in Kraft getreten. Mit Wirkung v. 25.6.1996 wurde Abs. 2 S. 2 durch das Erste SGB XI-Änderungsgesetz v. 14.6.1996 (BGBl. I, 830) neu gefasst. Ab 1.1.2017 hat Art. 2 Nr. 3 PSG II v. 21.12.2015 (BGBl. I, 2424) in Abs. 1 S. 1 die Wörter „Grundpflege und hauswirtschaftlicher Versorgung" durch die Wörter „körperbezogenen Pflegemaßnahmen, pflegerischen Betreuungsmaßnahmen und Hilfen bei der Haushaltsführung" ersetzt. Das neue Verständnis von Pflegebedürftigkeit soll dadurch auch in der Einführungsnorm zum Leistungsrecht der Pflegeversicherung deutlich werden. Ent-

---

[6] Zur Geltung dieses Grundsatzes im Versorgungsrecht s. Landesversorgungsamt Baden-Württemberg, Die Leistungen 2000, 587 f.

sprechend der bisherigen Systematik der Norm wird Abs. 1 dabei mit der Definition von häuslicher Pflegehilfe im Sinne des neuen § 36 Abs. 1 S. 1 parallelisiert, während dies hinsichtlich des Abs. 2 für entbehrlich gehalten wird.[1]

II. Normzweck

§ 4 hat als Teil der Allgemeinen Vorschriften (§§ 1 bis 13) bloßen **Einweisungscharakter**. Er schließt damit hinsichtlich der sPV an § 21a SGB I an und wird seinerseits durch § 28 näher konkretisiert. Abs. 1 S. 1 benennt insofern mit dem Bedarf an Grundpflege (§ 14 Abs. 4 Nr. 1 bis 3) und hauswirtschaftlicher Versorgung (§ 14 Abs. 4 Nr. 4) zunächst das versicherte Gut der PV und benennt ihrer Art nach die insofern in Betracht kommenden Leistungen. S. 2 beschreibt Art und Umfang der Leistungen als Funktion (1.) der Schwere der Pflegebedürftigkeit, die ihrerseits im Hilfebedarf in den Bereichen Grundpflege und hauswirtschaftliche Versorgung zum Ausdruck kommt und (2.) der Inanspruchnahme von häuslicher bzw. (Teil-)stationärer Pflege nach Maßgabe der objektiven Erforderlichkeit und in Abhängigkeit von der Wahlentscheidung des Pflegebedürftigen. Abs. 2 verweist auf die Ergänzung der ggf. mit teilstationärer Pflege kombinierten vorrangigen (Abs. 2 S. 1) Pflege im häuslichen Bereich durch Leistungen der PV und damit deren notwendig nicht am Prinzip der Vollständigkeit orientierten Charakter.[2] Abs. 2 S. 2 enthält eine entsprechende Abgrenzung für den Bereich der teil- und vollstationären Pflege. Abs. 3 betont das Zusammenwirken von Kassen, Pflegeeinrichtungen und Pflegebedürftigen im Sinne einer wirksamen und wirtschaftlichen Pflege.

§ 4 hat ähnliche dogmatische Schwächen wie § 2 SGB V. Der unmittelbare **Aussagegehalt** der Norm beschränkt sich auf Teilaspekte des Versicherungsfalls und des Leistungserfolges. So fehlt insbesondere ein Hinweis auf das versicherte Wagnis „körperliche, geistige oder seelische Krankheit oder Behinderung" (§ 14 Abs. 1 idF bis 31.12.2016) bzw. „gesundheitlich bedingten Beeinträchtigungen ..." (§ 14 Abs. 1 S. 1 idF des PSG II v. 21.12.2014[3] ab dem 1.1.2017. Mit der kontinuierlichen Rede von den „Leistungen" bleibt auch § 4 einer im Wesentlichen sozialpolitischen Sprechweise verhaftet. Eine Verbindung mit den rechtlichen Grundprinzipien des SGB I fehlt. Rechtlich betrifft der Leistungsvorgang auch im Sozialrecht nur und erst das Untergehen von Ansprüchen (im rechtlich maßgeblichen Sinn des § 194 Abs. 1 BGB) durch Bewirken der rechtlich geschuldeten Leistung (§ 362 Abs. 1 BGB), die indessen ihre maßgebliche rechtliche Grundlage stets in einem schuldrechtlichen Unterbau findet.[4] Dieser wird entsprechend dem Abstraktionsprinzip des bürgerlichen Rechts auch vom SGB I vorausgesetzt (vgl. §§ 38 ff.) und etwa in § 33 Abs. 1 S. 1, § 34 Abs. 1 S. 1, Abs. 2 S. 1, § 35, § 36 Abs. 1 S. 1, § 37 Abs. 1 S. 2, Abs. 2, § 40 Abs. 1 S. 1 usw aufgenommen.

III. Versichertes Gut und Leistungsumfang (Abs. 1)

Versichertes Gut in der PV ist in der Zeit bis zum 31.12.2016 die Fähigkeit, die gewöhnlichen und regelmäßig wiederkehrenden Verrichtungen im Ablauf des täglichen Lebens (§ 14 Abs. 4) selbst verrichten zu können. Ist diese Fähigkeit durch das **versicherte Wagnis** „Krankheit oder Behinderung" auf Dauer so beeinträchtigt, dass in mindestens „erheblichem Maß" (§ 15 Abs. 1 S. 1 Nr. 1) Hilfebedarf besteht, ist der (einzige) Versicherungsfall der PV eingetreten und besteht bei Vorliegen der sonstigen Voraussetzungen Anspruch auf Leistungen. Ab dem 1.1.2017 ist versichertes Gut die „Selbstständigkeit" oder die „Fähigkeiten" (§ 14 Abs. 1 S. 1 idF des PSG II vom 12.12.2015)[5] in den sechs Bereichen des Abs. 2 aaO (Mobilität, kognitive und kommunikative Fähigkeiten, Verhaltensweisen und psychische Problemlagen, Selbstversorgung, Bewältigung und selbstständiger Umgang mit krankheits- oder therapiebedingten Anforderungen und Belastungen, Gestaltung des Alltagslebens und sozialer Kontakte).[6] Damit soll der Übergang von einer verrichtungsorientierten Pflege hin zu einer ganzheitlichen

---

1 BT-Dr. 18/5926, 107.
2 BSG, 18.2.2016, B 3 P 5/14 R, BSGE (vorgesehen), SozR 4-3300 § 38 a Nr, 1 Rn. 25.
3 BGBl. I, 2424.
4 Vgl. exemplarisch BVerfG, 29.11.2007, 1 BvR 2496/07.
5 BGBl. I, 2424.
6 Vgl. zum neuen Begriff der Pflegebedürftigkeit und seiner Entwicklung etwa BT-Dr. 18/5926, 107 ff.; Pick, Neuer Pflegebedürftigkeitsbegriff und neues Begutachtungsassessment, Sozialrecht, Sonderheft 2016, 23 ff.; Rothgang, Die Einführung des neuen Pflegebedürftigkeitsbegriffs – die erste große Pflegeversicherungsreform, Sozialrecht, Sonderheft 2016, 18 ff.; Schölkopf, Die Reform der Pflegeversicherung – Die Pflegestärkungsgesetze, Sozialrecht, Sonderheft 2016, 14, 15 ff.; Udsching, Das Zweite Pflegestärkungsgesetz, jurisPR-SozR 6/2016, Anm. 1 S. 2 ff.

Sicht von Pflege, Betreuung und Entlastung erfolgen.[7] Aus der Neufassung von § 14 Abs. 1 S. 1 („statt körperliche, geistige oder seelische Krankheit oder Behinderung" nunmehr „gesundheitlich bedingte Beeinträchtigung der Selbstständigkeit oder der Fähigkeiten") ergibt sich unverändert die notwendig auf den Gesundheitszustand kausal zurückzuführende Beeinträchtigung des versicherten Gutes (und von deren sachverständiger Feststellung im Einzelfall). Die Auffassung, dass es durch die Neufassung nicht mehr erforderlich sei, sich mit den Begriffen Krankheit und Behinderung auseinanderzusetzen, den Gesundheitszustand als solchen zu klassifizieren,[8] ist schon mit dem Wortlaut unvereinbar. Aus der Art des (damit nach altem und neuem Recht) versicherten Wagnisses ergibt sich zwingend, dass entgegen der verbreiteten Praxis eine **Feststellung des Versicherungsfalls** allein auf der Grundlage einer Begutachtung durch „Pflegefachkräfte" ausgeschlossen ist (vgl. § 18 Abs. 7 aF und nF: „… in enger Zusammenarbeit …").[9] Die den Ärzten vorbehaltene Feststellung von Krankheit und Behinderung ist nicht Teil der Ausbildung und Profession von Pflegefachkräften. Auch die zusätzliche Aufgabe der gutachterlichen Feststellungen nach § 18 Abs. 6 aF und nF, im Einzelfall die Erforderlichkeit medizinischer Rehabilitationsmaßnahmen festzustellen (§ 31 Abs. 3 S. 1), belegt im Übrigen, dass eine Begutachtung allein durch hierfür nicht kompetente Pflegefachkräfte nicht in Betracht kommt (→ § 5 Rn. 6). Schließlich besteht insofern auch keine Verpflichtung des Versicherten zur Mitwirkung (§ 62 SGB I). Abs. 1 S. 1 setzt unausgesprochen den eingetretenen Versicherungsfall voraus und stellt zunächst einen generellen Zusammenhang zwischen dessen Teilelement „Bedarf an Grundpflege und hauswirtschaftlicher Versorgung" (bis 31.12.2016) bzw. „häuslicher Pflegehilfe" (ab 1.1.2017) und der Zweckbestimmung („für") – aller – Leistungen der PV her.

5 Ihrer Art nach kommen – jeweils nach näherer Bestimmung des SGB XI – (Ansprüche auf) drei **Gruppen von Leistungen** in Betracht: (1.) Naturalleistungen (Dienst- und Sachleistungen), (2.) Geldleistungen und (3.) Kostenerstattung. Dienst- und Sachleistungen werden im gesetzlichen Rahmen unmittelbar und „vollständig" durch den Versicherungsträger erbracht und sind ihrer Art nach auf die sPV beschränkt. Um Naturalleistungen handelt es sich dabei überall dort, wo die Pflegekasse die Anspruchserfüllung organisiert und die Leistung dem Pflegebedürftigen unmittelbare durch ihre Vertragspartner (§ 29 Abs. 2) wenigstens teilweise kostenfrei zur Verfügung stellt.[10] Der Umstand, dass das mögliche Leistungsvolumen in Geld bestimmt ist (§ 36 Abs. 3, § 43 Ab. 2 S. 2) und entsprechend dem Charakter der sPV als „Teilkasko-Versicherung" nur eine anteilige Verpflichtung der Kassen besteht, ist insofern unerheblich. Geldleistungen zeichnen sich demgegenüber dadurch aus, dass der zugrunde liegende Anspruch von vornherein auf eine Leistung in Geld an den Pflegebedürftigen gerichtet ist (§ 4 Abs. 1, § 11 S. 1 SGB I, § 37, § 38 SGB XI). Ein Anspruch auf nachträgliche Kostenerstattung kommt für die sPV nur ausnahmsweise in Betracht (§ 91 Abs. 2 S. 1, § 13 SGB V analog).[11] In der pPV ersetzt dagegen die Kostenerstattung alle Ansprüche, die in der sPV auf die Erbringung von Naturalleistungen gerichtet sind und ist daher insofern systemprägend (§ 23 Abs. 1 S. 3).

6 S. 2 beschreibt **Art und Umfang der Leistungen** als Funktion der Schwere der Pflegebedürftigkeit (§ 15) und der Inanspruchnahme von häuslicher bzw. (Teil-)stationärer Pflege. Er gibt damit bestenfalls eine allgemeine Leitlinie ohne Anspruch auf Verbindlichkeit vor. Die einschlägigen Anspruchsinhalte als Rechtsfolge von anspruchsbegründenden Tatbeständen ergeben sich stets aus den konkreten Anordnungen des Leistungsrechts.

IV. Ergänzungsfunktion der PV und ihres Leistungskatalogs (Abs. 2)

7 Die Funktion der PV erschöpft sich ausnahmslos in einer bloßen „Hilfe" bei der Bewältigung des Risikos Pflegebedürftigkeit (§ 1 Abs. 4). Das hierdurch bedingte komplementäre Verhältnis von solidarischer Versicherungsleistung und dem trotz des eingetretenen Versicherungsfalls verbleibenden Bereich der Eigenverantwortung außerhalb der PV betont S. 1 durch den „ergänzenden" Charakter[12] häuslicher und teilstationärer Pflege gegenüber der eigenverantwortlich sichergestellten familiären, nachbarschaftlichen oder sonstigen ehrenamtlichen Pflege als unveränderter Basis der Pflege. In den Bereichen

---

7 Pick, aaO, S. 25.
8 Reimer, aaO, S. 256.
9 Näher Berchtold in: Berchtold/Richter, § 6 Rn. 461 ff.
10 Schulin, HS-PV, S. 439.
11 Zum Erstattungsanspruch auf der Grundlage eines sozialrechtlichen Herstellungsanspruchs BSG, 30.10.2001, B 3 KR 27/01 R, BSGE 89, 50 ff.
12 Vgl. BSG, 19.2.1998, B 3 P 3/97 R, BSGE 3-3300 § 14 Nr. 2 und, 5.5.2010, B 12 R 6/09 R, BSGE 106, 126 ff.; LSG Baden Württemberg, 17.2.2012, L 4 P 2762/11.

der teil- und vollstationären Pflege werden Pflegebedürftige nur (teilweise) von den spezifisch pflegebedingten Aufwendungen entlastet. Die Aufwendungen für Unterkunft und Verpflegung verbleiben vollständig in ihrer Eigenverantwortung und sind nicht Gegenstand der PV (S. 2).

V. Zusammenarbeitsgebot (Abs. 3)

Abs. 3 verpflichtet die Gemeinschaft der am Leistungsverhältnis der sPV Beteiligten aus Pflegekassen (§ 46), Pflegeeinrichtungen (§ 71) und Pflegebedürftigen (§ 14) zur Einhaltung der Grundsätze von Wirksamkeit und Wirtschaftlichkeit (§ 29). Jede Leistung der PV muss daher konkret und generell als Hilfe bei Pflegebedürftigkeit geeignet sein. Stehen zur Erreichung eines angestrebten Erfolges mehrere Mittel zur Verfügung, ist dem ökonomischen Minimumprinzip ein zwingendes Gebot zur Wahl der kostengünstigsten Variante unter Ausgrenzung verzichtbarer Alternativen zu entnehmen. Es ist zudem Kriterium bei der Auslegung unbestimmter Rechtsbegriffe.[13]

§ 5 Prävention in Pflegeeinrichtungen, Vorrang von Prävention und medizinischer Rehabilitation

(1) ¹Die Pflegekassen sollen Leistungen zur Prävention in stationären Pflegeeinrichtungen nach § 71 Absatz 2 für in der sozialen Pflegeversicherung Versicherte erbringen, indem sie unter Beteiligung der versicherten Pflegebedürftigen und der Pflegeeinrichtung Vorschläge zur Verbesserung der gesundheitlichen Situation und zur Stärkung der gesundheitlichen Ressourcen und Fähigkeiten entwickeln sowie deren Umsetzung unterstützen. ²Die Pflichten der Pflegeeinrichtungen nach § 11 Absatz 1 bleiben unberührt. ³Der Spitzenverband Bund der Pflegekassen legt unter Einbeziehung unabhängigen Sachverstandes die Kriterien für die Leistungen nach Satz 1 fest, insbesondere hinsichtlich Inhalt, Methodik, Qualität, wissenschaftlicher Evaluation und der Messung der Erreichung der mit den Leistungen verfolgten Ziele.

(2) ¹Die Ausgaben der Pflegekassen für die Wahrnehmung ihrer Aufgaben nach Absatz 1 sollen insgesamt im Jahr 2016 für jeden ihrer Versicherten einen Betrag von 0,30 Euro umfassen. ²Die Ausgaben sind in den Folgejahren entsprechend der prozentualen Veränderung der monatlichen Bezugsgröße nach § 18 Absatz 1 des Vierten Buches anzupassen. ³Sind in einem Jahr die Ausgaben rundungsbedingt nicht anzupassen, ist die unterbliebene Anpassung bei der Berechnung der Anpassung der Ausgaben im Folgejahr zu berücksichtigen.

(3) ¹Bei der Wahrnehmung ihrer Aufgaben nach Absatz 1 sollen die Pflegekassen zusammenarbeiten und kassenübergreifende Leistungen zur Prävention erbringen. ²Erreicht eine Pflegekasse den in Absatz 2 festgelegten Betrag in einem Jahr nicht, stellt sie die nicht verausgabten Mittel im Folgejahr dem Spitzenverband Bund der Pflegekassen zur Verfügung, der die Mittel nach einem von ihm festzulegenden Schlüssel auf die Pflegekassen zur Wahrnehmung der Aufgaben nach Absatz 1 verteilt, die Kooperationsvereinbarungen zur Durchführung kassenübergreifender Leistungen geschlossen haben. ³Auf die zum Zwecke der Vorbereitung und Umsetzung der Kooperationsvereinbarungen nach Satz 2 gebildeten Arbeitsgemeinschaften findet § 94 Absatz 1 a Satz 2 und 3 des Zehnten Buches keine Anwendung.

(4) Die Pflegekassen wirken unbeschadet ihrer Aufgaben nach Absatz 1 bei den zuständigen Leistungsträgern darauf hin, dass frühzeitig alle geeigneten Leistungen zur Prävention, zur Krankenbehandlung und zur medizinischen Rehabilitation eingeleitet werden, um den Eintritt von Pflegebedürftigkeit zu vermeiden.

(5) Die Pflegekassen beteiligen sich an der nationalen Präventionsstrategie nach den §§ 20 d bis 20 f des Fünften Buches mit den Aufgaben nach den Absätzen 1 und 2.

(6) Die Leistungsträger haben im Rahmen ihres Leistungsrechts auch nach Eintritt der Pflegebedürftigkeit ihre Leistungen zur medizinischen Rehabilitation und ergänzenden Leistungen in vollem Umfang einzusetzen und darauf hinzuwirken, die Pflegebedürftigkeit zu überwinden, zu mindern sowie eine Verschlimmerung zu verhindern.

---

13 BSG, 3.11.1999, B 3 P 3/99 R, SozR 3-3300 § 40 Nr. 1 und BSG, 26.4.2001, B 3 P 24/00 R, SozR 3-3300 § 40 Nr. 5.

Literatur:

Banafsche, Zielsetzungen und Instrumente der Prävention im Sozialrecht, Prävention an der Schnittstelle von Arbeits- und Sozialrecht 2014, 7 (Sozialrecht und Sozialpolitik in Europa, Band 29); *Bublitz*, Rehabilitation vor Pflege stärken, FfG 2012, 19; *ders.*, Rehabilitation vor Pflege – Wie kann der Grundsatz Gewicht bekommen?, GSP 2016, 40; *Dangel/Kolleck/Korporal*, Rehabilitation Pflegebedürftiger, 2005; *Fuchs*, Rehabilitation vor Pflege, SozSich 2002, 154; *Hanika/Wolf*, Rehabilitation vor Pflege – Gesetzlicher Grundsatz versus Problematiken und aktuelle Umsetzung durch die GKV, PflR 2012, 346; *Klie*, Rehabilitation vor Pflege aus rechtswissenschaftlicher und sozialpolitischer Sicht, in: Das Rehabilitationsrecht in der Praxis der Sozialleistungsträger 2009, 116; *ders.*, Der Vorrang der Rehabilitation vor Pflege – nicht eingelöster Programmsatz oder programmatische Neuausrichtung des Leistungsrechts?, PflR 2005, 439; *Plute*, Vorrang der Rehabilitation vor Pflege?, Universität Kassel 2002; *Schanz*, Entwurf eines Gesetzes zur Stärkung der Gesundheitsförderung und der Prävention (Präventionsgesetz – PrävG), RDG 2015, 140; *Schneider*, Das Gesetz zur Stärkung der Gesundheitsförderung und der Prävention, SGb 2015, 599; *Udsching*, Intensivpflege in stationären Einrichtungen zwischen Kranken- und Pflegeversicherung, GuP 2015, 161; *Waßer*, Schnittstellen zwischen Kranken- und Pflegeversicherung, KrV 2015, 89; *Van den Heuvel*, Reha vor Pflege, RP-Reha 2015, Nr. 4, 43; *Welti*, Bietet das SGB XI einen geeigneten Rahmen für Teilhabe und Pflege?, ArchsozArb 2010, 46; *ders.*, Das Spannungsfeld von Pflege und Behinderung, Sozialer Fortschritt 2010, 39, *ders.*, Das Gesetz zur Stärkung der Gesundheitsförderung und der Prävention – was bringt das Präventionsgesetz?, GuP 2015, 211.

I. Entstehungsgeschichte 1	IV. Beteiligung an der nationalen Präventionsstrategie (Abs. 5) 14a
II. Normzweck 2	V. Pflichten der Rehabilitationsträger (Abs. 6) 15
II. Prävention in Pflegeeinrichtungen (Abs. 1 bis 3) 3	
III. Vermeidung von Pflegebedürftigkeit (Abs. 4) 9	

I. Entstehungsgeschichte

1 Die Vorschrift ist aufgrund von Art. 1, 68 Abs. 1 PflegeVG v. 26.5.1994 (BGBl. I, 1014) mWv 1.1.1995 in Kraft getreten. Jeweils mWv 1.7.2001 wurde in der Überschrift das Wort „medizinischer" eingefügt (Art. 10 Nr. 2 lit. a, Art. 67 SGB IX v. 19.6.2001, BGBl. I, 1046), wurde in Abs. 1 das Wort „Maßnahmen" durch das Wort „Leistungen" ersetzt und vor dem Wort „Rehabilitation" das Wort „medizinischen" eingefügt (Art. 10 Nr. 2 lit. b, Art. 67 SGB IX) und wurden in Abs. 2 die Wörter „ihre medizinischen und ergänzenden Leistungen zur Rehabilitation" durch die Wörter „ihre Leistungen zur medizinischen Rehabilitation und ergänzenden Leistungen" ersetzt (Art. 10 Nr. 2 lit. c, Art. 67 SGB IX). Die derzeitige Fassung beruht wesentlich auf Art. 6 Nr. 1 des PräventionsG v. 17.7.2015 (BGBl. I, 1368) und ist zum 25.7.2015 in Kraft getreten. Durch das PräventionsG wurden die Abs. 1 bis 3 neu eingefügt und die bisherigen Abs. 1 und 2 geringfügig verändert zu Abs. 4 und 6. Zuletzt wurde mWv 1.1.2016 durch Art. 7 PräventionsstärkungsG Abs. 3 S. 2 und 3 eingefügt.

II. Normzweck

2 Die Norm beschränkte sich ursprünglich auf die Anordnung des Vorrangs von Prävention und medizinischer Rehabilitation. Der hierzu bis 24.7.2015 geltende Abs. 1 findet sich heute in Abs. 4. Seit dem 25.7.2015 kennt die sPV erstmals eigenständige Präventionsleistungen in voll- und teilstationären Pflegeeinrichtungen nach § 71 Abs. 2 Abs. 2 (Abs. 1 bis 3). Bei dem zum selben Zeitpunkt in Kraft getretenen Abs. 5 (nationale Präventionsstrategie) handelt es sich um eine Folgeregelung zur Einführung der §§ 20d bis 20f SGB V. Abs. 6 entspricht dem bisherigen Abs. 2 (idF bis 24.7.2015) und enthält einen deklaratorischen Hinweis an die Reha-Träger, im Rahmen ihres Leistungsrechts vor und nach („auch") Eintritt des Versicherungsfalls der PV ihre Leistungen zur medizinischen Rehabilitation und ergänzende Leistungen in vollem Umfang einzusetzen, um die Pflegebedürftigkeit zu überwinden, zu mindern sowie eine Verschlimmerung zu verhindern.

II. Prävention in Pflegeeinrichtungen (Abs. 1 bis 3)

3 Abs. 1 S. 1 sieht seit dem 25.7.2015 vor, dass die Pflegekassen Leistungen zur Prävention in voll- und teilstationären Pflegeeinrichtungen nach § 71 Abs. 2 für in der sozialen Pflegeversicherung Versicherte

erbringen. Nach Auffassung der Entwurfs-Verfasser[1] enthält S. 1 für die Lebenswelt[2] der stationären pflegerischen Versorgung eine gegenüber der in § 20 Abs. 4 Nr. 2 SGB V und § 20a SGB V festgelegten Verpflichtung der Krankenkassen zur Erbringung von Leistungen zur Prävention in Lebenswelten eine spezielle Vorschrift. Für Leistungen zur Prävention, die außerhalb dieser Einrichtungen zu erbringen sind, bleiben weiterhin die Krankenkassen zuständig. S. 2 stellt klar, dass die Pflichten der Pflegeeinrichtungen nach § 11 Abs. 1, insbesondere zur Gewährleistung einer aktivierenden Pflege, unberührt bleiben. Nach S. 3 erhält der Spitzenverband Bund der Pflegekassen den Auftrag zur Konkretisierung des Präventionsauftrags der Pflegekassen. Dies entspricht dem Verfahren, wie es nach § 20 Abs. 2 S. 1 SGB V für die Präventionsleistungen der Krankenkassen vorgesehen ist. Zur Verbesserung der gesundheitlichen Situation können etwa Maßnahmen aus den Handlungsfeldern Bewegung und Ernährung beitragen wie beispielsweise die Gestaltung einer vollwertigen Ernährung mithilfe des von der Deutschen Gesellschaft für Ernährung entwickelten Qualitätsstandard für die Verpflegung in stationären Senioreneinrichtungen.[3]

Im Gegensatz zu § 20 S. 1 SGB V, der die gesetzlichen Krankenkassen ausnahmslos verpflichtet, in ihren Satzungen (gesetzlich allerdings weder nach ihrer Rechtsnatur als Pflicht- oder Ermessensleistungen noch nach ihrem Inhalt bestimmte) „Leistungen" zur primären Prävention sowie zur Gesundheitsförderung vorzusehen,[4] enthält Abs. 1 S. 1 eine **Soll-Regelung**, die die Pflegekassen jedenfalls grundsätzlich verpflichtet, zur Prävention in stationären Pflegeeinrichtung unter Beteiligung der versicherten Pflegebedürftigen und der Pflegeeinrichtung „Vorschläge zu entwickeln und zu unterstützen". Die grundsätzliche Verpflichtung (ohne Benennung denkbarer Ausnahmen) zur Erbringung hier schon unmittelbar qua lege amorpher „Leistungen" zur Erfüllung eines ebenfalls unbestimmten „Anspruchs"[5] stellt gegenüber § 20 SGB V keinen Fortschritt dar. Der Gesetzgeber nähert sich in beiden Fällen dem denkbaren **Maximum an gesetzlicher Unbestimmtheit**. Er delegiert seine Regelungsverantwortung im Ergebnis vollständig und geriert sich – wenn auch mit imposantem Textvolumen – auf mehreren Ebenen letztlich als bloßer Stichwortgeber eines bestenfalls strukturierten Dialogs. Schon der einfachgesetzliche Gesetzesvorbehalt des § 31 SGB I ist erkennbar kein Maßstab eines derartigen Vorgehens.

Abs. 1 entzieht sich der **methodengeleiteten Ermittlung eines bestimmten Regelungsgehalts**. Damit bleibt auch bereits im Ansatz offen, ob tatsächlich ein Regel-Ausnahme-Verhältnis zu krankenversicherungsrechtlichen Regelungen angenommen werden kann. Abs. 1 S. 3 überträgt zunächst dem Spitzenverband Bund der Pflegekassen die Aufgabe, unter Einbeziehung unabhängigen Sachverstands (?) die „Kriterien" für die „Leistungen" nach S. 1 insbesondere hinsichtlich „Inhalt und Methodik" festzulegen. Mangels wie immer gearteter weiterer Vorgaben könnte damit – unter Zugrundelegung einer rechtlichen Betrachtungsweise – gemeint sein, dass der Spitzenverband ermächtigt ist, durch ihrer Rechtsnatur nach unbestimmte Regelungen Ansprüche und zu ihrer Erfüllung zu erbringende „Leistungen" nach Voraussetzungen und Rechtsfolgen autonom zu bestimmen. Da es sich indessen um „Leistungen nach Satz 1", dh um bloße „Vorschläge zur Verbesserung der gesundheitlichen Situation und zur Stärkung der gesundheitlichen Ressourcen und Fähigkeiten" handelt, muss sich letztlich auch der Regelungsoutput des Spitzenverbands (anstelle vollständiger Normen mit Tatbestand und Rechtsfolge) auf eine Stoffsammlung in Gestalt der möglichen Gegenstände derartiger „Vorschläge" beschränken. Auf dieser Grundlage könnte dann zwar in Betracht kommen, dass in einem dialogischen Verfahren von Pflegekasse, versicherten Pflegebedürftigen und Pflegeeinrichtung (welcher?) „Vorschläge" der genannten Art entwickelt und deren Umsetzung unterstützt werden, doch bleibt mangels entsprechender gesetzlicher Regelungen gänzlich offen, welchen konkreten Inhalt ein entsprechender „Anspruch" bzw. eine entsprechende „Leistung" haben könnte und in welchem Verwaltungs- und Gerichtsverfahren er durchgesetzt werden könnte, wenn nicht ausnahmsweise („soll") ohnehin ein die Verwaltung befreiender Ausnahmefall (welcher?) besteht.

Unter diesen Umständen nimmt auch die weitere Aufgabe des Spitzenverbandes, Kriterien für Leistungen nach S. 1 auch hinsichtlich „Qualität, wissenschaftliche Evaluation und Messung der Erreichung der mit den Leistungen verfolgten Zielen" festzulegen (S. 3), einen wahrhaft herkulischen Umfang an.

---

1 BT-Dr. 18/4282, 46.
2 Zum Begriff s. § 20a Abs. 1 S. 1 SGB V: Für die Gesundheit bedeutsame, abgrenzbare soziale Systeme insbesondere des Wohnens, des Lernens, des Studierens, der medizinischen und pflegerischen Versorgung sowie der Freizeitgestaltung einschließlich des Sports.
3 BT-Dr. 18/4282, 46 f.
4 BT-Dr. 18/4282, 32.
5 Ebenso KassKomm/Koch, SGB XI, § 5 Rn. 4.

Empirische Nachweismöglichkeiten für die Tauglichkeit bloßer Gegenstandsbeschreibungen sowie der hierauf gründenden Entwicklung von (im Ergebnis notwendig individuellen!) Vorschlägen und deren Umsetzung drängen sich jedenfalls nicht ohne Weiteres auf. Die für die „neue Leistung" zunächst veranschlagten „rund 21 Millionen Euro"[6] jährlich können jedenfalls nicht der „demographischen Entwicklung" in Rechnung gestellt werden.

7 Nach Abs. 2 S. 1 wenden die Pflegekassen für Leistungen nach S. 1 im Jahr 2016 einen Betrag von 0,30 Euro je Versicherten auf. Dieser **Ausgaberichtwert** ist in den Folgejahren entsprechend der prozentualen Veränderung der monatlichen Bezugsgröße nach § 18 Abs. 1 SGB IV anzupassen (S. 2). Sind in einem Jahr die Ausgaben rundungsbedingt nicht anzupassen, ist nach S. 3 die unterbliebene Anpassung bei der Berechnung der Anpassung der Ausgaben im Folgejahr zu berücksichtigen. Nach der nicht begründeten Behauptung der Entwurfsverfasser umfasst dieser Wortlaut auch die „weiteren Folgejahre".[7]

8 Nach Abs. 3 S. 1 sollen die Pflegekassen bei der Wahrnehmung ihrer Aufgaben nach Abs. 1 zusammenarbeiten und kassenübergreifende Leistungen zur Prävention erbringen. Die gut gemeinte Regelung zielt nach der Entwurfsbegründung[8] darauf ab, durch eine Bündelung der von den Pflegekassen nach Abs. 2 zu verausgabenden Mittel die Effizienz und die Effektivität der Leistungen zur Prävention in stationären Pflegeeinrichtungen zu steigern. Es bleibt indessen bereits offen, wie im Einzelfall zu entwickelnde und zu unterstützende Vorschläge kassenübergreifend erbracht werden könnten. Erreicht eine Pflegekasse den in Abs. 2 festgelegten Betrag in einem Jahr nicht, stellt sie nach dem zum 1.1.2016 in Kraft getretenen Abs. 3 S. 2 die nicht verausgabten Mittel im Folgejahr dem Spitzenverband Bund der Pflegekassen zur Verfügung, der die Mittel nach einem von ihm festzulegenden Schlüssel auf die Pflegekassen zur Wahrnehmung der Aufgabe nach Abs. 1 verteilt, die Kooperationsvereinbarungen zur Durchführung kassenübergreifender Leistungen geschlossen haben. Hiermit soll für die Pflegekassen ein finanzieller Anreiz geschaffen werden, den Betrag nach Abs. 2 S. 1 für Leistungen zur Prävention in stationären Pflegeeinrichtungen in voller Höhe auszugeben. Im Blick auf die dargestellte Unmöglichkeit einer derartigen Aufgabenerfüllung könnte hierin ein finanzieller Anreiz liegen, die vorgesehenen Mittel in jedem Fall auszugeben oder beim Spitzenverband einen rasch wachsenden Fond aufzubauen. Auf die zum Zwecke der Vorbereitung und Umsetzung der Kooperationsvereinbarungen nach S. 2 gebildeten Arbeitsgemeinschaften findet § 94 Abs. 1 a S. 2 und 3 des Zehnten Buches keine Anwendung (S. 3 in der ebenfalls zum 1.1.2016 in Kraft getretenen Fassung). Dies soll der Verfahrensvereinfachung dienen, indem die zum Zwecke der Erarbeitung und Durchführung von Kooperationsvereinbarungen erfolgende Bildung von Arbeitsgemeinschaften der Krankenkassen" nicht der vorherigen Unterrichtung der Aufsichtsbehörden bedarf.[9]

III. Vermeidung von Pflegebedürftigkeit (Abs. 4)

9 Abs. 4 (idF ab 25.7.2015) entspricht mit redaktionellen Anpassungen dem bisherigen Abs. 1. Der hierin zum Ausdruck kommende „Vorrang" von Prävention und medizinischer Rehabilitation bedeutet de lege lata idealiter, dass Pflegebedürftigkeit vermieden oder zumindest vermindert oder ihr Eintreten hinausgezögert werden kann, um im Wesentlichen als kompensatorisch verstandene Pflegeleistungen der nachrangig zuständigen Pflegekassen soweit und solange wie möglich in den Hintergrund treten zu lassen. Es handelt sich um einen bloßen Programmsatz, dem ein anspruchsvernichtender Charakter nicht zukommt. Soweit Abs. 4 insofern eine normative Anordnung für den Bereich der sPV verlautbart, geht auch diese faktisch weitgehend ins Leere. Der Anwendungsbereich von Abs. 4 ist insofern zeitlich auf den Zeitraum vor Eintritt der Pflegebedürftigkeit und sachlich auf Maßnahmen der Prävention und der Krankenbehandlung beschränkt. Er verpflichtet die Pflegekassen, die ihrerseits weder über ein wirksames (s. vorstehend zu Abs. 1–3) Instrumentarium zur Prävention noch zur Krankenbehandlung verfügen, zum (frühzeitigen) Einwirken auf die zuständigen Leistungsträger. Ziel dieser Einwirkung ist die frühzeitige Erbringung aller geeigneten Leistungen der Prävention und der Krankenbehandlung zur Vermeidung des Eintritts von Pflegebedürftigkeit. Hinsichtlich der Pflicht zur Einwirkung auf Rehabilitationsträger ist die Rechtslage spezialgesetzlich geregelt und kommt dem – vordergründig auf Zeiten vor Eintritt des Versicherungsfalls begrenzten – Abs. 4 nur deklaratorische Wirkung zu.

---

6 BT-Dr. 18/4282, 4.
7 BT-Dr. 18/4282, 42.
8 BT-Dr. 18/4282, 47.
9 BT-Dr. 18/4282, 48.

Abs. 4 enthält – zeitlich und sachlich partiell spiegelbildlich – einen **deklaratorischen Hinweis** an die 10
Reha-Träger, im Rahmen ihres Leistungsrechts vor und nach („auch") Eintritt des Versicherungsfalls
der PV ihre Leistungen zur medizinischen Rehabilitation und ergänzende Leistungen in vollem Umfang einzusetzen, um die Pflegebedürftigkeit zu überwinden, zu mindern sowie eine Verschlimmerung
zu verhindern. Insgesamt repräsentiert § 5 auch weiterhin eher die insgesamt wirren Verhältnisse beim
Abgleich des rehabilitationsfernen Leistungsrechts der PV mit anderen Bereichen des Sozialgesetzbuchs, als dass ihm eine „klarstellende" Einweisung oder gar konkrete Ansprüche entnommen könnte.

Abs. 4 verpflichtet die Pflegekassen (unbeschadet ihrer Aufgaben nach Abs. 1) zu einem aktivierenden 11
Verhalten („Hinwirken") gegenüber „den zuständigen Leistungsträgern", das faktisch nur in engen
Grenzen möglich und rechtlich mangels näherer Ausgestaltung nicht zulässig ist. **Präventive Leistungen**
durch die Pflegekassen selbst kommen trotz Abs. 1–3 mangels gesetzlicher Grundlage weiterhin kaum
in Betracht. Ein Einwirken auf die im Rahmen der medizinischen Vorsorge auch zur Vermeidung von
Pflegebedürftigkeit berufenen Krankenkassen (§ 23 Abs. 1 Nr. 4 SGB V) ist regelmäßig schon mangels
eigener Kenntnis ausgeschlossen. Wie § 7 Abs. 1, 2, § 7a Abs. 1 S. 2 Nr. 2, S. 8, und § 31 Abs. 3 iVm
§ 18 Abs. 1 S. 4, Abs. 6 S. 1 mittelbar zeigt, kommt ein derartiges Verhalten frühestens in Betracht,
wenn die PK im Blick auf ihre eigene Leistungspflicht zur Prüfung berufen ist und ggf. vom medizinischen Dienst im Rahmen des Pflegegutachtens informiert wird. Eine verfahrensrechtliche Ausgestaltung der „Einwirkung" einschließlich der Ermächtigung zur Weitergabe von Daten fehlt vollständig.
Letztendlich kommt ihr damit allenfalls der Charakter einer unverbindlichen Anregung zu. Umgekehrt
sind die Krankenkassen zur Beteiligung der Pflegekassen weder verpflichtet noch ermächtigt.

Noch schwächer sind die Möglichkeiten der Pflegekassen hinsichtlich der **Einleitung und Durchfüh-** 12
rung von Krankenbehandlung (§ 27 SGB V) ausgestaltet. Zwar ist es auch Ziel der Krankenbehandlung, Pflegebedürftigkeit zu vermeiden, zu überwinden, zu mindern und eine Verschlimmerung zu verhüten (§ 26 Abs. 1 Nr. 2, § 27 SGB IX). Anders als hinsichtlich der Prävention fehlt es indessen selbst
an Andeutungen einer Möglichkeit der rechtzeitigen Gewinnung einschlägiger eigener Kenntnisse der
Pflegekassen. Insbesondere erstreckt sich das Gutachten des Medizinischen Dienstes nach § 18 Abs. 1
S. 3, Abs. 6 S. 1 nicht auf Maßnahmen der Krankenbehandlung zur Vermeidung des Eintritts von Pflegebedürftigkeit. Eine verfahrensrechtliche Ausgestaltung fehlt auch im Übrigen ebenso wie bei Maßnahmen der Prävention.

Die Träger der sPV sind unverändert nicht selbst **Rehabilitationsträger** iS von § 6 SGB IX und nur be- 13
schränkt selbst zur Rehabilitation berufen (§ 32 SGB XI, § 11 Abs. 2 S. 2 SGB V). Ein frühzeitiges Einwirken auf die Rehabilitationsträger mit dem Ziel eines frühzeitigen rehabilitativen Eingreifens zur
Vermeidung von Pflegebedürftigkeit kommt faktisch auch insofern regelmäßig erst aus Anlass der Prüfung der eigenen Leistungszuständigkeit und ab diesem Zeitpunkt in Betracht. Nur insofern ermöglicht der Wortlaut von § 31 Abs. 3 iVm § 18 Abs. 1 S. 4, Abs. 6 S. 2 die Feststellung von Rehabilitationsbedürftigkeit durch die Pflegekassen als Voraussetzung der unverzüglichen Information des Versicherten (§ 31 Abs. 3 S. 1, 2) und ggf. einer – hier intensivierten – „Einwirkung" in Gestalt der unmittelbaren Einleitung des Verfahrens nach § 14 SGB IX (§ 31 Abs. 3 S. 3). Wie § 31 Abs. 2, § 32 zeigen,
ist der Aufgabenbereich der Pflegekassen insofern bereits vor Eintritt des Versicherungsfalls und nach
Wortlaut und Gesamtzusammenhang des § 31 erst danach eröffnet, so dass es keiner „weiten
Auslegung" des insofern nur deklaratorischen Abs. 1 bedarf. Rehabilitation ist in jeder Phase der Pflegebedürftigkeit möglich. Auch die zusätzliche Aufgabe der gutachterlichen Feststellungen nach § 18
Abs. 6, im Einzelfall die Erforderlichkeit medizinischer Rehabilitationsmaßnahmen festzustellen, belegt im Übrigen, dass die verbreitete Begutachtung allein durch „Pflegefachkräfte" rechtlich nicht in
Betracht kommt (→ § 4 Rn. 4).

Ob allerdings die Feststellung des Medizinischen Dienstes tatsächlich zu einem „Anspruch" des Versi- 14
cherten führt (§ 18 Abs. 1 S. 3) und welches genau die verfahrensrechtlichen Auswirkungen der Initiative der Pflegekasse hinsichtlich der Erbringung von Rehabilitationsleistungen sind, ist völlig ungeklärt. Zudem ist der Aspekt rehabilitativer Leistungen zugunsten der sPV von rechtlich wie ökonomisch geringem Gewicht. Vermeidung, Beseitigung, Verhütung einer Verschlimmerung oder Milderung
ihrer Folgen sind jeweils nur als ein Element neben anderen im Rahmen der von den Rehabilitationsträgern zu treffenden Ermessensentscheidungen zu berücksichtigen (§ 5 Nr. 1, § 6 Abs. 1, 7 S. 1
SGB IX, § 11 Abs. 2, § 40 Abs. 3 S. 1 SGB V, § 13 Abs. 1 S. 1, § 15 Abs. 1 S. 1 SGB VI, § 27 Abs. 5
SGB VII, § 12 Abs. 1 S. 2 BVG, § 53 Abs. 3, 4 SGB XII). Zudem wirkt sich der Erfolg durch Rehabilitation ersparter Leistungen vorliegend nicht zugunsten des Rehabilitationsträgers selbst aus. Den
Strafzahlungen nach § 40 Abs. 3 S. 6 SGB V und der Möglichkeit der Pflegekassen, selbst vorläufige

Leistungen zur medizinischen Rehabilitation zu erbringen (§ 32), kommt im Blick darauf, dass die Amtswalter in Organen der Kranken- und der Pflegekassen identisch sind, von vornherein eine eher geringe Bedeutung zu. Schließlich ist naturgemäß das Interesse von vollstationären Einrichtungen (§ 43), durch aktivierende (§ 11 Abs. 2 S. 2 SGB V) und rehabilitative Maßnahmen zu einer Absenkung der Pflegestufe oder Beseitigung der Pflegebedürftigkeit beizutragen, nur gering ausgeprägt.

IV. Beteiligung an der nationalen Präventionsstrategie (Abs. 5)

14a Es handelt sich um eine Folgeänderung zur Einfügung der §§ 20d bis 20g SGB V. Nach § 20d Abs. 1 SGB V entwickeln die Krankenkassen im Interesse einer wirksamen und zielgerichteten Gesundheitsförderung und Prävention mit den Trägern der gesetzlichen Rentenversicherung, der gesetzlichen Unfallversicherung und den Pflegekassen eine gemeinsame nationale Präventionsstrategie und gewährleisten ihre Umsetzung und Fortschreibung im Rahmen der Nationalen Präventionskonferenz nach § 20e. Der auf die §§ 20d bis 20f. SGB V beschränkte Verweis des Abs. 5 schließt die Pflegekassen von der Beteiligung an Modellvorhaben nach § 20g SGB V aus.

V. Pflichten der Rehabilitationsträger (Abs. 6)

15 Rehabilitation ist in jeder Phase der Pflegebedürftigkeit möglich.[10] Auch nach ihrem Eintritt haben daher die Rehabilitationsträger den Aspekt der Überwindung bzw. Minderung von Pflegebedürftigkeit sowie der Verhinderung einer Verschlimmerung in die ihnen jeweils obliegende Ermessensentscheidung einzubeziehen. Abs. 2 (bis zum 24.7.2015) bzw. (ab 25.7.2015 gleichlautend) Abs. 6 enthält gegenüber diesem bereits durch das Leistungsrecht der Rehabilitationsträger abgesicherten Grundsatz nicht substanziell Neues. Er ist lediglich deklaratorischer Natur und leistet demgemäß auch keinen Beitrag zu der dringend anstehenden Abstimmung von SGB IX und SGB XI.

§ 6 Eigenverantwortung

(1) Die Versicherten sollen durch gesundheitsbewußte Lebensführung, durch frühzeitige Beteiligung an Vorsorgemaßnahmen und durch aktive Mitwirkung an Krankenbehandlung und Leistungen zur medizinischen Rehabilitation dazu beitragen, Pflegebedürftigkeit zu vermeiden.
(2) Nach Eintritt der Pflegebedürftigkeit haben die Pflegebedürftigen an Leistungen zur medizinischen Rehabilitation und der aktivierenden Pflege mitzuwirken, um die Pflegebedürftigkeit zu überwinden, zu mindern oder eine Verschlimmerung zu verhindern.

Literatur:

Felten, Eigenverantwortung und Solidarität in der Sozialversicherung – ein Widerspruch?, ZAS Öst 2015, 251; *Grühn*, Gesundheitsbezogene Handlungspflichten der Versicherten in der Sozialversicherung als Dimension von Eigenverantwortung und Solidarität, 2001; *Hanika/Wolf*, Rehabilitation vor Pflege – Gesetzlicher Grundsatz versus Problematiken und aktuelle Umsetzung durch die GK, PflR 2012, 346; *Schulin*, Die soziale Pflegeversicherung des SGB XI – Grundstrukturen und Probleme, NZS 1994, 433; *Trenck-Hinterberger*, Eigenverantwortung in der sozialen Pflegeversicherung, Verfassung, Theorie und Praxis des Sozialstaats 1998, 1163.

I. Entstehungsgeschichte

1 Die Vorschrift ist aufgrund von Art. 1, 68 Abs. 1 PflegeVG v. 26.5.1994 (BGBl. I, 1014) mWv 1.1.1995 in Kraft getreten. Jeweils mWv 1.7.2001 wurden in Abs. 1 die Wörter „medizinischer Rehabilitation" durch die Wörter „Leistungen zur medizinischen Rehabilitation" ersetzt (Art. 10 Nr. 3 Buchst. a, Art. 67 SGB IX v. 19.6.2001, BGBl. I, 1046) und in Abs. 2 die Wörter „Maßnahmen der medizinischen Rehabilitation" durch die Wörter „Leistungen zur medizinischen Rehabilitation" ersetzt (Art. 10 Nr. 3 Buchst. b, Art. 67 SGB IX).

---

10 Welti, ArchsozArb 2010 Nr. 3, S. 46, 53.

II. Normzweck

Abs. 1 entspricht im Wesentlichen § 1 S. 2 Hs. 2 SGB V. Wie dieser enthält die Vorschrift nur die selbstverständliche Andeutung fehlender Allzuständigkeit der Solidargemeinschaft der PV und den überwiegend undeutlichen Hinweis auf einen komplementär koexistierenden Bereich der Eigenverantwortung der Versicherten. Ungeachtet seines vordergründig zwingenden Wortlauts („haben ... mitzuwirken") bleibt auch der Verstoß des Pflegebedürftigen gegen die dort normierten Handlungsgebote regelmäßig ohne Konsequenzen. Letztendlich hat auch § 6 damit überwiegend bloßen Appellcharakter.

III. Eigenverantwortung (Abs. 1)

Entgegen dem vom Wortlaut erweckten Eindruck handelt es sich bei Abs. 1 um eine lediglich programmatische Vorschrift ohne echten Regelungsgehalt.[1] Die Vorschrift betrifft den Zeitraum **vor Eintritt des Versicherungsfalls**. Der Aufforderung („sollen"), durch „gesundheitsbewusste Lebensführung," „frühzeitige Beteiligung an Vorsorgemaßnahmen" und durch „aktive Mitwirkung an Krankenbehandlung und Leistungen zur medizinischen Rehabilitation", und durch „frühzeitigen Beteiligung an Vorsorgemaßnahmen" dazu beizutragen „Pflegebedürftigkeit zu vermeiden," kann schon wegen der grundsätzlichen Unbeachtlichkeit der Ursache der Pflegebedürftigkeit nicht viel mehr als ein philosophisch-ethischer Appell entnommen werden. Versicherte sollen hiernach trotz der grundsätzlich zwangsweisen Unterstellung unter das Regime des Systems für ihre Fähigkeit zur selbstständigen Lebensführung „mit" verantwortlich sein und der PV dem gemäß hinsichtlich des versicherten Gutes und des versicherten Wagnisses jedenfalls keine Allzuständigkeit zukommen.

Leistungsrechtliche Rechtsfolgen in der PV sind dagegen nicht angeordnet.[2] Sie kommen vor Eintritt des Versicherungsfalls ohnehin nicht in Betracht. Auch § 66 SGB I ist nicht anwendbar. Vor Eintritt des Versicherungsfalls fehlt es auch insofern von vornherein an einer Sanktionsmöglichkeit durch vorläufige Versagung oder Entziehung von Pflegeleistungen. Die Verpflichtungen nach § 7 Abs. 1, 2 ändern hieran nichts.

IV. Pflicht zur Mitwirkung (Abs. 2)

Abs. 2 betrifft den Zeitraum nach Eintritt des Versicherungsfalls. Trotz des verschärften Wortlauts („haben ... zu") handelt es sich auch insofern im Wesentlichen um eine bloße Zielbestimmung ohne normativen Regelungsgehalt.[3] „Mitwirkung" an einer Leistung zur medizinischen Rehabilitation kommt nämlich erst in Betracht, wenn zunächst deren Voraussetzungen vorliegen.

Zwar ist Rehabilitation ist in jeder Phase der Pflegebedürftigkeit möglich,[4] doch ist ihre Erbringung grundsätzlich von einem Antrag des Versicherten beim zuständigen Rehabilitationsträger (§ 6 SGB IX) abhängig (§ 18 a Abs. 1 – eingefügt durch das Pflege-Neuausrichtungsgesetz, § 19 SGB IV, § 31 Abs. 3 S. 3, § 32 Abs. 2). Solange es hieran fehlt, sind Leistungen zur Rehabilitation ausgeschlossen. Da indessen die Verweigerung eines derartigen Antrages bzw. der Zustimmung im Verfahren nach § 31 Abs. 3 ihrerseits – wie etwa in § 51 SGB V – nicht sanktionsbewehrt ist,[5] bleibt sie leistungsrechtlich folgenlos. Auch § 66 SGB I ist nicht anwendbar; die Antragsstellung ist von den Mitwirkungspflichten nach den §§ 60 ff. SGB I nicht umfasst.

Ist allerdings dem Pflegebedürftigen auf seinen entsprechenden Antrag eine Rehabilitationsleistung bewilligt worden, liegen ausnahmsweise die Voraussetzungen einer vorläufigen Leistungserbringung durch die Pflegekasse vor oder geht es um die originär von dieser zu erbringende (individualisierbare) Leistung der aktivierenden Pflege (§ 11 Abs. 2 S. 2 SGB V), hat er in den Grenzen des § 65 SGB I an diesen Maßnahmen – ungeachtet des Umstands, von welchem Träger sie zu erbringen sind – auch mitzuwirken. § 6 Abs. 2 ist insofern inhaltsgleich mit § 62 SGB I dessen weit zu verstehender Begriff der „Heilbehandlung" auch Leistungen der genannten Art mit umfasst.[6] Unter den weiteren Voraussetzungen des § 66 Abs. 2, 3 SGB I kommt daher insofern ggf. auch die Versagung/Entziehung von Pflegeleistungen in Betracht.

---

1 Schulin, NZS 1994, 437.
2 Schulin, NZS 1994, 438.
3 Schulin, NZS 1994, 438.
4 Welti, ArchsozArb 2010 Nr. 3, S. 46, 53.
5 Schulin, NZS 1994, 438.
6 Verbandskommentar GRV, Stand: Dezember 2005, § 63 Rn. 5; Mrozynski, Kommentar zum SGB I, 4. Aufl. 2010, § 63 Rn. 5; Sichert in: Hauck/Noftz, SGB I, Stand: Dezember 2010, § 63 Rn. 13.

§ 7 Aufklärung, Auskunft

(1) Die Pflegekassen haben die Eigenverantwortung der Versicherten durch Aufklärung und Auskunft über eine gesunde, der Pflegebedürftigkeit vorbeugende Lebensführung zu unterstützen und auf die Teilnahme an gesundheitsfördernden Maßnahmen hinzuwirken.

(2) ¹Die Pflegekassen haben die Versicherten und ihre Angehörigen und Lebenspartner in den mit der Pflegebedürftigkeit zusammenhängenden Fragen, insbesondere über die Leistungen der Pflegekassen sowie über die Leistungen und Hilfen anderer Träger, in für sie verständlicher Weise zu informieren und darüber aufzuklären, dass ein Anspruch besteht auf die Übermittlung

1. des Gutachtens des Medizinischen Dienstes der Krankenversicherung oder eines anderen von der Pflegekasse beauftragten Gutachters sowie
2. der gesonderten Präventions- und Rehabilitationsempfehlung gemäß § 18a Absatz 1.

²Mit Einwilligung des Versicherten haben der behandelnde Arzt, das Krankenhaus, die Rehabilitations- und Vorsorgeeinrichtungen sowie die Sozialleistungsträger unverzüglich die zuständige Pflegekasse zu benachrichtigen, wenn sich der Eintritt von Pflegebedürftigkeit abzeichnet oder wenn Pflegebedürftigkeit festgestellt wird. ³Die zuständige Pflegekasse informiert die Versicherten unverzüglich nach Eingang eines Antrags auf Leistungen nach diesem Buch insbesondere über ihren Anspruch auf die unentgeltliche Pflegeberatung nach § 7a, den nächstgelegenen Pflegestützpunkt nach § 7c sowie die Leistungs- und Preisvergleichsliste nach Absatz 3. ⁴Ebenso gibt die zuständige Pflegekasse Auskunft über die in ihren Verträgen zur integrierten Versorgung nach § 92b Absatz 2 getroffenen Festlegungen, insbesondere zu Art, Inhalt und Umfang der zu erbringenden Leistungen und der für die Versicherten entstehenden Kosten, und veröffentlicht diese Angaben auf einer eigenen Internetseite.

(3) ¹Zur Unterstützung der pflegebedürftigen Person bei der Ausübung ihres Wahlrechts nach § 2 Absatz 2 sowie zur Förderung des Wettbewerbs und der Überschaubarkeit des vorhandenen Angebots hat die zuständige Pflegekasse der antragstellenden Person auf Anforderung unverzüglich und in geeigneter Form eine Leistungs- und Preisvergleichsliste zu übermitteln; die Leistungs- und Preisvergleichsliste muss für den Einzugsbereich der antragstellenden Person, in dem die pflegerische Versorgung und Betreuung gewährleistet werden soll, die Leistungen und Vergütungen der zugelassenen Pflegeeinrichtungen, die Angebote zur Unterstützung im Alltag nach § 45a sowie Angaben zur Person des zugelassenen oder anerkannten Leistungserbringers enthalten. ²Die Landesverbände der Pflegekassen erstellen eine Leistungs- und Preisvergleichsliste nach Satz 1, aktualisieren diese einmal im Quartal und veröffentlichen sie auf einer eigenen Internetseite. ³Die Liste hat zumindest die jeweils geltenden Festlegungen der Vergütungsvereinbarungen nach dem Achten Kapitel sowie die im Rahmen der Vereinbarungen nach Absatz 4 übermittelten Angaben zu Art, Inhalt und Umfang der Angebote sowie zu den Kosten in einer Form zu enthalten, die einen regionalen Vergleich von Angeboten und Kosten und der regionalen Verfügbarkeit ermöglicht. ⁴Auf der Internetseite nach Satz 2 sind auch die nach § 115 Absatz 1a veröffentlichten Ergebnisse der Qualitätsprüfungen und die nach § 115 Absatz 1b veröffentlichten Informationen zu berücksichtigen. ⁵Die Leistungs- und Preisvergleichsliste ist der Pflegekasse sowie dem Verband der privaten Krankenversicherung e.V. für die Wahrnehmung ihrer Aufgaben nach diesem Buch und zur Veröffentlichung nach Absatz 2 Satz 4 und 5 vom Landesverband der Pflegekassen durch elektronische Datenübertragung zur Verfügung zu stellen. ⁶Die Landesverbände der Pflegekassen erarbeiten Nutzungsbedingungen für eine zweckgerechte, nicht gewerbliche Nutzung der Angaben nach Satz 1 durch Dritte; die Übermittlung der Angaben erfolgt gegen Verwaltungskostenersatz, es sei denn, es handelt sich bei den Dritten um öffentlich-rechtliche Stellen.

(4) ¹Im Einvernehmen mit den zuständigen obersten Landesbehörden vereinbaren die Landesverbände der Pflegekassen gemeinsam mit den nach Landesrecht zuständigen Stellen für die Anerkennung der Angebote zur Unterstützung im Alltag nach den Vorschriften dieses Buches das Nähere zur Übermittlung von Angaben im Wege elektronischer Datenübertragung insbesondere zu Art, Inhalt und Umfang der Angebote, Kosten und regionaler Verfügbarkeit dieser Angebote einschließlich der Finanzierung des Verfahrens für die Übermittlung. ²Träger weiterer Angebote, in denen Leistungen zur medizinischen Vorsorge und Rehabilitation, zur Teilhabe am Arbeitsleben oder Leben in der Gemeinschaft, zur schulischen Ausbildung oder Erziehung kranker oder behinderter Kinder, zur Alltagsunterstützung und zum Wohnen im Vordergrund stehen, können an Vereinbarungen nach Satz 1 beteiligt werden, falls sie insbesondere die Angaben nach Satz 1 im Wege der von den Parteien nach Satz 1 vorgesehenen Form der elektronischen Datenübertragung unentgeltlich bereitstellen. ³Dazu gehören auch Angebote der Träger von Leistungen der Eingliederungshilfe, soweit diese in der vorgesehenen Form der elektro-

nischen Datenübermittlung kostenfrei bereitgestellt werden. ⁴Der Spitzenverband Bund der Pflegekassen gibt Empfehlungen für einen bundesweit einheitlichen technischen Standard zur elektronischen Datenübermittlung ab. ⁵Die Empfehlungen bedürfen der Zustimmung der Länder.

Literatur:
Fuchs, Anspruch auf Versorgungsmanagement für Menschen mit Pflegebedarf, SozSich 2007, 338; *Kramer*, Die Beratungspflicht der Krankenkassen, ErsK 2003, 32; *Langer*, Anspruch gegen die Pflegekasse bei Pflichtverstoß des Hausarztes, RdLH 2011, 17; *Poguntke-Rauer*, BlWohlPfl 2000, 104; *Schmidt*, Das Dritte Pflegestärkungsgesetz, NZS 2017, 207.

I. Entstehungsgeschichte

Die Vorschrift ist mWv 1.1.1995 aufgrund von Art. 1 Art. 1, 68 Abs. 1 PflegeVG v. 26.5.1994 (BGBl. I, 1014) mWv 1.1.1995 in Kraft getreten. Durch Art. 3 § 56 Nr. 2 des Gesetzes zur Beendigung der Diskriminierung gleichgeschlechtlicher Gemeinschaften/Lebenspartnerschaften v. 16.2.2001 (BGBl. I, 226) wurden aufgrund der Anpassung v. Abs. 2 S. 1 mWv 1.8.2001 auch Lebenspartner anspruchsberechtigt. MWv 1.1.2002 wurden durch das Pflege-Qualitätssicherungsgesetz v. 9.9.2001 (BGBl. I, 2320) die Absätze 3 und 4 eingefügt. Durch das Pflege-Weiterentwicklungsgesetz v. 28.5.2008 (BGBl. I, 874) hat Abs. 3 mWv 1.7.2008 seine geltende Fassung erhalten. Durch Art. 1 Nr. 2 des Pflege-Neuausrichtungs-Gesetzes v. 23.10.2012 (BGBl. I, 2246) wurde Abs. 2 S. 1 neu gefasst. MWv 1.1.2015 wurde Abs. 3 S. 6 geändert durch Art. 1 Nr. 2 des Ersten Gesetzes zur Stärkung der pflegerischen Versorgung und zur Änderung weiterer Vorschriften (Erstes Pflegestärkungsgesetz – PSG I) vom 17.12.2014[1] (→ Rn. 12). Durch Art. 1 Nr. 3 des Zweiten Pflegestärkungsgesetzes (PSG II) vom 21.12.2015 (BGBl. I, 2424) wurde § 7 zum 1.1.2016 erheblich verändert. Durch Art. 2 Nr. 4 des PSG II wurden Abs. 3 S. 1 und Abs. 4 S. 1 mWv 1.1.2017 geändert. Zuletzt erfolgten weitere Änderungen durch Art. 1 Nr. 1a des **Dritten Pflegestärkungsgesetzes (PSG III)** v. 23.12.2016 (BGBl. I, 3191), wodurch teilweise zum selben Zeitpunkt bereits vorgesehene Änderungen durch das PSG II obsolet wurden.

II. Normzweck

Der Anwendungsbereich der Norm ist auf die sPV beschränkt. Die Textmasse von § 7 ist umgekehrt proportional zu seiner inhaltlichen Bedeutung kontinuierlich angewachsen. Die Vorschrift geht von der zutreffenden Erwägung aus, dass **Eigenverantwortung und Mitwirkung** (§ 6) sowie die Ausübung von Wunsch- und Wahlrechten (§ 2 Abs. 2) – zumindest – einer umfassenden Aufklärung und Information bedürfen. Das PSG II hat die Regelungen zur Pflegeberatung insgesamt § 7 a zugewiesen und geht hinsichtlich der verbliebenen Aufgaben der Auskunft und Aufklärung durch Information der Versicherten erkennbar von einem niedrigen Niveau aus. So sollen insbesondere „Aufklärung und Auskunft" auch durch Mitarbeiter(innen) der Pflegekassen ohne Qualifikation als Pflegeberater(in) wahrgenommen werden können.[2] Die Akzentverschiebung von der Beratung zur Auskunft führt zu einer führt letztlich zu einer **Entindividualisierung** der Regelung.[3] § 7, geht insofern allerdings nicht wesentlich über § 15 SGB I hinaus, den er für seinen (weiten, alle sozialen Angelegenheiten nach dem Sozialgesetzbuch umfassenden) Anwendungsbereich als *lex specialis* verdrängt,[4] und leidet darüber hinaus an der Schwäche der Positionen, über die informiert werden soll. Ein Zusatznutzen erschließt sich nicht ohne Weiteres.

III. Verpflichtung zur Aufklärung, Auskunft und Information (Abs. 1, 2)

Abs. 1, der nach dem Vorbild des § 1 S. 3 SGB V formuliert ist, dient der **Eigenverantwortung** der Versicherten (§ 6) durch (insbesondere vorbeugende allgemeine) Aufklärung und Auskunft. Auch wenn der Kreis der Betroffenen (Versicherte) enger ist als derjenige des § 13 SGB I („Bevölkerung") kann davon ausgegangen werden, dass „**Aufklärung**" auch hier nur die Vermittlung allgemeiner gesundheitspolitischer Informationen betrifft, ohne dass der Einzelne hierauf einen eigenen Anspruch hätte.[5] Konsequenzen bei einem Verstoß, insbesondere ein sozialrechtlicher Herstellungsanspruch wegen Verlet-

---

1 BGBl. I, 2222.
2 BT-Dr. 18/5926, S. 83.
3 Reimer, SGb 2016, 252 ff, 253.
4 BT-Dr. 18/5926, S. 83.
5 Vgl. BSG, 21.6.1990, 12 RK 27/88, BSGE 67, 90 ff.

zung der Pflicht zur Aufklärung, scheiden schon deshalb grundsätzlich aus.[6] Nichts anderes gilt ungeachtet des Umstandes, dass hierauf ein Rechtsanspruch besteht, grundsätzlich auch für die am Informationsinteresse des Einzelnen orientierte „Auskunft" (§ 15 Abs. 2 SGB I). Regelmäßig sind nämlich die nach § 6 dem Versicherten abverlangten Verhaltensweisen entweder ohne rechtlichen Gehalt oder jedenfalls folgenlos, so dass auch der auf ein derartiges Verhalten gerichteten Auskunft keine weitergehende Bedeutung zukommen kann (→ § 6 Rn. 3 bis 5). Soweit konkret die Teilnahme an einer von einem anderen Leistungsträger bewilligten Maßnahme der Rehabilitation in Frage steht und insofern eine Mitwirkungspflicht des Versicherten in Betracht kommt (→ § 6 Rn. 6), geht § 66 Abs. 3 SGB I als *lex specialis* dem § 7 Abs. 1 vor.

4 **Abs. 2 S. 1** wiederholt der Sache nach zunächst die **Informations- und Aufklärungspflicht** aus konkretem Anlass,[7] die die Pflegekassen bereits nach § 15 Abs. 1, 2 SGB I auch „zu den mit der Pflegebedürftigkeit zusammenhängenden Fragen" treffen. Er betont seit der Neufassung ab 30.10.2012 nochmals gesondert den Aspekt der **Verständlichkeit**. Dass der Gesetzgeber mit dem Begriff der „**Information**", der wohl an die Stelle der bis 31.12.2015 maßgeblichen „Unterrichtung" getreten ist, eine rechtlich eigenständige Kategorie der Kenntnisvermittlung schaffen wollte, erscheint eher unwahrscheinlich. Im Blick auf die Überschrift („Aufklärung, Auskunft") liegt näher, dass es sich um ein Synonym für „Aufklärung" und damit lediglich eine andere Bezeichnung für die Verpflichtung zur Verlautbarung allgemeiner Informationen handeln soll. Die von Abs. 1 S. 1 bis zum 31.12.2016 mit umfasste und nunmehr in § 7a überführte einzelfallbezogene „**Beratung**" bezieht sich dagegen auf die sich aus der jeweiligen sachlich-rechtlichen Konstellation ergebenden individuellen Handlungsalternativen und umfasst damit auch das bloße Element der Information über die einschlägigen sachlichen und rechtlichen Gegebenheiten nach § 15 SGB I. Der Informationsanspruch steht neben dem Versicherten selbst ausdrücklich (nur) „**Angehörigen**" (vgl. etwa § 16 Abs. 5 SGB X) und „**Lebenspartnern**" (§ 1 Abs. 1 S. 1 LebenspartnerschaftsG) zu, nicht dagegen „allen ehrenamtlich pflegenden Kräften". Erhebung, Verarbeitung und Nutzung von Individualdaten steht im Übrigen (bis 31.12.2015) in allen Fällen der Beteiligung Dritter unter dem Vorbehalt des S. 3 (zur „Begründung" für die Aufhebung durch das PSG III s. BT-Dr. 18/10510, 105).

5 Inhaltlich kommt wie bei § 15 Abs. 1, 2 auch in Betracht, dass nicht nur Fragen des Leistungsverhältnisses – einschließlich der Leistungen anderer Träger – Anlass zu Auskunft und Beratung geben können, sondern auch solche zum **Deckungsverhältnis**, also insbesondere etwa solche zur Aufrechterhaltung des Versicherungsschutzes in der sPV.[8] Deckungsgleiche Verpflichtungen der Krankenkasse werden hierdurch nicht von vornherein verdrängt.[9] Allerdings gebietet die Doppelfunktion der Krankenkassen und ihrer Organe – zum Einen Handeln im eigenen Namen und in eigener Zuständigkeit, zum anderen Handeln zur Erfüllung der Aufgaben im Rahmen der sPV und im Namen der Pflegekasse – in besonderer Weise eine einheitliche Auskunftserteilung nach § 15 Abs. 3 SGB I.

6 Seit dem 30.10.2012 verpflichtet S. 1 die Pflegekassen zusätzlich zur Aufklärung über den **Anspruch auf Übermittlung des Gutachtens des Medizinischen Dienstes** bzw. von ihr beauftragter externer Gutachter (Nr. 1) sowie der gesonderten **Rehabilitationsempfehlung** nach § 18a Abs. 1 (Nr. 2). Beide sind dem Antragsteller ohnehin grundsätzlich von Amts wegen zuzuleiten (§ 18 Abs. 3 S. 8, § 18a Abs. 1). § 7 Abs. 2 S. 1 erweitert im Übrigen den Kreis der Anspruchsberechtigten nicht im Sinne eines zusätzlichen eigenständigen Übermittlungsrechts auch von Angehörigen und Lebenspartnern, sondern belässt es als bloße Regelung zur Aufklärung hinsichtlich jeweils anderweitig geregelter Übermittlungsansprüche bei der alleinigen Anspruchsinhaberschaft des Antragstellers.

7 Der bis zum 31.12.2015 (auch) auf Beratung gerichtete Anspruch aus Abs. 2 S. 1 wurde ergänzt durch Abs. 3 S. 4, der die Pflegekassen verpflichtete, nach Eingang des Leistungsantrags eine **Beratung über die konkret in Betracht kommenden Pflegeleistungen** anzubieten. Die Regelung hat ihrerseits die zum 1.1.2016 erfolgte „Zusammenführung" mit den Vorschriften zur Pflegeberatung in § 7a (BT-Dr. 18/5926) nicht überstanden und findet sich dort nicht mehr gleichwertig konkret verkörpert.

8 Die **Benachrichtigungspflicht aus Abs. 2 S. 2** dient ua den Zielen des S. 1. Sie setzt neben der (formlosen)[10] Einwilligung des Versicherten tatbestandlich voraus, dass sich **Pflegebedürftigkeit** „abzeichnet"

---

6 Zum ausnahmsweise bei falscher Aufklärung in Betracht kommenden Herstellungsanspruch BSG, 9.2.1993, 12 RK 28/92, BSGE 72, 80 ff.
7 BayLSG, 23.1.2013, L 2 P 61/12, Pa PfleReQ 2013, 81 ff.
8 Vgl. Thüringer LSG, 21.2.2005, L 6 KR 665/03.
9 BSG, 30.10.2001, B 3 Kr 27/01 R, BSGE 89, 50 ff.
10 LSG Bln-Bbg, 23.9.2010, L 27 P 5/09, Juris Rn. 29.

oder „festgestellt" wird. Da der den Rechtsbegriff der Pflegebedürftigkeit weder Gegenstand der medizinischen Wissenschaft ist, noch als bloße Tatbestandsvoraussetzung gesondert festgestellt wird, genügt nach dem Sachzusammenhang, dass sich als Ergebnis einer ärztlichen (!) Parallelwertung das Vorliegen von Pflegebedürftigkeit iS der PV als zumindest naheliegend darstellt („abzeichnet"). Als Rechtsfolge begründet die Norm eine Pflicht, den Versicherten zunächst über die Notwendigkeit einer Einwilligung aufzuklären (§ 2 Abs. 2 Hs. 2 SGB I)[11] und – in Abhängigkeit hiervon – ggf. die zuständige Pflegekasse zu benachrichtigen; sie steht insofern im Zusammenhang mit deren Pflichten nach § 6 Abs. 2 und Abs. 2 S. 1. Ärzten, Krankenhäusern, Rehabilitations- und Vorsorgeeinrichtungen wird damit eine Funktion hinsichtlich der Vermeidung von Pflegebedürftigkeit durch die Pflegekassen (§ 6 Abs. 2) und hinsichtlich deren Pflichten aus S. 1 zugewiesen. Es liegt daher nahe, den S. 2 im Verhältnis zum Pflegebedürftigen nicht als **Schutzgesetz iS von § 823 Abs. 2 BGB** zu verstehen.[12] Andernfalls ergibt sich eine durchgehende Kausalkette zwischen Verletzung der Benachrichtigungspflicht und Schaden jedenfalls nicht ohne die nach S. 2 erforderliche Einwilligung des Pflegebedürftigen und dessen Antrag auf Pflegeleistungen.[13]

Abs. 2 S. 1 wird für den Fall des Eingangs eines Leistungsantrages seit dem 1.1.2016 durch **Abs. 2 S. 4 und 5** ergänzt. Die Entwurfsbegründung[14] vermerkt hierzu: „Die Verpflichtungen der Pflegekasse zum Hinweis auf die unentgeltliche Pflegeberatung nach § 7a, den Pflegestützpunkt nach § 7c sowie zur Übermittlung der Leistungs- und Pflegevergleichsliste erhält damit einen neuen Standort. Die Pflegekasse kann den Antragstellenden auf entsprechende Internet-Veröffentlichungen der Landesverbände der Pflegekassen hinweisen. Klargestellt werden darüber hinaus die Informationsrechte des Versicherten bei Teilnahme an integrierten Versorgungsformen gegenüber ihrer zuständigen Pflegekasse, indem diese auch solche Festlegungen den Versicherten durch eine Internet-Veröffentlichung zugänglich macht (siehe auch § 92 b Absatz 3 SGB XI in Verbindung mit § 140 a Absatz 3 SGB V)."

IV. Unterstützung bei der Ausübung des Wahlrechts (Abs. 3)

Anders als Abs. 1, 2 ist der zum 1.1.2016 und – „zur besseren Lesbarkeit"[15] – abermals zum 1.1.2017 neu gefasste Abs. 3 auf **Zeiten nach Eintritt des Versicherungsfalls** beschränkt. Die bis 31.12.2015 in S. 4 und 6 enthaltenen Regelungen wurden zum 1.1.2016 in die Vorschriften zur Pflegeberatung in § 7a integriert.[16] Insbesondere zur Unterstützung der pflegebedürftigen Person bei der Ausübung des Wahlrechts nach § 2 Abs. 2 ist der antragstellenden Person als einzigem Anspruchsinhaber (nur noch) **auf Anforderung** unverzüglich und in geeigneter Form eine von den Landesverbänden der Pflegekassen erstellte, einmal im Quartal aktualisierte und auf einer eigenen Internetseite veröffentlichte (Abs. 3 S. 2) **Leistungs- und Preisvergleichsliste** (bis 31.12.2016: „Vergleichsliste") mit dem Mindestinhalt nach Abs. 3 S. 3 über die Leistungen und Vergütungen der zugelassenen Pflegeeinrichtungen sowie der Angebote zur Unterstützung im Alltag nach § 45a (bis 31.12.2016: für niederschwellige Betreuung und Entlastung nach § 45c), in deren Einzugsbereich die pflegerische Versorgung und Betreuung gewährleistet werden soll, zu übermitteln (S. 1). Die Leistungs- und Preisvergleichsliste ist der Pflegekasse sowie dem Verband der privaten Krankenversicherung für die Wahrnehmung ihrer Aufgaben nach dem SGB XI und zur Veröffentlichung nach Abs. 2 S. 4 und 5 durch elektronische Datenübertragung zur Verfügung zu stellen (Abs. 3 S. 5). (Nur) auf der Internetseite nach S. 2 sind zwingend auch die nach § 115 Abs. 1a veröffentlichten Ergebnisse der Qualitätsprüfungen und die nach § 115 Abs. 1b veröffentlichten Informationen in zu berücksichtigen (Abs. 3 S. 4). Leistungsauswahl und Qualitätswettbewerb leiden bislang an den Schwächen des sog Pflege-TÜV (→ § 2 Rn. 10). Solange diese nicht durch die neuen „Qualitätsdarstellungsvereinbarungen" behoben sind, kann auch der Hinweis auf die so generierten Prüfergebnisse keine weitergehenden Erkenntnisse vermitteln. Der mit dem PSG III zum 1.1.2017 eingefügte S. 6 verpflichtet schließlich die Pflegekassen, die Angaben nach S. 1 auch Dritten zu nicht-gewerblichen Zwecken zur Verfügung zu stellen, um es Pflegebedürftigen zu ermöglichen, die

---

11 LSG Bln-Bbg, 23.9.2010, L 27 P 5/09, Juris Rn. 30.
12 Vgl. Hanseatisches OLG, 20.3.2007, 1 W 6/07, MedR 2007, 551 ff.; OLG Hamm, 13.11.2007, 3 U 207/07; LG Dortmund, 4.7.2007, 4 O 269/04.
13 Hanseatisches OLG, 20.3.2007, 1 W 6/07, MedR 2007, 551 ff.
14 BT-Dr. 18/5926, 83.
15 BT-Dr. 18/5926, 83.
16 BT-Dr. 18/5926, 83.

Leistungs- und Preisvergleichslisten „je nach Aufbereitung nach unterschiedlichen Kriterien zu nützen".[17] Die Landesverbände erarbeiten hierfür die erforderlichen Nutzungsbedingungen.

V. Vereinbarung zur Übermittlung von Angaben (Abs. 4)

11 Abs. 4 wurde durch das PSG II zum 1.1.2016 erheblich verändert und zum 1.1.2017 abermals neu gefasst.[18] Ziel der Neuregelungen ist die Verbesserung des Umfangs- und der zeitnahen Verfügbarkeit von Informationen über niederschwellige Betreuungs- und Entlastungsangebote nach § 45c (seit 1.1.2017: „zur Unterstützung im Alltag"), die Unterstützung des Zugangs zu Leistungen der PV und die Förderung von Wettbewerb zwischen den verschiedenen Angeboten.[19] Die Landesverbände der Pflegekassen vereinbaren hierzu im Einvernehmen mit den zuständigen obersten Landesbehörden gemeinsam mit den nach Landesrecht zuständigen Stellen für die Angebote für niederschwellige Betreuung und Entlastung (seit 1.1.2017: „zur Unterstützung im Alltag") das Nähere zur Übermittlung der im Gesetz im Einzelnen genannten Angaben im Wege elektronischer Datenübertragung (S. 1). Träger weiterer Angebote können unter den Voraussetzungen des S. 2 und 3 an Vereinbarungen nach S. 1 beteiligt werden. In diesem Fall sind die Angaben auch in die Leistungs- und Preisvergleichslisten nach Abs. 3 S. 3 aufzunehmen. Die mit Zustimmung der Länder (S. 5) gegebenen Empfehlungen des Spitzenverbandes Bund der Pflegekassen für einen bundesweit einheitlichen technischen Standards zur elektronischen Datenübermittlung soll zum Nutzen von Pflegebedürftigen und Angehörigen die überregionale Vergleichbarkeit der Angaben gewährleisten.[20]

§ 7a Pflegeberatung

(1) ¹Personen, die Leistungen nach diesem Buch erhalten, haben Anspruch auf individuelle Beratung und Hilfestellung durch einen Pflegeberater oder eine Pflegeberaterin bei der Auswahl und Inanspruchnahme von bundes- oder landesrechtlich vorgesehenen Sozialleistungen sowie sonstigen Hilfsangeboten, die auf die Unterstützung von Menschen mit Pflege-, Versorgungs- oder Betreuungsbedarf ausgerichtet sind (Pflegeberatung); Anspruchsberechtigten soll durch die Pflegekassen vor der erstmaligen Beratung unverzüglich ein zuständiger Pflegeberater, eine zuständige Pflegeberaterin oder eine sonstige Beratungsstelle benannt werden. ²Für das Verfahren, die Durchführung und die Inhalte der Pflegeberatung sind die Richtlinien nach § 17 Absatz 1a maßgeblich. ³Aufgabe der Pflegeberatung ist es insbesondere,

1. den Hilfebedarf unter Berücksichtigung der Ergebnisse der Begutachtung durch den Medizinischen Dienst der Krankenversicherung sowie, wenn die nach Satz 1 anspruchsberechtigte Person zustimmt, die Ergebnisse der Beratung in der eigenen Häuslichkeit nach § 37 Absatz 3 systematisch zu erfassen und zu analysieren,
2. einen individuellen Versorgungsplan mit den im Einzelfall erforderlichen Sozialleistungen und gesundheitsfördernden, präventiven, kurativen, rehabilitativen oder sonstigen medizinischen sowie pflegerischen und sozialen Hilfen zu erstellen,
3. auf die für die Durchführung des Versorgungsplans erforderlichen Maßnahmen einschließlich deren Genehmigung durch den jeweiligen Leistungsträger hinzuwirken,
4. die Durchführung des Versorgungsplans zu überwachen und erforderlichenfalls einer veränderten Bedarfslage anzupassen,
5. bei besonders komplexen Fallgestaltungen den Hilfeprozess auszuwerten und zu dokumentieren sowie
6. über Leistungen zur Entlastung der Pflegepersonen zu informieren.

⁴Der Versorgungsplan wird nach Maßgabe der Richtlinien nach § 17 Absatz 1a erstellt und umgesetzt; er beinhaltet insbesondere Empfehlungen zu den im Einzelfall erforderlichen Maßnahmen nach Satz 3 Nummer 3, Hinweise zu dem dazu vorhandenen örtlichen Leistungsangebot sowie zur Überprüfung und Anpassung der empfohlenen Maßnahmen. ⁵Bei Erstellung und Umsetzung des Versorgungsplans ist Einvernehmen mit dem Hilfesuchenden und allen an der Pflege, Versorgung und Betreuung Beteiligten anzustreben. ⁶Soweit Leistungen nach sonstigen bundes- oder landesrechtlichen Vorschriften erfor-

---

17 BT-Dr. 18/10510, 106.
18 Art. 1 Nr. 3 Buchst. e) und Art. 2 Nr. 4 Buchst. b) PSG II.
19 BT-Dr. 18/5926, S. 84.
20 BT-Dr. 18/5926, S. 84.

derlich sind, sind die zuständigen Leistungsträger frühzeitig mit dem Ziel der Abstimmung einzubeziehen. [7]Eine enge Zusammenarbeit mit anderen Koordinierungsstellen, insbesondere den gemeinsamen Servicestellen nach § 23 des Neunten Buches, ist sicherzustellen. [8]Ihnen obliegende Aufgaben der Pflegeberatung können die Pflegekassen ganz oder teilweise auf Dritte übertragen; § 80 des Zehnten Buches bleibt unberührt. [9]Ein Anspruch auf Pflegeberatung besteht auch dann, wenn ein Antrag auf Leistungen nach diesem Buch gestellt wurde und erkennbar ein Hilfe- und Beratungsbedarf besteht. [10]Es ist sicherzustellen, dass im jeweiligen Pflegestützpunkt nach § 7c Pflegeberatung im Sinne dieser Vorschrift in Anspruch genommen werden kann und die Unabhängigkeit der Beratung gewährleistet ist.

(2) [1]Auf Wunsch einer anspruchsberechtigten Person nach Absatz 1 Satz 1 erfolgt die Pflegeberatung auch gegenüber ihren Angehörigen oder weiteren Personen oder unter deren Einbeziehung. [2]Sie erfolgt auf Wunsch einer anspruchsberechtigten Person nach Absatz 1 Satz 1 in der häuslichen Umgebung oder in der Einrichtung, in der diese Person lebt. [3]Ein Versicherter kann einen Leistungsantrag nach diesem oder dem Fünften Buch auch gegenüber dem Pflegeberater oder der Pflegeberaterin stellen. [4]Der Antrag ist unverzüglich der zuständigen Pflege- oder Krankenkasse zu übermitteln, die den Leistungsbescheid unverzüglich dem Antragsteller und zeitgleich dem Pflegeberater oder der Pflegeberaterin zuleitet.

(3) [1]Die Anzahl von Pflegeberatern und Pflegeberaterinnen ist so zu bemessen, dass die Aufgaben nach Absatz 1 im Interesse der Hilfesuchenden zeitnah und umfassend wahrgenommen werden können. [2]Die Pflegekassen setzen für die persönliche Beratung und Betreuung durch Pflegeberater und Pflegeberaterinnen entsprechend qualifiziertes Personal ein, insbesondere Pflegefachkräfte, Sozialversicherungsfachangestellte oder Sozialarbeiter mit der jeweils erforderlichen Zusatzqualifikation. [3]Der Spitzenverband Bund der Pflegekassen gibt unter Beteiligung der in § 17 Absatz 1 a Satz 2 genannten Parteien bis zum 31. Juli 2018 Empfehlungen zur erforderlichen Anzahl, Qualifikation und Fortbildung von Pflegeberaterinnen und Pflegeberatern ab.

(4) [1]Die Pflegekassen im Land haben Pflegeberater und Pflegeberaterinnen zur Sicherstellung einer wirtschaftlichen Aufgabenwahrnehmung in den Pflegestützpunkten nach Anzahl und örtlicher Zuständigkeit aufeinander abgestimmt bereitzustellen und hierüber einheitlich und gemeinsam Vereinbarungen zu treffen. [2]Die Pflegekassen können diese Aufgabe auf die Landesverbände der Pflegekassen übertragen. [3]Kommt eine Einigung bis zu dem in Satz 1 genannten Zeitpunkt ganz oder teilweise nicht zustande, haben die Landesverbände der Pflegekassen innerhalb eines Monats zu entscheiden; § 81 Abs. 1 Satz 2 gilt entsprechend. [4]Die Pflegekassen und die gesetzlichen Krankenkassen können zur Aufgabenwahrnehmung durch Pflegeberater und Pflegeberaterinnen von der Möglichkeit der Beauftragung nach Maßgabe der §§ 88 bis 92 des Zehnten Buches Gebrauch machen; § 94 Absatz 1 Nummer 8 gilt entsprechend. [5]Die durch die Tätigkeit von Pflegeberatern und Pflegeberaterinnen entstehenden Aufwendungen werden von den Pflegekassen getragen und zur Hälfte auf die Verwaltungskostenpauschale nach § 46 Abs. 3 Satz 1 angerechnet.

(5) [1]Zur Durchführung der Pflegeberatung können die privaten Versicherungsunternehmen, die die private Pflege-Pflichtversicherung durchführen, Pflegeberater und Pflegeberaterinnen der Pflegekassen für die bei ihnen versicherten Personen nutzen. [2]Dies setzt eine vertragliche Vereinbarung mit den Pflegekassen über Art, Inhalt und Umfang der Inanspruchnahme sowie über die Vergütung der hierfür je Fall entstehenden Aufwendungen voraus. [3]Soweit Vereinbarungen mit den Pflegekassen nicht zustande kommen, können die privaten Versicherungsunternehmen, die die private Pflege-Pflichtversicherung durchführen, untereinander Vereinbarungen über eine abgestimmte Bereitstellung von Pflegeberatern und Pflegeberaterinnen treffen.

(6) Pflegeberater und Pflegeberaterinnen sowie sonstige mit der Wahrnehmung von Aufgaben nach Absatz 1 befasste Stellen, insbesondere

1. nach Landesrecht für die wohnortnahe Betreuung im Rahmen der örtlichen Altenhilfe und für die Gewährung der Hilfe zur Pflege nach dem Zwölften Buch zu bestimmende Stellen,
2. Unternehmen der privaten Kranken- und Pflegeversicherung,
3. Pflegeeinrichtungen und Einzelpersonen nach § 77,
4. Mitglieder von Selbsthilfegruppen, ehrenamtliche und sonstige zum bürgerschaftlichen Engagement bereite Personen und Organisationen sowie
5. Agenturen für Arbeit und Träger der Grundsicherung für Arbeitsuchende,

dürfen Sozialdaten für Zwecke der Pflegeberatung nur erheben, verarbeiten und nutzen, soweit dies zur Erfüllung der Aufgaben nach diesem Buch erforderlich oder durch Rechtsvorschriften des Sozialgesetzbuches oder Regelungen des Versicherungsvertrags- oder des Versicherungsaufsichtsgesetzes angeordnet oder erlaubt ist.

(7) ¹Die Landesverbände der Pflegekassen vereinbaren gemeinsam und einheitlich mit dem Verband der privaten Krankenversicherung e.V., den nach Landesrecht bestimmten Stellen für die wohnortnahe Betreuung im Rahmen der Altenhilfe und den zuständigen Trägern der Sozialhilfe sowie mit den kommunalen Spitzenverbänden auf Landesebene Rahmenverträge über die Zusammenarbeit in der Beratung. ²Zu den Verträgen nach Satz 1 sind die Verbände der Träger weiterer nicht gewerblicher Beratungsstellen auf Landesebene anzuhören, die für die Beratung Pflegebedürftiger und ihrer Angehörigen von Bedeutung sind.

(8) Die Pflegekassen können sich zur Wahrnehmung ihrer Beratungsaufgaben nach diesem Buch aus ihren Verwaltungsmitteln an der Finanzierung und arbeitsteiligen Organisation von Beratungsaufgaben anderer Träger beteiligen; die Neutralität und Unabhängigkeit der Beratung sind zu gewährleisten.

(9) ¹Der Spitzenverband Bund der Pflegekassen legt dem Bundesministerium für Gesundheit alle drei Jahre, erstmals zum 30. Juni 2020, einen unter wissenschaftlicher Begleitung zu erstellenden Bericht vor über
1. die Erfahrungen und Weiterentwicklung der Pflegeberatung und Pflegeberatungsstrukturen nach den Absätzen 1 bis 4, 7 und 8, § 7 b Absatz 1 und 2 und § 7 c und
2. die Durchführung, Ergebnisse und Wirkungen der Beratung in der eigenen Häuslichkeit sowie die Fortentwicklung der Beratungsstrukturen nach § 37 Absatz 3 bis 8.

²Er kann hierfür Mittel nach § 8 Absatz 3 einsetzen.

Literatur:

Krahmer/Schiffer-Werneburg, Die neu Pflegeberatung nach § 7 a SGB XI – Fallmanagement nach der Novelle der Pflegeversicherung, Sozialrecht aktuell 2008, 127; *Krahmer*, Zwischenruf zur großen SGB XI-Novelle: Rückschritte bei der pflegeversicherungsrechtlichen Beratung und beim Fallmanagement nach §§ 7 ff. SGB XI RegE zum PSG II, ZFSH/SGB 2015, 486; *ders.*, Nachruf und Aufruf zugleich: Schwächung der Beratungsansprüche im SGB XI bleibt – zum Verstoß der §§ 7 ff. SGB XI gegen zwingende Regelungen der §§ 14, 37 Satz 2 SGB I, ZFSH 2016, 79; *München*, Gesetzliche Ansprüche der Versicherten auf Versorgungs-, Entlassungsmanagement, PflR 2012, 211; *Rymarczyk*, Die Ausgestaltung der Beratungsansprüche nach dem Zweiten Pflegestärkungsgesetz, ZFSH 2016, 419; *Schaumberg*, Stellung, Aufgaben und Verantwortungsbereiche der Pflegeberatung gem § 7 a SGB XI, ASR 2010, 198.

I. Entstehungsgeschichte 1	VIII. Beteiligung an Beratungsaufgaben Dritter, Abs. 8 28
II. Normzweck und Kontext 2	IX. Erfahrungsbericht, Abs. 9 29
III. Beteiligte des Anspruchs auf Pflegeberatung ... 6	X. Anpassung durch das Bundesteilhabegesetz 31
IV. Voraussetzungen, Inhalt und Erfüllung des Anspruchs auf Pflegeberatung 8	XI. Anpassung durch das Blut- und Gewebegesetz 32
V. Die Organisation der Pflegeberatung 21	
VI. Datenschutz 26	
VII. Rahmenvereinbarungen auf Landesebene (Abs. 7) 27	

I. Entstehungsgeschichte

§ 7 a ist aufgrund von Art. 1 Nr. 4 des Pflege-Weiterentwicklungsgesetzes v. 28.5.2008 (BGBl. I, 874) mWv 1.8.2008 in das SGB XI eingefügt worden. MWv 1.1.2016 ist die Norm durch Art. 1 Nr. 4 Zweites Pflegestärkungsgesetz (PSG II) vom 21.12.2015 (BGBl. I, 2424) geändert und erweitert worden. Das Dritte Pflegestärkungsgesetz vom 23.12.2016 (BGBl. I 2016, 3191) hat zum 1.1.2017 Abs. 4 S. 4 in geringem Umfang verändert. Durch Art. 9 Nr. 1 des Gesetzes zur Fortschreibung der Vorschriften für Blut- und Gewebezubereitungen und zur Änderung anderer Vorschriften werden dem Abs. 7 mWv ab dem Tag nach dem Inkrafttreten zwei weitere S. angefügt (→ Rn. 32). Aufgrund von Art. 10 Nr. 2 des Bundesteilhabegesetzes v. 23.12.2016 (BGBl. I, 3232) tritt schließlich zum 1.1.2018 eine Änderung von Abs. 1 S. 7 in Kraft (→ Rn. 31).

II. Normzweck und Kontext

§ 7 a begründet in enger sachlicher Verbindung zu § 7 c einen im Wege der allgemeinen Leistungsklage (§ 54 Abs. 5 SGG) einklagbaren Individualanspruch gegen die Träger der sPV und (mittelbar) der pPV auf umfassende und individuelle[1] Pflegeberatung. Dieser ist mit Inkrafttreten des SGB II unauffällig inhaltlich reduziert, (zumindest) vorübergehend unbestimmt gelassen (Abs. 1 S. 2 iVm § 17 Abs. 1) und zeitlich nach hinten verschoben (Abs. 1 S. 9 und nachfolgend Anm. 5) worden. Während § 7 Abs. 2 idF bis 31.12.2015 einen Beratungsanspruch „insbesondere" über Leistungen der Pflegekassen sowie über die Leistungen und Hilfen anderer Träger vermittelte, bleibt § 7a Abs. 1 inhaltlich deutlich hinter dem bisher Gewährleisteten zurück. Einen umfassenden Beratungsanspruch nach dem SGB XI zu den (allen) „mit der Pflegebedürftigkeit zusammenhängenden Fragen" gibt es seither nicht mehr. Der Gesetzgeber wendet seine Aufmerksamkeit stattdessen wesentlich institutionellen, persönlichen örtlichen und strukturellen Aspekten der Pflegeberatung zu. Die sog Materialien bleiben eine terminologische und methodische Erläuterung des rechtlich Gewollten weitgehend schuldig und täuschen Parlament und Öffentlichkeit mit der kontinuierlichen Verwendung des Terminus „Überführung der Regelungen zur Pflegeberatung in die Vorschrift des § 7a"[2] über die Minderung des Anspruchsinhalts hinweg.

§ 7a nimmt nach den Erläuterungen der Entwurfsverfasser die pflegefachliche Diskussion und die Empfehlung eines „Fallmanagers" auf.[3] Eine stärkere **rechtliche Ordnung und Durchdringung** dieser Diskussionsergebnisse hätte die Verständlichkeit erhöht, zumal ohne nähere Vorgaben auf eine Vielzahl von Lebens- und Rechtsbereichen außerhalb des SGB XI Bezug genommen wird. Umgekehrt hätten ein angemessenes Abstraktionsniveau und eine Gliederung nach sachlichen Gesichtspunkten eine deutliche Verminderung des Textvolumens ermöglicht. Insbesondere ist etwa nur schwer verständlich, dass sich die Träger der sPV und der pPV als Anspruchsadressaten dem Text allenfalls mittelbar bzw. unter Zuhilfenahme weiterer Regelungen entnehmen lassen oder dass die Anspruchsvoraussetzungen zunächst in Abs. 1 S. 1 benannt werden, um dann – nahezu eine Druckseite später und völlig unorganisch in Organisationsregelungen eingebettet – in Abs. 1 S. 9 iS einer Erweiterung wieder aufgenommen zu werden. Erst recht bleibt offen, warum sich wesentliche Erkenntnisse erst aus anderen Normen erschließen lassen. Auch der reformierende Gesetzgeber hat an der rechtlichen Durchdringung der Materie und der Offenlegung seiner Regelungsintentionen erkennbar kein Interesse. Das Gesetz schafft so unverändert Beratungsbedarf zur Beratung und trägt selbst zu der Problemlage bei, die zu beheben es sich angeblich anschickt.[4] Nicht umsonst setzt § 7b bei diesen Problemen an, ohne sie seinerseits zu lösen.[5]   3

Das Gesetz ordnet den Anspruch auf Pflegeberatung dem **Leistungsrecht** zu (§ 28 Abs. 1a). Verstreute **weitere Regelungen** sollen die Vollständigkeit seiner Grundlagen und die Effektivität seiner Erfüllung gewährleisten. So ist der Antragsteller bei der Begutachtung auf die maßgebliche Bedeutung des Gutachtens ua insbesondere für eine umfassende Beratung hinzuweisen (§ 18 Abs. 1 S. 8). Bei der Begutachtung zur Feststellung der Pflegebedürftigkeit sind ua die Beeinträchtigungen der Selbstständigkeit oder der Fähigkeiten in den Bereichen außerhäusliche Aktivitäten und Haushaltsführung festzustellen. Mit diesen Informationen soll ua eine umfassende Beratung ... nach § 7a ... ermöglicht werden (§ 18 Abs. 5a S 1). Ua bei der Beratung haben die Pflegekassen mit den Trägern der Rehabilitation eng zusammenzuarbeiten, um Pflegebedürftigkeit zu vermeiden, zu überwinden, zu mindern oder ihre Verschlimmerung zu verhüten (§ 31 Abs. 2). Pflegebedürftige, die Pflegegeld nach Abs. 1 beziehen, haben bei Pflegegrad 2 und 3 halbjährlich einmal, bei Pflegegrad 4 und 5 vierteljährlich einmal eine Beratung in der eigenen Häuslichkeit durch eine zugelassene Pflegeeinrichtung, durch eine von den Landesverbänden der Pflegekassen nach Abs. 7 anerkannte Beratungsstelle mit nachgewiesener pflegefachlicher Kompetenz oder, sofern dies durch eine zugelassene Pflegeeinrichtung vor Ort oder eine von den Landesverbänden der Pflegekassen anerkannte Beratungsstelle mit nachgewiesener pflegefachlicher Kompetenz nicht gewährleistet werden kann, durch eine von der Pflegekasse beauftragte, jedoch von ihr nicht beschäftigte Pflegefachkraft abzurufen (§ 37 Abs. 3 S. 1). Die Pflegebedürftigen und die häuslich Pflegenden sind bei der Beratung auch auf die Auskunfts-, Beratungs- und Unterstützungsangebote des für sie zuständigen Pflegestützpunktes sowie auf die Pflegeberatung nach § 7a hinzuweisen (S. 3 aaO).   4

Der Beratungsanspruch aus § 7a tritt neben denjenigen aus § 14 SGB I, der durch die Regelungen in den übrigen Büchern des Sozialgesetzbuchs nicht verdrängt wird (§ 37 S. 2 SGB I).[6] **Weitere Beratungs-**   5

---

1 Vgl. bereits BT-Dr. 16/7439, 46 mH auf BSG v. 29.1.1981 – 12 RK 19/80, BSG, SozR 1200 § 14 Nr. 11.
2 Vgl. etwa BT-Dr. 18/5926, 83.
3 BT-Dr. 16/7439, 45.
4 Siehe zur Kritik auch Igl, NJW 2008, 2214, 2215 f.
5 Vgl. BT-Dr. 17/9369, 34.
6 Zutreffend Rymarczyk, ZFSH 2016 S. 419ff, 420.

regelungen ergänzen § 7 a. So haben nach § 28 a Abs. 1 Nr. 2, § 37 Abs. 3 Bezieher von Pflegegeld zur Sicherung der Qualität der häuslichen Pflege und der regelmäßigen Hilfestellung und zur praktischen pflegefachlichen Unterstützung der häuslich Pflegenden Anspruch auf eine regelmäßige Beratung in der eigenen Häuslichkeit. Schließlich umfasst das „Versorgungsmanagement" der Krankenkassen beim Übergang in die verschiedenen Versorgungsbereiche (11 Abs. 4 SGB V) auch die Pflegeeinrichtungen.

III. Beteiligte des Anspruchs auf Pflegeberatung

6 **Anspruchsinhaber** sind gleichermaßen Personen, die bereits Leistungen nach dem SGB XI erhalten (Abs. 1 S. 1), wie solche Personen, bei denen nach Antragstellung ein erkennbarer Hilfe- und Beratungsbedarf besteht (Abs. 1 S. S. 9). Die Anspruchsberechtigung vermittelt gleichzeitig die (verwaltungsverfahrensrechtliche) **Antragsberechtigung**. Die Inanspruchnahme der Pflegeberatung überhaupt wie ihr Umfang stehen (anders als bei § 37 Abs. 3, 6) in der autonomen Entscheidungsfreiheit des Anspruchsinhabers. Ist der Versicherte nicht selbst zur Entscheidung in der Lage, handelt an seiner Stelle der Betreuer. Anders als bei § 7 Abs. 2 aF steht der Anspruch auf Pflegeberatung nur dem Leistungsbezieher/Antragsteller selbst zu. Ab 1.1.2016 kommen daher (nur) „auf Wunsch einer anspruchsberechtigten Person" (Gestaltungsrecht) auch **Angehörige oder weitere Personen** unmittelbar in den Genuss der Pflegeberatung oder werden in diesen Vorgang einbezogen (Abs. 2 S. 1 nF). Ebenso erfolgt auch die Untersuchung in der häuslichen Umgebung oder der Einrichtung allein in Abhängigkeit vom Wunsch (Gestaltungsrecht) einer anspruchsberechtigten Person (Abs. 2 S 2). Ein originärer eigenständiger Anspruch von Angehörigen und weiteren Personen ist auch damit nicht begründet. Das steht einer **Bevollmächtigung** von Dritten, die noch nicht in dem Wunsch liegt, diese beraten zu lassen,[7] nicht entgegen.

7 Unmittelbar erst aus § 28 Abs. 1 a ergibt sich, dass **Anspruchsgegner** die Pflegekassen und die privaten Versicherungsunternehmen sind. Innerhalb des § 7 a ergeben sich entsprechende mittelbare Hinweise etwa aus Abs. 5, 7. Die (alle) Träger der PV haben den Anspruch grundsätzlich durch eigene Berater selbst zu erfüllen, können Aufgaben der Pflegeberatung aber in den gesetzlichen Grenzen auf Dritte (§ 17 Abs. 3 SGB I)[8] übertragen (Abs. 1 S. 8 Hs. 1, Abs. 4 S. 2) oder durch fremdes Personal erfüllen (Abs. 5 S. 1). Dass auch die Träger der privaten PV Pflegeberatung durchzuführen haben, ergibt sich bereits daraus, dass die Pflegeberatung nach § 7 a ausdrücklich zu den Pflichtleistungen des Vierten Kapitels gehören (§ 23 Abs. 1 S. 2, § 28 Abs. 2),[9] und aus § 7 b Abs. 4, 5.

IV. Voraussetzungen, Inhalt und Erfüllung des Anspruchs auf Pflegeberatung

8 Ein gesetzlicher Anspruch auf Pflegeberatung kam erstmals ab dem 1.1.2009 in Betracht (so ausdrücklich noch Abs. 1 S. 1 aF). Soweit eine entsprechende (Infra-)Struktur bereits aufgebaut war, waren die Kassen ermächtigt („kann"), Pflegeberatung auch bereits ab Inkrafttreten der Norm am 1.7.2008 zu gewähren (Abs. 1 S. 9 aF). Der **individuelle Rechtsanspruch** auf Beratung nach dem SGB XI entsteht frühestens mit dem Zeitpunkt, in dem nach Stellung eines Antrags auf Leistungen ein erkennbarer Hilfe- und Beratungsbedarf besteht (Abs. 1 S. S. 9) und wird damit gegenüber § 7 Abs. 1 aF deutlich nach hinten verschoben.[10] Wie sich seit 1.1.2016 ausdrücklich aus § 7 b Abs. 1 S. 1 ergibt, entsteht mit der Antragstellung auf weitere Leistungen ein erneuter eigenständiger Beratungsanspruch. Er ist nach Wunsch des Berechtigten in dessen häuslicher Umgebung oder in der Einrichtung, in der er lebt, zu erfüllen (Abs. 2 S. 2). Zudem ist sicherzustellen, dass Pflegeberatung auch im jeweiligen Pflegestützpunkt nach § 7 c (bis 31.12.2015: § 92 c) in Anspruch genommen werden kann (Abs. 1 S. 10). (Nur) auf Wunsch des Berechtigten erfolgt die Beratung an Dritte (Angehörige und weitere Personen ggf. ohne Anwesenheit des Berechtigten)[11] oder unter deren Einbeziehung (Abs. 2 S. 1).

9 Die Pflegeberatung beschränkt sich auf **Beratung und Hilfestellung bei der Auswahl und Inanspruchnahme** von bundes- und landesrechtlich vorgesehenen Sozialleistungen sowie sonstigen Hilfsangebote, die – auch außerhalb gesetzlicher Regelungen – (gerade) auf die Unterstützung von Menschen mit Pflege-, Versorgungs- oder Betreuungsbedarf ausgerichtet sind (Abs. 1 S. 1). Ihr Inhalt ergibt sich nunmehr wesentlich aus den gem. § 17 Abs. 1 a SGB XI bis zum 31.7.2018 zu erlassenden (Abs. 1 S. 2, 4) Richtlinien und aus den in Abs. 1 S. 3 aufgeführten Aufgaben der Pflegeberatung. Abs. 1 S. 1 legt dabei

---

7 Rymarczyk, ZFSH 2016 S. 419 ff., 420.
8 Vgl. BT-Dr. 16/7439, 8.
9 AA KSW/*Philipp* § 7 a Rn. 3.
10 Insofern zutreffend Krahmer, ZFSH SGB 2015, 486, 487 und 2016, 79, 80.
11 S. hierzu Krahmer, ZFSH SGB 2015, 486, 487.

einen die konkrete Umsetzung mit umfassenden erweiterten Begriff der Beratung („Pflegeberatung") zugrunde.[12] **Beratung** bedeutet auch hier die erschöpfende Orientierung über Mittel und Wege zur Erreichung eines Ziels, das entweder vom Ratsuchenden angegeben oder für ihn oder zusammen mit ihm durch den Berater ermittelt worden ist.[13] **Hilfestellung** kann als Unterstützung des Ratsuchenden bei der Umsetzung der identifizierten Mittel und Wege verstanden werden.[14] Wie die (nicht abschließende – „insbesondere) Auflistung von Aufgaben der Pflegeberatung in Abs. 1 S. 3 zeigt, beschränkt sich diese nicht auf unmittelbar mit der Pflegebedürftigkeit zusammenhängende Fragen und liegt ihr Schwerpunkt auf der tätigen Unterstützung der Betroffenen. Der **Versorgungsbedarf** iSd Abs. 1 S. 1 erfasst die Gesamtheit der in Abs. 1 S. 2 Nr. 2 der Art nach benannten Sozialleistungen und Hilfen.

Funktionell ist der Pflegeberatung nach dem Entfallen der Beratung nach § 7 Abs. 2 (§§ 14 ff. SGB I), auf die sie bis zum 31.12.2015 organisatorisch und inhaltlich aufgebaut hat,[15] die Beratung und Hilfestellung im gesamten sachlichen Anwendungsbereich des § 7a Abs. 1 S. 1 zugewiesen. Idealiter sind damit insofern insbesondere 10

- Kommunikation, Beratung und Unterstützung des Versicherten in jeder Stufe des Verfahrens,
- die Einbeziehung Dritter nach Wunsch des Anspruchsberechtigten bei der Pflegeberatung überhaupt (Abs. 2 S. 1) sowie bei der Erstellung und Umsetzung des Versorgungsplans im Besonderen (Abs. 1 S. 5),
- die Zusammenarbeit mit anderen Koordinierungsstellen (Abs. 1 S. 7),
- die Feststellung/Nachsteuerung des Hilfebedarfs Abs. 1 S. 3 Nr. 1),
- die Erstellung des individuellen Versorgungsplans (Abs. 1 S. 3 Nr. 2),
- die Durchführung und Fortschreibung des Versorgungsplans (Abs. 1 S. 3 Nr. 3, 4),
- ggf. Dokumentationspflichten (Abs. 2 S. 3 Nr. 5),
- die Inempfangnahme von Anträgen nach dem SGB V und SGB XI (Abs. 2 S. 3, § 16 SGB I), ggf. die Entscheidung hierüber,[16] andernfalls die (interne) Weiterleitung derartiger Anträge (Abs. 2 S. 4), die Förderung einer Entscheidung hierüber („hinzuwirken", Abs. 1 S. 3 Nr. 3), die Information über die ergangene Entscheidung (Abs. 2 S. 4) sowie deren tatsächliche Durchführung (Abs. 1 S. 3 Nr. 3),
- (mit dem Einverständnis des Berechtigten) die frühzeitige Einbeziehung sonst zuständiger Leistungsträger (Abs. 1 S. 6), das Hinwirken auf deren Entscheidung und die Durchführung dieser Entscheidungen (Abs. 1 S. 3 Nr. 3) insbesondere nach dem SGB V, SGB IX und SGB XII,[17]
- die Ermittlung der „vorhandenen Ressourcen" und des vorhandenen Leistungsangebots vor Ort,[18] und
- die Unterstützung bei der „Durchführung" privater Verträge über Hilfe- und Betreuungsleistungen,[19]

stets funktionell und nach Möglichkeit auch dauerhaft personell[20] in einer Hand vereinigt. Der zum 1.1.2017 neu gefasste § 12 Abs. 2 S. 2 erläutert die Koordinierungsaufgaben weiter. Da die Pflegeberatung auf die kontinuierliche Überprüfung von Bedarf und Wirksamkeit angelegt ist, begründet ihre Inanspruchnahme ein Dauerrechtsverhältnis.

Der Anspruch ist seit dem 1.1.2016 durch einen gemäß Abs. 1 S. 1 Hs. 2 vor der erstmaligen Beratung 11 unverzüglich konkret zu benennenden **persönlichen Ansprechpartner** oder (gleichwertig, jedoch unter Wechsel der Regelungsebene) durch „eine sonstige Beratungsstelle" zu erfüllen. Der in den sog Materialien des PSG II betonte Aspekt der Kontinuität dieser Benennung[21] entstammt noch dem Entwurf des Pflege-Weiterentwicklungsgesetzes,[22] ist aber bereits im damaligen Gesetzgebungsverfahren entfallen[23] und kann unverändert auch dem aktuellen Normwortlaut nicht entnommen werden. Er ergibt sich allenfalls mittelbar aus Sinn und Zweck der Regelung. Diese wird vornehmlich durch **Pflegebera-**

---

12 S. auch Krahmer/Schiffer-Werneburg, Sozialrecht aktuell 2008, 127, 134 f.
13 Vgl. Krahmer/Schiffer-Werneburg, Sozialrecht aktuell 2008, 127, 129 mwN.
14 Vgl. Krahmer/Schiffer-Werneburg, Sozialrecht aktuell 2008, 127, 129 mwN.
15 BT-Dr. 16/7439, 46.
16 BT-Dr. 16/7439, 45, 47.
17 BT-Dr. 16/7439, 46.
18 BT-Dr. 16/7439, 47.
19 BT-Dr. 16/7439, 47.
20 BT-Dr. 16/8525, 95.
21 BT-Dr. 5926, 84 f.
22 BT-Dr. 16/7439, 8, 47.
23 BT-Dr. 16/8525, 13, 95.

ter(innen) der **Pflegekassen** durchgeführt, deren sich auch die Träger der pPV bedienen können. Umfangreiche Organisationsvorschriften befassen sich mit dem Aufbau der Pflegeberatung und ihrer Eingliederung in vorhandene Strukturen.

12 Die Pflegekassen setzen als **Pflegeberater** „entsprechend qualifiziertes Personal" ein, „insbesondere Pflegefachkräfte, Sozialversicherungsfachangestellte oder Sozialarbeiter mit der jeweils erforderlichen Zusatzqualifikation." Der Gesetzgeber hat damit mit dem in Abs. 3 S. 2 genannten Personenkreis ein **eigenständiges Berufsbild** geschaffen und letztlich zulasten der Versichertengemeinschaft(en) eine dauerhafte Beschäftigungsgarantie im Gesetz verankert (insbes. Abs. 3 S. 2, Abs. 4 S. 1). Der zum 1.1.2016 in Kraft getretene Abs. 3 S. 3 verpflichtet den Spitzenverband Bund der Pflegekassen unter Beteiligung der in § 17 Abs. 1 a S. 2 genannten Parteien, bis zum 31.7.2018 Empfehlungen zur erforderlichen Anzahl, Qualifikation und Fortbildung von Pflegeberaterinnen und Pflegeberatern abzugeben. Aus der Sicht des **Rechtsdienstleistungsrechts** dürften von vornherein keine Bedenken bestehen, soweit Pflegeberater(innen) Bedienstete von Pflegekassen sind oder in deren Auftrag tätig werden (§ 8 Abs. 1 Nr. 1, 2 RDG). Soweit die privaten Versicherungsträger selbst entsprechendes Personal beschäftigen, sind von diesem im Rahmen von § 7a erbrachte Rechtsdienstleistungen erlaubt, weil sie unentgeltlich erbracht werden (§ 6 Abs. 1) und/oder weil es sich um eine bloße Nebenleistung (§ 5 Abs. 1 RDG) handelt.

13 Zu einer **Vertretung gegenüber Dritten** sind Pflegeberater nur im Rahmen der ihnen im Einzelfall eingeräumten Vertretungsmacht berufen. Die Pflegeberater(innen) fungieren ggf. als Sachwalter der Interessen der Betroffenen, sind aber nicht zugleich deren gesetzliche Vertreter. Auch Beratungs-"Management" macht Versicherte nicht zum bloßen Objekt. Über das allgemeine Kommunikationsgebot des § 28 Abs. 4 S. 2 hinaus gilt daher auch im Verhältnis der Anspruchsberechtigten zu den Pflegeberater(innen) das dialogische Prinzip.

14 Abs. 2 S. 3 stellt spezialgesetzlich nur klar, dass Pflegeberater(innen) der Pflegekassen für die **Entgegennahme von Leistungsanträgen** (nur) nach dem SGB V und dem SGB XI zuständig sind. Die ursprünglich als „versicherungsfreundliche Verbesserung der Dienstleistungs- und Serviceorientierung der Pflegeberatung" vorgesehene „Klarstellung", dass es sich um die „zuständige" Pflegeberaterin oder den zuständigen Pflegeberater handeln muss,[24] ist auf Vorschlag des Ausschusses für Gesundheit im Gesetzgebungsverfahren entfallen. Damit bleibt es bei der bisherigen Rechtslage, dass ein Leistungsantrag bei jedem Pflegeberater bzw. bei jeder Pflegeberaterin gestellt werden kann.[25] Im Übrigen gilt der wesentlich weiter gehende § 16 SGB I. Mit Zugang bei den Pflegeberater(innen) ist der Antrag wirksam gestellt. Jedenfalls im Rahmen der ihnen behördenintern eingeräumten Befugnisse sind sie gleichzeitig auch selbst zur Entscheidung berufen. Im Übrigen betrifft das Gebot unverzüglicher Weiterleitung (S. 4) allein die behördeninterne Weiterleitung ohne schuldhaftes Zögern, nicht also die Frage des Antragseingangs bei der Behörde. Adressat des **abschließenden schriftlichen Verwaltungsakts** (§ 31 S. 1 SGB X) über den Anspruch („Bescheid") ist der Antragsteller. Gleichzeitig erfolgt daneben und grundsätzlich allein zu Informationszwecken die Bekanntgabe an den Pflegeberater als insofern unabhängig vom Willen des Versicherten gesetzlich Verfahrensbeteiligten (S. 4, § 37 Abs. 1 S. 1 SGB X). Der Verwaltungsakt wird nur ausnahmsweise dann allein mit der Bekanntgabe an den Pflegeberater auch gegenüber dem Versicherten wirksam (§ 39 Abs. 1 S. 1), wenn dieser den Pflegeberater entsprechend bevollmächtigt hat (§ 13 SGB X). In der privaten PV, die die Pflegeberatung durch Pflegeberater ebenfalls zwingend vorsehen muss, gilt entsprechendes.

15 Soweit **Leistungen anderer Leistungsträger** in Betracht kommen, bleibt das entsprechende Antragsrecht beim Versicherten und kann nicht etwa über dessen Kopf hinweg durch den Pflegeberater über entsprechende Ansprüche disponiert werden. Schon hinsichtlich der Aufnahme derartiger Leistungen in den Versorgungsplan ist insofern Einvernehmen mit dem Hilfesuchenden „anzustreben" (Abs. 1 S. 5). Insofern genügt entgegen dem durch den Wortlaut („anzustreben") erweckten Eindruck nicht bereits das erfolglose Bemühen um das Einverständnis des Berechtigten.[26] Ebenso ist der Pflegeberater bei der Durchführung des Versorgungsplans ausdrücklich darauf beschränkt, auf die Durchführung der erforderlichen Maßnahmen und die Genehmigung durch den jeweiligen Leistungsträger „hinzuwirken" (Abs. 1 S. 2 Nr. 3). Die „frühzeitige Einbeziehung" der zuständigen Leistungsträger (Abs. 1 S. 6) und jede Art einer konkreten Zusammenarbeit (Abs. 1 S. 7) ist damit in jeder Stufe des Verfahrens vom Versicherten abhängig.

---

24 BT-Dr. 18/5926, 13, 86.
25 BT-Dr. 18/6688, 15, 132.
26 In diesem Sinne auch BT-Dr. 16/8525, 95.

Bei fehlerhafter oder trotz Rechtspflicht unterlassener Beratung ist der Anwendungsbereich des sozialrechtlichen Herstellungsanspruchs eröffnet.[27] Dies gilt auch insofern, als Pflegeberater(innen) durch § 7a ausdrücklich zur Beratung und Hilfestellung hinsichtlich von anderen Trägern der Sozialversicherung zu gewährender Leistungen berufen (Abs. 1 S. 1, S. 3 Nr. 3, S. 6) und damit in deren Zuständigkeit in einer Weise integriert sind, dass grundsätzlich eine Zurechnung von Fehlern der Pflegeberater(innen) zu diesen Trägern in Betracht kommt.[28] Schließlich könnte es sich – anders als bei der nur internen Verpflichtung aus § 7 Abs. 2 S. 2 (s. dort) – bei den umfassenden Beratungsverpflichtungen hinsichtlich sonstiger Leistungen und insbesondere im Rahmen des „Verbraucherschutzes"[29] durchaus um ein Schutzgesetz iS von § 823 Abs. 2 BGB handeln. Der weitgehend offene Begriff es „Hilfebedarfs" könnte sich insofern als nicht ungefährlich für der Pflegeberater(innen) und ihre Dienstherren erweisen. Erst recht kann eine zum **Schadensersatz** verpflichtende Vertragsverletzung bei den Trägern der privaten Pflegeversicherung in Betracht kommen.

Die unmittelbar **verbindlichen Inhalte der Pflegeberatung** ergeben sich ab dem 1.1.2016 wesentlich aus den Richtlinien nach § 17 Abs. 1a,[30] für deren Erlass allerdings eine gesetzliche Frist bis zum 31.7.2018 vorgesehen ist und die erst mit der Genehmigung durch das Bundesministerium für Gesundheit wirksam werden (§ 17 Abs. 2). Bis dahin wird die Pflegeberatung nach dem SGB XI allein durch die – unvollständigen – gesetzlichen Vorgaben in Abs. 1 S. 3 Nr. 1–6 bestimmt, ist also durch das „Verbesserung" verheißende PSG II nicht nur zeitlich dauerhaft verschoben und inhaltlich begrenzt, sondern bleibt auch hinsichtlich seines aktuellen Gehalts zumindest vorübergehend partiell unbestimmt. Ihr Kern („insbesondere") ist der **Versorgungplan** (Abs. 1 S. 3 Nr. 2, S. 4), um den herum die sonstigen Aufgaben angeordnet sind. Der Versorgungplan, der noch im – faktisch eher bedeutungslosen – „individuellen Pflegeplan" des § 18 Abs. 6 S. 2 enthalten ist, ist nicht selbst bereits Leistungsentscheidung, sondern als grundsätzlich im Einvernehmen (Abs. 1 S. 5) zu erstellendes individualisiertes und formalisiertes Informationskonvolut Entscheidungsgrundlage für den Anspruchsberechtigten.[31] Er ist auch im Übrigen für den Berechtigten nicht etwa in der Weise verbindlich, dass sich aus einer fehlenden Befolgung negative leistungsrechtliche Konsequenzen ergäben.

Das Gesetz umschreibt in Abs. 1 S. 3 Nr. 2 zunächst den **Mindestinhalt des individuellen Versorgungsplans**. Hiernach handelt es sich um eine auf der Basis der unverzichtbaren Erfassung und Analyse des Hilfebedarfs (Abs. 1 S. 3 Nr. 1) erstellte Auflistung der im Einzelfall erforderlichen (durch den Hilfebedarf kausal veranlassten) Sozialleistungen und gesundheitsfördernden, präventiven, kurativen, rehabilitativen oder sonstigen medizinischen sowie pflegerischen und sozialen Hilfen. Er beinhaltet zudem insbesondere Empfehlungen zu den im Einzelfall erforderlichen Maßnahmen nach S. 3 Nr. 3, Hinweise zu dem dazu vorhandenen örtlichen Leistungsangebot sowie zur Überprüfung und Anpassung der empfohlenen Maßnahmen (Abs. 1 S. 4 Hs. 2) und wird im Übrigen nach Maßgabe der – derzeit noch nicht vorhandenen – Richtlinien nach § 17 Abs. 1a erstellt und umgesetzt (Abs. 1 S. 4 Hs. 1). Die „Hinweise" und „Empfehlungen" sind Bestandteil des Versorgungsplans selbst und nicht lediglich Gegenstand der (sonstigen) Pflegeberatung.

Der Wortlaut des Abs. 1 S. 4 Hs. 2 („Hinweise" bzw. „Empfehlungen") ist nur partiell verlässlich. Leitlinie für das Verständnis des in Abs. 1 S. 1 umschriebenen **Gesamtanspruchs auf Pflegeberatung** ist, dass Informationen für den Berechtigten umfassend und vollständig sein müssen, weil sie ihrerseits nur so dessen Gestaltungs- und Auswahlfreiheit gewährleisten können. Dagegen kann und muss sich die Pflegeberatung darauf beschränken, einzelne Umstände hervorzuheben („Hinweise") bzw. das Augenmerk des Versicherten auf bestimmte Handlungsalternativen zu richten („Empfehlungen"), wo es um die Ausübung der allein dem Anspruchsberechtigten vorbehaltenen Dispositionsbefugnis geht. In diesem Sinne hat – entgegen dem vordergründigen Wortlaut – auch die Darstellung des (konkret) vorhandenen örtlichen Leistungsangebots umfassend und vollständig zu sein und darf sich nicht etwa auf selektive „Hinweise" beschränken. Dagegen bezieht sich Maßnahmen nach Abs. 1 S. 3 Nr. 3 auf die „Durchführung" des Versorgungsplans, setzen also eine Ausübung der Dispositionsbefugnis durch Auswahl und ggf. Leistungsanträge voraus und können daher auch nur durch unverbindliche Empfeh-

---

27 BT-Dr. 16/7439, 46.
28 Vgl. exemplarisch BSG, 17.2.2009, B 2 U 34/07 R, SGb 2010, 47ff. mwN; BSG, 25.8.2009, B 3 KS 1/09 B, SozR 4- 5425 § 8 Nr. 1 und BSG, 17.12.1980, 12 RK 34/80, BSGE 51, 89ff.
29 BT-Dr. 16/7439, 47.
30 Hierzu BT-Dr. 18/5926, 88f.
31 In diesem Sinne auch BT-Dr. 16/7439, 47 und Krahmer/Schiffer-Werneburg, Sozialrecht aktuell 2008, 127, 131f.

lungen begleitet werden. Dasselbe gilt für „Hinweise" zur Überprüfung und Anpassung einmal getroffener Entscheidungen der Berechtigten.

20 Jedenfalls mit dem Berechtigten selbst ist bei der Erstellung und Umsetzung des Versorgungsplans „Einvernehmen" anzustreben (Abs. 1 S. 5). Fehlt das **Einverständnis des Versicherten** trotz konkreter und nachhaltiger Bemühungen, steht dies zwar der Erstellung des Versorgungsplans nicht durchgreifend entgegen, macht diesen aber im Ergebnis wertlos. Die sich hieraus ergebenden Konflikte sind im Gesetz nicht einmal angedacht und waren soweit ersichtlich auch nicht Gegenstand der Beratungen. Dasselbe gilt, wenn auf Wunsch des Berechtigten Dritte zugezogen werden und daher Einvernehmen mit allen Beteiligten angestrebt werden muss.[32]

V. Die Organisation der Pflegeberatung

21 Die Organisation der Pflegeberatung hat jeweils dem Grundprinzip der „**Unabhängigkeit**" zu genügen, um hierdurch die gebotene **Objektivität der Entscheidungsgrundlage** zu ermöglichen. Dies ergibt sich neben der ausdrücklichen Anordnung in Abs. 1 S. 10,[33] die nicht etwa allein auf die Pflegeberatung in den Pflegestützpunkten beschränkt ist, bereits aus der Funktion des Rechtsinstituts und seiner teilweisen Überschneidung mit dem Anwendungsbereich des § 14 SGB I.[34] Allerdings ist das Gebot nicht etwa der richterlichen Unabhängigkeit (Art. 97 GG) vergleichbar ausgestattet und vielfältigen Gefährdungen ausgesetzt. Bedenken erweckt bereits, dass die Träger der Pflegeversicherung Adressat des Anspruchs auf Pflegeberatung und regelmäßig auch Dienstherren der Pflegeberater(innen) sind, gleichzeitig aber als Kostenträger eigene Interessen mit dem Inhalt der Beratung verbinden.[35] Die **Gefahr des Konflikts** verstärkt sich, wenn Pflegeberater(innen) gleichzeitig selbst zu Leistungsentscheidungen berufen sind, wie dies auch in den Materialien ausdrücklich in Erwägung gezogen wird. Sie liegt schließlich – auch aus der Sicht eines ruhig und besonnen denkenden Beobachters, wie er in Fragen der richterlichen Befangenheit Maßstab der Beurteilung ist – praktisch unabweisbar auf der Hand, wenn der Pflegestützpunkt bei einer im Land zugelassenen und tätigen Pflegeeinrichtung errichtet wird (§ 7c Abs. 4 S. 1 SGB XI) oder private Leistungsanbieter zusätzlich mit der öffentlich-rechtlichen Aufgabe der Pflegeberatung betraut werden und ihnen hierdurch abverlangt wird, dennoch objektiv über das vollständige örtliche Leistungsangebot zu informieren. Unter diesen Umständen kommt nur eine restriktive Handhabung bei der Beleihung Privater und eine dem Gebot der Unabhängigkeit genügende Ausgestaltung von Einzelverträgen mit den Pflegeberater(innen) in Betracht.

22 Die Pflegeberatung wird grundsätzlich von den einzelnen Trägern der PV auf ihre Kosten (Ab. 4 S. 5) – allerdings nach Anzahl und örtlicher Zuständigkeit aufeinander abgestimmt (Abs. 4 S. 1) – organisiert und durch von ihnen eingesetzte Pflegeberater(innen) ausgeführt (Abs. 3 S. 2). Das führt (erwartungsgemäß) zu höchst unterschiedlichen Wegen, Aufgabe der Pflegeberatung umzusetzen und zu implementieren.[36] Die Kassen können ihnen obliegende Aufgaben der Pflegeberatung unter Beachtung von § 80 SGB X ganz oder teilweise auf Dritte übertragen (Abs. 1 S. 8). Dabei ist – auch ohne ausdrückliche Erwähnung – stets den nunmehr in § 7b Abs. 2 aufgeführten Gesichtspunkten zu genügen. Soweit Pflegestützpunkte eingerichtet sind (§ 7c Abs. 1 S. 1), sind die Kassen im Land grundsätzlich verpflichtet, dort Pflegeberatung zu gewähren (Abs. 1 S. 10) und Pflegeberater(innen) auf der Grundlage einer einheitlichen gemeinsamen Vereinbarung auf einander abgestimmt bereitzustellen (Abs. 4 S. 1).[37] Die Pflegekassen können diese Aufgabe auf die Landesverbände der Pflegekassen übertragen (S. 2), die auch entscheiden, wenn eine Einigung nicht zustande kommt (S. 3). Schließlich können die Pflege- und Krankenkassen zur Aufgabenwahrnehmung durch Pflegeberater(innen) von der Möglichkeit der gegenseitigen Beauftragung (§§ 88 bis 92 SGB X) Gebrauch machen (Abs. 4 S. 4). Die letzt genannte Norm ist durch das PSG III zum 1.1.2017 um einen Halbsatz erweitert worden, dem zufolge insofern § 94 Abs. 1 Nr. 8 entsprechend gilt.[38]

---

32 Vgl. Krahmer/Schiffer-Werneburg, Sozialrecht aktuell 2008, 127, 132 f.
33 Siehe nunmehr auch § 7b Abs. 2.
34 BT-Dr. 16/7439, 47.
35 Siehe auch Krahmer/Schiffer-Werneburg, Sozialrecht aktuell 2008, 127, 134.
36 Evaluationsbericht „Evaluation der Pflegeberatung nach § 7a Abs. 7 S. 1 SGB XI", GKV-Spitzenverband 2012, abrufbar unter www.gkv-spitzenverband.de (zuletzt abgerufen am 1.5.2017).
37 Siehe zu den sich hieraus ergebenden verfassungsrechtlichen Problemen Krahmer/Schiffer-Werneburg, Sozialrecht aktuell 2008, 127, 138.
38 Vgl. hierzu BT-Dr. 18/10510, 106 zu Nr. 1 b.

Die Anzahl der Pflegeberater(innen) muss eine zeitnahe und umfassende **Aufgabenwahrnehmung** ermöglichen (Abs. 3 S. 1). Das erzwingt ggf. mittelbar die Nutzung von Kooperation und Beauftragung (Abs. 4). Bis zum 31.12.2015 vermied der Gesetzgeber eine eigene Festlegung und beschränkte die Funktion des Spitzenverbandes Bund der Pflegekassen auf „Empfehlungen" (Abs. 3 S. 3 aF). Die Empfehlungen des GKV-Spitzenverbandes nach § 7a Abs. 3 Satz 3 zur Anzahl und Qualifikation der Pflegeberaterinnen und Pflegeberater vom 29. August 2008[39] und der Bericht des GKV-Spitzenverbandes. „Evaluation in der Pflegeberatung nach § 7a Abs. 7 Satz 1 SGB XI"[40] blieben eine inhaltliche Festlegung ebenfalls schuldig und verwiesen auf das im Gesetzgebungsverfahren erörterte Verhältnis von 1:100 (Verhältnis Pflegeberater zu Versorgungsplänen) als „Richtwert". Diese Zurückhaltung hat der Gesetzgeber mit dem zum 1.1.2016 in Kraft getretenen Abs. 3 S. 3 nF aufgegeben. 23

Die **Basisqualifikation** der Pflegeberater(innen) besteht in der Zugehörigkeit zu einer der in Abs. 3 S. 2 nicht abschließend („insbesondere") aufgeführten Berufsgruppen (Pflegefachkräfte, Sozialversicherungsfachangestellte, oder Sozialarbeiter) und der „jeweils erforderlichen Zusatzqualifikation," die ebenfalls gesetzlich nicht näher spezifiziert wird. Auch zu den Qualifikationsanforderungen gibt der Spitzenverband Bund der Pflegekassen „Empfehlungen" ab (Abs. 3 S. 3).[41] 24

Die mit der Durchführung der PV betrauten privaten Versicherungsunternehmen müssen die Pflegeberatung grundsätzlich selbst durchführen. Sie können sich hierzu nach Maßgabe einer vertraglichen Vereinbarung mit den Pflegekassen der Pflegeberater(innen) der Pflegekassen bedienen (Abs. 5 S. 1, 2). Andernfalls können sie untereinander Vereinbarungen treffen (S. 2) 25

VI. Datenschutz

Abs. 6 ergänzt die Regelungen des 9. Kapitels. Er erlaubt es einem extrem weiten Kreis von Begünstigten, für die weiten Zwecke der Pflegeberatung Sozialdaten zu erheben, zu verarbeiten und zu nutzen, soweit dies zur Erfüllung der Aufgaben nach diesem Buch erforderlich oder durch Rechtsvorschriften des SGB oder Regelungen des Versicherungsvertrags- oder des Versicherungsaufsichtsgesetzes angeordnet oder erlaubt ist. Einer zusätzlichen Einwilligung des Betroffenen nach § 67b Abs. 1 S. 1 SGB X bedarf es daneben nicht mehr. Die in Abs. 6 nicht geregelte Übermittlung von Daten ist nur in den Grenzen von § 67d SGB X zulässig. 26

VII. Rahmenvereinbarungen auf Landesebene (Abs. 7)

Der Aussagegehalt von Abs. 7 bleibt weitgehend dunkel. Der Norm ist unmittelbar nur das an die in S. 1 genannten Träger gerichtete Gebot zu entnehmen, **Rahmenverträge** über die Zusammenarbeit in der Beratung zu schließen und dabei die in S. 2 aufgeführten Verbände anzuhören. Damit soll nach der Entwurfsbegründung[42] „eine strukturierte Zusammenarbeit der die Pflegeberatung im Sinne der Pflegeversicherung durchführenden Personen und Stellen gewährleistet werden." Ziel dieser Zusammenarbeit soll die Verbesserung einerseits des unmittelbaren Zugangs zu Informationen für die Personen sein, die Pflegeberatung durchführen, und anderseits die Information pflegebedürftiger Personen und ihrer pflegenden Angehörigen über die örtlich und regional bestehenden Hilfe-, Betreuungs-, Unterstützungs- und Entlastungsangebote. Ein Anhörungsrecht soll insbesondere den Verbänden der freien Wohlfahrtspflege, Verbraucherverbänden und Verbänden von Selbsthilfegruppen zukommen. 27

VIII. Beteiligung an Beratungsaufgaben Dritter, Abs. 8

Der zum 1.1.2016 aufgrund des PSG II in Kraft getretene Abs. 8 entspricht dem bisherigen § 7 Abs. 4 und soll als „redaktionelle Regelung" der „Rechtsstraffung" dienen.[43] Die Regelung ermächtigt zur **Verwendung von Haushaltmitteln** zur Beteiligung an der Finanzierung und Organisation von Beratungsangeboten anderer Träger, um auf diese Weise die beratungsaufgaben nach dem SGB XI zu erfüllen. Defizite der einzelnen Pflegekasse sollen damit kompensiert werden, ohne dass eine bestimmte Art 28

---

39 GKV-Spitzenverband 2012, abrufbar unter www.gkv-spitzenverband.de, S. 3 (zuletzt abgerufen am 1.5.2017).
40 GKV-Spitzenverband 2012, abrufbar unter www.gkv-spitzenverband.de, S. 18 (zuletzt abgerufen am 1.5.2017).
41 Empfehlungen des GKV-Spitzenverbandes nach § 7a Abs. 3 S. 3 zur Anzahl und Qualifikation der Pflegeberaterinnen und Pflegeberater vom 29.8.2008, GKV-Spitzenverband 2012, abrufbar unter www.gkv-spitzenverband.de (zuletzt abgerufen am 1.5.2017).
42 BT-Dr. 18/5926, 86.
43 BT-Dr. 18/5926, 86.

des Vorgehens vorgegeben wird. Der Hinweis auf die Gebote der „Neutralität und Unabhängigkeit" sollte bei öffentlichen Trägern keiner abermaligen rechtlichen Bestätigung bedürfen.

IX. Erfahrungsbericht, Abs. 9

29 Die Begründung der Entwurfs-Verfasser[44] hierzu lautet wie folgt:
„*Durch die Regelung in Absatz 9 wird der Spitzenverband Bund der Pflegekassen verpflichtet, dem Bundesministerium für Gesundheit erstmalig zum 30. Juni 2020 und nachfolgend regelmäßig alle drei Jahre einen Bericht über die Erfahrungen und Weiterentwicklung der Beratung nach § 7a Absatz 1 bis 4, 7 und 8, § 7b Absatz 1 und 2 und § 7c, sowie über die Durchführung, die Ergebnisse und die Wirkungen der Beratung nach § 37 Absatz 3 bis 8 vorzulegen. Die Erstellung dieses Berichts ist jeweils wissenschaftlich zu begleiten. Der Spitzenverband Bund der Pflegekassen kann hierfür Mittel nach § 8 Absatz 3 einsetzen. Dieser Bericht dient dazu, einerseits etwaige Mängel und Defizite aufzudecken und andererseits Erkenntnisse darüber zu erlangen, wie sich die Beratungsstrukturen entwickeln. Er ist somit eine wichtige Erkenntnisquelle hinsichtlich der Wirksamkeit der Pflegeberatung sowie eine wichtige Grundlage für die Weiterentwicklung der Regelungen zur Pflegeberatung sowie zur Beratung in der eigenen Häuslichkeit gemäß § 37 Absatz 3. Bei der Wahrnehmung dieser Aufgabe beteiligt das Bundesministerium für Gesundheit den Beauftragten der Bundesregierung für die Belange der Patientinnen und Patienten sowie Bevollmächtigten für Pflege. Der Bericht soll hinsichtlich der Pflegeberatung nach § 7a Absatz 1 bis 4, 7 und 8, § 7b Absatz 1 und 2 und § 7c insbesondere konkrete Zahlen zur Entwicklung des Beratungsgeschehens enthalten, darunter unter anderem zur Anzahl der Pflegeberaterinnen und Pflegeberater, deren Qualifikation, zur Anzahl der Pflegestützpunkte und deren Trägerschaft einschließlich deren Beratungstätigkeiten und Beratungsschwerpunkten, Zahlen zur Inanspruchnahme durch Pflegebedürftige und Angehörige, zur Anzahl der Pflegeerst- und -wiederholungsberatungen, der erstmalig erstellten sowie überarbeiteten Versorgungspläne, der Ausstellung und Einlösung von Beratungsgutscheinen sowie zu den Ausgaben der Pflegekassen für die Pflegeberatung. Gegenstand des Berichts sollen auch Fragen der Pflegeberatung für die Zielgruppe der Menschen mit Migrationshintergrund sein. Darüber hinaus soll er konkrete Empfehlungen zur Weiterentwicklung der Pflegeberatung geben. Der Bericht soll auch Angaben enthalten, wie die Ergebnisse der Beratung in der eigenen Häuslichkeit nach § 37 Absatz 3 bei der Pflegeberatung nach § 7a berücksichtigt werden. Hiervon unberührt bleibt der Bericht über die Durchführung und die Ergebnisse der Beratung in der eigenen Häuslichkeit nach Nummer 2.*

30 *Die Beratung in der eigenen Häuslichkeit nach § 37 Absatz 3 ist in der Vergangenheit vielfacher Kritik ausgesetzt gewesen und dem Instrument ist mangelnde Wirksamkeit unterstellt worden. Um die Weiterentwicklung der Beratung nach § 37 Absatz 3 bis 8 voranzutreiben, die Auswirkungen der gesetzlichen Neuregelungen zu beobachten und die nach § 37 Absatz 4 und auf andere Weise gewonnenen Erkenntnisse insbesondere über die Ergebnisse der Beratungseinsätze regelmäßig systematisch auszuwerten und wissenschaftlich aufbereiten zu lassen, wird nun eine Berichtspflicht auch zur Beratung in der eigenen Häuslichkeit nach § 37 Absatz 3 eingeführt. Wichtig ist in diesem Zusammenhang, dass ein wesentlicher Bestandteil des Berichts darin besteht, über die Wirkungen der Beratung in der eigenen Häuslichkeit Auskunft zu geben. Dies bezieht sich insbesondere auch darauf, zu ermitteln, ob und mit welchen Wirkungen Erkenntnisse und Hinweise aus den Beratungsbesuchen von den Beteiligten tatsächlich in der Praxis umgesetzt werden. Zusammen mit den weiteren Anpassungen der Vorgaben zur Gestaltung und Durchführung der Beratung in der eigenen Häuslichkeit wird die in dem neuen Absatz 9 vorgesehene Berichtspflicht dazu führen, die Beratungsqualität insgesamt nachhaltig zu verbessern.*"

X. Anpassung durch das Bundesteilhabegesetz

31 Durch das Bundesteilhabegesetz vom 23.12.2016 (BGBl. I, 3234) werden mWv 1.1.2018 in Abs. 1 S. 7 die Wörter „insbesondere den gemeinsamen Servicestellen nach § 23 des Neunten Buches," durch die Wörter „insbesondere den Ansprechstellen der Rehabilitationsträger nach § 12 Absatz 1 Satz 3 des Neunten Buches," ersetzt.

---

44 BT-Dr. 18/5926, 86.

XI. Anpassung durch das Blut- und Gewebegesetz

Der Deutsche Bundestag hat am 1.6.2017 das Gesetz zur Fortschreibung der Vorschriften für Blut- und Gewebezubereitungen und zur Änderung anderer Gesetze verabschiedet. Der Bundesrat hat am 7.7.2017 über das Gesetz beraten und keine Einwände vorgetragen. MWv am Tag nach der Verkündigung werden dem Abs. 7 durch Art. 9 Nr. 1 dieses Gesetzes die S. 3 und 4 angefügt. Die Begründung der Entwurfsverfasser[45] vermerkt hierzu:

„Die Träger der Sozialhilfe erhalten die Möglichkeit, ergänzende Vereinbarungen zu den Regelungen auf Landesebene für die Zusammenarbeit der örtlichen Beratungsstellen von Pflegekassen und Trägern der Sozialhilfe für das Gebiet des Kreises oder der kreisfreien Stadt und damit für ihren örtlichen Zuständigkeitsbereich herbeizuführen. Die Landesverbände der Pflegekassen und der Verband der privaten Krankenversicherung eV werden zum Abschluss einer solchen Vereinbarung verpflichtet, wenn der Träger der Sozialhilfe eine solche Vereinbarung verlangt. Soll die ergänzende Vereinbarung für Modellvorhaben nach den §§ 123 und 124 abgeschlossen werden, ist es der jeweilige Antragsteller, der den Abschluss einer Vereinbarung verlangt. Geltungsbereich der ergänzenden Vereinbarung ist in diesen Fällen der Geltungsbereich der jeweiligen Modellvorhaben. Eine Auswertung bezüglich der beratungsbezogenen Wirksamkeit, Qualität und Kosten solcher Vereinbarungen soll ebenfalls Gegenstand der Evaluation nach § 124 Absatz 3 sein."

§ 7 b Beratungsgutscheine

(1) ¹Die Pflegekasse hat dem Antragsteller unmittelbar nach Eingang eines erstmaligen Antrags auf Leistungen nach diesem Buch sowie weiterer Anträge auf Leistungen nach § 18 Absatz 3, den §§ 36 bis 38, 41 bis 43, 44 a, 45, 87 a Absatz 2 Satz 1 und § 115 Absatz 4

1. unter Angabe einer Kontaktperson einen konkreten Beratungstermin anzubieten, der spätestens innerhalb von zwei Wochen nach Antragseingang durchzuführen ist, oder
2. einen Beratungsgutschein auszustellen, in dem Beratungsstellen benannt sind, bei denen er zu Lasten der Pflegekasse innerhalb von zwei Wochen nach Antragseingang eingelöst werden kann; § 7 a Absatz 4 Satz 5 ist entsprechend anzuwenden.

²Die Beratung richtet sich nach § 7 a. ³Auf Wunsch des Versicherten hat die Beratung in der häuslichen Umgebung stattzufinden und kann auch nach Ablauf der in Satz 1 genannten Frist durchgeführt werden; über diese Möglichkeiten hat ihn die Pflegekasse aufzuklären.

(2) ¹Die Pflegekasse hat sicherzustellen, dass die Beratungsstellen die Anforderungen an die Beratung nach § 7 a einhalten. ²Die Pflegekasse schließt hierzu allein oder gemeinsam mit anderen Pflegekassen vertragliche Vereinbarungen mit unabhängigen und neutralen Beratungsstellen, die insbesondere Regelungen treffen für

1. die Anforderungen an die Beratungsleistung und die Beratungspersonen,
2. die Haftung für Schäden, die der Pflegekasse durch fehlerhafte Beratung entstehen, und
3. die Vergütung.

(2 a) ¹Sofern kommunale Gebietskörperschaften, von diesen geschlossene Zweckgemeinschaften oder nach Landesrecht zu bestimmende Stellen

1. für die wohnortnahe Betreuung im Rahmen der örtlichen Altenhilfe oder
2. für die Gewährung der Hilfe zur Pflege nach dem Zwölften Buch

Pflegeberatung im Sinne von § 7 a erbringen, sind sie Beratungsstellen, bei denen Pflegebedürftige nach Absatz 1 Satz 1 Nummer 2 Beratungsgutscheine einlösen können; sie haben die Empfehlungen nach § 7 a Absatz 3 Satz 3 zu berücksichtigen und die Pflegeberatungs-Richtlinien nach § 17 Absatz 1 a zu beachten. ²Absatz 2 Satz 1 findet keine Anwendung. ³Die Pflegekasse schließt hierzu allein oder gemeinsam mit anderen Pflegekassen mit den in Satz 1 genannten Stellen vertragliche Vereinbarungen über die Vergütung. ⁴Für die Erhebung, Verarbeitung und Nutzung der Sozialdaten gilt § 7 a Absatz 6 entsprechend.

(3) ¹Stellen nach Absatz 1 Satz 1 Nummer 2 dürfen personenbezogene Daten nur erheben, verarbeiten und nutzen, soweit dies für Zwecke der Beratung nach § 7 a erforderlich ist und der Versicherte oder

---

[45] BT-Dr. 18/11488 S. 57.

sein gesetzlicher Vertreter eingewilligt hat. ²Zudem ist der Versicherte oder sein gesetzlicher Vertreter zu Beginn der Beratung darauf hinzuweisen, dass die Einwilligung jederzeit widerrufen werden kann.
(4) Die Absätze 1 bis 3 gelten für private Versicherungsunternehmen, die die private Pflege-Pflichtversicherung durchführen, entsprechend.

Literatur:

Castrup/Hörter/Rückhardt/Wöhler/Stoll, Case Management in der Pflegeberatung, Kompass/KBS 2016, Nr. 9/10, 3-10; *Marburger*, Leistungen zur Aufklärung und Beratung in der sozialen Pflegeversicherung, Behindertenrecht 2014, 101; *Krahmer/Nordmann*, Aktueller Druck auf die Pflegekassen – Fristsetzung und Beratungsgutscheine für Fallmanagement und Beratung – der neue § 7 b SGB XI, ZFSH/SGB 2013, 193; *Krahmer*, Zwischenruf zur großen SGB XI-Novelle – Rückschritte bei der pflegeversicherungsrechtlichen Beratung und beim Fallmanagement nach §§ 7 ff. SGB XI RegE zum PSG II, ZFSH/SGB 2015, 486; *Rymarczyk*, Die Ausgestaltung der Beratungsansprüche nach dem Zweiten Pflegestärkungsgesetz, ZFSH/SGB 2016, 419; *Schaumberg*, Individualisierung und Pflegeberatung, Kongress Goethe-Universität Frankfurt/Main, Institut für Europäische Gesundheitspolitik und Sozialrecht, 2012; *Schmidt*, Das Dritte Pflegestärkungsgesetz, NZS 2017, 207; *Udsching*, Das Zweite Pflegestärkungsgesetz, jurisPR-SozR 6/2016 Anm. 1; Pflege soll vor Ort in den Kommunen gestärkt werden, SuP 2016, 427.

I. Entstehungsgeschichte............................ 1	V. Pflegeberatung durch kommunale Träger, Abs. 2 a 10
II. Normzweck... 2	VI. Datenschutzrechtliche Regelungen (Abs. 3) 12
III. Beratungsanspruch (Abs. 1) 4	VII. Private Versicherungsunternehmen (Abs. 4) 13
IV. Verträge mit den Beratungsstellen (Abs. 2) 9	

I. Entstehungsgeschichte

1 § 7 b ist aufgrund von Art. 1 Nr. 3 des Pflege-Neuausrichtungs-Gesetzes v. 23.10.2012 (BGBl. I, 2246) mWv 30.10.2012 in das SGB XI eingefügt worden. Das PSG II v. 21.12.2015 (BGBl. I 2424) hat die Vorschrift an die ab 1.1.2016 geltende Rechtslage angepasst. Durch das PSG III v. 23.12.2016 ist mWv 1.1.2017 Abs. 2 a eingefügt worden.

II. Normzweck

2 Abs. 1 gibt dem Versicherten alternativ einen unmittelbar nach Antragseingang entstehenden und fälligen **Anspruch** gegen den Träger der Pflegeversicherung entweder auf das Angebot eines konkreten Beratungstermins unter Angabe einer Kontaktperson spätestens innerhalb von zwei Wochen nach Antragseingang oder auf einen gleichwertigen Beratungsgutschein mit Angabe von Beratungsstellen, bei denen dieser Gutschein innerhalb von zwei Wochen zulasten der Pflegekasse eingelöst werden kann. Die Abs. 2 bis 4 enthalten die nach Auffassung des Gesetzgebers erforderlichen Begleitregelungen zum Inhalt der mit Dritten zu schließenden Verträge, zum Datenschutz und zur entsprechenden Anwendung der Abs. 1 bis 3 auf private Versicherungsunternehmen.

3 § 7 b soll **Defizite der Information** über die Beratungsmöglichkeiten nach § 7 a (ursprünglich auch § 7) beheben.[1] Es hätte näher gelegen, diese Aufgabe im Rahmen einer umfassenden Überarbeitung und Ergänzung von § 7 a anzugehen und dort auch den Spezialfall der Pflegeberatung durch Dritte auf Beratungsgutschein zu behandeln.[2] In der Folge der verfehlten Leitentscheidung werden mit Abs. 2 bis 3 normative Doppelstrukturen aufgebaut, die durch partielle Abweichung gegenüber § 7 a zur Verunsicherung beitragen. Die Überschrift „Beratungsgutscheine" trifft den Inhalt des § 7 b nur zu einem geringen Teil.

III. Beratungsanspruch (Abs. 1)

4 Abs. 1 S. 2 bezeichnet den Inbegriff der nach § 7 a einem konkreten Adressaten zu vermittelnden Informationen (Abs. 1 S. 2). Zeitlich und sachlich beschränkt sich § 7 b insofern ausdrücklich auf die Pflichten der Träger (Abs. 1 S. 1, Abs. 4) „nach Eingang eines Antrags auf Leistungen nach diesem Buch sowie[3] weiterer Anträge auf Leistungen nach § 18 Absatz 3, den §§ 36 bis 38, 41 bis 43, 44 a, 45, 87 a Absatz 2 Satz 1 und § 115 Absatz 4". Die für den Anspruch aus § 7 a ohnehin gewährleistete Möglich-

---

1 BT-Dr. 17/9369, 35.
2 Ein entsprechender Vorschlag des Bundesrates im Rahmen des Gesetzgebungsverfahrens zum Ersten Pflegestärkungsgesetz (PSG I) v. 17.12.2014, BGBl. I, 2222, ist gescheitert, BT-Dr. 18/2379, 1 f.
3 Seit 11.2016.

keit, die Beratung auf Wunsch des Versicherten in der häuslichen Umgebung durchzuführen (§ 7a Abs. 2 S. 3), wird für den Anwendungsbereich des § 7b nochmals ausdrücklich wiederholt (Abs. 1 S. 2 Hs. 1). Warum die Möglichkeit einer Durchführung „in der Einrichtung" – anders als in § 7a Abs. 2 S. 1 und in den Materialien[4] – nicht nochmals gesondert erwähnt ist, bleibt offen.

Der Versicherte hat nunmehr unmittelbar nach Eingang eines erstmaligen Antrags auf Leistungen und (seit 1.1.2015) eines Antrages auf die weiteren in Abs. 1 genannten Leistungen nach diesem Buch zunächst Anspruch darauf, dass ihm die Pflegekasse unter Angabe einer Kontaktperson einen **konkreten Beratungstermin anbietet**, der spätestens zwei Wochen nach Antragseingang durchzuführen ist (Abs. 1 S. 1 Nr. 1). Nicht erfasst sind damit weiterhin Wiederholungsanträge auch soweit der Erstantrag vor Inkrafttreten des § 7b gestellt wurde. Nur auf Wunsch des Versicherten kann die Beratung auch nach Ablauf der Zwei-Wochen-Frist des Abs. 1 S. 1 stattfinden (Abs. 1 S. 2). Eine Form für das Angebot des Abs. 1 Nr. 1 ist nicht vorgeschrieben. Inhaltlich ist neben der Benennung eines „konkreten Beratungstermins" nur die Angabe einer „Kontaktperson" erforderlich, die mit dem späteren Berater nicht identisch sein muss.

Ebenso wie Auskunft und Beratung selbst nicht die Voraussetzungen eines Verwaltungsakts erfüllen, sondern – mit dem wesentlichen Ziel der Verhaltensorientierung des Versicherten – schlichtes Verwaltungshandeln darstellen,[5] handelt es sich auch beim Angebot eines Beratungstermins nicht um eine **Regelung** iS von § 31 S. 1 SGB X. Vielmehr dient das Angebot seinerseits der bloßen Vorbereitung einer Vorbereitungshandlung. Allerdings können sich aus der Missachtung der der Fristvorschriften des Abs. 1 S. 1 Nr. 1 ggf. eigenständige Folgen für Herstellungs- und Amtshaftungsansprüche ergeben.

Eigenständig und gleichwertig („oder") neben dem Anspruch auf das Angebot eines Beratungstermins nach Abs. 1 S. 1 Nr. 1 steht derjenige auf **Ausstellung eines Beratungsgutscheins** nach Nr. 2. Da sich beide gegenseitig ausschließen und Hinweise auf ein Wahlrecht des Berechtigten fehlen, handelt es sich um eine **Wahlschuld** iS von § 262 BGB. Damit bestimmt grundsätzlich die Pflegekasse durch Erklärung gegenüber dem Berechtigten die von Anfang an geschuldete Leistung (§ 263 BGB). Tut sie das nicht, bleibt dem Berechtigten nur eine allgemeine Leistungsklage mit alternativem Klageantrag und nach dem Obsiegen ein weiteres Vorgehen nach § 264 BGB.

Der **Gutschein** verkörpert für den Berechtigten den Anspruch gegen die Pflegekasse auf zeitnahe (binnen zwei Wochen ab Antragstellung) Beratung nach § 7a durch eine Beratungsstelle zulasten (Abs. 1 S. 1 Nr. 2 Hs. 2) der Pflegekasse. Abs. 2 S. 2 gilt auch insofern. Auch durch den Pflegeberater der Beratungsstelle kann der Antragsteller daher auf Wunsch in seiner häuslichen Umgebung und nach Ablauf der zwei-Wochen-Frist beraten werden. Anders als bei Abs. 1 S. 1 Nr. 1 ist allerdings ein **individualisierter Ansprechpartner** nicht gewährleistet. Eine unmittelbare Rechtsbeziehung zwischen Berechtigtem und Beratungsstelle besteht (insofern) nicht. Die Beratungsstelle ist Erfüllungsgehilfe der Kasse und hat allein gegen diese einen Zahlungsanspruch auf der Grundlage eines öffentlich-rechtlichen Vertragsverhältnisses. Auch wenn sich die rechtliche Konstruktion damit von derjenigen im Arbeitsförderungsrecht unterscheidet,[6] bleibt doch offen, warum der Gesetzgeber nunmehr im Pflegeversicherungsrecht ausgerechnet auf ein Modell zurückgreift, dem mangelnde Effizienz auf die Stirn geschrieben steht.[7]

IV. Verträge mit den Beratungsstellen (Abs. 2)

Soweit die Pflegekassen die Beratung durch Dritte wahrnehmen lassen, verbleibt (selbstverständlich) die Gewährleistungsverantwortung bei ihnen (S. 1). Sie haben daher entweder allein oder zusammen mit anderen Pflegekassen mit „unabhängigen und neutralen" Beratungsstellen öffentlich-rechtliche-Verträge nach S. 2 zu schließen. Sowohl der Inhalt der übertragenen Aufgabe als auch das Neutralitäts- bzw. Objektivitätsgebot[8] und alle in S. 2 genannten Regelungsgegenstände sind notwendiger Bestandteil der Beziehung zu allen mit der Pflegeberatung betrauten Dritten und hätten daher ihren systematisch richtigen Platz in § 7a gehabt.

---

4 BT-Dr. 17/9369, 35.
5 Vgl. etwa BSG, 25.10.1966, 11 RA 166/66, BSGE 25, 219 ff.
6 Exemplarisch BSG, 6.4.2006, B 7 a AL 56/05 R, BSGE 96, 190 ff.
7 Vgl. zur – allerdings ergebnislos gebliebenen – Kritik des Bundesrates BT-Dr. 18/2379, 2.
8 Die Entwurfsverfasser verweisen insofern ausdrücklich auf die „Gesetzesbegründung zu § 7a".

V. Pflegeberatung durch kommunale Träger, Abs. 2 a

10 Die Vorschrift wurde durch das PSG III mWv 1.1.2017 eingeführt. Sie enthält in S. 1 die verbindliche Anordnung, dass die dort genannten kommunalen Träger Beratungsstellen sind, wenn sie für die in Nr. 1 und 2 genannten Zwecke Pflegeberatung iS von § 7a erbringen und Pflegebedürftige nach Abs. 1 Nr. 2 bei ihnen Beratungsgutscheine einlösen können. Damit bestimmt allein der kommunale Träger, ob er eine eigene Beratung – nach Maßgabe der Empfehlungen nach § 7a Abs. 3 und der Pflegeberatungs-Richtlinien nach § 17 Abs. 1a, auf die iS der „Rechtsklarheit" verwiesen wird[9] und bei „entsprechender Anwendung" der (ohnehin unmittelbar anwendbaren) datenschutzrechtlichen Regelungen des § 7a Abs. 6 (Abs. 2a S. 4) – erbringen will.[10] Die Sicherstellung durch die Pflegekassen, dass die Anforderungen an die Beratung nach § 7a eingehalten werden, findet insofern ausdrücklich nicht statt (Abs. 2a S. 2): Ungeachtet des Umstandes, dass S. 2 aaO den S. 2 des Abs. 2 nicht ausdrücklich miterfasst, findet dennoch gleichzeitig auch dieser keine Anwendung auf die kommunalen Träger. Ist nämlich schon der Anwendungsbereich des Sicherstellungsauftrages nach Abs. 2 S. 1 nicht eröffnet, bedarf es erst recht keiner Verträge zu seiner Durchführung („hierzu") mit dem in Abs. 2 S. 2 benannten Inhalt.[11]

11 Vertragliche Vereinbarungen zwischen den kommunalen Trägern und einer oder mehreren Pflegekassen beschränken sich folgerichtig auf die (Höhe) der Vergütung (S. 3).[12] Das erkennbare Bemühen des Gesetzgebers um eine strikte Beachtung der mit Art. 28 Abs. 2 GG garantierten eigenverantwortlichen Erledigung einer – frei wählbaren – Aufgabe[13] führt damit im Ergebnis zu einer **Finanzierung der Kommunen** zulasten der gesetzlichen Zwangsversicherung und ohne inhaltliche Kontrolle durch deren Träger. Die rechtspolitisch gerne betonte Qualität der Beratung als Entscheidungsgrundlage für die Versicherten tritt damit erneut in den Hintergrund.

VI. Datenschutzrechtliche Regelungen (Abs. 3)

12 Abs. 3 enthält nach Auffassung der Entwurfsverfasser[14] die „erforderlichen" datenschutzrechtlichen Befugnisse für vertraglich mit der Pflegeberatung betraute **Dritte**. Da auch Beratungsstellen, die auf Vorlage eines Gutscheins tätig werden, Pflegeberatung nach § 7a erbringen, ergeben sich die datenschutzrechtlichen Regelungen bereits aus dessen Abs. 6. Abs. 3 ist daher überflüssig. Ein Sachgrund, warum sich die Befugnis im Rahmen des § 7a Abs. 6 aus dem Gesetz ergibt, es im Anwendungsbereich des § 7b Abs. 1 S. 1 aber einer „Einwilligung" bedarf, auf deren jederzeitige Widerrufbarkeit „der Versicherte oder sein gesetzlicher Vertreter" zu Beginn der Beratung hinzuweisen sind (S. 2), ist ein Sachgrund weder benannt noch erkennbar.

VII. Private Versicherungsunternehmen (Abs. 4)

13 Auch gegen private Versicherungsunternehmen, die die private Pflegeversicherung durchführen, besteht ein Anspruch auf Pflegeberatung (§ 28 Abs. 1a). Abs. 4 verpflichtet nunmehr auch diese Unternehmen zu Angeboten nach Abs. 1. Da es sich der Sache nach auch hierbei um Pflegeberatung nach § 7a handelt, hätte hinsichtlich der Abs. 2, 3 eine Verweisung auf die dortigen Regelungen genügt.

§ 7c Pflegestützpunkte, Verordnungsermächtigung

(1) ¹Zur wohnortnahen Beratung, Versorgung und Betreuung der Versicherten richten die Pflegekassen und Krankenkassen Pflegestützpunkte ein, sofern die zuständige oberste Landesbehörde dies bestimmt. ²Die Einrichtung muss innerhalb von sechs Monaten nach der Bestimmung durch die oberste Landesbehörde erfolgen. ³Kommen die hierfür erforderlichen Verträge nicht innerhalb von drei Monaten nach der Bestimmung durch die oberste Landesbehörde zustande, haben die Landesverbände der Pflegekassen innerhalb eines weiteren Monats den Inhalt der Verträge festzulegen; hierbei haben sie auch die Interessen der Ersatzkassen und der Landesverbände der Krankenkassen wahrzunehmen. ⁴Hin-

---

9 Vgl. BT-Dr. 18/9618, 60.
10 So auch BT-Dr 18/9618, 60.
11 Vgl. BT-Dr. 18/9618, 60.
12 Vgl. BT-Dr. 18/9618, 60.
13 Vgl. insbesondere BVerfG, 20.12.2007, 2 BvR 2433/04, 2 BvR 2434/04, BVerfGE 331, Rn. 144 ff.
14 BT-Dr. 17/9369, 36.

sichtlich der Mehrheitsverhältnisse bei der Beschlussfassung ist § 81 Absatz 1 Satz 2 entsprechend anzuwenden. ⁵Widerspruch und Anfechtungsklage gegen Maßnahmen der Aufsichtsbehörden zur Einrichtung von Pflegestützpunkten haben keine aufschiebende Wirkung.

(1a) ¹Die für die Hilfe zur Pflege zuständigen Träger der Sozialhilfe nach dem Zwölften Buch sowie die nach Landesrecht zu bestimmenden Stellen der Altenhilfe können bis zum 31. Dezember 2021 auf Grund landesrechtlicher Vorschriften von den Pflegekassen und Krankenkassen den Abschluss einer Vereinbarung zur Einrichtung von Pflegestützpunkten verlangen. ²Ist in der Vereinbarung zur Einrichtung eines Pflegestützpunktes oder in den Rahmenverträgen nach Absatz 6 nichts anderes vereinbart, werden die Aufwendungen, die für den Betrieb des Pflegestützpunktes erforderlich sind, von den Trägern des Pflegestützpunktes zu gleichen Teilen unter Berücksichtigung der anrechnungsfähigen Aufwendungen für das eingesetzte Personal getragen.

(2) ¹Aufgaben der Pflegestützpunkte sind
1. umfassende sowie unabhängige Auskunft und Beratung zu den Rechten und Pflichten nach dem Sozialgesetzbuch und zur Auswahl und Inanspruchnahme der bundes- oder landesrechtlich vorgesehenen Sozialleistungen und sonstigen Hilfsangebote einschließlich der Pflegeberatung nach § 7a in Verbindung mit den Richtlinien nach § 17 Absatz 1a,
2. Koordinierung aller für die wohnortnahe Versorgung und Betreuung in Betracht kommenden gesundheitsfördernden, präventiven, kurativen, rehabilitativen und sonstigen medizinischen sowie pflegerischen und sozialen Hilfs- und Unterstützungsangebote einschließlich der Hilfestellung bei der Inanspruchnahme der Leistungen,
3. Vernetzung aufeinander abgestimmter pflegerischer und sozialer Versorgungs- und Betreuungsangebote.

²Auf vorhandene vernetzte Beratungsstrukturen ist zurückzugreifen. ³Die Pflegekassen haben jederzeit darauf hinzuwirken, dass sich insbesondere die
1. nach Landesrecht zu bestimmenden Stellen für die wohnortnahe Betreuung im Rahmen der örtlichen Altenhilfe und für die Gewährung der Hilfe zur Pflege nach dem Zwölften Buch,
2. im Land zugelassenen und tätigen Pflegeeinrichtungen,
3. im Land tätigen Unternehmen der privaten Kranken- und Pflegeversicherung

an den Pflegestützpunkten beteiligen. ⁴Die Krankenkassen haben sich an den Pflegestützpunkten zu beteiligen. ⁵Träger der Pflegestützpunkte sind die beteiligten Kosten- und Leistungsträger. ⁶Die Träger
1. sollen Pflegefachkräfte in die Tätigkeit der Pflegestützpunkte einbinden,
2. haben nach Möglichkeit Mitglieder von Selbsthilfegruppen sowie ehrenamtliche und sonstige zum bürgerschaftlichen Engagement bereite Personen und Organisationen in die Tätigkeit der Pflegestützpunkte einzubinden,
3. sollen interessierten kirchlichen sowie sonstigen religiösen und gesellschaftlichen Trägern und Organisationen sowie nicht gewerblichen, gemeinwohlorientierten Einrichtungen mit öffentlich zugänglichen Angeboten und insbesondere Selbsthilfe stärkender und generationenübergreifender Ausrichtung in kommunalen Gebietskörperschaften die Beteiligung an den Pflegestützpunkten ermöglichen,
4. können sich zur Erfüllung ihrer Aufgaben dritter Stellen bedienen,
5. sollen im Hinblick auf die Vermittlung und Qualifizierung von für die Pflege und Betreuung geeigneten Kräften eng mit dem Träger der Arbeitsförderung nach dem Dritten Buch und den Trägern der Grundsicherung für Arbeitsuchende nach dem Zweiten Buch zusammenarbeiten.

(3) Die an den Pflegestützpunkten beteiligten Kostenträger und Leistungserbringer können für das Einzugsgebiet der Pflegestützpunkte Verträge zur wohnortnahen integrierten Versorgung schließen; insoweit ist § 92b mit der Maßgabe entsprechend anzuwenden, dass die Pflege- und Krankenkassen gemeinsam und einheitlich handeln.

(4) ¹Der Pflegestützpunkt kann bei einer im Land zugelassenen und tätigen Pflegeeinrichtung errichtet werden, wenn dies nicht zu einer unzulässigen Beeinträchtigung des Wettbewerbs zwischen den Pflegeeinrichtungen führt. ²Die für den Betrieb des Pflegestützpunktes erforderlichen Aufwendungen werden von den Trägern der Pflegestützpunkte unter Berücksichtigung der anrechnungsfähigen Aufwendungen für das eingesetzte Personal auf der Grundlage einer vertraglichen Vereinbarung anteilig getragen. ³Die Verteilung der für den Betrieb des Pflegestützpunktes erforderlichen Aufwendungen wird mit der Maßgabe vereinbart, dass der auf eine einzelne Pflegekasse entfallende Anteil nicht höher sein darf als der von der Krankenkasse, bei der sie errichtet ist, zu tragende Anteil. ⁴Soweit sich private Versicherungsunternehmen, die die private Pflege-Pflichtversicherung durchführen, nicht an der Finanzierung der

Pflegestützpunkte beteiligen, haben sie mit den Trägern der Pflegestützpunkte über Art, Inhalt und Umfang der Inanspruchnahme der Pflegestützpunkte durch privat Pflege-Pflichtversicherte sowie über die Vergütung der hierfür je Fall entstehenden Aufwendungen Vereinbarungen zu treffen; dies gilt für private Versicherungsunternehmen, die die private Krankenversicherung durchführen, entsprechend.

(5) Im Pflegestützpunkt tätige Personen sowie sonstige mit der Wahrnehmung von Aufgaben nach Absatz 1 befasste Stellen, insbesondere
1. nach Landesrecht für die wohnortnahe Betreuung im Rahmen der örtlichen Altenhilfe und für die Gewährung der Hilfe zur Pflege nach dem Zwölften Buch zu bestimmende Stellen,
2. Unternehmen der privaten Kranken- und Pflegeversicherung,
3. Pflegeeinrichtungen und Einzelpersonen nach § 77,
4. Mitglieder von Selbsthilfegruppen, ehrenamtliche und sonstige zum bürgerschaftlichen Engagement bereite Personen und Organisationen sowie
5. Agenturen für Arbeit und Träger der Grundsicherung für Arbeitsuchende,

dürfen Sozialdaten nur erheben, verarbeiten und nutzen, soweit dies zur Erfüllung der Aufgaben nach diesem Buch erforderlich oder durch Rechtsvorschriften des Sozialgesetzbuches oder Regelungen des Versicherungsvertrags- oder des Versicherungsaufsichtsgesetzes angeordnet oder erlaubt ist.

(6) [1]Sofern die zuständige oberste Landesbehörde die Einrichtung von Pflegestützpunkten bestimmt hat, vereinbaren die Landesverbände der Pflegekassen mit den Landesverbänden der Krankenkassen sowie den Ersatzkassen und den für die Hilfe zur Pflege zuständigen Trägern der Sozialhilfe nach dem Zwölften Buch und den kommunalen Spitzenverbänden auf Landesebene Rahmenverträge zur Arbeit und zur Finanzierung der Pflegestützpunkte. [2]Bestandskräftige Rahmenverträge gelten bis zum Inkrafttreten von Rahmenverträgen nach Satz 1 fort. [3]Die von der zuständigen obersten Landesbehörde getroffene Bestimmung zur Einrichtung von Pflegestützpunkten sowie die Empfehlungen nach Absatz 9 sind beim Abschluss der Rahmenverträge zu berücksichtigen. [4]In den Rahmenverträgen nach Satz 1 sind die Strukturierung der Zusammenarbeit mit weiteren Beteiligten sowie die Zuständigkeit insbesondere für die Koordinierung der Arbeit, die Qualitätssicherung und die Auskunftspflicht gegenüber den Trägern, den Ländern und dem Bundesversicherungsamt zu bestimmen. [5]Ferner sollen Regelungen zur Aufteilung der Kosten unter Berücksichtigung der Vorschriften nach Absatz 4 getroffen werden. [6]Die Regelungen zur Kostenaufteilung gelten unmittelbar für die Pflegestützpunkte, soweit in den Verträgen zur Errichtung der Pflegestützpunkte nach Absatz 1 nichts anderes vereinbart ist.

(7) [1]Die Landesregierungen werden ermächtigt, Schiedsstellen einzurichten. [2]Diese setzen den Inhalt der Rahmenverträge nach Absatz 6 fest, sofern ein Rahmenvertrag nicht innerhalb der in der Rechtsverordnung nach Satz 6 zu bestimmenden Frist zustande kommt. [3]Die Schiedsstelle besteht aus Vertretungen der Pflegekassen und der für die Hilfe zur Pflege zuständigen Träger der Sozialhilfe nach dem Zwölften Buch in gleicher Zahl sowie einem unparteiischen Vorsitzenden und zwei weiteren unparteiischen Mitgliedern. [4]Für den Vorsitzenden und die unparteiischen Mitglieder können Stellvertretungen bestellt werden. [5]§ 76 Absatz 3 und 4 gilt entsprechend. [6]Die Landesregierungen werden ermächtigt, durch Rechtsverordnung das Nähere über die Zahl, die Bestellung, die Amtsdauer, die Amtsführung, die Erstattung der baren Auslagen und die Entschädigung für den Zeitaufwand der Mitglieder der Schiedsstelle, die Geschäftsführung, das Verfahren, die Frist, nach deren Ablauf die Schiedsstelle ihre Arbeit aufnimmt, die Erhebung und die Höhe der Gebühren sowie über die Verteilung der Kosten zu regeln.

(8) [1]Abweichend von Absatz 7 können die Parteien des Rahmenvertrages nach Absatz 6 Satz 1 einvernehmlich eine unparteiische Schiedsperson und zwei unparteiische Mitglieder bestellen, die den Inhalt des Rahmenvertrages nach Absatz 6 innerhalb von sechs Wochen nach ihrer Bestellung festlegen. [2]Die Kosten des Schiedsverfahrens tragen die Vertragspartner zu gleichen Teilen.

(9) Der Spitzenverband Bund der Pflegekassen, der Spitzenverband Bund der Krankenkassen, die Bundesarbeitsgemeinschaft der überörtlichen Träger der Sozialhilfe und die Bundesvereinigung der kommunalen Spitzenverbände können gemeinsam und einheitlich Empfehlungen zur Arbeit und zur Finanzierung von Pflegestützpunkten in der gemeinsamen Trägerschaft der gesetzlichen Kranken- und Pflegekassen sowie der nach Landesrecht zu bestimmenden Stellen der Alten- und Sozialhilfe vereinbaren.

Literatur:
Dietrich, Pflegestützpunkte, SF-Medien Nr. 187 (2011), 29; *Hämel/Röber*, Der Auf- und Ausbau von Pflegestützpunkten – Gestaltungsspielraum für Innovationen nutzen, GuP 2011, 53; *Kirchen-Peters/Nock/Baumeister/Mickley*, Pflegestützpunkte in Deutschland, 2016; *Kollak/Schmidt*, Pflegestützpunkte in Berlin

und Brandenburg, Soziale Arbeit 2014, 2; *Sommer/Berner*, Denkendorf – Pilot-Pflegestützpunkt in Baden-Württemberg, BWGZ 2010, 186; *Lang*, Initiativ-Recht zur Errichtung von Pflegestützpunkten, SuP 2016, 759; *Udsching*, Das Zweite Pflegestärkungsgesetz, jurisPR-SozR 6/2016 Anm. 1; *Vorholz*, Kommunale Verantwortung für die Pflege, Landkreis 2015, 335; *Welti*, Organisation der pflegerischen Versorgung – Kommunale niederschwellige Angebote und Schnittstellen, Sozialrechtaktuell 2016, 54.

I. Entstehungsgeschichte 1	VIII. Einbettung in einen Vertrag zur wohnortnahen integrierten Versorgung, Abs. 3 15
II. Regelungsgehalt und Normzweck 2	IX. Finanzierung, Abs. 4 S. 2 bis 4 16
III. Einrichtung eines Pflegestützpunktes (Abs. 1, 1 a,) 5	1. Finanzierung von betrieblichen Aufwendungen (Abs. 4 S. 2 und 3) 16
1. Begriff des Pflegestützpunkts und seiner „Einrichtung" 5	2. Finanzierung durch private Versicherungsunternehmen (Abs. 4 S. 4) 18
2. Einrichtung aufgrund einer Anordnung der obersten Landesbehörde 7	X. Aufgaben der Pflegestützpunkte (Abs. 2 S. 1) 19
IV. Funktionen in Bezug auf Pflegestützpunkte 10	XI. Integration beteiligter Einrichtungen
V. Einrichtung bei einer Pflegeeinrichtung, Abs. 4 S. 1 11	(S. 3 und 4) 20
VI. Einbeziehung dritter Stellen, Abs. 2 S. 6. Nr. 4, 5 12	XII. Nutzung von Sozialdaten (Abs. 5) 21
VII. Initiativrecht der Träger nach Abs. 1 a und Einrichtung 13	XIII. Rahmenverträge (Abs. 6–8) 24
	XIV. Empfehlungen (Abs. 9) 28

I. Entstehungsgeschichte

Die Norm wurde durch das Zweite Pflegestärkungsgesetz vom 21.12.2015 (BGBl. I 2424) zum 1.1.2016 eingeführt. Die bis dahin in § 92 c Abs. 1 bis 4 sowie 7 bis 9 enthaltenen Regelungen zur Beratung in und durch Pflegestützpunkte wurden auf diese Weise aufgrund des engen Sachzusammenhangs aus dem vergütungsrechtlichen Achten Kapitel unverändert in das Erste Kapitel übernommen und den Bestimmungen der §§ 7 ff. zu den Anforderungen an den Auftrag der Pflegekassen zu Aufklärung, Auskunft und Beratung zugeordnet. Die Abs. 5 und 6 des § 92 c zu Anschubfinanzierung wurden aufgrund zeitlicher Erledigung nicht übernommen.[1] Der zum selben Zeitpunkt ersetzte § 91 c war durch das Pflege-Weiterentwicklungsgesetz (PflegeWEG) v. 28.5.2008[2] als Bestandteil des SGB XI eingeführt und seither nicht geändert worden. Bei Einführung war der Entwurf der Regierung[3] durch den Ausschuss stark verändert worden.[4] Mit dem PSG III v. 23.12.2016 (BGBl. I 3191) ist § 7 c zum 1.1.2017 erheblich verändert und insbesondere die Rolle der Kommunen gestärkt worden.

1

II. Regelungsgehalt und Normzweck

§ 7 c Abs. 1 enthält iS der Förderung der Zusammenarbeit im Rahmen eines umfassenden Versorgungs- und Betreuungskonzepts[5] den Auftrag an die Pflege- und Krankenkassen, zur wohnortnahen Beratung, Versorgung und Betreuung der Versicherten, nach Maßgabe einer entsprechenden Bestimmung der obersten Landesbehörde sogenannte **Pflegestützpunkte** einzurichten. Die Vorschrift enthält nur fragmentarische Regelungen und lässt in der Tradition des § 92 c eine nachvollziehbare **sachliche und rechtliche Strukturierung** unverändert vermissen. Die Möglichkeit einer substanziellen Nachbesserung im Rahmen des SGB II und des SGB III hat der Gesetzgeber nicht genutzt. Im Ergebnis sind Pflegestützpunkte vor allem als **Kristallisationspunkte** für die Bündelung, Verzahnung und Vernetzung von unterschiedlichen Ansprüchen und Leistungen zu verstehen,[6] die als **Gesamtangebot** eine allumfassende Beratung, aber auch pflegerische Betreuung von Pflegebedürftigen erreichen sollen. Möglicher Mehrwert der Pflegestützpunkte sind vor allem die Errichtung und Aufrechterhaltung sowie Steuerung und Fortentwicklung von Vernetzungen zwischen verschiedenen Dienstleistern, um eine umfassende Pflege zu ermöglichen, wobei allerdings offen bleibt, wem konkret ein derartiges „**Caremanagement**" obliegen soll. Durch die Pflegestützpunkte soll nach Vorstellung des Gesetzgebers eine bessere Abstimmung der Angebote aufeinander erfolgen. Das Konzept begegnete von Anfang an einer **grundsätzli-**

2

---

1 BT-Dr. 18/5926, 88.
2 BGBl. I, 874.
3 BT-Dr. 16/7439, 74 ff.
4 BT-Dr. 16/8525, 101 f.
5 BT-Dr. 16/7439, 74.
6 Vgl. BT-Dr. 16/7439, 75.

chen Skepsis,[7] die mit dem Scheitern der gemeinsamen Service-Stellen nach dem 3. Kapitel des SGB IX, die sich „flächendeckend nicht bewährt haben,"[8] zumindest mittelbar eine gewisse Bestätigung gefunden haben mag.

3 § 7c steht systematisch in enger Verbindung zu den Regelungen über die Pflegeberatung in § 7a, soll aber über das hierdurch verkörperte **Casemanagement** hinausgehen. So ist nach § 7a Abs. 1 S. 10 sicherzustellen, dass im jeweiligen Pflegestützpunkt nach § 7c Pflegeberatung im Sinne dieser Vorschrift in Anspruch genommen werden kann und die Unabhängigkeit der Beratung gewährleistet ist. Umgekehrt haben die Pflegekassen im Land Pflegeberater und Pflegeberaterinnen zur Sicherstellung einer wirtschaftlichen Aufgabenwahrnehmung gerade in den Pflegestützpunkten nach Anzahl und örtlicher Zuständigkeit aufeinander abgestimmt bereitzustellen und hierüber einheitlich und gemeinsam Vereinbarungen zu treffen (§ 7a Abs. 4 S. 1). § 7c verweist schließlich seinerseits mehrfach ausdrücklich auf die Aufgabe der Beratung (etwa Abs. 1 S. 1) bzw. auf § 7a (Abs. 2 S. 1 Nr. 1).

4 Errichtung und Ausgestaltung der Pflegestützpunkte werden in § 7c Abs. 1 vorgegeben. Die im Gesetzgebungsverfahren zu § 92c ursprünglich vorgesehene Vorgabe einer konkreten Zahl von Pflegestützpunkten ist auf Drängen des Bundesrates bereits damals entfallen.[9] Abs. 1a vermittelt seit dem 1.1.2017 den für die Hilfe zur Pflege zuständigen Trägern der Sozialhilfe sowie den nach Landesrecht zu bestimmenden Stellen der Altenhilfe ein bis zum 31.12.2021 befristetes und landesrechtlich auszugestaltendes Initiativrecht zur Einrichtung von Pflegestützpunkten (S. 1) und ordnet grundsätzlich die Tragung der Aufwendungen für einen Pflegestützpunkt durch dessen Träger nach gleichen Teilen an (S. 2). Abs. 2 umschreibt die Aufgaben eines Pflegestützpunktes bzw. der an den Stützpunkten beteiligten Akteure Pflegekassen (S. 3), Krankenkassen (S. 4) und Träger der Stützpunkte (S. 5 und 6). Abs. 3 ermächtigt die an den Pflegestützpunkten beteiligten Kostenträger zu Vertragsschlüssen zur wohnortnahen integrierten Versorgung. Abs. 4 ermöglicht unter der Voraussetzung der Wettbewerbsneutralität die Errichtung eines Pflegestützpunkts bei einer zugelassenen Pflegeeinrichtung. Abs. 5 enthält Regelungen zum Datenschutz. Abs. 6 ermächtigte bis zum 31.12.2016 die Landesverbände der Pflegekassen, der Kranken- und Ersatzkassen und nach Landesrecht zu bestimmende Stellen der Alten- bzw. Sozialhilfe zum Abschluss von Rahmenverträgen zur Arbeit und Finanzierung der Pflegestützpunkte. Seit 1.1.2017 ist Abs. 6 durch die neuen Abs. 6 bis 8 ersetzt worden. Abs. 6 nF enthält nunmehr eine Verpflichtung zum Abschluss von Rahmenverträgen in Abhängigkeit von der Bestimmung der Einrichtung von Pflegestützpunkten durch die zuständige oberste Landesbehörde. Abs. 7 nF ermächtigt die Landesbehörden zur Einrichtung von Schiedsstellen, die den Inhalt der Rahmenverträge nach Abs. 6 festsetzen, wenn diese nicht innerhalb der durch Rechtsverordnung bestimmten Frist zustande kommen. Abs. 8 nF ermächtigt die Parteien des Rahmenvertrages nach Abs. 6 S. 1 abweichend von Abs. 7 zur Bestimmung des Inhalts des Rahmenvertrages eine unparteiische Schiedsperson und zwei unparteiische Mitglieder zu bestellen. Abs. 9 nF (bis 31.12.2016 Abs. 7) ermächtigt den Spitzenverband Bund der Pflegekassen, den Spitzenverband Bund der Krankenkassen, die Bundesarbeitsgemeinschaft in der Sozialhilfe und die Bundesvereinigung der kommunalen Spitzenverbände zur Vereinbarung von Empfehlungen zur Arbeit und Finanzierung von Pflegestützpunkten.

III. Einrichtung eines Pflegestützpunktes (Abs. 1, 1a,)

5 **1. Begriff des Pflegestützpunkts und seiner „Einrichtung".** Den unverändert fragmentarischen und unübersichtlichen bzw. unsystematischen gesetzlichen Regelungen[10] lässt sich jedenfalls Folgendes entnehmen: Die „Einrichtung" ist grundsätzlich Folge einer **Bestimmung der zuständigen obersten Landesbehörde** als Initiativakt und hat binnen einer Frist von sechs Monaten nach der Bestimmung durch die oberste Landesbehörde durch die Pflegekassen und Krankenkassen zu erfolgen (Abs. 1 S. 2). Sie beginnt mit dem **Abschluss der „erforderlichen Verträge"**, für den eine eigenständige Frist von drei Monaten nach der Bestimmung durch die oberste Landebehörde vorgesehen ist. Notwendige Vertragspartner sind – ungeachtet des zwischen ihnen bestehenden „Wettbewerbs" – die Pflegekassen und die Krankenkassen, denen Abs. 2 S. 4 nochmals ausdrücklich die Verpflichtung auferlegt, sich an den Pflegestützpunkten zu „beteiligen". Weitere Kosten – und Leistungsträger können sich beteiligen und originär oder später als „Träger" hinzutreten (Abs. 2 S. 2 ff.). Misslingt der fristgemäße Abschluss der erforderlichen mehrseitigen Verträge, ist die einseitige Festlegung von deren Inhalt durch die Landesver-

---

7 Vgl. die Nachweise bei Fahlbusch in: Hauck/Noftz SGB XI § 92c Rn. 5.
8 BT-Dr. 18/9522, 196.
9 Vgl. näher Fahlbusch in: Hauck/Noftz SGB XI § 92c Rn. 28 f.
10 Vgl. so auch bereits zu § 92c Fahlbusch in Hauck/Noftz SGB XI § 92c Rn. 6.

bände der Pflegekassen unter Berücksichtigung der Interessen der weiteren Beteiligten binnen eines weiteren Monats (Abs. 1 S. 3). Im Gesetz nicht unmittelbar angesprochener weiterer Bestandteil der Errichtung ist die tatsächliche Ausstattung des Pflegestützpunkts mit personellen sowie Finanz- und Sachmitteln.

Das Gesetz gibt keinen Hinweis darauf, dass den Pflegestützpunkten eine eigene **Rechtspersönlichkeit** zukommen könnte. Sie sind auch keine Behörden iS der Entscheidung des BVerfG vom 20.12.2007.[11] Vielmehr handelt es sich bei ihnen um eine auf vertraglicher Grundlage gebildete Gesamtheit von persönlichen, sachlichen und finanziellen Mitteln, deren sich die beteiligten Kosten- und Leistungs-Träger „als gemeinsames Dach"[12] zur gemeinsamen Erfüllung der ihnen übertragenen oder von ihnen freiwillig übernommenen Aufgaben bedienen.[13] Die Personalhoheit der Träger über das jeweils eingesetzte Personal bleibt ähnlich wie bei einem **Gemeinschaftsbetrieb** im Arbeitsrecht[14] unberührt.[15] Aus der Sicht der Versicherten gibt es folglich auch keine Ansprüche gegen die Pflegestützpunkte, sondern nur Ansprüche gegen die einzelnen Träger, die von diesen in den bzw. mithilfe der durch die Pflegestützpunkte begründeten Infrastruktur erfüllt werden. Ebenso steht schließlich das Recht zur Datenerhebung, -verarbeitung und Nutzung nur den im Pflegestützpunkt tätigen Personen und sonstigen mit der Aufgabenwahrnehmung nach Abs. 1 befassten Stellen, nicht aber dem Pflegestützpunkt zu.

2. Einrichtung aufgrund einer Anordnung der obersten Landesbehörde. Grundsätzlich notwendige und stets hinreichende Voraussetzung für die Einrichtung von Pflegestützpunkten ist die **Bestimmung der „zuständigen obersten Landesbehörde"** (zu Abs. 1 a s. nachfolgend). Es handelt sich regelmäßig um eine (nicht delegierbare) Allgemeinverfügung (§ 31 S. 2 SGB X), der wegen Abs. 1 S. 3 inhaltliche Anforderungen, die der „Einrichtung" durch die Vertragsparteien vorbehalten sind, verwehrt sind. Widerspruch und Anfechtungsklage hiergegen haben im Interesse eines raschen Aufbaus der Pflegestützpunkte[16] keine aufschiebende Wirkung (Abs. 1 S. 5). Immer dann, wenn eine entsprechende Anordnung ergeht, entsteht für die (alle) Pflegekassen im Land die zwingende Verpflichtung, die Pflegestützpunkte zunächst dadurch „einzurichten", dass sie innerhalb von drei Monaten nach der Bestimmung durch die oberste Landesbehörde (Abs. 1 S. 3) mit den Krankenkassen die erforderlichen (Abs. 1 S. 3) Verträge zur wohnortnahen Pflege, Versorgung und Betreuung durch gemeinsam zu errichtende Pflegestützpunkte schließen.

Die Einrichtung eines Pflegestützpunktes basiert in Abhängigkeit vom Initiativakt auf Verträgen, die den gesetzlichen Aufgaben des Stützpunktes entsprechend (Abs. 1 S. 1, Abs. 2) den Aufbau des Pflegestützpunktes durch Erbringung und Einsatz der erforderlichen personellen, sächlichen und finanziellen Mittel (S. 1) regeln. Nur das kumulative Vorliegen von Bestimmung und Einrichtung führt zur Entstehung des Pflegestützpunkts. Die **einzelnen Pflege- und Krankenkassen** (jeweils mindestens eine) sind notwendiger Partner der für die Einrichtung erforderlichen Verträge. Dem nochmaligen Hinweis in Abs. 2 S. 4, dass sich die Krankenkassen an den Pflegestützpunkten zu beteiligen haben, kann – jedenfalls insofern – keine gesonderte Bedeutung zukommen. Den Vertragsparteien ist keine Kompetenz übertragen, dem Pflegestützpunkt selbst **Rechtsfähigkeit oder Dienstherrenfähigkeit** zu verleihen.[17] Andernfalls käme gerade entgegen der Intention des Gesetzgebers ein Verstoß gegen das Verbot der Mischverwaltung in Betracht. Fakultativ können sich insbesondere die in Abs. 2 S. 3 Nr. 1 bis 3 genannten Stellen bereits an den Einrichtungsverträgen beteiligen.[18] Den notwendig Beteiligten gewährt der Gesetzgeber zum Abschluss der Einrichtungsverträge eine dreimonatige Frist nach der Bestimmung durch die oberste Landesbehörde (S. 3). Die Vertragsfrist läuft damit teilweise parallel und eigenständig neben der Einrichtungsfrist.

Kommen die erforderlichen Verträge nicht fristgemäß zustande, haben ersatzweise die **Landesverbände der Pflegekassen** innerhalb eines weiteren Monats den Inhalt der Verträge festzulegen und haben hierbei „auch die Interessen der Ersatzkassen und der Landesverbände der Krankenkassen wahrzunehmen" (Abs. 1 S. 3). Eine Verlängerung der Einrichtungsfrist ist für diesen Fall nicht vorgesehen. Da die

---

11 2 BvR 2433/04, BVerfGE 119, 331 ff. und hierzu BT-Dr. 16/8525, 101.
12 BT-Dr. 8525, 101.
13 Ähnlich Fahlbusch in Hauck/Noftz SGB XI § 92 c Rn. 10. Vgl. auch BT-Dr. 16/8525, 101; das Innenverhältnis der Träger letztlich offen lässt LSG BW, 9.12.2016, L 4 P 2987/14, juris.
14 Vgl. etwa BAG, 12.12.2006, 1 ABR 38/05, juris.
15 Vgl. BT-Dr. 18/9518, 60.
16 BT-Dr. 16/7439, 76.
17 Anders Fahlbusch in Hauck/Noftz SGB XI § 92 c Rn. 14.
18 BT-Dr. 16/7439, 76.

Aufgaben der Landesverbände der Pflegekassen von den in § 52 Abs. 1 S. 1 genannten Stellen, dh den Landesverbänden der Ortskrankenkassen, der Betriebskrankenkassen und der Innungskrankenkassen, der Deutschen Rentenversicherung Knappschaft-Bahn-See, der nach § 36 des Zweiten Gesetzes über die Krankenversicherung der Landwirte als Landesverband tätige landwirtschaftliche Krankenkasse sowie den Ersatzkassen wahrgenommen werden, gibt das Gesetz damit den Ersatzkassen und den Landesverbänden der Krankenkassen letztlich auf, bei Ausübung ihrer übertragenen Kompetenz als „Landesverbände der Pflegekassen", auch ihre eigenen ihre originären Interessen zu wahren. Kommt zwischen den als Landesverbände der Pflegekassen fungierenden Stellen eine Einigung über den Inhalt der Einrichtungsverträge nicht zustande, erfolgt die Beschlussfassung durch die **Mehrheit** dieser Stellen mit der Maßgabe, dass die Beschlüsse durch drei Vertreter der Ortskrankenkassen und durch zwei Vertreter der Ersatzkassen sowie durch je einen Vertreter der weiteren Stellen gefasst werden (Abs. 1 S. 4 iVm § 81 Abs. 1 S. 2).

IV. Funktionen in Bezug auf Pflegestützpunkte

10 Hinsichtlich der Funktionen in Bezug auf den Pflegestützpunkt bietet das Gesetz ein mixtum compositum von Begriffen. Nach Abs. 2 S. 5 sind „**Träger**" der Pflegestützpunkte die „**beteiligten Kosten- und Leistungsträger**", sind also – mit der Möglichkeit der Überschneidung – jedenfalls verschiedene Arten von Trägern und Beteiligten zu unterscheiden. Im Blick auf das Ziel des Gesetzes, der Koordination der bereichsübergreifenden Zusammenarbeit einen Ort zur Verfügung zu stellen, liegt jeweils eine Bestimmung der verwendeten Begriffe in Bezug auf den Pflegestützpunkt nahe und erscheint umgekehrt (außer bei Benennung gerade als Träger bestimmter Sozialleistungen wie etwa in Abs. 1 a S. 1, Abs. 2 S. 5 Nr. 5, Abs. 6 S. 1) grundsätzlich eher fernliegend, dass nur Sozialleistungsträger bzw. Träger, die die Kosten für Sozialleistungen zu tragen haben, gemeint sein könnten.[19] Als Träger kommen damit all diejenigen in Betracht, die gerade mithilfe des Pflegestützpunkts Leistungen erbringen oder sich an (nur) an seinen Kosten beteiligen. Damit wären in Übereinstimmung mit den Vorstellungen der Entwurfsverfasser etwa auch Pflegeeinrichtungen oder private Kranken- und Pflegeversicherungsunternehmen als „Träger" anzusehen, die sich auf Betreiben („Hinwirken") der Pflegekassen an den Pflegestützpunkten beteiligen (Abs. 2 S. 3 Nr. 2 und 3). Allen Trägern von Pflegestützpunkten sind insbesondere die Aufgaben nach Abs. 2 S. 6, Abs. 3, Abs. 4 S. 4 und die Beteiligung an den Aufwendungen für den Pflegestützpunkt (Abs. 1 a S. 2, Abs. 4 S. 2) zugewiesen. Besondere Aufgaben als Träger der Pflegestützpunkte haben insbesondere die Parteien des Einrichtungsvertrages (Abs. 1 S. 1) und die Pflegekassen im Rahmen des Abs. 2 S. 3). Beteiligt, ohne Träger zu sein, sind etwa die in die Arbeit des Pflegestützpunkts (nur) „Eingebundenen" (Abs. 2 S. 6 Nr. 1, 2) und sonstige Beteiligte, die sich nicht zu einer Kostentragung bereit erklärt haben (zB Abs. 3 S. 6 Nr. 3 idF des PSG III).[20]

V. Einrichtung bei einer Pflegeeinrichtung, Abs. 4 S. 1

11 Der Pflegestützpunkt kann auch bei einer im Land zugelassenen und tätigen **Pflegeeinrichtung** errichtet werden (Abs. 4 S. 1). Pflegeeinrichtungen können auch selbst als Beteiligte Träger des Pflegestützpunkts sein (Abs. 2 S. 3 Nr. 2), wenn sie dort Leistungen erbringen oder sich an seiner Finanzierung beteiligen (→ Rn. 10). Soll der Pflegestützpunkt bei einem Träger des Pflegestützpunkts eingerichtet werden, führt dies notwendig zu **Interessenkollisionen**. Abs. 4 S. 1 ermöglicht eine entsprechende Standortwahl daher nur unter der einschränkenden Voraussetzung, dass dies (höchst ausnahmsweise!) nicht zu einer unzulässigen Beeinträchtigung des Wettbewerbs zwischen den Pflegeeinrichtungen führt. Die Vielfalt der Ziele steht einmal mehr ihrer gleichzeitigen und gleichwertigen Verfolgung entgegen. Die Begründung der Entwurfsverfasser[21] weist zudem auf den Wortlaut („bei") hin und entnimmt dem nachvollziehbar, dass eine räumliche und organisatorische Trennung zwischen dem Pflegestützpunkt und dem Leistungserbringer gewährleistet sein muss.

VI. Einbeziehung dritter Stellen, Abs. 2 S. 6. Nr. 4, 5

12 An systematisch überraschender Stelle sieht das Gesetz in Abs. 2 S. 6. Nr. 4 vor, dass sich die Träger der Pflegestützpunkte zur Erfüllung ihrer Aufgaben dritter Stellen bedienen können. Evident kann hiermit weder eine eigene Ermächtigung gemeint sein, sich nach Maßgabe einer eigenen Willensent-

---

19 In diesem Sinne wohl Fahlbusch in Hauck/Noftz SGB XI § 92 c Rn. 15.
20 Vgl. zur Erweiterung des Kreises der dort genannten Einrichtungen zum 1.1.2017 BT-Dr. 18/9518, 10.
21 BT-Dr. 16/7439, 77.

schließung gesetzlicher Aufgaben im originären Aufgabenbereich zu entledigen, noch kann es um die Weitergabe der „höchstpersönlichen" Verpflichtung zur Einrichtung des Pflegestützpunkts aus Abs. 2 gehen. Wie die sog Materialien[22] bestätigen, geht es vielmehr um den wichtigen Aspekt der **Einbindung und Beteiligung vorhandener Strukturen** im jeweiligen Land[23] und damit die Erfüllung von Aufgaben durch diese statt durch den Pflegestützpunkt, wie er bereits in Abs. 2 S. 2 verankert ist. Ein Zusammenarbeitsgebot mit der Bundesagentur für Arbeit und den Trägern der Grundsicherung für Arbeitsuchende unterhalb der Schwelle der Beteiligung am Pflegestützpunkt sieht schließlich Abs. 2 S. 6 Nr. 5 hinsichtlich der Vermittlung und Qualifizierung von für die Pflege und Betreuung geeigneten Kräften vor.

VII. Initiativrecht der Träger nach Abs. 1a und Einrichtung

MWv 1.1.2017 hat die Stelle, die auf örtlicher Ebene für die Hilfe zur Pflege zuständig ist und die damit in der Regel nach den Bestimmungen der zuständigen obersten Landesbehörde als Träger von Pflegestützpunkten vorgesehen ist, ein – bis zum 31.12.2021 befristetes – **Initiativrecht** zur Einrichtung eines Pflegestützpunktes in ihrem regionalen Einzugsgebiet. Dieses Recht tritt an die Stelle der sonst erforderlichen „Bestimmung" der obersten Landesbehörde nach Abs. 1 S. 1. Es besteht in einem Anspruch auf Abschluss einer Vereinbarung zur Einrichtung von Pflegestützpunkten gegen die Pflegekassen und Krankenkassen. Zur Durchsetzung steht in Ermangelung S. 1 bis 3 vergleichbarer Regelungen im Streit- oder Verzögerungsfall nur der Rechtsweg zur Verfügung. Eine Beschränkung des Initiativrechts „auf einen Pflegestützpunkt je Einzugsgebiet" ist dem Gesetz entgegen den sog Materialien[24] nicht zu entnehmen. Die Eröffnung eines Initiativrechts soll nach der Vorstellung der Entwurfsverfasser eine wohnortnahe Beratung in großen Einzugsgebieten sicherstellen und die bessere Vernetzung vorhandener Beratungsstellen ermöglichen.[25] Das wird in Anbetracht der dürftigen rechtlichen Vorgaben wohl nur bei viel gutem Willen auf allen Seiten in Betracht kommen.

Auch der auf Initiative einer kommunalen Stelle einzurichtende Pflegestützpunkt ist in gemeinsamer Trägerschaft zu führen (vgl. § 7c Abs. 2 S. 5). Die Hoheit der Träger des Pflegestützpunktes über das jeweils eingesetzte Personal bleibt auch hier bestehen. Die Pflegestützpunkte sind ebenso wie die Pflegestützpunkte nach Abs. 1 an die Regelungen in den Rahmenverträgen nach Abs. 6 gebunden. Soweit in den Verträgen zur Errichtung der Pflegestützpunkte nach S. 1 oder den Rahmenverträgen nach Abs. 6 nichts Anderes vereinbart ist, werden die für den Betrieb des Pflegestützpunktes erforderlichen Aufwendungen von den Trägern des Pflegestützpunktes zu gleichen Teilen getragen. Dabei werden die anrechnungsfähigen Aufwendungen für das eingesetzte Personal berücksichtigt. Um die Erfahrungen mit dem Initiativrecht allen zugänglich zu machen, wird das Bundesministerium für Gesundheit (BMG) im Rahmen des Siebten Pflegeberichts bei den Ländern abfragen, in welchem Umfang und mit welchem Ergebnis von dem Initiativrecht Gebrauch gemacht wurde.[26]

VIII. Einbettung in einen Vertrag zur wohnortnahen integrierten Versorgung, Abs. 3

Abs. 3 Hs. 1 ermächtigt die an den Pflegestützpunkten beteiligten Kostenträger und Leistungserbringer für das Einzugsgebiet der Pflegestützpunkte Verträge zur wohnortnahen integrierten Versorgung zu schließen. § 92 b ist (nur) „insoweit" mit der Maßgabe „entsprechend" anzuwenden ist, dass die Pflege- und Krankenkassen gemeinsam und einheitlich handeln (Hs. 2 aaO). Nicht anders als die im Gesetzgebungsverfahren des § 92c ursprünglich diskutierte Fassung („Die Vertragsparteien können die Verträge über die Pflegestützpunkte als Verträge zur wohnortnahen integrierten Versorgung ausgestalten")[27] ermöglicht auch die schließlich Gesetz gewordene keine Eröffnung der Verträge zur integrierten Versorgung nach § 92 b auch für kommunale Träger, sondern ermächtigt allein zum Abschluss eines besonderen – räumlich begrenzen – Vertrages über die integrierte Versorgung allein unter den Trägern des Pflegestützpunkts. Andernfalls hätte die ausdrückliche Einschränkung der Anwendbarkeit von § 92 b durch Hs. 2 („insoweit") keinen Sinn. Entscheiden sich diese Träger, im Einzugsgebiet des Pflegestützpunktes integrierte Versorgungsleistungen anzubieten, trägt ihnen Abs. 3 Hs. 2 auf, hierbei „gemeinsam und einheitlich" zu handeln. Das bedeutet, dass entsprechende Versorgungsverträge zur

---

22 BT-Dr. 16/7439, 77.
23 So auch Fahlbusch in Hauck/Noftz SGB XI § 92c Rn. 22.
24 BT-Dr. 18/9518, 60.
25 BT-Dr. 18/9518, 60.
26 Vgl. BT-Dr. 18/9518, 60.
27 BT-Dr. 16/8525, 42.

Errichtung eines integrierten Versorgungsangebots gemäß dem § 92 b ebenfalls gemeinsam geschlossen werden.[28] Der Vertragsschluss nach Abs. 3 kann getrennt vom Einrichtungsvertrag und nach diesem erfolgen. Soweit aus dem Vertrag über die integrierte Versorgung ein Übergang des Sicherstellungsauftrags folgt, ergibt sich für Versicherte, die sich ihm freiwillig (!) unterwerfen, ein gesonderter Modus der Leistungserbringung, der ohne Weiteres neben die im Einrichtungsvertrag bereits getroffenen Vereinbarungen zur Regelversorgung treten kann.[29]

IX. Finanzierung, Abs. 4 S. 2 bis 4

16   1. **Finanzierung von betrieblichen Aufwendungen (Abs. 4 S. 2 und 3).** Die für den Betrieb des Pflegestützpunkts erforderlichen Aufwendungen werden unter Berücksichtigung der anrechnungsfähigen Aufwendungen für das eingesetzte Personal auf der Grundlage einer vertraglichen Vereinbarung von den **Trägern der Pflegestützpunkte** getragen (Abs. 4 S. 2). Die Kostentragungspflicht dem Grunde nach trifft damit neben den Vertragsparteien des Einrichtungsvertrages alle als Leistungs- oder (zumindest) als Kostenträger Beteiligten (Abs. 2 S. 5). Das können alle nach Abs. 2 S. 3 Beteiligungsfähigen sein, die gleichzeitig Kostenträger sind, während sonstige Formen der Zusammenarbeit – wie etwa die Einbindung (Abs. 2 S. 5 Nr. 1, 2) – nicht ausreichen. Theoretisch kann damit die vollständige Kostenlast bei den Pflege- und Krankenkassen verbleiben.

17   Die Aufteilung der Kosten auf die Kostenträger soll „anteilig" erfolgen (Abs. 4 S. 2). Welcher **Verteilungsschlüssel** dieser Aufteilung zugrunde gelegt wird, muss durch eine vertragliche Vereinbarung zwischen den Trägern festgelegt werden, der allerdings durch das jeweilige Haushaltsrecht Grenzen gesetzt sind. S. 3 schränkt diese vertragliche Vereinbarung jedoch insoweit ein, dass keine Pflegekasse einen höheren Anteil zu entrichten haben kann als die jeweilige Krankenkasse, der die Pflegekasse zuzuordnen ist. Damit ist sichergestellt, dass die Krankenkassen mindestens gleich stark an der Finanzierung der Pflegeeinrichtungen beteiligt sind wie die Pflegekassen. Ab dem **1.1.2017** sieht Abs. 6 S. 5 als Regelbestandteil der nunmehr zwingend abzuschließenden Rahmenverträge „Regelungen zur Aufteilung der Kosten unter Berücksichtigung der Vorschriften nach Absatz 4" vor. Diese gelten unmittelbar für die Pflegestützpunkte, soweit in den (damit stets vorrangigen) Verträgen zur Einrichtung der Pflegestützpunkte nach Abs. 1 nichts anderes vereinbart ist (Abs. 6 S. 6).

18   2. **Finanzierung durch private Versicherungsunternehmen (Abs. 4 S. 4).** Abs. 4 S. 4 liegt zutreffend die Befürchtung von **Mitnahmeeffekten** zugrunde. Der Gesetzgeber zieht hieraus Rückschlüsse allerdings nur für die privaten Versicherungsunternehmen, die private Pflege-Pflichtversicherung durchführen, ohne sich als Kostenträger am Pflegestützpunkt zu beteiligen. Die genannten Unternehmen (und entsprechend private Versicherungsunternehmen, die die private Krankenversicherung durchführen, S. 4 Hs. 2) haben in diesem Fall mit den Trägern des Stützpunktes (und dessen Rechtsnatur entsprechend zutreffend nicht etwa „mit dem Stützpunkt") eine Vereinbarung über Art, Inhalt und Umfang der Inanspruchnahme durch privat Pflegeversicherte sowie über die Vergütung der hierfür „je Fall" entstehenden Aufwendungen zu treffen. Sollte auch eine solche Vereinbarung nicht getroffen werden, besteht für Versicherte in den entsprechenden Versicherungsunternehmen kein Recht zur Nutzung des Angebots eines Pflegestützpunktes. Ansonsten verkennt die enthusiastische Entwurfsbegründung[30] auch insofern die Freude der Beteiligten an der reinen Aufgabenerfüllung bzw. umgekehrt die kühl betriebswirtschaftliche Orientierung auch öffentlicher Träger.

X. Aufgaben der Pflegestützpunkte (Abs. 2 S. 1)

19   Abs. 2 S. 1 weist den Pflegestützpunkten die Aufgaben „Auskunft und Beratung" (Nr. 1), Koordinierung (Nr. 2) und „Vernetzung" (Nr. 3) zu. Entgegen der missverständlichen Fassung handelt es sich nicht um Aufgaben „des Pflegestützpunkts", sondern um solche, die in ihm bzw. mithilfe der dort gebündelten Infrastruktur erledigt werden sollen. Nr. 1 ist zuletzt zum 1.1.2017 durch das PSG III durch die Einfügung der Wörter „einschließlich der Pflegeberatung nach § 7a in Verbindung mit den Richtlinien nach § 17 Absatz 1a" im Sinne der „Klarstellung"[31] erweitert worden, ohne dass hieran denkbar Zweifel bestehen konnten. Wenn die Pflegeberatung eine Leistung ist, die von den hierfür ohnehin Zuständigen notwendig (§ 7a Abs. 1 S. 10, Abs. 4 S. 1) in den Pflegestützpunkten, mangels eigener

---

28   Krit. Klie/Ziller, NDV 2009, 173, 178.
29   Anders Fahlbusch in Hauck/Noftz SGB XI § 92 c Rn. 33.
30   BT-Dr. 16/7439, 74 ff.
31   BT-Dr. 18/9518, 61.

Rechtspersönlichkeit aber nicht „durch" diese zu erbringen ist, ist ohnehin geklärt, dass die Zuständigen den für sie maßgeblichen Regularien unabhängig vom Ort der Erbringung unterliegen. Zweitens hat der Pflegestützpunkt eine **Koordinationsfunktion**. Das bedeutet, dass die Beteiligten dort alle Leistungen, die zielführend zur wohnortnahen Betreuung und Versorgung sind, miteinander koordiniert anbieten und erbringen. Dazu zählt der Gesetzgeber verschiedenste Leistungsgruppen auf: gesundheitsfördernde, präventive, kurative, rehabilitative und sonstige medizinische Leistungen, aber auch Hilfs- und Unterstützungsleistungen. Auch bei der Inanspruchnahme dieser Leistungen soll der Pflegestützpunkt unterstützend tätig sein. Wer konkret für dieses **Care-Management** zuständig sein soll, bleibt offen. „Seine" dritte Aufgabe besteht schließlich – nicht weniger fragwürdig – in einer **Vernetzung** von Versorgungs- und Betreuungsangeboten. Der Gesetzgeber verkennt insgesamt, dass aus der bloßen Bündelung von Stellen und Aufgaben weder eine innere Verbindung dieser Aufgaben noch erst recht ein Adressat für neue Aufgabenzuweisungen entsteht.

XI. Integration beteiligter Einrichtungen (S. 3 und 4)

Der integrierenden und koordinierenden Funktion der Pflegestützpunkte entspricht es, möglichst viele Leistungserbringer in ein kontinuierlich auf- und auszubauendes Netzwerk mit einzubeziehen. Dies ist den Pflegekassen als notwendigen Trägern beginnend mit dem Abschluss der Einrichtungsverträge als Daueraufgabe mit der Folge zugewiesen, dass die Zahl der Beteiligten und Träger von Anfang an nicht auf die ursprünglichen Träger begrenzt und auf Wachstum angelegt ist. Exemplarisch („insbesondere") weist der Gesetzgeber die Pflegekassen an, dafür zu sorgen, dass drei Einrichtungsgruppen im Netzwerk des Stützpunktes integriert sind: die **Betreuungsstellen** für örtliche Altenhilfe bzw. Pflege nach SGB XII einerseits, alle zugelassenen und tätigen Pflegeeinrichtungen andererseits sowie schließlich auch die privaten Kranken- und Pflegeversicherungsunternehmen. Dabei sind diese Aufzählungen immer auf das jeweilige Bundesland begrenzt.

XII. Nutzung von Sozialdaten (Abs. 5)

Abs. 5 regelt die Erhebung, Verarbeitung und Nutzung von **Sozialdaten** durch im Pflegestützpunkt tätige Personen und mit der Wahrnehmung von Aufgaben nach S. 1 befasste Stellen ua bereichsspezifisch innerhalb des SGB XI (vgl. § 93). Er vermittelt für die extrem weite Gesamtheit der im Pflegestützpunkt gebündelten Personen und Stellen, aber ausweislich der exemplarischen (!) Aufzählung auch für alle nur in lockeren Formen der Zusammenarbeit/Einbindung mit den Trägern Verbundene (Abs. 2 S. 5), eine für den Eingriff in das **Recht auf informationelle Selbstbestimmung** (Art. 2 Abs. 1 iVm Art. 1 Abs. 1 GG) erforderliche (aber nicht hinreichende) gesetzliche Grundlage zur Nutzung von Sozialdaten, „soweit dies zur Erfüllung ihrer Aufgaben nach dem SGB XI oder Regelungen des Versicherungsvertrags- oder des Versicherungsaufsichtsgesetzes angeordnet oder erlaubt ist". Erfasst werden damit ggf. auch „dritte Stellen", deren sich die Träger der Pflegestützpunkte zur Erfüllung ihrer Aufgaben auf der Grundlage von Abs. 2 S. 6 Nr. 4 bedienen. Für die Pflegekassen ergibt sich die Erlaubnis zur Erhebung, Verarbeitung und Nutzung personenbezogener Daten spezialgesetzlich aus § 94 Abs. 1 Nr. 8.

Derartige Beschränkungen des Rechts auf informationelle Selbstbestimmung bedürfen einer **verfassungsmäßigen Grundlage**, die ua dem Gebot der Normenklarheit genügen muss. Hieran fehlt es jedenfalls, soweit Art und Ausprägung der der nach dem SGB IX jeweils konkret zu erfüllenden Aufgaben – entgegen der Entwurfsbegründung nicht (irgendeiner) „Aufgabe der Pflegestützpunkte"[32] – für den Bürger praktisch nicht erkennbar sind und sich in Ermangelung der verfassungsrechtlich gebotenen präzisen bereichsspezifischen Bestimmung[33] schon die Erforderlichkeit zum (damit offenen) Zweck der Erhebung nicht erschließt (§ 67a Abs. 1 S. 1 SGB X). Eine ersetzende Zustimmung der Betroffenen kommt (alternativ) jedenfalls solange nicht in Betracht, als diese nicht jeweils auf einer klaren Belehrung über alle einschlägigen Umstände beruht. Soweit die Entwurfsverfasser stets (additiv) eine Einwilligung des Betroffenen für erforderlich halten,[34] hat dies in Abs. 6 keinen Niederschlag gefunden und ist auch mit § 67b Abs. 1 S. 1 SGB X („oder") nicht vereinbar. Auch eine derartige Einwilligung könnte im Übrigen nur auf der Grundlage einer klaren Belehrung Wirksamkeit beanspruchen.

---

32 BT-Dr. 16/7439, 79.
33 BVerfG, 15.12.1983, 1 BvR 209/83 ua, BVerfGE 65, 1 ff.
34 BT-Dr. 16/7439, 79.

23 Abs. 6 zeigt exemplarisch das Dilemma der Pflegestützpunkte auf. Da es einen Rechtsträger „Pflegestützpunkt" nicht gibt, können sich alle datenschutzrechtlichen Befugnisse jeweils nur auf die einzelne ermächtigte Person/Stelle in der Funktion, die sie im Pflegestützpunkt ausübt bzw. gerade durch ihn erledigt, beziehen. Die Vorschrift enthält keine spezialgesetzliche Übermittlungsbefugnis (§ 67d Abs. 1 SGB X), sodass eine Ermittlung ausschließlich nach den §§ 67 d ff. SGB X in Betracht kommt.

XIII. Rahmenverträge (Abs. 6–8)

24 Durch das PSG III ist zum 1.1.2017 der bisherige Abs. 6 durch die neuen Ab. 6 bis 8 ersetzt worden. Zur Stärkung der Rolle der Kommunen in der Pflege werden nunmehr in **Abs. 6** die kommunalen Spitzenverbände auf Landesebene an den bereits nach geltendem Recht vorgesehenen – nunmehr aber zwingend abzuschließenden – **Rahmenverträgen** über Pflegestützpunkte als Vertragspartner beteiligt. Die **Begründung der Entwurfsverfasser** vermerkt dann weiter wörtlich:[35]

„*In den Rahmenverträgen sollen – wie schon nach bisherigem Recht – Vorgaben zur Arbeit und insbesondere zur Finanzierung der Pflegestützpunkte getroffen werden. Durch die getroffenen Vorgaben wird die gemeinsame Einrichtung von Pflegestützpunkten ermöglicht. Zur Verbesserung der Arbeitsfähigkeit der Pflegestützpunkte sind neben den Finanzierungsregelungen vor allem Regelungen zur Arbeit in den Pflegestützpunkten zu treffen. Dazu gehört die Strukturierung der Zusammenarbeit mit weiteren Beteiligten (Care-Management), die Organisationsstruktur, die Personalausstattung, die Raum- und Sachausstattung des Pflegestützpunkts, die Arbeitsweise und der Aufgabenzuschnitt der einzelnen Mitarbeiterinnen und Mitarbeiter, die Erreichbarkeit der Beratung, die Berücksichtigung des besonderen Unterstützungsbedarfs spezieller Zielgruppen und die Öffentlichkeitsarbeit. Darüber hinaus sind klare Regelungen zur Zuständigkeit für die Aufgabenerfüllung und Koordinierung innerhalb des Pflegestützpunktes in die Rahmenverträge aufzunehmen. Außerdem aufzunehmen sind Regelungen zur Zuständigkeit für die Qualitätssicherung und für die Auskunftspflicht gegenüber den Trägern des Pflegestützpunktes einerseits und den zuständigen Aufsichtsbehörden andererseits (Länder und Bundesversicherungsamt). Soweit in den Rahmenverträgen nichts Abweichendes geregelt wird, bleibt die Hoheit der Träger des Pflegestützpunktes über das jeweils eingesetzte Personal bestehen. Die Regelung ist implizit aus der Arbeit der Bund-Länder-Arbeitsgruppe zur Stärkung der Rolle der Kommunen in der Pflege hervorgegangen. Rahmenverträge erleichtern die Einrichtung von Pflegestützpunkten, da die Fragen der Arbeitsweise und Finanzierung bereits geregelt sind. Darüber hinaus wird eine einheitliche Qualitätssicherung in den Pflegestützpunkten ermöglicht, indem die Zuständigkeit hierfür geregelt wird. Die genannten Kosten- und Leistungsträger sollen die Pflegestützpunkte gemeinsam und gleichberechtigt betreiben und unterhalten. Die Beratung hat unabhängig und neutral zu erfolgen. Die Pflegeberatung im Sinne der §§ 7a und 7b hat ua in den Pflegestützpunkten zu erfolgen (vgl. § 7c Absatz 2 Satz 1 Nummer 1). Für die Pflegestützpunkte sind die zum Verfahren, zur Durchführung und zu den Inhalten der Pflegeberatung in der Richtlinie nach § 17 Absatz 1a in Verbindung mit den in §§ 7a und 7b getroffenen Vorgaben im Rahmen der Beratungstätigkeiten maßgeblich. Die Rechte und Pflichten der Aufsichtsbehörden nach Bundes- und Landesrecht über die Vertragsparteien bleiben unberührt.*"

25 In der Form eines programmatischen Wunschkonzerts finden sich in der Entwurfsbegründung all diejenigen Defizite aufgelistet, die das Institut des Pflegestützpunkts von Anfang an begleiten und seine öffentliche Bezeichnung als „eierlegende Wollmilch-Sau"[36] der Sache nach stets gerechtfertigt haben. Insbesondere meinen die Entwurfsverfasser offensichtlich, sie könnten die vom Gesetzgeber nicht gelösten Probleme der Mischverwaltung[37] durch Regelungen der Rahmenverträge einer Lösung zuführen. So bleibt exemplarisch insbesondere dunkel, wodurch etwa eine Kompetenz der Rahmenverträge gerechtfertigt werden könnte, vorrangig (!) über die Personalhoheit hinsichtlich des beim Pflegestützpunkt jeweils eingesetzten Personals zu entscheiden. Nichts Anderes gilt für die Kompetenzen die Rahmenverträge ggf. substituierender Schiedsstellen.

26 Zu dem zum 1.1.2017 in Kraft getretenen Abs. 7 vermerkt die **Begründung der Entwurfsverfasser**:

„*In Absatz 7 werden die Länder ermächtigt, durch Rechtsverordnung Schiedsstellen einzurichten. Sie haben damit die Möglichkeit, zu entscheiden, ob sie den Inhalt von Rahmenverträgen im Fall der Nichteinigung von Schiedsstellen bestimmen lassen wollen. Die Schiedsstellen werden tätig, wenn ein*

---

[35] BT-Dr. 18/9518, 61 f.
[36] Kautz, Bericht aus Berlin, KrV 2007, 282.
[37] BVerfG, 20.12.2007, 2 BvR 2433/04, BVerfGE 119, 331 ff.

Rahmenvertrag innerhalb der in der Rechtsverordnung zu bestimmenden Frist nicht zustande kommt. Sie bestimmen dann den Inhalt des Rahmenvertrages. In den Schiedsstellen sind Vertretungen der Pflegekassen einerseits und Vertretungen der für die Hilfe zur Pflege zuständigen Träger der Sozialhilfe nach dem SGB XII andererseits in gleicher Zahl vertreten. Hinzu kommen ein unparteiischer Vorsitz und zwei weitere unparteiische Mitglieder, für die jeweils Stellvertretungen bestimmt werden können. Durch den Verweis auf § 76 Absatz 3 wird sichergestellt, dass das Schiedsamt als Ehrenamt geführt wird, jedes Mitglied eine Stimme hat und Entscheidungen mit der Mehrheit der Stimmen der Mitglieder getroffen werden. Bei Stimmengleichheit entscheidet die Stimme des Vorsitzenden. Durch den Verweis auf § 76 Absatz 4 wird die Rechtsaufsicht der zuständigen Landesbehörde zugewiesen. Die Landesregierungen werden ermächtigt, im Rahmen einer Rechtsverordnung das Nähere – etwa zur Zahl der Mitglieder, deren Bestellung, Amtsdauer und Amtsführung, zur Geschäftsführung, zum Verfahren oder zur Kostenerstattung – zu bestimmen. Die Vorgaben über Bildung und Zusammensetzung der Schiedsstellen beschränken sich wegen der enthaltenen Verordnungsermächtigung für die Landesregierungen auf einige Grundregelungen."

Nach **Abs. 8** können im Streitfall alternativ zur Einrichtung einer Schiedsstelle die Inhalte der Rahmenverträge und zur Verminderung des „bürokratischen Aufwands" auch von einer unparteiischen Schiedsperson und zwei unparteiischen Mitgliedern festgelegt werden. Voraussetzung ist, dass die **Vertragsparteien nach Abs. 6 S. 1** sich einvernehmlich auf eine unparteiische Schiedsperson und zwei unparteiische Mitglieder einigen. Ist eine solche Einigung erfolgt, müssen die Inhalte des strittigen Rahmenvertrags binnen einer Frist von sechs Wochen festgelegt werden. Ein solches Instrument zur Konfliktlösung ist mit einem erheblich geringeren bürokratischen Aufwand verbunden.[38]

XIV. Empfehlungen (Abs. 9)

Es liegen Empfehlungen auf der Grundlage des wortgleichen § 92c vom 3.8.2009, in Kraft seit 1.9.2009, vor.[39]

§ 8 Gemeinsame Verantwortung

(1) Die pflegerische Versorgung der Bevölkerung ist eine gesamtgesellschaftliche Aufgabe.

(2) ¹Die Länder, die Kommunen, die Pflegeeinrichtungen und die Pflegekassen wirken unter Beteiligung des Medizinischen Dienstes eng zusammen, um eine leistungsfähige, regional gegliederte, ortsnahe und aufeinander abgestimmte ambulante und stationäre pflegerische Versorgung der Bevölkerung zu gewährleisten. ²Sie tragen zum Ausbau und zur Weiterentwicklung der notwendigen pflegerischen Versorgungsstrukturen bei; das gilt insbesondere für die Ergänzung des Angebots an häuslicher und stationärer Pflege durch neue Formen der teilstationären Pflege und Kurzzeitpflege sowie für die Vorhaltung eines Angebots von die Pflege ergänzenden Leistungen zur medizinischen Rehabilitation. ³Sie unterstützen und fördern darüber hinaus die Bereitschaft zu einer humanen Pflege und Betreuung durch hauptberufliche und ehrenamtliche Pflegekräfte sowie durch Angehörige, Nachbarn und Selbsthilfegruppen und wirken so auf eine neue Kultur des Helfens und der mitmenschlichen Zuwendung hin.

(3) ¹Der Spitzenverband Bund der Pflegekassen kann aus Mitteln des Ausgleichsfonds der Pflegeversicherung mit 5 Millionen Euro im Kalenderjahr Maßnahmen wie Modellvorhaben, Studien, wissenschaftliche Expertisen und Fachtagungen zur Weiterentwicklung der Pflegeversicherung, insbesondere zur Entwicklung neuer qualitätsgesicherter Versorgungsformen für Pflegebedürftige, durchführen und mit Leistungserbringern vereinbaren. ²Dabei sind vorrangig modellhaft in einer Region Möglichkeiten eines personenbezogenen Budgets sowie neue Wohnkonzepte für Pflegebedürftige zu erproben. ³Bei der Vereinbarung und Durchführung von Modellvorhaben kann im Einzelfall von den Regelungen des Siebten Kapitels sowie von § 36 und zur Entwicklung besonders pauschalierter Pflegesätze von § 84 Abs. 2 Satz 2 abgewichen werden. ⁴Mehrbelastungen der Pflegeversicherung, die dadurch entstehen, dass Pflegebedürftige, die Pflegegeld beziehen, durch Einbeziehung in ein Modellvorhaben höhere Leistungen als das Pflegegeld erhalten, sind in das nach Satz 1 vorgesehene Fördervolumen einzubeziehen. ⁵Soweit die in Satz 1 genannten Mittel im jeweiligen Haushaltsjahr nicht verbraucht wurden, können

---

38 BT-Dr. 18/9518, 62.
39 Abrufbar unter www.gkv-spitzenverband.de/Pflegestützpunkte (zuletzt abgerufen am 1.5.2017).

sie in das Folgejahr übertragen werden. ⁶Die Modellvorhaben sind auf längstens fünf Jahre zu befristen. ⁷Der Spitzenverband Bund der Pflegekassen bestimmt Ziele, Dauer, Inhalte und Durchführung der Maßnahmen; dabei sind auch regionale Modellvorhaben einzelner Länder zu berücksichtigen. ⁸Die Maßnahmen sind mit dem Bundesministerium für Gesundheit abzustimmen. ⁹Soweit finanzielle Interessen einzelner Länder berührt werden, sind diese zu beteiligen. ¹⁰Näheres über das Verfahren zur Auszahlung der aus dem Ausgleichsfonds zu finanzierenden Fördermittel regeln der Spitzenverband Bund der Pflegekassen und das Bundesversicherungsamt durch Vereinbarung. ¹¹Für die Modellvorhaben ist eine wissenschaftliche Begleitung und Auswertung vorzusehen. ¹²§ 45 c Absatz 5 Satz 6 gilt entsprechend.

(4) ¹Aus den Mitteln nach Absatz 3 ist ebenfalls die Finanzierung der qualifizierten Geschäftsstelle nach § 113 b Absatz 6 und der wissenschaftlichen Aufträge nach § 113 b Absatz 4 sicherzustellen. ²Sofern der Verband der privaten Krankenversicherung e.V. als Mitglied im Qualitätsausschuss nach § 113 b vertreten ist, beteiligen sich die privaten Versicherungsunternehmen, die die private Pflege-Pflichtversicherung durchführen, mit einem Anteil von 10 Prozent an den Aufwendungen nach Satz 1. ³Aus den Mitteln nach Absatz 3 ist zudem die Finanzierung der Aufgaben nach § 113 c sicherzustellen. ⁴Die privaten Versicherungsunternehmen, die die private Pflege-Pflichtversicherung durchführen, beteiligen sich mit einem Anteil von 10 Prozent an diesen Aufwendungen. ⁵Der Finanzierungsanteil nach den Sätzen 2 und 4, der auf die privaten Versicherungsunternehmen entfällt, kann von dem Verband der privaten Krankenversicherung e.V. unmittelbar an das Bundesversicherungsamt zugunsten des Ausgleichsfonds der Pflegeversicherung nach § 65 geleistet werden.

Literatur:
Dumeier, Persönliches Budget nach § 8 Abs. 3 SGB XI, Sozialrecht aktuell 2007, 48; *Igl*, Verfassungsrechtliche und gemeinschaftsrechtliche Probleme der finanziellen Förderung von Investitionen bei Pflegeeinrichtungen nach SGB XI und nach BSHG, Festschrift 50 Jahre Bundessozialgericht 2004, 645; *Klie*, Verbraucherschutz in der Pflege? – Qualitätsprüfungen und Transparenzberichte gemäß § 115 SGB XI im Streit, PflR 2010, 351; *Künzel*, Brauchen wir eine kommunale Pflegepolitik neben der Pflegeversicherung?, GSP 2011, 18; *Vorholz*, Spezifische Probleme kommunaler Trägerstrukturen in Pflege, Rehabilitation und Prävention, Landkreis 2012, 240; *Welti*, Rechtliche Grundlagen einer örtlichen Teilhabeplanung, ZFSH/SGB 2011, 401; *ders.*, Organisation der pflegerischen Versorgung – Kommunale niedrigschwellige Angebote und Schnittstellen

I. Entstehungsgeschichte

1 Die Vorschrift ist aufgrund von Art. 1, 68 Abs. 1 PflegeVG v. 26.5.1994 (BGBl. I, 1014) mWv 1.1.1995 in Kraft getreten. Abs. 2 wurde mit Art. 10 Nr. 4, Art. 67 SGB IX vom 19.6.2001 (BGBl. I, 1046) mWv 1.7.2001 an den Sprachgebrauch des SGB IX angepasst. MWv 1.1.2002 wurde durch Art. 1 Nr. 4a Pflegeleistungs-Ergänzungsgesetz v. 14.12.2001 (BGBl. I, 3728) Abs. 3 eingefügt. Dieser ist seither vielfach geändert worden und hat zuletzt durch Art. 2 Nr. 5 des Pflegestärkungsgesetzes II vom 21.12.2015 zum 1.1.2017 seine derzeitige Fassung gefunden, indem in S. 12 die Angabe „§ 45 c Absatz 4 Satz 6" durch die Wörter „§ 45 c Absatz 5 Satz 6" ersetzt wurden. Zuvor war durch Art. 1 Nr. 7 des PSG II zum 1.1.2016 Abs. 4 eingefügt worden.

II. Normzweck

2 Abs. 1 und 2 enthalten innerhalb des SGB XI Regelungen, die über die PV und damit den eigentlichen Anwendungsbereich des Gesetzes hinausgehen. Abs. 1 erklärt die pflegerische Versorgung der Bevölkerung zur gesamtgesellschaftlichen Aufgabe. Neben Eigenvorsorge/-verantwortung (§ 1 Abs. 4, 6), staatlich organisierte Solidargemeinschaft (§ 1 Abs. 4) und staatlich veranlasste/reglementierte private Sicherung tritt damit der Appell an einen umfassenden Bereich des gesellschaftlichen Miteinander (s. Abs. 2 S. 3: „Kultur des Helfens und der mitmenschlichen Zuwendung"), dessen Einbeziehung eine Bewältigung des Pflegerisikos erst erfolgversprechend erscheinen lässt. Abs. 2 enthält in diesem Sinne ein an die staatlichen Untergliederungen Länder, Kommunen, Pflegekassen und Medizinischer Dienst der Krankenversicherung (§ 278 Abs. 1 S. 2 SGB V) sowie die mit der Durchführung der PV betrauten privaten Pflegeeinrichtungen gerichtetes Gebot der Zusammenarbeit (S. 1) – allerdings nicht der Fusion in neuen Untergliederungen! –, das in den Zielbeschreibungen der S. 1 bis 3 näher konkretisiert wird und in S. 3 iS von Abs. 1 auch Formen der nichtorganisierten Hilfe einbezieht. Abs. 3 enthält

schließlich die Grundlagen für eine Weiterentwicklung der Pflegeversicherung durch neue Formen der Versorgung und deren modellhafte Erprobung.

III. Gesamtgesellschaftliche Aufgabe (Abs. 1)

Abs. 1 enthält ohne konkreten normativen Gehalt einen Appell an die gesellschaftliche Gesamtverantwortung. Die Sinnhaftigkeit einer derartigen Gewissensschärfung qua lege mag zweifelhaft erscheinen. Die Vorschrift verdeutlicht jedenfalls, dass weder der einzelne Versicherte/Pflegebedürftige noch die staatlich organisierte/veranlasste PV noch der Staat und seine Untergliederungen allein oder gemeinsam zur Problembewältigung in der Lage sind. Entsprechend seinem umfassenden Aufforderungsgehalt beschränkt sich Abs. 1 gerade nicht auf institutionelle Akteure innerhalb der PV. Soweit zur umfassenden Verwirklichung des Sozialstaatsprinzips (Art. 20 Abs. 1 GG) ein Rückgriff auf private Organisationen erfolgt, liegt dies innerhalb der staatlichen Freiheit zu freien Wahl der Mittel.[1] Andererseits hat der Gesetzgeber damit zu erkennen gegeben, dass kein Anlass besteht, die Wohlfahrtspflege auf dem Gebiet der pflegerischen Versorgung der Bevölkerung ganz dem Staat zu übertragen und sie insgesamt als „staatliche Aufgabe" auszuweisen. Insoweit wird auch hier ein Raum freier gesellschaftlicher Betätigung respektiert.[2]

IV. Zusammenarbeit (Abs. 2)

Abs. 2 konzentriert das Gebot der Zusammenarbeit hinsichtlich des wesentlichen Teils der sich aus Abs. 1 ergebenden Ziele (S. 2, 3) auf die in S. 1 genannten Institutionen. Wie insbesondere S. 3 zeigt, werden diese dabei gerade auch über die Funktion hinaus angesprochen, die ihnen jeweils innerhalb der PV zukommt. Auch der Bedeutungsgehalt von Abs. 2 geht letztendlich nicht über einen auf Appell (Aufforderung zur Kooperation hinsichtlich der Umsetzung nicht andeutungsweise näher spezifizierter Programmsätze zur Schaffung einer idealen Pflegelandschaft) hinaus. Zusätzliche Probleme ergeben sich etwa aus der Doppelfunktion von Kommunen und Landkreisen als Leistungsträger und Träger von Einrichtungen[3] und der Frage, inwiefern vielfach gewinnorientierte Träger denkbar als Sachwalter einer Ausgestaltung des Systems nach Maßgabe des allgemeinen Wohls in Betracht kommen. Lediglich mittelbar kann S. 1 zum Verständnis des Gesetzes in anderen Zusammenhängen entnommen werden, dass eine leistungsfähige, regional gegliederte, ortsnahe und aufeinander abgestimmte ambulante und stationäre pflegerische Versorgung ein wichtiges Anliegen des Gesetzgebers ist.[4]

V. Weiterentwicklung und Modellvorhaben (Abs. 3)

Der Spitzenverband Bund der Pflegekassen, dessen Aufgaben vom Spitzenverband Bund der Krankenkassen wahrgenommen werden (§ 53 S. 1), kann in Abstimmung mit dem BMG und ggf. unter Beteiligung der Länder aus Mitteln des Ausgleichsfonds der PV, dh aus Zwangsbeiträgen, mit Leistungserbringern befristete und wissenschaftlich begleitete Modellvorhaben erproben, deren Ziele, Dauer, Inhalte und Durchführung er selbst bestimmt. Dabei sind bevorzugt Möglichkeiten eines personenbezogenen Budgets sowie neue Wohnkonzepte zu erproben. Im Einzelfall kann von den Regelungen des Siebten Kapitels sowie von § 36 und zur Entwicklung besonders pauschalierter Pflegesätze von § 84 Abs. 2 S. 2 abgewichen werden. Einzelheiten der Auszahlung der Fördermittel werden mit dem Bundesversicherungsamt vereinbart.[5]

Die Ausgestaltung von Abs. 3 lässt insgesamt darauf schließen, dass der Spitzenverband ermächtigt ist, zur Weiterentwicklung der PV Modellvorhaben zu erproben und das „Ob" einer entsprechenden Betätigung nicht lediglich in seinem (Entschließungs-)Ermessen steht. Hiervon ausgehend besteht allerdings unter Wahrung des – durch die Möglichkeit der Mittelübertragung auf das Folgejahr (S. 5) flexiblen – Finanzrahmens und der vom Gesetz vorgegebenen Prioritäten weitgehende Freiheit hinsichtlich der Durchführung. Damit ergibt sich ein Schwerpunkt der Bemühungen im Zusammenhang eines spezifischen Pflegebudgets (vgl. zur Leistungsgewährung im Rahmen eines persönlichen trägerübergreifenden

---

1 BVerfG, 18.7.1967, 2 BvF 3/62 ua, BVerfGE 22, 180.
2 BVerfG, 17.10.2007, 2 BvR 1095/05, SozR 4-3300 § 9 Nr. 3.
3 Vorholz, Landkreise 2012, 240 ff.
4 VGH Mannheim, 14.5.2002, 9 S 2206/01, ESVGH 52, 254 ff.; BVerfG, 17.10.2007, 2 BvR 1095/05, SozR 4-3300 § 9 Nr. 3.
5 Vereinbarung zwischen dem GKV-Spitzenverband, Berlin und dem Bundesversicherungsamt, Bonn nach § 8 Abs. 3 S. 10 SGB XI vom 1. Juli 2008.

Budgets § 35 a)[6] und der Entwicklung neuer Wohnkonzepte.[7] Soweit das vorliegende Material erkennen lässt, konzentrieren sich die Bemühungen auf eine ökonomisch orientierte Sozialforschung und lassen zumindest gelegentlich die Tendenz erkennen, dem während des Modellvorhabens entstandenen Sachverstand dauerhafte Verwendung zu sicher. während das Ziel einer rechtlichen Vorbereitung des künftigen abstrakt-generellen Inhalts des SGB XI durch Formulierung an die Terminologie und die Systematik des SGB Gesetzes angepasster Regelungen unberücksichtigt bleibt.[8]

VI. Änderungen durch das Erste und Zweite Pflegestärkungsgesetz – PSG I und PSG II (Abs. 3 S. 1, 7, 8 und 12 nF)

7 Durch Art. 1 Nr. 3 a Buchst. a) des **Ersten Pflegestärkungsgesetzes (PSG I)** vom 17.12.2014[9] wurde in Abs. 3 S. 1 das Wort „Modellvorhaben" durch die Wörter „Maßnahmen wie Modellvorhaben, Studien, wissenschaftliche Expertisen und Fachtagungen" ersetzt. In den Sätzen 7 und 8 wurde jeweils das Wort „Modellvorhaben" durch das Wort „Maßnahmen" ersetzt (Art. 1 Nr. 3 a Buchst. b und c des Ersten Pflegestärkungsgesetzes).[10] Nach Auffassung der Entwurfsverfasser[11] wird damit klargestellt, dass der Spitzenverband Bund der Pflegekassen in Abstimmung mit dem Bundesministerium für Gesundheit zur Weiterentwicklung der pflegerischen Versorgung und der Pflegeversicherung neben Modellvorhaben und deren wissenschaftlicher Begleitung auch weitere Maßnahmen wie zum Beispiel Studien, wissenschaftliche Expertisen und Fachtagungen fördern kann. Aus den Mitteln kann in Abstimmung mit dem Bundesministerium für Gesundheit auch der für die Durchführung der oben genannten Maßnahmen notwendige Personalmehraufwand beim Spitzenverband Bund der Pflegekassen finanziert werden. Auf Vorschlag des Ausschusses für Gesundheit[12] wurde außerdem in S. 7 vor dem Punkt am Ende ein Semikolon und wurden die Wörter „dabei sind auch regionale Modellvorhaben einzelner Länder zu berücksichtigen" eingefügt. Diese Änderung soll sich mit dem Erfordernis einer Klarstellung begründen, dass auch von den Ländern eingebrachte Vorschläge zu regionalen Modellprogrammen von dem Spitzenverband Bund der Pflegekassen angemessen zu berücksichtigen sind.[13] Das PSG II hat zuletzt in S. 12 die redaktionelle Änderung vorgenommen, die durch das Einfügen eines Abs. in § 45 c erforderlich geworden war.

VII. Abs. 4

8 Ebenfalls durch das PSG II (Art. 1 Nr. 7) ist mW bereits vom 1.1.2016 Abs. 4 eingefügt worden. Die Begründung der Entwurfsverfasser[14] vermerkt hierzu:

„Die Fortentwicklung der bisherigen Schiedsstelle zu einem entscheidungsfähigen Qualitätsausschuss, der von einer auch wissenschaftlich qualifizierten Geschäftsstelle unterstützt wird (§ 113 b Absatz 6), trägt zur Weiterentwicklung der pflegerischen Versorgung bei. Die qualifizierte Geschäftsstelle soll als wissenschaftliche Beratungs- und Koordinierungsstelle den Qualitätsausschuss und seine Mitglieder fachwissenschaftlich beraten und dessen wissenschaftliche Auftragsverfahren koordinieren. Darunter fällt insbesondere die Aufgabe, die wissenschaftlichen Grundlagen für neue Instrumente der Qualitätsprüfung und Qualitätsdarstellung zu entwickeln. Entsprechende wissenschaftliche Vorarbeiten sind bereits aus Mitteln nach § 8 Absatz 3 gefördert worden. Vor diesem Hintergrund ist es sinnvoll, auch die Finanzierung der qualifizierten Geschäftsstelle und der wissenschaftlichen Aufträge nach § 113 b Absatz 4 aus den Mitteln nach § 8 Absatz 3 sicherzustellen. Dies ist möglich, ohne das aktuelle Fördervolumen für sonstige Projekte einzuschränken. Die Einrichtung der qualifizierten Geschäftsstelle und damit auch die dadurch verursachten Ausgaben sind auf einen Zeitraum von fünf Jahren begrenzt. Die privaten Versicherungsunternehmen, die die private Pflege-Pflichtversicherung durchführen, werden

---

6 Vgl. etwa www.gkv-spitzenverband.de/pflegeversicherung/forschung und www.paritaet-alsopfleg.de/index.php/pflegerische-versorgung (zuletzt abgerufen am 1.5.2017).
7 Vgl. www.ggv-spitzenverband.de/pflegeversicherung/forschung (zuletzt abgerufen am 1.5.2017).
8 Vgl. zu entsprechenden Erfahrungen im Zusammenhang von § 17 SGB IX BSG, 11.5.2011, B 5 R 54/10, BSGE 108, 158 ff.
9 BGBl. I, 2222; s. dazu BT-Dr. 18/1798, 8, 25, BR-Dr. 18/2379, 1, 16 (Stellungnahme des Bundesrates und Gegenäußerung der Bundesregierung) und BT-Dr. 18/2909, 8 (Beschlussempfehlung und Bericht des Ausschusses für Gesundheit – 14. Ausschuss).
10 So bereits der Vorschlag der Bundesregierung in BT-Dr. 18/1798, 8.
11 BT-Dr. 18/1798, 26.
12 BT-Dr. 18/2909, 8.
13 BT-Dr. 18/2909, 40.
14 BT-Dr. 18/5926, 88.

verpflichtet, sich mit einem Anteil von 10 Prozent an den Aufwendungen für die Finanzierung der qualifizierten Geschäftsstelle nach § 113b Absatz 6 und der wissenschaftlichen Aufträge nach § 113b Absatz 4 zu beteiligen. Die Finanzierungsverpflichtung besteht für den Zeitraum, in dem der Verband der privaten Krankenversicherung eV als Mitglied im Qualitätsausschuss nach § 113b vertreten ist. Auch die Entwicklung und Erprobung eines wissenschaftlich fundierten Verfahrens zur einheitlichen Bemessung des Personalbedarfs in Pflegeeinrichtungen nach qualitativen und quantitativen Maßstäben nach § 113c trägt zur Weiterentwicklung der pflegerischen Versorgung bei und wird daher aus den Mitteln nach § 8 Absatz 3 finanziert. Die privaten Versicherungsunternehmen, die die private Pflege-Pflichtversicherung durchführen, werden verpflichtet, sich mit einem Anteil von 10 Prozent an den Aufwendungen zu beteiligen."

§ 8a Gemeinsame Empfehlungen zur pflegerischen Versorgung

(1) ¹Für jedes Land oder für Teile des Landes wird zur Beratung über Fragen der Pflegeversicherung ein Landespflegeausschuss gebildet. ²Der Ausschuss kann zur Umsetzung der Pflegeversicherung einvernehmlich Empfehlungen abgeben. ³Die Landesregierungen werden ermächtigt, durch Rechtsverordnung das Nähere zu den Landespflegeausschüssen zu bestimmen; insbesondere können sie die den Landespflegeausschüssen angehörenden Organisationen unter Berücksichtigung der Interessen aller an der Pflege im Land Beteiligten berufen.

(2) ¹Sofern nach Maßgabe landesrechtlicher Vorschriften ein Ausschuss zur Beratung über sektorenübergreifende Zusammenarbeit in der Versorgung von Pflegebedürftigen (sektorenübergreifender Landespflegeausschuss) eingerichtet worden ist, entsenden die Landesverbände der Pflegekassen und der Krankenkassen sowie die Ersatzkassen, die Kassenärztlichen Vereinigungen und die Landeskrankenhausgesellschaften Vertreter in diesen Ausschuss und wirken an der Abgabe gemeinsamer Empfehlungen mit. ²Soweit erforderlich, ist eine Abstimmung mit dem Landesgremium nach § 90a des Fünften Buches herbeizuführen.

(3) Sofern nach Maßgabe landesrechtlicher Vorschriften regionale Ausschüsse insbesondere zur Beratung über Fragen der Pflegeversicherung in Landkreisen und kreisfreien Städten eingerichtet worden sind, entsenden die Landesverbände der Pflegekassen Vertreter in diese Ausschüsse und wirken an der einvernehmlichen Abgabe gemeinsamer Empfehlungen mit.

(4) ¹Die in den Ausschüssen nach den Absätzen 1 und 3 vertretenen Pflegekassen, Landesverbände der Pflegekassen sowie die sonstigen in Absatz 2 genannten Mitglieder wirken in dem jeweiligen Ausschuss an einer nach Maßgabe landesrechtlicher Vorschriften vorgesehenen Erstellung und Fortschreibung von Empfehlungen zur Sicherstellung der pflegerischen Infrastruktur (Pflegestrukturplanungsempfehlung) mit. ²Sie stellen die hierfür erforderlichen Angaben bereit, soweit diese ihnen im Rahmen ihrer gesetzlichen Aufgaben verfügbar sind und es sich nicht um personenbezogene Daten handelt. ³Die Mitglieder nach Satz 1 berichten den jeweiligen Ausschüssen nach den Absätzen 1 bis 3 insbesondere darüber, inwieweit diese Empfehlungen von den Landesverbänden der Pflegekassen und der Krankenkassen sowie den Ersatzkassen, den Kassenärztlichen Vereinigungen und den Landeskrankenhausgesellschaften bei der Erfüllung der ihnen nach diesem und dem Fünften Buch übertragenen Aufgaben berücksichtigt wurden.

(5) Empfehlungen der Ausschüsse nach den Absätzen 1 bis 3 zur Weiterentwicklung der Versorgung sollen von den Vertragsparteien nach dem Siebten Kapitel beim Abschluss der Versorgungs- und Rahmenverträge und von den Vertragsparteien nach dem Achten Kapitel beim Abschluss der Vergütungsverträge einbezogen werden.

Literatur:
Dietrich, Pflegestützpunkte, SF-Medien Nr. 187 (2011), 29; ; *Tinnefeld*, Der Landespflegeausschuß, DOK 1996, 515; *Welti*, Organisation der pflegerischen Versorgung – Kommunale niedrigschwellige Angebote und Schnittstellen, Sozialrecht aktuell 2016, 54; *(Unbekannt)*, Pflege soll vor Ort in den Kommunen gestärkt werden, VdK-Stellungnahme zum Pflegestärkungsgesetz III, SuP 2016, 427.

I. Entstehungsgeschichte........................... 1	IV. Ermächtigung zum Erlass von Rechtsverordnungen auf Landesebene (S. 3)........... 6
II. Regelungsgehalt und Normzweck 2	V. Sektorenübergreifende Landespflegeausschüsse (Abs. 2)................................. 7
III. Landespflegeausschüsse (Abs. 1) 3	

VI. Regionale Ausschüsse (Absatz 3) 10
VII. Pflegestrukturrahmenempfehlungen (Absatz 4) 11
VIII. Gebot der Beachtung von Empfehlungen zur Weiterentwicklung der Versorgung (Abs. 5) 12

I. Entstehungsgeschichte

1 Die bisher in § 92 enthaltene Regelung wurde mit Art. 1 Nr. 8 des Zweiten Pflegestärkungsgesetzes (PSG II) v. 21.12.2015 (BGBl. I 2424) mWv 1.1.2016 „aus systematischen Gründen"[1] in den neuen § 8a verschoben. § 92 wurde gleichzeitig aufgehoben. § 92 war als Bestandteil des vierten Abschnitts im Achten Kapitel durch das Pflegeversicherungsgesetz vom 26.5.1994[2] mWv 1.1.1995 eingeführt worden. Bei seiner Einführung war § 92 eine umfangreiche Norm, die jedoch durch das Pflege-Weiterentwicklungsgesetz (PflWEG) vom 28.5.2008[3] stark gekürzt und zuletzt auf einen aus drei Sätzen bestehenden Normtext beschränkt worden war. Mit dem Dritten Pflegestärkungsgesetz (PSG III) vom 23.12.2016 (BGBl. I 3191) wurden zuletzt mWv 1.1.2017 die Abs. 2 bis 5 in § 8a eingefügt.

II. Regelungsgehalt und Normzweck

2 § 8a schreibt in Abs. 1 zunächst „für jedes Land oder Teile eines Landes" die Bildung eines sog „Landespflegeausschusses" zur Beratung über Fragen der Pflegeversicherung vor (S. 1). S. 2 ermächtigt die Pflegeausschüsse, zur Umsetzung der Pflegeversicherung Empfehlungen abzugeben. Die Landesregierungen werden durch Abs. 1 S. 3 ermächtigt, das Nähere zu den Landespflegeausschüssen zu bestimmen (Hs. 1) und die den Landespflegeausschüssen angehörenden Organisationen unter Berücksichtigung „aller an der Pflege im Land beteiligten" zu berufen. Abs. 2 begründet die Verpflichtung der dort Genannten, sich an „sektorenübergreifenden Landespflegeausschüssen" zu beteiligen, soweit diese nach landesrechtlichen Vorschriften eingerichtet wurden. Abs. 3 verpflichtet die Landesverbände der Pflegekassen, in regionalen Pflegeausschüssen mitzuarbeiten, soweit diese durch landesrechtliche Vorschriften eingerichtet wurden. Abs. 4 verpflichtet die Mitglieder der sektorenübergreifenden Landespflegeausschüsse nach Abs. 2, an der Erstellung und Fortschreibung von „Pflegestrukturplanungsempfehlungen" mitzuarbeiten. Nach Abs. 5 haben die Vertragsparteien nach dem Siebten und Achten Kapitel Empfehlungen der Ausschüsse nach den Abs. 1 bis 3 zur Weiterentwicklung der Versorgung beim Abschluss der Versorgungs-, der Rahmen- und der Vergütungsverträge in der Regel einzubeziehen.

III. Landespflegeausschüsse (Abs. 1)

3 Landespflegeausschüsse sind zwingend für jedes Bundesland oder für Teile eines Bundeslandes zu bilden (S. 1). Damit muss in jedem Bundeland mindestens ein Pflegeausschuss bestehen, so dass auch mehrere derartige Ausschüsse parallel existieren können. Nicht jeder Teil eines Bundesteils muss aber in die räumliche Zuständigkeit eines Pflegeausschusses fallen. Den damit hinsichtlich des „Ob" gebundenen Landeregierungen obliegt es nach S. 3 das Nähere zu den Landespflegeausschüssen zu bestimmen (S. 3 Hs. 1), insbesondere unter Berücksichtigung der Interessen aller an der Pflege im Land Beteiligten die dem Gremium angehörenden Organisationen zu bestimmen (Abs. 3 Hs. 2). Aufgabe der Ausschüsse ist es, „zur Umsetzung der Pflegeversicherung" einvernehmlich Empfehlungen abzugeben, die nach Abs. 5 in die Versorgungs- und Rahmenverträge einbezogen werden.

4 Aufgabe der Landespflegeausschüsse ist es, in (allen) „Fragen der Pflegeversicherung" beratend tätig zu sein (S. 1). Als Beratungsgremium soll der Ausschuss zur Abstimmung von Landesinteressen und Sozialversicherungssystem beitragen. Dahinter steht die Erwartung, dass derartige Ausschüsse landesspezifische Problemstellungen „näher an der Quelle" effizienter bearbeiten können, um Lösungsansätze zu entwickeln. Der Bundesgesetzgeber geht von einem derartigen Beratungsbedarf für Leistungsträger und Verbände sowie für Landesregierungen und Landtage gerade in Fragen der **Finanzierung** (→ § 9 Rn. 1 ff.) sowie der **Infrastruktur- und Landespflegeplanung** aus. [4]

5 S. 2 weist zusätzlich darauf hin, dass der Ausschuss Empfehlungen abgeben kann, die die Umsetzung der Pflegeversicherung betreffen. Notwendig ist dafür eine einhellige Entscheidung unter den Mitgliedern des Ausschusses; bloße Mehrheitsentscheidungen genügen folglich nicht.[5] Der Begriff „Empfeh-

---

1 BT-Dr. 18/5926, 88.
2 BGBl. I, 1014; dazu BT-Dr. 12/5262, 149 f. (zu § 101 a).
3 BGBl. I, 874; dazu BT-Dr. 16/8525, 101.
4 Vgl. Reimer in: Hauck/Noftz, SGB XI, § 92 Rn. 1.
5 Brünner/Höfer in: LPK-SGB XI, § 92 Rn. 6.

lung" impliziert aber auch, dass diese Ratschläge (bundesrechtlich) für keinen Akteur verpflichtend sind und es den Beteiligten freisteht, sich an die Empfehlungen zu halten.

IV. Ermächtigung zum Erlass von Rechtsverordnungen auf Landesebene (S. 3)

Das Nähere zu den Landespflegeausschüssen können nach S. 3 die Landesregierungen durch **Rechtsverordnungen** bestimmen.[6] Diese Ermächtigung ist auch notwendig, da § 8 a letztlich nur einen groben Rahmen zu Bildung und Aufgaben der Ausschüsse absteckt. Ausdrücklich ordnet insbesondere S. 3 Hs. 2 an, dass die Zusammensetzung der Landespflegeausschüsse durch Rechtsverordnungen bestimmt wird und diese vorgeben, welche Organisationen und Akteure Mitglieder der Ausschüsse sind. Diese Auswahl muss so getroffen werden, dass alle „an der Pflege im Land Beteiligte" davon ausgehen können, dass ihre Interessen gewahrt werden. Die ursprüngliche Fassung des § 92 (vor 2008) hatte dazu noch konkretere Vorgaben gemacht. Diese waren zugunsten eines größeren Spielraums für die Länder entfallen.[7]

V. Sektorenübergreifende Landespflegeausschüsse (Abs. 2)

Sofern ein **sektorenübergreifender Landespflegeausschuss** nach Maßgabe landesrechtlicher Vorschriften errichtet ist, werden – entsprechend einer Empfehlung der Bund-Länder-Arbeitsgruppe zur Stärkung der Rolle der Kommunen in der Pflege – die Landesverbände der Pflegekassen und der Krankenkassen sowie die Ersatzkassen, die Kassenärztlichen Vereinigungen gemäß § 77 Abs. 1 S. 1 SGB V und die Landeskrankenhausgesellschaften (unmittelbar bundesrechtlich) verpflichtet, in sektorenübergreifenden Landespflegeausschüssen mitzuarbeiten. Da gleichermaßen das „Ob" wie die die nähere Ausgestaltung und Besetzung einschließlich von Kostenregelungen dem Landesrecht überlassen bleiben, können durch landesrechtliche Regelungen auch regionale Versorgungsbedarfe berücksichtigt und etwa Vertreterinnen oder Vertreter der Kommunen, Interessenvertretungen oder Berufsverbänden in das Gremium berufen werden.

Der **Begriff** des „sektorenübergreifenden Landespflegeausschusses" ist im Gesetz nicht näher erläutert. Dem allgemeinen Sprachgebrauch und dem normativ umschriebenen Kreis der Beteiligten ist noch hinreichend deutlich zu entnehmen, dass der Ausschuss iS einer Verzahnung Fragen der sektorenübergreifenden Zusammenarbeit unter anderem in der pflegerischen und medizinischen Versorgung beraten und insbesondere Schnittstellenprobleme lösen soll, wobei ein weites Verständnis der pflegerischen Versorgung unter Einschluss der Altenhilfe und der Hilfe zur Pflege nach dem SGB XII, örtlicher Strukturen, wie zB die örtliche Altenhilfe und der Versorgung in der eigenen Häuslichkeit, zugrunde zu legen ist. Das Gremium hat damit einen anderen Auftrag als dasjenige nach § 90 a SGB V, das sektorenübergreifende Fragen im medizinischen Bereich berät und hierzu Empfehlungen ausspricht. Eine in den sog Materialien angedachte „Zusammenführung"[8] des sektorenübergreifenden Landespflegeausschusses mit dem Gemeinsamen Landesgremium nach § 90 a des SGB V oder einer „Angliederung" an den Landespflegeausschuss hat im Gesetz keinen Niederschlag gefunden. S. 3 verpflichtet lediglich zur „Abstimmung" mit dem Landesgremium nach § 90 a SGB V „soweit erforderlich". Als Adressat dieser gesetzlichen Verpflichtung kommen eher die Gremien als die Landesregierungen in Betracht.

Als **sektorenübergreifende Versorgungsfragen**, die in Ausschüssen nach Abs. 2 beraten werden können, benennen die Materialien[9] exemplarisch Fragen zum Überleitungsmanagement unter anderem vom Krankenhaus in die ambulante oder stationäre Pflege, zu integrierten Versorgungsverträgen, zur ärztlichen Versorgung insbesondere in Pflegeeinrichtungen, zur geriatrischen Rehabilitation, zur Hilfsmittelversorgung, zu Pflegestützpunkten nach § 7 c, zur Qualitätssicherung, zum Qualitätsmanagement und zum Datenaustausch. § 52 Abs. 2 und § 211 Abs. 4 SGB V finden Anwendung. Die Beschlüsse der sektorenübergreifenden Landespflegeausschüsse haben keine unmittelbare Verbindlichkeit, stellen jedoch wichtige Empfehlungen zur Unterstützung insbesondere der Sozialversicherungsträger dar.

VI. Regionale Ausschüsse (Absatz 3)

Abs. 3 begründet einer Empfehlung der Bund-Länder-Arbeitsgruppe zur Stärkung der Rolle der Kommunen in der Pflege folgend – für die Landesverbände der Pflegekassen die Verpflichtung, in **regionale**

---
6 Eine Auflistung findet sich bei Reimer in: Hauck/Noftz, SGB XI, § 8 a Rn. 7.
7 Siehe auch BT-Dr. 16/8525, 101.
8 BT-Dr. 189518, 63.
9 BT-Dr. 18/9518, 63.

Pflegeausschüsse, die durch landesrechtliche Vorschriften eingerichtet wurden, Vertreter (in landesrechtlich bestimmter Zahl) zu entsenden und an der einvernehmlichen Abgabe gemeinsamer Empfehlungen mitzuarbeiten. Einrichtung und sonstige Besetzung obliegen auch hier dem Landesrecht. Die (im Gesetz nicht abschließend umschriebene) **Aufgabe** derartiger Ausschüsse besteht „insbesondere" in der „Beratung über Fragen der Pflegeversicherung in Landkreisen und kreisfreien Städten", dh nach Auffassung der Materialien[10] in der Unterstützung der Planung, Sicherstellung und Weiterentwicklung der örtlichen pflegerischen Angebotsstruktur. Auf diese Weise werden die Landesverbände der Pflegekassen in die Arbeit der Ausschüsse eingebunden und können umgekehrt in Ergänzung zu den Landespflegeausschüssen der Verantwortlichkeit der Pflegekassen für die einvernehmliche Sicherstellung der pflegerischen Versorgung ihrer Versicherten (§§ 12 und 69) Rechnung tragen. Die Zusammenarbeit auf regionaler Ebene soll eine verbesserte Koordinierung und Zusammenarbeit mit den für die Hilfe zur Pflege und für die Altenhilfe jeweils zuständigen Trägern der Sozialhilfe und den nach Landesrecht zu bestimmenden Stellen für die örtliche Altenhilfe ermöglichen.

VII. Pflegestrukturrahmenempfehlungen (Absatz 4)

11 Abs. 4 S. 1 erweitert – einer Empfehlung der Bund-Länder-Arbeitsgruppe zur Stärkung der Rolle der Kommunen in der Pflege folgend – die Aufgaben der in Abs. 1 bis 3 genannten Ausschüsse nach Maßgabe besonderer landesrechtlicher Vorschriften um die „**Erstellung und Fortschreibung von Empfehlungen zur Sicherstellung der pflegerischen Infrastruktur (Infrastrukturplanungsempfehlung)**". Hat der Landesgesetzgeber hiervon Gebrauch gemacht, verpflichtet die Norm in Konkretisierung der in § 8 Abs. 1 umschriebenen Aufgabe und des Abs. 2 die Pflegekassen, die Landesverbände der Pflegekassen sowie die weiteren in Abs. 2 genannten Mitglieder der sektorenübergreifenden Landespflegeausschüsse, an der Erstellung und Fortschreibung der (naturgemäß rechtlich nicht verbindlichen) Pflegestrukturplanungsempfehlung mitzuwirken. Die nähere inhaltliche **Ausgestaltung** (ggf. auch außerhalb der von § 9 S. 1 vorgegebenen Versorgungsstruktur) und die Zuordnung der Pflegestrukturplanungsempfehlung zu den einzelnen Gremien, die sich beispielsweise auf Über-, Unter- oder Fehlversorgung (in bestimmten Regionen) beziehen kann,[11] werden durch landesrechtliche Regelungen getroffen. Zur Ermittlung einer ausreichenden **Datengrundlage** zum vorhandenen Versorgungsangebot sind die genannten Mitglieder verpflichtet, hierzu (nicht personenbezogene) Daten zu übermitteln, die ihnen bei der Erfüllung ihrer gesetzlichen Aufgaben verfügbar sind (S. 2). S. 3 verpflichtet schließlich die in den Ausschüssen nach den Abs. 1 bis 3 vertretenen Pflegekassen und Landesverbände der Pflegekassen sowie für den sektorenübergreifenden Landespflegeausschuss nach Abs. 2 zusätzlich die Landesverbände der Krankenkassen und die Ersatzkassen, die Kassenärztliche Vereinigung und die Landeskrankenhausgesellschaften „den jeweiligen Ausschüssen" über eine Berücksichtigung und praktische Anwendung dieser Empfehlungen in ihrem Aufgabenfeld zu berichten. Die Ausschüsse (alle Mitglieder) sollen hierdurch Kenntnis darüber erhalten, ob Empfehlungen berücksichtigt wurden, in welcher Weise sie berücksichtigt wurden und mit welchem Ergebnis.[12]

VIII. Gebot der Beachtung von Empfehlungen zur Weiterentwicklung der Versorgung (Abs. 5)

12 Die Vertragsparteien nach dem Siebten und Achten Kapitel haben – einer Empfehlung der Bund-Länder-Arbeitsgruppe zur Stärkung der Rolle der Kommunen in der Pflege folgend – Empfehlungen der Ausschüsse nach den Abs. 1 bis 3 zur Weiterentwicklung der Versorgung beim Abschluss der Versorgungs-, der Rahmen- und der Vergütungsverträge in der Regel („sollen") einzubeziehen. Dies sichert den Ausschüssen nach den Abs. 1 bis 3 einen mittelbaren Einfluss auf die Sicherstellung der pflegerischen Infrastruktur. Insbesondere die Landespflegeausschüsse und die regionalen Vertragsparteien sollen auf diese Weise aufgrund ihrer Kenntnis der örtlichen Verhältnisse eine in bestimmten Gebieten drohende oder eingetretene Unterversorgung mit pflegerischen Leistungen feststellen sowie ggf. auf Möglichkeiten ihrer Behebung hinweisen.[13]

---

10 BT-Dr. 18/9518, 64.
11 BT-Dr. 18/9518, 64.
12 BT-Dr 18/9518 S. 64.
13 BT-Dr 18/9518 S. 65.

§ 9 Aufgaben der Länder

¹Die Länder sind verantwortlich für die Vorhaltung einer leistungsfähigen, zahlenmäßig ausreichenden und wirtschaftlichen pflegerischen Versorgungsstruktur. ²Das Nähere zur Planung und zur Förderung der Pflegeeinrichtungen wird durch Landesrecht bestimmt; durch Landesrecht kann auch bestimmt werden, ob und in welchem Umfang eine im Landesrecht vorgesehene und an der wirtschaftlichen Leistungsfähigkeit der Pflegebedürftigen orientierte finanzielle Unterstützung
1. der Pflegebedürftigen bei der Tragung der ihnen von den Pflegeeinrichtungen berechneten betriebsnotwendigen Investitionsaufwendungen oder
2. der Pflegeeinrichtungen bei der Tragung ihrer betriebsnotwendigen Investitionsaufwendungen
als Förderung der Pflegeeinrichtungen gilt. ³Zur finanziellen Förderung der Investitionskosten der Pflegeeinrichtungen sollen Einsparungen eingesetzt werden, die den Trägern der Sozialhilfe durch die Einführung der Pflegeversicherung entstehen.

Literatur:

Igl, Verfassungsrechtliche und gemeinschaftsrechtliche Probleme der finanziellen Förderung von Investitionen bei Pflegeeinrichtungen nach SGB XI und BSHG, Festschrift 50 Jahre Bundessozialgericht, 200; *Lischitzki*, Die öffentliche Bereitstellungsverantwortung für soziale und medizinische Dienste und Einrichtungen und ihre Konkretisierung im KHG, SGB XI SGB VIII und im BSHG, 2004; *Propp*, Gabriele Kuhn-Zuber, Umstellung der Invetsitionskostenförderung in der stationären Pflege, RsDE Nr. 59 (2005), 1; *Seewald*, Probleme bei der Investitionsförderung von Pflegediensten VSSR 2001, 189; *Staegemann*, Investitionsförderung in der Pflegeversicherung, 2003; *Winter*, Die Ausgestaltung von Planungs- und Förderungskompetenzen nach § 9 SGB XI, 2004.

I. Entstehungsgeschichte

Die Vorschrift ist aufgrund von Art. 1, Art. 68 Abs. 1 PflegeVG v. 26.5.1994 (BGBl. I, 1014) mWv 1.1.1995 in Kraft getreten. MWv 1.7.2008 hat S. 2 durch das Pflege-Weiterentwicklungsgesetz v. 28.5.2008 (BGBl. I, 874) seine heutige Fassung erhalten, indem Hs. 2 angefügt wurde. 1

II. Normzweck

In Ergänzung von § 8 Abs. 2 wendet sich die Norm der innerstaatlichen Aufgabenverteilung zwischen Bund und Ländern zu. § 9 steht dabei an der Schnittstelle von – allein den Ländern zustehender – Infrastrukturplanung bzw. -förderung und der Sozialversicherung als Gegenstand der konkurrierenden Gesetzgebung. Insofern vermittelt der „klarstellenden Hinweis"[1] auf die bereits von Verfassung wegen feststehende Zuständigkeit der Länder für die Vorhaltung einer pflegerischen Versorgungsstruktur (S. 1) sowie der Planung und Förderung (S. 2 Hs. 1, S. 3) zu Unrecht den Eindruck, den Ländern sei die entsprechende Gesetzgebungskompetenz vom Bund übertragen worden. Das geltende Recht ist Ausdruck der im Vermittlungsverfahren von den Ländern durchgesetzten sog dualen Finanzierung,[2] die an die Stelle des ursprünglich vorgesehenen[3] monistischen Modells getreten ist. Eine (mittelbare) Aufgabenzuweisung im Bereich Sozialversicherung ist dagegen mit S. 2 Hs. 2 erfolgt, indem der Bund insofern von seiner konkurrierenden Regelungskompetenz keinen Gebrauch macht. S. 3 teilt die Unverbindlichkeit von S. 1 und S. 2 Hs. 1. 2

III. Verantwortlichkeit der Länder (S. 1, S. 2 Hs. 1)

Die Kompetenz für die Vorhaltung der pflegerischen Versorgungsstruktur einschließlich der Planung und Förderung liegt allein bei den Ländern (Art. 30, 70 Abs. 1 GG),[4] die daher grundsätzlich auch die Lasten tragen (Art. 104a Abs. 1 GG). Anders als nach Art. 74 Nr. 19a für die Krankenhäuser hat der Bund keinerlei Gesetzgebungskompetenz für das Gebiet der Vorhaltung der pflegerischen Versorgungsstruktur und der Investitionsförderung.[5] Er kann damit den Ländern auch keine Maßstäbe für die Ausübung ihrer Kompetenz („leistungsfähig, zahlenmäßig ausreichend und wirtschaftlich") vorge- 3

---

1 BSG, 28.6.2001, B 3 P 9/00 R, BSGE 88, 215 ff.
2 BVerfG, 17.10.2007, 2 BvR 1095/05, SozR 4-3300 § 9 Nr. 3.
3 BT-Dr. 12/5262.
4 BSG, 28.6.2001, B 3 P 9/00 R, BSGE 88, 215 ff.
5 BVerfG, 17.10.2007, 2 BvR 1095/05, SozR 4-3300 § 9 Nr. 3.

ben.[6] Vielmehr ist der Bund durch die ihm allein zustehende Kompetenz aus Art. 74 Abs. 1 Nr. 12 GG auf die Regelung der Inanspruchnahme der von den Ländern vorzuhaltenden Einrichtungen im Rahmen der PV beschränkt.

4 Entgegen dem von S. 1 und S. 2 Hs. 1 vordergründig vermittelten Eindruck handelt es sich daher bei der Zuständigkeit für die Vorhaltung einer pflegerischen Versorgungsstruktur und die hieraus resultierenden Aufgaben der Planung und Förderung lediglich um einen „klarstellenden Hinweis"[7] auf die **Verfassungslage** und nicht etwa um eine Kompetenzübertragung durch den Bund. Auch im Gesetzgebungsverfahren zum SGB XI ist ausdrücklich betont worden, die Länder blieben für die Investitionsförderung im Bereich der Pflegeeinrichtungen allein verantwortlich; insoweit sehe das System keine Bundeszuständigkeit vor.[8] Hiervon geht übereinstimmend auch die Rechtsprechung des BVerwG[9] und das BSG[10] aus. Beide Gerichte unterscheiden sich – ohne Auswirkung auf das Verständnis von § 9 – lediglich insofern, als das BSG[11] eine Verpflichtung des Landesgesetzgebers annimmt, bei der Ausübung seiner Kompetenz für die Vorhaltung der pflegerischen Versorgungsstruktur die Gesetzgebungskompetenz des Bundes für die Sozialversicherung zu achten, während das BVerwG[12] die „grundlegende Kompetenz" bei den Ländern und einen Verstoß landesrechtlicher Regelungen gegen Bundesrecht durch Überschreiten der Gesetzgebungskompetenz des Landes als ausgeschlossen ansieht.[13] In jedem Fall ist der Landesgesetzgeber durch Art. 12 Abs. 1 GG gehalten, im Fall einer Förderung das Grundrecht der konkurrierenden Anbieter auf freie Berufsausübung zu achten.[14] Damit ist gleichzeitig dem vom BSG dem SGB XI entnommenen Gebot der Wettbewerbsneutralität genügt.

IV. Nähere Bestimmung durch das Landesrecht (S. 2 Hs. 2)

5 Dem Landesgesetzgeber steht es frei, ob und ggf. inwieweit er eine **öffentliche Förderung** von Pflegeeinrichtungen vorsehen will. Er bestimmt auf diese Weise gleichzeitig mittelbar, in welchem Umfang die Pflegebedürftigen – ggf. an ihrer Stelle die Sozialhilfeträger – nach Bundesrecht mit dem Investitionskostenrisiko belastet werden. Insofern ist – unabhängig von der einzelnen Maßnahme zwischen geförderten und nicht geförderten Pflegeeinrichtungen zu unterscheiden.[15] Werden jedenfalls die betriebsnotwendigen Investitionsaufwendungen nach § 82 Abs. 2 Nr. 1 und 3 in vollem Umfang vom Land getragen, besteht für die Pflegeeinrichtung keine Möglichkeit, hiermit gesondert den Pflegebedürftigen zu belasten. Wird umgekehrt eine Pflegeeinrichtung überhaupt nicht (tatsächlich)[16] in wenigstens einer Pflegeform (Dauer-, Kurzzeit- oder Tagespflege),[17] nach Landesrecht gefördert, kann sie ihre betriebsnotwendigen Investitionsaufwendungen (§ 82 Abs. 2) insgesamt unbegrenzt und ohne Zustimmung der zuständigen Landesbehörde den Pflegebedürftigen in Rechnung stellen (§ 82 Abs. 4). Werden schließlich betriebsnotwendige Investitionsaufwendungen nach § 82 Abs. 2 Nr. 1 oder Aufwendungen für Miete, Pacht, Nutzung oder Mitbenutzung von Gebäuden oder sonstigen abschreibungsfähigen Anlagegütern nach Abs. 2 Nr. 3 durch öffentliche Förderung „gemäß § 9" nicht vollständig gedeckt oder beschränkt sich die Förderung auf Darlehen oder sonstige rückzahlbare Zuschüsse, kann die Pflegeeinrichtung den nicht gedeckten Teil dieser Aufwendungen mit Zustimmung der zuständigen Landesbehörde und nach Maßgabe des Landesrechts im Einzelnen den Pflegebedürftigen gesondert in Rechnung stellen (§ 82 Abs. 3).

---

6 Vgl. BSG, 8.9.2011, B 3 P 6/10 R, BSGE 109, 86 ff.
7 BSG, 28.6.2001, B 3 P 9/00 R, BSGE 88, 215 ff.
8 BR-Protokoll 668. Sitzung, 29.4.1994, 130 f.
9 BVerwG, 23.12.1998, 3 B 22.98, Buchholz 310 § 40 VwGO Nr. 283 und BVerwG, 13.5.2004, 3 C 2/04, PflR 2004, 349 ff.; allerdings geht derselbe Senat im Urteil v. 30.6.2011, 3 A 1/10, ohne Begründung davon aus, es gehe bei § 9 Abs. 1 SGB XI um die Ausführung eines Bundesgesetze nach Art. 83 GG, was gerade einen vollzugsfähigen Rechtssatz voraussetzen würde; zur Rechtswegzuständigkeit der Verwaltungsgerichtsbarkeit für Streitigkeiten über die Investitionsförderung s. bereits BVerwG, 23.12.1998, 3 B 22/98, NVwZ 1999, 316 f.
10 BSG, 28.6.2001, B 3 P 9/00 R, BSGE 88, 215 ff. und BSG, 26.1.2006, B 3 P 6/04 R, BSGE 96, 28 ff.
11 BSG, 28.6.2001, B 3 P 9/00 R, BSGE 88, 215 ff.
12 BVerwG, 13.5.2004, 3 C 2/04, PflR 2004, 349 ff.
13 Allerdings ist hierdurch nicht ausgeschlossen, dass sich ein Land in autonomer Ausübung seiner Gesetzgebungskompetenz eine Anpassung landesrechtlicher Regelungen an die in § 9 S. 1 genannten Kriterien zum Ziel setzt und damit das Bundesrecht aus diesem Grund eine mittelbare Bedeutung für das Verständnis des Landesrechts gewinnt; vgl. VGH Mannheim, 14.5.2002, 9 S 2206/01.
14 BVerwG, 13.5.2004, 3 C 2/04, PflR 2004, 349 ff.
15 BSG, 6.9.2007, B 3 P 3/07 R, BSGE 99, 57 ff.
16 BVerwG, 20.9.2001, 5 B 54/01, FEVS 53, 504 f.
17 BSG, 10.3.2011, B 3 P 3/10 R, BSGE 108, 14 ff.

Teil der Befugnisse des Bundesgesetzgebers aus Art. 74 Abs. 1 Nr. 12 GG ist auch die Festlegung, unter welchen Voraussetzungen und in welcher Höhe Heimträger den Pflegebedürftigen **Investitionskosten** in Rechnung stellen dürfen. Dazu gehört auch die Bestimmung, welche Art von landesrechtlicher Förderung iS von § 82 Abs. 3, 4 eine öffentliche Förderung darstellt.[18] Hiervon ausgehend hat das BSG zum Rechtszustand vor Einführung von S. 2 Hs. 2 entschieden, dass bundesrechtlich einkommensabhängige Aufwendungszuschüsse für Pflegebedürftige (sog Subjektförderung im Gegensatz zur Objektförderung durch öffentliche Förderung von Pflegeeinrichtungen) keine die Zustimmungsbedürftigkeit nach § 82 Abs. 3 begründende „Förderung" darstellen.[19] In Reaktion auf diese Rechtsprechung hat der Bundesgesetzgeber mWv 1.7.2008 partiell davon abgesehen, von seiner konkurrierenden Gesetzgebungszuständigkeit Gebrauch zu machen (Art. 72 Abs. 1 GG) und hat es nunmehr den Ländern überlassen, hinsichtlich im Landesrecht vorgesehener und an der wirtschaftlichen Leistungsfähigkeit der Pflegebedürftigen orientierter finanzieller Unterstützungen ungeachtet ihres Subjekt – oder Objektbezuges, selbst festzulegen, ob es sich bei ihnen jeweils um eine „Förderung der Pflegeeinrichtungen" handelt. Damit soll den unterschiedlichen Verfahren bei der Förderung und Refinanzierung der Investitionskosten von Pflegeheimen Rechnung getragen werden[20] Es liegt auf diese Weise bei den Ländern, die Genehmigungsbedürftigkeit einer Belastung der Pflegebedürftigen herbeizuführen.

V. Verwendung von Einsparungen der Sozialhilfe (S. 3)

S. 3 teilt die Unverbindlichkeit von S. 1 und S. 2 Hs. 1. Planung, Förderung und Finanzierung fallen in die originäre Gesetzgebungszuständigkeit der Länder. Deren autonomer Entscheidung obliegt damit auch die Verwendung ihrer Mittel.

§ 10 Berichtspflichten des Bundes und der Länder

(1) Die Bundesregierung berichtet den gesetzgebenden Körperschaften des Bundes ab 2016 im Abstand von vier Jahren über die Entwicklung der Pflegeversicherung und den Stand der pflegerischen Versorgung in der Bundesrepublik Deutschland.

(2) Die Länder berichten dem Bundesministerium für Gesundheit jährlich bis zum 30. Juni über Art und Umfang der finanziellen Förderung der Pflegeeinrichtungen im vorausgegangenen Kalenderjahr sowie über die mit dieser Förderung verbundenen durchschnittlichen Investitionskosten für die Pflegebedürftigen.

I. Entstehungsgeschichte

Die Vorschrift ist aufgrund von Art. 1, Art. 68 Abs. 1 PflegeVG v. 26.5.1994 (BGBl. I, 1014) mWv 1.1.1995 in Kraft getreten. Sie betraf in ihrer ursprünglichen – mehrfach geänderten – Fassung die Einrichtung eines Ausschusses für Pflegeversicherung sowie eine Berichtspflicht des Bundesministeriums für Gesundheit „an die gesetzgebenden Körperschaften" des Bundes zur Entwicklung der PV. MWv 1.7.2008 hat § 10 durch Art. 1 Nr. 7 Pflege-Weiterentwicklungsgesetz v. 28.5.2008 (BGBl. I, 874) die Fassung des heutigen Abs. 1 erhalten. Dort ist durch Art. 6 Nr. 1 a des Präventionsgesetzes v. 17.7.2015 (BGBl. I 1368) die Angabe „ab 2011" durch die Angabe „ab 2016" ersetzt worden. Zuletzt ist durch Art. 1 Nr. 5 lit. c des Dritten Pflegestärkungsgesetzes v. 23.12.2016 (BGBl. I, 3191) Abs. 2 eingefügt und dadurch der bisherige Text zu Abs. 1 geworden (Art. 1 Nr. 5 lit. b aaO).

II. Normzweck

§ 10 mindert die Berichtspflicht der Bundesregierung gegenüber dem Rechtszustand bis zum 30.6.2008 nachhaltig. Die Ausführungen der Entwurfsverfasser[1] lassen die Zielsetzung unzweideutig erkennen: „Durch die Neufassung der Vorschrift wird der Termin zur Vorlage des nächsten Berichts auf das Jahr 2011 verschoben und der Turnus der Berichtspflicht von bisher drei auf vier Jahre verlängert. Die Verschiebung des nächsten Pflegeberichts hat den Zweck, die ersten Erfahrungen mit dieser Reform der Pflegeversicherung zu berücksichtigen. Die Verlängerung des Berichtszeitraums dient der

---

18 BSG, 24.7.2003, B 3 P 1/03 R, SozR 4-3300 § 9 Nr. 1.
19 BSG, 24.7.2003, B 3 P 1/03 R, BSGE 91, 182 ff.
20 Vgl. BT-Dr. 16/8525, 96.
1 BT-Dr. 16/7439, 50.

Reduzierung gesetzlicher Berichtspflichten. Ferner wird der Bundespflegeausschuss abgeschafft. Diese Maßnahme dient der allgemeinen Zielsetzung, Verwaltungsaufwand zu minimieren." Das Präventionsgesetz hat eine nochmalige Erleichterung gebracht. Abs. 2 soll mWv 1.1.2017 die Datengrundlage für die Umsetzung von § 9 S. 3 liefern.

III. Verpflichtung der Bundesregierung

3 Die nach der Rechtsänderung ab dem 1.7.2008 der Bundesregierung obliegende Berichtspflicht dient der kontinuierlichen Unterrichtung des Deutschen Bundestages in den gesetzlich vorgegebenen Kalenderjahren über die Entwicklung der Pflegeversicherung und den Stand der pflegerischen Versorgung in der Bundesrepublik Deutschland. Welche weiteren „gesetzgebenden Körperschaften", die das Gesetz in alter und neuer Fassung als Adressaten benennt, daneben in Betracht kommen könnten, ist nicht ohne Weiteres erkennbar. Soweit sich die Berichte neben dem Deutschen Bundestag auch an den Bundesrat wenden, ist verfassungsrechtlich darauf hinzuweisen, dass dieser nicht etwa zweite Kammer eines einheitlichen Gesetzgebungsorgans ist, die gleichwertig neben der „Ersten Kammer" am Gesetzgebungsverfahren beteiligt wäre.[2] Gesetze werden vom deutschen Bundestag beschlossen (Art. 77 Abs. 1 GG); der Bundesrat wirkt dabei lediglich mit (Art. 50 GG).

4 Bislang wurden sechs Berichte über die Entwicklung der PV veröffentlicht: Erster Bericht v. 19.12.1997;[3] Zweiter Bericht v. 15.3.2001;[4] Dritter Bericht v. 4.11.2004;[5] Vierter Bericht v. 17.1.2008;[6] Fünfter Bericht v. 12.1.2012[7] und sechster Bericht v. 14.12.2016.[8] Mit Ausnahme des Ersten Berichts wurde damit kein weiterer im gesetzlich vorgeschriebenen Kalenderjahr publiziert. Der Fünfte Bericht stützt seine Verspätung gegenüber dem im neuen Recht (ab 1.7.2008) ausdrücklich festgeschriebenen Kalenderjahr „2011" ernsthaft auf einen – dem neuen Turnus entsprechenden und erst mit diesem Kalenderjahr beginnenden – vierjährigen Abstand gegenüber dem seinerseits nach altem Recht mit zweijähriger Verzögerung veröffentlichten Vierten Bericht.

IV. Verpflichtung der Länder

5 Zur finanziellen Förderung der Investitionskosten der Pflegeeinrichtungen sollen gemäß § 9 S. 3 Einsparungen eingesetzt werden, die den Trägern der Sozialhilfe durch die Pflegeversicherung entstehen. Bislang gibt es keine regelmäßige, systematische und vollständige Übersicht über die Investitionskostenförderung durch die Länder, die darstellt, in welchem Umfang die Vorschrift des § 9 umgesetzt wird. Dem soll mit der Neuregelung abgeholfen werden. Die Berichtspflicht umfasst neben Länderangaben über die jährlich verausgabten Mittel zur Investitionskostenförderung für zugelassene Pflegeeinrichtungen auch nähere Informationen und Angaben zu den durchschnittlichen Investitionskosten für die Pflegebedürftigen, jeweils differenziert für den ambulanten, teil- und vollstationären Bereich bezogen auf Ebene der Landkreise und kreisfreien Städte. Diese Angaben dienen der Abschätzung der jährlichen Belastungen der Pflegebedürftigen. Den Ländern liegen dazu die aktuellen Informationen nach § 82 Abs. 3 bei geförderten Pflegeeinrichtungen und nach § 82 Abs. 4 bei nicht geförderten Pflegeeinrichtungen vor. Durch die jährliche Berichterstattung lassen sich die Auswirkungen der Investitionskostenförderung im Verlauf besser auswerten. Das BMG wird die Berichte veröffentlichen.[9]

§ 11 Rechte und Pflichten der Pflegeeinrichtungen

(1) ¹Die Pflegeeinrichtungen pflegen, versorgen und betreuen die Pflegebedürftigen, die ihre Leistungen in Anspruch nehmen, entsprechend dem allgemein anerkannten Stand medizinisch-pflegerischer Erkenntnisse. ²Inhalt und Organisation der Leistungen haben eine humane und aktivierende Pflege unter Achtung der Menschenwürde zu gewährleisten.

---

2 BVerfG, 25.6.1974, 2 BvF 2/73, 2 BvF 3/73, BVerfGE 37, 363.
3 BT-Dr. 13/9528.
4 BT-Dr. 14/5590.
5 BT-Dr. 15/4125.
6 BT-Dr. 16/7772.
7 BT-Dr. 17/8332.
8 BT-Dr. 18/10707.
9 BT-Dr. 18/9518, 66.

(2) ¹Bei der Durchführung dieses Buches sind die Vielfalt der Träger von Pflegeeinrichtungen zu wahren sowie deren Selbständigkeit, Selbstverständnis und Unabhängigkeit zu achten. ²Dem Auftrag kirchlicher und sonstiger Träger der freien Wohlfahrtspflege, kranke, gebrechliche und pflegebedürftige Menschen zu pflegen, zu betreuen, zu trösten und sie im Sterben zu begleiten, ist Rechnung zu tragen. ³Freigemeinnützige und private Träger haben Vorrang gegenüber öffentlichen Trägern.
(3) Die Bestimmungen des Wohn- und Betreuungsvertragsgesetzes bleiben unberührt.

Literatur:
Gaßner/Strömer, Im Dickicht der Standards verfangen – Haftungsrechtliche Sorgfaltspflichten in der Pflege, MedR 2012, 487, SDSRV Nr. 61, 81; *Heiber*, Der Pflege-TÜV auf dem Prüfstand, Sozialrecht als Menschenrecht, 2011, 229; *Igl*, Kriterien und Strukturen der Qualitätssicherung in der Kranken- und Pflegeversicherung – Gesetzliche Vorgaben und Ausgestaltung, SDSRV Nr. 61, 81; *Klie*, Verbraucherschutz in der Pflege? Qualitätsprüfungen und Transparenzberichte gemäß § 115 SGB XI im Streit, PflR 2010, 351; *Neumaier*, Die rechtliche Bedeutung von Expertenstandards in der Pflege, 2009; *Theuerkauf*, Eine Note für die „Pflege-Noten" – Ein Zwischenzeugnis für die Transparenzberichterstattung, MedR 2011, 265; *Weibler-Villalobos/Röhrig*, Methodische Anforderungen an einrichtungsbezogene Qualitätsberichte der Pflege, GesundhWes 2010, 780.

I. Entstehungsgeschichte

Die Vorschrift ist aufgrund von Art. 1, Art. 68 Abs. 1 PflegeVG v. 26.5.1994 (BGBl. I, 1014) mWv 1.1.1995 in Kraft getreten. MWv 1.10.2009 ist in Abs. 3 durch Art. 2 Abs. 1 Nr. 2 des Gesetzes zur Neuregelung der zivilrechtlichen Vorschriften des Heimgesetzes nach der Föderalismusreform v. 29.7.2009 (BGBl. I, 2319) das Wort „Heimgesetzes" durch die Wörter „Wohn- und Betreuungsvertragsgesetzes" ersetzt worden.

II. Normzweck

Die Norm knüpft an § 8 (Gemeinsame Verantwortung) an und beschreibt die **spezifische Funktion von Pflegeeinrichtungen** (§ 71) innerhalb des Systems. In diesem Sinne benennt Abs. 1 qualitative Anforderungen, die sich auch in §§ 28 Abs. 3, 69 Abs. 1, 87b Abs. 3 S. 1, 113a Abs. 1 S. 1 (allgemein anerkannter Stand der medizinisch-pflegerischen Erkenntnisse), §§ 6 Abs. 2, 28 Abs. 4, 87a Abs. 4 S. 1 (aktivierende Pflege) und § 8 Abs. 2 S. 3 finden. Abs. 2 wendet sich der anzustrebenden Struktur der Pflegeeinrichtungen zu und betont zunächst den Gesichtspunkt der Trägervielfalt (s. auch §§ 69 S. 3, 76 Abs. 2 S. 3). S. 2 enthält ein besonderes Achtungsgebot für den Auftrag kirchlicher Träger. Der mit Verfassung und einfachem Gesetzesrecht unvereinbare S. 3 (Vorrang freigemeinnütziger und privater Träger) ist auch durch das Pflege-Neuausrichtungsgesetz nicht korrigiert worden. Abs. 3 verweist auf die Verbindlichkeit des Wohn- und Betreuungsvertragsgesetzes ungeachtet der Regelungen des SGB XI.

III. Die Regelungen im Einzelnen

Nach dem Vorbild von § 2 Abs. 1 S. 3 SGB V hat das PflegeVG hat ua in Abs. 1 S. 1 erstmals für seinen Bereich explizit einen **qualitativen Pflegestandard** eingeführt und vorgegeben, dass die Versorgung der Versicherten nach dem allgemein anerkannten Standard medizinisch-pflegerischer Erkenntnisse zu erfolgen hat.[1] Dieser Standard ist zugleich auch maßgebend für die Leistungsverpflichtung des „Unternehmers" aus § 7 Abs. 1 WBVG, der zur Erbringung der vertraglich vereinbarten Pflege- oder Betreuungsleistungen nach dem allgemein anerkannten Stand fachlicher Erkenntnisse verpflichtet.[2] Es handelt sich um einen – voller gerichtlicher Kontrolle unterliegenden – unbestimmten Rechtsbegriff, der sukzessive im Leistungs- und Leistungserbringerrecht konkretisiert wird und unverändert im Fluss ist.

Die **Sicherstellung des Pflegestandards** ist im Bereich der sPV gemeinsame Aufgabe ua von Pflegekassen und Leistungserbringern bzw. ihrer Spitzenverbände und wird insbesondere in Vereinbarungen näher konkretisiert (§§ 28 Abs. 3, 69 Abs. 1, 87b Abs. 3 S. 1, 113a Abs. 1 S. 2). Nach der ausdrücklichen Anordnung in § 113a Abs. 1 S. 2 tragen die Expertenstandards für ihren Themenbereich zur Konkretisierung des allgemein anerkannten Standards der medizinisch-pflegerischen Erkenntnisse bei. Die Träger der einzelnen Pflegeeinrichtung bleiben ungeachtet des Sicherstellungsauftrags der Pflegekassen (§ 69) für die Qualität der Leistungen ihrer Einrichtungen einschließlich der Sicherung und

---

[1] BSG, 22.4.2009, B 3 P 14/07 R, BSGE 103, 78 ff.
[2] BGH, 14.7.2005, III ZR 391/04, NJW 2005, 2613 f.

Weiterentwicklung der Pflegequalität verantwortlich (§ 112 Abs. 1 S. 1).³ Die Einhaltung des Standards wird hier insbesondere durch die für die Zulassung erforderliche personelle Ausstattung (§ 71), die Verpflichtung zur Anwendung von Expertenstandards nach § 113a (§ 112 Abs. 2 S. 1) und ein – auch – an der Erfüllung des Versorgungsauftrages orientiertes Entgelt ermöglicht (§ 84 Abs. 2 S. 4). Entsprechend liegt dem Verfahren der Bemessung dieses Entgelts grundsätzlich die Ermittlung eines üblichen Marktpreises zugrunde, die ihrerseits voraussetzt, dass sowohl das betreffende Heim als auch die zum Vergleich herangezogenen Mitbewerber den Pflegestandard fachgerechter und humaner Pflege, wie ihn das SGB XI in §§ 11 Abs. 1, 28 Abs. 4 und 29 Abs. 1 definiert, nach den Kriterien der Struktur-, der Prozess- und der Ergebnisqualität ohne Einschränkung erfüllen, dh nach eingesetzten sächlichen und personellen Mitteln den pflegerischen Verfahrensweisen sowie deren Kontrolle und Dokumentation genügen.⁴

5 Die als Programmsatz hervorgehobenen (Abs. 1 S. 2) Aspekte der humanen und aktivierenden Pflege ergänzen komplementär die entsprechenden Selbstbestimmungsrechte (§ 2 Abs. 1) und Mitwirkungsgebote (§ 6) an die Versicherten sowie den Vorrang der Rehabilitation (§ 5 Abs. 2). Es handelt sich jeweils um Elemente jeder pflegerischen Leistung und nicht um abgrenzbare Einzelleistungen.

6 Das Gebot, bei der Durchführung des SGB XI die **Vielfalt der Pflegeeinrichtungen** zu wahren sowie deren Selbstständigkeit, Selbstverständnis und Unabhängigkeit zu achten (Abs. 2 S. 1), ist insbesondere beim Abschluss von Versorgungsverträgen (§ 72) zu berücksichtigen. Damit wird gleichermaßen das Selbstbestimmungsrecht der Versicherten (§ 2 Abs. 2, 3) gewährleistet. Zu den insofern bestehenden vielfältigen rechtlichen und praktischen Problemen wird auf → § 2 Rn. 10 f. hingewiesen.

7 Auch der Gesichtspunkt der Trägervielfalt (Abs. 2 S. 1) ist Maßstab für das Verständnis anderer Normen.⁵ So ist insbesondere auch dem in S. 2 ausdrücklich hervorgehobenen Auftrag kirchlicher und sonstiger Träger der freien Wohlfahrtspflege insbesondere in den Rahmenverträgen und Empfehlungen (§§ 69 S. 3, 75, 80a) Rechnung zu tragen. Darüber hinaus ist zu berücksichtigen, dass die Regelungen des SGB XI nicht auf einen Einrichtungstyp mit bestimmter Größe zugeschnitten und starre Anforderungen ua an die Stellenbesetzung schon deshalb nicht möglich sind. Vielmehr gelten auch die Vorschriften des Leistungserbringerrechts für Einrichtungen sehr unterschiedlicher Größe und unterschiedlichen Zuschnitts.⁶ Das Diversifikationsgebot wird allerdings nicht berührt, wenn alle privaten, kirchlichen und freien Träger ambulanter Pflegedienste nach einem einheitlichen Vergütungsmodell abrechnen; insofern ist zu berücksichtigen, dass ein einheitliches Vergütungsmodell die Transparenz zugunsten der Versicherten erhöht und im Übrigen die Höhe der Vergütungen nicht in erster Linie von dem Modell, sondern den für die Leistungen bzw. Leistungsmodule angesetzten Punktwerten bestimmt wird, die individuell auszuhandeln sind.⁷

8 § 11 Abs. 2 S. 3 widerspricht ebenso wie § 72 Abs. 3 S. 2 der sonstigen Ausgestaltung des Gesetzes. Der Rechtsanspruch aller geeigneten Pflegeeinrichtung auf Zulassung (§ 72 Abs. 3 S. 1 Hs. 2) und das Verbot der Benachteiligung einzelner Leistungserbringer⁸ stehen einer derartigen Bevorzugung durchgreifend entgegen. Trotz der gleichbleibenden Gesetzeslage und der übereinstimmenden Rechtsprechung zweier oberster Bundesgerichte hat sich der Gesetzgeber bis zuletzt nicht zu einer Klarstellung veranlasst gesehen.

§ 12 Aufgaben der Pflegekassen

(1) ¹Die Pflegekassen sind für die Sicherstellung der pflegerischen Versorgung ihrer Versicherten verantwortlich. ²Sie arbeiten dabei mit allen an der pflegerischen, gesundheitlichen und sozialen Versorgung Beteiligten eng zusammen und wirken, insbesondere durch Pflegestützpunkte nach § 7c, auf eine Vernetzung der regionalen und kommunalen Versorgungsstrukturen hin, um eine Verbesserung der wohnortnahen Versorgung pflege- und betreuungsbedürftiger Menschen zu ermöglichen. ³Die Pflegekassen sollen zur Durchführung der ihnen gesetzlich übertragenen Aufgaben örtliche und regionale Arbeitsgemeinschaften bilden. ⁴§ 94 Abs. 2 bis 4 des Zehnten Buches gilt entsprechend.

---

3 SG Speyer, 27.7.2005, S 3 P 122/03, PflR 2006, 188 ff.
4 BSG, 14.12.2000, B 3 P 19/00 R, SozR 3-3300 § 85 Nr. 1 und LSG Bln-Bbg, 1.4.2009, L 27 P 7/08.
5 Vgl. zu § 113 Abs. 1 SG Köln, 14.9.2009, S 23 P 181/08.
6 BSG, 22.4.2009, B 3 P 14/07 R, BSGE 103, 78 ff.
7 BSG, 29.1.20009, B 3 P 8/07 R, SozR 4-3300 § 89 Nr. 1.
8 BSG, 28.6.2001, B 3 P 9/00, BSGE 88, 215 ff. und BVerwG, 13.5.2004, 3 C 2/04, PflR 2004, 349 ff.

(2) ¹Die Pflegekassen wirken mit den Trägern der ambulanten und der stationären gesundheitlichen und sozialen Versorgung partnerschaftlich zusammen, um die für den Pflegebedürftigen zur Verfügung stehenden Hilfen zu koordinieren. ²Sie stellen insbesondere über die Pflegeberatung nach § 7 a sicher, dass im Einzelfall häusliche Pflegehilfe, Behandlungspflege, ärztliche Behandlung, spezialisierte Palliativversorgung, Leistungen zur Prävention, zur medizinischen Rehabilitation und zur Teilhabe nahtlos und störungsfrei ineinander greifen. ³Die Pflegekassen nutzen darüber hinaus das Instrument der integrierten Versorgung nach § 92 b und wirken zur Sicherstellung der haus-, fach- und zahnärztlichen Versorgung der Pflegebedürftigen darauf hin, dass die stationären Pflegeeinrichtungen Kooperationen mit niedergelassenen Ärzten eingehen oder § 119 b des Fünften Buches anwenden.

Literatur:

Enders/Schmidt, Heimärztliche Versorgung in der stationären Pflege – Gravierende Versorgunsprobleme, TuP 2008, 101; *Kukla*, Die pflegerische Versorgung – Anspruch, Wirklichkeit und notwendige Weiterentwicklung, KrV 2000, 129.

I. Entstehungsgeschichte

Die Vorschrift ist aufgrund von Art. 1, Art. 68 Abs. 1 PflegeVG v. 26.5. 1994 (BGBl. I, 1014) mWv 1.1.1995 in Kraft getreten. MWv 1.7.2001 wurden in Abs. 2 S. 2 durch Art. 10 Nr. 6, Art. 67 des Sozialgesetzbuchs – Neuntes Buch – v. 19.6.2001 (BGBl. I, 1046) die Wörter „rehabilitative Maßnahmen" durch die Wörter „Leistungen zur medizinischen Rehabilitation" ersetzt. Ihre jeweils aktuelle Fassung erhielten durch Art. 1 Nr. 8 lit. a) Abs. 1 S. 2 und durch Art. 1 Nr. 8 lit. b) aa) des Pflege-Weiterentwicklungsgesetzes v. 28.5.2008 (BGBl. I, 874) Abs. 2 S. 2. Mit Art. 1 Nr. 8 lit. b) bb) des Pflege-Weiterentwicklungsgesetzes wurde mWv 1.7.2008 auch Abs. 2 S. 3 eingefügt. MWv 1.1.2016 wurde als redaktionelle Folgeänderung aufgrund der Überführung der Regelung des bisherigen § 92 c Abs. 1 bis 4 sowie 7 bis 9 in den neuen § 7c in Abs. 1 S. 2 die Angabe § 92c" durch die Angabe „§ 7c" ersetzt (Art. 1 Nr. 9 des Zweiten Pflegestärkungsgesetzes (PSG II) v. 21.12.2015, BGBl. I, 2424). Mit Art. 2 Nr. 5 a des PSG II wurde schließlich mWv 1.1.2017 in Abs. 2 S. 2 das Wort „Grundpflege" durch die Wörter „häusliche Pflegehilfe" ersetzt und wurden die Wörter „sowie hauswirtschaftliche Versorgung" gestrichen. 1

II. Normzweck

§ 12 knüpft an § 8 (Gemeinsame Verantwortung) an und beschreibt die spezifische Funktion der Pflegekassen (§ 46) innerhalb des Systems. Abs. 1 S. 2 stellt insofern (deklaratorisch) den in § 69 allein der Pflegekassen übertragenen Sicherstellungsauftrag im Naturalleistungssystem der sPV in den Vordergrund. Die S. 2 bis 4 betreffen das Gebot „horizontaler Vernetzung" und Zusammenarbeit. Abs. 2 befasst sich demgegenüber mit der „vertikalen Kooperation". 2

III. Die Norm im Einzelnen

Anders als bei der vertragsärztlichen Versorgung, die einen historisch bedingten Sonderfall darstellt, ist die Sicherstellung der pflegerischen Versorgung ohne Beteiligung der Leistungserbringer allein den PKen übertragen. Abs. 1 S. 1 erlegt den PKen nicht etwa abweichend von § 9 S. 1 eine unmittelbare eigene Leistungsverantwortung in dem Sinne auf, dass sie die entsprechende Infrastruktur auch selbst aufzubauen, zu unterhalten und zu finanzieren hätte. Vielmehr wird der inhaltlich durch §§ 28 ff., 36 ff. ausgestaltete Sicherstellungsauftrag der Norm (§ 69 Ab. 1 S. 1) in Konkretisierung von § 17 SGB I insbesondere durch den Abschluss von Versorgungsverträgen und Vergütungsvereinbarungen erfüllt. (§ 69 Abs. 1 S. 2).[1] Die Gestaltungsmöglichkeiten der Kassen hinsichtlich der Beseitigung von Systemmängeln sind damit strukturell vorgegeben gering. Auch die bis zum 1.1.2008 in Abs. 2 S. 2 enthaltene Verpflichtung, jedenfalls auf die Beseitigung konkreter[2] Mängel der pflegerischen Versorgungsstruktur hinzuwirken, ist seither durch ein „vertextetes Wattebäuschchen" und durch ein Konglomerat von Zusammenarbeits- und Beratungspflichten ersetzt worden. Dennoch bleibt die PK gegenüber dem Versicherten Leistungsschuldner und hat ggf. in entsprechender Anwendung des in § 13 Abs. 3 SGB V niedergelegten allgemeinen Rechtsgedankens Kosten für vom Versicherten selbst be- 3

---

[1] OVG des Saarlandes, 18.10.2005, 1 Q 36/05, 1 Q 36-61/05, AS RP-SL 32, 400 ff.
[2] OVG des Saarlandes, 18.10.2005, 1 Q 36/05, 1 Q 36-61/05, AS RP-SL 32, 400 ff.

schaffte Leistungen zu erstatten, soweit diese nicht rechtzeitig als Naturalleistung erbracht werden konnten oder zu Unrecht abgelehnt worden waren.[3]

4 Der zum 1.1.2008 neu gefasste Abs. 1 S. 2[4] verweist in diesem Sinne darauf, dass die PKen bei der Erfüllung des Sicherstellungsauftrages mit allen an der pflegerischen, gesundheitlichen und sozialen Versorgung Beteiligten eng zusammenarbeiten und insbesondere durch Pflegestützpunkte (nunmehr § 7c) auf eine enge Vernetzung der kommunalen Versorgungsstrukturen hinwirken. Hiermit wird letztendlich nur wortreich umschrieben, dass es um eine bloße „Verwaltung" des Vorgefundenen ohne Gestaltungsanspruch geht.[5] Die Regelung wird durch das an die einzelne PK und ihre Landesverbände (§ 52 Abs. 1) gerichtete Gebot zur Gründung von örtlichen und regionalen Arbeitsgemeinschaften der PKen (Abs. 2 S. 3)[6] und den deklaratorischen Hinweis auf § 94 Abs. 2 bis 4 SGB X (Abs. 2 S. 4)[7] ergänzt.

5 Abs. 2 S. 1, der noch in der ursprünglichen Fassung des PflegeVG gilt,[8] ordnet das partnerschaftliche Zusammenwirken der PKen mit den Trägern der ambulanten und stationären Versorgung an, damit die PKen für die Pflegebedürftigen eine koordinierende Funktion einzunehmen. BT-Dr. 12/5262, 93 führt entsprechende Beispiele auf. S. 2 unterstellt die weitergehende Konkretisierung dieses Auftrags nunmehr ausdrücklich und im Wesentlichen („insbesondere") § 7a und macht sie insofern vom entsprechenden Leistungsantrag des Versicherten abhängig. Soweit der Wortlaut damit unverändert Raum lässt, die Verpflichtung aus S. 1 auch im Rahmen der Unterrichtungs- und Beratungspflicht nach § 7 Abs. 2 zu erfüllen, umfasst auch der auf diese Weise realisierte Koordinierungsauftrag[9] nunmehr die in S. 2 exemplarisch („insbesondere") aufgeführten Bereiche einschließlich der Verpflichtung ggf. einen den Pflegebedürfnissen im Einzelfall gerecht werdenden Heimplatz zu verschaffen.[10]

6 Der ebenfalls zum 1.7.2008 in Kraft getretene Abs. 2 S. 3 steht in der Tradition des Gesetzes, inhaltliche Leere durch Textvolumen zu überdecken, indem abstrakt-generelle Anordnungen mit fraglichem Erkenntnisgewinn exemplifiziert und Sachregelung möglichst mehrfach mit hierauf deklaratorisch verweisenden Bestimmungen vergesellschaftet werden. Dass die PKen auch das Instrument der integrierten Versorgung (§ 92b) nutzen können, ergibt sich aus der in Bezug genommenen Vorschrift selbst. Die Aufgabe, auf das Zusammenwirken von ärztlicher Behandlung und stationärer Pflege hinzuwirken, ist bereits in S. 1 enthalten.[11] Nichts anderes gilt für den Verweis auf die spezialgesetzlich ausgestaltete Zusammenarbeit von stationären Pflegeeinrichtungen und Vertragsärzten durch Abschluss von Kooperationsverträgen (§ 119b SGB V).

§ 13 Verhältnis der Leistungen der Pflegeversicherung zu anderen Sozialleistungen

(1) Den Leistungen der Pflegeversicherung gehen die Entschädigungsleistungen wegen Pflegebedürftigkeit
1. nach dem Bundesversorgungsgesetz und nach den Gesetzen, die eine entsprechende Anwendung des Bundesversorgungsgesetzes vorsehen,
2. aus der gesetzlichen Unfallversicherung und
3. aus öffentlichen Kassen auf Grund gesetzlich geregelter Unfallversorgung oder Unfallfürsorge

vor.

(2) ¹Die Leistungen nach dem Fünften Buch einschließlich der Leistungen der häuslichen Krankenpflege nach § 37 des Fünften Buches bleiben unberührt. ²Dies gilt auch für krankheitsspezifische Pflegemaßnahmen, soweit diese im Rahmen der häuslichen Krankenpflege nach § 37 des Fünften Buches zu leisten sind.

---

3 BSG, 30.10.2001, B 3 KR 27/01 R, BSGE 89, 50 ff.
4 Siehe hierzu BT-Dr. 16/7439, 50.
5 Vgl. auch insofern bereits zum alten Recht OVG des Saarlandes, 18.10.2005, 1 Q 36/05, 1 Q 36-61/05, AS RP-SL 32, 400 ff.
6 Vgl. BSG, 12.6.2008, B 3 P 2/07 R, BSGE 101, 6 ff.
7 Siehe auch insofern BSG, 12.6.2008, B 3 P 2/07 R, BSGE 101, 6 ff.
8 Vgl. BT-Dr. 12/5262, 93.
9 Zu den Zielen der, deklaratorischen und nicht abschließenden, Neuformulierung s. BT-Dr. 16/7439, 50 f.
10 BSG, 30.10.2001, B 3 KR 27/01 R, BSGE 89, 50 ff.
11 Vgl. BT-Dr. 12/5262, 93.

(3) ¹Die Leistungen der Pflegeversicherung gehen den Fürsorgeleistungen zur Pflege
1. nach dem Zwölften Buch,
2. nach dem Lastenausgleichsgesetz, dem Reparationsschädengesetz und dem Flüchtlingshilfegesetz,
3. nach dem Bundesversorgungsgesetz (Kriegsopferfürsorge) und nach den Gesetzen, die eine entsprechende Anwendung des Bundesversorgungsgesetzes vorsehen,

vor, soweit dieses Buch nichts anderes bestimmt. ²Leistungen zur Pflege nach diesen Gesetzen sind zu gewähren, wenn und soweit Leistungen der Pflegeversicherung nicht erbracht werden oder diese Gesetze dem Grunde oder der Höhe nach weitergehende Leistungen als die Pflegeversicherung vorsehen. ³Die Leistungen der Eingliederungshilfe für Menschen mit Behinderungen nach dem Zwölften Buch, dem Bundesversorgungsgesetz und dem Achten Buch bleiben unberührt, sie sind im Verhältnis zur Pflegeversicherung nicht nachrangig; die notwendige Hilfe in den Einrichtungen nach § 71 Abs. 4 ist einschließlich der Pflegeleistungen zu gewähren.

(4) ¹Treffen Leistungen der Pflegeversicherung und Leistungen der Eingliederungshilfe zusammen, vereinbaren mit Zustimmung des Leistungsberechtigten die zuständige Pflegekasse und der für die Eingliederungshilfe zuständige Träger,
1. dass im Verhältnis zum Pflegebedürftigen der für die Eingliederungshilfe zuständige Träger die Leistungen der Pflegeversicherung auf der Grundlage des von der Pflegekasse erlassenen Leistungsbescheids zu übernehmen hat,
2. dass die zuständige Pflegekasse dem für die Eingliederungshilfe zuständigen Träger die Kosten der von ihr zu tragenden Leistungen zu erstatten hat sowie
3. die Modalitäten der Übernahme und der Durchführung der Leistungen sowie der Erstattung.

²Die bestehenden Wunsch- und Wahlrechte der Leistungsberechtigten bleiben unberührt und sind zu beachten. ³Die Ausführung der Leistungen erfolgt nach den für den zuständigen Leistungsträger geltenden Rechtsvorschriften. ⁴Soweit auch Leistungen der Hilfe zur Pflege nach dem Zwölften Buch zu erbringen sind, ist der für die Hilfe zur Pflege zuständige Träger zu beteiligen. ⁵Der Spitzenverband Bund der Pflegekassen beschließt gemeinsam mit der Bundesarbeitsgemeinschaft der überörtlichen Träger der Sozialhilfe bis zum 1. Januar 2018 in einer Empfehlung Näheres zu den Modalitäten der Übernahme und der Durchführung der Leistungen sowie der Erstattung und zu der Beteiligung des für die Hilfe zur Pflege zuständigen Trägers. ⁶Die Länder, die kommunalen Spitzenverbände auf Bundesebene, die Bundesarbeitsgemeinschaft der Freien Wohlfahrtspflege, die Vereinigungen der Träger der Pflegeeinrichtungen auf Bundesebene, die Vereinigungen der Leistungserbringer der Eingliederungshilfe auf Bundesebene sowie die auf Bundesebene maßgeblichen Organisationen für die Wahrnehmung der Interessen und der Selbsthilfe pflegebedürftiger und behinderter Menschen sind vor dem Beschluss anzuhören. ⁷Die Empfehlung bedarf der Zustimmung des Bundesministeriums für Gesundheit und des Bundesministeriums für Arbeit und Soziales.

(4 a) Bestehen im Einzelfall Anhaltspunkte für ein Zusammentreffen von Leistungen der Pflegeversicherung und Leistungen der Eingliederungshilfe, bezieht der für die Durchführung eines Teilhabeplanverfahrens oder Gesamtplanverfahrens verantwortliche Träger mit Zustimmung des Leistungsberechtigten die zuständige Pflegekasse in das Verfahren beratend mit ein, um die Vereinbarung nach Absatz 4 gemeinsam vorzubereiten.

(4 b) Die Regelungen nach Absatz 3 Satz 3, Absatz 4 und 4 a werden bis zum 1. Juli 2019 evaluiert.

(5) ¹Die Leistungen der Pflegeversicherung bleiben als Einkommen bei Sozialleistungen und bei Leistungen nach dem Asylbewerberleistungsgesetz, deren Gewährung von anderen Einkommen abhängig ist, unberücksichtigt; dies gilt nicht für das Pflegeunterstützungsgeld gemäß § 44 a Absatz 3. ²Satz 1 gilt entsprechend bei Vertragsleistungen aus privaten Pflegeversicherungen, die der Art und dem Umfang nach den Leistungen der sozialen Pflegeversicherung gleichwertig sind. ³Rechtsvorschriften, die weitergehende oder ergänzende Leistungen aus einer privaten Pflegeversicherung von der Einkommensermittlung ausschließen, bleiben unberührt.

(6) ¹Wird Pflegegeld nach § 37 oder eine vergleichbare Geldleistung an eine Pflegeperson (§ 19) weitergeleitet, bleibt dies bei der Ermittlung von Unterhaltsansprüchen und Unterhaltsverpflichtungen der Pflegeperson unberücksichtigt. ²Dies gilt nicht
1. in den Fällen des § 1361 Abs. 3, der §§ 1579, 1603 Abs. 2 und des § 1611 Abs. 1 des Bürgerlichen Gesetzbuchs,
2. für Unterhaltsansprüche der Pflegeperson, wenn von dieser erwartet werden kann, ihren Unterhaltsbedarf ganz oder teilweise durch eigene Einkünfte zu decken und der Pflegebedürftige mit dem Unterhaltspflichtigen nicht in gerader Linie verwandt ist.

Literatur:

Basche, Wohngruppenzuschlag gemäß § 38 a SGB XI – fragwürdige Sanierung der Sozialhilfeträger durch die Pflegekassen, RDG 2015, 144; *Dahm,* Leistungen der Pflegeversicherung im Verhältnis zu andern Sozialleistungen, Die Leistungen 2010, 641; *ders.,* Leistungsbegrenzung der gesetzlichen Pflegeversicherung auf pflegeversicherte Personen, jurisPR-SozR 16/2015 Anm. 6; *Fuchs,* Es drohen erhebliche Versorgungslücken für behinderte Menschen, SozSich 2016, 369; *Hollinger,* Erwerbsobliegenheit des Elternteils bei Rentenbezug, AnwZert FamR 1/2017 Anm. 1; *Rasch,* Keine zusätzlichen Betreuungsleistungen nach § 45 b SGB XI in Einrichtungen der Behindertenhilfe, RdLH 2015, 129; ders., Behinderung, Eingliederung und Pflegebedürftigkeit, NDV 2015, 318; *Schweigler,* Häusliche Krankenpflege in Einrichtungen der stationären Eingliederungshilfe, SozSich 2015, 461; *Stengler,* Eingliederungshilfe und Pflege, TuP 2012, 272; *Udsching,* Verhältnis von Pflegeleistungen nach SGB XI und XII zu Teilhabeleistungen nach dem SGB XII, Sozialrecht aktuell 2012, 198; *Welti,* Pflegeleistungen und teilhabeleistungen in Einrichtungen, Sozialrecht aktuell 2012, 189.

I. Entstehungsgeschichte 1	VII. Evaluierung (Abs. 4 b) 15
II. Normzweck 2	VIII. Einkommensbemessung von Sozialleistungen und Leistungen nach dem Asylbewerberleistungsgesetz (Abs. 5) 16
III. Nachgehen von Leistungen der Pflegeversicherung (Abs. 1) 3	
IV. Neutralität gegenüber Leistungen der gesetzlichen Krankenversicherung (Abs. 2) ... 5	IX. Berücksichtigung von Geldleistungen bei der Ermittlung von Unterhaltsansprüchen (Abs. 6) 18
V. Grundsätzliches Vorgehen bei Leistungen der Pflegeversicherung (Abs. 3, 4) ... 7	X. Anpassung durch das Bundesteilhabegesetz 19
VI. Pflegekassen und Teilhabe- und Gesamtplanverfahren (Abs. 4 a) 14	

I. Entstehungsgeschichte

1 Die Vorschrift ist aufgrund von Art. 1, Art. 68 Abs. 1 PflegeVG v. 26.5.1994 (BGBl. I, 1014) mWv 1.1.1995 in Kraft getreten. Durch Art. 1 Nr. 4 des Ersten SGB XI-Änderungsgesetzes v. 14.6.1996 (BGBl. I, 830) wurde mWv 25.6.1996 der bisherige S. 2 durch die neuen Sätze 2 und 3 ersetzt. Mit Art. 1 Nr. 1, Art. 3 des Vierten SGB XI-Änderungsgesetzes v. 21.7.1999 (BGBl. I, 1656) wurde mWv 1.8.1999 Abs. 6 angefügt. Durch Art. 10 Nr. 7, Art. 68 Abs. 1 des Sozialgesetzbuches – Neuntes Buch v. 19.6.2001 (BGBl. I, 1046) wurde mWv 1.7.2001 Abs. 3 S. 3 an den Sprachgebrauch des neuen Rehabilitationsrechts angepasst. MWv 1.1.2002 wurde durch Art. 1 Nr. 1 b, Art. 6 Abs. 2 des Pflegeleistungs-Ergänzungsgesetzes v. 14.12.2001 (BGBl. I, 3728) Abs. 3 a eingefügt. Durch Art. 10 Nr. 2 lit. a) aa), bb), lit. b) und c) des Gesetzes zur Einordnung des Sozialhilferechts in das Sozialgesetzbuch v. 27.12.2003 (BGBl. I, 3022) wurden jeweils mWv 1.1.2005 Abs. 3 S. 1 u. S. 3, Abs. 4 und Abs. 5 S. 1 geändert. Durch Art. 1 Nr. des Zweiten Pflegestärkungsgesetzes (PSG II) v. 21.12.2015 (BGBl. I, 2424) wurde mWv 1.1.2016 in Abs. 5 S. 1 vor dem Punkt am Ende ein Semikolon und wurden die Wörter „dies gilt nicht für das Pflegeunterstützungsgeld gemäß § 44 a Abs. 3" eingefügt. MWv 1.1.2017 erhielt Abs. 2 durch Art. 2 Nr. 6 PSG II seine heutige Fassung. Durch Art. 1 Nr. 6 des Dritten Pflegestärkungsgesetzes (PSG III) v. 23.12.2016 (BGBl. I, 3191) wurde in Abs. 3 S. 1 vor dem Punkt am Ende ein Komma und die Wörter „soweit dieses Buch nichts anderes bestimmt" eingefügt (lit. a) aa)). In Abs. 3 S. 3 wurden außerdem die Wörter „behinderte Menschen" durch die Wörter „Menschen mit Behinderungen" ersetzt (lit. a) bb) aaO). Ebenfalls durch das PSG III wurden Abs. 3 a aufgehoben (Art. 1 Nr. 6 lit. b) und die bisher dort enthaltene Regelung in § 45 b Abs. 3 überführt, Abs. 4 neu gefasst (lit. c) aaO) und die Abs. 4 a und 4 b eingefügt (lit. d) aaO).

II. Normzweck

2 § 13 soll eine Einordnung der Leistungen der Pflegeversicherung in das Spektrum zweckgleicher Leistungen insbesondere des Sozialsystems ermöglichen. Die Absätze 1 bis 3 a beschreiben – untechnisch, unvollständig und mit wechselnder Begrifflichkeit – das Verhältnis zu anderen Pflegeleistungen („Konkurrenz"). Der (zum 1.1.2017 „weiterentwickelte")[1] Abs. 4 betrifft die Möglichkeit der Leistungserbringung aus einer Hand bei paralleler Mehrfachzuständigkeit. Der Abs. 4 a betrifft seit 1.1.2017 die Einbeziehung der Pflegekassen in ein Teilhabeplanverfahren oder Gesamtplanverfahren, wenn im Einzelfall Anhaltspunkte für ein Zusammentreffen von Leistungen der Pflegeversicherung und Leistungen der Eingliederungshilfe bestehen. Abs. 4 b ordnet ebenfalls seit dem 1.1.2017 an, dass die Regelungen

---
1 BT-Dr. 18/10510, 107.

nach Abs. 3 S. 3, Abs. 4 und 4a bis zum 1.7.2019 „evaluiert" werden. Abs. 5 und 6 regeln die Berücksichtigung von Leistungen der Pflegeversicherung bei der Bemessung von Ansprüchen aus anderen Rechtsbereichen. Der jeweils im Einzelnen zu ermittelnde Anwendungsbereich beschränkt sich weder auf Sozialleistungen der sPV (§ 21a SGB I) noch auf „andere Sozialleistungen". Die Überschrift ist insofern nur teilweise richtig, rechtfertigt aber in Zweifelsfällen immerhin eine Vermutung für einen auf die sPV beschränkten Anwendungsbereich. Soweit das Verfassungsgebot der Normenklarheit Ziel eines künftig reformierenden Gesetzgebers ist, wäre auch zu prüfen, ob es einer – vollständigen – Aufrechterhaltung von § 13 bedarf. Der Gesetzgeber des PSG II und des PSG III hat sich diesem Appell jedenfalls nicht verpflichtet gefühlt

III. Nachgehen von Leistungen der Pflegeversicherung (Abs. 1)

Abs. 1 enthält einen lediglich deklaratorischen, nur exemplarischen und rechtlich unzutreffenden Hinweis auf das Verhältnis von Leistungen der sPV und „Entschädigungsleistungen wegen Pflegebedürftigkeit" aus den dort aufgeführten Bereichen. Was die Norm mit der Rechtsfolge „... gehen ... vor." meint, erschließt sich erst aus § 34 Abs. 1 Nr. 2. Hiernach „ruhen" Leistungen der sPV soweit Versicherte Entschädigungsleistungen ua nach Regelungen der dort ausdrücklich genannten Bereiche erhalten. Erst der **Rechtsbegriff des „Ruhens"** verdeutlicht, dass es entgegen dem in Abs. 1 vordergründig erweckten Eindruck nicht um eine Konkurrenz auf der Ebene der tatsächlichen Leistungserbringung geht, sondern eine derartige Situation gerade dadurch vermieden wird, dass Ansprüche aus der sPV (im rechtlich maßgeblichen Sinn des § 194 Abs. 1 BGB) zwar entstehen, tatsächlich aber nicht zu erfüllen sind, weil sie – zeitlich und sachlich beschränkt auf die deckungsgleiche Entschädigungsleistung – bereits rechtlich fiktiv als erfüllt zu behandeln sind. Das angebliche Vorgehen besteht daher in Wahrheit in einem gesetzlich angeordneten Zurücktreten der Pflegeleistungen, das eine Konkurrenz a priori vermeidet. 3

Abs. 1 beschränkt sich auf die Tatbestände des Ruhens („Nachgehen") von Leistungen der sPV bei Bezug von vorrangigen Entschädigungsleistungen. Für die pPV enthalten die Allgemeinen Versicherungsbedingungen für die private Pflegeversicherung auf der Grundlage von § 110 Abs. 1 Nr. 1, § 23 Abs. 1, 3 (Sicherstellung nach Art und Umfang gleichwertiger Vertragsleistungen) einen entsprechenden Leistungsausschluss in § 5 Abs. 1 lit. b).[2] Auch insofern entgegen dem kategorischen Wortlaut ist das „Vorgehen" von Entschädigungsleistungen wegen Pflegebedürftigkeit unter Berücksichtigung der Gesichtspunkte der Zeitgleichheit, Zweckidentität und Gleichartigkeit der Höhe nach beschränkt (§ 34 Abs. 1 Nr. 2: „soweit").[3] Die anderweitig geregelte Situation bei Bezug sonstiger öffentlich-rechtlicher Leistungen nach Bundesrecht und bei Bezug entsprechender ausländischer Leistungen (s. etwa § 34 Abs. 1 Nr. 2 S. 2, Abs. 2, 40 Abs. 1. S. 1) wird in Abs. 1 nicht angesprochen. 4

IV. Neutralität gegenüber Leistungen der gesetzlichen Krankenversicherung (Abs. 2)

Eine Leistungskollision ist auch in Abs. 2 nicht geregelt. Mangels Überschneidung im Verhältnis zur gesetzlichen Krankenversicherung[4] fehlt es auch nach Einführung des neuen Pflegebedürftigkeitsbegriffs an einer Anspruchskollision.[5] Nach dem zum 1.1.2017 neugefassten Abs. 2 bleiben daher unverändert Leistungen nach dem Fünften Buch einschließlich der (krankheitsspezifischen Pflegemaßnahmen im Rahmen der) häuslichen Krankenpflege (§§ 11 Nr. 4, 37 SGB V) von den Leistungen der sPV „unberührt" mit der Folge, dass sie in jeder Hinsicht unbeeinflusst von Pflegeversicherungsleistungen zu erbringen sind. Für die pPV gilt auf der Grundlage von § 110 Abs. 1 Nr. 1, § 23 Abs. 1, 3 (Sicherstellung nach Art und Umfang gleichwertiger Vertragsleistungen) Entsprechendes. Aus der Sicht der gKV ist das Verhältnis beider Leistungsbereiche folglich in der Weise gestaltet, dass die Krankenversicherungsleistung „häusliche Krankenpflege" aufgrund spezialgesetzlicher Anordnung in Abs. 1 S. 3, Abs. 2 S. 2 Hs. 2 Pflegeleistungen ungeachtet des SGB XI endgültig mitumfasst.[6] Das gilt allerdings auch für die in Abs. 1 genannten Entschädigungsleistungen, ohne dass erkennbar wird, warum Abs. 2 den Blickwinkel ändert und das SGB XI mit einer systemfremden Anordnung belastet. Abs. 2 lässt zudem § 37 Abs. 2 S. 6 SGB V unbeachtet, der – schon den Anspruch auf – Grundpflege und hauswirt- 5

---

2 Vgl. BSG, 19.4.2007, B 3 P 6/06 R, BSGE 98, 205 ff.
3 Siehe im Einzelnen dort und exemplarisch BSG, 10.10.2000, B 3 P 2/00 R, SozR 3-3300 § 34 Nr. 4 sowie, sehr weit gehend, BSG, 29.4.1999, B 3 P 15/98, SozR 3-3300 § 34 Nr. 1.
4 BSG, 10.11.2005, B 3 P 10/04 R, SozR 4-3300 § 40 Nr. 2.
5 Vgl. BT-Dr. 18/5926, 107.
6 Siehe etwa HessLSG, 9.12.2010, L 1 KR 187/10.

schaftliche Versorgung aufgrund von Satzungsregelungen nach § 37 Abs. 2 S. 4, 5 nach Eintritt der Pflegebedürftigkeit iS des SGB XI ausdrücklich ausschließt.

6 Auf der in Abs. 2 nicht andeutungsweise angesprochenen Ebene des Pflegeversicherungsrechts finden sich die entsprechenden gesetzlichen Anordnungen in § 34 Abs. 2. Der Anspruch auf Leistungen bei häuslicher Pflege ruht hiernach, soweit im Rahmen des Anspruchs auf häusliche Krankenpflege auch Anspruch auf Grundpflege und hauswirtschaftliche Versorgung besteht, also in Fällen der Krankenhausersatzpflege (§ 37 Abs. 1 Abs. 1 S. 3). Dagegen bleibt es im Bereich der Behandlungssicherungspflege nach § 37 Abs. 2 SGB V bei einer Doppelzuständigkeit von Kranken- und Pflegekasse.[7] Insofern bleiben umgekehrt Leistungen der PV „unberührt".

V. Grundsätzliches Vorgehen von Leistungen der Pflegeversicherung (Abs. 3, 4)

7 Der zum 1.1.2017 durch das PSG III geänderte Abs. 3 befasst sich mit dem Anwendungsbereich der Rechtsgrundlagen für „**Fürsorgeleistungen**" nach den dort im Einzelnen aufgeführten Gesetzen. Den (überflüssigen) Vorbehalt des S. 1 „soweit dieses Buch nichts anderes bestimmt," sehen die Entwurfsverfasser[8] als Folgeänderung zur Überführung der bisher in Abs. 3 a enthaltenen Regelung in den neuen § 45 b Abs. 3. Das SGB XI gebraucht dabei den veralteten Begriff der „Fürsorgeleistung" als Oberbegriff für (Ansprüche auf) einkommensabhängige Leistungen aus Systemen ohne eigenes Deckungsverhältnis.[9] Aus der maßgeblichen Sicht des SGB XI ist S. 1 zunächst nur deklaratorisch zu entnehmen, dass es für die Versicherungsleistungen aus der PV auf die nach deren eigenem Verständnis jeweils subsidiären Leistungen (zB § 2 SGB XII), die von Bedürftigkeit abhängen, (grundsätzlich) nicht ankommt bzw. rechtlich ankommen darf (zB § 2 Abs. 2 SGB XII). Da die Subsidiaritätsregelungen in den erfassten Leistungsgesetzen auch Ansprüche gegen die Träger der pPV erfassen (vgl. § 2 Abs. 2 SGB XII: „Verpflichtungen anderer ..."), unterfallen diese auch der deklaratorischen Verweisung in Abs. 3 S. 1.

8 Die Abgrenzung zwischen der sPV und den genannten Bereichen findet auch in Abs. 3 S. 1, 2 nicht auf der Ebene der tatsächlichen Leistungserbringung („Verhältnis der Leistungen ...") statt. Vielmehr bestehen schuldrechtliche **Ansprüche** (auf sachlich und zeitlich deckungsgleiche Leistungen) zunächst jeweils **parallel**. Soweit der vorrangige Leistungsanspruch aus der sPV insofern nicht durch tatsächliche Erbringung erfüllt wird, bleibt daher der nachrangige aus dem Fürsorgesystem erhalten (zB § 2 Abs. 1 SGB XII und deklaratorisch nochmals Abs. 3 S. 2 Regelung 1). Die bloße Zugehörigkeit zur PV ist insofern ohne Belang.[10] Erst wenn Leistungsansprüche vom vorrangig zuständigen Träger der sPV tatsächlich erfüllt werden, entfällt insoweit (!) endgültig der nachrangige Anspruch gegen den Träger der Fürsorgeleistung (zB § 2 Abs. 1 SGB XII). Erfüllt umgekehrt der nachrangig zuständige Fürsorgeträger den Anspruch, hat dieser einen Erstattungsanspruch aus § 104 SGB X und gilt gleichzeitig der Anspruch des Berechtigten gegen den Träger der sPV als erfüllt (§ 107 Abs. 1 SGB X). Vom Subsidiaritätsgrundsatz unberührt bleiben jeweils nach Grund oder Höhe gegenüber dem SGB XI weitergehende Leistungen (auch insofern exemplarisch § 2 Abs. 1 SGB XII und deklaratorisch Abs. 3 S. 2 Regelung 2), also auch solche, die auf abweichenden (großzügigeren) Anspruchsvoraussetzungen beruhen.[11] Entsprechende Ansprüche – etwa auf vollständige Übernahmen der Kosten für einen Pflegedienst oder auf Pflegeleistungen unabhängig von Vorversicherungszeiten (§ 33 Abs. 2) – bestehen komplementär zu denjenigen des SGB XI.

9 Trotz ihrer Zugehörigkeit zu den Fürsorgeleistungen bleiben ausnahmsweise (alle) **Leistungen der Eingliederungshilfe für Menschen mit Behinderungen** (zB §§ 53 ff., § 60 SGB XII) kraft ausdrücklicher gesetzlicher Anordnung in Abs. 3 S. 3 Teilsatz 1 idF ab 1.1.2017 „unberührt". Abs. 3 S. 3, der durch das PSG III bei Aufrechterhaltung der bisherigen Rechtslage im Übrigen lediglich iS einer „redaktionellen Anpassung des Sprachgebrauchs" verändert wurde,[12] begründet damit ausnahmsweise eine **doppelte Zuständigkeit für Sozialleistungen** und nimmt mit der Anordnung der Gleichrangigkeit die Möglichkeit von Überschneidungen mit Leistungen der Pflegeversicherung in Kauf.[13] Entsprechenden Leistungsansprüchen stehen folglich solche nach dem SGB XI weder als Entstehens- noch als Bestehenshin-

---

7 Siehe im Einzelnen BSG, 17.6.2010, B 3 KR 7/09 R, BSGE 106, 173 ff.
8 BT-Dr. 18/9518, 66.
9 Kritisch zur Verwendung des in neueren Gesetzen ungebräuchlich gewordenen Begriffs etwa Schulin, NZS 1994, 433 ff.
10 Vgl. BVerwG, 25.8.2011, 3 A 2/10, ZFSH/SGB 2011, 703 ff.
11 BVerwG, 25.8.2011, 3 A 2/10, ZFSH/SGB 2011, 703 ff.
12 BT-Dr. 18/10510, 107; vgl. zum ursprünglichen Entwurf dem gegenüber umfangreich BT-Dr. 18/9518, 66.
13 BSG, 10.11.2005, B 3 P 10/04 R, SozR 4-3300 § 40 Nr. 2.

dernisse entgegen noch hindern Leistungen nach dem SGB XI ganz oder teilweise die tatsächliche Erfüllung von Ansprüchen auf Leistungen der Eingliederungshilfe. Umgekehrt findet § 2 Abs. 2 SGB XII im Verhältnis zwischen PV und Eingliederungshilfe keine Anwendung. Der angefügte Nebensatz (Abs. 3 S. 3 Teilsatz 2) „sie sind im Verhältnis zur Pflegeversicherung nicht nachrangig" wiederholt dies logisch und sachlich überflüssig; wo es ausdrücklich von vornherein keinerlei Verhältnis iS einer wechselnden Beeinflussung gibt („unberührt"), scheiden erst recht auch Vor- und Nachrang – sowie die Verneinung von beidem – aus. Historisch war die Ergänzung durch das 1. SGB XI-ÄndG dennoch zur Beseitigung eines Auslegungsstreits erforderlich.

Besondere Aufgabe der Eingliederungshilfe ist es neben der Verhütung, Beseitigung oder Milderung einer Behinderung iS von § 2 Abs. 1 S. 1 SGB IX insbesondere, die **behinderten Menschen in die Gesellschaft einzugliedern**, ua sie so weit wie möglich unabhängig von Pflege zu machen (§ 53 Abs. 2 SGB XII, § 27 d Abs. 1 Nr. 6 BVG, § 35 a SGB VIII). Sie ist zu erbringen, wenn die erforderliche Gesamtmaßnahme ihrer Typik nach dieser Hilfeform zuzuordnen ist. Ist dies der Fall, erhalten pflegebedürftige Behinderte Leistungen der Eingliederungshilfe neben denjenigen der PV und umfasst die Eingliederungshilfe ggf. auch die im selben Zeitraum zu erbringenden pflegerischen Anteile.[14]

Die **notwendige Hilfe in Einrichtungen nach § 71 Abs. 4** ist einschließlich der Pflegeleistungen zu gewähren (Abs. 3 S. 3 letzter Teilsatz). Soweit derartige Einrichtungen auch der Erfüllung des Anspruchs auf Leistungen zur Teilhabe am Leben in der Gemeinschaft dienen, sind sie bereits vom vorangehenden Teilsatz 2 der Norm erfasst. Aufgrund des Teilsatzes 3 gilt zusätzlich für alle sonstigen in derartigen Einrichtungen erbrachten Leistungen, dass auch sie von den Leistungen des SGB XI „unberührt" bleiben. Die Durchbrechung der Subsidiarität durch das Prinzip der Einheitlichkeit der Eingliederungshilfe führt faktisch zu einer Entlastung der PV. Diese beteiligt sich allerdings im Wege einer Mischfinanzierung ihrerseits im Rahmen von § 43 a SGB XI an den Aufwendungen für den Aufenthalt in Einrichtungen nach § 71 Abs. 4, obwohl es sich bei ihnen ausdrücklich nicht um Pflegeeinrichtungen handelt.

Treffen **Pflegeleistungen der Sozialhilfe** mit Leistungen der Eingliederungshilfe oder mit weitergehenden Pflegeleistungen nach dem SGB XII zusammen, haben die zuständige Pflegekasse und der für die Eingliederungshilfe zuständige Träger (ggf. auch der für die Hilfe zur Pflege nach dem Zwölften Buch zuständige Träger, S. 4) seit dem 1.1.2017 mit Zustimmung des Leistungsberechtigten zwingend (bisher: „sollen") eine **Vereinbarung zu treffen** (Abs. 4 S. 1). Auch hier wird keine Leistungskonkurrenz, sondern bei unveränderter Zuständigkeit der jeweiligen Träger ansonsten eine Modalität der Leistungserbringung geregelt. Inhalt dieser Vereinbarung sind Regelungen zu den in S. 1 enumerativ aufgeführten Regelungsgegenständen, die insgesamt nur mit Zustimmung des Versicherten wirksam getroffen werden können. Fehlt es an der Zustimmung, verbleibt es bei der getrennten Leistungserbringung.[15] Eine „Rechtsgrundlage für den Austausch und die Verarbeitung der Daten" kann allenfalls dann vorliegen, wenn der Leistungsberechtigte im Rahmen der Regelung der „Modalitäten der Übernahme und der Durchführung der Leistungen sowie der Erstattung" (S. 1 Nr. 3) ausdrücklich seine Zustimmung erteilt hat.[16] Kommt die Vereinbarung zustande, ergibt sich hieraus insbesondere die alleinige Zuständigkeit des für die Eingliederungshilfe zuständigen Leistungsträgers für die Leistungen der PV auf der Grundlage des von der PK erlassenen Leistungsbescheides im Verhältnis zum Pflegebedürftigen (S. 1 Nr. 1). Die zu erbringende Gesamtleistung bleibt Ergebnis eines faktischen Zusammenwirkens und dient nicht etwa der Erfüllung eines einheitlichen Leistungsanspruchs.

Gleichermaßen die verwaltungsverfahrensrechtlichen Anforderungen an das vorbereitende Handeln der PK wie die für diese einschlägigen materiell-rechtlichen Vorgaben einschließlich der ausdrücklich (Abs. 4 S. 2) aufgeführten „Wunsch- und Wahlrechte des Leistungsberechtigten" bleiben von der Zusammenführung der Erbringungszuständigkeit in einer Hand unberührt. Lediglich für die „Ausführung der Leistungen" erfolgt daher (im Verhältnis zum Leistungsempfänger)[17] nach den für den zuständigen Leistungsträger geltenden Rechtsvorschriften (S. 3). Der Spitzenverband Bund der Krankenkassen erhält iS einer bundeseinheitlichen Rechtsanwendung[18] die Aufgabe, gemeinsam mit der Bundesarbeitsgemeinschaft der überörtlichen Träger der Sozialhilfe bis zum 1.1.2018 in einer Empfehlung

---

14 VG Oldenburg, 31.1.2003, 13 B 4330/02.
15 BT-Dr. 18/10510, 107.
16 Vgl. demgegenüber die offensichtlich weitergehende Auffassung der Entwurfsverfasser in BT-Dr. 18/10510, 107.
17 Vgl. zu Qualitätssicherungs- und Kontrollmaßnahmen des jeweiligen Leistungssystems BT-Dr. 18/10510, 108.
18 BT-Dr. 18/10510, 108.

das Nähere zu den Modalitäten der Übernahme und der Durchführung der Leistungen sowie der Kostenerstattung nach S. 1 Nr. 3 und der Beteiligung des für die Hilfe zur Pflege zuständigen Trägers nach S. 4 zu entwickeln. Hierzu bedarf es der Anhörung der in S. 5 genannten Stellen und der Zustimmung des Bundesministeriums für Gesundheit und des Bundesministeriums für Arbeit und Soziales. Gänzlich unbeantwortet bleibt die Frage, wie sich die strikte Abhängigkeit von „Ob" und Inhalt jeder Vereinbarung von der Zustimmung des Versicherten zu dem Bestreben nach Bundeseinheitlichkeit verhalten soll. Die Norm dürfte schon deshalb auch weiterhin ohne größere praktische Bedeutung bleiben.

VI. Pflegekassen und Teilhabe- und Gesamtplanverfahren (Abs. 4 a)

14   Abs. 4a sieht seit dem 1.1.2017 verpflichtend die Einbeziehung der Pflegekassen in die Durchführung eines Teilhabe- und Gesamtplanverfahrens nach dem Recht der Eingliederungshilfe vor (§§ 53 ff., § 58 SGB XII) vor, wenn im Einzelfall Anhaltspunkte für ein Zusammentreffen von Leistungen der Pflegeversicherung und Leistungen der Eingliederungshilfe bestehen. Die beratende Teilnahme der Pflegekasse,[19] die der Vorbereitung einer Vereinbarung nach Abs. 4 dienen soll, ist wegen dessen S. 1 nur bei Zustimmung des Leistungsbeziehers sinnvoll.

VII. Evaluierung (Abs. 4 b)

15   Abs. 4b sieht ebenfalls seit dem 1.1.2017 vor, dass bis zum 1.7.2019 die Regelungen nach Abs. 3 S. 3, Abs. 4 und 4a „evaluiert" werden. Für wen sich hieraus in welchem Umfang und mit welcher Folge rechtliche Handlungspflichten ergeben sollen, bleibt – schon im Blick auf die unbestimmte passivische Satzkonstruktion – gänzlich offen. Wie leider oft sieht der Gesetzgeber offenbar in der bloßen Verwendung eines aktuellen Sprachmoden entstammenden „Begriffs" einen Eigenwert. Hintergrund der „Regelung" ist nach Auffassung der Entwurfsverfasser die Notwendigkeit, vor dem Hintergrund der Einführung des neuen Pflegebedürftigkeitsbegriffs und den geplanten Änderungen der Eingliederungshilfe zu beobachten, wie sich das Verhältnis von Leistungen der Eingliederungshilfe und der Leistungen der Pflegeversicherung künftig entwickelt.[20]

VIII. Einkommensbemessung von Sozialleistungen und Leistungen nach dem Asylbewerberleistungsgesetz (Abs. 5)

16   Leistungen der sPV und die entsprechenden Leistungen der pPV bleiben entsprechend ihrer besonderen Zweckbestimmung bei der **Bemessung von einkommensabhängigen Sozialleistungen** (§ 11 S. 1 SGB I) und von Leistungen nach dem Asylbewerberleistungsgesetz als Einkommen generell unberücksichtigt (Abs. 5 S. 1, 2).[21] Die gesetzliche Anordnung ist dennoch unvollständig und wird durch spezialgesetzliche Regelungen wie § 97 SGB VI, 18a SGB IV, § 3 Nr. 1a EStG ergänzt. Rechtsvorschriften, die weitergehende oder ergänzende Leistungen aus einer privaten PV ausschließen, bleiben ausdrücklich unberührt. Eine erweiternde[22] oder analoge Anwendung von Abs. 5 scheidet aus.[23]

17   Wird der Betrag des Pflegegeldes an die Pflegeperson (§§ 19, 44) weitergegeben, nimmt diese hinsichtlich der Bemessung eigener einkommensabhängiger Sozialleistungen nicht an der Privilegierung des Abs. 3 S. 1, 2 teil. „**Sozialleistungen**" sind nur solche, die in Erfüllung eines hierauf gerichteten Anspruchs Versicherten zufließen. Die Materialien geben diese Selbstverständlichkeit nur deklaratorisch wieder. Wo der Gesetzgeber auch die Pflegeperson begünstigen will, ordnet er dies daher ausdrücklich spezialgesetzlich an (Abs. 6, § 18a Abs. 1 S. 2 Nr. 1, §§ 34 Abs. 2 S. 4 Nr. 1, § 96a Abs. 1 S. 4 Nr. 1 SGB VI, § 3 Nr. 36 EStG) oder lässt es jedenfalls durch die Ausgestaltung des besonderen Einkommensbegriffs im Kontext der jeweiligen Sozialleistung mit hinreichender Deutlichkeit erkennen.[24] Die abweichende hM arbeitet demgegenüber im Wesentlichen mit rechtspolitischen Überlegungen, die im Gesetz nicht zum Ausdruck kommen.

---

19   BT-Dr. 18/10510, 108.
20   BT-Dr. 18/10510, 108.
21   Zur Anwendung bei der Bewilligung von Prozesskostenhilfe s. etwa OLG Stuttgart, 22.2.2006, 18 WF 14/06. Siehe auch LAG Hamm (Westfalen), 23.5.2005, 14 Ta 282/05: Anrechnung weitergeleiteten Pflegegeldes zu einem Drittel als Einkommen des Pflegebedürftigen bei der Prozesskostenhilfe-Gewährung.
22   Vgl. VG Würzburg, 21.2.2011, W 3 K 10.187, JAmt 2011, 601 ff.
23   Zutreffend LSG NRW, 29.3.2012, L 9 SO 340/11, und SG Münster, 20.4.2011, S 8 (16) SO 36/08, jeweils zum Pflegegeld aus der gesetzlichen Unfallversicherung.
24   Insofern zur Gewährung von Prozesskostenhilfe LAG Hamm, 23.5.2005, 14 TA 282/05.

IX. Berücksichtigung von Geldleistungen bei der Ermittlung von Unterhaltsansprüchen (Abs. 6)

Eine gerade an die Pflegeperson (§ 19) weitergeleitete Beträge in Höhe des Pflegegeldes (entgegen dem vordergründigen Gesetzeswortlaut nicht: „Pflegegeld") betreffende Regelung enthält Abs. 6 (zur Privilegierung des Pflegegeldes s. etwa §§ 1610a, 1361 Abs. 1 S. 1, Hs. 2, § 1578a BGB). Nach der Vorschrift, mit der einer früher abweichenden unterhaltsrechtlichen Praxis, das weitergeleitete „Pflegegeld" zu einem erheblichen Teil als Vergütung anzusehen, ausdrücklich entgegengetreten werden sollte,[25] bleiben entsprechende Zuflüsse bei der Bemessung von Unterhaltsansprüchen und -verpflichtungen der Pflegeperson grundsätzlich unberücksichtigt.[26] Dies gilt insbesondere für die Unterhaltsansprüche der geschiedenen Ehegatten (§§ 1569 ff. BGB), der getrennt lebenden Ehegatten (§ 1361 BGB) sowie der Verwandten in gerader Linie (§§ 1601 ff. BGB). Aus Billigkeitsgründen ergeben sich aus S. 2 Ausnahmen. In den Fällen der Nr. 1 (§ 1361 Abs. 3 BGB: Ausschluss oder Beschränkung des Unterhaltsanspruchs des getrennt lebenden Ehegatten bei grober Unbilligkeit, § 1579 BGB: Ausschluss oder Beschränkung des Unterhaltsanspruchs des geschiedenen Ehegatten bei grober Unbilligkeit, § 1603 Abs. 2 BGB: gesteigerte Unterhaltspflicht der Eltern gegenüber ihren unverheirateten Kindern und des § 1611 Abs. 1 BGB: Beschränkung oder Wegfall der Unterhaltsverpflichtung bei Verwandten bei grober Unbilligkeit) muss sich der Berechtigte das Pflegegeld als eigenes Einkommen anrechnen lassen. Nr. 2 soll verhindern, dass die zur Deckung ihres Bedarfs auf Einkünfte aus eigener Erwerbstätigkeit verweisbare Pflegeperson stattdessen die Pflege einer nicht eng verwandten Person übernimmt.

X. Anpassung durch das Bundesteilhabegesetz

Durch das Bundesteilhabegesetz vom 23.12.2016 (BGBl. I, 3234) wird mWv 1.1.2018 in Abs. 3 Nr. 3 das Wort „Zwölften" durch das Wort „Neunten" ersetzt und werden nach dem Wort „Einrichtungen" die Wörter „und Räumlichkeiten" eingefügt.

Zweites Kapitel
Leistungsberechtigter Personenkreis

§ 14 Begriff der Pflegebedürftigkeit

(1) ¹Pflegebedürftig im Sinne dieses Buches sind Personen, die gesundheitlich bedingte Beeinträchtigungen der Selbständigkeit oder der Fähigkeiten aufweisen und deshalb der Hilfe durch andere bedürfen. ²Es muss sich um Personen handeln, die körperliche, kognitive oder psychische Beeinträchtigungen oder gesundheitlich bedingte Belastungen oder Anforderungen nicht selbständig kompensieren oder bewältigen können. ³Die Pflegebedürftigkeit muss auf Dauer, voraussichtlich für mindestens sechs Monate, und mit mindestens der in § 15 festgelegten Schwere bestehen.

(2) Maßgeblich für das Vorliegen von gesundheitlich bedingten Beeinträchtigungen der Selbständigkeit oder der Fähigkeiten sind die in den folgenden sechs Bereichen genannten pflegefachlich begründeten Kriterien:
1. Mobilität: Positionswechsel im Bett, Halten einer stabilen Sitzposition, Umsetzen, Fortbewegen innerhalb des Wohnbereichs, Treppensteigen;
2. kognitive und kommunikative Fähigkeiten: Erkennen von Personen aus dem näheren Umfeld, örtliche Orientierung, zeitliche Orientierung, Erinnern an wesentliche Ereignisse oder Beobachtungen, Steuern von mehrschrittigen Alltagshandlungen, Treffen von Entscheidungen im Alltagsleben, Verstehen von Sachverhalten und Informationen, Erkennen von Risiken und Gefahren, Mitteilen von elementaren Bedürfnissen, Verstehen von Aufforderungen, Beteiligen an einem Gespräch;
3. Verhaltensweisen und psychische Problemlagen: motorisch geprägte Verhaltensauffälligkeiten, nächtliche Unruhe, selbstschädigendes und autoaggressives Verhalten, Beschädigen von Gegenständen, physisch aggressives Verhalten gegenüber anderen Personen, verbale Aggression, andere pflegerelevante vokale Auffälligkeiten, Abwehr pflegerischer und anderer unterstützender Maßnah-

---

[25] BT-Dr. 14/580, 5.
[26] Siehe BGH, 1.3.2006, XII ZR 157/03, NJW 2006, 2182 ff. Zur „indiziellen" Bedeutung des Abs. 6 bei der Anrechnung von Pflegegeld auf Schadensersatzansprüche BVerfG, 11.10.2007, 1 BvR 625/05, BVerfGK 12, 290 ff.

men, Wahnvorstellungen, Ängste, Antriebslosigkeit bei depressiver Stimmungslage, sozial inadäquate Verhaltensweisen, sonstige pflegerelevante inadäquate Handlungen;
4. Selbstversorgung: Waschen des vorderen Oberkörpers, Körperpflege im Bereich des Kopfes, Waschen des Intimbereichs, Duschen und Baden einschließlich Waschen der Haare, An- und Auskleiden des Oberkörpers, An- und Auskleiden des Unterkörpers, mundgerechtes Zubereiten der Nahrung und Eingießen von Getränken, Essen, Trinken, Benutzen einer Toilette oder eines Toilettenstuhls, Bewältigen der Folgen einer Harninkontinenz und Umgang mit Dauerkatheter und Urostoma, Bewältigen der Folgen einer Stuhlinkontinenz und Umgang mit Stoma, Ernährung parenteral oder über Sonde, Bestehen gravierender Probleme bei der Nahrungsaufnahme bei Kindern bis zu 18 Monaten, die einen außergewöhnlich pflegeintensiven Hilfebedarf auslösen;
5. Bewältigung von und selbständiger Umgang mit krankheits- oder therapiebedingten Anforderungen und Belastungen:
   a) in Bezug auf Medikation, Injektionen, Versorgung intravenöser Zugänge, Absaugen und Sauerstoffgabe, Einreibungen sowie Kälte- und Wärmeanwendungen, Messung und Deutung von Körperzuständen, körpernahe Hilfsmittel,
   b) in Bezug auf Verbandwechsel und Wundversorgung, Versorgung mit Stoma, regelmäßige Einmalkatheterisierung und Nutzung von Abführmethoden, Therapiemaßnahmen in häuslicher Umgebung,
   c) in Bezug auf zeit- und technikintensive Maßnahmen in häuslicher Umgebung, Arztbesuche, Besuche anderer medizinischer oder therapeutischer Einrichtungen, zeitlich ausgedehnte Besuche medizinischer oder therapeutischer Einrichtungen, Besuch von Einrichtungen zur Frühförderung bei Kindern sowie
   d) in Bezug auf das Einhalten einer Diät oder anderer krankheits- oder therapiebedingter Verhaltensvorschriften;
6. Gestaltung des Alltagslebens und sozialer Kontakte: Gestaltung des Tagesablaufs und Anpassung an Veränderungen, Ruhen und Schlafen, Sichbeschäftigen, Vornehmen von in die Zukunft gerichteten Planungen, Interaktion mit Personen im direkten Kontakt, Kontaktpflege zu Personen außerhalb des direkten Umfelds.

(3) Beeinträchtigungen der Selbständigkeit oder der Fähigkeiten, die dazu führen, dass die Haushaltsführung nicht mehr ohne Hilfe bewältigt werden kann, werden bei den Kriterien der in Absatz 2 genannten Bereiche berücksichtigt.

Literatur:
Aufterbeck, Hintergründe, Stärken und Schwächen des neuen Pflegebedürftigkeitsbegriffs, SGb 2017, 20; *Baumeister*, Pflegebedürftigkeit und allgemeiner Gleichheitssatz, VSSR 2000, 399; *ders.*, Verfassungswidrige Ungleichbehandlung dementer Menschen im Recht der sozialen Pflegeversicherung, NZS 2004, 191; *Brühl* (Hrsg.), Pflegebedürftigkeit messen? Herausforderungen bei der Entwicklung pflegerischer Messinstrumente am Beispiel des Neuen Begutachtungsassessments (NBA). Wissenschaftlicher Bericht, Hochschule Vallendar, 2012 (online); *Büscher/Wingenfeld*, „Gesundheitlich bedingte Beeinträchtigung der Selbständigkeit und auf personelle Hilfe angewiesen", Blätter der Wohlfahrtspflege 2008, 179; *Gansweid/Wingenfeld/Büscher*, Definition der Pflegebedürftigkeit, Sozialer Fortschritt 2010, 53; *Giesbers*, Vom „Erbsenzählen" zur Selbständigkeit?, in: Dabrowski/Wolf (Hrsg.), Menschenwürde und Gerechtigkeit in der Pflege, 2016, 141; *Kimmel/Breuninger*, Pflegereform 2017 – Grundlagen des neuen Pflegebedürftigkeitsbegriffs und des neuen Begutachtungsinstruments zur Feststellung der Pflegebedürftigkeit nach dem SGB XI, Das Gesundheitswesen 2016, 477; *Lilge*, § 14 PSG II – Begriff der Pflegebedürftigkeit, WzS 2016, 213; *Miller*, Neues Begutachtungsassessment – Modul 2: Kognitive und Kommunikative Fähigkeiten, Altenpflege 2016, Heft 7, 28; *Nakielski/Winkel*, Wie jetzt Pflegebedürftigkeit festgestellt und die Höhe des Pflegebedarfs ermittelt wird, SozSich 2017, 9; *Oberhauser*, Neuer Pflegebedürftigkeitsbegriff in der reformierten sozialen Pflegeversicherung, PKR 2016, 80; *Pick*, Neuer Pflegebedürftigkeitsbegriff und neues Begutachtungsassessment, Sozialrecht aktuell – Sonderheft 2016, 23; *Planer/Brühl*, Kann der „neue Pflegebedürftigkeitsbegriff" halten, was mit ihm versprochen wird?, in: Dabrowski/Wolf (Hrsg.), Menschenwürde und Gerechtigkeit in der Pflege, 2016, 115; *Plantholz*, Ante portas – Der neue Pflegebedürftigkeitsbegriff, ZGMR 2016, 346; *Reimer*, Überblick über Änderungen des SGB XI durch das Zweite Pflegestärkungsgesetz, SGb. 2016, 252; *Richter*, Die neue soziale Pflegeversicherung – Ein leistungsrechtlicher Überblick, NJW 2016, 598; *ders.*, Die neue soziale Pflegeversicherung – PSG II, 2016; *Rothgang*, Die Einführung des neuen Pflegebedürftigkeitsbegriffs – die erste große Pflegeversicherungsreform, Sozialrecht aktuell – Sonderheft 2016, 18; *Rothgang/Jacobs*, Pflegereform 2014: Was ist zu tun?, GGW 2013, Heft 3, S. 7; *Rothgang/Kalwitzki*, Pflege-Stärkungs-Gesetz II: eine erstaunlich großzügige Reform, G+S 2015, 48; *Schölkopf*, Die Reform der Pflegeversi-

cherung – Die Pflegestärkungsgesetze, Sozialrecht aktuell – Sonderheft 2016, 14; *Schrehardt*, Das Zweite Pflegestärkungsgesetz – Ein sozialrechtlicher Paradigmenwechsel?, DStR 2016, 253; *Teubner*, Perspektivwechsel in der Pflegeversicherung mit dem Pflegestärkungsgesetz II (PSG II), PflR 2016, 3; *Udsching*, Rechtsfragen bei der Bemessung des Pflegebedarfs, VSSR 1996, 271; *ders.*, Pflegereformbedarf aus Sicht der Rechtsprechung, KrV 2007, 45; *ders.*, Strukturelle Probleme der Pflegeversicherung, in: Bender/Eicher (Hrsg.), Sozialrecht – eine Terra incognita, 2009, S. 87; *ders.*, Bedarf der Begriff der Pflegebedürftigkeit einer neuen Definition?, in: Dt. Sozialgerichtstag (Hrsg.), Sozialrecht im Umbruch – Sozialgerichte im Aufbruch, 2010, S. 75; *ders.*, Reform der Pflegeversicherung – in drei Etappen, SGb 2017, 694; *ders.*, Das Zweite Pflegestärkungsgesetz, jurisPR-SozR 6/2016, Anm. 1; *ders.*, Neues Begutachtungsinstrument zur Feststellung der Pflegebedürftigkeit, jurisPR-SozR 2/2017 Anm. 1 = ASR 2017, 52; *Wingenfeld*, Pflegebedürftigkeit, Pflegebedarf und pflegerische Leistungen, in: Schaeffer/Wingenfeld (Hrsg.), Handbuch Pflegewissenschaft, Studienausgabe, 2014, 263; *Wingenfeld/Büscher/Gansweid*, Selbständigkeit im Alltag, Blätter für Wohlfahrtspflege 2008, 182; *dies.*, Das neue Begutachtungsinstrument zur Feststellung der Pflegebedürftigkeit, hrsg. v. GKV-Spitzenverband, 2011; *Wingenfeld/Büscher/Schaeffer*, Recherche und Analyse von Pflegebedürftigkeitsbegriffen und Einschätzungsinstrumenten, 2011; *Wingenfeld/Schaeffer*, Die Weiterentwicklung des Pflegebedürftigkeitsbegriffs und des Begutachtungsverfahrens in der Pflegeversicherung, GGW 2011, Heft 3, S. 7.

I. Entstehungsgeschichte 1	5. Hilfebedarf durch andere (Abs. 1 S. 1).. 19
II. Regelungsgehalt und Normzweck 3	6. Dauerhaftigkeit des Hilfebedarfs (Abs. 1 S. 3) 21
III. Reformverlauf bis zum neuen Pflegebedürftigkeitsbegriff 6	V. Grundsätze für die Auslegung 26
IV. Definition der Pflegebedürftigkeit (Abs. 1).. 7	1. Abschließende Aufzählung der Bereiche und Kriterien in § 14 Abs. 2 26
1. Tatbestandsvoraussetzungen nach Abs. 1 7	2. Feststellung der Pflegebedürftigkeit unabhängig vom konkreten (Wohn-)Umfeld 27
2. Beeinträchtigungen der Selbständigkeit oder der Fähigkeiten (Abs. 1 S. 1, Abs. 2) 12	3. Beschränkung auf den Wohnbereich 31
3. Gesundheitliche Bedingtheit der Beeinträchtigungen (Abs. 1 S. 1, 2) 14	VI. Erste rechtspolitische Bewertung der Neuregelungen 34
4. Schwere der Beeinträchtigungen (Abs. 1 S. 3, § 15) 18	

I. Entstehungsgeschichte

§ 14 ist seit Erlass des SGB XI durch Art. 1 PflegeVG vom 26.5.1994[1] mehr als 20 Jahre unverändert geblieben, bevor das PSG II (→ Rn. 2) eine radikale Reform bewirkt hat. Der ursprünglichen Definition der Pflegebedürftigkeit ging mit § 53 Abs. 1 SGB V idF vom 20.12.1988[2] eine Regelung im Krankenversicherungsrecht voraus. Nach Erlass des SGB XI gab es noch zwei gescheiterte Versuche zu Änderungen der §§ 14, 15: Eine Bundesratsinitiative der Länder Bayern und Baden-Württemberg vom 22.1.1999[3] für ein „Pflege-Zukunftssicherungsgesetz" lehnte der Bundesrat mit Beschluss vom 19.3.1999[4] ab. Ein nachfolgender weitgehend entsprechender Gesetzentwurf der CDU/CSU-Fraktion vom 13.3.2001[5] für ein „Pflege-Leistungs-Verbesserungsgesetz" scheiterte im Bundestag. In beiden Fällen sollte durch einen neuen § 14 Abs. 5 die Berücksichtigung des allgemeinen Hilfe- und Betreuungsbedarfs vorgesehen werden.

Mit dem Zweiten Pflegestärkungsgesetz (PSG II) v. 21.12.2015[6] haben nicht zuletzt die Regelungen der §§ 14, 15 und damit das Kernstück des Pflegeversicherungsrechts, der Pflegebedürftigkeitsbegriff, nach einer etwa ein Jahrzehnt dauernden Vorbereitung mWv 1.1.2017 eine **vollständige Neufassung** erfahren. In der Gesetzentwurfsbegründung[7] und nachfolgend in der Literatur[8] wird diese Reform regelmäßig als ein **Paradigmenwechsel** gesehen.

---

1 BGBl. I, 1014; dazu BT-Dr. 12/5262, 94 ff.
2 BGBl. I, 2477.
3 Vgl. Gesetzesantrag v. 22.1.1999, BR-Dr. 40/99.
4 BR-Dr. 40/99 (Beschluss).
5 Vgl. BT-Dr. 14/5547.
6 BGBl. I, 2424; dazu BT-Dr. 18/5926, 107 ff.
7 BT-Dr. 18/5926, 2.
8 BeckOK/Pfitzner, SGB XI § 14 Rn. 42; Schrehardt, DStR 2016, 253, 254; Udsching, jurisPR-SozR 2/2017 Anm. 1 = ASR 2017, 52.

II. Regelungsgehalt und Normzweck

3 Mit § 14 beginnt das 2. Kapitel des SGB XI, das mit „Leistungsberechtigter Personenkreis" überschrieben ist. Tatsächlich enthalten die §§ 14, 15 als Kernstücke des Leistungsrechts die Definition des Versicherungsfalls „Pflegebedürftigkeit". Die §§ 16 bis 18 c haben Fragen der Feststellung der Pflegebedürftigkeit, vor allem das Verfahren zur Feststellung zum Gegenstand. § 19 schließlich definiert – mit zweifelhaftem Standort im SGB XI – den Begriff der Pflegeperson mit Blick auf Leistungen für den nicht erwerbsmäßig Pflegenden [vor allem nach § 44 sowie den speziellen Regelungen im Rentenrecht (§ 3 S. 1 Nr. 1a SGB VI), im Unfallversicherungsrecht (§ 2 Abs. 1 Nr. 17 SGB VII) und zuletzt auch in der Arbeitslosenversicherung (§ 26 Abs. 2 b SGB III)] sowie auf Leistungen für den Pflegebedürftigen (etwa nach § 39). Mit der Überschrift des 2. Kapitels erfasst der Gesetzgeber jedenfalls nicht die eigentliche Bedeutung der Regelungen.[9]

4 Im Unterschied zu den Vorgängerregelungen der §§ 53 ff. SGB V aF werden die Voraussetzungen des Versicherungsfalls durch die §§ 14, 15 (einschließlich der beiden Anlagen zu § 15) abschließend festgelegt. In § 16 wird die (bislang nicht genutzte) Möglichkeit des Erlasses einer RVO zur „pflegefachlichen Konkretisierung der Inhalte des Begutachtungsinstruments nach § 15 sowie zum Verfahren der Feststellung der Pflegebedürftigkeit nach § 18" eröffnet. Erhebliche praktische Bedeutung kommt den Richtlinien nach § 17 zu. Bei ihnen handelt es sich um Verwaltungsvorschriften, also sog Innenrecht ohne unmittelbare, nur mit mittelbarer Außenrechtswirkung (→ § 17 Rn. 5 f.). Damit sind die Richtlinien stets am Gesetzesrecht auf ihre Rechtmäßigkeit (und Anwendbarkeit) zu messen. Die §§ 18 bis 18 b enthalten Verfahrensregelungen im Kontext der Begutachtung durch den MDK bzw. durch beauftragte Gutachter. Im neuen § 18 c ist die Schaffung eines Begleitgremiums zur fachlichen und wissenschaftlichen Begleitung im Rahmen des neuen Pflegebedürftigkeitsbegriffs und des Begutachtungsinstruments vorgesehen.

5 § 14 enthält – in Verbindung mit § 15 und den beiden dazu ergangenen Anlagen (abgedr. unten im Anschluss an den Text von § 15) – alle **Kriterien der Pflegebedürftigkeit**, von der regelmäßig die Leistungsansprüche nach den §§ 28 ff. abhängen. Indem in Abs. 1 S. 3 auf § 15, genauer auf die dort festgelegte Schwere der Pflegebedürftigkeit, verwiesen wird, sind die Voraussetzungen der §§ 14 und 15 (einschließlich der beiden Anlagen zu § 15) stets in Verbindung miteinander zu sehen. Pflegebedürftigkeit im Sinne des § 14 meint immer zugleich auch Erfüllung der Voraussetzungen des § 15 und der Anlagen; zur Prüfung der Pflegebedürftigkeit → § 15 Rn. 9 ff.

III. Reformverlauf bis zum neuen Pflegebedürftigkeitsbegriff

6 Schon im zweiten Pflegebericht der Bundesregierung aus dem Jahr 2001 heißt es: „Die bessere Berücksichtigung des besonderen Hilfs- und Betreuungsbedarfs des Personenkreises der geistig behinderten, psychisch erkrankten und geronto-psychiatrisch veränderten Menschen ... ist eines der drängendsten Probleme in der Pflegeversicherung."[10] Die große Koalition des Jahres 2005 hatte sich dann im Koalitionsvertrag zumindest auf vorsichtige Hinweise zu einer mittelfristigen „Überarbeitung des Pflegebegriffs" verständigt,[11] so dass vom BMG im November 2006 ein „Beirat zur Überprüfung des Pflegebedürftigkeitsbegriffs" einberufen wurde. Der Bericht des Beirats folgte am 26.1.2009[12] und enthielt bereits alle zentralen Elemente des heutigen Pflegebedürftigkeitsbegriffs einschließlich eines neuen Begutachtungsassessments (NBA), das vom Institut für Pflegewissenschaft der Universität Bielefeld und dem MDK Westfalen-Lippe entwickelt wurde.[13] Auch die nächste Bundesregierung nahm das Thema der Überarbeitung des Pflegebedürftigkeitsbegriffs wieder auf.[14] Ein zweiter Beirat begann 2012 seine Tätigkeit, die mit einem weiteren Bericht vom 27.6.2013 endete.[15] Schließlich wurde das Projekt in der

---

9 Siehe schon Schulin, NZS 1994, 433, 438; Koch in: KassKomm, § 14 SGB XI Rn. 2.
10 Zweiter Bericht über die Entwicklung der Pflegeversicherung, v. 15.3.2001, BT-Dr. 14/5590, 25; dazu bereits Baumeister, NZS 2004, 191, 192, in der Kritik an BVerfG, 22.5.2003, 1 BvR 452/99 (zur Verfassungsmäßigkeit des Pflegebedürftigkeitsbegriffs), das den zweiten Pflegebericht gar nicht zur Kenntnis genommen, sondern dafür mehrfach aus dem ersten Pflegebericht von 1997 zitiert hatte.
11 Koalitionsvertrag zwischen CDU, CSU und SPD („Gemeinsam für Deutschland – mit Mut und Menschlichkeit") v. 11.11.2005, S. 92 (Z. 4519 ff.).
12 BMG (Hrsg.), Bericht des Beirats zur Überprüfung des Pflegebedürftigkeitsbegriffs, 2009.
13 Wingenfeld/Büscher/Gansweid, Das neue Begutachtungsassessment zur Feststellung von Pflegebedürftigkeit. Abschlussbericht der Hauptphase 1, 2008.
14 Koalitionsvertrag zwischen CDU, CSU und FDP („Wachstum. Bildung. Zusammenhalt.") v. 26.10.2009, S. 93.
15 BMG (Hrsg.), Bericht des Beirats zur konkreten Ausgestaltung des Pflegebedürftigkeitsbegriffs, 2013.

18. Wahlperiode mit den Pflegestärkungsgesetzen I bis III umgesetzt. Das PSG II v. 21.12.2015[16] bildet den Kern der Umgestaltung mit dem neuen Pflegebedürftigkeitsbegriff und ist insoweit zum 1.1.2017 in Kraft getreten.

IV. Definition der Pflegebedürftigkeit (Abs. 1)

1. Tatbestandsvoraussetzungen nach Abs. 1. Im Gegensatz zur früheren Rechtslage bereitet es erhebliche Schwierigkeiten, eine klare **Definition der Pflegebedürftigkeit** aus dem neuen Recht herauszulesen. Die bisher veröffentlichte Literatur zum neuen Pflegebedürftigkeitsbegriff formuliert die Definition des Pflegebedürftigkeitsbegriffs entsprechend uneinheitlich. Das hängt vor allem mit den Formulierungen in S. 2 zusammen, die in dem ursprünglichen Entwurf des ersten Berichts des Beirats zur Überprüfung des Pflegebedürftigkeitsbegriffs noch anders ausgefallen waren.[17] Selbst wenn wohl davon auszugehen ist, dass die Definition in § 14 Abs. 1 enthalten ist, so wird durch die Aufspaltung in drei Sätze insbesondere nicht klar, ob – und wenn ja – welche Teile aus S. 2 lediglich Erläuterungen von Merkmalen aus S. 1 darstellen und welche dagegen neue zusätzliche Tatbestandsmerkmale aufstellen, so wie dies recht eindeutig für S. 3 mit den Verweisen auf die Dauer und die Schwere der Pflegebedürftigkeit gilt. Dieses Verhältnis von S. 1 zu S. 2 bedarf nach dem Wortlaut der Regelung einer näheren Betrachtung.

S. 1 enthält zwei Tatbestandsmerkmale: gesundheitlich bedingte Beeinträchtigungen der Selbständigkeit oder der Fähigkeiten (1), aufgrund derer die Person der Hilfe durch andere bedarf (2). In welchem **Verhältnis** diese Voraussetzungen **zu S. 2** stehen, ist **nicht unmittelbar nachvollziehbar.** In S. 2 werden folgende Merkmale genannt: „körperliche, kognitive oder psychische Beeinträchtigungen oder gesundheitlich bedingte Belastungen oder Anforderungen", die die Betroffenen „nicht selbständig kompensieren oder bewältigen können". Aufgrund der sprachlichen Übereinstimmung („Beeinträchtigungen") in S. 1 und S. 2 scheint jedenfalls auf den ersten Blick der Teil „körperliche, kognitive oder psychische Beeinträchtigungen" nichts anderes als eine Erläuterung des Tatbestandsmerkmals aus S. 1 („gesundheitlich bedingte Beeinträchtigung") darzustellen. Unklar ist von diesem Ausgangspunkt aus gesehen dagegen der zweite Teil aus S. 2 („gesundheitlich bedingte Belastungen oder Anforderungen"). Regelmäßig findet dieser Satzteil in den Darstellungen in der Literatur keine Beachtung. Andererseits ist generell bei der Auslegung von Rechtsnormen und insbesondere bei einer derart zentralen Vorschrift nicht davon auszugehen, dass Definitionsbestandteile schlicht überflüssig sind. Aus diesem Grund kommt Lilge zu dem Ergebnis, dass es sich bei den „gesundheitlich bedingten Belastungen oder Anforderungen" um ein eigenständiges Tatbestandsmerkmal neben den „körperlichen, kognitiven oder psychischen Beeinträchtigungen der Selbständigkeit oder der Fähigkeiten im Sinne der Kriterien der sechs Bereiche des § 14 Abs. 2" handelt.[18] Überzeugender ist im Ergebnis aber die Interpretation, dass S. 2 auch hinsichtlich dieses zweiten Teils („gesundheitlich bedingte Belastungen oder Anforderungen") nur als Erläuterung der Beeinträchtigungen nach S. 1 anzusehen ist und insoweit keine neue (alternative) Voraussetzung für die Pflegebedürftigkeit schaffen will.

Allerdings ist diese Lösung ebenfalls nicht frei von Widersprüchen: Handelt es sich bei den „gesundheitlich bedingten Belastungen oder Anforderungen" um Unterfälle der gesundheitlich bedingten Beeinträchtigungen nach S. 1, so erscheint die Wortwahl in S. 2 widersprüchlich, weil dort einerseits von Beeinträchtigungen (wie in S. 1) und andererseits von Belastungen und Anforderungen die Rede ist. Damit würde der Begriff der Beeinträchtigung in S. 1 in einem weiteren Sinn verwendet werden als in S. 2. Gleichwohl ist die These von Lilge, nach der die gesundheitlich bedingten Belastungen und Anforderungen alternativ zu den Beeinträchtigungen die Pflegebedürftigkeit begründen können sollen, abzulehnen. Die „Belastungen und Anforderungen" werden sowohl in § 14 Abs. 2 Nr. 5 als auch in § 15 Abs. 2 S. 8 Nr. 4 erwähnt (wenn auch in umgekehrter Reihenfolge der Begriffe – „Anforderungen und Belastungen") und damit systematisch als Unterfälle der „gesundheitlich bedingten Beeinträchtigungen der Selbständigkeit oder der Fähigkeiten" aufgeführt. Aus diesen gesetzessystematischen Gründen heraus ist davon auszugehen, dass Abs. 1 S. 2 – wenn auch sprachlich missglückt – mit der Formulierung „körperliche, kognitive oder psychische Beeinträchtigungen oder gesundheitlich bedingte Belastungen oder Anforderungen" lediglich eine nähere Umschreibung und Erläuterung der in S. 1 genannten Voraussetzung „gesundheitlich bedingte Beeinträchtigungen der Selbständigkeit oder der Fähigkeiten" darstellt. Angesichts von § 14 Abs. 2 Nr. 5 („Bewältigung von und selbständiger Umgang

---

16 BGBl. I, 2424; dazu BT-Dr. 18/5926, 108.
17 BMG (Hrsg.), Bericht des Beirats zur Überprüfung des Pflegebedürftigkeitsbegriffs, 2009, Anlage 2, S. 85 ff.; dazu bereits 1. Aufl., 2014, § 14 Rn. 46.
18 Lilge, WzS 2016, 213, 217.

mit krankheits- und therapiebedingten Anforderungen und Belastungen") ist der Verweis auf die Belastungen und Anforderungen in Abs. 1 S. 2 allerdings schlicht überflüssig.

10 Der letzte Teil des Textes von S. 2 („nicht selbständig kompensieren oder bewältigen können") ist schließlich als Erläuterung der in S. 1 genannten Voraussetzung „und deshalb der Hilfe durch andere bedürfen" zu verstehen. Nur soweit der Betroffene die eigenen Beeinträchtigungen nicht selbständig kompensieren oder bewältigen kann, ist Hilfe durch Dritte notwendig.

11 Im Ergebnis lassen sich die Voraussetzungen der Pflegebedürftigkeit nach § 14 Abs. 1 daher wie folgt zusammenfassen: **Pflegebedürftig sind Personen, die auf Dauer, voraussichtlich für mindestens sechs Monate, wenigstens geringe gesundheitlich bedingte Beeinträchtigungen der Selbständigkeit oder der Fähigkeiten im Sinne von § 14 Abs. 2 aufweisen und deshalb der Hilfe durch andere bedürfen.**

12 **2. Beeinträchtigungen der Selbständigkeit oder der Fähigkeiten (Abs. 1 S. 1, Abs. 2).** Verlangt Abs. 1 S. 1 gesundheitlich bedingte Beeinträchtigungen der Selbständigkeit oder der Fähigkeiten, so normiert Abs. 2 die maßgeblichen Kriterien dafür in sechs Bereichen:
1. Mobilität
2. Kognitive und kommunikative Fähigkeiten
3. Verhaltensweisen und psychische Problemlagen
4. Selbstversorgung
5. Bewältigung von und selbständiger Umgang mit krankheits- oder therapiebedingten Anforderungen und Belastungen
6. Gestaltung des Alltagslebens und sozialer Kontakte.

Jedem dieser Bereiche sind – in unterschiedlich großer Zahl – einzelne Kriterien zugeordnet, nach denen das Vorliegen der Beeinträchtigungen zu prüfen ist. Insgesamt handelt es sich um 64 Einzelkriterien (mit Abweichungen bei Kindern).

13 In § 18 Abs. 5 a führt das Gesetz zwei weitere Bereiche auf, die **außerhäuslichen Aktivitäten** und die **Haushaltsführung**. Auf sie hat sich die Begutachtung ebenfalls zu beziehen (§ 18 Abs. 5 a S. 1). Auch für diese Bereiche werden einzelne Kriterien genannt. Schon die fehlende Nennung in den §§ 14, 15 belegt, dass sie für die Frage des Vorliegens der Pflegebedürftigkeit keine Relevanz besitzen. Insofern besteht auch ein Unterschied zur früheren Regelung, bei der – jedenfalls formal – die hauswirtschaftliche Versorgung Bestandteil der relevanten Verrichtungen des täglichen Lebens war. Die Bedeutung der beiden weiteren Bereiche beschränkt sich vor allem auf die Pflegeberatung und die Versorgungs- und Pflegeplanung.[19]

14 **3. Gesundheitliche Bedingtheit der Beeinträchtigungen (Abs. 1 S. 1, 2).** Die Pflegebedürftigkeit setzt voraus, dass die Beeinträchtigungen durch die (eingeschränkte) Gesundheit verursacht werden („gesundheitlich bedingt"), wie S. 1 und S. 2 (hier bezogen auf die Unterfälle der Belastungen und Anforderungen) zum Ausdruck bringen. Nach allgemeinen Grundsätzen reicht dafür nicht allein die Kausalität nach der conditio-sine-qua-non-Formel aus. Vielmehr müssen gesundheitliche Belastungen und Anforderungen auch die rechtlich wesentliche Bedingung für die Beeinträchtigung darstellen.[20]

15 Eine Definition des Begriffs „gesundheitlich" enthält das Gesetz nicht. Aus S. 2 ist aber zu entnehmen, dass das Gesetz mit den Adjektiven „körperlich", „kognitiv" und „psychisch" Fälle von gesundheitlich bedingten Beeinträchtigungen beschreibt. Im Ergebnis hat sich insoweit nichts gegenüber der früheren Rechtslage verändert, nach der der Hilfebedarf „wegen einer körperlichen, geistigen oder seelischen Krankheit oder Behinderung" bestehen musste. Im Unterschied zur früheren Rechtslage wird heute ein zusätzlicher Zurechnungszusammenhang zwischen der Gesundheit und den für die Pflegebedürftigkeitsfeststellung relevanten Beeinträchtigungen verlangt (zum weiter notwendigen Zusammenhang mit dem Hilfebedarf siehe unten → Rn. 19 ff.).

16 Andere als gesundheitliche Ursachen für die Beeinträchtigung der Selbständigkeit oder der Fähigkeiten können keine Pflegebedürftigkeit begründen. Nicht-medizinische Ursachen reichen nicht.[21] Nach dieser Voraussetzung werden etwa die altersentsprechenden Beeinträchtigungen von Kindern aus dem für die Feststellung der Pflegebedürftigkeit relevanten Teil der Beeinträchtigungen ausgeklammert. Dies stellt zusätzlich § 15 Abs. 6 S. 1 ausdrücklich klar.

---

19 Näher → § 18 Rn. 10 ff.
20 BSG, 30.9.1993, 4 RK 1/92, BSGE 73, 146, juris Rn. 50.
21 Für die frühere Rechtslage BT-Dr. 12/5262, 96.

Im Gegensatz zur ersten Lebensphase wird in der letzten Lebensphase, dem „hohen" Alter, von rein altersbedingten und deshalb nicht berücksichtigungsfähigen Beeinträchtigungen nicht ausgegangen. Zwar treten im Alter Beeinträchtigungen vermehrt auf. Diese sind aber nicht bedingt durch einen natürlichen Entwicklungsstand in einem bestimmten Alter, wie dies für Kinder zutrifft.[22] Schließlich wird mitunter darauf verwiesen, dass der notwendige Ursachenzusammenhang ebenfalls bei Beeinträchtigungen fehlte, die auf einer eigenverantwortlichen (freien) Willensentscheidung basieren.[23]

4. Schwere der Beeinträchtigungen (Abs. 1 S. 3, § 15). Die Beeinträchtigungen müssen gem. § 14 Abs. 1 S. 3 eine gewisse Schwere aufweisen, die in § 15 definiert wird. Im Ergebnis sind mindestens geringe Beeinträchtigungen im Sinne des § 15 Abs. 3 S. 4 Nr. 1 notwendig (→ § 15 Rn. 16).

5. Hilfebedarf durch andere (Abs. 1 S. 1). Als weitere Voraussetzung der Pflegebedürftigkeit sieht Abs. 1 S. 1 vor, dass es sich um Personen handeln muss, die „**deshalb der Hilfe durch anderer bedürfen**". Der Bezugspunkt des Hilfebedarfs ist daher die Beeinträchtigung der Selbständigkeit oder der Fähigkeiten. Fraglich kann nur sein, ob es ausreicht, wenn sich der Hilfebedarf lediglich insgesamt aus den Beeinträchtigungen ergibt oder ob nicht für jedes einzelne Kriterium aus den sechs Bereichen, das für die Feststellung der Schwere der Beeinträchtigung nach § 15 auch berücksichtigt werden soll, auch ein eigener spezieller Hilfebedarf notwendig ist. Während der Wortlaut der Regelung keinen eindeutigen Aufschluss zu dieser Frage gibt, spricht bereits die systematische Auslegung dafür, dass nur solche Beeinträchtigungen nach § 14 Abs. 2 zu berücksichtigen sind, bei denen die konkrete Beeinträchtigung einen Hilfebedarf auslöst. So enthält etwa § 14 Abs. 2 Nr. 4 in Zusammenhang mit dem Kriterium der Nahrungsaufnahme von Kindern bis zu 18 Monaten die Anforderung, dass durch die Beeinträchtigung ein außergewöhnlich intensiver Hilfebedarf ausgelöst werden muss. Noch deutlicher zeigt sich die Notwendigkeit der Verknüpfung jeder einzelnen Beeinträchtigung bezüglich eines konkreten Kriteriums mit einem Hilfebedarf in § 15 Abs. 5 S. 1. In dieser Regelung geht es in erster Linie um eine völlig andere Thematik, doch wird beiläufig die Notwendigkeit des Zusammenhangs zwischen Hilfebedarf und dem jeweiligen betreffenden einzelnen Kriterium deutlich. Da schließlich auch die Gesetzesmaterialien für diese Lösung sprechen,[24] ist davon auszugehen, dass das **Auslösen von Hilfebedarf für jedes einzelne Kriterium gegeben sein muss und deshalb auch grundsätzlich zu prüfen ist**.

Gleichzeitig kann jedoch die (ausdrückliche) Prüfung unterbleiben, wenn sich aus der Beeinträchtigung gewissermaßen notwendigerweise ein Hilfebedarf ergibt. Im Ergebnis findet damit **keine systematische Prüfung des Hilfebedarfs im Rahmen der Pflegebedürftigkeitsfeststellung statt**. So wird auch nach den BRi der Hilfebedarf nicht systematisch, sondern eher beiläufig erfasst. Der Hilfebedarf ist dagegen umfänglich relevant für die Erstellung des Versorgungsplans nach § 7a. Entsprechend ordnet auch § 7a Abs. 1 S. 3 Nr. 1 an, dass der Hilfebedarf durch die Pflegeberatung und nur unter Berücksichtigung der Ergebnisse der Begutachtung durch den MDK systematisch zu erfassen und zu analysieren ist. Es fehlt also gerade eine konkrete Feststellung des Hilfebedarfs im Hinblick auf jedes einzelne Kriterium aus den für die Feststellung der Pflegebedürftigkeit relevanten Modulen. Entsprechend spielen gerade auch andere Kriterien, wie sie mit den in § 18 Abs. 5a genannten Bereichen „außerhäusliche Aktivitäten" und „Haushaltsführung" genannt werden, für die Erfassung des Hilfebedarfs nach § 7a Abs. 1 S. 3 Nr. 1 und die daraus abzuleitende Erstellung des Versorgungsplans eine maßgebliche Rolle. Dass der Hilfebedarf eher für die nachfolgende Versorgung und weniger für die Feststellung der Pflegebedürftigkeit Relevanz besitzt, belegt zudem § 37 Abs. 4 S. 2, nach dem die Beratungseinsätze gerade durch Pflegekräfte erfolgen sollen, „die spezifisches Wissen zu dem Krankheits- und Behinderungsbild sowie des sich daraus ergebenden Hilfebedarfs des Pflegebedürftigen mitbringen" sollen.

6. Dauerhaftigkeit des Hilfebedarfs (Abs. 1 S. 3). Der Hilfebedarf muss – wie auch beim früheren Pflegebedürftigkeitsbegriff – nach Abs. 1 S. 3 „auf Dauer, voraussichtlich für mindestens sechs Monate" bestehen. Diese Voraussetzung korrespondiert mit anderen Regelungen des Sozialrechts (vgl. etwa § 2 Abs. 1 SGB IX, § 56 SGB VII, § 30 Abs. 1 S. 3 BVG) und soll die Leistungen der Pflegeversicherung vor allem von einer gewissen Erheblichkeit der Belastung des Betroffenen abhängig machen.[25] Bei einer zeitlich kürzeren Pflegebedürftigkeit spricht auch der Verwaltungsaufwand gegen eine Leistungsgewährung.

---

22 Vgl. Pfitzner in: BeckOK SozR, SGB XI, § 14 Rn. 237.
23 Vgl. ebd.
24 BT-Dr. 18/5926, 109; s. auch Meßling, jurisPK-SGB XI, § 14 Rn. 241.
25 Siehe etwa Wagner in: Hauck/Noftz, SGB XI, § 14 Rn. 24 f.

22 Auch wenn das Gesetz grundsätzlich von einer **Prognoseentscheidung** im Hinblick auf die Beurteilung der Dauer ausgeht („voraussichtlich"), muss die Sechsmonatsfrist mit Blick auf § 33 Abs. 1 interpretiert werden. Danach kommt es auf den Zeitpunkt der Antragstellung an, wenn der Antrag nicht im Kalendermonat des Eintritts der Pflegebedürftigkeit gestellt wurde.[26] Die gegenteilige Auffassung, die auf den Zeitpunkt des Eintritts der Pflegebedürftigkeit abstellen will,[27] überzeugt nicht, zumal der Zeitpunkt des Eintritts der Pflegebedürftigkeit über den möglichen Leistungszeitraum hinaus im Verfahren nicht festgestellt wird. Notwendig für die voraussichtliche Dauer der Pflegebedürftigkeit ist eine Prognoseentscheidung der Pflegekassen auf der Grundlage des Gutachtens (durch den MDK oder den unabhängigen Gutachter). Die Richtigkeit der Prognose wird auch nicht durch einen von der Prognose abweichenden tatsächlichen Verlauf der Pflegebedürftigkeit im Nachhinein widerlegt. Eine rechtmäßige Prognose bedarf einer korrekten Tatsachengrundlage und einer darauf aufbauenden Einschätzung über die zukünftige Entwicklung.

23 Im Fall eines Widerspruchsverfahrens (oder zusätzlich eines Klageverfahrens) kann die tatsächlich eingetretene, im Widerspruch zur Prognose stehende Entwicklung nur in sehr engen Grenzen ein Indiz für die Fehlerhaftigkeit der Prognose darstellen. Die Beurteilung der Fehlerhaftigkeit der Prognose richtet sich nur nach dem Zeitpunkt, zu dem die Prognose getroffen wurde bzw. hätte getroffen werden müssen.[28] Der Bescheid ist daher nur dann (gem. § 45 SGB X) aufzuheben, wenn bei der Prognose von einem unzutreffenden Sachverhalt ausgegangen[29] oder aus einem zutreffenden Sachverhalt fehlerhafte Schlüsse gezogen wurden.

24 Der Sechsmonatszeitraum gilt nicht nur für die erstmalige Feststellung der Pflegebedürftigkeit, sondern auch für die **Fälle des Wechsels des Pflegegrades**.[30] Dieses Ergebnis ist nicht zuletzt mit dem anderenfalls bei schwankendem Pflegebedarf unverhältnismäßigen Verwaltungsaufwand zu begründen. Entsprechend erfüllt ein „Antrag auf Höherstufung" auch nicht die Voraussetzung einer wesentlichen Änderung der Verhältnisse nach § 48 Abs. 1 S. 1 SGB X, wenn der erhöhte Pflegebedarf nicht voraussichtlich für einen Zeitraum von mindestens sechs Monaten besteht.

25 In den Fällen, in denen der Pflegebedürftige voraussichtlich oder möglicherweise nur noch wenige Monate zu leben hat, ist ebenfalls nur auf die Frage abzustellen, ob sich der Hilfebedarf in dem Sechsmonatszeitraum voraussichtlich wieder soweit verringern wird, dass er unterhalb der durch § 15 vorgegebenen Mindestzeiten liegt. Die Lebenserwartung, die ohnehin nicht durch den MDK geprüft und prognostiziert wird, bleibt ohne Relevanz.[31]

V. Grundsätze für die Auslegung

26 **1. Abschließende Aufzählung der Bereiche und Kriterien in § 14 Abs. 2.** Sowohl die Bereiche als auch die diesen zugeordneten Kriterien nach Abs. 2, auf die sich die Beeinträchtigungen der Selbständigkeit und der Fähigkeiten beziehen und anhand derer die Pflegebedürftigkeit begutachtet wird (§ 15 Abs. 1, 2), sind als abschließend anzusehen. Dies folgt schon aus dem Wortlaut von Abs. 2 („Maßgeblich ... sind die in den folgenden sechs Bereichen genannten ... Kriterien"), bei dem jeder Hinweis auf eine nur beispielhafte Aufzählung fehlt. Entsprechendes gilt für § 15 Abs. 2 S. 1 und 2. Bestätigt wird dieses Ergebnis durch die Gesetzentwurfsbegründung, die ausdrücklich von „abschließend festgelegten Kriterien" spricht.[32]

27 **2. Feststellung der Pflegebedürftigkeit unabhängig vom konkreten (Wohn-)Umfeld.** Die Feststellung der Beeinträchtigungen der Selbständigkeit und der Fähigkeiten soll nach einem Hinweis aus den Gesetzesmaterialien „unabhängig vom jeweiligen (Wohn-)Umfeld" erfolgen.[33] Damit wird ein wichtiger Unterschied zur Begutachtung beim abgelösten Pflegebedürftigkeitsbegriff benannt, bei der jeweils die

---

26 Zu den Auslegungsproblemen bzgl. der Bestimmung des Leistungsbeginns s. Baumeister in: BeckOK SozR, SGB XI, § 33 Rn. 5 ff.
27 Siehe Wagner in: Hauck/Noftz, SGB XI, § 14 Rn. 26.
28 Vgl. BSG, 17.3.2005, B 3 P 2/04 R, juris Ls. 1 u. Rn. 15.
29 Udsching in: Udsching, § 14 Rn. 8.
30 So für den alten Pflegebedürftigkeitsbegriff BSG, 19.2.1998, B 3 P 7/97 R, BSG, 17.3.2005, B 3 P 2/04 R, juris Rn. 12; Wagner in: Hauck/Noftz, SGB XI, § 14 Rn. 26; Udsching in: Udsching, § 14 Rn. 8; aA Trenk-Hinterberger in: Wannagat, SGB XI, § 15 Rn. 27.
31 S. auch BRi v. 15.4.2016, S. 34 (unter 4.8.1).
32 BT-Dr. 18/5926, 109 (Definition).
33 BT-Dr. 18/5926, 109.

Wohnsituation einbezogen wurde, was zu erstaunlichen Unterschieden zwischen gleichermaßen betroffenen Pflegebedürftigen geführt hat und zu Recht kritisiert wurde.

Die wohnumfeldunabhängige Begutachtung der Beeinträchtigungen der Selbständigkeit und der Fähigkeiten hat allerdings im Gesetzestext keinen Niederschlag gefunden.[34] Gleichzeitig sind nach § 14 Abs. 1 S. 2 die Fähigkeiten der Pflegebedürftigen zur Kompensation oder Bewältigung von Beeinträchtigungen, Belastungen und Anforderungen relevant für die Beurteilung der Pflegebedürftigkeit. Entsprechend ist auch die Fähigkeit zum Einsatz von Hilfsmitteln als Kompensationsfähigkeit anzusehen; sie ist damit zur Beurteilung des Maßes der Selbständigkeit heranzuziehen. Diese Fähigkeit zum Einsatz von Hilfsmitteln kann wiederum davon abhängen, ob Hilfsmittel überhaupt zur Verfügung stehen, in welchem Umfeld sich der Pflegebedürftige gerade befindet.

Eine völlige Loslösung der Feststellung der Pflegebedürftigkeit vom konkreten Wohnumfeld scheint damit gar nicht möglich. Dies veranlasst etwa eine erste Stellungnahme in der Literatur zu der Annahme, dass der pauschal erklärte Maßstab jedweder Unerheblichkeit des Wohnumfeldes nicht zutreffen kann.[35] Im Ergebnis erscheint diese Argumentation gleichwohl nicht überzeugend. Richtig ist, dass Hilfsmittel in die Begutachtung einbezogen werden müssen. Das gilt aber nicht nur für vorhandene Hilfsmittel, sondern auch für mögliche Hilfsmittel. Die Begutachtung richtet sich vor allem auf Selbständigkeit und Fähigkeiten. Die Fähigkeit zur Kompensation einer Beeinträchtigung durch Einsatz eines Hilfsmittels besitzt die Person auch dann, wenn sie gar kein entsprechendes Hilfsmittel zur Verfügung hat. Insofern ist das in der Literatur als Beleg für die Notwendigkeit der Berücksichtigung des Wohnumfeldes angeführte Beispiel einer Aufrichthilfe am Bett gerade kein Beleg für diese Auffassung. Zwar ist die Fähigkeit zur Nutzung einer Aufrichthilfe sicher einfacher zu beurteilen, wenn die Nutzung direkt demonstriert werden kann. Das ändert aber nichts daran, dass auch bei den anderen Pflegebedürftigen die Fähigkeit in die Beurteilung der Selbständigkeit einfließen muss.

Insofern ist zusätzlich darauf zu verweisen, dass der Gesetzgeber mit dem neuen **§ 18 Abs. 6 a** gerade den Einsatz von Hilfsmitteln massiv befördert hat, indem die Gutachter verpflichtet sind, „konkrete **Empfehlungen zur Hilfsmittel- und Pflegehilfsmittelversorgung** abzugeben" (S. 1). Diese Empfehlungen gelten unter der Voraussetzung der Zustimmung der Versicherten als Anträge auf Leistungsgewährung (S. 2 und 3). Vor allem aber haben die Empfehlungen faktisch präjudizielle Wirkung für die Leistungsgewährung, weil sie die Vermutung der Notwendigkeit der Versorgung begründen, nicht nur hinsichtlich der Pflegehilfsmittel als Leistungen der Pflegeversicherung (S. 4), sondern versuchsweise bis zum 31.12.2020 auch für die Hilfsmittel als Leistungen der Krankenversicherung (S. 5).[36] Durch die Regelung des § 18 Abs. 6 a wird die Verbindung zwischen der Feststellung der Pflegebedürftigkeit und dem Hilfsmitteleinsatz deutlich. Es wäre allerdings gerade falsch, aus der Berücksichtigung der Hilfsmittelversorgung auf die Relevanz des Wohnumfeldes für die Beurteilung der Pflegebedürftigkeit zu schließen. Im Gegenteil belegt § 18 Abs. 6 a gerade die Unabhängigkeit der Feststellung der Pflegebedürftigkeit von der konkreten Wohn- und Versorgungssituation. Die Gutachter haben gerade ein besonderes Augenmerk darauf zu legen, dass das Umfeld keinen Einfluss auf die Feststellungen nimmt.

3. Beschränkung auf den Wohnbereich. Nach § 14 Abs. 2 Nr. 1 beschränken sich die Kriterien im Bereich „Mobilität" auf den **Wohnbereich der Versicherten**. Gleichzeitig werden nach § 36 Abs. 1 S. 1 als Pflegesachleistungen auch pflegerische Betreuungsmaßnahmen erbracht, die nach § 36 Abs. 2 S. 3 Unterstützungsleistungen zur Bewältigung und Gestaltung des alltäglichen Lebens im häuslichen Umfeld darstellen. Darauf bezogen wird in den Gesetzesmaterialien ausgeführt, dass beispielsweise auch Spaziergänge in der näheren Umgebung, die Ermöglichung des Besuchs von Verwandten und Bekannten oder die Begleitung zum Friedhof oder zum Gottesdienst dazugehören.[37] Können in Bezug auf diese Aktivitäten Unterstützungsleistungen als pflegerische Betreuungsmaßnahmen erbracht werden, so scheinen die Beeinträchtigungen der Selbständigkeit und der Fähigkeiten, die sich auf diese Aktivitäten beziehen, auch in die Feststellung der Pflegebedürftigkeit einzubeziehen sein.[38] Ob ein solches Ergebnis überzeugend ist, bedarf näherer Prüfung, denn es steht zumindest im Widerspruch zu dem Kriterium „Fortbewegen innerhalb des Wohnbereichs" im Bereich Mobilität.

In einem gewissen Widerspruch zu § 14 Abs. 2 Nr. 1 scheint aber das Kriterium „**örtliche Orientierung**" im Bereich „kognitive und kommunikative Fähigkeiten" (§ 14 Abs. 2 Nr. 2) zu stehen. Die örtli-

---

34 S. auch Meßling in: jurisPK-SGB XI § 14 Rn. 114.
35 S. auch Meßling in: jurisPK-SGB XI § 14 Rn. 115, 118.
36 Näher → § 18 Rn. 13 ff.
37 BT-Dr. 18/6688, 141.
38 Dafür Pfitzner, BeckOK-SozR, SGB XI § 14 Rn. 174 ff.

che Orientierung allein auf den Wohnbereich zu beschränken, dürfte wenig sinnvoll sein. Entsprechend geht auch die Konkretisierung des Kriteriums durch die BRi davon aus, dass die außerhäusliche Umgebung insoweit in die Begutachtung einzubeziehen ist.[39] Insofern erscheint es denkbar, die im Kriterium „Fortbewegen innerhalb des Wohnbereichs" enthaltene Begrenzung als Sonderfall anzusehen und deshalb daraus einen Umkehrschluss zu ziehen.[40]

33 Im Ergebnis überzeugen diese Überlegungen jedoch nicht. Zunächst einmal sagen die in § 36 genannten Leistungen nichts über die Kriterien für die Feststellung der Pflegebedürftigkeit aus. Beide Bereiche sind klar zu trennen. Darüber hinaus gibt es beachtliches systematisches Argument, das gegen eine Relevanz von außerhäuslichen Aktivitäten oder solchen im „häuslichen Umfeld" (§ 36 Abs. 2 S. 3) für die Feststellung der Pflegebedürftigkeit spricht: Dieses „Umfeld" wird gerade durch einen anderen, ausdrücklich im Rahmen der Begutachtung genannten Bereich erfasst, der aber gerade für die Feststellung der Pflegebedürftigkeit keine Bedeutung besitzt und sich nur auf den Versorgungsplan auswirkt. Die – für die Feststellung der Pflegebedürftigkeit nicht relevante – Begutachtung erstreckt sich nach § 18 Abs. 5 a auf den Bereich „außerhäusliche Aktivitäten". Dieser Bereich erfasst nach § 18 Abs. 5 a S. 3 gerade auch das außerhäusliche (Fort-)Bewegen. Das spricht dafür, dass nach § 14 Abs. 2 die körperlichen Beeinträchtigungen grundsätzlich nur im Hinblick auf die Wohnung selbst zu berücksichtigen sind und nur hinsichtlich der „kognitiven und kommunikativen Fähigkeiten" etwas anderes gilt.

VI. Erste rechtspolitische Bewertung der Neuregelungen

34 Die Neuregelungen des Pflegebedürftigkeitsbegriffs bzw. der zentralen Tatbestandsvoraussetzungen für Leistungsansprüche der sozialen Pflegeversicherung wurden in den zahlreichen Stellungnahmen ganz überwiegend außerordentlich begrüßt. Auch hier wurde der damalige Entwurf im Grundsatz als Fortschritt und Verbesserung betrachtet.[41] Ob diese Einschätzung bei näherer Hinsicht so uneingeschränkt zu bestätigen ist, erscheint jedoch fraglich.

35 Der bisherige Pflegebedürftigkeitsbegriff war unter anderem dafür kritisiert worden, dass er rein defizitorientiert gewesen sei.[42] Festgestellt wurde nur der Hilfebedarf bei den Verrichtungen des täglichen Lebens. Umgekehrt bedeutet das, dass nicht gefragt wurde, welche Fähigkeiten der betroffene Versicherte noch besaß. Dagegen soll jetzt „eine umfassende, ressourcenorientierte und pflegefachlich fundierte Erfassung des Grades der Selbständigkeit aller Pflegebedürftigen erfolgen".[43] Überzeugend ist diese Gegenüberstellung allerdings kaum. Selbstverständlich werden nach dem neuen Pflegebedürftigkeitsbegriff gerade die Beeinträchtigungen der Selbständigkeit oder der Fähigkeiten festgestellt. Und eine solche Betrachtung ist ebenfalls defizitorientiert. Soweit auf die Ressourcen geachtet wird, so war es auch nach dem alten Pflegebedürftigkeitsbegriff nicht wesentlich anders. Insbesondere ging es danach – noch stärker als jetzt – um die Feststellung der Hilfebedürftigkeit, die gerade nicht gegeben ist, wenn sich der pflegebedürftige Mensch selbst helfen kann. Insofern erscheint der Hinweis auf die aktuelle Ressourcenorientierung eher als ein Versuch, die Bereitschaft zur Anerkennung des neuen Begriffs zu erhöhen, als dass damit substantielle Unterschiede zum früheren Begriff dargestellt werden könnten.

36 Das größte Defizit des neuen Begriffs, der mit enormem Vorbereitungsaufwand einschließlich einer Reihe von Studien entwickelt und schließlich umgesetzt wurde, ist seine **fehlende Anschaulichkeit und Nachvollziehbarkeit**.[44] Außerhalb eines engen Expertenkreises von Gutachtern ist die Einstufung in Pflegegrade für einen Laien nicht einmal ansatzweise nachvollziehbar. Die frühere Anknüpfung an einen Pflegezeitaufwand hat zwar vielerlei Streitigkeiten ausgelöst, konnte aber auch durch die betroffenen Versicherten, Pflegepersonen oder Angehörige wenigstens grundsätzlich überprüft werden. Plausibilitätskontrollen waren damit immer möglich. Das ist nach neuer Rechtslage völlig anders. Durch das komplexe System der Bewertungen nach Punkten, die bereichs- bzw. modulweise addiert und dann gewichtet werden (dazu → § 15 Rn. 9 ff.), entzieht sich das Ergebnis in jedem Fall einer einfachen Plausibilitätskontrolle. Soll das Ergebnis auch nur ansatzweise überprüft werden, so bedarf es einer detaillierten Kontrolle einer Vielzahl einzelner Bewertungsschritte. Auch lassen sich die Gewichtungen der Module zueinander (§ 15 Abs. Abs. 2 S. 8) und die jeweiligen Schwellenwerte zum Errei-

---

[39] BRi 4.9.1, F 4.2.2, S. 43 f.
[40] S. Pfitzner, BeckOK-SozR, SGB XI § 14 Rn. 176.
[41] S. 1. Aufl. § 14 Rn. 53.
[42] S. BT-Dr. 18/5926, 1, 60.
[43] S. BT-Dr. 18/5926, 60.
[44] S. auch Udsching, jurisPR-SozR 2/2017 Anm. 1.

chen eines bestimmten Pflegegrades (§ 15 Abs. 3 S. 4) wohl nur als „gegriffene Größen"[45] bezeichnen. Weiter entzieht sich auch die Zuordnung der einzelnen Kategorien (Schweregrade der Beeinträchtigungen der Selbständigkeit oder der Fähigkeiten bezogen auf einzelne Kriterien)[46] der einfachen Nachvollziehbarkeit. War nach alter Rechtslage eine Prüfung der Tatbestandsvoraussetzungen auch am Gleichheitssatz möglich,[47] so ist diese Kontrollmöglichkeit praktisch entfallen.

Sind die genannten Probleme nur auf die Nachvollziehbarkeit und Anschaulichkeit der Begutachtung im Einzelfall bezogen, so sind darin die Kritikpunkte am „Messverfahren" selbst noch gar nicht enthalten. Seit einigen Jahren sind durch eine Reihe von parallelen Untersuchungen (ohne Beauftragung durch das BMG) erhebliche Bedenken gegen die Validität des Messverfahrens erhoben worden.[48] Einfluss auf das Begutachtungsinstrument haben diese Kritikpunkte offenbar nicht genommen. Auswirkungen könnten allenfalls aus der mantraartigen Wiederholung der „pflegefachlichen Begründung" des Begutachtungsinstruments abzulesen sein. Im zweiten Kapitel (§§ 14 bis 19) wird siebenmal im Gesetzestext (!) betont, dass der Pflegebedürftigkeitsbegriff „pflegefachlich begründet" sei (§ 14 Abs. 2, § 15 Abs. 1 S. 2, Abs. 2 S. 4, Abs. 4 S. 2, § 16 S. 1, § 17 Abs. 1 S. 1 und § 18 Abs. 5 a S. 4). Dass ein solcher Hinweis allein in der Gesetzentwurfsbegründung und nicht im Gesetzestext seinen Platz hat, weil aus ihm sicherlich keine Tatbestandsvoraussetzung abzuleiten ist, dürfte Allgemeingut sein. Gerade ein solcher Umstand weckt Bedenken gegen den neuen Begriff und das Verfahren zur Feststellung.

Andererseits bleibt nun zunächst einmal abzuwarten, welche Erfahrungen in der Praxis mit der Umsetzung der Neuregelungen gemacht werden. Wenig vertrauenerweckend sind jedenfalls die genannten „Beteuerungen" der pflegefachlichen Fundierung des Begriffs und des Begutachtungsinstruments.

§ 15 Ermittlung des Grades der Pflegebedürftigkeit, Begutachtungsinstrument

(1) [1]Pflegebedürftige erhalten nach der Schwere der Beeinträchtigungen der Selbständigkeit oder der Fähigkeiten einen Grad der Pflegebedürftigkeit (Pflegegrad). [2]Der Pflegegrad wird mit Hilfe eines pflegefachlich begründeten Begutachtungsinstruments ermittelt.

(2) [1]Das Begutachtungsinstrument ist in sechs Module gegliedert, die den sechs Bereichen in § 14 Absatz 2 entsprechen. [2]In jedem Modul sind für die in den Bereichen genannten Kriterien die in Anlage 1 dargestellten Kategorien vorgesehen. [3]Die Kategorien stellen die in ihnen zum Ausdruck kommenden verschiedenen Schweregrade der Beeinträchtigungen der Selbständigkeit oder der Fähigkeiten dar. [4]Den Kategorien werden in Bezug auf die einzelnen Kriterien pflegefachlich fundierte Einzelpunkte zugeordnet, die aus Anlage 1 ersichtlich sind. [5]In jedem Modul werden die jeweils erreichbaren Summen aus Einzelpunkten nach den in Anlage 2 festgelegten Punktbereichen gegliedert. [6]Die Summen der Punkte werden nach den in ihnen zum Ausdruck kommenden Schweregraden der Beeinträchtigungen der Selbständigkeit oder der Fähigkeiten wie folgt bezeichnet:

1. Punktbereich 0: keine Beeinträchtigungen der Selbständigkeit oder der Fähigkeiten,
2. Punktbereich 1: geringe Beeinträchtigungen der Selbständigkeit oder der Fähigkeiten,
3. Punktbereich 2: erhebliche Beeinträchtigungen der Selbständigkeit oder der Fähigkeiten,
4. Punktbereich 3: schwere Beeinträchtigungen der Selbständigkeit oder der Fähigkeiten und
5. Punktbereich 4: schwerste Beeinträchtigungen der Selbständigkeit oder der Fähigkeiten.

[7]Jedem Punktbereich in einem Modul werden unter Berücksichtigung der in ihm zum Ausdruck kommenden Schwere der Beeinträchtigungen der Selbständigkeit oder der Fähigkeiten sowie der folgenden Gewichtung der Module die in Anlage 2 festgelegten, gewichteten Punkte zugeordnet. [8]Die Module des Begutachtungsinstruments werden wie folgt gewichtet:

1. Mobilität mit 10 Prozent,
2. kognitive und kommunikative Fähigkeiten sowie Verhaltensweisen und psychische Problemlagen zusammen mit 15 Prozent,
3. Selbstversorgung mit 40 Prozent,

---

45 Vgl. Udsching, jurisPR-SozR 2/2017 Anm. 1.
46 Zu den Begrifflichkeiten der Begutachtung → § 15 Rn. 8.
47 Vgl. Baumeister, VSSR 2000, 399 ff.; ders., NZS 2004, 191 ff.
48 S. Brühl (Hrsg.), Pflegebedürftigkeit messen? Herausforderungen bei der Entwicklung pflegerische Messinstrumente, 2012; Planer/Brühl, Kann der „neue Pflegebedürftigkeitsbegriff" halten, was mit ihm versprochen wird?, S. 115 (116 ff.).

4. Bewältigung von und selbständiger Umgang mit krankheits- oder therapiebedingten Anforderungen und Belastungen mit 20 Prozent,
5. Gestaltung des Alltagslebens und sozialer Kontakte mit 15 Prozent.

(3) ¹Zur Ermittlung des Pflegegrades sind die bei der Begutachtung festgestellten Einzelpunkte in jedem Modul zu addieren und dem in Anlage 2 festgelegten Punktbereich sowie den sich daraus ergebenden gewichteten Punkten zuzuordnen. ²Den Modulen 2 und 3 ist ein gemeinsamer gewichteter Punkt zuzuordnen, der aus den höchsten gewichteten Punkten entweder des Moduls 2 oder des Moduls 3 besteht. ³Aus den gewichteten Punkten aller Module sind durch Addition die Gesamtpunkte zu bilden. ⁴Auf der Basis der erreichten Gesamtpunkte sind pflegebedürftige Personen in einen der nachfolgenden Pflegegrade einzuordnen:
1. ab 12,5 bis unter 27 Gesamtpunkten in den Pflegegrad 1: geringe Beeinträchtigungen der Selbständigkeit oder der Fähigkeiten,
2. ab 27 bis unter 47,5 Gesamtpunkten in den Pflegegrad 2: erhebliche Beeinträchtigungen der Selbständigkeit oder der Fähigkeiten,
3. ab 47,5 bis unter 70 Gesamtpunkten in den Pflegegrad 3: schwere Beeinträchtigungen der Selbständigkeit oder der Fähigkeiten,
4. ab 70 bis unter 90 Gesamtpunkten in den Pflegegrad 4: schwerste Beeinträchtigungen der Selbständigkeit oder der Fähigkeiten,
5. ab 90 bis 100 Gesamtpunkten in den Pflegegrad 5: schwerste Beeinträchtigungen der Selbständigkeit oder der Fähigkeiten mit besonderen Anforderungen an die pflegerische Versorgung.

(4) ¹Pflegebedürftige mit besonderen Bedarfskonstellationen, die einen spezifischen, außergewöhnlich hohen Hilfebedarf mit besonderen Anforderungen an die pflegerische Versorgung aufweisen, können aus pflegefachlichen Gründen dem Pflegegrad 5 zugeordnet werden, auch wenn ihre Gesamtpunkte unter 90 liegen. ²Der Spitzenverband Bund der Pflegekassen konkretisiert in den Richtlinien nach § 17 Absatz 1 die pflegefachlich begründeten Voraussetzungen für solche besonderen Bedarfskonstellationen.

(5) ¹Bei der Begutachtung sind auch solche Kriterien zu berücksichtigen, die zu einem Hilfebedarf führen, für den Leistungen des Fünften Buches vorgesehen sind. ²Dies gilt auch für krankheitsspezifische Pflegemaßnahmen. ³Krankheitsspezifische Pflegemaßnahmen sind Maßnahmen der Behandlungspflege, bei denen der behandlungspflegerische Hilfebedarf aus medizinisch-pflegerischen Gründen regelmäßig und auf Dauer untrennbarer Bestandteil einer pflegerischen Maßnahme in den in § 14 Absatz 2 genannten sechs Bereichen ist oder mit einer solchen notwendig in einem unmittelbaren zeitlichen und sachlichen Zusammenhang steht.

(6) ¹Bei pflegebedürftigen Kindern wird der Pflegegrad durch einen Vergleich der Beeinträchtigungen ihrer Selbständigkeit und ihrer Fähigkeiten mit altersentsprechend entwickelten Kindern ermittelt. ²Im Übrigen gelten die Absätze 1 bis 5 entsprechend.

(7) Pflegebedürftige Kinder im Alter bis zu 18 Monaten werden abweichend von den Absätzen 3, 4 und 6 Satz 2 wie folgt eingestuft:
1. ab 12,5 bis unter 27 Gesamtpunkten in den Pflegegrad 2,
2. ab 27 bis unter 47,5 Gesamtpunkten in den Pflegegrad 3,
3. ab 47,5 bis unter 70 Gesamtpunkten in den Pflegegrad 4,
4. ab 70 bis 100 Gesamtpunkten in den Pflegegrad 5.

Anlage 1

(zu § 15)

Einzelpunkte der Module 1 bis 6; Bildung der Summe der Einzelpunkte in jedem Modul

Modul 1: Einzelpunkte im Bereich der Mobilität

Das Modul umfasst fünf Kriterien, deren Ausprägungen in den folgenden Kategorien mit den nachstehenden Einzelpunkten gewertet werden:

Ermittlung des Grades der Pflegebedürftigkeit, Begutachtungsinstrument § 15 SGB XI

Ziffer	Kriterien	selbständig	überwiegend selbständig	überwiegend unselbständig	unselbständig
1.1	Positionswechsel im Bett	0	1	2	3
1.2	Halten einer stabilen Sitzposition	0	1	2	3
1.3	Umsetzen	0	1	2	3
1.4	Fortbewegen innerhalb des Wohnbereichs	0	1	2	3
1.5	Treppensteigen	0	1	2	3

Modul 2: Einzelpunkte im Bereich der kognitiven und kommunikativen Fähigkeiten

Das Modul umfasst elf Kriterien, deren Ausprägungen in den folgenden Kategorien mit den nachstehenden Einzelpunkten gewertet werden:

Ziffer	Kriterien	Fähigkeit vorhanden/ unbeeinträchtigt	Fähigkeit größtenteils vorhanden	Fähigkeit in geringem Maße vorhanden	Fähigkeit nicht vorhanden
2.1	Erkennen von Personen aus dem näheren Umfeld	0	1	2	3
2.2	Örtliche Orientierung	0	1	2	3
2.3	Zeitliche Orientierung	0	1	2	3
2.4	Erinnern an wesentliche Ereignisse oder Beobachtungen	0	1	2	3
2.5	Steuern von mehrschrittigen Alltagshandlungen	0	1	2	3
2.6	Treffen von Entscheidungen im Alltag	0	1	2	3
2.7	Verstehen von Sachverhalten und Informationen	0	1	2	3
2.8	Erkennen von Risiken und Gefahren	0	1	2	3
2.9	Mitteilen von elementaren Bedürfnissen	0	1	2	3
2.10	Verstehen von Aufforderungen	0	1	2	3
2.11	Beteiligen an einem Gespräch	0	1	2	3

Modul 3: Einzelpunkte im Bereich der Verhaltensweisen und psychische Problemlagen

Das Modul umfasst dreizehn Kriterien, deren Häufigkeit des Auftretens in den folgenden Kategorien mit den nachstehenden Einzelpunkten gewertet wird:

Ziffer	Kriterien	nie oder sehr selten	selten (ein- bis dreimal innerhalb von zwei Wochen)	häufig (zweimal bis mehrmals wöchentlich, aber nicht täglich)	täglich
3.1	Motorisch geprägte Verhaltensauffälligkeiten	0	1	3	5
3.2	Nächtliche Unruhe	0	1	3	5
3.3	Selbstschädigendes und autoaggressives Verhalten	0	1	3	5
3.4	Beschädigen von Gegenständen	0	1	3	5
3.5	Physisch aggressives Verhalten gegenüber anderen Personen	0	1	3	5
3.6	Verbale Aggression	0	1	3	5
3.7	Andere pflegerelevante vokale Auffälligkeiten	0	1	3	5
3.8	Abwehr pflegerischer und anderer unterstützender Maßnahmen	0	1	3	5
3.9	Wahnvorstellungen	0	1	3	5
3.10	Ängste	0	1	3	5

Ziffer	Kriterien	nie oder sehr selten	selten (ein- bis dreimal innerhalb von zwei Wochen)	häufig (zweimal bis mehrmals wöchentlich, aber nicht täglich)	täglich
3.11	Antriebslosigkeit bei depressiver Stimmungslage	0	1	3	5
3.12	Sozial inadäquate Verhaltensweisen	0	1	3	5
3.13	Sonstige pflegerelevante inadäquate Handlungen	0	1	3	5

Modul 4: Einzelpunkte im Bereich der Selbstversorgung
Das Modul umfasst dreizehn Kriterien:
Einzelpunkte für die Kriterien der Ziffern 4.1 bis 4.12
Die Ausprägungen der Kriterien 4.1 bis 4.12 werden in den folgenden Kategorien mit den nachstehenden Punkten gewertet:

Ziffer	Kriterien	selbständig	überwiegend selbständig	überwiegend unselbständig	unselbständig
4.1	Waschen des vorderen Oberkörpers	0	1	2	3
4.2	Körperpflege im Bereich des Kopfes (Kämmen, Zahnpflege/Prothesenreinigung, Rasieren)	0	1	2	3
4.3	Waschen des Intimbereichs	0	1	2	3
4.4	Duschen und Baden einschließlich Waschen der Haare	0	1	2	3
4.5	An- und Auskleiden des Oberkörpers	0	1	2	3
4.6	An- und Auskleiden des Unterkörpers	0	1	2	3
4.7	Mundgerechtes Zubereiten der Nahrung und Eingießen von Getränken	0	1	2	3
4.8	Essen	0	3	6	9
4.9	Trinken	0	2	4	6
4.10	Benutzen einer Toilette oder eines Toilettenstuhls	0	2	4	6
4.11	Bewältigen der Folgen einer Harninkontinenz und Umgang mit Dauerkatheter und Urostoma	0	1	2	3
4.12	Bewältigen der Folgen einer Stuhlinkontinenz und Umgang mit Stoma	0	1	2	3

Die Ausprägungen des Kriteriums der Ziffer 4.8 sowie die Ausprägung der Kriterien der Ziffern 4.9 und 4.10 werden wegen ihrer besonderen Bedeutung für die pflegerische Versorgung stärker gewichtet. Die Einzelpunkte für die Kriterien der Ziffern 4.11 und 4.12 gehen in die Berechnung nur ein, wenn bei der Begutachtung beim Versicherten darüber hinaus die Feststellung „überwiegend inkontinent" oder „vollständig inkontinent" getroffen wird oder eine künstliche Ableitung von Stuhl oder Harn erfolgt.
Einzelpunkte für das Kriterium der Ziffer 4.13
Die Ausprägungen des Kriteriums der Ziffer 4.13 werden in den folgenden Kategorien mit den nachstehenden Einzelpunkten gewertet:

Ziffer	Kriterium	entfällt	teilweise	vollständig
4.13	Ernährung parental oder über Sonde	0	6	3

Das Kriterium ist mit „entfällt" (0 Punkte) zu bewerten, wenn eine regelmäßige und tägliche parenterale Ernährung oder Sondenernährung auf Dauer, voraussichtlich für mindestens sechs Monate, nicht erforderlich ist. Kann die parenterale Ernährung oder Sondenernährung ohne Hilfe durch andere selbständig durchgeführt werden, werden ebenfalls keine Punkte vergeben.

Das Kriterium ist mit „teilweise" (6 Punkte) zu bewerten, wenn eine parenterale Ernährung oder Sondenernährung zur Vermeidung von Mangelernährung mit Hilfe täglich und zusätzlich zur oralen Aufnahme von Nahrung oder Flüssigkeit erfolgt.

Das Kriterium ist mit „vollständig" (3 Punkte) zu bewerten, wenn die Aufnahme von Nahrung oder Flüssigkeit ausschließlich oder nahezu ausschließlich parenteral oder über eine Sonde erfolgt.

Bei einer vollständigen parenteralen Ernährung oder Sondenernährung werden weniger Punkte vergeben als bei einer teilweisen parenteralen Ernährung oder Sondenernährung, da der oft hohe Aufwand zur Unterstützung bei der oralen Nahrungsaufnahme im Fall ausschließlich parenteraler oder Sondenernährung weitgehend entfällt.

Einzelpunkte für das Kriterium der Ziffer 4.K

Bei Kindern im Alter bis 18 Monate werden die Kriterien der Ziffern 4.1 bis 4.13 durch das Kriterium 4.K ersetzt und wie folgt gewertet:

Ziffer	Kriterium	Einzelpunkte
4.K	Bestehen gravierender Probleme bei der Nahrungsaufnahme bei Kindern bis zu 18 Monaten, die einen außergewöhnlich pflegeintensiven Hilfebedarf auslösen	20

Modul 5: Einzelpunkte im Bereich der Bewältigung von und des selbständigen Umgangs mit krankheits- oder therapiebedingten Anforderungen und Belastungen

Das Modul umfasst sechzehn Kriterien.

Einzelpunkte für die Kriterien der Ziffern 5.1 bis 5.7

Die durchschnittliche Häufigkeit der Maßnahmen pro Tag bei den Kriterien der Ziffern 5.1 bis 5.7 wird in den folgenden Kategorien mit den nachstehenden Einzelpunkten gewertet:

Ziffer	Kriterien in Bezug auf	entfällt oder selbständig	Anzahl der Maßnahmen		
			pro Tag	pro Woche	pro Monat
5.1	Medikation	0			
5.2	Injektionen (subcutan oder intramuskulär)	0			
5.3	Versorgung intravenöser Zugänge (Port)	0			
5.4	Absaugen und Sauerstoffgabe	0			
5.5	Einreibungen oder Kälte- und Wärmeanwendungen	0			
5.6	Messung und Deutung von Körperzuständen	0			
5.7	Körpernahe Hilfsmittel	0			
Summe der Maßnahmen aus 5.1 bis 5.7		0			
Umrechnung in Maßnahmen pro Tag		0			

Einzelpunkte für die Kriterien der Ziffern 5.1 bis 5.7

Maßnahme pro Tag	keine oder seltener als einmal täglich	mindestens einmal bis maximal dreimal täglich	mehr als dreimal bis maximal achtmal täglich	mehr als achtmal täglich
Einzelpunkte	0	1	2	3

Für jedes der Kriterien 5.1 bis 5.7 wird zunächst die Anzahl der durchschnittlich durchgeführten Maßnahmen, die täglich und auf Dauer, voraussichtlich für mindestens sechs Monate, vorkommen, in der Spalte pro Tag, die Maßnahmen, die wöchentlich und auf Dauer, voraussichtlich für mindestens sechs Monate, vorkommen, in der Spalte pro Woche und die Maßnahmen, die monatlich und auf Dauer, voraussichtlich für mindestens sechs Monate, vorkommen, in der Spalte pro Monat erfasst. Berücksichtigt werden nur Maßnahmen, die vom Versicherten nicht selbständig durchgeführt werden können. Die Zahl der durchschnittlich durchgeführten täglichen, wöchentlichen und monatlichen Maßnahmen wird für die Kriterien 5.1 bis 5.7 summiert (erfolgt zum Beispiel täglich dreimal eine Medikamentengabe – Kriterium 5.1 – und einmal Blutzuckermessen – Kriterium 5.6 –, entspricht dies vier Maßnahmen pro Tag). Diese Häufigkeit wird umgerechnet in einen Durchschnittswert pro Tag. Für die Umrechnung der Maßnahmen pro Monat in Maßnahmen pro Tag wird die Summe der Maßnahmen pro

Monat durch 30 geteilt. Für die Umrechnung der Maßnahmen pro Woche in Maßnahmen pro Tag wird die Summe der Maßnahmen pro Woche durch 7 geteilt.
Einzelpunkte für die Kriterien der Ziffern 5.8 bis 5.11
Die durchschnittliche Häufigkeit der Maßnahmen pro Tag bei den Kriterien der Ziffern 5.8 bis 5.11 wird in den folgenden Kategorien mit den nachstehenden Einzelpunkten gewertet:

Ziffer	Kriterien in Bezug auf	entfällt oder selbständig	Anzahl der Maßnahmen		
			pro Tag	pro Woche	pro Monat
5.8	Verbandswechsel und Wundversorgung	0			
5.9	Versorgung mit Stoma	0			
5.10	Regelmäßige Einmalkatheterisierung und Nutzung von Abführmethoden	0			
5.11	Therapiemaßnahmen in häuslicher Umgebung	0			
Summe der Maßnahmen aus 5.8 bis 5.11		0			
Umrechnung in Maßnahmen pro Tag		0			
Einzelpunkte für die Kriterien der Ziffern 5.8 bis 5.11					
Maßnahme pro Tag		keine oder seltener als einmal wöchentlich	ein- bis mehrmals wöchentlich	ein- bis unter dreimal täglich	mindestens dreimal täglich
Einzelpunkte		0	1	2	3

Für jedes der Kriterien 5.8 bis 5.11 wird zunächst die Anzahl der durchschnittlich durchgeführten Maßnahmen, die täglich und auf Dauer, voraussichtlich für mindestens sechs Monate, vorkommen, in der Spalte pro Tag, die Maßnahmen, die wöchentlich und auf Dauer, voraussichtlich für mindestens sechs Monate, vorkommen, in der Spalte pro Woche und die Maßnahmen, die monatlich und auf Dauer, voraussichtlich für mindestens sechs Monate, vorkommen, in der Spalte pro Monat erfasst. Berücksichtigt werden nur Maßnahmen, die vom Versicherten nicht selbständig durchgeführt werden können.
Die Zahl der durchschnittlich durchgeführten täglichen, wöchentlichen und monatlichen Maßnahmen wird für die Kriterien 5.8 bis 5.11 summiert. Diese Häufigkeit wird umgerechnet in einen Durchschnittswert pro Tag.
Für die Umrechnung der Maßnahmen pro Monat in Maßnahmen pro Tag wird die Summe der Maßnahmen pro Monat durch 30 geteilt. Für die Umrechnung der Maßnahmen pro Woche in Maßnahmen pro Tag wird die Summe der Maßnahmen pro Woche durch 7 geteilt.
Einzelpunkte für die Kriterien der Ziffern 5.12 bis 5.K
Die durchschnittliche wöchentliche oder monatliche Häufigkeit von zeit- und technikintensiven Maßnahmen in häuslicher Umgebung, die auf Dauer, voraussichtlich für mindestens sechs Monate, vorkommen, wird in den folgenden Kategorien mit den nachstehenden Einzelpunkten gewertet:

Ziffer	Kriterium in Bezug auf	entfällt oder selbständig	täglich	wöchentliche Häufigkeit multipliziert mit	monatliche Häufigkeit multipliziert mit
5.12	Zeit- und technikintensive Maßnahmen in häuslicher Umgebung	0	60	8,6	2

Für das Kriterium der Ziffer 5.12 wird zunächst die Anzahl der regelmäßig und mit durchschnittlicher Häufigkeit durchgeführten Maßnahmen, die wöchentlich vorkommen, und die Anzahl der regelmäßig und mit durchschnittlicher Häufigkeit durchgeführten Maßnahmen, die monatlich vorkommen, erfasst. Kommen Maßnahmen regelmäßig täglich vor, werden 60 Punkte vergeben.
Jede regelmäßige wöchentliche Maßnahme wird mit 8,6 Punkten gewertet. Jede regelmäßige monatliche Maßnahme wird mit zwei Punkten gewertet.
Die durchschnittliche wöchentliche oder monatliche Häufigkeit der Kriterien der Ziffern 5.13 bis 5.K wird wie folgt erhoben und mit den nachstehenden Punkten gewertet:

Ermittlung des Grades der Pflegebedürftigkeit, Begutachtungsinstrument § 15 SGB XI

Ziffer	Kriterien	entfällt oder selbständig	wöchentliche Häufigkeit multipliziert mit	monatliche Häufigkeit multipliziert mit
5.13	Arztbesuche	0	4,3	1
5.14	Besuch anderer medizinischer oder therapeutischer Einrichtungen (bis zu drei Stunden)	0	4,3	1
5.15	Zeitlich ausgedehnte Besuche anderer medizinischer oder therapeutischer Einrichtungen (länger als drei Stunden)	0	8,6	2
5.K	Besuche von Einrichtungen zur Frühförderung bei Kindern	0	4,3	1

Für jedes der Kriterien der Ziffern 5.13 bis 5.K wird zunächst die Anzahl der regelmäßig und mit durchschnittlicher Häufigkeit durchgeführten Besuche, die wöchentlich und auf Dauer, voraussichtlich für mindestens sechs Monate, vorkommen, und die Anzahl der regelmäßig und mit durchschnittlicher Häufigkeit durchgeführten Besuche, die monatlich und auf Dauer, voraussichtlich für mindestens sechs Monate, vorkommen, erfasst. Jeder regelmäßige monatliche Besuch wird mit einem Punkt gewertet. Jeder regelmäßige wöchentliche Besuch wird mit 4,3 Punkten gewertet. Handelt es sich um zeitlich ausgedehnte Arztbesuche oder Besuche von anderen medizinischen oder therapeutischen Einrichtungen, werden sie doppelt gewertet.

Die Punkte der Kriterien 5.12 bis 5.15 – bei Kindern bis 5.K – werden addiert. Die Kriterien der Ziffern 5.12 bis 5.15 – bei Kindern bis 5.K – werden anhand der Summe der so erreichten Punkte mit den nachstehenden Einzelpunkten gewertet:

Summe			Einzelpunkte
0	bis unter	4,3	0
4,3	bis unter	8,6	1
8,6	bis unter	12,9	2
12,9	bis unter	60	3
60	und mehr		6

Einzelpunkte für das Kriterium der Ziffer 5.16
Die Ausprägungen des Kriteriums der Ziffer 5.16 werden in den folgenden Kategorien mit den nachstehenden Einzelpunkten gewertet:

Ziffer	Kriterien	entfällt oder selbständig	überwiegend selbständig	überwiegend unselbständig	unselbständig
5.16	Einhaltung einer Diät und anderer krankheits- oder therapiebedingter Verhaltensvorschriften	0	1	2	3

Modul 6: Einzelpunkte im Bereich der Gestaltung des Alltagslebens und sozialer Kontakte
Das Modul umfasst sechs Kriterien, deren Ausprägungen in den folgenden Kategorien mit den nachstehenden Punkten gewertet werden:

Ziffer	Kriterien	selbständig	überwiegend selbständig	überwiegend unselbständig	unselbständig
6.1	Gestaltung des Tagesablaufs und Anpassung an Veränderungen	0	1	2	3
6.2	Ruhen und Schlafen	0	1	2	3
6.3	Sichbeschäftigen	0	1	2	3
6.4	Vornehmen von in die Zukunft gerichteten Planungen	0	1	2	3
6.5	Interaktion mit Personen im direkten Kontakt	0	1	2	3
6.6	Kontaktpflege zu Personen außerhalb des direkten Umfelds	0	1	2	3

Anlage 2

(zu § 15)

Bewertungssystematik (Summe der Punkte und gewichtete Punkte)
Schweregrad der Beeinträchtigungen der Selbständigkeit oder der Fähigkeiten im Modul

Module		Gewichtung	0 Keine	1 Geringe	2 Erhebliche	3 Schwere	4 Schwerste	
1	Mobilität	10 %	0–1	2–3	4–5	6–9	10–15	Summe der Einzelpunkte im Modul 1
			0	2,5	5	7,5	10	Gewichtete Punkte im Modul 1
2	Kognitive und kommunikative Fähigkeiten		0–1	2–5	6–10	11–16	17–33	Summe der Einzelpunkte im Modul 2
3	Verhaltensweisen und psychische Problemlagen	15 %	0	1–2	3–4	5–6	7–65	Summe der Einzelpunkte im Modul 3
	Höchster Wert aus Modul 2 oder Modul 3		0	3,75	7,5	11,25	15	Gewichtete Punkte für die Module 2 und 3
4	Selbstversorgung	40 %	0–2	3–7	8–18	19–36	37–54	Summe der Einzelpunkte im Modul 4
			0	10	20	30	40	Gewichtete Punkte im Modul 4
5	Bewältigung von und selbständiger Umgang mit krankheits- oder therapiebedingten Anforderungen und Belastungen	20 %	0	1	2–3	4–5	6–15	Summe der Einzelpunkte im Modul 5
			0	5	10	15	20	Gewichtete Punkte im Modul 5
6	Gestaltung des Alltagslebens und sozialer Kontakte	15 %	0	1–3	4–6	7–11	12–18	Summe der Einzelpunkte im Modul 6
			0	3,75	7,5	11,25	15	Gewichtete Punkte im Modul 6
7	Außerhäusliche Aktivitäten							
8	Haushaltsführung		Die Berechnung einer Modulbewertung ist entbehrlich, da die Darstellung der qualitativen Ausprägungen bei den einzelnen Kriterien ausreichend ist, um Anhaltspunkte für eine Versorgungs- und Pflegeplanung ableiten zu können.					

Literatur:

Siehe § 14; außerdem: *Beck-Ripp/Dressel*, Pflegebedürftigkeit nach SGB XI bei Kindern und Jugendlichen. Eine Analyse der Pflegebegutachtung des MDK Bayern, GesundhWes 2015, 405; *Castendiek*, Behinderte Kinder in der Pflegeversicherung, RsDE 8 (2001), 28; *Lange/Albrecht/Dammann/Saleem/Wessel*, Werden Kinder im Rahmen der Begutachtung zur Bestimmung von Pflegebedürftigkeit richtig eingestuft?, Das Gesundheitswesen 2000, 53; *Richter*, Die besonderen pflegerischen Belange von Kindern, ASR 2007, 101; *Schefels*, Begutachtung von Kindern und Jugendlichen – Begutachtung von Entwicklungsstörungen nach dem SGB XI, MEDSACH 2016, 226; *Stahlberg/Gansweid*, Werden sich durch das neue Begutachtungsassessment (NBA) bei pflegebedürftigen Kindern und Jugendlichen bei der Begutachtung Veränderungen ergeben?, RP-Reha 2015, Nr. 3, 16; *Terborg*, Begutachtung von Kindern nach dem SGB XI auf dem Prüfstand, MEDSACH 2011, 196. /

I. Entstehungsgeschichte	1	III. Pflegegrade	5
II. Regelungsgehalt und Normzweck	3	IV. Das Begutachtungsinstrument	7

V. Begrifflichkeiten 8	c) Ergebnis der Zuordnung der Pflege-
VI. Schritte zur Ermittlung der Pflegegrade	grade (Abs. 3 S. 4, Abs. 4) 16
(Abs. 2, 3 und 4) und Bewertung 9	3. Stellungnahme........................ 19
1. Begutachtung (Abs. 2).................. 10	VII. Verhältnis zu Krankenversicherungsleistun-
2. Berechnung und Zuordnung der Pflege-	gen (Abs. 5) 23
grade (Abs. 3) 14	VIII. Sonderfall: Kinder (Abs. 6 und 7) 24
a) Addition der Einzelpunkte und	1. Allgemeine Kriterien zur Einschätzung
Bestimmung der gewichteten	von Kindern (Abs. 6).................. 24
Punkte (Abs. 3 S. 1, 2) 14	2. Sonderregelung für Kinder bis
b) Ermittlung der Gesamtpunkte	18 Monaten (Abs. 7).................. 31
(Abs. 3 S. 3) 15	

I. Entstehungsgeschichte

§ 15 ist durch Art. 1 PflegeVG vom 26.5.1994[1] eingeführt worden. Im Laufe des Gesetzgebungsverfahrens sind verschiedene kleinere Änderungen am Gesetzentwurf vorgenommen worden.[2] In Abs. 1 wurde der letzte Satz (S. 5, mitunter wird er auch als S. 2 gezählt) angefügt und Abs. 3 neu gefasst durch Art. 1 Nr. 5 des 1. SGB XI-ÄndG vom 14.6.1996.[3] Da Abs. 1 S. 5 auf den Vermittlungsausschuss zurückgeht, fehlt es dazu an Materialien.[4] Anderes gilt für die Änderung des Abs. 3.[5] Weitere Änderungen erfuhr Abs. 3 durch die Anfügung der S. 2 und 3 durch Art. 8 Nr. 4 GKV-Wettbewerbsstärkungsgesetz vom 26.3.2007.[6]

Die aktuelle Fassung beruht auf einer **vollständigen Neuregelung** durch das Zweite Pflegestärkungsgesetz (**PSG II**) v. 21.12.2015[7] im Zuge der Revision des Pflegebedürftigkeitsbegriffs. In direkter Verbindung dazu stehen die Anlagen 1 und 2 zu § 15, die vorausgehend im direkten Anschluss an den Text von § 15 abgedruckt sind.

II. Regelungsgehalt und Normzweck

Die Vorschrift regelt die **Ermittlung des Grades der Pflegebedürftigkeit**, den Pflegegrad, der sich nach der Schwere der Beeinträchtigungen der Selbständigkeit oder der Fähigkeiten im Hinblick auf die Kriterien nach § 14 Abs. 2 bestimmt. Diese Beurteilungs-, Einschätzungs-, Ermittlungs- und Bewertungsgrundlagen bezeichnet das Gesetz in § 15 Abs. 1 S. 2 und Abs. 2 S. 1 als **Begutachtungsinstrument**. Nach den Regelungen der Abs. 2 bis 4 werden die Pflegebedürftigen entsprechend den Gesamtpunktzahlen der Bewertung in die Pflegegrade 1 bis 5 eingeteilt. Abs. 5 nimmt zum Verhältnis der Pflegeversicherung zu den Pflegeleistungen der Krankenversicherung Stellung. Die Abs. 6 und 7 betreffen die Sondersituation der Begutachtung und Bewertung der Pflegebedürftigkeit bei Kindern.

In unmittelbarem Zusammenhang mit § 15 steht nicht nur § 14, sondern stehen auch die **Anlagen 1 und 2 zu § 15**, die gleichfalls zum Gesetzestext zählen.[8] Die in den Anlagen enthaltenen Vorgaben betreffen die im Zusammenhang mit der Berechnung der Gesamtpunkte relevanten Vergabe von Einzelpunkten für die jeweiligen Kriterien in den zu begutachtenden Modulen 1 bis 6 (Anlage 1) sowie die „Bewertungssystematik", die Summierung, Gewichtung und Bildung der Gesamtpunktzahl, die wiederum in die Zuordnung eines Pflegegrades nach § 15 Abs. 3 mündet.

III. Pflegegrade

Das PSG II hat die Pflegestufen durch Pflegegrade ersetzt. Geregelt werden die Pflegegrade in Abs. 3 S. 4. Nach der vorausgehenden Rechtslage waren nicht – wie häufig angenommen – drei Pflegestufen, sondern insgesamt acht für das Leistungsrecht acht verschiedene Stufen zu unterscheiden: (1) ohne Pflegestufe, aber mit eingeschränkter Alltagskompetenz (eA), (2) Pflegestufe I ohne eA, (3) Pflegestufe I mit eA, (4) Pflegestufe II ohne eA, (5) Pflegestufe II mit eA, (6) Pflegestufe III ohne eA, (7) Pflegestufe III mit eA und (8) Pflegestufe III mit Härtefall. Insofern stellen die neuen fünf Pflegegrade eine Reduzierung der Unterteilung der betroffenen Pflegebedürftigen dar.

---

1 BGBl. I, 1014; dazu BT-Dr. 12/5262, 97.
2 Zu den Materialien s. zu § 13 Entwurf BT-Dr. 12/5920, 23.
3 BGBl. I, 830.
4 Siehe Beschlussvorlage BT-Dr. 13/4521.
5 BT-Dr. 13/3696, 3 und 11; BT-Dr. 13/4091, 5 und 41.
6 BGBl. I, 378; dazu BT-Dr. 16/3100, 185 f.
7 BGBl. I, 2424; dazu BT-Dr. 18/5926, 111 ff.
8 Vgl. zum Hintergrund der Anlagen auch BT-Dr. 18/5926, 112 f., 146.

6 Zu beachten ist im Zusammenhang mit dem Übergang zwischen der alten und der neuen Rechtslage insbesondere die **Überleitungsregelung des** § 140. Pflegebedürftige, die nach alter Rechtslage eingestuft wurden oder im Übergang zum 1.1.2017 noch einzustufen waren, wurden mit dem 1.1.2017 ohne erneute Begutachtung nach den Regelungen des § 140 Abs. 2 übergeleitet. Diese Überleitung erfolgte nach dem Grundsatz, dass diejenigen mit Pflegestufe und ohne eA einen „Sprung" um eine Stufe (also zum Beispiel von Pflegestufe I in Pflegegrad 2), die Pflegebedürftigen mit eA stets einen sog „Doppelsprung" gemacht haben (zum Beispiel Person ohne Pflegestufe mit eA wurde übergeleitet in Pflegegrad 2).[9] Die Überleitungsregelungen stellen sich nach allgemeiner Einschätzung gerade für die Personen mit eA als eine „großzügige" Regelung dar. Bei einer Neubegutachtung würde ein gewisser Anteil dieser Personen um einen Pflegegrad niedriger eingestuft werden.

IV. Das Begutachtungsinstrument

7 Beim Begutachtungsinstrument, das im Vorfeld und in der Gesetzesbegründung auch regelmäßig als „Neues Begutachtungsassessment" (NBA) bezeichnet wurde und wird, handelt es sich um ein Instrument oder Instrumentarium, mit dem Pflegebedürftigkeit iSd §§ 14, 15 (einschl. der Anlagen 1 und 2) eingeschätzt wird. Zahlreiche Konkretisierungen erfährt das Begutachtungsinstrument durch die gem. § 17 Abs. 1 erlassenen Begutachtungsrichtlinien (BRi) vom 15.4.2016. An verschiedenen Stellen der BRi wird statt vom Begutachtungsinstrument auch vom Einschätzungsinstrument gesprochen. Genau genommen handelt es sich beim Begutachtungsinstrument um Vorgaben zur Bewertung bzw. Einschätzung von Beeinträchtigungen der Selbständigkeit oder der Fähigkeiten in Bezug auf die in § 14 Abs. 2 genannten sechs Bereiche. Eine rechtliche Relevanz folgt allerdings nicht aus der gesetzlichen Bezeichnung „Begutachtungsinstrument".[10] Mit dem Begutachtungsinstrument ist zugleich die nach alter Rechtslage bestehende Trennung der Prüfung von Pflegebedürftigkeit und erheblich eingeschränkter Alltagskompetenz beendet. Das zentrale Ziel der Neuregelungen, die Gleichbehandlung von körperlichen, kognitiven und psychischen Beeinträchtigungen, ist hinsichtlich der Begutachtung damit erreicht.

V. Begrifflichkeiten

8 § 15 enthält für die Begutachtung und Bewertung der Pflegebedürftigkeit und die Zuordnung zu einzelnen Pflegegraden eine Reihe von Begriffen, deren Verständnis für die Nachvollziehbarkeit des Gesamtergebnisses zumindest nützlich ist:

- **Modul**: Im Unterschied zu § 14 Abs. 2, der von „Bereichen" spricht, verwendet § 15 Abs. 2 den Begriff des Moduls. Der Hintergrund dafür wird aus dem Gesetzestext und dem Gesetzentwurf nicht deutlich. Im Ergebnis entsprechen die Module den Bereichen aus § 14 Abs. 2, so dass möglicherweise auch ein einheitlicher Begriff gereicht hätte.[11]
- **Kriterien**: übereinstimmend mit § 14 Abs. 2 einzelne, den Bereichen zugeordnete Aspekte von Selbständigkeit oder Fähigkeiten (zB Bereich Mobilität: Positionswechsel im Bett, Halten einer stabilen Sitzposition, Umsetzen, Fortbewegen innerhalb des Wohnbereichs, Treppensteigen).
- **Kategorien**: Schweregrade der Beeinträchtigungen der Selbständigkeit oder der Fähigkeiten (§ 15 Abs. 2 S. 3 iVm Anlage 1) – Beispiele (Ziff. 1, 4, 6): „selbständig", „überwiegend selbständig", „überwiegend unselbständig", „unselbständig", oder (Ziff. 2): „Fähigkeit vorhanden/unbeeinträchtigt", „Fähigkeit größtenteils vorhanden", „Fähigkeit in geringem Maße vorhanden", „Fähigkeit nicht vorhanden". Einige Kategorien bilden auch Häufigkeiten ab (Ziff. 3: „nie oder sehr selten", „selten", „häufig", „täglich"; verschiedene andere Häufigkeiten wiederum bei Ziff. 5).
- **Einzelpunkte**: Bewertung der Ausprägungen von Kategorien für jedes einzelne Kriterium nach Punkten (§ 15 Abs. 2 S. 4; zB: Treppensteigen Ziff. 1.5: selbständig – 0 Punkte, überwiegend selbständig – 1 Punkt, überwiegend unselbständig – 2 Punkte, unselbständig – 3 Punkte).
- **Punktbereiche**: Die Summe der Einzelpunkte in einem Modul fallen in einen Punktbereich nach Anlage 2 (zB: Ergeben die Einzelpunkte in Modul 1 in Summe 6 Punkte, dann fällt diese Summe in den Punktbereich 3 – schwere Beeinträchtigungen, für den dann 7,5 gewichtete Punkte vergeben werden).
- **Gewichtete Punkte**: diese ergeben sich aus den Vorgaben des § 15 Abs. 2 S. 8 iVm Anlage 2.

---

9 Näher → § 140 Rn. 7 ff.
10 S. auch (krit.) Pfitzner, BeckOK-SozR, SGB XI § 14 Rn. 22.
11 Vgl. Meßling in: jurisPK-SGB XI, § 15 Rn. 29.

VI. Schritte zur Ermittlung der Pflegegrade (Abs. 2, 3 und 4) und Bewertung

Die Zuordnung der Pflegegrade erfolgt im Unterschied zur Feststellung der Pflegestufen nicht mehr nach dem zeitlichen Umfang des Hilfebedarfs. Die als Pflege anzusehende Hilfeleistung tritt insgesamt völlig in den Hintergrund.[12] Maßgeblich sind die nach einem sehr technisch erscheinenden Punktesystem zu beurteilenden **Beeinträchtigungen der Selbständigkeit oder der Fähigkeiten in sechs verschiedenen Modulen** [(1) Mobilität, (2) kognitive und kommunikative Fähigkeiten, (3) Verhaltensweisen und psychische Problemlagen, (4) Selbstversorgung, (5) Bewältigung von und selbständiger Umgang mit krankheits- und therapiebedingten Anforderungen und Belastungen, (6) Gestaltung des Alltagslebens und sozialer Kontakte]. Die Ermittlung des Gesamtergebnisses der Zuordnung der Pflegegrade wird nach § 15 Abs. 2 und 3, unter Berücksichtigung des Sonderfalls in Abs. 4, vorgenommen und erfolgt in zwei Hauptschritten:

1. Begutachtung (Abs. 2). Die Begutachtung der Beeinträchtigungen der Selbständigkeit oder der Fähigkeiten erfolgt für jedes Kriterium in jedem Modul in den jeweiligen Kategorien (§ 15 Abs. 2 iVm Anlage 1). Bei der Begutachtung sind die festgestellten Beeinträchtigungen der Selbständigkeit oder der Fähigkeiten jeweils einer bestimmten Kategorie (etwa „überwiegend unselbständig" oder „Fähigkeit in geringen Maße vorhanden") zuzuordnen. Diese (in der Regel jeweils vier) Kategorien werden in Anlage 1 für das jeweilige Kriterium angegeben. Mit der Zuordnung zu einer bestimmten Kategorie ist zugleich ein Punktwert (Einzelpunkte) verbunden.

Konkretisierungen sowohl zu den Kriterien als auch zu den Kategorien enthalten die nach § 17 Abs. 1 erlassenen **BRi**. Die jeweiligen Kriterien werden zu allen Modulen (Ausnahme für Modul 3) durch einzelne Handlungen oder Fähigkeiten definiert. Beispielsweise enthalten die BRi für das Kriterium „Halten einer stabilen Sitzposition" aus dem Modul Mobilität die Definition „sich auf einem Bett, Stuhl oder Sessel aufrecht halten".[13] Diese Definitionen werden auch als abschließend bezeichnet.[14]

Zentrale Konkretisierungen finden sich in den BRi auch für die Kategorien. Für die Kategorien zur Selbständigkeit (betrifft Module 1, 4 und 6) sind folgende Erläuterungen vorhanden:[15]

„*0 = selbständig*

Die Person kann die Handlung bzw. Aktivität in der Regel selbständig durchführen. Möglicherweise ist die Durchführung erschwert oder verlangsamt oder nur unter Nutzung von Hilfs-/Pflegehilfsmitteln möglich. Entscheidend ist jedoch, dass die Person keine personelle Hilfe benötigt. Vorübergehende oder nur vereinzelt auftretende Beeinträchtigungen sind nicht zu berücksichtigen.

1 = überwiegend selbständig

Die Person kann den größten Teil der Aktivität selbständig durchführen. Dementsprechend entsteht nur ein geringer, mäßiger Aufwand für die Pflegeperson. Überwiegend selbständig ist eine Person also dann, wenn lediglich folgende Hilfestellungen erforderlich sind:

*Unmittelbares **Zurechtlegen, Richten** von Gegenständen meint die Vorbereitung einer Aktivität durch Bereitstellung sächlicher Hilfen, damit die Person die Aktivität dann selbständig durchführen kann. Dabei wird vorausgesetzt, dass die Umgebung der antragstellenden Person so eingerichtet wird, dass die Person so weit wie möglich selbständig an alle notwendigen Utensilien herankommt und diese nicht jedes Mal angereicht werden müssen. Wenn dies aber nicht ausreicht (z. B. die Seife nicht von der Ablage am Waschbecken genommen werden kann, sondern direkt in die Hand gegeben werden muss), führt diese Beeinträchtigung zur Bewertung überwiegend selbständig.*

***Aufforderung** bedeutet, dass die Pflegeperson (ggf. auch mehrfach) einen Anstoß geben muss, damit die oder der Betroffene die jeweilige Tätigkeit allein durchführt. Auch wenn nur einzelne Handreichungen erforderlich sind, ist die Person als überwiegend selbständig zu beurteilen (punktueller Hilfebedarf, der lediglich an einzelnen Stellen des Handlungsablaufs auftritt). Einzelne Hinweise zur Abfolge der Einzelschritte meinen, dass zwischenzeitlich immer wieder ein Anstoß gegeben werden muss, dann aber Teilverrichtungen selbst ausgeführt werden können.*

***Unterstützung bei der Entscheidungsfindung** bedeutet, dass z. B. verschiedene Optionen zur Auswahl angeboten werden, die Person danach aber selbständig handelt.*

---

12 S. auch Pfitzner, BeckOK SozR, SGB XI § 14 Rn. 44 f.
13 BRi 4.9.1, F 4.1.2, S. 40.
14 BRi 4.9., S. 39 (mit Hinweis auf Ausnahme für Modul 3).
15 BRi 4.9., S. 37 ff.

Partielle Beaufsichtigung und Kontrolle meint die Überprüfung, ob die Abfolge einer Handlung eingehalten wird (ggf. unter Hinführung zu weiteren Teilschritten oder zur Vervollständigung) sowie die Kontrolle der korrekten und sicheren Durchführung. Hierzu gehört auch die Überprüfung, ob Absprachen eingehalten werden.

Punktuelle Übernahme von Teilhandlungen der Aktivität bedeutet, dass nur einzelne Handreichungen erforderlich sind, die Person den überwiegenden Teil der Aktivität aber selbständig durchführt.

Anwesenheit aus Sicherheitsgründen: Wenn eine Person eine Aktivität selbständig ausführen kann, aber aus nachvollziehbaren Sicherheitsgründen (z. B. Sturzgefahr, Krampfanfälle) die Anwesenheit einer anderen Person benötigt, trifft die Bewertung „überwiegend selbständig" zu.

2 = überwiegend unselbständig

Die Person kann die Aktivität nur zu einem geringen Anteil selbständig durchführen. Es sind aber Ressourcen vorhanden, so dass sie sich beteiligen kann. Dies setzt ggf. ständige Anleitung oder aufwendige Motivation auch während der Aktivität voraus oder Teilschritte der Handlung müssen übernommen werden. Zurechtlegen und Richten von Gegenständen, wiederholte Aufforderungen oder punktuelle Unterstützungen reichen nicht aus.

Alle der oben genannten Hilfen können auch hier von Bedeutung sein, reichen allerdings alleine nicht aus. Weitergehende Unterstützung umfasst vor allem:

Ständige Motivation im Sinne der motivierenden Begleitung einer Aktivität (notwendig vor allem bei psychischen Erkrankungen mit Antriebsminderung).

Ständige Anleitung bedeutet, dass die Pflegeperson den Handlungsablauf nicht nur anstoßen, sondern die Handlung demonstrieren oder lenkend begleiten muss. Dies kann insbesondere dann erforderlich sein, wenn die oder der Betroffene trotz vorhandener motorischer Fähigkeiten eine konkrete Aktivität nicht in einem sinnvollen Ablauf durchführen kann.

Ständige Beaufsichtigung und Kontrolle unterscheidet sich von der oben genannten „partiellen Beaufsichtigung und Kontrolle" nur durch das Ausmaß der erforderlichen Hilfe. Es ist ständige und unmittelbare Eingreifbereitschaft in die Handlung erforderlich.

Übernahme von Teilhandlungen der Aktivität bedeutet, dass ein erheblicher Teil der Handlungsschritte durch die Pflegeperson übernommen wird.

3 = unselbständig

Die Person kann die Aktivität in der Regel nicht selbständig durchführen bzw. steuern, auch nicht in Teilen. Es sind kaum oder keine Ressourcen vorhanden. Ständige Motivation, Anleitung und Beaufsichtigung reichen auf keinen Fall aus. Die Pflegeperson muss alle oder nahezu alle Teilhandlungen anstelle der betroffenen Person durchführen. Eine minimale Beteiligung ist nicht zu berücksichtigen (z. B. wenn sich die antragstellende Person im sehr geringen Umfang mit Teilhandlungen beteiligt)."

13 Diese allgemeinen Einschätzungsvorgaben werden für die Kriterien in den Modulen 2, 3 und 5 in abgewandelter Form entsprechend dieser Skala an den jeweiligen Stellen in den BRi erläutert.

14 2. Berechnung und Zuordnung der Pflegegrade (Abs. 3). a) Addition der Einzelpunkte und Bestimmung der gewichteten Punkte (Abs. 3 S. 1, 2). Nachdem alle Einzelpunkte durch die Begutachtung aller vorgesehenen Kriterien ermittelt sind, werden diese addiert. Das Ergebnis wird entsprechend den Vorgaben in Anlage 2 für jedes Modul nach der dort vorgegebenen Bewertungssystematik einem Schweregrad der Beeinträchtigungen der Selbständigkeit oder der Fähigkeiten zugeordnet, der in der Bezeichnung bereits den Pflegegraden (nur bis Pflegegrad 4) entspricht. Nach der Tabelle in Anlage 2 sind jedem Schweregrad in den einzelnen Modulen gewichtete Punkte zugeordnet. Eine Besonderheit besteht darin, dass den Modulen 2 und 3 nur gemeinsam gewichtete Punkte zugeordnet sind; insoweit werden nur einmal gewichtete Punkte „vergeben", je nachdem, in welchem Modul nach der Summe der Einzelpunkte ein höherer Schweregrad der Beeinträchtigungen der Selbständigkeit oder der Fähigkeiten erreicht wird. Erreicht etwa die Summe der Einzelpunkte in Modul 2 den Schweregrad 3 und in Modul 3 den Schweregrad 4, so werden als gewichtete Punkte für beide Module einmalig die gewichteten Punkte des Schweregrads 4 (hier 15) vergeben.

15 b) Ermittlung der Gesamtpunkte (Abs. 3 S. 3). Die gewichteten Punkte werden sodann zu den Gesamtpunkten addiert.

16 c) Ergebnis der Zuordnung der Pflegegrade (Abs. 3 S. 4, Abs. 4). Entsprechend dem Gesamtergebnis der gewichteten Punkte (Gesamtpunkte) werden die Pflegegrade 1 bis 5 nach den Vorgaben des Abs. 3 S. 4 zugeordnet. Gleichzeitig folgt aus den Anforderungen für den Pflegegrad 1, dass die Zuordnung

eines Pflegegrades zumindest eine gewisse Schwere voraussetzt, auch wenn für den Pflegegrad 1 nach Abs. 3 S. 4 Nr. 1 schon „geringe Beeinträchtigungen der Selbständigkeit oder der Fähigkeiten" (Mindestgesamtpunkte 12,5) ausreichen. Ab 27 Gesamtpunkten wird der Pflegegrad 2 erreicht; ab 47,5 Gesamtpunkten ist die pflegebedürftige Person dem Pflegegrad 3 zuzuordnen.

Eine Sonder- oder **Ausnahmeregelung** für den Pflegegrad 5 enthält noch **Abs. 4**: In Fällen, in denen sich die gesundheitlichen Probleme einer pflegefachlichen Systematisierung im neuen Begutachtungsinstrument entziehen und dadurch – trotz einer vergleichbaren Schwere von Beeinträchtigungen der Selbständigkeit oder der Fähigkeiten – nicht der Pflegegrad 5 erreicht wird, können die betroffenen Personen nach dem Gesetz dennoch dem Pflegegrad 5 zugeordnet werden. Notwendig ist stets ein spezifischer, außergewöhnlicher Hilfebedarf mit besonderen Anforderungen an die pflegerische Versorgung (Abs. 4 S. 1). Nach den Gesetzesmaterialien wurde eine solche Sondersituation durch die Praktikabilitätsstudie des MDS[16] allerdings nur bei einer **Gebrauchsunfähigkeit beider Arme und beider Beine** festgestellt. Eine solche Gebrauchsunfähigkeit liege danach auch bei einem vollständigen Verlust der Greif-, Steh- und Gehfunktionen vor.[17] Entsprechend diesen Ergebnissen enthalten die nach Abs. 4 S. 2 geforderten Konkretisierungen der gesetzlichen Vorgaben in den BRi nach § 17 Abs. 1 auch nur Regelungen für diesen einen Fall.[18] 17

In den Gesetzesmaterialien wird darauf hingewiesen, dass Abs. 4 keine Ermächtigung zur Einzelfallentscheidung darstelle. Vielmehr handele es sich um sehr seltene Fallkonstellationen, bei der eine regelhafte Ergänzung der Einstufung vorzunehmen sei.[19] Der Wortlaut des Abs. 4 S. 1 bietet für diese restriktive Anwendung allerdings keinen Ansatzpunkt. Insoweit spricht entgegen der „Absicht des Gesetzgebers" einiges dafür, dass sich Pflegebedürftige auch unabhängig von einer regelhaften Sondersituation und ohne Erfassung in den BRi auf die Sonderregelung der Zuordnung des Pflegegrad 5 nach Abs. 4 S. 1 berufen könnten. Allerdings wäre dafür der Nachweis notwendig, dass sie durch das Begutachtungsinstrument nicht angemessen in ihrem Hilfebedarf erfasst werden, dass im Ergebnis bei strikter Anwendung der Schritte nach Abs. 2 und 3 eine Ungleichbehandlung entstünde. Ob ein solcher Nachweis – anders als nach der früheren Rechtslage und der Relevanz des zeitlichen Umfangs der Hilfeleistungen – angesichts der in den Ermittlungsschritten enthaltenen zahlreichen Wertungen tatsächlich möglich ist, erscheint jedoch zweifelhaft. Davon abgesehen betrifft Abs. 4 nur den Fall der (nicht erreichten) Zuordnung zu Pflegegrad 5. 18

3. Stellungnahme. In der Literatur ist wiederholt auf die Komplexität und fehlende Nachvollziehbarkeit des Ergebnisses der Pflegegrad-Ermittlung hingewiesen worden.[20] Das Berechnungsmodell mit mehreren Bewertungs- und Gewichtungsschritten hinterlässt wegen der fehlenden Möglichkeit jeder Plausibilitätskontrolle in der Tat ein gewisses Unbehagen. Allerdings lassen sich die einzelnen Schritte auf dem Weg zum Ergebnis direkt aus dem Gesetz (§ 15 iVm den Anlagen 1 und 2) gut ableiten und damit gut nachvollziehen. Das gilt jedoch im Grunde nur für die einzelnen Rechenschritte. Die in den Bewertungen und Berechnungen enthaltenen normativen Wertungen sind zumindest für den Laien nicht nachvollziehbar. Dem Betroffenen bleibt nur, auf die inhaltliche (pflegefachliche) Richtigkeit der Wertungen zu vertrauen. 19

Streitpotential bieten etwa die Abstufungen zwischen den jeweiligen Kategorien (so etwa zwischen „überwiegend unselbständig" und „überwiegend selbständig"). Die BRi konkretisieren die jeweiligen Kriterien innerhalb der Module, indem sie diese definieren. Für diese Abstufungen enthalten die BRi jeweils Formulierungen,[21] die allerdings ebenfalls etliche Fragen offenlassen. Das hängt vor allem damit zusammen, dass regelmäßig nur Beispiele für eine bestimmte Kategorie genannt werden (können) und damit notgedrungen ein faktischer Beurteilungs- oder Einschätzungsspielraum für den Gutachter verbleibt. 20

Insoweit konnte die frühere Bemessung der Pflegestufe am zeitlichen Umfang des Hilfebedarfs leichter nachvollzogen und damit auch „kontrolliert" werden. Angesichts der erheblichen Inkonsequenzen des alten Pflegebedürftigkeitsbegriffs sind diese Nachteile heute wohl hinnehmbar, auch wenn die wieder- 21

---

16 Kimmel ua, Praktikabilitätsstudie zur Einführung des Neuen Begutachtungsassessments NBA in der Pflegeversicherung, 2015 (Schriftenreihe des GKV-Spitzenverbands – Modellprogramm zur Weiterentwicklung der Pflegeversicherung, Bd. 12).
17 BT-Dr. 18/5926, 114; Kimmel ua, Praktikabilitätsstudie, S. 63 ff.
18 BRi 4.9, F 4.1.6, S. 42.
19 BT-Dr. 18/5926, 114.
20 Udsching, jurisPR-SozR 2/2017 Anm. 1; Pfitzner, BeckOK-SozR, SGB XI § 14 vor Rn. 1, Rn. 12.
21 → Rn. 12.

holten Hinweise im Gesetz auf die „pflegefachliche Begründung" (§ 15 Abs. 1 S. 2, Abs. 2 S. 4, Abs. 4 S. 2 oder auch § 14 Abs. 2) den unguten Eindruck hinterlässt, dass sich der Gesetzgeber angesichts eigener Zweifel genötigt sah, die pflegefachliche Begründung seiner Regelungen nahezu zu beschwören. Ob die Module und Kriterien sowie die Bewertung mit Einzelpunkten und Gewichtungen sinnvoll gebildet wurden und sich zumindest fachlich rechtfertigen lassen, ist eine Frage der materiellen Gesetzesbegründung. In der Regel finden solche Begründungen Eingang in die Materialien, nicht jedoch in den Gesetzestext. Vor allem kann die Angemessenheit der Zuordnung von Pflegegraden nicht normativ angeordnet werden, was der Gesetzgeber aber mit seinen wiederholten Hinweisen auf die pflegefachliche Fundierung des gesamten Begutachtungs- und Bewertungsvorgangs offenbar versucht. Vor diesem Hintergrund erscheinen die Neuregelungen zur Bestimmung der Pflegegrade keineswegs uneingeschränkt überzeugend.

22 Vorteile weist das Begutachtungsinstrument gegenüber der früheren Prüfung der Pflegebedürftigkeit dagegen eindeutig insoweit auf, als nach dem ursprünglichen Begriff auch die persönlichen Lebensgewohnheiten und das konkrete Lebensumfeld des Pflegebedürftigen eine maßgebliche Rolle spielen mussten,[22] auch wenn dies bei der praktischen Begutachtung meist durch Zeitpauschalen unberücksichtigt blieb. Der heutige Maßstab sind allein die Beeinträchtigungen der Selbständigkeit oder der Fähigkeiten des Pflegebedürftigen. Damit kommt es auch nicht mehr darauf an, ob der Pflegebedürftige eine bestimmte Handlung tatsächlich vornimmt oder nicht und ob er dazu tatsächlich einer Hilfe bedarf.

VII. Verhältnis zu Krankenversicherungsleistungen (Abs. 5)

23 Abs. 5 enthält Klarstellungen im Hinblick auf das Verhältnis zwischen Pflegeversicherung und Krankenversicherung; diese entsprechen grundsätzlich der bisherigen Rechtslage und Rechtsprechung. So kommt es für die zu begutachtenden, in § 14 Abs. 2 genannten Kriterien nicht darauf an, ob sie zu Hilfebedarf führen, der sich als eine Maßnahme der Behandlungspflege im Sinne des § 37 Abs. 2 SGB V darstellt. Wie vorausgehend erwähnt (→ § 14 Rn. 20), ist die Hilfe bzw. die Pflegemaßnahme kein Gegenstand der Begutachtung. Aus den Beeinträchtigungen der Selbständigkeit oder der Fähigkeiten wird auf die Notwendigkeit der „Hilfe durch andere" (§ 14 Abs. 1 S. 1) geschlossen, ohne dass diese selbst noch festgestellt würde. Insoweit stellt sich im Grunde die nach alter Rechtslage extrem relevante Frage der Abgrenzung von Behandlungspflege und Grundpflege nicht mehr.[23] Die Doppelzuständigkeit von Krankenversicherung und Pflegeversicherung ist kein Problem der Feststellung der Pflegebedürftigkeit mehr, wie dies noch nach alter Rechtslage war. Sie wirkt sich nur noch auf die Leistungsansprüche aus.[24]

VIII. Sonderfall: Kinder (Abs. 6 und 7)

24 **1. Allgemeine Kriterien zur Einschätzung von Kindern (Abs. 6).** Für die Beurteilung der Pflegebedürftigkeit von Kindern ordnet Abs. 6 S. 1 einen Vergleich mit „altersentsprechend entwickelten Kindern" an. Welche Personen das Gesetz als Kinder erfassen will, ist nicht eindeutig. Sind im Kontext des SGB VIII grundsätzlich etwa Personen bis zum vollendeten 14. Lebensjahr als Kinder anzusehen (§ 7 Abs. 1 Nr. 1 SGB VIII), so lässt sich diese Altersbegrenzung aufgrund des anderen Kontextes nicht notwendigerweise analog auf die Regelungen des SGB XI anwenden. Interessanterweise behandeln die BRi im Abschnitt „5 Feststellung der Pflegebedürftigkeit bei Kindern und Jugendlichen bis 18 Jahre" Kinder und Jugendliche gemeinsam, obwohl § 15 Abs. 6 allein von Kindern spricht. Gleichzeitig wird in den BRi aber festgestellt, dass Kinder ab 11 Jahren in allen Modulen des Begutachtungsinstruments bei altersentsprechender Entwicklung selbständig seien, so dass dann der Vergleich zwischen dem zu begutachtenden Kind und dem altersentsprechend entwickelten Kind nicht mehr greife.[25] Das Begutachtungsformular für Kinder wird bei minderjährigen Antragstellern gleichwohl weiterverwendet, dann aber nur noch „im Sinne einer altersgerechten Formulierung" herangezogen.[26]

25 Mit dem heutigen Vergleich („altersentsprechend entwickelt") präzisiert der Gesetzgeber im Verhältnis zur früheren Rechtslage (Vergleich mit „gesunden gleichaltrigen Kindern" gem. Abs. 2 aF) den zentralen Gesichtspunkt, nämlich den Ausschluss aller altersentsprechenden Beeinträchtigungen der Selb-

---

[22] S. 1. Aufl. § 15 Rn. 9 ff.
[23] Anders aber wohl Meßling in: jurisPK-SGB XI § 15 Rn. 95, § 14 Rn. 42 ff.
[24] Dazu → § 36 Rn. 14.
[25] Vgl. BRi 5 (vor 5.1), S. 109.
[26] Vgl. BRi 5 (vor 5.1), S. 110.

ständigkeit oder der Fähigkeiten als Beurteilungsgrundlage. Insofern ist die Regelung als Weiterentwicklung der bisherigen Regelungen zu begreifen.

Bei der Begutachtung von Kindern besteht die zentrale Schwierigkeit darin, dass der altersentsprechende Entwicklungsstand Bandbreiten aufweist und sich nur anhand von Durchschnittswerten erfassen lässt. Folglich kann nicht schon jede Entwicklungsverzögerung als Beeinträchtigung der Selbständigkeit oder der Fähigkeiten angesehen werden. Die BRi lösen diese Schwierigkeit, indem zeitliche Bandbreiten des Alters angegeben werden, zu dem ein Kind im Hinblick auf eine bestimmte Selbständigkeit oder Fähigkeit altersentsprechend zB als „unselbständig", „überwiegend unselbständig", „überwiegend selbständig" oder „selbständig" anzusehen ist. Führt dann die (davon zunächst unabhängige) Begutachtung bei dem konkreten Kind zB zur Feststellung der Kategorie „unselbständig", ist in einem zweiten Schritt zu prüfen, welchen Entwicklungsstand das Kind altersentsprechend aufweisen „müsste". Wäre die Einstufung als „unselbständig" altersentsprechend, lägen insoweit keine Beeinträchtigungen der Selbständigkeit oder der Fähigkeiten vor; bei einer altersentsprechenden Entwicklung von „überwiegend unselbständig", wäre für dieses Kriterium der Punktbereich 1 („geringe Beeinträchtigungen der Selbständigkeit oder der Fähigkeiten") gem. § 15 Abs. 2 S. 6 Nr. 2 anzusetzen. Maßgeblich ist immer die Differenz der Schweregrade zwischen dem altersentsprechenden und dem vorliegenden Entwicklungsstand.

Beispiel 1: Bei dem Kriterium 4.1 „Waschen des vorderen Oberkörpers" wird ein dreijähriges Kind als unselbständig eingeschätzt. Nach der Vergleichstabelle der BRi besitzt ein dreijähriges Kind einen altersentsprechenden Selbständigkeitsgrad, nach dem es diese Tätigkeit „überwiegend unselbständig" ausführen kann. Im Ergebnis besteht also eine Differenz von einer Kategorie, so dass für das Kriterium 4.1 ein Punktwert von 1 festzustellen ist.

Beispiel 2: Bei dem Kriterium 4.8 „Essen" wird dasselbe dreijährige Kind ebenfalls als unselbständig bewertet. Nach der Vergleichstabelle der BRi besitzt ein dreijähriges Kind einen altersentsprechenden Selbständigkeitsgrad, nach dem es diese Tätigkeit „selbständig" ausführen kann. Im Ergebnis besteht eine Differenz von drei Kategorien; da bei dem Kriterium 4.8 eine Dreifachwertung vorzunehmen ist (Anlage 1 zu Modul 4 Ziff. 4.8), beträgt hier der festzustellende Punktwert 9.[27]

Schließlich ist noch fraglich, ob die in den BRi angegebenen Einschätzungen hinsichtlich der altersentsprechenden Selbständigkeitsgrade rechtlich verbindlich sind. Da es sich bei den BRi um Verwaltungsvorschriften handelt, sind sie im Ergebnis nur für den Gutachter, nicht aber im Außenverhältnis rechtlich bindend. Das Gericht kann daher die Einschätzung in vollem Umfang überprüfen. Nachdem das BSG die BRi lediglich als Zeitkorridore mit Leitfunktion bezeichnet hat,[28] hatte das BSG zuletzt die Einschätzungen nach der Vorgängerfassung der BRi uneingeschränkt akzeptiert.[29]

Nach der Ermittlung der Gesamtpunkte, für die bei Kindern keine Abweichungen gelten, erfolgt ihre Einstufung entsprechend der der Erwachsenen. Auch das folgt aus Abs. 6 S. 2, der die analoge Anwendung der Abs. 1 bis 5 anordnet.

2. Sonderregelung für Kinder bis 18 Monaten (Abs. 7). Anders als nach Abs. 6 S. 2 wird für Kinder bis 18 Monaten die Einstufung in die jeweiligen Pflegegrade nicht nach Abs. 3 S. 4 vorgenommen. Hier trifft Abs. 7 eine Sonderregelung, die wesentlich günstiger für die Betroffenen ist: Es gibt keinen Pflegegrad 1; mit den Gesamtpunkten, die bei Erwachsenen zu Pflegegrad 1 führen, werden Säuglinge und Kleinkinder bis 18 Monaten in Pflegegrad 2 eingestuft. Entsprechendes gilt für die Voraussetzungen der Gesamtpunktzahlen zu den Pflegegraden 2, 3 und 4 bei Erwachsenen, die bei diesen Kindern zu den Pflegegraden 3, 4 und 5 führen. Auf diese Weise soll den natürlichen Entwicklungsschwankungen Rechnung getragen werden.[30]

§ 16 Verordnungsermächtigung

¹Das Bundesministerium für Gesundheit wird ermächtigt, im Einvernehmen mit dem Bundesministerium für Familien, Senioren, Frauen und Jugend und dem Bundesministerium für Arbeit und Soziales

---

27 Vgl. BRi 5 (vor 5.1), Tabellen S. 110 ff.; zur Differenzberechnung s. Tabelle u. Text S. 114.
28 BSG, 29.4.1999, B 3 P 7/98 R, juris Rn. 31; BSG, 13.5.2004, B 3 P 7/03 R, juris Rn. 32.
29 Siehe BSG, 15.3.2012, B 3 P 1/11 R, BSGE 110, 274, juris Rn. 13.
30 BT-Dr. 18/5926, 115; Pfitzner, BeckOK-SozR, SGB XI § 15 Rn. 14, sieht darin ein Lösen vom Grundsatz der Teilabsicherung.

durch Rechtsverordnung mit Zustimmung des Bundesrates Vorschriften zur pflegefachlichen Konkretisierung der Inhalte des Begutachtungsinstruments nach § 15 sowie zum Verfahren der Feststellung der Pflegebedürftigkeit nach § 18 zu erlassen. ²Es kann sich dabei von unabhängigen Sachverständigen beraten lassen.

I. Entstehungsgeschichte

1 § 16 basiert auf Art. 1 PflegeVG vom 26.5.1994.[1] Der Verweis auf die „Anwendung der Härtefallregelung des § 36 Abs. 4 und des § 43 Abs. 3" wurde durch Art. 1 Nr. 6 des 1. SGB XI-ÄndG vom 14.6.1996[2] eingefügt. Danach folgten bislang vier Änderungen hinsichtlich der Bezeichnungen und der Berücksichtigung der Ministerien (Art. 41 der 6. ZuständigkeitsanpassungsVO vom 21.9.1997,[3] Art. 219 Nr. 2 der 7. ZuständigkeitsanpassungsVO vom 29.10.2001,[4] Art. 212 Nr. 2 der 8. ZuständigkeitsanpassungsVO vom 25.11.2003[5] und Art. 264 Nr. 2 der 9. ZuständigkeitsanpassungsVO vom 31.10.2006).[6] Durch Art. 2 Nr. 7 des PSG II vom 21.12.2015 ist die Regelung neu gefasst worden.[7]

II. Regelungsgehalt und Normzweck

2 Die Norm enthält eine Ermächtigung zum Erlass von Rechtsverordnungen für zwei Regelungsbereiche: zur Konkretisierung der Inhalte des Begutachtungsinstruments nach § 15 und zum Verfahren der Begutachtung nach § 18. Nach den Gesetzesmaterialien hatte der Gesetzgeber mit der Vorschrift die Absicht verfolgt, auf einfachem Wege (durch eine Rechtsverordnung) Entwicklungen in der Praxis zu korrigieren und durch weitere Konkretisierungen steuernd einzugreifen.[8] Solche Entwicklungen, die zu korrigieren wären, könnten gerade auch durch Richtlinien auf der Grundlage der §§ 17, 53a ausgelöst werden. Insofern ist der Gesetzgeber aber selbst bereits von der Subsidiarität der Rechtsverordnung gegenüber der einheitlichen Anwendung des Rechts auf der Grundlage der Richtlinien gem. § 17 ausgegangen.[9] Daran hat sich durch die Neufassung der Regelung im Rahmen des PSG II nichts geändert.

III. Ermächtigung zum Erlass von Rechtsverordnungen

3 § 16 S. 1 eröffnet die Möglichkeit zum Erlass von Rechtsverordnungen. Dabei handelt es sich – im Gegensatz zu den Richtlinien nach §§ 17, 53a – um (untergesetzliche) Rechtsnormen, also um Außenrechtssätze im Rang unter dem formellen Gesetz mit unmittelbarer Rechtswirkung gegenüber dem Bürger. Nach Art. 80 Abs. 1 S. 2 GG muss die Ermächtigungsgrundlage Inhalt, Zweck und Ausmaß der erteilten Ermächtigung hinreichend genau bestimmen. Dies ist mit § 16 S. 1 ausreichend geschehen: So können in der Rechtsverordnung (oder den Rechtsverordnungen) Regelungen zur Konkretisierung der Inhalte des Begutachtungsinstruments nach § 15 und zum Verfahren der Begutachtung nach § 18 getroffen werden. Damit sind der Inhalt und das Ausmaß der Regelung der Rechtsverordnungen hinreichend genau bestimmt. Der Zweck der Ermächtigung ist im Text selbst nicht genannt, doch reicht es nach der Rechtsprechung des Bundesverfassungsgerichts grundsätzlich aus, wenn sich dieser mithilfe der allgemeinen Auslegungskriterien erschließen lässt.[10] Dies ist im vorliegenden Fall bereits durch die systematische Interpretation im Zusammenhang mit § 17 sowie durch die Gesetzentwurfsbegründung gewährleistet.

4 Nach dem neuen S. 2 darf sich das BMG hinsichtlich des Erlasses der Rechtsverordnung(en) von unabhängigen Sachverständigen beraten lassen. Welchen rechtlichen Gehalt diese Regelung besitzen soll, ist nicht ersichtlich. Die Beratung durch Sachverständige ist keine regelungsbedürftige Materie und kann, solange die Letztentscheidung beim zuständigen Normgeber liegt, auch sonst praktiziert werden. Wollte der Gesetzgeber damit eine Entscheidungsbefugnis für die Sachverständigen andeuten, wä-

---

1 BGBl. I, 1014; dazu BT-Dr. 12/5262, 99.
2 BGBl. I, 830; s. dazu BT-Dr. 13/3696, 12.
3 BGBl. I, 2390.
4 BGBl. I, 2785.
5 BGBl. I, 2304.
6 BGBl. I, 2407.
7 BGBl. I, 2424.
8 BT-Dr. 12/5262, 99.
9 Siehe BT-Dr. 12/5262, 99 (zu § 15 – Richtlinien der Pflegekassen).
10 Siehe etwa BVerfG, 14.3.1989, 1 BvR 1033/82 ua, BVerfGE 80, 1, 20 f., juris Rn. 58; BVerfG, 7.11.1991, 1 BvR 1469/86, BVerGE 85, 97, juris Rn. 29 f.

re dies verfassungsrechtlich aufgrund der fehlenden demokratischen Legitimation der konkreten Sachverständigen verfassungswidrig.

IV. Umsetzung

Bis heute ist keine Rechtsverordnung auf der Grundlage des § 16 erlassen worden. Auch nach der Reform des Pflegebedürftigkeitsbegriffs ist nicht mit einer Rechtsverordnung zu rechnen.

§ 17 Richtlinien der Pflegekassen

(1) ¹Der Spitzenverband Bund der Pflegekassen erlässt mit dem Ziel, eine einheitliche Rechtsanwendung zu fördern, unter Beteiligung des Medizinischen Dienstes des Spitzenverbandes Bund der Krankenkassen Richtlinien zur pflegefachlichen Konkretisierung der Inhalte des Begutachtungsinstruments nach § 15 sowie zum Verfahren der Feststellung der Pflegebedürftigkeit nach § 18 (Begutachtungs-Richtlinien). ²Er hat dabei die Vereinigungen der Träger der Pflegeeinrichtungen auf Bundesebene, den Verband der privaten Krankenversicherung e.V., die Bundesarbeitsgemeinschaft der überörtlichen Träger der Sozialhilfe, die kommunalen Spitzenverbände auf Bundesebene und die Verbände der Pflegeberufe auf Bundesebene zu beteiligen. ³Ihnen ist unter Übermittlung der hierfür erforderlichen Informationen innerhalb einer angemessenen Frist vor der Entscheidung Gelegenheit zur Stellungnahme zu geben. ⁴Die Stellungnahmen sind in die Entscheidung einzubeziehen. ⁵Die maßgeblichen Organisationen für die Wahrnehmung der Interessen und der Selbsthilfe der pflegebedürftigen und behinderten Menschen wirken nach Maßgabe der nach § 118 Absatz 2 erlassenen Verordnung beratend mit. ⁶§ 118 Absatz 1 Satz 2 und 3 gilt entsprechend.

(1 a) ¹Der Spitzenverband Bund der Pflegekassen erlässt unter Beteiligung des Medizinischen Dienstes des Spitzenverbandes Bund der Krankenkassen bis zum 31. Juli 2018 Richtlinien zur einheitlichen Durchführung der Pflegeberatung nach § 7 a, die für die Pflegeberater und Pflegeberaterinnen der Pflegekassen, der Beratungsstellen nach § 7 b Absatz 1 Satz 1 Nummer 2 sowie der Pflegestützpunkte nach § 7 c unmittelbar verbindlich sind (Pflegeberatungs-Richtlinien). ²An den Richtlinien nach Satz 1 sind die Länder, der Verband der privaten Krankenversicherung e.V., die Bundesarbeitsgemeinschaft der überörtlichen Träger der Sozialhilfe, die kommunalen Spitzenverbände auf Bundesebene, die Bundesarbeitsgemeinschaft der Freien Wohlfahrtspflege sowie die Verbände der Träger der Pflegeeinrichtungen auf Bundesebene zu beteiligen. ³Den Verbänden der Pflegeberufe auf Bundesebene, unabhängigen Sachverständigen sowie den maßgeblichen Organisationen für die Wahrnehmung der Interessen und der Selbsthilfe der pflegebedürftigen und behinderten Menschen sowie ihrer Angehörigen ist Gelegenheit zur Stellungnahme zu geben.

(1 b) ¹Der Spitzenverband Bund der Pflegekassen erlässt unter Beteiligung des Medizinischen Dienstes des Spitzenverbandes Bund der Krankenkassen bis zum 30. November 2016 Richtlinien zur Feststellung des Zeitanteils, für den die Pflegeversicherung bei ambulant versorgten Pflegebedürftigen, die einen besonders hohen Bedarf an behandlungspflegerischen Leistungen haben und die Leistungen der häuslichen Pflegehilfe nach § 36 und der häuslichen Krankenpflege nach § 37 Absatz 2 des Fünften Buches beziehen, die hälftigen Kosten zu tragen hat. ²Von den Leistungen der häuslichen Pflegehilfe nach § 36 sind dabei nur Maßnahmen der körperbezogenen Pflege zu berücksichtigen. ³Im Übrigen gilt § 17 Absatz 1 Satz 2 bis 6 entsprechend. ⁴Der Spitzenverband Bund der Pflegekassen gibt eine wissenschaftliche Evaluation der Richtlinien in Auftrag. ⁵Ein Bericht über die Ergebnisse der Evaluation ist bis zum 31. Dezember 2018 zu veröffentlichen.

(2) ¹Die Richtlinien nach den Absätzen 1, 1 a und 1 b werden erst wirksam, wenn das Bundesministerium für Gesundheit sie genehmigt. ²Die Genehmigung gilt als erteilt, wenn die Richtlinien nicht innerhalb eines Monats, nachdem sie dem Bundesministerium für Gesundheit vorgelegt worden sind, beanstandet werden. ³Beanstandungen des Bundesministeriums für Gesundheit sind innerhalb der von ihm gesetzten Frist zu beheben.

Literatur:

Kessler-Jensch, Die Richtlinien im SGB XI, 2005; *Lehmann-Franßen*, Die Beachtlichkeit der Richtlinien nach § 17 SGB XI, 2003; *Mutschler*, Mehr Richtlinien versus mehr Ermessensspielraum in der Begutachtung – aus juristischer Sicht, MEDSACH 2002, 42; *Pick/Brüggemann*, Qualitätsprüfungs-Richtlinien –

Neue Grundlagen für die MDK-Prüfung, RDG 2009, 206; *Udsching*, Richtlinien in der Pflegeversicherung, Festschrift für Krasney, 1997, S. 677.

I. Entstehungsgeschichte	1	V. Tatbestandsvoraussetzungen	7
II. Regelungsgehalt und Normzweck	2	1. Begutachtungs-Richtlinien (Abs. 1)	7
III. Verhältnis zu § 53 a	4	2. Pflegeberatungs-Richtlinien (Abs. 1 a)	10
IV. Rechtsnatur der Richtlinien und ihre rechtliche Bedeutung	5	3. Kostenabgrenzungs-Richtlinien (Abs. 1 b)	12
		VI. Aktuelle Richtlinien	13

I. Entstehungsgeschichte

1 § 17 war von Anfang an im SGB XI enthalten (Art. 1 PflegeVG vom 26.5.1994).[1] Redaktionelle Änderungen folgten durch Art. 1 Nr. 7 des 1. SGB XI-ÄndG vom 14.6.1996.[2] Mit der Ersetzung des Wortes „Behinderten" durch „behinderte Menschen" folgte eine Anpassung an den Sprachgebrauch des SGB IX durch Art. 10 Nr. 8 des Gesetzes vom 19.6.2001.[3] Zudem folgten in Abs. 2 bislang drei Änderungen hinsichtlich der Bezeichnung des Ministeriums (Art. 219 Nr. 3 der 7. ZuständigkeitsanpassungsVO vom 29.10.2001,[4] Art. 212 Nr. 1 der 8. ZuständigkeitsanpassungsVO vom 25.11.2003[5] und Art. 264 Nr. 1 der 9. ZuständigkeitsanpassungsVO vom 31.10.2006).[6] Abs. 1 erfuhr weitere Änderungen durch Art. 8 Nr. 5 GKV-Wettbewerbsstärkungsgesetz vom 26.3.2007.[7] Eine umfangreiche Neufassung des Abs. 1 sowie die Einfügung der Abs. 1 a und 1 b erfolgten mit dem PSG II vom 21.12.2015[8] mit Wirkung zum 1.1.2016.

II. Regelungsgehalt und Normzweck

2 Abs. 1 S. 1 enthält eine Verpflichtung des Spitzenverbandes Bund der Pflegekassen, dessen Aufgaben gem. § 53 der Spitzenverband Bund der Krankenkassen wahrnimmt, zum Erlass von Richtlinien zur Konkretisierung der Inhalte des Begutachtungsinstruments nach § 15 sowie zum Verfahren der Feststellung der Pflegebedürftigkeit nach § 18 (Begutachtungs-Richtlinien). Folglich ist der Gegenstand der Begutachtungs-Richtlinien identisch mit den Inhalten, für die § 16 eine Ermächtigung zum Erlass einer Rechtsverordnung enthält.

3 Welches Ziel der Gesetzgeber mit der Ermächtigung zum Erlass der Richtlinien verfolgt, hat er selbst in den Gesetzestext aufgenommen (Abs. 1 S. 1): Es geht um die Förderung einer einheitlichen Rechtsanwendung. Angestrebt wird also eine einheitliche Beurteilungspraxis bei den Medizinischen Diensten, den unabhängigen Gutachtern und den Pflegekassen, ein einheitlicher Gesetzesvollzug.[9] Zum Zweck der inhaltlichen Ausgewogenheit der Richtlinien wird zusätzlich eine Reihe von Beteiligungserfordernissen aufgestellt. So enthält Abs. 1 zusätzlich Vorgaben für die am Erlass der Richtlinien zu beteiligenden Verbände (Abs. 1 S. 2) bzw. für die Beteiligung des MDK (Abs. 1 S. 1). Zusätzlich ist eine beratende Mitwirkung der „maßgeblichen Organisationen für die Wahrnehmung der Interessen und der Selbsthilfe der pflegebedürftigen und behinderten Menschen" vorgesehen (Abs. 1 S. 5). Darüber hinaus gilt ein ministerielles Genehmigungserfordernis (Abs. 2 S. 1).

III. Verhältnis zu § 53 a

4 Mit dem 1. SGB XI-ÄndG 1996 ist durch § 53 a eine zusätzliche Verpflichtung zum Erlass von Richtlinien eingeführt worden, die ua die Zusammenarbeit der Pflegekassen mit dem MDK und die Begutachtung betrifft (§ 53 a S. 1 Nr. 1, 2). Dies führt zu gewissen Überschneidungen mit § 17, was im Hinblick auf die unterschiedlichen Beteiligungserfordernisse beim Erlass Probleme aufwerfen könnte. Zudem enthält das Gesetz, wenn auch unter Verweis auf § 17, auch noch an anderen Stellen Ermächtigungen zum Erlass von Richtlinien (§ 15 Abs. 4 S. 2, § 18 Abs. 3 S. 11, Abs. 5 a S. 4, Abs. 6 a S. 6). In-

---

1 BGBl. I, 1014; dazu BT-Dr. 12/5262, 99; zu den Änderungen im Gesetzgebungsverfahren s. BT-Dr. 12/5920, 23, 35 f.; BT-Dr. 12/6424, 2 (Antrag zum Vermittlungsverfahren).
2 BGBl. I, 830; s. dazu BT-Dr. 13/3696, 12.
3 BGBl. I, 1046; s. dazu BT-Dr. 14/5074, 64, 122.
4 BGBl. I, 2785.
5 BGBl. I, 2304.
6 BGBl. I, 2407.
7 BGBl. I, 378; dazu BT-Dr. 16/3100, 185 f.
8 BGBl. I, 2424; dazu BT-Dr. 18/5926, 88 ff.
9 Vgl. BT-Dr. 12/5262, 99.

dem die BRi [Richtlinien des GKV-Spitzenverbandes zum Verfahren der Feststellung der Pflegebedürftigkeit sowie zur pflegefachlichen Konkretisierung der Inhalte des Begutachtungsinstruments nach dem Elften Buch des Sozialgesetzbuches (Begutachtungsrichtlinien-BRi)] aber regelmäßig auf beide zentralen rechtlichen Grundlagen (§ 17 und § 53 a) gestützt und damit auch den Vorgaben beider Regelungen unterstellt werden,[10] ergeben sich im praktischen Ergebnis keine Probleme.

IV. Rechtsnatur der Richtlinien und ihre rechtliche Bedeutung

Bei den Richtlinien nach § 17 handelt es sich trotz der ausdrücklichen gesetzlichen Normierung und der darin enthaltenen Pflicht zum Erlass um **Verwaltungsvorschriften**. Damit sind es „Vorschriften der Verwaltung für die Verwaltung",[11] sogenanntes Verwaltungsbinnenrecht, das zwar die Verwaltung selbst, nicht aber den Bürger und nicht die Gerichte bindet.[12] Obwohl in § 17 keine Regelung dazu besteht, wird unter Verweis auf § 53 a S. 3 von der Bindung des MDK ausgegangen.[13] Wie sonstige Verwaltungsvorschriften werden die Richtlinien von den Gerichten vor allem als Auslegungshilfe genutzt. Gleichzeitig werden sie vollständig auf ihre Übereinstimmung mit dem Gesetz überprüft. Soweit das Gericht einen Widerspruch zum Gesetz oder zu einer anderen Rechtsnorm feststellt, bleiben die Richtlinien unbeachtet. Es handelt sich bei ihnen im Außenverhältnis nur um eine „(verwaltungsinterne) Gesetzeskonkretisierung durch den ´Erstinterpreten des Rechtssatzes´".[14] Anderes – in Form einer mittelbaren Außenwirkung über den Gleichheitssatz – kann nur dann gelten, wenn der Verwaltung ein Ermessens- oder Beurteilungsspielraum eingeräumt ist. Genau das ist aber vorliegend nicht der Fall. 5

Sind die nach § 17 erlassenen Richtlinien nicht anders als andere Verwaltungsvorschriften zu behandeln, stellt sich die Frage, weshalb mit dieser Norm überhaupt eine spezielle Regelung mit Vorgaben für die Beteiligung von Verbänden und zusätzlichem Genehmigungserfordernis geschaffen wurde. Schließlich bedarf die Exekutive auch sonst keine Ermächtigung zum Erlass von Verwaltungsvorschriften, wie etwa die Fälle der gemeinsamen Rundschreiben, etwa das zu den leistungsrechtlichen Vorschriften, bei denen es sich ebenfalls um Verwaltungsvorschriften handelt, belegen. Erklärt werden kann die Regelung des § 17 jedoch mit der früheren Rechtslage nach den §§ 53 ff. SGB V (aF) und den dazu ergangenen Richtlinien sowie dem Bemühen des Gesetzgebers um eine möglichst einheitliche Praxis. 6

V. Tatbestandsvoraussetzungen

1. Begutachtungs-Richtlinien (Abs. 1). Richtlinien kann der GKV-Spitzenverband (s. § 53) gem. Abs. 1 S. 1 erlassen zur Konkretisierung der Inhalte des Begutachtungsinstruments nach § 15 sowie zum Feststellungsverfahren nach § 18. Beim Erlass der Richtlinien müssen der MDK Bund und nach Abs. 1 S. 2 eine Reihe von **Verbänden** beteiligt werden. Eine Beteiligung setzt voraus, dass die betreffenden Verbände angehört wurden. Ihre **Zustimmung** ist nicht erforderlich. 7

Zusätzlich zu den in Abs. 1 S. 2 genannten Verbänden sieht seit dem 1.1.2013 auch noch **§ 118 Abs. 1 S. 1 Nr. 1** bei der Erarbeitung oder Änderung von Richtlinien nach § 17 Abs. 1 eine beratende Mitwirkung der auf Bundesebene maßgeblichen Organisationen für die Wahrnehmung der Interessen und der Selbsthilfe pflegebedürftiger und behinderter Menschen vor. Dazu hat nach § 118 Abs. 2 das BMG am 22.3.2013 die Pflegebedürftigenbeteiligungsverordnung[15] erlassen. 8

Inwieweit vor dem Erlass mit der Anhörung auch eine **Auseinandersetzung mit Gegenvorschlägen** oder Einwänden erfolgen muss und **zu dokumentieren ist**, ist bisher wohl noch nicht erörtert worden. Da der Zweck des Beteiligungserfordernisses auf eine inhaltliche Auseinandersetzung mit möglichen Stellungnahmen und etwaigen Verbesserungen des Richtlinienentwurfs ausgerichtet ist, wird jedenfalls das Ministerium bei der Vorlage der Richtlinie zur **Genehmigung nach Abs. 2** eine solche inhaltliche Stellungnahme oder Begründung verlangen können, aus der die Beteiligung ersichtlich und die Äußerungen einschließlich ihrer möglichen Auswirkungen auf die Richtlinie dokumentiert sind. 9

---

10 Siehe etwa bereits BRi v. 8.6.2009, geänd. d. Beschl. v. 16.4.2013, vor A; ebenso jetzt BRi v. 15.4.2016, S. 7.
11 Bonk/Schmitz in: Stelkens/Bonk/Sachs, VwVfG, 7. Aufl. 2008, § 1 Rn. 212.
12 Allg. M., s. stellv. BSG, 19.2.1998, B 3 P 7/97 R, juris Rn. 17; Udsching in: Udsching, § 17 Rn. 4; Roller in: jurisPK-SGB XI, § 17 Rn. 18; Wagner in: Hauck/Noftz, SGB XI, § 17 Rn. 5.
13 Roller in: jurisPK-SGB XI, § 17 Rn. 18.
14 BSG, 30.9.1993, 4 RK 1/92, BSGE 73, 146, juris Rn. 21 unter Verweis auf P. Kirchhof, Gleichheit in der Funktionenordnung, in: HbdStR V, § 125 Rn. 18, 20 ff.; ebenso bei Roller in: jurisPK-SGB XI, § 17 Rn. 20; ders., Pflegebedürftigkeit, S. 52.
15 BGBl. I, 599.

10 **2. Pflegeberatungs-Richtlinien (Abs. 1 a).** Gem. Abs. 1 a besteht zudem die Pflicht zum Erlass von Richtlinien zur einheitlichen Durchführung der Pflegeberatung nach § 7 a bis zum 31.7.2018. Diese neue Ermächtigung zum Richtlinienerlass für den Spitzenverband Bund der Pflegekassen soll bewirken, „dass der Zugang zu Leistungen der Sozialversicherung verbessert, das Selbstbestimmungsrecht des Pflegebedürftigen gemäß § 2 gestärkt und die Verbraucher- und Dienstleistungsorientierung der durch unterschiedliche Personen und Stellen durchgeführten Pflegeberatung für die ratsuchenden Versicherten und ihre pflegenden Familienangehörigen sichergestellt bleibt. Zugleich soll die Zweckmäßigkeit und Wirtschaftlichkeit der Durchführung der Beratungstätigkeiten nach § 7 a Abs. 1 S. 3 insbesondere durch eine abgestimmte Vorgehensweise und Organisation der Abläufe im Zuge dieser Beratungstätigkeiten gewährleistet werden."[16]

11 Für die erforderliche Beteiligung von Verbänden und Selbsthilfegruppe gelten die für die BRi anwendbaren Regelungen. Ebenso wie im Fall der BRi bedürfen die Pflegeberatungs-Richtlinien gem. Abs. 2 der ministeriellen Genehmigung.

12 **3. Kostenabgrenzungs-Richtlinien (Abs. 1 b).** Nach Abs. 1 b existiert schließlich die Pflicht, bis zum 30.11.2016 Richtlinien zur Feststellung des Zeitanteils zu erlassen, für den die Pflegeversicherung bei ambulant versorgten Pflegebedürftigen, die einen besonders hohen Bedarf an behandlungspflegerischen Leistungen haben und die Leistungen der häuslichen Pflegehilfe nach § 36 und der häuslichen Krankenpflege nach § 37 Abs. 2 des Fünften Buches beziehen, die hälftigen Kosten zu tragen haben. Der GKV-Spitzenverband Bund hat die Richtlinien mit etwas Verzögerung am 16.12.2016 erlassen und sie als Kostenabgrenzungs-Richtlinien bezeichnet. Diese Richtlinien sind – wie auch die Einführung des Abs. 1 b durch das PSG II – in Umsetzung der Vorgaben der Rechtsprechung des BSG[17] ergangen.

VI. Aktuelle Richtlinien

13 Auf der Grundlage des § 17 (teilweise in Verbindung mit § 53 a) gelten aktuell:[18]
- Richtlinien des GKV-Spitzenverbandes zur Feststellung der Pflegebedürftigkeit nach dem XI. Buch des Sozialgesetzbuches [Richtlinien zum Verfahren der Feststellung der Pflegebedürftigkeit sowie zur pflegefachlichen Konkretisierung der Inhalte des Begutachtungsinstruments nach dem Elften Buch des Sozialgesetzbuches (Begutachtungs-Richtlinien – BRi)] vom 15.4.2016.
- Richtlinien des GKV-Spitzenverbandes zur Kostenabgrenzung zwischen Kranken- und Pflegeversicherung bei Pflegebedürftigen, die einen besonders hohen Bedarf an behandlungspflegerischen Leistungen haben (Kostenabgrenzungs-Richtlinien) vom 16.12.2016.

§ 17 a (aufgehoben)

1 § 17 a enthielt eine Regelung zur Vorbereitung der Einführung des neuen Pflegebedürftigkeitsbegriffs. Sie war durch Art. 6 Nr. 1 b Präventionsgesetz vom 17.7.2015[1] mWv 25.7.2015 eingeführt, durch Art. 1 Nr. 12 PSG II in Abs. 4 geändert und zugleich durch Art. 2 Nr. 9 PSG II mWv 1.1.2017 wieder aufgehoben worden.

§ 18 Verfahren zur Feststellung der Pflegebedürftigkeit

(1) ¹Die Pflegekassen beauftragen den Medizinischen Dienst der Krankenversicherung oder andere unabhängige Gutachter mit der Prüfung, ob die Voraussetzungen der Pflegebedürftigkeit erfüllt sind und welcher Pflegegrad vorliegt. ²Im Rahmen dieser Prüfungen haben der Medizinische Dienst oder die von der Pflegekasse beauftragten Gutachter durch eine Untersuchung des Antragstellers die Beeinträchtigungen der Selbständigkeit oder der Fähigkeiten bei den in § 14 Absatz 2 genannten Kriterien nach

---

16 BT-Dr. 18/5926, 88 f.
17 BSG, 17.6.2010, B 3 KR 7/09 R; dazu auch § 18 Rn. 9.
18 Alle Richtlinien finden sich zum Beispiel auf den Internetseiten des GKV-Spitzenverbands (www.gkv-spitzenverband.de).
1 BGBl. I, 1368; dazu BT-Dr. 18/5261, 60 ff.

Maßgabe des § 15 sowie die voraussichtliche Dauer der Pflegebedürftigkeit zu ermitteln. ³Darüber hinaus sind auch Feststellungen darüber zu treffen, ob und in welchem Umfang Maßnahmen zur Beseitigung, Minderung oder Verhütung einer Verschlimmerung der Pflegebedürftigkeit einschließlich der Leistungen zur medizinischen Rehabilitation geeignet, notwendig und zumutbar sind; insoweit haben Versicherte einen Anspruch gegen den zuständigen Träger auf Leistungen zur medizinischen Rehabilitation. ⁴Jede Feststellung hat zudem eine Aussage darüber zu treffen, ob Beratungsbedarf insbesondere in der häuslichen Umgebung oder in der Einrichtung, in der der Anspruchsberechtigte lebt, hinsichtlich Leistungen zur verhaltensbezogenen Prävention nach § 20 Absatz 5 des Fünften Buches besteht.

(1 a) ¹Die Pflegekassen können den Medizinischen Dienst der Krankenversicherung oder andere unabhängige Gutachter mit der Prüfung beauftragen, für welchen Zeitanteil die Pflegeversicherung bei ambulant versorgten Pflegebedürftigen, die einen besonders hohen Bedarf an behandlungspflegerischen Leistungen haben und die Leistungen der häuslichen Pflegehilfe nach § 36 und der häuslichen Krankenpflege nach § 37 Absatz 2 des Fünften Buches beziehen, die hälftigen Kosten zu tragen hat. ²Von den Leistungen der häuslichen Pflegehilfe nach § 36 sind nur Maßnahmen der körperbezogenen Pflege zu berücksichtigen. ³Bei der Prüfung des Zeitanteils sind die Richtlinien nach § 17 Absatz 1b zu beachten.

(2) ¹Der Medizinische Dienst oder die von der Pflegekasse beauftragten Gutachter haben den Versicherten in seinem Wohnbereich zu untersuchen. ²Erteilt der Versicherte dazu nicht sein Einverständnis, kann die Pflegekasse die beantragten Leistungen verweigern. ³Die §§ 65, 66 des Ersten Buches bleiben unberührt. ⁴Die Untersuchung im Wohnbereich des Pflegebedürftigen kann ausnahmsweise unterbleiben, wenn auf Grund einer eindeutigen Aktenlage das Ergebnis der medizinischen Untersuchung bereits feststeht. ⁵Die Untersuchung ist in angemessenen Zeitabständen zu wiederholen.

(2 a) ¹Bei pflegebedürftigen Versicherten werden vom 1. Juli 2016 bis zum 31. Dezember 2016 keine Wiederholungsbegutachtungen nach Absatz 2 Satz 5 durchgeführt, auch dann nicht, wenn die Wiederholungsbegutachtung vor diesem Zeitpunkt vom Medizinischen Dienst der Krankenversicherung oder anderen unabhängigen Gutachtern empfohlen wurde. ²Abweichend von Satz 1 können Wiederholungsbegutachtungen durchgeführt werden, wenn eine Verringerung des Hilfebedarfs, insbesondere aufgrund von durchgeführten Operationen oder Rehabilitationsmaßnahmen, zu erwarten ist.

(2 b) ¹Die Frist nach Absatz 3 Satz 2 ist vom 1. November 2016 bis zum 31. Dezember 2016 unbeachtlich. ²Abweichend davon ist einem Antragsteller, der ab dem 1. November 2016 einen Antrag auf Leistungen der Pflegeversicherung stellt und bei dem ein besonders dringlicher Entscheidungsbedarf vorliegt, spätestens 25 Arbeitstage nach Eingang des Antrags bei der zuständigen Pflegekasse die Entscheidung der Pflegekasse schriftlich mitzuteilen. ³Der Spitzenverband Bund der Pflegekassen entwickelt bundesweit einheitliche Kriterien für das Vorliegen, die Gewichtung und die Feststellung eines besonders dringlichen Entscheidungsbedarfs. ⁴Die Pflegekassen und die privaten Versicherungsunternehmen berichten in der nach Absatz 3b Satz 4 zu veröffentlichenden Statistik auch über die Anwendung der Kriterien zum Vorliegen und zur Feststellung eines besonders dringlichen Entscheidungsbedarfs.

(2 c) Abweichend von Absatz 3 a Satz 1 Nummer 2 ist die Pflegekasse vom 1. November 2016 bis zum 31. Dezember 2016 nur bei Vorliegen eines besonders dringlichen Entscheidungsbedarfs gemäß Absatz 2b dazu verpflichtet, dem Antragsteller mindestens drei unabhängige Gutachter zur Auswahl zu benennen, wenn innerhalb von 20 Arbeitstagen nach Antragstellung keine Begutachtung erfolgt ist.

(3) ¹Die Pflegekasse leitet die Anträge zur Feststellung von Pflegebedürftigkeit unverzüglich an den Medizinischen Dienst der Krankenversicherung oder die von der Pflegekasse beauftragten Gutachter weiter. ²Dem Antragsteller ist spätestens 25 Arbeitstage nach Eingang des Antrags bei der zuständigen Pflegekasse die Entscheidung der Pflegekasse schriftlich mitzuteilen. ³Befindet sich der Antragsteller im Krankenhaus oder in einer stationären Rehabilitationseinrichtung und

1. liegen Hinweise vor, dass zur Sicherstellung der ambulanten oder stationären Weiterversorgung und Betreuung eine Begutachtung in der Einrichtung erforderlich ist, oder
2. wurde die Inanspruchnahme von Pflegezeit nach dem Pflegezeitgesetz gegenüber dem Arbeitgeber der pflegenden Person angekündigt oder
3. wurde mit dem Arbeitgeber der pflegenden Person eine Familienpflegezeit nach § 2 Absatz 1 des Familienpflegezeitgesetzes vereinbart,

ist die Begutachtung dort unverzüglich, spätestens innerhalb einer Woche nach Eingang des Antrags bei der zuständigen Pflegekasse durchzuführen; die Frist kann durch regionale Vereinbarungen verkürzt werden. ⁴Die verkürzte Begutachtungsfrist gilt auch dann, wenn der Antragsteller sich in einem

Hospiz befindet oder ambulant palliativ versorgt wird. ⁵Befindet sich der Antragsteller in häuslicher Umgebung, ohne palliativ versorgt zu werden, und wurde die Inanspruchnahme von Pflegezeit nach dem Pflegezeitgesetz gegenüber dem Arbeitgeber der pflegenden Person angekündigt oder mit dem Arbeitgeber der pflegenden Person eine Familienpflegezeit nach § 2 Absatz 1 des Familienpflegezeitgesetzes vereinbart, ist eine Begutachtung durch den Medizinischen Dienst der Krankenversicherung oder die von der Pflegekasse beauftragten Gutachter spätestens innerhalb von zwei Wochen nach Eingang des Antrags bei der zuständigen Pflegekasse durchzuführen und der Antragsteller seitens des Medizinischen Dienstes oder der von der Pflegekasse beauftragten Gutachter unverzüglich schriftlich darüber zu informieren, welche Empfehlung der Medizinische Dienst oder die von der Pflegekasse beauftragten Gutachter an die Pflegekasse weiterleiten. ⁶In den Fällen der Sätze 3 bis 5 muss die Empfehlung nur die Feststellung beinhalten, ob Pflegebedürftigkeit im Sinne der §§ 14 und 15 vorliegt. ⁷Die Entscheidung der Pflegekasse ist dem Antragsteller unverzüglich nach Eingang der Empfehlung des Medizinischen Dienstes oder der beauftragten Gutachter bei der Pflegekasse schriftlich mitzuteilen. ⁸Der Antragsteller ist bei der Begutachtung auf die maßgebliche Bedeutung des Gutachtens insbesondere für eine umfassende Beratung, das Erstellen eines individuellen Versorgungsplans nach § 7 a, das Versorgungsmanagement nach § 11 Absatz 4 des Fünften Buches und für die Pflegeplanung hinzuweisen. ⁹Das Gutachten wird dem Antragsteller durch die Pflegekasse übersandt, sofern er der Übersendung nicht widerspricht. ¹⁰Das Ergebnis des Gutachtens ist transparent darzustellen und dem Antragsteller verständlich zu erläutern. ¹¹Der Spitzenverband Bund der Pflegekassen konkretisiert in den Richtlinien nach § 17 Absatz 1 die Anforderungen an eine transparente Darstellungsweise und verständliche Erläuterung des Gutachtens. ¹²Der Antragsteller kann die Übermittlung des Gutachtens auch zu einem späteren Zeitpunkt verlangen.

(3 a) ¹Die Pflegekasse ist verpflichtet, dem Antragsteller mindestens drei unabhängige Gutachter zur Auswahl zu benennen,
1. soweit nach Absatz 1 unabhängige Gutachter mit der Prüfung beauftragt werden sollen oder
2. wenn innerhalb von 20 Arbeitstagen ab Antragstellung keine Begutachtung erfolgt ist.

²Auf die Qualifikation und Unabhängigkeit des Gutachters ist der Versicherte hinzuweisen. ³Hat sich der Antragsteller für einen benannten Gutachter entschieden, wird dem Wunsch Rechnung getragen. ⁴Der Antragsteller hat der Pflegekasse seine Entscheidung innerhalb einer Woche ab Kenntnis der Namen der Gutachter mitzuteilen, ansonsten kann die Pflegekasse einen Gutachter aus der übersandten Liste beauftragen. ⁵Die Gutachter sind bei der Wahrnehmung ihrer Aufgaben nur ihrem Gewissen unterworfen. ⁶Satz 1 Nummer 2 gilt nicht, wenn die Pflegekasse die Verzögerung nicht zu vertreten hat.

(3 b) ¹Erteilt die Pflegekasse den schriftlichen Bescheid über den Antrag nicht innerhalb von 25 Arbeitstagen nach Eingang des Antrags oder wird eine der in Absatz 3 genannten verkürzten Begutachtungsfristen nicht eingehalten, hat die Pflegekasse nach Fristablauf für jede begonnene Woche der Fristüberschreitung unverzüglich 70 Euro an den Antragsteller zu zahlen. ²Dies gilt nicht, wenn die Pflegekasse die Verzögerung nicht zu vertreten hat oder wenn sich der Antragsteller in vollstationärer Pflege befindet und bereits bei ihm mindestens erhebliche Beeinträchtigungen der Selbständigkeit oder der Fähigkeiten (mindestens Pflegegrad 2) festgestellt ist. ³Entsprechendes gilt für die privaten Versicherungsunternehmen, die die private Pflege-Pflichtversicherung durchführen. ⁴Die Träger der Pflegeversicherung und die privaten Versicherungsunternehmen veröffentlichen jährlich jeweils bis zum 31. März des dem Berichtsjahr folgenden Jahres eine Statistik über die Einhaltung der Fristen nach Absatz 3. ⁵Die Sätze 1 bis 3 finden vom 1. November 2016 bis 31. Dezember 2017 keine Anwendung.

(4) ¹Der Medizinische Dienst oder die von der Pflegekasse beauftragten Gutachter sollen, soweit der Versicherte einwilligt, die behandelnden Ärzte des Versicherten, insbesondere die Hausärzte, in die Begutachtung einbeziehen und ärztliche Auskünfte und Unterlagen über die für die Begutachtung der Pflegebedürftigkeit wichtigen Vorerkrankungen sowie Art, Umfang und Dauer der Hilfebedürftigkeit einholen. ²Mit Einverständnis des Versicherten sollen auch pflegende Angehörige oder sonstige Personen oder Dienste, die an der Pflege des Versicherten beteiligt sind, befragt werden.

(5) ¹Die Pflege- und Krankenkassen sowie die Leistungserbringer sind verpflichtet, dem Medizinischen Dienst oder den von der Pflegekasse beauftragten Gutachtern die für die Begutachtung erforderlichen Unterlagen vorzulegen und Auskünfte zu erteilen. ²§ 276 Abs. 1 Satz 2 und 3 des Fünften Buches gilt entsprechend.

(5 a) ¹Bei der Begutachtung sind darüber hinaus die Beeinträchtigungen der Selbständigkeit oder der Fähigkeiten in den Bereichen außerhäusliche Aktivitäten und Haushaltsführung festzustellen. ²Mit diesen Informationen sollen eine umfassende Beratung und das Erstellen eines individuellen Versorgungs-

plans nach § 7a, das Versorgungsmanagement nach § 11 Absatz 4 des Fünften Buches und eine individuelle Pflegeplanung sowie eine sachgerechte Erbringung von Hilfen bei der Haushaltsführung ermöglicht werden. ³Hierbei ist im Einzelnen auf die nachfolgenden Kriterien abzustellen:

1. außerhäusliche Aktivitäten: Verlassen des Bereichs der Wohnung oder der Einrichtung, Fortbewegen außerhalb der Wohnung oder der Einrichtung, Nutzung öffentlicher Verkehrsmittel im Nahverkehr, Mitfahren in einem Kraftfahrzeug, Teilnahme an kulturellen, religiösen oder sportlichen Veranstaltungen, Besuch von Schule, Kindergarten, Arbeitsplatz, einer Werkstatt für behinderte Menschen oder Besuch einer Einrichtung der Tages- oder Nachtpflege oder eines Tagesbetreuungsangebotes, Teilnahme an sonstigen Aktivitäten mit anderen Menschen;
2. Haushaltsführung: Einkaufen für den täglichen Bedarf, Zubereitung einfacher Mahlzeiten, einfache Aufräum- und Reinigungsarbeiten, aufwändige Aufräum- und Reinigungsarbeiten einschließlich Wäschepflege, Nutzung von Dienstleistungen, Umgang mit finanziellen Angelegenheiten, Umgang mit Behördenangelegenheiten.

⁴Der Spitzenverband Bund der Pflegekassen wird ermächtigt, in den Richtlinien nach § 17 Absatz 1 die in Satz 3 genannten Kriterien pflegefachlich unter Berücksichtigung der Ziele nach Satz 2 zu konkretisieren.

(6) ¹Der Medizinische Dienst der Krankenversicherung oder ein von der Pflegekasse beauftragter Gutachter hat der Pflegekasse das Ergebnis seiner Prüfung zur Feststellung der Pflegebedürftigkeit durch Übersendung des vollständigen Gutachtens unverzüglich mitzuteilen. ²In seiner oder ihrer Stellungnahme haben der Medizinische Dienst oder die von der Pflegekasse beauftragten Gutachter auch das Ergebnis der Prüfung, ob und gegebenenfalls welche Maßnahmen der Prävention und der medizinischen Rehabilitation geeignet, notwendig und zumutbar sind, mitzuteilen und Art und Umfang von Pflegeleistungen sowie einen individuellen Pflegeplan zu empfehlen. ³Die Feststellungen zur Prävention und zur medizinischen Rehabilitation sind durch den Medizinischen Dienst oder die von der Pflegekasse beauftragten Gutachter auf der Grundlage eines bundeseinheitlichen, strukturierten Verfahrens zu treffen und in einer gesonderten Präventions- und Rehabilitationsempfehlung zu dokumentieren. ⁴Beantragt der Pflegebedürftige Pflegegeld, hat sich die Stellungnahme auch darauf zu erstrecken, ob die häusliche Pflege in geeigneter Weise sichergestellt ist.

(6a) ¹Der Medizinische Dienst der Krankenversicherung oder die von der Pflegekasse beauftragten Gutachter haben gegenüber der Pflegekasse in ihrem Gutachten zur Feststellung der Pflegebedürftigkeit konkrete Empfehlungen zur Hilfsmittel- und Pflegehilfsmittelversorgung abzugeben. ²Die Empfehlungen gelten hinsichtlich Hilfsmitteln und Pflegehilfsmitteln, die den Zielen von § 40 dienen, jeweils als Antrag auf Leistungsgewährung, sofern der Versicherte zustimmt. ³Die Zustimmung erfolgt gegenüber dem Gutachter im Rahmen der Begutachtung und wird im Begutachtungsformular schriftlich dokumentiert. ⁴Bezüglich der empfohlenen Pflegehilfsmittel wird die Notwendigkeit der Versorgung nach § 40 Absatz 1 Satz 2 vermutet. ⁵Bis zum 31. Dezember 2020 wird auch die Erforderlichkeit der empfohlenen Hilfsmittel, die den Zielen von § 40 dienen, nach § 33 Absatz 1 des Fünften Buches vermutet; insofern bedarf es keiner ärztlichen Verordnung gemäß § 33 Absatz 5a des Fünften Buches. ⁶Welche Hilfsmittel und Pflegehilfsmittel im Sinne von Satz 2 den Zielen von § 40 dienen, wird in den Begutachtungs-Richtlinien nach § 17 konkretisiert. ⁷Dabei ist auch die Richtlinie des Gemeinsamen Bundesausschusses nach § 92 Absatz 1 des Fünften Buches über die Verordnung von Hilfsmitteln zu berücksichtigen. ⁸Die Pflegekasse übermittelt dem Antragsteller unverzüglich die Entscheidung über die empfohlenen Hilfsmittel und Pflegehilfsmittel.

(7) ¹Die Aufgaben des Medizinischen Dienstes werden durch Ärzte in enger Zusammenarbeit mit Pflegefachkräften und anderen geeigneten Fachkräften wahrgenommen. ²Die Prüfung der Pflegebedürftigkeit von Kindern ist in der Regel durch besonders geschulte Gutachter mit einer Qualifikation als Gesundheits- und Kinderkrankenpflegerin oder Gesundheits- und Kinderkrankenpfleger oder als Kinderärztin oder Kinderarzt vorzunehmen. ³Der Medizinische Dienst ist befugt, den Pflegefachkräften oder sonstigen geeigneten Fachkräften, die nicht dem Medizinischen Dienst angehören, die für deren jeweilige Beteiligung erforderlichen personenbezogenen Daten zu übermitteln. ⁴Für andere unabhängige Gutachter gelten die Sätze 1 bis 3 entsprechend.

Literatur:

Gerber, Die Begutachtung der Pflegebedürftigkeit durch den Medizinischen Dienst der Krankenversicherung, MEDSACH 2005, 185; *Lange/Albrecht/Dammann/Saleem/Wessel*, Werden Kinder im Rahmen der Begutachtung zur Bestimmung von Pflegebedürftigkeit richtig eingestuft?, Das Gesundheitswesen 2000, 53;

Oberhauser, Die Grundlagen der Pflegeeinstufung und Pflegebegutachtung nach der Pflegeversicherung (SGB XI), PKR 2012, 34; *Post,* Aktuelle Probleme bei Pflegebedürftigkeit – Begutachtungsaspekte, MEDSACH 2000, 44; *ders.,* Die Begutachtung vermuteter Pflegefehler, MEDSACH 2005, 194; *Schnapp/Kreutz,* Das Verfahren zur Feststellung der Pflegebedürftigkeit in der privaten Pflegeversicherung, GuP 2014, 12; *Wendt,* Richtig beurteilen – gerecht beurteilen, Leistungen der Pflegeversicherung für Menschen mit geistiger Behinderung – Eine Arbeitshilfe der Bundesvereinigung Lebenshilfe, 2010; s. außerdem die Angaben zu § 18 a.

I. Entstehungsgeschichte 1	IV. Gutachter (Abs. 1, 3 a, 7) 17
II. Regelungsgehalt und Normzweck 2	V. Vorgaben für das Verfahren der Untersuchung (Abs. 2, 4, 5, 7) 22
III. Ziele und Inhalte der Begutachtung (Abs. 1, 1 a, 5 a, 6 a) 6	1. Untersuchung im Wohnbereich (Abs. 2) 22
1. Pflegebedürftigkeit und Pflegegrad (Abs. 1 S. 1 und 2) 6	2. Auskünfte, Unterlagen (Abs. 4) 28
2. Rehabilitationsempfehlungen und Beratungsbedarf (Abs. 1 S. 3, 4) 7	3. Pflichten der Pflege- und Krankenkassen und der Leistungserbringer (Abs. 5) 31
3. Gutachten bei besonders hohem Bedarf an behandlungspflegerischen Leistungen (Abs. 1 a) 9	VI. Fristen und die Folgen von Verzögerungen (Abs. 3, 3 a, 3 b) 32
	1. Antragsweiterleitung (Abs. 3 S. 1) 33
	2. Entscheidungsfrist (Abs. 3 S. 2, 7) 34
4. Begutachtung der Beeinträchtigungen bei außerhäuslichen Aktivitäten und der Haushaltsführung (Abs. 5 a) 10	3. Begutachtungsfristen (Abs. 3 S. 3–5) ... 36
	4. Folgen der Nichteinhaltung der Frist (Abs. 3 b) 37
5. Hilfsmittel- und Pflegehilfsmittelempfehlung (Abs. 6 a) 13	VII. Gutachteninhalt und Informationspflichten (Abs. 6) 38

I. Entstehungsgeschichte

1 § 18 war von Anfang an Teil des SGB XI (Art. 1 PflegeVG vom 26.5.1994).[1] Diverse Änderungen waren mit der Einführung des SGB IX durch Art. 10 Nr. 9 des Gesetzes vom 19.6.2001[2] verbunden. Einige Änderungen des Abs. 1 resultierten aus dem Pflege-Qualitätssicherungsgesetz vom 9.9.2001.[3] Erhebliche Änderungen erfuhr § 18 durch das Pflege-Weiterentwicklungsgesetz vom 28.5.2008[4] in den Abs. 1, 3, 6 und 7. Mehrere Änderungen in Abs. 3 gehen sodann auf Art. 3 des Gesetzes zur Vereinbarkeit von Pflege und Beruf vom 6.12.2011[5] zurück. Zur effektiven Anwendbarkeit der Inanspruchnahme von Familienpflegezeit musste eine rasche Bearbeitung der Anträge im Hinblick auf die Feststellung der Pflegebedürftigkeit sichergestellt werden. Mit Art. 1 Nr. 4 Pflege-Neuausrichtungsgesetz vom 23.10.2012[6] wurde eine Vielzahl von Änderungen vorgenommen, die sich vor allem auf die Möglichkeit der Inanspruchnahme unabhängiger Gutachter und eine weitere Verkürzung der Bearbeitungszeiten beziehen. Umfangreiche folgten im Rahmen der Pflegestärkungsgesetze (PSG I bis III). Durch Art. 1 Nr. 3 b **PSG I**[7] vom 17.12.2014 wurde Abs. 3 a geändert. Das **PSG II** vom 21.12.2015[8] hat eine Reihe von Änderungen erbracht. Ein Teil davon – wie die zwischenzeitliche Einfügung von Abs. 1 S. 3 – war vornherein nur für eine Geltung in 2016 vorgesehen und wurde zum 1.1.2017 schon wieder aufgehoben. Einige Übergangsregelungen in den Abs. 2 a, 2 b und 2 c sind mit dem Ablauf des Jahres 2016 schon wieder obsolet. Die Änderungen der Abs. 3, 3 a und 3 b sind zum 1.1.2016 in Kraft getreten. Mit Wirkung zum 1.1.2017 wurden Abs. 1 S. 1 und 2, Abs. 3 S. 8 und 9, Abs. 3 b geändert und Abs. 3 S. 5 sowie Abs. 5 a neu eingefügt. Das **PSG III** vom 23.12.2016[9] hat schließlich Abs. 6 S. 1 zum 1.1.2017 neu gefasst. Vor dem PSG III wurde mit dem **Gesetz zur Errichtung eines Transplantationsregisters und zur Änderung weiterer Gesetze** vom 11.10.2016[10] die durch das PSG II geänderte (und bis

---

1 BGBl. I, 1014; dazu BT-Dr. 12/5262, 99 f.; zu den Änderungen im Gesetzgebungsverfahren s. BT-Dr. 12/5920, 24, 36; s. außerdem Beschlussempfehlung des Vermittlungsausschusses, BT-Dr. 12/7323, 2 (zu § 16).
2 BGBl. I, 1046; s. dazu BT-Dr. 14/5074, 64, 122; eine der Änderungen geht auf die Beschlussempfehlung (BT-Dr. 14/5786, 140 und BT-Dr. 14/5800, 40) zurück.
3 BGBl. I, 2320; dazu BT-Dr. 14/6308, 9, 31.
4 BGBl. I, 874; dazu BT-Dr. 16/7439, 9 f., 51 f.; BT-Dr. 16/8525, 16 f., 96.
5 BGBl. I, 2564; dazu BT-Dr. 17/6000, 19.
6 BGBl. I, 2246; s. dazu BT-Dr. 17/9369, 36 f.; BT-Dr. 17/9669, 3, 20; BT-Dr. 17/10157, 10 ff.; BT-Dr. 17/1070, 15.
7 BGBl. I, 2222; s. dazu BR-Dr. 223/14(Beschluss), 5 f., und BT-Dr. 18/2909, 9, 41.
8 BGBl. I, 2424; s. dazu BT-Dr. 18/5926 und 18/6688.
9 BGBl. I, 3191; s. dazu BT-Dr. 18/10510, 17, 109.
10 BGBl. I, 2233; s. dazu BT-Dr. 18/9083, 22, 34.

dahin noch nicht in Kraft getretene) Vorschrift des Abs. 3 b S. 5 durch eine neue Fassung ersetzt sowie Abs. 1 a eingefügt.

II. Regelungsgehalt und Normzweck

§ 18 regelt in erster Linie einen Teil des Verfahrens zur Entscheidung der Pflegekasse über Leistungen der Pflegeversicherung. Eine der Tatbestandsvoraussetzungen bzw. die zentrale Voraussetzung für einen Leistungsanspruch gegen die Pflegekasse ist das Vorliegen der Pflegebedürftigkeit. Wie das Bestehen dieser Tatbestandsvoraussetzungen geprüft und festgestellt wird, ist Gegenstand des § 18. Anders als es die Gesetzesüberschrift nahelegt, ist die Feststellung der Pflegebedürftigkeit nicht das Verfahrensergebnis. Es ergeht gerade keine Entscheidung über die Pflegebedürftigkeit in Form eines Verwaltungsakts. Verfahrensziel ist die **Entscheidung der Pflegekasse durch Verwaltungsakt über den Antrag auf Leistungen**, für die die Prüfung der Pflegebedürftigkeit zwar eine zentrale, aber doch nur eine Voraussetzung ist. Die **Pflegekasse** stellt also die **Pflegebedürftigkeit und die Pflegestufe im Rahmen der Entscheidung über den Antrag auf der Grundlage des Gutachtens nur inzident fest**.[11]

Das **Gutachten des MDK** bzw. eines anderen unabhängigen Gutachters (Abs. 1 S. 1) ist nur Grundlage der Entscheidung der Pflegekasse. Eine Bindung an die Ergebnisse des Gutachtens besteht für die Pflegekasse nicht. Das Gesetz spricht daher auch an verschiedenen Stellen von der Empfehlung des MDK oder unabhängigen Gutachters (s. etwa Abs. 3 S. 5, 6, 7). Die abschließende Entscheidung der Pflegekasse wird im Gesetz nur in Zusammenhang mit den Fristvorgaben – quasi nebenbei – erwähnt (Abs. 3 S. 2, 7).

Die Gutachten haben zusätzlich zur Prüfung der Pflegebedürftigkeit Stellung zu nehmen

- zur Eignung, Notwendigkeit und Zumutbarkeit etwaiger Präventions- und Rehabilitationsmaßnahmen (Abs. 1 S. 3, Abs. 6 S. 2),
- zu den Beeinträchtigungen der Selbständigkeit und der Fähigkeiten in den Bereichen außerhäusliche Aktivitäten und Haushaltsführung (Abs. 5 a),
- zu gegebenenfalls zu empfehlenden Hilfsmitteln und Pflegehilfsmitteln (Abs. 6 a),
- bei Personen mit einem besonders hohem Bedarf an behandlungspflegerischen Leistungen zum Zeitanteil der körperbezogenen Pflege bei gleichzeitiger häuslicher Krankenpflege (Abs. 1 a) und
- bei einem Antrag auf Pflegegeld auch zur Sicherstellung der häuslichen Pflege (Abs. 6 S. 4).

Zusätzlich zur Vorgabe der inhaltlichen Zielsetzungen der Prüfung des MDK bzw. des unabhängigen Gutachters werden die einzelnen Verfahrensschritte und auch **Fristen** normiert. Diese Regelungen insbesondere in den Abs. 3, 3 a, 3 b verfolgen das Ziel einer zügigen Begutachtung und einer Verhinderung von Wartezeiten. Gerade das Pflege-Neuausrichtungs-Gesetz (PNG) vom 23.10.2012 hat insoweit erhebliche Änderungen mit dem Ziel der Beschleunigung der Begutachtung gebracht. Geringfügige Änderungen hat insoweit das PSG II vorgenommen. Mit der Zielsetzung der Beschleunigung wurde auch die Möglichkeit der Beauftragung eines unabhängigen Gutachters anstelle des MDK durch das PNG eingeführt.

III. Ziele und Inhalte der Begutachtung (Abs. 1, 1 a, 5 a, 6 a)

1. Pflegebedürftigkeit und Pflegegrad (Abs. 1 S. 1 und 2). Das in § 18 normierte Verfahren der Begutachtung des Antragstellers hat vor allem die Prüfung der Voraussetzungen der Pflegebedürftigkeit und des Pflegegrades zum Ziel (Abs. 1 S. 1). Diese Prüfung ist durch eine Untersuchung des Antragstellers im Hinblick auf seine Beeinträchtigungen der Selbständigkeit oder der Fähigkeiten nach § 14 Abs. 2 und deren voraussichtliche Dauer vorzunehmen (Abs. 1 S. 2).

2. Rehabilitationsempfehlungen und Beratungsbedarf (Abs. 1 S. 3, 4). Entsprechend dem Vorrang der Rehabilitation vor der Pflege (§ 31) ist die Prüfung von Präventions- und Rehabilitationsmöglichkeiten ebenfalls Bestandteil der Begutachtung (Abs. 1 S. 3). Darüber hinaus enthält Abs. 1 S. 3 Hs. 2 die erstaunliche Regelung, dass Versicherte insoweit „einen **Anspruch gegen den zuständigen Träger auf Leistungen zur medizinischen Rehabilitation**" haben. Abgesehen davon, dass die Regelung mitunter als deplaziert angesehen wird,[12] stellt sich die Frage nach dem rechtlichen Gehalt der Norm. Nach verbreiteter Ansicht ist die Formulierung, nach der „insoweit" ein Anspruch besteht, missglückt. Dafür spricht auch, dass Abs. 6 S. 2 von Empfehlungen spricht. Nach der neu eingeführten Norm des Abs. 6

---

11 Vgl. Roller, jurisPK-SGB XI § 18 Rn. 11.
12 Wagner in: Hauck/Noftz, SGB XI, § 18 Rn. 16.

S. 3 erstellen der MDK bzw. der beauftragte Gutachter eine „gesonderte Rehabilitationsempfehlung". Auf diese nimmt auch § 18a Abs. 1 Bezug. Daher sollen die Rehabilitationsträger über die entsprechenden Anträge in eigener Verantwortung nach den für sie geltenden Vorschriften zu entscheiden haben.[13] Das heißt jedoch nicht, dass die Empfehlungen rechtlich ohne Bedeutung für die Entscheidungen der Rehabilitationsträger sind. Wenn der MDK oder der beauftragte Gutachter feststellt, dass Rehabilitationsmaßnahmen „geeignet, notwendig und zumutbar" sind, dann sind die Rehabilitationsträger insoweit an diese Einschätzung gebunden und können dazu keine abweichenden Feststellungen treffen.[14]

8 Nach S. 4 muss das Gutachten auch Aussagen darüber enthalten, ob Beratungsbedarf hinsichtlich sog primärpräventiver Leistungen nach § 20 Abs. 5 SGB V besteht. Die entsprechende Beratung soll dann gem. §§ 7, 7a geleistet werden. Mit ihr soll auch möglichst schon dem Eintritt von Pflegebedürftigkeit vorgebeugt oder eine Verschlechterung vermieden werden.[15]

9 **3. Gutachten bei besonders hohem Bedarf an behandlungspflegerischen Leistungen (Abs. 1a).** Der Gutachtenauftrag kann nach Abs. 1a auch auf eine weitere Prüfung erstreckt werden: Bei ambulant versorgten Pflegebedürftigen mit einem besonders hohen Bedarf an behandlungspflegerischen Leistungen treffen Ansprüche der Pflegeversicherung (nach § 36) mit Ansprüchen auf häusliche Krankenpflege gegen die Krankenversicherung (§ 37 Abs. 2 SGB V) zusammen. Nach der Rechtsprechung bestehen diese Ansprüche gleichberechtigt nebeneinander, die Leistungen für die überschneidenden Zeiten sind zu gleichen Teilen von der Krankenversicherung und der Pflegeversicherung zu tragen.[16] Daran anknüpfend sieht Abs. 1a die Möglichkeit der Erteilung eines Gutachtensauftrags dazu vor, für welchen Zeitanteil die Pflegeversicherung die hälftigen Kosten zu tragen hat. Zur Feststellung des Zeitanteils sind die Richtlinien nach § 17 Abs. 1b zu beachten.

10 **4. Begutachtung der Beeinträchtigungen bei außerhäuslichen Aktivitäten und der Haushaltsführung (Abs. 5a).** Der durch das PSG II eingeführte Abs. 5a ergänzt die Vorgaben des Abs. 1 S. 2 im Hinblick auf die Begutachtung durch den MDK bzw. den beauftragten unabhängigen Gutachter. Das „darüber hinaus" in Abs. 5a S. 1 bezieht sich entsprechend auf die Regelung des Abs. 1 S. 2. Nach Abs. 5a hat sich die Begutachtung nicht allein auf die Beeinträchtigungen der Selbständigkeit oder der Fähigkeiten in den Bereichen gem. § 14 Abs. 2 zu beziehen. Vielmehr kommen durch Abs. 5a die Bereiche „außerhäusliche Aktivitäten" und „Haushaltsführung" hinzu. Entsprechend § 14 Abs. 2 werden in Abs. 5a S. 3 Nr. 1 und 2 die Kriterien genannt, auf die sich die Begutachtung in den betreffenden Bereichen zu beziehen hat. Auch diese Bereiche sollen die Begutachtungs- Richtlinien nach § 17 Abs. 1 pflegefachlich konkretisieren (Abs. 5a S. 4).

11 Hintergrund der Sonderregelung und der Ausgliederung aus den Bereichen nach § 14 Abs. 2 ist der Umstand, dass den Beeinträchtigungen der Selbständigkeit und der Fähigkeiten in den Bereichen „außerhäusliche Aktivitäten" und „Haushaltsführung" keine Bedeutung für die Feststellung der Pflegebedürftigkeit zukommen soll. Der Gesetzgeber geht davon aus, dass sich im Rahmen der Entwicklung der Kriterien zwar die pflegefachliche Relevanz der in Abs. 5a aufgeführten Bereiche herausgestellt hat, doch ihre Berücksichtigung bei der Feststellung der Pflegebedürftigkeit zu einer doppelten Berücksichtigung der gleichen Beeinträchtigungen führen würde.[17] In der Tat dürften etwa Beeinträchtigungen aus den Bereichen Mobilität (§ 14 Abs. 2 Nr. 1) oder Selbstversorgung (§ 14 Abs. 2 Nr. 4) häufig deckungsgleich mit Beeinträchtigungen in den in Abs. 5a genannten Bereichen sein.

12 Da die Begutachtungsergebnisse aber relevante Informationen für die Beratung, den individuellen Versorgungsplan, das Versorgungsmanagement, die individuelle Pflegeplanung und den Hilfebedarf bei der Haushaltsführung liefern (Abs. 5a S. 2), soll sich die Begutachtung auch auf diese Bereiche erstrecken. Abs. 5a kommt zudem im Rahmen der Feststellung der Eigenschaft als Pflegeperson gem. § 19 Relevanz zu. Die Hilfen bei der Haushaltsführung zählen zur Pflege iSd § 19, wie sich auch aus § 4 Abs. 1 S. 1 und § 36 Abs. 1 S. 1 entnehmen lässt (→ § 19 Rn. 13).

---

13 Koch in: KassKomm, § 18 SGB XI Rn. 8.
14 Siehe Gebhardt in: Krauskopf, § 18 SGB XI Rn. 10; Plantholz in: Kie/Krahmer/Plantholz, § 18 Rn. 13; vgl. auch Baumeister in: BeckOK SozR, SGB XI, § 31 Rn. 15.
15 BT-Dr. 18/4282, 47.
16 BSG, 17.6.2010, B 3 KR 7/09 R, BSGE 106, 173 – juris Rn. 27f.
17 Vgl. BT-Dr 18/5926, 117.

5. Hilfsmittel- und Pflegehilfsmittelempfehlung (Abs. 6 a). Die durch das PSG II vom 21.12.2015[18] mit Wirkung zum 1.1.2017 eingeführte Regelung des Abs. 6 a hat Maßnahmen zur Entbürokratisierung und Beschleunigung des Hilfsmittel- und Pflegehilfsmittelverfahrens zum Gegenstand. Die Norm sollte zunächst bereits zum 1.1.2016 in Kraft treten;[19] im Laufe des Gesetzgebungsverfahrens wurde dieser Termin aber auf den 1.1.2017 verschoben, um für Pflegekassen und MDK einen größeren zeitlichen Vorlauf für die Vorbereitungen einzuräumen.[20]

Die Vereinfachung der Beschaffung von Hilfsmitteln und Pflegehilfsmitteln wird dadurch erreicht, dass schon in den nach Abs. 1 S. 1 in Auftrag gegebenen Gutachten Empfehlungen zur Hilfsmittel- und Pflegehilfsmittelversorgung enthalten sein müssen. Der Anstoß für das Bewilligungsverfahren kommt mithin von den Gutachtern; der Versicherte muss selbst gar nicht mehr initiativ werden. Die Empfehlungen gelten – bei Zustimmung der Versicherten, die unmittelbar im Gutachten vermerkt wird – als Antrag (Abs. 6 a S. 2).

Zusätzliche Erleichterungen werden dadurch erreicht, dass die in § 40 Abs. 1 S. 2 vorgesehene Prüfung der Notwendigkeit der Versorgung faktisch entbehrlich ist, weil nach Abs. 6 a S. 4 die Notwendigkeit von empfohlenen Pflegehilfsmitteln generell vermutet wird. Für die in die Zuständigkeit der Krankenkassen fallenden Hilfsmittel gilt diese Vermutung ebenfalls und entfällt auch die Notwendigkeit der ärztlichen Verordnung nach § 33 Abs. 5 a SGB V (Abs. 6 a S. 5). Allerdings werden die Erleichterungen im Hinblick auf die Krankenversicherung zunächst bis zum 31.12.2020 begrenzt, um zu evaluieren, wie sich die Regelung in der Praxis der Krankenkasse, auch hinsichtlich der Ausgaben, auswirkt.[21] Die Vermutung kann allerdings widerlegt werden. Außerdem bleibt in den Fällen der Hilfsmittel nach § 33 SGB V die Wirtschaftlichkeitsprüfung durch die Krankenkasse bestehen.[22]

Die Regelung gilt nur für solche Hilfsmittel und Pflegehilfsmittel, die den Zielen des § 40 dienen (Abs. 6 a S. 2). Nach den Gesetzesmaterialien sind dies: „Adaptionshilfen (zB Strumpfanziehhilfen, Greifhilfen), Badehilfen (zB Badewannenbretter, Badewannenlifter, Duschhocker, fahrbare Duschstühle), Gehhilfen (zB Gehböcke, Rollatoren, Deltaräder), Hilfsmittel gegen Dekubitus (zB Antidekubitussitzkissen, Antidekubitusauflagen, Antidekubitusmatratzen, aktive und passive Systeme), Inkontinenzhilfen (zB Inkontinenzvorlagen, Netzhosen, Inkontinenzpants, Bettschutzeinlagen), Kranken- oder Behindertenfahrzeuge (zB Rollstühle), Krankenpflegeartikel (zB behindertengerechte Betten, Stehbetten, Aufrichthilfen, Rückenstützen), Lagerungshilfen (zB Beinlagerungshilfen, Lagerungskeile), Mobilitätshilfen (zB Drehscheiben, Dreh- und Übersetzhilfen, Rutschbretter, Katapultsitze, Bettleitern), Stehhilfen, Stomaartikel, Toilettenhilfen (zB Toilettensitzerhöhungen, feststehende Toilettenstühle oder Toilettenstühle auf Rollen), Pflegehilfsmittel zur Erleichterung der Pflege, Pflegehilfsmittel zur Körperpflege oder Hygiene (zB Urinflaschen, Urinschiffchen, Steckbecken, saugende Bettschutzeinlagen, Kopfwaschsysteme), Pflegehilfsmittel zur selbständigeren Lebensführung oder zur Mobilität, Pflegehilfsmittel zur Linderung von Beschwerden, zum Verbrauch bestimmte Pflegehilfsmittel (zB Einmalhandschuhe, Desinfektionsmittel) sowie sonstige unmittelbar alltagsrelevante Pflegehilfsmittel".[23] „Für alle anderen Hilfsmittel (zB Kommunikationshilfen, Sehhilfen, Orthesen, Prothesen aus dem Bereich des unmittelbaren Behinderungsausgleichs oder für Hilfsmittel, die direkt der Krankenbehandlung und/oder der medizinischen Versorgung zuzuordnen sind wie zB Beatmungsgeräte oder Elektrostimulationsgeräte) gilt diese Regelung nicht.[24]

IV. Gutachter (Abs. 1, 3 a, 7)

Die Feststellung der Pflegebedürftigkeit erfolgt gem. Abs. 1 S. 1 durch Gutachter (MDK – §§ 275 ff. SGB V – oder andere unabhängige Gutachter). Diese Vorgabe stellt eine Sonderregelung gegenüber den allgemeinen Vorschriften der §§ 20, 21 SGB X, insbesondere zu § 21 Abs. 1 Nr. 2, Abs. 3 SGB X betreffend das Sachverständigengutachten dar.[25] Ins Gesetz eingeführt worden ist die Möglichkeit einer Beauftragung eines unabhängigen (freien) Gutachters erst durch das Pflege-Neuausrichtungs-Ge-

---

18 BGBl. I 2424.
19 BT-Dr 18/5926, 17, 90 f.
20 BT-Dr 18/6688, 139.
21 BT-Dr 18/5926, 91.
22 Ebd.
23 Ebd.
24 Ebd.
25 Ebd.

setz (PNG) vom 23.10.2012.[26] Hintergrund war der durch das PNG unternommene Versuch zu einer Beschleunigung der Verfahren ("zügige Bescheiderteilung").[27] Früher konnte sich nur der MDK (gemäß Abs. 7) externer Gutachter bedienen. Diese Möglichkeit wird mit der Gesetzesänderung auch der Pflegekasse direkt eingeräumt.

18 Die Vorschrift gilt – wie viele andere Regelungen auch – unmittelbar nur für die soziale Pflegeversicherung. Die private Pflegeversicherung ist nach § 23 Abs. 6 Nr. 1 verpflichtet, für die Feststellung der Pflegebedürftigkeit sowie für die Zuordnung zu einem Pflegegrad dieselben Maßstäbe anzulegen. Dies geschieht durch die Beauftragung der "MEDICPROOF Gesellschaft für medizinische Gutachten", bei der es sich um ein Tochterunternehmen des PKV-Verbandes handelt. Für die Begutachtung gelten ebenfalls die Begutachtungs-Richtlinien der sozialen Pflegeversicherung.[28] An der grundsätzlichen Objektivität und Unbefangenheit der Gutachter der MEDICPROOF bestehen keine Zweifel.[29]

19 Die Möglichkeit zur Beauftragung eines unabhängigen Gutachters ist verbunden mit einem **Verfahren**, das in **Abs. 3 a** normiert ist. Will die Pflegekasse einen unabhängigen Gutachter beauftragen, so muss sie zuvor dem Antragsteller eine Liste mit mindestens drei Gutachtern zur Auswahl vorlegen (Abs. 3 a S. 1 Nr. 1). Wählt der Antragsteller daraus einen Gutachter innerhalb einer Woche ab Kenntnis der Namen aus, so muss die Pflegekasse diesen beauftragen ("wird dem Wunsch Rechnung getragen", Abs. 3 a S. 3). Teilt der Antragsteller innerhalb der Woche keinen Wunsch mit, kann die Pflegekasse einen der Gutachter aus der Liste beauftragen (S. 4). Das Wahlrecht hat Parallelregelungen in § 200 Abs. 2 SGB VII sowie in § 14 Abs. 5 S. 3, 4 SGB IX. Neben dem Fall, dass die Pflegekasse von sich aus einen unabhängigen Gutachter beauftragen will, nennt Abs. 3 a S. 1 noch einen zweiten Fall, in dem eine Auswahlliste mit Gutachtern dem Antragsteller vorgelegt werden muss: sofern keine Begutachtung innerhalb von 20 Arbeitstagen nach Antragstellung erfolgt ist.

20 Nach Abs. 3 a S. 5 sind die Gutachter bei der Wahrnehmung ihrer Aufgaben nur ihrem Gewissen unterworfen. Die Regelung entspricht der des § 275 Abs. 5 S. 1 SGB V und stellt klar, dass die Gutachter keinen Weisungen durch die Pflegekasse oder Dritten unterliegen. Die Bindung an die gesetzlichen Regelungen wie auch an die Richtlinien nach § 53 b ist davon natürlich nicht betroffen.

21 Nach Abs. 7 S. 1 werden die Aufgaben des MDK (und auch die des unabhängigen Gutachters nach Abs. 7 S. 4) „durch Ärzte in enger Zusammenarbeit mit Pflegefachkräften und anderen geeigneten Fachkräften wahrgenommen". Daraus ist zwar ein „Primat des Arztes" abzuleiten;[30] zugleich wird aber die Bedeutung der Pflegefachkräfte (und anderer Fachkräfte) hervorgehoben. So kann etwa für die Beurteilung der sozialen Situation und des Wohnumfeldes und die damit verbundene Frage der Sicherstellung der häuslichen Pflege (Abs. 6 S. 4) auch ein Sozialarbeiter eine „andere geeignete Fachkraft" sein.

V. Vorgaben für das Verfahren der Untersuchung (Abs. 2, 4, 5, 7)

22 **1. Untersuchung im Wohnbereich (Abs. 2).** Die Untersuchung findet nach der Grundnorm des **Abs. 2 S. 1** im Wohnbereich des Versicherten statt. Als **Wohnbereich** ist der Ort anzusehen, an dem der Antragsteller derzeit seinen gewöhnlichen Aufenthalt hat, an dem er lebt. Das kann die häusliche Umgebung, aber auch die stationäre Einrichtung sein. An dieser Vorgabe hat der Gesetzgeber auch nach Änderung des Pflegebedürftigkeitsbegriffs festgehalten, nach dem die Pflegebedürftigkeit grundsätzlich nicht mehr vom Wohnumfeld abhängig ist. Zudem muss sich – im Fall des Antrags auf Pflegegeld – die Begutachtung auch auf die Frage erstrecken, ob die häusliche Pflege in geeigneter Weise sichergestellt ist (Abs. 6 S. 4). Selbst wenn der Versicherte anbietet, in eine Arztpraxis oder Klinik zur Untersuchung zu kommen, ist eine Begutachtung zumindest zusätzlich im Wohnbereich erforderlich.

23 Lässt der Versicherte die Untersuchungen im Wohnbereich nicht zu, indem er etwa keinen Zutritt gewährt, so kann die Pflegekasse die **Leistung verweigern** (Abs. 2 S. 2). Das gilt sowohl bei einer Erstbeantragung als auch in Zusammenhang mit einer Wiederholungsuntersuchung gem. Abs. 2 S. 5.

24 Die Regelungen des Abs. 2 S. 2 und 3 sind bei näherer Hinsicht in ihrer Formulierung misslungen. Durch das in S. 2 normierte Leistungsverweigerungsrecht wird für den Fall der fehlenden Mitwirkung durch das Versagen des Einverständnisses (also die Verweigerung der Untersuchung und/oder des Zu-

---

26 BGBl. I, 2246.
27 BT-Dr. 17/9369, 36.
28 BSG, 13.5.2004, B 3 P 7/03 R, juris Rn. 32.
29 BSG, 22.4.2015, B 3 P 8/13 R, juris Rn. 29; Roller jurisPK-SGB XI § 18 Rn. 17.
30 BT-Dr. 12/5262, 100; Roller in: jurisPK-SGB XI, § 18 Rn. 18.

tritts zur Wohnung) nach dem Wortlaut der Regelung eine neben § 66 SGB I tretende Sanktion für die Verletzung der Obliegenheit einer bestimmten Form der Mitwirkung festgelegt. Gleichzeitig sollen die §§ 65, 66 SGB I unberührt bleiben. Im typischen Sprachgebrauch handelt es sich dabei um keinen Verweis auf die Regelungen,[31] sondern um die Feststellung, dass die hier getroffene Regelung die Anwendung der §§ 65, 66 SGB I (in anderen Fällen) nicht ausschließen soll. Abs. 2 S. 2 und §§ 65, 66 SGB I wären danach nebeneinander anwendbar. Da Abs. 2 S. 2 zugleich – neben der Sanktion – auch noch die Mitwirkungspflicht aufstellt, dass der Versicherte sein Einverständnis zur Untersuchung in seinem Wohnbereich zu erteilen hat, fragt sich, ob die allgemeinen Mitwirkungspflichten der §§ 60 bis 64 SGB I daneben Anwendung finden, da Abs. 2 S. 3 diese gerade nicht für unberührt erklärt hat.

Dass der Gesetzgeber derartige Folgen nicht auslösen, sondern wohl nur zusätzlich neben die auch im Gesetz als Mitwirkungspflichten bezeichneten §§ 60 bis 64 SGB I die zusätzliche Obliegenheit des Einverständnisses zum Betreten der Wohnung und zum Untersuchen in der Wohnung des Versicherten begründen wollte, erscheint naheliegend. Dabei handelt es sich um eine Obliegenheit, die wegen des Ortes der Untersuchung nicht schon in § 62 oder einer anderen Regelung normiert ist und deren Festlegung hier notwendig war. Zugleich sollten auf diesen Fall die §§ 65 und 66 SGB I Anwendung finden und im Übrigen die Regelungen der §§ 60 bis 67 SGB I unberührt bleiben. Die konkrete Regelung des Abs. 2 S. 2, 3 ist deshalb als **Redaktionsversehen** anzusehen. Gemeint war eine Regelung wie etwa: „Der Versicherte hat dazu sein Einverständnis zu geben; es gelten die §§ 65, 66 des Ersten Buches. Im Übrigen bleiben die §§ 60 bis 67 des Ersten Buches unberührt." Da es sich auch im Fall der „Pflicht" zur Erklärung des Einverständnisses nicht um eine Rechtspflicht, sondern nur um eine Obliegenheit handelt, kann die Erfüllung der „Pflicht" auch nicht (zwangsweise) durchgesetzt werden.[32]

Wie § 62 und § 65 SGB I zeigen, unterliegen die Mitwirkungspflichten auch erheblichen Grenzen. So besteht entsprechend auch die Pflicht zur Mitwirkung an der Untersuchung im Wohnbereich nur dann, wenn die Untersuchung (auch gerade im Wohnbereich) erforderlich ist (s. § 62), dh wenn nicht mit milderen Mitteln (zum Beispiel bei einer Untersuchung in der Arztpraxis oder durch das Auswerten von Untersuchungsbefunden – s. Abs. 2 S. 4) in gleicher Weise eine Beurteilung möglich ist. Im Regelfall wird die Untersuchung im Wohnbereich jedoch trotz des geänderten Pflegebedürftigkeitsbegriffs verhältnismäßig sein. Steht allerdings das Ergebnis der medizinischen Untersuchung bereits aufgrund der Aktenlage fest, findet weder im Wohnbereich noch anderswo eine Untersuchung statt (Abs. 2 S. 4). In diesen seltenen Ausnahmefällen besteht auch kein Ermessen, die Untersuchung doch durchzuführen.[33] Denkbar ist aber noch, dass auch dann noch das Wohnumfeld und die Pflegesituation beurteilt werden müssen.

Nach Abs. 2 S. 5 ist die Untersuchung in angemessenen Zeitabständen zu wiederholen. Die Angemessenheit der **Wiederholungsbegutachtung** hängt vom konkreten Fall des Pflegebedürftigen ab, so dass für die Festlegung des Zeitabstands zur vorausgehenden Begutachtung regelmäßig die Empfehlungen der Gutachter heranzuziehen sind.[34] Die Wiederholungsbegutachtungen sind einmal durch Abs. 2 a für den Zeitraum vom 1.7.2016 bis 31.12.2016 und zum anderen durch § 142 Abs. 1 für die Zeit vom 1.1.2017 bis 31.12.2018 für die nach § 140 Abs. 2 übergeleiteten Pflegebedürftigen auch dann ausgesetzt worden, wenn die Wiederholung durch das Gutachten nach Abs. 1 S. 1 empfohlen wurde.

2. Auskünfte, Unterlagen (Abs. 4). Nach Abs. 4 sollen in die Begutachtung auch behandelnde Ärzte einbezogen und ärztliche Auskünfte und Unterlagen eingeholt werden. Gleichfalls sollen pflegende Angehörige oder andere an der Pflege Beteiligte befragt werden. Diese Datenerhebungen sind jeweils nur mit Einverständnis oder Einwilligung (also vorausgehender Zustimmung) zulässig. Bei ärztlichen Auskünften bedarf die Einwilligung der Schriftform (§ 100 Abs. 1 S. 2 SGB X). Dass es zu den Mitwirkungspflichten des Versicherten gehört, diese Einwilligung zu erklären, folgt aus § 60 Abs. 1 S. 1 Nr. 1 SGB I. Auch insoweit gilt aber, dass die Befragung erforderlich sein muss, um eine relevante, nicht anderweitig schon ermittelte oder bekannte Information zu erhalten.

Soweit in der Literatur die Auffassung vertreten wird, dass das insbesondere in Abs. 4 festgelegte Einwilligungserfordernis einen Fremdkörper im sozialrechtlichen Verwaltungsverfahren darstelle, in dem nach dem Grundsatz des § 20 SGB X ohne Einwilligung ermittelt werden dürfe,[35] ist dem zu wider-

---

31 So aber die ganz überwiegende Interpretation, s. etwa Plantholz in: LPK-SGB XI, § 18 Rn. 16; zutreffend dagegen Gebhardt in: Krauskopf, § 18 SGB XI Rn. 14 f.
32 Gebhardt in: Krauskopf SGB XI, § 18 Rn. 15.
33 BSG, 13.3.2001, B 3 P 20/00R, juris Rn. 18.
34 BT-Dr. 18/5926, 144 (zu § 142 Abs. 1).
35 Wagner in: Hauck/Noftz, SGB XI, § 18 Rn. 25.

sprechen. Diese Einschätzung missachtet das Selbstbestimmungsrecht über die Sozialdaten und verkennt die Grenzen der Amtsermittlung. Die Ermittlungspflichten und Ermittlungsrechte finden unbestritten ihre Grenze im Sozialdatenschutz.[36] Der Gesetzgeber hat in Abs. 4 die Datenerhebung deshalb völlig zutreffend von der Einwilligung bzw. dem Einverständnis des Versicherten abhängig gemacht.

30 In diesem Zusammenhang ist noch einer weiteren Einschätzung im Schrifttum entgegenzutreten: Für den Fall eines nicht (mehr) einwilligungsfähigen Versicherten, der keinen Betreuer hat, wird teilweise von einer mutmaßlichen Einwilligung in die Untersuchung ausgegangen.[37] Das ist nicht überzeugend. Da ohnehin eine Betreuerbestellung erforderlich ist, ist das Betreuungsgericht zu informieren und ein Betreuer von Amts wegen zu bestellen. Gemäß §§ 300 Abs. 1, 301 FamFG ist auch eine vorläufige Betreuerbestellung durch eine einstweilige Anordnung des Betreuungsgerichts möglich, so dass nahezu ohne Zeitverzug agiert werden kann. Die Annahme, eine Betreuerbestellung sei nicht praktisch handhabbar, entbehrt einer ausreichenden Grundlage. Ein Rückgriff auf eine mutmaßliche Einwilligung scheidet damit aus.

31 **3. Pflichten der Pflege- und Krankenkassen und der Leistungserbringer (Abs. 5).** Für die Pflege- und die Krankenkassen sowie die Leistungserbringer statuiert das Gesetz eine Rechtspflicht zur Vorlage von Unterlagen und zur Erteilung von Auskünften. Auch dafür bedarf es der Einwilligung des Versicherten (Abs. 5 S. 2 iVm § 276 Abs. 1 S. 2, 3 SGB V).

VI. Fristen und die Folgen von Verzögerungen (Abs. 3, 3 a, 3 b)

32 Nähere Vorgaben für die bei der Begutachtung und der Entscheidung einzuhaltenden Fristen macht Abs. 3. Diese Vorschrift dient der Beschleunigung des Verfahrens und stellt damit eine Sonderregelung gegenüber § 9 S. 2 SGB X dar. Insoweit hat das Pflege-Neuausrichtungs-Gesetz 2012 weitere Verschärfungen eingeführt. Seit dem 1.6.2013 existieren auch finanzielle Sanktionen bei Nichteinhaltung von Begutachtungsfristen gemäß Abs. 3 b. Die zunächst in Abs. 3, Abs. 3 a und Abs. 3 b enthaltenen Wochenfristen sind durch das PSG II in Fristen nach Arbeitstagen abgeändert worden, da die unterschiedliche Zahl von Feiertagen in den Bundesländern die effektive Bearbeitungszeit uneinheitlich ausgestaltete und zu Problemen führte.[38] Als Arbeitstage gelten nach den Materialien die Werktage von Montag bis Freitag.[39] Weshalb diese Änderungen nicht einheitlich für sämtliche Wochenfristen, also auch für alle Begutachtungsfristen (s. etwa noch Abs. 3 S. 3 und S. 5) erfolgt sind, ist allerdings nicht ersichtlich.

33 **1. Antragsweiterleitung (Abs. 3 S. 1).** Nach Abs. 3 S. 1 hat die Pflegekasse die Anträge zur Feststellung der Pflegebedürftigkeit unverzüglich an den Gutachter weiterzuleiten. Da es im Wortsinne keine Anträge zur Feststellung der Pflegebedürftigkeit gibt, sondern nur Anträge auf Leistungen der Pflegeversicherung (§ 33 Abs. 1), sind offenbar diese gemeint. Diese Antragsweiterleitung erfolgt sinnvollerweise zusammen mit der Beauftragung zur Begutachtung nach Abs. 1. Mit der Vorgabe „unverzüglich", die entsprechend der Legaldefinition in § 121 Abs. 1 S. 1 BGB auch hier als „ohne schuldhaftes Zögern" verstanden werden muss, enthält Abs. 3 S. 1 für die Weiterleitung keine Frist und auch keine Sanktionsandrohung. Eine solche Frist besteht erst für die Entscheidung über den Antrag gemäß Abs. 3 S. 2.

34 **2. Entscheidungsfrist (Abs. 3 S. 2, 7).** Die Entscheidung über den Antrag muss binnen 25 Arbeitstagen nach Eingang bei der zuständigen Pflegekasse von dieser mitgeteilt werden. Das PNG hat aus der früheren Soll-Bestimmung eine (unbedingte) Pflicht gemacht. Zudem macht Abs. 3 S. 7 für die Mitteilung der Entscheidung der Pflegekasse eine weitere Vorgabe: Die Entscheidung muss unverzüglich nach Eingang der Empfehlung des MDK oder unabhängigen Gutachters schriftlich mitgeteilt werden. Damit muss die Frist von 25 Arbeitstagen aus Abs. 3 S. 2 gegebenenfalls, sofern das Gutachten schon (deutlich) früher vorliegt, noch weiter unterboten werden.

35 Durch Abs. 2 b wurde die Entscheidungsfrist im Zeitraum vom 1.11. bis 31.12.2016 für grundsätzlich unbeachtlich erklärt. Für den Zeitraum vom 1.1. bis 31.12.2017 befindet sich dieselbe Regelung in § 142 Abs. 2. Ausnahmen gelten nur für Fälle mit besonders dringlichem Entscheidungsbedarf (→ § 142 Rn. 7 f.). Dasselbe gilt auch für den Ausnahmefall der Gutachterbenennung nach Abs. 3 a S. 1 Nr. 2 gem. Abs. 2 c für den Zeitraum in 2016 und nach § 142 Abs. 3 für das Jahr 2017.

---

36 Vgl. nur Luthe in: jurisPK-SGB X, § 20 Rn. 26; Mutschler in: KassKomm, § 20 SGB X Rn. 8 a.
37 Wagner in: Hauck/Noftz, SGB XI, § 18 Rn. 25; dem folgend Roller in: jurisPK-SGB XI, § 18 Rn. 27.
38 BT-Dr 18/6688, 133.
39 Ebd.

3. Begutachtungsfristen (Abs. 3 S. 3–5). Neben den Entscheidungsfristen enthält Abs. 3 spezielle Begutachtungsfristen. In S. 3 und 4 nennt das Gesetz Fälle, bei denen die Begutachtung unverzüglich, spätestens innerhalb einer Woche nach Eingang des Antrags bei der zuständigen Pflegekasse erfolgen muss. Dies gilt zunächst bei einem stationären Aufenthalt des Antragstellers in einem Krankenhaus oder einer stationären Rehabilitationseinrichtung bei gleichzeitigem Vorliegen eines weiteren Tatbestandsmerkmals, aus dem eine besondere Eilbedürftigkeit erkennbar wird (s. S. 3 Nr. 1–3). Dasselbe gilt, allerdings ohne die weiteren Voraussetzungen in S. 3 Nr. 1–3, wenn sich der Versicherte in einem Hospiz befindet oder ambulant palliativ versorgt wird (S. 4). Demgegenüber bestimmt S. 5 eine Höchstfrist von zwei Wochen (auch hier gilt aber das Erfordernis „unverzüglich") bei einer Ankündigung einer Pflegezeit oder Familienpflegezeit gegenüber dem Arbeitgeber. Hier haben der MDK bzw. der unabhängige Gutachter den Antragsteller zudem über die an die Pflegekasse weitergeleitete Empfehlung unverzüglich schriftlich zu informieren.

4. Folgen der Nichteinhaltung der Frist (Abs. 3 b). Abs. 3 b normiert Zahlungspflichten der Pflegekassen bei Überschreitung der Entscheidungsfrist von 25 Arbeitstagen nach Abs. 3 S. 1 oder der verkürzten Begutachtungsfristen. Nach Fristablauf sind für jede begonnene Woche 70 EUR an den Antragsteller zu zahlen.[40] Dies gilt nicht für den Fall einer vollstationären Pflege, bei der bereits vorher eine Pflegebedürftigkeit mindestens mit dem Pflegegrad 2 festgestellt war. Nach dem Zweck der Regelung gilt dies analog auch, wenn gem. § 140 Abs. 2 S. 3 eine entsprechende Überleitung erfolgt ist. In allen anderen Fällen haftet die Pflegekasse, wenn sie die Fristüberschreitung zu vertreten hat. Ein Vertretenmüssen der Pflegekasse (auch der Fristüberschreitungen des MDK oder des Gutachters) ist regelmäßig anzunehmen, wenn die Pflegekasse die Anträge nicht unverzüglich weitergeleitet oder schon im Gutachtenauftrag verzögert hat. Grundsätzlich wird sie aber auch das Verschulden des MDK oder des beauftragten Gutachters bei Verzögerungen wie eigenes Verschulden zu vertreten haben.

VII. Gutachteninhalt und Informationspflichten (Abs. 6)

Allgemeine nähere Angaben vor allem zum Inhalt des Gutachtens macht Abs. 6. Neben der Anordnung der unverzüglichen Übermittlung an die Pflegekasse enthält Abs. 6 S. 2–4 Vorgaben zum Inhalt des Gutachtens. Insoweit handelt es sich im Grunde nur um die Folgerungen aus den Vorgaben zum Untersuchungsauftrag nach Abs. 1 S. 2–3, also die Selbstverständlichkeit, dass die entsprechenden Untersuchungsergebnisse auch im Gutachten zu dokumentieren sind. Zusätzlich ist bei einem Antrag auf Pflegegeld auf die Sicherstellung der häuslichen Pflege einzugehen (Abs. 6 S. 4).

Mit den Vorgaben zur Prüfung und Begutachtung eines Rehabilitationsbedarfs in Zusammenhang steht § 31 Abs. 3. Bei entsprechenden Feststellungen und Empfehlungen im Gutachten ist nicht nur der Versicherte (insofern als Spezialregelung gegenüber § 18 Abs. 3 S. 8, 9 anzusehen), sondern ebenfalls der zuständige Rehabilitationsträger unverzüglich zu informieren.

§ 18 a Weiterleitung der Rehabilitationsempfehlung, Berichtspflichten

(1) ¹Spätestens mit der Mitteilung der Entscheidung über die Pflegebedürftigkeit leitet die Pflegekasse dem Antragsteller die gesonderte Präventions- und Rehabilitationsempfehlung des Medizinischen Dienstes oder der von der Pflegekasse beauftragten Gutachter zu und nimmt umfassend und begründet dazu Stellung, inwieweit auf der Grundlage der Empfehlung die Durchführung einer Maßnahme zur Prävention oder zur medizinischen Rehabilitation angezeigt ist. ²Die Pflegekasse hat den Antragsteller zusätzlich darüber zu informieren, dass mit der Zuleitung einer Mitteilung über den Rehabilitationsbedarf an den zuständigen Rehabilitationsträger ein Antragsverfahren auf Leistungen zur medizinischen Rehabilitation entsprechend den Vorschriften des Neunten Buches ausgelöst wird, sofern der Antragsteller in dieses Verfahren einwilligt.

(2) ¹Die Pflegekassen berichten für die Geschäftsjahre 2013 bis 2018 jährlich über die Anwendung eines bundeseinheitlichen, strukturierten Verfahrens zur Erkennung rehabilitativer Bedarfe in der Pflegebegutachtung und die Erfahrungen mit der Umsetzung der Empfehlungen der Medizinischen Dienste der Krankenversicherung oder der beauftragten Gutachter zur medizinischen Rehabilitation. ²Hierzu wird insbesondere Folgendes gemeldet:

---

40 Der ursprüngliche Gesetzentwurf sah noch eine Zahlung von 10 EUR pro Tag vor, BT-Dr. 17/9369, 8, 37.

P. Baumeister

1. die Anzahl der Empfehlungen der Medizinischen Dienste der Krankenversicherung und der beauftragten Gutachter für Leistungen der medizinischen Rehabilitation im Rahmen der Begutachtung zur Feststellung der Pflegebedürftigkeit,
2. die Anzahl der Anträge an den zuständigen Rehabilitationsträger gemäß § 31 Absatz 3 in Verbindung mit § 14 des Neunten Buches,
3. die Anzahl der genehmigten und die Anzahl der abgelehnten Leistungsentscheidungen der zuständigen Rehabilitationsträger einschließlich der Gründe für Ablehnungen sowie die Anzahl der Widersprüche und
4. die Anzahl der durchgeführten medizinischen Rehabilitationsmaßnahmen.

³Die Meldung durch die Pflegekassen erfolgt bis zum 31. März des dem Berichtsjahr folgenden Jahres an den Spitzenverband Bund der Pflegekassen. ⁴Näheres über das Meldeverfahren und die Inhalte entwickelt der Spitzenverband Bund der Pflegekassen im Einvernehmen mit dem Bundesministerium für Gesundheit.

(3) ¹Der Spitzenverband Bund der Pflegekassen bereitet die Daten auf und leitet die aufbereiteten und auf Plausibilität geprüften Daten bis zum 30. Juni des dem Berichtsjahr folgenden Jahres dem Bundesministerium für Gesundheit zu. ²Der Verband hat die aufbereiteten Daten der landesunmittelbaren Versicherungsträger auch den für die Sozialversicherung zuständigen obersten Verwaltungsbehörden der Länder oder den von diesen bestimmten Stellen auf Verlangen zuzuleiten. ³Der Spitzenverband Bund der Pflegekassen veröffentlicht auf Basis der gemeldeten Daten sowie sonstiger Erkenntnisse jährlich einen Bericht bis zum 1. September des dem Berichtsjahr folgenden Jahres.

Literatur:

Henneberger, Zentrale Änderungen des SGB XI durch das Pflege-Neuausrichtungs-Gesetz, NDV 2013, 58; *Reimer*, Überblick über die Änderungen durch das Pflege-Neuausrichtungs-Gesetz, SGb. 2013, 193; *Schlegel*, Das Gesetz zur Neuausrichtung der Pflegeversicherung, jurisPR-SozR 3/2013 Anm. 1; *Tall/Kessels*, Das Pflege-Neuausrichtungs-Gesetz (PNG) – Darstellung und Auswirkungen für die Praxis, WzS 2013, 74; *Teubner*, Das Pflege-Neuausrichtungs-Gesetz (PNG) und seine Auswirkungen, PflR 2013, 71; *Winkel/Nakielski*, Was sich 2013 im Bereich Pflege ändert, SozSich 2013, 55.

I. Entstehungsgeschichte

1 § 18 a wurde mit Wirkung zum 30.10.2012 eingeführt durch Art. 1 Nr. 5 Pflege-Neuausrichtungs-Gesetz (PNG) vom 23.10.2012.[1] Eine erste Änderung erfolgte durch Art. 6 Nr. 3 PrävG v. 17.7.2015[2] an Abs. 1 S. 1. Zuletzt wurde Abs. 2 S. 1 durch Art. 1 Nr. 14 PSG II v. 21.12.2015[3] zum 1.1.2016 geändert.

II. Regelungsgehalt und Normzweck

2 Nach § 18 Abs. 1 S. 3 und Abs. 6 S. 3 werden der MDK bzw. der beauftragte Gutachter verpflichtet, im Rahmen ihrer Begutachtung jeweils auch eine gesonderte Rehabilitationsempfehlung abzugeben. § 18 a knüpft daran an und macht in Abs. 1 der Pflegekasse Vorgaben für den Umgang mit der gesonderten Rehabilitationsempfehlung. Abs. 1 S. 1 verpflichtet die Pflegekassen, die Rehabilitationsempfehlungen des MDK bzw. des unabhängigen Gutachters zusammen mit einer umfassenden und begründeten Stellungnahme dazu an den Versicherten weiterzuleiten. Darüber hinaus ist der Antragsteller über die Rechtswirkungen der Mitteilung betreffend den Rehabilitationsbedarf an den Rehabilitationsträger zu informieren (Abs. 1 S. 2). Die Abs. 2 und 3 betreffen Melde- und Berichtspflichten der Pflegekassen und des Spitzenverbandes über die Entwicklung der Umsetzung der Rehabilitationsempfehlungen des MDK und der beauftragten Gutachter.

3 Mit diesen Regelungen sollen die Bedingungen für die Inanspruchnahme der Rehabilitationsleistungen durch die Versicherten verbessert werden. Insbesondere geht es um die Durchsetzung des Grundsatzes „Rehabilitation vor Pflege".[4]

---

1 BGBl. I, 2246; s. dazu BT-Dr. 17/9369, 37 ff.; BT-Dr. 17/10157, 13 f.; BT-Dr. 17/1070, 15.
2 BGBl. I, 1368.
3 BGBl. I, 2424; dazu BT-Dr. 18/5926, 91.
4 BT-Dr. 17/9369, 37 f.

III. Umgang mit der gesonderten Rehabilitationsempfehlung (Abs. 1)

Nach Abs. 1 S. 1 ist die gesonderte Rehabilitationsempfehlung (§ 18 Abs. 1 S. 3, Abs. 6 S. 3) dem Antragsteller spätestens zusammen mit der „Entscheidung über die Pflegebedürftigkeit" zuzuleiten. Da es nach allgemeiner Meinung keine „Entscheidung über die Pflegebedürftigkeit" durch die Pflegekasse gibt (→ § 18 Rn. 2), sondern nur über den Antrag auf Leistungen nach dem SGB XI entschieden wird, ist davon auszugehen, dass das Gesetz diese Entscheidung meint. Über die Pflegebedürftigkeit wird nur inzident im Rahmen der Entscheidung über die Leistungen entschieden.

Zudem fordert das Gesetz, dass die Pflegekassen zu der Empfehlung eine eigene umfassende, begründete Stellungnahme abgeben. Schließlich besteht eine Informationspflicht nach Abs. 1 S. 2 darüber, dass die (bei Einwilligung des Antragstellers erfolgende) Zuleitung der Empfehlungen an den Rehabilitationsträger ein Antragsverfahren auf Leistungen zur medizinischen Rehabilitation auslöst. Welchen Inhalt der Stellungnahme sich der Gesetzgeber vorstellt, wird ausführlich in der Gesetzentwurfsbegründung ausgeführt.[5] Danach hat die Stellungnahme dem Antragsteller die Feststellungen des MDK bzw. des beauftragten Gutachters zu erläutern. Dazu gehört auch die Information, welche Leistungen der Rehabilitation nach den Empfehlungen erfolgversprechend und zumutbar sind. Inwieweit diese Regelung über die nach § 31 Abs. 3 bestehende Pflicht zur Feststellung und Information darüber, dass Leistungen der medizinischen Rehabilitation angezeigt sind, hinausgeht, wird aus dem Gesetzestext nicht klar. Zwar hat der Gesetzgeber gesehen, dass es mit § 31 Abs. 3 schon eine Regelung dazu gibt;[6] warum die beiden Regelungen dann aber nicht aufeinander abgestimmt wurden, lassen auch die Gesetzesmaterialien nicht erkennen. Allein der in der Gesetzentwurfsbegründung angeführte Umstand, dass nach der Regelung des § 18a Abs. 1 S. 1, 2 stets (und nicht nur wie nach § 31 Abs. 3 im Fall einer Empfehlung von Rehabilitationsmaßnahmen) eine Stellungnahme abzugeben ist, ändert nichts an den massiven Überschneidungen zwischen beiden Vorschriften. Gesetzliche Doppelungen von Pflichten (und Rechten) tragen jedenfalls nicht zur Rechtsklarheit bei. Eine Anpassung der Vorschriften im Verhältnis zueinander erscheint daher weiterhin notwendig.

IV. Berichtspflicht der Pflegekassen und des Spitzenverbandes (Abs. 2, 3)

Die Regelung enthält weiter detaillierte Berichtspflichten der Pflegekassen an den Spitzenverband Bund der Pflegekassen für die Geschäftsjahre bis 2018 mit entsprechenden Fristen (Abs. 2). Durch das PSG II wurde nicht nur der Zeitraum von 2015 auf 2018 erweitert, sondern zugleich auch die Berichtspflicht auf die Erfahrungen mit dem neuen Begutachtungsinstruments erstreckt.[7] Der Spitzenverband seinerseits bereitet die Daten auf und leitet sie dem BMG weiter (Abs. 3 S. 1). Zudem hat er jährlich einen Bericht dazu zu veröffentlichen (Abs. 3 S. 3).

V. Kritik

Es erscheint weiterhin durchaus fraglich, ob die Abs. 2 und 3 im Abschnitt über den leistungsberechtigten Personenkreis richtig platziert sind. Richtigerweise sollten sie nicht in das Gesetz, sondern in eine Verordnung aufgenommen werden. Der Übersichtlichkeit des Gesetzes förderlich sind sie auf keinen Fall.

§ 18b Dienstleistungsorientierung im Begutachtungsverfahren

(1) ¹Der Spitzenverband Bund der Pflegekassen erlässt mit dem Ziel, die Dienstleistungsorientierung für die Versicherten im Begutachtungsverfahren zu stärken, bis zum 31. März 2013 für alle Medizinischen Dienste verbindliche Richtlinien. ²Der Medizinische Dienst des Spitzenverbandes Bund der Krankenkassen und die für die Wahrnehmung der Interessen und der Selbsthilfe der pflegebedürftigen und behinderten Menschen auf Bundesebene maßgeblichen Organisationen sind zu beteiligen.

(2) Die Richtlinien regeln insbesondere

1. allgemeine Verhaltensgrundsätze für alle unter der Verantwortung der Medizinischen Dienste am Begutachtungsverfahren Beteiligten,

---

5 BT-Dr. 17/9369, 38.
6 BT-Dr. 17/9369, 38; zu § 31 Abs. 3 s. etwa Baumeister in: BeckOK SozR, SGB XI, § 31 Rn. 10 ff.
7 S. dazu BT-Dr. 18/5926, 91.

2. die Pflicht der Medizinischen Dienste zur individuellen und umfassenden Information des Versicherten über das Begutachtungsverfahren, insbesondere über den Ablauf, die Rechtsgrundlagen und Beschwerdemöglichkeiten,
3. die regelhafte Durchführung von Versichertenbefragungen und
4. ein einheitliches Verfahren zum Umgang mit Beschwerden, die das Verhalten der Mitarbeiter der Medizinischen Dienste oder das Verfahren bei der Begutachtung betreffen.

(3) ¹Die Richtlinien werden erst wirksam, wenn das Bundesministerium für Gesundheit sie genehmigt. ²Die Genehmigung gilt als erteilt, wenn die Richtlinien nicht innerhalb eines Monats, nachdem sie dem Bundesministerium für Gesundheit vorgelegt worden sind, beanstandet werden. ³Beanstandungen des Bundesministeriums für Gesundheit sind innerhalb der von ihm gesetzten Frist zu beheben.

Literatur:
Siehe § 18 a.

I. Entstehungsgeschichte

1   § 18 b wurde mit Wirkung zum 30.10.2012 eingeführt durch Art. 1 Nr. 5 Pflege-Neuausrichtungsgesetz vom 23.10.2012.[1]

II. Regelungsgehalt und Normzweck

2   Die Regelung schafft eine (weitere) Grundlage (und Ermächtigung) für den Erlass von Richtlinien, die für alle Medizinischen Dienste verbindlich sind und das Ziel der Stärkung der Dienstleistungsorientierung für die Versicherten im Begutachtungsverfahren verfolgen (Abs. 1 S. 1). Zusätzliche Vorgaben zu den zu beteiligenden Verbänden enthält Abs. 1 S. 2. Die konkreten Vorgaben zum Inhalt der Richtlinien enthält Abs. 2 (Verhaltenskodex, Informationspflichten, Versichertenbefragungen, Beschwerdemanagement). Nach Abs. 3 hängt die Wirksamkeit der Richtlinien von der Genehmigung durch das BMG ab.

III. Rechtsqualität der Richtlinien

3   Bei den auf der Grundlage der Bestimmung erlassenen Richtlinien handelt es sich wie in den anderen Fällen (etwa gem. §§ 17, 53 a, 53 b) um Verwaltungsvorschriften, die keine Außenwirkung besitzen (dazu → § 17 Rn. 5). Wenn wegen der Bindung des MDK angenommen wird, es handele sich um „Verwaltungsbinnenrecht mit normsetzender Außenwirkung",[2] so stellt dies keine brauchbare Beschreibung der Rechtswirkungen dar. Bei der Geltung der Richtlinien gegenüber dem MDK handelt es sich um eine staatsinterne Bindung, keine Außenwirkung. Träger des MDK sind die gesetzlichen Krankenkassen, die zur mittelbaren Staatsverwaltung gezählt werden. Aus den Richtlinien können folglich auch keine Ansprüche der Versicherten abgeleitet werden, obwohl die Regelungen gerade den Schutz der Versicherten bezwecken. Gleichwohl ist anzuraten, sich im Bedarfsfall gegenüber dem MDK auf die Richtlinien zu berufen. Sie konkretisieren jedenfalls teilweise Verhaltenspflichten, die sich im Rahmen des Begutachtungsverfahrens auch ansatzweise den gesetzlichen Regelungen entnehmen lassen.

IV. Umsetzung

4   Die nach der gesetzlichen Vorgabe bis zum 31.3.2013 zu erlassenden Richtlinien hat der GKV-Spitzenverband am 10.7.2013 erlassen [Richtlinien des GKV-Spitzenverbandes zur Dienstleistungsorientierung im Begutachtungsverfahren (Dienstleistungs-Richtlinien – Die-RiLi) nach § 18 b SGB XI].

V. Kritik

5   Weshalb der Gesetzgeber mit § 18 b eine weitere Rechtsgrundlage für den Erlass von Richtlinien und damit zahllose weitere Doppelungen im Gesetz produziert hat (s. die Überschneidungen gegenüber § 53 a, § 118), erscheint nicht verständlich. Weshalb beispielsweise die Beteiligung der für die Wahrnehmung der Interessen und der Selbsthilfe der pflegebedürftigen und behinderten Menschen auf Bundesebene maßgeblichen Organisationen angeordnet wird, was doch ohnehin durch § 118 Abs. 1 S. 1

---

1 BGBl. I, 2246; s. dazu BT-Dr. 17/9369, 39 f.; BT-Dr. 17/10157, 13 f.; BT-Dr. 17/1070, 15.
2 Plantholz in: LPK-SGB XI, § 18 b Rn. 5.

Nr. 1 angeordnet ist, bleibt unverständlich. Die Norm hätte zudem insgesamt ohne Weiteres zB in § 53 a integriert werden können.

§ 18 c Fachliche und wissenschaftliche Begleitung der Umstellung des Verfahrens zur Feststellung der Pflegebedürftigkeit

(1) ¹Das Bundesministerium für Gesundheit richtet im Benehmen mit dem Bundesministerium für Arbeit und Soziales und dem Bundesministerium für Familie, Senioren, Frauen und Jugend ein Begleitgremium ein, das die Vorbereitung der Umstellung des Verfahrens zur Feststellung der Pflegebedürftigkeit nach den §§ 14, 15 und 18 Absatz 5 a in der ab dem 1. Januar 2017 geltenden Fassung mit pflegefachlicher und wissenschaftlicher Kompetenz unterstützt. ²Aufgabe des Begleitgremiums ist, das Bundesministerium für Gesundheit bei der Klärung fachlicher Fragen zu beraten und den Spitzenverband Bund der Pflegekassen, den Medizinischen Dienst des Spitzenverbandes Bund der Krankenkassen sowie die Vereinigungen der Träger der Pflegeeinrichtungen auf Bundesebene bei der Vorbereitung der Umstellung zu unterstützen. ³Dem Begleitgremium wird ab dem 1. Januar 2017 zusätzlich die Aufgabe übertragen, das Bundesministerium für Gesundheit bei der Klärung fachlicher Fragen zu beraten, die nach der Umstellung im Zuge der Umsetzung auftreten.

(2) ¹Das Bundesministerium für Gesundheit beauftragt eine begleitende wissenschaftliche Evaluation insbesondere zu Maßnahmen und Ergebnissen der Vorbereitung und der Umsetzung der Umstellung des Verfahrens zur Feststellung der Pflegebedürftigkeit nach den §§ 14, 15 und 18 Absatz 5 a in der ab dem 1. Januar 2017 geltenden Fassung. ²Die Auftragserteilung erfolgt im Benehmen mit dem Bundesministerium für Arbeit und Soziales, soweit Auswirkungen auf andere Sozialleistungssysteme aus dem Zuständigkeitsbereich des Bundesministeriums für Arbeit und Soziales untersucht werden. ³Im Rahmen der Evaluation sind insbesondere Erfahrungen und Auswirkungen hinsichtlich der folgenden Aspekte zu untersuchen:
1. Leistungsentscheidungsverfahren und Leistungsentscheidungen bei Pflegekassen und Medizinischen Diensten, beispielsweise Bearbeitungsfristen und Übermittlung von Ergebnissen;
2. Umsetzung der Übergangsregelungen im Begutachtungsverfahren;
3. Leistungsentscheidungsverfahren und Leistungsentscheidungen anderer Sozialleistungsträger, soweit diese pflegebedürftige Personen betreffen;
4. Umgang mit dem neuen Begutachtungsinstrument bei pflegebedürftigen Antragstellern, beispielsweise Antragsverhalten und Informationsstand;
5. Entwicklung der ambulanten Pflegevergütungen und der stationären Pflegesätze einschließlich der einrichtungseinheitlichen Eigenanteile;
6. Entwicklungen in den vertraglichen Grundlagen, in der Pflegeplanung, den pflegefachlichen Konzeptionen und in der konkreten Versorgungssituation in der ambulanten und in der stationären Pflege unter Berücksichtigung unterschiedlicher Gruppen von Pflegebedürftigen und Versorgungskonstellationen einschließlich derjenigen von pflegebedürftigen Personen, die im Rahmen der Eingliederungshilfe für behinderte Menschen versorgt werden.

⁴Ein Bericht über die Ergebnisse der Evaluation ist bis zum 1. Januar 2020 zu veröffentlichen. ⁵Dem Bundesministerium für Gesundheit sind auf Verlangen Zwischenberichte vorzulegen.

I. Entstehungsgeschichte

§ 18 c wurde mit Wirkung zum 1.1.2016 eingeführt durch Art. 1 Nr. 15 PSG II vom 21.12.2015.[1]

II. Regelungsgehalt und Normzweck

Die Norm regelt in Abs. 1 die Einrichtung eines Begleitgremiums, das zum einen die Umstellung des Verfahrens zur Feststellung der Pflegebedürftigkeit mit pflegefachlicher und wissenschaftlicher Expertise begleiten und anschließend dem Ministerium beratend zur Seite stehen soll. Auf diese Weise wird die Praxis der Expertenbeiräte zur Entwicklung des Pflegebedürftigkeitsbegriffs seit dem Jahr 2007 fortgesetzt. Nach Abs. 2 soll eine wissenschaftliche Begleitforschung (Evaluation) zum Umstellungsprozess und zur Umsetzung des neuen Feststellungsverfahrens in Auftrag gegeben werden.

---

[1] BGBl. I, 2424; s. dazu BT-Dr. 18/5926, 92.

III. Kritik

3 Auch wenn mit der Einrichtung des Begleitgremiums eine Anregung des vorausgehenden Expertenbeirats aufgegriffen wird, so stellt sich die Frage, aus welchem Grund ministerielle Maßnahmen wie Beratung und Evaluation im Gesetz geregelt werden. Das sog Begleitgremium hätte – wie bisher – selbstverständlich ohne gesetzliche Grundlage eingerichtet und beschäftigt werden können. Auch die Auftragsvergabe für wissenschaftliche Begleitforschung ist kein Regelungsinhalt für ein Gesetz.

§ 19 Begriff der Pflegepersonen

[1]Pflegepersonen im Sinne dieses Buches sind Personen, die nicht erwerbsmäßig einen Pflegebedürftigen im Sinne des § 14 in seiner häuslichen Umgebung pflegen. [2]Leistungen zur sozialen Sicherung nach § 44 erhält eine Pflegeperson nur dann, wenn sie eine oder mehrere pflegebedürftige Personen wenigstens zehn Stunden wöchentlich, verteilt auf regelmäßig mindestens zwei Tage in der Woche, pflegt.

Literatur:

Dahm, Unfallversicherungsschutz für Pflegepersonen, Die Leistungen 2017, 113; *Kuhn-Zuber*, Soziale Sicherung von Pflegepersonen, Beitrag E2-2017 unter www.reha-recht.de; *Leube*, Neuordnung der Unfallversicherung häuslicher Pflegepersonen durch das PSG II (§ 2 Abs. 1 Nr. 17 SGB VII), ZfSH/SGB 2017, 204; *Müller/Becker*, (Keine) Vermutungsregelung beim Vorliegen des Pflegegrad 1, BB 2016, 3000; *Schlaeger*, Unfallversicherungsschutz von häuslichen Pflegepersonen nach dem Zweiten Pflegestärkungsgesetz (PSG II), SGb 2016, 684; zur älteren Literatur s. 1. Auflage.

I. Entstehungsgeschichte.................... 1	c) Konnexität zwischen gesundheitlich bedingter Beeinträchtigung und Pflege 15
II. Regelungsgehalt und Normzweck 2	d) Pflegerische Zielsetzung der Maßnahme 18
III. Die Pflegeperson (S. 1)..................... 6	3. In häuslicher Umgebung 19
1. Pflegebedürftiger im Sinne des § 14..... 7	4. Nicht erwerbsmäßig 22
2. Pflegetätigkeit 8	IV. Leistungen zur sozialen Sicherung nach § 44 (S. 2).................................. 26
a) Rechtslage vor dem PSG II 9	1. Mindestpflegezeit von zehn Stunden.... 29
b) Arten von Pflegetätigkeiten 10	2. Mindestens an zwei Wochentagen 31
aa) Körperbezogene Pflegemaßnahmen............................ 11	V. Der Versicherungsschutz für Pflegepersonen in den einzelnen Sozialversicherungszweigen 32
bb) Pflegerische Betreuungsmaßnahmen............................ 12	VI. Abweichende Begriffsverwendungen........ 35
cc) Hilfen bei der Haushaltsführung 13	
dd) Krankheitsspezifische Pflegemaßnahmen 14	

I. Entstehungsgeschichte

1 § 19 ist seit Erlass des SGB XI durch Art. 1 PflegeVG vom 26.5.1994[1] Teil des Gesetzes. Durch Art. 1 Nr. 8 des 1. SGB XI-ÄndG vom 14.6.1996[2] wurde mit Wirkung vom 25.6.1996 der zuvor nur aus einem Satz bestehenden Regelung ein S. 2 angefügt und zugleich das Erfordernis der Mindestpflegezeit von (vormals) 14 Stunden aus (dem jetzigen) S. 1 gestrichen.[3] Art. 1 Nr. 6 Pflege-Neuausrichtungsgesetz vom 23.10.2012[4] fügte in S. 2 die Wörter „oder mehrere pflegebedürftige Personen" ein. Durch das PSG II (Art. 2 Nr. 11)[5] ist die Mindestpflegezeit auf zehn Wochenstunden gesenkt worden bei gleichzeitiger Vorgabe der Verteilung auf mindestens zwei Wochentage.

II. Regelungsgehalt und Normzweck

2 Mit der Vorschrift des S. 1 enthält das SGB XI eine **Definition des Begriffs der Pflegeperson**, auf den andere Regelungen des SGB XI Bezug nehmen. Im Grundsatz ist die Begriffsbestimmung im gesamten SGB XI anwendbar („im Sinne dieses Buches"), was allerdings nicht heißt, dass die Verwendung des

---

1 BGBl. I, 1014; s. auch BT-Dr. 12/5262, 15, 100 f.
2 BGBl. I, 830.
3 Siehe dazu Gesetzentwurf vom 6.3.1996, BT-Dr. 13/3696, 3, 12.
4 BGBl. I, 2246; s. dazu BT-Dr. 17/9369, 40.
5 BGBl. I, 2424; s. dazu BT-Dr. 18/5926, 117.

Begriffs Pflegeperson in anderen Regelungen notwendigerweise auch der Definition des S. 1 entsprechen muss. Gerade auch aufgrund der Sonderregelungen zur sozialen Sicherung von Pflegepersonen in der Renten- (§ 3 S. 1 Nr. 1 a, S. 2, 3 SGB VI) und in der Unfallversicherung (§ 2 Abs. 1 Nr. 17 SGB VII) wird die praktische Bedeutung der Definition in S. 1 erheblich in Frage gestellt. Die Sonderregelungen wirken zugleich auf die Auslegung des § 19 ein und werfen zahlreiche zusätzliche Probleme auf.

Verwendet wird der Begriff der Pflegeperson im SGB XI in § 7a Abs. 1 S. 3 Nr. 6, § 13 Abs. 6, § 28 Abs. 1 Nr. 4, 10, 12, § 28 a Abs. 1 Nr. 8, § 34 Abs. 3, § 36 Abs. 2 S. 2, § 39, § 40 Abs. 3, § 42 Abs. 4, § 44, § 45, § 45 a Abs. 1, 2, § 45 c Abs. 4, 9, § 75 Abs. 2 S. 1 Nr. 9, § 90 Abs. 2 S. 2 und § 141 Abs. 1, 4 a, 5, 6. Obwohl die Definition laut S. 1 für das gesamte SGB XI gilt, können die genannten Bestimmungen als speziellere Regelungen den Begriff der Pflegeperson auch abweichend verwenden. Daher muss grundsätzlich für jeden Einzelfall geprüft werden, ob der Begriff mit der in § 19 S. 1 vorgesehenen Bedeutung übereinstimmt (zu abweichenden Begriffsverwendungen → Rn. 25 f.).

§ 19 steht in besonderem Zusammenhang mit § 44, der (als Einweisungsvorschrift)[6] die Leistungen zur sozialen Sicherung für Pflegepersonen normiert. Neben der Bezugnahme auf § 19 („Pflegepersonen im Sinne des § 19") werden weitere Voraussetzungen für Ansprüche auf soziale Sicherung genannt (zB Pflege eines Pflegebedürftigen ab Pflegegrad 2).

Nach S. 2 erfordern Leistungen nach § 44 eine Mindestpflegezeit von zehn Stunden wöchentlich, verteilt auf mindestens zwei Tage pro Woche. Diese erst nachträglich (→ Rn. 1) eingefügte und durch das PSG II veränderte Regelung weist darauf hin, dass bestimmte Leistungen der sozialen Sicherung, nämlich solche nach § 44, nur unter der zusätzlichen Voraussetzung einer Mindestpflegezeit erbracht werden (→ Rn. 16 ff.). Die Mindestpflegezeit nach S. 2 ist allerdings kein Tatbestandsmerkmal des Begriffs der Pflegeperson nach S. 1.

III. Die Pflegeperson (S. 1)

S. 1 enthält die **Definition der Pflegeperson**. Dabei muss es sich um eine (natürliche) Person handeln, die einen Pflegebedürftigen (1) pflegt (2) in dessen häuslicher Umgebung (3) in nicht erwerbsmäßiger Weise (4). Nach der Gesetzesänderung 1996 (→ Rn. 1) zählt die wöchentliche Mindestpflegezeit von zunächst 14 und heute zehn Stunden nicht mehr zur Definition des Begriffs der Pflegeperson.[7]

1. Pflegebedürftiger im Sinne des § 14. Nach S. 1 muss ein „Pflegebedürftiger im Sinne des § 14" gepflegt werden. Pflegebedürftig im Sinne des § 14 kann nur jemand sein, der die Voraussetzungen des § 14 Abs. 1 erfüllt. Da in § 14 Abs. 1 gerade die Voraussetzungen des § 15 in die Definition der Pflegebedürftigkeit aufgenommen sind (§ 14 Abs. 1 S. 3), handelt es sich nur dann um einen „Pflegebedürftigen iSd § 14", wenn zumindest die Voraussetzungen des Pflegegrades 1 erfüllt sind. Entsprechend muss die Pflegebedürftigkeit zumindest eine Schwere aufweisen, die nach § 15 Abs. 3 S. 4 Nr. 1 als geringe Beeinträchtigung der Selbständigkeit oder der Fähigkeiten eingestuft werden kann. Unerheblich ist lediglich, ob der Anspruch etwa nach § 34 Abs. 1 Nr. 2 ruht.

2. Pflegetätigkeit. Weiter setzt der Tatbestand für eine **Pflegeperson** nach § 19 S. 1 voraus, dass der Pflegebedürftige von der Person **gepflegt** wird. Eine ausdrückliche Definition oder Umschreibung der Tätigkeit, die als Pflege nach dem SGB XI anzusehen ist, enthält das SGB XI nicht. Die Voraussetzung „Pflege" wirft eine Reihe von Fragen auf. Angesichts des neuen Pflegebedürftigkeitsbegriffs sind Hilfe- und Unterstützungsleistungen für den Pflegebedürftigen in vielfältigster Form vorstellbar, so dass sowohl die Art der Pflegetätigkeit (b) zu klären ist als auch der notwendige Zusammenhang zwischen Pflege und Beeinträchtigung des Pflegebedürftigen (c).

a) Rechtslage vor dem PSG II. Nach früherer Rechtslage war aus § 4 Abs. 1 S. 1 und aus den §§ 14, 15 abzuleiten, dass unter die Pflege im Sinne des SGB XI zumindest solche Tätigkeiten fallen, bei denen die in § 14 Abs. 4 aF genannten Verrichtungen des täglichen Lebens unterstützt, ganz oder teilweise übernommen, beaufsichtigt oder angeleitet werden (§ 14 Abs. 3 aF). Einbezogen in den Begriff der Pflege wurden auch erforderliche verrichtungsbezogene krankheitsspezifische Pflegemaßnahmen, also Maßnahmen der Behandlungspflege (§ 15 Abs. 3 S. 2, 3 aF). Die Anerkennung von Pflegetätigkeiten war allerdings dadurch begrenzt, dass es sich um solche Tätigkeiten handeln musste, die hinsichtlich

---

[6] BSG, 7.9.2004, B 2 U 46/03 R, NJW 2005, 1148, 1150 – Rn. 23.
[7] Allg. M. seit BSG, 7.9.2004, B 2 U 46/03 R, juris Ls. und Rn. 15 ff.; dazu zust. etwa Günther-Nicolay, NZS 2006, 17; Schumacher, RdLH 2005, 67; iE auch Riebel, SGb 2005, 603; s. weiter Koch in: KassKomm, § 19 SGB XI Rn. 3; Roller in: jurisPK-SGB XI, § 19 Rn. 8; Udsching in: Udsching, § 19 Rn. 5.

des für sie notwendigen Zeitaufwands bei der Feststellung der Pflegebedürftigkeit nach den §§ 14, 15 zu berücksichtigen waren. Im Zusammenhang mit der Versicherungspflicht der Pflegeperson im Rentenversicherungsrecht hatte das BSG für die alte Rechtslage entschieden, dass nur der Hilfebedarf zu berücksichtigen sei, „der für die in § 14 Abs. 4 SGB XI genannten gewöhnlichen und regelmäßig wiederkehrenden Verrichtungen im Bereich der Grundpflege (Körperpflege, Ernährung und Mobilität) und hauswirtschaftlichen Versorgung erforderlich ist".[8] Ob diese Sichtweise auch für die Tatbestandsvoraussetzung der Pflegetätigkeit nach § 19 S. 1 anzuwenden war, war allerdings schon nach alter Rechtslage unklar.

10 b) **Arten von Pflegetätigkeiten.** Mit den Neuregelungen zum Pflegebedürftigkeitsbegriff ist auch eine neue inhaltliche Bestimmung von Pflegetätigkeit verbunden. Konnten bislang aufgrund des Bezugs zu § 14 Abs. 4 aF neben der hauswirtschaftlichen Versorgung im Wesentlichen nur körperbezogene Maßnahmen als Pflege angesehen werden und war allein die auf die einzeln genannten Verrichtungen des täglichen Lebens gerichtete Pflege zu berücksichtigen, und das auch nur im Rahmen des zeitlich zwingend Erforderlichen, ist seit dem 1.1.2017 eine erhebliche Erweiterung eingetreten. Pflege umfasst, wie aus § 4 Abs. 1 S. 1 und § 36 Abs. 1 S. 1 abzuleiten ist, **körperbezogene Pflegemaßnahmen, pflegerische Betreuungsmaßnahmen und Hilfen bei der Haushaltsführung.** Die Pflege- und Betreuungsmaßnahmen beziehen sich allesamt auf die gesundheitlich bedingten Beeinträchtigungen der Selbständigkeit und der Fähigkeiten in den sechs Bereichen nach § 14 Abs. 2.[9] Hilfe bei der Haushaltsführung wird näher in § 18 Abs. 5 a S. 3 Nr. 2 umschrieben. Zu den Pflegemaßnahmen zählen aber auch Maßnahmen der **Behandlungspflege** (§ 15 Abs. 5).

11 aa) **Körperbezogene Pflegemaßnahmen.** Die körperbezogenen Pflegemaßnahmen betreffen vorrangig die in § 14 Abs. 2 Nr. 1 und 4 genannten Bereiche Mobilität und Selbstversorgung. So sind einerseits sämtliche Hilfe- und Unterstützungsleistungen in Bezug auf die in § 14 Abs. 2 Nr. 1 aufgeführten Mobilitätsfähigkeiten (Positionswechsel im Bett, Halten einer stabilen Sitzposition, Umsetzen, Fortbewegen innerhalb des Wohnbereichs, Treppensteigen) als entsprechende körperbezogene Pflegemaßnahmen anzusehen. Entsprechendes gilt für Hilfen im Bereich der Selbstversorgung (§ 14 Abs. 2 Nr. 4), etwa im Hinblick auf die Körperpflege, das An- und Auskleiden oder die Nahrungsaufnahme. Die Hilfen und Unterstützungsmaßnahmen können von der Beaufsichtigung über die Anleitung bis hin zur vollständigen oder teilweisen Übernahme der einzelnen Handlungen reichen.

12 bb) **Pflegerische Betreuungsmaßnahmen.** Die pflegerischen Betreuungsmaßnahmen betreffen Maßnahmen im Zusammenhang mit den Beeinträchtigungen der Selbständigkeit oder der Fähigkeiten in den Bereichen „kognitive und kommunikative Fähigkeiten", „Verhaltensweisen und psychische Problemlagen" und „Gestaltung des Alltagslebens und sozialer Kontakte" nach § 14 Abs. 2 Nr. 2, 3, und 6. Sämtliche Unterstützungsleistungen zur Bewältigung psychisch-sozialer Problemlagen oder Gefährdungen, bei der (räumlichen und zeitlichen) Orientierung, der Tagesstruktur, der Kommunikation, der Aufrechterhaltung sozialer Kontakte, der Beschäftigung im Alltag oder auch Maßnahmen der kognitiven Aktivierung sind als pflegerische Betreuungsmaßnahmen anzusehen.[10] Entsprechend reicht auch eine Unterstützung und Begleitung bei der Freizeitgestaltung, also auch bei Hobby und Spiel. Beispiele dafür sind Gesellschaftsspiele, Musik hören, Zeitung lesen oder das Betrachten von Fotoalben.[11]

13 cc) **Hilfen bei der Haushaltsführung.** Der Bereich der Haushaltsführung als weiterer Hilfebereich wird in § 18 Abs. 5 a S. 3 Nr. 2 näher geregelt. Danach sind davon sämtliche Tätigkeiten erfasst, die durch das Leben in der eigenen Häuslichkeit gefordert sind: Einkaufen für den täglichen Bedarf, Zubereitung von Mahlzeiten, Reinigen und Aufräumen der Wohnung oder Wäschepflege. Zudem sind auch Unterstützungsleistungen (bis zur vollständigen Übernahme von Arbeiten) in Bezug auf finanzielle oder behördliche Angelegenheiten erfasst. Die Grenze darf insoweit nicht zu eng gezogen werden.

14 dd) **Krankheitsspezifische Pflegemaßnahmen.** Pflegerische Hilfe und Unterstützung kann auch im Rahmen der krankheitsspezifischen Pflegemaßnahmen erfolgen. Wie schon nach dem früheren Recht existiert für den Bereich der sog Behandlungspflege eine gewisse Doppelzuständigkeit von Kranken- und Pflegeversicherung. Nach § 37 Abs. 2 SGB V, der (in S. 4 und 5) interessanterweise noch an der alten

---

8 BSG, 5.5.2010, B 12 R 6/09 R, BSGE 106, 126, juris Rn. 13.
9 Zur Voraussetzung der Pflege in häuslicher Umgebung → Rn. 19 ff.
10 Vgl. auch Gemeinsames Rundschreiben zu den leistungsrechtlichen Voraussetzungen des SGB XI vom 22.12.2016, S. 103.
11 Ebd., S. 104.

Terminologie von „Grundpflege und hauswirtschaftlicher Versorgung" in der Abgrenzung zur Behandlungspflege festhält, fällt die Behandlungspflege in die Zuständigkeit der Krankenversicherung. Gleichzeitig bestimmt aber § 15 Abs. 5, dass krankheitsspezifische Pflegemaßnahmen (Maßnahmen der Behandlungspflege, bei denen der behandlungspflegerische Hilfebedarf aus medizinisch-pflegerischen Gründen regelmäßig und auf Dauer untrennbarer Bestandteil einer pflegerischen Maßnahme in den in § 14 Abs. 2 genannten sechs Bereichen ist oder mit einer solchen notwendig in einem zeitlichen und sachlichen Zusammenhang steht – § 15 Abs. 5 S. 3) bei der Begutachtung der Pflegebedürftigkeit zu berücksichtigen sind. In Konsequenz dieser Rechtslage sind die in der Begutachtung notwendig zu berücksichtigenden krankheitsspezifischen Pflegemaßnahmen auch in dem Sonderfall bei der Pflegeperson als Pflegetätigkeit zu berücksichtigen, wenn diese Maßnahmen von ihr durchgeführt werden. Insoweit sind gerade auch Pflegemaßnahmen in Bezug auf die Beeinträchtigungen nach § 14 Abs. 2 Nr. 5 relevant für die Eigenschaft als Pflegeperson.

c) **Konnexität zwischen gesundheitlich bedingter Beeinträchtigung und Pflege.** Anders als nach früherer Rechtslage könnte nach dem Wortlaut der Regelung der § 19 S. 1 jede der vorausgehend genannten Pflege- und Hauswirtschaftsmaßnahmen als Pflege angesehen werden, ohne dass es auf die konkrete Beeinträchtigung beim Pflegebedürftigen und dessen Hilfebedarf ankäme. Dies widerspräche freilich dem Sinn der Anerkennung der nicht erwerbsmäßigen Pflegetätigkeit durch Leistungen für Pflegepersonen. Zugleich führte eine einschränkungslose Berücksichtigung pflegerischer Maßnahmen zu einer möglichen Uferlosigkeit der Anerkennung der Pflegepersoneneigenschaft. Kontaktpersonen des Pflegebedürftigen, bei denen die Kontakte die 10-Stunden-Woche-Grenze erreichen, wären konsequenterweise als Pflegepersonen zu betrachten, wenn sie nur die entsprechende Zeit mit dem Pflegebedürftigen in der Form verbrächten, dass es sich abstrakt betrachtet um Pflegemaßnahmen handelte. Aus diesem Grund reicht es nicht aus, dass sich die Pflegemaßnahmen (körperbezogene wie Betreuungsmaßnahmen) auf die Bereiche des § 14 Abs. 2 beziehen. Vielmehr müssen sich die Maßnahmen als **Pflege- oder Betreuungsmaßnahmen darstellen, die sich auf die beim konkreten Pflegebedürftigen vorhandenen Beeinträchtigungen beziehen.**[12] Für dieses Ergebnis spricht auch eine teleologische Auslegung der Tatbestandsvoraussetzung „pflegen" in § 19 S. 1, die sonst konturenlos bliebe und für die in S. 2 enthaltene Mindestpflegezeit als Anspruchsvoraussetzung jeglichen Anknüpfungspunkt vermissen ließe. Auch nach S. 2 geht es um „Pflege", deren Inhalt nur einheitlich mit S. 1 interpretiert werden kann.

Soweit in der Literatur eine gegenteilige Auffassung vertreten wird,[13] fehlt es dafür an einer Begründung. Bei den Pflegemaßnahmen geht es gerade um einen Ausgleich für die konkreten Beeinträchtigungen der Selbständigkeit oder der Fähigkeiten nach § 14 Abs. 2. Ein Pflegebedürftiger, dessen Selbständigkeit bei der Gestaltung des Alltagslebens und sozialer Kontakte nicht beeinträchtigt ist, kann auch nicht insoweit „gepflegt" werden. Tägliche Spielenachmittage mit dieser Person sind – anders als bei entsprechend beeinträchtigten anderen Personen – keine Pflege im Sinne des § 19 S. 1. Entsprechendes gilt für sämtliche anderen Maßnahmen wie auch in der Haushaltsführung. Wird für einen Pflegebedürftigen sämtlicher Schriftverkehr in finanziellen und behördlichen Angelegenheiten übernommen (s. § 18 Abs. 5 a S. 3 Nr. 2), handelt es sich nicht um eine Pflege im Sinne des § 19 S. 1, wenn der Pflegebedürftige in dieser Hinsicht keine Beeinträchtigung aufweist.

Nicht entscheidend ist es allerdings, ob und – wenn ja – welche Auswirkungen eine gutachterlich konkret festgestellte Beeinträchtigung bei einer bestimmten Form der Selbständigkeit oder der Fähigkeiten auf das Vorliegen der Pflegebedürftigkeit im Ergebnis hat, solange die Pflegebedürftigkeit vorliegt. Das zeigt sich beispielsweise auch daran, dass für die Bewertung der Pflegebedürftigkeit Beeinträchtigungen im Hinblick auf die Bereiche 2 und 3 des § 14 Abs. 2 nicht kumulativ, sondern nur alternativ in die Berechnung aufgenommen werden. Weiter kann das Vorliegen einzelner Beeinträchtigungen aus anderen Gründen keinen Einfluss auf die Pflegebedürftigkeit haben, weil ein bestimmter Pflegegrad aufgrund der Bewertungssystematik nach § 15 iVm den Anlagen 1 und 2 auch ohne diese Beeinträchtigung vorliegt. Kommt es dann aber nicht darauf an, welches der beiden Module (2 oder 3) im Rahmen der Bewertungssystematik Eingang in die Gesamtbewertung (s. Anlage 2 zu § 15) gefunden hat, so müssen Pflegetätigkeiten im Rahmen des § 19 bei der Feststellung der Voraussetzungen der Pflegeperson unabhängig von der Zuordnung zu den Modulen 2 und 3 Berücksichtigung finden.

---

12 Wohl ebenso Kuhn-Zuber, Fachbeitrag E2-2017, www.reha-recht.de, S. 2 (zuletzt abgerufen am 1.5.2017); aA Roller in: juris-PK SGB XI, § 19 Rn. 8, anders aber wohl für die Berechnung der Zeit nach § 19 S. 2, ebd. Rn. 20.
13 Roller in juris-PK SGB XI, § 19 Rn. 8.

18 d) **Pflegerische Zielsetzung der Maßnahme.** Mit der vorausgehend bejahten Notwendigkeit der Konnexität ist allerdings noch nicht geklärt, ob die konkrete Tätigkeit auch noch eine pflegerische Zielsetzung besitzen muss. Angesichts der Möglichkeit, etwa auch Maßnahmen der „Freizeitgestaltung" wie gemeinsame Spiele, Betrachten von Fotoalben, Musik hören etc als Pflegemaßnahmen zu berücksichtigen, ist fraglich, ob die Maßnahme eine zusätzliche objektive Handlungsrichtung als Pflegemaßnahme besitzen muss. Haben etwa Familienangehörige, Nachbarn oder andere befreundete Personen schon vor Eintritt der Pflegebedürftigkeit gemeinsam einen Teil ihrer Freizeit verbracht, so stellt sich die Frage, wann es sich um Pflegemaßnahmen handelt, wenn eine der Personen pflegebedürftig geworden ist und bestimmte Freizeitaktivitäten fortgesetzt oder neu aufgenommen werden. Trotz der damit für die Praxis entstehenden Abgrenzungsschwierigkeiten wird eine Anerkennung von Maßnahmen als Pflegemaßnahmen im Sinne des § 19 S. 1 nur dann möglich sein, wenn die Maßnahme eine **objektiv pflegerische Zielsetzung oder Zweckrichtung** besitzt. Damit werden solche Maßnahmen nicht zu berücksichtigen sein, bei denen das (objektive) Ziel der Pflege nicht mindestens ebenso relevant ist wie die freundschaftliche oder familiäre gemeinsame Freizeitgestaltung.

19 **3. In häuslicher Umgebung.** Die Pflege muss in häuslicher Umgebung ausgeführt werden. Vor dem PSG II war nach verbreiteter Meinung die Voraussetzung der Pflege in häuslicher Umgebung erfüllt, solange sich der Pflegebedürftige nicht in einer Einrichtung aufhielt, die eine vollstationäre Pflege erbracht hat. Der konkrete Ort der Pflege war danach nicht relevant; es musste sich nicht notwendigerweise um die Wohnung des Pflegebedürftigen handeln.[14] Nach dem 1.1.2017 kann diese Voraussetzung nicht mehr aufrechterhalten werden.

20 Nach dem neuen Sprachgebrauch des SGB XI, nach dem ausdrücklich auch „außerhäusliche Aktivitäten" in den Gesetzestext aufgenommen wurden (§ 18 Abs. 5a S. 1, 3 Nr. 1), sind Maßnahmen bei außerhäuslichen Aktivitäten, die gerade von solchen im häuslichen Bereich abgegrenzt werden, nicht relevant. Zu den außerhäuslichen Aktivitäten werden gezählt: Verlassen des Bereichs der Wohnung oder der Einrichtung, Fortbewegen außerhalb der Wohnung oder der Einrichtung, Nutzung öffentlicher Verkehrsmittel im Nahverkehr, Mitfahren in einem Kraftfahrzeug, Teilnahme an kulturellen, religiösen oder sportlichen Veranstaltungen, Besuch von Schule, Kindergarten, Arbeitsplatz, einer Werkstatt für behinderte Menschen oder Besuch einer Einrichtung der Tages- oder Nachtpflege oder eines Tagesbetreuungsangebotes, Teilnahme an sonstigen Aktivitäten mit anderen Menschen (§ 18 Abs. 5a S. 3 Nr. 1). § 19 S. 1 begrenzt die Berücksichtigungsfähigkeit auf den häuslichen Bereich; ebenso beziehen die Leistungen nach § 36 diesen Bereich ausdrücklich nicht mit ein.

21 Dagegen lassen sich allein rechtspolitische Argumente anführen: So erstreckt sich die Begutachtung nach § 18 Abs. 5a S. 1 auch auf diesen Lebensbereich. Das soll nach § 18 Abs. 5a S. 2 eine umfassende Beratung, das Erstellen eines Versorgungsplans, das Versorgungsmanagement und eine individuelle Pflegeplanung ermöglichen. Insofern wäre es rechtspolitisch wünschenswert gewesen, für die Feststellung der Eigenschaft als Pflegeperson auch die Betreuung im außerhäuslichen Bereich einzubeziehen. Hinzu kommt, dass kein sachlicher Unterschied darin besteht, ob etwa der Spielenachmittag in einer Begegnungsstätte außerhalb des Haushalts oder im Haushalt des Pflegebedürftigen stattfindet. Zudem wird allgemein die Häuslichkeit nicht allein auf den Haushalt des Pflegebedürftigen beschränkt. Die Praxis geht zu Recht davon aus, dass auch das häusliche Umfeld der Familie oder anderer nahestehender Personen vom Leistungsumfang der Pflegeversicherung umfasst wird.[15] Gleichwohl scheidet nach dem eindeutigen Wortlaut und der systematischen Auslegung (§ 19 S. 1 iVm § 18 Abs. 5a, § 36) eine Berücksichtigung von Betreuungsleistungen bei außerhäuslichen Aktivitäten aus.

22 **4. Nicht erwerbsmäßig.** Zuletzt darf die Pflegetätigkeit nicht erwerbsmäßig betrieben werden. Auch insoweit bereitet die Bestimmung der Voraussetzungen dieses Tatbestandsmerkmals erhebliche Probleme. Diese hängen auch mit den Sonderregelungen im Rentenversicherungsrecht (§ 3 S. 2 und 3 SGB VI) zusammen. So stellt sich gerade die Frage, ob der Begriff der Pflegeperson nach § 19 S. 1 (zumindest im Hinblick auf das Kriterium der fehlenden Erwerbsmäßigkeit) übereinstimmend mit dem in § 3 SGB VI verwendeten Begriff ausgelegt werden soll.

23 Der Begriff der **Erwerbsmäßigkeit** wird im SGB nicht definiert. In den Gesetzesmaterialien zum SGB XI wird darauf verwiesen, dass die Abgrenzung zwischen der nicht erwerbsmäßigen Pflegetätigkeit mit finanzieller Anerkennung und der erwerbsmäßigen Pflegetätigkeit im Rahmen eines Beschäfti-

---

14 Vgl. von Koch in: BeckOK SozR, SGB VI, § 3 Rn. 13; Reinhardt in: Reinhardt, SGB VI, § 3 Rn. 9.
15 Gemeinsames Rundschreiben zu den leistungsrechtlichen Voraussetzungen des SGB XI vom 22.12.2016, S. 103 (unter 4(3)).

gungsverhältnisses oder der selbständigen Erwerbstätigkeit nach den allgemeinen Regeln des SGB IV zu erfolgen habe.[16] Weiter wird in den Gesetzesmaterialien die nicht erwerbsmäßige Pflege auch als „ehrenamtliche Pflege" bezeichnet.[17] Entsprechend verwendet das BSG die Begriffe „nicht erwerbsmäßig" und „ehrenamtlich" synonym.[18] Das entspricht der Verwendung des Begriffs der Pflegeperson an zwei anderen Stellen im Gesetz, an denen die Pflegeperson ausdrücklich in Verbindung mit dem Adjektiv „ehrenamtlich" genannt wird (so in der Überschrift des § 45 – dazu unten → Rn. 25 – sowie in § 75 Abs. 2 S. 1 Nr. 9). Insgesamt kann daher mit dem BSG auch nach neuer Rechtslage stets dann von einer Erwerbsmäßigkeit ausgegangen werden, wenn sich die Tätigkeit „als Teil der Berufstätigkeit der Pflegeperson darstellt und dazu dient, ihren Lebensunterhalt ganz oder teilweise zu sichern".[19] Vergleichbare Definitionen zum Begriff der Erwerbsmäßigkeit finden sich auch im Zusammenhang mit der Tätigkeit des Heimarbeiters in Abgrenzung zum Hausgewerbetreibenden nach § 12 Abs. 2 SGB IV. In dortigem Zusammenhang wird die **Erwerbsmäßigkeit** regelmäßig mit einer beruflichen Tätigkeit gleichgesetzt und als eine auf eine gewisse Dauer und Regelmäßigkeit angelegte Tätigkeit angesehen, mit der mindestens teilweise der Lebensunterhalt bestritten werden soll.[20] Um keine erwerbsmäßige Tätigkeit handelt es sich danach bei Gefälligkeitsarbeiten, Tätigkeiten bei Gelegenheit oder bei solchen, die finanziell nicht ins Gewicht fallen.[21]

Konsequent ist eine Pflegetätigkeit in jedem Fall dann **nicht erwerbsmäßig, wenn** sie **nicht gegen ein Entgelt** erfolgt. Ein Umkehrschluss ist daraus aber nicht zu ziehen. Auch wenn es sich im Falle einer entgeltlichen Tätigkeit grundsätzlich um ein (erwerbsmäßiges) Beschäftigungsverhältnis oder auch eine erwerbsmäßige selbständige Tätigkeit handeln kann, steht die Erwerbsmäßigkeit mit der Entgeltlichkeit noch keineswegs fest. Schließlich führt die Entgeltlichkeit nicht zwangsläufig zur Erwerbsmäßigkeit. So kann für § 19 S. 1 auf die gesetzliche Fiktion des § 3 S. 2 SGB VI zurückgegriffen werden, nach dem eine **Tätigkeit für ein Arbeitsentgelt, das das dem Umfang der Pflegetätigkeit entsprechende Pflegegeld iSd § 37 nicht übersteigt,** nicht als erwerbsmäßig gilt. Damit geht § 3 S. 2 SGB VI zwar über die in den Gesetzesmaterialien zu § 19 enthaltene Formulierung hinaus, nach der ein im Haushalt lebender Familienangehöriger, der die Pflege sicherstellt, nicht als erwerbsmäßig tätig gilt, wenn der Pflegebedürftige das Pflegegeld an diesen weiterreicht.[22] Einbezogen werden nach § 3 S. 2 SGB VI auch Personen, die keine Familienangehörigen sind. Zudem geht das Rentenversicherungsrecht damit über die Wertung auch des EStG hinaus, nach der gem. § 3 Nr. 36 EStG nur das Einkommen steuerfrei ist, das ein Angehöriger des Pflegebedürftigen oder eine Person mit der Pflegetätigkeit erzielt, bei der die Pflege als eine sittliche Pflicht gegenüber dem Pflegebedürftigen anzusehen ist. Gleichwohl ist eine Grenzziehung auf der Basis des § 3 S. 2 SGB VI zugunsten eines weiten Anwendungsbereichs des Begriffs der Pflegeperson überzeugend. Anderenfalls müsste der Begriff im Pflegeversicherungsrecht enger als nach dem SGB VI definiert werden, was zusätzliche Probleme auslöste.[23] Auch eine Pflege, zu der im Rahmen eines in der Landwirtschaft verbreiteten Hofübergabevertrages eine Rechtspflicht zur Pflege besteht („Wart und Pflege in Tagen des Alters und der Gebrechlichkeit"), führt noch nicht zur Erwerbsmäßigkeit.[24]

Keine Pflegepersonen sind damit eindeutig diejenigen, die die Pflege im Rahmen einer Beschäftigung bei einer (ambulanten) Pflegeeinrichtung iSd § 71 ausüben.[25] Auch eine geringfügige Beschäftigung stellt sich in diesem Fall als erwerbsmäßig dar. Dasselbe gilt für Personen, die die Pflege in einem eigenen Betrieb **selbständig** betreiben oder als Einzelpersonen Vertragspartner der Pflegekassen sind (§ 77). Schließlich ist regelmäßig von der Erwerbsmäßigkeit der Tätigkeit auszugehen, wenn ein Entgelt gezahlt wird, das das entsprechende Pflegegeld übersteigt. Allenfalls im Einzelfall ist davon in Fällen na-

---

16 BT-Dr. 12/5262, 101.
17 BT-Dr. 12/5262, 101.
18 BSG, 6.6.2002, B 3 P 2/02 R, NZS 2003, 213, juris Rn. 20.
19 BSG, 6.6.2002, B 3 P 2/02 R, NZS 2003, 213, juris Rn. 22.
20 Vgl. Baier in: Krauskopf, § 12 SGB IV Rn. 4; Grimmke in: jurisPK-SGB IV, § 12 Rn. 48 (mit Verweis auf BSG, 30.11.1978, 12 RK 6/77, juris Ls. 2); Marschner in: Kreikebohm, SGB IV, § 12 Rn. 8; Winkler, SGB IV, § 12 Rn. 5.
21 Vgl. Seewald in: KassKomm, SGB IV, § 12 Rn. 16.
22 BT-Dr. 12/5262, 101.
23 Zumindest im Ergebnis wohl ebenso etwa Gallon/Kuhn-Zuber in: LPK-SGB XI, § 19 Rn. 6; GKV-Komm/Hons, SGB XI, § 19 Rn. 14; Koch in: KassKomm, § 19 SGB XI Rn. 11; Pfitzner in: BeckOK SozR, SGB XI, § 19 Rn. 9.
24 BSG, 26.6.2014, B 2 U 9/13 R, Rn. 21 ff.
25 Vgl. Udsching in: Udsching, § 19 Rn. 8; Roller in: jurisPK-SGB XI § 19 Rn. 11.

her Angehöriger abzusehen. Hier sind aber entsprechend entgegenstehende Umstände durch den Pflegenden bzw. den Pflegebedürftigen darzulegen und gegebenenfalls nachzuweisen.

IV. Leistungen zur sozialen Sicherung nach § 44 (S. 2)

26 Nach S. 2 setzen die Leistungen zur sozialen Sicherung nach § 44 voraus, dass die Pflegeperson eine oder mehrere pflegebedürftige Personen wenigstens **zehn Stunden** wöchentlich, verteilt auf **mindestens zwei Tage pro Woche**, pflegt. Die Mindestpflegezeit ist kein Bestandteil der Definition des Begriffs der Pflegeperson nach S. 1, sondern bezieht sich allein auf die soziale Sicherung nach § 44. Allerdings ist im Hinblick auf § 44 auch zu beachten, dass auch § 44 nur eine sog Einweisungsvorschrift darstellt und die Anspruchsvoraussetzungen für die Leistungen der verschiedenen Zweige der Sozialversicherung (Renten-, Unfall- und Arbeitslosenversicherung) allein im jeweiligen Fachrecht zu finden sind.[26]

27 Vor Änderung des S. 2 durch das Pflege-Neuausrichtungs-Gesetz (PNG) v. 23.10.2012 (BGBl. I 2246) mit Wirkung zum 1.1.2013 musste die Mindestpflegezeit allein durch die Pflege eines einzelnen Pflegebedürftigen erreicht werden. Diese unbefriedigende Regelung wurde durch das Pflege-Neuausrichtungs-Gesetz (PNG) v. 23.10.2012 (BGBl. I 2246) beseitigt. Seither reicht es aus, wenn die Pflegezeit auf mehrere Pflegebedürftige verteilt ist.

28 Mit dem PSG II erfolgten in S. 2 eine weitere Änderung und eine Klarstellung: So wurde einerseits die Mindestpflegezeit für Ansprüche von 14 auf zehn Stunden reduziert und zum anderen die Notwendigkeit der Verteilung auf mindestens zwei Wochentage klarstellend ergänzt. Zur Begründung für die Beibehaltung einer Mindestpflegezeit für Leistungsansprüche wurde angegeben, „geringfügige, gelegentliche oder alltägliche Unterstützungsleistungen" nicht als leistungsbegründend anerkennen zu wollen.[27]

29 **1. Mindestpflegezeit von zehn Stunden.** Nach dem Gesetzeswortlaut des § 19 ist damit weiterhin ungeklärt, welche Pflegetätigkeiten bei der Feststellung des zeitlichen Umfangs der Pflege zu berücksichtigen sind. Dieser Umfang hat (in der Rentenversicherung) nicht nur für die Feststellung der Mindestpflegezeit in S. 2 Relevanz, sondern etwa auch für den Umfang der Leistungen (§ 166 Abs. 2 SGB VI). Was danach als Pflege anzusehen ist, unterscheidet sich nach S. 2 nicht von dem nach S. 1. **Alle Tätigkeiten, die als Pflege nach S. 1 anzuerkennen sind** (oben → Rn. 10 ff.), sind auch als Pflege im Sinne von S. 2 anzusehen. In Anbetracht der aktuellen Rechtslage nach den Leistungstatbeständen im Renten-, Unfall- und Arbeitslosenversicherungsrecht gilt das auch für die dortigen speziellen Regelungen.

30 Zu berücksichtigen ist die **Pflege in dem Umfang, in dem sie tatsächlich geleistet wird**. Entgegen früherer Rechtslage spielt es keine Rolle mehr, dass eine bestimmte Pflegetätigkeit nach einem objektiven Maßstab in einer bestimmten Zeit erledigt werden kann. Nach Änderung des Pflegebedürftigkeitsbegriffs mit den Veränderungen im Hinblick auf die relevanten Pflegemaßnahmen kann es nur noch darauf ankommen, wie schnell oder langsam die Pflegeperson die Pflege tatsächlich ausführt. Der konkrete Pflegeaufwand ist zu berücksichtigen für die Bemessung der Pflegezeit, die die Mindestpflegezeit nach S. 2 erfüllen muss oder auch für die Bemessung der beitragspflichtigen Einnahmen nach § 166 Abs. 2 SGB VI. Die offenbar teilweise vertretene gegenteilige Meinung[28] verkennt, dass ein Abstellen auf irgendwelche objektiven Maßstäbe angesichts der Vielzahl berücksichtigungsfähiger Pflegemaßnahmen, die gerade in pflegerischen Betreuungsmaßnahmen bestehen können, kein „objektiver Maßstab" anwendbar ist. So lässt sich zB das gemeinsame Spielen, Singen oder Basteln in keinen objektiven erforderlichen zeitlichen Umfang pressen. Entsprechendes muss dann auch für körperbezogene Pflegemaßnahmen gelten.

31 **2. Mindestens an zwei Wochentagen.** Neu eingeführt worden durch das PSG II ist die Voraussetzung, dass sich die Mindestpflegezeit auf mindestens zwei Wochentage verteilen muss. Die Gesetzentwurfsbegründung beschreibt dies als Klarstellung.[29] In der Sache handelt es sich aber um eine einschränkende Voraussetzung, deren Hintergrund nicht ganz ersichtlich ist. So fragt sich, weshalb die Übernahme der Pflegemaßnahmen an einem Wochentag nicht ausreichen soll, wenn die 10-Stunden-Anforderung erfüllt ist.[30]

---

26 BSG, 7.9.2004, B 2 U 46/03 R, NJW 2005, 1148, 1150 – Rn. 23; Leube, ZfSH/SGB 2017, 204.
27 BT-Dr. 18/5926, 117.
28 Roller in: juris-PK SGB XI, § 19 Rn. 21.
29 BT-Dr. 18/5926, 117.
30 S. auch BeckOK SozR/Pfitzner § 19 SGB XI Rn. 10 f.

V. Der Versicherungsschutz für Pflegepersonen in den einzelnen Sozialversicherungszweigen

Wie die Einweisungsvorschrift des § 44 näher ausführt, besteht für Pflegepersonen im Sinne des § 19 (also im Sinne von S. 1 und 2) ein Versicherungsschutz in den Sozialversicherungszweigen der Rentenversicherung (§ 44 Abs. 1), der Unfallversicherung (§ 44 Abs. 2 a) und der Arbeitslosenversicherung (§ 44 Abs. 2 b). In allen Fällen besteht das (gegenüber § 19 zusätzliche) Erfordernis der Pflege eines „Pflegebedürftigen mit mindestens Pflegegrad 2". Insofern wird vielfach diskutiert, ob die **Pflegebedürftigkeit für den Versicherungsschutz durch die Pflegekasse festgestellt** worden sein muss oder ob das (bloße) Vorliegen einer entsprechenden Pflegebedürftigkeit ausreicht (materielle Pflegebedürftigkeit). 32

An dieser Fragestellung fällt zunächst auf, dass diejenigen, die eine Feststellung der Pflegebedürftigkeit verlangen, vermutlich die Feststellung eines Anspruchs auf Leistungen (bzw. eine Anspruchsgewährung) durch die Pflegekasse meinen. Eine in Bestandskraft erwachsende Feststellung der Pflegebedürftigkeit oder eine Feststellung eines Pflegegrades gibt es ja gerade nicht (→ § 18 Rn. 2). Abgesehen von dieser Einschränkung ist zunächst für die verschiedenen Bereiche der Sozialversicherung zu differenzieren. Nach **§ 3 S. 1 Nr. 1 a SGB VI** ist nur die Pflegeperson versicherungspflichtig, die einen Pflegebedürftigen pflegt, der „Anspruch auf Leistungen aus der sozialen Pflegeversicherung oder einer privaten Pflegeversicherung hat". Da in der Pflegeversicherung der Leistungsanspruch von einem Antrag abhängig ist (§ 33 Abs. 1 S. 1) und aufgrund eines solchen Anspruchs auch eine Entscheidung ergeht, spricht für die Rentenversicherung viel dafür, dass diese eine Bewilligung von Leistungen in der Pflegeversicherung durch die Pflegekasse bzw. die private Pflegeversicherung verlangt. 33

Im Unterschied dazu enthalten die entsprechenden Regelungen über die Versicherungspflicht in der Unfall- und der Arbeitslosenversicherung keine solche Vorgabe. Auch in § 44 Abs. 2 a und 2 b finden sich keine entsprechenden Regelungen. Gleichwohl geht eine Auffassung in der Literatur für die Unfallversicherung davon aus, dass sich schon aus dem Wortlaut der Regelung des § 2 Abs. 1 Nr. 17 SGB VII ergebe, dass die Feststellung des Pflegegrades durch die Pflegekasse Tatbestandsvoraussetzung für den Unfallschutz sei.[31] Abgesehen davon, dass es eine solche Feststellung durch die Pflegekasse gar nicht gibt, weil die Feststellung des Pflegegrades nach der Konstruktion des SGB XI nur eine Vorfrage bei der Entscheidung über Leistungen der Pflegeversicherung darstellt, so erscheint auch die Argumentation mit dem Wortlaut („Pflege eines Pflegebedürftigen mit mindestens Pflegegrad 2") recht gewagt. Ein solches Ergebnis ließe sich wohl eher mit Praktikabilitäts- und Rechtssicherheitserwägungen rechtfertigen. Ähnliches dürfte auch für die Versicherungspflicht nach dem SGB III gelten. 34

VI. Abweichende Begriffsverwendungen

Eindeutig nicht übereinstimmen mit der Definition der Pflegeperson nach § 19 wird der Begriff der Pflegeperson in der Überschrift des § 45 und in § **90 Abs. 2 S. 2** verwendet. Während § 45 ua mit dem Begriff „Pflegepersonen" (zusammen mit dem Adjektiv „ehrenamtlich") überschrieben ist, werden nach dem Text des § 45 Abs. 1 „an einer ehrenamtlichen Pflegetätigkeit interessierte Personen" erfasst, so dass die Überschrift entweder den Begriff der Pflegeperson mit anderem Inhalt verwendet oder den Inhalt der Regelung unzutreffend wiedergibt (→ § 45 Rn. 8). In § 90 Abs. 2 S. 2 ist der Begriff der Pflegeperson gerade auch auf erwerbsmäßig tätige Pflegekräfte iSv § 77 bezogen (→ § 90 Rn. 7). 35

Über die Fälle der §§ 45 und 90 hinaus verwendet auch § 39 entgegen der nahezu ganz hM nicht einen mit § 19 S. 1 übereinstimmenden Begriff der Pflegeperson. Die Auffassung, nach der es sich im Fall des § 39 um eine Verhinderung einer Pflegeperson im Sinne des § 19 S. 1 handeln muss,[32] wird regelmäßig damit begründet, dass im Fall der Verhinderung einer professionellen Pflegekraft die zugelassene Pflegeeinrichtung oder bei einer professionellen Einzelkraft (s. § 36 Abs. 4 S. 3) die Pflegekasse weiterhin nach § 36 die Pflegesachleistung zu erbringen habe. Die entsprechenden Stellungnahmen gehen dabei offenbar stillschweigend davon aus, dass es neben der Pflegeperson nach § 19 S. 1 nur die professionelle Pflegekraft nach § 36 gibt. Richtig ist jedoch nur, dass professionelle Pflegekräfte nach §§ 36, 71, 77 keine verhinderte Pflegeperson nach § 39 sein können. Doch sind als Pflegekräfte neben den Pflegepersonen nach § 19 S. 1 und denen nach §§ 36, 71, 77 auch andere erwerbsmäßig tätige, nach § 37 selbst beschaffte Pflegekräfte im Einsatz. Aus welchem Grund derjenige, der nach dem sog Arbeitgebermo- 36

---

31 Leube, ZfSH/SGB 2017, 204, 205.
32 Siehe nur hier → § 39 Rn. 6; LSG BW, 12.10.2001, L 4 P 839/01, juris Rn. 22; Diepenbruck in: BeckOK SozR, SGB XI, § 39 Rn. 4; Leitherer in: KassKomm, § 39 SGB XI Rn. 7; Linke in: Krauskopf, § 39 SGB XI Rn. 5; Richter in: LPK-SGB XI, § 39 Rn. 5.

dell die Pflege selbst organisiert, schlechter gestellt werden sollte als der durch Pflegepersonen nach § 19 S. 1 versorgte Pflegebedürftige, ist nicht verständlich.[33]

Drittes Kapitel
Versicherungspflichtiger Personenkreis

§ 20 Versicherungspflicht in der sozialen Pflegeversicherung für Mitglieder der gesetzlichen Krankenversicherung

(1) [1]Versicherungspflichtig in der sozialen Pflegeversicherung sind die versicherungspflichtigen Mitglieder der gesetzlichen Krankenversicherung. [2]Dies sind:
1. Arbeiter, Angestellte und zu ihrer Berufsausbildung Beschäftigte, die gegen Arbeitsentgelt beschäftigt sind; für die Zeit des Bezugs von Kurzarbeitergeld nach dem Dritten Buch bleibt die Versicherungspflicht unberührt,
2. Personen in der Zeit, für die sie Arbeitslosengeld nach dem Dritten Buch beziehen, auch wenn die Entscheidung, die zum Bezug der Leistung geführt hat, rückwirkend aufgehoben oder die Leistung zurückgefordert oder zurückgezahlt worden ist; ab Beginn des zweiten Monats bis zur zwölften Woche einer Sperrzeit (§ 159 des Dritten Buches) oder ab Beginn des zweiten Monats der Ruhenszeit wegen einer Urlaubsabgeltung (§ 157 Absatz 2 des Dritten Buches) gelten die Leistungen als bezogen,
2a. Personen in der Zeit, für die sie Arbeitslosengeld II nach dem Zweiten Buch beziehen, auch wenn die Entscheidung, die zum Bezug der Leistung geführt hat, rückwirkend aufgehoben oder die Leistung zurückgefordert oder zurückgezahlt worden ist, es sei denn, dass diese Leistung nur darlehensweise gewährt wird oder nur Leistungen nach § 24 Absatz 3 Satz 1 des Zweiten Buches bezogen werden,
3. Landwirte, ihre mitarbeitenden Familienangehörigen und Altenteiler, die nach § 2 des Zweiten Gesetzes über die Krankenversicherung der Landwirte versicherungspflichtig sind,
4. selbständige Künstler und Publizisten nach näherer Bestimmung des Künstlersozialversicherungsgesetzes,
5. Personen, die in Einrichtungen der Jugendhilfe, in Berufsbildungswerken oder in ähnlichen Einrichtungen für behinderte Menschen für eine Erwerbstätigkeit befähigt werden sollen,
6. Teilnehmer an Leistungen zur Teilhabe am Arbeitsleben sowie an Berufsfindung oder Arbeitserprobung, es sei denn, die Leistungen werden nach den Vorschriften des Bundesversorgungsgesetzes erbracht,
7. Behinderte Menschen, die in anerkannten Werkstätten für Behinderte Menschen oder in Blindenwerkstätten im Sinne des § 143 des Neunten Buches oder für diese Einrichtungen in Heimarbeit tätig sind,
8. Behinderte Menschen, die in Anstalten, Heimen oder gleichartigen Einrichtungen in gewisser Regelmäßigkeit eine Leistung erbringen, die einem Fünftel der Leistung eines voll erwerbsfähigen Beschäftigten in gleichartiger Beschäftigung entspricht; hierzu zählen auch Dienstleistungen für den Träger der Einrichtung,
9. Studenten, die an staatlichen oder staatlich anerkannten Hochschulen eingeschrieben sind, soweit sie nach § 5 Abs. 1 Nr. 9 des Fünften Buches der Krankenversicherungspflicht unterliegen,
10. Personen, die zu ihrer Berufsausbildung ohne Arbeitsentgelt beschäftigt sind oder die eine Fachschule oder Berufsfachschule besuchen oder eine in Studien- oder Prüfungsordnungen vorgeschriebene berufspraktische Tätigkeit ohne Arbeitsentgelt verrichten (Praktikanten); Auszubildende des Zweiten Bildungsweges, die sich in einem nach dem Bundesausbildungsförderungsgesetz förderungsfähigen Teil eines Ausbildungsabschnittes befinden, sind Praktikanten gleichgestellt,
11. Personen, die die Voraussetzungen für den Anspruch auf eine Rente aus der gesetzlichen Rentenversicherung erfüllen und diese Rente beantragt haben, soweit sie nach § 5 Abs. 1 Nr. 11, 11 a, 11 b oder 12 des Fünften Buches der Krankenversicherungspflicht unterliegen,

---

33 So aber ausdrücklich Linke in: Krauskopf, § 39 SGB XI Rn. 5; iE wie hier dagegen Gallon/Kuhn-Zuber in: LPK-SGB XI, § 19 Rn. 20.

12. Personen, die, weil sie bisher keinen Anspruch auf Absicherung im Krankheitsfall hatten, nach § 5 Abs. 1 Nr. 13 des Fünften Buches oder nach § 2 Abs. 1 Nr. 7 des Zweiten Gesetzes über die Krankenversicherung der Landwirte der Krankenversicherungspflicht unterliegen.

(2) ¹Als gegen Arbeitsentgelt beschäftigte Arbeiter und Angestellte im Sinne des Absatzes 1 Nr. 1 gelten Bezieher von Vorruhestandsgeld, wenn sie unmittelbar vor Bezug des Vorruhestandsgeldes versicherungspflichtig waren und das Vorruhestandsgeld mindestens in Höhe von 65 vom Hundert des Bruttoarbeitsentgelts im Sinne des § 3 Abs. 2 des Vorruhestandsgesetzes gezahlt wird. ²Satz 1 gilt nicht für Personen, die im Ausland ihren Wohnsitz oder gewöhnlichen Aufenthalt in einem Staat haben, mit dem für Arbeitnehmer mit Wohnsitz oder gewöhnlichem Aufenthalt in diesem Staat keine über- oder zwischenstaatlichen Regelungen über Sachleistungen bei Krankheit bestehen.

(2 a) Als zu ihrer Berufsausbildung Beschäftigte im Sinne des Absatzes 1 Satz 2 Nr. 1 gelten Personen, die als nicht satzungsmäßige Mitglieder geistlicher Genossenschaften oder ähnlicher religiöser Gemeinschaften für den Dienst in einer solchen Genossenschaft oder ähnlichen religiösen Gemeinschaft außerschulisch ausgebildet werden.

(3) Freiwillige Mitglieder der gesetzlichen Krankenversicherung sind versicherungspflichtig in der sozialen Pflegeversicherung.

(4) ¹Nehmen Personen, die mindestens zehn Jahre nicht in der sozialen Pflegeversicherung oder der gesetzlichen Krankenversicherung versicherungspflichtig waren, eine dem äußeren Anschein nach versicherungspflichtige Beschäftigung oder selbständige Tätigkeit von untergeordneter wirtschaftlicher Bedeutung auf, besteht die widerlegbare Vermutung, daß eine die Versicherungspflicht begründende Beschäftigung nach Absatz 1 Nr. 1 oder eine versicherungspflichtige selbständige Tätigkeit nach Absatz 1 Nr. 3 oder 4 tatsächlich nicht ausgeübt wird. ²Dies gilt insbesondere für eine Beschäftigung bei Familienangehörigen oder Lebenspartnern.

Literatur:

Dankelmann, Sozialversicherungspflicht bei Auszubildenden mit Ausbildungsvergütung unter der Geringfügigkeitsgrenze bzw. in der Gleitzone, jurisPR-SozR 9/2010 Anm. 3; *Kingreen*, Die Entwicklung des Gesundheitsrechts 2010/2011, NJW 2011, 3615; *Koch-Rust/Rosentreter*, Wiedereinführung der Sozialversicherungspflicht für Studierende in praxisintegrierten dualen Studiengängen?, NJW 2011, 2852; *Marburger*, Tätigkeit in einer Behindertenwerkstätte und Sozialversicherungspflicht, Die Beiträge 2011, 449; *Marburger*, Die Pflegeversicherung, Stuttgart, 2008; *Rolfs/Witschen*, Keine Beschäftigung ohne Arbeit?, NZA 2011, 881; *Trenk-Hinterberger*, Versicherte Kinder in der sozialen Pflegeversicherung, jurisPR-SozR 15/2008 Anm. 3.

I. Entstehungsgeschichte	1	V. Untergeordnete Beschäftigung oder selbständige Tätigkeit (Abs. 4)	15
II. Regelungsgehalt und systematische Zusammenhänge	3	VI. Anpassung durch das Heil- und Hilfsmittelversorgungsgesetz	20
III. Versicherungspflichtige Mitglieder der gesetzlichen Krankenversicherung (Abs. 1, 2, 2 a)	6	VII. Anpassung durch das Bundesteilhabegesetz	21
IV. Freiwillige Mitglieder der gesetzlichen Krankenversicherung (Abs. 3)	12		

I. Entstehungsgeschichte

§ 20 geht zurück auf das **Gesetz zur sozialen Absicherung des Risikos der Pflegebedürftigkeit** (Pflegeversicherungs-Gesetz) vom 26.5.1994.[1] Die Vorschrift ist am 1.1.1995 in Kraft getreten.[2] Die Fassung des Regierungsentwurfs[3] wurde auf Empfehlung des Ausschusses für Arbeit und Sozialordnung[4] mit dem Ziel der möglichst weitgehenden Anpassung an die Regelungen der gesetzlichen Krankenversicherung neu formuliert und inhaltlich verändert. Mit Art. 10 Nr. 1 des **Gesetzes zur Reform der Arbeitsförderung** (Arbeitsförderungs-Reformgesetz) vom 24.3.1996[5] wurden Abs. 1 Nr. 1 und 2 neu gefasst; bei der Neufassung der Nr. 1 handelte sich um eine Klarstellung, bei Nr. 2 um eine Anpassung an den

1

---

1 BGBl. I 1994, 1014.
2 Art. 68 Abs. 1 PflegeVG.
3 BT-Dr. 12/5262, BT-Dr. 12/5617.
4 BT-Dr. 12/5920, 25 ff., BT-Dr. 12/5952, 36 f.
5 BGBl. I 1996, 594.

bis dahin geltenden § 155 Abs. 2 AFG;[6] die Regelungen sind am 1.1.1998 in Kraft getreten (Art. 83 AFRG). Mit Art. 3 Nr. 1 des **Gesetzes zur Reform der gesetzlichen Krankenversicherung** aus dem Jahr 2000 vom 22.12.1999[7] wurde zum 1.1.2000[8] Abs. 1 S. 2 Nr. 10 geändert und Abs. 2a eingefügt; es handelte sich um Folgeänderungen zur Neufassung des § 5 Abs. 1 Nr. 10 SGB V und zur Einfügung von § 5 Abs. 4a SGB V.[9] Mit Wirkung ab dem 1.7.2001[10] wurden mit dem **Sozialgesetzbuch – Neuntes Buch – (SGB IX) Rehabilitation und Teilhabe behinderter Menschen** vom 19.6.2001[11] in § 20 SGB IV redaktionelle Änderungen zwecks Anpassung an die Terminologie des SGB IX vorgenommen (Art. 10 Nr. 10).[12] Mit Art. 4 des **Zweiten Gesetzes zur Änderung des Künstlersozialversicherungsgesetzes und anderer Gesetze** vom 13.6.2001[13] wurde zum 1.7.2001[14] im Rahmen einer Folgeänderung zu der in Art. 2 Nr. 1 vorgesehenen Ergänzung des § 5 SGB V[15] in Abs. 1 S. 2 Nr. 11 die Angabe „§ 5 Abs. 1 Nr. 11 oder 12 des Fünften Buches" durch die Angabe „§ 5 Abs. 1 Nr. 11, 11a oder 12 des Fünften Buches" ersetzt. Art. 3 § 56 Nr. 3 des **Gesetzes zur Beendigung der Diskriminierung gleichgeschlechtlicher Gemeinschaften** vom 16.2.2001[16] brachte in Abs. 4 S. 2 eine Einbeziehung auch von Lebenspartnern;[17] die Änderung gilt seit dem 1.8.2001 (Art. 5). Mit Art. 6 des **Gesetzes zur Reform der arbeitsmarktpolitischen Instrumente (Job-AQTIV-Gesetz)** vom 10.12.2001[18] wurden in Abs. 1 S. 2 Nr. 2 die Wörter „oder ab Beginn des zweiten Monats der Ruhenszeit wegen einer Urlaubsabgeltung (§ 143 Abs. 2 des Dritten Buches)" eingefügt[19] (am 1.1.2002 in Kraft getreten).[20] Art. 10 Nr. 1 des **Dritten Gesetzes für moderne Dienstleistungen am Arbeitsmarkt** vom 23.12.2003[21] brachte zum 1.1.2004 (Art. 24 Abs. 1) in Abs. 1 Nr. 2 durch Streichung der Wörter „oder Unterhaltsgeld" eine Folgeänderung zur Zusammenführung von Unterhaltsgeld und Arbeitslosengeld im SGB III.[22] Durch Art. 11 des **Vierten Gesetzes für moderne Dienstleistungen am Arbeitsmarkt** vom 24.12.2003[23] wurden zum 1.1.2005 (Art. 61 Abs. 1) in § 20 Anpassungen an die Abschaffung der Arbeitslosenhilfe vorgenommen.[24] Mit Art. 8 Nr. 1 des **Gesetzes zur Förderung ganzjähriger Beschäftigung** vom 24.4.2006[25] wurden im Rahmen einer redaktionellen Folgeänderung aufgrund der Umgestaltung des Systems der Förderung der ganzjährigen Beschäftigung und des damit einhergehenden Wegfalls des Winterausfallgeldes[26] mWv 1.1.2007[27] in Abs. 1 S. 2 Nr. 1 die Wörter „Kurzarbeiter- oder Winterausfallgeld" durch das Wort „Kurzarbeitergeld" ersetzt.

2 Abs. 1 S. 2 Nr. 12 wurde durch Art. 8 Nr. 6 des **Gesetzes zur Stärkung des Wettbewerbs in der gesetzlichen Krankenversicherung (GKV-WSG)** vom 26.3.2007[28] eingefügt.[29] Die Änderung ist am 1.4.2007 in Kraft getreten (Art. 46 Abs. 1). Mit Art. 28 Abs. 5 des **Zweiten Gesetzes zum Abbau bürokratischer Hemmnisse insbesondere in der mittelständischen Wirtschaft** vom 7.9.2007[30] wurden in Abs. 1 S. 2 Nr. 7 mWv 14.9.2007[31] die Wörter „nach dem Blindenwarenvertriebsgesetz anerkannten Blindenwerkstätten" durch die Wörter „Blindenwerkstätten im Sinne des § 143 des Neunten Buches" er-

---

6 Zur Begr. BT-Dr. 13/4941, 236.
7 BGBl. I 1999, 2626.
8 Art. 22 Abs. 5 GKV-Gesundheitsreformgesetz 2000.
9 Näher BT-Dr. 14/1245, 109.
10 Art. 68.
11 BGBl. I 2001, 1046.
12 BT-Dr. 14/5074, 122.
13 BGBl. I 2001, 1027.
14 Art. 12 Abs. 1.
15 BT-Dr. 14/5066, 15.
16 BGBl. I 2001, 266.
17 Zur Begr. BT-Dr. 14/3751, 71.
18 BGBl. I 2001, 3443.
19 BT-Dr. 14/6944, 53.
20 Art. 10 Abs. 1.
21 BGBl. I 2003, 2848.
22 BT-Dr. 15/1515, 122.
23 BGBl. I 2003, 2954.
24 BT-Dr. 15/1516, 73f.
25 BGBl. I 2006, 926.
26 BT-Dr. 16/429, 18.
27 Art. 24 Abs. 3.
28 BGBl. I 2007, 378.
29 Zur Begr. BT-Dr. 16/3100, 185.
30 BGBl. I 2007, 2246.
31 Art. 30 Abs. 1.

setzt.³² Art. 8 Abs. 3 des Gesetzes zur Modernisierung des Rechts der landwirtschaftlichen Sozialversicherung vom 18.12.2007³³ brachte eine Änderung von Abs. 1 S. 2 Nr. 12 zwecks Bereinigung eines redaktionellen Versehens des GKV-WSG;³⁴ die Angabe „Nr. 6" wurde durch die Angabe „Nr. 7" ersetzt. Mit Art. 12 Abs. 7 des **Gesetzes zur Ermittlung von Regelbedarfen und zur Änderung des Zweiten und Zwölften Buches Sozialgesetzbuch** vom 24.3.2011³⁵ wurden in Abs. 1 S. 2 Nr. 2 a Anpassungen an Änderungen des SGB II vorgenommen.³⁶ Zwecks Anpassung an Änderungen des SGB III³⁷ wurde mit Art. 11 des **Gesetzes zur Verbesserung der Wiedereingliederungschancen am Arbeitsmarkt** vom 20.12.2011³⁸ Abs. 1 S. 2 Nr. 2 geändert. Mit dem **GKV-Finanzstruktur- und Qualitäts-Weiterentwicklungsgesetz (GKV-FQWG)** vom 21.7.2014³⁹ wurden in Abs. 1 S. 2 Nr. 2 a die Wörter „soweit sie in der gesetzlichen Krankenversicherung nicht familienversichert sind" durch die Wörter „auch wenn die Entscheidung, die zum Bezug der Leistung geführt hat, rückwirkend aufgehoben oder die Leistung zurückgefordert oder zurückgezahlt worden ist" ersetzt;⁴⁰ die Änderung tritt zum **1.1.2016** in Kraft.⁴¹ Ebenfalls zum **1.1.2016**⁴² wurden in Abs. 1 S. 2 Nr. 2 a die Wörter „soweit sie in der gesetzlichen Krankenversicherung nicht familienversichert sind" durch die Wörter „auch wenn die Entscheidung, die zum Bezug der Leistung geführt hat, rückwirkend aufgehoben oder die Leistung zurückgefordert oder zurückgezahlt worden ist" durch das **GKV-Finanzstruktur- und Qualitäts-Weiterentwicklungsgesetz (GKV-FQWG)**⁴³ ersetzt; es handelt sich einerseits um eine Folgeänderung zur Abschaffung des Vorrangs der Familienversicherung in § 5 Abs. 1 Nr. 2 a SGB V und andererseits um eine weitere Anpassung von Abs. 1 S. 2 Nr. 2 a an § 5 Abs. 1 Nr. 2 a SGB V;⁴⁴ die Harmonisierung von § 5 Abs. 1 Nr. 2 a SGB V und Abs. 1 S. 2 Nr. 2 a war in Ansehung von Abs. 1 S. 1 zur Vermeidung von Widersprüchen erforderlich. Durch Art. 1 a Nr. 1 des **Gesetzes für sichere digitale Kommunikation und Anwendungen im Gesundheitswesen sowie zur Änderung weiterer Gesetze** vom 21.12.2015⁴⁵ ist mit Wirkung zum 1.1.2017⁴⁶ in Abs. 1 Satz 2 Nr. 11 nach der Angabe „11a" die Angabe „11b" eingefügt und damit die Einfügung des § 5 Abs. 1 Nr. 11 b SGB V nachvollzogen worden.⁴⁷

II. Regelungsgehalt und systematische Zusammenhänge

§ 20 regelt die Versicherungspflicht in der **sozialen Pflegeversicherung** durch Einbeziehung der versicherungspflichtigen Mitglieder der gesetzlichen Krankenversicherung (Abs. 1 S. 1) und der in der gesetzlichen Krankenversicherung freiwillig versicherten Mitglieder (Abs. 3); der Katalog des Abs. 1 S. 2, der sich an § 5 Abs. 1 SGB V anlehnt, hat im Wesentlichen deklaratorische Bedeutung.⁴⁸ Komplementär enthält § 23 eine Versicherungspflicht für Versicherte bei den privaten Krankenversicherungsunternehmen (**private Pflegeversicherung**). Mit der Einführung der gesetzlichen Pflegepflichtversicherung wurde die Zielsetzung einer weitgehenden Einbeziehung in die Versicherungspflicht („Volksversicherung")⁴⁹ verfolgt, der der Grundsatz „die Pflegeversicherung folgt der Krankenversicherung" zugrunde lag; der sozialen Pflegeversicherung sollten alle Personen angehören, die in der gesetzlichen Krankenversicherung versichert sind; alle privat Krankenversicherten sollten Mitglied eines privaten Pflegeversicherungsunternehmens werden.⁵⁰ Das Konzept als solches ist vom Bundesverfassungsgericht nicht

---

32 Zur Begr. BR-Dr. 68/07, 109.
33 BGBl. I 2984, 2007.
34 BR-Dr. 597/07, 100.
35 BGBl. I 2011, 453.
36 Zur Begr. vgl. BT-Dr. 17/3404, 138.
37 BT-Dr. 17/6277, 119.
38 BGBl. I 2011, 2854.
39 BGBl. I 2014, 1133.
40 Zur Begr. BT-Dr. 18/1307, 54.
41 Art. 17 Abs. 2.
42 Art. 17 Abs. 2.
43 BGBl. I 2014, 1133.
44 Zur Begr. BT-Dr. 18/1307, 54.
45 BGBl. I, 2408.
46 Art. 4 Abs. 3.
47 Zur Begr. BT-Dr. 18/6905, 79.
48 Berchtold in: Kreikebohm/Spellbrink/Waltermann, § 20 SGB XI Rn. 6; Udsching in: Udsching, § 20 SGB XI Rn. 2; wohl auch Peters in: KassKomm, Stand 12/2013, § 20 SGB XI Rn. 12; anders wohl Ulmer in: BeckOK SozR, SGB XI, Stand 9/2013, § 20 Rn. 2; nicht entschieden in BSG, 26.1.2005, B 12 P 4/02 R.
49 BVerfG, 3.4.2001, 1 BvR 2012/95.
50 BT-Dr. 12/5262, 102.

beanstandet worden;[51] dem bemängelten Fehlen eines Beitrittsrechts zur sozialen Pflegeversicherung[52] wurde durch Einfügung des § 26 a Rechnung getragen. Auch dass für die bei einem privaten Krankenversicherungsunternehmen gegen das Risiko der Krankheit Versicherten keine Versicherungspflicht und auch keine Versicherungsberechtigung in der sozialen Pflegeversicherung bestehen, verstößt nicht gegen das Grundgesetz.[53] Der Kreis der in der sozialen oder privaten Pflegeversicherung Versicherungspflichtigen ist mittlerweile durch Einführung der Auffangversicherungspflicht des § 5 Abs. 1 Nr. 13 SGB V in der GKV und der Versicherungspflicht in der PKV (§ 193 VVG) noch erweitert worden. § 21 enthält eine ergänzende Regelung über die Einbeziehung in die soziale Pflegeversicherung für Personen, die weder in der gesetzlichen Krankenversicherung noch bei einem privaten Krankenversicherungsunternehmen versichert sind; die §§ 22 ff. enthalten (ua) Regelungen über Befreiung, Familienversicherung, Weiterversicherung und Beitrittsrecht. Ein Zusammenhang besteht auch mit den Vorschriften über Beginn und Ende der Mitgliedschaft und dem Beitragsrecht (§§ 54 bis 60).

4 Eine **Legaldefinition** für den Begriff der **Versicherungspflicht** für alle Zweige der Sozialversicherung (§ 1 Abs. 1 S. 1 SGB IV) enthält § 2 Abs. 1 SGB IV; Versicherungspflicht besteht danach für Personen, die **kraft Gesetzes oder Satzung** in der Sozialversicherung versichert sind. Die Pflichtversicherung hat **öffentlich-rechtlichen Charakter**.[54] Sie entsteht bei Vorliegen der gesetzlichen Tatbestandsvoraussetzungen; eines Vertragsschlusses bedarf es nicht. Auch ein Beitritt oder eine Anmeldung ist nicht notwendig.[55] Eine Mitgliedschaft besteht bei der in § 48 bestimmten Pflegekasse.

5 Wie in der gesetzlichen Krankenversicherung sind für die Bestimmung der örtlichen Reichweite der Versicherungspflicht im nationalen Recht die § 30 SGB I und §§ 3 ff. SGB IV zu beachten, wobei sowohl § 30 SGB I als auch § 6 SGB IV jeweils einen Vorbehalt für Normen des überstaatlichen Rechts festlegen. § 30 SGB I begrenzt die örtliche Reichweite der Regelungen des Sozialgesetzbuchs auf Personen, die ihren Wohnsitz oder gewöhnlichen Aufenthalt in seinem Geltungsbereich haben. Nach § 3 SGB IV besteht eine an eine Beschäftigung oder Tätigkeit anknüpfende Versicherungspflicht bei Ausübung der Beschäftigung oder Tätigkeit im Geltungsbereich des Sozialgesetzbuchs; Ausnahmen regeln §§ 4 und 5 SGB IV (Aus- und Einstrahlung). Das so grundsätzlich geltende **Territorialitätsprinzip** erfährt Durchbrechungen vor allem durch das europäische Recht.[56]

III. Versicherungspflichtige Mitglieder der gesetzlichen Krankenversicherung (Abs. 1, 2, 2 a)

6 Nach **Abs. 1 S. 1** sind versicherungspflichtig in der sozialen Pflegeversicherung die **versicherungspflichtigen Mitglieder der gesetzlichen Krankenversicherung**. Die Versicherungspflicht in der gesetzlichen Krankenversicherung ist **Tatbestandsmerkmal** für die Versicherungspflicht nach Abs. 1 S. 1; von den Trägern der gesetzlichen Krankenversicherung getroffene Feststellungen über (Nicht-)Bestehen von Versicherungspflicht in der gesetzlichen Krankenversicherung haben grundsätzlich **Tatbestandswirkung** für die – zwar organidentischen, aber körperschaftlich eigenständigen[57] – Träger der sozialen Pflegeversicherung.[58]

7 Versicherungspflicht in der sozialen Pflegeversicherung tritt demzufolge jedenfalls auf der Grundlage von Abs. 1 S. 1 nicht ein, wenn zwar ein Versicherungspflichttatbestand in der gesetzlichen Krankenversicherung an sich erfüllt ist, der Eintritt der Versicherungspflicht aber durch Ausschlussgründe gehindert wird, zB bei Beschäftigten, die wegen Überschreitens der JAE-Grenze **versicherungsfrei** sind (§ 6 SGB V), **bei geringfügig Beschäftigten** (§ 7 SGB V) oder bei der Personen, die sich **von der Versicherungspflicht haben befreien lassen** (§ 8 SGB V).[59] Das Fehlen der Möglichkeit einer Befreiung von der Versicherungspflicht in der gesetzlichen Krankenversicherung bei Beibehaltung der Möglichkeit der Mitgliedschaft in der sozialen Pflegeversicherung ist verfassungsrechtlich nicht zu beanstanden.[60] Eine Versicherungspflicht in der sozialen Pflegeversicherung tritt auch dann nach Abs. 1 S. 1 nicht ein,

---

51 BVerfG, 3.4.2001, 1 BvR 2012/95.
52 BVerfG, 3.4.2001, 1 BvR 81/98.
53 BSG, 6.12.1997, 12 RP 2/96, SozR 3-3300 § 20 Nr. 3.
54 Vgl. Sommer in: Peters, HdB KrV, 19. Aufl., 61. Lfg., Juli 2006, § 5 Rn. 19 ff.
55 Berchtold in: Kreikebohm/Spellbrink/Waltermann, § 20 SGB XI Rn. 3.
56 Vgl. zu dem Thema BSG, 26.1.2005, B 12 P 4/02 R; BSG, 5.7.2005, B 1 KR 4/04 R; EuGH, 30.6.2011, C-388/09.
57 BSG, 26.1.2005, B 12 P 4/02 R, SozR 4-2400 § 3 Nr. 1.
58 Berchtold in: Kreikebohm/Spellbrink/Waltermann, § 20 SGB XI Rn. 4.
59 Udsching in: Udsching, § 20 Rn. 2.
60 BSG, 3.9.1998, B 12 P 3/97 R, SozR 3-3300 § 20 Nr. 4.

wenn Versicherungspflicht in der gesetzlichen Krankenversicherung mangels Inlandsbezugs ausscheidet.[61]

Abs. 1 S. 2 enthält einen Katalog von Pflichtversicherungstatbeständen, der sich an § 5 Abs. 1 SGB V zwar anlehnt, im Einzelnen aber nicht identisch ist. Er hat im Wesentlichen deklaratorische Bedeutung,[62] weswegen bei der **Auslegung** auf § 5 SGB V zurückgegriffen werden kann. Der textliche Befund ist insoweit zwar widersprüchlich; während Abs. 1 S. 1 die Versicherungspflicht für die versicherungspflichtigen Mitglieder der gesetzlichen Krankenversicherung vorsieht, was den Kreis der Versicherten bereits eindeutig festlegt, konkretisiert Abs. 1 S. 2 den Kreis der Versicherten nochmals. Der in den Gesetzgebungsmaterialien belegte Wille, die Versicherungspflicht in der gesetzlichen Kranken- und sozialen Pflegeversicherung zu harmonisieren,[63] spricht aber für den (nur) deklaratorischen Charakter des Abs. 1 S. 2. Bedeutung kann die Zuordnung zu einer der in Abs. 1 S. 2 genannten Gruppen bei der Beitragstragung (§§ 58, 59), dem Vorrang der Familienversicherung (in den Fällen von Abs. 1 S. 2 Nr. 9 und 10) oder sonstigen Verweisungen (zB in Abs. 4) erlangen.[64]

Keine Versicherungspflicht nach Abs. 1 S. 1 besteht für **Rentenantragsteller**; einen Versicherungspflichttatbestand gibt es nicht in der gesetzlichen Krankenversicherung und damit auch nicht in der sozialen Pflegeversicherung.[65] Für die gesetzliche Krankenversicherung enthalten die §§ 189, 192 SGB V Regelungen über eine Formalmitgliedschaft, die nach § 49 Abs. 2 „für das Fortbestehen der Mitgliedschaft" entsprechend gelten. Wörtlich genommen setzt der Verweis des § 49 Abs. 2 eine bestehende Mitgliedschaft bereits voraus und regelt nur ihr Fortbestehen.[66] Angesichts der angestrebten Parallelität von gesetzlicher Kranken- und sozialer Pflegeversicherung kann andererseits aber auch kaum angenommen werden, dass Rentenantragsteller von der sozialen Pflegeversicherung ausgeschlossen sein sollen.[67]

Abs. 2 enthält Regelungen für Bezieher von **Vorruhestandsgeld**. Sie entsprechen inhaltlich § 5 Abs. 3 und 4 SGB V und sind – wie die Liste des § 20 Abs. 1 S. 2 – deklaratorisch. § 5 Abs. 3 und 4 SGB V gehen zurück auf § 165 Abs. 2 S. 2–4 RVO, die – wie das Vorruhestandsgesetz (VRG) – Teil des Gesetzes zur Erleichterung des Übergangs vom Arbeitsleben in den Ruhestand[68] waren. Die Regelungen des VRG, auf dessen Grundlage von der (damaligen) Bundesanstalt für Arbeit Zuschüsse zu den Aufwendungen des Arbeitgebers für Vorruhestandsleistungen gewährt werden konnten, waren von Anfang an befristet; für die Zeit ab dem 1.1.1989 war das Gesetz nur noch anzuwenden, wenn die Voraussetzungen für den Anspruch (auf Zuschüsse) erstmals vor diesem Zeitpunkt vorgelegen hatten (§ 14 VRG). Die flankierenden Regelungen zur Einbeziehung in die Sozialversicherung bei Gewährung von Vorruhestandsgeld durch den (früheren) Arbeitgeber sind aber nicht entfallen[69] (zu den weiteren Einzelheiten siehe § 5 SGB V).

Auch **Abs. 2 a**, der die Versicherungspflicht für **bestimmte Mitglieder religiöser Gemeinschaften** regelt und § 5 Abs. 4a S. 3 SGB V entspricht, hat deklaratorischen Charakter. § 5 Abs. 4a S. 3 SGB V war eine Reaktion des Gesetzgebers auf eine Entscheidung des BSG,[70] wonach Postulanten und Novizen in einem kontemplativen Orden mangels Beschäftigung nicht versicherungspflichtig waren; die Vorschrift sollte klarstellen, dass Versicherungspflicht in der gesetzlichen Krankenversicherung bestehe;[71] dies gilt auch für § 20 Abs. 2 a.

---

61 Berchtold in: Kreikebohm/Spellbrink/Waltermann, § 20 SGB XI Rn. 4; Ausnahmen sind in den Fällen des Abs. 4 denkbar, vgl. Rn. 15 ff., insbesondere Rn. 19.
62 Berchtold in: Kreikebohm/Spellbrink/Waltermann, § 20 SGB XI Rn. 6; Udsching in: Udsching, § 20 Rn. 2; wohl auch Peters in: KassKomm, Stand 12/2013, § 20 SGB XI Rn. 12; anders wohl Ulmer in: BeckOK SozR, SGB XI, Stand 9/2013, § 20 Rn. 2; nicht entschieden in BSG, 26.1.2005, B 12 P 4/02 R, SozR 4-2400 § 3 Nr. 1.
63 BT-Dr. 12/5952, 36.
64 Vgl. Udsching in: Udsching, § 20 Rn. 2.
65 Berchtold in: Kreikebohm/Spellbrink/Waltermann, § 20 SGB XI Rn. 7.
66 Berchtold in: Kreikebohm/Spellbrink/Waltermann, § 20 SGB XI Rn. 8.
67 Vgl. Peters in: KassKomm, Stand 12/2013, § 20 SGB XI Rn. 51.
68 BGBl. I 1984, 610.
69 BSG, 24.9.2008, B 12 R 10/07 R, SozR 4-2600 § 3 Nr. 4.
70 BSG, 17.12.1996, 12 RK 2/96, BSGE 79, 307 ff.
71 BT-Dr. 14/1245, 59.

IV. Freiwillige Mitglieder der gesetzlichen Krankenversicherung (Abs. 3)

12 Nach **Abs. 3** sind pflichtversichert in der sozialen Pflegeversicherung auch freiwillige Mitglieder der gesetzlichen Krankenversicherung. Der Grundsatz, wonach die Pflegeversicherung der Krankenversicherung folgt, ist insoweit nur „systembezogen"[72] realisiert.

13 Die freiwillige Mitgliedschaft in der gesetzlichen Krankenversicherung, die bei Vorliegen der Voraussetzungen durch Beitritt (§ 188 Abs. 1 SGB V) oder unter den Voraussetzungen des § 188 Abs. 4 SGB V zustande kommt, ist **Tatbestandsmerkmal** des Abs. 3 und führt **unmittelbar kraft Gesetzes zur Versicherungspflicht** in der sozialen Pflegeversicherung.[73] Es kommt nicht darauf an, auf welcher Vorschrift die freiwillige Mitgliedschaft beruht.[74] Die Feststellung des Krankenversicherungsträgers über das Bestehen der Krankenversicherung hat gegenüber der allein zur Entscheidung über das Bestehen der Versicherungspflicht berufenen Pflegekasse **Tatbestandswirkung**.[75] Leistungsbeschränkungen in der gesetzlichen Krankenversicherung beeinflussen die Versicherungspflicht in der sozialen Pflegeversicherung nicht.[76]

14 Ausnahmen von der Versicherungspflicht bieten nur die **Befreiungsmöglichkeiten** nach § 22 und nach der übergangsrechtlichen Regelung des Art. 41 PflegeVG. **Verfassungsrechtliche Bedenken** gegen die Kopplung der Versicherungspflicht in der sozialen Pflegeversicherung an die (freiwillige) Zugehörigkeit zur gesetzlichen Krankenversicherung **bestehen nicht**.[77] Dies gilt insbesondere auch für Beamten bei der Einbeziehung in die soziale Pflegeversicherung, die an die freiwillige Mitgliedschaft in der gesetzlichen Krankenversicherung anknüpft; etwas anderes ergibt sich nicht aus hergebrachten Grundsätzen des Berufsbeamtentums.[78] Es verstößt auch nicht gegen Grundrechte, wenn minderjährige einkommenslose Kinder, die in der gesetzlichen Krankenversicherung freiwillig versichert sind, in der sozialen Pflegeversicherung zu Beiträgen nach Mindesteinnahmen herangezogen werden; der Gesetzgeber bewegt sich innerhalb seines Gestaltungsspielraums, den er für die Verwirklichung seines Auftrags zur Förderung der Familie hat, wenn er auch in der sozialen Pflegeversicherung bei der Bestimmung des Personenkreises, den er in die Familienversicherung einbezieht, nach dem Vorliegen einer eigenen Pflichtversicherung unterscheidet; er trägt damit der Subsidiarität der Familienversicherung Rechnung und stellt verfassungsrechtlich unbedenklich sicher, dass Familienangehörige des Mitglieds nur dann beitragsfreien Versicherungsschutz erhalten, wenn sie nicht auf andere Weise abgesichert sind.[79]

V. Untergeordnete Beschäftigung oder selbstständige Tätigkeit (Abs. 4)

15 **Abs. 4 S. 1** enthält eine Vermutungsregelung für Fälle der Aufnahme einer untergeordneten Beschäftigung oder Tätigkeit, die der **Missbrauchsabwehr** dienen soll; die Tatsache, dass die Aufnahme einer versicherungspflichtigen Beschäftigung auch für diejenigen wieder eine Rückkehrmöglichkeit in die soziale Pflegeversicherung eröffnen könne, die aufgrund einer privaten Krankenversicherung versicherungsfrei in der sozialen Pflegeversicherung gewesen seien, biete Möglichkeiten zum Missbrauch.[80] Eine Parallelregelung für die gesetzliche Krankenversicherung gibt es nicht.

16 Voraussetzung ist, dass eine Person **mindestens zehn Jahre nicht in der sozialen Pflegeversicherung oder der gesetzlichen Krankenversicherung versicherungspflichtig** war. Angesichts der mit der Regelung typisierten Missbrauchsgefahr muss gemeint sein, dass in der Frist von zehn Jahren weder Versicherungspflicht in der gesetzlichen Krankenversicherung noch in der sozialen Pflegeversicherung bestand.

17 Weiter muss eine dem äußeren Anschein nach versicherungspflichtige Beschäftigung oder selbstständige Tätigkeit aufgenommen werden. Es muss sich um Beschäftigungen oder Tätigkeiten handeln, die – nach ihrem äußeren Anschein – eine Versicherungspflicht im Sinne des **Abs. 1 S. 1 Nr. 1, 3 und 4** begründen könnten.

---

72 Peters in: KassKomm, Stand 12/2013, § 20 SGB XI Rn. 53.
73 Berchtold in: Kreikebohm/Spellbrink/Waltermann, § 20 SGB XI Rn. 10.
74 Peters in: KassKomm, Stand 12/2013, § 20 SGB XI Rn. 54; Baier in: Krauskopf, Stand 1/2014, § 20 SGB XI Rn. 27.
75 BSG, 3.9.1998, B 12 KR 23/97 R, SozR 3-3300 § 20 Nr. 5.
76 Baier in: Krauskopf, Stand 1/2014, § 20 SGB XI Rn. 27.
77 BSG, 3.9.1998, B 12 KR 23/97 R, SozR 3-3300 § 20 Nr. 5.
78 BVerfG, 25.9.2001, 2 BvR 2566/94.
79 BSG, 25.8.2004, B 12 P 1/04 R, SozR 4-3300 § 25 Nr. 1.
80 BT-Dr. 12/5262, 103.

Die Vermutungsregelung greift nur dann ein, wenn die aufgenommene Tätigkeit von **untergeordneter wirtschaftlicher Bedeutung** ist. Das Gesetz selbst nennt hierfür in **Abs. 4 S. 2** als Beispiel Beschäftigungen bei Familienangehörigen oder Lebenspartnern (im Sinne des Lebenspartnerschaftsgesetzes). In der Gesetzesbegründung sei hierzu ausgeführt, vor allem bei einer Beschäftigung bei Familienangehörigen sei eine untergeordnete wirtschaftliche Bedeutung dann anzunehmen, wenn die Höhe des Arbeitsentgelts nicht in einem angemessenen Verhältnis zur Arbeitsleistung stehe oder die Hälfte der monatlichen Bezugsgröße (§ 18 SGB IV) nicht übersteige.[81] Entscheidend wird letztlich sein müssen, ob die aus der Beschäftigung oder Tätigkeit erzielten Einnahmen für den Betroffenen von wirtschaftlichem Gewicht sind.[82]

Sind die genannten Voraussetzungen erfüllt, besteht nach Abs. 4 S. 1 die **widerlegbare Vermutung**, dass eine die Versicherungspflicht begründende Beschäftigung nach Abs. 1 Nr. 1 oder eine versicherungspflichtige selbstständige Tätigkeit nach Abs. 1 Nr. 3 oder 4 tatsächlich nicht ausgeübt wird. Es handelt es sich um eine **gesetzliche Vermutung** im Sinne des § 292 ZPO.[83] Der Anwendungsbereich der Regelung dürfte wegen des von den Behörden zu beachtenden Amtsermittlungsgrundsatzes (§ 20 SGB X) eng sein. Weil es in der gesetzlichen Krankenversicherung keine Parallelregelung gibt, könnte dennoch die Anwendung von Abs. 4 im Einzelfall dazu führen, dass der angestrebte Gleichlauf von gesetzlicher Kranken- und sozialer Pflegeversicherung aufgrund unterschiedlicher Bewertungen der zur Versicherungspflicht führenden Tatbestandsmerkmale Beschäftigung bzw. selbstständige Tätigkeit durchbrochen wird. Neben dem Amtsermittlungsgrundsatz wird allerdings auch die organisatorisch einheitliche Entscheidungszuständigkeit für die Versicherungspflicht in der Kranken- und Pflegeversicherung (Einzugsstelle, § 28 h Abs. 2 SGB IV, Künstlersozialkasse[84] oder landwirtschaftlichen Krankenkasse und angegliederte Pflegekasse)[85] die Anzahl der in Betracht kommenden Fälle gering halten. Bei den verbleibenden Fällen werden die zuständigen Stellen das Vorliegen einer versicherungspflichtigen Beschäftigung oder selbstständigen Tätigkeit – unter Beachtung des Amtsermittlungsgrundsatzes – besonders intensiv zu prüfen haben, um so für die Kranken- und Pflegeversicherung zu einem einheitlichen Ergebnis zu gelangen. Nur wenn auch dann kein klares Ergebnis zu ermitteln ist, wird man nach Grundsätzen der objektiven Beweislast zu unterschiedlichen Ergebnissen kommen können.[86] Die Kopplung der Versicherungspflicht in der gesetzlichen Krankenversicherung und der sozialen Pflegeversicherung ist insoweit eingeschränkt.[87]

VI. Anpassung durch das Heil- und Hilfsmittelversorgungsgesetz

Durch das Heil- und Hilfsmittelversorgungsgesetz vom 4.4.2017 (BGBl. I, 778) wird mWv 1.8.2017 Abs. 1 S. 2 Nr. 2 wie folgt gefasst:

„2. Personen in der Zeit, für die sie Arbeitslosengeld nach dem Dritten Buch beziehen oder nur deshalb nicht beziehen, weil der Anspruch wegen einer Sperrzeit (§ 159 des Dritten Buches) oder wegen einer Urlaubsabgeltung (§ 157 Absatz 2 des Dritten Buches) ruht; dies gilt auch, wenn die Entscheidung, die zum Bezug der Leistung geführt hat, rückwirkend aufgehoben oder die Leistung zurückgefordert oder zurückgezahlt worden ist,"

Mit der Änderung wird der Gleichlauf zu dem ebenso geänderten § 5 Abs. 1 Nr. 2 SGB V gewahrt.[88] Mit der Änderung des § 5 Abs. 1 Nr. 2 SGB V soll nach den Gesetzgebungsmaterialien erreicht werden, dass künftig grundsätzlich bereits ab dem ersten Tag einer Sperrzeit oder einer Urlaubsabgeltung Versicherungspflicht in der gesetzlichen Krankenversicherung und damit auch ein Anspruch auf Krankengeld besteht; diese Versicherungspflicht soll frühestens mit dem Tag beginnen, an dem Arbeitslosengeld allein aufgrund des Ruhens wegen einer Sperrzeit oder einer Urlaubsabgeltung nicht bezogen wird und somit die übrigen Anspruchsvoraussetzungen sowie der Antrag auf Arbeitslosengeld vorliegen.[89] Mit der Änderung soll eine Versorgungslücke beim Krankengeld zwischen dem Ende des Be-

---

81 BT-Dr. 12/5262, 103 f.
82 Baier in: Krauskopf, Stand 1/2014, § 20 SGB XI Rn. 30.
83 Berchtold in: Kreikebohm/Spellbrink/Waltermann, § 20 SGB XI Rn. 14; Ulmer in: BeckOK SozR, SGB XI, Stand 9/2013, § 20 Rn. 11.
84 BSG, 28.1.1999, B 3 KR 2/98 R, BSGE 83, 246 ff.
85 BSG, 9.11.2011, B 12 KR 21/09 R.
86 Vgl. auch Baier in: Krauskopf, Stand 1/2014, § 20 SGB XI Rn. 33.
87 Berchtold in: Kreikebohm/Spellbrink/Waltermann, § 20 SGB XI Rn. 13.
88 Vgl. BT-Dr. 18/11205, 80.
89 BT-Dr. 18/11205, 59.

schäftigungsverhältnisses und dem Bezug von Arbeitslosengeld geschlossen werden, die in bestimmten Fallkonstellationen[90] auftritt, wenn im Anschluss an ein Beschäftigungsverhältnis der Anspruch auf Arbeitslosengeld wegen einer Sperrzeit oder wegen einer Urlaubsabgeltung ruht und während des erstens Monats dieser Ruhenszeit Arbeitsunfähigkeit eintritt.[91]

VII. Anpassung durch das Bundesteilhabegesetz

21 Durch das Bundesteilhabegesetz vom 23.12.2016 (BGBl. I, 3234) wird mWv 1.1.2018 in Abs. 1 S. 2 Nr. 7 die Angabe „143" durch die Angabe „226" ersetzt und werden nach dem Wort „Heimarbeit" die Wörter „oder bei einem anderen Leistungsanbieter nach § 60 des Neunten Buches" eingefügt.[92]

§ 21 Versicherungspflicht in der sozialen Pflegeversicherung für sonstige Personen

Versicherungspflicht in der sozialen Pflegeversicherung besteht auch für Personen mit Wohnsitz oder gewöhnlichem Aufenthalt im Inland, die
1. nach dem Bundesversorgungsgesetz oder nach Gesetzen, die eine entsprechende Anwendung des Bundesversorgungsgesetzes vorsehen, einen Anspruch auf Heilbehandlung oder Krankenbehandlung haben,
2. Kriegsschadenrente oder vergleichbare Leistungen nach dem Lastenausgleichsgesetz oder dem Reparationsschädengesetz oder laufende Beihilfe nach dem Flüchtlingshilfegesetz beziehen,
3. ergänzende Hilfe zum Lebensunterhalt im Rahmen der Kriegsopferfürsorge nach dem Bundesversorgungsgesetz oder nach Gesetzen beziehen, die eine entsprechende Anwendung des Bundesversorgungsgesetzes vorsehen,
4. laufende Leistungen zum Unterhalt und Leistungen der Krankenhilfe nach dem Achten Buch beziehen,
5. krankenversorgungsberechtigt nach dem Bundesentschädigungsgesetz sind,
6. in das Dienstverhältnis eines Soldaten auf Zeit berufen worden sind,

wenn sie gegen das Risiko Krankheit weder in der gesetzlichen Krankenversicherung noch bei einem privaten Krankenversicherungsunternehmen versichert sind.

I. Entstehungsgeschichte... 1	IV. Kein Versicherungsschutz in der gesetzlichen oder privaten Krankenversicherung ... 5
II. Regelungsgehalt und systematische Zusammenhänge... 2	V. Personenkreis... 7
III. Wohnsitz oder gewöhnlicher Aufenthalt im Inland... 4	VI. Rechtsfolgen... 15

I. Entstehungsgeschichte

1 § 21 war Teil des Gesetzes zur sozialen Absicherung des Risikos der Pflegebedürftigkeit (Pflegeversicherungs-Gesetz – PflegeVG) vom 26.5.1994[1] und ist am 1.1.1995 in Kraft getreten.[2] Im Regierungsentwurf[3] war die Vorschrift in ihrer jetzigen Form nicht enthalten; sie wurde erst auf Empfehlung des Ausschusses für Arbeit und Sozialordnung eingefügt.[4] Seither ist sie unverändert geblieben.

II. Regelungsgehalt und systematische Zusammenhänge

2 Ergänzend zu § 20 begründet § 21 Versicherungspflicht für einen Personenkreis, der weder der gesetzlichen noch der privaten Krankenversicherung zuzuordnen ist. Es handelt sich um eine Durchbrechung des Prinzips „Krankenversicherung folgt Pflegeversicherung",[5] die aus mehreren Gründen als gerechtfertigt angesehen wurde. Zum einen sah man keinen Grund, Personen, die nach Spezialvorschriften

---

[90] Vgl. hierzu → Rn. 26, insbesondere die Entscheidung BSG, 4.3.2014, B 1 KR 68/12 R.
[91] BT-Dr. 18/11205, 59.
[92] Zur Begründung BR-Dr. 428/16, 334.
[1] BGBl. I 1994, 1014.
[2] Art. 68 Abs. 1 PflegeVG.
[3] BT-Dr. 12/5262, BT-Dr. 12/5617.
[4] BT-Dr. 12/5920, 25 ff., BT-Dr. 12/5952, 37.
[5] BT-Dr. 12/5262, 102.

Anspruch auf Heil- und Krankenbehandlung, Krankenhilfe, Krankenversorgung bzw. unentgeltliche Truppenversorgung haben, von der Versicherungspflicht in der sozialen Pflegeversicherung auszugrenzen; zum anderen hielt man die Durchbrechung auch wegen des Ziels, möglichst die gesamte Bevölkerung in den Versicherungsschutz einzubeziehen, für gerechtfertigt; da nach den jeweiligen Spezialvorschriften kein Anspruch auf Versorgung bei Pflegebedürftigkeit bestehe, sei das Absicherungsbedürfnis mindestens ebenso zu bejahen wie bei krankenversicherten Personen; auch sei die meldetechnische Erfassung der betroffenen Personenkreises unproblematisch möglich.[6] Teilweise wird angezweifelt, ob es für den genannten Personenkreis der zwangsweisen Zuordnung zur sozialen Pflegeversicherung bedürfe, wenn schon den freiwilligen Mitgliedern der gesetzlichen Krankenversicherung trotz ihrer Bindung an die Sozialversicherung mit § 22 ein Befreiungsrecht eingeräumt werde.[7] Ein verfassungsrechtliches Problem – insbesondere im Hinblick auf Art. 3 GG – dürfte sich daraus aber nicht ergeben; die freiwilligen Mitglieder der gesetzlichen Krankenversicherung unterscheiden sich im Hinblick auf ihre Schutzbedürftigkeit von dem in § 21 genannten Personenkreis; die freiwilligen Mitglieder haben im Hinblick auf ihren Krankenversicherungsschutz eine Wahlmöglichkeit, während für die in § 21 genannten Personen aufgrund besonderer Schutzbedürftigkeit – außerhalb der gesetzlichen Krankenversicherung – besondere Leistungen bei Krankheit vorgesehen sind.

Regelungen über die Bestimmung der für die Durchführung der Versicherung **zuständigen Pflegekasse** enthält § 48 Abs. 2 und 3; die Regelungen sind erforderlich, weil es – anders als in den Fällen des § 20 – an einer für die Durchführung der Krankenversicherung zuständigen Krankenkasse fehlt.

III. Wohnsitz oder gewöhnlicher Aufenthalt im Inland

§ 21 setzt für den Eintritt der Pflichtversicherung einen **Wohnsitz oder gewöhnlichen Aufenthalt im Inland** voraus. Warum diese Voraussetzung ausdrücklich benannt wird, ist unklar;[8] für die Bestimmung der örtlichen Reichweite der Versicherungspflicht sind ohnehin die § 30 SGB I und §§ 3 ff. SGB IV zu beachten. Insbesondere nach § 3 Nr. 2 SGB IV ist ein Wohnsitz oder ein gewöhnlicher Aufenthalt im Inland für eine Versicherungspflicht Voraussetzung.

IV. Kein Versicherungsschutz in der gesetzlichen oder privaten Krankenversicherung

§ 21 durchbricht bei der Voraussetzung der **fehlenden Versicherung in der gesetzlichen und privaten Krankenversicherung** den Grundsatz „Pflegeversicherung folgt Krankenversicherung"[9] und ergänzt ihn durch Erweiterung des Kreises der Versicherungspflichtigen um als besonders schutzbedürftig angesehene Gruppen.

Es darf keine Versicherung gegen das Risiko der Krankheit in der gesetzlichen oder privaten Krankenversicherung bestehen. Auch eine **Familienversicherung** in der gesetzlichen Krankenversicherung schließt eine Pflichtversicherung nach § 21 aus.[10] Zweifelhaft erscheint, ob Personen, die nach beamtenrechtlichen Vorschriften beihilfeberechtigt sind, aber keine den Beihilfeanspruch ergänzende private Krankenversicherung haben und auch nicht nach § 20 Abs. 3 pflegepflichtversichert sind, von § 21 erfasst werden;[11] eine solche Gruppe ist in der – abschließenden – Liste des § 21 nicht genannt; angesichts der Versicherungspflicht des § 193 VVG dürfte diese Gruppe zahlenmäßig auch keine Bedeutung mehr haben.

V. Personenkreis

Nach **§ 21 Nr. 1** können Personen versicherungspflichtig werden, die nach dem **Bundesversorgungsgesetz** oder nach Gesetzen, die eine **entsprechende Anwendung des Bundesversorgungsgesetzes** vorsehen, einen Anspruch auf Heilbehandlung oder Krankenbehandlung haben.

Die Voraussetzungen für Ansprüche auf Heil- und Krankenbehandlung sind in **§ 10 BVG** geregelt. Im Zusammenhang des § 21 Nr. 1 spielt es keine Rolle, ob Heilbehandlung nur für Gesundheitsstörungen, die als Folge einer Schädigung anerkannt oder durch eine anerkannte Schädigungsfolge verursacht worden sind (§ 10 Abs. 1 BVG), gewährt wird, oder ob – bei Schwerbeschädigten – ein umfas-

---

6 Vgl. BT-Dr. 12/5292, 37.
7 Udsching in: Udsching, § 21 Rn. 2.
8 Vgl. Peters in: KassKomm, Stand 12/2013, § 21 SGB XI Rn. 5.
9 BT-Dr. 12/5262, 102.
10 Baier in: Krauskopf, Stand 1/2014, § 21 SGB XI Rn. 10.
11 So Baier in: Krauskopf, Stand 1/2014, § 21 SGB XI Rn. 11.

sender Heilbehandlungsanspruch besteht (§ 10 Abs. 2 BVG). Anspruchsberechtigt sein können auch Angehörige des Beschädigten (§ 10 Abs. 4 BVG).

9 Entsprechend kommen die Vorschriften des Bundesversorgungsgesetzes zur Anwendung nach dem Soldatenversorgungsgesetz (§ 80 SVG), dem Zivildienstgesetz (§ 47 ZDG), dem Bundesgrenzschutzgesetz (§ 59 BGSG), dem Bundes-Seuchengesetz (§ 51 BSeuchG), dem Häftlingshilfegesetz (§ 4 HHG), dem Opferentschädigungsgesetz (§ 1 OEG), dem Infektionsschutzgesetz (§ 60 IfSG) und dem Strafrechtlichen Rehabilitierungsgesetz (§ 21 StrRehaG).

10 Nach § 21 Nr. 2 kommen als versicherungspflichtig in Betracht Personen, die eine **Kriegsschadenrente oder vergleichbare Leistungen nach dem Lastenausgleichsgesetz (LAG) oder dem Reparationsschädengesetz (RepG) oder laufende Beihilfe nach dem Flüchtlingshilfegesetz (FlHG)** beziehen. Die Kriegsschadenrente nach dem LAG wird in Form der Unterhaltshilfe und der Entschädigungsrente gewährt (§ 263 LAG). Nur die Unterhaltshilfe ist mit einem Anspruch auf Krankenversorgung nach § 276 LAG verbunden. Mangels Anspruch auf Krankenversorgung fehlt zwar bei der Entschädigungsrente das wesentliche Kriterium für die Einbeziehung in die Versicherungspflicht;[12] dennoch wird in den Gesetzgebungsmaterialien darauf hingewiesen, dass auch Bezieher von Entschädigungsrenten in die soziale Pflegeversicherung einbezogen werden sollen,[13] was auch dem Wortlaut des § 21 Nr. 2 entspricht. Das Reparationsschädengesetz ist mittlerweile außer Kraft getreten.[14] Zur laufenden Beihilfe nach dem FlHG gehört auch ein Anspruch auf Krankenversorgung (§ 15 FlHG iVm § 276 LAG).

11 Pflichtversichert sind nach § 21 Nr. 3 Personen, die **ergänzende Hilfe zum Lebensunterhalt im Rahmen der Kriegsopferfürsorge nach dem Bundesversorgungsgesetz oder nach Gesetzen beziehen, die eine entsprechende Anwendung des Bundesversorgungsgesetzes vorsehen**. Die ergänzende Hilfe zum Lebensunterhalt im Rahmen der Kriegsopferfürsorge ist in § 27a BVG geregelt. Es handelt sich um eine bedürftigkeitsabhängige sozialhilfeähnliche Leistung. Der Anwendungsbereich des § 21 Nr. 3 dürfte eng sein, weil die betroffenen Personen wohl regelmäßig bereits von § 21 Nr. 1 erfasst werden.[15]

12 In die Pflichtversicherung einbezogen sind nach § 21 Nr. 4 Personen, die **laufende Leistungen zum Unterhalt und Leistungen der Krankenhilfe nach dem Achten Buch im Rahmen der Jugendhilfe** beziehen. Die Leistungen zum Unterhalt sind in § 39 SGB VIII geregelt, die laufenden Leistungen insbesondere in § 39 Abs. 4 SGB VIII; Leistungen zum Unterhalt werden nach § 39 Abs. 1 SGB VIII im Rahmen der Hilfegewährung nach den §§ 32 bis 35 SGB VIII oder nach § 35a Abs. 2 Nr. 2 bis 4 SGB VIII erbracht. Nach § 40 S. 1 SGB VIII wird in den Fällen der §§ 33 bis 35 oder nach § 35a Abs. 2 Nr. 3 oder 4 SGB VIII auch Krankenhilfe geleistet; für den Umfang gelten die §§ 47 bis 52 SGB XII entsprechend. Möglich ist nach § 40 S. 4 SGB VIII auch die Übernahme von Beiträgen für eine freiwillige Krankenversicherung; in solchen Fällen besteht Versicherungspflicht nach § 20 Abs. 3 SGB XI.

13 Versicherungspflichtig sind nach § 21 Nr. 5 Personen, die **krankenversorgungsberechtigt nach dem Bundesentschädigungsgesetz** sind. Der Anspruch auf Krankenversorgung ist in den §§ 141a, 141c BEG geregelt.

14 Pflichtversichert sind nach § 21 Nr. 6 schließlich Personen, die **in ein Dienstverhältnis als Soldaten auf Zeit berufen worden sind**. Mit der Regelung wurde die Versicherungspflicht bewusst für Berufs- und Zeitsoldaten unterschiedlich gestaltet. Während Berufssoldaten als Heilfürsorgeberechtigte (§ 30 Soldatengesetz) nach § 23 Abs. 4 Nr. 1 regelmäßig verpflichtet sind, sich privat gegen das Risiko der Pflegebedürftigkeit abzusichern, wird für – die ebenfalls heilfürsorgeberechtigten – Soldaten auf Zeit eine Pflichtversicherung in der sozialen Pflegeversicherung geregelt. Dies hielt man für sachgerecht, weil Soldaten auf Zeit nach Ausscheiden aus dem Dienst meist eine versicherungspflichtige Beschäftigung aufnehmen. Beim Wechsel in ein Dienstverhältnis als Berufssoldat kommt eine Weiterversicherung in der sozialen Pflegeversicherung oder der Abschluss einer privaten Pflegeversicherung in Betracht.[16]

---

12 Udsching in: Udsching, § 21 SGB XI Rn. 8.
13 BT-Dr. 12/5952, 37.
14 Art. 8 des Gesetzes zur Änderung und Bereinigung des Lastenausgleichsrechts vom 21.6.2006, BGBl. I 2006, 1323.
15 Baier in: Krauskopf, Stand 1/2014, § 21 SGB XI Rn. 6.
16 BT-Dr. 12/5953, 37.

VI. Rechtsfolgen

Liegen die in § 21 genannten Voraussetzungen vor, tritt die Versicherungspflicht kraft Gesetzes ein. 15

Im Gesetz nicht ausdrücklich geregelt ist der Fall, dass eine **Versicherungspflicht** nach § 21 mit einer 16 **Familienversicherung** nach § 25 zusammentrifft; bei Eheleuten können bei beiden Partnern die Voraussetzungen einer Pflichtversicherung nach § 21 und gleichzeitig bei beiden Partnern die Voraussetzungen des § 25 erfüllt sein; in § 25 Abs. 1 S. 1 Nr. 2 ist eine Versicherung nach § 21 nicht als Ausschlussgrund genannt. Die Gesetzgebungsmaterialien gehen deshalb für diese Konstellationen davon aus, dass ein Ehegatte nach § 25 familienversichert werden kann.[17] Allerdings fehlt eine Regelung, welcher Partner pflicht- bzw. familienversichert wird; es erscheint naheliegend, entsprechend § 25 SGB XI iVm § 10 Abs. 5 SGB V den Betroffenen ein **Wahlrecht** einzuräumen;[18] was gilt, wenn das Wahlrecht nicht ausgeübt wird, ist damit aber nicht geklärt (siehe hierzu Erläuterungen zu § 10 Abs. 5 SGB V).

Im Gesetz ebenfalls nicht ausdrücklich geregelt ist das **Konkurrenzverhältnis** beim Zusammentreffen 17 mehrerer der in § 21 genannten Fälle. Entsprechend der von den Spitzenverbänden der Träger der sozialen Pflegeversicherung vorgegebenen Praxis wird vorgeschlagen, von einer **Rangfolge** nach der durch § 21 vorgegebenen Reihenfolge der Pflichtversicherungstatbestände auszugehen, so dass jedenfalls eine klare Zuständigkeit für Melde- und Beitragspflichten besteht.[19]

§ 22 Befreiung von der Versicherungspflicht

(1) ¹Personen, die nach § 20 Abs. 3 in der sozialen Pflegeversicherung versicherungspflichtig sind, können auf Antrag von der Versicherungspflicht befreit werden, wenn sie nachweisen, daß sie bei einem privaten Versicherungsunternehmen gegen Pflegebedürftigkeit versichert sind und für sich und ihre Angehörigen oder Lebenspartner, die bei Versicherungspflicht nach § 25 versichert wären, Leistungen beanspruchen können, die nach Art und Umfang den Leistungen des Vierten Kapitels gleichwertig sind. ²Die befreiten Personen sind verpflichtet, den Versicherungsvertrag aufrechtzuerhalten, solange sie krankenversichert sind. ³Personen, die bei Pflegebedürftigkeit Beihilfeleistungen erhalten, sind zum Abschluß einer entsprechenden anteiligen Versicherung im Sinne des Satzes 1 verpflichtet.

(2) ¹Der Antrag kann nur innerhalb von drei Monaten nach Beginn der Versicherungspflicht bei der Pflegekasse gestellt werden. ²Die Befreiung wirkt vom Beginn der Versicherungspflicht an, wenn seit diesem Zeitpunkt noch keine Leistungen in Anspruch genommen wurden, sonst vom Beginn des Kalendermonats an, der auf die Antragstellung folgt. ³Die Befreiung kann nicht widerrufen werden.

I. Entstehungsgeschichte............................ 1	V. Verfahren... 10
II. Regelungsgehalt und systematische Zusammenhänge... 2	VI. Wirkungen der Befreiung 14
III. Voraussetzungen für die Befreiung......... 6	VII. Kein Widerruf der Befreiung................ 17
IV. Aufrechterhalten der privaten Pflegeversicherung.. 9	

I. Entstehungsgeschichte

§ 22 geht zurück auf das Gesetz zur sozialen Absicherung des Risikos der Pflegebedürftigkeit (Pflege- 1 versicherungs-Gesetz – PflegeVG) vom 26.5.1994[1] und ist am 1.1.1995 in Kraft getreten.[2] Im Regierungsentwurf[3] war die Regelung noch nicht enthalten und wurde auf Empfehlung des Ausschusses für Arbeit und Sozialordnung eingefügt.[4] Durch Art. 3 § 56 Nr. 4 des Gesetzes zur Beendigung der Diskri-

---
[17] BT-Dr. 12/5952, 37.
[18] Ausführlich hierzu Peters in: KassKomm, Stand 12/2013, § 21 SGB XI Rn. 18; aA Baier in: Krauskopf, Stand 1/2014, § 21 SGB XI Rn. 12: beide Partner pflichtversichert.
[19] Peters in: KassKomm, Stand 12/2013, § 21 SGB XI Rn. 17; Baier in: Krauskopf, 1/2014, § 21 SGB XI Rn. 13.
[1] BGBl. I 1994, 1014.
[2] Art. 68 Abs. 1 PflegeVG.
[3] BT-Dr. 12/5262, BT-Dr. 12/5617.
[4] BT-Dr. 12/5920, 25 ff., BT-Dr. 12/5952, 37.

minierung gleichgeschlechtlicher Gemeinschaften vom 16.2.2001[5] wurden zum 1.8.2001[6] in Abs. 1 S. 1 die Wörter „oder Lebenspartner" eingefügt.[7]

II. Regelungsgehalt und systematische Zusammenhänge

2 § 22 räumt Personen, deren Versicherungspflicht auf § 20 Abs. 3 beruht, ein **Befreiungsrecht** ein. Die Regelung durchbricht den Grundsatz „Pflegeversicherung folgt Krankenversicherung";[8] da das Befreiungsrecht vom Nachweis gleichwertigen privaten Krankenversicherungsschutzes abhängt, bleibt im Ergebnis eine Verpflichtung zum Beitritt entweder zur privaten oder sozialen Pflegeversicherung. Personen, denen es – nach der Rechtslage bei Inkrafttreten des Pflegeversicherungsgesetzes – freistand, ob sie sich überhaupt gegen das Risiko der Krankheit versichern wollten, sollte es auch freistehen, wo sie sich pflegeversicherten.[9]

3 Ein Zusammenhang besteht zu § 23, der die Versicherungspflicht bei privaten Krankenversicherungsunternehmen näher regelt. Das Befreiungsrecht nach § 22 setzt voraus, dass eine private Pflegeversicherung nachgewiesen wird, die Leistungen nach Art und Umfang des Vierten Kapitels des SGB XI erbringt; die befreiten Personen sind verpflichtet, diese Versicherung aufrechtzuerhalten. Sowohl im Hinblick auf die Anforderungen an die private Pflegeversicherung als auch im Hinblick auf die Verpflichtung zur Aufrechterhaltung einer solchen Versicherung bestehen Parallelen zu § 23.

4 Eine **Parallele** zur Befreiungsregelung in der gesetzlichen Krankenversicherung (§ 8 SGB V) besteht nur im Hinblick auf das **Verfahren** (Abs. 2); bei den Voraussetzungen gibt es erhebliche Unterschiede.

5 Personen, die sich befreien lassen und sich privat versichern, können unter den Voraussetzungen des § 61 Anspruch auf Gewährung eines Beitragszuschusses haben.

III. Voraussetzungen für die Befreiung

6 Das Befreiungsrecht des **Abs. 1 S. 1** besteht nur für Personen, die nach § 20 Abs. 3 pflichtversichert sind, dh für die Personen, die in der gesetzlichen Krankenversicherung freiwillig versichert sind.

7 Das Befreiungsrecht setzt das Bestehen einer **privaten Versicherung gegen Pflegebedürftigkeit** voraus; aus der Versicherung müssen Leistungen beansprucht werden können, die nach **Art und Umfang** den **Leistungen des Vierten Kapitels des SGB XI gleichwertig** sind. Der Begriff der Gleichwertigkeit entspricht dem des § 23 Abs. 1 S. 2.[10] Die private Krankenversicherung muss demnach bei entsprechender Pflegestufe (vgl. § 23 Abs. 6 Nr. 1) alle Leistungen der sozialen Pflegeversicherung (§§ 36 bis 43 a) unter denselben Voraussetzungen, in derselben Höhe und von derselben Dauer (vgl. §§ 28 bis 35) umfassen. Die Leistungen müssen insbesondere auch nach Maßgabe des § 30 dynamisiert sein.[11] Personen, die bei Pflegebedürftigkeit Beihilfeleistungen erhalten, sind nach § 22 **Abs. 1 S. 3** zum Abschluss einer entsprechenden **anteiligen Versicherung** verpflichtet; gemeint ist damit eine beihilfekonforme Versicherung im Sinne des § 23 Abs. 3 S. 1. Weil in der privaten Versicherung nicht das Sachleistungsprinzip gilt (§ 23 Abs. 1 S. 3), ist es ausreichend, wenn eine den Leistungen der sozialen Pflegeversicherung entsprechende Kostenerstattung erfolgt.[12] Der private Versicherungsschutz muss nicht nur für die nach § 20 Abs. 3 pflichtversicherte Person bestehen, sondern **auch für die Angehörigen oder den Lebenspartner**, die bei Versicherungspflicht nach § 25 versichert wären. Die nach § 20 Abs. 3 versicherungspflichtige Person muss in solchen Fällen Versicherungsnehmer der privaten Versicherung sein; denn nur an sie richtet sich die bußgeldbewehrte Verpflichtung (§ 121 Abs. 1 Nr. 1) zur Aufrechterhaltung der privaten Versicherung; die Verpflichtung der Versicherungsunternehmen zu entsprechenden Vertragsangeboten wird in § 110 sichergestellt.[13] Die **Befreiung ist nur einheitlich** für das Mitglied und die mitversicherten Familienangehörigen möglich.[14]

---

5 BGBl. I 2001, 266.
6 Art. 5.
7 Zur Begründung BT-Dr. 14/3751, 71.
8 BT-Dr. 12/5952, 37.
9 BT-Dr. 12/5952, 37.
10 Udsching in: Udsching, § 22 Rn. 3.
11 Baier in: Krauskopf, Stand 1/2014, § 22 SGB XI Rn. 4.
12 Peters in: KassKomm, Stand 12/2013, § 22 SGB XI Rn. 9; Baier in: Krauskopf, Stand 1/2014, § 22 SGB XI Rn. 4.
13 Peters in: KassKomm, Stand 12/2013, § 22 SGB XI Rn. 11.
14 BT-Dr. 12/5952, 37.

Die private Versicherung muss **nachgewiesen** werden. An Zeitpunkt und Art des Nachweises werden keine besonderen Anforderungen gestellt. Die Versicherung muss aber Leistungen für den gesamten Zeitraum vorsehen, ab dem die Befreiung geltend gemacht wird (vgl. § 23 Abs. 1 S. 2).

IV. Aufrechterhalten der privaten Pflegeversicherung

Nach **Abs. 1 S. 2** sind die befreiten Personen verpflichtet, den Versicherungsvertrag aufrechtzuerhalten, solange sie krankenversichert sind. Die Vorschrift sagt nicht unmittelbar etwas darüber aus, in welchem Umfang der Versicherungsschutz aufrechtzuerhalten ist, insbesondere bei Änderungen der abzusichernden Risiken, zB im Fall einer Heirat. Angesichts des Sinnes der Regelung erscheint es jedoch naheliegend, dass – bei Ausweitung der Risiken – eine Verpflichtung zur Anpassung der privaten Versicherung besteht.[15] Verstöße gegen die Verpflichtung zur Aufrechterhaltung des Versicherungsschutzes können nach § 121 Abs. 1 Nr. 1 bußgeldbewehrt sein. Dass ansonsten die – entgegen § 22 Abs. 1 S. 2 erfolgte – Auflösung des Pflegeversicherungsvertrags Folgen für die Befreiung hätte, kann dem Gesetz nicht entnommen werden; dies wird auch nicht gewollt sein, weil ansonsten die unwiderrufliche Befreiungsentscheidung umgangen werden könnte.[16] Das Versicherungsunternehmen dürfte in solchen Fällen nach § 51 Abs. 3 zur Meldung an das Bundesversicherungsamt verpflichtet sein;[17] das Unterlassen der Meldung ist bußgeldbewehrt (§ 121 Abs. 1 Nr. 2). Ob das Versicherungsunternehmen auch verpflichtet (und berechtigt) ist, eine entgegen § 22 Abs. 1 S. 2 ausgesprochene Kündigung zurückzuweisen, ist dem Gesetzeswortlaut nicht zu entnehmen und erscheint zweifelhaft;[18] eine dem § 23 Abs. 2 S. 4 vergleichbare Regelung, wonach die Wirksamkeit einer Kündigung vom Nachweis einer anderweitigen Versicherung abhängig ist, enthält § 22 gerade nicht.

V. Verfahren

Die Befreiung setzt nach **Abs. 2 S. 1** einen Antrag voraus; er ist innerhalb von drei Monaten nach Beginn der Versicherungspflicht bei der Pflegekasse zu stellen. Bei dem Antrag handelt es sich um eine empfangsbedürftige Willenserklärung; das Übermittlungsrisiko auf dem Postweg trägt nach § 130 BGB der Erklärende.[19] Eine bestimmte Form für den Antrag ist nicht vorgesehen; es gilt § 9 SGB X. § 36 SGB I gilt für den Antrag nicht, weil es nicht um die Beantragung von Sozialleistungen oder deren Entgegennahme geht; erforderlich ist daher Geschäftsfähigkeit des Antragstellers; bei Minderjährigen ist der Antrag vom gesetzlichen Vertreter zu stellen.[20] Der Antrag kann bis zur Entscheidung der Krankenkasse zurückgenommen werden.[21] Ein fehlender Antrag dürfte zwar nicht ohne Weiteres zur Nichtigkeit einer Befreiungsentscheidung führen;[22] im Einzelfall wird allerdings zu beurteilen sein, ob die Voraussetzungen des § 40 Abs. 1 SGB X für eine Nichtigkeit vorliegen.[23]

Der Antrag ist innerhalb von drei Monaten nach Beginn der Versicherungspflicht zu stellen. **Die Frist** beginnt mit dem Tag des Eintritts der Versicherungspflicht. Entscheidend ist damit der Beginn der freiwilligen Versicherung in der gesetzlichen Krankenversicherung. Für die Berechnung ist § 26 SGB X iVm §§ 187 Abs. 2, 188 Abs. 2 BGB maßgebend;[24] § 187 Abs. 1 BGB ist nicht einschlägig, weil die Versicherungspflicht bzw. Mitgliedschaft regelmäßig nicht mit einem Ereignis beginnt, das in einen Tag fällt, sondern mit einem Tag (vgl. § 188 SGB V zum Beginn der freiwilligen Mitgliedschaft in der gesetzlichen Krankenversicherung). **Die Frist endet mit dem Ablauf desjenigen Tages des letzten Monats, welcher dem Tag vorhergeht, der durch seine Zahl dem Anfangstag der Frist entspricht** (§ 188 Abs. 2 BGB).

Obwohl die 3-Monatsfrist in den Gesetzgebungsmaterialien als Ausschlussfrist bezeichnet wird,[25] wird – wie auch für § 8 SGB V – bei **Fristversäumung** eine Wiedereinsetzung in den vorigen Stand für

---

15 Peters in: KassKomm, Stand 12/2013, § 22 SGB XI Rn. 21.
16 Peters in: KassKomm, Stand 12/2013, § 22 SGB XI Rn. 22.
17 Peters in: KassKomm, Stand 12/2013, § 22 SGB XI Rn. 22.
18 So Baier in: Krauskopf, Stand 1/2014, § 22 SGB XI Rn. 5.
19 BSG, 25.10.1976, 12/3 RK 50/75, SozR 5486 Art. 4 § 2 Nr. 2.
20 Baier in: Krauskopf, Stand 1/2014, § 8 Rn. 14.
21 Hampel in: jurisPK-SGB V, § 8 Rn. 107; nach Peters in: KassKomm, Stand 12/2013, § 8 SGB V Rn. 40 soll der Antrag bis zum Eintritt der Bindungswirkung zurückgenommen werden können.
22 Hampel in: jurisPK-SGB V, § 8 Rn. 105; aA möglicherweise LSG Saarl, 15.3.2006, L 2 KR 28/03 R.
23 AA wohl Hampel in: jurisPK-SGB V, § 8 Rn. 105.
24 Hampel in: jurisPK-SGB V, § 8 Rn. 108; Baier in: Krauskopf, Stand 1/2014, § 22 SGB XI Rn. 7.
25 BT-Dr. 12/5952, 37.

zulässig gehalten.²⁶ Neben der Wiedereinsetzung kann auch ein sozialrechtlicher Herstellungsanspruch in Betracht kommen,²⁷ etwa wenn die Wiedereinsetzung wegen der Frist des § 27 Abs. 3 SGB X scheitert. Eine Frist läuft nicht, solange der Betreffende geschäftsunfähig ist und keinen gesetzlichen Vertreter hat.²⁸

13 Der Antrag ist bei der Pflegekasse zu stellen.

VI. Wirkungen der Befreiung

14 Die Befreiung tritt nicht kraft Gesetzes ein, sondern es bedarf einer Entscheidung durch die Krankenkasse; dies geht auch aus der Formulierung des Abs. 1 hervor („wird befreit"). Es handelt es sich um einen Verwaltungsakt, auf den die Form-, Begründungs- und Bestimmtheitserfordernisse des SGB X anzuwenden sind. Ein Ermessensspielraum ist der Pflegekasse trotz der missverständlichen Formulierung des Abs. 1 S. 1 nicht eingeräumt.²⁹

15 Die Befreiung wirkt vom **Beginn der Versicherungspflicht an (Abs. 2 S. 2)**. Etwas anderes gilt, wenn seit Beginn der Versicherungspflicht Leistungen in Anspruch genommen wurden; die Befreiung wirkt dann erst vom Beginn des Monats an, der auf die Antragstellung folgt.

16 Die Befreiung von der Versicherungspflicht endet, sobald die Versicherungspflicht nicht mehr auf § 20 Abs. 3 beruht. Die Befreiungsentscheidung hat sich dann erledigt (§ 39 Abs. 2 SGB X); aus Gründen der Rechtsklarheit sollte eine feststellende Entscheidung durch die Pflegekasse erfolgen;³⁰ zwingend notwendig oder gar konstitutiv ist eine solche Entscheidung aber nicht.

VII. Kein Widerruf der Befreiung

17 Nach **Abs. 2 S. 3** kann die Befreiung nicht widerrufen werden. Ein Widerruf nach den §§ 46, 47 SGB X ist damit ausgeschlossen. Der Ausschluss des Widerrufs schließt nicht eine Überprüfung der Befreiungsentscheidung nach den §§ 44 f. SGB X aus.³¹ Eine Rücknahme für die Vergangenheit ist jedenfalls für die Zeit vor Geltendmachung einer Rechtswidrigkeit der Befreiungsentscheidung ausgeschlossen; dies folgt aus dem Grundsatz, dass die Beurteilung von Versicherungsverhältnissen rückwirkend grundsätzlich nicht geändert werden soll.³² Eine Aufhebung wegen Änderung der Verhältnisse (§ 48 SGB X) ist ausgeschlossen,³³ jedenfalls soweit die Änderung nicht im Wegfall des zum Befreiungsrecht führenden Versicherungspflichttatbestands des § 20 Abs. 3 besteht.

§ 23 Versicherungspflicht für Versicherte der privaten Krankenversicherungsunternehmen

(1) ¹Personen, die gegen das Risiko Krankheit bei einem privaten Krankenversicherungsunternehmen mit Anspruch auf allgemeine Krankenhausleistungen oder im Rahmen von Versicherungsverträgen, die der Versicherungspflicht nach § 193 Abs. 3 des Versicherungsvertragsgesetzes genügen, versichert sind, sind vorbehaltlich des Absatzes 2 verpflichtet, bei diesem Unternehmen zur Absicherung des Risikos der Pflegebedürftigkeit einen Versicherungsvertrag abzuschließen und aufrechtzuerhalten. ²Der Vertrag muß ab dem Zeitpunkt des Eintritts der Versicherungspflicht für sie selbst und ihre Angehörigen oder Lebenspartner, für die in der sozialen Pflegeversicherung nach § 25 eine Familienversicherung bestünde, Vertragsleistungen vorsehen, die nach Art und Umfang den Leistungen des Vierten Kapitels gleichwertig sind. ³Dabei tritt an die Stelle der Sachleistungen eine der Höhe nach gleiche Kostenerstattung.

(2) ¹Der Vertrag nach Absatz 1 kann auch bei einem anderen privaten Versicherungsunternehmen abgeschlossen werden. ²Das Wahlrecht ist innerhalb von sechs Monaten auszuüben. ³Die Frist beginnt mit dem Eintritt der individuellen Versicherungspflicht. ⁴Das Recht zur Kündigung des Vertrages wird durch den Ablauf der Frist nicht berührt; bei fortbestehender Versicherungspflicht nach Absatz 1 wird

---

26 Peters in: KassKomm, Stand 12/2013, § 22 SGB XI Rn. 16; aA Baier in: Krauskopf, § 22 SGB XI Rn. 7.
27 Baier in: Krauskopf, Stand 1/2014, § 22 SGB XI Rn. 7; zum Verhältnis von Wiedereinsetzung und Herstellungsanspruch BSG, 2.2.2006, B 10 EG 9/05 R.
28 Peters in: KassKomm, Stand 12/2013, § 8 SGB V Rn. 46.
29 Peters in: KassKomm, Stand 12/2013, § 22 SGB XI Rn. 15.
30 So zu § 8 SGB V Hampel in: jurisPK-SGB V, § 8 Rn. 118.
31 So zu § 8 SGB V Just in: Becker/Kingreen, § 8 Rn. 22.
32 BSG, 8.12.1999, B 12 KR 12/99 R, BSGE 85, 208 ff.
33 Baier in: Krauskopf, Stand 1/2014, § 22 SGB XI Rn. 12.

eine Kündigung des Vertrages jedoch erst wirksam, wenn der Versicherungsnehmer nachweist, dass die versicherte Person bei einem neuen Versicherer ohne Unterbrechung versichert ist.

(3) ¹Personen, die nach beamtenrechtlichen Vorschriften oder Grundsätzen bei Pflegebedürftigkeit Anspruch auf Beihilfe haben, sind zum Abschluß einer entsprechenden anteiligen beihilfekonformen Versicherung im Sinne des Absatzes 1 verpflichtet, sofern sie nicht nach § 20 Abs. 3 versicherungspflichtig sind. ²Die beihilfekonforme Versicherung ist so auszugestalten, daß ihre Vertragsleistungen zusammen mit den Beihilfeleistungen, die sich bei Anwendung der in § 46 Absatz 2 und 3 der Bundesbeihilfeverordnung festgelegten Bemessungssätze ergeben, den in Absatz 1 Satz 2 vorgeschriebenen Versicherungsschutz gewährleisten.

(4) Die Absätze 1 bis 3 gelten entsprechend für
1. Heilfürsorgeberechtigte, die nicht in der sozialen Pflegeversicherung versicherungspflichtig sind,
2. Mitglieder der Postbeamtenkrankenkasse und
3. Mitglieder der Krankenversorgung der Bundesbahnbeamten.

(5) Die Absätze 1, 3 und 4 gelten nicht für Personen, die sich auf nicht absehbare Dauer in stationärer Pflege befinden und bereits Pflegeleistungen nach § 35 Abs. 6 des Bundesversorgungsgesetzes, nach § 44 des Siebten Buches, nach § 34 des Beamtenversorgungsgesetzes oder nach den Gesetzen erhalten, die eine entsprechende Anwendung des Bundesversorgungsgesetzes vorsehen, sofern sie keine Familienangehörigen oder Lebenspartner haben, für die in der sozialen Pflegeversicherung nach § 25 eine Familienversicherung bestünde.

(6) Das private Krankenversicherungsunternehmen oder ein anderes die Pflegeversicherung betreibendes Versicherungsunternehmen sind verpflichtet,
1. für die Feststellung der Pflegebedürftigkeit sowie für die Zuordnung zu einem Pflegegrad dieselben Maßstäbe wie in der sozialen Pflegeversicherung anzulegen und
2. die in der sozialen Pflegeversicherung zurückgelegte Versicherungszeit des Mitglieds und seiner nach § 25 familienversicherten Angehörigen oder Lebenspartner auf die Wartezeit anzurechnen.

Literatur:

Rothgang, Solidarität in der Pflegeversicherung – Das Verhältnis von Sozialer Pflegeversicherung und Privater Pflegepflichtversicherung, SF 2011, 87; *Schulin*, Grundstrukturen der sozialen Pflegeversicherung, in: FS Zacher, 1998, S. 1029; *Wasem*, Die private Pflegepflichtversicherung – ein Modell für eine alternative Organisation der sozialen Sicherung zwischen Markt und Staat?, in: Schmähl (Hrsg.), Soziale Sicherung zwischen Markt und Staat, 2000, 275; *Wittich*, Die Regelungen des SGB XI zur privaten Pflegeversicherung, ZfV, 1996, 294, 331, 354.

I. Allgemeines....................................	1	3. Ausschluss stationär Pflegebedürftiger (Abs. 5)...................................	13
1. Entstehungsgeschichte	1	III. Leistungsumfang...........................	15
2. Regelungszweck............................	2	1. Gleichwertig mit der sozialen Pflegeversicherung (Abs. 1 S. 2 und 3)..........	15
3. Normsystematik............................	4		
4. Grundsätze der PPV.......................	5	2. Gleiche Leistungsvoraussetzungen (Abs. 6)...................................	17
a) Allgemeines	5		
b) Beihilfeberechtigte...................	6	IV. Verpflichtete Versicherungsunternehmen ...	19
c) Akzessorietät..........................	7	1. Einheit von Kranken- und Pflegeversicherer (Abs. 1 S. 1)	19
II. Privatpflegeversicherungspflichtiger Personenkreis..................................	8		
1. Privat Krankenversicherte (Abs. 1 S. 1 und 2).........................	8	2. Wahlrecht (Abs. 2)	20
		V. Rechtsweg	21
a) Allgemeines	8	1. Zu den Sozialgerichten (§ 51 Abs. 2 S. 3 SGG)	21
b) Familienangehörige.................	10		
2. Beihilfeberechtigte (Abs. 3)	11	2. Mahnverfahren (§ 182 a SGG)..........	22

I. Allgemeines

1. Entstehungsgeschichte. Die Bestimmung existiert ohne substantielle Veränderungen seit Bestehen der gesetzlichen und privaten Pflegepflichtversicherung. 1

2. Regelungszweck. Die Bestimmung regelt die Pflicht zur privaten Pflegeversicherung (PPV). Damit setzte der Gesetzgeber bei der Schaffung der Pflegeversicherung das Konzept einer auf **zwei Säulen** ruhenden **Volksversicherung**[1] um. Grundsätzlich ist der Bevölkerungsteil, der nicht gesetzlich pflichtver- 2

---

1 BVerfG, 3.4.2001, 1 BvR 2014/95, BVerfGE 103, 197, 221 zum Begriff der Volksversicherung.

sichert ist (§§ 20, 21), verpflichtet, das Pflegerisiko in gleichem Umfang privat abzusichern. Sowohl die Einführung einer Pflegeversicherungspflicht für die gesamte Bevölkerung als auch die Ausgestaltung in zwei parallelen Systemen ist **verfassungskonform**.[2]

3 Die PPV ist damit gewissermaßen Vorreiter gegenüber der privaten Krankenversicherung, die seit 2009 als „Volksversicherung" ausgestaltet ist.[3] Seit auch die Krankenversicherung als Versicherung der gesamten Bevölkerung ausgestaltet ist, sind manche Bestimmungen der PPV überflüssig bzw. könnten aus heutiger Sicht betrachtet, anders gestaltet sein.

4 **3. Normsystematik.** § 23 regelt schwerpunktmäßig die Versicherungspflicht in der PPV. Allerdings enthält die Norm auch Vorgaben für die Versicherer. **Weitere Vorgaben**, die sich an die Versicherer richten, sind in §§ 110, 111 normiert. Auch die Meldepflicht über Nichtversicherte oder Nichtzahler nach § 51 richtet sich an die privaten Versicherer. Auf der anderen Seite findet sich mit dem Kündigungsrecht nach § 27 eine weitere Rechtsposition der Versicherten. Auch beim Anspruch auf Zuschüsse zur PPV gegen den Arbeitgeber oder sozialrechtliche Leistungsträger nach § 61 Abs. 2, 4 ff. handelt es sich um Rechte privat Versicherter. Die PPV wird damit in der Struktur der gesetzlichen Pflegeversicherung gewissermaßen en passant mitgeregelt. Zugleich gehen die genannten Regelungen in ihrer konkreten Ausgestaltung in weiten Teilen auf **Vorschläge der privaten Krankenversicherungsunternehmen** zurück.[4] Insoweit folgen sie eher der Logik privatversicherungswirtschaftlicher Selbstregulierung. Es verwundert daher nicht, dass die Bestimmungen zur PPV insgesamt als unsystematisch und wenig geglückt kritisiert werden.[5]

5 **4. Grundsätze der PPV. a) Allgemeines.** Die PPV versichert den Personenkreis, der **nicht der GKV** zugewiesen ist. Der **Leistungsumfang** sowie die **Zugangsbedingungen** zum Versicherungsschutz haben dabei gleich bzw. **gleichwertig** zu sein. Auch für die Finanzierung enthält das SGB XI Vorgaben, die vor einer Überforderung schützen sollen. Allerdings bleiben die Versicherer im Weiteren frei, insbesondere kann die PPV dem Geschäftsmodell der privaten Krankenversicherung folgen, dh nach Art der Lebensversicherung betrieben werden und **Alterungsrückstellungen** bilden. Den Ausgleich wettbewerbsverzerrender Risiken zwischen den Versicherern sieht § 111 vor.

6 **b) Beihilfeberechtigte.** Für Beihilfeberechtigte ist der Versicherungsumfang auf den Anteil der den sozialen Versicherungsleistungen entsprechenden Pflegekosten reduziert, die nicht von der Beihilfe gedeckt sind.

7 **c) Akzessorietät.** Die PPV folgt, wie die Pflegeversicherung insgesamt (s. § 1 Abs. 2), der Absicherung gegen Krankheit, ist insoweit zur privaten Krankenversicherung akzessorisch.

II. Privatpflegeversicherungspflichtiger Personenkreis

8 **1. Privat Krankenversicherte (Abs. 1 S. 1 und 2). a) Allgemeines.** Aus dem Grundsatz „Pflege- folgt Krankenversicherung" ergibt sich, dass die Pflicht zur privaten Pflegeversicherung regelmäßig aus dem Abschluss einer privaten Krankenversicherung folgt. Seit der allgemeinen Versicherungspflicht in der Krankenversicherung durch das **GKV-WSG** wird damit grundsätzlich die **gesamte nicht gesetzlich pflichtversicherte Bevölkerung** erfasst.

9 Ein Anwendungsbereich für Abs. 3 (→ Rn. 11) besteht damit grundsätzlich heute nicht mehr. Aus dem gleichen Grund hat heute die Frage keine Relevanz mehr, ob private Krankenversicherungen, die keine „Krankenvollversicherungen" sind, die Pflegeversicherungspflicht auslösen.[6] Bei Schaffung der Pflegeversicherung war dies allerdings umstritten. Abs. 1 S. 1 erste Alternative lässt die Pflegeversicherungspflicht erst entstehen, wenn allgemeine Krankenhausleistungen versichert sind. Die zweite Alternative, der Verweis auf die **Versicherungspflicht in der PKV** nach § 193 Abs. 3 VVG, geht darüber hinaus und ist damit heute die praktisch allein relevante Voraussetzung.

---

2 BVerfG, 3.4.2001, BvR 2014/95, BVerfGE 103, 197; Entsprechendes gilt konsequenterweise für die Krankenversicherung, BVerfG, 10.6.2009, 1 BvR 706/08, 1 BvR 814/08, 1 BvR 819/08, 1 BvR 832/08, 1 BvR 837/08, BVerfGE 123, 186.
3 Durch das Gesetz zur Stärkung des Wettbewerbs in der gesetzlichen Krankenversicherung vom 26.3.2007 (BGBl. I, 378).
4 Vgl. Udsching in: Udsching (3. Auflage), § 23 Rn. 3.
5 Gallon/Kuhn-Zuber in: LPK-SGB XI, § 23 Rn. 5; Peters in: KassKomm, § 23 SGB XI Rn. 4.
6 Siehe hierzu Peters in: KassKomm, § 23 SGB XI Rn. 6.

b) Familienangehörige. Die Versicherungspflicht umfasst auch die Familienangehörigen, die bei gesetzlicher Versicherungspflicht in der sozialen Pflegeversicherung (kostenfrei) mitversichert wären. Auch sie hat der Gesetzgeber bei seiner Systementscheidung dem privaten Versicherungssystem zugeordnet.

2. Beihilfeberechtigte (Abs. 3). Für Beihilfeberechtigte normiert Abs. 3 S. 1 eine eigenständige Versicherungspflicht, die allerdings **von der Versicherungspflicht nach Abs. 1 verdrängt** wird.[7] Sie würde daher nur greifen, wenn diese Beihilfeberechtigten nicht privat krankenversichert sind. Da dies aber durch die allgemeine Krankenversicherungspflicht seit 2009 ausgeschlossen ist (§ 193 Abs. 3 VVG), hat **Abs. 3 S. 1 heute keinen Anwendungsbereich** mehr.

Abs. 3 S. 2, der vorgibt, dass der Versicherungsschutz nur in dem Umfang gilt, in dem die soziale Pflegeversicherung Leistungen vorsieht, aber die Beihilfe die Kosten nicht deckt, ist damit systematisch ebenfalls **überflüssig**. Freilich gilt aber im Ergebnis für Beihilfeberechtigte auch heute nichts anderes. Allerdings folgt dies, wie bereits bisher auch, aus der Akzessorietät der Pflegeversicherungspflicht zur Krankenversicherung. Da Beihilfeberechtigte nach § 193 Abs. 3 Nr. 2 VVG nur in dem Umfang krankenversicherungspflichtig sind, der nicht durch die Beihilfeberechtigung abgesichert ist, haben sie in aller Regel auch nur einen entsprechenden Krankenversicherungsschutz. Entsprechend reicht auch ihre Pflegeversicherungspflicht gemäß Abs. 1 nicht weiter.

3. Ausschluss stationär Pflegebedürftiger (Abs. 5). Personen, die bei potenziellem Eintritt der Versicherungspflicht bereits auf nicht absehbare Zeit stationär pflegebedürftig sind und Pflegeleistungen nach den in der Norm genannten Sozialleistungssystemen beziehen, bleiben von einer Überleitung in die private Pflegepflichtversicherung ausgeschlossen. In erster Linie betrifft dies den **Zeitraum der Einführung** der Pflegepflichtversicherung.

Dies ist sachgerecht, denn gemäß § 34 Abs. 1 Nr. 2, der gemäß Abs. 1 S. 2 entsprechend anwendbar ist, ruhen Leistungen aus der Pflegeversicherung für diese Personen ohnehin, solange sie die genannten Leistungen erhalten. In der sozialen Pflegeversicherung wären sie daher gemäß § 56 Abs. 4 beitragsfrei. Dem entspricht es, sie nicht in die private Pflegepflichtversicherung aufzunehmen.[8]

III. Leistungsumfang

1. Gleichwertig mit der sozialen Pflegeversicherung (Abs. 1 S. 2 und 3). Die Leistungen der privaten Pflegeversicherung müssen denjenigen der sozialen Pflegeversicherung **gleichwertig** sein (Abs. 1 S. 2). Sie werden in den Musterbedingungen näher bestimmt (MB/PPV 2017). Verschiedene Leistungen standen schon auf dem gerichtlichen Prüfstand.[9] **Die Grundsätze des SGB XI gelten daher auch in der privaten Pflegepflichtversicherung.**[10] Dies steht dem Privatversicherungscharakter nicht entgegen.[11] Allerdings müssen Versorgungslücken des privaten Krankenversicherungsvertrages im Vergleich zur GKV durch die Pflegeversicherung aufgefangen werden.[12]

Da es sich bei der privaten Pflegeversicherung um ein **Kostenerstattungssystem** handelt, tritt an die Stelle der Sachleistungen eine der Höhe nach gleiche Kostenerstattung (Abs. 1 S. 3).

2. Gleiche Leistungsvoraussetzungen (Abs. 6). Die **Gleichwertigkeit** der privaten mit der sozialen Pflegeversicherung wird auch dadurch gesichert, dass zwei Leistungsvoraussetzungen gleichheitswahrend aufgestellt werden.

Die **Feststellung der Pflegebedürftigkeit** sowie die **Zuordnung zu den Pflegegraden** muss die private Pflegeversicherung nach denselben Maßstäben vornehmen, wie die soziale Pflegeversicherung (Nr. 1). Auch ist die **Vorversicherungszeit** eines Versicherten in der sozialen Pflegeversicherung als Wartezeit auch in der privaten Pflegeversicherung anzurechnen (Nr. 2).

---

7 Vgl. Gallon/Kuhn-Zuber in: LPK-SGB XI, § 23 Rn. 20; Peters in: KassKomm, § 23 SGB XI Rn. 7.
8 Luthe in: Hauck/Noftz, SGB XI, § 23 Rn. 18; Baumeister in: BeckOK SozR, SGB XI, § 23 Rn. 10.
9 Übersicht über die Einzelheiten bei Luthe in: Hauck/Noftz, SGB XI, § 23 Rn. 35 a; Gallon/Kuhn-Zuber in: LPK-SGB XI, § 23 Rn. 36 ff.
10 BSG, 13.5.2004, B 3 P 7/03 R, SozR 4-3300, § 23 Nr. 2; Gallon/Kuhn-Zuber in: LPK-SGB XI, § 23 Rn. 33.
11 BVerfG, 3.4.2001, 1 BvR 81/98, BVerfGE 103, 225, 271.
12 BSG, 10.11.2005, B 3 P 10/04 R, SGb 2006, 488.

IV. Verpflichtete Versicherungsunternehmen

19 **1. Einheit von Kranken- und Pflegeversicherer (Abs. 1 S. 1).** Grundsätzlich sind die Versicherten verpflichtet, bei dem privaten Krankenversicherungsunternehmen eine Pflegepflichtversicherung abzuschließen, bei dem sie zugleich auch gegen Krankheit versichert sind.

20 **2. Wahlrecht (Abs. 2).** Abs. 2 gewährt aber ein Wahlrecht. Kranken- und Pflegeversicherung können auseinanderfallen. Das Wahlrecht des Versicherten ist allerdings befristet. Es kann nur innerhalb von sechs Monaten ab Beginn der individuellen Versicherungspflicht ausgeübt werden. Der Gesetzgeber wollte damit **europarechtlichen Bedenken** wegen des marktschließenden Charakters einer strengen Akzessorietät der Pflegeversicherung begegnen.[13]

V. Rechtsweg

21 **1. Zu den Sozialgerichten (§ 51 Abs. 2 S. 3 SGG).** Die anfangs umstrittene Frage, ob die Rechtswegzuweisung von Angelegenheiten des SGB XI zu den Sozialgerichten auch Streitigkeiten im Rahmen der privaten Pflegepflichtversicherung umfasst, hat 2002 der Gesetzgeber mit der **Neufassung des § 51 Abs. 2 S. 3 SGG** positiv entschieden.[14]

22 **2. Mahnverfahren (§ 182 a SGG).** Allerdings kann der Versicherer Beitragsansprüche auch im Mahnverfahren vor den Zivilgerichten geltend machen. Insoweit kommen die Rechtswegzuweisungen den Interessen der privaten Versicherer entgegen. Bei Widerspruch wird das Verfahren **an die Sozialgerichte** abgegeben und folgt im Weiteren den Vorschriften des SGG.

Die Gerichtskosten für das **Mahnverfahren** können gemäß § 193 Abs. 1 S. 2 SGG auch dem Versicherten auferlegt werden. Im Sozialgerichtsprozess hingegen ist das Verfahren für den Versicherten kostenfrei (§ 183 SGG); Versicherer haben hingegen die Gebühr von 150 EUR gemäß § 184 SGG zu entrichten. Eine Erstattung durch die beitragssäumigen Versicherten findet nicht statt.[15] Ob dies interessengerecht ist, wird bezweifelt.[16] Hier zeigen sich Konsequenzen der Einbeziehung Privater in soziale Pflichtversicherungssysteme.

§ 24 Versicherungspflicht der Abgeordneten

[1]Mitglieder des Bundestages, des Europäischen Parlaments und der Parlamente der Länder (Abgeordnete) sind unbeschadet einer bereits nach § 20 Abs. 3 oder § 23 Abs. 1 bestehenden Versicherungspflicht verpflichtet, gegenüber dem jeweiligen Parlamentspräsidenten nachzuweisen, daß sie sich gegen das Risiko der Pflegebedürftigkeit versichert haben. [2]Das gleiche gilt für die Bezieher von Versorgungsleistungen nach den jeweiligen Abgeordnetengesetzen des Bundes und der Länder.

I. Entstehungsgeschichte

1 § 24 ist mit dem Gesetz zur sozialen Absicherung des Risikos der Pflegebedürftigkeit (Pflegeversicherungs-Gesetz – PflegeVG) vom 26.5.1994[1] am 1.1.1995[2] in Kraft getreten. Im ursprünglichen Gesetzentwurf[3] war die Regelung in ihrer jetzigen Form nicht enthalten;[4] erst auf Empfehlung des Ausschusses für Arbeit und Sozialordnung wurde sie (als § 20 b) eingefügt, ohne dass hierfür Gründe genannt wurden.[5] Sie ist seither unverändert.

II. Regelungsgehalt

2 § 24 S. 1 begründet für Abgeordnete eine **subsidiäre Versicherungspflicht**. Eine nach § 20 Abs. 3 oder § 23 bestehende Versicherungspflicht bleibt unberührt. Die Versicherungspflicht besteht nach § 24 S. 2

---

13 Luthe in: Hauck/Noftz, SGB XI, § 23 Rn. 25.
14 Bereits BSG, 8.8.1996, 3 BS 1/96, BSGE 79, 80.
15 BSG, 12.2.2004, B 12 P 2/03 R, SozR 4-1500, § 184 Nr. 1.
16 Siehe Luthe in: Hauck/Noftz, SGB XI, § 23 Rn. 36 f.
1 BGBl. I 1994, 1014.
2 Art. 68 Abs. 1 PflegeVG.
3 BT-Dr. 12/5262, BT-Dr. 12/5617.
4 Vgl. aber § 18 Abs. 1 Nr. 5 des Entwurfs, wo für in der gesetzlichen Krankenversicherung versicherte Abgeordnete Versicherungspflicht in der sozialen Pflegeversicherung vorgesehen war.
5 BT-Dr. 12/5920, 32, BT-Dr. 12/5952, 38.

auch für Bezieher von Versorgungsleistungen nach den jeweiligen Abgeordnetengesetzen des Bundes und der Länder.

III. Voraussetzungen

Betroffen sind nach § 24 S. 1 Abgeordnete des **Bundestags, der Parlamente der Länder und des Europäischen Parlaments**. Wegen des Territorialitätsprinzips wird eine Versicherungspflicht nur für Mitglieder des Europäischen Parlaments in Betracht kommen, die ihren Wohnsitz oder gewöhnlichen Aufenthalt im Inland haben (§ 3 Nr. 2 SGB IV).[6] Nach § 24 S. 2 gilt die Versicherungspflicht auch für die Bezieher von Versorgungsleistungen nach den jeweiligen Abgeordnetengesetzen des Bundes und der Länder.

IV. Rechtsfolgen

Die **Abgeordnetengesetze** des Bundes und der Länder enthalten Regelungen über Zuschüsse zu den Kosten in Krankheits-, Pflege- und Geburtsfällen (zB § 27 AbgG Bund). Die Abgeordneten und Versorgungsempfänger erhalten danach grundsätzlich Zuschüsse zu den notwendigen Kosten in Krankheits-, Pflege-, und Geburtsfällen in sinngemäßer Anwendung der für Bundesbeamte geltenden Vorschriften (§ 27 Abs. 1 AbgG) sowie Zuschüsse zu den Beiträgen zu einer (ggf. ergänzenden) Krankenversicherung (§ 27 Abs. 2 AbgG).

Besteht eine bezuschusste private oder gesetzliche Krankenversicherung, so besteht nach die §§ 20, 23 ohnehin auch eine Versicherungspflicht in der sozialen oder privaten Pflegeversicherung. Der Regelungsgehalt des § 24 erschöpft sich in solchen Fällen in der Nachweispflicht gegenüber dem jeweiligen Parlamentspräsidenten.

Besteht hingegen keine private oder gesetzliche Krankenversicherung und besteht mithin nach den §§ 20 bis 23 auch keine Versicherungspflicht in der sozialen oder privaten Pflegeversicherung, so wird durch § 24 eine Versicherungspflicht begründet; die im Wortlaut nur angelegte Nachweispflicht setzt eine solche Versicherungspflicht voraus.[7] Die Anzahl der in Betracht kommenden Fälle dürfte angesichts der Versicherungspflicht des § 193 VVG in der privaten Krankenversicherung mittlerweile gering sein. Für den Inhalt des abzuschließenden privaten Pflegeversicherungsvertrages dürften die §§ 23, 110 entsprechend heranzuziehen sein.[8]

Die Nachweis- und die Versicherungspflicht sind **nicht sanktionsbewehrt**.[9]

§ 25 Familienversicherung

(1) ¹Versichert sind der Ehegatte, der Lebenspartner und die Kinder von Mitgliedern sowie die Kinder von familienversicherten Kindern, wenn diese Familienangehörigen
1. ihren Wohnsitz oder gewöhnlichen Aufenthalt im Inland haben,
2. nicht nach § 20 Abs. 1 Nr. 1 bis 8 oder 11 oder nach § 20 Abs. 3 versicherungspflichtig sind,
3. nicht nach § 22 von der Versicherungspflicht befreit oder nach § 23 in der privaten Pflegeversicherung pflichtversichert sind,
4. nicht hauptberuflich selbständig erwerbstätig sind und
5. kein Gesamteinkommen haben, das regelmäßig im Monat ein Siebtel der monatlichen Bezugsgröße nach § 18 des Vierten Buches,¹ überschreitet; bei Renten wird der Zahlbetrag ohne den auf Entgeltpunkte für Kindererziehungszeiten entfallenden Teil berücksichtigt; für geringfügig Beschäftigte nach § 8 Abs. 1 Nr. 1, § 8 a des Vierten Buches beträgt das zulässige Gesamteinkommen 450 Euro.

²§ 7 Abs. 1 Satz 3 und 4 und Abs. 2 des Zweiten Gesetzes über die Krankenversicherung der Landwirte sowie § 10 Abs. 1 Satz 2 bis 4 des Fünften Buches gelten entsprechend.

---

6 Udsching in: Udsching, § 24 Rn. 3.
7 Baumeister in: BeckOK SozR, SGB XI, Stand 12/2013, § 24 Rn. 1; Peters in: KassKomm, Stand 12/2013, § 24 SGB XI Rn. 5; Baier in: Krauskopf, Stand 1/2014, § 24 SGB XI; Udsching in: Udsching, § 24 Rn. 3.
8 Baumeister in: BeckOK SozR, SGB XI, Stand 12/2013, § 24 Rn. 1; Peters in: KassKomm, Stand 12/2013, § 24 SGB XI Rn. 5; zweifelnd Berchtold in: Kreikebohm/Spellbrink/Waltermann, § 24 SGB XI Rn. 1.
9 Berchtold in: Kreikebohm/Spellbrink/Waltermann, § 24 SGB XI Rn. 1.
1 Zeichensetzung amtlich.

(2) ¹Kinder sind versichert:
1. bis zur Vollendung des 18. Lebensjahres,
2. bis zur Vollendung des 23. Lebensjahres, wenn sie nicht erwerbstätig sind,
3. bis zur Vollendung des 25. Lebensjahres, wenn sie sich in Schul- oder Berufsausbildung befinden oder ein freiwilliges soziales Jahr oder ein freiwilliges ökologisches Jahr im Sinne des Jugendfreiwilligendienstegesetzes oder Bundesfreiwilligendienstgesetzes leisten; wird die Schul- oder Berufsausbildung durch Erfüllung einer gesetzlichen Dienstpflicht des Kindes unterbrochen oder verzögert, besteht die Versicherung auch für einen der Dauer dieses Dienstes entsprechenden Zeitraum über das 25. Lebensjahr hinaus; dies gilt ab dem 1. Juli 2011 auch bei einer Unterbrechung durch den freiwilligen Wehrdienst nach § 58b des Soldatengesetzes, einen Freiwilligendienst nach dem Bundesfreiwilligendienstgesetz, dem Jugendfreiwilligendienstegesetz oder einen vergleichbaren anerkannten Freiwilligendienst oder durch eine Tätigkeit als Entwicklungshelfer im Sinne des § 1 Absatz 1 des Entwicklungshelfer-Gesetzes für die Dauer von höchstens zwölf Monaten,
4. ohne Altersgrenze, wenn sie wegen körperlicher, geistiger oder seelischer Behinderung (§ 2 Abs. 1 des Neunten Buches) außerstande sind, sich selbst zu unterhalten; Voraussetzung ist, daß die Behinderung (§ 2 Abs. 1 des Neunten Buches) zu einem Zeitpunkt vorlag, in dem das Kind nach Nummer 1, 2 oder 3 versichert war.

²§ 10 Abs. 4 und 5 des Fünften Buches gilt entsprechend.

(3) Kinder sind nicht versichert, wenn der mit den Kindern verwandte Ehegatte oder Lebenspartner des Mitglieds nach § 22 von der Versicherungspflicht befreit oder nach § 23 in der privaten Pflegeversicherung pflichtversichert ist und sein Gesamteinkommen regelmäßig im Monat ein Zwölftel der Jahresarbeitsentgeltgrenze nach dem Fünften Buch übersteigt und regelmäßig höher als das Gesamteinkommen des Mitglieds ist; bei Renten wird der Zahlbetrag berücksichtigt.

(4) ¹Die Versicherung nach Absatz 2 Nr. 1, 2 und 3 bleibt bei Personen, die auf Grund gesetzlicher Pflicht Wehrdienst oder Zivildienst oder die Dienstleistungen oder Übungen nach dem Vierten Abschnitt des Soldatengesetzes leisten, für die Dauer des Dienstes bestehen. ²Dies gilt auch für Personen in einem Wehrdienstverhältnis besonderer Art nach § 6 des Einsatz-Weiterverwendungsgesetzes.

Literatur:

Dankelmann, Sozialversicherungspflicht bei Auszubildenden mit Ausbildungsvergütung unter der Geringfügigkeitsgrenze bzw. in der Gleitzone, jurisPR-SozR 9/2010 Anm. 3; *Kingreen*, Die Entwicklung des Gesundheitsrechts 2010/2011, NJW 2011, 3615; *Koch-Rust/Rosentreter*, Wiedereinführung der Sozialversicherungspflicht für Studierende in praxisintegrierten dualen Studiengängen?, NJW 2011, 2852; *Marburger*, Tätigkeit in einer Behindertenwerkstätte und Sozialversicherungspflicht, Die Beiträge 2011, 449; *Marburger*, Die Pflegeversicherung, Stuttgart, 2008; *Rolfs/Witschen*, Keine Beschäftigung ohne Arbeit?, NZA 2011, 881; *Trenk-Hinterberger*, Versicherte Kinder in der sozialen Pflegeversicherung, jurisPR-SozR 15/2008 Anm. 3.

I. Entstehungsgeschichte	1
II. Regelungsgehalt und systematische Zusammenhänge	2
III. Allgemeine Voraussetzungen für die Versicherung (Abs. 1)	3
1. Wohnsitz oder gewöhnlicher Aufenthalt (Abs. 1 S. 1 Nr. 1)	6
2. Nachrang gegenüber eigener Pflichtversicherung (Abs. 1 S. 1 Nr. 2)	7
3. Keine Befreiung nach § 22 und keine Versicherungspflicht in der privaten Pflegeversicherung (Abs. 1 S. 1 Nr. 3)	11
4. Keine hauptberufliche selbstständige Tätigkeit (Abs. 1 S. 1 Nr. 4)	12
5. Einkommensgrenzen (Abs. 1 S. 1 Nr. 5)	13
6. Ausschluss für Ehegatten und Lebenspartner (Abs. 1 S. 2 iVm § 10 Abs. 1 S. 4 SGB V)	17
7. Besonderheiten nach § 7 KVLG	18
IV. Besondere Voraussetzungen bei Kindern (Abs. 2 bis 4)	19
1. Begriffsbestimmungen: Kinder, Enkel, Stiefkinder, Pflegekinder	19
2. Altersgrenzen für Kinder (Abs. 2)	23
3. Zuordnung zur SPV, wenn nur ein Elternteil Mitglied in der SPV ist (Abs. 3)	28
4. Wehr- oder Zivildienst (Abs. 4)	32
V. Verfahren	33

I. Entstehungsgeschichte

§ 25 geht zurück auf das Gesetz zur sozialen Absicherung des Risikos der Pflegebedürftigkeit vom 26.5.1994[2] und ist am 1.1.1995 in Kraft getreten.[3] Die ursprüngliche Fassung des Regierungsentwurfs[4] wurde unter Beibehaltung des wesentlichen Inhalts auf Empfehlung des Ausschusses für Arbeit und Sozialordnung[5] klarstellend und ergänzend geändert. Im Vermittlungsverfahren wurde die Regelung des Abs. 2 Nr. 3 noch um die Bezugnahme auf das freiwillige ökologische Jahr ergänzt.[6] Mit Art. 3 Nr. 1 des **Gesetzes zur Reform der gesetzlichen Krankenversicherung** aus dem Jahr 2000 vom 22.12.1999[7] wurde Abs. 1 S. 1 Nr. 5 neu gefasst. In S. 2 wurde das Wort „gilt" durch „sowie § 10 Abs. 1 S. 3 des Fünften Buches gelten" ersetzt;[8] die Änderungen sind am 1.1.2000 in Kraft getreten.[9] Mit dem **Sozialgesetzbuch – Neuntes Buch – (SGB IX)** Rehabilitation und Teilhabe behinderter Menschen vom 19.6.2001[10] wurden durch Art. 10 Nr. 11 in § 25 SGB XI redaktionelle Änderungen zwecks Anpassung an die Terminologie des SGB IX vorgenommen;[11] die Neuregelungen sind am 1.7.2001 in Kraft getreten.[12] Art. 3 § 56 Nr. 6 des **Gesetzes zur Beendigung der Diskriminierung gleichgeschlechtlicher Gemeinschaften** vom 16.2.2001[13] brachte in Abs. 1 S. 1 und Abs. 3 Änderungen zur Gleichstellung von Lebenspartnern[14] (in Kraft seit dem 1.8.2001, Art. 5). Mit dem **Gesetz zur Umstellung von Gesetzen und anderen Vorschriften auf dem Gebiet des Gesundheitswesens auf Euro** vom 23.10.2001[15] wurde in Abs. 1 S. 1 Nr. 5 mWv 1.1.2002[16] die Angabe „630 Deutsche Mark" durch die Angabe „325 Euro" ersetzt.[17] Mit Art. 6 Nr. 1 des **Zweiten Gesetzes für moderne Dienstleistungen am Arbeitsmarkt** vom 23.12.2002[18] wurden zum 1.4.2003[19] nach einer Beschlussempfehlung des Vermittlungsausschusses[20] in Abs. 1 S. 1 Nr. 5 die Wörter „mindestens jedoch 325 Euro," und der Satzteil „für geringfügig Beschäftigte nach § 8 Abs. 1 Nr. 1, § 8 a des Vierten Buches beträgt das zulässige Gesamteinkommen 400 Euro." eingefügt. Art. 4 Nr. 01 des **Gesetzes zur Vereinfachung des Verwaltungsverfahrens im Sozialrecht (Verwaltungsvereinfachungsgesetz)** vom 21.3.2005[21] brachte in Abs. 1 S. 1 entsprechend einer Änderung in der GKV[22] (und in der PKV, § 110 Abs. 1 Nr. 2 f.) die Einbeziehung von Kindern von familienversicherten Kindern in die Versicherung (am 30.3.2005 in Kraft getreten).[23] Durch Art. 22 des **Gesetzes über die Neuordnung der Reserve der Streitkräfte und zur Rechtsbereinigung des Wehrpflichtgesetzes**[24] wurden zum 30.4.2005[25] in Abs. 4 die Angabe „mehr als drei Tage" gestrichen und die Angabe „den §§ 51 a, 54 Abs. 5 oder § 58a" durch die Wörter „dem Vierten Abschnitt" ersetzt.[26] Mit § 22 Abs. 10 des **Gesetzes zur Regelung der Weiterverwendung nach Einsatzunfällen** vom 12.12.2007[27] wurde mWv 18.12.2007[28] an § 25 Abs. 4 der Satz „Dies gilt auch für Personen in einem Wehrdienstverhältnis besonderer Art nach § 6 des Einsatz-Weiterverwendungsgesetzes."

---

2 BGBl. I 1994, 1014.
3 Art. 68 Abs. 1 PflegeVG.
4 BT-Dr. 12/5262, BT-Dr. 12/5617.
5 BT-Dr. 12/5920, 32 f., BT-Dr. 12/5952, 38.
6 BT-Dr. 12/7323, 2.
7 BGBl. I 1999, 2626.
8 Näher BT-Dr. 14/1245, 109.
9 Art. 22 Abs. 5 GKV-Gesundheitsreformgesetz 2000.
10 BGBl. I 2001, 1046.
11 BT-Dr. 14/5074, 122.
12 Art. 68.
13 BGBl. I 2001, 266.
14 Zur Begründung BT-Dr. 14/3751, 71.
15 BGBl. I 2001, 2702.
16 Art. 44.
17 BR-Dr. 50/01, 24.
18 BGBl. I 2002, 4621.
19 Art. 17 Abs. 1 a des Gesetzes.
20 BT-Dr. 15/202, 7 f.
21 BGBl. I 2005, 818.
22 BT-Dr. 15/4751, 47.
23 Art. 32 Abs. 1 des Gesetzes.
24 BGBl. I 2005, 1106.
25 Art. 27 des Gesetzes.
26 Zur Begründung BR-Dr. 782/04, 91 f.
27 BGBl. I 2007, 2861.
28 § 23 des Gesetzes.

angefügt.[29] Art. 2 Abs. 14 des Gesetzes zur Förderung von Jugendfreiwilligendiensten vom 16.5.2008[30] brachte zum 1.6.2008 (Art. 3) in § 25 Abs. 2 Nr. 3 redaktionelle Anpassungen[31] im Zusammenhang mit den weiteren Regelungen des Gesetzes. Durch Art. 1 Nr. 11 des Gesetzes zur strukturellen Weiterentwicklung der Pflegeversicherung vom 28.5.2008[32] wurde in Abs. 3 mWv 1.7.2008[33] zwecks Klarstellung der Parallelität zwischen Kranken- und Pflegeversicherung[34] das Wort „Beitragsbemessungsgrenze" durch die Wörter „Jahresarbeitsentgeltgrenze nach dem Fünften Buch" ersetzt. Art. 5 des Gesetzes zur Förderung von Kindern unter drei Jahren in Tageseinrichtungen und in Kindertagespflege vom 15.12.2008[35] brachte in Abs. 1 S. 2 Folgeänderungen zu § 10 SGB V;[36] sie sind am 16.12.2008 in Kraft getreten.[37] Mit Art. 12 des Gesetzes zur Einführung eines Bundesfreiwilligendienstes vom 3.5.2011[38] wurde Abs. 2 Nr. 3 zwecks sozialversicherungsrechtlicher Gleichstellung der Freiwilligen des Bundesfreiwilligendienstes und der Jugendfreiwilligendienste neu gefasst[39] (am 3.5.2011 in Kraft getreten).[40] Mit Art. 4 Nr. 01 des Gesetzes zur Verbesserung der Versorgungsstrukturen in der gesetzlichen Krankenversicherung vom 22.12.2011[41] wurde an Abs. 2 S. 1 Nr. 3 eine Ergänzung im Hinblick auf verschiedene Freiwilligendienste angefügt. Mit der am 1.1.2012 in Kraft getretene Regelung (Art. 15) sollte in der (sozialen und privaten) Pflegeversicherung die Gleichbehandlung aller gesetzlich geregelten Freiwilligendienste im Hinblick auf die Verlängerungstatbestände der Familienversicherung nach § 25 sichergestellt werden.[42] Mit Art. 9 Nr. 1 des Gesetzes zu Änderungen im Bereich der geringfügigen Beschäftigung vom 5.12.2012[43] wurde in Abs. 1 S. 1 Nr. 5 die Angabe 400 durch 450 ersetzt.[44] Mit Art. 2 Abs. 14 des Fünfzehnten Gesetzes zur Änderung des Soldatengesetzes vom 8.4.2013[45] wurde Abs. 2 Nr. 3 zum 13.4.2013[46] an Änderungen des Soldatengesetzes angepasst.[47]

II. Regelungsgehalt und systematische Zusammenhänge

2 § 25 regelt die Familienversicherung in der sozialen Pflegeversicherung für Familienangehörige von Mitgliedern. Die Familienversicherung ist – entsprechend dem Grundsatz „Pflegeversicherung folgt Krankenversicherung" weitgehend parallel zur Familienversicherung in der gesetzlichen Krankenversicherung (§ 10 SGB V) ausgestaltet. Die Regelungen sind aber – anders als die des § 20 Abs. 1 S. 1, Abs. 3 – eigenständig; das Bestehen einer Familienversicherung in der gesetzlichen Krankenversicherung ist kein Tatbestandsmerkmal für eine Familienversicherung in der sozialen Pflegeversicherung.[48] Inhaltliche Abweichungen zu § 10 SGB V gibt es insbesondere in den Fällen des § 25 Abs. 4, in denen das Krankheitsrisiko anderweitig abgesichert ist. Anders als im Bereich der Krankenversicherung gab es in der Pflegeversicherung von Anfang an alternativ zur Versicherungspflicht in der sozialen Pflegeversicherung die Verpflichtung zum Abschluss und zur Aufrechterhaltung einer privaten Pflegeversicherung, die Versicherungsschutz auch für die Personen bieten muss, die ansonsten nach § 25 familienversichert wären (§ 22 Abs. 1 S. 1 und 2, § 23 Abs. 1 S. 1 und S. 2); die Versicherung ist für Kinder beitragsfrei (§ 110 Abs. 1 Nr. 1 f., Abs. 3 Nr. 6 SGB XI, für Partner: § 110 Abs. 1 Nr. 1 g SGB X). Bei der Familienversicherung in der sozialen Pflegeversicherung handelt es sich wie in der gesetzlichen Krankenversicherung um eine eigene Versicherung der in § 25 genannten Angehörigen von Mitglie-

---

29 Zur Begründung BR-Dr. 534/07, 37.
30 BGBl. I 2008, 842.
31 BT-Dr. 16/6519, 17.
32 BGBl. I 2008, 874.
33 Art. 17 des Gesetzes.
34 BR-Dr. 718/07, 121.
35 BGBl. I 2008, 2403.
36 BT-Dr. 16/10357, 26.
37 Art. 4 Abs. 1 des Gesetzes.
38 BGBl. I 2011, 687.
39 BR-Dr. 849/10, 38.
40 Art. 18 Abs. 1 des Gesetzes.
41 BGBl. I 2011, 2983.
42 Zur Begründung vgl. BT-Dr. 17/8005, 138.
43 BGBl. I 2012, 2474.
44 Zur Begründung BT-Dr. 17/10773, 15.
45 BGBl. I 2013, 730.
46 Art. 4 des Gesetzes.
47 Zur Begründung BT-Dr. 17/12059, 8.
48 Baier in: Krauskopf, Stand 1/2014, § 25 SGB XI Rn. 2; vgl. auch BT-Dr. 12/5262, 106.

dern mit eigenen Leistungsansprüchen; die Versicherung der Angehörigen nach § 25 ist **akzessorisch zur Versicherung des Mitglieds**,[49] ohne dass die Angehörigen selbst Mitgliedsstatus erlangen.[50] Die Familienversicherung ist wie in der gesetzlichen Krankenversicherung **beitragsfrei** (§ 56 Abs. 1); zur Realisierung des verfassungsrechtlich gebotenen **Familienlastenausgleichs** hatte das Bundesverfassungsgericht allerdings weitere Kompensationen bei der Beitragsbemessung gefordert[51] (vgl. § 55 Abs. 3 und 4). Die Familienversicherung ist gegenüber einer eigenen Mitgliedschaft nach Maßgabe des § 25 Abs. 1 Nr. 2 nachrangig.

III. Allgemeine Voraussetzungen für die Versicherung (Abs. 1)

Für den Eintritt der Familienversicherung müssen kumulativ die Voraussetzungen des Abs. 1 vorliegen. Für die Familienversicherung von Kindern enthält § 10 Abs. 4 SGB V, auf den § 25 Abs. 2 S. 2 verweist, erweiternde Begriffsdefinitionen für den begünstigten Personenkreis (ua Stiefkinder, Enkel und Pflegekinder); Abs. 2 und 3 enthalten ergänzend zu Abs. 1 weitere Voraussetzungen für das Bestehen einer Kinderfamilienversicherung; Abs. 4 enthält weitere ergänzende Regelungen für die Ableistung von Wehr- und Zivildienst sowie Dienstleistungen oder Übungen nach dem Vierten Abschnitt des Soldatengesetzes.

Nach Abs. 1 S. 1 können familienversichert nur die dort näher bezeichneten **Familienangehörigen** sein; eine Erweiterung für die landwirtschaftliche Versicherung enthält der Verweis des Abs. 1 S. 2 auf § 7 KVLG.

Zu den Familienangehörigen zählen nach Abs. 1 S. 1 **Ehegatten, Lebenspartner und Kinder und Kinder von familienversicherten Kindern**; die Begriffsinhalte unterscheiden sich nicht von denen des § 10 Abs. 1 SGB V. Der Begriff des **Ehegatten** bestimmt sich in erster Linie nach bürgerlichem Recht (§§ 1303 ff. BGB). Eheähnliche Gemeinschaften begründen keine Familienversicherung.[52] Die Eigenschaft als Ehegatte entfällt, wenn die Ehe aufgehoben, geschieden oder für nichtig erklärt wird; die Versicherung endet mit der Rechtskraft des Scheidungs- oder Aufhebungsurteils; auch bei der Nichtigerklärung bleibt die bis dahin bestehende Familienversicherung unberührt.[53] Mit **Lebenspartnern** sind nur Lebenspartner im Sinne des § 1 LPartG gemeint. Ob die Ehegatten bzw. Lebenspartner getrennt leben, spielt keine Rolle.[54] Zu den weiteren Einzelheiten wird auf die Kommentierung zu § 10 SGB V verwiesen.

1. Wohnsitz oder gewöhnlicher Aufenthalt (Abs. 1 S. 1 Nr. 1). Nach Abs. 1 S. 1 Nr. 1 muss der Familienangehörige seinen **Wohnsitz oder gewöhnlichen Aufenthalt** im Inland haben. Die Begriffe entsprechen inhaltlich denen des § 10 Abs. 1 Nr. 1 SGB V (Einzelheiten siehe dort). Abweichendes kann insbesondere nach überstaatlichem Recht gelten, aber auch nach nationalem Recht, wenn nach § 26 Abs. 2 S. 1 eine Weiterversicherung nach Verlegung des Wohnsitzes oder gewöhnlichen Aufenthalts ins Ausland besteht.[55]

2. Nachrang gegenüber eigener Pflichtversicherung (Abs. 1 S. 1 Nr. 2). Abs. 1 S. 1 Nr. 2 regelt – bereits auf Tatbestandsebene – einen **Nachrang** der Familienversicherung nach den genannten eigenen Pflichtversicherungen der betroffenen Angehörigen. Ähnlich wie § 10 Abs. 1 S. 1 Nr. 2 SGB V in der gesetzlichen Krankenversicherung (dort: § 5 Abs. 1 Nr. 1, 2, 3 bis 8, 11 oder 12 SGB V oder freiwillige Versicherung) wird durch § 25 Abs. 1 S. 1 Nr. 2 SGB XI eine Familienversicherung durch Versicherungspflicht nach § 20 Abs. 1 Nr. 1 bis 8 oder 11 oder nach § 20 Abs. 3 ausgeschlossen.

Kein Nachrang besteht gegenüber einer Pflichtversicherung nach § 21;[56] der Grund wird darin liegen, dass es sich um Gruppen handelt, die vom Gesetzgeber als besonders schutzbedürftig angesehen werden und deshalb durch § 21 unabhängig vom Krankenversicherungsschutz in die soziale Pflegeversicherung einbezogen werden sollen; bei Bestehen einer Familienversicherung besteht dafür kein Bedürfnis.

---

49 Vgl. hierzu BSG, 29.7.2003, B 12 KR 16/02 R zur GKV.
50 Baier in: Krauskopf, Stand 1/2014, § 25 SGB XI Rn. 3; Peters in: KassKomm, Stand 12/2013, § 10 SGB V Rn. 3 zur GKV.
51 BVerfG, 3.4.2001, 1 BvR 1629/94.
52 BSG, 10.5.1990, 12/3 RK 23/88 zu § 205 RVO.
53 Baier in: Krauskopf, Stand 1/2014, § 10 SGB V Rn. 22 f mit Hinweis auf BSG, 11.10.1979, 3 RK 1/78.
54 BSG, 25.1.2001, B 12 KR 5/00 R, SozR 3-2500 § 10 Nr. 22.
55 So Peters in: KassKomm, Stand 12/2013, § 25 SGB XI Rn. 6.
56 So im Ergebnis Baier in: Krauskopf, Stand 1/2014, § 25 SGB XI Rn. 10.

9 In Abs. 1 Nr. 2 nicht erwähnt ist der Fall einer freiwilligen Versicherung in der sozialen Pflegeversicherung. In Betracht kommen die Fälle der §§ 26, 26a. Weil § 26a erst nachträglich eingefügt wurde, wird eine Regelungslücke angenommen und wie in der gesetzlichen Krankenversicherung (§ 10 Abs. 1 S. 1 Nr. 2) die **freiwillige Versicherung als vorrangig** angesehen.[57] Die Familienversicherung ist jedenfalls – wie in der gesetzlichen Krankenversicherung – gegenüber einer freiwilligen Versicherung nur dann nachrangig, wenn eine solche tatsächlich besteht; nicht entscheidend ist, ob sie begründet werden könnte.[58] Eine freiwillige Versicherung kann beendet werden, um Zugang zur Familienversicherung zu erlangen.[59]

10 Die Versicherung der Studenten und Praktikanten nach § 20 Abs. 1 S. Nr. 9, 10 soll nach verbreiteter Auffassung wie in der gesetzlichen Krankenversicherung **nicht nachrangig** sein, wenn der Ehegatte, der Lebenspartner oder das Kind des Studenten oder Praktikanten nicht versichert ist; dies wird auf eine analoge Anwendung von § 5 Abs. 7 S. 1 SGB V gestützt;[60] zu beachten ist hierbei, dass mittlerweile nach § 25 Abs. 1 S. 1 auch das Kind des familienversicherten Studenten oder Praktikanten familienversichert sein kann und § 5 Abs. 7 S. 1 SGB V dann uU ohnehin nicht einschlägig ist.[61]

11 **3. Keine Befreiung nach § 22 und keine Versicherungspflicht in der privaten Pflegeversicherung (Abs. 1 S. 1 Nr. 3).** Die Familienversicherung tritt nach Abs. 1 S. 1 Nr. 3 nur dann ein, wenn der Familienangehörige nicht nach § 22 von der Versicherungspflicht befreit oder nach § 23 in der privaten Pflegeversicherung pflichtversichert ist.

12 **4. Keine hauptberufliche selbstständige Tätigkeit (Abs. 1 S. 1 Nr. 4).** Die Regelung des Abs. 1 S. 1 Nr. 4 entspricht inhaltlich § 10 Abs. 1 S. 1 Nr. 4 SGB V. Eine Familienversicherung besteht demnach nicht für Familienangehörige, die **hauptberuflich selbstständig** erwerbstätig sind. Inhaltliche Übereinstimmung besteht auch im Hinblick auf die in § 10 Abs. 1 S. 2 und 3 SGB V enthaltenen Ergänzungen zu § 10 Abs. 1 S. 1 Nr. 4 SGB V bezüglich der Einordnung von Tätigkeiten von Landwirten und Tagespflegepersonen; § **25 Abs. 1 S. 2 SGB XI** verweist mittlerweile ausdrücklich (ua) auf § 10 Abs. 1 S. 2 und 3 SGB V. Die Verweisung wurde in § 25 Abs. 1 S. 2 SGB XI allerdings erst mit dem Kinderförderungsgesetz vom 15.12.2008[62] zeitgleich mit der Einfügung von § 10 Abs. 1 S. 3 SGB V ergänzt; sie dürfte aber ohnehin nur klarstellenden Charakter haben. Wegen der inhaltlichen Übereinstimmung mit § 10 SGB V kann für die Einzelheiten auf die Kommentierung zu § 10 SGB V verwiesen werden.

13 **5. Einkommensgrenzen (Abs. 1 S. 1 Nr. 5).** Keine Familienversicherung besteht, wenn die Einkommensgrenzen des Abs. 1 S. 1 Nr. 5 überschritten werden. Die Vorschrift verhindert wie in der gesetzlichen Krankenversicherung, dass eine Familienversicherung für Personen eintritt, die des Schutzes aufgrund eigener wirtschaftlicher Leistungsfähigkeit nicht bedürfen.

14 § 25 Abs. 1 S. 1 Nr. 5 SGB XI und § 10 Abs. 1 S. 1 Nr. 5 SGB V stimmen mittlerweile wieder wörtlich überein. Die maßgebliche Einkommensgrenze liegt nach beiden Vorschriften grundsätzlich bei einem **Siebtel der monatlichen Bezugsgröße nach § 18 SGB IV**, für **geringfügig Beschäftigte bei 400,- EUR**. Die Grenze von einem Siebtel der monatlichen Bezugsgröße besteht in der gesetzlichen Krankenversicherung seit Inkrafttreten des SGB V, die Sonderregelung für Rentenanteile, die auf Entgeltpunkte für Kindererziehungszeiten zurückzuführen sind, seit dem 1.7.1998.[63] Ab dem 1.4.1999 bis zum 31.12.2000 enthielt § 309 Abs. 6 SGB V eine ergänzende Regelung, wonach die maßgebliche Grenze nach § 10 Abs. 1 Nr. 5 SGB V mindestens 630 DM betrug.[64] Ab dem 1.4.2003[65] galt für geringfügig

---

57 Peters in: KassKomm, Stand 12/2013, § 25 SGB V Rn. 7.
58 Vgl. BSG, 23.2.1988, 12 RK 33/87 zur Familienhilfe.
59 BSG, 29.6.1993, 12 RK 48/91, BSGE 72, 292 ff.
60 Peters in: KassKomm, Stand 12/2013, § 25 SGB XI Rn. 7; Baumeister in: BeckOK SozR, SGB XI, Stand 12/2013, § 25 Rn. 17.1 f.
61 Just in: Becker/Kingreen, § 10 Rn. 9 für die GKV.
62 BGBl. I 2008, 2403.
63 Rentenreformgesetz 1997 vom 16.12.1997, BGBl. I 1997, 2998.
64 Gesetz zur Neuregelung der geringfügigen Beschäftigungsverhältnisse vom 24.3.1999, BGBl. I 1999, 388; aufgehoben mit dem Gesetz zur Rechtsangleichung in der gesetzlichen Krankenversicherung vom 22.12.1999, BGBl. I 1999, 2657.
65 Art. 3 Nr. 2 des Zweiten Gesetzes für moderne Dienstleistungen am Arbeitsmarkt vom 23.12.2002, BGBl. I 2002, 4621.

Beschäftigte die spezielle Grenze von 400 EUR;[66] zum 1.1.2013 wurde die Grenze auf 450 EUR angehoben.[67] § 25 Abs. 1 S. 1 Nr. 5 SGB XI stimmte bei seinem Inkrafttreten mit § 10 Abs. 1 S. 1 Nr. 5 SGB V zunächst überein. Die Änderung des § 10 Abs. 1 S. 1 Nr. 5 SGB V zum 1.7.1998 wurde nicht mitvollzogen. Ab dem 1.1.2000 wurde unter Abänderung des § 25 Abs. 1 S. 1 Nr. 5 SGB XI eine Mindestgrenze von 630,- DM eingeführt sowie die Sonderregelung für Rentenanteile wegen Kindererziehungszeiten nachgeholt.[68] Zum 1.1.2002 wurde die Grenze von 630 DM durch 325 EUR ersetzt.[69] Seit dem 1.4.2003 sind § 25 Abs. 1 S. 1 Nr. 5 SGB XI und § 10 Abs. 1 S. 1 Nr. 5 SGB V wieder angeglichen.[70] Ob aus der unterschiedlichen Änderungsverlauf die Schlussfolgerung gezogen werden kann, dass für die Anwendung von § 25 Abs. 1 S. 1 Nr. 5 SGB XI – auch aktuell noch – für das Beitrittsgebiet die Bezugsgröße [Ost] (§ 18 Abs. 2 SGB IV) maßgeblich ist, erscheint zweifelhaft, zumal es an einer Bezugnahme auf die Bezugsgröße [Ost] fehlt.[71]

Die Einkommensgrenze bezieht sich auf das **Gesamteinkommen**; dieses ist in § 16 SGB IV definiert als **die Summe der Einkünfte im Sinne des Einkommensteuerrechts**; es umfasst insbesondere das Arbeitsentgelt (§ 14 SGB IV) und das Arbeitseinkommen (§ 15 SGB IV). Bei Renten wird der **Zahlbetrag** ohne den auf Entgeltpunkte für Kindererziehungszeiten entfallenden Teil berücksichtigt; gemeint ist damit der Bruttobetrag der Rente[72] (zu den Einzelheiten siehe Kommentierung zu § 10 SGB V).

Zu berücksichtigen ist nur Gesamteinkommen, das **regelmäßig im Monat** ein Siebtel der Bezugsgröße überschreitet. Sind – nur in bestimmten Monaten gezahlte – Zuwendungen gleichmäßig auf das Kalenderjahr zu verteilen, dann liegt insoweit ein "regelmäßig im Monat" anfallendes Entgelt vor;[73] die Einkünfte sind zur Ermittlung des regelmäßigen Gesamteinkommens auf die einzelnen Monate zu verteilen.[74] Das regelmäßige Gesamteinkommen ist **vorausschauend** festzustellen.[75]

6. Ausschluss für Ehegatten und Lebenspartner (Abs. 1 S. 2 iVm § 10 Abs. 1 S. 4 SGB V). Nach § 10 Abs. 1 S. 4 SGB V sind **Ehegatten und Lebenspartner** für die **Dauer der Schutzfristen** nach § 3 Abs. 2 und § 6 Abs. 1 des Mutterschutzgesetzes sowie der Elternzeit nicht versichert, wenn sie zuletzt vor diesen Zeiträumen **nicht gesetzlich krankenversichert** waren. Für Personen, die am 1.1.2000 familienversichert waren, gilt die Regelung nach Art. 21 § 3 GKV-Gesundheitsreformgesetz 2000 vom 22.12.1999[76] nicht. Die Änderung war eine Reaktion des Gesetzgebers auf Entscheidungen des Bundessozialgerichts (Urteil v. 29.6.1993, Az. 12 RK 9/92);[77] das BSG hatte entschieden, dass Versicherungsfreiheit vor Mutterschutz und Erziehungszeit der Familienversicherung nicht entgegenstehe. Die Bedeutung der Regelung im Zusammenhang mit der sozialen Pflegeversicherung dürfte gering sein. Der in Betracht kommende Personenkreis wird regelmäßig der privaten Krankenversicherung zuzuordnen sein, wo (mittlerweile) regelmäßig ebenfalls Versicherungspflicht (§ 193 VVG) besteht; meist wird deshalb auch in der Pflegeversicherung Versicherungspflicht bestehen (§ 23 SGB XI) und die Familienversicherung schon nach § 25 Abs. 1 S. 1 Nr. 3 ausgeschlossen sein.[78]

7. Besonderheiten nach § 7 KVLG. Nach § 25 Abs. 1 S. 2 gelten § 7 Abs. 1 S. 3 und 4, Abs. 2 KVLG entsprechend. § 7 KVLG enthält Regelungen über die Familienversicherung in der Krankenversicherung der Landwirte. Nach § 7 Abs. 1 S. 1 KVLG gilt § 10 SGB V entsprechend. § 7 Abs. 1 Sätze 2 bis 4 KVLG enthalten abweichende Regelungen. Bei der Feststellung des Gesamteinkommens des Ehegatten oder Lebenspartners bleibt nach § 7 Abs. 1 S. 3 KVLG das Einkommen außer Betracht, das die Ehe-

---

66 Im Hinblick auf den Gleichbehandlungsgrundsatz wird die Verfassungsmäßigkeit der Regelung wegen der Sonderstellung der geringfügig Beschäftigten angezweifelt Just in: Becker/Kingreen, § 10 Rn. 19; Baier in: Krauskopf, Stand 1/2014, § 10 SGB V Rn. 36 a; Baier in: Krauskopf, § 25 SGB XI Rn. 12; Berchtold in: Kreikebohm/Spellbrink/Waltermann, § 10 SGB V Rn. 5.
67 Gesetz zu Änderungen im Bereich der geringfügigen Beschäftigung vom 5.12.2012, BGBl. I 2012, 2474.
68 GKV-Gesundheitsreformgesetz 2000 vom 22.12.1999, BGBl. I 1999, 2626.
69 Achtes Euro-Einführungsgesetz vom 23.10.2001, BGBl. I 2001, 2702.
70 Art. 6 Nr. 1 des Zweiten Gesetzes für moderne Dienstleistungen am Arbeitsmarkt vom 23.12.2002, BGBl. I 2002, 4621.
71 So aber Baier in: Krauskopf, Stand 1/2014, § 25 SGB XI Rn. 12 a.
72 BSG, 22.5.2003, B 12 KR 13/02 R, BSGE 91, 83 ff.
73 BSG, 22.7.1981, 3 RK 7/80, SozR 2200 § 205 Nr. 43; BSG, 17.8.1992, 3 RK 68/80, SozR 2200 § 205 Nr. 49: Weihnachtszuwendung, Urlaubsgeld.
74 BSG, 17.8.1992, 3 RK 68/80, SozR 2200 § 205 Nr. 49.
75 BSG, 17.8.1992, 3 RK 68/80, SozR 2200 § 205 Nr. 49.
76 BGBl. I 1999, 2626.
77 Näher BT-Dr. 14/1245, 61.
78 So Peters in: KassKomm, Stand 12/2013, § 25 SGB XI Rn. 8.

gatten oder Lebenspartner aus dem von ihnen gegenwärtig oder früher gemeinsam betriebenen landwirtschaftlichen Unternehmen oder aus der gemeinsamen Beschäftigung als mitarbeitende Familienangehörige erzielen. Nach § 7 Abs. 1 S. 4 KVLG bleibt das Einkommen eines Kindes aus dem landwirtschaftlichen Unternehmen, in dem es Mitunternehmer ist, ohne als landwirtschaftlicher Unternehmer zu gelten, außer Betracht. § 7 Abs. 2 KVLG ermöglicht es, unter näher bezeichneten Bedingungen die Familienversicherung durch Satzung auf sonstige Angehörige zu erstrecken. Nach der Gesetzesbegründung sollen mit den Regelungen die genannten Besonderheiten der Krankenversicherung der Landwirte auf die Pflegeversicherung übertragen werden.[79] Dafür, dass es mit der Verweisung auf § 7 Abs. 2 KVLG allen Pflegekassen ermöglicht werden sollte, durch Satzung weitere Angehörige in die Familienversicherung einzubeziehen, spricht weder der Wortlaut der Verweisung noch der in den Gesetzgebungsmaterialien dargelegte Zweck der Regelung, Übereinstimmung zwischen Kranken- und Pflegeversicherung herzustellen.[80]

IV. Besondere Voraussetzungen bei Kindern (Abs. 2 bis 4)

19 1. **Begriffsbestimmungen: Kinder, Enkel, Stiefkinder, Pflegekinder.** Die besonderen Voraussetzungen für die Familienversicherung von Kindern stimmen im Wesentlichen mit denen des § 10 SGB V überein. Zu den Kindern im Sinne des § 25 gehören **Kinder im Sinne der Abstammungsvorschriften des Bürgerlichen Rechts (§§ 1591 ff. BGB)**. Eine identische Rechtsstellung haben auch **angenommene Kinder (§ 1754 BGB)**. Als Kinder des Annehmenden und nicht mehr als Kinder der leiblichen Eltern gelten nach § 25 Abs. 2 S. 2 SGB XI iVm § 10 Abs. 4 S. 2 SGB V auch Kinder, die mit dem Ziel der Annahme als Kind in die Obhut des Annehmenden aufgenommen sind und für die die zur Annahme erforderliche Einwilligung der Eltern erteilt ist.

20 Familienversichert sein können auch **Kinder von familienversicherten Kindern (Abs. 1 S. 1)**. Die Regelung geht § 25 Abs. 2 S. 2 SGB XI iVm § 10 Abs. 4 S. 1 SGB V vor; dessen Voraussetzungen müssen nicht erfüllt sein.[81] Auch für Kinder der in § 10 Abs. 4 SGB V genannten Personen kommt eine Familienversicherung in Betracht (§ 25 Abs. 2 S. 2 SGB XI).

21 Familienversichert können nach § 25 Abs. 2 S. 2 SGB XI iVm § 10 Abs. 4 S. 1 SGB V auch **Stiefkinder** und **Enkel** sein, die das Mitglied überwiegend unterhält; Stiefkinder in diesem Sinne sind nach § 25 Abs. 2 S. 2 SGB XI iVm § 10 Abs. 4 S. 3 SGB V auch **Kinder des Lebenspartners eines Mitglieds**. Die Familienversicherung kann nur dann eintreten, wenn der Enkel oder das Stiefkind **überwiegend vom Mitglied unterhalten wird**. Zu den Einzelheiten wird auf die Kommentierung zu § 10 SGB V verwiesen.

22 Zu den Kindern gehören nach § 25 Abs. 2 S. 2 SGB XI iVm § 10 Abs. 4 SGB V auch **Pflegekinder (§ 56 Abs. 2 Nr. 2 SGB I)**.

23 2. **Altersgrenzen für Kinder (Abs. 2).** Für die Familienversicherung von Kindern gelten die Altersgrenzen des Abs. 2. Sie entsprechen den Grenzen des § 10 Abs. 2 SGB V. Eine abweichende Formulierung findet sich nur in Nr. 4; inhaltliche Unterschiede sind damit nicht verbunden. Eine ergänzende Regelung enthält Abs. 4.

24 Grundsätzlich sind Kinder nur **bis zur Vollendung des 18. Lebensjahres** versichert (Abs. 2 S. 1 Nr. 1).

25 Der Schutz der Familienversicherung verlängert sich bis zur **Vollendung des 23 Lebensjahres** für Kinder, die nicht erwerbstätig sind (Abs. 2 S. 1 Nr. 2). Eine geringfügige Beschäftigung begründet keine Erwerbstätigkeit in diesem Sinne und schließt die Familienversicherung nicht aus.[82]

26 Eine Versicherung **bis zum 25. Lebensjahr** besteht nach Abs. 2 S. 1 Nr. 3, wenn sich das Kind in Schul- oder Berufsausbildung befindet oder ein freiwilliges soziales oder ökologisches Jahr oder Bundesfreiwilligendienst ableistet. Wird die Schul- oder Berufsausbildung durch Erfüllung einer gesetzlichen Dienstpflicht des Kindes unterbrochen oder verzögert, besteht die Versicherung auch für einen der Dauer dieses Dienstes entsprechenden Zeitraum über das 25. Lebensjahr hinaus. Ab dem 1.7.2011 gilt dies auch bei einer Unterbrechung oder Verzögerung durch den freiwilligen Wehrdienst nach Abschnitt 7 des Wehrpflichtgesetzes (seit dem 13.4.2013: nach § 58b des Soldatengesetzes), einen Freiwilligendienst nach dem Bundesfreiwilligendienstgesetz, dem **Jugendfreiwilligendienstgesetz** oder einen vergleichbaren anerkannten Freiwilligendienst oder durch eine **Tätigkeit als Entwicklungshelfer** im

---

79 BT-Dr. 5952, 38.
80 AA wohl Baier in: Krauskopf, Stand 1/2014, § 25 SGB XI Rn. 14.
81 Just in: Becker/Kingreen, § 10 Rn. 34.
82 Just in: Becker/Kingreen, § 10 Rn. 40; Baier in: Krauskopf, Stand 1/2014, § 10 SGB V Rn. 48.

Sinne des § 1 Abs. 1 des Entwicklungshelfer-Gesetzes für die Dauer von höchstens zwölf Monaten. Übergangszeiten zwischen zwei Ausbildungsabschnitten können zur Schul- oder Berufsausbildung im hier maßgeblichen Sinn gehören.[83] Das Absolvieren eines freiwilligen sozialen oder ökologischen Jahres als solches verlängert die Familienversicherung nicht über das 25. Lebensjahr hinaus.[84]

Familienversichert **ohne Altersgrenze** sind nach Abs. 2 S. 1 Nr. 4 Hs. 1 Kinder, wenn sie **wegen körperlicher, geistiger oder seelischer Behinderung** (§ 2 Abs. 1 S. 1 SGB IX) außerstande sind, sich selbst zu unterhalten. Für den Begriff der Behinderung nimmt das Gesetz Bezug auf die Definition des § 2 SGB IX. Die altersunabhängige Familienversicherung eines zum eigenen Unterhalt unfähigen Kindes wird durch eine versicherungspflichtige Beschäftigung nur für deren Dauer überlagert und nicht endgültig beendet.[85] Die Behinderung muss nach Abs. 2 S. 1 Nr. 4 Hs. 2 bereits zu einem Zeitpunkt vorgelegen haben, in dem das Kind nach Abs. 2 S. 1 Nr. 1, 2 oder 3 versichert war; eine Übergangsregelung für Fälle, in denen Abs. 2 S. 1 Nr. 4 Hs. 2 bei Inkrafttreten des SGB XI nicht erfüllt war, enthält Art. 40 PflegeVG. 27

3. Zuordnung zur SPV, wenn nur ein Elternteil Mitglied in der SPV ist (Abs. 3). Die Zuordnungsregelung des Abs. 3 ist an § 10 Abs. 3 SGB V angelehnt, entspricht ihr aber aufgrund des Umstands, dass die private Pflegepflichtversicherung in das SGB XI einbezogen ist, nicht vollständig. Abs. 3 löst die Frage, welchem Elternteil die Kinder versicherungsrechtlich zuzuordnen sind, wenn nur ein Elternteil in der sozialen Pflegeversicherung versichert ist; das Gesetz geht dabei typisierend davon aus, dass der höher verdienende Elternteil den Barunterhalt der Kinder sicherstellt und die Kranken- und Pflegeversicherung dem folgt.[86] Dass Abs. 3 dazu führen kann, dass einkommenslose Kinder sich freiwillig krankenversichern müssen und dadurch versicherungspflichtig in der sozialen Pflegeversicherung werden, verstößt nicht gegen Verfassungsrecht.[87] 28

Der Ausschluss des Abs. 3 setzt voraus, dass der mit dem Kind verwandte Ehegatte oder Lebenspartner des Mitglieds nach § 22 von der Versicherungspflicht befreit ist oder nach § 23 in der privaten Pflegeversicherung pflichtversichert ist. Im Gesetz nicht ausdrücklich geregelt ist der – angesichts der Versicherungspflicht des § 193 VVG in der privaten Krankenversicherung wohl nur noch selten anzutreffende – Fall, dass der mit dem Kind verwandte Ehegatte, der das Kind überwiegend unterhält, weder in der sozialen Pflegeversicherung noch in der privaten Pflegeversicherung versichert ist. Teilweise wird die Auffassung vertreten, dass auch solche Fälle Abs. 3 entsprechend anwendbar sei.[88] Dem stehen allerdings systematische Erwägungen und der eindeutige Wortlaut des Abs. 3 entgegen. Der Elternteil der in Abs. 3 genannten Kinder ist privat pflegeversichert, so dass die Kinder beitragsfrei mitversichert werden können (§ 110 Abs. 1 Nr. 2 f., Abs. 3 Nr. 6). Ist der Elternteil hingegen nicht pflegeversichert, scheidet eine beitragsfreie Mitversicherung des Kindes aus. Für das Kind bestünde dementsprechend kein Versicherungsschutz oder es müsste eine eigene beitragspflichtige Versicherung begründet werden. Dafür dass dies gewollt wäre, gibt es keine Hinweise.[89] Eine entsprechende Anwendung des Abs. 3 dürfte allerdings in den Fällen des **Art. 42 Abs. 1 und 2 PflegeVG** in Betracht kommen.[90] 29

Eine Familienversicherung tritt nur dann ein, wenn das Gesamteinkommen (§ 16 SGB IV) des verwandten Elternteils regelmäßig im Monat ein Zwölftel der Jahresarbeitsentgeltgrenze nach dem Fünften Buch nicht übersteigt (**absolute Grenze**) und regelmäßig nicht höher ist als das Gesamteinkommen des Mitglieds (**relative Grenze**); bei Renten wird der Zahlbetrag berücksichtigt. Die Bezugnahme auf die Jahresarbeitsentgeltgrenze nach dem Fünften Buch stimmt mit § 10 Abs. 3 SGB V überein. Bis zum 30.6.2008 war allerdings – anders als in § 10 Abs. 3 SGB V – auf die „Beitragsbemessungsgrenze" Bezug genommen worden; eine Anpassung an die Unterscheidung von Beitragsbemessungsgrenze und Jahresarbeitsentgeltgrenze im SGB V seit dem Jahr 2003 war unterblieben. Durch das **Pflege-Weiter-** 30

---

83 Vgl. BSG, 2.12.1970, 4 RJ 479/68, BSGE 32, 120.
84 Just in: Becker/Kingreen, § 10 Rn. 40.
85 BSG, 18.5.2004, B 1 KR 24/02 R, SozR 4-2500 § 10 Nr. 4.
86 Vgl. BSG, 25.8.2004, B 12 KR 36/03 R zur GKV.
87 BSG, 25.8.2004, B 12 P 1/04 R, SozR 4-3300 § 25 Nr. 1.
88 Baier in: Krauskopf, Stand 1/2014, § 25 SGB XI Rn. 19.
89 Udsching in: Udsching, § 25 Rn. 14; Berchtold in: Kreikebohm/Spellbrink/Waltermann, § 25 SGB XI Rn. 5.
90 Baier in: Krauskopf, Stand 1/2014, § 25 SGB XI Rn. 19.

entwicklungsgesetz vom 28.5.2008[91] wurde in Abs. 3 mWv 1.7.2008[92] die Angleichung zukunftsgerichtet[93] vorgenommen; in der Gesetzesbegründung ist allerdings von einer Klarstellung die Rede.[94]

31 Der Begriff des **Gesamteinkommens** (§ 16 SGB IV) entspricht dem des § 25 Abs. 1 Nr. 5 SGB XI bzw. § 10 Abs. 1 S. 1 Nr. 5 SGB V. Zuschläge, die mit Rücksicht auf den Familienstand gezahlt werden (§ 6 Abs. 1 Nr. 1 SGB V), bleiben bei der Feststellung der Jahresarbeitsentgeltgrenze in der Familienversicherung unberücksichtigt; nach besoldungsrechtlichen Vorschriften gewährte Familienzuschläge gehören zwar zum Gesamteinkommen im Sinne von § 16 SGB IV, bei der Prüfung des § 10 Abs. 3 SGB V sind sie jedoch außer Ansatz zu lassen.[95] Zu den weiteren Einzelheiten siehe die Kommentierung zu § 10 SGB V.

32 **4. Wehr- oder Zivildienst (Abs. 4).** Die Familienversicherung nach Abs. 2 S. Nr. 1–3 bleibt nach Abs. 4 bei Personen, die aufgrund gesetzlicher Pflicht **Wehrdienst oder Zivildienst** oder die **Dienstleistungen oder Übungen nach dem Vierten Abschnitt des Soldatengesetzes** leisten, für die Dauer des Dienstes bestehen. Dies gilt auch für Personen in einem **Wehrdienstverhältnis besonderer Art** nach § 6 des Einsatz-Weiterverwendungsgesetzes. Für die Regelungen gibt es in der gesetzlichen Krankenversicherung keine Entsprechung, weil die Leistungen der Familienversicherung durch einen Anspruch auf Heilfürsorge ersetzt werden.[96] Sie betreffen nur Personen, für die vor Antritt der Dienstpflicht eine Familienversicherung in der gesetzlichen Krankenversicherung besteht; denn bei Bestehen einer eigenen Mitgliedschaft in der gesetzlichen Krankenversicherung bleibt diese während des Wehr- oder Zivildienstes erhalten (§ 193 SGB V) und zieht Versicherungspflicht in der sozialen Pflegeversicherung nach sich.[97] Wird der Dienst erst begonnen, nachdem die maßgebliche Altersgrenze überschritten ist, tritt nicht erneut eine Familienversicherung ein.[98]

V. Verfahren

33 Für das Verfahren gelten im Wesentlichen die Ausführungen zu § 10 SGB V.

34 Auch in der sozialen Pflegeversicherung gilt demnach, dass es zur Begründung oder Beendigung der Familienversicherung keines Verwaltungsakts bedarf, weil sie **unmittelbar kraft Gesetzes** eintritt.[99] Die Feststellung des Versichertenstatus durch Verwaltungsakt ist jedoch nicht ausgeschlossen.[100] Die Familienversicherung endet mit der Versicherung des Stammversicherten; einen nachgehenden Versicherungsschutz wie nach § 19 SGB V gibt es in der Pflegeversicherung nicht.[101]

35 Für die **Kassenzuständigkeit** ist der Verweis des § 25 Abs. 2 S. 2 SGB XI auf § 10 Abs. 5 SGB V zu beachten. Dies kann eine Rolle spielen, wenn es mehrere Stammversicherte mit Mitgliedschaften bei verschiedenen Krankenkassen gibt. Das Wahlrecht für die Familienkranken- und -pflegeversicherung muss aber einheitlich ausgeübt werden.[102]

36 Im (Gerichts-)Verfahren über das Bestehen der Familienversicherung sind sowohl der Familienversicherte als auch der Stammversicherte[103] klagebefugt; der jeweils andere Betroffene hat das Recht, am Verfahren beteiligt zu werden.[104] Das Bestehen der Versicherung ist mit der kombinierten Anfechtungs- und Feststellungsklage zu klären.[105] Der Stammversicherte ist nicht berechtigt, Leistungsansprüche eines Angehörigen aus der Familienversicherung im eigenen Namen geltend zu machen.[106]

---

91 BGBl. I 2008, 874.
92 Art. 17 des Gesetzes.
93 Berchtold in: Kreikebohm/Spellbrink/Waltermann, § 25 SGB XI Rn. 4.
94 BR-Dr. 718/07, 121.
95 BSG, 29.7.2003, B 12 KR 16/02 R, BSGE 91, 190 ff.
96 BT-Dr. 12/5952, 38.
97 Vgl. Udsching in: Udsching, § 25 Rn. 15.
98 Peters in: KassKomm, Stand 12/2013, § 25 SGB XI Rn. 23.
99 Berchtold in: Kreikebohm/Spellbrink/Waltermann, § 10 SGB V Rn. 10; wohl auch Just in: Becker/Kingreen, § 10 Rn. 46 f.
100 Vgl. BSG, 7.12.2000, B 10 KR 3/99 R.
101 Peters in: KassKomm, Stand 12/2013, § 25 SGB XI Rn. 29.
102 Peters in: KassKomm, Stand 12/2013, § 25 SGB XI Rn. 26.
103 BSG, 29.6.1993, 12 RK 48/91, BSGE 72, 292 ff.
104 BSG, 29.6.1993, 12 RK 48/91, BSGE 72, 292 ff.
105 BSG, 26.10.1990, 12/3 RK 27/88.
106 BSG, 16.6.1999, B 1 KR 6/99 R, SozR 3-2500 § 10 Nr. 16.

§ 26 Weiterversicherung

(1) ¹Personen, die aus der Versicherungspflicht nach § 20 oder § 21 ausgeschieden sind und in den letzten fünf Jahren vor dem Ausscheiden mindestens 24 Monate oder unmittelbar vor dem Ausscheiden mindestens zwölf Monate versichert waren, können sich auf Antrag in der sozialen Pflegeversicherung weiterversichern, sofern für sie keine Versicherungspflicht nach § 23 Abs. 1 eintritt. ²Dies gilt auch für Personen, deren Familienversicherung nach § 25 erlischt oder nur deswegen nicht besteht, weil die Voraussetzungen des § 25 Abs. 3 vorliegen. ³Der Antrag ist in den Fällen des Satzes 1 innerhalb von drei Monaten nach Beendigung der Mitgliedschaft, in den Fällen des Satzes 2 nach Beendigung der Familienversicherung oder nach Geburt des Kindes bei der zuständigen Pflegekasse zu stellen.

(2) ¹Personen, die wegen der Verlegung ihres Wohnsitzes oder gewöhnlichen Aufenthaltes ins Ausland aus der Versicherungspflicht ausscheiden, können sich auf Antrag weiterversichern. ²Der Antrag ist bis spätestens einen Monat nach Ausscheiden aus der Versicherungspflicht bei der Pflegekasse zu stellen, bei der die Versicherung zuletzt bestand. ³Die Weiterversicherung erstreckt sich auch auf die nach § 25 versicherten Familienangehörigen oder Lebenspartner, die gemeinsam mit dem Mitglied ihren Wohnsitz oder gewöhnlichen Aufenthalt in das Ausland verlegen. ⁴Für Familienangehörige oder Lebenspartner, die im Inland verbleiben, endet die Familienversicherung nach § 25 mit dem Tag, an dem das Mitglied seinen Wohnsitz oder gewöhnlichen Aufenthalt ins Ausland verlegt.

Literatur:
Krutzky, SGB XI – Export von Pflegegeld bei Doppelrentnern, ASR 2009, 238; *Leonhard*, Geldleistungen bei Pflegebedürftigkeit eines im Ausland lebenden Rentners, RdLH 2011, 173; *Reinhard*, EuGH zum Export von Pflegegeld ins Ausland, ASR 2011, 222; *Trenk-Hinterberger*, Kein Recht auf freiwillige Weiterversicherung nach § 26 Abs. 2 Satz 1 SGB XI für Rentner mit Wohnsitz in Spanien bei Pflichtversicherung am Aufenthaltsort, jurisPR-SozR 6/2009 Anm. 4.

I. Entstehungsgeschichte 1	V. Verfahren (Abs. 1 S. 3) 9
II. Regelungsgehalt und systematische Zusammenhänge 2	VI. Weiterversicherung bei Auslandsaufenthalt (Abs. 2 S. 1) 12
III. Ausscheiden aus der Versicherungspflicht (Abs. 1 S. 1) 3	VII. Verfahren (Abs. 2 S. 2) 16
IV. Erlöschen oder Nichtbestehen der Familienversicherung (Abs. 1 S. 2) 6	VIII. Familienversicherung (Abs. 2 S. 3 und 4) . . . 17

I. Entstehungsgeschichte

§ 26 ist mit dem Gesetz zur sozialen Absicherung des Risikos der Pflegebedürftigkeit (Pflegeversicherungs-Gesetz – PflegeVG) vom 26.5.1994[1] eingeführt worden und am 1.1.1995 in Kraft getreten.[2] Die Vorschrift war schon im Regierungsentwurf enthalten[3] und wurde auf Empfehlung des Ausschusses für Arbeit und Sozialordnung im Wesentlichen im Hinblick auf die Vorversicherungszeiten geändert.[4] Durch Art. 3 § 56 Nr. 7 des Gesetzes zur Beendigung der Diskriminierung gleichgeschlechtlicher Gemeinschaften vom 16.2.2001[5] wurden in Abs. 2 Änderungen im Hinblick auf die Gleichstellung gleichgeschlechtlicher Partnerschaften vorgenommen[6] (in Kraft seit dem 1.8.2001, Art. 5).

II. Regelungsgehalt und systematische Zusammenhänge

§ 26 regelt eine Weiterversicherung in der sozialen Pflegeversicherung bei Ausscheiden aus der Versicherungspflicht nach den §§ 20, 21, bei Erlöschen oder Nichtbestehen einer Familienversicherung sowie für Personen, die wegen Verlegung ihres Wohnsitzes oder gewöhnlichen Aufenthalts ins Ausland aus der Versicherungspflicht ausscheiden. Parallelen gibt es so zur freiwilligen Versicherung in der gesetzlichen Krankenversicherung (§ 9 SGB V), obwohl sowohl bei der inhaltlichen und als auch bei der verfahrensrechtlichen Ausgestaltung (Antrag nach § 26, Beitrittserklärung nach § 9 SGB V) erhebliche Unterschiede bestehen. Bedeutung hat § 26 zum einen für die Aufrechterhaltung des Versicherungs-

---
1 BGBl. I 1994, 1014.
2 Art. 68 Abs. 1 PflegeVG.
3 BT-Dr. 12/5262, BT-Dr. 12/5617.
4 BT-Dr. 12/5920, 33, BT-Dr. 12/5952, 38 f.
5 BGBl. I 2001, 266.
6 Zur Begründung BT-Dr. 14/3751, 71.

schutzes und zum anderen für die **Einhaltung von Vorversicherungszeiten** als Voraussetzung für die Leistungsgewährung;[7] die Versicherung nach § 26 ist – jedenfalls in den Inlandsfällen des Abs. 1 – eine vollwertige Versicherung, die auch die entsprechenden Leistungsansprüche vermittelt. Eine besondere Regelung über das Ende der Mitgliedschaft enthält § 49 Abs. 3; die Mitgliedschaft endet danach in den Fällen des § 26 mit dem Tod des Mitglieds oder mit Ablauf des übernächsten Kalendermonats, gerechnet von dem Monat an, in dem das Mitglied den Austritt erklärt, wenn die Satzung nicht einen früheren Zeitpunkt bestimmt. Bei Versicherungspflicht in der privaten Pflegeversicherung ist eine Weiterversicherung in der sozialen Pflegeversicherung nicht möglich (Abs. 1 S. 1). Die **praktische Bedeutung der Weiterversicherung** nach Abs. 1 dürfte nach Einführung der Auffangversicherungspflicht in der gesetzlichen Krankenversicherung (§ 5 Abs. 1 Nr. 13 SGB V) und der Versicherungspflicht in der privaten Krankenversicherung (§ 193 VVG) **stark abgenommen** haben, weil auch eine Versicherungspflicht nach § 23 Abs. 1 eine Weiterversicherung ausschließt.

III. Ausscheiden aus der Versicherungspflicht (Abs. 1 S. 1)

3 Die Weiterversicherung ist möglich bei **Ausscheiden aus der Versicherungspflicht**. Die **Gründe für das Ausscheiden** spielen **grundsätzlich keine Rolle**.[8] Nach der ursprünglichen Konzeption des nationalen Gesetzgebers dürfte allerdings jedenfalls für die Zeit bis zum 30.6.2011 ein Ausscheiden aus der Versicherungspflicht wegen Verlegung des Wohnsitzes oder gewöhnlichen Aufenthalts ins Ausland nicht in den Anwendungsbereich des Abs. 1 gefallen sein; bei Abs. 2 dürfte es sich insoweit um eine Spezialregelung gehandelt haben[9] (dazu näher und zur aktuellen Situation: Erläuterungen zu Abs. 2). Eine Weiterversicherung ist auch nicht möglich bei Ausscheiden aus der Versicherungspflicht auf der Grundlage von § 22;[10] in solchen Fällen besteht nach § 22 Abs. 1 Versicherungspflicht in der privaten Pflegeversicherung, so dass für eine Weiterversicherung kein Bedürfnis besteht.

4 Weitere Voraussetzung für die Weiterversicherung ist die Einhaltung einer **Vorversicherungszeit**; entweder muss **innerhalb der letzten fünf Jahre vor dem Ausscheiden mindestens 24 Monate** oder **unmittelbar vor dem Ausscheiden mindestens zwölf Monate** eine Versicherung bestanden haben. Die Vorversicherungszeit von 24 Monaten muss nicht zusammenhängend verlaufen, aber innerhalb der Rahmenfrist von fünf Jahren liegen. Die Vorversicherungszeit von zwölf Monaten muss zusammenhängend verlaufen. Als Vorversicherungszeiten kommen nur Versicherungszeiten in der sozialen Pflegeversicherung, nicht der privaten Pflegeversicherung in Betracht;[11] in Betracht kommen Zeiten der Versicherungspflicht (§§ 20, 21), der Familienversicherung (§ 25) und der (früheren) Weiterversicherung (§ 26) einschließlich der Zeiten fortbestehender Mitgliedschaft (§ 49 Abs. 3 Nr. 2). Unklar ist, ob auch eine Formalmitgliedschaft als Rentenantragsteller als Vorversicherungszeit in Betracht kommt;[12] dass die Berücksichtigung solcher Zeiten in § 26 anders als in § 9 Abs. 1 S. 1 Nr. 1 SGB V nicht ausdrücklich ausgeschlossen wird, spricht für ihre Berücksichtigung.

5 Die Weiterversicherung ist schließlich nur möglich, wenn keine **Versicherungspflicht nach § 23 Abs. 1** eintritt; bei Abschluss einer privaten Krankenversicherung im Anschluss an das Ausscheiden aus der Versicherungspflicht nach den §§ 20, 21 scheidet die Weiterversicherung damit aus. Falls – pflichtwidrig – keine private Pflegeversicherung abgeschlossen wird, eröffnet dies nicht die Möglichkeit zur Weiterversicherung.[13] Ausdrücklich erwähnt in Abs. 1 S. 1 ist nur die Versicherungspflicht nach § 23 Abs. 1; gemeint sind aber auch die Fälle der § 23 Abs. 3 und 4 jeweils in Verbindung mit § 23 Abs. 1.[14]

IV. Erlöschen oder Nichtbestehen der Familienversicherung (Abs. 1 S. 2)

6 Nach Abs. 1 S. 2 kommt eine Weiterversicherung auch in Betracht für Personen, deren **Familienversicherung** nach § 25 erlischt oder nur deswegen nicht besteht, weil die Voraussetzungen des § 25 Abs. 3 vorliegen. Ein **Erlöschen der Familienversicherung** (Abs. 1 S. 2 Alt. 1) kann Folge des Wegfalls der

---

7 Udsching in: Udsching, § 26 Rn. 2.
8 Baier in: Krauskopf, Stand 1/2014, § 26 SGB XI Rn. 3.
9 Peters in: KassKomm, Stand 12/2013, § 26 SGB XI Rn. 7.
10 Baumeister in: BeckOK SozR, SGB XI, 1/2013, § 26 Rn. 7.
11 Berchtold in: Kreikebohm/Spellbrink/Waltermann, § 26 SGB XI Rn. 2; Baier in: Krauskopf, Stand 1/2014, § 26 SGB XI Rn. 8.
12 Dafür: Peters in: KassKomm, Stand 12/2013, § 26 SGB XI Rn. 8; Baumeister in: BeckOK SozR, SGB XI, Stand 12/2013, § 26 Rn. 8.1; dagegen: Berchtold in: Kreikebohm/Spellbrink/Waltermann, § 26 SGB XI Rn. 2.
13 Peters in: KassKomm, Stand 12/2013, § 26 SGB XI Rn. 9.
14 Baier in: Krauskopf, Stand 1/2014, § 26 SGB XI Rn. 4.

Stammversicherung oder Wegfalls der Voraussetzungen für die abgeleitete Familienversicherung sein. Bei Fällen, in denen die Voraussetzungen des Ausschlusses nach § 25 Abs. 3 von Anfang an vorliegen (zB bei neugeborenen Kindern), handelt es sich nicht eigentlich um eine „Weiter"-Versicherung, sondern um eine Neuversicherung; die Überschrift des § 26 passt deshalb nicht zu den Fällen des Abs. 1 S. 2 Alt. 2. Fälle, in denen die Voraussetzungen des § 25 Abs. 3 erst nachträglich eintreten, gehören zu Abs. 1 S. 2 Alt. 1.[15]

Umstritten ist, ob es sich bei der Formulierung „Das gilt auch ..." in **Abs. 1 S. 2** um eine **Rechtsfolgen- oder eine Rechtsgrundverweisung** handelt und ob auch in diesen Fällen eine **Vorversicherungszeit** Voraussetzung für die Weiterversicherung ist. Der Wortlaut ist nicht eindeutig. In der Gesetzesbegründung war ursprünglich darauf hingewiesen worden, dass die Vorversicherungszeiten denen in der gesetzlichen Krankenversicherung angepasst werden sollten.[16] Die Parallelvorschrift des § 9 Abs. 1 Nr. 2 SGB V enthielt zum damaligen Zeitpunkt noch nicht das Erfordernis einer Vorversicherungszeit, woraus die Schlussfolgerung gezogen wird, dass auch für die Weiterversicherung nach Abs. 1 S. 2 keine Vorversicherungszeit erforderlich sei und es sich insoweit um eine Rechtsfolgenverweisung handele.[17] Weil allerdings zum 1.1.2000 für die Fälle des § 9 Abs. 1 Nr. 2 SGB V eine Vorversicherungszeit eingeführt wurde, wird nun auch die Auffassung vertreten, dass dies auch für Abs. 1 S. 2 gelten müsse und es sich um eine Rechtsgrundverweisung handele.[18] Letzteres erscheint problematisch, weil aus einer Änderung des § 9 Abs. 1 Nr. 2 SGB V Schlussfolgerungen auf die unverändert gebliebene Regelung des § 26 gezogen werden.

7

Auch wenn man Abs. 1 S. 2 für eine Rechtsfolgenverweisung hält, schließt dennoch auch in diesen Fällen eine **Versicherungspflicht** nach § 23 Abs. 1 die Weiterversicherung aus. Dies macht schon die Formulierung des § 26 Abs. 1 S. 1 deutlich („sofern ... keine ..."), die die Rolle der Versicherungspflicht nach § 23 Abs. 1 nicht auf der Seite der positiven Tatbestandsmerkmale, sondern als Einschränkung im Sinne eines Nachrangs auf der Rechtsfolgenseite verortet. In solchen Fällen besteht für die Weiterversicherung, die mit einer Zuordnung zum System der privaten Krankenversicherung einerseits und zum System der sozialen Pflegeversicherung andererseits verbunden wäre, auch kein Bedürfnis.

8

V. Verfahren (Abs. 1 S. 3)

Anders als in den Fällen des § 9 SGB V tritt die Weiterversicherung nicht kraft Gesetzes durch Beitrittserklärung ein, sondern ist **antragsabhängig**. Eine Schriftform ist – anders als in § 188 Abs. 3 SGB V – nicht vorgeschrieben. Der Antrag ist bei der zuständigen Pflegekasse zu stellen; in den Fällen des § 26 Abs. 1 S. 1 ist dies die Kasse, die vor der Beendigung der Mitgliedschaft zuständig war, in den Fällen des Abs. 1 S. 2 die Kasse, bei der die Familienversicherung bestanden hat bzw. bestehen würde.

9

Die **Antragsfrist** beträgt in den Fällen der Abs. 1 S. 1 **drei Monate nach Beendigung der Mitgliedschaft**, in den Fällen des Abs. 1 S. 2 **drei Monate nach Beendigung der Familienversicherung oder der Geburt des Kindes**. Wird die Frist versäumt, ist Wiedereinsetzung in den vorigen Stand möglich.[19] In Betracht kommen kann auch ein sozialrechtlicher Herstellungsanspruch; das richterrechtliche Institut des sozialrechtlichen Herstellungsanspruchs ist auch neben der gesetzlichen Wiedereinsetzungsregelung des § 27 SGB X anwendbar.[20] Für die weiteren Einzelheiten wird auf die Kommentierung zu § 9 SGB V verwiesen.

10

Die Versicherung ist durch **konstitutiven Verwaltungsakt** festzustellen.[21] Die Mitgliedschaft beginnt in den Fällen der zuvor Versicherungspflichtigen mit dem Tag, der demjenigen folgt, an dem die Voraussetzungen der §§ 20, 21 entfallen sind.[22] Im Gerichtsverfahren kann eine Klärung durch Erhebung einer kombinierten Anfechtungs- und Verpflichtungsklage erfolgen.[23]

11

---

15 Baumeister in: BeckOK SozR, SGB XI, Stand 12/2013, § 26 Rn. 15.1.
16 BT-Dr. 12/5952, 38 f.
17 Baier in: Krauskopf, Stand 1/2014, § 26 SGB XI Rn. 5; Udsching in: Udsching, § 26 Rn. 4.
18 Baumeister in: BeckOK SozR, SGB XI, Stand 12/2013, § 26 Rn. 13; Peters in: KassKomm, Stand 12/2013, § 26 SGB XI Rn. 12; wohl auch Berchtold in: Kreikebohm/Spellbrink/Waltermann, § 26 SGB XI Rn. 2.
19 BSG, 22.4.2009, B 3 P 13/07 R; Berchtold in: Kreikebohm/Spellbrink/Waltermann, § 26 SGB XI Rn. 2; BSG, 14.5.2002, B 12 KR 14/01 R und BSG, 11.5.1993, 12 RK 36/90 zur freiwilligen Versicherung in der GKV.
20 BSG, 6.5.2010, B 13 R 44/09 R.
21 Berchtold in: Kreikebohm/Spellbrink/Waltermann, § 26 SGB XI Rn. 2.
22 Berchtold in: Kreikebohm/Spellbrink/Waltermann, § 26 SGB XI Rn. 2 mit Hinweis auf § 49 SGB XI.
23 Berchtold in: Kreikebohm/Spellbrink/Waltermann, § 26 SGB XI Rn. 2 mit Hinweis auf § 49 SGB XI.

VI. Weiterversicherung bei Auslandsaufenthalt (Abs. 2 S. 1)

12 Bei der Weiterversicherung nach Abs. 2 S. 1 handelte es sich nach der **ursprünglichen gesetzlichen Konzeption** um eine **Anwartschaftsversicherung** zu einem reduzierten Mindestbeitrag (§ 57 Abs. 5), die den Zweck hatte, trotz eines Auslandsaufenthalts die erforderlichen Vorversicherungszeiten (§ 33 Abs. 2) zu erhalten oder zu vervollständigen.[24] Leistungsansprüche sollten bei dauerhaften Auslandsaufenthalten grundsätzlich nicht bestehen (§ 34 Abs. 1 Nr. 1). Dieses Konzept wurde auch mit dem europarechtlichen Normenkontext als kompatibel angesehen. Insbesondere ging man davon aus, dass die Leistungen bei Pflegebedürftigkeit im europarechtlichen Kontext (VO <EWG> 1408/71) zu den Sachleistungen bei Krankheit zählten und deshalb nicht exportiert werden könnten. Das BSG hat vor diesem Hintergrund entschieden, dass § 26 bei einem in der sozialen Pflegeversicherung versicherten Rentner, der eine gesetzliche Rente aus der deutschen Rentenversicherung und einem anderen EU-Staat bezieht und seinen Wohnsitz aus Deutschland in den anderen EU-Staat verlegt, wegen Art. 15 Abs. 2 VO (EWG) 1408/71 keine Weiterversicherung in der sozialen Pflegeversicherung ermögliche;[25] für die Weiterversicherung nach § 26 Abs. 2 bestehe im Übrigen schon deshalb kein Bedürfnis, weil es sich nur um eine Anwartschaftsversicherung handele und Vorversicherungszeiten nach Art. 18 VO (EWG) 1408/71 ohnehin zusammengerechnet würden.[26] Die Frage, ob Pflegegeld nach § 37 in solchen Fällen exportiert werden kann, wenn im Wohnsitzstaat keine entsprechenden Leistungen bei Pflegebedürftigkeit gewährt werden, hat das BSG dem EuGH im Vorabentscheidungsverfahren vorgelegt.[27] Der EuGH hat entschieden, dass Art. 15 Abs. 2 VO (EWG) 1408/71 (mittlerweile: Art. 14 Abs. 2 VO 883/04) der Anwendung des § 26 nicht entgegenstehe und das Pflegegeld nach § 37 unter näher formulierten Voraussetzungen exportiert werden könne.[28] Im Hinblick auf diese europarechtlichen Vorgaben ist auch der Gesetzgeber tätig geworden und hat mit dem Gesetz zur Koordinierung in der sozialen Sicherheit in Europa vom 22.6.2011[29] § 34 Abs. 1a eingefügt, wonach der Anspruch auf Pflegegeld nach § 37 oder anteiliges Pflegegeld nach § 38 nicht bei pflegebedürftigen Versicherten ruht, die sich in einem Mitgliedstaat der Europäischen Union, einem Vertragsstaat des Abkommens über den Europäischen Wirtschaftsraum oder der Schweiz aufhalten.[30]

13 Vor dem Hintergrund dieser Rechtsentwicklung stellt sich die Frage nach dem **Verhältnis von Abs. 1 zu Abs. 2**. Nach der ursprünglichen Konzeption einer Anwartschaftsversicherung zu geringen Beiträgen (§ 57 Abs. 5) ohne Leistungsansprüche (§ 34 Abs. 1 Nr. 1) dürfte davon auszugehen gewesen sein, dass § 26 Abs. 2 bei Ausscheiden aus der Versicherungspflicht wegen Verlegung des Wohnsitzes oder des Aufenthalts als Spezialregelung anzusehen gewesen ist;[31] diese Auffassung wird auch aktuell noch vertreten.[32] Mit der Einführung des § 34 Abs. 1a, der den Export des Anspruchs auf Pflegegeld (§ 37) ermöglicht, ist das Konzept der Anwartschaftsversicherung allerdings durchbrochen worden. Es wird deshalb jetzt auch die Auffassung vertreten, dass § 26 Abs. 2 teleologisch auf Fälle zu reduzieren sei, in denen sämtliche Leistungsansprüche wegen des Wohnsitzes und gewöhnlichen Aufenthalts im Ausland ruhten, und ansonsten Abs. 1 zur Anwendung komme.[33] Auch diese Auffassung führt indes wohl nicht zu einer völlig stimmigen Systematik. Weder Äquivalenzgesichtspunkte noch der Gleichbehandlungsgrundsatz dürften die Anwendung von Abs. 1 und damit der allgemeinen Regelungen über die Beitragsbemessung in den Fällen des § 34 Abs. 1a verlangen; eine Äquivalenz zwischen Beiträgen einerseits und Dauer und Höhe der Leistungen andererseits gibt es in der sozialen Pflegeversicherung nicht; der Anspruch auf Leistungen im Ausland ist außerdem nach §§ 34 Abs. 1a, 37, 38 auch eingeschränkt. Der EuGH hat zudem seine Entscheidung über die Anwendbarkeit von § 26 und den Export des Anspruchs auf Pflegegeld nach § 37 auch auf das Gebot einer möglichst weitgehenden Realisierung der Arbeitnehmerfreizügigkeit gestützt;[34] bei einer Anwendung des § 26 Abs. 1 wäre aber eine Vorversicherungszeit einzuhalten, was die Arbeitnehmerfreizügigkeit berühren könnte. Die Annahme einer teleologischen Reduktion des Abs. 2 erscheint vor diesem Hintergrund nicht zwingend.

---

24 BSG, 22.4.2009, B 3 P 13/07 R mit Hinweis auf BT-Dr. 12/5262, 82, 107, 110.
25 BSG, 28.5.2008, B 12 P 3/06 R; BSG, 22.4.2009, B 3 P 13/07 R.
26 BSG, 22.4.2009, B 3 P 13/07 R.
27 BSG, 22.4.2009, B 3 P 13/07 R.
28 EuGH, 30.6.2011, C-388/09.
29 BGBl. I 2011, 1202.
30 Zur Begründung BR-Dr. 846/10, 37.
31 BSG, 28.5.2008, B 12 P 3/06 R; offen gelassen in BSG, 22.4.2009, B 3 P 13/07 R.
32 Peters in: KassKomm, Stand 12/2013, § 26 SGB XI Rn. 22.
33 Baumeister in: BeckOK SozR, SGB XI, Stand 12/2013, § 26 Rn. 21b.
34 EuGH, 30.6.2011, C-388/09.

Voraussetzung für die Weiterversicherung nach Abs. 2 S. 1 ist ein **Ausscheiden aus der Versicherungs-** 14
pflicht wegen der Verlegung des Wohnsitzes oder gewöhnlichen Aufenthalts ins Ausland. Vom Wortlaut nicht umfasst ist der Fall, dass die Versicherungspflicht bei Personen endet, die im Ausland wohnen, eine versicherungspflichtige Inlandsbeschäftigung ausgeübt haben und diese aufgeben. In den Gesetzgebungsmaterialien wird allerdings ohne Weiteres davon ausgegangen, dass das Recht zur Weiterversicherung nach Abs. 2 auch in solchen Fällen gelte.[35] Eine Auslegung entgegen dem Wortlaut wird – vor allem auch unter europarechtlichen Gesichtspunkten – für möglich gehalten.[36]

In den Fällen des Abs. 2 ist anders als in den Fällen des Abs. 1 die Einhaltung einer Vorversicherungs- 15
zeit nicht erforderlich. Auch das **Fehlen einer Versicherungspflicht nach § 23 Abs. 1** ist nicht Tatbestandsvoraussetzung; bei Wohnsitz oder gewöhnlichem Aufenthalt im Ausland wird eine solche Versicherungspflicht auch nicht bestehen.

VII. Verfahren (Abs. 2 S. 2)

Wie in den Fällen des Abs. 1 unterliegt die Weiterversicherung nach Abs. 2 einem **Antragserfordernis**. 16
Der Antrag ist bei der Pflegekasse zu stellen, bei der die Versicherung zuletzt bestand. Zu beachten ist, dass die Frist anders als in den Fällen des Abs. 1 nur **innerhalb eines Monats** nach Ausscheiden aus der Versicherungspflicht gestellt werden kann. Gründe für die unterschiedlichen Fristen in den Fällen des Abs. 1 und 2 sind nicht ersichtlich.

VIII. Familienversicherung (Abs. 2 S. 3 und 4)

Nach **Abs. 2 S. 3** erstreckt sich die Weiterversicherung auch auf die nach § 25 versicherten **Familienan-** 17
gehörigen, die gemeinsam mit dem Mitglied ihren Wohnsitz oder gewöhnlichen Aufenthalt in das Ausland verlegen. In der Sache handelt es sich um eine Erstreckung der Weiterversicherung des § 26 Abs. 2 auf die Konstellationen der Familienversicherung. Entfallen mithin bei einem Angehörigen die Voraussetzungen für die Familienversicherung nach § 25 während des Aufenthalts im Ausland, so führt dies auch zum Wegfall der Weiterversicherung im Sinne des Abs. 2 S. 3; eine eigene Weiterversicherung des Angehörigen kann in Betracht kommen.[37]

Für **Familienangehörige, die im Inland verbleiben**, endet nach **Abs. 2 S. 4** die Familienversicherung 18
nach § 25 mit dem Tag, an dem das Mitglied seinen Wohnsitz oder gewöhnlichen Aufenthalt ins Ausland verlegt. Die Regelung soll verhindern, dass Familienangehörige, die im Inland verbleiben und deshalb bei Eintritt des Versicherungsfalls alle Leistungsansprüche uneingeschränkt geltend machen können, über die Familienversicherung von der beitragsermäßigten Versicherung (§ 57 Abs. 5) des Mitglieds nach § 26 Abs. 2 S. 1 profitieren können. Der Angehörige kann selbst versicherungspflichtig werden oder von der Möglichkeit der Weiterversicherung nach Abs. 1 Gebrauch machen.[38]

Sofern man § 26 Abs. 2 in den Fällen, in denen § 34 Abs. 1a anwendbar ist, teleologisch reduzieren 19
und stattdessen § 26 Abs. 1 anwenden will (→ Rn. 13), müsste auch eine analoge Anwendung von Abs. 2 S. 3 in Betracht gezogen werden. Eine analoge Anwendung auch von Abs. 2 S. 4 dürfte indes ausscheiden, weil der Zweck der Vorschrift (Vermeidung einer beitragsermäßigten Familienversicherung bei vollen Leistungsansprüchen) in den Fällen des Abs. 1 mangels Beitragsermäßigung nicht erreicht werden kann.

§ 26a Beitrittsrecht

(1) ¹Personen mit Wohnsitz im Inland, die nicht pflegeversichert sind, weil sie zum Zeitpunkt der Einführung der Pflegeversicherung am 1. Januar 1995 trotz Wohnsitz im Inland keinen Tatbestand der Versicherungspflicht oder der Mitversicherung in der sozialen oder privaten Pflegeversicherung erfüllten, sind berechtigt, die freiwillige Mitgliedschaft bei einer der nach § 48 Abs. 2 wählbaren sozialen Pflegekassen zu beantragen oder einen Pflegeversicherungsvertrag mit einem privaten Versicherungsunternehmen abzuschließen. ²Ausgenommen sind Personen, die laufende Hilfe zum Lebensunterhalt nach

---

35 BT-Dr. 12/5262, 107.
36 Udsching in: Udsching, § 26 Rn. 6; Berchtold in: Kreikebohm/Spellbrink/Waltermann, § 26 SGB XI Rn. 3; Baumeister in: BeckOK SozR, SGB XI, Stand 12/2013, § 26 Rn. 26: analoge Anwendung des Abs. 2.
37 So wohl Peters in: KassKomm, Stand 12/2013, § 26 SGB XI Rn. 27.
38 BT-Dr. 12/5262, 107.

dem Zwölften Buch beziehen sowie Personen, die nicht selbst in der Lage sind, einen Beitrag zu zahlen. ³Der Beitritt ist gegenüber der gewählten Pflegekasse oder dem gewählten privaten Versicherungsunternehmen bis zum 30. Juni 2002 schriftlich zu erklären; er bewirkt einen Versicherungsbeginn rückwirkend zum 1. April 2001. ⁴Die Vorversicherungszeiten nach § 33 Abs. 2 gelten als erfüllt. ⁵Auf den privaten Versicherungsvertrag findet § 110 Abs. 1 Anwendung.

(2) ¹Personen mit Wohnsitz im Inland, die erst ab einem Zeitpunkt nach dem 1. Januar 1995 bis zum Inkrafttreten dieses Gesetzes nicht pflegeversichert sind und keinen Tatbestand der Versicherungspflicht nach diesem Buch erfüllen, sind berechtigt, die freiwillige Mitgliedschaft bei einer der nach § 48 Abs. 2 wählbaren sozialen Pflegekassen zu beantragen oder einen Pflegeversicherungsvertrag mit einem privaten Versicherungsunternehmen abzuschließen. ²Vom Beitrittsrecht ausgenommen sind die in Absatz 1 Satz 2 genannten Personen sowie Personen, die nur deswegen nicht pflegeversichert sind, weil sie nach dem 1. Januar 1995 ohne zwingenden Grund eine private Kranken- und Pflegeversicherung aufgegeben oder von einer möglichen Weiterversicherung in der gesetzlichen Krankenversicherung oder in der sozialen Pflegeversicherung keinen Gebrauch gemacht haben. ³Der Beitritt ist gegenüber der gewählten Pflegekasse oder dem gewählten privaten Versicherungsunternehmen bis zum 30. Juni 2002 schriftlich zu erklären. ⁴Er bewirkt einen Versicherungsbeginn zum 1. Januar 2002. ⁵Auf den privaten Versicherungsvertrag findet § 110 Abs. 3 Anwendung.

(3) ¹Ab dem 1. Juli 2002 besteht ein Beitrittsrecht zur sozialen oder privaten Pflegeversicherung nur für nicht pflegeversicherte Personen, die als Zuwanderer oder Auslandsrückkehrer bei Wohnsitznahme im Inland keinen Tatbestand der Versicherungspflicht nach diesem Buch erfüllen und das 65. Lebensjahr noch nicht vollendet haben, sowie für nicht versicherungspflichtige Personen mit Wohnsitz im Inland, bei denen die Ausschlussgründe nach Absatz 1 Satz 2 entfallen sind. ²Der Beitritt ist gegenüber der nach § 48 Abs. 2 gewählten Pflegekasse oder dem gewählten privaten Versicherungsunternehmen schriftlich innerhalb von drei Monaten nach Wohnsitznahme im Inland oder nach Wegfall der Ausschlussgründe nach Absatz 1 Satz 2 mit Wirkung vom 1. des Monats zu erklären, der auf die Beitrittserklärung folgt. ³Auf den privaten Versicherungsvertrag findet § 110 Abs. 3 Anwendung. ⁴Das Beitrittsrecht nach Satz 1 ist nicht gegeben in Fällen, in denen ohne zwingenden Grund von den in den Absätzen 1 und 2 geregelten Beitrittsrechten kein Gebrauch gemacht worden ist oder in denen die in Absatz 2 Satz 2 aufgeführten Ausschlussgründe vorliegen.

Literatur:

Koch, Beitrittsrecht zur Pflegeversicherung bei Beziehern von Grundsicherung im Alter und bei Erwerbsminderung, jurisPR-SozR 1/2006 Anm. 4; *Trenk-Hinterberger*, Beitrittsrecht zur Pflegeversicherung bei Beziehern von Grundsicherung im Alter und bei Erwerbsminderung, jurisPR-SozR 30/2005 Anm. 5.

I. Entstehungsgeschichte........................ 1	IV. Zu einem späteren Zeitpunkt nicht versicherte Personen (Abs. 2).............. 9
II. Normzweck und Regelungsgehalt 2	V. Beitrittsrecht ab dem 1.7.2002 (Abs. 3)..... 13
III. Bei Einführung der Pflegeversicherung nicht versicherte Personen (Abs. 1)................ 3	

I. Entstehungsgeschichte

1 § 26a wurde mit Art. 1 Nr. 1c des Gesetzes zur Ergänzung der Leistungen bei häuslicher Pflege von Pflegebedürftigen mit erheblichem allgemeinem Betreuungsbedarf (Pflegeleistungs-Ergänzungsgesetz) vom 14. Dezember 2001¹ eingefügt. Mit der am 1.1.2002 in Kraft getretenen² Regelung sollte eine Entscheidung des Bundesverfassungsgerichts³ umgesetzt werden.⁴ Mit Art. 10 Nr. 3 des Gesetzes zur Einordnung des Sozialhilferechts in das Sozialgesetzbuch vom 27. Dezember 2003⁵ wurde Abs. 1 S. 2 mit Wirkung vom 1.1.2005⁶ redaktionell an die Ersetzung des BSHG durch das SGB XII angepasst.⁷

---

1 BGBl. I 2001, 3728.
2 Art. 6 Abs. 2 des Gesetzes.
3 BVerfG, 3.4.2001, 1 BvR 81/98, SozR 3-3300 § 20 Nr. 6.
4 BT-Dr. 14/7473, 21.
5 BGBl 2003, 3022.
6 Art. 70 Abs. 1 des Gesetzes.
7 Zur Begründung BT-Dr. 15/1514, 73.

II. Normzweck und Regelungsgehalt

Mit § 26 a wurde eine Entscheidung des Bundesverfassungsgerichts umgesetzt. Es verstoße gegen den allgemeinen Gleichheitssatz, dass der Gesetzgeber gleichermaßen schutzbedürftige Personen ohne Krankenversicherungsschutz vom Zugang zur gesetzlichen Pflegeversicherung ausgeschlossen habe, die als Volksversicherung angelegt sei; diesen Personen sei zumindest ein Beitrittsrecht einzuräumen; der Gesetzgeber müsse zudem auf der Grundlage des Urteils prüfen, ob im Hinblick auf Art. 3 Abs. 1 GG ein Beitrittsrecht zur gesetzlichen Pflegeversicherung auch solchen Personen einzuräumen sei, die nach dem Inkrafttreten des SGB XI keinen den Zugang zur gesetzlichen Pflegeversicherung begründenden Tatbestand erfüllten und im Pflegefall keinen Anspruch auf Hilfe gegen einen Sozialleistungsträger hätten.[8] Der Gesetzgeber hat zur Umsetzung dieser Vorgaben in § 26 a Abs. 1 bis 3 drei Beitrittsrechte normiert. Die Beitrittsrechte in Abs. 1 und 2 hatten nur zeitlich begrenzte Bedeutung; sie waren jeweils bis zum 30.6.2002 schriftlich zu erklären. Aktuell ausgeübt werden kann nur noch das Beitrittsrecht des Abs. 3; Abs. 3 nimmt tatbestandlich aber auf Abs. 1 und 2 Bezug. Es handelt sich jeweils um Beitrittsrechte für Personen, die aufgrund fehlender Versicherungspflicht nicht pflegeversichert waren bzw. – in den aktuellen Fällen des Abs. 3 – sind.

III. Bei Einführung der Pflegeversicherung nicht versicherte Personen (Abs. 1)

Abs. 1 räumte Personen ein besonderes Beitrittsrecht zur sozialen oder privaten Pflegeversicherung ein, die ansonsten von Anfang an keinen Zugang zur Pflegeversicherung gehabt hätten.

Voraussetzung des Beitrittsrechts ist nach **Abs. 1 S. 1** ein **Wohnsitz im Inland** (§ 30 Abs. 3 SGB I). Der Wohnsitz im Inland musste am 1. Januar 1995 und auch zum Zeitpunkt der Wirksamkeit des Beitritts (frühestens 1.4.2001, § 26 a Abs. 1 S. 3) bestanden haben.[9]

Die Person darf zum Beitrittszeitpunkt **und auch davor nicht pflegeversichert gewesen sein**, weder in der privaten noch in der sozialen Pflegeversicherung. Das aktuelle Fehlen einer Pflegeversicherung musste **kausal** darauf zurückzuführen sein, dass auch zum Zeitpunkt der Einführung der Pflegeversicherung am 1.1.1995 kein **Tatbestand der Pflichtversicherung oder Mitversicherung in der sozialen oder privaten Pflegeversicherung** erfüllt war. Bei Fehlen einer Versicherungspflicht wird der Kausalitätsnachweis im Hinblick auf die soziale Pflegeversicherung mangels einer Beitrittsmöglichkeit nicht auf Schwierigkeiten stoßen. In der privaten Pflegeversicherung muss jedoch zumindest dargelegt werden können, dass private Versicherungsunternehmen den Abschluss eines Vertrags abgelehnt haben; ob allein der fehlende Kontrahierungszwang zum Beleg ausreicht, erscheint zweifelhaft.[10]

Vom Beitrittsrecht ausgenommen sind nach **Abs. 1 S. 2 Alt. 1** Personen, die laufende Hilfe zum Lebensunterhalt nach dem Zwölften Buch beziehen. Die Regelung widerspricht nicht den Vorgaben der Entscheidung des Bundesverfassungsgerichts vom 3.4.2001 (1 BvR 81/98); sie verstößt insbesondere auch nicht gegen Art. 3 GG;[11] die betroffenen Personen haben im Rahmen der Leistungen der Sozialhilfe Anspruch auf Leistungen der Hilfe zur Pflege, die den Leistungen der sozialen Pflegeversicherung entsprechen.[12] Zwar war in den Gesetzgebungsmaterialien der Ausschluss mit Art. 28 GSG begründet worden, wonach Personen, die laufende Hilfe zum Lebensunterhalt nach dem Bundessozialhilfegesetz erhielten, in die gesetzliche Krankenversicherung einbezogen werden sollten;[13] das hierzu notwendige Ausführungsgesetz (Art. 28 Abs. 2 GSG) ist dann nicht erlassen worden. Der Gesetzgeber hat aber mittlerweile für die Krankenversorgung im Bereich der Sozialhilfe anderweitig Regelungen getroffen (§ 264 SGB V) und er hat auch für den Bereich der Krankenversicherung trotz einer weitgehenden Ausweitung der Versicherungspflicht Sonderregelungen bei Bezug von laufenden Leistungen zum Lebensunterhalt im Rahmen der Sozialhilfe beibehalten (§ 5 Abs. 1 Nr. 13, Abs. 8 a SGB V).[14] In die Fallgruppe des § 26 a Abs. 1 S. 2 Alt. 1 gehören auch Personen, die Hilfe zum Lebensunterhalt im Rahmen der Gewährung von Hilfe zur Pflege bei stationärer Unterbringung erhalten.[15]

---

8 BVerfG, 3.4.2001, 1 BvR 81/98, SozR 3-3300 § 20 Nr. 6.
9 So wohl auch Peters in: KassKomm, Stand 12/2013, § 26 a SGB XI Rn. 6.
10 So aber Peters in: KassKomm, Stand 12/2013, § 26 a SGB XI Rn. 6.
11 Vgl. Berchtold in: Kreikebohm/Spellbrink/Waltermann, § 26 SGB XI Rn. 3 mit Hinweis auf BSG, 18.5.2005, B 12 P 3/04 R.
12 BSG, 18.5.2005, B 12 P 3/04 R, SozR 4-3300 § 26 a Nr. 1.
13 BT-Dr. 14/7473, 20.
14 Hierzu BSG, 27.1.2010, B 12 KR 2/09 R.
15 BSG, 18.5.2005, B 12 P 3/04 R, SozR 4-2500 § 5 Nr. 10.

7 Vom Beitrittsrecht ausgenommen sind nach **Abs. 1 S. 2 Alt. 2** auch Personen, die **nicht selbst in der Lage sind, einen Beitrag zu zahlen**. Die Formulierung stößt auf Bedenken, soweit nach dem Wortlaut – vordergründig – gerade solche Personen vom Beitrittsrecht ausgeschlossen werden, die aufgrund mangelnder eigener Leistungsfähigkeit des Schutzes gerade besonders bedürfen. Die Bedeutung der Vorschrift kann allerdings auch in einer gegenüber Abs. 1 S. 2 Alt. 1 verallgemeinerten Systemabgrenzung zwischen Pflegeversicherung und sonstigen sozialen Sicherungssystemen gesehen werden.[16] In dieser Auslegung hat das BSG die Vorschrift beim Bezug von Leistungen nach dem GSiG nicht für verfassungswidrig gehalten.[17]

8 Obwohl in § 26 a (schon in der Überschrift) von einem Beitrittsrecht die Rede ist, wird man auch hier – wie in § 26 SGB XI und wie von der Formulierung des Abs. 1 S. 1 („... zu beantragen ...") nahegelegt – davon ausgehen müssen, dass ein schriftlicher **Antrag** erforderlich ist. Der Antrag war bis zum 30.6.2002 zu stellen, zur sozialen Pflegeversicherung gegenüber einer der nach § 48 Abs. 2 wählbaren sozialen Pflegekassen oder zur privaten Pflegeversicherung gegenüber einem privaten Versicherungsunternehmen (Abs. 1 S. 1 und 3). In der sozialen Pflegeversicherung kommt die Versicherung durch konstitutiven Verwaltungsakt der Pflegekasse, in der privaten Pflegeversicherung durch Annahme des Versicherungsunternehmens zustande;[18] das Unternehmen ist zur Annahme verpflichtet (§ 26 a Abs. 1 S. 5 iVm § 110). Die Vorversicherungszeiten des § 33 Abs. 2 gelten als erfüllt (Abs. 1 S. 4). Wirksam wurde der Beitritt rückwirkend zum 1.4.2001 (Abs. 1 S. 2 Hs. 2).

IV. Zu einem späteren Zeitpunkt nicht versicherte Personen (Abs. 2)

9 Abs. 2 gab Personen ein Beitrittsrecht, die zwar am 1.1.1995 zunächst in der Pflegeversicherung versichert waren, am 1.1.2002 aber nicht mehr versichert waren.

10 Erforderlich für das Beitrittsrecht nach Abs. 2 war ein inländischer Wohnsitz (§ 30 Abs. 3 SGB I). Die Personen durften ab einem Zeitpunkt nach dem **1.1.1995** bis zum Inkrafttreten der Regelung (am **1.1.2002**) nicht mehr versichert gewesen sein und keinen Tatbestand der Versicherungspflicht erfüllen. Das Tatbestandsmerkmal der fehlenden Mitversicherung ist hier – anders als in Abs. 1 – neben der fehlenden Versicherungspflicht nicht eigens erwähnt worden, weil es neben dem Tatbestandsmerkmal „nicht pflegeversichert" wohl keine eigenständige Bedeutung hätte.

11 **Vom Beitrittsrecht ausgeschlossen** waren nach Abs. 2 S. 2 die in Abs. 1 S. 2 genannten Personen (Personen, die laufende Leistungen zum Lebensunterhalt nach dem Zwölften Buch beziehen, sowie Personen, die nicht selbst in der Lage sind, einen Beitrag zu zahlen). Hinzu kommen Personen, die nur deswegen nicht pflegeversichert waren, weil sie nach dem 1.1.1995 ohne zwingenden Grund eine private Kranken- und Pflegeversicherung aufgegeben oder von einer möglichen Weiterversicherung in der gesetzlichen Krankenversicherung oder in der sozialen Pflegeversicherung keinen Gebrauch gemacht hatten. Es sollten somit nur solche Personen vom Beitrittsrecht profitieren, die ohne eigenes Zutun aus der Versicherung ausgeschlossen waren.[19]

12 Für den Beitritt ist ein schriftlicher **Antrag** erforderlich (Abs. 2 S. 3). Der Antrag war bis zum 30.6.2002 zu stellen, zur sozialen Pflegeversicherung gegenüber einer der nach § 48 Abs. 2 wählbaren sozialen Pflegekassen oder zur privaten Pflegeversicherung gegenüber einem privaten Versicherungsunternehmen (Abs. 2 S. 1 und 3). In der sozialen Pflegeversicherung kommt die Versicherung durch konstitutiven Verwaltungsakt der Pflegekasse, in der privaten Pflegeversicherung durch Annahme des Versicherungsunternehmens zustande;[20] das private Versicherungsunternehmen ist zur Annahme verpflichtet (§ 26 a Abs. 2 S. 5 iVm § 110). Die Vorversicherungszeiten des § 33 Abs. 2 gelten – anders als in den Fällen des Abs. 1 – nicht als erfüllt; es dürfte sich dabei nicht um ein Versehen des Gesetzgebers gehandelt haben.[21] Wirksam wurde der Beitritt rückwirkend zum 1.1.2002 (Abs. 2 S. 4).[22]

V. Beitrittsrecht ab dem 1.7.2002 (Abs. 3)

13 Abs. 3 enthält anders als Abs. 1 und 2 eine **zeitlich unbefristete** Regelung; das Beitrittsrecht besteht seit dem 1.7.2002.

---

16 In diesem Sinne wohl Berchtold in: Kreikebohm/Spellbrink/Waltermann, § 26 SGB XI Rn. 3.
17 BSG, 21.9.2005, B 12 P 6/04 R, SozR 4-3300 § 26 a Nr. 2.
18 Berchtold in: Kreikebohm/Spellbrink/Waltermann, § 26 SGB XI Rn. 1.
19 Berchtold in: Kreikebohm/Spellbrink/Waltermann, § 26 SGB XI Rn. 5.
20 Berchtold in: Kreikebohm/Spellbrink/Waltermann, § 26 SGB XI Rn. 1.
21 Vgl. BT-Dr. 14/7473, 21.
22 Zur Begründung BT-Dr. 14/7473, 21.

Das Beitrittsrecht kommt für **zwei Gruppen** von Personen in Betracht, zum einen für **Zuwanderer oder Auslandsrückkehrer**, die bei Wohnsitznahme (§ 30 Abs. 3 SGB I) im Inland keinen Tatbestand der Versicherungspflicht nach dem SGB XI erfüllen und das 65. Lebensjahr noch nicht vollendet haben, und zum anderen für nicht versicherungspflichtige **Personen mit Wohnsitz** (§ 30 Abs. 3 SGB I) im Inland, **bei denen die Ausschlussgründe nach Abs. 1 S. 2** (Bezug von laufender Hilfe von Lebensunterhalt nach dem SGB XII bzw. Unmöglichkeit, selbst einen Beitrag zu bezahlen) **entfallen sind.** Mit der Altersgrenze beim Beitrittsrecht für Zuwanderer und Auslandsrückkehrer soll nach dem Inhalt der Gesetzgebungsmaterialien vermieden werden, dass die Solidargemeinschaft der Beitragszahler unzumutbar belastet wird.[23] Das Tatbestandsmerkmal der fehlenden Mitversicherung ist auch hier – wie in Abs. 2, aber anders als in Abs. 1 – neben der fehlenden Versicherungspflicht nicht eigens erwähnt worden, weil es neben dem Tatbestandsmerkmal „nicht pflegeversichert" wohl keine eigenständige Bedeutung hätte. 14

Für beide Gruppen besteht das Beitrittsrecht nur dann, wenn **keine Pflegeversicherung besteht**, weder in der sozialen noch in der privaten Pflegeversicherung. 15

Nach **Abs. 3 S. 3** besteht das Beitrittsrecht nicht in Fällen, in denen ohne zwingenden Grund **von den in Abs. 1 und 2 geregelten Beitrittsrechten kein Gebrauch gemacht worden** ist oder in denen die in **Abs. 2 S. 2** aufgeführten Ausschlussgründe (Aufgabe einer private Kranken- oder Pflegeversicherung ohne zwingenden Grund oder Nichtgebrauchmachen von einer möglichen Weiterversicherung in der gesetzlichen Krankenversicherung oder in der sozialen Pflegeversicherung) vorliegen. 16

Für den Beitritt ist auch in den Fällen des Abs. 3 ein schriftlicher **Antrag** erforderlich (Abs. 2 S. 3). Zwar ist in Abs. 3 anders als in Abs. 1 und 2 kein Hinweis mehr auf eine Antragstellung enthalten, sondern nur noch von einem Beitrittsrecht die Rede; es kann aber kaum angenommen werden, dass ein grundsätzlich anderer verfahrensrechtlicher Ansatz gewährt werden sollte als in Abs. 1 und 2.[24] In der sozialen Pflegeversicherung kommt damit auch in den Fällen des Abs. 3 die Versicherung durch konstitutiven Verwaltungsakt der Pflegekasse, in der privaten Pflegeversicherung durch Annahme des Versicherungsunternehmens zustande;[25] das private Pflegeversicherungsunternehmen ist zur Annahme verpflichtet (§ 26a Abs. 3 S. 3 iVm § 110). Der Antrag auf Beitritt ist schriftlich innerhalb von drei Monaten nach Wohnsitznahme im Inland oder nach Wegfall der Ausschlussgründe nach Abs. 1 S. 2 mit Wirkung vom 1. des Monats zu erklären, der auf die Beitrittserklärung folgt; er ist bei einer der nach § 48 Abs. 2 wählbaren Pflegekassen oder dem gewählten privaten Versicherungsunternehmen zu stellen (Abs. 3 S. 2). Die Vorversicherungszeiten des § 33 Abs. 2 gelten – anders als in den Fällen des Abs. 1 – nicht als erfüllt; eine entsprechende Regelung fehlt in Abs. 3. 17

§ 27 Kündigung eines privaten Pflegeversicherungsvertrages

¹Personen, die nach den §§ 20 oder 21 versicherungspflichtig werden und bei einem privaten Krankenversicherungsunternehmen gegen Pflegebedürftigkeit versichert sind, können ihren Versicherungsvertrag mit Wirkung vom Eintritt der Versicherungspflicht an kündigen. ²Das Kündigungsrecht gilt auch für Familienangehörige oder Lebenspartner, wenn für sie eine Familienversicherung nach § 25 eintritt. ³§ 5 Absatz 9 des Fünften Buches gilt entsprechend.

Literatur:
Siehe § 23 sowie *Effer-Uhe*, Zur außerordentlichen Kündbarkeit privater Kranken- und Pflegeversicherungsbeiträge, VersR 2012, 684.

I. Entstehungsgeschichte

Die Bestimmung existiert ohne substantielle Veränderungen seit Bestehen der gesetzlichen und privaten Pflegepflichtversicherung. 1

---

23 BT-Dr. 14/7473, 21.
24 Berchtold in: Kreikebohm/Spellbrink/Waltermann, § 26 SGB XI Rn. 7.
25 Berchtold in: Kreikebohm/Spellbrink/Waltermann, § 26 SGB XI Rn. 1.

II. Normzweck und Normsystematik

2 Da die Pflegeversicherung zur Krankenversicherung akzessorisch ist, tritt auch für die Pflegeversicherung die Situation auf, dass privat Versicherte versicherungspflichtig im gesetzlichen System werden. Für diesen Fall räumt § 27 ein **Kündigungsrecht** der nun überflüssig werdenden privaten Pflegepflichtversicherung ein.

Das private Versicherungsverhältnis muss also aktiv durch den Versicherten aufgelöst werden und endet nicht etwa – für die Versicherten einfacher – kraft Gesetzes.[1]

3 Das versicherungsvertragsrechtliche Kündigungsrecht findet sich in **§ 205 Abs. 2 VVG**. Die Versicherungsbedingungen (§ 13 MB/PPV 2017) greifen dies wieder auf. Da die gesetzliche Bestimmung des § 205 Abs. 2 VVG, detaillierter, umfassender und aktueller ist, geht sie, soweit es zu Normkonflikten kommen sollte, § 27 vor. § 27 ist damit **überflüssig**.

III. Voraussetzungen

4 Das Kündigungsrecht entsteht nach § 27 durch das **Eintreten der Versicherungspflicht** gemäß § 20. Die zweite Alternative, der Eintritt der Versicherungspflicht gemäß § 21 hat jedenfalls heute[2] keinen denkbaren Anwendungsbereich mehr. Denn unter § 21 fallende Heilfürsorgeberechtigte werden nur dann gesetzlich pflegeversicherungspflichtig, wenn sie keinen gesetzlichen oder privaten Krankenversicherungsschutz haben. Seit der allgemeinen Versicherungspflicht aufgrund des GKV-WSG ist dies nicht mehr vorgesehen. Auch der **Eintritt einer Familienversicherung** (§ 25) berechtigt zur Kündigung (S. 2).

5 Ohnehin wird § 27 von der umfassenderen Voraussetzung des § 205 VVG verdrängt. Voraussetzung des Kündigungsrechts ist danach schlicht das Eintreten der Versicherungspflicht kraft Gesetzes in der sozialen Pflegeversicherung.[3] Alle genannten Fälle sind davon umfasst.

6 **Kein Kündigungsrecht** besteht allerdings, wenn es am **Neueintritt** der gesetzlichen Versicherungspflicht fehlt. Entsteht etwa eine „Doppelversicherung", weil die gesetzliche Versicherungspflicht auch schon bei Vertragsschluss bestand, greift das besondere Kündigungsrecht nach § 27 und § 205 Abs. 2 VVG nicht.[4]

IV. Ausübung des Kündigungsrechts

7 Das Kündigungsrecht kann der Versicherte ab dem Zeitpunkt ausüben, ab dem die gesetzliche Versicherungspflicht eintritt. Eine Befristung des Kündigungsrechts enthält § 27 nicht. Allerdings gilt nach § 205 Abs. 2 VVG eine dreimonatige Kündigungsfrist. Sie beginnt mit dem Eintritt der Versicherungspflicht. Die in der früheren Praxis umstrittene Frage, ob die Kündigungsfrist nicht erst mit Kenntnis des Versicherungsnehmers zu laufen beginnt,[5] hat der Gesetzgeber nunmehr ausdrücklich verneint.[6]

V. Wirkung der Kündigung

8 Die Kündigung wirkt zurück bis zu dem Zeitpunkt, in dem die Versicherungspflicht eingetreten ist.[7] Damit wird eine Doppelversicherung ausgeschlossen. Ggf. ist die Rückzahlung von Prämien erforderlich, denn dem Versicherer steht ab diesem Zeitpunkt keine Prämie mehr zu (§ 205 Abs. 2 S. 3).

9 Diese Rückwirkung erfolgt allerdings nur bei **rechtzeitiger Kündigung** innerhalb der dreimonatigen Frist gemäß § 205 Abs. 2 S. 1 VVG. Wird die Frist versäumt, ist eine Kündigung nur zum Ende des Monats möglich, in dem der Versicherte den Eintritt der Versicherungspflicht gegenüber dem Versicherungsunternehmen nachweist (§ 205 Abs. 2 S. 4 VVG).

VI. Weitere Verfahrensanforderungen

10 Gemäß § 205 Abs. 2 S. 2 VVG hängt die Wirksamkeit der Kündigung zudem davon ab, dass der **Nachweis der Begründung eines gesetzlichen Versicherungsverhältnisses** geführt wird. Bei rückwirkender Kündigung innerhalb der Dreimonatsfrist muss der Versicherer allerdings den Nachweis anfor-

---

1 Vgl. Hütt in: MüKo-VVG, 2011, § 205 Rn. 14.
2 Gallon/Kuhn-Zuber in: LPK-SGB XI, § 27 Rn. 7.
3 Hütt in: MüKo-VVG, § 205 Rn. 14, dort bezogen auf die Krankenversicherung.
4 BSG, 28.11.2006, B 12 P 1/05 R, BSGE 97, 285.
5 Vgl. Nachweise bei Hütt in: MüKo-VVG, § 205 Rn. 24.
6 RegE zur Reform des VVG, BT-Dr. 16/3945, 114.
7 Zur zivilrechtsdogmatischen Bewältigung vgl. Hütt in: MüKo-VVG, § 205 Rn. 17f.

dern; unterlässt er dies, bleibt die Kündigung auch ohne Nachweis wirksam.[8] Konstitutive Bedeutung hat der Nachweis allerdings bei einer späteren Kündigung. Gemäß § 205 Abs. 2 S. 4 VVG wird diese erst wirksam, nachdem der Nachweis erbracht wird.

Viertes Kapitel
Leistungen der Pflegeversicherung

Erster Abschnitt
Übersicht über die Leistungen

§ 28 Leistungsarten, Grundsätze

(1) Die Pflegeversicherung gewährt folgende Leistungen:
1. Pflegesachleistung (§ 36),
2. Pflegegeld für selbst beschaffte Pflegehilfen (§ 37),
3. Kombination von Geldleistung und Sachleistung (§ 38),
4. häusliche Pflege bei Verhinderung der Pflegeperson (§ 39),
5. Pflegehilfsmittel und wohnumfeldverbessernde Maßnahmen (§ 40),
6. Tagespflege und Nachtpflege (§ 41),
7. Kurzzeitpflege (§ 42),
8. vollstationäre Pflege (§ 43),
9. Pflege in vollstationären Einrichtungen der Hilfe für behinderte Menschen (§ 43 a),
9a. Zusätzliche Betreuung und Aktivierung in stationären Pflegeeinrichtungen (§ 43 b),
10. Leistungen zur sozialen Sicherung der Pflegepersonen (§ 44),
11. zusätzliche Leistungen bei Pflegezeit und kurzzeitiger Arbeitsverhinderung (§ 44 a),
12. Pflegekurse für Angehörige und ehrenamtliche Pflegepersonen (§ 45),
12a Umwandlung des ambulanten Sachleistungsbetrags (§ 45 a),
13. Entlastungsbetrag (§ 45 b),
14. Leistungen des Persönlichen Budgets nach § 17 Abs. 2 bis 4 des Neunten Buches,
15. zusätzliche Leistungen für Pflegebedürftige in ambulant betreuten Wohngruppen (§ 38 a).

(1 a) Versicherte haben gegenüber ihrer Pflegekasse oder ihrem Versicherungsunternehmen Anspruch auf Pflegeberatung (§ 7 a).

(1 b) Bis zum Erreichen des in § 45 e Absatz 2 Satz 2 genannten Zeitpunkts haben Pflegebedürftige unter den Voraussetzungen des § 45 e Absatz 1 Anspruch auf Anschubfinanzierung bei Gründung von ambulant betreuten Wohngruppen.

(2) Personen, die nach beamtenrechtlichen Vorschriften oder Grundsätzen bei Krankheit und Pflege Anspruch auf Beihilfe oder Heilfürsorge haben, erhalten die jeweils zustehenden Leistungen zur Hälfte; dies gilt auch für den Wert von Sachleistungen.

(3) Die Pflegekassen und die Leistungserbringer haben sicherzustellen, daß die Leistungen nach Absatz 1 nach allgemein anerkanntem Stand medizinisch-pflegerischer Erkenntnisse erbracht werden.

(4) Pflege schließt Sterbebegleitung mit ein; Leistungen anderer Sozialleistungsträger bleiben unberührt.

Literatur:

Deutscher Beamtenwirtschaftsring eV (Hrsg.), Die Beihilfe, 17. Auflage 2016; *Epping/Hillgruber* (Hrsg.), Beck'scher Online Kommentar Grundgesetz, 2012 (zit. BeckOK GG); *Fuchs*, Europäisches Sozialrecht, 5. Aufl. 2010; *Richter*, Die neue soziale Pflegeversicherung, 2016; *Schellhorn*, Sozialleistungen bei Pflegebedürftigkeit, 2002; *Welti*, Behinderung und Rehabilitation im sozialen Rechtsstaat, 2005.

I. Entstehungsgeschichte	1	IV. Besondere Leistungsbegrenzung bei Beihilfebezug (Abs. 2)	9
II. Normzweck und europarechtlicher Kontext	2	V. Leistungsgrundsätze (Abs. 3, 4)	13
III. Leistungsarten, Leistungskatalog (Abs. 1, 1a, 1b)	5	VI. Anpassung durch das Bundesteilhabegesetz	17

---
8 Vgl. *Hütt* in: MüKo-VVG, 2011, § 205 Rn. 19; *Berchtold* in: Knickrehm/Kreikebohm/Waltermann, § 27 SGB XI Rn. 3.

I. Entstehungsgeschichte

1 § 28 wurde durch Art. 1 PflegeVG (v. 26.5.1994; BGBl. I, 1014) mWv 1.1.1995 eingeführt. Abs. 1, 3 und 4 entsprechen wortgleich der Fassung des RegE (§ 24), Abs. 2 wurde aufgrund der Empfehlung des 11. Ausschusses aufgenommen.[1] In Abs. 1 wurden die derzeitige Nr. 9 (Pflege in Einrichtungen der Hilfe für behinderte Menschen) mit dem 1. SGB XI-ÄndG vom 14.6.1996 (BGBl. I, 830), die Nr. 11 (zusätzliche Leistungen bei Pflegezeit und Nr. 13 (zusätzliche Betreuungsleistungen) durch Art. 1 Nr. 12 PfWG vom 28.5.2008 (BGBl. I, 874) mWv 1.7.2008 eingefügt, Nr. 14 (Leistungen des Persönlichen Budgets) durch Art. 10 Nr. 4 des Gesetzes zur Einordnung des Sozialhilferechts in das Sozialgesetzbuch vom 19.6.2003 (BGBl. I, 3002) mWv 1.7.2004 eingefügt. Abs. 1 a wurde ebenfalls durch Art. 1 Nr. 12 PfWG, jedoch mWv 1.9.2009, neu aufgenommen. Durch Art. 1 Nr. 9 PNG vom 23.10.2012 (BGBl. I, 2246) wurden mWv 30.10.2012 in Abs. 1 Nr. 15 (neben red. Änderung der Nr. 5) und Abs. 1 b (S. 2 mWv 1.1.2013) eingefügt. Abs. 1 Nr. 13 wurde mWv 1.1.2015 durch Art. 1 Nr. 4 iVm Art. 4 Abs. 2 des Ersten Gesetzes zur Stärkung der pflegerischen Versorgung und zur Änderung weiterer Vorschriften (Erstes Pflegestärkungsgesetz – PSG I) vom 17.12.2014[2] redaktionell geändert. Ebenfalls mWv 1.1.2015 wurde durch Art. 8 Nr. 2 des Gesetzes zur besseren Vereinbarkeit von Familie, Pflege und Beruf Abs. 1 Nr. 11 ergänzt.[3] Mit Art. 2 PSG II vom 28.12.2015 (BGBl. I 2424) wurden mWv 1.1.2017 in Abs. 1 Nr. 9 a, 12 a und 13 eingefügt sowie Abs. 1 b Satz 2 und Abs. 4 aufgehoben; der mit dem Hospiz- und Palliativgesetz vom 1.12.2015 (BGBl. I 2114) eingefügte Abs. 5 wurde Abs. 4.

II. Normzweck und europarechtlicher Kontext

2 Bis zum Inkrafttreten des Leistungsrechts der PV zum 1.1.1995/1.7.1996 (→ § 36 Rn. 1 und → § 43 Rn. 1) wurden Leistungen bei Pflegebedürftigkeit nach dem sozialen Entschädigungs- (BVG und Gesetzen mit dessen entsprechender Anwendung) und Lastenausgleichsrecht, der gesetzlichen Unfallversicherung, den beamtenrechtlichen Beihilfe- und Unfallfürsorgevorschriften sowie landesrechtlichen Regelungen, vor allem aber als Hilfe zur Pflege nach Sozialhilferecht (BSHG/SGB XII) und – rudimentär – als Leistungen bei Schwerpflegebedürftigkeit der GKV gewährt.[4] Mit den Leistungen der sozialen (und privaten) PV sollte nicht nur eine nachhaltige Entlastung der Sozialhilfe bewirkt, sondern vor allem den leistungsberechtigten pflegebedürftigen Personen ein von Bedürftigkeitsprüfung unabhängiger Rechtsanspruch sozialversicherungsrechtlich abgesichert werden.[5] Voraussetzungen für die Leistungsberechtigung sind idR Zugehörigkeit zum versicherten Personenkreis (§§ 20 bis 27), Eintritt des Versicherungsfalls (Pflegebedürftigkeit iSd §§ 14, 15), Antragstellung und Erfüllen weiterer Voraussetzungen, insbesondere Vorversicherungszeiten (§ 33) und leistungsspezifischer Kriterien (s. §§ 7 a, 36 ff.). Abs. 1, ergänzt durch die Pflegeberatung nach Abs. 1 a und die Übergangsregelung des Abs. 1 b, enthält als Ausgangsnorm des vierten Kapitels[6] eine abschließende Auflistung der Leistungen der sozialen PV und aufgrund der Vorgaben des § 23 Abs. 1 S. 2 den „Mindeststandard" der privaten PV.[7] Insofern enthält Abs. 1 einen gemeinsamen Leistungsrahmen für soziale und private PV. Es handelt sich nicht um eine Anspruchs begründende, sondern eine einweisende Norm[8] (mit Konkretisierungsfunktion; → Rn. 5, 7), Anspruchsrelevant sind die (gesetzessystematisch nicht ganz nachvollziehbar) in Abs. 2 bis 4 eingeordneten, die Leistungen gemeinsam betreffenden (s. §§ 29 ff.) Vorschriften:[9] In Abs. 2 wird der Leistungsumfang beihilfeberechtigter Personen begrenzt (→ Rn. 8 ff.). Mit den in Abs. 3 und 4 aufgestellten allgemeinen Grundsätzen zum Inhalt der PV-Leistungen sollen die Qualität der Pflegeleistungen durch PK und Leistungserbringer (Abs. 3) und eine Sterbebegleitung einschließende Pflege (Abs. 4) sichergestellt werden. Baumeister sieht in § 28 insgesamt eine „Eingangsnorm mit begrenzter normativer Bedeutung".[10]

---

1 BT-Dr. 12/5920, 34 f.
2 BGBl. I, 2222; BR-Dr. 466/14, 2.
3 Gesetz zur besseren Vereinbarkeit von Familie, Pflege und Beruf v. 23.12.2014, BGBl. I, 2462, 2470.
4 Bis auf die GKV-Leistungen (§§ 53 bis 56 SGB V wurden zum 1.4.1995 gem. Art. 4 Nr. 4 PflegeVG gestrichen) sind diese Leistungen bei Pflegebedürftigkeit bis heute – mit Modifikationen – erhalten geblieben; Näheres s. Griep/Renn, Pflegesozialrecht, Kap. 4 bis 10. Zum Vor- und Nachrang der PV s. § 13.
5 Reimer in: Hauck/Noftz, SGB XI, § 28 Rn. 1.
6 Baumeister in: BeckOK SozR, SGB XI, § 28 Rn. 1.
7 Udsching in: Udsching, § 28 Rn. 2.
8 Udsching in: Udsching, § 28 Rn. 2; Dalichau, SGB XI, § 28, I.1.; sa BT-Dr. 12/5262, 107.
9 Baumeister in: BeckOK SozR, SGB XI, § 28 Rn. 1; Leitherer in: KassKomm, § 28 SGB XI Rn. 4.
10 Baumeister in: BeckOK SozR, SGB XI, § 28 Rn. 1.

Das Leistungsrecht des SGB XI nimmt keinen direkten Bezug auf europarechtliche Regelungen. Es beschränkt sich in § 34 Abs. 1 Nr. 1 – entsprechend der Regelung des § 16 Abs. 1 Nr. 1 SGB V für die GKV – auf ein grundsätzliches **Ruhen der Leistungsansprüche bei Auslandsaufenthalt** der versicherten Person; **Ausnahmen** gelten bei vorübergehendem kurzfristigen Auslandsaufenthalt nach § 34 Abs. 1 Nr. 1 S. 1, 2 sowie nach § 34 Abs. 1 a[11] beim Pflegegeld (§ 37, § 38 bzgl. anteiligem Pflegegeld) bei pflegebedürftigen versicherten Personen, die sich in einem Mitgliedstaat der **Europäischen Union**, einem Vertragsstaat des Abkommens über den **Europäischen Wirtschaftsraum** oder der **Schweiz** aufhalten. Ruhen des Anspruchs bedeutet, dass der Anspruch zwar an sich unberührt bleibt, wegen der Ruhensbestimmung aber das Recht auf tatsächliche Gewährung der Leistung für eine gewisse Zeit (hier: Aufenthalt der versicherten Person außerhalb des deutschen Territoriums) aufgehoben ist.[12] Mit dieser Regelung sollen Leistungsexporte ins Ausland verhindert werden. Sie gilt aber nicht nur bei einem Aufenthalt in einem EG-Mitgliedstaat aufgrund des vorrangigen (unmittelbar anwendbaren) EG-Rechts nur eingeschränkt (→ Rn. 4), sondern aufgrund § 30 Abs. 2 SGB I und § 6 SGB IV hat auch sonstiges über- und zwischenstaatliches Recht Vorrang vor nationalem Recht.[13]

Dem **Gemeinschaftsrecht** kommt auf dem Gebiet der sozialen Sicherheit (nur) die Funktion zu, die unterschiedlichen nationalen Gesundheitssysteme zu **koordinieren**[14] (nicht zu harmonisieren). Die hierfür erlassene VO (EG) Nr. 883/2004 (mit Durchführungsvorschriften in VO (EG) Nr. 987/2009) gilt gemäß Art. 3 Abs. 1 lit. a) ua für alle Rechtsvorschriften, welche „Leistungen bei Krankheit"[15] zum Gegenstand haben, denen auch die deutsche PV zuzuordnen ist.[16] Die einzelnen Leistungen der PV sind vor allem deshalb als Ergänzung („nicht zwingend integraler Bestandteil")[17] zu denen der KV zu sehen, weil deren Zweck und inhaltliche Ausgestaltung auf eine Verbesserung des Gesundheitszustandes und der Lebenssituation pflegebedürftiger Personen ausgerichtet sind und die beiden Leistungsträger organisatorisch verbunden sind[18] So sieht der EuGH auch die nach § 44 SGB XI (iVm §§ 3 S. 1 Nr. 1 a, 166 Abs. 2 SGB VI) für nicht erwerbsmäßig tätige Pflegepersonen von der PV zu entrichtenden Rentenversicherungsbeiträge als akzessorische Leistung zum Pflegegeld und damit (wie das Pflegegeld nach § 37 selbst) als Geldleistung der KV.[19] Die Zuordnung der PV- zu den KV-Leistungen hat zur Folge, dass Art. 17 ff. VO auch für deutsche PV-Leistungen entsprechend gelten und die zur Gewährleistung der Freizügigkeit in Art. 18 und Art. 48 AEUV (= Art. 12 und Art. 42 EG) aufgestellten Prinzipien (Gleichbehandlung von In- und Ausländern aus Mitgliedstaaten, Gleichstellung von Sachverhalten im Ausland mit denen im Inland, Zusammenrechnung von Versicherungszeiten, Export erworbener Ansprüche auf Geldleistungen, insbesondere Pflegegeld, ins Ausland) bereichsspezifisch umzusetzen sind.[20] **Geldleistungen** sind nach Art. 21 VO vom Träger des Versicherungsstaates nach dessen

---

[11] Eingefügt durch Art. 7 des Gesetzes zur Koordinierung der Systeme der sozialen Sicherheit in Europa und zur Änderung anderer Gesetze, 22.6.2011, BGBl. I, 1202, mWv 29.6.2011, sa Begr. in BR-Dr. 846/10, 37.
[12] Leitherer in: KassKomm, § 34 SGB XI Rn. 4.
[13] Baumeister in: BeckOK SozR, SGB XI, § 34 Rn. 11, 12.
[14] Bassen, NZS 2010, 479; sa EuGH, 16.7.2009, Rs. C-208/07 (Chamier-Glisczinski), Slg 2009, I-6095, mwN = KrV 2009, 213 (Kurzwiedergabe) = DÖV 2009, 721 = FamRZ 2009, 1472 = ZAR 2009, 355 (jeweils Ls.).
[15] So auch Art. 4 Abs. 1 Buchst. a der – für bestimmte Rechtsakte und Abkommen weiterhin geltenden – VO (EWG) Nr. 1408/71 v. 14.7.1971, ABl. L 149, 2.
[16] EuGH, 5.3.1998, Rs. C-190/96 (Molenaar), Slg 1998, I-843 = NZS 1998, 240 = NJW 1998, 1767 = ZfSH/SGB 1998, 290 = SGb 1999, 360; kritisch Schaaf, WzS 1998, 204, 207; EuGH, 16.7.2009, Rs. C-208/07 (Chamier-Glisczinski), Slg 2009, I-6095, mwN = KrV 2009, 213 (Kurzwiedergabe) = DÖV 2009, 721 = FamRZ 2009, 1472 = ZAR 2009, 355 (jeweils Ls.); EuGH, 30.6.2011, Rs. C-388/19 (da Silva Martins) in ABl. EU 2011, Nr. C 252, 4-5 (Ls.) = ASR 2011, 158-168 (Ls. und Gründe) = ArbuR 2011, 346-347 (Kurzwiedergabe) = NZS 2011, 740 (Ls.), juris.
[17] EuGH, 30.6.2011, Rs. C145-388/09 (da Silva Martins; s. Fn. 14), Rn. 47 u. 48 mwN; sa EuGH, 12.7.2012, Rs C-562/10, FD-SozVR 2012, 334571 = BeckRS 2012, 84150 Rn. 51: „Insbesondere sind im Unterschied zu den Leistungen, die mit einer medizinischen Behandlung in Zusammenhang stehen, die das Risiko der – in der Regel lange andauernden – Pflegebedürftigkeit betreffenden Leistungen grundsätzlich nicht darauf angelegt, für kurze Zeit gezahlt zu werden."
[18] Fuchs in: Fuchs, Europäisches Sozialrecht, Art. 3 Rn. 9.
[19] EuGH, 8.7.2004, Rs, C-502/01 und C-31/02 (Gaumain-Cerri/Barth), Slg 2004, I-6483, Rn. 27 = SozR 4-3300 § 44 Nr. 2 = EzAR 831 Nr. 42 = NZS 2005, 88 = RsDE Nr. 60 (2006), 75; Anm. Eichenhofer, SGb 2005, 397 ff.; BSG, 26.1.2005, B 12 P 9/03 R, BeckRS 2005, 40444; Fuchs in: Fuchs, Europäisches Sozialrecht, Art. 3 Rn. 9.
[20] Bieback in Fuchs, Europäisches Sozialrecht, Vorbemerkungen zu Art. 17 ff. Rn. 9; EuGH, 30.6.2011, Rs. C-388/09 (da Silva Martins) in ABl. EU 2011, Nr. C 252, 4-5 (Ls.) = ASR 2011, 158-168 (Ls. und Gründe) = ArbuR 2011, 346-347 (Kurzwiedergabe) = NZS 2011, 740 (Ls.), juris.

Vorschriften auch im Ausland zu erbringen; die Anwendbarkeit der Ruhensvorschrift § 34 Abs. 1 Nr. 1 ist ausgeschlossen. Dass sich die Ausnahmeregelung des § 34 Abs. 1 a auf das Pflegegeld beschränkt (neben der „Urlaubsregelung" für die Pflegesachleistung nach § 34 Abs. 1; → Rn. 3), ist nicht zu beanstanden. Der EuGH[21] sieht in den Regeln des AEU-Vertrags für den freien Dienstleistungsverkehr keine Garantie dafür, dass sich ein örtlicher Wechsel in einen anderen Mitgliedstaat ua in Bezug auf Leistungen bei Krankheit oder Pflegebedürftigkeit nicht auswirken werde: Aufgrund der Unterschiede, die im Bereich der sozialen Sicherheit zwischen den (Systemen und Rechtsvorschriften der) Mitgliedstaaten bestünden, könne ein solcher Wechsel „je nachdem nämlich finanzielle Vorteile oder Nachteile haben". Nach Art. 19 VO gilt für den Sachleistungsexport, dass der Wohnsitzstaat ggf. Sachleistungen nach den für ihn geltenden Regelungen auf Rechnung des zuständigen Trägers im Versicherungsstaat erbringt.[22] Sieht das Recht des Aufenthaltsstaates solche Leistungen nicht vor, können Sachleistungen nicht in Anspruch genommen werden.[23] Der sich aus dem Gemeinschaftsrecht ergebende Ausschluss der Anwendbarkeit der Ruhensregelung gilt auch für die **private PV**.[24] Näheres zur Leistungsgewährung bei Auslandsbezug s. § 34.[25]

III. Leistungsarten, Leistungskatalog (Abs. 1, 1a, 1b)

5 Abs. 1, ergänzt durch Abs. 1 a und 1 b, gibt einen **Überblick über die Leistungen** der von der PV zu gewährenden Leistungen (**Leistungskatalog**),[26] ohne sie (näher) zu beschreiben und ohne selbst anspruchsbegründende Bestimmung zu sein (→ Rn. 2, 8). Die eigentlichen Leistungsansprüche (materiellen subjektiven Rechte) ergeben sich, neben den in → Rn. 2 aufgezeigten Leistungsvoraussetzungsregelungen, insbes. aus den §§ 7a, 28 Abs. 2, 28 a, 35 a, 36 bis 45 d, 91 (unter Beachtung von § 28 Abs. 3, 4, §§ 29 bis 35). In § 28 a sind für Personen mit **Pflegegrad 1** erhebliche **Abweichungen** von diesem Leistungskatalog bestimmt (→ § 28 a Rn. 1 ff.). Die Beziehungen zwischen PK und Leistungserbringern (Leistungserbringungsrecht) sind in den §§ 69 ff. geregelt.

6 Der Leistungskatalog gilt in vollem Umfang nur für die Pflegegrade 2 bis 5; für Pflegegrad 1 trifft § 28 a erhebliche Einschränkungen. Die Auflistung gibt eine gewisse Rangfolge vor: Sie nennt vorrangig die **ambulanten** (§§ 36 bis 40, 44, 44 a, 45 bis 45 b, 7 a) vor den stationären **Leistungen** (§§ 42 bis 43 b). Die Privilegierung der ambulanten Leistungen in §§ 3, 28, 36 ff. ist unter verfassungsrechtlichen Aspekten nicht zu beanstanden, weil sich der Gesetzgeber mit diesen Normen in Konkretisierung des Sozialstaatsauftrags (Artt. 20, 28 GG) für die „Normalität des Lebens in häuslicher Umgebung" [27] entschieden hat (→ § 28 Rn. 8, → § 38 a Rn. 8). Der größere Teil davon sind reine **Sachleistungen** (§§ 36, 40 Abs. 1, 41, 42, 43 b). Während es sich beim Pflegegeld (§ 37), Entlastungsbetrag (§ 45 b) sowie den Leistungen zur sozialen Sicherung der Pflegepersonen (§§ 44, 44 a) um **Geldleistungen** und bei § 38 (evtl. § 38 a) um eine Kombination von (jeweils zuordenbaren) Geld- und Sachleistungen handelt, ist bei einigen Pflegeleistungen (§§ 38 a, 39, 40 Abs. 4, 43 a, 45 a sowie der im Katalog nicht aufgeführten Kostenerstattung nach § 91) streitig, ob sie zu Geldleistungen oder **Sachleistungssurrogaten** zu zählen sind.[28] Wegen der engen Bindung an den Verwendungszweck sind die letztgenannten eher als zweckgebundene Sachleistungen (→ § 38 a Rn. 6, → § 39 Rn. 4) zu bewerten, was für die Anwendung der Vorschriften über die Aufrechenbarkeit (§ 51 SGB I), Übertragbarkeit und Verpfändbarkeit (§ 53 SGB I) und Vererbbarkeit (§§ 58, 59 SGB I) sowie für ihre Exportierbarkeit (→ Rn. 4 ff.) von Bedeutung ist.[29] Zu den **Dienstleistungen** können neben der Pflegeberatung (§ 7 a) die Pflegekurse (§ 45) gezählt werden. In der PV werden die Sachleistungen erbringungsrechtlich und betragsmäßig bevorzugt (s. insbes. §§ 36, 37, 38).[30] Nach § 35 a können pflegebedürftige Personen bestimmte Leistungen als Teil eines trägerübergreifenden Persönlichen Budgets nach § 17 Abs. 2 bis 4 SGB IX (iVm Budgetver-

---

21 EuGH, 12.7.2012, Rs C-562/10, FD-SozVR 2012, 334571 = BeckRS 2012, 84150 Rn. 57.
22 Bassen, NZS 2010, 479, 483.
23 So auch EuGH, 16.7.2009, Rs. C-208/07 (Chamier-Glisczinski), Slg 2009, I-6095, mwN = KrV 2009, 213 (Kurzwiedergabe) = DÖV 2009, 721 = FamRZ 2009, 1472 = ZAR 2009, 355 (jeweils Ls.).
24 Baumeister in: BeckOK SozR, SGB XI, § 34 Rn. 10; EuGH, 8.7.2004, Rs C-502/01 (Gaumain-Cerri/Barth, s. Fn. 14); BSG, 28.9.2006, B 3 P 3/05 R, BeckRS 2006, 44763 = LSK 2007, 320166 = VersR 2007, 1074, Rn. 10.
25 Gem. Rundschr. d. Spitzenverb. zu Leistungen der PV bei Auslandsaufenthalt, 5.9.2006 – Anlage 5.
26 Vgl. Griep/Renn, Pflegesozialrecht, Rn. 124.
27 Plantholz/Krahmer in: LPK-SGB XI, § 3 Rn. 2.
28 Manchmal werden auch die aufgeführten Geldleistungen als Sachleistungssurrogate betrachtet, → § 37 Rn. 4.
29 Größtenteils übereinstimmend mit Plantholz in: LPK-SGB XI, § 28 Rn. 6 (aA zu § 37).
30 Zur Unterscheidung Geld-, Sach-, Dienstleistungen s. §§ 4 Abs. 1, 11 SGB XI iVm § 11 SGB I; § 36 Rn. 5.

ordnung nach § 21 a SGB IX und § 159 SGB IX) als **Komplexleistung** erhalten.³¹ Auch durch den neuen Pflegebedürftigkeitsbegriff (§§ 14, 15) wurden die zT erheblichen **Abgrenzungsprobleme** zwischen Teilhabe/Rehabilitation und (aktivierender) Pflege nicht gelöst;³² Analoges gilt für die Schnittstellen zwischen SGB V- und SGB XI-Pflegeleistungen, zB häusliche Krankenpflege (§ 37 SGB V) und häusliche Pflegehilfe (§§ 36 iVm 14 Abs. 2 SGB XI) oder medizinische Behandlungspflege in stationären Einrichtungen (s. zB § 43 Abs. 2 SGB XI). **Adressaten** der Leistungen der PV sind zwar überwiegend **pflegebedürftige Personen**, aber auch für ehrenamtlich tätige **Pflegepersonen** (zT reicht „Interesse" aus, s. § 45) sind Leistungen (§§ 7 a, 44 bis 45) vorgesehen.³³ Bezüglich der einzelnen Leistungen wird auf die Erläuterungen bei den jeweiligen Anspruchsgrundlagen (s. §§ 7 a, 35 a, 36 bis 45 d) verwiesen. Zum Leistungsbegriff → Rn. 8.

Abs. 1 a verweist ausdrücklich auf den Anspruch auf **Pflegeberatung** gem. § 7 a leistungsberechtigter 7 versicherter Personen gegenüber ihrer (gesetzlichen) PK oder ihrem privaten Versicherungsunternehmen und betont damit die große Bedeutung, die ihr der Gesetzgeber einräumen wollte. Udsching³⁴ weist mit Blick auf die Rspr³⁵ darauf hin, dass ein solcher Anspruch bereits zuvor nach § 7 bestand, von den PK jedoch kaum erfüllt wurde (sa Informationspflichten gem. §§ 13 bis 15 SGB I). Die PK hat nach § 7 b Abs. 1 S. 1 der antragstellenden Person unmittelbar nach Eingang eines erstmaligen Antrags sowie späterer Anträge auf bestimmte Leistungen entweder einen konkreten **Beratungstermin** (unter Angabe einer Kontaktperson) anzubieten und spätestens innerhalb von zwei Wochen (nach Antragseingang) durchzuführen oder einen **Beratungsgutschein** auszustellen, in dem Beratungsstellen benannt sind, bei denen dieser (innerhalb von zwei Wochen nach Antragseingang) eingelöst werden kann. Die Pflegeberatung umfasst nach § 7 a Abs. 1 S. 1 die individuelle Beratung und Hilfestellung durch einen Pflegeberater oder eine Pflegeberaterin bei der Auswahl und Inanspruchnahme von Sozialleistungen und sonstigen Hilfsangeboten, die auf die Unterstützung von Menschen mit Pflege-, Versorgungs- oder Betreuungsbedarf ausgerichtet sind. Die Case Management Aufgaben nach § 7 a Abs. 1 S. 2 sind vor allem auch im Zusammenhang mit den Leistungsansprüchen nach §§ 36 ff. zu sehen.³⁶

Der Leistungskatalog der Abs. 1, 1 a, 1 b vervollständigt die in § 21 a Abs. 1 SGB I genannten „Leistungen der sozialen Pflegeversicherung" (es werden insbes. die Leistungen nach §§ 7 a, 35 a, 38 a, 43 a f., 45 a ff. ergänzt). Insofern ist er nach § 21 a SGB I (weiteres) Bindeglied zwischen dem sozialen Recht nach § 4 SGB I (Sozialversicherung) und den Ansprüchen auf Leistungen nach §§ 7 a, 35 a ff. SGB XI und die vorletzte Stufe der **Konkretisierung des Sozialstaatsauftrags** (Art. 20, 28 GG)³⁷ durch SGB I (§ 1 Abs. 1 S. 2 und § 2 iVm § 4) und SGB XI (§§ 1, 28 iVm 36 etc.).³⁸ Die in der Überschrift zum zweiten Abschnitt des SGB XI (etwas unpräzise)³⁹ verwendete Bezeichnung „Einweisungsvorschriften" trifft auch für § 28 Abs. 1, 1 a insofern zu, als entsprechend dem sozialen (subjektiv öffentlichen) Recht nach § 4 SGB I der Pflegeversicherung die von ihr zu „gewährenden" Leistungen zugeordnet werden. Insofern kommt ihr – analog §§ 2 ff. SGB I – die Funktion einer „verbindlichen Auslegungs- und Ermessensleitlinie für die Praxis der Träger und Gerichte"⁴⁰ zu. Nach dem Gesetzeswortlaut könnte es den Anschein haben, dass sich die in Abs. 1 gewählte Formulierung „gewährt" nur auf Träger der sozialen PV bezieht. Unter **Leistungsgewährung** ist die Feststellung eines Sozialleistungsanspruchs (nach Prüfung der Leistungsvoraussetzungen) durch den zuständigen Leistungsträger gem. § 12 SGB I mittels Verwaltungsakt (Bewilligungsbescheid) zu verstehen – im Unterschied zu **Leistungserbringung**, die in der tatsächlichen Zuwendung (realen Bewirkung) von Dienst-, Sach- und Geldleis-

---

31 Näheres → § 35 a Rn. 1 ff.
32 Zum alten Recht ua BSG, 22.7.2004, B 3 KR 5/03 R, SozR 4-2500 § 33 Nr. 5 = FEVS 56, 1 = PflR 2005, 38 = NZS 2005, 533; Dalichau, SGB XI, § 28 IV. 2; Udsching in: Udsching, § 28 Rn. 14.
33 Vgl. auch Schulin, HS-PV, § 15 Rn. 3, 13. Besonders hingewiesen wird auf die in § 44 a gewährten zusätzlichen Leistungen bei Pflegezeit und kurzzeitiger Arbeitsverhinderung, insbes. das Pflegeunterstützungsgeld nach § 44 a Abs. 3–7, welches durch das Gesetz zur besseren Vereinbarkeit von Familie, Pflege und Beruf mWv 1.1.2015 eingeführt wurde (s. Rn. 1).
34 Udsching in: Udsching, § 28 Rn. 4.
35 BSG, 30.10.2001, B 3 KR 27/01 R, BSGE 89, 50, 55 = SozR 3-3300 § 12 Nr. 1 = PflR 2002, 293 = FEVS 53, 529.
36 Plantholz in: LPK-SGB XI, § 28 Rn. 12.
37 BVerfG, 13.1.1982, 1 BvR 848/77, BVerfGE 59, 231, 263 = NJW 1982, 1447; Huster/Rux in: BeckOK GG, Art. 20 Rn. 195.
38 Zu diesem Stufenmodell Krahmer in: LPK-SGB I, 3. Aufl. 2014, Einf. Rn. 9 und § 1 Rn. 2, 5.
39 Sie trifft eigentlich nur für die §§ 18 bis 29, nicht auch für §§ 11 bis 17 SGB I zu; Krahmer in: LPK-SGB I, 3. Aufl. 2014, Einf. Rn. 9.
40 Krahmer in: LPK-SGB I, 3. Aufl. 2014, § 2 Rn. 6.

tungen bestehen, die Gegenstand sozialer Rechte (§§ 3 bis 10 SGB I) der Leistungsempfänger sind,[41] Eine Geld-, Sach- oder Dienst-Leistung (im entschiedenen Fall eine Geldzahlung) eines Sozialleistungsträgers ist für das BSG[42] jedenfalls dann eine „Sozial"-Leistung (iSv §§ 1, 11 SGB I, § 50 SGB X), wenn sie zur Erfüllung eines aus einem sozialen Recht (§§ 2 ff. SGB I) entstandenen Anspruchs (hier Zahlungsanspruch) bestimmt ist. Die Adressaten der in Abs. 1 aufgelisteten Leistungen ergeben sich aus den jeweiligen Anspruchsnormen. Daher regeln Abs. 1, 1a und 1b streng genommen weder Leistungsgewährung noch Leistungserbringung, sondern können eher als „leistungsrechtlicher Unterbau" für die aufgeführten „Leistungen" der PV verstanden werden.[43] Die Bezeichnung „Leistungen" wird im SGB XI, ja sogar innerhalb § 28, nicht einheitlich gebraucht: Alle Leistungen der PV umfasst Abs. 1 (unter Einbeziehung von Abs. 1a und 1b; siehe auch zB §§ 1 Abs. 5, 2 Abs. 1, 4), Abs. 2 kann sich nur auf die Leistungen nach §§ 36 bis 43a, 45a, 45b beziehen. Insofern sind auch die Überschriften zu und Innerhalb des vierten Kapitels ungenau.[44] Unklar sind auch deren Ziele. Leitherer[45] sieht als Ziel der (SGB XI-)Leistungen, abgeleitet aus § 1 Abs. 1 und 4, die Bewältigung des Risikos Pflegebedürftigkeit und Hilfeleistung für die auf solidarische Unterstützung angewiesenen pflegebedürftigen Personen. Anspruchsgrundlagen sind die jeweiligen leistungsrechtlichen Regelungen (→ Rn. 5, 6). Aufgrund dieser ergeben sich für die leistungsberechtigten Personen grundsätzlich **Rechtsansprüche auf konkrete Leistungen** (materielle subjektive Rechte) die den Leistungsträgern (PK) kein Ermessen einräumen. Lediglich in Ausnahmefällen handelt es sich um Ermessensleistungen (zB Förderung von Projekten oder Modellvorhaben gem. § 45c), dh es besteht (nur) ein sog formelles subjektives Recht auf fehlerfreie Ermessensentscheidung (§ 39 Abs. 1 S. 2 SGB I), also Ansprüche im verwaltungsrechtlichen Sinne.[46] Wegen § 23 Abs. 1 S. 2 geben Abs. 1, 1a, 1b auch den „**Mindeststandard**" für die Regelungen der privaten **PV** ihrer auf **Kostenerstattung** basierenden Leistungen (s. § 110 und MB/PPV) vor.[47]

IV. Besondere Leistungsbegrenzung bei Beihilfebezug (Abs. 2)

9 In Abs. 2 wird ein **besonderer Leistungsumfang** für (nach § 20 Abs. 3 pflicht-)versicherte beihilfe- oder heilfürsorgeberechtigte **Beamtinnen und Beamte**,[48] **Richterinnen und Richter**,[49] **Versorgung beziehende Personen**[50] sowie solche, die diesen (durch Gesetz oder Tarifvertrag) gleichgestellt sind,[51] festgelegt: Die ihnen jeweils zustehenden **Leistungen**, einschließlich (Wert der) Sachleistungen, werden jeweils nur **zur Hälfte gewährt**. Dabei wird berücksichtigt, dass die berechtigten Personen nach § 20 Abs. 3 pflichtversichert sind und der Beitragssatz für diesen Personenkreis nach § 55 Abs. 1 S. 2 die Hälfte des gesetzlichen Beitrags nach § 55 Abs. 1 S. 1 beträgt, wofür der Dienstherr jedoch keine Beitragszuschüsse übernimmt (§ 61 Abs. 2).[52] Auch die Prämie in der privaten PV darf 50 % des Höchstbeitrages der sozialen PV (unabhängig von der zu erwartenden Beihilfe) nicht übersteigen (s. § 110 Abs. 2 Nr. 1 Buchst. e). Entsprechend beträgt für Personen, die nach § 28 Abs. 2 Leistungen der PV zur Hälfte erhalten, der Bemessungssatz bezüglich der beihilfefähigen Aufwendungen für diese Leistungen grundsätzlich 50 % (§ 46 Abs. 4 BBhV; → Rn. 10 f.). Diese Anspruchsbegrenzung nach SGB XI und Beihilfebemessung nach BBhV gilt grundsätzlich auch für beihilfeberechtigte **Angehörige** (beitragsfrei mitver-

---

41 Kater in: KassKomm, § 111 SGB X Rn. 27–28 mit Hinweis auf BSG, 6.4.1989, 2 RU 34/88, BSGE 65, 27; etwas modifiziert BSG, 24.7.2001, B 4 RA 102/00 R (Rn. 21), SozR 3-1300 § 50 Nr. 24 = SGb 2002, 294 = FEVS 53, 145.
42 BSG, 24.7.2001, B 4 RA 102/00 R (Rn. 17), SozR 3-1300 § 50 Nr. 24 = SGb 2002, 294 = FEVS 53, 145.
43 Besonderer Dank an Mitherausgeber J. Berchtold für diesen Hinweis.
44 Baumeister in: BeckOK SozR, SGB XI, § 28 Rn. 5; auf die die vielfältige Problematik der SGB XI-Regelungen hat Schulin, NZS 1994, 433 ff., hingewiesen.
45 Schulin, HS-PV, § 15 Rn. 15; BT-Dr. 12/5265, 89.
46 Baumeister in: BeckOK SozR, SGB XI, § 28 Rn. 3, 4.
47 Udsching in: Udsching, § 28 Rn. 2.
48 Siehe §§ 1 ff. BBG und entsprechende Ländergesetze.
49 Siehe §§ 2 ff. DRiG und entsprechende Ländergesetze.
50 Siehe §§ 1, 2 BBhV, § 2 BeamtenVG.
51 Für Soldatinnen und Soldaten – und teilweise Beamtinnen und Beamte in den Vollzugsdiensten – kann die Kranken- und Pflegesicherung auch in Form der sog Heilfürsorge ausgestaltet sein. Zusätzlich bestehen Sonderregelungen im Bereich der Postnachfolgeunternehmen („Postbeamtenkrankenkasse") bzw. Bahn („KVB"); s. Die Beihilfe, abrufbar unter http://www.die-beihilfe.de/ratgeber_beihilfe_2016 (zuletzt abgerufen am 1.3.2017).
52 § 4 BBhV; sa Reimer in: Hauck/Noftz, SGB XI, § 28 Rn. 10.

sicherte Familienmitglieder; § 46 Abs. 2 S. 1 und Abs. 4).[53] Was unter „die jeweils zustehenden Leistungen" (iSv Abs. 2) fällt, ist nicht definiert, jedoch werden diese wohl unter Zugrundelegung der §§ 37 ff. BBhV (iVm Art. 3 GG) mit den dort genannten Leistungen korrespondieren (und auf sie beschränkt bleiben) müssen (→ Rn. 12).

Die **Beihilfe** ist ein im Rahmen seiner (beamtenrechtlichen) Fürsorgepflicht – neben der Kranken und Pflegeversicherung – eingerichtetes, besonderes Sicherungssystem des Staates (Bund, Länder).[54] Rechtsgrundlage auf Bundesebene ist seit 2009 die Bundesbeihilfeverordnung;[55] einige Länder[56] haben die Beihilfevorschriften des Bundes übernommen, andere weichen davon – teilweise erheblich[57] – ab. Durch die BBhV wurden SGB XI und Beihilfe weitestgehend harmonisiert. Die Beihilfe basiert (soweit die BBhV nicht ausdrücklich Pauschalen vorsieht) auf **Kostenerstattung**, wobei den beihilfeberechtigten Personen aufgrund der in § 1 S. 2 BBhV verankerten Verpflichtung zur gesundheitlichen Eigenvorsorge nur ein Teil der als beihilfefähig anerkannten Krankheits- und Pflegeaufwendungen ersetzt wird. Die im Beihilferecht vorgesehene, grundsätzliche Begrenzung der beihilfefähigen Aufwendungen für ambulante/stationäre Pflege (→ Rn. 11) auf die Höhe der in §§ 36 ff. SGB XI genannten Sätze verstößt weder aus formalen (Vorbehalt des Gesetzes, s. Art. 20 Abs. 1, 3, Art. 80 Abs. 1 GG) noch aus anderen Gründen (insbes. Fürsorge-/Alimentationspflicht des Staates, s. Art. 33 Abs. 5 GG) gegen höherrangiges Recht.[58] Auf Beihilfe besteht ein **Rechtsanspruch** (§ 10 Abs. 1 S. 1 BBhV). Anspruch auf Beihilfe zu Pflegeaufwendungen besteht, wenn zum Zeitpunkt des Entstehens dieser Aufwendungen bei der beihilfeberechtigten Person (→ Rn. 8) Pflegebedürftigkeit iSd §§ 14, 15 SGB XI vorliegt (§ 37 Abs. 2 BBhV),[59] die Pflegeleistung beihilfefähig ist (§ 6 BBhV; → Rn. 11) und innerhalb der Frist nach § 54 BBhV Antrag auf Beihilfe gestellt worden ist (§ 51 Abs. 3 S. 1 BBhV).

Beihilfefähig sind die Aufwendungen bei beihilfeberechtigten oder berücksichtigungsfähigen Personen der Pflegegrade 2 bis 5 für eine notwendige häusliche Pflege, Kombinationsleistungen, häusliche Pflege bei Verhinderung der Pflegeperson, Kurzzeit- oder teilstationäre Pflege, ambulant betreute Wohngruppen, Pflegehilfsmittel und Maßnahmen zur Verbesserung des Wohnumfeldes, Leistungen zur sozialen Sicherung der Pflegepersonen, vollstationäre Pflege sowie Pflege in vollstationären Einrichtungen der Behindertenhilfe (§ 38 Nr. 1 iVm §§ 38 a bis 39 a BBhV). Für Pflegegrad 1 sieht § 39 b BBhV einen an § 28 a SGB XI orientierten Katalog von beihilfefähigen Aufwendungen vor. Inhaltlich richten sich die der Beihilfe zu Grunde liegenden Leistungen idR nach den in §§ 36 ff. SGB XI beschriebenen Leistungen: Nach § 38 a Abs. 1 S. 2 BBhV sind Aufwendungen für **häusliche Pflegehilfe** entsprechend § 36 Abs. 1, 2 SGB XI in Form von körperbezogenen Pflegemaßnahmen, pflegerischen Betreuungsmaßnahmen und Hilfen bei der Haushaltsführung in Höhe der in § 36 Abs. 3 SGB XI genannten Sätze für die Pflegegrade 2 bis 5 (Pflegesachleistungen) beihilfefähig, soweit sie durch **geeignete Pflegekräfte**, die im Vertragsverhältnis mit einer PK (§ 77 SGB XI) oder einer zugelassenen ambulanten Pflegeeinrichtung (§ 71 Abs. 1 SGB XI) stehen, erbracht werden. Bei häuslicher Pflege durch **andere** als die in § 38 a Abs. 1 S. 2 BBhV genannten **Pflegekräfte** (idR selbst beschaffte Pflegehilfen) kann nach § 38 a Abs. 3 BBhV eine **Pauschalbeihilfe** gewährt werden, deren Höhe sich nach den § 37 Abs. 1 SGB XI für das Pflegegeld genannten Beträgen richtet, wobei aber das Pflegegeld nach SGB XI und entsprechende Erstattungen oder Sachleistungen aufgrund sonstiger Rechtsvorschriften angerechnet werden. Wird die häusliche Pflegehilfe nur teilweise durch geeignete Pflegekräfte erbracht und daneben anteilige Pauschalbeihilfe beansprucht, wird die Beihilfe nach § 38 b Abs. 1 BBhV anteilig gewährt (analog § 38 SGB XI). Aufwendungen in **ambulant betreuten Wohngruppen** sind nach § 38 d BBhV unter den Voraussetzungen nach § 38 a Abs. 1 SGB XI ebenso beihilfefähig wie Aufwendungen im Rahmen der Anschubfinanzierung zur Gründung ambulant betreuter Wohngruppen entsprechend § 45 e SGB XI. Bei

---

53 Udsching in: Udsching, § 28 Rn. 6; ausführlich Baumeister in: BeckOK SozR, SGB XI, § 28 Rn. 8; zu abweichenden Bemessungssätzen s. § 46 Abs. 2 S. 2 ff. und Abs. 3.
54 Plantholz, in: LPK-SGB XI, § 28 Rn. 10, Griep/Renn, Pflegesozialrecht, Rn. 251.
55 Verordnung über Beihilfe in Krankheits-, Pflege- und Geburtsfällen, Bundesbeihilfeverordnung (BBhV) idF v. 17.12.2009 mWv 24.12.2009, BGBl. I, 326, 3299, zuletzt geändert durch Art. 2 der Verordnung v. 25.10.2016, BGBl. I, 2403 (PSG III nicht eingearbeitet); Verordnungsermächtigung: § 80 Abs. 4 BBG.
56 U.a. Mecklenburg-Vorpommern, Sachsen-Anhalt und Thüringen.
57 Siehe zB Hessische Beihilfenverordnung (HBeihVO) v. 5.12.2001 (GVBl. I 2001, 482, 491, 564); im Folgenden werden nur die bundesrechtlichen Vorschriften behandelt.
58 VG München, 14.1.2010, M 17 K 09.3587, Rn. 19 ff., juris, mit Hinweisen auf Rspr. des BVerfG und BVerwG; sa VG Düsseldorf, 24.10.2011, 21 K 405/11 und, 6.5.2011, 13 K 3866/10.
59 Für Aufwendungen für Pflegeberatung nach § 7 a SGB XI gelten die dort genannten besonderen Voraussetzungen (§ 37 Abs. 1 BBhV).

Verhinderung der Pflegeperson (**Ersatzpflege**) gilt § 39 SGB XI gemäß § 38 c BBhV entsprechend. Nach § 38 g BBhV sind Aufwendungen für **Pflegehilfsmittel** und Maßnahmen zur Verbesserung des individuellen Wohnumfelds (§ 40 SGB XI) nur beihilfefähig, wenn auch ein Anspruch auf anteilige Zuschüsse für die jeweiligen Leistungen gegen die private oder soziale PV besteht. Aufwendungen für teilstationäre Pflege in Einrichtungen der **Tages- oder Nachtpflege** sind nach § 38 d Abs. 1 BBhV beihilfefähig, wenn häusliche Pflege nicht in ausreichendem Umfang sichergestellt werden kann oder die teilstationäre Pflege zur Ergänzung oder Stärkung der häuslichen Pflege erforderlich ist, wobei auch hier die SGB XI-Beträge (§ 41) maßgebend sind. Bei **Kurzzeitpflege** gilt § 42 SGB XI entsprechend (§ 38 Abs. 6 BBhV). Bei **vollstationärer Pflege** in einer zugelassenen (oder mit einer solchen vergleichbaren) **Pflegeeinrichtung** (§ 72 Abs. 1 S. 1 SGB XI) ist nach § 39 Abs. 1 bis 3 BBhV zu unterscheiden zwischen Aufwendungen für Unterkunft und Verpflegung einerseits und pflegebedingte Aufwendungen andererseits. Aufwendungen für **Unterkunft und Verpflegung** einschließlich Investitionskosten, jedoch nicht für Zusatzleistungen nach § 88 SGB XI, sind nur beihilfefähig, wenn sie einen in § 39 Abs. 2 BBhV näher bestimmten Eigenanteil der Einnahmen der beihilfeberechtigten Person übersteigen (s. § 39 Abs. 3 S. 1 ff. BBhV). **Pflegebedingte Aufwendungen** iSd § 84 Abs. 1 S. 1 SGB XI (**Pflegesätze**) sind in gleicher Höhe, wie in §§ 43, 43 b SGB XI festgelegt, beihilfefähig (§ 39 Abs. 1 S. 2, 3, Abs. 4 BBhV). Nach § 39 a BBhV sind auch Aufwendungen für Pflege und Betreuung in einer **vollstationären Einrichtung für behinderte Menschen**, in der die Teilhabe am Arbeitsleben und am Leben in der Gemeinschaft, die schulische Ausbildung oder die Erziehung behinderter Menschen im Vordergrund des Einrichtungszwecks stehen (§ 43 a SGB XI), beihilfefähig.

12 **Fazit:** Da beihilfeberechtigte sozial pflegeversicherte Personen nach § 28 Abs. 2 nur **Anspruch auf die Hälfte** der „jeweils zustehenden" (gesetzlich vorgesehenen) **Leistungen der PV** (→ Rn. 5, 6) haben, erhalten sie nach § 46 Abs. 4 iVm §§ 37 ff. BBhV von der Beihilfestelle grds. auch nur eine **Beihilfe in wertmäßig gleicher Höhe.** Dies ist unter verfassungsrechtlichen Aspekten (→ Rn. 10) nicht zu beanstanden.

V. Leistungsgrundsätze (Abs. 3, 4)

13 PK und Leistungserbringer haben nach Abs. 3 eine **Leistungserbringung nach allgemein anerkannten Stand medizinisch-pflegerischer Erkenntnisse** sicherzustellen. Leistungserbringer sind die zugelassenen Pflegeeinrichtungen (§ 72), gewerblich tätigen Einzelpflegepersonen (§ 77) und Pflegehilfsmittellieferanten (§ 78). Während die **Leistungserbringer** die genannten Standards selbstverständlich nur bei den eigenen Leistungen durch qualifiziertes (internes) Qualitätsmanagement erfüllen und kontrollieren können (sa §§ 11 Abs. 1 S. 1, 72 Abs. 3, 77, 79, 112 ff.), müssen die **PK** ihren allgemeinen Sicherstellungsauftrag nach § 69 Abs. 1 hinsichtlich einer bedarfsgerechten und gleichmäßigen, dem allgemeinen Stand medizinisch-pflegerischer Erkenntnisse entsprechenden pflegerischen Versorgung der versicherten Personen durch den Abschuss entsprechender Versorgungs-, Vergütungs- und Qualitätsvereinbarungen umsetzen.[60] Insofern hat Abs. 3 keine eigenständige rechtliche Bedeutung.[61] Nicht definiert im Gesetz ist der „allgemein anerkannte Stand medizinisch-pflegerischer Erkenntnisse" Da es sich hierbei um einen unbestimmten Rechtsbegriff handelt, ist er vollumfassend gerichtlich überprüfbar.[62] Er ist aus dem im SGB V[63] verwendeten Begriff des allgemein anerkannten Standes der medizinischen Erkenntnisse[64] abgeleitet, der jedoch wegen seiner stark (schul-)medizinischen Ausrichtung auf den pflegerischen Bereich nach dem SGB XI nur mit Einschränkungen anwendbar ist.[65] Reimer[66] versteht, der Rechtsprechung zur GKV folgend, allgemein unter „Stand" „die auf einen bestimmten Zeitpunkt bezogene Gesamtmenge der Erkenntnisse über wirksame Pflegeleistungen" und unter „allgemein anerkannt" den „Anerkennungsgrad einer Leistung". Es ist aber bisher nicht gelungen, allgemein anerkannte, gesetzlich verbindliche **Pflegestandards** festzulegen. Ob die mit den durch das PQsG eingefügten (und PNG sowie PSG II und III geänderten) §§ 112 ff. Regulierungsansätze zu einer „humanen und aktivierenden Pflege unter Achtung der Menschenwürde" (§ 11 Abs. 1 S. 1) gelungen sind, muss

---

60 Plantholz, in: LPK-SGB XI, § 28 Rn. 25.
61 So Baumeister in: BeckOK SozR, SGB XI, § 28 Rn. 10; aA Leitherer in: KassKomm, § 28 SGB XI Rn. 17.
62 Plantholz, in: LPK-SGB XI, § 28 Rn. 25.
63 Siehe §§ 2 Abs. 1, 70 Abs. 1, 72 Abs. 2 SGB V.
64 Zu diesem Begriff BSG, 17.2.2010, B 1 KR 14/09 sowie LSG Bln-Bbg, 4.6.2009, L 24 KR 213/08 (beide nv); Dalichau, SGB XI, § 28 IV 1.
65 Etwa bei der Einschränkung des Kompetenzrahmens, vgl. BSG, 16.12. 1993, 4 RK 5/92, SozR 3-2500 § 13 Nr. 4 = NZS 1994, 507; Dalichau, SGB XI, § 28 IV 1.
66 Reimer in: Hauck/Noftz, SGB XI, § 28 Rn. 11.

sich in der Praxis noch zeigen. Immerhin finden die bisher veröffentlichten **Expertenstandards** (s. § 113a Abs. 1 S. 1) anerkennungswerte, erfolgversprechende Resonanz.[67]

Die Achtung der Würde des Menschen (Art. 1 Abs. 1 GG) erstreckt sich auf das „Sterben unter würdigen Bedingungen".[68] Dass diesem Grundrecht auch in der Pflege Geltung zu verschaffen ist, soll mit der durch das Hospiz- und Palliativgesetz vom 1.12.2015 eingeführten Regelung des Abs. 4 (→ Rn. 1) klargestellt werden: „Sterbende Menschen", so in der Begründung, „benötigen eine umfassende medizinische, pflegerische, psychosoziale und spirituelle Betreuung und Begleitung, die ihrer individuellen Lebenssituation und ihrem hospizlich-palliativen Versorgungsbedarf Rechnung trägt. Ihre besonderen Bedürfnisse sind auch bei der Erbringung von Pflegeleistungen mit zu berücksichtigen."[69] Maßnahmen der **Sterbebegleitung** sind Bestandteil einer Pflege nach dem allgemein anerkannten Stand medizinisch pflegerischer Erkenntnisse in stationärer und ambulanter Pflege. Daher enthält § 75 Abs. 2 S. 1 Nr. 1 den ausdrücklichen Auftrag an die Rahmenvertragsparteien auf Landesebene, den Inhalt der Sterbebegleitung als Pflegeleistung der Einrichtungen verbindlich festzulegen. § 114 Abs. 1 S. 6 sieht eine Informationspflicht des (prüfenden) MDK hinsichtlich der Zusammenarbeit stationärer Pflegeeinrichtungen mit einem Hospiz- und Palliativnetz und eine entsprechende Meldepflicht der Pflegeeinrichtungen bei relevanten Änderungen bezüglich dieser Zusammenarbeit an die Landesverbände der Pflegekassen (im Hinblick auf deren Informationspflicht nach § 115 Abs. 1 b) vor. Nach § 132 g Abs. 1 SGB V können zugelassene stationäre Pflegeeinrichtungen ihren versicherten Bewohnerinnen und Bewohnern eine gesundheitliche Versorgungsplanung für die letzte Lebensphase anbieten.

In Abs. 4 Satz 2 wird klargestellt, dass (bezüglich Sterbebegleitung) Leistungen anderer Sozialleistungsträger unberührt bleiben. Das sind insbesondere Leistungen der GKV nach SGB V (s. insbes. §§ 27 Abs. 1 Satz 2, 37 Abs. 2a, 39a, 39b, 132 d, 132 g).

Neben den in Abs. 3 und 4 normierten sind in der PV insbesondere folgende **Grundsätze bei der Leistungserbringung** zu beachten:[70]
- Selbstbestimmung versus Steuerung (§§ 2 Abs. 1, 7 Abs. 3, 7a, 7c)
- Wunsch- und Wahlrecht (§ 2 Abs. 2)
- Vorrang der häuslichen Pflege (§§ 3, 36 ff.)
- Vorrang von Prävention und Rehabilitation (§§ 5, 31)
- Sachleistungsprinzip/Eigenleistungen der versicherten Personen (§ 4)
- Eigenverantwortung und Mitwirkung (§ 6)
- Trägervielfalt und -autonomie (§ 11)
- Vor- und Nachrang der PV (§ 13)
- Pflegequalität (§§ 11, 28 Abs. 3 SGB XI), Qualitätssicherung (§§ 112 ff.)
- Wirtschaftlichkeit und Beitragssatzstabilität (§§ 29 f., 69 f., 79)
- Sicherstellungsauftrag der PK (§ 69)
- Gemeinsame Verantwortung durch eine „neue Kultur des Helfens" (§ 8 Abs. 2 S. 3)
- Einheitliche Leistungsangebote und Gerichtszuständigkeit für soziale und private PV; für Streitigkeiten über Leistungen und Einstufungen der sozialen und privaten PV sind nach § 51 Abs. 1 Nr. 2 SGG die örtlich zuständigen Sozialgerichte zuständig.[71]

VI. Anpassung durch das Bundesteilhabegesetz

Durch das Bundesteilhabegesetz vom 23.12.2016 (BGBl. I, 3234) wird in Abs. 1 Nr. 14 mWv 1.1.2018 die Angabe „17 Abs. 2 bis 4" durch die Angabe „29" ersetzt.

---

67 Siehe zB Udsching in: Udsching, § 28 Rn. 12; Plantholz, in: LPK-SGB XI, § 28 Rn. 26.
68 BT Dr. 18/5170, 32.
69 BT Dr. 18/5170, 32; vgl. auch im Folgenden.
70 Griep/Renn, Pflegesozialrecht, Rn. 110 ff.
71 Richter in: Berchtold/Richter, Rn. 5.

§ 28 a Leistungen bei Pflegegrad 1

(1) Abweichend von § 28 Absatz 1 und 1 a gewährt die Pflegeversicherung bei Pflegegrad 1 folgende Leistungen:
1. Pflegeberatung gemäß den §§ 7 a und 7 b,
2. Beratung in der eigenen Häuslichkeit gemäß § 37 Absatz 3,
3. zusätzliche Leistungen für Pflegebedürftige in ambulant betreuten Wohngruppen gemäß § 38 a, ohne dass § 38 a Absatz 1 Satz 1 Nummer 2 erfüllt sein muss,
4. Versorgung mit Pflegehilfsmitteln gemäß § 40 Absatz 1 bis 3 und 5,
5. finanzielle Zuschüsse für Maßnahmen zur Verbesserung des individuellen oder gemeinsamen Wohnumfelds gemäß § 40 Absatz 4,
6. zusätzliche Betreuung und Aktivierung in stationären Pflegeeinrichtungen gemäß § 43 b,
7. zusätzliche Leistungen bei Pflegezeit und kurzzeitiger Arbeitsverhinderung gemäß § 44 a,
8. Pflegekurse für Angehörige und ehrenamtliche Pflegepersonen gemäß § 45.

(2) ¹Zudem gewährt die Pflegeversicherung den Entlastungsbetrag gemäß § 45 b Absatz 1 Satz 1 in Höhe von 125 Euro monatlich. ²Dieser kann gemäß § 45 b im Wege der Erstattung von Kosten eingesetzt werden, die dem Versicherten im Zusammenhang mit der Inanspruchnahme von Leistungen der Tages- und Nachtpflege sowie der Kurzzeitpflege, von Leistungen der ambulanten Pflegedienste im Sinne des § 36 sowie von Leistungen der nach Landesrecht anerkannten Angebote zur Unterstützung im Alltag im Sinne des § 45 a Absatz 1 und 2 entstehen.

(3) Wählen Pflegebedürftige des Pflegegrades 1 vollstationäre Pflege, gewährt die Pflegeversicherung gemäß § 43 Absatz 3 einen Zuschuss in Höhe von 125 Euro monatlich.

Literatur:
Siehe § 28 sowie *Richter*, Die neue soziale Pflegeversicherung, 2016.

I. Entstehungsgeschichte

1 § 28 a wurde durch Art. 2 Nr. 14 PSG II (v. 21.12.2015; BGBl. I, 2424) mWv 1.1.2017 eingeführt. Durch Art. 1 Nr. 7 PSG III (v. 23.12.2016; BGBl. I, 3191) wurden in Abs. 1 Nr. 3 geändert und Nr. 7 ebenfalls mWv 1.1.2017 eingefügt.

II. Normzweck und europarechtlicher Kontext

2 Für Leistungen der PV bei Pflegegrad 1 regelt § 28 a die Abweichungen vom (für die Pflegegrade 2 bis 5 in vollem Umfang geltenden) Leistungskatalog des § 28 Abs. 1 und 1 a. Abs. 1, ergänzt durch Abs. 2 und 3, enthält als (spezielle) Ausgangsnorm des vierten Kapitels[1] eine abschließende Auflistung der Leistungen der sozialen PV und aufgrund der Vorgaben des § 23 Abs. 1 S. 2 den gemeinsamen Leistungsrahmen für soziale und private PV bei Pflegegrad 1; es handelt es sich wie § 28 nicht um eine anspruchsbegründende, sondern eine einweisende Norm (→ § 28 Rn. 2).[2] Zur Legitimation der Leistungseinschränkungen wird in der amtl. Begr.[3] ua ausgeführt: „Die Beeinträchtigungen von Personen im Pflegegrad 1 sind gering und liegen vorrangig im somatischen Bereich. Sie erfordern Teilhilfen bei der Selbstversorgung, beim Verlassen der Wohnung und bei der Haushaltsführung. Daneben sind beratende und edukative Unterstützungsangebote von Bedeutung. Insgesamt stehen Leistungen im Vordergrund, die den Verbleib in der häuslichen Umgebung sicherstellen, ohne dass bereits voller Zugang zu den Leistungen der Pflegeversicherung angezeigt ist." Dies ist (verfassungs-)rechtlich grundsätzlich nicht zu beanstanden; allerdings fehlen für die Zusammenstellung der in den Katalog aufgenommenen Leistungen plausible Begründungen. Zum europarechtlichen Kontext → § 28 Rn. 3, 4.

III. Zum Leistungskatalog

3 Der Katalog der in Abs. 1 bis 3 genannten Leistungen, die bei Pflegegrad 1 gewährt werden, umfasst **Dienstleistungen**, zu denen neben der Pflegeberatung (§§ 7 a, 7 b) und Beratung nach § 37 Abs. 3 die Pflegekurse (§ 45) gezählt werden können, **Sachleistungen**, wie die Versorgung mit Hilfsmitteln (§ 40 Abs. 1 bis 3) und zusätzliche Betreuung und Aktivierung in voll- und teilstationären Pflegeeinrichtun-

---
1 Baumeister in: BeckOK SozR, SGB XI, § 28 Rn. 1.
2 § 28 Rn. 2.
3 BT-Dr. 18/5926, 118.

gen (§ 43 b), sowie Geldleistungen, die aber wegen ihrer engen Zweckbindung zu den Sachleistungssurrogaten zu zählen sind, wie der Wohngruppenzuschlag (§ 38a), Zuschuss gemäß § 40 Abs. 5 oder Entlastungsbetrag (§ 45 b Abs. 1). Näheres → § 28 Rn. 5 ff. Auch bezüglich der analog anzuwendenden Beihilferegelung des § 28 Abs. 2 wird auf → § 28 Rn. 9 ff. verwiesen.

Zweiter Abschnitt
Gemeinsame Vorschriften

§ 29 Wirtschaftlichkeitsgebot

(1) ¹Die Leistungen müssen wirksam und wirtschaftlich sein; sie dürfen das Maß des Notwendigen nicht übersteigen. ²Leistungen, die diese Voraussetzungen nicht erfüllen, können Pflegebedürftige nicht beanspruchen, dürfen die Pflegekassen nicht bewilligen und dürfen die Leistungserbringer nicht zu Lasten der sozialen Pflegeversicherung bewirken.
(2) Leistungen dürfen nur bei Leistungserbringern in Anspruch genommen werden, mit denen die Pflegekassen oder die für sie tätigen Verbände Verträge abgeschlossen haben.

Literatur:
Luthe, Optimierende Sozialgestaltung, 2001; *Schlüter*, Grundrechtsbeschränkungen für Pflegebedürftige?, ZRP 2004, 75; *Greiner/Bendix*, Struktur und Systematik des Wirtschaftlichkeitsgebotes im SGB V, SGb 2013, 1.

I. Entstehungsgeschichte

Die im RegE als § 25 ausgewiesene Norm[1] ist unter Art. 1 des PflegeVG[2] vom 26.5.1994 als § 29 eingegliedert und am 1.1.1995 gem. Art. 68 Abs. 1 PflegeVG in Kraft getreten. Der Wortlaut des RegE ist bisher unverändert geblieben. 1

II. Normzweck

Für das bereits im § 12 Abs. 1 SGB V niedergelegten Wirtschaftlichkeitsgebot (SGB V → § 12 Rn. 1) schuf der Gesetzgeber mit § 29 eine Korrespondenzvorschrift im Pflegeversicherungsgesetz. Nach dem RegE unterscheidet sich der Wortlaut des § 29 von dem der GKV, weil die Leistungen in der Pflegeversicherung begrenzt sind und im Einzelfall gegenüber den Leistungen der Krankenversicherung nicht bedarfsdeckend bzw. ausreichend sein können.[3] Der Zweck der Vorschrift richtet sich auf den wirksamen und wirtschaftlichen Umgang der Ressourcen aller Akteure des pflegeversicherungsrechtlichen Dreiecksverhältnisses zugunsten der nach § 1 Abs. 4 geforderten solidarischen Unterstützung der Pflegebedürftigen. Als abschließenden Leistungsrahmen gibt der Gesetzgeber das Maß des Notwendigen vor und verbietet Pflegebedürftigen, Kassen und Leistungserbringern, einen Leistungsaustausch außerhalb dieses Rahmens. 2

Während in § 4 Abs. 3 Pflegekassen, Pflegeeinrichtungen und Versicherte lediglich zur Mitwirkung einer wirtschaftlichen Leistungserbringung bzw. deren Inanspruchnahme aufgefordert werden, erhebt § 29 das wirtschaftliche Verhalten der Normadressaten zum Gebot. § 29 erhält bezüglich des wirtschaftlichen und wirksamen Erbringens der pflegerischen Versorgung differenziertere gesetzliche Ausformungen im siebten Kapitel, etwa in den §§ 72, 75, 79 usw.

Nach den ersten drei Kapiteln des SGB XI, in denen allgemeine Bestimmungen und Leistungsadressaten beschrieben wurden, folgt § 29 im 2. Abschnitt des vierten Kapitels als Eingangsbestimmung vor den folgenden gemeinsamen Vorschriften. Systematisch werden die §§ 29 bis 35 a damit vor die Klammer der im vierten Kapitel folgenden konkreten Leistungen gezogen und sind damit als Leistungsgrundsätze und Leistungsvoraussetzungen zu verstehen.

---

1 BT-Dr. 12/5262, 18.
2 BGBl. I, 1014.
3 BT-Dr. 12/5262, 108.

III. Regelungsgehalt

1. Wirtschaftlichkeit der Leistungen. Nach Abs. 1 Hs. 1 stehen die Leistungen der Pflegeversicherung unter den Vorbehalten ihrer Wirksamkeit und Wirtschaftlichkeit. Dabei stehen Wirksamkeit und die in Hs. 2 folgende Notwendigkeit als Komponenten nebeneinander, das Wirtschaftlichkeitsgebot trägt beide als begriffliche Klammer in sich.[4] Da die Begriffe vom Gesetzgeber keiner klaren Definition unterzogen werden, handelt es sich um unbestimmte Rechtsbegriffe,[5] die gerichtlich voll überprüfbar sind.

Mit der Umschreibung, nach der eine Leistung wirksam sein muss, drückt sich der Anspruch aus, für die nach §§ 14 und 15 festgestellte Pflegebedürftigkeit erfolgreich Unterstützung bei oder die Übernahme von Verrichtungen zu gewähren. Dies geschieht in Form der Gewährung einer Dienst-, Sach- oder Geldleistung (→ § 4 Rn. 5). Die Beurteilung der **Wirksamkeit** einer Leistung ist dabei stets im Kontext der jeweils zeitgemäßen Anwendung der medizinischen und pflegewissenschaftlichen Erkenntnisse vorzunehmen. So kann zB eine im Zuge der nach §§ 113 f. eingeführten sog Expertenstandards erbrachte Leistung nur wirksam erbracht werden, wenn sie innerhalb der dort genannten Qualitätsanforderungen bleibt; mit dem in § 28 Abs. 3 begründeten Sicherstellungsauftrag (→ § 28 Rn. 13) haben Pflegekassen und Leistungserbringer hierfür Sorge zu tragen. Eine begriffliche Ähnlichkeit der Wirksamkeit zur Zweckmäßigkeit nach § 12 Abs. 1 SGB V liegt zwar nahe, ist aber nur insoweit zu erkennen,[6] als sich in einem zweckmäßigen Handeln bedingt ein wahrnehmbarer Handlungserfolg – auch im Sinne der Erfüllung eines Qualitätsstandards – abzeichnen kann. Während bei der Zweckmäßigkeit Kausalität und Finalität von vorneherein bestimmbar sind, verhält sich dies bei der Wirksamkeit nicht zwingend so.[7] Der Leistungserfolg ist indes eindeutig aufgrund der Unterstützungsziele nach den Kriterien der gesundheitlich bedingten Beeinträchtigungen gem. § 14 Abs. 2 bezeichnet und damit, was seine Umsetzung betrifft, im Rahmen des Sach- oder Dienstleistungsangebotes auch bestimmbar (grds. alle Hilfen, die den Ausgleich der beschriebenen Beeinträchtigungen von Mobilität über kognitive Beeinträchtigungen, der Selbstversorgung bis hin zum Umgang mit therapiebedingten Belastungen usw). Er ist der Spannungsbogen zwischen den Vorgaben der Richtlinien nach § 17 zur Feststellungen der Pflegebedürftigkeit einerseits und der Sicherstellungsgarantie der Versorgung nach § 69 und deren Qualität (zB nach §§ 112 ff.) anderseits. Wirksam ist eine Leistung folglich dann, wenn sie die Integrität des Versicherten, wenngleich auf einem pflegewissenschaftlich zeitgemäßen Minimalstandard, so gut wie möglich wiederherstellt bzw. auf einem, die Selbstständigkeit und Selbstbestimmtheit sichernden Niveau (vgl. § 2 Abs. 1 S. 2) halten kann.

Ferner hat die Leistung wirtschaftlich zu sein. Unter **Wirtschaftlichkeit** wird allgemein ein Handeln verstanden, bei dem der Mitteleinsatz in einem angemessenen Verhältnis zum Ergebnis steht. Nach dem Minimalprinzip soll mit kleinstem Mitteleinsatz ein gesetzter Zweck erreicht werden; das Maximalprinzip ist auf eine möglichst vollkommene Zweckerreichung mit einem gegebenen Mitteleinsatz gerichtet.[8] Im Kontext der Vorschriften des SGB XI ist eine Pflegeleistung als wirtschaftlich anzusehen, wenn ihre Erbringung iS ihrer Wirksamkeit zu den hierfür erforderlichen Kosten in einem ausgewogenen und effektiven Verhältnis steht. Diesem Ziel ist die Feststellung des Gesetzgebers zur Seite gestellt, dass Art und Umfang der Leistungen sich nach der Schwere der Pflegebedürftigkeit richten müssen (§ 4 Abs. 1 S. 2, → § 4 Rn. 6). Da sich der finanzielle Aufwand einer Leistung sowohl beim Pflegegeld als auch bei der Pflegesachleistung naturgemäß an einem gesetzlich gerade nicht individualisierten Fall orientiert, lässt sich deren Wirtschaftlichkeit nach Maßgabe der genannten Prinzipien nur vor dem Hintergrund der jeweiligen erfahrungsgeleiteten Wertgrößen bisheriger Leistungserbringung[9] bestimmen. Dass damit das Wirtschaftlichkeitsgebot in der individuellen Leistungsgewährung größtenteils

---

4 Vgl. BSG, 15.5.1963, 6 RKa 21/60, BSGE 19, 127; BSG, 7.12.1966, 6 RKa 6/64, BSGE 26, 20.
5 BSG, aaO.
6 Weitergehend Reimer, in: Hauck/Noftz, SGB XI, § 29 Rn. 8. Der von Reimer für § 29 aufgegriffene Zweckmäßigkeitsansatz nach § 12 SGB V setzt für die Wirksamkeit einer Leistung die Herbeiführung des erstrebten Erfolg mit dem Erfüllen des zu erreichenden Zweckes gleich. Dabei soll der erforderliche Mitteleinsatz unbeachtlich sein. Diese Erweiterung beachtet aber nicht die Tatsache, dass gerade im SGB XI der Mitteleinsatz durchaus nicht dem des SGB V vergleichbar ist (BT-Dr. 12/5262, 108), wenngleich sich sprachlich keine inhaltlichen Differenzen zur „Zweckmäßigkeit" im SGB V darzustellen scheint, vgl. Greiner/Bendix, SGb 2013, 4 (III.4.).
7 Vgl. Greiner/Bendix, SGb 2013, 3 (III.3.).
8 Vgl. Piepenbrock, Gabler Kompakt-Lexikon Volkswirtschaftslehre, Wiesbaden 2009, S. 506.
9 Vgl. Greiner/Bendix, SGb 2013, 3 (III.2.).

leer läuft[10] kann angesichts ausdifferenzierbarer Pflegesätze[11] und fallbezogener Hilfearten zwar nicht durchgehend verallgemeinert werden, wenngleich die Höhe der Betragswerte für die Pflege, zB in §§ 36 f., 43 dafür spricht. Um die Vollziehbarkeit einer Leistungsgewährung bei weit über 2 Mio. Pflegebedürftigen zu ermöglichen ist eine grundlegende Abstraktion nicht zu vermeiden.[12] Der Gesetzgeber öffnet zumindest mit Hilfen in besonderen Pflegebedarfskonstellationen zB nach §§ 15 Abs. 4, 40 Abs. 3 S. 6, entsprechend variierende Kostenrahmen. Die wirtschaftliche Leistungserbringung ist somit im Korridor der Beitragsstabilität einerseits und der Leistungsbeschaffenheit andererseits zu betrachten.[13] Einer Stagnation der Kostensätze wird mit der wiederkehrenden Dynamisierung nach § 30 entgegengewirkt. Dass das Wirtschaftlichkeitsgebot des SGB XI das Gebot ausreichender Leistungsgewährung nicht voll umfasst, hat der Gesetzgeber für § 29 bewusst in Kauf genommen.[14] Seine Gestaltung hat sich jedoch immer an der individuellen pflegerischen Versorgung leitungsberechtigter Personen nach § 14 zu orientieren.

Wegen der Abkehr von einer in jedem Einzelfall bedarfsdeckenden Hilfe dürfte die Effizienz einer Pflegeleistung bereits als gegeben anzusehen sein, wenn sie, wie Abs. 1 Hs. 2 bestimmt, nicht mehr als notwendig ist. Eine Leistung ist **notwendig**, soweit das Leistungsziel, ausgehend von ihrem medizinisch-pflegerischen Zweck, gerade erreicht ist.[15] Das Maß des Notwendigen bildet zugleich die Obergrenze für eine wirtschaftliche Leistungserbringung.[16] Der notwendige Leistungsaufwand ist dann gegeben, wenn Lebensqualität und Wohlbefinden des Pflegebedürftigen erkennbar gesteigert werden.[17] Bei pflegerisch offenbar nicht ausreichenden Leistungen, die unter Einhaltung gesetzlicher Vorgaben erfolgen stellt sich die Frage, ob die Auswirkungen dem Pflegebedürftigen nach § 2 Abs. 1 noch ermöglichen, ein selbstbestimmtes und selbstständiges Leben führen zu können. Im Vordergrund der Leistungserbringung hat an erster Stelle die wirksame Hilfe zu stehen. Damit hätte der Mitteleinsatz, um die Frage zu beantworten, nach erschöpfender Beachtung des medizinisch-pflegerischen Wissenschaftsstands bei der Unterstützung hinter wirtschaftliche Gesichtspunkte zurückzutreten. Die Grenze der Beschränkung auf das Notwendige deutet sich bereits in § 2 Abs. 2 S. 2 an, wonach Wünschen zur Hilfegestaltung der Pflegebedürftigen nur unter dem Vorbehalt ihrer Angemessenheit nachgekommen werden soll. Bei Problemen in der Anwendung von Leistungsalternativen hat ein Kosten-Nutzen-Quotient im Zweifel zurückzutreten, wenn die Wahl auf die teurere Leistung mit wahrscheinlicherem Erfolg fällt.[18] Eine Angemessenheit wird immer dann unterschritten, wenn sich Finanzierungsgrenzen als Eingriffe in

6

---

10 Vgl. Luthe, Optimierende Sozialgestaltung, S. 261. Der Kritik von Luthe ist insoweit zu folgen, als der Wirtschaftlichkeitsgrundsatz allein aus der Perspektive des Pflegebedürftigen keine Rolle spielt, da seine Interessen auf eine optimale Pflege und Wiederherstellung und nicht nach einem Kostenrahmen ausgerichtet sind. Auch die vom BSG beschriebene Rolle der Pflegekassen, die Interessen der Pflegebedürftigen treuhänderisch wahrzunehmen (BSG, 14.12.2000, B 3 P 19/00 R, FEVS 52, 392) bezieht sich letztlich auf die –wengleich solidarisch zu beachtende – Kostenrelevanz der Pflegeleistungen. Das in § 6 Abs. 2 angesprochene Gebot, die im Versicherungsverhältnis erwartete Eigenverantwortung und Mitwirkung wahrzunehmen kann im Hinblick auf Kostenvermeidung das Argument verstärken, dass die wirtschaftliche Erbringung der Leistung nach Abs. 1 nur für die Pflegekassen und die Leistungserbringer relevant ist.
11 Nach dem vom BSG inzwischen aufgegebenen Marktpreismodell im strengen Sinne (BSG, 14.12.2000, B 3 P 19/00, FEVS 52, S. 390 ff.) kommt es bei der Pflegesatzgestaltung nicht mehr nur gravierend auf ein „Nachfragekartell" der Pflegekassen an (S. 394), sondern wesentlich auf das zweistufige Prüfungsergebnis nach externer Vergleichbarkeit und Plausibilität der Pflegesätze (BSG, 29.1.2009, B 3 P 7/08 R, Sozialrecht aktuell 2009, 183 ff. [stationäre Einrichtungen]; BSG, 17.12.2009, B 3 P 3/08 R, Sozialrecht aktuell 2010, 191 ff. [ambulante Einrichtungen]; vgl. hierzu auch Hänlein, Externer Vergleich und ortübliche Vergütung, Freiburg 2010, S. 20).
12 Vgl. Greiner/Bendix, SGb 2013, 2 (II.2.), die in dieser Hinsicht das Verhältnis Sozialabgabe und Ausgabezweck betrachten.
13 Vgl. hierzu Udsching, SGb 2003, 136, der im Hinblick auf den Grundsatz der Wirtschaftlichkeit auf die Antinomie zur Leistungsqualität – und die Abwälzung der nicht finanzierten Kosten auf Versicherte und Sozialhilfeträger hinweist.
14 BT-Dr. 12/5262, 108, BT-Dr. 18/5926, 109.
15 Vgl. BSG, 22.7.1981, 3 RK 56/80, FEVS 31, S. 28.
16 Vgl. auch Greiner/Bendix, SGb 2013, 4 (III. 4.).
17 Dieser auf die weitgehende Erhaltung des Selbstbestimmung gerichtete Ansatz des Notwendigen orientiert sich an den Ausführungserläuterungen zu Art. 1 der Pflegecharta, die 2003 bis 2005 von den Bundesministerien Senioren, Frauen und Jugend sowie Gesundheit und soziale Sicherung gemeinsam mit Experten aus Verbänden und Interessengruppen entwickelt wurde (www.pflege-charta.de).
18 Vgl. Greiner/Bendix, SGb 2013, 5 (III. 6.c.).

die grundgesetzliche Würde der Pflegebedürftigen iRv Art. 2, insbesondere Abs. 2 S. 1 GG darstellen und nicht gedeckt sind durch ein Gesetz, das verhältnismäßig gleichrangige Rechtsgüter schützt.[19]

7 **2. Beanspruchungs-, Bewilligungs- und Bewirkungsvorbehalt.** In Abs. 1 S. 2 wird gegenüber den Beteiligten des Leistungsdreiecks das Verbot ausgesprochen, außerhalb der in Satz 1 beschriebenen Grundsätze zu agieren: Leistungen, die nicht die Voraussetzungen der Wirtschaftlichkeit bzw. der Wirksamkeit in den Grenzen des Notwendigen erfüllen, dürfen Pflegebedürftige ebenso wenig beanspruchen, wie die Pflegekassen sie bewilligen oder die Leistungserbringer sie vornehmen dürfen. Für Pflegebedürftige folgt daraus, dass Ansprüche im schuldrechtlichen Sinne (§ 194 BGB) gegenüber den Pflegekassen nicht außerhalb dieser Voraussetzungen des Abs. 1 S. 1 geltend gemacht werden können. Davon unberührt besteht bei stationärer Pflege aber für Pflegeeinrichtungen und Pflegebedürftige die Möglichkeit, Zusatzleistungen nach § 88 zu vereinbaren und nach gesonderten Zuschlägen zu berechnen, wenn Leistungen außerhalb der genannten Voraussetzungen liegen. Ferner steht in Zusammenhang damit die nach § 91 freie, nicht nach den Vorschriften der §§ 84 ff. gestützte Vergütungsvereinbarung zwischen Pflegeeinrichtungen und Pflegebedürftigen. Die Vergütungen liegen der Höhe nach regelmäßig über den nach §§ 84 ff. zwischen Pflegekassen und Pflegeeinrichtungen vereinbarten und sind von den Pflegebedürftigen selbst zu zahlen. Auf die Folgen dieser einrichtungsindividuellen Kostensätze sind die Pflegebedürftigen in verbraucherschützender Hinsicht aufmerksam zu machen, § 91 Abs. 4 (→ § 91 Rn. 12).

Die Pflegekassen sind durch S. 2 im Rahmen ihres Sicherstellungsauftrages nach § 69 ebenfalls an die Einhaltung der Leistungsvorbehalte gebunden. Arrangements für darüber hinausgehende Hilfen wie sie zwischen Pflegebedürftigen und Leistungserbringern noch möglich sind, müssen aus systematischen Gründen des Dreiecksverhältnisses freilich zur Entlastung und im Interesse der Versichertengemeinschaft nach § 1 Abs. 6 wegfallen.

8 Ob dem Wirtschaftlichkeitsgebot gem. Abs. 1 Rechnung getragen wird bzw. wurde, kann über das normative Pendant zu § 29 durch Wirtschaftlichkeitsprüfungen nach § 79 im Nachhinein festgestellt werden. Die Prüfung durch Sachverständige der Pflegekassen bzw. unabhängige Prüfer erfolgt bei den Leistungserbringern. Auf diese sowie die weiteren Vorschriften des Siebten Kapitels weist der Gesetzgeber als ergänzende bzw. konkretisierende zum Wirtschaftlichkeitsgebot ausdrücklich hin.[20]

9 **3. Vorbehalt ausschließlicher Inanspruchnahme pflegekassenvertraglicher Leistungen.** Die Inanspruchnahme einer Leistung darf nach Abs. 2 lediglich bei solchen Leistungserbringern erfolgen, die mit den Pflegekassen oder deren Verbänden Verträge abgeschlossen haben. Es handelt sich dabei um die nach §§ 72 bis 78 zu schließenden Versorgungsverträge, mit denen die Pflegeeinrichtungen zur Übernahme des Versorgungsauftrages der Pflegekassen legitimiert werden oder nach der Fiktion des § 73 Abs. 3 unter Zugrundelegung der Rechtslage vor dem 1.1.1995 schon berechtigt sind. Im Umkehrschluss ist ein Anspruch auf Kostenerstattung für Pflegebedürftige ausgeschlossen, die Leistungen bei nicht zugelassenen Leistungserbringern erhalten. Hat hingegen die Pflegekasse mit dem Leistungserbringer zwar einen Versorgungsvertrag aber keine Pflegevergütung nach den §§ 85 bis 89 vereinbart, führt dies nicht zugleich zum Ausschluss des Übernahmeanspruchs bei den Pflegebedürftigen. In diesen Fällen erhalten Pflegebedürftige jedoch nach § 91 Abs. 2 nur bis zu 80 % der gemäß §§ 36 ff. bestimmten Beträge.

§ 30 Dynamisierung, Verordnungsermächtigung

(1) ¹Die Bundesregierung prüft alle drei Jahre, erneut im Jahre 2020, Notwendigkeit und Höhe einer Anpassung der Leistungen der Pflegeversicherung. ²Als ein Orientierungswert für die Anpassungsnotwendigkeit dient die kumulierte Preisentwicklung in den letzten drei abgeschlossenen Kalenderjahren; dabei ist sicherzustellen, dass der Anstieg der Leistungsbeträge nicht höher ausfällt als die Bruttolohn-

---

19 Vgl. ausführlich zu der Problematik möglicher Grundrechtsbeschränkungen Schlüter, Grundrechtsbeschränkungen für Pflegebedürftige?, ZRP 2004, 75 ff. Er stellt grundrechtliche Eingriffe im Hinblick auf die Vertrags- bzw. Vergütungssystematiken sowie Festlegung von Pflegesätzen durch Schiedsstellen neben dem Pflegebedürftigen auch für die Leistungserbringerseite dar. Zu Recht reklamiert Schlüter ua die nicht durch den Gesetzgeber in § 29 geregelte Beweislast für eine bestimmte Pflegesatzhöhe zum Ausweis notwendiger Leistungen (ZRP 2004, S. 77) und die im Ergebnis unzulässige Vorschrift des § 70 Abs. 2, die in die Vertragsautonomie von Kostenträger und Leistungserbringer eingreift.
20 Vgl. BT-Dr. 12/5262, 108.

entwicklung im gleichen Zeitraum. ³Bei der Prüfung können die gesamtwirtschaftlichen Rahmenbedingungen mit berücksichtigt werden. ⁴Die Bundesregierung legt den gesetzgebenden Körperschaften des Bundes einen Bericht über das Ergebnis der Prüfung und die tragenden Gründe vor.
(2) ¹Die Bundesregierung wird ermächtigt, nach Vorlage des Berichts unter Berücksichtigung etwaiger Stellungnahmen der gesetzgebenden Körperschaften des Bundes die Höhe der Leistungen der Pflegeversicherung sowie die in § 37 Abs. 3 festgelegten Vergütungen durch Rechtsverordnung mit Zustimmung des Bundesrates zum 1. Januar des Folgejahres anzupassen. ²Die Rechtsverordnung soll frühestens zwei Monate nach Vorlage des Berichts erlassen werden, um den gesetzgebenden Körperschaften des Bundes Gelegenheit zur Stellungnahme zu geben.

Literatur:
Igl, Gesetz zur strukturellen Weiterentwicklung der Pflegeversicherung, NJW 2008, 2214.

I. Entstehungsgeschichte

Die Vorschrift wurde in einer verkürzten Fassung des RegE[1] unter Art. 1 des PflegeVG[2] vom 26.5.1994 eingeführt und ist am 1.1.1995 gem. Art. 68 Abs. 1 PflegeVG in Kraft getreten. Mit dem 1. SGB XI-ÄndG[3] wurde die Verordnungsermächtigung der Bundesregierung um die nach § 37 Abs. 3 S. 4 genannten Beratungsvergütungen erweitert.[4] Eine wesentliche Neugestaltung und Erweiterung erhielt die Vorschrift mit dem PflegeWEG.[5] Sie wurde mWv 1.1.2015 durch das PSG I[6] umstrukturiert und erhielt mit dem PSG II eine Angabenanpassung.[7]

1

II. Normzweck

Um die Höhe der, in der sozialen Pflegversicherung zur Verfügung stehenden Leistungen nicht einem automatischen dh willkürlichen Angleichungsmechanismus zu überlassen, hat der Gesetzgeber mit der Norm die Anbindung an wirtschaftliche Komponenten als Maßstab für eine Anpassung gewählt.[8] Aus der Zusammenschau verschiedener Komponenten kann sich die Dynamisierung aufgrund einer stattgefundenen Prüfung durch die Bundesregierung in drei-Jahres-Zyklen ergeben. Hiermit wird bezweckt, die Kaufkraft der von der Pflegeversicherung vorgehaltenen Leistungen für Pflegebedürftige wie Angehörige auf längere Zeiträume zu sichern.[9] Als weiterer Effekt der Überprüfung einer eventuellen Anpassung ist die Gewährleistung von Nachprüfbarkeit und Transparenz gegenüber der Öffentlichkeit angestrebt.[10] Im Falle einer Anpassung sind auf der einen Seite die Gewährleistung der Beitragsstabilität, auf der anderen Inflationsindex, Bruttolohnentwicklung sowie die gesamtwirtschaftlichen Rahmenbedingungen zu beachten.[11] Da eine Anpassung nicht notwendig eine Erhöhung bedeuten muss, sondern aufgrund der Systematik dieser Vorschrift die Wechselwirkung zwischen veränderbaren Größen erreicht werden soll, wäre auch eine Absenkung der Leistungsgrößen nicht ausgeschlos-

2

---

1 Vgl. BT-Dr. 12/5262, 18 als § 26, Begr. aaO, S. 108. Im RegE bestand die Vorschrift aus zwei Sätzen: S. 1 wies der Bundesregierung die Ermächtigung zur Leistungsanpassung zu; in S. 2 wurde festgestellt, dass eine Veränderung des Leistungsverhältnisses bei häuslicher und stationärer Pflege nicht verändert werden darf. S. 2 wurde nach einer Beschlussempfehlung des Vermittlungsausschusses ohne Begründung gestrichen: BT-Dr. 12/6424, 2, Art. 1 Nr. 7.
2 BGBl. I, 1014.
3 Erstes Gesetz zur Änderung des Elften Sozialgesetzbuches und anderer Gesetze, BGBl. I, 830. Die Vorschrift des § 30 wurde durch Art. 1 iVm Art. 8 dieses Gesetzes geändert und trat mit diesem Gesetz am 15.6.1996 in Kraft.
4 Die Änderung stellt zugleich eine Dynamisierung des Betrages sicher, die ambulante Pflegeeinrichtungen für die Pflege-Pflichteinsätze nach § 37 Abs. 3 beanspruchen können, vgl. BT-Dr. 13/3696.
5 Gesetz zur Strukturellen Weiterentwicklung der Pflegeversicherung v. 28.5.2008, BGBl. I, 874. Die Vorschrift wurde durch Art. 1 iVm Art. 17 zum 1.7.2008 in Kraft gesetzt.
6 Erstes Gesetz zur Stärkung der pflegerischen Versorgung und zur Änderung weiterer Vorschriften (Erstes Pflegestärkungsgesetz – PSG I) vom 17.12.2014 BGBl. I, 2222, Änderung nach Art. 1 Nr. 5, Inkraftsetzung gem. Art. 4 Abs. 2; BT-Dr. 18/1798, 8; BT-Dr. 18/2909, 9.
7 Zweites Gesetz zur Stärkung der pflegerischen Versorgung und zur Änderung weiterer Vorschriften (Zweites Pflegestärkungsgesetz – PSG II) vom 21.12.2015 BGBl. I, 2424, Änderung nach Art. 1 Nr. 16, Inkraftsetzung gem. Art. 8 Abs. 1; BT-Dr. 18/5926, 92.
8 Vgl. BT-Dr. 12/5262, 108; BT-Dr. 16/7439, 53.
9 Vgl. BT-Dr. 16/7439, 53.
10 Vgl. BT-Dr. 16/7439, 53.
11 Vgl. BT-Dr. 16/7439, 53.

sen. Nach dem Wortlaut der Norm in S. 2 Hs. 2 scheint der Gesetzgeber jedoch bei einer Änderung zunächst von einer stetigen Erhöhung auszugehen, weil er lediglich die Begrenzung des Anstiegs formuliert, nicht aber die einer Absenkung. Nach Abschluss der Prüfung durch die Bundesregierung und Vorlage in den gesetzgebenden Körperschaften des Bundes wird die Bundesregierung mit Zustimmung des Bundesrates ermächtigt, eine entsprechende Anpassung zu veranlassen.

III. Regelungsgehalt

1. Prüfungsauftrag und Orientierungswerte (Abs. 1 S. 1 bis 3 nF / S. 1 bis 3 aF). Voraussetzung für eine Anpassung der Leistungen in der Pflegeversicherung ist nach Abs. 1 S. 1 der von der Bunderegierung wahrzunehmende Prüfungsauftrag. Dieser stellt sich, wenngleich auch nicht die Anpassung selbst, als eine Verpflichtung dar und umfasst grundsätzlich die Feststellung von Notwendigkeit und Höhe für die Leistungsanpassung. Aus dem Kontext der gesetzgeberischen Zielsetzung ergibt sich, dass die Prüfung nur Leistungen erfasst, die im Sinne von § 4 iVm § 28 mit Beträgen hinterlegt sind,[12] nicht in Betracht kommen daher zB Leistungen nach §§ 44 und 45.[13]

Als Orientierungswert für die Notwendigkeit und die Festlegung der Höhe einer Leistungsanpassung kommt gem. S. 2 Hs. 1 die kumulierte Preisentwicklung der letzten drei Kalenderjahre vor der Prüfung in Betracht. Von der Bundesregierung sind mithin die Veränderungen der Kosten von Gütern und Dienstleistungen in diesem Zeitraum einzubeziehen, die sich als Inflationsentwicklung bzw. Verbraucherpreisindex darstellen.[14] Ergibt sich aufgrund der Prüfung zur Anpassung ein Anstieg der Leistungsbeträge, ist die Anhebung nach S. 2 Hs. 2 in der Höhe so zu begrenzen, dass sie kleiner gleich (≤) der Bruttolohnentwicklung für das Dreijahresintervall bleibt. Als Berechnungswert für die Dynamisierung nennt der Gesetzgeber einen Vomhundertsatz.[15] Dass die Bruttolohnentwicklung als Deckelungsgröße dient begründet der Gesetzgeber damit, dass die Personalkosten im Pflegebereich den wesentlichen Anteil der Kosten ausmachen,[16] was aufgrund linear steigender Tarifentwicklung bei gleichzeitigem (demographisch bedingtem) Mangel verfügbarer Pflegefachkräfte nachvollziehbar ist. Bei der Prüfung einer Anpassung können nach S. 3 auch gesamtwirtschaftliche Rahmenbedingungen einbezogen werden. Neben dem Preisindex dürfen damit auch Bruttoinlandsprodukt, Investitions- und Außenhandelsindizes sowie das Wirtschaftswachstum bei der Prüfung Berücksichtigung finden. Da 2014 erstmals eine Prüfung vorzunehmen war und die Entwicklung der vorangegangenen drei abgeschlossenen Kalenderjahre den Maßstab hierfür bildete, waren aus den Jahren 2011 bis 2013 die Eingangswerte abzuleiten.

2. Verordnungsermächtigung und Anpassung (Abs. 1 S. 1, Abs. 2). Nach Abs. 1 S. 4 hat die Bundesregierung den gesetzgebenden Körperschaften des Bundes, dh Bundestag und Bundesrat einen Bericht über das Ergebnis der Prüfung und die tragenden Gründe vorzulegen. Im Anschluss an diese Vorlage ist die Bundesregierung gem. Abs. 2 S. 1 unter Berücksichtigung etwaiger Stellungnahmen der gesetzgebenden Körperschaften ermächtigt, die (evtl. neue) Höhe der Leistungen der Pflegeversicherung durch Rechtsverordnung mit Zustimmung des Bundesrates zum 1. Januar des Folgejahres anzupassen. Die Ermächtigung erstreckt sich nach Abs. 2 S. 1 auch auf die in § 37 Abs. 3 festgelegten Vergütungen für Pflegeberatung. Um den gesetzgebenden Körperschaften genügend Zeit für eine Stellungnahme nach Abs. 2 S. 1 zu geben bestimmt Abs. 2 S. 2, dass die Rechtsverordnung frühestens zwei Monate nach der Vorlage des Berichts erlassen werden soll. Ob eine Rechtsverordnung erforderlich ist, hängt letztlich vom Ergebnis der Prüfung (Notwendigkeit und Höhe der Anpassung) innerhalb des Berichts sowie der Zustimmung des Bundesrates ab.

Inwieweit die Vorschrift auf einen kontinuierlichen Anstieg der Leistungen abzielt oder der Begriff der Anpassung auch grundsätzlich eine Absenkung der Leistungen zuließe, ist nach dem Wortlaut nicht eindeutig bestimmt. Für die Möglichkeit einer Absenkung[17] von Leistungen spricht freilich die offene Formulierung, selbst wenn im Rahmen einer Anpassung eine noch im Versicherteninteresse erfolgte

---

12 Die Begr. des RegE verweist auf die Bekanntgabe der „exakten Leistungsbeträge" in der Rechtsverordnung; vgl. auch; Reimer in Hauck/Noftz, SGB XI § 30 Rn. 3.
13 Ebenso Lecke in: LPK-SGB XI, § 30 Rn. 6.
14 Die Kennzahlen werden vom statistischen Bundesamt periodisch veröffentlicht: abrufbar unter www.destatis.de (Zahlen u. Fakten – Gesamtwirtschaft u. Umwelt – Preise) (zuletzt abgerufen am 1.3.2017).
15 Vgl. BT-Dr. 16/7439, 53.
16 Vgl. BT-Dr. 16/7439, 53.
17 Lecke in: LPK-SGB XI, § 30 Rn. 7 mwN.

Absenkung eine wirtschaftliche Werterhaltung[18] bedeuten würde, was bei einer Deflation der Fall wäre. Dagegen spricht jedoch, dass der Gesetzgeber in Abs. 1 S. 2 nur eine Deckelung für einen Anstieg festlegt. Hätte er auch eine Rückführung der Leistungen in Betracht gezogen, wäre er an den äquivalenten Bestimmung für ein Mindestmaß wohl auch deshalb nicht vorbeigekommen, um den Anforderungen nach Leistungswirksamkeit nach § 29 Abs. 1 und der Würdegarantie aus § 2 Abs. 1 Rechnung zu tragen. Auf der praktischen Ebene kann die Frage nach der Feststellung offen bleiben, da seit Inkraftsetzung der Pflegeversicherung eine Absenkung bei Werterhalt der Leistungen unter den Erfahrungswerten pflegedemographischer und gesamtwirtschaftlicher Rahmenbedingungen bisher nicht vorgekommen und vorläufig nicht zu erwarten ist. Abs. 1 der Vorschrift betrifft also zunächst die Verpflichtung der Bundesregierung zur Prüfung einer Anpassungsnotwendigkeit, Abs. 2 die Anpassung selbst.[19]

IV. Änderungen durch die Pflegestärkungsgesetze (PSG I und II)

Neben der Erweiterung der Überschrift um den Hinweis auf eine Verordnungsermächtigung wurde der Text der Vorschrift zunächst durch das PSG I in zwei Absätze gegliedert: Die S. 1 bis 4 der zuvor geltenden Fassung nach dem PflegeWEG wurden zu Abs. 1, in dessen S. 1 wurden zudem die Wörter „erstmals im Jahre 2014" durch die Formulierung „erneut im Jahre 2017" ersetzt.[20] Die S. 5 und 6 der alten Fassung wurden Abs. 2. Durch das PSG II wurde in Abs. 1 S. 1 wiederum die Jahreszahl des Prüfungsauftrages (2017) durch die Zahl 2020 ersetzt.[21]

Eine Anpassung der Leistungshöhe per Rechtsverordnung hatte sich durch die im Ersten Pflegestärkungsgesetz (PSG I) selbst vorgenommene kumulierte Beitragsanhebung um 4 % zum 1.1.2015 erübrigt. Die bereits 2012 mit dem PNG[22] dynamisierten Leistungsbeträge für Personen in ambulanten Wohngruppen und solchen mit erheblich eingeschränkter Alltagskompetenz (§§ 38 a, 123) wurden in diesem Zuge wegen der nur auf zwei Jahre zu berücksichtigenden Preisentwicklung um 2,67 % angehoben.[23] Die Bundesregierung hat davon abgesehen, bis Ende 2014 von ihrer Ermächtigung Gebrauch zu machen, eine Rechtsverordnung zur Anpassung der Leistungsbeträge zu erlassen. Das Vorgehen bot sich aufgrund parlamentarischer Unterrichtung der Bundesregierung wegen des zeitlich und inhaltlich engen Zusammenhangs von Gesetzesänderung und Dynamisierungsturnus nach altem Recht an.[24] Um dem damit in Betracht kommenden Verdacht einer nicht vollzogenen Regelungskompetenz vorzubeugen, legte die Bundesregierung dem Bundestag[25] als auch dem Bundesrat[26] ein Schreiben vor, dass insofern als Bericht über das Prüfungsergebnis nach § 30 deklariert wurde. Gemessen an dem Gesetzeswortlaut ist fraglich, ob der Inhalt des Schreibens als gesetzlich geforderte Ergebnisdarstellung nicht hinter der Begründung der Vorschrift zurück bleibt, nach der neben einem einfachen Ergebnis auch tragende Gründe[27] zu nennen gewesen wären. Im Rahmen der PSG II-Gesetzgebung kam es erneut zu keiner (für das Jahr 2017 nach alter Gesetzeslage vorgesehener) Prüfung. Der Gesetzgeber begründete dies mit einer, innerhalb der Gesamtgestaltung der neuen Leistungsbeträge stattfindenden, für 2018 vorzunehmenden Dynamisierung.[28]

Sofern mit diesem Anpassungsverfahren auch die kumulierte Preisentwicklung nach neuem Abs. 1 berücksichtigt wurde, kann dies nicht darüber hinwegtäuschen, dass das Ergebnis des Prüfberichts eigentlicher Bezugsfaktor für die Erhöhung der Leistungen sein soll. Mit der Einführung der Pflegestärkungsgesetze I und II noch vor dem Vollzug der Dreijahresprüfung gemäß der Fassung bis 2014 lief die maßgebliche Bedeutung des Berichtes ins Leere. Denn nach ursprünglich verfolgter Absicht sollte der Bericht auch für die Öffentlichkeit Transparenz und Nachprüfbarkeit gewährleisten;[29] diese Forderungen dürften nach vorgelegtem Schreiben der Regierung aber kaum erfüllt worden sein. Der Ge-

---

18 Nach der BT-Dr. 16/7439, 53 soll die Dynamisierung „im Interesse der Versicherten an der Werterhaltung der Versicherungsleistungen vorgenommen" werden.
19 So auch Igl, NJW 2008, 2215.
20 BT-Dr. 18/1798, 26.
21 BGBl. I, 2429.
22 Gesetz zur Neuausrichtung der Pflegeversicherung v. 23.10.2012, BGBl. I, 2246.
23 BT-Dr. 18/1798, 26.
24 Vgl. BT-Dr. 18/1600.
25 Vgl. BT-Dr. 18/1600.
26 BR-Dr. 247/14.
27 BT-Dr. 16/7439, 53.
28 BT-Dr. 18/5926, 92.
29 Vgl. BT-Dr. 16/7439, 53.

setzeszweck des Zusammenspiels von Prüfbericht und Stellungnahme durch Bundestag und Bundesrat zur Reflexion und Verprobung des Verfahrens kann mit der Umgehung durch eine unmittelbare Gesetzgebung wohl kaum erreicht werden.

§ 31 Vorrang der Rehabilitation vor Pflege

(1) [1]Die Pflegekassen prüfen im Einzelfall, welche Leistungen zur medizinischen Rehabilitation und ergänzenden Leistungen geeignet und zumutbar sind, Pflegebedürftigkeit zu überwinden, zu mindern oder ihre Verschlimmerung zu verhüten. [2]Werden Leistungen nach diesem Buch gewährt, ist bei Nachuntersuchungen die Frage geeigneter und zumutbarer Leistungen zur medizinischen Rehabilitation mit zu prüfen.
(2) Die Pflegekassen haben bei der Einleitung und Ausführung der Leistungen zur Pflege sowie bei Beratung, Auskunft und Aufklärung mit den Trägern der Rehabilitation eng zusammenzuarbeiten, um Pflegebedürftigkeit zu vermeiden, zu überwinden, zu mindern oder ihre Verschlimmerung zu verhüten.
(3) [1]Wenn eine Pflegekasse durch die gutachterlichen Feststellungen des Medizinischen Dienstes der Krankenversicherung (§ 18 Abs. 6) oder auf sonstige Weise feststellt, dass im Einzelfall Leistungen zur medizinischen Rehabilitation angezeigt sind, informiert sie unverzüglich den Versicherten sowie mit dessen Einwilligung den behandelnden Arzt und leitet mit Einwilligung des Versicherten eine entsprechende Mitteilung dem zuständigen Rehabilitationsträger zu. [2]Die Pflegekasse weist den Versicherten gleichzeitig auf seine Eigenverantwortung und Mitwirkungspflicht hin. [3]Soweit der Versicherte eingewilligt hat, gilt die Mitteilung an den Rehabilitationsträger als Antragstellung für das Verfahren nach § 14 des Neunten Buches. [4]Die Pflegekasse ist über die Leistungsentscheidung des zuständigen Rehabilitationsträgers unverzüglich zu informieren. [5]Sie prüft in einem angemessenen zeitlichen Abstand, ob entsprechende Maßnahmen durchgeführt worden sind; soweit erforderlich, hat sie vorläufige Leistungen zur medizinischen Rehabilitation nach § 32 Abs. 1 zu erbringen.

Literatur:
Hanika/Wolff, Rehabilitation vor Pflege – Gesetzlicher Grundsatz versus Problematiken und aktueller Umsetzung durch die GKV, PflR 2012, 346; *Klie*, Der Vorrang von Rehabilitation vor Pflege – nicht eingelöster Programmsatz oder programmatische Neuausrichtung des Leistungsrechts?, PflR 2005, 439.

I. Entstehungsgeschichte

1 Die ursprüngliche Vorschrift wurde nach dem unveränderten Wortlaut des RegE[1] unter Art. 1 des PflegeVG[2] vom 26.5.1994 eingegliedert und ist am 1.1.1995 gem. Art. 68 Abs. 1 PflegeVG in Kraft getreten. Der Wortlaut wurde seit Inkraftsetzung des SGB IX am 1.7.2001 sprachlich an dieses angeglichen. Anstelle der bis dahin geltenden Formulierung „Rehabilitation" in Abs. 1, 3 und 4 wurde die Erweiterung „medizinische Rehabilitation" vorgenommen.[3] Durch das PflegeWEG[4] erhielt Abs. 3 eine erweiterte Neufassung. Die bisher in Abs. 4 geregelte Unterstützung bei der Antragstellung wurde in Abs. 3 konkretisiert, der bis dahin geltende Abs. 4 aufgehoben.[5]

II. Normzweck

2 Die Regelung richtet sich einerseits an die Pflegekassen zu prüfen, inwiefern dem Risiko der Pflege durch Maßnahmen der **Rehabilitation** und Zusammenarbeit mit weiteren Leistungsträgern vorgebeugt werden kann. Sie richtet sich aber auch an die Versicherten, die durch die Pflegekassen auf ihre Eigenverantwortung (s. § 6) und Mitwirkung hinzuweisen sind. Bereits in den allgemeinen Vorschriften wird der Vorrang der Pflegevorbeugung durch medizinische Wiederherstellung, Aktivierung der Eigenverantwortung und Aufklärung nach den §§ 5 ff. festgelegt. Mit dem Präventionsgrundsatz, der das SGB auch an anderer Stelle prägt (vgl. § 1 SGB VII, § 3 SGB IX), geht der Teilhabegrundsatz des § 10 Hs. 2 SGB I in der Zusammenschau mit einer entsprechenden Rehabilitationsleistung einher. Die Pa-

---

1 Vgl. BT-Dr. 12/5262, 18 als § 27.
2 BGBl. I, 1014.
3 Vgl. BT-Dr. 14/5074, 65, 122, Art. 10 Ziff. 13.
4 Gesetz zur Strukturellen Weiterentwicklung der Pflegeversicherung v. 28.5.2008, BGBl. I, 874.
5 Vgl. BT-Dr. 16/7439, 11, 53, Ziff. 14.

rallelität zB von Leistungen der Pflegeversicherung und der gesetzlichen Krankenversicherung steht zwar im Einklang mit dem Grundsatz des Vorrangs der Rehabilitation vor der Pflege.[6] Jedoch würde die bestehende Zwiespältigkeit der Prüfungspflicht durch die Pflegekassen einerseits und die Leistungspflicht durch die Krankenversicherung für Maßnahmen der medizinischen Rehabilitation andererseits mit einer abschließenden einseitigen gesetzgeberischen Zuordnung durchaus zu beseitigen sein.[7]

Die Stellung der Vorschrift im zweiten Abschnitt des vierten Kapitels ist konsequent, weil sie vor dem Einsetzen der eigentlichen Pflegeleistungsansprüche als weitere Eingangsbestimmung dient. Schließlich kleidet die Vorschrift auch den Wirtschaftlichkeitsgrundsatz nach § 29 in der Weise aus, als die Mehrbelastung der Pflegeversicherung[8] dort vermieden werden soll, wo durch Maßnahmen anderer Leistungsträger und durch frühzeitige Eigenvorsorge der Versicherten Pflegbedürftigkeit verhindert bzw. gemindert werden kann.

III. Regelungsgehalt

1. Prüfungspflicht der Pflegekassen (Abs. 1). Pflegekassen sind nach Abs. 1 S. 1 per Einzelfallprüfung verpflichtet[9] festzustellen, ob Pflegebedürftigkeit der Versicherten durch Leistungen mit medizinischer Rehabilitation und ergänzenden Leistungen überwunden, gemindert oder deren Verschlechterung verhütet werden kann. Dabei kommt es nicht darauf an, ob das Ergebnis der Prüfung immer eine Leistungsgewährung ergibt oder nicht.[10] Dieser Kontrollmechanismus, der nach Abs. 1 S. 2 auch im Falle bereits eingetretener Leistungsgewährung bei Nachuntersuchungen nach SGB XI erfolgen muss, soll verhindern, dass ein Zustand der Pflege „ohne Umkehr"[11] eintritt. Für den Fall der eingetretenen Pflegebedürftigkeit ergibt sich die Pflicht kontinuierlicher Rehabilitationsprüfung inzident aus § 18 Abs. 2 S. 5. Die Feststellung ob und in welchem Maße Pflege oder Rehabilitation einem Berechtigten zukommt, trifft der MDK im Rahmen des Untersuchungsverfahrens[12] nach § 18 Abs. 1. Damit ist die Feststellungskompetenz der Pflegekassen gegenüber den weiteren in Betracht kommenden Rehabilitationsträgern bedeutend, insofern letztere die festgestellten Maßnahmen selbst kostenrelevant umzusetzen und die Versicherten nach § 18 Abs. 1 S. 3 einen Anspruch hierauf haben.

Als Leistungen zur **medizinischen** Rehabilitation kommen solche in Betracht, die auf Wiederherstellung beeinträchtigter körperlicher Funktionen zielen und die eine den Umständen entsprechend angemessene gesellschaftliche Teilhabe (§ 12 Abs. 2 S. 2), eine berufliche Wiedereingliederung oder die Rückkehr in eine häusliche Umgebung[13] ermöglichen. Träger dieser zB physiotherapeutischen, ergotherapeutischen oder psychologischen Maßnahmen sind regelmäßig die gesetzliche Krankenversicherung im Rahmen von §§ 11 Abs. 2 iVm 40 SGB V, die gesetzliche Rentenversicherung §§ 9 ff. SGB VI und der Sozialhilfeträger. Als **ergänzende Leistungen**, die neben denen der medizinischen Rehabilitation zu prüfen sind, sind solche zu bezeichnen, die in entsprechender Anwendung des § 43 SGB V die Rehabilitation fördern und deren Ziel sichern. Beispielsweise sind darunter Patientenschulungen bei chronisch Kranken, Nachsorgemaßnahmen oder auch die Einbeziehung von Betreuungspersonen und Angehörigen der Leistungsberechtigten zu rechnen. Aber auch andere Leistungen, die den Teilhabegedanken der Pflegebedürftigen im Sinne einer gesellschaftlichen Inklusion befördern, sind hiervon umfasst.[14]

Die Pflegekassen haben zu prüfen, ob die vorrangigen Rehabilitationsleistungen geeignet sind Pflegebedürftigkeit zu vermeiden. **Geeignet** sind diese Leistungen, wenn das angestrebte Rehabilitationsziel im

---

6 Mit Einführung des GMG und des GKV-WSG sollte den Versicherten die gleichzeitige Inanspruchnahme von häuslicher Krankenpflege neben SGB XI Leistungen ermöglicht bleiben. Vgl. BSG, 17.6.2010, B 3 KR 7/09, PflR 2010, 696; Hess. LSG, 9.12.2010, L 1 KR 189/10, juris, Langtext Rn. 26.
7 Zum kostenrelevanten bzw. systematischen Zuordnungsproblem in diesem Sinne vgl. Klie in: LPK-SGB XI, § 31 Rn. 2; Udsching in: Udsching, § 31 Rn. 2; Reimer in: Hauck/Noftz, SGB XI, K § 31 Rn. 13 c.
8 Zur Problematik von Vollzugsdefiziten nach Abs. 3 aufgrund der strukturellen Verknüpfung von GKV und Pflegekasse im Hinblick auf Einsparpotentiale bei verzögerten Reha Maßnahmen vgl. ausführlich Hainka/Wolff, PflR 2012, 346.
9 Vgl. BT-Dr. 12/5262, 109.
10 Vgl. Klie, PflR 2005, 445.
11 Vgl. BT-Dr. 12/5262, 109.
12 Vgl. zu den Einzelheiten: Richtlinien des GKV-Spitzenverbandes zur Begutachtung von Pflegebedürftigkeit, 8.6.2009 idF v. 7.3.2016, D 6.3, S. 67 ff.
13 Vgl. Hainka/Wolff, PflR 2012, 348.
14 Vgl. Klie, PflR 2005, 441, der zu Recht Maßnahmen der Eingliederungshilfe auch für Pflegebedürftige als soziale Rehabilitationsleistungen, wie Unterstützung zur Teilnahme am öffentlichen Leben einfordert.

Sinne einer positiven Prognose zur Überwindung, Minderung oder Verhinderung der Pflegebedürftigkeit grundsätzlich umsetzbar ist. **Zumutbar** ist eine Maßnahme, wenn die Rehabilitationsfähigkeit des Versicherten vorliegt,[15] dh im Einzelfall die Belastbarkeit[16] des Versicherten für das Ziel der vorgesehenen Maßnahme vorhanden ist. Die Grenzen der Mitwirkungspflicht durch die Versicherten sind in dieser Hinsicht auch nach den §§ 60 ff. SGB I, insbesondere § 65 SGB I zu beachten.

7 **2. Zusammenwirken von Pflegekassen und Rehabilitationsträgern (Abs. 2).** Nicht nur zum Zeitpunkt einer bestehenden Pflegebedürftigkeit sondern bereits bei deren Absehbarkeit sind die Pflegekassen nach der Intention des Gesetzgebers[17] verpflichtet, mit den Rehabilitationsträgern zusammenzuarbeiten, um Pflegebedürftigkeit im Sinne des Abs. 1 zurückzuführen oder ganz zu vermeiden. Demgemäß hat sich die Pflegekasse bei der Einleitung und Ausführung der Pflegeleistungen mit den Trägern der Rehabilitation in einer Weise auszutauschen und mit ihnen zusammenzuwirken, die eine hinreichende Möglichkeit eröffnet, auf die Inanspruchnahme von Pflegeleistungen durch Prüfung geeigneter präventiver Hilfen iSv § 5 zu verzichten. Das Zusammenwirken hat sich auch auf Beratung, Auskunft und Aufklärung nach den allgemeinen Aufgaben der Sozialleistungsträger zu erstrecken, wie sie im 2. Abschnitt des SGB I, insbesondere in den §§ 13 bis 15 SGB I geregelt sind. Obwohl die Normadressaten vorrangig die Pflegekassen sind, spiegelt die Vorschrift auch indirekt (zB mit § 14 SGB I) bestehende Ansprüche der Versicherten wider.

8 **3. Verfahrensablauf bei angezeigter medizinischer Rehabilitation (Abs. 3).** Stellt die Pflegekasse aufgrund der Stellungnahme des MDK oder der beauftragten Gutachter zB im Rahmen des § 18 Abs. 6 fest, dass Maßnahmen der medizinischen Rehabilitation angezeigt sind, besteht die Verpflichtung, den Versicherten – und nach seiner Einwilligung[18] auch den behandelnden Arzt – darüber zu informieren. Neben dem Gutachten von MDK oder dem der beauftragten Gutachter kann auch das Ergebnis zugunsten einer medizinischen Rehabilitation auf anderer Grundlage, etwa nach Untersuchung des behandelnden Arztes erfolgen. Ist eine Rehabilitation indiziert, hat die Pflegekasse diese Mitteilung nach erneuter Einwilligung des Versicherten dem zuständigen Träger der Maßnahme zuzuleiten. In der Vielzahl der Fälle wird dies die gesetzliche Kranken- oder Rentenversicherung des Versicherten sein.

9 Die Mitwirkungsrechte des Versicherten sind mit der Änderung in S. 1 in der Weise gestärkt worden, dass zunächst dessen Einwilligung vorliegen muss, um das weitere Verfahren in Gang zu bringen. Der Gesetzgeber hat mit S. 2 die Pflegekasse bestimmt, den Versicherten auf seine **Mitwirkungspflicht** und seine **Eigenverantwortlichkeit** aufmerksam zu machen. Der Hinweis auf diese Pflichten lassen den Sinn des Einwilligungserfordernisses nach S. 1 zumindest deshalb fragwürdig erscheinen, weil keine unmittelbaren Folgen bei fehlender Einwilligung geregelt sind. Die Ablehnung des Versicherten kann freilich zum Leistungsversagen beim Versicherungsträger aufgrund der allgemeinen Mitwirkungsbestimmungen der §§ 65, 66 SGB I führen. Der eingefügten Einwilligungsbestimmung kann aber auch datenschutzrechtliche Relevanz eingeräumt werden, wenn der Versicherte vor der Mitteilung an den Rehabilitationsträger die Möglichkeit eingeräumt bekäme, Einzelheiten der Stellungnahme, zB private oder sachfremde Darstellungen von seiner Einwilligung zur Mitteilung auszuschließen. Dieser versichertenbestimmte Datenausschlussvorbehalt steht im Einklang mit der bereits in § 7 Abs. 2 S. 3 festgelegten Bestimmung.

10 Für den Fall, dass der Versicherte die Einwilligung zur Mitteilung an den Rehabilitationsträger erteilt, wird durch eben diese Mitteilung, im Unterschied zur alten Fassung des Abs. 3,[19] in entsprechender Anwendung des § 14 SGB IX ein Antrag für die erforderlichen Maßnahmen gestellt. Mit dieser Verfahrensregelung werden die Rehabilitationsträger unter einen gewissen Druck gestellt, innerhalb der in § 14 SGB IX bestimmten Fristen (zwei bzw. drei Wochen) zu handeln. Der Gesetzgeber fordert damit eine rasche Entscheidung (unverzüglich) bei den Rehabilitationsträgern ein,[20] die bei einem Versäumnis dazu führt, dass die Pflegeversicherung bei dringendem Handlungsbedarf auf Seiten der Versicherten selbst vorläufige Leistungen nach § 32 Abs. 2 erbringen kann.

---

15 Zur Indikationsstellung vgl. die Richtlinien des GKV-Spitzenverbandes zur Begutachtung von Pflegebedürftigkeit, 8.6.2009 idF v. 7.3.2016, D 6.3.
16 Klie in: LPK-SGB XI, § 31 Rn. 6, weist zu Recht auf die Grenze der Zumutbarkeit bei Kollision mit dem Selbstbestimmungsrecht der Versicherten hin.
17 Vgl. BT-Dr. 12/5262, 109.
18 In der bis zur Einführung des PflegeWEG geltenden Fassung sah Abs. 3 keine Einwilligungsbestimmung zugunsten des Versicherten vor, vgl. BT-Dr. 12/5262, 109.
19 Vgl. BT-Dr. 16/7439, 53.
20 Vgl. BT-Dr. 16/7439, 53.

Der in der alten Fassung der Vorschrift noch enthaltene Abs. 4 ist mit der Begründung aufgehoben worden, dass mit der Neuformulierung des Abs. 3 die Unterstützungspflichten der Pflegekasse nunmehr konkretisiert worden sind.[21]

§ 32 Vorläufige Leistungen zur medizinischen Rehabilitation

(1) Die Pflegekasse erbringt vorläufige Leistungen zur medizinischen Rehabilitation, wenn eine sofortige Leistungserbringung erforderlich ist, um eine unmittelbar drohende Pflegebedürftigkeit zu vermeiden, eine bestehende Pflegebedürftigkeit zu überwinden, zu mindern oder eine Verschlimmerung der Pflegebedürftigkeit zu verhüten, und sonst die sofortige Einleitung der Leistungen gefährdet wäre.
(2) Die Pflegekasse hat zuvor den zuständigen Träger zu unterrichten und auf die Eilbedürftigkeit der Leistungsgewährung hinzuweisen; wird dieser nicht rechtzeitig, spätestens jedoch vier Wochen nach Antragstellung, tätig, erbringt die Pflegekasse die Leistungen vorläufig.

Literatur:
Klie, Der Vorrang von Rehabilitation vor Pflege – nicht eingelöster Programmsatz oder programmatische Neuausrichtung des Leistungsrechts?, PflR 2005, 439.

I. Entstehungsgeschichte

Die Vorschrift wurde in der Fassung des § 28 RegE[1] als § 32 in Art. 1 des PflegeVG[2] v. 26.5.1994 am 1.1.1995 durch Art. 68 Abs. 1 PflegeVG in Kraft gesetzt und nach Art. 10 Nr. 14 iVm Art. 60 Abs. 1 des Gesetzes v. 19.6.2001[3] mit Wirkung zum 1.7.2001 geändert. 1

II. Normzweck

Die Ausprägung des durch § 31 bestimmten Grundsatzes, dass eine Rehabilitation der Versicherten vor dem Einsetzen einer Pflege stattzufinden hat, findet in § 32 eine Vollzugsbestimmung unter der Voraussetzung einer besonderen Eilbedürftigkeit. Anstelle des zuständigen Rehabilitationsträgers ist nötigenfalls die sonst nicht zuständige Pflegekasse ermächtigt, durch zeitnahen bzw. unverzüglichen und begrenzten Leistungsvollzug eine drohende Pflege abzuwenden. Die Vorläufige Erbringung der Leistung steht unter dem Vorbehalt, dass der über die Pflegegefährdung des Versicherten informierte Rehabilitationsträger nicht in der Lage ist, schnell genug zu handeln (Abs. 2). 2

III. Regelungsgehalt

1. Vorläufige Leistungserbringung durch die Pflegkassen (Abs. 1). Die erste in Kraft gesetzte Fassung des Abs. 1 sah noch vor, dass in Ausnahmefällen die Pflegekasse im Ermessenswege darüber zu entscheiden hatte, ambulante Rehabilitationsleistungen sofort zu erbringen, wenn diese den unmittelbar bevorstehenden Eintritt in die Pflegebedürftigkeit verhindern bzw. bestehende Pflegebedürftigkeit beheben, mildern oder dämpfen konnte. Nunmehr besteht die pflegekassenseitige Verpflichtung zur sofortigen Leistungserbringung bei den nach dem 2. Halbsatz beschriebenen Gründen,[4] um dem Prinzip „Rehabilitation vor Pflege" als Ausnahmefall[5] verstärkte Geltung zu verschaffen. Sie bezieht sich im Gegensatz zur ursprünglichen Fassung nicht mehr lediglich auf ambulante Leistungen der Rehabilitation sondern wurde auch auf stationäre medizinische Rehabilitationsleistungen erweitert. Eine Beschränkung der Rehabilitationsleistungen die nach dieser Vorschrift erbracht werden findet allerdings im Hinblick auf solche Maßnahmen statt, die über den Überwindungscharakter einer Pflegebedürftigkeit hinausgehen. So etwa, wenn Maßnahmen auf die Wiederherstellung der Erwerbsfähigkeit[6] des Versicherten abzielen. Als vorläufige Leistungen können sich im Anschluss an § 11 Abs. 2 SGB V etwa solche nach §§ 40, 43 SGB V ergeben. Art und Umfang der medizinischen Rehabilitationsleistung rich- 3

---

21 Vgl. BT-Dr. 16/7439, 53.
1 Vgl. BT-Dr. 12/5262, 19, Begr. S. 109.
2 BGBl. I, 1014.
3 BGBl. I, 1046; BT-Dr. 14/5074 (SGB IX – Rehabilitation und Teilhabe behinderter Menschen), S. 65.
4 BT-Dr. 14/5074, 122.
5 Vgl. BSG, 30.9.2015, B 3 P 1 /14 R, juris Rn. 24.
6 BT-Dr. 12/5262, 109.

ten sich nach dem Zweck des Einzelfalles und beruhen auf den vier gesetzlichen Alternativen der Vermeidung einer unmittelbar drohenden Pflegebedürftigkeit (1), der Überwindung (2) bzw. Minderung (3) einer bestehenden Pflegebedürftigkeit und der Verhütung einer Verschlimmerung (4). Das Vorliegen auch mehrerer zusammentreffender Alternativen ist denkbar, um die Erbringung einer vorläufigen Leistung auszulösen. Schließlich ist eine **sofortige** Vornahme medizinischer Rehabilitationsleistungen durch die Pflegekasse neben den vier alternierenden Sachverhalten dann erforderlich,[7] wenn „sonst", dh bei deren Unterlassen durch den zuständigen Rehabilitationsträger nach medizinisch-pflegerischen Erkenntnissen die Gefahr besteht, den Status quo des Pflegebedürftigen zu verschlechtern.

4 Die Pflegekasse hat die medizinischen Rehabilitationsleistungen **vorläufig** zu erbringen. Das bedeutet, dass die Leistungserbringung der Pflegeversicherung hilfsweise bzw. in **subsidiärer Leistungszuständigkeit** für einen im Grunde anderen Rehabilitationsträger des Versicherten zu dessen Wohl wahrgenommen wird. Nur ein offenbar vorhandener Vollzugsengpass des eigentlich zuständigen Rehabilitationsträgers wird damit vorübergehend durch das Eintreten der Pflegkasse mit eigenen Leistungen überwunden. Die Vorläufigkeit der Leistungserbringung steht unter dem Vorbehalt, unmittelbar drohende Pflegebedürftigkeit zu verhindern, eine Bestehende zu beseitigen, zu mildern oder ihre Ausdehnung im Sinne einer Zunahme von weiteren Unterstützungsleistungen bei gesundheitlich bedingten Beeinträchtigungen der Selbstständigkeit nach den gem. § 14 Abs. 2 beschriebenen Kriterien anzuhalten. Eine Leistung kann schließlich dann vorläufig erbracht werden, wenn die Gewährung der Maßnahme des zuständigen medizinischen Rehabilitationsträgers zu spät käme, um die vorgenannten Beeinträchtigungen beim Versicherten zu verhindern. Erforderlich ist ein sofortiger Leistungsvollzug dann, wenn er unaufschiebbar und zwingend ist, um eine Pflegegefährdung- bzw. Erweiterung beim Versicherten auszuschließen. Vorläufige Maßnahmen ergeben sich in praktischer Hinsicht vielfach nach Entlassung noch nicht vollständig wiederhergestellter Versicherter aus dem Krankenhaus oder bei von der Pflegekasse festgestellten akuten Beeinträchtigungen im Rahmen eines regulären MDK Feststellungsverfahrens nach § 18 Abs. 1 S. 3, die einer sofortigen Weiterbehandlung bedürfen. Grundlage für die Leistungserbringung in diesen Fällen sind die Richtlinien des Gemeinsamen Bundesausschuss nach § 92 Abs. 1 S. 2 SGB V.

5 **2. Hinweispflicht gegenüber dem zuständigen Rehabilitationsträger (Abs. 2).** Bevor die Pflegekasse selbst Rehabilitationsleistungen gegenüber dem, von Pflegebedürftigkeit bedrohten Versicherten erbringen darf, hat sie den zuständigen Rehabilitationsträger über Maßnahme und deren Eilbedürftigkeit zu unterrichten. Sie darf selbst erst dann mit der Leistungsgewährung beginnen, wenn der informierte Rehabilitationsträger nicht rechtzeitig bzw. in angemessenem zeitlichem Abstand handelt. Dem Rehabilitationsträger wird damit die Möglichkeit eingeräumt, durch selbstständige Prüfung eigene, nach seinen Untersuchungsergebnissen bestimmte Maßnahmen – und zwar rechtzeitig- zu umzusetzen. Um die Gefahr einer drohenden Pflegebedürftigkeit oder Verschlechterung des gesundheitlichen Zustands beim Versicherten zu begrenzen, ist die Reaktionszeit des Rehabilitationsträgers vom Gesetzgeber allerdings begrenzt worden. Handelt er nicht innerhalb von vier Wochen ab dem Zeitpunkt der Antragstellung, darf die Pflegekasse erst mit der vorläufigen Leistungserbringung beginnen.

6 Da einerseits eine Dauer der vorläufigen Leitungserbringung durch die Pflegkasse nicht vorgegeben ist, andererseits der Schutz des Versicherten nur durch angemessene und kontinuierliche Unterstützung gewährleistet werden kann, ist von einem zeitlich unbegrenzten Leistungsvollzug der Pflegekasse bis zur Übernahme durch den Rehabilitationsträger auszugehen.

7 Soweit die Pflegekasse anstelle des zuständigen Rehabilitationsträgers Leistungen zur Abwendung einer Pflege übernommen hat, besteht hierfür ein Erstattungsanspruch der mit der Vorleistung entstandenen Aufwendungen nach § 102 SGB X.[8] Der Rahmen der Erstattung richtet sich nach § 102 Abs. 2 SGB X für die Pflegekasse nach den für sie geltenden Vorschriften. Soweit die Pflegekasse Leitungen erbringt, die nicht in den Zuständigkeitsbereich des Rehabilitationsträgers fallen, hat sie die die damit verbundenen Aufwendungen selbst zu tragen.

---

[7] Klie, PflR 2005, 446, macht auf fehlende Kriterien für eine Eilbedürftigkeit in der Vorschrift aufmerksam. Deren Abwesenheit ist jedoch für die sich ständig ändernden fachlichen Erkenntnisse von Vorteil.
[8] BT-Dr. 12/5262, 109.

§ 33 Leistungsvoraussetzungen

(1) ¹Versicherte erhalten die Leistungen der Pflegeversicherung auf Antrag. ²Die Leistungen werden ab Antragstellung gewährt, frühestens jedoch von dem Zeitpunkt an, in dem die Anspruchsvoraussetzungen vorliegen. ³Wird der Antrag später als einen Monat nach Eintritt der Pflegebedürftigkeit gestellt, werden die Leistungen vom Beginn des Monats der Antragstellung an gewährt. ⁴Die Zuordnung zu einem Pflegegrad und die Bewilligung von Leistungen können befristet werden und enden mit Ablauf der Frist. ⁵Die Befristung erfolgt, wenn und soweit eine Verringerung der Beeinträchtigungen der Selbständigkeit oder der Fähigkeiten nach der Einschätzung des Medizinischen Dienstes der Krankenversicherung zu erwarten ist. ⁶Die Befristung kann wiederholt werden und schließt Änderungen bei der Zuordnung zu einem Pflegegrad und bei bewilligten Leistungen im Befristungszeitraum nicht aus, soweit dies durch Rechtsvorschriften des Sozialgesetzbuches angeordnet oder erlaubt ist. ⁷Der Befristungszeitraum darf insgesamt die Dauer von drei Jahren nicht überschreiten. ⁸Um eine nahtlose Leistungsgewährung sicherzustellen, hat die Pflegekasse vor Ablauf einer Befristung rechtzeitig zu prüfen und dem Pflegebedürftigen sowie der ihn betreuenden Pflegeeinrichtung mitzuteilen, ob Pflegeleistungen weiterhin bewilligt werden und welchem Pflegegrad der Pflegebedürftige zuzuordnen ist.

(2) ¹Anspruch auf Leistungen besteht, wenn der Versicherte in den letzten zehn Jahren vor der Antragstellung mindestens zwei Jahre als Mitglied versichert oder nach § 25 familienversichert war. ²Zeiten der Weiterversicherung nach § 26 Abs. 2 werden bei der Ermittlung der nach Satz 1 erforderlichen Vorversicherungszeit mitberücksichtigt. ³Für versicherte Kinder gilt die Vorversicherungszeit nach Satz 1 als erfüllt, wenn ein Elternteil sie erfüllt.

(3) Personen, die wegen des Eintritts von Versicherungspflicht in der sozialen Pflegeversicherung aus der privaten Pflegeversicherung ausscheiden, ist die dort ununterbrochen zurückgelegte Versicherungszeit auf die Vorversicherungszeit nach Absatz 2 anzurechnen.

I. Entstehungsgeschichte 1	3. Befristungen nach Hilfebedarf (Abs. 1 S. 4 ff.) 6
II. Normzweck und europarechtlicher Kontext ... 2	4. Vorversicherungszeiten als Leistungsvoraussetzung (Abs. 2) 8
III. Regelungsgehalt 3	
1. Leistungsantrag (Abs. 1) 3	
2. Leitungsbeginn (Abs. 1 S. 2 und 3) 5	5. Ehemalige Privatversicherte (Abs. 3) 12

I. Entstehungsgeschichte

In ihrer ursprünglichen Fassung ist die Vorschrift, die auf der Grundlage des § 29 RegE[1] beschlossen wurde, als § 33 in Art. 1 des PflegeVG[2] v. 26.5.1994 am 1.1.1995 durch Art. 68 Abs. 1 PflegeVG in Kraft gesetzt worden. Der Entwurf erhielt sowohl im Bundestagsausschuss[3] als auch in den beiden folgenden Vermittlungsausschüssen[4] Änderungen, die vornehmlich auf die Leistungsvoraussetzungen in Bezug auf die Vorversicherungszeiten und die damit verbundenen Fristen gerichtet waren. Der in der ersten Fassung des PflegeVG enthaltene Abs. 4 wurde erst im zweiten Vermittlungsverfahren aufgenommen und sah vor, insbesondere Personen mit Sozialhilfeleistungsanspruch von den Voraussetzungen der Vorversicherungszeiten bzw. der Familienversicherung nach Abs. 2 auszunehmen, wenn sie zum 1.1.1997 in der GKV versicherungspflichtig geworden wären. Bezug genommen wurde hierbei auf Art. 28 des Gesetzes zur Sicherung und Strukturverbesserung der GKV v. 21.12.1992,[5] nach dessen Abs. 2 die Einbeziehung der Sozialhilfeempfänger in die GKV und folglich in die soziale Pflegeversicherung einer besonderen gesetzlichen Regelung vorbehalten wurde. Da die vorgesehene Bestimmung unterblieb, wurde der damit gegenstandslose Abs. 4 mit Einführung des Pflege-Weiterentwicklungsgesetzes aufgehoben.[6] Im Pflege-Weiterentwicklungsgesetz[7] vom 28.5.2008, das am 1.7.2008 in Kraft getreten ist, wurden durch Art. 1 neben der vorgenannten Streichung des Abs. 4 die Sätze 4 bis 8 hinzugefügt, Abs. 2 S. 1 Nr. 5 geändert und Abs. 2 zugleich um eine Nr. 6 erweitert. Im Hinblick auf den durch das PSG II geänderten Pflegebedürftigkeitsbegriff wurden in Abs. 1 redaktionelle Anpassun-

---

1 Vgl. BT-Dr. 12/5262, 19, Begr. S. 109 f.
2 BGBl. I, 1014.
3 Bundestagsausschuss für Arbeit und Sozialordnung (11. Ausschuss), BT-Dr. 12/5920, 36 f.; BR-Dr. 756/93, 14 f. Zu den Inhaltlichen Veränderungen und Fristen vgl. BT-Dr. 12/6424.
4 Vgl. BT-Dr. 12/6424, 2 und BT-Dr. 12/7323, 2.
5 GSG, BGBl. I, 2266.
6 Vgl. BT-Dr. 16/7439, 54 (Pflege-Weiterentwicklungsgesetz).
7 BGBl. I, 874 ff.; BT-Dr. 16/7439, 54.

gen mWv 1.1.2017 vorgenommen.[8] Mit gleichem Gesetz erfolgte bei identischem Regelungsgehalt eine Bereinigung der in Abs. 2 S. 1 ehemals seit 1996 dargestellten Versicherungsintervalle.[9]

II. Normzweck und europarechtlicher Kontext

2 Mit der Vorschrift werden die Voraussetzungen für den Leistungsbezug der Pflegeversicherung bestimmt. Sie verkörpert insbesondere das Antragsprinzip, wie es regelmäßig für alle Sozialversicherungsleistungen gilt und für das der Gesetzgeber in der Pflegeversicherung keine Ausnahme sah.[10] Normzweck ist damit ua die Verpflichtung einer Behörde, ein Verwaltungsverfahren durch individuelles Leistungsbegehren (öffentlich-rechtliche Willenserklärung) förmlich in Gang zu setzen bzw. mit dem Antrag ein Verfahrensrechtverhältnis[11] zu begründen. Abs. 1 regelt den Leistungsbeginn in Abhängigkeit von der Antragstellung und stellt die Möglichkeit und die Bedingungen für eine Leistungsbefristung fest. Nach Abs. 2 werden die für den Leistungsanspruch zu erfüllenden Vorversicherungszeiten dargestellt. In Abs. 3 wird die Anrechnung von Vorversicherungszeiten früher privatversicherter Personen geregelt, die versicherungspflichtig werden.

Auf Grundlage der EWG Verordnung Nr. 1408/71 zur Anwendung sozialer Sicherheitssysteme können die, in einem anderen EG Mitgliedsstaat absolvierten Vorversicherungszeiten anerkannt werden.

III. Regelungsgehalt

3 **1. Leistungsantrag (Abs. 1).** Leistungen der Pflegeversicherung werden nach S. 1 nur auf Antrag erbracht. Ausnahmsweise wird das Antragsprinzip[12] bei Personen, die vor dem 31.3.1995 Pflegebedürftig waren nach Art. 45 PflegeVG[13] durchbrochen.[14] Der Antrag kann vom Versicherten für Leistungen nach §§ 36 f. selbst oder seinem Bevollmächtigten (ggf. gesetzlicher Betreuer) gestellt werden, für Leistungen nach §§ 44 f. auch von der Pflegeperson (§ 19). Als Antrag im Rahmen der Vorschrift zu verstehen ist jede Willenserklärung des Versicherten mit dem Zweck, ein Prüfungsverfahren zur Feststellung der Pflegebedürftigkeit einzuleiten. Der Antrag ist nicht an eine Form gebunden und kann als konkludent gestellt angesehen werden, wenn mit Einwilligung des Versicherten (§ 7 Abs. 2), etwa durch Angehörige, einen Pflegedienst, Arzt oder ein Krankenhaus die Pflegekasse benachrichtigt wird. Minderjährige, die das 15. Lebensjahr vollendet haben, sind ebenfalls nach § 36 SGB I zur Antragstellung befugt. Dagegen kann der Antrag nicht von einem Einrichtungsträger selbst gestellt werden, insofern ihm hierfür kein eigenes Recht zukommt.[15] Als zuständiger Adressat des Antrags ist die jeweilige Pflegekasse des Versicherten nach § 16 Abs. 1 S. 1 SGB I anzusehen. Allerdings kann der Antrag aber auch gegenüber anderen Leistungsträgern gestellt werden, die zur Weiterleitung nach § 16 Abs. 1 u. 2 SGB I verpflichtet sind. Den Pflegekassen fällt bei gestellten Anträgen die Verpflichtung zu, unverzüglich auf ggf. noch erforderliche vollständige, klare und sachdienliche Angaben hinzuwirken, § 16 Abs. 3 SGB I.

4 Der Grundsatz einer Leistungsgewährung auf Antrag erstreckt sich auch auf alle Änderungen, die sich nach dem gestellten Erstantrag im Laufe der Pflege zB auch bei einer Verschlechterung des Zustandes des Pflegebedürftigen einstellen.[16] Das heißt, dass bei einem Wechsel zu einem anderen Pflegegrad ein Antrag für dieses Begehren neu zu stellen ist. Im Rahmen des Meistbegünstigungsprinzips[17] und der

---

8 Zweites Gesetz zur Stärkung der pflegerischen Versorgung und zur Änderung weiterer Vorschriften (Zweites Pflegestärkungsgesetz – PSG II) vom 21.12.2015 BGBl. I, 2442, Änderung für Abs. 1 nach Art. 2 Nr. 15, Inkraftsetzung gem. Art. 8 Abs. 2; Anpassungen erfolgten in S. 4, 5, 6 u. 8; vgl. BT-Dr. 18/6688, 63,140.
9 PSG II, BGBl. I, 2429, Änderung Abs. 2 S. 1 nach Art. 1 Nr. 17, Inkraftsetzung gem. Art. 8 Abs. 1 vgl. BT-Dr. 18/5926, 92.
10 BT-Dr. 12/5262, 109. Bei Inkraftsetzung der Pflegeversicherung wurde durch Art. 3 insofern eine Anpassung der gemeinsamen Vorschriften in § 19 SGB IV vorgenommen.
11 Vgl. BSG, 17.4.1986, 7 Rar 81/84, juris Rn. 21 = NZA 1987, 68 f.
12 Das Antragsprinzip für Leistungen der sozialen Pflegeversicherung ist bereits in den Gemeinsamen Vorschriften nach § 19 S. 1 SGB IV bestimmt.
13 BGBl. I 1994, 1063.
14 Eine weitere Durchbrechung des Antragsgrundsatzes ist zB auch bei übereinstimmender Beurteilung einer höheren Pflegeklasse durch ein Pflegeheim und den MDK nach § 84 Abs. 2 S. 3 Hs. 2 gegeben; ferner im Rahmen der Zustandsentwicklung zu einer höheren Pflegestufe nach § 87a Abs. 2, vgl. BSG, 1.9.2005, B 3 P 4/04 R, juris Rn. 31.
15 BSG, 1.9.2005, B 3 P 4/04 R, juris Rn. Rn 28.
16 Vgl. Udsching in: Udsching, § 33 Rn. 3 mwN; LSG NRW, 20.5.2015, L 10 P 134/14, juris Rn. 24.
17 BSG, 24.8.2008, B 9/9 a SB 10/06 R, juris Rn. 16.

gesetzlichen Forderung einer nahtlosen Leistungsgewährung (Abs. 1 S. 8) fällt den Pflegekassen eine besondere Verantwortung zu, Pflegebedürftige rechtzeitig auf Veränderungen aufmerksam zu machen.

2. Leitungsbeginn (Abs. 1 S. 2 und 3). Grundsätzlich werden Leistungen ab dem Zeitpunkt der Antragstellung gem. Abs. 1 S. 2 gewährt, frühestens jedoch dann, wenn die Anspruchsvoraussetzungen beim Versicherten für sie vorliegen. Dies bedingt, dass für den Eintritt in den Leistungsvollzug bei Pflegebedürftigkeit das Begutachtungsverfahren des MDK bzw. der unabhängigen Gutachter nach § 18 abgeschlossen sein muss. Liegen nach dem Gutachten die Leistungsvoraussetzungen zum Zeitpunkt der Antragstellung vor, werden zugunsten des Antragstellers die Leistungen auch für die bis dahin aufgrund des Feststellungsverfahrens verstrichene Zeit gewährt. Wird eine Pflegebedürftigkeit erst für einen nach Antragstellung liegenden Zeitpunkt bejaht, wird entsprechend erst zu diesem Datum die Pflegeleistung gewährt. Stellt der Versicherte den Antrag später als einen Monat nach Eintritt der Pflegebedürftigkeit, werden die Leistungen gemäß S. 3 nach dem Gesetzeswortlaut lediglich ab dem Monat der Antragstellung zuerkannt. Tritt beim Versicherten zB am 7. April Pflegebedürftigkeit auf und wird der Antrag am 10. Mai gestellt, erhält er Leistungen ab dem 1. Mai. Da die Leistung nach Abs. 1 S. 2 ab Antragstellung gewährt werden, führte ein nach dem Beispiel am 5. Mai gestellter Antrag nach dem Wortlaut des S. 3 dazu, dass erst ab dem 5. Mai eine Leistungszusage erfolgen darf, obwohl der Antrag als solcher innerhalb einer Monatsfrist gestellt worden ist. Die Spitzenverbände der Pflegekassen haben in diesem, für den Versicherten nachteiligen Ergebnis keine Entsprechung mit der Intention des Gesetzgebers gesehen und sich beim eigenen Leistungsvollzug dafür entscheiden, bei dieser Kasuistik ebenso einer Leistungsgewährung ab dem Beginn des Monats der Antragstellung stattzugeben.[18] Sofern sich im Einzelfall ergibt, dass sich die durch die Pflegekasse bereits gewährte Leistung aufgrund ursprünglich festgestellter Voraussetzungen als unrichtig erweist, kann dies zu einer Rücknahme der Leistung führen; ebenso können sich im Nachhinein beim Pflegebedürftigen Konstellationen ergeben, die eine Leistungserweiterung (zB von Amts wegen nach Abs. 2 S. 8 zu ermitteln) nach §§ 44, 48 SGB X bedürfen.

3. Befristungen nach Hilfebedarf (Abs. 1 S. 4 ff.). Mit den Bestimmungen der Sätze 4 ff., die durch das PflegeWEG angefügt wurden, hat Gesetzgeber für begründete Einzelfälle **Leistungsbefristungen** bei Zuordnung zu einer Pflegestufe, die Anerkennung als Härtefall und die Bewilligung von Leistungen vorgesehen. Ziel der Erweiterung ist einerseits die Leistungsausrichtung an tatsächlich gegebenen Bedarf des Versicherten. Ferner soll Transparenz und Klarheit über die Leistungsdauer der am Pflegeprozess Mitwirkenden geschaffen und den Pflegkassen die Steuerung des Prozesses ermöglicht werden.[19] Die zeitlich begrenzte Leistungserteilung soll den Grundsatz von „Prävention und Rehabilitation vor und in der Pflege" iS der §§ 3, 5 und 18 Abs. 6 stärken und den Betroffenen in diesem Sinne positiv zur Mitwirkung anregen.[20]

Lediglich in Fällen, in denen nach Einschätzung des MDK eine Verringerung der Beeinträchtigungen der Selbstständigkeit oder der Fähigkeiten bei Betroffenen zu erwarten ist, darf daher nach S. 5 eine Befristung der Leistung durch die Pflegekasse vorgenommen werden. Um eine solche Verringerung prognostizieren zu können, müssen sich nach medizinischer bzw. pflegefachlicher Bewertung Anzeichen dafür ergeben, dass sich nach dem Ende der bestimmten Frist der Zustand des Betroffenen verbessert haben wird. Eine nur mögliche bzw. vermutete Verbesserung reicht nach der Voraussetzung der Vorschrift nicht für eine Befristung aus.[21] Eine wiederholte Befristung ist nach S. 6 zulässig und schließt nicht aus, dass während der Befristung von der Pflegkasse Änderungen bei Zuordnung zu einem Pfleggrad oder den bewilligten Leistungen nach dem SGB vorgenommen werden. Der Rahmen möglicher Befristungen darf die Dauer von drei Jahren nicht überschreiten, S. 7. Schließlich hat die Pflegkasse nach S. 8 vor dem Ablauf der Befristung von Amts wegen zu prüfen, ob die in diesem Zeitraum erteilte Pflegeleistung nach Fristende weitergewährt wird oder Änderungen erfolgen, um eine kontinuierliche Pflege zu garantieren. Dem Pflegebedürftigen sowie der Pflegeeinrichtung ist dies mitzuteilen. Ein erneuter Antrag des Versicherten bei geändertem Pflegebedarf im Rahmen der von der

---

[18] Vgl. Gemeinsames Rundschreiben zu den leistungsrechtlichen Vorschriften des GKV Spitzenverbandes und der Pflegekassen auf Bundesebene idF v. 17.4.2013, Stand 18.12.2015 (abrufbar unter http://www.gkv-spitzen verband.de – Empfehlungen zum Leistungsrecht zu § 33, S. 3; zuletzt abgerufen am 1.3.2017).

[19] Vgl. BT-Dr. 16/7439, 53 f.

[20] Vgl. BT-Dr. 16/7439, 54.

[21] Insofern ist auch das Rundschreiben der Pflegeklassen zu verstehen, die von einer expliziten Feststellung erwarteter Verringerung des Hilfebedarfes durch den MDK für eine Befristung ausgehen, vgl. Gemeinsames Rundschreiben, aaO, S. 6.

Pflegekasse vor Fristablauf getroffenen Feststellung nach S. 1 ist in diesem Kontext ständiger Prüfung nicht erforderlich,[22] wenngleich der Gesetzgeber in seiner Begründung damit dogmatisch wohl am Antragsprinzip festhält und hier eine Ausnahme im Sinne einer konkludenten Beantragung gegeben ist.

8   **4. Vorversicherungszeiten als Leistungsvoraussetzung (Abs. 2).** Während allen Versicherten, die zum Zeitpunkt des Inkrafttretens der Pflegeversicherung Pflegebedürftig waren ein sofortiger Versicherungsschutz gewährt wurde, hat nach Abs. 2 für alle nach dem 1.1.1995 gestellten Leistungsanträge eine Beitragszeit der Versicherten als Voraussetzung dem Anspruchs vorauszugehen. Die Intention für eine solche Vorversicherungszeit hat der Gesetzgeber damit begründet, dass keine Überforderung der Solidargemeinschaft durch Leistungsansprüche unabhängig von einer Beitragserbringung eintreten soll.[23] Er sieht es als sozialpolitische unbefriedigend an[24] Zugewanderten sofort vollen Versicherungsschutz unabhängig zB von nicht oder nur in geringem Umfang eingezahlten Beiträgen zu gewähren. Absatz 2 bestimmt daher bei einer Vorversicherungszeit von zwei Jahren innerhalb der vergangenen zehn Jahre seit Antragstellung bzw. im Rahmen der familiären Versicherung nach § 25 entsprechende Leistungsansprüche. Dabei handelt es sich um eine summarische Versicherungs- bzw. Beitragszeit, die in einem Gesamtzeitraum von zehn Jahren, nicht unbedingt zusammenhängend, nachgewiesen sein muss. Seit Einführung des PflegeWEG gilt für die ab dem 1.7.2008 gestellten Anträge eine einheitliche Vorversicherungszeit von zwei Jahren, die insgesamt innerhalb von zehn Jahren vor Antragstellung vorgelegen haben muss (Abs. 2 Nr. 6). Der Gesetzgeber hat die Rückführung auf zwei Jahre vorgenommen, weil einerseits durch das GKG – Wettbewerbsstärkungsgesetz[25] im Inland für alle Personen nunmehr auch eine Einbeziehung in den Schutz der Krankenversicherung ab dem Versicherungsbeginn eingeführt worden ist,[26] andererseits im Hinblick auf Zuwanderer und Auslandsrückkehrer aber zugunsten der Solidargemeinschaft nicht ganz auf eine Vorversicherungszeit verzichtet werden kann.

9   Als **Vorversicherungszeiten** zählen Zeiten, in denen das Mitglied selbst einer gesetzlichen oder privaten Krankenversicherung angehörte, oder nach § 25 familienversichert war. Zeiten der Pflichtversicherung nach § 20 ff., als auch jene, freiwilliger Versicherung sind dabei für das selbst versicherte Mitglied und seine Angehörigen nach § 25 ebenfalls zu berücksichtigen. Ferner werden für die Ermittlung der Vorversicherung nach S. 2 auch solche Zeiten hinzugerechnet, in denen sich Versicherte und ihre Familienangehörigen oder Lebenspartner im Ausland aufhalten bzw. ihren Wohnsitzes ins Ausland verlegen, sofern sie sich freiwillig (auf Antrag) nach § 26 Abs. 2 weiterversichert haben. Schließlich wirken sich Unterbrechungen der Versicherungszeit, sofern sie die Dauer von einem Monat nicht übersteigen, nicht auf die Gesamtversicherungszeit aus. Dies ergibt sich aus dem Grundsatz, dass die Pflegeversicherung der Krankenversicherung folgt[27] und § 19 Abs. 2 SGB V Leistungsansprüche noch bis zu einem Monat nach Beendigung der Mitgliedschaft als bestehend betrachtet.[28]

10 Nach der EWG Verordnung 1408/71,[29] sowie der Nachfolgevorschrift der Verordnung EG 883/2004[30] können Zeiten der gesetzlichen Kranken- bzw. Pflegeversicherung, die in einem anderen EG Mitgliedstaat zurückgelegt wurden, ebenfalls als Vorversicherungszeit anerkannt werden.

11 Der **Versicherungsschutz für Kinder** richtet sich im Hinblick auf die Vorversicherungszeiten danach, welche Zeiten die Eltern absolviert haben, zumindest aber ein Elternteil erfüllt hat, S. 3. Dabei kommt es nicht darauf an, dass das Kind familienversichert ist, maßgeblich ist nur dessen grundsätzlich vorliegende Pflegeversicherung.[31] Der Wortlaut „versicherte Kinder", der Vorschrift, stimmt nach Klarstellung des BSG[32] mit der Intention des Gesetzgebers insofern überein, als eine Begrenzung dieses Be-

---

22 Vgl. BT-Dr. 16/7439, 54.
23 Vgl. BT-Dr. 12/5262, 110.
24 Vgl. BT-Dr. 12/5262, 110 und BT-Dr. 16/7439, 54.
25 Gesetz zur Stärkung des Wettbewerbs in der gesetzlichen Krankenversicherung (GKV-WSG) v. 26.3.2007 – BGBl. I, 378 – hier insbesondere durch § 5 Abs. 1 Nr. 13 u. Abs. 11 SGB V; ferner schreibt nach Neufassung des 8. Kapitels des Versicherungsvertragsgesetzes § 193 Abs. 3 VVG für jede Person mit Wohnsitz im Inland eine Versicherungspflicht vor (vgl. Gesetz zur Reform des Versicherungsvertragsgesetzes v. 23.11.2007, BGBl. I, 2631).
26 Vgl. BT-Dr. 16/7439, 54.
27 BT-Dr. 16/3100, 185; BT-Dr. 12/5262, 102.
28 Vgl. insoweit auch das gemeinsame Rundschreiben der Pflegekassen zu § 33 S. 7 f.
29 EWG Verordnung 1408/71, Art. 18, abrufbar unter www.eur-lex.europa.eu/LexUriServ/LexUriServ.do?uri=C ELEX:31971R1408:de:HTML (zuletzt abgerufen am 1.3.2017).
30 ABl. EU v. 30.4.2004.
31 BSG, 19.4.2007, B 3 P 1/06 R, NZS 2008, 151 f.
32 BSG, 19.4.2007, B 3 P 1/06 R, NZS 2008, 151 f.

griffs allein für das Vorliegen einer Familienversicherung des Kindes nicht gerechtfertigt wäre. Die Vorschrift überträgt lediglich den Schutz der Vorversicherungszeiten der Eltern oder eines Elternteils auf ein Kind und erschließt ihm hierdurch die schuldrechtliche Gunst zur Durchsetzung des Anspruchs; die Vorschrift berücksichtigt insbesondere Kinder, die seit ihrer Geburt oder in frühem Kindesalter zB aufgrund von Behinderung pflegebedürftig sind.[33]

5. Ehemalige Privatversicherte (Abs. 3). Bei Personen, die zunächst in einer privaten Pflegeversicherung versichert waren und aus dieser ausscheiden, werden die dort ohne Unterbrechung – dh nur zusammenhängend zurückgelegte Zeiten eines bestehenden Pflegeversicherungsvertragsverhältnisses nach Abs. 3 als Vorversicherungszeiten gemäß Abs. 2 angerechnet. Mit der Regelung sollen im Hinblick auf bereits vorliegende Vorversicherungszeiten Nachteile derjenigen vermieden werden, die bei Aufnahme eines versicherungspflichtigen Beschäftigungsverhältnisses oder aufgrund abgesunkenen Einkommens unter die Beitragsbemessungsgrenze fallen und nach § 20 versicherungspflichtig werden.[34] Um einen ebenso unbeeinträchtigten Wechsel vom bisher bestehenden privaten Pflegeversicherungsverhältnis zum gesetzlichen zu garantieren, kann eine entsprechende Kündigung mit Wirkung zum Pflichtversicherungseintritt nach § 27 S. 1 erklärt werden. Bei einem Wechsel von der sozialen zur privaten Pflegeversicherung werden Vorversicherungszeiten nach § 26 Abs. 6 Nr. 2 ebenso angerechnet. Dies gilt auch für familienversicherte Angehörige. 12

§ 33 a Leistungsausschluss

¹Auf Leistungen besteht kein Anspruch, wenn sich Personen in den Geltungsbereich dieses Gesetzbuchs begeben, um in einer Versicherung nach § 20 Abs. 1 Satz 2 Nr. 12 oder auf Grund dieser Versicherung in einer Versicherung nach § 25 missbräuchlich Leistungen in Anspruch zu nehmen. ²Das Nähere zur Durchführung regelt die Pflegekasse in ihrer Satzung.

I. Entstehungsgeschichte

Mit dem GKV-Wettbewerbsstärkungsgesetz vom 26.3.2007[1] wurde die Vorschrift durch Art. 8 mit Wirkung zum 1.4.2007 neu eingeführt. 1

II. Einführung und Normzweck

Die Bestimmung verfolgt das unmittelbare Ziel, missbräuchlich angestrebte Ansprüche der Pflegeversicherung für Personen und deren Angehörigen zu versagen, die sich nur aus dem Grund, die Leistungen zu erhalten in den Geltungsbereich des SGB XI begeben. Sie wurde im Zuge der Parallelvorschrift des § 52 a SGB V, die ebenfalls mit dem GKV-Wettbewerbsstärkungsgesetz eingeführt wurde, in Kraft gesetzt und erfüllt damit den Grundsatz, nach dem die Pflegeversicherung der Krankenversicherung folgt. Mit der übergeordneten Intention der Vorschrift wird Schutz der Solidargemeinschaft aller Versicherten[2] angestrebt. Daneben ist indirekt ein Schutz der Pflegekassen darin zu erkennen.[3] 2

III. Regelungsgehalt

1. Umfang des Ausschlusses (S. 1). Der Leistungsausschluss der Vorschrift umfasst alle in den §§ 21 a Abs. 1 SGB I iVm 28 Abs. 1 genannten Leistungen der Pflegeversicherung. Als Adressaten des Ausschlusses kommen Personen in Betracht, die sich nur zum Zweck eines Leistungsbezuges in den Geltungsbereich des Gesetzes begeben. Voraussetzung iSd § 30 SGB I ist daher zunächst, dass die Personen ihren Wohnsitz oder gewöhnlichen Aufenthalt im Hoheitsgebiet der Bundesrepublik Deutschland nur deshalb nehmen, um Leistungen der sozialen Pflegeversicherung zu erhalten. 3

Ferner setzt der Ausschluss der begehrten Leistungen voraus, dass es sich um Personen handelt, die Ansprüche aus einer Versicherung nach § 20 Abs. 1 S. 2 Nr. 12 geltend machen, oder als familienversicherte nach § 25 auf Grundlage des vorgenannten Versicherungsverhältnisses missbräuchlich Leistungen beanspruchen wollen. Nach § 20 Abs. 1 S. 2 Nr. 12 ergibt sich eine Versicherungspflicht und da- 4

---

33 Vgl. BT-Dr. 12/5262, 110.
34 Vgl. BT-Dr. 12/5262, 110.
1 BGBl. I, 378.
2 BT-Dr. 16/3100, 108.
3 Ebenso Udsching in: Udsching, § 33 a Rn. 2.

raus folgend ein Versicherungsschutz für Personen, die bisher keiner Versicherungspflicht unterlagen, weil sie nach § 5 Abs. 1 Nr. 13 SGB V entweder zwischenzeitlich nicht, jedoch früher einmal gesetzlich Krankenversichert waren.[4] Weiterhin ergibt sich der Versicherungsschutz für Personen, die bislang weder gesetzlich noch privat versichert waren – mit Ausnahme von selbstständig Erwerbstätigen und nach § 6 SGB V versicherungsfreien Personen. Schließlich erfasst die Vorschrift für einen Leistungsausschluss solche Personen, die nach § 2 Abs. 1 des 2. Gesetzes über die Krankenversicherung der Landwirte[5] pflichtversichert sind.

5 Erforderlich ist für den Leistungsausschluss weiterhin, dass Personen beabsichtigen, die Leistung missbräuchlich in Anspruch nehmen zu wollen. Dies ist der Fall, wenn sie nur deshalb in den Geltungsbereich des Gesetzes kommen. Da der Nachweis für ein missbräuchliches Begehren von Versicherungsleistungen problematisch erscheint, schlagen die Pflegekassen vor, dass bei Kontaktaufnahme mit betroffenen Personen die Gründe für deren Aufenthalt in Deutschland zu ermitteln und gleichzeitig auf den Ausschluss aufmerksam zu machen sei.[6] Ferner empfehlen die Pflegekassen von diesen Personen eine Bestätigung dafür einzufordern, dass deren Aufenthaltszweck nicht dazu dient, missbräuchlich Leistungen der sozialen Pflegversicherung zu beanspruchen.[7]

6 Haben Personen bereits missbräuchlich Leistungen erlangt, fehlt hierfür jedoch der gesetzliche Anspruch mit der Folge, dass die zu Unrecht erbrachten Leistungen nach den allgemeinen Bestimmungen der §§ 45, 50 SGB X von den Pflegekassen zurückgefordert bzw. hierfür Ersatz verlangt werden kann.

7 2. Durchführungskompetenz der Pflegekassen (S. 2). Die jeweilige Pflegekasse wird nach S. 2 ermächtigt, zur Durchführung der Vorschrift das Nähere in ihrer Satzung zu regeln.[8]

§ 34 Ruhen der Leistungsansprüche

(1) Der Anspruch auf Leistungen ruht:
1. solange sich der Versicherte im Ausland aufhält. Bei vorübergehendem Auslandsaufenthalt von bis zu sechs Wochen im Kalenderjahr ist das Pflegegeld nach § 37 oder anteiliges Pflegegeld nach § 38 weiter zu gewähren. Für die Pflegesachleistung gilt dies nur, soweit die Pflegekraft, die ansonsten die Pflegesachleistung erbringt, den Pflegebedürftigen während des Auslandsaufenthaltes begleitet;
2. soweit Versicherte Entschädigungsleistungen wegen Pflegebedürftigkeit unmittelbar nach § 35 des Bundesversorgungsgesetzes oder nach den Gesetzen, die eine entsprechende Anwendung des Bundesversorgungsgesetzes vorsehen, aus der gesetzlichen Unfallversicherung oder aus öffentlichen Kassen auf Grund gesetzlich geregelter Unfallversorgung oder Unfallfürsorge erhalten. Dies gilt auch, wenn vergleichbare Leistungen aus dem Ausland oder von einer zwischenstaatlichen oder überstaatlichen Einrichtung bezogen werden.

(1 a) Der Anspruch auf Pflegegeld nach § 37 oder anteiliges Pflegegeld nach § 38 ruht nicht bei pflegebedürftigen Versicherten, die sich in einem Mitgliedstaat der Europäischen Union, einem Vertragsstaat des Abkommens über den Europäischen Wirtschaftsraum oder der Schweiz aufhalten.

(2) ¹Der Anspruch auf Leistungen bei häuslicher Pflege ruht darüber hinaus, soweit im Rahmen des Anspruchs auf häusliche Krankenpflege (§ 37 des Fünften Buches) auch Anspruch auf Leistungen besteht, deren Inhalt den Leistungen nach § 36 entspricht, sowie für die Dauer des stationären Aufent-

---

4 Vgl. BT-Dr. 16/3100, 94. Mit Einführung der Vorschrift des § 5 Abs. 1 Nr. 13 SGB V wurde das Ziel umgesetzt, dass niemand in Deutschland ohne krankenversicherungsrechtlichen Schutz sein soll, bzw. in einem modernen Sozialstaat eine fehlende Absicherung im Krankheitsfall nicht hinnehmbar sei.
5 KLVG, Gesetz v. 20.12.1988 (BGBl. I, 2477) – Das Gesetz erfasst alle vormals nicht vom Versicherungsschutz der Krankenversicherung eingeschlossenen Landwirte.
6 Gemeinsames Rundschreiben zu den leistungsrechtlichen Vorschriften des GKV Spitzenverbandes und der Pflegekassen auf Bundesebene idF v. 18.12.2015 (abrufbar unter http://www.gkv-spitzenverband.de – Empfehlungen zum Leistungsrecht zu § 33 a, S. 1 f.; zuletzt abgerufen am 1.3.2017).
7 Gemeinsames Rundschreiben, aaO. Zwar sehen die Pflegkassen, dass nach § 33 Abs. 2 gegen einen Missbrauch grundsätzlich mit den einzuhaltenden Vorversicherungszeiten vorgebeugt ist. Dieser Schutz ist aber nicht bei Personen gegeben für die aus einem EWR-Staat oder der Schweiz nach Deutschland kommen, da insoweit dort zurückgelegte Vorversicherungszeiten wie in Deutschland zurückgelegte berücksichtigt werden.
8 Soweit ersichtlich machen Pflegkassen nur in seltenen Fällen von der Befugnis Durchführungsregelungen zu beschließen Gebrauch. Anzutreffen ist bspw. der Verzicht, einen Missbrauch zu prüfen, wenn seit Eintritt in das Versicherungsverhältnis und Antragstellung mehr als 6 Monate vergangen sind (vgl. zB Pflegkassensatzungen AOK Niedersachsen u. AOK Bayern).

halts in einer Einrichtung im Sinne des § 71 Abs. 4, soweit § 39 nichts Abweichendes bestimmt. ²Pflegegeld nach § 37 oder anteiliges Pflegegeld nach § 38 ist in den ersten vier Wochen einer vollstationären Krankenhausbehandlung, einer häuslichen Krankenpflege mit Anspruch auf Leistungen, deren Inhalt den Leistungen nach § 36 entspricht, oder einer Aufnahme in Vorsorge- oder Rehabilitationseinrichtungen nach § 107 Absatz 2 des Fünften Buches weiter zu zahlen; bei Pflegebedürftigen, die ihre Pflege durch von ihnen beschäftigte besondere Pflegekräfte sicherstellen und bei denen § 63 b Absatz 6 Satz 1 des Zwölften Buches Anwendung findet, wird das Pflegegeld nach § 37 oder anteiliges Pflegegeld nach § 38 auch über die ersten vier Wochen hinaus weiter gezahlt.

(3) Die Leistungen zur sozialen Sicherung nach den §§ 44 und 44 a ruhen nicht für die Dauer der häuslichen Krankenpflege, bei vorübergehendem Auslandsaufenthalt des Versicherten oder Erholungsurlaub der Pflegeperson von bis zu sechs Wochen im Kalenderjahr sowie in den ersten vier Wochen einer vollstationären Krankenhausbehandlung oder einer stationären Leistung zur medizinischen Rehabilitation.

Literatur:

Bassen, Export von Sachleistungen der Pflegeversicherung nach der Entscheidung des EuGH in der Rechtssache von Chamier-Glisczinski, NZS 2012, 479; *Huster*, Grundfragen der Exportpflicht im europäischen Sozialrecht, NZS 1999, 10; *Niepel*, Pflegezulagen nach § 35 BVG und Leistungen zur häuslichen Pflege nach dem PflegeVG, ZfS 1996, 7.

I. Entstehungsgeschichte.............	1	4.	Konkurrierende Leistungen der häuslichen Pflege und des stationären Aufenthalts (Abs. 2).........................	17
II. Normzweck und europarechtlicher Kontext	2			
1. Ruhen des Anspruchs auf Leistungen bei Auslandsaufenthalt (Abs. 1 Nr. 1)...	6	5.	Fortgesetzter Leistungsbezug der Pflegeperson (Abs. 3).........................	19
2. Vorrangigkeit anderer Versorgungssysteme (Abs. 1 Nr. 2).....................	12			
3. Ausnahme des Ruhens beim Bezug von Pflegegeld (Abs. 1 a)..................	16			

I. Entstehungsgeschichte

Zunächst wurde die Vorschrift, die im Wesentlichen die Fassung des RegE[1] beibehielt, unter Art. 1 des PflegeVG[2] vom 26.5.1994 eingeführt und ist am 1.1.1995 gem. Art. 68 Abs. 1 PflegeVG in Kraft getreten. Mit dem 1. SGB XI-ÄndG[3] wurden Abs. 1 Nr. 1 und Abs. 2 S. 1 und 2 neu gefasst bzw. geändert; Abs. 3 wurde neu eingeführt.[4] Zusätzlich wurden in den Absätzen 2 und 3 sprachliche Anpassungen an die Termini des neu eingeführten SGB IX[5] vom 19.6.2001 vorgenommen und zum 1.7.2001 in Kraft gesetzt. Ferner wurden mit dem PflegeWEG[6] die Abs. 2 und 3 erweitert. Durch zwei Gesetze zur Regelung des Assistenzpflegebedarfs[7] wurde Abs. 2 S. 2 geändert. Ferner wurde Abs. 1 a zur Regelung bei Aufenthalt

1

---

1 Vgl. BT-Dr. 12/5262, 19 als § 30, Begr. aaO, S. 110 f. Im RegE bestand die Vorschrift aus zwei Absätzen.
2 BGBl. I, 1014.
3 Erstes Gesetz zur Änderung des Elften Sozialgesetzbuches und anderer Gesetze vom 14.6.1996 (1. SGB XI-ÄndG), BGBl. I, 830.
4 Die Änderungen erfolgten nach Art. 1 des 1. SGB XI-ÄndG und traten nach Art. 8 dieses Gesetzes am 15.6.1996 in Kraft. Abs. 1 Nr. 1 enthält eine Klarstellung, dass vorübergehende Auslandsaufenthalte bis zu sechs Wochen keine Leistungsunterbrechung zur Folge haben. Abs. 2 S. 1 wurde auf den im gleichen Gesetz (s. Art. 1 Nr. 25) geänderten § 71 Abs. 4 angepasst; In S. 2 wurde eine vorübergehende stationäre Behandlung von bis zu vier Wochen als Grund des Ruhens des Anspruchs herausgenommen. In Abs. 3, dessen erster Hs. bis dahin Abs. 2 S. 2 der ersten Fassung der Vorschrift bildete, wurden die og nicht relevanten Unterbrechungszeiten für das Pflegegeld auch für die Pflegeperson nach § 44 aufgenommen.
5 SGB IX – Rehabilitation und Teilhabe behinderter Menschen, Gesetz v. 19.6.2001, BGBl. I, 1046. Die og sprachlichen Anpassungen erfolgten in Art. 10 Nr. 15 und traten durch Art. 68 in Kraft. Vgl. zur Begr. BT-Dr. 14/5074, 122.
6 Gesetz zur Strukturellen Weiterentwicklung der Pflegeversicherung v. 28.5.2008, BGBl. I, 874. Die Vorschrift wurde durch Art. 1 iVm Art. 17 Abs. 1 zum 1.7.2008 in Kraft gesetzt. In Abs. 2 S. 2 erfolgte eine Erweiterung, nach der beim Ruhen der Leistungsansprüche die Weiterzahlung des Pflegegeldes nach § 37 bei Inanspruchnahme häuslicher Krankenpflege mit Anspruch auf Grundpflege und häuslicher Versorgung fortbesteht. Abs. 3 wurde im Hinblick auf weiter zu gewährende Leistungen für die Pflegeperson konkretisiert bei den Unterbrechungszeiten Auslandsaufenthalt und Erholungsurlaub der Adressaten (Versicherten und Pflegeperson).
7 Die erste Änderung von Abs. 2 S. 2 trat durch das Gesetz zur Regelung des Assistenzpflegebedarfs im Krankenhaus vom 30.7.2009, BGBl. I, 2495. mit Artt. 3 und 8 in Kraft. Damit wurde zunächst dem Bedarf der durch-

der Versicherten in einem EU-Mitgliedsstaat bzw. gleichwertigen Vertragsstaat mit Gesetz vom 22.6.2011[8] aufgenommen. Abs. 3 wurde durch das PNG[9] redaktionell erweitert. Durch das PSG II wurde in Abs. 2 S. 1 u. 2 eine redaktionelle Anpassung im Hinblick auf den geänderten Pflegebedürftigkeitsbegriff vorgenommen.[10] Eine weitere redaktionelle Angleichung erfolgte für die Verweisung auf SGB XII-Leistungen in Abs. 2 S. 2.[11]

II. Normzweck und europarechtlicher Kontext

2   Mit der Norm werden die Voraussetzungen für das Ruhen, dh eine zeitliche Unterbrechung des Leistungsanspruchs und im Anschluss hieran der Leistungsgewährung aller nach dem SGB XI beschriebenen Leistungen bestimmt, sofern keine Anwendungseinschränkungen gelten. Nach Abs. 1 werden der Auslandsaufenthalt des Versicherten und anderweitige, auf gesetzlicher Grundlage bestimmte Versorgungsleistungen des Bundes oder vergleichbarer zwischen- oder überstaatlicher Einrichtungen, als Auslöser des Ruhens der Leistung genannt. Die Parallelvorschrift zu Abs. 1 Nr. 1 in der GKV findet sich in der Bestimmung des § 16 Abs. 1 Nr. 1 SGB V; Abs. 1 Nr. 2 korrespondiert mit § 13 Abs. 1 und spezifiziert insofern die grundlegende Vorschrift für die Nachrangigkeit von SGB XI Leistungen. Abs. 2 S. 1 nennt darüber hinaus im Anschluss an § 13 Abs. 2 noch einen weiteren Tatbestand für das Ruhen: beim Anspruch auf häusliche Pflege, wenn ein solcher auf Grundlage des SGB V (neben solchen Leistungen, deren Inhalt denen nach § 36 entspricht) besteht, oder bei vollstationärer Versorgung in einer Einrichtung nach § 71 Abs. 4, zT mit zeitlicher Begrenzung.

3   In unsystematischer Folge regelt der später eingeführte Abs. 1a eine Ausnahme vom Ruhen der Leistungen, wonach die Leistungsgewährung bei Aufenthalt des Versicherten in einem EU- bzw. Partnerstaat gegeben sein muss. Der Absatz greift das, für Abs. 1 Nr. 1 geltende Territorialitätsprinzip nach § 30 Abs. 1 SGB I wegen der hier gegebenen supranationalen Abweichung nach § 30 Abs. 2 SGB I auf. Die Folgenänderung geht letztlich auf die Anforderungen des EG Rechts[12] zurück. Nach Abs. 2 S. 2 ist auch Pflegegeld nach den Voraussetzungen der §§ 37 und 38 in den ersten vier Wochen eines vollstationären Aufenthalts oder bei häuslicher Krankenpflege mit Grundpflege und häuslicher Versorgung weiter zu zahlen.

4   Ferner findet eine Durchbrechung des Ruhens der Leistung nach Abs. 3 zugunsten der Pflegepersonen für die Dauer der häuslichen Krankenpflege statt, bei bis zu sechs wöchigem Auslandsaufenthalt des Versicherten oder bei Urlaub der Pflegeperson und den ersten vier Wochen einer vollstationären Krankenhaus- oder Reha-Maßnahme.

5   Teleologisch formt das Ruhen von Leistungsansprüchen der vorliegenden Vorschrift den Rechtsgedanken nach § 29 Abs. 1 S. 1 hinsichtlich eines wirksamen und wirtschaftlichen Umgangs der Versicherungsressourcen aus. Mit dem neu geschaffenen Abs. 1a wird nationales Recht mit sozialrechtlichen Bestimmungen des europäischen Gemeinschaftsrechts harmonisiert.

6   **1. Ruhen des Anspruchs auf Leistungen bei Auslandsaufenthalt (Abs. 1 Nr. 1).** Der erste Halbsatz des Abs. 1 erklärt das **Ruhen des Leistungsanspruchs**. Zunächst ist daher im schuldrechtlichen Sinne nach

---

gehenden Präsenz von Pflegekräften insbesondere für pflegebedürftige behinderte Menschen Rechnung getragen, die auf eine Assistenz für von ihnen selbst beschäftigte Personen angewiesen sind. Durch das Gesetz zur Regelung des Assistenzpflegebedarfs in stationären Vorsorge- oder Rehabilitationseinrichtungen v. 20.12.2012, BGBl. I, 2789, durch Art. 6 Abs. 1 am 28.12.2012 in Kraft gesetzt, wurde mit Art. 2 dieses Gesetzes eine zweite Änderung im Hinblick auf die Weiterzahlung von (anteiligem) Pflegegeld über vier Wochen hinaus auch für Pflegebedürftige ohne Behinderung bestimmt.

8   Gesetz zur Koordinierung der Systeme der sozialen Sicherheit in Europa und zur Änderung anderer Gesetze, BGBl. I, 1202. Mit Art. 7 ist Abs. 1a eingeführt und durch Art. 13 Abs. 1 am 23.6.2011 in Kraft getreten.
9   Gesetz zur Neuausrichtung der Pflegeversicherung v. 23.10.2012, BGBl. I, 2246, die Einführung der Änderung erfolgte durch Art. 1, der mit Art. 16 Abs. 1 am 1.11.2012 in Kraft gesetzt wurde.
10 Zweites Gesetz zur Stärkung der pflegerischen Versorgung und zur Änderung weiterer Vorschriften (Zweites Pflegestärkungsgesetz – PSG II) vom 21.12.2015 BGBl. I, 2442, Änderung für Abs. 1 nach Art. 2 Nr. 16, Inkraftsetzung gem. Art. 8 Abs. 2; Begr. BT-Dr.18/5926, 119.
11 Drittes Gesetz zur Stärkung der pflegerischen Versorgung und zur Änderung weiterer Vorschriften (Zweites Pflegestärkungsgesetz – PSG III) vom 23.12.2016, BGBl. I, 3191.
12 Mit Einführung des Abs. 1a wurden die Regelungen der (EWG) Verordnung Nr. 1408/71 und (EG) Nr. 883/2004 nicht zuletzt auf Grundlage der Rechtsprechung des EuGH in nationales Recht umgesetzt. Der EuGH hatte auf dieser Grundlage bereits seit EuGH, 5.3.1998, Rs. C-160/96 (Molenaar), ZfSH 1998, 290 ff. = NJW 1998, 1767 ff., festgestellt, dass Pflegegeld unter Artt. 19, 25 u. 28 der VO Nr. 1408/71 fällt und insofern ein Verbot zur Auszahlung dieser Leistung bei Aufenthalt eines berechtigten Versicherten in einem Mitgliedsstaat gegen die Verordnung verstößt (EuGH aaO, S. 292).

§ 194 BGB iVm §§ 38, 40, 41 SGB I sein Bestehen und Fälligkeit für die beschriebenen Bedingungen des Ruhens vorauszusetzen. Der Eintritt der Rechtsfolge des Ruhens erfolgt ohne weiteren Rechtsakt der Pflegekassen bei Vorliegen der im Gesetz beschriebenen Tatbestände. Während des Ruhens bleibt das Versicherungsverhältnis als solches unberührt. Sobald die unterbrechenden Voraussetzungen wegfallen (zB nach Rückkehr aus dem Ausland) bzw. aufgrund zeitlichen Ablaufs beendet werden, wird auch das Ruhen der Leistungsansprüche beendet und die Ansprüche zur Leistungsgewährung leben wieder auf.

Dem Wortlaut des 1. Hs. zufolge wären vom Ruhen alle Leistungsansprüche der Pflegeversicherung nach § 28 Abs. 1 erfasst. Da sich der Wirkungsansatz des § 34 auf persönliche Hilfen des Versicherten konzentriert, trifft eine Anwendung nicht auf darüber hinaus gehende Leistungen nach § 44 und § 44 a für die Pflegeperson und Pflegekurse für Angehörige und ehrenamtliche Pflegepersonen nach § 45 zu.[13]

In Abs. 1 Nr. 1 Hs. 2 ist zunächst ein **Auslandsaufenthalt** des Versicherten vorausgesetzt, der das Ruhen der Leistungsansprüche bewirkt. Der Grundsatz bildet die gesetzliche Parallele des § 16 Abs. 1 Nr. 1 SGB V nach. Ob die Pflegebedürftigkeit bereits bei Beginn des Aufenthalts vorliegt oder erst während dessen auftritt, ist für das Ruhen nicht von Bedeutung.[14] In der ersten Fassung des Abs. 1 waren die, zB bei Urlaubsreisen Versicherter vorhandenen Pflegebedarfe noch nicht gesetzlich eingeräumt, wurden aber – nicht zuletzt im Anschluss an ähnliche Ausnahmen der GKV in §§ 17, 18 SGB V mit dem 1. SGB XI-ÄndG berücksichtigt (→ Rn. 1, Entstehungsgeschichte). Sie fanden mit Bezug auf die antizipierte Praxis der Pflegekassen Eingang in die Abs. 1 S. 2 und 3 des § 34.[15] Nach Abs. 1 S. 2 besteht der Anspruch auf Weitergewährung des Pflegegeldes bzw. anteiligen Pflegegeldes nach §§ 37 und 38 bei vorübergehendem Auslandsaufenthalt des Versicherten, sofern der Aufenthalt auf sechs Wochen im Kalenderjahr beschränkt bleibt. Festzustellen ist ferner, dass sich durch den später hinzugetretenen Abs. 1 a für die Bestimmung des Abs. 1 Nr. 1 S. 2 (der den Bezug von Pflegegeld, bzw. anteiligem Pflegegeld betrifft) andere Rechtsfolgen für sämtliche Auslandsaufenthalte Versicherter in Mitgliedsstaaten der EU, Vertragsstaaten des Abkommens über den Europäischen Wirtschaftsraum und der Schweiz ergeben. Bei dortigen Aufenthalten entfällt für die Versicherten das Ruhen der Leistungsansprüche. Insofern gilt die Bestimmung des Abs. 1 Nr. 1 S. 2 nur für den Aufenthalt in anderen als in Abs. 1 a genannten Ländern.

Beim Anspruch auf Pflegesachleistung nach Abs. 1 Nr. 1 S. 3 gilt die Ausnahme des Ruhens bei vorrübergehendem Auslandaufenthalt nach dem Wortlaut nur, wenn die Pflegekraft, die den Versicherten üblicherweise versorgt, diesen auch im Ausland begleitet. Wird bei einem Auslandsaufenthalt des Versicherten eine Ersatzpflege aus dem Bundesgebiet heraus organisiert, können Leistungen für die Verhinderungspflege nach § 39 geltend gemacht werden.[16]

Zur Frage, ob Pflegeleistungen exportiert werden können, hat der EuGH zunächst festgestellt, dass es sich bei Pflegeversicherungsleistungen der häuslichen und stationären Pflege um „Leistungen bei Krankheit" nach Art. 4 Abs. 1 a) VO 1408/71 (EWG) handelt,[17] die als ergänzende Leistungen zur Krankenversicherung anzusehen sind, unter den Begriff der Sachleistungen nach den Art. 19 Abs. 1 a), 25 Abs. 1 a) und 28 Abs. 1 a) der VO 1408/71 (EWG) fallen und insofern im Wohnort auf Rechnung des zuständigen Versicherungsträgers zu gewähren sind. Das Pflegegeld zählt dagegen zu den „Geldleistungen der Krankenversicherung"[18] nach den Artikeln 19 Abs. 1 b), 25 Abs. 1 b) und 28 Abs. 1 b) der VO 1408/71 (EWG). Mit dieser, sog Molenaar-Entscheidung des EuGH ist prinzipiell die Geldleis-

---

13 In diesem Sinne Udsching in: Udsching, § 34 Rn. 3; ebenso Reimer in: Hauck/Noftz, SGB XI, Rn. 8.
14 Ebenso Udsching in: Udsching, § 34 Rn. 3.
15 BT-Dr. 13/3696, 12.
16 LSG BW, 11.5.2007, L 4 P 2828/06, juris, Rn. 16 ff.
17 EuGH, 5.3.1998, Rs. C-160/96 (Molenaar), ZfSH 1998, 291 = NJW 1998, 1768 Nr. 25 ff. Des Weiteren wird diese Einordnung als „Leistungen bei Krankheit" vom EuGH im Hinblick auf die organisatorische Verknüpfung der Pflegeversicherungsleistungen zu solchen der GKV begründet. Kritisch zur Begründung der Molenaar-Entscheidung, Huster, NZS 1999, 12 f., der insbesondere die Irritation der aus dem Diskriminierungsverbot des § 34 abgeleiteten Exportpflicht diskutiert.
18 EuGH aaO.

tung[19] für Versicherte zu übernehmen, die sich im Raum europäischer Unionsstaaten aufhalten. Mit Einführung des Abs. 1 a von § 34 wurde diese Rechtsprechung in nationales Recht umgesetzt.[20]

11 Bei im Ausland erbrachten Pflegesachleistungen kann sich der Versicherte jedoch nicht auf die Möglichkeit eines uneingeschränkten Exports berufen. Nach einer weiteren Entscheidung des EuGH[21] verlangt nämlich Art. 19 Abs. 1 VO 1408/71 (EWG) gerade nicht, dass bei Aufenthalt eines Versicherten zum Zweck der Pflege in einem Mitgliedsstaat, welcher im Gegensatz zum zuständigen Staat des Versicherten keine Sachleistung vorsieht, eine Übernahme dieser Leistungen zulasten des zuständigen Trägers. Auch die Freizügigkeitsbestimmung des Art. 18 EG-Vertrag führt nach Ansicht des EuGH[22] nicht uneingeschränkt dazu, dass die Übernahme der Kosten für eine Pflegesachleistung, die in einem Mitgliedsstaat erbracht worden ist, Anspruchsgrundlage für Versicherte sein kann. Die Regelung des § 34 stehe insoweit nicht entgegen. Der Bezug von Pflegegeld ist nach der Rechtsprechung des EuGH nicht an die Voraussetzung geknüpft, dass freiwillig in der Pflegeversicherung versicherte, ehemals in Deutschland lebende Wanderarbeitnehmer ihren Wohnsitz auch in Deutschland nehmen. Der EuGH[23] stellte dies mit Hinweis auf die Koordinierung der Ansprüche von Mitgliedsstaaten untereinander für Versicherte fest, denen aufgrund des Primärrechts aus Art. 48 AEUV keine Nachteile aus ihrer Freizügigkeit erwachsen dürfen.

12 **2. Vorrangigkeit anderer Versorgungssysteme (Abs. 1 Nr. 2).** Weiterer Grund für das Ruhen eines Pflegeleistungsanspruchs kann nach Abs. 1 Nr. 2 S. 1 durch bestehende Versorgungs- bzw- Entschädigungsansprüche anderer Sozialleistungen gegeben sein. Mit § 13 Abs. 1 wird die Vorrangigkeit anderer Leistungen als die des SGB XI bereits feststellt. Obwohl nach Abs. 1 Nr. 2 das Ruhen eintritt, „soweit" Versicherte dort genannte andere **Entschädigungsleistungen** „erhalten" (→ § 13 Rn. 3), darf aufgrund § 13 Abs. 1 nicht daraus abgeleitet werden, dass der Leistungsbezug bereits eingesetzt haben muss. Ebenso, wie das Ruhen des Anspruchs im schuldrechtlichen Sinne zu verstehen ist, genügt für den Vorrang nach § 13 allein ein für diese Leistungen gegebener Anspruch,[24] der vom zuständigen Gewährleistungsträger anerkannt sein muss. Da für den Versicherten damit kein Wahlrecht zwischen möglichen Leistungsträgern besteht, beinhaltet ein Antrag nach § 33 Abs. 1 S. 1 immer auch einen vorrangig zu prüfenden Antrag an die Träger, die § 13 Abs. 1 nennt.[25]

13 Das Ausmaß des Ruhens nach § 34 bezieht sich auf die Leistungsansprüche, die mit anderweitigem Bezug von gleichwertigen (Höhe) bzw. gleichartigen (Inhalt) Entschädigungen bereits abgedeckt werden. Gehen Pflegeversicherungsleistungen über die Leistungen anderer gesetzlicher Bestimmungen hinaus, kommen zB bei Geldleistungen ergänzende Beträge bis zur Höhe der Leistungen der Pflegeversicherung in Betracht.[26] Leistungen, wie zB die der sozialen Absicherung der Pflegeperson nach § 44, die nur durch die Pflegeversicherung vorgehalten werden und keine Entsprechung in anderen gesetzlichen Grundlagen haben, sind vom Ruhen ausgenommen.[27] Überversorgung oder mehrfache Leistungsbezü-

---

19 EuGH, aaO. Begrifflich als Geldleistung nach der Verordnung Nr. 1408/71 hat der EuGH lediglich die Kostenübernahme bzw. -erstattung angesehen, die zum Ausgleich bei Verdienstausfall erkrankter Arbeitnehmer geltend gemacht werden kann.
20 Damit ist die ursprüngliche Gesetzesbegründung überholt, nach der das Pflegegeld nach § 37 noch als Sachleistungssurrogat qualifiziert wurde: BT-Dr. 12/5262, 110.
21 EuGH, 16.7.2009, C-208/07, Rn. 46–49, 53–57 (Chamier-Glisczinski – DAK). Bassen, NZS 2010, 481 f. hält zu Recht dem EuGH die offensichtliche dogmatische Verwerfung vor, nicht primärrechtlich den Export von Sachleistungen zu prüfen, sondern auf Grundlage der VO. Ferner ist Bassen darin zuzustimmen, dass das in § 34 angelegte Exportverbot nicht nachrangig der Grund für die Ablehnung der Sachleistung vor dem Umstand der fehlenden Leistung im Aufenthaltsland ist, wie der EuGH ausführt, sondern gerade das Zusammentreffen dieses Umstands mit der nationalen Bestimmung.
22 EuGH, 16.7.2009, C-208/07, Rn. 88.
23 EuGH, 30.6.2011, C-388/09, Rn. 71 ff., 86 (da Silva Martins – Bank BKK). Der in Portugal lebende, früher in der Bundesrepublik lebende und arbeitende Kläger hatte sich freiwillig in der Pflegeversicherung versichert. Der EuGH erkannte seine Ansprüche, die insofern den Artt. 25 und 27 entgegenstanden. Zusammenfassend: Leonhard, RdLH 2012, 172 f.
24 Vgl. BT-Dr. 12/5252, 93 f., wonach § 34 ausdrücklich das Zusammentreffen von Leistungsansprüchen regelt und der Versicherte grundsätzlich die höchste ihm zustehende Leistung erhalten soll; aA (tendenziell) Reimer in: Hauck/Noftz, SGB XI, § 34 Rn. 13.
25 So auch Udsching in: Udsching, § 34 Rn. 12 mwN.
26 Gemeinsames Rundschreiben zu den leistungsrechtlichen Vorschriften des GKV Spitzenverbandes und Pflegekassen auf Bundesebene idF v. 18.12.2015 (abrufbar unter www.gkv-spitzenverband.de – Empfehlungen zum Leistungsrecht; zuletzt abgerufen am 1.3.2017) zu § 34, Ziff. 2.1.
27 Vgl. BT-Dr. 12/5252, 111.

ge aus dem Sozialversicherungssystem sollen mit dem Ruhen vermieden werden, sofern mit den unterschiedlichen Versorgungsleistungen gleiche Zwecke verfolgt werden.[28]

Erhalten Versicherte Entschädigungsleistungen wegen Pflegebedürftigkeit nach § 35 BVG oder nach Vorschriften, für die eine entsprechende Anwendung des § 35 BVG gilt, gehen die dort bestimmten Leistungen einem Anspruch des SGB XI vor. Dies trifft ebenso auf Leistungen der GUV (§ 44 SGB VII), öffentlicher Kassen aufgrund gesetzlich bestimmter Unfallversorgung bzw. Unfallfürsorge (zB §§ 30 ff. BeamtVG) zu. Verweisungsbestimmungen auf § 35 BVG finden sich etwa in § 80 SVG, § 47 ZDG oder § 1 OEG. Welche konkreten Leistungen § 35 BVG erfasst und welche daneben noch anteilig von der Pflegeversicherung zu übernehmen sind, hängt vom Einzelfall ab. So beinhaltet § 35 Abs. 2 S. 4 BVG etwa auch die zeitlich begrenzte Inanspruchnahme für Verhinderungspflege iSv § 39 oder teilstationäre bzw. Kurzzeitpflege iSv §§ 41, 42. Die Grenzen des Ruhens der Pflegeversicherungsleistungen werden inhaltlich letztlich vom Spektrum der Pflegezulage nach § 35 BVG und den hierauf verweisenden Bestimmungen gezogen. Dabei kann es zu Konkurrenzsituationen zwischen den Pflegeleistungsträgern kommen, wenn die Entstehungsursache der Pflegebedürftigkeit nicht eindeutig ist, dh entweder auf einer Schädigungsfolge Dritter beruht oder unabhängig eingetreten ist. Die Pflegekasse hat in Zweifelsfällen zu prüfen, ob sie eine Leistungspflicht trifft oder vorrangig diejenige des Versorgungsleistungsträgers besteht. Ebenso ist bei Antragstellung gegenüber der Versorgungsverwaltung vor dieser zu prüfen, ob die Pflegebedürftigkeit des Versicherten ihre Leistungen vor- bzw. nachrangig trifft. Nach § 16 Abs. 1 SGB I hat der nach seiner Prüfung uU unzuständige Leistungsträger dafür zu sorgen, dass der Antrag an den zuständigen gestellt wird. Gegebenenfalls ergibt sich ein Anspruch des Versicherten gegenüber beiden Leistungsträgern, wenn seine Pflegebedürftigkeit auf mehreren Ursachen gründet. Abgrenzungsschwierigkeiten gehen im Zweifel zulasten der Verwaltung.[29] In jedem Falle ist ein erstmalig gestellter Antrag auf Pflegeleistungen grundsätzlich auf alle in Betracht kommenden Pflegebedürftigkeitsleistungen anzusehen.[30]

Nicht erfasst vom Ruhen sind Kriegsopferfürsorgeleistungen, die zB mit der Hilfe zur Pflege nach § 26 c BVG möglich sind, weil sie einkommens- und vermögensabhängig sind und Bedürftigkeit voraussetzen.[31]

Schließlich sollen nach Abs. 1 Nr. 2 S. 2 Pflegeversicherungsleistungen auch in Fällen ruhen, in denen vergleichbare Leistungen aus dem Ausland oder von einem zwischen- oder überstaatlichen Träger bezogen werden. Die hiermit bezweckte Vermeidung einer Leistungskumulation aus mehreren staatlichen Entschädigungsquellen und folglich das Ruhen der Ansprüche tritt nicht ein, wenn eine private Versicherung dem Pflegebedürftigen ggf. vergleichbare Leistungen bietet.

3. Ausnahme des Ruhens beim Bezug von Pflegegeld (Abs. 1 a). Mit der Bestimmung, einen durchgehenden Anspruch auf Pflegegeld nach § 37 und § 38 beim Aufenthalt Versicherter in Mitgliedsstaaten der EU, Vertragsstaaten des Abkommens über den Europäischen Wirtschaftsraum und der Schweiz festzuschreiben,[32] wird einer entsprechenden Forderung der EU Kommission Rechnung getragen.[33] Diese Forderung stützt sich auf die Feststellung des EuGH, nach der die Zahlung von Pflegegeld in den genannten Mitgliedsstaaten für alle Versicherten auf Grundlage der VO 1408/71 (EWG) bzw. (EG) Nr. 883/2004[34] zu gewährleisten ist. Warum die Verortung dieser später hinzugekommenen Vorschrift nicht dem Sachzusammenhang bzw. der redaktionellen Logik folgt und als neuer S. 3 von Abs. 1 Nr. 1, ggf. Hs. 2 des Satzes 2 eingefügt worden ist, bleibt unklar.

4. Konkurrierende Leistungen der häuslichen Pflege und des stationären Aufenthalts (Abs. 2). Sofern ein Anspruch auf häusliche Krankenpflege nach § 37 SGB V besteht, der auch Grundpflege und hauswirtschaftliche Versorgung umfasst, ruhen Ansprüche auf Leistungen gem. §§ 36 bis 40 nach der

---

28 Gemeinsames Rundschreiben der Spitzenverbände der Pflegekassen, aaO.
29 Niepel, ZfS 1996, 10 f.
30 Niepel, ZfS 1996, 10 f.
31 BT-Dr. 12/5262, 110 f.
32 Bei länger als sechs Wochen dauernden Aufenthalten türkischer Staatsangehöriger in der Türkei kommt eine Ausnahme nach Abs. 1 a wegen der nicht vergleichbaren Qualität des Assoziierungsabkommen und des Sozialversicherungsabkommens mit den gesetzlich Bestimmten in Betracht; vgl. BSG, 24.2.2015, B 3 P 6/13 R, juris Rn. 14 ff. u. 21 ff.
33 BT-Dr. 17/4978, 23, mit Verweis auf die og Entscheidung des EuGH, 5.3.1998, Rs. C-160/96 (Molenaar), ZfSH 1998, 290 ff. = NJW 1998, 1767 ff.
34 Abrufbar unter www.eur-lex.europa.eu/de/index.htm (zuletzt abgerufen am 1.3.2017); insbes. Art. 34 ff.

1. Alt. des Abs. 2.[35] Voraussetzung für das Ruhen des Anspruchs auf häusliche Pflege ist ein Anspruch nach § 37 Abs. 1 SGB V, dessen integraler Bestandteil Grundpflege und hauswirtschaftliche Versorgung sein muss. Soweit lediglich eine Behandlungspflege nach § 37 Abs. 2 SGB V in Betracht kommt, ruht die Leistung nur dann, soweit auf Grundlage der Kassensatzung entsprechend den Inhalten nach § 36 gem. § 37 Abs. 2 S. 4 SGB V im Einzelfall mitbeansprucht werden können. Nach der 2. Alt. des Abs. 2 S. 1 ruht der Anspruch ebenso für die tatsächliche Aufenthaltsdauer eines Versicherten in einer stationären Einrichtung nach § 71 Abs. 4 (Krankenhaus, medizinische Rehabilitations- und Vorsorgeeinrichtung, Einrichtungen der Behindertenhilfe, Kindergärten, Wohnheime usw.), um mehrfache Leistungsbezüge zu unterbinden. Nach der Bestimmung ist nicht ausgeschlossen, dass Pflegebedürftige, die von zu Hause aus täglich eine Einrichtung nach § 71 Abs. 4 aufsuchen, für ihre häusliche Pflege die volle Leistung der Pflegeversicherung bekommen können.[36] Die Leistung nach Abs. 1 ruht nicht, sofern nach § 39 der Fall einer Verhinderungspflege zB bei zugleich benötigtem häuslichem Pflegebedarf vorliegt.

18 Versicherte, die sich in vollstationärer Krankenhausbehandlung befinden, häusliche Krankenpflege mit Anspruch auf Leistungen entsprechend § 36 oder einer Aufnahme in Versorgungs- oder Rehabilitationseinrichtung nach § 107 SGB V haben, wird nach Abs. 2 S. 2 Pflegegeld (§ 37) oder anteiliges Pflegegeld (§ 38) für die Dauer der ersten vier Wochen weiter gezahlt.[37] Stellen Versicherte als Leistungsberechtigte nach § 63 b Abs. 6 S. 1 SGB XII ihre Pflege durch von ihnen selbst beschäftigte Pflegkräfte sicher (sog Assistenzpflege), wird ihnen gem. Abs. 2 S. 2, 2. Hs. Pflegegeld oder anteiliges Pflegegeld nach §§ 37, 38 über die ersten vier Wochen hinaus weiter gezahlt.[38]

19 **5. Fortgesetzter Leistungsbezug der Pflegeperson (Abs. 3).** Gemäß Abs. 3 sind vom Ruhen ausdrücklich Leistungen der sozialen Sicherung nach § 44 für die Pflegepersonen ausgenommen. Daneben gilt die Ausnahme vom Ruhen auch für nach dem Pflegezeitgesetz Beschäftigte.[39] Abs. 3 erfasst die Fälle häuslicher Krankenpflege, in denen sich der Versicherte pro Kalenderjahr vorrübergehend bis zu sechs Wochen im Ausland aufhält oder sich die Pflegeperson bis zu sechs Wochen im Erholungsurlaub befindet.[40] Im Übrigen ruhen die Leistungen für Pflegepersonen bzw. Beschäftigte nicht in den ersten vier Wochen einer Krankenhaus- oder stationären Behandlung zur medizinischen Reha von Versicherten.

---

35 Ob für den Eintritt des Ruhens bereits eine Leistung der GKV erbracht worden sein muss oder sich lediglich die beiden Ansprüche gegenüber stehen müssen, lässt die Begründung (BT-Dr. 12/5262, 111, zu Abs. 2) nicht eindeutig erkennen. Der Wortlaut der Vorschrift und die bereits beschriebene ratio legis, dem Versicherten den jeweils höchsten Leistungsanspruch zu gewähren, sprechen für das Bestehen zweier Ansprüche; ebenso § 13 Abs. 2, der auch einer Verdrängung durch Vollzug entgegensteht. Ggf. auftretende praktische Zuständigkeitsdilemmata werden von den Pflegekassen in der Weise gelöst, dass SGB XI Leistungen erst Ruhen, wenn solche nach § 37 SGB V dem Versicherten bereits gewährt, dh von ihm empfangen worden sein müssen. Nur bei einem Pflegehilfsmittelanspruch nach § 40 soll ein Ruhen des Anspruchs aufgrund mangelnden Anspruchs gegenüber der GKV nicht stattfinden: Gemeinsames Rundschreiben der Spitzenverbände der Pflegekassen aaO zu § 34, 3.
36 BT-Dr. 13/3996, 12 Eingeschlossen sind nach dieser Begründung Leistungen für pflegebedürftige Menschen mit Behinderung, die regelmäßig nur am Wochenende und den Ferien zu Hause sind, im Übrigen unter der Woche in einem Internat leben.
37 Damit fördert der Gesetzgeber in zeitlicher Begrenzung die Pflegebereitschaft vieler häuslich Pflegender, insbesondere solche von behinderten Kinder oder altersverwirrten Menschen, sofern Letztere nur vorübergehend stationär behandelt werden müssen. BT-Dr. 13/3996, 12.
38 Damit soll im Interesse der Assistenzkräfte einerseits der dauerhafte Bestand des Beschäftigungsverhältnisses, im Sinne der Pflegebedürftigen die Planungssicherheit und das Vertrauen gegenüber der Pflegekraft über den Krankenhausaufenthalt hinaus gesichert werden. BT-Dr. 16/12855. Diese zunächst durch Gesetz zur Regelung des Assistenzpflegebedarfs im Krankenhaus v. 30.7.2009, BGBl. I, 2495, eingeführte Gesetz nur für Menschen mit Behinderung, die in verstärktem Maße vom Arbeitgebermodell Gebrauch machten, folgte eine Erweiterung auch für pflegebedürftige Menschen ohne vordergründige Behinderung durch das Gesetz zur Regelung des Assistenzpflegebedarfs in stationären Vorsorge- oder Rehabilitationseinrichtungen v. 20.12.2012, BGBl. I, 2789. Die Intention ging mit der Vorgängerregelung einher: BT-Dr. 17/10747, 6 f. Im Unterschied zu der vorhergehenden Fassung des Abs. 2, in der noch für den Tatbestand der Weiterzahlungsvoraussetzungen neben Krankenhausaufenthalt, häuslicher Krankenpflege mit Grundpflege und häuslichem Versorgungsanspruch einschränkend stationäre Leistungen der medizinischen Rehabilitationsleistungen nannte, hat der Gesetzgeber nun die Letztgenannte Voraussetzung normbezogen konkretisiert mit dem Aufnahmeanspruch in eine Vorsorge- oder Rehabilitationseinrichtung nach § 107 Abs. 2 SGB V.
39 Vgl. BT-Dr.17/9369, 40, Damit sollen auch Beschäftigt bei Unterbrechungszeiten in diesen beitragsrelevant abgesichert werden.
40 Vgl. BT-Dr. 16/8525, 25, Die Aufnahme von Erholungszeiten der Pflegepersonen erfolgte insbesondere um versicherungsrelevante Versorgungslücken für Frauen, als größte Gruppe pflegender Angehöriger, zu schließen.

§ 35 Erlöschen der Leistungsansprüche

¹Der Anspruch auf Leistungen erlischt mit dem Ende der Mitgliedschaft, soweit in diesem Buch nichts Abweichendes bestimmt ist. ²§ 19 Absatz 1 a des Fünften Buches gilt entsprechend.

I. Entstehungsgeschichte

§ 35 Satz 1 wurde nach dem Wortlaut des § 31 RegE[1] beschlossen und mit Art. 1 des PflegeVG[2] v. 26.5.1994 am 1.1.1995 durch Art. 68 Abs. 1 PflegeVG in Kraft gesetzt. Satz 2 wurde mit Art. 4 des GKV-VStG[3] v. 22.12.2011 eingeführt und durch Art. 15 Abs. 1 dieses Gesetzes am 1.1.2012 in Kraft gesetzt. 1

II. Normzweck

Durch die Vorschrift wird grundsätzlich sichergestellt, dass auf Pflegeversicherungsleistungen nur für die Dauer einer bestehenden Mitgliedschaft ein Anspruch besteht. Bei zwangsweiser Beendigung der Mitgliedschaft aufgrund Insolvenz oder Schließung einer Pflegekasse wirken deren Leistungsentscheidungen bis zur Aufnahme des Versicherten in einer anderen Pflegekasse fort. Damit wird einerseits Versicherungsschutz ohne Unterbrechung, andererseits der Vertrauensschutz in die bisherigen Leistungszusagen gewährleistet. 2

1. Versicherungsleistungen bei Mitgliedschaft (S. 1). Ansprüche der Pflegeversicherung folgen dem Versicherungsprinzip und hängen, wie die Ansprüche der übrigen Versicherungszweige des SGB, von einer bestehenden Mitgliedschaft iSv § 4 Abs. 2 iVm § 40 Abs. 1 SGB I ab. Das heißt, das **Ende der Mitgliedschaft** iSv § 49 Abs. 1 bringt die bis dahin bestehenden Ansprüche prinzipiell, abgesehen von der in Satz 2 geregelten Ausnahme, zum Erlöschen (→ § 49 Rn. 2 u. 8). Einen nachgehenden Versicherungsschutz wie er nach § 19 Abs. 2 und 3 SGB V bestimmt ist, hat der Gesetzgeber zwar ausdrücklich weder für den Versicherten noch für Familienversicherte vorgesehen, da bei Tod des Versicherten für Familienangehörigen eigene Versicherungen einsetzen, eine Weiterversicherung (§ 26 Abs. 1 S. 2) greift oder Kinder in die Versicherung des lebenden Elternteils eintreten.[4] Dem Grundsatz „Pflegeversicherung folgt Krankenversicherung" zufolge sollen nach Ansicht der Pflegekassen (mitgliedschaftliche) Unterbrechungen iSv § 19 SGB V bis zu einem Monat jedoch unschädlich sein.[5] 3

Die nach S. 1 „erlöschenden" Leistungen, sind sinnvoller Weise die in §§ 36 bis 45 b, 45 e geregelten, nicht solche, die von einer Mitgliedschaft unabhängig[6] sind (§ 45). 4

2. Versicherungskontinuität bei Beendigung der Mitgliedschaft (S. 2). Im Anschluss an die Einführung des § 19 Abs. 1 a SGB V durch das GKV-VStG, gilt letztere Vorschrift nach dem neuen S. 2 entsprechend für § 35. Dabei wird an dem Grundsatz festgehalten, dass ein Mitglied bei freiwilligem (Pflege-)Kassenwechsel seine Ansprüche bei der bisherigen Kasse verliert. Sofern die Beendigung einer Mitgliedschaft aber nicht aktiv durch ein Mitglied, sondern durch eine Kasse aufgrund Schließung oder Insolvenz (vgl. §§ 153, 163, 170, 171 b SGB V) herbeigeführt wird, gelten die von der geschlossenen Kasse getroffenen Leistungsentscheidungen (→SGB V § 19 Rn. 6) für den Versicherten weiter.[7] Damit dem Mitglied, das „nicht aktiv" die Mitgliedschaft beendet hat der Genuss des Vertrauensschutzes in Form eines nahtlosen Versicherungsschutzes gewährt.[8] Dies gilt jedoch nur insofern, als die Kassensatzung der aufnehmenden Kasse die von der Schließenden gewährten Leistungsansprüche vorsieht. Eine Rücknahme von Leistungsentscheidungen der neuen Pflegekasse kann nur unter den Bedingungen erfolgen, die bei fortgesetzter Mitgliedschaft bei der bisherigen Pflegekasse hätten vorgenommen werden können. 5

---

1 Vgl. BT-Dr. 12/5262, 19, Begr. S. 111.
2 BGBl. I, 1014.
3 Gesetz zur Verbesserung der Versorgungsstrukturen in der gesetzlichen Krankenversicherung (GKV-Versorgungsstrukturgesetz – GKV-VStG), BGBl. I, 2983.
4 Vgl. BT-Dr. 12/5262, 111.
5 Gemeinsames Rundschreiben zu den leistungsrechtlichen Vorschriften des GKV Spitzenverbandes und der Pflegekassen auf Bundesebene idF v. 18.12.2015 (abrufbar unter www.gkv-spitzenverband.de – Empfehlungen zum Leistungsrecht; zuletzt abgerufen am 1.3.2017) zu § 35, Ziff. 1.
6 Udsching in: Udsching, § 35 Rn. 2; Reimer in: Hauck/Noftz, SGB XI, § 35 Rn. 4; in diesem Sinne wohl auch Gemeinsames Rundschreiben, aaO.
7 Vgl. BT-Dr. 17/6906, 53, 101.
8 BT-Dr. 17/6906, 53, 101.

§ 35 a Teilnahme an einem trägerübergreifenden Persönlichen Budget nach § 17 Abs. 2 bis 4 des Neunten Buches

¹Pflegebedürftige können auf Antrag die Leistungen nach den §§ 36, 37 Abs. 1, §§ 38, 40 Abs. 2 und § 41 auch als Teil eines trägerübergreifenden Budgets nach § 17 Abs. 2 bis 4 des Neunten Buches in Verbindung mit der Budgetverordnung und § 159 des Neunten Buches erhalten; bei der Kombinationsleistung nach § 38 ist nur das anteilige und im Voraus bestimmte Pflegegeld als Geldleistung budgetfähig, die Sachleistungen nach den §§ 36, 38 und 41 dürfen nur in Form von Gutscheinen zur Verfügung gestellt werden, die zur Inanspruchnahme von zugelassenen Pflegeeinrichtungen nach diesem Buch berechtigen. ²Der beauftragte Leistungsträger nach § 17 Abs. 4 des Neunten Buches hat sicherzustellen, dass eine den Vorschriften dieses Buches entsprechende Leistungsbewilligung und Verwendung der Leistungen durch den Pflegebedürftigen gewährleistet ist. ³Andere als die in Satz 1 genannten Leistungsansprüche bleiben ebenso wie die sonstigen Vorschriften dieses Buches unberührt.

Literatur:

Schwinger/Schliwen/Nolting et. al., Abschlussbericht der Phase I des Modellvorhabens zur Weiterentwicklung der Pflegeversicherung, Berlin 2011, S. 134–154.

I. Entstehungsgeschichte............. 1	2. Verfahren...................... 9
II. Normzweck...................... 2	III. Anpassungen durch das Bundesteilhabegesetz........... 11
1. Pflegeversicherungsleistungen als Bestandteil des persönlichen Budgets (S. 1)................. 5	

I. Entstehungsgeschichte

1 Die Norm wurde durch Art. 10 des Gesetzes zur Einordnung des Sozialhilferechts in das Sozialgesetzbuch[1] eingeführt und mit Art. 70 Abs. 2 dieses Gesetzes am 1.7.2004 in Kraft gesetzt. Sie ist Teil der differenzierten Ausgestaltung des mit diesem Gesetz neu strukturierten persönlichen Budgets für behinderte Menschen.[2]

II. Normzweck

2 Damit behinderte Menschen ein nach Möglichkeit selbstbestimmtes und selbstständiges Leben führen können, wurde vom Gesetzgeber das bereits 2001[3] eingeführte persönliche Budget nach § 17 SGB IX in der Wiese ausgeformt, dass auch trägerübergreifend Komplexleistungen beansprucht werden können, um individuell zu entscheiden, welche Hilfen in Anspruch genommen werden. Mit der 2003 hierauf gerichteten Reform des § 17 Abs. 2 bis 4 SGB IX erfolgte auch die Anpassung weiterer Leistungen des SGB, um mit dem zur Verfügung gestellten Budget Betreuungs- und andere Sozialleistungen auf Grundlage des Wunsch- und Wahlrechts nach § 9 SGB IX selbst und bedarfsgerecht zu organisieren.[4] Sinn und Zweck des hierzu im SGB XI neugeschaffenen § 35 a wurde darauf ausgerichtet, behinderten Menschen iSv § 2 SGB IX, die auch pflegebedürftig nach §§ 14, 15 sind, Leistungen der Pflegeversicherung innerhalb des trägerübergreifenden persönlichen Budgets zu gewähren.[5] Die Vorschrift berücksichtigt das in der Pflegeversicherung geltende Sachleistungsprinzip. Dies wird in der Verweisungsnorm des § 17 Abs. 2 S. 4 SGB IX bereits angedeutet, da anstelle einer Geldleistung (Budget im eigentlichen Sinne)[6] andere Leistungen vermittels Gutscheinen[7] bereit gestellt werden können. Die Vorschrift beinhaltet daher keinen eigenständigen schuldrechtlichen Leistungsanspruch sondern ist als Begleitvorschrift zu § 17 Abs. 2 bis 4 SGB IX zu verstehen, welche das Budget der Leistungsgestaltung des

---

1 Gesetz zur Einordnung des Sozialhilferechts in das Sozialgesetzbuch v. 27.12.2003, BGBl. I, 3022.
2 BT-Dr. 15/1514, 1 f.
3 SGB IX – Rehabilitation und Teilhabe behinderter Menschen, BGBl. I, 1046.
4 BT-Dr. 15/1514, 72.
5 BT-Dr. 15/1514, 73.
6 BT-Dr. 14/5074, 103.
7 Gutscheine werden dogmatisch nicht immer als Sach-, sondern als Geldleistungen betrachtet (vgl. etwa Welke, NDV 2007, 109 mit Verweis auf Fahlbusch, NDV 2006, 573 f.). Der Gesetzgeber hat die Budgetfähigkeit eines Gutscheins durch Verknüpfung mit dem zur Leistungserbringung zugelassenen Einrichtungsträger hergestellt: BT-Dr. 15/1514, 73. Eine Geldleistung anstelle von Gutscheinen für die in S. 1 Hs. 2 genannten Leistungen würde darüber hinaus auch der Systematik des SGB XI im Hinblick auf § 29 Abs. 2 entgegenstehen.

SGB XI anpasst. Versicherte mit einem trägerübergreifenden Budget, die Leistungen der Pflegeversicherung erhalten wollen, haben die Bezugsvoraussetzungen der einzelnen Leistungsvorschriften entsprechend zu erfüllen.

Inwiefern der normative Anspruch des Gesetzgebers mit § 35 a auf Seiten der Pflegeversicherung eine finanzielle Überforderung darstellt und bei den pflegebedürftigen Adressaten akzeptiert wird, ist nach einer ersten Untersuchung nicht eindeutig ermittelt bzw. ermittelbar.[8] Wenngleich die Aufhebung der Gutscheinregelung offensichtlich durch die Betroffen begrüßt wird, wird die Funktionalität des § 35 a insgesamt nicht angezweifelt; lediglich deren Umsetzung aus Unkenntnis der Akteure bei den Leistungsträgern.[9]

Mit dem, ebenfalls im Gesetz zur Einordung des Sozialhilferechts in das SGB eingeführten § 159 Abs. 5 SGB IX wurde ab 1.1.2008 der gesetzliche Anspruch eines trägerübergreifenden persönlichen Budgets, ohne die bis dahin vorgesehen Ermessensentscheidung des Leistungsträgers, für die Versicherten bei Antragstellung gesetzlich bestimmt.

1. Pflegeversicherungsleistungen als Bestandteil des persönlichen Budgets (S. 1). Der Gesetzgeber hat die Pflegeversicherungsleistungen enumerativ[10] bestimmt, die innerhalb eines persönlichen Budgets behinderten Menschen als Komplexleistung im Sinne wiederkehrender und „regiefähiger" Leistungen zur Verfügung stehen.[11] Dies sind für den häuslichen Bereich die Pflegesachleistungen (§ 36), Pflegegeld für selbst beschaffte Pflegehilfen (§ 37 Abs. 1), die Kombination aus Pflegegeld- und Pflegesachleistungen (§ 38) sowie Pflegehilfsmittel (§ 40 Abs. 2). Bei der Wahl stationärer Pflegeleistungen kommen nur Tages- und Nachtpflege (§ 41) in Betracht.

Ein als Sachleistung gewählter Budgetanteil (§§ 36, 41) wird in Form von **Gutscheinen** gewährt und berechtigt allein zur Inanspruchnahme der Leistung bei einer nach § 72 mit einem Versorgungsvertrag ausgestatteten, zugelassenen Pflegeeinrichtung. Dies trifft auch für den Sachleistungsanteil innerhalb einer gewählten Kombinationsleistung nach § 38 zu (→ § 45 a Rn. 14 u. 22 zum Umwandlungsanspruch für Unterstützungsangebote). Die Gewährung von Sachleistungsansprüchen in Form des „Arbeitgebermodells" ist damit nicht zulässig. Von den Pflegklassen wird den Versicherten aber die Möglichkeit eingeräumt, mit Leistungserbringern individuelle Absprachen über Vergütungen der Grundpflege und hauswirtschaftlichen Versorgung zu treffen, die von den nach § 89 getroffenen Vereinbarungen abweichen.[12] Hingegen kann der Versicherte über gewährtes Pflegegeld frei und ohne gesetzlicher Bindung bzw. einen Nachweis der Verwendung verfügen. Wegen der Verpflichtung nach § 3 Abs. 5 S. 3 BudgetV wird im Falle einer Kombinationsleistung, bei dem im Übrigen nur der Pflegegeldanteil als Geldleistung budgetfähig ist, monatlich im Voraus gezahlt.

Die Voraussetzungen für die Einbeziehung von Pflegeversicherungsleistungen in ein Persönlichen Budgets sind einerseits die festgestellte Pflegebedürftigkeit des Versicherten nach §§ 14, 15, andererseits ein Antrag (schriftlich, ausdrückliche oder konkludente Willenserklärung) nach S. 1 gegenüber der Pflegekasse als beteiligtem Leistungsträger nach § 17 Abs. 2 S. 2 u. 4 SGB IX, oder dem zuständigen Rehabilitationsträger, ggf. der Servicestelle (§§ 14, 17 Abs. 2 S. 1, 22 SGB IX).

Außerhalb bzw. neben den nach S. 1 bestimmten Budgetleistungen in Geld oder Gutscheinen kann der Versicherte gem. S. 3 die weiteren Leistungen der Pflegeversicherung in Anspruch nehmen. Hierzu gehören etwa technische Hilfen und finanzielle Zuschüsse nach § 40 Abs. 1, 3 und 4. Ferner besteht weiterhin der Anspruch auf Verhinderungspflege nach § 39. Neben den weiteren Leistungsansprüchen bleiben auch die sonstigen Vorschriften des SGB XI unberührt, worunter auch Verpflichtungen zu zählen sind: der Gesetzgeber reiht darunter etwa die Beratungsverpflichtung nach § 37 Abs. 3.[13]

2. Verfahren. Als beteiligte Leistungsträger zur Ausführung des trägerübergreifenden Persönlichen Budgets kommen nach § 17 Abs. 2 SGB IX (§ 2 S. 1 Hs. 1 BudgetV) die Rehabilitationsträger (§ 6 SGB IX), die Pflegkassen und die Integrationsämter in Frage. Beauftragter Leistungsträger nach § 35 a

---

8 Vgl. Schwinger/Schliwen/Nolting, Abschlussbericht der Phase I des Modellvorhabens zur Weiterentwicklung der Pflegeversicherung, Berlin, 2011, S. 9.
9 Vgl. Schwinger/Schliwen/Nolting, Abschlussbericht der Phase I des Modellvorhabens zur Weiterentwicklung der Pflegeversicherung, Berlin, 2011, S. 154.
10 BT-Dr. 15/1514, 73.
11 BT-Dr. 15/1514, 73.
12 Gemeinsames Rundschreiben zu den leistungsrechtlichen Vorschriften des GKV Spitzenverbandes und der Pflegekassen auf Bundesebene idF v. 18.12.2015 (abrufbar unter www.gkv-spitzenverband.de - Empfehlungen zum Leistungsrecht; zuletzt abgerufen am 1.3.2017) zu § 35 a Ziff. 2.
13 BT-Dr. 15/1514, 73.

S. 2 iVm § 17 Abs. 4 SGB IX kann jedoch nur ein Rehabilitationsträger iSd § 14 SGB IX sein,[14] so dass eine Pflegekasse ausscheidet. Zuständig ist der als erster angegangene Leistungsträger.[15] Nach § 35 a S. 2 hat der beauftragte Leistungsträger gem. § 17 Abs. 4 SGB IX sicherzustellen, dass im Namen und im Auftrag der weiteren beteiligten Leistungsträger auf den gestellten Antrag eine entsprechende Entscheidung ergeht.

10 Für eine beantragte Pflegeversicherungsleistung als Teil einer trägerübergreifenden Komplexleistung holt der beauftragte Leistungsträger nach seiner Unterrichtung des beteiligten Leistungsträgers (Pflegekasse) eine Stellungnahme bei diesem (innerhalb von zwei Wochen) ein und berät zusammen mit ihm, ggf. unter Beteiligung einer Vertrauensperson des Versicherten (§ 3 BudgetV). Im Anschluss daran ergeht eine Entscheidung (Verwaltungsakt). Dem Versicherten steht im Hinblick darauf ein Anspruch auf ermessensfehlerfreie Entscheidung zu. An die Entscheidung ist er für die Dauer von sechs Monaten gebunden: § 17 Abs. 2 S. 6. SGB IX. Widerspruch und Klage sind gegen den Beauftragten zu richten (§ 3 Abs. 5 S. 2 BudgetV, § 17 Abs. 4 S. 3 SGB IX).

III. Anpassungen durch das Bundesteilhabegesetz

11 Durch das Bundesteilhabgesetz (BTHG) vom 23.12.2016[16] erhält § 35 a mWv 1.1.2018 folgenden Wortlaut:

§ 35 a   Teilnahme an einem persönlichen Budget nach § 29 des Neunten Buches
[1]Pflegebedürftigen werden auf Antrag die Leistungen nach den §§ 36, 37 Abs. 1, §§ 38, 40 Abs. 2 und § 41 durch ein Persönliches Budget nach § 29 des Neunten Buches erbracht; bei der Kombinationsleistung nach § 38 ist nur das anteilige und im Voraus bestimmte Pflegegeld als Geldleistung budgetfähig, die Sachleistungen nach den §§ 36, 38 und 41 dürfen nur in Form von Gutscheinen zur Verfügung gestellt werden, die zur Inanspruchnahme von zugelassenen Pflegeeinrichtungen nach diesem Buch berechtigen. [2]Der Leistungsträger, der das Persönliche Budget nach § 29 Absatz 3 des Neunten Buches durchführt, hat sicherzustellen, dass eine den Vorschriften dieses Buches entsprechende Leistungsbewilligung und Verwendung der Leistungen durch den Pflegebedürftigen gewährleistet ist. [3]Andere als die in Satz 1 genannten Leistungsansprüche bleiben ebenso wie die sonstigen Vorschriften dieses Buches unberührt.

12 Im Zuge der Einführung des BTHG werden ab Inkraftsetzung der Änderungen in § 35 a zum 1.1.2018[17] die bisherigen Vorschriften des SGB IX durch die entsprechenden neuen ersetzt. Inhaltlich bleibt der Rahmen des persönlichen Budgets für Pflegeleistungen mit den Möglichkeiten des SGB XI voll erhalten. Die Gestaltung des Antragsverfahrens im Rahmen dieser Teilhabeform wird anstelle des bisherigen § 17 SGB IX durch § 29 SGB IX geregelt. Als Besonderheit der neuen Gesetzeslage ergibt sich das Privileg von Versicherten, die als persönliches Budget allein Leistungen der Pflegekassen erhalten und somit keine anderen, trägerübergreifenden Komplexleistungen, dass sie keine sonst dafür vorgesehenen Zielvereinbarungen abschließen müssen, § 29 Abs. 4 S. 3 SGB IX.

Dritter Abschnitt
Leistungen
Erster Titel Leistungen bei häuslicher Pflege

§ 36 Pflegesachleistung

(1) [1]Pflegebedürftige der Pflegegrade 2 bis 5 haben bei häuslicher Pflege Anspruch auf körperbezogene Pflegemaßnahmen und pflegerische Betreuungsmaßnahmen sowie auf Hilfen bei der Haushaltsführung als Sachleistung (häusliche Pflegehilfe). [2]Der Anspruch umfasst pflegerische Maßnahmen in den in § 14 Absatz 2 genannten Bereichen Mobilität, kognitive und kommunikative Fähigkeiten, Verhaltensweisen und psychische Problemlagen, Selbstversorgung, Bewältigung von und selbständiger Umgang

---

14 BT-Dr. 14/5074, 102. Danach ist die Vorschrift des § 14 SGB IX ausdrücklich für Rehabilitationsträger geschaffen.
15 BT-Dr. 14/5074, 102.
16 Gesetz zur Stärkung der Teilhabe und Selbstbestimmung von Menschen mit Behinderungen, BGBl. I, 3234.
17 Inkraftsetzung durch Art. 10 iVm Art. 26 Abs. 1, BGBl. I, 3314, 3340.

mit krankheits- oder therapiebedingten Anforderungen und Belastungen sowie Gestaltung des Alltagslebens und sozialer Kontakte.

(2) ¹Häusliche Pflegehilfe wird erbracht, um Beeinträchtigungen der Selbständigkeit oder der Fähigkeiten des Pflegebedürftigen so weit wie möglich durch pflegerische Maßnahmen zu beseitigen oder zu mindern und eine Verschlimmerung der Pflegebedürftigkeit zu verhindern. ²Bestandteil der häuslichen Pflegehilfe ist auch die pflegefachliche Anleitung von Pflegebedürftigen und Pflegepersonen. ³Pflegerische Betreuungsmaßnahmen umfassen Unterstützungsleistungen zur Bewältigung und Gestaltung des alltäglichen Lebens im häuslichen Umfeld, insbesondere
1. bei der Bewältigung psychosozialer Problemlagen oder von Gefährdungen,
2. bei der Orientierung, bei der Tagesstrukturierung, bei der Kommunikation, bei der Aufrechterhaltung sozialer Kontakte und bei bedürfnisgerechten Beschäftigungen im Alltag sowie
3. durch Maßnahmen zur kognitiven Aktivierung.

(3) Der Anspruch auf häusliche Pflegehilfe umfasst je Kalendermonat
1. für Pflegebedürftige des Pflegegrades 2 Leistungen bis zu einem Gesamtwert von 689 Euro,
2. für Pflegebedürftige des Pflegegrades 3 Leistungen bis zu einem Gesamtwert von 1 298 Euro,
3. für Pflegebedürftige des Pflegegrades 4 Leistungen bis zu einem Gesamtwert von 1 612 Euro,
4. für Pflegebedürftige des Pflegegrades 5 Leistungen bis zu einem Gesamtwert von 1 995 Euro.

(4) ¹Häusliche Pflegehilfe ist auch zulässig, wenn Pflegebedürftige nicht in ihrem eigenen Haushalt gepflegt werden; sie ist nicht zulässig, wenn Pflegebedürftige in einer stationären Pflegeeinrichtung oder in einer Einrichtung [ab 1.1.2020: *oder in Räumlichkeiten*] im Sinne des § 71 Absatz 4 gepflegt werden. ²Häusliche Pflegehilfe wird durch geeignete Pflegekräfte erbracht, die entweder von der Pflegekasse oder bei ambulanten Pflegeeinrichtungen, mit denen die Pflegekasse einen Versorgungsvertrag abgeschlossen hat, angestellt sind. ³Auch durch Einzelpersonen, mit denen die Pflegekasse einen Vertrag nach § 77 Absatz 1 abgeschlossen hat, kann häusliche Pflegehilfe als Sachleistung erbracht werden. ⁴Mehrere Pflegebedürftige können häusliche Pflegehilfe gemeinsam in Anspruch nehmen.

Literatur:
Heiber, Das Pflege-Stärkungsgesetz 2, 2016; *Richter,* Die neue soziale Pflegeversicherung, 2016.

I. Entstehungsgeschichte	1	IV. Leistungsinhalt (Abs. 1, 2)		10
II. Normzweck und europarechtlicher Kontext	2	V. Leistungsumfang (Abs. 3)		14
III. Häusliche Pflegehilfe als Sachleistung (Abs. 1)	4			

I. Entstehungsgeschichte

§ 36 wurde durch Art. 1 PflegeVG v. 26.5.1994 (BGBl. I, 1014) mWv 1.4.1995 eingeführt (s. § 32 RegE).[1] Durch Art. 1 Nr. 13 1. SGB XI-ÄndG v. 14.6.1996 (BGBl. I, 830) wurden mWv 25.6.1996 in Abs. 1 S. 1 durch S. 1 und 2 ersetzt und in Abs. 4 S. 2 neu gefasst. Die in Abs. 3 enthaltenen DM-Beträge wurden durch Art. 2 Nr. 2 Achtes Euro-Einführungsgesetz v. 23.10.2001 (BGBl. I, 2702) mWv 1.1.2002 centgenau umgerechnet und auf den nächsten vollen Euro aufgerundet.[2] Abs. 2 wurde durch Art. 8 Nr. 8 GKV-WSG v. 26.3.2007 (BGBl. I, 378) mWv 1.4.2007 um den 2. Hs. ergänzt. Durch Art. 1 Nr. 17 PfWG v. 28.5.2008 (BGBl. I, 874) wurden mWv 1.7.2008 in Abs. 1 S. 5 bis 7 angefügt, Abs. 3 (wegen der Erhöhung der Leistungsbeträge) neu gefasst und in Abs. 4 S. 2 geändert und S. 3 angefügt. Die Leistungsbeträge in Abs. 3 und 4 wurden mWv **1.1.2015** durch Art. 1 Nr. 6 iVm Art. 4 Abs. 2 des Ersten Gesetzes zur Stärkung der pflegerischen Versorgung und zur Änderung weiterer Vorschriften (Erstes Pflegestärkungsgesetz – PSG I) vom 17.12.2014[3] dynamisiert. § 36 wurde mit Art. 2 Nr. 17 PSG II v. 17.12.2015 (BGBl. I 2442) mWv 1.1.2017 neu gefasst. Durch Art. 1 Nr. 9 PSG III v. 23.12.2016 (BGBl. I 3191) werden mWv 1.1.2020 in Abs. 4 S. 1 die Wörter „oder Räumlichkeiten" eingefügt.

---

1 BT-Dr. 12/5262, 19, 111 f., 12/6424, 2, und 12/7323, 2, alle zu § 32 E.
2 Siehe BT-Dr. 14/5930, 15.
3 BGBl. I, 2222; BR-Dr. 466/14, 2.

II. Normzweck und europarechtlicher Kontext

2 In § 36 wird der **Rechtsanspruch** (ein materielles subjektives Recht) versicherter pflegebedürftiger Personen der Pflegegrade 2 bis 5 **auf ambulante Pflegesachleistung** der sozialen PV (zur privaten PV → Rn. 5) geregelt und die Leistung (Voraussetzungen, Inhalt, Umfang) näher beschrieben. Dabei soll auch der vor allem sozial- und finanzpolitisch motivierten Zielsetzung **ambulant vor stationär** (s. §§ 3, 28 Abs. 1 Nr. 1, → § 28 Rn. 6, → § 38 a Rn. 8)[4] und durch entsprechende Ausgestaltung, insbes. höhere Leistungshöchstbeträge, dem Vorrang der professionellen Pflege (als Sachleistung) gegenüber dem Pflegegeld für selbstbeschafften Pflegehilfen (als Geldleistung) Rechnung getragen werden. Die Sachleistung soll aber nicht den vollen Bedarf an ambulanter Pflege decken, sondern nur einen durch Inhalt (s. Abs. 1 S. 1 iVm §§ 14, 15) und Umfang (s. Abs. 3) begrenzten Teil (**Ergänzungsfunktion**[5] der Teilkaskoversicherungsleistung mit hoher **Eigenbelastung der versicherten Person**, → Rn. 4). In Abs. 1 und 4 werden insbes. Anspruchsvoraussetzungen sowie Leistungserbringer und in Abs. 2 und 3 insbes. Inhalt sowie Umfang der Pflegesachleistung normiert und konkretisiert.

3 Das in § 34 Abs. 1 Nr. 1 bestimmte grundsätzliche **Ruhen der Leistungsansprüche bei Auslandsaufenthalt** der versicherten Person gilt auch für die **Pflegesachleistung** nach § 36. Sie kann im Ausland nur **ausnahmsweise** bei Begleitung durch die (auch sonst tätige) Pflegekraft bis zu sechs Wochen in Anspruch genommen werden (§ 34 Abs. 1 Nr. 1 S. 2, sa § 34 Abs. 1 a bzgl. Pflegegeld). Die Ruhensvorschrift wird aber durch den Vorrang sowohl des EG-Rechts, als auch (aufgrund §§ 30 Abs. 2 SGB I, 6 SGB IV) des sonstigen über- und zwischenstaatlichen Recht (v.a. EWR-Abkommen; Sektoren-Abkommen mit der Schweiz) eingeschränkt.[6] Nach Ansicht des EuGH[7] handelt es sich bei der häuslichen Pflegehilfe (wie bei der häuslichen Krankenpflege nach § 37 SGB V) auch in Bezug auf **europarechtliche Regelungen** um eine Sachleistung, weil die Leistung des Sozialleistungsträgers (PK) der Beschaffung einer Dienstleistung oder dem Ersatz derer Kosten diene. Arbeitnehmer, Selbstständige, Rentner und Familienangehörige können nach Art. 19 der zum Zwecke der Koordinierung erlassenen VO (EG) Nr. 883/20004 (→ § 28 Rn. 4) aus dem zuständigen Staat (hier Bundesrepublik Deutschland) Sachleistungen (nur dann) exportieren, wenn der Wohnsitzstaat den in seinem Sozialversicherungssystem versicherten Personen ebenfalls Sachleistungen (hier häusliche Pflegehilfe) nach den für ihn geltenden Regelungen auf Rechnung des zuständigen Trägers im Versicherungsstaat erbringt.[8] Sieht das Recht des Aufenthaltsstaates solche Leistungen nicht vor, können Sachleistungen nicht in Anspruch genommen werden.[9] Die sich aus dem Gemeinschaftsrecht in Verbindung mit der Ruhensregelung der PV ergebenden leistungsrechtlichen Konsequenzen gelten auch für die private PV.[10]

III. Häusliche Pflegehilfe als Sachleistung (Abs. 1)

4 Abs. 1 regelt den **Rechtsanspruch auf die ambulante Pflegeleistung häusliche Pflegehilfe**. Pflegebedürftige Personen, die neben Zugehörigkeit zum versicherten Personenkreis (§§ 20 bis 27), Eintritt des Versicherungsfalls (Pflegebedürftigkeit iSd §§ 14, 15: Zuordnung zu mindestens **Pflegegrad 2**), Antragstellung (§ 33 Abs. 1 S. 1) und den weiteren Voraussetzungen nach § 33, insbesondere Vorversicherungszeiten, auch die besonderen **Leistungsvoraussetzungen** nach Abs. 1 bis 4 (→ Rn. 7 ff.) erfüllen, erhalten körperbezogene Pflegemaßnahmen und pflegerische Betreuungsmaßnahmen sowie auf Hilfen bei der Haushaltsführung als Sachleistung (→ Rn. 5), die als häusliche Pflegehilfe bezeichnet wird (Abs. 1 S. 1). Inhaltlich ist der Sachleistungsanspruch somit auf die in Abs. 1 S. 1 genannten Teilleistungen beschränkt und umfasst nach Abs. 1 S. 2 pflegerische Maßnahmen in den in § 14 Abs. 2 genannten Berei-

---

4 BT-Dr. 12/5262, 19, zu § 32.
5 Diepenbruck in: BeckOK SozR, SGB XI, § 36 Rn. 2 mit Verweis auf § 4 Abs. 2.
6 Baumeister in: BeckOK SozR, SGB XI, § 34 Rn. 11, 12.
7 EuGH, 15.6.2006, Rs. C-466/04 (Manuel Acereda Herrera), Slg 2006, I-5341 Rn. 29 ff.; sa EuGH, 19.3.1964, 75/63, Slg 10, 379, 381 und EuGH, 16.7.2009, Rs. C-208/07 (Chamier-Glisczinski), Slg 2009,I-6095, mwN = KrV 2009, 213 (Kurzwiedergabe) = DÖV 2009, 721 (red. Ls.) = FamRZ 2009, 1472 (Ls.) = ZAR 2009, 355 (Ls.).
8 Bassen, NZS 2010, 479, 483.
9 So auch EuGH, 16.7.2009, Rs. C-208/07 (Chamier-Glisczinski), Slg 2009,I-6095, mwN = KrV 2009, 213 (Kurzwiedergabe) = DÖV 2009, 721 (red. Ls.) = FamRZ 2009, 1472 (Ls.) = ZAR 2009, 355 (Ls.), und EuGH, 12.7.2012, Rs C-562/10, FD-SozVR 2012, 334571 = BeckRS 2012, 84150.
10 Baumeister in: BeckOK SozR, SGB XI, § 34 Rn. 10; EuGH, 8.7.2004, Rs C-502/01 (Gaumain-Cerri/Barth), Slg 2004, I-6483, Rn. 27 = SozR 4-3300 § 44 Nr. 2 = EzAR 831 Nr. 42 = NZS 2005, 88 = RsDE Nr. 60 (2006), 75; Anm. Eichenhofer, SGb 2005, 397 ff.; BSG, 26.1.2005, B 12 P 9/03 R, BeckRS 2005, 40444; BSG, 28.9.2006, B 3 P 3/05 R, BeckRS 2006, 44763 = LSK 2007, 320166 = VersR 2007, 1074, Rn. 10.

chen Mobilität, kognitive und kommunikative Fähigkeiten, Verhaltensweisen und psychische Problemlagen, Selbstversorgung, Bewältigung von und selbstständiger Umgang mit krankheits- oder therapiebedingten Anforderungen und Belastungen sowie Gestaltung des Alltagslebens und sozialer Kontakte. Nicht in den aufgeführten Teilleistungen und Bereichen enthaltene Leistungen dürfen nicht als Pflegesachleistung gem. § 36 erbracht werden. Für **nicht abgedeckte Pflege- und Betreuungsbedarfe** muss die pflegebedürftige Person **eigene Mitteln** einsetzen, eventuell (von einer Bedürftigkeitsprüfung abhängige) Leistungen der **Sozialhilfe**, insbes. (durch PSG III mit SGB XI synchronisierten) Hilfe zur Pflege gem. §§ 61 ff. SGB XII, in Anspruch nehmen (→ Rn. 2). Nach § 35 a können pflegebedürftige Personen auf Antrag auch die Pflegesachleistung nach § 36 als Teil eines **trägerübergreifenden Persönlichen Budgets** nach § 17 Abs. 2 bis 4 SGB IX (iVm Budgetverordnung nach § 21 a SGB IX und § 159 SGB IX) als **Komplexleistung** erhalten,[11] auf das bei vollständiger Erfüllung der Anspruchsvoraussetzungen ein **Rechtsanspruch** (§ 159 Abs. 5 SGB IX) besteht. Allerdings sieht § 35 a S. 1 letzter Hs. (statt der für das Budget üblichen Geldleistung) für die Pflegesachleistung nur die Form von Gutscheinen vor, die die budgetberechtigten Personen zur Inanspruchnahme von (nach § 72 iVm § 71 Abs. 1) zugelassenen Pflegediensten in dem in § 36 vorgesehenen Umfang berechtigen.[12] Abs. 1 S. 1 beschränkt den auf Sachleistung **anspruchsberechtigten Personenkreis** auf pflegebedürftige Personen mit Pflegegrade 2 bis 5 (nicht mit Pflegegrad 1; → § 28 a Rn. 2 ff.). Zur Besonderheit bei Beihilfebezug → § 28 Rn. 9 ff.

In der Formulierung des Abs. 1 S. 1 wird deutlich, dass im SGB XI der Begriff „Sachleistung" nicht einheitlich gebraucht wird. § 4 Abs. 1 (entspr. § 11 SGB I) nennt zwar Dienst-, Sach- und Geldleistungen für den Bedarf an körperbezogenen Pflegemaßnahmen und pflegerischen Betreuungsmaßnahmen sowie Hilfen zur Haushaltsführung und Kostenerstattung als Leistungsarten der Pflegeversicherung, doch – von einigen Ausnahmen[13] abgesehen – dominiert auch in der Pflegeversicherung das **Sachleistungsprinzip**. **Sachleistung in engem Sinne** ist das Zurverfügungstellen von Sachen (nicht jedoch Geld), zB Hilfsmittel gem. § 40. In der Praxis werden aber die von den Pflegeeinrichtungen erbrachten Dienstleistungen (iSd § 11 SGB I; Pflege, Betreuung, Beratung etc) zusammen mit den Sachleistungen in engem Sinne als **Sachleistungen im weiten Sinne** oder **Naturalleistungen** bezeichnet.[14] In diesem (weiten) Sinne wird der Begriff (Sach- in Abgrenzung zu Geldleistung)[15] sowohl in § 36 als auch in §§ 38 ff. verwendet: Die Leistung wird der pflegebedürftigen Person **unmittelbar zur Verfügung gestellt**, eine Selbstbeschaffung (mit Kostenerstattung) ist nicht erforderlich und grds. auch nicht möglich.[16] Wegen der höchstpersönlichen Natur von Sach- und Dienstleistungsansprüchen kann der Anspruch auf Pflegesachleistung **weder übertragen noch verpfändet oder gepfändet** werden (s. § 53 SGB I); Gleiches gilt für seine Vererbbarkeit, denn er endet als höchstpersönliches Recht mit dem Tod der anspruchsberechtigten Person (§ 59 SGB I).[17] An ihre Stelle tretende Kostenerstattungsansprüche können hingegen übertragen, ver- und gepfändet sowie vererbt werden.[18] Gegenüber der pflegebedürftigen Person erfolgt die Bewilligung (Aufhebung etc) der Pflegesachleistung idR[19] als wiederkehrende monatliche Leistung durch **Verwaltungsakt mit Dauerwirkung** (unter Anwendung der dafür geltenden Vorschriften, s. insbes. § 48 SGB X).[20] Zum Rechtsschutz s. Linke.[21] Pflegesachleistungen werden nur

---

11 Näheres → § 35 a Rn. 1 ff.
12 Diepenbruck in: BeckOK SozR, SGB XI, § 36 Rn. 4.
13 ZB Pflegegeld nach § 37, Geldanteil bei der Kombinationsleistung nach § 38, Zuschuss nach § 38 a, Zuschuss zur Wohnumfeldverbesserung nach § 40 Abs. 4 SGB XI, zusätzlicher Betreuungsbetrag nach § 45 b Abs. 1 SGB XI und Kostenerstattung gem. § 91 SGB XI sowie verbesserte Pflegegeldleistungen nach § 123, die jedoch auch als Sachleistungssurrogate angesehen werden können.
14 Schulin, HS-PV, § 15 Rn. 35; § 16 Rn. 9; § 5 Rn. 39.
15 Udsching in: Udsching, § 36 Rn. 2.
16 Leitherer in: KassKomm, § 36 SGB XI Rn. 14; sa Schulin, NZS 1994, 433, 441 u. ders., VSSR 1994, 285, 287 ff.; Krasney VSSR 1994, 265, 276.
17 Diepenbruck in: BeckOK SozR, SGB XI, § 36 Rn. 3 mwN.
18 Hänlein in: Kreikebohm/Spellbrink/Waltermann, § 53 SGB I Rn. 4; Diepenbruck in: BeckOK SozR, SGB XI, § 36 Rn. 3; BSG, 18.7.2006, B 1 24/05 R, BeckRS 2006, 44106 = BSGE 97, 6 = NZS 2007, 425 = SGb 2007, 552.
19 Nach § 33 Abs. 1 S 4 und 5 besteht die Möglichkeit einer (wiederholten) Befristung der Zuordnung zu einer Pflegestufe, der Anerkennung als Härtefall sowie der Bewilligung von Leistungen (ausführlich Diepenbruck in: BeckOK SozR, SGB XI, § 36 Rn. 13).
20 BSG, 7.7.2005, B 3 P 8/04 R, BeckRS 2005, 43326 = BSGE 95, 57 = LSK 2006, 240133 = NZS 2006, 250 = SGb 2006, 320; ausführlich hierzu Diepenbruck in: BeckOK SozR, SGB XI, § 36 Rn. 5 mwN; Steinwedel in: KassKomm, § 45 SGB X Rn. 18 ff.
21 Linke in: Krauskopf, § 36 SGB XI Rn. 28 ff.

im Rahmen der sozialen PV erbracht. Für die **private PV** (§§ 110, 111) gilt nach den MB/PPV anstelle des Sachleistungs- das **Kostenerstattungsprinzip** (Erstattung der „Kosten" in gleicher Höhe wie die Sachleistungsbeträge, s. § 23 Abs. 1 S. 3).[22] Nach § 91 Abs. 2 besteht auch im Rahmen der **sozialen PV** die Möglichkeit der Kostenerstattung (80 % der in § 36 Abs. 3, 4 genannten Beträge, wenn der Pflegedienst auf eine Vergütungsvereinbarung nach § 89 verzichtet und den Preis (privatrechtlich) direkt mit der pflegebedürftigen Person vereinbart (§ 91 Abs. 1). Diese Alternative eröffnet § 91 Abs. 3 auch für die private PV.

6 Das analog der GKV[23] auch in der sozialen PV vorherrschende **Sachleistungsprinzip** führt dazu, dass die pflegeversicherten Personen gegenüber ihrer PK einen Anspruch auf Verschaffen der für die Pflege erforderlichen – jedoch betragsmäßig begrenzten – Sach- und Dienstleistungen haben. Die PK darf die Leistung grundsätzlich nur als Sachleistung, auf die die versicherte Person einen Rechtsanspruch hat, gewähren. So soll es der versicherten Person ermöglicht werden, ohne eigene unmittelbare Vorleistungen die Leistungen der PV in Anspruch zu nehmen und nicht auf eine nachträgliche Kostenerstattung angewiesen zu sein. Die PK erfüllen diesen Anspruch in den meisten Fällen durch entsprechende Verträge mit den jeweiligen Leistungserbringern. Das Sachleistungsprinzip bedeutet, vereinfacht im sozialen Dreiecksverhältnis[24] dargestellt, dass die PK für ihre (pflegebedürftigen) versicherten Personen mit den – zugelassenen – Pflegeeinrichtungen (und sonstigen Leistungserbringern) in öffentlich rechtlichen Verträgen vereinbaren, zu welchen Konditionen letztere welche Leistungen (mit welcher Vergütung) bei den leistungsberechtigten Personen (zulasten der PK) zu erbringen haben (insbes. **Versorgungsverträge, Rahmenverträge**, Verträge mit Einzelpersonen, **Vergütungsvereinbarungen**; s. §§ 72 ff., 89 iVm 85); die Rechtsbeziehung zwischen Pflegediensten und pflegebedürftigen Personen wird in privatrechtlichen Verträgen (**Pflegeverträge**, § 120 SGB XI) geregelt (→ Rn. 8).[25]

7 In Abs. 4 S. 1 wird die **Häuslichkeit** als Ort der ambulanten – in Abgrenzung zur stationären – Pflege bestimmt. Danach kann häusliche Pflegehilfe nicht nur im eigenen Haushalt oder der eigenen Wohnung, sondern auch in einer eigens zu diesem Zweck gewählten anderen Wohngelegenheit werden, etwa in einer Wohngemeinschaft, Wohneinrichtung für behinderte und/oder alte Menschen, Haus für Betreutes Wohnen oder einer anderen Wohneinrichtung (etwa für wohnungslose Menschen) erbracht werden. Maßgeblich ist die Art der Pflege und Versorgung (in Abgrenzung zur vollstationären Pflege) durch geeignete Pflegekräfte gem. Abs. 4 S. 2, 3 (→ Rn. 8), nicht jedoch der **Aufenthaltsort** der pflegebedürftigen Person.[26] Nach Abs. 4 S. 1 Hs. 2 ausdrücklich **ausgeschlossen** ist die häusliche Pflege in einer **stationären Pflegeeinrichtung** (sa § 43 Abs. 1 S. 1) oder Einrichtung (oder Räumlichkeit) iSv § 71 Abs. 4. Während sich die Zuordnung zugelassener Pflegeheime zu den stationären Einrichtungen aus den jeweiligen Versorgungsverträgen (nach § 72) ergibt, kann sich bei Einrichtungen ohne Versorgungsvertrag die Abgrenzung zwischen ambulant und (ausgeschlossenem) stationär in der Praxis als schwierig erweisen.[27] Anhaltspunkte können sich insbes. aus der jeweiligen Gestaltung der zwischen der Einrichtung und den von ihr betreuten pflegebedürftigen Personen geschlossenen Verträgen[28] und diesen zugrunde liegenden Einrichtungskonzeptionen, der Betriebsführung und Organisation der Einrichtung, der mit Leistungsträgern abgeschlossenen Leistungserbringungsverträge und vor allen der tatsächlich erbrachten Pflegeleistungen der Einrichtung (Orientierung an den in § 43 aufgeführten Kriterien; → § 43 Rn. 4 ff.) ergeben; dies ist in jedem Einzelfall zu prüfen. Zu den ebenfalls ausgeschlossenen Einrichtungen iSv § 71 Abs. 4 zählen Krankenhäuser und stationäre Einrichtungen, deren primäres Ziel die medizinische Vorsorge oder Rehabilitation, Teilhabe am Arbeitsleben, Teilhabe an Bildung oder soziale Teilhabe, die schulische Ausbildung oder die Erziehung kranker Menschen oder von Menschen mit Behinderungen (und nicht deren Pflege) ist, sowie Räumlichkeiten, in denen der Zweck des Wohnens von Menschen mit Behinderungen und der Erbringung von Leistungen der Eingliederungs-

---

22 Dalichau, SGB XI, § 36 II 1.
23 Im Folgenden basierend auf Joussen in: BeckOK SozR, SGB V, § 2 Rn. 6; grundlegend Schulin, HS-PV, § 20 Rn. 57 ff.
24 Griep/Renn, Pflegesozialrecht, Kap. 13.
25 Kritisch zum „Leistungserbringungsrecht als Einfallstor für Verträge" Spellbrink, NZS 2010, 649, 654.
26 Siehe auch Plantholz in: LPK-SGB XI, § 36 Rn. 6 ff.; Linke in: Krauskopf, § 36 SGB XI Rn. 8 mwN; Udsching in: Udsching, § 36 Rn. 5; Leitherer in: KassKomm, § 36 SGB XI Rn. 20 mwN.
27 Schulin HS-PV, § 16 Rn. 14.
28 Siehe § 1 Wohn- und Betreuungsvertragsgesetz (WBVG), 29.7.2009 (BGBl. I, 2319) und die jeweiligen das Heimordnungsrecht regelnden Landesgesetze (zB bayPflegeWoQG oder nrwWTG).

hilfe für diese im Vordergrund steht und auf deren Überlassung das WBVG Anwendung findet.[29] Keine Pflegesachleistung kann eine pflegebedürftige Person beanspruchen, die häusliche Pflege bei einem zugelassenen Pflegedienst ohne Vergütungsregelung nach § 89 abruft; sie kann aber **Kostenerstattung** nach § 91 verlangen (→ Rn. 5).

Leistungserbringer der häuslichen Pflegehilfe sind nach Abs. 4 S. 2 und 3 geeignete Pflegekräfte, die als   8
a) Angestellte der PK (§ 77 Abs. 2),
b) Angestellte ambulanter Pflegedienste (§ 71 Abs. 1), mit denen ein Versorgungsvertrag (§ 72) besteht, oder
c) Einzelpersonen, mit denen die PK einen Vertrag nach § 77 Abs. 1 abgeschlossen hat,

tätig sind. Durch § 77 Abs. 2 wird die Möglichkeit der PK, eigenes Personal anzustellen, auf die Ausnahmefälle reduziert, in denen dies wegen nicht (ausreichend) vorhandener Pflegekräfte bei Pflegediensten oder als Einzelpersonen (gem. § 77 Abs. 1) zur Sicherstellung der häuslichen Pflegehilfe erforderlich ist (s. **Sicherstellungsauftrag** gem. § 69).[30] In der Praxis erbringen die Pflegedienste frei-gemeinnütziger (Wohlfahrtsverbänden angeschlossener) und privat-gewerblicher Träger den Hauptanteil der ambulanten Pflegesachleistungen, zumal der Gesetzgeber die insbesondere von Menschen mit Behinderung favorisierten „Assistenz- oder **Arbeitgebermodelle**"[31] – mit Ausnahme der sogenannten Altfälle (s. § 77 Abs. 1 S. 6) – ebenso ausgeschlossen hat wie Beschäftigungsverträge mit nahen Verwandten, Verschwägerten und Hausangestellten der pflegbedürftigen Person (§ 77 Abs. 1 S. 1 Hs. 2). Im Übrigen sind die Vertragsabschlüsse mit Einzelpersonen auf die in § 77 Abs. 1 Hs. 1 genannten Alternativen begrenzt.[32] Die von den Pflegediensten (oder Pflegekassen) eingesetzten (geeigneten) **Pflegekräfte** müssen „angestellt" sein, dh in weisungsabhängigen Beschäftigungs-/Arbeitsverhältnissen zu den genannten Trägern stehen. Der die Erbringung der Pflegesachleistung näher regelnde (privatrechtliche) **Pflegevertrag** (s. § 120) wird daher zwischen der pflegebedürftigen Person und dem **Träger des Pflegedienstes** geschlossen, in dem sich letzterer verpflichtet, die fehlerfreie Erfüllung der zugesagten Leistungen sicherzustellen.[33] Aus § 2 (iVm § 36 Abs. 1) kann nicht abgeleitet werden, dass ein Anspruch auf Pflege durch eine bestimmte Person begründet wird.[34] Daher sollte bezüglich des Personaleinsatzes eine für beide Vertragspartner akzeptable Regelung in den Pflegevertrag aufgenommen werden. Die Leistungserbringung durch „geeignete Pflegekräfte" bedeutet nicht, dass dies (nur) durch Pflegefachkräfte (mit abgeschlossener Ausbildung, s. § 71 Abs. 3) erfolgen muss. Vielmehr ist durch auf den jeweiligen Einzelfall abgestimmte, fachliche und persönliche Anforderungen erfüllendes Personal eine wirksame und bedarfsgerechte Versorgung sicherzustellen.[35]

Nach Abs. 4 S. 4 können mehrere pflegebedürftige Personen häusliche Pflegehilfe gemeinsam als Sachleistung in Anspruch nehmen (**Poolen**). Durch das **Zusammenfassen von Pflegeleistungen** entstünden, so die Gesetzesbegründung,[36] durch Zeit- und Kosteneinsparungen **Synergieeffekte**, die als Wirtschaftlichkeitsreserven erschlossen und im Interesse der pflegebedürftigen Personen genutzt werden könnten. Als Beispiele werden pflegebedürftige Personen in einer Wohngemeinschaft, einem Gebäude oder in der Umgebung, etwa in einer Straße, genannt. Die Vorteile aus den Zeit- oder Kosteneinsparungen sollten ausschließlich ihnen (nicht den PK) zugutekommen.[37] Die frei werdende Zeit könnte vom ambulanten Pflegedienst auch für Betreuung der am „Pool" beteiligten pflegebedürftigen Personen genutzt werden; Einzelheiten wären in den jeweiligen Pflegeverträgen (§ 120) zu regeln. Dies bedeutet   9

---

29 Ausführlich Linke in: Krauskopf, § 36 SGB XI Rn. 11 mwN; zu den Pflegeversicherungsleistungen in vollstationären Einrichtungen für behinderte Menschen s. § 43 a.
30 Plantholz in: LPK-SGB XI, § 77 Rn. 16.
31 Zur Begrifflichkeit und Finanzierungsmöglichkeit dieser (Assistenz-)Leistungen über Sozialhilfe (Hilfe zur Pflege, §§ 61, 65 f. SGB XII): LSG NRW, 28.11.2011, L 20 SO 82/07; LSG LSA, 3.3.2011, L 8 SO 24/09 B ER.
32 Zur Verfassungsmäßigkeit dieser Regelung (auch für die PPV): BSG, 18.3.1999, B 3 P 9/98, SozR 3-3300 § 77 Nr. 2 = BSGE 84, 1 = NZS 1999, 610; BayLSG, 14.11.2011, L 2 P 60/11.
33 Griep/Renn, Pflegesozialrecht, Rn. 285; Linke in: Krauskopf, § 36 SGB XI Rn. 12 a. Für Einzelpersonen mit Verträgen nach § 77 Abs. 1 gilt diese Kontrahierungsverpflichtung gem. § 77 Abs. 1 S. 7, 8 (iVm § 120 Abs. 1 S. 2).
34 Vgl. SchlHLSG, 16.7.1997, L 3 P 5/96, nv; Dalichau, SGB XI, § 36 I. 1 a; aA Udsching in: Udsching, § 36 Rn. 6; Diepenbruck in: BeckOK SozR, SGB XI, § 36 Rn. 23.
35 Vgl. Diepenbruck in: BeckOK SozR, SGB XI, § 36 Rn. 24. Der BGH (16.6.2014, 4 StR 21/14, FD-SozVR 2014, 361675) stellte inzwischen klar, dass der Einsatz von Pflegepersonal mit minderer als der zwischen PD und PK vereinbarten Qualifikation als Betrug zu werten sei.
36 BT-Dr. 16/7439, 54.
37 Linke in: Krauskopf, § 36 SGB XI Rn. 18 a; sa § 124 Abs. 2 S. 3.

aber keine Vermehrung der Individualansprüche (→ Rn. 10).[38] Die Regelung wird zwar durch „poolspezifische" Vergütungen für Pflege und Betreuung (§ 89 Abs. 3) ergänzt, jedoch konnte sie (bisher) der Praxis wenig Impulse vermitteln, zumal schon vor ihrer Einführung durch das PfWG (→ Rn. 1) die vermeintlichen Einsparungen[39] in den (Vergütungs-)Verträgen zwischen Pflegediensten und PK (s. § 89), insbesondere bei der Leistungsgestaltung und Vergütung, berücksichtigt wurden.[40] Da die „gepoolten" Leistungen den an der gemeinsamen Vereinbarung beteiligten pflegebedürftigen Personen nur gemeinschaftlich zustehen, bilden nach Udsching[41] die am „Pool" beteiligten Personen eine Bruchteilsgemeinschaft nach § 741 BGB: Auf sie entfallen im Hinblick auf § 742 BGB die durch den gemeinsamen Einkauf von Pflege- und Betreuungsleistungen anfallenden Mehrleistungen zu gleichen Teilen. Pflegeberatung und Pflegestützpunkte haben beim Poolen eine wichtige Beratungs- und Koordinationsfunktion (§§ 7a, 92c Abs. 2 S. 1 Nr. 3), dem Schutz der Sozialdaten der einzelnen beteiligten Personen kommt dabei besondere Bedeutung zu.[42]

IV. Leistungsinhalt (Abs. 1, 2)

10 Inhalte (Gegenstand) der Sachleistung häusliche Pflegehilfe sind nach Abs. 1 S. 1 **körperbezogene Pflegemaßnahmen und pflegerische Betreuungsmaßnahmen** sowie **Hilfen bei der Haushaltsführung**. Mit der Einführung des neuen Pflegebedürftigkeitsbegriffs und des damit korrespondierenden NBA (s. §§ 14, 15) war auch eine Neubestimmung dieser Leistungsinhalte verbunden,[43] eine Legaldefinition erfolgte jedoch nicht. Mit dem nunmehr im Mittelpunkt des neuen Verständnisses von Pflegebedürftigkeit stehenden Grad der Selbstständigkeit der pflegebedürftigen Personen soll das Ziel verfolgt werden, Personen mit körperlichen, kognitiven und psychischen Beeinträchtigungen nicht nur bei der Begutachtung und Einstufung in einen Pflegegrad gleich zu **behandeln**, sondern auch beim Leistungszugang (Auswahlmöglichkeit aus demselben Leistungsangebot und – abhängig von ihrem Pflegegrad – Gewähren der Leistungen in derselben Höhe). Daher müssten auch, so die Begr.,[44] „die Leistungsinhalte der häuslichen Pflegehilfe mit dem erweiterten Verständnis von Pflegebedürftigkeit korrespondieren": Daher bestimmen Abs. 1 S. 2, dass sich die pflegerischen Maßnahmen, körperbezogene Pflegemaßnahmen und pflegerische Betreuungsmaßnahmen, auf die in § 14 Abs. 2 für die Feststellung von Pflegebedürftigkeit genannten Bereiche (**Module**) beziehen, und Abs. 2 S. 3, dass die pflegefachliche **Anleitung** von Pflege- und pflegebedürftigen Personen auch Bestandteil der häuslichen Pflegehilfe ist. Abs. 2 S. 1 nennt als **Ziele** (für die Erbringung) **der häuslichen Pflegehilfe** das (so weit wie möglich) Beseitigen oder Mindern der Beeinträchtigungen der Selbstständigkeit oder Fähigkeiten der pflegebedürftigen Person und Verhindern einer Verschlimmerung der Pflegebedürftigkeit. Dieser gesetzliche **Rahmen** der häuslichen Pflegehilfe und somit auch der inhaltlichen Bestandteile körperbezogene Pflegemaßnahmen, pflegerische Betreuungsmaßnahmen und Hilfen bei der Haushaltsführung ist zu **konkretisieren**, insbesondere durch

- die Bundesempfehlungen und (Landes-)**Rahmenvereinbarungen** nach § 75,
- die Maßstäbe und Grundsätze für die Qualität und die Qualitätssicherung in der ambulanten und stationären Pflege sowie für die Entwicklung eines einrichtungsinternen Qualitätsmanagements nach § 113 und
- das Gemeinsame Rundschreiben des Spitzenverbandes Bund der PK und der Verbände der PK auf Bundesebene zu den leistungsrechtlichen Vorschriften des SGB XI.[45]

11 Zum Begriff der **körperbezogenen Pflegemaßnahmen**[46] ist aus Abs. 1 S. 2 iVm § 14 Abs. 2 Nr. 1 und 4 nur abzuleiten, dass er sich insbesondere auf Beeinträchtigungen der Selbstständigkeit oder der Fähigkeiten in den Modulen 1 (Mobilität) und 4 (Selbstversorgung) bezieht – weitgehend entsprechend dem Verrichtungskatalog in § 14 Abs. 4 aF. Ausführlicher werden die **pflegerischen Betreuungsmaßnahmen** als weiterer Bestandteil der häuslichen Pflegehilfe beschrieben. Sie beziehen sich nach Abs. 1 S. 2 insbesondere auf (pflegerische Maßnahmen bei) Beeinträchtigungen in den Bereichen kognitive und kom-

---

38 Udsching in: Udsching, § 36 Rn. 8.
39 Siehe auch Plantholz in: LPK-SGB XI, § 36 Rn. 12.
40 Griep, Sozialrecht aktuell 2009, 17, 20; Udsching in: Udsching, § 36 Rn. 8.
41 Udsching in: Udsching, § 36 Rn. 8; Diepenbruck in: BeckOK SozR, SGB XI, § 36 Rn. 25.
42 Linke in: Krauskopf, § 36 SGB XI Rn. 18 c.
43 Im Folgenden BT-Dr. 18/5926, 119 f.
44 BT-Dr. 18/5926, 120.
45 BT-Dr. 18/5926, 122.
46 Im Folgenden BT-Dr. 18/5926, 121.

munikative Fähigkeiten (§ 14 Abs. 2 Nr. 2 – Modul 2), Verhaltensweisen und psychische Problemlagen (§ 14 Abs. 2 Nr. 3 – Modul 3) sowie Gestaltung des Alltagslebens und sozialer Kontakte (§ 14 Abs. 2 Nr. 6 – Modul 6). Besonders hinzuweisen ist auf den in der Begr. nicht genannten Bereich Bewältigung von und selbstständiger Umgang mit krankheits- oder therapiebedingten Anforderungen und Belastungen (§ 14 Abs. 2 Nr. 5 – Modul 5). In Abs. 2 S. 3 wird nur **allgemein umschrieben**, dass pflegerische Betreuungsmaßnahmen „Unterstützungsleistungen zur Bewältigung und Gestaltung des alltäglichen Lebens im häuslichen Umfeld" (mit Beispielen in Nr. 1 bis 3) umfassen. Es wird vor allem die Aufgabe der Rahmenvertragsparteien sein, die Vorgaben der Abs. 1 und 2 in den **Rahmenverträgen** nach § 75 zu konkretisieren und für die Praxis zu präzisieren. So müssten neben konkreteren Leistungsbeschreibungen mit den entsprechenden Qualifikationen des erbringenden Personals ua Abgrenzungen zu den Teilhabeleistungen der Rehabilitationsträger gem. §§ 4 iVm 6 SGB IX vorgenommen und insbes. klargestellt werden, dass Leistungen zur Teilhabe am Leben in der Gesellschaft (§§ 55 ff. SGB IX), wie Fahrdienste und andere Eingliederungshilfen iSd § 53 SGB XII, grundsätzlich keine pflegerischen Betreuungsmaßnahmen iSd § 36 Abs. 1, 2 SGB XI sind. In der Begr.[47] wird Handlungsbedarf auf Seiten des Gesetzgebers dahin gehend angekündigt, dass bei Einführung des neuen Pflegebedürftigkeitsbegriffs auch in das SGB XII und andere Gesetze der Begriff der pflegerischen Betreuungsmaßnahmen zur Klärung von Schnittstellen näher definiert und geprüft werden soll, ob hierfür ein detaillierter, offener Leistungskatalog erforderlich ist, wo derartige Regelungen verortet werden, und welche Regelungen zur Leistungskonkurrenz erfolgen. Nach wie vor ungelöst ist insbesondere auch das Problem der „Verschiebung" von GKV-Leistungen auf die PV bei den sog **verrichtungsbezogenen, krankheitsspezifischen Pflegemaßnahmen**; dies waren nach § 15 Abs. 3 S. 3 SGB XI aF Maßnahmen der Behandlungspflege, bei denen der behandlungspflegerische Hilfebedarf untrennbarer Bestandteil einer Verrichtung nach § 14 Abs. 4 SGB XI oder mit einer solchen Verrichtung notwendig in unmittelbarem rechtlichen und sachlichen Zusammenhang stand.[48] Da der Sachleistungsanspruch nach § 36 Abs. 1 S. 2 nF auch „pflegerische Maßnahmen" in dem sehr weitreichend formulierten Modul 5 des § 14 Abs. 2 nF umfasst, werden sich Praxis und Rspr. weiterhin mit den sich daraus ergebenden, vom Gesetzgeber bisher nicht befriedigend geregelten, rechtssystematisch und -politisch brisanten (Grundsatz-)Fragen der Abgrenzung GKV/PV auseinandersetzen müssen.

Neben körperbezogenen Pflegemaßnahmen und pflegerischen Betreuungsmaßnahmen umfasst die häusliche Pflegehilfe (wie bisher) auch **Hilfen bei der Haushaltsführung**.[49] Da die Feststellung von Beeinträchtigungen der Selbstständigkeit oder der Fähigkeiten bei der Haushaltsführung nicht unmittelbar für die Beurteilung des Grades der Pflegebedürftigkeit relevant ist (s. § 14 Abs. 2 Module 1 bis 6), sieht § 18 Abs. 5 a eine gesonderte Erhebung der Beeinträchtigungen bei der Haushaltsführung als Grundlage für die Pflegeplanung vor. Dies liegt darin begründet, dass die Beeinträchtigungen der Selbstständigkeit oder der Fähigkeiten, die dazu führen, dass die Haushaltsführung nicht mehr ohne Hilfe bewältigt werden kann, bereits im Rahmen der Erhebung der Module 1 bis 6 im jeweils betroffenen Bereich erfasst werden (s. § 14 Abs. 3). Leistungsinhalt ist eine Unterstützung bei den nach § 18 Abs. 5 a erfassten Aktivitäten, die von typischen Hausarbeiten (wie Einkaufen, Kochen, Reinigen der Wohnung, Waschen der Wäsche uam) reichen bis hin zu Hilfestellungen bei den für die alltägliche Lebensführung notwendigen geschäftlichen Belangen (insbesondere Dienstleistungen, Finanz- oder Behördenangelegenheiten), die (aus pflegefachlicher Sicht) den Verbleib im eigenen Haushalt ermöglichen können.

Nach § 34 Abs. 2 S. 1 **ruht der Anspruch** auf Leistungen bei häuslicher Pflege, soweit im Rahmen des Anspruchs auf häusliche Krankenpflege gemäß § 37 SGB V auch Anspruch auf inhaltlich § 36 entsprechende Leistungen besteht, sowie für die Dauer des stationären Aufenthalts in einer Einrichtung iSd § 71 Abs. 4 (Krankenhaus,[50] Rehabilitations- oder Teilhabeeinrichtung), soweit § 39 nichts Abweichendes bestimmt. Wird der stationäre Aufenthalt unterbrochen (zB am Wochenende oder in den Feri-

---

47 Ebd.
48 ZB Medikamentengabe bei der (Verrichtung) „Ernährung" oder Beratung im Rahmen der „Mobilität" BT-Dr. 16/3100, 104; zu verrichtungsbezogenen, krankheitsspezifischen Maßnahmen BSG, 17.3.2005, B 3 KR 9/04 R, SozR 4-2500 § 37 Nr. 3 = PflR 2005, 469 = NZS 2006, 91 = FEVS 57, 241; BSG, 17.3.2005, B 3 KR 8/04 R, PflR 2005, 420, und BSG, 10.11.2005, B 3 KR 42/04 R, PflR 2006, 270; BSG, 17.6.2010, B 3 KR 7/09 R, BeckRS 2010, 74038 = BSGE 106, 173 = SozR 4-2500 § 37 Nr. 11 = PflR 2010, 689 = Sozialrecht aktuell 2011, 31 = SGb 2011, 527; siehe auch Wrana, Das Ende des Drachenflieger-Urteils – Über das Verhältnis zwischen Grund- und Behandlungspflege, ASR 2011, 89.
49 Im Folgenden BT-Dr. 18/5926, 121.
50 Allerdings nur bei längerfristigem (über einen Monat hinausgehenden) Aufenthalt (→ Rn. 16).

en), besteht für diese Zeit wieder ein Leistungsanspruch. Zum Ruhen bei Auslandsaufenthalt siehe § 34 Abs. 1 (→ Rn. 3).

V. Leistungsumfang (Abs. 3)

14 Der Umfang der Sachleistung ist auf die in Abs. 3 genannten **monatlichen Gesamthöchstbeträge** beschränkt, deren Anknüpfungspunkt der Grad der Pflegebedürftigkeit ist. Da es sich dabei um Höchstbeträge handelt, kann die leistungsberechtigte Person bis zu deren Erreichen – unabhängig von der Anzahl – Pflegeeinsätze nach ihrem jeweiligen **Bedarf** abrufen. Der jeweilige Sachleistungsbetrag steht nunmehr für alle drei Leistungsbereiche – körperbezogene Pflegemaßnahmen, pflegerische Betreuungsmaßnahmen und Hilfen bei der Haushaltsführung – zur Verfügung (→ Rn. 10). Die **leistungsberechtigte Person** kann somit aus den Angeboten zugelassener Pflegedienste nach ihren Wünschen und Bedürfnissen frei wählen und den Leistungsumfang im Einzelfall auf die jeweils benötigten Maßnahmen (→ Rn. 10) **selbst bestimmt aufteilen** und – durch entsprechenden Pflegevertrag (§ 120) abgesichert – beim jeweiligen Leistungserbringer (→ Rn. 8) abrufen. Pflegeeinsätze, die über diesen Betrag hinaus erforderlich sind, müssen von der leistungsberechtigten Person selbst und/oder der Sozialhilfe übernommen werden (→ Rn. 2). Die Höhe der Entgelte für die Pflegeeinsätze der zugelassenen Pflegedienste richtet sich jeweils nach den nach § 89 zwischen Kostenträgern und Leistungserbringern ausgehandelten Vergütungen. Zur Kostenerstattung → Rn. 5.

15 Eine **Kürzung** der Sachleistung darf **nicht** erfolgen, wenn sie zB bei (kurzfristigem) Krankenhausaufenthalt nicht für den vollen Kalendermonat in Anspruch genommen wird.[51] Nach § 38 besteht die Möglichkeit der **Kombination** von Pflegesachleistung (§ 36) und **Pflegegeld** (§ 37), → § 38 Rn. 4 ff. Zusätzliche Leistungen (monatlicher Zuschlag zur Sachleistung) für pflegebedürftige Personen in ambulant betreuten Wohngemeinschaften sind in § 38a vorgesehen. Wird die Sachleistung (nach § 36) zusammen mit **teilstationärer Pflege** in Einrichtungen der Tages- oder Nachtpflege nach § 41 Abs. 1 in Anspruch genommen, können pflegebedürftige Personen der Pflegegrade 2 bis 5 nach § 41 Abs. 3 Tages- und Nachtpflege zusätzlich zu ambulanten Pflegesachleistungen nach § 36 (ebenso wie zu Pflegegeld nach § 37 oder Kombinationsleistung nach § 38) in Anspruch nehmen, ohne dass eine Anrechnung auf diese Ansprüche erfolgt. Zur Inanspruchnahme von häuslicher Pflegehilfe im Rahmen der Leistungen nach § 43a → § 43a Rn. 5.

§ 37 Pflegegeld für selbst beschaffte Pflegehilfen

(1) [1]Pflegebedürftige der Pflegegrade 2 bis 5 können anstelle der häuslichen Pflegehilfe ein Pflegegeld beantragen. [2]Der Anspruch setzt voraus, dass der Pflegebedürftige mit dem Pflegegeld dessen Umfang entsprechend die erforderlichen körperbezogenen Pflegemaßnahmen und pflegerischen Betreuungsmaßnahmen sowie Hilfen bei der Haushaltsführung in geeigneter Weise selbst sicherstellt. [3]Das Pflegegeld beträgt je Kalendermonat

1. 316 Euro für Pflegebedürftige des Pflegegrades 2,
2. 545 Euro für Pflegebedürftige des Pflegegrades 3,
3. 728 Euro für Pflegebedürftige des Pflegegrades 4,
4. 901 Euro für Pflegebedürftige des Pflegegrades 5.

(2) [1]Besteht der Anspruch nach Absatz 1 nicht für den vollen Kalendermonat, ist der Geldbetrag entsprechend zu kürzen; dabei ist der Kalendermonat mit 30 Tagen anzusetzen. [2]Die Hälfte des bisher bezogenen Pflegegeldes wird während einer Kurzzeitpflege nach § 42 für bis zu acht Wochen und während einer Verhinderungspflege nach § 39 für bis zu sechs Wochen je Kalenderjahr fortgewährt. [3]Das Pflegegeld wird bis zum Ende des Kalendermonats geleistet, in dem der Pflegebedürftige gestorben ist. [4]§ 118 Abs. 3 und 4 des Sechsten Buches gilt entsprechend, wenn für die Zeit nach dem Monat, in dem der Pflegebedürftige verstorben ist, Pflegegeld überwiesen wurde.

(3) [1]Pflegebedürftige, die Pflegegeld nach Absatz 1 beziehen, haben
1. bei Pflegegrad 2 und 3 halbjährlich einmal
2. bei Pflegegrad 4 und 5 vierteljährlich einmal

---

51 Udsching in: Udsching, § 36 Rn. 13; Griep/Renn, Pflegesozialrecht, Rn. 127; Plantholz in: Klie/Krahmer/Plantholz, § 36 Rn. 18 f.

eine Beratung in der eigenen Häuslichkeit durch eine zugelassene Pflegeeinrichtung, durch eine von den Landesverbänden der Pflegekassen nach Absatz 7 anerkannte Beratungsstelle mit nachgewiesener pflegefachlicher Kompetenz oder, sofern dies durch eine zugelassene Pflegeeinrichtung vor Ort oder eine von den Landesverbänden der Pflegekassen anerkannte Beratungsstelle mit nachgewiesener pflegefachlicher Kompetenz nicht gewährleistet werden kann, durch eine von der Pflegekasse beauftragte, jedoch von ihr nicht beschäftigte Pflegefachkraft abzurufen. ²Die Beratung dient der Sicherung der Qualität der häuslichen Pflege und der regelmäßigen Hilfestellung und praktischen pflegefachlichen Unterstützung der häuslich Pflegenden. ³Die Pflegebedürftigen und die häuslich Pflegenden sind bei der Beratung auch auf die Auskunfts-, Beratungs- und Unterstützungsangebote des für sie zuständigen Pflegestützpunktes sowie auf die Pflegeberatung nach § 7a hinzuweisen. ⁴Die Vergütung für die Beratung ist von der zuständigen Pflegekasse, bei privat Pflegeversicherten von dem zuständigen privaten Versicherungsunternehmen zu tragen, im Fall der Beihilfeberechtigung anteilig von den Beihilfefestsetzungsstellen. ⁵Sie beträgt in den Pflegegraden 2 und 3 bis zu 23 Euro und in den Pflegegraden 4 und 5 bis zu 33 Euro. ⁶Pflegebedürftige des Pflegegrades 1 haben Anspruch, halbjährlich einmal einen Beratungsbesuch abzurufen; die Vergütung für die Beratung entspricht der für die Pflegegrade 2 und 3 nach Satz 5. ⁷Beziehen Pflegebedürftige von einem ambulanten Pflegedienst Pflegesachleistungen, können sie ebenfalls halbjährlich einmal einen Beratungsbesuch in Anspruch nehmen; für die Vergütung der Beratung gelten die Sätze 4 bis 6.

(4) ¹Die Pflegedienste und die anerkannten Beratungsstellen sowie die beauftragten Pflegefachkräfte haben die Durchführung der Beratungseinsätze gegenüber der Pflegekasse oder dem privaten Versicherungsunternehmen zu bestätigen sowie die bei dem Beratungsbesuch gewonnenen Erkenntnisse über die Möglichkeiten der Verbesserung der häuslichen Pflegesituation dem Pflegebedürftigen und mit dessen Einwilligung der Pflegekasse oder dem privaten Versicherungsunternehmen mitzuteilen, im Fall der Beihilfeberechtigung auch der zuständigen Beihilfefestsetzungsstelle. ²Der Spitzenverband Bund der Pflegekassen und die privaten Versicherungsunternehmen stellen ihnen für diese Mitteilung ein einheitliches Formular zur Verfügung. ³Der beauftragte Pflegedienst und die anerkannte Beratungsstelle haben dafür Sorge zu tragen, dass für einen Beratungsbesuch im häuslichen Bereich Pflegekräfte eingesetzt werden, die spezifisches Wissen zu dem Krankheits- und Behinderungsbild sowie des sich daraus ergebenden Hilfebedarfs des Pflegebedürftigen mitbringen und über besondere Beratungskompetenz verfügen. ⁴Zudem soll bei der Planung für die Beratungsbesuche weitestgehend sichergestellt werden, dass der Beratungsbesuch bei einem Pflegebedürftigen möglichst auf Dauer von derselben Pflegekraft durchgeführt wird.

(5) ¹Die Vertragsparteien nach § 113 beschließen gemäß § 113b bis zum 1. Januar 2018 unter Beachtung der in Absatz 4 festgelegten Anforderungen Empfehlungen zur Qualitätssicherung der Beratungsbesuche nach Absatz 3. ²Fordert das Bundesministerium für Gesundheit oder eine Vertragspartei nach § 113 im Einvernehmen mit dem Bundesministerium für Gesundheit die Vertragsparteien schriftlich zum Beschluss neuer Empfehlungen nach Satz 1 auf, sind diese innerhalb von sechs Monaten nach Eingang der Aufforderung neu zu beschließen. ³Die Empfehlungen gelten für die anerkannten Beratungsstellen entsprechend.

(6) Rufen Pflegebedürftige die Beratung nach Absatz 3 Satz 1 nicht ab, hat die Pflegekasse oder das private Versicherungsunternehmen das Pflegegeld angemessen zu kürzen und im Wiederholungsfall zu entziehen.

(7) ¹Die Landesverbände der Pflegekassen haben neutrale und unabhängige Beratungsstellen zur Durchführung der Beratung nach den Absätzen 3 und 4 anzuerkennen. ²Dem Antrag auf Anerkennung ist ein Nachweis über die erforderliche pflegefachliche Kompetenz der Beratungsstelle und ein Konzept zur Qualitätssicherung des Beratungsangebotes beizufügen. ³Die Landesverbände der Pflegekassen regeln das Nähere zur Anerkennung der Beratungsstellen.

(8) ¹Die Beratungsbesuche nach Absatz 3 können auch von Pflegeberaterinnen und Pflegeberatern im Sinne des § 7a oder von Beratungspersonen der kommunalen Gebietskörperschaften, die die erforderliche pflegefachliche Kompetenz aufweisen, durchgeführt werden. ²Absatz 4 findet entsprechende Anwendung. ³Die Inhalte der Empfehlungen zur Qualitätssicherung der Beratungsbesuche nach Absatz 5 sind zu beachten.

Literatur:

Heiber, Das Pflege-Stärkungsgesetz 2, 2016; *Peters*, Soziale Probleme und soziale Kontrolle, 2002; *Richter*, Die neue soziale Pflegeversicherung, 2016.

I. Entstehungsgeschichte........................	1	IV. Höhe des Pflegegeldes, Kürzung und Rückforderung (Abs. 1 S. 3, Abs. 2)..............	8
II. Normzweck und europarechtlicher Kontext	2		
III. Rechtsqualität des Pflegegeldes und Leistungsvoraussetzungen (Abs. 1 S. 1, 2)......	4	V. Beratungseinsätze und Anerkennung von Beratungsstellen (Abs. 3 bis 8)..............	11

I. Entstehungsgeschichte

1 § 37 wurde durch Art. 1 PflegeVG (v. 26.5.1994; BGBl. I, 1014) mWv 1.1.1995 eingeführt und entsprach wortgleich der Fassung des RegE (§ 33; sa BT-Dr. 12/5920, S. 34 f.). Zum 25.6.1996 wurden mit Art. 1 Nr. 14 1. SGB XI-ÄndG v. 14.6.1996 (BGBl. I, 830) in Abs. 1 S. 2 die Wörter „durch eine Pflegeperson" gestrichen und in Abs. 3 S. 2 durch S. 2 bis 7 ersetzt. Durch Art. 1 Nr. 2 4. SGB XI-ÄndG v. 21.7.1999 (BGBl. I, 1656) wurden mWv 1.9.1999 in Abs. 2 S. 2 angefügt und in Abs. 3 S. 3 geändert. Die Leistungssätze in Abs. 1 und die Entgelte für Beratungen in Abs. 3 wurden zum 1.1.2002 durch Art. 2 Nr. 3 Achtes Euro-Einführungsgesetz v. 23.10.2001 (BGBl. I, 2702) auf Euro-Beträge umgestellt. Durch Art. 1 Nr. 2 PflEG v. 14.12.2001 (BGBl. I, 3728) wurden mWv 1.1.2002 Abs. 3 neu gefasst (statt „Pflegeeinsatz" wurde der Begriff „Beratung" eingeführt) und die Abs. 4 bis 7 angefügt. Abs. 4 und 5 wurden durch Art. 8 Nr. 9 GKV-WSG v. 26.3.2007 (BGBl. I, 378) mWv 1.7.2008 sprachlich an die neue Organisationsstruktur der GKV (statt „Spitzenverbände" „Spitzenverband Bund") angepasst. Ebenfalls zum 1.7.2008 wurden durch Art. 1 Nr. 18 PfWG v. 28.5.2008 (BGBl. I, 874) die in Abs. 1 S. 3 aufgeführten Beträge des Pflegegeldes geändert, in Abs. 2 S. 3 (jetzt S. 4) angefügt, in Abs. 3 S. 1 neu gefasst, die Entgelte für Beratungen in S. 4 geändert und S. 6 und 7 angefügt; in Abs. 4 S. 1 und 3 geändert, in Abs. 5 S. 2 eingefügt und die Abs. 7 und 8 angefügt. Durch Art. 1 Nr. 11 PNG vom 23.10.2012 (BGBl. I, 2246) wurde mWv 30.10.2012 in Abs. 2 nach S. 1 ein neuer S. 2 aufgenommen. Die Leistungsbeträge in Abs. 1 S. 3 und Abs. 3 S. 4 wurden mWv **1.1.2015** durch Art. 1 Nr. 7 iVm Art. 4 Abs. 2 des Ersten Gesetzes zur Stärkung der pflegerischen Versorgung und zur Änderung weiterer Vorschriften (Erstes Pflegestärkungsgesetz – PSG I) vom 17.12.2014[1] dynamisiert. Durch Art. 1 Nr. 18 PSG II (v. 21.12.2015, BGBl. I, 2424) erfolgte mWv 1.1.2016 eine Änderung in Abs. 2 S. 2. MWv 1.1.2017 wurden durch Art. 2 Nr. 18 PSG II (BGBl. I, 2442) Abs. 1 neu gefasst sowie die Abs. 3, 5 und 7 geändert und durch Art. 1 Nr. 10 PSG III v. 23.12.2016 (BGBl. I, 3191) Abs. 3 erneut geändert sowie Abs. 8 neu gefasst.

II. Normzweck und europarechtlicher Kontext

2 Mit dem **Pflegegeld** nach § 37 als ambulante Leistung der PV soll der pflegebedürftigen Person mit Pflegegrad 2, 3, 4 oder 5 eine **Alternative zur Pflegesachleistung** nach § 36 geboten werden, die erforderliche Pflege im häuslichen Umfeld in geeigneter Weise **selbstbestimmt und verantwortlich** gestalten und organisieren (s. Abs. 1 S. 2) zu können.[2] Es soll ihr ermöglichen, selbstbeschafften Pflegepersonen eine materielle Anerkennung für die sichergestellte Pflege zukommen zu lassen und die **Pflegebereitschaft** von Angehörigen, Freunden und/oder Nachbarn zu **stärken**, wobei der Gesetzgeber davon ausgeht, dass es aufgrund seiner Höhe nicht geeignet ist, alle Kosten für erforderliche Hilfen abzudecken.[3] Da nach § 4 Abs. 2 die Leistungen der PV bei häuslicher und teilstationärer Pflege die familiäre, nachbarschaftliche oder sonstige ehrenamtliche Pflege und Betreuung ergänzen sollen, kommt auch dem Pflegegeld (nur) **ergänzende Funktion** zu.[4] Abs. 1 regelt insbes. Inhalt und Umfang der Leistung. Abs. 2 bestimmt die entsprechende Kürzung des Pflegegeldes bei Ansprüchen, die nicht für den vollen Kalendermonat zustehen. Zur Unterstützung der pflegebedürftigen Person und Qualitätssicherung werden in Abs. 3 bis 6 die Pflicht zu professioneller Beratung, deren Häufigkeit, Inhalt und Vergütung sowie Sanktionen bei unterbliebener Beratung bestimmt. Abs. 7 und 8 sehen ein Anerkennungsverfahren für Beratungsstellen mit den genannten Aufgaben und die Möglichkeit der Beratung durch Pflegeberater nach § 7a vor.

3 Das SGB XI bestimmt in § 34 Abs. 1 Nr. 1 das grundsätzliche **Ruhen der Leistungsansprüche bei Auslandsaufenthalt** der versicherten Person. Dies gilt zwar grundsätzlich auch für das Pflegegeld nach § 37

---

1 BGBl. I, 2222; BR-Dr. 466/14, 2.
2 Plantholz in: LPK-SGB XI, § 37 Rn. 2, Mühlenbruch in: Hauck/Noftz, SGB XI, § 37 Rn. 1; Diepenbruck in: BeckOK SozR, SGB XI, § 37 Rn. 2.
3 Udsching in: Udsching, § 37 Rn. 2; Diepenbruck in: BeckOK SozR, SGB XI, § 37 Rn. 2 (unter Hinweis auf § 33 RegE, BT-Dr. 12/5262, 112).
4 Diepenbruck in: BeckOK SozR, SGB XI, § 37 Rn. 2; sa BSG, 17.12.2009, B 3 P 05/08 R, BeckRS 2010, 68767 = SozR 4-3300 § 37 Nr. 3 = NZS 2010, 634; Trenk-Hinterberger in: Jahrbuch des Sozialrechts, Bd. 31 (2010), S. 271; ders. in: jurisPR-SozR 19/2010, Anm. 3.

(es kann nur ausnahmsweise vorübergehendem Aufenthalt im Ausland bis zu 6 Wochen in Anspruch genommen werden; s. § 34 Abs. 1 Nr. 1 S. 2), doch stellt Abs. 1a[5] nunmehr klar, dass der **Anspruch auf Pflegegeld nach § 37** oder anteiliges Pflegegeld nach § 38 bei pflegebedürftigen versicherten Personen, die sich in einem Mitgliedstaat der **Europäischen Union**, einem Vertragsstaat des Abkommens über den **Europäischen Wirtschaftsraum** oder der **Schweiz** aufhalten, **nicht ruht**. Diese (neben der in Nr. 1 genannte) auf das Pflegegeld beschränkte Ausnahmeregelung ist aus europarechtlicher Perspektive nicht zu beanstanden. Der EuGH[6] sieht in den Regeln des AEU-Vertrags für den freien Dienstleistungsverkehr keine Garantie dafür, dass ein örtlicher Wechsel in einen anderen Mitgliedstaat ua in Bezug auf Leistungen bei Krankheit oder Pflegebedürftigkeit neutral sei: Aufgrund der Unterschiede zwischen den Mitgliedstaaten könne ein solcher Wechsel auch finanzielle Vorteile oder Nachteile haben. In Bezug auf europarechtliche Regelungen werden die Leistungen der deutschen PV den Leistungen bei Krankheit und damit dem Geltungsbereich der zum Zwecke der Koordinierung erlassenen VO (EG) Nr. 883/20004 (mit Durchführungsvorschriften in VO (EG) Nr. 987/2009) zugeordnet.[7] Nach Ansicht des EuGH[8] handelt es sich beim Pflegegeld nach § 37 um eine Geldleistung, die nach Art. 21 VO einer versicherten Person und ihren Familienangehörigen, die in einem anderen als dem zuständigen Mitgliedstaat wohnen oder sich dort aufhalten, vom Träger des Versicherungsstaates nach dessen Vorschriften zu erbringen ist, wenn im Wohnsitzmitgliedstaat keine das spezifische Risiko der Pflegebedürftigkeit betreffenden Geldleistungen gewährt werden. Wenn hingegen in den Rechtsvorschriften des Wohnsitzmitgliedstaats das Risiko der Pflegebedürftigkeit betreffende Geldleistungen vorgesehen sind, die aber unter dem Betrag der Leistungen liegen, die sich auf dieses beziehen und von dem anderen (eine Rente schuldenden) Mitgliedstaat gewährt werden, ist nach EuGH[9] „Art. 27 der Verordnung Nr. 1408/71 ... dahin auszulegen, dass eine solche Person gegenüber dem zuständigen Träger des letztgenannten Staates einen Anspruch auf eine Zusatzleistung in Höhe des Unterschieds zwischen den beiden Beträgen hat." Die Aufhebung der Ruhensvorschrift gilt auch für die private PV.

III. Rechtsqualität des Pflegegeldes und Leistungsvoraussetzungen (Abs. 1 S. 1, 2)

Das Pflegegeld ist eine **Geldleistung** iSv § 11 SGB I (§ 4 Abs. 1 S. 1 SGB XI), auf die – bei Erfüllung der Voraussetzungen (→ Rn. 6) – ein **Rechtsanspruch** besteht („anstelle" des Anspruchs nach § 36;[10] s. § 37 Abs. 1 S. 1, 2); dieser Geldleistungsanspruch kann unter den Voraussetzungen der §§ 58, 59 SGB I **vererbt** werden.[11] Dass das Pflegegeld nach § 37 Abs. 1 S. 1 „anstelle" der häuslichen Pflegehilfe werden kann, bedeutet zwar, es soll die Pflegesachleistung ersetzen (in Begr. und Literatur auch „Sachleistungssurrogat" genannt);[12] die Ausgestaltung des Pflegegeldes ist jedoch im Vergleich zur Pflegesachleistung in mehrfacher Hinsicht „reduziert", weshalb Leitherer einschränkend auch von einem „partiellen Sachleistungssurrogat" spricht.[13] Die abweichende Ausgestaltung, „gelockerte" Zweckbindung (→ Rn. 2), weitgehende Verfügungsfreiheit der pflegebedürftigen Person und pauschalierte, periodische und direkte (Aus-)Zahlung des Pflegegeldes an die pflegebedürftige Person sind – auch mit

4

---

5 Eingefügt durch Art. 7 des Gesetzes zur Koordinierung der Systeme der sozialen Sicherheit in Europa und zur Änderung anderer Gesetze, 22.6.2011, BGBl. I, 1202, mWv 29.6.2011, sa Begr. in BR-Dr. 846/10, 37.
6 EuGH, 12.7.2012, Rs C-562/10, FD-SozVR 2012, 334571 = BeckRS 2012, 84150 Rn. 57.
7 Fuchs in Fuchs, Europäisches Sozialrecht, 6. Aufl. 2013, Art. 3 Rn. 9 mit Verweis auf EuGH, 5.3.1998, Rs. C-190/96 (Molenaar), Slg 1998, I-843 = NZS 1998, 240 = NJW 1998, 1767 = ZfSH/SGB 1998, 290 = SGb 1999, 360; sa EuGH, 16.7.2009, Rs. C-208/07 (Chamier-Glisczinski), Slg 2009, I-6095, mwN = KrV 2009, 213 = DÖV 2009, 721 = FamRZ 2009, 1472 = ZAR 2009, 355; EuGH, 30.6.2011, Rs. C-388/09 (da Silva Martins) in ABl EU 2011, Nr. C 252, 4-5 (Ls.) = ASR 2011, 158-168 (Ls. und Gründe) = ArbuR 2011, 346-347 (Kurzwiedergabe) = NZS 2011, 740 (Ls.), juris.
8 EuGH, 5.3.1998, Rs. C-190/96 (Molenaar), Slg 1998, I-843 = NZS 1998, 240 = NJW 1998, 1767 = ZfSH/SGB 1998, 290 = SGb 1999, 360; kritisch Schaaf, WzS 1998, 204, 207.
9 EuGH, 30.6.2011, Rs. C-388/09 (Fn. 6), 2. Ls.
10 LSG BW, 17.2.2012, L 4 P 2762/11, BeckRS 2012, 68527.
11 Udsching in: Udsching, § 37 Rn. 3 mwN; Leitherer in: KassKomm, § 37 SGB XI Rn. 4, BSG, 6.2.1996, 3 RK 8/96 (zum Pflegegeld nach § 57 SGB V aF), SozR 3-2500 § 57 Nr. 6 = NZS 1997, 472 = SGb 1998, 77 = NJWE-FER 1997, 263; zum Charakter des Pflegegeldes sa Krasney, SGb 1996, 253.
12 BT-Dr. 12/5262, S 110; zB auch Leitherer in: KassKomm, § 37 SGB XI Rn. 13; Dalichau, SGB XI, § 37 I.1.; Krasney, SGb 1996, 253, 255; Linke in: Krauskopf, § 37 SGB XI Rn. 3 a.
13 Leitherer in: KassKomm, § 37 SGB XI Rn. 15; Schulin, HS-PV, § 16 Rn. 88; Dalichau, SGB XI, § 37 I.1.; krit. Schulin, NZS 1994, 433, 441.

Blick auf EG (→ Rn. 3) und BSG[14] – Argumente, die für die Qualifizierung des **Pflege*geldes*** als ***Geld*leistung** sprechen.[15] Da es erst die Beschaffung der Pflegeleistung ermöglichen soll und zweckentsprechend zu verwenden ist, wird idR davon ausgegangen werden können, dass die Voraussetzungen für eine **Übertragung** oder **Verpfändung** nicht vorliegen (s. § 53 Abs. 2, 3 SGB I).[16] **Leistungsberechtigt** ist nur die pflegebedürftige Person, nicht die Pflegeperson;[17] es darf nur mit Einwilligung der leistungsberechtigten (pflegebedürftigen) Person auf ein Drittkonto überwiesen werden.[18] Über die **Verwendung des Pflegegeldes** entscheidet sie (weitgehend) selbstbestimmt, sie braucht hierüber auch keinen Nachweis zu führen.[19] Die **Fälligkeit** des Pflegegeldes ist nicht geregelt. Da das Pflegegeld grundsätzlich als laufende Geldleistung je Kalendermonat zu zahlen ist (Abs. 1 S. 3, Abs. 2), wird es **am Anfang des Monats fällig**.[20] Weil es idR über einen längeren Zeitraum bewilligt wird, sind (wie bei der Pflegesachleistung, → § 36 Rn. 5) auch bei Pflegegeldentscheidungen die für **Verwaltungsakte mit Dauerwirkung** geltenden Vorschriften anzuwenden.[21] Die Leistungszusage eines privaten Versicherungsunternehmens hingegen gilt nur für die Dauer des privatrechtlichen Versicherungsverhältnisses – entsprechend dem zivilrechtlichen Grundsatz, dass aus einem Vertrag nur die Vertragspartner verpflichtet werden (§ 241 BGB); die Bewilligung von Pflegegeld in der privaten PV begründet keinen Bestands- oder Vertrauensschutz beim Wechsel in die soziale PV.[22] Für den **Beginn** der Pflegegeldzahlung ist § 33 Abs. 1 maßgebend (grundsätzlich ab Antragstellung, frühestens bei Vorliegen der Leistungsvoraussetzungen, → Rn. 6.[23] Unter Anwendung des § 48 SGB X ist die **Höherstufung** mit Wirkung zum Zeitpunkt der Änderung der Verhältnisse vorzunehmen.[24] Nach § 35 a kann das Pflegegeld als Teil eines **trägerübergreifenden Persönlichen Budgets** nach § 17 Abs. 2 bis 4 SGB IX beantragt werden, → § 36 Rn. 4. Zur Besonderheit bei Beihilfebezug → § 28 Rn. 9 ff.

5 Das **Pflegegeld** bleibt wegen seiner besonderen Zielsetzung (→ Rn. 2) bei der Gewährung anderer einkommensabhängiger Leistungen unberücksichtigt und gilt insoweit also **nicht als Einkommen** (§ 13 Abs. 5). Steuerrechtlich wird das Pflegegeld daher jedenfalls bei der **anspruchsberechtigten Person** auch nicht als Einkommen angesehen (§ 3 Nr. 36 EStG).[25] Es ist auch kein anrechenbares Einkommen iSv § 115 Abs. 1 ZPO (PKH).[26] Die Steuerfreiheit von Einnahmen von **Pflegepersonen** ist in den § 3 Nr. 36 EStG und § 33 Abs. 2 EStG geregelt. Bei Weiterleitung des Pflegegeldes an die pflegende Person gilt diese jedenfalls solange, wie diese „Einnahmen" der pflegenden Person die Voraussetzungen des § 33 Abs. 2 EStG (Anerkennung als außergewöhnliche Belastung) erfüllen. Da nach § 1 Abs. 1 Nr. 4 Alg II-VO nur steuerfreie Einkommen von der Anrechnung ausgenommen sind, bleibt das an eine Pflegeperson weitergeleitete Pflegegeld bei Ansprüchen auf Alg II (Grundsicherung nach SGB II) nur dann anrechnungsfrei, wenn die Pflege von Angehörigen (Ehepartner, Verlobte, Geschwister, Verwandte und Verschwägerte) oder von Personen, die damit eine **sittliche Pflicht** gegenüber der pflegebedürftigen Person erfüllen, erbracht wird.[27] Nach § 13 Abs. 6 SGB XI wird das an die Pflegeperson weitergeleitete Pflegegeld (oder eine vergleichbare Geldleistung) bei der Ermittlung von Unterhaltsansprüchen und

---

14 BSG, 6.2.1996, 3 RK 8/96, SozR 3-2500 § 57 Nr. 6 = NZS 1997, 472 = SGb 1998, 77 = NJWE-FER 1997, 263; BSG, 17.12.2009, B 3 P 05/08 R, BeckRS 2010, 68767 = SozR 4-3300 § 37 Nr. 3 = NZS 2010, 634.
15 Mühlenbruch in: Hauck/Noftz, SGB XI, § 37 Rn. 6 mwN; Plantholz in: LPK-SGB XI, § 37 Rn. 5.
16 Vgl. Diepenbruck in: BeckOK SozR, SGB XI, § 37 Rn. 3. Als Sachleistungssurrogat wäre es nach § 53 Abs. 1 SGB I von Verpfändung und Übertragung ausgeschlossen. Näheres bei Gutzler in: BeckOK SozR, SGB I, § 53 Rn. 11 ff.
17 Udsching in: Udsching, § 37 Rn. 3 mwN.
18 LSG Bln-Bbg, 3.11.2011, L 27 P 43/10, BeckRS 2011, 78431.
19 Leitherer in: KassKomm, § 37 SGB XI Rn. 31; Udsching in: Udsching, § 37 Rn. 3; Linke in: Krauskopf, § 37 SGB XI Rn. 14; s. jedoch die Möglichkeit der (wiederholten) Befristung der Zuordnung zu einer Pflegestufe sowie Bewilligung von Leistungen nach § 33 Abs. 1 S. 4, 5 (Diepenbruck in: BeckOK SozR, SGB XI, § 37 Rn. 5).
20 BSG, 24.10.1994, 3/1 RK 51/93 (zum Pflegegeld nach § 57 SGB V aF), SozR 3-2500 § 57 Nr. 4 = NZS 1995, 173 = WzS 1995, 88; ausführlich HessLSG, 30.10.2008, L 8 P 19/07, mwN; sa LSG NRW, 6.5.2003, L 6 (16) P 40/02.
21 Leitherer in: KassKomm, § 37 SGB XI Rn. 5; Udsching in: Udsching, § 37 Rn. 3.
22 BSG, 13 5 2004, B 3 P 3/03 R, BeckRS 2004, 41241 = LSK 2005, 110022 = NZS 2005, 101; Leitherer in: KassKomm, § 37 SGB XI Rn. 5.
23 Udsching in: Udsching, § 37 Rn. 3.
24 Diepenbruck in: BeckOK SozR, SGB XI, § 37 Rn. 7.
25 Siehe auch Art. 26 PflegeVG, BT-Dr. 12/5262, 171; Udsching in: Udsching, § 37 Rn. 2; Linke in: Krauskopf, § 37 SGB XI Rn. 3 a.
26 OLG Bremen, 27.4.2012, 5 WF 14/12, BeckRS 2012, 11410 mAnm Conradis, FamFR 2012, 311.
27 LSG Hmb, 8.9.2016, L 4 AS 569/15, BeckRS 2016, 106875 mAnm Plagemann, FD-SozVR 2016, 383989.

Unterhaltsverpflichtungen der Pflegeperson grundsätzlich nicht berücksichtigt (Ausnahme: § 13 Abs. 6 S. 2).

Pflegebedürftige Personen haben Anspruch auf Pflegegeld für selbst beschaffte Pflegehilfen, wenn sie folgende **Leistungs-(Anspruchs-)Voraussetzungen** erfüllen: Zugehörigkeit zum versicherten Personenkreis (§§ 20 bis 27), Versicherungsverhältnis (§§ 33, 35), Eintritt des Versicherungsfalls, jedoch nur bei Pflegebedürftigkeit der **Pflegegrade 2 bis 5** (§§ 14, 15), Antragstellung (§ 33 Abs. 1 S. 1) und die besonderen Leistungsvoraussetzungen nach § 37 Abs. 1, Pflege in häuslicher Umgebung (zur „Häuslichkeit" → § 36 Rn. 7) und Sicherstellung der Pflege nach Abs. 1 S. 2. Das eigenverantwortliche und selbstbestimmte – in geeigneter Weise – Sicherstellen der erforderlichen körperbezogenen Pflegemaßnahmen und pflegerischen Betreuungsmaßnahmen sowie Hilfen bei der Haushaltsführung (s. § 36 Abs. 1, 2; § 14 Abs. 2, 3)[28] ist wesentliche Anspruchsvoraussetzung (Abs. 1 S. 2; §§ 2, 6).[29] Dazu stellte das BSG[30] fest, Voraussetzung für die Gewährung des Pflegegelds nach Abs. 1 S. 2 sei das selbstbestimmte Sicherstellen der von der pflegebedürftigen Person benötigten Hilfeleistungen für pflegerische und hauswirtschaftliche Versorgung durch geeignete Maßnahmen, und zwar ohne Pflegesachleistungen, wobei die Formulierung „dessen Umfang entsprechend" lediglich als Anknüpfen an die Pflegestufen (seit 1.1.2017 Pflegegrade – d. Verf.) abhängige, unterschiedliche Höhe des Pflegegeldes (→ Rn. 8) zu verstehen sei. Die Sicherstellungsverpflichtung der pflegebedürftigen Person beschränke sich aber nicht auf das Beschaffen von Pflegemaßnahmen in Höhe des gezahlten Pflegegeldes, auch wenn das Pflegegeld hierfür allein nicht ausreiche oder der Leistungsanspruch unterhalb des Höchstbetrags liege (hier: vertraglicher Leistungssatz von 30 % bei einer beihilfeberechtigten versicherten Person, s. § 28 Abs. 2). Vielmehr müsse sie den darüber hinaus gehenden Bedarf ggf. aus eigenen Mitteln und/oder Leistungen der Sozialhilfe decken und das Fehlen fremder Hilfe durch Pflegepersonen oder Pflegedienste kontinuierlich und vollständig selbst ausgleichen. Würde die erforderliche Pflege nicht sichergestellt, bestehe ein Anspruch auf Pflegegeld auch dann nicht, wenn Pflegebedürftigkeit iSv §§ 14, 15 vorliege. Jedoch könne, so das LSG Berlin-Brandenburg,[31] die (zur Sicherstellung des Pflegebedarfs erforderlichen) Ausführung von Pflegeleistungen durch die PK nicht gegen den Willen der versicherten Person erzwungen werden; die Nachteile dieser betreuungsrechtlichen Situation könnten dann aber nicht durch pflegerisch wirkungslose Zahlungen der Versichertengemeinschaft kompensiert werden. Andererseits gilt die Sicherstellungsvoraussetzung auch als erfüllt, wenn bei der Grundpflege oder der hauswirtschaftlichen Versorgung durch ehrenamtliche Pflegepersonen, die nicht unbedingt den Anforderungen des § 19 entsprechen müssen, im Vergleich zu den Qualitätsanforderungen bei einer professionellen Pflege zwar gewisse Mängel festzustellen, jedoch weder Gesundheitsschäden noch Verwahrlosung der pflegebedürftigen Person zu befürchten sind.[32] Die (voraussichtliche) Sicherstellung der erforderlichen Pflege wird nach Pflegegeldbeantragung vom MDK im Rahmen der Begutachtung ermittelt (s. § 18 Abs. 6 S. 3) und von der PK (als Prognoseentscheidung) festgestellt. Bei negativer Prognose ist der Antrag auf Pflegegeld negativ zu bescheiden. Während des Pflegegeldbezugs erfolgen derartige Ermittlungen idR nach entsprechenden Hinweisen nach Beratungseinsätzen gem. Abs. 3. Vor einer etwaigen Versagung der Leistung hat die PK gem. §§ 7, 7a iVm §§ 13 ff. SGB I (unter Hinweis auf die Mitwirkungspflichten nach §§ 60 ff. SGB I) durch Beratung und Unterstützung der pflegebedürftigen Person auf Abhilfe hinzuwirken.[33]

Wegen der Sicherstellungsverpflichtung dürfte eigentlich eine **Kumulierung** des Pflegegelds mit Ersatzpflege (§ 39) und mit vollstationärer Pflege (§§ 42, 43) nicht in Betracht kommen,[34] doch machen die PK bei stationärer Pflege insofern eine Ausnahme, als sie anteiliges Pflegegeld zahlen, wenn die Pflege

---

28 Zu diesen Leistungen → § 36 Rn. 4 und 10 ff.
29 Udsching in: Udsching, § 37 Rn. 7; LSG Bln-Bbg, 8.3.2012, L 27 P 28/11, BeckRS 2012, 68790 mAnm Plagemann/von der Decken, FD-SozVR 2012, 333591.
30 BSG, 17.12.2009, B 3 P 5/08 R (zu § 37 aF), BeckRS 2010, 68767 = NZS 2010, 634 = SozR 4-3300 § 37 Nr. 3; Trenk-Hinterberger in: Jahrbuch des Sozialrechts, Bd. 31 (2010), S. 271; ders. in: jurisPR-SozR 19/2010, Anm. 3.
31 LSG Bln-Bbg, 28.1.2010, L 27 P 70/08 (Rn. 17), juris; Trenk-Hinterberger in: Jahrbuch des Sozialrechts, Bd. 32 (2011), S. 250; sa LSG Bln-Bbg, 8.3.2012, L 27 P 28/11, BeckRS 2012, 68790 mit Anm. Plagemann/von der Decken, FD-SozVR 2012, 333591.
32 HessLSG, 21.6.2007, L 8 P 10/05, BeckRS 2007, 45500; Anm. Koch in: jurisPR-SozR 18/2007; Linke in: Krauskopf, § 37 SGB XI Rn. 11.
33 Plantholz in: LPK-SGB XI, § 37 Rn. 8.
34 BSG, 17.1.1996, 3 RK 4/95, SozR 3-2500 § 56 Nr. 2 = RdLH 1996, 110 (zu § 56 SGB V aF „Verhinderungspflege").

während bestimmter Zeiträume (etwa am Wochenende) regelmäßig ausschließlich zu Hause durchgeführt wird und die Aufwendungen für die stationären Pflegeleistungen die in § 36 Abs. 3 und 4 vorgesehenen Sachleistungshöchstwerte unterschreiten.[35] Zur Stärkung des Grundsatzes ‚ambulant vor stationär'[36] wird nach Abs. 2 S. 2 die gleichzeitige (Fort-)Gewährung des hälftigen Pflegegeldes und Leistungen der Kurzzeitpflege (§ 42) für bis zu acht Wochen oder Verhinderungspflege (§ 39) für bis zu sechs Wochen jährlich gesetzlich ermöglicht. Nach § 41 Abs. 3 (idF PSG I) kann die Gewährung von anteiligem Pflegegeld bei Leistungen der teilstationären Pflege ohne Anrechnung erfolgen (→ § 41 Rn. 9). Anteiliges Pflegegeld steht auch einer pflegebedürftigen, in einer Einrichtung der Behindertenhilfe untergebrachten Person (mit mindestens Pflegegrad 2) zu, die am Wochenende oder in den Ferien im häuslichen Bereich von (ehrenamtlichen) Pflegepersonen gepflegt wird.[37] Während eines stationären Aufenthalts im Krankenhaus oder einer medizinischen Rehabilitationseinrichtung bleibt für die ersten vier Wochen der Anspruch auf Pflegegeld nach § 34 Abs. 2 S. 2 erhalten (Ausnahme von der Ruhensvorschrift, s. § 34).[38] Zu Kombinationsmöglichkeiten von Pflegegeld und Pflegesachleistung s. § 38.

IV. Höhe des Pflegegeldes, Kürzung und Rückforderung (Abs. 1 S. 3, Abs. 2)

8 Nach Abs. 1 S. 3 ist das Pflegegeld je Kalendermonat in der für die einzelnen Pflegegrade (2 bis 5) jeweils festgelegten **Höhe** zu zahlen; es sind also keine Höchst-, sondern **Festbeträge**, welche allein von der Zuordnung zu einem Pflegegrad nach §§ 14, 15 SGB XI (mindestens Pflegegrad 2) und nicht vom konkreten Bedarf bestimmt werden. Bei zusätzlichem Pflegebedarf der pflegebedürftigen Person können ihr keine Erhöhung des Pflegegeldes oder zusätzliche Pflegeleistungen durch die PK gewährt werden,[39] sondern sie kann allenfalls die Eingruppierung in einen höheren Pflegegrad beantragen, wenn die entsprechenden Voraussetzungen nach §§ 14, 15 vorliegen. Nach § 4 Abs. 1 S. 2 richten sich Art und Umfang der Leistungen nach der Schwere der Pflegebedürftigkeit und der in Anspruch genommenen Leistungsart.[40] Zur Kumulierung mit anderen Leistungen → Rn. 7. Das BVerfG sieht im Übrigen keine Probleme hinsichtlich der Verfassungsmäßigkeit des Differenzbetrages zwischen dem Pflegegeld und der höheren Pflegesachleistung nach § 36.[41]

9 Das **Pflegegeld** ist nach Abs. 2 S. 1 anteilig zu **kürzen**, wenn der Anspruch auf Pflegegeld nicht für den vollen Kalendermonat besteht, etwa bei Eintritt der Pflegebedürftigkeit nach dem 1. des Kalendermonats. Bei der Kürzungsberechnung ist der Kalendermonat mit den tatsächlichen Tagen, der Divisor jedoch mit 30 Tagen anzusetzen (Abs. 2 S. 1 Hs. 2). Diese Regelung erfasst auch die in → Rn. 7 erwähnten (Ausnahmen der) Ruhenstatbestände nach § 34 Abs. 2 S. 2 (Weiterzahlung des Pflegegelds für vier Wochen bei stationärem Aufenthalt).[42] Zur Berechnung des anteiligen Pflegegelds bei Inanspruchnahme der Kombinationsleistung → § 38 Rn. 6. Zur Kürzung und Entziehung des Pflegegeldes nach Abs. 6 → Rn. 13.

10 Nach Abs. 2 S. 3 wird das Pflegegeld bis zum **Ende des Kalendermonats** geleistet, in dem die **versicherte Person gestorben** ist. Abs. 2 S. 4 bestimmt für die Zeit nach dem Sterbemonat ausgezahltes Pflegegeld das entsprechende Anwenden des § 118 Abs. 3 und 4 SGB VI. Danach gelten Geldleistungen, die nach dem Tod des Berechtigten auf ein Konto bei einem Geldinstitut im Inland überwiesen wurden, als unter Vorbehalt erbracht. Damit kann die PK gegenüber dem Geldinstitut die als **zu Unrecht erbrachte Leistung** zurückfordern. Eine Verpflichtung des Geldinstituts zur Rücküberweisung entfällt, wenn über den entsprechenden Betrag schon anderweitig verfügt wurde und eine Rücküberweisung nicht aus dem Guthaben erfolgen kann. Das Geldinstitut kann aus diesen Gründen die Rücküberweisung ablehnen, hat aber der PK auf Verlangen Name und Anschrift des Empfängers oder Verfügenden und etwaiger neuer Kontoinhaber zu benennen. Diese muss etwaige Erstattungsansprüche durch **Verwaltungsakt** geltend machen. Ein Anspruch gegen die Erben nach § 50 SGB X bleibt unberührt.

---

35 Udsching in: Udsching, § 37 Rn. 5; Plantholz in: LPK-SGB XI, § 37 Rn. 7; Gem. Rundschreiben der Spitzenverbände zu § 43 Ziff. 4; Linke in: Krauskopf, § 37 SGB XI Rn. 19.
36 Begr. in BR-Dr. 170/12, 70.
37 BSG, 29.4.1999, B 3 P 11/98 R, RdLH 1999, 121 = BeckRS 1999 30057626 (eine entsprechende Klarstellung fehlt im Gesetz, s. § 38 S. 4 nF); sa Diepenbruck in: BeckOK SozR, SGB XI, § 37 Rn. 29.
38 Siehe auch Gem. Rundschr. d. Spitzenverbände zu § 37 Ziff. 3; Udsching in: Udsching, § 37 Rn. 5; Plantholz in: LPK-SGB XI, § 37 Rn. 7.
39 Udsching in: Udsching, § 37 Rn. 9.
40 Diepenbruck in: BeckOK SozR, SGB XI, § 37 Rn. 19.
41 BVerfG, 26.3.2014, 1 BvR 1133/12, BeckRS 2014, 50085 = NZS 2014, 414.
42 Udsching in: Udsching, § 37 Rn. 10; Diepenbruck in: BeckOK SozR, SGB XI, § 37 Rn. 20; sa Gem. Rundschr. d. Spitzenverbände zu § 37 Ziff. 2.2.1.

V. Beratungseinsätze und Anerkennung von Beratungsstellen (Abs. 3 bis 8)

Pflegegeld (nach Abs. 1) beziehende Personen sind nach Abs. 3 S. 1 verpflichtet, einmal halbjährlich (bei Pflegegrad 4 und 5 vierteljährlich) eine „Beratung" in der eigenen Häuslichkeit (→ § 36 Rn. 7) durch eine zugelassene Pflegeeinrichtung, anerkannte Beratungsstelle, Pflegeberaterin iSd § 7a (s. Abs. 8) oder (nachrangig) eine von der PK beauftragte Pflegefachkraft abzurufen; Einzelheiten sind in Abs. 3 bis 8 geregelt. Die in Abs. 6 angedrohten Sanktionen (→ Rn. 14) weisen deutlich darauf hin, dass **Beratung als soziale Kontrolle**[43] zu verstehen ist und auf die Einhaltung der Sicherstellungsverpflichtung (nach Abs. 1 S. 2; → Rn. 6) gerichtet ist.[44] Die **Abrufpflicht von Beratungseinsätzen** ist nach Ansicht des BSG[45] insoweit verfassungsgemäß, als sie (auch) versicherte Personen einschließt, deren Hilfebedarf sich voraussichtlich nicht ändert. Nicht verpflichtet sind hingegen **Personen mit Pflegegrad 1** (s. § 28 a); sie haben jedoch **Anspruch auf einen Beratungseinsatz** im Halbjahr (Abs. 3 S. 6). 11

Nach Abs. 3 S. 2 dient die Beratung der **Sicherung der Qualität der häuslichen Pflege** und der regelmäßigen **Hilfestellung** (im Gesetz nicht ausdrücklich erwähnt) der pflegebedürftigen Person sowie praktischen pflegefachlichen Unterstützung der im häuslich pflegenden Personen. Dazu beschließen nach Abs. 5 die Vertragsparteien nach § 113 (bis zum 1.1.2018) **Empfehlungen zur Qualitätssicherung der Beratungsbesuche**. Nach Abs. 4 S. 1 (iVm § 106 a S. 1) haben die Pflegedienste, anerkannten Beratungsstellen oder Pflegefachkräfte die Durchführung ihrer **Beratungseinsätze** gegenüber der PK oder dem privaten Versicherungsunternehmen zu **bestätigen**, die bei dem Beratungsbesuch gewonnenen Erkenntnisse zur häuslichen Pflegesituation der **pflegebedürftigen Person** – mit deren Einwilligung auch der PK oder dem Versicherungsunternehmen sowie im Fall der Beihilfeberechtigung auch der Beihilfefestsetzungsstelle – **mitzuteilen** und für die Mitteilungen gem. Abs. 4 S. 2 einheitliche Formulare zu verwenden. In Abs. 4 S. 3, 4 sind besondere **Vorgaben** für mit Beratungseinsätzen beauftragten Pflegeeinrichtungen und Beratungsstellen hinsichtlich Informationspflichten, Beratungskompetenz und Einsatz ihres Personals sowie in Abs. 7 Verpflichtung und Kriterien zur **Anerkennung der Beratungsstellen** geregelt; dabei wird den Landesverbänden hinsichtlich der in Abs. 7 S 2 genannten Voraussetzungen ein gewisser Beurteilungsspielraum eingeräumt, dessen sachgerechte Ausfüllung aber gerichtlich voll überprüfbar ist.[46] Nach Abs. 3 S. 3 ist die **Vergütung der Beratungseinsätze** von der jeweils (für die pflegebedürftige Person) zuständigen PK oder dem privaten Versicherungsunternehmen und bei Beihilfebezug anteilig der Beihilfefestsetzungsstelle zu tragen. Die in Abs. 3 S. 4 genannten Beträge sind **Höchstwerte** mit Dynamisierungsoption nach § 30. Dazu stellte das BSG[47] klar, dass Pflegedienste und PK schon von Gesetzes wegen nicht berechtigt sind, die Vergütung für Beratungsbesuche nach Abs. 3 durch generelle (und damit Schiedsstellen fähige) Vereinbarungen festzulegen: Der Gesetzgeber habe sich in Abs. 3 S. 4 nicht für einen festen Betrag, sondern nur für einen – am notwendigen Zeitaufwand für die konkrete Beratung im Einzelfall zu orientierenden – Höchstbetrag für die Pflegestufen I und II einerseits sowie die Pflegestufe III andererseits entschieden; ein Mindestbetrag werde nicht genannt. Die Pflegedienste hätten die Vergütung für die Beratungsbesuche nach billigem Ermessen unter Berücksichtigung des im Einzelfall erforderlichen Zeitaufwandes festzusetzen, wobei eine schematische Festsetzung des jeweiligen Höchstbetrages unzulässig sei. 12

Abs. 6 regelt die **Folgen einer Verletzung** der der pflegebedürftigen Person obliegenden **Mitwirkungspflicht zum Abruf der Beratungseinsätze** nach Abs. 3 S. 1 (→ Rn. 12) – als *lex specialis* gegenüber §§ 65 bis 67 SGB I (die mangels entsprechenden Verweises in § 37 SGB XI nicht anzuwenden sind).[48] Die Regelung ist verfassungsgemäß; das mit den Beratungseinsätzen einhergehende Tangieren des Schutzbereichs des Art. 13 Abs. 1 GG ist verhältnismäßig und verletzt auch nicht den Schutzbereich 13

---

43 Zu Begriff und Funktion sozialer Kontrolle H. Peters, Soziale Probleme und soziale Kontrolle, 2002.
44 Ausführlich BSG, 24.7.2003, B 3 P 4/02 R, BSGE 91, 174 = SozR 4-3300 § 37 Nr. 1 = NZS 2004, 428 = SGb 2004, 366 = BeckRS 2003, 41645; zu den div. Begr. s. BT-Dr. 14/6949, 13 und 16/7439, 55 sowie 12/5262, 112 und 13/4091, 31.
45 BSG, 24.7.2003, B 3 P 4/02 R, BSGE 91, 174 = SozR 4-3300 § 37 Nr. 1 = NZS 2004, 428 = SGb 2004, 366 = BeckRS 2003, 41645.
46 Diepenbruck in: BeckOK SozR, SGB XI, § 37 Rn. 46; Udsching in: Udsching, § 37 Rn. 19.
47 BSG, 17.12.2009, B 3 P 3/08 R, BeckRS 2010, 69469 = NZS 2010, 634 = SozR 4-3300 § 37 Nr. 3; Trenk-Hinterberger in: Jahrbuch des Sozialrechts, Bd. 31 (2010), S. 271; ders. in: jurisPR-SozR 19/2010, Anm. 3.
48 Plantholz in: LPK-SGB XI, § 37 Rn. 22 mit Hinweis auf BSG, 24.7.2003, B 3 P 4/02 R, BSGE 91, 174 = SozR 4-3300 § 37 Nr. 1 = NZS 2004, 428 = SGb 2004, 366 = BeckRS 2003, 41645; Linke in: Krauskopf, § 37 SGB XI Rn. 33; aA Richter in: Berchtold/Richter, Rn. 70.

des Art. 6 Abs. 1 GG.⁴⁹ Die PK oder das private Versicherungsunternehmen hat (nach Abs. 6) das **Pflegegeld** zunächst angemessen zu kürzen oder im Wiederholungsfall zu entziehen, wobei weder dem Gesetz noch den Gesetzesmaterialien zu entnehmen ist, in welcher Höhe die Kürzung des Pflegegeldes angemessen ist.⁵⁰ Das BSG⁵¹ hat eine Kürzung um 25 % angesichts der gesetzlichen Regelung, wonach das Pflegegeld im Wiederholungsfall vollständig zu entziehen ist, für nicht unangemessen befunden; eine Nachzahlung des Pflegegeldes für den zurückliegenden Zeitraum kommt nicht in Betracht, wenn der Abruf des Pflegeeinsatzes nach der Kürzung des Pflegegeldes nachgeholt wird. Ein Wiederholungsfall liegt nach Auffassung der PK vor, wenn der Nachweis trotz erfolgter Pflegegeldkürzung auch im zweiten Drei- bzw. Sechsmonatszeitraum nicht erbracht wird. In diesem Fall wird die Pflegegeldzahlung beendet, worüber die pflegebedürftige Person unmittelbar vor Ablauf der zweiten Drei- bzw. Sechsmonatsfrist informiert wird; die Pflegegeldzahlung wird ab dem 1. des Monats eingestellt, der auf die Mitteilung folgt.⁵² *Diepenbruck*⁵³ weist in diesem Zusammenhang darauf hin, dass die wirksame Kürzung oder Einstellung der Pflegegeldzahlung wegen der Bewilligung des Pflegegeldes durch Verwaltungsakt mit Dauerwirkung (→ Rn. 4) eine teilweise Aufhebung des Bewilligungsbescheides nach § 48 SGB X erforderlich macht. Die pflegebedürftige Person ist vor einer (teilweisen) Entziehung des Pflegegeldes durch die PK oder das private Versicherungsunternehmen anzuhören (§ 24 Abs. 1 SGB X), nachdem sie (vorher) im Rahmen der Beratungspflicht (s. § 14 SGB I) schriftlich auf die Konsequenz der drohenden (teilweisen) Leistungsversagung hingewiesen wurde.⁵⁴

§ 38 Kombination von Geldleistung und Sachleistung (Kombinationsleistung)

¹Nimmt der Pflegebedürftige die ihm nach § 36 Absatz 3 zustehende Sachleistung nur teilweise in Anspruch, erhält er daneben ein anteiliges Pflegegeld im Sinne des § 37. ²Das Pflegegeld wird um den Vomhundertsatz vermindert, in dem der Pflegebedürftige Sachleistungen in Anspruch genommen hat. ³An die Entscheidung, in welchem Verhältnis er Geld- und Sachleistung in Anspruch nehmen will, ist der Pflegebedürftige für die Dauer von sechs Monaten gebunden. ⁴Anteiliges Pflegegeld wird während einer Kurzzeitpflege nach § 42 für bis zu acht Wochen und während einer Verhinderungspflege nach § 39 für bis zu sechs Wochen je Kalenderjahr in Höhe der Hälfte der vor Beginn der Kurzzeit- oder Verhinderungspflege geleisteten Höhe fortgewährt. ⁵Pflegebedürftige in vollstationären Einrichtungen der Hilfe für behinderte Menschen (§ 43 a) haben Anspruch auf ungekürztes Pflegegeld anteilig für die Tage, an denen sie sich in häuslicher Pflege befinden.

Literatur:
Heiber, Das Pflege-Stärkungsgesetz 2, 2016; *Richter*, Die neue soziale Pflegeversicherung, 2016.

I. Entstehungsgeschichte

1 § 38 wurde durch Art. 1 PflegeVG (vom 26.5.1994; BGBl. I, 1014) mWv 1.4.1995 (s. Begr. in BT-Dr. 12/5262, 113, zu § 34 d. E.). In S. 1 wurde die Angabe „§ 36 Abs. 3" durch die Angabe „§ 36 Abs. 3 und 4" ersetzt durch Art. 1 Nr. 15 1. SGB XI-ÄndG vom 14.6.1996 (BGBl. I, 830) mWv 25.6.1996 (s. Begr. in BT-Dr. 13/3696, 13). Durch Art. 1 Nr. 12 PNG vom 23.10.2012 (BGBl. I, 2246) wurden mWv 30.10.2012 S. 4 f. angefügt. In S. 1 wurde mWv 1.1.2017 die Angabe „und 4" mit Art. 2 Nr. 19 PSG II (BGBl. I 2442) wieder gestrichen.

---

49 BSG, 24.7.2003, B 3 P 4/02 R, BSGE 91, 174 = SozR 4-3300 § 37 Nr. 1 = NZS 2004, 428 = SGb 2004, 366 = BeckRS 2003, 41645.
50 Im Folgenden Diepenbruck in: BeckOK SozR, SGB XI, § 37 Rn. 44; sa Gem. Rundschr. d. Spitzenverbände zu § 37 Ziff. 4.5.
51 BSG, 24.7.2003, B 3 P 4/02 R, BSGE 91, 174 = SozR 4-3300 § 37 Nr. 1 = NZS 2004, 428 = SGb 2004, 366 = BeckRS 2003, 41645; sa Linke in: Krauskopf, § 37 SGB XI Rn. 34.
52 Gem. Rundschr. d. Spitzenverbände zu § 37 Ziff. 4.5.
53 Diepenbruck in: BeckOK SozR, SGB XI, § 37 Rn. 44.
54 Linke in: Krauskopf, § 37 SGB XI Rn. 33, leitet die Hinweispflicht aus der analogen Anwendung von § 66 Abs. 3 SGB I ab (s. jedoch BSG, 24.7.2003, B 3 P 4/02 R, BSGE 91, 174 = SozR 4-3300 § 37 Nr. 1 = NZS 2004, 428 = SGb 2004, 366 = BeckRS 2003, 41645).

II. Normzweck und europarechtlicher Kontext

In § 38 wird der pflegebedürftigen Person (mit mindestens Pflegegrad 2) – als **Rechtsanspruch** – eine weitere Alternative in der Gestaltung ihrer ambulanten pflegerischen Versorgung geboten. Sie kann die in § 36 (**Pflegesachleistung**) und § 37 (**Pflegegeld**) geregelten zu einer dritten Leistungsmöglichkeit, der **Kombinationsleistung** nach § 38, unter bestimmten Voraussetzungen kombinieren. Schöpft sie ihren Anspruch auf die Sachleistung nach § 36 nicht voll bis zu den Höchstbeträgen nach § 36 Abs. 3 und 4 aus, kann sie zur gleichen Zeit zusätzlich anteiliges Pflegegeld beanspruchen. Ausgehend von der Sachleistung bestimmt sie die jeweiligen **Anteile** und bindet sich sechs Monate an das gewählte Verhältnis von Geld- und Sachleistung.[1] Das in den §§ 36 bis 38 angelegte Wahlrecht der pflegebedürftigen Person zwischen Sach- und Geldleistung oder einer Kombination von beidem ist ein originäres, dem Persönlichkeitsrecht des Art. 2 Abs. 1 GG entstammendes, in §§ 36 bis 38 näher ausgestaltetes subjektives Recht.[2] Als weitere vergleichbare Möglichkeit ist im Gesetz noch die Kombination von teilstationärer und ambulanter Pflege in § 41 Abs. 3 vorgesehen.[3]

Hinsichtlich der **europarechtlichen Relevanz** für die Kombinationsleistung nach § 38 wird zunächst auf die Ausführungen in → § 28 Rn. 3, 4 sowie in → § 36 Rn. 3 (zur Pflegesachleistung) und in → § 37 Rn. 3 (zum Pflegegeld) verwiesen. Da nach § 38 S. 1 das anteilige Pflegegeld nur in Verbindung mit der **anteiligen Pflegesachleistung** erbracht werden darf (→ Rn. 4), sind vorrangig die Regelungen für Sachleistungen entsprechend anzuwenden. D.h. Arbeitnehmer, Selbstständige, Rentner und Familienangehörige können nach Art. 19 VO aus dem zuständigen Staat (Bundesrepublik Deutschland) (Pflege-)Sachleistungen – und damit auch Kombinationsleistungen nach § 38 – exportieren, wenn der Wohnsitzstaat den in seinem Sozialversicherungssystem Versicherten ebenfalls Sach- (in Kombination mit Geld-) Leistungen (hier kombinierte ambulante Pflegesach- und -geldleistungen) nach den für ihn geltenden Regelungen auf Rechnung des zuständigen Trägers im Versicherungsstaat erbringt.[4] Sieht das Recht des Aufenthaltsstaates solche Leistungen nicht vor, können sie auch nicht in Anspruch genommen werden.[5] Der sich aus dem Gemeinschaftsrecht ergebende Ausschluss der Anwendbarkeit der Ruhensregelung (§ 34) gilt auch für die private PV.[6]

III. Anspruchsvoraussetzungen (S. 1)

Grundsätzlich erfordert die Realisierung des Rechtsanspruchs auf Kombinationsleistung nach § 38, dass die Anspruchsvoraussetzungen für die Pflegesachleistung (§ 36) und das Pflegegeld (§ 37) erfüllt werden. Hinsichtlich Rechtsqualität und Leistungsbesonderheiten wird daher zunächst auf → § 36 Rn. 4 ff. und → § 37 Rn. 4 ff. verwiesen. Neben Versicherungsverhältnis nach §§ 33, 35, Pflegebedürftigkeit der Pflegegrade 2 bis 5 (§§ 14, 15) und Antrag nach § 33 Abs. 1 sowie die „**Häuslichkeit**" (als Ort der Leistungserbringung; §§ 36 Abs. 4 S. 1, 37 Abs. 1 S. 1.; → § 36 Rn. 7) müssen – auch bei der Kombinationsleistung nach § 38 – für (den Anteil der) Pflegesachleistung nach § 36 die Anforderungen an die Leistungserbringer (→ § 36 Rn. 8) und ggfs. an das Pooling (§ 36 Abs. 4 S. 3; → § 36 Rn. 9) sowie für den Anteil des Pflegegeldes nach § 37 die **Sicherstellung der Pflege** nach § 37 Abs. 1 S 2 (→ § 37 Rn. 6)[7] als (zusätzliche) **Anspruchsvoraussetzungen** erfüllt sein. Weitere Voraussetzung ist, dass die nach § 36 Abs. 3, 4 zustehende **Sachleistung** (→ § 36 Rn. 14 ff.) nur teilweise in Anspruch genommen wird. Da die dort genannten Höchstbeträge Monatsbeträge sind, ist jeweils Umfang und Gesamt-

---

1 Siehe auch Udsching in: Udsching, § 38 Rn. 2; Mühlenbruch in: Hauck/Noftz, SGB XI, § 38, Rn. 1; Leitherer in: KassKomm, § 38 SGB XI, Rn. 2; Diepenbruck in: BeckOK SozR, SGB XI, § 38, Rn. 2.
2 LSG NRW, 14.11.2006, L 2 KN 108/06 KR, BeckRS 2007, 42228 = PflR 2007, 285 mAnm Roßbruch; Dalichau, SGB XI, § 38 I.1 a.
3 Zu weiteren Kombinationsmöglichkeiten von Leistungen der PV s. Diepenbruck in: BeckOK SozR, SGB XI, § 38, Rn. 5.
4 Bassen, NZS 2010, 479, 483; EuGH, 12.7.2012, Rs C-562/10, FD-SozVR 2012, 334571 = BeckRS 2012, 84150.
5 So auch EuGH, 16.7.2009, Rs. C-208/07 (Chamier-Glisczinski, Slg 2009,I-6095, mwN = KrV 2009, 213 (Kurzwiedergabe) = DÖV 2009, 721 = FamRZ 2009, 1472 = ZAR 2009, 355 (jeweils Ls.).
6 Baumeister in: BeckOK SozR, SGB XI, § 34 Rn. 10; EuGH, 8.7.2004, Rs C-502/01 (Gaumain-Cerri/Barth, Slg 2004, I-6483, Rn. 27 = SozR 4-3300 § 44 Nr. 2 = EzAR 831 Nr. 42 = NZS 2005, 88 = RsDE Nr. 60 (2006), 75; Anm. Eichenhofer, SGb 2005, 397 ff.; BSG, 28.9.2006, B 3 P 3/05 R, BeckRS 2006, 44763 = LSK 2007, 320166 = VersR 2007, 1074, Rn. 10.
7 Udsching in: Udsching, § 37 Rn. 7; Leitherer in: KassKomm, § 38 SGB XI Rn. 9; Diepenbruck in: BeckOK SozR, SGB XI, § 38, Rn. 4.

wert der Pflegeeinsätze im Kalendermonat zu ermitteln.[8] Es ist kein Mindestumfang vorgeschrieben, der Abruf eines Pflegeeinsatzes reicht aus. Im Falle der **Kostenerstattung** nach § 91 Abs. 2 erhält die pflegebedürftige Person bei nicht voller Inanspruchnahme der ihr zustehenden (erstattungsfähigen Sach-) Leistungen und Beantragung von zusätzlichem Pflegegeld nur 80 % des sonst nach § 38 zu zahlenden anteiligen Pflegegeldes.[9] Entsprechend § 37 Abs. 2 S. 2 wird das anteilige Pflegegeld bis zum Ende des Sterbemonats gezahlt (→ § 37 Rn. 10).

5 Die pflegebedürftige Person kann nach ihrer Wahl die Kombinationsleistung mit der Tages- und Nachtpflege kombinieren (§ 41 Abs. 3; → § 41 Rn. 9) und bei Pflege in einer vollstationären Einrichtung der Hilfe für behinderte Menschen (§ 43 a) für die Zeit der Pflege im häuslichen Bereich (zB an Wochenenden) auch Kombinationsleistung in Anspruch nehmen (→ § 43 a Rn. 5). Nach § 38 S. 4 (→ Rn. 1) ist auch die gleichzeitige (Fort-)Gewährung des hälftigen anteiligen Pflegegeldes nach § 38 und der Leistungen der Kurzzeitpflege (§ 42) für bis zu acht Wochen oder Verhinderungspflege (§ 39) für bis zu sechs Wochen jeweils pro Kalenderjahr möglich (sa § 39 Abs. 1 S. 1 und § 41 Abs. 3; → § 39 Rn. 9, → § 41 Rn. 9). Mit § 38 S. 5 erfolgt (in Fortführung der bis 2011 geübten Praxis der PK) eine „Klarstellung" hinsichtlich des Anspruches auf ungekürztes Pflegegeld (nach § 38!) für die Tage, in denen sich ansonsten in Einrichtungen für Menschen mit Behinderungen (§ 43 a) lebende, pflegebedürftige Personen (insbes. in den Ferien oder an Wochenenden) häuslich gepflegt werden, wenngleich die Zielsetzung der Stärkung der familiären Pflege und Kommunikation als Begründung für eine derartige (Ausnahme-) Regelung nicht überzeugt.[10] Zur vollstat. Pflege → § 43 Rn. 4. Das in der Kombinationsleistung nach § 38 enthaltene Pflegegeld der PV ist gem. § 63 b Abs. 4 S. 2 SGB XII auf das von der Sozialhilfe gewährte **Pflegegeld** nach § 64 a SGB XII anzurechnen. Ein nach SGB XI gezahltes Pflegegeld ist nur dann vorrangig auf eine nach SGB XII gewährte Leistung der Hilfe zur Pflege anzurechnen, wenn die Anforderungen eines Arbeitgeber- bzw. Assistenzmodells nach § 63 b Abs. 4 S. 2 SGB XII erfüllt sind.[11] Nach § 34 Abs. 2 S. 2 kann der Pflegegeldanteil einer Kombinationsleistung auch für die Dauer von bis zu vier Wochen einer stationären **Krankenhausbehandlung** oder **Rehabilitationsmaßnahme** beansprucht werden.[12] Bei der nach § 35 a auf Antrag als **Teil eines trägerübergreifenden Persönlichen Budgets** (nach § 17 Abs. 2 bis 4 SGB IX; → § 36 Rn. 4) zu gewährenden Kombinationsleistung nach § 38 ist nur das anteilige und im Voraus bestimmte **Pflegegeld** als Geldleistung budgetfähig, die Sachleistungen nach §§ 36, 38 (und § 41) dürfen nur in Form von Gutscheinen zur Verfügung gestellt werden, die zur Inanspruchnahme von zugelassenen Pflegeeinrichtungen berechtigen. Der beauftragte Leistungsträger nach § 17 Abs. 4 SGB IX hat eine den Vorgaben des SGB XI entsprechende Verwendung sicherzustellen.[13] Zur Besonderheit bei Beihilfebezug → § 28 Rn. 9 ff.

IV. Berechnung und Bindung (S. 2, 3)

6 Bei der Berechnung des anteiligen Pflegegeldes wird zunächst der volle Betrag gem. § 37 Abs. 1 S. 3 (→ § 37 Rn. 8) zugrunde gelegt; dieser wird um den Vom-Hundert-Satz gemindert, in dem die Sachleistung nach § 36 in Anspruch genommen worden ist. Nach S. 2 ist auch das anteilige Pflegegeld ist nach zu berechnen, wenn in einem Kalendermonat häusliche Pflege und Pflege in einer vollstationären Einrichtung der Behindertenhilfe zusammentreffen.[14] *Linke*[15] weist auf die Unzulässigkeit einer Klage auf die Anwendung einer bestimmten Berechnungsmethode (wegen der Möglichkeit eines bezifferter Anspruchs) hin und empfiehlt stattdessen – nach Durchführung des Widerspruchverfahrens (§§ 78 ff. SGG) – eine kombinierte Anfechtungs- und Leistungsklage (§ 54 Abs. 4 SGG). *Udsching*[16] zeigt **Berechnungsprobleme** hinsichtlich der Kombinationsleistung auf, wenn gleichzeitig ein Anspruch auf **vorrangige Leistungen** iSv § 13 Abs. 1 besteht, die wegen ihrer Höhe gem. § 34 Abs. 1 Nr. 2 aber nur teilweise das Ruhen der Leistungen aus der PV bewirken. Zur Berechnung des von der PV zu leisten-

---

8 Leitherer in: KassKomm, § 38 SGB XI Rn. 7.
9 Leitherer in: KassKomm, § 38 SGB XI Rn. 8.
10 BT-Dr. 17/10170, 14 und 20 f.
11 OVG Brem, 28.2.2008, S 3 B 536/07, NJOZ 2008, 4917 = BeckRS 2008, 40351; Dalichau, SGB XI, § 38 I.1 a.
12 Näheres bei Diepenbruck in: BeckOK SozR, SGB XI, § 38, Rn. 7.
13 Dalichau, SGB XI, § 38 I.1.
14 BSG v. 13.3.2001, B 3 P 10/00 R, SozR 3-3300 § 38 Nr. 2 = NZS 2002, 38 = BeckRS 2001, 40833.
15 Linke in Krauskopf, SGB XI, § 38 Rn. 21 unter Verweis auf BSG, 10.10.2000, B 4 P 2/00 R, SozR 3-3300 § 34 Nr. 4 = FEVS 52, 289.
16 Udsching in: Udsching, § 38 Rn. 6.

den Pflegegeldes beim Zusammentreffen mit einer **Pflegezulage nach § 35 BVG** entschied das BSG,[17] aus dem Begriff „soweit" in § 34 Abs. 1 Nr. 2 folge, dass eine Anrechnung der Pflegezulage auf Leistungen der PV nur bis zu deren konkreter Höhe im jeweiligen Einzelfall stattfinde. Demgegenüber würden weitergehende Leistungen der PV nicht ausgeschlossen. Hieraus und aus der fehlenden Unterscheidung zwischen Sachleistungen und Geldleistungen bei der Feststellung des Ruhens folge, dass bei der Ermittlung der von der PV zu erbringenden restlichen Leistung jeweils von den – unterschiedlichen – Höchstgrenzen einerseits für die Pflegesachleistungen nach § 36 Abs. 3 und andererseits für das Pflegegeld nach § 37 Abs. 1 S. 3 auszugehen sei; für die Ruhensfolge sei die konkrete Ausgestaltung der Leistungen der PV, die die pflegebedürftige Person nach § 38 S. 3 für jeweils sechs Monate festzulegen habe, maßgebend (→ Rn. 7). Analoges gilt für die **Pflegezulage nach § 44 Abs. 2 SGB VII**.[18]

Aus Gründen der Verwaltungspraktikabilität[19] ist die pflegebedürftige Person nach S. 3 an ihre Entscheidung, in welchem Verhältnis sie Pflegesachleistung und Pflegegeld in Anspruch nehmen will, für die Dauer von sechs Monaten gebunden. Die PK erteilt hierzu einen (dieser **Prognose-Entscheidung**) entsprechenden Bewilligungsbescheid. Diese Bindung lässt sich nach Udsching[20] schon im Hinblick auf § 48 SGB X dann nicht aufrechterhalten, wenn sich die Verhältnisse (zB pflegerische Versorgung) gegenüber dem Zeitpunkt der Bewilligung der Kombinationsleistung ändern. Deshalb wollen die PK ein vorzeitiges Änderungsverlangen auch berücksichtigen, wenn die pflegebedürftige Person den Umfang der erforderlichen Pflegesachleistung im Voraus nicht einschätzen kann; dh dass das anteilige Pflegegeld jeweils monatlich auf der Grundlage der in Anspruch genommenen Sachleistungen ermittelt und nachträglich ausgezahlt werden soll[21] Die PK sehen von einer Bindung an die 6-Monats-Frist auch ab, wenn die pflegebedürftige Person nur noch Pflegesachleistung oder nur noch Pflegegeld in Anspruch nehmen will oder Pflegegeld oder Pflegesachleistung neben Leistungen der teilstationären Pflege bezogen wird.[22]

§ 38 a Zusätzliche Leistungen für Pflegebedürftige in ambulant betreuten Wohngruppen

(1) ¹Pflegebedürftige haben Anspruch auf einen pauschalen Zuschlag in Höhe von 214 Euro monatlich, wenn
1. sie mit mindestens zwei und höchstens elf weiteren Personen in einer ambulant betreuten Wohngruppe in einer gemeinsamen Wohnung zum Zweck der gemeinschaftlich organisierten pflegerischen Versorgung leben und davon mindestens zwei weitere Personen pflegebedürftig im Sinne der §§ 14, 15 sind,
2. sie Leistungen nach den §§ 36, 37, 38, 45 a oder § 45 b beziehen,
3. eine Person durch die Mitglieder der Wohngruppe gemeinschaftlich beauftragt ist, unabhängig von der individuellen pflegerischen Versorgung allgemeine organisatorische, verwaltende, betreuende oder das Gemeinschaftsleben fördernde Tätigkeiten zu verrichten oder hauswirtschaftliche Unterstützung zu leisten, und
4. keine Versorgungsform einschließlich teilstationärer Pflege vorliegt, in der ein Anbieter der Wohngruppe oder ein Dritter den Pflegebedürftigen Leistungen anbietet oder gewährleistet, die dem im jeweiligen Rahmenvertrag nach § 75 Absatz 1 für vollstationäre Pflege vereinbarten Leistungsumfang weitgehend entsprechen; der Anbieter einer ambulant betreuten Wohngruppe hat die Pflegebedürftigen vor deren Einzug in die Wohngruppe in geeigneter Weise darauf hinzuweisen, dass dieser Leistungsumfang von ihm oder einem Dritten nicht erbracht wird, sondern die Versorgung in der Wohngruppe auch durch die aktive Einbindung ihrer eigenen Ressourcen und ihres sozialen Umfelds sichergestellt werden kann.

²Leistungen der Tages- und Nachtpflege gemäß § 41 können neben den Leistungen nach dieser Vorschrift nur in Anspruch genommen werden, wenn gegenüber der zuständigen Pflegekasse durch eine

---

17 BSG, 10.10.2000, B 4 P 2/00 R, SozR 3-3300 § 34 Nr. 4 = FEVS 52, 289; Dalichau, SGB XI, § 38 I.1 a.
18 Ausführlich Diepenbruck in: BeckOK SozR, SGB XI, § 38 Rn. 9.
19 Siehe Begr. in BT-Dr. 12/5952, 40, zu § 34 d. E.
20 Udsching in: Udsching, § 38 Rn. 5; sa Mühlenbruch in: Hauck/Noftz, SGB XI, § 38, Rn. 5; Leitherer in: Kass-Komm, § 38 SGB XI Rn. 13; Diepenbruck in: BeckOK SozR, SGB XI, § 38, Rn. 11.
21 Gem. Rundschr. d. Spitzenverb. zu den leistungsrechtlichen Vorschriften, § 38 Ziff. 2 Abs. 1.
22 Gem. Rundschr. zu § 38 Ziff. 2 Abs. 2; kritisch zu dieser Praxis Plantholz in: LPK-SGB XI, § 38 Rn. 19.

Prüfung des Medizinischen Dienstes der Krankenversicherung nachgewiesen ist, dass die Pflege in der ambulant betreuten Wohngruppe ohne teilstationäre Pflege nicht in ausreichendem Umfang sichergestellt ist; dies gilt entsprechend für die Versicherten der privaten Pflege-Pflichtversicherung.

(2) Die Pflegekassen sind berechtigt, zur Feststellung der Anspruchsvoraussetzungen bei dem Antragsteller folgende Daten zu erheben, zu verarbeiten und zu nutzen und folgende Unterlagen anzufordern:
1. eine formlose Bestätigung des Antragstellers, dass die Voraussetzungen nach Absatz 1 Nummer 1 erfüllt sind,
2. die Adresse und das Gründungsdatum der Wohngruppe,
3. den Mietvertrag einschließlich eines Grundrisses der Wohnung und den Pflegevertrag nach § 120,
4. Vorname, Name, Anschrift und Telefonnummer sowie Unterschrift der Person nach Absatz 1 Nummer 3 und
5. die vereinbarten Aufgaben der Person nach Absatz 1 Nummer 3.

Literatur:

Griep, Der neue Wohngruppenzuschlag nach § 38 a SGB XI – Bravourstück oder Verschlimmbesserung?, PflR 2015, 439 – 453; *Heiber*, Das Pflege-Stärkungsgesetz 2, 2016; *Kaminski*, Finanzierung von ambulant betreuten Wohngemeinschaften, RDG 2014, 198; *Richter*, Die neue soziale Pflegeversicherung, 2016.

I. Entstehungsgeschichte	1	IV. Pauschaler Zuschlag	9
II. Normzweck und europarechtlicher Kontext	2	V. Besonderes Informationsrecht der PK	
III. Anspruchsvoraussetzungen	4	(Abs. 2)	12

I. Entstehungsgeschichte

1 § 38 a wurde durch Art. 1 Nr. 13 PNG (vom 23.10.2012; BGBl. I, 2246) mWv 1.1.2013 eingeführt. Durch Art. 1 Nr. 8 iVm Art. 4 Abs. 2 des Ersten Gesetzes zur Stärkung der pflegerischen Versorgung und zur Änderung weiterer Vorschriften (Erstes Pflegestärkungsgesetz – PSG I) vom 17.12.2014[1] wurde ua der Leistungsbetrag in Abs. 1 mWv 1.1.2015 neu gefasst. MWv vom selben Tag wurde durch Art. 8 Nr. 3 iVm Art. 14 des Gesetzes zur besseren Vereinbarkeit von Familie, Pflege und Beruf vom 23.12.2014[2] die Höchstzahl der „weiteren Personen" in Abs. 1 Nr. 1 von neun auf elf erhöht. Abs. 1 S. 1 wurde durch Art. 2 Nr. 20 PSG II (vom 28.12.2015; BGBl. I, 2424) mWv 1.1.2017 geändert (Erhöhung des Pauschalbetrags, red. Änderung der Ziff. 2, 3, 4) und S. 2 hinzugefügt.

II. Normzweck und europarechtlicher Kontext

2 § 38 a normiert in Abs. 1 – neben den Ansprüchen auf Pflegesach- bzw. Pflegegeldleistungen (§§ 36 – 38, 45 a, 45 b) – einen Rechtsanspruch auf zusätzliche Leistungen für pflegebedürftige Personen in ambulant betreuten Wohngruppen in Form eines pauschalen monatlichen Zuschlags. Damit soll eine wichtige Alternative der ambulanten Versorgung pflegebedürftiger Person gestärkt werden.[3] In diesem Zusammenhang wird auch auf die Möglichkeiten der Anschubfinanzierung zur Gründung solcher Wohngruppen nach § 45 e und Weiterentwicklung neuer Wohnformen nach § 45 f hingewiesen. § 122 Abs. 3 sichert den Bestandschutz für nach § 38 a idF bis 31.12.2014 anspruchsberechtigte Personen. In Abs. 2 sind besondere Informationsrechte der PK geregelt (→ Rn. 4).

3 Zum europarechtlichen Kontext → § 28 Rn. 3, 4 und → § 38 Rn. 3. Da die Gewährung des Wohngruppenzuschlages weitgehend an den (anteiligen) Sachleistungsbezug sowie weitere zweckgebundene Voraussetzungen (→ Rn. 4 ff.) geknüpft ist, ist die Leistung als Sachleistungssurrogat weitgehend Sachleistungen zuzurechnen (zum Sachleistungsexport → § 36 Rn. 3). Ein Export als Geldleistung ist denkbar, wenn die (nach § 37) Pflegegeld beziehende Person in einer ambulant betreuten Wohngemeinschaft in einem Mitgliedstaat der Europäischen Union, einem Vertragsstaat des Abkommens über den Europäischen Wirtschaftsraum oder der Schweiz lebt und den Zuschlag nach § 38 a beansprucht (und die dort genannten Voraussetzungen erfüllt, → Rn. 4). Allerdings sollte eine entsprechende Klarstellung in § 34 Abs. 1 a erfolgen (→ § 28 Rn. 3).Der sich aus dem Gemeinschaftsrecht ergebende Ausschluss der Anwendbarkeit der Ruhensregelung und Export (der jeweiligen Pflegeleistung nach §§ 36 bis 38 mit dem Zuschlag nach § 38 a) würde auch für die private PV gelten.

---

1 BGBl. I, 2222; BR-Dr. 466/14, 2; BT-Dr. 18/1798, 8 und 18/2209, 10 f., 40 ff.
2 BGBl. I 2014, 2462, 2470.
3 Siehe Begr. in BR-Dr. 170/12, 70 sowie Kaminski, RDG 2014, 198 f.

III. Anspruchsvoraussetzungen

Ein **Rechtsanspruch auf zusätzliche Leistungen** nach § 38 a (→ Rn. 9) besteht für pflegebedürftige Personen, die neben Zugehörigkeit zum versicherten Personenkreis (§§ 20 bis 27), Eintritt des Versicherungsfalls (Pflegebedürftigkeit iSd §§ 14, 15; **Pflegegrade 1 bis 5**), Antragstellung (§ 33 Abs. 1 S. 1) und den weiteren Voraussetzungen nach § 33, insbesondere Vorversicherungszeiten, auch die **besonderen Leistungsvoraussetzungen nach Abs. 1 S. 1 Nr. 1–4** erfüllen (→ Rn. 5): Mindestens drei, höchstens zwölf pflegebedürftige Personen, die ambulante Pflegeleistungen nach §§ 36, 37, 38, 45 a oder 45 b beziehen (Nr. 2), dh die dort genannten besonderen Leistungsvoraussetzungen erfüllen (→ § 36 Rn. 4 ff., → § 37 Rn. 4 ff. und → § 38 Rn. 4 ff. sowie §§ 45 a, 45 b), müssen in einer ambulant betreuten Wohngruppe mit dem Zweck der gemeinschaftlich organisierten pflegerischen Versorgung leben, in der (mindestens) eine Pflegekraft als sog Präsenzkraft tätig ist und keine von einem externen Leistungserbringer angebotene (stationäre oder ambulante) „Versorgungsform" vorliegt (Nr. 1, 3, 4).

Eine **Wohngruppe** nach § 38 a muss neben der anspruchsberechtigten (pflegebedürftigen) Person aus mindestens zwei und höchstens elf weiteren Personen, von denen mindestens zwei (weitere) pflegebedürftig iSv §§ 14, 15 sind,[4] bestehen, die in einer eigenen oder angemieteten gemeinsamen Wohnung (Ort der Leistungserbringung) zum Zweck einer gemeinschaftlichen pflegerischen Versorgung (Abs. 1 Satz 1 Nr. 1) leben. Das bedeutet, dass die in der Wohngruppe lebenden Personen eine **Gesellschaft bürgerlichen Rechts** (GbR, §§ 705 ff. BGB) – mit dem vorrangigen gemeinsamen Zweck der Sicherstellung der **gemeinschaftlich organisierten pflegerischen Versorgung** (und Förderung der Wohngemeinschaft) – bilden; Näheres zum Innen- und Außenverhältnis, insbes. Geschäftsführung und Außenvertretung der GbR, kann der Gesellschaftervertrag bestimmen. Als GbR entscheiden und haften sie gemeinsam. Sie treffen ua auch die gemeinsame Entscheidung, welche „Person" sie mit in Abs. 1 S. 1 Nr. 3 genannten, umfassenden (durch Heimrecht begrenzten, s. Abs. 1 S. 1 Nr. 4) Tätigkeiten beauftragen – mit den entsprechenden Vertragsabschlüssen.[5] Da Geschäftsführung und Außenvertretung der GbR idR wegen der zT begrenzten Handlungsmöglichkeiten der pflegebedürftigen Personen und ihrer Angehörigen als (Mitglieder der Wohngruppe und) Gesellschafter sinnvollerweise einem Dritten übertragen werden (müssen), ist davon auszugehen, dass diese Aufgaben idR von der nach Abs. 1 S. 1 Nr. 3 beauftragten Person im Rahmen ihrer „organisatorischen, verwaltenden, betreuenden oder das Gemeinschaftsleben fördernden Tätigkeiten" (als „**Präsenzkraft**")[6] wahrgenommen werden. Eine gemeinsame **Wohnung** ist dann gegeben, wenn der Sanitärbereich, die Küche und (sofern vorhanden) der Aufenthaltsraum einer abgeschlossenen Wohneinheit von allen Bewohnern jederzeit allein oder gemeinsam genutzt werden kann. Ferner ist erforderlich, dass die Wohnung von einem abschließbaren Zugang im Freien, von einem Treppenhaus oder von einem Vorraum zugänglich ist.

Zweck der Wohngruppe muss nach Abs. 1 S. 1 Nr. 1 die **gemeinschaftlich organisierte pflegerische Versorgung** der Mitglieder sein. Das setzt voraus, dass die Wohngruppenmitglieder über alle Angelegenheiten des Zusammenlebens, insbesondere die Sicherstellung sowohl der „Basisversorgung" der Wohngruppe als auch der individuellen Pflege- und Betreuungsleistungen der pflegebedürftigen Mitglieder, gemeinsam entscheiden und die entsprechenden organisatorischen Maßnahmen treffen müssen und dieses auch können. Das Tatbestandsmerkmal der „**Selbstorganisation**" der Wohngruppe ist ein unbestimmter Rechtsbegriff, dessen Prüfung, so Griep,[7] „vor allem anhand der gesetzlich gewährleisteten Wählbarkeit der Basis-Versorgungsleistungen der Wohngruppe (§ 38 a Abs. 2 aF)" erfolgen müsse.

Auch bei der Anspruchsvoraussetzung nach Abs. 1 S. 1 Nr. 3 der **gemeinschaftlich beauftragten „Person"**, die organisatorische, verwaltende, betreuende oder das Gemeinschaftsleben fördernde Tätigkeiten verrichtet oder hauswirtschaftliche Unterstützung leisten soll („**Präsenzkraft**"), belässt es der Gesetzgeber bei allgemeinen Formulierungen. Zwar ist bei dieser Person, so in der (Ausschuss-) Begrün-

---

[4] Mit der Einführung einer „Kapazitätsgrenze" (höchstens elf weitere Personen) soll sichergestellt werden, dass in ambulanten Wohnformen mit mehr als zwölf Personen kein Zuschlag gewährt wird (vgl. BT-Dr. 18/2909, 41; zum G zur besseren Vereinbarkeit von Familie, Pflege und Beruf v. 23.12.2014: BT-Dr. 18/3449, 13); Kass-Komm/Leitherer SGB XI § 38 a Rn. 5.

[5] Kann ein Mitglied der Wohngemeinschaft (wegen Krankheit oder Behinderung) seine Angelegenheiten ganz oder teilweise nicht selbst oder durch einen Bevollmächtigten (iSv § 1896 Abs. 2 S. 2 BGB) besorgen, bestellt nach § 1896 Abs. 1 S. 1 BGB das Betreuungsgericht auf seinen Antrag oder von Amts wegen einen Betreuer (zur rechtlichen Betreuung s. §§ 1896 ff. BGB).

[6] Siehe Begr. zu § 38 a Abs. 1 aF, BR-Dr. 170/12, 70.

[7] Griep, Der neue Wohngruppenzuschlag nach § 38 a SGB XI – Bravourstück oder Verschlimmbesserung?, PflR 2015, 439, 453.

dung,[8] für diese vorrangig organisatorischen, bürokratischen Aufgaben die Qualifikation (ausgebildete) **Pflegefachkraft** nicht erforderlich, doch auch der Hinweis auf die **europäische Haushaltshilfe** ist hier nicht weiterführend.[9] Wegen der Nr. 3 vorgesehenen **Multifunktionsaufgaben** sind neben pflegefachlichen, hauswirtschaftlichen und kommunikationsfördernden Fähigkeiten auch qualifizierte Organisations- und Verwaltungskenntnisse (→ Rn. 5) erforderlich, zB könnten auch **Sozialarbeiterinnen/-pädagoginnen** mit Pflege-/Hauswirtschaftskenntnissen infrage kommen. In der Praxis wird sich eine auf die Bedürfnisse der jeweiligen Wohngruppe zugeschnittene **Vertragsgestaltung** (mit Anforderungsprofil, Arbeitszeit, Sprechstunden usw) anbieten.

8 Nach Abs. 1 S. 1 Nr. 4 darf **keine stationäre** oder quasi-stationäre **Versorgungsform** vorliegen, bei der ein Anbieter (Leistungserbringer oder Dritter) der Wohngruppe Leistungen anbietet oder gewährleistet, die dem im jeweiligen Rahmenvertrag nach § 75 Abs. 1 für vollstationäre Pflege vereinbarten Leistungsumfang entsprechen. Eine solche anspruchsausschließende **Vollversorgung** ist jedenfalls dann anzunehmen, wenn ein Leistungserbringer mit der Wohngruppe (neben dem Mietverhältnis) die Gewährleistung der erforderlichen pflegerischen und hauswirtschaftlichen Leistungen vereinbart. Die Leistungserbringung darf sich nur auf die individuell erforderlichen, im Pflegevertrag nach § 120 vereinbarten, ambulanten Pflegeleistungen (etwa nach § 36 Abs. 1) beziehen. Für den Anbieter einer Wohngruppe besteht eine **Hinweispflicht** gegenüber den pflegebedürftigen Personen vor deren Einzug, dass der einer Vollversorgung entsprechende Leistungsumfang nicht erbracht wird und die Versorgung durch aktive Einbindung eigener Ressourcen und des sozialen Umfelds sicherzustellen ist. Dabei wird in der Begr. darauf hingewiesen, dass regelhaft Beiträge der Bewohner, ihres sozialen Umfelds oder bürgerschaftlich Tätiger zur ambulanten Versorgung notwendig bleiben.[10] Bei der Wohngruppe nach § 38 a muss es sich also um eine ambulante Versorgungsform handeln, wobei auch die heimrechtlichen Regelungen (nach Landesrecht) relevant sein können.[11] Alternativ könnten mit der Präsenzkraft weitere Aufgaben, zB die Organisation von (offenen) Freizeit- und Kommunikationsangeboten in der WG, vereinbart werden. Die einzelne leistungsberechtigte Person entscheidet in Ausübung ihres **Wunsch- und Wahlrechts** (§ 2 Abs. 2) selbst, wann sie welche über die genannten „allgemeinen Unterstützungsleistungen" (Grundleistungen) der Präsenzkraft hinausgehenden Leistungen (insbes. nach §§ 36 bis 38) bei welchem Leistungserbringer in Anspruch nehmen will (so auch klarstellend § 38 a Abs. 1 S. 1). Mit Abs. 1 S. 2 soll klargestellt werden, dass im Rahmen der Leistungserbringung nach § 38 a Leistungen der Tages- und Nachtpflege gemäß § 41 nur bei Nachweis des nicht Sicherstellens der Pflege in der ambulant betreuten Wohngruppe ohne teilstationäre Pflege gegenüber der PK durch eine Prüfung des MDK gewährt werden.

IV. Pauschaler Zuschlag

9 Bei Vorliegen og Voraussetzungen besteht nach Abs. 1 für jede der in der WG lebenden, pflegebedürftigen Personen ein Anspruch auf einen **pauschalen Zuschlag iHv 214 EUR pro Monat** (→ Rn. 1). Der Wohngruppenzuschlag wird – so die Begründung[12] – „(ebenso wie das Pflegegeld) zur eigenverantwortlichen Verwendung für die Organisation sowie Sicherstellung der Pflege in der Wohngemeinschaft gewährt." Da dies aber mit der Pflicht zur Beauftragung (und Teil-Finanzierung) einer Präsenzkraft verbunden ist, soll damit lediglich zum Ausdruck kommen, dass auf eine bürokratische Kostennachweispflicht verzichtet wurde.[13] Es handelt sich zwar um eine **Geldleistung** (iSv § 4 Abs. 1 S. 1), die aber wegen der engen Zweckbindung an die Voraussetzungen des Abs. 1 Nr. 1–4 – und deren Nachweis – als **Sachleistungssurrogat** fungiert (zu den rechtlichen Konsequenzen → § 28 Rn. 6 u. → § 39 Rn. 4). In der privaten PV gilt Kostenerstattungsprinzip. Da die den WG-Mitgliedern gewährten Zuschläge – zumindest bei kleinen Wohngruppen – idR zur Finanzierung der Präsenzkraft nicht ausreichen, muss der nicht durch Zuschläge abgedeckte Teil durch (nach der Zahl der Gruppenmitglieder berechnete) anteilige **Eigenbeiträge** aufgeteilt werden. Kann ein Mitglied seinen Eigenanteil nicht aus Eigenmitteln bestreiten, wird insbes. den Pflegegeld beziehenden Personen empfohlen, vor der Inanspruchnahme von **Sozialhilfe** zunächst die Sachleistungen der PV nach § 36 SGB XI in Anspruch zu nehmen. Zum Sozialhilfebezug und Kombinieren von Leistungen nach § 38 a wird auf die dem Zuschlag zugrundeliegen-

---

8 BT-Dr. 17/170, 21 (zu § 38 a aF).
9 BT-Dr. 17/170, 21.
10 BT Dr. 18/2909, 42.
11 So zB §§ 3, 4 LWTG-RP.
12 Begr. zu Abs. 1, aaO, S. 70. Näheres zur Finanzierung bei Kaminski, RDG 2014, 198 f.
13 Ebd.

den ambulanten Pflegeleistungen (§§ 36 ff.) verwiesen, → § 36 Rn. 4, → § 37 Rn. 8, → § 38 Rn. 5. Ob der Zuschlag nach § 35 a auch als **Teil eines trägerübergreifenden Persönlichen Budgets** beantragt werden kann, ist nicht ausdrücklich geregelt. Es wird jedoch davon ausgegangen, dass sich auch die Budgetfähigkeit nach der o.a. „Grund"-Pflegeleistung richtet. Eine **Kürzung** oder anteilige Gewährung des Zuschlages (etwa wegen Urlaub oder Krankheit bedingter vorübergehender Abwesenheit) ist nicht vorgesehen und wäre mit Ziel und Funktion einer Pauschale grds. nicht vereinbar. Der Wohngruppenzuschlag darf nicht auf Pflegeleistungen (zB nach §§ 36, 37) angerechnet werden.[14] Zur Besonderheit bei **Beihilfebezug** → § 28 Rn. 9 ff.

Die **Fälligkeit** des pauschalen Zuschlags nach § 38 a ist nicht geregelt. Da der Zuschlag grundsätzlich als laufende Geldleistung je Kalendermonat zu zahlen ist (s. Abs. 1 Hs. 1), wird er am **Anfang des Monats** fällig.[15] Weil er idR über einen längeren Zeitraum bewilligt wird, sind (wie bei der Pflegesachleistung, → § 36 Rn. 5) auch bei Entscheidungen über den Zuschlag nach § 38 a die für **Verwaltungsakte mit Dauerwirkung** geltenden Vorschriften anzuwenden.[16] Die Leistungszusage eines privaten Versicherungsunternehmens hingegen gilt nur für die Dauer des privatrechtlichen Versicherungsverhältnisses – entsprechend dem zivilrechtlichen Grundsatz, dass aus einem Vertrag nur die Vertragspartner verpflichtet werden (§ 241 BGB); die Bewilligung von Zuschlägen in der privaten PV begründet keinen Bestands- oder Vertrauensschutz beim Wechsel in die soziale PV.[17] Für den **Beginn** der Zuschlagzahlung ist § 33 Abs. 1 maßgebend (grundsätzlich ab Antragstellung, frühestens bei Vorliegen der Leistungsvoraussetzungen, → Rn. 4 ff.). 10

Der Zuschlag nach § 38 a wird gewährt, „wenn es sich um organisiertes gemeinschaftliches Wohnen (...) in einer gemeinsamen Wohnung mit häuslicher Versorgung handelt."[18] Die Privilegierung der ambulanten Wohnform ist unter verfassungsrechtlichen Aspekten grundsätzlich nicht zu beanstanden, weil sich der Gesetzgeber in **Konkretisierung des Sozialstaatsauftrags** (Art. 20, 28 GG)[19] durch SGB XI (§§ 1, 3, 28 iVm § 36 ff. hier § 38 a) mit den vorrangig ambulanten Pflegeleistungen für die „Normalität des Lebens in häuslicher Umgebung"[20] entschieden hat (→ § 28 Rn. 6, 8). Der Vorrang der häuslichen vor der stationären Pflege, der für die soziale und private PV maßgebend ist, rechtfertigt nicht nur den unterschiedlichen Leistungsumfang,[21] sondern auch die spezielle Ausgestaltung der einzelnen Leistungen, wie dies in § 38 a der Fall ist. Zu Recht weist Udsching[22] darauf hin, dass dieser Vorrang im Einzelfall nicht gegen den Willen der pflegebedürftigen Personen durchgesetzt werden kann: „Das in § 2 Abs. 2 festgelegte und letztlich durch Art. 1 Abs. 1 GG garantierte **Selbstbestimmungsrecht** geht in jedem Fall vor." Aus den Gesetzesmaterialien ist allerdings nach wie vor nicht schlüssig zu entnehmen, warum der Zuschlag – unter dem Aspekt der Gleichbehandlung (Art. 3 GG) – nicht auch (für die Pflege) im vergleichbaren, (ambulanten) „betreuten Einzelwohnen"/Servicewohnen gezahlt wird, in dem für pflegebedürftige Personen idR die gleichen, in der Begründung für die Wohngruppen genannten „besonderen Aufwendungen", insbesondere für die in → Rn. 5 aufgeführten „allgemeinen Unterstützungsleistungen" (s. Abs. 1 Nr. 3) entstehen.[23] 11

V. Besonderes Informationsrecht der PK (Abs. 2)

Abs. 2 soll als Ermächtigungsgrundlage der PK für die Erhebung, Verarbeitung und Nutzung von (personenbezogenen) Daten zur Überprüfung der leistungsrechtlichen Tatbestandsmerkmale im Rahmen des Sozialverwaltungsverfahrens dienen (als **besonderes Informationsrecht**). Verlangt werden können gem. Abs. 2 Nr. 1 bis 4 die Vorlage von formloser Bestätigung über das Vorliegen der Voraussetzungen 12

---

14 SG Halle, 6.3.2014, S 24 SO 223/13 ER, BeckRS 2014, 67322; SG Berlin, 26.5.2014, S 212 SO 850/14 ER, BeckRS 2014, 69288.
15 BSG, 24.10.1994, 3/1 RK 51/93 (zum Pflegegeld nach § 57 SGB V aF), SozR 3-2500 § 57 Nr. 4 = NZS 1995, 173 = WzS 1995, 88; ausführlich HessLSG, 30.10.2008, L 8 P 19/07 mwN; sa LSG NRW, 6.5.2003, L 6 (16) P 40/02.
16 Diepenbruck in: BeckOK SozR, SGB XI, § 38 a Rn. 3.
17 So zum Pflegegeld BSG, 13 5 2004, B 3 P 3/03 R, BeckRS 2004, 41241 = LSK 2005, 110022 = NZS 2005, 101.
18 Begr. zu § 38 a Abs. 1 aF in BR-Dr. 170/12, 71.
19 BVerfG, 13.1.1982, 848/77 ua, BVerfGE 59, 231, 263 = NJW 1982, 1447; Huster/Rux in: BeckOK GG, Art. 20 Rn. 195.
20 Plantholz/Krahmer in: LPK-SGB XI, § 3 Rn. 1.
21 Udsching in: Udsching, § 3 Rn. 2.
22 Ebd.
23 Begr. zu § 38 a Abs. aF in BR-Dr. 170/12, 70; sa zB § 43 (idF PSG III) → § 43 Rn. 1 ff.

des Abs. 1 Nr. 1, Unterlagen mit Angaben über Wohngruppe und Wohnung, Mietvertrag und Pflegevertrag sowie Angaben über die gemeinschaftlich beauftragte Person iSd Abs. 1 Nr. 3 und deren Aufgaben (zB durch Vorlage der entsprechenden Vereinbarung mit der GbR).[24] Im Rahmen der mit diesem Informationsrecht korrespondierenden **Mitwirkungspflichten** nach §§ 60 ff. SGB I muss die anspruchsberechtigte Person dem Verlangen der PK nachkommen. Insbesondere besteht für die antragstellende Person insofern eine Informationspflicht hinsichtlich der Daten und Unterlagen, die im konkreten Einzelfall für die (Erbringung der) Leistung nach § 38 a erheblich sind (§ 60 Abs. 1 Nr. 1 SGB I) und die die PK nicht mit geringerem Aufwand selbst beschaffen kann (§ 65 Abs. 1 Nr. 3 SGB I).

§ 39 Häusliche Pflege bei Verhinderung der Pflegeperson

(1) ¹Ist eine Pflegeperson wegen Erholungsurlaubs, Krankheit oder aus anderen Gründen an der Pflege gehindert, übernimmt die Pflegekasse die nachgewiesenen Kosten einer notwendigen Ersatzpflege für längstens sechs Wochen je Kalenderjahr; § 34 Absatz 2 Satz 1 gilt nicht. ²Voraussetzung ist, dass die Pflegeperson den Pflegebedürftigen vor der erstmaligen Verhinderung mindestens sechs Monate in seiner häuslichen Umgebung gepflegt hat und der Pflegebedürftige zum Zeitpunkt der Verhinderung mindestens in Pflegegrad 2 eingestuft ist. ³Die Aufwendungen der Pflegekasse können sich im Kalenderjahr auf bis zu 1 612 Euro belaufen, wenn die Ersatzpflege durch andere Pflegepersonen sichergestellt wird als solche, die mit dem Pflegebedürftigen bis zum zweiten Grade verwandt oder verschwägert sind oder die mit ihm in häuslicher Gemeinschaft leben.

(2) ¹Der Leistungsbetrag nach Absatz 1 Satz 3 kann um bis zu 806 Euro aus noch nicht in Anspruch genommenen Mitteln der Kurzzeitpflege nach § 42 Absatz 2 Satz 2 auf insgesamt bis zu 2 418 Euro im Kalenderjahr erhöht werden. ²Der für die Verhinderungspflege in Anspruch genommene Erhöhungsbetrag wird auf den Leistungsbetrag für eine Kurzzeitpflege nach § 42 Absatz 2 Satz 2 angerechnet.

(3) ¹Bei einer Ersatzpflege durch Pflegepersonen, die mit dem Pflegebedürftigen bis zum zweiten Grade verwandt oder verschwägert sind oder mit ihm in häuslicher Gemeinschaft leben, dürfen die Aufwendungen der Pflegekasse regelmäßig den Betrag des Pflegegeldes nach § 37 Absatz 1 Satz 3 für bis zu sechs Wochen nicht überschreiten. ²Wird die Ersatzpflege von den in Satz 1 genannten Personen erwerbsmäßig ausgeübt, können sich die Aufwendungen der Pflegekasse abweichend von Satz 1 auf den Leistungsbetrag nach Absatz 1 Satz 3 belaufen; Absatz 2 findet Anwendung. ³Bei Bezug der Leistung in Höhe des Pflegegeldes für eine Ersatzpflege durch Pflegepersonen, die mit dem Pflegebedürftigen bis zum zweiten Grade verwandt oder verschwägert sind oder mit ihm in häuslicher Gemeinschaft leben, können von der Pflegekasse auf Nachweis notwendige Aufwendungen, die der Pflegeperson im Zusammenhang mit der Ersatzpflege entstanden sind, übernommen werden. ⁴Die Aufwendungen der Pflegekasse nach den Sätzen 1 und 3 dürfen zusammen den Leistungsbetrag nach Absatz 1 Satz 3 nicht übersteigen; Absatz 2 findet Anwendung.

Literatur:
Griep, Verhinderungsgründe der Verhinderungspflege (§ 39 SGB XI), Sozialrecht aktuell 2016, 132; *Richter*, Die neue soziale Pflegeversicherung, 2016.

I. Entstehungsgeschichte

1   § 39 wurde mWv 1.4. 1995 durch Art. 1 PflegeVG idF v. 26.5.1994 (BGBl. I, 1014) eingeführt.[1] Durch Art. 1 Nr. 16 1. SGB XI-ÄndG v. 14.6.1996 (BGBl. I, 830) wurden mWv 25.6.1996 in S. 1 die Wörter „für eine Ersatzpflegekraft" durch die Wörter „einer notwendigen Ersatzpflege" ersetzt sowie Hs. 2 („§ 34 Abs. 2 Satz 1 gilt nicht") eingefügt und nach S. 3 S. 4 bis 6 angefügt.[2] S. 4 wurde mit Art. 1 Nr. 3 4. SGB XI-ÄndG v. 21.7.1999 (BGBl. I, 1656) mWv 1.8.1999 grundlegend geändert.[3] Der in S. 3 festgelegte Leistungsbetrag wurde durch Art. 2 Nr. 4 Achtes Euro-Einführungsgesetz v. 23.10.2001 (BGBl. I, 2702) mWv 1.1.2002 auf Euro umgestellt. Durch Art. 1 Nr. 19 PfWG v. 28.5.2008 (BGBl. I,

---

24 BT Dr. 18/2909, 42; KassKomm/Leitherer SGB XI § 38 a Rn. 13.
1 BT-Dr. 12/5262, 113, zu § 35 E.
2 BT-Dr. 13/3696, 13.
3 BT-Dr. 14/407, 4 f.

874) wurden mWv 1.7.2008 in S. 2 die Zahl „zwölf" durch „sechs" ersetzt und S. 3 bis 5 neu gefasst.⁴ Durch Art. 1 Nr. 9 iVm Art. 4 Abs. 2 des Ersten Gesetzes zur Stärkung der pflegerischen Versorgung und zur Änderung weiterer Vorschriften (Erstes Pflegestärkungsgesetz – PSG I) vom 17.12.2014⁵ wurde § 39 mWv 1.1.2015 ergänzt und neu strukturiert: Die bisherigen Sätze 1 bis 3 werden im neuen Abs. 1, die weiteren Sätze – modifiziert – in Abs. 2 zusammengefasst. Diesem wird ein neuer Abs. 3 angefügt. In Abs. 1 nF wird in Satz 1 der zeitliche Leistungsumfang erweitert und in Satz 3 der Leistungsbetrag dynamisiert. Durch das Zweite Pflegestärkungsgesetz – PSG II – v. 21.12.2015, BGBl. I 2424 erfolgten mWv 1.1.2016 die Neufassung von Abs. 1 S. 3 sowie Einfügung eines neuen Abs. 2 und bisheriger Abs. 2 wurde neuer Abs. 3, mWv 1.1.2017 wurde Abs. 1 S. 2 um die Anforderung „mindestens Pflegegrad 2" ergänzt.

II. Normzweck und europarechtlicher Kontext

Mit der Verhinderungspflege nach § 39 wird der pflegebedürftigen Person mit **mindestens Pflegegrad 2** die Möglichkeit geboten, während der Verhinderung der Pflegeperson für längstens sechs Wochen eine notwendige Ersatzpflege (Verhinderungspflege) – im Wege der **Kostenerstattung** durch die (soziale oder private) PV – in Anspruch zu nehmen (Abs. 1 S. 1) und so möglichst lange in seiner häuslichen Umgebung verbleiben zu können. Die Regelung dient dem Ziel, in Ergänzung der ambulanten Leistungen nach §§ 36, 37 dem Vorrang der häuslichen Pflege (§§ 3, 28 Abs. 1 Nr. 4; → § 28 Rn. 4) und den aufgrund der erheblichen psychischen und physischen Belastungen regelmäßig anfallenden Erholungsbedarfen der Pflegepersonen Rechnung zu tragen.⁶ Abs. 1 S. 2 sowie Abs. 2 und 3 regeln weitere Leistungsvoraussetzungen, insbes. zur verhinderten und ersetzenden Pflegeperson und Höhe der Leistungen. Im Gesetzestext werden die Begriffe „Ersatzpflege" und „Verhinderungspflege" synonym verwendet.⁷

§ 34 Abs. 1 Nr. 1 bestimmt das grundsätzliche **Ruhen der Leistungsansprüche bei Auslandsaufenthalt** der versicherten Person. Dies gilt auch für die Erstattungsleistungen der Ersatzpflege nach § 39. Die Ruhensvorschrift wird aber durch den Vorrang sowohl des EG-Rechts (s. u.), als auch (aufgrund § 30 Abs. 2 SGB I, § 6 SGB IV) des sonstigen über- und zwischenstaatlichen Recht (v.a. EWR-Abkommen; Sektoren-Abkommen mit der Schweiz) eingeschränkt.⁸ In Bezug auf die koordinierenden Gemeinschaftsregelungen, insbes. VO (EG) Nr. 883/2004 (→ § 28 Rn. 4), ist die Zuordnung als Sachleistung (→ Rn. 4) – Sachleistungssurrogat analog der Pflegesachleistung nach § 36 – von entscheidender Relevanz.⁹ Nach Art. 19 VO gilt für den Sachleistungsexport, dass der Wohnsitzstaat gegebenenfalls **Sachleistungen** nach den für ihn geltenden Regelungen auf Rechnung des zuständigen Trägers im Versicherungsstaat erbringt.¹⁰ Sieht das Recht des Aufenthaltsstaates solche Leistungen nicht vor, können Sachleistungen nicht in Anspruch genommen werden.¹¹ Der sich aus dem Gemeinschaftsrecht ergebende Ausschluss der Anwendbarkeit der Ruhensregelung gilt auch für die private PV.

III. Kostenerstattungsanspruch und Voraussetzungen (Abs. 1)

Aus der Formulierung des Abs. 1 S. 1 („übernimmt die Pflegekasse nachgewiesenen die Kosten") ergibt sich nicht zwingend die Rechtsnatur der Ersatzpflege. So wird zwar zunächst – dem Wortlaut folgend – allgemein von „Kostenübernahme" gesprochen,¹² doch ist – zB mit *Diepenbruck*¹³ und *Udsching*¹⁴ –

---

4 BT-Dr. 16/7439, 56.
5 BGBl. I, 2222; BR-Dr. 466/14, 3, BT-Dr. 18/1798, 8 f. und 18/2209, 12.
6 Vgl. BT-Dr. 12/5262, 20; Mühlenbruch in: Hauck/Noftz, SGB XI, § 39 Rn. 1; Udsching in: Udsching, § 39 Rn. 2; Diepenbruck in: BeckOK SozR, SGB XI, § 39 Rn. 2; Dalichau, SGB XI, I. 1.
7 Obwohl Ersatzpflege die zutreffendere Bezeichnung wäre, werden im Folgenden beide Begriffe verwendet.
8 Baumeister in: BeckOK SozR, SGB XI, § 34 Rn. 11, 12.
9 Siehe auch Fuchs in: Fuchs, Europäisches Sozialrecht, 6. Aufl. 2013, Art. 3 Rn. 9; EuGH, 5.3.1998, Rs. C-190/96 (Molenaar), Slg 1998, I-843 = NZS 1998, 240 = NJW 1998, 1767 = ZfSH/SGB 1998, 290 = SGb 1999, 360; kritisch Schaaf, WzS 1998, 204, 207; EuGH, 16.7.2009, Rs. C-208/07 (Chamier-Glisczinski), Slg 2009,I-6095 = KrV 2009, 213 (Kurzwiedergabe) = DÖV 2009, 721 = FamRZ 2009, 1472 = ZAR 2009, 355 (jeweils Ls.).
10 Bassen, NZS 2010, 479, 483.
11 So auch EuGH, 16.7.2009, Rs. C-208/07 (Chamier-Glisczinski, Slg 2009,I-6095 = KrV 2009, 213 (Kurzwiedergabe) = DÖV 2009, 721 = FamRZ 2009, 1472 = ZAR 2009, 355 (jeweils Ls.); § 36 Rn. 3, sowie LSG NRW, 12.3.2014, L 10 P 7/14, NZS 2014, 467 = BeckRS 2014, 68935 = LSK 2014, 260673.
12 Siehe zB Leitherer in: KassKomm, § 39 SGB XI Rn. 18 ff.
13 Diepenbruck in: BeckOK SozR, SGB XI, § 39 Rn. 3.
14 Udsching in: Udsching, § 39 Rn. 2.

davon ausgehen, dass es sich um eine Form der **Kostenerstattung** iSv § 4 Abs. 1 S. 1 handelt, auf die ein **Rechtsanspruch** besteht; grundsätzlich kann die pflegebedürftige Person kann die Form der Ersatzpflege (→ Rn. 8 ff.) frei auswählen und bedarf keiner Kostenübernahmeerklärung der PK vor Beginn der Ersatzpflege. Eine Aussage zur für die Anwendung v.a. der Regelungen über die Aufrechenbarkeit (§ 51 SGB I), Übertragbarkeit und Verpfändbarkeit (§ 53 SGB I), Vererbbarkeit (§ 58, 59 SGB I) sowie des koordinierenden Gemeinschaftsrechts (→ Rn. 3) relevante Zuordnung zu Geld- oder Sachleistungen wird nicht getroffen. Wegen der engen Bindung an den Verwendungszweck („Überbrückungsfunktion der Ersatzpflege" mit dem Ziel der nachhaltigen Sicherung der vorrangigen ambulanten Pflege,[15] insbes. der Pflegesachleistung) und der entsprechend ausgerichteten leistungsrechtlichen Ausgestaltung ist die Ersatzpflege eher als zweckgebundenes **Sachleistungssurrogat** zu bewerten und den Sachleistungen zuzurechnen (→ § 28 Rn. 6). Daher kommt – unter Anwendung des Rechtsgedankens des § 53 Abs. 2 Nr. 1 SGB I für die Vorleistung – auch eine **Vererbung** des Kostenerstattungsanspruchs für **selbstbeschaffte Ersatzpflege** der pflegebedürftigen Person (nach 58 SGB I unter Beachtung des Antragserfordernisses nach § 59 S. 2 SGB I) in Betracht;[16] eine Übertragung oder Verpfändung wird sich aber aus § 53 Abs. 1, 2 SGB I nicht ableiten lassen.

5 **Voraussetzungen** für das Entstehen des Kostenersatzanspruchs nach § 39 sind Bestehen eines Versicherungsverhältnisses (§ 33), insbes. Zugehörigkeit zum versicherten Personenkreis (§§ 20 bis 27), Eintritt des Versicherungsfalls (Pflegebedürftigkeit iSd §§ 14, 15 – **mindestens Pflegegrad 2**),[17] Antragstellung (§ 33 Abs. 1 S. 1) und Erfüllen der leistungsspezifischen Anspruchskriterien Verhinderung der Pflegeperson (→ Rn. 9) und Wartezeit (→ Rn. 6). Nach hM reicht es aus, wenn der **Antrag im Nachhinein** gestellt wird (→ Rn. 4), die Antragstellung im Voraus stellt nach Auslegung der PK keine Anspruchsvoraussetzung dar.[18] Die pflegebedürftige Person muss aber im Rahmen ihrer Mitwirkungspflicht (§§ 60 ff. SGB I) gegenüber der PK die erforderlichen **Nachweise** über (Grund und Umfang der) Verhinderung durch Erklärung der Pflegeperson (→ Rn. 6) und die dadurch entstandenen Aufwendungen (nachgewiesene Kosten iSd Abs. 1 S. 1) durch Vorlage entsprechender Belege (Überweisungsträger, Quittungen, Rechnungen, Fahrkarten, Bescheinigung über Verdienstausfall) zu führen.[19] Eine Frist für die (nachträgliche) Antragstellung und damit Geltendmachung der Kostenerstattung ist nicht vorgesehen, jedoch ist die **Verjährung** nach § 45 SGB I zu beachten. Die Bewilligung der Kostenerstattung erfolgt gegenüber der leistungsberechtigten Person durch **Verwaltungsakt** – einem Verwaltungsakt **ohne Dauerwirkung**, da es sich bei der Bewilligung der Kostenerstattung um eine einmalige Leistung ohne Wiederholungs- und Zukunftscharakter handelt;[20] eine **Abänderung** kann nur unter Anwendung der §§ 44 ff. SGB X erfolgen. Linke[21] weist darauf hin, dass gegen die Versagung von Kostenerstattung (nach erfolglosem Vorverfahren, § 78 SGG) im Wege der kombinierten Anfechtungs- und Leistungsklage (§ 54 Abs. 4 SGG) und gegen die Versagung der Aufwendungsübernahme als Ermessensleistung nur mit Verpflichtungsklage auf Neubescheidung (§ 54 Abs. 1 S. 1 SGG) vorgegangen werden sollte. Nach § 35a kann Ersatzpflege (§ 39) als Teil eines **trägerübergreifenden Persönlichen Budgets** nach § 17 Abs. 2 bis 4 SGB IX beantragt werden (→ § 36 Rn. 4). Zur Besonderheit bei Beihilfebezug → § 28 Rn. 9 ff.

6 **Wesentliche Anspruchsvoraussetzung** nach Abs. 1 S. 1 ist der **Ausfall** (die Verhinderung) einer bei der pflegebedürftigen Person (nicht erwerbsmäßig bzw. ehrenamtlich) tätigen **Pflegeperson** (iSv § 19 S. 1); diese können Angehörige, Lebenspartner, Nachbarn, Bekannte oder sonstige Personen sein – unabhängig davon, ob die Pflege zuvor von ihnen allein erbracht oder daneben Pflegesachleistung nach § 36 oder teilstationäre Pflege nach § 41 in Anspruch genommen wurde.[22] Bei Verhinderung einer professionelle Pflegekraft iSv § 36 Abs. 1 S. 3 (→ § 36 Rn. 8) hat der sie einsetzende Träger (Pflegedienst, PK) für entsprechenden Ersatz zu sorgen. Die Pflegeperson muss wegen Erholungsurlaubs, Krankheit oder

---

15 Udsching in: Udsching, § 39 Rn. 2.
16 Diepenbruck in: BeckOK SozR, SGB XI, § 39 Rn. 3; Gutzler in: BeckOK SozR, SGB I, § 59 Rn. 3; Lebich in: Hauck/Noftz, SGB I, § 59 Rn. 4.
17 Siehe § 39 Abs. 1 S. 2.
18 So zB Leitherer in: KassKomm, § 39 SGB XI Rn. 19; Udsching in: Udsching, § 39 Rn. 2; Diepenbruck in: BeckOK SozR, SGB XI, § 39 Rn. 3; Gem. Rundschr. d. Spitzenverb. zu den leistungsrechtlichen Vorschriften, § 39 Ziff. 2 Abs. 2.
19 BSG, 17.5.2000, B 3 P 8/99 R, SozR 3-3300 § 39 Nr. 2 = NJWE-FER 2001, 63 = NZS 2001, 147 = BeckRS 2000, 41342; Udsching in: Udsching, § 39 Rn. 5.
20 Diepenbruck in: BeckOK SozR, SGB XI, § 39 Rn. 3; Heße in: BeckOK SozR, SGB X, § 31 Rn. 30.
21 Linke in: Krauskopf, § 39 SGB XI Rn. 41.
22 Udsching in: Udsching, § 39 Rn. 5; Diepenbruck in: BeckOK SozR, SGB XI, § 39 Rn. 4.

eines anderen Grundes an der Pflege gehindert sein. Der „andere Grund" muss ebenso bedeutend sein, wie die in Abs. 1 S. 1 aufgeführten Beispiele (etwa Schwangerschaft oder Examen der Pflegeperson); das BSG sah zB einen solchen auch in der Berufstätigkeit der Pflegeperson.[23] Es kommt auch nicht darauf an, in wessen Verantwortungsbereich der Verhinderungsgrund liegt.[24] Außerdem muss die Pflegeperson die pflegebedürftige Person vor der erstmaligen Verhinderung mindestens sechs Monate in seiner häuslichen Umgebung gepflegt haben (Vorpflege- oder **Wartezeit** nach Abs. 1 S. 2), wobei die Erfüllung der Wartezeit nur bei der erstmaligen Inanspruchnahme der Ersatzpflege von Bedeutung ist, bei weiteren Verhinderungsfällen erfolgt die Anspruchsbegrenzung durch die jährlichen Obergrenzen. In Bezug auf Leistungsbetrag und -dauer ist nicht erforderlich, dass die Pflege in der Wartezeit ununterbrochen durchgeführt wurde.[25] Für die Erfüllung der Wartezeit sind die Unterbrechungstatbestände unschädlich, wenn sie nicht länger als sechs Wochen dauern. Eine Unterbrechung von längerer Dauer verlängert die Frist um den Zeitraum der Hemmung.[26] Der Anspruch auf Leistungen der Ersatzpflege entsteht mit jedem Kalenderjahr neu.[27]

Aus Zweckbestimmung (→ Rn. 2) und leistungsspezifischer Voraussetzung (→ Rn. 6) der Kompensation des Ausfalls der Pflegeperson ergibt sich, dass Ersatzpflege **zusätzlich zu Pflegesachleistungen** (§ 36) in Anspruch genommen werden kann.[28] Wegen der Sicherstellungsverpflichtung der pflegebedürftigen Person nach § 37 Abs. 1 S. 2 (→ § 37 Rn. 7) käme eigentlich ein gleichzeitiger Leistungsbezug von **Pflegegeld** (§ 37) und Ersatzpflege (§ 39) nicht in Betracht,[29] doch soll – so das PNG (s. §§ 37 Abs. 2 S. 2, 38 S. 4) – zur Stärkung des Grundsatzes „ambulant vor stationär" die gleichzeitige (Fort-)Gewährung des hälftigen Pflegegeldes (§ 37) bzw. anteiligen Pflegegeldes nach § 38 und Leistungen der Verhinderungspflege (§ 39) ermöglicht werden. Leistungen der Ersatzpflege und der **Tages- und Nachtpflege** (§ 41) können nebeneinander gewährt werden; bei Vorliegen der jeweiligen Voraussetzungen kann die pflegebedürftige Person für beide Leistungen die jeweiligen Höchstbeträge ausschöpfen, bei der Ersatzpflege allerdings nur bis zur Sechs-Wochen-Grenze nach Abs. 1 S. 1.[30] Ersatzpflege und **Kurzzeitpflege** (§ 42) können auch innerhalb des Zwölf-Monats-Zeitraums jeweils bis zu den in Abs. 2 genannten Höchstbeträgen (bei Vorliegen der Voraussetzungen) voll beansprucht werden.[31] Dagegen schließen sich Ersatzpflege als Leistung bei häuslicher Pflege und **vollstationäre Pflege** (§ 43) aus, da ein Anspruch auf vollstationäre Pflege nach § 43 Abs. 1 S. 1 nur dann besteht, wenn häusliche Pflege nicht möglich ist. Pflegebedürftige Personen, die Pflegeleistungen in **vollstationären Einrichtungen** nach § 43 a und daneben wegen des Aufenthaltes im häuslichen Bereich, zB am Wochenende oder in den Ferien, Pflegegeld nach § 37 erhalten, können bei Ausfall der Pflegeperson im häuslichen Bereich Ersatzpflege in Anspruch nehmen; eine Anrechnung auf die Leistungen nach § 43 a erfolgt nicht.[32]

IV. Leistungsinhalt und Leistungsumfang (Abs. 2)

Der Kostenerstattungsanspruch ist nach Abs. 1 S. 1 auf die **notwendige Ersatzpflege** gerichtet, eine inhaltliche Beschreibung der Leistung fehlt jedoch. Im Kontext zu der zu ersetzenden Sachleistung (s. § 36 Abs. 1 S. 1) muss sie jedenfalls **körperbezogene Pflegemaßnahmen und pflegerische Betreuungsmaßnahmen** sowie **Hilfen bei der Haushaltsführung** (→ § 36 Rn. 10) umfassen, wobei die Bereiche der pflegerischen Maßnahmen in § 14 Abs. 2 abschließend bestimmt sind. Das BSG[33] sieht auch

---

23 BSG, 6.6.2002, B 3 P 2/01 R, SozR 3-3300 § 39 Nr. 5 = NZS 2003, 213, 214 = BeckRS 9999, 02102.
24 Dalichau, SGB XI, § 39 II.
25 BSG, 6.6.2002, B 3 P 11/01 R, SozR 3-3300 § 39 Nr. 4 = NZS 2003, 212 = FEVS 54, 152; Diepenbruck in: BeckOK SozR, SGB XI, § 39 Rn. 6; sa LSG Bln-Bbg, 21.2.2011, L 27 P 16/10 B PKH; Gem. Rundschr. d. Spitzenverb. zu § 39 Ziff. 3 Abs. 1.
26 Diepenbruck in: BeckOK SozR, SGB XI, § 39 Rn. 4; Gem. Rundschr. d. Spitzenverb. zu § 39 Ziff. 2 Abs. 1.
27 Ausführlich Diepenbruck in: BeckOK SozR, SGB XI, § 39 Rn. 21 f. sowie Gem. Rundschr. d. Spitzenverb. zu § 39 Ziff. 1 Abs. 3 und Ziff. 2.7 Abs. 1, 2.
28 Diepenbruck in: BeckOK SozR, SGB XI, § 39 Rn. 22.
29 Udsching in: Udsching, § 39 Rn. 13; Diepenbruck in: BeckOK SozR, SGB XI, § 39 Rn. 23; krit. Leitherer in: KassKomm, § 39 SGB XI Rn. 20; s. jedoch Gem. Rundschr. d. Spitzenverb. zu § 39 Ziff. 1 Abs. 1; s. jedoch Vorschläge des PNG zur Fortgewährung des (anteiligen) Pflegegelds in § 37 Abs. 2 S. 2 E und § 38 S. 4 E.
30 Diepenbruck in: BeckOK SozR, SGB XI, § 39 Rn. 23 a.
31 Gem. Rundschr. d. Spitzenverb. zu § 39 Ziff. 2.7 Abs. 2 und § 42 Ziff. 5.3; Udsching in: Udsching, § 39 Rn. 13; Diepenbruck in: BeckOK SozR, SGB XI, § 39 Rn. 25. Siehe aber insbes. die Anrechnungsregung in Abs. 3 (Rn. 11).
32 Diepenbruck in: BeckOK SozR, SGB XI, § 39 Rn. 25.
33 BSG, 17.5.2000, B 3 P 8/99, SozR 3-3300 § 39 Nr. 2, 6 ff. = NJWE-FER 2001, 63 = NZS 2001, 147 = BeckRS 2000, 41342; sa Mühlenbruch in: Hauck/Noftz, SGB XI, § 39 Rn. 5.

den darüber hinaus gehenden Pflegeaufwand, wie die Beaufsichtigung einer pflegebedürftigen Person mit geistiger Behinderung, (im Rahmen der Höchstgrenzen, → Rn. 9) als erstattungsfähig. § 39 enthält auch keine eindeutigen Aussagen zu Qualifikation und Erswahl der Ersatzpflegekraft sowie zu der zwischen dieser und der pflegebedürftigen Person abzuschließenden Vereinbarungen.[34] Abs. 3 stellt nur auf Verwandtschaftsgrad und Erwerbsmäßigkeit der Ersatzpflegepersonen ab (→ Rn. 9). **Ersatzpflegekraft** kann grundsätzlich jede geeignete und bereite Person – nicht zwingend Pflegekraft iSd §§ 71 Abs. 3, 77 – sein.[35] Die jeweilige **Geeignetheit** der einzusetzenden Pflegekraft ist für jeden **Einzelfall** individuell zu bestimmen; sie muss vor allem in der Lage sein, jeweils den konkreten **Pflegebedarf** und die erforderlichen (vereinbarten) Leistungen fehlerfrei zu erbringen.[36] Es ist es Aufgabe der pflegebedürftigen Person, selbstbestimmt ihre Ersatzpflegekraft auszuwählen, zu **beauftragen** (→ Rn. 4) und einen auf den konkreten Einzelfall abgestimmten, befristeten (möglichst schriftlichen) **Betreuungs-/Pflegevertrag** (idR Dienstvertrag gem. § 611 BGB, evtl. Pflegevertrag gem. § 120 bei Ersatzpflege durch Pflegedienst) zu schließen.[37] Ist sie dazu nicht in der Lage, ist eine rechtliche Betreuung gem. §§ 1896 ff. BGB zu bestellen. Bei der Vertragsgestaltung können – im Gegensatz zu § 36 Abs. 1 S. 1 – auch „**Arbeitgebermodelle**" (s. § 77 Abs. 1 S. 4 ff.; → § 36 Rn. 8) in Frage kommen. Zu weiteren Leistungsmöglichkeiten → Rn. 10.

9 Die Kosten einer notwendigen Ersatzpflege werden für längstens sechs Wochen (42 Kalendertage) je Kalenderjahr übernommen (s. Abs. S. 1), dieser **Sechs-Wochen-Zeitraum** ist jedoch (nur) die zeitliche Höchstgrenze für den Erstattungsbetrag.[38] Eine Mindestdauer ist nicht vorgesehen, die Ersatzpflege kann auch stundenweise in Anspruch genommen werden.[39] Die **Höhe der erstattungsfähigen Aufwendungen** ist begrenzt und hängt nicht vom Pflegegrad ab. Sie kann nach Abs. 1 S. 3 im Einzelfall pro **Kalenderjahr** bis zu 1.612 EUR betragen und ist davon abhängig, ob die Ersatzpflege durch nahe stehende Personen, die nicht erwerbsmäßig tätig sind, oder durch erwerbsmäßig tätige Personen erbracht wird.[40] Erfolgt die Ersatzpflege **nicht erwerbsmäßig** durch eine Person, die mit der pflegebedürftigen Person bis zum zweiten Grad verwandt oder verschwägert ist oder in häuslicher Gemeinschaft lebt, wird die Höhe der durch die PK erstattungsfähigen Aufwendungen durch Abs. 3 S. 1 auf den Betrag des Pflegegeldes nach § 37 Abs. 1 S. 3 begrenzt. Daneben können notwendige Aufwendungen wie Verdienstausfall und Fahrkosten von der PK erstattet werden, jedoch dürfen das „Ersatzpflegegeld" und die sonstigen Aufwendungen zusammen die Höhe des Pflegegeldes nach § 37 Abs. 1 S. 3 nicht übersteigen (Abs. 3 S. 4). Wird die Ersatzpflege von diesen Personen **erwerbsmäßig** oder von anderen Pflegepersonen erbracht, können Aufwendungen bis zu der in Abs. 1 S. 3 festgelegten Höhe (1612 EUR) geltend gemacht werden. Zum **Personenkreis nach Abs. 3 S. 1** zählen neben dem mit der pflegebedürftigen Person in häuslicher Gemeinschaft lebenden Ehegatten alle ihre Verwandten ersten und zweiten Grades iSv § 1589 BGB und Verschwägerten bis zum zweiten Grade iSv § 1590 BGB; Großeltern, Enkel und Geschwister sind Verwandte zweiten Grades, die Ehegatten von Geschwistern sind Verschwägerte zweiten Grades. Nicht geregelt ist, was **erwerbsmäßige** Ausübung der **Pflege** ist. Ausgehend von den zu § 19 entwickelten Kriterien stellt *Udsching*[41] primär darauf ab, ob die nahe stehende Person mit der Ersatzpflege im konkreten Einzelfall zur Erzielung ihres Erwerbseinkommens beiträgt. Für das BSG[42] ist Erwerbsmäßigkeit von der Pflegeausbildung (s. § 71 Abs. 3) der Ersatzpflegeperson **oder** deren entgeltlichen Ausübung der Pflegetätigkeit zur Finanzierung ihres Lebensunterhalts außerhalb der Ersatzpflege abhängig; eine Zulassung ist nicht erforderlich.

---

34 Leitherer in: KassKomm, § 39 SGB XI Rn. 16 f.
35 BSG, 6.6.2002, B 3 P 2/01 R, SozR 3-3300 § 39 Nr. 5 = NZS 2003, 213, 214 = BeckRS 9999, 02102 = ZfS 2002, 366 = RdLH 2003, 22.
36 Griep/Renn, Pflegesozialrecht, Rn. 253.
37 Siehe auch BSG, 6.6.2002, B 3 P 2/01 R, SozR 3-3300 § 39 Nr. 5 = NZS 2003, 213, 214 = BeckRS 9999, 02102 = ZfS 2002, 366 = RdLH 2003, 22; BSG, 17.5.2000, B 3 P 8/ 99, SozR 3-3300 § 39 Nr. 2 = NJWE-FER 2001, 63 = NZS 2001, 147 = BeckRS 2000, 41342.
38 Leitherer in: KassKomm, § 39 SGB XI Rn. 13; Diepenbruck in: BeckOK SozR, SGB XI, § 39 Rn. 7.
39 Diepenbruck in: BeckOK SozR, SGB XI, § 39 Rn. 7, 19.
40 Zum Folgenden Diepenbruck in: BeckOK SozR, SGB XI, § 39 Rn. 9 ff.; Richter in: Klie/Krahmer/Plantholz, § 39 Rn. 16, Udsching in: Udsching, § 39 Rn. 11; Linke in: Krauskopf, § 39 SGB XI Rn. 25 ff.; Leitherer in: KassKomm, § 39 SGB XI Rn. 26 ff.
41 Udsching in: Udsching, § 39 Rn. 11.
42 BSG, 6.6.2002, B 3 P 2/01 R, SozR 3-3300 § 39 Nr. 5 = NZS 2003, 213, 214 = BeckRS 9999, 02102 = ZfS 2002, 366 = RdLH 2003, 22; BSG, 6.6.2002, B 3 P 11/01 R, SozR 3-3300 § 39 Nr. 4 = NZS 2003, 212 = FEVS 54, 152.

Die **Ruhensregelung** des § 34 Abs. 2 S. 1 für Leistungen der häuslichen Pflege bei gleichzeitigem Anspruch auf Leistungen der häuslichen Krankenpflege nach § 37 SGB V oder Aufenthalt in einer Einrichtung nach § 71 Abs. 4 wird für die Zeit der Ersatzpflege **aufgehoben** (§ 39 Abs. 1 S. 1 Hs. 2). Damit geht § 39 von einem **erweiterten Haushaltsbegriff** aus.[43] Die Ersatzpflege kann daher zB auch in einer Einrichtung zur Vorsorge oder Rehabilitation oder für Betreutes Wohnen für Menschen mit Behinderung, einem Kindergarten, einer Schule, einem Krankenhaus, einem Pflegeheim (unabhängig von der Zulassung nach § 72) oder einer Ferieneinrichtung erbracht werden. Mit der Ersetzung des Begriffs „Ersatzpflegekraft" durch die Formulierung „notwendige Ersatzpflege" und die Ausklammerung des § 34 Abs. 2 S. 1 für den Bereich der Ersatzpflege hat – so das BSG[44] – der Gesetzgeber zum Ausdruck gebracht, dass die Kostenübernahme bei Verhinderung der Pflegeperson nunmehr unabhängig davon beansprucht werden kann, ob die Pflege in einem Privathaushalt oder auf – nicht von den Regelungen der §§ 41, 42 oder 43 erfasste – andere geeignete Weise, also zB auch in einer Behinderteneinrichtung (§§ 43 a bzw. 71 Abs. 4)[45] oder in einer von dieser unterhaltenen Ferieneinrichtung erfolgt. Erstattet werden nur die pflegebedingten Aufwendungen (nicht Investitionskosten, Kosten für Unterkunft und Verpflegung, Zusatzleistungen, Behandlungspflege und soziale Betreuung), mangels entsprechender gesetzlicher Regelung erfolgt keine Begrenzung auf einen Tageshöchstsatz.

§ 40 Pflegehilfsmittel und wohnumfeldverbessernde Maßnahmen

(1) ¹Pflegebedürftige haben Anspruch auf Versorgung mit Pflegehilfsmitteln, die zur Erleichterung der Pflege oder zur Linderung der Beschwerden des Pflegebedürftigen beitragen oder ihm eine selbständigere Lebensführung ermöglichen, soweit die Hilfsmittel nicht wegen Krankheit oder Behinderung von der Krankenversicherung oder anderen zuständigen Leistungsträgern zu leisten sind. ²Die Pflegekasse überprüft die Notwendigkeit der Versorgung mit den beantragten Pflegehilfsmitteln unter Beteiligung einer Pflegefachkraft oder des Medizinischen Dienstes. ³Entscheiden sich Versicherte für eine Ausstattung des Pflegehilfsmittels, die über das Maß des Notwendigen hinausgeht, haben sie die Mehrkosten und die dadurch bedingten Folgekosten selbst zu tragen. ⁴§ 33 Abs. 6 und 7 des Fünften Buches gilt entsprechend.

(2) ¹Die Aufwendungen der Pflegekassen für zum Verbrauch bestimmte Pflegehilfsmittel dürfen monatlich den Betrag von 40 Euro nicht übersteigen. ²Die Leistung kann auch in Form einer Kostenerstattung erbracht werden.

(3) ¹Die Pflegekassen sollen technische Pflegehilfsmittel in allen geeigneten Fällen vorrangig leihweise überlassen. ²Sie können die Bewilligung davon abhängig machen, daß die Pflegebedürftigen sich das Pflegehilfsmittel anpassen oder sich selbst oder die Pflegeperson in seinem Gebrauch ausbilden lassen. ³Der Anspruch umfaßt auch die notwendige Änderung, Instandsetzung und Ersatzbeschaffung von Pflegehilfsmitteln sowie die Ausbildung in ihrem Gebrauch. ⁴Versicherte, die das 18. Lebensjahr vollendet haben, haben zu den Kosten der Pflegehilfsmittel mit Ausnahme der Pflegehilfsmittel nach Absatz 2 eine Zuzahlung von zehn vom Hundert, höchstens jedoch 25 Euro je Pflegehilfsmittel an die abgebende Stelle zu leisten. ⁵Zur Vermeidung von Härten kann die Pflegekasse den Versicherten in entsprechender Anwendung des § 62 Abs. 1 Satz 1, 2 und 6 sowie Abs. 2 und 3 des Fünften Buches ganz oder teilweise von der Zuzahlung befreien. ⁶Versicherte, die die für sie geltende Belastungsgrenze nach § 62 des Fünften Buches erreicht haben oder unter Berücksichtigung der Zuzahlung nach Satz 4 erreichen, sind hinsichtlich des die Belastungsgrenze überschreitenden Betrags von der Zuzahlung nach diesem Buch befreit. ⁷Lehnen Versicherte die leihweise Überlassung eines Pflegehilfsmittels ohne zwingenden Grund ab, haben sie die Kosten des Pflegehilfsmittels in vollem Umfang selbst zu tragen.

(4) ¹Die Pflegekassen können subsidiär finanzielle Zuschüsse für Maßnahmen zur Verbesserung des individuellen Wohnumfeldes des Pflegebedürftigen gewähren, beispielsweise für technische Hilfen im Haushalt, wenn dadurch im Einzelfall die häusliche Pflege ermöglicht oder erheblich erleichtert oder eine möglichst selbständige Lebensführung des Pflegebedürftigen wiederhergestellt wird. ²Die Zuschüsse dürfen einen Betrag in Höhe von 4 000 Euro je Maßnahme nicht übersteigen. ³Leben mehrere

---

43 Siehe BT-Dr. 13/3696, 13; Dalichau, SGB XI, § 39 II; Diepenbruck in: BeckOK SozR, SGB XI, § 39 Rn. 18; Leitherer in: KassKomm, § 39 SGB XI, Rn. 15.
44 BSG, 17.5.2000, B 3 P 8/ 99, SozR 3-3300 § 39 Nr. 2 = NJWE-FER 2001, 63 = NZS 2001, 147 = BeckRS 2000, 41342.
45 Ausdrücklich auch BT-Dr. 13/3696, 13.

Pflegebedürftige in einer gemeinsamen Wohnung, dürfen die Zuschüsse für Maßnahmen zur Verbesserung des gemeinsamen Wohnumfeldes einen Betrag in Höhe von 4 000 Euro je Pflegebedürftigem nicht übersteigen. [4]Der Gesamtbetrag je Maßnahme nach Satz 3 ist auf 16 000 Euro begrenzt und wird bei mehr als vier Anspruchsberechtigten anteilig auf die Versicherungsträger der Anspruchsberechtigten aufgeteilt.

(5) [1]Für Hilfsmittel und Pflegehilfsmittel, die sowohl den in § 23 und § 33 des Fünften Buches als auch den in Absatz 1 genannten Zwecken dienen können, prüft der Leistungsträger, bei dem die Leistung beantragt wird, ob ein Anspruch gegenüber der Krankenkasse oder der Pflegekasse besteht und entscheidet über die Bewilligung der Hilfsmittel und Pflegehilfsmittel. [2]Zur Gewährleistung einer Absatz 1 Satz 1 entsprechenden Abgrenzung der Leistungsverpflichtungen der gesetzlichen Krankenversicherung und der sozialen Pflegeversicherung werden die Ausgaben für Hilfsmittel und Pflegehilfsmittel zwischen der jeweiligen Krankenkasse und der bei ihr errichteten Pflegekasse in einem bestimmten Verhältnis pauschal aufgeteilt. [3]Der Spitzenverband Bund der Krankenkassen bestimmt in Richtlinien, die erstmals bis zum 30. April 2012 zu beschließen sind, die Hilfsmittel und Pflegehilfsmittel nach Satz 1, das Verhältnis, in dem die Ausgaben aufzuteilen sind, sowie die Einzelheiten zur Umsetzung der Pauschalierung. [4]Er berücksichtigt dabei die bisherigen Ausgaben der Kranken- und Pflegekassen und stellt sicher, dass bei der Aufteilung die Zielsetzung der Vorschriften des Fünften Buches und dieses Buches zur Hilfsmittelversorgung sowie die Belange der Versicherten gewahrt bleiben. [5]Die Richtlinien bedürfen der Genehmigung des Bundesministeriums für Gesundheit und treten am ersten Tag des auf die Genehmigung folgenden Monats in Kraft; die Genehmigung kann mit Auflagen verbunden werden. [6]Die Richtlinien sind für die Kranken- und Pflegekassen verbindlich. [7]Für die nach Satz 3 bestimmten Hilfsmittel und Pflegehilfsmittel richtet sich die Zuzahlung nach den §§ 33, 61 und 62 des Fünften Buches; für die Prüfung des Leistungsanspruchs gilt § 275 Absatz 3 des Fünften Buches. [8]Die Regelungen dieses Absatzes gelten nicht für Ansprüche auf Hilfsmittel oder Pflegehilfsmittel von Pflegebedürftigen, die sich in vollstationärer Pflege befinden, sowie von Pflegebedürftigen nach § 28 Absatz 2.

Literatur:

Gras-Nicking, Hilfsmittelversorgung – praktische Tipps und rechtliche Hintergründe, RDG 2013, 222; *Hußmann*, Leistungen der Pflegeversicherung, FPR 2012, 44.

I. Entstehungsgeschichte	1	V. Zuschüsse zur Verbesserung des Wohnumfeldes (Abs. 4)	10
II. Normzweck und europarechtlicher Kontext	2	VI. Vereinfachtes Verfahren bei Leistungszuständigkeit nach SGB V und SGB XI (Abs. 5)	12
III. Anspruch auf Pflegehilfsmittelversorgung und Voraussetzungen	4		
IV. Zum Verbrauch bestimmte (Abs. 2) und technische Pflegehilfsmittel (Abs. 3)	8	VII. Hilfsmittel in stationären Einrichtungen	14

I. Entstehungsgeschichte

1 § 40 wurde durch Art. 1 PflegeVG v. 26.5.1994 (BGBl. I, 1014) mWv 1.4.1995 eingeführt.[1] In Abs. 2, Abs. 3 S. 4 und Abs. 4 S. 3 wurden mWv 1.1.2002 die Leistungsbeträge durch Art. 2 Nr. 5 Achtes Euro-Einführungsgesetz v. 23.10.2001 (BGBl. I, 2702) von DM auf Euro umgestellt. In Abs. 1 wurden S. 3 und 4 durch Art. 8 Nr. 10 GKV-WSG v. 26.3.2007 (BGBl. I, 378) mWv 1.4.2007 eingefügt. Durch Art. 1 Nr. 20 PfWG v, 26.5.2008 (BGBl. I, 874) wurden mWv 1.7.2008 in der Überschrift die Worte „technische Hilfen" durch „wohnumfeldverbessernde Maßnahmen" und im Text des § 40 der Begriff „Hilfsmittel" durch „Pflegehilfsmittel" ersetzt, in Abs. 2 S. 2 angefügt, in Abs. 3 S. 5 neu gefasst und S. 6 eingefügt. Die durch Art. 4 Nr. 2 GKV-VStG v. 22.12.2011 (BGBl. I, 2983) erfolgte Neufassung des Abs. 5 gilt mWv 1.1.2012. Durch Art. 1 Nr. 14 PNG v. 23.10.2012 (BGBl. I, 2246) wurden mWv 30.10.2012 Abs. 4 S. 2 aufgehoben und S. 4 f. angefügt. Die Leistungsbeträge in Abs. 2 und Abs. 4 wurden durch Art. 1 Nr. 10 iVm Art. 4 Abs. 2 des Ersten Gesetzes zur Stärkung der pflegerischen Versorgung und zur Änderung weiterer Vorschriften (Erstes Pflegestärkungsgesetz (PSG) I) vom 17.12.2014[2] mWv 1.1.2015 angehoben.

---

1 BT-Dr. 12/5262, 113, zu § 36 E.
2 BGBl. I, 2222; BR-Dr. 466/14, 3.

II. Normzweck und europarechtlicher Kontext

In Ergänzung zu den übrigen ambulanten Sach- und Geldleistungen (§§ 36 bis 39) regelt § 40 den (Rechts-)**Anspruch** der pflegebedürftigen Person auf **Versorgung mit Pflegehilfsmitteln** (Abs. 1 bis 3) und einkommensabhängige finanzielle Zuschüsse zu **Maßnahmen zur Verbesserung des individuellen Wohnumfeldes** (Abs. 4) als **Leistungen bei häuslicher Pflege** (erster Titel im dritten Abschnitt). Dabei geht der Gesetzgeber davon aus, dass im stationären Bereich technische Hilfsmittel als betriebsnotwendige Investitionen zur notwendigen Grundausstattung eines Pflegeheims gehören (→ Rn. 12). Pflegehilfsmittel sollen dazu beitragen, Pflege durch den Einsatz von Pflegehilfsmitteln zu erleichtern und Beschwerden der pflegebedürftigen Person zu lindern und ihre Selbstständigkeit so lange wie möglich zu erhalten; die Sicherung einer möglichst dauerhaften ambulanten Versorgung ist auch das Ziel der wohnumfeldverbessernden Maßnahmen.[3] Abs. 5 enthält für Hilfsmittel und Pflegehilfsmittel, die sowohl den in Abs. 1 genannten Zwecken als auch der Vorsorge (§ 23 SGB V), der Krankenbehandlung, der Vorbeugung einer drohenden Behinderung oder dem Behinderungsausgleich (§ 33 SGB V) dienen können, **vereinfachte Regelungen** zur Prüfung der **Leistungszuständigkeit** der Sozialleistungsträger KK bzw. PK, Bewilligung der beantragten Leistungen und Aufteilung der Ausgaben, deren Einzelheiten in vom BMG zu genehmigenden und für PK und KK verbindlichen **Richtlinien des Spitzenverbandes Bund der Krankenkassen** bestimmt werden. Sie gelten nicht für Ansprüche auf Hilfsmittel oder Pflegehilfsmittel von in vollstationärer Pflege sich befindenden sowie von nach § 28 Abs. 2 Beihilfe beziehenden pflegebedürftigen Personen.[4]

§ 34 Abs. 1 Nr. 1 sieht grundsätzlich das **Ruhen der Leistungsansprüche bei Auslandsaufenthalt** der versicherten Person und zwar sowohl für die **Sachleistung** nach § 40 Abs. 1 bis 3 als auch die **Geldleistung** nach Abs. 4 (→ Rn. 10). Die Ruhensvorschrift wird aber durch den Vorrang des EG-Rechts (s. u.) und (aufgrund §§ 30 Abs. 2 SGB I, 6 SGB IV) des sonstigen über- und zwischenstaatlichen Recht (v.a. EWR-Abkommen; Sektoren-Abkommen mit der Schweiz) eingeschränkt.[5] In Bezug auf die **koordinierenden Gemeinschaftsregelungen**, insbes. VO (EG) Nr. 883/2004 (→ § 28 Rn. 4), ist die Zuordnung der Pflegehilfsmittel nach Abs. 1 bis 3 als Sachleistung (→ Rn. 5) – analog der Pflegesachleistung nach § 36 – und der wohnumfeldverbessernden Maßnahmen nach Abs. 4 als Geldleistung (→ Rn. 10) von entscheidender Relevanz.[6] Nach Art. 19 VO gilt für den Sachleistungsexport, dass der Wohnsitzstaat gegebenenfalls **Sachleistungen** nach den für ihn geltenden Regelungen auf Rechnung des zuständigen Trägers im Versicherungsstaat erbringt.[7] Sieht das Recht des Aufenthaltsstaates solche Leistungen nicht vor, können Sachleistungen nicht in Anspruch genommen werden.[8] Die **Geldleistung** ist zwar nach Art. 21 VO einer versicherten Person und ihren Familienangehörigen, die in einem anderen als dem zuständigen Mitgliedstaat wohnen oder sich dort aufhalten, vom Träger des Versicherungsstaates nach dessen Vorschriften zu erbringen, doch dürfte der Export einkommens- und ermessensabhängiger Zuschüsse zu wohnumfeldverbessernden Maßnahmen (nach Abs. 4) eher selten und dann nur v.a. beim gleichzeitigen Bezug von Pflegegeld (→ § 37 Rn. 3) in einem EG-Mitgliedstaat infrage kommen. Der sich aus dem Gemeinschaftsrecht ergebende (teilweise) Ausschluss der Anwendbarkeit der Ruhensregelung gilt auch für die private PV.[9]

III. Anspruch auf Pflegehilfsmittelversorgung und Voraussetzungen

Nach Abs. 1 S. 1 besteht ein **Rechtsanspruch** der versicherten Person gegen die PK auf Versorgung mit Pflegehilfsmitteln (Anspruchsnorm). Voraussetzung ist neben Bestehen eines Versicherungsverhältnis-

---

3 Linke in: Krauskopf, § 40 SGB XI Rn. 2; Udsching in: Udsching, § 40 Rn. 2 ff.; Mühlenbruch in: Hauck/Noftz, SGB XI, § 40 Rn. 1; Richter in: LPK-SGB XI, § 40 Rn. 2 ff.; Leitherer in: KassKomm, § 40 SGB XI Rn. 2; sa BT-Dr. 12/5952, 113; BSG, 3.11.1999, B 3 P 3/99 R, NZS 2000, 404 = PflR 2001, 81 = BeckRS 2000, 40279; BSG, 11. 4. 2002, B 3 P 10/01 R, NZS 2002, 543 = BeckRS 9999, 02101.
4 BT-Dr. 17/6906, 101 f.; zur Besonderheit bei Beihilfebezug → § 28 Rn. 9 ff.
5 Baumeister in: BeckOK SozR, SGB XI, § 34 Rn. 11, 12.
6 Siehe auch Fuchs in: Fuchs, Europäisches Sozialrecht, 6. Aufl. 2013, Art. 3 Rn. 9: EuGH, 5.3.1998, Rs. C-190/96 (Molenaar), Slg 1998, I-843 = NZS 1998, 240 = NJW 1998, 1767 = ZfSH/SGB 1998, 290 = SGb 1999, 360; kritisch Schaaf, WzS 1998, 204, 207; EuGH, 16.7.2009, Rs. C-208/07 (Chamier-Glisczinski), Slg 2009,I-6095 = KrV 2009, 213 (Kurzwiedergabe) = DÖV 2009, 721 = FamRZ 2009, 1472 = ZAR 2009, 355 (jeweils Ls.).
7 Bassen, NZS 2010, 479, 483.
8 So auch EuGH, 16.7.2009, Rs. C-208/07 (Chamier-Glisczinski), Slg 2009,I-6095 = KrV 2009, 213 (Kurzwiedergabe) = DÖV 2009, 721 = FamRZ 2009, 1472 = ZAR 2009, 355 (jeweils Ls.); sa § 36 Rn. 3.
9 Siehe auch § 28 Rn. 4 und § 37 Rn. 3.

ses mit Erfüllung der Vorversicherungszeiten (§ 33 Abs. 2), Pflegebedürftigkeit (§§ 14, 15) und Antrag (§ 33 Abs. 1; sa § 40 Abs. 1 S. 2 SGB XI und § 19 SGB IV) die Notwendigkeit der Versorgung (→ Rn. 6). Die Frage, ob eine pflegebedürftige Person, deren Pflegeaufwand durch die (dauerhafte) Versorgung mit (Pflege-)Hilfsmitteln unter den des Pflegegrades 1 (iSv §§ 14,15) reduziert wird, weiter leistungsberechtigt iSv Abs. 1 (und 4) bleibt, ist zu bejahen, da andernfalls eine versicherte Person mit Hilfsmittel trotz des zweifelsfreien Eintritts des Versicherungsfalles keine Leistungen (mehr) beanspruchen könnte.[10] Nach § 2 Abs. 1 S. 2 (sa § 28 Abs. 4 S. 1) sind die Leistungen der PV darauf auszurichten, die körperlichen, geistigen und seelischen Kräfte der pflegebedürftigen Person wiederzugewinnen oder zu erhalten (aktivierende Pflege). Die Leistungen nach § 40 sind Pflegegrad unabhängig. eine wesentliche Änderung der Pflegebedürftigkeit infolge Hilfsmittelversorgung kann aber eine Reduzierung der Ansprüche nach §§ 36 bis 38 zur Folge haben.[11]

5 Der Anspruch umfasst die Erst-/Grundausstattung bei zum Verbrauch bestimmten Mitteln, Zubehör, Änderungen, Instandsetzungen, Ersatzbeschaffungen sowie Anpassung und Ausbildung im Gebrauch (→ Rn. 8).[12] **Pflegehilfsmittel** (iSv Abs. 1 S. 1) sind solche Hilfsmittel, die **zur Erleichterung der Pflege, Linderung von Beschwerden** oder **Ermöglichung einer selbstständigeren Lebensführung** der pflegebedürftigen Person **beitragen**, soweit sie nicht von anderen Sozialleistungsträgern zu leisten sind (→ Rn. 6).[13] Pflegehilfsmittel wird als Ober- oder Sammelbegriff für alle Artikel und Produkte verwendet, mit denen vorgenannte Ziele erreicht werden können; häufig wird zwischen Verbrauchs- (→ Rn. 7) und technischen Pflegehilfsmittel (→ Rn. 8) unterschieden. Nach der Gesetzbegründung sind Letztere v.a. dadurch charakterisiert, dass sie häufig teuer sind und auch bei längerem Gebrauch kaum Abnutzungserscheinungen zeigen (zB Pflegebett, Hausnotrufanlage).[14] Zu den wohnumfeldverbessernden Maßnahmen → Rn. 9. **Mittel des täglichen Lebens(-bedarfs)** sind **keine Pflegehilfsmittel**, auch wenn sie die Pflege erleichtern.[15] Mittel des täglichen Lebens sind solche, die allgemein Verwendung finden und üblicherweise von mehreren Personen benutzt werden oder in einem Haushalt vorhanden sind, wie zB Küchenhilfen, Elektromesser, Dosenöffner, aber auch feuchte Einmalwaschlappen oder elektrisch verstellbare Sessel.[16] Pflegehilfsmittel werden in der sozialen PV grundsätzlich als Sachleistung (§ 4 Abs. 1 S. 1, § 29 Abs. 2, § 78 Abs. 1)[17] erbracht; ausnahmsweise besteht die Möglichkeit der Kostenerstattung (**Sachleistungssurrogat**) für zum Verbrauch bestimmte Pflegehilfsmittel nach Abs. 2 S. 2 (zum Begriff → § 39 Rn. 4). Ein auf Kostenerstattung gerichteter Antrag muss die Menge und die Häufigkeit der Leistung konkretisieren.[18] Für die **private PV** (§§ 110, 111) gilt nach MB/PPV anstelle des Sachleistungsprinzips das Kostenerstattungsprinzip (Erstattung der „Kosten" in gleicher Höhe wie die Sachleistungsbeträge, s. § 23 Abs. 1 S. 3).[19] Unter verschiedenartigen, aber gleichmäßig geeigneten und wirtschaftlichen Hilfsmitteln hat die versicherte Person auch im Rahmen des Sachleistungsprinzips ein Wahlrecht,[20] das jedoch seit den mit GKV-WSG (→ Rn. 1) eingeführten Änderungen des § 78 (sowie der §§ 33 f., 36, 126 f., 139 SGB V zur Hilfsmittelversorgung) relativiert wurde (→ § 78 Rn. 1 ff.). Ist für ein im Einzelfall erforderliches Pflegehilfsmittel ein **Festbetrag** nach § 78 Abs. 1 iVm § 36 SGB V

---

10 Linke in: Krauskopf, § 40 SGB XI Rn. 4; Udsching in: Udsching, § 40 Rn. 6; Richter in: LPK-SGB XI, § 40 Rn. 5 (alle zu §§ 14, 15 aF).
11 Linke in: Krauskopf, § 40 SGB XI Rn. 5.
12 Leitherer in: KassKomm, § 40 SGB XI Rn. 16.
13 Linke in: Krauskopf, § 40 SGB XI Rn. 2; Udsching in: Udsching, § 40 Rn. 6 ff.; Mühlenbruch in: Hauck/Noftz, SGB XI, § 40 Rn. 5; Richter in: LPK-SGB XI, § 40 Rn. 6; Leitherer in: KassKomm, § 40 SGB XI Rn. 7; sa BSG, 3.11.1999, B 3 P 3/99 R, NZS 2000, 404 = PflR 2001, 81 = BeckRS 2000, 40279.
14 BT-Dr. 12/5262, 113; Richter in: LPK-SGB XI, § 40 Rn. 10.
15 BT-Dr. 12/5262, 113; Leitherer in: KassKomm, § 40 SGB XI Rn. 8 mwN; sa BSG, 8.11 2006, B 3 KR 17/06 B (nv); BSG, 16.9.1999, B 3 KR 8/98 R = SozR 3-2500 § 33 Nr. 31 = NZS 2000, 296 = FEVS 51, 289; BSG, 10.10.2000, B 3 KR 29/99 R, BeckRS 9999, 02201; ähnlich BSG, 26.3.2003, B 3 KR 26/02 R = SozR 4-2500 § 33 Nr. 2 = FEVS 55, 49 = NZS 2004, 201.
16 Leitherer in: KassKomm, § 40 SGB XI Rn. 8; sa BSG, 22.8.2001, B 3 P 13/00 R, SozR 3-3300 § 40 Nr. 7 = NZS 2002, 374 = BeckRS 9999, 00403 (elektr. Sessel).
17 Zum Begriff s. § 36 Rn. 6.
18 BSG, 24.9.2002, B 3 P 15/01 R, unter Hinweis auf BSG, 30.10.2001, B 3 KR 2/01 R, SozR 3-2500 § 37 Nr. 3 = FEVS 53, 417 = NZS 2002, 484 = SGb 2002, 570 = BeckRS 9999, 01516; sa BSG, 28.6.2001, B 3 KR 3/00 R, SozR 3-2500 § 33 Nr. 41 = BSGE 88, 204 = FEVS 53, 115 = SGb 2002, 401; Linke in: Krauskopf, § 40 SGB XI Rn. 63.
19 ZB BSG, 19.4.2007, B 3 P 8/06 R, SozR 4-3300 § 40 Nr. 2; BSG, 25.6.2009, B 3 KR 4/08 R, SozR 3-3300 § 40 Nr. = BeckRS 2009, 72863.
20 BSG, 3.11.1999, B 3 KR 16/99 R, SozR 3-1200 § 33 Nr. 1 = NZS 2000, 352 = BeckRS 9999, 00072; LSG Nds.-Bremen, 5.5.2004, L 4 KR 277/01, NZS 2005, 255 = BeckRS 2004, 41272.

festgesetzt, trägt die PK die Kosten nur bis zur Höhe dieses Betrages; für andere Pflegehilfsmittel übernimmt sie die vertraglich vereinbarten Preise.[21] Im Übrigen sind die Leistungen nach § 40 nicht abhängig vom zugeordneten Pflegegrad, sie sind sogar unterhalb Pflegegrad 1 möglich (→ Rn. 4).[22] Wählt die pflegebedürftige Person eine über das Maß des Notwendigen[23] hinausgehende Ausstattung des Pflegehilfsmittels, trägt sie nach Abs. 1 S. 3 die **Mehrkosten** und die dadurch bedingten **Folgekosten** selbst.[24] Abs. 1 S. 4 verweist auf § 33 Abs. 6 und 7 SGB V, dh die leistungsberechtigten Personen dürfen als Leistungserbringer nur Vertragspartner der PK wählen. Nach § 127 Abs. 1 SGB V können die KK oder ihre Verbände im Wege der Ausschreibung Verträge mit Leistungserbringern oder Zusammenschlüssen der Leistungserbringer über die Lieferung und Versorgung mit Hilfsmitteln abschließen; dies gilt nach § 78 Abs. 1 S. 3 auch für die PV entsprechend.[25] Hinsichtlich der Leistungsansprüche bei **Beihilfebezug** weist Vogel darauf hin, dass die PK bei Pflegehilfsmitteln die jeweils zustehende Leistung (§ 28 Abs. 3; → § 28 Rn. 8) nur festsetzen kann, wenn sie zunächst die Gesamtkosten ermittelt und hiervon eine tatsächlich zu entrichtende Zuzahlung in Abzug bringt.[26]

Abs. 1 S. 1 Hs. 2 verweist auf die **vorrangige Leistungspflicht** anderer Träger. Der Anspruch auf Versorgung mit Pflegehilfsmitteln ist ausgeschlossen, wenn das benötigte Hilfsmittel wegen Krankheit oder Behinderung von der GKV oder anderen zuständigen Leistungsträgern (v.a. GUV nach §§ 27, 31, 39 SGB VII, Leistungen für schwerbehinderte Personen nach § 102 Abs. 3 SGB IX, § 22 SchwbAV und Versorgung nach §§ 13, 18 BVG mit OrthV) zu leisten ist.[27] Eine Entlastung der KV zulasten der PV soll nicht stattfinden.[28] Hilfsmittel fallen – soweit es sich nicht um Gebrauchsgegenstände des täglichen Lebens (→ Rn. 5) oder ein nach § 34 Abs. 4 SGB V ausgeschlossenes Hilfsmittel (§ 33 Abs. 1 SGB V, § 31 Abs. 1 SGB IX) handelt – insbes. dann in den **Zuständigkeitsbereich der KV**, wenn sie zwar in der Pflege verwendet werden, vorrangig aber eine **Behinderung ausgleichen** oder den Erfolg einer **Krankenbehandlung**, einschließlich Prävention und Rehabilitation, **sichern** sollen (§ 33 Abs. 1 S. 1 SGB V; sa § 11 Abs. 2 S. 1, § 23 Abs. 1 SGB V).[29] Ist nach dieser Prüfung ein Anspruch nach § 33 SGB V (oder anderen vorrangigen Anspruchsgrundlagen) auf ein Hilfsmittel zu verneinen, ist die **Notwendigkeit** eines Pflegehilfsmittels nach § 40 zu prüfen (s. vereinfachtes Verfahren nach Abs. 5, → Rn. 12). Ein Anspruch auf Gewährung eines Gegenstandes als Pflegehilfsmittel besteht (nur) dann, wenn der Gegenstand allein oder „ganz überwiegend" der Erleichterung der Pflege oder einem der beiden anderen in Abs. 1 S. 1 genannten Zielen dient (→ Rn. 5);[30] das anzustrebende Ziel darf nicht auf einem anderen Weg erreichbar sein.[31] Nach BSG ist es dann ein „reines" Pflegehilfsmittel, das der GKV nicht zugerechnet werden kann, wenn es im konkreten Fall allein oder doch jedenfalls „schwerpunktmäßig" der Erleichterung der Pflege dient.[32] Anders als in der GKV ist in § 40 keine ärztliche Verordnung vorgesehen.[33]

Die **Überprüfung der Notwendigkeit** der Versorgung der pflegebedürftigen Person mit den beantragten Pflegehilfsmitteln erfolgt (nach Abs. 1 S. 2) durch die PK nach Prüfung (idR im häuslichen Bereich, s. § 18 Abs. 2) und Stellungnahme einer Pflegefachkraft oder des MDK; die Entscheidung der PK erfolgt durch Verwaltungsakt (bei laufenden Leistungen mit Dauerwirkung). Zur Beratungspflicht der PK gegenüber pflegebedürftigen Personen siehe § 4 Abs. 3 und § 7 Abs. 2, 3 (sa §§ 7a, 92c). Bei ableh-

---

21 Leitherer in: KassKomm, § 40 SGB XI Rn. 17b mwN.
22 Richter in: LPK-SGB XI, § 40 Rn. 5; Krahmer in: LPK-SGB XI, § 4 Rn. 12.
23 Analog § 33 Abs. 1 S. 4 SGB V; zum „Maß des Notwendigen" s. BSG, 11.11.2004, B 9 V 3/03 R, SozR 4-3100 § 18 Nr. 2 Rn. 14, 28 = SGb 2005, 409 = Behindertenrecht 2005, 138.
24 Udsching in: Udsching, § 40 Rn. 19; sa § 31 Abs. 3 SGB IX sowie Beispiel bei Richter in: LPK-SGB XI, § 40 Rn. 13.
25 Udsching in: Udsching, § 40 Rn. 20; Richter in: LPK-SGB XI, § 40 Rn. 13.
26 Richter in: LPK-SGB XI, § 40 Rn. 29.
27 Näheres bei Griep/Renn, Pflegesozialrecht, Kap. 2, 5 bis 7.
28 Antwort der Bundesregierung auf eine kleine Anfrage in BT-Dr. 14/5427, 2.
29 Udsching in: Udsching, § 40 Rn. 12; Richter in: LPK-SGB XI, § 40 Rn. 7; Linke in: Krauskopf, § 40 SGB XI Rn. 18.
30 Richter in: LPK-SGB XI, § 40 Rn. 5.
31 Leitherer in: KassKomm, § 40 SGB XI Rn. 18; Dalichau, SGB XI, II.2.
32 BSG, 10.11.2005, B 3 P 10/04 R, SozR 4-330 § 40 Nr. 2 = SGb 2006, 488 = ZfS 2006, 86 = RdLH 2006, 116 = NZS 2006, 250 (Ls.); BSG, 15.11.2007, B 3 A 1/07 R, BSGE 99, 197 = SozR 4-2500 § 33 Nr. 16 = SGb 2008, 19 = RdLH 2008, 78.
33 BT-Dr. 12/5262, 113.

nenden Bescheiden der PK (nach erfolglosem Vorverfahren; § 78 SGG) ist nach Linke[34] die **kombinierte Anfechtungs- und Leistungsklage** (§ 54 Abs. 4 SGG) auf Hilfsmittelversorgung als laufende Sachleistung die richtige Rechtsschutzform. Hat die PK eine unaufschiebbare Leistung nicht rechtzeitig erbracht oder die Versorgung zu Unrecht verweigert, kann sich die pflegebedürftige Person notwendige Pflegehilfsmittel selbst beschaffen und Kostenerstattung (entsprechend § 13 Abs. 3 SGB V; § 40 Abs. 2 S. 2; → Rn. 5) geltend machen.[35]

IV. Zum Verbrauch bestimmte (Abs. 2) und technische Pflegehilfsmittel (Abs. 3)

8 Abs. 2 S. 1 begrenzt die Aufwendungen für **Verbrauchspflegehilfsmittel** auf maximal 40 EUR monatlich; der Betrag unterliegt der Dynamisierung nach § 30.[36] Zum Verbrauch bestimmte Pflegehilfsmittel sind Produkte, die wegen ihrer Beschaffenheit oder aus hygienischen Gründen nur einmal benutzt werden und regelmäßig nicht für den Wiedereinsatz geeignet sind, wobei die Dauer der Benutzung unerheblich ist.[37] Zu den zum Verbrauch bestimmten Pflegehilfsmitteln zählen laut **Pflegehilfsmittelverzeichnis** (Produktgruppe 54) saugende Bettschutzeinlagen (zum Einmalgebrauch), Fingerlinge, Einmalhandschuhe, Mundschutz, Schutzschürzen, Desinfektionsmittel. Verbrauchspflegehilfsmittel werden grundsätzlich als Sachleistung gewährt; nach Abs. 2 S. 2 besteht auch die Möglichkeit zur nachträglichen Kostenerstattung (→ Rn. 5). Aufwendungen über der Höchstgrenze muss die pflegebedürftige Person selbst tragen, ggf. Sozialhilfe (Hilfe zur Pflege nach §§ 61 ff. SGB XII) beanspruchen (→ § 36 Rn. 2, 4). Es besteht – anders als in Abs. 3 – keine Härtefallregelung. Leistungen nach Abs. 2 können nach § 35 a auch als Teil eines **trägerübergreifenden Budgets** nach § 17 Abs. 2 bis 4 SGB IX beantragt werden.

9 Nach Abs. 3 S. 1 sollen die PK **technische Pflegehilfsmittel** den pflegebedürftigen Personen in allen geeigneten Fällen vorrangig leihweise überlassen; jedoch beschränkt sich die (vorrangig) **leihweise Überlassung** dem Grunde nach auf wieder einsetzbare technische Hilfsmittel, von der nur in begründeten Ausnahmefällen abzusehen ist.[38] Zu den technischen Pflegehilfsmitteln iSv Abs. 3 (nicht nach Abs. 4) zählen nicht zum Verbrauch bestimmte Gegenstände, deren bestimmungsgemäßer Einsatz voraussetzt, dass sie entweder lediglich im Wohnbereich genutzt werden oder mit dem Bauwerk verbunden, beim Auszug aus der Wohnung aber mitgenommen werden.[39] Inhalt und Umfang der leihweisen Überlassung ist zwischen PK und pflegebedürftiger Person zu vereinbaren.[40] Lehnt eine pflegebedürftige Person die leihweise Überlassung ohne zwingenden Grund ab, muss sie nach Abs. 3 S. 7 die Kosten des Pflegehilfsmittels in vollem Umfang selbst tragen. Was ein „zwingender Grund" ist, regelt das Gesetz nicht, doch ist davon auszugehen, dass die vortragenden Gründe gewichtig, nachvollziehbar und bei verständiger Würdigung der Gesamtsituation überzeugend sein müssen.[41] Die PK sind sowohl zur Beratung der pflegebedürftigen Person (§ 7 Abs. 2), als auch zur pflichtgemäßen Ausübung ihres Ermessens verpflichtet.[42] Ebenfalls eine Ermessensentscheidung (§§ 33, 39 SGB I, §§ 32, 35 SGB X) haben die PK zu treffen, wenn sie nach Abs. 3 S. 2 die Bewilligung davon abhängig machen, dass die pflegebedürftige Person sich das Pflegehilfsmittel anpassen oder sich selbst und/oder die Pflegeperson in ihrem Gebrauch ausbilden lässt (**besondere Mitwirkungspflichten der genannten Personen**).[43] Nach Abs. 3 S. 3 umfasst der Anspruch nicht nur die notwendige Ausbildung in ihrem Gebrauch, sondern auch ihre notwendige Änderung, **Instandsetzung** und **Ersatzbeschaffung**; dh für diese Maßnahmen dürfen keine Kosten berechnet (jedoch Zuzahlungen erhoben) werden. Zu den notwendigen Änderungen zählen Maßnahmen, die ihre Ursache entweder in der Person der Leistungsadressaten (pflegebe-

---

34 Linke in: Krauskopf, § 40 SGB XI Rn. 63; BSG, 24.9.2002, B 3 P 15/01 R = ArbuR 2003, 127 (Ls.) = SuP 2003, 258 = GSP 2003, Nr. 9/10, 59 = WzS 2004, 124 (jeweils Kurzwiedergabe).
35 Linke in: Krauskopf, § 40 SGB XI Rn. 63; BSG, 24.9.2002, B 3 P 15/01 R = ArbuR 2003, 127 (Ls.) = SuP 2003, 258 = GSP 2003, Nr. 9/10, 59 = WzS 2004, 124 (jeweils Kurzwiedergabe).
36 Richter in: LPK-SGB XI, § 40 Rn. 15.
37 Udsching in: Udsching, § 40 Rn. 21; Richter in: LPK-SGB XI, § 40 Rn. 15.
38 Richter in: LPK-SGB XI, § 40 Rn. 17.
39 Dalichau, SGB XI, § 40 III.; Udsching in: Udsching, § 40 Rn. 23, mit Beispiel Deckenlift (BSG, 12.6.2008, B 3 P 6/07 R, Rn. 33 ff., NZS 2009, 329 = NJOZ 2009, 2332 = BeckRS 2008, 57829).
40 Leitherer in: KassKomm, § 40 SGB XI Rn. 26; Richter in: LPK-SGB XI, § 40 Rn. 17.
41 Richter in: LPK-SGB XI, § 40 Rn. 23; zB LSG Saarl, 9.6.2010, L 2 P 1/09 (Rn. 21), juris = Trenk-Hinterberger in: Udsching/Rolfs, Bd. 32, S. 243, 250 (keine Kostenübernahme für Hausnotruf, wenn pflegebed. Person mit Ehefrau zusammenlebt).
42 Richter in: LPK-SGB XI, § 40 Rn. 23 (Hinweis auf § 35 SGB X).
43 Im Folgenden Richter in: LPK-SGB XI, § 40 Rn. 18 f.

dürftige oder Pflegeperson) oder im technischen Fortschritt haben; unter Instandsetzung fallen insbesondere durch Verschleiß erforderliche Reparaturen und notwendige Wartungsarbeiten.[44] Für vorsätzlich oder grob fahrlässig verursachte Schäden haftet der Verursacher (§§ 823 ff. BGB), nicht die Solidargemeinschaft (sa § 63 Abs. 1 Nr. 1, § 30 SGB IV). Pflegebedürftige Personen, die das 18. Lebensjahr vollendet haben, haben zu den Kosten eines Pflegehilfsmittels nach Abs. 3 S. 4 eine Zuzahlung von 10 % der Kosten, höchstens jedoch 25 EUR an die abgebende Stelle – idR Leistungserbringer iSd § 78 – zu leisten; ausgenommen sind die zum Verbrauch bestimmten Hilfsmittel iSd Abs. 2 (→ Rn. 7), für die die Höchstbetragsregelung greift. Obwohl im Gesetz nicht eindeutig geregelt, ist die Zuzahlungsregelung des Abs. 3 S. 4 wegen ihrer Anreizfunktion zu wirtschaftlichem Verhalten (Wirtschaftlichkeitsgebot nach § 29)[45] nach hM jedenfalls auf Erst- und Ersatzbeschaffung, nach überwiegender Meinung jedoch nicht auf Wartung, Änderung oder Instandsetzung der technischen Pflegehilfsmittel anzuwenden; nach einhelliger Ansicht gilt sie nicht für deren – vorrangige – (unentgeltliche, § 598 BGB) leihweise Überlassung.[46] Da Letztere die Regel ist, dürfte die praktische Bedeutung der Zuzahlungspflicht gering sein.[47] Nach Abs. 3 S. 5 ist § 62 Abs. 1 S. 1, 2 u. 6, Abs. 2 u. 3.SGB V zur **Vermeidung von Härtefällen** entsprechend anzuwenden; dh die PK kann bedürftige pflegebedürftige Personen ganz oder teilweise von der Zuzahlung befreien. Anders als nach der „Ist"-Regelung der GKV stellt Abs. 3 S. 5 die Befreiung in das Ermessen der PK, was in der Praxis – wie erwähnt – allerdings kaum Bedeutung haben dürfte.[48] Bei Vorliegen der zwingenden Voraussetzungen von § 62 SGB V besteht für Udsching[49] allerdings kein Raum zu einer abweichenden Entscheidung. Bei der Ausübung des Ermessens wird die PK allenfalls berücksichtigen können, aus welchen besonderen Gründen technische Pflegehilfsmittel nicht leihweise zur Verfügung gestellt werden konnten.[50] Entsprechend § 62 SGB V ist die Zuzahlung auf die individuelle Belastungsgrenze von 2 % (bei chronisch kranken Personen 1 %) der jährlichen Bruttoeinnahmen zum Lebensunterhalt begrenzt (s. Abs. 3 S. 6).[51]

V. Zuschüsse zur Verbesserung des Wohnumfeldes (Abs. 4)

PK können nach Abs. 4 bei häuslicher Pflege neben der Pflegehilfsmittelversorgung gemäß Abs. 1 bis 3 (→ Rn. 5 ff.) nach pflichtgemäßem Ermessen (§§ 39 SGB I, 35 ff. SGB X) finanzielle **Zuschüsse** zu wohnumfeldverbessernden Maßnahmen der pflegebedürftigen Person bis zu 4.000 EUR als **Geldleistung** oder präziser **Teilkostenerstattung**[52] gewähren. Zuschüsse zur individuellen Wohnumfeldverbesserung sind – wie Pflegehilfsmittel – nachrangig gegenüber Leistungen anderer Träger (→ Rn. 6), wobei die GKV-Leistungen (§ 33 SGB V) grds. nicht mit denen nach Abs. 4 vergleichbar sind. Bezuschusst werden können Maßnahmen in vorhandenem oder neu zu schaffendem, in gemietetem oder Wohnraum im Eigentum der pflegebedürftigen Person.[53] Der Zuschuss wird an die pflegebedürftige Person ausgezahlt, die die erforderlichen Maßnahmen selbst organisieren (lassen) muss.[54] Daher kann es sich – im Gegensatz zu den Leistungen nach Abs. 1 bis 3 – nicht um eine Sachleistung handeln.[55] Erforderlich ist zunächst die Erfüllung der in → Rn. 4 genannten Voraussetzungen, Versicherungsverhältnis und Versicherungsfall sowie ein Antrag (§ 33 Abs. 1 S. 1); Letzterem steht nicht entgegen, dass die Maßnahme bereits vor Beantragung des Zuschusses durchgeführt worden ist, weil die von der PK ge-

---

44 Siehe auch BSG, 6.2.1997, 3 RK 12/96, NJW 1998, 1813 = NZS 1997, 467.= BSGE 80, 93 = LSK 1998, 240113 = SozR 3-2500 § 33 Nr. 24; BSG, 19.5.2009, B 8 SO 32/07 R, BSGE 103, 171 = LSK 2010, 020383 = NVwZ-RR 2010, 196 = BeckRS 2009, 69444; BSG, 20.11.1996, 3 RK 5/96, BSGE 79, 261 = LSK 1998, 010671 = BeckRS 1996, 30765318.
45 Siehe BT-Dr. 12/5262, 114; sa Richter in: LPK-SGB XI, § 40 Rn. 30.
46 Leitherer in: KassKomm, § 40 SGB XI Rn. 31; Richter in: LPK-SGB XI, § 40 Rn. 20; Udsching in: Udsching, § 40 Rn. 27; Dalichau, SGB XI, § 40 III.; Mühlenbruch in: Hauck/Noftz, SGB XI, § 40 Rn. 16; zustimmend auch für Wartung und Instandsetzung Linke in: Krauskopf, § 40 SGB XI Rn. 31.
47 Linke in: Krauskopf, § 40 SGB XI Rn. 31 mwN; Richter in: LPK-SGB XI, § 40 Rn. 20.
48 Leitherer in: KassKomm, § 40 SGB XI Rn. 32; Richter in: LPK-SGB XI, § 40 Rn. 21.
49 Udsching in: Udsching, § 40 Rn. 28.
50 Richter in: LPK-SGB XI, § 40 Rn. 21.
51 Udsching in: Udsching, § 40 Rn. 29.
52 Schulin, HS-PV § 15 Rn. 41; § 16 Rn. 207 mwN, Teilkostenerstattung; sa Koch, WzS 2001, 257.
53 Schulin, HS-PV, § 16 Rn. 200; Linke in: Krauskopf, § 40 SGB XI Rn. 40.
54 Linke in: Krauskopf, § 40 SGB XI Rn. 40; Richter in: LPK-SGB XI, § 40 Rn. 18; Schulin, HS-PV, § 16 Rn. 207.
55 Schulin, HS-PV, § 16 Rn. 207.

schuldete Leistung der finanzielle Zuschuss und nicht die Maßnahme selbst ist.[56] Eine Antragsfrist besteht nicht,[57] doch sind § 45 SGB I (vierjährige Verjährungsfrist) und § 59 SGB I (Vererbbarkeit von Geldleistungen bei Beantragung vor dem Tod der leistungsberechtigten Person) zu beachten.[58] Die PK sind bei der Beantragung und Organisation der Leistung zur individuellen Beratung der pflegebedürftigen Person verpflichtet (§§ 7 Abs. 2–4, 7 a).[59] Des Weiteren müssen sich die Verbesserungsmaßnahmen auf das **individuelle Wohnumfeld** der pflegebedürftigen Person beziehen, idR eigene Wohnung[60] oder Haushalt, in den sie aufgenommen wurde,[61] aber auch eine eigens zu diesem Zweck gewählte andere Wohngelegenheit werden, etwa Wohngemeinschaft, Wohneinrichtung für behinderte und/oder alte Menschen, Wohnanlage für Betreutes Wohnen[62] oder vergleichbare Wohneinrichtung (= Häuslichkeit iSv **§ 36 Abs. 1 S. 2,** → § 36 Rn. 7).[63] Maßgeblich sind die häusliche Pflege und Versorgung (in Abgrenzung zur vollstationären Pflege, s. § 43) sowie die Umstände des Einzelfalls. Grundsätzlich nicht zum individuellen Wohnumfeld zu rechnen ist ein Hausgarten; dennoch kann ein barrierefreier Zugang zum Garten (zB für schwer pflegebedürftige Kinder) eine wohnumfeldverbessernde Maßnahme darstellen.[64] Die in § 78 Abs. 2 den Spitzenverbänden der PK erteilte Befugnis zur Regelung von Einzelheiten der Bemessung von Zuschüssen nach § 40 Abs. 4 berechtigt sie – so das LSG Schleswig-Holstein klarstellend – nicht, unbestimmte Rechtsbegriffe der anspruchsbegründenden Norm (hier den Begriff des individuellen Wohnumfeldes) in allgemeinverbindlicher Weise einzuschränken und damit Ansprüche pflegebedürftiger Personen auszuschließen.[65] In Abs. 4 S. 1 werden als Beispiel zuschussfähiger Maßnahmen die **technischen Hilfen** im Haushalt genannt (in Abgrenzung zu den technischen Hilfsmitteln iSd Abs. 3, → Rn. 9);[66] weitere Beispiele sind (Um-/Ein-) **Baumaßnahmen** wie Einbau einer Dusche oder eines Treppenliftes[67] (einschließlich Folgekosten),[68] Einrichtung eines Dialysezimmers für ein dialysepflichtiges Kleinkind,[69] behindertengerechte Gestaltung eines Eigenheims (als Gesamtmaßnahme)[70] oder Haushalts wie Türverbreiterungen,[71] Umbau eines Küchenfensters in eine Terrassentür,[72] Installation von Wasseranschlüssen und elektrischen Heizgeräten oder Ein- und Umbau von Mobiliar entsprechend den individuellen Erfordernissen der individuellen Pflegesituation;[73] maßgebend ist

---

56 BSG, 14.12. 2000, B 3 P 1/00 R, SozR 3-3300 § 40 Nr. 3 = NZS 2001, 493 (Ls.), die Regelung § 6 Abs. 1, 2 iVm § 4 Abs. 7 MB/PPV betreffend; BSG, 28.6.2001, B 3 P 3/00 R, SozR 3-3300 § 40 Nr. 6 = FEVS 53, 241 = NZS 2002, 153 = BeckRS 2001, 41554; BSG, 30.10.2001, B 3 P 3/01 R, SozR 3-3300 § 40 Nr. 8 = FEVS 53, 442 = NZS 2002, 431 = BeckRS 9999, 00404; Linke in: Krauskopf, § 40 SGB XI Rn. 41; Richter in: LPK-SGB XI, § 40 Rn. 18; Leitherer in: KassKomm, § 40 SGB XI Rn. 34.
57 AA ThürLSG, 30.8.2000, L 6 KN 712/99 P.
58 Linke in: Krauskopf, § 40 SGB XI Rn. 41.
59 Leitherer in: KassKomm, § 40 SGB XI Rn. 34; Linke in: Krauskopf, § 40 SGB XI Rn. 41; Gem. Rundschr. d. Spitzenverb. zu § 40 Nr. 3.
60 BSG, 12.6.2008, B 3 P 6/07 R, BSGE 101, 22 = SozR 4-3300 § 40 Nr. 8 = SGb 2008, 470 = RdLH 2008, 122 = WzS 2008, 246 (jeweils Kurzwiedergabe) = NZS 2009, 329 (Ls.); sa Trenk-Hinterberger, jurisPR-SozR 15/2009, Anm. 5; BSG, 12.8.2009, B 3 P 4/08 R = SGb 2010, 25 = RdLH 2010, 16 (jeweils Kurzwiedergabe).
61 Auf diesen engen Bereich begrenzen die Spitzenverbände der PK, Gem. Rundschr. zu § 40 Ziff. 7.2.
62 SchlHLSG, 13.3 2009, L 10 P 10/08, zit. nach Trenk-Hinterberger in: Udsching/Rolfs, Bd. 31, S. 265, 274.
63 So auch Linke in: Krauskopf, § 40 SGB XI Rn. 42.
64 BSG, 17.7.2008, B 3 P 12/07 R, SozR 4-3300 § 40 Nr. 9 = FEVS 60, 398 = SGb 2008, 525, Anm. Gagel in jurisPR-SozR 8/2009; Linke in: Krauskopf, § 40 SGB XI Rn. 35; Leitherer in: KassKomm, § 40 SGB XI Rn. 35; Richter in: LPK-SGB XI, § 40 Rn. 26; Udsching in: Udsching, § 40 Rn. 34.
65 SchlHLSG, 13.3 2009, L 10 P 10/08; Trenk-Hinterberger in: Udsching/Rolfs, Bd. 31, S. 265, 274.
66 BSG, 4.8.1981, 5a/5 RKn 16/80, SozR 2200 § 182 b Nr. 23 = FEVS 32, 434; BSG, 17.9.1986, 3 RK 5/86, SozR 2200 § 182 b Nr. 33 = FEVS 37, 39; BSG, 29.4.2010, B 3 KR 5/09 R, SozR 3-2500 § 33 Nr. 30.
67 BT-Dr. 12/5262 S 114, vgl. auch BSG, 3.11.1999, B 3 P 6/99 R, SozR 3-3300 § 40 Nr. 2 = NZS 2000, 355; BSG, 14.12.2000, B 3 P 1/00, SozR 3-3300 § 40 Nr. 3 = NZS 2001, 493 (Ls.).
68 LSG Bad-Württ., 10.6.2011, L 4 P 2397/10, NZS 2011, 946 (Ls.).
69 SächsLSG, 7.1.2009, L 1 P 15/08; Trenk-Hinterberger in: Udsching/Rolfs Bd. 31, S. 265, 274.
70 BSG, 26.4.2001, B 3 P 24/00 R, SozR 3-3300 § 40 Nr. 5 = FEVS 53, 54 = ZfS 2001, 305 (Kurzwiedergabe) = Behindertenrecht 2001, 202 (Ls.).
71 (BSG, 28.6.2001, B 3 P 3/00 R, SozR 3-3300 § 40 Nr. 6 = FEVS 53, 241 = NZS 2002, 153 = BeckRS 2001, 41554 (Haustür).
72 SG Dortmund, 12.3.2010, S 39 KN 98/08 P; Trenk-Hinterberger in: Udsching/Rolfs, Bd. 32, S. 243, 251 (Abgrenzung zu BSG, 17.7.2008, B 3 P 12/07 R, SozR 4-3300 § 40 Nr. 9 = FEVS 60, 398, wonach das Ermöglichen barrierefreier Bewegung im Garten nicht in den Schutzbereich des § 40 Abs. 4 fällt).
73 Gem. Rundschr. d. Spitzenverb. zu § 40 Nr. 3.2; Leitherer in: KassKomm, § 40 SGB XI Rn. 36.

ein üblicher und durchschnittlicher Wohnungsstandard.[74] Hilfen, wie der Einbau einer mit dem Gebäude fest verbundenen Lichtsignalanlage (Klingelleuchte), die auf die besondere Wohnsituation zugeschnitten sind und ggfs. wegen dieser benötigt werden, sind von der PK zu übernehmen (in Abgrenzung zu den [Kranken-]Hilfsmitteln nach § 33 SGB V).[75] Die Anschaffung eines Gebrauchsgegenstandes (→ Rn. 6) kann (nur) Zuschuss fähig sein, wenn sie der Anpassung einer standardgemäß ausgestatteten Wohnung an die besonderen Bedürfnisse eines Menschen mit Behinderung dient.[76]

Besondere Voraussetzung für die Gewährung eines Zuschusses iSd Abs. 4 ist, dass durch die vorgesehene Maßnahme im Einzelfall die häusliche Pflege ermöglicht oder erheblich erleichtert oder eine möglichst selbstständige Lebensführung der pflegebedürftigen Person wiederhergestellt oder erhalten wird (s. Abs. 4 S. 1). Nach der Rspr. muss es sich um **geeignete, erforderliche und wirtschaftliche Maßnahmen** handeln (→ Rn. 10).[77] Eine „Maßnahme" iSd Abs. 4 S. 1 SGB XI umfasst sämtliche Umbauten und technische Hilfen, die zu einem bestimmten Zeitpunkt zur Verbesserung des individuellen Wohnumfeldes der pflegebedürftigen Person objektiv erforderlich sind.[78] Ein zweiter Zuschuss kommt erst dann in Betracht, wenn durch eine **objektive Änderung der Pflegesituation** im Lauf der Zeit Schritte zur Wohnumfeldverbesserung erforderlich werden.[79] Offen bleibt die Frage, ob wie in Abs. 1 S. 1 eine Maßnahme zur Linderung von Beschwerden der pflegebedürftigen Person im Rahmen des Abs. 4 anspruchsbegründend sein kann.[80] Die erhebliche Erleichterung der Pflege muss sich aber immer auf aktive Pflegemaßnahmen beziehen; eine allgemeine Entlastung der Pflegeperson reicht nicht aus.[81] Bei der Bemessung der **Höhe des Zuschusses** entfällt durch die Aufhebung des Abs. 4 S. 2 (→ Rn. 1)[82] zwar die Kosten- und Einkommensprüfung sowie Festlegung eines angemessenen Eigenanteils der pflegebedürftigen Person, es gilt jedoch weiterhin ein **Höchstbetrag** von 4.000 EUR pro Maßnahme (Abs. 4 S. 3), so dass pflegebedürftige Personen sich auch künftig mit zT erheblichen **Eigenbeiträgen** an der Finanzierung wohnumfeldverbessernder Maßnahmen werden beteiligen müssen (→ Rn. 10). Durch die (mit PNG) eingefügten Sätze 4 und 5 (→ Rn. 1) wird zwar klargestellt, dass bei Wohngemeinschaften jeder pflegebedürftigen Person Anspruch auf den eben genannten Höchstbetrag (pro Maßnahme) zusteht, der Gesamtbetrag je Maßnahme jedoch auf 16.000 EUR begrenzt und auf die einzelnen Versicherungsträger aufgeteilt. Die Entscheidung über das „Ob" der Gewährung des Zuschusses und dessen Höhe liegt im Ermessen der PK,[83] wobei die pflegebedürftige Person gem. § 39 Abs. 1 SGB I einen (einklagbaren) Anspruch auf ermessensfehlerfreie Entscheidung hat. Dabei sind alle relevanten Umstände des Einzelfalles, insbes. Wohn- und Versorgungssituation der pflegebedürftigen Person, zu berücksichtigen. Das Ermessen bezieht sich jedoch nicht darauf, was als „Maßnahme" iSd Abs. 4 anzusehen ist, da es sich insoweit um einen voll überprüfbaren unbestimmten Rechtsbegriff

---

74 BSG, 3.11.1999, B 3 P 3/99 R, SozR 3-3300 § 40 Nr. 1 = NZS 2000, 404 = FEVS 51, 294 = PflR 2001, 81; BSG, 17.7.2008, B 3 P 12/07 R, SozR 4-3300 § 40 Nr. 9 = FEVS 60, 398 mit Anm. Gagel in: jurisPR-SozR 8/2009, Anm. 4.
75 BSG, 29.4.2010, B 3 KR 5/09 R (Ls. 2) in SozR 4-2500 § 33 Nr. 30 = FEVS 62, 193; Trenk-Hinterberger in: Udsching/Rolfs, Bd. 32, S. 243, 251.
76 BSG, 13.5.2004, B 3 P 5/03 R, SozR 4-3300 § 40 Nr. 1 = NJW 2004, 3206 = NZS 2005, 262 = FEVS 56, 97 (Personenaufzug); zur Anerkennung einer Gegensprechanlage BSG, 28.6.2001, B 3 P 3/00 R, SozR 3-3300 § 40 Nr. 6 = FEVS 53, 241 = NZS 2002, 153 = BeckRS 2001, 41554; Linke in: Krauskopf, § 40 SGB XI Rn. 45 ff.; Leitherer in: KassKomm, § 40 SGB XI Rn. 36; weitere Beispiele und Orientierungshilfe für Maßnahmen nach Abs. 4 bei Richter in: LPK-SGB XI, § 40 Rn. 26.
77 BSG, 28.6.2001, B 3 P 3/00 R, SozR 3-3300 § 40 Nr. 6 = FEVS 53, 241 = NZS 2002, 153 = BeckRS 2001, 41554; BSG, 30.10.2001, B 3 P 3/01 R, SozR 3-3300 § 40 Nr. 8 = FEVS 53, 442 = NZS 2002, 431 = BeckRS 9999, 00404; Linke in: Krauskopf, § 40 SGB XI Rn. 48.
78 BSG, 17.7.2008, B 3 P 12/07 R in SozR 4-3300 § 40 Nr. 9 unter Hinweis auf BSG, 3.11.1999, B 3 P 6/99 R, SozR 3-3300 § 40 Nr. 2, beide juris; LSG Bln-Bbg v. 16.3.2012, L 27 P 55/11 B PKH, BeckRS 2012, 68792.
79 LSG Bln-Bbg, 16.3.2012, L 27 P 55/11 B PKH, BeckRS 2012, 68792.
80 BSG, 26.4.2001, B 3 P 15/00, SozR 3-3300 § 40 Nr. 4 = FEVS 53, 2; Linke in: Krauskopf, § 40 SGB XI Rn. 53; Leitherer in: KassKomm, § 40 SGB XI Rn. 37.
81 BSG, 26.4.2001, B 3 P 15/00, SozR 3-3300 § 40 Nr. 4 = FEVS 53, 2; Linke in: Krauskopf, § 40 SGB XI Rn. 51; Leitherer in: KassKomm, § 40 SGB XI Rn. 37.
82 Durch Art. 1 Nr. 14 PNG (s. BR-Dr. 170/12, 71).
83 BSG, 14.12.2000, B 3 P 1/00, SozR 3-3300 § 40 Nr. 3 = NZS 2001, 493 (Ls.); Linke in: Krauskopf, § 40 SGB XI Rn. 58; Leitherer in: KassKomm, § 40 SGB XI Rn. 38.

handelt.[84] Bei Beihilfezug (s. § 28 Abs. 3) beträgt der Zuschuss zur Verbesserung des individuellen Wohnumfeldes maximal 1.278,50 EUR je Maßnahme.[85]

VI. Vereinfachtes Verfahren bei Leistungszuständigkeit nach SGB V und SGB XI (Abs. 5)

12 Mit dem durch das GKV-VStG in Abs. 5 eingeführten vereinfachten Regelungen zur Prüfung der Leistungszuständigkeit von KK und PK, Bewilligung der beantragten Leistungen und Aufteilung der Ausgaben sollen die zT erheblichen Abgrenzungs- und Zuständigkeitsprobleme für Hilfsmittel und Pflegehilfsmittel, die sowohl den in Abs. 1 als auch den in §§ 23, 33 SGB V genannten Zwecken dienen können (→ Rn. 6). So hatte beispielsweise das BSG[86] in einem Rechtsstreit einer schwerhörigen versicherten Person gegen die KK festgestellt, dass sie zwar gegen ihre KK einen Anspruch auf Versorgung mit einer Lichtsignalanlage (Klingelleuchte) als Hilfsmittel der GKV haben könne (Ls. 1), wenn die Lichtsignalanlage hingegen fest mit dem Gebäude verbunden sei, könne ihr Einbau (nur) eine Maßnahme zur Verbesserung des individuellen Wohnumfelds darstellen, deren Bezuschussung den PK obliege (Ls. 2). Nach Abs. 5 S. 1 prüft in den Fällen, in denen die Hilfsmittel sowohl SGB V- als auch SGB XI-Zwecken dienen können, der Leistungsträger, bei dem die versicherte Person die Leistung beantragt, ob ein Anspruch gegenüber der KK oder der PK besteht und entscheidet abschließend- nach den für die Kranen- und die Pflegeversicherung geltenden Rechtsvorschriften, dh auch den für den jeweils anderen Leistungsträger geltenden Regelungen[87] – über die Bewilligung der Hilfsmittel und Pflegehilfsmittel (Verwaltungsakt). Für die betroffenen Hilfsmittel ist eine pauschale Aufteilung der Ausgaben zwischen der Kranken- und Pflegekasse vorgesehen (Abs. 5 S. 2). Neben der damit verbundenen Relativierung konfliktträchtiger Abgrenzungs- und Zuständigkeitsprobleme und Verwaltungsvereinfachung solle – so die Begründung[88] – verhindert werden, dass sich einzelne KK durch die Verlagerung von Leistungen auf die jeweilige PK ungerechtfertigte Wettbewerbsvorteile verschaffen; die neue Vorschrift diene lediglich der internen Abgrenzung zwischen Kranken- und Pflegekasse und habe keine Auswirkungen auf die Ansprüche der versicherten Personen. Aus Gründen der Gleichbehandlung wurde die Zuzahlung für die betroffenen Hilfsmittel und Pflegehilfsmittel angeglichen (Abs. 5 S. 7). Diese Regelungen beziehen sich nur auf den ambulanten Bereich, nicht jedoch auf Ansprüche auf Hilfsmittel oder Pflegehilfsmittel von in vollstationärer Pflege (→ Rn. 14) sich befindenden sowie – wegen der Systemunterschiede[89] – von nach § 28 Abs. 2 Beihilfe beziehenden pflegebedürftigen Personen (Abs. 5 S. 8).[90]

13 Vom BMG zu genehmigende und für PK und KK verbindliche **Richtlinien des Spitzenverbandes Bund der Krankenkassen** (der gleichzeitig als Spitzenverband Bund der Pflegekassen fungiert), bestimmen, welche Hilfsmittel und Pflegehilfsmittel des Hilfsmittelverzeichnisses der GKV und des Pflegehilfsmittelverzeichnisses der sozialen PV zu den Hilfsmitteln mit doppelter Zweckbestimmung gehören, und in welchem Verhältnis die Kosten aufgeteilt werden sowie (weitere) Einzelheiten der Pauschalierung (Abs. 5 S. 3). Nach Abs. 5 S. 4 sind dabei die bisherigen Ausgaben der Kranken- und Pflegekassen zu berücksichtigen und sicher zu stellen, dass bei der Aufteilung die Zielsetzung der Vorschriften des SGB V und XI zur Hilfsmittelversorgung sowie die Belange der Versicherten gewahrt bleiben. Die in Abs. 5 S. 5 vorgesehene Genehmigung des Bundesministeriums für Gesundheit soll die Erfüllung der gesetzlichen Vorgaben gewährleisten.[91] Zur Kompetenz des Spitzenverbandes und Rechtsqualität seiner Richtlinien wird auf die Ausführungen zu § 92 SGB V verwiesen.

VII. Hilfsmittel in stationären Einrichtungen

14 Gesetzgeber und Rspr. gehen davon aus, dass sich der **Anspruch** einer pflegebedürftigen Person auf Pflegehilfsmittel gegenüber der sozialen und privaten PV grundsätzlich auf die häusliche Pflege bezieht,

---

84 BSG, 3.11.1999, B 3 P 3/99 R, SozR 3-3300 § 40 Nr. 1 = NZS 2000, 404 = FEVS 51, 294 = PflR 2001, 81; BSG, 13.5.2004, B 3 P 5/03 R, SozR 4-3300 § 40 Nr. 1 = NJW 2004, 3206 = NZS 2005, 262 = FEVS 56, 97; Dalichau, SGB XI, § 40 IV; Linke in: Krauskopf, § 40 SGB XI Rn. 58; Leitherer in: KassKomm, § 40 SGB XI Rn. 38.
85 Zum Beihilfebezug siehe § 28 Rn. 9 ff.
86 BSG, 29.4.2010, B 3 KR 5/09 R in SozR 4-2500 § 33 Nr. 30 = FEVS 62, 193, Ls. 1, 2; Trenk-Hinterberger in: Udsching/Rolfs, Bd. 32, S. 251.
87 BT-Dr. 17/6906, 101.
88 Im Folgenden BT-Dr. 17/6906, 102.
89 Siehe auch § 28 Rn. 6, 9 ff.
90 BT-Dr. 17/6906, 102.
91 Ebd.

während (teil-/voll-) stationärer **Pflege** nach den (umfassende stationäre Pflege signalisierenden) §§ 41 bis 43 er sich **auf Bereitstellung durch** das **Pflegeheim** iSv § 71 Abs. 2 richtet, beschränkt auf die Versorgung mit üblichen Hilfsmitteln innerhalb des Pflegeheimes und des Heimgeländes.[92] Eine Ausnahme bilden die Einrichtungen nach §§ 43 a, 71 Abs. 4, bei denen das BSG einen Anspruch der dort untergebrachten pflegebedürftigen Personen auf Versorgung mit einem Hilfsmittel durch die GKV einräumt, soweit dieses nach den zwischen Sozialhilfeträger und Heimträger getroffenen Vereinbarungen nicht zur sächlichen Ausstattung (Inventar) der Einrichtung gehört (s. §§ 75 ff. iVm §§ 53 ff. bzw. 61 ff. SGB XII).[93] Udsching[94] präzisiert diese pauschalen Aussagen dahin gehend, dass ein Anspruch stationär versorgter pflegebedürftiger Personen auf Gewährung einzelner Hilfsmittel durch die PK sich dem SGB XI nicht entnehmen lasse, Entgelt- bzw. Vergütungsansprüche der Pflegeeinrichtung sich ebenfalls nicht auf einzelne Hilfsmittel beziehe, Aufwendungen für Hilfsmittel allenfalls den Investitionskosten zuordenbar und eine Berücksichtigung beim Pflegesatz bzw. den Entgelten für Unterkunft und Verpflegung ausdrücklich ausgeschlossen sei (§ 82 Abs. 2 Nr. 1). In Umsetzung der Rollstuhlurteile des BSG[95] bedeutet aber, dass die für den Betrieb eines Pflegeheims erforderlichen Hilfsmittel zunächst vom Heimträger angeschafft und idR – mangels Refinanzierung durch die dem zuständigen Bundesland obliegende Förderung der Investitionskosten (§ 9) – anteilig über die Investitionskosten nach § 82 Abs. 3 und 4 allen Heimbewohnern (unabhängig von ihrer Inanspruchnahme) in Rechnung stellen muss. Da die in §§ 41 bis 43 angeführten (Teilkasko-)Höchstbeträge schon nicht für die pflegebedingen Aufwendungen ausreichen, bedeutet diese Rechtspraxis, dass nicht nur die Pflegehilfsmittel nutzende/verbrauchende, im Heim lebende Person, sondern auch die übrigen Bewohnerinnen und Bewohner sowie bei Sozialhilfebezug die Sozialhilfe (mit-)finanzieren müssen. Dieses Ergebnis kann weder sozialrechtlich noch –politisch zufriedenstellen und muss unter verfassungsrechtlichen Aspekten (insbes. Art. 3 und 14 GG) als problematisch angesehen werden.

Der Versorgungsanspruch einer pflegebedürftigen Person auf **Hilfsmittel nach § 33 SGB V** gegenüber der GKV wird andererseits auch nicht durch deren stationäre Pflege ausgeschlossen, dh ihr stehen weiterhin insbes. individuelle angepasste Hilfsmittel, wie Brillen, Hörgeräte, Prothesen, oder andere Hilfsmittel, wie zB eine Ernährungspumpe, spezielle Wechseldruckmatratze oder Inkontinenzartikel, die erforderlich sind, um den Erfolg der Krankenbehandlung zu sichern, als Sachleistung der GKV-Leistung zu.[96] Der Anspruch auf Versorgung mit Hilfsmitteln zum Behinderungsausgleich hängt bei stationärer Pflege auch nicht davon ab, in welchem Umfang eine Teilhabe am Leben der Gemeinschaft noch möglich ist; die Pflicht der stationären Pflegeeinrichtungen zur Vorhaltung von Hilfsmitteln und Pflegehilfsmitteln, die für den üblichen Pflegebetrieb jeweils notwendig sind, bleibt hiervon unberührt (§ 33 Abs. 1 S. 2 SGB V).[97] Insgesamt bleibt aber die unbefriedigend beantwortete Rechtsfrage, wer die Verantwortung für die Versorgung mit Pflegehilfsmitteln trägt, wenn pflegebedürftige Personen in vollstationären Einrichtungen leben: Je nach der Konstellation kann ein Hilfsmittelanspruch der einzelnen Person sich gegen die KK, den Sozialhilfeträger oder den Heimträger (dh Finanzierung durch die im Heim wohnenden Personen) richten. Nach der Rspr. ist Letzteres der „Normalfall"; ein unmittelbarer Anspruch auf Pflegehilfsmittel gegen die PK ist bei stationärer Pflege ausgeschlossen.[98]

15

---

92 Siehe Einordnung von § 40 in 3. Abschnitt, 1. Titel „Leistungen bei häuslicher Pflege"; BT-Dr. 12/5262, S 115; BSG, 10.2.2000, B 3 KR 17/99 R, SozR 3-2500 § 33 Nr. 36 = RsDE 48, 71 = FEVS 52, 67 = SGb 2001, 185; Leitherer in: KassKomm, § 40 SGB XI Rn. 4; Linke in: Krauskopf, § 40 SGB XI Rn. 6.
93 BSG, 10.2.2000, B 3 KR 17/99 R, SozR 3-2500 § 33 Nr. 36 = RsDE 48, 71 = FEVS 52, 67 = SGb 2001, 185; sa BSG, 10.2.2000, B 3 KR 26/99 R, BSGE 85, 287 = NZS 2000, 512 = SozR 3-2500 § 33 Nr. 37 = NDV-RD 2000, 99, Anm. Koch in: jurisPR-SozR 45/2004, Anm. 4, sowie Entscheidungsbesprechungen Plantholz in PflR 2003, 3 und Welti, PKR 2001, 47; Linke in: Krauskopf, § 40 SGB XI Rn. 6.
94 Im Folgenden Udsching in: Udsching, § 40 Rn. 15.
95 S. BSG, 10.2.2000, B 3 KR 17/99 R, SozR 3-2500 § 33 Nr. 36 = RsDE 48, 71 = FEVS 52, 67 = SGb 2001, 185; sa BSG, 10.2.2000, B 3 KR 26/99 R, BSGE 85, 287 = NZS 2000, 512 = SozR 3-2500 § 33 Nr. 37 = NDV-RD 2000, 99; Linke in: Krauskopf, § 40 SGB XI Rn. 6.
96 BSG, 10.2.2000, B 3 KR 26/99 R (in BSGE 85, 287 = NZS 2000, 512 = SozR 3-2500 § 33 Nr. 37 = NDV-RD 2000, 99) und B 3 KR 17/99 R (in SozR 3-2500 § 33 Nr. 36 = RsDE 48, 71 = FEVS 52, 67 = SGb 2001, 185); BSG, 6.6.2002, B 3 KR 67/01 R, SozR 3-2500 § 33 Nr. 43 = BSGE 89, 271 = RdLH 2002, 168 = PflR 2003, 21 = SGb 2003, 181 u. 221 = FEVS 54, 337; BSG, 24.9.2002, B 3 KR 15/02 R, SozR 3-2500 § 33 Nr. 47 = FEVS 54, 245; BSG, 7.3.1990, 3 RK 17/88, USK 9048 = NDV 1990, 317; BSG, 7.3.1990, 3 RK 15/89, SozR 3-2500 § 33 Nr. 1 = BSGE 66, 245 = FEVS 45, 86 = RsDE 12, 82.
97 Richter in: LPK-SGB XI, § 40 Rn. 8.
98 Welti, PKR 2001, 47.

Zweiter Titel Teilstationäre Pflege und Kurzzeitpflege

§ 41 Tagespflege und Nachtpflege

(1) ¹Pflegebedürftige der Pflegegrade 2 bis 5 haben Anspruch auf teilstationäre Pflege in Einrichtungen der Tages- oder Nachtpflege, wenn häusliche Pflege nicht in ausreichendem Umfang sichergestellt werden kann oder wenn dies zur Ergänzung oder Stärkung der häuslichen Pflege erforderlich ist. ²Die teilstationäre Pflege umfaßt auch die notwendige Beförderung des Pflegebedürftigen von der Wohnung zur Einrichtung der Tagespflege oder der Nachtpflege und zurück.

(2) ¹Die Pflegekasse übernimmt im Rahmen der Leistungsbeträge nach Satz 2 die pflegebedingten Aufwendungen der teilstationären Pflege einschließlich der Aufwendungen für Betreuung und die Aufwendungen für die in der Einrichtung notwendigen Leistungen der medizinischen Behandlungspflege. ²Der Anspruch auf teilstationäre Pflege umfasst je Kalendermonat
1. für Pflegebedürftige des Pflegegrades 2 einen Gesamtwert bis zu 689 Euro,
2. für Pflegebedürftige des Pflegegrades 3 einen Gesamtwert bis zu 1 298 Euro,
3. für Pflegebedürftige des Pflegegrades 4 einen Gesamtwert bis zu 1 612 Euro,
4. für Pflegebedürftige des Pflegegrades 5 einen Gesamtwert bis zu 1 995 Euro.

(3) Pflegebedürftige der Pflegegrade 2 bis 5 können teilstationäre Tages- und Nachtpflege zusätzlich zu ambulanten Pflegesachleistungen, Pflegegeld oder der Kombinationsleistung nach § 38 in Anspruch nehmen, ohne dass eine Anrechnung auf diese Ansprüche erfolgt.

Literatur:

Engler, Das Leistungserbringungsrecht in den Sozialgesetzbüchern II, III, VIII und XII im Spannungsverhältnis zum europäischen und nationalen Vergaberecht, 2010; *Heiber*, Das Pflege-Stärkungsgesetz 2, 2016; *Plantholz*, Die Umsetzung des neuen Pflegebedürftigkeitsbegriffs im Leistungserbringungsrecht, GuP 2016, 207; *Richter*, Die neue soziale Pflegeversicherung, 2016.

I. Entstehungsgeschichte

1 § 41 wurde mWv 1.4.1995 durch Art. 1 PflegeVG v. 26. 5.1994 (BGBl. I, 1014) eingeführt. Der in Abs. 2 festgelegte Leistungsumfang blieb – im Gegensatz zu allen anderen Leistungsarten – im Gesetzgebungsverfahren zum PflegeVG unverändert.[1] In Abs. 2 wurden durch Art. 1 Nr. 17 1. SGB XI-ÄndG v. 14.6.1996 (BGBl. I, 830) mWv 25.6.1996 nach den Wörtern „übernimmt die" das Wort „pflegebedingten" und nach dem Wort „Pflege" die Wörter „, die Aufwendungen der sozialen Betreuung sowie in der Zeit vom 1. Juli 1996 bis zum 31. Dezember 1999 die Aufwendungen für die in der Einrichtung notwendigen Leistungen der medizinischen Behandlungspflege eingefügt und Art. 1 Nr. 14 4. SGB XI-ÄndG v. 21.7.1999 (BGBl. I, 1656) mWv 1.9.1999 die Leistungsgrenzen in Nr. 2 auf 1.800 DM und in Nr. 3 auf 2.800 DM heraufgesetzt.[2] Außerdem wurde in Abs. 2 die Befristung der Übernahme von Aufwendungen der medizinischen Behandlungspflege durch die PV durch Art. 3 GKV-GRG 2000 v. 20.12.1999 (BGBl. I, 2624) geändert, in der Folgezeit mehrfach verlängert und durch Art. 8 Nr. 11 GKV-WSG v. 26.3.2007 (BGBl. I, 378) mWv 1.4.2007 gestrichen.[3] Durch Art. 2 Nr. 6 Achtes Euro-Einführungsgesetz v. 23.10.2001 (BGBl. I, 2702) wurden mWv 1.1.2002 die Leistungssätze in Abs. 2 auf Euro umgestellt. Abs. 3 wurde durch Art. 1 Nr. 3 PflEG v. 14.12.2001 (BGBl. I, 3728) mWv 1.1.2002 neu gefasst. Durch Art. 1 Nr. 21 PfWG v. 28.5.2008 (BGBl. I, 874) mWv 1.7.2008 wurden Abs. 2 und 3 neu gefasst, Abs. 4 bis 6 angefügt und in Abs. 2 die Leistungssätze (schrittweise) angehoben.[4] Abs. 7 wurde durch Art. 1 Nr. 15 PNG v. 23.10.2012 (BGBl. I, 2246) mWv 30.10.2012 angefügt. Durch Art. 1 Nr. 11 iVm Art. 4 Abs. 2 des Ersten Gesetzes zur Stärkung der pflegerischen Versorgung und zur Änderung weiterer Vorschriften (Erstes Pflegestärkungsgesetz – PSG I) vom 17.12.2014[5] wurden mWv **1.1.2015** die Leistungsbeträge in Abs. 3 dynamisiert, die Kombinationsmöglichkeiten in Abs. 3 erweitert und die Abs. 4 bis 7 gestrichen. Mit Wirkung zum 1.1.2017 wurden

---
1 Siehe BT-Dr. 12/5262, 114 zu § 37 E.
2 Siehe BT-Dr. 14/407, 5.
3 Siehe BT-Dr. 16/3100, 185.
4 Siehe Begr. in BT-Dr. 16/7439, 57.
5 BGBl. I, 2222; BR-Dr. 466/14, 4.

mit Art. 2 Nr. 22 PSG II v. 21.12.2015 (BGBl. I 2424) in Abs. 1 die „Pflegegrade 2 bis 5" eingefügt und Abs. 2 neu gefasst (insbes. Anpassung der Leistungsbeträge).

II. Normzweck und europarechtlicher Kontext

Nach § 41 haben – unter den Voraussetzungen des Abs. 1 S. 1 (→ Rn. 5) – pflegebedürftige Personen der **Pflegegrade 2 bis 5** einen zeitlich nicht befristeten **Anspruch auf teilstationäre Pflege** in Einrichtungen der Tages- und Nachtpflege. Damit soll, wenn die häusliche Pflege nicht oder nicht in ausreichendem Umfang sichergestellt werden kann, die **Pflegefähigkeit und -bereitschaft im häuslichen Bereich erhalten und gefördert** (s. Abs. 1), pflegebedürftigen und Pflegepersonen (zB in Krisensituationen) **Alternativen zur vollstationären Pflege** aufgezeigt und so dem Grundsatz des Vorrangs der häuslichen Pflege nach §§ 3, 28 Abs. 1 (→ § 28 Rn. 6) entsprochen werden.[6] Durch teilstationäre Pflege entstehende pflegebedingte Aufwendungen werden von der PV bis zu den in Abs. 2 aufgeführten, nach Pflegegraden gestaffelten **Höchstgrenzen** (den Beträgen der häuslichen Pflege nach § 36 Abs. 3 entsprechend) übernommen.[7] Abs. 3 regelt **Kombinationsmöglichkeiten** teilstationärer Pflege mit Pflegegeld, Pflegesachleistung oder Kombinationsleistung ohne gegenseitige Anrechnung der Ansprüche. 2

§ 34 Abs. 1 Nr. 1 bestimmt das grundsätzliche **Ruhen der Leistungsansprüche bei Auslandsaufenthalt** der versicherten Person. Dies gilt auch für die teilstationäre Pflege als **Sachleistung** (iwS) nach § 41 (→ Rn. 4, 6; → § 36 Rn. 5). Die Ruhensvorschrift wird aber durch den Vorrang sowohl des EG-Rechts (s. u.), als auch (aufgrund § 30 Abs. 2 SGB I, § 6 SGB IV) des sonstigen über- und zwischenstaatlichen Recht (v.a. EWR-Abkommen; Sektoren-Abkommen mit der Schweiz) eingeschränkt.[8] In Bezug auf **europarechtliche Regelungen** werden die Leistungen der deutschen PV den Leistungen bei Krankheit[9] und damit dem Geltungsbereich der zum Zwecke der Koordinierung erlassenen VO (EG) Nr. 883/20004 (mit Durchführungsvorschriften in VO (EG) Nr. 987/2009) zugeordnet (→ § 28 Rn. 4). Da es sich bei der Tages- und Nachtpflege um eine Sachleistung[10] handelt, können nach Art. 19 und 22 VO Arbeitnehmer, Selbstständige, Rentner und Familienangehörige aus dem zuständigen Staat Sachleistungen exportiert werden, wenn der Wohnsitzstaat den in seinem Sozialversicherungssystem Versicherten ebenfalls Sachleistungen (hier teilstationäre Pflege) nach den für ihn geltenden Regelungen auf Rechnung des zuständigen Trägers im Versicherungsstaat erbringt.[11] Sieht das Recht des Aufenthaltsstaates solche Leistungen nicht vor, können Sachleistungen nicht in Anspruch genommen werden.[12] Der sich aus dem Gemeinschaftsrecht ergebende Ausschluss der Anwendbarkeit der Ruhensregelung gilt auch für die private PV.[13] 3

III. Anspruchsvoraussetzungen

Der in Abs. 1 S. 1 normierte **Anspruch** pflegebedürftiger Personen (der Pflegegrade 2 bis 5) gegenüber der PK ist **auf teilstationäre Pflege in Einrichtungen der Tages- oder Nachtpflege** gerichtet. Diepen- 4

---

6 BT-Dr. 12/5262, 114; sa Udsching in: Udsching, § 41 Rn. 2; Leitherer in: KassKomm, § 41 SGB XI, Rn. 2; Schulin HS-PV, § 17 Rn. 6, 7; Reimer in: Hauck/Noftz, SGB XI, § 41 Rn. 1; Dalichau, SGB XI, § 41 I. 2.; Diepenbruck in: BeckOK SozR, SGB XI, § 41 Rn. 2; Linke in: Krauskopf, § 41 SGB XI Rn. 2; Richter in: Klie/Krahmer/Plantholz, § 41 Rn. 2; s. jedoch § 43 Abs. 1 idF PSG III (→ § 43 Rn. 2).
7 Udsching in: Udsching, § 41 Rn. 2.
8 Baumeister in: BeckOK SozR, SGB XI, § 34 Rn. 11, 12.
9 Fuchs in Fuchs, Europäisches Sozialrecht, 6. Aufl. 2013, Art. 3 Rn. 9 mit Verweis auf EuGH, 5.3.1998, Rs. C-190/96 (Molenaar), Slg 1998, I-843 = NZS 1998, 240 = NJW 1998, 1767 = ZfSH/SGB 1998, 290 = SGb 1999, 360; kritisch Schaaf, WzS 1998, 204, 207; EuGH, 16.7.2009, Rs. C-208/07 (Chamier-Glisczinski), Slg 2009,I-6095, mwN = KrV 2009, 213 (Kurzwiedergabe) = DÖV 2009, 721 = FamRZ 2009, 1472 = ZAR 2009, 355 (jeweils Ls.).
10 Zum Begriff s. § 36 Rn. 6 f. sowie EuGH, 15.6.2006, Rs. C-466/04 (Manuel Acereda Herrera), Slg 2006, I-5341 Rn. 29 ff.; EuGH, 19.3.1964, 75/63, Slg 10, 379, 381 und EuGH, 16.7.2009, Rs. C-208/07 (Chamier-Glisczinski), Slg 2009,I-6095, mwN = KrV 2009, 213 (Kurzwiedergabe) = DÖV 2009, 721 = FamRZ 2009, 1472 = ZAR 2009, 355 (jeweils Ls.).
11 Bassen, NZS 2010, 479, 483.
12 So auch EuGH, 16.7.2009, Rs. C-208/07 (Chamier-Glisczinski); Slg 2009,I-6095, mwN = KrV 2009, 213 (Kurzwiedergabe) = DÖV 2009, 721 = FamRZ 2009, 1472 = ZAR 2009, 355 (jeweils Ls.).
13 Baumeister in: BeckOK SozR, SGB XI, § 34 Rn. 10; EuGH, 8.7.2004, Rs C-502/01 (Gaumain-Cerri/Barth), Slg 2004, I-6483, Rn. 27 = SozR 4-3300 § 44 Nr. 2 = EzAR 831 Nr. 42 = NZS 2005, 88 = RsDE Nr. 60 (2006), 75; Anm. Eichenhofer, SGb 2005, 397 ff.; BSG, 26.1.2005, B 12 P 9/03 R, BeckRS 2005, 40444; BSG, 28.9.2006, B 3 P 3/05 R, BeckRS 2006, 44763 = LSK 2007, 320166 = VersR 2007, 1074.

bruck[14] ist zwar zuzustimmen, dass es sich dabei in Anbetracht des Leistungsinhaltes (Pflege, Beförderung, Hilfsmittel ua, → Rn. 7) um „gemischte" Sozialleistungen (Dienst- und Sachleistungen ieS) handelt, doch ist nach der hier verwendeten Begrifflichkeit (→ § 36 Rn. 5) mit Leitherer[15] davon auszugehen, dass teilstationäre Pflege von der sozialen PV als Sachleistung (iwS) – trotz der in Abs. 2 S. 1 etwas missverständlich gebrauchten Formulierung „(die PK) übernimmt ... Aufwendungen ..." – zu gewähren ist, wobei sich die Leistungspflicht der PK sich nur auf die in Abs. 2 bezeichneten wertmäßig begrenzten Aufwendungen (→ Rn. 8) bezieht. Für den Sachleistungscharakter spricht insbesondere, dass Tages- und Nachtpflege (→ Rn. 5) grundsätzlich nur in zugelassenen Pflegeheimen iSv §§ 71 Abs. 2 Nr. 2, 72 erbracht werden kann.[16] Da die Sach- und Dienstleistungen nach gleichen Regeln (s. insbes. §§ 53, 59 SGB I) zu beurteilen sind, hat die Unterscheidung rechtlich keine Bedeutung.[17] Hinsichtlich formeller Fragen, wie Übertragbarkeit, Pfändbarkeit oder Vererbbarkeit eines Anspruchs auf (Dienst- oder) Sachleistungen sowie Bewilligung (Aufhebung) der Leistungen wird auf → § 36 Rn. 5 verwiesen. Wurde für eine Leistungsart ein Bewilligungsbescheid erteilt, deren Leistungsumfang nicht bereits vorab feststeht, könnte die pflegebedürftige Person wegen der weiteren Sachleistung auf eine nachgehende Kostenerstattung durch einen nachgehenden Bewilligungsbescheid verwiesen werden, da nur so die Einhaltung der Höchstbeträge zu gewährleisten wäre.[18] Für die private PV (§§ 110, 111) gilt nach den MB/PPV anstelle des Sachleistungs- das Kostenerstattungsprinzip (Erstattung der „Kosten" in gleicher Höhe wie die Sachleistungsbeträge, s. § 23 Abs. 1 S. 3). Nach § 91 Abs. 2 besteht auch im Rahmen der sozialen PV die Möglichkeit der Kostenerstattung (80 % der in § 41 Abs. 2 S. 2 genannten Beträge, wenn das Pflegeheim auf eine Pflegesatzvereinbarung nach § 85 verzichtet und den Preis (privatrechtlich) direkt mit der pflegebedürftigen Person vereinbart (§ 91 Abs. 1). Dies gilt nach § 91 Abs. 3 auch für die private PV. Nach § 35a kann teilstationäre Pflege (§ 41) als Teil eines trägerübergreifenden Persönlichen Budgets nach § 17 Abs. 2 bis 4 SGB IX beantragt werden (→ § 36 Rn. 4). Bezüglich des Rechtsschutzes weist Linke darauf hin, dass nach erfolgloser Durchführung des Vorverfahrens gem. § 78 SGG die kombinierte Anfechtungs- und Leistungsklage gem. § 54 Abs. 4 SGG gegen die Versagung von teilstationärer Tages- und Nachtpflege die richtige Rechtsschutzform ist; das gilt auch bei strittiger Anspruchshöhe oder der dafür maßgeblichen Einstufung (§§ 14, 15).[19]

5 Einrichtungen der Tagespflege (Tagespflegeheime) erbringen Leistungen für pflegebedürftige Personen, die tagsüber professioneller (stationärer) Pflege bedürfen und nachts zu Hause von Angehörigen oder anderen ehrenamtlichen Pflegepersonen, ggf. ergänzend durch professionelle Pflegekräfte gepflegt werden. Mit der Tagespflege soll neben der Entlastung der häuslichen Pflegepersonen auch auf die Förderung der sozialen Kommunikation und rehabilitativen Möglichkeiten der pflegebedürftigen Personen hingewirkt werden.[20] Demgegenüber werden in den (eher selten frequentierten) Einrichtungen der Nachtpflege (Nachtpflegeheime) professionelle (stationäre) Pflegeleistungen für die Nacht, einschließlich notwendiger Hilfestellung beim Zubettgehen, Aufstehen und Körperpflege sowie Bereitstellung von Nachtwachen, erbracht. Die Nachtpflege kann zB Angehörigen ermöglichen, Nachtruhe zu finden, wenn bei pflegebedürftigen Personen eine Störung des Tag-Nacht-Rhythmus auftritt.[21] Werden Tages- und Nachtpflege zeitgleich in Anspruch genommen, wird von vollstationärer Pflege (§ 43) auszugehen sein; Tagespflege und Nachtpflege kann jedoch im zeitlichen Abstand beansprucht werden.[22] Einrichtungen der Tages- wie auch der Nachtpflege können selbstständig organisiert oder vollstationären Pflegeheimen angegliedert oder in diese integriert (als „eingestreute Plätze") sein.[23] Teil- und vollstationäre Pflege schließen sich jedoch gegenseitig aus.[24]

---

14 Diepenbruck in: BeckOK SozR, SGB XI, § 41 Rn. 3, mit Hinweis auf Seewald in: KassKomm, § 11 SGB I Rn. 12.
15 Leitherer in: KassKomm, § 41 SGB XI Rn. 9; sa Dalichau, SGB XI, § 41 II.1.
16 Leitherer in: KassKomm, § 41 SGB XI Rn. 9 und § 36 Rn. 14; Schulin, HS-PV, § 17 Rn. 15; sa Krasney, VSSR 1994, 265, 278.
17 Diepenbruck in: BeckOK SozR, SGB XI, § 41 Rn. 3, mit Hinweis auf Seewald in: KassKomm, § 11 SGB I Rn. 9.
18 Diepenbruck in: BeckOK SozR, SGB XI, § 41 Rn. 3; Udsching in: Udsching, § 41 Rn. 10.
19 Linke in: Krauskopf, § 41 SGB XI Rn. 33, § 36 Rn. 28 und § 37 Rn. 35.
20 BT-Dr. 12/5262, 66 f.; Leitherer in: KassKomm, § 41 SGB XI Rn. 7; sa Dalichau, SGB XI, § 41 II.1.
21 Vgl. BT-Dr. 16/7439, 57, Leitherer in: KassKomm, § 41 SGB XI Rn. 8; Dalichau, SGB XI, § 41 II.1.
22 Siehe auch Dalichau, SGB XI, § 41 II.1.
23 Linke in: Krauskopf, § 41 SGB XI Rn. 13; Richter in: LPK-SGB XI, § 41 Rn. 6.
24 Linke in: Krauskopf, § 41 SGB XI Rn. 32.

Die Gewährung von Leistungen der Tages- und Nachtpflege setzt neben Bestehen eines Versicherungsverhältnisses (§ 33), Pflegebedürftigkeit der **Pflegegrade 2 bis 5** (§§ 14, 15, 41 Abs. 1 S. 1) sowie Antrag (§ 33 Abs. 1) voraus, dass die **häusliche Pflege nicht** in ausreichendem Umfang **sichergestellt** werden kann oder die teilstationäre Pflege zur **Ergänzung** oder **Stärkung der häuslichen Pflege** erforderlich ist (**besondere Voraussetzung** nach Abs. 1 S. 1). Da das Gesetz hierzu keine weiteren Ausführungen macht, hat die PK eine **Einzelfallbeurteilung** vorzunehmen, bei der nicht nur die objektiven Gründe zu prüfen, sondern vor allem die Wünsche der pflegebedürftigen (und der Pflege-)Person(en) zu berücksichtigen hat.[25] Anhaltspunkte für die Erforderlichkeit von Tages- und Nachtpflege können sich ua aus einer (Teil-)Erwerbstätigkeit der Pflegeperson, zumindest teilweisen Entlastung der Pflegeperson im Laufe des Tages oder der Nacht, Beaufsichtigungsbedarf nur einige Stunden am Tag oder besseren Kommunikations-/Aktivierungs-/Rehabilitationsmöglichkeiten der teilstationären Einrichtung,[26] aber auch bei Krisensituationen (wenn zB eine plötzlich eingetretene Verschlechterung der Pflegebedürftigkeit im häuslichen Umfeld allein nicht mehr zu bewältigen ist)[27] oder erheblichen Defiziten in der Qualität der Pflege ergeben.[28] Der Gesetzgeber hat auch die Bedeutung der Tages- und Nachtpflege insbesondere in Bezug auf die mit besonderen Belastungen verbundenen Versorgung und Betreuung von Menschen mit Demenz erkannt.[29] Die Feststellung, dass die häusliche Pflege nicht mehr in ausreichendem Umfang sichergestellt werden kann oder die teilstationäre Pflege zur Ergänzung oder Stärkung der häuslichen Pflege erforderlich ist, trifft die PK aufgrund der Informationen der pflegebedürftigen (und der Pflege-) Person sowie der Feststellungen im Pflegegutachten (s. § 18).[30]

IV. Leistungsinhalt und Leistungsumfang (Abs. 2, Abs. 1 S. 2)

Nach Abs. 2 S. 1 übernimmt die PK (im Umfang der Leistungsbeträge nach Abs. 2 S. 2) die pflegebedingten Aufwendungen der teilstationären Pflege einschließlich der Aufwendungen für Betreuung und die Aufwendungen für die in der Einrichtung notwendigen Leistungen der medizinischen Behandlungspflege. Die teilstationäre Pflege umfasst nach Abs. 1 S. 2 auch die (vom Heim sicherzustellende, notwendige) **Beförderung** der pflegebedürftigen Person von ihrer Wohnung zum (Tages-/Nacht-) Pflegeheim und zurück; die hierfür anfallenden Aufwendungen sind mit dem Pflegesatz abgegolten und können nicht gesondert abgerechnet werden.[31] Von der PV nicht übernommen werden die sog Hotelkosten (Unterkunft und Verpflegung, s. §§ 82 Abs. 1 S. 4, 87) und Investitionsumlage nach § 82 Abs. 3, 4, die von der pflegebedürftigen Person und bei deren nicht ausreichendem Einkommen und Vermögen von der Sozialhilfe (SGB XII) zu tragen sind. **Pflegebedingte Aufwendungen** umfassen alle für die Versorgung der pflegebedürftigen Person nach Art und Schwere ihrer Pflegebedürftigkeit erforderlichen Pflegeleistungen, einschließlich Betreuung (sog **allgemeine Pflegeleistungen**), die – im Gegensatz zu den Leistungen bei häuslicher Pflege – nicht auf die im § 14 Abs. 2 genannten Bereiche beschränkt sind.[32] Obwohl nach dem Gesetzeswortlaut der gesamte (tatsächliche) Aufwand der teilstationären Pflege erfasst sein könnte, erstreckt sie sich inhaltlich lediglich auf alle im Einzelfall (nach Art und Schwere) erforderlichen pflegerischen Leistungen (s. § 4 Abs. 2 S. 2); darüber hinausgehende pflegerische Leistungen, die entsprechend den medizinisch-pflegerischen Erkenntnissen (s. §§ 11, 28 Abs. 3) nicht notwendig sind (auf Wunsch der pflegebedürftigen Person) zusätzlich erbracht werden, fallen unter von der PV nicht zu übernehmenden **Zusatzleistungen** (§ 88).[33] Hingegen kann auch bei teilstationärer Pflege **zusätzliche Betreuung und Aktivierung** nach § 43 b in Anspruch genommen werden (→ § 43 b Rn. 1 ff.). Das Nähere ist in den Versorgungsverträgen nach § 72 Abs. 1 und diesen zu Grunde gelegten Rahmenverträgen nach § 75 geregelt.[34] Zur Beschreibung stationärer allgemeiner

---

25 Diepenbruck in: BeckOK SozR, SGB XI, § 41 Rn. 6; Udsching in: Udsching, § 41 Rn. 3; Linke in: Krauskopf, § 41 SGB XI Rn. 6.
26 Siehe BT-Dr. 12/5262, 114; Linke in: Krauskopf, § 41 SGB XI Rn. 4, 5.
27 Richter in: LPK-SGB XI, § 41 Rn. 5; Linke in: Krauskopf, § 41 SGB XI Rn. 5; Leitherer in: KassKomm, § 41 SGB XI Rn. 10.
28 Diepenbruck in: BeckOK SozR, SGB XI, § 41 Rn. 6 und § 37 Rn. 13 ff.
29 BT-Dr. 16/7439, 57; Udsching in: Udsching, § 41 Rn. 3; Diepenbruck in: BeckOK SozR, SGB XI, § 41 Rn. 6.
30 Diepenbruck in: BeckOK SozR, SGB XI, § 41 Rn. 7; Richter in: LPK-SGB XI, § 41 Rn. 5; Linke in: Krauskopf, § 41 SGB XI Rn. 3.
31 BT-Dr. 12/5262, 114.
32 Richter in: LPK-SGB XI, § 41 Rn. 8 (zu § 41 aF).
33 Diepenbruck in: BeckOK SozR, SGB XI, § 41 Rn. 9; Richter in: LPK-SGB XI, § 41 Rn. 8; Linke in: Krauskopf, § 41 SGB XI Rn. 14.
34 Griep/Renn, Pflegesozialrecht, Kap. 15 und 16.

Pflegeleistungen einschließlich Betreuung → § 43 Rn. 5. Zur notwendigen medizinischen Behandlungspflege zählen die während des Heimaufenthaltes erforderlichen krankenpflegerischen Leistungen analog § 37 SGB V, wie Injektionen, Verbandwechsel, Medikamentengabe etc.[35] Die Einbeziehung med. Behandlungspflege in die allgemeinen Pflegeleistungen erfolgt nach § 81 Abs. 1 S. 3 nur, „soweit bei stationärer Pflege kein Anspruch auf Krankenpflege nach § 37 des Fünften Buches besteht". Da sie weder mit einer Erhöhung der Höchstgrenzen nach Abs. 2 noch Berücksichtigung bei der Bemessung des Pflegebedarfs nach §§ 14, 15 verbunden ist, wäre es insbesondere Aufgabe der stationären Einrichtungen, (abweichend von der herrschenden Praxis) anspruchsberechtigte Bewohner und Bewohnerinnen vorrangig bei der Durchsetzung ihrer SGB V-Ansprüche zu unterstützen. Hinzuweisen ist in diesem Zusammenhang, dass nach § 28 Abs. 4 Pflege (menschenwürdige) Sterbebegleitung einschließt, wobei auch hier Leistungen anderer Sozialleistungsträger, insbesondere GKV unberührt bleiben (→ § 28 Rn. 14 f.). Zur **Pflegehilfsmittelversorgung** bei teilstationärer Pflege wird auf → § 40 Rn. 14 f. verwiesen. Hinsichtlich der beihilferechtlichen Besonderheiten → § 28 Rn. 9 ff.

8 Die für die teilstationäre Pflege in Abs. 2 S. 2 geregelten monatlichen **Leistungshöchstbeträge** entsprechen denen der Pflegesachleistung nach § 36 Abs. 3. Sie sind nach Pflegegraden gestaffelt; bei Pflegegrad 1 besteht kein Leistungsanspruch.

V. Kombination von Leistungen

9 Nach Abs. 3 (idF PSG I; → Rn. 1) können die in den §§ 36, 37, 38 und 41 vorgesehenen Leistungen – bei entsprechendem Bedarf und Erfüllen der jeweils vorgesehenen Leistungsvoraussetzungen – nach Wahl der pflegebedürftigen Person **anrechnungsfrei** nebeneinander in **Anspruch** genommen werden (**Kombination von häuslicher und teilstationärer Pflege**).

§ 42 Kurzzeitpflege

(1) ¹Kann die häusliche Pflege zeitweise nicht, noch nicht oder nicht im erforderlichen Umfang erbracht werden und reicht auch teilstationäre Pflege nicht aus, besteht für Pflegebedürftige der Pflegegrade 2 bis 5 Anspruch auf Pflege in einer vollstationären Einrichtung. ²Dies gilt:
1. für eine Übergangszeit im Anschluß an eine stationäre Behandlung des Pflegebedürftigen oder
2. in sonstigen Krisensituationen, in denen vorübergehend häusliche oder teilstationäre Pflege nicht möglich oder nicht ausreichend ist.

(2) ¹Der Anspruch auf Kurzzeitpflege ist auf acht Wochen pro Kalenderjahr beschränkt. ²Die Pflegekasse übernimmt die pflegebedingten Aufwendungen einschließlich der Aufwendungen für Betreuung sowie die Aufwendungen für Leistungen der medizinischen Behandlungspflege bis zu dem Gesamtbetrag von 1 612 Euro im Kalenderjahr. ³Der Leistungsbetrag nach Satz 2 kann um bis zu 1 612 Euro aus noch nicht in Anspruch genommenen Mitteln der Verhinderungspflege nach § 39 Absatz 1 Satz 3 auf insgesamt bis zu 3 224 Euro im Kalenderjahr erhöht werden. ⁴Der für die Kurzzeitpflege in Anspruch genommene Erhöhungsbetrag wird auf den Leistungsbetrag für eine Verhinderungspflege nach § 39 Absatz 1 Satz 3 angerechnet.

(3) ¹Abweichend von den Absätzen 1 und 2 besteht der Anspruch auf Kurzzeitpflege in begründeten Einzelfällen bei zu Hause gepflegten Pflegebedürftigen auch in geeigneten Einrichtungen der Hilfe für behinderte Menschen und anderen geeigneten Einrichtungen, wenn die Pflege in einer von den Pflegekassen zur Kurzzeitpflege zugelassenen Pflegeeinrichtung nicht möglich ist oder nicht zumutbar erscheint. ²§ 34 Abs. 2 Satz 1 findet keine Anwendung. ³Sind in dem Entgelt für die Einrichtung Kosten für Unterkunft und Verpflegung sowie Aufwendungen für Investitionen enthalten, ohne gesondert ausgewiesen zu sein, so sind 60 vom Hundert des Entgelts zuschussfähig. ⁴In begründeten Einzelfällen kann die Pflegekasse in Ansehung der Kosten für Unterkunft und Verpflegung sowie der Aufwendungen für Investitionen davon abweichende pauschale Abschläge vornehmen.

(4) Abweichend von den Absätzen 1 und 2 besteht der Anspruch auf Kurzzeitpflege auch in Einrichtungen, die stationäre Leistungen zur medizinischen Vorsorge oder Rehabilitation erbringen, wenn während einer Maßnahme der medizinischen Vorsorge oder Rehabilitation für eine Pflegeperson eine gleichzeitige Unterbringung und Pflege des Pflegebedürftigen erforderlich ist.

---

35 Siehe auch Udsching in: Udsching, § 14 Rn. 13 sowie Erl. zu § 37 SGB V.

Literatur:
Heiber, Das Pflege-Stärkungsgesetz 2, 2016; *Plantholz*, Die Umsetzung des neuen Pflegebedürftigkeitsbegriffs im Leistungserbringungsrecht, GuP 2016, 207; *Richter*, Die neue soziale Pflegeversicherung, 2016.

I. Entstehungsgeschichte

§ 42 wurde durch Art. 1 PflegeVG v. 26.5.1994 (BGBl. I, 1014) mWv 1.4.1995 eingeführt (s. BT-Dr. 12/5262, S. 115 zu § 38 d. E.). Der ursprüngliche S. 2 des Abs. 2, der eine vorangegangene Pflegezeit von 12 Monaten voraussetzte, wurde durch Art. 1 Nr. 4 des 4. SGB XI-ÄndG v. 21.7.1999 (BGBl. I, 1656) mWv 1.8.1999 und die in Abs. 2 S. 2 (ursprünglich S. 3) enthaltene, mehrfach verlängerte, zeitliche Befristung der Übernahme der Aufwendungen für die medizinische Behandlungspflege endgültig durch Art. 8 Nr. 12 GKV-WSG v. 26.3.2007 (BGBl. I, 378) mWv 1.4.2007 gestrichen. Durch Art. 2 Nr. 7 Achtes Euro-Einführungsgesetz v. 23.10.2001 (BGBl. I, 2702) wurden mWv 1.1.2002 der Leistungsbetrag in Abs. 2 von DM auf Euro umgestellt. Durch Art. 1 Nr. 22 PfWG v. 28.5.2008 (BGBl. I, 874) wurde mWv 1.7.2008 der in Abs. 2 S. 2 enthaltene Leistungsbetrag geändert und Abs. 3 angefügt.[1] Durch Art. 1 Nr. 16 PNG v. 23.10.2012 (BGBl. I, 2246) wurden mWv 30.10.2012 in Abs. 3 die Zahl „18" durch „25" ersetzt und Abs. 4 angefügt. Durch Art. 1 Nr. 12 iVm Art. 4 Abs. 2 des Ersten Gesetzes zur Stärkung der pflegerischen Versorgung und zur Änderung weiterer Vorschriften (Erstes Pflegestärkungsgesetz – PSG I) vom 17.12.2014[2] wurden mWv 1.1.2015 in Abs. 2 S. 2 der Leistungsbetrag dynamisiert und ein neuer S. 3 angefügt; in Abs. 3 S. 1 wurde die Begrenzung auf Kinder aufgehoben. Mit Art. 2 Nr. PSG II v. 17.12.2015 (BGBl. I, 2424) erfolgte eine Anpassung der Abs. 1 und 2 an den neuen Pflegebedürftigkeitsbegriff mWv 1.1.2017.

II. Normzweck und europarechtlicher Kontext

§ 42 regelt den Rechtsanspruch pflegebedürftiger Personen **der Pflegegrade 2 bis 5 auf vollstationäre Pflege von kurzer Dauer (Kurzzeitpflege)**. Nach Abs. 1 müssen besondere Voraussetzungen erfüllt werden (→ Rn. 3 ff.), um die in Abs. 2 inhaltlich und umfänglich begrenzte PV-Leistung Kurzzeitpflege in Anspruch nehmen zu können; die Abs. 3 und 4 enthalten Sonderregelungen für Kurzzeitpflege pflegebedürftiger Menschen in nicht zugelassenen Einrichtungen (→ Rn. 6) und pflegebedürftiger Personen während stationärer Maßnahmen der Pflegepersonen in Vorsorge-/Reha-Einrichtungen (→ Rn. 7). Auch durch die Kurzzeitpflege soll häusliche Pflege insofern gestärkt werden, als kurze Zeiträume, in denen eine häusliche Pflege nicht möglich ist, durch vollstationäre Pflege überbrückt werden (können). Wird die Unmöglichkeit der häuslichen Pflege durch eine Verhinderung der (nicht erwerbsmäßig tätigen) Pflegeperson verursacht, entspricht die Kurzzeitpflege ihrer Funktion nach der Ersatzpflege nach § 39 (→ § 39 Rn. 7); beide Leistungsarten können innerhalb eines Kalenderjahres nebeneinander in Anspruch genommen werden.[3] Nach §§ 37 Abs. 2 S 2 und 38 S. 4 (idF PNG)[4] ist auch die gleichzeitige (Fort-)Gewährung der Hälfte des (anteiligen) Pflegegeldes und der Kurzzeitpflege (§ 42) für bis zu acht Wochen je Kalenderjahr möglich (→ § 37 Rn. 8, → § 38 Rn. 5). Diese Kombinationsalternativen wurden durch das **Erste Pflegestärkungsgesetz (PSG I)** noch einmal verbessert (→ Rn. 1, 5). Zur europarechtlichen Relevanz wird auf die Ausführungen in → § 41 Rn. 3 (→ § 28 Rn. 3, 4) verwiesen.

III. Anspruchsvoraussetzungen

Nach Abs. 1 S. 1 besteht – bei Vorliegen der allgemeinen und besonderen Leistungsvoraussetzungen (→ Rn. 5) – ein einklagbarer individueller **Anspruch** auf die (zeit- und wertmäßig begrenzte) **Sachleistung Kurzzeitpflege** (zum Sachleistungsbegriff → § 36 Rn. 5, 6 und → § 41 Rn. 4; → Rn. 6 f.). Der Leistungsanspruch der pflegebedürftigen Person gegen die PK entsteht jedes Kalenderjahr neu.[5] Gegenüber der privaten PV besteht Anspruch auf **Kostenerstattung** (→ § 41 Rn. 4). Kurzzeitpflege wird – mit Ausnahme der Sonderregelungen nach Abs. 3 und 4 (→ Rn. 6, 7) – in einer zugelassenen vollstationären Einrichtung (Pflegeheim iSd § 71 Abs. 2 mit Versorgungsvertrag nach § 72 Abs. 1 S. 1) erbracht; dabei kann es sich, sofern die Voraussetzungen des § 71 Abs. 2 erfüllt sind, sowohl um eine (selbst-

---

1 BT-Dr. 16/8525, 97 (zu Nr. 22).
2 BGBl. I, 2222; BR-Dr. 466/14, 4.
3 Udsching in: Udsching, § 42 Rn. 2.
4 Begr. in BR-Dr. 170/12, 70.
5 Kruse in: LPK-SGB XI, § 42 Rn. 5.

ständige) „Solitäreinrichtung" als auch um „eingestreute Plätze" in einem Dauerpflegeheim handeln.[6] Da sich Kurzzeitpflege und Ersatzpflege (§ 39) nicht ausschließen, wird eine Inanspruchnahme beider Leistungen innerhalb desselben Kalenderjahres gegenseitig nicht angerechnet, auch wenn die Verhinderungspflege stationär durchgeführt wird (→ Rn. 2); Pflegesachleistung und (vollstationäre) Kurzzeitpflege können jedoch nicht gleichzeitig beansprucht werden.[7] Hingegen bleibt der Anspruch auf den Entlastungsbetrag nach § 45b (und der Umwandlungsmöglichkeit bzgl. Sachleistungen) unberührt. Zum Pflegegeld → Rn. 1. Kurzzeitpflege kann, v.a. bei „eingestreuten Plätzen", Vorstufe zur zeitlich nicht befristeten vollstationären Pflege nach § 43 sein.

4 Die Gewährung von Leistungen der Kurzzeitpflege setzt neben Bestehen eines Versicherungsverhältnisses (§ 33), Pflegebedürftigkeit der **Pflegegrade 2 bis 5** (§§ 14, 15) sowie Antrag (§ 33 Abs. 1) voraus, dass die **häusliche Pflege zeitweise nicht**, noch nicht oder nicht in ausreichendem Umfang **erbracht** werden kann (**besondere Voraussetzung** nach Abs. 1 S. 1); dh der Bedarf an vollstationärer Pflege besteht für die pflegebedürftige Person nur **vorübergehend** (im Gegensatz zur vollstationären Pflege nach § 43), wenn anstelle von oder in Ergänzung zur häuslichen Pflege auch teilstationäre Pflege (§ 41) nicht ausreicht, etwa im Anschluss an einen stationären Krankenhausaufenthalt (Abs. 1 S. 2 Nr. 1) oder in sonstigen Krisensituationen (Abs. 1 S. 2 Nr. 2).[8] Unerheblich ist, warum (ob von Pflege-und/oder pflegebedürftigen Person „verursacht" wurde) die **Erforderlichkeit vollstationärer Kurzzeitpflege** in den (in Abs. 1 S. 2 abschließend) genannten Fällen gegeben ist.[9] Es wird auf den vorübergehenden **Ersatz häuslicher Pflege** (nicht auf Vermeidung oder Ersatz von Krankenhausbehandlung nach § 39 SGB V) abgestellt; Abs. 1 S. 2 Nr. 1 sieht die Kurzzeitpflege erst nach **Abschluss stationärer Krankenhausbehandlung** vor.[10] Der Begriff (sonstige) **Krisensituation** in Abs. 1 S. 2 Nr. 2 wird in der Gesetzesbegründung mit den Beispielen völliger Ausfall der bisherigen Pflegeperson oder kurzfristige erhebliche Verschlimmerung der Pflegebedürftigkeit umschrieben.[11] Dagegen liegen die Voraussetzungen der Kurzzeitpflege nicht vor, wenn, wie in der Praxis häufiger genutzt, Kurzzeitpflege (nur) als Durchgangseinrichtung für eine dauerhafte Aufnahme in ein vollstationäres Pflegeheim – und nicht als vorübergehender Ersatz häuslicher Pflege – fungieren soll.[12] Die **Feststellung der Erforderlichkeit** vollstationärer Kurzzeitpflege trifft die PK nach Prüfung des Antrags der pflegebedürftigen Person, der Aussagen Dritter (Pflegeperson, des ambulanten Pflegedienstes, Kurzzeitpflegeeinrichtung) und der gutachtlichen Stellungnahme im Rahmen der Feststellung der Pflegebedürftigkeit (§ 18) nach pflichtgemäßem Ermessen (§ 39 Abs. 1 SGB I). Bei Schwierigkeiten einer zeitgerechten Feststellung der Pflegebedürftigkeit, insbesondere bei Kurzzeitpflege im Anschluss an eine Behandlung im Krankenhaus oder einer Rehabilitationseinrichtung empfiehlt sich eine („Schnell"-) Begutachtung nach § 18 Abs. 3 im Krankenhaus oder der Reha-Einrichtung noch vor Beendigung der Leistungen innerhalb einer Woche nach Antragstellung.[13]

IV. Anspruchsinhalt (Abs. 2)

5 Der Anspruch auf Kurzzeitpflege wird in Abs. 2 zeitlich und betragsmäßig begrenzt. Nach S. 1 beträgt die **zeitliche Höchstdauer** der Kurzzeitpflege je Kalenderjahr **acht Wochen**, die ggf. beliebig aufgeteilt werden kann. Nach S. 2 übernimmt die PK die **pflegebedingten Aufwendungen** (einschließlich Betreuung) und die Aufwendungen für Leistungen der medizinischen **Behandlungspflege** (zu den Begriffen → § 43 Rn. 7) bis zu einem **Höchstbetrag** von 1.612 EUR im Kalenderjahr. Dieser Leistungsbetrag „kann" (Ermessensentscheidung) nach der durch S. 3 (idF PSG I) klarstellenden Regelung unter Anrechnung auf den für Ersatzpflege nach § 39 zustehenden Leistungsbetrag auf insgesamt bis zu 3.224 EUR erhöht werden, soweit für diesen Betrag noch keine Verhinderungspflege im Kalenderjahr in Anspruch genommen wurde, wobei nach S. 4 auch die Höchstdauer bis zu acht Wochen pro Kalen-

---

6 Zum Leistungserbringungsrecht s. Griep/Renn, Pflegesozialrecht, Kap. 13 ff.
7 Udsching in: Udsching, § 42 Rn. 10; Reimer in: Hauck/Noftz, SGB XI, § 42 Rn. 8; s. jedoch §§ 37 Abs. 2 S. 2, 38 S. 4: Fortzahlung des (anteiligen) Pflegegeldes während einer Kurzzeitpflege.
8 § 42 Abs. 4 (idF PNG) sieht auch eine Anspruchsberechtigung vor, wenn während einer med. Vorsorge-/Reha-Maßnahme der Pflegeperson eine gleichzeitige Unterbringung und Pflege der pflegebedürftigen Person erforderlich ist (→ Rn. 7).
9 Kruse in: LPK-SGB XI, § 42 Rn. 10.
10 Kruse in: LPK-SGB XI, § 42 Rn. 8.
11 BT-Dr. 12/5262, 115, zu § 38 E; Udsching in: Udsching, § 42 Rn. 5.
12 Linke in: Krauskopf, § 42 SGB XI Rn. 9; sa Udsching in: Udsching, § 42 Rn. 5; Kruse in: LPK-SGB XI, § 42 Rn. 8; Reimer in: Hauck/Noftz, SGB XI, § 42 Rn. 3.
13 Kruse in: LPK-SGB XI, § 42 Rn. 11.

derjahr beträgt. Während der Kurzzeitpflege besteht Anspruch auf **zusätzliche Betreuung und Aktivierung** nach § 43 b, wenn die dort genannten Voraussetzungen erfüllt sind (→ § 43 b Rn. 1 ff.). Von der PK nicht übernommen werden dürfen "Hotel"- (Unterkunft und Verpflegung) sowie Investitionskosten – auch bei Nichtausschöpfen des Höchstbetrags (§ 82 Abs. 1 S. 4, Abs. 3). Diese und die daneben anfallenden Kosten insbes. für die (weiter zu zahlende) Miete der eigenen Wohnung sowie Transport zum Kurzzeitpflegeheim und zurück müssen von der pflegebedürftigen Person – und/oder dem Träger der Sozialhilfe (Hilfe zum Lebensunterhalt/zur Pflege nach §§ 27 ff., 61 ff. SGB XII – getragen werden (→ § 41 Rn. 7).[14] Zur Hilfsmittelversorgung → § 40 Rn. 14 f. Der Leistungsbetrag ist nach Abs. 2 S. 2 nicht an Pflegegrade gebunden (→ § 39 Rn. 9). Da aber die Kurzzeitpflegeeinrichtungen als vollstationäre Einrichtungen den Vergütungsregelungen der stationären Pflegeleistungen unterliegen, ist der pflegebedürftigen Person bei Heimaufnahme ein ihrem Pflegegrad entsprechenden **Pflegesatz** zuzuordnen (§ 84 Abs. 2 S. 3; → § 43 Rn. 5).[15] Hinsichtlich der beihilferechtlichen Besonderheiten → § 28 Rn. 9 ff.

V. Sonderregelungen (Abs. 3 und Abs. 4)

Abweichend von Abs. 1 haben nach Abs. 3 S. 1 (idF PSG I)[16] pflegebedürftige Personen, die **zu Hause** 6 **gepflegt werden**, in begründeten Einzelfällen Anspruch auf Kurzzeitpflege in nicht nach § 72 zugelassenen, für die pflegerische Versorgung dieses Personenkreises aber geeigneten stationären Einrichtungen der Hilfe für behinderte Menschen oder anderen geeigneten Einrichtungen (insbes. der Jugendhilfe mit Leistungsvereinbarungen nach SGB VIII). Dabei soll jedoch die Möglichkeit einer finanziellen Entlastung von Trägern stationärer Behindertenhilfeeinrichtungen iSd § 71 Abs. 4, indem sie vier Wochen ihrer ganzjährigen Versorgung als Kurzzeitpflege deklarieren, ausgeschlossen werden.[17] § 34 Abs. 2 S. 1, der für die Dauer eines stationären Aufenthalts in einer Einrichtung nach § 71 Abs. 4 das Ruhen von Ansprüchen auf Leistungen der häuslicher Pflege anordnet, findet nach Abs. 3 S. 2 keine Anwendung. Der Anspruch auf Kurzzeitpflege umfasst auch bei der Wahl der Sonderregelung nach Abs. 3 nicht das gesamte Einrichtungsentgelt: Sind im Gesamtentgelt der Einrichtung Kosten für Unterkunft und Verpflegung und/oder Investitionen enthalten und werden diese nicht gesondert ausgewiesen, sind nach Abs. 3 S. 3 – abweichend von Abs. 2 (→ Rn. 6) – bei der Leistungsberechnung pauschal 60 % des Gesamtentgelts zugrunde zu legen (im Gesetz „zuschussfähig");[18] davon wiederum kann nach Abs. 3 S. 4 im Einzelfall abgewichen werden. Die Regelungen des Abs. 3 S. 3 und 4 deuten darauf hin, dass es sich um – eine von § 91 abweichende – **Kostenerstattung** (zweckgebundenes Sachleistungssurrogat; → § 39 Rn. 7) handelt, da das erstattungsfähige Einrichtungsentgelt und eventuelle Abweichungen nach S. 4 erst nach Erbringung der Leistung und deren in Rechnung stellen durch die Einrichtung zu ermitteln sind.

Abs. 4 erweitert den Anspruch auf Kurzzeitpflege – abweichend von Abs. 1 und 2 (→ Rn. 3 ff.) – um 7 den Tatbestand, dass Kurzzeitpflege der pflegebedürftigen Person in einer stationären **Vorsorge- oder Rehabilitationseinrichtung** (iSv § 71 Abs. 4) während einer Maßnahme zur medizinischen **Vorsorge oder Rehabilitation der Pflegeperson** gleichzeitig erforderlich ist. Die besondere Leistungsvoraussetzung Erforderlichkeit der gemeinsamen stationären Unterbringung der Pflege- und pflegebedürftigen Person muss sich aus Umständen ergeben, die einerseits in der Vorsorge- und Rehabilitationsbedürftigkeit der Pflegeperson (§ 19, idR nahe Angehörige), liegen, andererseits der pflegebedürftigen Person die Sicherstellung der häuslichen Pflege (s. § 37 Abs. 1 S. 2, → § 37 Rn. 7) für die Zeit der stationären Maßnahme unmöglich machen und die Fortsetzung der angemessenen Betreuung und Pflege, insbes. aus persönlichen (zB Art und Schwere der Krankheit der pflegebedürftigen Person) oder pflegeorganisatorischen Gründen (zB Verbesserung der Pflegequalität, spezielle Anleitung/Schulung der Pflegeperson), einen gleichzeitigen Aufenthalt beider Beteiligter in derselben stationären Einrichtung erfordert. Zur Feststellung der Erforderlichkeit → Rn. 4. Da die Leistung in Abs. 4 („abweichend von den Absätzen 1 und 2") nur allgemein beschrieben und in (den genannten) Einrichtungen erbracht wird, bei de-

---

14 Kruse in: LPK-SGB XI, § 42 Rn. 13.
15 Ausführlich zu leistungserbringungsrechtlichen Problemen Plantholz, Die Umsetzung des neuen Pflegebedürftigkeitsbegriffs im Leistungserbringerrecht, GuP 2016, 207 ff.
16 BGBl. I 2014, 2222.
17 BT-Dr. 16/8525, 97 (zu Nr. 22 Buchst. b) und BT-Dr. 18/1798, 28 f. (zu Nr. 12 Buchst. b); Udsching in: Udsching, § 42 Rn. 8.
18 Udsching in: Udsching, § 42 Rn. 9.

nen auf eine Zulassung als Pflegeeinrichtung nach dem Elften Buch verzichtet werden" könne,[19] ergeben sich zT erhebliche leistungs- und **leistungserbringungsrechtliche Probleme**, die in diesem Rahmen nur andeutungsweise aufgezeigt werden können: Da weder ein genauer Betrag noch eine konkrete Zeitspanne genannt sind, wird davon ausgegangen, dass die PK – in Anlehnung an Abs. 3 – die Gesamtentgelte für die pflegebedingten Aufwendungen, die Aufwendungen der sozialen Betreuung sowie die Aufwendungen für Leistungen der medizinischen Behandlungspflege (jedoch ohne Kosten für Unterkunft und Verpflegung sowie Aufwendungen für Investitionen) für die gesamte Dauer der stationären Maßnahme der Pflegeperson – unter Fortgewährung der Hälfte des (anteiligen) Pflegegeldes gemäß § 37 Abs. 1 S. 2, § 38 S. 4 (→ Rn. 2) – übernimmt. Ähnlich wie Abs. 3 deuten die Formulierungen des Abs. 4 darauf hin, dass es sich ebenfalls um – eine von § 91 abweichende – **Kostenerstattung** (für ein zweckgebundenes **Sachleistungssurrogat**) handelt, da das erstattungsfähige Entgelt für die Kurzzeitpflege erst nach Erbringung der Leistung und deren in Rechnung stellen durch die Einrichtung zu ermitteln sind (→ Rn. 6). Der Verzicht auf eine Zulassung als Pflegeeinrichtung nach § 72 (mit den dort genannten Verpflichtungen) ist weder sachlich noch rechtlich gerechtfertigt. Er würde wegen der unterschiedlichen rechtlichen, personellen und organisatorischen Anforderungen sowie Ausstattungen und deren Kontrollen nicht nur zu erheblichen Wettbewerbsverzerrungen führen, sondern wäre auch wegen der sich daraus ergebenden Ungleichbehandlung der pflegebedürftigen Personen und Einrichtungen insbes. mit Blick auf Art. 3 GG verfassungsrechtlich problematisch (→ § 43 a Rn. 3). Der mit dem PNG in §§ 23 Abs. 5 S. 1 und 40 Abs. 3 S. 1 SGB V aufgenommene Hinweis an die KK zur Berücksichtigung der „besonderen Belange pflegender Angehöriger" bei der Bestimmung der Vorsorge-/Rehabilitationsleistungen ist hier nicht weiterführend.

Dritter Titel Vollstationäre Pflege

§ 43 Inhalt der Leistung

(1) Pflegebedürftige der Pflegegrade 2 bis 5 haben Anspruch auf Pflege in vollstationären Einrichtungen.

(2) ¹Für Pflegebedürftige in vollstationären Einrichtungen übernimmt die Pflegekasse im Rahmen der pauschalen Leistungsbeträge nach Satz 2 die pflegebedingten Aufwendungen einschließlich der Aufwendungen für Betreuung und die Aufwendungen für Leistungen der medizinischen Behandlungspflege. ²Der Anspruch beträgt je Kalendermonat
1. 770 Euro für Pflegebedürftige des Pflegegrades 2,
2. 1 262 Euro für Pflegebedürftige des Pflegegrades 3,
3. 1 775 Euro für Pflegebedürftige des Pflegegrades 4,
4. 2 005 Euro für Pflegebedürftige des Pflegegrades 5.

³Abweichend von Satz 1 übernimmt die Pflegekasse auch Aufwendungen für Unterkunft und Verpflegung, soweit der nach Satz 2 gewährte Leistungsbetrag die in Satz 1 genannten Aufwendungen übersteigt.

(3) Wählen Pflegebedürftige des Pflegegrades 1 vollstationäre Pflege, erhalten sie für die in Absatz 2 Satz 1 genannten Aufwendungen einen Zuschuss in Höhe von 125 Euro monatlich.

(4) Bei vorübergehender Abwesenheit von Pflegebedürftigen aus dem Pflegeheim werden die Leistungen für vollstationäre Pflege erbracht, solange die Voraussetzungen des § 87 a Abs. 1 Satz 5 und 6 vorliegen.

Literatur:
Heiber, Das Pflege-Stärkungsgesetz 2, 2016; *Richter*, Die neue soziale Pflegeversicherung, 2016.

I. Entstehungsgeschichte

1 § 43 wurde zwar zunächst durch Art. 1 PflegeVG v. 26.5.1994 (BGBl. I, 1014) eingeführt, jedoch erst mit durch Gesetz zum Inkraftsetzen der 2. Stufe der PV v. 31.5.1996 (BGBl. I, 718) neu gefasstem Art. 68 Abs. 3 PflegeVG mWv 1.7.1996 in Kraft gesetzt.[1] Durch Art. 1 Nr. 19 1. SGB XI-ÄndG

---
19 So die Begr. zu Art. 1 Nr. 16 PNG (BR-Dr. 170/12, 72).
1 Zur Begr. s. BT-Dr. 12/5262, 115, zu § 39 d.E.

v. 14.6.1996 (BGBl. I, 830) wurden mWv 25.6.1996 Abs. 2 neu gefasst, neuer Abs. 3 eingefügt und bisheriger Abs. 3 zu Abs. 4. Abs. 5 wurde durch Art. 1 3. SGB XI-ÄndG v. 5.6.1998 (BGBl. I, 1229) mWv 1.1.1998 angefügt. Durch Art. 2 Nr. 8 Achtes Euro-Einführungsgesetz v. 23.10.2001 (BGBl. I, 2702) wurden mWv 1.1.2002 die Leistungsbeträge auf Euro umgestellt. Nach mehrmaliger Verlängerung wurde die Befristung hinsichtlich der Medizinischen Behandlungspflege (→ § 42 Rn. 1) mit Änderung der Abs. 2 und 3 sowie Aufhebung des Abs. 5 durch Art. 8 Nr. 13 GKV-WSG v. 26.3.2007 (BGBl. I, 378) mWv 1.4.2007 aufgehoben. Durch Art. 1 Nr. 23 PfWG v. 28.5.2008 (BGBl. I, 874) wurden mWv 1.7.2008 Abs. 2 und 3 wiederum neu gefasst und Abs. 5 angefügt. Die Leistungsbeträge in Abs. 2 S. 2 wurden mWv 1.1.2015 durch Art. 1 Nr. 13 iVm Art. 4 Abs. 2 des Ersten Gesetzes zur Stärkung der pflegerischen Versorgung und zur Änderung weiterer Vorschriften (Erstes Pflegestärkungsgesetz – PSG I) vom 17.12.2014[2] dynamisiert. Mit Art. 2 Nr. 24 PSG II v. 21.12.2015 (BGBl. I 2424) wurden Abs. 1 durch Einfügen „der Pflegegrade 2 bis 5" geändert, die Abs. 2 bis 4 durch die neu gefassten Abs. 2 und 3 ersetzt und Abs. 5 zu Abs. 4. Durch Art. 1 Nr. 10 a und 10 b PSG III vom 23.12.2016 (BGBl. I 3191) wurden in Abs. 1 der 2. Hs. gestrichen und in Abs. 2 ein neuer S. 3 angefügt.[3]

II. Normzweck und europarechtliche Relevanz

§ 43 normiert unter den Voraussetzungen des Abs. 1 (und 4) und in dem nach Abs. 2 begrenzten Umfang für **pflegebedürftige Personen mit Pflegrade 2 bis 5** einen **Anspruch auf Pflege in vollstationären Einrichtungen**. Durch die mit PSG III (mE vorschnell) vorgenommene ersatzlose Streichung (→ Rn. 1) der Bedingung, „wenn häusliche oder teilstationäre Pflege nicht möglich ist oder wegen Besonderheiten des Einzelfalles nicht in Betracht kommt" (s. § 43 Abs. 1 und 4 aF) wird für die vollstationäre Pflege – systemwidrig – die leistungsrechtliche Absicherung des **Vorrangs häuslicher Pflege** (§§ 3, 28 Abs. 1, → § 28 Rn. 6) **aufgegeben**. Bei Pflegegrad 1 wird ein **Zuschuss** in Höhe des nach § 45 b Abs. 1 bei häuslicher Pflege auch für Pflegerad 1 vorgesehenen Entlastungsbetrages gewährt (Abs. 3; → Rn. 7).[4] Im Hinblick auf die Leistungserbringung wird bei der Leistung nach § 43 (zu „Zuschuss" nach Abs. 3 → Rn. 8) allgemein von einer **Sachleistung** (zum Begriff s. § 36 Rn. 5, 6) – auch bei der Direktauszahlung an das Heim nach § 87 a Abs. 3[5] – ausgegangen.[6] Soweit erforderlich, besteht nach § 43 b auch ein Anspruch auf zusätzliche Betreuung und Aktivierung (→ § 43 b Rn. 1 ff.). Zur europarechtlichen Relevanz wird auf die Ausführungen in → § 41 Rn. 3 (→ § 28 Rn. 3 f.) verwiesen.

III. Anspruchsvoraussetzungen (Abs. 1)

Der Anspruch auf Pflege in einer vollstationären Einrichtung nach § 43 setzt, wie bei anderen PV-Leistungen, ein bestehendes **Versicherungsverhältnis** (s. §§ 20 ff., 35), Erfüllung von **Vorversicherungszeiten** (§ 33 Abs. 2, 3), **Antragstellung** (§ 33 Abs. 1) sowie für die Leistung nach Abs. 2 **Pflegebedürftigkeit** (§§ 14, 15) der **Pflegegrade 2 bis 5**, für die Leistung nach Abs. 3 **Pflegegrad 1** voraus. Die Zuordnung zum Pflegegrad ist nicht nur für die Leistungsbeträge nach Abs. 2 und 3 sondern auch für die an den Pflegegraden orientierten – von der pflegebedürftigen Person an das Pflegeheim zu entrichtenden – Pflegesätze sowie einrichtungseinheitlichen Eigenanteile (s. § 84 Abs. 2 S. 2, 3) von Bedeutung.[7] Zu Berechnung und Zahlung des Heimentgelts s. § 87 a, insbes. Verfahren bei pflegebedingter Höhergruppierung nach § 87 a Abs. 2.[8] Die **besondere Voraussetzung**, dass häusliche oder teilstationäre Pflege nicht möglich ist oder wegen der Besonderheit des einzelnen Falles nicht in Betracht kommt, wurde mit Art. 1 Nr. 10 b PSG III ersatzlos gestrichen (→ Rn. 1 f.); die (Einzelfall-) Prüfung der Unmöglichkeit der häuslichen oder teilstationären Pflege entfällt: Pflegebedürftige Personen können unabhängig von Pflegegrad und Erforderlichkeit jederzeit vollstationäre Pflege nach § 43 in Anspruch nehmen. Das kann aber auch zur Folge haben, dass es für pflegebedürftige Personen, deren ambulante Pflege mit

---

2 BGBl. I, 2222; BR-Dr. 466/14, 4.
3 S. BT-Dr 18/9959, 10.
4 Leitherer in: KassKomm, § 43 SGB XI Rn. 2; Schulin HS-PV, § 18 Rn. 2, 3.
5 Siehe dazu Udsching in: Udsching, § 43 Rn. 7.
6 BSG, 1.9.2005, B 3 P 4/04 R, SozR 4-3300 § 43 Nr. 1 = BSGE 95, 102 = NZS 2006, 426 = PflR 2006, 131-137 = Sozialrecht aktuell 2006, 59; Udsching in: Udsching, § 43 Rn. 7; Schulin HS-PV, § 18 Rn. 19; ders. in: KassKomm, § 43 SGB XI Rn. 11 mwN.
7 Leitherer in: KassKomm, § 43 SGB XI Rn. 12; Schulin HS-PV, § 18 Rn. 8, 9.
8 Siehe auch BSG, 1.9.2005, B 3 P 4/04 R, SozR 4-3300 § 43 Nr. 1 = BSGE 95, 102 = NZS 2006, 426 = PflR 2006, 131-137 = Sozialrecht aktuell 2006, 59.

hohem finanziellen Aufwendungen verbunden sind (zB Rund-um-die-Uhr-Pflege), künftig noch schwieriger sein wird, diese gegenüber dem Träger der Sozialhilfe zu legitimieren (s. § 13 Abs. 1 S. 3 SGB XII).[9] Sozialpolitisch und leistungsrechtlich irritierend ist, dass der Gesetzgeber die „Flexibilisierung" nur auf die vollstationäre Pflege fokussiert und sowohl die teilstationäre und Kurzzeitpflege (in §§ 41, 42 ist weiter die Erforderlichkeit Leistungsvoraussetzung) als auch den ambulanten Pflegebereich (zB bei der Konzeption der Wohngruppen nach § 38 a oder Assistenzmodelle in §§ 36 iVm 77) nicht berücksichtigt hat.

IV. Inhalt und Umfang der Leistung

4 Der Anspruch auf (Sach-)Leistung nach § 43 bezieht sich auf die Pflege in einer vollstationären Einrichtung mit Versorgungsvertrag, also einem **zugelassenen Pflegeheim** iSv §§ 71 Abs. 2, 72 Abs. 1 S. 1 (sa § 29 Abs. 2);[10] bei Leistungserbringung in einer zugelassenen Einrichtung ohne Vergütungsvereinbarung (§ 85) wird nach § 91 Abs. 2 anstelle der Sachleistung **Kostenerstattung** in Höhe von 80 % des von der PK nach Abs. 2 aufzubringenden Betrages gewährt. Bei Pflege in nicht zugelassenen Einrichtungen kommen Leistungen nach §§ 36 bis 38 in Betracht (→ § 36 Rn. 4 ff., → § 37 Rn. 4 ff.; → § 38 Rn. 5). Durch die Zulassungsvoraussetzungen für Pflegeheime (§§ 72 iVm 71 Abs. 2) sollen, so nachdrücklich Linke,[11] zum einen die Qualität der erbrachten Leistungen und damit **grundrechtliche Standards**, vor allem die Achtung der Menschenwürde (Art. 1 Abs. 1) sowie der Schutz der Persönlichkeits- und Freiheitsrechte, einschl. körperliche Unversehrtheit, der pflegebedürftigen Personen (Art. 2 Abs. 1, 2 GG), zum anderen die Finanzierbarkeit der sozialen PV als Teil des sozialen Sicherungssystems (s. Art. 20 Abs. 2 GG) sichergestellt werden; nicht zugelassene Träger könnten sich auf den Kontrahierungszwang (§ 72 Abs. 3 Hs. 2) berufen und den gerichtlichen **Rechtsschutz** gegen die Ablehnung (§ 73 Abs. 2 S. 1) in Anspruch nehmen.

5 Nach Abs. 2 S. 1 übernimmt die PK (im Umfang der Leistungsbeträge nach Abs. 2 S. 2) die pflegebedingten Aufwendungen der vollstationären Pflege einschließlich Betreuung und für die in der Einrichtung notwendigen Leistungen der medizinischen **Behandlungspflege**. Von der Ausnahme nach Abs. 2 S. 3 abgesehen (→ Rn. 6) werden von der PV nicht übernommen die sog Pensions- oder **Hotelkosten** (Unterkunft und Verpflegung, s. §§ 82 Abs. 1 S. 4, 87) sowie **Investitionsumlage** nach § 82 Abs. 3, 4, die von der pflegebedürftigen und bei deren nicht ausreichendem Einkommen und Vermögen von der Sozialhilfe (SGB XII) zu tragen sind. **Pflegebedingte Aufwendungen** umfassen alle für die Versorgung der pflegebedürftigen Person nach Art und Schwere ihrer Pflegebedürftigkeit erforderlichen Pflegeleistungen (sog allgemeine Pflegeleistungen), die die „Betreuung" einschließen und – im Gegensatz zu den Leistungen bei häuslicher Pflege – nicht auf die im § 14 Abs. 2 genannten Bereiche der körperbezogenen Pflegemaßnahmen und pflegerischen Betreuung beschränkt sind. Die von den im Pflegeheim lebenden pflegebedürftigen Personen zu entrichtenden Entgelte für diese allgemeinen (stationären) Pflegeleistungen sowie für medizinische Behandlungspflege (**Pflegesätze** nach § 84 Abs. 1 S. 1) werden nach den in §§ 84 ff. näher bestimmten Vergütungsregelungen für (voll-)stationären Pflegeeinrichtungen vereinbart oder festgesetzt und nach (entsprechenden) Pflegegraden (§ 84 Abs. 2 S. 2) bemessen. Analoges gilt für die Ermittlung der **einrichtungseinheitlichen Eigenanteile** nach § 84 Abs. 2 S. 3. Obwohl nach dem Gesetzeswortlaut der gesamte (tatsächliche) Aufwand der vollstationären Pflege erfasst sein könnte, erstreckt sie sich inhaltlich lediglich auf alle im Einzelfall (nach Art und Schwere) erforderlichen pflegerischen Leistungen, einschließlich Sterbebegleitung (s. §§ 4 Abs. 2, 28 Abs. 4; → § 28 Rn. 14 f.); darüberhinausgehende pflegerische Leistungen, die entsprechend den medizinisch-pflegerischen Erkenntnissen (s. § 11) nicht notwendig sind und (auf Wunsch der pflegebedürftigen Person) zusätzlich erbracht werden, fallen unter von der PV nicht zu übernehmenden **Zusatzleistungen** (§ 88). Das Nähere ist in den Versorgungsverträgen nach § 72 Abs. 1 und diesen zu Grunde gelegten Rahmenverträgen nach § 75 geregelt. Dies gilt auch für die Leistungsbeschreibungen für die „Betreuung" und medizinische Behandlungspflege. Die **Betreuung** zielt auf die Förderung der (möglichst) selbstbestimmten sozialen Teilhabe, insbes. Bewältigung und Gestaltung des alltäglichen Lebens, wie Bewältigung psychosozialer Probleme oder Gefährdungen, Kommunikation, Orientierungshilfen, Tagesstrukturierung, kognitive Aktivierung, Förderung der Selbsthilfe und Selbstständigkeit, Freizeitaktivitäten, Erle-

---

9 Griep/Renn, Rn. 163.
10 Darunter können auch zugelassene *Hospize* fallen, Näheres bei Linke in: Krauskopf, § 43 SGB XI Rn. 55.
11 Linke in: Krauskopf, § 43 SGB XI Rn. 16; sa Renn, Selbstbestimmung und Verantwortung, 1993.

digung von persönlichen Angelegenheiten, Besorgungen uÄ. Das LG Magdeburg[12] zählt auch die Verwaltung des Barbetrages durch ein Pflegeheim für eine im Heim wohnende Person, die wegen Krankheit oder Behinderung ihren Barbetrag nicht selbst verwalten kann, zu einer „der sozialen Betreuung zuzuordnende Unterstützungsleistung." Anzumerken ist, dass der angemessene Barbetrag nach § 27 b Abs. 2 SGB XII zur persönlichen Verfügung der leistungsberechtigten Person, nicht des Einrichtungsträgers, steht und die **Auszahlung des Barbetrags an die Einrichtung** und dessen Verwaltung durch letztere ohne ausdrückliche **Zustimmung der leistungsberechtigten Person** oder ihres gesetzlichen Vertreters unzulässig ist.[13] In einer solchen Situation ist mE wegen mangelnder (Einwilligungs-) Fähigkeit der betroffenen Person, (neben ihren persönlichen) ihre Vermögensangelegenheiten selbst zu besorgen, und wegen diverser latenter Interessenskollisionen für die Einrichtung (s. § 1897 Abs. 3 BGB) die Bestellung einer **rechtlichen Betreuung** (gem. § 1896 Abs. 1 BGB) die rechtlich adäquatere Alternative.[14] Zur notwendigen **medizinischen Behandlungspflege** zählen die während des Heimaufenthaltes erforderlichen krankenpflegerischen Leistungen analog zu § 37 SGB V, soweit kein Anspruch auf Krankenpflege nach § 37 SGB V besteht (s. § 82 Abs. 1 S. 3). Nach der Rspr. sind dies alle Pflegemaßnahmen, die durch eine bestimmte Erkrankung verursacht werden, speziell auf den Krankheitszustand des Versicherten ausgerichtet sind und dazu beitragen, die Krankheit zu heilen, ihre Verschlimmerung zu verhüten oder Krankheitsbeschwerden zu verhindern oder zu lindern wie Injektionen, Verbandwechsel, Medikamentengabe etc.[15] Allerdings darf die KK nicht auf vollstationäre Pflege zur Durchführung von (kostenintensiver) Behandlungspflege (hier künstliche Beatmung) verweisen, soweit die (betroffene) versicherte Person (weiterhin) Anspruch auf häusliche Krankenpflege zur Sicherung der (ambulanten) ärztlichen Behandlung nach § 37 Abs. 2 SGB V und entsprechende Beratung hat; bei pflichtwidriger **Verletzung** dieser **Informationspflicht** durch die KK (§§ 14, 15 Abs. 1, 2 SGB I) besteht ein **sozialrechtlicher Herstellungsanspruch** der leistungsberechtigten Person.[16] Zur (von der Sachleistung Betreuung nach Abs. 2 S. 1 im Gesetz nicht abgegrenzten) zusätzlichen **Betreuung und Aktivierung in stationären Einrichtungen** → § 43 b Rn. 1 ff. Zur **Pflegehilfsmittelversorgung** bei vollstationärer Pflege → § 40 Rn. 14 f.; ausführlich zur Leistungskonkurrenz s. *Linke*.[17]

Der Anspruch auf die in Abs. 2 S. 1 inhaltlich beschriebene (→ Rn. 5) Leistung der vollstationären Pflege wird von der PK nach Abs. 2 S. 2 in **festen Pauschalbeträgen je Kalendermonat** gewährt, die unmittelbar an das Pflegeheim zu zahlen sind (§ 87 a Abs. 3 S. 1; → Rn. 2) und deren Höhe sich jeweils nach dem der pflegebedürftigen Person zugeordneten Pflegegrad richtet. Nach der mit PSG III (→ Rn. 1) eingeführten Regelung des Abs. 2 S. 3 übernimmt die PK auch Aufwendungen für Unterkunft und Verpflegung, soweit der Leistungsbetrag nach S. 2 die in S. 1 genannten Aufwendungen (→ Rn. 5) übersteigt. Das bedeutet einerseits, dass die PK unabhängig von der Höhe der mit der Pflegeeinrichtung vereinbarten Pflegesätze die volle Sachleistung erbringen muss, auch wenn damit entgegen § 87 und systemwidrig die PV Kosten der Grundsicherung übernimmt und Eigenbeteiligung und Sozialhilfekosten auf die beitragsfinanzierte PV verlagert werden. Andererseits ist damit auch eine verfassungsrechtlich und sozialpolitisch problematische Ungleichbehandlung der sachlich nicht legitimierten (von dieser Regelung) „begünstigten" gegenüber den „nicht begünstigen" pflegebedürftigen Personen verbunden. Zur besonderen Begrenzung der Leistungsansprüche bei **Beihilfeberechtigung** → § 28 Rn. 9 ff.;[18] zur **Kostenerstattung** → Rn. 4. Nach Abs. 4 besteht eine Zahlungsverpflichtung der PK auch bei vorübergehender **Abwesenheit** der pflegebedürftigen Person; während dieser ist der Pflegeplatz nach § 87 a Abs. 1 S. 5, 6 bis zu 42 Tagen im Kalenderjahr freizuhalten.

---

12 LG Magdeburg, 20.9.2011, 2 S 136/09 (089), NZS 2012, 300 = BeckRS 2011, 24229; für den BGH, 2.12.2010, III ZR 19/10, Rn. 18 f., juris, könne die Barbetragsverwaltung durch das Heim zwar als Leistung der Sozialhilfe einen Bestandteil einer Leistungsvereinbarung nach § 75 Abs. 3 SGB XII aber auch eine „andere Hilfe" iSd § 1896 Abs. 2 S. 2 BGB darstellen.
13 Behrend in: jurisPK-SGB XII, § 27 b.
14 Siehe auch Niemann/Renn, RsDE 10, 29 ff.
15 BSG, 30.10.2001, B 3 KR 27/01 R, BSGE 89, 50 = FEVS 53, 529 = SGb 2002, 694 = NJW 2002, 2267 = NZS 2002, 658 = BeckRS 9999, 01518, mwN; Leitherer in: KassKomm, § 43 SGB XI Rn. 23; sa Udsching in: Udsching, § 14 Rn. 13 sowie Erl. zu § 37 SGB V.
16 BSG, 30.10.2001, B 3 KR 27/01 R, BSGE 89, 50 = FEVS 53, 529 = SGb 2002, 694 = NJW 2002, 2267 = NZS 2002, 658 = BeckRS 9999, 01518; Kruse in: Klie/Krahmer/Plantholz, § 43 Rn. 16, 19; Linke in: Krauskopf, § 43 SGB XI Rn. 22.
17 Linke in: Krauskopf, § 43 SGB XI Rn. 51 ff. mwN.
18 Zum Eigen-/Selbstbehalt bei Beihilfebezug während vollstationärer Pflege VG Düsseldorf, 6.5.2011, 13 K 3866/10.

7 Nach **Abs. 3** erhalten pflegebedürftige Personen mit **Pflegegrad 1**, die vollstationäre Pflege wählen, für die Aufwendungen nach Abs. 2 (→ Rn. 5) einen Zuschuss iHv 125 Euro monatlich. Der Betrag entspricht dem diesen Personen bei häuslicher Pflege gewährte Entlastungsbetrag nach § 45 b; damit soll auch berücksichtigt werden, dass die Beeinträchtigungen der Selbstständigkeit oder der Fähigkeiten in Pflegegrad 1 gering sind.[19] Auch bei Pflegegrad 1 bestimmt sich die Erforderlichkeit vollstationärer Pflege nach Abs. 1 (→ Rn. 3 f.). Mit „Zuschuss" hat der Gesetzgeber wohl keine (frei verfügbare) Geldleistung iSv § 11 SGB I, sondern eher Kostenerstattung für (an og Konditionen geknüpften) Sachleistungssurrogat (→ § 39 Rn. 7) gemeint.

Vierter Titel Pflege in vollstationären Einrichtungen der Hilfe für behinderte Menschen

§ 43 a Inhalt der Leistung

[Fassung bis 31.12.2019:]

¹Für Pflegebedürftige der Pflegegrade 2 bis 5 in einer vollstationären Einrichtung der Hilfe für behinderte Menschen, in der die Teilhabe am Arbeitsleben und am Leben in der Gemeinschaft, die schulische Ausbildung oder die Erziehung behinderter Menschen im Vordergrund des Einrichtungszwecks stehen (§ 71 Abs. 4), übernimmt die Pflegekasse zur Abgeltung der in § 43 Abs. 2 genannten Aufwendungen zehn vom Hundert des nach § 75 Abs. 3 des Zwölften Buches vereinbarten Heimentgelts. ²Die Aufwendungen der Pflegekasse dürfen im Einzelfall je Kalendermonat 266 Euro nicht überschreiten. ³Wird für die Tage, an denen die pflegebedürftigen Behinderten zu Hause gepflegt und betreut werden, anteiliges Pflegegeld beansprucht, gelten die Tage der An- und Abreise als volle Tage der häuslichen Pflege.

[Fassung ab 1.1.2020 unter der gleichen Überschrift, aber unter dem neuen Vierten Titel „Pauschalleistungen für die Pflege von Menschen mit Behinderungen":]

¹Für Pflegebedürftige der Pflegegrade 2 bis 5 in einer vollstationären Einrichtung im Sinne des § 71 Absatz 4 Nummer 1, in der die Teilhabe am Arbeitsleben, an Bildung oder die soziale Teilhabe, die schulische Ausbildung oder die Erziehung von Menschen mit Behinderungen im Vordergrund des Einrichtungszwecks stehen, übernimmt die Pflegekasse zur Abgeltung der in § 43 Absatz 2 genannten Aufwendungen 15 Prozent der nach Teil 2 Kapitel 8 des Neunten Buches vereinbarten Vergütung. ²Die Aufwendungen der Pflegekasse dürfen im Einzelfall je Kalendermonat 266 Euro nicht überschreiten. ³Die Sätze 1 und 2 gelten auch für Pflegebedürftige der Pflegegrade 2 bis 5 in Räumlichkeiten im Sinne des § 71 Absatz 4 Nummer 3, die Leistungen der Eingliederungshilfe für Menschen mit Behinderungen nach Teil 2 des Neunten Buches erhalten. ⁴Wird für die Tage, an denen die Pflegebedürftigen im Sinne der Sätze 1 und 3 zu Hause gepflegt und betreut werden, anteiliges Pflegegeld beansprucht, gelten die Tage der An- und Abreise als volle Tage der häuslichen Pflege.

Literatur:
Siehe § 43 sowie *Schweigler*, Das Verhältnis der Leistung der Pflegeversicherung zur stationären Eingliederungshilfe nach dem SGB XII, SGb 2014, 307.

I. Entstehungsgeschichte

1 § 43 a wurde mit dem 1. SGB XI-ÄndG v. 14.6.1996 (BGBl. I, 830) mWv 25.6.1996 im Vermittlungsverfahren eingefügt.[1] Durch Art. 10 Nr. 17 SGB IX v. 19.6.2001 (BGBl. I, 1046) mWv 1.7.2001 wurden in S. 1 das Wort „Behindertenhilfe" durch die Wörter „Hilfe für behinderte Menschen", die Wörter „berufliche und soziale Eingliederung" durch die Wörter „Teilhabe am Arbeitsleben und am Leben in der Gemeinschaft" und das Wort „Behinderte" durch die Wörter „behinderte Menschen" ersetzt. In S. 2 wurde durch Art. 2 Nr. 9 Achtes Euro-Einführungsgesetz v. 23.10.2001 (BGBl. I, 2702) mWv 1.1.2002 der Leistungsbetrag „500 Deutsche Mark" durch „256 Euro" ersetzt. S. 3 wurde durch Art. 1 Nr. 4 a PflEG v. 14.12.2001 (BGBl. I, 3728) mWv 1.1.2002 neu angefügt. Durch Art. 10 Nr. 6 Gesetz zur Einordnung des Sozialhilferechts in das Sozialgesetzbuch v. 27.12.2003 (BGBl. I,

---

19 BT-Dr. 18/5926, 127.
1 Zur Begr. BR-Dr. 228/96; BT-Dr. 13/4521, 2 und 13/4688, Anlage; Udsching in: Udsching, § 43 a Rn. 1.

3022) wurde mWv 1.1.2005 „§ 93 Abs. 2 des Bundessozialhilfegesetzes" durch „§ 75 Abs. 3 des Zwölften Buches" ersetzt. Durch Art. 1 Nr. 14 iVm Art. 4 Abs. 2 des Ersten Gesetzes zur Stärkung der pflegerischen Versorgung und zur Änderung weiterer Vorschriften (Erstes Pflegestärkungsgesetz – PSG I) vom 17.12.2014[2] wurde der Leistungsbetrag in Satz 2 mWv **1.1.2015** dynamisiert (→ Rn. 2). Durch Art. 2 Nr. 25 PSG II v. 21.12.2015 (BGBl. I 2424) wurden in S. 1 die Wörter „der Pflegegrade 2 bis 5" eingefügt. Durch Art. 1 Nr. 12 PSG III v. 23.12.2016 (BGBl. I, 3191) ist im Zuge der Angleichung an SGB IX (idF BTHG)[3] eine Neufassung mWv 1.1.2020 geplant.[4]

II. Normzweck und verfassungsrechtliche Bewertung

Nach § 43 a S. 1 (idF PSG III; → Rn. 1) übernimmt die PK pflegebedürftige Personen mit **Pflegegrade 2 bis 5** in vollstationären Behindertenhilfeeinrichtungen iSd § 71 Abs. 4, in denen die Teilhabe am Arbeitsleben oder am Leben in der Gemeinschaft, die schulische Ausbildung oder die Erziehung **von Menschen mit Behinderungen** im Vordergrund des Einrichtungszwecks stehen, zur Abgeltung der in § 43 **Abs. 2** genannten Aufwendungen 10 % der nach § 75 Abs. 3 SGB XII vereinbarten Vergütung, max. 266 EUR je Kalendermonat. Mit dieser Regelung sollte weiterhin – in Folge des mit der Ergänzung der Abs. 3 und 4 in § 71 durch das 1. SGB XI-ÄndG (→ Rn. 1) verbundenen Ausschlusses stationärer Einrichtungen mit dem vorrangigen Zweck der sozialen Teilhabe oder med. Rehabilitation behinderter Menschen als Pflegeeinrichtungen iSd § 71 Abs. 2 und der in diesem Kontext erfolgten sozialpolitischen Aktivitäten[5] – eine unbürokratische **pauschale Abgeltung** der (in derartigen Einrichtungen üblicherweise anfallenden) **Pflegekosten** ermöglicht werden (zur verfassungsrechtlichen Bewertung → Rn. 3).[6] Zur europarechtlichen Relevanz wird auf die Ausführungen in → § 41 Rn. 3 (→ § 28 Rn. 3, 4) verwiesen. § 145 sichert im Zusammenhang mit der Einführung des BTHG (hier: geplante Änderung der §§ 43 a, 71 Abs. 4 SGB XI idF PSG III, → Rn. 1) als Stichtagsregelung **Bestandschutz** für pflegebedürftige Menschen mit Behinderung (→ § 145 Rn. 1 ff.).

§ 43 a wurde als **politischer Kompromiss** eingeführt, er ist eine Konsequenz unterschiedlicher Interessen bei der Finanzierung des gegliederten Sozialleistungssystems in der föderalen Struktur Bundesrepublik Deutschland, die besonders bei den Teilhabeleistungen für Menschen mit Behinderung zum Tragen kommt.[7] Im Rahmen der PV wollten sich – unterstützt von den Behinderten- und Wohlfahrtsverbänden – insbesondere die (durch PV bedingten erheblichen Einsparungen die der Hilfe zur Pflege begünstigten) Kommunen auch teilweise von ihnen zu tragenden Kosten der Eingliederungshilfe (§§ 39 ff. BSHG aF, §§ 53 ff. SGB XII, ab 2020 §§ 90 ff. SGB IX) entlasten. In der stationären Versorgung von Menschen mit Behinderung werden zwar auch pflegerische Leistungen erbracht, die geeignet sind, Leistungen der PV zu begründen, doch vorrangig und häufig nicht abgrenzbar ist die auf Teilhabe (iSd SGB IX) ausgerichtete, für eine umfassende Leistungserbringung konzipierte („aus einer Hand") Komplexleistung Eingliederungshilfe nach SGB XII (s. § 55 S. 1 SGB XII; § 13 Abs. 3 S. 3 SGB XI), deren Inanspruchnahme zudem noch hinsichtlich der Einkommens- und Vermögensheranziehung der leistungsberechtigten (und unterhaltspflichtigen) Personen privilegiert ist (§§ 85 ff. SGB XII). Menschen mit Behinderung sind andererseits auch (mit-)versicherte Mitglieder der PV mit Anspruch auf Einbeziehung in deren Leistungssystem. Aus Sicht des BSG[8] lässt sich die Regelung des § 43 a unter verfassungsrechtlichen Gesichtspunkten (insbes. Art. 3 GG) nicht als systemwidrig einzustufen. Die Verlagerung der Kostenlast von der Sozialhilfe auf die PV sei deshalb nicht systemwidrig, weil es sich um Kosten bei Pflegebedürftigkeit handele. Aus der Sicht der betroffenen Versicherten, die Pflegeleistungen in Einrichtungen der Behindertenhilfe in Anspruch nehmen, erfülle die Regelung der Ziele, die der Gesetzgeber mit den Leistungen der PV insgesamt erreichen wollte, nämlich die Versicherten spürbar von der Abhängigkeit von der Sozialhilfe zu entlasten. Aus der Tatsache, dass die Einführung der in § 43 a geregelten Leistung Folge eines „politischen" Kompromisses der Gesetzgebungsorgane Bundestag und Bundesrat war und deren Finanzierbarkeit im zuständigen Ausschuss negativ prognostiziert wurden, ließe sich (noch) nicht die Verfassungswidrigkeit der Regelung ableiten. Diese kurze,

---

2 BGBl. I, 2222; BR-Dr. 466/14, 4.
3 Bundesteilhabegesetz (BTHG) v. 23.12.2016 (BGBl. I, 3234); BR-Dr. 428/16.
4 BR-Dr. 410/16, 5, 7; BT-Dr. 18/9518, 68.
5 Zu den sozialpol. Aktivitäten im Gesetzgebungsverfahren Kruse in: LPK-SGB XI, § 43 a Rn. 3.
6 BR-Dr. 228/96, 2 f.; BT-Dr. 13/3696, 15, 13/4091, 36 ff., und 13/4688, 4; Leitherer in: KassKomm, § 43 a SGB XI Rn. 2.
7 Auch im Folgenden basierend auf Udsching in: Udsching, § 43 a Rn. 6 f.
8 BSG, 13.3.2001, B 3 P 17/00 R, SozR 3-3300 § 43 a Nr. 3 = FEVS 53, 49 = RdLH 2001, 119.

eher formale Begründung überzeugt nicht, lässt sie doch wesentliche Fragen, wie die des Anwendungsbereichs des § 13 Abs. 3 S. 3 (Verhältnis SGB XI zu §§ 53 ff. SGB XII),[9] der Leistungsgerechtigkeit nach der relativ willkürlichen Festlegung des Leistungsbetrages und Rechtfertigung der Ungleichbehandlung durch die insbes. für pflegebedürftige Personen und Pflegeeinrichtungen nicht plausible, verfassungsrechtlich problematische (→ § 42 Rn. 7) Herausnahme der die SGB XI-Zulassungs- und Qualitätskriterien nicht erfüllenden Erbringer der § 43a-Leistungen aus dem sonst sehr komplexen und differenzierten SGB XI-Leistungserbringungsrecht (s. §§ 71 ff.) offen. Nicht gelöst sind in diesem Zusammenhang auch die im Kompromiss angelegten, unterschiedlichen Teilhabe- und Pflege-(Betreuungs-)begriffe bzw. -konzepte sowie die erheblichen Abgrenzungsprobleme zwischen Pflege/Betreuung und Teilhabe.[10]

III. Anspruchsvoraussetzungen

4 Anspruchsberechtigt sind nach S. 1 die in der Einrichtung (oder Räumlichkeit nach § 71 Abs. 4 Nr. 1, 3) lebenden pflegebedürftigen Personen der Pflegegrade 2 bis 5, und zwar auch dann, wenn die PK (wie in der Praxis üblich) den anfallenden Pauschalbetrag als Sachleistung (→ § 36 Rn. 5 f.) unmittelbar an den Einrichtungs- oder Sozialhilfeträger auszahlt.[11] Der Anspruch auf Leistung nach § 43 a erfordert demnach – neben der Pflege in einer stationären Einrichtung für Menschen mit Behinderung iSd § 71 Abs. 4 – die Erfüllung der (allgemeinen) Voraussetzungen Versicherungsverhältnis, einschl. Vorversicherungszeit, Antragstellung (§§ 33, 35) sowie Pflegebedürftigkeit (§§ 14, 15) mindestens der Pflegegrad 2. **Leistungserbringer sind vollstationäre Einrichtungen iSv § 71 Abs. 4** (→ Rn. 3) mit dem vorrangigen Ziel, Leistungen der Teilhabe am Arbeitsleben oder Leben in der Gemeinschaft, schulischen Ausbildung oder Erziehung von Menschen mit Behinderung zu erbringen. Da aber eine solche Einrichtung über keine Zulassung als Pflegeheim nach § 72 verfügt und grds. keine vollstationäre Pflege iSd § 43 erbringen kann, beschränkt sich der Anspruch der pflegebedürftigen Person auf die (reduzierte PV-)Leistung nach § 43 a.[12] Zur besonderen Begrenzung des Leistungsanspruchs bei **Beihilfeberechtigung** → § 28 Rn. 9 ff.

5 Während des Aufenthalts in einer Einrichtung iSd § 43 a können grundsätzlich keine anderen PV-Leistungen gewährt werden.[13] Es besteht kein Anspruch auf häusliche Pflege (§ 34 Abs. 2). Für Zeiten ihrer tatsächlichen **Abwesenheit** von der Einrichtung (zB Wochenende, Urlaubszeiten usw.) können pflegebedürftige Personen Leistungen der **häuslichen Pflege** nach §§ 36 ff. in Anspruch nehmen, wobei letztere zusammen mit der Leistung nach § 43 a den für die jeweilige Pflegestufe geltenden Höchstbetrag nicht übersteigen darf.[14] Leistungen der häuslichen Pflege können allerdings nur anteilig für die Zeiten des Aufenthalts im häuslichen Bereich verlangt werden.[15] Mit dem durch PNG in § 38 eingefügten S. 5 erfolgt (in Fortführung der bis 2011 geübten Praxis) eine rechtliche Normierung des Anspruches auf ungekürztes Pflegegeld nach § 38 für die Tage, in denen sich eine ansonsten in Einrichtungen nach § 43 a lebende, pflegebedürftige Personen häuslich gepflegt werden (s. krit. Anm. in → § 38 Rn. 5). In S. 3 wird klargestellt, dass der Anreise – wie der Abreisetag jeweils als voller Tag der häuslichen Pflege gilt. In den Abwesenheitszeiten ist die PK nicht berechtigt, den pauschalierten Leistungsbetrag nach § 43 a (anteilig) zu kürzen, da dieser im Wesentlichen dir weiterhin anfallende Personalkosten abdeckt.[16] Ebenfalls ohne Anrechnung auf die Leistungspauschale können auch Leistungen nach § 39 oder § 42 für Zeiten außerhalb der Einrichtung, in denen die häuslichen Pflege nicht sichergestellt ist, beansprucht werden.[17] Die Gewährung von Leistungen der Eingliederungshilfe gem.

---

9 Ausführlich Schwegler, SGb 2014, 307 ff.
10 Siehe auch Kruse in: LPK-SGB XI, § 43 a Rn. 10.
11 Udsching in: Udsching, § 43 a Rn. 3; Leitherer in: KassKomm, § 43 a SGB XI Rn. 5; Kruse in: LPK-SGB XI, § 43 a Rn. 5; Reimer in: Hauck/Noftz, SGB XI, § 43 a Rn. 3.
12 Leitherer in: KassKomm, § 43 a SGB XI Rn. 7; Diepenbruck in: BeckOK SozR, SGB XI, § 43 a Rn. 14.
13 Leitherer in: KassKomm, § 43 a SGB XI Rn. 3; Udsching in: Udsching, § 43 a Rn. 5; LSG NRW, 29.3.2012, L 9 SO 340/11, BeckRS 2012, 68949; zum Pflegegeld bei Heimpflege BSG, 13.3.2001, B 3 P 17/00 (Rn. 19), SozR 3-3300 § 43 a Nr. 3 = FEVS 53, 49.
14 BSG, 29.4.1999, B 3 P 11/98 R, FEVS 51, 98 = BeckRS 1999 30057626; BSG, 13.3.2001, B 3 P 17/00 R, SozR 3-3300 § 43 a Nr. 3 = FEVS 53, 49; Leitherer in: KassKomm, § 43 a SGB XI Rn. 3; Kruse in: LPK-SGB XI, § 43 a Rn. 9.
15 BSG, 29.4.1999, B 3 P 11/98 R, FEVS 51, 98 = BeckRS 1999 30057626; Udsching in: Udsching, § 43 a Rn. 5.
16 BSG, 13.3.2001, B 3 P 17/00 R, SozR 3-3300 § 43 a Nr. 3 = FEVS 53, 49 = RdLH 2001, 119; Leitherer in: KassKomm, § 43 a SGB XI Rn. 3; Kruse in: LPK-SGB XI, § 43 a Rn. 9.
17 Leitherer in: KassKomm, § 43 a SGB XI Rn. 3.

§ 53 ff. SGB XII in Form der Betreuung in einer vollstationären Nachsorgeeinrichtung iSd §§ 43 a, 71 Abs. 4 SGB XI bei gleichzeitigem PV-Leistungsbezug steht nach Ansicht des SG Stralsund[18] der Gewährung von Leistungen der häuslichen Krankenpflege iSd § 37 Abs. 2 S. 1 SGB V entgegen. Für den Personenkreis nach § 43 a SGB XI besteht kein Anspruch auf die Zusatzleistung für Aktivierung und Betreuung nach § 43 b SGB XI, da diese nur in zugelassenen Pflegeeinrichtungen in Frage kommt. Zur Versorgung mit Hilfsmitteln → § 40 Rn. 14 f.

IV. Leistung

Die PK übernimmt eine **Leistungspauschale** von **zehn von Hundert** des nach § 75 Abs. 3 SGB XII zwischen Einrichtungs- und Sozialhilfeträger vereinbarten **Heimentgelts, höchstens 266 EUR** je Kalendermonat (S. 1, 2). Die Leistung dient nach S. 1 der **Abgeltung** der in § 43 Abs. 2 genannten **Aufwendungen** – pflegebedingten Aufwendungen einschließlich soziale Betreuung und medizinische Behandlungspflege[19] (→ § 43 Rn. 5). Die Leistung ist daher wie die vollstationäre Pflege nach § 43 eine **Sachleistung** (→ § 36 Rn. 5, 6). Die Leistungshöhe ist weder von Pflegestufe noch Pflegeaufwand im konkreten Einzelfall abhängig.[20] Da die Leistung zwecks Vermeidung übermäßigen Verwaltungsaufwands pauschaliert ist, wird der Umfang der für die pflegebedürftige Person tatsächlich anfallenden Aufwendungen gem. § 43 Abs. 2 nicht näher überprüft (→ Rn. 3); in vielen Fällen dürfte letzterer „in keinem Verhältnis" zum Leistungsbetrag der PK stehen.[21]

6

Fünfter Titel Zusätzliche Betreuung und Aktivierung in stationären Einrichtungen

§ 43 b Inhalt der Leistung

Pflegebedürftige in stationären Pflegeeinrichtungen haben nach Maßgabe von § 84 Absatz 8 und § 85 Absatz 8 Anspruch auf zusätzliche Betreuung und Aktivierung, die über die nach Art und Schwere der Pflegebedürftigkeit notwendige Versorgung hinausgeht.

I. Entstehungsgeschichte

§ 43 b wurde durch Art. 2 Nr. 26 Zweites Pflege-Stärkungsgesetz (PSG II) vom 17.12.2015 (BGBl. I, 2222) eingeführt und trat zum 1.1.2017 in Kraft.[1]

1

II. Normzweck

§ 43 b regelt den **Anspruch pflegebedürftiger Personen** gegenüber der PV auf zusätzliche Betreuung und Aktivierung in stationären Pflegeeinrichtungen. Damit wird die bis zum 31.12.2016 geltende leistungserbringungs-(vergütungs-)rechtliche Regelung des § 87 b in das Leistungsrecht des SGB XI transferiert (sa §§ 28, 28 a). Zum europarechtlichen Kontext dieser Sachleistung → § 41 Rn. 4.

2

III. Anspruchsvoraussetzungen

Der Individualanspruch einer pflegebedürftigen Person auf zusätzliche Betreuung und Aktivierung nach § 43 b setzt zunächst, wie bei anderen PV-Leistungen, ein bestehendes Versicherungsverhältnis (s. §§ 20 ff., 35), Erfüllung von Vorversicherungszeiten (§ 33 Abs. 2, 3) und Antragstellung (§ 33 Abs. 1) sowie Pflegebedürftigkeit (§§ 14, 15) der Pflegegrade 1 bis 5 (→ Rn. 4) voraus. Außerdem muss – neben notwendiger (geplanter oder bestehender) stationärer Pflege – die **Erforderlichkeit** der zusätzlichen, „über die nach Art und Schwere der Pflegebedürftigkeit notwendige Versorgung hinausgehenden" Betreuungs-/Aktivierungsmaßnahmen als **besondere Voraussetzung** vorliegen (→ Rn. 5).

3

Zu beachten ist, dass entgegen der Voraussetzungen für teil- und vollstationäre Pflegeleistungen nach §§ 41 Abs. 1, 42 Abs. 1 und 43 Abs. 1 (Ausnahme Zuschuss bei Pflegegrad 1 nach § 43 Abs. 3), nach

4

---

18 SG Stralsund, 9.5.2012, S 3 KR 39/12 ER, BeckRS 2012, 69563 (Ls. 3).
19 ZB einfache Medikamentengabe, LSG Bln-Bbg, 3.3.2011, L 9 KR 284/10 B ER, juris Rn. 6, LSG Bln-Bbg, 20.9.2013, L 1 KR 90/12, BeckRS 2013, 73581; ärztl. verordnete subkutane („s.c.") Injektionen, LSG Bln-Bbg, 26.3.2014, L 9 KR 524/12, BeckRS 2014, 13635 (Ls. 2); HessLSG, 19.12.2013, L 8 KR 411/12 B ER; BeckRS 2014, 68210.
20 Udsching in: Udsching, § 43 a Rn. 5.
21 Leitherer in: KassKomm, § 43 a SGB XI Rn. 8, 11.
1 BT-Dr. 18/5926, 36, 128.

denen mindestens Pflegegrad 2 vorliegen muss, auch bei **Pflegegrad 1** die genannten Zusatzleistungen beansprucht werden können. Da aber auch in diesen Fällen die jeweiligen Anspruchsvoraussetzungen erfüllt sein müssen, kommt eine Leistungsgewährung zusätzlicher Betreuung und Aktivierung pflegebedürftiger Personen mit Pflegegrad 1 nur bei vollstationärer Pflege nach § 43 Abs. 1 iVm Abs. 3 in Betracht, wobei – die richtige Einstufung vorausgesetzt – der zusätzliche Betreuungsbedarf (→ Rn. 5) nur im seltenen Ausnahmefall nachweisbar sein wird.[2]

5 Die Feststellung des Bedarfs an – in § 43 b nur sehr allgemein (unbestimmter Rechtsbegriff) formulierter – „zusätzlicher Betreuung und Aktivierung, die über die nach Art und Schwere der Pflegebedürftigkeit notwendigen Versorgung hinausgeht", erfordert eine **Einzelfallentscheidung der PK,** in die alle besonderen Umstände, vor allem die persönliche physische, psychische und kognitive Situation der pflegebedürftigen Person (zB Demenz im fortgeschrittenen Stadium mit erheblicher Eigengefährdung), und die Bedingungen in der Pflegeeinrichtung (insbes. Fehlen ausreichender, geeigneter personeller Ausstattung) idR anhand der Stellungnahme des MDK und Angaben der pflegebedürftigen sowie der Pflegepersonen einzubeziehen, zu bewerten und – im Falle einer Negativbescheidung im Verwaltungsakt – zu begründen. Zum Wunsch- und Wahlrecht der pflegebedürftigen Person → § 43 Rn. 2.

6 § 43 b gilt für alle zugelassenen **stationären Pflegeeinrichtungen** (§ 71 Abs. 2 iVm § 72), also neben den vollstationären Einrichtungen der Kurz- und Vollzeitpflege auch für die teilstationären Einrichtungen der Tages- und Nachtpflege[3] – nicht jedoch für Einrichtungen nach § 43 a (obwohl in §§ 43 a, 43 b nicht ausdrücklich geregelt; s. jedoch Hinweis auf § 71 Abs. 4 in § 43 a). Bei Leistungserbringung in nicht zugelassenen Pflegeeinrichtungen kommt Kostenerstattung nach § 91 in Betracht.

IV. Inhalt und Umfang der Leistung

7 Wie in → Rn. 5 ausgeführt, beschreibt § 43 b die Leistung nur sehr allgemein. Hinweise auf konkretere Leistungsbeschreibungen können sich auch aus der Richtlinie nach § 53 c hinsichtlich der Konkretisierung der Aufgaben der Betreuungskräfte ergeben. § 43 b zielt (wie § 87 b aF) im Ergebnis darauf ab, zusätzliches Personal für dieses zusätzliche Leistungsangebot in den Einrichtungen bereit zu stellen.[4] Die (Sach-)Leistung nach § 43 b in Form von **zusätzlichen Betreuungskräften** wird als Besonderheit der grundsätzlich Teilkasko orientierten PV in **voller Höhe – als Zuschlag zu den Pflegevergütungen** – gewährt. Zusätzliche Leistungen anderer Kostenträger, insbesondere der Sozialhilfeträger, sind nicht erforderlich. Hinzuweisen ist, dass die regelhaft zu erbringenden Leistungen der Betreuung nach den §§ 41 bis 43 (im Rahmen der allgemeinen Pflegeleistungen) davon unberührt bleiben und nicht auf die zusätzlichen Betreuungskräfte verlagert werden.

V. Leistungserbringungsrechtliche Aspekte

8 § 43 b verweist auf die leistungserbringungsrechtlichen Regelungen der §§ 84 Abs. 8 und 85 Abs. 8. Die vertrags- und vergütungsrechtliche Umsetzung erfolgt somit nach §§ 84 ff. (im Einzelnen → § 84 Rn. 1 ff. und → § 85 Rn. 1 ff.). § 84 Abs. 8 bestimmt, dass der **Vergütungszuschlag** als zusätzliches Entgelt zur Pflegevergütung für die Leistungen nach § 43 b von der PK zu tragen und von dem privaten Versicherungsunternehmen im Rahmen des vereinbarten Versicherungsschutzes zu erstatten ist; § 28 Abs. 2 ist bzgl. **Beihilfe** entsprechend anzuwenden (→ § 28 Rn. 9 ff.). Mit den Vergütungszuschlägen sind alle zusätzlichen Leistungen der Betreuung und Aktivierung in stationären Pflegeeinrichtungen abgegolten. Pflegebedürftige Personen dürfen mit den Vergütungszuschlägen weder ganz noch teilweise belastet werden. Nach § 85 Abs. 8 erfolgt die **Vereinbarung** des Vergütungszuschlages auf der Grundlage, dass

1. die stationäre Pflegeeinrichtung für die zusätzliche Betreuung und Aktivierung der Pflegebedürftigen über zusätzliches Betreuungspersonal in vollstationären Pflegeeinrichtungen in sozialversicherungspflichtiger Beschäftigung verfügt und die Aufwendungen für dieses Personal weder bei der Bemessung der Pflegesätze noch bei den Zusatzleistungen nach § 88 berücksichtigt werden,
2. idR für jeden pflegebedürftige Person 5 Prozent der Personalaufwendungen für eine zusätzliche Vollzeitkraft finanziert wird und

---

2 In der Begr. (BT-Dr. 18/5926, 128) auf wird das Votum des Expertenbeirats für die Beibehaltung der Leistung auch bei Pflegegrad 1 verwiesen.
3 BT-Dr. 18/5926, 128.
4 Im Folgenden ebd.

3. die Vertragsparteien Einvernehmen erzielt haben, dass der vereinbarte Vergütungszuschlag nicht berechnet werden darf, soweit die zusätzliche Betreuung und Aktivierung für pflegebedürftige Personen nicht erbracht wird.

Pflegebedürftige Personen und ihre Angehörigen sind von der Einrichtung im Rahmen der stationären Pflegevertragsverhandlungen nachprüfbar und deutlich auf das Angebot zusätzlicher Betreuung hinzuweisen.

Das Nähere zu Qualifikation und Aufgaben der zusätzlichen Betreuungskräfte wird in den Richtlinien gemäß § 53c geregelt (→ § 53 Rn. 1 ff.). 9

Vierter Abschnitt
Leistungen für Pflegepersonen

§ 44 Leistungen zur sozialen Sicherung der Pflegepersonen

(1) ¹Zur Verbesserung der sozialen Sicherung der Pflegepersonen im Sinne des § 19, die einen Pflegebedürftigen mit mindestens Pflegegrad 2 pflegen, entrichten die Pflegekassen und die privaten Versicherungsunternehmen, bei denen eine private Pflege-Pflichtversicherung durchgeführt wird, sowie die sonstigen in § 170 Absatz 1 Nummer 6 des Sechsten Buches genannten Stellen Beiträge nach Maßgabe des § 166 Absatz 2 des Sechsten Buches an den zuständigen Träger der gesetzlichen Rentenversicherung, wenn die Pflegeperson regelmäßig nicht mehr als 30 Stunden wöchentlich erwerbstätig ist. ²Der Medizinische Dienst der Krankenversicherung oder ein anderer von der Pflegekasse beauftragter unabhängiger Gutachter ermittelt im Einzelfall, ob die Pflegeperson eine oder mehrere pflegebedürftige Personen wenigstens zehn Stunden wöchentlich, verteilt auf regelmäßig mindestens zwei Tage in der Woche, pflegt. ³Wird die Pflege eines Pflegebedürftigen von mehreren Pflegepersonen erbracht (Mehrfachpflege), wird zudem der Umfang der jeweiligen Pflegetätigkeit je Pflegeperson im Verhältnis zum Umfang der von den Pflegepersonen zu leistenden Pflegetätigkeit insgesamt (Gesamtpflegeaufwand) ermittelt. ⁴Dabei werden die Angaben der beteiligten Pflegepersonen zugrunde gelegt. ⁵Werden keine oder keine übereinstimmenden Angaben gemacht, erfolgt eine Aufteilung zu gleichen Teilen. ⁶Die Feststellungen zu den Pflegezeiten und zum Pflegeaufwand der Pflegeperson sowie bei Mehrfachpflege zum Einzel- und Gesamtpflegeaufwand trifft die für die Pflegeleistungen nach diesem Buch zuständige Stelle. ⁷Diese Feststellungen sind der Pflegeperson auf Wunsch zu übermitteln.

(2) Für Pflegepersonen, die wegen einer Pflichtmitgliedschaft in einer berufsständischen Versorgungseinrichtung auch in ihrer Pflegetätigkeit von der Versicherungspflicht in der gesetzlichen Rentenversicherung befreit sind oder befreit wären, wenn sie in der gesetzlichen Rentenversicherung versicherungspflichtig wären und einen Befreiungsantrag gestellt hätten, werden die nach Absatz 1 zu entrichtenden Beiträge auf Antrag an die berufsständische Versorgungseinrichtung gezahlt.

(2 a) Während der pflegerischen Tätigkeit sind Pflegepersonen im Sinne des § 19, die einen Pflegebedürftigen mit mindestens Pflegegrad 2 pflegen, nach Maßgabe des § 2 Absatz 1 Nummer 17 des Siebten Buches in den Versicherungsschutz der gesetzlichen Unfallversicherung einbezogen.

(2 b) ¹Während der pflegerischen Tätigkeit sind Pflegepersonen im Sinne des § 19, die einen Pflegebedürftigen mit mindestens Pflegegrad 2 pflegen, nach Maßgabe des § 26 Absatz 2 b des Dritten Buches nach dem Recht der Arbeitsförderung versichert. ²Die Pflegekassen und die privaten Versicherungsunternehmen, bei denen eine private Pflege-Pflichtversicherung durchgeführt wird, sowie die sonstigen in § 347 Nummer 10 Buchstabe c des Dritten Buches genannten Stellen entrichten für die Pflegepersonen Beiträge an die Bundesagentur für Arbeit. ³Näheres zu den Beiträgen und zum Verfahren regeln die §§ 345, 347 und 349 des Dritten Buches.

(3) ¹Die Pflegekasse und das private Versicherungsunternehmen haben die in der Renten- und Unfallversicherung sowie nach dem Dritten Buch zu versichernde Pflegeperson den zuständigen Renten- und Unfallversicherungsträgern sowie der Bundesagentur für Arbeit zu melden. ²Die Meldung für die Pflegeperson enthält:

1. ihre Versicherungsnummer, soweit bekannt,
2. ihren Familien- und Vornamen,
3. ihr Geburtsdatum,
4. ihre Staatsangehörigkeit,
5. ihre Anschrift,

6. Beginn und Ende der Pflegetätigkeit,
7. den Pflegegrad des Pflegebedürftigen und
8. die nach § 166 Absatz 2 des Sechsten Buches maßgeblichen beitragspflichtigen Einnahmen.

³Der Spitzenverband Bund der Pflegekassen sowie der Verband der privaten Krankenversicherung e.V. können mit der Deutschen Rentenversicherung Bund und mit den Trägern der Unfallversicherung sowie mit der Bundesagentur für Arbeit Näheres über das Meldeverfahren vereinbaren.

(4) Der Inhalt der Meldung nach Absatz 3 Satz 2 Nr. 1 bis 6 und 8 ist der Pflegeperson, der Inhalt der Meldung nach Absatz 3 Satz 2 Nr. 7 dem Pflegebedürftigen schriftlich mitzuteilen.

(5) ¹Die Pflegekasse und das private Versicherungsunternehmen haben in den Fällen, in denen eine nicht erwerbsmäßig tätige Pflegeperson einen Pflegebedürftigen mit mindestens Pflegegrad 2 pflegt, der Anspruch auf Beihilfeleistungen oder Leistungen der Heilfürsorge hat, und für die die Beiträge an die gesetzliche Rentenversicherung nach § 170 Absatz 1 Nummer 6 Buchstabe c des Sechsten Buches oder an die Bundesagentur für Arbeit nach § 347 Nummer 10 Buchstabe c des Dritten Buches anteilig getragen werden, im Antragsverfahren auf Leistungen der Pflegeversicherung von dem Pflegebedürftigen die zuständige Festsetzungsstelle für die Beihilfe oder den Dienstherrn unter Hinweis auf die beabsichtigte Weiterleitung der in Satz 2 genannten Angaben an diese Stelle zu erfragen. ²Der angegebenen Festsetzungsstelle für die Beihilfe oder dem Dienstherrn sind bei Feststellung der Beitragspflicht sowie bei Änderungen in den Verhältnissen des Pflegebedürftigen oder der Pflegeperson, insbesondere bei einer Änderung des Pflegegrades, einer Unterbrechung der Pflegetätigkeit oder einem Wechsel der Pflegeperson, die in Absatz 3 Satz 2 genannten Angaben mitzuteilen. ³Absatz 4 findet auf Satz 2 entsprechende Anwendung.

(6) ¹Für Pflegepersonen, bei denen die Mindeststundenzahl von zehn Stunden wöchentlicher Pflege, verteilt auf regelmäßig mindestens zwei Tage in der Woche, nur durch die Pflege mehrerer Pflegebedürftiger erreicht wird, haben der Spitzenverband Bund der Pflegekassen, der Verband der privaten Krankenversicherung e.V., die Deutsche Rentenversicherung Bund und die Bundesagentur für Arbeit das Verfahren und die Mitteilungspflichten zwischen den an einer Addition von Pflegezeiten und Pflegeaufwänden beteiligten Pflegekassen und Versicherungsunternehmen durch Vereinbarung zu regeln. ²Die Pflegekassen und Versicherungsunternehmen dürfen die in Absatz 3 Satz 2 Nummer 1 bis 3 und 6 und, soweit dies für eine sichere Identifikation der Pflegeperson erforderlich ist, die in den Nummern 4 und 5 genannten Daten sowie die Angabe des zeitlichen Umfangs der Pflegetätigkeit der Pflegeperson an andere Pflegekassen und Versicherungsunternehmen, die an einer Addition von Pflegezeiten und Pflegeaufwänden beteiligt sind, zur Überprüfung der Voraussetzungen der Rentenversicherungspflicht oder der Versicherungspflicht nach dem Dritten Buch der Pflegeperson übermitteln und ihnen übermittelte Daten verarbeiten und nutzen.

I. Entstehungsgeschichte ... 1	4. Feststellung des notwendigen zeitlichen Pflegebedarfs (Abs. 1 S. 3–5) ... 13
II. Übersicht und Normzweck ... 2	V. Gesetzliche Unfallversicherung (Abs. 1 S. 6) ... 14
III. Begriff der Pflegeperson ... 5	VI. Anspruch auf Weiterbildungsmaßnahmen nach dem SGB III (Abs. 1 S. 7) ... 18
IV. Rentenbeiträge (Abs. 1 S. 1–5, Abs. 2) ... 7	
1. Allgemeines ... 7	VII. Melde- und Mitteilungspflichten der Pflegekassen/privaten Versicherungsunternehmen (Abs. 3, 4) ... 19
2. Zahlungsadressat (Abs. 1 S. 1 und Abs. 2) ... 8	
3. Verweis auf das SGB VI (Abs. 1 S. 2) ... 9	VIII. Ermittlungs- und Mitteilungspflichten bei „gespaltener" Beitragstragung (Abs. 5) ... 20
a) Versicherungspflicht in der gesetzlichen Rentenversicherung, § 3 S. 1 Nr. 1a SGB VI ... 9	IX. Verfahren bei der Pflege mehrerer Pflegebedürftiger (Abs. 6) ... 23
b) Bestimmung der beitragspflichtigen Einnahmen, § 166 Abs. 2 SGB VI ... 11	
c) Tragung der Beiträge, § 170 SGB VI ... 12	

I. Entstehungsgeschichte

1 § 44 wurde durch Art. 1 Pflege-Versicherungsgesetz vom 26.5.1994 (BGBl. I, 1014) geschaffen und trat zum 1.1.1995 in Kraft.[1]

---

[1] BT-Dr. 12/5262, 116; BT-Dr. 12/5952, 40 (jeweils zu § 40-E).

§ 44 wurde mehrfach geändert, und zwar durch:
- Art. 1 Nr. 21 des 1. SGB-ÄndG vom 14.6.1996 (BGBl. I, 830),
- Art. 7 Abs. 1 Nr. 2 UVEG vom 7.8.1996 (BGBl. I, 1254),
- Art. 10 Nr. 2 AFRG vom 24.3.1997 (BGBl. I, 594),
- Art. 10 Nr. 2 des Dritten Gesetzes für moderne Dienstleistungen am Arbeitsmarkt vom 23.12.2003 (BGBl. I, 2848),
- Art. 10 Nr. 1 lit. a RVOrgG vom 9.12.2004 (BGBl. I, 3242),
- Art. 9 N. 3 des Verwaltungsvereinfachungsgesetzes vom 21.3.2005 (BGBl. I, 818) sowie
- Art. 8 Nr. 15 GKV-Wettbewerbsstärkungsgesetz vom 26. 3. 2007 (BGBl. I, 378).
- Art. 1 Nr. 17 des Gesetzes zur Neuausrichtung der Pflegeversicherung vom 23. 10. 2012 (BGBl. I, 2246).

II. Übersicht und Normzweck

Abs. 1 regelt die den Pflegepersonen zukommenden „Wohltaten": Nach Abs. 1 S. 1 entrichten die Pflegekassen bzw. die privaten Versicherungsunternehmen Beiträge zur Absicherung der Pflegeperson in der **gesetzlichen Rentenversicherung** respektive an eine berufsständische Versorgungseinrichtung (**Abs. 2**). Zudem ist die Pflegeperson in den Versicherungsschutz der **gesetzlichen Unfallversicherung** einbezogen, Abs. 1 S. 6. Schließlich hat sie Anspruch auf **berufliche Weiterbildung** nach Maßgabe des SGB III, wenn sie nach Ausübung der Pflegetätigkeit wieder ins Erwerbsleben zurückkehren will, Abs. 1 S. 7. Im Gegenzug normiert Abs. 1 S. 4 die Pflicht zur Glaubhaftmachung, dass die Pflegeleistungen erbracht wurden. **Abs. 3** statuiert Meldepflichten der Pflegekasse bzw. des privaten Versicherungsunternehmens an Renten- und Unfallversicherungsträger, wobei **Abs. 4** regelt, welcher Teil der Meldung an die Pflegeperson bzw. den Pflegebedürftigen mitzuteilen ist. **Abs. 5** erfasst Ermittlungs- und Mitteilungspflichten bei „gespaltener" Beitragstragung. **Abs. 6** schließlich regelt Situationen, in denen eine Pflegeperson gleichzeitig mehrere Pflegebedürftige pflegt.

Die Betreuung pflegebedürftiger Personen bedeutet für die jeweilige Pflegeperson nicht nur eine erhebliche psychische und ggf. physische Belastung, sondern ist auch geeignet, die möglichen späteren Rentenansprüche der Pflegeperson (empfindlich) zu schmälern, wenn wegen der Pflegetätigkeit eine anderenfalls ausgeübte Erwerbstätigkeit zeitweise ganz aufgegeben oder zumindest eingeschränkt wird.[2] Denn ohne § 44 besteht im Bereich der häuslichen Pflege eine Rentenversicherungspflicht wegen dieser Pflege nur in den in praxi schon wegen der familienrechtlichen Beistandspflichten selten vorkommenden Fällen, in denen die Pflegeperson in einem entgeltlichen Beschäftigungsverhältnis nach § 7 SGB IV zum Pflegebedürftigen steht.[3] § 44 dient daher in erster Linie dazu, die mit der Pflegetätigkeit verbundenen finanziellen Opfer, die aus einer lückenhaften sozialen Biographie resultieren, **zu vermindern**; hierunter fällt in erster Linie die Rentenversicherungspflicht und die Beitragstragung durch die Pflegekasse bzw. das private Versicherungsunternehmen des Pflegebedürftigen (näher → Rn. 7 ff.), aber auch die Unfallversicherung der Pflegekraft (Abs. 1 S. 6, → Rn. 14 ff.) sowie der Anspruch auf Leistungen nach dem SGB III zur Förderung der Rückkehr in das Erwerbsleben (Abs. 1 S. 7, → Rn. 18). Damit soll zugleich die familiäre Pflege als unverzichtbarer **Baustein** „einer **Kultur der Pflege und des Helfens**" gestärkt werden.[4] Erreicht wird damit gleichzeitig eine **Entlastung der Solidargemeinschaft**, ist doch eine häusliche Pflege durch eine nicht erwerbsmäßig tätige Pflegeperson wesentlich kostengünstiger als eine Heimunterkunft.

Zu beachten ist, dass § 44 selbst **keine Anspruchsgrundlage** darstellt, sondern lediglich eine **Einweisungsvorschrift** ist, wohingegen die Ansprüche in den entsprechenden Sozialgesetzbüchern geregelt sind.

---

2 Ein Ursachenzusammenhang zwischen Nichtausübung einer Erwerbstätigkeit und Pflegetätigkeit ist aber für die Anwendung des § 44 keine Voraussetzung, Gürtner in: KassKomm, § 44 SGB XI Rn. 3.
3 Maschmann, NZS 1995, 109, 121.
4 BT-Dr. 12/5262, 67, 77.

III. Begriff der Pflegeperson

5 Pflegepersonen im Sinne des SGB XI sind nur Personen, die einen Pflegebedürftigen (§ 14)[5] in seiner **häuslichen Umgebung**[6] **nicht erwerbsmäßig**[7] pflegen, § 19 S. 1. Für die Leistungen nach § 44 ist ferner Voraussetzung, dass die Pflegeperson den Pflegebedürftigen mindestens **14 Stunden wöchentlich** pflegt, § 19 S. 2; aufgrund des Monatsprinzips der gesetzlichen Krankenversicherung ist es aber möglich, dass zB alle zwei Wochen jeweils 28 Stunden erbracht werden.[8]

6 In welcher **Pflegestufe** der Pflegebedürftige eingruppiert ist, spielt dem Grunde nach für die Leistungen nach § 44 keine Rolle; relevant ist das aber für die Beitragsbemessung zur gesetzlichen Rentenversicherung, § 166 Abs. 2 SGB VI. Der Anspruch der Pflegeperson ruht trotz eines eventuellen Ruhens der Leistungsansprüche des Pflegebedürftigen nach § 34 Abs. 1, 2 nicht für die Dauer der häuslichen Krankenpflege, bei vorübergehendem Auslandsaufenthalt des Versicherten oder einem Erholungsurlaub der Pflegeperson von bis zu sechs Wochen im Kalenderjahr sowie in den ersten vier Wochen einer vollstationären Krankenhausbehandlung oder einer stationären Leistung zur medizinischen Rehabilitation, § 34 Abs. 3.

IV. Rentenbeiträge (Abs. 1 S. 1–5, Abs. 2)

7 **1. Allgemeines.** Die Pflegekasse, die privaten Versicherungsunternehmen oder die sonstigen in § 170 Abs. 1 Nr. 6 SGB VI genannten Stellen leisten Beiträge zur Rentenversicherung der Pflegeperson. Weil es Zweck dieser Regelung ist, zu verhindern, dass die späteren Rentenleistungen durch die anderenfalls auftretende Erwerbslücke (empfindlich) geschmälert würden, gilt dies allerdings nur, wenn die **Pflegeperson** neben der nicht erwerbsmäßig ausgeübten Pflegetätigkeit regelmäßig **nicht mehr als dreißig Stunden wöchentlich erwerbstätig** ist; das ist konsequent, weil in diesem Fall auch keine Versicherungspflicht in der gesetzlichen Rentenversicherung besteht, § 3 S. 3 SGB VI. Irrelevant ist, ob es sich um eine selbstständige Tätigkeit oder um eine solche als Arbeitnehmer handelt;[9] auch eine Tätigkeit als Beamter oder sonstige versicherungsfreie Tätigkeiten (§ 5 SGB VI) sind hierbei zu berücksichtigen; im Gegenzug können diese Personen ebenfalls in den Genuss der Vorteile des Abs. 1 S. 1 kommen.[10] Die Versicherungspflicht entsteht bei Vorliegen der Voraussetzungen kraft Gesetzes, ohne dass es eines Antrags oder eines Verwaltungsaktes bedürfte.[11] Den Anspruch auf die Beitragszahlung nach Abs. 1 S. 1 hat nur die Pflegeperson, nicht aber der Pflegebedürftige.[12] Besteht bei nicht erwerbsmäßig tätigen Pflegepersonen Streit über die Versicherungspflicht, ist – wenn der Pflegebedürftige in einer privaten Pflegeversicherung versichert ist – zunächst eine Entscheidung des Rentenversicherungsträgers über die Rentenversicherungspflicht erforderlich; eine zuvor erhobene Klage gegen das private Versicherungsunternehmen auf Beitragszahlung ist unzulässig.[13] Die Pflegebeitragszeiten und die Beitragsleistungen werden nicht nur bei der Altersrente, sondern auch bei anderen **Rentenarten** berücksichtigt.[14]

8 **2. Zahlungsadressat (Abs. 1 S. 1 und Abs. 2).** Die Beiträge sind grundsätzlich an den zuständigen Träger der **gesetzlichen Rentenversicherung** zu entrichten, Abs. 1 S. 1. Liegen allerdings die Voraussetzungen des Abs. 2 vor, sind die Beiträge statt an den Träger der gesetzlichen Rentenversicherung an eine **berufsständische Versorgungseinrichtung** zu entrichten. Abs. 2 soll sicherstellen, dass Personen, die wegen der Pflichtmitgliedschaft in einer berufsständischen Versorgungseinrichtung nach § 6 Abs. 1 S. 1 Nr. 1 SGB VI von der Versicherungspflicht in der gesetzlichen Rentenversicherung befreit sind (zB angestellte Rechtsanwälte) dennoch bei Übernahme einer Pflegetätigkeit ihre berufsständische Altersvorsorge aufbauen können, wenn sie nach § 6 Abs. 5 S. 2 SGB VI nicht rentenversicherungspflichtig werden. Das gilt analog für selbstständig Tätige, die als Mitglieder berufsständischer Vorsorgeeinrichtungen von der Versicherungspflicht in der gesetzlichen Rentenversicherung zu befreien wären (zB selbst-

---

[5] Der Ausschluss von nicht unter § 14 fallenden Pflegebedürftigen ist verfassungskonform, LSG Nds, 14.12.2000, L 1 RA 105/00, nv.
[6] Vgl. dazu § 19 Rn. 5 ff.
[7] Zum Kriterium fehlender Erwerbstätigkeit vgl. § 19 Rn. 12 ff.
[8] Gallon in: LPK-SGB XI, § 44 Rn. 19.
[9] Gürtner in: KassKomm, § 44 SGB XI Rn. 5.
[10] Udsching in: Spickhoff, Medizinrecht, § 44 SGB XI Rn. 3.
[11] Gallon in: LPK-SGB XI, § 44 Rn. 12, 22.
[12] LSG Saarl, 29.4.2004, L 4 KN 7/02 P, nv (juris Rn. 28).
[13] BSG, 23.9.2003, B 12 P 2/02 R, SozR 4-2600 § 3 Nr. 1.
[14] Linke in: Krauskopf, § 44 SGB XI Rn. 7; Gürtner in: KassKomm, § 44 SGB XI Rn. 3.

ständige Rechtsanwälte).[15] Abs. 2 trat rückwirkend zum 1.4.1995 in Kraft; wurden zwischenzeitlich Beiträge an die gesetzliche Rentenversicherung entrichtet, so geschah dies zu Unrecht; sie sind daher nach § 26 Abs. 2, 3 S. 1 SGB IV an die Stelle (nicht: die Pflegeperson oder den Pflegebedürftigen) zurück zu zahlen, die die Beiträge getragen hat.[16] Es ist allerdings bei Zustimmung dieser Stelle möglich, die Beiträge direkt an die berufsständische Versorgungseinrichtung „weiterzuleiten".[17]

3. **Verweis auf das SGB VI (Abs. 1 S. 2). a) Versicherungspflicht in der gesetzlichen Rentenversicherung, § 3 S. 1 Nr. 1a SGB VI.** Abs. 1 S. 2 verweist auf eine Reihe von Vorschriften aus dem SGB VI. Nach dem zunächst in Bezug genommenen § 3 S. 1 Nr. 1 a SGB VI sind Personen, die einen Pflegebedürftigen im Sinne des § 14 nicht erwerbsmäßig (dazu: § 3 S. 2 SGB VI) wenigstens 14 Stunden wöchentlich in seiner häuslichen Umgebung pflegen, versicherungspflichtig. Bei der Feststellung, ob die notwendige Mindeststundenzahl der Pflege erreicht ist, ist nur der Hilfebedarf zu berücksichtigen, der für die in § 14 Abs. 4 genannten gewöhnlichen und regelmäßig wiederkehrenden Verrichtungen im Bereich der Grundpflege (Körperpflege, Ernährung und Mobilität) und hauswirtschaftlichen Versorgung erforderlich ist; weitergehende bzw. andere Pflegeleistungen bei Tätigkeiten im Ablauf des täglichen Lebens, die nicht im Katalog des § 14 Abs. 4 enthalten sind, dh insbesondere die in § 4 Abs. 2 S. 1 als ergänzende Pflege und Betreuung bezeichneten Vorgänge, sind bei der Ermittlung des Umfangs der (Mindest-) Pflegezeit nicht mitzurechnen.[18] Erreicht die Pflegedauer eines Pflegebedürftigen nicht die Dauer von 14 Stunden, so verpflichtet der mit dem Gesetz zur Neuausrichtung der Pflegeversicherung vom 23.10.2012 (BGBl. I, 2246) eingeführte zweite Halbsatz von Abs. 1 S. 3 den Medizinischen Dienst zur Erfragung, ob die Pflegeperson weitere Pflegebedürftige pflegt. Damit wird dem Umstand Rechnung getragen, dass die für die Rentenversicherungspflicht notwendige Mindeststundenzahl durch die Zusammenrechnung der Pflegezeiten von zwei oder mehreren Pflegebedürftigen erreicht werden kann. Weil die Versicherungspflicht auch in solchen Konstellationen nicht von einem Antrag abhängig ist, sondern bereits kraft Gesetzes eintritt, der Versicherungsträger, der die Beiträge zur gesetzlichen Rentenversicherung abzuführen hat, aber Kenntnis vom zeitlichen Umfang der Pflegetätigkeit haben muss, hat der Medizinische Dienst ggf. eine entsprechende Erfragungspflicht.[19] Weitere Voraussetzung der Versicherungspflicht ist, dass der **Pflegebedürftige Anspruch auf Leistungen** aus der sozialen oder einer privaten **Pflegeversicherung** hat. Unschädlich für den Anspruch aus Abs. 1 S. 1 ist aber, wenn die Ansprüche des Pflegebedürftigen nach § 34 ruhen (→ Rn. 6). Auf die Versicherungspflichtigkeit der Pflegeperson wirkt sich dies nicht aus, weil es hierfür genügt, dass die Pflegeversicherung dem Grunde nach gegenüber dem Pflegebedürftigen leistungspflichtig ist;[20] dementsprechend ist auch irrelevant, ob die Leistungen tatsächlich bezogen werden und ferner, ob der Pflegebedürftige überhaupt einen Antrag darauf gestellt hat.[21] Die Versicherungspflicht besteht nicht, wenn die nicht erwerbsmäßig tätige Pflegeperson daneben regelmäßig mehr als 30 Stunden wöchentlich beschäftigt oder selbstständig tätig ist, § 3 S. 3 SGB VI. Der ebenfalls in Bezug genommene § 137 SGB VI enthält eine Sondervorschrift für die in der Deutschen Rentenversicherung Knappschaft-Bahn-See Versicherten.

Übt die Pflegeperson allerdings eine **geringfügige**, nicht erwerbsmäßige **Pflegetätigkeit** aus, ist sie in der gesetzlichen Rentenversicherung **versicherungsfrei**, § 5 Abs. 2 S. 1 Nr. 3 SGB VI; in diesem Fall sind keine Beiträge nach Abs. 1 S. 1 zu entrichten. Dabei ist eine nicht erwerbsmäßige Pflegetätigkeit geringfügig, wenn die Beitragsbemessungsgrundlage für die Pflegetätigkeit (§ 166 Abs. 2) auf den Monat bezogen 400 Euro nicht übersteigt; mehrere nicht erwerbsmäßige Pflegetätigkeiten sind zusammenzurechnen, § 5 Abs. 2 S. 3 SGB VI.

b) **Bestimmung der beitragspflichtigen Einnahmen, § 166 Abs. 2 SGB VI.** Der – im Rahmen der Verweisung allein relevante – § 166 Abs. 2 SGB VI regelt die beitragspflichtigen Einnahmen der Pflegepersonen. Diese hängen nicht von einem (eventuell) tatsächlich erzielten Verdienst der Pflegeperson für die Pflegetätigkeit, sondern von zwei abstrakt zu bestimmenden Parametern ab:[22] Einerseits von der

---

15 BT-Dr. 13/3696, 14.
16 BT-Dr. 13/3696, 14 f.; Udsching in: Udsching, § 44 Rn. 21.
17 Gürtner in: KassKomm, § 44 SGB XI Rn. 10 a.
18 BSG, 5.5.2010, B 12 R 6/09 R, SozR 4-2600 § 3 Nr. 5.
19 BT-Dr. 17/10170, 17.
20 BSG, 27.1.2000, B 12 P 1/99 R, SozR 3-3300 § 56 Nr. 1; Udsching in: Udsching, § 44 Rn. 5; Gallon in: LPK-SGB XI, § 44 Rn. 13.
21 Linke in: Krauskopf, § 44 SGB XI Rn. 9; aA Koch, RV 2002, 64, 77.
22 Maschmann, NZS 1995, 109, 121.

wöchentlichen Mindestpflegezeit, andererseits von der Pflegestufe nach § 15. Die genannte Bezugsgröße ist nach **§ 18 Abs. 1 SGB IV** das Durchschnittsentgelt der gesetzlichen Rentenversicherung im vorvergangenen Kalenderjahr, aufgerundet auf den nächsthöheren, durch 420 teilbaren Betrag. Eine Sonderregelung für den Fall, dass ein Pflegebedürftiger gleichzeitig durch **mehrere** nicht erwerbsmäßig tätige **Pflegepersonen** gepflegt wird, enthält § 166 Abs. 2 S. 2 SGB VI. Danach gilt, dass beitragspflichtige Einnahmen bei jeder Pflegeperson der Teil des Höchstwerts der jeweiligen Pflegestufe ist, der dem Umfang ihrer Pflegetätigkeit im Verhältnis zum Umfang der Pflegetätigkeit insgesamt entspricht.

12 c) **Tragung der Beiträge, § 170 SGB VI.** § 170 SGB VI regelt, wer die nach Abs. 1 S. 1 bzw. Abs. 2 zu entrichtenden Beiträge zu tragen hat.[23] Dies hängt von der **Versicherungssituation des Pflegebedürftigen** ab: Ist er in der sozialen Pflegeversicherung versicherungspflichtig, trägt die Pflegekasse den Beitrag (§ 170 Abs. 1 Nr. 6 lit. a SGB VI), ist er in der sozialen Pflegeversicherung hingegen versicherungsfrei und darum privat pflegeversichert, das private Versicherungsunternehmen (§ 170 Abs. 1 Nr. 6 lit. b SGB VI). Erhält der Pflegebedürftige Beihilfeleistungen oder Leistungen der Heilfürsorge *und* Leistungen einer Pflegekasse oder eines privaten Versicherungsunternehmens, ist der Beitrag anteilig von der Festsetzungsstelle oder vom Dienstherrn *und* der Pflegekasse oder dem privaten Versicherungsunternehmen zu tragen (§ 170 Abs. 1 Nr. 6 lit. c SGB VI).

13 4. **Feststellung des notwendigen zeitlichen Pflegebedarfs (Abs. 1 S. 3–5).** Wie unter → Rn. 11 ausgeführt, hängt nach Abs. 1 S. 2 in Verbindung mit § 166 Abs. 2 SGB VI die Bestimmung der beitragspflichtigen Einnahmen unter anderem vom zeitlichen Mindestumfang, in dem der Pflegebedürftige gepflegt wird, ab. Es ist daher nicht nur notwendig festzustellen, in welchem zeitlichen Umfang die Pflege erforderlich ist, sondern auch, ob die festgelegte Mindeststundenzahl auch tatsächlich geleistet wird. Abs. 1 S. 3 räumt deshalb dem Medizinischen Dienst der Krankenversicherung das Recht ein, den zeitlichen Umfang festzustellen; die Selbsteinschätzung durch den Pflegebedürftigen oder gar die Pflegeperson genügt dafür (natürlich) nicht.[24] Um zu verhindern, dass der Medizinische Dienst, der überwachen muss, ob der Mindestzeitumfang geleistet wird, überfordert wird, verpflichtet Abs. 1 S. 4 Pflegebedürftigen und Pflegeperson dazu, darzulegen und auf Verlangen – zB durch Vorlage eines Pflege-Tagebuchs[25] – glaubhaft zu machen, dass Pflegeleistungen in dem vom Medizinischen Dienst nach Abs. 1 S. 3 festgelegten zeitlichen Umfang auch tatsächlich erbracht werden.[26] Nach Abs. 1 S. 5 ist das insbesondere auch dann der Fall, wenn Pflegesachleistungen (§ 36) in Anspruch genommen werden; wird gegen diese Pflichten verstoßen, kann dies nach § 66 SGB I zur **Leistungsversagung** führen. Für die Bestimmung der Mindeststundenzahl ist nur der Hilfebedarf für die in § 14 Abs. 4 SGB XI genannten gewöhnlichen und regelmäßig wiederkehrenden Verrichtungen im Bereich der Grundpflege (Körperpflege, Ernährung und Mobilität) und hauswirtschaftlichen Versorgung zu berücksichtigen; weitergehende bzw. andere Pflegeleistungen bei Tätigkeiten im Ablauf des täglichen Lebens wie zB die Zeit für ergänzende Pflege und Betreuung (§ 4 Abs. 2 S. 1) sind nicht mitzurechnen.[27]

V. Gesetzliche Unfallversicherung (Abs. 1 S. 6)

14 In der gesetzlichen Unfallversicherung besteht nach **§ 2 Abs. 1 Nr. 17 SGB VII** eine Versicherungspflicht für Pflegepersonen (§ 19). Anders als für die gesetzliche Rentenversicherung gilt das auch dann, wenn die Pflegeperson neben der Pflegetätigkeit länger als 30 Stunden wöchentlich erwerbstätig ist. Zudem besteht die Versicherung in der gesetzlichen Unfallversicherung auch, wenn die in § 19 S. 2 genannte Mindestzeituntergrenze von 14 Wochenstunden nicht erreicht wird.[28] Die Versicherungspflicht nach § 2 Abs. 1 Nr. 17 SGB VII ist gegenüber den in § 135 Abs. 1 Nr. 6, Abs. 3 S. 1 SGB VII genannten Tatbeständen **subsidiär**.

15 Der Versicherungsschutz beginnt unmittelbar mit Vorliegen der gesetzlichen Voraussetzungen; eine Antragsstellung ist nicht erforderlich.[29] Er beschränkt sich aber auf die in § 2 Abs. 1 Nr. 17 SGB VII genannten Pflegetätigkeiten: Solche im Bereich der Körperpflege und – soweit diese Tätigkeiten überwie-

---

23 Zur Unterscheidung zwischen Beitragstragung und -zahlung vgl. § 58 Rn. 2.
24 BT-Dr. 13/3696, 14.
25 Udsching in: Udsching, § 44 Rn. 16.
26 BT-Dr. 13/4091, 42.
27 Vgl. BSG, 5.5.2010, B 12 R 6/09 R, SozR 4-2600 § 3 Nr. 5.
28 BSG, 7.9.2004, B 2 U 46/03 R, NJW 2005, 1148; zustimmend Günther-Nicolay, NZS 2006, 17, 18 f.; Riebel, SGb 2005, 603; Schumacher, RdLH 2005, 67; Gürtner in: KassKomm, § 44 SGB XI Rn. 7; aA Leube, ZfS 2006, 48.
29 Linke in: Krauskopf, § 44 SGB XI Rn. 34.

gend Pflegebedürftigen zugutekommen – Pflegetätigkeiten in den Bereichen der Ernährung, der Mobilität sowie der hauswirtschaftlichen Versorgung (§ 14 Abs. 4). Die ergänzende Pflege und Betreuung nach § 4 Abs. 2 ist damit ebenso wenig versichert wie die allgemeine Haushaltstätigkeit, die allen Mitgliedern der Wohngemeinschaft zugutekommt, was Abgrenzungsschwierigkeiten aufwirft.[30] Versicherungsfälle sind die in §§ 7 ff. SGB VII näher bestimmten Arbeitsunfälle und Berufskrankheiten. Versichert ist damit zB auch der Wegeunfall, wenn die Pflegeperson an einem anderen Ort wohnt als der Pflegebedürftige.[31]

Soweit Abs. 1 S. 6 auf einzelne Vorschriften des SGB VII verweist, gilt Folgendes: Der Verweis auf § 4 SGB VII geht ins Leere.[32] Durch die Verweisung auf die zivilrechtlichen Haftungsbeschränkungsinstrumente §§ 105, 106 SGB VII soll die Bereitschaft zur Übernahme ehrenamtlicher Pflege gefördert werden;[33] nach § 106 Abs. 2 SGB VII ist die Haftung im Verhältnis zwischen mehreren Pflegepersonen eines Pflegebedürftigen sowie zwischen Pflegebedürftigem und Pflegeperson auf die Fälle vorsätzlicher Herbeiführung eines Arbeitsunfalls oder auf einem nach § 8 Abs. 2 Nr. 1–4 SGB VII versicherten Weg beschränkt. Nach § 129 Abs. 1 Nr. 7 SGB VII sind die Unfallversicherungsträger im kommunalen Bereich für die Pflegepersonen zuständig; Beiträge werden nach § 185 Abs. 2 S. 1 SGB VII nicht erhoben, um so die Pflegetätigkeit im häuslichen Bereich zu stärken; die Aufwendungen aus Leistungen an den Versicherten tragen die betroffenen Gebietskörperschaften.[34]

Der Unfallversicherte hat in erster Linie Anspruch auf die in § 26 Abs. 1 SGB VII genannten Leistungen: Anspruch auf Heilbehandlung einschließlich Leistungen zur medizinischen Rehabilitation, auf Leistungen zur Teilhabe am Arbeitsleben und am Leben in der Gemeinschaft, auf ergänzende Leistungen, auf Leistungen bei Pflegebedürftigkeit sowie auf Geldleistungen.

VI. Anspruch auf Weiterbildungsmaßnahmen nach dem SGB III (Abs. 1 S. 7)

Die Einräumung von Förderungsansprüchen auf berufliche Weiterbildung nach den §§ 77 ff. SGB III soll die volkswirtschaftlich wünschenswerte Rückkehr ins Erwerbsleben erleichtern.[35] Mittelbar wird damit zugleich die Bereitschaft, eine nicht erwerbsmäßige Pflegetätigkeit zu übernehmen, gestärkt. Die früher in § 78 SGB III geregelte Voraussetzung einer versicherungspflichtigen Vorbeschäftigungszeit ist gestrichen worden. Die in Abs. 1 S. 7 angesprochenen Voraussetzungen finden sich vor allem in § 77 SGB III; zentral ist, dass die Weiterbildungsmaßnahme notwendig sein muss, um den Versicherten bei Arbeitslosigkeit beruflich einzugliedern bzw. den Eintritt einer drohenden Arbeitslosigkeit zu vermeiden, § 77 Abs. 1 S. 1 Nr. 1 SGB III. Weitere – hier nicht näher zu erläuternde – Vorschriften aus dem SGB III, die für die Pflegeperson relevant werden können, sind: §§ 18 Abs. 2 Nr. 3, 20 Nr. 1, 28 a Abs. 1 Nr. 1 SGB III.

VII. Melde- und Mitteilungspflichten der Pflegekassen/privaten Versicherungsunternehmen (Abs. 3, 4)[36]

Um eine ordnungsgemäße Durchführung der Renten- bzw. Unfallversicherung zu gewährleisten, sind die Pflegekassen bzw. privaten Versicherungsunternehmen, bei denen der Pflegebedürftige versichert ist, verpflichtet, die „Pflegeperson" (näher: Abs. 3 S. 2) an den zuständigen Renten- (§§ 125 ff. SGB VI) und Unfallversicherungsträger (§ 129 Abs. 1 Nr. 7 SGB VII) zu melden, Abs. 3 S. 1. Abs. 3 ist Sondervorschrift zu § 28 a SGB IV.[37] Das Versicherungsverhältnis besteht unabhängig von der Erfüllung der Meldepflichten, diese sind mithin nicht konstitutiv.[38] Auf Grundlage des Abs. 3 S. 2 wurde das Gemeinsame Rundschreiben vom 11.2.2004 erlassen, dessen Titel IV die Meldungen nach § 44 regelt. In dem in Abs. 4 genannten Umfang ist aus Datenschutzgründen[39] der Inhalt dieser Meldungen an die Pflegeperson bzw. den Pflegebedürftigen schriftlich mitzuteilen.

---

30 Udsching in: Spickhoff, Medizinrecht, § 44 SGB XI Rn. 11.
31 Udsching in: Spickhoff, Medizinrecht, § 44 SGB XI Rn. 11.
32 Udsching in: Spickhoff, Medizinrecht, § 44 SGB XI Rn. 12; Linke in: Krauskopf, § 44 SGB XI Rn. 33.
33 Krasney, VSSR 1995, 265, 277.
34 Linke in: Krauskopf, § 44 SGB XI Rn. 39.
35 Vgl. auch BT-Dr. 12/5262, 116.
36 Siehe ausf. Linz, MittLVA Oberfr. 1995, 37, 51 f.
37 Udsching in: Spickhoff, Medizinrecht, § 44 SGB XI Rn. 15.
38 BT-Dr. 12/5952, 40; Gallon in: LPK-SGB XI, § 44 Rn. 91 f.; das war ursprünglich anders geplant, vgl. BT-Dr. 15/5262, 116.
39 BT-Dr. 12/5952, 40.

VIII. Ermittlungs- und Mitteilungspflichten bei „gespaltener" Beitragstragung (Abs. 5)

20 Wenn der Pflegebedürftige Beihilfeleistungen oder Leistungen der Heilfürsorge *und* Leistungen einer Pflegekasse oder eines privaten Versicherungsunternehmens erhält, sind die Beiträge zur gesetzlichen Rentenversicherung nach § 170 Abs. 1 Nr. 6 lit. c SGB VI von der Pflegekasse oder dem privaten Versicherungsunternehmen und den Festsetzungsstellen für die Beihilfe oder den Dienstherrn anteilig zu tragen und unmittelbar an die Rentenversicherungsträger zu zahlen. In der Vergangenheit kam es hierbei immer wieder zu zeitlichen Verzögerungen zulasten der Rentenversicherung, weil die Festsetzungsstellen für die Beihilfe bzw. die Dienstherren nicht zeitnah über den Beginn der Versicherungspflicht informiert wurden.[40] Um dieser – vom Bundesrechnungshof beanstandeten – Situation abzuhelfen und damit letztlich eine zeitnahe Zahlung der Rentenversicherungsbeiträge sicherzustellen, wurde Abs. 5 erlassen.

21 Zunächst muss die Pflegekasse respektive das private Versicherungsunternehmen im Antragsverfahren auf Leistungen der Pflegeversicherung von dem Pflegebedürftigen die zuständige Festsetzungsstelle für die Beihilfe oder den Dienstherrn **erfragen** (Abs. 5 S. 1); dabei muss auf die beabsichtigte Weiterleitung der in Satz 2 genannten Angaben **hingewiesen** werden. Der Aufwand hierfür wird vom Gesetzgeber angesichts der ohnehin bestehenden Meldepflicht des Abs. 3 als gering eingestuft.[41] Sodann hat die Pflegekasse/das private Versicherungsunternehmen der Festsetzungsstelle für die Beihilfe oder dem Dienstherrn die in Abs. 3 S. 2 Nr. 1–5, 8 genannten Angaben **mitzuteilen**, Abs. 5 S. 2. Aus datenschutzrechtlichen Gründen gelten nach Abs. 5 S. 3 die **Mitteilungspflichten** des Abs. 4 entsprechend.

22 In diesen genannten vier Pflichten **erschöpfen** sich die Pflichten der Pflegekasse bzw. des privaten Versicherungsunternehmens aber auch, sie sind insbesondere nicht für die Erfüllung der Mitwirkungspflicht durch den Versicherten oder für Vollständigkeit und Richtigkeit der von ihm gemachten Angaben verantwortlich.[42]

IX. Verfahren bei der Pflege mehrerer Pflegebedürftiger (Abs. 6)

23 Der Rentenversicherungspflicht unterliegt eine Pflegeperson nur, wenn sie die Mindeststundenzahl von 14 Stunden erreicht. Allerdings ist es nicht erforderlich, dass dies bereits durch die Pflege eines einzigen Pflegebedürftigen erreicht wird. Es genügt vielmehr, wie Abs. 6 voraussetzt, dass durch die Addition der Zusammenrechnung der Pflegezeiten von zwei oder mehreren Pflegebedürftigen die Mindeststundenzahl erreicht wird. Sind in einem solchen Szenario alle Pflegebedürftigen bei der gleichen Pflegekasse, ergibt sich hier kein Problem, weil diese Kasse unschwer selbst feststellen kann, ob die Mindeststundenzahl erreicht ist. Anders verhält es sich aber, wenn die Pflegebedürftigen bei verschiedenen Pflegekassen versichert sind. In solchen Fällen ist ein Datenaustausch zwischen den Pflegekassen nötig, um die notwendigen Feststellungen zu ermöglichen. **Abs. 6 S. 1** verpflichtet daher den Spitzenverband Bund der Pflegekassen, den Verband der privaten Krankenversicherung eV und die Deutschen Rentenversicherung zum Erlass einer entsprechenden Verfahrensregelung. Zudem schafft **Abs. 6 S. 2** die zur Datenübermittlung notwendige gesetzliche Grundlage.[43]

§ 44 a Zusätzliche Leistungen bei Pflegezeit und kurzzeitiger Arbeitsverhinderung

(1) ¹Beschäftigte, die nach § 3 des Pflegezeitgesetzes von der Arbeitsleistung vollständig freigestellt wurden oder deren Beschäftigung durch Reduzierung der Arbeitszeit zu einer geringfügigen Beschäftigung im Sinne des § 8 Abs. 1 Nr. 1 des Vierten Buches wird, erhalten auf Antrag Zuschüsse zur Kranken- und Pflegeversicherung. ²Zuschüsse werden gewährt für eine freiwillige Versicherung in der gesetzlichen Krankenversicherung, eine Pflichtversicherung nach § 5 Abs. 1 Nr. 13 des Fünften Buches oder nach § 2 Abs. 1 Nr. 7 des Zweiten Gesetzes über die Krankenversicherung der Landwirte, eine Versicherung bei einem privaten Krankenversicherungsunternehmen, eine Versicherung bei der Postbeamtenkrankenkasse oder der Krankenversorgung der Bundesbahnbeamten, soweit im Einzelfall keine beitragsfreie Familienversicherung möglich ist, sowie für eine damit in Zusammenhang stehende Pfle-

---

40 BT- Dr. 15/4751, 48.
41 BT- Dr. 15/4751, 48.
42 BT- Dr. 15/4751, 48.
43 Vgl. auch BT-Dr. 17/10170, 17.

ge-Pflichtversicherung. ³Die Zuschüsse belaufen sich auf die Höhe der Mindestbeiträge, die von freiwillig in der gesetzlichen Krankenversicherung versicherten Personen zur gesetzlichen Krankenversicherung (§ 240 Abs. 4 Satz 1 des Fünften Buches) und zur sozialen Pflegeversicherung (§ 57 Abs. 4) zu entrichten sind und dürfen die tatsächliche Höhe der Beiträge nicht übersteigen. ⁴Für die Berechnung der Mindestbeiträge zur gesetzlichen Krankenversicherung werden bei Mitgliedern der gesetzlichen Krankenversicherung der allgemeine Beitragssatz nach § 241 des Fünften Buches sowie der kassenindividuelle Zusatzbeitragssatz nach § 242 Absatz 1 des Fünften Buches zugrunde gelegt. ⁵Bei Mitgliedern der landwirtschaftlichen Krankenversicherung sowie bei Personen, die nicht in der gesetzlichen Krankenversicherung versichert sind, werden der allgemeine Beitragssatz nach § 241 des Fünften Buches sowie der durchschnittliche Zusatzbeitragssatz nach § 242 a des Fünften Buches zugrunde gelegt. ⁶Beschäftigte haben Änderungen in den Verhältnissen, die sich auf die Zuschussgewährung auswirken können, unverzüglich der Pflegekasse oder dem privaten Versicherungsunternehmen, bei dem der Pflegebedürftige versichert ist, mitzuteilen.
(2) (aufgehoben)
(3) ¹Für kurzzeitige Arbeitsverhinderung nach § 2 des Pflegezeitgesetzes hat eine Beschäftigte oder ein Beschäftigter im Sinne des § 7 Absatz 1 des Pflegezeitgesetzes, die oder der für diesen Zeitraum keine Entgeltfortzahlung vom Arbeitgeber und kein Kranken- oder Verletztengeld bei Erkrankung oder Unfall eines Kindes nach § 45 des Fünften Buches oder nach § 45 Absatz 4 des Siebten Buches beanspruchen kann, Anspruch auf einen Ausgleich für entgangenes Arbeitsentgelt (Pflegeunterstützungsgeld) für bis zu insgesamt zehn Arbeitstage. ²Wenn mehrere Beschäftigte den Anspruch nach § 2 Absatz 1 des Pflegezeitgesetzes für einen pflegebedürftigen nahen Angehörigen geltend machen, ist deren Anspruch auf Pflegeunterstützungsgeld auf insgesamt bis zu zehn Arbeitstage begrenzt. ³Das Pflegeunterstützungsgeld wird auf Antrag, der unverzüglich zu stellen ist, unter Vorlage der ärztlichen Bescheinigung nach § 2 Absatz 2 Satz 2 des Pflegezeitgesetzes von der Pflegekasse oder dem Versicherungsunternehmen des pflegebedürftigen nahen Angehörigen gewährt. ⁴Für die Höhe des Pflegeunterstützungsgeldes gilt § 45 Absatz 2 Satz 3 bis 5 des Fünften Buches entsprechend.
(4) ¹Beschäftigte, die Pflegeunterstützungsgeld nach Absatz 3 beziehen, erhalten für die Dauer des Leistungsbezuges von den in Absatz 3 bezeichneten Organisationen auf Antrag Zuschüsse zur Krankenversicherung. ²Zuschüsse werden gewährt für eine Versicherung bei einem privaten Krankenversicherungsunternehmen, eine Versicherung bei der Postbeamtenkrankenkasse oder der Krankenversorgung der Bundesbahnbeamten. ³Die Zuschüsse belaufen sich auf den Betrag, der bei Versicherungspflicht in der gesetzlichen Krankenversicherung als Leistungsträgeranteil nach § 249 c des Fünften Buches aufzubringen wäre, und dürfen die tatsächliche Höhe der Beiträge nicht übersteigen. ⁴Für die Berechnung nach Satz 3 werden der allgemeine Beitragssatz nach § 241 des Fünften Buches sowie der durchschnittliche Zusatzbeitragssatz nach § 242 a Absatz 2 des Fünften Buches zugrunde gelegt. ⁵Für Beschäftigte, die Pflegeunterstützungsgeld nach Absatz 3 beziehen und wegen einer Pflichtmitgliedschaft in einer berufsständischen Versorgungseinrichtung von der Versicherungspflicht in der gesetzlichen Rentenversicherung befreit sind, zahlen die in § 170 Absatz 1 Nummer 2 Buchstabe e des Sechsten Buches genannten Stellen auf Antrag Beiträge an die zuständige berufsständische Versorgungseinrichtung in der Höhe, wie sie bei Eintritt von Versicherungspflicht nach § 3 Satz 1 Nummer 3 des Sechsten Buches an die gesetzliche Rentenversicherung zu entrichten wären.
(5) ¹Die Pflegekasse oder das private Pflegeversicherungsunternehmen des pflegebedürftigen nahen Angehörigen stellt dem Leistungsbezieher nach Absatz 3 mit der Leistungsbewilligung eine Bescheinigung über den Zeitraum des Bezugs und die Höhe des gewährten Pflegeunterstützungsgeldes aus. ²Der Leistungsbezieher hat diese Bescheinigung unverzüglich seinem Arbeitgeber vorzulegen. ³In den Fällen des § 170 Absatz 1 Nummer 2 Buchstabe e Doppelbuchstabe cc des Sechsten Buches bescheinigt die Pflegekasse oder das private Versicherungsunternehmen die gesamte Höhe der Leistung.
(6) ¹Landwirtschaftlichen Unternehmern im Sinne des § 2 Absatz 1 Nummer 1 und 2 des Zweiten Gesetzes über die Krankenversicherung der Landwirte, die an der Führung des Unternehmens gehindert sind, weil sie für einen pflegebedürftigen nahen Angehörigen in einer akut aufgetretenen Pflegesituation eine bedarfsgerechte Pflege organisieren oder eine pflegerische Versorgung in dieser Zeit sicherstellen müssen, wird anstelle des Pflegeunterstützungsgeldes für bis zu zehn Arbeitstage Betriebshilfe entsprechend § 9 des Zweiten Gesetzes über die Krankenversicherung der Landwirte gewährt. ²Diese Kosten der Leistungen für die Betriebshilfe werden der landwirtschaftlichen Pflegekasse von der Pflegeversicherung des pflegebedürftigen nahen Angehörigen erstattet; innerhalb der sozialen Pflegeversicherung wird von einer Erstattung abgesehen. ³Privat pflegeversicherte landwirtschaftliche Unternehmer, die an

der Führung des Unternehmens gehindert sind, weil dies erforderlich ist, um für einen pflegebedürftigen nahen Angehörigen in einer akut aufgetretenen Pflegesituation eine bedarfsgerechte Pflege zu organisieren oder eine pflegerische Versorgung in dieser Zeit sicherzustellen, erhalten von der Pflegekasse des Pflegebedürftigen oder in Höhe des tariflichen Erstattungssatzes von dem privaten Versicherungsunternehmen des Pflegebedürftigen eine Kostenerstattung für bis zu zehn Arbeitstage Betriebshilfe; dabei werden nicht die tatsächlichen Kosten, sondern ein pauschaler Betrag in Höhe von 200 Euro je Tag Betriebshilfe zugrunde gelegt.

(7) ¹Die Pflegekasse und das private Versicherungsunternehmen haben in den Fällen, in denen ein Leistungsbezieher nach Absatz 3 einen pflegebedürftigen nahen Angehörigen pflegt, der Anspruch auf Beihilfeleistungen oder Leistungen der Heilfürsorge hat, und für den Beiträge anteilig getragen werden, im Antragsverfahren auf Pflegeunterstützungsgeld von dem Pflegebedürftigen die zuständige Festsetzungsstelle für die Beihilfe oder den Dienstherrn unter Hinweis auf die beabsichtigte Information dieser Stelle über den beitragspflichtigen Bezug von Pflegeunterstützungsgeld zu erfragen. ²Der angegebenen Festsetzungsstelle für die Beihilfe oder dem angegebenen Dienstherrn sind bei Feststellung der Beitragspflicht folgende Angaben zum Leistungsbezieher mitzuteilen

1. die Versicherungsnummer, soweit bekannt,
2. der Familien- und der Vorname,
3. das Geburtsdatum,
4. die Staatsangehörigkeit,
5. die Anschrift,
6. der Beginn des Bezugs von Pflegeunterstützungsgeld,
7. die Höhe des dem Pflegeunterstützungsgeld zugrunde liegenden ausgefallenen Arbeitsentgelts und
8. Name und Anschrift der Krankenkasse oder des privaten Krankenversicherungsunternehmens.

Literatur:

Marburger, Pflegezeitgesetz und Sozialversicherungsrecht, Die Beiträge 2008, 449; *Reimer/Merold*, Änderungen der sozialen Pflegeversicherung durch das Pflegeversicherungs-Weiterentwicklungsgesetz – Überblick und ausgewählte Rechtsfragen, SGb 2008, 381; *Stuhlmann*, SV-rechtliche Auswirkungen, AuA 2008, 332.

I. Entstehungsgeschichte 1	2. Voraussetzungen des Anspruchs auf Pflegeunterstützungsgeld 20
II. Hintergrund und Normzweck 2	3. Höhe und Dauer des Pflegeunterstützungsgelds und Sozialversicherungspflichtigkeit 24
III. Leistungen bei Inanspruchnahme von Pflegezeit nach §§ 3, 4 PflegeZG 7	
1. Voraussetzungen für die Zuschüsse nach Abs. 1 7	4. Zuschuss für privat Krankenversicherte (Abs. 4) 26
a) Pflegezeit nach vorheriger gesetzlicher Krankenversicherung 12	5. Bescheinigung über erhaltenes Pflegeunterstützungsgeld (Abs. 5) 27
b) Pflegezeit nach vorheriger privater Krankenversicherung 13	6. Betriebshilfe bei landwirtschaftlichen Unternehmen (Abs. 6) 28
c) Pflegezeit nach vorheriger Krankenversicherung in einem Sondersystem 14	7. Informationspflichten (Abs. 7) 30
	V. Geplante Änderung durch das Blut- und Gewebegesetz 31
2. Höhe der Zuschüsse (Abs. 1 S. 3–5) 15	
3. Mitteilungspflichten (Abs. 1 S. 6) 17	
4. Arbeitslosenversicherung (Abs. 2) 18	
IV. Leistungen bei Geltendmachung des Leistungsverweigerungsrechts nach § 2 PflegeZG (Abs. 3–5, 7) 19	
1. Allgemeines 19	

I. Entstehungsgeschichte

1 § 44 a wurde durch das PflegeWEG vom 28.5.2008 (BGBl. I, 874) zum 1.7.2008 geschaffen. Geändert wurde er mWv 1.1.2015 durch Art. 8 Nr. 4 des Gesetzes zur besseren Vereinbarkeit von Familie, Pflege und Beruf v. 23.12.2014 (BGBl. I, 2462, 2470), durch den die Abs. 3 bis 7 angefügt wurden.[1] Durch das Gesetz zur Stärkung der Versorgung in der gesetzlichen Krankenversicherung vom 16.7.2015 (BGBl. I S. 1211) wurde Abs. 1 S. 3 geändert und die S. 4 und 5 neu gefasst. Die letzte Änderung er-

---

1 BT-Dr. 16/7439, 59 ff.

folgte durch das PSG II vom 21.12.2015 (BGBl. I S. 2424), durch das die Informationspflichten des Abs. 7 um die Nr. 8 ausgeweitet wurden.

II. Hintergrund und Normzweck

Mit Wirkung zum 1.7.2008 wurde durch das PflegeWEG unter anderem das PflegeZG geschaffen. Ziel des Gesetzgebers war es, Beschäftigten zu ermöglichen, pflegebedürftige nahe Angehörige zu pflegen und damit die Vereinbarkeit von Beruf und Familie zu erhöhen (§ 1 PflegeZG). Damit sollte zugleich eine Entlastung der Pflegekassen erreicht werden. Neben dem Leistungsverweigerungsrecht bei einer akuten Pflegesituation (§ 2 Abs. 1 PflegeZG)[2] geben die §§ 3, 4 PflegeZG dem Beschäftigten einen Anspruch, bis zu sechs Monate ganz oder zum Teil von der Arbeit freigestellt zu werden, um einen pflegebedürftigen nahen Angehörigen in häuslicher Umgebung zu pflegen. Allerdings sieht das PflegeZG keinen Anspruch des pflegenden Arbeitnehmers auf Entgeltfortzahlung gegen seinen Arbeitgeber vor.[3] Um die daraus resultierenden finanziellen Nachteile für den pflegenden Arbeitnehmer wenigstens ein Stück weit abzufedern, wurde § 44 a geschaffen und durch das Gesetz zur besseren Vereinbarkeit von Familie, Pflege und Beruf erheblich erweitert. Dabei kann § 44 a gewissermaßen geteilt werden: Die Abs. 1 und 2 beziehen sich auf die Pflegezeit nach §§ 3, 4 PflegeZG, die Abs. 3 bis 7 auf das Leistungsverweigerungsrecht gemäß § 2 PflegeZG.

Weil während der bis zu sechsmonatigen Pflegezeit der §§ 3, 4 PflegeZG die soziale Absicherung der Pflegeperson in Kranken-, Pflege- und Arbeitslosenversicherung von hoher Bedeutung ist, hat sie unter bestimmten Voraussetzungen Anspruch auf **Zuschüsse zu bestimmten Kranken- und Pflegeversicherungen** (Abs. 1 S. 1, 2). Die **Höhe** dieser Zuschüsse regelt Abs. 1 S. 3–5. Um eine ordnungsgemäße Durchführung zu sichern, normiert Abs. 1 S. 6 Mitteilungspflichten der Pflegeperson. Der sozialen Absicherung gegen das Risiko der **Arbeitslosigkeit** dienen Abs. 2 und die entsprechenden flankierenden Vorschriften im SGB III, nach denen ua für die Pflegeperson während der Pflegezeit Beiträge zur Arbeitslosenversicherung entrichtet werden.

Die Pflegezeit als solche begründet **keine Versicherungspflicht** in der gesetzlichen Krankenversicherung; das anderenfalls gegebene Recht bisher privat Versicherter auf Rückkehr in die gesetzliche Krankenversicherung war vom Gesetzgeber nicht gewollt.[4] Der Gesetzgeber entschied sich auch gegen das Modell eines beitragsfreien Fortbestands der Mitgliedschaft in der gesetzlichen Krankenversicherung, weil dies zu einer einseitigen Belastung der gesetzlichen Krankenversicherung geführt hätte;[5] dementsprechend schließt § 7 Abs. 3 S. 4 SGB IV aus, dass die Beschäftigung gegen Arbeitsentgelt fiktiv nach § 7 Abs. 3 S. 1 SGB IV als fortbestehend gilt.

Den durch das Gesetz zur besseren Vereinbarkeit von Familie, Pflege und Beruf (→ Rn. 1) mWv 1.1.2015 geschaffenen Abs. 3 bis 7 liegt hingegen ein völlig anderes Regelungskonzept zugrunde. Leitidee ist es, der Pflegeperson einen öffentlich-rechtlichen Anspruch auf eine Lohnersatzleistung, das sog Pflegeunterstützungsgeld, zu geben (Abs. 3 S. 1). Flankiert wird dies durch einen Anspruch auf Zuschüsse zur Krankenversicherung (Abs. 4). Bei landwirtschaftlichen Unternehmern tritt an die Stelle eines Pflegeunterstützungsgeldes eine **Betriebshilfe** (Abs. 6). Die Abs. 5 und 7 regeln die technische Abwicklung dieser neuen öffentlich-rechtlichen Leistungen.

§ 44 a ist bewusst auf das Leistungsverweigerungsrecht des § 2 PflegeZG bzw. die maximal sechsmonatige Pflege pflegebedürftiger naher Angehöriger unter Inanspruchnahme des Rechts aus § 3 PflegeZG beschränkt, soll also keine allgemeine Ausweitung von flankierenden sozialen Leistungen für Pflegepersonen erreichen.[6] Für die Pflege anderer Pflegebedürftiger oder auch für die Pflege naher Angehöriger über einen Zeitraum von sechs Monaten hinaus bewendet es bei den übrigen Vorschriften, dh insbesondere § 44.

III. Leistungen bei Inanspruchnahme von Pflegezeit nach §§ 3, 4 PflegeZG

1. Voraussetzungen für die Zuschüsse nach Abs. 1. Erste Voraussetzung ist, dass die Pflegeperson nach § 3 Abs. 1 S. 1 PflegeZG vollständig oder zumindest insoweit **freigestellt** wird, dass sie nur noch eine geringfügige Beschäftigung im Sinne des § 8 Abs. 1 Nr. 1 SGB IV ausübt. Wer sich nur teilweise frei-

---

2 Vgl. näher Staudinger/Richardi/Fischinger (2016), § 611 BGB Rn. 1111 ff.
3 Staudinger/Richardi/Fischinger (2016), § 611 BGB Rn. 1116.
4 BT-Dr. 16/7439, 61.
5 BT-Dr. 16/7439, 61.
6 BT-Dr. 16/7439, 59.

stellen lässt, ohne unter die Grenze des § 8 Abs. 1 Nr. 1 SGB IV zu „rutschen", hat keinen Anspruch auf Zuschüsse, weil hier nach § 5 Abs. 1 Nr. 1 SGB V die Versicherungspflicht fortbesteht; dabei ist auch hier die Additionsregel des § 8 Abs. 2 SGB IV für mehrere geringfügige Beschäftigungen zu beachten.[7] § 44a greift nicht ein, wenn sich die Pflegeperson unabhängig von § 3 PflegeZG aufgrund besonderer Absprache zeitweise für die Pflege eines nahen Angehörigen freistellen lässt. Wer sich für einen längeren Zeitraum als sechs Monate befreien lassen möchte, kann auch nicht hinsichtlich der sechsmonatigen „Rumpfzeit" die Ansprüche aus § 44a geltend machen.[8] In all diesen Fällen kommt – wenn überhaupt – nur § 44 in Betracht.

8   Für den Anspruch auf Pflegezeit nach § 3 PflegeZG besteht zwar keine Wartezeit, er greift aber nicht bei Arbeitgebern, die in der Regel 15 oder weniger Beschäftigte (§ 7 Abs. 1 PflegeZG) beschäftigen, § 3 Abs. 1 S. 2 PflegeZG. Durch die Bezugnahme auf § 3 PflegeZG ist § 44a insofern deutlich enger als § 44, als er nur bei **Pflege von pflegebedürftigen nahen Angehörigen** im Sinne des § 7 Abs. 3 PflegeZG greift. Erfasst ist daher nur die Pflege von Großeltern, Eltern, Stiefeltern, Ehegatten, Lebenspartnern, Partnern einer eheähnlichen oder lebenspartnerschaftsähnlichen Gemeinschaft, Geschwistern, Schwägerinnen und Schwäger, Kindern, Adoptiv- oder Pflegekindern, der Kinder, Adoptiv- oder Pflegekinder des Ehegatten oder Lebenspartners, Schwiegerkindern und Enkelkindern. Bei Pflege anderer Pflegebedürftiger kommt nur § 44 in Betracht. Die Pflegebedürftigkeit richtet sich gemäß § 7 Abs. 4 PflegeZG nach den §§ 14, 15.

9   (Deutlich) weiter als § 44 ist § 44a aber insofern, als er **keine Mindeststundenzahl** an Pflege oder Betreuung pro Woche vorschreibt, mit anderen Worten auch bei einer regelmäßigen Unterschreitung der Pflegezeit von 14 Stunden wöchentlich eingreift. Auch steht es der Anwendung des § 44a nicht entgegen, wenn ambulante Pflegedienste oder die Angebote von Tagespflegeeinrichtungen in Anspruch genommen werden; ausgeschlossen sind nur Fälle einer vollstationären Pflege.[9]

10 Der Anspruch besteht nur, wenn die Pflegeperson einen entsprechenden **Antrag** stellt. Zuständig ist der Träger der Pflegeversicherung des Pflegebedürftigen, dh – je nachdem – die Pflegekasse, das private Versicherungsunternehmen oder bei einer Beihilfeberechtigung anteilig die Beihilfestelle.[10]

11 Für die Frage, ob § 44a anwendbar ist, ist im Übrigen danach zu differenzieren, ob und ggf. wie die Pflegeperson vor Beginn der Pflegezeit kranken- und pflegeversichert war:

12 a) **Pflegezeit nach vorheriger gesetzlicher Krankenversicherung.** Wer vor Inanspruchnahme der Pflegezeit als Beschäftigter in der gesetzlichen Krankenversicherung versichert war, scheidet mit Beginn der Pflegezeit aus; denn die Voraussetzung des § 5 Abs. 1 Nr. 1 SGB V (Beschäftigung „gegen Arbeitsentgelt") liegt nicht mehr vor, folgt aus dem PflegeZG doch kein Anspruch auf Entgeltfortzahlung während der Pflegezeit.[11] Ein Anspruch auf Zuschüsse besteht nur, wenn kein anderweitiger Versicherungsschutz in der gesetzlichen Krankenversicherung besteht. Daher ist zwischen fünf Möglichkeiten zu unterscheiden: (1) Ist die Pflegeperson über den Ehegatten beitragsfrei in der gesetzlichen Krankenversicherung und sozialen Pflegeversicherung **familienversichert** (§ 10 SGB V), besteht kein Bedürfnis für eine eigenständige Versicherung der Pflegeperson; demgemäß hat sie keinen Anspruch auf Zuschüsse gemäß Abs. 1. (2) Besteht keine Möglichkeit der Familienversicherung, ist aber eine freiwillige Weiterversicherung in der gesetzlichen Krankenversicherung – die zugleich zu einer Versicherungspflicht in der sozialen Pflegeversicherung führt (§ 20 Abs. 3) – wegen ausreichender Vorbeschäftigungszeiten (§ 9 Abs. 1 Nr. 1 SGB V) möglich und erfolgt diese, besteht Anspruch auf die Zuschüsse nach Abs. 1. (3) Ist die für eine freiwillige Krankenversicherung erforderliche Vorversicherungszeit (§ 9 Abs. 1 Nr. 1 SGB V) nicht erfüllt, besteht nach § 5 Abs. 1 Nr. 13 SGB V respektive § 2 Abs. 1 Nr. 7 KVLG 1989 Versicherungspflicht in der gesetzlichen Krankenversicherung bzw. der Krankenversicherung der Landwirte (und damit zugleich in der sozialen Pflegeversicherung, § 20 Abs. 1 S. 2 Nr. 12); auch in diesem Fall besteht der Anspruch auf die in Abs. 1 genannten Zuschüsse. (4) Ist die Pflegeperson während der Pflegezeit aufgrund eines anderen Versicherungspflichttatbestandes als § 5 Abs. 1 Nr. 1 SGB V pflichtversichert, erhält sie keine Zuschüsse nach Abs. 1.[12] (5) Wer vor Inanspruchnahme der Pflegezeit wegen Überschreitens der Jahresarbeitsentgeltgrenze (§ 6 Abs. 1 Nr. 1, Abs. 6-8 SGB V)

---

[7] Gürtner in: KassKomm, § 44a SGB XI Rn. 5.
[8] Gürtner in: KassKomm, § 44a SGB XI Rn. 4.
[9] BT-Dr. 16/7439, 60.
[10] Gürtner in: KassKomm, § 44a SGB XI Rn. 13.
[11] Vgl. Staudinger/Richardi/Fischinger (2016), § 611 BGB Rn. 1116.
[12] BT-Dr. 16/7439, 60f.

freiwillig in der gesetzlichen Krankenversicherung versichert war, bleibt auch während der Pflegezeit freiwillig versichert und hat ebenfalls Anspruch auf die Zuschüsse nach Abs. 1.[13]

b) Pflegezeit nach vorheriger privater Krankenversicherung. Wer bisher aufgrund Überschreitens der Jahresarbeitsentgeltgrenze (§ 6 Abs. 1 Nr. 1, Abs. 6–8 SGB V) nicht gesetzlich, sondern privat kranken- und damit auch privat pflegeversichert war, erhält während der Pflegezeit die Zuschüsse nach Abs. 1 in Höhe der für Sozialversicherte geltenden Mindestbeiträge. Die Höhe des Zuschusses orientiert sich also nicht an den Beiträgen zur gesetzlichen Krankenversicherung.[14] Keine Zuschüsse werden auch für die Kosten einer eventuellen Ruhensversicherung gezahlt. Wie bei zuvor in der gesetzlichen Krankenversicherung Versicherten gilt der Vorrang der Familienversicherung, dh wenn die Pflegeperson während der Pflegezeit über den Ehegatten familienversichert (§ 10 SGB V) ist, besteht kein Anspruch auf Zuschüsse nach Abs. 1.

c) Pflegezeit nach vorheriger Krankenversicherung in einem Sondersystem. Wer als Beschäftigter in der Postbeamtenkrankenkasse oder der Krankenversorgung der Bundesbahnbeamten versichert ist, kann grundsätzlich Ansprüche aus Abs. 1 haben. Problematisch ist hier angesichts der Bezugnahme auf § 3 PflegeZG, dass dessen persönlicher Anwendungsbereich regelmäßig nicht erfüllt sein wird, da zu den dort genannten Beschäftigten Beamte nicht gehören (vgl. § 7 Abs. 1 PflegeZG).

2. Höhe der Zuschüsse (Abs. 1 S. 3–5). Die Grundregel für die Bestimmung der Höhe der Zuschüsse findet sich in Abs. 1 S. 3, wonach **(1)** sich die Zuschüsse auf die Höhe der Mindestbeiträge nach § 240 Abs. 4 S. 1 SGB V und § 57 Abs. 4 belaufen und **(2)** die tatsächliche Höhe der Beiträge nicht übersteigen dürfen. Angesichts dieser **doppelten Begrenzung** ist ein eventuell darüber hinausgehender tatsächlicher Beitrag vom Versicherten selbst zu tragen. Die S. 4 u. 5 stellen klar, dass für die Berechnung der Mindestbeiträge für Mitglieder der gesetzlichen Krankenversicherung (S. 4) die §§ 241, 242 Abs. 1 SGB V und für Mitglieder der landwirtschaftlichen Krankenversicherung sowie für Personen, die nicht in der gesetzlichen Krankenversicherung versichert sind (S. 5), die §§ 241, 242 a SGB V zugrunde gelegt werden.

Beitragstragung:[15] Die Beiträge werden je nachdem, wie die Pflegeperson vor Beginn der Pflegezeit versichert war, von der Pflegekasse, dem privaten Versicherungsunternehmen oder – bei beihilfeberechtigten Pflegebedürftigen – anteilig von der Beihilfestelle und der Pflegekasse/dem privaten Versicherungsunternehmen erbracht.

3. Mitteilungspflichten (Abs. 1 S. 6). Die Mitteilungspflichten nach Abs. 1 S. 6 sollen die ordnungsgemäße Durchführung des § 44 a sicherstellen. Eine mitteilungspflichtige Änderung ist insbesondere die **vorzeitige Beendigung** der Pflegezeit. Zur vorzeitigen Beendigung kommt es vor allem, wenn der nahe Angehörige nicht mehr pflegebedürftig oder die häusliche Pflege des nahen Angehörigen unmöglich oder unzumutbar ist; in diesem Fall endet die Pflegezeit vier Wochen nach Eintritt der veränderten Umstände, § 4 Abs. 2 S. 1 PflegeZG. Welche **Rechtsfolgen** es hat, wenn die Pflegeperson die Mitteilungspflicht aus Abs. 1 S. 6 verletzt, ist nicht explizit geregelt. Ein Ordnungswidrigkeitentatbestand nach § 121 SGB XI ist nicht erfüllt. Zeigt die Pflegeperson aber zB das vorzeitige Ende der Pflegezeit nicht an, so erhält sie hernach die Zuschüsse regelmäßig zu Unrecht und muss sie daher erstatten.

4. Arbeitslosenversicherung (Abs. 2). Abs. 2 verweist für die soziale Absicherung gegen Arbeitslosigkeit für die Zeit nach Inanspruchnahme der Pflegezeit auf das SGB III. Um dies zu erreichen, sind Pflegepersonen während einer Pflegezeit nach § 3 PflegeZG **versicherungspflichtig**, wenn sie unmittelbar vor der Pflegezeit versicherungspflichtig waren oder eine als Arbeitsbeschaffungsmaßnahme geförderte Beschäftigung ausgeübt haben, die ein Versicherungspflichtverhältnis oder den Bezug einer laufenden Entgeltersatzleistung nach diesem Buch unterbrochen hat, **§ 26 Abs. 2 b SGB III.** Die Pflegeperson selbst hat keine Beiträge zu zahlen. Die **Beitragstragungslast** hängt nach § 347 Nr. 10 SGB III davon ab, wie der Pflegebedürftige versichert ist: Je nachdem hat entweder die Pflegekasse (lit. a), das private Versicherungsunternehmen (lit. b) oder – bei „gespaltener" Beitragstragung – die Festsetzungsstelle für die Beihilfe oder der Dienstherr *und* die Pflegekasse oder das private Versicherungsunternehmen anteilig (lit. c) die Beiträge zu tragen. Diese Stellen haben die Beiträge auch an die Bundesagentur zu zahlen, § 349 Abs. 4 a S. 1 SGB III. Die beitragspflichtigen Einnahmen sind in § 345 Nr. 8 SGB III geregelt.

---

13 BT-Dr. 16/7439, 61.
14 Udsching in: Spickhoff, Medizinrecht, § 44 SGB XI Rn. 5.
15 Zum Unterschied von Beitragstragung und -zahlung → § 58 Rn. 2.

IV. Leistungen bei Geltendmachung des Leistungsverweigerungsrechts nach § 2 PflegeZG (Abs. 3–5, 7)

19 **1. Allgemeines.** Nach § 2 PflegeZG können Arbeitnehmer bis zu zehn Arbeitstage der Arbeit fernbleiben, wenn dies erforderlich ist, um für einen pflegebedürftigen nahen Angehörigen in einer akut aufgetretenen Pflegesituation eine bedarfsgerechte Pflege zu organisieren oder eine pflegerische Versorgung in dieser Zeit sicherzustellen. Dogmatisch ist § 2 PflegeZG als Leistungsverweigerungsrecht und nicht – wie die §§ 3, 4 PflegeZG – als Anspruch zu qualifizieren.[16] Ein Anspruch auf Entgeltfortzahlung gegen den Arbeitgeber folgt aus dem PflegeZG nicht, in Betracht kommt ein solcher höchstens aus § 616 BGB oder § 19 Abs. 1 Nr. 2 lit. b) BBiG. Weil die arbeitsgerichtliche Rechtsprechung davon ausgeht, dass eine „verhältnismäßig nicht erhebliche Zeit" iSv § 616 BGB nicht mehr vorliegt, wenn die Pflegedauer fünf Arbeitstage überschreitet,[17] wurde die mangelnde Harmonisierung von § 2 PflegeZG und § 616 BGB kritisiert.[18] Der Gesetzgeber hat auf diese Kritik richtigerweise nicht damit reagiert, dass er einen privatrechtlichen Anspruch des pflegenden Arbeitnehmers gegen seinen Arbeitgeber normierte, würde damit dem Arbeitgeber doch sachwidrig eine die Allgemeinheit treffende Last aufgebürdet, sondern durch Schaffung eines sozialrechtlichen Anspruchs nach Abs. 3. Das dadurch gewährte **Pflegeunterstützungsgeld** soll einen finanziellen Ausgleich für entgangenes Arbeitsentgelt darstellen.[19]

20 **2. Voraussetzungen des Anspruchs auf Pflegeunterstützungsgeld.** Der Anspruch auf Pflegeunterstützungsgeld setzt zunächst voraus, dass der pflegende Beschäftigte seine **Arbeitsleistung nach § 2 PflegeZG verweigern** kann. Das PflegeZG erfasst dabei nicht nur Arbeitnehmer, sondern auch zu ihrer Berufsbildung Beschäftigte sowie arbeitnehmerähnliche Personen (§ 7 Abs. 1 PflegeZG). Auch geringfügig Beschäftigte haben Anspruch auf Pflegeunterstützungsgeld, solange und soweit sie einen Entgeltausfall erleiden.[20] Der durch § 7 Abs. 3 PflegeZG bestimmte Kreis der „nahen Angehörigen" ist weit gezogen; die Pflegebedürftigkeit richtet sich nach den §§ 14, 15 SGB XI. Weitere Voraussetzung eines Leistungsverweigerungsrechts nach § 2 PflegeZG ist ein akut aufgetretener Pflegebedarf. Anders als die Pflegezeit nach § 3 PflegeZG, die nach zutreffender Auffassung pro Angehörigem nur einmal in Anspruch genommen werden kann,[21] kann das Leistungsverweigerungsrecht pro Angehörigem wiederholt ausgeübt werden.[22] Des Weiteren setzt § 2 PflegeZG die Erforderlichkeit der pflegerischen Versorgung voraus. Ein nur in der Zukunft zu erwartender Pflegebedarf genügt daher nicht, wohl aber der plötzliche Ausfall der bisherigen Pflegekraft.[23] Nach § 2 Abs. 2 PflegeZG hat der Arbeitnehmer seinem Arbeitgeber unverzüglich seine Verhinderung und deren voraussichtliche Dauer mitzuteilen und auf dessen Verlangen ein ärztliches Attest über die Pflegebedürftigkeit und die Erforderlichkeit der von ihm geplanten Maßnahmen beizubringen; die Erfüllung dieser Vorgaben ist aber keine Voraussetzung für das Leistungsverweigerungsrecht.

21 Neben den in § 2 PflegeZG genannten Voraussetzungen müssen diejenigen des § 44 a Abs. 3 SGB XI erfüllt sein. So ist der Anspruch auf das Pflegeunterstützungsgeld vor allem **subsidiär**, und zwar sowohl gegenüber privatrechtlichen Entgeltzahlungsansprüchen gegen den Arbeitgeber (v.a. § 616 BGB, → Rn. 19) als auch gegenüber den sozialrechtlichen Ansprüchen auf Kranken- oder Verletztengeld nach §§ 44 ff. SGB V, § 45 Abs. 4 SGB VII. Ob der Anspruch auf Pflegeunterstützungsgeld wegen eines vorrangigen privatrechtlichen Entgeltfortzahlungsanspruchs gegen den Arbeitgeber ausgeschlossen ist, wird oftmals nicht sofort nach Eintritt des akuten Pflegebedarfs feststehen. Denn nach der arbeitsgerichtlichen Rechtsprechung handelt es sich nicht mehr um eine „verhältnismäßig nicht erhebliche Zeit" iSv § 616 BGB, wenn die Pflegedauer fünf Arbeitstage überschreitet;[24] ist das der Fall, entfällt der zunächst bestehende privatrechtliche Entgeltfortzahlungsanspruch gegen den Arbeitgeber auch für die ersten fünf Tage rückwirkend.[25] Dementsprechend steht oftmals erst nach fünf Arbeitstagen fest, ob die Pflegeperson einen **privatrechtlichen Anspruch nach § 616 BGB** oder einen Anspruch

---

16 Staudinger/Richardi/Fischinger (2016), § 611 BGB Rn. 1111.
17 BAG, 19.4.1978, AP Nr. 48 zu § 616 BGB.
18 Vgl. Staudinger/Richardi/Fischinger (2016), § 611 BGB Rn. 1116.
19 RegE zum Gesetz zur besseren Vereinbarkeit von Familie, Pflege und Beruf, BR-Dr. 463/14, 51.
20 RegE, BR-Dr. 463/14, 52.
21 ArbG Stuttgart, 24.9.2009, 12 Ca 1792/09; Glatzel, NJW 2009, 1377, 1379.
22 Staudinger/Richardi/Fischinger (2016), § 611 BGB Rn. 1111.
23 Müller, BB 2008, 1058, 1059.
24 BAG, 19.4.1978, AP Nr. 48 zu § 616 BGB.
25 ErfK/Dörner, § 616 Rn. 10; Staudinger/Richardi/Fischinger (2011), § 611 BGB Rn. 586.

auf Pflegeunterstützungsgeld nach Abs. 3 hat. Diese Problematik ist beim Erfordernis der unverzüglichen Antragstellung zu berücksichtigen (→ Rn. 22).

In formeller Hinsicht setzt der Anspruch einen unverzüglichen Antrag bei der Pflegekasse oder dem Versicherungsunternehmen des pflegebedürftigen nahen Angehörigen voraus. Unverzüglich bedeutet entsprechend der Legaldefinition des § 121 Abs. 1 BGB „ohne schuldhaftes Zögern". Bei der Bestimmung dessen ist das „Zusammenspiel" zwischen § 44 a Abs. 3 SGB XI und § 616 BGB zu beachten (→ Rn. 21): Weil oftmals erst nach fünf Arbeitstagen feststeht, ob ein Anspruch nach § 616 BGB oder auf Pflegeunterstützungsgeld besteht, kann das Unverzüglichkeitserfordernis grundsätzlich erst ab diesem Zeitpunkt eingreifen. Etwas anderes kann nur gelten, wenn schon zuvor mit an Sicherheit grenzender Wahrscheinlichkeit absehbar ist, dass der von der Rechtsprechung bei § 616 BGB angelegte Fünftagemaßstab auf jeden Fall überschritten wird; dann ist der Antrag unverzüglich zu stellen. 22

Der Antrag ist unter Vorlage der ärztlichen Bescheinigung nach § 2 Abs. 2 S. 2 PflegeZG zu stellen. Dadurch soll sichergestellt werden, dass in Fällen, in denen der Arbeitgeber auf die Vorlage eines solchen Attests verzichtete, die Pflegekasse ein solches verlangen kann.[26] Auch wenn der Wortlaut eine andere Interpretation nahelegt, gilt das Unverzüglichkeitserfordernis für die Attestvorlage nach dem aus den Gesetzgebungsmaterialien ableitbaren Willen des Gesetzgebers nicht, eine Nachreichung ist möglich.[27] Wurde das Attest dem Arbeitgeber im Original vorgelegt, genügt die Vorlage einer Kopie an die Pflegekasse; anderenfalls ist ihr das Original vorzulegen.[28] 23

3. Höhe und Dauer des Pflegeunterstützungsgelds und Sozialversicherungspflichtigkeit. Zum Zwecke der Verwaltungsvereinfachung ist das Pflegeunterstützungsgeld nach den für die Berechnung des Kinderkrankengeldes geltenden Vorschriften der § 45 Abs. 2 S. 3–5 SGB V zu berechnen und für Kalendertage auszuzahlen. Bei pflegenden Angehörigen, die privat krankenversichert sind, erfolgt die Berechnung entsprechend.[29] Die Dauer der Bezugnahme des Pflegeunterstützungsgeldes ist auf insgesamt zehn Arbeitstage pro pflegebedürftigem Angehörigem beschränkt, wobei es möglich ist, diese auf verschiedene Beschäftigte (Abs. 3 S. 2) oder verschiedene Einzeltage aufzuteilen.[30] 24

Aus dem Pflegeunterstützungsgeld sind zwar Beiträge zur Renten- und Krankenversicherung sowie zur Arbeitsförderung zu entrichten, eine Beitragspflicht zur sozialen Pflegeversicherung hat der Gesetzgeber aber richtigerweise nicht vorgesehen, würde dies doch sinnwidriger Weise darauf hinauslaufen, dass die Pflegeversicherung an sich selbst Beiträge zahlt.[31] 25

4. Zuschuss für privat Krankenversicherte (Abs. 4). Die Pflegekassen entrichten die aus dem Pflegeunterstützungsgeld anfallenden Beiträge zur *gesetzlichen* Krankenversicherung. Getragen werden die Beiträge je zur Hälfte von dem Versicherten sowie der Pflegekasse. Für *privat* krankenversicherte Beschäftigte sieht Abs. 4 hingegen die Möglichkeit eines Zuschusses zur Krankenversicherung vor. Dieser beläuft sich grundsätzlich auf den Betrag, der als Leistungsträgeranteil (§ 249 c SGB V) im Falle einer Versicherungspflichtigkeit in der gesetzlichen Krankenversicherung aufzubringen wäre, darf aber die tatsächliche Höhe der Beiträge nicht übersteigen (Abs. 4 S. 3). 26

5. Bescheinigung über erhaltenes Pflegeunterstützungsgeld (Abs. 5). Gleichzeitig mit der Leistungsbewilligung stellt die Pflegekasse bzw. – bei privat Pflegeversicherten – das private Pflegeversicherungsunternehmen eine Bescheinigung über Zeitdauer und Höhe des gewährten Pflegeunterstützungsgeldes aus (Abs. 5 S. 1). Dieses hat der pflegende Beschäftigte unverzüglich, dh ohne schuldhaftes Zögern (§ 121 Abs. 1 BGB), bei seinem Arbeitgeber vorzulegen (Abs. 5 S. 2). Diese Informationen benötigt der Arbeitgeber für die Entgeltabrechnung und die Beitragszahlung. Die Verletzung dieser Pflicht berührt aber weder den Anspruch des pflegenden Beschäftigten auf Pflegeunterstützungsgeld noch auf Arbeitslohn. 27

6. Betriebshilfe bei landwirtschaftlichen Unternehmen (Abs. 6). Wie im sonstigen Arbeitsleben auch, kann selbstverständlich auch bei landwirtschaftlichen Betrieben die Fortsetzung der Erwerbstätigkeit kurzfristig durch den akuten Pflegebedarf eines nahen Angehörigen verhindert werden. Abs. 3 hilft in solchen Fällen nicht weiter, weil der selbstständige Landwirt logischerweise kein Leistungsverweigerungsrecht nach § 2 PflegeZG haben kann. Um selbstständige Landwirte nicht zu benachteiligen, sieht 28

---

26 RegE zum Gesetz zur besseren Vereinbarkeit von Familie, Pflege und Beruf, BR-Dr. 463/14, 51.
27 RegE, BR-Dr. 463/14, 51.
28 RegE, BR-Dr. 463/14, 51.
29 RegE, BR-Dr. 463/14, 51.
30 Beschlussempfehlung des Ausschusses für Familie, Senioren, Frauen und Jugend, BT-Dr. 18/3449, 13.
31 RegE, BR-Dr. 463/14, 51.

Abs. 6 statt eines Anspruchs auf Pflegeunterstützungsgeld die Möglichkeit der Gewährung einer Betriebshilfe vor. Dass dieses Instrument auf selbstständige *Landwirte* beschränkt ist und nicht auch für sonstige Selbstständige gilt, lässt sich damit rechtfertigen, dass für die selbstständigen Landwirte eine Pflichtmitgliedschaft in dem Sonderregelungssystem der landwirtschaftlichen Kranken- und Pflegeversicherung besteht und sie daher nicht – wie andere Selbstständige – die Wahl haben, wie sie sich absichern möchten.[32] Durch die Betriebshilfe sollen die kurzfristen Einkommensausfälle infolge des akuten Pflegebedarfs aufgefangen werden. Die dadurch anfallenden Kosten werden der landwirtschaftlichen Pflegekasse von der Pflegeversicherung des Pflegebedürftigen erstattet (Abs. 6 S. 2 Hs. 1). Innerhalb der sozialen Pflegekassen wird allerdings aus Gründen der Verwaltungsvereinfachung und mit Blick auf den ohnehin erfolgenden Finanzausgleich auf einen Ausgleich verzichtet (Abs. 6 S. 2. Hs. 2).

29 Auch privat versicherte selbstständige Landwirte lässt der Gesetzgeber nicht im Regen stehen. Denn auch für sie sieht Abs. 6 eine Betriebshilfe vor, die nach S. 3 pauschal 200 EUR pro Tag Betriebshilfe beträgt.

30 **7. Informationspflichten (Abs. 7).** Die Rentenversicherungsbeiträge aufgrund des Bezugs von Pflegeunterstützungsgeld für Beschäftigte, die pflegebedürftige Personen pflegen, die beihilfeberechtigt sind oder Anspruch auf Leistungen der Heilfürsorge haben, werden anteilig von der Pflegekasse bzw. dem privaten Pflegeversicherungsunternehmen und dem Beihilfe- bzw. Heilfürsorgeträger getragen, § 170 Abs. 1 Nr. 2 lit. e SGB VI. Um dies praktisch umzusetzen, normiert Abs. 7 Informationspflichten der Pflegekassen bzw. privaten Pflegeversicherungsunternehmen.

V. Geplante Änderung durch das Blut- und Gewebegesetz

31 Der Bundestag hat am 1.6.2017 das Gesetz zur Fortschreibung der Vorschriften für Blut- und Gewebezubereitungen und zur Änderung anderer Vorschriften verabschiedet,[33] wonach dem Abs. 4 folgender S. angefügt werden soll:

⁵Die von den in § 170 Absatz 1 Nummer 2 Buchstabe e des Sechsten Buches genannten Stellen zu zahlenden Beiträge sind auf die Höhe der Beiträge begrenzt, die von diesen Stellen ohne die Befreiung von der Versicherungspflicht in der gesetzlichen Rentenversicherung für die Dauer des Leistungsbezugs zu tragen wären; die Beiträge dürfen die Hälfte der in der Zeit des Leistungsbezugs vom Beschäftigten an die berufsständische Versorgungseinrichtung zu zahlenden Beiträge nicht übersteigen.

§ 45 Pflegekurse für Angehörige und ehrenamtliche Pflegepersonen

(1) ¹Die Pflegekassen haben für Angehörige und sonstige an einer ehrenamtlichen Pflegetätigkeit interessierte Personen unentgeltlich Schulungskurse durchzuführen, um soziales Engagement im Bereich der Pflege zu fördern und zu stärken, Pflege und Betreuung zu erleichtern und zu verbessern sowie pflegebedingte körperliche und seelische Belastungen zu mindern und ihrer Entstehung vorzubeugen. ²Die Kurse sollen Fertigkeiten für eine eigenständige Durchführung der Pflege vermitteln. ³Auf Wunsch der Pflegeperson und der pflegebedürftigen Person findet die Schulung auch in der häuslichen Umgebung des Pflegebedürftigen statt. ⁴§ 114 a Absatz 3 a gilt entsprechend.
(2) Die Pflegekasse kann die Kurse entweder selbst oder gemeinsam mit anderen Pflegekassen durchführen oder geeignete andere Einrichtungen mit der Durchführung beauftragen.
(3) Über die einheitliche Durchführung sowie über die inhaltliche Ausgestaltung der Kurse können die Landesverbände der Pflegekassen Rahmenvereinbarungen mit den Trägern der Einrichtungen schließen, die die Pflegekurse durchführen.

Literatur:
Jakobs, Die Pflegeversicherung und der pflegende Angehörige, DAVorm 1998, 582; *Hedtke-Becker*, Die Pflegenden pflegen, 2. Aufl. 1999.

---

32 RegE, BR-Dr. 463/14, 52.
33 BR-Dr. 456/17 v. 16.6.2017.

I. Entstehungsgeschichte

§ 45 wurde durch Art. 1 Pflege-Versicherungsgesetz vom 26.5.1994 (BGBl. I, 1014) geschaffen und trat zum 1.1.1995 in Kraft.[1] § 45 wurde **geändert** durch Art. 1 Nr. 3 des PQsG vom 9.9.2001 (BGBl. I, 2320), durch Art. 8 Nr. 16 GKV-WSG vom 26.3.2007 (BGBl. I, 378) sowie durch Art. 6 Nr. 4 PrävG vom 17.7.2015 (BGBl. I, 1368) und Art. 1 Nr. 23 PSG II vom 21.12.2015 (BGBl. I, 2424).

II. Normzweck

Durch die in § 45 angesprochenen Pflege- und Schulungskurse soll die häusliche Pflege erleichtert und gestärkt werden, praktizierende Pflegekräfte besser geschult und potenzielle neue Pflegepersonen angeworben werden.[2]

III. Inhalt

§ 45 gilt nur für **Pflegekassen**, nicht aber für private Versicherungsunternehmen. War bislang die Regelung als Soll-Vorschrift ausgestaltet, so wurde sie durch das zweite Pflegestärkungsgesetz zu einer dahin gehenden Verpflichtung weiterentwickelt.[3] Diese Änderung entspricht auch der historischen Intention des Gesetzgebers, der schon in der Entwurfsbegründung vor mehr als 20 Jahren von einer „Verpflichtung" der Pflegekassen sprach.[4] Dementsprechend ergibt sich eine Verpflichtung der Pflegekassen, die in § 45 genannten Schulungskurse anzubieten. Damit hängt die Frage zusammen, ob die potenziellen **Nachfrager** (→ Rn. 4) einen einklagbaren, subjektiven **Anspruch** auf Teilnahme an einem geplanten Schulungskurs haben oder ob sie gar weitergehend verlangen können, dass entsprechende Kurse angeboten werden.[5] Beides wird man angesichts der vom Gesetzgeber gewünschten und durch die Schulungskurse geförderten Stärkung der häuslichen Pflege annehmen können, wenn jede andere Entscheidung der Pflegekasse ermessensfehlerhaft wäre.[6] Der Anspruch auf Teilnahme an einer bereits geplanten Veranstaltung besteht hingegen nur unter Beachtung der Kapazitätsgrenzen;[7] praktisch relevant wird Letzteres nur, wenn – was schwer vorstellbar ist – hinsichtlich des Anbietens weiterer Schulungskurse mangels Ermessensreduzierung auf null ausnahmsweise kein Anspruch auf einen weiteren Schulungskurs besteht. Wird von der in S. 3 aufgeführten Möglichkeit, die Schulung in der häuslichen Umgebung der pflegebedürftigen Person durchzuführen, Gebrauch gemacht, ist wegen Art. 13 GG eine Einwilligung dieser notwendig. Für die Form der Einwilligung wird durch S. 4 auf § 114a Abs. 3a verwiesen.

Der persönliche Kreis der „**Nachfrager**" ist nicht auf Pflegepersonen im Sinne von § 19 beschränkt, sondern zielt – gerade um potenzielle neue Pflegepersonen zu werben – auch auf Personen, die noch nicht als Pflegeperson tätig sind;[8] dementsprechend kann – selbst exklusives – Ziel einer Veranstaltung auch die Anwerbung neuer Pflegepersonen sein („an einer ehrenamtlichen Pflegetätigkeit interessierte Personen").

Inhaltlich sollen die Kurse einerseits die handwerklichen **Fertigkeiten** für eine eigenständige Durchführung der Pflege vermitteln (Abs. 1 S. 2), was unter Umständen die von Abs. 1 S. 3 angesprochene Schulung in der häuslichen Umgebung des Pflegebedürftigen erfordert. Hierbei ist das dem PSG II zugrundeliegende neue Verständnis der Pflegebedürftigkeit zu berücksichtigen, welches weniger an die Defizite der Pflegebedürftigen anknüpft, als vielmehr das Ausmaß ihrer Selbstständigkeit deutlich zu machen versucht.[9] Zum anderen sollen die Kurse aber auch ganz allgemein das soziale Pflegeengagement stärken und helfen, pflegebedingte, körperliche und seelische **Belastungen zu mindern**; zu letzteren kann zB der Abbau von Versagensängsten, der gemeinsame Erfahrungsaustausch, die Information über neue Hilfsmittel oder Rehamaßnahmen gehören.

Die Kurse müssen stets **unentgeltlich** angeboten werden, unabhängig davon, ob sie durch die Pflegekasse selbst oder eine von ihr beauftragte Einrichtung (→ Rn. 7) durchgeführt werden. Das schließt das Verlangen nach einer Kursgebühr genauso aus wie die Erstattung von zB Fahrtkosten für die Schu-

---

1 BT-Dr. 12/5262, 116; BT-Dr. 12/5952, 44 (jeweils zu § 41-E).
2 Koch in: KassKomm, § 45 SGB XI Rn. 2.
3 BT-Dr. 18/5926, 94.
4 Vgl. BT-Dr. 12/5262, 116 (zu § 41-E).
5 Generell ablehnend Koch in: KassKomm, § 45 SGB XI Rn. 3.
6 So zu Recht Maschmann, NZS 1995, 109, 122; Krahmer in: LPK-SGB XI, § 45 Rn. 5.
7 So zu Recht Udsching in: Spickhoff, Medizinrecht, § 45 SGB XI Rn. 2.
8 Vgl. BT-Dr. 12/5262, 116 (zu § 41-E).
9 BT-Dr. 18/5926, 94.

lung in der häuslichen Umgebung des Pflegebedürftigen. Der Sache nach ist nicht nur ein Verlangen nach Geldleistungen, sondern auch nach Sachleistungen ausgeschlossen; untersagt ist es auch, die Kosten auf die Pflegesachleistungen oder das Pflegegeld anzurechnen.[10]

7 Zu den in **Abs. 2** genannten, geeigneten anderen Einrichtungen, die die Pflegekasse mit der Durchführung beauftragen kann, gehören zB Verbände der Freien Wohlfahrtspflege, Volkshochschulen, Nachbarschaftshilfegruppen oder Bildungsvereine.[11]

8 Mittels der in **Abs. 3** angesprochenen, von den Landesverbänden der Pflegekassen (§ 52 Abs. 1, 4) mit den die Pflegekurse durchführenden Trägern der Einrichtungen zu schließenden **Rahmenvereinbarungen** sollen die Angebote an Schulungskursen inhaltlich wie organisatorisch koordiniert werden und sichergestellt werden, dass ein breites Spektrum an Kursen flächendeckend angeboten wird.[12]

Fünfter Abschnitt
Angebote zur Unterstützung im Alltag, Entlastungsbetrag, Förderung der Weiterentwicklung der Versorgungsstrukturen und des Ehrenamts sowie der Selbsthilfe

§ 45 a Angebote zur Unterstützung im Alltag, Umwandlung des ambulanten Sachleistungsbetrags (Umwandlungsanspruch), Verordnungsermächtigung

(1) ¹Angebote zur Unterstützung im Alltag tragen dazu bei, Pflegepersonen zu entlasten, und helfen Pflegebedürftigen, möglichst lange in ihrer häuslichen Umgebung zu bleiben, soziale Kontakte aufrechtzuerhalten und ihren Alltag weiterhin möglichst selbständig bewältigen zu können. ²Angebote zur Unterstützung im Alltag sind

1. Angebote, in denen insbesondere ehrenamtliche Helferinnen und Helfer unter pflegefachlicher Anleitung die Betreuung von Pflegebedürftigen mit allgemeinem oder mit besonderem Betreuungsbedarf in Gruppen oder im häuslichen Bereich übernehmen (Betreuungsangebote),
2. Angebote, die der gezielten Entlastung und beratenden Unterstützung von pflegenden Angehörigen und vergleichbar nahestehenden Pflegepersonen in ihrer Eigenschaft als Pflegende dienen (Angebote zur Entlastung von Pflegenden),
3. Angebote, die dazu dienen, die Pflegebedürftigen bei der Bewältigung von allgemeinen oder pflegebedingten Anforderungen des Alltags oder im Haushalt, insbesondere bei der Haushaltsführung, oder bei der eigenverantwortlichen Organisation individuell benötigter Hilfeleistungen zu unterstützen (Angebote zur Entlastung im Alltag).

³Die Angebote benötigen eine Anerkennung durch die zuständige Behörde nach Maßgabe des gemäß Absatz 3 erlassenen Landesrechts. ⁴Durch ein Angebot zur Unterstützung im Alltag können auch mehrere der in Satz 2 Nummer 1 bis 3 genannten Bereiche abgedeckt werden. ⁵In Betracht kommen als Angebote zur Unterstützung im Alltag insbesondere Betreuungsgruppen für an Demenz erkrankte Menschen, Helferinnen- und Helferkreise zur stundenweisen Entlastung pflegender Angehöriger im häuslichen Bereich, die Tagesbetreuung in Kleingruppen oder Einzelbetreuung durch anerkannte Helferinnen oder Helfer, Agenturen zur Vermittlung von Betreuungs- und Entlastungsleistungen für Pflegebedürftige und pflegende Angehörige sowie vergleichbar nahestehende Pflegepersonen, Familienentlastende Dienste, Alltagsbegleiter, Pflegebegleiter und Serviceangebote für haushaltsnahe Dienstleistungen.

(2) ¹Angebote zur Unterstützung im Alltag beinhalten die Übernahme von Betreuung und allgemeiner Beaufsichtigung, eine die vorhandenen Ressourcen und Fähigkeiten stärkende oder stabilisierende Alltagsbegleitung, Unterstützungsleistungen für Angehörige und vergleichbar Nahestehende in ihrer Eigenschaft als Pflegende zur besseren Bewältigung des Pflegealltags, die Erbringung von Dienstleistungen, organisatorische Hilfestellungen oder andere geeignete Maßnahmen. ²Die Angebote verfügen über ein Konzept, das Angaben zur Qualitätssicherung des Angebots sowie eine Übersicht über die Leistungen, die angeboten werden sollen, und die Höhe der den Pflegebedürftigen hierfür in Rechnung

---

10 BT-Dr. 12/5952, 40 (zu § 41-E).
11 BT-Dr. 12/5262, 116 (zu § 41-E).
12 BT-Dr. 12/5262, 116 (zu § 41-E).

gestellten Kosten enthält. ³Das Konzept umfasst ferner Angaben zur zielgruppen- und tätigkeitsgerechten Qualifikation der Helfenden und zu dem Vorhandensein von Grund- und Notfallwissen im Umgang mit Pflegebedürftigen sowie dazu, wie eine angemessene Schulung und Fortbildung der Helfenden sowie eine kontinuierliche fachliche Begleitung und Unterstützung insbesondere von ehrenamtlich Helfenden in ihrer Arbeit gesichert werden. ⁴Bei wesentlichen Änderungen hinsichtlich der angebotenen Leistungen ist das Konzept entsprechend fortzuschreiben; bei Änderung der hierfür in Rechnung gestellten Kosten sind die entsprechenden Angaben zu aktualisieren.

(3) ¹Die Landesregierungen werden ermächtigt, durch Rechtsverordnung das Nähere über die Anerkennung der Angebote zur Unterstützung im Alltag im Sinne der Absätze 1 und 2 einschließlich der Vorgaben zur regelmäßigen Qualitätssicherung der Angebote und zur regelmäßigen Übermittlung einer Übersicht über die aktuell angebotenen Leistungen und die Höhe der hierfür erhobenen Kosten zu bestimmen. ²Beim Erlass der Rechtsverordnung sollen sie die gemäß § 45 c Absatz 7 beschlossenen Empfehlungen berücksichtigen.

(4) ¹Pflegebedürftige in häuslicher Pflege mit mindestens Pflegegrad 2 können eine Kostenerstattung zum Ersatz von Aufwendungen für Leistungen der nach Landesrecht anerkannten Angebote zur Unterstützung im Alltag unter Anrechnung auf ihren Anspruch auf ambulante Pflegesachleistungen nach § 36 erhalten, soweit für den entsprechenden Leistungsbetrag nach § 36 in dem jeweiligen Kalendermonat keine ambulanten Pflegesachleistungen bezogen wurden. ²Der hierfür verwendete Betrag darf je Kalendermonat 40 Prozent des nach § 36 für den jeweiligen Pflegegrad vorgesehenen Höchstleistungsbetrags nicht überschreiten. ³Die Anspruchsberechtigten erhalten die Kostenerstattung nach Satz 1 auf Antrag von der zuständigen Pflegekasse oder dem zuständigen privaten Versicherungsunternehmen sowie im Fall der Beihilfeberechtigung anteilig von der Beihilfefestsetzungsstelle gegen Vorlage entsprechender Belege über Eigenbelastungen, die ihnen im Zusammenhang mit der Inanspruchnahme der in Satz 1 genannten Leistungen entstanden sind. ⁴Die Vergütungen für ambulante Pflegesachleistungen nach § 36 sind vorrangig abzurechnen. ⁵Im Rahmen der Kombinationsleistung nach § 38 gilt die Erstattung der Aufwendungen nach Satz 1 als Inanspruchnahme der dem Anspruchsberechtigten nach § 36 Absatz 3 zustehenden Sachleistung. ⁶Beziehen Anspruchsberechtigte die Leistung nach Satz 1, findet § 37 Absatz 3 bis 5, 7 und 8 Anwendung; § 37 Absatz 6 findet mit der Maßgabe entsprechende Anwendung, dass eine Kürzung oder Entziehung in Bezug auf die Kostenerstattung nach Satz 1 erfolgt. ⁷Das Bundesministerium für Gesundheit evaluiert die Möglichkeit zur anteiligen Verwendung der in § 36 für den Bezug ambulanter Pflegesachleistungen vorgesehenen Leistungsbeträge auch für Leistungen nach Landesrecht anerkannter Angebote zur Unterstützung im Alltag nach den Sätzen 1 bis 6 spätestens bis zum 31. Dezember 2018. ⁸Die Inanspruchnahme der Umwandlung des ambulanten Sachleistungsbetrags nach Satz 1 und die Inanspruchnahme des Entlastungsbetrags nach § 45 b erfolgen unabhängig voneinander.

Literatur:

Basche, Zusätzliche Betreuungs- und Entlastungsleistungen, RDG 2015, 248; *Best*, Ausweitung der Leistungen für pflegebedürftige Personen mit erheblichem allgemeinen Betreuungsbedarf (§ 45 a SGB XI) durch das Gesetz zur strukturellen Weiterentwicklung der Pflegeversicherung, ZfF 2009, 172; *Büscher/Klie*, Qualität in der häuslichen Pflege, NDV 2014, 452; *Deutscher Verein für öffentliche und private Fürsorge*, Empfehlungen zur Unterstützung und Betreuung demenziell erkrankter Menschen vor Ort, NDV 2011, 437; Empfehlungen zur Qualität von niedrigschwelligen Betreuungs- und Entlastungsangeboten gemäß § 45 b Abs. 4 SGB XI, NDV 2015, 401; *Dib*, Arbeitsbedingungen professioneller und halbprofessioneller Pflege- und Assistenzkräfte in Privathaushalten, ArchsozArb Nr. 3/2012, 50; *Fahlbusch*, „Pflegestufe Demenz": Die Regelungen für Demenzkranke im Pflege-Weiterentwicklungsgesetz, ArchsozArb Nr. 4/2008, 26; *Griep*, Kollektive Pflege- und Betreuungsleistungen – Sozialismus und Kuhhandel im SGB XI, Sozialrecht Aktuell 2009, 17; *Hesse*, Rahmenbedingungen, Finanzierung und Organisation häuslicher Pflegearrangements, ArchsozArb Nr. 3/2012, 4; *Hessisches Ministerium für Arbeit, Familie und Gesundheit (Hrsg.)*, Handlungsempfehlungen des Landespflegeausschusses zur Betreuung von Menschen mit Demenz in der ambulanten und offenen Altenhilfe sowie in stationären und teilstationären Pflegeeinrichtungen, 2009; *Koch*, Die internen Konkurrenzverhältnisse der Pflegeleistungen nach dem SGB XI, WzS 2004, 129; *Schubert*, Pflegeberater und zusätzliche Betreuungskräfte – neue Dienstleister im SGB XI, NZS 2009, 353; *Udsching*, Verhältnis von Pflegeleistungen nach dem SGB XI und XII zu Teilhabeleistungen nach dem SGB XII, Sozialrecht Aktuell 2012, 198.

I. Entstehungsgeschichte	1	VIII. Höhe der Leistungen (Abs. 4 S. 1)	16
II. Normzweck und europarechtlicher Kontext	2	IX. Antragstellung und (Abs. 4 S. 3)	17
III. Angebote zur Unterstützung im Alltag(Abs. 1)	5	X. Berechnungsmodalitäten (Abs. 4 S. 4–6)	18
IV. Weitere Anforderungen an die Angebote zur Unterstützung im Alltag (Abs. 2)	10	XI. Keine Übertragung des Anspruchs auf Folgejahre (Abs. 2 S. 2)	20
V. Landesrechtliche Verordnungen (Abs. 3)	13	XII. Evaluation der Inanspruchnahmemöglichkeiten (Abs. 4 S. 7 und 8)	21
VI. Umwandlungsanspruch (Abs. 4)	14	XIII. Trägerübergreifendes Budget	22
VII. Art und Umfang der Leistungen (Abs. 4 S. 3–6)	15	XIV. Gemeinsamer Leistungsbezug	23
		XV. Verhältnis zu anderen Leistungen	24

I. Entstehungsgeschichte

1 § 45 a ist durch das PSG II mit Wirkung zum 1.1.2017 geändert worden. Vorgängernorm des § 45 a ist § 45 b in der bis zum 31.12.2016 geltenden Fassung. § 45 b wurde durch Art. 1 Nr. 6 PflEG vom 14.12.2001 (BGBl. I, 2728) eingefügt und trat am 1.1.2002 in Kraft. Mit dieser Vorschrift wurden erstmals ambulante Leistungen für Personen, deren Alltagskompetenz auf Dauer wegen demenzbedingten Fähigkeitsstörungen, geistigen Behinderungen oder psychischen Erkrankungen erheblich eingeschränkt ist, in das Leistungsspektrum der Pflegeversicherung aufgenommen. Das PSG I[1] hatte mWv 1.1.2015 in § 45 b Abs. 3 aF den Betreuungsleistungen eine **Kombinationsleistung** hinzugefügt. Danach sollte erstmals ermöglicht werden, dass im Fall eines nicht voll ausgeschöpften Sachleistungsbudgets nach § 36 ein auf 40 % begrenzter Teil des Sachleistungsbudgets für Betreuungs- und Entlastungsleistungen von anerkannten **niedrigschwelligen Betreuungsangeboten** eingesetzt werden kann. Diese Kombinationsleistung ist durch das PSG III mit Wirkung ab dem 1.1.2017 jetzt unter der Bezeichnung „**Umwandlungsanspruch**" in Absatz 4 geregelt. Die in § 45 a Abs. 4 geregelten Leistungsmodalitäten des Umwandlungsanspruch entsprechen weitgehend den Leistungsmodalitäten der alten Kombinationsleistung nach § 45 b Abs. 3 aF. Die durch das PSG III mit Wirkung ab 1.1.2017 jetzt in Abs. 1 bis 4 geregelten **Unterstützungsangebote im Alltag** zeigen eine erstaunliche Weiterentwicklung dieses vorher in § 45 c Abs. 3 und 3 a aF geregelten neuen Leistungserbringer-Typus in den letzten Jahren: Durch das Pflegeleistungs-Ergänzungsgesetz (PflEG) vom 14.12.2001[2] wurde erstmals das in § 45 c Abs. 3 aF definierte **niedrigschwellige Betreuungsangebot** als neuer ambulanter Leistungserbringer neben den zugelassenen Pflegediensten gestellt und finanziell gefördert. Im Rahmen der ab 1.1.2015 geltenden Änderungen des § 45 c aF wurden für das niedrigschwellige Betreuungsangebot die beiden Leistungsbereiche „**Betreuungsangebote**" und „**Entlastungsangebote**" gesetzlich bestimmt. In dem durch das PSG III ab dem 1.1.2017 geltenden § 45 Abs. 1 und 2 werden diese Angebote jetzt in „**Angebote zur Unterstützung im Alltag**" umbenannt, zusammengefasst und zugleich zumindest nach der Absicht des Gesetzgebers übersichtlicher gegliedert.[3] Entscheidend ist jedoch, dass nicht nur die Bezeichnung, sondern auch das Leistungsprogramm erweitert worden ist. Der Gesetzgeber hat in Abs. 1 S. 2 die Angebote zur Unterstützung im Alltag jetzt auf die drei Leistungsbereiche „**Betreuungsangebote**", „**Angebote zur Entlastung von Pflegenden**" und „**Angebote zur Entlastung im Alltag**" festgelegt.

II. Normzweck und europarechtlicher Kontext

2 Abs. 1 enthält im Wesentlichen die **Legaldefinition** der anerkannten **Angebote zur Unterstützung im Alltag**. Abs. 2 regelt die qualitativen und organisatorischen Anforderungen an die anerkannten Angebote zur Unterstützung im Alltag. Abs. 3 sieht vor, dass wie bisher die **Anerkennung** der Angebote zur Unterstützung im Alltag in die Zuständigkeit der Länder fällt. Abs. 3 enthält daher die Ermächtigung für landesrechtliche Verordnungen zu den Anerkennungsvoraussetzungen sowie Vorgaben der Qualitätssicherung der Angebote. Abs. 4 regelt die Voraussetzungen und die Art und Weise der Leistungen des Umwandlungsanspruchs. Wie die Sachleistung nach § 36 SGB XI soll auch der Umwandlungsanspruch nicht den vollen Bedarf an ambulanter Pflege decken, sondern nur einen begrenzten Teil (**Ergänzungsfunktion**[4] der Teilkaskoversicherungsleistung mit hoher Eigenbelastung der versicherten Person) abdecken.

---

1 BGBl. I, 2222.
2 BGBl. I, 3728.
3 BT-Dr.18/5926, 128.
4 Diepenbruck in: BeckOK SozR, SGB XI, § 36 Rn. 2 mit Verweis auf § 4 Abs. 2.

Während Pflegesachleistungen nach § 36 nur von zugelassenen Pflegediensten nach § 71 Abs. 1 oder durch Einzelpersonen iSd § 77 erbracht werden können, wenn diese für die betreffenden Leistungen Vergütungsvereinbarungen nach § 89 abgeschlossen haben, können im Rahmen des Umwandlungsanspruchs nur Leistungen der anerkannten **Angebote zur Unterstützung** im Alltag entgegengenommen werden. Mit dem Umwandlungsanspruch verfolgt der Gesetzgeber vor allem auch das Ziel, die Versorgungsstrukturen, insbesondere auch für demenzkranke Mitbürger, zu verbessern.[5] Er hat daher in erster Linie nur Angebote zugelassen, die gleichzeitig **infrastrukturprägende Effekte** haben.[6] In gleicher Weise wie die ambulanten Pflegeleistungen soll mit dem Umwandlungsanspruch vor allem der sozialpolitisch und fiskalisch motivierten Zielsetzung „ambulant vor stationär"[7] Rechnung getragen werden.

Das in § 34 Abs. 1 Nr. 1 bestimmte grundsätzliche **Ruhen der Leistungsansprüche bei Auslandsaufenthalt** der versicherten Person gilt auch für den Umwandlungsanspruch.[8] Danach kann diese Leistung für Zeiten eines Auslandsaufenthalts nicht gewährt werden. § 34 Abs. 1a regelt die Fälle, in denen Leistungsansprüche auch für Zeiten des Auslandsaufenthalts fortgelten: Danach besteht Anspruch auf Pflegegeld nach § 37 auch für den Zeitraum eines Aufenthalts in einem **Mitgliedsstaat der Europäischen Union**. Diese auf das Pflegegeld beschränkte Ausnahmeregelung ist aus europarechtlicher Sicht nicht zu beanstanden.[9] Das Pflegegeld ist eine Leistung, auf die der Versicherte nach Auffassung des EuGH[10] einen Anspruch hat, wenn in den Rechtsvorschriften des Wohnsitzmitgliedstaats für das Risiko der Pflegebedürftigkeit Geldleistungen nicht vorgesehen sind. Der Umwandlungsanspruch ist allerdings eine **Kostenerstattungsleistung** und damit keine Geldleistung. Da er nur für Angebote zur Unterstützung im Alltag eingesetzt werden kann, werden somit höhere qualitative Anforderungen an die Leistungserbringung gestellt als bei der Geldleistung. Der Umwandlungsanspruch kommt auch nur für **zugelassene Leistungserbringer** in Betracht. Nach Abs. 1 S. 3 muss die nach Landesrecht zuständige Behörde das jeweilige Angebot zur Unterstützung im Alltag anerkennen. Diese **Ankerkennung** kann jedoch nicht für Leistungserbringer außerhalb des Bundesrepublik Deutschland erteilt werden, da hier eine landesrechtliche Zuständigkeit fehlen würde. Nach den allgemeinen Grundsätzen des EuGH zu Art. 19 Abs. 1, 25 Abs. 1 und 28 Abs. 1 VO (EWG) Nr. 1408/71 steht daher dem in einem Mitgliedsstaat der Europäischen Union lebenden Versicherten der gesetzlichen und privaten Pflegeversicherung der Umwandlungsanspruch außerhalb der Bundesrepublik Deutschland nicht zu.

III. Angebote zur Unterstützung im Alltag(Abs. 1)

Angebote zur Unterstützung im Alltag sollen wie die bis zum 31.12.2016 noch so bezeichneten „niedrigschwelligen Betreuungs- und Entlastungsangebote" nach der Vorstellung des Gesetzgebers[11] eine sinnvolle Ergänzung des bereits bislang bestehenden Leistungsangebots ermöglichen, da sie für die Betroffenen leicht zugänglich sind und ihre Leistungen idR ohne großen bürokratischen Aufwand genutzt werden können. Sie sollen somit flexibel auf individuelle und regionale Bedarfe reagieren und ggf. relativ schnell bedarfsgerecht flächendeckend aufwachsen, um zur Entlastung der Pflegebedürftigen wie auch der pflegenden Angehörigen und vergleichbar Nahestehenden, die ehrenamtlich Pflegeverantwortung übernommen haben, beizutragen. Der Gesetzgeber hat die Hoffnung, dass es gerade zu Beginn einer Pflegebedürftigkeit den Betroffenen vielleicht leichter fallen kann, zunächst ein **niedrigschwelliges Angebot** zu nutzen und sich so mit der neuen Situation erst einmal vertraut zu machen. Die niedrigschwelligen Angebote können hierbei ggf. zugleich als erste Ansprechpartner fungieren, um die Betroffenen darüber zu informieren, wo und durch wen sie weitere Beratung und Unterstützung erhalten können. Sie sollen die professionelle Pflege nicht ersetzen, sondern sie ergänzen und mit den zugelassenen Pflegediensten kooperieren. Der Gesetzgeber erwartet, dass durch die Vernetzung der Unterstützungsangebote in der Region und ihre Kooperation mit den zugelassenen Pflegeeinrichtungen die Kenntnisse der Betroffenen über vorhandene Unterstützungsmöglichkeiten verbessert und deren Inanspruchnahme gefördert werden.[12] Die **Niedrigschwelligkeit** der Angebote der Unterstützung im

---

5 BT-Dr. 14/6949, 8.
6 BT-Dr. 14/6949, 15.
7 BT-Dr. 14/6949, 9; BT-Dr. 12/5262, 19, zu § 32.
8 BayLSG, 13.8.2008, L 2 KN 25/07 P.
9 EuGH, 12.7.2012, C-562/10, FD-SozVR 2012, 334571 = BeckRS 2012, 84150 Rn. 57.
10 EuGH, 5.3.1998, C-190/96 (Molenaar), Slg 1998, I-843 = NZS 1998, 240 = NJW 1998, 1767 = ZfSH/SGB 1998, 290 = SGb 1999, 360; kritisch Schaaf, WzS 1998, 204, 207.
11 BT-Dr. 18/1798, 35.
12 BT-Dr.18/1798, 31.

Alltag ist darin zu sehen, dass hier den pflegenden Angehörigen der für sie schwere Schritt, erstmals Hilfe von außen in Anspruch zu nehmen, erleichtert werden soll.[13] Den Angehörigen soll nach der Vorstellung des Gesetzgebers[14] in den Angeboten zur Unterstützung im Alltag eine Betreuung geboten werden, die ihnen hilft, vorhandene Fähigkeiten zu erhalten oder verlorengegangene Fähigkeiten wieder zu gewinnen. Sie sollen die Betreuung in einem familiär gestalteten Rahmen, der ihren Bedürfnissen weitgehend entspricht, erleben. Die Betreuung soll sich darüber hinaus an den Biographien der betroffenen Pflegebedürftigen orientieren und soweit wie möglich Alltagsnormalität herstellen und für pflegende Angehörige wertvolle Kontakt- und Austauschmöglichkeiten bieten, die sie sonst nicht haben. Die Angebote zur Unterstützung im Alltag müssen daher vor allem in leicht zugänglicher und unbürokratischer Weise Hilfen in unmittelbarer Nähe anbieten können. Da es bisher nur wenige bzw. teilweise auch keine Angebote zur Unterstützung im Alltag gibt, kann davon in der Praxis keine Rede sein. In den Gesetzesmaterialien[15] wird darauf hingewiesen, dass niedrigschwellige Entlastungsangebote nach dem zum Teil in den Ländern noch geltenden Recht noch keine Anerkennung nach dem jeweiligen Landesrecht erhalten können. Daher seien für die Anspruchsberechtigten niedrigschwellige Entlastungsleistungen faktisch noch nicht überall verfügbar. Das Angebot von Entlastungsleistungen soll vielfältig sein und sich grundsätzlich an alle Menschen richten, die mit den Anforderungen eines ganz gewöhnlichen Alltags nicht mehr zurechtkommen und die Pflichten, Aufgaben und Tätigkeiten des täglichen Lebens aufgrund nachlassender eigener Ressourcen und in Ermangelung eines zur Unterstützung hierfür ausreichenden sozialen Netzwerkes nicht mehr bewältigen können und deshalb bedürfnis- und wunschgerechter entlastender Hilfe und Unterstützung bedürfen.[16] Da es sich bei der Bezeichnung als „niedrigschwellige Betreuungs- und Entlastungsangebote" in § 45c Abs. 3 und 3a in der bis zum 31.12.2016 geltenden Fassung um einen für die Bürgerinnen und Bürger mitunter schwer verständlichen und in den meisten Fällen erklärungsbedürftigen Begriff handelt, will der Gesetzgeber nun den neuen, seiner Auffassung nach leichter verständlichen Oberbegriff „Angebote zur Unterstützung im Alltag" in § 45a Abs. 1 einführen.[17] Je nach Ausrichtung der Angebote kann es sich dabei nach Abs. 1 S. 2 um **Betreuungsangebote** (zB Tagesbetreuung, Einzelbetreuung), **Angebote zur Entlastung von Pflegenden** (zB durch Pflegebegleiter) oder **Angebote zur Entlastung** im Alltag (zB in Form von praktischen Hilfen) handeln. Diese drei im Gesetz definierten Tätigkeitsbereiche sollen den Bürgerinnen und Bürgern Orientierung bieten, welche (Haupt-)Ausrichtung die jeweiligen Angebote verfolgen[18] und welche ihrer Pflege- und Betreuungsbedarfe von ihnen abgedeckt werden können. Die Anbieter müssen nicht zwingend alle drei Tätigkeitsbereiche anbieten und vorhalten. Wie schon bislang können sie sich nach S. 4 separat nur für einzelne der drei Tätigkeitsbereiche entscheiden und somit etwa nur Betreuung oder nur Entlastung bei der Bewältigung allgemeiner Anforderungen des Alltags anbieten – als auch integrierte Angebote vorhalten, die mehrere Bereiche aus einer Hand abdecken.[19] Weiterhin darf die gesetzliche Festlegung der Tätigkeitsbereiche auch nicht so verstanden werden, dass das Unterstützungsangebot bei der Wahl eines Tätigkeitsbereichs jeweils alle denkbaren Bedarfe eines Tätigkeitsbereichs vollständig abdecken muss. Angesichts der vom Gesetzgeber gewollten besseren Orientierung zu den angebotenen Leistungen (Marktüberblick) sind die anerkannten Unterstützungsangebote allerdings verpflichtet, ihre angebotenen Leistungen nach diesen drei Tätigkeitsbereichen zuzuordnen und unter diesen Bezeichnungen in der Leistungsübersicht nach Abs. 2 S. 2 öffentlich anzubieten. Die drei Tätigkeitsbereiche sind auch bei der landesrechtlichen Ausgestaltung der Anerkennung nach Abs. 3 und der Förderung nach § 45c Abs. 1 Nr. 1 zugrunde zu legen. Generell ist festzustellen, dass die vom Gesetzgeber vorgenommene begriffliche Bestimmung der drei Tätigkeitsbereiche nicht geeignet ist, den beabsichtigen Zweck der besseren Transparenz der Angebote zu erfüllen. Zum einen ist die Abgrenzung der drei Tätigkeitsbereiche keineswegs so klar und plausibel, dass sie jedem sofort einleuchtet. Zum anderen ist die staatsdirigistische Marktstrukturierung der Unterstützungsangebote in vielerlei Hinsicht kontraproduktiv, wenn der Staat bei der Entwicklung einer flächendeckenden Einrichtungslandschaft auf bürgerschaftliche Initiativen setzt, für die auch noch das Wettbewerbsprinzip gelten soll. § 45a Abs. 1 bis 3 wäre besser in den dritten Abschnitt des 7. Kapitels (§§ 77–78) aufge-

---

13 BT-Dr. 14/6949, 17.
14 BT-Dr. 14/6949, 17.
15 BT-Dr. 410/16, 77.
16 BT-Dr. 18/9798, 34.
17 BT-Dr.18/5926, 128.
18 BT-Dr.18/5926, 128.
19 BT-Dr.18/5926, 128.

nommen worden, denn es handelt sich hierbei um die Legaldefinition und die Anforderungen an einen sonstigen **Leistungserbringer** und nicht um materiellrechtliche Leistungsvoraussetzungen.

Während Abs. 1 S. 1 die wesentlichen Ziele und damit die Kurzformel der Legaldefinition enthält, bestimmt S. 2 die vom Gesetz vorgesehenen drei Ausprägungen der Angebote zur Unterstützung im Alltag. Abs. 1 S. 5 zählt die für die Anerkennung als Angebote zur Unterstützung im Alltag in Betracht kommenden Träger auf: 6

- **Betreuungsgruppen** für an Demenz erkrankte Menschen,
- **Helferinnen- und Helferkreise** zur stundenweisen Entlastung pflegender Angehöriger im häuslichen Bereich,
- die **Tagesbetreuung in Kleingruppen** oder **Einzelbetreuung** durch anerkannte Helferinnen oder Helfer,
- **Agenturen zur Vermittlung** von Betreuungs- und Entlastungsleistungen für Pflegebedürftige und pflegende Angehörige sowie vergleichbar nahestehende Pflegepersonen,
- **familienentlastende Dienste,**
- **Alltagsbegleiter,**
- **Pflegebegleiter** und
- **Serviceangebote für haushaltsnahe Dienstleistungen.**

Die Aufzählung dieser vielen verschiedenen Organisationsformen soll der Tatsache Rechnung tragen, dass sich bereits in vielen Regionen unterschiedlich organisierte Arten von Betreuungsangeboten gebildet haben.[20] Die bereits bisher in § 45 c Abs. 3 und 3 a aF enthaltene, nicht abschließende Aufzählung der für die Unterstützungsangebote in Frage kommenden Rechtsträger soll im jetzt geltenden Abs. 1 zusammengeführt und zugleich geschlechtergerechter formuliert werden.[21] Allerdings benötigen Angebotsformen auch dann eine Anerkennung als Unterstützungsangebot durch die zuständige Landesbehörde, wenn sie unter die in Abs. 1 S. 5 genannte Aufzählung fallen. Die Betreuung in Kleinstgruppen (Tagesmutter-Modell) sieht der Gesetzgeber[22] vor allem als Lösungsmöglichkeit dafür, in dünn besiedelten Gebieten die hinreichende Ortsnähe der Betreuung zu sichern. Neu hinzugekommen sind **familienentlastende Dienste, Alltagsbegleiter, Pflegebegleiter** und **Serviceangebote für haushaltsnahe Dienstleistungen**. **Serviceangebote für haushaltsnahe Dienstleistungen** sollen insbesondere zur Unterstützung bei der hauswirtschaftlichen Versorgung und der Bewältigung von sonstigen Alltagsanforderungen im Haushalt dienen.[23] Sie bieten verlässliche Hilfe, beispielsweise bei üblichen Reinigungsarbeiten, der Wäschepflege, der Blumenpflege sowie der Erledigung des Wocheneinkaufs, Fahrdiensten zu Arzt- oder anderen Terminen, aber auch Hilfen bei nicht jeden Tag auftretenden Anforderungen des Haushalts, wie dem wartungsgerechten Reinigen einer Waschmaschine oder der notwendigen Durchführung eines Frühjahrsputzes im Haus. Ihre Leistungen sollen unter anderem Botengänge, beispielsweise zur Post, zur Apotheke, zur Bücherei oder zu Behörden, Unterstützung bei der alltäglichen Korrespondenz mit öffentlichen Stellen, Versicherungen, Banken ua sowie organisatorische und praktische Hilfestellungen, beispielsweise bei einem pflegebedingt notwendig werdenden Umzug, umfassen. Serviceangebote für haushaltsnahe Dienstleistungen sollen nach der Vorstellung des Gesetzgebers eine legale und **sozialversicherungsrechtlich einwandfreie Beschäftigung** des von ihnen eingesetzten Personals oder der von ihnen eingesetzten ehrenamtlichen Helferinnen und Helfer gewährleisten, Sorge für bedarfsgerechte Urlaubs- und Krankheitsvertretungen tragen und auch im Übrigen eigenständig für die Einhaltung aller geltenden Vorschriften sorgen.[24] Unter „**Alltagsbegleiter**" stellt sich der Gesetzgeber zielgruppen- und aufgabengerecht geschulte Personen vor, die Pflegebedürftige beim Umgang mit den allgemeinen wie auch mit spezifisch pflegebedingten Alltagsanforderungen unterstützen.[25] Sie leisten Hilfe bei der Erledigung alltäglicher Aufgaben in der häuslichen Umgebung, begleiten die Anspruchsberechtigten zum Einkaufen, zum Gottesdienst, beim Besuch auf dem Friedhof, beispielsweise auch zur Unterstützung bei einer durch die Begleiteten vorgenommenen Grabpflege, kochen gemeinsam mit ihnen, lesen vor, helfen beim Umgang mit Behördenangelegenheiten, unterstützen bei der Vorbereitung eines gemeinschaftlichen Kaffeetrinkens mit Freunden, hören zu, geben Impulse und ermutigen zur Aufrechterhaltung sozialer Kontakte. Nicht zum Aufgabenbereich von Alltagsbegleitern ge-

---

20 BT-Dr. 14/6949, 17.
21 BT-Dr. 18/5926, 129.
22 BT-Dr. 14/6949, 17.
23 BT Dr. 18/1798, 36.
24 BT-Dr. 18/1798, 37.
25 BT-Dr. 18/1798, 37.

hört die medizinisch-pflegerische Versorgung, die von Fachkräften zu übernehmen ist. Unabhängig hiervon kommt die die **häusliche Krankenpflege** ausschließende Subsidiaritätsregelung nach § 37 Abs. 3 SGB V nicht zur Anwendung, weil Alltagsbegleiter idR nicht im Haushalt des Pflegebedürftigen leben. Unter „**Pflegebegleiter**" stellt sich der Gesetzgeber Personen vor, die insbesondere pflegenden Angehörigen und vergleichbar Nahestehenden eine auf diese zugehende verlässliche organisatorische, beratende, aber auch emotionale Unterstützung bieten, die zur besseren Bewältigung des Pflegealltags beitragen kann.[26] Hierfür sollen sie zielgruppen- und aufgabengerecht geschult werden. Ehrenamtliche Pflegebegleiter leisten Angehörigen und anderen nahestehenden Pflegepersonen dabei den Beistand, den diese benötigen, um sich der schwierigen Aufgabe der Pflege zu stellen und diese positiv zu gestalten. Sie sollen darauf achten, dass die Selbstfürsorge der pflegenden Angehörigen und vergleichbar Nahestehenden, die Pflegeverantwortung übernommen haben, nicht so weit in den Hintergrund tritt, dass hieraus für diese selbst gravierende gesundheitliche Gefährdungen erwachsen oder sie in eine dauerhafte soziale Isolation geraten. Pflegebegleiter sollen die übrigen Leistungen der Pflegeversicherung (zB Beratung nach § 7 a) nicht ersetzen, sondern die Pflegepersonen darin unterstützen, alle zur Verfügung stehenden Hilfsangebote bedarfsgerecht tatsächlich in Anspruch zu nehmen. Zur Entlastung der Angehörigen soll es gehören, eine emotional stabilisierend wirkende und beratende Begleitung der Angehörigen im Pflegealltag zu leisten. Der weit gezogene Kreis der in Frage kommenden Anbieter entspricht dem Anliegen, den Pflegebedürftigen möglichst flächendeckend im gesamten Bundesgebiet Unterstützungsangebote anzubieten.

7 **Betreuungsangebote** iSd S. 2 Nr. 1 sind Angebote, in denen insbesondere ehrenamtliche Helferinnen und Helfer unter pflegefachlicher Anleitung die Betreuung von Pflegebedürftigen mit allgemeinem oder mit besonderem Betreuungsbedarf in Gruppen oder im häuslichen Bereich übernehmen. Hier wird klargestellt, dass Unterstützungsangebote nur Betreuungsleistungen, jedoch keine Pflegeleistungen erbringen sollen. Grund für den Ausschluss der Pflegeleistungen bei den Unterstützungsangeboten sind Grundsätze der Qualitätssicherung: Pflegeleistungen sollen außerhalb des familiären Umfeldes nur von dafür entsprechend qualifizierten Pflegekräften erbracht werden, die auch den Regelungen der Qualitätssicherung nach §§ 112–120 unterworfen sind. Die Abgrenzung zwischen Pflege- und Betreuungsleistungen war schon immer in der Pflegepraxis ein schwieriges Unterfangen. Die Abgrenzung wird jetzt allerdings zusätzlich durch die neue alle pflegerelevanten Bereiche betreffende umfassende Terminologie des einheitlichen Pflegebedürftigkeitsbegriffs ab 1.1.2017 (PSG II) zusätzlich erschwert: Nach dem im Rahmen des PSG II neugefassten § 36 Abs. 1 S. 1 umfassen Leistungen der häuslichen Pflege **körperbezogene Pflegemaßnahmen und pflegerische Betreuungsmaßnahmen** in den in § 14 Abs. 2 genannten Bereichen Mobilität, kognitive und kommunikative Fähigkeiten, Verhaltensweisen und psychische Problemlagen, Selbstversorgung, Bewältigung von und selbstständiger Umgang mit krankheits- oder therapiebedingten Anforderungen und Belastungen sowie Gestaltung des Alltagslebens und soziale Kontakte. Angesichts dieser Aufteilung sind den Unterstützungsangeboten im Rahmen der von ihnen angebotenen Betreuungsangebote iSd Abs. 1 S. 2 Nr. 1 die **körperbezogenen Pflegemaßnahmen** verwehrt. Körperbezogene Pflegemaßnahmen betreffen gesundheitlich bedingte Beeinträchtigungen der Selbstständigkeit und der Fähigkeiten nach § 14 Abs. 2 Nr. 1 (**Mobilität**), nach § 14 Abs. 2 Nr. 4 (**Selbstversorgung**) sowie nach § 14 Abs. 2 Nr. 5 (Bewältigung von und selbstständiger **Umgang** mit krankheits- oder therapiebedingten **Anforderungen**). Dies entspricht der beim Entlastungsbetrag in § 45 b Abs. 1 S. 3 Nr. 3 vorgenommenen Einschränkung des Einsatzes von zugelassenen Pflegediensten bei den Pflegebedürftigen der Pflegegrade 2 bis 5: Danach sind Leistungen der Pflegedienste auf der Grundlage des Entlastungsbetrages nicht erstattungsfähig, wenn sie Leistung im Bereich der Selbstversorgung betreffen. Während bei den körperbezogenen Pflegemaßnahmen dem Gesetz eine klare Zuordnung zu den zugelassenen Pflegediensten entnommen werden kann, können als Betreuungsangebote grundsätzlich alle Leistungen in Frage kommen, die den Sachleistungen „pflegerische Betreuungsmaßnahmen" iSd § 36 Abs. 1 S. 1 und Abs. 2 S. 3 entsprechen. Nach § 36 Abs. 2 S. 3 umfassen pflegerische Betreuungsmaßnahmen Unterstützungsleistungen zur Bewältigung und Gestaltung des alltäglichen Lebens im häuslichen Umfeld, insbesondere bei der Bewältigung psychosozialer Problemlagen oder von Gefährdungen, bei der Orientierung, bei der Tagesstrukturierung, bei der Kommunikation, bei der Aufrechterhaltung sozialer Kontakte und bei bedürfnisgerechten Beschäftigungen im Alltag sowie durch Maßnahmen zur kognitiven Aktivierung. Bei den Betreuungsangeboten nach Abs. 1 S. 2 Nr. 1 wollte der Gesetzgeber das Sachleistungsbudget nach § 36 SGB XI für neue Anbieter öffnen, die

---

26 BT-Dr. 18/1798, 37.

unterhalb der Preise der zugelassenen Pflegedienste tätig werden können.[27] Die Unterstützungsangebote sollen es daher ermöglichen, im Rahmen des Sachleistungs-Budgets nach § 36 Abs. 3 bei den Unterstützungsangeboten eine größere Leistungsmenge als bei den zugelassenen Pflegediensten abzurufen. Grund für das unterschiedliche Preisniveau werden sicherlich zum einen die kostenintensiven leistungserbringungsrechtlichen Anforderungen an zugelassene Pflegeeinrichtungen (SGB XI, landesrechtliche Heimgesetze, leistungserbringungsrechtliche Verträge auf Bundes- und Landesebene nach §§ 69 ff.) sein.[28] Da der Gesetzgeber in Abs. 1 S. 2 Nr. 1 die Betreuungsangebote vor allem mit **ehrenamtlichen Helferinnen und Helfern** in Verbindung bringt, erwartet er offensichtlich auch, das anerkannte Unterstützungsangebote pflegerische Betreuungsmaßnahmen auch deshalb wesentlich günstiger anbieten können als zugelassene Pflegedienste, die wegen ihrer abhängig beschäftigten Mitarbeiterinnen und Mitarbeiter idR höhere Kosten haben dürften. Diese Erwartung ist aus mehreren Gründen problematisch: Zum einen können auch Ehrenamtliche gerade im Bereich der Pflege und Betreuung nicht einfach sich selbst überlassen werden. Weiterhin sind mitunter als „ehrenamtlich" bezeichnete Personen tatsächlich auf der Grundlage einer Vergütung tätig, so dass die Zusatzkosten der abhängigen Beschäftigung (Sozialversicherungs- und Lohnsteuerpflicht) in diesen Fällen allenfalls auf fragwürdige Weise vermieden werden. Selbst bei geringfügig beschäftigten Personen wirkt sich der gesetzliche Mindestlohn kostentreibend aus.

Angebote zur Entlastung von Pflegenden iSd Abs. 1 S. 3 Nr. 2 sind Angebote, die der gezielten Entlastung und beratenden Unterstützung von pflegenden Angehörigen und vergleichbar nahestehenden Pflegepersonen in ihrer Eigenschaft als Pflegende dienen. Diese Angebote sollen sich nach den Erwartungen des Gesetzgebers gezielt auf die Unterstützung der Betroffenen in ihrer Eigenschaft als Pflegepersonen ausrichten.[29] Dies soll geschehen zB in Form einer kontinuierlichen qualifizierten **Pflegebegleitung** oder als feste **Ansprechpartner in Notsituationen**. Hierzu gehören allerdings nicht die Angebote, die eine Entlastung der Pflegepersonen als – durchaus gewünschten – Reflex ihrer Wirkung erreichen wie zB Betreuungsangebote für den Pflegebedürftigen. Solche Leistungen sind den Betreuungsangeboten zuzurechnen. Die beratende Unterstützung iSd S. 2 Nr. 2 ist abzugrenzen von der **Pflegeberatung** nach § 7a, dem **Beratungsgutschein** nach § 7b und dem **Pflegeberatungsbesuch** nach § 37 Abs. 3. Auf diese Leistungen hat auch der Pflegebedürftige einen Anspruch, der Leistungen der Unterstützungsangebote im Rahmen des Umwandlungsanspruchs entgegen nimmt. Zugelassene Unterstützungsangebote mit einer Zulassung für Angebote zur Entlastung von Pflegenden iSd S. 2 Nr. 2 können zwar pflegende Angehörige beratend unterstützen sind aber dennoch als solche keine zugelassenen Leistungserbringer einer Pflegeberatung nach § 7a, eines Beratungsgutscheins nach § 7b oder eines Pflegeberatungsbesuches nach § 37 Abs. 3.

Angebote zur Entlastung im Alltag iSd Abs. 1 S. 3 Nr. 3 sind Angebote, die dazu dienen, die Pflegebedürftigen bei der Bewältigung von allgemeinen oder pflegebedingten Anforderungen des Alltags oder im Haushalt insbesondere bei der **Haushaltsführung** oder bei der eigenverantwortlichen Organisation individuell benötigter Hilfeleistungen zu unterstützen. Leistungen der Unterstützungsangebote im Bereich der Haushaltsführung sind je nachdem, wie diese Sachleistungen in den Vergütungsvereinbarungen nach § 89 SGB XI bestimmt werden, deckungsgleich mit der von den zugelassenen Pflegediensten als Pflegesachleistung nach § 36 Abs. 1 S. 1 zu erbringenden „**Hilfen bei der Haushaltsführung**". Hauswirtschaftliche Versorgung ist jedoch auch Bestandteil der häuslichen Krankenpflege (§ 37 SGB V) sowie der Haushaltshilfe (§ 38 SGB V) und damit auch für diese Leistungen durch entsprechende leistungserbringungsrechtliche Verträge inhaltlich und preislich häufig durch Stundenvergütungen näher bestimmt. Bei der Pflegesachleistung gehören die **Hilfen bei der Haushaltsführung** zu den Leistungen, die im Unterschied zu den körperbezogenen Pflegemaßnahmen und den pflegerischen Betreuungsmaßnahmen iSd § 36 Abs. 1 S. 1 idR niedrigere Anforderungen an die Qualifikation der ausführenden Personen stellen. Der Gesetzgeber geht bei der Sicherstellung der hauswirtschaftlichen Versorgung von einer Gesamtbetrachtung aus,[30] wonach die Versorgung im Wesentlichen auf drei Säulen ruht: Eigenleistungen der Pflegepersonen des Pflegebedürftigen, Sachleistungen nach § 36 und Leistungen der Unterstützungsangebote.

---

27 Basche, Zusätzliche Betreuungs- und Entlastungsleistungen – Chance und Risiko, RDG 2015, 248.
28 So auch Basche, Zusätzliche Betreuungs- und Entlastungsleistungen – Chance und Risiko, RDG 2015, 248.
29 BT-Dr.18/5926, 128.
30 BT-Dr.18/1798, 31.

IV. Weitere Anforderungen an die Angebote zur Unterstützung im Alltag (Abs. 2)

10 Abs. 2 enthält weitere alle Tätigkeitsbereiche der **Unterstützungsangebote** nach Abs. 1 S. 2 umschreibende Anforderungen. Danach beinhalten die Angebote zur Unterstützung im Alltag:
- die Übernahme von Betreuung und **allgemeiner Beaufsichtigung**,
- eine die vorhandenen Ressourcen und Fähigkeiten stärkende oder stabilisierende **Alltagsbegleitung**,
- Unterstützungsleistungen für Angehörige und vergleichbar Nahestehende in ihrer Eigenschaft als Pflegende zur besseren Bewältigung des Pflegealltags,
- die Erbringung von Dienstleistungen,
- organisatorische Hilfestellungen oder
- andere geeignete Maßnahmen.

Auch aus dieser Aufzählung kann entnommen werden, dass Unterstützungsangebote keine **körperbezogenen Pflegemaßnahmen**, sondern allenfalls **pflegerische Betreuungsmaßnahmen** iSd § 36 Abs. 2 S. 3 erbringen dürfen (so → Rn. 7). Nach Abs. 1 S. 3 benötigen die Unterstützungsangebote eine **Anerkennung** durch die zuständige Behörde nach Maßgabe des nach Abs. 3 erlassenen Landesrechts (→ Rn. 13 ff.). Werden bei der Beantragung der Anerkennung gegenüber der zuständigen Landesbehörde falsche Angaben gemacht, kann die Pflegekasse die geleistete Kostenerstattung vom Unterstützungsangebot nach § 823 Abs. 2 BGB iVm § 263 StGB zurückverlangen. In dem vom BSG[31] zu entscheidenden Fall hatte das Unterstützungsangebot gegenüber der für die Anerkennung zuständigen Landesbehörde wahrheitswidrig die Beschäftigung einer qualifizierten Fachkraft angegeben.

11 Nach Abs. 2 S. 2 müssen die Unterstützungsangebote über ein **Konzept** verfügen, das Angaben zur **Qualitätssicherung** des Angebots sowie eine Übersicht über die **Leistungen**, die angeboten werden sollen, und die Höhe der den Pflegebedürftigen hierfür in Rechnung gestellten Kosten enthält. Im Unterschied zu den Sachleistungen der häuslichen Pflege enthält das SGB XI für die Leistungen der Unterstützungsangebote keine weiteren Regelungen zur Festlegung und Prüfung der Qualität. Nach Abs. 3 S. 1 können jedoch die Landesverordnungen Vorgaben zur **regelmäßigen Qualitätssicherung** der Unterstützungsangebote regeln. Die in das Konzept aufzunehmende Übersicht über die Leistungen muss präzise und nachvollziehbare Angaben und Darstellungen über die vom Unterstützungsangebot angebotenen Leistungen aus einem oder aus allen drei Tätigkeitsbereichen nach Abs. 1 S. 2 enthalten. Die ebenfalls in das Konzept aufzunehmende Höhe der den Pflegebedürftigen in Rechnung zu stellenden Vergütungen sind bedeutsam für die **Pflegeberatung** (§ 7a), den dabei aufzustellenden **Versorgungsplan** (§ 7a Abs. 1 S. 2) sowie die **Entscheidung** des Pflegebedürftigen über die konkrete Umsetzung des Versorgungsplans. Sie sind darüber hinaus nach § 7 Abs. 3 S. 1 2. Hs. auch in die von den Pflegekassen zu erstellenden und zu veröffentlichenden **Leistungs- und Preisvergleichslisten** aufzunehmen. Leistungsübersicht und Preislisten der Unterstützungsangebote sind auch außerhalb der von den Pflegekassen zu führenden Preisvergleichslisten einfach zugänglich zu veröffentlichen.[32] Ein allgemein zugänglicher Ort wird idR der Internetauftritt des Unterstützungsangebots sein. Das Konzept muss nach Abs. 2 S. 3 ferner Angaben machen zur zielgruppen- und tätigkeitsgerechten **Qualifikation** der **Helfenden** und zu dem Vorhandensein von Grund- und Notfallwissen im Umgang mit Pflegebedürftigen sowie dazu, wie eine angemessene **Schulung** und **Fortbildung** der Helfenden sowie eine kontinuierliche fachliche Begleitung und Unterstützung insbesondere von ehrenamtlich Helfenden in ihrer Arbeit gesichert werden.

12 Nach Abs. 2 S. 4 1. Hs. ist bei **wesentlichen Änderungen** hinsichtlich der angebotenen **Leistungen** das Konzept entsprechend **fortzuschreiben**. Nach Abs. 2 S. 4 2. Hs. sind bei **Änderungen** der für die Leistungen in Rechnung gestellten **Kosten** die entsprechenden Kosten im Konzept und an anderer Stelle (zB Internetauftritt) zu aktualisieren. Die Übersicht über die aktuell angebotenen **Leistungen** und die Höhe der hierfür erhobenen **Kosten** ist nach Abs. 3 S. 1 der zuständigen Landesbehörde jeweils nach Maßgabe der entsprechenden Regelungen der Landesverordnung zu **übermitteln**. Die Pflicht zur Fortschreibung des Konzepts verdeutlicht die zentrale Bedeutung des Konzepts für das Unterstützungsangebot und den ihm auferlegten Transparenzpflichten.

---

31 BSG, 21.7.2016, B 3 SF 1/16 R – BeckRS.
32 BR-Dr. 18/5926, 129.

V. Landesrechtliche Verordnungen (Abs. 3)

In Abs. 3 werden die Landesregierungen ermächtigt, durch Rechtsverordnung das Nähere über die **Anerkennung der Angebote zur Unterstützung im Alltag** iSd Abs. 1 und 2 einschließlich der Vorgaben zur regelmäßigen **Qualitätssicherung** der Angebote und zur regelmäßigen **Übermittlung** einer Übersicht über die aktuell angebotenen **Leistungen** und die Höhe der hierfür erhobenen Kosten zu bestimmen. Die Länder sind bei ihren Verordnungen an die Legaldefinition in Abs. 1 S. 2 und an die weiteren Vorgaben für die Unterstützungsangebote in Abs. 2 gebunden. Bei der länderrechtlichen Regelung der Anerkennungsvoraussetzungen sind die in Abs. 2 S. 2 bis 4 geregelten Anforderungen an das **Konzept** des Unterstützungsangebots von zentraler Bedeutung. Dabei werden die Länder mit den in Abs. 2 geregelten Anforderungen an das Konzept in der Weise sehr sorgsam umgehen müssen, dass den Unterstützungsangeboten nicht übermäßig hoher bürokratischer Aufwand auferlegt wird. Die zuständigen Landesbehörden können sich nicht allein darauf beschränken, das Konzept zu prüfen. Vielmehr werden sie auch auf geeignete Weise im Blick behalten müssen, dass das Konzept auch tatsächlich umgesetzt wird. So kann in den Verordnungen auch festgelegt werden, welche **Nachweise** die Behörden darüber verlangen können, dass alle eingesetzten Helferinnen und Helfer eines Unterstützungsangebotes jeweils eine **zielgruppengerechte Schulung** durchlaufen haben, die ihnen ein angemessenes Niveau an Krankheits- und Pflegebedürftigkeitsverständnis und ein ausreichendes Wissen über den Umgang mit spezifisch pflege- bzw. betreuungsbedürftigkeitsbedingten Herausforderungen vermittelt hat.[33] Die **hauswirtschaftliche Versorgung** von Pflegebedürftigen darf nur dann übernommen werden, wenn ein entsprechend angemessener Umgang mit den Pflegebedürftigen in ihrem Haushalt sichergestellt ist.[34] Der enge Kontakt zu Personen mit psychischen Störungen stellt Anforderungen an die Beziehungsgestaltung auch bei der Übernahme lediglich hauswirtschaftlicher Hilfen in ihrem Haushalt. Der Bundesgesetzgeber geht davon aus, dass die Länder in ihren Verordnungen auch die Leistungs- Preisvergleichsliste regeln, die die gebotene Transparenz der Unterstützungsangebote für alle Beteiligten ermöglicht. Nach Abs. 3 S. 1 ist in der Rechtsverordnung des Landes auch die regelmäßige **Übermittlung** einer Übersicht über die aktuell angebotenen **Leistungen** und die Höhe der hierfür erhobenen Kosten zu regeln. Nach § 7 Abs. 3 S. 1 2. Hs. sind in die für die Pflegeberatung bedeutsamen von den Pflegekassen zu führenden **Leistungs- und Preisvergleichslisten** auch die Leistungen und Preise der Unterstützungsangebote aufzunehmen. Nach § 7 Abs. 3 S. 3 SGB XI vereinbaren die Landesverbände der Pflegekassen gemeinsam mit den nach Landesrecht zuständigen Stellen für die Anerkennung der Unterstützungsangebote das Nähere zur **Übermittlung** von Angaben im Wege elektronischer Datenübertragung insbesondere zu Art, Inhalt und Umfang der Angebote, Kosten und regionaler Verfügbarkeit dieser Angebote einschließlich der Finanzierung des Verfahrens für die Übermittlung. Da die Pflegekassen wegen fehlender Verträge mit den Unterstützungsangeboten selbst keinen Zugriff auf deren Daten für die Leistungs- und Preisvergleichslisten haben, liegt die Verantwortung für den reibungslosen Datenfluss bei den zuständigen Länderbehörden, die diese Daten im Wege des in der Landesverordnung zu regelnden Anerkennungsverfahrens erhalten. Nach Abs. 3 S. 2 sollen die vom **Spitzenverband Bund** der Pflegekassen mit dem Verband der privaten Krankenversicherung eV nach Anhörung der Verbände der Behinderten und Pflegebedürftigen auf Bundesebene unter Zustimmung des Bundesministeriums für Gesundheit und der Länder beschlossenen **Empfehlungen** nach § 45 c Abs. 7 (→ § 45 c Rn. 25 ff.) bei der Erarbeitung der landesrechtlichen Regelungen zur Anerkennung der Angebote zur Unterstützung im Alltag berücksichtigt werden.[35] Mit der Verordnungsermächtigung hat der Bundesgesetzgeber nicht nur die Regelungskompetenz, sondern auch die **Verantwortung** für die Erbringung und Überwachung qualitätsgesicherter Leistungen der Unterstützungsangebote an die Länder übertragen. Dies ist bedeutsam, weil die Pflegekassen bei den Unterstützungsangeboten im Unterschied zu den zugelassenen Pflegediensten (§ 71 Abs. 2) weder gesetzliche noch vertragliche Steuerungs- und Kontrollmöglichkeiten haben, obwohl deren Leistungen bis zu 40 % aus dem nur für zugelassene Pflegedienste zu verwendenden Sachleistungsbudget nach § 36 Abs. 3 refinanziert werden können. Die Pflegekassen haben allerdings die Möglichkeit, die Kostenerstattung zu verweigern, wenn sich aus den gemäß § 45 a Abs. 3 S. 3 vom Pflegebedürftigen vorzulegenden Belegen (→ Rn. 15) ergibt, dass die erbrachten Leistungen nicht den Anforderung des § 45 a und § 45 b Abs. 1 S. 3 Nr. 4 bzw. den landesrechtlichen Verordnungen entspricht. Auch können sie nach Abs. 4 S. 6 2. Hs. iVm § 37 Abs. 6 den Umwandlungsanspruch **kürzen** oder **entziehen**, wenn der nach Abs. 4 S. 6 1. Hs. iVm § 37 Abs. 3 bis 5, 7 und 8 ver-

---

[33] BT-Dr. 18/1798, 36.
[34] BT-Dr. 18/1798, 36.
[35] BT-Dr.18/5926, 130.

pflichtende **Pflegeberatungsbesuch** nicht abgerufen wird. Generell ist die Lösung, die Qualitätsprüfung allein den Ländern zu übertragen, zu begrüßen, da so im Unterschied zu den zugelassenen Pflegeheimen eine für alle Beteiligten unerfreuliche Doppelung der Qualitätsprüfungszuständigkeit[36] vermieden wird. Von der Verordnungsermächtigung haben die Länder in Bezug auf die bereits seit 1.1.2002 durch das Pflegeleistungs-Ergänzungsgesetz (PflEG)[37] geregelten **niedrigschwelligen Betreuungsangebote** Gebrauch gemacht.[38] Diese Verordnungen sind allerdings noch nicht in allen Bundesländern an die seit dem 1.1.2017 durch das PSG II gestellten Anforderungen angepasst. Aufgrund der bisherigen Praxis darf auch zukünftig davon ausgegangen werden, dass die Länder ihrer Verantwortung für die Unterstützungsangebote als wichtigen Bereich der Einrichtungsinfrastruktur sehr unterschiedlich gerecht werden. Bei der Bestimmung der Anerkennungskriterien sind die Länder einerseits den Qualitätsgrundsätzen der Pflegeversicherung verpflichtet. Auf der anderen Seite dürfen die fachlichen Anforderungen an die Unterstützungsangebote auch mit Rücksicht auf Art. 12 GG (Grundrecht der Berufsfreiheit) diese nicht so überfordern, dass sie gar nicht erst entstehen können oder nach einer kurzen Zeit ihre Tätigkeit wieder einstellen. Es darf nicht dazu kommen, dass das Landesrecht in gleicher Weise wie teilweise bei den ambulanten Wohngruppen nach § 38a SGB XI die Weiterentwicklung der Einrichtungen verhindert.[39] Die Erfahrung zeigt, dass zB landesrechtliche Festlegung der Unterstützungsangebote auf bestimmte Anteile des ehrenamtlichen Engagements aus mehreren Gründen problematisch sein kann: Die Erfüllung der vom Unterstützungsangebot gegenüber dem Pflegebedürftigen vertraglich übernommenen Versorgungszeiten macht es mitunter erforderlich, dass die für die Unterstützungsangebote tätigen Personen in verbindliche Dienstpläne eingebunden werden. Allein dies widerspricht einem zentralen Wesensmerkmal des Ehrenamts, nämlich der Freiwilligkeit der Tätigkeit mit der Möglichkeit, bestimmte Tätigkeiten zu einem bestimmten Zeitpunkt ohne Begründung abzulehnen. Der VG München[40] hat in seinem Urteil vom 5.11.2008 einen Rückforderungsbescheid gegen ein niedrigschwelliges Betreuungsangebot mit der Begründung aufgehoben, die von der Förderbehörde geforderte Beschränkung auf die Tätigkeit ehrenamtlich tätiger Personen könne so eindeutig den Förderbestimmungen nicht entnommen werden. Daher sei auch die Beschäftigung von Minijobbern zulässig gewesen. Festzuhalten ist, das bei zu hohen normativen Anforderungen an die Unterstützungsangebote nicht nur die Verwirklichung der sozialen Rechte der Pflegeversicherten (§ 2 SGB I) verhindert werden, sondern auch die vom Gesetzgeber erhofften Infrastrukturimpulse ausbleiben werden. Es wird sich noch zeigen müssen, ob sich die in der Gesetzesbegründung und in den Förderprogrammen nach § 45c ausgesprochene Erwartung des Gesetzgebers[41] erfüllt, dass Unterstützungsangebote zukünftig auf individuelle regionale Bedarfe schnell und flexibel reagieren und vor allem bedarfsgerecht flächendeckend vorhanden sind.

VI. Umwandlungsanspruch (Abs. 4)

14 Nach § 45a Abs. 4 S. 1 haben Pflegebedürftige in häuslicher Pflege mit mindestens Pflegegrad 2 Anspruch auf Ersatz von Aufwendungen für Leistungen der nach Landesrecht anerkannten **Angebote zur Unterstützung im Alltag** unter Anrechnung auf ihren Anspruch auf ambulante Pflegesachleistungen nach § 36, soweit für den entsprechenden Leistungsbetrag nach § 36 in dem jeweiligen Kalendermonat keine ambulanten Pflegesachleistungen bezogen wurden. Der Umwandlungsanspruch kann als Kombinationsleistung zur Sachleistung nur den nach § 36 Abs. 1 anspruchsberechtigten Pflegebedürftigen und damit nur den Pflegebedürftigen der Pflegegrade 2 bis 5 zustehen. Er besteht nur, soweit die Monatspauschale der Sachleistungen nach § 36 Abs. 3 **nicht ausgeschöpft** ist. Zutreffend hat daher der Gesetzgeber für diesen Kostenerstattungsanspruch die Bezeichnung „**Umwandlungsanspruch**" eingeführt, denn der Kostenerstattungsanspruch ist nichts anderes als die teilweise Umwandlung des Sachleistungsbudgets nach § 36 für die Entgegennahme von Leistungen der Angebote zur Unterstützung im Alltag.[42] Somit ist der Umwandlungsanspruch keine **zusätzliche Leistung** zu den anderen ambulanten dauerhaft gewährten Leistungen Pflegesachleistung (§ 36), Entlastungsbetrag (§ 45b) und teilstationä-

---

36 Griep, Sicherung der Qualität durch Heimaufsicht, Sozialrecht Aktuell, 2016, Sonderheft 2016, S. 47.
37 Pflegeleistungs-Ergänzungsgesetz vom 14.12.2001, BGBl. I, 3728.
38 Siehe Nachw. bei Linke in: Krauskopf, § 45b SGB XI Rn. 26; siehe Übersicht bei Klie in: LPK-SGB XI, § 45b Rn. 9.
39 Griep, Der neue Wohngruppenzuschlag nach § 38a SGB XI – Bravourstück oder Verschlimmbesserung, PflR 2015, 439.
40 VG München, 5.11.2008, M 9 K 07.5380, BeckRS 2008, 46142: gewesen sei!
41 BT-Dr. 18/1798, 35.
42 BT-Dr. 18/5926, 129.

re Pflege (§ 41), sondern als **Teil der Pflegesachleistung** von deren Leistungsberechtigung und Inanspruchnahme abhängig. Im Ergebnis ermöglicht damit der Umwandlungsanspruch den Austausch der Leistungen der zugelassenen Pflegedienste gegen die Angebote zur Unterstützung im Alltag iSd Abs. 1. Auch das Pflegegeld (§ 37) ist bei gleichzeitigem Bezug von Sachleistungen keine vollständig zusätzlich gewährte ambulante Leistung, da auch deren Anspruch bei der Kombination mit Sachleistungen nach § 38 S. 2 vom Verbrauch der Sachleistungen nach § 36 abhängt. Allerdings folgt die Anrechnung der verbrauchten Sachleistung bei Pflegegeld und Umwandlungsanspruch nach unterschiedlichen Regeln: Während sich beim Pflegegeld die Anrechnung der Sachleistungen gemäß § 38 S. 2 nach dem nicht verbrauchten Prozentanteil der Sachleistungen richtet, steht dem Empfänger des Umwandlungsanspruches unmittelbar der nicht verbrauchte Betrag der Monatspauschale nach § 36 Abs. 3 als Kostenerstattung zur Verfügung. Da die Monatspauschale nach § 36 Abs. 3 in allen Pflegegraden deutlich höher ist als das Pflegegeld nach § 37, ist der Empfänger des Umwandlungsanspruchs der Leistungshöhe nach besser gestellt als der Empfänger des Pflegegeldes. Zur nicht vollen Ausschöpfung des Sachleistungsbudgets nach § 36 kommt es idR immer dann, wenn ein Pflegebedürftiger von den Sachleistungen eines zugelassenen Pflegedienstes angesichts seiner individuellen Bedarfssituation nicht die Quantität oder Qualität der nach § 36 Abs. 3 abrechnungsfähigen Sachleistungen eines zugelassenen Pflegedienstes (§ 71 Abs. 1) benötigt. Die individuelle Bedarfssituation des Pflegebedürftigen wird wesentlich durch die Pflegebedürftigkeit und die im häuslichen Bereich zur Verfügung stehenden Bedarfsdeckungsmöglichkeiten bestimmt. Welche Leistungen der Pflegebedürftige in welchem Verhältnis in Anspruch nimmt, wird aber auch vom inhaltlichen Vergleich der Sachleistungen nach § 36 und den konkret von einem in Frage kommenden Angebot zur Unterstützung im Alltag angebotenen Leistungen abhängen. Bei der Bewertung der Nutzbarkeit der zur Verfügung stehenden Sachleistung sind auch die gesetzlichen Erweiterungen der Sachleistungen der häuslichen Pflege in den letzten Jahren zu berücksichtigen: Bereits mit dem Inkrafttreten des § 125 aF am 1.1.2015 in der Fassung des PSG I konnten zugelassene Pflegedienste regulär auch Betreuungsleistungen als Sachleistungen erbringen, soweit die Pflegedienste entsprechende Vergütungsvereinbarungen nach § 89 mit den Pflegekassen abgeschlossen hatten. Mit dem im Rahmen des PSG II in Kraft gesetzten einheitlichen Pflegebedürftigkeitsbegriff besteht ab dem 1.1.2017 nach § 36 Abs. 1 S. 1 Anspruch auf **körperbezogene Pflegemaßnahmen**, pflegerische Betreuungsmaßnahmen und **Hilfen bei der Haushaltsführung**. Die Vertragsparteien nach § 89 Abs. 2 bzw. § 89 Abs. 3 S. 4 iVm § 86 SGB XI sind daher verpflichtet, den Inhalt und die Preise der Sachleistungen der häuslichen Pflege nach den Grundsätzen des § 89 Abs. 4 zu vereinbaren. Insbesondere die bisher entweder gar nicht oder nicht erschöpfend geregelten pflegerischen Betreuungsmaßnahmen und Hilfe bei der Haushaltsführung sind dabei unabhängig von den körperbezogenen Verrichtungen nach § 14 Abs. 4 aF umfassend bedarfsgerecht so auszugestalten, dass sie dem Anspruch des umfassenden Pflegebedürftigkeitsbegriffs gerecht werden. Dabei werden bisher noch nicht vereinbarte Leistungen zu ergänzen und bisherige Leistungen stärker auszudifferenzieren sein. Dies muss zwangsläufig dazu führen, dass die Sachleistungen und die im Rahmen des Umwandlungsanspruchs zu erbringenden Leistungen der Angebote zur Unterstützung im Alltag nach Abs. 1 sich stärker als bisher überlappen. Vor diesem Hintergrund sind die strukturellen Unterschiede der Leistungserbringung zwischen den Sachleistungen der häuslichen Pflege und den Leistungen des Umwandlungsanspruchs bedeutsam: Während der zugelassene Pflegedienst für seine Sachleistungen nach § 36 SGB XI entsprechende **Leistungs- und Vergütungsvereinbarungen** nach § 89 mit den Pflegekassen abschließen muss, sind die Angebote zur Unterstützung im Alltag darauf nicht angewiesen. Sie können ihre Leistungen und Preise frei gestalten und sind lediglich verpflichtet, die Transparenzanforderungen nach § 45a Abs. 2 S. 2 zu erfüllen. Die Pflegedienste können Sachleistungen nur erbringen und mit den Pflegekassen abrechnen, wenn die leistungserbringungsrechtlichen Verträge nach §§ 69–90 zustande kommen und den sich ändernden Rahmenbedingungen ständig angepasst werden können. Die Angebote zur Unterstützung im Alltag sind nur einmal am Beginn ihrer Tätigkeit von der **Anerkennung der Landesbehörde** nach Abs. 3 abhängig, im Übrigen aber frei bei der Gestaltung der Leistungen und Preise. Die relative Freiheit der Angebote zur Unterstützung im Alltag entspricht dabei der Absicht des Gesetzgebers, diese Angebote als Wettbewerber der Pflegedienste möglichst flächendeckend zu etablieren.[43] Zum einen soll auf diese Weise den Pflegebedürftigen im Rahmen der jetzt auch auf die pflegerische Betreuungsleistungen erstreckten Sachleistungsbudgets wesentlich preisgünstigere Leistungen angeboten werden, bei denen die bei den Sachleistungen vorausgesetzte professionelle Pflege und Betreuung nicht notwendig ist. Zum anderen sollen die Angebote zur Unterstützung im Alltag mit den Pflegediensten in den Wettbe-

---

[43] BT-Dr. 14/6949, 8.

werb treten. Dabei ist von Bedeutung, dass das im Gesetz unterschiedlich ausgestaltete Leistungserbringungsrecht zweifelsfrei den Unterstützungsangeboten Wettbewerbsvorteile gegenüber den Pflegediensten verschafft, da diese in jeder Hinsicht von den Pflegekassen abhängig sind. Anspruch auf den Umwandlungsanspruch besteht nach Abs. 4 S. 1 nur für Pflegebedürftige in **häuslicher Pflege**. Da der Umwandlungsanspruch eine Modifikation oder Kombination zur Pflegesachleistung darstellt, kann er nach den Grundsätzen des BSG[44] zum Entlastungsbetrag nach § 45 b (bis 31.12.2016 als „zusätzliche Betreuungs- und Entlastungsleistungen" bezeichnet) ebenfalls wie ein **Annex** zum Leistungsangebot der Pflegekassen für Versicherte in **häuslicher Pflege** betrachtet werden. Jeder dauerhafte Aufenthalt in einer vollstationären Einrichtung wirkt danach gemäß § 36 Abs. 4 S. 1 2. Hs. anspruchsausschließend, was damit auch für den Umwandlungsanspruch gilt. In der gleichen Entscheidung hat das BSG auch das Argument zurückgewiesen, der Kläger lebe dauerhaft in dem **Wohnheim für behinderte Menschen**, habe keinen anderen Lebensmittelpunkt mehr und werde daher in dem Wohnheim „häuslich gepflegt". Bei dem **Wohnheim für behinderte Menschen** handele es sich um eine Einrichtung iSd § 71 Abs. 4 SGB XI,[45] in der häusliche Pflege nach § 36 Abs. 4 S. 1 2. Hs. nicht erbracht werden könne. Zum Bereich der häuslichen Pflege gehören auch **ambulant** betreute **Wohngruppen** iSd § 38 a, so dass auch hier Anspruch auf den Umwandlungsanspruch besteht. Im Grunde genommen müssen hier die gleichen Kriterien gelten, wie sie für die häusliche Krankenpflege in § 37 Abs. 1 S. 1 SGB V zur Sicherstellung des Vorrangs „ambulant vor stationär" festgelegt sind.[46] Problematisch am Umwandlungsanspruch ist, dass der Anspruch davon abhängt, dass Angebote zur Unterstützung im Alltag vorhanden sind und dass diese die vom Pflegebedürftigen benötigten Leistungen überhaupt anbieten.

VII. Art und Umfang der Leistungen (Abs. 4 S. 3–6)

15 Nach Abs. 2 S. 3 erhalten die Berechtigten des Umwandlungsanspruchs die **Kostenerstattung** gegen Vorlage entsprechender **Belege über Eigenbelastungen**, die ihnen im Zusammenhang mit der Inanspruchnahme der Leistungen der anerkannten Unterstützungsangebote entstanden sind. Der Umwandlungsanspruch unterscheidet sich damit von der Pflegesachleistung nach § 36 vor allem dadurch, dass hier vom Gesetz ausdrücklich die **Kostenerstattung** und nicht die Sachleistungsgewährung angeordnet wird. Während Sachleistungen von durch Versorgungsvertrag nach § 72 zugelassenen Pflegeeinrichtungen erbracht werden können, ist der Kreis der Leistungserbringer des Umwandlungsanspruchs nach Abs. 4 S. 1 ausdrücklich auf die Angebote zur Unterstützung im Alltag begrenzt. Kostenerstattungsfähig sind daher weder die Rechnungen eines zugelassenen Pflegedienstes noch eines anderen Leistungserbringers. Ein zugelassener Pflegedienst gilt auch trotz höherer Qualitätsvorgaben nicht als Unterstützungsangebot, wenn er keine entsprechende Anerkennung hat. Da die Aufzählung nach Abs. 1 S. 5 nicht abschließend ist, schließt das Gesetz allerdings nicht aus, dass auch ein zugelassener Pflegedienst zugelassene Angebote zur Unterstützung im Alltag anbietet und mit dem Pflegebedürftigen im Rahmen des Umwandlungsanspruches abrechnet. Allerdings benötigt auch der zugelassen Pflegedienst als Träger eines Unterstützungsangebotes für diesen gemäß Abs. 1 S. 3 die Anerkennung der zuständigen Landesbehörde. Grund für die nach § 4 Abs. 1 S. 1 ausnahmsweise angeordnete Kostenerstattung ist die Tatsache, dass der Umwandlungsanspruch für Leistungen der Angebote zur Unterstützung im Alltag aus den oben genannten Gründen (so → Rn. 5) **zweckgebunden** ist. Naheliegend wäre es gewesen, wenn sich der Gesetzgeber an Stelle der Kostenerstattung für eine Geldleistung entschieden hätte. Dann hätte er aber auch die Entscheidung über die Wahl der Leistungserbringer „aus der Hand geben müssen", was er gerade nicht wollte. Die **Geldleistung** nach § 37 wird jeweils als Festbetrag unabhängig davon gewährt, ob sie aufgrund der Bedarfslage im konkreten Einzelfall tatsächlich in voller Höhe für die Sicherstellung der Pflege benötigt wird. Seinem Wesen nach entspricht der Umwandlungsanspruch am ehesten einem Rechtsanspruch auf **Ersatz** von notwendigen **Aufwendungen** (zB Ersatz von Aufwendungen des Auftragnehmers nach § 670 BGB, Kostenerstattungsanspruch nach § 13 Abs. 3 oder § 38 Abs. 4 SGB V) und fällt damit vollkommen aus dem Rahmen der bisherigen Leistungssystematik des SGB XI. Der Gesetzgeber hatte schon bei den Vorgängerleistungen des Umwandlungsanspruches offensichtlich die Vorstellung, dass die Kostenerstattung sachgerechter sei, weil nicht in allen Fällen regelmäßig mindestens der dem Höchstbetrag entsprechende Bedarf besteht. Die Festlegung des

---

44 BSG, 20.4.2016, B 3 P 1/15 R, BeckRS 2016,70648.
45 Die in Art. 1 Nr. 15 PSG III vorgesehene Änderung des § 71 Abs. 4 tritt nach Art. 18 Abs. 3 PSG III erst am 1.1.2020 in Kraft.
46 Nach LSG BW, 17.12.2013, L 11 KR 4070/11, BeckRS 2014, 65202, ist häusliche Krankenpflege auch in einer Wohngemeinschaft zu gewähren.

Umwandlungsanspruchs auf anerkannte Unterstützungsangebote hat zur Folge, dass diese Leistung nicht in Anspruch genommen werden kann, wenn anerkannte Unterstützungsangebote in einer Region nicht vorhanden sind. Die vom Gesetzgeber mit dem PSG I bezweckte Flexibilisierung der Gestaltungsmöglichkeiten und der Ausbau von **Wahlmöglichkeiten**[47] bleibt hier „auf der Strecke".

VIII. Höhe der Leistungen (Abs. 4 S. 1)

Der Umwandlungsanspruch besteht nach Abs. 4 S. 1 höchstens in Höhe der nicht verbrauchten Pflegesachleistungen nach § 36 SGB XI. Dh für den Umwandlungsanspruch steht der am Ende des Monats für ambulante Pflegesachleistungen noch nicht verbrauchte Betrag des Höchstleistungsbetrages nach § 36 Abs. 3 zur Verfügung. Der für die anerkannten Unterstützungsangebote verwendete Betrag darf allerdings nach § 45a Abs. 4 S. 2 40 % des nach § 36 für den jeweiligen Pflegegrad vorgesehenen Höchstleistungsbetrags nicht überschreiten. Soweit weniger als 60 % der **Pflegesachleistung** in einem Monat in Anspruch genommen werden, wird nach Inanspruchnahme der maximalen 40 % für Leistungen der Unterstützungsangebote der immer noch nicht verbrauchte Teil der Pflegesachleistung im Wege der **Kombinationsleistung** (§ 38) als **Pflegegeld** gewährt werden. Die Höhe des Pflegegeldes ergibt sich dabei gemäß § 38 S. 2 aus der Verminderung des für den Pflegegrad maßgeblichen Pflegegeldbetrages (§ 37 Abs. 1 S. 3) um den verbrauchten Prozentwert der Pflegesachleistung einschließlich des auf 40 % der Pflegesachleistung begrenzten Umwandlungsanspruchs.

16

IX. Antragstellung und (Abs. 4 S. 3)

Nach Abs. 4 S. 3 erhalten die Anspruchsberechtigten die Kostenerstattung im Rahmen des Umwandlungsanspruchs auf **Antrag** von der zuständigen Pflegekasse oder dem zuständigen privaten Versicherungsunternehmen sowie im Fall der Beihilfeberechtigung anteilig von der Beihilfefestsetzungsstelle. Die Kostenerstattung wird nach Abs. 4 S. 3 nur gegen Vorlage entsprechender **Belege** über Eigenbelastungen, die ihnen im Zusammenhang mit der Inanspruchnahme der in Abs. 4 S. 1 genannten Leistungen entstanden sind.

17

X. Berechnungsmodalitäten (Abs. 4 S. 4–6)

Nach Abs. 2 S. 4 sind die Vergütungen für ambulante **Pflegesachleistungen** nach § 36 **vorrangig** vor den konkurrierenden Leistungen des Umwandlungsbetrages und des Pflegegeldes abzurechnen. Dies ist die logische Konsequenz daraus, dass die Kostenerstattung der anerkannten Unterstützungsangebote nach Abs. 4 S. 1 auf den nicht verbrauchten Teil des Sachleistungs-Höchstbetrages nach § 36 Abs. 3 und darüber hinaus auf 40 % des Sachleistungs-Höchstbetrages beschränkt ist. Beide Grenzen können erst bestimmt werden, wenn alle Pflegesachleistungen des betreffenden Abrechnungs-Monats abgerechnet worden sind. Nach Abs. 2 S. 5 gilt die Erstattung der Aufwendungen der anerkannten Unterstützungsangebote im Rahmen der Kombinationsleistung nach § 38 als Inanspruchnahme der dem Anspruchsberechtigten nach § 36 Abs. 3 zustehenden Sachleistung. Diese Regelung ist nur dann von Bedeutung, wenn der Pflegesachleistungs-Höchstbetrag (§ 36 Abs. 3) trotz Entgegennahme von Pflegesachleistungen und Leistungen der anerkannten Unterstützungsangebote im Abrechnungsmonat noch nicht vollständig ausgeschöpft ist. In diesem Fall kommt § 38 Abs. 1 S. 1 mit der Konsequenz zur Anwendung, dass der im Abrechnungsmonat durch diese Leistungen noch nicht verbrauchte Anteil am Sachleistungs-Höchstbetrag (§ 36 Abs. 3) als Pflegegeld an den Pflegebedürftigen ausgezahlt wird. Abs. 2 S. 5 soll daher klarstellen, dass die Leistungen der Unterstützungsangebote bei der Anwendung des § 38 wie Sachleistungen behandelt werden. Ohne diese Gleichstellung der Sachleistungen und der Kostenerstattungsleistungen könnte § 38 nicht angewendet werden. Nach Abs. 2 S. 5 iVm § 38 S. 2 richtet sich daher die Höhe des **Pflegegeldes** nach dem beim Pflegesachleistungs-Höchstbetrag nach Abzug der Pflegesachleistungen und der zur Kostenerstattung vorgelegten Leistungen der anerkannten **Unterstützungsangebote** noch übrig gebliebenen Prozentanteil des Pflegesachleistungs-Höchstbetrages (§ 36 Abs. 3) im Abrechnungsmonat. Für Rückforderungen von Kostenerstattung der Pflegekasse gegen ein Unterstützungsangebot, dem die Anerkennung der zuständigen Landesbehörde fehlt, ist nach der Rechtsprechung des BSG[48] der Rechtsweg zu den Sozialgerichten eröffnet.

18

Nach Abs. 4 S. 6 Hs. 1 findet § 37 Abs. 3 bis 5, 7 und 8 beim Umwandlungsanspruch Anwendung, wenn Anspruchsberechtigte Leistungen der anerkannten Unterstützungsangebote in Anspruch neh-

19

---

47 BT-Dr. 18/1798, 16.
48 BSG, 12.7.2016, B 3 SF 1/16 R, BeckRS 2016, 72160.

men. § 37 Abs. 3 bis 5, 7 und 8 regeln die Pflichten des Pflegebedürftigen, **Pflegeberatungsbesuche** in Anspruch zu nehmen sowie die Art und Weise der Durchführung der Pflegeberatungsbesuche und deren Leistungserbringer. Nach § 37 Abs. 4 S. 1 haben die die Pflegeberatungsbesuche durchführenden Pflegedienste und die sonstigen dort genannten Stellen der Durchführung der Beratungseinsätze gegenüber der Pflegekasse oder dem privaten Versicherungsunternehmen zu bestätigen sowie die bei dem Beratungsbesuch gewonnenen Erkenntnisse über die Möglichkeiten der Verbesserung der häuslichen Pflegesituation dem Pflegebedürftigen und mit dessen Einwilligung der Pflegekasse oder dem privaten Versicherungsunternehmen mitzuteilen, im Fall der Beihilfeberechtigung auch der zuständigen Beihilfefestsetzungsstelle. Wird die pflegebedürftige Person in einer hilflosen Lage in einer prekären Pflegesituation angetroffen und die Einwilligung zur Mitteilung an die Pflegekasse verweigert, muss der Pflegedienst prüfen, ob er den gemeindepsychiatrischen Dienst einschaltet. Nach Abs. 4 S. 6 2. Hs. findet § 37 Abs. 6 mit der Maßgabe entsprechende Anwendung, dass eine **Kürzung** oder **Entziehung** in Bezug auf die Kostenerstattung für Leistungen der anerkannten Unterstützungsangebote erfolgt, wenn die verpflichtenden Pflegeberatungsbesuche nicht in Anspruch genommen worden sind.

XI. Keine Übertragung des Anspruchs auf Folgejahre (Abs. 2 S. 2)

20 Nach § 45 b Abs. 2 S. 2 kann der für Leistungen eingesetzte Entlastungsbetrag sowohl auf Folgemonate als auch auf das Folgejahr übertragen werden. § 45 a enthält hierzu beim Umwandlungsanspruch keine Regelung. Da der Umwandlungsanspruch lediglich eine Umwandlung des Sachleistungsanspruchs nach § 36 darstellt, müssen für ihn die gleichen Grundsätze im Hinblick auf die Übertragbarkeit des Anspruchs auf die **Folgejahre** gelten. Nicht verbrauchte Anteile des Sachleistungsanspruchs können weder auf den Folgemonat noch auf das Folgejahr übertragen werden. Dies ergibt sich daraus, dass nach § 38 Abs. 1 S. 1 die in einem Monat nicht in Anspruch genommenen Sachleistungen in Form eines anteiligen **Pflegegeldes** ausgezahlt werden. Damit kann auch der Umwandlungsanspruch nicht in den Folgemonat und damit gleichzeitig auch nicht in das Folgejahr übertragen werden. Wäre er übertragbar, würde dies gegen die in § 38 Abs. 1 S. 1 vorgesehene komplementäre Zahlung des Pflegegeldes verstoßen.

XII. Evaluation der Inanspruchnahmemöglichkeiten (Abs. 4 S. 7 und 8)

21 Nach § 45 b Abs. 4 S. 7 hat das Bundesministerium für Gesundheit die Möglichkeit zur anteiligen Verwendung der in § 36 für den Bezug ambulanter Pflegesachleistungen vorgesehenen Leistungsbeträge auch für Leistungen nach Landesrecht anerkannter Angebote zur Unterstützung im Alltag nach den S. 1 bis 6 spätestens bis zum 31. Dezember 2018 zu **evaluieren**. Die Inanspruchnahme der Umwandlung des ambulanten Sachleistungsbetrags nach S. 1 und die Inanspruchnahme des Entlastungsbetrags nach § 45 b erfolgen unabhängig voneinander. Mit dieser Regelung möchte der Gesetzgeber an der bereits bei Einführung der Regelung durch das PSG I vorgesehenen Evaluation (§ 45 b Abs. 3 S. 9 aF) innerhalb von vier Jahren nach Inkrafttreten festhalten.[49] Da die Vorschrift am 1. Januar 2015 in Kraft getreten ist, wird in § 45 a Abs. 4 S. 7 hierfür nun konkret der Zeitraum bis zum 31. Dezember 2018 benannt. Da die Möglichkeit der Inanspruchnahme des **Umwandlungsanspruchs** ganz wesentlich vom Vorhandensein der anerkannten Unterstützungsangebote auch in den eher dünn besiedelten Gebieten hängt, müsste bei der Evaluation vor allem auch die Entwicklung der **Infrastruktur** auch in ländlichen Gebieten untersucht werden.

XIII. Trägerübergreifendes Budget

22 In § 35 a Abs. 1 S. 1 wird der Umwandlungsanspruch nicht für die Teilnahme am **trägerübergreifenden persönlichen Budget** genannt. Da der Umwandlungsanspruch jedoch eine Kombinationsleistung zum Sachleistungsanspruch nach § 36 darstellt, und diese Leistung in § 35 a S. 1 genannt ist, können auch im Rahmen des trägerübergreifenden persönlichen Budgets die Leistungen der **Unterstützungsangebote** unproblematisch und ohne Beachtung der 40 %-Grenze in Anspruch genommen werden.

XIV. Gemeinsamer Leistungsbezug

23 Nach § 36 Abs. 4 S. 4 können mehrere pflegebedürftige Personen häusliche Pflege **gemeinsam** als Sachleistung in Anspruch nehmen. Auch wenn der Umwandlungsanspruch nicht zur häusliche Pflege iSd § 36 SGB XI gehört, wird er in dem vom Gesetzgeber favorisierten **gemeinsamen Leistungsbezug**

---

[49] BT-Dr.18/5926, 130.

gleichwohl einzubeziehen sein. Durch den gemeinsamen Bezug von Leistungen sollen nach der Vorstellung des Gesetzgebers[50] Sachleistungen günstiger und damit für die einzelne pflegebedürftigen Personen in größerem Umfang ermöglicht werden. § 36 Abs. 4 S. 4 wird zwar im Leistungserbringungsrecht durch § 89 Abs. 3 in der Weise ergänzt, dass die Vergütungsstrukturen dem Rechnung zu tragen haben. Fraglich ist aber, ob diese Regelung in der Praxis bedeutsam wird, weil schon vor ihrer Einführung durch das PfWG die vermeintlichen Einsparungen in den (Vergütungs-) Verträgen zwischen Pflegediensten und PK (s. § 89), insbesondere bei der Leistungsgestaltung und Vergütung, berücksichtigt wurden.[51]

XV. Verhältnis zu anderen Leistungen

In welchem Verhältnis der Umwandlungsanspruch zur Pflegesachleistung (§ 36) sowie zum Pflegegeld (§ 37) steht, ergibt sich bereits daraus, dass er selbst im Verhältnis zu diesen Leistungen eine Kombinationsleistung ist, die sich nach Abs. 3 im Verhältnis zur Pflegesachleistung errechnet. Da der Umwandlungsanspruch eine von der Pflegesachleistung (§ 36) abhängige Kombinationsleistung ist, teilt er mit ihr im Hinblick auf Leistungskonkurrenzen notgedrungen das gleiche Schicksal (siehe auch Abs. 4 S. 5). Neben dem Umwandlungsanspruch besteht daher in voller Höhe Anspruch auf Wohngruppenzuschlag (§ 38 a), Verhinderungspflege (§ 39), wohnumfeldverbessernde Maßnahmen (§ 40 Abs. 4 u. 5), Tages- und Nachtpflege (§ 41), Anschubfinanzierung betreute Wohngruppen (§ 45 e). Somit besteht auch kein Umwandlungsanspruch für Zeiträume, in denen **vollstationäre Pflege** (§ 43) sowie **Kurzzeitpflege** (§ 42) gewährt wird. Er kommt nach § 34 Abs. 2 S. 1 auch nicht während Zeiten des stationären Aufenthalts in Einrichtungen nach § 71 Abs. 4 (Rehabilitations- und Eingliederungshilfeeinrichtungen) in Betracht (so → Rn. 14). Das Verhältnis des Umwandlungsanspruch zu Leistungen der Eingliederungshilfe richtet sich nach dem im Rahmen des PSG III mit Wirkung zum 1.1.2017 geänderten § 13 Abs. 4 S. 1: Diese Vorschrift ist anzuwenden, wenn Leistungen der Pflegeversicherung und Leistungen der Eingliederungshilfe (zB Leistungen nach §§ 53 ff. SGB XII) zusammentreffen. In diesem Fall hat die zuständige Pflegekasse mit Zustimmung des Leistungsberechtigten mit dem Träger der Eingliederungshilfe (zB Sozialhilfeträger) zu vereinbaren, dass im Verhältnis zum Pflegebedürftigen der Träger der Eingliederungshilfe die Leistungen der Pflegeversicherung auf der Grundlage des von der Pflegekasse erlassenen Leistungsbescheides zu übernehmen hat. Weiterhin ist zwischen diesen Vertragspartnern zu vereinbaren, dass die Pflegekasse dem Träger der Eingliederungshilfe die Kosten der von ihr zu tragenden Leistungen erstattet sowie die Modalitäten der Übernahme, der Durchführung der Leistungen sowie der Erstattung. § 13 Abs. 3 S. 2–6 regelt weitere dabei zu beachtende Modalitäten. § 144 Abs. 5 enthält eine Übergangsregelung für Leistungskonkurrenzen, die schon am 31.12.2016 bestanden haben (→ § 144 Rn. 7)

§ 45 b Entlastungsbetrag

(1) [1]Pflegebedürftige in häuslicher Pflege haben Anspruch auf einen Entlastungsbetrag in Höhe von bis zu 125 Euro monatlich. [2]Der Betrag ist zweckgebunden einzusetzen für qualitätsgesicherte Leistungen zur Entlastung pflegender Angehöriger und vergleichbar Nahestehender in ihrer Eigenschaft als Pflegende sowie zur Förderung der Selbständigkeit und Selbstbestimmung der Pflegebedürftigen bei der Gestaltung ihres Alltags. [3]Er dient der Erstattung von Aufwendungen, die den Versicherten entstehen im Zusammenhang mit der Inanspruchnahme von

1. Leistungen der Tages- oder Nachtpflege,
2. Leistungen der Kurzzeitpflege,
3. Leistungen der ambulanten Pflegedienste im Sinne des § 36, in den Pflegegraden 2 bis 5 jedoch nicht von Leistungen im Bereich der Selbstversorgung,
4. Leistungen der nach Landesrecht anerkannten Angebote zur Unterstützung im Alltag im Sinne des § 45 a.

[4]Die Erstattung der Aufwendungen erfolgt auch, wenn für die Finanzierung der in Satz 3 genannten Leistungen Mittel der Verhinderungspflege gemäß § 39 eingesetzt werden.

---

50 BT-Dr. 16/7439, 54.
51 Griep, Kollektive Pflege- und Betreuungsleistungen – Sozialismus und Kuhhandel im SGB XI, Sozialrecht aktuell 2009, 17, 20; Udsching in: Udsching, § 36 Rn. 8.

(2) ¹Der Anspruch auf den Entlastungsbetrag entsteht, sobald die in Absatz 1 Satz 1 genannten Anspruchsvoraussetzungen vorliegen, ohne dass es einer vorherigen Antragstellung bedarf. ²Die Kostenerstattung in Höhe des Entlastungsbetrags nach Absatz 1 erhalten die Pflegebedürftigen von der zuständigen Pflegekasse oder dem zuständigen privaten Versicherungsunternehmen sowie im Fall der Beihilfeberechtigung anteilig von der Beihilfefestsetzungsstelle bei Beantragung der dafür erforderlichen finanziellen Mittel gegen Vorlage entsprechender Belege über entstandene Eigenbelastungen im Zusammenhang mit der Inanspruchnahme der in Absatz 1 Satz 3 genannten Leistungen. ³Die Leistung nach Absatz 1 Satz 1 kann innerhalb des jeweiligen Kalenderjahres in Anspruch genommen werden; wird die Leistung in einem Kalenderjahr nicht ausgeschöpft, kann der nicht verbrauchte Betrag in das folgende Kalenderhalbjahr übertragen werden.

(3) ¹Der Entlastungsbetrag nach Absatz 1 Satz 1 findet bei den Fürsorgeleistungen zur Pflege nach § 13 Absatz 3 Satz 1 keine Berücksichtigung. ²§ 63 b Absatz 1 des Zwölften Buches findet auf den Entlastungsbetrag keine Anwendung. ³Abweichend von den Sätzen 1 und 2 darf der Entlastungsbetrag hinsichtlich der Leistungen nach § 64 i oder § 66 des Zwölften Buches bei der Hilfe zur Pflege Berücksichtigung finden, soweit nach diesen Vorschriften Leistungen zu gewähren sind, deren Inhalte den Leistungen nach Absatz 1 Satz 3 entsprechen.

(4) ¹Die für die Erbringung von Leistungen nach Absatz 1 Satz 3 Nummer 1 bis 4 verlangte Vergütung darf die Preise für vergleichbare Sachleistungen von zugelassenen Pflegeeinrichtungen nicht übersteigen. ²Näheres zur Ausgestaltung einer entsprechenden Begrenzung der Vergütung, die für die Erbringung von Leistungen nach Absatz 1 Satz 3 Nummer 4 durch nach Landesrecht anerkannte Angebote zur Unterstützung im Alltag verlangt werden darf, können die Landesregierungen in der Rechtsverordnung nach § 45 a Absatz 3 bestimmen.

Literatur:

Basche, Zusätzliche Betreuungs- und Entlastungsleistungen, RDG 2015, 248; *Best*, Ausweitung der Leistungen für pflegebedürftige Personen mit erheblichem allgemeinen Betreuungsbedarf (§ 45 a SGB XI) durch das Gesetz zur strukturellen Weiterentwicklung der Pflegeversicherung, ZfF 2009, 172; *Büscher/Klie*, Qualität in der häuslichen Pflege, NDV 2014, 452; *Deutscher Verein für öffentliche und private Fürsorge*, Empfehlungen zur Unterstützung und Betreuung demenziell erkrankter Menschen vor Ort, NDV 2011, 437; *Dib*, Arbeitsbedingungen professioneller und halbprofessioneller Pflege- und Assistenzkräfte in Privathaushalten, ArchsozArb Nr. 3/2012, 50; *Fahlbusch*, „Pflegestufe Demenz": Die Regelungen für Demenzkranke im Pflege-Weiterentwicklungsgesetz, ArchsozArb Nr. 4/2008, 26; *Griep*, Kollektive Pflege- und Betreuungsleistungen – Sozialismus und Kuhhandel im SGB XI, Sozialrecht Aktuell 2009, 17; *Hesse*, Rahmenbedingungen, Finanzierung und Organisation häuslicher Pflegearrangements, ArchsozArb Nr. 3/2012, 4; *Hessisches Ministerium für Arbeit, Familie und Gesundheit (Hrsg.)*, Handlungsempfehlungen des Landespflegeausschusses zur Betreuung von Menschen mit Demenz in der ambulanten und offenen Altenhilfe sowie in stationären und teilstationären Pflegeeinrichtungen, 2009; *Hohmann*, Beschäftigung ausländischer Pflegekräfte – Reformbedarf und bisherige Schritte des Gesetzgebers, ZRP 2002, 252; *Körner*, Pflegekräfte aus Osteuropa – Licht ins Dunkel der Schwarzarbeit, NZS 2012, 370; *Koch*, Die internen Konkurrenzverhältnisse der Pflegeleistungen nach dem SGB XI, WzS 2004, 129; *Nordmann/Matusch*, Osteuropäische Hilfskräfte in deutschen Privathaushalten, FPR 2012, 58; *Schirilla*, Informelle Arbeitsverhältnisse von Migrantinnen in Privathaushalten Pflegebedürftiger: Ansätze zur Verbesserung, ArchsozArb Nr. 3/2012, 58; *Schubert*, Pflegeberater und zusätzliche Betreuungskräfte – neue Dienstleister im SGB XI, NZS 2009, 353; *Udsching*, Verhältnis von Pflegeleistungen nach dem SGB XI und XII zu Teilhabeleistungen nach dem SGB XII, Sozialrecht Aktuell 2012, 198.

I. Entstehungsgeschichte... 1	X. Anerkannte Angebote zur Unterstützung im Alltag (Abs. 1 S. 3 Nr. 4)... 15
II. Normzweck und europarechtlicher Kontext... 2	XI. Antragstellung und Kostenerstattungsverfahren (Abs. 2)... 16
III. Leistungsvoraussetzungen (Abs. 1)... 5	
IV. Art und Umfang der Leistungen (Abs. 1 S. 2)... 7	XII. Übertragung des Anspruchs auf Folgejahre (Abs. 2 S. 2)... 18
V. Höhe der Leistungen (Abs. 1 S. 1)... 8	XIII. Anrechnungsmodalitäten (Abs. 3)... 19
VI. Zweckbindung (Abs. 1 S. 2)... 10	XIV. Preismodalitäten (Abs. 4)... 21
VII. Tages- und Nachtpflege (Abs. 1 S. 3 Nr. 1)... 12	XV. Trägerübergreifendes Budget... 23
VIII. Kurzzeitpflege (Abs. 1 S. 3 Nr. 2)... 13	XVI. Gemeinsamer Leistungsbezug... 24
IX. Zugelassene Pflegedienste (Abs. 1 S. 3 Nr. 3)... 14	XVII. Verhältnis zu anderen Leistungen... 25

I. Entstehungsgeschichte

§ 45 b wurde durch Art. 1 Nr. 6 PflEG vom 14.12.2001 (BGBl. I, 2728) eingefügt und trat am 1.1.2002 in Kraft. Mit dieser Vorschrift wurden erstmals besondere ambulante Leistungen für Personen, deren Alltagskompetenz auf Dauer wegen demenzbedingten Fähigkeitsstörungen, geistigen Behinderungen oder psychischen Erkrankungen erheblich eingeschränkt ist, in das Leistungsspektrum der Pflegeversicherung aufgenommen. Die Leistung war beim Inkrafttreten zunächst auf bis zu **460 EUR** je Kalenderjahr beschränkt. Durch das Pflege-Weiterentwicklungsgesetz vom 28.5.2008 (BGBl. I, 874) wurde dieser Betrag auf **100 EUR** bzw. **200 EUR** monatlich deutlich erhöht. Gleichzeitig wurde der Anspruch auf zusätzliche Betreuungsleistungen auch dadurch verbessert, dass jetzt auch Pflegebedürftige der Pflegestufe 0 diese Leistung erhalten konnten. Das **PSG I** vom 17.12.2014[1] hat mWv 1.1.2015 die Leistungsbeträge auf **104 EUR** und **208 EUR** erhöht. Weiterhin sind hier erstmals Umwidmungsmöglichkeiten der häuslichen Pflegesachleistungen in Leistungen der im Gesetz so bezeichneten Betreuungs- und Entlastungsangebote in § 45 b Abs. 3 aF geregelt worden. Die Umwidmung eines Teils der Pflegesachleistungen hat der Gesetzgeber mit dem PSG III unter der Bezeichnung „Umwandlungsbetrag" mit Wirkung ab 1.1.2017 im neugefassten § 45 a Abs. 4 geregelt. § 45 b regelt in der ab 1.1.2017 geltenden Fassung nur noch den für alle Pflegegrade vorgesehenen **Entlastungsbetrag (125 EUR)**, der für die dort geregelten Maßnahmen eingesetzt werden kann. Durch das PSG III ist § 45 b in Abs. 2 S. 1 der Weise ergänzt worden, dass der Entlastungsbetrag auch ohne Antrag gewährt wird. Gleichzeitig ist dabei auch in Abs. 3 die **Nichtanrechenbarkeit** des Entlastungsbetrages auf andere Pflege-Fürsorgeleistungen geregelt worden. Im Rahmen des PSG III wurde auch in einem neuen Abs. 4 das **Differenzierungsverbot** für die Leistungen des Entlastungsbetrages aufgenommen.

II. Normzweck und europarechtlicher Kontext

In § 45 b wird der **Rechtsanspruch** (ein materielles subjektives Recht) auf **den Entlastungsbetrag** geregelt und die Leistung im Hinblick auf ihre Voraussetzungen, Inhalt, und den Umfang der Leistungen näher beschrieben. Der zuvor in § 45 b aF geregelte Anspruch auf „zusätzliche Betreuungs- und Entlastungsleistungen" wird nun als „Entlastungsbetrag" bezeichnet. Da wegen des seit dem 1.1.2017 geltenden einheitlichen Pflegebedürftigkeitsbegriffs nach §§ 14,15 die bisherige Unterscheidung zwischen Grundbetrag (104 EUR) und erhöhtem Betrag (208 EUR) entfallen könne,[2] wird nun allen Anspruchsberechtigten der **Pflegegrade 1 bis 5** ein einheitlicher Entlastungsbetrag in Höhe von **125 EUR** zusätzlich zu den anderen ambulanten Leistungen gewährt. Der Entlastungsbetrag soll nach den Vorstellungen des Gesetzgebers Menschen, die als Pflegepersonen Verantwortung übernehmen und im Pflegealltag oftmals großen Belastungen ausgesetzt sind, Möglichkeiten zur Entlastung eröffnen.[3] Außerdem sollen die Leistungen, für die der Entlastungsbetrag eingesetzt wird, darauf ausgerichtet sein, den Pflegebedürftigen Hilfestellungen zu geben, die ihre Fähigkeit zur selbstständigen und selbstbestimmten Gestaltung des Alltags fördern. Auf diese Zielsetzungen solle daher bei der Leistungserbringung besonderer Wert gelegt werden. In gleicher Weise wie bisher verfolgt der Gesetzgeber mit dem Entlastungsbetrag auch das Ziel, die Versorgungsstrukturen, insbesondere für demenzkranke Mitbürger, zu verbessern.[4] Er hat daher wie schon in den Vorgängernormen in erster Linie Leistungen zugelassen, die gleichzeitig **infrastrukturprägende Effekte** haben.[5] § 45 b gewährt für Personen mit Pflegegrad 1 besondere Pflegeleistungen, weil sie die ambulanten Regel-Leistungen nach §§ 36 bis 40 bzw. die teilstationäre (§ 41) und Kurzzeitpflege (§ 42) wegen ihres Pflegegrades entweder gar nicht oder nicht in ausreichendem Maße erhalten können. Für diese Personen soll die Leistung Bedarfe abdecken, die durch die anderen ambulanten SGB XI-Leistungen nicht abgedeckt werden können.

In gleicher Weise wie die ambulanten Pflegeleistungen soll auch der Entlastungsbetrag vor allem der sozialpolitisch und fiskalisch motivierten Zielsetzung „ambulant vor stationär"[6] Rechnung tragen. Wie die Sachleistung nach § 36 SGB XI soll auch der Entlastungsbetrag nicht den vollen Bedarf an ambulanter Pflege decken, sondern nur einen begrenzten Teil (**Ergänzungsfunktion**[7] der Teilkaskoversicherungsleistung mit hoher **Eigenbelastung der versicherten Person**) abdecken. Abs. 1 regelt die An-

---

1 BGBl. I, 2222.
2 Bt-Dr.18/5926, 130.
3 Bt-Dr.18/5926, 130.
4 BT-Dr. 14/6949, 8.
5 BT-Dr. 14/6949, 15.
6 BT-Dr. 14/6949, 9; BT-Dr. 12/5262, 19, zu § 32.
7 Diepenbruck in: BeckOK SozR, SGB XI, § 36 Rn. 2 mit Verweis auf § 4 Abs. 2.

spruchsvoraussetzungen und die Zweckbindung des Entlastungsbetrages. Abs. 2 regelt das Verfahren der Kostenerstattung der im Rahmen des Entlastungsbetrages erstattungsfähigen Leistungen. Abs. 3 regelt die Anrechenbarkeit des Entlastungsbetrages auf Fürsorgeleistungen zur Pflege. Abs. 4 enthält eine Preisdeckelung für die Leistungserbringer des Entlastungsbetrages.

4 Das in § 34 Abs. 1 Nr. 1 bestimmte grundsätzliche **Ruhen der Leistungsansprüche bei Auslandsaufenthalt** der versicherten Person gilt auch für den Entlastungsbetrag.[8] Danach kann diese Leistung für Zeiten eines Auslandsaufenthalts nicht gewährt werden. § 34 Abs. 1a regelt die Fälle, in denen Leistungsansprüche auch für Zeiten des Auslandsaufenthalts fortgelten: Danach besteht Anspruch auf Pflegegeld nach § 37 auch für den Zeitraum eines Aufenthalts in einem **Mitgliedsstaat der Europäischen Union**. Diese auf das Pflegegeld beschränkte Ausnahmeregelung ist aus europarechtlicher Sicht nicht zu beanstanden.[9] Das Pflegegeld ist eine Leistung, auf die der Versicherte nach Auffassung des EuGH[10] einen Anspruch hat, wenn in den Rechtsvorschriften des Wohnsitzmitgliedstaats für das Risiko der Pflegebedürftigkeit Geldleistungen nicht vorgesehen sind. Der Entlastungsbetrag ist eine Kostenerstattungsleistung, die jedenfalls keine wesentlich höheren qualitativen Anforderungen an die Leistungserbringung stellt als die Geldleistung. Bedeutsam ist in diesem Zusammenhang, dass insbesondere bei der teilstationären und Kurzzeitpflege nach Abs. 1 S. 3 Nr. 1 und Nr. 2 die Leistungserbringung nicht auf **zugelassene Leistungserbringer** iSd § 72 bzw. anerkannte Unterstützungsangebote nach Abs. 1 S. 3 beschränkt ist. Nach den allgemeinen Grundsätzen des EuGH zu Art. 19 Abs. 1, 25 Abs. 1 und 28 Abs. 1 VO (EWG) Nr. 1408/71 steht daher dem in einem Mitgliedsstaat der Europäischen Union lebenden Versicherten der gesetzlichen und privaten Pflegeversicherung auch der Entlastungsbetrag nach § 45b zu, wenn er Aufwendungen iSd Abs. 1 S. 2 Nr. 1 und 2 nachweist.

III. Leistungsvoraussetzungen (Abs. 1)

5 Nach Abs. 1 S. 1 haben Pflegebedürftige in häuslicher Pflege Anspruch auf den Entlastungsbetrag in Höhe von bis zu **125 EUR**. Pflegebedürftig iSd Abs. 1 S. 1 sind Personen, bei denen mindestens der **Pflegegrad 1** vorliegt (§ 15 Abs. 1). Der Entlastungsbetrag wird in **allen Pflegegraden** in voller Höhe zusätzlich zu den anderen ambulanten Pflegeleistungen Pflegesachleistung (§ 36 SGB XI), Pflegegeld (§ 37 SGB XI) und teilstationäre Pflege (§ 41 SGB XI) gewährt. Im Unterschied zum alten noch bis zum 31.12.2016 geltenden Recht (§ 45b Abs. 1 S. 1 aF) ist damit der Entlastungsbetrag nicht mehr nur für die Personen mit **Einschränkungen der Alltagskompetenz** nach § 45a aF vorgesehen. Hieraus ergibt sich für den Gesetzgeber auch die Konsequenz, dass die bisherige Unterscheidung zwischen Grundbetrag (104 Euro) und erhöhtem Betrag (208 Euro), die sich aus einem unterschiedlich hohen Betreuungsbedarf ergab, nicht mehr notwendig sei[11] und daher nun ein einheitlicher Entlastungsbetrag für alle Pflegegrade gewährt werde. Den Entlastungsbetrag erhalten nach § 45a Abs. 1 S. 1 nur Pflegebedürftige in **häuslicher Pflege**. Nach Auffassung des BSG[12] handelt es sich bei den Leistungen des Entlastungsbetrages (bis 31.12.2016 als „zusätzliche Betreuungs- und Entlastungsleistungen" bezeichnet) um einen reinen **Annex** zum Leistungsangebot der Pflegekassen für Versicherte in **häuslicher Pflege**, wobei eine vorübergehende Unterbrechung der häusliche Pflege durch eine Kurzzeitpflege den Anspruch ausschließe. Jeder dauerhafte Aufenthalt in einer vollstationären Einrichtung wirke daher nach § 36 Abs. 4 S. 1 2. Hs. anspruchsausschließend. In der gleichen Entscheidung hat das BSG auch das Argument zurückgewiesen, der Kläger lebe dauerhaft in dem Wohnheim für behinderte Menschen, habe keinen anderen Lebensmittelpunkt mehr und werde in dem Wohnheim „häuslich gepflegt". Bei dem **Wohnheim für behinderte Menschen** handele es sich um eine Einrichtung iSd § 71 Abs. 4 SGB XI,[13] in der häusliche Pflege nach § 36 Abs. 4 S. 1 2. Hs. nicht erbracht werden könne. Zum Bereich der häuslichen Pflege gehören auch **ambulant** betreute **Wohngruppen** iSd § 38a, so dass hier Anspruch auf den Entlastungsbetrag besteht.

6 Nach Abs. 1 S. 4 besteht Rechtsanspruch auf Erstattung der Aufwendungen im Rahmen des Entlastungsbetrages auch, wenn für die durch den Entlastungsbetrag finanzierten Leistungen nach Abs. 1

---

8 BayLSG, 13.8.2008, L 2 KN 25/07 P.
9 EuGH, 12.7.2012, C-562/10, FD-SozVR 2012, 334571 = BeckRS 2012, 84150 Rn. 57.
10 EuGH, 5.3.1998, C-190/96 (Molenaar), Slg 1998, I-843 = NZS 1998, 240 = NJW 1998, 1767 = ZfSH/SGB 1998, 290 = SGb 1999, 360; kritisch Schaaf, WzS 1998, 204, 207.
11 BT-Dr.18/5926, 130.
12 BSG, 20.4.2016, B 3 P 1/15 R – BeckRS 2016, 70648.
13 Die in Art. 1 Nr. 15 PSG III vorgesehene Änderung des § 71 Abs. 4 tritt nach Art. 18 Abs. 3 PSG III erst am 1.1.2020 in Kraft.

S. 3 auch Mittel der **Verhinderungspflege** gemäß § 39 eingesetzt werden. Auch bei der Verhinderungspflege handelt es sich im Wesentlichen um eine **Kostenerstattungsleistung**, für die das Gesetz im Unterschied zum Entlastungsbetrag keine Festlegung auf bestimmte Leistungserbringer enthält. Leistungen der Verhinderungspflege können daher auch durch die für den Entlastungsbetrag nach Abs. 1 S. 3 zugelassenen Leistungserbringer (zugelassene Pflegedienste, zugelassene Einrichtungen der teilstationären und Kurzzeitpflege sowie Unterstützungsangebote nach § 45 a Abs. 1) erbracht werden. Mit der Regelung in Abs. 1 S. 4 will der Gesetzgeber daher klarstellen, dass für eine entlastungsbetragsrelevante Leistung auch Mittel der Verhinderungspflege eingesetzt und somit kombiniert werden können.

IV. Art und Umfang der Leistungen (Abs. 1 S. 2)

Beim Entlastungsbetrag handelt es sich um eine Kostenerstattungsleistung, die nach § 4 Abs. 1 S. 1 in der Priorität an letzter Stelle steht. Der Entlastungsbetrag unterscheidet sich damit von der Pflegesachleistung nach § 36 vor allem dadurch, dass hier vom Gesetz ausdrücklich die **Kostenerstattung** und nicht die Sachleistungsgewährung angeordnet wird. Während **Sachleistungen** von durch Versorgungsvertrag nach § 72 zugelassenen Pflegeeinrichtungen erbracht werden können, ist der Kreis der Leistungserbringer bei Kostenerstattungs-Leistungen idR offener. Grund für die nach § 4 Abs. 1 S. 1 ausnahmsweise angeordnete Kostenerstattung ist die Tatsache, dass nach Abs. 1 S. 3 auch nicht zugelassene Einrichtungen ohne Versorgungsvertrag als Leistungserbringer der dort genannten Leistungen in Frage kommen sollen. Naheliegend wäre es gewesen, wenn sich der Gesetzgeber an Stelle der Kostenerstattung für eine Geldleistung entschieden hätte. Dann hätte er aber auch die Entscheidung über die Wahl der Leistungserbringer „aus der Hand geben müssen". Die in § 4 Abs. 1 S. 1 als Leistungsalternative vorgesehene und in § 37 für die ambulante Pflege wählbare Geldleistung wird jeweils als Festbetrag unabhängig davon gewährt, ob sie aufgrund der Bedarfslage im konkreten Einzelfall tatsächlich in voller Höhe für die Sicherstellung der Pflege benötigt wird. Der Entlastungsbetrag wird nicht wie das Pflegegeld im Voraus und weitgehend zur freien Verwendung ausgezahlt, sondern dient als **Erstattung** von bestimmten in Abs. 1 S. 3 genannten Aufwendungen.[14] Seinem Wesen nach entspricht der Entlastungsbetrag am ehesten einem Rechtsanspruch auf Ersatz von notwendigen Aufwendungen (zB Ersatz von Aufwendungen des Auftragnehmers nach § 670 BGB, Kostenerstattungsanspruch nach § 13 Abs. 3 oder § 38 Abs. 4 SGB V) und fällt damit vollkommen aus dem Rahmen der bisherigen Leistungssystematik des SGB XI. Der Gesetzgeber hatte beim Entlastungsbetrag offensichtlich die Vorstellung, dass die Kostenerstattung sachgerechter sei, weil nicht in allen Fällen regelmäßig mindestens der dem Höchstbetrag entsprechende Bedarf besteht.

V. Höhe der Leistungen (Abs. 1 S. 1)

Den Entlastungsbetrag hat der Gesetzgeber unabhängig vom Pflegegrad einheitlich auf **125 EUR** festgesetzt. Er geht davon aus, für darüber hinaus gehende Leistungen bestehe kein Bedarf, weil bei den Betroffenen eine entsprechende Bedarfsdeckung typischerweise mit dem Entlastungsbetrag werde finanziert werden können.[15] Dies gelte auch bei Pflegebedürftigen des Pflegegrads 1, die nur beschränkten Zugang zu Leistungen der Pflegeversicherung haben, und liege vornehmlich daran, dass der Hilfebedarf bei diesen Pflegebedürftigen nicht sehr hoch sei. Ein großer Teil des Hilfebedarfs werde über Angehörige und andere privat Pflegende aufgefangen werden. Der Entlastungsbetrag dürfte auch deshalb auskömmlich sein, weil dem Pflegegrad 1 vorwiegend somatisch beeinträchtigte Menschen zugeordnet seien, die keinen Betreuungsbedarf aufweisen, sondern Hilfen vor allem im Bereich der hauswirtschaftlichen Versorgung benötigen. Der Gesetzgeber berücksichtigt bei der Höhe des Entlastungsbetrages auch,[16] dass die Pflegeversicherung eine Reihe präventiver Leistungen gewähre, die dabei helfen sollen, die Abhängigkeit von fremder Hilfe im Pflegegrad 1 noch weiter zu reduzieren. Dabei wird beispielsweise an regelmäßige qualifizierte **Beratungsmöglichkeiten** in der eigenen Häuslichkeit, die Zurverfügungstellung von Pflegehilfsmitteln sowie die Gewährung von Zuschüssen zur Verbesserung des Wohnumfelds gedacht. Es stellt sich nur die Frage, wie mit Beratungsleistungen eine fortschreitende Pflegebedürftigkeit wirksam im Sinne einer Prävention aufgehalten werden soll, wenn nach allgemeiner Erfahrung die Pflegeressourcen im familiären Umfeld angesichts der demographischen Entwicklung immer weiter zurückgehen. Ob der Entlastungsbetrag für Pflegebedürftige des Pflegegrades 1 idR auskömmlich sein wird, wird entscheidend davon abhängen, wie sich die Einstufung der Pflegebe-

---

14 SG Fulda, 10.7.2012, S 7 SO 51/11.
15 BT-Dr.18/5926, 131.
16 BT-Dr 18/5926, 132.

dürftigen nach dem neuen einheitlichen Pflegebedürftigkeitsbegriff nach den §§ 14, 15 in der Praxis entwickeln wird. Erschwert wird die Situation für Pflegebedürftige des Pflegegrades 1 dadurch, dass im Fall fehlenden Einkommens und Vermögens auch im Rahmen der **Hilfe zur Pflege** nach § 63 Abs. 2 SGB XII ab dem 1.1.2017 für Pflegebedürftige des Pflegegrades 1 über die Leistungen der Pflegeversicherung hinausgehende zusätzliche Leistungen nicht mehr in Betracht kommen.

9 Die Worte „bis zu" in § 45 b Abs. 1 S. 1 verdeutlichen, dass es sich beim Entlastungsbetrag um einen Höchstbetrag handelt. Hieraus könnte gefolgert werden, dass die Pflegekasse prinzipiell je nach nachgewiesener Bedarfslage auch andere Leistungsbeträge des Entlastungsbetrages als 125 EUR im Rahmen ihres Ermessens festlegen könnte. Gegen diese Auslegung spricht aber die in Abs. 2 S. 2 vorgesehene **Übertragbarkeit** der Ansprüche in das Folgejahr. Es bliebe nichts zum Übertragen, wenn die zu gewährenden Leistungsbeträge allein durch den tatsächlich nachgewiesenen aktuellen Bedarf bestimmt würden. Beim Entlastungsbetrag handelt es sich daher im Ergebnis in gleicher Weise um **Monatspauschalen** wie bei der häuslichen Pflege nach § 36 Abs. 3 oder dem Pflegegeld nach § 37 Abs. 1 S. 3. mit dem Unterschied der Übertragbarkeit.

VI. Zweckbindung (Abs. 1 S. 2)

10 Der Entlastungsbetrag ist nach Abs. 1 S. 2 **zweckgebunden** einzusetzen für **qualitätsgesicherte** Leistungen zur **Entlastung** pflegender Angehöriger und vergleichbar Nahestehende in ihrer Eigenschaft als Pflegende sowie zur Förderung der Selbstständigkeit und Selbstbestimmtheit der Pflegebedürftigen bei der Gestaltung ihres Alltags. Der Entlastungsbetrag soll nach dem Willen des Gesetzgebers angesichts der Belastungen, die mit der Übernahme von Verantwortung für einen Pflegebedürftigen verbunden sind, einen Anreiz geben, sich tatsächlich zu entlasten.[17] Entsprechende Entlastungen fehlen im Recht der Hilfe zur Pflege nach SGB XII, da diese Fürsorgeleistungen in erster Linie die individuellen Bedarfe des Pflegebedürftigen selbst abdecken.[18] Der weitere Zweck des Entlastungsbetrags soll darin liegen, dem Pflegebedürftigen **Unterstützungsleistungen** durch qualitätsgesicherte Angebote zu eröffnen, mit deren Hilfe er seinen Alltag (wieder) möglichst eigenständig selbst bewältigen kann.[19] Auch diese Hilfestellungen sollen eine Entlastung der Pflegepersonen sowie eine Stärkung der Pflegebedürftigen selbst bewirken. Es erfolge eine Unterstützung, die in dieser Form nicht den üblichen Regelleistungen entspreche. Damit entspricht der Zweck der Leistungen des Entlastungsbetrages weitgehend dem Zweck der Leistungen des Umwandlungsbetrages nach § 45 a Abs. 1. Eine Abgrenzung der Zwecke dieser beiden Leistungen ist daher kaum möglich. Mit Skepsis ist die Erwartung des Gesetzgebers zu sehen,[20] dass auch deswegen kein Bedürfnis für darüber hinaus gehende Leistungen bestehe, weil bei den Betroffenen eine entsprechende Bedarfsdeckung typischerweise mit der Leistung nach § 45 b werde finanziert werden können. Ob sich diese Erwartung erfüllen wird, hängt in erster Linie davon ab, wie sich ab dem 1.1.2017 die Einstufungspraxis auf der Grundlage des neuen einheitlichen Pflegebedürftigkeitsbegriff nach §§ 14, 15 entwickelt und welche Bedarfslagen dann bei Pflegebedürftigen des Pflegegrades 1 vorzufinden sein werden. Im Gegensatz zum alten Recht taucht als Konsequenz aus dem einheitlichen Pflegebedürftigkeitsbegriff bei der Zweckbindung der Leistungen der Begriff „Betreuungsleistungen" nicht mehr auf.

11 Der Entlastungsbetrag dient nach Abs. 1 S. 3 der **Erstattung von Aufwendungen**, die den Versicherten im Zusammenhang mit der Inanspruchnahme von Leistungen der **Tages- und Nachtpflege**, der **Kurzzeitpflege**, der zugelassenen **Pflegedienste** oder der **Angebote zur Unterstützung im Alltag** entstehen. Die in Abs. 1 S. 3 genannten Formen der Leistungserbringung müssen nach dem Wortlaut als abschließende Aufzählung verstanden werden.[21] Generell sind angesichts der geringen Höhe des Entlastungsbetrages die in Abs. 3 S. 3 getroffenen Festlegungen zu den Leistungsinhalten und den Leistungserbringern zu kritisieren. Problematisch ist dies vor allem, weil das Gesetz schon für die anderen ambulanten Pflegeleistungen nach § 36 (Pflegesachleistung), § 41 (teilstationäre Pflege) sowie § 45 a Abs. 4 (Umwandlungsbetrag) entsprechende Festlegungen enthält. Da für jede Leistung unterschiedliche Vorgaben und zusätzlich die immer noch komplizierten **Leistungskonkurrenzen** zu beachten sind, ergibt sich daraus ein komplexes, kaum noch transparent darstellbares ambulantes Leistungsportfolio. Zusätzlich ist noch zu bedenken, dass mitunter für die teilstationäre Pflege nach § 41 entsprechende **zugelassene**

---

17 BT-Dr. 18/5926, 131.
18 BT-Dr. 18/5926, 131.
19 BT-Dr. 18/5926, 131.
20 BT-Dr. 18/5926, 131.
21 So auch Linke in: Krauskopf, § 45 b SGB XI Rn. 8.

Pflegeheime sowie für den Umwandlungsbetrag nach § 45 a die dafür erforderlichen **Unterstützungsangebote** mitunter gar nicht flächendeckend zur Verfügung stehen, so dass diese Leistungen überhaupt nicht in Frage kommen. All dies behindert nicht nur die bedarfsgerechte Ausgestaltung der Pflege in konkreten Einzelfällen, sondern erschwert auch noch die Beratung der Pflegebedürftigen und ihrer Angehörigen. Das nur begrenzt anpassungsfähige Leistungsportfolio steht darüber hinaus auch im Widerspruch zu der als Reformziel propagierten Flexibilisierung der Leistungserbringung zur Ermöglichung individueller bedarfsgerechter Gestaltungsmöglichkeiten.[22] Die Trennung der vielen verschiedenen Leistungsbereiche und ihre unterschiedlichen Gesetzmäßigkeiten passen nicht in die tägliche Pflegepraxis in Privathaushalten mit sehr unterschiedlichen individuellen Rahmenbedingungen und gehen daher an der Wirklichkeit vorbei.

VII. Tages- und Nachtpflege (Abs. 1 S. 3 Nr. 1)

Nach Abs. 1 S. 3 Nr. 1 können die leistungsberechtigten Personen den Entlastungsbetrag unter anderem für Aufwendungen der **Tages- oder Nachtpflege** einsetzen. Diese Leistung wird nach § 41 Abs. 1 Pflegebedürftigen der Pflegegrade 2–5 jeweils als Sachleistung gewährt. Die leistungsberechtigten Personen können diese Leistung im Rahmen des Abs. 1 S. 3 gleichwohl als **Kostenerstattungsleistung** entgegennehmen. Dies hat zur Folge, dass als Leistungserbringer auch nicht zugelassene Pflegeheime in Frage kommen können, die keinen Versorgungsvertrag nach § 72 mit der Pflegekasse abgeschlossen haben.[23] Allerdings müssten auch nicht zugelassene Leistungserbringer nach Abs. 2 S. 2 qualitätsgesicherte Leistungen erbringen und würden gleichwohl von der Geltung der Heimgesetze der Länder erfasst. Der in Abs. 2 S. 5 verlangte qualitätsgesicherte Einsatz der zusätzlichen Betreuungsleistung wird bei zugelassenen Leistungserbringern im Rahmen der Maßnahmen nach §§ 112 bis 117 gewährleistet. Nicht zugelassene Leistungserbringer können zwar auch nach § 114 a geprüft werden, sind aber wegen fehlender Verträge nicht auf Qualitätsvorgaben festgelegt. Das größte Problem der Inanspruchnahme der teilstationären Pflege sowohl nach § 45 b Abs. 1 S. 3 Nr. 1 als auch nach § 41 besteht darin, dass entsprechende zugelassene Pflegeheime nicht flächendeckend zur Verfügung stehen. Bei den Vergütungen des Pflegeheimes ist der im Rahmen des PSG III eingefügte Abs. 4 zu beachten (→ Rn. 21).

VIII. Kurzzeitpflege (Abs. 1 S. 3 Nr. 2)

Nach Abs. 1 S. 3 Nr. 1 und 2 können die leistungsberechtigten Personen die zusätzliche Betreuungs- und Entlastungsleistung auch für Aufwendungen der **Kurzzeitpflege** einsetzen. Die im Rahmen des Entlastungsbetrages gewährte Kurzzeitpflege ist nicht von den in § 42 Abs. 1 S. 2 geregelten besonderen Leistungsvoraussetzungen (Überbrückungsfunktion im Anschluss an stationäre Behandlungen und in Krisensituationen) abhängig. Dh die im Rahmen des Entlastungsbetrages gewährte Kurzzeitpflege unterliegt der freien Disposition des Pflegebedürftigen bzw. des familiären Umfeldes. Auch die Kurzzeitpflege wird nach § 42 den Pflegebedürftigen der Pflegegrade 2–5 jeweils als **Sachleistung** gewährt. Gleichwohl erhalten aber Pflegebedürftige der Pflegegrade 1–5 Kurzzeitpflege im Rahmen des § 45 b als Kostenerstattungsleistung. Aus diesem Grund gelten hier im Hinblick auf die Leistungserbringer die gleichen Grundsätze wie bei der Tages- und Nachtpflege (→ Rn. 12). Bei der Kurzzeitpflege wird insbesondere das Missverhältnis zwischen den Kosten dieser Leistung und dem mit 125 EUR nur sehr geringen Budgets zur Finanzierung dieser Leistung überdeutlich. Bei den Vergütungen des Pflegeheimes ist der im Rahmen des PSG III eingefügte Abs. 4 zu beachten (→ Rn. 21).

IX. Zugelassene Pflegedienste (Abs. 1 S. 3 Nr. 3)

Nach Abs. 1 S. 3 Nr. 3 kann der Entlastungsbetrag für Leistungen der **zugelassenen Pflegedienste** eingesetzt werden. Während die Leistungen der Tages- und Nachtpflege, der Kurzzeitpflege und der Angebote zur Unterstützung im Alltag nach dem Wortlaut des Abs. 1 S. 3 unabhängig von den jeweiligen Leistungsinhalten im Rahmen des Entlastungsbetrages finanziert werden können, hat der Gesetzgeber bei den Leistungen der zugelassenen Pflegedienste eine Einschränkung vorgenommen: Deren Leistungen kommen in den Pflegegraden 2 bis 5 nicht für Leistungen im Bereich der **Selbstversorgung** in Frage. Aus dem Umkehrschluss ergibt sich, dass beim Pflegegrad 1 alle Leistungen eines Pflegedienstes auf der Grundlage des Entlastungsbetrags kostenerstattungsfähig sind. Der Gesetzgeber des PSG II stützt sich bei dem die Selbstversorgung betreffenden Leistungsausschluss auf den Expertenbeirat zur kon-

---

22 BT-Dr. 18/1798, 16.
23 AA Linke in: Krauskopf, § 45 b SGB XI Rn. 13.

kreten Ausgestaltung des neuen Pflegebedürftigkeitsbegriffs.[24] Dieser gehe zwar davon aus, dass ein großer Teil des Hilfebedarfs der Pflegebedürftigen des Pflegegrades 1 insgesamt über Angehörige und andere privat Pflegende aufgefangen werden könne. Gleichwohl habe er eine Kostenerstattung für die Selbstversorgung insbesondere für Versicherte des Pflegegrades 1 empfohlen, die externe Unterstützungsangebote in Anspruch nehmen möchten oder müssen, zB weil sie alleinlebend seien. Dementsprechend gelte die Herausnahme von Leistungen im Bereich der Selbstversorgung iSd § 14 Abs. 2 Nr. 4 aus § 45 b Abs. 1 S. 3 Nr. 3 nur für die Pflegegrade 2 bis 5. Was unter „Selbstversorgung" zu verstehen ist, ist dem in § 14 Abs. 2 Nr. 4 geregelten Bereich „Selbstversorgung" zu entnehmen, der einen von 6 für die Pflegeeinstufung maßgeblichen Bereichen bestimmt. Der Bereich der körperbezogenen Selbstversorgung entspricht weitgehend der bisher im alten Recht als „Grundpflege" (§ 36 Abs. 1 S. 1 SGB XI aF) umschriebenen Bedarfe. Bei den Vergütungen der Pflegedienste ist der im Rahmen des PSG III eingefügte Abs. 4 zu beachten (→ Rn. 21).

X. Anerkannte Angebote zur Unterstützung im Alltag (Abs. 1 S. 3 Nr. 4)

15 Nach Abs. 1 S. 3 Nr. 4 kann der Entlastungsbetrag auch für Leistungen **anerkannter Angebote zur Unterstützung im Alltag** iSd § 45 a eingesetzt werden. § 45 a Abs. 1 regelt die Legaldefinition des Angebots zur Unterstützung im Alltag (→ § 45 a Rn. 5–9), deren weitere bundesrechtlichen Anforderungen regelt Abs. 2 (→ § 45 a Rn. 10–12), die Ermächtigung für landesrechtliche Verordnungen zum Anerkennungsverfahren regelt § 45 a Abs. 3 (→ § 45 a Rn. 13). Erstattungsfähig sind grundsätzlich alle Leistungen, die die anerkannten Unterstützungsangebote anbieten. Für Rückforderungen von Kostenerstattungen der Pflegekasse gegen ein Unterstützungsangebot, dem die Anerkennung der zuständigen Landesbehörde fehlt, ist nach der Rechtsprechung des BSG[25] der Rechtsweg zu den **Sozialgerichten** eröffnet. Bei den Vergütungen der Unterstützungsangebote ist der im Rahmen des PSG III eingefügte Abs. 4 zu beachten (→ Rn. 21).

XI. Antragstellung und Kostenerstattungsverfahren (Abs. 2)

16 Nach § 33 werden Leistungen der Pflegeversicherung nur auf Antrag gewährt, dh die Antragstellung ist idR auch Voraussetzung für das Entstehen des Anspruchs. Nach den im Rahmen des PSG III in § 45 b Abs. 2 eingefügten S. 1 entsteht der Anspruch auf den Entlastungsbetrag, sobald die in Abs. 1 S. 1 genannten Anspruchsvoraussetzungen des Entlastungsbetrages vorliegen, ohne dass es einer vorherigen Antragstellung bedarf. Der Anspruch auf den Entlastungsbetrag soll danach bereits mit der **Feststellung der Pflegebedürftigkeit** iSd SGB XI durch den Bescheid der Pflegekasse (§ 18 Abs. 3 b) und dem Vorliegen von häuslicher Pflege vorliegen. Ab diesem Zeitpunkt soll der Entlastungsbetrag den Anspruchsberechtigten monatlich jeweils ohne Weiteres zur Verfügung stehen. Auf diese Weise will der Gesetzgeber vor allem auch sicherstellen,[26] dass die grundsätzlich monatlich entstehenden Ansprüche nicht verfallen, wenn sie in einem Monat nicht in Leistungen umgesetzt werden. Die nicht ausgenutzten Beträge sollen auch noch im weiteren Verlauf des Kalenderjahres genutzt werden können (sog „Ansparen" → Rn. 18). Aus dem ebenfalls durch das PSG III in Abs. 2 eingefügten S. 2 wird erkennbar, dass der nach § 33 erforderliche Antrag in der vom leistungsberechtigten Pflegebedürftigen geltend gemachten Erstattung der ihm durch die entlastungsbetragsrelevanten Leistungserbringer entstandenen Aufwendungen zu sehen ist. Damit hat der Gesetzgeber im Ergebnis die nach § 33 und § 16 SGB I notwendige Antragstellung nicht vollständig entfallen lassen, sondern nur auf den Zeitpunkt der Geltendmachung der Kostenerstattung verschoben, so dass das Risiko der unzulässigen aufgedrängten Sozialleistung hier nicht besteht. Mit der Verschiebung des formellen Antrags reagiert der Gesetzgeber auf die bundesweit bekannt gewordene rigorose Ablehnungspraxis einer Pflegekasse, die sich auf fehlende jedoch angeblich notwendige gesonderte Anträge stützte.

17 Nach Abs. 2 S. 2 erhalten die Pflegebedürftigen die **Kostenerstattung** in Höhe des Entlastungsbetrages von der zuständigen Pflegekasse oder dem zuständigen privaten Versicherungsunternehmen sowie im Fall der Beihilfeberechtigung anteilig von der **Beihilfefestsetzungsstelle** bei Beantragung der dafür erforderlichen finanziellen Mittel gegen Vorlage entsprechender **Belege** über entstandene Eigenbelastungen im Zusammenhang mit der Inanspruchnahme der in § 45 b Abs. 1 S. 3 SGB XI genannten Leistungen. Dh der Pflegebedürftige zahlt die an ihn gerichtete Rechnung des Leistungserbringers der Leistun-

---

24 BT-Dr.18/5926, 130.
25 BSG, 12.7.2016, B 3 SF 1/16 R, BeckRS 2016, 72160.
26 BR-Dr. 410/16, 64.

gen nach Abs. 1 S. 3 und reicht diese anschließend zur Erstattung bei seiner Pflegekasse ein.[27] Eine Direktabrechnung der Leistungserbringer des Entlastungsbetrages mit den Pflegekassen hat der Gesetzgeber danach im Unterschied zu § 87 a Abs. 3 gerade nicht vorgesehen. Belege sind alle Nachweise über entstandene Aufwendungen[28] für Leistungen iSd Abs. 1 S. 3. Nach § 105 Abs. 1 sind alle an der Pflegeversorgung teilnehmenden Leistungserbringer verpflichtet, in den Abrechnungsunterlagen die von ihnen erbrachten Leistungen nach Art, Menge und Preis einschließlich des Tages und der Zeit der Leistungserbringung aufzeichnen. Der Zeitpunkt der Leistungserbringung ist vor allem wegen der notwendigen Zuordnung der Leistungen zu den für die Übertragbarkeit des Anspruchs (Abs. 2 S. 2, → Rn. 18) relevanten Leistungszeiträume zu benennen. Um jederzeit einen Überblick über die bezogenen Leistungen und den noch zur Verfügung stehenden Rest-Entlastungsbetrag zu haben, müssen die Pflegebedürftigen von den Leistungserbringern eine aussagefähige **Rechnung** sowie ggf. Quittung erhalten, die sie bei der Pflegekasse oder ihrem Versicherungsunternehmen zwecks Kostenerstattung einreichen können.[29] Aus der Rechnung muss auch ersichtlich sein, ob und in welchem Umfang im Rahmen der Leistungserbringung nach § 45 b ebenfalls Leistungen im Bereich der **Selbstversorgung** erbracht oder abgerechnet werden, was nach Absatz 1 S. 3 Nr. 3 (so → Rn. 13)nur bei Pflegebedürftigen des Pflegegrades 1 zulässig ist.[30] Bei Leistungen der Tages- und Nachtpflege sowie der Kurzzeitpflege ist nach den Vorstellungen des Gesetzgebers in den Rechnungen eine Differenzierung danach, ob es sich um Aufwendungen für Leistungen im Bereich der Selbstversorgung handelt, nicht geboten, da es sich in der teil- und vollstationären Pflege jeweils um einheitliche Gesamtleistungen handelt, die eine Trennung nach Leistungen im Bereich der körperbezogenen Selbstversorgung und solchen im Bereich anderer pflegerischer Maßnahmen nicht zulassen.[31] Bei diesen Leistungen sei vielmehr davon auszugehen, dass sie insgesamt zur Entlastung von pflegenden Angehörigen und vergleichbar nahestehenden Pflegepersonen sowie zur Förderung der Selbstständigkeit und Selbstbestimmtheit der Pflegebedürftigen bei der Gestaltung ihres Alltags beitragen. Trotz fehlender gesetzlicher Grundlage kann eine Direktabrechnung des Leistungserbringers der zusätzlichen Betreuungs- und Entlastungsleistungen mit der Pflegekasse allenfalls dann in Betracht kommen, wenn der Pflegebedürftige seinen Kostenerstattungsanspruch an den Leistungserbringer **abgetreten** hat und die Pflegekasse nach § 53 Abs. 2 Nr. 2 SGB I feststellt, dass dies im wohlverstandenen Interesse des Pflegebedürftigen liegt. Die Abtretung entbindet jedoch nicht von der Erstellung einer Rechnung und der umfassenden Information des Pflegebedürftigen über die Leistungen, für die er eine Kostenerstattung beantragt hat. Das BSG[32] hat entschieden, dass über Leistungen des Entlastungsbetrages in einem **zweistufigen** Verfahren zu entscheiden ist: In einem **ersten Schritt** wird entschieden, ob der Versicherte dem Grunde nach leistungsberechtigt ist (**Grundbescheid**). In einem **zweiten Schritt** wird dann festgelegt, wie hoch die Kostenerstattung für tatsächlich in Anspruch genommene zusätzliche Betreuungs- und Entlastungsleistungen ausfällt (**Erstattungsbescheid**). Nach dem im Rahmen des PSG III eingefügten Abs. 2 S. 1 ist jedoch der Grundbescheid bereits im Bescheid über das Vorliegen der Pflegebedürftigkeit mindestens im Pflegegrad 1 zu sehen (so → Rn. 16). Über die Höhe der tatsächlichen Kostenerstattung entscheidet die Pflegekasse auf der Grundlage der entsprechenden Belege.

XII. Übertragung des Anspruchs auf Folgejahre (Abs. 2 S. 2)

Nach Abs. 2 S. 3 1. Hs. kann der Entlastungsbetrag nach Abs. 1 S. 1 **innerhalb** des jeweiligen **Kalenderjahres** in Anspruch genommen werden. Dh der für einen bestimmten Kalendermonat bestehende Anspruch auf Entlastungsbetrag kann auch in einen oder mehrere andere Kalendermonate eines Kalenderjahres verbraucht werden, ohne dass der Anspruch wie zB die Pflegesachleistung nach Ablauf eines Monats verfällt. Damit wird klargestellt, dass der Entlastungsbetrag nicht jeweils monatlich, sondern auf das ganze Kalenderjahr bezogen gelten soll. Nach Abs. 2 S. 3 2. Hs. kann jedoch auch der in einem Kalenderjahr nicht ausgeschöpfte Betrag des Entlastungsbetrages in das folgende Kalenderhalbjahr übertragen werden. Eine weitere Übertragung nicht ausgeschöpfter Leistungs-Höchstbeträge auf die zweite Hälfte des Folge-Kalenderjahres oder das übernächste Jahr ist allerdings ausgeschlos-

18

---

27 VG Minden, 11.11.2011, 6 K 1653/11, BeckRS 2012, 45056.
28 BT-Dr. 14/6949, 16.
29 BT-Dr.18/5926, 131.
30 BT-Dr. 18/5926, 131.
31 BT-Dr. 18/5926, 131.
32 BSG, 12.8.2010, B 3 P 3/09 R, NZS 2011, 432 = SGb 2011, 412 = SozR 4-3300 § 45 Nr. 1; LSG LSA, 16.3.2011, L 4 P 8/07; SG Fulda, 10.7.2012, S SO 51/11, BeckRS 2012, 71174.

sen.[33] Der Entlastungsbetrag unterscheidet sich somit von den Monatspauschalen der anderen ambulanten Leistungen (Pflegesachleistung § 36 Abs. 3, Pflegegeld § 37 Abs. 1 S. 3, Zuschlag betreutes Wohnen § 38 a Abs. 1) dadurch, dass er nicht streng einem Kalendermonat zugeordnet werden, sondern sowohl auf andere Monate als auch auf das folgende Kalenderhalbjahr übertragen werden kann. Für die Übertragung der im Jahr 2016 noch nicht ausgeschöpften Beträge des Entlastungsbetrages ist die besondere Besitzstandsschutzregelung in § 144 Abs. 3 (→ Rn. 5) zu beachten.

XIII. Anrechnungsmodalitäten (Abs. 3)

19 Nach dem im Rahmen des PSG III eingefügten Abs. 3 des § 45 b findet der Entlastungsbetrag bei den **Fürsorgeleistungen zur Pflege** nach § 13 Abs. 3 S. 1 keine Berücksichtigung. Zu den Fürsorgeleistungen zählen die Leistungen der Hilfe zur Pflege nach dem SGB XII, dem Lastenausgleichsgesetz, dem Reparationsschädengesetz und dem Flüchtlingshilfegesetz, dem BVG (Kriegsopferfürsorge) und nach den Gesetzen, die eine entsprechende Anwendung des Bundesversorgungsgesetzes vorsehen. Die Nichtanrechnung war bisher schon in § 13 Abs. 3 a geregelt. Die Nichtanrechnung hat zur Folge, dass der Entlastungsbetrag jeweils zusätzlich neben den Fürsorgeleistungen nach § 13 Abs. 3 S. 1 zur Verfügung steht.

20 Nach Abs. 3 S. 2 findet § 63 b Abs. 1 S. 3 SGB XII auf den Entlastungsbetrag keine Anwendung. Nach § 63 b Abs. 1 S. 3 SGB XII werden Leistungen der Hilfe zur Pflege nicht erbracht, soweit Pflegebedürftige **gleichartige Leistungen** nach anderen Rechtsvorschriften erhalten. Mit dieser Regelung wird unter anderem sichergestellt, dass der als separater Betrag ausgewiesene Entlastungsbetrag auch bei entsprechenden Empfängern von Fürsorgeleistungen weiterhin insbesondere für die Entlastung von Pflegepersonen in vollem Umfang tatsächlich zusätzlich zur Verfügung steht, so dass die entsprechende Intention des Expertenbeirats zur konkreten Ausgestaltung des neuen Pflegebedürftigkeitsbegriffs[34] auch in diesen Fällen Wirksamkeit entfaltet.[35] Nach Abs. 3 S. 3 darf der Entlastungsbetrag abweichend von Abs. 3 S. 1 und 2 hinsichtlich der Leistungen nach § 64 i oder § 66 SGB XII bei der Hilfe zur Pflege Berücksichtigung finden, soweit nach diesen Vorschriften Leistungen zu gewähren sind, deren Inhalte den Leistungen nach Abs. 1 S. 3 entsprechen. Diese Regelung führt dazu, dass der von der Pflegeversicherung gewährte Entlastungsbetrag nach § 45 b in der Weise bei der **Hilfe zur Pflege** nach dem SGB XII doch berücksichtigt wird, dass neben dem SGB XI-Entlastungsbetrag der Entlastungsbetrag nach § 64 i SGB XII (Pflegegrad 2-5) oder nach § 66 SGB XII (Pflegegrad 1) nicht noch zusätzlich gewährt wird. Im Ergebnis wird damit der Entlastungsbetrag bei gleichzeitiger Leistungsberechtigung nach SGB XI und SGB XII stets nur einmal und nicht doppelt gewährt.

XIV. Preismodalitäten (Abs. 4)

21 Nach dem im Rahmen des PSG III eingefügten Abs. 4 S. 1 darf die für die Erbringung von Leistungen nach Abs. 1 S. 3 Nr. 1 bis 4 verlangte Vergütung die Preise für vergleichbare Sachleistungen von zugelassenen Pflegeeinrichtungen nicht übersteigen. Diese Ergänzung soll nach der Absicht des Gesetzgebers sicherstellen, dass die Vergütungssätze für alle Leistungen, die in § 45 b Abs. 1 S. 3 genannt sind, nicht oberhalb der mit den Pflegekassen für vergleichbare Leistungen ausgehandelten Vergütungen zugelassener Pflegeeinrichtungen liegen.[36] Diese Begrenzung sei im Interesse der Pflegebedürftigen erforderlich, weil die Vergütungssätze für die Leistungen nach § 45 b Abs. 1 S. 3 nicht mit den Pflegekassen, sondern mit den Pflegebedürftigen selbst ausgehandelt werden. Im Ergebnis bedeutet diese Regelung für die Leistungserbringer der entlastungsbetragsfinanzierten Leistungen eine **gesetzliche Preisdeckelung**, die aus mehreren Gründen fragwürdig ist. Bei der Wirkungsweise der Preisdeckelung sind zunächst zwei Gruppen zu unterscheiden: Soweit zugelassene **Pflegeheime** Leistungen nach Abs. 1 S. 3 Nr. 1 (teilstationäre Pflege) oder Nr. 2 (Kurzzeitpflege) erbringen, und diese Leistungen den mit den Pflegekassen nach § 85 Pflegesätze vereinbarten Leistungen gleichen (gleichartig), haben diese das ohnehin geltende Differenzierungsprinzip zu beachten: Nach § 84 Abs. 4 S. 2 dürfen in zugelassenen Pflegeheimen für die allgemeinen Pflegeleistungen, soweit nichts anderes bestimmt ist, ausschließlich die nach § 85 SGB XI (Pflegesatzvereinbarung), § 86 SGB XI (Pflegesatzkommission) oder 85 Abs. 5 (Schiedsstelle) festgesetzten Pflegesätze berechnet werden, ohne Rücksicht darauf, wer zu ihrer Zahlung verpflichtet ist. Nach § 84 Abs. 3 sind die Pflegesätze für alle Bewohner eines zugelassenen Pflege-

---

33 BT-Dr. 14/6949, 16.
34 Siehe Abschlussbericht vom 27. Juni 2013, S. 34.
35 BR-Dr. 410/16, 65.
36 BT-Dr.18/10510, 109.

heims nach einheitlichen Grundsätzen zu bemessen, eine Differenzierung nach Kostenträgern ist nicht zulässig. Soweit ein zugelassener **Pflegedienst** den vereinbarten Leistungen gleichende Leistungen im Rahmen des Abs. 1 S. 3 Nr. 3 erbringt, gelten auch für ihn die Grundsätze des Differenzierungsverbotes nach § 89 Abs. 1 S. 3 und Abs. 3 S. 4 iVm § 84 Abs. 4 S. 2 und Abs. 3 SGB XI in gleicher Weise. Damit ist festzustellen, dass die in Abs. 4 S. 1 angeordnete Preisdeckelung für zugelassene Einrichtungen bei gleichartigen Leistungen keine zusätzliche Wirkung erzeugt. Von Bedeutung ist die Preisdeckelung daher bei der Leistungserbringung nach § 45 b Abs. 1 S. 3 Nr. 1 bis 4 nur für **nicht zugelassene Pflegeeinrichtungen**, Pflegeeinrichtungen **ohne Vergütungsvereinbarung** (§ 81 SGB XI) und Unterstützungsangebote. Soweit die Landesverordnung zahlenmäßig bestimmte Preisobergrenzen für diese Einrichtungen bestimmt, ist darin ein Verstoß gegen den das SGB XI-Leistungserbringungsrecht prägenden **Vereinbarungsgrundsatz** (§ 69 S. 2 SGB XI) sowie einen Eingriff in die Vertragsautonomie[37] zu sehen. Angesichts des geltenden Wettbewerbsprinzips im SGB XI-Leistungserbringungsrecht sollte auch keine Notwendigkeit für eine gesetzliche Preisdeckelung bestehen.

Nach dem im Rahmen des PSG III eingefügten Abs. 4 S. 2 können die Landesregierungen in der **Rechtsverordnung** nach § 45 a Abs. 3 Näheres zur **Ausgestaltung** einer entsprechenden Begrenzung der **Vergütung** der Unterstützungsangebote bei der Leistungserbringung nach Abs. 1 S. 3 Nr. 4 bestimmen. Der Gesetzgeber sieht die Notwendigkeit der Begrenzung der Vergütung darin, dass die Unterstützungsangebote sehr heterogen seien. Die Voraussetzungen für ihre Anerkennung variieren von Land zu Land zum Teil erheblich.[38] Daher sei es sinnvoll, wenn Näheres zur Ausgestaltung einer entsprechenden Begrenzung der Vergütung bei den nach Landesrecht anerkannten Angeboten zur Unterstützung im Alltag von den Ländern in den Verordnungen nach § 45 a Abs. 3 in der ab dem 1. Januar 2017 geltenden Fassung bestimmt werden könne. Zur Sicherstellung, dass die Regelung des § 45 b Abs. 4 beachtet werde, seien dabei unterschiedliche Instrumente denkbar, die teilweise auch an den Besonderheiten des jeweiligen Angebots oder Anbieters anknüpfen könnten. Wie diese Instrumente funktionieren sollen, wird trotzdem nicht erkennbar. Bei der Ausgestaltung im Landesrecht sollte insbesondere darauf geachtet werden, dass ehrenamtlich getragene Angebote nicht durch übermäßig belastende Anforderungen überfordert werden.[39] Hier stellt sich zunächst die Frage, was mit einer „Begrenzung der Vergütung" überhaupt gemeint sein soll. Es wäre fragwürdig und in jeder Hinsicht für die Entwicklung einer Pflegeinfrastruktur kontraproduktiv, wenn die Länder diese Ermächtigung dazu nutzen, vollständige Preisverordnungen nach fragwürdigen Unterscheidungen der Angebote zu entwickeln. Wenn sich neue Unterstützungsangebote durch Eigeninitiative entwickeln sollen, gehört die Preispolitik zu einem der wichtigsten Instrumente für die wirtschaftliche Gestaltung des Angebots. Hier scheint der Gesetzgeber vollkommen aus dem Blick verloren zu haben, unter welchen Rahmenbedingungen Unterstützungsangebote gerade dort entwickelt werden müssen, wo sie am nötigsten sind. Vor diesem Hintergrund schränkt das durch Rechtsverordnung vorgenommene Preisdiktat nicht nur den notwendigen wirtschaftlichen Handlungsspielraum ein und erhöht die Insolvenzrisiken, sondern verzögert auch die Gründung von Unterstützungsangeboten. Es stellt sich auch die Frage, woher denn der landesrechtliche Verordnungsgeber die Weisheit für die richtigen Leistungen und Preise in einem Markt nehmen wird, der sich erst noch entwickeln soll.

XV. Trägerübergreifendes Budget

Da § 35 a den Entlastungsbetrag nicht erwähnt, ist der Gesetzgeber davon ausgegangen, dass der Entlastungsbetrag nicht für die Teilnahme an einem trägerübergreifenden Budget geeignet ist. Dies ist fragwürdig, da auch die Leistungsberechtigten des persönlichen Budgets dringend auf den Entlastungsbetrages zur Aufstockung des Budgets angewiesen sind.

XVI. Gemeinsamer Leistungsbezug

Nach § 36 Abs. 4 S. 4 können mehrere pflegebedürftige Personen häusliche Pflege **gemeinsam** als Sachleistung in Anspruch nehmen. Auch wenn der Entlastungsanspruch nicht zur häusliche Pflege iSd § 36 SGB XI gehört, wird er in dem vom Gesetzgeber favorisierten **gemeinsamen Leistungsbezug** gleichwohl einzubeziehen sein. Durch den gemeinsamen Bezug **von Leistungen** sollen nach der Vorstellung des Gesetzgebers[40] Sachleistungen günstiger und damit für die einzelnen pflegebedürftigen Personen in

---

37 Griep/Renn, Pflegemarkt ohne Vertragsautonomie? RsDE 40 (1998), 1.
38 BT-Dr.18/10510, 110.
39 BT-Dr.18/10510, 110.
40 BT-Dr. 16/7439, 54.

größerem Umfang ermöglicht werden. § 36 Abs. 4 S. 4 wird zwar im Leistungserbringungsrecht durch § 89 Abs. 3 in der Weise ergänzt, dass die Vergütungsstrukturen dem Rechnung zu tragen haben. Fraglich ist aber, ob diese Regelung in der Praxis bedeutsam wird, weil schon vor ihrer Einführung durch das PfWG die vermeintlichen Einsparungen in den (Vergütungs-) Verträgen zwischen Pflegediensten und PK (s. § 89), insbesondere bei der Leistungsgestaltung und Vergütung, berücksichtigt wurden.[41]

XVII. Verhältnis zu anderen Leistungen

25 Dass der Entlastungsbetrag die ambulanten SGB XI-Leistungen ergänzen und daher zusätzlich zu gewähren ist, ergibt sich aus dem insoweit eindeutigen Wortlaut des im Rahmen des PSG II neugefassten § 28 a Abs. 2. Der Anspruch auf Entlastungsbetrag besteht damit in voller Höhe neben dem Anspruch auf Pflegesachleistung (§ 36), Pflegegeld (§ 37), Verhinderungspflege (§ 39), Wohngruppenzuschlag (§ 38 a), wohnumfeldverbessernde Maßnahmen (§ 40 Abs. 4 u. 5), Tages- und Nachtpflege (§ 41) sowie Anschubfinanzierung betreute Wohngruppen (§ 45 e). Nach § 45 a Abs. 1 S. 1 betreffen die Leistungen nach §§ 45 b bis 45 d Pflegebedürftige in häuslicher Pflege. Damit besteht kein Anspruch auf den Entlastungsbetrag für Zeiträume, in denen **vollstationäre Pflege** (§ 43) gewährt wird. Da die **Kurzzeitpflege** nach § 45 b Abs. 1 S. 3 Nr. 2 ausdrücklich als eine Leistungsvariante des Entlastungsbetrages in Frage kommt, kann der Bezug dieser Leistung nicht zum Ausschluss des Entlastungsbetrages führen.[42] Der Entlastungsbetrag kommt nach § 34 Abs. 2 S. 1 auch während Zeiten des **stationären Aufenthalts** in Einrichtungen nach § 71 Abs. 4 (**Rehabilitations- und Eingliederungshilfeeinrichtungen**) nicht in Betracht (so → Rn. 5). Die noch bis zum 31.12.2016 in § 13 Abs. 3 a geregelte Leistungskonkurrenz des Entlastungsbetrages in Bezug auf Leistungen der **Hilfe zur Pflege** nach dem SGB XII ist seit dem 1.1.2017 in § 45 b Abs. 3 geregelt (so → Rn. 19 f.). Das Verhältnis des Entlastungsbetrages zu den **Leistungen der Eingliederungshilfe** richtet sich nach dem im Rahmen des PSG III mit Wirkung zum 1.1.2017 geänderten § 13 Abs. 4 S. 1: Diese Bestimmung ist anzuwenden, wenn Leistungen der Pflegeversicherung und der Eingliederungshilfe (zB Leistungen nach §§ 53 ff. SGB XII) zusammentreffen. In diesem Fall hat die zuständige Pflegekasse mit Zustimmung des Leistungsberechtigten mit dem Träger der Eingliederungshilfe (zB Sozialhilfeträger) zu **vereinbaren**, dass im Verhältnis zum Pflegebedürftigen der Träger der Eingliederungshilfe die Leistungen der Pflegeversicherung auf der Grundlage des von der Pflegekasse erlassenen Leistungsbescheides zu übernehmen hat. Weiterhin ist zwischen diesen Vertragspartnern zu vereinbaren, dass die Pflegekasse dem Träger der Eingliederungshilfe die Kosten der von ihr zu tragenden Leistungen erstattet sowie die Modalitäten der Übernahme, der Durchführung der Leistungen sowie der Erstattung. § 13 Abs. 3 S. 2–6 regelt weitere dabei zu beachtende Modalitäten.

§ 45 c Förderung der Weiterentwicklung der Versorgungsstrukturen und des Ehrenamts, Verordnungsermächtigung

(1) [1]Zur Weiterentwicklung der Versorgungsstrukturen und Versorgungskonzepte und zur Förderung ehrenamtlicher Strukturen fördert der Spitzenverband Bund der Pflegekassen im Wege der Anteilsfinanzierung aus Mitteln des Ausgleichsfonds mit 25 Millionen Euro je Kalenderjahr
1. den Auf- und Ausbau von Angeboten zur Unterstützung im Alltag im Sinne des § 45 a,
2. den Auf- und Ausbau und die Unterstützung von Gruppen ehrenamtlich tätiger sowie sonstiger zum bürgerschaftlichen Engagement bereiter Personen und entsprechender ehrenamtlicher Strukturen sowie
3. Modellvorhaben zur Erprobung neuer Versorgungskonzepte und Versorgungsstrukturen insbesondere für an Demenz erkrankte Pflegebedürftige sowie andere Gruppen von Pflegebedürftigen, deren Versorgung in besonderem Maße der strukturellen Weiterentwicklung bedarf.
[2]Die privaten Versicherungsunternehmen, die die private Pflege-Pflichtversicherung durchführen, beteiligen sich an dieser Förderung mit insgesamt 10 Prozent des in Satz 1 genannten Fördervolumens. [3]Darüber hinaus fördert der Spitzenverband Bund der Pflegekassen aus Mitteln des Ausgleichsfonds mit 10 Millionen Euro je Kalenderjahr die strukturierte Zusammenarbeit in regionalen Netzwerken

---

41 Griep, Kollektive Pflege- und Betreuungsleistungen – Sozialismus und Kuhhandel im SGB XI, Sozialrecht aktuell 2009, 17, 20; Udsching in: Udsching, § 36 Rn. 8.
42 So im Erg. auch Linke in: Krauskopf, § 45 b SGB XI Rn. 18.

nach Absatz 9; Satz 2 gilt entsprechend. ⁴Fördermittel nach Satz 3, die in dem jeweiligen Kalenderjahr nicht in Anspruch genommen worden sind, erhöhen im Folgejahr das Fördervolumen nach Satz 1; dadurch erhöht sich auch das in Absatz 2 Satz 2 genannte Gesamtfördervolumen entsprechend.

(2) ¹Der Zuschuss aus Mitteln der sozialen und privaten Pflegeversicherung ergänzt eine Förderung der in Absatz 1 Satz 1 genannten Zwecke durch das jeweilige Land oder die jeweilige kommunale Gebietskörperschaft. ²Der Zuschuss wird jeweils in gleicher Höhe gewährt wie der Zuschuss, der vom Land oder von der kommunalen Gebietskörperschaft für die einzelne Fördermaßnahme geleistet wird, sodass insgesamt ein Fördervolumen von 50 Millionen Euro im Kalenderjahr erreicht wird. ³Im Einvernehmen mit allen Fördergebern können Zuschüsse der kommunalen Gebietskörperschaften auch als Personal- oder Sachmittel eingebracht werden, sofern diese Mittel nachweislich ausschließlich und unmittelbar dazu dienen, den jeweiligen Förderzweck zu erreichen. ⁴Soweit Mittel der Arbeitsförderung bei einem Projekt eingesetzt werden, sind diese einem vom Land oder von der Kommune geleisteten Zuschuss gleichgestellt.

(3) ¹Die Förderung des Auf- und Ausbaus von Angeboten zur Unterstützung im Alltag im Sinne des § 45 a nach Absatz 1 Satz 1 Nummer 1 erfolgt als Projektförderung und dient insbesondere dazu, Aufwandsentschädigungen für die ehrenamtlich tätigen Helfenden zu finanzieren sowie notwendige Personal- und Sachkosten, die mit der Koordination und Organisation der Hilfen und der fachlichen Anleitung und Schulung der Helfenden durch Fachkräfte verbunden sind. ²Dem Antrag auf Förderung ist ein Konzept zur Qualitätssicherung des Angebots beizufügen. ³Aus dem Konzept muss sich ergeben, dass eine angemessene Schulung und Fortbildung der Helfenden sowie eine kontinuierliche fachliche Begleitung und Unterstützung der ehrenamtlich Helfenden in ihrer Arbeit gesichert sind.

(4) Die Förderung des Auf- und Ausbaus und der Unterstützung von Gruppen ehrenamtlich tätiger sowie sonstiger zum bürgerschaftlichen Engagement bereiter Personen und entsprechender ehrenamtlicher Strukturen nach Absatz 1 Satz 1 Nummer 2 erfolgt zur Förderung von Initiativen, die sich die Unterstützung, allgemeine Betreuung und Entlastung von Pflegebedürftigen und deren Angehörigen sowie vergleichbar nahestehenden Pflegepersonen zum Ziel gesetzt haben.

(5) ¹Im Rahmen der Modellförderung nach Absatz 1 Satz 1 Nummer 3 sollen insbesondere modellhaft Möglichkeiten einer wirksamen Vernetzung der erforderlichen Hilfen für an Demenz erkrankte Pflegebedürftige und andere Gruppen von Pflegebedürftigen, deren Versorgung in besonderem Maße der strukturellen Weiterentwicklung bedarf, in einzelnen Regionen erprobt werden. ²Dabei können auch stationäre Versorgungsangebote berücksichtigt werden. ³Die Modellvorhaben sind auf längstens fünf Jahre zu befristen. ⁴Bei der Vereinbarung und Durchführung von Modellvorhaben kann im Einzelfall von den Regelungen des Siebten Kapitels abgewichen werden. ⁵Für die Modellvorhaben sind eine wissenschaftliche Begleitung und Auswertung vorzusehen. ⁶Soweit im Rahmen der Modellvorhaben personenbezogene Daten benötigt werden, können diese nur mit Einwilligung des Pflegebedürftigen erhoben, verarbeitet und genutzt werden.

(6) ¹Um eine gerechte Verteilung der Fördermittel der Pflegeversicherung auf die Länder zu gewährleisten, werden die nach Absatz 1 Satz 1 und 2 zur Verfügung stehenden Fördermittel der sozialen und privaten Pflegeversicherung nach dem Königsteiner Schlüssel aufgeteilt. ²Mittel, die in einem Land im jeweiligen Haushaltsjahr nicht in Anspruch genommen werden, können in das Folgejahr übertragen werden. ³Nach Satz 2 übertragene Mittel, die am Ende des Folgejahres nicht in Anspruch genommen worden sind, können für Projekte, für die bis zum Stichtag nach Satz 5 mindestens Art, Region und geplante Förderhöhe konkret benannt werden, im darauf folgenden Jahr von Ländern beantragt werden, die im Jahr vor der Übertragung der Mittel nach Satz 2 mindestens 80 Prozent der auf sie nach dem Königsteiner Schlüssel entfallenden Mittel ausgeschöpft haben. ⁴Die Verausgabung der nach Satz 3 beantragten Fördermittel durch die Länder oder kommunalen Gebietskörperschaften darf sich für die entsprechend benannten Projekte über einen Zeitraum von maximal drei Jahren erstrecken. ⁵Der Ausgleichsfonds sammelt die nach Satz 3 eingereichten Anträge bis zum 30. April des auf das Folgejahr folgenden Jahres und stellt anschließend fest, in welchem Umfang die Mittel jeweils auf die beantragenden Länder entfallen. ⁶Die Auszahlung der Mittel für ein Projekt erfolgt, sobald für das Projekt eine konkrete Förderzusage durch das Land oder die kommunale Gebietskörperschaft vorliegt. ⁷Ist die Summe der bis zum 30. April beantragten Mittel insgesamt größer als der dafür vorhandene Mittelbestand, so werden die vorhandenen Mittel nach dem Königsteiner Schlüssel auf die beantragenden Länder verteilt. ⁸Nach dem 30. April eingehende Anträge werden in der Reihenfolge des Antragseingangs bearbeitet, bis die Fördermittel verbraucht sind. ⁹Fördermittel, die bis zum Ende des auf das Folgejahr folgenden Jahres nicht beantragt sind, verfallen.

(7) [1]Der Spitzenverband Bund der Pflegekassen beschließt mit dem Verband der privaten Krankenversicherung e.V. nach Anhörung der Verbände der Behinderten und Pflegebedürftigen auf Bundesebene Empfehlungen über die Voraussetzungen, Ziele, Dauer, Inhalte und Durchführung der Förderung sowie zu dem Verfahren zur Vergabe der Fördermittel für die in Absatz 1 Satz 1 genannten Zwecke. [2]In den Empfehlungen ist unter anderem auch festzulegen, welchen Anforderungen die Einbringung von Zuschüssen der kommunalen Gebietskörperschaften als Personal- oder Sachmittel genügen muss und dass jeweils im Einzelfall zu prüfen ist, ob im Rahmen der in Absatz 1 Satz 1 genannten Zwecke Mittel und Möglichkeiten der Arbeitsförderung genutzt werden können. [3]Die Empfehlungen bedürfen der Zustimmung des Bundesministeriums für Gesundheit und der Länder. [4]Soweit Belange des Ehrenamts betroffen sind, erteilt das Bundesministerium für Gesundheit seine Zustimmung im Benehmen mit dem Bundesministerium für Familie, Senioren, Frauen und Jugend. [5]Die Landesregierungen werden ermächtigt, durch Rechtsverordnung das Nähere über die Umsetzung der Empfehlungen zu bestimmen.

(8) [1]Der Finanzierungsanteil, der auf die privaten Versicherungsunternehmen entfällt, kann von dem Verband der privaten Krankenversicherung e.V. unmittelbar an das Bundesversicherungsamt zugunsten des Ausgleichsfonds der Pflegeversicherung (§ 65) überwiesen werden. [2]Näheres über das Verfahren der Auszahlung der Fördermittel, die aus dem Ausgleichsfonds zu finanzieren sind, sowie über die Zahlung und Abrechnung des Finanzierungsanteils der privaten Versicherungsunternehmen regeln das Bundesversicherungsamt, der Spitzenverband Bund der Pflegekassen und der Verband der privaten Krankenversicherung e.V. durch Vereinbarung.

(9) [1]Zur Verbesserung der Versorgung und Unterstützung von Pflegebedürftigen und deren Angehörigen sowie vergleichbar nahestehenden Pflegepersonen können die in Absatz 1 Satz 3 genannten Mittel für die Beteiligung von Pflegekassen an regionalen Netzwerken verwendet werden, die der strukturierten Zusammenarbeit von Akteuren dienen, die an der Versorgung Pflegebedürftiger beteiligt sind und die sich im Rahmen einer freiwilligen Vereinbarung vernetzen. [2]Die Förderung der strukturierten regionalen Zusammenarbeit erfolgt, indem sich die Pflegekassen einzeln oder gemeinsam im Wege einer Anteilsfinanzierung an den netzwerkbedingten Kosten beteiligen. [3]Je Kreis oder kreisfreier Stadt darf der Förderbetrag dabei 20 000 Euro je Kalenderjahr nicht überschreiten. [4]Den Kreisen und kreisfreien Städten, Selbsthilfegruppen, -organisationen und -kontaktstellen im Sinne des § 45 d sowie organisierten Gruppen ehrenamtlich tätiger sowie sonstiger zum bürgerschaftlichen Engagement bereiter Personen im Sinne des Absatzes 4 ist in ihrem jeweiligen Einzugsgebiet die Teilnahme an der geförderten strukturierten regionalen Zusammenarbeit zu ermöglichen. [5]Für private Versicherungsunternehmen, die die private Pflege-Pflichtversicherung durchführen, gelten die Sätze 1 bis 4 entsprechend. [6]Absatz 7 Satz 1 bis 4 und Absatz 8 finden entsprechende Anwendung. [7]Die Absätze 2 und 6 finden keine Anwendung.

Literatur:

Büscher/Klie, Qualität in der häuslichen Pflege – Ansätze zu einer lebensweltorientierten Weiterentwicklung, NDV 2014, 452; *Frommelt/Klie/Löcherbach/Mennemann/Monzer/Wendt*, Pflegeberatung, Pflegestützpunkte und das Case Management – Die Aufgaben personen- und familienbezogener Unterstützung bei Pflegebedürftigkeit und ihre Realisierung in der Reform der Pflegeversicherung, 2008; *Deutscher Verein für öffentliche und private Fürsorge eV*, Demenz und soziale Teilhabe, 2008, S. 60; *ders.*, Häusliche Pflege: Arrangements und innovative Ansätze, ArchsozArb Nr. 3/2012; *ders.*, Pflegesystem den gesellschaftlichen Strukturen anpassen! Empfehlungen des Deutschen Vereins zur Weiterentwicklung der Pflege, NDV 2013, 385; *ders.*, Selbstbestimmung und soziale Teilhabe vor Ort sichern! – Empfehlungen zur Gestaltung der lokalen Pflegeinfrastruktur, 2011; *Evers*, Vernetzung sozialer Einrichtungen als Weg zur Erschließung von Ressourcen bürgerschaftlichen Engagements, in: Bauer/Otto (Hrsg.), Mit Netzwerken professionell zusammenarbeiten, Bd. 2: Institutionelle Netzwerke in Sozialraum- und Kooperationsperspektive, 2005; *ders.*, Das Potential von Altenhilfevereinen im inklusiven Gemeinwesen, NDV 2015, 78; *Fix*, Das Menschenrecht auf gute Pflege, 2009; *Heinz*, Sozialrechtliche Beratung durch Angehörige pflegender Berufe in den Grenzen des Rechtsdienstleistungsgesetzes, PflR 2013, 598; *Hille/Hoffmeister*, Bedeutung, Wesen und Merkmale des Ehrenamts im Pflegebereich, NJW 2015, 3753; *Lübking*, Lebensräume zum Älterwerden – Organisation der Versorgungslandschaft nur mit Städten und Gemeinden, Sozialrecht aktuell, Sonderheft 2016, 60; *Pitschas*, Sicherstellung der pflegerischen Versorgung – eine neue Gemeinschaftsaufgabe von Bund und Ländern? VSSR 2015, 391; *Rudolph*, Das Leuchtturmprojekt Demenz des Bundesministeriums für Gesundheit, ArchsozArb Nr. 4/2008, 60; *Schlicht*, Bürgerschaftliches Engagement im Umfeld von Pflege, NDV 2014, 411; *Schubert*, Pflegeberater und zusätzliche Betreuungskräfte – neue Dienstleister im SGB XI, NZS 2009, 353; *Technische Universität Dortmund* (Hrsg.), Vernetzte Demenzversorgung – Empfehlungen für die Praxis, 2011; *Welti,* Organisation der pflegerischen Versorgung – Kommunale niedrigschwellige Angebote und Schnittstellen, Sozialrecht aktuell, Sonderheft 2016, 54; *Winter,* Die Ausgestaltung von Planungs- und Förderungskompetenzen nach § 9 SGB XI, Aachen 2004; *Vorholz,* Kommunale Verantwortung für die Pflege, Der Landkreis 2015, 335.

I. Entstehungsgeschichte 1	IX. Modellvorhaben neue Versorgungskonzepte (Abs. 5) 16
II. Normzweck und europarechtlicher Kontext 2	X. Mittelverteilung im Bundesgebiet und Übertragbarkeit (Abs. 6) 22
III. Förderbudget Versorgungsstrukturen (Abs. 1 S. 1) 4	XI. Bundesempfehlungen zur Förderung (Abs. 7) 25
IV. Förderbudget regionale Netzwerke (Abs. 1 S. 3) 6	XII. Förderbeteiligung privater Versicherungsunternehmen (Abs. 8) 28
V. Fördergegenstand (Abs. 1 S. 1) 8	XIII. Fördergegenstand regionale Netzwerke (Abs. 9) 30
VI. Ergänzende Förderung des Landes und der Kommunen (Abs. 2) 9	
VII. Unterstützung im Alltag (Abs. 3) 13	
VIII. Gruppen ehrenamtlich tätiger Personen (Abs. 4) 15	

I. Entstehungsgeschichte

§ 45 c wurde durch Art. 1 Nr. 6 PflEG vom 14.12.2001 (BGBl. I, 2728) eingefügt und trat am 1.1.2002 in Kraft. Diese Vorschrift bildete ursprünglich die Rechtsgrundlage für das bundesrechtliche Förderprogramm zur Verbesserung von Versorgungsstrukturen für Personen mit eingeschränkter Alltagskompetenz nach § 45 a in der bis zum 31.12.2016 geltenden Fassung. Durch das Pflege-Weiterentwicklungsgesetz vom 28.5.2008 (BGBl. I, 874) wurden die in dieser Vorschrift bestimmten Förder-Höchstbeträge erhöht. Durch das PSG I[1] wurde mWv 1.1.2015 das bisher unter anderem für **niedrigschwellige Betreuungsangebote** vorgesehene Förderprogramm auf die in den Leistungskatalog der ambulanten SGB XI-Leistungen in § 45 b aufgenommenen niedrigschwelligen Entlastungsangeboten ausgeweitet. Durch Art. 2 Nr. 29 PSG II wird die in § 45 d Abs. 1 geregelte Förderung **ehrenamtlicher Strukturen** in § 45 c Abs. 1 S. 1 Nr. 2 und Abs. 4 überführt weil diese Förderung aus den Mitteln nach § 45 c Abs. 1 S. 1 erfolgen soll. Durch das am 1.1.2017 in Kraft getretene PSG III wurde in Abs. 1 S. 3 ein neues gesondertes Förderbudget für die nach Abs. 9 zu fördernden **Netzwerke** aufgelegt. Im neu eingefügten Abs. 2 S. 2 wird den kommunalen Gebietskörperschaften die Möglichkeit eingeräumt, ihren Teil der Förderverpflichtung in Form von **Personal- und Sachmitteln** zu leisten. Im Abs. 6 wird durch die neu eingefügten S. 2–7 eine weitere **Übertragbarkeit** nicht verbrauchter Fördermittel unter bestimmten Bedingungen ermöglicht.

II. Normzweck und europarechtlicher Kontext

§ 45 c Abs. 1 S. 1 bestimmt die Höhe des Förderbudgets zur Förderung der Weiterentwicklung der Versorgungsstrukturen und des **Ehrenamts**. Aus diesem Förderbudget soll zum einen nach Abs. 1 S. 1 Nr. 1 ein Förderprogramm für die in § 45 a Abs. 1 definierten **Unterstützungsangebote**, die der Gesetzgeber in fragwürdiger Weise als Monopol für den Umwandlungsbetrag nach § 45 a Abs. 4. vorgesehen hat, aufgelegt werden. Aus dem genannten Förderbudget soll weiterhin nach Abs. 1 S. 1 Nr. 2 ein Förderprogramm für **Gruppen** von **ehrenamtlich** tätigen Personen sowie nach Abs. 1 S. 1 Nr. 3 für Modellvorhaben zur Erprobung **neuer Versorgungsstrukturen** finanziert werden. Das in Abs. 1 S. 3 erstmals neu aufgelegte Förderbudget soll den Pflegekassen die Möglichkeit eröffnen, gemäß Abs. 9 sich an der Förderung von **regionalen Netzwerken** zu beteiligen. Die Abs. 2 bis 8 regeln maßgebliche Fördermodalitäten für die beiden Förderbudgets. Nach § 45 d S. 2 sollen diese in § 45 c geregelten Fördermodalitäten auch für das Förderprogramm für die in § 45 d S. 2 bis 5 definierten **Selbsthilfegruppen, Selbsthilforganisationen** und **Selbsthilfekontaktstellen** gelten. Zu den in § 45 c Abs. 2 bis 8 geregelten Fördermodalitäten gehören Einzelheiten zu den einzelnen Förderprogrammen, die Verteilung der Fördermittel im Bundesgebiet, Empfehlungen bestimmter Bundesorganisationen sowie der Finanzierungsanteil der privaten Pflegekassen.

Staatliche Infrastruktur-Förderungen können sich wegen des **völkergewohnheitsrechtlichen Nichteinmischungsgebots** idR nur auf das Staatsgebiet der Bundesrepublik Deutschland beziehen. Aus diesem Grunde kommt die Verwendung der Fördermittel nach § 45 c außerhalb der Bundesrepublik Deutschland idR nicht in Frage.

---

1 BGBl. I, 2222.

III. Förderbudget Versorgungsstrukturen (Abs. 1 S. 1)

4 Der Spitzenverband Bund der Pflegekassen fördert nach Abs. 1 S. 1 **Unterstützungsangebote**, **Ehrenamtsgruppen** sowie neue **Versorgungsstrukturen** und **Versorgungkonzepte** im Wege der Anteilsfinanzierung aus Mitteln des **Ausgleichsfonds** mit 25 Millionen Euro je Kalenderjahr. Unter einer **Anteilsfinanzierung** ist zu verstehen, dass der öffentlich-rechtliche Fördergeber nie die vollen Kosten einer Projektmaßnahme, sondern höchstens einen in den Förderbestimmungen häufig festgelegten Finanzierungsanteil der Gesamtkosten trägt. Bei den für den Finanzierungsanteil maßgeblichen Gesamtkosten des Projektes sind häufig in den Förderbestimmungen nicht die tatsächlichen betriebswirtschaftlich darstellbaren, sondern nur die in den Förderbestimmungen als **förderfähig** bezeichneten Kosten zu berücksichtigen. Dabei ist auch noch zu bedenken, dass mitunter in den Förderbestimmungen bestimmte förderfähige Kosten gedeckelt sind. Die Förderbudgets werden aus Mitteln des Ausgleichsfonds entnommen. Die Rechtsgrundlage für den Ausgleichsfonds ist in § 65 geregelt. Danach verwaltet das **Bundesversicherungsamt** als **Sondervermögen** die Beiträge aus Rentenzahlungen (§ 59 Abs. 1 S. 1 Hs. 2, § 60 Abs. 4), Überschüsse aus Betriebsmitteln und Rücklagen der Pflegekassen (§ 64 Abs. 4) sowie die vom Gesundheitsfonds überwiesenen Beiträge der Versicherten (§ 271 SGB V).

5 An der bundesrechtlichen Förderung durch den Spitzenverband Bund der Pflegekassen beteiligen sich die **privaten Versicherungsunternehmen** der Pflegeversicherung nach Abs. 1 S. 2 mit **10 % der Gesamtfördersumme** (10 % von 25 Mio. EUR = 2,5 Mio. EUR je Kalenderjahr). In welcher Weise diese Verpflichtung auf die einzelnen privaten Versicherungsunternehmen verteilt wird, ergibt sich aus Abs. 7 (→ Rn. 28 f.).

IV. Förderbudget regionale Netzwerke (Abs. 1 S. 3)

6 Nach dem im Rahmen des PSG III eingefügten Abs. 1 S. 3 1. Hs. fördert der Spitzenverband Bund der Pflegekassen aus Mitteln des Ausgleichsfonds mit **10 Millionen Euro** je Kalenderjahr die strukturierte Zusammenarbeit in **regionalen Netzwerken** nach Abs. 9 (→ Rn. 30). Diese 10 Millionen Euro sollen ab dem 1.1.2017 für den Fördergegenstand regionale Netzwerke gesondert und damit zusätzlich zu dem Gesamtfördervolumen von 50 Millionen Euro nach Abs. 1 S. 1 zur Verfügung gestellt werden. Für die Verteilung dieser Fördermittel gilt Abs. 6 (→ Rn. 22). Nach Abs. 1 S. 3 2. Hs. iVm Abs. 1 S. 2 beteiligen sich die **privaten Versicherungsunternehmen**, die die private Pflegepflichtversicherung durchführen, an dieser Förderung mit insgesamt 10 % des in Abs. 1 Satz 3 1. Hs. genannten Fördervolumens (10 % von 10 Millionen Euro = 1 Millionen Euro). Auf welche Weise der Anteil der privaten Pflegeversicherung aufgebracht wird, ergibt sich aus Abs. 8 (→ Rn. 28)

7 Nach dem im Rahmen des PSG III eingefügten Abs. 1 S. 4 1. Hs. erhöhen die Fördermittel nach Abs. 1 S. 3 (10 Millionen Euro), die in dem jeweiligen Kalenderjahr **nicht in Anspruch genommen** worden sind, im Folgejahr das Fördervolumen nach S. 1 (25 Millionen Euro). Nach Abs. 1 S. 4 2. Hs. soll sich dadurch auch das in Abs. 2 S. 2 genannte Gesamtfördervolumen entsprechend erhöhen.

V. Fördergegenstand (Abs. 1 S. 1)

8 Nach Abs. 1 S. 1 werden aus dem dort bestimmten Förderbudget des Spitzenverbandes Bund (25 Millionen Euro) Förderprogramme für den Auf- und Ausbau von **Angeboten zur Unterstützung im Alltag** iSd § 45a SGB XI, den Auf- und Ausbau und die Unterstützung von Gruppen **ehrenamtlich tätiger** sowie sonstiger zum **bürgerschaftlichen Engagement** bereiter Personen und entsprechender ehrenamtlicher Strukturen sowie Modellvorhaben zur Erprobung **neuer Versorgungskonzepte** und Versorgungsstrukturen insbesondere für an Demenz erkrankte Pflegebedürftige sowie andere Gruppen von Pflegebedürftigen, deren Versorgung in besonderem Maße der strukturellen Weiterentwicklung bedarf geeigneten Bewerbern, angeboten. Weitere Anforderungen an die Antragsteller und die Modalitäten der einzelnen Förderprogramme ergeben sich aus den Abs. 3–5.

VI. Ergänzende Förderung des Landes und der Kommunen (Abs. 2)

9 Nach Abs. 2 S. 1 ergänzt der Zuschuss aus Mitteln der sozialen und privaten Pflegeversicherung eine Förderung der in Abs. 1 S. 1 genannten Zwecke (Unterstützungsangebote und andere Versorgungsstrukturen 25 Millionen Euro) durch das jeweilige **Land** oder die jeweilige **kommunale Gebietskörperschaft**. Somit betrifft die Förderungsergänzungspflicht nicht die Förderung der regionalen Netzwerke (10 Millionen Euro). Wegen der Förderungsergänzungspflicht hängt die bundesrechtliche Förderung von der landesrechtlichen ab und nicht umgekehrt. Der bundesrechtliche Förderzuschuss wird daher

nach S. 2 jeweils in gleicher Höhe wie der vom Land oder von der kommunalen Gebietskörperschaft für die einzelne Fördermaßnahme geleistete Zuschuss gewährt. Dies entspricht dem in § 9 für die Pflegeversicherung festgelegten Prinzip der dualen Finanzierung, wonach die Länder und Kommunen die Verantwortung für die Entwicklung der Pflegeinfrastruktur tragen. Die bundesrechtliche Förderung ist daher im Ergebnis eine **Ergänzung** der vorrangigen landesrechtlichen **Förderung**. Die Steuerung der Förderung liegt damit beim jeweiligen Land und den kommunalen Gebietskörperschaften. Soweit das betreffende Bundesland oder die kommunale Gebietskörperschaft eine Maßnahme nicht fördert, kann der Projektträger auch nicht in den Genuss der bundesrechtlichen Förderung aus dem Ausgleichsfonds kommen. Der Bundesgesetzgeber geht somit davon aus, dass das jeweilige Land oder die jeweilige kommunale Gebietskörperschaft die in den Abs. 3 bis 9 genannten Fördergegenstände mit eigenen Mitteln fördert. Ist dies nicht der Fall, kommt auch die bundesrechtliche Förderung nicht zum Zuge.

Nach Abs. 2 S. 2 wird der Zuschuss der privaten und sozialen Pflegeversicherung jeweils in **gleicher Höhe** gewährt wie der Zuschuss, der vom **Land** oder von der **kommunalen** Gebietskörperschaft für die einzelne Fördermaßnahme geleistet wird, so dass insgesamt ein Fördervolumen von **50 Millionen Euro** im Kalenderjahr erreicht wird. Im Rahmen der komplementären Förderung steht somit insgesamt ein Fördervolumen in Höhe von **50 Millionen Euro** im Kalenderjahr zur Verfügung, wenn die Länder und kommunalen Gebietskörperschaften ihren Förderauftrag im entsprechenden Umfang erfüllen. Die bundesrechtlichen Fördermittel der Pflegeversicherung können nicht nur für neu geschaffene, sondern auch für bereits bestehende Betreuungs- und Entlastungsangebote und Modellvorhaben eingesetzt werden. Die komplementäre Bund-Länder-Förderung ist im Bereich der sozialen Einrichtungen zwar nicht ungewöhnlich. Sie ist dennoch nicht unproblematisch, weil die Erfahrungen seit Einführung der Pflegeversicherung im Jahre 1994 gezeigt haben, dass die Länder ihrer Verpflichtung nach § 9 häufig nicht oder nicht ausreichend nachgekommen sind. So ist die nach § 9 S. 3 iVm § 82 Abs. 3 vorausgesetzte Förderung von **Pflegeeinrichtungen** bis auf ganz wenige Ausnahmen mittlerweile überall eingestellt worden. Hinzu kommt, dass auch nach § 71 SGB XII Land und Kommunen bereits seit Inkrafttreten des Sozialhilferechts die Verantwortung für eine bedarfsgerechte ambulante Versorgung alter Menschen tragen, die sie sehr unterschiedlich wahrnehmen. Gerade bei Förderprojekten, die auf den Einsatz ehrenamtlicher Personen aufbauen, erschweren die besonderen bürokratischen Hürden des Landes-Förderrechts die Realisierung von Projekten. Das Urteil des VG Augsburg[2] wirft den Blick auf ein klassisches Risiko der kommunalen und Landesförderung: Das VG Augsburg hat die vom niedrigschwelligen Betreuungsangebot zu leistenden erheblichen Rückzahlungen für rechtens erklärt, weil im Verwendungsnachweis der im ursprünglichen Finanzierungsplan angegebene **Eigenanteil** von 10 % vermutlich wegen unerwartet höherer Einnahmen nicht nachgewiesen werden konnte. Ein weiteres anschauliches Beispiel für die förderrechtlichen **Rückforderungsrisiken** bei den Unterstützungsangeboten liegt auch dem Urteil des VG München[3] zu Grunde. Der vom VG aufgehobene Rückforderungsbescheid der Förderbehörde wurde damit begründet, dass die Beschäftigung von Minijobbern im niedrigschwelligen Betreuungsangebot nach den Förderbestimmungen unzulässig sei. Nach Auffassung des VG war die von der Förderbehörde vertretene Festlegung auf ehrenamtlich tätige Personen so eindeutig aus den Förderbestimmungen nicht zu entnehmen. Vor dem Hintergrund der förderrechtlichen Probleme und Einschränkungen wird zu befürchten sein, dass sich in einzelnen Bundesländern „weiße Flecken" der Nichtförderung ergeben werden. Mitunter sind es gerade Gebiete, die am dringendsten eine Verbesserung der Pflegeinfrastruktur benötigen. Dabei werden insbesondere Regionen mit erheblichen Auswirkungen der demographischen Entwicklung „doppelt gestraft" sein, wenn gerade junge Menschen wegziehen und alte Menschen immer mehr sich selbst überlassen bleiben.

Nach dem im Rahmen des PSG III neu eingefügten Abs. 2 S. 3 können im Einvernehmen mit allen Fördergebern Zuschüsse der kommunalen Gebietskörperschaften auch als **Personal-** oder **Sachmittel** eingebracht werden, sofern diese Mittel nachweislich ausschließlich und unmittelbar dazu dienen, den jeweiligen **Förderzweck** zu erreichen. Grundsätzlich gibt die Einbringung von kommunalen Personal- und Sachmitteln den Kommunen einen größeren Handlungsspielraum, bundesrechtliche Fördermittel in ihre Region zu lenken. Allerdings besteht dabei das Risiko, dass bestimmte **kommunale Aufwendungen** iSd der Fördergegenstände „umdeklariert" werden, ohne dass je die Erfüllung des Förderzwecks geprüft werden könnte. Dass auch der Gesetzgeber diese Gefahr gesehen hat, zeigt Abs. 7 S. 2 (→ Rn. 26). Danach haben die Bundesorganisationen in ihren Empfehlungen unter anderem auch die Anforderungen für die Einbringung der Personal- und Sachmittel festzulegen.

---

2 VG Augsburg, 18.6.2013, Au 3 K 12.279, BeckRS 2013, 54855.
3 VG München, 5.11.2008, M 9 K 07.5380, BeckRS 2008, 46142: gewesen sei!

12 Nach Abs. 2 S. 4 sind Mittel der **Arbeitsförderung**, soweit diese bei einem Projekt eingesetzt werden, einem vom Land oder von der Kommune geleisteten Zuschuss gleichgestellt. Damit wird klargestellt, dass Fördermittel der **Arbeitsförderung** wie kommunale oder landesrechtliche Fördermittel behandelt und damit auf diese angerechnet werden, auch wenn es sich hierbei um Bundesmittel handelt. Fördermittel der Arbeitsförderung können zB nach §§ 88 bis 92 SGB III (**Eingliederungszuschuss** für Personen mit Vermittlungshemmnissen), § 131 SGB III (Eingliederungszuschuss für ältere Arbeitnehmerinnen und Arbeitnehmer), § 16 Abs. 1 Nr. 5 SGB II iVm §§ 88 bis 92 SGB III sowie § 131 SGB III (Eingliederungszuschüsse), § 16 b SGB II (Einstiegsgeld), § 16 d SGB II (Arbeitsgelegenheiten), § 16 e SGB II (Förderung von Arbeitsverhältnissen) gewährt werden. Da die Fördermittel der Arbeitsförderung idR Bundesmittel sind, liegt bei der Kombination von Mitteln aus dem Ausgleichsfonds und der Arbeitsförderung im Ergebnis nicht eine Bund-Länder, sondern eine Bund-Bund-Förderung nur aus verschiedenen „Töpfen" vor.

VII. Unterstützung im Alltag (Abs. 3)

13 Abs. 3 regelt die Förderung der **Unterstützungsangebote**. Nach Abs. 3 S. 1 erfolgt die Förderung des Auf- und Ausbaus von Unterstützungsangeboten iSd § 45 a nach Abs. 1 S. 1 Nr. 1 (Betreuungsangebot) als **Projektförderung** und dient insbesondere dazu, **Aufwandsentschädigungen** für die ehrenamtlich tätigen Helfenden sowie notwendige Personal- und Sachkosten, die mit der Koordination und Organisation der Hilfen und der fachlichen Anleitung und Schulung der Helfenden durch Fachkräfte verbunden sind, zu finanzieren. Gegenstand dieses Förderprogramms sind Unterstützungsangebote, in denen insbesondere ehrenamtliche Helferinnen und Helfer unter pflegefachlicher Anleitung die Betreuung von Pflegebedürftigen mit allgemeinem oder mit besonderem Betreuungsbedarf in Gruppen oder im häuslichen Bereich übernehmen (**Betreuungsangebote** iSd § 45 a Abs. 1 S. 2 Nr. 1). Damit können Unterstützungsangebote iSd § 45 a Abs. 1 S. 2 Nr. 2 (Angebote zur Entlastung von Pflegenden) und des § 45 a Abs. 1 S. 2 Nr. 3 (Angebote zur Entlastung im Alltag) aus dem Förderprogramm nach Abs. 3 nicht gefördert werden. **Projektförderung** bedeutet, dass für ein Betreuungsangebot eine pauschale Fördersumme für einen bestimmten Zeitraum unabhängig von den tatsächlichen Aufwendungen im Rahmen einer Anteilsfinanzierung gewährt wird. Förderfähige Aufwendungen der Unterstützungsangebote sind zum einen die **Aufwandsentschädigungen** für die ehrenamtlichen Betreuungskräfte. Damit wird ein Merkmal der Unterstützungsangebote erkennbar, nämlich die zentrale Bedeutung der Mitwirkung ehrenamtlicher Betreuungskräfte. Auf der anderen Seite dürfen aber Unterstützungsangebote nicht von der Förderung ausgeschlossen werden, wenn die Betreuung nicht nur von ehrenamtlichen, sondern auch von **geringfügig abhängig Beschäftigten** iSd § 8 SGB IV geleistet wird. Unabhängig hiervon ist aber die **Aufwandsentschädigung für Ehrenamtliche** (§ 670 BGB) sowohl aus arbeitsrechtlichen als auch aus steuerrechtlichen und sozialversicherungsrechtlichen Gründen abzugrenzen von der **Vergütung** für abhängig **beschäftigte** Personen iSd § 8 SGB IV. Denn tatsächlich handelt es sich nach steuerrechtlichen und sozialversicherungsrechtlichen Vorgaben bei Tätigkeiten mit pauschaler Aufwandsentschädigung mitunter nicht um eine rechtlich begünstigte ehrenamtliche, sondern um eine **steuer- und sozialversicherungspflichtige** geringfügige oder auch nicht geringfügige abhängige **Beschäftigung**.[4] Im Fall der „verdeckten abhängigen Beschäftigung" bestehen für die Unterstützungsangebote erhebliche arbeitsrechtliche, sozialversicherungsrechtliche und lohnsteuerrechtliche Nachforderungs-Risiken, für die auch ehrenamtliche Vorstände von eingetragenen bzw. nicht eingetragenen Vereinen trotz Haftungsprivilegien uneingeschränkt haften.[5] Weiterhin sollen nach Abs. 3 S. 2 die notwendigen Personal- und Sachkosten der Koordination und Organisation der Hilfen und der fachlichen Anleitung und Schulung der Betreuenden durch **Fachkräfte** förderfähig sein. Bei diesen Personal- und Sachkosten wird es sich idR um Aufwendungen für abhängig beschäftigte Fachkräfte mit besonderen Fachkenntnissen auf dem Gebiet der Demenzbetreuung handeln. Was als **Fachkraft** anerkannt werden kann, ergibt sich aus den von den Ländern nach § 45 b Abs. 3 zu erlassenden Verordnungen. Die von Linke[6] für notwendig erachtete analoge Anwendung des § 71 Abs. 3 ist im Hinblick auf Qualitätserfordernisse nachvollziehbar. Es stellt sich aber die Frage, ob hier nicht auch andere als die Berufe nach § 71

---

4 Der Paritätische Gesamtverband, Der Einsatz von Ehrenamtlichen aus arbeits-, sozialversicherungs- und steuerrechtlicher Sicht, 2002; Schwarz, Steuerliche Behandlung ehrenamtlicher Tätigkeit in gemeinnützigen Stiftungen, ZStV 2010, 171.

5 Griep, Sozialrecht Aktuell 2010, 161; Unger, NJW 2009, 3269; Roth, NPOR 1/2010, 1, online abrufbar unter www.npor.de (zuletzt abgerufen am 1.3.2017).

6 Linke in: Krauskopf, § 45 c SGB XI Rn. 12.

Abs. 3 in Frage kommen können. Der Gesetzgeber möchte die Unterstützungsangebote auch dadurch fördern, dass deren Leistungen im Rahmen des Umwandlungsanspruchs nach § 45a Abs. 4 diesen Einrichtungen vorbehalten bleibt.

Dem **Antrag** auf Förderung ist nach Abs. 3 S. 2 ein **Konzept** zur **Qualitätssicherung** des Angebots beizufügen. Für die Ziele und Aufgaben des Unterstützungsangebotes muss also ein für die Tätigkeit verbindliches Konzept schriftlich verfasst werden. Ein nur tatsächlich praktiziertes Konzept reicht nicht aus. Die Länder sollen in ihren Rechtsverordnungen nach § 45a Abs. 3 S. 1 Vorgaben zur regelmäßigen Qualitätssicherung der Unterstützungsangebote regeln. Aus dem Konzept muss sich nach Abs. 3 S. 3 ergeben, dass eine angemessene **Schulung** und **Fortbildung** der Helfenden sowie eine kontinuierliche **fachliche Begleitung** und **Unterstützung der ehrenamtlich Helfenden** in ihrer Arbeit gesichert sind. Nach § 45a Abs. 2 S. 3 umfasst das Konzept ferner Angaben zur zielgruppen- und tätigkeitsgerechten **Qualifikation** der Helfenden und zu dem Vorhandensein von Grund- und Notfallwissen im Umgang mit Pflegebedürftigen sowie dazu, wie eine angemessene Schulung und Fortbildung der Helfenden sowie eine kontinuierliche **fachliche Begleitung** und Unterstützung insbesondere von ehrenamtlich Helfenden in ihrer Arbeit gesichert werden. Nach § 45a Abs. 2 S. 4 ist das Konzept bei wesentlichen Änderungen hinsichtlich der angebotenen Leistungen entsprechend **fortzuschreiben**. Diese den Unterstützungsangeboten auferlegten normativen und organisatorischen Anforderungen stellen hohe fachliche Anforderungen, die in einer erheblichen Spannung zur zentralen Bedeutung der ehrenamtlichen Tätigkeit und der vom Gesetzgeber erwarteten Kostengünstigkeit[7] stehen. 14

VIII. Gruppen ehrenamtlich tätiger Personen (Abs. 4)

Abs. 4 regelt die Förderung des Auf- und Ausbaus und die Unterstützung von Gruppen ehrenamtlich tätiger sowie sonstiger zum bürgerschaftlichen Engagement bereiter Personen und entsprechender ehrenamtlicher Strukturen. Nach Abs. 4 S. 1 sollen in erster Linie **Initiativen**, die sich die Unterstützung, allgemeine Betreuung und Entlastung von Pflegebedürftigen und deren Angehörigen sowie vergleichbar nahestehenden Pflegepersonen zum Ziel gesetzt haben, gefördert werden. Ein Beweggrund für die Förderung ist, dass Ehrenamtliche zusätzliche Aufwendungen erfordern.[8] Gleichzeitig sollen Ehrenamtliche aber auch die Qualität der Pflege wirksam erhöhen und den Verbleib in der eigenen häuslichen Umgebung ermöglichen. Der Fördergegenstand nach Abs. 4 ist nahezu nicht abgrenzbar vom Fördergegenstand nach Abs. 3 iVm Abs. 1 S. 1 Nr. 1 (Unterstützungsangebote). Der einzige Unterschied der Initiativen zum Unterstützungsangebot besteht darin, dass die Initiativen keine Anerkennung als Unterstützungsangebot haben und daher nicht berechtigt sind, kostenerstattungspflichtige Leistungen des Umwandlungsbetrages und des Entlastungsbetrages zu erbringen. 15

IX. Modellvorhaben neue Versorgungskonzepte (Abs. 5)

Abs. 5 regelt die Förderung von **Modellvorhaben** zur Erprobung neuer Versorgungskonzepte und Versorgungsstrukturen insbesondere für an Demenz erkrankte Pflegebedürftige sowie andere Gruppen von Pflegebedürftigen, deren Versorgung in besonderem Maße der strukturellen Weiterentwicklung bedarf. Nach Abs. 5 S. 1 sollen insbesondere modellhaft Möglichkeiten einer wirksamen Vernetzung der erforderlichen Hilfen für an Demenz erkrankte Pflegebedürftige und andere Gruppen von Pflegebedürftigen, deren Versorgung in besonderem Maße der strukturellen Weiterentwicklung bedarf, in einzelnen Regionen erprobt werden. § 45c Abs. 1 S. 1 Nr. 3 nennt Modellvorhaben zur Erprobung neuer Versorgungskonzepte und Versorgungsstrukturen insbesondere für an Demenz erkrankte Pflegebedürftige sowie andere Gruppen von Pflegebedürftigen, deren Versorgung in besonderem Maße der strukturellen Weiterentwicklung bedarf. Hierbei ist berücksichtigt, dass in Anbetracht der zunehmenden Zahl demenziell Erkrankter ein dringender Handlungsbedarf, neue spezifisch am Bedarf der Betroffenen orientierte Versorgungsangebote zu entwickeln, besteht.[9] Unter **Vernetzung** ist das Zusammenwirken vieler an der Betreuung und Versorgung von pflegebedürftigen Personen beteiligter Akteure, Leistungsträger, Kommunen und sonstiger Institutionen zur Verbesserung der ambulanten Versorgungsstruktur für den betroffenen Personenkreis zu verstehen. **Ziel** der **Vernetzung** ist die Vermeidung von Doppelstrukturen, Schließung von Versorgungslücken, bessere Ausschöpfung vorhandener personeller und finanzieller Ressourcen und damit der Hilfemöglichkeiten, Arbeits-, Zeit- und Kostener- 16

---

7 BT-Dr. 14/6949, 17.
8 BT-Dr. 16/7439, 65.
9 BT-Dr. 14/6949, 17.

sparnis, effiziente Bündelung und Weitergabe von Informationen, Erhöhung der Transparenz in Bezug auf Dienste und Leistungen für Anbieter und Klienten sowie die Überwindung der Schnittstellen und Fragmentierungen im Sozial- und Gesundheitswesen.[10]

17 Bei der Förderung der Modellvorhaben können nach Abs. 5 S. 2 auch stationäre Versorgungsangebote berücksichtigt werden. Infrage kommen teilstationäre und vollstationäre **Pflegeheime** nach § 71 Abs. 2 (soweit sie einzelne Versorgungsaufgaben ambulanter Leistungserbringer unterstützen oder ergänzen können wie zB Mittagstisch, Raumangebote, besondere Aufgaben des **Quartiersmanagement**) oder Krankenhäuser nach § 107 SGB V (mit speziellen gerontopsychiatrischen Angeboten). Im Rahmen des Abs. 5 kommen auch die Förderung regionaler gerontopsychiatrischer Verbundsysteme sowie der Einsatz von Case- oder Care-Managern in Frage.[11] Sie können regional vorhandene Kompetenzen bündeln, die systematische **trägerübergreifende Kooperation** aller an der Versorgung Demenzkranker Beteiligter sicherstellen, können die Qualität der Versorgung verbessern und dazu beitragen, frühzeitige Heimeinweisungen zu verhindern. Unabhängig von den Modellvorhaben kann das Ziel der Vernetzung auch bei der Leistungserbringung im Wege der **integrierten Versorgung** nach §§ 12 Abs. 2 S. 3, 92 b SGB XI sowie 140 b SGB V verfolgt werden.

18 Die Modellvorhaben sind nach Abs. 5 S. 3 auf längstens **fünf Jahre** zu befristen. Damit ist klargestellt, dass es sich bei der Förderung der Modellvorhaben nicht um eine Dauerfinanzierung, sondern um eine echte **Modell-Finanzierung** handelt. Nach dem Auslauf der Modellfinanzierung wird sich für das eine oder andere neue Versorgungskonzept die Frage stellen, wie es weitergehen soll. Dauerhafte Finanzierungsaussichten können einige in den letzten Jahren hinzugekommen ambulante Leistungen der Pflegeversicherung (zB Wohngruppenzuschlag nach § 38 a, Pflegeberatung nach § 7 a, Pflegestützpunkte nach § 7 c) sowie die Infrastrukturverantwortung der Kommunen nach § 71 SGB XII bieten.

19 Bei der Vereinbarung und Durchführung von Modellvorhaben kann nach Abs. 5 S. 4 im Einzelfall von den Regelungen des Siebten Kapitels (§§ 69 bis 81) abgewichen werden. Da das **SGB XI-Leistungserbringungsrecht** mittlerweile einen fragwürdigen Grad der Regelungsdichte erreicht hat,[12] ist diese Befreiung dringend notwendig. Fragwürdig ist allerdings, ob die hier zurückgewährte Vertragsfreiheit von den dem Nachfrage-Monopol der Pflegekassen gegenüberstehenden Anbietern neuer Versorgungskonzepte auch hinreichend kreativ zur Ermöglichung neuer Angebotsformen genutzt werden kann. Im Hinblick auf notwendige und vom Gesetzgeber gewollte Innovationen ist auch mit Sorge zu beobachten, dass die immer mehr auf ambulante Versorgungsformen ausgreifenden Landes-Heimgesetze Innovationen zunehmend verhindern bzw. erschweren.

20 Für die Modellvorhaben sind nach Abs. 5 S. 5 eine **wissenschaftliche Begleitung** und Auswertung vorzusehen. Nach der Vorstellung des Gesetzgebers sollen Modellvorhaben Erkenntnisse für künftige gesetzgeberische Entscheidungen über die Weiterentwicklung der Leistungen und der Leistungsgewährung in der Pflegeversicherung vermitteln.[13] Daher sei eine wissenschaftliche Auswertung der Modellvorhaben unerlässlich. Die Auswertung müsse allgemein anerkannten **wissenschaftlichen Standards** entsprechen. Sie soll Auskunft geben, inwieweit die mit dem Modellvorhaben verfolgten Ziele erreicht worden seien und welche Auswirkungen sich auf Qualität und Kosten der Versorgung ergeben. Obwohl das Gesetz hierzu keine Hinweise gibt, sind die Kosten der wissenschaftlichen Begleitung idR bei der Förderung zu berücksichtigende Projektkosten.

21 Soweit im Rahmen der Modellvorhaben personenbezogene Daten benötigt werden, können diese nach Abs. 5 S. 6 nur mit **Einwilligung** des Pflegebedürftigen erhoben, verarbeitet und genutzt werden. Diese Regelung entspricht § 4 Abs. 1 BDSG sowie § 67 b Abs. 1 S. 1 SGB X und hat daher in erster Linie deklaratorische Bedeutung. Auch bei der Förderung nach Abs. 5 besteht das alle SGB XI-Förderprogramme betreffende Problem, dass der Fördergegenstand nach Abs. 5 große Ähnlichkeiten mit anderen Fördergegenständen insbesondere nach Abs. 9, § 45 d und § 45 f aufweist und daher notgedrungen **Abgrenzungsprobleme** aufkommen müssen, die nicht gerade der für öffentliche Förderungen notwendigen Transparenz bei den Förderinteressenten zuträglich ist.

---

10 Technische Universität Dortmund (Hrsg.), Vernetzte Demenzversorgung – Empfehlungen für die Praxis, 2011.
11 BT-Dr. 14/6949, 17.
12 Griep, Entbürokratisierung des sozialrechtlichen Leistungserbringungsrechts, RsDE 66 (2008), 27.
13 BT-Dr. 14/6949, 17.

X. Mittelverteilung im Bundesgebiet und Übertragbarkeit (Abs. 6)

Nach Abs. 6 S. 1 werden die Fördermittel der sozialen und privaten Pflegeversicherung (25 Millionen Euro für Versorgungsstrukturen sowie 10 Millionen für regionale Netzwerke) nach dem **Königsteiner Schlüssel** auf die Länder aufgeteilt, um eine **gerechte Verteilung** der Fördermittel der Pflegeversicherung auf die Länder zu gewährleisten. Der für verschiedene Bereiche der staatlichen Finanzierung maßgebliche Königsteiner Schlüssel geht auf das Königsteiner Staatsabkommen vom 31.3.1949 zurück, das jetzt in Art. 91 b Abs. 3 GG eine verfassungsrechtliche Rechtsgrundlage hat. Es berücksichtigt Steueraufkommen und Bevölkerungszahl und wird von einer Bund-Länderkommission jährlich neu festgesetzt und im Bundesanzeiger veröffentlicht.

Nach Abs. 6 S. 2 können Mittel, die in einem Land im jeweiligen Haushaltsjahr nicht in Anspruch genommen werden, in das Folgejahr **übertragen** werden. Diese Regelung betrifft nur die **bundesrechtlichen Mittel** nach Abs. 1 S. 1 (25 Millionen Euro), nicht aber die ergänzenden Fördermittel der **Länder** oder **Kommunen** nach Abs. 2. Weiterhin betrifft die Übertragungsregel nach Abs. 6 S. 2 nur das Förderbudgets „Versorgungsstrukturen" nach Abs. 1 S. 1. Für das Förderbudget „regionale Netzwerke" nach Abs. 1 S. 3 (10 Millionen Euro) ist die Übertragbarkeit gesondert in Abs. 1 S. 3 2. Hs. (→ Rn. 6) geregelt. Mit der Übertragbarkeit nach Abs. 6 S. 2 ist klargestellt, dass nicht in einem Kalenderjahr verbrauchte Mittel eines Bundeslandes im Folgejahr wieder für den Förderzweck verwendet werden können. Nach § 19 Abs. 1 S. 1 BHO dürfen nur Investitionsmittel auf das nächste Haushaltsjahr übertragen werden. Alle anderen nicht verbrauchten Fördermittel dürften daher nicht mehr für den Förderzweck verwendet werden. § 45 c Abs. 6 S. 2 regelt daher die **Übertragbarkeit** von nicht verbrauchten Fördermitteln auf das Folge-Kalenderjahr, damit sie im Folgejahr für den gleichen Förderzweck und damit nur zeitverschoben verwendet werden können.

Im Rahmen des PSG III hat der Gesetzgeber durch Einfügung der S. 3 bis 9 in den Abs. 6 die Möglichkeit geschaffen, nicht verbrauchte Fördermittel eines Förderjahres nicht nur auf das **folgende**, sondern auch noch auf **weitere spätere Förderjahre** zu übertragen. Er hat damit einen weiteren Weg eröffnet, auch die bereits einmal in das Folgejahr übertragenen und immer noch nicht verbrauchten Fördermittel (Förderbudget nach Abs. 1 S. 1 = 25 Millionen Euro) entgegen den allgemeinen Haushaltsgrundsätzen wieder für die Förderzwecke in nachfolgenden Förderjahren (**weitere Folgejahre**) zur Verfügung zu stellen: Nach Abs. 6 S. 3 können bereits einmal auf das Folgejahr übertragene und auch am Ende des Folgejahres nicht verbrauchte Fördermittel von Ländern für Projekte in dem auf das Folgejahr folgenden Zeiträumen unter den in S. 3 bestimmten Bedingungen genutzt werden: Die antragstellenden Länder müssen

- spätestens bis zum 30.4 des auf das Folgejahr folgenden Förderjahres (weiteres Folgejahr nach S. 5) beim Bundesversicherungsamt mindestens Art, Region und geplante Förderhöhe für ihre beantragten Projekte konkret benennen, und
- im Jahr vor der ersten Übertragung der nicht verbrauchten Mittel (ursprünglich maßgebliche Förderperiode) mindestens 80 % der auf sie nach dem Königsteiner Schlüssel entfallenden Mittel für ihre Projekte ausgeschöpft haben.

Der Gesetzgeber erwartet, dass auf diese Weise zum Stichtag (30.4. des Folge-Folgejahres) festgestellt werden könne, in welchem Umfang die Mittel jeweils auf die beantragenden Länder entfallen.[14] Auf der Grundlage dieser Feststellung könne beurteilt werden, ob die zur Verfügung stehenden Mittel für die beantragten Vorhaben vollständig ausreichen oder nach dem Königsteiner Schlüssel auf die beantragten Länder zu verteilen sind oder bei Bewilligung aller beantragten Mittel weiterhin noch Fördermittel zur Verfügung stünden, die dann in der Reihenfolge des Antragseingangs nach dem Stichtag noch abgerufen werden könnten. Die Verausgabung der nach S. 3 beantragten Fördermittel durch die Länder oder kommunalen Gebietskörperschaften darf sich nach S. 4 für die entsprechend benannten Projekte über einen Zeitraum von maximal **drei Jahren** erstrecken. Der Ausgleichsfonds sammelt gemäß S. 5 die nach S. 3 eingereichten Anträge bis zum 30. **April des auf das Folgejahr folgenden Jahres (weiteres Folgejahr)** und stellt anschließend fest, in welchem Umfang die Mittel jeweils auf die beantragenden Länder entfallen. Die Auszahlung der Mittel für ein Projekt erfolgt nach S. 6, sobald für das Projekt eine konkrete Förderzusage durch das Land oder die kommunale Gebietskörperschaft vorliegt. Ist die Summe der bis zum 30. April des auf das Folgejahres folgenden Jahres beantragten Mittel insgesamt größer als der dafür vorhandene Mittelbestand, so werden gemäß S. 7 die vorhandenen Mittel nach dem **Königsteiner Schlüssel** auf die beantragenden Länder verteilt. Nach S. 8 werden die nach

---

[14] BT-Dr.18/10510, 111.

dem 30. April eingehende Anträge in der Reihenfolge des Antragseingangs bearbeitet, bis die Fördermittel verbraucht sind. Nach S. 9 verfallen Fördermittel, die bis zum Ende des auf das Folgejahr folgenden Jahres nicht beantragt sind. Für nicht verbrauchte Mittel des **Förderbudgets 2015** gilt die Übergangsregelung in § 144 Abs. 4 (→ § 144 Rn. 6). Die in Abs. 6 S. 3 bis 9 ermöglichte mehrfache Übertragung der Fördermittel auf spätere Fördermittelzeiträume zeigt die Schwerfälligkeit und offenbart die Fehlkonstruktion der SGB XI-Infrastruktur-Förderprogramme. Die verschiedenen Programme sind kaum abgrenzbar und gehen mit ihren hohen bürokratischen Anforderungen an der Wirklichkeit vorbei. Sie erreichen wegen ihrer vielen bürokratischen Hürden offensichtlich ihre in vielen Fällen bürgerschaftlich organisierten Adressaten erst gar nicht und bieten aus vielen Gründen keinen Anreiz für die erhofften Infrastrukturimpulse. Zu Recht kritisiert auch *Klie*,[15] dass die Vielzahl der Beteiligten und die Kompliziertheit der Regelungen im Gegensatz zum Innovationsauftrag der Förderregelungen stehen. Da jede Gesetzesänderung immer noch ein Mehr an Bürokratie verursacht, erscheint der Gesetzgeber hier ganz offensichtlich unbelehrbar. Ein entscheidender Impuls auch für die Pflege-Infrastruktur wäre die bedarfsgerechte flexible Nutzbarkeit der Pflegesozialleistungen. Diese Chance hat der Gesetzgeber angesichts der Bürgern kaum verständlich darstellbaren unterschiedlichen und komplexen Leistungserbringungsmodalitäten (einschließlich der noch komplexeren Besitzstandsschutzregelungen in § 141) der laufenden Pflege-Sozialleistungen leider trotz vieler Hinweise aus der Praxis wieder einmal vertan.

XI. Bundesempfehlungen zur Förderung (Abs. 7)

25 Nach Abs. 7 S. 1 beschließt der **Spitzenverband Bund** der Pflegekassen mit dem **Verband der privaten Krankenversicherung eV** nach Anhörung der **Verbände der Behinderten und Pflegebedürftigen** auf Bundesebene Empfehlungen über die Voraussetzungen, Ziele, Dauer, Inhalte und Durchführung der Förderung sowie zu dem Verfahren zur Vergabe der Fördermittel für die in Abs. 1 S. 1 genannten Zwecke (Weiterentwicklung Versorgungsstrukturen). Abs. 7 S. 1 enthält somit auch die Ermächtigung an die Vertragsparteien der Selbstverwaltung, Empfehlungen über die Voraussetzungen Ziele, Dauer, Inhalte und Durchführung der Förderung sowie zu dem Verfahren zur Vergabe der Fördermittel für die **Unterstützungsangebote** zu vereinbaren. Verbände der Behinderten und Pflegebedürftigen sind nach § 63 S. 1 SGB IX Verbände, die nach ihrer Satzung behinderte Menschen auf Bundesebene vertreten.

26 Nach Abs. 7 S. 2 ist in den Empfehlungen des **Spitzenverbandes Bund** der Pflegekassen und des **Verbandes der privaten Krankenversicherung eV** unter anderem auch festzulegen, dass jeweils im Einzelfall zu prüfen ist, welchen Anforderungen die Einbringung von Zuschüssen der **kommunalen Gebietskörperschaften** als Personal- oder Sachmittel genügen muss und ob im Rahmen der in Abs. 1 S. 1 genannten Zwecke Mittel und Möglichkeiten der **Arbeitsförderung** genutzt werden können. Als zu berücksichtigende Leistungen der Arbeitsförderung kommen Leistungen nach § 16 e SGB II sowie § 88 SGB III (Eingliederungszuschuss für Arbeitgeber von Personen mit Vermittlungshemmnissen), § 131 SGB III (Eingliederungszuschuss für Arbeitgeber älterer Personen) und § 131 a SGB III (Weiterbildungsförderung in der Altenhilfe) in Frage. Die Empfehlungen bedürfen nach Abs. 7 S. 3 der Zustimmung des Bundesministeriums für Gesundheit und der Länder. Soweit Belange des Ehrenamts betroffen sind, ist nach Abs. 7 S. 4 die Zustimmung das Bundesministerium für Gesundheit im Benehmen mit dem **Bundesministerium für Familie, Senioren, Frauen und Jugend** erforderlich. Zur Zeit gelten die Empfehlungen des GKV Spitzenverbandes und des Verbandes der privaten Krankenversicherung eV zur Förderung von niedrigschwelligen Betreuungs- und Entlastungsangeboten, ehrenamtlichen Strukturen und der Selbsthilfe sowie von Modellvorhaben zur Erprobung neuer Versorgungskonzepte und Versorgungsstrukturen nach § 45 c Abs. 6 SGB XI iVm § 45 d Abs. 3 SGB XI vom 24.7.2002 idF vom 2.2.2015[16]

27 Nach Abs. 7 S. 5 werden die Landesregierungen ermächtigt, durch **Rechtsverordnung** das Nähere über die Umsetzung der Empfehlungen zu bestimmen. Auch bei der von ihnen zu **erlassenen Rechtsverordnung zur Anerkennung der Unterstützungsangebote** nach § 45 c Abs. 7 (→ § 45 a Rn. 13 f.) sollen die Länder die Bundes-Empfehlungen nach Abs. 7 berücksichtigen.

---

15 Klie in: LPK-SGB XI, § 45 c Rn. 7.
16 Siehe www.gkv-spitzenverband.de (zuletzt abgerufen am 1.3.2017).

XII. Förderbeteiligung privater Versicherungsunternehmen (Abs. 8)

Nach Abs. 8 S. 1 kann der Finanzierungsanteil, der nach Abs. 1 S. 2 auf die **privaten Versicherungsunternehmen** entfällt, von dem Verband der privaten Krankenversicherung eV unmittelbar an das **Bundesversicherungsamt** zugunsten des Ausgleichsfonds der Pflegeversicherung (§ 65) überwiesen werden. Der Finanzierungsanteil der privaten Pflegeversicherung beträgt beim Förderbudget nach Abs. 1 S. 1 10 % von 25 Millionen Euro (= 2,5 Millionen Euro), beim Förderbudget nach Abs. 1 S. 3 10 % von 10 Millionen Euro (= 1 Million Euro). Abs. 8 S. 1 beauftragt somit den Verband der privaten Krankenversicherung eV, diese Beträge bei seinen privaten Mitglieds-Pflegekassen einzusammeln und an das Bundesversicherungsamt weiterzuleiten. Da das Gesetz keine Regelung darüber trifft, nach welchen Kriterien das einzelne private Versicherungsunternehmen an den Abgaben beteiligt wird, ist es Sache des Verbandes dies zu regeln. Insoweit wird der Verband wie bei anderen Aufgaben auch als beliehenes Unternehmen öffentlich-rechtlich in die Pflicht genommen. 28

Näheres über das Verfahren der **Auszahlung** der **Fördermittel**, die aus dem Ausgleichsfonds zu finanzieren sind, sowie über die Zahlung und Abrechnung des Finanzierungsanteils der privaten Versicherungsunternehmen regeln das Bundesversicherungsamt, der Spitzenverband Bund der Pflegekassen und der Verband der privaten Krankenversicherung eV durch Vereinbarung. Zurzeit gilt die Vereinbarung vom 8.6.2009. 29

XIII. Fördergegenstand regionale Netzwerke (Abs. 9)

Abs. 9 regelt die Förderung **regionaler Netzwerke.** Nach Abs. 9 S. 1 können die in Abs. 1 S. 3 genannten Mittel (10 Millionen Euro) auch für die Beteiligung von Pflegekassen an regionalen Netzwerken zur Verbesserung der Versorgung und Unterstützung von Pflegebedürftigen und deren Angehörigen sowie vergleichbar nahestehenden Pflegepersonen verwendet werden. Die Netzwerke müssen der **strukturierten Zusammenarbeit** von Akteuren dienen, die an der Versorgung Pflegebedürftiger beteiligt sind und die sich im Rahmen einer freiwilligen Vereinbarung vernetzen. 30

Nach Abs. 9 S. 2 erfolgt die Förderung der **strukturierten regionalen Zusammenarbeit**, indem sich die Pflegekassen einzeln oder gemeinsam im Wege einer Anteilsfinanzierung an den netzwerkbedingten Kosten beteiligen. Nach Abs. 9 S. 3 darf je **Kreis oder kreisfreier Stadt** der Förderbetrag dabei **20.000 Euro** je Kalenderjahr nicht überschreiten. Nach Abs. 9 S. 4 ist den Kreisen und kreisfreien Städten, **Selbsthilfegruppen, -organisationen und -kontaktstellen** iSd § 45 d (→ Rn. 6 f.) sowie organisierten Gruppen ehrenamtlich tätiger sowie sonstiger zum bürgerschaftlichen Engagement bereiter Personen iSd Abs. 4 in ihrem jeweiligen Einzugsgebiet die Teilnahme an der geförderten strukturierten regionalen Zusammenarbeit zu ermöglichen. Beim Fördergegenstand „strukturierte Zusammenarbeit" ergeben sich mitunter Abgrenzungsprobleme zur Förderung der Vernetzung iSd Abs. 5 (→ Rn. 16 f.), da es auch bei der Vernetzung um Formen der strukturierten Zusammenarbeit geht. 31

Nach Abs. 9 S. 5 gilt für private Versicherungsunternehmen, die die **private Pflege-Pflichtversicherung** durchführen, Abs. 9 S. 1 bis 4 entsprechend. Damit wird klargestellt, dass die privaten Versicherungsunternehmen, die sich nach Abs. 1 S. 3 auch an dem dort festgelegten **Förderbudget** (10 Millionen Euro) zu beteiligen haben, in gleicher Weise wie die gesetzlichen Pflegekassen an den Netzwerken beteiligt werden können. Für die technische Abwicklung der Beteiligung der privaten Pflegekasse gilt Abs. 8 (→ Rn. 28). 32

Nach Abs. 9 S. 6 finden Abs. 7 S. 1 bis 4 und Abs. 8 entsprechende Anwendung bei der Förderung regionaler Netzwerke. Somit gelten die nach Abs. 7 geregelten Empfehlungen auf Bundesebene (→ Rn. 25 f.) auch für die Förderung regionaler Netzwerke. Nach Abs. 9 S. 7 finden die Abs. 2 und 6 allerdings keine Anwendung. Dies ergibt sich daraus, dass die Abs. 2 bis 6 die besonderen Bedingungen für das Förderbudget nach Abs. 1 S. 1 (Unterstützungsangebote und sonstige Versorgungsstrukturen) regeln und damit nicht für das die regionalen Netzwerke betreffende Förderbudget gelten sollen. 33

§ 45 d Förderung der Selbsthilfe, Verordnungsermächtigung

¹Je Versichertem werden 0,10 Euro je Kalenderjahr verwendet zur Förderung und zum Auf- und Ausbau von Selbsthilfegruppen, -organisationen und -kontaktstellen, die sich die Unterstützung von Pflegebedürftigen sowie von deren Angehörigen und vergleichbar Nahestehenden zum Ziel gesetzt haben. ²Dabei werden die Vorgaben des § 45 c und das dortige Verfahren entsprechend angewendet. ³Selbsthilfegruppen sind freiwillige, neutrale, unabhängige und nicht gewinnorientierte Zusammenschlüsse

von Personen, die entweder aufgrund eigener Betroffenheit oder als Angehörige das Ziel verfolgen, durch persönliche, wechselseitige Unterstützung, auch unter Zuhilfenahme von Angeboten ehrenamtlicher und sonstiger zum bürgerschaftlichen Engagement bereiter Personen, die Lebenssituation von Pflegebedürftigen sowie von deren Angehörigen und vergleichbar Nahestehenden zu verbessern. ⁴Selbsthilfeorganisationen sind die Zusammenschlüsse von Selbsthilfegruppen in Verbänden. ⁵Selbsthilfekontaktstellen sind örtlich oder regional arbeitende professionelle Beratungseinrichtungen mit hauptamtlichem Personal, die das Ziel verfolgen, die Lebenssituation von Pflegebedürftigen sowie von deren Angehörigen und vergleichbar Nahestehenden zu verbessern. ⁶Eine Förderung der Selbsthilfe nach dieser Vorschrift ist ausgeschlossen, soweit für dieselbe Zweckbestimmung eine Förderung nach § 20 h des Fünften Buches erfolgt. ⁷§ 45 c Absatz 7 Satz 5 gilt entsprechend.

Literatur:
Bundesministerium für Familie, Senioren, Frauen und Jugend, Bericht zur Lage und zu den Perspektiven des bürgerschaftlichen Engagements in Deutschland, 2009; *Damm*, Mitwirkung Ehrenamtlicher bei der Sozialleistungsgewährung – Erfahrungsbericht, in: Deutscher Sozialrechtsverband (Hrsg.), Mitmenschliches und bürgerschaftliches Engagement im Sozialrecht, SDSRV 50, 2003, S. 37; *Deutscher Paritätischer Wohlfahrtsverband*, Der Einsatz von Ehrenamtlichen aus arbeits-, sozialversicherungs- und steuerrechtlicher Sicht, 2009; *Deutscher Verein für öffentliche und private Fürsorge eV*, Angehörige pflegebedürftiger alter Menschen – Experten im System häuslicher Pflege, Eine Arbeitsmappe, Berlin 2000; *Hille/Hoffmeister*, Bedeutung, Wesen und Merkmale des Ehrenamts im Pflegebereich, NJW 2015, 3753; *Igl*, Sozialrechtliche Stellung mitmenschlich und bürgerschaftlich Engagierter – Bestandsaufnahme und Zukunftsperspektiven, in: Deutscher Sozialrechtsverband (Hrsg.), Mitmenschliches und bürgerschaftliches Engagement im Sozialrecht, SDSRV 50, 2003, S. 101; *Kolbe*, Die ertragssteuerliche Behandlung von Auslagenersatz, Aufwandsersatz, DStR 2009, 2465; *Klie/Hils*, Care und bürgerschaftliches Engagement, Zur Bedeutung freiwilligen Engagements in der Begleitung und Unterstützung von Menschen mit Behinderungen und Pflegebedarf, 2009; *Küstermann*, Rechtsratgeber Ehrenamt und bürgerschaftliches Engagement, 2010; *Lübking*, Lebensräume zum Älterwerden – Organisation der Versorgungslandschaft nur mit Städten und Gemeinden, Sozialrecht aktuell, Sonderheft 2016, 60; *Olk/Klein/Hartnuß (Hrsg.)*, Engagementpolitik, 2009; *Pitschas*, Sicherstellung der pflegerischen Versorgung – eine neue Gemeinschaftsaufgabe von Bund und Ländern? VSSR 2015, 391; *Schütte*, Mitwirkung Ehrenamtlicher bei der Sozialleistungsgewährung, in: Deutscher Sozialrechtsverband (Hrsg.), Mitmenschliches und bürgerschaftliches Engagement im Sozialrecht, SDSRV 50, 2003; *Vorholz*, Kommunale Verantwortung für die Pflege, Der Landkreis 2015, 335; *Welti*, Organisation der pflegerischen Versorgung – Kommunale niedrigschwellige Angebote und Schnittstellen, Sozialrecht aktuell, Sonderheft 2016, 54; *Winter*, Die Ausgestaltung von Planungs- und Förderungskompetenzen nach § 9 SGB XI, 2004.

I. Entstehungsgeschichte

1 § 45 d wurde durch das Pflege-Weiterentwicklungsgesetz vom 28.5.2008 (BGBl. I, 874) in das SGB XI eingefügt. Während hier erstmals ehrenamtliche Strukturen im Bereich der ambulanten Versorgung demenzkranker Pflegebedürftige geregelt wurden, geschah dies gleichzeitig im stationären Bereich durch Einfügung des § 82 b. Durch Art. 1 Nr. 19 des PNG vom 23.8.2012 (BGBl. I, 2246) wurde § 45 d mit Wirkung zum 1.11.2012 in der Weise geändert, dass der Förderung von Selbsthilfegruppen ein eigenständiges Förderbudget in Abs. 2 zugeordnet wurde. Erneut geändert wurde § 45 d durch Art. 2 Nr. 29 das PSG II. Dabei wurden die Abs. 2 und 3 des bis dahin geltenden § 45 d in § 45 c eingefügt. § 45 d in der ab 1.1.2017 geltenden Fassung regelt damit jetzt in einer eigenständigen Norm nur noch die Förderung der **Selbsthilfe**, für die bereits seit dem PNG in der Pflegeversicherung auch eigenständige Fördermittel bereitgestellt werden.[1] Neben Angehörigen von Pflegebedürftigen werden nun auch den Pflegebedürftigen vergleichbar Nahestehende in der Vorschrift explizit benannt.[2] Die Förderung der Gruppen ehrenamtlich Tätiger findet sich seit dem Inkrafttreten des PSG II am 1.1.2017 in § 45 c Abs. 4.

II. Normzweck und europarechtlicher Kontext

2 Die in § 45 d bezweckte Weiterentwicklung der **Selbsthilfe** ist eine Reaktion des Gesetzgebers auf die demografisch veränderten Rahmenbedingungen der ambulanten Pflege:[3] Steigenden Zahlen von Pfle-

---

[1] BT-Dr.18/5926, 133.
[2] Vgl. hierzu auch BT-Dr. 18/1798, 35.
[3] BT-Dr. 16/7439, 65.

gebedürftigen stehen immer weniger potenzielle Pflegepersonen in den Familien gegenüber. Der Gesetzgeber erwartet von der Aktivierung der Selbsthilfe eine Stabilisierung der Pflege-Rahmenbedingungen. Es bestehe die Notwendigkeit, rechtzeitig ausreichend bedarfsorientierte alternative Hilfsangebote zu schaffen, um die Lebensqualität der pflegebedürftigen Menschen zu verbessern sowie familiäre Pflegearrangements zu unterstützen und zu ergänzen.[4] Ob sich diese Erwartungen erfüllen, ist offen. § 45 d begründet ein zusätzliches Förderbudget für spezifisch **ehrenamtliche Versorgungsstrukturen**. Durch die im Rahmen des PSG II bewirkte Beschränkung des § 45 d auf die Förderung der Selbsthilfe soll die Bedeutung der Selbsthilfe unterstrichen werden.

Staatliche Infrastruktur-Förderungen können sich wegen des völkergewohnheitsrechtlichen Nichteinmischungsgebots idR nur auf das Staatsgebiet der Bundesrepublik Deutschland beziehen. Aus diesem Grunde kommt die Verwendung der Fördermittel nach § 45 d außerhalb der Bundesrepublik Deutschland idR nicht in Frage.

III. Förderbudget (S. 1)

Nach S. 1 beträgt das Förderbudget **0,10 Euro** je Kalenderjahr je Versichertem. Nach S. 2 sind die Vorgaben des § 45 c und das dortige Verfahren im Rahmen des § 45 c entsprechend anzuwenden. Nach § 45 c Abs. 1 S. 2 sind grundsätzlich auch die **privaten Versicherungsunternehmen** verpflichtet, einen gemeinsamen Anteil für die Förderbudgets nach § 45 c Abs. 1 S. 1 (Versorgungsstrukturen) und 3 (Netzwerke) aufzubringen. Mangels anderer gesetzlich geregelter Kriterien kann daher der Anteil der privaten Versicherungsunternehmen im Rahmen der Förderung der Selbsthilfegruppen nach § 45 d nur so aussehen, dass auch sie in gleicher Weise wie die gesetzliche Pflegeversicherung mit 0,10 Euro je Kalenderjahr je Versichertem zu dem Förderbudget beisteuern. Nach S. 2 iVm § 45 c Abs. 8 S. 1 (→ § 45 c Rn. 28 f.) ist es Aufgabe des Verbandes der privaten Krankenversicherung eV, dass seine Mitgliedskassen ihre je Versichertem zu leistende Abgabe in Höhe von 0,10 Euro an ihn abführen, damit er sie an das Bundesversicherungsamt weiterleiten kann. Nach S. 2 iVm § 45 c Abs. 5 S. 1 (→ § 45 c Rn. 9 f.) ist auch für die Förderung der Selbsthilfe Voraussetzung, dass in gleicher Höhe eine **kommunale** oder **Landesförderung** erfolgt, so dass es auch hier im Ergebnis zu einer Verdopplung des Förderbudgets kommen müsste. Nach S. 2 iVm § 45 c Abs. 2 S. 3 (→ § 45 c Rn. 11) können im Einvernehmen mit allen Fördergebern Zuschüsse der kommunalen Gebietskörperschaften auch als Personal- oder Sachmittel berücksichtigt werden. Auch bei der Förderung der Selbsthilfe sind nach S. 2 iVm § 45 c Abs. 2 S. 3 (→ § 45 c Rn. 12) die Mittel der **Arbeitsförderung** der kommunalen und Landesförderung gleichgestellt.

IV. Fördergegenstand Selbsthilfe (S. 1–6)

Nach S. 1 soll der Auf- und Ausbau von Selbsthilfegruppen, -organisationen und -kontaktstellen, die sich die Unterstützung von Pflegebedürftigen sowie von deren Angehörigen und vergleichbar Nahestehenden zum Ziel gesetzt haben, gefördert werden. Die S. 3–5 enthalten die **Legaldefinitionen** der Begriffe „Selbsthilfegruppen", „Selbsthilfeorganisationen" und „Selbsthilfekontaktstellen". Damit wird klargestellt, dass eine Förderungen für diese Organisationsformen nur in Frage kommt, wenn sie die dort genannten Merkmale erfüllen.

Nach S. 3 sind **Selbsthilfegruppen** freiwillige, neutrale, unabhängige und nicht gewinnorientierte Zusammenschlüsse von Personen, die entweder aufgrund eigener Betroffenheit oder als Angehörige das Ziel verfolgen, durch persönliche, wechselseitige Unterstützung, auch unter Zuhilfenahme von Angeboten ehrenamtlicher und sonstiger zum bürgerschaftlichen Engagement bereiter Personen, die Lebenssituation von Pflegebedürftigen sowie von deren Angehörigen und vergleichbarer Nahestehenden zu verbessern. Zu den Angehörigen eines Pflegebedürftigen gehören nach § 16 Abs. 5 SGB X der Verlobte, auch iSd Lebenspartnerschaftsgesetzes, der Ehegatte oder Lebenspartner, Verwandte und Verschwägerte gerader Linie, Geschwister, Kinder der Geschwister, Ehegatten oder Lebenspartner der Geschwister und Geschwister der Ehegatten oder Lebenspartner, Geschwister der Eltern sowie Personen, die durch ein auf längere Dauer angelegtes Pflegeverhältnis mit häuslicher Gemeinschaft wie Eltern und Kind miteinander verbunden sind (Pflegeeltern und Pflegekinder). Zu den mit den **Angehörigen vergleichbaren Nahestehenden** des Pflegebedürftigen gehören zB Freunde und Nachbarn. Zur Verbesserung der Situation von Pflegebedürftigen gehört es auch, die durch die Hilfebedürftigkeit bedingten gemeinsamen Interessen der Mitglieder nach außen zu vertreten. Selbsthilfegruppen weisen einen un-

---

4 BT-Dr. 16/7439, 65.

terschiedlichen Organisationsgrad auf. Das reicht von der lockeren Organisationsform der Gesellschaft bürgerlichen Rechts oder des nicht rechtsfähigen Vereins bis zu einem eingetragenen und damit rechtsfähigen gemeinnützigen Verein. Der besondere Vorzug der Selbsthilfe liegt in der **Betroffenenkompetenz**, die auf der Kenntnis der Lebenssituation betroffener Personen beruht und somit Akzeptanz bei anderen Betroffenen schafft und auf diesem Wege bedarfsgerechte und sinnvolle Unterstützung des Pflegealltags erst ermöglicht.[5] Nach S. 4 sind **Selbsthilfeorganisationen** die Zusammenschlüsse von Selbsthilfegruppen in Verbänden. Bei den Selbsthilfeorganisationen handelt es sich idR um Organisationen mit überregionaler Interessenvertretung.[6] Vor allem die in rechtsfähigen Rechtsformen organisierten Selbsthilfegruppen (eingetragene Vereine) haben sich vielfach den Verbänden der Freien Wohlfahrtspflege iSd § 5 SGB XII angeschlossen. Die Verbände selbst sind häufig ebenfalls in der Rechtsform von eingetragenen Vereinen organisiert. Nach S. 5 sind **Selbsthilfekontaktstellen** örtlich oder regional arbeitende professionelle Beratungseinrichtungen mit hauptamtlichen Personal, die das Ziel verfolgen, die Lebenssituation von Pflegebedürftigen sowie von deren Angehörigen und vergleichbarer Nahestehenden zu verbessern. Da § 92 c Abs. 2 Nr. 2 den Pflegestützpunkten die Aufgabe auferlegt, alle Hilfs- und Unterstützungsangebote zu koordinieren, sollten diese auch ähnliche Aufgaben wie Selbsthilfekontaktstellen iSd Abs. 2 S. 3 wahrnehmen.

7 Die Förderung der Selbsthilfe ist nach S. 6 ist ausgeschlossen, soweit für dieselbe Zweckbestimmung eine Förderung nach § 20 h SGB V erfolgt. Nach § 20 h SGB V können Selbsthilfegruppen und -organisationen auch von den Krankenkassen gefördert werden. Selbsthilfegruppen und -organisationen müssen sich nach § 20 h Abs. 1 S. 1 SGB V die gesundheitliche Prävention oder die Rehabilitation von Versicherten bei einer Krankheit (Verzeichnis nach § 20 h Abs. 1 S. 2 SGB V) zum Ziel gesetzt haben. Die von den Krankenkassen ebenfalls zu fördernden Selbsthilfekontaktstellen müssen nach § 20 h Abs. 1 S. 3 SGB VI themen-, bereichs- und indikationsgruppenübergreifend tätig sein. Soweit eine Selbsthilfegruppe, -organisation oder -kontaktstelle nach § 20 h Abs. 1 S. 2 SGB V gefördert wird, kann sie unabhängig von der Höhe dieser Förderung nicht zusätzlich auch nach § 45 d Abs. 2 für den gleichen Zweck gefördert werden. Mit „gleichem Zweck" können hier nur die in den Legaldefinitionen in Abs. 2 S. 3–5 umschriebenen typischen Aufgaben dieser Stellen gemeint sein. Dh im Fall der Förderung durch die Krankenkassen ist die Förderung nach Abs. 2 ausgeschlossen, wenn diese Förderung die in Abs. 2 S. 3–5 umschriebenen Aufgaben bereits abdeckt. *Dalichau* hält es jedoch für möglich, dass sich die Fördermaßnahmen des SGB V und des SGB XI gegenseitig ergänzen.[7]

V. Art und Umfang der Förderung der Selbsthilfegruppen (S. 2)

8 Nach S. 2 werden bei der Förderung der Selbsthilfegruppen die Vorgaben des § 45 c und das dortige Verfahren entsprechend angewendet. Die Förderung erfolgt nach S. 2 iVm § 45 c Abs. 3 S. 1 als **Projektförderung** (→ § 45 c Rn. 13). Dem Förderantrag ist nach S. 2 iVm § 45 c Abs. 3 S. 2 (→ § 45 c Rn. 14) ein **Konzept** über die Arbeitsweise und die Qualitätssicherung der Organisation beizufügen. Aus dem Konzept muss sich nach S. 2 iVm § 45 c Abs. 3 S. 3 (→ § 45 c Rn. 14) ergeben, dass eine angemessene **Schulung** und **Fortbildung** der Helfenden sowie eine kontinuierliche fachliche Begleitung und Unterstützung der ehrenamtlich Helfenden in ihrer Arbeit gesichert ist. Die Verteilung der Fördermittel auf die Bundesländer richtet sich auch bei dieser Förderung gemäß S. 2 iVm § 45 Abs. 6 S. 1 (→ § 45 c Rn. 22) nach dem Königsteiner Schlüssel. Nach S. 2 iVm § 45 c Abs. 6 S. 2 (→ § 45 c Rn. 23) können Mittel, die in einem Land im jeweiligen Haushaltsjahr nicht in Anspruch genommen werden, in das Folgejahr übertragen werden.

VI. Bundesempfehlungen zur Förderung (S. 2)

9 Nach S. 2 iVm § 45 c Abs. 7 S. 1 beschließt der **Spitzenverband Bund der Pflegekassen** mit dem Verband der privaten Krankenversicherung eV nach Anhörung der **Verbände der Behinderten und Pflegebedürftigen** auf Bundesebene auch Empfehlungen zur Förderung des Auf- und Ausbaus der Selbsthilfe nach S. 1 (→ § 45 c Rn. 25). In den Empfehlungen ist nach § 45 c Abs. 7 S. 2 unter anderem auch festzulegen, welchen Anforderungen die Einbringung von Zuschüssen der **kommunalen Gebietskörperschaften** als Personal- oder Sachmittel genügen muss und dass jeweils im Einzelfall zu prüfen ist, ob im Rahmen der Förderung der Selbsthilfe Möglichkeiten der Arbeitsverwaltung genutzt werden können

---

5 BT-Dr. 16/7439, 65.
6 Dalichau, SGB XI, § 45 d Rn. 41.
7 Dalichau, SGB XI, § 45 d Rn. 36.

(→ § 45 c Rn. 26). Die Empfehlungen bedürfen nach S. 2 iVm § 45 c Abs. 7 S. 3 der Zustimmung des Bundesministeriums für Gesundheit und der Länder. Soweit Belange des Ehrenamts betroffen sind, erteilt das Bundesministerium für Gesundheit seine Zustimmung im Benehmen mit dem Bundesministerium für Familie, Senioren, Frauen und Jugend. Dies dürfte auf die Förderung der Selbsthilfe zutreffen. Zur Zeit gelten die Empfehlungen des GKV Spitzenverbandes und des Verbandes der privaten Krankenversicherung eV zur Förderung von niedrigschwelligen Betreuungs- und Entlastungsangeboten, ehrenamtlichen Strukturen und der Selbsthilfe sowie von Modellvorhaben zur Erprobung neuer Versorgungskonzepte und Versorgungsstrukturen nach § 45 c Abs. 6 SGB XI iVm § 45 d Abs. 3 SGB XI vom 24.7.2002 idF vom 2.2.2015.[8]

VII. Landesverordnungen (S. 7)

Nach S. 7 iVm § 45 c Abs. 7 S. 5 (→ § 45 c Rn. 27) sind die Landesregierungen ermächtigt, durch Rechtsverordnung das Nähere über die Umsetzung der Empfehlungen zur Förderung der Selbsthilfe nach S. 2 iVm § 45 c Abs. 7 S. 5 zu bestimmen. Die Mehrheit der Länder hat diese Rechtsverordnung erlassen.

Sechster Abschnitt
Initiativprogramm zur Förderung neuer Wohnformen

§ 45 e Anschubfinanzierung zur Gründung von ambulant betreuten Wohngruppen

(1) [1]Zur Förderung der Gründung von ambulant betreuten Wohngruppen wird Pflegebedürftigen, die Anspruch auf Leistungen nach § 38 a haben und die an der gemeinsamen Gründung beteiligt sind, für die altersgerechte oder barrierearme Umgestaltung der gemeinsamen Wohnung zusätzlich zu dem Betrag nach § 40 Absatz 4 einmalig ein Betrag von bis zu 2 500 Euro gewährt. [2]Der Gesamtbetrag ist je Wohngruppe auf 10 000 Euro begrenzt und wird bei mehr als vier Anspruchsberechtigten anteilig auf die Versicherungsträger der Anspruchsberechtigten aufgeteilt. [3]Der Antrag ist innerhalb eines Jahres nach Vorliegen der Anspruchsvoraussetzungen zu stellen. [4]Dabei kann die Umgestaltungsmaßnahme auch vor der Gründung und dem Einzug erfolgen. [5]Die Sätze 1 bis 4 gelten für die Versicherten der privaten Pflege-Pflichtversicherung entsprechend.

(2) [1]Die Pflegekassen zahlen den Förderbetrag aus, wenn die Gründung einer ambulant betreuten Wohngruppe nachgewiesen wird. [2]Der Anspruch endet mit Ablauf des Monats, in dem das Bundesversicherungsamt den Pflegekassen und dem Verband der privaten Krankenversicherung e.V. mitteilt, dass mit der Förderung eine Gesamthöhe von 30 Millionen Euro erreicht worden ist. [3]Einzelheiten zu den Voraussetzungen und dem Verfahren der Förderung regelt der Spitzenverband Bund der Pflegekassen im Einvernehmen mit dem Verband der privaten Krankenversicherung e.V.

Literatur:
Bertelsmann Stiftung/Kuratorium Deutsche Altershilfe (Hrsg.), Leben und Wohnen im Alter, Neue Wohnkonzepte – Bestandsanalyse, Bd. 1, 2003; *Dalichau*, Förderung neuer Wohnformen – ambulant betreute Wohngruppen nach dem PNG, GuP 2013, 50; Neue Anforderungen an ambulante betreute Wohngruppen, GuP 2015, 61; *Deutscher Verein für öffentliche und private Fürsorge eV*, Pflegesystem den gesellschaftlichen Strukturen anpassen! Empfehlungen des Deutschen Vereins zur Weiterentwicklung der Pflege, NDV 2013, 385; *Griep*, Der neue Wohngruppenzuschlag nach § 38 a SGB XI – Bravourstück oder Verschlimmbesserung, PflR 2015, 439; *Heinz*, Verbesserung des Wohnumfelds für pflegebedürftige Menschen auf der Grundlage standardisierter Zuschüsse durch die Pflegekassen, PflR 2015, 715; *Holzamer*, Optimales Wohnen und Leben im Alter, Wien 2008; *Kaminski*, Finanzierung von ambulant betreuten Wohngemeinschaften, RDG 2014, 198; *Klie*, Wohnformen für Menschen mit Demenz, 2002; *Kremer-Preiß/Stolarz/Kieschnick*, Ambulant betreute Wohngruppen – Arbeitshilfe für Initiatoren, Köln 2006; *Kesselheim*, Teilhabe alter Menschen – unrealisierte gesellschaftliche Herausforderung, NDV 2013, 265; *Marburger*, Die neuen Leistungen für Demenz-Kranke, Behindertenrecht 2013, 65; *Pawletzko*, Neue Wohnformen für Menschen mit Demenz, ArchsozArb Nr. 4/2008, 96; *Richter*, Neue Wohnformen, GUP 2013, 226; *Roßbruch*, Anspruch auf häusliche Krankenpflege in betreuten Wohnformen durch das GKV-WSG, PflR 2007, 500;

---

8 Siehe www.gkv-spitzenverband.de (zuletzt abgerufen am 1.3.2017).

Schmäing, Wohnen im Alter und bei Pflegebedürftigkeit – Wohngemeinschaften als Alternative, Die Ersatzkasse 4/2006, 144.

I. Entstehungsgeschichte	1	VI. Fördermodalitäten (Abs. 2. S. 1)	11
II. Normzweck und europarechtlicher Kontext	2	VII. Anspruchsbudgetierung (Abs. 2.S. 2)	12
III. Fördervoraussetzungen (Abs. 1 S. 1)	4	VIII. Ausführungsbestimmungen zur Förderung (Abs. 2.S. 3)	13
IV. Art und Umfang der Anschubfinanzierung (Abs. 1 S. 1 und 2)	6	IX. Verhältnis zu anderen Leistungen	14
V. Förderantrag (Abs. 1. S. 3)	10		

I. Entstehungsgeschichte

1 § 45 e wurde durch Art. 1 Nr. 20 PNG vom 23.10.2012 (BGBl. I, 2246) mWv 1.11.2012 eingeführt. Die Vorschrift gewährt eine Anschubfinanzierung für ambulant betreute Wohngruppen. Durch das Erste Gesetz zur Stärkung der pflegerischen Versorgung und zur Änderung weiterer Vorschriften (Erstes Pflegestärkungsgesetz – PSG I) vom 17.12.2014[1] wurde mWv 1.1.2015 in Abs. 1 eine Klarstellung zum Zeitpunkt des Förderungsbeginns eingefügt sowie die zeitliche Befristung der Förderung bis zum 31.1.2015 aufgehoben.

II. Normzweck und europarechtlicher Kontext

2 Während der durch das PflEG mit Wirkung zum 1.1.2002 eingefügte § 8 Abs. 3 zum ersten Mal von „neuen Wohnkonzepten für Pflegebedürftige" als Förderziel neuer Versorgungsstrukturen spricht, macht hier der Gesetzgeber einen ersten Schritt, solche neuen Wohnkonzepte unmittelbar finanziell zu fördern. Er sieht in der Weiterentwicklung neuer Wohnformen als Ergänzung zur stationären Pflege Möglichkeiten, ein selbstbestimmtes Leben auch dann zu ermöglichen, wenn ein angemessenes Wohnen in der häuslichen Umgebung nicht mehr möglich scheint, eine stationäre Unterbringung aber nicht erforderlich ist oder von den Betroffenen abgelehnt wird.[2] Bereits die Überschrift „Anschubfinanzierung" lässt keinen Zweifel daran, dass es nicht Aufgabe des Gesetzgebers ist, neue Wohnkonzepte flächendeckend durchzusetzen sondern höchstens dort ihre Umsetzung durch finanzielle Unterstützung zu erleichtern, wo sie aufgrund privater Initiativen entstehen sollen. Diese Vorschrift steht aus zwei Gründen in engem Zusammenhang zu dem ebenfalls durch das PNG eingefügten § 38 a: Zum einen enthält § 38 a Abs. 1 Nr. 4 die Legaldefinition dieser neuen Versorgungsform. Zum anderen wird die in § 38 a bewirkte laufende Teilfinanzierung der Betriebskosten einer betreuten Wohngruppe durch die in § 45 e angebotene Investitionshilfe bei der Gründung ambulant betreuter Wohngruppen ergänzt.

3 Obwohl die Leistung nach § 38 a beim Bezug von Geldleistungen nach § 37 und § 123 auch innerhalb der **Europäischen Union** exportierbar ist, stellt sich die Frage, ob auch der Anspruch auf die Anschubfinanzierung für ambulant betreute Wohngruppen nach § 45 e innerhalb der Europäischen Union besteht. Einerseits handelt es sich bei dieser Leistung um einen individuellen Leistungsanspruch. Auf der anderen Seite steht aber der Anspruch nach § 45 e in engem Zusammenhang mit dem Bestreben des Gesetzgebers, die Pflege-Infrastruktur wunsch- und bedarfsgerecht weiter zu entwickeln. Das zeigt der enge Zusammenhang dieser Leistung mit § 38 a sowie § 45 f. Staatliche Infrastruktur-Förderungen können sich einerseits wegen des völkergewohnheitsrechtlichen Nichteinmischungsgebots idR nur auf das Staatsgebiet der Bundesrepublik Deutschland beziehen. Auf der anderen Seite ist aber auch zu bedenken, dass der Anspruch nach § 45 e nur besteht, wenn auch die anderen Bewohner der Wohngruppe bestimmte ambulante Pflegeleistungen der gesetzlichen oder privaten Pflegeversicherung im Bundesgebiet in Anspruch nehmen, so dass diese Leistung nicht unmittelbar Einfluss auf die Entwicklung der Infrastruktur in den Ländern der Europäischen Union nimmt. Die Anschubfinanzierung nach § 45 e ist daher eine Leistung, auf die der Versicherte nach den Grundsätzen des EuGH[3] einen Anspruch hat, wenn in den Rechtsvorschriften des Wohnsitzmitgliedstaates für diesen Bedarf der Pflegebedürftigkeit Geldleistungen nicht vorgesehen sind. Die Anschubfinanzierung ist eine Kostenerstattungsleistung, die jedenfalls keine höheren Anforderungen an die Leistungserbringung stellt als die Geldleistung. Nach den allgemeinen Grundsätzen des EuGH zu Art. 19 Abs. 1, 25 Abs. 1 und 28 Abs. 1 Verordnung (EWG) Nr. 1408/71 steht daher dem in einem Mitgliedstaat der Europäischen Union lebenden Versi-

---

1 BGBl. I, 2222.
2 BT-Dr. 17/9369, 42.
3 EuGH, 5.3.1998, Rs. C-190/96 (Molenaar), Slg 1998, I-843 = NZS 1998, 240 = NJW 1998, 1767 = ZfSH/SGB 1998, 290 = SGb 1999, 360; kritisch Schaaf, WzS 1998, 204, 207.

cherten der gesetzlichen und privaten Pflegeversicherung auch die Anschubfinanzierung zu, wenn er die Aufwendungen iSd § 45 e nachweist.

III. Fördervoraussetzungen (Abs. 1 S. 1)

Förderungsberechtigt sind Pflegebedürftige, die Anspruch auf Leistungen nach § 38 a haben und an der gemeinsamen Gründung einer ambulant betreuten Wohngruppe beteiligt sind. Nach dem zuletzt durch das PSG II mit Wirkung zum 1.1.2017 erneut in kurzer Abfolge zum dritten Mal geänderten § 38 a besteht Anspruch auf Wohngruppenzuschlag, wenn folgende Voraussetzungen vorliegen: Die anspruchsberechtigte Person muss mit mindestens zwei und höchstens elf weiteren Personen in einer ambulant betreuten Wohngruppe in einer gemeinsamen Wohnung zum Zweck der gemeinschaftlich organisierten pflegerischen Versorgung leben und davon müssen mindestens zwei weitere Personen pflegebedürftig iSd §§ 14, 15 sein. Die pflegebedürftigen Personen müssen Leistungen nach den §§ 36, 37, 38, 45 a oder § 45 b beziehen. Eine Person muss durch die Mitglieder der Wohngruppe gemeinschaftlich beauftragt sein, unabhängig von der individuellen pflegerischen Versorgung allgemeine organisatorische, verwaltende, betreuende oder das Gemeinschaftsleben fördernde Tätigkeiten zu verrichten oder hauswirtschaftliche Unterstützung zu leisten. Es darf keine Versorgungsform einschließlich teilstationärer Pflege vorliegen, in der ein Anbieter der Wohngruppe oder ein Dritter den Pflegebedürftigen Leistungen anbietet oder gewährleistet, die dem im jeweiligen Rahmenvertrag nach § 75 Abs. 1 für vollstationäre Pflege vereinbarten Leistungsumfang weitgehend entsprechen. Der Anbieter einer ambulant betreuten Wohngruppe hat die Pflegebedürftigen vor deren Einzug in die Wohngruppe in geeigneter Weise darauf hinzuweisen, dass dieser Leistungsumfang von ihm oder einem Dritten nicht erbracht wird, sondern die Versorgung in der Wohngruppe auch durch die aktive Einbindung ihrer eigenen Ressourcen und ihres sozialen Umfelds sichergestellt werden kann. Da schon § 38 a die vorgenannten persönlichen Voraussetzungen der Bewohner und die organisatorischen Voraussetzungen der Wohngruppe regelt, sind diese Voraussetzungen im Grunde genommen keine zusätzlich zu erfüllende Voraussetzung des § 45 e. Die Beteiligung an der Gründung einer Wohngruppe im Sinne des § 45 e ist daher regelmäßig gegeben, wenn mindestens zwei der Bewohner, die in einer Wohneinheit zusammenziehen, Anspruch auf Leistungen nach § 38 a haben.[4] § 38 a gewährt den Anspruch auf einen pauschalen Zuschlag in Höhe von 214 EUR monatlich nämlich nur, wenn die betreffende pflegebedürftige Person in einer gemeinsamen Wohnung mit häuslicher pflegerischer Versorgung lebt und dort Leistungen nach §§ 36, 37, 38, 45 a, 45 b bezieht. Sämtliche Leistungen nach § 36 (Pflegesachleistung), § 37 (Pflegegeld), § 38 (Kombinationsleistung), 45 a (Umwandlungsbetrag) sowie § 45 b (Entlastungsbetrag) setzen voraus, dass bei der anspruchsberechtigten Person mindestens die Voraussetzungen des Pflegegrades 1 vorliegen. Obwohl der Anspruch nach § 45 e nur dann besteht, wenn Mitbewohner gem. § 38 a Abs. 1 Nr. 2 Pflegeleistungen nach §§ 36, 37, 38, 45 a oder 45 b erhalten, handelt es sich um einen individuellen Sozialleistungsanspruch des jeweiligen Pflegebedürftigen, der allein darüber verfügt. § 45 e Abs. 1 S. 1 verlangt, dass der Pflegebedürftige an der **Gründung** der Wohngruppe beteiligt ist. Zum Gründer der Wohngruppe kann das Mitglied nur werden, wenn es gemeinsam mit den anderen pflegebedürftigen Mitgliedern Betreiber der Wohngruppe wird (**selbstorganisierte Wohngruppe**). Sobald die Mitglieder einer Wohngruppe die Wohngruppen-Räume anmieten, bilden sie, soweit sie nichts anderes ausdrücklich gemeinsam regeln, auch ohne entsprechende vertragliche Regelung regelmäßig eine Gesellschaft bürgerlichen Rechts iSd §§ 705 ff. BGB (GbR).[5] Die Gründung der GbR besteht entweder im Abschluss eines förmlichen Gesellschaftsvertrages oder darin, dass die Mitglieder gemeinsam die Räume der Wohngruppe übernehmen (idR nach Abschluss eines entsprechenden Mietvertrages).

Der Wohngruppenförderbetrag nach § 45 e ist nach Abs. 1 S. 1 **zweckgebunden** zur Förderung der Gründung von ambulant betreuten Wohngruppen für Maßnahmen der altersgerechten und barrierearmen Umgestaltung der gemeinsamen Wohnung zu verwenden. Im Ergebnis handelt es sich um einen betragsmäßig begrenzten **Kostenerstattungsanspruch** iSd § 4 S. 1. Damit besteht die Notwendigkeit die Ausgaben für diese Maßnahmen durch geeignete Belege über entsprechende Ausgaben nachzuweisen. Schwierigkeiten des nachträglichen Nachweises gehen zulasten des Antragstellers.[6] Allerdings ist auch zu bedenken, dass nach der Vorstellung des Gesetzgebers der Verwaltungsaufwand so gering wie möglich gehalten werden soll, um Bürokratie zu vermeiden und um die Attraktivität der Gründung von

---

4 BT-Dr. 17/9369, 42.
5 So auch Dalichau, SGB XI, § 45 e Rn. 25.
6 Zu § 40 Abs. 4: BSG, 14.12.2000, B 3 P 1/99, SozR 3-3300 § 40 Nr. 3 = Breithaupt 2001, 582.

Wohngruppen nicht zu beeinträchtigen.[7] Die anspruchsberechtigten Mitglieder der Wohngruppe sowie ihre Angehörigen haben auch bereits vor der Durchführung der Maßnahmen einen Rechtsanspruch auf **Beratung** nach §§ 7 und 7a über sinnvolle und notwendige Maßnahmen der altersgerechten und barrierearmen Umgestaltung der Räume der Wohngruppe.

IV. Art und Umfang der Anschubfinanzierung (Abs. 1 S. 1 und 2)

6 Wenn die Voraussetzungen nach § 45e Abs. 1 vorliegen, hat die pflegebedürftige Person Anspruch auf einen einmaligen Betrag von bis zu **2.500 EUR** zur Verwendung für die **altersgerechte oder barrierearme Umgestaltung** der gemeinsamen Wohnung. Hierzu zählen nach der Vorstellung des Gesetzgebers zum Beispiel eine bodengleiche Dusche oder eine rollstuhlgerechte Herrichtung der Wohnung.[8] Weitere Beispiele sind Wege zu Gebäuden, Eingangsbereich, Wohnungszugang, vertikale Überwindung von Niveauunterschieden, Maßnahmen an Sanitärräumen, Bedienelemente, Stütz- und Haltesysteme sowie Orientierungs- und Kommunikationshilfen.[9] § 40 Abs. 4 gewährt Zuschüsse für Maßnahmen zur Verbesserung des **individuellen Wohnumfeldes** des Pflegebedürftigen, zB technische Hilfen im Haushalt, die die häusliche Pflege ermöglichen oder erleichtern.[10] Da der Gesetzgeber bei § 45e und § 40 Abs. 4 das gleiche Ziel verfolgt, häusliche Pflege so lange wie möglich in der häuslichen Umgebung durchzuführen, können die Maßnahmen selbst im Wesentlichen identisch sein. Bei § 45e kommt lediglich die Besonderheit dazu, dass Wohnräume so hergerichtet werden müssen, dass sie für die gemeinsame Nutzung durch mehrere Pflegebedürftige geeignet sind, während es bei § 40 Abs. 4 idR nur um die Nutzung durch eine pflegebedürftige Person geht. IdR soll ein **zeitnah** zu erwartender Bedarf an Umgestaltungsmaßnahmen einbezogen und gefördert werden, auch wenn er zum Zeitpunkt der Antragstellung für den Bedarf der Einzelpersonen noch nicht erforderlich ist, wie beispielsweise eine bodengleiche Dusche oder eine rollstuhlgerechte Herrichtung der Wohnung.[11] Analog zu den Hilfsmitteln (§ 33 Abs. 1 S. 1 SGB V) gilt auch beim Wohngruppenförderbetrag, dass **pflegespezifische** Maßnahmen des alltäglichen Lebens nicht zuschussfähig sind, dh allgemeine Erhaltungs-, Renovierungs- oder Modernisierungsarbeiten in den Räumen der Wohngruppe können idR nicht mit dem Wohngruppenförderbetrag finanziert werden.[12]

7 Nach Abs. 1 S. 2 ist der **Gesamtbetrag je Wohngruppe auf 10.000 EUR** begrenzt. Dh auch bei mehr als vier Wohngruppenbewohnern bestehen insgesamt nicht mehr Ansprüche als maximal 10.000 EUR für die betreffende Wohngruppe. Nach Abs. 1 S. 2 wird bei mehr als vier Anspruchsberechtigten in einer Wohngruppe der Höchstbetrag von 10.000 EUR anteilig auf die Versicherungsträger der in der Wohngruppe lebenden Anspruchsberechtigten aufgeteilt. Wenn eine Wohngruppe die Förderhöchstgrenze 10.000 EUR bereits ausgeschöpft hat, hat dies zur Konsequenz, dass neu einziehende Wohngruppen-Bewohner keinen Anspruch mehr auf den Zuschuss haben.

8 In § 45e wird mehrfach das Wort „Förderung" verwendet. Auf Förderung besteht häufig **kein Rechtsanspruch** sondern allenfalls ein Anspruch auf ermessensfehlerfreie Entscheidung. Auch § 40 Abs. 4 (Verbesserung des individuellen Wohnumfeldes) gewährt keinen Anspruch sondern nur einen Rechtsanspruch auf fehlerfreie Ermessensausübung. Dennoch handelt es sich gemäß dem Wortlaut des § 45e Abs. 1 S. 1 „wird gewährt" bei der Anschubfinanzierung um einen Kostenerstattungsanspruch, bei dem der Geldbetrag bei Vorliegen der Voraussetzungen von der jeweiligen Pflegekasse an die anspruchsberechtigte pflegebedürftige Person auszuzahlen ist.

9 Anspruch auf den Förderbetrag zur Gründung von ambulant betreuten Wohngruppen besteht nach Abs. 1 S. 4 auch für die Versicherten der **privaten Pflegeversicherung**. Die Versicherten haben damit Anspruch auf den gleichen Geldbetrag wie die Versicherten der gesetzlichen Pflegeversicherung. Das Gleiche gilt für die Quotelung des Geldleistungsanspruchs nach Abs. 1 S. 2 bei mehr als vier leistungsberechtigten Bewohnern in einer ambulant betreuten Wohngruppe.

V. Förderantrag (Abs. 1. S. 3)

10 Nach Abs. 1 S. 3 ist der Antrag auf den Wohngruppenförderbetrag **innerhalb eines Jahres** nach Vorliegen der Anspruchsvoraussetzungen zu stellen. Die Anspruchsvoraussetzungen nach § 45e liegen ge-

---

7 BT-Dr. 17/9369, 74.
8 BT-Dr. 17/9369, 75.
9 Siehe zB Maßnahmen nach DIN 18040-2.
10 Siehe Überblick zu infrage kommenden Maßnahmen bei Klie in: LPK-SGB XI, § 40 Rn. 26.
11 BT-Dr. 17/9369, 75.
12 Siehe Rechtsprechungshinweise bei Linke in: Krauskopf § 40 SGB XI Rn. 46.

mäß Abs. 1 S. 1 S. 1 iVm § 38 a spätestens in dem Augenblick vor, in dem die Bewohner der Wohngruppe sich auf den gemeinsamen Betrieb der Wohngruppe geeinigt haben und der betreffende Antragsteller in den für die Wohngruppe genutzten Räumen einzieht und danach gepflegt und betreut wird. Nach dem durch das PSG I eingefügten Abs. 1 S. 4 kann die Umgestaltungsmaßnahme auch vor der Gründung und dem Einzug erfolgen. Hierdurch stellt der Gesetzgeber klar, dass die Umbaumaßnahme auch erfolgen kann, bevor mit Neugründung der ambulant betreuten Wohngemeinschaft und dem Einzug in die gemeinsame Wohnung ein Anspruch auf Leistungen nach § 38 a besteht.[13] Der Leistungsanspruch entsteht trotz dieser Klarstellung gleichwohl erst nach Vorliegen aller Leistungsvoraussetzungen.[14] Weiterhin nicht förderfähig sind Kosten eines Neubaus einer Wohnung.[15]

VI. Fördermodalitäten (Abs. 2. S. 1)

Nach Abs. 2 S. 1 ist der Anspruch auf Förderbetrag von der Pflegekasse an die anspruchsberechtigten pflegebedürftigen Personen erst auszuzahlen, wenn die **Gründung** einer ambulant betreuten Wohngruppe **nachgewiesen** worden ist. Das Gesetz enthält keine Angaben darüber, wie dieser Nachweis auszusehen hat. Zunächst ist daher die Frage zu klären, worin der **Gründungsakt** der Wohngruppe besteht. Unter Beachtung der auch für § 45 e relevanten Voraussetzungen des § 38 a bildet jede Wohngruppe iSd Vorschrift unabhängig davon, ob entsprechende förmliche Verträge abgeschlossen werden, eine Gesellschaft bürgerlichen Rechts. Der Gründungsakt wird daher darin bestehen, dass mindestens drei künftige Bewohner einer Wohngruppe bzw. die für sie vertretungsbefugten Personen sich auf den gemeinsamen Betrieb einer Wohngruppe unter den Bedingungen des § 38 a **einigen**. Dieser Akt wird häufig vor dem Bezug der Räume der Wohngruppe liegen, soweit noch vor dem Einzug in die Räume diese altersgerecht und barrierearm vorbereitet werden sollen. Er kann aber auch nach dem Bezug der Räume liegen, wenn die Einigung über den Betrieb der Wohngruppe erst nach dem Einzug in die Räume zustande kommt. Die Gründung einer ambulant betreuten Wohngruppe besteht daher regelmäßig in dem **gemeinsamen Beschluss** über den Betrieb einer künftigen Wohngruppe unter den Bedingungen des § 38 a. Dies kann zB durch eine entsprechende gemeinsame schriftliche Erklärung der Wohngruppenmitglieder nachgewiesen werden. Bei dem Nachweis der Gründung der Wohngruppe ist auch zu bedenken, dass nach der Vorstellung des Gesetzgebers der Verwaltungsaufwand so gering wie möglich gehalten werden soll, um Bürokratie zu vermeiden und um die Attraktivität der Gründung von Wohngruppen nicht zu beeinträchtigen.[16] Auch soll danach der Kostennachweis so einfach wie möglich gestaltet werden. Unabhängig von dieser gemeinsamen Absichtserklärung ist einer betreuten Wohngruppe der Abschluss eines **förmlichen Gesellschaftsvertrages**[17] für die die ambulante Wohngruppe betreibende Gesellschaft bürgerlichen Rechts nahezulegen. Gesellschafter sind regelmäßig die Bewohner der Wohngruppe. Notwendig ist der förmliche Gesellschaftsvertrag wegen der mit ihrem Betrieb verbundenen **Haftungsrisiken** der Wohngruppe, die sich zB aus der in § 38 a Abs. 1 Nr. 3 vorausgesetzten Beschäftigung einer Präsenzkraft ergeben (zB Einnahmeausfälle durch Belegungsprobleme, Arbeitgeber-Haftungsrisiken für die Abführung von Sozialversicherungsbeiträgen nach § 28 e Abs. 1 SGB IV sowie Lohnsteuer nach § 34 und § 69 AO). Auch die Beschäftigung einer Pflegekraft nach § 77 SGB XI ändert an den unternehmerischen Risiken der Wohngruppen-Gesellschaft, die von den Gesellschaftern zu tragen ist, nichts. Das Gleiche gilt, wenn ein Dienstleister mit der Geschäftsführung der Gesellschaft bürgerlichen Rechts beauftragt wird.

VII. Anspruchsbudgetierung (Abs. 2. S. 2)

Nach Abs. 2 S. 2 endet der **Anspruch** auf den Wohngruppenförderbetrag mit Ablauf des Monats, in dem das Bundesversicherungsamt den Pflegekassen und dem Verband der privaten Krankenversicherung eV mitteilt, dass mit der Förderung eine Gesamthöhe von **30 Mio. EUR** erreicht worden ist. Die Pflegekassen sind nach § 67 SGB XI verpflichtet, dem Bundesversicherungsamt monatlich ihre Ausgaben mitzuteilen, so dass es in der Lage sein müsste, das Erreichen der Ausgabengrenze von 30 Mio. EUR rechtzeitig festzustellen. Die ursprünglich festgelegte zeitliche Befristung der Förderung bis zum 31.12.2015 hat der Gesetzgeber durch das **PSG I** (→ Rn. 1) aufgehoben, nachdem er ernüchtert feststellen musste, dass seine Förderung nichts im Hinblick auf die Gründung von ambulant be-

---

13 BT-Dr. 18/1798, 38.
14 BT-Dr. 18/1798, 38.
15 BT-Dr. 18/1798, 38.
16 BT-Dr. 17/9369, 75.
17 Dalichau, Förderung neuer Wohnformen – ambulant betreute Wohngruppen nach dem PNG, GuP 2013, 50.

treuten Wohngruppen bewirkt hatte.[18] Ohnehin lässt sich feststellen, dass die Anschubfinanzierung für ambulant betreute Wohngruppen keinerlei nennenswerte Wirkung entfaltet, so dass § 45e bedeutungslos ist. Bestätigt wird dies dadurch, dass von dem Gesamtbudget 30 Mio EUR im Jahr 2013 bundesweit nur 188.000 EUR und bis Mitte 2014 nur etwa 312.000 EUR für die Anschubfinanzierung von Wohngruppen abgerufen worden sind.[19] Ein Grund für die geringe Inanspruchnahme dieser Leistungen liegt sicherlich darin, dass der Organisationsaufwand einer Rund-um-die-Uhr-Betreuung in einer ambulant betreuten Wohngruppe dem Organisationsaufwand eines kleinen Pflegeheims entspricht und ehrenamtlich tätige Personen aus dem sozialen Umfeld der gepflegten Personen generell überfordert.[20]

VIII. Ausführungsbestimmungen zur Förderung (Abs. 2.S. 3)

13 Nach Abs. 2 S. 3 sollen der Spitzenverband Bund der Pflegekassen **Einzelheiten** zu den Voraussetzungen und dem Verfahren der Förderung im Einvernehmen mit dem Verband der privaten Krankenversicherung eV regeln. Die einvernehmliche Regelung kann nur in einer schriftlichen Vereinbarung iSd. §§ 53 bis 61 SGB X getroffen werden. Eine solche Vereinbarung darf nicht dazu führen, dass die Inanspruchnahme der Förderung durch zu hohe bürokratische Anforderungen an die Anspruchsberechtigten untergraben wird. Die Tatsache, dass die Vereinbarung nach Abs. 2 S. 3 offensichtlich nicht zustande gekommen ist, zeigt ebenfalls die Bedeutungslosigkeit dieser Förder-Sozialleistung.

IX. Verhältnis zu anderen Leistungen

14 Nach Abs. 1 S. 1 wird der Wohngruppenförderbetrag nach § 45 e zu dem Betrag nach § 40 Abs. 4 (Maßnahmen zur Verbesserung des individuellen Wohnumfeldes des Pflegebedürftigen) dh neben dieser Leistung zusätzlich gewährt. Im Übrigen wird diese Leistung neben allen anderen ambulanten Pflegeleistungen des SGB XI zusätzlich gewährt.

§ 45f Weiterentwicklung neuer Wohnformen

(1) ¹Zur wissenschaftlich gestützten Weiterentwicklung und Förderung neuer Wohnformen werden zusätzlich 10 Millionen Euro zur Verfügung gestellt. ²Dabei sind insbesondere solche Konzepte einzubeziehen, die es alternativ zu stationären Einrichtungen ermöglichen, außerhalb der vollstationären Betreuung bewohnerorientiert individuelle Versorgung anzubieten.

(2) ¹Einrichtungen, die aus diesem Grund bereits eine Modellförderung, insbesondere nach § 8 Absatz 3, erfahren haben, sind von der Förderung nach Absatz 1 Satz 1 ausgenommen. ²Für die Förderung gilt § 8 Absatz 3 entsprechend.

Literatur:

Bertelsmann-Stiftung/Kuratorium Deutsche Altershilfe, Leben und Wohnen im Alter, Ambulante Wohngruppen, Bd. 1–6, 2006; *Dalichau,* Förderung neuer Wohnformen – ambulant betreute Wohngruppen nach dem PNG, GuP 2013, 50; Neue Anforderungen an ambulante betreute Wohngruppen, GuP 2015, 61; *Deutscher Verein für öffentliche und private Fürsorge eV,* Pflegesystem den gesellschaftlichen Strukturen anpassen! Empfehlungen des Deutschen Vereins zur Weiterentwicklung der Pflege, NDV 2013, 385; *Griep,* Der neue Wohngruppenzuschlag nach § 38 a SGB XI – Bravourstück oder Verschlimmbesserung, PflR 2015, 439; *Heinz,* Verbesserung des Wohnumfelds für pflegebedürftige Menschen auf der Grundlage standardisierter Zuschüsse durch die Pflegekassen, PflR 2015, 715; *Holzamer,* Optimales Wohnen und Leben im Alter, 2008; *Kahler,* Wohnen im Alter, NDV 2010, 390; *Kaminski,* Finanzierung von ambulant betreuten Wohngemeinschaften, RDG 2014, 198; *Klie,* (Hrsg.), Wohngruppen für Menschen mit Demenz, 2002; *Kremer/Preuß,* Wie wollen wir künftig leben: Lösungsansätze und Beispiele für Wohnformen älterer Menschen, 2009; *Pawletko,* Neue Wohnformen für Menschen mit Demenz, in: Deutscher Verein für öffentliche und private Fürsorge (Hrsg.), Demenz und soziale Teilhabe, 2008, S. 96; *Richter,* Neue Wohnformen, GUP 2013, 226; *Schüler/Steindorf,* Menschen mit Demenz – neue Wege in der Pflege und Betreuung, NDV 2003, 342.

---

18 BT-Dr. 18/1798, 38.
19 BT-Dr. 18/2461.
20 Griep, Wohngruppenzuschlag nach § 38 a SGB XI, SRa 2013, 186.

IV. Förderfähige Konzepte (Abs. 1 S. 2)

6 Im Rahmen des Förderprogramms „neue Wohnformen" sollen nach Abs. 1 S. 2 solche **Konzepte** einbezogen werden, die es alternativ zu stationären Einrichtungen ermöglichen, außerhalb der vollstationären Betreuung eine **bewohnerorientierte individuelle Versorgung** anzubieten. Nach den Vorstellungen des Gesetzgebers[4] sollten die Träger in diesem Segment ihre hohe Professionalität und Qualität bereitstellen und zwar in dem Umfang, in dem Bewohner dies benötigen und wünschen. Insofern bedürfe es „ambulantisierter" Betreuungsformen, die bewohnerorientiert vor hochprofessionellem, institutionengestütztem Hintergrund modulhaft individuelle Versorgung anbieten, die bedarfsweise in Anspruch genommen werden könnten. Der Gesetzgeber sieht in seinem Förderprogramm[5] die Ermutigung an die Träger von stationären Einrichtungen, Konzepte in diesem Sinne zu entwickeln und umzusetzen. Hier liegen nach seiner Auffassung Chancen, die stationäre Pflege zu ergänzen, ohne deren Existenz zu gefährden. Aber auch andere geeignete Träger, die bisher nicht im stationären Bereich engagiert waren, sowie die Wissenschaft sollen durch das Förderprogramm nach § 45e motiviert werden, überzeugende Konzepte zu entwickeln."

V. Fördermodalitäten (Abs. 2 S. 2 iVm § 8 Abs. 3)

7 Nach Abs. 2 S. 2 gilt für das Förderprogramm „neue Wohnformen" der für neue Versorgungsstrukturen geltende § 8 Abs. 3 entsprechend. Nach § 8 Abs. 2 S. 2 SGB XI sollen die Förderziele vorrangig modellhaft in einer Region erprobt werden. Nach § 8 Abs. 3 S. 6 sind die Modellvorhaben auf längstens **fünf Jahre** befristet. Soweit im Rahmen der Modellvorhaben personenbezogene Daten benötigt werden, können diese nach § 8 Abs. 3 S. 12 nur mit **Einwilligung** des Pflegebedürftigen erhoben, verarbeitet und genutzt werden.

8 In den Fällen, in denen Umstrukturierungskosten und eventuell befürchtete **Mindereinnahmen** der Träger den Förderzweck hemmen, soll ein angemessener Ausgleich gewährt werden.[6] Investitions- und Baumaßnahmen sowie unangemessene Doppelförderungen, insbesondere aus laufenden Modellprogrammen, sollen ausgeschlossen sein. Wünschenswerte Kofinanzierungen von Dritten sollen nach der Vorstellung des Gesetzgebers[7] jedoch möglich bleiben, wenn sich dadurch Fördermittel unterschiedlicher Stellen ergänzen. Die Förderung eines Einzelprojektes soll im Regelfall drei Jahre nicht überschreiten. Spätestens nach fünf Jahren soll der Spitzenverband Bund der Pflegekassen eine wissenschaftliche Auswertung vorlegen. Bei der Durchführung der Modellvorhaben soll die **Heimgesetzgebung** der Länder beachtet werden.[8] Erste Erfahrungen mit der neueren Landes-Heim-Gesetzgebung zeigen jedoch, dass der Weiterentwicklung neuer Wohnformen der Weg verbaut wird, weil die Landesgesetzgeber die Reichweite und Wirkung ihrer Ordnungsvorschriften oft verkennen. Soweit nicht die Bundesländer in ihren Heimgesetzen Experimentierklauseln vorgesehen haben, dürfte das eine oder andere Modellvorhaben gar nicht erst gesetzeskonform durchführbar sein.

VI. Ausgeschlossene Modellvorhaben (Abs. 2 S. 1)

9 Nach Abs. 2 S. 1 sind Einrichtungen, die bereits im Rahmen der **Modellförderung** nach § 8 Abs. 3 gefördert werden, nicht förderfähig im Rahmen des § 48f. Nach dem bereits am 1.1.2002 in Kraft getretenen § 8 Abs. 3 (PflEG) sollten vorrangig modellhaft in einer Region Möglichkeiten eines personenbezogenen Budgets sowie neue Wohnkonzepte für Pflegebedürftige erprobt werden.[9] Somit sind Projekte, die auf der Grundlage des § 8 Abs. 3 bereits gefördert wurden oder noch gefördert werden von der Teilnahme am Förderprogramm „neue Wohnformen" ausgeschlossen. Der Ausschluss der bereits nach § 8 Abs. 3 geförderten Projekte bedeutet nicht, dass damit auch deren Träger ausgeschlossen sind, wenn sie neue Projekte nach einem geänderten Konzept entwickeln.

VII. Förderbudget (Abs. 1 S. 1)

10 Das Förderbudget für das Förderprogramm „neue Wohnformen" beträgt **10 Mio. EUR**. Es handelt sich in gleicher Weise wie das Förderbudget nach § 45e Abs. 2 S. 2 um ein einmaliges zeitlich nicht

---

[4] BT-Dr. 17/9369, 77.
[5] BT-Dr. 17/9369, 77.
[6] BT-Dr. 17/9369, 76.
[7] BT-Dr. 17/9369, 76.
[8] BT-Dr. 17/9369, 76.
[9] Siehe zu den durchgeführten Modellvorhaben Klie in: LPK-SGB XI, § 8 Rn. 11.

I. Entstehungsgeschichte 1	VII. Förderbudget (Abs. 1 S. 1) 10
II. Normzweck und europarechtlicher Kontext 2	VIII. Ausführungsbestimmungen (Abs. 2. S. 2 iVm § 8 Abs. 3) 11
III. Fördervoraussetzungen (Abs. 1 S. 1) 4	
IV. Förderfähige Konzepte (Abs. 1 S. 2) 6	IX. Förder-Vereinbarung (Abs. 2. S. 2 iVm § 8 Abs. 3 S. 3) 12
V. Fördermodalitäten (Abs. 2 S. 2 iVm § 8 Abs. 3) 7	
VI. Ausgeschlossene Modellvorhaben (Abs. 2 S. 1) 9	

I. Entstehungsgeschichte

§ 45 f wurde durch Art. 1 Nr. 20 PNG vom 23.10.2012 (BGBl. I, 2246) mWv 1.11.2012 eingeführt. 1
Die Vorschrift verankert **wesentliche Rahmenbedingungen** eines Förderprogramms für neue Wohnformen, die vor allem als Alternative für herkömmliche stationäre Versorgungsformen gedacht sind.

II. Normzweck und europarechtlicher Kontext

Während bereits der durch das PflEG mit Wirkung zum 1.1.2002 eingefügte § 8 Abs. 3 von „neuen 2
Wohnkonzepten für **Pflegebedürftige**" als Förderziel für neue Versorgungsstrukturen spricht, sollen hier zusätzlich Rahmenbedingungen für die modellhafte Erprobung neuer Wohnformen geschaffen werden. Der Gesetzgeber sieht in der **Weiterentwicklung neuer Wohnformen** als Ergänzung zur stationären Pflege Möglichkeiten, ein selbstbestimmtes Leben auch dann zu ermöglichen, wenn ein angemessenes Wohnen in der häuslichen Umgebung nicht mehr möglich scheint, eine stationäre Unterbringung aber nicht erforderlich ist oder von den Betroffenen abgelehnt wird.[1] Damit wird die lange Liste der schon durch vorherige Gesetzesänderungen in das SGB XI aufgenommenen Förderprogramme (Entwicklung neuer Versorgungsformen nach § 8 Abs. 3 und § 45 c Abs. 1 S. 1 Nr. 3, Unterstützungsangebote nach § 45 c Abs. 3, Vernetzung der Hilfen nach § 45 c Abs. 5, ehrenamtliche Strukturen nach § 45 c Abs. 4, Selbsthilfe nach § 45 d, Förderung der Pflegestützpunkte nach § 7 c Abs. 4) um ein Förderprogramm erweitert.

Staatliche Infrastruktur-Förderungen können sich wegen des völkergewohnheitsrechtlichen Nichteinmischungsgebots idR nur auf das Staatsgebiet der Bundesrepublik Deutschland beziehen. Aus diesem Grunde kommt die Verwendung der Fördermittel nach § 45 f **außerhalb der Bundesrepublik Deutschland** idR nicht in Frage. 3

III. Fördervoraussetzungen (Abs. 1 S. 1)

Ziel der Förderung der Modellvorhaben ist nach Abs. 1 S. 1 die wissenschaftlich gestützte Weiterentwicklung und Förderung **neuer Wohnformen**. Nach den Vorstellungen des Gesetzgebers[2] ist die stationäre Pflege stark trägerorientiert und in erster Linie auf die pflegerische Versorgung ausgerichtet. Die pauschale Befürchtung Pflegebedürftiger und ihrer Angehörigen, dass eine stationäre Unterbringung eine zu starke Unterordnung in institutionalisierte Strukturen erzwinge und ein selbstbestimmtes Leben nicht ermögliche, führe oft zu einer Ablehnung von stationären Unterbringungsformen. In ihrer veränderten Lebenslage wünschten viele Menschen, die pflegebedürftig geworden seien, oft lediglich Hilfestellungen, um im Bereich der stationären Pflege einen durch Selbstständigkeit geprägten Lebens- und Wohnstil soweit wie möglich behalten zu können. Für die erforderlichen Hilfestellungen im Alltag wünschten sie eine mehr auf das **individuelle Wohnen** bezogene Unterbringung mit Wahlmöglichkeiten der Hilfe- und Pflegebausteine, die sie in ihrer speziellen Situation für erforderlich halten. Dies könne zum einen durch Wohngemeinschaften, wie sie in den §§ 38 a und 45 e vorgesehen seien, sichergestellt werden. Gebraucht würden daneben aber auch Angebote, die darüber hinausgehen, ohne das Ausmaß einer Vollversorgung im Pflegeheim zu erreichen. 4

Das Förderprogramm „neue Wohnformen" soll wie einige der anderen Förderprogramme des SGB XI **wissenschaftlich begleitet** und ausgewertet werden. Hierbei gelten die allgemein üblichen fachlichen Standards der empirischen Sozialforschung. Bei der in § 45 f intendierten Entwicklung und Erprobung innovativer stationärer Betreuungsformen sollen Gesichtspunkte der Qualitätssicherung Vorrang haben.[3] 5

---

1 BT-Dr. 17/9369, 42.
2 BT-Dr. 17/9369, 76.
3 BT-Dr. 17/9369, 76.

gebundenes Förderbudget. Es wird gemäß Abs. 2 S. 2 iVm § 8 Abs. 3 S. 1 aus dem vom **Bundesversicherungsamt** zur Verfügung gestellten **Ausgleichsfonds** nach § 65 SGB XI zur Verfügung gestellt. Das Förderbudget „neue Wohnformen" speist sich zum Teil aus dem für die Pflegestützpunkte nicht verbrauchten Förderbudget nach § 92 c Abs. 6.[10] Mehrbelastungen der Pflegeversicherung, die dadurch entstehen, dass Pflegebedürftige, die Pflegegeld beziehen, durch Einbeziehung in ein Modellvorhaben höhere Leistungen als das Pflegegeld erhalten, sind nach Abs. 2 S. 2 iVm § 8 Abs. 3 S. 4 sind in das Förderbudget einzubeziehen. Soweit finanzielle Interessen einzelner Länder durch die Förderung berührt werden, sind diese nach Abs. 2 S. 2 iVm § 8 Abs. 3 S. 10 einzubeziehen.

VIII. Ausführungsbestimmungen (Abs. 2. S. 2 iVm § 8 Abs. 3)

Nach Abs. 2 S. 2 iVm § 8 Abs. 3 S. 7 bestimmt der Spitzenverband Bund der Pflegekassen Ziele, Dauer, Inhalte und Durchführung der Modellvorhaben. Hierin sieht der Gesetzgeber eine Verringerung des Verwaltungsaufwandes. Nach Abs. 2 S. 2 iVm § 8 Abs. 3 S. 11 regeln der Spitzenverbund Bund der Pflegekassen und das Bundesversicherungsamt durch Vereinbarung das Nähere über das Verfahren zur Auszahlung der aus dem Ausgleichsfonds zu finanzierenden Fördermittel. Dass eine die Ziele, Dauer, Inhalte und Durchführung der Modellvorhaben bestimmende Regelung des Spitzenverbandes nicht öffentlich bekannt geworden ist, spricht nicht dafür, dass dieses Vorhaben sehr ernst genommen wird. 11

IX. Förder-Vereinbarung (Abs. 2. S. 2 iVm § 8 Abs. 3 S. 3)

Nach Abs. 2 S. 2 iVm § 8 Abs. 3 S. 3 hat der **Spitzenverband Bund der Pflegekassen** mit dem Träger des Modellvorhabens eine Vereinbarung abzuschließen. Bei der Vereinbarung und Durchführung von Modellvorhaben kann nach Abs. 2 S. 2 iVm § 8 Abs. 3 S. 3 im Einzelfall von den Regelungen des Siebten Kapitels (§§ 69 bis 92) sowie von § 36 und zur Entwicklung besonders pauschalierter Pflegesätze von § 84 Abs. 2 S. 2 SGB XI abgewichen werden. Die für die Umsetzung vorgesehenen Modellvorhaben sind nach § 45 f Abs. 2 S. 2 iVm § 8 Abs. 3 S. 8 mit dem **Bundesministerium für Gesundheit** abzustimmen. 12

Fünftes Kapitel
Organisation

Erster Abschnitt
Träger der Pflegeversicherung

§ 46 Pflegekassen

(1) ¹Träger der Pflegeversicherung sind die Pflegekassen. ²Bei jeder Krankenkasse (§ 4 Abs. 2 des Fünften Buches) wird eine Pflegekasse errichtet. ³Die Deutsche Rentenversicherung Knappschaft-Bahn-See als Träger der Krankenversicherung führt die Pflegeversicherung für die Versicherten durch.
(2) ¹Die Pflegekassen sind rechtsfähige Körperschaften des öffentlichen Rechts mit Selbstverwaltung. ²Organe der Pflegekassen sind die Organe der Krankenkassen, bei denen sie errichtet sind. ³Arbeitgeber (Dienstherr) der für die Pflegekasse tätigen Beschäftigten ist die Krankenkasse, bei der die Pflegekasse errichtet ist. ⁴Krankenkassen und Pflegekassen können für Mitglieder, die ihre Kranken- und Pflegeversicherungsbeiträge selbst zu zahlen haben, die Höhe der Beiträge zur Kranken- und Pflegeversicherung in einem gemeinsamen Beitragsbescheid festsetzen. ⁵Das Mitglied ist darauf hinzuweisen, dass der Bescheid über den Beitrag zur Pflegeversicherung im Namen der Pflegekasse ergeht. ⁶In den Fällen des Satzes 4 kann auch ein gemeinsamer Widerspruchsbescheid erlassen werden; Satz 5 gilt entsprechend. ⁷Bei der Ausführung dieses Buches ist das Erste Kapitel des Zehnten Buches anzuwenden.
(3) ¹Die Verwaltungskosten einschließlich der Personalkosten, die den Krankenkassen auf Grund dieses Buches entstehen, werden von den Pflegekassen in Höhe von 3,5 vom Hundert des Mittelwertes von Leistungsaufwendungen und Beitragseinnahmen erstattet; dabei ist der Erstattungsbetrag für die einzelne Krankenkasse um die Hälfte der Aufwendungen der jeweiligen Pflegekasse für Pflegeberatung nach § 7 a Abs. 4 Satz 5 und um die Aufwendungen für Zahlungen nach § 18 Absatz 3 b zu vermindern. ²Bei der Berechnung der Erstattung sind die Beitragseinnahmen um die Beitragseinnahmen zu

---

10 BT-Dr. 17/9369, 74.

vermindern, die dazu bestimmt sind, nach § 135 dem Vorsorgefonds der sozialen Pflegeversicherung zugeführt zu werden. [3]Der Gesamtbetrag der nach Satz 1 zu erstattenden Verwaltungskosten aller Krankenkassen ist nach dem tatsächlich entstehenden Aufwand (Beitragseinzug/Leistungsgewährung) auf die Krankenkassen zu verteilen. [4]Der Spitzenverband Bund der Pflegekassen bestimmt das Nähere über die Verteilung. [5]Außerdem übernehmen die Pflegekassen 50 vom Hundert der umlagefinanzierten Kosten des Medizinischen Dienstes der Krankenversicherung. [6]Personelle Verwaltungskosten, die einer Betriebskrankenkasse von der Pflegekasse erstattet werden, sind an den Arbeitgeber weiterzuleiten, wenn er die Personalkosten der Betriebskrankenkasse nach § 147 Abs. 2 des Fünften Buches trägt. [7]Der Verwaltungsaufwand in der sozialen Pflegeversicherung ist nach Ablauf von einem Jahr nach Inkrafttreten dieses Gesetzes zu überprüfen.

(4) Das Bundesministerium für Gesundheit wird ermächtigt, durch Rechtsverordnung mit Zustimmung des Bundesrates Näheres über die Erstattung der Verwaltungskosten zu regeln sowie die Höhe der Verwaltungskostenerstattung neu festzusetzen, wenn die Überprüfung des Verwaltungsaufwandes nach Absatz 3 Satz 6 dies rechtfertigt.

(5) Bei Vereinigung, Auflösung und Schließung einer Krankenkasse gelten die §§ 143 bis 172 des Fünften Buches für die bei ihr errichteten Pflegekasse entsprechend.

(6) [1]Die Aufsicht über die Pflegekassen führen die für die Aufsicht über die Krankenkassen zuständigen Stellen. [2]Das Bundesversicherungsamt und die für die Sozialversicherung zuständigen obersten Verwaltungsbehörden der Länder haben mindestens alle fünf Jahre die Geschäfts-, Rechnungs- und Betriebsführung der ihrer Aufsicht unterstehenden Pflegekassen und deren Arbeitsgemeinschaften zu prüfen. [3]Das Bundesministerium für Gesundheit kann die Prüfung der bundesunmittelbaren Pflegekassen und deren Arbeitsgemeinschaften, die für die Sozialversicherung zuständigen obersten Verwaltungsbehörden der Länder können die Prüfung der landesunmittelbaren Pflegekassen und deren Arbeitsgemeinschaften auf eine öffentlich-rechtliche Prüfungseinrichtung übertragen, die bei der Durchführung der Prüfung unabhängig ist. [4]Die Prüfung hat sich auf den gesamten Geschäftsbetrieb zu erstrecken; sie umfaßt die Prüfung seiner Gesetzmäßigkeit und Wirtschaftlichkeit. [5]Die Pflegekassen und deren Arbeitsgemeinschaften haben auf Verlangen alle Unterlagen vorzulegen und alle Auskünfte zu erteilen, die zur Durchführung der Prüfung erforderlich sind. [6]Die mit der Prüfung nach diesem Absatz befassten Stellen können nach Anhörung des Spitzenverbandes Bund der Krankenkassen als Spitzenverband Bund der Pflegekassen bestimmen, dass die Pflegekassen die zu prüfenden Daten elektronisch und in einer bestimmten Form zur Verfügung stellen. [7]§ 274 Abs. 2 und 3 des Fünften Buches gilt entsprechend.

Literatur:

Nostadt, Soziale Pflegeversicherung – Organisation und Finanzierung, Bundesarbeitsblatt 1994, 39; *Hebeler*, Die Vereinigung, Auflösung und Schließung von Sozialversicherungsträgern, NZS 2008, 238.

I. Entstehungsgeschichte

1   Die Vorschrift wurde mit Wirkung zum 1.6.1994 durch Art. 1 des Pflege-Versicherungsgesetzes (PflegeVG) vom 26.5.1994 eingeführt.[1] Seitdem ist sie mehrfach geändert worden. Die meisten Änderungen des Abs. 1 gingen auf veränderte Trägerstrukturen zurück, an die der Wortlaut der Norm und teilweise auch sein Inhalt angepasst werden musste. So sind beispielsweise die Sondervorschriften hinsichtlich der See-Pflegeversicherung und der knappschaftlich Versicherten gestrichen worden. S. 3 enthält nun einen Hinweis, dass die Deutsche Rentenversicherung Knappschaft-Bahn-See als Träger der Krankenversicherung auch die Pflegeversicherung durchführt. Die letzte Änderung des Abs. 1 erfolgte durch das Gesetz zur Änderung des Vierten Buches Sozialgesetzbuch und anderer Gesetze (SGB IV-ÄndG) vom 19.12.2007[2] mit Wirkung zum 1.1.2008. Durch das SGB IV-ÄndG wurde der kurze Zeit zuvor durch das GKV-WSG[3] gestrichene S. 3 in seiner heutigen Fassung wieder eingefügt. Durch das Gesetz zur strukturellen Weiterentwicklung der Pflegeversicherung (PfWG) vom 28.5.2008[4] wurden mit Wirkung zum 1.7.2008 S. 4 und 5 in Abs. 2 eingefügt. Seitdem besteht ausdrücklich die Möglichkeit des Erlasses eines gemeinsamen Beitragsbescheids für Selbstzahler für die Beiträge der Kranken-

---

1   BGBl. I 1994, 1014.
2   BGBl. I 2007, 3024.
3   BGBl. I 2007, 378.
4   BGBl. I 2008, 874.

und Pflegeversicherung. Notwendig ist jedoch ein Hinweis für den Selbstzahler, dass der Bescheid über die Beiträge zur Pflegeversicherung im Namen dieser und nicht etwa im Namen der Krankenversicherung ergeht. Durch Art. 1 Nr. 31 PfWG wurde außerdem die Kostentragung für die Pflegeberatung in Abs. 3 S. 1 normiert. Die Zuständigkeitsregelungen in Abs. 4 und Abs. 6 S. 3 wurden durch mehrere Zuständigkeitsanpassungs-Verordnungen geändert.[5] Abs. 6 S. 2, 3 und 5 erfuhren Änderungen durch Gesetz vom 23.10.2012.[6] Abs. 6 wurde zudem jüngst durch Gesetz vom 21.2.2017[7] um den jetzigen S. 6 ergänzt, der ausweislich der Gesetzesbegründung[8] der fortschreitenden Digitalisierung des Prüfgeschehens Rechnung trägt. Außerdem geändert wurde die Vorschrift mWv 1.1.2015 durch Einfügung des neuen S. 2 in Abs. 3 durch das Erste Pflegestärkungsgesetz (PSG I) vom 17.12.2014.[9] Eine weitere Änderung erfolgte durch Gesetz vom 21.12.2015;[10] diese Änderung tritt allerdings erst mWv 1.1.2018 in Kraft. Sie besteht in der Änderung des Abs. 2 S. 1; die Erstattung der Verwaltungskosten einschließlich der Personalkosten durch die Pflegekassen, die den Krankenkassen aufgrund des SGB XI entstehen, wird von den bisherigen 3,5 Prozent des Mittelwertes auf 3,2 Prozent des Mittelwertes von Leistungsaufwendungen und Beitragseinnahmen gesenkt. Die Herabsetzung wird mit den nur einmalig im Jahr 2017 anfallenden höheren Verwaltungskosten wegen der Einführung des Pflegebedürftigkeitsbegriffs begründet.[11]

II. Norminhalt im Überblick

Abs. 1 regelt die Trägerschaft der Pflegekassen, Abs. 2 deren Organisation, Abs. 3 enthält Kostenregelungen, Abs. 5 trifft Bestimmungen zu Organisationsänderungen, Abs. 6 zur Aufsicht. In einer Gesamtschau begründen Abs. 2 bis 6 eine Verwaltungsgemeinschaft zwischen Krankenkassen und Pflegekassen: Letztere nutzen von ersteren das räumliche, sächliche und persönliche Infrastruktur,[12] gleichwohl sind die Pflegekassen formal selbstständige Körperschaften des öffentlichen Rechts. Dieses Spannungsverhältnis zwischen Selbsttätigkeit und Eingebundensein durchzieht nahezu die gesamte Vorschrift. Sie enthält zahlreiche detailliert gefasste und unmittelbar durch Gesetzeslektüre verständliche Regelungen, so dass sich nachfolgend auf die Erörterung ausgewählter Fragen beschränkt wird.

III. Einzelfragen

Abs. 2 S. 1, wonach die Pflegekassen rechtsfähige Körperschaften des öffentlichen Rechts mit Selbstverwaltung sind, ist im Hinblick auf § 29 Abs. 1 SGB IV lediglich deklaratorischer Natur. Abs. 2 S. 2 regelt eine Organleihe, denn mittels gesetzlicher Anordnung sind die Organe der Pflegekassen die derjenigen Krankenkasse, bei denen sie errichtet sind; dies bedeutet funktional, dass sich die Pflegekassen der Organe der Krankenkasse bedienen. Folge der Regelung in Abs. 2 S. 2 ist außerdem, dass es eine Wahl oder Bestellung eigener Organe der Pflegekasse nicht gibt. Gewissermaßen eine Fortsetzung der Organleihe ist in der Regelung von Abs. 2 S. 3 zu sehen, demzufolge Arbeitgeber (Dienstherr) der für die Pflegekassen tätigen Beschäftigten die Krankenkasse ist. Die Pflegekassen stellen somit kein eigenes Personal an, sondern nutzen das der Krankenkasse. Es stehen daher die Krankenkassen in der Pflicht, die personellen Voraussetzungen für die Durchführung der Aufgaben der Pflegekasse zu schaffen; zugleich ist es damit aber auch der Pflegekasse verboten, Arbeits- und Dienstverhältnisse zur Wahrnehmung ihrer Verwaltungsaufgaben zu begründen.[13] Folge dieser das Personal betreffenden Regelung ist, dass zunächst die Krankenkasse die Personalkosten zu tragen hat. Abs. 3 trifft somit indes detaillierte Erstattungsverpflichtungen der Pflegekasse gegenüber der Krankenkasse; diese Erstattungsverpflichtungen beziehen sich nicht allein auf die Personalkosten, sondern darüber hinaus insgesamt auf die Verwaltungskosten. Abs. 4 enthält eine Verordnungsermächtigung für das Bundesministerium für Gesundheit, Näheres über die Kostenerstattung zu regeln. Von dieser Ermächtigung wurde bislang nicht Gebrauch gemacht. Gem. Abs. 5 gelten bei Vereinigungen, Auflösungen und Schließungen einer Kran-

---

5 Zuletzt durch ZustAnpV vom 29.10.2001 (BGBl. I 2001, 2785), ZustAnpV vom 25.11.2003 (BGBl. I 2003, 2304), ZustAnpV vom 31.10.2006 (BGBl. I 2006, 2407).
6 BGBl. I, 2246.
7 GKV-Selbstverwaltungsstärkungsgesetz, BGBl. I 2017, 265.
8 BR-Dr. 681/16.
9 Erstes Gesetz zur Stärkung der pflegerischen Versorgung und zur Änderung weiterer Vorschriften, BGBl. I, 2222.
10 BGBl. I 2015, 2424.
11 BT-Dr. 18/5926, 135 f.
12 Bassen in: Udsching, § 46 Rn. 2.
13 Zutreffend Baier in: Krauskopf, § 46 SGB XI Rn. 12.

kenkasse die §§ 143 bis 172 SGB V für die bei ihr errichtete Pflegekasse entsprechend. Konsequenz dieser Regelung ist, dass bei einer Entscheidung über die Vereinigung, Auflösung oder Schließung einer Krankenkasse gesondert über eine entsprechende Änderung auch für die Pflegekasse entschieden werden muss und nicht etwa uno actu sich die Entscheidung mit auf die Pflegekasse erstreckt. Die zuständige Aufsichtsbehörde (vgl. Abs. 6 S. 1) bemisst sich nach allgemeinen Regeln, dh gem. §§ 90, 90a SGB IV.

§ 47 Satzung

(1) Die Satzung muß Bestimmungen enthalten über:
1. Name und Sitz der Pflegekasse,
2. Bezirk der Pflegekasse und Kreis der Mitglieder,
3. Rechte und Pflichten der Organe,
4. Art der Beschlußfassung der Vertreterversammlung,
5. Bemessung der Entschädigungen für Organmitglieder, soweit sie Aufgaben der Pflegeversicherung wahrnehmen,
6. jährliche Prüfung der Betriebs- und Rechnungsführung und Abnahme der Jahresrechnung,
7. Zusammensetzung und Sitz der Widerspruchsstelle und
8. Art der Bekanntmachungen.

(2) Die Satzung kann eine Bestimmung enthalten, nach der die Pflegekasse den Abschluss privater Pflege-Zusatzversicherungen zwischen ihren Versicherten und privaten Krankenversicherungsunternehmen vermitteln kann.

(3) Die Satzung und ihre Änderungen bedürfen der Genehmigung der Behörde, die für die Genehmigung der Satzung der Krankenkasse, bei der die Pflegekasse errichtet ist, zuständig ist.

Literatur:
Finkenbusch, Die Satzung der Krankenversicherungsträger, WzS 1992, 1; *Marburger*, Ausmaß und Wirkung des Satzungsrechts der gesetzlichen Krankenkassen, VR 2016, 73.

I. Entstehungsgeschichte	1	IV. Einzelfragen		4
II. Systematische Zusammenhänge	2	1. Pflichtiger Satzungsinhalt (Abs. 1)		4
III. Normzweck und Norminhalt im Überblick	3	2. Freiwilliger Satzungsinhalt (Abs. 2)		11
		3. Genehmigung und Aufsicht (Abs. 3)		14

I. Entstehungsgeschichte

1 Die Vorschrift wurde mit Wirkung zum 1.6.1994 durch Art. 1 des Pflege-Versicherungsgesetzes (PflegeVG) vom 26.5.1994 eingeführt.[1] Die bisherige Nr. 3 des Abs. 1 wurde mit Wirkung zum 1.1.2009 durch Art. 8 Nr. 20 des Gesetzes zur Stärkung des Wettbewerbs in der gesetzlichen Krankenversicherung (GKV-WSG) vom 26.3.2007[2] gestrichen. Die Einfügung des Abs. 2 erfolgte mit Wirkung zum 1.7.2008 durch Art. 1 Nr. 32 des Pflege-Weiterentwicklungsgesetzes (PflWG) vom 28.5.2008.[3]

II. Systematische Zusammenhänge

2 § 47 stellt eine bereichsspezifische Ergänzung und Konkretisierung der allgemeinen Pflicht der Sozialversicherungsträger zur Satzungsgebung gem. § 34 Abs. 1 S. 1 iVm § 1 Abs. 1 SGB IV dar. Die Satzungsbefugnis ist ein wesentliches Kennzeichen der autonomen Stellung von Selbstverwaltungskörperschaften. Die nahezu deckungsgleichen Parallelvorschriften für die Krankenkassen finden sich in den §§ 194, 195 SGB V.

III. Normzweck und Norminhalt im Überblick

3 Die Norm regelt die Mindestinhalte der Satzung einer Pflegeversicherung (Abs. 1), ermächtigt den Pflegeversicherungsträger, private Zusatzversicherungen zu vermitteln (Abs. 2) und legt fest, durch welche

---
1 BGBl. I 1994, 1014.
2 BGBl. I 2007, 378.
3 BGBl. I 2008, 874.

Behörde die Satzung und etwaige Änderungen genehmigt werden müssen (Abs. 3). Der Umfang der Leistungen einer Pflegekasse kann im Gegensatz zu denen der Krankenkasse (vgl. § 194 Abs. 1 Nr. 3 SGB V) nicht durch Satzung geregelt werden. Die generelle Satzungsautonomie erfährt diesbezüglich eine Einschränkung.

IV. Einzelfragen

1. Pflichtiger Satzungsinhalt (Abs. 1). Abs. 1 gliedert den Pflichtinhalt der Satzung der Pflegekasse in einen acht Nummern umfassenden Katalog auf. Im Vergleich zu § 194 Abs. 1 SGB V, der den Mindestinhalt einer Satzung der Krankenkasse vorgibt, ist der Katalog in Abs. 1 kürzer; dies ist durch die Organleihe (→ § 46 Rn. 3) bedingt, die manche Satzungsinhalte entbehrlich macht. Abs. 1 enthält kein Verbot, weitere als die in Nr. 1–8 aufgelisteten Gegenstände in die Satzung aufzunehmen. Zu Abs. 1 Nr. 1–8 ist im Einzelnen Folgendes zu bemerken: 4

Nr. 1: Aus den Regelungen betreffend das Rechtsverhältnis zwischen Krankenkasse und Pflegekasse (→ § 46 Rn. 2 f.) folgt, dass der Sitz der Pflegekasse dem Sitz der Krankenkasse entspricht. 5

Nr. 2: Der Bezirk der Pflegekasse und der Kreis der Mitglieder ergeben sich aus denen der Krankenkasse, vgl. §§ 143 ff. SGB V. Eine abweichende Satzungsregelung der Pflegekasse ist nicht zulässig, da ihr hierfür die organisatorische Eigenständigkeit fehlt. 6

Nr. 3: Die Organe der Pflegekasse entsprechen den Organen der Krankenkasse, bei der die Pflegekasse errichtet ist. Die Organe sind bei den Orts-, Betriebs- und Innungskrankenkassen sowie Ersatzkassen der Vorstand und der Verwaltungsrat, § 31 Abs. 3 a S. 1 SGB IV iVm § 35 a SGB IV. Bei den landwirtschaftlichen Krankenkassen und bei der Deutschen Rentenversicherung Knappschaft-Bahn-See als Krankenversicherungsträger werden ein Vorstand und eine Vertreterversammlung eingerichtet, § 31 Abs. 1 S. 1 SGB IV. 7

Nr. 4: Seit 1.1.1996 wird die Vertreterversammlung gem. § 31 Abs. 3 a S. 1 SGB IV iVm § 35 a SGB IV bei Orts-, Betriebs- und Innungskrankenkassen sowie Ersatzkassen als Verwaltungsrat bezeichnet. Bisher hat keine sprachliche Anpassung stattgefunden. In der Satzung der Pflegekasse muss demnach entweder die Art der Beschlussfassung des Verwaltungsrats oder der Vertreterversammlung geregelt werden, je nachdem bei welcher Krankenkasse die Pflegekasse errichtet ist. 8

Nr. 5: Die Satzungsregelung betreffend die Bemessung der Entschädigungen für Organmitglieder hat größtenteils deklaratorische Wirkung, denn die Entschädigungen sind durch § 41 SGB IV weitgehend gesetzlich festgesetzt. 9

Nr. 6: Durch die notwenige Satzungsbestimmung nach Nr. 6 wird § 77 SGB IV konkretisiert. 10

2. Freiwilliger Satzungsinhalt (Abs. 2). Abs. 2 normiert eine Befugnis zur Vermittlung privater Pflegezusatzversicherungen. Dies ist den Krankenkassen bereits seit dem 1.1.2004 möglich (vgl. § 194 Abs. 1 a SGB V), den Pflegekassen erst seit dem 1.7.2008. Auch den Pflegekassen wird somit nun die Möglichkeit eröffnet, die Eigenvorsorge ihrer Versicherten zu unterstützen und so den vom Gesetzgeber angestrebten Zweck zu erfüllen, das Vermittlungsangebot sinnvoll zu ergänzen und abzurunden.[4] Für die Versicherten vorteilhaft ist beispielsweise, dass die Pflegekasse oft günstigere Gruppentarife für ihre Versicherten aushandeln kann. Eine Satzungsregelung nach Abs. 2 verhindert, dass die Vermittlung einer privaten Zusatzversicherung per se wettbewerbswidrig ist. Die Wettbewerbswidrigkeit ergäbe sich im Falle einer nicht vorhandenen Satzungsregelung aus § 30 Abs. 1 SGB IV, wonach der Versicherungsträger nur Geschäfte zur Erfüllung seiner gesetzlich vorgeschriebenen oder zugelassenen Aufgaben führen darf. Ausreichend ist eine Satzungsregelung, die grundsätzlich die Vermittlung privater Zusatzversicherungen erlaubt. Genaue Ausführungen bezüglich Art und Umfang der vermittelbaren Zusatzversicherungen muss die Satzung nicht enthalten. Aus dem Wortlaut des Abs. 2 ergibt sich, dass nur die Vermittlung von Zusatzversicherungen zulässig ist. Die vermittelte private Versicherung muss daher einen Bezug zu den Leistungen der Pflegeversicherung haben und diese ergänzen. Außerdem muss sich die Tätigkeit auf das Vermitteln beschränken. In keinem Fall darf der Pflegversicherungsträger Vertragspartner einer Zusatzversicherung werden. Auch die Abwicklung der Zusatzversicherung, insbesondere der Einzug der Prämien, darf nicht von der Pflegekasse übernommen werden. 11

Zuletzt ist zu beachten, dass es der Pflegekasse verboten ist, im Rahmen ihrer Vermittlungstätigkeit Daten ihrer Versicherten an private Versicherungsunternehmen weiterzugeben. Der Sozialdatenschutz nach § 67 b SGB X darf nicht per Satzung ausgeschlossen oder reduziert werden. Erst nach einer Ein- 12

---

[4] BT-Dr. 16/7539, 66.

willigung des Versicherten darf die Pflegekasse Versichertendaten an die privaten Kooperationspartner weitergeben, § 61 b Abs. 1 S. 1 SGB X.

13 § 47 enthält keine ausdrücklichen Grenzen des Satzungsrechts.[5] Weitere Satzungsinhalte sind also möglich; zu beachten sind allerdings die Verbote der Zwecküberschreitung und des Verstoßes gegen höherrangiges Recht gem. § 30 Abs. 1 SGB IV. Bestimmungen über die Leistungen der Pflegeversicherung sind aufgrund der abschließenden Regelung der Leistungen im SGB XI unzulässig.

14 **3. Genehmigung und Aufsicht (Abs. 3).** Bei der in Abs. 3 angesprochenen Genehmigungsbehörde handelt es sich um die Aufsichtsbehörde gem. § 195 SGB V. Wer Aufsichtsbehörde ist, folgt letztlich aus §§ 90, 90 a SGB IV. Wirksam wird die Satzung mit der Bekanntgabe des Genehmigungsbeschlusses. Ihre Rechtsverbindlichkeit nach außen erlangt sie mit ihrer öffentlichen Bekanntmachung (vgl. § 34 Abs. 2 S. 1 SGB IV). Die Art der Bekanntmachung ist in der Satzung zu bestimmen (Abs. 1 Nr. 8). Maßgeblich ist der räumliche und persönliche Wirkungskreis der Pflegekasse. Eine dem § 195 Abs. 2, 3 SGB V entsprechende Regelung bezüglich der Berichtigung einer Satzung wegen unrichtiger oder unrichtig gewordener Satzungsbestimmungen wurde für die Pflegekassen nicht getroffen. Für die Pflegekassen muss daher für Satzungsberichtigungen auf die Mittel der allgemeinen Rechtsaufsicht zurückgegriffen werden, § 89 SGB IV. Eine analoge Anwendung des § 195 Abs. 2, 3 SGB IV kommt nicht in Betracht.[6]

§ 47 a Stellen zur Bekämpfung von Fehlverhalten im Gesundheitswesen

(1) ¹§ 197 a des Fünften Buches gilt entsprechend; § 197 a Absatz 3 des Fünften Buches gilt mit der Maßgabe, auch mit den nach Landesrecht bestimmten Trägern der Sozialhilfe, die für die Hilfe zur Pflege im Sinne des Siebten Kapitels des Zwölften Buches zuständig sind, zusammenzuarbeiten. ²Die organisatorischen Einheiten nach § 197 a Abs. 1 des Fünften Buches sind die Stellen zur Bekämpfung von Fehlverhalten im Gesundheitswesen bei den Pflegekassen, ihren Landesverbänden und dem Spitzenverband Bund der Pflegekassen.

(2) ¹Die Einrichtungen nach Absatz 1 Satz 2 dürfen personenbezogene Daten, die von ihnen zur Erfüllung ihrer Aufgaben nach Absatz 1 erhoben oder an sie weitergegeben oder übermittelt wurden, untereinander übermitteln, soweit dies für die Feststellung und Bekämpfung von Fehlverhalten im Gesundheitswesen beim Empfänger erforderlich ist. ²An die nach Landesrecht bestimmten Träger der Sozialhilfe, die für die Hilfe zur Pflege im Sinne des Siebten Kapitels des Zwölften Buches zuständig sind, dürfen die Einrichtungen nach Absatz 1 Satz 2 personenbezogene Daten nur übermitteln, soweit dies für die Feststellung und Bekämpfung von Fehlverhalten im Zusammenhang mit den Regelungen des Siebten Kapitels des Zwölften Buches erforderlich ist und im Einzelfall konkrete Anhaltspunkte dafür vorliegen. ³Der Empfänger darf diese Daten nur zu dem Zweck verarbeiten und nutzen, zu dem sie ihm übermittelt worden sind. ⁴Ebenso dürfen die nach Landesrecht bestimmten Träger der Sozialhilfe, die für die Hilfe zur Pflege im Sinne des Siebten Kapitels des Zwölften Buches zuständig sind, personenbezogene Daten, die von ihnen zur Erfüllung ihrer Aufgaben erhoben oder an sie weitergegeben oder übermittelt wurden, an die in Absatz 1 Satz 2 genannten Einrichtungen übermitteln, soweit dies für die Feststellung und Bekämpfung von Fehlverhalten im Gesundheitswesen beim Empfänger erforderlich ist. ⁵Die in Absatz 1 Satz 2 genannten Einrichtungen dürfen diese nur zu dem Zweck verarbeiten und nutzen, zu dem sie ihnen übermittelt worden sind. ⁶Die Einrichtungen nach Absatz 1 Satz 2 sowie die nach Landesrecht bestimmten Träger der Sozialhilfe, die für die Hilfe zur Pflege im Sinne des Siebten Kapitels des Zwölften Buches zuständig sind, haben sicherzustellen, dass die personenbezogenen Daten nur Befugten zugänglich sind oder nur an diese weitergegeben werden.

Literatur:

Forst, Whistleblowing im Gesundheitswesen – Stellen zur Bekämpfung von Fehlverhalten im Gesundheitswesen und Fehlermeldesysteme in Krankenhäusern (Critical Incident Reporting Systems), SGb 2014, 413; *Meier*, Betrug in der gesetzlichen Krankenversicherung – Was sagt die Kriminologie?, KrV 2015, 155; *Meseke*, Zehn Jahre Bekämpfung von Fehlverhalten im Gesundheitswesen – Bestandsaufnahme und Perspekti-

---

5 Siehe für die Krankenversicherung § 194 Abs. 2 SGB V.
6 So auch Baier in: Krauskopf, § 47 SGB XI Rn. 22.

ven, KrV 2015, 133; *Rixen*, Die Stellen zur Bekämpfung von Fehlverhalten im Gesundheitswesen, ZFSH/SGB 2005, 131.

I. Entstehungsgeschichte

§ 47a wurde mit Wirkung zum 1.1.2004 durch Art. 27 Nr. 2 des Gesetzes zur Modernisierung der gesetzlichen Krankenversicherung (GMG) vom 14.11.2003 eingeführt.[1] Eine sprachliche Anpassung des Abs. 1 S. 2 mit Wirkung zum 1.7.2008 erfolgte durch Art. 8 Nr. 21 des Gesetzes zur Stärkung des Wettbewerbs in der gesetzlichen Krankenversicherung (GKV-WSG) vom 26.3.2007.[2] Abs. 2 wurde eingefügt durch Gesetz vom 20.12.2012.[3]   1

II. Normzweck und Norminhalt

Die Zielsetzung der Norm besteht darin, finanzielle Unregelmäßigkeiten und Mittelfehlverwendungen zu verhindern (S. 1 iVm § 197a Abs. 1 S. 1 SGB V). Dazu wird bei jeder Pflegekasse eine organisatorisch selbstständige Stelle eingerichtet. Wie dies im Einzelnen geschieht, wird durch § 197a SGB V geregelt, auf den S. 1 verweist. Insoweit kann auch hier vollständig auf die Ausführungen zu § 197a SGB V verwiesen werden. Durch S. 2 wird klargestellt, dass die bei den Krankenkassen nach Maßgabe von § 197a SGB V gebildeten Stellen auch die Aufgaben des § 47a wahrnehmen.   2

**Zweiter Abschnitt
Zuständigkeit, Mitgliedschaft**

§ 48 [1]Zuständigkeit für Versicherte einer Krankenkasse und sonstige Versicherte

(1) [1]Für die Durchführung der Pflegeversicherung ist jeweils die Pflegekasse zuständig, die bei der Krankenkasse errichtet ist, bei der eine Pflichtmitgliedschaft oder freiwillige Mitgliedschaft besteht. [2]Für Familienversicherte nach § 25 ist die Pflegekasse des Mitglieds zuständig.

(2) [1]Für Personen, die nach § 21 Nr. 1 bis 5 versichert sind, ist die Pflegekasse zuständig, die bei der Krankenkasse errichtet ist, die mit der Leistungserbringung im Krankheitsfalle beauftragt ist. [2]Ist keine Krankenkasse mit der Leistungserbringung im Krankheitsfall beauftragt, kann der Versicherte die Pflegekasse nach Maßgabe des Absatzes 3 wählen.

(3) [1]Personen, die nach § 21 Nr. 6 versichert sind, können die Mitgliedschaft wählen bei der Pflegekasse, die bei

1. der Krankenkasse errichtet ist, der sie angehören würden, wenn sie in der gesetzlichen Krankenversicherung versicherungspflichtig wären,
2. der Allgemeinen Ortskrankenkasse ihres Wohnsitzes oder gewöhnlichen Aufenthaltes errichtet ist,
3. einer Ersatzkasse errichtet ist, wenn sie zu dem Mitgliederkreis gehören, den die gewählte Ersatzkasse aufnehmen darf.

[2]Ab 1. Januar 1996 können sie die Mitgliedschaft bei der Pflegekasse wählen, die bei der Krankenkasse errichtet ist, die sie nach § 173 Abs. 2 des Fünften Buches wählen könnten, wenn sie in der gesetzlichen Krankenversicherung versicherungspflichtig wären.

I. Entstehungsgeschichte, allgemeine Bedeutung und Normzweck 1	IV. Zuständigkeit der Pflegekassen für nach § 21 Nr. 6 versicherungspflichtige Soldaten auf Zeit (Abs. 3) 10
II. Zuständigkeit der Pflegekassen für Versicherte der gesetzlichen Krankenkassen (Abs. 1) 4	
III. Zuständigkeit der Pflegekassen für nach § 21 Nr. 1–5 versicherungspflichtige Personen (Abs. 2 S. 1) 7	

---

1 BGBl. I 2003, 2190.
2 BGBl. I 2007, 378.
3 BGBl. I 2012, 2789.
1 Die Kommentierung der §§ 48, 49, 52, 53 wurde von Frauke Brosius-Gersdorf aus der Vorauflage übernommen. Text und Fußnoten wurden geprüft und gegebenenfalls verändert, so dass die volle Verantwortung für die vorliegende Fassung nunmehr allein bei dem neuen Bearbeiter liegt.

I. Entstehungsgeschichte, allgemeine Bedeutung und Normzweck

1 § 48 wurde durch das Gesetz zur sozialen Absicherung des Risikos der Pflegebedürftigkeit (Pflege-Versicherungsgesetz – Pflege-VG) vom 26.5.1994 mit Wirkung zum 1.1.1995 eingeführt.[2] Seither ist die Norm unverändert geblieben.

2 § 48 regelt die **Zuständigkeit der Pflegekassen** für die Durchführung der gesetzlichen Pflegeversicherung. In der Vorschrift kommen der Grundsatz der einheitlichen Zuständigkeit der Kranken- und Pflegekassen für die gesetzliche Kranken- und Pflegeversicherung[3] sowie die Akzessorietät der Zuständigkeit der Pflegekasse zur Mitgliedschaft der Versicherten in der Krankenkasse („Pflegeversicherung folgt Krankenversicherung") zum Ausdruck.[4] „Die einheitliche Zuständigkeit für die Kranken- und Pflegeversicherung bedeutet, dass die Pflegekasse jeweils den Versichertenbestand der Krankenkasse übernimmt, bei der sie errichtet ist, unabhängig davon, ob es sich um Mitglieder oder Familienversicherte, um freiwillige oder Pflichtmitglieder handelt."[5]

3 Zuständig für die Versicherten ist die Pflegekasse, die bei der Krankenkasse errichtet ist, bei der eine Pflichtmitgliedschaft oder freiwillige Mitgliedschaft besteht (Abs. 1 S. 1). Abs. 2 und 3 legen die Zuständigkeit der Pflegekassen für nach § 21 versicherungspflichtige Personen fest. Diese Personen sind nicht in der gesetzlichen (oder privaten) Krankenversicherung versichert, so dass es für sie einer von Abs. 1 abweichenden Sonderregelung bedurfte.

II. Zuständigkeit der Pflegekassen für Versicherte der gesetzlichen Krankenkassen (Abs. 1)

4 Abs. 1 statuiert die **einheitliche Zuständigkeit der Kranken- und Pflegekassen** für alle in der gesetzlichen Krankenversicherung versicherten Personen. Für die Durchführung der Pflegeversicherung ist die Pflegekasse zuständig, die der Krankenkasse angegliedert ist, bei der eine Person Pflichtmitglied oder freiwilliges Mitglied ist (Abs. 1 S. 1). Ob die Mitgliedschaft in der gesetzlichen Krankenversicherung Pflichtmitgliedschaft oder freiwillige Mitgliedschaft ist (s. den Wortlaut des Abs. 1 S. 1) ist ebenso ohne Belang wie der Umstand, auf welchem Versicherungstatbestand des SGB V (s. § 5 SGB V) die Mitgliedschaft basiert oder ob die Mitgliedschaft in der gesetzlichen Krankenversicherung nur aufgrund der Erhaltungstatbestände des § 192 SGB V (fort-)besteht.[6] § 48 Abs. 1 S. 1 unterfallen außerdem die Rentenantragsteller iSd § 189 SGB V, deren Mitgliedschaft gesetzlich fingiert wird.[7] Für § 48 Abs. 1 S. 1 ist ferner ohne Bedeutung, welcher Art die gesetzliche Pflegeversicherung ist (zB Versicherung gem. § 20 oder § 21).[8] § 48 Abs. 1 S. 1 kommt auch zur Anwendung, wenn die Mitgliedschaft in der gesetzlichen Pflegeversicherung lediglich aufgrund einer Weiterversicherung von aus der Versicherungspflicht ausgeschiedenen Personen nach § 26 fortbesteht. Bereits die Formulierung in § 26 „Weiterversicherung" legt nahe, dass für die weiterversicherte Person diejenige Pflegekasse weiterhin zuständig ist, bei der die Mitgliedschaft zuletzt bestand. Hiervon ging auch der Gesetzgeber aus,[9] so dass für eine analoge Anwendung der Regelungen über die Kassenwahlrechte (s. § 48 Abs. 2 S. 2, Abs. 3) kein Raum ist.[10] Bei einem Beitritt nicht pflegeversicherter Personen zur Pflegeversicherung nach § 26 a, bei denen mangels Versicherung in der gesetzlichen Krankenversicherung § 48 Abs. 1 S. 1 nicht anwendbar ist, bestimmt sich die Zuständigkeit der Pflegekassen gem. § 26 a Abs. 1 S. 1, Abs. 2 S. 1 und Abs. 3 S. 2 nach § 48 Abs. 2 S. 2 iVm Abs. 3.

5 Für **Familienversicherte** iSd § 25 ist die Pflegekasse zuständig, die bei der Krankenkasse des (Stamm-)Mitglieds errichtet ist, von dem der Familienversicherte seine Mitversicherung ableitet (Abs. 1 S. 2). Auch insoweit ist es für die Zuständigkeit der Pflegekassen ohne Belang, auf welchem Rechtsgrund die Mitgliedschaft des (Stamm-)Mitglieds in der gesetzlichen Krankenversicherung beruht (zB Pflichtmitgliedschaft oder freiwillige Mitgliedschaft).[11]

---

2 BGBl. I 1994, 1014 ff.
3 BT-Dr. 12/5262, 119; hierzu näher Klie/Leonhard in: LPK-SGB XI, § 48 Rn. 2; Dalichau, SGB XI, § 48 S. 2.
4 Zu der engen organisatorischen und inhaltlichen Verknüpfung von Pflege- und Krankenversicherung Dalichau, SGB XI, § 48 S. 13; Gregarek in: Hauck/Noftz, SGB XI, § 48 Rn. 3.
5 BT-Dr. 12/5262, 119.
6 Peters in: KassKomm, § 48 SGB XI Rn. 7.
7 Peters in: KassKomm, § 48 SGB XI Rn. 7.
8 Peters in: KassKomm, § 48 SGB XI Rn. 5, 11.
9 BT-Dr. 12/5262, 119; im Ergebnis auch Gebhard in: Krauskopf, § 48 SGB XI Rn. 10.
10 Peters in: KassKomm, § 48 SGB XI Rn. 12.
11 Vgl. Gregarek in: Hauck/Noftz, SGB XI, § 48 Rn. 12.

Aus Abs. 1 S. 1 folgt, dass sich die Zuständigkeit der Pflegekasse ändert, wenn sich die Mitgliedschaft in der Krankenversicherung ändert. Wechselt ein Mitglied einer gesetzlichen Krankenkasse durch **Ausübung seines Krankenkassenwahlrechtes** (s. §§ 173 ff. SGB V) zu einer anderen Krankenkasse, wird die bei dieser Krankenkasse eingerichtete Pflegekasse zuständig.[12] Für Familienversicherte iSd § 25 ändert sich bei einem Wechsel der gesetzlichen Krankenkasse (und entsprechend Pflegekasse, s. Abs. 1 S. 1) des (Stamm-)Mitglieds auch die Zuständigkeit der (Kranken- und) Pflegekasse des Familienversicherten (Abs. 2 S. 1).[13] Die Zuständigkeit für die Erbringung der Pflegeversicherungsleistung geht bei einem Kassenwechsel im Zeitpunkt des Wirksamwerdens des Wechsels auf die neue (Kranken- und) Pflegekasse über.[14] Die neue Pflegekasse ist an die Entscheidungen der zuvor zuständigen Pflegekasse nicht gebunden.[15]

III. Zuständigkeit der Pflegekassen für nach § 21 Nr. 1–5 versicherungspflichtige Personen (Abs. 2 S. 1)

Abs. 2 S. 1 regelt die Zuständigkeit der Pflegekassen für **Personen, die nicht Mitglied in der gesetzlichen oder privaten Krankenversicherung sind**, aber Anspruch auf Leistungen nach den in § 21 Nr. 1–5 genannten Gesetzen haben.

Bei den nach **§ 21 Nr. 1–5** versicherungspflichtigen Personen wird von den leistungsverpflichteten Stellen in der Praxis oft eine **Krankenkasse** mit der Leistungserbringung beauftragt.[16] Soweit dies geschieht, ist für die Durchführung der Pflegeversicherung gem. § 48 Abs. 2 S. 1 die der betreffenden Krankenkasse angegliederte Pflegekasse zuständig. Nach dem Grundsatz der Einheitlichkeit von Kranken- und Pflegeversicherung ist für die Frage, ob eine Krankenkasse mit der Leistungserbringung im Krankheitsfall beauftragt ist, nicht maßgeblich, dass eine Kasse sämtliche Leistungen bei Krankheit erbringt; notwendig ist aber eine gewisse Dauer und Kontinuität der Leistungserbringung.[17] Für nach § 25 familienversicherte Angehörige der nach § 21 Nr. 1–5 versicherungspflichtigen Personen ist die Pflegekasse des Stammversicherten zuständig; § 48 Abs. 1 S. 2 muss insoweit entsprechend zur Anwendung kommen.[18]

Sofern **keine Krankenkasse** mit der Leistungserbringung im Krankheitsfall beauftragt ist, hat der Versicherte nach Maßgabe des Abs. 3 ein Wahlrecht, bei welcher Pflegekasse er Mitglied sein möchte (Abs. 2 S. 2).

IV. Zuständigkeit der Pflegekassen für nach § 21 Nr. 6 versicherungspflichtige Soldaten auf Zeit (Abs. 3)

Abs. 3 regelt die Zuständigkeit der Pflegekassen für nach § 21 Nr. 6 versicherungspflichtige Personen. Über den Verweis in § 48 Abs. 2 S. 2 gilt Abs. 3 auch für die Fälle des § 21 Nr. 1–5, wenn die nach diesen Vorschriften für die Leistungsgewährung zuständige Stelle keine Krankenkasse mit der Leistungserbringung im Krankheitsfall beauftragt hat. Nach § 21 Nr. 6 pflegeversicherungspflichtige **Soldaten auf Zeit** hatten gem. § 48 Abs. 3 S. 1 bis zum 31.12.1995 ein Wahlrecht zwischen verschiedenen Pflegekassen. **Seit dem 1.1.1996** dürfte Abs. 3 S. 1 nicht mehr anwendbar sein,[19] so dass sich die Zuständigkeit der Pflegekassen für nach § 21 Nr. 6 pflegeversicherungspflichtige Soldaten auf Zeit (und für die Fälle des § 48 Abs. 2 S. 2) seither nach § 48 Abs. 3 S. 2 bemisst. Selbst sofern man indes einer Anwendbarkeit des Abs. 3 S. 1 auch nach dem 1.1.1996 das Wort reden wollte, bliebe er im Regelungsbereich hinter Abs. 3 S. 2 zurück, so dass Abs. 3 S. 1 seit dem 1.1.1996 obsolet wäre.

---

12 Leonhard in: LPK-SGB XI, § 48 Rn. 5; Peters in: KassKomm, § 48 SGB XI Rn. 8.
13 BT-Dr. 12/5262, 119.
14 Vgl. Peters in: KassKomm, § 48 SGB XI Rn. 9.
15 Vgl. BSG NZS 2005, 101 (102); s. auch Peters in: KassKomm, § 48 SGB XI Rn. 9.
16 Näher Gregarek in: Hauck/Noftz, SGB XI, § 48 Rn. 5, dem zufolge Auftragsleistungen von der Krankenkasse vor allem in den Fällen des § 21 Nr. 1 erbracht werden; s. auch Peters in: KassKomm, § 48 SGB XI Rn. 17. Zu den verschiedenen Formen der Beauftragung der Krankenkasse Gebhard in: Krauskopf, § 48 SGB XI Rn. 5.
17 Ebenso Gregarek in: Hauck/Noftz, SGB XI, § 48 Rn. 5; Leonhard in: LPK-SGB XI, § 48 Rn. 6: kein Einzelauftrag.
18 Nach Ansicht von Peters in: KassKomm, § 48 SGB XI Rn. 4 ist die Stellung des § 48 Abs. 1 S. 2 unsystematisch und hätte nach dem Vorbild des § 173 Abs. 6 SGB V zu § 48 Abs. 4 gemacht werden sollen; gleichsinnig Gregarek in: Hauck/Noftz, SGB XI, § 48 Rn. 12.
19 So Gebhard in: Krauskopf, § 48 SGB XI Rn. 6.

11 Seit dem 1.1.1996 gilt daher: Soldaten auf Zeit können nach Abs. 3 S. 2 die Mitgliedschaft bei der Pflegekasse **wählen**, die bei der Krankenkasse errichtet ist, die sie nach § 173 Abs. 2 SGB V wählen könnten, wenn sie gesetzlich krankenversicherungspflichtig wären. Sie können also wählen zwischen den Pflegekassen, die bei einer der in § 173 Abs. 2 S. 1 SGB V genannten gesetzlichen Krankenkasse angegliedert sind: bei der Ortskrankenkasse des Beschäftigungs- oder Wohnorts (Nr. 1); bei jeder für den Beschäftigungs- oder Wohnort zuständigen Ersatzkasse (Nr. 2); bei der für den Betrieb des Versicherten zuständigen Betriebs- oder Innungskrankenkasse (Nr. 3); bei der Betriebs- oder Innungskrankenkasse, wenn die Satzung der Kasse dies vorsieht (Nr. 4); bei der Deutschen Rentenversicherung Knappschaft-Bahn-See (Nr. 4 a); bei der zuletzt zuständigen Krankenkasse (Nr. 5); und bei der Krankenkasse, bei der der Ehegatte oder Lebenspartner versichert ist (Nr. 6). Das Wahlrecht wird durch Abgabe einer Beitrittserklärung gegenüber der gewählten Pflegekasse ausgeübt, auf die die §§ 104 ff. BGB entsprechend anwendbar sind.[20]

12 Ob eine einmal vorgenommene Wahl einer Pflegekasse zugunsten der Zuständigkeit einer anderen Pflegekasse **geändert** werden kann, ist in Abs. 3 nicht geregelt. Dass 175 SGB V insoweit analoge Anwendung findet, ist mit Blick auf das Analogieerfordernis einer planwidrigen Regelungslücke zweifelhaft.[21] Zumindest in Fällen, in denen die einmal gewählte Pflegekasse ihre Zuständigkeit verliert (zB wegen eines Wechsels des Beschäftigungsortes), dürfte das Recht des Betroffenen, eine neue Pflegekasse zu wählen, nach Abs. 3 S. 2 wieder aufleben.[22]

13 Üben Soldaten auf Zeit ihr Wahlrecht nach Abs. 3 nicht aus, findet **§ 175 Abs. 3 SGB V** analoge Anwendung,[23] mit der Folge, dass für sie die Pflegekasse zuständig ist, die bei der zuletzt zuständigen Krankenkasse errichtet ist (§ 175 Abs. 3 S. 2 Hs. 1). Bestand vor Eintritt der Versicherungspflicht keine Krankenversicherung, wird der Soldat auf Zeit ab Eintritt der Versicherungspflicht bei der Pflegekasse einer nach § 173 SGB V wählbaren Krankenkasse angemeldet (§ 175 Abs. 3 S. 2 Hs. 2).

§ 49 Mitgliedschaft

(1) ¹Die Mitgliedschaft bei einer Pflegekasse beginnt mit dem Tag, an dem die Voraussetzungen des § 20 oder des § 21 vorliegen. ²Sie endet mit dem Tod des Mitglieds oder mit Ablauf des Tages, an dem die Voraussetzungen des § 20 oder des § 21 entfallen, sofern nicht das Recht zur Weiterversicherung nach § 26 ausgeübt wird. ³Für die nach § 20 Abs. 1 Satz 2 Nr. 12 Versicherten gelten § 186 Abs. 11 und § 190 Abs. 13 des Fünften Buches entsprechend.

(2) ¹Für das Fortbestehen der Mitgliedschaft gelten die §§ 189, 192 des Fünften Buches sowie § 25 des Zweiten Gesetzes über die Krankenversicherung der Landwirte entsprechend.

(3) Die Mitgliedschaft freiwillig Versicherter nach den §§ 26 und 26 a endet:
1. mit dem Tod des Mitglieds oder
2. mit Ablauf des übernächsten Kalendermonats, gerechnet von dem Monat, in dem das Mitglied den Austritt erklärt, wenn die Satzung nicht einen früheren Zeitpunkt bestimmt.

I. Entstehungsgeschichte, allgemeine Bedeutung und Normzweck 1	IV. Beginn und Ende der Mitgliedschaft für nach § 20 Abs. 1 S. 2 Nr. 12 Versicherte (Abs. 1 S. 3) 11
II. Beginn der Mitgliedschaft der nach §§ 20, 21 versicherungspflichtigen Personen (Abs. 1 S. 1) 4	V. Fortbestehen der Mitgliedschaft (Abs. 2) ... 12
III. Ende der Mitgliedschaft Versicherungspflichtiger (Abs. 1 S. 2) 8	VI. Ende der freiwilligen Mitgliedschaft (Abs. 3) 17

I. Entstehungsgeschichte, allgemeine Bedeutung und Normzweck

1 § 49 ist am 1.1.1995 durch das Gesetz zur sozialen Absicherung des Risikos der Pflegebedürftigkeit (Pflege-Versicherungsgesetz – Pflege-VG) vom 26.5.1994 in Kraft getreten.[1] Zum 1.1.1998 wurde

---

20 Gregarek in: Hauck/Noftz, SGB XI, § 48 Rn. 11; Dalichau, SGB XI, § 48 S. 18.
21 Gleichsinnig Gebhard in: Krauskopf, § 48 SGB XI Rn. 9.
22 Ebenso Gebhard in: Krauskopf, § 48 SGB XI Rn. 9.
23 Peters in: KassKomm, § 48 SGB XI Rn. 19; Bassen in: Udsching, § 48 Rn. 6; gegen eine analoge Anwendung des § 175 SGB V Leonhard in: LPK-SGB XI, § 48 Rn. 9.

1 BGBl. I 1994, 1014 ff.

Abs. 2 S. 2 durch das Gesetz zur Reform der Arbeitsförderung vom 24.3.1997 aufgehoben.[2] Abs. 1 S. 2 und 3 wurden durch das Gesetz zur Ergänzung der Leistungen bei häuslicher Pflege von Pflegebedürftigen bei erheblichem allgemeinem Betreuungsbedarf (Pflegeleistungs-Ergänzungsgesetz – PflEG) vom 14.12.2001 zum 1.1.2002 geändert.[3] Zum 1.4.2007 wurde durch das Gesetz zur Stärkung des Wettbewerbs in der gesetzlichen Krankenversicherung (GKV-Wettbewerbsstärkungsgesetz – GKV-WSG) vom 26.3.2007 Abs. 1 S. 3 hinzugefügt und Abs. 3 S. 2 gestrichen.[4]

§ 49 regelt den **Beginn**, das **Ende** und den **Fortbestand der Pflichtmitgliedschaft und der freiwilligen Mitgliedschaft bei einer Pflegekasse** der gesetzlichen Pflegeversicherung.[5] „Die Vorschrift verbindet Beginn und Ende der Mitgliedschaft in der sozialen Pflegeversicherung mit dem Beginn und Ende der Mitgliedschaft bei der gesetzlichen Krankenkasse, bei der die Pflegekasse errichtet ist."[6] Die Mitgliedschaft in der Pflegeversicherung beginnt und endet kraft Gesetzes. Es bedarf grundsätzlich weder eines Antrags oder einer Anmeldung noch eines feststellenden Verwaltungsaktes der Pflegekasse oder der Zahlung von Beiträgen; auch die Kenntnis des Mitglieds oder der Pflegekasse ist nicht erforderlich.[7] Ausnahmen gelten für Künstler und Publizisten, deren Versicherungspflicht von der Künstlersozialkasse festgestellt wird (§ 8 Abs. 1 KSVG), sowie für unständig Beschäftigte, deren Versicherungspflicht in der gesetzlichen Krankenversicherung die Krankenkasse durch Verwaltungsakt feststellt.[8]

Mit dem Beginn der Mitgliedschaft in der Pflegekasse beginnen die **Beitragspflicht** des Versicherten (s. § 54 ff.) und die Leistungspflicht der Kasse (s. §§ 32 ff.). Endet die Mitgliedschaft, endet auch die Beitragspflicht des Mitglieds sowie grundsätzlich die Leistungspflicht der Kasse (s. § 35).

II. Beginn der Mitgliedschaft der nach §§ 20, 21 versicherungspflichtigen Personen (Abs. 1 S. 1)

Die Mitgliedschaft bei einer Pflegekasse **beginnt** grundsätzlich mit dem Tag, an dem eine Person gem. § 20 oder § 21 in der gesetzlichen Pflegeversicherung versicherungspflichtig wird (Abs. 1 S. 1). Für den Fall der Auffangversicherungspflicht gem. § 20 Abs. 1 S. 2 Nr. 12 trifft § 49 Abs. 1 S. 3 eine Sonderregelung zum Beginn der Mitgliedschaft.

Versicherungspflichtig in der gesetzlichen Pflegeversicherung sind gem. § 20 Abs. 1 S. 1 grundsätzlich alle versicherungspflichtigen Mitglieder der gesetzlichen Krankenversicherung. Die Mitgliedschaft bei der Pflegekasse (§ 49 Abs. 1 S. 1) ist ebenso wie die Versicherungspflicht in der Pflegeversicherung (§ 20) akzessorisch an die Mitgliedschaft in der gesetzlichen Krankenversicherung geknüpft.[9] Wer gesetzlich pflegeversicherungspflichtig ist, regelt § 20 Abs. 1 S. 2 bis Abs. 4 näher.

Die Mitgliedschaft bei einer Pflegekasse beginnt kraft Gesetzes mit dem Tag, an dem die Krankenversicherungspflicht und entsprechend die Pflegeversicherungspflicht gem. § 20 eintritt. Für den exakten **Beginn der Krankenversicherungspflicht** sind die §§ 186 ff. SGB V maßgebend (§§ 186 bis 189 SGB V).

Nach § 21 sind darüber hinaus solche **Personen** versicherungspflichtig in der gesetzlichen Pflegeversicherung, **die nicht gesetzlich oder privat krankenversichert sind**, aber ihren Wohnsitz oder gewöhnlichen Aufenthalt im Inland haben und Anspruch auf Leistungen iSd § 21 Nr. 1 bis 6 haben. Für diese Personen beginnt die Mitgliedschaft bei einer Pflegekasse gem. § 49 Abs. 1 S. 1 kraft Gesetzes mit Beginn des Tages, an dem die Voraussetzungen des § 21 vorliegen. Dies ist bei § 21 Nr. 1 der Tag, an dem ein Anspruch auf Heilbehandlung oder Krankenbehandlung eintritt. Bei § 21 Nr. 2 beginnt die Mitgliedschaft in einer Pflegekasse mit Beginn des Tages, an dem erstmals Kriegsschadenrente oder vergleichbare Leistungen nach dem Lastenausgleichsgesetz oder dem Reparationsschädengesetz oder laufende Beihilfe nach dem Flüchtlingshilfegesetz bezogen wird. Im Fall des § 21 Nr. 3 liegt der Beginn der Kassenmitgliedschaft an dem Tag, an dem ergänzende Hilfe zum Lebensunterhalt im Rahmen der Kriegsopferfürsorge nach dem Bundesversorgungsgesetz oder nach Gesetzen, die eine entsprechende

---

2 BGBl. I 1997, 594 ff.
3 BGBl. I 2001, 3728 ff.
4 BGBl. I 2007, 378 ff.
5 Zum Körperschaftsstatus der Pflegekassen und zum Mitgliedschaftsverhältnis näher Gregarek in: Hauck/Noftz, SGB XI, § 49 Rn. 3 ff.
6 BT-Dr. 12/5262, 119.
7 Leonhard in: LPK-SGB XI, § 49 Rn. 5; vgl. auch BT-Dr. 12/5262, 119; Gregarek in: Hauck/Noftz, SGB XI, § 49 Rn. 6; Dalichau, SGB XI, § 49 S. 10.
8 BSG, 4.6.1998, B 12 KR 5/97 R, Rn. 25; Klose in: Jahn ua, SGB V, § 186 Rn. 18; Michels in: Becker/Kingreen, § 186 Rn. 6a; Hänlein in: LPK-SGB V, § 186 Rn. 11; Nebendahl in: Spickhoff, Medizinrecht, § 186 SGB V Rn. 10; Baier in: Krauskopf, § 186 SGB V Rn. 11; aA Gerlach in: Hauck/Noftz, SGB V, § 186 Rn. 13: Feststellung durch Verwaltungsakt nicht erforderlich.
9 Vgl. Peters in: KassKomm, § 20 SGB XI Rn. 2.

Anwendung des Bundesversorgungsgesetzes vorsehen, erstmals bezogen wird. Bei § 21 Nr. 4 fällt der Beginn der Mitgliedschaft in einer Pflegekasse auf den Tag, an dem erstmals laufende Leistungen zum Unterhalt und Leistungen der Krankenhilfe nach dem SGB VIII bezogen werden. Im Fall des § 21 Nr. 5 wird die betreffende Person Mitglied bei einer Pflegekasse, wenn die Krankenversorgungsberechtigung nach dem Bundesentschädigungsgesetz eintritt. Bei § 21 Nr. 6 werden Soldaten auf Zeit an dem Tag Mitglied bei einer Pflegekasse, an dem das Dienstverhältnis begründet wird. Soweit im Fall des § 21 Nr. 2 bis 4 die Leistungen rückwirkend gewährt werden, beginnt die Mitgliedschaft in der Pflegeversicherung rückwirkend.[10] In den Fällen des § 21 Nr. 1 und 5 tritt die Mitgliedschaft bei rückwirkender Anspruchsfeststellung ebenfalls rückwirkend ein.[11]

III. Ende der Mitgliedschaft Versicherungspflichtiger (Abs. 1 S. 2)

8   Die Mitgliedschaft der nach § 20 oder § 21 versicherungspflichtigen Personen bei einer Pflegekasse endet zum einen mit dem Tod des Mitglieds (Abs. 1 S. 2 Alt. 1). Zum anderen endet die Mitgliedschaft mit dem Ablauf des Tages, an dem die Voraussetzungen der Versicherungspflicht nach § 20 bzw. § 21 entfallen, sofern nicht von dem Recht zur Weiterversicherung nach § 26 Gebrauch gemacht wird (Abs. 1 S. 2 Alt. 2). Macht die nach § 20 oder § 21 aus der Versicherungspflicht ausgeschiedene Person von dem Recht auf Weiterversicherung nach § 26 Gebrauch, besteht ihre Mitgliedschaft als freiwillige Mitgliedschaft ohne Unterbrechung fort.

9   Der exakte **Zeitpunkt des Endes der Mitgliedschaft** der nach § 20 versicherten Personen ergibt sich aus § 190 SGB V (→ SGB V § 190 Rn. 1 ff.). Bei den nach § 21 versicherungspflichtigen Personen endet die Mitgliedschaft in der Pflegekasse mit dem Ende des Bezugs der Leistungen (§ 21 Nr. 2–4),[12] an dem Tag, an dem der Anspruch wegfällt (§ 21 Nr. 1 und 5) bzw. mit der (zeitlich vorgesehenen oder vorzeitigen) Beendigung des Dienstverhältnisses (§ 21 Nr. 6).[13]

10 Für den Fall der Auffangversicherungspflicht gem. § 20 Abs. 1 S. 2 Nr. 12 trifft § 49 Abs. 1 S. 3 eine **Sonderregelung zum Ende der Mitgliedschaft**.

IV. Beginn und Ende der Mitgliedschaft für nach § 20 Abs. 1 S. 2 Nr. 12 Versicherte (Abs. 1 S. 3)

11 Für die **Auffangversicherungspflicht** gem. § 20 Abs. 1 S. 2 Nr. 12 trifft § 49 Abs. 1 S. 3 eine Sonderregelung zum Beginn und Ende der Mitgliedschaft. Für die nach § 20 Abs. 1 S. 2 Nr. 12 pflegeversicherungspflichtigen Personen (Personen, die bisher keinen Anspruch auf Absicherung im Krankheitsfall hatten, aber nach § 5 Abs. 1 Nr. 13 SGB V oder nach § 2 Abs. 1 Nr. 7 Zweites Gesetz über die Krankenversicherung der Landwirte der Krankenversicherungspflicht unterliegen) gelten § 186 Abs. 11 und § 190 Abs. 13 SGB V zum Beginn bzw. Ende der Mitgliedschaft in der gesetzlichen Krankenversicherung entsprechend (siehe §§ 186, 190 SGB V). Dem Verweis in § 49 Abs. 1 S. 3 auf § 186 Abs. 11 SGB V kommt lediglich deklaratorische Bedeutung zu, da sich der Beginn der Mitgliedschaft schon aus § 49 Abs. 1 S. 1 iVm § 20 Abs. 1 ergibt.

V. Fortbestehen der Mitgliedschaft (Abs. 2)

12 Abs. 2 verweist für das **Fortbestehen der Mitgliedschaft** bei einer Pflegekasse auf die entsprechenden Tatbestände der gesetzlichen Krankenversicherung, dh auf die §§ 189 und 192 SGB V, sowie auf § 25 Zweites Gesetz über die Krankenversicherung der Landwirte (KVLG 1989).

13 Durch den Verweis des Abs. 2 auf **§ 189 SGB V** besteht eine Mitgliedschaft bei einer Pflegekasse auch für Rentenantragsteller. § 189 Abs. 1 SGB V regelt die Versicherungspflicht von Personen, die eine Rente der gesetzlichen Rentenversicherung beantragt haben und die Voraussetzungen des § 5 Abs. 1 Nr. 11, Nr. 12 und Abs. 2 SGB V erfüllen, bei denen aber nicht die Voraussetzungen für den Bezug der Rente vorliegen (sog **Formalversicherung oder Formalmitgliedschaft**).[14] § 189 Abs. 2 SGB V legt fest, wann die Mitgliedschaft für diese Personen beginnt und endet.

14 Der Verweis in § 48 Abs. 2 auf **§ 192 SGB V** stellt klar, dass die Mitgliedschaft bei einer Pflegekasse fortbesteht, wenn einer der Tatbestände des § 192 SGB V erfüllt ist. § 192 SGB V regelt das Fortbeste-

---

10 Gregarek in: Hauck/Noftz, SGB XI, § 49 Rn. 11.
11 Gregarek in: Hauck/Noftz, SGB XI, § 49 Rn. 11.
12 Nach Gregarek in: Hauck/Noftz, SGB XI, § 49 Rn. 12 endet die Mitgliedschaft mit dem Tag des Kalendermonats, in dem die Leistungen letztmalig erbracht werden.
13 Peters in: KassKomm, § 49 SGB XI Rn. 21.
14 Zum Begriff eingehend Marburger, Die Sozialversicherung, 1982, 235 ff.

hen der Mitgliedschaft Versicherungspflichtiger in Fällen, in denen der die Versicherungspflicht begründende gesetzliche Tatbestand (§ 20) nicht mehr erfüllt ist (siehe § 192 SGB V).

Die Mitgliedschaft bei einer Pflegekasse besteht gem. § 49 Abs. 2 auch fort, wenn der Versicherte bei der Sozialversicherung Landwirtschaft, Forsten und Gartenbau versichert ist und seine Mitgliedschaft dort gem. § 25 KVLG 1989 erhalten bleibt.

Abs. 2 enthält keinen unmittelbaren Verweis auf den Fortbestehenstatbestand des **§ 193 SGB V** für Wehr- und Zivildienstleistende.[15] Nur für Versicherte in der Sozialversicherung Landwirtschaft, Forsten und Gartenbau verweist Abs. 2 mittelbar auf § 193 SGB V, weil gem. § 25 Abs. 3 KVLG 1989, der nach § 49 Abs. 2 auch für die Mitgliedschaft bei einer Pflegekasse gilt, § 193 SGB V entsprechend gilt. Bei einem Erhalt der Mitgliedschaft in der gesetzlichen Krankenversicherung nach § 193 SGB V besteht eine Versicherungspflicht in der gesetzlichen Pflegeversicherung bereits gem. § 20 Abs. 1 S. 1, so dass sich der Beginn und das Ende der Mitgliedschaft in der Pflegekasse nach § 49 Abs. 1 S. 1 und 2 bemessen.

VI. Ende der freiwilligen Mitgliedschaft (Abs. 3)

Abs. 3 regelt das Ende der Mitgliedschaft von **nach § 26 und § 26 a freiwillig gesetzlich pflegeversicherten Personen**. Bei freiwillig (Weiter-)Versicherten nach § 26 wird die bisherige Pflichtmitgliedschaft in der Pflegeversicherung (oder Familienversicherung) nicht unterbrochen, sondern sie setzt sich als freiwillige Mitgliedschaft fort. Der **Beginn** der (in § 49 nicht geregelten) freiwilligen Mitgliedschaft ist (bei rechtzeitiger Antragstellung, s. § 26) der Beginn des Tages nach dem Ende der Versicherungspflicht bzw. der Familienversicherung.[16] Bei nach § 26 a freiwillig Versicherten beginnt die Mitgliedschaft in der Pflegeversicherung zum 1.4.2001 (§ 26 a Abs. 1 S. 3), zum 1.1.2002 (§ 26 a Abs. 2 S. 4) oder zum 1. Tag des auf die Beitrittserklärung folgenden Kalendermonats (§ 26 a Abs. 3 S. 2).

Die Mitgliedschaft von Personen, die von ihrem Recht zur freiwilligen (Weiter-)Versicherung in der gesetzlichen Pflegeversicherung nach § 26 oder § 26 a Gebrauch gemacht haben, **endet** gem. § 49 Abs. 3 Nr. 1 zum einen (entsprechend § 191 Nr. 1 SGB V) mit dem **Tod des Mitglieds**. Zum anderen endet sie mit Ablauf des übernächsten Monats nach **Erklärung des Austritts** aus der Pflegekasse, wenn nicht die Satzung der Pflegekasse einen früheren Zeitpunkt bestimmt (§ 49 Abs. 3 Nr. 2; vgl. § 191 Nr. 3 SGB V). Darüber hinaus endet die Mitgliedschaft freiwillig Versicherter auch, wenn eine Versicherungspflicht eintritt, sowie mit Beginn einer Familienversicherung.[17] Die Nichtzahlung von Pflegeversicherungsbeiträgen beendet die Mitgliedschaft freiwillig Versicherter nicht.[18]

Dritter Abschnitt
Meldungen

§ 50 Melde- und Auskunftspflichten bei Mitgliedern der sozialen Pflegeversicherung

(1) ¹Alle nach § 20 versicherungspflichtigen Mitglieder haben sich selbst unverzüglich bei der für sie zuständigen Pflegekasse anzumelden. ²Dies gilt nicht, wenn ein Dritter bereits eine Meldung nach den §§ 28 a bis 28 c des Vierten Buches, §§ 199 bis 205 des Fünften Buches oder §§ 27 bis 29 des Zweiten Gesetzes über die Krankenversicherung der Landwirte zur gesetzlichen Krankenversicherung abgegeben hat; die Meldung zur gesetzlichen Krankenversicherung schließt die Meldung zur sozialen Pflegeversicherung ein. ³Bei freiwillig versicherten Mitgliedern der gesetzlichen Krankenversicherung gilt die Beitrittserklärung zur gesetzlichen Krankenversicherung als Meldung zur sozialen Pflegeversicherung.

(2) Für die nach § 21 versicherungspflichtigen Mitglieder haben eine Meldung an die zuständige Pflegekasse zu erstatten:

---

15 Für die generelle Geltung des § 193 SGB V auch für die Mitgliedschaft bei einer Pflegekasse Baier in: Krauskopf, § 49 SGB XI Rn. 13; für eine analoge Anwendung des § 49 Abs. 2 iVm § 193 SGB V Peters in: KassKomm, § 49 SGB XI Rn. 25.
16 Leonhard in: LPK-SGB XI, § 49 Rn. 10.
17 Peters in: KassKomm, § 49 SGB XI Rn. 28; Gregarek in: Hauck/Noftz, SGB XI, § 49 Rn. 15; Dalichau, SGB XI, § 49 S. 17.
18 Vgl. BT-Dr. 16/3100, 159. Zu der früheren Rechtslage bis zum 31.3.2007 Peters in: KassKomm, § 49 SGB XI Rn. 28.

1. das Versorgungsamt für Leistungsempfänger nach dem Bundesversorgungsgesetz oder nach den Gesetzen, die eine entsprechende Anwendung des Bundesversorgungsgesetzes vorsehen,
2. das Ausgleichsamt für Leistungsempfänger von Kriegsschadenrente oder vergleichbaren Leistungen nach dem Lastenausgleichsgesetz oder dem Reparationsschädengesetz oder von laufender Beihilfe nach dem Flüchtlingshilfegesetz,
3. der Träger der Kriegsopferfürsorge für Empfänger von laufenden Leistungen der ergänzenden Hilfe zum Lebensunterhalt nach dem Bundesversorgungsgesetz oder nach den Gesetzen, die eine entsprechende Anwendung des Bundesversorgungsgesetzes vorsehen,
4. der Leistungsträger der Jugendhilfe für Empfänger von laufenden Leistungen zum Unterhalt nach dem Achten Buch,
5. der Leistungsträger für Krankenversorgungsberechtigte nach dem Bundesentschädigungsgesetz,
6. der Dienstherr für Soldaten auf Zeit.

(3) [1]Personen, die versichert sind oder als Versicherte in Betracht kommen, haben der Pflegekasse, soweit sie nicht nach § 28 o des Vierten Buches auskunftspflichtig sind,
1. auf Verlangen über alle für die Feststellung der Versicherungs- und Beitragspflicht und für die Durchführung der der Pflegekasse übertragenen Aufgaben erforderlichen Tatsachen unverzüglich Auskunft zu erteilen,
2. Änderungen in den Verhältnissen, die für die Feststellung der Versicherungs- und Beitragspflicht erheblich sind und nicht durch Dritte gemeldet werden, unverzüglich mitzuteilen.

[2]Sie haben auf Verlangen die Unterlagen, aus denen die Tatsachen oder die Änderung der Verhältnisse hervorgehen, der Pflegekasse in deren Geschäftsräumen unverzüglich vorzulegen.

(4) Entstehen der Pflegekasse durch eine Verletzung der Pflichten nach Absatz 3 zusätzliche Aufwendungen, kann sie von dem Verpflichteten die Erstattung verlangen.

(5) Die Krankenkassen übermitteln den Pflegekassen die zur Erfüllung ihrer Aufgaben erforderlichen personenbezogenen Daten.

(6) Für die Meldungen der Pflegekassen an die Rentenversicherungsträger gilt § 201 des Fünften Buches entsprechend.

I. Entstehungsgeschichte 1	3. Erfasster Personenkreis 13
II. Normzweck und Übersicht 2	4. Pflichten 14
III. Meldepflichten (Abs. 1 und 2) 3	5. Verletzung der Pflichten (auch: Abs. 4) 17
IV. Auskunftspflichten (Abs. 3) 9	V. Datenaustausch (Abs. 5 und 6) 18
1. Allgemeines 9	
2. Subsidiarität, Verhältnis zu anderen Vorschriften 10	

I. Entstehungsgeschichte

1 § 50 wurde durch Art. 1 Pflege-Versicherungsgesetz vom 26.5.1994 (BGBl. I, 1014) geschaffen und trat zum 1.1.1995 in Kraft. Er wurde durch Art. 10 Nr. 4 AFRG vom 24.3.1997 (BGBl. I, 594) geändert.[1]

II. Normzweck und Übersicht

2 Damit die zuständige Pflegekasse Kenntnis darüber hat, wer bei ihr versichert ist, und um damit zugleich sicherzustellen, dass jeder die Pflicht zur Absicherung der in der sozialen Pflegeversicherung versicherten Risiken auch tatsächlich erfüllt, regeln Abs. 1 und 2 **Meldepflichten** verschiedener Personen;[2] die Anordnung, dass die Meldung zur gesetzlichen Krankenversicherung diejenige zur sozialen Pflegeversicherung mit einschließt (Abs. 1 S. 2 Hs. 2), dient der Vermeidung unnötigen Meldeaufwands.[3] Abs. 3 normiert **Auskunftspflichten** der versicherten Personen und Abs. 4 einen Ausschnitt aus den Rechtsfolgen im Falle der Verletzung dieser Auskunftspflichten. Die Abs. 5, 6 regeln den notwendigen Datenaustausch zwischen Krankenkassen, Pflegekassen und Rentenversicherungsträger. Die entsprechenden Regelungen in der gesetzlichen Krankenversicherung finden sich in den §§ 198 ff. SGB V.

---

1 BT-Dr. 12/5262, 23, 119 f.; 12/5920, S. 49 ff.; 12/5952, S. 41 f. (jeweils zu § 46-E).
2 BT-Dr. 12/5262, 119 (zu § 46-E).
3 BT-Dr. 12/5262, 119 (zu § 46-E).

III. Meldepflichten (Abs. 1 und 2)

Nach der Grundregel des Abs. 1 S. 1 müssen sich alle **nach § 20 versicherungspflichtigen Mitglieder** unverzüglich – dh ohne schuldhaftes Zögern, § 121 Abs. 1 S. 1 BGB – bei der für sie zuständigen Pflegekasse anmelden. Die Zuständigkeit der Pflegekasse ist in § 48 geregelt. 3

In der Praxis wird die Grundregel des Abs. 1 S. 1 aber durch Abs. 1 S. 2 (und auch Abs. 1 S. 3, → Rn. 5) weitgehend durchbrochen. Danach entfällt die Meldepflicht nämlich, wenn bereits ein Dritter nach den dort genannten Normen eine Meldung abgab. Besonders relevant sind insoweit in der Praxis die §§ 199-205 SGB V, weil die Meldung zur gesetzlichen Krankenversicherung diejenige zur sozialen Pflegeversicherung mit einschließt, **Abs. 1 S. 2 Hs. 2.** Voraussetzung für Abs. 1 S. 2 ist aber, dass die Meldung durch den Dritten **tatsächlich** erfolgt ist; nach Abs. 1 S. 1 Versicherte kann sich also nicht darauf berufen, dass der Dritte verpflichtet gewesen wäre, die Meldung durchzuführen.[4] Ob eine Nachforschungspflicht des Versicherten besteht, spielt vor allem bei der Frage, ob er den Bußgeldtatbestand des § 121 Abs. 1 Nr. 2 erfüllt, eine Rolle (→ Rn. 6). 4

Weiter eingeschränkt wird die Bedeutung des Abs. 1 S. 1 durch **Abs. 1 S. 3**, wonach bei **freiwillig versicherten Mitgliedern** der gesetzlichen Krankenversicherung (§ 9 SGB V) die Beitrittserklärung zugleich als Meldung zur sozialen Pflegeversicherung, in der das freiwillige Mitglied der gesetzlichen Krankenversicherung pflichtversichert ist (§ 20 Abs. 3), gilt; hier leitet die Krankenkasse die sich aus der Beitrittserklärung ergebenden, für die Durchführung der sozialen Pflegeversicherung relevanten Daten an die zuständige Pflegekasse weiter, Abs. 5.[5] 5

Soweit nach dem Gesagten ein praktischer Anwendungsbereich für Abs. 1 S. 1 verbleibt und die Meldung vorsätzlich oder leichtfertig nicht, nicht richtig, nicht vollständig oder nicht rechtzeitig abgegeben wird, ist der **Bußgeldtatbestand** des § 121 Abs. 1 Nr. 2 Alt. 1 erfüllt. Wenn der Versicherte eine Meldung unterlässt, weil er davon ausgeht, dazu wegen Abs. 1 S. 2 nicht verpflichtet zu sein, so ist das mE dann leichtfertig, wenn er Anhaltspunkte dafür hat, dass der Dritte seiner Meldepflicht nicht nachgeht und folglich die Meldepflicht des Versicherten aus Abs. 1 S. 1 nicht nach Abs. 1 S. 2 entfällt.[6] Umstritten ist darüber hinaus, ob Abs. 1 als **Schutzgesetz** iSv **§ 823 Abs. 2 BGB** anzusehen ist, m.a.W., ob bei seiner Verletzung ggf. Schadensersatzansprüche gegen den Versicherten entstehen können. Dagegen spricht, dass Abs. 4 für eine Verletzung der Pflichten aus Abs. 3 richtigerweise eine abschließende Regelung trifft und es daher gesetzessystematisch wenig konsistent wäre, in dem normintern nicht sanktionierten Abs. 1 weitergehend ein Schutzgesetz zu sehen.[7] 6

Wer nicht nach § 20, sondern nach **§ 21 versicherungspflichtig** ist, ist nicht Mitglied in der gesetzlichen Krankenversicherung; dementsprechend kann die Meldung zur gesetzlichen Krankenversicherung diejenige zur sozialen Pflegeversicherung nicht mit einschließen.[8] **Abs. 2** verzichtet dennoch auf eine Meldepflicht der Versicherten selbst, weil in diesem Fall wegen deren regelmäßiger Unkenntnis über die Meldepflicht eine ordnungsgemäße Meldung oftmals nicht erfolgen würde;[9] zur Meldung verpflichtet sind daher die in Abs. 2 genannten Organisationen. Verletzen diese ihre Meldepflicht, kommen **Amtshaftungsansprüche** aus § 839 BGB in Betracht.[10] 7

Soweit den Versicherungspflichtigen nach Abs. 1 S. 2, 3 oder Abs. 2 keine Pflicht zur Meldung trifft, ist er nur noch zur Auskunft nach Abs. 3 verpflichtet. 8

IV. Auskunftspflichten (Abs. 3)

1. Allgemeines. Abs. 3 entspricht im Wesentlichen § 206 SGB V für die gesetzliche Krankenversicherung. Wie dieser dient er dazu, einer missbräuchlichen Inanspruchnahme von Leistungen – in diesem Fall eben der sozialen Pflegeversicherung – vorzubeugen und damit ihre ordnungsgemäße Durchführung sicherzustellen. 9

---

4 Peters in: KassKomm, § 50 SGB XI Rn. 7.
5 BT-Dr. 12/5262, 119 (zu § 46-E).
6 Strenger Peters in: KassKomm, § 50 SGB XI Rn. 7; gegen eine Nachforschungspflicht und somit milder Meydam in: Wannagat, § 50 SGB XI Rn. 10.
7 Ebenso Meydam in: Wannagat, § 50 SGB XI Rn. 7 mwN.
8 Bassen in: Udsching, § 50 Rn. 4.
9 Peters in: KassKomm, § 50 SGB XI Rn. 9.
10 Meydam in: Wannagat, § 50 SGB XI Rn. 9.

10 **2. Subsidiarität, Verhältnis zu anderen Vorschriften.** Abs. 3 ergänzt und erweitert die allgemeine Mitteilungspflicht des Versicherten aus § 60 SGB I.[11] Wie § 206 SGB V sind die Auskunftspflichten nach Abs. 3 gegenüber den Auskunfts- und Vorlagepflichten von **Beschäftigten** nach § 28 o SGB IV subsidiär; der Gesetzestext des § 28 o SGB IV ist in der Kommentierung zu § 206 SGB V abgedruckt (→ SGB V § 206 Rn. 3). Die Subsidiarität gilt nur insoweit, als sich die Verpflichtungen decken; wenn Umstände, die für die Durchführung der den Pflegekassen übertragenen Aufgaben relevant sind, nicht unter § 28 o SGB IV fallen, gilt daher insoweit Abs. 3.[12]

11 Über die explizit angeordnete Subsidiarität zu § 28 o SGB IV hinaus bestehen die Pflichten aus Abs. 3 nicht, wenn den Pflegekassen die erforderlichen Angaben **bereits auf andere Weise, insbesondere durch Auskunft/Meldung durch Dritte** bekannt sind (→ SGB V § 206 Rn. 4). Die Frage, ob das nur gilt, wenn die Meldung des Dritten tatsächlich erfolgt ist, oder ob schon das bloße Bestehen der Meldepflicht des Dritten die Auskunftspflicht nach Abs. 3 ausschließt, soweit dieser Meldepflicht erfahrungsgemäß nachgekommen wird und nichts dafür spricht, dass die Meldung im konkreten Fall unterblieben ist, stellt sich bei Abs. 3 genauso wie bei § 206; wie dort entfallen die Pflichten nach Abs. 3 richtigerweise nur dann, wenn der Dritte seine Meldepflicht tatsächlich erfüllt hat (→ SGB V § 206 Rn. 4).

12 Schließlich werden die Auskunftspflichten des Abs. 3 richtigerweise durch die **analoge Anwendung des § 65 SGB I** eingeschränkt.[13] Daher bestehen sie zB nicht, wenn die Pflegekasse sich die erforderlichen Kenntnisse durch einen geringeren Aufwand als der Antragsteller selbst beschaffen kann (§ 65 Abs. 1 Nr. 3 SGB I); die Auskunftspflichten können ferner entfallen, wenn sie nicht in einem angemessenen Verhältnis zu den damit für die Krankenkasse verbundenen Vorteilen stehen (§ 65 Abs. 1 Nr. 1 SGB I).[14]

13 **3. Erfasster Personenkreis.** Abs. 3 erfasst anders als Abs. 1 nicht nur Versicherte, sondern auch **Personen, die als Versicherte in Betracht kommen.** Die Wendung wird vergleichbar der in § 206 auszulegen sein, ein bloß abstraktes „in Betracht kommen" genügt nicht, vielmehr muss konkret ein Versicherungsverhältnis in Betracht kommen, zB weil selbiges angestrebt wird oder weil das Bestehen einer Pflichtversicherung zwischen den Beteiligten streitig ist (näher dazu → SGB V § 206 Rn. 6).

14 **4. Pflichten.** Während sich die Pflicht des **Abs. 3 S. 1 Nr. 1** auf alle für die Feststellung der Versicherungs- und Beitragspflicht sowie für die Durchführung der der Pflegekasse übertragenen Aufgaben erforderlichen Tatsachen bezieht, dafür aber nur auf Verlangen der Pflegekasse besteht, beschränkt sich der Kreis der mitteilungspflichtigen Änderungen bei **Abs. 3 S. 1 Nr. 2** auf die für die Feststellung der **Versicherungs- und Beitragspflicht erheblichen Tatsachen;** weil die Pflegekasse von diesen Veränderungen idR erst aufgrund der Mitteilung des Verpflichteten erfährt, besteht die Pflicht allerdings unabhängig von einem entsprechenden Mitteilungsverlangen. Unverzüglich meint ohne schuldhaftes Zögern, § 121 Abs. 1 S. 1 BGB.

15 Demgegenüber besteht die Vorlagepflicht des **Abs. 3 S. 2**, die sich auf die in Abs. 3 S. 1 Nr. 1 genannten Tatsachen respektive in Abs. 3 S. 1 Nr. 2 angesprochenen geänderten Verhältnissen bezieht, nur bei einem vorherigen Verlangen der Pflegekasse. Die Wendung „in deren Geschäftsräumen" statuiert keine persönliche Erscheinenspflicht, der Verpflichtete genügt Abs. 3 S. 2 zB auch, wenn er die Unterlagen postalisch übersendet. Die genannten Pflichten sind jeweils **unverzüglich,** dh ohne schuldhaftes Zögern (§ 121 Abs. 1 S. 1 BGB), zu erfüllen.

16 Soweit die Vorschrift ein **Verlangen** voraussetzt, ist dieses zwar nicht formgebunden, es muss aber hinreichend bestimmt sein, auf welche Umstände es sich bezieht.[15] Mitzuteilen sind nur **Tatsachen,** nicht aber Beurteilungen oder Werturteile.

17 **5. Verletzung der Pflichten (auch: Abs. 4).** Bei Verletzung der Pflichten des Abs. 3 kann die Pflegekasse die Pflicht durch Verwaltungsakt feststellen und per Verwaltungsvollstreckung durchsetzen, §§ 31, 66 SGB X, 6 ff. VwVfG. Nach ihrem pflichtgemäßen Ermessen – bei dem zB ein Verschulden des Verpflichteten zu berücksichtigen ist – kann die Pflegekasse zudem **Erstattung** der durch die Verletzung der Pflichten zusätzlich entstehenden Aufwendungen verlangen, **Abs. 4.** Unabhängig davon erfüllt es den **Bußgeldtatbestand** des **§ 121 Abs. 1 Nr. 3,** wenn die Auskunft nach Abs. 3 S. 1 Nr. 1 nicht, nicht

---

11 Klie/Leonhard in: LPK-SGB XI, § 50 Rn. 8.
12 Gebhardt in: Krauskopf, § 50 SGB XI Rn. 9.
13 So auch Meydam in: Wannagat, § 50 SGB XI Rn. 13.
14 Siehe zur Parallelproblematik bei § 206 SGB V und für weitere Nachweise die dortige Kommentierung unter Rn. 5.
15 Baier in: Krauskopf, § 206 SGB V Rn. 8.

richtig, nicht vollständig oder nicht rechtzeitig erteilt oder die Änderung der Verhältnisse nach Abs. 3 S. 1 Nr. 2 nicht, nicht richtig, nicht vollständig oder nicht rechtzeitig mitgeteilt wird, und dies vorsätzlich oder leichtfertig geschieht; gleiches gilt nach § 121 Abs. 1 Nr. 4, wenn entgegen Abs. 3 S. 2 die erforderlichen Unterlagen vorsätzlich oder leichtfertig nicht, nicht vollständig oder nicht rechtzeitig vorgelegt werden. Der Erstattungsanspruch nach Abs. 4 kann kumulativ neben der Verfolgung als Ordnungswidrigkeit geltend gemacht werden; da er keinen Straf- oder Bußgeldcharakter hat, liegt insbesondere kein Verstoß gegen Art. 103 Abs. 3 GG vor.[16]

V. Datenaustausch (Abs. 5 und 6)

Durch die Verpflichtung der Krankenkasse nach **Abs. 5** zur Übermittlung der erforderlichen personenbezogenen Daten soll sichergestellt werden, dass in allen Fällen, in denen die Krankenkasse statt der Pflegekasse Adressat von Meldungen, Mitteilungen, Auskünften usw ist, sie die Informationen an die Pflegekasse weitergibt.[17] Die Pflicht besteht ohne ein besonderes Verlangen. Weiterzugeben sind nicht nur Daten, die aufgrund der §§ 28a bis 28c, 28o SGB IV, §§ 198 bis 205 SGB V, §§ 27 bis 29 KVLG 1989 erlangt wurden, sondern auch sonstige bei der Krankenversicherung bekannte Sozialdaten.[18] Wegen der Organleihe des § 46 Abs. 2 S. 2 ist der Datenaustausch bereits vollzogen, wenn die für die Pflegeversicherung tätig werdenden Mitarbeiter der Krankenkasse die Informationen erhalten haben.[19]

Durch den Verweis auf § 201 Abs. 2, 3, 5 und 6 SGB V verpflichtet umgekehrt **Abs. 6** die Pflegekasse zu Meldungen an den Rentenversicherungsträger. Näher dazu → SGB V § 201 Rn. 6, 7 f.

§ 51 Meldungen bei Mitgliedern der privaten Pflegeversicherung

(1) ¹Das private Versicherungsunternehmen hat Personen, die bei ihm gegen Krankheit versichert sind und trotz Aufforderung innerhalb von sechs Monaten nach Inkrafttreten des Pflege-Versicherungsgesetzes, bei Neuabschlüssen von Krankenversicherungsverträgen innerhalb von drei Monaten nach Abschluß des Vertrages, keinen privaten Pflegeversicherungsvertrag abgeschlossen haben, unverzüglich elektronisch dem Bundesversicherungsamt zu melden. ²Das Versicherungsunternehmen hat auch Versicherungsnehmer zu melden, sobald diese mit der Entrichtung von sechs insgesamt vollen Monatsprämien in Verzug geraten sind. ³Das Bundesversicherungsamt und der Verband der privaten Krankenversicherung e.V. haben bis zum 31. Dezember 2017 Näheres über das elektronische Meldeverfahren zu vereinbaren.

(2) ¹Der Dienstherr hat für Heilfürsorgeberechtigte, die weder privat krankenversichert noch Mitglied in der gesetzlichen Krankenversicherung sind, eine Meldung an das Bundesversicherungsamt zu erstatten. ²Die Postbeamtenkrankenkasse und die Krankenversorgung der Bundesbahnbeamten melden die im Zeitpunkt des Inkrafttretens des Gesetzes bei diesen Einrichtungen versicherten Mitglieder und mitversicherten Familienangehörigen an das Bundesversicherungsamt.

(3) Die Meldepflichten bestehen auch für die Fälle, in denen eine bestehende private Pflegeversicherung gekündigt und der Abschluß eines neuen Vertrages bei einem anderen Versicherungsunternehmen nicht nachgewiesen wird.

I. Entstehungsgeschichte

§ 51 wurde durch Art. 1 Pflege-Versicherungsgesetz vom 26.5.1994 (BGBl. I, 1014) geschaffen und trat zum 1.1.1995 in Kraft.[1] Durch das PSG III vom 23.12.2016 (BGBl. I, 3191) wurde § 51 im Hinblick auf das elektronische Meldeverfahren geändert.

II. Normzweck und Normübersicht

Zweck der Vorschrift ist es, sicherzustellen, dass privat Krankenversicherte tatsächlich und dauerhaft ihrer Pflicht zur Absicherung des Pflegefallrisikos bei einem privaten Krankenversicherungsunternehmen (§§ 22, 23) nachkommen, indem sie einen entsprechenden Versicherungsvertrag schließen und die

---

16 Ebenso Meydam in: Wannagat, § 50 SGB XI Rn. 17.
17 BT-Dr. 12/5262, 119 f. (zu § 46 Abs. 4-E).
18 Gebhardt in: Krauskopf, § 50 SGB XI Rn. 12.
19 Bassen in: Udsching, § 50 Rn. 6; Klie/Leonhard in: LPK-SGB XI, § 50 Rn. 11.
1 BT-Dr. 12/5262, 120, BT-Dr. 12/5952, 42, BT-Dr. 12/7323, 2 f. (jeweils zu § 47-E).

Versicherungsprämien leisten. Aus diesem Grund statuiert § 51 Kontroll- und Meldepflichten der privaten Krankenversicherungsunternehmen.[2] Wird gegen die Pflichten aus §§ 22, 23 verstoßen bzw. gerät der Versicherte für sechs Monate mit den Versicherungsprämien in Verzug, kann dies den Bußgeldtatbestand des § 121 Abs. 1 Nr. 1 bzw. Nr. 6 erfüllen; es wird aber weder ein Versicherungsvertrag fingiert,[3] noch können die privaten Krankenversicherungsunternehmen durch Verwaltungsakt oder sonstige privatrechtliche Erklärung die Begründung eines privaten Pflegeversicherungsvertrages herbeiführen.[4]

III. Meldepflicht der privaten Krankenversicherungsunternehmen (Abs. 1)

3 Nach **Abs. 1 S. 1** müssen private Krankenversicherungsunternehmen es unverzüglich elektronisch an das Bundesversicherungsamt melden, wenn sich bei ihnen eine Person zwar gegen Krankheit versichert hat, aber innerhalb der dort genannten Fristen keinen privaten Pflegeversicherungsvertrag abgeschlossen haben; die sechsmonatige Frist des S. 1 spielt heute keine Rolle mehr, da nur Personen betroffen waren, die am 1.1.1995 bereits privat krankenversichert waren. Unverzüglich meint ohne schuldhaftes Zögern, § 121 Abs. 1 S. 1 BGB. Wenn der privat Krankenversicherte dem privaten Krankenversicherungsunternehmen fristgemäß mitteilt, den privaten Pflegeversicherungsvertrag mit einem anderen Unternehmen schließen zu wollen (§ 23 Abs. 2), so entfällt die Pflicht des Krankenversicherungsunternehmens nur, wenn es sich vergewissert hat, dass das Wahlrecht ordnungsgemäß ausgeübt und der Pflegeversicherungsvertrag mit dem anderen Versicherungsunternehmen geschlossen wurde (arg. e Abs. 3).[5] **Abs. 1 S. 2** ergänzt diese Pflicht für Fälle, in denen der Versicherte zwar ordnungsgemäß einen privaten Pflegeversicherungsvertrag abgeschlossen hat, aber mit der Prämienzahlung für sechs Monate in Verzug ist; damit soll die Verfolgung als Ordnungswidrigkeit nach § 121 Abs. 1 Nr. 6 ermöglicht werden. Teilzahlungen schließen den Verzug nicht aus, sind aber bei der Ermessensausübung, ob und wenn ja, in welcher Höhe ein Bußgeld verhängt wird, zu berücksichtigen.[6] Aus Abs. 1 S. 2 folgt keine öffentliche Pflicht des privaten Krankenversicherungsunternehmens, rückständige Monatsprämien einzuklagen.[7]

4 Dem Wortlaut nach bezieht sich die Pflicht auf alle Personen, die bei einem privaten Krankenversicherungsunternehmen gegen Krankheit versichert sind. Wie schon aus der Entwurfsbegründung hervorgeht, geht der **Wortlaut** aber insoweit **zu weit**. Gemeint sind nur Personen, die dergestalt privat krankenversichert sind, dass sie zum Abschluss eines Pflegeversicherungsvertrages verpflichtet sind.[8] Dementsprechend gilt Abs. 1 zB nicht für Personen, die bei dem privaten Krankenversicherungsunternehmen nur eine Zusatzversicherung oder eine Reise- oder Auslandskrankenversicherung abgeschlossen haben.[9]

5 Die Meldepflichten bestehen dem Wortlaut nach nur nach einer **Aufforderung** (Abs. 1 S. 1) bzw. **Mahnung** (als Voraussetzung des Verzugs bei Abs. 1 S. 2) durch das private Krankenversicherungsunternehmen. Das ist deswegen problematisch, als dies dem Unternehmen die Chance gäbe, sich durch Unterlassen entsprechender Aufforderungen/Mahnungen den gesetzlichen Pflichten aus Abs. 1 zu entziehen. Richtigerweise wird man daher Abs. 1 insofern weit auslegen müssen, als die dort normierten Pflichten auch dann bestehen, wenn eine entsprechende Aufforderung/Mahnung nicht erfolgte, die übrigen Voraussetzungen aber vorliegen.[10]

6 Erstattet das private Krankenversicherungsunternehmen diese Meldungen nicht, nicht richtig, nicht vollständig oder nicht rechtzeitig, kann dies den **Bußgeldtatbestand** des **§ 121 Abs. 1 Nr. 2** erfüllen; da diese Meldepflichten zum „täglichen Brot" dieser Unternehmen gehört, ist die Verletzung in aller Regel leichtfertig. Die nach Abs. 1 S. 3 mögliche Vereinbarung wurde bis jetzt nicht getroffen.

---

2 BT-Dr. 12/5262, 120 (zu § 47-E).
3 SG Koblenz, 21.8.1997, S 3 P 123/97, NZS 1998, 34.
4 Klie/Leonhard in: LPK-SGB XI, § 51 Rn. 2.
5 Meydam in: Wannagat, § 51 SGB XI Rn. 5.
6 Meydam in: Wannagat, § 51 SGB XI Rn. 7; Peters in: KassKomm, § 51 SGB XI Rn. 8.
7 BVerfG, 31.1.2008, 1 BvR 1806/02, NZS 2008, 588.
8 Peters in: KassKomm, § 51 SGB XI Rn. 7.
9 BT-Dr. 12/5262, 120 (zu § 47-E).
10 Gebhardt in: Krauskopf, § 51 SGB XI Rn. 5.

IV. Meldepflichten sonstiger Institutionen (Abs. 3)

Abs. 3 S. 1 verpflichtet zunächst den Dienstherrn für weder privat noch gesetzlich krankenversicherte Heilfürsorgeberechtigte zur Meldung an das Bundesversicherungsamt, sind diese doch nach § 23 Abs. 4 Nr. 1 in der privaten Pflegeversicherung versicherungspflichtig. Auch wenn dies nicht explizit geregelt ist, wird man auch insofern von einer unverzüglich (dh ohne schuldhaftes Zögern, § 121 Abs. 1 S. 1 BGB) zu erfüllenden Pflicht ausgehen müssen.[11] Wird die Pflicht aus Abs. 2 verletzt, so erfüllt dies **keinen Bußgeldtatbestand**, insbesondere ist § 121 Abs. 1 Nr. 2 nicht einschlägig; zu beachten ist aber, dass der Heilfürsorgeberechtigte, der sich entgegen § 23 Abs. 4 Nr. 1 nicht versichert, den Bußgeldtatbestand des § 121 Abs. 1 Nr. 1 erfüllt. Abs. 3 S. 2 verpflichtet Postbeamtenkrankenkasse bzw. die Krankenversorgung der Bundesbahnbeamten; mit Blick auf die Verwirkung eines Bußgeldes gilt das zu S. 1 Gesagte entsprechend (§ 121 Abs. 1 Nr. 1 iVm § 23 Abs. 4 Nr. 2, 3).

V. Meldepflichten bei Kündigung privater Pflegeversicherungsunternehmen (Abs. 3)

Um zu verhindern, dass sich der Versicherungspflichtige seiner Pflicht entzieht, indem er einen bestehenden privaten Pflegeversicherungsvertrag kündigt und keinen neuen abschließt, verpflichtet Abs. 3 das private Pflegeversicherungsunternehmen auch in solchen Fällen zur Meldung, es sei denn, der Abschluss eines neuen Vertrages bei einem anderen Versicherungsunternehmen wird nachgewiesen. Dabei wird man als maßgebliche Frist, innerhalb derer ein neuer Vertrag abzuschließen ist, unter Heranziehung von Abs. 1 S. 1 drei Monate annehmen müssen.[12] Wird die Pflicht aus Abs. 3 vorsätzlich oder leichtfertig (→ Rn. 6) nicht erfüllt, verwirklicht dies den Bußgeldtatbestand des § 121 Abs. 1 Nr. 2.

Vierter Abschnitt
Wahrnehmung der Verbandsaufgaben

§ 52 Aufgaben auf Landesebene

(1) ¹Die Landesverbände der Ortskrankenkassen, der Betriebskrankenkassen und der Innungskrankenkassen, die Deutsche Rentenversicherung Knappschaft-Bahn-See, die nach § 36 des Zweiten Gesetzes über die Krankenversicherung der Landwirte als Landesverband tätige landwirtschaftliche Krankenkasse sowie die Ersatzkassen nehmen die Aufgaben der Landesverbände der Pflegekassen wahr. ²§ 211 a und § 212 Abs. 5 Satz 4 bis 10 des Fünften Buches gelten entsprechend.
(2) ¹Für die Aufgaben der Landesverbände nach Absatz 1 gilt § 211 des Fünften Buches entsprechend. ²Die Landesverbände haben insbesondere den Spitzenverband Bund der Pflegekassen bei der Erfüllung seiner Aufgaben zu unterstützen.
(3) Für die Aufsicht über die Landesverbände im Bereich der Aufgaben nach Absatz 1 gilt § 208 des Fünften Buches entsprechend.
(4) Soweit in diesem Buch die Landesverbände der Pflegekassen Aufgaben wahrnehmen, handeln die in Absatz 1 aufgeführten Stellen.

I. Entstehungsgeschichte, allgemeine Bedeutung und Normzweck

§ 52 ist durch das Gesetz zur sozialen Absicherung des Risikos der Pflegebedürftigkeit (Pflege-Versicherungsgesetz – Pflege-VG) vom 26.5.1994 am 1.6.1994 in Kraft getreten.[1] In Abs. 1 S. 1 wurde durch das Gesetz zur Organisationsreform in der gesetzlichen Rentenversicherung (RVOrgG) vom 9.12.2004 zum 1.10.2005 das Wort „Knappschaft" durch „Deutsche Rentenversicherung Knappschaft-Bahn-See" ersetzt.[2] Durch das Gesetz zur Stärkung des Wettbewerbs in der gesetzlichen Krankenversicherung (GKV-Wettbewerbsstärkungsgesetz – GKV-WSG) vom 26.3.2007 wurde Abs. 1 S. 1 zum 1.7.2008 geändert und Abs. 4 eingefügt.[3] Ebenfalls zum 1.7.2008 hat der Gesetzgeber durch das Gesetz zur strukturellen Weiterentwicklung der Pflegeversicherung (Pflege-Weiterentwicklungsgesetz) vom 28.5.2008 den Verweis in Abs. 1 S. 2 auf Vorschriften des SGB V an die durch das GKV-Wettbe-

---

11 Meydam in: Wannagat, § 51 SGB XI Rn. 9.
12 Vgl. Klie/Leonhard in: LPK-SGB XI, § 51 Rn. 7; Bassen in: Udsching, § 51 Rn. 6.
1 BGBl. I 1994, 1014 ff.
2 BGBl. I 2004, 3242 ff.
3 BGBl. I 2007, 378 ff.

werbsstärkungsgesetz neu geordneten Strukturen angepasst.[4] Abs. 1 S. 1 wurde durch das Gesetz zur Neuordnung der Organisation der landwirtschaftlichen Sozialversicherung (LSV-Neuordnungsgesetz – LSV-NOG) vom 12.4.2012 redaktionell geändert.[5] Zum 30.10.2012 wurde Abs. 2 S. 2 durch das Gesetz zur Neuausrichtung der Pflegeversicherung (Pflege-Neuausrichtungs-Gesetz – PNG) vom 23.10.2012 eingefügt[6]

2 Der Gesetzgeber hat sich mit § 52 auf Landesebene – ebenso wie mit § 53 auf Bundesebene – **gegen die Schaffung neuer Verwaltungsinstitutionen** entschieden und die Aufgaben der Landesverbände der Pflegekassen in die Hände der Stellen gelegt, die die Aufgaben der Landesverbände der Krankenkassen erfüllen. „Die Pflegekassen erhalten keine eigenen rechtsfähigen Verbände, sondern befinden sich auf Verbandsebene ganz unter dem Dach der gesetzlichen Krankenversicherung. Die Verbände der Krankenkassen nehmen die Aufgaben der Verbandsebene der Pflegeversicherung wahr."[7] § 52 betraut die als Landesverbände der gesetzlichen Krankenkassen agierenden Stellen mit der Wahrnehmung der Aufgaben der Landesverbände der Pflegekassen (Abs. 1) und stellt klar, dass die in Abs. 1 genannten Stellen handeln, soweit das SGB XI den Landesverbänden der Pflegekassen Aufgaben überträgt (Abs. 4). Für die Art der Aufgaben der Landesverbände der Pflegekassen (Abs. 2) und die Aufsicht (Abs. 3) verweist § 52 auf die Bestimmungen des SGB V zu den Aufgaben der Landesverbände der Krankenkassen (§ 211 SGB V) und der Aufsicht über die Krankenkassenverbände (§ 208 SGB V).

II. Wahrnehmung der Aufgaben der Landesverbände der Pflegekassen durch die Landesverbände der Krankenkassen (Abs. 1 und 4)

3 Gemäß **Abs. 1 S. 1** werden die **Aufgaben der Landesverbände der Pflegekassen** von den Einrichtungen wahrgenommen, die im Bereich der gesetzlichen Krankenversicherung als Landesverbände der Krankenkassen handeln, dh: von den Landesverbänden der Ortskrankenkassen, der Betriebskrankenkassen und der Innungskrankenkassen sowie von der Deutschen Rentenversicherung Knappschaft-Bahn-See, der nach § 36 des Zweiten Gesetzes über die Krankenversicherung der Landwirte als Landesverband tätigen landwirtschaftlichen Krankenkasse und den Ersatzkassen. Die Landesverbände der Pflegekassen sind keine eigenständigen juristischen Personen des öffentlichen Rechts, sondern die Landesverbände der Orts-, Betriebs-, und Innungskrankenkassen, die DRV Knappschaft-Bahn-See, die landwirtschaftliche Krankenkasse und die Ersatzkassen firmieren insoweit als Landesverbände der Pflegekassen.[8]

4 Nach **Abs. 1 S. 2** gelten für die Wahrnehmung der Aufgaben der Landesverbände der Pflegekassen die Vorschriften der § 211a und § 212 Abs. 5 S. 4 bis 10 SGB V entsprechend, wodurch „dem Grundsatz „Pflegeversicherung folgt Krankenversicherung" Rechnung getragen wird.[9] § 211a enthält Bestimmungen zur Einigung zwischen den Landesverbänden der Krankenkassen und den Ersatzkassen über gemeinsam und einheitlich zu treffende Entscheidungen sowie zur Konfliktlösung, wenn eine Einigung nicht zustande kommt (siehe § 211a SGB V). § 212 Abs. 5 S. 4–10 SGB V regelt die Vertretung der Ersatzkassen, die die Aufgaben der Landesverbände der Pflegekassen wahrnehmen (siehe § 212 SGB V).

5 **Abs. 4** knüpft an Abs. 1 an und stellt klar, dass es sich bei den in anderen Vorschriften des SGB XI genannten Landesverbänden der Pflegekassen um die in Abs. 1 genannten Stellen handelt.[10] In Rechtsstreitigkeiten über Angelegenheiten der Landesverbände der Pflegekassen sind die Landesverbände der Krankenkassen aktiv- und passivlegitimiert.[11]

III. Aufgaben der Landesverbände der Pflegekassen (Abs. 2)

6 Für die Aufgaben der Landesverbände der Pflegekassen nach § 52 Abs. 1 gilt § 211 SGB V entsprechend (Abs. 2 S. 1). Gemäß § 211 Abs. 1 SGB V obliegen den Landesverbänden der Pflegekassen die gesetzlich zugewiesenen Aufgaben; dies hat nur deklaratorische Bedeutung, weil sich die Aufgaben der

---

4 BGBl. I 2008, 874 ff.
5 BGBl. I 2012, 579 ff.
6 BGBl. I 2013, 2246 ff.
7 BT-Dr. 12/5262, 120; Leonhard in: LPK-SGB XI, § 52 Rn. 5 betont zutreffend, dass die Landesverbände der Krankenkassen die Aufgaben der Landesverbände der Pflegekassen als eigene Aufgaben wahrnehmen.
8 Vgl. BSG NZS 1999, 298, 299; vgl. auch BT-Dr. 12/5262, 120.
9 BT-Dr. 16/7439, 66.
10 BT-Dr. 16/3100, 186.
11 BSGE 82, 252, 253; Becker in: Jahn ua, SGB XI, § 52 Rn. 4; bezogen auf die Passivlegitimation auch Frank in: Hauck/Noftz, SGB XI, § 52 Rn. 3.

Landesverbände bereits unmittelbar aus den entsprechenden gesetzlichen Aufgabenzuweisungen ergeben.[12] Zu den gesetzlich zugewiesenen Aufgaben iSd § 211 Abs. 1 gehören zum einen die in § 211 Abs. 2 SGB V genannten Unterstützungsaufgaben zugunsten der Mitgliedskassen. Zum anderen sollen die Landesverbände der Pflegekassen gem. § 211 Abs. 3 SGB V die zuständigen **Behörden**, dh insbesondere die Landesministerien, in Fragen der Gesetzgebung und Verwaltung unterstützen (siehe § 211 SGB V).

Darüber hinaus weist das SGB XI den Landesverbänden der Pflegekassen **weitere gesetzliche Aufgaben** zu. Hierzu gehören ausweislich der Gesetzesbegründung insbesondere der Abschluss von Vereinbarungen über Pflegekurse mit den Trägern der die Kurse durchführenden Einrichtungen (§ 45 Abs. 3); der Abschluss von Versorgungsverträgen und Rahmenverträgen über die pflegerische Versorgung mit den Vereinigungen der Träger ambulanter, teil- und vollstationärer Einrichtungen (§ 72 Abs. 2, § 75 Abs. 1); die Mitwirkung an der Bildung der Schiedsstelle (§ 76 Abs. 1); der Abschluss von Vereinbarungen über die Ausleihe von Pflegehilfsmitteln (§ 78 Abs. 3); die Durchführung von Wirtschaftlichkeitsuntersuchungen bei den Leistungserbringern durch bestellte Wirtschaftsprüfer (§ 79 Abs. 1); und die Durchführung der Regelprüfung zur Qualitätssicherung (§ 114 Abs. 2 S. 1). Im Ermessen der Landesverbände steht die Entscheidung, sich am Pflegesatzverfahren zu beteiligen (§ 85 Abs. 2 S. 3).[13]

7

Eine weitere Aufgabe der Landesverbände der Pflegekassen ist nach Abs. 2 S. 2 die **Unterstützung des Spitzenverbandes Bund der Pflegekassen** bei der Erfüllung seiner Aufgaben. Der Gesetzgeber hatte bei dieser zum 30.10.2012 in Kraft getretenen Neuregelung vor Augen, dass „beispielsweise Berichte der Bundesregierung über die Entwicklung der Pflegeversicherung (§ 10) sachgerecht" nur gestaltet werden können, wenn „die Landesverbände der Pflegekassen insbesondere den Spitzenverband Bund der Pflegekassen bei der Bewältigung seiner Aufgaben" unterstützen.[14]

8

IV. Aufsicht über die Landesverbände der Pflegekassen (Abs. 3)

Für die Aufsicht über die Landesverbände der Pflegekassen gilt § 208 SGB V über die Aufsicht über die Landesverbände der Krankenkassen entsprechend (Abs. 3). Zuständige Aufsichtsbehörde ist die oberste Verwaltungsbehörde (Ministerium) des Landes, in dem die Landesverbände der Pflegekassen ihren Sitz haben (§ 208 Abs. 1 SGB V).[15] Nach § 208 Abs. 2 S. 1 SGB V gelten für die Aufsicht über die Landesverbände der Pflegekassen die Bestimmungen der §§ 87 bis 89 SGB IV. Gemäß § 87 Abs. 1 S. 2 SGB IV ist die Aufsicht über die Landesverbände der Pflegekassen grundsätzlich **Rechtsaufsicht**.[16] Nach § 88 SGB IV ist die Aufsichtsbehörde zur Prüfung der Geschäfts- und Rechnungsführung der Landesverbände berechtigt (Abs. 1); die Landesverbände müssen der Aufsichtsbehörde auf Verlangen erforderliche Unterlagen vorlegen und Auskünfte erteilen (Abs. 2). § 89 Abs. 1 SGB IV regelt die **Aufsichtsmittel** der Aufsichtsbehörde. Nach § 89 Abs. 3 ist die Aufsichtsbehörde befugt, Sitzungen der Landesverbände anzuberaumen und zu leiten, wenn die Verbände einem Verlangen der Behörde nach Einberufung der Sitzungen nicht nachkommen.

9

Die übrigen Bestimmungen des § 208 SGB V über das Haushalts- und Rechnungswesen, das Vermögen und die Statistiken kommen für die Landesverbände der Pflegekassen nach dem eindeutigen Wortlaut des Abs. 3 („Für die Aufsicht ...") trotz des pauschalen Verweises auf § 208 SGB V nicht zur Anwendung.[17]

10

§ 53 Aufgaben auf Bundesebene

¹Der Spitzenverband Bund der Krankenkassen nimmt die Aufgaben des Spitzenverbandes Bund der Pflegekassen wahr. ²Die §§ 217 b, 217 d und 217 f des Fünften Buches gelten entsprechend.

---

12 Baier in: Krauskopf, § 52 SGB XI Rn. 6; Leonhard in: LPK-SGB XI, § 52 Rn. 7.
13 Vgl. zu diesem Aufgabenkatalog der Landesverbände der Pflegekassen BT-Dr. 12/5262, 120.
14 BT-Dr. 17/9369, 44.
15 Nach Baier in: Krauskopf, § 52 SGB XI Rn. 13 bedurfte es des Verweises auf § 208 SGB V in § 52 Abs. 3 nicht, weil § 208 SGB V für die Landesverbände der Pflegekassen wegen der Wahrnehmung der Verbandsaufgaben durch die Landesverbände der Krankenkassen unmittelbar gelte.
16 Vgl. Marburger, DÖD 2003, 232 f.
17 Ebenso Frank in: Hauck/Noftz, SGB XI, § 52 Rn. 8; aA Dalichau, SGB XI, § 52 S. 20.

I. Entstehungsgeschichte, allgemeine Bedeutung und Normzweck 1	IV. Aufsicht über den Spitzenverband Bund der Pflegekassen; Haushalts- und Rechnungswesen, Vermögen, Statistiken (S. 2 iVm § 217 d SGB V) 5
II. Wahrnehmung der Aufgaben des Spitzenverbandes Bund der Pflegekassen durch den Spitzenverband Bund der Krankenkassen (S. 1) 3	1. Aufsicht (S. 2 iVm § 217 d S. 1 bis 3 SGB V) 5
III. Organe des Spitzenverbandes Bund der Pflegekassen (S. 2 iVm § 217 b SGB V) 4	2. Haushalts- und Rechnungswesen, Vermögen, Statistiken (S. 2 iVm § 217 d S. 3 SGB V) 7
	V. Aufgaben des Spitzenverbandes Bund der Pflegekassen (S. 2 iVm § 217 f SGB V) 11

I. Entstehungsgeschichte, allgemeine Bedeutung und Normzweck

1 § 53 ist am 26.5.1994 durch das Gesetz zur sozialen Absicherung des Risikos der Pflegebedürftigkeit (Pflege-Versicherungsgesetz – Pflege-VG) vom 26.5.1994 in Kraft getreten.[1] Durch das Gesetz zur Stärkung des Wettbewerbs in der gesetzlichen Krankenversicherung (GKV-Wettbewerbsstärkungsgesetz – GKV-WSG) vom 26.3.2007 wurde § 53 mit Wirkung zum 1.7.2008 neu gefasst.[2]

2 § 53 regelt die Wahrnehmung der **Aufgaben des Spitzenverbandes Bund der Pflegekassen** durch den Spitzenverband Bund der Krankenkassen (S. 1). Durch einen Verweis in S. 2 gelten §§ 217 b, 217 d und 217 f SGB V entsprechend. Ebenso wie auf Landesebene (vgl. § 52) existieren auch auf Bundesebene bei den Pflegekassen keine eigenständigen Verbandsstrukturen, sondern die Aufgaben des Spitzenverbandes Bund der Pflegekassen (§ 53) werden von dem Spitzenverband Bund der Krankenkassen wahrgenommen.

II. Wahrnehmung der Aufgaben des Spitzenverbandes Bund der Pflegekassen durch den Spitzenverband Bund der Krankenkassen (S. 1)

3 Nach S. 1 werden die Aufgaben des Spitzenverbandes Bund der Pflegekassen von dem **Spitzenverband Bund der Krankenkassen** wahrgenommen, der gem. § 217 a Abs. 2 SGB V eine Körperschaft des öffentlichen Rechts ist. Der Spitzenverband Bund der Krankenkassen nimmt die Aufgaben des Spitzenverbandes Bund der Pflegekassen als eigene Aufgaben wahr und firmiert in dieser Funktion als Spitzenverband Bund der Pflegekassen.[3] In Rechtsstreitigkeiten über Angelegenheiten des Spitzenverbandes Bund der Pflegekassen ist der Spitzenverband Bund der Krankenkassen aktiv- und passivlegitimiert.[4]

III. Organe des Spitzenverbandes Bund der Pflegekassen (S. 2 iVm § 217 b SGB V)

4 S. 2 verweist bezüglich der **Organe** des Spitzenverbandes Bund der Pflegekassen auf § 217 b SGB V, der entsprechend gilt. Gemäß § 217 b SGB V müssen bei dem Spitzenverband Bund der Krankenkassen als Organe ein Verwaltungsrat, ein Vorstand und eine Mitgliederversammlung gebildet werden. Das bedeutet nicht, dass für den Spitzenverband Bund der Pflegekassen zusätzlich entsprechende Organe bei dem Spitzenverband Bund der Krankenkassen zu bilden sind.[5] Dies liefe der Intention des Gesetzgebers zuwider, die Aufgaben des Spitzenverbandes Bund der Pflegekassen von der vorhandenen Einrichtung Spitzenverband Bund in der gesetzlichen Krankenversicherung wahrnehmen zu lassen und die Errichtung eigener Verwaltungsstrukturen in der Pflegeversicherung zu vermeiden. Der Verweis in S. 2 auf § 217 b SGB V bedeutet, dass die in § 217 b SGB V genannten Organe des Spitzenverbandes Bund der Krankenkassen auch die Aufgaben des Spitzenverbandes Bund der Pflegekassen wahrnehmen.[6]

IV. Aufsicht über den Spitzenverband Bund der Pflegekassen; Haushalts- und Rechnungswesen, Vermögen, Statistiken (S. 2 iVm § 217 d SGB V)

5 **1. Aufsicht (S. 2 iVm § 217 d S. 1 bis 3 SGB V).** Die Aufsicht über den Spitzenverband Bund der Pflegekassen richtet sich gem. S. 2 nach § 217 d SGB V, der Regelung über die Aufsicht über den Spitzenverband Bund der Krankenkassen. Gemäß § 217 d S. 1 SGB V untersteht der Spitzenverband Bund der

---

1 BGBl. I 1994, 1014 ff.
2 BGBl. I 2007, 378 ff.
3 BT-Dr. 16/3100, 186.
4 Bezogen auf die Passivlegitimation Frank in: Hauck/Noftz, SGB XI, § 53 Rn. 4.
5 Bassen in: Udsching, § 53 Rn. 3; Baier in: Krauskopf, § 53 SGB XI Rn. 4.
6 Vgl. Baier in: Krauskopf, § 53 SGB XI Rn. 4; Bassen in: Udsching, § 53 Rn. 3.

Pflegekassen grundsätzlich der Aufsicht des Bundesministeriums für Gesundheit (§ 217 d S. 1 Hs. 1 SGB V). Soweit der Spitzenverband Bund der Pflegekassen in seiner Funktion als Verbindungsstelle nach § 219 a SGB V tätig wird, welche auch für die Pflegeversicherung zuständig ist (s. S. 2 iVm § 217 f Abs. 1 und § 219 a SGB V), übt das Bundesministerium für Gesundheit die Aufsicht im Einvernehmen mit dem Bundesministerium für Arbeit und Soziales aus (§ 217 d S. 2 SGB V). Nimmt der Spitzenverband Bund der Pflegekassen Aufgaben gem. S. 2 iVm § 217 f Abs. 3 SGB V wahr, ist das Bundesministerium für Arbeit und Soziales zuständige **Aufsichtsbehörde** (§ 217 d S. 1 Hs. 2 SGB V).

Für die Durchführung der Aufsicht über den Spitzenverband Bund der Pflegekassen verweist S. 2 iVm § 217 d S. 3 SGB V auf die Vorschrift des § 208 Abs. 2 SGB V, der wiederum in S. 1 für die Aufsicht auf §§ 87 bis 89 SGB IV rekurriert. Gemäß § 87 Abs. 1 S. 2 SGB IV ist die Aufsicht über den Spitzenverband Bund der Pflegekassen grundsätzlich **Rechtsaufsicht**.[7] Nach § 88 SGB IV ist die Aufsichtsbehörde zur Prüfung der Geschäfts- und Rechnungsführung des Spitzenverbandes berechtigt (Abs. 1); der Spitzenverband muss der Aufsichtsbehörde auf Verlangen erforderliche Unterlagen vorlegen und Auskünfte erteilen (Abs. 2). § 89 Abs. 1 SGB IV regelt die **Aufsichtsmittel** der Aufsichtsbehörde. Nach § 89 Abs. 3 ist die Aufsichtsbehörde befugt, Sitzungen des Spitzenverbandes anzuberaumen und zu leiten, wenn der Verband einem Verlangen der Behörde nach Einberufung der Sitzungen nicht nachkommt.

2. Haushalts- und Rechnungswesen, Vermögen, Statistiken (S. 2 iVm § 217 d S. 3 SGB V). Für das Haushalts- und Rechnungswesen, das Vermögen und die Statistiken des Spitzenverbandes Bund der Pflegekassen gilt gem. S. 2 die Vorschrift des **§ 217 d S. 3 SGB V** entsprechend, die wiederum auf § 208 Abs. 2 SGB V verweist.

Nach § 208 Abs. 2 S. 2 SGB V finden für das **Haushalts- und Rechnungswesen** einschließlich der Statistiken des Spitzenverbandes Bund der Pflegekassen die §§ 67 bis 70 Abs. 1 und 5, §§ 72 bis 77 Abs. 1, §§ 78 und 79 Abs. 1 und 2 SGB IV Anwendung. Damit gelten auch für den Spitzenverband Bund der Pflegekassen die für die Sozialversicherungsträger maßgeblichen Vorschriften über die Aufstellung, Bedeutung und Wirkung des Haushaltsplanes (§§ 67 bis 70 Abs. 1 und 5 SGB IV) einschließlich der Verpflichtung zur Wirtschaftlichkeit und Sparsamkeit (§ 69 Abs. 2 und 3 SGB IV), die vorläufige Haushaltsführung (§ 72 SGB IV), die Aufstellung von Nachtragshaushalten (§ 74 SGB IV), die Stundung, Niederschlagung und den Erlass von Ansprüchen (§ 76 Abs. 2 SGB IV), die Rechnungslegung (§ 77 Abs. 1 SGB IV) und die Führung von Statistiken (§ 79 Abs. 1 und 2 SGB IV).

Für das **Vermögen** des Spitzenverbandes Bund der Pflegekassen gelten gem. § 208 Abs. 2 S. 2 SGB V die §§ 80 und 85 SGB IV. Der Spitzenverband Bund ist damit insbesondere verpflichtet, seine Mittel so anzulegen und zu verwalten, dass Verluste ausgeschlossen erscheinen, ein angemessener Ertrag erzielt wird und ausreichende Liquidität gewährleistet ist (§ 80 Abs. 1 SGB IV). Außerdem finden die für die Sozialversicherungsträger geltenden Vorschriften zur Genehmigungsbedürftigkeit von Vermögensanlagen wie zB von Darlehen für gemeinnützige Zwecke und der Errichtung, Erweiterung und dem Umbau von Gebäuden (§ 85 SGB IV) auch für den Spitzenverband Anwendung.

Für das **Verwaltungsvermögen** gilt nach § 217 d S. 3 iVm § 208 Abs. 2 S. 3 die Vorschrift des § 263 entsprechend, so dass diese Regelung über die Zusammensetzung des Verwaltungsvermögens der Krankenkassen auch für den Spitzenverband Bund der Pflegekassen Anwendung findet.

V. Aufgaben des Spitzenverbandes Bund der Pflegekassen (S. 2 iVm § 217 f SGB V)

Für die **Aufgaben des Spitzenverbandes Bund der Pflegekassen** gilt nach S. 2 die Vorschrift über die Aufgaben des Spitzenverbandes Bund der Krankenkassen, § 217 f SGB V, entsprechend.

Gemäß § 217 f Abs. 1 SGB V obliegen dem Spitzenverband Bund der Pflegekassen die **gesetzlich zugewiesenen Aufgaben**. Kraft Gesetzes sind dem Spitzenverband Bund der Pflegekassen neben den in § 217 f SGB V genannten Aufgaben vor allem im SGB XI, aber auch in weiteren Büchern zahlreiche Aufgaben übertragen. Hierzu zählen zum Beispiel die Durchführung von Modellvorhaben zur Weiterentwicklung der Pflegeversicherung (§ 8 Abs. 3), der Erlass von Richtlinien zur Abgrenzung von Merkmalen der Pflegebedürftigkeit, der Pflegestufen und zum Verfahren der Feststellung der Pflegebedürftigkeit (§ 17), die Abgabe von (Bundes-)Empfehlungen zum Inhalt der Rahmenverträge iSd § 75 Abs. 1 (§ 75 Abs. 6) sowie der Abschluss von Verträgen über die Versorgung der Versicherten mit Pflegehilfsmitteln und die Erstellung eines Pflegehilfsmittelverzeichnisses (§ 78). Dazu kommen Aufgaben wie die Vereinbarung von Maßstäben und Grundsätzen für die Qualität und die Qualitätssicherung in der am-

---

[7] Vgl. Marburger, DÖD 2003, 232 f.

bulanten und stationären Pflege sowie für die Entwicklung eines einrichtungsinternen Qualitätsmanagements (§ 113).[8]

13 § 217f Abs. 2 SGB V regelt **Unterstützungsaufgaben**[9] des Spitzenverbandes Bund zugunsten der Pflegekassen und ihrer Landesverbände bei der Erfüllung ihrer Aufgaben und der Wahrnehmung ihrer Interessen. Die Unterstützungsaufgaben des Spitzenverbandes sind "fremdnützig", sie werden „im Interesse" der Pflegekassen und ihrer Landesverbände erbracht und beziehen sich auf Tätigkeiten, die in den Aufgabenbereich der Kassen und ihrer Verbände fallen. Die Unterstützung ist daher nur mit dem Einverständnis der Kassen bzw. Landesverbände zulässig.

14 Weitere Aufgaben des Spitzenverbandes Bund der Pflegekassen bestehen darin, **Entscheidungen in grundsätzlichen Fach- und Rechtsfragen** zum Beitrags- und Meldeverfahren und zur einheitlichen Erhebung der Beiträge (§§ 23, 76 SGB IV) zu treffen (§ 217f Abs. 3 S. 1). Außerdem gibt der Spitzenverband (unverbindliche) Empfehlungen zur Benennung und Verteilung von beauftragten Stellen nach § 28f Abs. 4 SGB IV ab (§ 217f Abs. 3 S. 2).

15 Gemäß § 217f Abs. 4 hat der Spitzenverband Bund **Entscheidungen über die Organisation des Qualitäts- und Wirtschaftlichkeitswettbewerbs** der Pflegekassen zu treffen; hierzu gehört insbesondere der Erlass von Rahmenrichtlinien für den Aufbau und die Durchführung eines zielorientierten Benchmarkings (s. § 69 Abs. 5 SGB IV).

16 Nach § 217f Abs. 5 SGB V gelten die bis zum 30.6.2008 von den Bundesverbänden der Pflegekassen geschlossenen **Verträge sowie sonstigen Maßnahmen solange weiter**, bis sie vom Spitzenverband Bund der Pflegekassen geändert oder aufgehoben werden.

17 Gemäß § 217f Abs. 6 trifft der Spitzenverband Bund Entscheidungen, die bei der **Schließung oder Insolvenz** einer Pflegekasse im Zusammenhang mit dem Mitgliederübergang der Versicherten erforderlich sind, um deren Leistungsansprüche sicherzustellen und die Leistungen abzurechnen.

18 § 217f Abs. 7 ermächtigt (nicht: verpflichtet) den Spitzenverband, zur Erfüllung seiner gesetzlichen Aufgaben nach § 130b diejenigen **Daten** anonymisiert und ohne Pflegekassenbezug zu verarbeiten und zu nutzen, die Gegenstand des § 268 Abs. 3 S. 14 iVm S. 1 Nr. 1–7 sind.

§ 53a Zusammenarbeit der Medizinischen Dienste

[1]Der Spitzenverband Bund der Pflegekassen erlässt für den Bereich der sozialen Pflegeversicherung Richtlinien
1. über die Zusammenarbeit der Pflegekassen mit den Medizinischen Diensten,
2. zur Durchführung und Sicherstellung einer einheitlichen Begutachtung,
3. über die von den Medizinischen Diensten zu übermittelnden Berichte und Statistiken,
4. zur Qualitätssicherung der Begutachtung und Beratung sowie über das Verfahren zur Durchführung von Qualitätsprüfungen und zur Qualitätssicherung der Qualitätsprüfungen,
5. über Grundsätze zur Fort- und Weiterbildung.
[2]Die Richtlinien bedürfen der Zustimmung des Bundesministeriums für Gesundheit. [3]Sie sind für die Medizinischen Dienste verbindlich.

I. Entstehungsgeschichte 1	d) Richtlinien zur Qualitätssicherung der Begutachtung und Beratung sowie über das Verfahren zur Durchführung von Qualitätsprüfungen und zur Qualitätssicherung der Qualitätsprüfungen (S. 1 Nr. 4) 17
II. Vorgängervorschriften 2	
III. Normauslegung 3	
1. Norminhalt 3	
2. Auslegung 10	
a) Richtlinien über die Zusammenarbeit der Pflegekassen mit den MDK (S. 1 Nr. 1) 10	e) Richtlinien zur Qualitätssicherung und über das Verfahren bei Qualitätsprüfungen (S. 1 Nr. 5) 21
b) Richtlinien zur Durchführung und Sicherstellung einer einheitlichen Begutachtung (S. 1 Nr. 2) 13	f) Zustimmungserfordernis und Verbindlichkeit (S. 2 und 3) 23
c) Richtlinien über die von den MDK zu übermittelnden Berichte und Statistiken (S. 1 Nr. 3) 15	

---

8 Vgl. zu den Aufgaben des Spitzenverbandes Bund der Pflegekassen auch BT-Dr. 12/5262, 120 f.; weitere Aufgaben nennt Frank in: Hauck/Noftz, SGB XI, § 53 Rn. 7; s. auch Bassen in: Udsching, § 53 Rn. 6.
9 Zum Begriff BT-Dr. 16/3100, 162.

I. Entstehungsgeschichte

Die Vorschrift ist durch Art. 1 Nr. 22 des SGB XI-ÄndG vom 14.6.1996 am 25.6.1996 in Kraft getreten (BGBl. I, 830). Grundlage ist eine nicht weiter begründete Beschlussempfehlung des Vermittlungsausschusses.[1] Anschließend erfolgten folgende Änderungen: § 53 a S. 1: IdF d. Art. 8 Nr. 25 Gesetz v. 26.3.2007 (BGBl. I, 378) mWv 1.7.2008; S. 1 Nr. 4: IdF d. Art. 1 Nr. 23 Gesetz v. 23.10.2012 (BGBl. I, 2246) mWv 30.10.2012; S. 2: IdF d. Art. 219 Nr. 6 V v. 29.10.2001 (BGBl. I, 2785) mWv 7.11.2001, d. Art. 212 Nr. 1 V v. 25.11.2003 (BGBl. I, 2304) mWv 28.11.2003 u. d. Art. 264 Nr. 1 Neunte ZuständigkeitsanpassungsVO v. 31.10.2006 (BGBl. I, 2407) mWv 8.11.2006.

II. Vorgängervorschriften

§ 53 a hat keine Vorgängervorschrift.

III. Normauslegung

1. Norminhalt. Nach § 53 a hat der Spitzenverband Bund der Pflegekassen für den Bereich der sozialen Pflegeversicherung für die MDK verbindliche Richtlinien zu erlassen. Hintergrund ist, dass im Bereich der Pflegeversicherung, die sehr stark auf Bundeseinheitlichkeit ausgerichtet ist; nicht zuletzt wegen des bundesweiten kassenartenübergreifenden Finanzausgleichs, bedarf es verstärkt einer bundesweiten Koordinierung der Tätigkeiten der MDK.[2]

Die Vorschrift über die Zusammenarbeit der MDK soll dazu beitragen, dass die medizinische Begutachtung für die Zwecke der Pflegeversicherung bundesweit gleichmäßig und in ihrer Qualität gesichert erfolgt. Hierzu sind Richtlinien vorgesehen.

Dies wird deutlich durch nachfolgende Tabelle, die zeigt, wie viele Pflegebegutachtungen die MDK im Jahr 2014 durchgeführt haben und auf welche beantragte Pflegeleistung (ambulant oder stationär) sie sich bezogen. Drei Viertel aller Begutachtungen betrafen Versicherte, die ambulante Pflege beantragt hatten bzw. ambulante Pflege erhielten.[3]

Beantragte Leistung	Anzahl Begutachtungen	in Prozent
Ambulante Pflege	1.194.458	78,5
Vollstationäre Pflege	319.102	21,0
Pflege in vollstationären Einrichtungen der Behindertenhilfe	7.887	0,5
Gesamt	1.521.447	100

Die *„Richtlinien der Spitzenverbände der Pflegekassen zur Begutachtung von Pflegebedürftigkeit nach dem XI. Buch des Sozialgesetzbuches"*[4] vom 21.3.1997 erläutern die Begutachtungskriterien und das Begutachtungsverfahren und sollen bundesweit einheitliche Maßstäbe für die Pflege-Begutachtung sichern.[5] Die jüngste Fassung ist die Neufassung vom 8.6.2009, geändert durch Beschluss vom 16.4.2013.[6]

Die für die Pflegekassen und für den MDK gemäß verbindlichen Richtlinien (§§ 17, 53 a SGB XI, § 213 SGB V) sind für das gerichtliche Verfahren nicht bindend. Denn die §§ 17, 53 a enthalten keine normative Ermächtigung der Spitzenverbände, Voraussetzungen und Ausmaß der Pflegebedürftigkeit mit Wirkung für außerhalb der Verwaltung stehende Personen oder die Gerichte festzulegen.[7] Sie stellen nur sog Verwaltungs-Binnenrecht dar und werden von den Gerichten auf ihre Vereinbarkeit mit der Verfassung und den Gesetzen sowie auf ihre sachliche Vertretbarkeit überprüft.[8]

Die Aufgaben des „Spitzenverbandes Bund der Pflegekassen" werden nach § 53 von dem „Spitzenverband Bund der Krankenkassen" wahrgenommen. Nach § 217 a Abs. 1 SGB V wird der „Spitzenverband Bund der Krankenkassen" von den Krankenkassen gebildet.

---

1 BT-Dr. 13/4688, 3.
2 BT-Dr. 13/3696, 18 f.
3 S. http://www.mdk.de/314.htm (zuletzt abgerufen am 1.3.2017).
4 Begutachtungs-Richtlinien – BRi.
5 BSG, 10.3.2010, B 3 P 10/08 R, juris Rn. 17 = NZS 2011, 181, 182 Rn. 17.
6 S. http://www.mdk.de/media/pdf/BRi_Pflege_2013_Lesezeichen.pdf (zuletzt abgerufen am 1.3.2017).
7 BSG, 10.3.2010, B 3 P 10/08 R, juris Rn. 17 = NZS 2011, 181 ff.
8 BSG, 10.3.2010, B 3 P 10/08 R, juris Rn. 17 = NZS 2011, 181 ff.

9 Unter der Bezeichnung „Medizinische Dienste" ist der MDK nach § 18 SGB XI, §§ 275 ff. SGB V zu verstehen.[9] Dies ergibt sich zum einen aus dem Nebeneinander von SGB V und SGB XI und zum anderen aus der Tatsache, dass neben dem MDK keine anderen Gutachterdienste mit der Bezeichnung „Medizinische Dienste" im SGB benannt werden.

10 **2. Auslegung. a) Richtlinien über die Zusammenarbeit der Pflegekassen mit den MDK (S. 1 Nr. 1).** Nach S. 1 Nr. 1 werden Richtlinien erlassen für den Bereich der Zusammenarbeit der Pflegekassen mit dem MDK, was beispielsweise durch einen regelmäßigen Erfahrungsaustausch gewährleistet werden kann.

11 Richtlinien, die sich ausschließlich auf S. 1 Nr. 1 stützen, gibt es nicht. Die Richtlinien nach den weiteren Ziffern stützen sich ergänzend aber auch auf S. 1 Nr. 1.

12 Von besonderer Bedeutung sind die Richtlinien der Spitzenverbände der Pflegekassen über die Abgrenzung der Merkmale der Pflegebedürftigkeit und der Pflegestufen sowie zum Verfahren der Feststellung der Pflegebedürftigkeit[10] (PflRl) vom 7.11.1994, zuletzt geändert durch Beschluss vom 11.5.2006.[11] Hierbei handelt es sich um eine Richtlinie nach § 17, die eine gemeinsame und einheitliche Rechtsanwendung gewährleisten soll. Die PflRl bestimmen die Merkmale der Pflegebedürftigkeit (§ 14) und die Pflegestufen (§ 15) sowie das Verfahren der Feststellung der Pflegebedürftigkeit (§ 18). Die Richtlinien sind für die Pflegekassen sowie für die MDK verbindlich. Regionale Abweichungen sind nicht zulässig.

13 **b) Richtlinien zur Durchführung und Sicherstellung einer einheitlichen Begutachtung (S. 1 Nr. 2).** Nach S. 1 Nr. 2 werden Richtlinien zur Durchführung und Sicherstellung einer einheitlichen Begutachtung erlassen. Durch die Aufnahme dieser Regelung wird deutlich, dass eine einheitliche Begutachtung für die Zuordnung der Pflegebedürftigen zu einer Pflegestufe nach § 15 bis dahin offenbar nicht oder nur unzureichend durchgeführt und sichergestellt werden konnte.

14 Insoweit ist auf die *„Richtlinien der Spitzenverbände der Pflegekassen zur Begutachtung von Pflegebedürftigkeit nach dem XI. Buch des Sozialgesetzbuches"*[12] vom 8.6.2009 zu verweisen (→ Rn. 6).

15 **c) Richtlinien über die von den MDK zu übermittelnden Berichte und Statistiken (S. 1 Nr. 3).** Nach S. 1 Nr. 3 werden Richtlinien über die von den MDK zu übermittelnden Berichte und Statistiken erlassen. Insoweit ist auf das Neunte Kapitel des SGB XI, der mit Datenschutz und Statistik überschrieben ist, zu verweisen. Nach § 94 Abs. 1 Nr. 10 dürfen die Pflegekassen personenbezogene Daten für Zwecke der Pflegeversicherung nur erheben, verarbeiten und nutzen, soweit die statistischen Zwecke nach § 109 erforderlich sind. Nach § 109 Abs. 2 S. 3 ist der MDK auskunftspflichtig gegenüber den statistischen Ämtern der Länder, dh gerade nicht gegenüber den Pflegekassen, was erst durch § 53 a S. 1 Nr. 3 gewährleistet wird.

16 Insoweit ist auf die Richtlinien der Spitzenverbände der Pflegekassen über die von den MDK für den Bereich der sozialen Pflegeversicherung zu übermittelnden Berichte und Statistiken vom 8.12.1997 zu verweisen, zuletzt geändert durch Beschluss vom 17.9.2007.[13]

Ziel dieser Richtlinie ist es, auf einheitlicher Grundlage das Begutachtungsgeschehen in den Medizinischen Diensten für den ambulanten und vollstationären Pflegebereich sowie für Antragsteller auf Leistungen nach § 43 a getrennt darzustellen sowie die Empfehlungen des MDK hinsichtlich der Pflegestufen zu dokumentieren. Darüber hinaus sollen Daten aus dem Begutachtungsgeschehen über die Situation der Pflegebedürftigen/Antragsteller für eine Pflegeberichterstattung auf einheitlicher Grundlage aufbereitet werden. Die gewonnenen Informationen dienen den MDK und den Pflegekassen dazu, die wirksame Durchführung und die Koordinierung der Tätigkeiten im Rahmen der ihnen übertragenen Aufgaben zu sichern, sowie als Planungsgrundlage.

17 **d) Richtlinien zur Qualitätssicherung der Begutachtung und Beratung sowie über das Verfahren zur Durchführung von Qualitätsprüfungen und zur Qualitätssicherung der Qualitätsprüfungen (S. 1 Nr. 4).** Nach S. 1 Nr. 4 werden Richtlinien zur Qualitätssicherung der Begutachtung und zur Qualitätssicherung der Qualitätsprüfungen der Begutachtung und Beratung sowie über das Verfahren zur Durchführung von Qualitätsprüfungen erlassen. Das heißt, S. 1 Nr. 4 beinhaltet drei voneinander zu unterscheidende

---

9 Vgl. Meydam in: Wannagat, § 53 a SGB XI Rn. 4.
10 Pflegebedürftigkeits-Richtlinien – PflRl.
11 Abgedruckt bei Aichberger – Ergänzungsband, „Gesetzliche Krankenversicherung, Soziale Pflegeversicherung", Nr. 1600.
12 Begutachtungs-Richtlinien – BRi.
13 S. http://www.mdk.de/media/pdf/BRi_Pflege_090608.pdf (zuletzt abgerufen am 1.3.2017).

Bereiche: zum einen den Bereich der Qualitätssicherung der Begutachtung und Beratung, zum anderen den Bereich des Verfahrens zur Durchführung von Qualitätsprüfungen und schließlich den Bereich der Qualitätssicherung der Qualitätsprüfungen.

Mit Wirkung zum 30.10.2012 sind die Wörter „und zur Qualitätssicherung der Qualitätsprüfungen" in S. 1 Nr. 4 eingefügt worden. Durch die Ergänzung wird klargestellt, dass der Spitzenverband Bund der Pflegekassen ermächtigt ist, auch zur Qualitätssicherung der Qualitätsprüfungen nach §§ 114 ff. Richtlinien zu erlassen. 18

Hinsichtlich des ersten Bereiches ist zunächst auf die Richtlinien der Spitzenverbände der Pflegekassen zur Qualitätssicherung der Begutachtung und Beratung für den Bereich der sozialen Pflegeversicherung vom 23.9.2004 zu verweisen.[14] 19

Ziel dieser Richtlinien ist es, die Struktur-, Prozess- und Ergebnisqualität der Begutachtung von Pflegebedürftigkeit zu sichern und zu verbessern. Hierzu bedarf es eines bundeseinheitlichen Qualitätssicherungsverfahrens, das insbesondere auf der Grundlage der dokumentierten Angaben in den Gutachten zur Feststellung der Pflegebedürftigkeit gemäß SGB XI eine Analyse der Begutachtungsqualität ermöglicht und auch mögliche Schwachstellen identifiziert. Ein bundeseinheitliches Qualitätssicherungsverfahren steht nicht im Widerspruch zu dem Prinzip der Erfassung des individuellen Hilfebedarfs bei der Begutachtung zur Feststellung der Pflegebedürftigkeit gemäß SGB XI.

Hinsichtlich des zweiten Bereiches ist auf die Richtlinien des GKV-Spitzenverbandes über die Prüfung der in Pflegeeinrichtungen erbrachten Leistungen und deren Qualität nach § 114 zu verweisen[15] vom 11.6.2009 in der Fassung vom 30.6.2009.[16] 20

Ziel dieser Richtlinien ist es, auf der Basis der bisherigen Erfahrungen mit den Qualitätsprüfungen durch den MDK die Prüfung der Qualität der Pflege und Versorgung in den Pflegeeinrichtungen weiter zu verbessern und zu sichern. Hierzu bedarf es eines gemeinsamen Qualitätssicherungsverfahrens in der MDK-Gemeinschaft, das auf der Grundlage der Erkenntnisse bei der Qualitätsprüfung eine Erfassung der Qualität in den Pflegeeinrichtungen nach einheitlichen Kriterien ermöglicht. Zugleich soll mit den Richtlinien ein Beitrag zur Weiterentwicklung der Qualität solcher Prüfungen geleistet werden. Die Regelungen dieser Richtlinien werden auch in Zukunft an Erkenntnisse, insbesondere der Pflegewissenschaft, der Medizin und der Rechtsprechung anzupassen sein.

e) **Richtlinien zur Qualitätssicherung und über das Verfahren bei Qualitätsprüfungen (S. 1 Nr. 5).** Nach S. 1 Nr. 5 werden Richtlinien über Grundsätze zur Fort- und Weiterbildung erlassen. 21

Insoweit ist auf die Richtlinien der Spitzenverbände der Kranken- und Pflegekassen über die Grundsätze der Fort- und Weiterbildung im MDK[17] vom 22.8.2001 zu verweisen.[18] Ziel der Richtlinien über die Grundsätze der Fort- und Weiterbildung im Medizinischen Dienst ist es für alle Gutachter, ungeachtet der Profession, einen qualitativ hohen Begutachtungsstandard zu erreichen, zu erhalten und fortzuentwickeln. In Verbindung mit den anderen für die Begutachtung relevanten Richtlinien gewährleisten sie die Gleichmäßigkeit und Einheitlichkeit der Beratung und Begutachtung gemäß den aktuellen Erfordernissen und dem aktuellen Stand der medizinisch/pflegerischen Erkenntnisse. Die Richtlinien stellen Mindestanforderungen dar, deren Realisierung vom jeweiligen MDK zu gewährleisten ist. 22

f) **Zustimmungserfordernis und Verbindlichkeit (S. 2 und 3).** Nach S. 2 bedürfen die Richtlinien der Zustimmung des Bundesministeriums für Gesundheit. Insoweit war zunächst in § 282 Abs. 2 S. 2 SGB V vorgesehen gewesen, dass für den Fall, dass die Richtlinien durch die Ressorts beanstandet werden, und die Beanstandung nicht innerhalb einer gesetzten Frist behoben wird, eine Ersatzvornahme möglich sein sollte.[19] Dies ist aber nicht in das Gesetz aufgenommen worden. 23

Nach S. 3 sind die Richtlinien nur für die MDK verbindlich. Nach der Rechtsprechung des BSG[20] enthält § 53 a keine normative Ermächtigung der Spitzenverbände, die gesetzlichen Regelungen zu den Voraussetzungen von Pflegebedürftigkeit bzw. der Zuordnung zu den Pflegestufen mit bindender Wir- 24

---

14 S. http://www.mdk.de/media/pdf/RL_QS_Pflegebegutachtung_040923.pdf (zuletzt abgerufen am 1.3.2017).
15 Qualitätsprüfungs-Richtlinien – QPR.
16 Abgedruckt bei Aichberger – Ergänzungsband, „Gesetzliche Krankenversicherung, Soziale Pflegeversicherung", Nr. 1630.
17 Fort- und Weiterbildungsrichtlinien – FuWRi.
18 S. https://www.mds-ev.de/fileadmin/dokumente/Bundesweite_Fortbildung/Fort_und_Weiterbildung_Richtlinien_2001.pdf (zuletzt abgerufen am 1.3.2017).
19 BT-Dr. 13/3696, 9.
20 BSG, 19.2.1998, B 3 P 7/97 R, juris Rn. 17 = SozR 3-3300 § 15 Nr. 1.

kung für außerhalb der Verwaltung stehende Personen oder die Gerichte zu ergänzen. Die besonderen Voraussetzungen, unter denen das BSG im Hinblick auf die vom Bundesausschuss der Ärzte und Krankenkassen nach § 92 Abs. 1 SGB V zu beschließenden Richtlinien über die Gewähr für eine ausreichende, zweckmäßige und wirtschaftliche Versorgung der Versicherten eine Bindungswirkung von Richtlinien auch gegenüber den Versicherten angenommen hat, liegen im Bereich der Pflegeversicherung nicht vor. Die gesetzlich vorgesehenen PflRi und die Begutachtungs-Richtlinien haben schon deshalb keinen Rechtssatzcharakter, weil das Gesetz eine Verbindlichkeit im Außenverhältnis zu den Versicherten nicht anordnet. Verfassungsfragen, die sich beim Vorhandensein einer Bindungsanordnung stellen könnten, sind nicht weiter zu erörtern.

25 Rechtswirkungen im Außenverhältnis kommen den Richtlinien allein über Art. 3 GG zu, weil sich die Verwaltungspraxis an ihnen orientiert. Soweit sich die Richtlinien innerhalb des durch Gesetz und Verfassung vorgegebenen Rahmens halten, sind sie als Konkretisierung des Gesetzes zur Vermeidung von Ungleichbehandlungen zu beachten.[21]

§ 53 b Beauftragung von anderen unabhängigen Gutachtern durch die Pflegekassen im Verfahren zur Feststellung der Pflegebedürftigkeit

(1) ¹Der Spitzenverband Bund der Pflegekassen erlässt bis zum 31. März 2013 mit dem Ziel einer einheitlichen Rechtsanwendung Richtlinien zur Zusammenarbeit der Pflegekassen mit anderen unabhängigen Gutachtern im Verfahren zur Feststellung der Pflegebedürftigkeit. ²Die Richtlinien sind für die Pflegekassen verbindlich.
(2) Die Richtlinien regeln insbesondere Folgendes:
1. die Anforderungen an die Qualifikation und die Unabhängigkeit der Gutachter,
2. das Verfahren, mit dem sichergestellt wird, dass die von den Pflegekassen beauftragten unabhängigen Gutachter bei der Feststellung der Pflegebedürftigkeit und bei der Zuordnung zu einem Pflegegrad dieselben Maßstäbe wie der Medizinische Dienst der Krankenversicherung anlegen,
3. die Sicherstellung der Dienstleistungsorientierung im Begutachtungsverfahren und
4. die Einbeziehung der Gutachten der von den Pflegekassen beauftragten Gutachter in das Qualitätssicherungsverfahren der Medizinischen Dienste.
(3) Die Richtlinien bedürfen der Zustimmung des Bundesministeriums für Gesundheit.

I. Entstehungsgeschichte

1 Die Vorschrift ist gemäß Art. 1, 16 Pflege-Neuausrichtungs-Gesetz (PNG) vom 23.10.2012 am 30.10.2012 in Kraft getreten (BGBl. I, 2246). Anschließend erfolgten folgende Änderungen: Abs. 2 Nr. 2: IdF d. Art. 1 Nr. 14 b Gesetz v. 23.12.2016 (BGBl. I, 2191) mWv 1.1.2017.

II. Vorgängervorschriften

2 § 53 b hat keine Vorgängervorschrift.

III. Normauslegung

3 **1. Pflicht zum Erlass von Richtlinien zur Zusammenarbeit der Pflegekassen mit anderen unabhängigen Gutachtern (Abs. 1 S. 1).** Beitragsfinanzierte Sozialversicherungsleistungen bedingen einen einheitlichen Zugang zu den Leistungen. Mit der Bezeichnung „unabhängige Gutachter" in §§ 18, 53 b wird kein eigener Beruf mit eigenen Zulassungsvoraussetzungen geschaffen, sondern es gelten die Maßgaben des § 18 Abs. 7 entsprechend, der auf vorhandene Berufe Bezug nimmt: Die Begutachtungsaufgaben werden durch Ärzte in enger Zusammenarbeit mit Pflegefachkräften und anderen geeigneten Fachkräften wahrgenommen.[1] Die Prüfung der Pflegebedürftigkeit von Kindern ist in der Regel durch besonders geschulte Gutachter mit einer Qualifikation als Gesundheits- und Kinderkrankenpflegerin oder Gesundheits- und Kinderkrankenpfleger oder als Kinderärztin oder Kinderarzt vorzunehmen. Mit der Verankerung der Richtlinienkompetenz für den Spitzenverband Bund der Pflegekassen zur Regelung der unmittelbaren Beauftragung unabhängiger Gutachter durch die Pflegekassen, der Nennung

---

21 BSG, 19.2.1998, B 3 P 7/97 R, juris Rn. 17 = SozR 3-3300 § 15 Nr. 1.
1 BT-Dr. 17/9369, 44.

der wesentlichen Inhalte der Richtlinien und der Anordnung der Verbindlichkeit der Richtlinien für die Pflegekassen wird sichergestellt, dass die Begutachtungen auch zukünftig bundesweit einheitlich erfolgen.

2. Verbindlichkeit der Richtlinien für die Pflegekassen (Abs. 1 S. 2). Die Richtlinien sind ausschließlich für die Pflegekassen gem. Abs. 1 S. 2 verbindlich. Dies ergibt sich bereits aus dem Wortlaut der Vorschrift.

3. Inhalt der Richtlinien (Abs. 2). Um dies sicherzustellen, sind in den Richtlinien insbesondere zu regeln:
- die Anforderungen an die Qualifikation der Gutachter entsprechend den in den Begutachtungsrichtlinien des Spitzenverbandes Bund der Pflegekassen nach § 17 für Gutachter der Medizinischen Dienste der Krankenversicherungen festgelegten Anforderungen,
- die Anforderungen an die Unabhängigkeit der von den Pflegekassen beauftragten Gutachter,
- das Verfahren, mit dem sichergestellt wird, dass von den Pflegekassen beauftragte unabhängige Gutachter bei der Feststellung der Pflegebedürftigkeit und bei der Zuordnung zu einem Pflegegrad dieselben Maßstäbe wie bei Begutachtungen durch den Medizinischen Dienst der Krankenversicherung anlegen,
- die Dienstleistungsorientierung im Begutachtungsverfahren gemäß § 18 b und
- die Einbeziehung der Gutachten der von den Pflegekassen beauftragten unabhängigen Gutachter in das Qualitätssicherungsverfahren der Medizinischen Dienste der Krankenversicherung.

Der GKV-Spitzenverband hat am 6.5.2013 die Richtlinien zur Zusammenarbeit der Pflegekassen mit anderen unabhängigen Gutachtern (UGu-RiLi)[2] nach § 53 b beschlossen. Die am 11.6.2013 in Kraft getretenen Richtlinien sind für die Pflegekassen verbindlich.

Die Richtlinien enthalten insbesondere Regelungen hinsichtlich der **Anforderungen an die Qualifikation und die Unabhängigkeit der von den Pflegekassen beauftragten Gutachter** (§ 18 Abs. 1 S. 1).

Gemäß **Ziffer 2 Abs. 1** UGu-RiLi erfüllen die fachlichen Voraussetzungen, um als Gutachter im Sinne der „*Richtlinien des GKV-Spitzenverbandes zur Begutachtung von Pflegebedürftigkeit (Begutachtungs-Richtlinien-BRI)*" tätig zu sein, approbierte Ärzte, die zur Feststellung der Rehabilitationsindikation entsprechend den „*Richtlinien des Gemeinsamen Bundesausschusses über Leistungen zur medizinischen Rehabilitation (Rehabilitations-Richtlinie)*" befugt sind. Darüber hinaus müssen sie über mindestens zwei Jahre Berufserfahrung in
- der ambulanten ärztlichen Versorgung,
- einem Krankenhaus,
- einer Rehabilitationseinrichtung oder
- in einem sozialmedizinischen Dienst

in den letzten 5 Jahren vor Aufnahme der Tätigkeit als Gutachter verfügen.

Gemäß **Ziffer 2 Abs. 2** UGu-RiLi sind die fachlichen Voraussetzungen ferner erfüllt, wenn eine Berufsqualifikation als Altenpfleger (dreijährig ausgebildet nach Bundesrecht) oder Gesundheits- und Krankenpflegerin oder Gesundheits- und Krankenpfleger, Krankenschwester oder Krankenpfleger, Gesundheits- und Kinderkrankenpflegerin oder Gesundheits- und Kinderkrankenpfleger, Kinderkrankenschwester oder Kinderkrankenpfleger mit mindestens 2 Jahren Berufserfahrung in der ambulanten und/oder stationären Pflege in den letzten 5 Jahren vor Aufnahme der Tätigkeit als Gutachter vorliegt.

Gemäß **Ziffer 2 Abs. 3** UGu-RiLi sind für die Begutachtung von Kindern ein Facharztabschluss als Kinderarzt und Berufserfahrung (s. o.) oder eine Berufsqualifikation als Gesundheits- und Kinderkrankenpfleger, Kinderkrankenschwester oder Kinderkrankenpfleger mit mindestens 2 Jahren Berufserfahrung im Bereich der praktischen Kinderkrankenpflege in den letzten 5 Jahren vor Aufnahme der Tätigkeit als Gutachter nachzuweisen.

Gemäß **Ziffer 2 Abs. 14** UGu-RiLi haben die Gutachter zusätzlich zu den fachlichen Voraussetzungen (s. o.) nachzuweisen, dass sie folgende Schulungen erfolgreich absolviert haben:
- mindestens 50 Stunden in den Begutachtungs-Richtlinien,
- mindestens 20 Stunden in den Grundzügen des Sozialrechts (insbesondere des SGB XI),
- mindestens 10 Stunden im Konfliktmanagement,

---

[2] Unabhängige Gutachter-Richtlinien – UGu-RiLi, s. http://www.gkv-spitzenverband.de/media/dokumente/pflegeversicherung/richtlinien__vereinbarungen__formulare/richtlinien_zur_pflegeberatung_und_pflegebeduerftigkeit/Pflege_UGuRili_2013-05-06.pdf (zuletzt abgerufen am 1.3.2017).

- Besonderheiten bei der Kinderbegutachtung, soweit Gutachter/Gutachterinnen diese durchführen sollen, und
- mindestens 10 Begutachtungen in der praktischen Anwendung der Begutachtungs-Richtlinien. Dies beinhaltet die fachliche Begleitung des Gutachters und die fachliche Auswertung des Gutachtens durch eine Schulungsperson.

Darüber hinaus sind mindestens jährlich Nachschulungen zur Durchführung von Begutachtungen von mindestens 16 Stunden nachzuweisen. Sollten die Begutachtungs-Richtlinien zwischenzeitlich geändert werden, ist eine mindestens 16-stündige Nachschulung über die aktuellen Veränderungen der Begutachtungs-Richtlinien bis spätestens 1 Monat nach Inkrafttreten der Begutachtungs-Richtlinien nachzuweisen.

8   **4. Zustimmungsbedürftigkeit der Richtlinien (Abs. 3).** Die Richtlinien bedürfen nach Absatz 3 der Zustimmung des Bundesministeriums für Gesundheit.

§ 53 c Richtlinien zur Qualifikation und zu den Aufgaben zusätzlicher Betreuungskräfte

¹Der Spitzenverband Bund der Pflegekassen hat für die zusätzlich einzusetzenden Betreuungskräfte für die Leistungen nach § 43 b Richtlinien zur Qualifikation und zu den Aufgaben in stationären Pflegeeinrichtungen zu beschließen. ²Er hat hierzu die Bundesvereinigungen der Träger stationärer Pflegeeinrichtungen und die Verbände der Pflegeberufe auf Bundesebene anzuhören und den allgemein anerkannten Stand medizinischpflegerischer Erkenntnisse zu beachten. ³Die Richtlinien werden für alle Pflegekassen und deren Verbände sowie für die stationären Pflegeeinrichtungen erst nach Genehmigung durch das Bundesministerium für Gesundheit wirksam. ⁴§ 17 Absatz 2 Satz 2 und 3 gilt entsprechend.

I. Entstehungsgeschichte

1   § 53 c wurde durch Art. 2 Nr. 31 Zweites Pflege-Stärkungsgesetz (PSG II) vom 21.12.2015 (BGBl. I, 2424) eingeführt und trat zum 1.1.2017 in Kraft.[1]

II. Normzweck

2   § 53 c ist Rechtsgrundlage – und Auftrag – für den Spitzenverband Bund der PK, **Richtlinien** zu Qualifikation und Aufgaben der zusätzlichen Betreuungskräfte (zur Erbringung zusätzlicher Betreuung und Aktivierung in stationären Pflegeeinrichtungen nach § 43 b) zu erlassen. Die Übertragung der im Wesentlichen inhaltsgleichen Regelung des § 87 b Abs. 3 aF in das Fünfte Kapitel erfolgte mit der leistungsrechtlichen Neuregelung der zusätzlichen Betreuung und Aktivierung in stationären Pflegeeinrichtungen in § 43 b und der damit verbundenen Überführung der vertrags- und vergütungsrechtlichen Regelungen in die Vorschriften des allgemeinen Pflegesatzverfahrens nach §§ 84 ff. (→ § 43 b Rn. 1 ff.). Daher besteht auch Anpassungsbedarf hinsichtlich „alten" Richtlinien.[2]

III. Inhalt und Geltungsbereich der Richtlinien

3   Die Richtlinien nach § 53 c sollten vor allem Vorgaben für persönliche Eigenschaften und berufliche Qualifikation des Betreuungspersonals sowie deren Aufgaben enthalten. In das Anforderungsprofil sollte neben einer detaillierten Beschreibung der Einsatzbereiche und den damit verbundenen vom Personal zu erbringenden (zusätzlichen) Betreuungs- und Aktivierungsleistungen iSv § 43 b sowie anderen Aufgaben die Pflicht zur regelmäßigen Teilnahme an Fort- und Weiterbildungsmaßnahmen aufgenommen werden. Bei Erlass der Richtlinien ist nach Satz 2 der **allgemein anerkannte Stand medizinisch-pflegerischer Erkenntnisse** (s. § 11 Abs. 2) zu beachten.

4   Richtliniengeber ist nach Satz 1 der Spitzenverband Bund der PK. Die Verbände der Einrichtungsträger und der Pflegeberufe auf Bundesebene erhalten nach S. 2 ein **Anhörungsrecht**.

---

1 BT-Dr. 18/5926, 136; BT-Dr. 18/6688, 82.
2 „Richtlinien nach § 87 b Abs. 3 SGB XI zur Qualifikation und zu den Aufgaben von zusätzlichen Betreuungskräften in stationären Pflegeeinrichtungen (Betreuungskräfte-RL)" v. 19.8.2008 idF v. 6.5.2013.

Nach entsprechender ministerieller Genehmigung werden nach S. 3 die **Richtlinien für alle PK** und deren Verbände sowie Träger stationärer Pflegeeinrichtungen **verbindlich** wirksam und erhalten damit normsetzenden Charakter.

Sechstes Kapitel
Finanzierung

Erster Abschnitt
Beiträge

§ 54 Grundsatz

(1) Die Mittel für die Pflegeversicherung werden durch Beiträge sowie sonstige Einnahmen gedeckt.
(2) ¹Die Beiträge werden nach einem Vomhundertsatz (Beitragssatz) von den beitragspflichtigen Einnahmen der Mitglieder bis zur Beitragsbemessungsgrenze (§ 55) erhoben. ²Die Beiträge sind für jeden Kalendertag der Mitgliedschaft zu zahlen, soweit dieses Buch nichts Abweichendes bestimmt. ³Für die Berechnung der Beiträge ist die Woche zu sieben, der Monat zu 30 und das Jahr zu 360 Tagen anzusetzen.
(3) Die Vorschriften des Zwölften Kapitels des Fünften Buches gelten entsprechend.

Die Vorschrift gilt in der Fassung des Artikels 13 Absatz 27 des Gesetzes vom 12.4.2012.[1] In Anlehnung an die Grundsätze des Beitragsrechts des Krankenversicherungsrechts werden hier die **Grundsätze des Beitragsrechts** der gesetzlichen Pflegeversicherung geregelt. Die Mittel für die Leistungen der Pflegeversicherung werden laut Abs. 1 durch **Beiträge und sonstige Einnahmen** gedeckt. Abs. 2 stellt die Grundzüge der Beitragserhebung dar. Abs. 3 erklärt die Vorschriften über die Finanzierung der gesetzlichen Krankenversicherung für entsprechend anwendbar. Dies entspricht der Gesamtkonzeption der ges. Pflegeversicherung welche in ihren Grundzügen dem System der Krankenversicherung nachgebildet ist.

Die hier getroffene Finanzierungsregelung entspricht dem **Grundsatz der solidarischen Beitragsfinanzierung im Umlageverfahren**. § 1 Abs. 6 bestimmt, dass die Ausgaben paritätisch, dh durch Beiträge der Mitglieder und der Arbeitgeber zu finanzieren sind. Eine Bestimmung der Beitragshöhe nach Risiken und Alter ist ausgeschlossen. Inhaltlich deckt sich die Regelung insoweit mit § 220 Abs. 1 S. 1 SGB V. Der sozialversicherungsrechtliche Beitragsbegriff unterscheidet sich vom verwaltungsrechtlichen Beitragsbegriff durch die Durchbrechung des Prinzips von Leistung und Gegenleistung durch den Solidargedanken.

Der in den Ausschussberatungen noch diskutierte **Bundeszuschuss** fand schließlich keinen Eingang in das Gesetz. Die parallele Regelung des § 220 SGB V, in welcher auch der Bundeszuschuss nicht ausdrücklich erwähnt wird, hinderte den Gesetzgeber nicht, in § 221 SGB V einen Bundeszuschuss vorzusehen. Demnach liegt auch hier kein Verbot eines Bundeszuschusses vor.[2] Auf die Kommentierungen der §§ 220 ff. SGB V wird verwiesen. „Sonstige Einnahmen" sind im Übrigen zB Bußgelder, Erstattungen, Erträge aus Betriebsmitteln und Rücklagen und Säumniszuschläge.

Die Beitragsbemessung (Abs. 2) ist ebenso geregelt wie für die Kranken-, Renten,- und Arbeitslosenversicherung. Ausdrücklich wird auf die Beitragsbemessungsregeln gem. §§ 220 ff. SGB V verwiesen. Abzuführen sind nach der individuellen Leistungsfähigkeit Beiträge bis zur Beitragsbemessungsgrenze nach § 55. Die Fälligkeit der Beiträge ist in §§ 23 SGB IV iVm § 47 Abs. 1 Nr. 3 geregelt.

Abs. 1 und 2 sind mit Art. 3 Abs. 1 iVm Art. 6 Abs. 1 GG nicht zu vereinbaren, wenn die **Kindererziehung und -Betreuung** keine besondere Berücksichtigung findet.[3] Der Gesetzgeber hat dem mit dem Beitragszuschlag für Kinderlose in § 55 Abs. 1 Rechnung getragen.

Der Gesetzgeber hat durch **die Pflegestärkungsgesetze I–III** (PSG I–III) zwischen 2015 und 2017 erhebliche Leistungsveränderungen mit entsprechenden finanziellen Folgen vorgesehen. Es steigen die Höhe der Leistungsbeträge sowie auch der **Beitragssatz zur Pflegeversicherung** (insgesamt 0,5 Beitragssatzpunkte). Weitere Stichworte sind der neue Pflegevorsorgefonds und die Einführung eines neuen Pflege-

---
1 BGBl. I, 579.
2 Axer in: Eichenhofer/Wenner, § 220 SGB V Rn. 6.
3 BVerfG, 3.4.2001, 1 BvR 1629/94.

bedürftigkeitsbegriffs, in welchem die geistigen und psychischen Einschränkungen eine bessere Berücksichtigung finden. Das PSG III bezweckt den Ausbau niedrigschwelliger Angebote, die stärkere Einbindung der Kommunen und die bessere Koordination von Pflegekassen und wohnortnahen Angeboten. Zudem wird sich die Zahl der pflegebedürftigen Menschen von 2,7 Millionen im Jahr 2015 in den folgenden 15 Jahren vermutlich auf 3,5 Millionen erhöhen.

§ 55 Beitragssatz, Beitragsbemessungsgrenze

(1) ¹Der Beitragssatz beträgt bundeseinheitlich 2,55 Prozent der beitragspflichtigen Einnahmen der Mitglieder; er wird durch Gesetz festgesetzt. ²Für Personen, bei denen § 28 Abs. 2 Anwendung findet, beträgt der Beitragssatz die Hälfte des Beitragssatzes nach Satz 1.

(2) Beitragspflichtige Einnahmen sind bis zu einem Betrag von 1/360 der in § 6 Abs. 7 des Fünften Buches festgelegten Jahresarbeitsentgeltgrenze für den Kalendertag zu berücksichtigen (Beitragsbemessungsgrenze).

(3) ¹Der Beitragssatz nach Absatz 1 Satz 1 und 2 erhöht sich für Mitglieder nach Ablauf des Monats, in dem sie das 23. Lebensjahr vollendet haben, um einen Beitragszuschlag in Höhe von 0,25 Beitragssatzpunkten (Beitragszuschlag für Kinderlose). ²Satz 1 gilt nicht für Eltern im Sinne des § 56 Abs. 1 Satz 1 Nr. 3 und Abs. 3 Nr. 2 und 3 des Ersten Buches. ³Die Elterneigenschaft ist in geeigneter Form gegenüber der beitragsabführenden Stelle, von Selbstzahlern gegenüber der Pflegekasse, nachzuweisen, sofern diesen die Elterneigenschaft nicht bereits aus anderen Gründen bekannt ist. ⁴Der Spitzenverband Bund der Pflegekassen gibt Empfehlungen darüber, welche Nachweise geeignet sind. ⁵Erfolgt die Vorlage des Nachweises innerhalb von drei Monaten nach der Geburt des Kindes, gilt der Nachweis mit Beginn des Monats der Geburt als erbracht, ansonsten wirkt der Nachweis ab Beginn des Monats, der dem Monat folgt, in dem der Nachweis erbracht wird. ⁶Nachweise für vor dem 1. Januar 2005 geborene Kinder, die bis zum 30. Juni 2005 erbracht werden, wirken vom 1. Januar 2005 an. ⁷Satz 1 gilt nicht für Mitglieder, die vor dem 1. Januar 1940 geboren wurden, für Wehr- und Zivildienstleistende sowie für Bezieher von Arbeitslosengeld II.

(3 a) Zu den Eltern im Sinne des Absatzes 3 Satz 2 gehören nicht
1. Adoptiveltern, wenn das Kind zum Zeitpunkt des Wirksamwerdens der Adoption bereits die in § 25 Abs. 2 vorgesehenen Altersgrenzen erreicht hat,
2. Stiefeltern, wenn das Kind zum Zeitpunkt der Eheschließung mit dem Elternteil des Kindes bereits die in § 25 Abs. 2 vorgesehenen Altersgrenzen erreicht hat oder wenn das Kind vor Erreichen dieser Altersgrenzen nicht in den gemeinsamen Haushalt mit dem Mitglied aufgenommen worden ist.

(4) ¹Der Beitragszuschlag für die Monate Januar bis März 2005 auf Renten der gesetzlichen Rentenversicherung wird für Rentenbezieher, die nach dem 31. Dezember 1939 geboren wurden, in der Weise abgegolten, dass der Beitragszuschlag im Monat April 2005 1 vom Hundert der im April 2005 beitragspflichtigen Rente beträgt. ²Für die Rentenbezieher, die in den Monaten Januar bis April 2005 zeitweise nicht beitrags- oder zuschlagspflichtig sind, wird der Beitragszuschlag des Monats April 2005 entsprechend der Dauer dieser Zeit reduziert.

(5) ¹Sind landwirtschaftliche Unternehmer, die nicht zugleich Arbeitslosengeld II beziehen, sowie mitarbeitende Familienangehörige Mitglied der landwirtschaftlichen Krankenkasse, wird der Beitrag abweichend von den Absätzen 1 bis 3 in Form eines Zuschlags auf den Krankenversicherungsbeitrag, den sie nach den Vorschriften des Zweiten Gesetzes über die Krankenversicherung der Landwirte aus dem Arbeitseinkommen aus Land- und Forstwirtschaft zu zahlen haben, erhoben. ²Die Höhe des Zuschlags ergibt sich aus dem Verhältnis des Beitragssatzes nach Absatz 1 Satz 1 zu dem um den durchschnittlichen Zusatzbeitragssatz erhöhten allgemeinen Beitragssatz nach § 241 des Fünften Buches. ³Sind die Voraussetzungen für einen Beitragszuschlag für Kinderlose nach Absatz 3 erfüllt, erhöht sich der Zuschlag nach Satz 2 um das Verhältnis des Beitragszuschlags für Kinderlose nach Absatz 3 Satz 1 zu dem Beitragssatz nach Absatz 1 Satz 1.

1 Abs. 1 bestimmt die Höhe des Beitragssatzes in Form eines Prozentsatzes der beitragspflichtigen Einnahmen der Mitglieder (§ 57).
Der Gesetzgeber hat durch die **Pflegestärkungsgesetze I–III** zwischen 2015 und 2017 erhebliche Leistungsveränderungen mit entsprechenden finanziellen Folgen vorgesehen. Es stiegen die Höhe der Leistungsbeträge sowie auch der **Beitragssatz** zur Pflegeversicherung (insgesamt 0,5 Beitragssatzpunkte).

Das **Erste Pflegestärkungsgesetz (PSG I)** vom 17.12.2014[1] erhöhte den Beitragssatz **mWv 1.1.2015** von 2,05 % auf 2,35 %. Damit wird der Erhöhung der gesetzlichen Leistungsbeträge um 4 % ab 1.1.2015 und weiteren durch das GKV-FQWG (→ Rn. 3) vorgenommenen Leistungsanpassungen Rechnung getragen. Der Gesetzgeber begründet diese Erhöhung mit den zu erwartenden steigenden Kosten in der Pflege. Die demografische Entwicklung, geänderte Familien- und Lebensverhältnisse sowie die Bedarfe der Pflegebedürftigen werden in der Begründung genannt.[2] Die Stabilisierung der häuslichen Pflege, die Finanzierungsfolgen des neuen Pflegebedürftigkeitsbegriffs, der Ausbau der Verhinderungspflege auf bis zu sechs Wochen, der Ausbau der teilstationären Pflege, die zusätzlichen Betreuungsangebote sowie die Bildung eines Pflegevorsorgefonds sind weitere Faktoren, welche den Finanzbedarf beeinflussen. Die Begründung des Gesetzes lässt allerdings nicht erkennen, dass die Arbeitsbedingungen der Mitarbeitenden und die Situation der Leistungserbringer eine wesentliche Motivation für die Änderungen darstellten. Dennoch dürfte die Leistungsausweitung indirekt die Möglichkeit auch für bessere Personalschlüssel bieten. Die Gehaltssituation dürfte durch die Neufassung des § 84 und die Bindung von Entgelten an tarifliche und kirchliche Entgeltregelungen eine deutliche Verbesserung erfahren. Diese Gesetzesänderung entspricht der Rechtsprechung des BSG und dem Vorschlag einer Erleichterung der Allgemeinverbindlichkeit von Tarifen,[3] welche erst mit der gesetzlichen Entgeltbindung volle Wirksamkeit auch bei Entgeltverhandlungen zwischen Kostenträgern und Leistungserbringern (Pflegeeinrichtungen/Pflegediensten) entfalten kann.

Zur Festsetzung des Beitragssatzes durch Gesetz vgl. die Kommentierungen zu den §§ 220 ff. SGB V, insbes. § 241 SGB V. Durch das **Gesetz zur Neuausrichtung der Pflegeversicherung (PNG)**[4] war der Beitragssatz ab 1.1.2013 von 1,95 % auf 2,05 % erhöht worden. Die Bundesregierung erwartete durch die Beitragsveränderung Mehreinnahmen von 1,14 Mrd. EUR und im Jahr 2014 von 1,18 Mrd. EUR.[5] Die Beitragserhöhung diente auch damals dem Finanzbedarf der sozialen Pflegeversicherung. Insbesondere sollte sie die **Leistungsverbesserungen für Personen mit erheblichem allgemeinen Betreuungsbedarf** nach § 45 a finanzieren.[6]

§ 55 wurde, ebenfalls **mWv 1.1.2015**, durch das **GKV-Finanzstruktur- und Qualitäts-Weiterentwicklungsgesetz (GKV-FQWG)** vom 21.7.2014[7] geändert: In Abs. 5 S. 2 wurden die Wörter „um den durchschnittlichen Zusatzbeitragssatz erhöhten" ergänzt. Abs. 5 betrifft die dort genannten Mitglieder der landwirtschaftlichen Krankenkasse. Von ihnen wird ein Zuschlag erhoben, der sich aus dem Verhältnis zwischen dem gesetzlichen Beitragssatz der Pflegeversicherung nach Abs. 1 zu dem Beitragssatz der gesetzlichen Krankenversicherung ergibt. Letzterer bildet sich realistisch ab in dem gesetzlichen Beitragssatz und dem durchschnittlichen Zusatzbeitrag, jeweils nach SGB V. Das GKV-FQWG reformierte das Beitragsgefüge und führte die einkommensabhängigen Zusatzbeiträge ein (vgl. die Vorbemerkungen zu §§ 220 bis 248 SGB V). Der durchschnittliche Zusatzbeitragssatz der GKV ist in § 242 a SGB V geregelt. Die Reform des SGB V hatte die einkommensunabhängigen Zusatzbeiträge sowie den Sozialausgleich wieder abgeschafft. Nach der neuen Systematik der einkommensabhängigen Zusatzbeiträge und dem Einfrieren der Arbeitgeberbeiträge bedarf es der Festlegung eines durchschnittlichen Zusatzbeitrages.

Durch § 55 wird für bestimmte Personengruppen eine **Ermäßigung des Beitragssatzes** angeordnet. Dies betrifft zB Personen welche Anspruch auf Beihilfe oder Heilfürsorge haben und im Wesentlichen freiwillige Mitglieder der gesetzlichen Krankenkassen, welche in der Pflegeversicherung pflichtversichert sind. Der gesetzliche **Ausnahmekatalog** ist abschließend, eine Erweiterung mangels gesetzlicher Grundlage nicht zulässig.

Durch das GKV-WSG vom 26.3.2007 wurde Abs. 3 dahin gehend verändert, dass die Empfehlung nun vom **Spitzenverband Bund der Pflegekassen** beschlossen wird. Das PFWG hat einen Abs. 3 a eingefügt.[8] Trotz der Leistungsverbesserungen zB für demenziell Erkrankte ist in den nächsten Jahren eine Steigerung des Beitragssatzes oder eine entsprechende Steuer-Kofinanzierung zu erwarten. Gründe

---

1 Erstes Gesetz zur Stärkung der pflegerischen Versorgung und zur Änderung weiterer Vorschriften (Erstes Pflegestärkungsgesetz – PSG I), BGBl. I, 2222.
2 BT-Dr. 18/2909, 1.
3 Gutachten Schlüter/Bernzen für die SPD-Bundestagsfraktion.
4 Vom 23.10.2012, BGBl. I, 2246.
5 BMG-Gesetzentwurf (Vorblatt), BR-Dr. 170/12, 3.
6 BMG-Gesetzentwurf, BR-Dr. 170/12, 86.
7 BGBl. I, 1133.
8 BT-Dr. 16/7439.

hierfür sind die demographische Entwicklung, die bisher systemisch unzureichend garantierte Grundrechtssicherung, die Anpassung des Finanzierungs- und Leistungssystems an einen reformierten Pflegebedürftigkeitsbegriff und die verbesserungsbedürftigen Arbeitsbedingungen in der Pflege, für welche der aus der öffentlichen Finanzierung mögliche Personalschlüssel keine geringe Rolle spielt.

6 Die hier festgelegte **Beitragsbemessungsgrenze** lässt Einnahmeanteile, welche diese Grenze übersteigen, beitragsfrei. Die Einnahmen sind nur bis zur Höhe der Beitragsbemessungsgrenze zu berücksichtigen. Die Grenze folgt der Regelung in § 6 Abs. 7 SGB V. Sie beträgt 75 % der Beitragsbemessungsgrenze in der Rentenversicherung. Ausdrücklich wird auf die Ausführungen zur Funktion der Beitragsbemessungsgrenze in der Kommentierung zu § 223 SGB V sowie Vor § 220 SGB V verwiesen.

7 Der in Abs. 3 geregelte **Beitragszuschlag** für kinderlose Mitglieder folgt dem Beschluss des BVerfG. Gesetzestechnisch werden Eltern aus einer Beitragserhöhung um 25 % herausgenommen, folglich werden auf diese Art die kinderlosen Personen belastet. Die Neuregelung wird weitgehend für verfassungskonform gehalten. Gegenüber Lebenspartnern oder anderen Personen, deren Elternschaft durch restriktive Adoptionsregeln und andere rechtliche Hürden erschwert wird, bleiben Bedenken aus Art. 3 GG. Auch das Argument des aktiven Pflegebeitrags der direkten Kinder geht unter heutigen Gesellschaftsverhältnissen zu oft ins Leere. Wenn das Mitglied selbst zB aus hohem Einkommen entsprechende Beiträge und Steuern geleistet hat und ggf. noch ehrenamtlich für die Wohlfahrtspflege tätig ist, bleibt das Argument der Elternentlastung als Pauschalregelung stets anfechtbar.

8 Der **Elternbegriff** des Gesetzes erschließt sich aus Abs. 3a sowie aus § 56 Abs. 1 S. 3 Nr. 3 und Abs. 3 Nr. 2 und 3 SGB I. Hierzu zählen leibliche Eltern, dh die Frau welche das Kind geboren hat (§ 1591 BGB) und der Mann, der mit der Mutter zum Zeitpunkt der Geburt verheiratet ist oder die Vaterschaft anerkannt hat oder dessen Vaterschaft gerichtlich festgestellt wurde (§ 1592 BGB). Daneben sind uU Adoptiveltern vom Beitragszuschlag befreit, außerdem die Stiefelternschaft. Adoptiveltern und Stiefeltern welche typischerweise keine Erziehungsleitungen erbringen (Erwachsenenadoption), kommen nicht in den Genuss der Beitragsreduzierung. Ein **gemeinsames Rundschreiben der Pflegekassen** vom 13.10.2004 regelt den Nachweis der Elternschaft.

9 **Abs. 5** ist durch Pflegeneuausrichtungsgesetz (PNG) 2012 neu hinzugekommen. Er trat zum 1.1.2013 in Kraft. Es handelt sich dabei um eine redaktionelle Folgeänderung zum Gesetz zur nachhaltigen und sozial ausgewogenen Finanzierung der gesetzlichen Krankenversicherung.[9] Für die genannten Personenkreise wird auf den Krankenversicherungsbeitrag ein Zuschlag als Pflegeversicherungsbeitrag erhoben. Damit entfällt die jährliche Bekanntgabe der Höhe des Zuschlages (§ 241 SGB V), da der allgemeine Beitragssatz der GKV seit dem 1.1.2011 gesetzlich auf 15,5 % festgeschrieben wurde. Eine Änderung ergibt sich nur, wenn sich der Beitragssatz nach § 55 Abs. 1 S. 1 oder Abs. 3 S. 1 SGB XI oder in der GKV nach § 241 SGB V ändert. Zur Änderung des Abs. 5 S. 2 durch **GKV-FQWG**[10] mWv 1.1.2015 → Rn. 3.

§ 56 Beitragsfreiheit

(1) Familienangehörige und Lebenspartner sind für die Dauer der Familienversicherung nach § 25 beitragsfrei.

(2) ¹Beitragsfreiheit besteht vom Zeitpunkt der Rentenantragstellung bis zum Beginn der Rente einschließlich einer Rente nach dem Gesetz über die Alterssicherung der Landwirte für:
1. den hinterbliebenen Ehegatten eines Rentners, der bereits Rente bezogen hat, wenn Hinterbliebenenrente beantragt wird,
2. die Waise eines Rentners, der bereits Rente bezogen hat, vor Vollendung des 18. Lebensjahres; dies gilt auch für Waisen, deren verstorbener Elternteil eine Rente nach dem Gesetz über die Alterssicherung der Landwirte bezogen hat,
3. den hinterbliebenen Ehegatten eines Beziehers einer Rente nach dem Gesetz über die Alterssicherung der Landwirte, wenn die Ehe vor Vollendung des 65. Lebensjahres des Verstorbenen geschlossen wurde,
4. den hinterbliebenen Ehegatten eines Beziehers von Landabgaberente.

---

9 GKV-FinG vom 22.12.2010, BGBl. I, 2309.
10 BGBl. I 2014, 1133.

²Satz 1 gilt nicht, wenn der Rentenantragsteller eine eigene Rente, Arbeitsentgelt, Arbeitseinkommen oder Versorgungsbezüge erhält.
(3) ¹Beitragsfrei sind Mitglieder für die Dauer des Bezuges von Mutterschafts-, Eltern- oder Betreuungsgeld. ²Die Beitragsfreiheit erstreckt sich nur auf die in Satz 1 genannten Leistungen.
(4) Beitragsfrei sind auf Antrag Mitglieder, die sich auf nicht absehbare Dauer in stationärer Pflege befinden und bereits Leistungen nach § 35 Abs. 6 des Bundesversorgungsgesetzes, nach § 44 des Siebten Buches, nach § 34 des Beamtenversorgungsgesetzes oder nach den Gesetzen erhalten, die eine entsprechende Anwendung des Bundesversorgungsgesetzes vorsehen, wenn sie keine Familienangehörigen haben, für die eine Versicherung nach § 25 besteht.
(5) ¹Beitragsfrei sind Mitglieder für die Dauer des Bezuges von Pflegeunterstützungsgeld. ²Die Beitragsfreiheit erstreckt sich nur auf die in Satz 1 genannten Leistungen.

Änderungen gegenüber der ursprünglichen Fassung erfolgten durch das ASRG v. 29.7.1994,¹ das UVEG vom 7.8.1994 und das LPartG vom 16.2.2001. Das Gesetz zur Einführung des Elterngeldes v. 5.12.2006 führte zu der entsprechenden Ergänzung von Abs. 3 ebenso wie das Betreuungsgeldgesetz v. 15.2.2013.² Abs. 5 wurde eingefügt durch das Gesetz zur besseren Vereinbarkeit von Familie, Pflege und Beruf v. 23.12.2014³ (→ Rn. 6). 1

Die Vorschrift regelt verschiedene **Tatbestände der Beitragsfreiheit**. Hierzu zählen die von der Familienversicherung umfassten Familienangehörigen inkl. Lebenspartnern, daneben Rentenantragssteller und aus sozialpolitischen Gründen Bezieher von bestimmten Sozialleistungen: von Mutterschafts-, Eltern- oder Betreuungsgeld.
Die in Abs. 2–4 genannten Personen sind als Mitglieder (§ 49) grundsätzlich beitragspflichtig. Dies ist mit Ausnahme des Abs. 1 Voraussetzung für eine ausdrückliche Befreiung von der Beitragspflicht. Abs. 1 verweist dagegen nur deklaratorisch auf die gem. § 25 familienversicherten Personen. Die Versicherungsfreiheit ergibt sich aus § 1 Abs. 6 S. 3 und § 54 Abs. 2 S. 1.

Abs. 1 bestimmt die Beitragsfreiheit für **Familienangehörige** und **Lebenspartner** zum Zwecke des Familienlastenausgleichs. 2

Abs. 2 regelt die Beitragsfreiheit für Witwen, Witwer und Waisen während der Rentenantragstellung. Hinterbliebener Ehegatte ist der im Zeitpunkt des Todes des Rentners überlebende nicht geschiedene Ehegatte. § 48 SGB VI erschließt den Begriff „Waise". Der Antrag eines Waisen muss jedenfalls vor Vollendung des 18. Lebensjahres gestellt sein. Die Regelung des Abs. 2 dient einer möglichst unkomplizierten Handhabung der Beitragspraxis nach dem Tod eines Ehegatten oder Elternteiles. Durch sie muss der Beitrag nach positiver Bescheidung des Rentenantrags nicht rückwirkend neu berechnet und ggf. erstattet werden. 3

Abs. 2 gilt auch für solche Rentenantragsteller, die nicht unter die Gruppen nach Nr. 1–4 fallen, für die jedoch ohne die Mitgliedschaft aufgrund der Rentenantragstellung eine Familienversicherung nach § 25 bestünde (§ 225 S. 1 Nr. 3 SGB V analog).⁴ Hintergrund für die analoge Anwendung: Ist der Rentenantragsteller krankenversicherungspflichtig – wenn Rente beantragt ist und beansprucht werden kann – so unterliegt er auch der Versicherungspflicht in der sozialen Pflegeversicherung, eine Familienversicherung damit die zugehörige Beitragsbefreiung entfällt.

Abs. 3 stellt anders als teilweise das SGB V auf den tatsächlichen „Bezug" bestimmter Sozialleistungen, nicht auf den Leistungsanspruch ab. Abs. 3 S. 2 stellt klar, dass sich der Umfang der Beitragsbefreiung nur auf die Beitragsbemessung bezüglich des Betrages der genannten Sozialleistung, nicht aber auf weitere beitragspflichtige Einnahmen bezieht, soweit diese nicht etwa die Geringfügigkeitsgrenze aus § 57 Abs. 1 überschreiten. 4

Abs. 4 stellt Bewohner stationärer Pflegeheime beitragsfrei, wenn sie bestimmte andere vorrangige Leistungen wie solche aus dem Bundesversorgungsgesetz oder der ges. Unfallversicherung erhalten und nimmt Bezug auf den Vorrang bestimmter spezialgesetzlicher Leistungen vor den Leistungen der soz. Pflegeversicherung, der in § 13 Abs. 1 angeordnet ist. Voraussetzung ist auch hier wieder der „Erhalt", also der tatsächliche Bezug der Leistung. Nach Abs. 4 sind alle Einnahmen des Betroffenen beitragsfrei. 5

---

1 BGBl. I, 1890.
2 BGBl. I, 254.
3 BGBl. I, 2462, 2471.
4 Überzeugend: Höfer in: Klie/Krahmer, LPK-SGB XI, 3. Aufl. 2009, § 56 Rn. 11.

6 Abs. 5 ist mWv 1.1.2015 aufgrund des Gesetzes zur besseren Vereinbarkeit von Familie, Pflege und Beruf v. 23.12.2014[5] und der Regelung zum **Pflegeunterstützungsgeld** der neuen Abs. 3 bis 7 des § 44 a[6] angefügt worden. Dem Instrument des Pflegeunterstützungsgeldes würde ein Teil der Wirkung genommen, wenn diese Leistung nicht beitragsfrei gestellt würde. Aus dem Pflegeunterstützungsgeld sind – ebenso wie aus anderen Lohnersatzleistungen – Sozialversicherungsbeiträge zu entrichten. Die Regelungen über das Pflegeunterstützungsgeld orientieren sich insbesondere an den Regelungen für das Krankengeld. Aus dem Krankengeld sind Beiträge zur Arbeitsförderung, zur gesetzlichen Rentenversicherung sowie zur sozialen Pflegeversicherung, aber nicht zur gesetzlichen Krankenversicherung zu entrichten. In Anlehnung daran sind aus dem Pflegeunterstützungsgeld Beiträge zur Arbeitsförderung sowie zur Renten- und Krankenversicherung, aber nicht zur Pflegeversicherung zu entrichten. Deshalb gilt für das Pflegeunterstützungsgeld eine Beitragsfreiheit unter entsprechender Anwendung der Regelung zum Krankengeld nach § 224 SGB V.[7]

§ 57 Beitragspflichtige Einnahmen

(1) [1]Bei Mitgliedern der Pflegekasse, die in der gesetzlichen Krankenversicherung pflichtversichert sind, gelten für die Beitragsbemessung die §§ 226 bis 232 a, 233 bis 238 und § 244 des Fünften Buches sowie die §§ 23 a und 23 b Abs. 2 bis 4 des Vierten Buches. [2]Bei Personen, die Arbeitslosengeld II beziehen, ist abweichend von § 232 a Abs. 1 Satz 1 Nr. 2 des Fünften Buches das 0,2266fache der monatlichen Bezugsgröße zugrunde zu legen und sind abweichend von § 54 Absatz 2 Satz 2 die Beiträge für jeden Kalendermonat, in dem mindestens für einen Tag eine Mitgliedschaft besteht, zu zahlen; § 232 a Absatz 1 a des Fünften Buches gilt entsprechend.

(2) [1]Bei Beziehern von Krankengeld gilt als beitragspflichtige Einnahmen 80 vom Hundert des Arbeitsentgelts, das der Bemessung des Krankengeldes zugrundeliegt. [2]Dies gilt auch für den Krankengeldbezug eines rentenversicherungspflichtigen mitarbeitenden Familienangehörigen eines landwirtschaftlichen Unternehmers. [3]Beim Krankengeldbezug eines nicht rentenversicherungspflichtigen mitarbeitenden Familienangehörigen ist der Zahlbetrag der Leistung der Beitragsbemessung zugrunde zu legen. [4]Bei Personen, die Krankengeld nach § 44 a des Fünften Buches beziehen, wird das der Leistung zugrunde liegende Arbeitsentgelt oder Arbeitseinkommen zugrunde gelegt; wird dieses Krankengeld nach § 47 b des Fünften Buches gezahlt, gelten die Sätze 1 bis 3. [5]Bei Personen, die Leistungen für den Ausfall von Arbeitseinkünften von einem privaten Krankenversicherungsunternehmen, von einem Beihilfeträger des Bundes, von einem sonstigen öffentlich-rechtlichen Träger von Kosten in Krankheitsfällen auf Bundesebene, von dem Träger der Heilfürsorge im Bereich des Bundes, von dem Träger der truppenärztlichen Versorgung oder von einem öffentlich-rechtlichen Träger von Kosten in Krankheitsfällen auf Landesebene, soweit Landesrecht dies vorsieht, im Zusammenhang mit einer nach den §§ 8 und 8 a des Transplantationsgesetzes erfolgenden Spende von Organen oder Geweben oder im Zusammenhang mit einer im Sinne von § 9 des Transfusionsgesetzes erfolgenden Spende von Blut zur Separation von Blutstammzellen oder anderen Blutbestandteilen erhalten, wird das diesen Leistungen zugrunde liegende Arbeitsentgelt oder Arbeitseinkommen zugrunde gelegt. [6]Bei Personen, die Krankengeld nach § 45 Absatz 1 des Fünften Buches beziehen, gelten als beitragspflichtige Einnahmen 80 Prozent des während der Freistellung ausgefallenen, laufenden Arbeitsentgelts oder des der Leistung zugrunde liegenden Arbeitseinkommens.

(3) Für die Beitragsbemessung der in § 20 Absatz 1 Satz 2 Nummer 3 genannten Altenteiler gilt § 45 des Zweiten Gesetzes über die Krankenversicherung der Landwirte.

(4) [1]Bei freiwilligen Mitgliedern der gesetzlichen Krankenversicherung und bei Mitgliedern der sozialen Pflegeversicherung, die nicht in der gesetzlichen Krankenversicherung versichert sind, ist für die Beitragsbemessung § 240 des Fünften Buches entsprechend anzuwenden. [2]Für die Beitragsbemessung der in der gesetzlichen Krankenversicherung versicherten Rentenantragsteller und freiwillig versicherten Rentner finden darüber hinaus die §§ 238 a und 239 des Fünften Buches entsprechende Anwendung. [3]Abweichend von Satz 1 ist bei Mitgliedern nach § 20 Abs. 1 Nr. 10, die in der gesetzlichen Krankenversicherung freiwillig versichert sind, § 236 des Fünften Buches entsprechend anzuwenden; als beitragspflichtige Einnahmen der satzungsmäßigen Mitglieder geistlicher Genossenschaften, Diako-

---

5 BGBl. I, 2462, 2471.
6 BR-Dr. 463/14, 17.
7 BR-Dr. 463/14, 53.

nissen und ähnlicher Personen, die freiwillig in der gesetzlichen Krankenversicherung versichert sind, sind der Wert für gewährte Sachbezüge oder das ihnen zur Beschaffung der unmittelbaren Lebensbedürfnisse an Wohnung, Verpflegung, Kleidung und dergleichen gezahlte Entgelt zugrunde zu legen. ⁴Bei freiwilligen Mitgliedern der gesetzlichen Krankenversicherung, die von einem Rehabilitationsträger Verletztengeld, Versorgungskrankengeld oder Übergangsgeld erhalten, gilt für die Beitragsbemessung § 235 Abs. 2 des Fünften Buches entsprechend; für die in der landwirtschaftlichen Krankenversicherung freiwillig Versicherten gilt § 46 des Zweiten Gesetzes über die Krankenversicherung der Landwirte.

(5) Der Beitragsberechnung von Personen, die nach § 26 Abs. 2 weiterversichert sind, werden für den Kalendertag der 180. Teil der monatlichen Bezugsgröße nach § 18 des Vierten Buches zugrunde gelegt.

I. Entstehungsgeschichte	1	IV. Einzelfragen der Einbeziehung von Einnahmearten in die Beitragsbemessung	8
II. Der Bezug zu den Bemessungsgrundsätzen des Krankenversicherungsrechts	2	V. Regelung bezüglich der Gleitzone	27
III. Beitragsbemessung nach dem Arbeitsentgelt	6	VI. Folgen der Änderung des Transplantationsgesetzes	29

I. Entstehungsgeschichte

Die Vorschrift fasst verschiedene Regelungen zusammen, welche sowohl im Gesetzentwurf wie auch in den Parallelregelungen des SGB V in mehrere Paragrafen aufgeteilt waren und sind. Änderungen erfuhr die Vorschrift durch das KiBG v. 15.12.2004,[1] das HBeglG v. 29.6.2006,[2] das GKV-WSG v. 26.3.2007,[3] welches ua den Bezug zum neuen einheitlichen allgemeinen Beitragssatz herstellte.

Die Vorschrift wurde in jüngster Zeit mehrfach geändert, u.a. am 1.1.2015 durch das **Gesetz zur besseren Vereinbarkeit von Familie, Pflege und Beruf.**[4] Dieses hat die Verweisung in Abs. 1 S. 1 auf Vorschriften des SGB V verändert. Die neue Regelung des § 232 b SGB V zu beitragspflichtigen Einnahmen der Bezieher von Pflegeunterstützungsgeld wird für die Pflegeversicherung nicht in Bezug genommen, denn für Bezieher des Pflegeunterstützungsgeldes werden aus dem Pflegeunterstützungsgeld keine Beiträge zur Pflegeversicherung entrichtet.[5] Das Gesetz zur besseren Vereinbarkeit von Familie, Pflege und Beruf fügte ebenfalls einen neuen Abs. 2 S. 6 hinzu. Diese Vorschrift bezieht sich auf die Bezieher von Krankengeld nach SGB V. Der Regelung liegt folgender Grundgedanke zugrunde: Zuschüsse des Arbeitgebers, die während der Zeit der Gewährung von Pflegunterstützungsgeld gezahlt werden, sollen genauso behandelt werden wie die in § 23 c genannten sonstigen nicht beitragspflichtigen Einnahmen.

Bei der Ergänzung „Satz 2" in Abs. 3 mWv 1.1.2015 durch das **Erste Pflegestärkungsgesetz (PSG I)**[6] handelt es sich um eine rein redaktionelle Korrektur.

Mit Wirkung vom **1.1.2016** trat in Abs. 1 S. 2 eine Änderung durch das **GKV-FQWG** vom 21.7.2014 in Kraft.[7] Dabei wurden die entsprechenden Änderungen im Beitragsgefüge der GKV nachvollzogen und auf den inzwischen aufgehobenen § 232 a Abs. 1 a SGB V Bezug genommen. Gemäß dieser Vorschrift wurde anhand der auf das Jahr bezogenen **Erwartungen** der in der Höhe wechselnden weiteren Einnahmen ein monatlicher Durchschnittswert gebildet, der nachfolgend anhand der tatsächlichen Einnahmen bereinigt werden kann.

Das GKV-FQWG reagierte auch auf die bisherigen Praxisprobleme und bürokratischen Beschwernisse bei der Bearbeitung durch die Jobcenter und die Krankenkassen. Sie zielen ab auf eine Vereinfachung der Verfahren zum Kranken- und Pflegeversicherungsschutz für Alg II-Bezieher. Grundsätzlich waren erwerbsfähige Leistungsberechtigten nach dem SGB II aufgrund des Bezugs von Arbeitslosengeld II versicherungspflichtig in der gesetzlichen Krankenversicherung und sozialen Pflegeversicherung, soweit sie nicht familienversichert waren. Die Prüfung des Vorliegens einer Familienversicherung wird ab dem 1.1.2016 entbehrlich, da ihr Vorrang entfällt. Dann kommt es bei allen erwerbsfähigen Leistungsbe-

---

1 BGBl. I, 3448.
2 BGBl. I, 1402.
3 BGBl. I, 378.
4 Gesetz zur besseren Vereinbarkeit von Familie, Pflege und Beruf v. 23.12.2014, BGBl. I, 2462, 2471.
5 BR-Dr. 463/14, 53.
6 Erstes Gesetzes zur Stärkung der pflegerischen Versorgung und zur Änderung weiterer Vorschriften vom 17.12.2014 2014, BGBl. I, 2222.
7 GKV-Finanzstruktur- und Qualitäts-Weiterentwicklungsgesetz, BGBl. I, 1133, 1141, 1147. Zur Änderung s. o. am Ende des Gesetzestextes.

rechtigten nach dem SGB II, die Arbeitslosengeld II beziehen, nur noch darauf an, dass sie nicht privat kranken- und pflegeversichert oder dem System der privaten Kranken- und Pflegeversicherung zuzuordnen sind. Für jeden Monat, in dem Arbeitslosengeld II bezogen wird, ist ab dem 1.1.2016 eine pauschale beitragspflichtige Einnahme zugrunde zu legen, deren Höhe unabhängig davon ist, für wie viele Tage Arbeitslosengeld II bezogen wird und ob daneben noch weitere beitragspflichtige Einnahmen erzielt werden. Dadurch werden voraussichtlich mehr Beziehende von Arbeitslosengeld II versicherungspflichtig. Die Beitragszahlung leisten die Bundesagentur für Arbeit und die zugelassenen kommunalen Träger an den Gesundheitsfonds.

Mit dem „Gesetz zur Stärkung der beruflichen Weiterbildung und des Versicherungsschutzes in der Arbeitslosenversicherung" (Arbeitslosenversicherungsschutz- und Weiterbildungsstärkungsgesetz – AWStG) ergeben sich für Empfänger des Alg II diverse Änderungen ua bei Maßnahmen zur Aktivierung und beruflichen Eingliederung sowie bei Maßnahmen der beruflichen Weiterbildung. In diesem Zusammenhang wurde der Berechnungswert in Abs. 1 S. 2 mit Wirkung vom 1.1. 2017 angepasst.

II. Der Bezug zu den Bemessungsgrundsätzen des Krankenversicherungsrechts

2 Die Vorschrift definiert die **beitragspflichtigen Einnahmen,** die der Beitragsbemessung in der gesetzlichen Pflegeversicherung zugrunde zu legen sind. Die Vorschrift nimmt im wesentlichen Bezug auf die parallelen Regelungen im SGB V. Das SGB XI übernimmt mit dem Verweis auf die Vorschriften des SGB V im Wesentlichen die Entscheidungen des SGB V über die der Beitragsbemessung zugrunde zu legenden Einnahmearten. Es nimmt eigene Regelungen überwiegend bei Fragen des Beitragsumfangs vor. Ausdrücklich sei auf die Kommentierungen der in § 57 genannten Regelungen des SGB V verwiesen.

Mit dem Verweis auf § 226 SGB V wird als beitragspflichtige Einnahmen versicherungspflichtig Beschäftigter insbesondere auf das Arbeitsentgelt und die Rente als relevante Einnahmearten verwiesen sowie auch auf die Bagatellgrenze des § 226 Abs. 2 für Rente und Arbeitseinkommen neben der Rente und auf die sog Gleitzone.

Weiter ist in den Bezug die Regelung über versicherungspflichtige Rückkehrer des § 227 SGB V aufgenommen worden sowie die ges. Rente als beitragspflichtige Einnahme gem. § 228 SGB V. § 240 SGB V betrifft die beitragspflichtigen Einnahmen freiwilliger Mitglieder. Der bisher in Bezug genommene § 244 SGB V betrifft den ermäßigten Beitrag für Wehrdienstleistende und Zivildienstleistende bzw. die Angehörigen des freiwilligen Wehrdienstes und des Bundesfreiwilligendienstes (→ Rn. 46). Der Wegfall des Verweises auf § 244 SGB V dürfte ein redaktionelles Versehen sein, da keine alternativen Regelungen ersichtlich sind.

3 Der Beitrag wird nach dem **Bruttoprinzip** berechnet, dh zugrunde gelegt werden die Einnahmen vor Abzug der Steuern und der Arbeitnehmeranteile der Sozialversicherungsbeiträge. Ist ein Nettolohn vereinbart, so sind auch die auf die Einnahmen des Beschäftigten zu entrichtenden Steuern und die entsprechenden Beiträge zur Sozialversicherung relevant. Der Nettolohn wird nach dem „Abtastverfahren"[8] berechnet. Neben dem tatsächlich gezahlten Arbeitsentgelt ist auch das geschuldete, aber möglicherweise vorenthaltene Arbeitsentgelt beitragspflichtig.[9] Wenn der Entgeltanspruch später verfällt, schmälert dies die Beitragspflicht nicht.[10] Für das Arbeitsentgelt ist der Lohnabrechnungszeitraum relevant, in welchem es erarbeitet wurde. Bestandteile einer Entgeltumwandlung für eine betriebliche Altersversorgung gelten seit 1.1.2009 als Arbeitsentgelt iSv § 14 Abs. 1 S. 2 SGB IV.

4 Für die in der **ges. Krankenversicherung pflichtversicherten Mitglieder** der sozialen Pflegeversicherung bestimmen sich die beitragspflichtigen Einnahmen nach den in Bezug genommenen Regelungen des SGB V. § 226 SGB V regelt abschließend, welche Arten von Einnahmen zu berücksichtigen sind. Dies sichert eine weitgehend einheitliche Berechnungsgrundlage für GKV und Soziale Pflegeversicherung und minimiert den Aufwand der Krankenkassen, welche nach § 60 Abs. 3 auch für die Berechnung der Beiträge der sozialen Pflegeversicherung zuständig sind.

5 Für die **Rangfolge der Einnahmearten** versicherungspflichtig Beschäftigter gilt § 230 SGB V: Arbeitsentgelt, Versorgungsbezüge und Arbeitseinkommen. Berücksichtigung finden grundsätzlich nur Einnahmen bis zur Beitragsbemessungsgrenze nach § 55 Abs. 2.

---

8 BSGE 64, 110, 112.
9 BSGE 54, 136.
10 BSGE 75, 61, 65 ff., kritisch: Bieback in: FS 50 Jahre BSG, S. 137, und Hänlein in: Kruse/Hänlein, SGB V, 3. Aufl. 2009, § 226 Rn. 4 mwN.

III. Beitragsbemessung nach dem Arbeitsentgelt

§ 226 Abs. 1 S. 1 Nr. 1 SGB V normiert den **Regelfall der Beitragsbemessung nach dem Arbeitsentgelt**. Nach § 14 SGB IV gehören hierzu alle laufenden oder einmaligen Einnahmen aus einer Beschäftigung. Ob auf diese Einnahmen ein Rechtsanspruch besteht, in welcher Form oder unter welcher Bezeichnung sie geleistet werden, ist für das Vorliegen eines „Arbeitsentgelts" irrelevant. Die Einnahmen können unmittelbar aus der Beschäftigung oder auch im Zusammenhang mit ihr erzielt werden.[11] Das **einmalig gezahlte Arbeitsentgelt** ist ebenfalls beitragspflichtig, wenn es mit einer beitragspflichtigen Beschäftigung im Zusammenhang steht. Es handelt sich um Zuwendungen, welche dem Arbeitsentgelt zuzurechnen sind. Entgelt für einen Abrechnungszeitraum fällt nicht darunter.[12] Auf das im laufenden Jahr bis zum fraglichen Monat erzielte Entgelt wird die anteilige Jahresarbeitsentgeltgrenze angewandt (§ 23 a Abs. 3 S. 1 SGB IV).

Zur Abgrenzung der Beschäftigung zur selbstständigen Tätigkeit: Dabei werden alle Indizien einer Gesamtwürdigung unterzogen.[13] Wenn das Verhältnis eher durch die Merkmale einer Selbstständigkeit als durch diejenigen einer Beschäftigung gekennzeichnet ist, liegt Selbstständigkeit vor. Der in den Abreden der Beteiligten dokumentierte Wille ist ebenso relevant wie die Beurteilung der tatsächlichen Verhältnisse.[14] Die Tätigkeit als hauswirtschaftliche Familienbetreuerin ist beispielsweise grundsätzlich sowohl im Rahmen einer Beschäftigung als auch im freien Dienstverhältnis denkbar. Zu berücksichtigen ist, ob ein umfassendes Weisungsrecht sowie eine Eingliederung in deren betriebliche Organisation und welche Spielräume in der Gestaltung der Arbeit bestehen.

IV. Einzelfragen der Einbeziehung von Einnahmearten in die Beitragsbemessung

Nach § 226 Abs. 1 S. 2 SGB V wird **Vorruhestandgeld**, das anstelle des Arbeitsentgelts bezahlt wird, wie Arbeitsentgelt behandelt.

Die beitragspflichtigen Einnahmen der **Seeleute** werden nach § 233 SGB V, die der **Künstler und Publizisten** nach § 234 SGB V, **Studenten und Praktikanten** nach § 236 SGB V berechnet (bei freiw. vers. Praktikanten vgl. Abs. 4). Die versicherungspflichtigen Studenten und Praktikanten beziehen aus dem Studium als solches kein Einkommen und so wird auch hier ein fiktives Einkommen zugrunde gelegt. Wird aus einer anderen Tätigkeit zusätzliches Einkommen, zB Arbeitseinkommen bezogen, so ist dieses mit Verweis auf § 226 Abs. 1 SGB V und die in § 236 Abs. 2 S. 2 SGB V vorgenommenen Begrenzungen grundsätzlich beitragspflichtig.

Beitragspflichtige Einnahmen von versicherungspflichtigen (§ 20 Abs. 1 S. 2 Nr. 3–5) **Rehabilitanden, Jugendlichen und Behinderten in Einrichtungen** werden nach Maßgabe des § 235 SGB V berücksichtigt. Für Rehabilitanden mit Übergangsgeld wird der Teil des Arbeitsentgelts der Beitragsberechnung zugrunde gelegt, nach welchem das Übergangsgeld berechnet wird. Bei Rehabilitanden ohne Übergangsgeld und versicherungspflichtigen Jugendlichen (§ 5 Abs. 1 S. 1 Nr. 5) ist ein fiktives Arbeitsentgelt iHv 20 % der monatlichen Bezugsgröße nach § 18 SGB IV maßgebend. Für **Schwangere**, deren Versicherungspflicht fortbesteht, vgl. § 226 Abs. 3 SGB V.

Für **versicherungspflichtige Arbeitslose** sind mWv **1.1.2016** die Änderungen aufgrund des **GKV-FQWG** v. 21.7.2014 und der Bezug zum geänderten § 232 a SGB V zu beachten (→ Rn. 1). Grundsätzlich sind ebenfalls die Vorschriften des SGB V maßgeblich mit folgender Modifikation: Bei Personen, die **Arbeitslosengeld II** beziehen, ist bislang gem. Abs. 1 S. 2 abweichend von § 232 a Abs. 1 S. 1 Nr. 2 SGB V der 30. Teil des 0,3620-fachen der monatlichen Bezugsgröße zugrunde zu legen. Diese Bezugsgröße ändert sich durch das GKV-FQWG (s. o. am Ende des Gesetzestextes die ab 1.1.2016 gültige Fassung des Abs. 1 S. 2). Da der Bund für die Beiträge der Alg II-Bezieher aufzukommen hat, hatte er in § 232 a SGB V ein komplexes Regelwerk errichtet, um die Mehreinnahmen des Gesundheitsfonds aus der Erhöhung des Beitragssatzes für geringfügig Beschäftigte und den abgesenkten Beitragsfaktor in Ausgleich zu bringen.[15]

Weitere beitragspflichtige Einnahmen werden mit dem Zahlbetrag addiert nach den in der Vorschrift genannten komplexen Regeln, dh dass als beitragspflichtige Einnahme nur der in Hs. 1 genannte Teil der Bezugsgröße anzusetzen ist. Wenn die weiteren Einnahmen den in der Vorschrift dargestellten

---

11 BSG, 26.3.1998, B 12 KR 17/97 R.
12 Zur Abgrenzung BSGE 66, 34.
13 Im Falle einer hauswirtschaftlichen Familienbetreuerin: BSG, 28.9.2011, B 12 R 17/09 R.
14 Zu einzelnen „Einsatzaufträgen" vgl. schon BSG, 28.5.2008, B 12 KR 13/07 R.
15 BT-Dr. 15/1516, 72.

Wert überschreiten, sind Beiträge nur aus den Einnahmen zu zahlen. Während der Sperrzeit nach § 144 Abs. 1 S. 1 SGB III oder während Ruhezeiten sind Beiträge nach Maßgabe des § 232 Abs. 1 S. 7 SGB V ebenso zu zahlen und zu bemessen, als würden Leistungen bezogen.

12 **Bezieher von Arbeitslosengeld I oder Unterhaltsgeld nach SGB III** sind nach § 232 a Abs. 1 S. 1 SGB V zu Beiträgen heranzuziehen. Das Unterhaltsgeld ist zum 1.1.2005 durch das Arbeitslosengeld bei beruflicher Weiterbildung ersetzt worden, ohne dass es zu einer Änderung des SGB V gekommen wäre. Nach dem Wortlaut und Sinn von § 232 a Abs. 1 Nr. 1 SGB V ist die Vorschrift nun auch auf das Arbeitslosengeld bei beruflicher Weiterbildung anwendbar.[16] Maßgeblich ist der Prozentsatz des dem Tagesprinzip folgenden Bemessungsentgelts. Übersteigt das Bemessungsentgelt die Beitragsbemessungsgrenze, so ist der Bemessung ein fiktives Entgelt iHv 80 % der Beitragsbemessung der GKV zugrunde zu legen. Wird kein Teilarbeitslosengeld bezogen und während der Arbeitslosigkeit ein beitragspflichtiges Arbeitsentgelt erzielt, wird ein Teil des Arbeitsentgelts auf die beitragspflichtigen Einnahmen angerechnet. Seit der Umstellung des SGB III von dem Wochen- auf das Tagesprinzip ist die Division durch sieben nicht mehr notwendig. § 232 a Abs. 2 SGB V regelt die Kalkulation beim Bezug von **Kurzarbeitergeld**. § 232 a Abs. 3 SGB V regelt die Beitragspflicht für **weitere Leistungen**, die neben den Leistungen aus SGB III bezogen werden.

13 Für **unständig Beschäftigte** ist nach § 232 SGB V als beitragspflichtige Einnahmen ohne Rücksicht auf die Beschäftigungsdauer das innerhalb eines Kalendermonats erzielte Arbeitsentgelt bis zur Entgeltgrenze zugrunde zu legen. Unständig ist die Beschäftigung nach § 232 Abs. 3 SGB V, die die auf weniger als eine Woche entweder aus der Natur der Sache befristet zu sein pflegt oder im Voraus durch den Arbeitsvertrag befristet ist.

14 Bei **versicherungspflichtigen Arbeitnehmern** werden nach § 226 Abs. 1 S. 1 Nr. 2–4, Abs. 2 SGB V andere Einnahmen nur berücksichtigt, wenn es sich um **Rente oder vergleichbare Einnahmen** handelt oder um Arbeitseinkommen (§ 15 SGB IV), das neben der Rente oder vergleichbaren Einnahmen erzielt wird. Wenn die Versicherungspflicht eines Rentners wegen der Vorrangklausel des § 5 Abs. 8 auf einer versicherungspflichtigen Beschäftigung beruht, soll die Beitragspflicht möglichst umfassend hergestellt werden, vgl. § 237 SGB V iVm § 20 Abs. 1 S. 2 Nr. 11. Beiträge aus Versorgungsbezügen oder aus Arbeitseinkommen unterliegen einer **Bagatellgrenze nach § 226 Abs. 2 SGB V**. Diese findet getrennte Anwendung auf die Beiträge zur Pflegeversicherung und zur GKV.

15 Nach § 226 Abs. 1 S. 1 Nr. 2 SGB V iVm § 14 SGB IV ist der Zahlbetrag der **Rente aus der gesetzlichen Rentenversicherung** als Arbeitsentgelt zu berücksichtigen; ebenso Arbeitseinkommen, welches neben der ges. Rente oder Versorgungsbezügen oberhalb der Bagatellgrenze des § 226 Abs. 2 SGB V erzielt wird. Aus dem **Bezug zu §§ 228 und 229 SGB V** ergibt sich folgendes: Beitragspflichtig sind alle **Renten der ges. Rentenversicherung** (§ 33 SGB VI). Zusatzleistungen der gesetzlichen Rentenversicherung wie zB der Kinderzuschuss bleiben beitragsfrei. Allerdings werden Steigerungsbeträge der Höherversicherung (§ 269 SGB VI) in die Beitragspflicht einbezogen. Da Renten nach dem Rentenzahlbetrag gemessen werden, bezieht Abs. 2 auch Rentennachzahlungen in die Beitragsbemessung mit ein. Abs. 2 S. 2 ist relevant für die Feststellung der Beitragsbemessungsgrenze und des Beitragssatzes. Für freiwillig in der GKV versicherte Rentner gilt Abs. 4.

16 Die Einbeziehung der Rentenleistungen in die Beitragspflicht hat auch die **Einbeziehung vergleichbarer Leistungen** zur Folge. Gem. § 226 Abs. 1 S. 1 Nr. 3 iVm § 229 SGB V ist der Zahlbetrag der **der Rente vergleichbaren Einnahmen (Versorgungsbezüge)** in die Beitragsbemessung einzubeziehen. Für die Abgrenzung von beitragspflichtigen und beitragsfreien Einnahmen ist entscheidend, ob tatsächlich oder typischerweise ein **Bezug zum früheren Erwerbsleben** gegeben ist. Besteht kein Zusammenhang mit einer früheren Berufstätigkeit und sind die Einnahmen zB aus privater Vorsorge oder aus ererbtem Vermögen erzielt worden, sind sie beitragsfrei.[17] Bei versicherungspflichtigen Beschäftigten (§ 226 Abs. 1 S. 1 Nr. 1 SGB V) und bei versicherungspflichtigen Rentnern (§ 237 S. 1 Nr. 3) wird der Begriff der „Versorgungsbezüge" zugrunde gelegt, welcher in § 226 Abs. 1 S. 1 Nr. 3 SGB V eine Definition erfährt. Die regelmäßig wiederkehrenden Leistungen sind beitragspflichtig, soweit sie zur Alters- und Hinterbliebenenversorgung oder wegen der Einschränkung der Erwerbsfähigkeit erzielt werden. **Übergangsbezüge und die unfallbedingten Bezüge** bleiben außer Betracht.

---

16 So auch Hänlein in: Kruse/Hähnlein, SGB V, 3. Aufl. 2009, § 232 a Rn. 2.
17 BSGE 58, 10, 12.

§ 226 Abs. 1 S. 1 Nr. 3 bezieht sich auf die Leistungen der besonderen Versorgungseinrichtungen für bestimmte Berufe, insbesondere der freien Berufe.[18]   17

Bisherige Umgehungstatbestände bestanden teilweise im Zusammenhang mit der **Vereinbarung von Kapitalleistungen**. Das GMG[19] unterwarf daher Kapitalleistungen, welche an die Stelle von Versorgungsbezügen nach S. 1 treten auch dann der Beitragspflicht, wenn diese Art der Leistung auch schon vor Eintritt des Versicherungsfalls vereinbart war. Sind kapitalisierte Versorgungsbezüge beitragspflichtig, so gilt 1/120 der Leistung als monatlicher Zahlbetrag. Eine ursprüngliche **Direktversicherung** wird mit dem Versicherungsnehmerwechsel aus dem betrieblichen Bezug gelöst.[20]   18

Einer erweiternden Auslegung des § 229 SGB V zB in Bezug auf eine **Kapitallebensversicherung** steht das BSG ablehnend gegenüber. Zu den beitragspflichtigen Versorgungsbezügen gehören die im Gesetz im Einzelnen benannten Einnahmen, die im Zusammenhang mit der Berufstätigkeit stehen. Deren Aufzählung wurde im Gesetzgebungsverfahren als abschließend angesehen, Einnahmen aus betriebsfremder privater Eigenvorsorge sollten nicht beitragspflichtig sein.[21] Zu Leistungen aus einer **Kapitallebensversicherung** hat das **BSG**[22] folgende konkretisierte Grundsätze aufgestellt: Nicht regelmäßig wiederkehrende Kapitalleistungen aus einer als Direktversicherung abgeschlossenen Kapitallebensversicherung unterliegen bei Pflichtversicherten in der gesetzlichen Krankenversicherung nur insoweit der Beitragspflicht, als die Zahlungen auf Prämien beruhen, die auf den Versicherungsvertrag für Zeiträume eingezahlt wurden, in denen der Arbeitgeber Versicherungsnehmer war. Einmalzahlungen aus einer Direktversicherung sind auch dann beitragspflichtig, wenn sie auf eigenen Beitragszahlungen des Versicherten beruhen.[23]   19

Zur beitragsrechtlichen Behandlung von **Versicherungsleistungen von privaten Versicherungsunternehmen** im Anwendungsbereich des SGB V bei Leistungen aus einer gemischt finanzierten Direktversicherung hat das BVerfG[24] entschieden, dass Versorgungsleistungen unter bestimmten Bedingungen aufzuteilen sind.[25]   20

Für Versicherungsverträge welche vor Inkrafttreten der Norm geschlossen wurden, besteht keine Einschränkung der Beitragspflicht etwa weil bei Vertragsabschluss nicht auf die Beitragspflicht hingewiesen wurde. Auch liegen kein Bestandsschutz und keine unzulässige Rückwirkung vor.[26]   21

Eine Lebensversicherungsleistung des offenen Versorgungswerks der Journalisten ist keine Leistung iS des § 229 SGB V. Eine privatrechtliche Einrichtung, die es sich zur Aufgabe gesetzt hat, der Versorgung ihrer Mitglieder zu dienen, gehört nur dann zu den in § 229 Abs. 1 S. 1 Nr. 3 SGB V genannten Versicherungseinrichtungen, wenn der Kreis der Mitglieder auf die Angehörigen eines oder mehrerer bestimmter Berufe begrenzt ist.[27]   22

Das Gesetz bezieht auch die Renten der **betrieblichen Altersversorgung** einschließlich der Zusatzversorgungen mit ein. Ob die Altersversorgung vom Arbeitgeber selbst oder von einer anderen Institution spielt dabei keine Rolle. Entscheidend ist, dass der Versorgungsanspruch in Zusammenhang mit der beruflichen Tätigkeit entstanden ist.[28]   23

Das Bundesverfassungsgericht hat es für verfassungsgemäß angesehen, dass eine **ausschließlich arbeitnehmerfinanzierte betriebliche Altersversorgung** zu Beiträgen zur ges. KV herangezogen wird, solange die vom Arbeitnehmer eingezahlten Beiträge von der Versorgungszusage des Arbeitgebers umfasst sind und der Versicherungsvertrag auf den Arbeitgeber als Versicherungsnehmer ausgestellt ist.[29] § 229 Abs. 1 S. 3 verstößt auch nicht gegen Art. 2 Abs. 1 GG in Verbindung mit dem rechtsstaatlichen Grundsatz des Vertrauensschutzes.[30]   24

---

18 ZB das Versorgungswerk der Rechtsanwälte; zum Versorgungswerk für Zahnärzte vgl. BSGE 62, 136.
19 BT-Dr. 15/1525, 139.
20 BSG, 28.9.2011, B 12 KR/10 B.
21 BSG, 5.5.2010, B 12 KR 15/09 R, BT-Dr. 9/458, 29, 34.
22 BSG, 30.3.2011, NJOZ 2012, 228.
23 BSG, 12.11.2008, B 12 KR 9/08 R. Zur Beitragspflicht aus einer Deckungsrückstellung: LSG RhPf, 7.10.2010, L 5 KR 37/10.
24 BVerfG, 28.9.2010, 1 BvR 1660/08.
25 Vgl. dazu Fachkonferenz GKV Spitzenverband 28.6.2011, S. 17 ff.
26 BayLSG, 28.4.2009, L 5 KR 283/08. Zum Vertrauensschutz siehe BVerfG, 28.2.2008, 1 BvR 2137/06.
27 LSG Bln, 30.10.2009, L 1 KR 131/09.
28 BSGE 70, 105.
29 BVerfG, 3.3.2010, 1 BvR 1660/08.
30 BVerfG, 6.9.2012, 1 BvR 739/08.

25 Für die beitragsrechtliche Behandlung von **Ablaufleistungen der betrieblichen Altersversorgung**, die nicht als monatliche Leistung wie eine Monatsrente der gesetzlichen Rentenversicherung iSd § 228 gezahlt werden, gilt § 229 Abs. 1 S. 3. Danach tritt bei nicht regelmäßig wiederkehrenden Leistungen an die Stelle der monatlichen Bezüge ein Bruchteil der Leistung.[31] Für die Beitragsbemessung ist die Summe der in acht Raten zu zahlenden **betrieblichen Altersversorgung** als unregelmäßig wiederkehrende **Leistung** bei der Beitragsberechnung zu berücksichtigen und von der Summe wird ein Bruchteil als monatliche beitragspflichtige Einnahme festgesetzt.

26 Zur Definition beitragspflichtiger Versorgungsbezüge und der betrieblichen Altersversorgung durch eine Stiftung:[32] Der Begriff der „betrieblichen Altersversorgung" sei im Beitragsrecht nach der ständigen Rechtsprechung des Senats eigenständig auszulegen.[33] Es ist ohne Belang, dass die Zuwendungen nicht die einheitliche Absicherung aller Arbeitnehmer eines Betriebes bezwecken und in welcher organisatorischen Form der Arbeitgeber die Versorgung sicherstellt. Auch wenn der ehemaliger Arbeitgeber und leistungsgewährende Stiftung hier unterschiedliche Rechtssubjekte seien, stellten Satzung und Geschäftsordnung der Stiftung gleichwohl eine derart **enge Verbindung zwischen Arbeitgeber und früherem Arbeitsverhältnis** sowie zwischen dem Eigentümer der Firmengruppe und der von ihm initiierten Stiftung her, dass an einer Leistung der betrieblichen Altersversorgung kein Zweifel bestehen könne. Die Leistungen der Stiftung seien jedenfalls auch dazu bestimmt, Betriebsangehörigen – zu denen der Kläger gehört – ihr entgangenes Einkommen aus einer abhängigen Beschäftigung mit personellem Bezug zum Stifter zu ersetzen und haben damit Entgeltersatzfunktion.

V. Regelung bezüglich der Gleitzone

27 Dem von § 57 Abs. 1 S. 1 in Bezug genommenen § 226 Abs. 4 SGB V ist aufgrund des Gesetzes im Bereich der **geringfügigen Beschäftigung**[34] seit dem 1.1.2013 eine weitere Verweisung hinzugefügt worden. Sie bezieht sich auf die folgende **Neuregelung des § 276b SGB VI zur Gleitzone**: „(1) Für Arbeitnehmer, die am 31.12.2012 in einer mehr als geringfügigen Beschäftigung nach § 8 Abs. 1 Nr. 1 oder § 8a iVm § 8 Abs. 1 Nr. 1 des Vierten Buches versicherungspflichtig waren, die die Merkmale einer geringfügigen Beschäftigung nach diesen Vorschriften in der am 31.12.2012 geltenden Fassung erfüllt, gilt für diese Beschäftigung weiterhin § 163 Abs. 10 mit Maßgabe folgender Formel: F x 400 + (2 – F) x (AE – 400). Satz 1 gilt längstens bis zum 31.12.2014. Die Beitragstragung nach § 168 Abs. 1 Nr. 1b und 1c findet keine Anwendung. (2) Für Arbeitnehmer, die am 31.12.2012 oberhalb des oberen Grenzbetrages der Gleitzone (§ 20 Abs. 2 des Vierten Buches in der bis zum 31.12.2012 geltenden Fassung) beschäftigt waren und in derselben Beschäftigung ab dem 1.1.2013 in der Gleitzone versicherungspflichtig beschäftigt sind, ist § 163 Abs. 10 in der ab dem 1.1.2013 geltenden Fassung nur anzuwenden, wenn der Arbeitnehmer die Anwendung der Gleitzonenregelung schriftlich gegenüber dem Arbeitgeber erklärt. Eine Erklärung nach Satz 1 ist nur bis zum 31.12.2014 und mit Wirkung für die Zukunft möglich".

28 **Abs. 2** trifft besondere Regelungen für die Berücksichtigung des **Krankengeldes**. Sind Mitglieder der sozialen Pflegeversicherung auch in der Krankenversicherung pflichtversichert, so besteht für die Beitragsberechnung eine **einheitliche Berechnungsgrundlage**. Bei der Kranken- und der Pflegeversicherung bestehen jedoch unterschiedliche Regelungen hinsichtlich des Krankengeldes. Die Pflegeversicherung berücksichtigt diese bei den beitragspflichtigen Einnahmen, die Krankenversicherung gem. § 224 Abs. 1 SGB V nicht.

VI. Folgen der Änderung des Transplantationsgesetzes

29 Die nach **Abs. 2 S. 3** neu eingefügten Sätze beruhen auf dem **Gesetz zur Änderung des Transplantationsgesetzes**, welches zum 1.8.2012 in Kraft getreten ist. Zur Förderung der Lebendspende wurde in § 27 Abs. 1a SGB V erstmals ein Anspruch auf Krankenbehandlung nach einer Organ- oder Gewebespende eingefügt. Zugleich verschafft der neue § 44a SGB V dem Spender einen **Anspruch auf die Zahlung von Krankengeld** in Höhe des regelmäßig erzielten Nettoverdienstes unterhalb der Beitragsbemessungsgrenze, welcher damit über dem Niveau des üblichen Krankengeldes liegt. Arbeitgeber können sich die Aufwände für die Entgeltfortzahlung von der Empfängerkrankenkasse auf Antrag er-

---

31 BayLSG, 23.6.2009, L 5 KR 462/07; BSG, 17.3.2010, B 12 KR 4/09 R.
32 BSG, 25.5.2011, B 12 R 13/09 R.
33 ZB BSG, 12.11.2008, B 12 KR 6/08 R.
34 BGBl. 2012, 2474.

statten lassen. Sollte die Arbeitsunfähigkeit länger als sechs Wochen dauern, hat der Organspender den erhöhten Anspruch auf Krankengeld. Diese Ansprüche gelten auch für Spender, die nicht gesetzlich krankenversichert sind. Die Ergänzung des Abs. 2 zieht aus den neu geregelten Leistungen Konsequenzen und definiert die **Beitragsbemessungsgrundlage** für diese Fälle. Für Bezieher von Krankengeld nach § 44a und für Bezieher von Leistungen für den Ausfall von Arbeitseinkünften, welche von anderen Leistungsträgern erbracht werden, wird das der Leistung zugrundeliegende Arbeitsentgelt oder Arbeitseinkommen zur Beitragsbemessung herangezogen.

In **Abs. 3 S. 2** SGB XI wurde aufgrund des GKV-WSG mit Wirkung zum 1.1.2009 der Bezug zum neuen **einheitlichen allgemeinen Beitragssatz** eingefügt. 30

Außerdem enthält die Vorschrift in Abs. 3 und 4 Sonderregelungen für **landwirtschaftliche Unternehmen** und Mitarbeitende Familienangehörige sowie für **Mitglieder geistlicher Genossenschaften**. Da bei pflichtversicherten Landwirten in der Krankenversicherung kein unmittelbarer Einkommensbezug besteht, sondern auf den Wirtschaftswert und die Arbeitskraft abgestellt wird, bestehen auch für diesen Personenkreis die Sonderregelung eines Beitragszuschlags. Abs. 3 stellt dar, in welcher Weise in diesem Sonderbereich die Beitragsbemessung erfolgt. 31

Für die **freiwilligen Mitglieder der gesetzlichen Krankenversicherung und für Mitglieder der sozialen Pflegeversicherung, die nicht in der gesetzlichen Krankenversicherung versichert sind** sowie für **weitere Personengruppen** enthält Abs. 4 ebenfalls weitgehend Verweisungen zum SGB V.[35] Freiwillige Mitglieder in der ges. Krankenversicherung unterliegen gem. § 20 Abs. 1 der Versicherungspflicht in der sozialen Pflegeversicherung. Weiter sind Personen erfasst, die nicht Mitglieder der der ges. Krankenversicherung sind, aber gem. § 21 in der soz. Pflegeversicherung versicherungspflichtig sind oder nach § 26 Abs. 1 weiterversichert sind. 32

Der Gesetzgeber hat die Gruppe der Versicherungspflichtigen **als besonders schutzbedürftig** angesehen. Er hat folglich die das jew. Pflichtversicherungsverhältnis typischerweise prägenden Einnahmearten der Beitragspflicht unterworfen, also insbesondere das Arbeitsentgelt aus der versicherungspflichtigen Beschäftigung, den Zahlbetrag der gesetzlichen Rente und die Versorgungsbezüge (§§ 226 Abs. 1, 229 SGB V). Bei freiwilligen Mitgliedern dagegen wird die **gesamte wirtschaftliche Leistungsfähigkeit**, zugrunde gelegt. Bei vielen freiwillig Versicherten wird der Lebensunterhalt typischerweise durch verschiedene und andere Einnahmemöglichkeiten bestritten. Innerhalb der Einkunftsarten ist ein horizontaler Verlustausgleich möglich. Diese Möglichkeit steht Pflichtversicherten nicht zu. 33

Zentrale Vorschrift für die Beitragsbemessung für die Beiträge zur Pflegeversicherung der freiwilligen Mitglieder der gesetzlichen Krankenversicherung ist nach Abs. 4 die Vorschrift des **§ 240 SGB V**. Die Beitragsbemessung wird nunmehr einheitlich durch den Spitzenverband Bund der Krankenkassen geregelt. Das Gesetz beschränkt die Beitragsbemessung **nicht auf bestimmte Einkunftsarten und deren Zweckbestimmung**.[36] Die wirtschaftliche Leistungsfähigkeit wird von den Einnahmen und nicht von der Bedarfssituation bestimmt.[37] Für die Einbeziehung von Einkunftsarten genügt eine Generalklausel. Nur wenn die Feststellung der Einnahmen auf erhebliche Schwierigkeiten stößt oder verschiedene Berechnungsweisen zur Verfügung stehen oder das Gesetz keine eindeutigen Bewertungsmaßstäbe vorgibt, so ist eine konkrete Regelung erforderlich.[38] 34

Das BSG hat durch Urteil v. 19.12.2012, B 12 KR 20/11 R, festgestellt, dass der **Regelungsbefugnis des SpVBdKK zur Beitragsfestsetzung** durch die §§ 240 Abs. 1 S. 2 Abs. 2–5 Grenzen gesetzt seien. Durch die Ersetzung der Worte „durch die Satzung" durch „einheitlich durch den Spitzenverband Bund der Krankenkassen" ergebe sich keine Ausweitung der der Regelungsbefugnis gegenüber der bisherigen Satzungsautonomie.[39] Folglich bleibe es bei der von der Rechtsprechung gesetzten **Grundregel**, dass eine Abgrenzung von Leistungen zu treffen sei zwischen Einnahmen, die dem allgemeinem Lebensunterhalt dienen und somit die wirtschaftliche Leistungsfähigkeit des Versicherten erhöhen (Hilfe zum Lebensunterhalt) und Leistungen, die zur Bewältigung bestimmter Lebenssituationen gewährt werden und uneingeschränkt für den angestrebten Zweck zur Verfügung stehen müssen. Wenn nach aktueller Gesetzeslage bei der Festsetzung der Beitragsbemessungsgrundlage die Investitionsaufwendungen für das Heim mit berücksichtigt werden, überschreitet dies die der Regelungsbefugnis gesetzten Grenzen. 35

---

35 Nicht verfassungswidrig: BSG, 6.11.1997, 12 RP 3/96.
36 Vgl. BSG, 19.12.2000, B 12 KR 1/00 R.
37 Vgl. BSG, 6.9.2001, B 12 KR 14/00 R.
38 BSG, 27.1.2010, B 12 KR 28/08 R.
39 Verweis auf BT-Dr. 16/3100, 163 zu Nr. 157 Buchst. A.

36 Einkünfte aus **Kapitalvermögen** können daher in die Beitragsbemessung mit einbezogen werden. Es entspricht dem Solidarprinzip der gesetzlichen Krankenversicherung, die Versicherten nach Maßgabe ihrer wirtschaftlichen Leistungsfähigkeit zu Beiträgen heranzuziehen.[40] Mindestens sind aber nach § 240 Abs. 2 S. 1 SGB V die Einnahmen zu berücksichtigen, die bei einem vergleichbaren versichsicherungspflichtig Beschäftigten der Beitragsbemessung zugrunde zu legen sind. Der Beitragsbemessung sind Einkünfte aus Kapitalerträgen zugrunde zu legen.[41] Unerheblich ist, ob diese Einkünfte tatsächlich zugeflossen sind oder sofort wieder in die Gesellschaft eingebracht wurden. Es kommt nur darauf an, ob sie zum Lebensunterhalt hätten verbraucht werden können. Die **Kapitalerträge aus einer Lebensversicherung** sind als beitragspflichtige Einnahmen zu berücksichtigen, auch wenn der Anspruch an eine Bank abgetreten ist: Danach sind auch Regelungen rechtmäßig, welche bei freiwilligen Mitgliedern alle monatlichen Einnahmen und Geldmittel erfassen, die zum Lebensunterhalt verbraucht wurden oder verbraucht werden konnten.[42] Zu den beitragspflichtigen Einnahmen eines freiwillig Versicherten, die zum Lebensunterhalt verbraucht werden können, gehört auch eine Kapitalzahlung aus einem Rentenversicherungsvertrag.[43] Zur beitragsrechtlichen Behandlung von **Versicherungsleistungen von privaten Versicherungsunternehmen im Anwendungsbereich des SGB V bei Leistungen aus einer gemischt finanzierten Direktversicherung** hat das BVerfG[44] entschieden, dass Versorgungsleistungen unter bestimmten Bedingungen aufzuteilen sind.[45]

37 Gegenüber dem Wortlaut der bis zum 31.12.1988 geltenden § 180 Abs. 4 Reichsversicherungsordnung (RVO) hatte der Text des § 240 SGB V bereits zu einer Modifizierung der **Rechtsprechung des BSG zu zweckbestimmten Sozialleistungen** geführt.[46] Die Leistungen der Sozialhilfe in besonderen Lebenslagen zählten im Gegensatz zur Hilfe zum Lebenshalt weiterhin zu den nicht zu berücksichtigenden Leistungen.[47] Zur Beitragsbemessung für freiwillig versicherter Sozialhilfebezieher, die in stationären Pflegeeinrichtungen leben, hat das BSG bereits am 21.12.2011[48] folgende Regeln aufgestellt: „Zwar dürfen solche Beiträge nach § 240 auf Sozialhilfeleistungen erhoben werden, die der Befriedigung des allgemeinen laufenden Lebensbedarfs dienen. Das sind ... die nach dem SGB XII maßgeblichen Regelsätze, Leistungen für Kosten der Unterkunft und Verpflegung, sozialhilferechtliche Mehrbedarfe, der Barbetrag („Taschengeld") sowie vom Grundsicherungsträger übernommene (fiktive) Beiträge zur Kranken- und Pflegeversicherung. Ausgeschlossen ist die Beitragserhebung dagegen auf Leistungen, die im Hinblick auf eine besondere Zweckbestimmung gewährt werden, zB für Hilfen in besonderen Lebenslagen iSd BSHG.[49]

38 Das **Wohngeld und die Rente der ges. Unfallversicherung** erhöhen die wirtschaftliche Leistungsfähigkeit und unterliegen daher der Beitragsbemessung.[50] Diese Leistungen wurden zuvor als „zweckbestimmt" und damit beitragsfrei angesehen. Neben den Sozialhilfeleistungen in besonderen Lebenslagen bleiben beitragsfrei die Grundrente nach § 31 Bundesversorgungsgesetz, da sie einen ideellen Ausgleich für ein besonderes der Gemeinschaft gebrachtes gesundheitliches Opfer darstellt.

39 Weiter zählen Leistungen zur **Erziehung eines Pflegekindes** § 83 Abs. 1 SGB XII nicht zum anrechenbaren Einkommen.[51] Die Höhe der Leistung für die Erziehung des Pflegekindes ist an dessen Bedarf auszurichten und ist daher unabhängig von der wirtschaftlichen Leistungsfähigkeit der Pflegepersonen. Leistungen nach § 39 Abs. 1 SGB VIII haben demnach nicht den Zweck, das Einkommen der Pflegeperson zu vermehren.[52] **Eltern haben keinen Anspruch auf die Herabsetzung der Beiträge** wegen der Erziehung und Betreuung von Kindern und der sich hieraus ergebenden Unterhaltslast.[53] Der im Pfle-

---

40 BVerfG, 3.2.1993, 1 BvR 1920/92.
41 BSG, 6.9.2001, B 12 KR 14/00 R.
42 BSG, 17.3.2010, B 12 KR 4/09 R.
43 BSG, 27.1.2010, B 12 KR 28/08 R, im Anschluss an BSG, 6.9.2001, B 12 KR 5/01 R.
44 BVerfG, 28.9.2010, BvR 1660/08.
45 Vgl. dazu Fachkonferenz GKV Spitzenverband 28.6.2011, S. 17 ff.
46 ZB BSG, 24.1.2007, B 12 KR 28/05 R.
47 BSG, 6.9.2001, B 12 14/00 R.
48 BSG, 21.12.2011, B 12 KR 22/09 R.
49 So BSG, 23.11.1992, 12 RK 29/92.
50 BSG, 24.1.2007, B 12 KR 28/05 R.
51 Zur Vollzeitpflege gem. § 33 SGB VIII: LSG Bln-Bbg, 7.9.2009, L 24 KR 173/09 B ER.
52 LSG Bln-Bbg, 7.9.2009, L 24 KR 173/09 B ER. Zur Berücksichtigung des Überbrückungsgeldes: LSG BW, 2.12.2011, L 4 KR 4781/09.
53 Zur Rentenversicherung: BSG, 5.7.2006, B 12 KR 20/04 R.

gegeld enthaltene **Erziehungsbeitrag** ist als beitragspflichtiges Einkommen in der vollen Höhe bei der Beitragsbemessung zu berücksichtigen.[54]

Das BSG führte am 30.3.2011[55] zur **Beitragspflicht Selbstständiger** aus, dass gesundheitliche Beeinträchtigungen und berufliche Überlastung bei einem als Selbstständigen am Geschäftsleben teilnehmenden Schuldner nicht die Obliegenheit beseitigen könnten, durch organisatorische Maßnahmen für zeitgerechte kalendermäßig festgelegte Zahlungen zu sorgen.

Abs. 4 S. 2 sieht für die in der ges. Krankenversicherung versicherten **Rentenantragssteller und die freiwillig versicherten Rentner** neben der Anwendbarkeit des § 240 SGB V die Anwendbarkeit der §§ 238a und 239 SGB V vor. Bei der Anwendung des § 238a ergibt sich jedoch eine Diskrepanz in der Beitragsberechnung zwischen GKV und PKV, die vom Gesetzgeber kaum gewollt sein kann. Zur Die Sonderregelung des Abs. 4 S. 2 gilt für Rentenantragssteller, die in der Krankenkasse pflichtversichert sind (§ 5 Abs. 1 Nr. 11, 12 SGB V) sind nach § 20 Abs. 1 Nr. 11 in der sozialen Pflegeversicherung versicherungspflichtig sind. Weiterhin betrifft die Sonderregelung in der ges. Krankenversicherung freiwillig versicherte Rentenantragsteller die nach § 20 Abs. 3 in der Pflegeversicherung versicherungspflichtig sind. Die Sonderregelung gilt auch für Rentenantragsteller mit Formalmitgliedschaft nach §§ 49 Abs. 2 S. 1 SGB XI, 189 SGB V. § 56 Abs. 2. Abs. 4 S. 2 gilt auch für Renten nach dem Gesetz über die **Alterssicherung der Landwirte** (ALG) und die freiwillig in der ges. Krankenversicherung versicherten Rentenbezieher, für die die Versicherungspflicht aus § 20 Abs. 3 folgt. Abs. 4 S. 3 Hs. 1 sieht folgende Regelung vor: **Praktikanten** und ihnen gleichgestellte Personen, die in der ges. Krankenversicherung pflichtversichert und damit nach § 20 Abs. 1 S. 2 Nr. 10 auch in der ges. Pflegeversicherung pflichtversichert sind, folgen in der Beitragsberechnung den §§ 57 Abs. 1, 236 SGB V. Sind sie freiwillig in der ges. Krankenversicherung versichert und unterfallen damit der Versicherungspflicht in der soz. PV nach § 20 Abs. 3, ist statt § 240 SGB V ebenfalls § 236 SGB V anwendbar. Die **Mitglieder geistlicher Genossenschaften** und ähnliche Personen, die nach § 6 Abs. 1 Nr. 7 SGB V in der ges. KV versicherungsfrei, aber dort freiwillig versichert sind, ergibt sich die Versicherungspflicht in der ges. PV gem. § 20 Abs. 3. Das Gesetz hat für diesen Personenkreis die Definition der beitragspflichtigen Einnahmen ihrer besonderen Situation gemäß definiert. Die Mindestbemessungsgrundlage nach § 240 Abs. 4 SGB V und die sonstigen Regelungen des § 240 SGB V finden keine Anwendung. Die Regelungen für die weiteren besonders genannten Personengruppen sowie für **Personen, welche ihren Wohnsitz oder gewöhnlichen Aufenthalt im Ausland haben** (Abs. 5: Weiterversicherung bei Ende der Versicherungspflicht nach § 26 Abs. 2) erschließen sich unmittelbar aus dem Gesetz.[56]

Die finanzielle Belastung der Mitglieder durch Beiträge kann neuerdings durch **Prämien** gemindert werden. Eine **Staffelprämie** verstößt allerdings gegen § 53 Abs. 2 SGB V: Das Gesetz bestimmt abschließend, dass nur die völlige ganzjährige Nichtinanspruchnahme einschlägiger Leistungen zu Prämienzahlungen berechtigt: Es gilt das „Alles-oder-nichts-Prinzip".[57]

Für die Beitragsbemessung von Personen, welche den neu eingeführten **freiwilligen Wehrdienst und Bundesfreiwilligendienst** leisten, gilt Folgendes: Die bisherige Regelung des auf Grundlage des § 56 Abs. 1 bisher und auch künftig auf die Pflegeversicherung anzuwendenden § 244 SGB V beruht auf dem Zusammenhang mit dem Anspruch auf freie Heilfürsorge. Wegen dieses Anspruchs besteht die Mitgliedschaft fort, es ruht aber der Anspruch des Versicherten (§ 16 Abs. 1 Nr. 2). Nach **Abs. 1** gelten grundsätzlich Bruchteile des bisherigen Beitrags als Grundlage für die Beitragshöhe. Beiträge für Wehr- und Zivildienstleistende nach § 193 Abs. 1 SGB V werden auf ein Drittel, Personen nach § 193 Abs. 2 SGB V werden auf ein Zehntel des zuletzt errichteten Beitrags ermäßigt.

Für die von § 193 Abs. 2 SGB V erfassten Mitglieder wurde die **Pauschalbeitragsverordnung** erlassen, zuletzt geändert durch Art. 13 Abs. 20 des Gesetzes v. 12.4.2012. Zur pauschalen Beitragsbemessung für Mitglieder wird das Produkt aus der jährlichen Beitragsbemessungsgrundlage, dem allgemeinen Beitragssatz und der Zahl der Diensttage durch 365 geteilt. Als beitragspflichte Einnahme gilt 80 % der Beitragsbemessungsgrundlage nach § 18 Abs. 1 SGB IV. Die Beiträge zur gesetzlichen Krankenversicherung und zur Pflegeversicherung werden vom zust. Bundesamt jährlich nachträglich gezahlt.

Mit der **Aussetzung des Wehr- und Zivildienstes und der Schaffung eines freiwilligen Wehrdienstes** durch das Wehrrechtsänderungsgesetz 2011 (WehrRÄndG 2011) vom 26.4.2011[58] und durch die ent-

---
54 LSG SW, 15.12.2011, L 5 KR 101/10.
55 BSG, 30.3.2011, B 12 KR 24/9R.
56 Zur Versicherungs- und Beitragspflicht von Nicht-EU-Ausländern: BSG, 6.10.2010, B 12 KR 25/09 R.
57 BSG, 22.6.2010, B 1 A 1/09 R.
58 BGBl. I, 678.

sprechenden Änderungen des Wehrpflichtgesetzes und sowie des Zivildienstgesetzes verliert die Vorschrift in Bezug auf den bisherigen Wehr- und Zivildienst insoweit und entsprechend ihre Funktion. Zum 1.7.2011 wurden noch bestehende Wehrdienstverhältnisse in den neuen freiwilligen Wehrdienst überführt. § 56 WPflG bestimmt jedoch, dass Regelungen in anderen Gesetzen oder Verordnungen, die an die Ableistung des Grundwehrdienstes anknüpfen auf Personen, die den freiwilligen Wehrdienst leisten, entsprechend anzuwenden sind. Für Angestellte im öffentlichen Dienst siehe § 1 Abs. 2 Arbeitsplatzschutzgesetz und § 193 Abs. 1 SGB V. Nach § 4 Abs. 1 und § 6 b abs. 1 WPflG iVm § 193 Abs. 2 SGB V und § 56 WPflG bleibt bei **versicherungspflichtigen und freiwilligen Mitgliedern**, die den neuen freiwilligen Wehrdienst leisten die **Mitgliedschaft** bestehen. Nach § 193 iVm § 244 SGB V sind folglich von Personen, die den neuen freiwilligen Wehrdienst leisten, **pauschale ermäßigte Beiträge** an den Gesundheitsfonds bzw. an den Spitzenverband der landwirtschaftlichen Krankenversicherung zu zahlen. Die Beiträge zur Pflegeversicherung werden an den Ausgleichsfonds der sozialen Pflegeversicherung entrichtet.

46 Durch das Gesetz zur Einführung eines Bundesfreiwilligendienstes vom 28.4.2011[59] wurde zeitgleich der Zivildienst ausgesetzt und ein Bundesfreiwilligendienst für Männer und Frauen eingeführt, der nun neben bereits bestehende weitere freiwillige Dienstarten tritt. Der Zivildienst auch für Übergangsfälle endete spätestens am 31.12.2011. Soweit nicht eine abweichende sozialversicherungsrechtliche Regelung vorhanden ist, bestimmt § 13 Abs. 2 BFDG, dass auf den Bundesfreiwilligendienst die sozialversicherungsrechtlichen Regelungen **entsprechend Anwendung** finden, die für die **Jugendfreiwilligendienste** gelten. Nach der Art des Bundesfreiwilligendienstes handelt es sich dabei um ein abhängiges Beschäftigungsverhältnis, für welches die **Versicherungspflicht** besteht. Die Regelungen über die Versicherungsfreiheit bei **geringfügiger Beschäftigung** gelten für Teilnehmer am BFD nicht (§ 7 Abs. 1 S. 1 Nr. 3 SGB V).

§ 58 Tragung der Beiträge bei versicherungspflichtig Beschäftigten

(1) ¹Die nach § 20 Abs. 1 Satz 2 Nr. 1 und 12 versicherungspflichtig Beschäftigten, die in der gesetzlichen Krankenversicherung pflichtversichert sind, und ihre Arbeitgeber tragen die nach dem Arbeitsentgelt zu bemessenden Beiträge jeweils zur Hälfte. ²Soweit für Beschäftigte Beiträge für Kurzarbeitergeld zu zahlen sind, trägt der Arbeitgeber den Beitrag allein. ³Den Beitragszuschlag für Kinderlose nach § 55 Abs. 3 tragen die Beschäftigten.
(2) Zum Ausgleich der mit den Arbeitgeberbeiträgen verbundenen Belastungen der Wirtschaft werden die Länder einen gesetzlichen landesweiten Feiertag, der stets auf einen Werktag fällt, aufheben.
(3) ¹Die in Absatz 1 genannten Beschäftigten tragen die Beiträge in Höhe von 1 vom Hundert allein, wenn der Beschäftigungsort in einem Land liegt, in dem die am 31. Dezember 1993 bestehende Anzahl der gesetzlichen landesweiten Feiertage nicht um einen Feiertag, der stets auf einen Werktag fiel, vermindert worden ist. ²In Fällen des § 55 Abs. 1 Satz 2 werden die Beiträge in Höhe von 0,5 vom Hundert allein getragen. ³Im Übrigen findet Absatz 1 Anwendung, soweit es sich nicht um eine versicherungspflichtige Beschäftigung mit einem monatlichen Arbeitsentgelt innerhalb der Gleitzone nach § 20 Abs. 2 des Vierten Buches handelt, für die Absatz 5 Satz 2 Anwendung findet. ⁴Die Beiträge der Beschäftigten erhöhen sich nicht, wenn Länder im Jahr 2017 den Reformationstag einmalig zu einem gesetzlichen Feiertag erheben.
(4) ¹Die Aufhebung eines Feiertages wirkt für das gesamte Kalenderjahr. ²Handelt es sich um einen Feiertag, der im laufenden Kalenderjahr vor dem Zeitpunkt des Inkrafttretens der Regelung über die Streichung liegt, wirkt die Aufhebung erst im folgenden Kalenderjahr.
(5) ¹§ 249 Abs. 2 des Fünften Buches gilt entsprechend. ²§ 249 Abs. 4 des Fünften Buches gilt mit der Maßgabe, dass statt des Beitragssatzes der Krankenkasse der Beitragssatz der Pflegeversicherung und bei den in Absatz 3 Satz 1 genannten Beschäftigten für die Berechnung des Beitragsanteils des Arbeitgebers ein Beitragssatz in Höhe von 0,7 vom Hundert Anwendung findet.

I. Entstehungsgeschichte 1	IV. Kurzarbeitergeld (Abs. 1 S. 2, Abs. 5 S. 1) .. 5
II. Normzweck und Norminhalt 2	V. Kinderlosenzuschlag (Abs. 1 S. 3) 6
III. Nach § 20 Abs. 1 S 2 Nr. 1, 12 versicherungspflichtig Beschäftigte (Abs. 1 S. 1) 3	VI. Aufhebung eines Feiertages und Rechtsfolgen (Abs. 2–4) 7

---

[59] BGBl. I, 687.

VII. Gleitzonenregelung (Abs. 5 S. 2) 10
VIII. Abdingbarkeit 12
IX. Geplante Änderung durch das Blut- und Gewebegesetz................................ 13

I. Entstehungsgeschichte

§ 58 wurde durch Art. 1 Pflege-Versicherungsgesetz vom 26.5.1994 (BGBl. I, 1014) geschaffen und trat zum 1.1.1995 in Kraft.[1] 1

§ 58 wurde geändert durch:
- Art. 1 Nr. 2, Art. 2 Nr. 2, 3 des Gesetzes zum Inkrafttreten der zweiten Stufe der Pflegeversicherung vom 31.5.1996 (BGBl. I, 718),
- Art. 10 Nr. 5, 83 Abs. 1 AFRG vom 24.3.1997 (BGBl. I, 594),
- Art. 6 Nr. 2 a, b des Zweiten Gesetzes für moderne Dienstleistungen am Arbeitsmarkt vom 23.12.2002 (BGBl. I, 4621),
- Art. 7 SGB-ÄndG vom 24.7.2003 (BGBl. I, 1526),
- Art. 1 Nr. 3 KiBG vom 15.12.2004 (BGBl. I, 3448),
- Art. 8 Nr. 2 GanzjBeschFG vom 24.4.2006 (BGBl. I, 926) und
- Art. 8 Nr. 28 GKV-WSG vom 26.3.2007 (BGBl. I, 378)
- Art. 1 Nr. 23 Erstes Pflegestärkungsgesetz (PSG I) vom 17.12.2014 (BGBl. I, 2222; mWv 1.1.2015 S. 4 in Abs. 3 ergänzt).

II. Normzweck und Norminhalt

§ 58 regelt – zusammen mit § 59 – wer die nach §§ 54 ff. ermittelten Beiträge zur sozialen Pflegeversicherung zu tragen hat. Grundlegend ist zwischen der sog **Beitrags*tragung*** und der **Beitrags*zahlung*** zu unterscheiden. Erstere regelt, wer im wirtschaftlichen Ergebnis für die Beiträge zur sozialen Pflegeversicherung einzustehen, m.a.W. die Beitrags*last* zu tragen hat. § 60 regelt demgegenüber die Beitragszahlung und damit die Frage, wer die Beiträge an die Einzugsstelle abführen muss, dh – anders ausgedrückt – wer Beitrags*schuldner* ist. Zwar ist Beitragsschuldner grds. derjenige, der auch wirtschaftlich die Beitragslast zu tragen hat (§ 60 Abs. 1 S. 1), Beitragslast und Beitragszahlung fallen aber häufig auseinander. Die Regelung ist nach dem BSG auch insoweit **verfassungsgemäß**, als sie dem Arbeitgeber grds. die hälftige Beitragslast auferlegt.[2] Ein Spezifikum der Pflegeversicherung ist die Feiertagsausgleichsregelung in den Abs. 2–4, die dem Ausgleich der mit der grundsätzlich hälftigen Beitragsbelastung für den Arbeitgeber verbundenen Belastungen dient. 2

III. Nach § 20 Abs. 1 S 2 Nr. 1, 12 versicherungspflichtig Beschäftigte (Abs. 1 S. 1)

Während bei der gesetzlichen Krankenversicherung der versicherungspflichtige Beschäftigte früher zunächst einen Anteil von 0,9 % alleine tragen musste und nur im Übrigen eine hälftige Teilung der Beitragslast zwischen ihm und dem Arbeitgeber erfolgt ist (§ 249 Abs. 1 S. 1, → § 249 Rn. 8), fand im Bereich der sozialen Pflegeversicherung stets eine **echte paritätische Aufteilung** der Beitragslast zwischen Arbeitgeber und Beschäftigten im Hinblick auf die nach dem **Arbeitsentgelt** zu bemessenden Beiträge statt, **Abs. 1 S. 1.** Durch die erneute Reform bei der gesetzlichen Krankenversicherung besteht mittlerweile wieder in beiden Systemen eine echte paritätische Aufteilung, zumindest was den allgemeinen Beitragssatz betrifft. 3

Die Regel gilt nicht für sonstige beitragspflichtige Einnahmen des Beschäftigten (§ 57), zB aus Renten oder Versorgungsbezügen; hier ist vielmehr § 59 anwendbar. Liegt das Arbeitsentgelt über der Jahresarbeitsentgeltgrenze, ist der Beschäftigte nach § 6 Abs. 1 Nr. 1 SGB V versicherungsfrei und unterfällt daher nicht § 58; ist er freiwillig in der gesetzlichen Krankenversicherung versichert und deshalb Pflichtmitglied in der sozialen Pflegeversicherung, trägt er den Beitrag zwar alleine, erhält aber nach § 61 einen Zuschuss, der wirtschaftlich zum selben Ergebnis wie § 58 Abs. 1 S. 1 führt.

Die Grundregel der **hälftigen Aufteilung** wird verschiedentlich **durchbrochen**: Zulasten des Arbeitgebers beim Kurzarbeitergeld (Abs. 1 S. 2) und bei der Gleitzonenregelung (Abs. 5 S. 2 iVm § 249 Abs. 4 SGB IV, wobei nach der redaktionellen Anpassung des § 249 die Verweisung in Abs. 5 S. 2 als Verweis auf § 249 Abs. 3 zu verstehen ist), zulasten des versicherungspflichtigen Beschäftigten in Bezug auf den 4

---

1 BT-Dr. 12/5262, 27, 125; BT-Dr. 12/5920, 53; BT-Dr. 12/5952, 43; BT-Dr. 12/7323, 4 (jeweils zu § 62-E).
2 BSG, 27.1.2000, B 12 KR 29/98 R, NZS 2000, 402; Baier in: Krauskopf, § 58 SGB XI Rn. 4; zweifelnd Kreßel in: Wannagat, § 58 SGB XI Rn. 8; vgl. auch allgemein Held, Die Verfassungsmäßigkeit der Arbeitgeberbeiträge zu den Sozialversicherungen (Diss. 2011).

Beitragszuschlag für Kinderlose (Abs. 1 S. 3) sowie dann, wenn entgegen Abs. 2 in dem Land, in dem der Beschäftigungsort liegt, die Anzahl der gesetzlichen landesweiten Feiertage nicht um einen auf einen Werktag fallenden Feiertag vermindert wurde, Abs. 3 S. 1.

IV. Kurzarbeitergeld (Abs. 1 S. 2, Abs. 5 S. 1)

5   Die Beitragslast für gezahltes Kurzarbeitergeld trifft den Arbeitgeber in Durchbrechung des paritätischen Teilungsgrundsatzes aus Abs. 1 S. 1 alleine (Abs. 1 S. 2); Abs. 5 S. 1 verweist dabei auf § 249 Abs. 2, der für den Bereich der gesetzlichen Krankenversicherung eine entsprechende Regelung trifft. Zum Kurzarbeitergeld gehört auch das sog **Saison-Kurzarbeitergeld** (§ 101 SGB III), das das frühere Winterausfallgeld nach §§ 209 ff. SGB III aF abgelöst hat; anders als für das „normale" Kurzarbeitergeld kann der Arbeitgeber für die von ihm allein zu tragenden Beiträge zur Sozialversicherung für Saison-Kurzarbeitergeldbezieher aber auf Antrag Erstattung verlangen, § 102 Abs. 4 SGB III.

V. Kinderlosenzuschlag (Abs. 1 S. 3)

6   Zum 1.1.2005 wurde der Beitragssatz für Kinderlose um 0,25 Beitragssatzpunkte erhöht, § 55 Abs. 3, um damit die gesellschaftliche Solidarität mit Kindererziehenden zu stärken, die neben ihrem monetären Beitrag einen entscheidenden zusätzlichen Beitrag zum Erhalt der Sozialversicherungssysteme leisten.[3] Da der Arbeitgeber weder dafür verantwortlich ist, ob die bei ihm Beschäftigten Kinder haben oder nicht, noch daran etwas ändern kann, ist es sachgerecht, vom Grundsatz (Abs. 1 S. 1) der paritätischen Beitragslastenverteilung abzuweichen und alleine dem Beschäftigten die Beitragslast hinsichtlich dieses Kinderlosenzuschlags nach Abs. 1 S. 3 aufzuerlegen; damit soll zugleich verhindert werden, dass die Lohnnebenkosten weiter ansteigen und sich der Faktor „Arbeit" verteuert.[4]

VI. Aufhebung eines Feiertages und Rechtsfolgen (Abs. 2–4)

7   Die Auferlegung der hälftigen Beitragslast belastet die Arbeitgeber nicht unerheblich. Zum Ausgleich dieser Lasten wurden die Länder aufgefordert (eine rechtliche Verpflichtung war angesichts der Bund-Länder-Kompetenz-Aufteilung nicht möglich),[5] einen stets auf einen Werktag fallenden gesetzlichen landesweiten Feiertag aufzuheben.[6] Bis auf Sachsen sind dem alle Länder durch Abschaffung des Buß- und Bettages nachgekommen.[7] Die zeitliche Wirkung der Feiertagsaufhebung ist in **Abs. 4** geregelt: Tritt das den Feiertag aufhebende Gesetz im laufenden Kalenderjahr vor diesem Feiertag in Kraft, wirkt es unmittelbar schon in diesem Kalenderjahr (S. 1); andernfalls – bei Inkrafttreten nach dem Feiertag – wirkt es erst im folgenden Kalenderjahr.

8   Nur für Beschäftigte, deren Beschäftigungsort (dazu §§ 9, 10 SGB IV) in **Sachsen** liegt, wird daher **Abs. 3 S. 1** relevant.[8] Dadurch wird der Grundsatz der hälftigen Beitragslast insoweit durchbrochen, als die Beschäftigten die Beiträge in Höhe von 1 % alleine tragen müssen; nur in Bezug auf den verbleibenden Rest findet eine hälftige Teilung statt (Abs. 3 S. 3; Ausnahme: Gleitzonentätigkeit, dann Abs. 5 S. 2, → Rn. 10 f.).[9] Nach dem jetzigen Satz von 2,55 % (§ 55 Abs. 1 S. 1) tragen in Sachsen Beschäftigte daher 1,775 %, ihr Arbeitgeber 0,775 %. Etwas anderes gilt nach **Abs. 3 S. 2** für Personen, die nach beamtenrechtlichen Vorschriften oder Grundsätzen bei Krankheit und Pflege Anspruch auf Beihilfe oder Heilfürsorge haben: Weil sie nach § 28 Abs. 2 die jeweils zustehenden Leistungen nur zur Hälfte erhalten, beträgt auch ihr Beitragssatz nur die Hälfte des regulären Beitragssatzes, § 55 Abs. 1 S. 2; dementsprechend müssen Sie auch nur 0,5 % der Beiträge alleine zahlen. Ihre Beiträge betragen daher 0,8875 %, die ihres Arbeitgebers 0,3875 %.

9   Aus Anlass der Feiern zum 500jährigen Jubiläum der Reformation planen einige Bundesländer, 2017 einmalig den Reformationstag zum gesetzlichen Feiertag zu erheben. Durch Abs. 3 S. 4 wird klargestellt, dass sich dadurch der Arbeitnehmeranteil zur Pflegeversicherung nicht erhöhen wird.

---

3   BT-Dr. 15/3671, 5.
4   BT-Dr. 15/3671, 5.
5   Vgl. auch Sächsisches LSG, 10.6.1998, L1 P 1/96, NZS 1999, 142.
6   Höfer in: LPK-SGB XI, § 58 Rn. 2.
7   Bassen in: Udsching, § 58 Rn. 9; Busch/Werner, DÖV 1998, 680.
8   Das BSG hält Abs. 3 für verfassungskonform, BSG, 30.9.1999, B 8 KN 2/98 P R, SozR 3-3300 § 58 Nr. 1; BSG, 27.1.2000, B 12 KR 29/98 R, NZS 2000, 402.
9   Die Regelung ist verfassungskonform nach BVerfG, 18.9.1995, 1 BvR 1456/95, NJW 1995, 3378; BVerfG, 11.6.2003, 1 BvR 190/00, NJW 2003, 3191; Vay in: Krauskopf, § 58 SGB XI Rn. 7.

VII. Gleitzonenregelung (Abs. 5 S. 2)

Abs. 5 S. 2 verweist auf § 249 Abs. 4 aF SGB V, nach dem die Beiträge bei versicherungspflichtig Beschäftigten mit einem monatlichen Arbeitsentgelt innerhalb der Gleitzone nach § 20 Abs. 2 SGB IV vom Arbeitgeber in Höhe der Hälfte des Betrages, der sich ergibt, wenn der allgemeine oder ermäßigte Beitragssatz der Krankenkasse auf das der Beschäftigung zugrunde liegende Arbeitsentgelt angewendet wird, im Übrigen aber vom Versicherten zu tragen ist. Der Gesetzgeber hat insoweit versäumt, den Verweis auf die Änderung des § 249 SGB V anzupassen. Abs. 5 S. 2 muss daher als Verweisung auf § 249 Abs. 3 SGB V nF gelesen werden.

Die Regelung (§ 249 Abs. 3 SGB V nF) gilt – mit Ausnahme dessen, dass statt des Beitragssatzes der Krankenkasse auf den der Pflegeversicherung abzustellen ist – uneingeschränkt in den Bundesländern (das sind alle außer Sachsen, → Rn. 11), in denen entsprechend Abs. 2 ein Feiertag gestrichen wurde. Die Gleitzone liegt vor, wenn das aus dem Beschäftigungsverhältnis – bei mehreren Beschäftigungsverhältnissen das insgesamt erzielte Arbeitsentgelt maßgebend – erzielte Arbeitsentgelt **zwischen 450,01 EUR und 850,00 EUR im Monat** liegt und die Grenze von 850,00 EUR im Monat regelmäßig nicht überschreitet. Charakteristikum dieser Gleitzone ist, dass der Arbeitgeber zwar den regulären Beitragsanteil trägt (die Berechnung seines Beitragsanteils folgt daher den normalen Regeln), der Arbeitnehmer aber nur einen sukzessive innerhalb der Gleitzone gleitend ansteigenden Anteil, § 57 iVm §§ 226 Abs. 4, 249 Abs. 3 SGB V nF. Damit wird verhindert, dass der Beitragssatz des Versicherten von 0 % (im Bereich der geringfügigen Beschäftigung) auf den vollen Beitragssatz durch die Überschreitung der Grenze von 450,00 EUR „schnellt".[10] Weil deshalb der Arbeitgeber einen größeren Beitragsanteil als der Arbeitnehmer zu tragen hat, stellt auch Abs. 5 S. 2 iVm § 249 Abs. 3 SGB V nF eine Durchbrechung des Grundsatzes aus Abs. 1 S. 1 dar.

Da Sachsen der Pflicht aus Abs. 2 nicht nachkam, wird § 249 Abs. 3 SGB V nF für Personen mit Beschäftigungsort (§§ 9, 10 SGB IV) in Sachsen dahin gehend modifiziert, dass für die Berechnung des Beitragsanteils des Arbeitgebers ein Beitragssatz in Höhe von 0,7 % Anwendung findet; da die Beiträge nach § 55 Abs. 1 S. 1 auf 2,55 % erhöht wurden, und bei einer strikt hälftigen Teilung der Arbeitgeber also eigentlich 2,55 % : 2 = 1,275 % zu tragen hätte, bewirkt diese Regelung eine Entlastung des Arbeitgebers und – spiegelbildlich – eine Belastung des Beschäftigten.

VIII. Abdingbarkeit

§ 58 ist insoweit **zwingend**, als **nicht zulasten des Beschäftigten** davon abgewichen werden darf, vgl. auch § 32 SGB I.[11] Umgekehrt kann aber eine höhere oder gar vollständige Beitragstragung durch den Arbeitgeber durchaus vereinbart werden.[12]

IX. Geplante Änderung durch das Blut- und Gewebegesetz

Der Bundestag hat am 1.6.2017 das Gesetz zur Fortschreibung der Vorschriften für Blut- und Gewebezubereitungen und zur Änderung anderer Vorschriften verabschiedet,[13] das sich ein Tag nach seiner Verkündung wie folgt auf § 58 auswirken soll:

In Absatz 5 Satz 2 soll der zwischenzeitlich rein formal leergehende Verweis auf § 249 Abs. 4 SGB V (→ Rn. 10) korrigiert werden, indem der Verweis künftig auf den dortigen Abs. 3 lautet. Eine inhaltliche Änderung ist damit nicht verbunden.

Im selben Satz sollen die Worte „in Höhe von 0,7 vom Hundert" durch „in Höhe des um einen Prozentpunkt verminderten Beitragssatzes der Pflegeversicherung" ersetzt werden. Mit dieser neuen Regelung soll eine Anpassung des Beitragsanteils für Arbeitgeber von Beschäftigen in der Gleitzone an geltenden Beitragssatz in der sozialen Pflegeversicherung erfolgen. Damit wird mittelbar auch der Beitragsanteil der betroffenen Beschäftigten geregelt. Allerdings wirkt sich diese Neuerung nur auf Arbeitgeber in Sachsen aus (→ Rn. 11). Der Arbeitgeber in Sachsen trägt fortan also stets denselben Beitragssatz, wie er ihn auch außerhalb der Gleitzone tragen würde (→ Rn. 8; unter Zugrundelegung des Beitragssatzes für 2017 derzeit 0,775 %), während der Arbeitnehmeranteil sich innerhalb der Gleitzone steigert.

---

10 Hebeler in: LPK-SGB V, § 226 Rn. 8.
11 Höfer in: LPK-SGB XI, § 58 Rn. 5.
12 Baier in: Krauskopf, § 58 SGB XI Rn. 4.
13 BR-Dr. 456/17 v. 16.6.2017.

§ 59 Beitragstragung bei anderen Mitgliedern

(1) ¹Für die nach § 20 Abs. 1 Satz 2 Nr. 2 bis 12 versicherten Mitglieder der sozialen Pflegeversicherung, die in der gesetzlichen Krankenversicherung pflichtversichert sind, gelten für die Tragung der Beiträge die § 250 Abs. 1 und 3 und § 251 des Fünften Buches sowie § 48 des Zweiten Gesetzes über die Krankenversicherung der Landwirte entsprechend; die Beiträge aus der Rente der gesetzlichen Rentenversicherung sind von dem Mitglied allein zu tragen. ²Bei Beziehern einer Rente nach dem Gesetz über die Alterssicherung der Landwirte, die nach § 20 Abs. 1 Satz 2 Nr. 3 versichert sind, und bei Beziehern von Produktionsaufgaberente oder Ausgleichsgeld, die nach § 14 Abs. 4 des Gesetzes zur Förderung der Einstellung der landwirtschaftlichen Erwerbstätigkeit versichert sind, werden die Beiträge aus diesen Leistungen von den Beziehern der Leistung allein getragen.

(2) ¹Die Beiträge für Bezieher von Krankengeld werden von den Leistungsbeziehern und den Krankenkassen je zur Hälfte getragen, soweit sie auf das Krankengeld entfallen und dieses nicht in Höhe der Leistungen der Bundesagentur für Arbeit zu zahlen ist, im übrigen von den Krankenkassen; die Beiträge werden auch dann von den Krankenkassen getragen, wenn das dem Krankengeld zugrunde liegende monatliche Arbeitsentgelt 450 Euro nicht übersteigt. ²Die Beiträge für Bezieher von Krankengeld nach § 44 a des Fünften Buches oder für den Ausfall von Arbeitseinkünften im Zusammenhang mit einer nach den §§ 8 und 8 a des Transplantationsgesetzes erfolgenden Spende von Organen oder Geweben oder im Zusammenhang mit einer im Sinne von § 9 des Transfusionsgesetzes erfolgenden Spende von Blut zur Separation von Blutstammzellen oder anderen Blutbestandteilen sind von der Stelle zu tragen, die die Leistung erbringt; wird die Leistung von mehreren Stellen erbracht, sind die Beiträge entsprechend anteilig zu tragen.

(3) ¹Die Beiträge für die nach § 21 Nr. 1 bis 5 versicherten Leistungsempfänger werden vom jeweiligen Leistungsträger getragen. ²Beiträge auf Grund des Leistungsbezugs im Rahmen der Kriegsopferfürsorge gelten als Aufwendungen für die Kriegsopferfürsorge.

(4) ¹Mitglieder der sozialen Pflegeversicherung, die in der gesetzlichen Krankenversicherung freiwillig versichert sind, sowie Mitglieder, deren Mitgliedschaft nach § 49 Abs. 2 Satz 1 erhalten bleibt oder nach den §§ 26 und 26 a freiwillig versichert sind, und die nach § 21 Nr. 6 versicherten Soldaten auf Zeit tragen den Beitrag allein. ²Abweichend von Satz 1 werden
1. die auf Grund des Bezuges von Verletztengeld, Versorgungskrankengeld oder Übergangsgeld zu zahlenden Beiträge von dem zuständigen Rehabilitationsträger,
2. die Beiträge für satzungsmäßige Mitglieder geistlicher Genossenschaften, Diakonissen und ähnliche Personen einschließlich der Beiträge bei einer Weiterversicherung nach § 26 von der Gemeinschaft

allein getragen.

(5) Den Beitragszuschlag für Kinderlose nach § 55 Abs. 3 trägt das Mitglied.

I. Entstehungsgeschichte

1 Geschaffen wurde § 59 durch Art. 1 Pflege-Versicherungsgesetz vom 26.5.1994 (BGBl. I, 1014); er trat zum 1.1.1995 in Kraft.¹
§ 59 wurde geändert durch:
- Art. 6 Nr. 2 AgrarsozialreformG vom 29.7.1994 (BGBl. I, 1890),
- Art. 4 SGB VI-ÄndG vom 15.12.1995 (BGBl. I, 1824),
- Art. 10 Nr. 7 AGRG vom 24.3.1997 (BGBl. I, 594),
- Art. 7 Rentenreformgesetz 1999 vom 16.12.1997 (BGBl. I, 2998),
- Art. 1 Nr. 6 c PflEG vom 14.12.2001 (BGBl. I, 3728),
- Art. 6 des Zweiten SGB VI-Änderungsgesetzes vom 27.12.2003 (BGBl. I, 3013),
- Art. 1 Nr. 4 KiBG vom 12.12.2004 (BGBl. I, 3448),
- Art. 8 Nr. 29 GKV-WSG vom 26.3.2007 (BGBl. I, 378),
- Art. 2 c Nr. 2 Gesetz zur Änderung des Transplantationsgesetzes vom 21.7.2012 (BGBl. I, 1601),
- Art. 5 Nr. 2 Gesetz zur Änderungen im Bereich der geringfügigen Beschäftigung vom 5.12.2012 (BGBl. I, 2474) sowie

---

1 BT-Dr. 12/5262, 27 f., 126 f. (§§ 62 Abs. 2, 3, 5, 63, 64-E); BT-Dr. 12/5920, 53 (§ 55-E); BT-Dr. 12/7323, 4 (§ 55-E).

- Art. 5 Nr. 2 Gesetz zur Stärkung der Versorgung in der gesetzlichen Krankenversicherung (GKV-VSG), vom 16.7.2015 (BGBl. I, 1211) mWv 23.7.2015.

II. Normzweck und Norminhalt

Die Frage, wer die Beitragslast für die Beiträge zur sozialen Pflegeversicherung zu tragen hat, regelt § 58 nur für die nach § 20 Abs. 1 S. 2 Nr. 1, 13 Versicherten. § 59 schließt die sich daraus ergebenden Lücken, dh für die nach § 20 Abs. 1 S. 2 Nr. 2–12 Versicherten (Abs. 1 S. 1), für die Bezieher von **Krankengeld** (Abs. 2), für die versicherten **Leistungsempfänger** des § 21 Nr. 1–5 (Abs. 3) sowie für Mitglieder der sozialen Pflegeversicherung, die freiwillig in der gesetzlichen Krankenversicherung versichert sind (Abs. 4). Die **Beitrags**tragung betrifft die Frage, wer wirtschaftlich für die Beiträge zur sozialen Pflegeversicherung einzustehen hat. Von ihr ist die in § 60 geregelte **Beitrags**zahlung zu unterscheiden, die regelt, wer die Beiträge an die Einzugsstelle abführen muss, also mit anderen Worten, wer Beitrags*schuldner* ist (→ § 58 Rn. 2).

III. Nach § 20 Abs. 1 S. 2 Nr. 2–12 Versicherte

Anders als bei den unter § 58 fallenden Versicherten gilt für die von § 59 erfassten Versicherten nicht der Grundsatz der hälftigen Beitragstragung. Wer bei ihnen die Beitragslast zu tragen hat, entscheidet sich durch einen Verweis auf §§ 250 Abs. 1, 3, 251 SGB V, 48 KVLG 1989. Unter Abs. 1 können auch Versicherte nach § 20 Abs. 1 S. 2 Nr. 1 fallen, wenn sie andere Beiträge als Arbeitsentgelt beziehen, zB Renten oder Versorgungsbezüge.[2]

Im Einzelnen gilt nach Abs. 1:
- Bei Beziehern von **Arbeitslosengeld I** (§ 20 Abs. 1 S. 2 Nr. 2) trägt nach § 251 Abs. 4a die Bundesagentur für Arbeit die Beiträge. Das gilt auch für Mitglieder der privaten Pflegeversicherung, § 174 Abs. 1 SGB III.
- Der Bund trägt die Beiträge für die Bezieher von **Arbeitslosengeld II**, §§ 20 Abs. 1 S. 2 **Nr. 2 a** SGB XI, 251 Abs. 4 Hs. 2 SGB V.
- Landwirte tragen ihre Beiträge sowie die der mitarbeitenden Familienangehörigen (§ 20 Abs. 1 S. 2 Nr. 3) alleine, §§ 47, 48 KVLG 1989. Die Anwendbarkeit des § 47 KVLG 1989 wird zwar in Abs. 1 nicht unmittelbar angeordnet, man wird aber von einem durch Analogie zu schließenden Regelungsversehen des Gesetzgebers ausgehen können, weil auch im Übrigen die Beitragstragung in der sozialen Pflegeversicherung meist derjenigen der Krankenversicherung folgt.[3]
- Beiträge für Renten aus der **Alterssicherung von Landwirten** und von Beziehern von Produktionsaufgaberenten und Ausgleichsgeld tragen die Bezieher dieser Leistungen allein, **Abs. 1 S. 2**.
- Bei **selbstständigen Künstlern und Publizisten** (§ 20 Abs. 1 S. 2 Nr. 4) trägt die Künstlersozialkasse die Beiträge, § 251 Abs. 3 S. 1 SGB V. Die Künstlersozialkasse hat aber nach § 16 Abs. 1 S. 1 KSVG gegen das Mitglied einen Anspruch in Höhe des halben Beitrags. Gerät der Versicherte mit einem Betrag in Höhe von Beitragsanteilen für zwei Monate in Rückstand, stellt die Künstlersozialkasse das Ruhen der Leistungen fest (§§ 16 a Abs. 2, 16 Abs. 2 KSVG); infolge dessen entfällt für die Zeit des Ruhens grundsätzlich ihre Pflicht zur Entrichtung des Beitrages, § 251 Abs. 3 S. 2 SGB V.
- Bei Personen, die in **Einrichtungen der Jugendhilfe**, in Berufsbildungswerken oder ähnlichen Einrichtungen für behinderte Menschen für eine Erwerbstätigkeit befähigt werden sollen (§ 20 Abs. 1 S. 2 Nr. 5), trägt der Träger der Einrichtung den Beitrag alleine, § 251 Abs. 2 S. 1 Nr. 1 SGB V.
- Der zuständige Rehabilitationsträger trägt nach § 251 Abs. 1 SGB V die Beiträge bei Teilnehmern an **Leistungen zur Teilhabe am Arbeitsleben** (§ 20 Abs. 1 S. 2 Nr. 6); gleiches gilt für die Bezieher von Übergangsgeld, Verletztengeld oder Versorgungskrankengeld.
- Wer als behinderter **Menschen** in anerkannten Werkstätten für Behinderte (§ 142 SGB IX) oder Blindenwerkstätten oder für diese Einrichtungen in Heimarbeit tätig wird (§ 20 Abs. 1 S. 2 **Nr. 7**), für den trägt der Träger der Einrichtung den Beitrag alleine, soweit das tatsächliche Arbeitsentgelt den nach § 235 Abs. 3 maßgeblichen Mindestbetrag nicht übersteigt, § 251 Abs. 2 S. 1 Nr. 2 Hs. 1 SGB V; hinsichtlich des übersteigenden Betrages findet nach § 249 Abs. 1 S. 1 SGB V eine hälftige Teilung der Beitragstragungslast statt, § 251 Abs. 2 S. 1 Nr. 2 Hs. 2 SGB V.

---

2 Höfer in: LPK-SGB XI, § 59 Rn. 5.
3 Peters in: KassKomm, § 59 SGB XI Rn. 8; Höfer in: LPK-SGB XI, § 59 Rn. 7.

- Das für Menschen in anerkannten Werkstätten für Behinderte Gesagte gilt gleichermaßen für **behinderte Menschen, die in Anstalten, Heimen** oder gleichartigen Einrichtungen eine Leistung erbringen, die (mindestens) einem Fünftel der Leistung eines voll erwerbsfähigen Beschäftigten in gleichartiger Beschäftigung entspricht, § 20 Abs. 1 S. 2 **Nr. 8**.
- Eingeschriebene **Studenten, Praktikanten** und **Auszubildende** (§ 20 Abs. 1 S. 2 **Nr. 9, 10**) tragen nach §§ 250 Abs. 1 Nr. 3, 236 Abs. 1 SGB V den Beitrag alleine.
- **Rentner** (§ 20 Abs. 1 S. 2 **Nr. 11**) tragen ihre Beiträge alleine, Abs. 1 S. 1 Hs. 2;[4] der eine hälftige Beitragstragung anordnende § 249 a ist seit dem 1.4.2004 nicht mehr anwendbar.
- Personen, die bislang **keine Absicherung im Krankheitsfall** hatten (§ 20 Abs. 1 S. 2 **Nr. 12**), tragen nach § 250 Abs. 3 SGB V grundsätzlich die Beiträge alleine. Etwas anderes gilt allerdings für die aus Arbeitsentgelt zu tragenden Beiträge. Hier gilt aber nur § 249 SGB V, nicht auch § 249 a SGB V, weil der Arbeitgeber in der sozialen Pflegeversicherung keinen Pauschalbeitrag zu leisten hat.[5] Problematisch ist, was für aus Renten aus der gesetzlichen Rentenversicherung zu tragenden Beiträge gilt. Über den nach § 250 Abs. 3 SGB V anwendbaren § 249 a SGB V würde eigentlich eine hälftige Beitragsteilung erfolgen; dagegen spricht aber die Regelung des Abs. 1 S. 1 Hs. 2. Letztere geht richtigerweise als lex specialis vor, so dass auch unter § 20 Abs. 1 S. 2 Nr. 12 fallende Personen die aus Renten aus der gesetzlichen Rentenversicherung folgenden Beiträgen alleine zu tragen haben, weil sie anderenfalls sachlich ungerechtfertigt gegenüber anderen versicherungspflichtigen Mitgliedern mit Rentenbezug bevorzugt würden.[6]

4 Keine Regelung wurde für **Wehr- und Zivildienstleistende** getroffen; angesichts der Abschaffung der Wehrpflicht[7] ist das für die Zukunft nicht mehr von Bedeutung. Für die Vergangenheit gilt: War der Wehr-/Zivildienstleistende vor Dienstbeginn per Familienversicherung versichert, stellte sich das Problem der Beitragslast nicht, weil in diesem Fall die Familienversicherung nach § 25 Abs. 4 fortbestand.[8] Im Übrigen konnte man analog §§ 193 Abs. 1, 249 Abs. 1 S. 1 SGB V von einer hälftigen Tragung durch Arbeitgeber und Versicherten ausgehen, soweit während des Dienstes weiter Entgelt vom Arbeitgeber gezahlt wurde. Für andere Pflichtversicherte trug der Bund nach §§ 193 Abs. 2, 251 Abs. 4 SGB IV die Beitragslast, freiwillig Versicherte hingegen trugen ihre Beiträge richtigerweise selbst, Abs. 4 S. 1.[9]

IV. Krankengeld (Abs. 2)[10]

5 Bei Bezug von **Krankengeld** (§§ 44 ff. SGB V) besteht das Versicherungsverhältnis fort, § 49 Abs. 2 SGB XI iVm § 192 Abs. 1 Nr. 2 Alt. 1 SGB V. Die Beitragstragungslast verteilt Abs. 2 S. 1 – auch für versicherungspflichtige Beschäftigte iSv § 20 Abs. 1 S. 2 Nr. 1[11] – dergestalt, dass der auf das Krankengeld entfallende Anteil hälftig von Bezieher und Krankenkasse zu tragen ist; das entspricht den Regelungen für die gesetzliche Renten- und Arbeitslosenversicherung (§ 170 Abs. 1 Nr. 2 SGB VI, § 347 Nr. 5 lit. b SGB III). Die Krankenkasse trägt die Beitragslast alleine, wenn das Krankengeld anstelle von Arbeitslosengeld I oder Unterhaltsgeld gezahlt wird (§ 47 b SGB V). Gleiches gilt, wenn der Krankengeldanspruch EUR 450 nicht übersteigt, Abs. 2 S. 1 Hs. 2;[12] die frühere Bestimmung des Abs. 2 S. 1 Hs. 2, nach der die Überschreitung eines Siebtels der monatlichen Bezugsgröße (§ 18 SGB IV) maßgeblich war, wurde durch Art. 5 Nr. 2 des Gesetzes zur Änderungen im Bereich der geringfügigen Beschäftigung vom 5.12.2012 (BGBl. I, 2474) geändert; der Gesetzgeber wollte damit die Grenze für die alleinige Beitragstragung mit der bei den übrigen Sozialversicherungszweigen bestehenden harmonisieren und zugleich die ohnehin gängige Verwaltungspraxis, die auch im Rahmen der Pflegeversicherung auf den (damaligen) Grenzwert von 400 EUR abstellte, normieren.[13]

---

4 Das ist verfassungskonform, BSG, 29.11.2006, B 12 RJ 4/05 R, SozR 4-3300 § 59 Nr. 1; LSG Bln-Bbg, 15.10.2008, L 3 R 1587/07, nv; LSG Saarl, 9.2.2007, L 7 R 40/06, nv; vgl. auch Bernsdorf, SGb 2011, 121.
5 Peters in: KassKomm, § 59 SGB XI Rn. 17; Höfer in: LPK-SGB XI, § 59 Rn. 15.
6 Peters in: KassKomm, § 59 SGB XI Rn. 17; Höfer in: LPK-SGB XI, § 59 Rn. 16 a.
7 Vgl. § 204 SGB V Rn. 3.
8 Höfer in: LPK-SGB XI, § 59 Rn. 16.
9 Vgl. zur Diskussion, ob auf solche Versicherten § 250 Abs. 2 oder § 251 Abs. 4 SGB V anwendbar ist, § 250 SGB V Rn. 3.
10 Vgl. zu versicherungs-, beitrags- und melderechtlichen Aspekten des Krankengeldes Sinnigen, SF-Medien Nr. 151, 47.
11 Höfer in: LPK-SGB XI, § 59 Rn. 17; Baier in: Krauskopf, § 59 SGB XI Rn. 7.
12 Bassen in: Udsching, § 59 Rn. 15.
13 BT-Dr. 17/10773, 15 f.

Nach **Abs. 2 S. 2 Hs. 1** sind die Beiträge für Bezieher von Krankengeld nach § 44a SGB V von der Krankenkasse des Spendenempfängers alleine zu tragen. Wenn bei einer Organ- oder Gewebespende oder einer Spende von Blut zur Separation von Blutstammzellen oder anderen Blutbestandteilen an einen privat krankenversicherten Empfänger anstelle von Krankengeld nach § 44a SGB die ausgefallenen Arbeitseinkünfte von einem privaten Krankenversicherungsunternehmen, von einem Beihilfeträger des Bundes, von einem sonstigen öffentlich-rechtlichen Träger von Kosten in Krankheitsfällen auf Bundesebene, von dem Träger der Heilfürsorge im Bereich des Bundes, von dem Träger der truppenärztlichen Versorgung oder von einem öffentlich-rechtlichen Träger von Kosten in Krankheitsfällen auf Landesebene – soweit das Landesrecht das vorsieht –, erstattet werden, sind die Beiträge aber entsprechend im Einzelfall anteilig zu tragen.[14]

V. Empfänger von Leistungen nach § 21 Nr. 1–5 (Abs. 3)

Abs. 3 bezieht sich auf Mitglieder in der sozialen Pflegeversicherung, die – obwohl sie nicht in der gesetzlichen Krankenversicherung versichert sind – in der sozialen Pflegeversicherung pflichtversichert sind.[15] Die Beiträge für Personen, die nach dem **Bundesversorgungsgesetz**, dem **Lastenausgleichsgesetz**, dem **Reparationsschädensgesetz**, dem **Flüchtlingshilfegesetz**, dem **SGB VIII** oder dem **Bundesentschädigungsgesetz** bestimmte Leistungen erhalten (näher dazu § 21 Nr. 1–5), werden vom jeweiligen Leistungsträger (vgl. § 50 Abs. 2) alleine getragen, Abs. 3 S. 1. Motiviert ist diese Verteilung der Beitragstragungslast durch soziale Erwägungen.[16] Die von Abs. 3 nicht erfassten Zeitsoldaten (§ 21 Nr. 6) fallen unter Abs. 4 S. 1 (→ Rn. 9). Die Regelung in Abs. 3 S. 2 hat nur Bedeutung für die Verteilung der Lasten zwischen Bund und Ländern im Rahmen der Kriegsopferfürsorge.[17]

VI. Weitere Mitglieder der sozialen Pflegeversicherung (Abs. 4)

Abs. 4 regelt die Beitragstragungslast bei den nicht durch § 58 bzw. § 59 Abs. 1–3 erfassten Mitgliedern der sozialen Pflegeversicherung; er ist daher insoweit **subsidiär**, als zB die eigentlich von ihm erfassten Krankengeldbezieher nicht unter ihn, sondern unter Abs. 2 fallen. Zu den Mitgliedern, deren Mitgliedschaft nach § 49 Abs. 2 S. 1 erhalten bleiben, gehören wegen § 189 SGB V vor allem Rentenantragssteller ohne Rentenanspruch sowie Schwangere wegen § 192 Abs. 2 SGB V bzw. § 25 Abs. 2 KVLG 1989.[18] Die unter Abs. 4 fallenden Versicherten tragen im Grundsatz den Beitrag alleine (Abs. 4 S. 1), soweit es sich allerdings um Beschäftigte handelt, können sie von ihrem Arbeitgeber nach § 60 Abs. 1 S. 1 einen Beitragszuschuss verlangen, der auf den Betrag begrenzt ist, den der Arbeitgeber nach § 58 zu tragen hätte.

Der Grundsatz des Abs. 4 S. 1 wird durch die Fälle des Abs. 4 S. 2 durchbrochen: Nach **Nr. 1** trägt der Rehabilitationsträger für Mitglieder, deren Mitgliedschaft nach § 49 Abs. 2 SGB XI iVm § 192 Abs. 1 Nr. 3 SGB V fortbesteht, die wegen des Leistungsbezugs zu entrichtenden Beiträge alleine; für die aus anderen beitragspflichtigen Einkünften zu leistende Beiträge gelten die allgemeinen Regelungen.[19] Nach **Nr. 2** trägt die Gemeinschaft die Beiträge der Diakonissen usw alleine. Der Gesetzgeber rechtfertigt dies damit, dass solche Personen regelmäßig nur ein geringes Entgelt sowie freie Kost und Logis erhalten.[20]

VII. Kinderlosenbeitragszuschlag (Abs. 5)

Nach Abs. 5 trägt das Mitglied den Beitragszuschlag für Kinderlose nach § 55 Abs. 3 stets alleine.[21] Das gilt unabhängig davon, ob die Kinderlosigkeit auf medizinischen Gründen oder auf freiem Entschluss des Paares beruht.[22] Abs. 5 ist damit **lex specialis** zu Abs. 1–4.[23] Er gilt zB auch für in einer

---

14 BT-Dr. 17/9773, 42.
15 Höfer in: LPK-SGB XI, § 59 Rn. 18.
16 BT-Dr. 12/5952, 43 (zu § 55-E).
17 Bassen in: Udsching, § 59 Rn. 17.
18 Höfer in: LPK-SGB XI, § 59 Rn. 19.
19 Vay in: Krauskopf, § 59 SGB XI Rn. 18.
20 BT-Dr. 12/5262, 127 (zu § 63 Abs. 9-E).
21 Abs. 5 ist verfassungskonform, BSG, 5.5.2010, B 12 KR 14/09 R, NZS 2011, 263, 266.
22 BSG, 27.2.2008, B 12 P 2/07 R, SozR 4-3300 § 55 Nr. 2.
23 BSG, 5.5.2010, B 12 KR 14/09 R, NZS 2011, 263; Peters in: KassKomm, § 59 SGB XI Rn. 27; Höfer in: LPK-SGB XI, § 59 Rn. 23.

Werkstatt für behinderte Menschen beschäftigte behinderte Menschen.[24] Mittels Abs. 5 soll verhindert werden, dass Dritte, die für die fehlende Kindererziehung/-betreuung nicht verantwortlich gemacht werden können, mit einer Beitragslast hierfür belastet werden.[25]

§ 60 Beitragszahlung

(1) [1]Soweit gesetzlich nichts Abweichendes bestimmt ist, sind die Beiträge von demjenigen zu zahlen, der sie zu tragen hat. [2]§ 252 Abs. 1 Satz 2, die §§ 253 bis 256a des Fünften Buches und § 49 Satz 2, die §§ 50 und 50a des Zweiten Gesetzes über die Krankenversicherung der Landwirte gelten entsprechend. [3]Die aus einer Rente nach dem Gesetz über die Alterssicherung der Landwirte und einer laufenden Geldleistung nach dem Gesetz zur Förderung der Einstellung der landwirtschaftlichen Erwerbstätigkeit zu entrichtenden Beiträge werden von der Alterskasse gezahlt; § 28g Satz 1 des Vierten Buches gilt entsprechend.

(2) [1]Für Bezieher von Krankengeld zahlen die Krankenkassen die Beiträge; für den Beitragsabzug gilt § 28g Satz 1 des Vierten Buches entsprechend. [2]Die zur Tragung der Beiträge für die in § 21 Nr. 1 bis 5 genannten Mitglieder Verpflichteten können einen Dritten mit der Zahlung der Beiträge beauftragen und mit den Pflegekassen Näheres über die Zahlung und Abrechnung der Beiträge vereinbaren.

(3) [1]Die Beiträge sind an die Krankenkassen zu zahlen; in den in § 252 Abs. 2 Satz 1 des Fünften Buches geregelten Fällen sind sie an den Gesundheitsfonds zu zahlen, der sie unverzüglich an den Ausgleichsfonds weiterzuleiten hat. [2]Die nach Satz 1 eingegangenen Beiträge zur Pflegeversicherung sind von der Krankenkasse unverzüglich an die Pflegekasse weiterzuleiten. [3]In den Fällen des § 252 Absatz 2 Satz 1 des Fünften Buches ist das Bundesversicherungsamt als Verwalter des Gesundheitsfonds, im Übrigen sind die Pflegekassen zur Prüfung der ordnungsgemäßen Beitragszahlung berechtigt; § 251 Absatz 5 Satz 3 bis 7 des Fünften Buches gilt entsprechend. [4]§ 24 Abs. 1 des Vierten Buches gilt. [5]§ 252 Abs. 3 des Fünften Buches gilt mit der Maßgabe, dass die Beiträge zur Pflegeversicherung den Beiträgen zur Krankenversicherung gleichstehen.

(4) [1]Die Deutsche Rentenversicherung Bund leitet alle Pflegeversicherungsbeiträge aus Rentenleistungen der allgemeinen Rentenversicherung am fünften Arbeitstag des Monats, der dem Monat folgt, in dem die Rente fällig war, an den Ausgleichsfonds der Pflegeversicherung (§ 65) weiter. [2]Werden Rentenleistungen am letzten Bankarbeitstag des Monats ausgezahlt, der dem Monat vorausgeht, in dem sie fällig werden (§ 272a des Sechsten Buches), leitet die Deutsche Rentenversicherung Bund die darauf entfallenden Pflegeversicherungsbeiträge am fünften Arbeitstag des laufenden Monats an den Ausgleichsfonds der Pflegeversicherung weiter.

(5) [1]Der Beitragszuschlag nach § 55 Abs. 3 ist von demjenigen zu zahlen, der die Beiträge zu zahlen hat. [2]Wird der Pflegeversicherungsbeitrag von einem Dritten gezahlt, hat dieser einen Anspruch gegen das Mitglied auf den von dem Mitglied zu tragenden Beitragszuschlag. [3]Dieser Anspruch kann von dem Dritten durch Abzug von der an das Mitglied zu erbringenden Geldleistung geltend gemacht werden.

(6) Wenn kein Abzug nach Absatz 5 möglich ist, weil der Dritte keine laufende Geldleistung an das Mitglied erbringen muss, hat das Mitglied den sich aus dem Beitragszuschlag ergebenden Betrag an die Pflegekasse zu zahlen.

(7) [1]Die Beitragszuschläge für die Bezieher von Arbeitslosengeld, Unterhaltsgeld und Kurzarbeitergeld, Ausbildungsgeld, Übergangsgeld und, soweit die Bundesagentur beitragszahlungspflichtig ist, für Bezieher von Berufsausbildungsbeihilfe nach dem Dritten Buch werden von der Bundesagentur für Arbeit pauschal in Höhe von 20 Millionen Euro pro Jahr an den Ausgleichsfonds der Pflegeversicherung (§ 66) überwiesen. [2]Die Bundesagentur für Arbeit kann mit Zustimmung des Bundesministeriums für Arbeit und Soziales hinsichtlich der übernommenen Beträge Rückgriff bei den genannten Leistungsbeziehern nach dem Dritten Buch nehmen. [3]Die Bundesagentur für Arbeit kann mit dem Bundesversicherungsamt Näheres zur Zahlung der Pauschale vereinbaren.

---

24 BSG, 5.5.2010, B 12 KR 14/09 R, NZS 2011, 263; dazu Marburger, jurisPR-SozR 2/2011 Anm. 3; SG Gießen, 11.1.2007, S 15 KR 316/05, nv.
25 BT-Dr. 15/3671, 7.

I. Entstehungsgeschichte	1
II. Normzweck und Normübersicht	2
III. Grundsatz: Beitragszahlung folgt Beitragstragung (Abs. 1 S. 1)	3
IV. Durchbrechungen des Grundsatzes	4
1. Arbeitslosengeld II (Abs. 1 S. 2)	5
2. Arbeitsentgelt (Abs. 2 S. 2)	6
3. Versicherungspflichtige Studenten (Abs. 1 S. 2)	7
4. Beiträge aus Renten (Abs. 1 S. 2)	8
5. Beiträge aus Versorgungsbezügen (Abs. 1 S. 2)	10
6. Beiträge aus Renten und Versorgungsbezügen von versicherungspflichtigen Mitgliedern der landwirtschaftlichen Krankenkassen (Abs. 1 S. 2)	11
7. Erlass von Beitragsrückständen/Säumniszuschlägen (Abs. 1 S. 2)	12
8. Beiträge aus der Alterssicherung der Landwirte (Abs. 1 S. 3)	13
9. Beiträge aus Krankengeld (Abs. 2 S. 1)	14
10. Beiträge für nach § 21 Nr. 1–5 Versicherte (Abs. 2 S. 2)	15
11. Beitragszuschlag für Kinderlose (Abs. 5–7)	16
V. Beitragsgläubiger und ihre Pflichten (Abs. 3)	19
VI. Beitragsweiterleitung durch die Deutsche Rentenversicherung Bund (Abs. 4)	24

I. Entstehungsgeschichte

§ 60 wurde durch Art. 1 Pflege-Versicherungsgesetz vom 26.5.1994 (BGBl. I, 1014) geschaffen und trat zum 1.1.1995 in Kraft.[1]   **1**

§ 60 wurde **geändert** durch:
- Art. 6 Nr. 3 ASRG 1995 vom 29.7.1994 (BGBl. I, 1890),
- Art. 10 Nr. 8 AFRG vom 24.3.1997 (BGBl. I, 594, 696),
- Art. 12 HZvNG vom 21.6.2002 (BGBl. I, 2167),
- Art. 4 des Dritten Gesetzes zur Änderung des Sechsten Buches SGB und anderer Gesetze vom 27.12.2003 (BGBl. I, 3019),
- Art. 10 Nr. 4 RVOrgG vom 9.12.2004 (BGBl. I, 3242),
- Art. 1 Nr. 5 Kinder-Berücksichtigungsgesetz (KiBG) vom 15.12.2004 (BGBl. I, 3448),
- Art. 7 des Gesetzes zur Fortentwicklung der Grundsicherung für Arbeitsuchende vom 20.7.2006 (BGBl. I, 1706),
- Art. 8 Nr. 3 lit. b des Gesetzes zur Förderung ganzjähriger Beschäftigung vom 24.4.2006 (BGBl. I, 926),
- Art. 8 Nr. 30, Art. 36 Abs. 10 GKV-WSG vom 26.3.2007 (BGBl. I, 378),
- Art. 2 a Nr. 1 GKV-OrgWG vom 15.12.2008 (BGBl. I, 2426),
- Art. 2 a Gesetz zur Beseitigung sozialer Überforderung bei Beitragsschulden in der Krankenversicherung vom 15.7.2013 (BGBl. I, 2423) sowie
- Art. 5 Nr. 3 Gesetz zur Stärkung der Versorgung in der gesetzlichen Krankenversicherung (GKV-VSG) vom 16. Juli 2015 (BGBl. I, 1211) mWv 1.1.2016.

II. Normzweck und Normübersicht

§ 60 regelt, wer die Beiträge zur sozialen Pflegeversicherung **zu zahlen** hat. Die Beitragszahlung ist von   **2**
der Beitragstragung zu unterscheiden. Bei der Beitragstragung geht es um die Frage, wer im wirtschaftlichen Ergebnis für die Beiträge zur sozialen Pflegeversicherung einzustehen hat, m.a.W. die Beitrags*last* zu tragen hat. § 60 bestimmt hingegen, wer die Beiträge an die Einzugsstelle abführen muss, dh – anders ausgedrückt – wer Beitrags*schuldner* ist. Abs. 1 S. 1 enthält dabei den Grundsatz „Beitragszahlung folgt Beitragstragung" und entspricht somit § 252 Abs. 1 S. 1 SGB V in der gesetzlichen Krankenversicherung; folgerichtig wird in Abs. 1 S. 2 auf die Mehrzahl der Vorschriften aus dem Bereich der §§ 252 ff. SGB V verwiesen, die den Grundsatz des Abs. 1 S. 1 mannigfaltig durchbrechen. Weitere **Durchbrechungen** enthalten Abs. 1 S. 3 für die aus der **Alterssicherung der Landwirte** zu entrichtenden Beiträge, **Abs. 2** für Bezieher von **Krankengeld** und schließlich **Abs. 5–7** für die Zahlung des Beitragszuschlags nach § 55 Abs. 3. **Abs. 3** regelt, wer **Beitragsgläubiger** ist und **Abs. 4** trifft schließlich eine spezielle Verfahrensregelung für die Zahlung durch die Deutsche Rentenversicherung Bund.

III. Grundsatz: Beitragszahlung folgt Beitragstragung (Abs. 1 S. 1)

Abs. 1 S. 1 normiert wie § 252 Abs. 1 S. 1 SGB V für die Krankenversicherung den Grundsatz der Bei-   **3**
tragszahlung: Wer den Beitrag nach den §§ 58 f. zu tragen hat, hat ihn auch zu zahlen (Beitragszah-

---

[1] BT-Dr. 12/5262, 127 (zu §§ 65-67-E); BT-Dr. 12/5952, 44 (zu § 56-E).

lung folgt Beitragstragung). Abs. 1 S. 1 enthält zugleich aber eine Abweichungsklausel, nach der diese Grundregel **subsidiär** ist; tatsächlich ist sie aufgrund der Regelungen in Abs. 1 S. 2 (iVm §§ 253–256 a SGB V), Abs. 1 S. 3, Abs. 2 und 5 die **Ausnahme**. Angesichts der mannigfaltigen Durchbrechungen greift Abs. 1 S. 1 daher letztlich nur in den folgenden Fällen:[2]

- Beiträge von Versicherungspflichtigen aus **Arbeitseinkommen** (§ 59 Abs. 1 iVm § 250 SGB V).
- Versicherungspflichtige nach **§ 5 Abs. 1 Nr. 13 SGB V** für Beiträge mit Ausnahme der aus Arbeitsentgelten und aus Renten der gesetzlichen Rentenversicherung zu tragenden Beiträge, vgl. § 59 Abs. 1 S. 1 iVm § 250 Abs. 3 SGB V.
- Die Künstlersozialkasse in den Fällen des § 59 Abs. 1 S. 1 iVm § 251 Abs. 3 SGB V.
- Die **Bundesagentur für Arbeit** für die Bezieher von Arbeitslosengeld bei § 59 Abs. 1 S. 1 iVm § 251 Abs. 4 a SGB V.
- Der **Bund** in den von § 59 Abs. 1 S. 1 iVm § 251 Abs. 4 Alt. 1 SGB V erfassten Konstellationen von Wehr- und Zivildienstleistenden.
- **Schwangere**, deren Mitgliedschaft nach § 192 Abs. 2 SGB V oder § 25 Abs. 2 KVLG 1989 erhalten bleibt (§ 59 Abs. 1 S. 1 iVm § 250 Abs. 2 SGB V).
- Die Träger der **Einrichtungen der Jugendhilfe** usw im Sinne von § 59 Abs. 1 S. 1 iVm § 251 Abs. 2 SGB V; greift allerdings § 251 Abs. 2 Nr. 2 letzter Hs. SGB V ein, gilt § 28 e Abs. 1 SGB IV.
- Der zuständige **Rehaträger** in den Fällen des § 59 Abs. 1 S. 1 iVm § 251 Abs. 1 SGB V.
- Die von § 189 SGB V erfassten **Rentenantragsteller** (§ 59 Abs. 1 S. 1 iVm § 250 Abs. 2 SGB V) sowie Personen, bei denen die Rentenzahlung eingestellt wurde und über deren weitere Rentenberechtigung noch nicht rechtskräftig entschieden wurde.
- Beitragspflichtige Einnahmen von **Studenten, Praktikanten und Auszubildenden** (§ 20 Abs. 1 S. 2 Nr. 9, 10) nach § 57 Abs. 1 iVm § 236 Abs. 1 SGB V (§ 59 Abs. 1 S. 1 iVm § 250 Abs. 1 Nr. 3 SGB V). Für pflichtversicherte Studenten ist Abs. 1 S. 2 iVm § 254 SGB V zu beachten.
- Die in **§ 59 Abs. 4** Genannten: **Weiterversicherte** (§ 26), **Beigetretene** (§ 26 a), nach § 21 Nr. 6 pflichtversicherte **Soldaten auf Zeit** sowie die in der sozialen Pflegeversicherung versicherungspflichtigen **freiwilligen Mitglieder** der gesetzlichen Krankenversicherung. Vereinbart ein freiwillig Versicherter mit seinem Arbeitgeber, dass dieser für ihn die Beiträge abführt, so wird er dadurch nicht von seinen gesetzlichen Pflichten frei und muss deshalb wieder selbst zahlen, wenn der Arbeitgeber insolvent ist.[3]
- Der jeweilige **Leistungsträger** für die nach § 21 Nr. 1-5 Versicherungspflichtigen (§ 59 Abs. 3; aber: Abs. 2 S. 2, → Rn. 15).
- Der **Landwirt** für sich und mitarbeitende Familienangehörige (§ 59 Abs. 1 S. 1 iVm §§ 47, 48 KVLG 1989)

IV. Durchbrechungen des Grundsatzes

4 Die zahlenmäßig bedeutendste Durchbrechung des Grundsatzes „Beitragszahlungspflicht folgt Beitragstragungspflicht" ergibt sich aus der Verweisung in Abs. 1 S. 2 auf die §§ 252 Abs. 1 Satz 2, 253–256 a SGB V und §§ 50, 50 a KVLG 1989. Daneben sind Abs. 1 S. 3 und Abs. 2 sowie die Abs. 5-7 zu beachten. Im Einzelnen ist danach zur Beitragszahlung verpflichtet:

5 **1. Arbeitslosengeld II (Abs. 1 S. 2).** Nach § 252 Abs. 1 S. 2 SGB V zahlt die Bundesagentur für Arbeit bzw. eine Optionskommune nach § 6 a SGB II die Beiträge für die beitragspflichtigen Einnahmen der Bezieher von Arbeitslosengeld II nach dem SGB II, obwohl der Bund nach § 59 Abs. 1 S. 1 iVm § 251 Abs. 4 SGB V die Beiträge zu tragen hat. Hat der Bezieher des Arbeitslosengelds II weitere Einnahmen (zB Versorgungsbezüge, Arbeitseinkommen), richtet sich die Beitragszahlung insoweit nicht nach Abs. 1 S. 2 iVm § 252 Abs. 1 S. 2 SGB V, sondern nach den dafür geltenden Vorschriften.[4]

6 **2. Arbeitsentgelt (Abs. 1 S. 2).** Beiträge aus dem Arbeitsentgelt tragen Arbeitgeber und Beschäftigter in der Regel je zur Hälfte, § 58 Abs. 1 S. 1. Zur Beitragszahlung verpflichtet ist aufgrund der deklaratorischen[5] Verweisungen in Abs. 1 S. 2 auf § 253 SGB V und damit auf die §§ 28 d bis 28 n, 28 r SGB IV aber grundsätzlich allein der Arbeitgeber im Rahmen der Abführung des Gesamtsozialversicherungs-

---

[2] Dazu ausf. Baier in: Krauskopf, § 60 SGB XI Rn. 4.
[3] Vgl. SG Oldenburg, 20.5.2011, S 61 KR 321/10, nv; SG Lübeck, 22.8.2008, S 9 KR 6/07, nv.
[4] Vgl. für den originären Anwendungsbereich des § 252 Abs. 1 S. 2 SGB V Peters in: KassKomm, § 252 SGB V Rn. 6, 8.
[5] Baier in: Krauskopf, § 60 SGB XI Rn. 7; siehe auch § 253 SGB V Rn. 2.

beitrags (§ 28 e SGB IV). Dies gilt aber nur für das beitragspflichtige Arbeitsentgelt, nicht hingegen für andere beitragspflichtige Einnahmen. Eine Kurzübersicht über die §§ 28 d–28 n, 28 r SGB IV und ein Hinweis auf die Rechtsfolgen, wenn der Arbeitgeber die Beiträge nicht ordnungsgemäß zahlt, enthält die Kommentierung zu → § 253 Rn. 3 f.

3. Versicherungspflichtige Studenten (Abs. 1 S. 2). Für versicherungspflichtige Studenten gilt aufgrund der Verweisung in Abs. 1 S. 2 der **§ 254 SGB V**. Damit ist keine Durchbrechung des in Abs. 1 S. 1 normierten Grundsatzes verbunden, es bleibt also bei der Zahlungspflicht des die Beiträge tragenden Studenten (→ Rn. 3); vielmehr werden damit nur die Zahlungsmodalitäten geregelt, um eine rechtzeitige Zahlung der Beiträge durch den Studenten bzw. (§ 254 S. 3 SGB V) die Erfüllung der sonstigen, ihm nach dem SGB V obliegenden Pflichten sicherzustellen (→ SGB V § 254 Rn. 2). Der Student ist grundsätzlich zur Vorauszahlung der Beiträge vor Immatrikulation bzw. Rückmeldung verpflichtet (§ 254 S. 1 SGB V); in der Praxis wird dies aber durch § 10 der vom SpiBu auf Basis des § 254 S. 2 SGB V erlassenen „Beitragsverfahrensgrundsätze Selbstzahler" hin zu einer regelmäßig monatlichen Zahlungspflicht modifiziert. 7

4. Beiträge aus Renten (Abs. 1 S. 2). Beziehen Versicherungspflichtige beitragspflichtige Einnahmen aus Renten, so tragen der Rentner und der Rentenversicherungsträger die Beiträge jeweils zur Hälfte (§§ 126, 132 SGB VI). Zur Zahlung der gesamten aus der Rente zu leistenden Beiträge an die Deutsche Rentenversicherung Bund für die Krankenkassen ist aber der Rentenversicherungsträger alleine verpflichtet, Abs. 1 S. 2 iVm **§ 255 SGB V**. Die Beitragstragung des Versicherten wird dadurch realisiert, dass der Rentenversicherungsträger in einem ersten Schritt den vom Versicherten zu zahlenden Anteil bei der Rentenzahlung im Wege verkürzter Verrechnung[6] abzieht; näher zu diesem zweistufigen Verfahren → SGB V § 255 Rn. 3. 8

Anwendungsbereich: § 255 SGB V gilt nur für Versicherungspflichtige und nur für Renten aus der gesetzlichen Rentenversicherung; entscheidend ist die Versicherungspflicht in der gesetzlichen Krankenversicherung, nicht anwendbar ist § 255 daher für die dort freiwillig Versicherten, die deshalb nach § 20 Abs. 3 in der sozialen Pflegeversicherung pflichtversichert sind.[7] Für die Anwendbarkeit irrelevant ist aber die Art der Rente und ob die Versicherungspflicht gerade auf dem Rentenbezug oder auf einem anderen Tatbestand beruht. Die Regelungen in § 255 über die Verrechnung im Risikostrukturausgleich sind im Rahmen der sozialen Pflegeversicherung nicht anwendbar.[8] 9

5. Beiträge aus Versorgungsbezügen (Abs. 1 S. 2). Die Beitragslast aus Versorgungsbezügen trifft allein den Versicherten. Zur Zahlung verpflichtet ist nach Abs. 1 S. 2 iVm **§ 256 SGB V** die Zahlstelle. Vergleichbar der Handhabung der Beiträge von Renten ist das Verfahren zweistufig: Die Zahlstelle behält den vom Versicherten zu tragenden Beitrag bei der Auszahlung der Versorgungsbezüge ein und führt diesen sodann an die zuständige Krankenkasse ab. § 256 SGB V gilt über Abs. 1 S. 2 *nur* für in der gesetzlichen Krankenversicherung[9] Versicherungspflichtige, die eine Rente aus der gesetzlichen Rentenversicherung beziehen und auch nur für die Beitragszahlung aus Versorgungsbezügen, nicht aus sonstigen beitragspflichtigen Einnahmen. 10

6. Beiträge aus Renten und Versorgungsbezügen von versicherungspflichtigen Mitgliedern der landwirtschaftlichen Krankenkassen (Abs. 1 S. 2). Für in der landwirtschaftlichen Krankenkasse Versicherungspflichtige gilt § 50 KVLG 1989. Danach hat der Rentenversicherungsträger für Beiträge aus der Rente bzw. die Zahlstelle die aus den Versorgungsbezügen zu leistenden Beiträge bei der Renten-/Versorgungsbezügeauszahlung einzubehalten und an die zuständige landwirtschaftliche Krankenkasse zu zahlen.[10] 11

7. Erlass von Beitragsrückständen/Säumniszuschlägen (Abs. 1 S. 2). Die Verweisung in Abs. 1 S. 2 bezieht sich seit Inkrafttreten des Gesetzes zur Beseitigung sozialer Überforderung bei Beitragsschulden in der Krankenversicherung auch auf den in § 256 a geregelten vollständigen bzw. teilweisen Erlass 12

---

6 BSG, 5.9.2006, B 4 R 71/06 R, SozR 4-2500 § 255 Nr. 1.
7 Peters in: KassKomm, § 60 SGB XI Rn. 10.
8 Bassen in: Udsching, § 60 Rn. 7.
9 Eine freiwillige Mitgliedschaft in der gesetzlichen Krankenversicherung, die zur Pflichtversicherung in der sozialen Pflegeversicherung führt, genügt nicht, vgl. Rn. 9.
10 Bassen in: Udsching, § 60 Rn. 9; Ulmer in: BeckOK SozR, SGB XI, § 60 Rn. 1; wohl gegen die Anwendung von § 50 KVLG 1989 Baier in: Krauskopf, § 60 SGB XI Rn. 12.

von Beitragsrückständen und Säumniszuschlägen (vor allem) bei nach § 5 Abs. 1 Nr. 13 SGB V versicherten Personen.

13 **8. Beiträge aus der Alterssicherung der Landwirte (Abs. 1 S. 3).** Von den unter Abs. 1 S. 2 iVm § 50 KVLG 1989 fallenden Beiträgen aus Renten/Versorgungsbezügen nach der gesetzlichen Rentenversicherung (dazu Abs. 1 S. 2, → Rn. 11) sind Beiträge aus Renten nach dem Gesetz über die Alterssicherung der Landwirte und einer laufenden Geldleistung nach dem Gesetz zur Förderung der Einstellung der landwirtschaftlichen Erwerbstätigkeit zu unterscheiden. Die Beitragslast liegt insoweit allein beim Landwirt (→ § 59 Rn. 3); zur Zahlung verpflichtet ist aber die Alterskasse. Die Alterskasse hat nach § 28 g S. 1 SGB IV einen Anspruch gegen das Mitglied auf den von ihr abgeführten Beitrag. Unverständlicherweise ist nicht geregelt, wie die Alterskasse diesen Anspruch geltend machen kann. Zur Lösung wird entweder für eine analoge Anwendung des § 28 g S. 2–4 SGB IV[11] oder für eine Aufrechnungsmöglichkeit der Alterskasse plädiert, wobei im letzteren Fall die aufrechnungsbeschränkenden Vorschriften der §§ 51 Abs. 1, 54 Abs. 2, 3 SGB I nicht anwendbar sein sollen.[12]

14 **9. Beiträge aus Krankengeld (Abs. 2 S. 1)**[13] Die Beiträge aus Krankengeld (§§ 44 ff.) tragen Mitglied und Krankenkasse grds. je zur Hälfte (§ 59 Abs. 2, → § 59 Rn. 5 auch zu Ausnahmen). Zu zahlen sind die Beiträge jedoch zunächst allein von der Krankenkasse, Abs. 2. Entgegen seines zu weit geratenen Wortlauts gilt Abs. 2 S. 1 nur für Beiträge aus dem Krankengeld, nicht für solche aus sonstigen beitragspflichtigen Einnahmen wie Renten, Versorgungsbezügen oder Arbeitseinkommen.[14] Zur Realisierung der grundsätzlich hälftigen Beitragstragung haben die Krankenkassen nach dem entsprechend anwendbaren § 28 g S. 1 SGB IV einen Anspruch gegen das Mitglied. Wie bei Abs. 1 S. 3 stellt sich die Frage, wie dieser Anspruch technisch abgewickelt wird (→ Rn. 13).

15 **10. Beiträge für nach § 21 Nr. 1–5 Versicherte (Abs. 2 S. 2).** Die Beiträge für die nach § 21 Nr. 1 bis 5 versicherten Leistungsempfänger werden vom jeweiligen Leistungsträger getragen, § 59 Abs. 3 S. 1 (→ § 59 Rn. 7). Diese zahlen nach Abs. 1 S. 1 (→ Rn. 3) grundsätzlich auch die Beiträge. Sie können aber nach Abs. 2 S. 2 einen Dritten mit der Beitragszahlung beauftragen und näheres darüber mit den Pflegekassen vereinbaren.

16 **11. Beitragszuschlag für Kinderlose (Abs. 5–7)**[15] Den Beitragszuschlag für Kinderlose nach § 55 Abs. 3 hat gemäß § 59 Abs. 5 das Mitglied selbst zu tragen (→ § 59 Rn. 10). Entgegen der Grundregel des Abs. 1 S. 1 hat allerdings nicht das Mitglied den Zuschlag zu zahlen, sondern grundsätzlich derjenige, der auch die Beiträge zu zahlen hat, **Abs. 5 S. 1**. Das dient der Verwaltungsvereinfachung, weil durch die Einbeziehung des Beitragszuschlags in das übliche Beitragszahlungsverfahren verhindert wird, dass ein unterschiedlicher Einzug von Beitrag und Beitragszuschlag nötig wird.[16] Um zu gewährleisten, dass im wirtschaftlichen Ergebnis das kinderlose Mitglied den Beitrag trägt, gibt **Abs. 5 S. 2** dem zahlenden Dritten einen Anspruch gegen das kinderlose Mitglied.[17] Für die Art und Weise dessen Realisierung ist zu unterscheiden: Ist der den Beitragszuschlag Zahlende dem Mitglied gegenüber zu einer Geldleistung verpflichtet, so kann er den Anspruch auf den „ausgelegten" Beitragszuschlag durch Verrechnung mit der an das Mitglied zu erbringenden Geldleistung durchsetzen (**Abs. 5 S. 3**). Schuldet der Dritte dem Mitglied keine laufenden Geldleistungen und ist daher eine Verrechnung mit dessen Ansprüchen nicht möglich, gibt **Abs. 6** der Pflegekasse einen Zahlungsanspruch gegen das Mitglied.

17 Keine Regelung treffen Abs. 5 und 6 für Konstellationen, in denen zwei oder gar **mehrere Verpflichtete** die Beiträge zur sozialen Pflegeversicherung zu zahlen haben. Ist das Mitglied einer der Beitragsschuldner, so wird man Abs. 5 und 6 teleologisch reduzieren können, weil der Zweck der Verwaltungsvereinfachung dann nicht mehr erreichbar ist; in diesem Fall schuldet das Mitglied richtigerweise auch Zahlung des Kinderlosenzuschlags.[18] Sind hingegen nur zwei Dritte beitragszahlungspflichtig, sind Abs. 5

---

11 Ulmer in: BeckOK SozR, SGB XI, § 60 Rn. 1; Peters in: KassKomm, § 60 SGB XI Rn. 13.
12 Baier in: Krauskopf, § 60 SGB XI Rn. 14.
13 Vgl. zu den versicherungs-, beitrags- und meldepflichtigen Probleme beim Bezug von Krankengeld auch Sinnigen, SF-Medien Nr. 151, 47.
14 Baier in: Krauskopf, § 60 SGB XI Rn. 15.
15 Zum Beitragszuschlag in der sozialen Pflegeversicherung vgl. Hungenberg, WzS 2005, 104.
16 BT-Dr. 15/3671, 3, 5 ff.; BT-Dr. 15/3837, 8 f.
17 Abs. 5 S. 2 ist verfassungskonform, BSG, 5.5.2010, B 12 KR 14/09 R, NZS 2011, 263, 266.
18 Ulmer in: BeckOK SozR, SGB XI, § 60 Rn. 5a.

und 6 anwendbar, wobei man die damit verbundenen Probleme in der Praxis wohl durch eine Verwaltungsabsprache lösen kann.[19]

Zur weiteren Verwaltungsvereinfachung[20] sieht **Abs. 7 S. 1** eine **Pauschalabgeltung** für die Beitragszuschläge der Bezieher von Arbeitslosengeld usw durch die Bundesagentur für Arbeit vor. Nach **Abs. 7 S. 2** ist allerdings ein **Rückgriff** bei dem Leistungsbezieher möglich. 18

V. Beitragsgläubiger und ihre Pflichten (Abs. 3)

Abs. 3 regelt, an wen die Beiträge zu zahlen sind, an wen sie weiterzuleiten sind und weitere Nebenfragen. 19

Beitragsgläubiger sind grundsätzlich die zuständigen **Krankenkassen** (Abs. 3 S. 1 Hs. 1). Nur in den folgenden Fällen ist aufgrund der Verweisung auf § 252 Abs. 2 S. 1 SGB V nicht an die Krankenkasse, sondern an den **Gesundheitsfonds** zu zahlen: [21] 20
- Die von der **Künstlersozialkasse** zu tragenden Beiträge für nach dem Künstlersozialversicherungsgesetz versicherungspflichtige Mitglieder, § 251 Abs. 3 SGB V.
- Die vom Bund zu tragenden Beiträge für **Wehrdienst- und Zivildienstleistende** im Falle des § 193 Abs. 2, 3 SGB V sowie für nach § 5 Abs. 1 Nr. 2 a versicherungspflichtige Bezieher von **Arbeitslosengeld II**, § 251 Abs. 4 SGB V.
- Die von der Bundesagentur für Arbeit zu tragenden Beiträge für die Bezieher von **Arbeitslosengeld** nach dem SGB III, § 251 Abs. 4 a SGB V. Gleiches gilt nach dem Gesetzestext für die Bezieher von **Unterhaltsgeld** (§§ 153 SGB III ff. aF); da dieses aber mittlerweile nicht mehr existiert, ist Abs. 3 auf dessen Nachfolger, das Arbeitslosengeld bei beruflicher Weiterbildung § 144 SGB III) anzuwenden.[22]

Für die **Zuständigkeit** zur Entscheidung über die mit dem Zahlungsanspruch nach Abs. 3 S. 1 verbundenen Vorfragen, wie zB Versicherungspflicht, Beitragstragungspflicht und Beitragshöhe, ist zu unterscheiden:[23] Hat die Krankenkasse nach § 28 h SGB IV auch in Bezug auf die Pflegeversicherung die Befugnisse der Einzugsstelle, so entscheidet sie über diese Vorfragen und zieht den Beitrag zur Pflegeversicherung mit dem Gesamtsozialversicherungsbeitrag ein. Hat die Krankenkasse nicht auch die Befugnisse der Einzugsstelle, liegt die Kompetenz zur Entscheidung über diese Vorfragen bei der Pflegekasse. UE kann die Pflegekasse vom Zahlungspflichtigen entsprechend der Regelung des Abs. 3 S. 1 nur Zahlung an die Krankenkasse zu ihren Gunsten, nicht aber direkt an sich selbst verlangen.[24] 21

Erfolgt die Zahlung an die Krankenkasse, so hat diese die eingegangenen Gelder unverzüglich (§ 121 Abs. 1 S. 1 BGB) an die Pflegekasse **weiterzuleiten** (Abs. 3 S. 2). Ist hingegen ausnahmsweise an den Gesundheitsfonds zu zahlen, so hat dieser die Zahlungen an den Ausgleichsfonds (§ 65) weiterzuleiten. Nähere Regelungen enthält die BVV. 22

Die Pflegekassen, die hinsichtlich ihrer Finanzgrundlagen wegen Abs. 3 S. 1, 2 von der ordnungsgemäßen Einziehung und Weiterleitung der Beiträge von Krankenkassen bzw. dem Gesundheitsfonds abhängig sind, haben nach Abs. 3 S. 3 das Recht zur **Prüfung** (vergleiche auch § 28 q SGB IV) und können nach Abs. 3 S. 4 **Säumniszuschläge** gemäß § 24 Abs. 1 SGB IV erheben. Abs. 3 S. 5 regelt schließlich durch den Verweis auf § 252 Abs. 3 SGB V die **Tilgungsreihenfolge**, wenn der Beitragsschuldner einen Betrag leistet, der sich unterhalb des insgesamt von ihm Geschuldeten bewegt (näher → SGB V § 252 Rn. 9). 23

VI. Beitragsweiterleitung durch die Deutsche Rentenversicherung Bund (Abs. 4)

Die von den Rentenversicherungsträgern an die Deutsche Rentenversicherung Bund nach Abs. 1 S. 2 iVm § 255 zu zahlenden Beiträge sind von dieser nach den Vorgaben des Abs. 4 an den Ausgleichsfonds (§ 65) weiterzuleiten. 24

---

19 Ulmer in: BeckOK SozR, SGB XI, § 60 Rn. 5 a.
20 BT-Dr. 15/3837, 7.
21 Vgl. BT-Dr. 16/3100, 187.
22 So zum identischen Problem bei § 251 Abs. 4 a SGB V Rixen in: Becker/Kingreen, § 251 Rn. 6; Hornig in: Krauskopf, § 251 SGB V Rn. 15.
23 Ulmer in: BeckOK SozR, SGB XI, § 60 Rn. 4; Peters in: KassKomm, § 60 SGB XI Rn. 18; vgl. auch Baier in: Krauskopf, § 60 SGB XI Rn. 18; vgl. auch BSG, 6.11.1997, 12 RP 1/97, SozR 3-3300 § 55 Nr. 2; LSG BW, 16.2.2006, L 7 R 3772/05, nv; LSG RhPf, 14.7.2005, L 5 KR 34/05, nv.
24 AA tendenziell wohl Peters in: KassKomm, § 60 SGB XI Rn. 18.

Zweiter Abschnitt
Beitragszuschüsse

§ 61 Beitragszuschüsse für freiwillige Mitglieder der gesetzlichen Krankenversicherung und Privatversicherte

(1) ¹Beschäftigte, die in der gesetzlichen Krankenversicherung freiwillig versichert sind, erhalten unter den Voraussetzungen des § 58 von ihrem Arbeitgeber einen Beitragszuschuß, der in der Höhe begrenzt ist, auf den Betrag, der als Arbeitgeberanteil nach § 58 zu zahlen wäre. ²Bestehen innerhalb desselben Zeitraums mehrere Beschäftigungsverhältnisse, sind die beteiligten Arbeitgeber anteilmäßig nach dem Verhältnis der Höhe der jeweiligen Arbeitsentgelte zur Zahlung des Beitragszuschusses verpflichtet. ³Für Beschäftigte, die Kurzarbeitergeld nach dem Dritten Buch beziehen, ist zusätzlich zu dem Zuschuß nach Satz 1 die Hälfte des Betrages zu zahlen, den der Arbeitgeber bei Versicherungspflicht des Beschäftigten nach § 58 Abs. 1 Satz 2 als Beitrag zu tragen hätte.

(2) ¹Beschäftigte, die in Erfüllung ihrer Versicherungspflicht nach den §§ 22 und 23 bei einem privaten Krankenversicherungsunternehmen versichert sind und für sich und ihre Angehörigen oder Lebenspartner, die bei Versicherungspflicht des Beschäftigten in der sozialen Pflegeversicherung nach § 25 versichert wären, Vertragsleistungen beanspruchen können, die nach Art und Umfang den Leistungen dieses Buches gleichwertig sind, erhalten unter den Voraussetzungen des § 58 von ihrem Arbeitgeber einen Beitragszuschuß. ²Der Zuschuß ist in der Höhe begrenzt auf den Betrag, der als Arbeitgeberanteil bei Versicherungspflicht in der sozialen Pflegeversicherung als Beitragsanteil zu zahlen wäre, höchstens jedoch auf die Hälfte des Betrages, den der Beschäftigte für seine private Pflegeversicherung zu zahlen hat. ³Für Beschäftigte, die Kurzarbeitergeld nach dem Dritten Buch beziehen, gilt Absatz 1 Satz 3 mit der Maßgabe, daß sie höchstens den Betrag erhalten, den sie tatsächlich zu zahlen haben. ⁴Bestehen innerhalb desselben Zeitraumes mehrere Beschäftigungsverhältnisse, sind die beteiligten Arbeitgeber anteilig nach dem Verhältnis der Höhe der jeweiligen Arbeitsentgelte zur Zahlung des Beitragszuschusses verpflichtet.

(3) ¹Für Bezieher von Vorruhestandsgeld, die als Beschäftigte bis unmittelbar vor Beginn der Vorruhestandsleistungen Anspruch auf den vollen oder anteiligen Beitragszuschuß nach Absatz 1 oder 2 hatten, sowie für Bezieher von Leistungen nach § 9 Abs. 1 Nr. 1 und 2 des Anspruchs- und Anwartschaftsüberführungsgesetzes und Bezieher einer Übergangsversorgung nach § 7 des Tarifvertrages über einen sozialverträglichen Personalabbau im Bereich des Bundesministeriums der Verteidigung vom 30. November 1991 bleibt der Anspruch für die Dauer der Vorruhestandsleistungen gegen den zur Zahlung des Vorruhestandsgeldes Verpflichteten erhalten. ²Der Zuschuss beträgt die Hälfte des Beitrages, den Bezieher von Vorruhestandsgeld als versicherungspflichtig Beschäftigte ohne den Beitragszuschlag nach § 55 Abs. 3 zu zahlen hätten, höchstens jedoch die Hälfte des Betrages, den sie ohne den Beitragszuschlag nach § 55 Abs. 3 zu zahlen haben. ³Absatz 1 Satz 2 gilt entsprechend.

(4) ¹Die in § 20 Abs. 1 Satz 2 Nr. 6, 7 oder 8 genannten Personen, für die nach § 23 Versicherungspflicht in der privaten Pflegeversicherung besteht, erhalten vom zuständigen Leistungsträger einen Zuschuß zu ihrem privaten Pflegeversicherungsbeitrag. ²Als Zuschuß ist der Betrag zu zahlen, der von dem Leistungsträger als Beitrag bei Versicherungspflicht in der sozialen Pflegeversicherung zu zahlen wäre, höchstens jedoch der Betrag, der an das private Versicherungsunternehmen zu zahlen ist.

(5) Der Zuschuß nach den Absätzen 2, 3 und 4 wird für eine private Pflegeversicherung nur gezahlt, wenn das Versicherungsunternehmen:

1. die Pflegeversicherung nach Art der Lebensversicherung betreibt,
2. sich verpflichtet, den überwiegenden Teil der Überschüsse, die sich aus dem selbst abgeschlossenen Versicherungsgeschäft ergeben, zugunsten der Versicherten zu verwenden,
3. die Pflegeversicherung nur zusammen mit der Krankenversicherung, nicht zusammen mit anderen Versicherungssparten betreibt oder, wenn das Versicherungsunternehmen seinen Sitz in einem anderen Mitgliedstaat der Europäischen Union hat, den Teil der Prämien, für den Berechtigte den Zuschuss erhalten, nur für die Kranken- und Pflegeversicherung verwendet.

(6) ¹Das Krankenversicherungsunternehmen hat dem Versicherungsnehmer eine Bescheinigung darüber auszuhändigen, daß ihm die Aufsichtsbehörde bestätigt hat, daß es die Versicherung, die Grundlage des Versicherungsvertrages ist, nach den in Absatz 5 genannten Voraussetzungen betreibt. ²Der Versicherungsnehmer hat diese Bescheinigung dem zur Zahlung des Beitragszuschusses Verpflichteten jeweils nach Ablauf von drei Jahren vorzulegen.

(7) ¹Personen, die nach beamtenrechtlichen Vorschriften oder Grundsätzen bei Krankheit und Pflege Anspruch auf Beihilfe oder Heilfürsorge haben und bei einem privaten Versicherungsunternehmen pflegeversichert sind, sowie Personen, für die der halbe Beitragssatz nach § 55 Abs. 1 Satz 2 gilt, haben gegenüber dem Arbeitgeber oder Dienstherrn, der die Beihilfe und Heilfürsorge zu Aufwendungen aus Anlaß der Pflege gewährt, keinen Anspruch auf einen Beitragszuschuß. ²Hinsichtlich der Beitragszuschüsse für Abgeordnete, ehemalige Abgeordnete und deren Hinterbliebene wird auf die Bestimmungen in den jeweiligen Abgeordnetengesetzen verwiesen.

Literatur:
Siehe § 257 SGB V.

I. Allgemeines 1	III. Zuschusspflichtige 17
1. Entstehungsgeschichte 1	IV. Zuschusshöhe 18
2. Parallelbestimmung zu §§ 257 f. SGB V 2	1. Pflegeversicherungsimmanente Begrenzung 18
3. Normzweck 3	2. Aufstockung des Zuschusses für Kurzarbeiter 19
4. Normstruktur 6	3. Begrenzung der Zuschusshöhe bei privat Versicherten 20
II. Zuschussberechtigte 8	
1. Zuschussberechtigung freiwillig Versicherter (Abs. 1) 8	V. Anforderungen an Versicherungsunternehmen (Abs. 5) 21
2. Zuschussberechtigung privat Versicherter (Abs. 2 und 4) 10	VI. Verfahrensregelung (Abs. 6) 22
3. Fortgeltung der Zuschussberechtigung für Vorruhestandsbezieher (Abs. 3) 12	
4. Kein Beitragszuschuss für Beihilfeberechtigte und Abgeordnete (Abs. 7) 15	

I. Allgemeines

1. Entstehungsgeschichte. Die Bestimmung existiert ohne substantielle Veränderungen seit Bestehen der gesetzlichen und privaten Pflegepflichtversicherung. 1

2. Parallelbestimmung zu §§ 257 f. SGB V. Die Bestimmung verfolgt den gleichen Zweck wie §§ 257 f. SGB V für die Krankenversicherung. Diesen Normen, namentlich § 257 SGB V, ist sie auch nachgebildet. Inhaltliche Unterschiede sollen nicht bestehen, das bedeutet, dass die Personen, die einen Zuschuss zur freiwilligen (§ 257 Abs. 1 und 3 SGB V) oder privaten (§ 257 Abs. 2 und 4 SGB V) Krankenversicherung haben, auch jeweils einen Zuschuss zur Pflegeversicherung erhalten. Bei diesem Regelungsziel wäre eine Verweisung zweifellos die einfachere Regelungstechnik. 2

3. Normzweck. Die Regelung erreicht eine Bezuschussung der Pflegepflichtversicherung derjenigen Personen, die nicht pflichtversichert sind und auf die deshalb die geteilte Beitragstragung gemäß § 55 keine Anwendung findet. Der Zuschuss soll, so die allgemein anzutreffende Begründung,¹ die **Nicht-Pflichtversicherten den Pflichtversicherten gleichstellen**. Bei differenzierterer Betrachtung (→ SGB V § 257 Rn. 23) bestehen **unterschiedliche Zielsetzungen** zwischen den freiwillig in der sozialen Pflegeversicherung Versicherten und den privat Pflegepflichtversicherten. 3

Für **freiwillig Versicherte** der sozialen Pflegeversicherung ist tatsächlich die Gleichbehandlung mit Pflichtversicherten ausschlaggebend. Insbesondere bei Beschäftigten wird deutlich, dass eine solche „Fortführung" der Arbeitgeberbeteiligung an den Pflegeversicherungskosten notwendig ist, damit das Überschreiten der Jahresarbeitsentgeltgrenze **nicht faktisch zu einer Einkommenseinbuße** dadurch führt, dass der Arbeitgeberbeitrag entfällt. 4

Dieser Gesichtspunkt trägt jedoch bei **privat Versicherten** grundsätzlich nicht. Denn ihre Versicherungsprämie ist einkommensunabhängig und verändert sich auch nicht bei Unterschreiten der Jahresarbeitsentgeltgrenze. Im Fokus der Gleichbehandlung stehen daher mehr die **Arbeitgeber bzw. sonstigen Zuschusspflichtigen**. Sie sollen nicht dadurch aus der faktischen Mitfinanzierungspflicht entlassen werden, dass Versicherte die private anstelle der sozialen Pflegeversicherung wählen. In der Pflegeversicherung wird dieser Fokus auf den Arbeitgeber auch daran deutlich, dass § 61 auf § 58 verweist und damit die Zuschusspflicht unter den Vorbehalt stellt, dass die jeweiligen Bundesländer von der Feiertagsregelung des § 58 Abs. 2 bis 4 Gebrauch gemacht haben. Freilich müsste das Regelungsziel, Arbeitgeber unabhängig von der Versicherungsform ihrer Beschäftigten an den Pflegeversicherungskosten 5

---

1 Didong in: Hauck/Noftz, SGB XI, § 61 Rn. 2.

zu beteiligen, **nicht zwingend** zu einer Bezuschussung der privaten Pflegepflichtversicherung führen. Denkbar wäre es, den Arbeitgeberbeitrag weiterhin in die soziale Pflegeversicherung zu führen und die Versicherten ihre autonome Entscheidung für das private System auch allein tragen zu lassen. Dass diese Variante nicht gewählt wurde, zeigt, dass die Zuschusspflicht auch eine **Förderung der privaten Pflegepflichtversicherung** ist und sein soll. Die beiden Systeme der Pflegeversicherung sollen unter gleichen Bedingungen agieren (→ SGB V § 257 Rn. 26).

6   4. **Normstruktur.** Die verschiedenen Absätze der Norm richten sich einerseits an dem bezuschussten Versicherungssystem aus. Da weder die Struktur des § 257 SGB V konsequent übernommen wird noch der Norm eine eigene Systematik zugrunde liegt, ist sie **unübersichtlich und unsystematisch**.

Abs. 1 regelt den Zuschuss **freiwillig Versicherter** in der sozialen Pflegeversicherung, während Abs. 2 und 4 Ansprüche **privat Versicherter** bestimmen. Die Verortung in verschiedenen Absätzen ergibt sich daraus, dass die zuschussberechtigten Privatversicherten unterschiedliche Status haben, also entweder **Beschäftigte** (Abs. 2) oder **Teilnehmer von Maßnahmen zur Teilhabe am Arbeitsleben oder behinderte Menschen** (Abs. 4) sind. Der bereits bei Schaffung des Gesetzes gegenstandslose[2] Abs. 3 aF wurde mit dem Pflege-Weiterentwicklungsgesetz 2008 gestrichen. Abs. 4 entspricht § 258 SGB V. Ergänzt werden diese Berechtigungen privat Versicherter durch den Ausschluss **Beihilfeberechtigter** in Abs. 7. Er hat im SGB V auch keine Entsprechung. Abs. 3 erstreckt die Zuschussberechtigung sowohl freiwillig sozial als auch privat Versicherter auf den Kreis der **Vorruhestandsbezieher**. Er hat damit das gleiche Regelungsziel wie § 257 Abs. 2 und 4 SGB V.

7   **Voraussetzungen an den Versicherer** normiert Abs. 5, der § 257 Abs. 2 a SGB V nachgebildet ist. Zum **Verfahren** bestimmt Abs. 6 parallel zu § 257 Abs. 2 a S. 2 SGB V die Vorlage einer Bescheinigung über die Zuschussfähigkeit des Pflegeversicherungsvertrages.

II. Zuschussberechtigte

8   1. **Zuschussberechtigung freiwillig Versicherter (Abs. 1).** Freiwillig in der sozialen Pflegeversicherung Versicherte haben einen Anspruch auf Bezuschussung ihres Beitrags gegenüber dem Arbeitgeber. Im Unterschied zur Parallelvorschrift des § 257 Abs. 1 SGB V wird in der Pflegeversicherung auf die **Voraussetzungen des § 58** und damit auf die Feiertagsregelungsoption der Bundesländer (§ 58 Abs. 2 bis 4) verwiesen. Existiert danach in einem Bundesland keine Pflicht der Arbeitgeber, die Pflichtbeiträge mitzutragen, so entfällt auch ein Anspruch auf Beitragszuschuss der freiwillig Versicherten.

9   Die weiteren Regelungsinhalte des Abs. 1 entsprechen denen des § 257 Abs. 1 SGB V. Dass Abs. 1 nicht darauf abstellt, dass die freiwillige Versicherung allein auf dem Überschreiten der Jahresarbeitsentgeltgrenze beruht (→ SGB V § 257 Rn. 8), ändert daran nichts. Denn die Norm ist – entsprechend der Intention des Gesetzgebers[3] – **teleologisch zu reduzieren**, damit die Zuschussberechtigung parallel zum wirtschaftlich relevanteren GKV-Zuschuss läuft.[4] Dadurch erhalten freiwillig Versicherte, die geringfügig beschäftigt sind (§ 7 SGB V), hauptberuflich selbstständig sind (s. § 5 Abs. 5 SGB V, dazu aber → § 257 Rn. 14) oder Beamte sind (Versicherungsfreiheit gemäß § 6 Abs. 1 Nr. 2 SGB V) **keinen Zuschuss**. Auch der Ausschluss derjenigen, die sich haben von der Versicherungspflicht befreien lassen (§ 8 SGB V) und der absolut Versicherungsfreien (§ 6 Abs. 3 a SGB V), folgt der Zuordnung der GKV; freilich gilt auch hier, dass es für solche Fälle keinen oder kaum einen praktischen Anwendungsbereich gibt (→ SGB V § 257 Rn. 14).

10   2. **Zuschussberechtigung privat Versicherter (Abs. 2 und 4).** Wie im Rahmen der Krankenversicherung (→ SGB V § 257 Rn. 29) ist auch der **Berechtigtenkreis** privat Pflegeversicherter **weiter** als der der zuschussberechtigten freiwillig Versicherten. Zwar wird dies in der Literatur bestritten.[5] Allerdings ist nicht verständlich, woraus sich die Reduktion des Wortlautes von Abs. 2 ergeben sollte. Die parallele Gestaltung zu § 257 Abs. 2 bietet vielmehr Anlass, auch hier **nicht allein auf das Überschreiten der Jahresarbeitsentgeltgrenze** abzustellen. Auch knüpft § 61 an die Erfüllung der Versicherungspflicht nach § 23 an, so dass es nicht darauf ankommen kann, aus welchem Grund die gesetzliche Versicherungspflicht entfallen und dadurch die Privatversicherungspflicht entstanden ist. Für Personen, die **von**

---

2   Didong in: Hauck/Noftz, SGB XI, § 61 Rn. 31; Peters in: KassKomm, § 61 SGB XI Rn. 15; Baumeister in: BeckOK SozR, SGB XI, § 61 Rn. 29.
3   Ausschussbericht BT-Dr. 12/5962, 44.
4   BSG, 4.6.1998, B 12 P 2/97, NZA-RR 1999, 199; s. auch Baumeister in: BeckOK SozR, SGB XI, § 61 Rn. 8; aA Richter in: LPK-SGB XI, SGB XI, § 61 Rn. 8.
5   Baumeister in: BeckOK SozR, SGB XI, § 61 Rn. 24.

der Versicherungspflicht befreit sind (§ 22), die also in der GKV unter § 8 SGB V fallen, ist die Zuschussberechtigung zudem ausdrücklich vorgesehen.

Die Zuschussberechtigung privat Versicherter, die im Rahmen von **Rehabilitationsmaßnahmen** oder als **behinderte Menschen** in Werkstätten und Einrichtungen tätig sind, ist in Abs. 4 entsprechend der Berechtigung in der GKV nach § 258 regelt. 11

3. Fortgeltung der Zuschussberechtigung für Vorruhestandsbezieher (Abs. 3). Die Zuschussberechtigung für Vorruhestandsbezieher differenziert nicht zwischen freiwillig und privat Pflegeversicherten. Beide sind gleichermaßen zuschussberechtigt. 12

Zwar sind Vorruhestandsbezieher keine Beschäftigten. Ihre Zuschussberechtigung entfallen zu lassen, wäre aber kontraproduktiv, weil es den **Vorruhestand unattraktiver** machen würde. Abs. 3 verfolgt mit der Anordnung, dass der Zuschuss weiter besteht, die gleiche Intention und die gleiche Regelungstechnik wie § 257 Abs. 2 und 4 SGB V. 13

Hinzu kommt die Berechtigung für Personen, die ihre Beschäftigung im Rahmen der **Wiedervereinigung** verloren und dabei Leistungen nach dem AAÜG oder im Rahmen einer Übergangsversorgung nach § 7 des Tarifvertrags über einen sozialverträglichen Personalabbau im Bereich des Verteidigungsministeriums erhalten. 14

4. Kein Beitragszuschuss für Beihilfeberechtigte und Abgeordnete (Abs. 7). Beihilfeberechtigte sind nicht zuschussberechtigt. Dies ergibt sich bereits daraus, dass sie nicht Beschäftigte iSd Abs. 1 und 2 sind. Abs. 7 S. 1 stellt dies nochmals klar. Der Grund liegt darin, dass Beihilfeberechtigte nur insoweit versicherungspflichtig sind, wie die Beihilfe die gesetzlich versicherten Pflegeversicherungsleistungen nicht deckt (§ 23 Abs. 3). Sind sie **freiwillig gesetzlich** versichert, haben Sie nur Anspruch auf die Hälfte der Leistungen (§ 28 Abs. 2) und zahlen entsprechend nur den halben Beitrag (§ 55 Abs. 1 S. 2). 15

Abs. 7 S. 2 enthält für **Abgeordnete** eine Verweisung in das jeweilige Abgeordnetengesetz. 16

III. Zuschusspflichtige

Wie bei der Zuschusspflicht zur Krankenversicherung **variieren** die Zuschussverpflichteten nach dem **Status der Berechtigten**. Beschäftigte haben ihren Zuschussanspruch gegenüber ihrem **Arbeitgeber** (Abs. 1 S. 1, Abs. 2 S. 1). Ebenso sind die Arbeitgeber oder diejenigen, die zur Zahlung des Vorruhestandsgeldes verpflichtet sind, auch Adressaten des Zuschussanspruchs (Abs. 3). Auch bei Teilnehmern an Maßnahmen zur Teilhabe am Arbeitsleben und bei behinderten Menschen unterscheiden sich die Zuschusspflichtigen nicht von § 258 SGB V (→ SGB V § 258 Rn. 3). 17

IV. Zuschusshöhe

1. Pflegeversicherungsimmanente Begrenzung. Grundsätzlich entspricht der Zuschuss in seiner Höhe dem **Arbeitgeberanteil** nach § 58 (Abs. 1 S. 1, Abs. 3 für Vorruhestandsgeldempfänger). Damit sind **zwei Begrenzungen** verbunden, die in der Konzeption der Pflegeversicherung liegen. Zum einen entfällt der Zuschuss, wenn der Arbeitgeberanteil aufgrund der **Feiertagsregelung** eines Bundeslandes entfällt (→ Rn. 5). Zum anderen beläuft sich der Arbeitgeberanteil auf die Hälfte des Beitrags **ohne** den Beitragszuschlag für Kinderlose (§ 58 Abs. 1 S. 3). 18

2. Aufstockung des Zuschusses für Kurzarbeiter. In Abs. 1 und 2 wird für Kurzarbeiter der Umfang des Zuschusses so aufgestockt, dass der Arbeitgeber **wie bei Pflichtversicherten** (§ 58 Abs. 1 S. 2) die Beiträge voll trägt (Abs. 1 S. 3 bzw. Abs. 2 S. 3). 19

3. Begrenzung der Zuschusshöhe bei privat Versicherten. Die Zuschusshöhe privat Versicherter ist **zusätzlich** durch die individuelle Prämienhöhe begrenzt. Mehr als die Hälfte der Prämien können privat Versicherte nicht als Zuschuss beanspruchen (Abs. 2 S. 3, Hs. 2, Abs. 3 S. 2 Hs. 2, Abs. 4 S. 2 Hs. 2). 20

V. Anforderungen an Versicherungsunternehmen (Abs. 5)

Vergleichbar mit § 257 Abs. 2 a SGB V stellt Abs. 5 Anforderungen an das private Versicherungsunternehmen auf. Der Anforderungskatalog ist **kürzer**. Zum einen entfällt für die Pflegeversicherung die Notwendigkeit, einen Basis- bzw. Standardtarif anzubieten. Die Pflegepflichtversicherung weist **schon von sich aus** wesentliche Elemente des Basis- bzw. Standardtarifs auf (vgl. §§ 110, 111). Zum anderen wurde auf das Erfordernis, dass das Kündigungsrecht ausgeschlossen sein soll, an dieser Stelle verzichtet. Denn zu diesen konstitutiven Elementen der Pflegepflichtversicherung gehört der Kontrahierungs- 21 zwang und in diesem Rahmen auch der Ausschluss des Kündigungsrechts des Versicherers (§ 110 Abs. 4). Damit bleiben nur die drei Voraussetzungen des Abs. 5.

VI. Verfahrensregelung (Abs. 6)

22 Die Erfüllung der Voraussetzungen des Abs. 5 müssen Versicherer ihren Versicherten alle drei Jahre bescheinigen (S. 1). Die Vorlage dieser **Bescheinigung beim Arbeitgeber** bzw. anderen Zuschusspflichtigen ist ihrerseits Voraussetzung für den Zuschuss (S. 2). Zwar ist Abs. 6 so formuliert, als ob allein die Vorlage der Bescheinigung beim Zuschusspflichtigen alle drei Jahre wiederholt werden muss. Dem Sinn der Nachweispflicht entspricht es nur, dass der Versicherer alle drei Jahre erneut eine jeweils aktuelle Bescheinigung dem Versicherten aushändigen muss.

23 Kommt der Versicherte der Vorlageverpflichtung nicht nach, verletzt er eine **Obliegenheit**, die zum Verlust des Zuschussanspruches führt.[6] Umgekehrt hat der Versicherte gegenüber dem Versicherungsunternehmen einen notfalls auch gerichtlich durchsetzbaren Anspruch.

Dritter Abschnitt
Verwendung und Verwaltung der Mittel

§ 62 Mittel der Pflegekasse

Die Mittel der Pflegekasse umfassen die Betriebsmittel und die Rücklage.

§ 63 Betriebsmittel

(1) Die Betriebsmittel dürfen nur verwendet werden:
1. für die gesetzlich oder durch die Satzung vorgesehenen Aufgaben sowie für die Verwaltungskosten,
2. zur Auffüllung der Rücklage und zur Finanzierung des Ausgleichsfonds.
(2) [1]Die Betriebsmittel dürfen im Durchschnitt des Haushaltsjahres monatlich das Einfache des nach dem Haushaltsplan der Pflegekasse auf einen Monat entfallenden Betrages der in Absatz 1 Nr. 1 genannten Aufwendungen nicht übersteigen. [2]Bei der Feststellung der vorhandenen Betriebsmittel sind die Forderungen und Verpflichtungen der Pflegekasse zu berücksichtigen, soweit sie nicht der Rücklage zuzuordnen sind. [3]Durchlaufende Gelder bleiben außer Betracht.
(3) Die Betriebsmittel sind im erforderlichen Umfang bereitzuhalten und im übrigen so anzulegen, daß sie für den in Absatz 1 bestimmten Zweck verfügbar sind.

§ 64 Rücklage

(1) Die Pflegekasse hat zur Sicherstellung ihrer Leistungsfähigkeit eine Rücklage zu bilden.
(2) Die Rücklage beträgt 50 vom Hundert des nach dem Haushaltsplan durchschnittlich auf den Monat entfallenden Betrages der Ausgaben (Rücklagesoll).
(3) Die Pflegekasse hat Mittel aus der Rücklage den Betriebsmitteln zuzuführen, wenn Einnahme- und Ausgabeschwankungen innerhalb eines Haushaltsjahres nicht durch die Betriebsmittel ausgeglichen werden können.
(4) [1]Übersteigt die Rücklage das Rücklagesoll, so ist der übersteigende Betrag den Betriebsmitteln bis zu der in § 63 Abs. 2 genannten Höhe zuzuführen. [2]Darüber hinaus verbleibende Überschüsse sind bis zum 15. des Monats an den Ausgleichsfonds nach § 65 zu überweisen.
(5) [1]Die Rücklage ist getrennt von den sonstigen Mitteln so anzulegen, daß sie für den nach Absatz 1 bestimmten Zweck verfügbar ist. [2]Sie wird von der Pflegekasse verwaltet.

---

6 Baumeister in: BeckOK SozR, SGB XI, § 61 Rn. 40.

I. Entstehungsgeschichte

Die §§ 62 bis 64 sind durch das PflegeVG vom 26.5.1994[1] eingeführt worden. Sie sind am 1.1.1995 in Kraft getreten und seitdem nicht verändert worden.

Die Vorschriften zu den Mitteln der Pflegekasse entsprechen im Wesentlichen den §§ 259 bis 263 SGB V. Insofern kann auf die dortige Kommentierung verwiesen werden. Im Folgenden ist deswegen nur kurz auf die wenigen maßgeblichen Unterschiede einzugehen.

II. Regelungsgehalt

§ 62 bestimmt – wie § 259 SGB V – abschließend die Mittel der Pflegekasse. Dies sind die Betriebsmittel und die Rücklage. Die Regelung trägt dem Umstand Rechnung, dass die Pflegekassen trotz ihrer organisatorischen Anbindung an die Krankenkassen rechtlich und finanziell selbstständige juristische Personen sind (§ 46 Abs. 2 S. 1).[2] Deswegen müssen sie auch über eigene Mittel verfügen. Im Unterschied zu § 259 SGB V fehlt das Verwaltungsvermögen. Dies resultiert wiederum aus der organisatorischen Anbindung an die Krankenkasse. Die Pflegekassen bedienen sich zu Verwaltungszwecken der personellen, sächlichen und räumlichen Infrastruktur der Krankenkasse, bei der sie errichtet sind.[3] Ein eigenes Verwaltungsvermögen der Pflegekasse ist deshalb nicht erforderlich.

§ 63 entspricht im Wesentlichen dem § 260 SGB V. Wie dieser, legt § 63 fest, wofür die Betriebsmittel zu verwenden sind (Abs. 1 Nr. 1 und Nr. 2). Im Vergleich zu § 260 SGB V gibt es bei der Höhe der Betriebsmittel der Pflegekassen (Abs. 2) insbesondere zwei Abweichungen. Zum einen bestimmt § 63 Abs. 1 S. 1 zwingend, dass die Betriebsmittel im Durchschnitt nur das Einfache der im Haushaltsplan angenommenen monatlichen (gesetzlichen und satzungsgemäßen) Ausgaben betragen dürfen.[4] Die entsprechende Bestimmung in § 260 SGB V ist hingegen eine Soll-Vorschrift. Zum anderen sieht § 63 anders als § 260 SGB V keine Betriebsmittelreserve vor. Überschüssige Betriebsmittel sind deswegen uneingeschränkt zur Auffüllung der Rücklage und zur Finanzierung des Ausgleichsfonds zu verwenden.[5] Hinsichtlich der Anlage der Betriebsmittel bestehen keine Unterschiede zu § 260 SGB V.

§ 64 regelt die Bildung von Rücklagen. Für die Krankenkassen ist das in § 261 SGB V geregelt. Wie auch im SGB V ist die Bildung einer Rücklage zwingend vorgeschrieben.[6] Anders als bei den Krankenkassen, räumt das Gesetz den Pflegekassen aber keinen Spielraum hinsichtlich der Höhe der Rücklagen ein. Die Pflegekassen können damit nicht in ihren Satzungen die Höhe ihrer Rücklage bestimmen. Begründet wird das damit, dass – mit Rücksicht auf den in der Pflegeversicherung bundesweiten Finanzausgleich – für alle Pflegekassen die gleichen Regelungen gelten müssten.[7] § 64 Abs. 2 legt die Höhe der Rücklage verbindlich auf 50 % einer Monatsausgabe fest. Übersteigt die Rücklage das gesetzlich bestimmte Rücklagensoll, sind zuerst die Betriebsmittel bis zur zulässigen Höhe (§ 63 Abs. 3 S. 1) aufzufüllen. Ein darüber hinaus verbleibender Überschuss ist bis zum 15. des Monates an den Ausgleichsfonds (§ 65) zu überweisen.[8] Der Überschuss kommt dann den defizitären Pflegekassen zu.[9]

---

1 BGBl. I 1994, 1014.
2 Peters in: KassKomm, § 62 SGB XI Rn. 3.
3 Bassen in: Udsching, § 62 Rn. 2.
4 Baier in: Krauskopf, § 63 SGB XI Rn. 6.
5 Baier in: Krauskopf, § 63 SGB XI Rn. 6.
6 Peters in: KassKomm, § 64 SGB XI Rn. 3.
7 BT-Dr. 12/5262, 130.
8 Baier in: Krauskopf, § 64 SGB XI Rn. 7.
9 Bassen in: Udsching, § 62 Rn. 5.

Vierter Abschnitt
Ausgleichsfonds, Finanzausgleich

§ 65 Ausgleichsfonds

(1) Das Bundesversicherungsamt verwaltet als Sondervermögen (Ausgleichsfonds) die eingehenden Beträge aus:
1. den Beiträgen aus den Rentenzahlungen,
2. den von den Pflegekassen überwiesenen Überschüssen aus Betriebsmitteln und Rücklage (§ 64 Abs. 4),
3. den vom Gesundheitsfonds überwiesenen Beiträgen der Versicherten.

(2) Die im Laufe eines Jahres entstehenden Kapitalerträge werden dem Sondervermögen gutgeschrieben.

(3) Die Mittel des Ausgleichsfonds sind so anzulegen, daß sie für den in den §§ 67, 68 genannten Zweck verfügbar sind.

(4) ¹Die dem Bundesversicherungsamt bei der Verwaltung des Ausgleichsfonds entstehenden Kosten werden durch die Mittel des Ausgleichsfonds gedeckt. ²Das Bundesministerium für Gesundheit wird ermächtigt, im Einvernehmen mit dem Bundesministerium der Finanzen und dem Bundesministerium für Arbeit und Soziales durch Rechtsverordnung ohne Zustimmung des Bundesrates Vorschriften zu erlassen, die Näheres zu der Erstattung der Verwaltungskosten regeln.

Literatur

Adamson/Arndt, Der Finanzausgleich in der Sozialen Pflegeversicherung, BKK 1995, 118; *Clemens*, Soziale Pflegeversicherung: Finanzierung und Wirtschaftlichkeit der künftigen Versorgung aus finanzökonomischer Sicht, VSSR 2015, 377; *Hofmann*, Der Finanzausgleich in der Gesetzlichen Pflegeversicherung, ASP 1995, 52; *Pitschas*, Sicherstellung der pflegerischen Versorgung – eine neue Gemeinschaftsaufgabe von Bund und Ländern?, VSSR 2015, 391; *Udsching*, Das Erste Pflegestärkungsgesetz, jurisPR-SozR 3/2015 Anm. 1.

I. Entstehungsgeschichte	1	III. Verwendung	12
II. Grundlagen des Finanzausgleichs	2	IV. Verfügbarkeitsgebot	13
1. Ausgabenausgleich	3	V. Erweiterter Sicherstellungsauftrag des Ausgleichsfonds	17
2. Sondervermögen	4		
3. Finanzierungsquellen	5	VI. Verwaltungskosten	21
4. Bundeszuschuss oder Finanzierungsbeitrag der Länder?	11		

I. Entstehungsgeschichte

1 § 65 ist durch das PflegeVG vom 26.5.1994 (BGBl. I, 1014) eingeführt worden und zum 1.1.1995 in Kraft getreten, geändert durch das GVK-WSG vom 26.3.2007 (BGBl. I, 378) mWv 1.1.2009. Die mit dem Ersten Pflegestärkungsgesetz (PSG I)[1] realisierte Einrichtung eines Pflegevorsorgefonds (§§ 131 bis 139) wird Auswirkungen auf den Ausgleichsfonds haben (unten → Rn. 17 ff., sowie die Kommentierungen zu §§ 131 bis 139). Abs. 4 ist angefügt durch Art. 2 Nr. 33 PSG II vom 21.12.2015 (BGBl. I, 2424) mWv 1.1.2017 (Entwurfsbegründung in: BT-Dr. 18/5926, 136, zu Art. 2 Nr. 33).

II. Grundlagen des Finanzausgleichs

2 Im Zentrum der §§ 65 ff. steht der **Finanzausgleich**, der es den Pflegekassen „nach dem Verhältnis ihrer Beitragseinnahmen" und „gemeinsam" (§ 66 Abs. 1 S. 1) ermöglichen soll, „die Leistungsaufwendungen sowie die Verwaltungskosten der Pflegekassen" zu bewältigen.[2] Getragen wird der Finanzausgleich vom Ausgleichsfonds, dem der „Charakter einer kassenübergreifenden Schwankungsreserve

---

[1] Erstes Gesetz zur Stärkung der pflegerischen Versorgung und zur Änderung weiterer Vorschriften (Erstes Pflegestärkungsgesetz – PSG I) vom 17.12.2014 (BGBl. I, 2222). Bis zur Beschlussempfehlung vom 17.10.2014 lautete der Entwurfstitel des Gesetzes „Fünftes SGB XI-Änderungsgesetz (5. SGB XI-ÄndG)", vgl. BR-Dr. 466/14 v. 17.10.2014.
[2] Becker in: jurisPK-SGB XI, § 65 Rn. 3 und 6, zum Ausgleichsfonds: Als pflegekassenübergreifende Schwankungs- und Liquiditätsreserve der sozialen Pflegeversicherung insgesamt erlaube er mit dem – internen! – Finanzausgleich zwischen den Pflegekassen doch auch der einzelnen Pflegekasse, Mittelaufbau und -erhaltung nachhaltiger abzusichern (vgl. §§ 62 bis 64).

der sozialen Pflegeversicherung" zugemessen wird, der „Durchführung des Finanzausgleichs" zu dienen bestimmt, wobei seine Mittel „der sozialen Pflegeversicherung als Ganzem" zustehen.[3]

1. Ausgabenausgleich. Der Pflegeversicherungsbeitragssatz (und damit Maßgabe für die Beitragseinnahmen) wird durch Gesetz **bundeseinheitlich auf 1,95 % der beitragspflichtigen Einnahmen der Mitglieder** festgesetzt, wie § 55 Abs. 1 deutlich macht. Damit wird hier der umfassende bundeseinheitliche Finanzausgleich bestätigt, der konsequenterweise „als allgemeiner Ausgabenausgleich gestaltet sein muss",[4] mithin weder regionale noch sachliche Differenzierungen erlaubt.

2. Sondervermögen. Der Ausgleichsfonds im Sinne von § 65 bildet das institutionell-organisatorisch dem Bundesversicherungsamt[5] zur Verwaltung zugewiesene Sondervermögen,[6] aus dem dieser Ausgleich finanziert und gestaltet wird. Als Sondervermögen folgt es § 48 HGrG und dient als **kassenübergreifende Schwankungsreserve** dem **bundesweiten Finanzausgleich der Pflegekassen untereinander.**[7]

3. Finanzierungsquellen. Vier Finanzierungsquellen dieses Ausgleichssystems werden festgelegt: (**1.**) die Beiträge aus den Rentenzahlungen (Abs. 1 Nr. 1); (**2.**) die durch die Pflegekassen zu überweisenden Überschüsse aus Betriebsmitteln und aus ihren Rücklagen (Abs. 1 Nr. 2); (**3.**) die Beiträge der Versicherten, die dem Ausgleichsfonds aus dem Gesundheitsfonds (§ 171 SGB V) zufließen (Abs. 1 Nr. 3); (**4.**) die jährlichen Kapitalerträgnisse aus dem Ausgleichsfonds (Abs. 2); (**5.**) weitere Mittel (auf der Basis spezieller Rechtsgrundlagen).[8]

Zu den Finanzierungsquellen im Einzelnen:

(**1.**) Die Beiträge aus den Rentenzahlungen (Abs. 1 Nr. 1) speisen im Wesentlichen den Ausgleichsfonds; sie sind durch die Rentenversicherungsträger bei den Versicherten einzubehalten, und zwar nach Maßgabe von § 57 bei denjenigen Mitgliedern der Pflegekasse zu erheben, die in der gesetzlichen Krankenversicherung pflichtversichert sind, im Übrigen gemäß § 59 bei allen (gemäß § 20 Abs. 1 S. 2 Nr. 2–12) versicherten Mitgliedern.[9]

(**2.**) Gemäß Abs. 1 Nr. 1 tragen die seitens der Pflegekassen zu überweisenden Überschüsse aus Betriebsmitteln und aus ihren Rücklagen[10] den Ausgleichsfonds. Wenn die Rücklage das Rücklagesoll übersteigt, muss der übersteigende Betrag den Betriebsmitteln bis zu der in § 63 Abs. 2 genannten Höhe zugeführt werden (§ 64 Abs. 4 S. 1); gemeint ist der reduzierte Betrag, „der als Arbeitgeberanteil bei Versicherungspflicht in der sozialen Pflegeversicherung als Beitragsanteil zu zahlen wäre"; dies ist höchstens die Hälfte des Betrages, den der Beschäftigte für seine private Pflegeversicherung aufzuwenden hat (§ 63 Abs. 2 S. 2). Etwa noch verbleibende Überschüsse werden bis zum 15. des Monats dem Ausgleichsfonds nach Maßgabe von § 65 überwiesen (§ 64 Abs. 4 S. 2). Sind dann die Einnahmen unter Einschluss der am Monatsersten noch vorhandenen Betriebsmittelbestands und der Rücklage höher als die Ausgaben zuzüglich des Betriebsmittel- und Rücklagesolls, hat die Pflegekasse den **Unterschiedsbetrag an den Ausgleichsfonds** zu überweisen (§ 67 Abs. 2 S. 2).

(**3.**) Abs. 1 Nr. 3 betrifft diejenigen Versichertenbeiträge, die dem Ausgleichsfonds aus dem Gesundheitsfonds zufließen, denn zwar sind (gemäß § 60 Abs. 3 S. 1 Hs. 1) die Beiträge an die Krankenkassen zu zahlen, nicht aber in den Fällen, in denen (gemäß § 252 Abs. 2 S. 1 SGB V) die **Beitragszahlung unmittelbar an den Gesundheitsfonds** erfolgte, weil es sich um solche Konstellationen (gemäß § 251 Abs. 3, 4 und 4a SGB V) handelt, in denen „Dritte" die Beitragslast tragen: so die **Künstlersozialkasse** die Beiträge für die nach dem Künstlersozialversicherungsgesetz versicherungspflichtigen Mitglieder (§ 251 Abs. 3 SGB V), der **Bund** die Beiträge für Wehrdienst- und Zivildienstleistende im Falle der regelmäßig fortbestehenden Mitgliedschaft – § 193 Abs. 2 und 3 SGB V – sowie für versicherungspflich-

---

3 Vereinbarung zwischen dem GKV-Spitzenverband und dem Bundesversicherungsamt nach § 66 Abs. 1 S. 4 und 5 SGB XI vom 30.10.2012, dort § 4 Abs. 1. Becker in: jurisPK-SGB XI, § 65 Rn. 7, zur – ergänzenden – Funktion des Ausgleichsfonds, „zentrale Aufgaben der sozialen Pflegeversicherung" zu finanzieren bzw. anteilig zu fördern.
4 Krauskopf in: Krauskopf, § 65 SGB XI Rn. 3; vgl. auch Richter in: LPK-SGB XI, § 65 Rn. 6.
5 Becker in: jurisPK-SGB XI, § 65 Rn. 9, zur organisatorischen und funktionalen Unabhängigkeit des Bundesversicherungsamts in der Verwaltung des Ausgleichsfonds und ihren Grenzen nach Maßgabe von § 94 Abs. 2 S. 2 bzw. S. 3 SGB IV.
6 Vgl. Richter in: LPK-SGB XI, § 65 Rn. 5.
7 So Bassen in: Udsching, § 65 Rn. 2.
8 Wilcken in: BeckOK SozR, SGB XI, § 65 Rn. 2.
9 Richter in: LPK-SGB XI, § 65 Rn. 6.
10 Becker in: jurisPK-SGB XI, § 65 Rn. 13 zur Einbindung von ggf. den Pflegekassen verbleibenden kalendermonatlichen Überschüssen aus Betriebsmitteln und Rücklagen (iSv Abs. 1 Nr. 2).

tige Bezieher von Arbeitslosengeld II (§ 251 Abs. 4 SGB V) bzw. die **Bundesagentur für Arbeit** die Beiträge für die Bezieher von Arbeitslosengeld und Unterhaltsgeld aus SGB III (§ 251 Abs. 4 a SGB V). Aus dem Gesundheitsfonds müssen die Beträge „unverzüglich" an den Ausgleichsfonds weitergeleitet werden (§ 60 Abs. 3 S. 1 Hs. 2 iVm § 252 Abs. 2 S. 1 SGB V.[11]

9 Hinzu treten (4.) gemäß § 65 Abs. 2 die jährlichen Kapitalerträgnisse aus dem Ausgleichsfonds.

10 (5.) Darüber hinaus fließen in den Ausgleichsfonds weitere Mittel.[12] Hier sind zu nennen:

- zum ersten Beiträge für Personen, für die eine Versicherungspflicht in der sozialen Pflegeversicherung besteht, weil sie – mit Wohnsitz oder gewöhnlichem Aufenthalt im Inland – laufende Leistungen zum Unterhalt und Leistungen der Krankenhilfe nach dem SGB VIII beziehen, **ohne** gegen das Risiko Krankheit in der gesetzlichen Krankenversicherung oder bei einem privaten Krankenversicherungsunternehmen **versichert zu sein** (§ 21 Nr. 4).[13]
- Zum zweiten fließt an den Ausgleichsfonds der Pflegeversicherung von der Bundesagentur für Arbeit pro Jahr jährlich eine **Pauschale** in Höhe von 20 Mio EUR: „Beitragszuschläge für die Bezieher von Arbeitslosengeld, Unterhaltsgeld und Kurzarbeitergeld, Ausbildungsgeld, Übergangsgeld und, soweit die Bundesagentur beitragszahlungspflichtig ist, für Bezieher von Berufsausbildungsbeihilfe nach dem Dritten Buch" (§ 60 Abs. 7 S. 1).
- Zum dritten **beteiligen** sich die **privaten Versicherungsunternehmen**, soweit sie die private Pflege-Pflichtversicherung durchführen, „mit 10 vom Hundert an den Kosten der Qualitätsprüfungen der ambulanten und stationären Pflegeeinrichtungen, sofern diese ohne Beteiligung von Vertretern des Verbandes der privaten Krankenversicherung eV durchgeführt wurden". Hier wird der Finanzierungsanteil, der auf die privaten Versicherungsunternehmen entfällt, vom Verband der privaten Krankenversicherung eV jährlich unmittelbar an das Bundesversicherungsamt (als Einzugstelle) zugunsten des Ausgleichsfonds der Pflegeversicherung überwiesen (§ 114 a Abs. 5 S. 2 iVm S. 1).

11 **4. Bundeszuschuss oder Finanzierungsbeitrag der Länder?** Anders als zunächst geplant[14] ist letztlich weder ein Bundeszuschuss gesetzlich vorgesehen worden noch konnte ein Finanzierungsbeitrag der Länder durchgesetzt werden,[15] so dass die systemische **Basis einer beitragsfinanzierten solidarischen Versicherung gesetzlich verpflichteter Mitglieder** erhalten geblieben ist.[16] Damit trägt der Ausgleichsfonds (und mit ihm das Bundesversicherungsamt) die Hauptlast eines stabil mitgliedschaftlich finanzierten selbstverwalteten Leistungssystems.

III. Verwendung

12 Grundsätzlich dient der Ausgleichsfons den Pflegekassen zum kassenartenübergreifenden Finanzausgleich.[17] Aber der **Finanzierungsauftrag** ist angesichts des enormen Aufgabenzuwachses zur weiteren Stärkung der Pflegeversicherung (schrittweise in Richtung auf ein umfassendes Vorsorgesystem) inzwischen vielfältig erweitert worden: Besonders hervorgehoben seien Modellprojekte zur Weiterentwicklung im Bereich neuer qualitätsgesicherter Versorgungsformen und -konzepte für Pflegebedürftige (§ 8 Abs. 3),[18] im Bereich der Versorgungsstrukturen und Versorgungskonzepte unter Förderung ehrenamtlicher Strukturen (§ 45 c und § 45 d) insbesondere auch für demenzkranke Pflegebedürftige, vor allem

---

11 Vgl. auch BT-Dr. 16/3100, 187.
12 Vgl. die Beispiele bei Bassen in: Udsching, § 65 Rn. 3; Becker in: jurisPK-SGB XI, § 65 Rn. 17 f., zu der nicht abschließend gemeinten Auflistung der Beiträge unter Verwaltung des Ausgleichsfonds (in Abs. 1 Nr. 1 u. 2, Abs. 2).
13 Becker in: jurisPK-SGB XI, § 65 Rn. 18 (S. 6) zu Zweifeln an der Ausweitung der Aufgaben des Ausgleichsfonds auf die Verwaltung von Pflichtbeiträgen der in § 21 Nr. 1–5 genannten Personen.
14 Vgl. BT-Dr. 12/5262, 30 f., 130 f.; 12/5920, 67, 69; 12/6424, 3 Nr. 17 u. Nr. 20 lit. a.
15 Vgl. Bassen in: Udsching, § 65 Rn. 1, 3, vgl. dort auch § 54 Rn. 4.
16 Vgl. Peters in: KassKomm, § 65 Rn. 3.
17 Wilcken in: BeckOK SozR, SGB XI, § 65 Rn. 1.
18 Fördervolumen aus Mitteln des Ausgleichsfonds: bis zu 5 Mio. Euro im Kalenderjahr (§ 8 Abs. 3).

durch den Auf- und Ausbau niedrigschwelliger Betreuungsangeboten;[19] hinzuweisen ist ferner auf den Aufbau der Pflegestützpunkte zur wohnortnahen Beratung, Versorgung und Betreuung der Versicherten (§ 7a und mit Blick auf ihre Finanzierung aus dem Ausgleichsfonds § 92c Abs. 6) sowie auf Modellvorhaben zur Erprobung von Leistungen der häuslichen Betreuung durch Betreuungsdienste (§ 125 Abs. 1).

IV. Verfügbarkeitsgebot

Darüber hinaus wird (in Abs. 3) ein Verfügbarkeitsgebot formuliert, das die **Hauptfunktionen** des Ausgleichsfonds sicherstellen soll, erstens einen **monatlichen Finanzausgleich** (im Sinne von § 67) und zweitens einen **jährlichen Finanzausgleich** (im Sinne von § 68) zu leisten. Der Ausgleichsfonds ist in der Verwendung der ihm zugeflossenen Mittel an diejenigen Vorgaben gebunden, die aus dem Prinzip jederzeitiger bzw. zumindest zeitnaher Verfügbarkeit der Mittel und dem Sicherheitsprinzip folgen.[20] Die entscheidenden **Orientierungsmaßstäbe**[21] hierbei geben die §§ 80 bis 83 SGB IV:

Das Verfügbarkeitsgebot (iSv Abs. 3), das die Realisierung der Finanzierungsquelle gemäß Abs. 2 sicherstellen soll, folgt der dreipoligen Grundpflicht der Mittelverwaltung, die Mittel des jeweiligen Versicherungsträgers „so anzulegen und zu verwalten, dass ein Verlust ausgeschlossen erscheint, ein angemessener Ertrag erzielt wird und eine ausreichende Liquidität gewährleistet ist" (§ 80 Abs. 1 SGB IV) – ohne dass hier im Einzelnen der Frage nachzugehen ist, ob die überraschend wenig durchschlagskräftige Formulierung „ausgeschlossen *erscheint*" dem Auftrag guter Haushaltsführung und angemessener Mittelverwendung hinreichend Ausdruck zu geben vermag.

Hier gilt zunächst der allgemeine **Sicherstellungs-Leitgrundsatz** aus § 82 SGB IV (ergänzt um die weiteren Regelungen der §§ 83 bis 86), dem zufolge die Versicherungsträger nach Maßgabe der besonderen Vorschriften für die einzelnen Versicherungszweige jedenfalls „zur Sicherstellung ihrer Leistungsfähigkeit" eine Rücklage „bereitzuhalten" haben, insbesondere für den Fall, dass Einnahme- und Ausgabeschwankungen durch Einsatz der Betriebsmittel nicht mehr ausgeglichen werden können; Betriebsmittel in diesem Sinne sind (nach Maßgabe von § 81 SGB IV) „kurzfristig verfügbare Mittel", welche die Versicherungsträger vorhalten müssen, damit die einzelnen Versicherungszweige mit ihnen ihre laufenden Ausgaben bestreiten und Einnahme- bzw. Ausgabeschwankungen ausgleichen können.

Für die Pflegekassen folgt die **Verpflichtung zur Rücklagenbildung**[22] ausdrücklich überdies aus § 64 Abs. 1, „zur Sicherstellung ihrer Leistungsfähigkeit", orientiert an einem bestimmten **Rücklagesoll** („50 vom Hundert des nach dem Haushaltsplan durchschnittlich auf den Monat entfallenden Betrages der Ausgaben", § 64 Abs. 2), mit der Funktion **ergänzender Steuerung** im Sinne einer Schwankungsreserve, denn „die Pflegekasse hat Mittel aus der Rücklage den Betriebsmitteln zuzuführen, wenn Einnahme- und Ausgabeschwankungen innerhalb eines Haushaltsjahres nicht durch die Betriebsmittel ausgeglichen werden können" (Abs. 3). Die ausdrückliche **Überschussregelung** (in § 64 Abs. 4) sieht nun eine **Verwendungsgrenze** vor, denn der übersteigende Betrag aus der Rücklage muss den Betriebsmitteln bis zu der in § 63 Abs. 2 genannten Höhe zugeführt werden.[23] § 65 ergänzt und **konkretisiert das Verfügbarkeitsgebot** in Abs. 5, denn „die Rücklage ist getrennt von den sonstigen Mitteln so anzulegen, dass sie für den nach Absatz 1 bestimmten Zweck verfügbar ist. Sie wird von der Pflegekasse verwaltet". Das Verfügbarkeitsgebot folgt dem Zweck aus §§ 67 und 68 und gilt für den monatlichen wie für den jährlichen Finanzausgleich (aus § 67 Abs. 2).

---

19 Fördervolumen aus Mitteln des Ausgleichsfonds: bis zu 25 Mio. Euro im Kalenderjahr im Wege der Anteilsfinanzierung (§ 45c Abs. 1). Einmalig und ergänzend zu dem Betrag nach § 40 Abs. 4 wird für die altersgerechte oder barrierearme Umgestaltung der gemeinsamen Wohnung ein Betrag von bis zu 2.500 Euro gewährt (bei einem auf 10.000 Euro begrenzten Gesamtbetrag je Wohngruppe, der bei mehr als vier Berechtigten anteilig auf ihre Versicherungsträger aufgeteilt wird), wobei der Anspruch mit Ablauf des Monats endet, in dem „mit der Förderung eine Gesamthöhe von 30 Millionen Euro erreicht worden ist" (§ 45e Abs. 2 S. 2). Zur wissenschaftlich gestützten Weiterentwicklung und Förderung neuer Wohnformen werden zusätzlich 10 Mio. Euro aus Mitteln des Ausgleichsfonds zur Verfügung gestellt (§ 45f Abs. 1 S. 1).
20 BT-Dr. 12/5262, 130; vgl. auch Krauskopf in: Krauskopf, § 65 SGB XI Rn. 5; Becker in: jurisPK-SGB XI, § 65 Rn. 19, zur Verfügbarkeit der Mittel zwischen Sicherstellung ausreichender Liquidität und angemessenem Ertrag; vgl. auch Richter in: LPK-SGB XI, § 65 Rn. 8.
21 Hier ohne unmittelbare Geltung, vgl. Krauskopf, aaO; Wilcken in: BeckOK SozR, SGB XI, § 65 Rn. 3.
22 Richter in: LPK-SGB XI, § 64 Rn. 8, § 65 Rn. 6.
23 Richter in: LPK-SGB XI, § 64 Rn. 7, § 65 Rn. 6.

V. Erweiterter Sicherstellungsauftrag des Ausgleichsfonds

17 Mit dem Ersten Pflegestärkungsgesetz (PSG I),[24] mit dessen Hilfe die Pflegeversicherung weiterentwickelt und insbesondere „zukunftsfest"[25] gemacht werden sollte, ist die Errichtung eines Vorsorgefonds der sozialen Pflegeversicherung (**Pflegevorsorgefonds**) verbindlich angeordnet (§ 131). Dieses (nicht rechtsfähige) Sondervermögen[26] hat „der langfristigen Stabilisierung der Beitragsentwicklung in der sozialen Pflegeversicherung" zu dienen.[27] Es darf nach Maßgabe der Verwendungsbestimmungen, die in § 136 im Einzelnen ausgeführt sind, „nur zur Finanzierung der Leistungsaufwendungen der sozialen Pflegeversicherung verwendet werden" (§ 132 S. 2). Dieses (Sonder-)Vermögen „ist von dem übrigen Vermögen der sozialen Pflegeversicherung sowie von seinen Rechten und Verbindlichkeiten getrennt zu halten" (§ 137). Dieses zwingende **Trennungsgebot** erfasst insbesondere das Verhältnis zum Ausgleichsfonds.

18 Zwei Phasen, die das **Verhältnis des Pflegevorsorgefonds zum Ausgleichsfonds** bestimmen, sind zu unterscheiden: erstens die Ansparung des Sondervermögens und der Aufwuchs des Pflegevorsorgefonds (in der **Ansparphase von 2015 bis 2033**) sowie zweitens Einsatz und Verbrauch des Sondervermögens zugunsten des Ausgleichsfonds, um von 2035 an zur **Beitragssatzstabilität** beitragen zu können:

- In der **ersten (Anspar-)Phase** wird dem Sondervermögen durch das Bundesversicherungsamt monatlich „zulasten des Ausgleichsfonds" (nach § 65) ein Betrag zugeführt, „der einem Zwölftel von 0,1 Prozent der beitragspflichtigen Einnahmen der sozialen Pflegeversicherung des Vorjahres entspricht" (§ 135 Abs. 1 – „Zuführung der Mittel"). Zugeführt werden muss gemäß der Anordnung in § 135 Abs. 2 dann erstmals zum 20.2.2015 und letztmalig durch die Zahlung für Dezember 2033.
- Für die **zweite Phase**, die „Verwendung des Sondervermögens", legt § 136 mit Blick auf den Ausgleichsfonds (iSv § 65) fest, dass unter bestimmten Bedingungen „ab dem Jahr 2035 [...] das Sondervermögen zur Sicherung der Beitragssatzstabilität der sozialen Pflegeversicherung verwendet werden" kann (§ 136 S. 1). Als **Obergrenze des jährlichen Überweisungsbetrags** an den Ausgleichsfonds sieht § 136 S. 2 den „20. Teil des Realwertes des zum 31. Dezember 2034 vorhandenen Mittelbestandes des Sondervermögens" vor. Sollten in einem der Folgejahre, beginnend mit dem Jahr 2035, Mittel aus dem Sondervermögen nicht zugunsten des Ausgleichsfonds abgerufen werden müssen, so sollen „die für dieses Jahr vorgesehenen Mittel in den Folgejahren mit abgerufen werden, wenn ohne eine entsprechende Zuführung von Mitteln an den Ausgleichsfonds eine Beitragssatzanhebung erforderlich würde, die nicht auf über eine allgemeine Dynamisierung der Leistungen hinausgehenden Leistungsverbesserungen beruht" (§ 136 S. 4). Letztlich ist das Sondervermögen auf seinen Verbrauch hin konzipiert (§ 139: „Das Sondervermögen gilt nach Auszahlung seines Vermögens als aufgelöst").

19 Ausweislich der Entwurfsbegründung[28] zum Ersten Pflegestärkungsgesetz (PSG I) darf das Sondervermögen „nach Abschluss der Ansparphase ausschließlich **zweckgebunden zur Stabilisierung** des aufgrund der demografischen Entwicklung ansteigenden Beitragssatzes verwendet werden". Die „**Notwendigkeit von Beitragssatzanpassungen**" werde weiter ansteigen und könne so zumindest für die besonders geburtenstarken Jahrgänge 1959 bis 1967 gezielt beitragsstabilisierend eingesetzt werden und womöglich eine andauernde Überlastung des Ausgleichsfonds bekämpfen helfen.

20 Aus einer solchen mittel- bis langfristigen **Perspektive des Sicherstellungsauftrags** ergeben sich besondere Anforderungen, will man das (Vermögens-)**Trennungsgebot**[29] durchhalten; der Pflegevorsorgefonds darf – insbes. im Gegensatz zum Sondervermögen Ausgleichsfonds (§§ 65 ff.) – daher keinesfalls in die Erfüllung laufender Leistungsverpflichtungen bzw. in den Ausgleich von Leistungs- und Verwaltungsausgaben eingebunden werden.

---

24 Erstes Gesetz zur Stärkung der pflegerischen Versorgung und zur Änderung weiterer Vorschriften (Erstes Pflegestärkungsgesetz – PSG I) vom 17.12.2014, BGBl. I, 2222. Bis zur Beschlussempfehlung vom 17.10.2014 lautete der Entwurfstitel des Gesetzes „Fünftes SGB XI-Änderungsgesetz (5. SGB XI-ÄndG)", vgl. BR-Dr. 466/14 v. 17.10.2014.
25 BT-Dr. 18/1798, 1, sub B.
26 BT-Dr. 18/1798, § 131 u. § 133 SGB XI; Bassen in: Udsching, § 133 SGB XI Rn. 3.
27 BT-Dr. 18/1798, § 132 S. 1 SGB XI; vgl. Bassen, aaO, § 134 SGB XI Rn. 4; aaO, § 136 SGB XI Rn. 3.
28 BT-Dr. 18/1798, Begr. zu § 132, S. 51 f. Bis zur Beschlussempfehlung vom 17.10.2014 lautete der Entwurfstitel des Gesetzes „Fünftes SGB XI-Änderungsgesetz (5. SGB XI-ÄndG)", vgl. BR-Dr. 466/14 v. 17.10.2014.
29 BT-Dr. 18/1798, RegE, Begr. zu § 137, S. 52.

VI. Verwaltungskosten

Mit dem durch das PSG II neu angefügten Abs. 4 wird die Deckung der dem Bundesversicherungsamt zum Teil neu entstehenden Verwaltungskosten nunmehr ausdrücklich geregelt.[30] Diese Kosten resultieren aus den zur Pflegestärkung neu strukturierten und erweiterten Aufgabenfeldern (verwiesen wird auf § 7 c [Pflegestützpunkte zur wohnortnahen Beratung, Versorgung und Betreuung der Versicherten], § 8 [Abs. 3: Modellvorhaben, Studien, wissenschaftliche Expertisen und Fachtagungen zur Weiterentwicklung der Pflegeversicherung], § 45 c [Abs. 1: Weiterentwicklung der Versorgungsstrukturen und Versorgungskonzepte und zur Förderung ehrenamtlicher Strukturen], § 45 e [Abs. 1: Förderung der Gründung von ambulant betreuten Wohngruppen], § 45 f [Abs. 1: wissenschaftlich gestützte Weiterentwicklung und Förderung neuer Wohnformen], § 114 a Abs. 5 [Finanzierungsbeteiligung am Prüfdienst des Verbandes der privaten Krankenversicherung eV]); hierbei handelt es sich ersichtlich nicht um Aufsichtstätigkeiten iSv §§ 87, 90 (Bundesversicherungsamt als [im Wesentlichen: Rechts-]Aufsichtsbehörde über bundesunmittelbare Versicherungsträger), vielmehr um „sonstige Verwaltungsaufgaben, für die der Gesetzgeber in vergleichbaren Fällen eine Refinanzierung der Sach- und Personalkosten vorgesehen hat".[31]

21

Auf der Grundlage von Abs. 4 Satz 2 hat das BMG im Einvernehmen mit dem BMF und dem BMfAuS in der Verordnung[32] vom 1.1.2017 zur Finanzierung der Verwaltung des Ausgleichsfonds die Refinanzierung der dem Bundesversicherungsamt durch die Ausgleichsfondsverwaltung entstehenden Personal- und Sachkosten durch Mittel des Ausgleichsfonds ausdrücklich angeordnet (§ 1 Abs. 1), wobei das Amt den genannten Ministerien nach Ablauf eines jeden Kalenderjahres bis zum 31.3. des Folgejahres eine Übersicht der entstandenen Personal- und Sachkosten zwecks Kostenerstattung zu übermitteln hat (Abs. 2). Zur kontinuierlichen Wahrnehmung seiner den Ausgleichsfonds betreffenden Verwaltungsaufgaben erhält das Amt gemäß § 1 Abs. 3 S. 1 AFVFinV kalenderjährlich „auf Anforderung jeweils zum 15. Februar, 15. Mai, 15. August und 15. November vierteljährliche Abschläge" aus den Ausgleichsfondsmitteln (die es sich aus dem Fonds zuweist).

22

§ 66 Finanzausgleich

(1) ¹Die Leistungsaufwendungen sowie die Verwaltungskosten der Pflegekassen werden von allen Pflegekassen nach dem Verhältnis ihrer Beitragseinnahmen gemeinsam getragen. ²Zu diesem Zweck findet zwischen allen Pflegekassen ein Finanzausgleich statt. ³Das Bundesversicherungsamt führt den Finanzausgleich zwischen den Pflegekassen durch. ⁴Es hat Näheres zur Durchführung des Finanzausgleichs mit dem Spitzenverband Bund der Pflegekassen zu vereinbaren. ⁵Die Vereinbarung ist für die Pflegekasse verbindlich.

(2) Das Bundesversicherungsamt kann zur Durchführung des Zahlungsverkehrs nähere Regelungen mit der Deutschen Rentenversicherung Bund treffen.

I. Entstehungsgeschichte

§ 66 ist durch das PflegeVG vom 26.5.1994 (BGBl. I, 1014) eingeführt worden und am 1.1.1995 in Kraft getreten, geändert zuletzt durch das GKV-WSG vom 26.3.2007 (BGBl. I, 378) mWv 1.7.2008.

1

II. Bundesweiter Finanzausgleich

Für die soziale Pflegeversicherung gilt ein bundesweiter Finanzausgleich sowohl für die Leistungsaufwendungen als auch für die Verwaltungskosten; dass diese „von allen Pflegekassen nach dem Verhältnis ihrer Beitragseinnahmen gemeinsam getragen" werden, ist Konsequenz des einheitlichen Beitrags-

2

---

30 Peters in: KassKomm [92. EL Dez. 2016], SGB XI, § 65 Rn. 7.
31 PSG II-Entwurfsbegr., BT-Dr. 18/5926 vom 7.9.2015, 136 (zu Nr. 33), dort unter Bezug auf §§ 271 Abs. 6, 137g Abs. 1, 274 Abs. 2 SGB V sowie § 181 Abs. 5 SGB VII.
32 Verordnung über die Finanzierung der Verwaltung des Ausgleichsfonds der sozialen Pflegeversicherung (Ausgleichsfondsfinanzierungsverordnung – AFVFinV) vom 1.1.2017 (BGBl. I 2017, 2).

satzes;[1] Wettbewerbsanreize werden nicht gegeben;[2] im Vordergrund steht der **soziale Sicherungs- und Schutzzweck**. Die mit dem Mangel an Wirtschaftlichkeitsanreizen unter Umständen hier drohende Gefahr nachgerade unwirtschaftlichen Verwaltungshandelns[3] wird grundsätzlich zu Recht als gering eingeschätzt: Maßgeblich für die Eröffnung des Leistungsrahmens ist zumindest die Kategorie der Pflegebedürftigkeit Stufe I und damit eine entsprechend eingehende (und an eigene Qualitätsstandards und Qualitätsprüfungssysteme gebundene) Begutachtung durch den Medizinischen Dienst. Auch die detaillierte Festlegung und strikte Begrenzung der Leistungen trägt in Sonderheit dazu bei, wo nicht Wirtschaftlichkeit, so doch Sparsamkeit als Leitkriterium durchzusetzen.[4] Der Finanzausgleich umfasst das **gesamte Leistungsspektrum** der Pflegeversicherung,[5] wobei in der Praxis Anwendungsdivergenzen nicht ausgeschlossen sind.[6]

III. Verwaltungskosten

3 Die Pflegekassen sind zwar rechtlich verselbstständigt als Körperschaften öffentlichen Rechts, aber administrativ in die **Krankenkassen integriert** (vgl. etwa § 46 Abs. 6: „Die Aufsicht über die Pflegekassen führen die für die Aufsicht über die Krankenkassen zuständigen Stellen"), so dass ihre Verwaltungsaufgaben von den Krankenkassen mit wahrgenommen werden: Die Krankenkassen stellen den Pflegekassen hierfür ihre **räumliche, sachliche und personelle Infrastruktur** zur Verfügung (so die Vorbemerkungen in der **Pflege-Verwaltungskostenbestimmung**).[7] Ausgeglichen wird dieser Aufwand durch ein komplex ausgestaltetes **(teil-)pauschaliertes Erstattungssystem**, wie es in § 46 Abs. 3 bereits angelegt und in der Pflege-Verwaltungskostenbestimmung ausdifferenziert gestaltet ist. Mit „verwaltungsökonomischen Gründen" wird hierbei die Pauschalierung begründet, die „auf eine exakte Kostenstellenrechnung zur Ermittlung der auf die Durchführung der Pflegeversicherung entfallenden Verwaltungsaufwendungen der Krankenkassen" verzichtet.[8]

---

1 Becker in: jurisPK-SGB XI, § 66 Rn. 6, als reiner Ausgabenausgleich, ohne dass er beispielsweise auf einzelne Kassen hin quotiert würde. Vgl. den Grundsatz in der *Vereinbarung zwischen dem GKV-Spitzenverband und dem Bundesversicherungsamt* nach § 66 Abs. 1 S. 4 und 5 SGB XI vom 30.10.2012: „In der sozialen Pflegeversicherung gilt ein in § 55 Abs. 1 SGB XI festgesetzter bundeseinheitlicher Beitragssatz. Auf diese Weise wird vermieden, dass Mitglieder einer Pflegekasse mit einem hohen Anteil an Pflegebedürftigen und demzufolge hohen Leistungsausgaben beitragsmäßig stärker belastet werden als Mitglieder einer Pflegekasse mit günstigerer Risikostruktur. Ein solcher bundeseinheitlicher Beitragssatz wird über die Einführung eines alle Pflegekassen umfassenden Finanzausgleichs in der Gestalt eines reinen Liquiditätsausgleichs ermöglicht. Der Finanzausgleich dient somit ausschließlich der Liquiditätssicherung der Pflegekassen". Vgl. Bassen in: Udsching, § 66 SGB XI Rn. 3; ferner Peters in: KassKomm, SGB XI, § 66 Rn. 2.
2 Richter in: LPK-SGB XI, § 66 Rn. 5.
3 Vgl. insofern Krauskopf in: Krauskopf, § 66 SGB XI Rn. 2; ferner BT-Dr. 12/5262, 130 f.; Richter, aaO.
4 Für einen möglichen Liquiditätsengpass des Ausgleichsfonds empfiehlt die *Vereinbarung zwischen dem GKV-Spitzenverband und dem Bundesversicherungsamt* vom 30.10.2012 in § 4 Abs. 3, dass „durch die Zuführung aus Mitteln nach § 62 SGB XI bei Absenkung der Ausgabendeckungsquote des Betriebsmittel-Solls für alle Pflegekassen behoben werden" könne, „ohne dass sich Pflegekassen oder der Ausgleichsfonds verschulden müssen. Der GKV-Spitzenverband erhält darüber eine entsprechende Meldung des Bundesversicherungsamtes und unterrichtet die Pflegekassen. Zeitgleich mit der Reduktion des Wertes der Ausgabendeckungsquote des Betriebsmittel-Solls erfolgt zudem eine Meldung des Bundesversicherungsamtes an das Bundesministerium für Gesundheit über das Ausmaß des aktuellen Liquiditätsengpasses beim Ausgleichsfonds sowie über den Bestand der Mittel nach § 62 SGB XI bei den Pflegekassen. Sinken die Mittel nach § 62 SGB XI unter die Hälfte des ursprünglich für das Betriebsmittel-und Rücklage-Soll angesetzten Wertes von insgesamt 1 1/2 durchschnittlich auf einen Monat entfallenden Ausgaben laut Haushaltsplan und lässt die Entwicklung der Liquiditätssituation weiterhin eine Unterdeckung erwarten, so wird das Bundesversicherungsamt mit einer entsprechenden gesonderten Mitteilung an das Bundesministerium für Gesundheit herantreten. Mittel in Höhe einer halben durchschnittlich auf einen Monat entfallenden Ausgabe laut Haushaltsplan bilden die Untergrenze der Mittel einer Pflegekasse".
5 Übersicht zu den Leistungsarten in § 28 Abs. 1 Nr. 1–15 (im Einzelnen dann in §§ 36 bis 45 f).
6 Richter in: LPK-SGB XI, § 66 Rn. 6.
7 Bestimmungen des GKV-Spitzenverbands [Spitzenverband Bund der Pflegekassen nach § 53] über die Verteilung der Verwaltungskostenerstattung der sozialen Pflegeversicherung v. 1.7.2008 idF v. 1.1.2009.
8 Vorbemerkungen Verwaltungskostenbestimmung, aaO. Siehe Becker in: jurisPK-SGB XI, § 66 Rn. 8. Zu den um eines Wirtschaftlichkeitsanreizes willen nur begrenzt berücksichtigungsfähigen Verwaltungsausgaben (vgl. § 46 Abs. 3).

1. Verwaltungskostenpauschale. Die Verwaltungskostenpauschale[9] wird (unter Zugrundelegung der Verwaltungskostenbestimmung) in mehreren Stufen durch das **Bundesversicherungsamt** berechnet: Zunächst wird die Summe der von allen Pflegekassen eingezogenen Beitragseinnahmen und der von allen Pflegekassen verausgabten Leistungsaufwendungen gebildet. Diese Summe wird durch den Faktor Zwei dividiert und dieser Betrag (Mittelwert) sodann mit dem gesetzlich aus § 46 Abs. 3 mit 3,5 % vorgegebenen Faktor multipliziert. Dieser nun erzielte (Pauschal-)Betrag wird um die Hälfte der Aufwendungen für die Pflegeberatung nach § 7a Abs. 4 S. 5 gemindert. § 7a Abs. 4 S. 5 bestätigt, dass „die durch die Tätigkeit von Pflegeberatern und Pflegeberaterinnen entstehenden Aufwendungen" insgesamt „von den Pflegekassen getragen und zur Hälfte auf die Verwaltungskostenpauschale nach § 46 Abs. 3 S. 1 angerechnet" werden sollen.[10] Damit wird der Auftrag der Pflegekassen entsprechend ergänzt (aus § 7a Abs. 4 S. 1),[11] um „Pflegeberater und Pflegeberaterinnen zur **Sicherstellung einer wirtschaftlichen Aufgabenwahrnehmung** in den Pflegestützpunkten nach Anzahl und örtlicher Zuständigkeit aufeinander abgestimmt bereitzustellen", wobei die Kassen von der Möglichkeit der Beauftragung nach Maßgabe der §§ 88 bis 92 SGB X Gebrauch machen dürfen (S. 4).

2. „Fallmanagement". Grundsätzlich will der Gesetzgeber mit dieser Vorschrift ein „**Fallmanagement**" in das SGB XI einführen, denn „der erhebliche Beratungs- und Unterstützungsbedarf für Versicherte, die Leistungen nach diesem Gesetzbuch in Anspruch nehmen, bzw. von Versicherten, die einen Antrag auf Leistungen der Pflegeversicherung gestellt haben, soll durch die Bereitstellung eines persönlichen **Ansprechpartners** aufgefangen werden, der Hilfe und Unterstützung bei Auswahl und Inanspruchnahme von Unterstützungsangeboten gewährleistet".[12] Die Neugestaltung passt in das Konzept, das auch in der gewissen **Privilegierung von Einzelpflegeverträgen** (siehe § 78) nunmehr eindeutiger zum Ausdruck kommt, wenn zu § 66 weiter ausgeführt wird: „In dieser Beratung und Koordinierung passgenauer Hilfen für Menschen mit Pflegebedarf wird ein wichtiger Beitrag gesehen, nachhaltige Strukturentwicklungen zu fördern, um pflegebedürftigen Menschen den Verbleib im bisherigen Wohn- und Lebensumfeld zu ermöglichen und damit auch den Grundsatz „ambulant vor stationär" umzusetzen".[13] Passgenauigkeit, Wirtschaftlichkeit und Sparsamkeit – Effizienz – kommen als gesetzesleitende Zielvorstellungen hier zum Ausdruck.

Die **Pflegeberatungsaufwendungen** werden aus der Pauschale zur Hälfte herausgerechnet und wirken sich damit verwaltungskostenmindernd zugunsten der Pflegekassen aus, ein Anreiz, durch den der Auftrag, eine wirtschaftliche Aufgabenwahrnehmung sicherzustellen,[14] gefördert wird.

3. Verteilung auf die Krankenkassen. Die nun erzielte **um die Pflegeberatungsaufwendungen korrigierte (Verwaltungskosten-) Pauschale** muss den einzelnen (Pflege-)Kassen zugeteilt werden. Hierbei wird der Versuch unternommen, die unterschiedlich intensive Inanspruchnahme der Verwaltungskapazitäten der Kassen für die Aufgaben der Pflegeversicherung entsprechend abzubilden und differenziert zuzuordnen. Zu diesem Zwecke wird erstens ein Verteilungsmaßstab – der „**Bezugswert**" – für jede Pflegekasse ermittelt (als eine Summe aus 70 % der von der Pflegekasse verausgabten Leistungsaufwendungen und 30 % der von der Pflegekasse eingezogenen Beitragseinnahmen). Diese für jede einzelne Pflegekasse jeweils ermittelte Maßzahl wird nun dem Pauschalbetrag der Verwaltungskosten gegenübergestellt – zum Zwecke einer im Ansatz einzelkassengerechten Differenzierung wie folgt: Die oben genannte (Verwaltungskosten-)Pauschale wird „durch die Summe der Bezugswerte aller Pflegekassen geteilt und mit dem Bezugswert der einzelnen Pflegekasse vervielfacht" (§ 4 Abs. 1 Verwaltungskostenbestimmung). Diese pauschalierte, gestuft gemittelte Summe (Kennzahl) wird kombiniert mit monatlichen Abschlägen auf die Verwaltungskostenpauschale (vgl. § 5 Verwaltungskostenbestimmung), parallel zum monatlichen Liquiditätsausgleich (auf der Basis von § 5 der Vereinbarung nach § 66 Abs. 1 SGB XI).

Auf der Grundlage von Art. 66 Abs. 1 S. 4 und 5 bildet die Vereinbarung zwischen dem GKV-Spitzenverband und dem Bundesversicherungsamt nach § 66 Abs. 1 S. 4 und 5 SGB XI die maßgebliche und zuverlässige Grundlage für den Finanzausgleich der gesetzlichen Pflegekassen (und nur dieser) unter-

---

9 Vgl. hier nur § 46 Abs. 3 S. 1 Hs. 1: „Die Verwaltungskosten einschließlich der Personalkosten, die den Krankenkassen auf Grund dieses Buches entstehen, werden von den Pflegekassen in Höhe von 3,5 vom Hundert des Mittelwertes von Leistungsaufwendungen und Beitragseinnahmen erstattet".
10 Richter in: LPK-SGB XI, § 66 Rn. 6 (Anreizfunktion zu Wirtschaftlichkeit).
11 Vgl. BT-Dr. 16/7439, 46.
12 BT-Dr. 16/7439, 45.
13 BR-Dr. 718/07 (B), 2; vgl. Gebhardt in: Krauskopf, § 7a SGB XI Rn. 2.
14 Vgl. auch BT-Dr. 16/7439, 48; BT-Dr. 16/8525, 95.

einander.[15] § 5 Abs. 1 der **Vereinbarung**[16] akzentuiert nochmals den tragenden Gesichtspunkt: „Ziel des Finanzausgleichs ist es, die Liquidität der Pflegekassen in jedem Monat zu sichern".[17]

IV. Verwaltungsakt

9 An die Pflegekassen gerichtete Bescheide des Bundesversicherungsamts über Ausgleichszahlungen sind Verwaltungsakte iSv § 31 S. 1 SGB X. Wenn auch mit Blick auf § 266 SGB V, hat das BSG[18] die jeweilige Mitteilung der Ausgleichsverpflichtung oder -berechtigung an die betroffenen Kassen als Zahlungsbescheide angesehen.

10 Zu **Begründungserfordernissen** des Bescheids lassen sich die BSG-Hinweise aus dem SGB V-Kontext übertragen:[19] Auch hier hätte das Bundesversicherungsamt keine Ermessensentscheidung zu treffen, die entsprechend § 35 Abs. 1 S. 2 SGB X zu begründen gewesen wäre, denn „über die Art und Weise, wie die Verhältniswerte zu bestimmen waren, hatte das BVA nicht kassenindividuell zu entscheiden, sondern im Rahmen einer Konkretisierung des allgemeinen Auftrags, das Gesetz für alle Kassen gleichermaßen zu vollziehen"; die (Pflege-)Kassen „wissen auch ohne kassenindividuelle Anhörung und ohne weitergehende Begründung in den Bescheiden und ihren Anlagen, weshalb das BVA eine bestimmte Regelung getroffen hat. Darüber hinausgehende Anhörungs- und Begründungspflichten nach Maßgabe des SGB X würden das Verfahren komplizieren und verzögern, ohne die Rechtsstellung der Kassen nennenswert zu verbessern" und entsprächen auch nicht dem in ihrer Mitwirkungsroutine selbstverständlichen Kenntnisstand der Kassen innerhalb des Ausgleichssystems; verfassungsrechtliche Bedenken aus solcher Einschränkung von Anhörungs- und Begründungspflichten hat das BSG im Übrigen nicht.

11 Zulässig ist die **Anfechtungsklage** nach § 54 Abs. 1 S. 1 SGG jedenfalls dann, wenn geltend gemacht wird, der Finanzausgleich sei insgesamt rechtswidrig oder leide an Mängeln, die seine Wiederholung erforderlich machten. In diesem (und nur in diesem) Fall muss sich die klagende Kasse nicht auf die Möglichkeit späterer Korrekturen verweisen lassen. Möglich ist dann ein Betroffensein im Selbstverwaltungsrecht und in der Haushalts- und Finanzhoheit. Zur Rückabwicklung bei erfolgreicher Anfechtung dürfte es aber regelmäßig nicht kommen, wenn die Jahresausgleichsbescheide gegen Zahler- und Empfängerkassen bereits vollzogen sind (vgl. § 131 Abs. 1 S. 1 SGG). Sachliche und rechnerische Fehler in den Berechnungsgrundlagen können – auch wenn gerichtsnotorisch festgestellt – erst beim nächsten Ausgleichsverfahren berücksichtigt werden (vgl. § 266 Abs. 6 S. 7 SGB V). Zuständig ist erstinstanzlich das LSG NRW (gem. § 29 Abs. 3 Nr. 2 SGG).[20]

§ 67 Monatlicher Ausgleich

(1) Jede Pflegekasse ermittelt bis zum 10. des Monats
1. die bis zum Ende des Vormonats gebuchten Ausgaben,
2. die bis zum Ende des Vormonats gebuchten Einnahmen (Beitragsist),
3. das Betriebsmittel- und Rücklagesoll,
4. den am Ersten des laufenden Monats vorhandenen Betriebsmittelbestand (Betriebsmittelist) und die Höhe der Rücklage.

(2) ¹Sind die Ausgaben zuzüglich des Betriebsmittel- und Rücklagesolls höher als die Einnahmen zuzüglich des vorhandenen Betriebsmittelbestands und der Rücklage am Ersten des laufenden Monats, erhält die Pflegekasse bis zum Monatsende den Unterschiedsbetrag aus dem Ausgleichsfonds. ²Sind die Einnahmen zuzüglich des am Ersten des laufenden Monats vorhandenen Betriebsmittelbestands und der Rücklage höher als die Ausgaben zuzüglich des Betriebsmittel- und Rücklagesolls, überweist die Pflegekasse den Unterschiedsbetrag an den Ausgleichsfonds.

---

15 Becker in: jurisPK-SGB XI, § 66 Rn. 12, zur Vereinbarung zum Finanzausgleich – aktuell: *Vereinbarung zwischen dem GKV-Spitzenverband und dem Bundesversicherungsamt* nach § 66 Abs. 1 S. 4 und 5 SGB XI vom 30.10.2012. Diese Fassung der Vereinbarung ersetzt die bisherige Vereinbarung vom 1.7.2008 idF vom 1.1.2009.
16 Öffentlich-rechtlicher Vertrag (§ 53 Abs. 1 S. 1 SGB X); vgl. Richter in: LPK-SGB XI, § 66 Rn. 7.
17 Vgl. Richter in: LPK-SGB XI, § 66 Rn. 7.
18 Urt. vom 24.1.2003, B 12 KR 19/01 R, BSGE 90, 231; SozR 4-2500 § 266 Nr. 1, hier Rn. 41 ff.
19 Urt. vom 24.1.2003, aaO, Rn. 48 f.
20 Bassen in: Udsching, SGB XI, § 66 Rn. 4.

(3) Die Pflegekasse hat dem Bundesversicherungsamt die notwendigen Berechnungsgrundlagen mitzuteilen.

I. Entstehungsgeschichte 1	4. Prüfrecht des Bundesversicherungsamtes 12
II. Leistungssichernder Liquiditätsausgleich ... 2	5. Durchführung des Zahlungsverkehrs zum Liquiditätsausgleich 13
1. Ermittlungsauftrags aus Abs. 1 3	
2. Monatlicher Ausgleich 10	
3. Ausgleich bei Gründung, Vereinigung und Schließung von Pflegekassen 11	III. Verwaltungskosten 15

I. Entstehungsgeschichte

§ 67 wurde durch das PflegeVG vom 26.5.1994 (BGBl. I, 1014) eingeführt und ist zum 1.1.1995 in Kraft getreten, geändert durch das Pflege-WeiterentwicklungsG vom 28.5.2008 (BGBl. I, 874) mWv 1.7.2008.   1

II. Leistungssichernder Liquiditätsausgleich

Berechnungsgrundlagen für den monatsweisen Finanzausgleich (Abs. 1) und die Ausgleichszahlungen, vornehmlich aber für die Ermittlung des positiven oder negativen Ausgleichsbetrags im Verhältnis der einzelnen Krankenkasse zum Ausgleichsfonds (Abs. 2) machen den Inhalt der Regelung aus.[1] Ziel des durch den GKV-Spitzenverband gesteuerten – vorläufigen – monatlichen Finanzausgleichs ist die Liquiditätssicherung der Pflegekassen auf Sicht von Monat zu Monat. Als ausschließlicher Liquiditätsausgleich auf der Basis bundeseinheitlich für alle Pflegekassen durch das Gesetz festgesetzter Beitragssätze (§ 55 Abs. 1) beruht er grundsätzlich auf dem „Ist"-Prinzip. Damit erfolgt hier kein (differenzierter) prospektiver Risikostrukturausgleich, sondern ausschließlich ein realer (leistungssichernder) Liquiditätsausgleich: „Auf diese Weise wird vermieden, dass Mitglieder einer Pflegekasse mit einem hohen Anteil an Pflegebedürftigen und demzufolge hohen Leistungsausgaben beitragsmäßig stärker belastet werden als Mitglieder einer Pflegekasse mit günstigerer Risikostruktur".[2]   2

1. Ermittlungsauftrags aus Abs. 1. Gegenstand des Ermittlungsauftrags aus Abs. 1 sind die folgenden Positionen, die bis zum Ende des Vormonats gebuchten Ausgaben, das Beitrags-„Ist" (das sind die bis zum Ende des Vormonats gebuchten Einnahmen), weiterhin das „Soll" an Betriebsmitteln und Rücklagen und das Betriebsmittel-„Ist" (der am Ersten des laufenden Monats vorhandene Betriebsmittelbestand und die tatsächliche Höhe der Rücklage).   3

Im Einzelnen sind damit im monatlichen Liquiditätsausgleich folgende **Ausgaben** (gemäß **Abs. 1 Nr. 1**) anzusetzen: (1.) das vom Beginn des Geschäftsjahres bis zum Ende des Vormonats gebuchte (kumulierte) Ausgaben-Ist bestehend aus allen Leistungsausgaben, der Hälfte der Kosten des Medizinischen Dienstes und alle (bis dato) sonstigen Ausgaben der Pflegekassen nach und (2.) der Soll-Betrag der Verwaltungskostenpauschale (§ 1 Abs. 3 iVm Abs. 1 der Vereinbarung).   4

Im monatlichen Liquiditätsausgleich sind als **Einnahmen** (gemäß **Abs. 1 Nr. 2**) die vom Beginn des Geschäftsjahres bis zum Ende des Vormonats gebuchten (kumulierten) Einnahmen (bestehend aus allen eingezogenen Beitragseinnahmen und allen sonstigen Einnahmen der Pflegekassen) anzusetzen (§ 2 Abs. 2 iVm Abs. 1 der Vereinbarung).   5

Das **Betriebsmittel-„Ist"** (gemäß **Abs. 1 Nr. 4**) bezeichnet die Summe aller liquiden Mittel der Pflegekasse zu Beginn des laufenden Monats und ist daher identisch mit dem Endstand des Vormonats (§ 3 Abs. 4 der Vereinbarung). Als Betriebsmittel ist die Summe aller liquiden Bestände der Pflegekasse zu Beginn des laufenden Monats zu verstehen. Betriebsmittel dürfen für die gesetzlichen Leistungsausgaben, für die Zahlung der Verwaltungskostenpauschale, für die Bestreitung der anteiligen Kosten des Medizinischen Dienstes der Krankenversicherung, für die Auffüllung der Rücklage, für die Finanzierung des Ausgleichsfonds nach § 4 Abs. 3 der Vereinbarung, für die Rückzahlung überzahlter Beträge und für alle sonstigen Ausgaben der Pflegekasse verwendet werden (§ 3 Abs. 2 Nr. 1 bis 7 der Vereinbarung; vgl. auch § 63). Zu den vorhandenen Betriebsmitteln zählen gemäß § 63 Abs. 2 S. 2 auch die   6

---

1 Richter in: LPK-SGB XI, § 67 Rn. 2, 5 und 6.
2 Und weiter: „Ein solcher bundesweit einheitlicher Beitragssatz wird über die Einführung eines alle Pflegekassen umfassenden Finanzausgleichs in der Gestalt eines reinen Liquiditätsausgleichs ermöglicht. Der Finanzausgleich dient somit ausschließlich der Liquiditätssicherung der Pflegekassen" – so Abs. 2 der Vorbemerkung zur „Vereinbarung zwischen dem GKV-Spitzenverband und dem Bundesversicherungsamt nach § 66 Abs. 1 Satz 4 und 5 SGB XI vom 30. Oktober 2012", im Folgenden: „Vereinbarung".

Forderungen und Verpflichtungen der Pflegekasse, soweit sie nicht der Rücklage zuzuordnen sind; durchlaufende Gelder bleiben außer Betracht. Wichtig ist die **Verfügbarkeit der Betriebsmittel**; sie „sind im erforderlichen Umfang bereitzuhalten" und im Übrigen so anzulegen, dass sie für die ihnen (in § 63 Abs. 1) bestimmten Zweck verfügbar sind, also „für die gesetzlich oder durch die Satzung vorgesehenen Aufgaben sowie für die Verwaltungskosten" und „zur Auffüllung der Rücklage und zur Finanzierung des Ausgleichsfonds".

7   Das **Rücklage-„Ist"**, also die Höhe der Rücklage (gemäß Abs. 1 Nr. 4), umfasst den am Ersten des laufenden Monats vorhandenen Rücklagemittelbestand (§ 3 Abs. 7 der Vereinbarung).

8   Das **Betriebsmittel-„Soll"** (gemäß **Abs. 1 Nr. 3** iVm § 63 Abs. 2 S. 1)[3] hat sich an der Maßgabe auszurichten, dass die Betriebsmittel im Durchschnitt des Haushaltsjahres monatlich das Einfache des nach dem Haushaltsplan der Pflegekasse auf einen Monat entfallenden Betrags geplanter Ausgaben nicht überschreiten dürfen.[4] Dadurch wird deutlich, dass allein die Aufgabenwahrnehmung den Mittelabfluss bestimmt und (ergänzende) Betriebsmittelrücklagen nicht vorgehalten werden dürfen.

9   Als das **Rücklage-„Soll"**[5] gilt die einheitlich von allen Pflegekassen zu bildende Rücklage in Höhe von einer halben durchschnittlichen Monats-Ausgabe laut jeweiligen Haushaltsplans (§ 3 Abs. 6 der Vereinbarung). Diese wird von Monat zu Monat fortgeschrieben.

10 **2. Monatlicher Ausgleich.** Auf der Basis der ermittelten Daten, die bis zum 10. des laufenden Monats an das Bundesversicherungsamt zu übermitteln sind, wird der monatliche Ausgleich aus dem Ergebnis des Vormonats für den laufenden Monat vorgenommen. Dies kann – entweder – eine Ausgleichszahlung des Unterschiedsbetrags aus dem Ausgleichsfonds (Abs. 2 S. 1) sein: Wenn nämlich die Ausgaben zuzüglich des Betriebsmittel- und Rücklagesolls höher als die Einnahmen zuzüglich des vorhandenen Betriebsmittelbestands und der Rücklage am Ersten des laufenden Monats sind, mithin der **Saldo negativ** zu Buche schlägt (vgl. auch § 5 Abs. 2 S. 5 der Vereinbarung), erhält die Pflegekasse bis zum Monatsende den Unterschiedsbetrag aus dem Ausgleichsfonds (Abs. 2 S. 1), gegebenenfalls ergänzt um Ergänzungsbeträge zur Erfüllung des Betriebsmittel- und Rücklage-Solls (§ 5 Abs. 2 S. 6 der Vereinbarung). Oder aber die Einnahmen zuzüglich des am Ersten des laufenden Monats vorhandenen Betriebsmittelbestands und der Rücklage sind höher als die Ausgaben zuzüglich des Betriebsmittel- und Rücklage-Solls, der **Saldo** also **positiv**, woraufhin die Pflegekasse den Unterschiedsbetrag zunächst einzusetzen hat, um ihre Mittel nach § 62 (Betriebsmittel und die Rücklage) aufzufüllen und den Restbetrag dann dem Ausgleichsfonds überweisen muss.[6]

11 **3. Ausgleich bei Gründung, Vereinigung und Schließung von Pflegekassen.** Eine besondere Konstellation bilden Zeitpunkt und Umfang der Teilnahme am monatlichen Liquiditätsausgleich bei Gründung, Vereinigung und Schließung von Pflegekassen: Hier vermittelt die Vereinbarung vom 30.10.2012 (in ihrem § 7) zu dem in diesen Konstellationen vorzunehmenden Ausgleichsverfahren zumindest **Grundsätze**, ausgehend von der Vorgabe (in § 7 Abs. 1 der Vereinbarung), dass Pflegekassen und Krankenkassen organisatorisch zusammengehören, eine systemische Einheit bilden und „jeweils nur gemeinsam gegründet, aufgelöst werden oder mit anderen Kassen vereinigt werden" können. Aus dieser Grundtatsache heraus fordert die Vereinbarung vom 30.10.2012 erstens, dass neugegründete Pflegekassen ab dem zweiten Monat ihres Bestehens am monatlichen Liquiditätsausgleich teilzunehmen haben (§ 7 Abs. 2 der Vereinbarung).[7] Zweitens gilt für den Fall der Kassenvereinigung – wenn also „zwei oder mehrere Pflegekassen geschlossen" werden und „eine neue Pflegekasse eröffnet" wird –, dass „die Einzelbeträge der sich vereinigenden Pflegekassen zu addieren und bei der neu entstandenen Pflegekasse einzustellen" sind (§ 7 Abs. 3 der Vereinbarung). Und schließlich – drittens – muss bei einer Kassenauflösung oder -schließung ohne Rechtsnachfolger das Betriebsmittel- und Rücklage-Soll auf null gesetzt werden, und zwar in Abstimmung mit dem Bundesversicherungsamt (§ 7 Abs. 4 S. 1 der Vereinbarung). Alles Weitere bleibt hier dem Liquidator überlassen; er „hat die Abwicklung nachgehender Einnahmen und Ausgaben zu erledigen" (§ 7 Abs. 4 S. 2 der Vereinbarung) und „in einem

---

3 Richter in: LPK-SGB XI, § 67 Rn. 5 (Betriebsmittelhöchstgrenze).
4 So auch § 3 Abs. 3 S. 1 der Vereinbarung.
5 ISv § 67 Abs. 1 Nr. 3 iVm § 64 Abs. 2.
6 § 67 Abs. 2 S. 2; vgl. auch § 5 Abs. 2 S. 4 der Vereinbarung. Becker in: Hauck/Noftz, SGB XI, § 67 Rn. 13, zum gerichtlichen Rechtsschutz, insbes. zur allgemeinen Leistungsklage auf ggf. höheren Ausgleichsanspruch gegen den Bund (bei Beachtung der zeitlichen Grenze, die sich aus § 68 für die Korrektur monatlicher Ausgleichsansprüche ergibt).
7 Becker in: Hauck/Noftz, SGB XI, § 67 Rn. 10 ff., zum System der Ausgleichsansprüche und -pflichten (Abs. 2).

besonderen Verfahren außerhalb des regulären Liquiditätsausgleichs" unmittelbar mit dem Ausgleichsfonds abzurechnen.

4. Prüfrecht des Bundesversicherungsamtes. Die Pflegekasse hat dem Bundesversicherungsamt die notwendigen Berechnungsgrundlagen mitzuteilen (§ 66 Abs. 3).[8] Dieser Mitteilung korrespondiert das Prüfrecht des Bundesversicherungsamts (§ 9 der Vereinbarung), das sich „zum Zwecke der einheitlichen Zuordnung und Erfassung der für die Berechnung maßgeblichen Daten" auf den (monatlichen) Abrechnungsvordrucken P (steht für Prüfzwecke) die Geschäfts- und Rechnungsergebnisse vorlegen lassen kann, ferner „weitere Auskünfte und Nachweise verlangen und örtliche Erhebungen vornehmen" darf. Hierbei handelt es sich um Aufgaben der **laufenden Rechnungsprüfung** – mit Controlling-Charakter –, die eher im Sinne einer Dienstleistung für den Selbstverwaltungsträger zu verstehen sind, weniger als (rechts-)aufsichtliche Maßnahme.

5. Durchführung des Zahlungsverkehrs zum Liquiditätsausgleich. Vom Bundesversicherungsamt beauftragt mit der Durchführung (Abwicklung) des **Zahlungsverkehrs** zum Liquiditätsausgleich (im Rahmen der Vereinbarung vom 30.10.2012) nimmt die Deutsche Rentenversicherung Bund (§ 8 Abs. 1 S. 1 der Vereinbarung) das organisatorisch und personell getrennte Rechnungswesen wahr (§ 8 Abs. 1 S. 2 der Vereinbarung); hierzu sind nähere Regelungen getroffen worden (§ 8 Abs. 1 S. 4 der Vereinbarung). Zur Vereinfachung und – vor allem – Beschleunigung der monatlichen Abwicklung steht das bereits erwähnte Meldeformular (Abrechnungsvordruck P) zur Verfügung, das die Pflegekassen auszufüllen haben und das zusammen mit den monatlichen Zahlungsbeträgen (wie nach § 5 der Vereinbarung errechnet und erhoben) an die Deutsche Rentenversicherung Bund „per Telefax" zu übermitteln ist, und zwar „bis zum 10. des laufenden Monats" (§ 8 Abs. 2 S. 1 und 2 der Vereinbarung mit Anlage 1). Die Dokumentations- und Nachweispflicht verbleibt bei der Deutschen Rentenversicherung Bund; sie hat die Abrechnungsbelege „nach den für Rechnungsbelege geltenden Aufbewahrungsfristen zu sammeln und die geleisteten und erhaltenen Beträge für jede Pflegekasse getrennt nachzuweisen" (§ 8 Abs. 2 S. 3 der Vereinbarung).

Ein zeitlich eng („bis zum 10. des laufenden Monats") getakteter **Ermittlungsauftrag**[9] trifft die einzelne Pflegekasse, bezogen auf „den Zahlungsanspruch bzw. die Zahlungsverpflichtung gegenüber dem Ausgleichsfonds" (§ 8 Abs. 3 S. 1 der Vereinbarung). Und nach Maßgabe von § 67 Abs. 2 erhält die anfordernde Pflegekasse bis zum Monatsende „den Unterschiedsbetrag aus dem Ausgleichsfonds" (§ 8 Abs. 3 S. 2 der Vereinbarung), und zwar individualisiert „über das Institutionskennzeichen der Pflegekasse". Bei bestehender Zahlungsverpflichtung der Pflegekasse hat sie „den Unterschiedsbetrag bis zum 10. des laufenden Monats auf das vom Bundesversicherungsamt benannte Konto zu überweisen", wobei es auf die termingerechte belastende Wertstellung auf dem Konto der Pflegekasse ankommt; Schecks sind unzulässig. Anspruchs- oder Verpflichtungs-Beträge ab 250.000 EUR müssen dem Konto der Zahlungsempfänger in einem **beschleunigten Überweisungsverfahren** zur Verfügung gestellt werden (§ 8 Abs. 3 S. 3–7 der Vereinbarung).

Verzugszinsen bei verspäteter Zahlung sind mit 2 % über dem jeweiligen Basiszinssatz der Deutschen Bundesbank anzusetzen und von der Krankenkasse, bei der die Pflegekasse errichtet ist, innerhalb eines Monats nach Zugang der Forderung des Bundesversicherungsamtes an den Ausgleichsfonds zu zahlen (§ 8 Abs. 5 S. 2 der Vereinbarung).

III. Verwaltungskosten

Im Rahmen des monatlichen Liquiditätsausgleichs werden den Krankenkassen die Verwaltungskosten einschließlich der Personalkosten, die ihnen aus der Umsetzung der (Sach-)Leistungsaufträge der gesetzlichen Pflegeversicherung entstehen (§ 46 Abs. 3; vgl. auch § 1 Abs. 2 der Vereinbarung), von den Pflegekassen zwar gemittelt, aber im Wesentlichen nicht pauschaliert erstattet: in Höhe von 3,5 % eines Mittelwertes, der aus den Leistungsaufwendungen und Beitragseinnahmen zu bilden ist. Der Erstattungsbetrag für die einzelne Krankenkasse ist dabei um die Hälfte des Betrags zu mindern, den jede Pflegekasse für Pflegeberatung nach § 7a Abs. 4 S. 5 aufwendet (§ 46 Abs. 3 S. 1). Der **Gesamtbetrag** der zu erstattenden Verwaltungskosten aller Krankenkassen wird nicht gedeckelt, ist vielmehr nach dem tatsächlich entstandenen Aufwand insbesondere für Beitragseinzug und Leistungsgewährung auf die Krankenkassen zu verteilen (§ 46 Abs. 3 S. 2). Der Spitzenverband Bund der Pflegekassen bestimmt – gemäß § 46 Abs. 3 S. 3 – das Nähere über die **Modalitäten der Verteilung**. Von den umla-

---

[8] Wilcken in: BeckOK, SGB XI, § 67 Rn. 3.
[9] Vgl. Peters in: KassKomm, SGB XI, § 67 Rn. 3.

gefinanzierten Kosten des Medizinischen Dienstes der Krankenversicherung haben die Pflegekassen pauschal 50 vom Hundert zu übernehmen. Für die **Abrechnungspraxis** gilt im Detail § 5 Abs. 3 der Vereinbarung.

16 Hingewiesen sei auf die **Verteilungsregel im Mangelfall** (in § 3 Abs. 9 der Vereinbarung), der zufolge dann, wenn die Mittel des Ausgleichsfonds nicht ausreichen, um alle Anforderungen „infolge dauerhafter Ausgabenüberschüsse der Pflegekassen" zu erfüllen, hier „zunächst die Mittel nach § 62 SGB XI aller Pflegekassen herangezogen werden" müssen. Um dann „eine gleichmäßige Verteilung des Betriebsmittelfehlbestands und der Defizitausgleichslast zu erreichen, reduziert das Bundesversicherungsamt die Ausgabendeckungsquote des Betriebsmittel-Solls für alle Pflegekassen entsprechend.[10] Inwieweit hier ein Anknüpfungspunkt für die ergänzende Zuweisung von Mitteln aus dem (Pflege-)Vorsorgefonds zukünftig in Betracht kommen könnte, ist höchst ungewiss.

§ 68 Jahresausgleich

(1) ¹Nach Ablauf des Kalenderjahres wird zwischen den Pflegekassen ein Jahresausgleich durchgeführt. ²Nach Vorliegen der Geschäfts- und Rechnungsergebnisse aller Pflegekassen und der Jahresrechnung der Deutschen Rentenversicherung Knappschaft-Bahn-See als Träger der knappschaftlichen Pflegeversicherung für das abgelaufene Kalenderjahr werden die Ergebnisse nach § 67 bereinigt.
(2) Werden nach Abschluß des Jahresausgleichs sachliche oder rechnerische Fehler in den Berechnungsgrundlagen festgestellt, hat das Bundesversicherungsamt diese bei der Ermittlung des nächsten Jahresausgleichs nach den zu diesem Zeitpunkt geltenden Vorschriften zu berücksichtigen.
(3) Das Bundesministerium für Gesundheit kann durch Rechtsverordnung mit Zustimmung des Bundesrates das Nähere über:
1. die inhaltliche und zeitliche Abgrenzung und Ermittlung der Beträge nach den §§ 66 bis 68,
2. die Fälligkeit der Beträge und Verzinsung bei Verzug,
3. das Verfahren bei der Durchführung des Finanzausgleichs sowie die hierfür von den Pflegekassen mitzuteilenden Angaben

regeln.

I. Entstehungsgeschichte

1 § 68 ist durch das PflegeVG vom 26.5.1994 (BGBl. I, 1014) eingeführt worden und zum 1.1.1995 in Kraft getreten, bei mehrmaliger Anpassung der Zuständigkeitsregelung (Abs. 3), ua durch Verordnung vom 29.10.2001 (BGBl. I, 2785), vom 25.11.2003 (BGBl. I, 2304), vom 31.10.2006 (BGBl. I, 2407).

II. Ziel der Vorschrift

2 Ziel der Vorschrift ist die im Jahresgesamtmittel vorzunehmende **Bereinigung der monatlichen** (vorläufig ermittelten) **Ausgleiche**,[1] verbunden mit der Intention, **zügig** und **zeitgerecht** den Abschluss des Jahresausgleichs sicherzustellen. Basis für die Durchführung ist grundsätzlich eine nach § 66 Abs. 1 S. 4 und 5 zu schließende **Vereinbarung**; sollte sie nicht zustande kommen oder zumindest keine hinreichend effiziente Regelung des Jahresausgleichs sicherstellen können, kommt die **Verordnungsermächtigung** aus § 68 Abs. 3 zum Tragen, die sich indessen auf den gesamten Regelungskomplex der §§ 66 ff. bezieht[2] und eine normative Feinsteuerung ausschließlich des Jahresausgleichs nahezu ausschließt, zu eindeutig ist insofern die Teilermächtigung in Nr. 1 von Abs. 3. Das Ausgleichssystem ruht damit schwerpunktmäßig auf dem Selbstverwaltungsprinzip der sozialen Pflegeversicherung.

---

10 Unter Bezug auf § 4 Abs. 3 der Vereinbarung.
1 Becker in: Hauck/Noftz, SGB XI, § 68 Rn. 6, zu der Bereinigungsfunktion des Jahresausgleichs gegenüber den monatlichen vorläufigen Ausgleichszahlungen; ferner Wilcken in: BeckOK SozR, SGB XI, § 68 Rn. 1.
2 Richter in: LPK-SGB XI, § 68 Rn. 6; vgl. auch Wilcken in: BeckOK SozR, SGB XI, § 68 Rn. 3.

III. Vereinbarungskonzept

Die „Drohkulisse" der Verordnungsermächtigung erleichtert und stabilisiert das Vereinbarungskonzept.[3] Basis des Ausgleichs sind die Daten, die nach Maßgabe des Ermittlungsauftrags aus § 67 Abs. 1 Nr. 1 bis 4 für den monatlichen Ausgleich der Pflegekassen gewonnen werden. Die spezifischen Anforderungen aus § 68 Abs. 1 S. 2, nämlich die Geschäfts- und Rechnungsergebnisse aller Pflegekassen vorlegen zu müssen, schaffen die Voraussetzung für die **Konsolidierung zu einem bereinigten Gesamtjahresergebnis**.

IV. Fehlerberichtigung

Verbunden wird diese Konsolidierungsfunktion mit einer **stabilisierenden Feststellungswirkung**,[4] denn sollten nach Abschluss des Jahresausgleichs in den Berechnungsgrundlagen sachliche oder rechnerische Fehler nachweisbar sein, bleibt dies für den bereits abgeschlossenen Jahresausgleich außer Betracht, so dass ein unter Umständen krass unverhältnismäßiger Aufwand, den Jahresausgleich wegen eines einzigen Rechenfehlers insgesamt neu berechnen zu müssen, unterbleibt. Vielmehr wird das Bundesversicherungsamt verpflichtet, solche festgestellten Fehler im Ausgleich des Folgejahres zu berücksichtigen, allerdings „nach den zu diesem Zeitpunkt geltenden Vorschriften".

Insonderheit gilt diese **Verlagerung der Fehlerberichtigung** auf das (bzw. ein) Folgejahr, wenn erst durch **Gerichtsentscheidung** die Fehlerhaftigkeit des Jahresausgleichs offenbar und festgestellt wird.[5] Dies entspricht der Berücksichtigung von Fehlern erst beim nächsten Ausgleichsverfahren im Sinne von § 266 Abs. 6 S. 7 SGB V;[6] Indem entsprechende Fehler von Gesetzes wegen erst beim nächsten Ausgleichsverfahren festgestellt werden, kommt eine Verfahrenserweiterung wegen Abänderung oder Ersetzung eines klagegegenständlichen Verwaltungsakts gemäß § 96 Abs. 1 SGG nicht in Betracht; die Fehlerberichtigungen lassen sich nicht dem Gegenstand von Verfahren zu früheren Jahresausgleichen zuordnen: „Über die Rechtmäßigkeit solcher Bescheide ist deshalb unabhängig von etwa anhängigen Verfahren zu Ausgleichsbescheiden für frühere Jahre zu befinden".[7] Diese Verfahrensweise entspricht im Übrigen auch der Mechanik in der RSAV.[8]

Zur Frage der Fehlerhaftigkeit gelten die bereits für den Risikostrukturausgleich der Krankenkassen vom BSG[9] formulierten Grundsätze: Das Bundesversicherungsamt hat keine eigene **Amtsermittlungspflicht**; die Ermittlung der Daten bleibt auch hier Angelegenheit der Kassen, unterliegt allenfalls „einer gewissen Prüfung durch die Spitzenverbände".[10]

Aus denjenigen Vorschriften, die Ermittlungen oder Berechnungen durch das Bundesversicherungsamt zum Gegenstand haben, lässt sich keineswegs auf eine eigene umfassende Ermittlungs- bzw. Prüfungspflicht des Amtes schließen. Dies gilt auch mit Blick auf § 266 Abs. 5 S. 3 SGB V; gerade letztgenannte Vorschrift erlaubt es dem Bundesversicherungsamt zwar, „über die Vorlage der Geschäfts- und Rechnungsergebnisse hinaus" noch „weitere Auskünfte und Nachweise" zu verlangen, dies aber lediglich „zum Zwecke der einheitlichen Zuordnung und Erfassung der für die Berechnung maßgeblichen Daten".

V. Rechtsschutz

Beim Rechtsschutz in immerhin denkbaren **Streitigkeiten über den Jahresausgleich** gelten angesichts der deutlichen Parallele zu § 266 SGB V dementsprechende Grundsätze.[11] Jedenfalls sind Bescheide

---

[3] Rechtsverordnung und Verwaltungsvereinbarung würden einander nicht ausschließen, erstere könnte der Konkretisierung dienlich sein und jedoch Vorrang, wenn und soweit sich Regelungsgehalte überschnitten (Richter, aaO).
[4] Parallel zu § 266 Abs. 6 S. 7 SGB V; vgl. Peters in: KassKomm, § 68 SGB XI Rn. 4. Vgl. ferner Becker in: Hauck/Noftz, SGB XI, § 68 Rn. 8, zur Stabilisierungsfunktion des Jahresausgleichs gegenüber Korrekturwünschen etc.; auch Wilcken in: BeckOK SozR, SGB XI, § 68 Rn. 2.
[5] Krauskopf in: Krauskopf, § 68 SGB XI Rn. 4.
[6] Vgl. BSG, 24.1.2003, B 12 KR 19/01 R, BSGE 90, 231 = SozR 4-2500 § 266 Nr. 1, hier Rn. 40, sub e.
[7] BSG, aaO.
[8] § 25 Abs. 3 S. 2, Abs. 4 S. 1 RSAV; abweichend: § 21 Abs. 2 S. 1 RSAV, dort im Sinne einer Korrektur im Rahmen der monatlichen Ausgleiche, bei denen ein vorläufiger Ausgleichsbedarfssatz vom Bundesversicherungsamt nach Anhörung der Spitzenverbände der Krankenkassen zu schätzen ist, unter Bezug auf § 11 Abs. 2 RSAV.
[9] BSG, 24.1.2003, B 12 KR 19/01 R, BSGE 90, 231, juris Rn. 42, sub a.
[10] BSG, aaO.
[11] Vgl. Krauskopf in: Krauskopf, § 68 SGB XI Rn. 6.

des Bundesversicherungsamts über Ausgleichszahlungen zwischen Pflegekassen **Verwaltungsakte** im Sinne von § 31 S. 1 SGB X, die von den betroffenen Pflegekassen angefochten werden können. Die **Anfechtungsklage** (§ 54 Abs. 1 S. 1 SGG) kommt in Betracht, „wenn geltend gemacht wird, der RSA sei insgesamt rechtswidrig oder leide an Mängeln, die seine Wiederholung erforderlich machten";[12] in derartigen Fällen dürfe die Kasse nicht auf spätere Korrekturen (§ 266 Abs. 6 S. 7 SGB V) verwiesen werden: „Bei Erfolg der Anfechtungsklage bedürfte allerdings die Rückabwicklung des RSA besonderer, möglicherweise gesetzlicher Regelungen, weil die Jahresausgleichsbescheide gegenüber Zahler- und Empfängerkassen vollzogen sind":[13] Denn „der Erstattungsanspruch einer Zahlerkasse könnte nur bei gleich hohen Rückforderungen von Empfängerkassen befriedigt werden", hingegen können sachliche und rechnerische Fehler in den Berechnungsgrundlagen nur beim nächsten Ausgleichsverfahren berücksichtigt werden. Dies dürfte selbst dann gelten, wenn sich erst im gerichtlichen Verfahren ein solcher Fehler ergibt.

Siebtes Kapitel
Beziehungen der Pflegekassen zu den Leistungserbringern
Erster Abschnitt
Allgemeine Grundsätze

§ 69 Sicherstellungsauftrag

¹Die Pflegekassen haben im Rahmen ihrer Leistungsverpflichtung eine bedarfsgerechte und gleichmäßige, dem allgemein anerkannten Stand medizinisch-pflegerischer Erkenntnisse entsprechende pflegerische Versorgung der Versicherten zu gewährleisten (Sicherstellungsauftrag). ²Sie schließen hierzu Versorgungsverträge sowie Vergütungsvereinbarungen mit den Trägern von Pflegeeinrichtungen (§ 71) und sonstigen Leistungserbringern. ³Dabei sind die Vielfalt, die Unabhängigkeit und Selbständigkeit sowie das Selbstverständnis der Träger von Pflegeeinrichtungen in Zielsetzung und Durchführung ihrer Aufgaben zu achten.

I. Allgemeines

1 **1. Änderungsgeschichte.** Die Vorschrift hat heute wieder die Originalfassung des PflegeVG v. 26.5.1994 (BGBl. I., 1014). Zwischenzeitlich (durch das Gesetz zur Qualitätssicherung und zur Stärkung des Verbraucherschutzes in der Pflege (Pflege-Qualitätssicherungsgesetz – PQsG) vom 9.9.2001 (BGBl. I, 2320) waren in S. 2 unter den Verträgen, welche die Pflegekassen mit Leistungserbringern zu schließen hatten, auch die – seinerzeit durch Einfügung von § 80 a geschaffenen – „Leistungs- und Qualitätsvereinbarungen" als eigener Vertragstyp eingefügt worden.

2 Da dieser Vertragstyp im Wege der Streichung von § 80 a durch das Gesetz zur strukturellen Weiterentwicklung der Pflegeversicherung (Pflege-Weiterentwicklungsgesetz) vom 28.5.2008 (BGBl. I, 874) wieder abgeschafft worden war, wurde als Folgeänderung auch die Einfügung in § 69 wieder beseitigt. Das hatte in der Sache keine wesentliche Änderung bedeutet, da die wesentlichen Gegenstände der Verträge des § 80 a nun unmittelbar in den Vergütungsvereinbarungen des § 84 geregelt werden.

3 **2. § 69 als Einweisungsvorschrift in das Leistungserbringungsrecht.** Die Vorschrift normiert in S. 1 zentrale allgemeine Ziele der pflegerischen Versorgung, welche zum Teil auch an anderer Stelle geregelt sind – siehe zu den Anforderungen an die Qualität der pflegerischen Versorgung als allgemeine Pflicht der Leistungserbringer § 11 Abs. 1 und als Sicherstellungspflicht sowohl der Kassen wie auch der Leistungserbringer § 28 Abs. 3. In dieser Hinsicht ähnelt die Vorschrift nicht nur im Wortlaut, sondern auch funktional § 70 Abs. 1 S. 1 SGB V (→SGB V § 70 Rn. 1 ff.). Außerdem verpflichtet sie die Pflegekassen, eine bedarfsgerechte und gleichmäßige Versorgung zu gewährleisten. Die Pflicht, diese inhaltlichen Gebote im Zusammenwirken mit den Leistungserbringern umzusetzen, nennt das Gesetz den „Sicherstellungsauftrag".

4 S. 2 regelt, dass die Pflegekassen diesen Auftrag im Wege der im Siebten Kapitel vorgesehenen Verträge – Versorgungsverträge mit Pflegeeinrichtungen (§§ 72–74), Rahmenverträge und gemeinsame Bundes-

---

12 BSG, 24.1.2003, aaO, juris Rn. 39, sub d.
13 So BSG, aaO, unter Bezug auf § 131 Abs. 1 S. 1 SGG.

regelungen (§ 75), Verträge über häusliche Pflege durch Einzelpersonen (§ 77), Verträge über Pflegehilfsmittel (§ 78), Pflegesatzvereinbarungen (§ 85), Vergütungsvereinbarungen über ambulante Pflegeleistungen (§ 89) und Verträge über integrierte Versorgung (§ 92 b) – zu erfüllen haben. Insofern verknüpft die Vorschrift das Leistungsrecht des Vierten Kapitels mit dem Leistungserbringungsrecht.
S. 3 greift die Regelung über das Gebot zur Wahrung der Trägervielfalt (§ 11 Abs. 2) auf und macht es zum Element des Sicherstellungsauftrags.

II. Geringer normativer Gehalt des § 69

Zwar benennt § 69 wesentliche Prinzipien bzw. Ziele der sozialen Pflegeversicherung (SPV) für die pflegerische Versorgung. Jedoch wird durch diese Vorschrift nur wenig geregelt. Das den Pflegekassen und Leistungserbringern aufgegebene Ziel einer dem allgemein anerkannten Stand medizinisch-pflegerischer Erkenntnisse entsprechenden pflegerischen Versorgung der Versicherten ist bereits in §§ 11 Abs. 1 und 28 Abs. 3 normiert. Dem wird durch § 69 S. 1 nichts hinzugefügt. Seine Realisierung hängt ab von den an anderer Stelle geregelten Instrumenten – insbesondere die bundesweite Qualitätsvereinbarung nach §§ 113–113 b sowie die Qualitätsprüfung nach §§ 114–117 in Verbindung mit den Beteiligungsrechten der Betroffenenvertretungen nach § 118 sowie die Pflegeheimvergleiche nach § 92 a als Grundlage für Vergütungsvereinbarungen. Allerdings ist das Ziel ohnehin relativiert durch die gesetzlich begrenzte Finanzierungsgrundlage der SPV (§§ 54 ff.) und die Leistungsbegrenzungen bei den wesentlichen Pflegeleistungen (insbesondere §§ 36 Abs. 3 und 4, 37 Abs. 1, 38 Abs. 1, 39 Abs. 1 und 2, 40 Abs. 2 und 4, 41 Abs. 2 S. 2, 42 Abs. 2 S. 2, 43 Abs. 2, 45 b Abs. 1 S. 2). Diese Relativierung wird im Gesetz auch praktisch anerkannt durch das in § 70 normierte Gebot der Beitragssatzstabilität, welches – unabhängig davon, inwieweit dieses Gebot einen normativen Gehalt hat (dazu → § 70 Rn. 3–6) – zumindest klarstellt, dass das Gesetz von einer Begrenzung der inhaltlichen Versprechen des § 69 durch die gesetzlich zur Verfügung gestellten Finanzmittel ausgeht.

Das Ziel einer bedarfsgerechten und gleichmäßigen Versorgung als Teil des Sicherstellungsauftrags wird immerhin nicht redundant, sondern allein durch § 69 S. 1 normiert. Ernst genommen bedeutet es, dass die Leistungserbringung in allen ihren Sektoren quantitativ ausreichend und in dem Bedarf entsprechender räumlicher Verteilung zur Verfügung zu stehen hat und dass die Pflegekassen – neben den Ländern gem. § 9 – dafür die Verantwortung tragen. Allerdings ist auch insoweit zu konstatieren, dass das Gesetz den Kassen hierfür nur wenige Instrumente zur Verfügung stellt. Weder gibt es in der SPV eine Bedarfsplanung, die vielmehr nach § 9 in die Hände der Länder nach deren Gutdünken gegeben ist, noch können die Pflegekassen mit Eigeneinrichtungen Engpässen entgegenwirken, noch können sie – s. § 72 Abs. 3 S. 1 Hs. 2, der S. 2 dieses Absatzes leer laufen lässt – auch nur durch selektive Versorgungsverträge die Verteilung der Leistungserbringer indirekt lenken. Auch insoweit steht die Normierung des Sicherstellungsauftrags also weithin nur auf dem Papier. Allerdings sollen die Kassen, wenn dies zur Sicherstellung der ambulanten Pflege angebracht ist, nach § 77 Verträge mit einzelnen Pflegekräften schließen.

Ähnlich sieht es für das Ziel der Trägervielfalt aus, wie es neben § 11 Abs. 2 auch in § 69 S. 3 konkretisiert wird. Da die Pflegekassen gar nicht zwischen Einrichtungen wählen können, sondern mit allen geeigneten Einrichtungen Versorgungs- und Vergütungsverträge schließen müssen und hier nicht durch unterschiedliche am Selbstverständnis der Träger ausgerichtete Vergütungen lenken dürfen,[1] ist es wieder eine Frage der Marktprozesse, ob sich die gewünschte Trägervielfalt durchsetzen kann.

Die geringe praktische Bedeutung der Normierungen in § 69 wird auch dadurch indiziert, dass es kaum Gerichtsentscheidungen gibt, welche diese Vorschrift anders als floskelhaft zitieren, ohne dass die Vorschrift in den tragenden Gründen eine Rolle spielt,[2] und dass die drei großen „Pflegestärkungsgesetze"[3] ohne irgendeine Änderung dieser Einweisungsvorschrift auskamen. Insofern wird § 69 in dem, was die Vorschrift als von den Pflegekassen zu gewährleistende Merkmale der Leistungserbringung normiert, auch von der Praxis eher als politische Lyrik denn ein regelnder gesetzgeberischer Akt behandelt.

---

1 Dies gehört nämlich nicht zu den Kriterien der Leistungsgerechtigkeit nach §§ 84 oder 89; siehe auch Schütze in: Udsching (Hrsg.), SGB XI, § 69 Rn. 8; Wahl, in: jurisPK-SGB XI, § 69 Rn. 30.
2 Exemplarisch etwa Sächs. LSG, 12.1.2007, L 1 P 28/05, PflR 2008, 243 ff., Rn. 18 und 23.
3 PSG I v. 17.12.2014 (BGBl. I., 2222); PSG II v. 21.12.2015 (BGBl. I, 2424); PSG III v. 23.12.2016 (BGBl. I, 3191).

10 In einer Hinsicht bringt das Gesetz mit dem Begriff der „Sicherstellung" immerhin eine Klarstellung. Wie auch in der amtlichen Begründung zum Entwurf eines PflegeVG[4] unmissverständlich ausgedrückt, bedeutet das Sachleistungsprinzip „nicht, dass die Pflegekassen die ihnen obliegenden pflegerischen Leistungen als eigene Leistungen selbst erbringen müssen". Vielmehr haben die Kassen lediglich eine „Verschaffungspflicht" durch Einsatz der im Siebten Kapitel vorgesehenen Verträge, nicht aber haften sie für eine Erfüllung der die Leistungserbringer treffenden Pflichten in deren Verhältnis zu den Versicherten.[5]

§ 70 Beitragssatzstabilität

(1) Die Pflegekassen stellen in den Verträgen mit den Leistungserbringern über Art, Umfang und Vergütung der Leistungen sicher, daß ihre Leistungsausgaben die Beitragseinnahmen nicht überschreiten (Grundsatz der Beitragssatzstabilität).
(2) Vereinbarungen über die Höhe der Vergütungen, die dem Grundsatz der Beitragssatzstabilität widersprechen, sind unwirksam.

I. Keine Änderung des § 70

1 § 70 hat ohne zwischenzeitliche Änderung die Fassung des PflegeVG v. 26.5.1994 (BGBl. I, 1014).

II. Inhalt der Norm

2 **1. Gebot der Begrenzung der Leistungsausgaben durch die Beitragseinnahmen durch die Versorgungs- und Vergütungsverträge (Abs. 1).** Der Wortlaut des § 70 Abs. 1 ist einigermaßen klar. Den Pflegekassen wird geboten, ihre Leistungsausgaben so zu beschränken, dass sie ihre durch den gesetzlich bestimmten Beitragssatz festgelegten und von ihnen selbst auch im Übrigen nicht beeinflussbaren Beitragseinnahmen nicht überschreiten. Und ihnen wird aufgetragen, die Erfüllung dieser Pflicht durch die Versorgungs- und/oder Vergütungsverträge mit den Leistungserbringern sicherzustellen. Das so beschriebene Ziel ist genau genommen eigentlich nicht Beitrags*satz*stabilität, denn der Beitragssatz ist in § 55 ohnehin gesetzlich festgelegt.[1] Vielmehr geht es nach dem Wortlaut um die Bindung der Leistungsausgaben durch die Einnahmen.

3 Wäre dieser Wortlaut ernst zu nehmen, müssten die Pflegekassen überhaupt planen können, wie hoch ihre jährlichen Leistungsausgaben sind und zweitens die Rechtsmacht haben, den Leistungserbringern Verträge aufzuzwingen, nach denen die Vergütungen so begrenzt sind, dass nach Abzug aller nicht zu den Leistungsausgaben gehörenden Aufwendungen und der Kosten für die unmittelbar den Versicherten zu erbringenden Leistungen – wie Pflegeberatung (§ 7a) – der verbleibende Rest für die Vergütungen der Leistungserbringer ausreicht. Dieses Ziel müsste auch noch unter den sich aus dem Leistungsrecht selbst ergebenden Bedingungen zu erfüllen sein, also insbesondere den Bedingungen gesetzlich festgelegter und nicht von den Einnahmen der Pflegekassen abhängender Leistungsansprüche. Zwar sind die Leistungsausgaben der SPV pro Versichertem überwiegend in der Höhe gekappt (insbesondere §§ 36 Abs. 3 und 4, 37 Abs. 1, 38 Abs. 1, 39 S. 3, 40 Abs. 2 und 4, 41 Abs. 2 S. 2, 42 Abs. 2 S. 2, 43 Abs. 2, 45b Abs. 1 S. 2), jedoch ist die Gesamtmenge der Leistungsausgaben von den Pflegekassen selbst kaum zu beeinflussen. Ebenso wenig haben die Pflegekassen Einfluss auf ihre Beitragseinnahmen, da die Beiträge pro Mitglied gesetzlich festgelegt sind (§§ 55–57). Hinzu kommt, dass sie wegen des Finanzausgleichs finanziell letztlich so gestellt sind, als gäbe es eine bundesweite Pflegekasse (§§ 66–68).

4 Bei dieser Sachlage ist das dem Wortlaut des Gesetzes entsprechende Gebot durch die Verträge mit den Leistungserbringern nicht umzusetzen. Die Versorgungsverträge (§ 72) müssen mit allen dieses wünschenden Einrichtungen geschlossen werden, welche die gesetzlich vorgesehenen Voraussetzungen erfüllen (§ 72 Abs. 3 S. 1 Hs. 2). Lediglich, soweit die Pflegekassen Spielräume für Auswahlentscheidungen haben, wie insbesondere bei den Pflegehilfsmitteln (§ 78), gibt es eine Steuerungsmöglichkeit für den Preis durch Ausschreibung. Soweit die Pflegevergütung von den Pflegekassen zu tragen ist (§§ 82

---

[4] BT-Dr. 12/5262, 132.
[5] Anders wohl Heberlein in: Möwisch ua (Hrsg.), SGB XI-Kommentar Pflegeversicherung, § 69 Rn. 4 ff.; zweifelnd insoweit Leitherer, KassKomm, § 69 Rn. 15.
[1] Zum ähnlichen sprachlichen Problem siehe auch § 71 SGB V (→ SGB V § 71 Rn. 4).

Abs. 1, 36 Abs. 3 und 4, 41 Abs. 2, 42 Abs. 2, 43 Abs. 2 und 3), könnte der Grundsatz der Beitragssatzstabilität im Prinzip die Höhe der Pflegevergütungen begrenzen. Nach § 84 Abs. 2 S. 5 ist dies für die Pflegesätze der stationären Einrichtungen auch vorgesehen, allerdings auf gleicher Stufe wie das Gebot der Leistungsgerechtigkeit (S. 1) und die prinzipielle Verlustfreiheit bei wirtschaftlicher Betriebsführung (S. 4). Dieses und die Verfahrensreglungen der §§ 85 und 86 iVm dem Schiedsverfahren nach § 76 ermöglichen zwar, das Ziel der Beitragssatzstabilität im Auge zu behalten, setzen dieses aber nicht absolut. Entsprechendes gilt nach § 89 für die Vergütungen der ambulanten Pflegedienste. Bei dieser Sachlage führt eine systematische, nicht nur § 70 Abs. 1, sondern auch die weiteren genannten Vorschriften berücksichtigende Auslegung dazu, dass der Grundsatz der Beitragssatzstabilität dahin gehend auszulegen ist, dass er bei den Verhandlungen über die Vergütungsverträge und auch bei den kostenrelevanten Vereinbarungen auf der Länder- und Bundesebene (§§ 75, 113 a) sowie bei den Entscheidungen in Schiedsverfahren (§§ 76, 81, 113 b) neben den anderen jeweils geltenden Vorgaben angemessen zu berücksichtigen ist.

Dem steht zwar die einschlägige amtliche Begründung des PflegeVG[2] entgegen, welche das Gebot, „die Einhaltung dieses Grundsatzes in ihren Verträgen mit den Leistungserbringern sicherzustellen", im oben (→ Rn. 2) genannten Sinne bestätigt und auch – über den Wortlaut des Gesetzes hinaus – die Landesverbände der Pflegekassen und den Spitzenverband als mittelbaren Adressaten des Gebots bezeichnet. Da aber auch die amtliche Begründung nicht zur Auflösung des Widerspruchs zwischen dem Wortlaut des § 70 Abs. 1 und den sonstigen die Vergütungen und die Leistungsmengen regelnden Vorschriften beiträgt, bleibt kein anderer Weg als die in → Rn. 4 begründete Interpretation. Dass auch die Praxis dem § 70 Abs. 1 keine höhere Bedeutung beimisst als in → Rn. 4 dargelegt, zeigt das Grundsatzurteil des BSG zu den Kriterien angemessener Vergütung von 2009,[3] welches in einer geradezu als Anleitung für Vergütungsverhandlungen und Schiedsentscheidungen konzipierten Begründung § 70 nicht einmal erwähnt. Mit dieser BSG-Entscheidung lässt sich auch die Divergenz des heute geltenden Vergütungsrechts zu der § 70 zugrunde liegenden Konzeption mit der auch gesetzlichen Weiterentwicklung des Leistungserbringungsrechts erklären. Dies hat lediglich in § 70 keine Berücksichtigung gefunden.

2. Unwirksamkeit dem Grundsatz der Beitragssatzstabilität widersprechender Verträge (Abs. 2). Angesichts des Interpretationsergebnisses zu § 70 Abs. 1 läuft die scheinbar harte Rechtsfolge eines Verstoßes gegen das Gebot der Wahrung von Beitragssatzstabilität offenkundig ins Leere. Dies ist nicht erst deshalb der Fall, weil wie in der Literatur ausgeführt[4] bereits die Kappungsgrenzen für Leistungsansprüche (→ Rn. 3) ohnehin eine Verletzung unwahrscheinlich machen, sondern schon deshalb, weil § 70 Abs. 1 in Wahrheit kein hartes Gebot normiert, sondern lediglich einen im Rahmen komplexer Abwägungen zu berücksichtigendes Prinzip. Dessen Verletzung, dh eklatante Missachtung, dürfte in einem auf Verhandlung zwischen Interessengegnern angelegtem System von Verträgen einvernehmlich kaum je vorkommen und würde bei einer Schiedsentscheidung nach § 76 auch ohne Rekurs auf § 70 Abs. 2 erfolgreich anzugreifen sein. Insofern verwundert es nicht, dass – soweit ersichtlich – § 70 Abs. 2 SGB XI bisher noch in keiner Gerichtsentscheidung eine Rolle gespielt hat.

III. Funktion des § 70

Insgesamt dürfte § 70 ursprünglich einmal lediglich die Funktion gehabt haben, als Mahnung und Drohung in den Vergütungsverhandlungen und den Verträgen bzw. einvernehmlichen Leitlinien auf Länder und Bundesebene zu wirken – gewissermaßen als Erinnerung, dass die eher „großzügig" formulierten Standards des § 69 nur im Rahmen der politisch entschiedenen Beitragsmenge umzusetzen seien.[5] Inzwischen – nach einer Reihe von Reformen der sozialen Pflegeversicherung – ist zu bezweifeln, dass die Vorschrift überhaupt eine relevante praktische Funktion hat.[6]

---

2 BT-Dr. 12/5262, 133 zu (damals) § 79.
3 BSG, 29.1.2009, B 3 P 7/08 R, BSGE 102, 227.
4 Schütze in: Udsching (Hrsg.), SGB XI, § 70 Rn. 5; siehe auch Udsching in: Spickhoff (Hrsg.), Medizinrecht, § 70 SGB XI.
5 Siehe auch mwN Becker in: Hauck/Noftz, SGB XI, § 70 Rn. 12.
6 Das macht sie allerdings nicht nichtig, wie Schlüter, NZS 2013, 120, 126 im Anschluss an Schulin, VSSR 1994, 285, 305 annimmt.

Zweiter Abschnitt
Beziehungen zu den Pflegeeinrichtungen

§ 71 Pflegeeinrichtungen

(1) Ambulante Pflegeeinrichtungen (Pflegedienste) im Sinne dieses Buches sind selbständig wirtschaftende Einrichtungen, die unter ständiger Verantwortung einer ausgebildeten Pflegefachkraft Pflegebedürftige in ihrer Wohnung mit Leistungen der häuslichen Pflegehilfe im Sinne des § 36 versorgen.

(2) Stationäre Pflegeeinrichtungen (Pflegeheime) im Sinne dieses Buches sind selbständig wirtschaftende Einrichtungen, in denen Pflegebedürftige:
1. unter ständiger Verantwortung einer ausgebildeten Pflegefachkraft gepflegt werden,
2. ganztägig (vollstationär) oder tagsüber oder nachts (teilstationär) untergebracht und verpflegt werden können.

(3) ^{1}Für die Anerkennung als verantwortliche Pflegefachkraft im Sinne von Absatz 1 und 2 ist neben dem Abschluss einer Ausbildung als
1. Gesundheits- und Krankenpflegerin oder Gesundheits- und Krankenpfleger,
2. Gesundheits- und Kinderkrankenpflegerin oder Gesundheits- und Kinderkrankenpfleger oder
3. Altenpflegerin oder Altenpfleger

eine praktische Berufserfahrung in dem erlernten Ausbildungsberuf von zwei Jahren innerhalb der letzten acht Jahre erforderlich. ^{2}Bei ambulanten Pflegeeinrichtungen, die überwiegend behinderte Menschen pflegen und betreuen, gelten auch nach Landesrecht ausgebildete Heilerziehungspflegerinnen und Heilerziehungspfleger sowie Heilerzieherinnen und Heilerzieher mit einer praktischen Berufserfahrung von zwei Jahren innerhalb der letzten acht Jahre als ausgebildete Pflegefachkraft. ^{3}Die Rahmenfrist nach Satz 1 oder 2 beginnt acht Jahre vor dem Tag, zu dem die verantwortliche Pflegefachkraft im Sinne des Absatzes 1 oder 2 bestellt werden soll. ^{4}Für die Anerkennung als verantwortliche Pflegefachkraft ist ferner Voraussetzung, dass eine Weiterbildungsmaßnahme für leitende Funktionen mit einer Mindeststundenzahl, die 460 Stunden nicht unterschreiten soll, erfolgreich durchgeführt wurde.

(4) Stationäre Einrichtungen, in denen die Leistungen zur medizinischen Vorsorge, zur medizinischen Rehabilitation, zur Teilhabe am Arbeitsleben oder am Leben in der Gemeinschaft, die schulische Ausbildung oder die Erziehung kranker oder behinderter Menschen im Vordergrund des Zweckes der Einrichtung stehen, sowie Krankenhäuser sind keine Pflegeeinrichtungen im Sinne des Absatzes 2.

Literatur:
Siehe § 72.

I. Normzweck, Grundstruktur und Entstehungsgeschichte 1	IV. Verantwortliche Pflegefachkraft (Abs. 3).... 13
II. Ambulante Pflegeeinrichtungen (Pflegedienste; Abs. 1) 4	V. Neufassung von § 71 Abs. 3 zum 1.1.2020 17
III. Stationäre Pflegeeinrichtungen (Pflegeheime; Abs. 2 und 4) 8	VI. Neufassung von § 71 Abs. 4 zum 1.1.2020 19

I. Normzweck, Grundstruktur und Entstehungsgeschichte

1 Die am 1.1.1995 durch Art. 1 PflegeVG[1] in Kraft gesetzte Vorschrift ist eine **Zentralnorm** des Leistungserbringungsrechts. Sie bildet einen wesentlichen Baustein des an das Krankenversicherungsrecht angelehnten ordnungspolitischen Konzepts einer **privatwirtschaftlichen Leistungserbringung** mit öffentlich-rechtlicher Gewährleistungsverantwortung. Strukturell vergleichbar insbesondere mit § 107 SGB V[2] benennt sie mit den ambulanten (Abs. 1, → Rn. 4–7) und den stationären **Pflegeeinrichtungen** (Abs. 2 und 4, → Rn. 8–12) die beiden wichtigsten Vertragspartner der Pflegekassen (§ 72), die Leistungen zu Lasten der gesetzlichen Pflegeversicherung erbringen. Gemeinsam mit den **pflegenden Einzelpersonen**, für die § 77 eine leistungserbringungsrechtliche Spezialbestimmung enthält, erbringen sie

---
[1] BGBl. 1994 I, 1014.
[2] Groth in: Hauck/Noftz, SGB XI, § 71 Rn. 8; Knittel in: Krauskopf, § 71 SGB XI Rn. 1 a.

die pflegerische Versorgung der Versicherten, für die die Pflegekassen den gesetzlichen Sicherstellungsauftrag (§ 69) haben.

Die Vorschrift steht in einem engen **Kontext mit dem Leistungsrecht**, das in den §§ 36, 41 bis 43 grundsätzlich zwischen ambulanten und stationären Leistungen unterscheidet. Für das Verständnis der Vorschrift ist zudem das Zusammenspiel mit dem allgemeinen Berufs-, Gewerbe- und Heimrecht von zentraler Bedeutung. Sie enthält nämlich, teilweise schon aus Gründen der Gesetzgebungskompetenz, **nur die spezifisch sozialversicherungsrechtlichen Voraussetzungen** für die Anerkennung als Pflegeeinrichtung, für die im Übrigen das **allgemeine Gewerberecht** sowie die **Heimgesetze der Länder** gelten. Zu den sozialversicherungsrechtlichen Voraussetzungen zählt namentlich, dass Pflegeleistungen in ambulanten wie in stationären Pflegeeinrichtungen nur unter ständiger Verantwortung einer **ausgebildeten Pflegefachkraft** erbracht werden dürfen, für die **Abs. 3** besondere, auf dem krankenpflegerechtlichen Ausbildungsrecht aufsetzende, Voraussetzungen aufstellt (→ Rn. 13–16).

2

Aus der **Entstehungsgeschichte** der Norm sind folgende Veränderungen hervorzuheben: Durch das 1. SGB XI-Änderungsgesetz[3] wurden mit Wirkung zum 25.6.1996 Abs. 3 und Abs. 4 angefügt.[4] Abs. 3 wurde mit dem am 1.1.2002 in Kraft getretenen Pflege-Qualitätssicherungsgesetz[5] durch die Sätze 3-5[6] und im Pflege-Weiterentwicklungsgesetz[7] vom 28.5.2008 durch Satz 6 ergänzt; ferner wurden die veränderten Berufsbezeichnungen nach dem Krankenpflegegesetz eingearbeitet.[8] Das Pflege-Neuausrichtungsgesetz[9] hat Absatz 2 und 3 geändert sowie die Sätze 4 und 5 des Absatzes 3 mit Wirkung ab dem 30.10.2012 aufgehoben.[10] Das Zweite Pflegestärkungsgesetz[11] hat in Abs. 1 die Worte „pflegen und hauswirtschaftlich" durch die Wendung „mit Leistungen der häuslichen Pflegehilfe im Sinne des § 36" ersetzt, um dem neuen Pflegebedürftigkeitsbegriff Rechnung zu tragen.[12] Zur Neufassung von Abs. 3 und Abs. 4 zum 1.1.2020 → Rn. 17 ff.

3

II. Ambulante Pflegeeinrichtungen (Pflegedienste; Abs. 1)

Die in Abs. 1 enthaltene Definition enthält drei **Mindestanforderungen an die ambulante Pflegeeinrichtung (Pflegedienst)**, die diese zugleich von anderen Leistungsanbietern abgrenzt. Leistungsrechtliche Parallelnorm ist § 36 und im Hinblick auf die Sachleistungskomponente § 38; für das erforderliche Leistungsspektrum sind zudem der Begriff (§ 14) und die Grade (§ 15) der Pflegebedürftigkeit bedeutsam.

4

Es muss sich erstens um eine **selbstständig wirtschaftende Einrichtung** handeln; das grenzt den Pflegedienst namentlich von der Pflege durch Einzelpersonen nach § 77 ab. Vorausgesetzt wird eine auf Dauer angelegte organisatorische Zusammenfassung von Personen und Sachmitteln, die unabhängig vom Bestand ihrer Mitarbeiter in der Lage ist, eine ausreichende, gleichmäßige und konstante pflegerische Versorgung eines wechselnden Kreises von Pflegebedürftigen in ihrem Einzugsgebiet zu gewährleisten.[13] In einem Versorgungsverbund setzt das, wegen der unterschiedlichen Finanzierungszuständigkeiten, **leistungserbringungsrechtliche Spartentrennung**, dh organisatorische und wirtschaftliche Selbstständigkeit gegenüber anderen Versorgungszweigen, voraus.[14] Erforderlich ist ferner ein hinreichender Bestand an Personal- und Sachmitteln.[15] Die Mitarbeiter müssen nach § 36 Abs. 4 S. 2 SGB XI bei den Pflegeeinrichtungen im arbeitsrechtlichen Sinne angestellt sein.[16] Ob die Einrichtung die Leistungen „rund um die Uhr" zur Verfügung stellen können muss, ist umstritten. Dafür spricht zwar die genetische Auslegung.[17] Der nach allgemeinen Auslegungsregeln primär maßgebliche Wortlaut lässt

5

---

3 BGBl. 1996 I, 830.
4 BT-Dr. 13/3696, 5, 15; BT-Dr. 13/4688, 3.
5 BGBl. 2001 I, 2320.
6 BT-Dr. 14/5395, 8, 28.
7 BGBl. 2008 I, 874.
8 BT-Dr. 16/7439, 16, 67.
9 BGBl. 2012 I, 2246.
10 BT-Dr. 17/9369, 12.
11 BGBl. 2015 I, 2424.
12 BT-Dr. 18/6688, 139, 145.
13 BT-Dr. 12/5262, 134.
14 Näher Groth in: Hauck/Noftz, SGB XI, § 71 Rn. 19 ff.
15 Plantholz in: Klie/Krahmer/Plantholz, § 71 Rn. 10.
16 BSG, 17.3.2015, B 3 P 1/15 S, Rn. 10; ablehnend Weber/Philipp, NZS 2016, 931, 931 ff.
17 BT-Dr. 12/5262, 134; vgl. dementsprechend etwa Maschmann, SGb 1996, 49, 50 und wohl auch Plantholz in: Klie/Krahmer/Plantholz, § 71 Rn. 6.

aber eine solche Beschränkung nicht erkennen, und auch das für die systematische Auslegung maßgebliche Leistungsrecht (→ Rn. 4) belegt, dass Abs. 1 auch Pflegedienste erfasst, die etwa nur die Tagespflege anbieten.[18] Denn insbesondere für Personen der unteren Pflegegrade (vgl. § 15 Abs. 3 S. 4) wird eine nächtliche Versorgung regelmäßig nicht erforderlich sein, und selbst bei höheren Pflegegraden wäre eine Kooperation mit anderen Leistungsanbietern denkbar.

6 Voraussetzung ist zweitens die Fähigkeit, Pflegebedürftige unter ständiger Verantwortung einer ausgebildeten Pflegefachkraft (→ Rn. 13–16) mit Leistungen der häuslichen Pflegehilfe (§ 36) zu versorgen. „Verantwortung" bedeutet nicht, dass alle Pflegeleistungen von einer Pflegefachkraft erbracht werden müssen, sondern beinhaltet die Aufgabe der Steuerung und Koordinierung der in der direkten Pflege tätigen Mitarbeiter der Pflegeeinrichtung[19] (s. auch → Rn. 10). Bei verbundenen Einrichtungen iSv § 72 Abs. 2 S. 1 Hs. 2 soll es ausreichen, dass alle Teile der Verbundeinrichtung unter der ständigen Verantwortung nur einer ausgebildeten Pflegefachkraft stehen.[20] Hinsichtlich der zu erbringenden Leistungen wird auf die leistungsrechtliche Parallelnorm des § 36 Bezug genommen, dh es muss zwar nicht in zeitlicher (→ Rn. 5), wohl aber in sachlicher Hinsicht das gesamte Leistungsspektrum unter pflegerischer Gesamtverantwortung erbracht werden können.[21] Nicht unter Abs. 1 fallen damit namentlich reine Versorgungsdienstleister („Essen auf Rädern") sowie Reinigungsunternehmen.[22] Unschädlich ist es aber, wenn die Einrichtung neben der häuslichen Pflege auch andere ambulante Hilfen anbietet.[23]

7 Die Pflege muss schließlich in Abgrenzung zur stationären Leistungserbringung (Abs. 2) drittens in der Wohnung des Pflegebedürftigen erfolgen. Das grenzt die ambulante von der stationären Leistungserbringung nach Abs. 2 ab.[24] Trotz des etwas missverständlichen Wortlauts („ihrer") ist der Begriff der Wohnung funktional, nicht personal zu interpretieren, dh es kommt auch eine Pflege in der Wohnung einer nahestehenden Person in Betracht. Allerdings muss die Einrichtung so gestaltet sein, dass der Pflegebedürftige das hauswirtschaftliche Geschehen selbst oder zusammen mit anderen beeinflussen kann.[25] Ausgenommen ist somit die Pflege in einer stationären Einrichtung iSd Abs. 2 oder Abs. 4.[26]

III. Stationäre Pflegeeinrichtungen (Pflegeheime; Abs. 2 und 4)

8 Abs. 2 definiert und formuliert Anforderungen an stationäre Pflegeeinrichtungen (Pflegeheime), die Abs. 4 von sonstigen Einrichtungen abgrenzt, in denen die pflegerischen Zwecke nicht im Vordergrund stehen. Das entsprechende Leistungsrecht findet sich in den §§ 41-43; heranzuziehen sind darüber hinaus auch hier die §§ 14 und 15 zum Begriff und zu den Graden der Pflegebedürftigkeit.

9 Ebenso wie bei den ambulanten muss es sich auch bei den stationären Pflegeeinrichtungen um selbstständig wirtschaftende Einrichtungen handeln (→ Rn. 5). Daran fehlt es bei einer wirtschaftlich unselbstständigen Wohngruppe.[27]

10 Auch in stationären Pflegeeinrichtungen müssen Pflegebedürftige unter ständiger Verantwortung einer ausgebildeten Pflegefachkraft (→ Rn. 13–16) versorgt werden (Abs. 2 Nr. 1). Die verantwortliche Pflegefachkraft kann zusätzlich zu der Organisation der Pflege namentlich in kleineren Einrichtungen auch die Heimleitung übernehmen, wenn und soweit sichergestellt ist, dass die delegierten Aufgaben von verantwortlichen Pflegekräften übernommen werden. Ihre Aufgaben können auch auf mehrere Teilzeitbeschäftigte verteilt werden. In jedem Fall muss aber gewährleistet sein, dass die verantwortliche Pflegekraft die den einzelnen Heimbewohnern zukommenden Pflegeleistungen zumindest in den Grundzügen selbst festlegt, ihre Durchführung organisiert und ihre Umsetzung angemessen kontrolliert.[28]

---

18 So die hM zum alten Leistungsrecht, vgl. etwa Groth in: Hauck/Noftz, SGB XI, § 71 Rn. 17; Knittel in: Krauskopf, § 71 SGB XI Rn. 4; Schütze in: Udsching, § 71 Rn. 7a; Udsching in: Spickhoff, Medizinrecht, § 71 SGB XI Rn. 3.
19 Wilcken in: BeckOK SozR, SGB XI, § 71 Rn. 5.
20 BT-Dr. 16/7439, 67; mit Recht kritisch Schütze in: Udsching, § 72 Rn. 14.
21 Schütze in: Udsching, § 71 Rn. 7.
22 BT-Dr. 12/5262, 134.
23 BT-Dr. 12/5262, 134.
24 Schmidt in: KassKomm, § 71 SGB XI Rn. 8.
25 Neumann in: Schulin, HS-PV, § 20 Rn. 18; Plantholz in: Klie/Krahmer/Plantholz, § 71 Rn. 10.
26 Schmidt in: KassKomm, § 71 SGB XI Rn. 8.
27 BSG, 16.2.2000, B 3 P 51/99 B, Rn. 2.
28 BSGE 103, 78, 83 ff.

In Abgrenzung zu anderen stationären Einrichtungen muss die pflegerische Grundausrichtung im Vordergrund stehen. **Keine Pflegeeinrichtungen iSd Abs. 2 sind** dementsprechend die in **Abs. 4** aufgeführten **stationären Einrichtungen**, in denen die **medizinische/rehabilitative Versorgung** oder die Gewährleistung der **Teilhabe am Arbeitsleben** im Vordergrund stehen. Abs. 4 hat bestenfalls klarstellende Funktion. Denn der Ausschluss der dort genannten Einrichtungen ergibt sich bereits aus dem Begriff der Pflegeeinrichtung,[29] und die Vorschrift leistet selbst keinen Beitrag zur Abgrenzung in Grenzfällen. Den Gesetzesmaterialien lässt sich nur entnehmen, dass eine „klare Trennung" zwischen Pflegeeinrichtungen und sonstigen Einrichtungen, die nur in Einzelfällen, aber nicht nach ihrer Grundausrichtung Hilfen bei den Verrichtungen des täglichen Lebens erbringen, erforderlich ist.[30] Für die Abgrenzung zwischen Abs. 2 und 4 ist damit die Zwecksetzung der Einrichtung maßgebend:[31] Stationäre Pflegeeinrichtungen sind nur solche, in denen die **Versorgung altersgebrechlicher Pflegebedürftiger** im Vordergrund steht. Damit fallen namentlich Einrichtungen der **stationären Behindertenpflege** nicht unter **Abs. 2**; finanzierungsrechtlich sind hier die Abgrenzungsprobleme aber dadurch gelöst worden, dass sich die Pflegekassen insoweit nach § 43 a an den Kosten beteiligen müssen.[32] Zur 2020 in Kraft tretenden Neuregelung → Rn. 19 f.

Die Leistungen werden nach Abs. 2 Nr. 2 in vollstationären und teilstationären Einrichtungen, also in Abgrenzung zu Abs. 1 nicht (nur) in der häuslichen Umgebung des Pflegebedürftigen (→ Rn. 7) erbracht. Bei der Versorgung in **vollstationären Pflegeeinrichtungen** wird der Pflegebedürftige aus seiner häuslichen Umgebung herausgelöst. Es handelt sich in Abgrenzung zur teilstationären Pflege um eine Versorgung „rund um die Uhr", die allerdings nicht auf Dauer angelegt sein muss, sondern auch eine Kurzzeitpflege (§ 42) sein kann.[33] **Teilstationäre Pflegeeinrichtungen** nehmen Pflegebedürftige hingegen nur für einen Teil des Tages auf. In der Praxis dominiert die Tagespflege, grundsätzlich kommt aber auch die Nachtpflege in Betracht (§ 41).[34]

IV. Verantwortliche Pflegefachkraft (Abs. 3)

Abs. 1 wie Abs. 2 setzen voraus, dass die Leistungserbringung unter ständiger Verantwortung einer ausgebildeten Pflegefachkraft erfolgt. Unmittelbar aus diesen Absätzen folgt, wie diese Verantwortung wahrzunehmen ist (→ Rn. 6 und 10). Abs. 3 stellt hingegen drei Anforderungen an die notwendige **Ausbildung und Berufserfahrung der verantwortlichen Pflegefachkraft** auf. Er begründet allerdings kein subjektiv-öffentliches Recht des Betroffenen oder der Einrichtungen gegen die Pflegekassenverbände auf formelle Anerkennung als verantwortliche Pflegefachkraft, wohl aber auf schriftliche Auskunft, ob die Anerkennungsvoraussetzungen erfüllt sind.[35]

Erste Voraussetzung ist der erfolgreiche **Abschluss** einer der in Abs. 3 S. 1 in Bezug genommenen **Ausbildungsberufe**. Die in der Vorschrift genannten Berufsbezeichnungen beruhen auf § 1 des Gesetzes über die Berufe in der Krankenpflege (**Krankenpflegegesetz – KrPflG**) v. 16.7.2003[36] und § 1 des Gesetzes über die Berufe in der Altenpflege (**Altenpflegegesetz – AltPflG**) v. 25.8.2003.[37] Beide Gesetze enthalten neben den Berufsbezeichnungen auch die insoweit einschlägigen ausbildungsrechtlichen Voraussetzungen (vgl. §§ 3 ff. KrPflG und §§ 3 ff. AltPflG). Für ambulante (nicht für stationäre!) Pflegeeinrichtungen, die überwiegend behinderte Menschen pflegen und betreuen, wird nach Abs. 3 S. 2 auch eine Ausbildung als **Heilerzieher(-in)/Heilerziehungspfleger(-in)** anerkannt.[38] Die maßgeblichen Ausbildungsanforderungen ergeben sich aus dem Landesrecht.[39] Zur am 1.1.2020 in Kraft tretenden Neuregelung unten Rn. 17 f.

Für die Anerkennung als verantwortliche Pflegefachkraft ist zweitens eine **praktische Berufserfahrung** in dem erlernten Beruf von zwei Jahren innerhalb der letzten acht Jahre erforderlich. Da auf den er-

---

29 Kritisch daher Knittel in: Krauskopf, § 71 SGB XI Rn. 26, der die Norm für überflüssig hält.
30 BT-Dr. 13/3696, 15.
31 ThürLSG, 25.10.2000, L 6 P 129/97, Rn. 44; LSG Nds-Brem, 17.9.2015, L 15 P 36/12, Rn. 26; Plantholz in: Klie/Krahmer/Plantholz, § 71 Rn. 20 f.; Wahl, jurisPK-SGBXI; § 71 Rn. 40.
32 Vgl. auch zu den Hintergründen, Schütze in: Udsching, § 71 Rn. 12 f.
33 BT-Dr. 12/5262, 134.
34 Plantholz in: Klie/Krahmer/Plantholz, § 71 Rn. 12.
35 BSG, 18.5.2011, B 3 P 5/10 R, Rn. 26 ff.; Wahl, jurisPK-SGB XI, § 71 Rn. 37.
36 BGBl. 2003 I, 1442; zuletzt geändert durch Art. 1 f. G vom 4.4.2017 (BGBl. I, 778).
37 BGBl. 2003 I, 1690; zuletzt geändert durch Art. 34 G zur Umsetzung der Richtlinie 2013/55/EU (EUR-L55/2013UmsG) vom 18.4.2016 (BGBl. 2016 I, 886).
38 Dazu BR-Dr. 228/96, 4.
39 Vgl. die Aufstellung bei Groth in: Hauck/Noftz, SGB XI, § 71 Rn. 37.

lernten Ausbildungsberuf abgestellt wird, ist eine Tätigkeit in einem anderen Berufsfeld (auch nicht in einem der unter Abs. 3 fallenden Bereiche) nicht ausreichend.[40] Weitere Einschränkungen, etwa dergestalt, dass die Berufserfahrung im ambulanten Bereich gewonnen worden sein muss, sind unzulässig.[41] Die Berufserfahrung kann sowohl aus abhängiger als auch aus selbstständiger Beschäftigung resultieren; ausreichend ist auch eine Teilzeitbeschäftigung.[42] Mehrere Beschäftigungen innerhalb der Rahmenfrist können zusammengerechnet werden.[43]

16 Drittens setzt Abs. 3 S. 4 eine erfolgreich **abgeschlossene Weiterbildung für leitende Funktionen** mit einer Mindeststundenzahl, die 460 Stunden nicht überschreiten soll, voraus. Durch diese weitere **Professionalisierung** des Anforderungsprofils entwickelt sich die verantwortliche Pflegefachkraft, vergleichbar mit der Pflegedienstleitung im Krankenhaus, zur Führungskraft, die nicht nur pflegerische, sondern auch gesamtorganisatorische Verantwortung unter Einschluss namentlich der Personalführung übernimmt.[44]

V. Neufassung von § 71 Abs. 3 zum 1.1.2020

17 Der Bundestag hat am 22.6.2017 das Gesetz zur Reform der Pflegeberufe (Pflegeberufereformgesetz – PflBRefG) verabschiedet,[45] wonach § 71 Abs. 3 S. 1 mWv 1.1.2020 folgende Fassung erhalten soll:
„(3) [1]Für Die Anerkennung als verantwortliche Pflegefachkraft im Sinne der Absätze 1 und 2 ist neben dem Abschluss einer Ausbildung als
1. Pflegefachfrau oder Pflegefachmann,
2. Gesundheits- und Krankenpflegerin oder Gesundheits- und Krankenpflege,
3. Gesundheits- und Kinderkrankenpflegerin oder Gesundheits- und Kinderkrankenpfleger oder
4. Altenpflegerin oder Altenpfleger

eine praktische Berufserfahrung in dem erlernten Ausbildungsberuf von zwei Jahren innerhalb der letzten acht Jahre erforderlich."

18 Die Anpassungen sind im Hinblick auf die im Pflegeberufsgesetz neu geregelte Pflegeausbildung erforderlich.[46]

VI. Neufassung von § 71 Abs. 4 zum 1.1.2020

19 Zum 1.1.2020 soll Art. 71 Abs. 4 SGB XI in der nachfolgenden Fassung gelten:
„(4) [1]Keine Pflegeeinrichtungen im Sinne des Absatzes 2 sind
1. stationäre Einrichtungen, in denen die Leistungen zur medizinischen Vorsorge, zur medizinischen Rehabilitation, zur Teilhabe am Arbeitsleben, zur Teilhabe an Bildung oder zur sozialen Teilhabe, die schulische Ausbildung oder die Erziehung kranker Menschen oder von Menschen mit Behinderungen im Vordergrund des Zweckes der Einrichtung stehen,
2. Krankenhäuser sowie
3. Räumlichkeiten,
   a) in denen der Zweck des Wohnens von Menschen mit Behinderungen und der Erbringung von Leistungen der Eingliederungshilfe für diese im Vordergrund steht,
   b) auf deren Überlassung das Wohn- und Betreuungsvertragsgesetz Anwendung findet und
   c) in denen der Umfang der Gesamtversorgung der dort wohnenden Menschen mit Behinderungen durch Leistungserbringer regelmäßig einen Umfang erreicht, der weitgehend der Versorgung in einer vollstationären Einrichtung entspricht; bei einer Versorgung der Menschen mit Behinderungen sowohl in Räumlichkeiten im Sinne der Buchstaben a und b als auch in Einrichtungen im Sinne der Nummer 1 ist eine Gesamtbetrachtung anzustellen, ob der Umfang der Versorgung durch Leistungserbringer weitgehend der Versorgung in einer vollstationären Einrichtung entspricht.

[2]Der Spitzenverband Bund der Pflegekassen erlässt mit dem Ziel, eine einheitliche Rechtsanwendung zu fördern, spätestens bis zum 1. Juli 2019 Richtlinien zur näheren Abgrenzung, wann die in Satz 1

---

40 Groth in: Hauck/Noftz, SGB XI, § 71 Rn. 39.
41 BSG, 24.9.2002, B 3 P 13/01 R, Rn. 25.
42 Leitherer in: KassKomm, § 71 SGB XI Rn. 28; aA Plantholz in: Klie/Krahmer/Plantholz, § 71 Rn. 15.
43 Knittel in: Krauskopf, § 71 SGB XI Rn. 24.
44 Vgl. dazu Müller, Arbeitsorganisation in der Altenpflege, 2. Aufl. 2005, 185 ff.
45 BR-Dr. 511/17 v. 23.6.2017.
46 BT-Dr. 18/7823, 97.

Nummer 3 Buchstabe c genannten Merkmale vorliegen und welche Kriterien bei der Prüfung dieser Merkmale mindestens heranzuziehen sind. ³Die Richtlinien nach Satz 2 sind im Benehmen mit dem Verband der privaten Krankenversicherung e.V., der Bundesarbeitsgemeinschaft der überörtlichen Träger der Sozialhilfe und den kommunalen Spitzenverbänden auf Bundesebene zu beschließen; die Länder, die Bundesarbeitsgemeinschaft der Freien Wohlfahrtspflege sowie die Vereinigungen der Träger der Pflegeeinrichtungen auf Bundesebene sind zu beteiligen. ⁴Für die Richtlinien nach Satz 2 gilt § 17 Absatz 2 entsprechend mit der Maßgabe, dass das Bundesministerium für Gesundheit die Genehmigung im Einvernehmen mit dem Bundesministerium für Arbeit und Soziales erteilt und die Genehmigung als erteilt gilt, wenn die Richtlinien nicht innerhalb von zwei Monaten, nachdem sie dem Bundesministerium für Gesundheit vorgelegt worden sind, beanstandet werden."

Im Wesentlichen neu ist die Aufnahme von nicht benannten stationären Einrichtungstypen in Abs. 4 S. 1 Nr. 3. Dabei geht es vor allem um solche Einrichtungen, die im Rahmen der Eingliederungshilfe in Anspruch genommen werden. Da auch diese Einrichtungen teilweise eine den in Nr. 1 und 2 genannten stationären Leistungserbringern vergleichbare vollstationäre Versorgung erbringen, sollen auch dort keine Leistungen der Pflegeversicherung erbracht werden. Das spätere Inkrafttreten hängt damit zusammen, dass sich das – mittlerweile verkündete[47] – Bundesteilhabegesetz seinerzeit noch im Gesetzgebungsverfahren befand und dieses die Differenzierung zwischen ambulanten, teilstationären und vollstationären Leistungen der Eingliederungshilfe aufgibt. Damit fällt auch der bisherige Anknüpfungspunkt des § 43 a an die Leistungserbringung in vollstationären Einrichtungen für Menschen mit Behinderungen jedenfalls im Bereich der vollstationären Versorgung erwachsener Menschen mit Behinderungen weg. Insofern muss ein Anknüpfungspunkt gefunden werden, der die bisherigen Rechtswirkungen auch unter Geltung der neuen Rechtslage weiter sicher abbilden kann.[48] Näheres soll insoweit der Spitzenverband Bund der Pflegekassen regeln (§ 71 Abs. 4 S. 2). Einigermaßen kurios ist, dass § 71 Abs. 4 zwar gemäß Art. 18 Abs. 3 PSG III erst am 1.1.2020 in Kraft treten soll, aber gleichzeitig eine Konkretisierungsverpflichtung des Spitzenverbands Bund der Pflegekassen enthält, die dieser bereits bis zum 1.7.2019 erfüllen soll. Eine nach Art. 82 Abs. 1 GG verkündete, aber nicht nach Art. 82 Abs. 2 GG in Kraft getretene Norm ist zwar rechtlich existent, kann aber keine Rechtswirkungen entfalten, also auch keine Verpflichtung des Spitzenverbands Bund der Pflegekassen begründen.

§ 72 Zulassung zur Pflege durch Versorgungsvertrag

(1) ¹Die Pflegekassen dürfen ambulante und stationäre Pflege nur durch Pflegeeinrichtungen gewähren, mit denen ein Versorgungsvertrag besteht (zugelassene Pflegeeinrichtungen). ²In dem Versorgungsvertrag sind Art, Inhalt und Umfang der allgemeinen Pflegeleistungen (§ 84 Abs. 4) festzulegen, die von der Pflegeeinrichtung während der Dauer des Vertrages für die Versicherten zu erbringen sind (Versorgungsauftrag).
(2) ¹Der Versorgungsvertrag wird zwischen dem Träger der Pflegeeinrichtung oder einer vertretungsberechtigten Vereinigung gleicher Träger und den Landesverbänden der Pflegekassen im Einvernehmen mit den überörtlichen Trägern der Sozialhilfe im Land abgeschlossen, soweit nicht nach Landesrecht der örtliche Träger für die Pflegeeinrichtung zuständig ist; für mehrere oder alle selbständig wirtschaftenden Einrichtungen (§ 71 Abs. 1 und 2) einschließlich für einzelne, eingestreute Pflegeplätze eines Pflegeeinrichtungsträgers, die vor Ort organisatorisch miteinander verbunden sind, kann, insbesondere zur Sicherstellung einer quartiersnahen Unterstützung zwischen den verschiedenen Versorgungsbereichen, ein einheitlicher Versorgungsvertrag (Gesamtversorgungsvertrag) geschlossen werden. ²Er ist für die Pflegeeinrichtung und für alle Pflegekassen im Inland unmittelbar verbindlich.
(3) ¹Versorgungsverträge dürfen nur mit Pflegeeinrichtungen abgeschlossen werden, die
1. den Anforderungen des § 71 genügen,
2. die Gewähr für eine leistungsfähige und wirtschaftliche pflegerische Versorgung bieten sowie eine in Pflegeeinrichtungen ortsübliche Arbeitsvergütung an ihre Beschäftigten zahlen, soweit diese nicht von einer Verordnung über Mindestentgeltsätze aufgrund des Gesetzes über zwingende Arbeitsbedingungen für grenzüberschreitend entsandte und für regelmäßig im Inland beschäftigte Arbeitnehmer und Arbeitnehmerinnen (Arbeitnehmer-Entsendegesetz) erfasst sind,

---
47 BGBl. 2016 I, 3234.
48 BT-Dr. 18/10510, 113.

3. sich verpflichten, nach Maßgabe der Vereinbarungen nach § 113 einrichtungsintern ein Qualitätsmanagement einzuführen und weiterzuentwickeln,
4. sich verpflichten, alle Expertenstandards nach § 113 a anzuwenden;

ein Anspruch auf Abschluss eines Versorgungsvertrages besteht, soweit und solange die Pflegeeinrichtung diese Voraussetzungen erfüllt. ²Bei notwendiger Auswahl zwischen mehreren geeigneten Pflegeeinrichtungen sollen die Versorgungsverträge vorrangig mit freigemeinnützigen und privaten Trägern abgeschlossen werden. ³Bei ambulanten Pflegediensten ist in den Versorgungsverträgen der Einzugsbereich festzulegen, in dem die Leistungen zu erbringen sind.

(4) ¹Mit Abschluss des Versorgungsvertrages wird die Pflegeeinrichtung für die Dauer des Vertrages zur pflegerischen Versorgung der Versicherten zugelassen. ²Die zugelassene Pflegeeinrichtung ist im Rahmen ihres Versorgungsauftrages zur pflegerischen Versorgung der Versicherten verpflichtet; dazu gehört bei ambulanten Pflegediensten auch die Durchführung von Pflegeeinsätzen nach § 37 Abs. 3 auf Anforderung des Pflegebedürftigen. ³Die Pflegekassen sind verpflichtet, die Leistungen der Pflegeeinrichtung nach Maßgabe des Achten Kapitels zu vergüten.

Literatur:
Maschmann, Grundfragen des Rechts der Leistungserbringung in der sozialen Pflegeversicherung (SGB XI), I. Teil, SGb 1996, 49; *Quaas*, Der Versorgungsvertrag nach dem Pflege-Versicherungsgesetz, NZS 1995, 197; *Reimer/Merold*, Änderungen der sozialen Pflegeversicherung durch das Pflegeversicherungs-Weiterentwicklungsgesetz, SGb 2008, 381; *Schulin*, Verträge mit den Leistungserbringern im Pflegeversicherungsrecht (SGB XI), VSSR 1994, 285; *Thüsing*, Ortsübliche Vergütung im Sinne des § 72 Abs. 3 S. 1 HS. 1 Nr. 2 SGB XI, SGb 2008, 629; *Udsching*, Die vertragsrechtliche Konzeption der Pflegeversicherung, NZS 1999, 473.

I. Normzweck, Grundstruktur und Entstehungsgeschichte	1	III. Parteien des Versorgungsvertrages (Abs. 2)	6
II. Versorgungsvertrag und Versorgungsauftrag (Abs. 1)	3	IV. Abschlussvoraussetzungen (Abs. 3)	9
		V. Wirkungen des Vertragsabschlusses (Abs. 4)	12

I. Normzweck, Grundstruktur und Entstehungsgeschichte

1 Die Vorschrift enthält die Rechtsgrundlage für die Begründung von Rechtsbeziehungen zwischen Pflegekassen und den in § 71 genannten Leistungserbringern. Sie gestaltet damit das ordnungspolitische Konzept der privatrechtlichen Leistungserbringung mit öffentlich-rechtlicher Gewährleistungsverantwortung (→ § 71 Rn. 1) näher aus. Im Mittelpunkt dieses Konzepts steht der für die Leistungserbringung konstitutive öffentlich-rechtliche **Versorgungsvertrag** (Abs. 1, → Rn. 3–5). Abs. 2 benennt die **Parteien** (→ Rn. 6–8), Abs. 3 die **Voraussetzungen** für den Abschluss (→ Rn. 9–11) und Abs. 4 die **Rechtswirkungen** (→ Rn. 12) des Versorgungsvertrages. Prozedural und prozessual bedeutsame Regelungen für den Versorgungsvertrag finden sich sodann in den §§ 73 und 74.

2 Aus der **Entstehungsgeschichte** ist hervorzuheben, dass die zum 1.1.1995 durch Art. 1 PflegeVG[1] in Kraft getretene Vorschrift durch das 1. SGB XI-Änderungsgesetz[2] vom 14.6.1996 erstmals reformiert wurde: Abs. 1 S. 2 wurde geändert, Abs. 4 S. 2 durch einen Halbsatz erweitert und Abs. 5 hinzugefügt.[3] Abs. 3 S. 1 wurde durch das Pflege-Qualitätssicherungsgesetz[4] vom 9.9.2001, in Kraft getreten am 1.1.2002, geändert und Abs. 5 wieder gestrichen.[5] Durch das Pflege-Weiterentwicklungsgesetz[6] wurden Abs. 1 S. 2, Abs. 2 S. 1 sowie Abs. 3 S. 1 und 3 mit Wirkung vom 1.7.2008 verändert und somit vor allem die Abschlussvoraussetzungen erweitert.[7] Das Pflege-Neuausrichtungsgesetz[8] hat mit Wirkung ab dem 30.10.2012 Abs. 2 S. 1 und Abs. 3 S. 1 Nr. 2 geändert.[9] Das Dritte Pflegestärkungsgesetz[10] hat Abs. 3 S. 1 Hs. 2 verändert, um den Pflegeheimen die Möglichkeit zu eröffnen, auch ambu-

---

[1] PflegeVG vom 26.5.1994, BGBl. 1994 I, 1014.
[2] BGBl. 1996 I, 830.
[3] BT-Dr. 13/3696, 5, 15.
[4] BGBl. 2001 I, 2320.
[5] BT-Dr. 14/5395, 8, 28.
[6] BGBl. 2008 I, 874.
[7] BT-Dr. 16/7439, 16 f., 67 f.
[8] BGBl. 2012 I, 2246.
[9] BT-Dr. 17/9369, 12.
[10] BGBl. 2016 I, 3191.

lante und teilstationäre Versorgungsleistungen anbieten zu können; das soll auch zu ihrer besseren sozialen Einbindung in das Quartier oder den Sozialraum beitragen.[11]

II. Versorgungsvertrag und Versorgungsauftrag (Abs. 1)

Abs. 1 S. 1 enthält die für die **sozialversicherungsrechtliche Statusbegründung** und die Struktur der Rechtsbeziehungen im Pflegeversicherungsrecht zentrale Bestimmung. In enger Anlehnung an die Rechtsbeziehungen im Krankenversicherungsrecht[12] stellt er **erstens** klar, dass die Pflegekassen ihren **Sicherstellungsauftrag** für die pflegerische Versorgung der Versicherten (§ 69) nur durch **Pflegeeinrichtungen** erfüllen; zulässig ist darüber hinaus nur noch die Leistungserbringung durch Einzelpersonen (§ 77 Abs. 1). Eine **Erbringung von Sach- und Dienstleistungen durch Eigeneinrichtungen**, wie sie § 140 SGB V aus Gründen des Bestandsschutzes für die Krankenkassen nach wie vor begrenzt zulässt, ist hingegen grundsätzlich **ausgeschlossen**. Allerdings können die Pflegekassen nach § 77 Abs. 2 Einzelpersonen anstellen, wenn der Sicherstellungsauftrag anders nicht erfüllt werden kann. Aus dieser grundsätzlichen Trennung der Funktionen von Leistungsträger und Leistungserbringer folgt **zweitens**, dass das Pflegeversicherungsrecht ebenso wie das Krankenversicherungsrecht[13] durch ein **Beziehungsdreieck** gekennzeichnet ist: Das privatrechtliche Rechtsverhältnis zwischen Leistungsempfänger und Leistungserbringer, das sog **Erfüllungsverhältnis**, wird durch zwei öffentlich-rechtliche Rechtsverhältnisse unter Beteiligung der Pflegekassen überlagert und damit wesentlich mitgestaltet: das **Mitgliedschaftsverhältnis** zwischen Pflegekasse und Mitglied und das **Leistungserbringungsverhältnis** zwischen Pflegekasse und Leistungserbringer, das maßgeblich dazu dient, die Versorgung der Versicherten sicherzustellen. Aus Abs. 1 S. 1 ergibt sich **drittens**, dass **zulässige Handlungsform** für die Statusbegründung **allein der Versorgungsvertrag** ist. Er knüpft damit gleichfalls an das krankenversicherungsrechtliche Leistungserbringungsrecht an, wo der Versorgungsvertrag von wenigen Ausnahmen abgesehen, ebenfalls das beherrschende Instrument der Statusbegründung darstellt.[14]

Der Versorgungsvertrag iSv Abs. 1 S. 1 ist ein öffentlich-rechtlicher Vertrag iSv § 53 Abs. 1 SGB X.[15] Das Gesetz verunklart diese Einordnung allerdings dadurch, dass es die mit einem Versorgungsvertrag ausgestatteten Leistungserbringer als zugelassene Einrichtungen bezeichnet, was den unzutreffenden Eindruck einer Statusbegründung durch Verwaltungsakt erweckt. Anders als § 69 SGB V enthält § 72 keine Regelungen über das **anwendbare Recht**. Daraus lässt sich zunächst schließen, dass das sozialrechtliche Verwaltungsverfahrensrecht uneingeschränkt und darüber hinaus ergänzend nach § 61 Abs. 2 SGB X auch die einschlägigen vertragsrechtlichen Vorschriften des BGB gelten. Im Gegensatz zu § 69 Abs. 2–4 SGB V wird hingegen das im GWB geregelte Kartell- und Vergaberecht nicht ausdrücklich für anwendbar erklärt, was allerdings nicht zwingend bedeutet, dass es nicht anwendbar ist, wenn seine Voraussetzungen vorliegen. Im Hinblick auf den Versorgungsvertrag besteht dafür allerdings kein Bedarf, weil nach Abs. 3 S. 1 aE grundsätzlich alle Einrichtungen Anspruch auf Abschluss eines Versorgungsvertrages haben und damit nicht die Gefahr kartellrechtlich relevanten Machtmissbrauchs und zudem keine für das Vergaberecht typische Auswahlsituation besteht. Für die vom Versorgungsvertrag getrennten, in regelmäßigen Zeitabständen neu zu verhandelnden Vergütungsvereinbarungen (§§ 82–92) könnte demgegenüber durchaus ein Bedürfnis nach einer kartellrechtlichen oder sonstigen Regulierung bestehen. Insoweit sind daher auch jeweils die Tatbestandsvoraussetzungen des Kartell- und Vergaberechts zu prüfen.

Der Inhalt des Versorgungsvertrages, der sog **Versorgungsauftrag**, ergibt sich aus Abs. 1 S. 2. Dazu zählen die Festlegung der nach Art und Inhalt zu erbringenden Pflegeleistungen,[16] eine Vereinbarung darüber, ob die Einrichtung den Versicherten ambulante oder stationäre Versorgungsleistungen erbringen soll sowie Abreden über die voraussichtliche Zahl der Versicherten, die im Monats- oder Jahresdurchschnitt die Dienste der Pflegeeinrichtung in Anspruch nehmen werden, sowie über die zur Versorgung erforderlichen Pflegebetten und sonstigen Betreuungskapazitäten.[17] Der Versorgungsvertrag

---

11 BT-Dr. 18/9959, 12 f. und BT-Dr. 18/10510, 115.
12 Becker/Kingreen in: Becker/Kingreen, § 69 Rn. 4 ff.
13 Becker/Kingreen in: Becker/Kingreen, § 69 Rn. 4.
14 Becker/Kingreen in: Becker/Kingreen, § 69 Rn. 10 ff.
15 Groth in: Hauck/Noftz, SGB XI, § 72 Rn. 12; Künzl in: Jahn ua, SGB XI, § 72 Rn. 5; Schütze in: Udsching, § 72 Rn. 13.
16 Der Verweis auf § 84 Abs. 4 (der nur stationäre Leistungen regelt) ist missverständlich und überflüssig, denn § 72 Abs. 1 S. 2 gilt selbstverständlich auch für die ambulante Leistungserbringung, vgl. etwa Schütze in: Udsching, § 72 Rn. 16.
17 BT-Dr. 12/5262, 135 f.

enthält hingegen **keine Vereinbarungen über die Vergütung der Leistungen**, die einer separaten, in regelmäßigen Zeitabständen anzupassenden Vergütungsvereinbarung vorbehalten ist, für die die §§ 82 ff. gelten.

III. Parteien des Versorgungsvertrages (Abs. 2)

6 Das pflegeversicherungsrechtliche Leistungserbringungsrecht wird, anders als das grundsätzlich rein kollektivvertragliche Vertragsarzt- und Krankenhausrecht (§§ 95, 109 SGB V), gemäß Abs. 2 durch ein **semikorporatistisches** Vertragsmodell geprägt:[18] Während auf Seiten der Kostenträger nur die Landesverbände der Pflegekassen (§ 52) zulässige Vertragsparteien sind, sind bei den Leistungserbringern die einzelnen Einrichtungen abschlussberechtigt. Die Landesverbände müssen gemäß § 81 Abs. 1 S. 1 gemeinsam (oder bei Nichteinigung mit der in § 81 Abs. 1 S. 2 genannten Mehrheit) handeln. Die Einrichtung kann auch eine **vertretungsberechtigte Vereinigung gleicher Träger**[19] betrauen. Aus dem Wortlaut von Abs. 1 S. 2 geht allerdings nicht hervor, ob die Vereinigung dann selbst Vertragspartei ist oder als Bevollmächtigte der Einrichtung handelt, was nach allgemeinen vertragsrechtlichen Grundsätzen (§§ 164 ff. BGB) zur Folge hätte, dass die Einrichtung selbst Partnerin des Vertrages wäre. Wenn nur Letzteres beabsichtigt wäre, wäre die Wendung überflüssig, denn die Möglichkeit einer Bevollmächtigung ergibt sich bereits aus § 13 Abs. 1 S. 1 iVm § 12 Abs. 1 Nr. 3 SGB X. Daher ist davon auszugehen, dass eine rein kollektivvertragliche Lösung mit einem Verband als Vertragspartner auf Leistungserbringerseite zulässig ist. Zudem kann nach Abs. 2 S. 1 Hs. 2 auch ein **Gesamtversorgungsvertrag** für abgeschlossen werden.[20] Der Gesamtversorgungsvertrag kann funktional unterschiedlich ausgestaltet sein. Zum einen eröffnet er schon seit 2008 die (allerdings nur selten genutzte) Möglichkeit, dass ein Träger für mehrere oder alle selbstständig wirtschaftenden Einrichtungen einen einheitlichen Vertrag abschließt. Zum anderen erschließt er Pflegeheimen seit 2017 die Möglichkeit, ihr bestehendes Angebot (etwa ohnehin vorhandene Pflegebäder oder altersspezifische Fitnessgeräte) über den bisherigen Versorgungsbereich hinaus auf ambulante oder teilstationäre Leistungen zu erweitern und diese in den Gesamtversorgungsvertrag einzubeziehen. Der Gesetzgeber verbindet damit die Hoffnung, dass die Pflegeheime dadurch besser in ihre Quartiere eingebunden werden können.[21]

7 Nach Abs. 2 S. 1 ist zudem das **Einvernehmen** mit den **überörtlichen** (bzw. den örtlichen, soweit das Landesrecht dies bestimmt) **Sozialhilfeträgern** herzustellen. Ursprünglich wurde das mit der Nutzung des Sachverstandes der vor Einführung der Pflegeversicherung allein zuständigen Sozialhilfeträger begründet.[22] Das nach wie vor tragende Argument für ihre Beteiligung ist indes der Umstand, dass sie subsidiäre Leistungsträger im Rahmen der Hilfe zur Pflege sind (§§ 61 ff. SGB XII), was namentlich im stationären Bereich bedeutsam sein kann, wo auch Entgelte für Leistungen (Unterkunft und Verpflegung) vereinbart werden, für die sie bei fehlender Leistungsfähigkeit der Versicherten einstehen müssen.[23] Um zu verhindern, dass auch insoweit noch separate Vereinbarungen (§ 73 Abs. 3, 5 SGB XII) getroffen werden müssen, ist das Einvernehmen als gegenüber der Eigenschaft als Vertragspartei abgeschwächter Vertragsbeteiligungsmodus vorgesehen, in dem zwar einerseits die Subsidiarität der Leistungsverantwortung, andererseits aber das erhebliche Interesse der Sozialhilfeträger an qualitativ hochwertigen und wirtschaftlich tragbaren Leistungen zum Ausdruck kommt. Dementsprechend ist Einvernehmen im Sinne von **Zustimmung** zu deuten. Allerdings ist die Zustimmung ein lediglich verwaltungsinterner Vorgang, weshalb fehlendes Einvernehmen im Verhältnis zum Träger der Pflegeeinrichtung irrelevant ist.[24] Nicht ganz klar ist, wie zu verfahren ist, wenn eine **Einigung** mit den Landesverbänden der Pflegekassen **nicht zustande** kommt. Insoweit kommt es darauf an, ob es sich beim Einvernehmen um eine **gemeinsam zu treffende Entscheidung** iSv § 81 Abs. 2 S. 1 handelt. In der Literatur wird zum Teil diskutiert, ob das nur diejenigen Entscheidungen sind, in denen die Sozialhilfeträger als Vertragspartei beteiligt sind (s. §§ 75 Abs. 1, 85 Abs. 2 S. 2).[25] In diesen Fällen besteht aber ohnehin die Möglichkeit, im Falle der Nichteinigung die Schiedsstelle (§ 76) anzurufen (§§ 75 Abs. 4, 85

---

18 Dazu auch Rixen, Pflegeversicherungsrecht, in: Ehlers/Fehling/Pünder (Hrsg.), Besonderes Verwaltungsrecht Bd. 3, 3. Aufl. 2013, § 77 Rn. 32 ff.
19 Dazu näher Neumann in: Schulin, HS-PV, § 21 Rn. 4 ff.
20 Zu seiner Einführung BT-Dr. 16/7439, 67 sowie zur „moderaten Öffnung" der Norm auch BT-Dr. 17/9369, 45.
21 BT-Dr. 18/10510; zum weitergehenden Vorschlag des Bundesrates BT-Dr. 18/9959, 12 f.
22 BT-Dr. 12/5262, 136.
23 Udsching in: Spickhoff, Medizinrecht, § 82 SGB XI Rn. 6.
24 Wahl in: jurisPK-SGB XI, § 72 Rn. 19.
25 Vgl. Groth in: Hauck/Noftz, SGB XI, § 72 Rn. 26.

Abs. 5). § 81 Abs. 2 gilt also gerade dann, wenn die Sozialhilfeträger nicht schon als Vertragspartei die Möglichkeit zur Einleitung eines Konfliktschlichtungsverfahrens haben, also auch und gerade für § 72 Abs. 2.[26] Daher wird bei Nichteinigung zunächst das Beschlussgremium des § 81 Abs. 1 S. 2 gemäß § 82 Abs. 2 S. 1 durch zwei Vertreter der Sozialhilfeträger[27] erweitert. Die Sozialhilfeträger können dann aber, wenn keine Einigung zustande kommt, die Schiedsstelle anrufen, wobei gegenüber § 76 die besonderen Bestimmungen des § 81 Abs. 2 S. 2–4 zu beachten sind. Von diesen internen sind die **externen Rechtswirkungen des fehlenden Einvernehmens** gegenüber den Einrichtungen zu unterscheiden. Aus dieser Perspektive handelt es sich um einen verwaltungsinternen Vorgang. Das Einvernehmen ist daher in Ermangelung der erforderlichen Außenwirkung kein Verwaltungsakt, dh ein fehlendes Einvernehmen ist im Außenverhältnis zum Träger der Pflegeeinrichtung unbeachtlich.[28]

Gemäß Abs. 2 S. 2 erlangt der Versorgungsvertrag **unmittelbare Verbindlichkeit** für die Pflegeeinrichtung und **alle Pflegekassen**. Er wirkt damit über das Land hinaus, in dem er geschlossen wurde, im gesamten Bundesgebiet. Ein Versorgungsvertrag kann somit nicht nur mit Wirkung für einzelne Pflegekassen abgeschlossen werden.[29] Durch die Bindung landesfremder Pflegekassen können Versicherte aus allen Ländern zulasten der sozialen Pflegeversicherung versorgt werden.[30]

8

IV. Abschlussvoraussetzungen (Abs. 3)

Abs. 3 regelt die **materiellen Voraussetzungen** für den Abschluss des Versorgungsvertrages. **Form** und **Rechtsschutz** ergeben sich hingegen aus den §§ 73, 74. Die Vorschrift bestimmt lediglich **subjektive Voraussetzungen** für den **Abschluss des Versorgungsvertrages**, bei deren Erfüllung gemäß Abs. 3 S. 1 Hs. 2 ein **Anspruch auf Abschluss des Versorgungsvertrages** besteht. Vor diesem Hintergrund ist Abs. 3 S. 2, der Auswahlentscheidungen zwischen mehreren Trägern voraussetzt, bestenfalls funktionslos,[31] wenn nicht gar wegen Verstoßes gegen Art. 12 Abs. 1 GG verfassungswidrig.[32] Eine Auswahlentscheidung macht nämlich nur Sinn, wenn nicht alle Interessenten, die die Voraussetzungen erfüllen, einen Anspruch auf Vertragsschluss haben („Reise nach Jerusalem"). Anders als im Vertragsarzt- und im Krankenhausrecht gibt es auch hier **keine Bedarfsplanung** und darf daher der Abschluss des Versorgungsvertrages **nicht** von einem fehlenden Bedarf abhängig gemacht werden.[33] Zudem dürfen die Länder zugelassene Pflegeeinrichtungen wegen Art. 12 Abs. 1 GG nicht wegen fehlenden Bedarfs von der finanziellen Förderung ausschließen.[34] Für den durch den Abschluss des Versorgungsvertrages bewirkten **Marktzugang** schließt das Gesetz damit auch einen Wettbewerb der Leistungserbringer aus. Dafür ist aber das Recht der **Vergütungsvereinbarungen** (§§ 82 ff.) **wettbewerblich** ausgestaltet, denn insoweit hängt die Höhe der Vergütungen maßgeblich auch vom Vergleich mit den Vergütungen anderer Einrichtungen (externer Vergleich) ab.[35]

9

Im Einzelnen stellt Abs. 3 S. 1 Hs. 1 folgende Anforderungen an die Pflegeeinrichtung: Sie muss erstens die **Voraussetzungen des § 71** erfüllen (**Nr. 1**), was selbstverständlich ist, weil es sich sonst schon gar nicht um eine Pflegeeinrichtung handelt.[36] Sie muss zweitens **wirtschaftlich und leistungsfähig** sein (**Nr. 2 Hs. 1**), was sich ebenfalls weitgehend bereits aus § 71 ergibt.[37] Zu beachten ist, dass „Wirtschaftlichkeit" hier nicht als Relationsbegriff fungiert, es also für den Abschluss des Versorgungsvertrages (wohl aber für die nachfolgende Vergütungsvereinbarung, → Rn. 9) nicht auf einen Wirtschaftlichkeitsvergleich der Einrichtungen ankommt.[38] Die Pflegeeinrichtung muss drittens eine **ortsübliche Vergütung an ihre Beschäftigten** zahlen (**Nr. 2 Hs. 2**). Das ist eine Vergütung, die sich an den fachlich

10

---

26 So im Ergebnis auch Groth in: Hauck/Noftz, SGB XI, § 72 Rn. 26, und Udsching in: Spickhoff, Medizinrecht, § 81 SGB XI Rn. 1.
27 Zur Besetzung bei Zuständigkeit der örtlichen Sozialhilfeträger Groth in: Hauck/Noftz, SGB XI, § 72 Rn. 26.
28 BSG, 24.9.2002, B 3 P 14/01 R, Rn. 20; LSG Nds-Brem, 3.1.2017, L 15 P 48/16 B ER; Groth in: Hauck/Noftz, SGB XI, § 72 Rn. 27.
29 Schulin, VSSR 1994, 285, 298.
30 BSGE 96, 233, 235 ff.
31 Groth in: Hauck/Noftz, SGB XI, § 72 Rn. 34; Leitherer in: KassKomm, § 72 SGB XI Rn. 23; Plantholz in: Klie/Krahmer/Plantholz, § 72 Rn. 19; Udsching in: Spickhoff, Medizinrecht, § 72 SGB XI Rn. 12, Wahl in: jurisPK-SGB XI, § 72 Rn. 34; anders wohl Neumann in: Schulin, HS-PV, § 21 Rn. 24.
32 Schulin, VSSR 1994, 285, 303 f.
33 BT-Dr. 12/5262 S. 136.
34 BSG, 28.6.2001, B 3 P 9/00 R, Rn. 33 ff.
35 Dazu BSG, NZS 2010, 35, 37 ff.
36 Schütze in: Udsching, § 72 Rn. 5.
37 Leitherer in: KassKomm, § 72 SGB XI Rn. 21.
38 Vgl. Quaas, NZS 1995, 197, 200.

und räumlich einschlägigen Tarifverträgen bzw, wenn diese nicht existieren, am allgemeinen örtlichen Lohnniveau in Pflegeeinrichtungen orientiert.[39] Die früher geäußerte Kritik an dieser Bestimmung[40] dürfte sich weitgehend erledigt haben, weil sie nunmehr **nur noch für solche Beschäftigten gilt, für die das Arbeitnehmer-Entsendegesetz**[41] **nicht gilt**. Da für die Pflegebranche nach Maßgabe der §§ 10ff. AEntG und dem darauf beruhenden Verordnungsrecht Mindestlöhne gelten, ist die Regelung im Wesentlichen nur noch für das nicht pflegende Personal (Betreuungskräfte, Küchenkräfte) von Bedeutung.[42] Die Einrichtung muss sich viertens verpflichten, nach Maßgabe der Vereinbarungen nach § 113 ein **Qualitätsmanagement** einzuführen und weiterzuentwickeln (**Nr. 3**) und schließlich fünftens alle **Expertenstandards** nach § 113a anzuwenden (**Nr. 4**). Zudem sind für die Einrichtungen auch die Inhalte des nach § 75 abzuschließenden **Rahmenvertrages** verbindlich (§ 75 Abs. 1 S. 4, → § 75 Rn. 7), dh Anspruch auf Abschluss eines Versorgungsvertrages hat nur, wer die im Rahmenvertrag enthaltenen Anforderungen erfüllt. Eine allgemeine Zuverlässigkeitsprüfung sieht das Gesetz demgegenüber nicht vor. Dennoch soll der Anspruch auf Abschluss eines Versorgungsvertrags als „allgemeines ungeschriebenes Tatbestandsmerkmal" eine positive Prognose voraussetzen, „dass der Träger der Einrichtung seine Verpflichtungen sowohl gegenüber den Pflegebedürftigen als auch gegenüber den Kostenträgern erfüllen wird", woran es namentlich bei begründeten Zweifeln an der charakterlichen Eignung und Zuverlässigkeit des Einrichtungsträgers fehlen soll.[43] Das überzeugt nicht, denn Einrichtungen von unzuverlässigen Betreibern sind nach Maßgabe des einschlägigen Landesrechts allein von den zuständigen Landesbehörden zu untersagen (vgl. etwa Art. 15 BayPfleWoqG).

11 Für ambulante Pflegeeinrichtungen ist der räumliche **Einzugsbereich** festzulegen, in dem die Leistungen zu erbringen sind (Abs. 3 S. 3). Die Vorschrift begründet für die Einrichtung Rechte, aber keine zusätzlichen Pflichten: Sie soll die Versorgung in einem bestimmten Versorgungsgebiet sicherstellen, aber die Leistungserbringungsbefugnis nicht räumlich beschränken. Denn der Abschluss des Versorgungsvertrages löst eine bundesweite Berechtigung zur Leistungserbringung zulasten der sozialen Pflegeversicherung aus (→ Rn. 8). Aufgrund ihrer Sicherstellungsfunktion ist die Vorschrift daher dahin gehend zu interpretieren, dass die Einrichtung grundsätzlich nur in ihrem Einzugsbereich zur Erbringung der Leistung verpflichtet ist, diese also nicht ohne Rechtsgrund ablehnen darf.[44] Insoweit handelt es sich dann um eine auch für Abs. 4 relevante **Konkretisierung des Versorgungsauftrages** (→ Rn. 12). **Keinen Rechtsgrund** stellt das **Selbstbestimmungsrecht der Religionsgemeinschaften** (Art. 140 GG iVm Art. 137 Abs. 3 WRV) dar.[45] Der Versorgungsauftrag ist unbedingt und duldet daher keine Differenzierungen nach dem religiösen Bekenntnis der Pflegebedürftigen.[46] Ein Sachgrund wäre hingegen ein fehlendes Vertrauensverhältnis.

V. Wirkungen des Vertragsabschlusses (Abs. 4)

12 Der Versorgungsvertrag begründet nach Abs. 4 S. 1 die **Berechtigung** und nach Abs. 4 S. 2 die **Verpflichtung zur Leistungserbringung**, die allerdings bei ambulanten Pflegeeinrichtungen nur den im Versorgungsvertrag festgelegten Einzugsbereich (Abs. 3 S. 3) erfassen kann (→ Rn. 11). Bestandteil der Verpflichtung sind auch die Pflege-Pflichteinsätze iSv § 37 Abs. 3; damit wird die Beratung durch Pflegedienste während des Bezugs von Pflegegeld vertragsrechtlich umgesetzt.[47] Ferner begründet der Versorgungsvertrag nach Abs. 4 S. 3 **dem Grunde nach einen Vergütungsanspruch**. Da dieser aber gemäß Abs. 4 S. 3 nur nach Maßgabe des 8. Kapitels besteht, muss Näheres durch eine **Vergütungsvereinbarung** konkretisiert werden.

---

39 BT-Dr. 16/7439, 67.
40 Leitherer in: KassKomm, § 72 SGB XI Rn. 22; Plantholz in: Klie/Krahmer/Plantholz, § 72 Rn. 14; Schütze in: Udsching, § 72 Rn. 7a; differenzierend Reimer/Merold, SGb 2008, 381, 385.
41 Arbeitnehmer-Entsendegesetz vom 20. April 2009 (BGBl. 2009 I, 799), zuletzt geändert durch Artikel 2 Abs. 11 des VergaberechtsmodernisierungsG vom 17.2.2016 (BGBl. 2016 I, 203).
42 BT-Dr. 17/9369, 45.
43 BayLSG, 11.11.2015, L 2 P 14/13, Rn. 54; zustimmend Schmidt-Graumann, PflR 2016, 331.
44 Plantholz in: Klie/Krahmer/Plantholz, § 72 Rn. 20.
45 So aber Udsching in: Spickhoff, Medizinrecht, § 72 SGB XI Rn. 13.
46 So tendenziell auch Groth in: Hauck/Noftz, SGB XI, § 72 Rn. 46.
47 Udsching in: Spickhoff, Medizinrecht, § 72 SGB XI Rn. 13.

§ 73 Abschluss von Versorgungsverträgen

(1) Der Versorgungsvertrag ist schriftlich abzuschließen.

(2) ¹Gegen die Ablehnung eines Versorgungsvertrages durch die Landesverbände der Pflegekassen ist der Rechtsweg zu den Sozialgerichten gegeben. ²Ein Vorverfahren findet nicht statt; die Klage hat keine aufschiebende Wirkung.

(3) ¹Mit Pflegeeinrichtungen, die vor dem 1. Januar 1995 ambulante Pflege, teilstationäre Pflege oder Kurzzeitpflege auf Grund von Vereinbarungen mit Sozialleistungsträgern erbracht haben, gilt ein Versorgungsvertrag als abgeschlossen. ²Satz 1 gilt nicht, wenn die Pflegeeinrichtung die Anforderungen nach § 72 Abs. 3 Satz 1 nicht erfüllt und die zuständigen Landesverbände der Pflegekassen dies im Einvernehmen mit dem zuständigen Träger der Sozialhilfe (§ 72 Abs. 2 Satz 1) bis zum 30. Juni 1995 gegenüber dem Träger der Einrichtung schriftlich geltend machen. ³Satz 1 gilt auch dann nicht, wenn die Pflegeeinrichtung die Anforderungen nach § 72 Abs. 3 Satz 1 offensichtlich nicht erfüllt. ⁴Die Pflegeeinrichtung hat bis spätestens zum 31. März 1995 die Voraussetzungen für den Bestandschutz nach den Sätzen 1 und 2 durch Vorlage von Vereinbarungen mit Sozialleistungsträgern sowie geeigneter Unterlagen zur Prüfung und Beurteilung der Leistungsfähigkeit und Wirtschaftlichkeit gegenüber einem Landesverband der Pflegekassen nachzuweisen. ⁵Der Versorgungsvertrag bleibt wirksam, bis er durch einen neuen Versorgungsvertrag abgelöst oder gemäß § 74 gekündigt wird.

(4) Für vollstationäre Pflegeeinrichtungen gilt Absatz 3 entsprechend mit der Maßgabe, daß der für die Vorlage der Unterlagen nach Satz 3 maßgebliche Zeitpunkt der 30. September 1995 und der Stichtag nach Satz 2 der 30. Juni 1996 ist.

Die Vorschrift regelt in **Abs. 1** die für den Abschluss des Versorgungsvertrages vorgeschriebene Form (→ Rn. 2), in **Abs. 2** den Rechtsschutz der Pflegeeinrichtung (→ Rn. 3) sowie in **Abs. 3** und **4** den Bestandsschutz von Alteinrichtungen (→ Rn. 4–5). Sie ist am 1.1.1995 durch Art. 1 PflegeVG[1] in Kraft gesetzt und durch das 1. SGB XI-Änderungsgesetz[2] vom 14.6.1996 mit Wirkung vom 25.6.1996 durch Abs. 3 S. 3 ergänzt worden.[3]

Abs. 1 schreibt die **Schriftform** des Versorgungsvertrages (unter Einschluss des Versorgungsauftrages) vor. Das ergibt sich freilich schon aus § 56 SGB X, da der Versorgungsvertrag ein öffentlich-rechtlicher Vertrag ist (→ § 72 Rn. 4). Die näheren Anforderungen an die Schriftform folgen aus § 61 S. 2 SGB X iVm § 126 BGB.

Abs. 2 enthält Regelungen zum **Rechtsschutz** bei **Ablehnung** eines Versorgungsvertrages, die über § 74 Abs. 3 S. 2 auch bei dessen **Kündigung** gelten. Gemäß Abs. 2 S. 1 ist der **Rechtsweg** zu den **Sozialgerichten** eröffnet, was indes schon aus § 51 Abs. 1 Nr. 2 SGG folgt. Gemäß Abs. 2 S. 2 findet ein **Vorverfahren** nicht statt und ist die **aufschiebende Wirkung** eines Rechtsbehelfs ausgeschlossen. In Anlehnung an die frühere ständige Rechtsprechung des Bundessozialgerichts zu § 109 SGB V[4] wird daraus überwiegend geschlossen, dass die Ablehnung des Versorgungsvertrages ein Verwaltungsakt ist,[5] was zur Folge hätte, dass statthafte Klageart die kombinierte Anfechtungs- und Leistungsklage (sog unechte Leistungsklage, § 54 Abs. 4 SGG) ist. Im Krankenhausrecht ist der 1. Senat des Bundessozialgerichts davon aber insoweit abgerückt, als es die gemeinsam handelnden Krankenkassen nicht mehr als Behörde ansieht[6] und daher einen Verwaltungsakt iSv § 31 S. 1 SGB X verneint. Vielmehr handelt es sich um eine **öffentlich-rechtliche Willenserklärung**. Das war ohnehin schon immer überzeugender, weil die Vertragsparteien des Versorgungsvertrages einander gleichrangig gegenüberstehen und daher keine Befugnis der Verbände der Pflegekassen besteht, das Rechtsverhältnis mit den Pflegeeinrichtungen einseitig durch Verwaltungsakt zu gestalten.[7] Statthafte Klageart ist mithin die allgemeine Leistungsklage

---

1 PflegeVG vom 26.5.1994, BGBl. I 1994, 1014.
2 BGBl. 1996 I, 830.
3 BT-Dr. 13/3696, 5, 15.
4 BSGE 78, 233, 235.
5 Vgl. etwa Groth in: Hauck/Noftz, SGB XI, § 73 Rn. 14; Gruber, NZS 1997, 409, 411; Maschmann, SGb 1996, 49, 55; Schütze in: Udsching, § 73 Rn. 6; Udsching, in: Spickhoff, Medizinrecht, § 73 Rn. 6; Wigge in: Wannagat, SGB XI, § 73 Rn. 5.
6 BSGE 101, 177, 181. Kritisch zur Begründung Becker in: Becker/Kingreen, § 109 Rn. 5.
7 Knittel in: Krauskopf, § 73 SGB XI Rn. 9; Künzl in: Jahn ua, SGB XI, § 73 Rn. 4; Quaas, NZS 1995, 197, 201; Wahl in: jurisPK, § 73 Rn. 12.

(§ 54 Abs. 5 SGG) auf Annahme des Vertragsangebotes,[8] für die ein Vorverfahren ohnehin nicht erforderlich ist (§ 78 SGG) und die auch keine aufschiebende Wirkung (vgl. § 86a Abs. 1 SGG) auslöst.

4 Abs. 3 enthält eine **Bestandsschutzregelung** für Pflegeeinrichtungen, die vor dem 1.1.1995 ambulante Leistungen (§ 71 Abs. 1) sowie teilstationäre Leistungen oder Leistungen der Kurzzeitpflege (§ 71 Abs. 2) erbracht haben.[9] Für diese Einrichtungen gilt grundsätzlich ein fiktiver Versorgungsvertrag (Abs. 3 S. 1), der nach Abs. 3 S. 5 so lange wirksam bleibt, bis er einvernehmlich ersetzt oder nach § 74 gekündigt wurde. Das Schriftformerfordernis des Abs. 1 soll auch für den fiktiven Versorgungsvertrag gelten.[10] Der nach Maßgabe von **Abs. 3 S. 4** nachzuweisende Bestandsschutz reicht allerdings nur so weit wie die vorangegangene Vereinbarung mit dem bisherigen Sozialleistungsträger.[11] Soll der Versorgungsauftrag erweitert oder verändert werden, muss ein neuer Versorgungsvertrag geschlossen werden.[12] Kein fiktiver Versorgungsvertrag bestand nach Abs. 3 S. 2 für diejenigen Einrichtungen, die die Anforderungen des § 72 Abs. 3 S. 1 (dazu → § 72 Rn. 10) nicht erfüllten und dies von den zuständigen Trägern bis zum 30.6.1995 geltend gemacht wurde. Seit diesem Stichtag kann die Fiktion gemäß Abs. 3 S. 3 nur noch dadurch erschüttert werden, dass diese Voraussetzungen offensichtlich nicht vorliegen. Für den **Rechtsschutz** gilt das zum Versorgungsvertrag nach Abs. 1 Gesagte entsprechend (→ Rn. 3).

5 Für **vollstationäre Einrichtungen** gelten nach **Abs. 4** grundsätzlich die gleichen Bestandsschutzregelungen. Abweichend geregelt sind lediglich der Zeitpunkt der Vorlagepflicht nach Abs. 3 S. 4 und des Stichtages nach Abs. 3 S. 2.

§ 74 Kündigung von Versorgungsverträgen

(1) ¹Der Versorgungsvertrag kann von jeder Vertragspartei mit einer Frist von einem Jahr ganz oder teilweise gekündigt werden, von den Landesverbänden der Pflegekassen jedoch nur, wenn die zugelassene Pflegeeinrichtung nicht nur vorübergehend eine der Voraussetzungen des § 72 Abs. 3 Satz 1 nicht oder nicht mehr erfüllt; dies gilt auch, wenn die Pflegeeinrichtung ihre Pflicht wiederholt gröblich verletzt, Pflegebedürftigen ein möglichst selbständiges und selbstbestimmtes Leben zu bieten, die Hilfen darauf auszurichten, die körperlichen, geistigen und seelischen Kräfte der Pflegebedürftigen wiederzugewinnen oder zu erhalten und angemessenen Wünschen der Pflegebedürftigen zur Gestaltung der Hilfe zu entsprechen. ²Vor Kündigung durch die Landesverbände der Pflegekassen ist das Einvernehmen mit dem zuständigen Träger der Sozialhilfe (§ 72 Abs. 2 Satz 1) herzustellen. ³Die Landesverbände der Pflegekassen können im Einvernehmen mit den zuständigen Trägern der Sozialhilfe zur Vermeidung der Kündigung des Versorgungsvertrages mit dem Träger der Pflegeeinrichtung insbesondere vereinbaren, dass

1. die verantwortliche Pflegefachkraft sowie weitere Leitungskräfte zeitnah erfolgreich geeignete Fort- und Weiterbildungsmaßnahmen absolvieren,
2. die Pflege, Versorgung und Betreuung weiterer Pflegebedürftiger bis zur Beseitigung der Kündigungsgründe ganz oder teilweise vorläufig ausgeschlossen ist.

(2) ¹Der Versorgungsvertrag kann von den Landesverbänden der Pflegekassen auch ohne Einhaltung einer Kündigungsfrist gekündigt werden, wenn die Einrichtung ihre gesetzlichen oder vertraglichen Verpflichtungen gegenüber den Pflegebedürftigen oder deren Kostenträgern derart gröblich verletzt, dass ein Festhalten an dem Vertrag nicht zumutbar ist. ²Das gilt insbesondere dann, wenn Pflegebedürftige infolge der Pflichtverletzung zu Schaden kommen oder die Einrichtung nicht erbrachte Leistungen gegenüber den Kostenträgern abrechnet. ³Das gleiche gilt, wenn dem Träger eines Pflegeheimes nach den heimrechtlichen Vorschriften die Betriebserlaubnis entzogen oder der Betrieb des Heimes untersagt wird. ⁴Absatz 1 Satz 2 gilt entsprechend.

(3) ¹Die Kündigung bedarf der Schriftform. ²Für Klagen gegen die Kündigung gilt § 73 Abs. 2 entsprechend.

---

8 BSGE 101, 177, 184; Wahl in: jurisPK, § 73 Rn. 12.
9 Dazu näher Schütze in: Udsching, § 73 Rn. 8 f.
10 Plantholz in: Klie/Krahmer/Plantholz, § 73 Rn. 8.
11 Leitherer in: KassKomm, § 73 SGB XI Rn. 13.
12 Quaas, NZS 1995, 197, 199.

I. Normzweck und Entstehungsgeschichte

Die Vorschrift regelt, als lex specialis zu den §§ 45 ff SGB X, die **Kündigung von Versorgungsverträgen** durch eine der beiden Vertragsparteien. Für die Kündigung durch die Landesverbände der Pflegekassen enthält sie wegen des erheblichen Eingriffs in Art. 12 Abs. 1 GG erhöhte Anforderungen und regelt mögliche mildere Mittel zur Vermeidung einer Kündigung. Im Einzelnen unterscheidet sie zwischen der **fristgerechten Kündigung** (**Abs. 1**; → Rn. 3–8) und der **fristlosen Kündigung** (**Abs. 2**, → Rn. 9–10). **Abs. 3** regelt in S. 1 die **Form** (→ Rn. 4) und in S. 2 den **Rechtsschutz** (→ Rn. 11) gegen die Kündigung.

Entstehungsgeschichte: In der zum 1.1.1995 durch Art. 1 PflegeVG[1] in Kraft gesetzten Vorschrift wurde durch das Pflege-Weiterentwicklungsgesetz[2] zum 1.7.2008 Abs. 1 S. 1 geändert, Satz 3 ergänzt sowie Abs. 2 S. 3 geändert.[3]

II. Fristgerechte Kündigung

Abs. 1 regelt die Voraussetzungen für die **fristgerechte Kündigung**. Der Versorgungsvertrag kann nach Abs. 1 S. 1 **ganz oder teilweise** gekündigt werden; zulässig ist also auch eine Teilkündigung, etwa bei einer Veränderung des Versorgungsauftrages.[4] Ebenso wie bei der Ablehnung des Versorgungsvertrages (→ § 73 Rn. 3) ist die **Rechtsnatur der Kündigung** umstritten. Der 3. Senat des Bundessozialgerichts und die wohl noch überwiegende Ansicht im Schrifttum sehen in ihr einen Verwaltungsakt gem. § 31 Abs. 1 SGB X.[5] Dagegen spricht, dass der Versorgungsvertrag ein öffentlich-rechtlicher Vertrag ist, der sich vom Verwaltungsakt gerade durch die Gleichordnung der Parteien unterscheidet. Daher ist, in Anlehnung an die Rechtsprechung des 1. Senats des Bundessozialgerichts (→ § 73 Rn. 3) sowie des Bundesverwaltungsgerichts,[6] die Kündigung als **einseitige empfangsbedürftige Willenserklärung** zu qualifizieren.[7]

1. Formelle Voraussetzungen. Formelle Voraussetzung für die Kündigung ist neben der **Schriftform** (Abs. 3 S. 1)[8] die Einhaltung einer **einjährigen Kündigungsfrist** (Abs. 1 S. 1). Die Landesverbände der Pflegekassen müssen das **Einvernehmen mit dem Sozialhilfeträger** herstellen (Abs. 1 S. 2), ggf. greift die Konfliktlösungsregelung in § 81 Abs. 2. Auf die formelle Rechtmäßigkeit wirkt sich das fehlende Einvernehmen in Ermangelung von Außenwirkung nicht aus (→ § 72 Rn. 7); allerdings dürfte es regelmäßig ein Indiz für Zweifel am Vorliegen der materiellen Voraussetzungen sein. Ferner sollen nach § 59 Abs. 2 S. 2 SGB X beide Parteien die **Kündigung begründen**, wobei für die Pflegeeinrichtungen keine besonderen Kündigungsanforderungen gelten (→ Rn. 5). Bei einer Kündigung durch die Landesverbände der Pflegekassen besteht zwar keine Anhörungspflicht (§ 24 SGB X), weil es sich nicht um einen Verwaltungsakt handelt (→ Rn. 3).[9] Das beeinträchtigt aber die Rechtsposition der Pflegeeinrichtung nicht, weil einer Kündigung durch die Pflegeverbände aufgrund der Verpflichtung zu einer möglichst konsensualen Lösung (→ Rn. 8) ohnehin eine enge Kommunikation zwischen den Parteien vorausgehen muss; bleibt sie aus, ist die Kündigung schon aus diesem Grunde rechtswidrig.

2. Materielle Voraussetzungen. Die in Abs. 1 enthaltenen materiellen Voraussetzungen für die Kündigung und deren Verhältnismäßigkeit gelten nur für die **Landesverbände der Pflegekassen**, dh für die Kündigung durch die Pflegeeinrichtung sind keine besonderen materiell-rechtlichen Anforderungen zu beachten. Abs. 1 S. 1 legt die möglichen Kündigungsgründe (→ Rn. 6–7) fest; S. 3 enthält mit dem Vorrang einer Mängelbeseitigungsvereinbarung eine besondere Ausprägung des Grundsatzes der Verhältnismäßigkeit (→ Rn. 8).

---

1 PflegeVG vom 26.5.1994, BGBl. I 1994, 1014.
2 BGBl. 2008 I 874.
3 BT-Dr. 16/7439, 17, 68.
4 Plantholz in: Klie/Krahmer/Plantholz, § 74 Rn. 6.
5 BSGE 101, 6, 8.; LSG BW, 12.12.2014, L 4P 2949/12, Rn. 29; Leitherer in: KassKomm, § 74 SGB XI Rn. 4; Neumann in: Schulin, HS-PV, § 21 Rn. 35; Plantholz in: Klie/Krahmer/Plantholz, § 74 Rn. 11; Schütze in: Udsching, § 74 Rn. 12; Wigge in: Wannagat, § 74 SGB XI Rn. 9; Wilcken in: BeckOK SozR, SGB XI, § 74 Rn. 4.
6 BVerwGE 97, 331, 341.
7 Knittel in: Krauskopf, § 74 SGB XI Rn. 15; Künzl in: Jahn ua, SGB XI, § 74 Rn. 3. Zum vergleichbaren § 110 SGB V etwa auch Becker in: Becker/Kingreen, § 110 Rn. 3.
8 Auch diese Bestimmung ist überflüssig, denn das Schriftformerfordernis folgt schon aus § 59 Abs. 2 S. 1 SGB X.
9 AA etwa SächsLSG, 15.1.2003, L 1 P 1/01, Rn. 120; LSG Bln-Bbg, 31.7.2012, L 27 P 29/12 ER, Rn. 18, für die fristlose Kündigung nach § 74 Abs. 2.

6 a) **Kündigungsgründe (Abs. 1 S. 1).** Abs. 1 S. 1 nennt abschließend zwei mögliche **Kündigungsgründe:** (**Abs. 1 S. 1 Hs. 1**) enthält einen einrichtungsbezogenen Kündigungsgrund. Eine Kündigung ist danach zulässig, wenn die Pflegeeinrichtung eine der Voraussetzungen des § 72 Abs. 3 S. 1 (→ § 72 Rn. 10) **nicht nur vorübergehend** nicht erfüllt. Der Kündigungsgrund muss also dauerhaft vorliegen, weshalb etwa das nur vorübergehende Fehlen der verantwortlichen Pflegefachkraft (§ 71 Abs. 3) nicht als Kündigungsgrund in Betracht kommt.[10] Auch die Weigerung, an einer Wirtschaftlichkeitsprüfung teilzunehmen, begründet kein Recht zur Kündigung, wenn kein Verdacht der Unwirtschaftlichkeit besteht und die Prüfung nur routinemäßig durchgeführt wird.[11] An der Dauerhaftigkeit fehlt es auch, wenn die gesetzlichen Anforderungen im Verlauf der Kündigungsfrist wiederhergestellt werden und eine positive Prognose gestellt werden kann;[12] die Kündigung muss dann, ebenfalls durch Willenserklärung, widerrufen werden. Auch der Wechsel des Einrichtungsträgers berechtigt nicht zur Änderungskündigung; vielmehr muss ein neuer Versorgungsvertrag mit dem neuen Träger abgeschlossen werden.[13] Zu beachten ist allerdings, dass von diesen vergleichsweise strengen Kündigungsvoraussetzungen **andere Befugnisnormen** unberührt bleiben (aber → Rn. 8): So müssen die Landesverbände der Pflegekassen bei Qualitätsmängeln iSv § 115 Abs. 1 SGB XI einen Bescheid mit einer Fristsetzung zur Beseitigung der Mängel erlassen (§ 115 Abs. 2) und ggf. auch die Pflegevergütungen kürzen (§ 115 Abs. 3).

7 **Abs. 1 S. 1 Hs. 2** enthält einen der Verwirklichung des **Selbstbestimmungsrechts der Pflegebedürftigen** (§ 2) dienenden **Kündigungsgrund**. Danach ist die Kündigung auch zulässig, wenn die Pflegeeinrichtung ihre Pflicht, den Pflegebedürftigen ein möglichst **selbstständiges und selbstbestimmtes Leben** zu ermöglichen, **wiederholt grob verletzt**.

8 b) **Grundsatz der Verhältnismäßigkeit; insbes. Vorrang der Mängelbeseitigungsvereinbarung (Abs. 1 S. 3).** Die Kündigung durch die Landesverbände der Pflegekassen muss, schon im Hinblick auf den gravierenden Eingriff in die Berufsfreiheit (Art. 12 Abs. 1 GG), verhältnismäßig sein.[14] Eine besondere Ausprägung des Grundsatzes der Verhältnismäßigkeit enthält Abs. 3 S. 1 mit dem dort angeordneten **Vorrang einer Mängelbeseitigungsvereinbarung**. Damit soll den Parteien die Möglichkeit einer konsensualen Beseitigung der Kündigungsgründe eröffnet werden.[15] Die Befugnis zum Erlass einer **einseitigen Mängelbeseitigungsauflage** (§ 115 Abs. 2, → Rn. 6) soll zwar offenbar unberührt bleiben;[16] von ihr sollte aber aus Gründen des Vorrangs konsensualer Lösungen nur nachrangig Gebrauch gemacht werden. Vereinbart werden können insbesondere Fort- und Weiterbildungsmaßnahmen (S. 3 Nr. 1) oder ein vorübergehender Belegungsstopp (S. 3 Nr. 2). Der Katalog der möglichen Vereinbarungsinhalte ist nicht abschließend („insbesondere"). Der Abschluss der Mängelbeseitigungsvereinbarung steht nicht im Ermessen der Landesverbände der Pflegekassen, weil der Nichtabschluss einer möglichen und zumutbaren Vereinbarung unverhältnismäßig wäre und damit gegen Art. 12 Abs. 1 GG verstieße.[17] Der Begriff „können" in S. 3 bezieht sich also nicht auf das „Ob" der Vereinbarung (kein **Entschließungsermessen**), sondern lediglich auf deren Inhalte (**Auswahlermessen**).

III. Fristlose Kündigung (Abs. 2)

9 Abs. 2 regelt die fristlose Kündigung. Für sie gelten grundsätzlich die gleichen **formellen Voraussetzungen** wie für die fristgerechte Kündigung (→ Rn. 4); insbesondere ist auch hier das Einvernehmen des zuständigen Sozialhilfeträgers erforderlich (Abs. 2 S. 4). Auch vor der fristlosen Kündigung muss der Einrichtungsträger schon aus Gründen der Verhältnismäßigkeit die Möglichkeit zur Stellungnahme haben (→ Rn. 4).

10 **Materielle Voraussetzung** ist eine **gröbliche Pflichtverletzung**. Dazu enthalten S. 2 und 3 drei nicht abschließende[18] Regelbeispiele: Während Abs. 2 S. 2 Hs. 1 einen Schaden des Pflegebedürftigen voraussetzt, enthalten Abs. 2 S. 2 Hs. 2 und S. 3 einrichtungsbezogene Kündigungsgründe (Falschabrechnung, Entzug der heimrechtlichen Betriebserlaubnis). Voraussetzung ist jeweils ein der Einrichtung zurechen-

---

10 Plantholz in: Klie/Krahmer/Plantholz, § 74 Rn. 9; Wilcken in: BeckOK SozR, SGB XI, § 74 Rn. 1.
11 BSGE 101, 6, 17 ff.
12 Dazu LSG BW, 14.5.2004, L 4 P 365/04, Rn. 39 ff.
13 Plantholz in: Klie/Krahmer/Plantholz, § 74 Rn. 7.
14 Dazu Wahl in: jurisPK-SGB XI, § 74 Rn. 29.
15 BT-Dr. 16/7439, 68.
16 Plantholz in: Klie/Krahmer/Plantholz, § 74 Rn. 13.
17 So wohl auch Schütze in: Udsching, § 74 Rn. 3.
18 SG Hamburg, 5.9.2008, S 48 KR 1002/08, Rn. 40.

bares Verschulden.[19] Einer Pflegeeinrichtung zurechenbare vorsätzliche Straftaten (Körperverletzung und Abrechnungsbetrug) sollen grundsätzlich die fristlose Kündigung auslösen.[20] Entscheidend ist aber auch hier die Prüfung des **Grundsatzes der Verhältnismäßigkeit** und namentlich der Frage, ob das Festhalten am Vertrag bis zum Ablauf der ordentlichen Kündigungsfrist (und ggf. unter Durchführung eines Mängelbeseitigungsverfahrens nach Abs. 1 S. 3) noch zumutbar ist.[21] Dabei ist auch zu berücksichtigen, dass es sich bei fristlosen Kündigungen seitens der Pflegekassen um besonders schwerwiegende Eingriffe in Art. 12 Abs. 1 GG handelt.[22] Die Kündigung wegen „zögerlicher Zusammenarbeit" ist jedenfalls unverhältnismäßig.[23]

IV. Rechtsschutz (Abs. 3 S. 2)

Abs. 3 S. 2 verweist hinsichtlich des Rechtsschutzes auf § 73 Abs. 2 (→ § 73 Rn. 3). Streitig ist allein die **statthafte Klageart**. Die überwiegende Meinung, die in der Kündigung durch die Landesverbände einen Verwaltungsakt sieht, geht davon aus, dass eine Anfechtungsklage statthaft ist. Überzeugender ist aber eine Qualifikation der Kündigung als öffentlich-rechtliche Willenserklärung (→ Rn. 3); statthaft ist daher eine Feststellungsklage (§ 55 SGG), gerichtet auf die Feststellung der Rechtswidrigkeit der Kündigung.[24] Denkbar wäre aber auch eine echte Leistungsklage (§ 54 Abs. 5 SGG) mit dem Ziel eines Widerrufs der Kündigungserklärung. 11

§ 75 Rahmenverträge, Bundesempfehlungen und -vereinbarungen über die pflegerische Versorgung

(1) ¹Die Landesverbände der Pflegekassen schließen unter Beteiligung des Medizinischen Dienstes der Krankenversicherung sowie des Verbandes der privaten Krankenversicherung e.V. im Land mit den Vereinigungen der Träger der ambulanten oder stationären Pflegeeinrichtungen im Land gemeinsam und einheitlich Rahmenverträge mit dem Ziel, eine wirksame und wirtschaftliche pflegerische Versorgung der Versicherten sicherzustellen. ²Für Pflegeeinrichtungen, die einer Kirche oder Religionsgemeinschaft des öffentlichen Rechts oder einem sonstigen freigemeinnützigen Träger zuzuordnen sind, können die Rahmenverträge auch von der Kirche oder Religionsgemeinschaft oder von dem Wohlfahrtsverband abgeschlossen werden, dem die Pflegeeinrichtung angehört. ³Bei Rahmenverträgen über ambulante Pflege sind die Arbeitsgemeinschaften der örtlichen Träger der Sozialhilfe, bei Rahmenverträgen über stationäre Pflege die überörtlichen Träger der Sozialhilfe und die Arbeitsgemeinschaften der örtlichen Träger der Sozialhilfe als Vertragspartei am Vertragsschluss zu beteiligen. ⁴Die Rahmenverträge sind für die Pflegekassen und die zugelassenen Pflegeeinrichtungen im Inland unmittelbar verbindlich.

(2) ¹Die Verträge regeln insbesondere:
1. den Inhalt der Pflegeleistungen einschließlich der Sterbebegleitung sowie bei stationärer Pflege die Abgrenzung zwischen den allgemeinen Pflegeleistungen, den Leistungen bei Unterkunft und Verpflegung und den Zusatzleistungen,
2. die allgemeinen Bedingungen der Pflege einschließlich der Vertragsvoraussetzungen und der Vertragserfüllung für eine leistungsfähige und wirtschaftliche pflegerische Versorgung, der Kostenübernahme, der Abrechnung der Entgelte und der hierzu erforderlichen Bescheinigungen und Berichte,
3. Maßstäbe und Grundsätze für eine wirtschaftliche und leistungsbezogene, am Versorgungsauftrag orientierte personelle und sächliche Ausstattung der Pflegeeinrichtungen,
4. die Überprüfung der Notwendigkeit und Dauer der Pflege,
5. Abschläge von der Pflegevergütung bei vorübergehender Abwesenheit (Krankenhausaufenthalt, Beurlaubung) des Pflegebedürftigen aus dem Pflegeheim,
6. den Zugang des Medizinischen Dienstes und sonstiger von den Pflegekassen beauftragter Prüfer zu den Pflegeeinrichtungen,

---

19 Leitherer in: KassKomm, § 74 SGB XI Rn. 21.
20 LSG BW, 12.12.2014, L 4 P 2949/12, Rn. 49.
21 BSGE 101, 6, 14 ff.; Neumann in: Schulin, HS-PV, § 21 Rn. 33; Schütze in: Udsching, § 74 Rn. 11.
22 BSGE 101, 6, 19.
23 SG Oldenburg, 20.4.2001, S 9 P 43/00, BeckRS 2001, 31380454.
24 So Luthe in: Hauck/Noftz, SGB XI, § 74 Rn. 47; Wahl in: jurisPK, § 74 Rn. 37.

7. die Verfahrens- und Prüfungsgrundsätze für Wirtschaftlichkeits- und Abrechnungsprüfungen,
8. die Grundsätze zur Festlegung der örtlichen oder regionalen Einzugsbereiche der Pflegeeinrichtungen, um Pflegeleistungen ohne lange Wege möglichst orts- und bürgernah anzubieten,
9. die Möglichkeiten, unter denen sich Mitglieder von Selbsthilfegruppen, ehrenamtliche Pflegepersonen und sonstige zum bürgerschaftlichen Engagement bereite Personen und Organisationen in der häuslichen Pflege sowie in ambulanten und stationären Pflegeeinrichtungen an der Betreuung Pflegebedürftiger beteiligen können,
10. die Verfahrens- und Prüfungsgrundsätze für die Zahlung einer ortsüblichen Vergütung an die Beschäftigten nach § 72 Absatz 3 Satz 1 Nummer 2,
11. die Anforderungen an die nach § 85 Absatz 3 geeigneten Nachweise bei den Vergütungsverhandlungen.

²Durch die Regelung der sächlichen Ausstattung in Satz 1 Nr. 3 werden Ansprüche der Pflegeheimbewohner nach § 33 des Fünften Buches auf Versorgung mit Hilfsmitteln weder aufgehoben noch eingeschränkt.

(3) ¹Als Teil der Verträge nach Absatz 2 Nr. 3 sind entweder
1. landesweite Verfahren zur Ermittlung des Personalbedarfs oder zur Bemessung der Pflegezeiten oder
2. landesweite Personalrichtwerte

zu vereinbaren. ²Dabei ist jeweils der besondere Pflege- und Betreuungsbedarf Pflegebedürftiger mit geistigen Behinderungen, psychischen Erkrankungen, demenzbedingten Fähigkeitsstörungen und anderen Leiden des Nervensystems zu beachten. ³Bei der Vereinbarung der Verfahren nach Satz 1 Nr. 1 sind auch in Deutschland erprobte und bewährte internationale Erfahrungen zu berücksichtigen. ⁴Die Personalrichtwerte nach Satz 1 Nr. 2 können als Bandbreiten vereinbart werden und umfassen bei teil- oder vollstationärer Pflege wenigstens
1. das Verhältnis zwischen der Zahl der Heimbewohner und der Zahl der Pflege- und Betreuungskräfte (in Vollzeitkräfte umgerechnet), unterteilt nach Pflegegrad (Personalanhaltszahlen), sowie
2. im Bereich der Pflege, der Betreuung und der medizinischen Behandlungspflege zusätzlich den Anteil der ausgebildeten Fachkräfte am Pflege- und Betreuungspersonal.

(4) ¹Kommt ein Vertrag nach Absatz 1 innerhalb von sechs Monaten ganz oder teilweise nicht zustande, nachdem eine Vertragspartei schriftlich zu Vertragsverhandlungen aufgefordert hat, wird sein Inhalt auf Antrag einer Vertragspartei durch die Schiedsstelle nach § 76 festgesetzt. ²Satz 1 gilt auch für Verträge, mit denen bestehende Rahmenverträge geändert oder durch neue Verträge abgelöst werden sollen.

(5) ¹Die Verträge nach Absatz 1 können von jeder Vertragspartei mit einer Frist von einem Jahr ganz oder teilweise gekündigt werden. ²Satz 1 gilt entsprechend für die von der Schiedsstelle nach Absatz 4 getroffenen Regelungen. ³Diese können auch ohne Kündigung jederzeit durch einen Vertrag nach Absatz 1 ersetzt werden.

(6) ¹Der Spitzenverband Bund der Pflegekassen und die Vereinigungen der Träger der Pflegeeinrichtungen auf Bundesebene sollen unter Beteiligung des Medizinischen Dienstes des Spitzenverbandes Bund der Krankenkassen, des Verbandes der privaten Krankenversicherung e.V. sowie unabhängiger Sachverständiger gemeinsam mit der Bundesvereinigung der kommunalen Spitzenverbände und der Bundesarbeitsgemeinschaft der überörtlichen Träger der Sozialhilfe Empfehlungen zum Inhalt der Verträge nach Absatz 1 abgeben. ²Sie arbeiten dabei mit den Verbänden der Pflegeberufe sowie den Verbänden der Behinderten und der Pflegebedürftigen eng zusammen.

(7) ¹Der Spitzenverband Bund der Pflegekassen, die Bundesarbeitsgemeinschaft der überörtlichen Träger der Sozialhilfe, die Bundesvereinigung der kommunalen Spitzenverbände und die Vereinigungen der Träger der Pflegeeinrichtungen auf Bundesebene vereinbaren gemeinsam und einheitlich Grundsätze ordnungsgemäßer Pflegebuchführung für die ambulanten und stationären Pflegeeinrichtungen. ²Die Vereinbarung nach Satz 1 tritt unmittelbar nach Aufhebung der gemäß § 83 Abs. 1 Satz 1 Nr. 3 erlassenen Rechtsverordnung in Kraft und ist den im Land tätigen zugelassenen Pflegeeinrichtungen von den Landesverbänden der Pflegekassen unverzüglich bekannt zu geben. ³Sie ist für alle Pflegekassen und deren Verbände sowie für die zugelassenen Pflegeeinrichtungen unmittelbar verbindlich.

I. Normzweck, Grundstruktur und Entstehungsgeschichte	1	3. Schiedsverfahren (Abs. 4)	11
II. Rahmenverträge (Abs. 1 bis 5)	3	4. Kündigung (Abs. 5)	13
1. Vertragsparteien, sonstige Beteiligte und Rechtswirkungen (Abs. 1)	4	III. Rahmenempfehlungen (Abs. 6)	14
2. Inhalt der Rahmenverträge (Abs. 2 und 3)	9	IV. Vereinbarungen über die Pflegebuchführung (Abs. 7)	15

I. Normzweck, Grundstruktur und Entstehungsgeschichte

Die Vorschrift enthält in ihren **Absätzen 1–5** die Rechtsgrundlagen für den Abschluss von kollektiven **Rahmenverträgen auf Landesebene** (→ Rn. 3–13), die landesweite rechtsverbindliche Vorgaben für den Abschluss der individuellen Versorgungsverträge nach § 72 enthalten. Sie ist insoweit dem Kollektivvertragsrecht im Vertragsarztrecht (§ 83 SGB V) und im Krankenhausrecht (§ 112 SGB V) nachgebildet, wobei die **kollektivvertragliche Steuerung** im Pflegeversicherungsrecht im Interesse des Wettbewerbsprinzips insgesamt **weniger stark ausgeprägt** ist. Das kommt insbesondere darin zum Ausdruck, dass die Rahmenverträge zwar vergütungsrelevante Regelungen enthalten, die konkreten Vergütungen aber anders als im kollektiven Vertragsarzt- und Krankenhausrecht nicht selbst regeln.[1] **Abs. 6** enthält eine Rechtsgrundlage für die Erarbeitung von rechtlich nicht verbindlichen **Rahmenempfehlungen** auf Bundesebene (→ Rn. 14), Abs. 7 für verbindliche Vereinbarungen über die Pflegebuchführung (→ Rn. 15). 1

Entstehungsgeschichte: Die zum 1.1.1995 durch Art. 1 PflegeVG[2] geschaffene Vorschrift wurde durch das Pflege-Qualitätssicherungsgesetz[3] vom 9.9.2001 erstmals verändert: Abs. 1 S. 1 und Abs. 2 S. 1 Nr. 7 wurden geändert; Abs. 3 wurde neu eingeführt; der bisherige Abs. 3 wurde zu Abs. 4; der bisherige Abs. 4 wurde zu Abs. 5 und der bisherige Abs. 5 wurde vollkommen neu gefasst und zu Abs. 6.[4] Durch das Pflege-Weiterentwicklungsgesetz[5] vom 28.5.2008 wurde mit Wirkung vom 1.7.2008 Absatz 7 neu hinzugefügt und die Überschrift sowie Absatz 2 geändert.[6] Das Gesetz zur Verbesserung der Hospiz- und Palliativversorgung in Deutschland (Hospiz- und Palliativgesetz – HPG)[7] hat mit Wirkung ab dem 1.12.2015 auf die Regelung der Sterbebegleitung erweitert.[8] Das Gesetz zur Stärkung der pflegerischen Versorgung und zur Änderung weiterer Vorschriften (Drittes Pflegestärkungsgesetz – PSG III)[9] hat zum 1.1.2017 die Anforderungen an den Vertragsinhalt der Rahmenverträge erweitert, um den Schutz vor unlauteren Anbietern auf dem Pflegemarkt zu verbessern.[10] 2

II. Rahmenverträge (Abs. 1 bis 5)

Der Rahmenvertrag ist ein öffentlich-rechtlicher Vertrag,[11] der entweder durch Einigung der Vertragsparteien (§ 75 Abs. 1 S. 1–3) oder durch Festsetzung der Schiedsstelle (§§ 75 Abs. 4, 76) zustande kommt. Typologisch handelt es sich um einen **Normenvertrag**, weil der nicht nur die Vertragsparteien bindet, sondern eine darüber hinaus gehende normative Wirkung (Abs. 1 S. 4) entfaltet.[12] Für ihn gelten die §§ 53 ff. SGB X, wenn und soweit sich dies mit ihrem normativen Charakter vereinbaren lässt[13] bzw. sich aus Abs. 1–5 nichts Abweichendes ergibt. Im Einzelnen enthält Abs. 1 Regelungen über die Parteien/Beteiligten und die rechtliche Verbindlichkeit der Rahmenverträge (→ Rn. 4–8), 3

---

1 Vgl. zur auch deshalb vergleichsweise geringen praktischen Bedeutung der Rahmenverträge Wahl in: jurisPK, § 75 Rn. 10.
2 PflegeVG vom 26.5.1994, BGBl. 1994 I 1014.
3 BGBl. 2001 I, 2320.
4 BT-Dr. 14/5395, 8, 28 ff.; BT-Dr. 14/6308, 10 f., 31.
5 BGBl. 2008 I, 874.
6 BT-Dr. 16/7439, 17, 68; BT-Dr. 16/8525, 10, 33 f., 100; BR-Dr. 718/07, 19.
7 BGBl. 2015 I, 2114.
8 BT-Dr. 18/5170, 32.
9 BGBl. 2016 I, 3191.
10 BT-Dr. 18/09518, 132.
11 Luthe in: Hauck/Noftz, SGB XI, § 75 Rn. 13.
12 Axer, Normsetzung der Exekutive in der Sozialversicherung, S. 60 ff., 92 f.; Maschmann, SGb 1996, 149, 150 f.; Plantholz in: Klie/Krahmer/Plantholz, § 75 Rn. 9; Udsching in: Spickhoff, Medizinrecht, § 75 SGB XI Rn. 1; anders etwa Neumann in: HS-PV, § 21 Rn. 81 ff.
13 Ohne diese Einschränkung etwa Luthe in: Hauck/Noftz, SGB XI, § 75 Rn. 13; generell gegen die Anwendbarkeit der §§ 53 ff. SGB X Axer, Normsetzung der Exekutive in der Sozialversicherung, S. 62.

Abs. 2 und 3 regeln deren Inhalt (→ Rn. 9–10), Abs. 4 die Konfliktschlichtung für den Fall des Nichtzustandekommens (→ Rn. 11–12) und Abs. 5 die Beendigung des Rahmenvertrages namentlich durch Kündigung (→ Rn. 13).

4 **1. Vertragsparteien, sonstige Beteiligte und Rechtswirkungen (Abs. 1).** Abs. 1 S. 1–3 unterscheidet zwischen den **eigentlichen Parteien** des Vertrages (→ Rn. 5) und **sonstigen Akteuren** (→ Rn. 6), die beim Abschluss des Vertrages zu **beteiligen** sind, ohne selbst Vertragspartei zu sein – eine Unterscheidung, die insbesondere im Hinblick auf das Recht, ein Schiedsverfahren in Gang zu setzen (Abs. 4, → Rn. 12), von Bedeutung ist. **Abs. 1 S. 4** ordnet die **allgemeine Verbindlichkeit** des Rahmenvertrages an (→ Rn. 7). Keine Regelung enthält die Bestimmung zum **Rechtsschutz** gegen den Rahmenvertrag bzw. einzelne seiner Inhalte (→ Rn. 8).

5 **Vertragsparteien** sind nach Abs. 1 S. 1 grundsätzlich **die Landesverbände der Pflegekassen** (§ 52) und **die Vereinigungen der Träger der ambulanten oder stationären Pflegeeinrichtungen.** Nach Abs. 1 S. 2 können die Rahmenverträge allerdings für Einrichtungen, die einer **Kirche/Religionsgemeinschaft** oder einem sonstigen **freigemeinnützigen Träger** zuzuordnen sind, auch vom Träger selbst abgeschlossen werden, um deren Selbstbestimmungsrecht bzw. einem vergleichbaren Selbstverständnis Rechnung zu tragen.[14] In den in **Abs. 1 S. 3** genannten Fällen sind Vertragspartner, wie sich aus dem insoweit klaren Wortlaut der Vorschrift („als Vertragspartner") ergibt, auch die Arbeitsgemeinschaften der **örtlichen Träger der Sozialhilfe** (bei der ambulanten Pflege) sowie die **überörtlichen Träger** und deren Arbeitsgemeinschaften bei der stationären Pflege.[15] Die damit insgesamt mögliche Vielfalt der Vertragspartner führt aber nicht zu mehreren Rahmenverträgen, sondern löst nur die Möglichkeit aus, unmittelbar die Schiedsstelle (§ 76) anzurufen (Abs. 4, → Rn. 12). Denn die Landesverbände der Pflegekassen müssen nach Abs. 1 S. 1 **gemeinsam und einheitlich** handeln, so dass in **jedem Bundesland nur ein Rahmenvertrag** abgeschlossen werden darf,[16] wobei in der Praxis wegen der unterschiedlichen Vertragsparteien je ein Vertrag für die ambulante und für die stationäre Pflege vereinbart werden.

6 Von den Vertragsparteien zu unterscheiden sind die **sonstigen** in Abs. 1 S. 1 genannten **Beteiligten**. Das sind aufgrund seiner Fachkunde[17] der **Medizinische Dienst der Krankenversicherung** (vgl. § 276 Abs. 6 SGB V)[18] und aufgrund seiner Aufgabenträgerschaft iSd §§ 111 ff.[19] der (Landes-)**Verband der privaten Krankenversicherung.**[20] Da anders als etwa bei § 72 kein Einvernehmen gefordert wird und dementsprechend auch keine mit § 81 vergleichbaren speziellen Konfliktschlichtungsregelungen vorgesehen sind, ist davon auszugehen, dass der **Rahmenvertrag** auch **ohne die Zustimmung der sonstigen Beteiligten** zustande kommt.[21] Diese schwache Beteiligung ist allerdings im Hinblick auf den Verband der privaten Krankenversicherung nicht ganz einsichtig, weil er zwar ein Mitglied in die Schiedsstelle entsendet, diese aber, weil nicht Vertragspartei (Abs. 4, → Rn. 12), selbst nicht anrufen kann.[22]

7 Abs. 1 S. 4 ordnet die **bundesweite Verbindlichkeit** jedes Landes-Rahmenvertrages für die Pflegekassen und die zugelassenen Pflegeeinrichtungen an. In dieser Vorschrift kommt die normative Wirkung des Rahmenvertrages (→ Rn. 3) zum Ausdruck: An einen in einem Bundesland geschlossenen Rahmenvertrag sind alle Pflegekassen in allen Bundesländern gebunden sowie jede Pflegeeinrichtung, die in diesem Bundesland Leistungen erbringt. **Vorbild** für diese Regelungen war das **vertragsärztliche Kollektivvertragsrecht,** das nach § 95 Abs. 3 S. 3 SGB V für alle Vertragsärzte verbindlich ist. Die Vertragsärzte sind allerdings nach § 95 Abs. 3 S. 1 SGB V qua Zulassung Mitglieder der für den Abschluss der Kollektivverträge zuständigen Kassenärztlichen Vereinigungen und haben als solche Einfluss auf deren Entscheidungen auch in Kollektivvertragsangelegenheiten. Die Zulassung als Pflegeeinrichtung (§ 72) hat hingegen keine vergleichbare Rechtswirkung: Die Pflegeeinrichtungen können, müssen aber nicht Mitglieder der privatrechtlich organisierten Vereinigungen sein, die ihnen gegenüber gleichwohl über Rechtssetzungsgewalt verfügen (sog **Außenseiter-Problematik**). Die Verbände schließen damit auch Ver-

---

14 BT-Dr. 12/5262, 139. Kritisch Wahl in: jurisPK, § 75 Rn. 19.
15 Leitherer in: KassKomm, § 75 SGB XI Rn. 7.
16 Leitherer in: KassKomm, § 75 SGB XI Rn. 10.
17 BT-Dr. 12/5952, 46.
18 Zu dessen fehlender Eigenschaft als Vertragspartei etwa Neumann in: Schulin, HS-PV, § 21 Rn. 60.
19 BT- Dr. 14/5395, 28 meint sich auf die Begründung darauf beschränken zu können, dass die Vorschrift ein „Anliegen" des PKV-Verbandes aufgreife.
20 Auch dieser ist keine Vertragspartei, s. nur Plantholz in: Klie/Krahmer/Plantholz, § 75 Rn. 6; anders offenbar Schütze in: Udsching, § 75 Rn. 9.
21 Luthe in: Hauck/Noftz, SGB XI, § 75 Rn. 10.
22 Kritisch auch Plantholz in: Klie/Krahmer/Plantholz, § 75 Rn. 6.

träge zulasten Dritter, nämlich derjenigen Einrichtungen, die nicht Mitglieder eines Verbandes sind. Wegen der damit verbundenen „heimlichen Verkammerung"[23] auch der Nichtmitglieder wird die Vorschrift im Schrifttum zu Recht überwiegend für **verfassungswidrig** gehalten.[24] Anders als bei der Allgemeinverbindlicherklärung im Tarifvertragsrecht (§ 5 Abs. 4 TVG), bei der der hinzutretende Staatsakt (§ 5 Abs. 1, 3 TVG: Entscheidung durch Bundesminister/Bundesregierung) die erforderliche demokratische Legitimation auch gegenüber Nichtmitgliedern herstellt,[25] fehlt hier nämlich ein vergleichbarer Staatsakt, der die erforderliche personelle Legitimation gegenüber den Nichtmitgliedern vermitteln könnte. Abgesehen davon ist die Übertragbarkeit der Rechtsprechung zur Tarifautonomie auf das Pflegeversicherungsrecht auch deshalb problematisch, weil die Pflegeeinrichtungen keine Koalition iSv Art. 9 Abs. 3 GG sind.[26] Das Problem lässt sich auch nicht dadurch umgehen, dass die Rahmenverträge in Versorgungsverträgen mit Außenseitern explizit in Bezug genommen werden.[27] Denn ein bereits bestehender Rahmenvertrag erhält damit eine faktische Verbindlichkeit, über den die Parteien des Versorgungsvertrages (und damit namentlich die nicht verbandsgebundene Einrichtung) nicht disponieren können. Ein späterer Rahmenvertrag kann hingegen einen bereits geschlossenen Versorgungsvertrag nicht einfach mit Rechtswirkungen auch gegenüber Außenseitern ersetzen.[28] Nicht lösen lässt sich damit schließlich das Problem der **demokratischen Legitimation gegenüber den Versicherten.** Dieser bedarf es, weil die Rahmenverträge gerade dazu dienen, das Leistungsprogramm zu standardisieren und sich damit auch auf die Ausgestaltung der Leistungen auswirken.[29] Dass der Gesetzgeber an diesem Regelungskonzept trotz mehrheitlicher Kritik im Schrifttum nach wie vor festhält, lässt sich wohl nur mit der Gewissheit erklären, dass es zumindest nicht von einer Sozialgerichtsbarkeit in Frage gestellt werden wird, die das Konzept zumindest im SGB V-Bereich wesentlich mit erfunden hat.[30] Nachdem aber das Bundesverfassungsgericht an der Rechtsetzung durch die Gemeinsame Selbstverwaltung im Bereich der Gesetzlichen Krankenversicherung erhebliche verfassungsrechtliche Zweifel geltend macht,[31] ist eine kritische Überprüfung der entsprechenden Regelungsstrukturen auch in der Pflegeversicherung angezeigt.

Für den **Rechtsschutz** gegen die Rahmenverträge bzw. einzelne seiner Inhalte ist nach § 51 Abs. 1 Nr. 2 SGG der Rechtsweg zu den Sozialgerichten eröffnet. Zwar können die Rahmenverträge nicht unmittelbar im Wege eines Normkontrollverfahrens zum Gegenstand eines sozialgerichtlichen Verfahrens gemacht werden, weil sie von § 55 a SGG nicht erfasst werden. **Leistungserbringer** können diese aber inzident aus Anlass eines Zulassungsbegehrens oder eines Feststellungsstreits über die Rechtmäßigkeit einzelner aus dem Rahmenvertrag folgender Verpflichtungen sozialgerichtlicher Überprüfung zuführen.[32] Entsprechende Rechtsschutzmöglichkeiten haben **Versicherte** namentlich im Rahmen von Leistungsklagen gegen die Pflegekassen.[33] Zum Rechtsschutz gegen eine Schiedsstellenentscheidung → § 76 Rn. 14; zum Rechtsschutz bei einer Kündigung des Rahmenvertrages → Rn. 13.

2. Inhalt der Rahmenverträge (Abs. 2 und 3). Abs. 2 S. 1 enthält eine nicht abschließende („insbesondere") Aufzählung der in den Rahmenverträgen zwingend zu regelnden Gegenstände,[34] wobei einzelne Bereiche nur für Rahmenverträge über die stationäre Pflege relevant sind. **Abs. 3** bezieht sich auf Vereinbarungen zur personellen Ausstattung nach Abs. 2 S. 1 Nr. 3 und enthält insoweit detaillierte Vorgaben. Die zu regelnden Fragen betreffen vor allem die Abwicklung, die Qualität und die Wirtschaftlichkeit der Leistungen.[35] Die Vertragsparteien **orientieren** sich dabei regelmäßig an den auf Bundes-

---

23 Neumann, Freiheitsgefährdung im kooperativen Sozialstaat, S. 272.
24 Hänlein, Rechtsquellen im Sozialversicherungsrecht, S. 406 ff.; Leitherer in: KassKomm, § 75 SGB XI Rn. 12; Plantholz in: Klie/Krahmer/Plantholz, § 75 Rn. 9; Schulin, VSSR 1994, 285, 295; Wigge in: Wannagat, SGB XI, § 75 Rn. 8; Wilcken in: BeckOK SozR, SGB XI, § 75 Rn. 5; zumindest zweifelnd auch Udsching in: Spickhoff, Medizinrecht, § 75 SGB XI Rn. 5.
25 BVerfGE 55, 7, 20 ff.
26 Hänlein, Rechtsquellen im Sozialversicherungsrecht, S. 407 f.
27 So aber Luthe in: Hauck/Noftz, SGB XI, § 75 Rn. 22.
28 Plantholz in: Klie/Krahmer/Plantholz, § 75 Rn. 10; anders aber Schütze in: Udsching, § 75 Rn. 13.
29 Plantholz in: Klie/Krahmer/Plantholz, § 75 Rn. 9.
30 Dazu Kingreen, ZMGR 2010, 216, 218 ff.
31 BVerfG, NJW 2016, 1505; dazu Kingreen, MedR 2017, 8.
32 Dazu Udsching in: Spickhoff, Medizinrecht, § 75 SGB XI Rn. 6.
33 Schütze in: Udsching, § 75 Rn. 14.
34 Für eine entsprechende Verpflichtung sprechen der Indikativ („regeln") und der entsprechende Hinweis in den Gesetzesmaterialien (BT-Dr. 12/5262, 139). Allerdings sind die vom Verfasser eingesehenen Rahmenverträge regelmäßig unvollständig.
35 Schütze in: Udsching, § 75 Rn. 5 ff.

10 Die Struktur der Rahmenverträge orientiert sich grundsätzlich an der Aufzählung in Abs. 2 S. 1, obwohl diese eine nachvollziehbare Ordnung weitgehend vermissen lässt:[37] Auf der Grundlage von **Nr. 1** wird etwa der Inhalt der zu erbringenden Pflegeleistungen (Körperpflege, Ernährung, Mobilität, vgl. § 14 Abs. 2) näher umschrieben und werden (im Bereich der stationären Pflege) Anforderungen an die Unterkunft sowie die Verpflegung gestellt und die Formen der Hilfe. Zudem müssen auch Regelungen zur Sterbebegleitung aufgenommen werden, nachdem diese nach § 28 Abs. 4 auch vom Leistungsspektrum umfasst sind. Von **Nr. 2** gedeckt sind insbesondere Bestimmungen über die Bewilligung der Leistung, die Wahl der Pflegeeinrichtung, den Abschluss des Heimvertrages, ferner vielfältige Dokumentations-, Nachweis- und Mitteilungspflichten der Einrichtungen sowie die Abwicklung der Leistungsvergütung. Auch können aufgrund der zum 1.1.2017 in Kraft getretenen Erweiterung der Norm (→ Rn. 2) nunmehr nähere Kriterien zur Geeignetheit und Zuverlässigkeit des Inhabers, des Gesellschafters, des Geschäftsführers oder der verantwortlichen Pflegefachkraft der Pflegeeinrichtung bestimmt werden.[38] Unter **Nr. 3** fallen vor allem Vereinbarungen über die personelle und räumliche Ausstattung. Da hier auch die Grundausstattung mit Hilfsmitteln zu regeln ist, war der Gesetzgeber der Meinung, den Vorrang des Leistungsrechts (→ Rn. 9) in Abs. 2 S. 2 noch einmal gesondert betonen zu müssen. Speziell für die personelle Ausstattung begründet zudem **Abs. 3** die Verpflichtung entweder landesweite Verfahren zur Ermittlung des Personalbedarfs oder zur Bemessung von Pflegezeiten oder, in der Praxis am meisten verbreitet,[39] landesweite Personalrichtwerte zu vereinbaren.[40] Bei der Festlegung der Personalrichtwerte muss gemäß S. 2 der besondere Pflege- und Betreuungsbedarf Pflegebedürftiger mit geistigen Behinderungen, psychischen Erkrankungen, demenzbedingten Fähigkeitsstörungen und anderen Leiden des Nervensystems beachtet werden. Die Personalrichtwerte werden als Höchstwerte oder als Korridore (S. 4) vereinbart, da die Vertragspartner nicht zur Ausgestaltung der Leistungsansprüche befugt sind, sondern diese nur näher konkretisieren sollen.[41] Unter **Nr. 4** fallen Vereinbarungen zur Überprüfung der Notwendigkeit und Dauer der Pflege durch die Pflegekassen und den Medizinischen Dienst der Krankenversicherung. Während **Nr. 5** sodann das spezielle Problem der Pflegevergütung bei Abwesenheit des Pflegebedürftigen aus der Pflegeeinrichtung betrifft (für diesen Fall soll ein um die variablen Kosten geminderter Pflegesatz weitergezahlt werden,[42] sog Bettengeld oder Platzfreihaltegebühr),[43] geht es bei **Nr. 6** in Anknüpfung an Nr. 4 um Fragen des Zugangs von Prüfern zu den Pflegeeinrichtungen sowie um Mitwirkungspflichten der Pflegeeinrichtung. Unter **Nr. 7** fallen die Verfahrens- und Prüfungsgrundsätze für Wirtschaftlichkeitsprüfungen nach § 79, namentlich die Voraussetzungen zur Durchführung einer Wirtschaftlichkeitsprüfung, die Bestellung und Beauftragung des Sachverständigen, ferner Prüfungsziel, Prüfungsgegenstand sowie die Abwicklung und die Kosten der Prüfung. Nach **Nr. 8** müssen ferner die Grundsätze zur Festlegung der örtlichen oder regionalen Einzugsbereiche (idR kreisfreie Stadt, Landkreis) geregelt werden. Die Festlegung des individuellen örtlichen Einzugsbereichs (§ 72 Abs. 3 S. 3) erfolgt hingegen bereits im Versorgungsvertrag (→ § 72 Rn. 11). Vertragsbestandteil muss nach **Nr. 9** schließlich auch die Regelung der Möglichkeit der Beteiligung an der Betreuung Pflegebedürftiger in der häuslichen Pflege sowie in ambulanten und stationären Pflegeeinrichtungen sein. Beteiligte können Mitglieder von Selbsthilfegruppen, ehrenamtliche Pflegepersonen und sonstige zum bürgerschaftlichen Engagement bereite Personen und Organisationen sein. Die Rahmenverträge müssen, soweit noch nicht geschehen, aufgrund der zum 1.1.2017 aufgenommenen Ergänzungen in **Nr. 10** und **Nr. 11** (die vorwiegend die Vergütung betreffen) angepasst werden.

---

36 BSGE 62, 102, 103; ferner etwa Leitherer in: KassKomm, § 75 SGB XI Rn. 14; Neumann in: Schulin, HS-PV, § 21 Rn. 64; Luthe in: Hauck/Noftz, SGB XI, § 75 Rn. 27; Wilcken in: BeckOK SozR, SGB XI, § 75 Rn. 7.
37 Vgl. zum Folgenden als Anschauung etwa die in Bayern vereinbarten Rahmenverträge, abrufbar etwa unter http://www.aok-gesundheitspartner.de/imperia/md/gpp/by/pflege/stationaer/rahmenvertrag_§_75_sgbxi_vollstationäre_pflege_in_kraft_01032013.pdf (Abruf v. 23.4.2017).
38 BT-Dr. 18/09518, 132.
39 Plantholz in: Klie/Krahmer/Plantholz, § 75 Rn. 26.
40 Zu den Hintergründen vgl. BT-Dr. 14/5395, 29 sowie Plantholz in: Klie/Krahmer/Plantholz, § 75 Rn. 26.
41 Schütze in: Udsching, § 75 Rn. 4.
42 Leitherer in: KassKomm, § 75 SGB XI Rn. 25.
43 Neumann in: Schulin, HS-PV, § 21 Rn. 68.

3. **Schiedsverfahren (Abs. 4).** Nach Abs. 4 S. 1 wird der Inhalt des Rahmenvertrages durch die **11** Schiedsstelle (§ 76) festgesetzt, wenn der Vertrag nicht innerhalb von sechs Monaten zustande gekommen ist, nachdem eine Partei schriftlich zu Vertragsverhandlungen aufgefordert hat. S. 2 stellt klar, dass dies entsprechend auch für **Anschlussverträge** gilt.[44] Voraussetzung für das Tätigwerden der Schiedsstelle ist also zwar ebenso wie bei allen Schiedsverfahren erstens das **Nichteinigsein der Parteien nach Ablauf einer bestimmten Frist**.[45] Anders als insbesondere bei § 89 SGB V müssen aber noch weitere Voraussetzungen erfüllt sein: **Zweitens** muss zumindest eine Partei zu **Vertragsverhandlungen aufgefordert** haben. Drittens bedarf es nach Fristablauf eines **Antrages** auf Eröffnung des Schiedsverfahrens, wobei die Vertragspartei, die den Antrag stellt, nicht zwingend diejenige sein muss, die zu Vertragsverhandlungen aufgefordert hat. Die Vorschrift nimmt mit diesen beiden letzten, von der Initiative der Vertragsparteien (→ Rn. 12) abhängigen Voraussetzungen anders als bei § 89 SGB V einen **rahmenvertragslosen Zustand** in Kauf, weshalb sie auch keine Regelungen zur Fortgeltung ausgelaufener Verträge (vgl. § 89 Abs. 1 S. 3 SGB V) oder zu subsidiären Kompetenzen der Aufsichtsbehörden zur Ersatzvornahme (§ 89 Abs. 1 a SGB V) enthält. Dieser Unterschied lässt sich damit erklären, dass die unter § 89 SGB V fallenden Verträge konstitutiv für die Erfüllung des Sicherstellungsauftrages sind, während die für die Sicherstellung nach § 69 wesentlichen Vereinbarungen in den individuellen Versorgungsverträgen nach § 72 getroffen werden. Das hindert die Parteien freilich nicht an der Vereinbarung einer Fortgeltungsklausel im Rahmenvertrag.[46]

Die in Abs. 4 S. 1 genannten Rechte (Aufforderung zu Vertragsverhandlungen, Antrag auf Eröffnung **12** des Schiedsverfahrens) haben **nur die Vertragsparteien** (→ Rn. 5). Insoweit ist Abs. 4 aber auch abschließend. Das bedeutet namentlich für die Sozialhilfeträger, dass nicht der Konfliktlösungsmechanismus des § 81 Abs. 2, sondern allein Abs. 4 gilt.[47]

4. **Kündigung (Abs. 5).** Die Rahmenverträge können gemäß Abs. 5 S. 1 von jeder Vertragspartei mit **13** einer Frist von einem Jahr ganz oder teilweise gekündigt werden.[48] Das gilt gemäß S. 2 grundsätzlich auch für die von der Schiedsstelle nach Abs. 4 festgesetzten Verträge; diese können aber gemäß S. 3 auch ohne Kündigung jederzeit durch einen Rahmenvertrag ersetzt werden. Eine Pflicht zur **Begründung der Kündigung** enthält die Norm zwar nicht.[49] Hält man aber richtigerweise die §§ 53 ff. SGB X für grundsätzlich anwendbar (→ Rn. 3), so folgt diese aus § 59 Abs. 2 S. 2 SGB X, was als Grundlage für neue Vertragsverhandlungen auch sinnvoll ist. Regelungen zum **Rechtsschutz gegen eine Kündigung** enthält die Bestimmung ebenfalls nicht.[50] Damit gelten die allgemeinen Bestimmungen des Sozialgerichtsgesetzes. Klageberechtigt sind die Vertragsparteien, nicht aber die einzelne Pflegeeinrichtung.[51] In der Praxis wird von der Rechtsschutzmöglichkeit aber nur selten Gebrauch gemacht werden, weil die Kündigung nur die (kaum jemals zum Streit führende) Einhaltung der Frist des S. 1 voraussetzt, aber ansonsten keine materiellen (und damit potenziell streitbefangenen) Voraussetzungen gelten. Daher wird eine Kündigung regelmäßig nicht zum Anlass für einen Rechtsstreit, sondern für den Einstieg in neue Vertragsverhandlungen genommen werden.

III. Rahmenempfehlungen (Abs. 6)

Abs. 6 begründet eine Kompetenz der Vertragsparteien auf Bundesebene zur Abgabe von **bundeseinheitlichen Rahmenempfehlungen**. Diese sind rechtlich nicht verbindlich, fungieren aber als Grundlage für den Abschluss der Rahmenverträge nach Abs. 1. Allerdings datieren die Empfehlungen durchweg aus den Jahren 1995 und 1996 und sehen zum Teil sogar ein Außerkrafttreten zum Jahresende 1997 vor.[52] **14**

---

44 Vgl. BT-Dr. 14/5395, 30.
45 Vgl. zu dieser Vorfragenkompetenz des Schiedsamtes für die vertrags-(zahn-)ärztliche Versorgung Kingreen in: Becker/Kingreen, § 89 Rn. 11.
46 Plantholz in: Klie/Krahmer/Plantholz, § 75 Rn. 30.
47 So auch Leitherer in: KassKomm, § 75 SGB XI Rn. 9; Luthe in: Hauck/Noftz, SGB XI, § 75 Rn. 12.
48 Siehe zum Streit um die Rechtsnatur der Kündigung von Versorgungsverträgen durch die Landesverbände der Pflegekassen § 74 Rn. 3.
49 Gegen eine solche Pflicht daher Leitherer in: KassKomm, § 75 SGB XI Rn. 47.
50 Allgemein zum Rechtsschutz gegen Rahmenverträge bzw. deren Festsetzungen bei Rn. 8.
51 Wilcken in: BeckOK SozR, SGB XI, § 75 Rn. 11.
52 Vgl. die Aufstellung der Empfehlungen unter http://www.gkv-spitzenverband.de/pflegeversicherung/richtlinien _vereinbarungen_formulare/richtlinien_vereinbarungen_formulare.jsp (Abruf v. 23.4.2017).

IV. Vereinbarungen über die Pflegebuchführung (Abs. 7)

15 Durch die in Abs. 7 geregelte Befugnis der Bundes-Vertragsparteien zur Vereinbarung von Grundsätzen ordnungsgemäßer Pflegebuchführung für die Pflegeeinrichtungen soll die Buchführung nach der auf § 83 Abs. 1 S. 1 Nr. 3 beruhenden **Pflegebuchführungs-Verordnung** (PBV)[53] ersetzt werden. Die Überführung des Verordnungsrechts in die gemeinsame Selbstverwaltung eröffnet die Möglichkeit, das kameralistische Buchführungsrecht zu reformieren.[54] Bislang ist es aber nicht zu einer Vereinbarung gekommen, die nach S. 2 auch erst in Kraft treten würde, nachdem die PBV aufgehoben wurde. Sie ist dann aber nach S. 3 allgemeinverbindlich, was ähnliche Probleme wie bei Abs. 1 S. 4 auslösen wird (→ Rn. 7) und damit exemplarisch das Problem des Übergangs von staatlicher zu selbstverwalteter Rechtsetzung belegt.[55]

§ 76 Schiedsstelle

(1) ¹Die Landesverbände der Pflegekassen und die Vereinigungen der Träger der Pflegeeinrichtungen im Land bilden gemeinsam für jedes Land eine Schiedsstelle. ²Diese entscheidet in den ihr nach diesem Buch zugewiesenen Angelegenheiten.

(2) ¹Die Schiedsstelle besteht aus Vertretern der Pflegekassen und Pflegeeinrichtungen in gleicher Zahl sowie einem unparteiischen Vorsitzenden und zwei weiteren unparteiischen Mitgliedern; für den Vorsitzenden und die unparteiischen Mitglieder können Stellvertreter bestellt werden. ²Der Schiedsstelle gehört auch ein Vertreter des Verbandes der privaten Krankenversicherung e.V. sowie der überörtlichen oder, sofern Landesrecht dies bestimmt, ein örtlicher Träger der Sozialhilfe im Land an, die auf die Zahl der Vertreter der Pflegekassen angerechnet werden. ³Die Vertreter der Pflegekassen und deren Stellvertreter werden von den Landesverbänden der Pflegekassen, die Vertreter der Pflegeeinrichtungen und deren Stellvertreter von den Vereinigungen der Träger der Pflegedienste und Pflegeheime im Land bestellt; bei der Bestellung der Vertreter der Pflegeeinrichtungen ist die Trägervielfalt zu beachten. ⁴Der Vorsitzende und die weiteren unparteiischen Mitglieder werden von den beteiligten Organisationen gemeinsam bestellt. ⁵Kommt eine Einigung nicht zustande, werden sie durch Los bestimmt. ⁶Soweit beteiligte Organisationen keinen Vertreter bestellen oder im Verfahren nach Satz 4 keine Kandidaten für das Amt des Vorsitzenden oder der weiteren unparteiischen Mitglieder benennen, bestellt die zuständige Landesbehörde auf Antrag einer der beteiligten Organisationen die Vertreter und benennt die Kandidaten.

(3) ¹Die Mitglieder der Schiedsstelle führen ihr Amt als Ehrenamt. ²Sie sind an Weisungen nicht gebunden. ³Jedes Mitglied hat eine Stimme. ⁴Die Entscheidungen werden mit der Mehrheit der Mitglieder getroffen. ⁵Ergibt sich keine Mehrheit, gibt die Stimme des Vorsitzenden den Ausschlag.

(4) Die Rechtsaufsicht über die Schiedsstelle führt die zuständige Landesbehörde.

(5) Die Landesregierungen werden ermächtigt, durch Rechtsverordnung das Nähere über die Zahl, die Bestellung, die Amtsdauer und die Amtsführung, die Erstattung der baren Auslagen und die Entschädigung für Zeitaufwand der Mitglieder der Schiedsstelle, die Geschäftsführung, das Verfahren, die Erhebung und die Höhe der Gebühren sowie über die Verteilung der Kosten zu bestimmen.

(6) ¹Abweichend von § 85 Abs. 5 können die Parteien der Pflegesatzvereinbarung (§ 85 Abs. 2) gemeinsam eine unabhängige Schiedsperson bestellen. ²Diese setzt spätestens bis zum Ablauf von 28 Kalendertagen nach ihrer Bestellung die Pflegesätze und den Zeitpunkt ihres Inkrafttretens fest. ³Gegen die Festsetzungsentscheidung kann ein Antrag auf gerichtliche Aufhebung nur gestellt werden, wenn die Festsetzung der öffentlichen Ordnung widerspricht. ⁴Die Kosten des Schiedsverfahrens tragen die Vertragspartner zu gleichen Teilen. ⁵§ 85 Abs. 6 gilt entsprechend.

Literatur:

Gottlieb, Vereinheitlichungsaspekte bei den sozialrechtlichen Schiedsstellen nach § 78g SGB VIII, 76 SGB XI und 80 SGB XII, SRa 2012, 150; *Joussen*, Schlichtung als Leistungsbestimmung und Vertragsgestaltung durch einen Dritten, 2005; *Krasney/Udsching*, Handbuch des sozialgerichtlichen Schiedsverfahrens,

---

[53] Pflege-Buchführungsverordnung vom 22. November 1995 (BGBl. I, 1528), zuletzt geändert durch Art. 8 Abs. 22 des Bilanzrichtlinie-Umsetzungsgesetz vom 17.7.2015 (BGBl. I, 1245).
[54] Plantholz in: Klie/Krahmer/Plantholz, § 75 Rn. 32, der dies aber nicht für erforderlich hält.
[55] Kritisch auch Wahl in: jurisPK, § 75 Rn. 52.

6. Aufl. 2011; *Philipp*, Festsetzung von Rahmenvertragsinhalten durch die Schiedsstelle nach den §§ 75, 76 SGB XI: Rechtsschutz der Vertragsparteien, NZS 2003, 456; *Riege*, Der Gestaltungsspielraum von Schiedsstellen nach SGB XI, SGb 1999, 504; *Schellhorn*, Zuständigkeit der Schiedsstellen nach § 94 BSHG für Pflegeeinrichtungen, NDV 1998, 189; *Schnapp*, Handbuch des sozialgerichtlichen Schiedsverfahrens, 2004. – Vgl ferner Die Vorsitzenden und Geschäftsstellenleiter/innen der Schiedsstellen nach § 80 SGB XII und § 76 SGB XI, Sozialrechtliche Schiedsstellen im Sozialgesetzbuch: Vorschläge für eine verbesserte rechtliche Ausgestaltung, NDV 2006, 302.

I. Normzweck, Rechtsquellen und Entstehungsgeschichte 1	V. Verwaltungsverfahren, Entscheidungsmehrheit (Abs. 3 S. 3–5) 12
II. Errichtung und Zuständigkeit (Abs. 1)...... 4	VI. Der Schiedsspruch......................... 13
III. Zusammensetzung, Bestellung und Aufsicht (Abs. 2, 4) 7	1. Rechtsnatur 13
	2. Rechtsschutz 14
IV. Persönliche Rechtsstellung der Mitglieder (Abs. 3 S. 1 und 2)........................ 10	VII. Delegation der Entscheidungsbefugnisse auf eine Schiedsperson (Abs. 6) 15

I. Normzweck, Rechtsquellen und Entstehungsgeschichte

Die Vorschrift etabliert nach dem Vorbild des Krankenhausrechts (§ 114 SGB V), des Sozialhilferechts 1 (§ 80 SGB XII) und des Jugendhilferechts (§ 78 g SGB VIII) mit der Schiedsstelle die **zentrale Streitschlichtungsinstanz auf Landesebene**. Indem sie ihr die Aufgabe überträgt, Vertragsinhalte zu entwerfen und ggf. festzusetzen, verhindert sie vertragslose Zustände und ist damit von erheblicher Bedeutung für die gemeinsame Selbstverwaltung in der Pflegeversicherung. Die Vorschrift ist wie folgt aufgebaut: Abs. 1 regelt die Errichtung und Zuständigkeiten (→ Rn. 4–6); Abs. 2 und 4 regeln die Organisation und die Aufsicht über die Schiedsstelle (→ Rn. 7–9). In Abs. 3 geht es um die persönliche Rechtsstellung der Mitglieder Schiedsstelle (→ Rn. 10–11) sowie um das Entscheidungsverfahren (→ Rn. 12); nicht geregelt, aber gleichwohl erläuterungsbedürftig sind die Rechtsnatur des Schiedsspruchs und der Rechtsschutz (→ Rn. 13–14). Abs. 6 lässt bei Pflegesatzvereinbarungen eine Übertragung der Zuständigkeit auf eine unabhängige Schiedsperson zu (→ Rn. 15–17).

Von der in **Abs. 5** enthaltenen Ermächtigung, **Organisation und Verfahren der Schiedsstellen durch** 2 **Rechtsverordnung** näher auszugestalten, haben alle Landesregierungen Gebrauch gemacht (Stand: April 2017):[1] **Baden-Württemberg**: VO vom 13.3.1995, GVBl. S. 283; zuletzt geändert durch Artikel 2 der Verordnung vom 28.2.2011, GVBl. S. 106, 111; **Bayern**: VO zur Ausführung der Sozialgesetze vom 2.12.2008, GVBl. S. 912; zuletzt geändert durch § 29a der VO vom 16.8.2016, GVBl. S. 258; **Berlin**: VO vom 2.2.2010, GVBl. S. 33; **Brandenburg**: VO vom 10.4.1995, GVBl. S. 338; geändert durch VO vom 29.7.2004, GVBl. S. 671; **Bremen**: VO vom 24.3.1995, GVBl. S. 145; zuletzt geändert durch Geschäftsverteilung des Senats vom 2.8.2016, GVBl. S. 434; **Hamburg**: VO vom 16.5.1995, GVBl. S. 101; geändert durch VO vom 8.3.2016, GVBl. S. 85; **Hessen**: VO vom 20.10.1995, GVBl. S. 481; zuletzt geändert durch die zweite VO zur Änderung der VO über die Schiedsstelle nach § 76 SGB XI vom 12.12.2016, GVBl. S. 313; **Mecklenburg-Vorpommern**: VO vom 13.12.2005, GVBl. S. 657; **Niedersachsen**: VO vom 27.3.1995, GVBl. S. 58; zuletzt geändert durch VO vom 8.7.2014, GVBl. S. 178; **Nordrhein-Westfalen**: VO vom 21.3.1995, GVBl. S. 285; zuletzt geändert durch Artikel 178 des Dritten Befristungsgesetzes vom 5.4.2005, GVBl. S. 306; **Rheinland-Pfalz**: VO vom 8.9.1995, GVBl. S. 368; zuletzt geändert durch Artikel 1 der VO vom 21.8.2012, GVBl. S. 306; **Saarland**: VO vom 21.2.2017, ABl. 2017, 280; **Sachsen**: VO vom 2.11.2009, GVBl. S. 559; **Sachsen-Anhalt**: VO vom 4.4.2016, GVBl. S. 147; **Schleswig-Holstein**: VO vom 24.3.1995, GVBl. S. 125; zuletzt geändert durch Artikel 9 LVO vom 16.3.2016, GVBl. S. 96; **Thüringen**: VO vom 28.9.1995, GVBl. S. 319.

Entstehungsgeschichte: Die Vorschrift ist zum 1.1.1995 durch das PflegeVG[2] vom 26.5.1994 in Kraft 3 getreten. Durch das Pflege-Weiterentwicklungsgesetz[3] vom 28.5.2008 wurden mit Wirkung vom 1.7.2008 in Absatz 2 die Sätze 1 und 2 geändert sowie Absatz 6 angefügt.[4]

---

1 Verfassungsrechtliche Bedenken an der geringen gesetzlichen Programmierung: SächsLSG, 2.9.2009, L 1 P 1/07, Rn. 75 ff.
2 BGBl. 1994 I, 1014.
3 BGBl. 2008 I, 874.
4 BT-Dr. 16/7439, 17, 69; 16/8525, 34, 100.

II. Errichtung und Zuständigkeit (Abs. 1)

4 Abs. 1 S. 1 weist den Landesverbänden der Pflegekassen und den Vereinigungen der Träger der Pflegeeinrichtungen im Land die **Errichtung einer Schiedsstelle** als **Pflichtaufgabe** zu.

5 Die **sachliche Zuständigkeit** der Schiedsstelle ergibt sich nicht aus § 76, sondern gemäß seinem Abs. 1 S. 2 aus den ihr im SGB XI zugewiesenen Angelegenheiten; eine Ausweitung der Zuständigkeiten durch Landesrecht ist unzulässig.[5] Die Zuständigkeiten beziehen sich teilweise auf kollektivvertragliche Streitigkeiten, teilweise aber auch auf Einzelverträge, wobei hier die Zuständigkeiten für individuelle Pflegesatzvereinbarungen (§§ 85, 89) besondere Hervorhebung verdienen. Im Einzelnen ist zwischen den Angelegenheiten zu unterscheiden, in denen die Schiedsstelle in der aus Abs. 2 und dem einschlägigen Verordnungsrecht (→ Rn. 2) folgenden Regelbesetzung entscheidet, und denjenigen Aufgaben, die nur der Vorsitzenden und die weiteren unparteiischen Mitglieder wahrnehmen. In der **Regelbesetzung** entscheidet die Schiedsstelle, wenn die Vertragsparteien in den folgenden Angelegenheiten nicht einig sind:

- Inhalt des Rahmenvertrages, § 75 Abs. 4
- Bemessung und Höhe des von den zugelassenen Pflegeeinrichtungen zu zahlenden Anteils an der Ausbildungs-Umlage, § 82 a Abs. 4 S. 3
- Individuelle Pflegesatzvereinbarungen für stationäre Leistungen, § 85 Abs. 5 S. 1 (praktisch bedeutsamste Zuständigkeit!)
- Kollektive Pflegesatzvereinbarungen für stationäre Leistungen, § 86 Abs. 1 S. 2 iVm § 85 Abs. 5 S. 1
- Vereinbarungen über die von den Pflegebedürftigen zu tragenden Entgelte für Unterkunft und Verpflegung, § 87 S. 3 iVm § 85 Abs. 5 S. 1
- Vergütung für ambulante Pflegeleistungen, § 89 Abs. 3 S. 3 iVm § 85 Abs. 5 S. 1

In den folgenden Angelegenheiten entscheidet die **Schiedsstelle in der Besetzung des Vorsitzenden** und der **weiteren unparteiischen Mitglieder**:

- Entscheidungen, die von den Landesverbänden der Pflegekassen und den Trägern der Sozialhilfe gemeinsam zu treffen sind, § 81 Abs. 2 S. 2
- Individuelle und kollektive Pflegesatzvereinbarungen im stationären und ambulanten Bereich, die gegen den Willen des Sozialhilfeträgers zustande gekommen sind, § 85 Abs. 5 S. 2 (ggf. Entscheidung nur durch den Vorsitzenden)
- Kürzung der vereinbarten Pflegevergütungen bei Nichteinhaltung der gesetzlichen oder vertraglichen Verpflichtungen durch die Pflegeeinrichtung, § 115 Abs. 3

Kein Schiedsverfahren iSv § 76 ist die Streitschlichtung zwischen dem Spitzenverband der Pflegekassen und den Vertretern der Sozialhilfe nach § 81 Abs. 3 S. 2.[6]

6 **Örtlich zuständig** ist die Schiedsstelle des Landes, in dem die Pflegeeinrichtung ihren Sitz hat.

III. Zusammensetzung, Bestellung und Aufsicht (Abs. 2, 4)

7 Abs. 2 S. 1 und 2 regeln lediglich und in sehr rudimentärer Form die Grundsätze der **Zusammensetzung der Schiedsstellen**; die genaue Anzahl der jeweils zu bestellenden Mitglieder und bei den Leistungserbringern auch die zur Entsendung berechtigten Verbände werden in den Rechtsverordnungen der Länder (→ Rn. 2) geregelt.[7] Die Schiedsstellen bestehen gemäß Abs. 2 S. 1 jeweils in gleicher Anzahl aus Vertretern der Pflegekassen und der Pflegeeinrichtungen (**Grundsatz der paritätischen Besetzung**) sowie einem **unparteiischen Vorsitzenden** und **zwei weiteren unparteiischen Mitgliedern** oder deren Stellvertretern. Hinzu kommen gemäß Abs. 2 S. 2 jeweils ein Vertreter des Verbandes der privaten Krankenversicherung und des zuständigen Sozialhilfeträgers, die auf die Zahl der Pflegekassenvertreter angerechnet werden. Alle vom Gesetz zu Vertragsparteien bestimmten Kostenträger sind am Schiedsstellenverfahren zu beteiligen; insbes. reicht die Beteiligung der Landesverbände der Pflegekassen anstatt der einzelnen Pflegekassen nicht aus.[8] Fragwürdig ist die Anrechnungsregelung, denn sie unterstellt eine – oftmals fehlende – Interessenkongruenz. Die Beteiligung der Sozialhilfeträger wird zum Teil sogar für verfassungsrechtlich problematisch gehalten, weil die Gebietskörperschaften nicht nur in

---

[5] Richter in: Klie/Krahmer/Plantholz, § 76 Rn. 6.
[6] Udsching in: Udsching, § 76 Rn. 5.
[7] Zu den insoweit bestehenden verfassungsrechtlichen Bedenken an der hinreichenden Bestimmtheit der gesetzlichen Ermächtigungsgrundlage SächsLSG, 2.9.2009, L 1 P 1/07, Rn. 75 ff.
[8] BayLSG, 25.5.2015, L 2 P 27/10 KL, Rn. 132 ff.

dieser Eigenschaft, sondern ggf. auch als Betreiber von Pflegeeinrichtungen auf beiden Bänken anzutreffen sein können und damit die paritätische Besetzung zulasten der Einrichtungen in Frage gestellt sei.[9]

Die **Bestellung** der Mitglieder der Schiedsstelle ergibt sich aus Abs. 2 S. 3–6. Auf Seiten der **Leistungsträger** ist für die Pflegekassen der jeweilige Landesverband zuständig. Für den Vertreter des Verbands der privaten Krankenversicherung und des zuständigen Sozialhilfeträgers gibt es keine Regelung zur Bestellung; es versteht sich von selbst, dass diese von ihren Institutionen bestellt werden. Auf Seiten der **Leistungserbringer** gibt es keine körperschaftlich verfassten oder zumindest zentralen Organisationen wie im Vertragsarzt- oder Krankenhausrecht. Daher werden als Ausdruck der Vielfalt ambulanter und stationärer Träger unspezifisch die Vereinigungen der Träger der Pflegedienste und Pflegeheime für zuständig erklärt; diese Vielfalt muss auch bei der Besetzung der Schiedsstelle beachtet werden (S. 3 Hs. 2). Es ist allerdings nicht erforderlich, die zu beteiligenden Verbände im Einzelnen in der Rechtsverordnung (→ Rn. 2) zu benennen,[10] wie dies in einigen Ländern geschehen ist; derartige Regelungen führen eher zur Verfestigung korporativer Besitzstände. Vielmehr genügt es, eine der Trägervielfalt entsprechende Anzahl von Mitgliedern vorzusehen, wobei das Gebot der Effektivität der Verwaltung zahlenmäßige Grenzen nach oben setzt. Der **Vorsitzende** und die beiden weiteren **unparteiischen Mitglieder** werden nach Abs. 2 S. 4 von den beteiligten Organisationen gemeinsam bestellt. In der Praxis wird je ein unparteiisches Mitglied von jeder Bank vorgeschlagen,[11] so dass regelmäßig nur über den Vorsitzenden eine echte Einigung herbeigeführt werden muss. Kommt es zu keiner Einigung, bestimmt allein das Los (Abs. 2 S. 5); anders als bei § 114 Abs. 2 S. 4 SGB V wird auch nicht das Einigungsverfahren nach § 89 Abs. 3 S. 4 SGB V vorgeschaltet. Die in Abs. 2 S. 3-5 genannten Institutionen sind grundsätzlich **verpflichtet, Mitglieder in die Schiedsstellen zu entsenden.** Tun sie dies nicht oder benennen sie keine Kandidaten für das Amt des Vorsitzenden und der weiteren unparteiischen Mitglieder, erfolgt nach Abs. 2 S. 6 eine **Ersatzvornahme** durch die zuständige Landesbehörde, die als Verwaltungsakt bis zu ihrer Bestandskraft, aber nicht mehr mittelbar im Rahmen einer Klage gegen den Schiedsspruch (→ Rn. 14) angefochten werden kann.[12] De lege ferenda fragt es sich, ob dieses Verfahren nicht funktionaler und rationaler ist als Losentscheidungen; es sollte daher geprüft werden, ob es nicht auch im Falle der Nichteinigung nach S. 5 für anwendbar erklärt werden könnte.

Die **Aufsicht** über die Geschäftsführung der Schiedsstellen führt gemäß Abs. 4 die zuständige Landesbehörde. Das ist regelmäßig, wenn auch im Unterschied zu § 89 Abs. 5 SGB V nicht zwingend, das Ministerium/der Senator für Soziales/Gesundheit. Die Aufsicht ist eine reine **Rechtsaufsicht**, die sich auf die Beachtung der normativen Maßstäbe für den Schiedsspruch (→ Rn. 14) beschränkt.

IV. Persönliche Rechtsstellung der Mitglieder (Abs. 3 S. 1 und 2)

Die Mitglieder der Schiedsstelle führen ihr Amt gemäß Abs. 3 S. 1 als **Ehrenamt**; es besteht daher auch keine Pflicht zur Annahme des angetragenen Amtes.[13] Da es sich um ein Ehrenamt handelt, erhalten die Mitglieder keine Vergütung, sondern nur einen Ersatz ihrer Auslagen; die unparteiischen Mitglieder erhalten zudem eine bescheidene Aufwandsentschädigung. Näheres regeln die Rechtsverordnungen der Länder (→ Rn. 2).

Die Mitglieder der Schiedsstelle sind nach Abs. 3 S. 2 zudem an **Weisungen**, insbesondere auch der bestellenden Verbände, **nicht gebunden**. Ihre **Amtszeit** wird durch das Gesetz nicht befristet; zulässig ist aber eine Befristung durch die Landes-Rechtsverordnungen (→ Rn. 2; üblich sind 3-4 Jahre). Die Weisungsfreiheit ist eine primär für die unparteiischen Mitglieder bedeutsame Garantie, die auch darin zum Ausdruck kommt, dass sie vor Ablauf ihrer regulären Amtszeit von den beteiligten Organisationen nur gemeinsam oder auf Antrag einer Seite durch die Aufsichtsbehörde abberufen werden können (vgl. etwa § 54 Abs. 1 AVSG-Bayern und § 5 Abs. 1 SchV-SGB XI Nordrhein-Westfalen). Für die Vertreter der entsendenden Körperschaften ist die Garantie aber weitgehend substanzlos, da diese jederzeit durch ihre Institutionen abberufen werden können.

---

9 So mit beachtlichen Argumenten SächsLSG, 2.9.2009, L 1 P 1/07, Rn. 45 ff.; kritisch bereits Udsching, NZS 1999, 473, 478 f.
10 So aber Udsching in: Udsching, § 76 Rn. 11.
11 Leitherer in: KassKomm, § 76 SGB XI Rn. 10.
12 SächsLSG, 2.9.2009, L 1 P /07, Rn. 30 f.
13 Düring/Schnapp in: Schnapp/Düring, Handbuch des sozialrechtlichen Schiedsverfahrens, 2. Aufl. 2016, Rn. 105.

V. Verwaltungsverfahren, Entscheidungsmehrheit (Abs. 3 S. 3–5)

12 Die Schiedsstelle ist als **Behörde** im verwaltungsverfahrensrechtlichen Sinne (§ 1 Abs. 2 SGB X) zu qualifizieren.[14] Das Verfahren der Schiedsstelle ist dementsprechend ein **Verwaltungsverfahren** iSv § 8 SGB X. Es gelten daher grundsätzlich die allgemeinen verwaltungsverfahrensrechtlichen Grundsätze,[15] die durch Landes-Rechtsverordnungen (→ Rn. 2) konkretisiert werden. Diese enthalten etwa Regelungen über die Einleitung und den Ablauf des Verfahrens und die dabei maßgeblichen Grundsätze, ferner zur Ablehnung von Mitgliedern der Schiedsstelle wegen Befangenheit und zur Beschlussfähigkeit der Schiedsstelle.[16] Abs. 3 S. 3–5 regelt lediglich die für die Entscheidung der Schiedsstelle relevanten **Mehrheiten**. Danach hat jedes Mitglied eine Stimme und die Entscheidung fällt mit der Mehrheit der Mitglieder; bei Stimmengleichheit entscheidet die Stimme des Vorsitzenden.

VI. Der Schiedsspruch

13 **1. Rechtsnatur.** Das Schiedsverfahren schließt, wenn es nicht zuvor durch Rücknahme des Antrages oder durch Einigung erledigt worden ist, mit dem Schiedsspruch, der den Vertragsinhalt in dem Umfang verbindlich festsetzt, in dem Uneinigkeit zwischen den Parteien besteht. Die Rechtsnatur des Schiedsspruchs hängt von der Angelegenheit ab, die er schlichtet:[17] **Gegenüber den Vertragsparteien** ist er, unabhängig davon, ob er einen Individual- oder einen Kollektivvertrag ersetzt, nach überwiegender und zutreffender Ansicht stets als vertragsstiftender **Verwaltungsakt** iSv § 31 SGB X zu qualifizieren.[18] Soweit er aber einen Kollektivvertrag ersetzt, der **normative**, dh über die Vertragspartner hinausgehende **Wirkungen** zeitigt (wie etwa der Rahmenvertrag nach § 75 Abs. 1 S. 4), hat er eine Doppelnatur: Er ist gegenüber den Vertragsparteien Verwaltungsakt, wirkt aber für die Mitglieder der Kollektivvertragspartner als **Rechtsetzung**.[19]

14 **2. Rechtsschutz.** Für den **Rechtsschutz** gegen Schiedssprüche ist nach § 51 Abs. 1 Nr. 2 SGG der Sozialrechtsweg zu den Landessozialgerichten (§ 29 Abs. 2 Nr. 1 SGG) eröffnet; örtlich zuständig ist in entsprechender Anwendung von § 57 Abs. 1 S. 1 SGG das Landessozialgericht, in dessen Bezirk der Kläger seinen Sitz hat.[20] Die Vertragsparteien können den Schiedsspruch, da dieser ihnen gegenüber Verwaltungsakt ist (→ Rn. 13), mit der auf Aufhebung oder Abänderung gerichteten **Anfechtungsklage** (§ 54 Abs. 1 S. 1 Var. 1 oder 2 SGG) anfechten.[21] Allerdings ist eine Verpflichtungsklage mit dem Ziel, die Schiedsstelle zur Festsetzung eines bestimmten Vertragsinhalts zu verpflichten, unstatthaft.[22] **Klagebefugt** sind ausschließlich die am Schiedsverfahren beteiligten Verbände, nicht aber deren Mitglieder, die aber die Möglichkeit haben, den Schiedsspruch inzident (etwa im Rahmen eines individuellen Zulassungsbegehrens) gerichtlich überprüfen zu lassen (etwa → § 75 Rn. 8). Nach § 78 Abs. 1 S. 1 SGG bedarf es grundsätzlich eines **Vorverfahrens**, es sei denn, dieses ist, wie im praktisch besonders wichtigen Fall des § 85 Abs. 5 S. 4, durch die die Zuständigkeit der Schiedsstelle begründende Norm ausgeschlossen (vgl. § 78 Abs. 1 S. 2 Nr. 1 SGG). **Widerspruchsbehörde** und **Klagegegner** ist in entsprechender Anwendung von § 70 Nr. 4 SGG die Schiedsstelle, die gemäß § 71 Abs. 4 SGG durch den unparteiischen Vorsitzenden vertreten wird.[23] Die nicht klagende Partei ist nach § 75 Abs. 2 Var. 1 SGG notwendig beizuladen; hingegen bedarf es keiner Beiladung von Vertretern der Pflegebedürftigen, da de-

---

14 BSGE 20, 73, 75; Neumann in: Schulin, HS-PV, § 21 Rn. 103; anders Künzl in: Jahn ua, SGB XI, § 76 Rn. 3. Zum Streitstand bei § 89 SGB V näher Kingreen in: Becker/Kingreen, § 89 Rn. 9.
15 Vgl. für § 114 SGB V Manssen, ZfSH/SGB 1997, 81, 84 ff.
16 Vgl. näher Udsching in: Schnapp/Düring, Handbuch des sozialgerichtlichen Schiedsverfahrens, 2. Aufl. 2016, Rn. 889 ff.
17 Knittel in: Krauskopf, § 76 SGB XI Rn. 5 ff.; Udsching in: Udsching, § 76 Rn. 6.
18 BSGE 20, 73, 81 (für § 89 SGB V); zu § 76 SGB XI etwa BSGE 87, 199, 201; LSG MV, 21.7.2011, L 6 P 11/11 ER, Rn. 17; LSG BW, 11.11.2011, L 4 P 1221/10 KL, Rn. 36; ferner etwa Axer, Normsetzung der Exekutive in der Sozialversicherung, 2000, 97 ff.; Neumann in: Schulin, HS-PV, § 21 Rn. 106; Wigge in: Wannagat, SGB XI, § 76 Rn. 10. – Gegenansicht: Künzl in: Jahn ua, SGB XI, § 76 Rn. 9; Orthen in: Hauck/Noftz, SGB XI, § 76 Rn. 15; Philipp, NZS 2003, 456, 458.
19 Richter in: Klie/Krahmer/Plantholz, § 76 Rn. 11; Schulin, VSSR 1994, 285, 304; Udsching in: Udsching, § 76 Rn. 6; Wilcken in: BeckOK SozR, SGB XI, § 76 Rn. 4.
20 LSG BW, 11.11.2011, L 4 P 1221/10 KL, Rn. 35 und L 4 P 1629/10 KL, Rn. 34. sowie LSG Bln-Bbg, 19.2.2013, L 27 P 28/12 KL, Rn. 6.
21 BSGE 115, 165, 169 f.
22 Düring/Schnapp in: Schnapp/Düring, Handbuch des sozialrechtlichen Schiedsverfahrens, 2. Aufl. 2016, Rn. 206; aA Manssen, ZfSH/SGB 1997, 81, 88 f.
23 BSGE 87, 199, 200; 112, 1, 5.

ren Interessen von den Pflegekassen treuhänderisch wahrgenommen werden sollen.[24] Widerspruch und Anfechtungsklage haben nach § 86 a Abs. 1 S. 1 SGG **aufschiebende Wirkung**; allerdings hat der Gesetzgeber in mehreren Fällen von der durch § 86 a Abs. 2 Nr. 4 SGG eröffneten Möglichkeit ihres gesetzlichen Ausschlusses Gebrauch gemacht (vgl. etwa § 82 a Abs. 4 S. 3 [„unter Ausschluss des Rechtswegs"] und § 85 Abs. 5 S. 4 Hs. 2, anders aber etwa in § 115 Abs. 3 S. 4). Für die Begründetheit der Klage ist vor allem von Bedeutung, dass der Schiedsspruch wegen des auf Interessenausgleich angelegten Charakters des Schiedsverfahrens nur **eingeschränkter gerichtlicher Kontrolle** unterliegt. Gerichtlich zu überprüfen ist daher ausschließlich, ob die Ermittlung des Sachverhalts in einem fairen Verfahren unter Wahrung des rechtlichen Gehörs erfolgte, der bestehende Beurteilungsspielraum eingehalten und zwingendes Gesetzesrecht beachtet wurde; dies setzt voraus, dass die gefundene Abwägung hinreichend begründet wurde.[25]

VII. Delegation der Entscheidungsbefugnisse auf eine Schiedsperson (Abs. 6)

Nach Abs. 6 S. 1 können die Vertragsparteien der **Pflegesatzvereinbarungen** abweichend von § 85 Abs. 5 eine unabhängige **Schiedsperson** bestellen, die spätestens bis zum Ablauf von 28 Kalendertagen nach ihrer Bestellung die Pflegesätze und den Zeitpunkt ihres Inkrafttretens festlegt (Abs. 6 S. 2); die Kosten werden paritätisch von beiden Seiten getragen (Abs. 2 S. 4). Damit soll nach dem Vorbild des § 132 a Abs. 4 S. 7 SGB V die Möglichkeit geschaffen werden, in unbürokratischer Art und Weise zu einer schnellen Vergütungsregelung zu kommen.[26] Der Gesetzgeber knüpft mit dieser Regelung an eine zunehmende Zahl von Bestimmungen im SGB V an (nicht nur, wie die Gesetzesbegründung unterstellt, § 132 a Abs. 4 S. 7 SGB V), in denen Schiedspersonen zur Streitschlichtung zuständig sind. Dabei handelt es sich durchweg um **Zuständigkeiten für Individualverträge** (zB §§ 39 a Abs. 1 S. 11, 73 b Abs. 4 a, 125 Abs. 2 S. 4).[27] Es ist daher bemerkenswert, dass Abs. 6 nicht nur für die Pflegesatzvereinbarungen nach § 85 Abs. 5, sondern für **alle Pflegesatzvereinbarungen, bei denen § 85 Abs. 5 für anwendbar erklärt wird**,[28] also auch für kollektive Vereinbarungen, vgl. dazu oben → Rn. 5. Unklar ist, ob die **Delegation auf die Schiedsperson revidierbar ist**, was angesichts der gravierenden Beschränkungen des Rechtsschutzes (→ Rn. 16) keine nur theoretische Frage ist. Eine gemeinsame Rückübertragung der Zuständigkeiten auf die Schiedsstelle schließt die Vorschrift zwar nicht aus; gegen den Willen einer Partei dürfte sie aber ausgeschlossen sein. Der Partei bleibt dann nur, nach Ablauf des durch die Schiedsperson festgesetzten Vertrages ein erneutes Vertrags- und ggf. Schiedsverfahren in Gang zu setzen. 15

Die Schiedsperson ist, anders als die Schiedsstelle (→ Rn. 12), keine **Behörde** iSv § 1 Abs. 2 SGB X und erlässt daher auch keinen VA iSv § 31 SGB X.[29] Vielmehr setzt sie den Vertragsinhalt nach billigem Ermessen (§§ 317 Abs. 1, 319 Abs. 1 BGB) als Vertragshelferin fest. Eine sozialgerichtliche **Leistungsklage** (§ 54 SGG) ist **gegen den Vertragspartner, nicht gegen die Schiedsperson**, zu richten.[30] Allerdings schließt Abs. 6 S. 3 den Rechtsschutz gegen die Entscheidung der Schiedsperson weitgehend aus, in dem er den Prüfungsmaßstab auf den **Widerspruch zur öffentlichen Ordnung** beschränkt. Was damit gemeint ist, lässt sich den Gesetzesmaterialien nicht so recht entnehmen.[31] Teilweise wird vertreten, dass damit nur die auch sonst übliche Beschränkung der gerichtlichen Kontrolle von Entscheidungen einer Schiedsperson bekräftigt wird.[32] Es fragt sich dann allerdings, warum der Gesetzgeber dann anders als bei anderen Schiedspersonen einen ausdrücklichen Hinweis für erforderlich hielt, und zwar ausgerechnet auf einen Tatbestand, der zwar im Prozessrecht gebräuchlich sein mag (vgl. § 1059 ZPO), aber im Polizei- und Sicherheitsrecht als verfassungsrechtlich prekär gilt.[33] Als grundsätzlich **zulässiger Grundrechtsverzicht** ist die Bestimmung gleichwohl verfassungsgemäß. 16

---

24 BSGE 87, 199, 201.
25 BSGE 87, 199, 202; 102, 227, 246.
26 BT-Dr. 16/7439, 69 zu § 132 a Abs. 2 S. 6 SGB V aF.
27 Umfassende Aufstellung bei Engelmann, in: Schnapp/Düring, Handbuch des sozialgerichtlichen Schiedsverfahrens, 2. Aufl. 2016, Kapitel B.
28 In diesem Sinne wohl auch BT-Dr. 16/7439, 69.
29 Engelmann, in: Schnapp/Düring, Handbuch des sozialgerichtlichen Schiedsverfahrens, 2. Aufl. 2016, Rn. 339.
30 BSGE 107, 123, 130 ff.
31 BT-Dr. 16/8528, 100.
32 Engelmann, in: Schnapp/Düring, Handbuch des sozialgerichtlichen Schiedsverfahrens, 2. Aufl. 2016, Rn. 342; tendenziell auch Wahl in: jurisPK-SGB XI, § 76 Rn. 52.
33 Dazu Pieroth/Schlink/Kniesel, Polizei- und Ordnungsrecht, 9. Aufl. 2016, § 8 Rn. 46 ff.

17 Die Vorschrift ist insgesamt **misslungen**. Die Frist für die Festsetzung des Vertragsinhalts ist – selbst wenn man davon ausginge, dass ihre Überschreitung keine Rechtsfolgen zeitigt[34] – viel zu kurz bemessen; anders als es die Gesetzesbegründung insinuiert, ist insoweit § 132a Abs. 4 S. 7 SGB V gerade kein Vorbild. Vielmehr scheint den Gesetzgeber der **Grundsatz Schnelligkeit vor Gründlichkeit** getrieben zu haben. Angesichts der Unwägbarkeiten jedes Schiedsverfahrens ist zudem die erhebliche Beschränkung des Rechtsschutzes problematisch. Den Vertragsparteien kann daher nur geraten werden, auf die ihnen durch Abs. 6 eingeräumten Möglichkeiten zu verzichten.

Dritter Abschnitt
Beziehungen zu sonstigen Leistungserbringern

§ 77 Häusliche Pflege durch Einzelpersonen

(1) ¹Zur Sicherstellung der körperbezogenen Pflege, der pflegerischen Betreuung sowie der Haushaltsführung im Sinne des § 36 soll die Pflegekasse Verträge mit einzelnen geeigneten Pflegekräften schließen, um dem Pflegebedürftigen zu helfen, ein möglichst selbständiges und selbstbestimmtes Leben zu führen oder dem besonderen Wunsch des Pflegebedürftigen zur Gestaltung der Hilfe zu entsprechen; Verträge mit Verwandten oder Verschwägerten des Pflegebedürftigen bis zum dritten Grad sowie mit Personen, die mit dem Pflegebedürftigen in häuslicher Gemeinschaft leben, sind unzulässig. ²In dem Vertrag sind Inhalt, Umfang, Qualität, Qualitätssicherung, Vergütung sowie Prüfung der Qualität und Wirtschaftlichkeit der vereinbarten Leistungen zu regeln; § 112 ist entsprechend anzuwenden. ³Die Vergütungen sind für Leistungen der häuslichen Pflegehilfe nach § 36 Absatz 1 zu vereinbaren. ⁴In dem Vertrag ist weiter zu regeln, dass die Pflegekräfte mit dem Pflegebedürftigen, dem sie Leistungen der häuslichen Pflegehilfe erbringen, kein Beschäftigungsverhältnis eingehen dürfen. ⁵Soweit davon abweichend Verträge geschlossen sind, sind sie zu kündigen. ⁶Die Sätze 4 und 5 gelten nicht, wenn
1. das Beschäftigungsverhältnis vor dem 1. Mai 1996 bestanden hat und
2. die vor dem 1. Mai 1996 erbrachten Pflegeleistungen von der zuständigen Pflegekasse aufgrund eines von ihr mit der Pflegekraft abgeschlossenen Vertrages vergütet worden sind.

⁷In den Pflegeverträgen zwischen den Pflegebedürftigen und den Pflegekräften sind mindestens Art, Inhalt und Umfang der Leistungen einschließlich der dafür mit den Kostenträgern vereinbarten Vergütungen zu beschreiben. ⁸§ 120 Absatz 1 Satz 2 gilt entsprechend.

(2) Die Pflegekassen können bei Bedarf einzelne Pflegekräfte zur Sicherstellung der körperbezogenen Pflege, der pflegerischen Betreuung sowie der Haushaltsführung im Sinne des § 36 anstellen, für die hinsichtlich der Wirtschaftlichkeit und Qualität ihrer Leistungen die gleichen Anforderungen wie für die zugelassenen Pflegedienste nach diesem Buch gelten.

Literatur:
Beyer, Die Pflicht, der freie Wille und das Geld. Bundesverfassungsgericht billigt „materielle Anreize" für nicht vertraglich geschuldetes Engagement, NDV 2015, 147; *Böhme*, Das Gesetz zur Neuausrichtung der Pflegeversicherung, PKR 2012, 57; *Erdbrügger*, Umsatzsteuerfreie Pflegeleistungen, MwStR 2016, 205; Geiger, Unterschiedliche Höhe von Pflegesachleistung und Pflegegeld verfassungsgemäß, jurisPR-FamR 20/2014 Anm. 6; *Griep*, Verhinderungsgründe der Verhinderungspflege (§ 39 SGB XI), Sozialrecht aktuell 2016, 132; *Hesse*, Soziale Situation der Pflegepersonen – Was bleibt nach den Pflegestärkungsgesetzen I und II zu tun?, Sozialer Fortschritt 2016, 103; *Igl*, Pflege aus rechtswissenschaftlicher Sicht – Die BSG-Rechtsprechung, ihre Folgen und der Dialog mit der Wissenschaft, in: Grundlagen und Herausforderungen des Sozialstaats – Denkschrift 60 Jahre Bundessozialgericht, 2015, 119; *Knopp*, Osteuropäische Pflegehilfen in der häuslichen Pflege – Dringender Handlungsbedarf!, NZS 2016, 445; *Kuhn-Zuber*, Das Pflegestärkungsgesetz II – Veränderungen im Leistungsrecht, RP-Reha 2016, Nr. 3, 5; *Lange*, Gewährung eines Wohngruppenzuschlages nach dem SGB XI, jurisPR-SozR 5/2017 Anm. 4; *Marburger*, Neuerungen in der gesetzlichen Pflegeversicherung. Pflegestärkungsgesetz II ändert zahlreiche Bereiche, SuP 2016, 71; *Michel/Schlüter* (Hrsg.), Handbuch Betreutes Wohnen, 2012; *Niens/Hoffmeister/Marggraf*, Sicherstellung pflegerischer Langzeitversorgung – Zur Rolle von Kommunen und Ehrenamt, GSP 2016, Nr. 6, 42; *Pfefferle/Renz*, Pflegeleistungen nach EU-Recht steuerfrei? BFH-Urteil vom 18.8.2015 – V R 13/14 zur Anerkennung einer Pflegekraft als begünstigte Einrichtung, NWB 2016, 556; *Plantholz*, Ante portas – Der neue Pflegebedürf-

---

34 So Engelmann, in: Schnapp/Düring, Handbuch des sozialgerichtlichen Schiedsverfahrens, 2. Aufl. 2016, Rn. 339.

tigkeitsbegriff, ZMGR 2016, 346; *Rasch,* Voraussetzungen für Wohngruppenzuschlag bei familiärer Wohngruppe, RdLH 2016, 131; *Reimer,* Überblick über die Änderungen durch das Pflege-Neuausrichtungs-Gesetz, SGb 2013, 193; *Reimer,* Überblick über Änderungen des SGB XI durch das Zweite Pflegestärkungsgesetz, SGb 2016, 252; *Richter,* Die neue soziale Pflegeversicherung. Die leistungsrechtlichen Neuregelungen aus anwaltlicher Sicht, FF 2016, 479; *Rothgang,* Ordnungspolitische Weiterentwicklung durch mehr Wettbewerb in der Pflegeversicherung?, GSP 2016, Nr. 1, 19; *Rust,* Sozialleistungen auch ohne unmittelbare vertragliche Vereinbarung mit dem Sozialträger umsatzsteuerfrei, DStR 2016, 161; *Sassen,* Das Zweite Pflegestärkungsgesetz (PSG II). Adé Pflegestufe, willkommen Pflegegrad, RDG 2017, 38; *Schlegel,* Das Gesetz zur Neuausrichtung der Pflegeversicherung, jurisPR-SozR 3/2013 Anm. 1; *Schmidt,* Das Dritte Pflegestärkungsgesetz, NZS 2017, 207; *Schmidt,* Zukunft der Pflege. Morbiditätsentwicklung und Familienstrukturen als Anforderungen für die zukünftige Gestaltung der Pflege, BlWohlfPfl 2016, 3; *Schmidt-Graumann,* Zur Gewährung eines Wohngruppenzuschlags nach § 38 a SGB XI, PflR 2016, 684; *Schölkopf,* Die Reform der Pflegeversicherung – Die Pflegestärkungsgesetze, Sozialrecht aktuell 2016, 14; *Schrehardt,* Das Zweite Pflegestärkungsgesetz – Ein sozialrechtlicher Paradigmenwechsel?, DStR 2016, 253; *Tall/Kessels,* Das Pflege-Neuausrichtungsgesetz (PNG) – Darstellung und Auswirkungen auf die Praxis. Teil 1 – Überblick, WzS 2013, 74; *Tall/Kessels,* Das Pflege-Neuausrichtungsgesetz (PNG) – Darstellung und Auswirkungen auf die Praxis. Teil 2 – Reaktionen, Kritik und Lob, WzS 2013, 111; *Teubner,* Perspektivwechsel in der Pflegeversicherung mit dem Pflegestärkungsgesetz II (PSG II), PflR 2016, 3; *Udsching,* Die Pflegeversicherung (SGB XI) in Gesetzgebung, Rechtsprechung und Literatur, JbSozR 34 (2013), 219; *Urban,* Die Qualitätssicherung in der häuslichen Pflege – Auswirkungen der Pflegestärkungsgesetze II und III, GuP 2016, 212; *Weber/Philipp,* Anstellung und Kooperation im Sinne des § 36 SGB XI, NZS 2016, 931; *Wingenfeld,* Herausforderungen für die Weiterentwicklung der Langzeitpflege nach Einführung des neuen Pflegebedürftigkeitsbegriffs, TuP 2016, Heft 2, 96; *Winkel,* Die Pflegeversicherung im Übergang zum neuen Recht. Was sich für heutige Pflegebedürftige ab 2017 ändert, SozSich 2016, 280; *Winkel/Nakielski,* Neue Ansprüche und neue Leistungsbeträge für zu Hause lebende Pflegebedürftige, SozSich 2017, 17; *Wolf-Ostermann,* Demenz – Weiterentwicklung der Versorgungsangebote, GSP 2016, Nr. 1, 32.

I. Entstehungsgeschichte ... 1	3. Qualifikation der (Einzel-)Pflegekräfte ... 44
II. Allgemeines ... 2	4. Konkreter spezifischer Pflegebedarf aus der Sicht des Pflegebedürftigen ... 46
1. Zielsetzung körperbezogener Pflege durch eine Einzelperson ... 3	5. Keine Mindestorganisationsstruktur ... 48
2. Sicherstellungsauftrag (Abs. 1) ... 4	6. Leistungsbeschaffungsverträge, kein öffentlich-rechtlich geprägter Status ... 49
3. Entwurfsverweisung auf die Pflegevertragsgestaltung ... 9	7. Kumulierung von (Einzel-)Vertragsverhältnissen ... 51
4. Höchstbetragsüberschreitung ... 16	VI. Qualitätssicherung ... 52
5. Qualitätsverantwortung ... 18	VII. Kündigungsvermeidungsansätze entsprechend § 74 Abs. 1 S. 3 ... 55
III. Materiellrechtliche Anforderungen ... 23	VIII. Einstellung einzelner Pflegekräfte bei Bedarf durch die Pflegekasse (Abs. 2) ... 59
IV. Verbot eines Beschäftigungsverhältnisses (Abs. 1 S. 4 und 5) ... 27	IX. Subsidiarität ... 60
V. Einzelpflegevertrag (Abs. 1 Satz 7) ... 32	X. Rechtsschutz ... 61
1. Ausübung der Vertragsabschlusskompetenz ... 33	
2. Maßgaben für die Mindest-Vertragsinhalte ... 35	

I. Entstehungsgeschichte

§ 77 wurde durch das PflegeVG vom 26.5.1994 (BGBl. I, 1014) mWv 1.1.1995 eingeführt, geändert durch das 1. SGB XI-ÄndG vom 14.6.1996 (BGBl. I, 830) mWv 25.6.1996, ferner durch das Pflege-WeiterentwicklungsG v. 28.5.2008 (BGBl. I, 874) mWv 1.7.2008 und durch das Pflege-Neuausrichtungs-Gesetz (PNG) vom 23.10.2012 (BGBl. I, 2246) – zur Entwurfsbegründung BT-Dr. 17/9369 (zu Nr. 28 [§ 77], S. 45). Detailänderungen erfolgten durch das PSG II v. 21.12.2015 (BGBl. I, 2424); zuletzt geändert durch Art. 2 b G vom 11.10.2016 (BGBl. I, 2233): hier Art. 2 Nr. 34 a: a aa, bb, cc, sowie b, dort im Einzelnen: § 77 wird wie folgt geändert: Abs. 1: In S. 1 werden die Wörter „häuslichen Pflege und Betreuung sowie der hauswirtschaftlichen Versorgung" durch die Wörter „körperbezogenen Pflege, der pflegerischen Betreuung sowie der Haushaltsführung im Sinne des § 36" ersetzt. In S. 3 werden die Wörter „Grundpflege und der hauswirtschaftlichen Versorgung sowie für Betreuungsleistungen" durch die Wörter „häuslichen Pflegehilfe" ersetzt. In S. 4 werden die Wörter „Pflege und der hauswirtschaftlichen Versorgung" durch das Wort „Pflegehilfe" ersetzt. In Abs. 2 werden die Wörter „häuslichen Pflege" durch die Wörter „körperbezogenen Pflege, der pflegerischen Betreuung sowie der Haushaltsführung im Sinne des § 36" ersetzt.

II. Allgemeines

2 Durch das Gesetz zur Neuausrichtung der Pflegeversicherung[1] vom 23.10.2012 hat § 77 erhebliche Veränderungen erfahren.[2] Die Neuregelung betraf im wesentlichen Abs. 1 und sollte ausweislich der Entwurfsbegründung die praktische **Umsetzbarkeit stärken**.[3] Vor allem werden die Einzelmerkmale der vier Tatbestandsgruppen, die als Voraussetzungen für den **Abschluss von Einzelverträgen**[4] fungierten, zusammengeführt und auf die beiden Kern-Kriterien reduziert, entweder dem Pflegebedürftigen zu helfen, ein möglichst selbstständiges und selbstbestimmtes Leben zu führen, als objektives Kriterium, oder – als subjektiv ausgerichtetes Tatbestandsmerkmal – um dem besonderen Wunsch des Pflegebedürftigen zur Gestaltung der Hilfe zu entsprechen. Insbesondere diese Vereinfachung „stärkt die praktische Umsetzung der Regelung", wie in der Entwurfsbegründung intendiert, ebenso wie die Nachschärfung der Ermessensregelung zu einer „Soll"-Bestimmung,[5] worin eine erhebliche **Schwerpunktverlagerung** hin zu mehr selbstbestimmter Gestaltung der Pflegeverhältnisse entsprechend den Vorstellungen der Pflegebedürftigen zu sehen ist, denn nun „müssen die Pflegekassen vertragliche Vereinbarungen mit geeigneten Pflegekräften eingehen, soweit keine konkreten Gründe vorliegen, die dem entgegenstehen".[6] Ausweislich der Entwurfsbegründung wird „durch die ‚Soll'-Regelung die Aufgabe der Pflegekassen hinsichtlich der Qualität der Versorgung keine Einschränkung" erfahren, was durch die neu (in Abs. 1 S. 2 Hs. 2) eingeführte ausdrückliche Verweisung auf § 112 „unterstrichen" werden soll. Die vor allem terminologisch klärende, aber auch pflegepraktisch bedeutsame Nacharbeitung durch das PSG II hat in Übereinstimmung mit § 36 die „häusliche Pflege" in die „**körperbezogene Pflege**" transponiert, akzentuiert und systematisch klarer zugeordnet, die „Betreuung" in die „**pflegerische Betreuung**" und die „hauswirtschaftliche Versorgung" in die „**Haushaltswirtschaft**". Die verhältnismäßig geringen Verschiebungen in der terminologischen Fassung des § 77 dürfen nicht darüber hinwegtäuschen, dass sie Konsequenz des vollkommen neu gestalteten § 36 sind, und von daher § 77 unmittelbar und vollständig an der **Neukonzeption der Pflegesystematik** teilhaben muss.

3 **1. Zielsetzung körperbezogener Pflege durch eine Einzelperson.** Die in der Pflegeneuausrichtungsgesetz (PNG)-Entwurfsbegründung[7] bezeichnete „Zielsetzung" körperbezogener Pflege durch eine Einzelperson[8] wurde im PSG II in ihrer Körperbezogenheit zur Abgrenzung von der hauswirtschaftlichen Versorgung akzentuiert. Ein weiterer, seit dem PNG in Abs. 1 S. 2 Hs. 1 enthaltener Schwerpunkt liegt ausdrücklich in der für die Einzelvertragsgestaltung vorgesehenen **Qualitätssicherstellung**. Die PNG-Entwurfsbegründung betonte hier, die – sicherzustellende – „Qualität der Pflege, Betreuung und Versorgung durch geeignete Pflegekräfte" sei „nicht nur zum Zeitpunkt des Vertragsschlusses zu prüfen", vielmehr müsse gewährleistet sein, „dass die Qualität der Pflege auf Dauer und im Vertretungs- beziehungsweise Verhinderungsfall dem allgemein anerkannten Stand medizinisch-pflegerischer Erkenntnisse entspricht, indem beispielsweise die Expertenstandards angewendet und geeignete Maßnahmen der Qualitätssicherung durchgeführt werden", einschließlich des Erfordernisses „einer geeigneten Dokumentationspflicht der Einzelpflegekraft".[9]

4 **2. Sicherstellungsauftrag (Abs. 1).** Der Sicherstellungsauftrag (Abs. 1), gerichtet an die einzelne Pflegekasse, gibt ihr unter den in § 77 vorgegebenen Voraussetzungen, Einschränkungen und vertragsformel-

---

[1] Pflege-Neuausrichtungs-Gesetz – PNG.
[2] Vgl. zur Entstehung der Norm Plantholz in: LPK-SGB XI, § 77 Rn. 3 (Neuauflage war für September 2017 angekündigt). Die Änderungen durch das PSG II v. 21.12.2015 betreffen im hiesigen Zusammenhang eher unter Klarstellungs-, denn unter Erweiterungsgesichtspunkten bedeutsame Anpassungen der Terminologie infolge Einführung des neuen Pflegebedürftigkeitsbegriffs nach Maßgabe des neugefassten § 36 und im Hinblick auf das Konzept „Pflegehilfe". Vgl. Beschlussempfehlung und Bericht des 14. Ausschusses, BT-Dr 18/6688 vom 11.11.2015, 83, 139, 146.
[3] Vgl. Entwurfsbegründung, BT-Dr. 17/9369, 45. Abs. 2 ist lediglich differenzierter gefasst. Vgl. erneut BT-DR. 18/6688. Die Nacharbeit durch das PSG II ist indessen nicht einer Dysfunktionalität der PNG-Neuregelung geschuldet, sondern der sich weiter nachhaltig verändernden Pflegerealität in Deutschland.
[4] Knittel in: Krauskopf, § 77 SGB XI Rn. 3 a (hier mit Stand EL 84/Juni 2014 im aktuellen Gesamtstand der EL 92 Juni 2016).
[5] Knittel in: Krauskopf, § 77 SGB XI Rn. 6; Piepenstock in: Hauck/Noftz, SGB XI, § 77 Rn. 25 a.
[6] Entwurfsbegründung, BT-Dr. 17/9369, 45.
[7] Entwurfsbegründung, aaO. Vgl. auch Schmidt in: KassKomm, SGB XI § 7 Rn. 13.
[8] Knittel in: Krauskopf, § 77 SGB XI Rn. 3. Vgl. Schmidt, aaO, Rn. 7.
[9] Entwurfsbegründung, aaO.

len Voraussetzungen die Möglichkeit, mit Einzelpersonen **Pflegeleistungsverträge abzuschließen**.[10] Die möglichen Vertragspartner müssen „geeignete Pflegekräfte" sein.[11] Die einzelne Pflegekraft kann durch mehrere Pflegeverträge gebunden sein, auch verschiedene Pflegekassen zum Vertragspartner haben, und wird damit auch einer Mehrzahl von Pflegebedürftigen gegenüber zur Erbringung der mit der jeweiligen Pflegekasse vereinbarten Leistungen verpflichtet. Unmittelbare (arbeits- oder dienst-)vertragliche Beziehungen zwischen den Pflegebedürftigen und den Pflegekräften entstehen nicht. Dort, wo solche Beziehungen als „Beschäftigungsverhältnis" begründet worden sind, besteht nach Abs. 1 S. 5 (bisher: S. 4) und damit von Gesetzes wegen ein **Kündigungsgebot**;[12] Unwirksamkeit (Nichtigkeit) ist nicht angeordnet. Entsprechende Altverträge (vor dem 1. Mai 1996 abgeschlossen) sind von diesem Kündigungsgebot nicht betroffen.

Das Sicherstellungsgebot ist nicht mehr mit einem **Gestaltungsermessen der Pflegekassen** verbunden;[13] 5 diese sind vielmehr regelmäßig zum Abschluss entsprechender Einzelverträge verpflichtet und haben insofern kein Abschlussermessen. Schon nach der früheren „Kann"-Regelung konnte das Ermessen „auf null" reduziert sein, wenn eine der beiden Voraussetzungen[14] in einem solchen Maße gegeben waren, dass Einzelverträge zwingend abgeschlossen werden mussten, sei es aus unabweisbaren strukturellen Gründen, aus Effizienzgesichtspunkten oder aus Respekt vor der individuellen Situation des Pflegebedürftigen. Mit der „**Soll**"-**Regelung** in Abs. 1 S. 1 hat der Gesetzgeber letztlich die Konsequenz aus dem weiter gestärkten Vorrang häuslicher und den individuellen Vorstellungen des Pflegebedürftigen entgegenkommender Pflege gezogen. Die „Soll"-Regelung erlaubt in besonders begründeten einzelnen Ausnahmefällen, von der Regelung in Abs. 1 S. 1 abzuweichen. Solche Abweichungen sind denkbar, wenn entweder die Vorgaben für ein möglichst selbstständiges und selbstbestimmtes Leben nicht realisierbar sind oder die Gestaltung der Hilfe entsprechend den Vorstellungen des Pflegebedürftigen nicht oder zumindest auf diesem Wege nicht verwirklicht werden kann oder nur unter Verstoß gegen Ausschlusstatbestände iSv Abs. 1 S. 1 Hs. 2 möglich wäre.

Von der grundsätzlichen Nachrangigkeit zur eingeschränkten Subsidiarität: Mit Abwandlung der bis- 6 herigen Regelung in Abs. 1 S. 1 Nr. 1 wurde die Nachrangigkeit der Leistungserbringung zugunsten eines Sicherstellungsauftrags häuslicher Pflege aufgegeben.[15] Den Ausnahmecharakter, mit der die Vorgängerfassung noch betont dazu hatte dienen sollen, „Versorgungslücken durch gezielt eingesetzte und möglichst wohnortnahe Hilfen zu schließen",[16] kann man dem aktuellen Wortlaut von § 77 Abs. 1 nicht mehr entnehmen. Insgesamt ergibt sich für die aktuelle Fassung kaum noch **Subsidiarität**.[17]

---

10 Piepenstock in: Hauck/Noftz, SGB XI, § 77 Rn. 3, zur Anknüpfung von § 77 SGB XI an die Vorbild-Regelung in § 132 SGB V (Abs. 1: „Die Krankenkasse kann zur Gewährung von Haushaltshilfe geeignete Personen anstellen. Wenn die Krankenkasse dafür andere geeignete Personen, Einrichtungen oder Unternehmen in Anspruch nimmt, hat sie über Inhalt, Umfang, Vergütung sowie Prüfung der Qualität und Wirtschaftlichkeit der Dienstleistungen Verträge zu schließen"), unter besonderer Betonung von Abs. 2 S. 2 dieser Vorschrift („Bei der Auswahl der Leistungserbringer ist ihrer Vielfalt, insbesondere der Bedeutung der freien Wohlfahrtspflege, Rechnung zu tragen").

11 BFH vom 18.8.2015, V R 13/14, BFHE 251, 282 = DStR 2015, 2324: Zu § 77 Abs. 1 S. 1 SGB XI (in seiner älteren Fassung) wird festgestellt, „dass die Möglichkeit, Verträge mit Pflegekassen abzuschließen, für die Anerkennung als Einrichtung mit sozialem Charakter genügt". Hierfür reiche aus, „dass die Klägerin als geeignete Pflegekraft iSv § 77 Abs. 1 S. 1 SGB XI anzusehen war, da sie mit dem Verein Qualitätsvereinbarungen abschloss und „Nachweise über Fortbildungen" vorgelegt habe; auf einen pflegerischen Berufsabschluss komme es hingegen nicht an (dort Rn. 20). Unerheblich sei insofern, ob vertragliche Vereinbarungen mit Pflegekassen bestünden. Da die Klägerin Mitglied in einem „anerkannten" Verein zur Erbringung von Pflegeleistungen gewesen sei, „dessen Kosten weitgehend von den Pflegekassen getragen werden", bestehe „eine über den Verein durchgeleitete Kostentragung". Und weiter: „Der Senat berücksichtigt dabei auch den gerichtsbekannten Pflegenotstand und das sich hieraus ergebende hohe Gemeinwohlinteresse, das an der Erbringung steuerfreier Pflegeleistungen besteht" (dort Rn. 21).

12 Knittel in: Krauskopf, § 77 SGB XI Rn. 7, Bezug zum ehedem zulässigen „Arbeitgebermodell".

13 Piepenstock in: Hauck/Noftz, SGB XI, § 77 Rn. 11 (S. 7), zur Ermessensbetätigung und Ermessensreduzierung „auf null", unter Bezug auf BSG, NSZ 2000, 35, 36 = SozR 3-3300 § 77 Nr. 1. Vgl. Schmidt in: KassKomm SGB XI § 77 Rn. 10; Piepenstock in: Hauck/Noftz, SGB XI § 77 Rn. 11; Wilcken in: BeckOK SozR SGB XI § 77 Rn. 1.

14 Abs. 1 S. 1 Hs. 1 Alt. 1 bzw. 2; bisher und inhaltlich abweichend: S. 1 Nr. 1 bis 4.

15 Schmidt in: KassKomm, § 77 SGB XI Rn. 14; Piepenstock in: Hauck/Noftz, SGB XI, § 77 Rn. 4, 6 ff., zur Entwicklung des Nachrangigkeitskriteriums, dort aaO, Rn. 5 a und 9, zur derzeitigen differenzierten Lage, unter Berücksichtigung von Wirksamkeit und Wirtschaftlichkeit.

16 So Schmidt, aaO, Rn. 14, unter Bezug auf BT-Dr. 13/3696, 16, und BT-Dr. 12/5262, 140, zur bisherigen Rechtslage.

17 Plantholz in: LPK-SGB XI, § 77 Rn. 2; Piepenstock in: Hauck/Noftz, SGB XI § 77 Rn. 7.

7 Von einem Vorrang zugelassener ambulanter Pflegedienste ist allenfalls ein intendiertes Ermessen[18] übrig geblieben, indem hier dem Pflegebedürftigen in besonderem Maße geholfen werden soll, ein möglichst selbstständiges und selbstbestimmtes Leben führen zu können bzw. seinen besonderen Wünschen zur Hilfegestaltung zu entsprechen.

8 Die letztlich fragwürdige Funktion des Sicherstellungsarguments aus der bisherigen Fassung (dort Abs. 1 S. 1 Nr. 2), dass nämlich die pflegerische Versorgung „besonders wirksam und wirtschaftlich" im Sinne von § 29 gestaltet werden sollte, hätte eventuell sogar einen regelmäßigen Vorrang des Einsatzes selbstständiger Pflegekräfte begründen helfen, denn es besteht immerhin eine Vermutung dafür, dass zugelassene Pflegedienste im Sinne von § 72 angesichts für sie notwendig anzusetzender Vorhaltekosten keinesfalls so kostengünstig wie selbstständige Pflegekräfte arbeiten können. Aus diesem Grunde hatten für die bisherige Fassung die Kriterien der Wirtschaftlichkeit und der Wirksamkeit (im Sinne des bisherigen Satzes 1 Nr. 2) kumulativ gesehen werden sollen; Kriterien der Versorgungsqualität stehen nunmehr ganz im Vordergrund;[19] jedenfalls hatte schon bisher das Wirtschaftlichkeitsgebot allein keinen Rechtfertigungsgrund für die Verpflichtung einzelner Pflegekräfte bilden können.

9 **3. Entwurfsverweisung auf die Pflegevertragsgestaltung.** Ergänzend betonte schon die PNG-Entwurfsbegründung, nunmehr werde – in Abs. 1 S. 8 – „klargestellt, dass auch Einzelpflegekräfte mit Pflegebedürftigen **Pflegeverträge im Sinne des § 120 SGB XI abzuschließen** haben, in denen Art, Inhalt und Umfang der Leistungen einschließlich der dafür mit dem Kostenträger vereinbarten Vergütungen darzustellen sind", fernerhin, „dass die Einzelpflegekraft bei jeder **wesentlichen Veränderung des Zustandes** des Pflegebedürftigen dies der Pflegekasse mitzuteilen hat".[20] Wenn sich auch im Normtext die Verweisung ausdrücklich nur auf S. 2 von § 120 Abs. 1 bezieht und sie damit im Rahmen des (Einzel-)Pflegeverhältnisses lediglich jede wesentliche Veränderung des Zustandes des Pflegebedürftigen einer unverzüglich (ohne vorwerfbare Verzögerung) wahrgenommenen Mitteilungspflicht – hier entsprechend – der Pflegekraft gegenüber der zuständigen Pflegekasse unterstellen will, zielt die Verweisung ausweislich der Klarstellung in der Entwurfsbegründung auf die **Pflegevertragsgestaltung** insgesamt.[21]

10 Mit dieser Interpretation der **Verweisung auf § 120** und damit **auf den Pflegevertrag** bei körperbezogener (bisher: häuslicher) Pflege wird die vertragliche Ausgestaltung der Pflegebeziehung präzisiert. Auf den Einzelvertrag übertragen bedeutet dies, dass auch entsprechend § 120 Abs. 1 S. 1 bei körperbezogener (bisher: häuslicher) Pflege die Pflegekraft „spätestens mit Beginn des ersten Pflegeeinsatzes auch gegenüber dem Pflegebedürftigen die Verpflichtung" übernimmt, „diesen nach Art und Schwere seiner Pflegebedürftigkeit, entsprechend den von ihm in Anspruch genommenen Leistungen der häuslichen Pflegehilfe im Sinne des § 36 zu versorgen (Pflegevertrag)". Damit ist die Legaldefinition des Pflegevertrags auf den Einzelpflegevertrag übertragen.[22]

11 Die Verpflichtung des Pflegedienstes aus § 120 Abs. 1 S. 2, jede wesentliche Veränderung des Zustandes des Pflegebedürftigen der zuständigen Pflegekasse unverzüglich mitzuteilen, ist jedenfalls zwingend als Vertragspflicht der Pflegekraft in Einzelverträge zu übernehmen (§ 77 Abs. 1 S. 8). Auch die Rahmenbedingungen von Vertragsschluss und im Sinne der Pflegebedürftigen erleichterter Vertragsaufhebung aus § 120 Abs. 2 lassen sich auf Einzelverträge problemlos übertragen; dies betrifft die Verpflichtung der Pflegekraft, „nach Aufforderung der zuständigen Pflegekasse unverzüglich eine Ausfertigung des Pflegevertrages auszuhändigen" (entsprechend Abs. 2 S. 1) ebenso wie das Recht des Pflegebedürftigen, den Pflegevertrag „jederzeit ohne Einhaltung einer Frist" kündigen zu dürfen, regelmäßig aber wohl erst nach dem ersten Pflegeeinsatz (entsprechend § 120 Abs. 2 S. 2), und wohl auch ohne Angabe von Gründen. Annehmen lässt sich ein um den Zeitpunkt der Vertragsaushändigung verzögerter Beginn des Fristlaufs, wenn der Pflegevertrag erst nach dem ersten Pflegeeinsatz ausgehändigt wird (entsprechend § 120 Abs. 2 S. 3 der bisherigen [PNG-] Fassung).

12 Auch die nähere **inhaltliche Spezifizierung des Pflegevertrags** im Sinne von § 120 Abs. 3 lässt sich auf die Ausgestaltung von Einzelverträgen übertragen, wenn doch in dem (Einzelpflege-)Vertrag „mindestens Art, Inhalt und Umfang der Leistungen" beschrieben werden müssen (dort S. 1), und zwar „für jede Leistung oder jeden Leistungskomplex gesondert". Entsprechend einbezogen in diese **Präzisie-**

---

18 Udsching in: Udsching, § 77 Rn. 3 a.
19 Vgl. Wilcken in: BeckOK SozR, SGB XI, § 77 Rn. 2.
20 Entwurfsbegründung, BT-Dr. 17/9369, 45.
21 Zurückhaltend Plantholz in: LPK-SGB XI, § 77 Rn. 11.
22 Ablehnend Plantholz, aaO.

rungs- und Spezifizierungspflicht sind auch die mit den Kostenträgern vereinbarten Vergütungen (dort Abs. 3 S. 1).

Weitere Maßgaben, wie sie in § 89 Abs. 3 S. 1 festgeschrieben sind, lassen sich über § 120 Abs. 3 S. 1 entsprechend behutsam zur Orientierung heranziehen, indem etwa die **Vergütungen** „je nach **Art und Umfang der Pflegeleistung**, nach dem dafür erforderlichen Zeitaufwand oder unabhängig vom Zeitaufwand nach dem Leistungsinhalt des jeweiligen Pflegeeinsatzes, nach Komplexleistungen oder in Ausnahmefällen auch nach Einzelleistungen bemessen werden" können und – entsprechend § 89 Abs. 3 S. 1 Hs. 2 – „sonstige Leistungen wie hauswirtschaftliche Versorgung, Behördengänge oder Fahrkosten" auch pauschal vergütet werden. Für die Vergütungsregelungen in der Einzelvertragsgestaltung sollte – insbesondere mit Blick auf zeitgemäße Formen von Pflege-Wohngemeinschaften[23] – auch § 89 Abs. 3 S. 2 in Betracht gezogen werden. Wenn hiernach – im Einzelfall – bei der Bemessung der Vergütungen zu berücksichtigen ist, ob „Leistungen von mehreren Pflegebedürftigen gemeinsam abgerufen und in Anspruch genommen werden können", so sollen auch „die sich aus einer gemeinsamen Leistungsinanspruchnahme ergebenden Zeit- und Kostenersparnisse" nun vergütungsbezogen den Pflegebedürftigen zugutekommen. Über den Sicherstellungsauftrag zu körperbezogener (bisher: häuslicher) Pflege und Betreuung sowie hauswirtschaftlicher Versorgung (in § 77 Abs. 1 S. 1) ebenso wie in Anknüpfung an § 120 iVm § 89 Abs. 3 S. 3 sind in Einzelverträgen auch Vergütungen für Betreuungsleistungen nach § 36 Abs. 1 zu vereinbaren (§ 77 Abs. 1 S. 3).

In Anknüpfung an § 120 iVm § 89 Abs. 3 S. 4 könnten – klarstellend – auch einige der **Vergütungsgrundsätze** aus den §§ 84 ff. hinzugezogen werden, und zwar **erstens** – entsprechend § 84 Abs. 4 S. 2 –, dass für die allgemeinen Pflegeleistungen vorbehaltlich abweichender Regelungen ausschließlich die gemäß § 85 oder § 86 vereinbarten oder die nach § 85 Abs. 5 festgesetzten Pflegesätze berechnet werden dürfen, und zwar „ohne Rücksicht darauf, wer zu ihrer Zahlung verpflichtet ist".

Zweitens lassen sich (ebenfalls entsprechend § 120 iVm § 89 Abs. 3 S. 4) womöglich sehr behutsam einzelne Gehalte aus § 85 Abs. 3 bis 7 zur Orientierung auf Einzelverträge übertragen, aus Abs. 3 S. 2 etwa der Grundsatz, dass ein Leistungsträger Art, Inhalt, Umfang und Kosten der Leistungen, für die eine Vergütung beansprucht werden, durch Pflegedokumentationen und andere **geeignete Nachweise** rechtzeitig darzulegen hat. Im Übrigen allerdings stößt die – vorsichtige – Analogie hier an rechtliche und praktische Grenzen ihrer Ausdehnbarkeit und zielführender Ergänzung des Regelungsgehalts „Einzelvertrag" in § 77.

Allenfalls die *clausula rebus sic stantibus* mit dem **Neuverhandlungsauftrag** – nicht zuletzt zum **Schutze der Pflegekontinuität** – lässt sich in den Normgehalt des § 77 noch entsprechend einbeziehen, indem § 85 Abs. 7 vorschreibt, dass „bei unvorhersehbaren wesentlichen Veränderungen der Annahmen, die der Vereinbarung oder Festsetzung der Pflegesätze zugrunde lagen", auf Verlangen einer Vertragspartei für den laufenden Zeitraum neu verhandelt werden muss. Anwendbar (und aus dem Einzelvertragsverhältnis im Übrigen nahezu selbstverständlich) ist § 120 Abs. 4 S. 1, dem entsprechend hier die Pflegekraft ihren Anspruch auf Vergütung ihrer Betreuungs- bzw. Pflegeleistung im Sinne des § 36 **unmittelbar gegen die zuständige Pflegekasse** richten muss.

4. Höchstbetragsüberschreitung. Auch die Regelung zur Höchstbetragsüberschreitung (§ 120 Abs. 4 S. 2) kann auch weiterhin für Einzelverträge Orientierung geben: Denn soweit die von dem Pflegebedürftigen abgerufenen Leistungen dort nach S. 1 den von der Pflegekasse mit Bescheid festgelegten und von ihr zu zahlenden leistungsrechtlichen Höchstbetrag überschreiten, sollte die Pflegekraft dem Pflegebedürftigen für die zusätzlich abgerufenen Leistungen keine höhere als die nach § 89 vereinbarte Vergütung berechnen dürfen. Das heißt, es könnten die festgelegten **Grundsätze für die Vergütungsregelung** zur Orientierung herangezogen werden, insbesondere aus § 89 Abs. 1 S. 1, dem zufolge die Gebührenordnung nach § 90 Anwendung findet und im Übrigen die Vergütung der Leistungen der häuslichen Pflegehilfe zwischen der Pflegekraft (anstelle eines Trägers des Pflegedienstes) und der Pflegekasse (insoweit entsprechend § 89 Abs. 2 S. 1 Nr. 1) „für alle Pflegebedürftigen nach einheitlichen Grundsätzen vereinbart" werden muss. Für die **Vereinbarungshöhe** maßgeblich (und auch auf Einzelverträge übertragbar) ist, dass die (Einzel-)Vergütung **leistungsgerecht** zu sein hat (im Sinne von § 89 Abs. 1 S. 2) und der Pflegekraft bei wirtschaftlicher Betriebsführung ermöglichen muss, ihren **Versorgungsauftrag zu erfüllen** (entsprechend § 89 Abs. 1 S. 3).

Als weitere (Höchst-)Bemessungsgrundsätze für die Vergütung lassen sich entsprechend § 89 Abs. 3 S. 1 die Kriterien **Art** und **Umfang der Pflegeleistung**, der erforderliche **Zeitaufwand**, der **Leistungsin-**

---

23 Vgl. zu diesen unten Rn. 22.

halt des jeweiligen Pflegeeinsatzes unabhängig vom Zeitaufwand, die Charakterisierung als **Komplexleistungen** oder (in Ausnahmefällen) als besonders beschriebene Einzelleistungen nennen, ebenso auch **Pauschalbeträge** (die sonstige Leistungen umfassen, insbesondere hauswirtschaftliche Versorgung, Behördengänge oder Fahrkosten).

18 5. Qualitätsverantwortung. Die schon in der PNG-Neufassung ausdrücklich gegebene **Klarstellung**, dass § 112 entsprechend anzuwenden und damit die Qualitätsverantwortung[24] den Trägern zugeordnet ist, da sie „für die Qualität der Leistungen" ebenso wie für die „Sicherung und Weiterentwicklung der Pflegequalität verantwortlich" zeichnen (S. 1), präzisiert die inhaltlichen Anforderungen an Einzelverträge und den Überwachungsauftrag für die Gesamtdauer der Vertragslaufzeit. Zugleich liegt hierin die **Absage an eine Verantwortungsteilung**: Den Pflegekassen bleibt nur der – subsidiäre – generelle Sicherstellungsauftrag im Sinne von § 69 S. 1, indem sie der Legaldefinition entsprechend „im Rahmen ihrer Leistungsverpflichtung eine bedarfsgerechte und gleichmäßige, dem allgemein anerkannten Stand medizinisch-pflegerischer Erkenntnisse entsprechende pflegerische Versorgung der Versicherten zu gewährleisten" haben.

19 **Qualitätssicherung und Qualitätsmanagement:**[25] Mit der klarstellenden Verweisung auf § 112 werden in § 77 Abs. 1 S. 2 Hs. 2 (nF) zugleich die in § 112 Abs. 1 verankerten **Maßstäbe** aus den Vereinbarungen gemäß § 113 – „für die Beurteilung der Leistungsfähigkeit" (Abs. 1 S. 2) ebenso wie für die Qualität erbrachter Leistungen – sowie die vereinbarten Leistungs- und Qualitätsmerkmale im Sinne von § 84 Abs. 5 aus dem Kontext der Beurteilung der Leistungsfähigkeit einer Pflegeeinrichtung und der Qualität ihrer Leistungen **auf Einzelverträge übertragen** und zu den „für sie verbindlichen Anforderungen" (S. 2) erklärt (soweit tunlich, weshalb kein Bezug zu den Bemessungsgrundsätzen der Pflegesatzvereinbarungen herstellbar ist). Die ausdrückliche Verweisung auf § 112 eröffnet für Einzelverträge im Sinne von § 77 die Möglichkeit, an die Verpflichtungen in § 112 Abs. 2 anzuknüpfen und – in entsprechender Anwendung zumindest von S. 1 dieser Vorschrift auf das Vertragsverhältnis der Pflegekassen zu den Pflegekräften und das Pflegevertragsverhältnis gemäß der Verweisung auf § 120 Abs. 1 S. 2 in § 77 Abs. 1 S. 8 – „Maßnahmen der Qualitätssicherung sowie ein Qualitätsmanagement nach Maßgabe der Vereinbarungen nach § 113 durchzuführen, Expertenstandards nach § 113a anzuwenden sowie bei Qualitätsprüfungen nach § 114 mitzuwirken" (§ 112 Abs. 2 S. 1).

20 Auch die **Beratungspflicht des Medizinischen Dienstes der Krankenversicherung** – gemäß § 112 Abs. 3 – „in Fragen der Qualitätssicherung mit dem Ziel, Qualitätsmängeln rechtzeitig vorzubeugen", lässt sich auf Einzelverträge anwenden (und an Pflegekräfte richten) sowie – mit gewissen Einschränkungen, indem ein Organisationsbezug auf Einrichtungen ausgeblendet werden muss – auch das Ziel, die Eigenverantwortung für Sicherung und Weiterentwicklung der Pflegequalität zu stärken.

21 § 77 ist deutlich am Grundsatz der **Selbstbestimmung** (§ 2) ausgerichtet und will den Pflegebedürftigen darin unterstützen, den alltäglichen Hilfebedarf mit einem möglichst selbstständigen und selbstbestimmten Leben (iSv § 2 Abs. 1) zu verbinden und es in besonderem Maße der **Würde des Menschen** entsprechen zu lassen. Auch dem Wahlrecht der Pflegebedürftigen – iSv § 2 Abs. 2 – wird hier Raum gegeben sowie „ihren Wünschen zur Gestaltung der Hilfe". Und ganz im Sinne der dort verankerten Ausrichtung auf den Erhalt der „körperlichen, geistigen und seelischen Kräfte der Pflegebedürftigen" können auf der Basis von § 77 bestehende bzw. neu aufgebaute individuelle soziale Beziehungen gestützt und verstärkt werden. In der Zielsetzung der PNG-Novelle dient § 77 dem Ziel, „die Rechte Pflegebedürftiger zu stärken und es ihnen zu ermöglichen, eine ihren individuellen Vorstellungen entsprechende Versorgung verwirklichen zu können".[26]

22 § 77 bildet auch einen – noch nicht sehr ausgeprägten – Anknüpfungspunkt für zeitgemäße **generationenübergreifende Wohn- und Beistandsformen**, als willkommene Ergänzung der Pflegekonzeption des

---

24 Vgl. Knittel in: Krauskopf, § 77 SGB XI Rn. 3a.
25 Vgl. hierzu Plantholz in: LPK-SGB XI, § 77 Rn. 10.
26 So Schmidt in: KassKomm, § 77 SGB XI Rn. 13, unter Bezug auf BT-Dr. 16/7439, 69 (dort Nr. 44 Buchst. a).

SGB XI;[27] dies gilt nicht zuletzt angesichts des **Vorrangs** der **körperbezogenen** (bisher: häuslichen) **Pflege**, der nach § 3 S. 1 gerade auch die „Pflegebereitschaft der Angehörigen und Nachbarn unterstützen" will, „damit die Pflegebedürftigen möglichst lange in ihrer häuslichen Umgebung bleiben können" und auch mit Blick auf Art und Umfang der Leistungen, denn gemäß § 4 Abs. 2 S. 1 „ergänzen die Leistungen der Pflegeversicherung die familiäre, nachbarschaftliche oder sonstige ehrenamtliche Pflege und Betreuung".

Das BSG[28] hat – unter dem Aspekt des Wohngruppenzuschlags – ein **strukturelles Merkmal des Zusammenlebens als Zweck der gemeinschaftlich organisierten pflegerischen Versorgung** gefordert, insoweit „objektiviert durch die Beauftragung einer Person, die die Aufgaben der organisierten pflegerischen Versorgung für die Pflegepersonen übergreifend erledigt".[29] Das maßgebliche Differenzierungskriterium ist somit nicht das Verwandtschaftsverhältnis zwischen den Mitbewohnern. Vielmehr bedarf es einer zusätzlich notwendigen organisierten Struktur der pflegerischen Versorgung, die über die individuelle häusliche Pflege hinausgeht. Allein die Aufrechterhaltung der bisherigen Lebensgestaltung nach Eintritt der Pflegebedürftigkeit vermöchte die Zweckbestimmung einer gemeinschaftlichen pflegerischen Versorgung nicht zu begründen.

III. Materiellrechtliche Anforderungen

Hervorzuheben ist der **Sicherstellungsauftrag** bei körperbezogener (bisher: häuslicher) Pflege (Abs. 1 S. 1 [dort mit den weiteren Spezifizierungen, früher ausdifferenziert in Nr. 1 bis 4, seit der PNG-Novellierung gebündelt und eindeutig gestellt in Abs. 1 S. 1 Hs. 1]); der zweite bedingte Sicherstellungsauftrag (in der früheren Fassung Abs. 1 S. 6: „wenn dies zur Sicherstellung der häuslichen Versorgung und der Betreuung nach § 36 Abs. 1 unter Berücksichtigung des in der Region vorhandenen ambulanten Leistungsangebots oder um den Wünschen der Pflegebedürftigen zu entsprechen erforderlich ist") ist mit Blick auf die Neufassung von S. 1 durch die PNG-Novelle komplett gestrichen worden.

Die einschränkende, Subsidiarität ausdrückende Fassung „soweit" in Abs. 1 S. 1, der einer Anwendung der einzelvertragsbegründenden Tatbestandsmerkmale vorgeschaltet war, ist durch die PNG-Novelle ebenfalls gestrichen worden, als eine weitere **Aufwertung der Einzelvertragsgestaltung**.

Nicht viel bleibt von den mehr oder weniger glücklich gegeneinander abgegrenzten im Wesentlichen vier **Tatbestandsgruppen** der früheren Fassung. Die wesentlich robustere PNG-Neufassung[30] nimmt ausdrücklich nur mehr die aus der **Individualsituation des Hilfebedürftigen** maßgeblichen Kriterien auf.

---

27 Vgl. Piepenstock in: Hauck/Noftz, SGB XI, § 77 Rn. 9, zur Eignung des Einzelvertragskonzepts für die Realisierung von Wohngruppen und andere Formen intensivierter Solidarisierung der Pflegebedürftigen. Zu solchen vgl. instruktiv SG Münster, 14.3.2014, S 6 P 135/13, NZS 2014, 422 ff., hier – unter dem Aspekt des Wohngruppenzuschlags (vgl. § 38 a) – im Sachverhalt wie folgt als „ambulant betreute Wohngemeinschaft" nach Maßgabe eines vom Caritasverband erstellten Konzepts beschrieben (und vom SG als den gesetzlichen Vorgaben gemäß anerkannt): „Die Wohngemeinschaft bietet jeweils 12 Senioren mit einem Hilfe-, Pflegebedarf ein zu Hause, die gern in Gemeinschaft sind, aber auch den Wunsch nach Selbstbestimmung und individuellen Hilfen haben [...]. Neben den privaten Wohnungen gibt es einen großen Gemeinschaftsbereich mit integrierter großer Wohnküche und einem Wohnzimmer, welcher von allen nach individuellen Wünschen und Bedürfnissen genutzt werden kann. Der Gemeinschaftsbereich stellt den Mittelpunkt der Wohngemeinschaft dar. Hier wird der Alltag gelebt [...]. Jeder Mieter bewohnt separat eine kleine Wohnung ca. 35 qm (eigener Briefkasten und eigene Klingel vorhanden) mit einer kleinen Küche und einem Bad. Die zwölf Wohnungen sind sternförmig um den Gemeinschaftsbereich angeordnet, so dass ein leichter Zugang vom eigenen Privatbereich und ebenso jederzeit ein Gemeinschaftsleben möglich ist. Wollen sie Ruhe und Zeit für sich haben, ziehen sie sich in ihre Wohnung zurück, suchen sie die Gemeinschaft, den Kontakt zu anderen Mietern und Mitarbeitern, öffnen sie die Tür und stehen unmittelbar in dem Gemeinschaftsbereich"; hierzu das SG aaO, vor allem Rn. 12 f., unter Bezug auf BT-Dr. 17/9369, 20 und 42. Vgl. hierzu die RevisionsE durch BSG vom 18.2.2016, B 3 P 5/14 R, BSGE 120, 271–281 = SozR 4-3300 § 38 a Nr. 1, hier insbes. juris Rn. 25: „Der Aufgabenkreis der von den Mitgliedern der Wohngruppe gemeinsam beauftragten Präsenzkraft, die die gemeinschaftlich organisierte pflegerische Versorgung sicherstellt, muss [...] klar bestimmt sein, sich hinreichend deutlich von Hilfestellungen der individuellen pflegerischen Versorgung, aber auch von rein familiären Verpflichtungen abgrenzen"; dort ferner juris Rn. 26: zu den je nach Wahl der Wohngruppe verschiedenen Gestaltungsmöglichkeiten nach § 77 SGB XI, unter Bezug auf BT-Drucks 17/9369, 41 und dort S. 20).

28 BSG vom 18.2.2016, B 3 P 5/14 R, BSGE 120, 271–281 = SozR 4-3300 § 38 a Nr. 1, hier insbes. juris Rn. 31.

29 BSG vom 18.2.2016, aaO, juris Rn. 31 unter Bezug auf § 38 a Abs. 1 Nr. 1 und 3 SGB XI; § 38 a Abs. 1 Nr. 3 und 4 SGB XI aF.

30 Knittel in: Krauskopf, § 77 SGB XI Rn. 3 stellt klar, dass hiermit keine Einengung der Vertragsgegenstände intendiert ist.

25 Die Einzelverträge haben „dem besonderen Wunsch des Pflegebedürftigen zur Gestaltung der Hilfe zu entsprechen", mithin, um der **subjektiven Dimension selbstbestimmter Lebensgestaltung** in besonderem Maße gerecht zu werden,[31] auch hier dem Grundsatz aus § 2 zu folgen, der (in Abs. 2 S. 1) den Pflegebedürftigen ermöglicht, „zwischen Einrichtungen und Diensten verschiedener Träger wählen" zu können. Mit Blick auf die Bedeutung individueller Lebensgestaltung als Ausdruck des Selbstbestimmungsrechts und ausgerichtet an dem (durch den unbestimmten Rechtsbegriff der Angemessenheit freilich relativierten) „Sollens"-Gebot soll nämlich „ihren Wünschen zur Gestaltung der Hilfe [...], soweit sie angemessen sind, im Rahmen des Leistungsrechts entsprochen werden". Hierbei haben (gemäß S. 3) „nach Möglichkeit" auch ihre Wünsche nach gleichgeschlechtlicher Pflege „Berücksichtigung zu finden". In diese inhaltliche Gestaltungsoption ist das **Rücksichtnahmegebot** (aus § 2 Abs. 3) zugunsten der „religiösen Bedürfnisse der Pflegebedürftigen" ebenfalls aufzunehmen. Prozedural begleitet wird dies von einer spezifischen Hinweispflicht (aus § 2 Abs. 4), gerichtet auf die vorgenannten Rechte; aus ihr könnten **vorvertragliche Sorgfaltspflichten** (*culpa in contrahendo*) ebenso resultieren wie spezifische Anhörungsrechte, aber auch die Frage, ob die Gelegenheit rechtlichen Gehörs gegeben werden muss: Eine förmliche Rechtsbehelfsbelehrung scheitert im vorliegenden Kontext am Mangel der Verwaltungsakt-Qualität; die Verweigerung des Vertragsschlusses kann nur mit der allgemeinen Leistungsklage angegriffen werden.

26 Der **Vertragsausschluss** gegen Verwandte, Verschwägerte bis zum dritte Grad, ferner für Personen, die mit dem Pflegebedürftigen in häuslicher Gemeinschaft leben, ist in der Neufassung bestätigt,[32] mit der Rechtsfolge der Unzulässigkeit, und bedeutet möglicherweise eine **Einschränkung des Mitwirkungswunsches** und selbstbestimmten Gestaltungswillens des Pflegebedürftigen.

---

[31] Vgl. BVerfG, Nichtannahmebeschluss v. 26.3.2014, 1 BvR 1133/12, NZS 2014, 414 ff. (= DVBl. 2014, 775 ff.), zur unterschiedlichen finanziellen Ausgestaltung der SGB XI-Leistungen bei häuslicher Pflege durch Familienangehörige oder durch bezahlte Pflegekräfte. Die bereits mehrfach sozial- und verfassungsgerichtlich geprüfte Ansicht wird hier (insbes. Rn. 3 ff., S. 415) bestätigt, dass es an einer den allgemeinen Gleichheitssatz missachtenden Ungleichbehandlung fehlt. Für hinreichende Differenzierungs-Sachgründe bleibt die sozialpolitische Gestaltungsfreiheit des Gesetzgebers zu beachten: Wenn er das Ziel verfolge, ein System einzurichten, das Pflegebedürftigen die Wahl lasse, sich in häuslicher Umgebung durch externe Pflegehilfen oder durch selbst ausgewählte Pflegepersonen pflegen zu lassen, dürfe er hiermit das weitere Ziel verbinden, „bei Sicherstellung einer sachgerechten Pflege die Möglichkeit der häuslichen Pflege zu fördern und ihr Vorrang vor stationärer Unterbringung zu geben" (unter Bezug auf BT-Dr. 12/5262, 111 zu § 32). Hierfür eingerichtete unterschiedliche Leistungsmodelle sind zum einen häusliche Pflegehilfe nach § 36 SGB XI (als Sachleistung, bei der die Pflegebedürftigen Grundpflege und hauswirtschaftliche Versorgung durch personelle Hilfe Dritter erhalten, die als Pflegekräfte bei der Pflegekasse selbst oder bei einer zugelassenen ambulanten Pflegeeinrichtung angestellt sein müssen oder als Einzelpersonen mit der Pflegekasse einen Vertrag nach § 77 Abs. 1 SGB XI geschlossen haben) oder zum anderen Pflegegeld gemäß § 37 Abs. 1 S. 1 und 2 SGB XI als eine laufende Geldleistung an die Pflegebedürftigen, mit der sie die erforderliche Grundpflege und hauswirtschaftliche Versorgung „in geeigneter Weise selbst sicherstellen", also (teil-)finanzieren müssen. „Die Pflegepersonen sind dann je nach Wahl Angehörige des Pflegebedürftigen, ehrenamtliche Pflegepersonen oder mit dem Pflegegeld „eingekaufte" professionelle Pflegekräfte, die aber in keinem Vertragsverhältnis zur Pflegekasse stehen" (unter Bezug auf BT-Dr. 12/5262, 112 zu § 33).

[32] Nunmehr in § 77 Abs. 1 S. 1 Hs. 2. Vgl. Plantholz in: LPK-SGB XI, § 77 Rn. 9; ferner noch Piepenstock in: Hauck/Noftz, SGB XI, § 77 Rn. 14, zu Begriff und Umfang der häuslichen Gemeinschaft, sowie (aaO, Rn. 15) zu den Fällen ausschließlicher pflegerischer Versorgung durch Verwandte (Beschränkung auf Pflegegeld). Vgl. auch BVerfG, Nichtannahmebeschluss v. 26.3.2014, 1 BvR 1133/12, NZS 2014, 414, 415, Rn. 5 ff., wo er neut mit arg. aus § 77 Abs. 1 S. 1 Hs. 2 klargestellt wird, dass das Pflegegeld „einfachgesetzlich nicht als Entgelt ausgestaltet" ist, „vielmehr im Sinne einer materiellen Anerkennung einen Anreiz darstellen" soll, zugleich aber „Eigenverantwortlichkeit und Selbstbestimmung der Pflegebedürftigen stärken" will, „indem diese das Pflegegeld zur freien Gestaltung ihrer Pflege einsetzen können" (unter Bezug auf BT-Dr. 12/5262, 112 zu § 33). Die Kammer hebt ebenfalls die lediglich ergänzende Funktion des Pflegegeldes hervor (dort aaO, Rn. 22) und bestätigt den weiten gesetzgeberischen Gestaltungsfreiraum, denn dieser werde der Förderung des familiären Zusammenhalts auch dadurch gerecht, dass er den Pflegebedürftigen die Wahl zwischen den verschiedenen Formen der Pflege lasse, aber „wegen der besonderen Pflichtenbindung von Familienangehörigen das Pflegegeld lediglich als materielle Anerkennung vorsieht".

IV. Verbot eines Beschäftigungsverhältnisses (Abs. 1 S. 4 und 5)

Notwendiger ausdrücklicher Vertragsinhalt ist nach wie vor das **Verbot eines Beschäftigungsverhältnisses** zwischen den (einzelvertraglichen) Pflegekräften und dem Pflegebedürftigen.[33] Rechtsfolge eines verbotswidrig zwischen Pflegekraft und Pflegebedürftigem geschlossenen Vertrags über entsprechende Leistungen im Rahmen eines Beschäftigungsverhältnisses (und damit **arbeitsvertragsrechtlich gestaltet**) ist gemäß Abs. 1 S. 6 ein zwingend angeordnetes **Kündigungsgebot**. Ausgenommen sind – mittlerweile deutlich in den Hintergrund getretene – Altverträge über ein Beschäftigungsverhältnis mit Abschlussdatum vor dem 1. Mai 1996 (Abs. 1 S. 6 Nr. 1), wenn die weitere – zwingende – Voraussetzung (aus Nr. 2) gegeben ist, dass die Pflegeleistungen aus diesen Altverträgen „aufgrund" eines von der Pflegekasse mit der Pflegekraft abgeschlossenen Vertrages vergütet worden sind, mithin im Sinne eines dreiseitigen Vertragsverhältnisses Gläubiger der (Pflege-)Sachleistung nicht zugleich Schuldner der Bezahlung ist. 27

Verbote von Beschäftigungsverhältnissen als **Ausschluss der Angehörigenpflege**: Mit einer nachvollziehbaren Wertung hat der Gesetzgeber (nach wie vor) die Pflege von Angehörigen im Rahmen von § 77 nicht zugelassen, ohne sich insofern auf eine Einzelfallbetrachtung einzulassen. Der (Einzel-)Vertragsausschluss[34] der Angehörigenpflege aus dem Anwendungsbereich der Vertragsgestaltung im Sinne von § 77 beruht zunächst auf einem **altruistischen Vorhalt**, wie ihn das LSG Niedersachsen–Bremen[35] bereits früher betont hat, denn der Gesetzgeber habe bei der Gewährung von Pflegegeld bei der Angehörigenpflege keinen Anlass gesehen, das Manko ausnahmsweise erheblichen pflegerischen Mehraufwands durch zusätzliche Geldleistungen auszugleichen.[36] So wird Angehörigenpflege grundsätzlich unentgeltlich erbracht. 28

Der rigorose Ausschluss bedeutet auch, dass ein tatsächliches – auch krasses – Missverhältnis von erbrachter Pflegeleistung einerseits und Vergütung seitens der Pflegeversicherung andererseits jedenfalls 29

---

33 Plantholz in: LPK-SGB XI, § 77 Rn. 12; Piepenstock in: Hauck/Noftz, SGB XI, § 77 Rn. 17, zum Verbot des Beschäftigungsverhältnisses von Pflegekräften mit Pflegebedürftigen, nicht zuletzt als Antwort auf das frühere sog Arbeitgebermodell (dort im Einzelnen: Rn. 16); zum – allerdings in seiner Bedeutung deutlich schwindenden – Bestandsschutz: Rn. 19 f. Vgl. auch BSG, 18.2.2016, B 3 P 5/14 R, BSGE 120, 271-281 = SozR 4-3300 § 38 a Nr. 1, juris Rn. 25, wonach auch das Verbot des Vertragsschlusses mit Familien- oder Haushaltsangehörigen greift. Dieser Ausschluss sei als verfassungsgemäß erachtet worden, weil der Gesetzgeber habe berücksichtigen dürfen, dass Pflegeleistungen von diesem Personenkreis aufgrund gesetzlicher (§§ 1353, 1618 a BGB) oder sittlicher Verpflichtung unentgeltlich erbracht werden. Mit dem Pflegegeld für die „ehrenamtliche" Pflege (vgl. BT-Drucks 12/5262, S 112) durch Angehörige sei lediglich eine finanzielle Anerkennung vorgesehen worden, ergänzt um die soziale Absicherung der Pflegeperson in der Unfall- und Rentenversicherung (§ 44 SGB XI), unter Bezug auf BSG, 18.3.1999, BSGE 84, 1, 7 = SozR 3-3300 § 77 Nr. 2 S 16, und BSG SozR 3-3300 § 77 Nr. 1 S 4, ferner: BVerfG, 26.3.2014, 1 BvR 1133/12, NZS 2014, 414, 415, dort Rn. 5). Denn diese Gestaltung trage dem Charakter der Pflegeversicherung als ergänzender Leistung Rechnung, die keine Vollversorgung gewährleiste, sondern im Bereich der häuslichen und der teilstationären Pflege neben die familiäre, nachbarschaftliche oder sonstige ehrenamtliche Pflege und Betreuung trete, unter Bezug auf § 4 Abs. 2 S. 1 SGB XI.

34 So oben Rn. 27; nunmehr nach Maßgabe von § 77 Abs. 1 S. 1 Hs. 2. Vgl. Piepenstock in: Hauck/Noftz, SGB XI, § 77 Rn. 2, zum Vertragsverbot mit Verwandten etc als Umgehungsschutz für den Pflegegeldanspruch nach Maßgabe von § 37 SGB XI.

35 LSG Nds-Brem, 27.3.2008, L 14 P 6/07, juris Rn. 16, unter Bezug auf BSG, 26.11.1998, B 3 P 16/97 R, SozR 3-3300 § 38 Nr. 1.

36 Zumindest hingewiesen sei indessen auf die in der Tendenz zumindest differenziertere Wertung des Gesetzgebers, wie sie LSG NRW, 12.3.2014, L 10 P 7/14, NZS 2014, 467 ff., für Leistungen wegen häuslicher (Ersatz-)Pflege bei Verhinderung der Pflegeperson (§§ 37, 39 SGB XI) zum Tragen bringt (wenn auch durch den Auslandsaufenthalt des Pflegebedürftigen im Ergebnis überlagert): Die Verhinderungspflege ist nicht als ein „Surrogat" für das Pflegegeld nach § 37 SGB XI zu sehen (entgegen LSG BW, 11.5.2007, L 4 P 2828/06, juris Rn. 18). Sie will vielmehr demjenigen, der „aus familiärer oder ähnlicher Verbundenheit" pflegt, die Möglichkeit geben, „Urlaub von der Pflege" zu nehmen oder bei eigener Erkrankung die Pflege zu unterbrechen, ohne dass die Bedürfnisse des Pflegebedürftigen dadurch beeinträchtigt würden. Der Anspruch aus § 39 SGB XI stellt damit eine „Zusatzleistung" dar, mit dem Ziel, das bisherige Betreuungsniveau aufrechtzuerhalten: Die Verhinderungspflege ist eine „qualitativ weitergehende Leistung als das Pflegegeld", die „an zusätzliche Anspruchsvoraussetzungen geknüpft" wird und „keineswegs zwingend" mit dem rechtlichen Schicksal des Pflegegeldes verbunden ist. Dies zeige sich – so das LSG – überdies in § 37 Abs. 2 S. 2 SGB XI idF des Pflege-Neuausrichtungs-Gesetzes v. 23.10.2012 (BGBl. I, 2246), wonach für die Dauer der Verhinderungspflege Anspruch auf das halbe Pflegegeld besteht (NZS 2014, 467, 469, Rn. 9). Die Verpflichtung auf den ideell unterlegten Auftrag aus dem familiären Pflegewillen und die materielle Absicherungs- (und Pflege-Sicherstellungs-)Notwendigkeit sind hier einigermaßen austariert worden.

auf diesem Wege nicht ausgeglichen werden darf. Bezeichnend für die Belastbarkeit dieser doch eher formalen Lösung ist das Echo, das sie in der Rechtsprechung gefunden hat: Das LSG Niedersachsen-Bremen[37] hatte hierzu ausgeführt, die (schwerstpflegebedürftige) Klägerin des dortigen Ausgangsfalls sei selbst „auch nicht deshalb ausnahmsweise wie eine Sachleistungsempfängerin zu behandeln, weil die Pflegeperson – ihr Vater – ausgebildeter Intensivpfleger ist".

30 Jedenfalls aber bleibt es bei dem gesetzlich angeordneten **Kündigungsgebot**[38] als **Gestaltungspflicht**; Vertragsunwirksamkeit (auch ex nunc) ist als Rechtsfolge nicht vorgesehen und wäre angesichts des Vertragsgegenstandes und auch der arbeits- und sozial(versicherungs)rechtlichen Implikationen untunlich. In der Neufassung ist nunmehr (in Abs. 1 S. 7) auch (und systematisch an die Regelung der ‚Altverträge' angeschlossen) der **Pflegevertrag** selbst, also das Vertragsverhältnis zwischen Pflegebedürftigem und Pflegekraft, in seinem notwendig zu gestaltenden **Mindestgehalt** umschrieben, einmal „nach Art, Inhalt und Umfang der Leistungen", zum anderen mit Blick auf die „dafür mit den Kostenträgern vereinbarten Vergütungen". Eine entsprechende Übersicht und gegebenenfalls auch Kontrollmöglichkeit über die **Vertragsangemessenheit** erbrachter Pflege(sach)leistungen erhält so auch der Pflegebedürftige.

31 Die Pflegebedürftigen **als Dritte** sind in die Bereinigung der Vertragsverhältnisse einbezogen, und dies muss auch in den Einzelverträgen gegebenenfalls zum Ausdruck kommen, insbesondere mit Blick auf die **Kündigungspflicht**: Für diese gibt § 77 Abs. 1 S. 5 – bisher: S. 4 – unter Einbeziehung der älteren BSG-Rechtsprechung für alle Einzelverträge (und nicht nur für Verträge, die Pflegebedürftige unmittelbar mit Pflegekräften abgeschlossen haben sollten) einen Anhaltspunkt.[39]

V. Einzelpflegevertrag (Abs. 1 Satz 7)

32 **Wirkungen des Vertragsschlusses**: Mit dem Vertragsabschluss ist die „Einzelperson" als natürliche Person Vertragspartner und damit Pflegekraft im Sinne des SGB XI, nunmehr eingebunden in das durch § 29 Abs. 2 entsprechend charakterisierte **Leistungssystem**, dem zufolge Leistungen „nur bei Leistungserbringern in Anspruch genommen werden" dürfen, „mit denen die Pflegekassen oder die für sie tätigen Verbände Verträge abgeschlossen haben". Hierbei handelt es sich indessen unter keinen Umständen um eine mit dem Vertragsschluss etwa verbundene (Berufs-)Zulassung; § 77 gibt insoweit keinen Hinweis auf ein über die konkreten Rechte und Pflichten der Vertragspartner hinausreichendes **berufliches Bindungsverhältnis**.[40]

33 **1. Ausübung der Vertragsabschlusskompetenz.** Leitend für die Ausübung der Vertragsabschlusskompetenz durch die Pflegekassen als Träger mittelbarer (sozialer) Staatsverwaltung sind ganz generell insbesondere der **Gleichheitssatz** und der Grundsatz der **Gesetzmäßigkeit der Verwaltung**.[41] Neben standardisierten Mustern, die Formeln für Qualitätskriterien für eine Vielzahl vergleichbarer Pflegesituationen enthalten, sind eben auch Individualverträge zu gestalten: ausgerichtet auf die Pflege einer Einzelperson, gegründet auf ein spezifisches Vertrauensverhältnis und abgestimmt auf das Vertragsverständnis der Pflegekraft. Zu solcherart individuell zu gestaltenden Verträgen dürften zumeist auch diejenigen zählen, die zur Unterstützung besonderer integrierter Wohnformen mit Pflegekräften abgeschlossen werden.

34 **Kündigung ohne Einhaltung der Kündigungsfristen des § 59 SGB X:** Entsprechend § 74 Abs. 2 S. 1 muss der Einzelvertrag auch ohne Einhaltung einer Kündigungsfrist gekündigt werden können, wenn die Pflegekraft „ihre gesetzlichen oder vertraglichen Verpflichtungen gegenüber den Pflegebedürftigen oder deren Kostenträgern derart gröblich verletzt, daß ein Festhalten an dem Vertrag nicht zumutbar ist" und dies entsprechend S. 2 dieser Vorschrift „insbesondere dann, wenn Pflegebedürftige infolge der Pflichtverletzung zu Schaden kommen oder die Einrichtung nicht erbrachte Leistungen gegenüber den Kostenträgern abrechnet". Und im Übrigen gilt nach Maßgabe des BSG,[42] dass in solchen Fällen nicht die allgemeinen Voraussetzungen für die Kündigung eines öffentlich-rechtlichen Vertrages (vgl. § 59 SGB X) gelten. Vielmehr werden entsprechend der BSG-Rechtsprechung zum Recht der nichtärztlichen Leistungserbringer in der gesetzlichen Krankenversicherung[43] „die Leistungsbeschaffungsverträ-

---

[37] LSG Nds-Brem, 27.3.2008, L 14 P 6/07, juris Rn. 16.
[38] Plantholz in: LPK-SGB XI, § 77 Rn. 13.
[39] BSG, 18.3.1999, B 3 P 9/98 R, BSGE 84, 1 = SozR 3-3300 § 77 Nr. 2, juris Rn. 15/16.
[40] BSGE 84, 1, 2; Schmidt in: KassKomm, § 77 SGB XI Rn. 11.
[41] Vgl. Schmidt in: KassKomm, § 77 SGB XI Rn. 10, mwN.
[42] BSG, 18.3.1999, B 3 P 9/98 R, BSGE 84, 1.
[43] Vgl. insbes. BSGE 79, 28 = SozR 3-2500 § 125 Nr. 5.

ge dem privaten Recht zuzuordnen" sein. Gleiches habe hier zu gelten, da „das Vertragsverhältnis sich von einem Dienstvertrag unter Privatpersonen nicht wesentlich unterscheidet, insbesondere nicht durch öffentlich-rechtliche Vorschriften ausgestaltet oder überlagert wird, die für privatrechtliche Verträge untypisch sind".

2. Maßgaben für die Mindest-Vertragsinhalte. Der Einzelvertrag ist ein nach dem inhaltlichen Gestaltungsanspruch „umfassender Vertrag".[44] In diesem Sinne bestimmt die Regelung in Abs. 1 S. 2 zumindest nach Kategorien den **Mindestinhalt**. Dennoch ist die Ausgestaltung durch den Gesetzgeber fragmentarisch geblieben, was dem vertragsautonomen Grundprinzip und der Orientierung auf das Selbstbestimmungsrecht der pflegebedürftigen (aus vertraglicher Sicht:) Dritten entspricht. Die Vertragsinhalte dieser „**Komplexverträge**"[45] sind zunächst in groben Strichen im Gesetz in der Auflistung des Abs. 1 S. 2 aufgeführt; dort werden „Inhalt, Umfang, Qualität, Qualitätssicherung, Vergütung sowie Prüfung der Qualität und Wirtschaftlichkeit der vereinbarten Leistungen" als (Mindest-)Regelungsgegenstände genannt. Die wesentlichen Maßgaben für die Vertragsgestaltung sind in der Neufassung erhalten geblieben (in Abs. 1 S. 2 Hs. 1), gerichtet auf Inhalt und Umfang der vereinbarten Leistungen, auf die Qualität, auf Maßnahmen der Qualitätssicherung, auf die Vergütung sowie auf die „Prüfung der Qualität und Wirtschaftlichkeit der vereinbarten Leistungen" (ohne indessen weiter präzisiert zu werden). 35

Weitere zentrale **Gestaltungselemente dieser Verträge**, wie Abschluss und Kündigung, können sich an den Versorgungsverträgen mit Pflegeeinrichtungen im Sinne der §§ 71 ff. orientieren; eine vorsichtige Analogie kommt hier zumindest mit einigen Vorschriften in Betracht.[46] 36

§ 73 Abs. 1 sollte unbedingt Anwendung finden, da die **Schriftlichkeit** bei der Nachweisbedürftigkeit im Sachleistungssystem unverzichtbar ist. Dies gilt umso mehr, als den Interessen („Wünschen") der Pflegebedürftigen (vertraglich gesehen: Dritten) hier in Sonderheit Rechnung getragen werden soll.

Weitere zentrale Vertragsinhalte folgen aus der Vergütungsregelung (in Abs. 1 S. 3), der gemäß Vergütungen für Leistungen der häuslichen Pflegehilfe (seit dem PSG II nicht mehr differenziert auf Grundpflegeleistungen, hauswirtschaftliche Versorgung, Betreuungsleistungen) vertraglich geschuldet werden, also das (Sach-)**Leistungsvolumen**[47] gemäß § 36 Abs. 1. Und vice versa bestätigt § 36 Abs. 1 S. 4 die Zulässigkeit der häuslichen Pflegehilfe durch vertraglich an die Pflegekasse gebundene Einzelpersonen als Sachleistung. Damit ist zugleich deutlich, dass die Vertragsgestaltung das gesamte (und differenzierte) Leistungsspektrum des § 36 Abs. 1 erfassen kann, erstens (und dem Zweck des § 77 unmittelbar folgend) bei häuslicher Pflege aus dem Anspruch auf Grundpflege und zweitens bei hauswirtschaftlicher Versorgung (häusliche Pflegehilfe im Sinne von § 36 Abs. 1 S. 1). 37

Aus dem Zweck des § 77 zumindest mittelbar erschließt sich auch die Pflegehilfe, „wenn Pflegebedürftige nicht in ihrem eigenen Haushalt gepflegt werden" (§ 36 Abs. 1 S. 2, 1. Alternative) jedenfalls dann, wenn ein gemeinsamer Haushalt mehrerer Pflegebedürftiger – eine **Wohngemeinschaft** etc – begründet wird; dieser Ansatz wird durch S. 5 bestätigt und bestärkt, dem zufolge mehrere Pflegebedürftige Pflege- und Betreuungsleistungen sowie hauswirtschaftliche Versorgung gemeinsam als Sachleistung in Anspruch nehmen dürfen. 38

Als gesonderter Prüfauftrag für den maßgeblichen (Einzel-)Vertragsinhalt mag auch § 36 Abs. 1 S. 6 gelten, dem zufolge der (weitergehende) Anspruch auf Betreuungsleistungen (als Sachleistung) voraussetzt, „dass die Grundpflege und die hauswirtschaftliche Versorgung im Einzelfall sichergestellt sind", ein **Sicherstellungsauftrag**, den der (Einzel-)Vertrag *unu actu* leisten kann.[48] 39

„Komplexverträge":[49] Damit wird zum Vertragsinhalt insbesondere das **Wirtschaftlichkeitsgebot** (§ 29 **Abs. 1**). Demnach haben die Leistungen gleichermaßen „wirksam und wirtschaftlich" zu sein und dürfen hierbei das „Maß des Notwendigen nicht übersteigen". Leistungen, die diese Voraussetzungen 40

---

44 Udsching in: Udsching, § 77 Rn. 9.
45 So Schmidt in: KassKomm, § 77 SGB XI Rn. 19 unter Bezug auf Schulin, VSSR 1994, 285, 302 (zur früheren Fassung).
46 So Schmidt, aaO, Rn. 6. Zurückhaltend Knittel in: Krauskopf, § 77 SGB XI Rn. 5.
47 „In Anknüpfung an das Sachleistungsprinzip" (Wilcken in: BeckOK SozR, SGB XI, § 77 Vorb.); vgl. auch „von außen" zusammenfassend gewichtend EuGH, 11.6.2009, Rs. C-300/07 (Hans & Christophorus Oymanns), Slg 2009, I-04779 Rn. 22.
48 Piepenstock in: Hauck/Noftz, SGB XI, § 77 Rn. 2, zum Normzweck der gezielten und wohnortnahen Schließung von Versorgungslücken.
49 Piepenstock, aaO, § 77 Rn. 26, zum Komplexvertragsmodell, dort (Rn. 27) auch zu Umdeutungsmöglichkeiten.

nicht erfüllen, können Pflegebedürftige nicht beanspruchen, dürfen die Pflegekassen nicht bewilligen und dürfen die Leistungserbringer nicht zulasten der sozialen Pflegeversicherung bewirken.

41 **Betreuungsleistungen** im Sinne von § 45 b sind mit einbezogen (wenn auch nicht mehr ausdrücklich über Abs. 1 S. 1 bisheriger Fassung: „Versicherte, die die Voraussetzungen des § 45 a erfüllen, können je nach Umfang des erheblichen allgemeinen Betreuungsbedarfs zusätzliche Betreuungs- und Entlastungsleistungen in Anspruch nehmen"), jetzt nur mehr ausdrücklich durch die Verweisung in Abs. 1 S. 3 auf § 36 Abs. 1 S. 4, wonach „auch durch Einzelpersonen, mit denen die Pflegekasse einen Vertrag nach § 77 Abs. 1 abgeschlossen hat", [...] häusliche Pflegehilfe als Sachleistung erbracht werden [kann]". Und weiterhin wird dort (in § 36 Abs. 1 S. 5 und 6) klargestellt, dass auch mehrere Pflegebedürftige gemeinsam Pflege- und Betreuungsleistungen sowie Leistungen hauswirtschaftlicher Versorgung als Sachleistung in Anspruch nehmen dürfen, wobei allerdings für den – qualifizierten – Anspruch auf Betreuungsleistungen als Sachleistung zur Voraussetzung gemacht wird, „dass die Grundpflege und die hauswirtschaftliche Versorgung im Einzelfall sichergestellt sind". Mit der Möglichkeit gemeinschaftlicher Inanspruchnahme ist auch die Gestaltungsform der **Pool-Bildung** im Rahmen dieser Verträge möglich.[50]

42 Nicht nur dem Effizienzgebot genügen also die möglichen **Synergie-Effekte**, die entstehen können, wenn Pflegeleistungen in einem Pool zusammengeführt werden. Hinsichtlich der Vergütungskonsequenzen kann zum einen die obige Regelung in § 36 Abs. 1 S. 5, mehreren Pflegebedürftigen zu erlauben, Pflege- und Betreuungsleistungen sowie hauswirtschaftliche Versorgung gemeinsam in Anspruch zu nehmen, und zum anderen die Verweisung (aus Abs. 1 S. 2 Hs. 2) auf § 112 hier helfen, eine sinnvolle und zeitgemäße **Systemerweiterung** auch umzusetzen. Und zugleich wird der Auftrag des Gesetzgebers, einen Beitrag zur weiteren Stärkung des Selbstbestimmungsrechts zu leisten, unterstützt.[51] Bestätigt wird dieser Ansatz in der Entwurfsbegründung, denn die Regelung „ermöglicht auch Einzelpflegekräften die Erbringung von Betreuungsleistungen, wenn die Grundpflege oder die hauswirtschaftliche Versorgung von mehreren Pflegebedürftigen gemeinsam („**gepoolt**") in Anspruch genommen wird und durch eine zeitgleiche Leistungserbringung für mehrere Personen Zeitersparnisse entstehen".[52] Hingewiesen sei erneut auf Wohngemeinschaften, die kontinuierlich pflegerisch zu betreuen durch (unter Umständen mehrere) einzelne Pflegekräfte besonders effizient und den Anforderungen aus § 2 entsprechend gewährleistet werden kann.

43 Maßgebend ist hier allein die (einzel-)vertragliche Bindung und Identifizierung von Pflegesachleistungen, die in § 77 vorgegeben und eingehender ausgestaltet wird. Damit entsteht ein **Gegenmodell zu § 72** und damit zu einer Zulassung durch Versorgungsvertrag nach dem System zugelassener Pflegeeinrichtungen: „Die Pflegekassen dürfen ambulante und stationäre Pflege nur durch Pflegeeinrichtungen gewähren, mit denen ein Versorgungsvertrag besteht" (§ 72 Abs. 1 S. 1).

44 **3. Qualifikation der (Einzel-)Pflegekräfte.** Die Anforderungen an die Qualifikation der Pflegekräfte lässt der Gesetzgeber in § 77 offen.[53] Da er in Abs. 2 für die bei der Pflegekasse selbst angestellten Pflegekräfte die gleichen Anforderungen postuliert wie sie nach dem SGB XI (insbesondere § 71 Abs. 1 und Abs. 3) für zugelassene Pflegedienste gelten,[54] diese Anforderungen aber in § 77 Abs. 1 für Pflegekräfte nicht aufrechterhält, es hier vielmehr bei ihrer „Eignung" (in Abs. 1 S. 1: „mit einzelnen geeigneten Pflegekräften") belässt, dürfen die Anforderungen hier geringer sein.[55]

45 Mindestens jedoch wird eine **an den Herausforderungen der konkreten Pflegefälle orientierte Fachlichkeit** zu fordern sein. Andernfalls ergäbe sich ein zu großer Widerspruch zu dem Qualitätsregime, das in der Vertragsgestaltung erwartet wird. Diejenigen geringen Anforderungen, die der Gesetzgeber (in § 19 S. 1) voraussetzt, wenn er die **Pflegepersonen** auf den **Begriff** bringt, in dem Sinne, dass sie „nicht erwerbsmäßig einen Pflegebedürftigen im Sinne des § 14 in seiner häuslichen Umgebung pflegen", sol-

---

50 Schmidt in: KassKomm, § 77 SGB XI Rn. 19.
51 Vgl. Schmidt, aaO, Rn. 15, unter Bezug auf BT-Dr. 16/7439, 69, zu Nr. 44 lit. a.
52 BT-Dr. 16/7439, 70 (zu Nr. 44 lit. b).
53 Piepenstock in: Hauck/Noftz, SGB XI, § 77 Rn. 12, zur Eignung von Pflegekräften (vgl. auch § 36 Abs. 1 SGB XI im Gegensatz zu §§ 19 u. 37 SGB XI).
54 Vgl. auch Knittel in: Krauskopf, § 77 SGB XI Rn. 10.
55 Piepenstock, aaO, § 77 Rn. 13, zur „aufsteigenden Linie geforderter Qualifikation": Pflegeperson, geeignete Pflegekraft, ausgebildete Pflegefachkraft. Knittel in: Krauskopf, § 77 SGB XI Rn. 4.

len jedenfalls für § 77 Abs. 1 nicht ausreichen;⁵⁶ berufliche Pflege-Erfahrung in einem professionell geführten Umfeld, beispielsweise in Sozialstationen, wird jedoch nicht gefordert.⁵⁷

4. Konkreter spezifischer Pflegebedarf aus der Sicht des Pflegebedürftigen. Auf einen ganz konkreten spezifischen Pflegebedarf darf abgestellt werden⁵⁸ und hierfür dürfen Eignungs- bzw. Ausbildungsdefizite in anderen Hinsichten hingenommen werden. Für eine solche Spezialisierung spricht die § 77 durchziehende Tendenz, das Selbstbestimmungsrecht des Pflegebedürftigen zu stärken. Denn nimmt man den in Abs. 1 S. 1 (bisher dort Nr. 4) in Bezug genommenen und respektierten besonderen Wunsch der Pflegebedürftigen hinzu, kann es letztlich nur auf eine aus der **Sicht des Pflegebedürftigen** zufriedenstellende Auswahl der Pflegekraft ankommen. 46

Für den als Einzeltatbestandsmerkmal hervorgehobenen **besonderen Wunsch des Pflegebedürftigen** zur Gestaltung der Hilfe (Abs. 1 S. 1 Hs. 1 Alt. 2) geben die Materialien Kontur.⁵⁹ Betont wird, Pflegebedürftigen wolle man „ermöglichen, eine ihren individuellen Vorstellungen entsprechende Versorgung verwirklichen zu können", was insbesondere dort für sinnvoll erachtet wurde, „ wo sich aus dem Blickwinkel der Leistungsberechtigten im Rahmen der Pflegesachleistungen ihr **individuell gewünschtes Leistungsspektrum auf Dauer besser durch Einzelkräfte verwirklichen lässt**". Entscheidend ist die Perspektive des Pflegebedürftigen. Beispielhaft hervorgehoben wird „der Wunsch, von einer Kraft gleichen Geschlechts oder gleicher Religion, Kultur und Weltanschauung gepflegt und versorgt zu werden", der jedenfalls dann respektiert werden soll, wenn sich dieser Wunsch „aus der Sicht der Leistungsempfänger zum Teil besser durch eine Einzelkraft erfüllen" lässt. Hervorzuheben ist auch die **Langfristperspektive** („auf Dauer"), in welcher der Aufbau einer entsprechenden auf eine bestimmte Pflegeperson angelegten **Vertrauensbasis** gelingen kann.⁶⁰ 47

5. Keine Mindestorganisationsstruktur. „Mit einzelnen geeigneten Pflegekräften" (in Abs. 1 S. 1 Hs. 1) soll die Vertragsbeziehung aufgebaut werden, woraus sich auch entnehmen lässt, dass „keine Mindestvoraussetzungen in organisatorischer Hinsicht" erfüllt werden müssen, wie insbesondere der Vergleich zu den Pflegeeinrichtungen in § 71 plausibel macht.⁶¹ 48

6. Leistungsbeschaffungsverträge, kein öffentlich-rechtlich geprägter Status. Die Vertragsbeziehung nach § 77 begründet anders als das umfassend gestaltete Zulassungssystem nach § 72 keinen öffentlich-rechtlich geprägten Status, vielmehr handelt es sich bei den Einzelverträgen um zivilrechtliche Verträge („Leistungsbeschaffungsverträge").⁶² Zur Abgrenzung gegen die **statusbegründende** Funktion des Versorgungsvertrages betonte das BSG⁶³ im Einzelnen, dass im Gegensatz zur Zulassung einer Versorgungseinrichtung im Sinne von § 71 durch Versorgungsvertrag (§ 72) ein Vertrag nach Maßgabe von § 77 Abs. 1 eben gerade nicht einen öffentlich-rechtlichen Status begründet.⁶⁴ „Die statusbegründende Funktion des Versorgungsvertrages liegt in seiner Verbindlichkeit für alle Träger der sozialen Pflegeversicherung", nach Maßgabe von § 72 Abs. 2 S. 2.⁶⁵ Für Einzelverträge im Sinne von § 77 Abs. 1 hingegen bilde der Vertragsschluß mit einer einzelnen Pflegekraft nurmehr „die Abrede der konkreten Rechte und Pflichten der beiden Vertragspartner Pflegekasse und Pflegekraft"; der Vertrag werde „nur zwischen einer einzelnen Pflegekasse und einer Pflegekraft abgeschlossen", und § 77 weist 49

---

56 Vgl. Schmidt in: KassKomm, § 77 SGB XI Rn. 7. Knittel in: Krauskopf, § 77 SGB XI Rn. 3: Gewerbsmäßigkeit (bei den Einzelpflegekräften) als Unterscheidungskriterium zu den Pflegepersonen iSv § 19).
57 Schmidt, aaO, unter Verweis auf § 36; vgl. dort dens., Rn. 36.
58 Schmidt, aaO, Rn. 7.
59 BT-Dr. 16/7439, 69.
60 BT-Dr. 16/7439, 69.
61 Vgl. Schmidt in: KassKomm, § 77 SGB XI Rn. 7, unter Verweis auf seine Kommentierung zu § 71 Rn. 6 ff.
62 So Wilcken in: BeckOK SozR, SGB XI, § 77 Rn. 5. Plantholz in: LPK-SGB XI, § 77 Rn. 5 (zivilrechtlicher Beschaffungsvertrag; dort auch mit Blick auf die Anwendbarkeit materiellen Kartellrechts – § 20 Abs. 1 u. 2 GWB [Diskriminierungsverbot, Verbot unbilliger Behinderung]). Grundlegend anders Knittel in: Krauskopf, § 77 SGB XI Rn. 8, wo der Vertrag iSv § 77 Abs. 1 als öffentlich-rechtlicher Vertrag iSv § 53 Abs. 1 S. 1 SGB X qualifiziert wird, da der Regelungsgegenstand „– Erbringung von Sachleistungen nach dem SGB XI – zum öffentlichen Recht gehört"; eine Argumentation auf der Basis des § 132 SGB V gehe angesichts des nunmehr ebenfalls öffentlich-rechtlichen Charakters dieser Vorschrift fehl. – Allerdings ist mE die Nivellierung der vertragsgegenständlichen Unterschiede zu § 77 Abs. 1 nicht angebracht.
63 BSG, 18.3.1999, B 3 P 9/98 R, BSGE 84, 1, 2, juris Rn. 12 = SozR 3-3300 § 77 Nr. 2.
64 Dazu Udsching, NZS 1999, 473 ff.; Welti, PKR 2000, 39 ff.
65 BSGE 84, 1, 2, juris Rn. 13, unter Bezug auf BT-Dr. 12/5262, 140, zu § 86 Abs. 1 des Entwurfs.

– anders als § 72 Abs. 2 S. 2 – keine Regelung auf, aus der heraus die Rechtswirkungen des Vertrages auch auf andere Leistungsbeziehungen ausgedehnt werden.[66]

50 Auch aus der Perspektive des Rechtsschutzes bedarf es keiner Neubesinnung auf eine (sozial-)verwaltungsrechtliche Qualität des Einzelvertrags: „Rechtsschutzgründe" jedenfalls geböten nicht, die Kündigung eines solchen Vertrages als Verwaltungsakt einzuordnen"[67] und von den Anforderungen an die Systemimmanenz auch der Einzelverträge und der Effektivität des Rechtsschutzes her die Vertragsqualität zu problematisieren. Vielmehr ist jedenfalls mit allgemeiner Leistungsklage der Rechtsweg zu den Sozialgerichten eröffnet.

51 **7. Kumulierung von (Einzel-)Vertragsverhältnissen.** Der Vertragsschluss für den Einzelfall[68] schließt indessen nicht aus, dass die einzelne Pflegekraft mehrere solcher einzelnen Vertragsverhältnisse eingeht und so für eine Vielzahl von Pflegebedürftigen jeweils auf der Basis eines Einzelvertrags Leistungen erbringt. Diese Pflegebedürftigen können ihrerseits in einem besonderen sozialen Zusammenhang stehen, als Mitglieder einer entsprechenden Wohngemeinschaft oder Bewohner eines Mehrgenerationenhauses.

VI. Qualitätssicherung

52 Mit der geltenden Fassung von Abs. 1 S. 2 werden als zu regelnde Bestandteile des Mindestinhalts „Qualität" und „Qualitätssicherung" sowie eine „Prüfung der Qualität und Wirtschaftlichkeit der vereinbarten Leistungen" ausdrücklich hervorgehoben[69] und der Sicherstellungsauftrag um die Klarstellung ergänzt, die Pflegekassen sollten nach dem Willen des Gesetzgebers „auch zu gewährleisten haben, dass die Qualität der Pflege auf Dauer dem allgemein anerkannten Stand medizinisch-pflegerischer Erkenntnisse entspricht".[70] Für die hier angesonnene Begleitung des Vertragsverhältnisses im Sinne eines Qualitätsmanagements verweisen die Materialien erstens auf die Anwendung der Expertenstandards und allgemein auf „geeignete Maßnahmen der Qualitätssicherung". Ohne dies ausdrücklich in den Gesetzestext einzufügen, fordert die Begründung:[71] „§ 112 ff. sind entsprechend anzuwenden".

53 Die Auswirkungen auf die Stabilität und Gesetzeskonformität des Pflegesystems, die von einer möglichen **Gestaltungsvielfalt** solcher individuell einzurichtender Einzelverträge ausgehen könnte, lässt nachvollziehbar erscheinen, die Qualitätssicherung weitest möglich an die §§ 113, 114 und 114a anzubinden und die **Vertragsgestaltung** insofern eindeutig zu fassen und überdies durch organisatorische Vorkehrungen die Einhaltung entsprechender Expertenstandards und die Durchführung von Qualitätsprüfungen auch tatsächlich bei Bedarf und im Einzelfall zu gewährleisten.

54 Allerdings sind hier bei Vertragsgestaltungen zulasten der einzelnen (selbstständigen) Pflegekräfte wiederum deutliche Grenzen gesetzt,[72] insbesondere solche, die sich aus der bewussten Entscheidung des Gesetzgebers für diese bestimmten Interessenlagen der Pflegebedürftigen entgegenkommende **Berufsbild-Rahmensetzung** ergeben.

VII. Kündigungsvermeidungsansätze entsprechend § 74 Abs. 1 S. 3

55 Dem solidarischen Prinzip ebenso geschuldet wie einer möglichst zuverlässigen **Kontinuität des Pflegeverhältnisses** sind die Kündigungsvermeidungsansätze in § 74 Abs. 1 S. 3, dem entsprechend die (Landesverbände der) Pflegekassen „zur Vermeidung der Kündigung" – hier nun entsprechend: – des Einzelvertrags mit der Pflegekraft „insbesondere vereinbaren", erstens, dass die Pflegekraft „zeitnah erfolgreich geeignete Fort- und Weiterbildungsmaßnahmen absolvieren" soll (analog Abs. 1 S. 3 Nr. 1), bzw. zweitens, dass „die Pflege, Versorgung und Betreuung weiterer Pflegebedürftiger bis zur Beseitigung der Kündigungsgründe ganz oder teilweise vorläufig ausgeschlossen ist" (analog Abs. 1 S. 3 Nr. 2).

---

66 BSGE 84, 1, 2, juris Rn. 13. Knittel in: Krauskopf, § 77 SGB XI Rn. 3a.
67 BSGE 84, 1, 2, juris Rn. 13.
68 Und nicht, wie bei § 72 die Tätigkeit nach Zulassung auf der Basis eines Versorgungsvertrags mit den Landesverbänden der Pflegekassen. Vgl. auch Plantholz in: LPK-SGB XI, § 77 Rn. 5 („speziell für einen oder mehrere Pflegebedürftige").
69 Vgl. zu den Vertragsinhalten auch Plantholz in: LPK-SGB XI, § 77 Rn. 102.
70 BT-Dr. 16/7439, 70 (zu Nr. 44 b)
71 BT-Dr. 16/7439, 70 (zu Nr. 44 b).
72 In diesem Sinne auch Plantholz in: LPK-SGB XI, § 77 Rn. 10, mit der Maßgabe geltungserhaltender Reduktion der Vertragsinhalte in jedem Einzelfall der Vertragsgestaltung.

Im Übrigen sollte in entsprechender Anwendung des Rechtsgedankens aus § 74 Abs. 1 S. 1 der Einzelvertrag „von jeder Vertragspartei mit einer Frist von einem Jahr ganz oder teilweise gekündigt werden" können. Die hiermit in S. 1 Hs. 1 verbundenen **Einschränkungen des Kündigungsrechts** für die Landesverbände der Pflegekassen lassen sich indessen auf Pflegekassen als Vertragspartner in Einzelverträgen nur sehr bedingt und summarisch übertragen, da die Voraussetzungen aus § 72 Abs. 3, deren Nichtvorliegen oder Fortfall die Kündigung rechtfertigen sollen, auf Einzelverträge kaum passen, allenfalls noch bezogen auf die Voraussetzung der „Gewähr für eine leistungsfähige und wirtschaftliche pflegerische Versorgung" (entsprechend § 72 Abs. 3 S. 1 Nr. 2) oder bezogen auf die Verpflichtung, entsprechend der Vereinbarungen nach § 113 „ein Qualitätsmanagement einzuführen und weiterzuentwickeln" (§ 72 Abs. 3 S. 1 Nr. 3), und schließlich mit Blick auf die Verpflichtung, „alle Expertenstandards nach § 113a anzuwenden". 56

Eindeutiger auch in entsprechender Anwendung auf Einzelverträge verhält es sich mit dem Kündigungstatbestand aus § 74 Abs. 1 S. 1 Hs. 2 für den Fall, dass – entsprechend: – die Pflegekraft „ihre **Pflicht wiederholt gröblich verletzt**, Pflegebedürftigen ein möglichst selbstständiges und selbstbestimmtes Leben zu bieten" bzw. „die Hilfen darauf auszurichten, die körperlichen, geistigen und seelischen Kräfte der Pflegebedürftigen wiederzugewinnen oder zu erhalten und angemessenen Wünschen der Pflegebedürftigen zur Gestaltung der Hilfe zu entsprechen". Auch dieser Tatbestand ist zwar auf esolche Kriterien ausgerichtet, wie sie auch in § 77 Abs. 1 zur Begründung von (Einzel-)Pflegeverträgen dienen, hier aber auf das Zulassungssystem (und entsprechend dimensionierte Träger abgestimmt) und deshalb nur sehr behutsam auf Einzelverträge übertragbar. 57

Der Kündigungstatbestand aus § 74 Abs. 2 wegen **Unzumutbarkeit der Vertragsfortführung**, weil die „gesetzlichen oder vertraglichen Verpflichtungen gegenüber den Pflegebedürftigen oder deren Kostenträgern derart gröblich verletzt" wurden, „dass ein Festhalten an dem Vertrag nicht zumutbar ist", lässt sich einigermaßen zuverlässig übertragen, insbesondere, wenn die Regelbeispiele aus § 74 Abs. 2 S. 2 verwirklicht werden, also entweder „Pflegebedürftige infolge der Pflichtverletzung zu Schaden kommen" oder „nicht erbrachte Leistungen" bei den Kostenträgern abgerechnet werden. 58

VIII. Einstellung einzelner Pflegekräfte bei Bedarf durch die Pflegekasse (Abs. 2)

Abs. 2 ermöglicht den pflegevertraglichen **Sicherstellungsauftrag** „bei Bedarf" auch dadurch, dass die Pflegekassen „einzelne Pflegekräfte" unmittelbar selbst anstellen,[73] wobei die Kriterien der Wirtschaftlichkeit[74] und der Qualität (ebenfalls wie bei zugelassenen Pflegediensten) leitend sind. Abs. 2 zieht eine weitere Ebene der Subsidiarität ein, indem die Pflegekassen „bei Bedarf" und zwar „zur Sicherstellung der körperbezogenen Pflege, der pflegerischen Betreuung sowie der Haushaltsführung im Sinne des § 36" (nicht mehr nur: „der häuslichen Pflege", wie vor der PSG II-Neufassung, die nun die erweiterte Pflegestufendifferenzierung auszeichnet) einzelne Pflegekräfte anstellen dürfen.[75] Nimmt man – über den bloßen Wortlaut hinaus – die eingrenzenden Hinweise zusammen, ergibt sich aus Sicherstellungsvoraussetzung, Bedarfsabhängigkeit und der in der Grundtendenz dem Vertrags- und dem Sachleistungsprinzip verpflichteten Gestaltung des § 77 (wie der gesetzlichen Pflegeversicherung insgesamt) der auf **Ausnahmefälle** beschränkte Anwendungsbereich dieser Vorschrift. Versorgungsverträge im Sinne von § 72 sowie Einzelverträge gemäß § 77 Abs. 1 haben Vorrang bei der Erfüllung des Sicherstellungsauftrags. 59

IX. Subsidiarität

Die Betonung der **Bedarfsabhängigkeit** in Verbindung mit dem Sicherstellungsauftrag unterstreicht die Subsidiarität.[76] Durch Abs. 2 Hs. 2 wird deutlich, dass diese von den Pflegekassen unmittelbar angestellten Pflegekräfte in den Anforderungen an „Wirtschaftlichkeit und Qualität ihrer Leistungen" den „zugelassenen Pflegediensten" entsprechen müssen;[77] als Pflegedienste (ambulante Pflegeeinrichtungen) in diesem Sinne gelten gemäß § 71 Abs. 1 „selbstständig wirtschaftende Einrichtungen, die unter 60

---

73 Vgl. Plantholz in: LPK-SGB XI, § 77 Rn. 16.
74 Wie für zugelassene Pflegedienste nach dem SGB XI.
75 Piepenstock in: Hauck/Noftz, SGB XI, § 77 Rn. 29, zu der strengeren Bedarfsprüfung bei der Anstellung durch Pflegekassen (Abs. 2), als Abweichung vom – bloßen – Sicherstellungsauftrag (Rn. 31). Knittel in: Krauskopf, § 77 SGB XI Rn. 9.
76 Vgl. Schmidt in: KassKomm, § 77 SGB XI Rn. 25, unter Hinweis auf die Klarstellung in: BT-Dr. 12/5262, 140.
77 Vgl. hierzu Wilcken in: BeckOK SozR, SGB XI, § 77 Rn. 6. Knittel in: Krauskopf, § 77 SGB XI Rn. 10; Schmidt in: KassKomm SGB XI § 7 Rn. 26.

ständiger Verantwortung einer ausgebildeten Pflegefachkraft Pflegebedürftige in ihrer Wohnung pflegen und hauswirtschaftlich versorgen".[78] Hinweise auf die **Qualitätsstandards** geben bereits die vielfältigen und differenzierten Anforderungen an Ausbildungsabschlüsse und nachzuweisender Berufserfahrung für die Anerkennung als – allerdings – verantwortliche Pflegefachkraft in § 71 Abs. 3. Damit wird zugleich deutlich, dass die durch die Pflegekasse angestellten Pflegekräfte jedenfalls „unter ständiger Verantwortung einer ausgebildeten Pflegefachkraft" stehen müssen,[79] weshalb die Pflegekasse auch „nur dann Pflegeleistungen durch angestellte Pflegekräfte erbringen darf, wenn sie über eine ausgebildete Pflegefachkraft verfügt".[80] Betont wird, dass es sich zwingend um Einzelpersonen handeln muss, eine „Einrichtung" in entsprechender Trägerstruktur und mit einer Mehrzahl an organisiertem Personal hier nicht in Betracht kommt.[81]

X. Rechtsschutz

61 Verweigert die Pflegekasse einer Pflegekraft (als „Einzelperson") den Vertragsabschluss, kann diese hiergegen – mangels Verwaltungsaktqualität – im Wege der **allgemeinen Leistungsklage** (gemäß § 54 Abs. 5, § 51 Abs. 2 S. 3 und S. 1 SGG) auf **Abschluss des Pflegevertrags klagen**. Drittschutz gegen den Vertragsabschluss jedoch wird durch § 77 Abs. 1 S. 1 nicht vermittelt; ein durch Versorgungsvertrag im Sinne von § 72 zugelassener Leistungserbringer kann seinerseits nicht auf Unterlassung des Vertragsabschlusses mit der Pflegekraft klagen.[82]

62 Mit Blick auf **wettbewerbsrechtliche Streitigkeiten** wird auch eine Zuständigkeit der **Kartellgerichte** und damit der ordentliche Rechtsweg für möglich gehalten; § 87 GWB kommt hier zur Anwendung. Soweit § 69 SGB V die Anwendbarkeit des GWB und damit die Zuständigkeit der Kartellgerichte für bestimmte, dort in Abs. 2 ausdrücklich genannte Rechtsbeziehungen ausschließt, wird die Vertragsbeziehung zwischen Pflegekräften und Pflegekassen nicht erfasst.[83] Gemäß § 69 Abs. 2 S. 1 Hs. 2 SGB V sind die §§ 97 bis 115 und 128 GWB anzuwenden, soweit die dort genannten Voraussetzungen erfüllt sind. Ausgenommen sind ausdrücklich nur „Verträge von Krankenkassen oder deren Verbänden mit Leistungserbringern, zu deren Abschluss die Krankenkassen oder deren Verbände gesetzlich verpflichtet sind und bei deren Nichtzustandekommen eine Schiedsamtsregelung gilt". Auch daraus, dass gemäß § 69 Abs. 2 S. 3 SGB V „der Versorgungsauftrag der gesetzlichen Krankenkassen besonders zu berücksichtigen ist", also aus der öffentlich-rechtlichen und insbesondere sozialstaatlich-solidarischen Komponente, ergibt sich keine Einschränkung des Klagerechts.

63 Erinnert sei daran, dass die Kündigung eines mit einer einzelnen Pflegekraft nach § 77 Abs. 1 abgeschlossenen Vertrages über die Erbringung von Leistungen bei körperbezogener Pflege, pflegerischer Betreuung oder Haushaltsführung iSv § 36 keine Verwaltungsaktqualität haben kann[84] und insofern mit allgemeiner Leistungsklage der Rechtsweg zu den Sozialgerichten eröffnet ist.[85]

§ 78 Verträge über Pflegehilfsmittel

(1) ¹Der Spitzenverband Bund der Pflegekassen schließt mit den Leistungserbringern oder deren Verbänden Verträge über die Versorgung der Versicherten mit Pflegehilfsmitteln, soweit diese nicht nach den Vorschriften des Fünften Buches über die Hilfsmittel zu vergüten sind. ²Abweichend von Satz 1 können die Pflegekassen Verträge über die Versorgung der Versicherten mit Pflegehilfsmitteln schließen, um dem Wirtschaftlichkeitsgebot verstärkt Rechnung zu tragen. ³Die §§ 36, 126 und 127 des Fünften Buches gelten entsprechend.

---

78 Vgl. auch § 72: zugelassene Pflegeeinrichtungen bzw. ambulante Pflegedienste.
79 So Schmidt in: KassKomm, § 77 SGB XI Rn. 26.
80 Udsching in: Spickhoff, Medizinrecht, SGB XI § 77 Rn. 9; vgl. auch Udsching in: Udsching, § 77 Rn. 13.
81 „Organisatorische Verfestigung", so Knittel in: Krauskopf, § 77 SGB XI Rn. 3, unter Bezug auf Neumann, NSZ 1995, 397.
82 So Wilcken in: BeckOK SozR, SGB XI, § 77 Rn. 7.
83 Vgl. Udsching in: Udsching, § 77 Rn. 12; Udsching in: Spickhoff, Medizinrecht, SGB XI, § 77 Rn. 8, mit Hinw. auf Neumann, NZS 1995, 397, und Maschmann, SGb 1996, 96. Piepenstock in: Hauck/Noftz, SGB XI, § 77 Rn. 33, zur früheren – vor der Klarstellung durch G v. 26.3.2008 (BGBl. I, 444) – wettbewerbsrechtlichen Beurteilung, allerdings im Wesentlichen auf § 132 Abs. 1 S. 2 SGB V gerichtet, unter Bezug auf BGHZ 114, 218; 107, 40; 101, 72.
84 Unter Bezug auf BSG, 18.3.1999, B 3 P 9/98 R, BSGE 84, 1, 2, juris Rn. 12/13 = SozR 3-3300 § 77 Nr. 2.
85 Vgl. Plantholz in: LPK-SGB XI, § 77 Rn. 5 (S. 848).

(2) ¹Der Spitzenverband Bund der Pflegekassen erstellt als Anlage zu dem Hilfsmittelverzeichnis nach § 139 des Fünften Buches ein systematisch strukturiertes Pflegehilfsmittelverzeichnis. ²Darin sind die von der Leistungspflicht der Pflegeversicherung umfassten Pflegehilfsmittel aufzuführen, soweit diese nicht bereits im Hilfsmittelverzeichnis enthalten sind. ³Pflegehilfsmittel, die für eine leihweise Überlassung an die Versicherten geeignet sind, sind gesondert auszuweisen. ⁴Im Übrigen gilt § 139 des Fünften Buches entsprechend mit der Maßgabe, dass die Verbände der Pflegeberufe und der behinderten Menschen vor Erstellung und Fortschreibung des Pflegehilfsmittelverzeichnisses ebenfalls anzuhören sind.

(3) ¹Die Landesverbände der Pflegekassen vereinbaren untereinander oder mit geeigneten Pflegeeinrichtungen das Nähere zur Ausleihe der hierfür nach Absatz 2 Satz 4 geeigneten Pflegehilfsmittel einschließlich ihrer Beschaffung, Lagerung, Wartung und Kontrolle. ²Die Pflegebedürftigen und die zugelassenen Pflegeeinrichtungen sind von den Pflegekassen oder deren Verbänden in geeigneter Form über die Möglichkeit der Ausleihe zu unterrichten.

(4) Das Bundesministerium für Gesundheit wird ermächtigt, das Pflegehilfsmittelverzeichnis nach Absatz 2 und die Festbeträge nach Absatz 3 durch Rechtsverordnung im Einvernehmen mit dem Bundesministerium für Arbeit und Soziales und dem Bundesministerium für Familie, Senioren, Frauen und Jugend und mit Zustimmung des Bundesrates zu bestimmen; § 40 Abs. 5 bleibt unberührt.

Literatur:

Baumeister/Struß, Hippokrates als Dienstleister gemäß den Vorgaben des Europäischen Gerichtshofes, NZS 2010, 247; *Becker/Meeßen/Neueder/Schlegelmilch/Schön/Vilaclara*, Strukturen und Prinzipien der Leistungserbringung im Sozialrecht (1. Teil), VSSR 2011, S. 323 (2. Teil), VSSR 2012, 1; *Becker/Schweitzer*, Wettbewerb im Gesundheitswesen – Welche gesetzlichen Regelungen empfehlen sich zur Verbesserung eines Wettbewerbs der Versicherer und Leistungserbringer im Gesundheitswesen?, Gutachten B, München 2012; *Gottwald*, Die rechtliche Regulierung medizinischer Innovationen in der Gesetzlichen Krankenversicherung, 2016; *Kingreen*, Die Entscheidung des EuGH zur Bindung der Krankenkassen an das Vergaberecht, NJW 2009, 2417; *Roth*, Gerichtshof der Europäischen Gemeinschaften öffnet Tor für das Vergaberecht in der gesetzlichen Krankenversicherung, SGb 2009, 639.

I. Entstehungsgeschichte	1
II. Grundsätzliches	2
III. Übertragung des Gestaltungskonzepts aus §§ 126, 127 SGB V (idF vom 4.4.2017)	7
1. Zur Charakterisierung der Verträge über Pflegehilfsmittel	8
2. Die zusätzlichen Qualitätskriterien	11
3. Grundsatz der vertraglichen Gestaltung	12
4. Aufträge an den Spitzenverband Bund und an die Spitzenorganisationen der Leistungserbringer	30
IV. Zum Vertragssystem („Versorgungsvertrag")	31
1. Vertragsgegenstand	32
2. Pflegehilfsmittelverzeichnis und Qualitätsstandards	33
3. Eintritt als Vertragspartner	34
4. Vergütungspflicht und Abrechnung	44
5. Werbemaßnahmen des Leistungserbringers	50
6. Unterstellung unter das sozialversicherungsrechtliche Datenschutzsystem	51
7. Erhalt der Kontinuität der Leistungsbeziehungen	58
8. Festlegung der Laufzeit des Versorgungsvertrags	59
9. Vertragsrettende, salvatorische Klausel	60
V. Grundlagen für ein systematisches Hilfsmittelverzeichnis (Abs. 2 S. 5)	61
1. Pflegehilfsmittelverzeichnis	63
2. Antragsverfahren zur Aufnahme-Entscheidung	67
3. Widerruf	72
4. Anhörung	73
5. Inbezugnahme der Festbetragssystematik	74
6. Rechtsschutz	84
7. Grundrechtsfragen bei der Festbetragsfestsetzung	86
8. Zweifel an der Rechtmäßigkeit von § 36 SGB V im Einzelnen	87
VI. Zur weiteren Entwicklung im Vertragsrecht der (Sach-)Leistungserbringer	91

I. Entstehungsgeschichte

§ 78 wurde durch das PflegeVG vom 26.5.1994 (BGBl. I, 1014) mWv 1.1.1995 eingeführt, in der Folgezeit mehrfach geändert, in jüngerer Zeit durch das GKV-WSG vom 26.3.2007 (BGBl. I, 378) mWv 1.4.2007, ferner durch das GKV-WSG mWv 1.7.2008, sowie durch das Pflege-Neuausrichtungs-Gesetz (PNG) vom 23.10.2012 (BGBl. I, 2246) mWv 30.10.2012, zuletzt durch Gesetz vom 8.4.2013 (BGBl. I, 730). Mittelbar hat die Norm durch ihre Bezugnahme auf die §§ 126 und 127 SGB V größere Veränderungen erfahren, die durch Art. 1 Nr. 9 des Gesetzes v. 4.4.2017 (BGBl. I, 778) mWv 11.4.2017 hervorgerufen worden sind und insbesondere die Präqualifizierungs-/Zertifizierungsstellen betreffen.

II. Grundsätzliches

2 Die Vorschrift erfüllt bei der Einordnung in das System der Pflegeversicherung eine **Scharnierfunktion**, indem sie die wesentlichen qualitativen und auch berufsrechtlichen Anforderungen aus dem Sachmittelrecht der gesetzlichen Krankenversicherung für die Pflegeversicherung anwendbar macht:[1] „§ 78 ist insbesondere von der entsprechenden Anwendung wesentlicher Regelungen zum Hilfsmittelrecht der Krankenversicherung (§§ 36, 126, 127, 139 SGB V) geprägt".[2] Mit der entsprechenden Geltung der **§§ 36, 126 und 127 SGB V** (Abs. 1 S. 3) werden die Maßgaben zur Festlegung von Hilfsmittel-Festbeträgen (§ 36 SGB V), die Grundsätze der Versorgung durch Vertragspartner (§ 126 SGB V) und die Regeln über die Verträge mit Leistungserbringern oder zu diesem Zweck gebildeten Zusammenschlüssen von Leistungserbringern (§ 127 SGB V) – unter Einschluss insbesondere der entsprechenden Sicherstellungsaufträge hinsichtlich Qualität, Beratung und ergänzender Dienstleistungen sowie auch wohnortnaher Versorgung der Versicherten – auf Pflegehilfsmittel übertragen und hierdurch ein wichtiger Beitrag zur **Kompatibilität der Systeme** geleistet.[3]

Darüber hinaus ermöglicht Abs. 1 S. 2 mit Blick auf das „Wirtschaftlichkeitsgebot", den Pflegekassen, einzeln und gesondert Verträge über die Versorgung der Versicherten mit Pflegehilfsmitteln abzuschließen, und damit die Erschließung weiterer **Wirtschaftlichkeitsreserven**.[4]

3 Die Regelung knüpft sachlich und leistungsbezogen an § 40 als – soweit es die Pflegehilfsmittel betrifft – die zentrale Vorschrift an,[5] in der die **Anspruchsperspektive** der Pflegebedürftigen entwickelt wird, zum einen hinsichtlich der **Pflegehilfsmittel**, zum anderen (in Abs. 2) mit Blick auf **wohnumfeldverbessernde Maßnahmen**. In dieser – letztgenannten – Dimension bezieht sich § 78 auf § 40 Abs. 4 S. 2 und gehört systematisch eher zum **Leistungsrecht** als zum Recht der Leistungserbringung;[6] hier geht es lediglich um die Zuweisung der Befugnis, die Zuschüsse zu bemessen und gerade hierfür eine „verbindliche Auslegungshilfe" zu schaffen, wobei die in diesem Zusammenhang formulierten Richtlinien der Spitzenverbände keinen normativen Charakter haben können, vielmehr hier vor allem **ermessensbegleitendes und -leitendes Binnenrecht der Verwaltung** sind.[7]

4 Zwei allgemeine Grundsätze, die gerade die vertragliche Ausgestaltung begleiten, seien hervorgehoben:

- **Erstens die Steuerung des Leistungssystems durch unbestimmte Rechtsbegriffe**, entlang der vom BVerfG[8] – im Zusammenhang der Überprüfung der Regelung von Festbetragsfestsetzungen – bestätigten gesetzgeberischen Grundentscheidung, „das Versorgungsziel der gesetzlichen Krankenversicherung immer mit unbestimmten Rechtsbegriffen definiert" zu wissen, „weil ihre Ausfüllung von den wirtschaftlichen Gegebenheiten, von Fortschritten in der Medizin und in anderen Wissenschaften, aber auch von internationalen Wirtschaftsbeziehungen und der Lebensführung der Versicherten abhängig ist". Die Auslegung maßgeblicher Begriffe des sozialen Krankenversicherungsrechts ist in der Tat „ständig im Fluss", und in der **Abhängigkeit des Leistungssystems von den Marktgegebenheiten** könne, „was noch vor einiger Zeit als wirkungsvoll und zweckmäßig" erschienen sei, nunmehr „durch neue Erkenntnisse als schädlich eingestuft werden" müssen. Und „ein Verhalten, das vormals wirtschaftlich war", erweise sich als „unwirtschaftlich, sobald andere Anbieter therapeutisch gleich wirksame Mittel zu günstigeren Preisen offerieren". Die Anforderungen an den ökonomischen Wandel und die marktlichen Wettbewerbsveränderungen lassen eine andere rechtliche Einkleidung als durch unbestimmte Rechtsbegriffe (und die Wahl der Vertragsform) kaum sinnvoll erscheinen. Auch das aus dem System der gesetzlichen Krankenversicherung herüberwirkende behutsam wettbewerbliche Denken unterstützt diese zurückgenommenen bzw. flexibilisierte Steuerung.

5 - **Zweitens** gibt das **Sachleistungsprinzip** als grundsätzlich (von Zuzahlungen abgesehen) kostenlose Bereitstellung der Leistungen (§ 2 Abs. 2 SGB V) hier Orientierung. Sich von diesem abkehren zu wollen, „wäre von so erheblicher Tragweite für das System der gesetzlichen Krankenversicherung"

---

1 Vgl. Schneider in: jurisPK-SGB V, § 126 Rn. 10 ff.
2 Leitherer in: KassKomm, § 78 SGB XI Rn. 3; Plantholz in: LPK-SGB XI, § 78 Rn. 1, 12.
3 Plantholz in: LPK-SGB XI, § 78 Rn. 2, dort unter Hervorhebung der Entwicklungsschichten und Konfliktpunkte; vgl. im Übrigen mit Blick auf das PNG dessen Entwurfsbegründung BT-Dr. 17/9369.
4 So Piepenstock in: Hauck/Noftz, SGB XI, § 78 Rn. 2 und 9.
5 Plantholz in: LPK-SGB XI, § 78 Rn. 2, 5.
6 Piepenstock in: Hauck/Noftz, SGB XI, § 78 Rn. 20.
7 Piepenstock, aaO.
8 BVerfG,17.12.2002, 1 BvL 28/95 ua, BVerfGE 106, 275, 308 = SozR 3-2500 § 35 Nr. 2.

– betont das BVerfG –, dass dies nur der Gesetzgeber selbst verantworten könnte. Jedenfalls muss das Sachleistungsprinzip „den Versicherten im unteren Preissegment erhalten bleiben. Sollte sich ergeben, dass Versicherte, die Hilfsmittel benötigen, diese – abgesehen von äußersten und eher zufälligen Ausnahmen – nicht mehr als **Sachleistung ohne Eigenbeteiligung** beziehen können, weil zu entsprechenden Konditionen die Leistungserbringer mit den Krankenkassen nicht mehr die nach § 2 Abs. 2 S. 2 SGB V vorgesehenen Verträge abschließen könnten, bedeute dies nach Ansicht des BVerfG, dass „die Verbände ihren Aufgaben nach den §§ 35, 36 SGB V nicht gesetzeskonform nachgekommen" sind.

Die fachliche **Verantwortung** der Selbstverwaltungsträger wird – wie durchgängig im Recht der gesetzlichen Sozialversicherung – auch hier durch eine **Verordnungsermächtigung** unterfüttert (Abs. 4 Hs. 1; § 40 Abs. 5),⁹ um die zu gewährenden Pflegehilfsmittel und technischen Hilfen zu bestimmen, adressiert an das (damit federführende) Bundesministerium für Gesundheit, im Einvernehmen mit dem Bundesministerium für Familie, Senioren, Frauen und Jugend und dem Bundesministerium für Arbeit und Soziales und mit Zustimmung des Bundesrates. 6

Die Vorschrift zielt insgesamt in das Wirkungsfeld der verschiedenen (Pflegehilfsmittel-)Leistungserbringer; sie dient der „leistungserbringerrechtlichen Umsetzung des § 40 SGB XI".¹⁰

III. Übertragung des Gestaltungskonzepts aus §§ 126, 127 SGB V (idF vom 4.4.2017)

Die Vorschrift nimmt überdies das konsequent auf vertragliche Gestaltung (anstelle von Konzessionsregelungen)¹¹ gebaute Gestaltungskonzept der §§ 126, 127 SGB V zur Hilfsmittelversorgung auf und überträgt es auf die Pflegehilfsmittel. 7

1. Zur Charakterisierung der Verträge über Pflegehilfsmittel. Als „**Komplexvertrag**"¹² charakterisiert, umfasst der Vertragstyp „alle für die Versorgung wesentlichen Fragen".¹³ Die §§ 126, 127 SGB V in analoger Anwendung geben Näheres zu den **Vertragspartnern** und zur **Zweckbestimmung** sowie zu den vertraglichen **Mindestgehalten** und zur Ausgestaltung selbst. Ein umfassender Sicherstellungsauftrag, dort adressiert an die Krankenkassen und für den hiesigen Zusammenhang auf die Pflegekassen entsprechend (§ 78 Abs. 1 S. 3) zu übertragen, begleitet im SGB V die „Versorgung durch Vertragspartner" (§ 126 SGB V) und die Gestaltung der entsprechenden Verträge (§ 127 SGB V) im Einzelnen. 8

Einige **Grundsätze** seien hervorgehoben, insbesondere zu Verträgen mit Leistungserbringern (bzw. ihren zu diesem Zweck gebildeten Zusammenschlüssen) „über die Lieferung einer bestimmten Menge von Hilfsmitteln, die Durchführung einer bestimmten Anzahl von Versorgungen oder die Versorgung für einen bestimmten Zeitraum" (so in § 127 Abs. 1 SGB V und damit – bezogen auf den Vertragsgegenstand – parallel gestaltet zu § 78 Abs. 1 S. 1). 9

Das **Bestimmtheitserfordernis** wird hier in mehreren möglichen Dimensionen ausgezeichnet und damit zugleich die **Begrenzung des Vertragszwecks**. Die beteiligten Vertragspartner – Krankenkassen (analog: 10

---

9 Hierzu vgl. Plantholz in: LPK-SGB XI, § 78 Rn. 21; ferner Piepenstock in: Hauck/Noftz, SGB XI, § 78 Rn. 29. Die Ausgestaltung nach Maßgabe von § 40 Abs. 5 bleibt nach dem Willen des Gesetzgebers „unberührt", und damit würde möglicherweise der Leistungsanspruch des Pflegebedürftigen durch die Richtlinien nach § 40 Abs. 5 näher konkretisiert und damit der nur informatorische Charakter des Pflegehilfsmittelverzeichnisses durch die Bindungswirkung der Richtlinien überflügelt; vgl. Piepenstock, aaO.
10 Wilcken in: BeckOK SozR, SGB XI, § 78 (Vorbemerkung).
11 Plantholz in: LPK-SGB XI, § 78 Rn. 5. Generell zur Schnittstellenproblematik von SGB V und SGB XI und zum Ziel eines reibungslosen Übergangs zwischen Akutversorgung, Rehabilitation und Pflege vgl. Piepenstock in: Hauck/Noftz, SGB XI, § 78 Rn. 5, dort unter Bezug auf BT-Dr. 16/3100, 90.
12 So Leitherer in: KassKomm, § 78 SGB XI Rn. 7. Plantholz in: LPK-SGB XI, § 78 Rn. 6: Kollektivvertrag. Als öffentlich-rechtlichen „Normsetzungsvertrag" oder „Normvertrag" (Vertrag mit normativer Wirkung): Knittel in: Krauskopf, § 78 SGB XI Rn. 4. Im Übrigen eingehend Piepenstock in: Hauck/Noftz, SGB XI, § 78 Rn. 14 ff., wo (Rn. 16) zu Recht betont wird, es handle sich unter Einbezug Dritter (Leistungserbringer) um die Erfüllung des gesetzlichen Sicherstellungsauftrags zu tun ist und damit um den „Kernbereich der öffentlichen Aufgabe Pflegeversicherung" und eben Leistungs- und Leistungserbringerrecht zwei aufeinander bezogene und ineinander verschränkte Rechtskreise darstellen; ferner dort Rn. 18 f. zur Bedeutung der expliziten Rechtswegzuweisung in § 51 Abs. 2 S. 3 iVm S. 2 SGG, wonach die Sozialgerichte auch über privatrechtliche Streitigkeiten auch im Bereich der sozialen Pflegeversicherung (dann entsprechend) entscheiden, „auch, soweit durch diese Angelegenheiten Dritte betroffen werden". Hier kommt dann – so Piepenstock, aaO, Rn. 19 – die allgemeine Leistungsklage (damit ohne Vorverfahren) in Betracht, § 54 Abs. 5 SGG. Vgl. auch Groß in: Lüdtke, SGG, § 51 Rn. 8, aber auch Rn. 22 (dort unter Bezug auf BT-Dr. 14/5943, 24 zu Nr. 22); ferner Keller in: Meyer-Ladewig ua, SGG, § 51 Rn. 26 ff.
13 So Leitherer in: KassKomm, § 78 SGB XI Rn. 7.

Pflegekassen) bzw. deren Landesverbände bzw. Arbeitsgemeinschaften – unterliegen überdies gesetzlich vorgegebenen Pflichten: erstens hinsichtlich der Qualität der zu erbringenden (Haupt-)Leistungen (dazu dann auch Abs. 1 S. 3 und Abs. 4), zweitens mit Blick auf zusätzliche vertragsgegenstandsspezifische „notwendige Beratung der Versicherten", drittens bezogen auf flankierende „sonstige erforderliche Dienstleistungen" (als vertragliche Nebenpflichten), viertens unter Wahrung des jeweils mitlaufenden Auftrags, „für eine wohnortnahe Versorgung der Versicherten zu sorgen" (§ 127 Abs. 1 S. 2 SGB V).

11 2. Die zusätzlichen Qualitätskriterien. Die zusätzlichen Qualitätskriterien (aus (§ 127 Abs. 1 S. 3 SGB V)[14] betreffen „mindestens die im Hilfsmittelverzeichnis nach § 139 Abs. 2 festgelegten Anforderungen an die Qualität der Versorgung und Produkte"; § 139 Abs. 2 SGB V mit seinem Auftrag zu qualitätsbezogenen Vorgaben legt sich hier „indikations- oder einsatzbezogen" fest. Mit den §§ 126, 127 SGB V werden die Beziehungen zu Leistungserbringern von Hilfsmittel gestaltet, aus der Perspektive der Sicherstellung hinreichender Versorgung als Versichertenanspruch (§ 126 SGB V) ebenso wie aus der Perspektive der Vertragsbeziehung (§ 127 SGB V). Damit geben im Wesentlichen folgende Grundsätze die Orientierung, die dann entsprechend für Verträge über Pflegehilfsmittel gelten:

12 3. Grundsatz der vertraglichen Gestaltung. Die Betonung der Versorgung mit Hilfsmitteln durch Vertragspartner legt (gemäß § 126 Abs. 1 S. 1 SGB V iVm § 78 Abs. 1 S. 3) die Generallinie für das entsprechende Gestaltungsermessen der (Pflege-)Kassen gegenüber Leistungserbringern (und gegenüber den Versicherten) fest: „Hilfsmittel dürfen an Versicherte nur auf der Grundlage von Verträgen nach § 127 Abs. 1, 2 und 3 SGB V abgegeben werden".

13 Materielle Anforderungen an die Leistungserbringer ergeben sich aus § 126 Abs. 1 S. 2 SGB V iVm § 78 Abs. 1 S. 3: Entscheidungen über die Auswahl entsprechender Vertragspartner der (Pflege-)Kassen und über die inhaltliche Gestaltung der Verträge haben sich daran auszurichten, ob die Leistungserbringer „die Voraussetzungen für eine ausreichende, zweckmäßige und funktionsgerechte Herstellung, Abgabe und Anpassung der Hilfsmittel erfüllen". Hierzu ergehen Empfehlungen des Spitzenverbandes Bund der Pflegekassen „für eine einheitliche Anwendung" dieser materiellen vertraglichen Anforderungen, und zwar – nicht zuletzt zur Qualitätssicherung, Stabilisierung und Verstetigung der Leistungsbeziehungen – einschließlich eines Fortbildungsauftrags für die Leistungserbringer (Abs. 1 S. 3).

14 Bestätigungssystem und Bestätigungsverfahren: Die Anforderungen an die Leistungserbringer (§ 126 Abs. 1 S. 2 SGB V iVm § 78 Abs. 1 S. 3) sicherzustellen, sind die (Pflege-)Kassen verpflichtet. Sie sind hierbei in ihrer Einschätzung an die „Bestätigung einer geeigneten, unabhängigen Stelle (Präqualifizierungsstelle)" gebunden (§ 126 Abs. 1a S. 2 SGB V).[15] Der Sicherstellung qualitativer Anforderungen dient insbesondere die Verpflichtung, erteilte Zertifizierungen gegebenenfalls „einzuschränken, auszusetzen oder zurückzuziehen, wenn die erteilende Stelle [...] feststellt, dass die Voraussetzungen [...] nicht mehr erfüllt sind, soweit der Leistungserbringer nicht innerhalb einer angemessenen Frist die Übereinstimmung herstellt".[16]

15 Das Zertifizierungsverfahren um den Zertifizierungsanspruch folgt spezifischen Anforderungen an seine Ausgestaltung (§ 126 Abs. 1a S. 4, Abs. 2 SGB V). Und die Leistungserbringer führen innerhalb dieses Zertifizierungssystems den Nachweis über die „Voraussetzungen für eine ausreichende, zweckmäßige und funktionsgerechte Herstellung, Abgabe und Anpassung der Hilfsmittel" (§ 126 Abs. 1 S. 2 iVm Abs. 1a S. 1), begleitet von einem eher allgemein gehaltenen Sicherstellungsauftrag, entsprechend über § 78 Abs. 1 S. 3 an die Pflegekassen adressiert (§ 126 Abs. 1a S. 1 SGB V).

Die Steuerung durch Zertifizierung erfolgt nach Maßgabe von § 126 Abs. 1a S. 5 und 6 SGB V, denn erstens sind die Zertifikate auf höchstens fünf Jahre zu befristen (S. 5), dürfen also auch auf kürzere Zeiträume beschränkt erteilt werden. Und zweitens gilt der Maßstab der (Verwaltungs-)Zertifizierungsstandards aus DIN EN ISO/IEC 17065, Ausgabe Januar 2013 (S. 6), deren Nichterfüllung oder Nichteinhaltung durch die Leistungserbringer dazu führt, dass die erteilten Zertifikate „[...] einzu-

---

14 Piepenstock in: Hauck/Noftz, SGB XI, § 78 Rn. 12, zu „Regelungen zur Wirtschaftlichkeit und Qualität der Versorgung" unter Bezug auf § 127 SGB V.
15 Zu Präqualifizierungsstellen vgl. § 126 Abs. 2 iVm Abs. 1a S. 4–8 SGB V in seiner Fassung durch Art. 1 Nr. 9 des Gesetzes v. 4.4.2017 (BGBl. I, 778) mWv 11.4.2017; hierzu Schneider in: jurisPK-SGB V, § 126 Rn. 16 ff., auch mit Hinweisen zur – umstrittenen – Rechtsnatur der Qualifizierungsentscheidungen (Rn. 19).
16 § 126 Abs. 1a S. 5 SGB V in seiner Fassung durch Art. 1 Nr. 9 des Gesetzes v. 4.4.2017 (BGBl. I, 778) mWv 11.4.2017, dort in den weiteren S. auch mit weiteren Einzelheiten zum Zertifizierungssystem.

schränken, auszusetzen oder zurückzuziehen [sind]", allerdings nur, wenn und „soweit der Leistungserbringer nicht innerhalb einer angemessenen Frist die Übereinstimmung herstellt".[17]

Die Einzelheiten des **Zertifizierungssystems** richten sich nach § 126 Abs. 2 SGB V.[18] Hier werden die vor allem die institutionell-organisatorischen Rahmenbedingungen des neuen Systems der **Akkreditierung** angesprochen (§ 126 Abs. 2 S. 1 mit S. 7–11 SGB V), wobei vor allem die Gestaltung des Übergangs im Vordergrund steht, einmal im Hinblick auf die Präqualifizierungsstellen: Diese haben, wenn sie seit dem 1.7.2010 bereits Zertifizierungsaufgaben wahrnehmen, spätestens bis zum 31.7.2017 einen Akkreditierungsantrag zu stellen und spätestens bis zum 30.4.2019 eine erfolgreich absolvierte **Akkreditierung nachzuweisen** (§ 126 Abs. 2 S. 8 SGB V). Zum anderen geht es um die Fortführung von **Zertifizierungsverhältnissen** (übergangsweise Akkreditierung der Präqualifizierungsstellen, vgl. § 126 Abs. 2 S. 5), erforderlichenfalls verbunden mit der **Verpflichtung der** (bereits zertifizierten) Leistungserbringer, „umgehend mit einer anderen Präqualifizierungsstelle die Fortführung des Präqualifizierungsverfahrens zu vereinbaren", verbunden mit der Verpflichtung die Antragsdaten weiterzuleiten (aaO, S. 6). 16

Die zentrale auch fachaufsichtlich zuständige Stelle ist die neu zu benennende **nationale Akkreditierungsstelle**, in Deutschland die „Deutsche Akkreditierungsstelle" – **DAkkS** (GmbH); dies ist „die einzige Stelle in einem [EU-] Mitgliedstaat, die im Auftrag dieses Staates Akkreditierungen durchführt",[19] wobei man durch die Konzentration auf eine einzige nationale Akkreditierungsstelle versucht zu „gewährleisten, dass diese Stelle durch ihre Organisationsweise objektiv und unparteilich arbeitet.[20] Als **Akkreditierung** gilt im Übrigen jede „Bestätigung durch eine nationale Akkreditierungsstelle […], dass eine Konformitätsbewertungsstelle die in harmonisierten Normen festgelegten Anforderungen und, gegebenenfalls, zusätzliche Anforderungen, einschließlich solcher in relevanten sektoralen Akkreditierungssystemen, erfüllt, um eine spezifische Konformitätsbewältigungstätigkeit durchzuführen".[21] Die hier zitierte Verordnung Nr. 765/2008 zielt grundsätzlich auf einen gemeinsamen Rechtsrahmen für die Vermarktung von Produkten,[22] wobei dieser übergeordnete Rahmen die Anwendung der bestehenden materiellrechtlichen Bestimmungen will verbessern helfen. 17

Die **Leistungserbringerdatenverarbeitung** (§ 126 Abs. 1 a Sätze 7–9 SGB V iVm § 78 Abs. 1 S. 3) richtet sich nun (mit Geltung seit 11.4.2017) in erster Linie nach den Anforderungen des Zertifizierungssystems: Die Vereinbarung des Spitzenverbandes Bund der Pflegekassen mit den für die Wahrnehmung der Interessen der Leistungserbringer maßgeblichen Spitzenorganisationen auf Bundesebene (§ 126 Abs. 1 a S. 3 bisheriger Fassung SGB V), durch die das **Auswahlmanagement** hinsichtlich der Leistungserbringer gesteuert und im Einzelnen gestaltet wurde, existiert in dieser Form nicht mehr. Stattdessen 18

---

17 Das bisherige Verfahren, dessen Einzelheiten „einschließlich der Bestimmung und Überwachung der geeigneten Stellen, Inhalt und Gültigkeitsdauer der Bestätigungen, der Überprüfung ablehnender Entscheidungen und der Erhebung von Entgelten" der Spitzenverband Bund der Pflegekassen mit den für die Wahrnehmung der Interessen der Leistungserbringer maßgeblichen Spitzenorganisationen auf Bundesebene zu vereinbaren hatte, wobei entsprechend § 126 Abs. 1 a S. 4 bisheriger Fassung SGB V sicherzustellen war, dass Leistungserbringer das Verfahren „unabhängig von einer Mitgliedschaft bei einem der Vereinbarungspartner" nutzen können und dass sie – wenn sie die Voraussetzungen erfüllen – einen Anspruch auf Bestätigungserteilung haben, existiert in dieser Form nicht mehr.
18 Vgl. Schneider in: jurisPK-SGB V, § 126 allgemein zur Präqualifizierung (Rn. 16 ff.), noch ohne Bezug zu dem seit 4.4.2017 neuen Abs. 2.
19 So Verordnung/EG Nr. 765/2008 vom 9.7.2008 über die Vorschriften für die Akkreditierung und Marktüberwachung im Zusammenhang mit der Vermarktung von Produkten und zur Aufhebung der Verordnung [EWG] Nr. 339/93 des Rates, Erwägungsgrund Nr. 11, ABlEG Nr. L 218/30 vom 13.8.2008: EU-Akkreditierungsverordnung.
20 AaO, Erwägungsgrund Nr. 15. – Zur Behördeneigenschaft der DAkkS (GmbH) führt das OVG Bln-Bbg mit Urt. v. 14.12.2016 (OVG 1 B 26.14 – juris Rn. 39) aus: „Nach § 1 Abs. 4 VwVfG ist eine Behörde im Sinne des Verwaltungsverfahrensgesetzes jede Stelle, die Aufgaben der öffentlichen Verwaltung wahrnimmt. Dies ist bei der nationalen Akkreditierungstätigkeit, in dessen Rahmen die Beklagte gemäß § 1 Abs. 1 Satz 1 AkkStelleG hoheitliche Aufgaben des Bundes wahrnimmt, der Fall (vgl. auch Tiede/Ryczewski/Yang, NVwZ 2012, 1212 [1216]). Die funktionale Behördeneigenschaft der Beklagten ergibt sich auch aus der äußeren Form ihres Handelns, denn sie erlässt Verwaltungsakte, namentlich Akkreditierungs- und Kostenbescheide, und ist gemäß § 1 Abs. 2 AkkStelleGBV Widerspruchsbehörde im Sinne von § 73 Abs. 1 Satz 2 Nr. 2 VwGO. Ein weiteres Indiz stellt § 7 Abs. 1 AkkstelleG dar, wonach die Beklagte für ihre individuell zurechenbaren öffentlichen Leistungen auf Grund dieses Gesetzes und der Verordnung (EG) Nr. 765/2008 Gebühren und Auslagen zur Deckung des Verwaltungsaufwands erhebt".
21 AaO, Erwägungsgrund Nr. 10.
22 AaO, Erwägungsgrund Nr. 4.

dürfen die Zertifikate erteilenden Stellen (iSv § 126 Abs. 2 S. 1 SGB V) die für den Anforderungsnachweis der Zertifizierung erforderlichen Daten bei den (potenziellen) Leistungserbringern „erheben, verarbeiten und nutzen" (§ 126 Abs. 1 a S. 7 SGB V). Eine zusätzliche Unterrichtungspflicht trifft die Zertifizierungsstellen gegenüber dem Spitzenverband Bund der Krankenkassen nach dessen Vorgaben „über ausgestellte sowie über verweigerte, eingeschränkte, ausgesetzte und zurückgezogene Zertifikate" einschließlich von Daten zur Identifizierung der Leistungserbringer (§ 126 Abs. 1 a S. 8 SGB V).

19 Ein Datenverarbeitungs- und **Weiterübermittlungsrecht** (§ 126 Abs. 1 a S. 9 SGB V) hat der Spitzenverband, indem er die übermittelten Daten den (Pflege-)Kassen und der nationalen Akkreditierungsstelle bekannt gibt. Die Nationale Akkreditierungsstelle (s. o.) folgt nach Maßgabe von § 126 Abs. 2 S. 1 (idF vom 4.4.2017) den Prüfungsmaßstäben, wie sie hier in § 126 Abs. 2 S. 1 SGB V „gemäß DIN EN ISO/IEC 17065, Ausgabe Januar 2013" in Bezug genommen worden sind, hier im Sinne einer **dynamischen Verweisung** zu verstehen, vermittelt über die ebenfalls in S. 1 herangezogene Verordnung/EG Nr. 765/2008 „in der jeweils geltenden Fassung". Das ISO-gestützte Akkreditierungs- und Zertifizierungssystem soll insbesondere dazu dienen, bei allen Beteiligten Vertrauen darein zu stärken, dass die festgelegten insbesondere fachlichen Anforderungen erfüllt werden und ein System aus Erstprüfung, Überwachung und Qualitätsmanagementsystemen sowie Wiederholungsprüfungen eingerichtet wird.

20 Hingewiesen sei auf ein offenes Problem des Fünfjahres-Zertifizierungszeitraums, der durch das OVG Berlin-Brandenburg mit (noch nicht rechtskräftigem) Urt. v. 14.12.2016[23] auf den Prüfstand gehoben worden ist, denn danach fehlt für eine Befristung der Akkreditierung nach Art. 5 Abs. 1 S. 2 Verordnung (EG) Nr. 765/2008 eine tragfähige Rechtsgrundlage. Aus Art. 5 Abs. 1 S. 2 EU-Akkreditierungs-VO folgt ein Anspruch auf Erteilung einer unbefristeten Akkreditierung, denn diese ist für eine bestimmte Konformitätsbewertungstätigkeit zu erteilen, wenn die hierfür erforderliche Kompetenz festgestellt wird, ohne dass dieser Akkreditierungsanspruch ermessensgeleitet wäre. Für jede Beschränkung bedarf es daher einer tragfähigen Rechtsgrundlage.[24]

21 § 127 SGB V (in entsprechender Anwendung über § 78 Abs. 1 S. 3) betont in seinem Abs. 1 den Vertragsschluss mit den Leistungserbringern bzw. ihren Zusammenschlüssen „**im Wege der Ausschreibung**",[25] verbunden mit einem bisher auf Zweckmäßigkeitserwägungen gegründeten[26] und nun als **zwingender Ausnahmevorbehalt** (§ 127 Abs. 1 S. 6 SGB V) ausgestaltet, denn für (hier entsprechend: Pflege-)Hilfsmittel, „die für einen bestimmten Versicherten individuell angefertigt werden, oder Versorgungen mit hohem Dienstleistungsanteil sind Ausschreibungen nicht zweckmäßig", eine Fiktion des Gesetzgebers, die ein Ausnahmeermessen nicht mehr zulässt.

22 **Qualitätssicherstellung bei Ausschreibung von Vertragsleistungen** (§ 127 Abs. 1 S. 2 SGB V idF vom 4.4.2017 iVm § 78 Abs. 1 S. 3): Bei Verträgen mit Leistungserbringern oder zu diesem Zweck gebildeten Zusammenschlüssen von Leistungserbringern über die Lieferung einer bestimmten Menge von Hilfsmitteln, die Durchführung einer bestimmten Anzahl von Versorgungen oder über die Versorgung für einen bestimmten Zeitraum haben die (Pflege-)Kassen „die Qualität der Hilfsmittel, die notwendige Beratung der Versicherten und die sonstigen erforderlichen Leistungen im Sinne des § 33 Abs. 1 S. 3 sicherzustellen sowie für eine wohnortnahe Versorgung der Versicherten zu sorgen". Hierbei müssen zwingend „mindestens die im **Hilfsmittelverzeichnis** festgelegten Anforderungen an die Qualität der Versorgung und der Produkte zugrunde gelegt werden"; auch hier hat durch das Gesetz vom 4.4.2017

---

23 OVG 1 B 26.14 – juris Rn. 37 ff.
24 OVG 1 B 26.14 – juris Rn. 37, und weiter: „Insbesondere Art. 5 der EU-Akkreditierungsverordnung, die in allen ihren Teilen verbindlich ist und unmittelbar in jedem Mitgliedstaat gilt, enthält keine Ermächtigung der Beklagten für die nach eigener Aussage regelmäßig praktizierte Befristung einer Akkreditierung auf fünf Jahre. Eine solche Ermächtigung folgt auch nicht aus den Überwachungsaufgaben der nationalen Akkreditierungsstellen nach Art. 5 Abs. 3 EU-Akkreditierungsverordnung oder aus der Verpflichtung nach Art. 5 Abs. 4 EU-Akkreditierungsverordnung, „alle geeigneten Maßnahmen (zu treffen), um die Akkreditierungsurkunde einzuschränken, auszusetzen oder zurückzuziehen", wenn „eine Konformitätsbewertungsstelle … nicht mehr über die Kompetenz verfügt, eine bestimmte Konformitätsbewertungstätigkeit auszuführen, oder ihre Verpflichtungen gravierend verletzt hat". Der Zweck der Akkreditierung setzt eine Befristung der Akkreditierung ebenfalls nicht voraus; denn „die sich aus Art. 5 Abs. 4 EU-Akkreditierungsverordnung ergebende Verantwortung der Akkreditierungsstelle, dafür zu sorgen, dass eine akkreditierte Konformitätsbewertungsstelle entsprechend kompetent bleibt oder ihre Verpflichtungen nicht gravierend verletzt, könnte auch durch die in Art. 5 Abs. 3 EU-Akkreditierungsverordnung vorgeschriebene Überwachungstätigkeit erreicht werden" (Rn. 40).
25 Plantholz in: LPK-SGB XI, § 78 Rn. 10, vgl. dort auch Rn. 10. Zu den Ausschreibungsfragen auf der Basis der bisherigen SGB V-Regelungen eingehend Piepenstock in: Hauck/Noftz, SGB XI, § 78 Rn. 13.
26 Mit der Formel „in der Regel" (in § 127 Abs. 1 S. 4 bisheriger Fassung SGB V), neu gefasst durch Gesetz vom 4.4.2017 mWv 11.4.2017 [BGBl. I, 778], dort Art. 1 Nr. 10 lit. a usw.

also eine gewisse Nachschärfung stattgefunden, die sich in dem in Bezug genommenen § 139 Abs. 2 SGB V fortsetzt, denn auch dort ist mit der Fassung vom 4.4.2017 nunmehr zwingend „indikations- und oder einsatzbezogen **besondere Qualitätsanforderungen** für Hilfsmittel festzulegen".[27]

Ausschreibungsverzicht unter Qualitätssicherung durch Mindestanforderungen (§ 127 Abs. 2 S. 1 SGB V iVm § 78 Abs. 1 S. 3): Soweit Ausschreibungen in Übereinstimmung mit dem Gestaltungs- und Abschlussermessen der (Pflege-)Kassen (entsprechend § 127 Abs. 1 SGB V) nicht durchgeführt werden, schließen die (Pflege-)Kassen, ihre Landesverbände oder Arbeitsgemeinschaften Verträge mit Leistungserbringern oder Verbänden oder sonstigen Zusammenschlüssen der Leistungserbringer. „Hierbei sind die „Einzelheiten der Versorgung mit Hilfsmitteln, deren Wiedereinsatz, die Qualität der Hilfsmittel und zusätzlich zu erbringender Leistungen, die Anforderungen an die Fortbildung der Leistungserbringer, die Preise und die Abrechnung" – mithin **alle wesentlichen Qualitätsmerkmale** – zu vereinbaren und festzulegen. Diese Regelung gilt insbesondere (entsprechend § 127 Abs. 1 S. 6 SGB V idF vom 4.4.2017) für **individuell** für einen bestimmten Versicherten anzufertigende Hilfsmittel und für „Versorgungen mit hohem Dienstleistungsanteil", denn hier werden Ausschreibungen für „nicht zweckmäßig" erachtet, was im Einzelfall durchaus problematisch sein kann. 23

Empfehlungen oder Schiedsverfahren zur Zweckmäßigkeit von Ausschreibungen (§ 127 Abs. 1 a SGB V iVm § 78 Abs. 1 S. 3): Ausgangspunkt und Orientierung für Entscheidungen der (Pflege-)Kassen, ihrer Landesverbände oder Arbeitsgemeinschaften über die Zweckmäßigkeit von Ausschreibungen sind (entsprechend § 127 Abs. 1 a S. 1 SGB V) diesbezügliche gemeinsame Empfehlungen des Spitzenverbandes Bund der Pflegekassen und der Spitzenorganisationen der Leistungserbringer auf Bundesebene, die wiederholt[28] ausgegeben werden können, wenn auch der Wortlaut der Schiedsverfahrensregelung „erstmals" kaum Zweifel zulässt, dass hier ein **regelmäßig zur Anwendung gestelltes Verfahren** angeboten werden soll. 24

Publikationspflichten (§ 127 Abs. 2 S. 3 SGB V iVm § 78 Abs. 1 S. 3): Eine – systemimmanent – öffentliche Bekanntgabe „in geeigneter Weise" bezieht sich zeitlich bereits auf die „**Absicht**, über die Versorgung mit bestimmten Hilfsmitteln Verträge zu schließen", um so den marktlichen Druck der möglichen Wettbewerber und die entsprechende marktliche Kontrolle der Wettbewerber untereinander in Gang zu setzen. Dem entsprechend sind (gemäß Abs. 2 S. 4) andere Leistungserbringer über die Inhalte bereits abgeschlossener Verträge zumindest „auf Nachfrage unverzüglich zu informieren". 25

Beitritts- bzw. Eintrittsrechte (§ 127 Abs. 2 a S. 1 SGB V iVm § 78 Abs. 1 S. 3): Diese können den **Wettbewerb** stärken[29] und zur **Qualitätssteigerung** beitragen und insbesondere die ständig erforderliche Anpassung an **Weiterentwicklungen** in Medizin, Medizintechnik und Pflege erleichtern. Den bereits bestehenden Verträgen, die (gemäß Abs. 2 S. 1) ohne Ausschreibungen zustande gekommen sind, können daher Leistungserbringer „zu den gleichen Bedingungen als Vertragspartner beitreten, soweit sie nicht aufgrund bestehender Verträge bereits zur Versorgung der Versicherten berechtigt sind".[30] 26

Einzelvereinbarungen (§ 127 Abs. 3 S. 1 SGB V iVm § 78 Abs. 1 S. 3): Vereinbarungen der (Pflege-)Kassen mit Leistungserbringen für Einzelfälle (namentlich individualisierte Versicherte mit sehr spezifischen [Pflege-]Hilfsmittelbedarfen) abzuschließen, muss immer dann möglich bleiben, wenn und soweit entweder für ein als erforderlich anerkanntes Hilfsmittel (noch) kein entsprechendes Vertrag mit einem Leistungserbringer besteht oder „durch Vertragspartner eine Versorgung der Versicherten in einer für sie zumutbaren Weise nicht möglich ist". Zur Orientierung und Absicherung der Preisgestaltung darf die Kasse zuvor ebenfalls „bei anderen Leistungserbringern in pseudonymisierter Form Preisangebote einholen". Für die **Zumutbarkeit** lassen sich Kosten(beteiligungs)grenzen ebenso anführen wie die Dauer der Herstellung bzw. Lieferung und natürlich auch qualitativ-funktionale Argumente. 27

Informationspflichten über Vertragspartner und Vertragsinhalte (§ 127 Abs. 5 S. 1 SGB V iVm § 78 Abs. 1 S. 3): Diese sind die Konsequenz der **Transparenz**, die für das Vertragssystem auch und gerade dort gefordert werden muss, wo es durch Ausschreibungsverzicht oder Individualverträge besonders unter Rechtfertigungsdruck gerät und insbesondere den Versicherten Vergleichsmöglichkeiten fehlen, mit deren Hilfe sie das Leistungsvermögen ihrer Kasse und eventuelle eigene Zuzahlungspflichten einschätzen könnten. Deshalb müssen die (Pflege-)Kassen „ihre Versicherten über die zur Versorgung be- 28

---

27 Zu den Problemen um „neue Hilfsmittel" vgl. Gottwald, Die rechtliche Regulierung, 2016, S. 258 ff.
28 Erstmalig bis zum 30.6.2009.
29 Plantholz in: LPK-SGB XI, § 78 Rn. 10. Vgl. auch Becker/Meeßen ua, VSSR 2011, 323, 358 f.
30 Zum Beitrittsrecht Knittel in: Krauskopf, § 78 SGB XI Rn. 5.

rechtigten Vertragspartner" informieren und auch „über die wesentlichen Inhalte der Verträge".[31] In § 127 Abs. 5 S. 2 SGB V in der Fassung durch Gesetz vom 4.4.2017 ist der Informationsanspruch nicht nur als Nachfrageanspruch, sondern als Informationspflicht („informiert") gesondert aufgenommen und dahingehend eingegrenzt worden, dass die Versicherten bereits einen Leistungserbringer gewählt haben (und zu ihm Vertrauen aufbauen konnten) oder die Krankenkassen von ihrem Genehmigungsvorbehalt zur beantragten Hilfsmittelversorgung nicht Gebrauch gemacht haben.

Wenn die Kassen überdies den „Vertragsärzten entsprechende Informationen zur Verfügung stellen" (§ 127 Abs. 5 S. 3 SGB V idF vom 4.4.2017), können sie damit jederzeit diesen informatorischen Anspruch vertiefen und fachlich weiter unterlegen.

29 **Überwachungsauftrag an die Krankenkassen** (§ 127 Abs. 5 a SGB V idF vom 4.4.2017): Dem Gesamtkonzept der jüngsten Reformstufe in der gesetzlichen Krankenversicherung folgend sind auch hier – über § 78 Abs. 1 S. 3 – Kontrollfunktionen weiter ausgebaut worden; die Krankenkassen haben zu überwachen, dass die vertraglichen und gesetzlichen Pflichten der Leistungserbringer eingehalten werden (Abs. 5 a S. 1), dies unter erweiterten „einrichtungsbezogenen" Informationsrechten der Krankenkassen und Auskunftspflichten der Leistungserbringer (Abs. 5 a S. 3). Soweit erforderlich und soweit der Versicherte schriftlich eingewilligt hat, dürfen die Krankenkassen – gemäß § 127 Abs. 5 a S. 4 SGB V – „auch die **personenbezogene Dokumentation** über den Verlauf der Versorgung einzelner Versicherter anfordern".

30 **4. Aufträge an den Spitzenverband Bund und an die Spitzenorganisationen der Leistungserbringer.** Neben diesen Grundsätzen stehen die aus den §§ 126 und 127 SGB V resultierenden Aufträge an den Spitzenverband Bund der Pflegekassen und an die für die Wahrnehmung der Interessen der Leistungserbringer maßgeblichen Spitzenorganisationen auf Bundesebene. Dazu gehört die Zuweisung der Vertragsgestaltungs- und -abschlusskompetenzen an den Spitzenverband Bund der Pflegekassen oder an einzelne Pflegekassen gegenüber den (Pflege-)Hilfsmittelerbringern und deren Verbänden. Im Übrigen haben (gemäß § 127 Abs. 6 S. 1 SGB V iVm § 78 Abs. 1 S. 3) der Spitzenverband Bund der Pflegekassen und die Spitzenorganisationen zur Interessenwahrnehmung der Leistungserbringer auf Bundesebene „gemeinsam **Rahmenempfehlungen** zur Vereinfachung und Vereinheitlichung der Durchführung und Abrechnung der Versorgung mit Hilfsmitteln" abzugeben.

IV. Zum Vertragssystem („Versorgungsvertrag")

31 Die derzeit noch maßgebliche Version des Vertrags über die Versorgung der Versicherten mit zum Verbrauch bestimmten Pflegehilfsmitteln gemäß § 78 Abs. 1 iVm § 40 Abs. 2 („Versorgungsvertrag")[32] illustriert das **Zusammenwirken der Akteure** im Hinblick auf die einzelnen Regelungselemente: Vertragspartner sind der jeweilige Leistungserbringer[33] einerseits und andererseits nicht mehr die Spitzenverbände der Pflegekassen,[34] sondern der Spitzenverband Bund der Pflegekassen.

---

31 Nicht mehr enthalten ist seit der Gesetzesnovelle vom 4.4.2017 die Einschränkung „auf Nachfrage der Versicherten" in Abs. 5 S. 1.
32 Vgl. allgemein Becker/Meeßen ua, VSSR 2011, 323, 334 ff., 339 ff., 342 ff., 345 f. Im Besonderen: Knittel in: Krauskopf, § 78 SGB XI Rn. 4. S. https://www.aok-gesundheitspartner.de/imperia/md/gpp/he/hilfsmittel/vertraege/pflege/himi_rahmenvertrag_apothekerverband.pdf; vgl. auch https://www.aok-gesundheitspartner.de/imperia/md/gpp/nds/hilfsmittel/vertraege/pflege/mustervertrag_verbrauchspflegehilfsmittel_170106.pdf (zuletzt abgerufen am 1.5.2017).
33 Deutscher Apothekerverband eV, Berlin (DAV), handelnd für die „Landesapothekerverbände" (Landesapothekerverband Baden-Württemberg eV, BAV Bayerischer Apothekerverband eV, Berliner Apotheker-Verein, Apotheker-Verband Berlin (BAV) eV, Apothekerverband Brandenburg eV, Bremer Apothekerverein eV, Hamburger Apothekerverein eV, Hessischer Apothekerverband eV, Apothekerverband Mecklenburg-Vorpommern eV, Landesapothekerverband Niedersachsen eV, Apothekerverband Nordrhein eV, Apothekerverband Rheinland-Pfalz eV, Saarländischer Apothekerverein eV, Landesapothekerverband Sachsen-Anhalt eV, Sächsischer Apothekerverband eV, Apothekerverband Schleswig-Holstein eV, Thüringer Apothekerverband eV, Apothekerverband Westfalen-Lippe eV).
34 Hier: AOK-Bundesverband, Bonn-Bad Godesberg; BKK Bundesverband, Essen; IKK-Bundesverband, Bergisch Gladbach; See-Krankenkasse, Hamburg; Bundesverband der landwirtschaftlichen Krankenkassen, Kassel; Knappschaft, Bochum; Verband der Angestellten-Krankenkassen eV, Siegburg; AEV – Arbeiter-Ersatzkassen-Verband eV, Siegburg – vertreten durch den Verband der Angestellten-Krankenkassen eV, Siegburg; und den AEV–Arbeiter-Ersatzkassen-Verband eV, Siegburg. Vgl. noch Piepenstock, aaO, § 78 Rn. 9, zur an die einzelnen Pflegekassen gerichteten abweichenden oder alternativen Vertragsabschlussermächtigung.

1. Vertragsgegenstand. Der Vertrag muss seinen Gegenstand hinreichend genau und in Übereinstimmung mit den gesetzlichen Vorgaben bezeichnen und nach Inhalt und Umfang beschreiben;[35] es handelt sich um eine **Vereinbarung über die Gestaltung von Sachleistungen**, auf die hier in das Vertragsverhältnis nur mittelbar einbezogene Dritte – die Versicherten – einen Anspruch haben; deutlich werden die **Grenzen der Ansprüche Dritter** (insbesondere hinsichtlich der Art der Versorgung – sogleich – und der Abgabe bzw. Bereitstellung von Leistungen).[36]

2. Pflegehilfsmittelverzeichnis und Qualitätsstandards. Die Einzelheiten ergeben sich aus dem Pflegehilfsmittelverzeichnis,[37] das überdies einzuhaltende Qualitätsstandards beschreibt: Der GKV-Spitzenverband (hier als Spitzenverband der Pflegekassen) führt die von der Leistungspflicht der Kranken- und Pflegekassen umfassten Produkte im Hilfsmittel- und Pflegehilfsmittelverzeichnis[38] auf, im Umfang von insgesamt mittlerweile weit über 20.000 Produkten). Angesichts seiner Genauigkeit und Detaillierung erlaubt das Verzeichnis eine umfassende **Marktübersicht**. Es kann als zuverlässige erste Orientierung allen am Versorgungsprozess beteiligten Akteuren eine **notwendige Informationsgrundlage** bieten. Im Sinne eines **Qualitätszirkels** kann das Verzeichnis überdies Voraussetzungen für einen qualitätsorientierten Wettbewerb generieren helfen.[39] Zur Steigerung der Übersichtlichkeit und Anwenderfreundlichkeit wird ein **Webportal** zu vereinfachten online-Recherchen im jeweils aktuellen Hilfsmittel- und Pflegehilfsmittelverzeichnis eingerichtet.[40]

3. Eintritt als Vertragspartner. Für den möglichen Eintritt als Vertragspartner (Leistungserbringer) der Pflegekassen (Spitzenverbände) in das System des Vertrags über die Versorgung der Versicherten mit zum Verbrauch bestimmten Pflegehilfsmitteln gemäß § 78 Abs. 1 iVm § 40 Abs. 2 ist das **Antragsverfahren** zur Aufnahme von Produkten in das Hilfsmittel- oder Pflegehilfsmittelverzeichnis nahezu „konstitutiv".[41]

Produktspezifische Antragsformulare erleichtern den Einstieg in das standardisierte Nachweissystem. Denn der Antragsteller muss für jedes antragsgegenständliche Produkt die **Funktionstauglichkeit** und die **Sicherheit** nachweisen. Zu den **Pflegehilfsmitteln** zählen gemäß Versorgungsvertrag (§ 1 Abs. 2) „zum Verbrauch bestimmte Pflegehilfsmittel", das sind solche „Produkte, die wegen der Beschaffenheit ihres Materials oder aus hygienischen Gründen in der Regel nur einmal benutzt werden können und für den Wiedereinsatz nicht geeignet sind" (§ 1 Abs. 2 S. 1), wobei die Benutzungsdauer beim einzelnen Artikel „unerheblich" ist (dort S. 2). Wesentlich sind allerdings (§ 1 Abs. 2 S. 3) **Qualitätsstandards**, denn ausweislich des Versorgungsvertrags darf die Versorgung „ausschließlich" mit solchen zum Verbrauch bestimmten Pflegehilfsmitteln" vorgenommen werden, welche „die geltenden Normen, Gesetze und Verordnungen einhalten und die Qualitätsstandards des Pflegehilfsmittelverzeichnisses gemäß § 78 Abs. 2 SGB XI iVm § 40 SGB XI erfüllen".

---

35 Versorgungsvertrag, § 1 Abs. 1 – Gegenstand des Vertrages: „Der Vertrag regelt die Abgabe zum Verbrauch bestimmter Pflegehilfsmittel an Pflegebedürftige im Rahmen der gesetzlichen Pflegeversicherung, für die eine Kostenübernahmeerklärung der Pflegekasse nach § 4 Absatz 1 vorliegt. Grundlage des Vertrages ist § 78 Abs. 1 iVm § 40 Abs. 1 und 2 SGB XI. Gegenstand des Vertrages sind die zum Verbrauch bestimmten Pflegehilfsmittel, die in der Vereinbarung über die Preise, die als Anlage 1 Bestandteil des Vertrages ist, beschrieben sind".
36 Piepenstock in: Hauck/Noftz, SGB XI, § 78 Rn. 10 ff., zum Inhalt der Verträge, unter Bezug auf BSG,10.11.2005, B 3 P 10/04 R, SGb 2006, 488 ff. = SozR 4-3300 § 40 Nr. 2.
37 Plantholz in: LPK-SGB XI, § 78 Rn. 16. Vgl. Gottwald, Die rechtliche Regulierung, S. 260 ff., zu den regulierenden Effekten des (Pflege-)Hilfsmittelverzeichnisses; dort S. 263 ff. auch eingehend zur Aufnahme eines neuen Hilfsmittels.
38 Vgl. § 139 SGB V iVm § 78 Abs. 2 SGB XI. Vgl. https://hilfsmittel.gkv-spitzenverband.de/home.action sowie: https://www.gkv-spitzenverband.de/krankenversicherung/hilfsmittel/hilfsmittelverzeichnis/neue_produkte_aenderungen/neue_produkte_aenderungen.jsp (zuletzt abgerufen am 1.5.2017).
39 Vgl. zB Bekanntmachung des GKV-Spitzenverbandes der Krankenkassen und Pflegekassen – Nachtrag zum Hilfsmittelverzeichnis und zum Pflegehilfsmittelverzeichnis vom 27.4.2017, BAnz. v. 12.5.2017, oder: Nachtrag zum Hilfsmittelverzeichnis und zum Pflegehilfsmittelverzeichnis vom 10.4.2017, BAnz. v. 26.4.2017.
40 S. http://www.gkv-spitzenverband.de/krankenversicherung/hilfsmittel/hilfsmittelverzeichnis/hilfsmittelverzeichnis.jsp (zuletzt abgerufen am 1.5.2017).
41 Piepenstock in: Hauck/Noftz, SGB XI, § 78 Rn. 7, zur jeweiligen verbandlichen (Vertrags-)Abschlussbefugnis als Voraussetzung und Grundlage zuverlässiger und dauerhafter Vertragsbindung der einzelnen Leistungserbringer.

36 Im Bereich der Pflegehilfsmittel gilt es ferner zu prüfen, ob es sich überdies um **Medizinprodukte im Sinne des § 3 Nr. 1 Medizinproduktegesetz (MPG)**[42] handeln könnte, was angesichts des weiten Anwendungskreises des MPG häufig der Fall sein dürfte, wie bereits § 3 Nr. 1 MPG zum Medizinprodukte-Begriff belegt.

37 Die **Zuweisungsverantwortung** liegt beim GKV-Spitzenverband (zugleich Spitzenverband der Pflegekassen), der deshalb unabhängig von der Intention der Antragstellung selbst zunächst die Hilfsmitteleigenschaft als der in mancher Hinsicht wohl auch einfacher zu klärenden Zuordnung prüft, ehe über die Aufnahme in das Pflegehilfsmittelverzeichnis entschieden wird. Maßgeblich hierbei sind die im Verzeichnis aufgeführten Qualitätsanforderungen. Wird eine Aufnahme in das Hilfsmittel- oder Pflegehilfsmittelverzeichnis abgelehnt, erhält der Antragsteller Gelegenheit, sich innerhalb angemessener Frist zu äußern bzw. seinen Antrag nachzubessern.[43]

38 Mit dem **Gestaltungsrecht des Pflegebedürftigen**, seines gesetzlichen Vertreters oder einer von ihm beauftragten Person,[44] der in die Vertrags- und Produktkonzeption einbezogen werden soll, wird dem das Pflegeversicherungsrecht durchziehenden Prinzip der möglichst selbstbestimmten Existenz Rechnung getragen – im SGB XI ausdrücklich in § 2 Abs. 1 –, indem Pflegebedürftigen zugestanden wird, „ein möglichst selbstständiges und selbstbestimmtes Leben zu führen, das der Würde des Menschen entspricht"; zum anderen wird dieses Prinzip (in § 2 Abs. 2) gewahrt, indem die Pflegebedürftigen zwischen Diensten verschiedener Träger sollen wählen können (dort S. 1) und „ihren Wünschen zur Gestaltung der Hilfe […], soweit sie angemessen sind, im Rahmen des Leistungsrechts entsprochen werden [soll] (dort S. 2).

39 Die **Leistungsbeziehungen im Pflegebereich** erhalten im Versorgungsvertrag **zusätzliche Sicherungen**. Der Abgabe von Leistungen in Form zum Verbrauch bestimmter Pflegehilfsmittel „frei Haus" (Versorgungsvertrag § 4 Abs. 1 S. 1) ist eine entsprechende **Notwendigkeitsprüfung** (gemäß § 40 Abs. 1 S. 2 SGB XI iVm Versorgungsvertrag § 4 Abs. 1 S. 2) unter Beteiligung einer Pflegefachkraft oder des Medizinischen Dienstes vorgeschaltet; ebenso bedarf es vor der „Abgabe von zum Verbrauch bestimmten Pflegehilfsmitteln" einer hinreichend bestimmten **Kostenübernahmeerklärung** durch die zuständige Pflegekasse (Versorgungsvertrag § 4 Abs. 1 S. 3).

40 Der Leistungsaufwand ist vertraglich begrenzt, unter Hinweis auf das sozialgesetzliche **Wirtschaftlichkeitsgebot**,[45] verbunden mit der Verpflichtung, den Pflegebedürftigen über seine eigene Kostentragungspflicht zu informieren – „hinreichend aufzuklären" –, wenn er mit seinem Bedarf die vertragliche Leistungsgrenze zu überschreiten droht.[46]

41 Im Übrigen kommt es bei der Vertragsgestaltung entscheidend auf die Wahrung der **Versorgungssicherheit** an; gerade im Pflegekontext sind Störungen in der Versorgung mit Pflegehilfsmitteln unbedingt zu vermeiden, insbesondere bei der Kooperation mit Dritten.[47]

42 Zu den **vertraglichen (Neben-)Pflichten zur Bereitstellung** gehört insbesondere auch „die notwendige Einweisung des Empfängers sowie aller beteiligten Personen in den Gebrauch durch den Leistungserbringer" (Versorgungsvertrag § 4 Abs. 4 S. 1), verbunden mit einem vor allem die mögliche Haftungszuordnung vereinfachenden Nachweiserfordernis (S. 2).

43 Eine **Mängel- und Mängelfolgehaftung**[48] besteht ausdrücklich. Es bleibt nicht mehr – wie in der Vorgängerfassung – bei einem grundsätzlich auf Stichproben begrenzten Prüfungsvorbehalt der Pflegekassen. Die „einwandfreie Beschaffenheit der Produkte sowie die Belieferung der Pflegebedürftigen stichprobenweise zu überprüfen" ist nurmehr Ergänzung zum System der (Gewähr-)Leistungspflichten.

---

42 In der Fassung der Bekanntmachung v. 7.8.2002 (BGBl. I, 3146), zuletzt geändert durch Art. 11 des Gesetzes v. 19.10.2012 (BGBl. I, 2192).
43 Zu diesen Einzelheiten aus der Sicht der Praxis vgl: http://www.gkv-spitzenverband.de/krankenversicherung/hilfsmittel/hilfsmittelverzeichnis/antragsverfahren/antragsverfahren.jsp.
44 In der Neufassung des Versorgungsvertrags heißt es zur „Art der Versorgung" (§ 3) ausdrücklich: „Der Pflegebedürftige bzw. sein gesetzlicher Vertreter oder eine von ihm beauftragte Person wählt selbständig die (Art der Versorgung mit) zum Verbrauch bestimmten Pflegehilfsmitteln gemäß § 40 Absatz 2 iVm § 78 SGB XI (Anlage 4) aus. Ein Anspruch auf Auftragsvergabe oder eine Mindestabgabemenge besteht nicht".
45 Piepenstock in: Hauck/Noftz, SGB XI, § 78 Rn. 2, zum Umsetzungsauftrag gemessen an § 40 SGB I, zur Erschließung von Wirtschaftlichkeitsreserven.
46 Versorgungsvertrag § 4 Abs. 2.
47 Versorgungsvertrag § 4 Abs. 3 S. 1.
48 Versorgungsvertrag § 4 Abs. 3 S. 2.

4. Vergütungspflicht und Abrechnung. Die **Vergütungspflicht als vertragliche Hauptpflicht** richtet sich nach der dem Vertrag (als Anlage I) beigegebenen Vereinbarung über die Höchstpreise, die ausdrücklich Versorgungsvertragsbestandteil ist (Versorgungsvertrag, § 5 Abs. 1 S. 1), verbunden mit weiteren begrenzenden Maßgaben sowie vor allem der Klarstellung, dass „eine gesonderte Vergütung für Verpackungsmaterial, Versand, Transport und Verwaltungskosten [...] nicht vorgesehen [ist]"; und eine solche darf auch nicht dem Pflegebedürftigen bzw. seinem gesetzlichen Vertreter oder einer von ihm beauftragten Person abgefordert werden (§ 5 Abs. 1 S. 3); mit der Vergütung ist die Leistungserbringung insgesamt „abgegolten" (dort S. 4).

Für Beamte als Beihilfeberechtigte hatte die Vorgängerregelung noch festgelegt, dass die Pflegeversicherung an den leistungserbringenden Vertragspartner unmittelbar lediglich den hälftigen Rechnungsbetrag auch für Pflegehilfsmittel leistete und für die noch ausstehende Teilung dann unmittelbar und allein der private Versicherungsträger haftete (bisherige Fassung: § 3 Abs. 3). Nunmehr „[erhalten] Versicherte, die nach beamtenrechtlichen Vorschriften oder Grundsätzen bei Krankheit und Pflege Anspruch auf Beihilfe oder Heilfürsorge haben, [...] die jeweils zustehenden Leistungen der sozialen Pflegeversicherung zur Hälfte; dies gilt auch für Pflegehilfsmittel"[49].

Die **Einzelheiten des Abrechnungsverfahrens**[50] vermitteln einen Eindruck vom **administrativen Aufwand**, der mit der **individualisierenden Vertragsumsetzung** je Abrechnungsfall verbunden ist. Hinreichend bestimmte Bezeichnungen des Versichertenverhältnisses, des Pflegehilfsmittels und des Bereitstellungsumfangs und -zeitraums sind unverzichtbar. Die näheren Maßgaben folgen den Regelungen zur Abrechnung pflegerischer Leistungen in § 105, also insbesondere der Pflicht zur Verwendung maschinenlesbarer Abrechnungsunterlagen (§ 105 Abs. 1 S. 2) nach den Regeln vom den Spitzenverband Bund der Pflegekassen im Einvernehmen mit den Verbänden der Leistungserbringer über Form und Inhalt der Unterlagen sowie über die Einzelheiten des Datenträgeraustauschs.[51] In der bisherigen Fassung des Versorgungsvertrags war noch ausdrücklich betont worden, dass der Leistungserbringer verpflichtet ist, Änderungen der maßgeblichen Abrechnungsdaten der Spitzenverbände der Pflegekassen zu übernehmen; der Sache nach ergibt sich diese Pflicht nach wie vor aus § 105 Abs. 1; es handelt sich um eine Nebenpflicht des Leistungserbringers, die durch dem **Effizienzgebot** folgende Anforderungen an die Verwaltung des Pflegehilfsmittelsystems gerechtfertigt ist.

Für das **Bereitstellungsverhältnis** zwischen Leistungserbringer und Versichertem ist die monatliche **Rechnungslegung samt Begründung** durch den Leistungserbringer und erforderlichenfalls die Korrekturaufforderung seitens der Pflegekasse von erheblicher Bedeutung. An die Rechnungslegung knüpft sich bei Unstimmigkeiten ein schriftliches strikt **abrechnungsbezogenes Beanstandungsverfahren**,[52] in dem die Pflegekasse dem Leistungserbringer von ihr beanstandete Abrechnungen mit einer schriftlichen Begründung zurückreicht. Hierbei ist eine – angesichts der Vielzahl von Abrechnungsvorgängen – großzügig bemessene **Beanstandungsfrist** von bis zu sechs Monaten – gerechnet vom Zeitpunkt des Rechnungseingangs – einzuhalten. **Fristüberschreitung** führt zu **konkludenter Anerkennung** von Beanstandung oder Einspruch. Eine unmittelbare Verrechnung des Korrekturbetrags mit einem (oder mehreren) der folgenden Abrechnungsbeträge („Rechnungskorrekturen durch Verrechnung") setzt anerkannte Beanstandungen oder (durch Fristablauf konkludent) anerkannte Einsprüche voraus. Bei Vertragsstörungen, verursacht durch unerlaubte Handlungen (im Sinne der §§ 823 BGB) des Leistungserbringers oder „nicht vertragskonforme Leistung", können auch zu einem Zeitpunkt jenseits der Monatsgrenze (allerdings innerhalb der gesetzlichen Verjährungsfristen) **Rückforderungen** verrechnet werden.

Die **Einschaltung einer Abrechnungsstelle** durch den Leistungserbringer (Versorgungsvertrag, § 7, dort Satz 3: mit schuldbefreiender Wirkung für die Abrechnungsstelle) ist angesichts des zu erwartenden Umfangs und der Intensität der Leistungsbeziehung auch dank Standardisierung und Automatisierung als effiziente Methode naheliegend. Der gesamte Übertragungsvorgang ist allen Beteiligten hinreichend transparent zu machen.[53]

Hier kommt indessen der **Datenschutzsicherstellung durch Dritte** (Abrechnungsstelle) erhebliche Bedeutung zu. Betont wird die technik- und organisationsbezogene (Mit-)Verantwortung des Leistungserbringers bei Auswahl und Überwachung der Abrechnungsstelle (Versorgungsvertrag § 7 Abs. 3):

---

49 Versorgungsvertrag § 5 Abs. 2 S. 1.
50 Versorgungsvertrag § 6, hier nur in den wesentlichen Kriterien zusammengestellt.
51 § 6 Abs. 1 des Versorgungsvertrags iVm § 105 Abs. 2.
52 Versorgungsvertrag § 6 Abs. 6 und 7.
53 Versorgungsvertrag § 7 Abs. 2 S. 2.

„Sofern die Rechnungslegung einer Abrechnungsstelle gemäß Absatz 2 übertragen werden soll, ist der Auftragnehmer unter besonderer Berücksichtigung der von ihm getroffenen technischen oder organisatorischen Maßnahmen zur Sicherstellung der Maßgaben und des § 6 Abs. 1 Bundesdatenschutzgesetz durch die Apotheke auszuwählen. Die getroffene Vereinbarung über Datenschutz und Datensicherung beim Auftragnehmer (Abrechnungsstelle) ist der Pflegekasse vorzulegen".

50 **5. Werbemaßnahmen des Leistungserbringers.** Ausdrucksformen und **Handlungsmuster wettbewerblichen Denkens** werden im Bereich der Pflegekassen nur beschränkt ausgeprägt, wovon auch die – zu Recht – restriktive Vertragsbestimmung zu Werbemaßnahmen des Leistungserbringers zeugt. Begrenzungen werden den Leistungserbringern als Vertragspartnern in zwei Richtungen angesonnen, einmal hinsichtlich des Leistungsprofils, des „Ob" und des „Wie" der Leistungspflicht der Pflegekasse selbst, zum anderen hinsichtlich des Antragsverhaltens der Versicherten: Gezielt Nachfrage zu generieren oder das Interesse der Versicherten auf produktrelevante Antragsinhalte zu lenken oder beispielsweise auf etwaige antragsrelevante Regelungslücken aufmerksam zu machen, wäre unzulässig, nicht hingegen, das Interesse der Antragsteller auf bestimmte Produkte, bestimmte Marken zu lenken.[54]

51 **6. Unterstellung unter das sozialversicherungsrechtliche Datenschutzsystem.** Die Vertragsbeziehungen werden – auch eingedenk der Wahrung der berechtigten Interessen Dritter – dem relativ weit gespannten, aber doch auch weitmaschigen **sozialversicherungsrechtlichen Datenschutzsystem**[55] unterstellt, in dem die Vertragspartner mit Blick auf die pflegeversicherungsrechtlichen Notwendigkeits-, Wirtschaftlichkeits- und Qualitätsprüfung diejenigen Daten aufzeichnen dürfen, die erforderlich sind, um die Aufgaben der Pflegekassen und ihrer Verbände zu erfüllen. Diese werden dann berechtigt, „den Pflegekassen sowie den Verbänden oder den mit der Datenverarbeitung beauftragten Stellen" diese Daten zu übermitteln (§ 104 Abs. 1 Hs. 2). Mit großer Selbstverständlichkeit einbezogen sind die unter – insbesondere wettbewerblichen – Umständen ebenfalls datenschutzrechtlich relevanten Beziehungen der Leistungserbringer zu Dritten, beispielsweise Lieferanten, Gutachtern, etc. Berechtigte, datenschutzrechtlich begründete Vorbehalte der Leistungserbringer müssen respektiert werden und dürfen bei der (Nicht-)Auswahl der Leistungserbringer sicherlich nicht den Ausschlag geben und müssen auch bei der Vertragsgestaltung angemessen berücksichtigt werden.

52 **§ 104 SGB XI** iVm § 9 Abs. 1 des Versorgungsvertrags[56] bringt die systemimmanenten datenverarbeitungsbezogenen **Berechtigungen** (insbesondere gegenüber Dritten) und **Pflichten der Leistungserbringer** zur Geltung, indem sie die „für die Erfüllung der Aufgaben der Pflegekassen und ihrer Verbände erforderlichen Angaben" aufzeichnen und den Pflegekassen sowie den Verbänden oder den mit der **Datenverarbeitung** beauftragten Stellen übermitteln (§ 104 Hs. 2), hierbei ansatzweise beschränkt ua auf die „Überprüfung der Notwendigkeit von Pflegehilfsmitteln"[57] sowie auf Prüfverfahren, „soweit die Wirtschaftlichkeit oder die Qualität der Leistungen im Einzelfall zu beurteilen sind",[58] aber etwa auch (gemäß § 104 Nr. 3) bezogen auf die Abrechnung pflegerischer Leistungen im Sinne von § 105.

53 Zu unterscheiden sind hier **Datenerhebung und Datenverarbeitung**; hinsichtlich der Erhebung lässt sich aus der Verpflichtung, die „erforderlichen Angaben aufzuzeichnen", entnehmen, dass keinesfalls an eine eigene Vollerhebung gedacht ist, sondern – pflichtgemäß erstellte – Aufzeichnungen und Datenerhebungen anderer ausreichen.

54 Als **berechtigte Übermittlungsadressaten** der durch die Leistungserbringer zu übermittelnden Datensätze kommen auf der Grundlage von § 104 Abs. 2 „auch" die Medizinischen Dienste „und die in den §§ 112, 113, 114, 114a, 115 und 117 genannten Stellen" in Betracht, womit zugelassene (§ 112) bzw. „betroffene" (§ 115) Pflegeeinrichtungen, die zuständigen Pflegekassen (bei häuslicher Pflege zum Zwecke der Erfüllung ihrer gesetzlichen Aufgaben) und ihre Verbände (der Spitzenverband Bund der Pflegekassen und die Landesverbände der Pflegekassen), die Bundesarbeitsgemeinschaft der überörtlichen Träger der Sozialhilfe, die Bundesvereinigung der kommunalen Spitzenverbände, die Vereinigun-

---

54 Versorgungsvertrag § 8.
55 Zu den Bedingungen des Wettbewerbs unter diesen Bedingungen vgl. allgemein Plantholz in: LPK-SGB XI, § 78 Rn. 2 u. 13 (dort unter dem gesetzgeberischen Aspekt, Wirtschaftlichkeitsreserven zu erschließen); Piepenstock in: Hauck/Noftz, SGB XI, § 78 Rn. 13.
56 „Die Versicherten- und personenbezogenen Leistungsdaten der vertraglich erbrachten Leistungen dürfen nur im Rahmen der in § 104 SGB XI genannten Zwecke verarbeitet und genutzt werden. Die Apotheke bzw. die von ihr beauftragte Abrechnungsstelle verpflichten sich, den Schutz der personenbezogenen Daten sicherzustellen".
57 ISv § 40 Abs. 1 iVm § 104 Nr. 1.
58 Nach Maßgabe der §§ 79, 112, 113, 114, 114a, 115 und 117 iVm § 104 Nr. 2.

gen der Träger der Pflegeeinrichtungen auf Bundesebene (§ 113), die von den Landesverbänden der Pflegekassen bestellten Sachverständigen (§ 114, § 114a), die zuständigen Träger der Sozialhilfe, die nach heimrechtlichen Vorschriften zuständigen Aufsichtsbehörden sowie andere durch die nach heimrechtlichen Vorschriften zuständige Aufsichtsbehörde beteiligte Stellen oder Gremien (§ 117) einbeschlossen und je nach Sachzusammenhang pflichtige Übermittlungsadressaten sind.

Flankierend zu dem relativ großen Kreis der in den **Datenverarbeitungsverbund** einbezogenen Stellen wird eine ausdrücklich auf die Zwecke des § 104 bezogene **Datenschutzregelung** vorgegeben,[59] die nur mit Blick auf die Ausnahmen zugunsten der leistungspflichtigen Pflegekassen, und des Medizinischen Dienstes den Funktionsbedingungen der sozialen Pflegeversicherung Rechnung tragen muss, auch und gerade in ihrer Komplementär- und Ergänzungsfunktion zur gesetzlichen Krankenversicherung. Die besonders konsequenten Anforderungen an den Datenschutz resultieren aus der Schweigepflicht des Leistungserbringers zu personenbezogenen Daten, die er jeweils innerbetrieblich auch gegen seine Mitarbeiter durchsetzen muss; diese sind auf die „Beachtung der Schweigepflicht sowie der Sozialdatenschutzbestimmungen zu verpflichten". 55

Ausdrücklich hergestellt wird der – ergänzende (vgl. § 37 SGB I) – **Bezug zum Sozialgeheimnis** (§ 35 SGB I),[60] also auf den Anspruch eines jeden, dass die ihn betreffenden Sozialdaten im Sinne von § 67 SGB X durch die Leistungsträger „nicht unbefugt erhoben, verarbeitet oder genutzt werden" (§ 35 Abs. 1 S. 1 SGB I), verbunden mit dem Auftrag, die Wahrung des Sozialgeheimnisses auch innerhalb des Leistungsträgers in hohem Maße und unter dem **Vorbehalt effektiver Aufgabenwahrnehmung** sicherzustellen, damit „die Sozialdaten nur Befugten zugänglich sind oder nur an diese weitergegeben werden" (Abs. 1 S. 2). Soweit durch § 35 Abs. 1 S. 4 der Kreis der Anspruchsadressaten des Sozialdatenschutzes im Bereich der Leistungsträger stark erweitert wird, ergeben sich keine Konsequenzen für die vertragliche Verpflichtung der Leistungserbringer von Pflegehilfsmitteln. 56

Mit dem Bezug zu den §§ 67 bis 85a SGB X ist der gesamte detailreiche Regelungskomplex „**Schutz der Sozialdaten**" einbezogen, insbesondere die eingehenden Bestimmungen zu „Datenerhebung, -verarbeitung und –nutzung" (§§ 67a bis 78 SGB X) sowie die Regeln über „organisatorische Vorkehrungen zum Schutz der Sozialdaten" und über „besondere Datenverarbeitungsarten" nach Maßgabe der §§ 78a bis 80 SGB X, ferner über die „Rechte des Betroffenen" sowie zu Datenschutzbeauftragten (§§ 81 bis 85a SGB X), unter Einschluss der ordnungsrechtlichen und strafrechtlichen Sanktionen (§§ 85, 85a SGB X). Vor allem der Auskunftsanspruch Betroffener (§ 83 SGB X) und die „Erhebung, Verarbeitung oder Nutzung von Sozialdaten im Auftrag" (§ 80 SGB X) „durch andere Stellen" (Abs. 1 S. 1) kommen hier im Kontext der Pflegehilfsmittelverträge in Betracht, etwa die Verpflichtung des (sozialversicherungsträgerseitigen) Auftraggebers, „erforderlichenfalls Weisungen zur Ergänzung der beim Auftragnehmer vorhandenen technischen und organisatorischen Maßnahmen zu erteilen" (§ 80 Abs. 2 S. 3 SGB X); er hat sich überdies „vor Beginn der Datenerhebung und sodann regelmäßig von der Einhaltung der beim Auftragnehmer getroffenen technischen und organisatorischen Maßnahmen zu überzeugen" (§ 80 Abs. 2 S. 4 SGB X). Die einzuräumenden Rechte, die sich auf die **Betriebsorganisation von Leistungserbringern** belastend auswirken können, gehen aber unter dem **Vorbehalt der Erforderlichkeit** für den datenschutzrechtlichen Überwachungsauftrag (§ 80 Abs. 2 S. 6 Hs. 2 SGB X) noch weiter, indem sie ein **Auskunftsrecht** (§ 80 Abs. 2 S. 6 Nr. 1 SGB X), Betretungs-, Besichtigungs- und Prüfungsrechte (§ 80 Abs. 2 S. 6 Nr. 2 SGB X) sowie Einsichtsrechte in „geschäftliche Unterlagen sowie die gespeicherten Sozialdaten und Datenverarbeitungsprogramme" umfassen (§ 80 Abs. 2 S. 6 Nr. 3 SGB X), womit der Sozialgesetzgeber insgesamt weitreichende Eingriffe in die Leistungsbeziehungen ermöglicht.[61] Hiermit etwa verbundene **Wettbewerbsnachteile** des Leistungserbringers im Verhältnis zu Konkurrenten auf dem Gesundheitsmarkt sind in die Überlegungen zur Gestaltung der Datenverarbeitungs- und Datenschutzkontrolle durch den Leistungsträger mit einzubeziehen. 57

7. **Erhalt der Kontinuität der Leistungsbeziehungen.** Regelungen im Versorgungsvertrag (in § 10) über **Vertragsverstöße** – beispielhaft genannt werden die Lieferung mangelhafter Pflegehilfsmittel oder die Abrechnung nicht erbrachter Leistungen – müssen einerseits das Ziel einer weitgehenden Zuverlässigkeit der Pflege und möglichst zu erhaltender **Kontinuität der Leistungsbeziehungen** im Blick behalten, andererseits gegen den Leistungserbringer als Vertragspartner hinreichendes **Sanktionspotenzial** entfal- 58

---

59 Versorgungsvertrag § 9 Abs. 2 S. 1.
60 Durch § 9 Abs. 2 S. 4 des Versorgungsvertrags.
61 Hingewiesen sei auf die Haftungs- und Schadenersatzfragen in diesem Zusammenhang; vgl. Diering/Seidel in: Diering/Timme, SGB X, § 80 Rn. 14.

ten können und dementsprechend im Vorhinein vertraglich akzeptierte Gestaltungsmöglichkeiten bieten. Das allgemeine Recht der Leistungsstörungen wird hier überlagert durch die spezifische Vertragsgestaltung, die schon mit der Formel von den „erheblichen oder fortgesetzten Verstößen" sich vom Leistungsstörungsrecht entfernt und in eine allgemeine Bewertung der **Vertragspflege** ausweicht, in der einzelne Leistungsstörungen zum Auslöser für eine „Verwarnung" bzw. für Vertragsstrafen werden. Ein pauschalierter und begrenzter Entschädigungsbetrag gehört auch zu diesen „**Vertragsmaßnahmen**".[62] Dieser ebenso wie ein (vollumfänglicher) Schadensersatz[63] bedeuten eine weitgehende Unterwerfung unter das Vertragsregime der Spitzenverbände und bedürfen im Einzelfall einer **verhältnismäßigen Reduktion**.

59 **8. Festlegung der Laufzeit des Versorgungsvertrags.** Für Berechenbarkeit (auch im Sinne wirtschaftlicher Kalkulierbarkeit) und Stabilität der einzelnen Leistungsbeziehungen sind Festlegung der Laufzeit des Versorgungsvertrags selbst – regelmäßig „auf unbestimmte Zeit"[64] – und Kündigungsregelungen unverzichtbar, wobei die Vertragsauswirkungen zulasten Dritter, der Leistungsempfänger, beachtet werden müssen, beispielsweise mit Blick auf Nebenpflichten und (Bedienungs- bzw. Nutzungs-)Warnhinweise. Vertragssysteme, die den Vertragsgegenstand durch variable Zusätze – wie hier die dem Versorgungsvertrag in Anlage 1.1 bis 1.8 beigefügten Formulare zu Höchstpreisvereinbarungen – ergänzen, die gesonderte dem Hauptvertrag zugeordnete und durch diesen gesteuerte Vertragsbeziehungen begründen, müssen dort immerhin mögliche gesonderte Gestaltungsvarianten in den Hauptvertrag zumindest als Hinweis mit einbeziehen.

60 **9. Vertragsrettende, salvatorische Klausel.** Die vertragsrettende, salvatorische Klausel darf nicht fehlen und sollte – im Sinne der clausula rebus sic stantibus – entgegen der allgemeinen Bewertung der Teilnichtigkeit eines Vertrags in § 139 BGB mit einem **Nachverhandlungs- und Nachbesserungsauftrag** im Sinne der Zuverlässigkeit und Kontinuität der Versorgung mit Pflegehilfsmitteln ausgestattet sein.[65]

V. Grundlagen für ein systematisches Hilfsmittelverzeichnis (Abs. 2 S. 5)

61 Mit der entsprechenden Anwendung von § 139 SGB V (iVm § 78 Abs. 2 S. 5) werden die Grundlagen für ein systematisches Hilfsmittelverzeichnis und die an dieses zu stellenden spezifischen Anforderungen **auf Pflegehilfsmittel übertragen**, vor allem auch für besondere Qualitätsanforderungen. Ferner werden die Bekanntmachungsfunktion ebenso wie antragsgebundenes Aufnahmeverfahren, Anhörungspflichten vor Erstellung und Fortschreibung des Pflegehilfsmittelverzeichnisses entsprechend übertragen (hier erweitert um die Anhörung der Verbände der Pflegeberufe und der behinderten Menschen).[66]

62 Neu durch das Gesetz vom 4.4.2017 aufgebaut worden ist das **Fortschreibungssystem** für das Hilfsmittelverzeichnis (§ 139 Abs. 9 und 10 SGB V); es wird auf eine weiter zu aktualisierende Basis gestellt; eine systematische Prüfung des Listenbestandes hinsichtlich derjenigen Produktgruppen, die seit dem 30.6.2015 „nicht mehr grundlegend aktualisiert wurden" (§ 139 Abs. 9 S. 2 SGB V). Insofern ist auf die parlamentarische Kontrolle durch den regelmäßig jährlich zu erstellenden Fortschreibungsbericht hinzuweisen (Abs. 9 S. 3). Deutlich wird die Effektuierung des Prüfverfahrens.[67]

63 **1. Pflegehilfsmittelverzeichnis.** Das Pflegehilfsmittelverzeichnis muss die von der Leistungspflicht umfassten Hilfsmittel aufführen (entsprechend § 139 Abs. 1 S. 2 SGB V).[68] Das Verzeichnis muss für die Hilfsmittel indikations- oder einsatzbezogen besondere Qualitätsanforderungen festlegen, „soweit dies zur Gewährleistung einer ausreichenden, zweckmäßigen und wirtschaftlichen Versorgung erforderlich ist".[69] Solche – regelmäßig Mehrkosten verursachenden – Anforderungen können überdies gerechtfertigt sein, „um eine ausreichend lange **Nutzungsdauer** oder in geeigneten Fällen den **Wiedereinsatz** von

---

62 Versorgungsvertrag § 10 Abs. 1 S. 1.
63 Versorgungsvertrag § 10 Abs. 2.
64 Versorgungsvertrag § 11.
65 Versorgungsvertrag § 12: „(1) Sollte eine der Bestimmungen des Vertrages ganz oder teilweise unwirksam sein oder werden, so wird hierdurch die Wirksamkeit der übrigen Bestimmungen nicht berührt. (2) In einem solchen Fall werden sich die Vertragsparteien bemühen, die unwirksame Vertragsklausel durch eine rechtlich und wirtschaftlich ähnliche rechtswirksame Klausel zu ersetzen".
66 Vgl. grds. Pitschas, VSSR 2013, 341 ff.
67 Vgl. § 139 Abs. 10 SGB V idF vom 4.4.2017.
68 Hierzu Piepenstock in: Hauck/Noftz, SGB XI, § 78 Rn. 21 ff.; Leitherer in: KassKomm, SGB XI, § 78 Rn. 15 ff.; Wilcken in: BeckOK SozR, SGB XI, § 78 Rn. 3; Udsching in: Udsching, SGB XI, § 78 Rn. 8.
69 Entsprechend § 139 Abs. 2 S. 1 SGB V idF vom 4.4.2017.

Hilfsmitteln bei anderen Versicherten zu ermöglichen".[70] In das Verzeichnis müssen auch Anforderungen an solche Leistungen festgeschrieben werden, die der Leistungserbringer flankierend („zusätzlich") zur Bereitstellung des Pflegehilfsmittelverzeichnisses erbringen muss.[71] Hinzu tritt die **förmliche Bekanntmachungsfunktion** im Bundesanzeiger bekannt zu machen ist.[72]

Nach allgemeiner Ansicht kommt dem Pflegehilfsmittelverzeichnis „Informationscharakter ohne Rechtsverbindlichkeit" zu;[73] es entfaltet **Orientierungswirkung**.[74] Diese Einschätzung hat zur Konsequenz, dass auch nicht in das Verzeichnis aufgenommene Pflegehilfsmittel beansprucht werden können, wenn die grundlegenden Voraussetzungen aus § 40 vorliegen.[75] Indessen lassen sich auch der Orientierung durch das Pflegehilfsmittelverzeichnis **selbstbindende Effekte** nicht absprechen, was die Auslegung des unbestimmten Rechtsbegriffs der „Notwendigkeit" oder was das „Maß des Notwendigen" im Sinne von § 40 Abs. 1 S. 3 (vgl. auch § 29 Abs. 1 S. 1) betrifft. Orientierungswirkung und Hinweisfunktion hat das Pflegehilfsmittelverzeichnis jedenfalls für die Grenzen des vertraglichen Bindungswillens des Spitzenverbandes Bund der Pflegekassen (§ 78 Abs. 1 S. 1) bzw. der Pflegekassen (§ 78 Abs. 1 S. 2) gegenüber den Leistungserbringern und deren Verbänden. 64

Die **Fortschreibung des Pflegehilfsmittelverzeichnisses** ist in Anlehnung an § 139 Abs. 9 SGB V idF vom 4.4.2017 nunmehr ausführlich ausgestaltet worden: Es handelt sich um einen gesetzlichen Auftrag zur Aktualisierung und Bereinigung (§ 139 Abs. 9 S. 1 SGB V), ferner zu regelmäßiger Fortschreibung im Sinne der Qualitätssicherung; zu den vorgesehenen Inhalten zählen Weiterentwicklung und Änderungen der Systematik und der Qualitätsanforderungen (entsprechend § 139 Abs. 9 S. 4 SGB V (idF vom 4.4.2017), dort mit Verfahrensmaßgaben in Abs. 10), ferner die Aufnahme neuer (Pflege-)Hilfsmittel, weiterhin die Streichung solcher Produkte, deren Aufnahme zurückgenommen oder entsprechend § 139 Abs. 10 S. 3 SGB V (idF vom 4.4.2017) widerrufen wurde, weil der Hersteller die Funktionstauglichkeit und Sicherheit, die Erfüllung der Qualitätsanforderungen[76] und, soweit erforderlich, den medizinischen Nutzen nicht hat nachweisen können oder für die ordnungsgemäße und sichere Handhabung erforderliche Informationen in deutscher Sprache nicht beigefügt hat. 65

Ein zentrales Kriterium in § 78 (Abs. 2 S. 5) bildet die **Qualitätssicherung** als zwingende Voraussetzung, um Pflegehilfsmittel in das **Pflegehilfsmittelverzeichnis** aufzunehmen. Insbesondere als Ermächtigungsgrundlage für die Gestaltung besonderer Qualitätsanforderungen (iVm § 139 Abs. 2 SGB V) dient die Vorschrift zur **Standardsicherung** im Zusammenwirken mit den Herstellern. Mit der Aufnahme in das Verzeichnis ist auch ein **Selbstbindungseffekt** der (Pflege-)Kassen bzw. ihrer Spitzenverbände verbunden, verstärkt im Publizitätsanspruch der Bekanntmachung im Bundesanzeiger (iVm § 139 Abs. 1 SGB V). 66

2. Antragsverfahren zur Aufnahme-Entscheidung. Die Anforderungen im Einzelnen reflektiert das Antragsverfahren, das mit einer (Aufnahme-)Entscheidung endet, bei der die Zulassung (als Pflegehilfsmittel) sich in der Aufnahme in das (Pflege-)Hilfsmittelverzeichnis konstituiert. Die (in § 139 Abs. 4 S. 1 SGB V unter Bezug auf den dortigen Abs. 2) zusammengefassten **Aufnahme-Kriterien** lassen sich auf die Pflegeversicherung übertragen: Funktionstauglichkeit, Sicherheit, indikations- oder einsatzbezogene Qualitätsanforderungen (entsprechend § 139 Abs. 2 SGB V), eine ausreichend lange Nutzungsdauer (soweit es sich nicht um zum Verbrauch bestimmte Pflegehilfsmittel handelt), der Wiedereinsatz bei anderen Versicherten (in geeigneten Fällen), ein medizinischer Nutzen (nachgewiesen, soweit erforderlich), Anforderungen an zusätzlich zu erbringende Leistungen (über die Bereitstellung des Hilfsmittels hinaus), Informationen in deutscher Sprache für eine ordnungsgemäße und sichere Handhabung, 67

---

70 Entsprechend § 139 Abs. 2 S. 2 SGB V.
71 Entsprechend § 139 Abs. 2 S. 3 SGB V idF vom 4.4.2017.
72 Entsprechend § 139 Abs. 1 S. 3 SGB V.
73 In diesem Sinne BSG, 15.11.2007, B 3 P 9/06 R, NZS 2008, 599 ff. = SozR 4-3300 § 40 Nr. 7.
74 So Wilcken in: BeckOK SozR, SGB XI, § 78 Rn. 3: „Es dient insofern der Orientierung über die Pflegehilfsmittel, die den Versicherten auf Kosten der sozialen Pflegeversicherung bundesweit zur Verfügung gestellt werden können". Auch Piepenstock in: Hauck/Noftz, SGB XI, § 78 Rn. 24 zu dem „reinen Informationscharakter" (Rn. 24) des Verzeichnisses: Es soll den Pflegekassen erleichtert werden, Qualität und Nutzen des entsprechenden Hilfsmittels zu prüfen, die bereits dadurch bestätigt und konkretisiert werden, dass es in das Verzeichnis aufgenommen wird; der Aufnahme kommt nicht einmal konstitutiv-exkludierende Wirkung im Verhältnis zu dem Hilfsmittelverzeichnis der Krankenkassen zu – Abglanz des Konkurrenzverhältnisses, in dem Kranken- und Pflegeversicherung zueinander stehen, jedenfalls in solchen Schnittstellenbereichen (Piepenstock aaO, Rn. 25).
75 Vgl. hierzu BSG, 11.4.2002, B 3 P 10/01 R, NZS 2002, 543 ff. = SozR 3-3300 § 40 Nr. 9.
76 Entsprechend § 139 Abs. 2 SGB V.

eine Konformitätserklärung (bei Medizinprodukten im Sinne von § 3 Nr. 1 Medizinproduktegesetz; vgl. auch § 139 Abs. 5 S. 1 SGB V), sowie die Ausstattung mit einem Zertifikat der an der Konformitätsbewertung beteiligter „Benannten Stelle" (soweit zutreffend) sind hier hervorzuheben.

68 Zur Aufnahme eines Pflegehilfsmittels in das Pflegehilfsmittelverzeichnis bedarf es eines **Antrags des Herstellers** (entsprechend § 139 Abs. 3 S. 1 SGB V). Über diesen Antrag hat der Spitzenverband Bund der (Pflege-)Kassen binnen Dreimonatsfrist ab Vorlage der vollständigen Unterlagen zu entscheiden (entsprechend § 139 Abs. 6 S. 3 SGB V). Angesichts der Anpassungsnotwendigkeiten und mit Blick auf möglichst hohe Kontinuität in der Verfügbarkeit von Pflegehilfsmitteln kommt der dem Hersteller entsprechend § 139 Abs. 6 S. 1 SGB V eingeräumten Möglichkeit besondere Bedeutung zu, bei Vorlage unvollständiger Antragsunterlagen, ihm eine angemessene **Nachreichungsfrist** von maximal sechs Monaten Dauer einzuräumen. Konsequenz erfolglos verstrichener Nachfrist ist zwingend die Ablehnung des Antrags (entsprechend § 139 Abs. 6 S. 2 SGB V). Der Spitzenverband hat über die Entscheidung einen Bescheid zu erteilen (entsprechend § 139 Abs. 6 S. 5 SGB V idF vom 4.4.2017).[77]

69 Die **Verantwortung für die inhaltliche Neugestaltung** des Verfahrens über die Aufnahme in das Pflegehilfsmittelverzeichnis liegt beim Spitzenverband Bund der (Pflege-)Kassen (entsprechend § 139 Abs. 7 S. 1 SGB V). Die Neuregelung in § 139 Abs. 7 idF vom 4.4.2017 erteilt dem Spitzenverband den auf den 31.12.2017 terminierten Auftrag zu einer umfassenden Verfahrensordnung, in der „das Nähere zum Verfahren zur Aufnahme von Hilfsmitteln in das Hilfsmittelverzeichnis, zu deren Streichung und zur Fortschreibung des Hilfsmittelverzeichnisses sowie das Nähere zum Verfahren der Auskunftseinholung beim Gemeinsamen Bundesausschuss" zu regeln ist. Dieser Neugestaltungsauftrag ist auch einer engeren Einbindung des Gemeinsamen Bundesausschusses geschuldet. Für den Nachweis des (hier:) pflegerischen Nutzens (entsprechend § 139 Abs. 4 S. 1 SGB V) darf der Verband durch den Medizinischen Dienst prüfen lassen, ob die maßgeblichen Voraussetzungen, also Funktionstauglichkeit und Sicherheit gegeben sind, die **Qualitätsanforderungen** (entsprechend § 139 Abs. 2 SGB V) erfüllt werden und erforderlichenfalls auch der medizinische Nutzen nachgewiesen ist und zur ordnungsgemäßen und sicheren Handhabung erforderliche Informationen in deutscher Sprache beigefügt sind (entsprechend § 139 Abs. 3 S. 2 iVm Abs. 4 S. 1 SGB V). In Betracht kommt eine Verfahrensvereinfachung durch Auslagerung und **Zertifizierung von Prüfanteilen**, denn (entsprechend § 139 Abs. 7 S. 2 SGB V idF vom 4.4.2017) darf der Spitzenverband von der Erfüllung bestimmter Anforderungen ausgehen, „sofern Prüfzertifikate geeigneter Institutionen vorgelegt werden oder die Einhaltung einschlägiger Normen oder Standards in geeigneter Weise nachgewiesen wird".

70 Eine weitere **Prüferleichterung** liegt in der **Fiktion der Unbedenklichkeit bei Medizinprodukten**, der solche Pflegehilfsmittel teilhaftig werden können, die zugleich Medizinprodukte im Sinne des AMG sind, denn (entsprechend § 139 Abs. 5 S. 1 SGB V) gilt für Medizinprodukte im Sinne von § 3 Nr. 1 MPG „der Nachweis der Funktionstauglichkeit und der Sicherheit durch die CE-Kennzeichnung grundsätzlich als erbracht". Dem Spitzenverband genügt insoweit (entsprechend § 139 Abs. 5 S. 2 SGB V), sich von der formalen Rechtmäßigkeit der CE-Kennzeichnung anhand der Konformitätserklärung und, soweit zutreffend, anhand der Zertifikate der an der Konformitätsbewertung beteiligten „Benannten Stelle" zu vergewissern.

71 Für Zusatzprüfungen, die der Spitzenverband „aus begründetem Anlass" bei solchen Pflegehilfsmitteln, die den Medizinprodukten zuzuordnen sind, für erforderlich halten könnte, darf er die entsprechenden Nachweise verlangen (analog § 139 Abs. 5 S. 3 SGB V). Zusatzprüfungen dürfen „nach erfolgter Aufnahme des Produkts" für die Belange der regelmäßigen Fortschreibung, wohl aber nicht im Falle, dass eine mögliche Streichung von Produkten und damit Widerruf oder Rücknahme der Aufnahmeentscheidung in Rede stehen, auch lediglich auf der Grundlage von Stichproben vorgenommen werden (entsprechend § 139 Abs. 5 S. 4 SGB V).

72 3. Widerruf. Einen Widerruf – vgl. § 47 Abs. 1 SGB X – der Aufnahme in das Pflegehilfsmittelverzeichnis muss (entsprechend § 139 Abs. 6 S. 6 SGB V idF vom 4.4.2017) der Spitzenverband zwingend aussprechen, wenn das Pflegehilfsmittel die gesetzlichen Anforderungen – entsprechend § 139 Abs. 4 SGB V – nicht mehr erfüllt.

---

77 Piepenstock in: Hauck/Noftz, SGB XI, § 78 Rn. 14 ff., zur Rechtsnatur: „Einheitlich öffentliches Recht" müsse gelten, da diese Verträge „auch den leistungsrechtlichen Kernbereich der Pflegeversicherung ausmachen" (Rn. 17). Klagen auf Vertragsabschluss werden dort (Rn. 19) zu Recht als allgemeine Leistungsklagen (§ 54 Abs. 5 SGG) ohne Vorverfahren gesehen; dort (Rn. 24) auch zur Rechtsnatur des Pflegehilfsmittelverzeichnisses: zu seinem „reinen Informationscharakter".

4. Anhörung. Einen zentralen Verfahrensaspekt bildet die Anhörung, denn vor einer Weiterentwicklung oder Änderungen der Systematik und der besonderen Qualitätsanforderungen aus § 139 Abs. 2 SGB V muss den Betroffenen Gelegenheit zur Stellungnahme gegeben werden, und zwar innerhalb einer angemessenen Frist (§ 139 Abs. 11 S. 1 SGB V idF vom 4.4.2017). Adressaten des Anhörungsrechts sind die Spitzenorganisationen der betroffenen Hersteller und Leistungserbringer, wobei hier ausdrücklich durch § 78 Abs. 2 S. 5 klargestellt wird, „dass die Verbände der Pflegeberufe und der behinderten Menschen vor Erstellung und Fortschreibung des Pflegehilfsmittelverzeichnisses ebenfalls anzuhören sind". Die Stellungnahmen müssen unabhängig von ihrem Ergebnis in die Entscheidung über die Fortschreibungs-Entscheidung einbezogen werden (§ 139 Abs. 11 S. 1 Hs. 2 SGB V idF vom 4.4.2017). 73

5. Inbezugnahme der Festbetragssystematik. Systematisch aber zumindest angelegt ist in § 78 Abs. 4[78] ein weiterer Regulierungsansatz[79] – und zugleich eine immerhin mögliche zentrale Funktion für das (Pflege-)Hilfsmittelverzeichnis – in der auf der **Basis einer Rechtsverordnung** gestaltbaren Inbezugnahme der **Festbetragssystematik**: Denn in Analogie zu § 36 Abs. 1 und Abs. 2 S. 1 SGB V[80] werden für (Pflege-)Hilfsmittel durch den Spitzenverband „einheitliche" Festbeträge festgesetzt, und es „sollen in ihrer Funktion gleichartige und gleichwertige Mittel in Gruppen zusammengefasst" (§ 36 Abs. 1 S. 2 SGB V) und damit die systemische Weiterentwicklung ebenso wie die leichtere Auffindbarkeit der Pflegehilfsmittel gesichert werden.[81] Überdies sollen „Einzelheiten der Versorgung" festgelegt werden. Auch hier – in der Zuordnung innerhalb der Festbetragssystematik und mit Blick auf Angaben zu den „Einzelheiten der Versorgung" – wird ein insoweit qualifiziertes **rechtliches Gehör** mit der „Gelegenheit zur Stellungnahme" gewährt (unter Verweis auf § 36 Abs. 1 S. 3 Hs. 2 SGB V), als die Stellungnahmen „in die Entscheidung einzubeziehen" sind. 74

Zur leihweisen Überlassung geeignete Pflegehilfsmittel:[82] In die Festbetragssystematik einbezogen sind – gemäß § 78 Abs. 2 S. 4 iVm Abs. 3 und Abs. 4 S. 1 – überdies auch solche „Pflegehilfsmittel, die für eine leihweise Überlassung an die Versicherten geeignet sind". Diese müssen im Pflegehilfsmittelverzeichnis gesondert ausgewiesen werden. Ihre Separierung rechtfertigt sich aus den gesonderten Vereinbarungen, in denen die Landesverbände der Pflegekassen untereinander[83] oder mit geeigneten Pflegeeinrichtungen „das Nähere zur Ausleihe" (Abs. 3 S. 1) geeigneten Pflegehilfsmittel vereinbaren, „einschließlich ihrer Beschaffung, Lagerung, Wartung und Kontrolle" (Abs. 3 S. 1). Die Pflegekassen oder deren Verbände haben die Pflicht, die Pflegebedürftigen und die zugelassenen Pflegeeinrichtungen „in geeigneter Form", also hinreichend konkret und vor allem verzögerungslos über die Ausleihmöglichkeit zu unterrichten (Abs. 3 S. 2). 75

Mitwirkungspflichten der Hersteller und Leistungserbringer (zu den „nach Absatz 1 Satz 1 und 2 erforderlichen Informationen und Auskünften, insbesondere auch zu den Abgabepreisen der Hilfsmittel") unterstützen und sichern die Preisgestaltung **und die einheitliche Festsetzung der Festbeträge für (Pflege-)Hilfsmittel** (analog zu § 36 Abs. 2 S. 3 SGB V). 76

Die möglichen Weiterungen, die sich aus § 78 Abs. 4 SGB ergeben können, indem dort zur **Regelung von Festbeträgen (durch Rechtsverordnung)** ausdrücklich ermächtigt wird, sind gesetzestechnisch nicht voll ausgereift. Insbesondere der Verweis auf Abs. 3 führt nicht weiter. Sinnvoll wäre der Bezug auf § 139 Abs. 3 SGB V. Unabhängig von diesem Redaktionsversehen bleibt die Frage, inwieweit der Verordnungsgeber hier auf eine **tragfähige Ermächtigungsgrundlage** zurückgreifen könnte. Maßgabe kann hier § 36 SGB V iVm § 78 Abs. 1 S. 3 SGB XI sein.[84] 77

---

78 „Das Bundesministerium für Gesundheit wird ermächtigt, [...] die Festbeträge [...] durch Rechtsverordnung [...] mit Zustimmung des Bundesrates zu bestimmen; § 40 Abs. 5 bleibt unberührt".
79 Plantholz in: LPK-SGB XI, § 78 Rn. 21 bezeichnet dies als „Ermächtigung zur Ersatzvornahme".
80 Vgl. insoweit die Bezugnahme in: § 78 Abs. 1 S. 3 SGB XI.
81 Plantholz in: LPK-SGB XI, § 78 Rn. 11 sieht hier eine zusätzliche Gestaltungsoption im Wege weiterer Rechtsverordnungen – arg. aus § 78 Abs. 4 Hs. 2: „§ 40 Abs. 5 bleibt unberührt". Vgl. auch Knittel in: Krauskopf, § 78 SGB XI Rn. 6.
82 Piepenstock in: Hauck/Noftz, SGB XI, § 78 Rn. 27, dort zur leihweisen Hilfsmittelüberlassung auch mit Blick auf die Unterrichtungspflicht (Rn. 28); Plantholz in: LPK-SGB XI, § 78 Rn. 20.
83 Piepenstock in: Schlegel ua, SGB XI, § 78 Rn. 27 (S. 15) weist besonders darauf hin, dass hier die Landesverbände der Pflegekassen zur wechselseitigen vertraglichen Vereinbarung „und damit zur eigenhändigen Leistungserbringung ermächtigt" (dort mwN), was auch „hinsichtlich der Beschaffung, Lagerung, Wartung und Kontrolle dieser Mittel" gelte.
84 Vgl. zunächst Wilcken in: BeckOK SozR, SGB XI, § 78 Rn. 5; ferner: Leitherer in: KassKomm, § 78 SGB XI Rn. 11 ff., 20.

78 In entsprechender Anwendung lassen sich die materiellen **Regelungen der Festbeträge für Hilfsmittel** (in § 36 SGB V) in Verbindung mit § 78 Abs. 1 S. 3 SGB XI **auf Pflegehilfsmittel übertragen**.[85] Hier gelten (gemäß § 78 Abs. 1 S. 3 SGB XI iVm § 36 Abs. 3 SGB V sowie § 35 Abs. 5 und 7 SGB V analog) die allgemeinen Maßgaben, wie sie bei Festbeträgen für Arznei- und Verbandmittel (iSv § 35 Abs. 1 S. 1 SGB V) durch den Gemeinsamen Bundesausschuss in den Richtlinien nach § 92 Abs. 1 S. 2 Nr. 6 SGB V formuliert werden können, entsprechend für Pflegehilfsmittel. Demnach[86] sind Festbeträge – erstens – derart festzusetzen, „daß sie im allgemeinen eine ausreichende, zweckmäßige und wirtschaftliche sowie in der Qualität gesicherte Versorgung gewährleisten". Zweitens müssen sie **Wirtschaftlichkeitsreserven ausschöpfen**; drittens sollen (dh: müssen idR, vorbehaltlich begründeter Ausnahmen) Festbetragsfestsetzungen wirksamen Preiswettbewerb auslösen und sie müssen sich deshalb an möglichst preisgünstigen Versorgungsmöglichkeiten ausrichten;[87] viertens muss bei der Festsetzung „soweit wie möglich" eine für die Pflege hinreichende Pflegehilfsmittelauswahl sichergestellt werden.[88]

79 Angesichts ihrer **marktregulierenden Funktion** sind weitere **Sicherungsmechanismen**[89] eingerichtet: Festbeträge müssen mindestens einmal jährlich überprüft werden und „in geeigneten Zeitabständen" an eine veränderte Marktlage angepasst werden. Weitere Vorgaben steuern die Festbetragshöhe,[90] orientiert zum einen am höchsten Abgabepreis eines Pflegehilfsmittels, zum anderen an dem Intervall zwischen dem niedrigsten und dem höchsten Preis einer Standardpackung. Die Einzelheiten der in der komplexen Regelung auf Arzneimittel abgestellten Rechenanweisungen sollen hier mit Blick auf Pflegehilfsmittel auf sich beruhen. Entsprechend anzuwenden ist auch hier (nach Maßgabe von § 35 Abs. 7 S. 1 SGB V) die Pflicht zur Bekanntmachung der Festbeträge im Bundesanzeiger.

80 Auf das zweistufige Verfahren bezogen hat (entsprechend § 36 Abs. 1 S. 1 SGB V iVm § 78 Abs. 1 S. 3) der Spitzenverband Bund der Pflegekassen solche Pflegehilfsmittel zu bestimmen, für die Festbeträge festgesetzt werden. Dabei sollen (entsprechend § 36 Abs. 1 S. 2 SGB V) unter Berücksichtigung des Pflegehilfsmittelverzeichnisses in ihrer Funktion gleichartige und gleichwertige Pflegehilfsmittel in Gruppen zusammengefasst und die Einzelheiten der Versorgung festgelegt werden.

81 Die Hersteller und Leistungserbringer sind (entsprechend § 36 Abs. 2 S. 3 SGB V) verpflichtet, dem Spitzenverband Bund der Pflegekassen auf Verlangen die **Informationen und Auskünfte** zu geben, die zur Wahrnehmung der Aufgaben (Festsetzung der Pflegehilfsmittel, für die Festbeträge bestimmt worden sind, entsprechend § 36 Abs. 2 S. 1 SGB V) erforderlich sind, und ebenso diejenigen Informationen und Auskünfte, die benötigt werden, um Pflegehilfsmittel zu bestimmen, für die Festbeträge festgesetzt werden sollen bzw. um „in ihrer Funktion gleichartige und gleichwertige Mittel" in Gruppen zusammenfassen und Versorgungseinzelheiten festlegen zu können (entsprechend § 36 Abs. 1 Sätze 1 und 2 SGB V), sowie insbesondere auch Informationen zu den Abgabepreisen der Pflegehilfsmittel.

82 Den Spitzenorganisationen der betroffenen Hersteller und Leistungserbringer ist – entsprechend § 36 Abs. 1 S. 3 SGB V – unter Übermittlung der hierfür erforderlichen Informationen innerhalb einer angemessenen Frist vor der Festbetrags-Zuordnungsentscheidung **Gelegenheit zur Stellungnahme** zu geben; die Stellungnahme ist in die Entscheidung einzubeziehen.

83 In einer **zweiten (Festsetzungs-)Stufe** bestimmt der Spitzenverband (entsprechend § 36 Abs. 2 S. 1 SGB V) für die Versorgung mit den durch den Spitzenverband ausgewählten Hilfsmitteln einheitliche Festbeträge; auch hier ist (entsprechend § 36 Abs. 2 S. 2 iVm Abs. 1 S. 3 SGB V) den Spitzenorganisationen der betroffenen Hersteller und Leistungserbringer unter Übermittlung der für die Entscheidung erforderlichen Informationen innerhalb einer angemessenen Frist Gelegenheit zur Stellungnahme zu geben und diese ist in die Entscheidung einzubeziehen.

84 **6. Rechtsschutz.** Prozessual gilt (entsprechend § 35 Abs. 7 S. 2 SGB V), dass **Klagen gegen die Festbetragsfestsetzung** keine aufschiebende Wirkung zuerkannt wird. Richtige Klageart ist die Anfechtungsklage (§ 54 Abs. 1 S. 1 Alt. 1 SGG): Die Festbetragsfestsetzung ist Verwaltungsakt als **Allgemeinverfügung** (§ 31 S. 2 SGB X).[91] Ein **Vorverfahren** findet (entsprechend § 54 Abs. 1 S. 2 SGG iVm § 35 Abs. 7 S. 3 SGB V) nicht statt. Im Übrigen wird (entsprechend § 35 Abs. 7 S. 4 SGB V: „… ist unzulässig")

---

85 Zum Verhältnis beider vgl. Plantholz in: LPK-SGB XI, § 78 Rn. 18.
86 Entsprechend § 35 Abs. 5 S. 1 iVm § 36 Abs. 3 SGB V iVm § 78 Abs. 1 S. 3 SGB XI.
87 Entsprechend § 35 Abs. 5 S. 2 Hs. 1 SGB V.
88 Entsprechend § 35 Abs. 5 S. 2 Hs. 2 SGB V.
89 Entsprechend § 35 Abs. 5 S. 3 iVm § 36 Abs. 3 SGB V iVm § 78 Abs. 1 S. 3 SGB XI.
90 Entsprechend § 35 Abs. 5 S. 4 bis 7 SGB V iVm § 36 Abs. 3 SGB V iVm § 78 Abs. 1 S. 3.
91 So BVerfG, 17.12.2002, 1 BvL 28/95; 1 BvL 29/95, 1 BvL 30/95, juris Rn. 31; BSG, 22.11.2012, B 3 KR 19/11 R, juris Rn. 21; LSG Berlin-Brandenburg, 6.1.2014, L 1 KR 40/13 KL ER, juris Rn. 33.

klargestellt, dass es keine gesonderten Klagen gegen die Festbetrags-Gruppeneinteilung (entsprechend § 35 Abs. 1 S. 1 bis 3 SGB V) oder gegen für die Festsetzung geeignete Vergleichsgrößen (entsprechend § 35 Abs. 1 S. 4 SGB V) oder „gegen sonstige Bestandteile" der Festbetragsfestsetzung geben kann. Weitere Einzelheiten der Klagen gegen die Festbetragsfestsetzung seien hier[92] nur skizziert: Das LSG Berlin-Brandenburg ist Gericht der Hauptsache: Es hat gemäß § 29 Abs. 4 Nr. 3 SGG die **ausschließliche Zuständigkeit** für Klagen gegen einen von dem Spitzenverband Bund der Krankenkassen festgesetzten Festbetrag. Für die **Kostenentscheidung** gilt § 197a SGG iVm §§ 154 Abs. 1 VwGO entsprechend;[93] die Streitwertfestsetzung beruht auf § 197a Abs. 1 S. 1 SGG iVm §§ 53 Abs. 2 Nr. 4, 52 Abs. 1 GKG, wobei vom wirtschaftlichen Interesse des Antragstellers an der Aufhebung der angegriffenen Festbetragsfestsetzung ausgegangen wird. Bei einer vorläufigen Regelung ist die Hälfte dieses Betrags als Streitwert angemessen.[94] Eine **(Nichtzulassungs-)Beschwerde** zum Bundessozialgericht ist nicht möglich (§ 177 SGG).[95]

Anerkannt ist auch, dass die pharmazeutischen Unternehmer eine Verletzung ihres in § 35 Abs. 3 S. 3 iVm § 35 Abs. 2 SGB V verankerten Anhörungsrechts gerichtlich geltend machen können:[96] Dieses Anhörungsrecht ist demnach nur für einen begrenzten, in § 35 Abs. 2 genannten Kreis an der Versorgung der Versicherten der gesetzlichen Krankenversicherung Mitwirkenden bestimmt und erkennbar in deren Interesse eingeführt worden. 85

7. Grundrechtsfragen bei der Festbetragsfestsetzung. Zumindest mit Blick auf die Möglichkeit eines Betroffenseins in eigenen Rechten sind grundrechtliche Bezüge in Betracht zu ziehen:[97] Hersteller und Vertriebsfirmen von Arzneimitteln könnten sich mit Blick auf eine Festbetragsfestsetzung auf grundrechtliche Positionen aus Art. 3 Abs. 1 GG und Art. 12 GG (unter Umständen iVm Art. 19 Abs. 3 GG) berufen.[98] Trotz Verneinung drittschützender Wirkung könne sich aus der mit einer Festbetragsfestsetzung verbundenen **Einflussnahme auf den Wettbewerb** eine Grundrechtsverletzung ergeben. Allerdings „konkretisiert die Festsetzung von Festbeträgen nur den ohnehin im SGB V angelegten Wirtschaftlichkeitsgrundsatz und damit auch den Wettbewerb der pharmazeutischen Unternehmer untereinander"[99] und auch die in Art. 12 GG geschützte Berufsfreiheit laufe letztlich nicht darauf hinaus, den Unternehmern Schonung vor Wettbewerb einzuräumen,[100] aber angesichts der von einer Festbetragsfestsetzung ausgehenden **steuernden Wirkung** bleibe das aus Art. 3 Abs. 1 GG herzuleitende **Willkürverbot** zu beachten, das für dirigistische Maßnahmen der öffentlichen Hand hinreichende sachliche Gründe verlange, und zwar nach der „neuen Formel" des BVerfG Gründe von solcher Art und solchem Gewicht, dass sie die Ungleichbehandlung insbesondere auch vor der hier herausgeforderten Berufsfreiheit der Pharmazeutischen Unternehmer rechtfertigen können. Allerdings wird man sagen müssen, dass in diesen Konstellationen in der Hauptsache die Hürde der sachwidrigen, nämlich willkürlichen Festsetzung nur sehr selten erreicht sein dürfte. 86

8. Zweifel an der Rechtmäßigkeit von § 36 SGB V im Einzelnen. Zweifel an der Rechtmäßigkeit von § 36 SGB V (und damit mittelbar auch an seiner Übertragbarkeit auf das System der Pflegehilfsmittel gemäß § 78 Abs. 1 S. 3) hatte das BVerfG bereits mit seiner Entscheidung vom 17.12.2002 ausgeräumt: Denn mit der Festbetragsfestsetzung durch die in § 36 SGB V genannten Verbände werde erstens die Berufsfreiheit der Pharmaunternehmen, der Hörgeräteakustiker, der Optiker nicht berührt; zweitens werde zwar auf die Berufsausübung der Ärzte eingewirkt und drittens würden überdies Leistungsansprüche der Versicherten verändert, wodurch jeweils auch Grundrechte betroffen sind; diese würden, „aber nicht dadurch verletzt, dass der Gesetzgeber für die Festbetragsfestsetzung die Form der Allgemeinverfügung vorgesehen hat".[101] 87

---

92 Unter Bezug auf LSG Berlin-Brandenburg, 6.1.2014, L 1 KR 40/13 KL ER, juris (auf BVerfG, 17.12.2002, 1 BvL 28/95 ua, BVerfGE 106, 275, 298 aufsetzend).
93 LSG Berlin-Brandenburg, 6.1.2014, L 1 KR 40/13 KL ER, juris Rn. 62.
94 LSG Berlin-Brandenburg, 6.1.2014, L 1 KR 40/13 KL ER, juris Rn. 63.
95 Vgl. erneut LSG Berlin-Brandenburg, 6.1.2014, juris Rn. 63.
96 BSG, 1.3.2011, B 1 KR 7/10 R, juris Rn. 13; LSG Berlin-Brandenburg, 6.1.2014, L 1 KR 40/13 KL ER, juris Rn. 37.
97 Hier entlang LSG Berlin-Brandenburg, 6.1.2014, L 1 KR 40/13 KL ER, juris Rn. 35.
98 LSG Berlin-Brandenburg, 22.6.2012, L 1 KR 296/09 KL, juris Rn. 80; LSG Berlin-Brandenburg, 6.12.2011, L 1 KR 184/11 ER, juris Rn. 73.
99 BVerfG, 17.12.2002, 1 BvL 28/95; 1 BvL 29/95, 1 BvL 30/95, juris Rn. 110.
100 BVerfG, aaO, juris Rn. 123.
101 BVerfG, 17.12.2002, 1 BvL 28/95 ua, BVerfGE 106, 275, 298 = SozR 3-2500 § 35 Nr. 2.

88 Das BVerfG hatte zum möglichen **Eingriff in die Wettbewerbsfreiheit** angesichts vorgetragener Intransparenz der Marktzutrittsbedingungen deutlich gemacht, der Gesetzgeber habe lediglich verdeutlichen wollen, dass der von ihm erwartete Preiswettbewerb ein Mittel der Umsetzung des Wirtschaftlichkeitsgebotes ist.[102] Den Verbänden seien durchaus keine „wirtschaftslenkende[n] Handlungsspielräume" eröffnet, sie seien „nicht zu gestaltenden Eingriffen in den Markt ermächtigt", allenfalls „zur Festlegung von Maßstäben für das Verhalten der Krankenkassen bei der Kostenübernahme, an denen sich auch die Anbieter von Arzneimitteln bei ihrem Marktverhalten orientieren können".[103]

89 Auch die **Publizität der Festbeträge**, die „allen Marktteilnehmern Orientierung ermöglicht", verstoße nicht gegen die Berufsfreiheit der Anbieter, setze doch „die Funktionsfähigkeit des Wettbewerbs [...] als Grundbedingung bei den Teilnehmern am Markt ein hohes Maß an Informationen über marktrelevante Faktoren voraus". Die Publizität sah das BVerfG als wesentliches strukturbildendes Merkmal und zugleich als Instrument hier erforderlicher Marktregulierung an: „Ist der Markt unübersichtlich und fallen – wie im System der gesetzlichen Krankenversicherung – Nachfrage, Anspruchsberechtigung und Kostentragung auseinander, kann ein – an den Regeln des Marktes gemessen – rationales Verhalten der Personen auch dadurch bewirkt werden, dass die Angebotsvielfalt strukturiert wird".[104] Im Übrigen werde schließlich „für Leistungserbringer leichter erkennbar, ob sie gegen das auch an sie gerichtete Verbot des § 12 Abs. 1 Satz 2 SGB V verstoßen". Denn nach dem **Wirtschaftlichkeitsgebot** aus § 12 Abs. 1 [SGB V] müssen die Leistungen zum einen „ausreichend, zweckmäßig und wirtschaftlich sein" und dürfen zweitens „das Maß des Notwendigen nicht überschreiten", und in der Konsequenz gilt (dort S. 2): „Leistungen, die nicht notwendig oder unwirtschaftlich sind, können Versicherte nicht beanspruchen, dürfen die Leistungserbringer nicht bewirken und die Krankenkassen nicht bewilligen".

90 Nach Ansicht des BVerfG[105] ist es dem Gesetzgeber „durch das Grundgesetz nicht verwehrt, für den Vollzug hinreichend bestimmter gesetzlicher Vorschriften die Form einer **Allgemeinverfügung** auch dann vorzusehen, wenn deren Regelungen an einen unbestimmten, aber im Anwendungszeitpunkt bestimmbaren Personenkreis gerichtet sind", und überdies werde durch die Wahl dieser Handlungsform „unmittelbarer Rechtsschutz gegen die Festbetragsfestsetzung eröffnet". Das Gericht hat sich davon überzeugt, dass der Gesetzgeber mit Blick auf §§ 35, 36 „die Maßstäbe und das Verfahren der Entscheidungsfindung" für die (Pflegehilfsmittel-)Festbetragsfestsetzung unter inhaltlichen und verfahrensmäßigen Aspekten im Lichte rechtsstaatlicher, berufsausübungsfreiheitsrechtlicher und der allgemeinen Handlungsfreiheit (der Versicherten) für die Festbetragsfestsetzung im Arzneimittelbereich „mit der dem Sachbereich angemessenen Genauigkeit geregelt" hat.[106] Hinreichende Bestimmtheit als Ausprägung des Rechtsstaatsgebots[107] sei hier gegeben: „Der Gesetzgeber hat das Versorgungsziel der gesetzlichen Krankenversicherung immer mit unbestimmten Rechtsbegriffen definiert, weil ihre Ausfüllung von den wirtschaftlichen Gegebenheiten, von Fortschritten in der Medizin und in anderen Wissenschaften, aber auch von internationalen Wirtschaftsbeziehungen und der Lebensführung der Versicherten abhängig ist".

VI. Zur weiteren Entwicklung im Vertragsrecht der (Sach-)Leistungserbringer

91 Die weitere Entwicklung des Vertragsrechts der (Sach-)Leistungserbringer ist in Vielem offen.[108] Im Vordergrund steht der weitere Ausbau wettbewerblicher Handlungsspielräume auch für die gesetzliche Pflegeversicherung. Eine Stärkung der Instrumente des Qualitätswettbewerbs (auch in seiner Rückwirkung auf den Preiswettbewerb) ist angelegt und dürfte weiter verfolgt werden.

---

102 BVerfGE 106, 275, 302.
103 BVerfGE, 106, 275, 302. Vgl. zur wettbewerbsrechtlichen Einschätzung Plantholz in: LPK-SGB XI, § 78 Rn. 2, 9.
104 BVerfGE, 106, 275, 302.
105 BVerfGE, 106, 275, 307.
106 BVerfGE 106, 275, 308.
107 BVerfGE 106, 275, 308, unter Bezug auf BVerfGE 59, 104, 114.
108 Piepenstock in: Hauck/Noftz, SGB XI, § 78 Rn. 13, zur Anwendbarkeit des Vergaberechts, mit der deutlichen Tendenz, die Pflegekassen als öffentliche Auftraggeber zu qualifizieren. Vgl. grundsätzlich U. Becker/H. Schweitzer, Wettbewerb im Gesundheitswesen – Welche gesetzlichen Regelungen empfehlen sich zur Verbesserung eines Wettbewerbs der Versicherer und Leistungserbringer im Gesundheitswesen?, Gutachten B, München 2012.

Vierter Abschnitt
Wirtschaftlichkeitsprüfungen

§ 79 Wirtschaftlichkeits- und Abrechnungsprüfungen

(1) ¹Die Landesverbände der Pflegekassen können die Wirtschaftlichkeit und Wirksamkeit der ambulanten, teilstationären und vollstationären Pflegeleistungen durch von ihnen bestellte Sachverständige prüfen lassen; vor Bestellung der Sachverständigen ist der Träger der Pflegeeinrichtung zu hören. ²Eine Prüfung ist nur zulässig, wenn tatsächliche Anhaltspunkte dafür bestehen, dass die Pflegeeinrichtung die Anforderungen des § 72 Abs. 3 Satz 1 ganz oder teilweise nicht oder nicht mehr erfüllt. ³Die Anhaltspunkte sind der Pflegeeinrichtung rechtzeitig vor der Anhörung mitzuteilen. ⁴Personenbezogene Daten sind zu anonymisieren.

(2) Die Träger der Pflegeeinrichtungen sind verpflichtet, dem Sachverständigen auf Verlangen die für die Wahrnehmung seiner Aufgaben notwendigen Unterlagen vorzulegen und Auskünfte zu erteilen.

(3) Das Prüfungsergebnis ist, unabhängig von den sich daraus ergebenden Folgerungen für eine Kündigung des Versorgungsvertrags nach § 74, in der nächstmöglichen Vergütungsvereinbarung mit Wirkung für die Zukunft zu berücksichtigen.

(4) ¹Die Landesverbände der Pflegekassen können eine Abrechnungsprüfung selbst oder durch von ihnen bestellte Sachverständige durchführen lassen, wenn tatsächliche Anhaltspunkte dafür bestehen, dass die Pflegeeinrichtung fehlerhaft abrechnet. ²Die Abrechnungsprüfung bezieht sich
1. auf die Abrechnung von Leistungen, die zu Lasten der Pflegeversicherung erbracht oder erstattet werden, sowie
2. auf die Abrechnung der Leistungen für Unterkunft und Verpflegung (§ 87).

³Für die Abrechnungsprüfung sind Absatz 1 Satz 3 und 4 sowie die Absätze 2 und 3 entsprechend anzuwenden.

Literatur:
von Wulffen/Schütze, SGB X Kommentar, 8. Auflage 2014.

I. Allgemeines 1	d) Datenschutz (Abs. 1 S. 4) 10
1. Entstehungsgeschichte 1	2. Mitwirkungspflichten, Auskunftspflichten (Abs. 2) 11
2. Gesetzeszweck 2	3. Rechtsfolgen (Abs. 3) 12
3. Normenkontext 3	4. Rechtsqualität und Rechtsschutz 14
II. Wirtschaftlichkeitsprüfung 4	III. Abrechnungsprüfung (Abs. 4) 16
1. Das Prüfverfahren 4	1. Einleitung des Prüfverfahrens (Abs. 4 S. 1) 16
a) Einleitung des Prüfverfahrens (Abs. 1 S. 1) 4	2. Prüfungsgegenstand (Abs. 4 S. 2) 18
b) Anhörung (Abs. 1 S. 1 Hs. 2, S. 3) .. 8	3. Prüfungsverfahren und Rechtsfolgen (Abs. 4 S. 3) 19
c) Anlassbezogene Prüfung (Abs. 1 S. 2) 9	

I. Allgemeines

1. Entstehungsgeschichte. Das Recht der Pflegekassen, die Wirtschaftlichkeit und Wirksamkeit der 1 Pflegeleistungen durch Sachverständige überprüfen zu lassen, besteht bereits seit einer durch Art. 1 PflegeVG v. 26.5.1994 (BGBl. I, 1014, 2797) mit Wirkung zum 1.1.1995 eingeführten Regelung. Durch die Einführung des PflegeWEG vom 28.5.2008 (BGBl. I 2008, 874) mit Wirkung zum 1.7.2008 wurden Abs. 1 S. 2 geändert und S. 3 und 4 angefügt. Zuvor war eine Wirtschaftlichkeits- und Wirksamkeitsprüfung auch ohne Anlass im Gesetz vorgesehen. Durch das PflegeWEG wurde der Anwendungsbereich der Vorschrift, bedingt durch die Kritik in der Rspr[1] und Literatur,[2] erheblich eingeschränkt.[3] Die Kritik bezog sich ua auf verfassungsrechtliche Bedenken wegen Verstoßes gegen das Übermaßverbot.[4] Die Rechtsprechung ging bzgl. der bis zum 1.7.2008 geltenden Rechtslage davon aus, dass Wirtschaftlichkeitsprüfungen bei unter freien Bedingungen ausgehandelten Vergütungsver-

---
1 BSGE 87, 199 = SozR 3-3300 § 85 Nr. 1.
2 Udsching, NSZ 1999, 473, 477 f. und Igl, Prüfung von Wirksamkeit und Wirtschaftlichkeit von Pflegeleistungen, SGb 2008, 1, 5 f.
3 BSG, 12.6.2008, B 3 P 2/07 R.
4 Udsching in Udsching, SGB XI, 2. Auflage, § 79, Rn. 3.

einbarungen entbehrlich seien. Denn bereits der Wettbewerb und das natürliche Gewinnstreben des Unternehmers sorgen dafür, dass die Leistung von den Gestehungskosten her gesehen möglichst kostengünstig angeboten werde.[5] Der Gesetzgeber habe mit den Regelungen der §§ 82 ff. eine Entscheidung für eine marktorientierte Pflegeversorgung getroffen, woraus folge, dass auf isolierte Wirtschaftlichkeitsprüfungen verzichtet werden könne.[6] Hingegen sind derartige Prüfungen nunmehr nur noch zulässig, wenn tatsächliche Anhaltspunkte dafür bestehen, dass die Pflegeeinrichtung die in § 72 Abs. 3 S. 1 aufgeführten Voraussetzungen für eine leistungsfähige pflegerische Versorgung nicht mehr erfüllt. Mit der Beschränkung auf Anlassprüfungen sollte folglich unabhängig von verfassungsrechtlichen Bedenken auch auf eine Entbürokratisierung hingewirkt werden, indem die Prüfungen auf ein Maß begrenzt werden, das im Interesse zweckentsprechender Mittelverwendung und des Verbraucherschutzes unerlässlich sei.[7] Mit Inkrafttreten des 3. Pflegestärkungsgesetzes (PSG III)[8] zum 1.1.2017 hat eine zusätzliche Überprüfungsmöglichkeit fehlerhaften Abrechnungsverhaltens zugelassener Pflegeleistungsanbieter Einzug in den Gesetzestext gefunden.

2 **2. Gesetzeszweck.** § 72 Abs. 3 S. 1 bestimmt, dass Versorgungsverträge nur mit Einrichtungen geschlossen werden dürfen, die Gewähr für eine leistungsfähige und wirtschaftliche pflegerische Versorgung bieten. § 79 Abs. 1 dient dem **Zweck**, den Landesverbänden der Pflegekassen die Befugnis zu erteilen, die Wirtschaftlichkeit der Leistungen von Pflegeeinrichtungen durch Sachverständige überprüfen zu lassen. Es ist insofern ein Kontrollinstrument zur Sicherung des Wirtschaftlichkeitsgebots des § 29. Durch die neue Möglichkeit der Überprüfung von Abrechnungen nach § 79 Abs. 4 soll den Schutzinteressen der Pflegebedürftigen und der Solidargemeinschaft der Versicherten verstärkt und gezielter Rechnung getragen werden.[9] Den für die Sicherstellung der pflegerischen Versorgung primär verantwortlichen Landesverbänden der Pflegekassen werden durch die Norm Instrumentarien zur Verfügung gestellt, die eine Überprüfung der Wirtschaftlichkeit als auch Ordnungsgemäßheit der Leistungserbringung durch die zugelassenen Pflegeeinrichtungen ermöglichen.[10] Dies insbesondere vor dem Hintergrund aktueller Hinweise und Erkenntnisse über Betrugspraktiken einzelner ambulanter Pflegeeinrichtungen.[11]

3 **3. Normenkontext.** Das Wirtschaftlichkeits- und Wirksamkeitsgebot von Leistungen ist an mehreren Stellen im SGB XI manifestiert, vgl. § 4 Abs. 3, § 29 und 84 Abs. 2. Die einseitigen Prüfungen durch die Landesverbände gem. § 79 Abs. 1 sind von der Qualitätsprüfung nach § 114 Abs. 2 S. 2 und 3 abzugrenzen.[12] Zum Inhalt der Qualitätsprüfung nach § 114 → § 114 Rn. 12 ff.
Zwischen § 79 Abs. 1 und § 114 Abs. 2 S. 2 und 3 können Überschneidungen auftreten, wenn eine Überprüfung der Wirksamkeit indiziert ist. Das Schema der Wirtschaftlichkeitsprüfung nach § 79 Abs. 1 ist jedoch deutlich enger. Zielrichtung dort ist die Fragestellung, ob die von der Pflegeeinrichtung eingesetzten Mittel wirksam erbracht werden, da eine unwirksame Leistung auch bei geringem Preis nicht wirtschaftlich sein kann.[13]
§ 79 Abs. 4 stellt wiederum eine sinnvolle Ergänzung zu der Abrechnungsprüfung im Rahmen der Regelprüfung nach § 114 Abs. 2 S. 7 dar. Die Prüfungsgegenstände gleichen sich, jedoch unterscheiden sich die Prüfmodi in ihrem Aufgreifkriterium. Die Prüfung nach § 114 Abs. 2 S. 7 erfolgt in turnusmäßigen Abständen bei der Personenstichprobe und ist auch auf diesen Umfang begrenzt.[14] Eine Umwandlung in eine abrechnungsbezogene Anlassprüfung ist erst möglich, sofern der MDK oder der PKV-Prüfdienst Auffälligkeiten feststellt.[15] Hingegen bietet § 79 Abs. 4 den Landesverbänden der Pfle-

---

5 BSGE 87, 199 = SozR 3-3300 § 85 Nr. 1 Rn. 24.
6 Igl, SGb 2008, 5 f.; Klie in: LPK-SGB XI, § 79 Rn. 5.
7 Vgl. BT-Dr. 16/7439, 70 zu Nr. 45.
8 BGBl. I 2016, 3191.
9 BT-Dr. 18/9518, 73.
10 BT-Dr. 18/9959, 38.
11 BT-Dr. 18/9518, 2.
12 Gutzler in: Hauck/Noftz, SGB XI, § 79 Rn. 2 mit weiteren Hinweisen zu den Abgrenzungskriterien.
13 Gutzler in: Hauck/Noftz, SGB XI, § 79 Rn. 2, 13.
14 Richtlinien des GKV-Spitzenverbandes über die Prüfung der in Pflegeeinrichtungen erbrachten Leistungen und deren Qualität nach § 114 SGB XI (Qualitätsprüfungs-Richtlinie – QPR) vom 6.9.2016, Ziffer 8 Abs. 3: Abrufbar unter www.gkv-spitzenverband.de (zuletzt abgerufen am 1.5.2017).
15 Richtlinien des GKV-Spitzenverbandes über die Prüfung der in Pflegeeinrichtungen erbrachten Leistungen und deren Qualität nach § 114 SGB XI (Qualitätsprüfungs-Richtlinie – QPR) vom 6.9.2016, Ziffer 8 Abs. 2: Abrufbar unter www.gkv-spitzenverband.de (zuletzt abgerufen am 1.5.2017).

gekassen eine Möglichkeit der eigenständigen Abrechnungsprüfung, die sie anlassbezogen ohne vorangegangene Mitwirkung und Prüfung des MDK oder des PKV-Prüfdienstes durchführen können.
Die Prüfung nach § 79 Abs. 1 unterscheidet sich konzeptionell erheblich von der Wirtschaftlichkeitsprüfung in der vertragsärztlichen Versorgung gem. § 106 ff. SGB V. Dort erfolgt eine Prüfung in der Regel von Amts wegen auf Basis statistischer Kriterien durch unabhängige, paritätisch besetzte Prüfgremien.
Die Abrechnungsprüfung nach § 79 Abs. 4 ist wiederum von der Plausibilitätsprüfung in der vertragsärztlichen Versorgung nach § 106 d SGB V zu differenzieren.
Jene erfolgt ebenfalls idR von Amts wegen auf Grundlage von bundesweit gültigen Prüfrichtlinien und Vereinbarungen auf Landesebene, sobald statistische Aufgreifkriterien erfüllt sind.
Als Rechtsfolge der Prüfungen in der vertragsärztlichen Versorgung kommen nachträgliche Kürzungen des Honoraranspruchs des Vertragsarztes bzw. der Ausspruch von Regressen in Betracht. §§ 75, 79 SGB XII (Einrichtungen der Sozialhilfe) sehen ebenfalls keine vergleichbaren, dem Kostenträger zustehende Prüfrechte vor, denn diese werden in den Vereinbarungen gem. § 75 SGB XII einvernehmlich geregelt. Ein dem § 79 Abs. 1 **vergleichbares sozialrechtliches Prüfverfahren** wird allenfalls in § 113 SGB V bzgl. der Krankenhausbehandlung gesehen, dem § 79 Abs. 1 nachgebildet wurde, obgleich eine vollständige Vergleichbarkeit aufgrund unterschiedlicher Wettbewerbsbedingungen nicht gegeben ist.[16]

II. Wirtschaftlichkeitsprüfung

1. Das Prüfverfahren. a) Einleitung des Prüfverfahrens (Abs. 1 S. 1). Abs. 1 verschafft den Landesverbänden der Pflegekassen die Befugnis der Einleitung von Verfahren der Wirtschaftlichkeits- oder Wirksamkeitsprüfung. Es besteht ein **Ermessensspielraum** zugunsten der Landesverbände der Pflegekassen, eine Prüfung durch einzelne Pflegekassen ist hingegen ausdrücklich nicht vorgesehen. So haben die Landesverbände der Pflegekassen bereits im Rahmen ihres Erschließungsermessens zu prüfen, ob die Zweckerreichung auch durch mildere Mittel erfüllt werden kann. In Betracht komme etwa die Aufklärung von Kritikpunkten im Rahmen anstehender Vergütungsverhandlungen.[17] Hinsichtlich des Auswahlermessens soll insbesondere zu berücksichtigen sein, ob und inwieweit die Pflegeeinrichtungen selbst interne Wirtschaftlichkeitsprüfungen durchführen.[18] Dabei sei auch zu prüfen, ob die Wirtschaftlichkeits- und Wirksamkeitsprüfung in der Lage ist, die unterstellte Nichterfüllung der Anforderungen gem. § 72 Abs. 3 S. 1 aufzuklären.[19] 4

Adressat einer Wirtschaftlichkeitsprüfung können nur zugelassene Einrichtungen gemäß §§ 71, 72 sein. Gegenständlich sind dabei die ambulanten, teilstationären und vollstationären Pflegeleistungen. Vom **Prüfgegenstand** nicht umfasst sind die gesondert zu verhandelnden Investitionskosten im Sinne des § 82 Abs. 2.[20] 5

Bei den Begriffen **Wirtschaftlichkeit** und **Wirksamkeit** handelt es sich um unbestimmte Rechtsbegriffe,[21] die nicht legaldefiniert sind und der Auslegung bedürfen. In der Literatur wird auf betriebswirtschaftliche Begriffsbestimmungen Bezug genommen. So wird Wirtschaftlichkeit als das Verhältnis von Aufwand zu Ertrag oder von Kosten zur Leistung definiert und Wirksamkeit als Grad der Zielerreichung, in dem die Leistungen die beabsichtigten Wirkungen erreichen.[22] Entscheidend sei, ob im Einzelfall die eingesetzten Mittel in einem wirtschaftlichen Verhältnis zum individuellen Vertragszweck stünden und ob die Leistungen überhaupt wirksam erbracht würden.[23] 6

Die Prüfung erfolgt durch Beauftragung eines **Sachverständigen**, in der Regel eines spezialisierten Wirtschaftsprüfers. Der Gesetzgeber geht davon aus, dass dieser unabhängig sein und über eine fachliche Eignung verfügen müsse.[24] Die Sachverständigen sind im Rahmen der Prüfung gegenüber den beauftragenden Landesverbänden der Pflegekassen jedoch nicht weisungsgebunden.[25] Die Gemeinsame Empfehlung auf Grundlage des § 75 Abs. 6 S. 1 sieht, anders als der Gesetzeswortlaut, eine einver- 7

---

16 Gutzler in: Hauck/Noftz, SGB XI, § 79 Rn. 3 mwN.
17 Siehe BT-Dr. 16/ 7439, 70 zu Nr. 45.
18 Klie in: LPK-SGB XI, § 79 Rn. 6.
19 Klie in: LPK-SGB XI, § 79 Rn. 6.
20 Klie in: LPK-SGB XI, § 79 Rn. 6.
21 Umfassend hierzu Klie in: LPK-SGB XI, § 79 Rn. 6.
22 Vgl. hierzu Igl, SGb 2008, 2 unter Bezugnahme auf betriebswirtschaftswissenschaftliche Nachweise.
23 Gutzler in: Hauck/Noftz, SGB XI, § 79 Rn. 13.
24 BT-Dr. 12/5262, 140.
25 Klie in: LPK-SGB XI, § 79 Rn. 6.

nehmliche Bestellung des Sachverständigen vor.[26] Sie entspricht somit der Regelung des § 113 Abs. 1 SGB V, welche bereits von Gesetzes wegen die einvernehmliche Bestellung eines Sachverständigen vorsieht. Im Falle der Bestellung eines ungeeigneten Sachverständigen wird die entsprechende Anwendung der sozialgerichtlichen Vorschriften über Ablehnung von Sachverständigen als angemessen angesehen.[27]

8   b) **Anhörung (Abs. 1 S. 1 Hs. 2, S. 3).** Vor Bestellung eines Sachverständigen ist die Pflegeeinrichtung anzuhören. Zu diesem Zweck sind ihr die Anhaltspunkte, die die Landesverbände zur Prüfung veranlasst haben, rechtzeitig vor der **Anhörung** mitzuteilen (Abs. 1 S. 3). Bei einer Anhörung im Sinne von Abs. 1 S. 1 Hs. 2 handelt es sich nicht um eine solche im Sinne des § 24 SGB X. Dieser findet bei dem Erlass von Verwaltungsakten Anwendung, die in die Rechte eines Beteiligten eingreifen.[28] Da weder in der durchzuführenden Prüfung selbst, noch in deren Ergebnis ein Verwaltungsakt zu sehen sei (zur Rechtsqualität → Rn. 14), könne eine Verwaltungsaktqualität auch nicht in der Beauftragung des Sachverständigen erblickt werden.[29] Damit dürfe § 24 SGB X nicht als Verfahrensvorschrift für die Wirtschaftlichkeitsprüfung nach § 79 herangezogen werden. Aus einem Verstoß gegen die Anhörungspflicht folge weder die Rechtswidrigkeit des Prüfungsverfahrens noch ein Beweisverwertungsverbot.[30] Eine mangelnde Anhörung könne jedoch dazu führen, dass die Prüfung deshalb nicht aussagekräftig und damit nicht geeignet ist, Grundlage weiterer Rechtsfolgen zu sein.[31]

9   c) **Anlassbezogene Prüfung (Abs. 1 S. 2).** Bei der Begrifflichkeit „tatsächliche Anhaltspunkte" handelt es sich um einen unbestimmten Rechtsbegriff.[32] Unter Berücksichtigung der Gesetzgebungsmotive wird das Vorliegen von tatsächlichen Anhaltspunkten angenommen, wenn es sich um substantielle Hinweise auf tatsächlicher Grundlage handelt, die nahelegen, dass bei einer Pflegeeinrichtung die Gewähr für eine leistungsfähige und wirtschaftliche pflegerische Versorgung nicht besteht.[33] Als Beispiele für tatsächliche Anhaltspunkte werden genannt: Zahlungsschwierigkeiten der Einrichtung, Überschuldung oder auch Wirtschaftlichkeitsreserven bei Organisation und Arbeitsabläufen.[34]

10 d) **Datenschutz (Abs. 1 S. 4).** Im Rahmen der Prüfung sind die personenbezogenen Daten zu anonymisieren. Für die Definition der personenbezogenen Daten wird auf die Bestimmung des § 3 Abs. 1 BDSG Bezug genommen.[35]

11 **2. Mitwirkungspflichten, Auskunftspflichten (Abs. 2).** Die Pflegeeinrichtungen sind verpflichtet, dem Sachverständigen notwendige Unterlagen auszuhändigen und **Auskünfte** zu erteilen. Dabei ergibt sich der Umfang der Auskunftspflicht aus dem jeweiligen Prüfauftrag des Landesverbandes der Pflegekassen. Als Gegenstand der Auskunftspflicht werden im Einzelnen beispielhaft benannt: Einzelne Pflegedokumentation, eigene Wirtschaftlichkeitsberechnungen der Pflegeeinrichtung, Kostenrechnungen und ggf. Lohnabrechnungen.[36] Wird die Mitwirkung durch die Pflegeeinrichtung ganz oder teilweise versagt, wird hierin eine vertragliche Pflichtverletzung gesehen, welche unter Berücksichtigung des Grundsatzes der Verhältnismäßigkeit einen Kündigungsgrund gemäß § 74 darstellen könne.[37] Die Rechtsprechung zieht die Zulässigkeit einer Leistungsklage des Landesverbandes der Pflegekassen gerichtet auf Auskunftserteilung in Betracht.[38]

12 **3. Rechtsfolgen (Abs. 3).** Das Prüfergebnis kann zur Kündigung des Versorgungsvertrages führen, wobei der Grundsatz der Verhältnismäßigkeit zu beachten ist, dh es darf keine geringer belastende Maß-

---

26 § 27 Abs. 1 der Gemeinsamen Empfehlung gemäß § 75 Abs. 5 SGB XI zum Inhalt der Rahmenverträge nach § 75 Abs. 2 SGB XI zur ambulanten pflegerischen Versorgung vom 13. Februar 1995. Abrufbar unter: www.gkv-spitzenverband.de. Kritisch zur Regelung der einvernehmlichen Bestellung: Gutzler in Hauck/Noftz, SGB XI, § 79 Rn. 9.
27 Gutzler in: Hauck/Noftz, SGB XI, § 79 Rn. 8.
28 Siefert in: von Wulffen/Schütze, SGB X, § 24 Rn. 8 f.
29 So auch Blöcher in: jurisPK-SGB XI, § 79 Rn. 14; kritisch, aber im Ergebnis offen: BSG, 12.6.2008, B 3 P 2/07 R, Rn. 37.
30 Gutzler in: Hauck/Noftz, SGB XI, § 79 Rn. 9 a.
31 Gutzler in: Hauck/Noftz, SGB XI, § 79 Rn. 9 a.
32 Blöcher in: jurisPK-SGB XI, § 79 Rn. 10.
33 Blöcher in: jurisPK-SGB XI, § 79 Rn. 10.
34 Gutzler in: Hauck/Noftz, SGB XI, § 79 Rn. 4.
35 Gutzler in: Hauck/Noftz, SGB XI, § 79 Rn. 9 c.
36 Gutzler in: Hauck/Noftz, SGB XI, § 79 Rn. 16.
37 Klie in: LPK-SGB XI, § 79 Rn. 7; Udsching in: Udsching, § 79 Rn. 5.
38 LSG München, 21.6.2002, L7B 123/02, Rn. 17.

nahme als die Kündigung denkbar gewesen sein.[39] Im Übrigen ist das Prüfungsergebnis gem. § 79 Abs. 3 „mit Wirkung für die Zukunft" in der nächstmöglichen Vergütungsvereinbarung zu berücksichtigen, woraus abgeleitet wird, dass das Prüfergebnis darüber hinaus keine vergangenheitsbezogenen Auswirkungen haben könne.[40] Der Träger der Pflegeeinrichtung hat zudem einen vertraglichen Erfüllungsanspruch auf eine zugesagte Vergütung, so dass eine nachträgliche Vergütungskürzung aufgrund des Prüfergebnisses nicht möglich sei und für in der Vergangenheit liegende Umstände eine Rückzahlung allenfalls im Wege des regelmäßig verschuldensabhängigen Schadensersatzes erlangt werden könne.[41]

Die **Prüfkosten** sind gem. § 116 Abs. 1 als Aufwand in der nächsten Vergütungsvereinbarung zu berücksichtigen. Zu den Kosten der Prüfung ergeben sich Einzelheiten aus den Gemeinsamen Empfehlungen zum Inhalt der Rahmenverträge.[42]

4. Rechtsqualität und Rechtsschutz. Das BSG hat offen gelassen, ob die Anordnung einer Wirtschaftlichkeitsprüfung einen **Verwaltungsakt** darstellt.[43] Hiergegen spricht, dass das Verhältnis zwischen den Landesverbänden der Pflegekassen und den Leistungserbringern überwiegend von einem Gleich- und nicht von einem Über-/Unterordnungsverhältnis geprägt ist und der Austausch von Leistungen gegen Vergütung durch eine Vergütungsvereinbarung erfolgt.[44] Hieraus folgt, dass die Pflegekassen bei Vorliegen der Voraussetzungen die Durchführung der Prüfung notfalls im Klagewege durchsetzen müssen.[45] Den Pflegeeinrichtungen wiederum steht gegen die Anordnung von Wirtschaftlichkeitsprüfungen Rechtsschutz in Form einer negativen Feststellungsklage zu.[46] Dabei wird das Rechtsschutzbedürfnis darin gesehen, dass die Prüfungen besonders schützenswerte Interessen der Pflegeeinrichtungen berühren, sie Auswirkungen auf die künftigen Pflegesatzverhandlungen haben können und geeignet sind, die Verhandlungsmacht der Pflegekassen zu stärken.[47]

Das Prüfergebnis nach § 79 wird in der Form eines **Prüfberichts** festgestellt, dem gleichfalls nicht die Qualität eines Verwaltungsaktes mit Regelungswirkung zugemessen wird und insofern auch nicht selbstständig mit Rechtsbehelfen oder Rechtsmitteln angreifbar sei.[48] Anfechtbar sei indes die auf den Prüfbericht gestützte Kündigung des Versorgungsvertrages nach § 74 Abs. 3.[49]

III. Abrechnungsprüfung (Abs. 4)

1. Einleitung des Prüfverfahrens (Abs. 4 S. 1). Die Landesverbände der Pflegekassen haben nach Abs. 4 – neben der in Abs. 1 geregelten Wirtschaftlichkeitsprüfung – die Möglichkeit eine Abrechnungsprüfung einzuleiten. Sie können die Prüfung selbst durchführen oder einen Sachverständigen beauftragen. Damit wird den Landesverbänden die Möglichkeit gegeben, selbstständig eine Prüfung durchzuführen. Insoweit besteht ein Unterschied zu Abs. 1, der lediglich eine Prüfung durch einen von ihm zu bestellenden Sachverständigen vorsieht, und zu § 114, der dem Landesverband allein die Erteilung des Prüfauftrages an den MDK, den Prüfdienst der Privaten Krankenversicherung oder von ihnen bestellte Sachverständige vorsieht. Zur Möglichkeit der Beauftragung und Bestellung eines Sachverständigen → Rn. 7.

Adressaten einer Abrechnungsprüfung sind zugelassene Pflegediensteinrichtungen gemäß §§ 71 f.

2. Prüfungsgegenstand (Abs. 4 S. 2). Prüfungsgegenstand sind sämtliche Leistungen der Pflegeversicherung, die nach dem Sachleistungsprinzip erbracht, abgerechnet und im Wege der Erstattung zulasten der Pflegeversicherung geltend gemacht worden sind. Davon umfasst ist insbesondere die Überprüfung der angegebenen und zur Abrechnungsgrundlage gewordenen Qualifikationen des eingesetzten Personals, Ausbildungszuschläge als Bestandteil der Pflegevergütung nach § 82a und bei stationärer Pflege

---

39 Gutzler in: Hauck/Noftz, SGB XI, § 79 Rn. 23.
40 Leitherer in: KassKomm, § 79 SGB XI Rn. 11; ebenso Gutzler in: Hauck/Noftz, SGB XI, § 79 Rn. 24 mwN.
41 Gutzler in: Hauck/Noftz, SGB XI, § 79 Rn. 25.
42 Siehe §§ 21 ff. der Gemeinsamen Empfehlung gem. § 75 Abs. 5 SGB XI zum Inhalt der Rahmenverträge nach § 75 Abs. 2 SGB XI zur ambulanten pflegerischen Versorgung vom 13. Februar 1995.
43 BSG, 12.6.2008, B 3 P 2/07 R, Rn. 37.
44 Gutzler in: Hauck/Noftz, SGB XI, § 79 Rn. 27.
45 Gutzler in: Hauck/Noftz, SGB XI, § 79 Rn. 28.
46 BayLSG, 10.10.2007, L 2 P 61/04; aA wohl Gutzler in: Hauck/Noftz, SGB XI, § 79 Rn. 6, der davon ausgeht, dass der Pflegeeinrichtung gegen die Einleitung des Prüfverfahrens keine Rechtsschutzmöglichkeiten zustehen.
47 BayLSG, 10.10.2007, L 2 P 61/04.
48 Gutzler in: Hauck/Noftz, SGB XI, § 79 Rn. 21.
49 Gutzler in: Hauck/Noftz, SGB XI, § 79 Rn. 22.

die Abrechnung von Leistungen für Unterkunft und Verpflegung nach § 87, da diese in einem engen Verhältnis zur Pflegesachleistung erbracht werden.[50]

19 3. Prüfungsverfahren und Rechtsfolgen (Abs. 4 S. 3). Aus dem Verweis des § 79 Abs. 4 S. 3 ergibt sich, dass auch bei der Abrechnungsprüfung eine **Anhörung** des Trägers der Pflegeeinrichtung stattzufinden hat. Die Anhaltspunkte sind rechtzeitig vor dieser Anhörung mitzuteilen. Ein direkter Verweis auf § 79 Abs. 1 S. 1 Hs. 2 ist nicht vorzufinden. Es kann daher aus gesetzessystematischen Gesichtspunkten eine Anhörung auch noch im Nachgang zur Bestellung des Sachverständigen oder nach Aufnahme der Prüfung seitens der Landesverbände der Pflegekassen erfolgen. Denn aus dem Gesetzestext geht lediglich hervor, dass eine Anhörung der Pflegeeinrichtung grds. stattzufinden hat. Durch diese Vorgehensweise soll den betroffenen Pflegeeinrichtungen die Möglichkeit einer gezielten Manipulation, ggf. durch die Vernichtung von Nachweisen und Unterlagen, verwehrt werden. Den Landesverbänden der Pflegekassen wird somit die Möglichkeit eröffnet, zunächst Unterlagen (Beweise) die eine Abrechnungsprüfung begründen, zu sichern.

Die **datenschutzrechtlichen Bestimmungen** der §§ 94 und 95 sind für den Bereich der Abrechnungsprüfung durch das PSG III ergänzt worden.

20 Bei der Abrechnungsprüfung nach Abs. 4 handelt es sich um eine anlassbezogene Prüfung. Es müssen tatsächliche **Anhaltspunkte** für ein fehlerhaftes Abrechnungsverhalten durch den zugelassenen Leistungsanbieter vorliegen. Diese müssen die Landesverbände der Pflegekassen zu der Überzeugung kommen lassen, dass die Pflegeeinrichtung fehlerhaft abgerechnet hat.[51] Solche Anhaltspunkte können sich ua aus den Abrechnungsprüfungen des MDK bzw. des PKV-Prüfdienstes nach § 114 ergeben.[52]

21 Eine nähere Ausgestaltung **des Verfahrens** und den Prüfungsmaßstab legen die Rahmenvertragspartner nach § 75 auf Landesebene fest. Bislang wurden in Bezug auf die Abrechnungsprüfung in den bisher vereinbarten Rahmenverträgen (Stand Mai 2017) noch keine Verfahrensregelungen aufgenommen. Die bisherigen Rahmenverträge der Länder und die gemeinsame Empfehlung gemäß § 75 Abs. 5 SGB XI zum Inhalt der Rahmenverträge nach § 75 Abs. 2 SGB XI zur ambulanten pflegerischen Versorgung vom 13.2.1995 verhalten sich nur zu Verfahrens- und Prüfungsgrundsätzen bei Wirtschaftlichkeitsprüfungen.

Die landesrechtlichen Rahmenvertragspartner sind gleichzeitig diejenigen, deren Abrechnungen zulasten der Solidargemeinschaft geprüft werden sollen. Für die Praxis birgt das die Gefahr einer „weichen" Kompromisslösung unter den Vertragspartnern.[53]

22 Durch den Verweis des § 79 Abs. 4 S. 3 auf die Absätze 2 und 3 kann auf die Ausführungen unter → Rn. 11 bis 13 zu den Mitwirkungspflichten, Auskunftsansprüchen und Rechtsfolgen Bezug genommen werden. Bei tatsächlich festgestellten Abrechnungsverstößen sind jedoch noch weitere Maßnahmen außer der Anfertigung eines Prüfberichtes und einer etwaigen Kündigung des Versorgungsvertrages denkbar. Ein Vergleich mit den Rechtsfolgen der Qualitätsprüfung nach § 114 gemäß § 115 Abs. 3 zeigt, dass auch Kürzungen der Pflegevergütungen als Sanktion innerhalb des SGB XI in Betracht kommen, deren Höhe einvernehmlich zu regeln oder anderenfalls durch eine Schiedsstelle festzusetzen ist.

Auch ist durch die im Einzelfall vorgesehene Zusammenarbeit mit den Stellen zur Bekämpfung von Fehlverhalten im Gesundheitswesen eine Unterrichtung der Staatsanwaltschaft möglich, sofern die Prüfung ergibt, dass ein Anfangsverdacht auf strafbare Handlung mit nicht nur geringfügiger Bedeutung für die gesetzliche Krankenversicherung bestehen könnte (§§ 81 a, 197 a SGB V, § 47 a).[54]

§§ 80, 80 a (aufgehoben)

---

50 BT-Dr. 18/9518, 73.
51 BT-Dr. 18/9518, 73.
52 Stellungnahme des MDS zur Anhörung des Entwurfs der Bundesregierung eines 3. Gesetzes zur Stärkung der pflegerischen Versorgung (PSG III) und zur Änderung weiterer Gesetze einschließlich der Änderungsanträge der Faktionen CDU/CSU und SPD (3. Pflegestärkungsgesetz-PSG III) am 17.10.2016 in Berlin, Ausschussdr. 18(14)0204(40).
53 Stellungnahme des GKV-Spitzenverbandes vom 12.10.2016, S. 69, Ausschussdr. 18(14)0204(16.1).
54 BT-Dr. 18/9518, 73.

§ 81 Verfahrensregelungen

(1) ¹Die Landesverbände der Pflegekassen (§ 52) erfüllen die ihnen nach dem Siebten und Achten Kapitel zugewiesenen Aufgaben gemeinsam. ²Kommt eine Einigung ganz oder teilweise nicht zustande, erfolgt die Beschlussfassung durch die Mehrheit der in § 52 Abs. 1 Satz 1 genannten Stellen mit der Maßgabe, dass die Beschlüsse durch drei Vertreter der Ortskrankenkassen und durch zwei Vertreter der Ersatzkassen sowie durch je einen Vertreter der weiteren Stellen gefasst werden.

(2) ¹Bei Entscheidungen, die von den Landesverbänden der Pflegekassen mit den Arbeitsgemeinschaften der örtlichen Träger der Sozialhilfe oder den überörtlichen Trägern der Sozialhilfe gemeinsam zu treffen sind, werden die Arbeitsgemeinschaften oder die überörtlichen Träger mit zwei Vertretern an der Beschlussfassung nach Absatz 1 Satz 2 beteiligt. ²Kommt bei zwei Beschlussfassungen nacheinander eine Einigung mit den Vertretern der Träger der Sozialhilfe nicht zustande, kann jeder Beteiligte nach Satz 1 die Entscheidung des Vorsitzenden und der weiteren unparteiischen Mitglieder der Schiedsstelle nach § 76 verlangen. ³Sie entscheiden für alle Beteiligten verbindlich über die streitbefangenen Punkte unter Ausschluss des Rechtswegs. ⁴Die Kosten des Verfahrens nach Satz 2 und das Honorar des Vorsitzenden sind von allen Beteiligten anteilig zu tragen.

(3) ¹Bei Entscheidungen nach dem Siebten Kapitel, die der Spitzenverband Bund der Pflegekassen mit den Vertretern der Träger der Sozialhilfe gemeinsam zu treffen hat, stehen dem Spitzenverband Bund der Pflegekassen in entsprechender Anwendung von Absatz 2 Satz 1 in Verbindung mit Absatz 1 Satz 2 neun und den Vertretern der Träger der Sozialhilfe zwei Stimmen zu. ²Absatz 2 Satz 2 bis 4 gilt mit der Maßgabe entsprechend, dass bei Nichteinigung ein Schiedsstellenvorsitzender zur Entscheidung von den Beteiligten einvernehmlich auszuwählen ist.

I. Allgemeines

1. Entstehungsgeschichte. Die Verfahrensregelungen wurden mit Wirkung zum 1.1.1995 durch Art. 1 PflegeVG v. 26.5.1994 (BGBl. I, 1014, 2797) in Kraft gesetzt, zwischenzeitlich mehrfach novelliert und zuletzt mit Wirkung zum 30.10.2012 durch Art. 1 Nr. 31 PNG vom 23.10.2012 (BGBl. I 2012, 2246) geändert.

Durch Artikel Nr. 10 PQsG vom 9.9.2001 (BGBl. I 2001, 2320) wurde mit Wirkung zum 1.1.2002 und der Zielsetzung der Stärkung der Stellung der Träger der Sozialhilfe Abs. 1 S. 3 gestrichen und Abs. 2 und 3 neu gefasst. Mit Wirkung zum 1.1.2005 erfolgte durch Art. 10 Nr. 8 des Gesetzes zur Einordnung des Sozialrechts in das Sozialgesetzbuch vom 27.12.2003 (BGBl. I 2003, 3022) eine Angleichung der Regelung des Abs. 2 an das SGB XII. Um die neue Organisationsstruktur der Kranken- und Pflegekassen auf § 81 zu übertragen, wurden mit Wirkung zum 1.7.2008 durch Art. 8 Nr. 36 a) bis c) GKV-WSG vom 26.3.2007 (BGBl. I 2007, 378) Abs. 1 S. 2 und Abs. 2 S. 1 novelliert und Abs. 3 neu gefasst. Mit dem GKV-WSG wurde der bis zum 30.6.2008 geltende Verweis in Abs. 1 S. 2 auf § 213 Abs. 2 SGB V gestrichen und unter Beibehaltung der Stimmverhältnisse ein **eigenständiges Konfliktlösungsverfahren** mit Wirkung zum 1.7.2008 implementiert. Durch das PNG vom 23.10.2012 (BGBl. I 2012, 2246) wurde Abs. 1 S. 2 Hs. 2 geändert, da der zuvor eigenständige Spitzenverband See-Krankenkasse durch die Fusion der See-Krankenkasse mit der Knappschaft zu streichen war.

2. Gesetzeszweck. § 81 bestimmt für die von den Landesverbänden der Pflegekassen gemeinsam wahrgenommen Aufgaben im Rahmen des Siebten und achten Kapitels des SGB XI zwei Verfahrensabläufe zur Konfliktlösung bei Uneinigkeit untereinander. Die Arbeitsgemeinschaften der örtlichen Träger der Sozialhilfe und die überörtlichen Träger der Sozialhilfe sind hierbei zu beteiligen, soweit sie in die Aufgabenwahrnehmung eingebunden sind.

3. Normenkontext. Die Verfahrensregelungen beziehen sich auf alle von den Landesverbänden der Pflegekassen gemeinsam wahrgenommenen Aufgaben im Rahmen des Siebten und Achten Kapitels des SGB XI, wie die Gestaltung der Beziehungen der Pflegekassen zu den Leistungserbringern gem. §§ 69 bis 81 sowie die Regelung zur Pflegevergütung nach §§ 82 bis 92 c.

II. Regelungsgehalt

1. Zugewiesene gemeinsame Aufgabenerfüllung (Abs. 1 S. 1). Abs. 1 S. 1 legt den Landesverbänden der Pflegekassen die gemeinsame Erfüllung der nach dem Siebten und achten Kapitel zugewiesenen

Aufgaben auf. Im SGB XI gilt das Prinzip gemeinsamer Aufgabenerfüllung.[1] Alle betroffenen Landesverbände der Pflegekassen (vgl. § 52 Abs. 1 S. 2, → § 52 Rn. 6 ff.) schließen gemeinsam die jeweiligen Verträge und treffen gemeinsam die notwendigen Entscheidungen. Wegen Abs. 1 S. 1 gilt eine Verpflichtung zur gemeinsamen Aufgabenerfüllung, auch wenn dies nicht ausdrücklich in der Sachnorm angeordnet ist.[2]

6 **2. Einigungsverfahren (Abs. 1 S. 2).** Abs. 1 S. 2 regelt das Einigungsverfahren zwischen den Landesverbänden der Pflegekassen ohne Beteiligung der Träger der Sozialhilfe. Besteht zB wegen des Abschlusses eines Versorgungsvertrages mit einer Pflegeeinrichtung nach § 72 Abs. 1 Uneinigkeit zwischen den Landesverbänden der Pflegekassen, regelt Abs. 1 S. 2 das Einigungsverfahren mit **Beschlussfassung zur Konfliktlösung.** Die Aufhebung der Uneinigkeit erfolgt durch **Mehrheitsbeschluss** der in § 52 Abs. 1 S. 1 genannten Stellen, namentlich durch drei Vertreter der Ortskrankenkassen, zwei Vertreter der Ersatzkassen und je ein Vertreter der betriebs-, innungs- und landwirtschaftlichen Krankenkassen sowie der Deutschen Rentenversicherung Knappschaft-Bahn-See. Der Wortlaut der Vorschrift verlangt die absolute Stimmenmehrheit.[3] Das Verfahren zur Beschlussfassung ist nicht geregelt. Aus dem Prinzip der Selbstverwaltung ergibt sich jedoch, dass der Erlass einer Geschäftsordnung zur Regelung der Ladungsfristen, Beschlussfähigkeit etc möglich ist.[4]

7 **3. Einbeziehung des (über-)örtlichen Trägers der Sozialhilfe (Abs. 2).** Abs. 2 verlangt die Einbeziehung der (über-)örtlichen Träger der Sozialhilfe in das Einigungsverfahren, wenn die Träger der Sozialhilfe oder deren Vereinigungen an Entscheidungen der Landesverbände der Pflegekassen beteiligt, mithin Entscheidungen gemeinsam zu treffen sind. Da die Beteiligungsformen des Trägers der Sozialhilfe an den Entscheidungen unterschiedlich sind – zB verlangt § 72 Abs. 2 (→ § 72 Rn. 7) „Einvernehmen" zwischen den Landesverbänden der Pflegekassen und den Trägern der Sozialhilfe, § 85 Abs. 2 Nr. 2 hingegen benennt den Träger der Sozialhilfe ausdrücklich als „Partei" der Pflegesatzvereinbarung[5] –, wird ein **umfassendes Beteiligungsrecht** der Träger der Sozialhilfe angenommen.[6] Ob der örtliche oder überörtliche Träger der Sozialhilfe einbezogen wird, hängt von der Zuständigkeit der Arbeitsgemeinschaften ab. Die Arbeitsgemeinschaften oder die überörtlichen Träger werden mit **zwei Vertretern** an der Beschlussfassung nach Abs. 1 S. 2 beteiligt. Die Beteiligten nach Abs. 2 S. 1 haben gem. Abs. 2 S. 2 das Recht, sofern **zwei nacheinander folgende Beschlussfassungen** keine Einigung ergeben, eine Entscheidung des Vorsitzenden und der weiteren unparteiischen Mitglieder der Schiedsstelle gem. § 76 Abs. 1 S. 2 (→ § 76 Rn. 5) zu verlangen.

8 Die Entscheidung erfolgt verbindlich und unter **Ausschluss des Rechtswegs.** Damit wird sichergestellt, dass über Fragen, die zwischen den Kostenträgern streitbefangen sind, zügig eine einheitliche Entscheidung herbeigeführt wird.[7] Es soll verhindert werden, dass zB Vertragsverhandlungen mit den Leistungserbringern dauerhaft aufgrund von Auseinandersetzungen zwischen den Kostenträgern blockiert werden.[8] Gleichwohl verbleiben den unterlegenen Kostenträgern ausreichend Möglichkeiten, ihre Rechtspositionen in einem neutralen Schiedsverfahren geltend zu machen, denn die verfahrensrechtlichen Absicherungen sehen eine **zweifache Befassung des Gremiums** mit dem streitbefangenen Gegenstand vor, bevor es zu einer Entscheidung durch den Schiedsstellenvorsitzenden kommt. Die Verfahrensrechte der zuständigen Sozialhilfeträger im Pflegesatzverfahren nach § 85 Abs. 5 werden von dieser Vorschrift nicht berührt; im Pflegesatzverfahren ist der Rechtsweg nicht ausgeschlossen. Der zuständige Sozialhilfeträger kann damit auch künftig ein Schiedsstellenverfahren nach Abschluss einer Vergütungsvereinbarung einleiten und bereits vorab die Entscheidung durch den Vorsitzenden der Schiedsstelle verlangen.[9]

9 **4. Verweisung (Abs. 3).** Abs. 3 verweist hinsichtlich der zwischen dem Spitzenverband Bund der Pflegekassen und den Vertretern der Sozialhilfe nach dem Siebten Kapitel zugewiesenen gemeinsamen Aufgaben auf die entsprechende **Anwendung der Verfahrensregelung** nach Abs. 2 S. 1 iVm Abs. 1 S. 2, sofern Uneinigkeit in der Entscheidungsfindung besteht. Die zugewiesenen Aufgaben des Spitzenverban-

---

1 Leonhard in: LPK-SGB XI, § 81 Rn. 5.
2 Udsching in: Udsching, § 81 Rn. 3.
3 Gutzler in: Hauck/Noftz, SGB XI, § 81 Rn. 6; Leonhard in: LPK-SGB XI, § 81 Rn. 6.
4 Gutzler in: Hauck/Noftz, SGB XI, § 81 Rn. 6; Leonhard in: LPK-SGB XI, § 81 Rn. 6.
5 Leonhard in: LPK-SGB XI, § 81 Rn. 7.
6 So auch Gutzler in: Hauck/Noftz, SGB XI, § 81 Rn. 9; Leonhard in: LPK-SGB XI, § 81 Rn. 7.
7 Vgl. BT-Dr. 14/5395, 34 zu Nr. 10.
8 Vgl. BT-Dr. 14/5395, 34 zu Nr. 10.
9 Vgl. BT-Dr. 14/5395, 34 zu Nr. 10.

des Bund der Pflegekassen ergeben sich aus § 53 S. 2 SGB XI iVm § 217f Abs. 1–4 SGB V (→ § 53 Rn. 11 ff.). Hiernach gehört ua zu den dem Spitzenverband Bund der Pflegekassen **zugewiesenen Aufgaben** der Vertragsschluss über die Versorgung der Versicherten mit Pflegehilfsmitteln gem. § 78 Abs. 1 (→ § 78 Rn. 8 ff.) und die Herstellung eines systematisch strukturierten Pflegehilfsmittelverzeichnisses gem. § 78 Abs. 2 (→ § 78 Rn. 28, 56 ff.).

Dem Spitzenverband Bund der Pflegekassen stehen sodann neun und den Vertretern der Träger der Sozialhilfe zwei Stimmen zu. 10

Die von Seiten der Träger der Sozialhilfe in das Entscheidungsgremium zu entsendenden Vertreter sind von der Bundesvereinigung der Kommunalen Spitzenverbände und der Bundesarbeitsgemeinschaft der überörtlichen Träger der Sozialhilfe zu bestellen.[10] Die Regelung nach Abs. 1 und 2 auf **Landesebene** erstreckt sich auf die Beschlussfassung der Kostenträger auf **Bundesebene** mit der Maßgabe, dass die Beteiligten bei Nichteinigung einen Vorsitzenden einer Landesschiedsstelle zur Entscheidung einvernehmlich auszuwählen haben.[11] 11

Achtes Kapitel
Pflegevergütung

Erster Abschnitt
Allgemeine Vorschriften

Vorbemerkungen zu §§ 82 bis 92 f

I. Allgemeiner Überblick 1	4. Kostentragung................ 16
II. Die Grundstrukturen der Finanzierung..... 5	III. Begriff der Pflegeeinrichtung............... 20
1. Dualistisches Finanzierungsmodell 5	IV. Wettbewerbskonzept des SGB XI 22
2. Arten von Aufwendungen 7	V. Einbeziehung anderer Leistungsträger und
3. Finanzierungsquellen................. 14	der Verbände 25

I. Allgemeiner Überblick

Das **Achte Kapitel**, das die §§ 82 bis 92 f umfasst und mit „Pflegevergütung" überschrieben ist, enthält 1 zentrale Regelungen zur Finanzierung der Leistungserbringer, also der Pflegeheime (stationäre Pflegeeinrichtungen) und Pflegedienste (ambulante Pflegeeinrichtungen). Weil in diesem Kapitel aber nicht nur die Pflegevergütung (Vergütung für die allgemeinen Pflegeleistungen, § 82 Abs. 1 S. 1 Nr. 1), sondern auch die Entgelte für Unterkunft und Verpflegung oder die Investitionsaufwendungen normiert sind, gehen die Bestimmungen über den mit der Kapitelüberschrift bezeichneten Bereich deutlich hinaus. Das gilt auch hinsichtlich der Regelungen zur Kostentragung vor allem in § 82. Andererseits werden nicht alle Fragen der Finanzierung geregelt, da etwa die Anspruchsgrundlagen der Pflegeeinrichtungen gegen den Pflegebedürftigen nicht enthalten sind.

Das Kapitel war zunächst und ist seit dem 1.7.2017 wieder in fünf **Abschnitte** gegliedert: Im ersten 2 **Abschnitt** (§§ 82 bis 83) werden **allgemeine Finanzierungsvorschriften und Grundsätze der Pflegevergütung** festgelegt. Diese Vorschriften gelten sowohl für stationäre als auch für ambulante Pflegeleistungen und enthalten auch Bestimmungen zur Regelung der Ausbildungsvergütung in der Alten- und Krankenpflege (§ 82 a) und zur Berücksichtigung von ehrenamtlicher Unterstützung in der Pflegevergütung (§ 82 b). Mit § 83 besitzt die Bundesregierung schließlich eine Ermächtigung zum Erlass von Rechtsverordnungen betreffend Inhalt und Abrechnung von Pflegeleistungen sowie zur Kosten- und Leistungsrechnung der Pflegeeinrichtungen.

Die beiden nachfolgenden Abschnitte zwei und drei enthalten jeweils getrennte Regelungen für die sta- 3 tionäre und die ambulante Pflege: Der **zweite Abschnitt** (§§ 84 bis 88) beschäftigt sich mit **stationären Pflegeleistungen** und legt zuerst die Bemessungsgrundsätze fest, auf deren Basis die Pflegevergütung ermittelt werden soll (§ 84). §§ 85 bis 88 regeln dann verschiedene Bestandteile der Vergütung stationärer Pflege; hier werden Pflegesätze (§§ 85, 86), Entgelte für Unterkunft und Verpflegung (§ 87) und deren Zusammenfassung im Heimentgelt (§ 87a) sowie die Vergütung von Zusatzleistungen (§ 88) normiert. Bestimmungen betreffend ambulanter Pflegeleistungen finden sich sodann im dritten Abschnitt

---

10 Leonhard in: LPK-SGB XI, § 81 Rn. 9.
11 Leonhard in: LPK-SGB XI, § 81 Rn. 9.

(§ 89 und 90): Während § 89 allgemeine Grundsätze für die Vergütung von ambulanter Pflege normiert, enthält § 90 eine Ermächtigung für das BMG zum Erlass einer Gebührenordnung für ambulante Pflegeleistungen und die hauswirtschaftliche Versorgung.

4   Im Unterschied zu den vorausgehenden Abschnitten enthalten die **Abschnitte vier und fünf** wenige Sondervorschriften: § 91, der mit § 92 a den vierten Abschnitt „Kostenerstattung, Pflegeheimvergleich" bildet, regelt einen Anspruch der zugelassenen Pflegeeinrichtungen auf Kostenerstattung, wenn eine vertragliche Regelung der Pflegevergütung nicht besteht. § 92 a ermächtigt die Bundesregierung detailliert zum Erlass einer Rechtsverordnung, auf deren Basis ein Pflegeheimvergleich durchgeführt werden kann. Der nachfolgende fünfte Abschnitt besteht seit dem 1.1.2017 nur noch aus § 92 b, der die Pflege in die integrierte Versorgung nach dem SGB V (§ 140 a bis § 140 d) einbezieht. Die Regelung zu den Pflegestützpunkten (§ 92 c aF) ist seit dem 1.1.2016 in § 7 c enthalten. Vom 1.1.2016 bis 30.6.2017 existierte mit den §§ 92 c bis § 92 f noch ein **sechster Abschnitt**, der Übergangsregelungen für die Neuverhandlung bzw. Überleitung der Pflegesätze in stationären Einrichtungen angesichts der Einführung der neuen Pflegegrade durch das PSG II enthielt. Da die §§ 92 c–92 f aF zumindest für anhängige Rechtsstreitigkeiten durchaus weiterhin Bedeutung besitzen, werden sie nachfolgend ebenfalls kurz erläutert.

II. Die Grundstrukturen der Finanzierung

5   **1. Dualistisches Finanzierungsmodell.** Für die Finanzierung von Pflegeleistungen sieht das Gesetz heute idealtypisch ein **dualistisches Modell** vor. Im Gegensatz zum monistischen Konzept beruht dieses auf einer Trennung der Aufwendungen für die allgemeinen Pflegeleistungen sowie für Unterkunft und Verpflegung einerseits von den Investitionskosten andererseits. Während erstere durch die Pflegekasse (sowie etwaige weitere Leistungsträger) und den Pflegebedürftigen selbst zu tragen sind (§ 82 Abs. 1), sollen anfallende Investitionskosten nach der Gesetzeskonzeption durch das jeweilige Bundesland im Wege finanzieller Unterstützung der Pflegeheimträger getragen werden (arg. § 82 Abs. 3, 4).

6   Eine dualistische Finanzierungsstruktur ist im Grundsatz aus dem Recht der Krankenhausfinanzierung bekannt (§ 9 KHG). Im Gegensatz dazu kennt das Recht der Finanzierung der Pflegeeinrichtungen im Bundesrecht keinen Rechtsanspruch gegen das jeweilige Bundesland auf Übernahme der Investitionskosten. Nach dem SGB XI (§ 9 S. 1) sind die Länder zwar verantwortlich für die Vorhaltung einer pflegerischen Versorgungsstruktur, die leistungsfähig, zahlenmäßig ausreichend und wirtschaftlich ist. Es wird jedoch andererseits keine Rechtspflicht zur Übernahme der Investitionskosten durch die Länder bestimmt; vielmehr überlässt das Gesetz den Ländern im praktischen Ergebnis die Ausgestaltung (§ 9 S. 2, 3), auch wenn die durch die Pflegeversicherung bewirkten Einsparungen bei der Sozialhilfe zur finanziellen Förderung der Investitionskosten eingesetzt werden „sollen" (§ 9 S. 3). Aufgrund der fehlenden Rechtspflicht und der im Ergebnis tatsächlich überwiegend fehlenden Förderung durch die Länder wird die (dualistische) Finanzierungsstruktur nach den §§ 9, 82 ff. auch als „teil-dual",[1] „unecht"[2] oder „pseudo-dual"[3] bezeichnet. Einen Überblick über die aktuellen Länderregelungen bieten jeweils die Pflegeberichte der Bundesregierung.[4]

7   **2. Arten von Aufwendungen.** Die Regelungen der §§ 82 ff. trennen bestenfalls unklar die Frage nach der Art der Aufwendung von der Frage, wer die Kosten der jeweiligen Arten von Aufwendungen zu tragen hat. Das gilt insbesondere für das Verhältnis von allgemeinen Leistungen und den diversen Arten von „zusätzlichen Leistungen". Beide Problemkreise (Arten von Aufwendungen und Kostentragung) hängen zwar zusammen, sind für die Gewinnung eines Überblicks jedoch zunächst zu trennen. Entsprechend sind in einem ersten Schritt die nach dem Gesetz untereinander abgegrenzten Aufwendungen darzustellen. Nachfolgend werden die verschiedenen Finanzierungsteile aufgezeigt und zu den Arten der Aufwendungen in Beziehung gebracht.

8   Nach den §§ 82 ff. müssen insgesamt **fünf Arten von Aufwendungen** unterschieden werden (hinzu kommen als sechste Art die Aufwendungen für sonstige Leistungen außerhalb des SGB XI):

---

1 O'Sullivan in: jurisPK-SGB XI, § 82 Rn. 10.
2 Leitherer in: KassKomm, § 82 SGB XI Rn. 3.
3 Reimer in: Hauck/Noftz, SGB XI, § 82 Überschrift vor Rn. 6; ebenso Griep/Renn, Pflegesozialrecht, Rn. 344.
4 Zur Investitionsförderung durch die Länder s. zuletzt 6. Pflegebericht (Sechster Bericht über die Entwicklung der Pflegeversicherung und den Stand der pflegerischen Versorgung in der Bundesrepublik Deutschland vom 15.12.2016, BT-Dr. 18/10707), S. 116 f., 210 ff.

1. Aufwendungen für allgemeine Pflegeleistungen
2. Aufwendungen für Unterkunft und Verpflegung
3. Investitionsaufwendungen
4. Aufwendungen für zusätzliche Betreuungs- und Aktivierungsleistungen
5. Aufwendungen für Zusatzleistungen
[6. Aufwendungen für sonstige (freiwillige) Leistungen].

Zu den **allgemeinen Pflegeleistungen** zählen bei ambulanter Leistungserbringung alle Leistungen nach § 36 Abs. 1. Dazu zählen körperbezogene Pflegemaßnahmen und pflegerische Betreuungsmaßnahmen sowie Hilfen bei der Haushaltsführung. § 36 Abs. 1 S. 2 listet – nicht abschließend – pflegerische Maßnahmen erläuternd auf. In stationären Einrichtungen ist der Leistungsumfang größer; hier zählen zu den allgemeinen Pflegeleistungen die pflegebedingten Aufwendungen einschließlich derjenigen für und für Leistungen der medizinischen Behandlungspflege (§ 43 Abs. 2 S. 1, § 82 Abs. 1 S. 3). Der Begriff der „pflegebedingten Aufwendungen" wiederum wird definiert in § 4 Abs. 2 S. 2, wonach es sich um Aufwendungen handelt, „die für ihre Versorgung nach Art und Schwere der Pflegebedürftigkeit erforderlich sind".

Die **Aufwendungen für Unterkunft und Verpflegung**, teilweise – nicht ganz zutreffend[5] – auch als „Hotelkosten"[6] oder „Pensionskosten"[7] bezeichnet, werden im Verfahren nach § 87 festgelegt. Die Regelungen in § 82 Abs. 2 ermöglichen zugleich eine Abgrenzung zu den Investitionsaufwendungen.

Von den vorausgehend bezeichneten Aufwendungen abzugrenzen sind die **Investitionsaufwendungen**. Dabei handelt es sich nicht um einen gesetzlichen Begriff, sondern um eine Umschreibung solcher Aufwendungen, die abschließend in § 82 Abs. 2 aufgezählt werden und weder zu den Aufwendungen für die allgemeinen Pflegeleistungen noch zu den Aufwendungen für Unterkunft und Verpflegung gerechnet werden dürfen.

Neben den drei genannten „Hauptarten" von Aufwendungen in der Pflege existieren noch diverse Zusatzleistungen, die genau zu unterscheiden sind. Hier sind als vierte Art von Aufwendungen diejenigen für **zusätzliche Betreuungs- und Aktivierungsleistungen** zu nennen. Diese (heute in § 43 b, zuvor in § 87 b aF geregelten) Leistungen unterscheiden sich von den allgemeinen Pflegeleistungen dadurch, dass die Leistungen ein zusätzliches Angebot der stationären Pflegeeinrichtungen darstellen, das über die nach Art und Schwere der Pflegebedürftigkeit notwendige Versorgung hinausgeht (§ 43 b). Neben § 43 b sind diese Leistungen in § 84 Abs. 8 und § 85 Abs. 8 geregelt.

Die vierte Gruppe von Aufwendungen bilden diejenigen für **Zusatzleistungen**. Dabei handelt es sich um solche Leistungen nach § 88, die den Rahmen der allgemeinen Pflegeleistungen sowie der grundlegenden Unterkunft und Verpflegung überschreiten. Diese können besondere Komfortleistungen bei Unterkunft und Verpflegung oder auch besondere pflegerisch-betreuende Leistungen betreffen.[8] Nicht zu den Zusatzleistungen zu rechnen sind die „Leistungen der zusätzlichen Betreuung und Aktivierung" in stationären Einrichtungen gem. § 43 b. Jenseits dieser Angebote und der dafür anfallenden Aufwendungen sind alle weiteren **Aufwendungen für freiwillige Leistungen** (wie etwa eine medizinische Fußpflege oder der Friseur im Heim) als Aufwendungen für sonstige Leistungen (außerhalb des SGB XI) einzuordnen.

3. Finanzierungsquellen. Die gesamten Aufwendungen der Pflegeeinrichtungen (Pflegeheime und Pflegedienste) werden über die folgenden Finanzierungsquellen gedeckt:
1. Pflegevergütung
2. Entgelt für Unterkunft und Verpflegung
3. Förderung der Investitionskosten
4. Gesonderte Berechnung ungedeckter Investitionskosten
5. Vergütungszuschlag für zusätzliche Betreuungs- und Aktivierungsleistungen
6. Zuschläge für Zusatzleistungen
7. Entgelt für sonstige „freiwillige" Leistungen.

Die **Pflegevergütung** deckt gem. § 82 Abs. 1 S. 1 Nr. 1, S. 3 die Aufwendungen für die allgemeinen Pflegeleistungen sowie bei stationärer Pflege auch für die Betreuung und die medizinische Behandlungs-

---

5 Siehe etwa Brünner/Höfer in: LPK-SGB XI, § 87 Rn. 5.
6 Griep/Renn, Pflegesozialrecht, Rn. 327.
7 Udsching in: Udsching, § 43 Rn. 5.
8 Griep/Renn, Pflegesozialrecht, Rn. 330.

pflege ab.⁹ Die Pflegevergütung, die auch als Pflegesatz bezeichnet wird (§ 84 Abs. 1 S. 1, näher → § 84 Rn. 4), umfasst auch die Ausbildungsvergütung, wie § 82 a Abs. 2 S. 1 klarstellt. Dass die Ausbildungsvergütung gesondert in der Vergütungsvereinbarung auszuweisen ist (§ 82 a Abs. 2 S. 4), ändert daran nichts. Die Höhe der Vergütung wird bei stationärer Pflege grundsätzlich in den Pflegesätzen bestimmt (§ 84 Abs. 1 S. 1). Bei ambulanter Pflege treten an die Stelle der Pflegesätze die Vergütungsvereinbarungen gem. § 89. Gleichfalls zwischen den Pflegesatzparteien werden in einem entsprechenden Verfahren die **Entgelte für Unterkunft und Verpflegung** vereinbart (§ 87). Die Förderung der Investitionskosten, die in § 82 Abs. 2 aufgeführt werden, wird durch die Länder bestimmt (§ 9). Soweit diese **Investitionskosten** ganz oder teilweise nicht durch eine Landesförderung getragen werden, können diese **gesondert berechnet** werden (§ 82 Abs. 3, 4). Aus diesen drei Positionen (Pflegevergütung/Pflegesatz, Entgelte für Unterkunft und Verpflegung und Investitionskosten) ergibt sich das **Gesamtheimentgelt** (§ 87 a Abs. 1 S. 1). Für die **zusätzlichen Betreuungs- und Aktivierungsleistungen** in stationären Pflegeeinrichtungen gem. § 43 b ist ein Vergütungszuschlag gem. § 84 Abs. 8, § 85 Abs. 8 zwischen der stationären Pflegeeinrichtung und den Pflegekassen zu vereinbaren. Für weitere Zusatzleistungen nach § 88 können stationäre Pflegeeinrichtungen mit den Pflegebedürftigen **Zuschläge für Zusatzleistungen** vereinbaren. Jenseits der Regelungen des SGB XI besteht grundsätzlich stets die Möglichkeit, mit den Pflegebedürftigen **sonstige Leistungen** zu vereinbaren, die über die pflegerischen Leistungen einschließlich der besonderen Komfortleistungen (Zusatzleistungen nach § 88) hinausgehen, und dafür eine gesonderte Vergütung zu verlangen.

16 **4. Kostentragung.** Zu der Frage, wer welche Aufwendungen im Ergebnis zu tragen hat, nehmen die §§ 82 ff. nur zum Teil Stellung, da auch andere Sozialleistungsträger als die Pflegekassen beteiligt sind. Diese mit dem deutschen System der sozialen Sicherung verbundenen Konsequenzen erschweren auch hier den Überblick. So sind im SGB XI keine Bestimmungen dazu vorhanden, inwieweit andere Träger neben den Pflegekassen Leistungen im Rahmen der Finanzierung der Pflegeeinrichtungen zu erbringen haben. Die im SGB XI enthaltenen Regelungen beschränken sich (weitgehend) auf die Frage der Leistungspflicht und die damit in Zusammenhang stehende Kostentragung der Pflegekassen. Nur in wenigen Fällen sind im Fall der Pflegebedürftigkeit eines Versicherten andere Leistungsträger vorrangig zuständig (§ 13 Abs. 1); ein solcher Vorrang, der bei Entschädigungsleistungen wegen Pflegebedürftigkeit etwa nach dem BVG oder dem SGB VII besteht, führt zu einem Ruhen des Anspruchs des Pflegebedürftigen gegen die Pflegekasse gem. § 34 Abs. 1 S. 1 Nr. 2.¹⁰ Unabhängig davon ist die **Pflicht der Pflegekassen** zur (Sach-)Leistung und damit auch **zur Kostentragung** generell betragsmäßig begrenzt, wie allgemein § 4 Abs. 2 und konkret etwa § 36 Abs. 3, § 37 Abs. 1, § 41 Abs. 2 und § 43 Abs. 2 belegen. Entsprechend tritt stets neben die Leistungspflicht der Pflegekasse regelmäßig die **Pflicht des Leistungsberechtigten** zur Tragung der vereinbarten (und nicht durch die Pflegeversicherung gedeckten) Entgelte an den Leistungserbringer. Subsidiär besteht eine Leistungs- und **Kostentragungspflicht des Sozialhilfeträgers** nach dem SGB XII.

17 Aus der Perspektive der (zugelassenen) **Pflegeeinrichtung** als Leistungserbringer stellt sich die Rechtslage so dar: Sie hat einmal **gegen die Pflegekasse** einen (vertraglichen) **Zahlungsanspruch**, der bei stationären Pflegeeinrichtungen aus den Pflegesatzvereinbarungen (§§ 84, 85) bzw. bei ambulanten Pflegeeinrichtungen aus den Vergütungsvereinbarungen (§ 89) – jeweils iVm § 82 Abs. 1 – abzuleiten ist. Hierbei handelt es sich jeweils um öffentlich-rechtliche Verträge. Daran ändert sich auch nichts, wenn Pflegesätze durch die Schiedsstelle festgesetzt werden. Soweit die Pflegesatzvereinbarung von einer landesweit tätigen Pflegesatzkommission gem. § 86 getroffen wurde, so dass die Pflegeheimträger und die einzelnen Leistungsträger keinen unmittelbaren Einfluss auf den Pflegesatz nehmen konnten, folgt dessen Verbindlichkeit aus § 86 Abs. 1 S. 2 iVm § 85 Abs. 6. Umfangmäßig ist der vertragliche Anspruch betreffend die Pflegevergütung auf die pauschalen Leistungsbeträge nach § 43 Abs. 2 S. 2 begrenzt. Ein zusätzlicher vertraglicher Anspruch gegen die Pflegekasse besteht im Fall einer Vereinbarung zu § 43 b auf einen Vergütungszuschlag für zusätzliche Betreuungs- und Aktivierungsleistungen. Diesen Zuschlag trägt die Pflegekasse allein (§ 84 Abs. 8 S. 4). Der einrichtungseinheitliche Eigenanteil sowie alle übrigen Entgelte (für Unterkunft und Verpflegung, ungedeckte Investitionskosten, Zusatzleistungen, sonstige Leistungen) fallen ausschließlich dem Pflegebedürftigen (oder anderen Kostenträgern) zur Last. Einen Ausnahmefall dazu enthält § 43 Abs. 3 S. 3. Danach können sogar Aufwendungen für Un-

---

9 Die Vergütungszuschläge für Pflegebedürftige mit erheblichem allgemeinem Betreuungsbedarf (§ 87 b) sind Teil der Pflegevergütung und werden – anders als etwa die Zuschläge für Zusatzleistungen – hier nicht gesondert als eigene Finanzierungsquelle aufgeführt.
10 Baumeister in: BeckOK SozR, SGB XI, § 34 Rn. 13 ff.

terkunft und Verpflegung durch die Pflegekasse übernommen werden, wenn der Leistungsbetrag ach § 43 Abs. 2 S. 2 den jeweiligen Pflegesatz übersteigt. Auch wenn es kaum vorstellbar erscheint, muss dieser Fall wohl Relevanz besitzen, da auf ihn auch eine Handreichung des BMG v. 9.8.2016 zum Umgang mit negativen Eigenanteilen eingeht.[11]

Die Anspruchsgrundlage für den weitergehenden (privatrechtlichen) **Anspruch gegen den Pflegebedürftigen** selbst ergibt sich in der stationären Pflege aus dem Wohn- und Betreuungsvertrag (nach dem WBVG) und in der ambulanten Pflege aus dem entsprechenden Dienstvertrag (gem. § 611 BGB). Die Vertragsinhalte (Leistungsumfang und Entgelt) werden insoweit maßgeblich durch die nach den Regelungen der §§ 84 ff., 89 f. getroffenen Vereinbarungen bestimmt. Seit dem 1.1.2017 wird der nicht durch die Pflegekasse gem. § 43 Abs. 2 getragene Anteil der Pflegevergütung bei vollstationärer Pflege für alle Bewohner der stationären Pflegeeinrichtung mit den Pflegegraden 2 bis 5 einheitlich, also unabhängig vom Pflegegrad, vereinbart. In Höhe dieses „einrichtungseinheitlichen Eigenanteils" (EEE) nach § 84 Abs. 2 S. 3 besteht der vertragliche Anspruch der Pflegeeinrichtung auf die Pflegevergütung gegenüber dem Vertragspartner. Die vertraglichen Ansprüche gegen den Pflegebedürftigen gegen den Pflegebedürftigen können damit umfassen: 18

1. den einrichtungseinheitlichen Eigenanteil (inkl. der gesondert ausgewiesenen Ausbildungsumlage),
2. die Vergütung für Unterkunft und Verpflegung,
3. die nicht gedeckten Investitionskosten,
4. Zusatzleistungen und
5. sonstige Leistungen.

Ist der Pflegebedürftige nicht in der Lage, die vertraglichen Zahlungsansprüche der Pflegeeinrichtung zu erfüllen, weil er nicht über ausreichendes Einkommen oder Vermögen verfügt, so besitzt er einen Anspruch auf Sozialhilfe nach den Regelungen des SGB XII. Insoweit geht die sozialgerichtliche Rechtsprechung, die seit 2005 auch für die Sozialhilfe zuständig ist, davon aus, dass auch die **Pflegeeinrichtung selbst einen Anspruch gegen den Sozialhilfeträger** besitzt, soweit dieser dem Berechtigten entsprechende Sozialhilfe bewilligt hat. Ursprünglich hatte die bis 2005 zuständige Verwaltungsgerichtsbarkeit in st. Rspr. einen **Rechtsanspruch des Pflegeheims gegen den Sozialhilfeträger** abgelehnt. Nach der Rspr. des BSG stellt die Bewilligung der Sozialhilfe gegenüber dem Leistungsberechtigten jedoch eine „Schuldübernahme durch Verwaltungsakt mit Drittwirkung, allerdings in der Form des Schuldbeitritts" dar.[12] Auf diese Weise hat das BSG in Abkehr von der früheren Rechtsprechung des BVerwG erstmals einen unmittelbaren Anspruch des Pflegeheims gegen den Sozialhilfeträger anerkannt.[13] Ob diese Auffassung überzeugt, die auch zu dem merkwürdigen Ergebnis eines zivilrechtlichen Anspruchs zwischen Pflegeheim und Sozialhilfeträger mit entsprechenden Konsequenzen für den Rechtsweg führt,[14] kann hier nicht erörtert werden. Bedenken erscheinen freilich nicht fernliegend. Nach anderer Lösung besteht zwischen dem Pflegeheim und dem Sozialhilfeträger ein öffentlich-rechtliches Rechtsverhältnis, das auf der Basis der auch für den Sozialhilfeträger gem. § 85 Abs. 6 bindenden Pflegesatzvereinbarung durch die Zahlungszusage des Sozialhilfeträgers gegenüber der Pflegeeinrichtung begründet wird.[15] Unabhängig von der Streitfrage nach der konkreten Anspruchsgrundlage besteht nach diesen Auffassungen jeweils ein eigener Zahlungsanspruch des Pflegeheims gegen den Sozialhilfeträger. 19

III. Begriff der Pflegeeinrichtung

Der Begriff der Pflegeeinrichtung, der auch vorausgehend wiederholt benutzt wurde, wird im SGB XI an zahlreichen Stellen verwendet. Die Begriffsbedeutung ist vor allem aus § 71 ableitbar, der über den Begriff der Pflegeeinrichtung in Abs. 1 den Pflegedienst und in Abs. 2 das Pflegeheim definiert. Dem ist zu entnehmen, dass die Pflegeeinrichtung als **Oberbegriff zu Pflegeheimen** (stationäre Einrichtungen) und **Pflegediensten** (ambulante Pflegeeinrichtungen) zu verstehen ist. Die aus dem Sozialhilferecht bekannte Abgrenzung zwischen Diensten (ambulanten Leistungserbringern) und Einrichtungen (stationären Leistungserbringern), wie sie § 13 SGB XII zugrunde liegt, gilt damit nicht für das SGB XI. 20

---

11 BMG, Handreichung zu Fragen der Umsetzung des Zweiten Pflegestärkungsgesetzes in der stationären Pflege, 9.8.2016 (unter 1).
12 BSG, 28.10.2008, B 8 SO 22/07 R, BSGE 102, 1, juris Rn. 25 (mit sechs weiteren Parallelentscheidungen vom selben Tag).
13 Siehe ausf. Eicher, SGb 2013, 127; Jaritz/Eicher in: jurisPK-SGB XI, § 75 Rn. 28 ff.; zustimmend auch Pattar, Sozialrecht aktuell 2012, 85, 93.
14 Siehe Eicher, SGb 2013, 127, 130.
15 Ladage, SGb 2013, 553, 556.

21 Eine Pflegeeinrichtung ist nach § 71 Abs. 1, 2 eine Einrichtung, die Leistungen in ambulanter oder stationärer Pflege anbietet, mit einem Mindestmaß an Organisationsstruktur ausgestattet ist, selbständig wirtschaftet und unter ständiger Verantwortung einer ausgebildeten Pflegefachkraft steht.[16] Nicht als Einrichtungen anzusehen sind damit Einzelpersonen, die als selbständige Pflegekräfte in der ambulanten Pflege tätig sein können. Wie neben § 72 gerade auch § 77 belegt, fallen diese Personen nicht in den Anwendungsbereich der §§ 82 ff. Ihre Vergütung wird vielmehr in Einzelverträgen zwischen der Pflegekasse und der Pflegekraft festgelegt.

IV. Wettbewerbskonzept des SGB XI

22 Im Unterschied zum Krankenversicherungsrecht liegt dem Vergütungsrecht des SGB XI ein Konzept zugrunde, das im Grundsatz eine **Wettbewerbsorientierung** aufweisen soll. Die Pflegevergütung wird (im Rahmen der Pflegesatzvereinbarungen für Pflegeheime und der Vergütungsvereinbarungen für Pflegedienste) individuell mit den jeweiligen Pflegeeinrichtungen (§§ 85 Abs. 1, 2, 89 Abs. 1, 2) und nicht pauschal für sämtliche Einrichtungen gemeinsam vereinbart. Auch erfolgt die Zulassung der Pflegeeinrichtungen gem. § 72 unabhängig vom Versorgungsbedarf. Damit soll ein geschlossener Markt von Pflegeeinrichtungen verhindert und neuen innovativen Leistungsanbietern der Zugang zum Pflegemarkt offen gehalten und so der Wettbewerb unter den Pflegeeinrichtungen gefördert werden.[17] Entsprechend sollten nach der Rechtsprechung die **Vergütungen** nicht nach dem **Kostendeckungsprinzip** bestimmt werden; Ziel sei vielmehr die Ermittlung des Marktpreises im Wege eines externen Vergleichs der Angebote der verschiedenen Pflegeeinrichtungen.[18]

23 Dieses Konzept wurde in der Literatur vielfach kritisiert, weil Pflegevergütungen nicht unter echten Wettbewerbsbedingungen zustande kommen.[19] Dieser Kritik ist die Rechtsprechung zum Teil gefolgt, indem die ursprüngliche These, dass die Höhe der sog Gestehungskosten für die zu vereinbarende Vergütung grundsätzlich bedeutungslos sei, aufgegeben wurde.[20] Wie die Regelungen des § 85 Abs. 3 S. 2–4 über die Pflicht der Pflegeheime zur Vorlage von Nachweisen über Art, Inhalt, Umfang und Kosten der Leistungen, für die Vergütungen beansprucht werden, belegen, sind die Kosten keineswegs so unerheblich für die Pflegesatzvereinbarungen, wie dies nach ursprünglicher Rechtsprechung angenommen wurde. Auf der Basis dieser Einschätzung wird heute ein sog **zweigliedriges Prüfschema bei Pflegesatzverhandlungen** angewendet (näher → § 84 Rn. 10 ff.): In einem ersten Schritt werden die voraussichtlichen Kosten der in der Einrichtung erbrachten Leistungen abgeschätzt (**interner Vergleich/Prognose**), bevor in einem zweiten Schritt die Leistungsgerechtigkeit der Pflegesätze durch einen Vergleich mit den Kostenansätzen anderer Einrichtungen geprüft wird (**externer Vergleich**).[21]

24 Das vom Gesetzgeber zumindest zunächst verfolgte Ziel einer Stärkung des Wettbewerbsprinzips mit der Abkehr von einem Kostendeckungsprinzip ist praktisch kaum erreicht worden, vermutlich kann es wohl auch nicht erreicht werden. Durch die (notwendige) Beteiligung der Sozialhilfeträger an den Pflegesatz- und Vergütungsvereinbarungen sowie das weitgehende Bedürfnis nach Kostenkontrolle, dem der Gesetzgeber durch die letzten Änderungen der §§ 84, 85, 89 mit dem PSG III zusätzlich Vorschub geleistet hat, bewegt sich das System wieder verstärkt auf Vergütungen nach dem Selbstkostendeckungsprinzip zu.[22] Die Wirtschaftlichkeitskontrolle, die nach der Rechtsprechung mit dem externen Vergleich erzielt werden soll, läuft jedenfalls in den Fällen tarifgebundener Einrichtungen (und seit 2017 auch bei tariflohnzahlenden Einrichtungen) faktisch leer, weil tarifliche Leistungen nicht als unwirtschaftlich abgelehnt werden dürfen (§ 84 Abs. 2 S. 5) und der Aufwand einer Pflegeeinrichtung regelmäßig bis zu 85% aus Personalkosten besteht. In diesen Fällen beschränkt sich die Prüfung praktisch auf die Sachkosten.

V. Einbeziehung anderer Leistungsträger und der Verbände

25 In die Vereinbarungen über die Pflegesätze und die über die Vergütung der ambulanten Pflegeleistungen sind nicht nur die Pflegekassen als Träger der Pflegeversicherung und der jeweilige Pflegeheimträ-

---

16 Vgl. Schütze in: Udsching, § 71 Rn. 3.
17 BSG, 29.1.2009, B 3 P 7/08 R, BSGE 102, 227, juris Rn. 11 f.; BSG, 17.12.2009, B 3 P 3/08 R, BSGE 105, 126, juris Rn. 46 f. jeweils unter Bezugnahme auf BT-Dr. 12/5262, 136 zu § 81 Abs. 3.
18 BSG, 14.12.2000, B 3 P 19/00 R, BSGE 87, 199, juris Rn. 23 f.
19 Vgl. etwa die Nachw. in BSG, 29.1.2009, B 3 P 7/08 R, BSGE 102, 227, juris Rn. 17.
20 BSG, 29.1.2009, B 3 P 7/08 R, BSGE 102, 227, juris Rn. 20 ff.
21 Zuletzt BSG, 16.5.2013, B 3 P 2/12 R, juris Rn. 14.
22 In den Gesetzesmaterialien wird dieser Effekt allerdings ausdrücklich bestritten, BT-Dr. 18/10510, 115.

ger bzw. der Träger des jeweiligen Pflegedienstes einbezogen. Um nicht mehrere getrennte Verfahren mit möglichen unterschiedlichen Ergebnissen hinsichtlich der Vergütung durchführen zu müssen, nehmen sowohl am Pflegesatzverfahren gem. §§ 84 ff. als auch an den Verhandlungen über die Vergütungsvereinbarungen für ambulante Leistungen gem. § 89 andere Sozialversicherungsträger (§ 85 Abs. 2 S. 1 Nr. 1, § 89 Abs. 2 S. 1 Nr. 1) und die Sozialhilfeträger (§ 85 Abs. 2 S. 1 Nr. 2, § 89 Abs. 2 S. 1 Nr. 2) bzw. deren Arbeitsgemeinschaften (§ 85 Abs. 2 S. 1 Nr. 3, § 89 Abs. 2 S. 1 Nr. 3) teil. Voraussetzung für die Beteiligung an den Vereinbarungen ist ein Mindestmaß an Betroffenheit, das im Gesetz durch ein Quorum von 5 % der Berechnungstage des jeweiligen Pflegeheims oder – bei ambulanten Pflegeleistungen – durch eine Zuständigkeit für mindestens 5 % der Kunden des jeweiligen Pflegedienstes im Jahr vor Beginn der Verhandlungen festgelegt wird. Durch die Möglichkeit der Beteiligung der Arbeitsgemeinschaften kann auch das Quorum leichter erreicht werden, da in diesem Fall die Berechnungstage aller Beteiligten zusammengezählt werden.

Werden die Verhandlungen jeweils getrennt für das einzelne Pflegeheim und den einzelnen Pflegedienst geführt, ist dabei auf Seiten des Leistungserbringers auch nur der einzelne Träger des Pflegeheims oder des Pflegedienstes beteiligt. Bei diesen Verhandlungen kann sich der Träger auch nicht durch einen Verband vertreten lassen. Alternativ zu den individuellen Verhandlungen und Vereinbarungen besteht für den einzelnen Leistungserbringer aber auch die Möglichkeit, kollektive Pflegesatzverhandlungen bzw. kollektive Vergütungsverhandlungen zu wählen. Notwendig ist dafür nur, dass er Mitglied einer Vereinigung von Pflegeheimträgern oder Pflegediensttträgern ist (s. §§ 86, 89 Abs. 3 S. 4).

§ 82 Finanzierung der Pflegeeinrichtungen

(1) ¹Zugelassene Pflegeheime und Pflegedienste erhalten nach Maßgabe dieses Kapitels
1. eine leistungsgerechte Vergütung für die allgemeinen Pflegeleistungen (Pflegevergütung) sowie
2. bei stationärer Pflege ein angemessenes Entgelt für Unterkunft und Verpflegung.

²Die Pflegevergütung ist von den Pflegebedürftigen oder deren Kostenträgern zu tragen. ³Sie umfasst auch die Betreuung und, soweit bei stationärer Pflege kein Anspruch auf Krankenpflege nach § 37 des Fünften Buches besteht, die medizinische Behandlungspflege. ⁴Für Unterkunft und Verpflegung bei stationärer Pflege hat der Pflegebedürftige selbst aufzukommen.

(2) In der Pflegevergütung und in den Entgelten für Unterkunft und Verpflegung dürfen keine Aufwendungen berücksichtigt werden für
1. Maßnahmen einschließlich Kapitalkosten, die dazu bestimmt sind, die für den Betrieb der Pflegeeinrichtung notwendigen Gebäude und sonstigen abschreibungsfähigen Anlagegüter herzustellen, anzuschaffen, wiederzubeschaffen, zu ergänzen, instandzuhalten oder instandzusetzen; ausgenommen sind die zum Verbrauch bestimmten Güter (Verbrauchsgüter), die der Pflegevergütung nach Absatz 1 Satz 1 Nr. 1 zuzuordnen sind,
2. den Erwerb und die Erschließung von Grundstücken,
3. Miete, Pacht, Erbbauzins, Nutzung oder Mitbenutzung von Grundstücken, Gebäuden oder sonstigen Anlagegütern,
4. den Anlauf oder die innerbetriebliche Umstellung von Pflegeeinrichtungen,
5. die Schließung von Pflegeeinrichtungen oder ihre Umstellung auf andere Aufgaben.

(3) ¹Soweit betriebsnotwendige Investitionsaufwendungen nach Absatz 2 Nr. 1 oder Aufwendungen für Miete, Pacht, Erbbauzins, Nutzung oder Mitbenutzung von Gebäuden oder sonstige abschreibungsfähige Anlagegüter nach Absatz 2 Nr. 3 durch öffentliche Förderung gemäß § 9 nicht vollständig gedeckt sind, kann die Pflegeeinrichtung diesen Teil der Aufwendungen den Pflegebedürftigen gesondert berechnen. ²Gleiches gilt, soweit die Aufwendungen nach Satz 1 vom Land durch Darlehen oder sonstige rückzahlbare Zuschüsse gefördert werden. ³Die gesonderte Berechnung bedarf der Zustimmung der zuständigen Landesbehörde; das Nähere hierzu, insbesondere auch zu Art, Höhe und Laufzeit sowie die Verteilung der gesondert berechenbaren Aufwendungen auf die Pflegebedürftigen einschließlich der Berücksichtigung pauschalierter Instandhaltungs- und Instandsetzungsaufwendungen sowie der zugrunde zu legenden Belegungsquote, wird durch Landesrecht bestimmt. ⁴Die Pauschalen müssen in einem angemessenen Verhältnis zur tatsächlichen Höhe der Instandhaltungs- und Instandsetzungsaufwendungen stehen.

(4) ¹Pflegeeinrichtungen, die nicht nach Landesrecht gefördert werden, können ihre betriebsnotwendigen Investitionsaufwendungen den Pflegebedürftigen ohne Zustimmung der zuständigen Landesbehörde gesondert berechnen. ²Die gesonderte Berechnung ist der zuständigen Landesbehörde mitzuteilen.
(5) Öffentliche Zuschüsse zu den laufenden Aufwendungen einer Pflegeeinrichtung (Betriebskostenzuschüsse) sind von der Pflegevergütung abzuziehen.

Literatur:

Bachert/Schellberg, Betriebswirtschaftliches Fehlurteil zur gesonderten Berechnung der Investitionsfinanzierung, NDV 2012, 572; *Böhme*, Neuregelung zu den Investitionskosten in § 82 Abs. 3 SGB XI, PKR 2013, 9; *v. u. z. Franckenstein/Gräfenstein*, Aktuelle Trends bei Pflegeimmobilien, ZfIR 2013, 633; *Griep*, Refinanzierung der Investitionsaufwendungen bei geförderten Pflegeheimen, PflR 2005, 153; *ders.*, Rechtsgrundlagen des Investitionsbeitrags für Pflegeeinrichtungen, PflR 2014, 415; *ders.*, Miete, Pacht und Erbbauzins im Pflegeheim-Investitionsbetrag, PflR 2016, 695; *Henneberger*, Empfehlungen des Deutschen Vereins zur pauschalen Abrechnung von Investitionskosten nach dem SGB XI, NDV 2012, 525; *Igl*, Verfassungsrechtliche und gemeinschaftsrechtliche Probleme der finanziellen Förderung von Investitionen bei Pflegeeinrichtungen nach SGB XI und nach BSHG, Festschrift 50 Jahre BSG (2004), S. 645; *Köbl/Brünner* (Hrsg.), Abschied von der Objektförderung? Die Finanzierung der Investitionskosten von Einrichtungen nach SGB XI und BSHG, 2004; *Lehmann*, Refinanzierung durch Investitionskostenentgelte nach § 82 SGB XI und Bilanzierung nach dem Komponentenansatz, DB 2012, 469; *Prinz/Wrohlich*, Investitionsfinanzierung in stationären Pflegeeinrichtungen, RsDE 51 (2002), 1; *Propp/Kuhn-Zuber*, Umstellung der Investitionskostenförderung in der stationären Pflege, RsDE 59 (2005), 1; *Th. Roth*, Finanzierung von Pflegeeinrichtungen durch gesonderte Berechnung von Investitionsaufwendungen, SGb 2006, 724; *Schäfer/Voland/von Strenge*, „Gepflegte Investition" – Der rechtliche Rahmen für Errichtung, Betrieb und Finanzierung von Pflegeheimen, NZS 2008, 570; *Seewald*, Probleme bei der Investitionsförderung von Pflegediensten, VSSR 2001, 189; *Udsching*, Aktuelle Fragen des Leistungserbringerrechts in der Pflegeversicherung – ein Jahr nach dem Inkrafttreten des PQsG, SGb 2003, 133; *S. Weber*, Investitionskosten für Pflegeeinrichtungen – zur Neuregelung des § 82 SGB XI, NZS 2013, 406; *ders.*, Finanzierung von Pflegeeinrichtungen – gesondert berechenbare Investitionskosten nach neuem Recht, SRa 2016, 92; *Zuck*, Rechtliche Grundlagen zur Berechnung von Investitionskosten, PKR 2001, 29.

I. Entstehungsgeschichte	1
II. Regelungsgehalt und Normzweck	2
III. Grundsätze der Finanzierung (Abs. 1)	5
IV. Pflegevergütung (Abs. 1 S. 1 Nr. 1, Abs. 5)	7
1. Allgemeine Pflegeleistungen	9
2. Betreuung und medizinische Behandlungspflege	11
3. Leistungsgerechtigkeit	12
4. Abzug von Betriebskostenzuschüssen	13
5. Tragung der Pflegevergütung	15
V. Unterkunft und Verpflegung (Abs. 1 S. 1 Nr. 2, S. 4)	16
1. Angemessenheit	18
2. Inhalt und Umfang der Leistung „Unterkunft und Verpflegung"	19
3. Tragung des Entgelts (Abs. 1 S. 4)	20
VI. Investitionsaufwendungen (Abs. 2 bis 4)	21
1. Abgrenzung zwischen betriebsbezogenen und investitionsbezogenen Aufwendungen (Abs. 2)	22
a) Aufwendungen für Anlagegüter (Abs. 2 Nr. 1)	23
b) Grundstückskosten (Abs. 2 Nr. 2)	32
c) Miete, Pacht, Erbbauzins, Nutzung von Grundstücken, Gebäuden und Anlagegütern (Abs. 2 Nr. 3)	33
d) Aufwendungen für Öffnung und Schließung der Einrichtung sowie Umstellungen (Abs. 2 Nr. 4 und 5)	34
2. Umlage von Investitionskosten (Abs. 3 und 4)	35
a) Öffentlich geförderte Einrichtung (Abs. 3)	36
b) Nicht öffentlich geförderte Einrichtung (Abs. 4)	44

I. Entstehungsgeschichte

1 § 82 unterlag seit der Schaffung des SGB XI mehrfach Änderungen kleineren Umfangs. Lediglich der Änderung mWv 28.12.2012 ist eine erhebliche praktische Bedeutung zuzusprechen. Im Zuge des 1. SGB XI-ÄndG (vom 14.6.1996, BGBl. I, 830) wurde Abs. 1 S. 2 insofern geändert, dass die Pflegevergütung nun auch soziale Betreuung und medizinische Behandlung bei stationärer Pflege umfasste.[1] Durch das Gesetz vom 19.6.2001 (BGBl. I, 1149) wurden sowohl in Abs. 2 Nr. 3 als auch in Abs. 3 S. 1 die Begriffe „Miete, Pacht" durch „Miet- und Pachtverhältnisse über" ersetzt. Aus Gründen der

---

1 Siehe BT-Dr. 13/3696, 16 und BT-Dr. 13/4091, 42 zu Nr. 26.

Angleichung an den Sprachgebrauch des aktuellen Mietrechts[2] wurde diese Veränderung jedoch bereits im Rahmen des Pflege-Qualitätssicherungsgesetzes vom 9.9.2011 (BGBl. I, 2320) wieder revidiert und die ursprüngliche Formulierung gewählt. Abs. 1 S. 2, in dem ua auf den Anspruch des Pflegebedürftigen auf Krankenpflege gegen die Krankenkasse Bezug genommen wird, erfuhr 2007 durch das GKV-Wettbewerbsstärkungsgesetz (GKV-WSG v. 26.3.2007, BGBl. I, 378) eine Änderung. Zusätzlich wurde Abs. 1 S. 3 hinzugefügt.[3] Nachdem § 82 von den Änderungen des SGB XI im Rahmen des Pflege-Weiterentwicklungsgesetzes v. 28.5.2008 (BGBl. I, 874) und des Pflege-Neuausrichtungsgesetzes (PNG) v. 23.10.2012 (BGBl. I, 2246) nicht berührt wurde, wurden durch das Gesetz zur Regelung des Assistenzbedarfs in stationären Vorsorge- oder Rehabilitationseinrichtungen v. 20.12.2012 (BGBl. I, 2789) **zentrale Änderungen betreffend die gesonderte Berechnung der Investitionskosten** vorgenommen. Die Aufzählung der Investitionsaufwendungen, die in der Pflegevergütung nicht berücksichtigt werden dürfen, wurde dabei in Abs. 2 Nr. 1 durch „einschließlich Kapitalkosten" und in Abs. 2 Nr. 3 durch „Erbbauzins" ergänzt. Neben der Ergänzung der Aufzählung in Abs. 3 S. 1 um den „Erbbauzins" wurde in Abs. 3 die Möglichkeit der angemessenen „Berücksichtigung pauschalierter Instandhaltungs- und Instandsetzungsaufwendungen sowie der zugrunde zu legenden Belegungsquote" für den Landesgesetzgeber geschaffen.[4] Mit Wirkung vom 1.1.2017 führt das Zweite Pflegestärkungsgesetz (PSG II) v. 21.12.2015 (BGBl. I, 2424) zu einer kleinen Änderung in Abs. 1 S. 3. Neben einer Anpassung der Satzstruktur wird der Begriff der „sozialen Betreuung" auf „Betreuung" reduziert.

II. Regelungsgehalt und Normzweck

Im ersten Abschnitt des achten Kapitels finden sich allgemeine Regelungen der Finanzierung der zugelassenen Pflegeleistungserbringer, also der Pflegeheime und Pflegedienste. § 82 gibt einerseits einen **Überblick über die zentralen Finanzierungsquellen der Pflegeeinrichtungen** (→ Vor § 82 Rn. 14 f.; zum Begriff der Pflegeeinrichtung → Vor § 82 Rn. 20 f.). Lediglich die Vergütungszuschläge betreffend § 43 b, die Zuschläge für Zusatzleistungen, die in § 88 geregelt werden, sowie die außerhalb des Sozialrechts zu verortenden Entgelte für sonstige (freiwillige) Leistungen werden in § 82 nicht erwähnt. Andererseits besitzt § 82 die Rolle einer Grundnorm der Finanzierung, da aus ihm (teilweise in Verbindung mit den nachfolgenden Bestimmungen) **Anspruchsgrundlagen** für die zugelassenen Pflegeheime und Pflegedienste **gegenüber den Pflegekassen** abzuleiten sind. Soweit die Kosten **vom Pflegebedürftigen** mangels anderweitiger Kostenträger selbst zu tragen sind, enthält § 82 einige Klarstellungen hinsichtlich der Ansprüche der Leistungserbringer; Anspruchsgrundlage ist allerdings in diesen Fällen regelmäßig der zivilrechtliche Wohn- und Betreuungsvertrag (nach dem WBVG) im Fall stationärer Leistungen und ein Dienstvertrag gem. § 611 BGB bei ambulanten Leistungen. § 82 Abs. 3 S. 3 bildet wiederum die Anspruchsgrundlage **gegen das Land** auf Zustimmung zur gesonderten Berechnung nicht gedeckter Investitionskosten.[5]

In § 82 ist zudem die Grundnorm für die sog **duale Finanzierung** zu sehen, nach der die Aufwendungen der Leistungserbringer für die allgemeinen Pflegeleistungen (und bei stationärer Pflege diejenigen für Unterkunft und Verpflegung) von den Investitionsaufwendungen zu trennen sind (→ Vor § 82 Rn. 5 ff.). Die Investitionsaufwendungen sollen grundsätzlich durch die Länder gefördert werden, während die Aufwendungen für die allgemeinen Pflegeleistungen sowie die Unterkunft und Verpflegung von den Leistungsträgern bzw. dem Pflegebedürftigen selbst zu erbringen sind. Diese grundlegende Trennung wird im Pflegeversicherungsrecht (im Gegensatz zum Krankenversicherungsrecht bei den Leistungen der Krankenhäuser) allerdings schon deshalb nicht durchgehalten, weil die Länder nicht zur Förderung verpflichtet sind. Regelmäßig werden die Investitionsaufwendungen daher gem. Abs. 3, 4 auf die Pflegebedürftigen umgelegt.

§ 82 nennt damit im Ergebnis **drei verschiedene Finanzierungselemente**: die Pflegevergütung, die eine leistungsgerechte Vergütung der allgemeinen Pflegeleistungen darstellt (Abs. 1 S. 1 Nr. 1), das **Entgelt für Unterkunft und Verpflegung** (Abs. 1 S. 1 Nr. 2) sowie die **Investitionskosten**, deren gesonderte Finanzierung in Abs. 2 bis 4 geregelt wird. Abs. 5 beschäftigt sich abschließend mit der Verrechnung von öffentlichen Zuschüssen mit der Pflegevergütung.

---

2 BT-Dr. 14/6308, 31 zu Nr. 10a.
3 Vgl. dazu BT-Dr. 16/3100, 537 f.
4 Siehe dazu auch BT-Dr. 17/11396, 17.
5 LSG Bln-Bbg, 6.11.2008, L 27 P 4/08, juris Rn. 20.

III. Grundsätze der Finanzierung (Abs. 1)

5   Abs. 1 bildet die **Grundnorm der Finanzierung der Pflegeeinrichtungen** und enthält zwei wichtige Komponenten der Pflegefinanzierung: zum einen die sogenannte Pflegevergütung, zum anderen das Entgelt für Unterkunft und Verpflegung bei stationärer Pflege. Nach der Legaldefinition des Abs. 1 S. 1 Nr. 1 handelt es sich bei der Pflegevergütung um „eine leistungsgerechte Vergütung für die allgemeinen Pflegeleistungen". Die Höhe der Vergütung wird in den Pflegesätzen (§ 84 Abs. 1) bestimmt. Beide Finanzierungselemente werden in den nachfolgenden Bestimmungen des zweiten und dritten Abschnitts konkretisiert.

6   Allgemeine Voraussetzung für Ansprüche auf die betreffende Vergütung der Aufwendungen ist die Zulassung der Pflegeeinrichtung. Nur die gem. § 72 Abs. 1 S. 1 **zugelassenen Pflegeheime und Pflegedienste** können ihre Aufwendungen nach den §§ 82 ff. geltend machen. Grundlage dieser Zulassung ist dabei der zwischen Pflegekassen und der Einrichtung abgeschlossene **Versorgungsvertrag**, ohne den die Pflegekassen keine ambulante oder stationäre Pflege durch die betreffende Pflegeeinrichtung erbringen dürfen. Nach der Kündigung eines solchen Versorgungsvertrags besteht keine Pflicht mehr zur Entrichtung einer Pflegevergütung nach den Regeln des Achten Kapitels des SGB XI.

IV. Pflegevergütung (Abs. 1 S. 1 Nr. 1, Abs. 5)

7   Abs. 1 S. 1 Nr. 1 beschreibt die erste Finanzierungsquelle (→ Vor § 82 Rn. 14) zugelassener stationärer und ambulanter Pflegeeinrichtungen, die „**Vergütung für die allgemeinen Pflegeleistungen**", die „**Pflegevergütung**". Eine Vergütung erhält die Pflegeeinrichtung danach ausschließlich für die sog allgemeinen Pflegeleistungen. Als weitere Vorgabe bestimmt die Norm, dass die Vergütung „leistungsgerecht" sein muss; dies führt zu Auswirkungen auf die Berechnung und die Höhe der Vergütung.

8   Die Pflegevergütung ist nach **Abs. 1 S. 2** von den Pflegebedürftigen oder deren Kostenträgern zu tragen. Das erscheint missverständlich. Da die Pflegeleistungen Sachleistungen sind und diese von der Pflegekasse erbracht werden, ist die Vergütung (zunächst) auch nicht von den Pflegebedürftigen zu tragen. Dazu kommt es nur, wenn die Leistungspflicht der Pflegekasse wegen der betragsmäßigen Obergrenzen in § 36 Abs. 3 oder §§ 41 Abs. 2, 43 Abs. 2 erschöpft ist.[6]

9   **1. Allgemeine Pflegeleistungen.** Der Begriff der allgemeinen Pflegeleistungen wird in § 84 Abs. 4 S. 1 definiert. Danach handelt es sich um „alle für die Versorgung der Pflegebedürftigen nach **Art und Schwere** ihrer Pflegebedürftigkeit erforderlichen Pflegeleistungen der Pflegeeinrichtung". Zentrale Voraussetzung ist danach die **Erforderlichkeit** der Pflegeleistung hinsichtlich Art und Schwere der Pflegebedürftigkeit. Zusätzliche Leistungen für Betreuung und Aktivierung gem. § 43 b wie auch die pflegerischen Zusatzleistungen, die in § 88 normiert sind, fallen, wie ihr Name schon sagt, zusätzlich an und sind damit nicht zu den „erforderlichen" Leistungen zu rechnen, da sie über das Maß des Notwendigen hinausgehende pflegerisch-betreuende Leistungen darstellen oder besonderen Komfort einbeziehen. Offen bleibt in dieser Definition jedoch, welche konkreten Leistungen für die Pflege eines Pflegebedürftigen tatsächlich erforderlich sind und wie sich Abgrenzungen zu den zusätzlichen Leistungen bzw. den Zusatzleistungen treffen lassen. Zwar obliegt der Bundesregierung das Recht, genau diese Abgrenzung durch eine Rechtsverordnung vorzunehmen (§ 83 Abs. 1 S. 1 Nr. 2), doch hat sie diese Möglichkeit bisher ungenutzt gelassen. Die Abgrenzung wird daher heute in der Praxis in den für jedes Land individuell geschlossenen Rahmenverträgen (§ 75 Abs. 1, 2 Nr. 1) vorgenommen. Auch diese Rahmenvertragsregelungen müssen sich allerdings am Gesetz messen lassen und die von diesem vorgegebenen Inhalte auch beachten; anderenfalls wären die Vertragsparteien in der Lage, die gesetzlichen Ansprüche der Pflegebedürftigen einzuschränken. Entsprechend sind die Gerichte zur Prüfung der Vereinbarkeit der jeweiligen Vereinbarungen mit dem SGB XI aufgerufen.

10 Die gesetzlichen Vorgaben zum Umfang der **allgemeinen Pflegeleistungen** befinden sich dementsprechend in den Regelungen über die Leistungen der Pflegeversicherung, den §§ 36 ff. Damit zählen bei ambulanter Leistungserbringung alle Leistungen nach § 36 Abs. 1 (körperbezogene Pflegemaßnahmen und pflegerische Betreuungsmaßnahmen sowie Hilfen bei der Haushaltsführung). Die pflegerischen Maßnahmen beziehen sich nach § 36 Abs. 1 S. 2 auf die in § 14 Abs. 2 genannten sechs Bereiche (Module) „Mobilität", „kognitive und kommunikative Fähigkeiten", „Verhaltensweisen und psychische Problemlagen", „Selbstversorgung", „Bewältigung von und selbständiger Umgang mit krankheits-

---

6 Vgl. Schütze in: Udsching, § 82 Rn. 8.

oder therapiebedingten Anforderungen und Belastungen" sowie „Gestaltung des Alltagslebens und sozialer Kontakte".

2. Betreuung und medizinische Behandlungspflege. Dass die Pflegevergütung bei stationärer Pflege weiter reicht als die leistungsgerechte Vergütung der allgemeinen Pflegeleistungen, hat der Gesetzgeber zur Klarstellung auch in § 82 Abs. 1 S. 3 deutlich gemacht: Danach umfasst die Pflegevergütung auch die **Betreuung** sowie die **medizinische Behandlungspflege**. Das folgt bereits aus § 43 Abs. 2 S. 1 und wird in § 84 Abs. 1 S. 1 ein weiteres Mal erwähnt (zum Umfang der Leistungen → § 84 Rn. 6 ff.). Insoweit ist auf die begriffliche Änderung im Rahmen des PSG II (v. 21.12.2015, BGBl. I, 2424) hinzuweisen. Wurde in der vorherigen Fassung des Gesetzes noch von „sozialer Betreuung" gesprochen, hat der Gesetzgeber diesen Begriff verallgemeinert und auf „Betreuung" ausgeweitet. Er verfolgt damit die Absicht, klarzustellen, dass auch pflegerische Betreuungsleistungen durch die Pflegevergütung abgedeckt werden sollen.[7] Die Klarstellung, dass auch diese Leistungen erfasst werden sollen, bezieht sich auf die Anpassungen im Leistungsrecht, insbesondere in § 36 Abs. 1.

3. Leistungsgerechtigkeit. Abs. 1 S. 1 Nr. 1 bestimmt weiter, dass die Pflegevergütung für die allgemeinen Pflegeleistungen **leistungsgerecht** erfolgen muss. Der Gesetzgeber legt erkennbar einen Schwerpunkt auf diese Maßgabe der Leistungsgerechtigkeit, wiederholt er sie doch sowohl bei der Festlegung der Grundsätze für stationäre Pflege (§ 84 Abs. 2 S. 1) als auch für ambulante Pflege (§ 89 Abs. 1 S. 2) ein weiteres Mal (dazu näher → § 84 Rn. 19 ff. und → § 89 Rn. 8).

4. Abzug von Betriebskostenzuschüssen. Für den Fall, dass eine Pflegeeinrichtung „öffentliche Zuschüsse zu den laufenden Aufwendungen ... (Betriebskostenzuschüsse)" erhält, ordnet Abs. 5 den **Abzug dieser Zuschüsse von der Pflegevergütung** an. Die Regelung soll eine **doppelte Deckung von Betriebskosten** vermeiden. Zielen die öffentlichen Zuschüsse darauf ab, die laufenden Betriebskosten einer Pflegeeinrichtung zu decken – nicht zu verwechseln mit der öffentlichen Förderung von Investitionskosten (→ Rn. 20 ff.) –, führte ein Unterlassen des Abzugs zu einer doppelten Deckung der entsprechenden Kosten (durch die Pflegevergütung und den Betriebskostenzuschuss). Die Regelung soll daher auch Wettbewerbsverzerrungen zugunsten öffentlich bezuschusster Pflegedienstleister vermeiden.

In der Praxis wird über entsprechende Betriebskostenzuschüsse jedoch nicht berichtet. Lediglich die Erhaltung einer ansonsten nicht mehr finanzierbaren Einrichtung wäre ein Szenario, in dem eine solche öffentliche Unterstützung noch denkbar erschiene. Die Landesregelungen betreffen nur die Investitionskosten iSd Abs. 3, 4. Als öffentliche Zuschüsse sind allein solche von Hoheitsträgern anzusehen. Zuschüsse der Kirchen, die als Körperschaften des öffentlichen Rechts organisiert sind, an ihnen „nahestehende" Träger von Pflegeeinrichtungen können nicht erfasst sein.[8] Diese Fälle sind vergleichbar mit Zuschüssen Privater; der Status der Kirchen als Körperschaften des öffentlichen Rechts steht dem nicht entgegen, zumal weder Bund noch Länder irgendwelche Kontrollmöglichkeiten hinsichtlich der Tätigkeiten der Kirchen besitzen.

5. Tragung der Pflegevergütung. Eine unmittelbare Regelung dazu, wer die Pflegevergütung zu tragen hat, findet sich im achten Kapitel nicht. Die Pflegevergütung als Vergütung für die allgemeinen Pflegeleistungen wird bemessen für die stationären Einrichtungen in den Pflegesätzen (§ 84 Abs. 1 S. 1, näher → § 84 Rn. 4) und in der ambulanten Pflege in den Vergütungsvereinbarungen (§ 89 Abs. 1 S. 1, näher → § 89 Rn. 5 ff.). In allen Fällen erbringt die zuständige Pflegekasse (oder auch die private Pflegeversicherung) nur einen Teil der Kosten (§§ 36, 41, 43). In der vollstationären Pflege trägt die Pflegekasse für die Pflegebedürftigen der Pflegegrade 2–5 den Leistungsbetrag nach § 43 Abs. 2, während der Pflegebedürftige den einrichtungseinheitlichen Eigenanteil (EEE, näher → § 84 Rn. 14 ff.) zu tragen hat. In allen übrigen Fällen (Kurzzeitpflege, teilstationäre Pflege, ambulante Pflege) trägt der Pflegebedürftige den Pflegesatz bzw. die Pflegevergütung abzüglich des Leistungsbetrages der Pflegekasse. In den Fällen, in denen der Eigenanteil nicht durch den Pflegebedürftigen mangels ausreichendem Einkommen oder Vermögen getragen werden kann, erbringt der zuständige Sozialhilfeträger die notwendigen Leistungen nach den §§ 61 ff. SGB XII.

V. Unterkunft und Verpflegung (Abs. 1 S. 1 Nr. 2, S. 4)

Als zweite Finanzierungsquelle eines Pflegeheims (stationäre Pflegeeinrichtung) nennt das Gesetz das angemessene Entgelt für Unterkunft und Verpflegung. Das Entgelt wird gem. § 87 entsprechend dem

---

7 BT-Dr. 18/5926, 136.
8 AA O'Sullivan in: jurisPK-SGB XI, § 82 Rn. 40.

Pflegesatzverfahren getrennt für Unterkunft und Verpflegung zwischen den Vertragsparteien vereinbart.

17 Im Unterschied zur Pflegevergütung, die – zumindest teilweise – von der Pflegekasse oder auch anderen Leistungsträgern getragen wird, **trägt der Pflegebedürftige die Kosten** für Unterkunft und Verpflegung allein (Abs. 1 S. 4). Unter diesen Umständen ist es nicht selbstverständlich, dass der Gesetzgeber nähere Vorgaben zur Festlegung der Entgelte macht und auch machen darf. Immerhin greift er damit in die Privatautonomie der Vertragsparteien ein. Aus Gründen des Verbraucherschutzes finden sich Vorgaben für die Bemessung des Entgelts auch in § 7 WBVG. Über die dortigen Bestimmungen findet auch die Verzahnung mit den Regelungen der §§ 82, 87 statt. Die Legitimation für die mit § 87 verbundenen, deutlich über die des WBVG hinausgehenden Eingriffe ergibt sich einerseits aus der Überlegung, dass von den Entgeltvereinbarungen zwischen Heim und Bewohner häufig auch der Sozialhilfeträger betroffen ist. Zudem besteht an einer interessengerechten (angemessenen) Vergütung angesichts der Aufgabe der Sicherstellung einer leistungsfähigen pflegerischen Versorgungsstruktur (s. § 9 S. 1) ein großes öffentliches Interesse.[9]

18 **1. Angemessenheit.** Nach Abs. 1 S. 1 Nr. 2 muss das Entgelt für Unterkunft und Verpflegung „angemessen" sein. § 87 S. 2 verlangt, dass die Entgelte in einem angemessenen Verhältnis zu den Leistungen stehen müssen, und wiederholt damit die Anforderung aus § 82 Abs. 1 S. 1 Nr. 2. Umstritten ist insofern, ob sich die Voraussetzung der Angemessenheit (im Hinblick auf die Entgelte für Unterkunft und Verpflegung) von der der Leistungsgerechtigkeit (im Hinblick auf die Vergütung der allgemeinen Pflegeleistungen) unterscheidet. Das BSG hat sich auch aufgrund der identischen Verfahren zur Bestimmung der Entgelte für eine im Grundsatz unterschiedslose Anwendung derselben Kriterien ausgesprochen[10] (→ § 87 Rn. 9).

19 **2. Inhalt und Umfang der Leistung „Unterkunft und Verpflegung".** Um die Angemessenheit konkret prüfen zu können, muss vorweg aber bestimmt werden, welche Leistungen zu den Leistungen „Unterkunft und Verpflegung" gezählt werden können. Durch den Ausschluss aller Pflegeleistungen, die bereits im Zuge der Pflegevergütung abgerechnet werden, aber auch aller in § 88 beschriebener Zusatzleistungen, durch die nach gesonderter Vereinbarung vor allem besondere Komfortleistungen gewährt werden, lässt sich die Leistung „Unterkunft und Verpflegung" eingrenzen. Inhalt dieser Unterkunfts- und Verpflegungsleistungen ist demnach jede der Standardversorgung zuzurechnende (Unterkunfts- und Verpflegungs-)Leistung, die mit dem Aufenthalt in der Einrichtung zusammenhängt und die bei stationärer und teilstationärer Versorgung der Versicherten beim Aufenthalt in der Einrichtung notwendig zu erbringen oder vorzuhalten ist.[11]

20 **3. Tragung des Entgelts (Abs. 1 S. 4).** Die Kosten, die durch Unterkunft und Verpflegung für die stationär gepflegten Pflegebedürftigen entstehen, sind nach Abs. 1 S. 4 auch von diesen **selbst zu tragen**. Es handelt sich nicht um eine Leistung der Pflegeversicherung. Diese Regelung will die Gleichbehandlung von Pflegebedürftigen in häuslicher wie in stationärer Pflege sicherstellen. Durch die Gewährung von Leistungen betreffend Unterkunft und Verpflegung bestünde die Gefahr einer Bevorzugung der stationär Gepflegten. Für den Ausgleich der Kosten, die nur der persönlichen Lebensführung dienen, ist jeder Pflegebedürftige damit selbst verantwortlich.[12] Somit wird auch verhindert, dass es möglich wäre, das persönliche Tragen der eigenen Lebenshaltungskosten zu umgehen, indem eine stationäre Pflege in Anspruch genommen wird. Diese Entscheidung ist insgesamt systemgerecht, auch wenn das Argument der anderenfalls eintretenden Besserstellung der stationär gepflegten Personen im Fall der teilstationären Versorgung nicht zutrifft, weil der Betreffende hier durch die Aufrechterhaltung seines eigenen Haushalts einer doppelten finanziellen Belastung ausgesetzt ist.[13] In diesem Zusammenhang sind auch die Verbesserungen der Leistungen in der Kombination von häuslicher und teilstationärer Pflege (§§ 36, 41) durch das PflegeWEG 2008 zu sehen.[14] Sollte der Pflegebedürftige in diesen wie in allen anderen Fällen nicht in der Lage sein, die Kosten für Unterkunft und Verpflegung selbst zu tragen, so ist zu prüfen, ob ein **Anspruch auf Leistungen der Hilfe zum Lebensunterhalt** gem. § 35 SGB XII gegeben ist.

---

9 Näher Schütze in: Udsching, § 82 Rn. 11.
10 BSG, 29.1.2009, B 3 P 7/08 R, BSGE 102, 227, juris Rn. 12.
11 Vgl. Schütze in: Udsching, § 82 Rn. 12.
12 Siehe auch BT-Dr. 12/5262, 143 zu § 91 Abs. 1 Entwurf.
13 Vgl. Plantholz in: LPK-SGB XI, § 82 Rn. 7.
14 Siehe BT-Dr. 16/7439, 39 f., 57 f.

VI. Investitionsaufwendungen (Abs. 2 bis 4)

Die allgemeine Pflegevergütung und das Entgelt für Unterkunft und Verpflegung sollen, ebenso wie die Vergütungszuschläge gem. § 43 b oder das in § 88 geregelte Entgelt für Zusatzleistungen, laufende Kosten der Pflegeeinrichtung abdecken, die dazu dienen, den täglichen Betrieb der Einrichtung zu finanzieren. Demgegenüber stehen Aufwendungen für Investitionen, die die Einrichtung zu decken hat. Diese **Investitionen** dienen dazu, die **Einrichtung überhaupt zu gründen** und Anschaffungen vorzunehmen, aber auch, um die **Infrastruktur aufrecht zu erhalten** oder das **Niveau der Einrichtung zu erhöhen**. Diese Aufwendungen können nach Maßgabe der Abs. 3 und 4 auf die Pflegebedürftigen umgelegt werden, soweit die Kosten nicht durch entsprechende öffentliche Förderung der Länder gedeckt werden. Gleichzeitig sind aber ein Teil der Aufwendungen [für den Erwerb und die Erschließung von Grundstücken (Abs. 2 Nr. 2), für den Anlauf und die innerbetriebliche Umstellung von Pflegeeinrichtungen (Abs. 2 Nr. 4) sowie für die Schließung oder Umstellung auf andere Aufgaben (Abs. 2 Nr. 5)] im Rahmen der Leistungserbringung nach dem SGB XI nicht refinanzierbar. Dies gilt vor allem für die Grundstückskosten (im Gegensatz zu den Aufwendungen für die Gebäude). Aufgrund der damit verbundenen Eingriffe in die Berufsfreiheit der Pflegeheimträger stellen sich die Regelungen der Abs. 2–4 als überaus problematisch dar.[15] Hinzu kommt, dass die Interpretation der Regelungen durch das BSG nicht immer konsistent erscheint. So sollen etwa zu den Gebäudemietkosten, die nach Abs. 3 iVm Abs. 2 Nr. 3 umgelegt werden können, auch die Mietanteile für das Grundstück gerechnet werden können.[16] Wenn demgegenüber die Kosten für einen Erwerb des Grundstücks (Abs. 2 Nr. 2) nicht nach Abs. 3 oder 4 umgelegt werden können, so stellt dies eine kaum nachvollziehbare Schlechterstellung gegenüber dem gemieteten Grundstück dar. Die Regelungen der Abs. 2–4 bergen daher bis heute Unklarheiten und ungelöste Widersprüche, die auch nicht annähernd durch die vergangenen Gesetzesänderungen beseitigt wurden.[17] Werden die Grundstückskosten nicht einheitlich durch eine Förderung auf Landesebene getragen, so sollte *de lege ferenda* der gesetzliche Ausschluss der Umlagefähigkeit dieser Kosten beseitigt werden.

1. Abgrenzung zwischen betriebsbezogenen und investitionsbezogenen Aufwendungen (Abs. 2). Aufgrund der unterschiedlichen Finanzierung der betriebsbezogenen und der investitionsbezogenen Aufwendungen sind diese voneinander abzugrenzen. Dies geschieht in Abs. 2, der zugleich klarstellt, dass die (aufgeführten) **Investitionsaufwendungen nicht in der Pflegevergütung oder den Entgelten für Unterkunft und Verpflegung** berücksichtigt werden dürfen. Die in Abs. 2 aufgelisteten Aufwendungen sind daher weder den allgemeinen Pflegeleistungen noch den Aufwendungen für Unterkunft und Verpflegung zuzuordnen. Die Investitionsaufwendungen werden (in gewissen Grenzen) entweder öffentlich gefördert oder den Pflegebedürftigen berechnet (Abs. 3, 4). Dieser Trennung im Hinblick auf die Finanzierung liegt das Konzept der dualen Finanzierung zugrunde (dazu → Vor § 82 Rn. 5 f.).

a) Aufwendungen für Anlagegüter (Abs. 2 Nr. 1). Abs. 2 Nr. 1 umfasst alle Aufwendungen für Maßnahmen, die damit zusammenhängen, dass die „für den Betrieb notwendigen Gebäude und sonstigen abschreibungsfähigen Anlagegüter" hergestellt, angeschafft, wieder beschafft, ergänzt, instand gehalten oder instand gesetzt werden. Da die Anlagegüter „abschreibungsfähig" sein müssen, wird implizit erklärt, dass es sich hierbei um Anlagegüter handelt, die eine begrenzte Nutzungsdauer besitzen, nach deren Ablauf sie wertlos sind und entsprechend wieder ersetzt oder repariert werden müssen.

Infolge der Gesetzesänderung des Abs. 2 Nr. 1 (Einschub „einschließlich Kapitalkosten") spricht trotz der gegenteiligen Rechtsprechung des BSG[18] einiges dafür, dass unter die Kapitalkosten für Gebäude und andere abschreibungsfähige Anlagegüter neben den Fremdkapitalkosten auch die Eigenkapitalverzinsung zu fassen ist. Wie jedes andere Unternehmen auch finanziert sich eine Pflegeeinrichtung über Fremd- und Eigenkapital. Für dieses Kapital fallen Kosten an. Dabei müssen für das bereitgestellte Fremdkapital entsprechende Zinsen an den Gläubiger, zumeist eine Bank, abgeführt werden, die sogenannten **Fremdkapitalzinsen bzw. -kosten**. Das Pendant hierzu sind die (fiktiven) **Eigenkapitalzinsen/-kosten**. Diese Zinsen werden den **Opportunitätskosten** zugerechnet, die keine Kosten im tatsächlichen Sinne darstellen, sondern kalkulatorische Kosten sind. Sie stellen den entgangenen Nutzen dar, der bei einer alternativen Verwendung der vorhandenen Ressourcen oder Güter hätte erzielt werden

---

15 BVerfG, 13.7.2016, 1 BvR 617/12, juris Rn. 13 ff.
16 Siehe BSG, 24.7.2003, B 3 P 1/03 R, BSGE 91, 182 – juris Ls. 2 und Rn. 27 f.
17 Siehe etwa Weber, NZS 2013, 406 ff.
18 BSG, 8.9.2011, B 3 P 2/11 R, BSGE 109, 96 (sowie die Parallelentscheidungen B 3 P 3/11 R [juris] und B 3 P 4/10 R [juris]); dazu BVerfG, 13.7.2016, 1 BvR 617/12.

können.[19] Sie werden berücksichtigt, weil der Eigenkapitalgeber sein Kapital zu ähnlichem Risiko auch in eine andere Kapitalanlage investieren könnte. Der mögliche Zinsertrag aus dieser Alternativanlage muss also durch das Eigenkapital erwirtschaftet werden, um im Vergleich zur Alternativanlage nicht schlechter dazustehen.[20] Diese Verzinsung wird als Eigenkapitalverzinsung bezeichnet. Sie ist allerdings nur fiktiv bzw. „kalkulatorisch", weil sie eben nicht tatsächlich an einen Gläubiger ausbezahlt wird, sondern nur in die Kostenkalkulation mit einbezogen werden muss.

25 Durch die zum 28.12.2012 in Abs. 2 Nr. 1 eingeführte Ergänzung des Gesetzestextes[21] sind jedenfalls seither auch die im Zusammenhang mit den Maßnahmen der Herstellung, Anschaffung, Wiederbeschaffung, Ergänzung, Instandhaltung oder Instandsetzung von Gebäuden oder sonstigen abschreibungsfähigen Anlagegütern anfallenden **Kapitalkosten** als Investitionskosten in diesem Sinne aufzufassen. Die Änderung wirft allerdings einige Fragen auf, an die der Gesetzgeber offenbar nicht gedacht hat. Zunächst ist – unproblematisch – davon auszugehen, dass **Fremdkapitalzinsen**, die im Rahmen einer Kapitalleihe zur Finanzierung von Gebäuden oder Anlagegütern anfallen, als Investitionskosten gem. Abs. 2 Nr. 1 gelten und damit nach Abs. 3 bzw. Abs. 4 auf die Pflegebedürftigen umgelegt werden können (→ Rn. 34). Demgegenüber ist bisher durch die Rechtsprechung noch nicht geklärt, ob dies auch für die **fiktiven Eigenkapitalzinsen** gilt. Dazu ist kurz auf die der Gesetzesänderung vorausgehende Rechtsprechung des BSG einzugehen. In mehreren Urteilen vom 8.9.2011[22] hat das BSG festgestellt, dass zwar Fremdkapitalzinsen, nicht aber fiktive Eigenkapitalzinsen unter Abs. 2 Nr. 1 aF zu fassen waren und daher auch nicht nach Abs. 3 auf die Pflegebedürftigen umgelegt werden konnten.[23] Die Berücksichtigung einer entsprechenden Eigenkapitalverzinsung sollte nach Ansicht des BSG allerdings – zumindest für Einrichtungen in gewerblicher Trägerschaft – über die Pflegevergütung und das Entgelt für Unterkunft und Verpflegung gem. Abs. 1 möglich sein.[24] Daran ist zumindest richtig, dass anderenfalls Anreize für die Pflegeheimträger gesetzt würden, eine stark auf Fremdkapital basierende Kapitalstruktur anzustreben, da im Fall der Nichtberücksichtigung der Eigenkapitalverzinsung die Attraktivität für die Einbringung von Eigenkapital deutlich eingeschränkt wird. Ein höherer Fremdkapitalanteil könnte dabei nicht nur zu einer höheren Zinsbelastung und damit direkter Belastung der Pflegebedürftigen,[25] sondern auch zu der Gefahr führen, dass Pflegeheime eine unausgewogene Kapitalstruktur mit hohem Insolvenzrisiko wählen. Hinsichtlich der gemeinnützigen Träger von Pflegeheimen wurde die Frage nach der Berücksichtigung der Eigenkapitalverzinsung offen gelassen.

26 Die Literatur geht heute überwiegend davon aus, dass nach der Gesetzesänderung die Rspr. des BSG hinsichtlich der fehlenden Berücksichtigungsfähigkeit von (fiktiven) Eigenkapitalzinsen im Rahmen der Investitionsumlage obsolet ist und damit heute fiktive **Eigenkapitalzinsen (im Rahmen der Investitionsumlage) berücksichtigt** werden können.[26] Diese Auffassung erscheint überzeugend. Gewisse Bedenken könnten lediglich aufgrund des **Wortlauts** („Aufwendungen") bestehen; schließlich handelt es sich bei der Eigenkapitalverzinsung nicht um einen Aufwand im engeren Sinn. Der Aufwand in diesem Fall ist null, sofern man unter einem „Aufwand" den „periodisierten erfolgswirksamen Verbrauch an Real- und Nominalgütern" versteht, der „mit Auszahlungen verbunden ist".[27] Eine solche Auszahlung liegt hier jedoch faktisch nicht vor. Folgt man nämlich der Verfahrensweise der Kostenrechnung im internen Rechnungswesen, ist die Verzinsung des Eigenkapitals zum Risikoausgleich den kalkulatorischen Kosten zuzuordnen, die wiederum keine Aufwendungen, sondern Zusatzkosten darstellen.[28]

---

19 Vgl. Wöhe, Allgemeine Betriebswirtschaftslehre, 25. Aufl. 2013, S. 893.
20 Ebd.
21 Eingefügt durch Art. 2 Nr. 3 des Gesetzes zur Regelung des Assistenzbedarfs in stationären Vorsorge- oder Rehabilitationseinrichtungen v. 20.12.2012 (BGBl. I, 2789).
22 BSG, 8.9.2011, B 3 P 2/11 R, BSGE 109, 96 (sowie die Parallelentscheidungen B 3 P 3/11 R [juris] und B 3 P 4/10 R [juris]). Das weitere Urt. v. 8.9.2011, B 3 P 6/10 R, BSGE 109, 86, beschäftigt sich dagegen vor allem mit der Frage, ob auch der Erbbauzins als Investitionsaufwendung nach § 82 Abs. 2 Nr. 3 anzusehen ist.
23 BSG, 8.9.2011, B 3 P 2/11 R, BSGE 109, 96, juris Ls. 2, Rn. 29 ff., 73.
24 BSG, 8.9.2011, B 3 P 2/11 R, BSGE 109, 96, juris Rn. 33.
25 Bachert/Schellberg, NDV 2012, 572, 573.
26 Siehe Weber, NZS 2013, 406, 409; Griep, PflR 2014, 415, 422; Schütze, in: Udsching, § 82 Rn. 17; Böhme, PflegeR 2013, 9, 10 (ohne Diskussion); weiterhin nur referierend Leitherer in: KassKomm, § 82 SGB XI Rn. 16 (Stand 6/2016); aA aber O'Sullivan, jurisPK-SGB XI, § 82 Rn. 48.
27 Schweitzer/Küpper, Systeme der Kosten- und Erlösrechnung, 10. Aufl. 2011, S. 17.
28 Siehe nur Gabler, Wirtschaftslexikon, Stichwort: kalkulatorische Zinsen (online unter http://wirtschaftslexikon.gabler.de/Archiv/3160/kalkulatorische-zinsen-v 6.html); ebd., Stichwort: Eigenkapitalzinsen (online unter http://wirtschaftslexikon.gabler.de/Archiv/7920/eigenkapitalzinsen-v 4.html); Brühl, Controlling – Grundlagen des Erfolgscontrollings, 2. Aufl. 2009, S. 58.

Gleichwohl muss sich der Gesetzgeber nicht an Begriffsbedeutungen aus einer Fachsprache, wie der der Betriebswirtschaftslehre, halten. Und dass es sich bei der fiktiven Eigenkapitalverzinsung um kalkulatorische Kosten handelt, wurde bereits dargelegt (→ Rn. 25). Das in den **Gesetzesmaterialien** genannte Argument gegen eine Trennung von Eigen- und Fremdkapitalzinsen („da Finanzierungsentscheidungen über das Verhältnis von Eigenkapital zu Fremdkapital vom Einrichtungsträger in einem einheitlichen und systematischen Zusammenhang vorgenommen werden"),[29] kann zusätzlich für diese Auffassung angeführt werden, so dass für dieses Ergebnis auch die historisch-genetische Auslegung spricht. Mit dieser Änderung des Gesetzestextes schafft der Gesetzgeber auch eine Grundlage für eine abweichende Interpretation der Eigenkapitalverzinsung, die nach alter Rechtsprechung nicht den umlagefähigen Investitionskosten, sondern letztlich der Pflegevergütung zugerechnet wurde.[30] Schließlich sprechen auch keine teleologischen Argumente gegen die Zuordnung der kalkulatorischen Kosten zu den Investitionsaufwendungen gem. Abs. 2 Nr. 1. Die parallel zu den Fremdkapitalkosten erforderliche Berücksichtigung der Eigenkapitalverzinsung sichert in der Praxis die konsistente Umsetzung, an der es bisher im Rahmen der Pflegesatzverhandlungen oder auch der Schiedsstellenentscheidungen nicht selten gefehlt hat. Nachteilig an dieser gesetzlichen Lösung ist lediglich der Umstand, dass die Frage der angemessenen Höhe der Eigenkapitalverzinsung den Pflegesatzverhandlungen entzogen ist. In Zukunft hat darüber die nach Landesrecht zuständige Behörde im Rahmen des Zustimmungsverfahrens gem. Abs. 3 zu befinden. Somit könnten sich die Rechtsstreitigkeiten um die Erteilung der Zustimmung zur gesonderten Berechnung dieser Kosten deutlich erhöhen.

Von den (fiktiven) Eigenkapitalkosten, die unter die Investitionsaufwendungen fallen, zu unterscheiden ist eine **Vergütung für das allgemeine Unternehmerrisiko**. Diese fällt unter die Pflegevergütung und ist **Bestandteil des Pflegesatzes**. Dies hat der Gesetzgeber inzwischen durch einen Einschub in § 84 Abs. 2 S. 4 klargestellt (näher → § 84 Rn. 40). Das allgemeine Unternehmerrisiko ist für den Unternehmer **nicht kalkulierbar und beeinflussbar**. Rückläufige Nachfrage, eine Verschärfung des Wettbewerbs oder ein Preisrückgang sind allgemeine Beispiele hierfür.[31] Für das Risiko wird der Unternehmer in einem gewerblichen Betrieb durch den Betriebsgewinn entschädigt. Da die Praxis bei der Vergütung von Pflegeleistungen prinzipiell vorsieht, primär entstandene Kosten auf verschiedene Kostenträger umzulegen, muss für die Einrichtungsbetreiber eine Möglichkeit bestehen, Gewinne zu erwirtschaften, um ihr Unternehmerrisiko zu kompensieren. Hierzu dient bei der Bemessung der Pflegesätze die **Risikoprämie**. Diese Prämie zur Absicherung des allgemeinen Unternehmerrisikos ist zu unterscheiden von den kalkulatorischen (Wagnis-)Kosten,[32] die dazu dienen, eine Absicherung gegen **spezielle Einzelwagnisse** wie Unfallschäden zu schaffen.

Das **BSG** trennt in der aktuellen Rechtsprechung[33] strikt zwischen pauschalen Zuschlägen für Unternehmerrisiken, auf die kein Anspruch bestehe, und solchen für einen angemessenen Unternehmergewinn. Die in dieser Rechtsprechung erkennbaren Abgrenzungen erscheinen problematisch. Aufgrund der Tatsache, dass aus betriebswirtschaftlicher Sicht das allgemeine Unternehmerrisiko vergütet werden muss und dies gerade durch die Gewinnchance geschieht, erfüllt der Zuschlag selbst dann, wenn er als „Gewinnzuschlag" und nicht als „Risikozuschlag" bezeichnet wird, dieselbe Funktion. Somit lässt sich über die Benennung dieser Prämie zwar streiten und beide Bezeichnungen sind unter betriebswirtschaftlichen Gesichtspunkten auch vertretbar; die Aussage, ein pauschaler Zuschlag für das allgemeine Unternehmerrisiko stünde der Pflegeeinrichtung jedoch nicht zu, erscheint aber inhaltlich unzutreffend.

Für die Entschädigung für das allgemeine Unternehmerrisiko werden in der Betriebswirtschaftslehre verschiedene Begrifflichkeiten verwendet. So erscheint mehrfach der Begriff „Wagniszuschlag", wohingegen hier, angepasst an internationale Gepflogenheiten, der Begriff „Risikoprämie" verwendet wird. Beide Benennungen umschreiben aber dasselbe Konzept. In der Praxis wird diese Risikoprämie häufig **zwischen 2 % und 4 % des Umsatzes** angesetzt.[34] Ein anderer möglicher Weg ist die Steuerung der Risikoprämie über die der Kalkulation zugrundeliegende Auslastungsquote des Pflegeheims.[35] Ebenso kann die Risikoprämie durch eine **Kombination von pauschalem Zuschlag und Auslastungsquote** ver-

---

29 BT-Dr. 17/11396, 17 zu Art. 2 Nr. 3 a aa.
30 BSG, 8.9.2011, B 3 P 2/11 R, juris Rn. 32; BSG, 16.5.2013, B 3 P 2/12 R, juris Rn. 26.
31 Wöhe, Allgemeine Betriebswirtschaftslehre, S. 896.
32 Ebd., S. 897.
33 BSG, 16.5.2013, B 3 P 2/12 R, juris Rn. 25 f.
34 Siehe die Hinweise bei Iffland, RsDE 74 (2013), 1, 11 f.
35 BSG, 16.5.2013, B 3 P 2/12 R, juris Rn. 26.

einbart (bzw. festgesetzt) werden. **Auch gemeinnützig tätige Pflegeeinrichtungen** müssen eine solche Risikoprämie berechnen dürfen, da sie sich von den gewerblich tätigen Einrichtungen nicht hinsichtlich der betriebswirtschaftlichen Notwendigkeit der Gewinnerzielung, sondern nur bezüglich der Gewinnverwendung unterscheiden. Dem allgemeinen Unternehmerrisiko unterliegen sie ohnehin in gleicher Weise.[36]

30 Das BSG[37] verbindet die Risikoprämie außerdem mit einem Zuschlag „eines etwaigen zusätzlichen persönlichen Arbeitseinsatzes". Auch insoweit von einem Zuschlag zu sprechen, erscheint nicht plausibel, da die entsprechende Position in der Kostenkalkulation enthalten sein sollte. Parallel zu den kalkulatorischen Wagniskosten beinhalten die kalkulatorischen Kosten auch den sogenannten kalkulatorischen Unternehmerlohn. Ist der Unternehmer eine natürliche Person, wird für seinen Arbeitseinsatz ein Geldbetrag, der ihm als Geschäftsführer brutto bei einer vergleichbaren Position zustehen würde, kalkulatorisch berechnet.[38] Der persönliche Arbeitseinsatz, der in der Pflegeeinrichtung erbracht wird, ist betriebswirtschaftlich durch den kalkulatorischen Unternehmerlohn abgedeckt und wird nicht in Form eines Zuschlags berechnet.

31 Die bisherige Ansicht des BSG, dass die Pflegevergütung und die Entgelte für Unterkunft und Verpflegung auch eine angemessene Vergütung des Unternehmerrisikos und eines etwaigen zusätzlichen persönlichen Arbeitseinsatzes sowie einer angemessenen Verzinsung des Eigenkapitals umfassen,[39] muss daher in mehrfacher Hinsicht revidiert werden. Für die Rechtslage seit dem 28.12.2012 sind in **die Pflegevergütung und die Entgelte für Unterkunft und Verpflegung** fortan nur noch die angemessene Vergütung des Unternehmerrisikos (Risikoprämie) sowie der fiktive Unternehmerlohn einzubeziehen. Dies entspricht der mit dem PSG III zum 1.1.2017 eingeführten Berücksichtigung der „angemessenen Vergütung ihres Unternehmerrisikos" nach § 84 Abs. 2 S. 4. Damit ist jetzt auch eine saubere Trennung gegenüber der Eigenkapitalverzinsung möglich und erforderlich. **Die fiktiven Eigenkapitalzinsen** fallen nach der Gesetzesänderung zusammen mit den Fremdkapitalzinsen unter die Investitionskosten nach Abs. 2 Nr. 1. Praktisch lässt sich die Eigenkapitalverzinsung schätzen, indem die potenzielle Verzinsung der entsprechenden risikoadäquaten Alternativanlage ermittelt wird. In der Praxis der Kostenrechnung von Pflegeeinrichtungen orientieren sich die Einrichtungsträger dabei an den Ausführungsverordnungen zu den Landes-Pflegegesetzen und setzen die Eigenkapitalzinsen je nach Bundesland in einer Höhe von 2 % bis 5 % an.[40]

32 b) **Grundstückskosten (Abs. 2 Nr. 2).** Ebenfalls zu den Investitionskosten sind all diejenigen Kosten zu zählen, die mit dem **Erwerb und der Erschließung von Grundstücken** zu tun haben. Hier fallen neben dem eigentlichen Kauf auch weitere Kosten an, beispielsweise für den Notar oder mögliche Kapitalkosten zur Aufnahme eines Darlehens, das dem Erwerb des Grundstücks dient. Diese Kosten sind von denen unter Nr. 1 und 3 abzugrenzen, da diejenigen nach Nr. 2 nicht auf die Pflegeheimbewohner umgelegt werden können (Abs. 3). Im Ergebnis müssen die Kosten nach Nr. 2 mittelbar über die Berücksichtigung des Unternehmerrisikos und des Entgelts für die Unterkunft finanziert werden.[41] Ob es tatsächlich zutrifft, dass gegen das Umlageverbot im Ergebnis keine durchgreifenden verfassungsrechtlichen Bedenken bestehen, „weil den Trägern hierdurch regelmäßig kein Wertverlust erwächst, der durch einen Umlagebeitrag der Heimbewohner auszugleichen wäre", wie das BSG inzwischen festgestellt hat,[42] wäre noch näher zu untersuchen. Im Hinblick auf die Ungleichbehandlung gegenüber den Kosten für die Miete des Gebäudes (einschließlich des Grundstücks) oder auch des Erbbauzinses, die jeweils umgelegt werden können,[43] bestehen gewisse Bedenken.

33 c) **Miete, Pacht, Erbbauzins, Nutzung von Grundstücken, Gebäuden und Anlagegütern (Abs. 2 Nr. 3).** Im Unterschied zu den Kosten, die bei dem Erwerb oder der Erschließung eines Grundstücks anfallen, regelt Abs. 2 Nr. 3 Aufwendungen, die für Miete, Pacht, Erbbauzins oder (Mitbe-)Nutzung eines Grundstücks, Gebäudes, aber auch einer Anlage entstehen. Diese Kosten werden ebenfalls den Investitionskosten zugerechnet, aus Gründen der Umlage auf den Pflegebedürftigen aber von den Er-

---

36 So jetzt auch die Materialien zum PSG III, BT-Dr. 18/10510, 116.
37 BSG, 29.1.2009, B 3 P 7/08 R, BSGE 102, 227, juris Rn. 24.
38 Wöhe, Allgemeine Betriebswirtschaftslehre, S. 900.
39 BSG, 29.1.2009, B 3 P 7/08 R, BSGE 102, 227, juris Rn. 24; BSG, 16.5.2013, B 3 P 2/12 R, juris Rn. 26.
40 Vgl. Iffland, RsDE 74 (2013), 1, 19 Fn. 71.
41 Siehe Schütze in: Udsching, § 82 Rn. 17 (mit gewissen Bedenken und Verweis auf das damalige Fehlen einer BSG-Entscheidung zur Bewertung des Ausschlusses aus der Umlage).
42 BSG, 8.9.2011, B 3 P 6/10 R, BSGE 109, 86, juris Rn. 21.
43 Siehe BSG, 24.7.2003, B 3 P 1/03 R, BSGE 91, 182 – juris Ls. 2 und Rn. 27 f.

werbskosten für Grundstücke und Gebäuden abgegrenzt. Sie beziehen sich auf eine laufende Nutzung einer dieser Vermögensgegenstände. Auf der Grundlage eines Urteils des BSG vom 8.9.2011[44] hat der Gesetzgeber durch Art. 2 Nr. 3 des Gesetzes v. 20.12.2012 den Erbbauzins klarstellend mit aufgenommen.[45]

d) **Aufwendungen für Öffnung und Schließung der Einrichtung sowie Umstellungen (Abs. 2 Nr. 4 und 5).** Die beiden letzten Arten von Aufwendungen, die nicht zu den betriebsbezogenen Aufwendungen gezählt werden können, betreffen alle Kosten, die mit dem Anlauf oder der Schließung der Pflegeeinrichtung sowie ihrer innerbetrieblichen Umstellung auf neue Aufgaben im Zusammenhang stehen (Abs. 2 Nr. 4 und 5). Diese Aufwendungen sind – wie diejenigen nach Abs. 2 Nr. 2 – gem. Abs. 3 nicht umlagefähig, verbleiben damit bei der Einrichtung. Dies lässt sich damit rechtfertigen, dass eine Umlage von Investitionsaufwendungen auf die Bewohner nur dann gerechtfertigt erscheint, wenn die Aufwendungen auch zu einem unmittelbaren Nutzen für die Bewohner führen.[46] Das gilt in diesem Fall aber gerade nicht, etwa bei der Schließung der Einrichtung. Entsprechend sind Aufwendungen für die vorübergehende Auslagerung des Heims in ein anderes Gebäude zum Zwecke der Sanierung der bisherigen Räumlichkeiten den Aufwendungen nach Abs. 2 Nr. 1 und nicht denen nach Nr. 4 zuzurechnen.[47]

2. Umlage von Investitionskosten (Abs. 3 und 4). Abs. 3 und 4 regeln, wie die Pflegeeinrichtungen die verschiedenen Investitionskosten – im Unterschied zu den betrieblichen Kosten – finanzieren können, soweit diese Kosten nicht durch öffentliche Förderung gem. § 9 gedeckt sind (zur sog dualen Finanzierung → Vor § 82 Rn. 5 f.). Fehlt es an einer entsprechend ausreichenden Förderung, was in der Praxis der Regelfall ist,[48] so können **bestimmte Aufwendungen den Pflegebedürftigen gesondert berechnet** werden. Dabei unterscheidet das Gesetz danach, ob die Pflegeeinrichtung öffentlich gefördert wird oder nicht. Im Fall der Förderung findet Abs. 3, im anderen Fall Abs. 4 Anwendung.

a) **Öffentlich geförderte Einrichtung (Abs. 3).** Für die gesonderte Berechnung von Investitionskosten, die gem. Abs. 2 nicht in der Pflegevergütung und in den Entgelten für Unterkunft und Verpflegung berücksichtigt werden dürfen, unterscheidet das Gesetz in Abs. 3 zwischen den **Investitionsaufwendungen nach Abs. 2 Nr. 1** (Maßnahmen in Zusammenhang mit Gebäuden und sonstigen abschreibungsfähigen Anlagegütern) **und Nr. 3** (alle Aufwendungen für Miete, Pacht, Erbbauzins, Nutzung oder Mitbenutzung von Gebäuden oder sonstigen abschreibefähigen Anlagegütern) auf der einen und **allen anderen Investitionskosten** (Abs. 2 Nr. 2, 4 und 5) auf der anderen Seite. Die Regelungen des Abs. 3 iVm Abs. 2 Nr. 1, 3 haben auf der Basis der Rechtsprechung zum Teil merkwürdige Folgen. Einerseits schließt das Gesetz eine Refinanzierung der Aufwendungen für den Erwerb und die Erschließung von Grundstücken dadurch aus, dass diese Aufwendungen zwar in Abs. 2 Nr. 2, nicht aber in Abs. 3 erwähnt werden. Zugleich versteht das BSG Abs. 3 so, dass im Fall der Miete eines Gebäudes nicht nur die gebäudebezogenen, sondern auch die grundstücksbezogenen Anteile der Miete umlagefähig sein sollen.[49] Damit wird aber ein Widerspruch zur fehlenden Umlagefähigkeit der Kosten für den Erwerb und die Erschließung eines Grundstücks ausgelöst. Derjenige Pflegeheimträger, der das Gebäude mietet, kann auch die Kosten für das Grundstück umlegen, während bei einem Eigentumserwerb die auf das Grundstück anfallenden Kosten beim Pflegeheimträger verbleiben.[50] Richtigerweise sollte hier der Gesetzgeber die Regelung dahin gehend ändern, dass nicht der Kaufpreis für das Grundstück, aber doch die Fremd- und Eigenkapitalkosten für den Erwerb des Grundstücks umgelegt werden können.

Nach der derzeitigen Rechtslage können nur die Aufwendungen der ersten Gruppe, **soweit sie betriebsnotwendig sind,** auf die Pflegebedürftigen umgelegt werden. Eine Aufwendung wird dann als betriebsnotwendig angesehen, wenn die Investition der Sache nach und auch hinsichtlich ihrer Höhe für

---

[44] BSG, 8.9.2011, B 3 P 6/10 R, BSGE 109, 86, juris Ls. u. Rn. 19 ff.
[45] BGBl. I, 2789; s. dazu BT-Dr. 17/11396, 17 zu Art. 2 Nr. 3 a bb.
[46] O'Sullivan in: jurisPK-SGB XI, § 82 Rn. 52.
[47] Siehe auch LSG BW, 31.8.2001, L 4 P 5012/00, juris (nur Ls.).
[48] Zur Investitionsförderung durch die Länder s. zuletzt 6. Pflegebericht (Sechster Bericht über die Entwicklung der Pflegeversicherung und den Stand der pflegerischen Versorgung in der Bundesrepublik Deutschland vom 15.12.2016, BT-Dr. 18/10707), S. 116 f., 210 ff.
[49] Siehe BSG, 24.7.2003, B 3 P 1/03 R, BSGE 91, 182 – juris Ls. 2 und Rn. 27 f.; auch schon oben in Rn. 20.
[50] Soweit das SG Berlin, 14.10.2010, S 86 P 557/07, juris Rn. 21, versucht, diesen Widerspruch durch die Umlagefähigkeit auch der Kosten für den Erwerb das Grundstücks zu beseitigen, wird zwar das Problem richtig erkannt, doch widerspricht die Lösung den insoweit eindeutigen gesetzlichen Vorgaben.

P. Baumeister/J. Baumeister

den Betrieb der Unternehmung erforderlich ist.[51] Abs. 2 Nr. 1 und 3 beschreiben hier vor allem Teile der räumlichen und sächlichen Ausstattung, ohne die die Pflegeeinrichtung nicht betrieben werden kann. Welche Aufwendung im Endeffekt betriebsnotwendig ist, muss am Versorgungsvertrag (geregelt in § 72 Abs. 1 S. 2) und den Wohn- und Betreuungsverträgen mit den Bewohnern gemessen werden, da hier geregelt wird, welchen Mindestanforderungen die Einrichtung gerecht werden muss.[52] Zusatzleistungen sind hierbei nicht mit inbegriffen.

38 Alle Pflegeeinrichtungen sind nun berechtigt, diese Kosten, sofern sie nicht durch öffentliche Förderung bereits gedeckt sind, auf den Pflegebedürftigen zu übertragen, um ihre Betriebsfähigkeit zu erhalten. Die Umlage auf die Bewohner erfolgt dabei durch **gesonderte Berechnung**. Kommt für den Pflegebedürftigen hierbei kein anderer Kostenträger auf – in diesem Fall dürfte es sich ausschließlich um den Sozialhilfeträger handeln –, trägt er diese Kosten selbst.

39 Allerdings besitzt jedes Bundesland die Aufgabe, individuell Förderungen zur Deckung der Investitionskosten zu vergeben (§ 9). Diese Möglichkeit und ihre Ausgestaltung werden im jeweiligen Landesrecht geregelt. Da diese **öffentliche Förderung** bereits mit der Intention eines Beitrags zur Finanzierung der Investitionskosten vergeben wird, kann jede Pflegeeinrichtung nur noch denjenigen Teil der Investitionsaufwendungen auf den Pflegebedürftigen übertragen, der nicht bereits durch die Landesförderung gedeckt wurde. Zuschüsse vom Land, die von der Einrichtung zurückgezahlt werden müssen, oder Darlehen sind nicht als Zuschüsse aus öffentlicher Förderung zu verstehen; entsprechend können die Aufwendungen auf die Pflegebedürftigen umgelegt werden. Allerdings gilt hierbei, dass alle sachbezogenen Förderungen durch das Land als Investitionsförderungen im Sinne des Abs. 3 S. 1 zu verstehen sind, die nicht etwa für die Finanzierung anderer Kostenarten verwendet werden können. Sie sind für die Deckung der betriebsnotwendigen Investitionskosten zu verwenden. Dabei ist es irrelevant, ob sich die Förderung nur auf bestimmte Bereiche dieser betriebsnotwendigen Investitionskosten bezieht oder sie allgemein nur zu einem bestimmten Prozentsatz abdeckt – alle verbleibenden betriebsnotwendigen Investitionskosten nach Abzug der öffentlichen Förderung können umgelegt werden.

40 Die gesonderte Berechnung der Investitionskosten bedarf jedoch der **Zustimmung durch die entsprechenden zuständigen Landesbehörden**. Nach Abs. 3 S. 2 Hs. 2 hat das Landesrecht neben der zuständigen Behörde vor allem auch Regelungen zu Art, Höhe und Laufzeit sowie die Aufteilung auf die Pflegebedürftigen zu treffen. Durch Gesetz mit Wirkung zum 28.12.2012[53] neu eingefügt wurde in S. 2 die **Möglichkeit zur landesrechtlichen Regelung der Berücksichtigung pauschalierter Instandhaltungs- und Instandsetzungsaufwendungen sowie der zugrunde liegenden Belegungsquote**. Diese Änderung wurde veranlasst durch die Rechtsprechung des BSG, nach der die Umlegung der Investitionsaufwendungen nur soweit möglich war, wie die Kosten bereits angefallen waren oder in der aktuellen Zustimmungsperiode sicher anfallen werden.[54] Aus Praktikabilitätsgründen wurde, wie dies die Landesregelungen im Widerspruch zum Bundesrecht schon vorher vorsahen, auch die Berücksichtigung pauschalierter Instandhaltungs- und Instandsetzungsaufwendungen ermöglicht.[55]

41 Durch das Zustimmungserfordernis wird eine präventive Kontrolle der Voraussetzungen für die gesonderte Berechnung geschaffen. Die Zustimmung und auch ihre Ablehnung stellen **Verwaltungsakte** dar; die Zustimmung hebt für den Einzelfall das präventive Verbot der gesonderten Berechnung auf, die Ablehnung stellt verbindlich im Einzelfall das fehlende Recht zur gesonderten Berechnung fest. Bei der Entscheidung der Landesbehörde handelt es sich um eine **gebundene Entscheidung**, dh, dass die Zustimmung zu erteilen ist, wenn die Voraussetzungen für die Umlage vorliegen. Die Pflegeeinrichtungen besitzen einen korrespondierenden **Anspruch auf Erteilung der Zustimmung**.[56] Daher kann die Zustimmung mittels einer (bezifferten) **kombinierten Anfechtungs- und Verpflichtungsklage** vor dem Sozialgericht eingeklagt werden.[57]

42 Einer gesonderten Berechnung ohne die erforderliche Zustimmung fehlt demgegenüber eine ausreichende Anspruchsgrundlage; sie wäre rechtlich unbeachtlich. Falls die Möglichkeit der Berechnung individualvertraglich nicht von der Zustimmung der Landesbehörde abhängig gemacht sein sollte, wäre

---

51 Vgl. Schütze in: Udsching, § 82 Rn. 18.
52 Vgl. Weber, SRa 2016, 92.
53 Eingefügt durch Art. 2 Nr. 3 des Gesetzes zur Regelung des Assistenzbedarfs in stationären Vorsorge- oder Rehabilitationseinrichtungen v. 20.12.2012 (BGBl. I, 2789).
54 BSG, 8.9.2011, B 3 P 2/11 R, BSGE 109, 96, juris Ls. 1, Rn. 21 ff.
55 Näher Griep, PflR 2014, 415, 420; Weber, SRa 2016, 92, 93 ff.
56 Griep, PflR 2014, 415, 427.
57 BSG, 8.9.2011, B 3 P 2/11 R, BSGE 109, 96, juris Rn. 11; Leitherer in: KassKomm, § 82 SGB XI Rn. 25.

diese Abrede wegen Verstoßes gegen ein gesetzliches Verbot gem. § 134 BGB als nichtig anzusehen. Das Verbot ergibt sich schon aus Abs. 3 S. 2 sowie gegebenenfalls aus dem Landesrecht, das auch für das Verfahren der Umlage der Restkosten auf die Pflegebedürftigen verantwortlich ist (Abs. 3 S. 3).

Alle anderen Investitionskosten, die in der Pflegeeinrichtung anfallen, sind von der Einrichtung dementsprechend selbst zu tragen. Diese Kosten umfassen die Grundstückskosten (s. oben → Rn. 32) sowie die Kosten für die Öffnung und Schließung der Einrichtung sowie für Umstellungen (→ Rn. 34). Sie sind nicht umlagefähig. Werden sie nicht durch öffentliche Förderung durch das Land gedeckt, verbirgt sich hier eine wichtige Herausforderung an den Betreiber der Einrichtung, der hier eine wirtschaftliche Führung der Pflegeinstitution gewährleisten, von einer Umlage dieser möglicherweise nicht unerheblichen Kosten jedoch absehen muss. 43

b) **Nicht öffentlich geförderte Einrichtung (Abs. 4).** Während Abs. 3 regelt, wie die Verteilung der Investitionskosten in öffentlich geförderten Pflegeeinrichtungen erfolgt, wird in Abs. 4 die Investitionskostenfinanzierung bei nicht geförderten Pflegeeinrichtungen behandelt. Da hier kein Kostendeckungsanteil durch öffentliche Förderungen existiert, dürfen die betriebsnotwendigen Investitionskosten in vollem Umfang an den Pflegebedürftigen weitergegeben werden. Die Umlage wird, wie bei den geförderten Einrichtungen, durch die Betriebsnotwendigkeit beschränkt. 44

Abs. 4 führt anders als Abs. 3 als umlagefähig die „betriebsnotwendigen Investitionsaufwendungen" auf. Bei einem Vergleich des Wortlauts mit dem des Abs. 3 scheinen damit nur die Aufwendungen nach Abs. 2 Nr. 1 erfasst zu sein. Die Aufwendungen nach Abs. 2 Nr. 3 wären damit nicht umlagefähig. Eine solche Differenzierung hätte jedoch keinen Sinn und wird auch von der Rechtsprechung des BSG abgelehnt.[58] 45

Ungeklärt dürfte demgegenüber die Frage sein, ob im Anwendungsbereich des Abs. 4 – im Unterschied zu den Fällen des Abs. 3 – auch die Investitionskosten nach Abs. 2 Nr. 2, 4 oder 5 auf den Pflegebedürftigen umgelegt werden können.[59] Während der Wortlaut beide Ergebnisse zulässt, erscheint eine Erweiterung der Möglichkeit zur Umlage gegenüber denen bei öffentlich geförderten Einrichtungen unter dem Blickwinkel der Vergleichbarkeit nicht überzeugend. Es ist kein Grund für eine Besserstellung der nicht geförderten Einrichtungen erkennbar. Im Ergebnis sind also **auch im Anwendungsbereich des Abs. 4 nur die Investitionskosten nach Abs. 2 Nr. 1 und Nr. 3 umlagefähig**. 46

Im Unterschied zu den öffentlich geförderten Pflegeeinrichtungen benötigen die nicht geförderten Einrichtungen keine Zustimmung für die gesonderte Berechnung durch eine Landesbehörde. Es reicht eine schlichte Mitteilung an die zuständige Behörde aus. Auch wird man nicht davon ausgehen können, dass eine fehlende Mitteilung die Berechnung unzulässig und unwirksam macht, wie dies über § 134 BGB für die Fälle des Abs. 3 gilt. Auch eine Mitteilung nach gesonderter Berechnung wäre nach dem Wortlaut der Regelung (Abs. 4 S. 2) nicht ausgeschlossen. Im Hinblick auf den Sinn der Mitteilung, mit der die Landesbehörde in die Möglichkeit der Prüfung der Voraussetzungen für die Umlage versetzt werden soll, wird man eine zumindest zeitgleiche Mitteilung fordern müssen. 47

§ 82a Ausbildungsvergütung

(1) **Die Ausbildungsvergütung im Sinne dieser Vorschrift umfasst die Vergütung, die aufgrund von Rechtsvorschriften, Tarifverträgen, entsprechenden allgemeinen Vergütungsregelungen oder aufgrund vertraglicher Vereinbarungen an Personen, die nach Bundesrecht in der Altenpflege oder nach Landesrecht in der Altenpflegehilfe ausgebildet werden, während der Dauer ihrer praktischen oder theoretischen Ausbildung zu zahlen ist, sowie die nach § 17 Abs. 1a des Altenpflegegesetzes zu erstattenden Weiterbildungskosten.**

(2) ¹Soweit eine nach diesem Gesetz zugelassene Pflegeeinrichtung nach Bundesrecht zur Ausbildung in der Altenpflege oder nach Landesrecht zur Ausbildung in der Altenpflegehilfe berechtigt oder verpflichtet ist, ist die Ausbildungsvergütung der Personen, die aufgrund eines entsprechenden Ausbildungsvertrages mit der Einrichtung oder ihrem Träger zum Zwecke der Ausbildung in der Einrichtung tätig sind, während der Dauer des Ausbildungsverhältnisses in der Vergütung der allgemeinen Pflege-

---

58 BSG, 24.7.2003, B 3 P 1/03 R, BSGE 91, 182, juris Rn. 29.
59 Für die Möglichkeit (aber ohne Begründung) etwa Leitherer in: KassKomm, § 82 SGB XI Rn. 26; O'Sullivan in: jurisPK-SGB XI, § 82 Rn. 62; aA Schütze in: Udsching, § 82 Rn. 16; unklar: Reimer in: Hauck/Noftz, SGB XI, § 82 Rn. 28.

leistungen (§ 84 Abs. 1, § 89) berücksichtigungsfähig. [2]Betreut die Einrichtung auch Personen, die nicht pflegebedürftig im Sinne dieses Buches sind, so ist in der Pflegevergütung nach Satz 1 nur der Anteil an der Gesamtsumme der Ausbildungsvergütungen berücksichtigungsfähig, der bei einer gleichmäßigen Verteilung der Gesamtsumme auf alle betreuten Personen auf die Pflegebedürftigen im Sinne dieses Buches entfällt. [3]Soweit die Ausbildungsvergütung im Pflegesatz eines zugelassenen Pflegeheimes zu berücksichtigen ist, ist der Anteil, der auf die Pflegebedürftigen im Sinne dieses Buches entfällt, gleichmäßig auf alle pflegebedürftigen Heimbewohner zu verteilen. [4]Satz 1 gilt nicht, soweit

1. die Ausbildungsvergütung oder eine entsprechende Vergütung nach anderen Vorschriften aufgebracht wird oder
2. die Ausbildungsvergütung durch ein landesrechtliches Umlageverfahren nach Absatz 3 finanziert wird.

[5]Die Ausbildungsvergütung ist in der Vergütungsvereinbarung über die allgemeinen Pflegeleistungen gesondert auszuweisen; die §§ 84 bis 86 und 89 gelten entsprechend.

(3) Wird die Ausbildungsvergütung ganz oder teilweise durch ein landesrechtliches Umlageverfahren finanziert, so ist die Umlage in der Vergütung der allgemeinen Pflegeleistungen nur insoweit berücksichtigungsfähig, als sie auf der Grundlage nachfolgender Berechnungsgrundsätze ermittelt wird:

1. Die Kosten der Ausbildungsvergütung werden nach einheitlichen Grundsätzen gleichmäßig auf alle zugelassenen ambulanten, teilstationären und stationären Pflegeeinrichtungen und die Altenheime im Land verteilt. Bei der Bemessung und Verteilung der Umlage ist sicherzustellen, daß der Verteilungsmaßstab nicht einseitig zu Lasten der zugelassenen Pflegeeinrichtungen gewichtet ist. Im übrigen gilt Absatz 2 Satz 2 und 3 entsprechend.
2. Die Gesamthöhe der Umlage darf den voraussichtlichen Mittelbedarf zur Finanzierung eines angemessenen Angebots an Ausbildungsplätzen nicht überschreiten.
3. Aufwendungen für die Vorhaltung, Instandsetzung oder Instandhaltung von Ausbildungsstätten (§§ 9, 82 Abs. 2 bis 4), für deren laufende Betriebskosten (Personal- und Sachkosten) sowie für die Verwaltungskosten der nach Landesrecht für das Umlageverfahren zuständigen Stelle bleiben unberücksichtigt.

(4) [1]Die Höhe der Umlage nach Absatz 3 sowie ihre Berechnungsfaktoren sind von der dafür nach Landesrecht zuständigen Stelle den Landesverbänden der Pflegekassen rechtzeitig vor Beginn der Pflegesatzverhandlungen mitzuteilen. [2]Es genügt die Mitteilung an einen Landesverband; dieser leitet die Mitteilung unverzüglich an die übrigen Landesverbände und an die zuständigen Träger der Sozialhilfe weiter. [3]Bei Meinungsverschiedenheiten zwischen den nach Satz 1 Beteiligten über die ordnungsgemäße Bemessung und die Höhe des von den zugelassenen Pflegeeinrichtungen zu zahlenden Anteils an der Umlage entscheidet die Schiedsstelle nach § 76 unter Ausschluß des Rechtsweges. [4]Die Entscheidung ist für alle Beteiligten nach Satz 1 sowie für die Parteien der Vergütungsvereinbarungen nach dem Achten Kapitel verbindlich; § 85 Abs. 5 Satz 1 und 2, erster Halbsatz, sowie Abs. 6 gilt entsprechend.

Literatur:

Neumann/Plantholz, Sonderabgaben für die Altenpflegeausbildung, 1999.

I. Entstehungsgeschichte... 1	2. Abzüge und Ausnahmen (Abs. 2 S. 2 bis 4)... 8
II. Regelungsgehalt und Normzweck... 2	
III. Das Konzept „Ausbildungsvergütung" (Abs. 1)... 4	3. Landesrechtliche Umlagesysteme (Abs. 3 und 4)... 10
IV. Umlage der Ausbildungsvergütung (Abs. 2 bis 4)... 7	V. Änderung durch das Pflegeberufereformgesetz... 14
1. Refinanzierung der Vergütung (Abs. 2 S. 1 und 5)... 7	

I. Entstehungsgeschichte

1 § 82 a wurde durch das 2. SGB XI-Änderungsgesetz vom 29.5.1998[1] rückwirkend zum 1.1.1998 eingefügt.[2] Seither sind nur kleinere Veränderungen zu verzeichnen. So wurde mit Gesetz vom 8.6.2005[3] in Abs. 1 die Formulierung „Die Ausbildungsvergütung im Sinne dieser Vorschrift umfasst ..." einge-

---

1 BGBl. I, 1188.
2 Siehe dazu BR-Dr. 481/97, 1; BT-Dr. 13/8941.
3 BGBl. I, 1530.

fügt; das Wort „umfasst" ersetzte dabei „ist". Auch die „nach § 17 Abs. 1 a des Altenpflegegesetzes zu erstattenden Weiterbildungskosten", die ebenfalls den Auszubildenden zu erstatten sind, wurden hier mWv 1.1.2006 in den Gesetzestext integriert. Im Rahmen des PflegeWEG vom 28.5.2008[4] folgten – zur Klarstellung[5] – zwei Änderungen, die zu den Formulierungen „die nach Bundesrecht in der Altenpflege oder nach Landesrecht in der Altenpflegehilfe ausgebildet werden" in Abs. 1 und 2 S. 1 führten. Relevante Änderungen sind schließlich durch das Pflegeberufegesetz eingetreten, das sich auf den Text des § 82 a aber erst zum 1.1.2025 auswirkt (→ Rn. 14 ff.).

II. Regelungsgehalt und Normzweck

Die Vorschrift des § 82 a verfolgt die Absicht, die Finanzierung der Ausbildungsvergütung für die Ausbildung zum Altenpfleger und Altenpflegehelfer zu regeln und die Integration dieses Aufwandes in die allgemeine Pflegevergütung klarzustellen. Hintergrund der Einfügung war die entstandene Unsicherheit über die Zurechenbarkeit der Ausbildungskosten für Altenpfleger und Altenpflegehelfer zu den allgemeinen Pflegeleistungen. Das Fehlen einer ausdrücklichen bundesgesetzlichen Bestimmung hat nach Einführung des SGB XI im Jahre 1994 zu sehr unterschiedlichen landesrechtlichen Regelungen geführt. Daraufhin wurde zunächst eine Übergangsregelung zum SGB XI (Art. 49 a PflegeVG) geschaffen, bevor 1998 mit § 82 a eine Dauerregelung entstand.[6]

2

Kern der Regelung ist Abs. 2 S. 1. Während Abs. 1 die Definition der Ausbildungsvergütung enthält, erklärt Abs. 2 die Vergütung, die eine Pflegeeinrichtung für die Auszubildenden in der Altenpflege und der Altenpflegehilfe entrichtet, für berücksichtigungsfähig in der Pflegevergütung (§ 82 Abs. 1 S. 1 Nr. 1 – s. zu den zukünftigen Änderungen durch das Pflegeberufegesetz → Rn. 14 ff.). Diese an sich selbstverständliche und nur der Klarstellung dienende Regelung wird ergänzt durch detaillierte Bestimmungen über mögliche Abzüge bei der Berücksichtigung, wenn die Einrichtung auch Personen betreut, die nicht pflegebedürftig sind (Abs. 2 S. 2) oder die Vergütung auf andere Weise getragen wird (Abs. 2 S. 4), sowie über die Verteilung bei stationärer Pflege auf die Pflegebedürftigen innerhalb der Einrichtung (Abs. 2 S. 3). Abs. 3 und 4 betreffen sodann die Fälle, in denen nach Landesrecht die Ausbildungsvergütung umlagefinanziert wird, indem eine Umlage von allen Pflegeeinrichtungen erhoben und diese dann auf die ausbildenden Einrichtungen verteilt wird. Soweit der einzelnen Einrichtung auf diese Weise die Ausbildungsvergütungen erstattet werden, sind die Vergütungen nicht berücksichtigungsfähig (Abs. 2 S. 4). Dafür sind aber die gezahlten Umlagen – unter den Voraussetzungen des Abs. 3 – zu berücksichtigen.

3

III. Das Konzept „Ausbildungsvergütung" (Abs. 1)

Als Grundlage der nachfolgenden Regelungen des § 82 a schafft Abs. 1 eine Klärung des Begriffs „Ausbildungsvergütung". Danach erfasst die Ausbildungsvergütung zum einen die **Vergütung für die Personen, die in der Altenpflege und der Altenpflegehilfe ausgebildet werden**, sowie zum anderen die **Weiterbildungskosten, die nach § 17 Abs. 1 a Altenpflegesetz zu erstatten sind**. Zukünftig wird durch § 82 a allerdings nur noch die Vergütung für die Ausbildung in der Altenpflegehilfe erfasst sein; die Vergütung in der Fachkraftausbildung wird dann durch das **Pflegeberufegesetz** geregelt (→ Rn. 14 ff.).

4

Der **erste Bestandteil** der Ausbildungsvergütung umfasst die **Vergütung für Personen, die eine Ausbildung entweder zum Altenpfleger (geregelt nach Bundesrecht) oder zum Altenpflegehelfer (geregelt nach Landesrecht)** absolvieren.[7] Voraussetzung ist allerdings, dass die Zahlung eine rechtliche Grundlage hat, die Pflegeeinrichtung demnach zur Zahlung verpflichtet ist. Worin diese Grundlage zu sehen ist (Rechtsvorschrift, Tarifvertrag, allgemeine Vergütungsregelung oder Vertrag), ist dagegen unbeachtlich. § 82 a begründet nicht selbst einen Anspruch auf eine Ausbildungsvergütung. Auch kommt es nicht darauf an, ob der Auszubildende konkret für die Einrichtung tätig ist, wie der Verweis auf die verschiedenen Ausbildungsteile (praktisch und theoretisch) deutlich macht. Alle mit dieser Ausbildung zusammenhängenden Vergütungen für den gesamten Ausbildungszeitraum der praktischen und der theoretischen Ausbildung (einschließlich der Lohnnebenkosten)[8] sind in der Ausbildungsvergütung inbegriffen.

5

---

4 BGBl. I, 874.
5 BT-Dr. 16/7439, 70.
6 BR-Dr. 481/97, 1 ff.
7 Nicht nachvollziehbar, wenn nach O'Sullivan in: jurisPK-SGB XI, § 82 a Rn. 11 auch die Ausbildung zu anderen Berufen erfasst sein soll.
8 Vgl. BT-Dr. 13/8941, 5.

6   Zweiter Bestandteil der „Ausbildungsvergütung" sind die sogenannten „Weiterbildungskosten". Dazu legt § 17 Abs. 1 a Altenpflegegesetz fest, dass dem Auszubildenden die Weiterbildungskosten entsprechend § 83 Abs. 1 Nr. 2–4 SGB III vom Träger der praktischen Ausbildung zu erstatten sind. Dabei handelt es sich um die Fahrkosten (Nr. 2 iVm § 85 SGB III), die Kosten der auswärtigen Unterbringung und Verpflegung (Nr. 3 iVm § 86 SGB III) und etwaige Kinderbetreuungskosten (Nr. 4 iVm § 87 SGB III). Hintergrund der Regelung ist der Umstand, dass sich die Kostenerstattung durch die Bundesagentur für Arbeit im Rahmen der geförderten Weiterbildung gem. §§ 81 ff. SGB III auf die ersten beiden Ausbildungsjahre beschränkt.[9]

IV. Umlage der Ausbildungsvergütung (Abs. 2 bis 4)

7   **1. Refinanzierung der Vergütung (Abs. 2 S. 1 und 5).** Abs. 2 S. 1 bestimmt die Berücksichtigungsfähigkeit der in Abs. 1 definierten Ausbildungsvergütung für Pflegeeinrichtungen für solche Personen, die aufgrund eines Ausbildungsvertrages mit der Einrichtung oder dem Träger der Einrichtung in der Einrichtung tätig sind. Die Pflegeeinrichtung muss dafür allerdings zugelassen (§ 72 Abs. 1) und zur Ausbildung berechtigt oder verpflichtet sein. Ob die Pflegeeinrichtung dabei stationär oder ambulant tätig ist, ist für die Berücksichtigungsfähigkeit nicht relevant. Nach Abs. 2 S. 5 muss die Ausbildungsvergütung in der Vereinbarung über die Vergütung allgemeiner Pflegeleistungen gesondert ausgewiesen werden. Obwohl die Ausbildungsvergütung zur Vergütung der allgemeinen Pflegeleistungen zählt (Abs. 2 S. 1), ist sie damit aus Gründen der Transparenz getrennt aufzuführen.

8   **2. Abzüge und Ausnahmen (Abs. 2 S. 2 bis 4).** Abzüge von der Gesamtsumme der Ausbildungsvergütungen sieht Abs. 2 S. 2 vor. Danach wird für den Fall, dass in der Einrichtung auch nicht pflegebedürftige Personen betreut werden, nur eine anteilsmäßige Berücksichtigung der Ausbildungsvergütungen im Rahmen der Pflegevergütung ermöglicht. Diese ist pauschal nach dem Verhältnis der Zahl der betreuten Personen mit und ohne Pflegebedürftigkeit zu berechnen. Nach S. 3 ist sodann bei stationären Pflegeeinrichtungen der berücksichtigungsfähige Anteil der Ausbildungsvergütungen auf alle pflegebedürftigen Personen (nach Köpfen) gleichmäßig zu verteilen. Diese gleichmäßige Aufteilung, die in Abs. 2 Satz 3 geregelt wird, verhindert somit auch eine Differenzierung zwischen Pflegebedürftigen, beispielsweise hinsichtlich ihrer Pflegestufe.

9   Entsprechend den Regelungen, die hinsichtlich der Umlage der betriebsnotwendigen Investitionskosten gelten, gilt auch bei der Umlage der Ausbildungsvergütung, dass Kosten, die bereits aus anderen Quellen finanziert werden, nicht zusätzlich in die Pflegevergütung (oder andere Finanzierungsquellen) eingerechnet und damit nicht doppelt vergütet werden dürfen. Werden die Ausbildungsvergütung oder ein Äquivalent somit nach anderen Vorschriften (Abs. 2 S. 3 Nr. 1), zum Beispiel durch staatliche Leistungen,[10] gedeckt, können sie nicht mehr beziehungsweise nur noch zu dem Teil, der nicht durch Förderungen finanziert wird, Berücksichtigung finden. Entsprechendes gilt für den Fall der Erstattung der Ausbildungsvergütung durch ein landesrechtliches Umlageverfahren (Abs. 2 S. 3 Nr. 2). Solche Umlageverfahren sehen derzeit Baden-Württemberg,[11] Nordrhein-Westfalen,[12] Rheinland-Pfalz[13] und das Saarland[14] vor.

10 **3. Landesrechtliche Umlagesysteme (Abs. 3 und 4).** Abs. 3 bestimmt, in welchem Umfang nach dem Landesrecht angeordnete Umlagezahlungen der Pflegeeinrichtungen im Rahmen der Pflegevergütungen zu berücksichtigen sind. Jedes Bundesland besitzt nach § 25 Altenpflegegesetz die Möglichkeit, durch Rechtsverordnung individuell ein Umlagesystem für die Ausbildungsvergütung einzuführen oder aufrecht zu erhalten, das für alle zugelassenen Pflegeeinrichtungen verpflichtend ist.[15] Im Fall eines landesrechtlichen Umlagesystems, das den Vorgaben des Abs. 3 entspricht, sind die von den zugelassenen Pflegeeinrichtungen geleisteten Umlagen in der Vergütung der allgemeinen Pflegeleistungen berücksichtigungsfähig. Dafür muss das landesrechtliche Umlageverfahren erstens so organisiert sein, dass die ge-

---

9   Siehe O'Sullivan in: jurisPK-SGB XI, § 82 a Rn. 13.
10 Als Beispiel sei die Förderung in Niedersachsen auf der (rechtsstaatlich nicht unbedenklichen) Grundlage eines Ministerialerlasses (Richtlinie über die Gewährung von Zuwendungen zur Förderung der Ausbildung in der Altenpflege v. 28.5.2013 – 104.2 – 43580/28 – VORIS 21064) genannt.
11 Altenpflegeausbildungsausgleichsverordnung v. 4.10.2005 (GBl. S. 675).
12 VO v. 10.1.2012 (GV. NRW. S. 10), zul. g. d. VO v. 27.9.2016 (GV.NRW. S. 794).
13 Altenpflegeausgleichsverfahrensverordnung (AltPflAGVVO), VO v. 22.12.2004 (GVBl. S. 584), zul. g. d. VO v. 29.6.2006 (GVBl. S. 294).
14 VO v. 22.11.2011 (ABl. S. 423), zul. g. d. VO v. 24.11.2015 (ABl. I S. 894).
15 Zu den Bundesländern mit einem solchen Umlagesystem s. vorausgehende Rn.

samte Ausbildungsvergütung gleichmäßig auf alle zugelassenen (ambulanten und stationären) Pflegeeinrichtungen und Altenheime verteilt wird und die zugelassenen Einrichtungen gegenüber Einrichtungen, die keinen Versorgungsvertrag nach SGB XI besitzen, nicht benachteiligt werden (Abs. 3 Nr. 1). Sind die Gesamtkosten auf die jeweilige Pflegeeinrichtung umgelegt, hat diese wiederum die Aufgabe, diese nach demselben System wie nach Abs. 2 S. 2 und 3 pro Kopf auf den einzelnen Pflegebedürftigen zu verteilen. Zweitens muss gewährleistet sein, dass keine größere Kostensumme auf die Bedürftigen umgelegt wird, als zur Finanzierung eines angemessenen Ausbildungsplatzangebots benötigt wird (Abs. 3 Nr. 2). Und schließlich gilt drittens die Bedingung, dass nur die eigentliche Ausbildungsvergütung an die Pflegebedürftigen weitergegeben wird; Kosten zum Betrieb und der Vor- und Instandhaltung der Ausbildungsstätte sowie Verwaltungskosten sind hier nicht mit eingeschlossen (Abs. 3 Nr. 3).

Abs. 4 enthält schließlich **Regelungen zum Verfahren**. Nach S. 1 ist die für die Umsetzung des Umlagesystems zuständige Landesbehörde verpflichtet, den Landesverbänden der Pflegekassen die Höhe der Umlage sowie die Berechnungsfaktoren rechtzeitig vor Beginn der Pflegesatzverhandlungen mitzuteilen. Hierbei reicht jedoch die Mitteilung an einen Landesverband. Dieser Landesverband ist für die Weiterleitung der Mitteilung sowohl an die anderen Landesverbände als auch an die Sozialhilfeträger verantwortlich (Abs. 4 S. 2).

Schließlich sieht **Abs. 4 S. 3** vor, dass bei Meinungsverschiedenheiten zwischen den Beteiligten nach S. 1 über die ordnungsgemäße Bemessung und die Höhe des von den Pflegeeinrichtungen zu zahlenden Anteils an der Umlage die Schiedsstelle nach § 76 unter Ausschluss des Rechtswegs entscheidet. S. 4 erklärt diese Entscheidung der Schiedsstelle zugleich verbindlich für die Parteien der Vergütungsvereinbarungen nach dem Achten Kapitel. Die Regelung dürfte in mehrfacher Hinsicht als **missglückt** anzusehen sein.[16] Das gilt zunächst für den Verweis in S. 3 auf die „nach Satz 1 Beteiligten". Wie es zwischen den dort Genannten (der nach Landesrecht zuständige Stelle und den Landesverbänden der Pflegekassen) zu Meinungsverschiedenheiten kommen soll, über die die Schiedsstelle entscheiden dürfte, wird nicht klar. Der Gesetzgeber regelt in § 82 a allein die Frage, unter welchen Voraussetzungen Kosten der Pflegeeinrichtungen für die Ausbildungsvergütung in der Altenpflege bei der Pflegevergütung für die allgemeinen Pflegeleistungen nach § 82 Abs. 1 Nr. 1 zu berücksichtigen sind. Entsprechend gestaltet er auch in Abs. 3 nicht die Berechnung und die Höhe der landesrechtlichen Umlagen aus, sondern bestimmt nur die Voraussetzungen, unter denen die vom Landesrecht – in eigener Zuständigkeit – geregelten Umlagen bei der Bemessung der Pflegevergütung zu berücksichtigen sind. Daraus folgt weiter, dass die Schiedsstelle allein die Kompetenz haben kann, darüber zu befinden, ob und inwieweit die nach Landesrecht erhobenen Umlagen nach Abs. 3 zu berücksichtigen sind. Bei einem solchen Streit ist die nach Landesrecht zuständige Stelle inhaltlich gar nicht involviert, da sie völlig außerhalb des Systems der §§ 82 ff. steht, allein nach Landesrecht die Höhe der Umlage zu bestimmen hat und keine Entscheidung über die Höhe der nach Abs. 3 zu berücksichtigenden Umlage trifft. Ein Streit bezüglich der Voraussetzungen für die Berücksichtigung nach Abs. 3 kann nur zwischen den Beteiligten der Pflegesatz- und Vergütungsvereinbarungen entstehen. Insoweit enthalten aber bereits die Regelungen der §§ 85 Abs. 5, 89 Abs. 3 S. 4 ausreichende Verweise auf die Schiedsstelle, so dass es keines Verweises an die Schiedsstelle bedurft hätte. **Auf einen möglichen Streit über die Höhe der landesrechtlichen Umlage zwischen der zuständigen Landesstelle und den Pflegeeinrichtungen ist die Regelung ebenfalls nicht anwendbar.** Die Umlagebescheide sind ganz regulär Gegenstand von Widerspruchs- und Klageverfahren zwischen den Trägern der Pflegeeinrichtungen und der zuständigen Landesstelle.[17] Insoweit ist die Schiedsstelle in keiner Weise beteiligt.

Richtigerweise ist damit im Ergebnis davon auszugehen, dass die **Norm** über die Zuständigkeit der Schiedsstelle **keinen praktischen Anwendungsbereich besitzt**. Anderenfalls ergeben sich weitere Unklarheiten und vor allem verfassungsrechtliche Bedenken: Falls die Schiedsstelle tatsächlich über die Höhe der nach Abs. 3 in der Pflegevergütung zu berücksichtigenden Umlage „für die Parteien der Vergütungsvereinbarungen nach dem Achten Kapitel verbindlich" entscheiden könnte, wie S. 4 anordnet, dann müsste diese Entscheidung auch in den Vereinbarungen über die Pflegevergütungen zugrunde gelegt werden. Wenn damit aber eine gerichtliche Überprüfung insoweit ausgeschlossen werden sollte, müsste die Norm aufgrund des zusätzlich in S. 4 angeordneten Rechtswegausschlusses als verfassungs-

---

16 Entsprechend rätselt die Kommentarliteratur, soweit sie überhaupt auf die Regelung näher eingeht, über deren Bedeutung, vgl. Reimer in: Hauck/Noftz, SGB XI, § 82 a Rn. 9 f.; Leitherer in: KassKomm, § 82 a SGB XI Rn. 15.

17 Siehe auch – ohne Problematisierung der Rechtswegeröffnung – zB drei Urteile des VG Köln, 25.6.2013, 7 K 3701/12, 7 K 6751/12 und 7 K 6961/12.

widrig angesehen werden. In den Materialien zum Gesetzgebungsverfahren finden sich keine Hinweise auf die damit verbundenen Überlegungen. Der schlichte Hinweis von Seiten des Bundesrats, Abs. 4 enthalte Verfahrensregelungen,[18] gibt keinen Aufschluss. Auch ist im Vergleich zur Festsetzung des Pflegesatzes durch die Schiedsstelle nach § 85 Abs. 5 kein relevanter Unterschied zu erkennen. Die Schiedsstellenentscheidung wird allgemein als Verwaltungsakt angesehen wird, der vor den Landessozialgerichten angegriffen werden kann (→ § 85 Rn. 22). Damit ist kein relevanter Unterschied zu erkennen, der für einen Ausschluss des Rechtswegs auch nur ansatzweise zur Legitimierung herangezogen werden könnte. Das gilt unabhängig davon, ob die von einer entsprechenden Festsetzung durch die Schiedsstelle Betroffenen zuvor an dem Schiedsstellenverfahren beteiligt wurden oder nicht. Da es sich bei einer Schiedsstellenentscheidung um einen Akt öffentlicher Gewalt handelt, steht nach Art. 19 Abs. 4 S. 1 GG der Rechtsweg gegen diese Entscheidung offen. Das BVerfG anerkennt in seiner Rechtsprechung insoweit auch keine Ausnahme.[19] Wenn demgegenüber in der Literatur der Rechtswegausschluss mit dem Hinweis legitimiert wird, bei der konkreten Streitigkeit nach Abs. 4 seien nur Körperschaften des öffentlichen Rechts beteiligt, die sich – jedenfalls insoweit – nicht auf die Grundrechte berufen könnten,[20] so wird die ausdrücklich im Gesetz angeordnete Verbindlichkeit der Schiedsstellenentscheidung für alle Parteien der Vergütungsvereinbarungen ausgeblendet. **Im Ergebnis wird dem Gesetzgeber geraten, die Sätze 3 und 4 des Abs. 4 zu streichen.**

V. Änderung durch das Pflegeberufereformgesetz

14 Der Bundestag hat am 22.6.2017 das Gesetz zur Reform der Pflegeberufe (Pflegeberufereformgesetz – PflBRefG) verabschiedet,[21] dem der Bundesrat am 7.7.2017 zugestimmt hat.[22] Nach Art. 4 Nr. 2 PflBRefG wird § 82 a mWv 1.1.2025 (Art. 15 Abs. 3 PflBRefG) wie folgt geändert:
a) In Abs. 1 werden die Wörter „nach Bundesrecht in der Altenpflege oder" und die Wörter „, sowie die nach § 17 Abs. 1 a des Altenpflegegesetzes zu erstattenden Weiterbildungskosten" gestrichen.
b) In Abs. 2 S. 1 werden die Wörter „nach Bundesrecht zur Ausbildung in der Altenpflege oder" gestrichen.
c) In Abs. 3 Nr. 2 werden vor dem Punkt am Ende ein Semikolon und die Wörter „bei der Prüfung der Angemessenheit des Angebots an Ausbildungsplätzen ist zu berücksichtigen, dass eine abgeschlossene landesrechtlich geregelte Assistenz- oder Helferausbildung in der Pflege nach § 11 Absatz 1 Nummer 2 Buchstabe b des Pflegeberufegesetzes den Zugang zur Ausbildung nach dem Pflegeberufegesetz ermöglicht und nach § 12 Absatz des Pflegeberufegesetzes auch zu einer Anrechnung und Verkürzung der Ausbildung führen kann" eingefügt.

Das Pflegeberufegesetz (PflBG – Art. 1 PflBRefG) regelt die Finanzierung der beruflichen Ausbildung in der Pflege in den §§ 26 ff. PflBG bundeseinheitlich neu. Danach werden Ausbildungsfonds auf Landesebene gebildet, die über eine Ausbildungsumlage finanziert werden. Insoweit entfallen die derzeit noch bestehenden länderspezifischen Unterschiede. Zugleich regelt dann § 82 a nur noch die Berücksichtigungsfähigkeit der Ausbildungsvergütung in der landesspezifischen Altenpflegehilfe. Dass die mit dem für die Umlageverfahren nach den §§ 26 ff. PflBG verbundenen Aufwendungen Bestandteile der Pflegevergütung nach den §§ 84, 89 bleiben, wird durch § 28 Abs. 2 PflBG normiert, der folgenden Wortlaut hat: „Die an den Umlageverfahren teilnehmenden Krankenhäuser können die auf sie entfallenden Umlagebeträge zusätzlich zu den Entgelten oder Vergütungen für ihre Leistungen als Ausbildungszuschläge erheben; für ambulante und stationäre Pflegeeinrichtungen sind die auf sie entfallenden Umlagebeträge in der Vergütung der allgemeinen Pflegeleistungen (§ 84 Absatz 1, § 89 des Elften Buches Sozialgesetzbuch) berücksichtigungsfähig."

Durch die Einfügung in § 82 a Abs. 3 Nr. 2 wird die Berücksichtigungsfähigkeit der Umlage für die Ausbildungsvergütung für die Pflegehelfer gestärkt. Hintergrund dieser Vorgabe ist laut Begründung der Beschlussempfehlung des Gesundheitsausschusses des Bundestages der Umstand, dass in Baden-Württemberg 50 bis 75 % eines Jahrgangs in der Pflegehilfe eine Fachkraftausbildung anschließen, die häufig noch um ein Jahr verkürzt wird.[23] Durch die Berücksichtigungsfähigkeit der Kosten der Helfer-

---

18 BT-Dr. 13/8941, 5.
19 Vgl. stellv. BVerfG, 18.1.2000, 1 BvR 321/96, BVerfGE 101, 397, juris Rn. 41.
20 O'Sullivan in: jurisPK-SGB XI, § 82 a Rn. 27.
21 BR-Dr. 511/17 v. 23.6.2017.
22 BR Plenarprotokoll 959, S. 354C.
23 BT-Dr. 18/12847, 122.

ausbildung würde die Ausbildungsbereitschaft der Einrichtungen steigern. Damit dürfte zukünftig die Berücksichtigungsfähigkeit der Umlage regelmäßig gesichert sein.

§ 82 b Ehrenamtliche Unterstützung

(1) ¹Soweit und solange einer nach diesem Gesetz zugelassenen Pflegeeinrichtung, insbesondere
1. für die vorbereitende und begleitende Schulung,
2. für die Planung und Organisation des Einsatzes oder
3. für den Ersatz des angemessenen Aufwands

der Mitglieder von Selbsthilfegruppen sowie der ehrenamtlichen und sonstigen zum bürgerschaftlichen Engagement bereiten Personen und Organisationen, für von der Pflegeversicherung versorgte Leistungsempfänger nicht anderweitig gedeckte Aufwendungen entstehen, sind diese bei stationären Pflegeeinrichtungen in den Pflegesätzen (§ 84 Abs. 1) und bei ambulanten Pflegeeinrichtungen in den Vergütungen (§ 89) berücksichtigungsfähig. ²Die Aufwendungen können in der Vergütungsvereinbarung über die allgemeinen Pflegeleistungen gesondert ausgewiesen werden.

(2) ¹Stationäre Pflegeeinrichtungen können für ehrenamtliche Unterstützung als ergänzendes Engagement bei allgemeinen Pflegeleistungen Aufwandsentschädigungen zahlen. ²Absatz 1 gilt entsprechend.

Literatur:
Hoffmeister/Hille, Bedeutung, Wesen und Merkmale des Ehrenamts im Pflegebereich, NJW 2015, 3753; *Klenter*, Freiwilligendienste und „Pflege-Ehrenamt", SozSich 2015, 417.

I. Entstehungsgeschichte 1	3. Nicht anderweitig gedeckte Aufwendungen zugelassener Pflegeeinrichtungen 10
II. Regelungsgehalt und Normzweck 2	
III. Art und Umfang der berücksichtigungsfähigen Aufwendungen (Abs. 1 S. 1) 3	4. Art der Aufwendungen 11
1. Bürgerschaftlich engagierte Unterstützer 4	5. Angemessenheit der Aufwendungen 14
	IV. Verfahren der Berücksichtigung 15
2. Aufwendungen in Zusammenhang mit Pflegeleistungen für Leistungsberechtigte 8	V. Aufwandsentschädigungen in stationärer Pflege (Abs. 2) 16

I. Entstehungsgeschichte

Die heutige Regelung des § 82 b wurde in zwei Schritten in das Achte Kapitel integriert. Bei seiner Einführung im Rahmen des Pflege-Weiterentwicklungsgesetzes (PflegeWEG) vom 28.5.2008[1] bestand § 82 b nur aus einem Absatz, dem heutigen Abs. 1. Der zweite Absatz wurde erst mWv 30.10.2012 durch das Pflege-Neuausrichtungsgesetz (PNG) vom 23.10.2012[2] eingefügt.

II. Regelungsgehalt und Normzweck

§ 82 b regelt die Berücksichtigungsfähigkeit anderweitig nicht gedeckter Aufwendungen für Mitglieder von Selbsthilfegruppen und sonstigen zum bürgerschaftlichen Engagement bereiten Personen und Organisationen in der Pflegevergütung. Insofern kommt § 82 b eine vergleichbare Funktion wie § 82 a zu. Betroffen sind sämtliche Aufwendungen, die der Einrichtung entstehen, wenn ehrenamtlich tätige Personen eine unterstützende Leistung in der Pflege erbringen. Die Norm legt dabei fest, dass und unter welchen Voraussetzungen solche Aufwendungen ebenso wie die Ausbildungsvergütung in § 82 a im Rahmen der Pflegevergütung Berücksichtigung finden können. Außerdem dient § 82 b Abs. 2 dazu, Pflegeeinrichtungen zu ermutigen, bürgerschaftliches Engagement in der Pflege zu unterstützen, dafür vollständig finanzierte Aufwandsentschädigungen zu zahlen und damit eine Stärkung dieses Engagements zu erreichen. Die 2012 erfolgte Aufnahme der Norm in das Gesetz steht im Einklang mit anderen zunächst durch das Pflege-Weiterentwicklungsgesetz geschaffenen, sodann durch das PSG II reformierten Normen (v.a. § 45 c, § 45 d), die auf die Förderung eines sozialen bürgerschaftlichen Engagements in der Pflege abzielen.

---

1 BGBl. I, 874.
2 BGBl. I, 2246.

III. Art und Umfang der berücksichtigungsfähigen Aufwendungen (Abs. 1 S. 1)

3 Die nicht gerade anwenderfreundlich formulierte Regelung stellt klar, dass auch Aufwendungen in Zusammenhang mit sog ehrenamtlicher Unterstützung im Rahmen der Pflegesätze (bei stationären Einrichtungen) und der Pflegevergütungen (bei ambulanten Einrichtungen) berücksichtigt werden können. Ihrem Wortlaut nach ist die Berücksichtigung allerdings nicht auf Aufwendungen für entsprechende Unterstützung begrenzt. Sämtliche Bezugnahmen auf Selbsthilfegruppen sowie ehrenamtliches und sonstiges bürgerschaftliches Engagement sind in S. 1 lediglich in einem Satzeinschub enthalten, der mit „insbesondere" beginnt und damit zumindest die Möglichkeit zum Ausdruck bringt, § 82 b auch auf andere Aufwendungen anzuwenden. Entsprechend wären nach dem Hauptsatz (sämtliche) nicht anderweitig gedeckte Aufwendungen für von der Pflegeversicherung versorgte Leistungsempfänger in den Pflegesätzen und Vergütungen für die allgemeinen Pflegeleistungen berücksichtigungsfähig. Dieser undefiniert weite Anwendungsbereich wird jedoch durch den Nebensatz („insbesondere ...") sowie die Überschrift der Regelung („ehrenamtliche Unterstützung") in gewissem Umfang eingeschränkt. Angesichts der gesetzlichen Überschrift, des systematischen Zusammenhangs etwa mit § 45 c Abs. 1 S. 1 Nr. 2 und § 75 Abs. 2 S. 2 Nr. 9 wie auch des Kontextes der Einfügung des § 82 b durch das Pflege-Weiterentwicklungsgesetz 2008, mit dem das bürgerschaftliche Engagement gefördert werden sollte, beschränkt sich die Anwendung des § 82 b daher auf solche Aufwendungen, die auf Unterstützungsleistungen in der Pflege in Verbindung mit bürgerschaftlichem Engagement zurückgehen.

4 **1. Bürgerschaftlich engagierte Unterstützer.** Zur Konkretisierung ehrenamtlicher Unterstützungsleistungen in Pflegeeinrichtungen beschreibt Abs. 1 S. 1, welche Leistungen überhaupt als Pflegeleistungen bürgerschaftlich Engagierter zu verstehen sind und damit erfasst werden dürfen. Dabei handelt es sich jeweils um Leistungen, die mit dem Einsatz von „Mitglieder[n] von Selbsthilfegruppen sowie [...] ehrenamtliche[r] und sonstige[r] zum bürgerschaftlichen Engagement bereite[r] Personen und Organisationen" zusammenhängen. Diese Beschreibung verdeutlicht, dass es unterschiedliche Akteure geben kann, die für die Pflegeeinrichtung ehrenamtliche Leistungen erbringen. So können einmal **Mitglieder von Selbsthilfegruppen** die leistungserbringenden Personen sein (zum Begriff der Selbsthilfe und Selbsthilfegruppen s. § 45 d S. 3; zur Förderung der Selbsthilfe in der gesetzlichen Krankenversicherung s. § 20 c SGB V). Zudem sind auch alle **sonstigen ehrenamtlich tätigen Personen oder diejenigen, die bereit sind, bürgerliches Engagement zu leisten**, mögliche „ehrenamtliche Unterstützer". Das bürgerschaftliche Engagement erfasst als Oberbegriff auch die ehrenamtliche Tätigkeit, die wegen ihrer Bezogenheit auf ein „Amt" nur einen engeren Kreis von Freiwilligen erfasst.

5 Im Gegensatz zum Begriff der Selbsthilfe und Selbsthilfegruppen wird der **Begriff des bürgerschaftlichen Engagements** bzw. der zum bürgerschaftlichen Engagement bereiten Personen nicht gesetzlich definiert. Der Begriff geht wohl auch auf den Bericht der Enquete-Kommission „Zukunft des Bürgerschaftlichen Engagements" aus dem Jahre 2002 zurück. Auch hier ist er allerdings weitschweifig umschrieben worden, ohne den Versuch einer knappen Definition zu unternehmen.[3] Mit dem Sondervotum von Mitgliedern aus der CDU/CSU-Fraktion zum Bericht ist als bürgerschaftliches Engagement „freiwilliges, gemeinwohlorientiertes und nicht auf materiellen Gewinn ausgerichtetes Engagement"[4] zu verstehen. Er umfasst damit auch ehrenamtliche Tätigkeiten.

6 Wie der Normtext von S. 1 belegt, muss keine Direktbeziehung zwischen der Pflegeeinrichtung und dem bürgerschaftlich engagierten Leistungserbringer bestehen; es reicht auch eine indirekte Beziehung über eine dem bürgerlichen Engagement verschriebene **Organisation**.

7 *Nicht* unter diese Fälle zu subsumieren sind allerdings die durch die Träger nach dem SGB II geförderten „**Arbeitsgelegenheiten**" iSd § 16 d SGB II.[5] Die mit der ehrenamtlichen Tätigkeit verbundene Freiwilligkeit, das bürgerschaftliche Engagement, ist in diesen Fällen nicht erkennbar. Bei gegenteiliger Auffassung scheiterte die Berücksichtigung im Ergebnis zumindest an der Voraussetzung, dass es sich um „nicht anderweitig gedeckte Aufwendungen" handeln muss (→ Rn. 10). So hat der Maßnahmeträger (also im Kontext des SGB XI die Pflegeeinrichtung) gem. § 16 d Abs. 8 SGB II Anspruch auf Ersatz der Kosten gegen den Leistungsträger (Jobcenter).

8 **2. Aufwendungen in Zusammenhang mit Pflegeleistungen für Leistungsberechtigte.** Berücksichtigungsfähig in der Pflegevergütung sind entsprechende Aufwendungen nur dann, wenn sie „für **von der**

---

3 Siehe Bericht, BT-Dr. 14/8900, 24 ff.
4 Sondervotum zum Bericht, BT-Dr. 14/8900, 333.
5 Ebenso Schütze in: Udsching, § 82 b Rn. 4; Dalichau, SGB XI, § 82 b Rn. 3, 18; aA Schiffer-Werneburg in: LPK-SGB XI, § 82 b Rn. 8.

Pflegeversicherung versorgte Leistungsempfänger" entstanden sind. Durch diese Formulierung im Normtext wird zum einen angedeutet, dass es sich bei den von den bürgerschaftlich engagierten Personen und Organisationen erbrachten Leistungen um solche handeln muss, die mit der Pflege in Zusammenhang stehen. Insoweit stellt die Berücksichtigung der entsprechenden Aufwendungen keine Erweiterung, sondern nur eine Klarstellung des Umfangs des berücksichtigungsfähigen Aufwands nach § 82 Abs. 1 für die allgemeinen Pflegeleistungen dar. Entsprechend wird es sich vor allem um Aufwand für Leistungen in Zusammenhang mit Betreuung (vormals „soziale Betreuung") sowie die zusätzliche Betreuung und Aktivierung nach § 43 b handeln.[6] Insoweit erscheint es auch nötig, dass es sich um Aufwendungen für solche Personen und Organisationen handelt, die in der konkreten Pflegeeinrichtung zum Einsatz kommen. Das gilt auch für die entsprechenden Schulungen dieser Personen (→ Rn. 11).

Zum anderen wird nur der Aufwand berücksichtigungsfähig, der zugunsten pflegebedürftiger Personen entsteht. Werden in bzw. von einer Pflegeeinrichtung auch Personen versorgt, die nicht pflegebedürftig sind, so ist der auf diese Personen entfallende Aufwand nicht berücksichtigungsfähig. Dass demgegenüber der Aufwand auch für pflegebedürftige Personen mit Pflegegrad 1 zu berücksichtigen ist, folgt aus § 28 a Abs. 1 Nr. 6. Es gelten hier dieselben Grundsätze, wie sie für die Ausbildungsvergütung ausführlich in § 82 a Abs. 2 S. 2 festgelegt werden (→ § 82 a Rn. 8). Bei der Verteilung der berücksichtigungsfähigen Kosten ist ebenfalls analog § 82 a Abs. 2 S. 3 zu verfahren. 9

3. Nicht anderweitig gedeckte Aufwendungen zugelassener Pflegeeinrichtungen. Die Berücksichtigungsfähigkeit setzt weiter voraus, dass es sich um Aufwendungen einer nach § 72 zugelassenen Pflegeeinrichtung handelt und die Aufwendungen nicht anderweitig gedeckt werden. Die zweite Voraussetzung ist so zu verstehen, dass die Berücksichtigung dieser Kosten in der Pflegevergütung nur in Betracht kommt, wenn keine andere Deckungsmöglichkeit für diese Kosten vorhanden ist. Es ist nicht erforderlich, dass die anderen Finanzquellen auch tatsächlich genutzt werden.[7] 10

4. Art der Aufwendungen. Die in Abs. 1 S. 1 Nr. 1–3 enthaltene Auflistung der Arten von Aufwendungen ist nicht als abschließend anzusehen („insbesondere"). Berücksichtigt werden können aber nur solche Aufwendungen, die in **Zusammenhang mit bürgerschaftlich engagierten Personen** entstehen. Im Hinblick auf die in Nr. 1 genannten **Schulungen** sind dies die Schulungskosten selbst (Unterlagen, Personaleinsatz, Raumkosten, Bewirtungskosten) wie auch die Vorbereitungs- und Werbungskosten für das Schulungsangebot. Im Gegensatz zu den in S. 1 unter Nr. 2 und 3 genannten Aufwendungen erscheint die Berücksichtigungsfähigkeit von Schulungskosten nicht unproblematisch. Während die anderen Kosten für einen konkreten Einsatz in der Pflegeeinrichtung anfallen, stellen die Kosten der Schulung eine Art „Investition in die Zukunft" für einen ungewissen zukünftigen Einsatz von ungewisser Dauer dar. Wenn auch für solche Aufwendungen, denen keine Leistungen gegenüberstehen, im Ergebnis die Pflegebedürftigen bzw. deren Kostenträger dennoch den entsprechenden Anteil der Pflegevergütung zu tragen haben, widerspricht dies dem Grundgedanken der §§ 82 ff., wonach nur die dem einzelnen Pflegebedürftigen zugute kommenden Leistungen zu berechnen sind. Soweit mitunter angenommen wird, es spiele bei der Berücksichtigungsfähigkeit keine Rolle, ob die an den Schulungen teilnehmenden Personen in der die Schulung durchführenden Einrichtung auch zum Einsatz kommen,[8] kann dem auch deshalb nicht gefolgt werden. Wie auch im Fall der Berücksichtigung der Ausbildungskosten ist die Umlage auf die jeweiligen Pflegesätze und Vergütungen nur hinsichtlich des **Anteils** möglich, der auf die einzelnen leistungsberechtigten **Pflegebedürftigen** entfällt. Die durch die Berücksichtigung erhöhten Pflegesätze und Vergütungen sind von den Pflegebedürftigen zu tragen und müssen sich als Gegenleistung darstellen. Aufwendungen, die dem System der Versorgung insgesamt, nicht aber konkreten Pflegebedürftigen zugute kommen, scheiden als nicht berücksichtigungsfähig aus. Die Gegenansicht könnte sich allenfalls auf praktische Schwierigkeiten bei der Berechnung berufen, da die Helfer nicht immer auch nach der Schulung für die Einrichtung tätig werden, obwohl dies zunächst beabsichtigt ist. Richtigerweise sind die Kosten vorbereitender Schulungen nur dann und nur insoweit in den Vergütungen zu berücksichtigen, wie sie den allgemeinen Pflegeleistungen in der jeweiligen Einrichtung zugute kommen. 11

Die durch Einsatzplanung und -organisation (Nr. 2) in der jeweiligen Pflegeeinrichtung anfallenden Sach- und vor allem Personalkosten sind berücksichtigungsfähig, soweit sie auf Einsätze der bürger- 12

---

6 Näher O'Sullivan in: jurisPK-SGB XI, § 82 b Rn. 15 f.
7 Allg. Meinung aufgrund der Erläuterung in den Gesetzesmaterialien, BT-Dr. 16/7439, 71.
8 So aber Schiffer-Werneburg in: LPK-SGB XI, § 82 b Rn. 9; Dalichau, SGB XI, § 82 b Rn. 20; O'Sullivan in: jurisPK-SGB XI, § 82 b Rn. 18.

schaftlich Engagierten im Rahmen der allgemeinen Pflegeleistungen, also vor allem in der Betreuung entfallen. Schließlich wird auch der angemessene Aufwand der bürgerschaftlich Engagierten berücksichtigt (Nr. 3). Dazu können etwa Fahrkosten oder Sachkosten (zB für die Verpflegung oder auch für die Reinigung von Kleidung) gerechnet werden.

13 In den Pflegesätzen respektive der Vergütung letztendlich berücksichtigt werden dürfen aber nur die Aufwendungen, die die Einrichtung damit hat, dass natürliche Personen oder Organisationen Pflegeleistungen den Pflegebedürftigen gegenüber erbringen.

14 **5. Angemessenheit der Aufwendungen.** Wenn das Gesetz im letzten Beispiel (Nr. 3) die Berücksichtigungsfähigkeit auf den „angemessenen" Aufwand begrenzt, so handelt es sich dabei um eine Begrenzung, die für sämtliche von § 82 b erfasste Aufwendungen gilt. Dies folgt unter anderem aus der Ausgestaltung der Pflegesätze in der stationären Pflege nach dem Wirtschaftlichkeitsgrundsatz (§ 84 Abs. 2 S. 4). Daraus wird auch abgeleitet, dass die „Aufwendungen in einem angemessenen Verhältnis zu ihrem Gegenwert stehen müssen".[9] Entsprechendes gilt in der ambulanten Pflege gem. § 89 Abs. 1 S. 3. Nicht allein, aber auch aus der Vorgabe der Angemessenheit folgt zudem die umfangmäßige Begrenzung entsprechender Aufwendungen im Hinblick auf die Zahl der eingesetzten Kräfte. Die Einrichtung kann nicht über ehrenamtliche Kräfte Pflege organisieren und zusätzlich in Rechnung stellen.[10]

IV. Verfahren der Berücksichtigung

15 Abs. 1 S. 1 ordnet die Berücksichtigungsfähigkeit der genannten Aufwendungen in den Pflegesätzen und den Vergütungen an. Beschränkungen in der Höhe dieser Aufwendungen sind dabei nicht gegeben, allerdings gilt, dass Pflegeeinrichtungen dazu verpflichtet sind, ihre wesentlichen Leistungen durch Fachpersonal erbringen zu lassen. Basis dieser Verpflichtung sind die abgeschlossenen Versorgungsverträge (§ 75). Bei der Verrechnung der Leistungen gegenüber dem Kostenträger ist es der Pflegeeinrichtung dabei möglich, die durch ehrenamtliche Leistungen entstandenen Aufwendungen gesondert auszuweisen. Die Formulierung „können [...] gesondert ausgewiesen werden" weist jedoch darauf hin, dass hierfür keine Verpflichtung besteht (**Abs. 1 S. 2**).

V. Aufwandsentschädigungen in stationärer Pflege (Abs. 2)

16 Mit dem durch das Pflege-Neuausrichtungs-Gesetz (PNG) vom 23.10.2012 mit Wirkung zum 30.10.2012 eingeführten Abs. 2 wollte der Gesetzgeber klarstellen, „dass zugelassene stationäre Pflegeeinrichtungen für ehrenamtliche Unterstützung bei allgemeinen Pflegeleistungen Aufwandsentschädigungen zahlen können".[11] Ob diese Klarstellung angesichts der nicht abschließenden Aufzählung in Abs. 1 S. 1 tatsächlich sinnvoll war, kann bezweifelt werden. Seine Berechtigung kann sich allerdings daraus ergeben, dass mit der jetzigen Regelung feststeht, dass derartige Entschädigungen angemessen sein können.

17 Gleichzeitig muss aber in Frage gestellt werden, ob die Regelung allein klarstellende Funktion hat. Indem Abs. 2 die Möglichkeit der Berücksichtigungsfähigkeit von Aufwandsentschädigungen für stationäre Einrichtungen festlegt, drängt sich der Umkehrschluss auf, dass solche Aufwandsentschädigungen damit im Bereich der ambulanten Pflege keine Berücksichtigung bei den Vergütungsvereinbarungen finden dürfen.[12] Auch wenn sich aus den Gesetzesmaterialien keine Anhaltspunkte für eine derartige Absicht des Gesetzgebers ableiten lassen, liegt diese Interpretation nahe. Ob diese Begrenzung in der Sache berechtigt ist, erscheint vor dem Hintergrund fraglich, dass Abs. 1 die ambulanten Pflegeeinrichtungen uneingeschränkt einbezieht.

§ 83 Verordnung zur Regelung der Pflegevergütung

(1) ¹Die Bundesregierung wird ermächtigt, durch Rechtsverordnung mit Zustimmung des Bundesrates Vorschriften zu erlassen über

---

9 Schütze in: Udsching, § 82 b Rn. 5; zust. Leitherer in: KassKomm, § 82 b SGB XI Rn. 5.
10 O'Sullivan in: juris-PK-SGB XI § 82 b Rn. 24 f.
11 Gesetzentwurf der BReg, BT-Dr. 17/9369, 45.
12 So auch Leitherer in: KassKomm, § 82 b SGB XI Rn. 8.

1. die Pflegevergütung der Pflegeeinrichtungen einschließlich der Verfahrensregelungen zu ihrer Vereinbarung nach diesem Kapitel,
2. den Inhalt der Pflegeleistungen sowie bei stationärer Pflege die Abgrenzung zwischen den allgemeinen Pflegeleistungen (§ 84 Abs. 4), den Leistungen bei Unterkunft und Verpflegung (§ 87) und den Zusatzleistungen (§ 88),
3. die Rechnungs- und Buchführungsvorschriften der Pflegeeinrichtungen einschließlich einer Kosten- und Leistungsrechnung; bei zugelassenen Pflegeeinrichtungen, die neben den Leistungen nach diesem Buch auch andere Sozialleistungen im Sinne des Ersten Buches (gemischte Einrichtung) erbringen, kann der Anwendungsbereich der Verordnung auf den Gesamtbetrieb erstreckt werden,
4. Maßstäbe und Grundsätze für eine wirtschaftliche und leistungsbezogene, am Versorgungsauftrag (§ 72 Abs. 1) orientierte personelle Ausstattung der Pflegeeinrichtungen,
5. die nähere Abgrenzung der Leistungsaufwendungen nach Nummer 2 von den Investitionsaufwendungen und sonstigen Aufwendungen nach § 82 Abs. 2.

²§ 90 bleibt unberührt.

(2) Nach Erlass der Rechtsverordnung sind Rahmenverträge und Schiedsstellenregelungen nach § 75 zu den von der Verordnung erfassten Regelungsbereichen nicht mehr zulässig.

I. Entstehungsgeschichte

§ 83 ist seit Erlass des SGB XI im Gesetz enthalten. Die Bereiche, in denen durch Rechtsverordnungen Regelungen getroffen werden können (Abs. 1 S. 1 Nr. 1 bis 5), sind mit Ausnahme der Nr. 3 bis heute unverändert geblieben. Abs. 1 S. 1 Nr. 3 wurde, ebenso wie Abs. 2, im Rahmen des Pflege-Qualitätssicherungsgesetzes (PQsG) vom 9.9.2001 (Art. 1 Nr. 11)[1] geändert. Ergänzt wurde die Möglichkeit, auch „gemischte Einrichtungen" durch die Rechtsverordnung betreffend Rechnungs- und Buchführungsvorschriften zu erfassen. Außerdem wurde der Text „einschließlich einer Kosten- und Leistungsrechnung" neu eingeführt (beides in Abs. 1 S. 1 Nr. 3). In Abs. 2 wurde ein Vorrang der Rechtsverordnungen des Abs. 1 S. 1 Nr. 1 bis 5 vor den Versorgungsverträgen und Schiedsstellenregelungen eingeführt. Seither blieb der Normtext unverändert. 1

II. Regelungsgehalt und Normzweck und

§ 83 schafft als letzte Norm des Ersten Abschnitts im Achten Kapitel des SGB XI Ermächtigungsgrundlagen für den Erlass von Rechtsverordnungen für die Bundesregierung. Gegenstand dieser Rechtsverordnungen sind verschiedene Regelungsbereiche zu Inhalt und Abrechnung von Pflegeleistungen sowie zur Kosten- und Leistungsrechnung der Pflegeeinrichtungen. Nach dem Gesetzeswortlaut besteht für den Verordnungsgeber damit die Möglichkeit, die durch die Rahmenverträge und Pflegesatz- und Vergütungsvereinbarungen bestehende weitgehende Selbstverwaltung in wichtigen Bereichen nahezu auszuschalten. Die ursprüngliche Regelung des Abs. 2 S. 1 (aF), dass Rechtsverordnungen betreffend die Ermächtigungen in Abs. 1 S. 1 Nr. 2–5 nur erlassen werden sollten, wenn Rahmenvereinbarungen und Schiedsstellenregelungen „ganz oder teilweise nicht oder nicht in dem für eine wirksame und wirtschaftliche pflegerische Versorgung der Versicherten erforderlichen Umfang zustande kommen", hatte die Möglichkeiten des Verordnungserlasses erheblich eingeschränkt. Der Verordnungsgeber konnte daher nur subsidiär tätig werden. Mit der Aufhebung dieser Bestimmung 2001 ist diese Beschränkung jedenfalls formal entfallen. Wie die Regelung des § 75 Abs. 7 allerdings zeigt, hat sich in der Sache an dem vom Gesetzgeber gewünschten Vorrang der Selbstverwaltung wohl nichts geändert.[2] Entsprechend hat der Verordnungsgeber bis heute nur die Pflege-Buchführungsverordnung erlassen (→ Rn. 6). 2

III. Ermächtigung zum Erlass von Rechtsverordnungen (Abs. 1)

Kern der Rechtsnorm ist Abs. 1 S. 1. Dieser Satz ermöglicht es der Bundesregierung als Verordnungsgeber, Rechtsverordnungen in fünf in der Folge beschriebenen Bereichen zu erlassen. Durch diese Ermächtigung ist es der Bundesregierung möglich, stark in die Selbstverwaltung der beteiligten Leistungsträger und Leistungserbringer einzugreifen. In der Praxis hat der Verordnungsgeber von diesem Recht bisher nur im Fall der Pflege-Buchführungs-Verordnung (PBV) v. 22.11.1995[3] Gebrauch ge- 3

---

1 BGBl. I, 2320.
2 So wohl auch Schütze in: Udsching, § 83 Rn. 2.
3 BGBl. I, 1528.

macht. Somit haben die Beteiligten der Rahmenverträge sowie der Pflegesatz- und Vergütungsvereinbarungen auch weiterhin die Möglichkeit der eigenständigen Ausgestaltung der Vergütung von Leistungen. Daher kann diese Ermächtigung auch eher als bisher ungenutztes Instrument für die Regierung (mit dem Erfordernis der Zustimmung des Bundesrates) gesehen werden, in die in Abs. 1 S. 1 Nr. 1 bis 5 beschriebenen Bereiche einzugreifen, wenn die praktische Umsetzung der Abrechnung von Leistungen durch die Verwaltungen der Pflegeeinrichtungen nicht mehr den Vorstellungen des Normgebers entspricht.

4 **1. Die einzelnen Verordnungsermächtigungen. a) Vorschriften zur Pflegevergütung (Abs. 1 S. 1 Nr. 1).** Als erster der fünf Bereiche, in denen Regelungen durch die Bundesregierung getroffen werden können, wird die „Pflegevergütung der Pflegeeinrichtungen" genannt. Außerdem könne eine Rechtsverordnung zu den Verfahrensregeln der Vereinbarung dieser Vergütung erlassen werden. Diese Formulierung ist, wie alle Ermächtigungen in dieser Norm, äußerst weit und schränkt die Regierung in ihrer Möglichkeit, Verordnungen zu erlassen, eigentlich nicht ein. Ob diese Verordnungen sogar über die bestehenden Regelungen des Achten Kapitels hinausgehen könnten, wie in der Literatur teilweise angenommen wird,[4] erscheint aufgrund der Beschränkungen unter dem Blickwinkel der systematischen Auslegung aber zweifelhaft. Bislang ist ohnehin nicht erkennbar, dass die Bundesregierung eine entsprechende Verordnung zu beschließen beabsichtigt.

5 **b) Vorschriften zu Inhalt und Abgrenzung der Leistungen (Abs. 1 S. 1 Nr. 2).** Auch eine Verordnung zum Inhalt der Pflegeleistungen und vor allem zur in der stationären Pflege notwendigen Abgrenzung zwischen allgemeinen Pflegeleistungen und anderen Finanzierungsbestandteilen der betrieblichen laufenden Kosten (Entgelt für Unterkunft und Verpflegung sowie Zusatzleistungen) könnte durch die Bundesregierung erlassen werden. Da diese Abgrenzungen bisher vor allem durch Versorgungsverträge zwischen dem Pflegeeinrichtungsträger und den Landesverbänden der Pflegekassen (§§ 72 bis 76) getroffen wurden, würde die Regierung hier ebenfalls stark in diese Selbstverwaltung der Einrichtungen eingreifen. Bei einem Konfliktfall hätte, wie Abs. 2 festlegt, die Rechtsverordnung Vorrang.

6 **c) Vorschriften zur Rechnungslegung und Buchführung (Abs. 1 S. 1 Nr. 3).** Von seinem Recht, zur Rechnungslegung und Buchführung mitsamt der Kosten- und Leistungsrechnung der Pflegeeinrichtungen eine Verordnung zu erlassen, hat die Bundesregierung durch die am 1.1.1996 in Kraft getretene **Pflege-Buchführungsverordnung** bereits Gebrauch gemacht.[5] Diese Verordnung gibt Pflegeeinrichtungen vor allem Grundsätze ordnungsgemäßer Buchführung, Kontenpläne und eine detaillierte Kosten- und Leistungsrechnung vor. Wie bereits beschrieben (→ Rn. 1), wurde Abs. 1 S. 1 Nr. 3 auch bereits geändert und die Verordnungsermächtigung auf sogenannte „gemischte Einrichtungen" ausgeweitet. Unter „gemischten Einrichtungen" sind laut Normtext solche Einrichtungen zu verstehen, die nicht nur Pflegeleistungen im Rahmen der Pflegeversicherung, sondern auch andere Sozialleistungen im Sinne des SGB I erbringen. Dies betrifft Einrichtungen, die neben Pflegebedürftigen oder Berechtigten gem. § 45a weitere Personen betreuen. Der Verordnungsgeber hat den Anwendungsbereich der Verordnung gem. § 1 Abs. 2 S. 2 PBV aber weiterhin auf solche Leistungen beschränkt, für die die jeweilige Einrichtung nach dem SGB XI als Pflegeeinrichtung zugelassen ist. Im Kontext der PBV ist zudem auf die Möglichkeit des § 75 Abs. 7 hinzuweisen, die aber bisher nicht umgesetzt wurde.

7 **d) Vorschriften zur personellen Ausstattung (Abs. 1 S. 1 Nr. 4).** Abs. 1 S. 1 Nr. 4 ermöglicht es dem Verordnungsgeber, auch Verordnungen zu erlassen, die Maßgaben für eine wirtschaftliche und leistungsbezogene Personalpolitik der Einrichtungen vorgeben. Dabei muss neben der Wirtschaftlichkeit jedoch auch gewährleistet sein, dass sich die personelle Ausstattung an den Maßgaben des Versorgungsvertrages über den Umfang pflegerischer Leistungen orientiert und die entsprechenden Leistungen erfüllt.

8 **e) Vorschriften zur Abgrenzung von Leistungs- und Investitionsaufwendungen (Abs. 1 S. 1 Nr. 5).** Mit dem fünften und letzten Regelungsbereich in Abs. 1 S. 1 Nr. 5 könnte die Bundesregierung als Verordnungsgeber eine Abgrenzung zwischen Investitions- und Betriebskosten schaffen (die gesetzliche Unterscheidung findet sich in § 82 Abs. 2 bis 4). Eine solche Pflege-Abgrenzungs-Verordnung sollte bereits 1995 erlassen werden,[6] scheiterte aber nach Literaturangaben an der Zustimmung der Bundesländer im Bundesrat, da hinsichtlich der klaren Definition von Anlage- und Verbrauchsgütern, die je nach In-

---

4 O'Sullivan in: jurisPK-SGB XI, § 83 Rn. 15.
5 Die Verordnung gilt aktuell in der Fassung des Art. 7 Abs. 3 des Gesetzes vom 20.12.2012 (BGBl. I, 2751).
6 BR-Dr. 289/95.

halt eben den betrieblichen oder den investitionsbezogenen Kosten zuzuordnen wären, keine Einigung erzielt werden konnte.[7]

2. Vorrang einer Gebührenordnung nach § 90 (Abs. 1 S. 2). Abs. 1 S. 2 regelt das Verhältnis möglicher Rechtsverordnungen zu einer Gebührenordnung für ambulante Pflegeleistungen nach § 90. Eine solche Verordnung bliebe gem. Abs. 1 S. 2 unberührt und besäße damit bei einem Konflikt mit einer Rechtsverordnung im Rahmen von § 83 Vorrang.

IV. Verhältnis zu Rahmenverträgen und Schiedsstellenregelungen (Abs. 2)

Nach Abs. 2 haben Rechtsverordnungen der Bundesregierung auf der Grundlage des Abs. 1 S. 1 Vorrang vor den in den Rahmenverträgen festgelegten Vereinbarungen und den Entscheidungen der Schiedsstellen. Diese vertraglichen Vereinbarungen wären unwirksam. Bisher kam es jedoch zu einem solchen Konflikt noch nicht, da als bisher einzige erlassene Regelung die Pflege-Buchführungsverordnung in keinem Konflikt stand. Durch die jetzige Regelung des § 75 Abs. 7 wurde für diesen Bereich mittlerweile ohnehin eine Sonderregelung erlassen.

Zweiter Abschnitt
Vergütung der stationären Pflegeleistungen

§ 84 Bemessungsgrundsätze

(1) ¹Pflegesätze sind die Entgelte der Heimbewohner oder ihrer Kostenträger für die teil- oder vollstationären Pflegeleistungen des Pflegeheims sowie für die Betreuung und, soweit kein Anspruch auf Krankenpflege nach § 37 des Fünften Buches besteht, für die medizinische Behandlungspflege. ²In den Pflegesätzen dürfen keine Aufwendungen berücksichtigt werden, die nicht der Finanzierungszuständigkeit der sozialen Pflegeversicherung unterliegen.

(2) ¹Die Pflegesätze müssen leistungsgerecht sein. ²Sie sind nach dem Versorgungsaufwand, den der Pflegebedürftige nach Art und Schwere seiner Pflegebedürftigkeit benötigt, entsprechend den fünf Pflegegraden einzuteilen. ³Davon ausgehend sind bei vollstationärer Pflege nach § 43 für die Pflegegrade 2 bis 5 einrichtungseinheitliche Eigenanteile zu ermitteln; dies gilt auch bei Änderungen der Leistungsbeträge. ⁴Die Pflegesätze müssen einem Pflegeheim bei wirtschaftlicher Betriebsführung ermöglichen, seine Aufwendungen zu finanzieren und seinen Versorgungsauftrag zu erfüllen unter Berücksichtigung einer angemessenen Vergütung ihres Unternehmerrisikos. ⁵Die Bezahlung von Gehältern bis zur Höhe tarifvertraglich vereinbarter Vergütungen sowie entsprechender Vergütungen nach kirchlichen Arbeitsrechtsregelungen kann dabei nicht als unwirtschaftlich abgelehnt werden. ⁶Für eine darüber hinausgehende Bezahlung bedarf es eines sachlichen Grundes. ⁷Überschüsse verbleiben dem Pflegeheim; Verluste sind von ihm zu tragen. ⁸Der Grundsatz der Beitragssatzstabilität ist zu beachten. ⁹Bei der Bemessung der Pflegesätze einer Pflegeeinrichtung können die Pflegesätze derjenigen Pflegeeinrichtungen, die nach Art und Größe sowie hinsichtlich der in Absatz 5 genannten Leistungs- und Qualitätsmerkmale im Wesentlichen gleichartig sind, angemessen berücksichtigt werden.

(3) Die Pflegesätze sind für alle Heimbewohner des Pflegeheimes nach einheitlichen Grundsätzen zu bemessen; eine Differenzierung nach Kostenträgern ist unzulässig.

(4) ¹Mit den Pflegesätzen sind alle für die Versorgung der Pflegebedürftigen nach Art und Schwere ihrer Pflegebedürftigkeit erforderlichen Pflegeleistungen der Pflegeeinrichtung (Allgemeine Pflegeleistungen) abgegolten. ²Für die allgemeinen Pflegeleistungen dürfen, soweit nichts anderes bestimmt ist, ausschließlich die nach § 85 oder § 86 vereinbarten oder nach § 85 Abs. 5 festgesetzten Pflegesätze berechnet werden, ohne Rücksicht darauf, wer zu ihrer Zahlung verpflichtet ist.

(5) ¹In der Pflegesatzvereinbarung sind die wesentlichen Leistungs- und Qualitätsmerkmale der Einrichtung festzulegen. ²Hierzu gehören insbesondere
1. die Zuordnung des voraussichtlich zu versorgenden Personenkreises sowie Art, Inhalt und Umfang der Leistungen, die von der Einrichtung während des nächsten Pflegesatzzeitraums erwartet werden,
2. die von der Einrichtung für den voraussichtlich zu versorgenden Personenkreis individuell vorzuhaltende personelle Ausstattung, gegliedert nach Berufsgruppen, sowie

---

[7] So O'Sullivan in: jurisPK-SGB XI, § 83 Rn. 23.

3. Art und Umfang der Ausstattung der Einrichtung mit Verbrauchsgütern (§ 82 Abs. 2 Nr. 1).

(6) ¹Der Träger der Einrichtung ist verpflichtet, mit der vereinbarten personellen Ausstattung die Versorgung der Pflegebedürftigen jederzeit sicherzustellen. ²Er hat bei Personalengpässen oder -ausfällen durch geeignete Maßnahmen sicherzustellen, dass die Versorgung der Pflegebedürftigen nicht beeinträchtigt wird. ³Auf Verlangen einer Vertragspartei hat der Träger der Einrichtung in einem Personalabgleich nachzuweisen, dass die vereinbarte Personalausstattung tatsächlich bereitgestellt und bestimmungsgemäß eingesetzt wird. ⁴Das Nähere zur Durchführung des Personalabgleichs wird in den Verträgen nach § 75 Abs. 1 und 2 geregelt.

(7) ¹Der Träger der Einrichtung ist verpflichtet, im Falle einer Vereinbarung der Pflegesätze auf Grundlage der Bezahlung von Gehältern bis zur Höhe tarifvertraglich vereinbarter Vergütungen sowie entsprechender Vergütungen nach kirchlichen Arbeitsrechtsregelungen, die entsprechende Bezahlung der Beschäftigten jederzeit einzuhalten. ²Auf Verlangen einer Vertragspartei hat der Träger der Einrichtung dieses nachzuweisen. ³Personenbezogene Daten sind zu anonymisieren. ⁴Das Nähere zur Durchführung des Nachweises wird in den Verträgen nach § 75 Absatz 1 und 2 geregelt.

(8) ¹Vergütungszuschläge sind abweichend von Absatz 2 Satz 2 und Absatz 4 Satz 1 sowie unter entsprechender Anwendung des Absatzes 2 Satz 1 und 5, des Absatzes 7 und des § 87 a zusätzliche Entgelte zur Pflegevergütung für die Leistungen nach § 43 b. ²Der Vergütungszuschlag ist von der Pflegekasse zu tragen und von dem privaten Versicherungsunternehmen im Rahmen des vereinbarten Versicherungsschutzes zu erstatten; § 28 Absatz 2 ist entsprechend anzuwenden. ³Mit den Vergütungszuschlägen sind alle zusätzlichen Leistungen der Betreuung und Aktivierung in stationären Pflegeeinrichtungen abgegolten. ⁴Pflegebedürftige dürfen mit den Vergütungszuschlägen weder ganz noch teilweise belastet werden.

Literatur:

Bieback, Tarifliche Entgelte und Chance auf Unternehmergewinn als Komponenten der Vergütung stationärer Pflegeleistung, jurisPR-SozR 2/2014 Anm. 5; *Brünner*, Vergütungsvereinbarungen für Pflegeeinrichtungen nach SGB XI, 2001; *Griep*, Leistungsgerechte Pflegesätze unabhängig vom Leistungsgeschehen im Pflegeheim?, Sozialrecht aktuell 2006, 74; *Hänlein*, Externer Vergleich und ortsübliche Vergütung in der stationären Pflege, 2010; *ders.*, Preisfindung durch „externen Vergleich" – aktuelle Rechtsprechung zur Vergütung stationärer Pflegeleistungen, Sozialrecht aktuell 2008, 100; *Harsdorf-Gebhardt*, Gewinnzuschläge auf Pflegesätze und Entgelte für Unterkunft und Verpflegung stationärer Altenpflegeeinrichtungen, PflR 2016, 419 und 489; *Holst*, Zur Preisbildung in der stationären Pflege, in: Dräther (Hrsg.), Fokus Pflegeversicherung, 2009, S. 201; *Iffland*, Der Wagniszuschlag als Bestandteil leistungsgerechter Pflegesätze nach § 84 Abs. 2 S. 1 SGB XI, RsDE 74 (2013), 1; *Köbl*, Die Vergütung von Einrichtungen und Diensten nach SGB XI und BSHG, 2001; *Mayer*, Der externe Vergleich – Mittel der Wahl zur Vergütungsfindung in der vollstationären Pflege?, NZS 2008, 639; *Mittelfeldt/Quednau/Möws*, Vergütungsverhandlungen und Betriebsvergleiche in der stationären Pflege – am Beispiel Mecklenburg-Vorpommern, in: Klusen (Hrsg.), Zukunft der Pflege in einer alternden Gesellschaft, 2009, S. 265; *Langer*, Maßstäbe des externen Vergleichs bei der Vergütungsfestsetzung einer WfbM, RdLH 2013, 80; *Möller*, Problemfelder im Bereich der Vergütung bei Pflegesatzvereinbarungen nach § 75 Abs. 5 SGB XII, SGb. 2006, 20; *Neumann/Bieritz-Harder*, Die leistungsgerechte Pflegevergütung, 2002; *Plantholz*, Zuordnung eines Heimbewohners zu einer höheren Pflegeklasse, GuP 2013, 195; *ders.*, Die Umsetzung des neuen Pflegebedürftigkeitsbegriffs im Leistungserbringungsrecht, GuP 2016, 207; *Udsching*, Divergenz von Pflegestufe und Pflegeklasse bei stationärer Pflege zulasten des Pflegebedürftigen?, jurisPR-SozR 5/2014, Anm. 2.

I. Entstehungsgeschichte 1	tenansätze (plausible Gestehungskostenprognose – interner Vergleich) 21
II. Regelungsgehalt und Normzweck 2	
III. Die Pflegesätze (Abs. 1 und Abs. 4 S. 1) 4	b) Zweite Prüfungsstufe: Externer Vergleich 25
IV. Die Kriterien für die Pflegesatzbemessung (Abs. 2 bis 4) 11	
1. Übersicht zu den gesetzlichen Vorgaben 11	c) Kritik an der Zwei-Stufen-Prüfung des BSG 28
2. Pflegesätze nach Pflegegrad (Abs. 2 S. 2) 13	5. Wirtschaftliche Betriebsführung, Vergütung des Unternehmerrisikos, „Tariflöhne" und Beitragssatzstabilität (Abs. 2 S. 4–6 und 8) 38
3. Einrichtungseinheitliche Eigenanteile (Abs. 2 S. 3) 14	
4. Leistungsgerechtigkeit – Die Zwei-Stufen-Prüfung des BSG 19	
a) Erste Prüfungsstufe: Nachvollziehbarkeit der prognostizierten Kos-	a) Angemessene Vergütung des Unternehmerrisikos (Abs. 2 S. 4) 40
	b) „Tariflöhne" (Abs. 2 S. 5, 6) 41

c) Beitragssatzstabilität (Abs. 2 S. 8) .. 48	V. Qualitätssicherung und personelle Ausstattung (Abs. 5 und 6)............................ 53
6. Konsequenz bei Überschüssen und Verlusten (Abs. 2 S. 7) 49	VI. Nachweis der Tariflöhne und kirchliche Arbeitsrechtsregelungen (Abs. 7)............ 57
7. Einheitlichkeit (Abs. 3)................. 51	VII. Vergütungszuschläge (Abs. 8) 59
8. Verbot zusätzlicher Vergütung (Abs. 4) 52	

I. Entstehungsgeschichte

Die von Beginn an im SGB XI enthaltene Vorschrift hat inzwischen etliche zentrale Änderungen erfahren. Die grundlegenden Prinzipien für die Bemessung von Pflegesätzen, die in den Absätzen 2 bis 4 festgelegt sind, waren allerdings schon 1995 Bestandteil des Gesetzestextes und bilden auch heute noch dessen Kern. Eine erste Änderung erfolgte bereits 1996 (durch das 1. SGB XI-Änderungsgesetz v. 14.6.1996).[1] In Abs. 1 S. 1 wurden (entsprechend § 82 Abs. 1 S. 3) die teil- oder vollstationären Pflegeleistungen um die „soziale Betreuung" und die „medizinische Behandlungspflege" ergänzt. Mit dem GKV-Wettbewerbsstärkungsgesetz (GKV-WSG) v. 26.3.2007[2] wurde sodann Abs. 1 S. 1 dahin gehend angepasst, dass Leistungen der medizinischen Behandlungspflege nur dann zu berücksichtigen sind, wenn kein Anspruch auf Krankenpflege nach § 37 SGB V besteht. Zudem wurde Abs. 1 S. 2 hinzugefügt. Beträchtliche Veränderungen erfuhr die Norm mit dem Pflege-Weiterentwicklungsgesetz (Pflege-WEG) vom 28.5.2008.[3] Hier kamen die Härtefallregelung (Abs. 2 S. 2), die Möglichkeit des externen Vergleichs bei der Leistungsbemessung (Abs. 2 S. 7 – heute S. 9) sowie die Regelungen über die Qualitätssicherung in den Abs. 5 und 6 hinzu. Im Pflege-Neuausrichtungsgesetz vom 23.10.2012[4] wurde in Abs. 2 S. 4 der Passus „seine Aufwendungen zu finanzieren" eingeschoben. Zum 1.1.2015 wurde durch Art. 1 Nr. 24a des Ersten Gesetzes zur Stärkung der pflegerischen Versorgung und zur Änderung weiterer Vorschriften (Erstes Pflegestärkungsgesetz – PSG I) vom 17.12.2014[5] S. 5 in Abs. 2 neu eingefügt sowie Abs. 7 angehängt. Das Zweite Gesetz zur Stärkung der pflegerischen Versorgung und zur Änderung weiterer Vorschriften (Zweites Pflegestärkungsgesetz – PSG II) vom 21.12.2015[6] führte zu weiteren zentralen Änderungen in § 84 mit Wirkung zum 1.1.2017. So wurde in Abs. 1 der Begriff „soziale Betreuung" allgemeiner gefasst (nur noch „Betreuung"). Abs. 2 S. 2 und 3 wurden grundlegend geändert. Die Regelung zu „einrichtungseinheitlichen Eigenanteilen" in S. 3 bewirkt einen Paradigmenwechsel im Vergütungssystem. Mit Abs. 8 ist eine Regelung zu Vergütungszuschlägen für die ursprünglich in § 87b und inzwischen in § 43b geregelten Leistungen der zusätzlichen Betreuung und Aktivierung geschaffen worden. Durch Art. 2a Nr. 3 des Gesetzes zur Errichtung eines Transplantationsregisters und zur Änderung weiterer Gesetze vom 11.10.2016[7] wurde (der durch das PSG II geänderte) Abs. 2 S. 3 sprachlich noch einmal neu gefasst. Erhebliche Änderungen haben Abs. 2 und Abs. 7 schließlich – ebenfalls mWv 1.1.2017 – durch das **PSG III** vom 23.12.2016[8] erfahren: So wurden in S. 4 das Unternehmerrisiko als Bestandteil der Pflegevergütung aufgenommen, in S. 5 die Wirtschaftlichkeit auf Zahlung von Gehältern bis zur Höhe von Tariflöhnen normiert und neu S. 6 eingefügt; dadurch wurden die nachfolgenden Sätze zu den S. 7, 8 und 9. In Abs. 7 S. 1 wurde der Nachweis der Zahlung an die Änderung in Abs. 2 S. 5 angepasst.

II. Regelungsgehalt und Normzweck

§ 84 enthält (als der erste von sechs Paragrafen des zweiten Abschnitts im Achten Kapitel) die Regelungen für die **Vergütung in stationärer Pflege**. Die Ausgangsregelung des § 84 basiert auf der in den §§ 82 ff. nur konkludent enthaltenen Bestimmung, dass die allgemeinen Pflegeleistungen (§ 82 Abs. 1 S. 1 Nr. 1) im Fall der stationären Pflege durch Pflegesätze vergütet werden. Diese **Pflegesätze** werden in § 84 nicht nur definiert (Abs. 1), sondern auch inhaltlich determiniert. So geben die Abs. 2 bis 4 entsprechend der gesetzlichen Überschrift vor allem grundlegende Prinzipien vor, an denen die Bemessung der Pflegesätze ausgerichtet werden muss. Dabei handelt es sich um die Prinzipien der Leistungsgerechtigkeit (Abs. 2) und der Einheitlichkeit (Abs. 3) sowie um das Verbot zusätzlicher Vergütungen (Abs. 4). Die Absätze 5 und 6 beinhalten Vorgaben zur Sicherung der Qualität in den Pflegeheimen so-

---

1 BGBl. I, 830.
2 BGBl. I, 378.
3 BGBl. I, 874.
4 BGBl. I, 2246.
5 BGBl. I, 2222; s. dazu BR-Dr. 223/14(Beschluss), 21 f., und BT-Dr. 18/2909, 44.
6 BGBl. I, 2424.
7 BGBl. I, 2233; dazu BT-Dr. 18/9083, 33 f.
8 BGBl. I, 3191; dazu BT-Dr. 18/10510.

wie Anforderungen an deren personelle Ausstattung. Die neu hinzugefügten Abs. 7 und 8 beinhalten separate Regeln. In Abs. 7 verpflichtet der Gesetzgeber die Träger der Pflegeeinrichtung zur Einhaltung der den Personalschlüsseln zugrunde gelegten Bezahlung des Personals. Abs. 8 definiert den Begriff der Vergütungszuschläge als zusätzliche Entgelte für zusätzlichen Betreuungs- und Aktivierungsaufwand in der stationären Pflege gem. § 43 b. Um Personen, die ihren Alltag nicht ohne besondere Betreuung meistern können – es sind dies Demenzkranke, psychisch Erkrankte oder geistig Behinderte – eine entsprechende Betreuung bieten zu können, ermöglicht Abs. 8 den Pflegeheimen durch eine Zusatzfinanzierung, entsprechende Betreuungsleistungen anzubieten. Somit soll eine angemessene Betreuung der Betroffenen gesichert werden.

3 Die allgemeinen Pflegeleistungen gem. § 82 Abs. 1 S. 1 Nr. 1 werden im stationären Bereich durch Pflegesätze vergütet. Diese Grundlage der §§ 82, 84 wird an keiner Stelle ausdrücklich formuliert,[9] ist aber unbestritten. Auf dieser Basis stellt § 84 vor allem eine rechtliche Ausgestaltung des § 82 dar, der die Ausgangsnorm für einen Anspruch der Pflegeeinrichtungen auf Vergütung ihrer stationären Leistungen durch die Pflegevergütung mittels Pflegesätzen bildet. § 84 konkretisiert die allgemeinen Regelungen über die Pflegesätze.

III. Die Pflegesätze (Abs. 1 und Abs. 4 S. 1)

4 **Pflegesätze** sind die Grundlage der Vergütung stationärer Pflege. Darum enthält Abs. 1, bevor genauere Prinzipien zur Ausgestaltung dieser Sätze normiert werden, zuerst eine Legaldefinition. Danach handelt es sich bei den Pflegesätzen um „Entgelte der Heimbewohner oder ihrer Kostenträger" für drei Leistungsbestandteile der Pflegedienstleister: für die teil- oder vollstationären Pflegeleistungen, für Betreuung und für medizinische Behandlungspflege. In § 82 Abs. 1 S. 1, 3 werden diese Leistungen als allgemeine Pflegeleistungen bezeichnet. Der Begriff „Pflegesätze" findet seinen Ursprung im Krankenhausfinanzierungsrecht;[10] definiert wird der Begriff dort in § 2 Abs. 4 KHG. Danach erhalten die Leistungserbringer eine Vergütung in Form von tagesgleichen Pflegesätzen, mit denen pauschal die gesamten stationären und teilstationären Leistungen des Krankenhauses finanziert werden sollen. Dementsprechend sind auch die Pflegesätze in der teil- oder vollstationären Pflege nach dem SGB XI als Tagessätze ausgestaltet.

5 Im Kontext der Einführung des einrichtungseinheitlichen Eigenanteils (EEE, dazu → Rn. 14 ff.) ist fraglich geworden, was unter dem Pflegesatz zu verstehen ist. So führt der EEE, der allerdings nur für die vollstationäre Pflege nach § 43 und hier auch nur für die Pflegegrade 2 bis 5 zu ermitteln ist (Abs. 2 S. 3), zu Abweichungen bei der Pflegevergütung zwischen vollstationärer Pflege einerseits und Kurzzeitpflege andererseits. Vor dem Hintergrund der Definition der Pflegesätze in Abs. 1 S. 1 ergibt sich der (Tages-)Pflegesatz aus der Summe von EEE (pro Tag) und dem auf einen Tagessatz umgerechneten Leistungsbetrag nach § 43 Abs. 2 S. 2, während der Pflegesatz in der Kurzzeitpflege für alle Pflegegrade ohne die mit dem EEE verbundene Korrektur zu bemessen ist. Im Ergebnis existieren damit seit dem 1.1.2017 stets **zwei Pflegesätze in einer Einrichtung**.

6 Hauptbestandteil der Pflegesätze ist die Vergütung für die Pflegeleistungen der Pflegeeinrichtung, unabhängig davon, ob diese in teilstationärer oder in vollstationärer Pflege erbracht werden. Mit dem Pflegesatz sind „alle für die Versorgung der Pflegebedürftigen nach Art und Schwere ihrer Pflegebedürftigkeit erforderlichen Pflegeleistungen der Pflegeeinrichtung" abgegolten. Mit der Tatbestandsvoraussetzung „erforderlich" wird klargestellt, dass der Umfang der allgemeinen Pflegeleistungen nicht für jeden Bedürftigen gleich ist, sondern eben der Art seiner Pflegebedürftigkeit und deren Schwere angepasst werden muss. Nicht erfasst durch den Pflegesatz sind zusätzliche Leistungen, wie sie in § 88 näher beschrieben und dabei von den allgemeinen Leistungen abgegrenzt werden. Ebenfalls nicht mit inbegriffen sind Vergütungszuschläge, die in Abs. 8 für die Leistungen nach § 43 b (zusätzliche Betreuung und Aktivierung) geregelt sind. Die weitere konkrete Abgrenzung erfolgt durch die Rahmenverträge nach § 75 Abs. 1, 2 S. 1 Nr. 1.

7 Zweiter Bestandteil der allgemeinen Pflegeleistungen und damit auch der Pflegesätze ist die Vergütung für die **Betreuung**. Dieser Finanzierungsteil ist seit dem 1. SGB XI-ÄndG (v. 14.6.1996) – allerdings noch als „soziale Betreuung" – im Normtext integriert und zielt darauf ab, den Pflegebedürftigen Möglichkeiten zur Betreuung und Beratung bieten zu können. Um dieses Angebot auch verlässlich ge-

---

9 Schütze in: Udsching, § 84 Rn. 3.
10 Siehe §§ 16, 17 KHG – Gesetz zur wirtschaftlichen Sicherung der Krankenhäuser und zur Regelung der Krankenhauspflegesätze (Krankenhausfinanzierungsgesetz – KHG), neugefasst d. Bek. v. 10.4.1991 (BGBl. I, 886), zul. geänd. d. G. v. 15.7.2013 (BGBl. I, 2423).

stalten zu können, ist hierfür eine regelmäßige Finanzierungsquelle unerlässlich.[11] Mit diesem Entgelt soll die Einrichtung in die Lage versetzt werden, entsprechende Betreuungsleistungen sicherzustellen.

Mit der Streichung des Zusatzes „soziale" durch das PSG II soll der Anwendungsbereich der Betreuungsleistungen dem neuen Pflegebedürftigkeitsbegriff und dem neuen Verständnis von Pflege angepasst werden.[12] Wie zuvor sind aber auch soziale Betreuungsangebote zur Beschäftigung, Hilfen zur Aufrechterhaltung sozialer Kontakte wie auch Angehörigenarbeit Inhalt dieser Regelung.[13] Diese Tätigkeiten werden auch nicht zwingend von Pflegekräften erbracht, sondern können auch von sozialen Fachkräften oder Hilfskräften geleistet werden. Durch die Änderung des Gesetzestextes dürfen nun aber auch pflegerische Betreuungsleistungen als Teil der Betreuung verstanden und durch die Pflegesätze vergütet werden. Der Gesetzgeber sieht diese Veränderung lediglich als redaktionelle Anpassung, mit der auf die veränderte Formulierung im Leistungsrecht (§§ 41 bis 43) reagiert werden soll.[14] Inwieweit die beabsichtigte strikte Trennung zu den Leistungen nach § 43 b[15] gelingt, bleibt abzuwarten.

Schließlich zählen zu den allgemeinen Pflegeleistungen und der Betreuung auch die **medizinische Behandlungspflege**. Notwendig ist allerdings, dass diese Leistungen nicht Bestandteil der Leistungen der Krankenkassen gem. § 37 SGB V sind. Bei den Pflegeleistungen im Zuständigkeitsbereich der Krankenkassen nach § 37 Abs. 2 S. 1 SGB V handelt es sich ausschließlich um sog Behandlungssicherungspflege, also solche Pflege, deren Ziel es ist, durch an die Krankheit des Bedürftigen angepasste Pflegemaßnahmen das Ziel der ärztlichen Behandlung sicherzustellen. Die Zuweisung, welche Leistungen in den Zuständigkeitsbereich der Krankenkasse und welche in den der Pflegekasse fallen, wurde durch das GKV-Wettbewerbsstärkungsgesetz v. 26.3.2007[16] neu vorgenommen.[17] Gemäß § 37 Abs. 2 S. 1 Hs. 2 SGB V besteht eine Leistungspflicht der Krankenkasse bei verrichtungsbezogenen krankheitsspezifischen Pflegemaßnahmen grds. sogar dann, wenn der betreffende Hilfebedarf auch bei der Feststellung der Pflegebedürftigkeit nach dem SGB XI zu berücksichtigen ist. Damit wurde der Leistungsumfang der Krankenkassen deutlich erweitert. 8

Diese erweiterte Leistungspflicht der Krankenkasse besteht jedoch nur in häuslicher Pflege, nicht hingegen in gleicher Weise in den Fällen, in denen sich der Versicherte in einer stationären Pflegeeinrichtung nach § 43 SGB XI befindet. Hier ordnet § 37 Abs. 2 S. 3 SGB V den Anspruch gegen die Krankenkasse nur dann an, **wenn der Pflegebedürftige auf Dauer (voraussichtlich für mindestens sechs Monate) einen besonders hohen Bedarf an medizinischer Behandlungspflege hat**. Seither fallen die sog Vermeidungspflege (§ 37 Abs. 1 SGB V) und die Sicherungspflege (§ 37 Abs. 2 SGB V) als Bestandteile der Behandlungspflege, sofern sie in zugelassenen Pflegeheimen stattfinden und damit auch von Pflegepersonal übernommen werden, im Regelfall in den Zuständigkeitsbereich der Pflegeversicherung und nur ausnahmsweise (bei einem besonders hohen Bedarf an medizinischer Behandlungspflege) in den der Krankenversicherung. Konsequent sind im Rahmen der Bemessung der Pflegesätze solche Fälle von Bewohnern unberücksichtigt zu lassen, bei denen dieser „besonders hohe Bedarf" an medizinischer Behandlungspflege besteht. Mögliche Beispielsfälle sind etwa Patienten im Wachkoma oder mit Dauerbeatmung.[18] Die Krankenkassen können insoweit mit den Pflegeheimen Versorgungsverträge nach § 132 a Abs. 2 S. 1 SGB V schließen. 9

Über die im Gesetz genannten Fälle hinaus sind auch die **Ausbildungsvergütung für Personal** bzw. die Umlagen für die Ausbildungsvergütung (→ § 82 a Rn. 7 ff.) und die **Kosten, die beim Einsatz ehrenamtlicher Kräfte** in der Pflegeeinrichtung entstehen (→ § 82 b Rn. 3 ff.), Bestandteil der Pflegevergütung und damit der Pflegesätze. Sie werden in § 84 jedoch nicht mehr explizit erwähnt. 10

IV. Die Kriterien für die Pflegesatzbemessung (Abs. 2 bis 4)

1. Übersicht zu den gesetzlichen Vorgaben. Nachdem Abs. 1 vorgibt, welche Leistungen mit den Pflegesätzen gedeckt werden, stellen die Abs. 2 bis 4 verschiedene Anforderungen an die **Ausgestaltung der Pflegesätze**. Dabei enthält **Abs. 2** bereits mehrere Merkmale der Pflegesätze, die alle mit dem Attribut 11

---

11 BT-Dr. 13/3696, 14.
12 S. auch (zu § 41) BT-Dr. 18/5926, 126.
13 O'Sullivan in: jurisPK-SGB XI, § 84 Rn. 21.
14 BT-Dr. 18/5926, 137.
15 BT-Dr. 18/5926, 128.
16 BGBl. I, 378.
17 Ausführlich zur Abgrenzung zwischen der Leistungspflichten von Kranken- und Pflegeversicherung BSG, 17.6.2010, B 3 KR 7/09 R; Nolte in: KassKomm, § 37 SGB V Rn. 23 h ff.; s. außerdem BT-Dr. 16/3100, 105.
18 BT-Dr. 16/3100, 105; BSG, 17.6.2010, B 3 KR 7/09 R, juris Rn. 23.

der **Leistungsgerechtigkeit** verknüpft werden können. Diese Leistungsgerechtigkeit wird in Abs. 2 S. 1 als grundlegendes Merkmal der Pflegesätze – unter Wiederholung der Vorgabe des § 82 Abs. 1 S. 1 Nr. 1 – an den Anfang gesetzt. Die zentrale Rolle der Leistungsgerechtigkeit wird auch an weiteren Bestimmungen deutlich: So müssen die Entgelte für Unterkunft und Verpflegung nach § 87 S. 2 „in einem angemessenen Verhältnis zu den Leistungen" stehen. Zusätzlich wiederholt auch § 89 Abs. 1 S. 2 für die Vergütung der ambulanten Pflegeleistungen das Erfordernis der Leistungsgerechtigkeit.

12 Abs. 2 S. 4 enthält als eine Ausgestaltung der Leistungsgerechtigkeit das Erfordernis, dass die Pflegesätze die Finanzierung der Aufwendungen und die Erfüllung des Versorgungsauftrags ermöglichen müssen. Gleichzeitig steht diese Vorgabe aber unter Maßgabe der Grundsätze der Wirtschaftlichkeit (S. 4) und der Beitragsstabilität (S. 8). **Abs. 3** benennt den Grundsatz der Einheitlichkeit der Pflegesätze im Hinblick auf die Heimbewohner. **Abs. 4** setzt schließlich das Verbot zusätzlicher Vergütungen fest.

13 **2. Pflegesätze nach Pflegegrad (Abs. 2 S. 2).** Eine zentrale Auswirkung der Pflegesätze besteht in der Pauschalierung der Vergütung. Die individuell für jeden Pflegebedürftigen durchaus unterschiedlichen Einzelleistungen werden nicht individuell, sondern über einheitliche bzw. vereinheitlichende Pflegesätze abgerechnet. Die Pauschalierung geht allerdings nicht so weit, dass für alle Bewohner stationärer Pflegeeinrichtungen dieselben Pflegesätze berechnet werden. Vielmehr sind die Pflegesätze „entsprechend den fünf Pflegegraden einzuteilen". Anders als nach früherer Regelung für die bis zum 31.12.2016 relevanten Pflegeklassen enthält das Gesetz keine Bestimmung mehr dazu, nach welchen Kriterien die Einteilung in die Pflegegrade erfolgen soll. Insbesondere ist nicht ausdrücklich geregelt, ob die für die individuellen Leistungen relevante Einteilung der einzelnen Pflegebedürftigen gem. § 15 auch für die Pflegesätze maßgeblich sein soll oder ob in Zusammenhang mit der Geltendmachung der Vergütung der Leistungen eine eigenständige Beurteilung zu erfolgen hat. Auch die Gesetzesmaterialien enthalten dazu keine Hinweise. Angesichts fehlender gegenteiliger Anhaltspunkte ist aber davon auszugehen, dass die im Leistungsrecht durch die Pflegekasse vorgenommene Einteilung des Pflegebedürftigen in Pflegegrade auch für die Vergütung maßgeblich sein soll. Dafür spricht zudem § 87 a Abs. 2 S. 1 (dazu → § 87 a Rn. 7 ff.).

14 **3. Einrichtungseinheitliche Eigenanteile (Abs. 2 S. 3).** Eine zentrale Änderung im Rahmen der Vergütungsregelungen in der vollstationären Pflege stellt die durch das PSG II eingeführte gesetzliche Anordnung der Ermittlung von einrichtungseinheitlichen Eigenanteilen (EEE) dar. Im Gesetz findet sich aber weder eine Definition der EEE noch eine Bestimmung dazu, wie diese zu ermitteln sind. Aussagen dazu sind am ehesten den Gesetzesmaterialien zu entnehmen.[19] Das Ziel der EEE ist die gleichmäßige Belastung aller Pflegebedürftigen einer vollstationären Pflegeeinrichtung mit den Pflegegraden 2 bis 5. Diese Personen sollen stets gleich hohe Eigenanteile als Vergütung für die allgemeinen Pflegeleistungen zu leisten haben. Steigt oder fällt der Pflegegrad während des Aufenthalts im Pflegeheim, so hat dies – anders als bisher nach altem Recht – keine Auswirkungen mehr auf den von den Pflegebedürftigen zu tragenden Eigenanteil. Der EEE bildet zusammen mit den Leistungsbeträgen der Pflegekasse für die Pflegebedürftigen der Pflegegrade 2 bis 5 den jeweiligen Pflegesatz (→ Rn. 4 ff.). Der Eigenanteil ist allerdings nur in der konkreten Einrichtung einheitlich, nicht einrichtungsübergreifend (einrichtungseinheitlich). Beim EEE handelt es sich also um den **Anteil an der Pflegevergütung, der einheitlich von allen in einer bestimmten vollstationären Pflegeeinrichtung wohnenden Pflegebedürftigen der Pflegegrade 2 bis 5 selbst zu erbringen ist.**

15 Für die Berechnung des EEE ist zunächst der prospektive Versorgungsaufwand in der konkreten Einrichtung für die aktuellen Bewohner der Pflegegrade 2 bis 5 zu ermitteln. Davon werden die Leistungsbeträge der Pflegekasse nach § 43 Abs. 2 abgezogen und das Ergebnis durch die Zahl der betreffenden Bewohner dividiert, womit der EEE ermittelt ist.

16 Im Unterschied zu den früheren Eigenanteilen je nach Pflegestufe, die bei höherer Pflegestufe ebenfalls höher waren, bewirkt der EEE eine **Verschiebung eines Teils der finanziellen Belastung** von den (höheren) Pflegegraden 4 und 5 zu den (niedrigeren) Pflegegraden 2 und 3, eine Art „Subventionierung" der **Eigenanteile der Pflegebedürftigen der Pflegegrade 4 und 5** durch die übrigen Pflegebedürftigen. Die Pflegebedürftigen der Pflegegrade 2 und 3 erhalten daher weniger allgemeine Pflegeleistungen, als sie in der Summe zusammen mit den Leistungsbeträgen der Pflegekassen zu zahlen haben. Bei den Pflegebedürftigen der Pflegegrade 4 und 5 verhält es sich entsprechend umgekehrt. Durch dieses System wird nach der Begründung des Gesetzentwurfs Sicherheit „für die finanzielle Planung der Pflegebedürftigen

---

[19] BT-Dr. 18/5926, 137.

und ihrer Angehörigen geschaffen".[20] Zudem ergebe sich eine Vereinfachung der Vergleichbarkeit und der individuellen Kalkulation für die Pflegebedürftigen.[21]

Entgegen der Einschätzung des Gesetzentwurfs bestehen gegenüber dem EEE erhebliche sozialpolitische, aber auch verfassungsrechtliche Bedenken. Die vom Gesetzgeber verfolgte Planungssicherheit ist mit dem EEE nur für den jeweiligen Pflegesatzzeitraum, für die Vergütungsvereinbarungen getroffen wurden, also regelmäßig nur für ein Jahr, gegeben. Die Sicherheit bezieht sich lediglich auf die Situation der Veränderung des Pflegegrades innerhalb des Pflegesatzzeitraums. Mit jedem neuen Zeitraum wird der EEE wieder neu ermittelt. Gerade bei ansteigenden durchschnittlichen Pflegegraden in der Bewohnerschaft einer Einrichtung wird der EEE selbst bei weitgehend unveränderten Pflegesätzen steigen. Angesichts des Effekts der Verteuerung der Pflegeheimplätze für Pflegebedürftige der Pflegegrade 2 und 3 ist erkennbar, dass das Ziel darin besteht, dass die „leichteren Fälle" seltener vollstationär, sondern regelmäßig in häuslicher Umgebung gepflegt werden. Ob diese nicht ausdrücklich in den Materialien genannte Zielsetzung mit dem verfassungsrechtlichen Gleichheitssatz in Einklang zu bringen ist, muss bezweifelt werden. Wenn der Pflegesatz (als Summe aus Eigenanteil und Leistungsbetrag nach § 43 Abs. 2) erheblich höher ist als die erbrachte Leistung und so die für andere Pflegebedürftige erbrachte Leistung mitfinanziert wird, liegt darin eine erhebliche Ungleichbehandlung, die im Widerspruch zum Kostenverursachungsprinzip steht. Diese Ungleichbehandlung kann nicht allein mit Kosteneinsparungen zugunsten des Systems der Pflegeversicherung begründet werden. 17

Nach **Abs. 2 S. 3 Hs. 2** ist der EEE auch **bei Änderungen der Leistungsbeträge** nach § 43 zu berechnen. Das bedeutet, dass bei entsprechenden Änderungen im Laufe eines Pflegesatzzeitraums eine Neuermittlung durchzuführen und letztlich das Ergebnis von den Vertragspartnern zu vereinbaren ist. Zum Verfahren dazu macht das Gesetz keine Angaben; auch in den Materialien sind dazu keine Hinweise enthalten. Ein Fall des § 85 Abs. 7 liegt nicht vor, weil danach die Neuverhandlung vom Willen einer der Vertragsparteien abhängig gemacht wird, in Abs. 2 S. 3 Hs. 2 aber eine Rechtspflicht zur Neuermittlung des EEE entsteht. Sind also die Vertragsparteien zur Neubestimmung verpflichtet, hat das unmittelbar zu geschehen, sobald der Leistungsbetrag verändert ist. Solange keine automatische Dynamisierung der Leistungsbeträge erfolgt, entsteht die Pflicht mit der Verkündung der neuen Leistungsbeträge im Gesetzblatt. Bei fehlendem Abschluss einer Vereinbarung darüber kann auch die Schiedsstelle angerufen werden. Für diesen Fall kann die Vier-Wochen-Frist nach § 85 Abs. 7 S. 4 analog angewendet werden. Da es sich lediglich um eine Neuberechnung handelt, die ohne weitere Voraussetzungen zwingend vorzunehmen ist, kann hier auch kein Rückwirkungsverbot (§ 85 Abs. 6 S. 2) gelten. 18

4. Leistungsgerechtigkeit – Die Zwei-Stufen-Prüfung des BSG. Wiederholt hat sich das BSG inzwischen mit der Frage beschäftigt, wie die Pflegesätze zu bemessen sind.[22] Diese Rechtsprechung ist in wesentlichen Teilen durch den Gesetzgeber im Wege diverser Änderungen des Normtextes nachvollzogen worden. In den Urteilen aus dem Jahr 2000, bei denen es – wie in den späteren Fällen auch – um die Überprüfung von Schiedsstellenentscheidungen nach § 85 Abs. 5 ging, hat das BSG zur Feststellung einer leistungsgerechten Vergütung von Pflegeleistungen in erster Linie auf den jeweiligen Marktpreis abgestellt (sog **Marktpreismodell**).[23] Danach waren die Pflegesätze als leistungsgerecht anzusehen, wenn sie dem üblichen Marktpreis entsprachen. Der Marktpreis wurde als maßgebliches Kriterium gewählt, weil in ihm das Ergebnis eines Prozesses und des Ausgleichs unterschiedlicher Interessenlagen gesehen wurde.[24] Die Gestehungskosten sollten demgegenüber nur dann relevant sein, wenn ein Marktpreis nicht zu ermitteln sei. 19

Aufgrund einiger gesetzlicher Änderungen, aber auch unter dem Eindruck der Kritik aus der Literatur ist das BSG inzwischen von der ursprünglichen These der ausschließlichen Marktpreisrelevanz und der grundsätzlichen Irrelevanz der Gestehungskosten abgerückt.[25] Nach aktueller Rechtsprechung „sind Pflegesätze und Entgelte dann leistungsgerecht im Sinne von Abs. 2 S. 1, wenn erstens die voraussichtlichen **Gestehungskosten** der Einrichtung nachvollziehbar und plausibel dargelegt werden und sie zweitens in einer angemessenen und nachprüfbaren **Relation** zu den Sätzen anderer Einrichtungen für ver- 20

---

20 BT-Dr. 18/5926, 137.
21 Ebd.
22 BSG, 14.12.2000, B 3 P 19/00 R, BSGE 87, 199 (Parallelentscheidungen: B 3 P 18/00 R und B 3 P 17/99 R); BSG, 29.1.2009, B 3 P 7/08 R, BSGE 102, 227 (Parallelentscheidungen: B 3 P 9/07 R, B 3 P 6/08 R, B 3 P 9/08 R); BSG, 16.5.2013, B 3 P 2/12 R.
23 BSG, 14.12.2000, B 3 P 19/00 R, BSGE 87, 199, juris Ls. 3 und Rn. 23.
24 Ebd. Rn. 23.
25 BSG, 29.1.2009, B 3 P 7/08 R, BSGE 102, 227, juris Rn. 17 ff.

gleichbare Leistungen stehen".[26] Mit dieser Vorgabe ist die Annahme einer zweistufigen Prüfung verbunden. In diese Prüfung fließt zugleich auch die Vorgabe „bei wirtschaftlicher Betriebsführung" aus Abs. 2 S. 4 mit ein (→ Rn. 38 ff.). Zugleich aber hat der Gesetzgeber die Möglichkeit der Vergleichskontrolle der Leistungsgerechtigkeit (teilweise in Konsequenz weiterer Rechtsprechung) durch Einfügung weiterer Vorgaben (Berücksichtigung des Unternehmerrisikos in Abs. 2 S. 4, Zahlung von Arbeitsentgelt bis zur Höhe tarifvertraglich vereinbarter Vergütungen in Abs. 2 S. 5, darüber hinausgehende Bezahlung in Abs. 2 S. 6) erheblich eingeschränkt.

21 a) **Erste Prüfungsstufe: Nachvollziehbarkeit der prognostizierten Kostenansätze (plausible Gestehungskostenprognose – interner Vergleich).** Wenn das BSG die plausible und nachvollziehbare Darlegung der voraussichtlichen Gestehungskosten verlangt, so steht diese Forderung in direktem Zusammenhang mit der Prüfung der Leistungsgerechtigkeit des Pflegesatzes. Dafür ist es ua erforderlich, dass die Vergütung die Kosten der Einrichtung hinsichtlich der voraussichtlichen Gestehungskosten unter Zuschlag einer angemessenen Risikoprämie und eines etwaigen zusätzlichen persönlichen Arbeitseinsatzes sowie einer angemessenen Verzinsung des Eigenkapitals deckt.[27]

22 Damit stellt die **plausible und nachvollziehbare Darlegung der voraussichtlichen Gestehungskosten** eine Obliegenheit der Einrichtung dar. Diese Darlegung muss sowohl die Kostenstruktur der Einrichtung erkennen lassen als auch eine Prüfung der Wirtschaftlichkeit und Leistungsfähigkeit der Einrichtung im Einzelfall zulassen (§ 85 Abs. 3 S. 3). Die reine Kostenkalkulation ohne geeignete Nachweise reicht dafür nicht aus. Beispielhaft führt das BSG an, dass die Plausibilität gegeben sei, wenn Kostensteigerungen etwa auf erhöhte Energiekosten zurückzuführen oder im Personalbereich auf die normale Lohnsteigerungsrate begrenzt bzw. durch Veränderungen im Personalschlüssel oder bei der Fachkraftquote bedingt seien.[28] Im Einzelfall kann die Darlegungslast des Pflegeheimträgers bis zum vollständigen Nachweis der in der Vergangenheit angefallenen Kosten reichen.[29] Die Überprüfung dieser Plausibilität im Pflegesatzverfahren obliegt dabei den Pflegekassen; die Nachweise müssen gegebenenfalls so lange verbessert und die Prognose angepasst werden, bis eine plausible Berechnung der voraussichtlich für die stationäre Pflegeeinrichtung anfallenden Gestehungskosten existiert.

23 Gleichzeitig verweist das BSG aber auch darauf, dass die vollständige Offenlegung der Kostenstrukturen und betriebswirtschaftlichen Kennzahlen einen besonders intensiven Eingriff in die Rechtssphäre einer Pflegeeinrichtung darstelle und deshalb auf Ausnahmen zu beschränken sei, in denen die prognostische Angemessenheit der geltend gemachten Kostenansätze nicht anders ermittelbar sei.[30] Die Beachtung des **Übermaßverbots** (Verhältnismäßigkeitsprinzips) wird also auch in diesem Zusammenhang gefordert.

24 Die erste Prüfungsstufe erfordert von der Einrichtung die **Benennung der voraussichtlichen Gestehungskosten** und deren **Nachvollziehbarkeit** durch entsprechende Vorlage von Belegen und weiteren Unterlagen.[31] Die Pflegekassen besitzen gegenüber den Einrichtungen (und bei Bedarf gegenüber den Schiedsstellen) im Gegenzug die Rechtspflicht, die vorgelegte Kalkulation in sich und gegebenenfalls auch im Vergleich mit den Werten anderer Einrichtungen substantiiert auf Unschlüssigkeiten im eigenen Vorbringen zu prüfen und diese darauf hinzuweisen oder durch Unterlagen anderer Einrichtungen konkret darzulegen, dass die Kalkulation nicht plausibel erscheint. Wird damit die Kostenprognose erschüttert, ist es an der Einrichtung, entsprechende Belege für die Prognose beizubringen. Dazu muss der Einrichtung aber auch Gelegenheit gegeben werden.[32] Ein häufiger Streitpunkt im Rahmen der Vergütungsverhandlungen (und sodann vor der Schiedsstelle) sind die Anforderungen an die für die Plausibilitätsprüfung vorzulegenden Belege und Unterlagen. Richtigerweise hängt der Umfang des Vorbringens und der Belege dazu vom Stadium der Verhandlungen und den Einwänden der Leistungsträgerseite ab. Es handelt sich um ein insoweit gestuftes Verfahren: Während die Anforderungen an die erste Darlegung der eigenen Kalkulation (und der darin enthaltenen prognostischen Gestehungskosten) nicht überspannt werden dürfen, kann die nachfolgende Darlegungslast der Einrichtung je nach Grad der Substantiierung möglicher Unschlüssigkeiten bis hin zur Vorlage von Kostennachweisen für vergangene Pflegesatzzeiträume einschließlich differenzierter (anonymisierter) Personallisten mit deren

---

26 Ebd., juris Rn. 22.
27 Ebd., juris Rn. 24.
28 Ebd., juris Rn. 25.
29 Ebd., juris Rn. 26.
30 Ebd., juris Rn. 27.
31 Ebd., juris Rn. 39 (auch zum Folgenden).
32 Vgl. ebd., juris Rn. 43.

Qualifikation und Entgeltstufen reichen. Ein pauschales Bestreiten der Plausibilität von Seiten der Leistungsträger reicht für diese Steigerung der Darlegungslast aber nicht. Vielmehr müssen Anhaltspunkte vorgetragen werden, aus denen sich die fehlende Plausibilität ableiten lässt (typischerweise ist das etwa so bei einer ungewöhnlich großen Steigerung der kalkulierten Kosten im Vergleich zu vorausgehenden Zeiträumen.

b) Zweite Prüfungsstufe: Externer Vergleich. Allein plausibel dargelegte Gestehungskosten sollen die Leistungsgerechtigkeit der Vergütung aber noch nicht rechtfertigen. Vielmehr bedarf es nach Ansicht des BSG – unter Verweis auf Abs. 2 S. 4 und 7 aF (S. 9 nF) – noch eines **externen Vergleichs mit anderen (vergleichbaren) Einrichtungen**. Als Vergleichsgruppe fungieren grundsätzlich alle Pflegeeinrichtungen eines bestimmten Umkreises (etwa Stadt oder Landkreis). Offen gelassen hat das BSG allerdings, ob nicht im Einzelfall auch im Hinblick auf die Vergleichsgruppe zu differenzieren ist.[33] Für den externen Vergleich hat das BSG folgenden Grundsatz aufgestellt: „Wirtschaftlicher Betriebsführung entspricht der Vergütungsanspruch ... regelmäßig ohne weitere Prüfung, wenn der geforderte Pflegesatz nebst Entgelt für Unterkunft und Verpflegung im unteren Drittel der zum Vergleich herangezogenen Pflegevergütungen liegt. Ist dies nicht der Fall, sind die von der Einrichtung geltend gemachten Gründe auf ihre wirtschaftliche Angemessenheit zu überprüfen."[34] 25

Insoweit unterscheidet das BSG drei Fallgruppen: (**1.**) Stets als leistungsgerecht werden die Pflegesätze und Entgelte für Unterkunft und Verpflegung angesehen, die über die günstigsten Eckwerte vergleichbarer Einrichtungen nicht hinausreichen. In diesem Fall ist nach Ansicht des BSG jede weitere Prüfung entbehrlich.[35] (**2.**) Die zweite Gruppe bilden die Einrichtungen, bei denen die Pflegesätze oder Entgelte im unteren Drittel der Vergleichseinrichtungen liegen. Auch in diesen Fällen bedürfen die Sätze und Entgelte regelmäßig keiner näheren Prüfung.[36] (**3.**) Liegen die Kostenansätze dagegen oberhalb des unteren Drittels der Vergleichsfälle, bedarf es für die Bejahung der Leistungsgerechtigkeit rechtfertigender Gründe. Dazu können etwa Besonderheiten bei der Lage und Größe der Einrichtung oder beim Versorgungsauftrag führen.[37] 26

Zum Verfahren gibt das BSG den Kostenträgern vor, den Pflegeheimen (und gegebenenfalls den Schiedsstellen) alle notwendigen Informationen zur Verfügung zu stellen, die einen Vergleich der von der Einrichtung geforderten Vergütung mit den Pflegesätzen anderer Einrichtungen erlauben.[38] Auf dieser Grundlage haben die Einrichtungen ihre Kostensätze entsprechend detailliert zu begründen, sofern deren Höhe die Grenze des unteren Drittels der Vergleichsgruppe übersteigt. 27

c) Kritik an der Zwei-Stufen-Prüfung des BSG. Dem BSG ist hinsichtlich der **Abkehr von einem reinen Marktpreismodell**, wie dies noch in der Rechtsprechung aus dem Jahr 2000 vertreten wurde,[39] uneingeschränkt zuzustimmen. Insbesondere die heutige Rechtslage mit den Regelungen in Abs. 2 S. 4, 5, 6, 9 und § 85 Abs. 3 lässt die ursprüngliche Auslegung des Kriteriums der Leistungsgerechtigkeit nicht mehr zu. Über die eindeutigen gesetzlichen Vorgaben hinaus sprechen für die neue Rechtsprechung hinsichtlich der notwendigen Berücksichtigung der voraussichtlichen Gestehungskosten weitere Argumente: Wird nur der externe Vergleich angewandt, wäre es durchaus möglich, unterdurchschnittliche Leistung mit dem Marktpreis vergüten zu lassen, was nicht dem Maßstab der Leistungsgerechtigkeit entspräche. Außerdem wäre es möglich, dass besondere Kosteneinsparungen dazu führten, dass eine Einrichtung mit sehr niedrigen Gestehungskosten von diesem Vorteil profitiert und einen Wettbewerbsvorteil dadurch erlangt, dass sie trotzdem Pflegesätze zum Marktpreis erhält. Umgekehrt kann die Plausibilitätsprüfung uU auch verhindern, dass durch die Pflegesätze die tatsächlichen Kosten einer Pflegeeinrichtung nicht gedeckt sind. So können etwa „Dumping-Preise" vermieden werden, die einen Markteintritt ermöglichen oder auch Konkurrenten verdrängen sollen.[40] 28

Aber auch mit den vorausgehend genannten Einschränkungen nimmt der **externe Vergleich**, wie er nach der **Rechtsprechung** zu praktizieren sein soll, weiterhin eine **zu dominante Rolle** bei der Prüfung der Leistungsgerechtigkeit ein. Wie auch die Gesetzesänderung in Abs. 2 S. 4 („seine Aufwendungen 29

---

33 Ebd., juris Rn. 37.
34 Ebd., juris Rn. 28.
35 Ebd., juris Rn. 33.
36 Ebd., juris Rn. 34 f.
37 Ebd., juris Rn. 36.
38 Ebd., juris Rn. 40.
39 Vgl. BSG, 14.12.2000, B 3 P 19/00 R, BSGE 87, 199.
40 Zu dieser Möglichkeit in anderem Zusammenhang auch BSG, 29.1.2009, B 3 P 7/08 R, BSGE 102, 227, juris Rn. 25.

zu finanzieren") verdeutlicht, steht die Möglichkeit der Erfüllung des Versorgungsauftrags bei gleichzeitiger Deckung der Aufwendungen der Pflegeeinrichtung im Zentrum.

30 Nach den Gesetzesmaterialien darf der **externe Vergleich nur auf gemeinsamen Wunsch aller Vertragsparteien** zur Anwendung kommen.[41] Diese – auf den ersten Blick überraschende – Annahme bedeutete, dass jede Vertragspartei die Heranziehung der Pflegesätze anderer (vergleichbarer) Einrichtungen ablehnen und damit verhindern könnte.[42] Die Gegenargumente scheinen auf der Hand zu liegen; schließlich soll keine Vertragspartei auf diesem Weg die Ermittlung einer leistungsgerechten und wirtschaftlichen Vergütung verhindern können. Bei der Frage, ob der externe Vergleich bei den Pflegesatzvereinbarungen herangezogen werden muss oder dies in die Entscheidungsfreiheit der Vertragsparteien fällt, handelt es sich jedoch um ein Scheinproblem. Eine Pflegesatzvereinbarung ist ein öffentlich-rechtlicher Vertrag, der nur durch Einigung der Vertragsparteien nach § 85 Abs. 2 zustande kommen kann (§ 85 Abs. 4). Da sich keine der Parteien auf die Berücksichtigung der Ergebnisse eines externen Vergleichs einlassen muss, kommt bei abweichenden Auffassungen über den leistungsgerechten Pflegesatz keine Einigung zustande. Folglich hängt allein deshalb die Berücksichtigung der Ergebnisse des externen Vergleichs vom gemeinsamen Willen der Vertragsparteien ab. Insofern erscheint die Gesetzentwurfsbegründung zutreffend.[43] Die gegenteilige Ansicht des BSG, die mit einem Vergleich mit § 17 Abs. 2 S. 2 KHG (aF) begründet wird,[44] überzeugt auch wegen des abweichenden Wortlauts der Vorschrift nicht („sind die ... Pflegesätze, Fallkosten und Leistungen vergleichbarer Krankenhäuser und Abteilungen angemessen zu berücksichtigen").

31 Anders ist die Rechtslage notwendigerweise im Fall der (einseitigen) Festsetzung der Pflegesätze durch die Schiedsstelle gem. § 85 Abs. 5 S. 1 iVm § 76. Bei dieser Festsetzung handelt es sich um eine eigenständige **Entscheidung der Schiedsstelle**, die auf der Grundlage des § 84 Abs. 2 erfolgen muss, so dass die Schiedsstelle ua auch die Pflegesätze vergleichbarer Pflegeeinrichtungen berücksichtigen kann (Abs. 2 S. 9). Diese Schiedsstellenentscheidungen können folglich mit oder ohne Durchführung eines externen Vergleichs getroffen werden. Schließlich hängt die Beachtung der Vorgaben der Wirtschaftlichkeit und Beitragsstabilität nicht zwingend von einem Preisvergleich ab. Andererseits ist die Schiedsstelle nach Abs. 2 S. 9 berechtigt, die Pflegesätze vergleichbarer Einrichtungen zu berücksichtigen, ohne dass sich etwa der Pflegeheimträger dagegen wehren könnte. Eine Verpflichtung zur Anwendung des externen Vergleichs steht allerdings mit dem – von § 17 Abs. 2 S. 2 KHG aF abweichenden – Wortlaut nicht im Einklang.

32 Im **sozialgerichtlichen Rechtsschutzverfahren** gegen die Festsetzung des Pflegesatzes durch die Schiedsstelle gem. § 85 Abs. 5 S. 3 muss das Sozialgericht eine Rechtmäßigkeitskontrolle der Festsetzung durchführen. Dabei hat es auch den **Beurteilungsspielraum der Schiedsstelle** zu beachten.[45] In Konsequenz dieser Aufgabe des Gerichts kann auch das Gericht – im Gegensatz zur Auffassung des BSG – den externen Vergleich bei der Prüfung der Rechtmäßigkeit des Schiedsspruchs nur heranziehen, wenn der Vergleich entweder durch die Schiedsstelle selbst vorgenommen wurde oder anderenfalls keine ausreichenden Maßstäbe für die Prüfung der Leistungsgerechtigkeit und Wirtschaftlichkeit vorhanden wären. Demgegenüber schränkt die Rechtsprechung des BSG den Beurteilungsspielraum der Schiedsstellen zu weit ein.

33 Ebenfalls nicht überzeugend erscheint die Ansicht des BSG zur **Vergleichsgruppe**, also zur Frage, welche Pflegeheime bei einem externen Vergleich zur Beurteilung herangezogen werden können. Wenn das BSG bislang davon ausgeht, dass alle Pflegeeinrichtungen in einem bestimmten Bezirk in den Vergleich einzubeziehen sind, so steht das ebenfalls im Widerspruch zum Gesetz: In Abs. 2 S. 9 werden ausdrücklich Kriterien für die Einbeziehung von Pflegeeinrichtungen in den externen Vergleich genannt. So dürfen nach dem Gesetz nur die Pflegesätze derjenigen Pflegeeinrichtungen berücksichtigt werden, „die nach Art und Größe sowie hinsichtlich der in Absatz 5 genannten Leistungs- und Qualitätsmerkmale im Wesentlichen gleichartig sind". Die Auffassung des BSG, nach der „grundsätzlich alle Pflegeeinrichtungen eines bestimmten Bezirks – Stadt, Landkreis o.ä. – einzubeziehen sind, ohne dass es auf deren

---

[41] BT-Dr. 16/7439, 71 zu Nr. 50 a bb; vgl. dazu auch Hänlein, Externer Vergleich und ortsübliche Vergütung, S. 42 ff.
[42] Eine entsprechende Interpretation hat auch die BReg im Rahmen einer parlamentarischen Anfrage zur Bedeutung der Kann-Regelung in Abs. 2 S. 7 (aF) vertreten, s. BT-Dr. 16/9980, 9.
[43] Diese Lösung war nach eigener Aussage zunächst auch von Hänlein, Externer Vergleich und ortsübliche Vergütung, S. 48, in Erwägung gezogen worden.
[44] BSG, 29.1.2009, B 3 P 7/08 R, juris Rn. 30.
[45] Ebd., Rn. 41 f.

Größe oder sonstige äußere Beschaffenheit ankommt",[46] widerspricht damit den gesetzlichen Vorgaben.[47] Auch unter Berücksichtigung der Schwierigkeiten, die mit der Auswahl vergleichbarer Pflegeeinrichtungen verbunden sein mögen, kann sich die Rechtsprechung nicht über die gesetzliche Vorgabe hinwegsetzen.

Schließlich erscheint auch die **Unterscheidung von drei Fallgruppen in mehrfacher Hinsicht kritikwürdig**: Zum einen ist nicht recht verständlich, weshalb zwischen den Fallgruppen 1 und 2 unterschieden wird. Zumindest nach den Darlegungen in den Urteilen vom 29.1.2009 werden die Fälle, in denen die konkrete Einrichtung den niedrigsten Pflegesatz ansetzt, und die, in denen der Pflegesatz im unteren Drittel der vergleichsweise ermittelten Pflegesätze und Entgelte liegt, offenbar nicht unterschiedlich behandelt. Demnach könnten sie auch zusammengefasst werden. Zum anderen erscheint jedoch auch die **Anknüpfung an die Drittelgrenze** nicht überzeugend. Das BSG versucht diese Drittelgrenze mit einer Parallele zu § 35 Abs. 5 S. 4 SGB V zu begründen. Die Ausgangslage bei der angemessenen Vergütung der Pharmaunternehmen für deren Medikamente und die dazu normierte Festsetzung von Festbeträgen ist jedoch mit dem Fall der Vergütung von Pflegeeinrichtungen auch nicht annähernd vergleichbar.[48] Im Fall des § 35 SGB V besteht auch nicht die Gefahr einer negativen Preisspirale mit Auswirkungen auf die Qualität der Leistung. Bei Pflegeheimen ist diese Gefahr dagegen virulent, wie gerade auch die Gesetzesänderungen des § 84 im Zuge des Pflege-Weiterentwicklungsgesetzes 2008 belegen. Das zeigt sich auch an dem vom BSG selbst – freilich als Beispiel für eine begründete Steigerung der Vergütung – genannten Fall, dass die Einrichtung die Kostensätze in der Vergangenheit bewusst zu niedrig angesetzt hat, um Marktsegmente zu erobern.[49] Wenn nun auch solche Vergleichsfälle den Maßstab für die leistungsgerechte Vergütung bilden, kann die Drittelgrenze angesichts der begrenzten Zahl der Vergleichsfälle unterhalb der Grenze liegen, die durch § 84 Abs. 2 S. 4 vorgegeben wird. Insoweit hätte es, wenn man diese pauschale Betrachtung überhaupt für sinnvoll hält, wesentlich näher gelegen, etwa auf andere pauschale Annahmen von Wirtschaftlichkeit und Sparsamkeit abzustellen: So wird im **Arbeitsförderungsrecht** eine Genehmigung einer Weiterbildungsmaßnahme nach § 179 Abs. 1 S. 1 Nr. 3 iVm § 180 Abs. 3 S. 1 Nr. 3 SGB III, nur ausgesprochen, wenn die Maßnahme nach den Grundsätzen der Wirtschaftlichkeit und Sparsamkeit geplant und durchgeführt wird. Als Maßstab für die Beurteilung werden hier die **durchschnittlichen Kostensätze** verwendet. Der Maßstab des unteren Preisdrittels könnte dagegen, zumindest wenn die Anforderungen an die plausible Darlegung der Kostenansätze im Fall der Überschreitung sehr hoch angesetzt werden, zu einem fortschreitenden Qualitätsabbau verleiten und steht damit in deutlichem Widerspruch zu § 84 Abs. 5 und 6.

Damit in Zusammenhang steht auch, worauf in der Literatur bereits hingewiesen wurde, die bislang nicht geklärte Relevanz von Leistungs- und Qualitätsvereinbarungen und der Ergebnisse der Qualitätsprüfung. So wurde befürwortet, „bei schlechter Qualität Abschläge vom an sich plausiblen Erhöhungsverlangen" vorzunehmen.[50] Derartige Abschläge stellen jedoch Sanktionen für eine in der Vergangenheit liegende Nichterfüllung von Leistungspflichten durch eine auf den zukünftigen Pflegesatzzeitraum ausgerichtete Rechtsfolge dar. Derartige Sanktionen sind im Gesetz nicht vorgesehen. Allein § 115 Abs. 3 kennt eine Kürzung der Pflegevergütung für die Dauer der Pflichtverletzung und ist damit allein vergangenheitsbezogen. Aus diesen Gründen erscheint es unter dem Blickwinkel der Herstellung angemessener Qualität naheliegender, in diesen Fällen eine entsprechende Erhöhung des Pflegesatzes mit konkreten zukünftigen Maßnahmen zur Verbesserung der Pflegequalität zu begründen und auch als leistungsgerecht anzusehen, wenn die übrigen Voraussetzungen erfüllt sind.

Die Drittelgrenze erscheint schließlich auch noch aus einem anderen Grund fragwürdig. Das BSG hat mit seinen Vorgaben zum Pflegesatzverfahren sicher eine Reihe von Klarstellungen gebracht. Ob sie allerdings in jedem Fall passend sind, muss bezweifelt werden. Die Pflegesätze müssen eine leistungsgerechte Vergütung erbringen; sie müssen bei wirtschaftlicher Betriebsführung die Finanzierung der Aufwendungen und die Erfüllung des Versorgungsauftrags ermöglichen. Deshalb besteht auf Seiten der Vertragsparteien und der Schiedsstellen unter dem Blickwinkel der Leistungsgerechtigkeit nicht nur die Aufgabe, überhöhte Forderungen zurückzuweisen. Eindeutig ist, dass auch ein zu niedriger Pflegesatz

---

46 BSG, 29.1.2009, B 3 P 7/08 R, BSGE 102, 227, juris Rn. 37.
47 Krit. ebenso Bieback, jurisPR-SozR 21/2009 Anm. 3; Hänlein, Externer Vergleich und ortsübliche Vergütung, S. 53.
48 Siehe Bieback, jurisPR-SozR 21/2009 Anm. 3; von einer „gewissen Beliebigkeit" spricht Hänlein, Externer Vergleich und ortsübliche Vergütung, S. 52, hält aber das Konzept des BSG iE für praxistauglich.
49 BSG, 29.1.2009, B 3 P 7/08 R, BSGE 102, 227, juris Rn. 25.
50 Bieback, jurisPR-SozR 21/2009 Anm. 3.

nicht leistungsgerecht ist. Deshalb wären die Ausführungen zum Verfahren und zur Darlegungs- und Begründungslast im Fall eines Kostenansatzes bis maximal zur Drittelgrenze nur dann überzeugend, wenn die Träger der Einrichtungen stets allenfalls überhöhte, aber niemals zu niedrige Forderungen stellen. Genau das ist aber keineswegs immer der Fall, wie das BSG selbst festgestellt hat.[51]

37 Von diesen – eher theoretischen – Gesichtspunkten abgesehen lässt sich in der Praxis feststellen, dass der vom BSG geforderte externe Vergleich eine zunehmend geringere Rolle bei den Pflegesatzverhandlungen und in den Schiedsstellenverfahren spielt. Das hängt nicht nur mit den praktischen Schwierigkeiten der Ermittlung vergleichbarer Einrichtungen zusammen. Selbst wenn sich eine Liste vergleichbarer Einrichtungen zusammenstellen lässt, sind deren praktische Auswirkungen überaus begrenzt. So lassen sich über einen externen Vergleich regelmäßig schon deshalb keine Abschläge rechtfertigen, weil inzwischen die meisten Personalkosten als wirtschaftlich angesehen werden müssen. Schon vor den Änderungen in Abs. 2 S. 5 durch das PSG III („Bezahlung von Gehältern bis zur Höhe tarifvertraglich vereinbarter Vergütungen sowie entsprechender Vergütungen nach kirchlichen Arbeitsrechtsregelungen") war die Zahlung von Tariflöhnen nicht unwirtschaftlich. Zunächst durch die Rechtsprechung entschieden wurde dieser Grundsatz nachfolgend durch das PSG I in den Gesetzestext aufgenommen. Diese Regelung wurde zuletzt durch das PSG III nochmal erweitert (→ Rn. 41 ff.). Infolge der bisherigen und der zum 1.1.2017 geltenden Regelungen sind Kalkulationen hinsichtlich der Personalkosten regelmäßig als wirtschaftlich anzusehen, solange die Tariflöhne nicht überschritten werden. Und selbst in diesen Fällen kann nach Abs. 2 S. 6 die Überschreitung auch noch gerechtfertigt sein. Da die Personalkosten regelmäßig mit ca. 85 % der Gesamtkosten einer Pflegeeinrichtung ausmachen, kann der externe Vergleich praktisch keine Rolle mehr spielen. Die Überprüfung der Angemessenheit beschränkt sich insoweit allein darauf, ob das vorhandene Personal auch zutreffend eingruppiert wurde oder geplantes neues Personal mit einer angemessenen Eingruppierung in die Kalkulation eingestellt wurde. Die Vertragspartner (wie auch die Schiedsstelle) können folglich stichprobenartig nähere Angaben zu den in einer anonymisierten Personalliste aufgeführten Personen fordern und die zugrunde gelegten Entgeltgruppen samt Erfahrungsstufen prüfen.

38 **5. Wirtschaftliche Betriebsführung, Vergütung des Unternehmerrisikos, „Tariflöhne" und Beitragssatzstabilität (Abs. 2 S. 4–6 und 8).** Abs. 2 S. 4 enthält im Hinblick auf die Bemessung der Pflegesätze auch die Anforderung der wirtschaftlichen Betriebsführung. Das Kriterium der **wirtschaftlichen Betriebsführung** stellt eine spezielle Regelung des allgemeinen Wirtschaftlichkeitskriteriums dar, das das gesamte Sozialversicherungsrecht und auch das SGB XI durchzieht.[52] Wie auch in der einleitenden Norm des § 4 Abs. 3 oder in § 79 soll mit dem Verweis auf die Wirtschaftlichkeit darauf hingewiesen werden, dass die begrenzten Mittel möglichst effektiv einzusetzen und vor allem auch unnötige Belastungen der Heimbewohner zu vermeiden sind. Zugleich enthalten die Regelungen der S. 4–6 und 8 aber auch Konkretisierungen, die sowohl auf die Leistungsgerechtigkeit als auch das Erfordernis der wirtschaftlichen Betriebsführung bezogen werden können.

39 Im Rahmen der Pflegesatzverhandlungen kommt dem Kriterium der wirtschaftlichen Betriebsführung keine eigenständige, sondern lediglich eine erläuternde Funktion im Hinblick auf die Vorgabe der Leistungsgerechtigkeit nach Abs. 2 S. 1 zu. In der Praxis wurde das Kriterium zumeist als Begründung für den externen Vergleich (→ Rn. 25 ff.) angeführt. Zuweilen wurde es auch bei der Prüfung konkreter Betriebsausgaben verwendet. Aufgrund der durch das Gesetz selbst hergestellten Verbindung zu der angemessenen Vergütung des Unternehmerrisikos (direkt in Abs. 2 S. 4), der Zahlung von Tariflöhnen (Abs. 2 S. 5, 6) und dem Grundsatz der Beitragsstabilität (Abs. 2 S. 8) ist auf diese Punkte im vorliegenden Zusammenhang einzugehen.

40 **a) Angemessene Vergütung des Unternehmerrisikos (Abs. 2 S. 4).** Mit dem PSG III vom 23.12.2016 ist in Abs. 2 S. 4 das zuerst durch die Rspr. anerkannte Erfordernis der Berücksichtigung einer Vergütung für das Unternehmerrisiko (näher dazu → § 82 Rn. 27 ff.) in das Gesetz aufgenommen worden. Die Entwurfsbegründung beruft sich dafür ausdrücklich auf vorausgehende Rspr. des BSG.[53] Zugleich weist der Entwurf darauf hin, dass die Art der Berücksichtigung der „Gewinnchance" den Vertragspartnern bzw. im Streitfall der Schiedsstelle überlassen bleibt. Als Beispiele für die Möglichkeit der Realisierung von Gewinnen werden sowohl ein fester umsatzbezogener Prozentsatz als auch eine

---

51 BSG, 29.1.2009, B 3 P 7/08 R, BSGE 102, 227, juris Rn. 25.
52 Siehe Baumeister in: BeckOK SozR, SGB XI, § 29 Rn. 2 ff.
53 BT-Dr. 18/10510, 115.

Steuerung über die Auslastungsquote der Einrichtung genannt.[54] Daraus ist kein „Entweder-Oder" abzuleiten. Richtigerweise können diese Möglichkeiten auch kombiniert werden,[55] wie dies von einigen Schiedsstellen auch schon praktiziert wird.n der Praxis Zuschläge zuerkannt werden, liegen diese regelmäßig – in Abhängigkeit von der der Kalkulation zugrundeliegenden Auslastungsquote – zwischen 1,5 %[56] und 4 %.[57] Die Notwendigkeit eines Zuschlags in Höhe von 4 %, wie dies etwa von Teilen der Literatur angenommen wird,[58] kann nicht überzeugen. Derart hohe Zuschläge – teilweise neben einer Gewinnchance durch die Auslastungsquote – werden regelmäßig mit der Notwendigkeit eines Gewinns in Höhe von 4 % begründet, den auch andere Unternehmen erzielen müssten, um langfristig zu bestehen. Hierbei wird übersehen, dass der Vergleich hinkt, weil „normale" Unternehmen keine andere Möglichkeit zur Finanzierung von Investitionen besitzen als über ihren Gewinn. Dies gilt für Pflegeeinrichtungen dagegen nicht, weil deren Investitionen anderweitig und nicht über Pflegesätze und Vergütungen für Unterkunft und Verpflegung finanziert werden.

b) „Tariflöhne" (Abs. 2 S. 5, 6). Vor dem PSG I hatte sich das BSG wiederholt mit der Frage auseinanderzusetzen, ob die Zahlung von Tariflöhnen einer wirtschaftlichen Betriebsführung entspricht oder die Einrichtung darauf verwiesen werden kann, dass andere Einrichtungen auch geringere Löhne zahlen. Seit den Urteilen vom 29.1.2009 hat das BSG wiederholt erklärt, dass die **Einhaltung der Tarifbindung und die Zahlung ortsüblicher Gehälter grundsätzlich immer als wirtschaftlich angemessen zu werten seien** und stets den Grundsätzen wirtschaftlicher Betriebsführung genügten.[59] Ein zusätzliches Argument war dafür auch die Einfügung des Zusatzes „seine Aufwendungen zu finanzieren" in Abs. 2 S. 4. 41

Mit dem **PSG I** vom 17.12.2014[60] wurde mit Wirkung zum 1.1.2015 in Abs. 2 als neuer S. 5 folgende Regelung eingeführt: „Die Bezahlung tariflich vereinbarter sowie entsprechender Vergütungen nach kirchlichen Arbeitsrechtsregelungen kann dabei nicht als unwirtschaftliche abgelehnt werden." Mit dieser Regelung erfolgte einerseits eine Übernahme der Rspr. in den Gesetzestext und darüber hinaus eine Erstreckung auf die kirchlichen Arbeitsrechtsregelungen (AVR). Durch das **PSG III** vom 23.12.2016[61] wurde diese Bestimmung in beträchtlicher Weise erweitert. Nunmehr sind nicht nur die Lohnzahlungen durch tarifvertraglich oder nach kirchlichem Arbeitsrecht zu bestimmten Löhnen und Leistungen an ihr Personal verpflichteten Pflegeheimträger in der Lage, diese Zahlungen im Rahmen ihrer Kalkulation geltend zu machen, sondern sämtliche Pflegeheimträger. Diese Möglichkeit besteht sogar unabhängig davon, wie weit bisher unter Tarif gezahlt worden ist. Der Gesetzgeber will damit einen „Gleichklang der leistungsgerechten Bezahlung zwischen Pflegekräften in tarifgebundenen und nichttarifgebundenen Pflegeeinrichtungen" herstellen.[62] 42

Die durch das PSG III vorgenommene Gesetzesänderung besitzt eine erhebliche Tragweite, weil sich die Pflegeheimträger – unabhängig vom bisher praktizierten Lohnniveau – ab sofort und ohne Übergang auf eine Zahlung bis zur Höhe der Tariflöhne einlassen und ihre Pflegesätze danach kalkulieren können, ohne Gefahr zu laufen, diese Leistungen nicht refinanziert zu bekommen. Die Neuregelung bedeutet zugleich, dass auch jede Leistung unterhalb des Tariflohns als wirtschaftlich anzusehen ist. Die durch das PSG III geschaffene Neuregelung dürfte jedenfalls nach einer gewissen Übergangszeit zu einem deutlichen Preisanstieg für stationäre Pflegeleistungen und damit erhöhten Belastungen für die Pflegebedürftigen und damit auch für die Sozialhilfeträger führen. 43

Dem Gesetzestext wie auch den Materialien nicht zu entnehmen ist, ob mit den Neuerungen des PSG III zugleich verbunden ist, dass jede Entgeltleistung an die Beschäftigten bis zur Höhe eines Tarifvertrags als wirtschaftlich anzusehen ist. Fraglich wäre das etwa, wenn einzelnen Beschäftigten Tariflöhne gezahlt, andere dagegen mit (deutlich) niedrigeren Entgelten versehen werden. Fraglich ist also, ob eine einheitliche „Anlehnung" für alle Beschäftigten einer Einrichtung an den Tarifvertrag notwendig ist oder ob auch Differenzierungen unter den Beschäftigten möglich sind. Ziel der Gesetzesnovelle ist 44

---

54 BT-Dr. 18/10510, 116.
55 Vgl. auch LSG BW, 19.6.2015, L 4 P 1544/14 KL, juris Rn. 54.
56 So in Baden-Württemberg seit dem vorausgehend genannten LSG-Urteil bei einer Auslastung von 96,5 %.
57 So etwa in Hessen und NRW.
58 So Harsdorf-Gebhardt, PflR 2016, 419 ff., 489 ff.
59 BSG, 16.5.2013, B 3 P 2/12 R, juris Rn. 21 (mit Verweis auf BSG, 29.1.2009, B 3 P 7/08 R, und BSG, 17.12.2009, B 3 P 3/08 R).
60 BGBl. I, 2222.
61 BGBl. I, 3191.
62 BT-Dr. 18/10510, 115.

die Sicherstellung angemessener Entgelte, ohne dass die Pflegeheimträger damit zur Zahlung von Tariflöhnen verpflichtet werden sollen. Da die Regelungen folglich keine arbeitsrechtlichen Bestimmungen enthalten und auch **zwischen den Beschäftigten differenzierende Entgeltzahlungen** nach dem Wortlaut erfasst sind, ist damit im Ergebnis jede Entgeltzahlung bis zur Höhe des maßgeblichen Tarifvertrags, also auch solche, die zwischen einzelnen Beschäftigten differenzieren, als wirtschaftlich anzusehen.

45 Keine Aussage enthält das Gesetz zu der Frage, ob es dem Träger der Pflegeeinrichtung freisteht, **welcher Tarifvertrag als Maßstab** für die refinanzierbaren, weil wirtschaftlichen Entgelte dienen kann. Nach dem Wortlaut käme jeder Tarifvertrag und auch jede kirchliche Arbeitsvertragsregelung in Betracht. Unter systematischen Gesichtspunkten, die durch die Entstehungsgeschichte gestützt werden, kann die Entgeltzahlung aber richtigerweise nur bis zu Entgelten nach solchen Tarifverträgen reichen, an die die konkurrierenden Pflegeeinrichtungen mit Tarifverträgen gebunden sind, also etwa der jeweilige **TVöD-L**. Eine Anlehnung an spezielle Haustarifverträge oder gar an Tarifverträge anderer Branchen scheidet zudem von vornherein aus.

46 Nicht ganz so leicht zu beantworten ist die Frage, ob auch eine Anlehnung an **kirchliche Arbeitsvertragsregelungen** möglich ist. Sofern diese Frage praktische Relevanz besitzen sollte, weil die kirchlichen Arbeitsvertragsregelungen für den Beschäftigen günstiger wären, ist die Wirtschaftlichkeit einer solchen Leistung aber zu verneinen. Mitarbeiter kirchlicher Träger, sog Tendenzbetriebe, unterliegen weitergehenden Pflichten als Mitarbeiter anderer Einrichtungen, so dass bei für die Mitarbeiter günstigeren Entgeltleistungen eine Sondersituation gegeben ist, die **nicht auf Beschäftigte anderer Träger übertragbar ist.** Denkbar erscheint eine solche Anlehnung nur dann, wenn dafür ein sachlicher Grund nach Abs. 2 S. 6 vorhanden wäre.

47 Durch das PSG III vom 23.12.2016 ebenfalls neu eingefügt wurde Abs. 2 S. 6, nach dem eine über die Tariflöhne hinausgehende Bezahlung eines **sachlichen Grundes** bedarf. Aufgrund des sachlichen Zusammenhangs mit S. 5 ist aus S. 6 abzuleiten, dass bei Vorliegen eines sachlichen Grundes auch eine übertarifliche Entgeltleistung nicht als unwirtschaftlich angesehen und die Kalkulation insoweit von Seiten der Leistungsträger im Rahmen der Pflegesatzverhandlungen oder durch die Schiedsstelle nicht zurückgewiesen werden darf. Nach dem Wortlaut („sachlicher Grund") scheinen an die fortbestehende Wirtschaftlichkeit der übertariflichen Löhne keine hohen Anforderungen gestellt zu werden. Vor dem Hintergrund der Anforderung der wirtschaftlichen Betriebsführung sind die durch Abs. 2 S. 6 ermöglichten Ausnahmen aber eng zu begrenzen. Als sachliche Gründe sind nur solche anzuerkennen, die für den Träger der Pflegeeinrichtung notwendig sind, um neues Personal zu gewinnen oder vorhandenes Personal zu halten. Die in den Gesetzesmaterialien angegeben Beispiele („Leitungsverantwortung oder Übernahme besonderer Aufgaben") sind dagegen nicht recht verständlich, weil diese regelmäßig auch eine höhere Einstufung oder Zulagen nach dem relevanten Tarifvertrag rechtfertigen. Nur soweit dies nicht der Fall ist, kommt Abs. 2 S. 6 zur Anwendung.

48 c) **Beitragssatzstabilität (Abs. 2 S. 8).** In S. 8 wird der Grundsatz der **Beitragssatzstabilität** aus § 70 aufgegriffen. Danach verlangt das Gesetz, dass die Pflegekassen in den Verträgen mit den Leistungserbringern sicherstellen, dass die Ausgaben die Beitragseinnahmen nicht übersteigen. Bei näherer Hinsicht kommt dem Grundsatz weder allgemein noch im vorliegenden Zusammenhang irgendeine wirkliche Relevanz zu.[63] Da die Leistungen der Pflegeversicherung in ihrem Umfang durch gesetzliche Regelungen (etwa § 43) begrenzt sind und auch nicht von der Höhe der vereinbarten Pflegesätze abhängen, dürfte der Verweis auf die Beitragssatzstabilität schlicht durch die Parallelregelungen zur Krankenhausfinanzierung (§ 17 Abs. 1 S. 3 KHG) verursacht worden sein.

49 6. **Konsequenz bei Überschüssen und Verlusten (Abs. 2 S. 7).** In Abs. 2 S. 7 ordnet das Gesetz an, dass Überschüsse und Verluste nicht ausgeglichen werden, sondern beim Pflegeheim verbleiben bzw. von ihm zu tragen sind. Damit wird klargestellt, dass die Pflegesätze, die auf der Grundlage einer Prognose der zukünftigen Entwicklung basieren, auch dann, wenn sie im Ergebnis nicht (exakt) eintreffen, nicht zu einer Korrektur im Pflegesatzzeitraum oder zu einer nachträglichen Abrechnung nach den tatsächlich entstandenen Kosten mit Rückzahlungspflicht der Heimträger oder einer Nachforderung gegenüber den Heimbewohnern oder Kostenträgern führen. Obwohl die voraussichtlichen Gestehungskosten die zentrale Messlatte für die Höhe der Pflegesätze darstellen, führt dies nicht zu einer nachträglichen exakten Abrechnung nach den tatsächlichen Kosten.

50 Die vereinbarten Pflegesätze bleiben für den gesamten Pflegesatzzeitraum (§ 85 Abs. 3) gültig. Eine Einschränkung ist nur für einen Wegfall der Geschäftsgrundlage zu machen. Insoweit existiert mit

---

63 Vgl. stellv. Schütze in: Udsching, § 70 Rn. 2; moderater oben Ebsen, § 70 Rn. 4 f.

§ 85 Abs. 7 eine Sonderregelung (→ § 85 Rn. 31 ff.). Zudem muss im Fall der Änderung der Leistungsbeträge nach § 43 Abs. 2 eine Neuberechnung des EEE erfolgen (Abs. 2 S. 3 Hs. 2, → Rn. 18).

7. Einheitlichkeit (Abs. 3). Im Anschluss an das Prinzip der Leistungsgerechtigkeit beinhaltet Abs. 3 ein weiteres Prinzip für die Bemessung von Pflegesätzen, das Prinzip der Einheitlichkeit. Dieses Prinzip sagt aus, dass für jeden Heimbewohner einheitliche Grundsätze bei der Bemessung der Pflegesätze gelten müssen. Vor allem darf nicht nach Kostenträgern (Bedürftige, die Kosten selbst tragen, Pflegekassen, aber auch der Sozialhilfeträger) differenziert werden. Jegliche Differenzierung darf nur vom Pflegeaufwand und damit auch von der Einordnung in einen Pflegegrad abhängen. Insoweit besteht ein Unterschied zu den einheitlichen Pflegesätzen im Krankenhausfinanzierungsrecht nach § 17 Abs. 1 S. 1 KHG, der einheitliche Pflegesätze für alle Benutzer des Krankenhauses verlangt. Durch die Einführung des EEE (→ Rn. 14 ff.) hat das Einheitlichkeitsprinzip eine (durchaus fragliche) Einschränkung erfahren.

8. Verbot zusätzlicher Vergütung (Abs. 4). Abs. 4 S. 1 enthält die Vorgabe, dass mit den Pflegesätzen die allgemeinen Pflegeleistungen, die bei dieser Gelegenheit definiert werden, abgegolten sind. S. 2 bestimmt, dass ausschließlich die vereinbarten oder durch die Schiedsstelle festgesetzten Pflegesätze berechnet werden dürfen. Das beinhaltet einmal ein Verbot zusätzlicher Vergütungsforderungen. Dabei handelt es sich um eine Regelung iSd § 134 BGB in Bezug auf den Wohn- und Betreuungsvertrag nach WBVG. Zum anderen dürfen aber auch keine geringeren Vergütungen berechnet werden. Die Klausel „soweit nichts anderes bestimmt ist" lässt allerdings die Möglichkeit von Sonderregelungen offen. Eine solche Regelung enthält etwa Abs. 8, der die Möglichkeit der Vereinbarung von Vergütungszuschlägen bei Leistungen für zusätzliche Betreuung und Aktivierung gem. § 43 b eröffnet. Weiter wird auch die in § 86 Abs. 2 S. 2 vorgesehene Möglichkeit, von den durch die Pflegesatzkommission einheitlich in einer Gemeinde oder in einem Landkreis vereinbarten Pflegesätzen nach unten abzuweichen, als eine entsprechende gesetzliche Regelung angesehen.[64]

V. Qualitätssicherung und personelle Ausstattung (Abs. 5 und 6)

Die Abs. 5 und 6 wurden im Rahmen des Pflege-WEG mWv 1.7.2008 eingefügt. Sie gehen auf die Regelung des (gleichzeitig wieder aufgehobenen) § 80a zurück, der mit dem Pflegequalitätssicherungsgesetz vom 9.9.2001[65] eingeführt wurde.[66] Im Unterschied zur Vorgängerregelung des § 80a sind die Leistungs- und Qualitätsmerkmale der Einrichtung nicht mehr als eigenständige Regelungen zu vereinbaren, sondern stellen sich als Bestandteil der Pflegesatzvereinbarungen dar.[67] Zudem steht die Festlegung der Leistungs- und Qualitätsmerkmale in direktem Zusammenhang mit dem externen Vergleich im Rahmen der Pflegesatzvereinbarungen nach Abs. 2 S. 7. Die Merkmale bilden einen Teil der Kriterien für die Gleichartigkeit der Pflegeeinrichtungen, die zum externen Vergleich herangezogen werden können. Die Regelungen der Abs. 5 und 6 beinhalten zugleich subjektive Rechte der beteiligten Pflegesatzparteien, auf die sich diese bei Verstoß in nachfolgenden Rechtsschutzverfahren berufen können.[68]

Abs. 5 S. 1 beinhaltet die Pflicht, wesentliche Leistungs- und Qualitätsmerkmale einer jeden Einrichtung in der Pflegesatzvereinbarung festzuhalten. Um diese hier festzuschreibenden Merkmale zu konkretisieren, führt S. 2 solche Merkmale an, die „insbesondere" in der Pflegesatzvereinbarung zu berücksichtigen sind. Abs. 5 S. 2 Nr. 1 bis 3 weisen dabei auf eine Festlegung auf den voraussichtlich zu versorgenden Personenkreis hin und auf die Leistungen nach Art, Inhalt und Umfang, die diese Personen im nächsten Pflegesatzzeitraum (§ 85 Abs. 3) von der Einrichtung zu erwarten haben. Außerdem sind definitiv die hierfür benötigte personelle Ausstattung (Nr. 2) sowie die Ausstattung der Einrichtung mit Verbrauchsgütern (Nr. 3) festzuhalten. Diese personelle Ausstattung muss dabei auch nach Berufsgruppen unterteilt werden. In den Rahmenverträgen (basierend auf § 75) sind Personalschlüsselbandbreiten vereinbart, auf deren Basis eine personelle Mindestausstattung der Einrichtung je nach Zahl der Pflegebedürftigen und deren Pflegegrad errechnet werden kann.

Auf die personelle Ausstattung geht **Abs. 6** noch expliziter ein. Wichtig ist beim Personaleinsatz nach Abs. 6 S. 1, dass eine personelle Versorgung der Pflegebedürftigen zu jeder Zeit gesichert sein muss.

---

64 So O'Sullivan in: jurisPK-SGB XI, § 84 Rn. 51.
65 BGBl. I, 2320.
66 Zu den Hintergründen s. BT-Dr. 16/7439, 71 f.
67 Vgl. zur Pflicht der Schiedsstelle bei der Festsetzung der Pflegesätze zugleich über die Personalschlüssel zu entscheiden, LSG Nds.-Bremen, 27.6.2014, L 15 P 70/08 KL, juris Rn. 21 ff.
68 LSG Nds.-Bremen, 27.6.2014, L 15 P 70/08 KL, juris Rn. 24 ff.

Sollten dabei Engpässe auftreten, müssen Maßnahmen ergriffen werden, um dieses Problem zu beseitigen, ohne dass dieser Engpass zulasten der Versorgungsbedürftigen geht (S. 2). Hier spielt der Personalschlüssel, der angibt, auf wie viele Pflegebedürftige ein Beschäftigter einer bestimmten Berufsgruppe kommen muss, eine wichtige Rolle. Mögliche Mehrkosten für einen Ersatz bei Ausfällen müssen durch die Pflegesätze bereits abgedeckt sein, eine gesonderte Berechnung ist jedenfalls aufgrund des entsprechenden Verbots in Abs. 4 nicht möglich.

56 Abs. 6 S. 3 und 4 regeln, dass jede Vertragspartei die Möglichkeit hat, die Einhaltung der entsprechenden Personalstandards durch einen **Personalabgleich** zu überprüfen. Die Rahmenverträge auf der Basis der § 75 Abs. 1 und 2 regeln, wie ein solcher Personalabgleich ablaufen kann. Der Träger der Einrichtung ist damit beauftragt, seine personelle Ausstattung entsprechend zu dokumentieren. Verstößt der Einrichtungsträger gegen die Qualitäts- und Personalvereinbarungen, muss er mit Kürzungen der Pflegevergütung gem. § 115 Abs. 3 und einem Rückzahlungsanspruch des Pflegebedürftigen rechnen. Nach der Rechtsprechung ist dafür aber nicht allein ein Personalmangel ausreichend; vielmehr muss die Nichteinhaltung der festgelegten Leistungs- und Qualitätsmerkmale auch zu einem Qualitätsmangel geführt haben.[69]

VI. Nachweis der Tariflöhne und kirchliche Arbeitsrechtsregelungen (Abs. 7)

57 Abs. 7 knüpft an die Regelungen in Abs. 2 S. 5 und 6 an. Danach sind im Rahmen der Pflegesatzvereinbarungen Personalkosten bis zur Höhe tarifvertraglich vereinbarter Vergütungen als wirtschaftlich anzusehen und können demgemäß der Kostenkalkulation zugrunde gelegt werden. Sind Pflegesätze auf der Grundlage einer bestimmten Vergütung des Personals vereinbart worden, so legt zunächst S. 1 eine Pflicht zur Zahlung der entsprechenden Vergütung für den Einrichtungsträger fest. Die damit begründete Pflicht stellt eine Pflicht im Rahmen des Pflegeversicherungsrechts und nicht des Individualarbeitsrechts dar. Folglich entstehen durch die Pflegesatzvereinbarung für die Beschäftigten auf der Grundlage des Abs. 7 S. 1 keine arbeitsrechtlichen Ansprüche. Sofern der Einrichtungsträger die Vergütungen, auf den die Pflegesätze basieren, nicht leistet, besteht die Möglichkeit der Kürzung der Pflegevergütung gem. § 115 Abs. 3.[70]

58 S. 2 begründet eine Nachweispflicht, deren nähere Durchführung gem. S. 4 in den Rahmenverträgen nach § 75 Abs. 1, 2 festzulegen ist. Der erforderliche Nachweis ist nach dem Wortlaut unabhängig von der konkreten Höhe der Vergütung des Personals (Tariflöhne oder auch niedriger) zu führen. Entsprechend müssen die Rahmenverträge Regelungen über den Nachweis der Erfüllung der vereinbarten Entgeltzahlungen enthalten.

VII. Vergütungszuschläge (Abs. 8)

59 Abs. 8 wurde erst durch PSG II mWv 1.1.2017 eingefügt und tritt (zusammen mit § 43 b und § 85 Abs. 8) inhaltlich an die Stelle des im Gegenzug aufgehobenen § 87 b. Diese Verschiebung folgt der Neustrukturierung des Leistungsrechts im Vierten Kapitel des SGB XI. Zusätzliche Leistungen für Betreuung und Aktivierung, die über die Versorgung hinausgehen, die für einen Pflegebedürftigen lediglich „notwendig" sind, wurden mit § 43 b zu den Leistungen stationärer Pflegeeinrichtungen hinzugefügt. Mit der Verschiebung von Regelungen des ehemaligen § 87 b in Abs. 8 sorgt der Gesetzgeber damit für eine konsistente, kapitelübergreifende Gliederung der angebotenen und empfangenen Leistungen in der Pflege. Abs. 8 steht dabei in direkter Verbindung zum neuen § 85 Abs. 8, der Regelungen zur Bemessung und zum Geltendmachen des Vergütungszuschlags und damit Teile des ehemaligen § 87 b enthält.

60 Nach Abs. 8 S. 1 haben stationäre Pflegeeinrichtungen das Recht, die Pflegevergütung um Zuschläge für Leistungen nach § 43 b zu erhöhen. Dabei handelt es sich um Leistungen der **„zusätzlichen Betreuung und Aktivierung"**, die über die Versorgung hinausgehen, die nach Art und Schwere der Pflegebedürftigkeit notwendig wäre. Ob es sich bei der Pflegeeinrichtung um eine voll- oder teilstationär pflegende Einrichtung handelt, ist nicht relevant. Durch einen expliziten Hinweis zeigt der Gesetzgeber weiterhin auf, welchen Anforderungen diese Vergütungszuschläge gerecht werden müssen. So müssen sie durch Anwendung des Abs. 2 S. 1 **leistungsgerecht** sein. Zur Interpretation dieses Attributs muss grundsätzlich auf die Prinzipien zur Prüfung der Leistungsgerechtigkeit (→ Rn. 19 ff.) abgestellt werden. Auch wenn der direkte Hinweis auf § 85, der in der Vorgängerregelung des § 87 b noch enthalten

---

69 BSG, 12.9.2012, B 3 P 5/11 R, juris Ls. 1 und Rn. 37 ff.
70 Siehe BT-Dr. 18/2909, 44.

war, fehlt, werden die Zuschläge auch weiterhin zwischen den Pflegesatzparteien vereinbart. Damit sind die Träger des Pflegeheims, die Pflegekassen als Kostenträger und auch der jeweilige Sozialhilfeträger definitiv an der Verhandlung beteiligt. Der Sozialhilfeträger besitzt dabei eine Stimmberechtigung, obwohl für ihn durch die Zuschläge für erheblichen allgemeinen Betreuungsbedarf keine zusätzlichen Belastungen entstehen.

Wie die Verweise in S. 1 auf Abs. 2 S. 5 und Abs. 7 klarstellen, gilt auch für die zusätzliche Betreuung und Aktivierung, dass die Zahlung von Entgelten bis zur Höhe von Tariflöhnen als wirtschaftlich anzusehen und gem. Abs. 7 nachzuweisen sind. Mit dem Hinweis auf die Anwendung des § 87a weist der Gesetzgeber schlussendlich darauf hin, dass die Vergütungszuschläge als Teil des Gesamtheimentgelts zu sehen sind. Damit gelten die in § 87a festgelegten, v.a. zivilrechtlichen Regeln der Berechnung und Zahlung des Heimentgelts auch für die Vergütungszuschläge. 61

Das Gesetz trifft allerdings für die Vergütungszuschläge von Abs. 2 S. 2 und Abs. 4 S. 1 abweichende Regelungen. Damit stellt es klar, dass die grundsätzliche Differenzierung nach Pflegegraden und Schwere der Pflegebedürftigkeit für die Vereinbarung von Zuschlägen nicht maßgeblich ist; Zuschläge werden unabhängig davon vereinbart. Durch den Verweis auf die Abweichung von Abs. 4 S. 1 soll zudem klargestellt werden, dass diese Regelung der Vereinbarung von Vergütungszuschlägen nicht entgegensteht.[71] 62

Den **Vergütungszuschlag trägt** nach S. 2 **allein die Pflegekasse**; eine Belastung der Heimbewohner selbst oder des gegebenenfalls verantwortlichen Sozialhilfeträgers ist durch S. 4 ausgeschlossen. Der Heimträger hat somit einen unmittelbaren Anspruch gegen die Pflegekasse auf Zahlung des Zuschlags. Ist der Bedürftige privat versichert, erstattet die Versicherung ebenfalls die Kosten in Form des Vergütungszuschlags. Bei Beihilfeempfängern reduziert sich der Anspruch gem. § 28 Abs. 2 um die Hälfte. Die Pflicht zur Zahlung des Zuschlags für den erheblichen Betreuungsbedarf bedeutet nach S. 3 jedoch auch, dass keine weiteren Leistungen für zusätzliche Betreuungs- und Aktivierungsmaßnahmen erbracht werden können. Die Leistungen, die das Heim insoweit erbringt, sind mit dem Zuschlag vollständig abgegolten. 63

Insgesamt hat der Gesetzgeber den Gesetzestext zu Vergütungszuschlägen für zusätzliche Betreuungs- und Aktivierungsleistungen gekürzt; der Detaillierungsgrad hat abgenommen. In der Begründung zum Gesetzesentwurf[72] weist er jedoch explizit darauf hin, dass der Regelungsgehalt im Grundsatz gleich bleibt und Regelungen, die nach § 87b Gültigkeit besaßen, auch nach der neuen Regel gesetzeskonform sind. 64

§ 85 Pflegesatzverfahren

(1) Art, Höhe und Laufzeit der Pflegesätze werden zwischen dem Träger des Pflegeheimes und den Leistungsträgern nach Absatz 2 vereinbart.

(2) ¹Parteien der Pflegesatzvereinbarung (Vertragsparteien) sind der Träger des einzelnen zugelassenen Pflegeheimes sowie
1. die Pflegekassen oder sonstige Sozialversicherungsträger,
2. die für die Bewohner des Pflegeheimes zuständigen Träger der Sozialhilfe sowie
3. die Arbeitsgemeinschaften der unter Nummer 1 und 2 genannten Träger,

soweit auf den jeweiligen Kostenträger oder die Arbeitsgemeinschaft im Jahr vor Beginn der Pflegesatzverhandlungen jeweils mehr als fünf vom Hundert der Berechnungstage des Pflegeheimes entfallen. ²Die Pflegesatzvereinbarung ist für jedes zugelassene Pflegeheim gesondert abzuschließen; § 86 Abs. 2 bleibt unberührt. ³Die Vereinigungen der Pflegeheime im Land, die Landesverbände der Pflegekassen sowie der Verband der privaten Krankenversicherung e.V. im Land können sich am Pflegesatzverfahren beteiligen.

(3) ¹Die Pflegesatzvereinbarung ist im voraus, vor Beginn der jeweiligen Wirtschaftsperiode des Pflegeheimes, für einen zukünftigen Zeitraum (Pflegesatzzeitraum) zu treffen. ²Das Pflegeheim hat Art, Inhalt, Umfang und Kosten der Leistungen, für die es eine Vergütung beansprucht, durch Pflegedokumentationen und andere geeignete Nachweise rechtzeitig vor Beginn der Pflegesatzverhandlungen darzulegen; es hat außerdem die schriftliche Stellungnahme der nach heimrechtlichen Vorschriften vorge-

---

71 Brünner/Höfer in: LPK-SGB XI, § 87b Rn. 6.
72 BT-Dr,. 18/5926, 137.

sehenen Interessenvertretung der Bewohnerinnen und Bewohner beizufügen. ³Soweit dies zur Beurteilung seiner Wirtschaftlichkeit und Leistungsfähigkeit im Einzelfall erforderlich ist, hat das Pflegeheim auf Verlangen einer Vertragspartei zusätzliche Unterlagen vorzulegen und Auskünfte zu erteilen. ⁴Hierzu gehören auch pflegesatzerhebliche Angaben zum Jahresabschluß entsprechend den Grundsätzen ordnungsgemäßer Pflegebuchführung, zur personellen und sachlichen Ausstattung des Pflegeheims einschließlich der Kosten sowie zur tatsächlichen Stellenbesetzung und Eingruppierung. ⁵Dabei sind insbesondere die in der Pflegesatzverhandlung geltend gemachten, voraussichtlichen Personalkosten einschließlich entsprechender Erhöhungen im Vergleich zum bisherigen Pflegesatzzeitraum vorzuweisen. ⁶Personenbezogene Daten sind zu anonymisieren.

(4) ¹Die Pflegesatzvereinbarung kommt durch Einigung zwischen dem Träger des Pflegeheimes und der Mehrheit der Kostenträger nach Absatz 2 Satz 1 zustande, die an der Pflegesatzverhandlung teilgenommen haben. ²Sie ist schriftlich abzuschließen. ³Soweit Vertragsparteien sich bei den Pflegesatzverhandlungen durch Dritte vertreten lassen, haben diese vor Verhandlungsbeginn den übrigen Vertragsparteien eine schriftliche Verhandlungs- und Abschlußvollmacht vorzulegen.

(5) ¹Kommt eine Pflegesatzvereinbarung innerhalb von sechs Wochen nicht zustande, nachdem eine Vertragspartei schriftlich zu Pflegesatzverhandlungen aufgefordert hat, setzt die Schiedsstelle nach § 76 auf Antrag einer Vertragspartei die Pflegesätze unverzüglich, in der Regel binnen drei Monaten, fest. ²Satz 1 gilt auch, soweit der nach Absatz 2 Satz 1 Nr. 2 zuständige Träger der Sozialhilfe der Pflegesatzvereinbarung innerhalb von zwei Wochen nach Vertragsschluß widerspricht; der Träger der Sozialhilfe kann im voraus verlangen, daß an Stelle der gesamten Schiedsstelle nur der Vorsitzende und die beiden weiteren unparteiischen Mitglieder oder nur der Vorsitzende allein entscheiden. ³Gegen die Festsetzung ist der Rechtsweg zu den Sozialgerichten gegeben. ⁴Ein Vorverfahren findet nicht statt; die Klage hat keine aufschiebende Wirkung.

(6) ¹Pflegesatzvereinbarungen sowie Schiedsstellenentscheidungen nach Absatz 5 Satz 1 oder 2 treten zu dem darin unter angemessener Berücksichtigung der Interessen der Pflegeheimbewohner bestimmten Zeitpunkt in Kraft; sie sind für das Pflegeheim sowie für die in dem Heim versorgten Pflegebedürftigen und deren Kostenträger unmittelbar verbindlich. ²Ein rückwirkendes Inkrafttreten von Pflegesätzen ist nicht zulässig. ³Nach Ablauf des Pflegesatzzeitraums gelten die vereinbarten oder festgesetzten Pflegesätze bis zum Inkrafttreten neuer Pflegesätze weiter.

(7) ¹Bei unvorhersehbaren wesentlichen Veränderungen der Annahmen, die der Vereinbarung oder Festsetzung der Pflegesätze zugrunde lagen, sind die Pflegesätze auf Verlangen einer Vertragspartei für den laufenden Pflegesatzzeitraum neu zu verhandeln. ²Dies gilt insbesondere bei einer erheblichen Abweichung der tatsächlichen Bewohnerstruktur. ³Die Absätze 3 bis 6 gelten entsprechend. ⁴Im Fall von Satz 2 kann eine Festsetzung der Pflegesätze durch die Schiedsstelle abweichend von Satz 3 in Verbindung mit Absatz 5 Satz 1 bereits nach einem Monat beantragt werden.

(8) ¹Die Vereinbarung des Vergütungszuschlags nach § 84 Absatz 8 erfolgt auf der Grundlage, dass
1. die stationäre Pflegeeinrichtung für die zusätzliche Betreuung und Aktivierung der Pflegebedürftigen über zusätzliches Betreuungspersonal, in vollstationären Pflegeeinrichtungen in sozialversicherungspflichtiger Beschäftigung verfügt und die Aufwendungen für dieses Personal weder bei der Bemessung der Pflegesätze noch bei den Zusatzleistungen nach § 88 berücksichtigt werden,
2. in der Regel für jeden Pflegebedürftigen 5 Prozent der Personalaufwendungen für eine zusätzliche Vollzeitkraft finanziert wird und
3. die Vertragsparteien Einvernehmen erzielt haben, dass der vereinbarte Vergütungszuschlag nicht berechnet werden darf, soweit die zusätzliche Betreuung und Aktivierung für Pflegebedürftige nicht erbracht wird.

²Pflegebedürftige und ihre Angehörigen sind von der stationären Pflegeeinrichtung im Rahmen der Verhandlung und des Abschlusses des stationären Pflegevertrages nachprüfbar und deutlich darauf hinzuweisen, dass ein zusätzliches Betreuungsangebot besteht. ³Im Übrigen gelten die Absätze 1 bis 7 entsprechend.

Literatur:
Siehe § 84.

I. Entstehungsgeschichte....................	1	III. Vorgaben für den Inhalt der Pflegesatzvereinbarung (Abs. 1)........................		4
II. Regelungsgehalt und Normzweck	2			

IV. Parteien der Pflegesatzvereinbarung und sonstige Beteiligte des Pflegesatzverfahrens (Abs. 2)	6	IX. Sonderfall: Wegfall der Geschäftsgrundlage (Abs. 7)	31
V. Das Verfahren: Darlegungs- und Nachweislasten des Heimträgers (Abs. 3 S. 2–5)	13	X. Voraussetzungen zur Vereinbarung von Vergütungszuschlägen (Abs. 8)	38
VI. Abschluss einer Pflegesatzvereinbarung (Abs. 4)	16	1. Voraussetzungen nach Abs. 8 S. 1 Nr. 1–3	39
VII. Schiedsstellenentscheide (Abs. 5)	19	2. Abs. 8 S. 2	43
VIII. Inkrafttreten und Geltungsdauer der Pflegesätze (Abs. 6)	24	3. Abs. 8 S. 3	44

I. Entstehungsgeschichte

Die ursprüngliche Fassung der Regelung[1] wurde inzwischen mehrfach, zumindest in kleinerem Rahmen, angepasst. Grundlegende Änderungen wurden bereits nach einem Jahr durch das 1. SGB XI-ÄndG vom 14.6.1996[2] vorgenommen. Zunächst wurde der Kreis der Vertragsparteien nach Abs. 2 S. 1 um die Arbeitsgemeinschaften von Sozialversicherungsträgern erweitert. Außerdem wurden Änderungen in Abs. 3 durch Verschärfung der Nachweispflichten der Heimträger vorgenommen. Abs. 5 S. 2 sowie Abs. 6 S. 1 kamen neu zum Gesetzestext hinzu. Die Nachweispflichten der Heimträger waren auch Bestandteil der nächsten Änderungen im Jahr 2001 (durch das Pflege-Qualitätssicherungsgesetz v. 9.9.2001),[3] nach denen Abs. 3 S. 2 Hs. 2 so angepasst wurde, dass vor einer Pflegesatzvereinbarung nun auch eine Stellungnahme des Heimbeirats als Vertretung der Heimbewohner beigefügt werden muss. Durch das Gesetz zur Einordnung des Sozialhilferechts in das Sozialgesetzbuch v. 27.12.2003[4] trat die Formulierung „Träger der Sozialhilfe" an die Stelle des Wortes „Sozialhilfeträger" in Abs. 5 S. 2. Durch das Pflege-Weiterentwicklungsgesetz (Pflege-WEG v. 28.5.2008) erfuhr die Norm weitere Änderungen, und zwar in Abs. 2 S. 1 (Erweiterung des Kreises der Vertragsparteien auf Seiten der Kostenträger), Abs. 3 S. 2 (Umbenennung von „des Heimbeirats oder des Heimfürsprechers nach § 7 Abs. 4 des Heimgesetzes" in „der nach heimrechtlichen Vorschriften vorgesehenen Interessenvertretung der Bewohnerinnen und Bewohner"), Abs. 3 S. 4 (Nennung der Wörter „entsprechend den Grundsätzen ordnungsgemäßer Buchführung" anstelle von „nach der Pflege-Buchführungsverordnung") sowie Abs. 6 S. 1.[5] Auch durch das Zweite Pflegestärkungsgesetz v. 21.12.2015[6] wurde § 85 modifiziert. Abs. 7 wurde neu gefasst sowie Abs. 8 neu hinzugefügt. Mit dem PSG III vom 23.12.2016[7] wurde mWv 1.1.2017 Abs. 3 S. 5 eingefügt sowie in Abs. 5 S. 1 die Ergänzung der regelmäßigen 3-Monats-Frist für die Schiedsstellenentscheidungen vorgenommen.

II. Regelungsgehalt und Normzweck

Pflegesätze (§ 84 Abs. 1), die die Vergütung für allgemeine Pflegeleistungen im Fall stationärer Pflege bestimmen, müssen – wie auch die Entgelte für Unterkunft und Verpflegung gem. § 87 – vereinbart oder in Ausnahmefällen festgesetzt werden. § 85 regelt das auf die Vereinbarung oder Festsetzung der Pflegesätze gerichtete Pflegesatzverfahren. Die Pflegesätze werden danach vorrangig durch eine Pflegesatzvereinbarung bestimmt. Ausnahmsweise kann die Bestimmung auch durch Entscheid einer Schiedsstelle erfolgen. Darüber hinausgehend wird in § 86 auch die Möglichkeit der Festsetzung dieser Sätze durch eine Pflegesatzkommission geregelt. § 85 geht zunächst auf das reguläre Verfahren einer Vereinbarung ein und benennt den grundlegenden Inhalt der Vereinbarung (Abs. 1), die am Verfahren beteiligten Parteien (Abs. 2), das Verfahren (Abs. 3) und den Abschluss des Verfahrens (Abs. 4). Sollte keine Vereinbarung erreicht werden können, wird eine Schiedsstellenentscheidung über die Pflegesätze als zweite Option vorgegeben (Abs. 5). Dasselbe gilt, wenn der Träger der Sozialhilfe einer Pflegesatzvereinbarung widerspricht. Das Inkrafttreten der festgelegten Pflegesätze und die Dauer ihrer Gültigkeit werden in Abs. 6 geregelt, während Abs. 7 den Sonderfall einer veränderten oder weggefallenen Geschäftsgrundlage aufgreift. Abs. 8 trifft Regelungen zur Vereinbarung des Vergütungszuschlags gem. § 84 Abs. 8 für die Leistung der zusätzlichen Betreuung und Aktivierung nach § 43 b.

---

[1] Siehe dazu den Gesetzentwurf, BT-Dr. 12/5262, 144 ff. (zu § 94 des Entwurfs), und die Beschlussempfehlung des Ausschusses, BT-Dr. 12/5920, S. 80 f.
[2] BGBl. I, 830; s. dazu Gesetzentwurf BT-Dr. 13/3696, 16.
[3] BGBl. I, 2320.
[4] BGBl. I, 3022.
[5] Vgl. dazu BT-Dr. 16/7439, 72.
[6] BGBl. I, 2424; dazu BT-Dr. 18/5926, 137 f., BT-Dr. 18/6688, 146.
[7] BGBl. I, 3191; dazu BT-Dr. 18/10510, 116.

3 Dem in § 85 geregelten Pflegesatzverfahren liegen nach Rechtsprechung und Literatur drei Prinzipien zugrunde:[8] Das **Vereinbarungsprinzip** besagt, dass die Pflegesätze in einer gemeinsamen Vereinbarung von Pflegeheimträger und Kostenträger festgelegt werden, und zwar mit allgemeiner Wirkung für alle Pflegebedürftigen des Heims. Bei der Vereinbarung handelt es sich um einen öffentlich-rechtlichen Vertrag.[9] Dem **Treuhandprinzip** zufolge wird angenommen, dass die Kostenträger dabei auch die Interessen der Pflegebedürftigen selbst vertreten, die an dem Vereinbarungsverfahren nicht direkt beteiligt sind. Das dritte Prinzip ist das **Individualprinzip**. Danach sind stets separate Pflegesatzverfahren für jede der stationären Pflegeeinrichtungen zu durchlaufen, da jede Pflegeeinrichtung individuelle Eigenschaften und Leistungen besitzt, die durch individuell festgelegte Pflegesätze repräsentiert werden müssen. Dieses Prinzip wird in Abs. 2 S. 1 und S. 2 ausdrücklich festgeschrieben. Die einzige Ausnahme stellen Vereinbarungen der Pflegesatzkommission dar, die nach § 86 Abs. 2 das Recht hat, einheitliche Pflegesätze auch für mehrere Pflegeeinrichtungen übergreifend zu beschließen.

III. Vorgaben für den Inhalt der Pflegesatzvereinbarung (Abs. 1)

4 Abs. 1 enthält die grundlegenden Vorgaben für den Inhalt der Pflegesatzvereinbarung. In der Vereinbarung festzulegen sind **Art, Höhe und Laufzeit der Pflegesätze**. Was das Gesetz mit der **Art** des Pflegesatzes meint, wird nicht näher erläutert. Denkbar erscheint insofern, dass es sich um Vorgaben wie „tagesgleiche Pflegesätze" (§ 87a Abs. 1) in drei Pflegeklassen (§ 84 Abs. 2 S. 2) sowie die Bestandteile der Pflegesätze (§§ 82, 82 a, 82 b: allgemeine Pflegeleistungen inklusive sozialer Betreuung und medizinischer Behandlungspflege, ergänzt durch Ausbildungskosten oder Kosten, die beim Einsatz ehrenamtlicher Kräfte entstehen) handelt.[10] Wegen der jeweiligen gesetzlichen Vorgaben fehlt es insoweit allerdings wohl an jeglichem Spielraum für die Vertragsparteien.

5 Weitere Bestandteile der Vereinbarung sind die **Höhe** und die **Laufzeit** der Pflegesätze. Die Höhe der Pflegesätze richtet sich nach den in § 84 festgelegten Vorgaben (näher → § 84 Rn. 11 ff.). Mit der Laufzeit ist der in der Zukunft liegende Pflegesatzzeitraum (Abs. 1 S. 1) gemeint, also der Zeitraum, für den die Vereinbarung geschlossen wird. Dieser Zeitraum ist nicht notwendigerweise mit dem Zeitraum der Geltung der Pflegesatzvereinbarung identisch, da die vereinbarten Pflegesätze auch nach Ablauf des Pflegesatzzeitraums bis zum Inkrafttreten neuer Pflegesätze weitergelten (Abs. 6 S. 3, → Rn. 24, 29). Zusätzlich wird im Rahmen des Pflegesatzverfahrens zwischen denselben Akteuren auch das **Entgelt für Unterkunft und Verpflegung** festgelegt; diese Regelung des § 87 findet in § 85 jedoch keine Erwähnung.

IV. Parteien der Pflegesatzvereinbarung und sonstige Beteiligte des Pflegesatzverfahrens (Abs. 2)

6 Bereits Abs. 1 benennt den Träger des Pflegeheims und die Leistungsträger als Parteien der Pflegesatzvereinbarung. Diese Vorgabe wird in Abs. 2 näher konkretisiert. Erster Beteiligter des Verfahrens und der Vereinbarung ist der **Träger des einzelnen zugelassenen Pflegeheims**. In dieser Formulierung enthalten ist bereits ein erster Hinweis auf die Anwendung des Individualprinzips durch das Adjektiv „einzeln", das darauf hindeutet, dass für jede Einrichtung eine separate Vereinbarung geschlossen werden muss, was dann ausdrücklich noch in Abs. 2 S. 2 Hs. 1 festgehalten wird. Unter dem „Träger" ist dieselbe (juristische oder natürliche) Person zu verstehen, mit der auch der Versorgungsvertrag gem. § 72 Abs. 1 geschlossen wurde.

7 Die Vertragsparteien des Trägers des einzelnen Pflegeheims sind – vereinfacht gesagt – die **Kostenträger** der Leistungen für die Bewohner. Diese können bei einem einzelnen Pflegeheim eine erhebliche Anzahl umfassen. Um den Kreis der Beteiligten aber nicht zu weit zu ziehen und effektive Verhandlungen unmöglich zu machen, hat der Gesetzgeber von Anfang an auf Seiten der Kostenträger ein **Quorum** eingeführt, nach dem auf den einzelnen Kostenträger mehr als 5 % der Berechnungstage des Pflegeheims entfallen müssen.[11] Wegen dieses Quorums war aber umgekehrt nicht immer gewährleistet, dass die

---

8 Dalichau, SGB XI, § 85 Rn. 25 f.; O'Sullivan in: jurisPK-SGB XI, § 84 Rn. 3 ff.; Reimer in: Hauck/Noftz, SGB XI, § 84 Rn. 11.
9 Siehe nur Dalichau, SGB XI, § 85 Rn. 54; Schütze in: Udsching, § 85 Rn. 3; zur Vereinbarung nach § 93 Abs. 2 BSHG: BVerwG, 30.9.1993, 5 C 41.91, BVerwGE 94, 202, juris Ls. 1 und Rn. 10; BGH, 12.11.1991, KZR 22/90, BGHZ 116, 339 Ls. 1.
10 So auch Brünner/Höfer in: LPK-SGB XI, § 85 Rn. 5.
11 Vgl. BT-Dr. 12/5262, 145.

Kostenträger ausreichend vertreten waren. Daher wurde in zwei Schritten der Kreis der Beteiligten um die jetzt in Abs. 2 S. 1 Nr. 3 aufgeführten Arbeitsgemeinschaften der Kostenträger erweitert (→ Rn. 1).

Die Aufzählung in Abs. 2 S. 1 stellt die verschiedenen Möglichkeiten vor. In Abs. 2 S. 1 Nr. 1 werden als erstes die **Pflegekassen** genannt. Sie sind die Träger der Pflegeversicherung (§ 46 Abs. 1). Durch die Regelung des Abs. 2 S. 3 wird auch deutlich, dass nicht die Landesverbände der Pflegekassen Vertragspartei sind, sondern die einzelnen Pflegekassen. Die privaten Pflegeversicherungen sind dagegen nicht an den Pflegesatzvereinbarungen beteiligt. Anbieter privater Pflegeversicherungen interagieren nur indirekt mit den Pflegeheimen, da sie ihren Versicherten nur die Kosten für die Pflege erstatten. Sie kommen nicht direkt mit dem Einrichtungsträger in Berührung und sind somit auch vom Pflegesatzverfahren ausgeschlossen. Abs. 1 S. 1 Nr. 1 benennt außerdem „**sonstige Sozialversicherungsträger**". Damit sind andere Versicherungsträger gemeint, die im einzelnen Versicherungsfall ebenfalls die Leistungen der Pflege erbringen. Dies gilt etwa für die Unfallversicherungsträger gem. § 44 Abs. 5 SGB VII.

Weiterhin gehören auch die für die Bewohner des Heims zuständigen **Träger der Sozialhilfe** zu den beteiligten Vertragsparteien. Dabei handelt es sich um Sozialhilfeträger, die nach §§ 61 ff. SGB XII dazu verpflichtet sind, Heimbewohnern Hilfe zur Pflege zu leisten. Wer dieser Sozialhilfeträger ist, wird landesrechtlich festgelegt. Bis zum Pflege-WEG 2008 hatte das Gesetz die für den Sitz des Pflegeheims zuständigen Sozialhilfeträger als Vertragsparteien vorgesehen. Aufgrund des § 98 Abs. 2 SGB XII waren damit aber die „externen" Sozialhilfeträger nicht an den Vereinbarungen beteiligt, obwohl sie gleichfalls Kostenträger sind. Durch die Neuregelung kommt es nicht mehr auf den Sitz des Pflegeheims, sondern auf die Zuständigkeit für die Bewohner an.

Zusätzlich ermöglicht Abs. 2 S. 3 auch anderen Akteuren, nämlich den **Vereinigungen der Pflegeheime** im Land, den **Landesverbänden der Pflegekassen** und dem **Verband der privaten Krankenversicherung** (ebenfalls im Land), eine Teilnahme am Pflegesatzverfahren. Bei diesen Vereinigungen und Verbänden handelt es sich um diejenigen, die nach § 86 die Pflegesatzkommissionen bilden. Die Bedeutung dieser Regelung ist nicht eindeutig: Einerseits ist klar erkennbar, dass die Vereinigungen und Verbände zwar in das Verfahren integriert sind, andererseits weist die Formulierung „können sich beteiligen" jedoch bereits darauf hin, dass ihre Beteiligung zu einer Vereinbarung nicht erforderlich ist. Nicht aus dem Wortlaut eindeutig abzuleiten ist aber, ob diese Vereinigungen und Verbände auch am Vertragsschluss beteiligt sein können. Die Differenzierung des Gesetzeswortlauts zwischen den Vertragsparteien und denen, die sich am Pflegesatzverfahren beteiligen können, spricht bereits gegen eine Stellung als Vertragspartei.[12] Auch die Motive des Gesetzgebers (überörtliche und regionale Belange sollen im Pflegesatzverfahren zu Gehör kommen) lassen nicht auf eine Stellung als Vertragspartei schließen.[13]

Die gesetzliche **Regelung des Abs. 2** über die Vertragsparteien erscheint in mehrfacher Hinsicht **problematisch**: Zum einen ermöglicht das Gesetz durch die Beteiligung von Arbeitsgemeinschaften auf der Seite der Kostenträger eine **erhebliche Verhandlungsmacht**. Die Pflegekassen und übrigen Kostenträger treten in Form eines Nachfragekartells auf.[14] Auch wenn das BSG mit seiner Rechtsprechung zur Bestimmung der leistungsgerechten Vergütung (→ § 84 Rn. 18 ff.) durch die Abkehr von der strikten Bindung an das sog Marktpreismodell eine gewisse Lockerung herbeigeführt hat, ist unter den vorhandenen Bedingungen kein funktionierender Markt mit einer entsprechenden Preisbildung möglich.[15] Lediglich über die Möglichkeit einer Anrufung der Schiedsstelle erfolgt eine gewisse Machtbegrenzung. In diesem Kontext bedarf es aber einer weiteren Reduzierung der Bedeutung des externen Vergleichs (→ § 84 Rn. 28 ff.).

Die Regelung über die Vertragsparteien erscheint zudem unter einem weiteren Gesichtspunkt bislang noch nicht ausgewogen: Die zentrale **Rolle der Pflegekassen** bei den Vereinbarungen ist damit nicht vereinbar, dass die Pflegesatzvereinbarungen im praktischen Ergebnis für die Pflegekassen selbst keine Bedeutung haben. Aufgrund der gesetzlichen Obergrenzen der Leistungspflicht (etwa nach § 43 Abs. 2), die bei allen Pflegesätzen (oder den Vergütungen ambulanter Leistungen) notwendigerweise deutlich überschritten werden, ändert eine konkrete Pflegesatzvereinbarung am Umfang der Leistungspflicht der Pflegekassen nichts. Vom Ergebnis betroffen sind neben den Pflegeheimträgern in erster Linie die Versicherten und gegebenenfalls die Sozialhilfeträger. Die Versicherten werden jedoch nicht an den Verhandlungen beteiligt. Die Rechtsprechung versucht, dieses Manko an Legitimation der Pflege-

---

12 So im Ergebnis wohl die ganz hM; vgl. etwa Schütze in: Udsching, § 85 Rn. 5; Brünner/Höfer in: LPK-SGB XI, § 85 Rn. 6.
13 Siehe BT-Dr. 12/5262, 145.
14 BSG, 14.12.2000, B 3 P 19/00 R, BSGE 87, 199, juris Rn. 24.
15 Siehe auch die Kritik bei Brünner/Höfer in: LPK-SGB XI, § 85 Rn. 8.

kassen dadurch auszugleichen, dass diese als „Treuhänder" oder „Sachwalter der Pflegebedürftigen" bezeichnet werden.[16] Die Annahme der Sachwalterstellung findet sich auch in den Gesetzesmaterialien.[17] Als Legitimationsgrundlage erscheint dieser Begründungsansatz aber nicht ausreichend.

V. Das Verfahren: Darlegungs- und Nachweislasten des Heimträgers (Abs. 3 S. 2–5)

13 Das Gesetz enthält mittelbar in Abs. 5 S. 1 eine Regelung dazu, wie das Pflegesatzverfahren in Gang kommt. Danach fordert eine Vertragspartei schriftlich zu Pflegesatzverhandlungen auf. Solange dies nicht geschieht, gelten die bisherigen Vereinbarungen oder Schiedsstellenentscheidungen auch nach Ablauf des Pflegesatzzeitraums weiter (Abs. 6 S. 3). Da der Pflegeheimträger in der Regel einen höheren Pflegesatz erreichen möchte, wird die Aufforderung auch üblicherweise von ihm ausgehen.

14 Zum Verfahrensablauf hat das BSG ausführlich Stellung genommen (→ § 84 Rn. 18 ff.):[18] Das Verfahren beginnt damit, dass der Pflegeheimträger die voraussichtlichen Gestehungskosten zu benennen und gegebenenfalls zu belegen hat. Die Pflegekassen haben danach (resultierend aus der Treuhänderstellung zu den Versicherten) eine Überprüfung auf Schlüssigkeit und Plausibilität durchzuführen. Wird die Kostenprognose substantiiert bestritten, hat wiederum der Pflegeheimträger weitere Belege für seine Kostenprognose vorzulegen. In diesem Kontext hat das BSG die vom Gesetz (Abs. 3 S. 2) geforderte Vorlage von Pflegedokumentationen richtigerweise nicht aufgegriffen. Die Bedeutung der Pflegedokumentation ist als Nachweis für die prognostizierten Kosten regelmäßig ungeeignet.[19]

15 In Zusammenhang mit dem sich nach der Rechtsprechung an die erste Verfahrensstufe anschließenden externen Vergleich müssen dann die Kostenträger dem Pflegeheim (sowie gegebenenfalls der Schiedsstelle) alle notwendigen Informationen für diesen Vergleich zur Verfügung stellen.[20] Ob die Begründung des BSG (Sachwalterstellung der Pflegekassen gegenüber den Versicherten) in diesem Zusammenhang trägt, erscheint fraglich. Zumindest verfügen nur die Kostenträger über entsprechende Informationen; sofern ein externer Vergleich also tatsächlich durchgeführt wird (dazu → § 84 Rn. 24 ff.), müssen die dazu notwendigen Informationen auch allen Beteiligten zugänglich gemacht werden. Die Vergleichslisten müssen dann aber auch so präzise sein, dass geprüft werden kann, ob es sich überhaupt um vergleichbare Einrichtungen handelt. Dazu sind zumindest Angaben iSd § 84 Abs. 2 S. 7 erforderlich, also über die Platzzahl, Personalschlüssel und Fachkraftquote sowie die Laufzeit der Pflegesätze.[21] Zusätzlich wären Angaben dazu erforderlich, welche Vergütung des Personals den Pflegesätzen zugrunde liegt, also ob etwa eine Tarifbindung vorliegt oder tarifgleiche Vergütungen geleistet werden. Im Ergebnis zeigen diese Voraussetzungen bereits die regelmäßig fehlende Praxistauglichkeit der von der Rspr. gestellten Anforderungen zum externen Vergleich (zu weiteren Bedenken gegenüber dem externen Vergleich → § 84 Rn. 32, 36).

VI. Abschluss einer Pflegesatzvereinbarung (Abs. 4)

16 Die Pflegesatzvereinbarung wird als Vertrag durch die Abgabe übereinstimmender Willenserklärungen geschlossen. Nach allgemeinen vertragsrechtlichen Grundsätzen ist dazu die Zustimmung eines jeden Vertragspartners notwendig. Im Fall der Pflegesatzvereinbarung gilt jedoch etwas anderes: Eine Einigung muss nur zwischen dem Pflegeheimträger und der Mehrheit der Kostenträger nach Abs. 2 S. 1, die auch an der Verhandlung teilgenommen haben, erreicht werden. Damit soll eine Blockade durch einzelne Kostenträger verhindert werden können.

17 Das Gesetz bestimmt nicht ausdrücklich, wie die Mehrheit zu bestimmen ist. Da es sich um Mehrheit der beteiligten Kostenträger handeln muss, reicht eine relative Mehrheit nicht aus. Problematisiert wird in der Literatur, ob den Arbeitsgemeinschaften auch dann nur eine Stimme zugebilligt werden kann, wenn zumindest einzelne ihrer Mitglieder allein ebenfalls das Quorum erfüllen.[22] Dies hätte uU zur Folge, dass die Pflegekassen den Sozialhilfeträger nicht mehr überstimmen könnten; das dürfte aber hinnehmbar sein. Allein eine Entscheidung nach der Zahl der Beteiligten, nicht nach deren Gewicht erscheint praktikabel. So wurde eben auch wegen der Gefahr des Überstimmtwerdens dem Sozi-

---

16 Siehe BSG, 29.1.2009, B 3 P 7/08 R, BSGE 102, 227, juris Rn. 39 f.; BSG, 17.12.2009, B 3 P 3/08 R, BSGE 105, 126, juris Rn. 66; näher Brünner/Höfer in: LPK-SGB XI, § 85 Rn. 7.
17 BT-Dr. 12/5262, 142 (zu Allgemeines), 147 (zu § 96) und 168 f. (zu § 4 e HeimG).
18 Siehe BSG, 29.1.2009, B 3 P 7/08 R, BSGE 102, 227, juris Rn. 39 f.
19 Brünner/Höfer in: LPK-SGB XI, § 85 Rn. 11.
20 BSG, 29.1.2009, B 3 P 7/08 R, juris Rn. 40.
21 Brünner/Höfer in: LPK-SGB XI, § 85 Rn. 14.
22 Ebd., Rn. 15.

alhilfeträger die Möglichkeit zur Anfechtung der Vereinbarung vor der Schiedsstelle (Abs. 5 S. 2) eröffnet. Eine solche Möglichkeit besteht für die Pflegekassen nicht.

Die Pflegesatzvereinbarung muss schriftlich fixiert werden (S. 2); Verhandlungspartner, die sich durch Dritte vertreten lassen, müssen diesen vor dem Beginn der Verhandlungen auch eine Vertragsabschlussvollmacht ausstellen (S. 3). 18

VII. Schiedsstellenentscheide (Abs. 5)

Um die Verhandlungsdauer beim Pflegesatzverfahren einzuschränken und Verzögerungen beim Abschluss neuer Pflegesatzvereinbarungen zu verhindern, ermöglicht das Gesetz jeder Vertragspartei die Anrufung der Schiedsstelle nach § 76, sofern sechs Wochen nach schriftlicher Aufforderung zu Vertragsverhandlungen kein neue Pflegesatzvereinbarung geschlossen wurde. Die 6-Wochen-Frist beginnt nicht mit Verhandlungsbeginn, sondern mit dem Tag, an dem eine schriftliche Aufforderung zu Pflegesatzverhandlungen durch eine Vertragspartei – idR durch den Heimträger, der eine Erhöhung der Pflegesätze erreichen möchte – erfolgte (Abs. 5 S. 1), dh den Vertragspartnern zugegangen ist. Die Schiedsstelle, die landesweit gebildet ist (§ 76), setzt dann die Pflegesätze unverzüglich, also „ohne schuldhaftes Zögern" (s. § 121 Abs. 1 S. 1 BGB) fest (Abs. 5 S. 1). Für die Tätigkeit der Schiedsstelle lässt sich aus dem Gebot zur unverzüglichen Entscheidung auch ein **Beschleunigungsgebot** ableiten.[23] Durch das PSG III ist der Zusatz „in der Regel binnen drei Monaten" eingefügt worden. Nach der Begründung in den Gesetzesmaterialien soll dadurch die Pflicht zur unverzüglichen Entscheidung betont werden.[24] Zu Recht wird aber gleichzeitig darauf hingewiesen, dass die Schiedsstelle insoweit auf die Mitwirkung der Parteien angewiesen ist. Insoweit bietet der neue Zusatz für die Schiedsstelle im Verhältnis zu den Parteien die Möglichkeit, auf die vom Gesetzgeber geforderte Schnelligkeit des Verfahrens hinzuweisen und enge Fristen für die Einreichung von Stellungnahmen oder Unterlagen zu setzen. 19

Kommt eine Vereinbarung nicht zustande, steht den Vertragsparteien nach Abs. 2 S. 1 die Möglichkeit eines **Antrags auf Festsetzung des Pflegesatzes** durch die Schiedsstelle offen (Abs. 5 S. 1). Voraussetzung ist allerdings, dass kein Fall des § 91 gegeben ist, der im Verhältnis zu § 85 vorgeht (→ § 91 Rn. 6). Neben dem Fall der fehlenden Pflegesatzvereinbarung nennt das Gesetz als zweiten Fall, in dem die Schiedsstelle eine Entscheidung treffen muss, den Widerspruch des Sozialhilfeträgers gegen den Vertragsschluss (Abs. 5 S. 2 Hs. 1). Dass im Gesetz nur im Singular vom Sozialhilfeträger gesprochen wird, ist auf ein Versehen des Gesetzgebers im Rahmen der Änderung des Abs. 2 S. 1 Nr. 2 zurückzuführen, als anstelle des ursprünglich nach dem Sitz der Einrichtung zuständigen Sozialhilfeträgers die für die jeweiligen Bewohner zuständigen Träger zu Vertragsparteien erklärt, gleichzeitig aber die notwendigen Folgeänderungen für Abs. 5 übersehen wurden.[25] Nach Abs. 5 S. 2 Hs. 2 kann der widersprechende Sozialhilfeträger zusätzlich bestimmen, in welcher Besetzung die Schiedsstelle zu entscheiden hat. Die Kritik daran[26] erscheint angesichts der mit der möglichen Beschränkung der Besetzung verbundenen Verfahrensbeschleunigung nicht berechtigt. 20

Im Zusammenhang mit der **Möglichkeit des Widerspruchs** ist einiges ungeklärt. So fragt sich, ob auch zu Unrecht nicht am Verfahren und an der Vereinbarung beteiligte Sozialhilfeträger Widerspruch gegen eine Schiedsstellenentscheidung einlegen können.[27] Wenn dies für Sozialhilfeträger möglich erscheint, könnte dasselbe auch für sonstige rechtswidrig übergangene Vertragsparteien gem. Abs. 2 S. 1 gelten. Schließlich wäre zu fragen, ob dann nicht auch in anderen Fällen, in denen die Vereinbarung wegen Verstoßes gegen zwingende Vorschriften formeller oder materiellrechtlicher Art gem. § 58 SGB X nichtig ist, ebenfalls eine Entscheidung der Schiedsstelle eingeholt werden kann. In einem solchen Fall müsste allerdings die Schiedsstelle vorweg prüfen, ob eine wirksame Pflegesatzvereinbarung zustande gekommen ist. Käme die Schiedsstelle zur Auffassung, dass die Vereinbarung wirksam sei, müsste eine entsprechende Entscheidung ergehen, die dann ebenfalls gem. Abs. 5 S. 3 vor den Sozialgerichten angegriffen werden könnte. Wollte man eine solche Zuständigkeit der Schiedsstelle nicht anerkennen, müsste ein Rechtsschutz (regelmäßig durch eine Feststellungsklage – gerichtet zB auf Feststellung des Nichtbestehens einer Pflicht zur Zahlung entsprechender Pflegesätze) direkt durch die Sozialgerichte gewährt werden. Insoweit sind noch einige Fragen offen. 21

---

23 BSG, 29.1.2009, B 3 P 7/08 R, BSGE 102, 227, juris Rn. 41.
24 BT-Dr. 18/10510, 116.
25 O'Sullivan in: jurisPK-SGB XI, § 85 Rn. 45.
26 Siehe etwa Reimer in: Hauck/Noftz, SGB XI, § 85 Rn. 26.
27 Dafür Reimer in: Hauck/Noftz, SGB XI, § 82 Rn. 20; O'Sullivan in: jurisPK-SGB XI, § 85 Rn. 44.

22 Die Entscheidung der Schiedsstelle stellt nach allgemeiner Meinung einen **Verwaltungsakt** dar,[28] der allen Beteiligten bekannt gegeben werden muss. Daran ändert auch die Tatsache nichts, dass die Schiedsstelle mitunter auch als Vertragshelfer bezeichnet wird.[29] Was im vorliegenden Zusammenhang die Bedeutung dieser Bezeichnung sein soll, bleibt unklar, weshalb besser von solchen Begriffen Abstand genommen werden sollte, wenn mit ihnen nicht eine konkrete Rechtsfolge verbunden sein soll, wie dies für die Schiedsperson des § 73 b SGB V angenommen wird.[30] Vermutlich handelt es sich um einen untechnisch verwendeten Begriff, der darauf hinweisen soll, dass die Pflegesatzparteien in der Verhandlung bei der Suche nach einer Einigung durch die Schiedsstelle unterstützt werden sollen. Verpflichtet ist die Schiedsstelle aber im Ergebnis zu einer Streitentscheidung. Dass es sich dabei um einen Verwaltungsakt handelt, dürfte der Gesetzgeber nicht in Zweifel gezogen haben. Dieser Verwaltungsakt gestaltet die vertragliche Rechtslage zwischen den Vertragsparteien hinsichtlich der streitigen Vertragsteile aus. Wie bei Verwaltungsakten generell ist es möglich, gerichtlich gegen diesen Schiedsspruch vorzugehen (Abs. 5 S. 3). Die erstinstanzliche Zuständigkeit liegt nach § 29 Abs. 2 Nr. 1 SGG bei den **Landessozialgerichten**. Ein Vorverfahren findet nach § 85 Abs. 5 S. 4 nicht statt.

23 Inhaltlich ist die Entscheidung des Schiedsstelle durch das Gericht nur beschränkt überprüfbar. Zu beachten ist der **Beurteilungsspielraum der Schiedsstelle**.[31] Bei der Schiedsstelle handelt es sich um ein sachnahes und unabhängiges Gremium; in diesen Fällen kommt der Schiedsstelle wie auch anderen Behörden ein nicht vollständig kontrollierbarer Entscheidungsspielraum zu. Nach dem BSG hat das Gericht „ausschließlich zu überprüfen, ob die Ermittlung des Sachverhalts in einem fairen Verfahren unter Wahrung des rechtlichen Gehörs erfolgt ist, ob zwingendes Gesetzesrecht beachtet und ob der bestehende Beurteilungsspielraum eingehalten worden ist. Dies setzt voraus, dass die gefundene Abwägung durch die Schiedsstelle Eingang in die Begründung des Schiedsspruchs gefunden hat."[32] Wie oben (→ § 84 Rn. 25) bereits dargelegt, hat diese eingeschränkte Kontrolle auch zur Konsequenz, dass das Gericht einen externen Vergleich nur dann heranziehen darf, wenn dieser auch durch die Schiedsstelle vorgenommen wurde.

VIII. Inkrafttreten und Geltungsdauer der Pflegesätze (Abs. 6)

24 Die Pflegesatzvereinbarung wird für einen bestimmten, in der Zukunft liegenden Zeitraum geschlossen, den **Pflegesatzzeitraum** (Abs. 3 S. 1). Daraus folgt: Noch vor Beginn der folgenden Wirtschaftsperiode des Pflegeheims und dem Ablauf der alten Pflegesätze ist grundsätzlich eine neue Pflegesatzvereinbarung zu schließen. Soll die neue Vereinbarung rechtzeitig vor Ablauf des Pflegesatzzeitraums geschlossen werden, ist es notwendig, dass eine Aufforderung zum Beginn der Verhandlung rechtzeitig erfolgt. Kommt es vor Ablauf des Pflegesatzzeitraums zu keiner Festlegung auf bestimmte Pflegesätze oder findet kein solches Verfahren statt, gelten die bisherigen Pflegesätze fort (Abs. 6 S. 3).

25 Der **Zeitpunkt des Inkrafttretens** der Pflegesätze ist nicht gesetzlich vorgegeben, sondern wird von den Vertragsparteien der Pflegesatzvereinbarung oder der entscheidenden Schiedsstelle in der entsprechenden Festsetzung datiert (Abs. 6 S. 1). Der Termin des Inkrafttretens ist dabei in der Zukunft zu wählen, was S. 2 verdeutlicht. Mit dieser Anordnung wird Abs. 3 S. 1 bestätigt, der eine prospektive Festlegung der Pflegesätze gebietet. Grundlage dieser Anordnung ist vor allem, dass Bewohner des Heims die Sicherheit besitzen sollen, nicht rückwirkend mit höheren Kosten für ihre Pflegebedürftigkeit konfrontiert zu werden.

26 Das Rückwirkungsverbot gilt nach Abs. 6 S. 1 und 2 sowohl für Pflegesatzvereinbarungen als auch für Schiedsstellenentscheidungen. Gleichwohl hat die Rechtsprechung angenommen, bei einem Schiedsspruch könne als Zeitpunkt seines Wirksamwerdens der Antragseingang bei der Schiedsstelle festgesetzt werden.[33] Für die Schiedsstellenentscheidungen nach dem SGB XII wird für die etwas abweichenden Regelungen des § 77 Abs. 1 S. 1, Abs. 2 S. 3 SGB XII sogar eine rückwirkende Festsetzung für möglich gehalten, die vor den Zeitpunkt der Antragstellung bei der Schiedsstelle zurückreicht.[34] Die Möglichkeit der Rückwirkung wird vor allem mit dem Erfordernis eines effektiven Rechtsschutzes be-

---

28 Stellv. Schütze in: Udsching, § 85 Rn. 10.
29 Vgl. BT-Dr. 18/10510, 116.
30 BSG, 25.3.2015, B 6 KA 9/14 R.
31 BSG, 29.1.2009, B 3 P 7/08 R, BSGE 102, 227, juris Rn. 41 f.
32 Ebd., Rn. 42.
33 BSG, 14.12.2000, B 3 P 19/00 R, BSGE 87, 199, juris Rn. 32; s. auch Brünner/Höfer in: LPK-SGB XI, § 85 Rn. 9; Dalichau, SGB XI § 85 Rn. 120.
34 BSG, 23.7.2014, B 8 SO 2/13 R, juris Rn. 16 ff.; dazu Jaritz/Eicher, jurisPK-SGB XII § 77 Rn. 25 ff.

gründet, erscheint aber nicht zweifelsfrei. Immerhin bestimmt Abs. 6 S. 1 sogar für das Inkrafttreten zu einem in der Zukunft liegenden Zeitpunkt, dass dieser „unter angemessener Berücksichtigung der Interessen der Pflegeheimbewohner" bestimmt wird. Zudem sieht § 11 Abs. 1 S. 2 WBVG die Möglichkeit einer Kündigung zu dem Zeitpunkt vor, zu dem die Erhöhung des Entgelts verlangt wird. Danach müsste dann eine rückwirkende Kündigung möglich sein. Der Hinweis, dass die Durchsetzung entsprechender Erhöhungen gegenüber den Bewohnern faktisch oft scheitern wird,[35] dürfte die Interessen der Bewohner kaum angemessen berücksichtigen.

Weiter wird in Abs. 6 S. 1 Hs. 2 explizit bestimmt, dass die Festsetzung der Pflegesätze für alle Beteiligten, sowohl Heimträger als auch Kostenträger und Pflegebedürftige, verbindlich ist. Dieses Prinzip der **Verbindlichkeit** ist vor allem für die Bewohner eine Einschränkung, da sie nicht direkt an den Verhandlungen zur Festlegung dieser Sätze beteiligt waren und kaum Möglichkeiten (mit der Ausnahme einer Stellungnahme ihrer Interessenvertretung nach Abs. 3 S. 2) besitzen, das Verfahren zu beeinflussen. 27

In Konsequenz des Prinzips der Verbindlichkeit ergeben sich auch **Rechtswirkungen für das zivilrechtliche Vertragsverhältnis** zwischen dem Träger der Pflegeeinrichtung und dem Bewohner. Nach § 7 Abs. 2 S. 2 WBVG gelten für SGB XI-Leistungsbezieher die nach den §§ 82 ff. vereinbarten Pflegesätze als vereinbarte Entgelte des Wohn- und Betreuungsvertrages. Bei Änderungen des Pflegesatzes infolge einer neuen Vergütungsvereinbarung oder einer Schiedsstellenentscheidung wirkt sich dies nach der Rspr. des BGH dagegen nicht unmittelbar auf den Vertragsinhalt aus. Die Erhöhung des Entgelts gilt nicht ipso iure wie im Fall eines veränderten Pflege- und Betreuungsbedarfs nach § 8 Abs. 2 S. 1 WBVG. Für den (erhöhten) Entgeltanspruch ist im Fall des § 9 WBVG vielmehr die Zustimmung des Vertragspartners erforderlich.[36] 28

Pflegebedürftige haben grundsätzlich keine Möglichkeit, die Angemessenheit oder Leistungsgerechtigkeit der Pflegesätze infrage zu stellen. Gegen die Entgeltforderungen des Pflegeheimträgers kann allerdings die Einwendung erhoben werden, die Pflegesatzvereinbarung ist nicht wirksam zustande gekommen oder wegen eines Rechtsverstoßes gem. § 58 Abs. 1 SGB X iVm § 134 BGB unwirksam. Über derartiges Vorbringen haben dann bei einem Rechtsstreit zwischen dem Heimträger und dem Bewohner auch die **Zivilgerichte** vorfrageweise zu entscheiden. Sobald dagegen eine Schiedsstellenentscheidung vorliegt, kann das Nichtbestehen einer entsprechenden Forderung nur dann im Zivilprozess vorgebracht werden, wenn der – praktisch kaum vorstellbare – Fall der Nichtigkeit der Entscheidung gegeben ist. Die Rechtswidrigkeit der Entscheidung reicht dafür nicht. 29

Wie bereits thematisiert, gelten vereinbarte Pflegesätze grundsätzlich so lange, bis neue Pflegesätze in einer Pflegesatzvereinbarung oder einer Schiedsstellenentscheidung festgelegt werden und in Kraft treten. Dies gilt auch dann, wenn der Pflegesatzzeitraum bereits überschritten ist (**Abs. 6 S. 3**). Allerdings hat der Pflegeheimträger nach Auslaufen des Pflegesatzzeitraums jederzeit die Möglichkeit, nach § 91 Abs. 1 auf eine neue Vereinbarung zu verzichten. In diesem Fall endet die Fortgeltung nach § 85 Abs. 6 S. 1 unmittelbar mit Wirksamwerden der Erklärung. 30

IX. Sonderfall: Wegfall der Geschäftsgrundlage (Abs. 7)

Eine Spezialregelung für den Fall des Wegfalls der Geschäftsgrundlage enthält Abs. 7. Die Norm schließt die Anwendung der allgemeinen Vorschrift des § 59 SGB X aus, die anderenfalls zumindest in den Fällen der Pflegesatzvereinbarungen anzuwenden gewesen wäre. Tatbestandlich setzt Abs. 7 voraus, dass eine **unvorhersehbare wesentliche Veränderung der Annahmen** eingetreten ist, auf deren Basis die Pflegesätze vereinbart oder festgesetzt wurden. Kein Fall des Abs. 7 ist die Veränderung der Leistungsbeträge nach § 43 Abs. 2, der in § 84 Abs. 2 S. 3 normiert ist. Hier sind lediglich die Eigenanteile neu zu berechnen (→ § 84 Rn. 18). 31

Der Tatbestand verlangt damit zunächst eine Veränderung der den Pflegesätzen zugrunde liegenden Annahmen. Weiter muss es sich um eine Änderung handeln, die auch noch unvorhersehbar gewesen ist. Fraglich ist, ob die darin sprachlich zum Ausdruck kommenden Unterschiede zur Regelung des § 59 Abs. 1 SGB X auch inhaltlich abweichende Voraussetzungen begründen sollen. Ansatzpunkt dafür könnte jedenfalls die Voraussetzung der Unvorhersehbarkeit der Veränderung sein. Weder die Gesetzesmaterialien noch der Zweck der Vorschrift geben jedoch Anlass zu einer restriktiveren Interpretation, als sie ohnehin in anderen Fällen des Wegfalls der Geschäftsgrundlage vorgenommen wird. 32

---

35 Brünner/Höfer in: LPK-SGB XI § 85 Rn. 9.
36 BGH, 12.5.2016, III ZR 279/15, juris Rn. 26 ff.

Nähme man die Voraussetzung der Unvorhersehbarkeit wörtlich, wäre kaum je ein Anwendungsfall vorstellbar. Als vorhersehbar sind daher nur solche Veränderungen anzusehen, die im Zeitpunkt der Pflegesatzverhandlungen hätten mit eingeplant werden können. Erforderlich für die Anwendbarkeit von Abs. 7 ist damit, dass sich die **Veränderungen auf nicht planbare Umstände beziehen, die eine zentrale Kalkulationsgrundlage für die Pflegesätze betreffen**, und so gravierend sind, dass ein Festhalten an den vereinbarten bzw. festgesetzten Pflegesätzen bis zum Ende des Pflegesatzzeitraums für eine Vertragspartei **unzumutbar** wäre.

33 Im Hinblick auf die Neueinführung der einrichtungseinheitlichen Eigenanteile (EEE, dazu → § 84 Rn. 14 ff.) erfolgte mit dem neuen S. 2 zusätzlich eine Klarstellung: Soweit im Laufe eines Pflegesatzzeitraums eine erhebliche Abweichung der Bewohnerstruktur von der der Kalkulation zugrunde gelegten Bewohnerstruktur eintritt, liegt ebenfalls eine unvorhersehbare wesentliche Veränderung vor. Da die Zusammensetzung der Bewohnerstruktur nur Relevanz für den EEE hat, sind von dem Anspruch auf Neuverhandlungen auch nur die Pflegesätze für die Pflegebedürftigen der Pflegegrade 2 bis 5 in der vollstationären Pflege betroffen (zu den neuerdings zwei „Arten" von Pflegesätzen → § 84 Rn. 5). Es geht auch nicht um eine Neuverhandlung der Pflegesätze, sondern lediglich um eine Anpassung des EEE im Rahmen der bestehenden Kalkulation.

34 Nach den Materialien muss mit der veränderten Bewohnerstruktur eine erhebliche Auseinanderentwicklung der Summe der gezahlten Pflegesätze und der dafür kalkulierten Personalkosten verbunden sein.[37] Diese Voraussetzung ergibt sich bereits aus dem Tatbestandsmerkmal „wesentlich", das nicht erfüllt ist, wenn die Veränderung keine relevanten Auswirkungen auf das Ergebnis (den Pflegesatz) hat. Zugleich wird damit zum Ausdruck gebracht, dass weder der Pflegeheimträger noch (mittelbar) der Pflegebedürftige das Risiko der Veränderung der Bewohnerstruktur zu tragen hat. Entstehen dem Pflegeheimträger durch eine größere Zahl von Bewohnern der Pflegegrade 4 und 5 als zugrunde gelegt erhebliche Einnahmeausfälle, die zu tragen ihm nicht mehr zumutbar ist, so besteht der Anspruch auf Neuberechnung des EEE gegenüber den Vertragsparteien der Pflegesatzvereinbarung. Zur Beurteilung der Wesentlichkeit und damit der Zumutbarkeit im Rahmen des normalen Unternehmerrisikos ist eine Vielzahl von Umständen zu berücksichtigen. So kommt es etwa darauf an, zu welchem Zeitpunkt die Veränderung eingetreten ist und welche Restlaufzeit die Pflegesatzvereinbarung noch hat. Weiter ist relevant, ob die Auswirkungen in der Summe über die bisherige Laufzeit wesentlich sind. So können die Veränderungen im Laufe des Pflegesatzzeitraums auch ihre „Richtung" geändert haben von einer für den Pflegeheimträger zunächst günstigen zu einer belastenden Bewohnerstruktur.

35 Nicht ersichtlich ist, wie auf eine umgekehrte Veränderung der Bewohnerstruktur (mehr Bewohner niedrigerer Pflegegrade) hinsichtlich der möglichen Neuberechnung des EEE reagiert werden kann. An einer Neuberechnung hat in diesem Fall der Pflegeheimträger kein Interesse, da die Bewohner mit niedrigeren Pflegegraden (2 und 3) die Pflegeleistungen für Bewohner mit höheren Pflegegraden (4 und 5) „subventionieren" und damit bei einer entsprechenden Veränderung höhere Einnahmen erzielt werden, als für den nach den vereinbarten Personalschlüsseln möglichen Personalaufwand anfiele. Andererseits ist der Träger damit in der Lage, Gewinne zu erzielen, sondern stattdessen auch dasselbe Personal weiter zu beschäftigen, weil es von den vereinbarten Pflegesätzen refinanziert wird. Um aber die pflegebedürftigen Bewohner der niedrigeren Pflegegrade vor unberechtigt hohen Eigenanteilen zu schützen, müssten die Leistungsträger – in der Praxis bisher völlig unüblich – jedenfalls bei Ablauf des Pflegesatzzeitraums den Pflegeheimträger zu Verhandlungen aufrufen, wenn dies nicht von Seiten des Leistungserbringers geschieht und die Annahme gerechtfertigt ist, dass sich die Bewohnerstruktur wesentlich gegenüber der vorausgehenden Kalkulation verändert hat. Um dieser Aufgabe gerecht zu werden, sollte ein Recht der Leistungsträger auf Auskunft über die Entwicklung der Bewohnerstruktur in den Rahmenverträgen vereinbart werden.

36 Im Fall einer wesentlichen Veränderung kann eine der Vertragsparteien eine sofortige **Neuverhandlung der Pflegesätze** auch für den laufenden Pflegesatzzeitraum verlangen. S. 3 verweist dazu auf die Abs. 3–6. Soweit in der Literatur die Auffassung vertreten wird, aus diesem Verweis in Abs. 7 S. 3 folge, dass es zu Neuverhandlungen nur kommen kann, wenn sich die Vertragsparteien mit Mehrheit darüber verständigen,[38] so verkennt dies den Sinn des Verweises und die Aussage von Abs. 7 S. 3. Aus letzterem folgt eindeutig, dass auf Verlangen einer Vertragspartei die Pflegesätze neu zu verhandeln sind. Das entspricht auch dem allgemeinen Rechtsgedanken bei einem Wegfall der Geschäftsgrundlage.

---

37 BT-Dr. 18/6688, 146.
38 So Reimer in: Hauck/Noftz, SGB XI, § 85 Rn. 19.

Der in dem Verweis des S. 3 enthaltene Verweis auf Abs. 5 stellt klar, dass nach erfolgloser Neu- bzw. Nachverhandlungsaufforderung die Schiedsstelle angerufen werden kann. Dafür gilt wieder grundsätzlich die 6-Wochen-Frist nach Abs. 5 S. 1. Lediglich im Fall der Veränderung der Bewohnerstruktur gilt eine Frist von einem Monat (Abs. 7 S. 4). Das ist schon deshalb sinnvoll, weil es insoweit nur um die Prüfung der Wesentlichkeit der Veränderung und die dann gegebenenfalls vorzunehmende Neuberechnung des EEE auf der Grundlage der vorhandenen Kalkulation geht.[39] Sollen auch andere Veränderungen als die der Bewohnerstruktur in die Verhandlungen einbezogen werden, so gilt die Regelfrist von sechs Wochen.

X. Voraussetzungen zur Vereinbarung von Vergütungszuschlägen (Abs. 8)

Im Zuge der Neuregelung der Leistungen und Vergütungen betreffend die zusätzliche Betreuung und Aktivierung mit Aufhebung des § 87 b wurden durch das PSG II neben § 43 b zum Leistungsrecht auch § 84 Abs. 8 und § 85 Abs. 8 eingefügt. Abs. 8 regelt in diesem Kontext die vertraglichen Voraussetzungen für Vergütungszuschläge. Insofern übernimmt die Neuregelung hier die Regelungen des bisherigen § 87 b Abs. 1 und nennt die Voraussetzungen, die zur Entstehung eines Anspruchs des Pflegeheims auf eine Vereinbarung über derartige Zuschläge erfüllt sein müssen, sowie weitere Umsetzungsregelungen.

1. Voraussetzungen nach Abs. 8 S. 1 Nr. 1–3. Nicht Gegenstand des Normtextes an dieser Stelle ist die grundsätzliche Forderung, dass eine zusätzliche Betreuung und Aktivierung vorliegen muss, die über die nach Art und Schwere der Pflegebedürftigkeit notwendige Versorgung hinausgeht. Diese Voraussetzung findet sich jedoch weiterhin, und zwar jetzt zutreffend im Leistungsrecht in § 43 b. Die Folge, dass das zusätzliche Betreuungspersonal deshalb auch nicht regelmäßig in die erforderliche Pflege einbezogen sein darf und die angebotenen Leistungen auf die konkreten Bedürfnisse der Erkrankung ausgerichtet sein müssen, bleibt daher bestehen; sie wird nur nicht mehr im Vergütungsrecht geregelt.

Erste in § 85 Abs. 8 S. 1 explizit erwähnte Voraussetzung ist nach **Nr. 1** ein zusätzlicher Personalbedarf für die entsprechenden Zusatzleistungen. Das Pflegeheim muss also über zusätzliches Betreuungspersonal gerade für die zusätzliche Betreuung und Aktivierung verfügen. Seit dem Pflegeneuausrichtungsgesetz (PNG vom 23.10.2012) muss das zusätzliche Betreuungspersonal nur noch in vollstationären Einrichtungen sozialversicherungspflichtig beschäftigt sein. Teilstationäre Einrichtungen können also seither auch für geringfügig Beschäftigte im Rahmen der Vergütungszuschläge Leistungen vereinbaren und erhalten.

Nach **Nr. 2** darf der Zuschlag für jeden Pflegebedürftigen in der Regel nur fünf Prozent der Personalaufwendungen für eine zusätzliche Vollzeitkraft betragen. Bei dieser Vorgabe handelt es sich im Grunde nicht um eine Voraussetzung für die Vereinbarung von Zuschlägen, sondern um eine inhaltliche Vorgabe für deren Umfang. Dieser Anteil wurde im Zeitablauf immer weiter von 1:25 auf 1:24 (PNG) und auf 1:20 (PSG I) erhöht. Aus den Gesetzesmaterialien zur Einführung des Vorgängers § 87 b ist zu entnehmen, dass es sich bei der damaligen Vorgabe, für je rund 25 Heimbewohner eine Betreuungskraft vorzusehen, nur um eine Orientierungshilfe handeln sollte, von der durch individuell sachgerechte Lösungen abgewichen werden kann.[40] Dies hat im Gesetzestext durch die Formulierung „in der Regel" seinen Niederschlag gefunden.

Schließlich muss nach **Nr. 3** in der Vereinbarung Einvernehmen darüber erzielt werden, dass der Zuschlag nur berechnet werden darf, soweit die zusätzliche Betreuung und Aktivierung der Heimbewohner auch tatsächlich im Einzelfall erbracht wird. Diese – an sich selbstverständliche – Voraussetzung steht wohl auch im Kontext der Befürchtungen des Gesetzgebers, dass Pflegeeinrichtungen mit ihrem allgemeinen Angebot und ohne zusätzlichen Aufwand auch diese Zusatzvergütung „mitnehmen".[41]

2. Abs. 8 S. 2. Neben den in S. 1 genannten Voraussetzungen für die Vergütungszuschlagsvereinbarung sind die Pflegeeinrichtungen verpflichtet, gegenüber dem Pflegebedürftigen und dessen Angehörigen auf das zusätzliche Betreuungsangebot hinzuweisen. Dieser Hinweis muss im Rahmen des Verhandlungsprozesses und des Abschlusses des Heimvertrags getätigt werden und nachprüfbar sein. Diese Forderung dient dazu, ausreichende Transparenz über das Betreuungsangebot für die Betreuungsbedürftigen herzustellen. Zugleich soll damit bewirkt werden, dass die Pflegebedürftigen darauf achten, dass das Angebot auch tatsächlich erfolgt, um auf diese Weise eine gewisse Kontrolle erfolgt.

---

39 O'Sullivan, jurisPK-SGB XI, § 85 Rn. 75.
40 BT-Dr. 16/8525, 100.
41 Zur Zielsetzung des Ausschlusses von Mitnahmeeffekten s. auch BT-Dr. 16/8525, 100 f.

44 3. Abs. 8 S. 3. Neben den genannten Voraussetzungen sind alle Anforderungen an ein reguläres Pflegesatzverfahren auch für die Vereinbarung von Vergütungszuschlägen gültig. Darauf weist der Gesetzgeber explizit in Abs. 8 S. 3 hin. Dies gilt sowohl für den Ablauf des Verfahrens, die beteiligten Parteien als auch für die Anrufung der Schiedsstelle in Fällen der Uneinigkeit über die festzusetzende Vergütung.

§ 86 Pflegesatzkommission

(1) ¹Die Landesverbände der Pflegekassen, der Verband der privaten Krankenversicherung e.V., die überörtlichen oder ein nach Landesrecht bestimmter Träger der Sozialhilfe und die Vereinigungen der Pflegeheimträger im Land bilden regional oder landesweit tätige Pflegesatzkommissionen, die anstelle der Vertragsparteien nach § 85 Abs. 2 die Pflegesätze mit Zustimmung der betroffenen Pflegeheimträger vereinbaren können. ²§ 85 Abs. 3 bis 7 gilt entsprechend.
(2) ¹Für Pflegeheime, die in derselben kreisfreien Gemeinde oder in demselben Landkreis liegen, kann die Pflegesatzkommission mit Zustimmung der betroffenen Pflegeheimträger für die gleichen Leistungen einheitliche Pflegesätze vereinbaren. ²Die beteiligten Pflegeheime sind befugt, ihre Leistungen unterhalb der nach Satz 1 vereinbarten Pflegesätze anzubieten.
(3) ¹Die Pflegesatzkommission oder die Vertragsparteien nach § 85 Abs. 2 können auch Rahmenvereinbarungen abschließen, die insbesondere ihre Rechte und Pflichten, die Vorbereitung, den Beginn und das Verfahren der Pflegesatzverhandlungen sowie Art, Umfang und Zeitpunkt der vom Pflegeheim vorzulegenden Leistungsnachweise und sonstigen Verhandlungsunterlagen näher bestimmen. ²Satz 1 gilt nicht, soweit für das Pflegeheim verbindliche Regelungen nach § 75 getroffen worden sind.

Literatur:
Griep, Rechtsanspruch auf Bildung einer Pflegesatzkommission nach § 86 SGB XI, RsDE 75 (2013), 103.

I. Entstehungsgeschichte

1 § 86 wurde mWv 1.1.1995 durch das Pflege-Versicherungsgesetz (PflegeVG) eingeführt. An den Abs. 1 und 3 zur Zusammensetzung der Pflegesatzkommission und ihrer Berechtigung zum Abschluss von Rahmenverträgen wurden seitdem auch keine Veränderungen vorgenommen. Eine einzige Änderung erfuhr Abs. 2 durch das 1. SGB XI-ÄndG v. 14.6.1996. Hier wurde die Möglichkeit, einheitliche Pflegesätze für „Gruppen gleichartiger Pflegeheime" festzulegen, auf Heime desselben Stadt- oder Landkreises beschränkt. Außerdem gab man in Abs. 2 S. 2 den Heimträgern die Möglichkeit, ihre Leistungen auch zu einer geringeren Vergütung als den einheitlich festgelegten Pflegesätzen anzubieten. In der Folgezeit wurden keine weiteren Änderungen an § 86 mehr vorgenommen.

II. Regelungsgehalt und Normzweck

2 Ebenso wie § 85 regelt § 86 ein Verfahren zur Bestimmung von Pflegesätzen zur Vergütung allgemeiner Pflegeleistungen inklusive medizinischer Behandlungspflege und sozialer Betreuung in der stationären Pflege. Wurde in § 85 die Möglichkeit zur Ermittlung individueller Pflegesätze je Pflegeheim durch ein Pflegesatzverfahren oder einen Schiedsstellenentscheid reguliert, ermöglicht § 86 eine Festlegung einheitlicher Pflegesätze durch eine Pflegesatzkommission für Heime aus demselben Stadt- oder Landkreis. Diese Möglichkeit soll vor allem eine Vereinfachung der aufwendigen individuellen Pflegesatzverfahren darstellen und zu einer Kostensenkung führen. Dabei gibt § 86 die Zusammensetzung der Pflegesatzkommission (Abs. 1), ihre Aufgabe (Abs. 2) und ihr Recht, Rahmenvereinbarungen zu treffen (Abs. 3), vor.

3 Die Vorschrift ist – wie § 85 – über ihren direkten Anwendungsbereich, der Bestimmung von Pflegesätzen, hinaus auch auf die Entgelte für Unterkunft und Verpflegung (§ 87 S. 2 Hs. 1) und auf die Vergütungsregelungen für ambulante Pflegeleistungen (§ 89 Abs. 3 S. 4) entsprechend anwendbar.

III. Bildung und Zusammensetzung der Pflegesatzkommission (Abs. 1 S. 1)

4 Landesweit oder regional tätige Pflegesatzkommissionen werden gebildet aus den Landesverbänden der Pflegekassen, dem Verband der privaten Krankenversicherung eV, den überörtlichen Trägern der Sozialhilfe oder dem nach Landesrecht bestimmten Träger der Sozialhilfe sowie den Vereinigungen der

Pflegeheimträger. Die Vereinigungen der Pflegeheimträger können allerdings nur für diejenigen Pflegeheime Pflegesatzvereinbarungen treffen, von denen die Vereinigung vorher dazu ermächtigt wurde.[1]

Obwohl das Verfahren der Pflegesatzkommission nach Abs. 2 und 3 eine erhebliche Erleichterung gegenüber individuellen Vereinbarungen nach § 85 schaffen kann, sind in einigen Bundesländern keine Pflegesatzkommissionen gebildet worden. Das fehlende Interesse in diesen Bundesländern auf Seiten der Kostenträger mag auch mit der hier kritisierten (→ § 85 Rn. 12) überstarken Stellung der Kostenträger im Pflegesatzverfahren nach § 85 im Verhältnis zu den Leistungserbringern zusammenhängen. In diesem Kontext hat das LSG Hessen am 31.1.2013 ein vielbeachtetes Urteil erlassen, nach dem die in § 86 Abs. 1 genannten Beteiligten die Rechtspflicht haben, an der Konstituierung der Pflegesatzkommission mitzuwirken.[2] Die Entscheidung wird in der Praxis begrüßt.[3] Das hängt allerdings eindeutig damit zusammen, dass die Bildung der Kommissionen für überaus sinnvoll gehalten wird. Die rechtsdogmatische Begründung einer Rechtspflicht der Beteiligten zur Mitwirkung an der Pflegesatzkommission erscheint freilich – jenseits aller Sympathie für die Bildung der Pflegesatzkommissionen – durchaus angreifbar. Zum einen ist fraglich, welche Pflichten genau mit der Pflicht zur Mitwirkung am Akt der Konstituierung verbunden sein sollen. Sind die Beteiligten zur Zustimmung zum Gründungsakt verpflichtet und müssen sie alles dafür tun, damit der konstituierende Akt überhaupt möglich ist? Wie soll die Rechtspflicht aussehen, wenn doch schon hinsichtlich der Gründung unterschiedliche Möglichkeiten (regional und landesweit) bestehen? Eindeutig ist jedenfalls, dass sich die Pflegesatzkommissionen nicht auf irgendwelche Vereinbarungen einigen müssen. Weshalb muss jeder an der Gründung mitwirken, wenn er vielleicht keine entsprechenden Vereinbarungen schließen will? Daher hätte es unter rechtsdogmatischen Gesichtspunkten eher näher gelegen, Pflichten aus dem Sicherstellungsauftrag gem. § 69 für die Pflegekassen herzuleiten. Im Kontext dieses Auftrags haben die Pflegekassen auch auf ein funktionsfähiges System der Leistungsvergütung hinzuwirken.

IV. Vereinbarung einheitlicher Pflegesätze (Abs. 1 S. 2 und Abs. 2)

Die Pflegesatzkommission hat die Berechtigung, für mehrere Pflegeheime gleichzeitig einheitliche Pflegesätze für gleiche Leistungen zu vereinbaren. Die einheitlichen Pflegesätze werden auch **Gruppenpflegesätze** genannt. Dieser Begriff stammt aus der ursprünglichen Gesetzesfassung („Gruppen gleichartiger Pflegeheime") und der Gesetzentwurfsbegründung,[4] wird aber auch heute noch verwendet.[5]

Abs. 2 S. 1 legt fest, dass die Möglichkeit nur für stationäre Pflegeeinrichtungen besteht, die sich im selben **Landkreis** respektive in derselben **kreisfreien Gemeinde** befinden. Dies ist vor allem auf regionale Kostenabweichungen beispielsweise für Personal oder Mieten zurückzuführen. Einheitliche Pflegesätze können allerdings nur für **gleiche Leistungen** vereinbart werden. Die Frage der Gleichheit oder Vergleichbarkeit ist vor allem über die Leistungs- und Qualifikationsmerkmale nach § 84 Abs. 5 zu bestimmen. Obwohl von „gleichen Leistungen" und nicht nur von gleichartigen Leistungen gesprochen wird, kann auch an die von § 84 Abs. 2 S. 9 angeführten Kriterien angeknüpft werden.

Abs. 1 S. 2 verweist für den Verlauf des Verfahrens auf § 85 Abs. 3 bis 7, die sich auf das individuelle Pflegesatzverfahren beziehen. Die analoge Anwendung der Verfahrensregelungen zum Abschluss von Individualvereinbarungen ist jedenfalls für die Abs. 3 und 4 nicht ohne erhebliche Modifikationen möglich. So passen schon die Nachweispflichten für die Kostenansätze nicht für die einheitlichen Vereinbarungen. Hinsichtlich der Mehrheitsfindung erscheint auch die analoge Anwendung des § 85 Abs. 4 fraglich. Da § 85 Abs. 2 gerade keine Anwendung finden soll, wird man hier auf § 81 Abs. 2 zurückgreifen müssen.[6]

Grundsätzlich bindet auch die Vereinbarung in der Pflegesatzkommission entsprechend der Individualvereinbarung nach § 85. Dessen Abs. 6 ist schließlich entsprechend anwendbar (Abs. 1 S. 2). Allerdings eröffnet Abs. 2 S. 2 die Möglichkeit für die Pflegeheime, von den vereinbarten Pflegesätzen nach unten abzuweichen. Die Möglichkeiten zur Abweichung von den durch die Kommission festgelegten Pflegesätzen wird für die Träger der Pflegeheime insofern erweitert, dass sie das Recht haben, ihre Leistungen auch unter den vereinbarten Pflegesätzen anzubieten. Dies gilt nicht nur für die Pflegesätze, son-

---

[1] Siehe BT-Dr. 12/5262, 146 (zu § 95 Abs. 1 des Entwurfs).
[2] HessLSG, 31.1.2013, L 8 P 25/09, NZS 2013, 460, juris Rn. 32.
[3] Griep, RsDE 75 (2013), 103; Philipp, Sozialrecht aktuell 2013, 127 (Anm.).
[4] BT-Dr. 12/5262, 146: Gruppenpflegesätze.
[5] Schütze in: Udsching, § 86 Rn. 4; Brünner/Höfer in: LPK-SGB XI, § 86 Rn. 8 f.
[6] Vgl. auch Brünner/Höfer in: LPK-SGB XI, § 86 Rn. 8.

dern auch für die durch die Pflegesatzkommission einheitlich bestimmten Entgelte für Unterkunft und Verpflegung.

V. Abschluss von Rahmenvereinbarungen (Abs. 3)

10 Die Pflegesatzkommissionen, aber auch die Beteiligten des Pflegesatzverfahrens nach § 85 Abs. 2 haben nach § 86 Abs. 3 das Recht, Rahmenvereinbarungen für ihren jeweiligen Kompetenzbereich abzuschließen. Bei diesen Rahmenverträgen sollen vor allem organisatorische Erleichterungen des jeweiligen Verfahrens zur Bestimmung der Pflegesätze geschaffen werden. Der Normtext nennt dabei Beispiele für mögliche Vereinbarungen; sie könnten Rechte und Pflichten der Vertragsparteien, Vorbereitung, Beginn und Ablauf des Pflegesatzverfahrens oder das Wesen der Leistungsnachweise, die das Pflegeheim vorlegen muss, betreffen. Wurde für das entsprechende Heim bereits ein Rahmenvertrag nach § 75 abgeschlossen, ist die Vereinbarung eines weiteren Rahmenvertrags allerdings nicht mehr zugelassen (Abs. 3 S. 2).

§ 87 Unterkunft und Verpflegung

[1]Die als Pflegesatzparteien betroffenen Leistungsträger (§ 85 Abs. 2) vereinbaren mit dem Träger des Pflegeheimes die von den Pflegebedürftigen zu tragenden Entgelte für die Unterkunft und für die Verpflegung jeweils getrennt. [2]Die Entgelte müssen in einem angemessenen Verhältnis zu den Leistungen stehen. [3]§ 84 Abs. 3 und 4 und die §§ 85 und 86 gelten entsprechend; § 88 bleibt unberührt.

I. Entstehungsgeschichte

1 Die Regelung des Entgelts für Unterkunft und Verpflegung wurde im Rahmen des PflegeVG mWv 1.1.1995 eingeführt und blieb lange Zeit unverändert; die einzige Modifikation nahm der Gesetzgeber mit dem Pflege-Weiterentwicklungsgesetz (PflegeWEG) vom 1.7.2008[1] vor. In S. 1 wurden hierbei die Worte „jeweils getrennt" hinzugefügt.

II. Regelungsgehalt und Normzweck

2 § 87 regelt ebenso wie die §§ 84 bis 86 einen Bestandteil der Pflegevergütung, das Entgelt für Unterkunft und Verpflegung. Laut § 87 S. 1 ist dieses Entgelt ebenso wie die Pflegesätze durch die Parteien der Pflegesatzverfahren zu regeln. Zwar besteht in der Ausweisung der Entgelte eine klare Unterscheidung zwischen der Vergütung allgemeiner Pflegeleistungen und dem Entgelt für Unterkunft sowie Verpflegung, das Verfahren zu ihrer Ermittlung und die dabei anzuwendenden Prinzipien sind jedoch identisch; S. 3 weist darauf hin. S. 2 widmet sich der Bedingung „angemessener" Entgeltforderungen (→ Rn. 9).

III. Umfang des Entgelts für Unterkunft und Verpflegung und Kostenträgerschaft

3 Kosten für Unterkunft und Verpflegung umfassen alle Kosten eines Pflegeheims, die nicht direkt mit der Pflege der Bewohner zusammenhängen und damit zur Vergütung für allgemeine Pflegeleistungen gerechnet werden, aber auch keine Investitionskosten des Heims darstellen, die gesondert berechnet werden (→ § 82 Rn. 21 ff.). Entsprechend sind etwa die Unterkunftskosten nicht mit Wohnungsmieten oder Hotelkosten vergleichbar, da in diesen stets auch die Investitionskosten enthalten sind. In § 87 werden mit den Entgelten für Unterkunft also nur die Betriebskosten der Unterkunft (Sach- und Personalkosten) erfasst.[2] Die Verpflegungskosten beziehen sich auf die Anschaffung von Nahrungsmitteln und deren Zubereitung; hierfür benötigtes Personal ist ebenfalls in diesen Kosten enthalten.

4 Diese Kosten sind nach den Kategorien **Unterkunft** und **Verpflegung** separat auszuweisen. Diese Trennung wurde mit dem PflegeWEG eingefügt (→ Rn. 1), um eine Harmonisierung mit den heimrechtlichen Vorschriften zu erreichen.[3] Die entsprechende Regelung findet sich heute in § 6 Abs. 3 Nr. 2 WBVG.

5 Die Kosten trägt der Pflegebedürftige selbst. Diese Zahlungsverpflichtung wird in S. 1 nach § 82 Abs. 1 S. 4 (→ § 82 Rn. 16) ein weiteres Mal ausdrücklich festgestellt; damit wird zugleich jeder Anspruch

---

1 BGBl. I, 874.
2 Siehe auch Brünner/Höfer in: LPK-SGB XI, § 87 Rn. 5.
3 Siehe BT-Dr. 16/7439, 72.

den Pflegekassen gegenüber ausgeschlossen. Ist der Pflegebedürftige zur Deckung dieser Kosten aus eigenen Einkünften oder Vermögen nicht in der Lage, kommt der Sozialhilfeträger für die Kosten auf. Streitigkeiten über das angemessene Entgelt zwischen dem Träger des Pflegeheims und dem Bewohner werden im Zivilrechtsweg ausgetragen. Mitunter stellt sich auch die Frage der Entgeltreduzierung im Fall der vorübergehenden Abwesenheit des Heimbewohners in Fällen, in denen Leistungen der Ernährung von anderen Leistungsträgern erbracht werden. Insoweit bestimmt § 7 Abs. 5 S. 1 WBVG, dass sich der Heimträger (Unternehmer) den Wert der ersparten Aufwendungen auf den Entgeltanspruch anrechnen lassen muss, soweit der Bewohner (Verbraucher) länger als drei Tage abwesend ist. Dazu können Pauschalen im Wohn- und Betreuungsvertrag vereinbart werden. Bei Leistungsbezug nach dem SGB XI wird direkt auf die Vereinbarung nach § 87a Abs. 1 S. 7 abgestellt. In einem Fall der ausschließlichen Sondenernährung, die durch die Krankenkasse erbracht wird, wurde eine pauschale Reduzierung des Entgelts für die Verpflegung um ein Drittel als angemessen erachtet.[4]

IV. Festlegung des Entgelts (S. 1 und 3)

Die Pflegesatzparteien, die auch für die Vereinbarung der Pflegesätze verantwortlich zeichnen, legen auch die Höhe des Entgelts für Unterkunft und Verpflegung fest (S. 1). Diese Festlegung erfolgt ebenfalls in der Pflegesatzvereinbarung. S. 3 verdeutlicht dabei, dass das Festsetzungsverfahren dem der Festlegung der Pflegesätze identisch ist, sei es in Bezug auf den Grundsatz der Einheitlichkeit (nach § 84 Abs. 3), den Ablauf der Verhandlung mit Nachweispflichten des Leistungserbringers (§ 85 Abs. 3), Beteiligungsvorschriften zur Teilnahme an der Verhandlung (§ 85 Abs. 2), Abstimmungsverfahren (§ 85 Abs. 4) sowie auf die Einbeziehung der Schiedsstelle oder der Sozialgerichte (§ 85 Abs. 5), das Inkrafttreten (§ 85 Abs. 6) oder auf eine Festlegung der Entgelte durch eine Pflegesatzkommission (§ 86). Die Abgrenzung von § 88 (Zusatzleistungen) weist darauf hin, dass zusätzliche Zahlungsforderungen seitens des Leistungserbringers nicht zulässig sind. Ausnahme bilden nur Leistungen, die als Zusatzleistungen zu betrachten sind und daher gesondert mitgeteilt werden müssen.

Kritisch wird häufig gesehen, dass die eigentlichen Kostenträger in dieses Verfahren nicht einbezogen sind. An ihrer Stelle verhandeln Pflegekassen über das Entgelt, für das sie später nicht zahlungspflichtig sind. Abgesehen von grundsätzlichen Bedenken angesichts der mangelnden Beteiligung der Heimbewohner im Pflegesatzverfahren nach § 85 dürften sich im Hinblick auf das Verfahren zur Vereinbarung der Entgelte nach § 87 keine zusätzlichen Bedenken ergeben. Auch im Fall des Pflegesatzverfahrens besteht eine maßgebliche Beteiligung der Pflegekassen, ohne dass diese angesichts ihrer (etwa nach § 43 Abs. 2) beschränkten Leistungspflicht selbst von den konkreten Ergebnissen betroffen wären. Außerdem sind die Sozialhilfeträger, die selbst betroffen sein können, auch im Fall der Vereinbarung der Entgelte beteiligt.

V. Angemessenheit des Entgelts (S. 2)

Hinsichtlich der Höhe des Entgelts für Unterkunft und Verpflegung legt S. 2 fest, dass die Entgelte in einem angemessenen Verhältnis zu den erbrachten Leistungen stehen müssen. Insoweit wird die Forderung aus § 82 Abs. 1 S. 1 Nr. 2 wiederholt, nach dem die Pflegeeinrichtungen ein „angemessenes Entgelt für Unterkunft und Verpflegung" erhalten. Umstritten ist, ob das Kriterium „angemessen" in gleicher Weise ausgelegt wird wie die Voraussetzung der Leistungsgerechtigkeit nach § 84 Abs. 2 S. 1, die für die allgemeine Pflegevergütung gilt. Einerseits wird vertreten, dass das Gesetz bewusst den Begriff „angemessen" verwendet, um eine Differenzierung gegenüber der Leistungsgerechtigkeit vorzunehmen.[5] Auf die Gesetzesmaterialien kann sich diese Auffassung allerdings nicht stützen; dort fehlt es an einer entsprechenden Stellungnahme. Die Rechtsprechung nimmt die unterschiedlichen Begrifflichkeiten im Hinblick auf Pflegesätze und Entgelte für Unterkunft und Verpflegung offenbar erst gar nicht zur Kenntnis.[6] Entsprechend werden dieselben Maßstäbe im Rahmen der Pflegesatzverhandlungen auch für die Entgelte nach § 87 angewendet.[7] Die gegenteilige Literaturmeinung hält im Fall der Entgelte lediglich eine Billigkeitskontrolle und damit wesentlich großzügigere Maßstäbe für angebracht.[8] Auch wenn für die Position der Literatur Gründe angeführt werden können, dürfte im Ergebnis die

---

4 BGH, 6.2.2014, III ZR 187/13, juris Ls. 2 u. Rn. 21.
5 Siehe etwa O'Sullivan in: jurisPK-SGB XI, § 87 Rn. 16 ff.; Brünner/Höfer in: LPK-SGB XI, § 87 Rn. 6.
6 Siehe nur BSG, 29.1.2009, B 3 P 7/08 R, juris Rn. 22 ff.
7 Dafür auch Schütze in: Udsching, § 87 Rn. 4.
8 O'Sullivan in: jurisPK-SGB XI, § 87 Rn. 16 ff.; Brünner/Höfer in: LPK-SGB XI, § 87 Rn. 6; ebenso noch Udsching, SGB XI, 2. Aufl. 2000, § 87 Rn. 4.

Auffassung der Rechtsprechung doch überzeugender sein: Wäre der Pflegeheimträger wesentlich ungebundener in der Gestaltung der Entgelte, so könnte er auf diesem Weg zulasten der Bewohner (und gegebenenfalls auch der Sozialhilfeträger) zusätzliche Einnahmen erzielen, die ihm bei den Pflegesätzen versagt geblieben sind.

§ 87a Berechnung und Zahlung des Heimentgelts

(1) ¹Die Pflegesätze, die Entgelte für Unterkunft und Verpflegung sowie die gesondert berechenbaren Investitionskosten (Gesamtheimentgelt) werden für den Tag der Aufnahme des Pflegebedürftigen in das Pflegeheim sowie für jeden weiteren Tag des Heimaufenthalts berechnet (Berechnungstag). ²Die Zahlungspflicht der Heimbewohner oder ihrer Kostenträger endet mit dem Tag, an dem der Heimbewohner aus dem Heim entlassen wird oder verstirbt. ³Zieht ein Pflegebedürftiger in ein anderes Heim um, darf nur das aufnehmende Pflegeheim ein Gesamtheimentgelt für den Verlegungstag berechnen. ⁴Von den Sätzen 1 bis 3 abweichende Vereinbarungen zwischen dem Pflegeheim und dem Heimbewohner oder dessen Kostenträger sind nichtig. ⁵Der Pflegeplatz ist im Fall vorübergehender Abwesenheit vom Pflegeheim für einen Abwesenheitszeitraum von bis zu 42 Tagen im Kalenderjahr für den Pflegebedürftigen freizuhalten. ⁶Abweichend hiervon verlängert sich der Abwesenheitszeitraum bei Krankenhausaufenthalten und bei Aufenthalten in Rehabilitationseinrichtungen für die Dauer dieser Aufenthalte. ⁷In den Rahmenverträgen nach § 75 sind für die nach den Sätzen 5 und 6 bestimmten Abwesenheitszeiträume, soweit drei Kalendertage überschritten werden, Abschläge von mindestens 25 vom Hundert der Pflegevergütung, der Entgelte für Unterkunft und Verpflegung und der Zuschläge nach § 92b vorzusehen.

(2) ¹Bestehen Anhaltspunkte dafür, dass der pflegebedürftige Heimbewohner auf Grund der Entwicklung seines Zustands einem höheren Pflegegrad zuzuordnen ist, so ist er auf schriftliche Aufforderung des Heimträgers verpflichtet, bei seiner Pflegekasse die Zuordnung zu *einer höheren Pflegestufe*[1] zu beantragen. ²Die Aufforderung ist zu begründen und auch der Pflegekasse sowie bei Sozialhilfeempfängern dem zuständigen Träger der Sozialhilfe zuzuleiten. ³Weigert sich der Heimbewohner, den Antrag zu stellen, kann der Heimträger ihm oder seinem Kostenträger ab dem ersten Tag des zweiten Monats nach der Aufforderung vorläufig den Pflegesatz nach dem nächsthöheren Pflegegrad berechnen. ⁴Werden die Voraussetzungen für einen höheren Pflegegrad vom Medizinischen Dienst nicht bestätigt und lehnt die Pflegekasse eine Höherstufung deswegen ab, hat das Pflegeheim dem Pflegebedürftigen den überzahlten Betrag unverzüglich zurückzuzahlen; der Rückzahlungsbetrag ist rückwirkend ab dem in Satz 3 genannten Zeitpunkt mit wenigstens 5 vom Hundert zu verzinsen.

(3) ¹Die dem pflegebedürftigen Heimbewohner nach den §§ 41 bis 43 zustehenden Leistungsbeträge sind von seiner Pflegekasse mit befreiender Wirkung unmittelbar an das Pflegeheim zu zahlen. ²Maßgebend für die Höhe des zu zahlenden Leistungsbetrags ist der Leistungsbescheid der Pflegekasse, unabhängig davon, ob der Bescheid bestandskräftig ist oder nicht. ³Die von den Pflegekassen zu zahlenden Leistungsbeträge werden bei vollstationärer Pflege (§ 43) zum 15. eines jeden Monats fällig.

(4) ¹Pflegeeinrichtungen, die Leistungen im Sinne des § 43 erbringen, erhalten von der Pflegekasse zusätzlich den Betrag von 2 952 Euro, wenn der Pflegebedürftige nach der Durchführung aktivierender oder rehabilitativer Maßnahmen in einen niedrigeren Pflegegrad zurückgestuft wurde oder festgestellt wurde, dass er nicht mehr pflegebedürftig im Sinne der §§ 14 und 15 ist. ²Der Betrag wird entsprechend § 30 angepasst. ³Der von der Pflegekasse gezahlte Betrag ist von der Pflegeeinrichtung zurückzuzahlen, wenn der Pflegebedürftige innerhalb von sechs Monaten in einen höheren Pflegegrad oder wieder als pflegebedürftig im Sinne der §§ 14 und 15 eingestuft wird.

Literatur:
Frings, Die Rückstufungsprämie nach § 87a Abs. 4 SGB XI, SRa 2017, 43; *Neumann*, Anspruch des Heimträgers auf die Zahlung des Pflegesatzes einer höheren Pflegestufe gegen die Pflegekasse, SGb 2006, 359; *Oberhauser*, Grundlagen der Pflegeeinstufung und Pflegebegutachtung nach der Pflegeversicherung (SGB XI), PKR 2012, 34; *Plantholz*, Zuordnung eines Heimbewohners zu einer höheren Pflegeklasse, GuP 2013, 195; *Udsching*, Abstufungsprämie bei stationärer Pflege, jurisPK-SozR 13/2016 Anm. 5.

---

1 Redaktionsversehen des PSG II-Gesetzgebers, s. → Rn. 7.

I. Entstehungsgeschichte	1	V. Zahlung des Entgelts durch die Pflegekasse (Abs. 3)	15
II. Regelungsgehalt und Normzweck	2	VI. Bonuszahlung bei Rückstufung in einen niedrigeren Pflegegrad (Abs. 4)	16
III. Ansprüche des Pflegeheims gegenüber den Pflegebedürftigen (Abs. 1)	4		
IV. Wechsel in einen höheren Pflegegrad (Abs. 2)	7		

I. Entstehungsgeschichte

§ 87a wurde erst nachträglich im Rahmen des Pflege-Qualitätssicherungsgesetzes vom 9.9.2001[2] eingeführt. Zu diesem Zeitpunkt bestand die Regelung nur aus den ersten vier Sätzen des Abs. 1 sowie aus Abs. 2 und Abs. 3. Durch das PflEG vom 14.12.2001[3] wurde nur kurze Zeit später ein redaktioneller Fehler in Abs. 3 S. 1 korrigiert, in dem fälschlicherweise „§ 43a" anstelle von „§ 43" genannt war. Auch durch Art. 10 Abs. 10 des Gesetzes zur Einordnung des Sozialhilferechts in das SGB vom 27.12.2003[4] wurden Anpassungen der Formulierungen von Abs. 2 S. 2 vorgenommen. Die einzigen inhaltlichen Änderungen des § 87a erfolgten durch das Pflege-Weiterentwicklungsgesetz vom 28.5.2008.[5] Dabei wurden nicht nur die S. 5–7 in Abs. 1 zur Regelung der Fortzahlung des Heimentgelts im Falle der Abwesenheit und Abs. 4 mit der Anreiz- und Ausgleichsregelung eingeführt, sondern auch eine redaktionelle Änderung vorgenommen, indem Abs. 3 S. 3 um die Worte „bei vollstationärer Pflege (§ 43)" ergänzt wurde. Eine weitere Änderung erfolgte mWv 1.1.2015 durch Art. 1 Nr. 25 des Ersten Gesetzes zur Stärkung der pflegerischen Versorgung und zur Änderung weiterer Vorschriften (Erstes Pflegestärkungsgesetz – PSG I) vom 17.12.2014[6] durch die Erhöhung der Bonuszahlung nach Abs. 4 (→ Rn. 17). Diese Bonuszahlung wurde durch das PSG II vom 21.12.2015[7] weiter erhöht. Außerdem ersetzte der Gesetzgeber im Zuge der Einführung von Pflegegraden in den Abs. 2 und 4 die Begriffe „Pflegeklasse" und „Pflegestufe" (mit einer offensichtlich übersehenen Ausnahme in Abs. 2 S. 1) durch „Pflegegrad" und in Abs. 4 die Kriterien der „erheblichen" oder „nicht erheblichen Pflegebedürftigkeit" durch das Kriterium der „Pflegebedürftigkeit im Sinne der §§ 14 und 15". Dabei handelt es sich weitestgehend um redaktionelle Anpassungen.

II. Regelungsgehalt und Normzweck

Aufgabe des § 87a ist es zum einen, die Rechtsbeziehung zwischen dem Pflegebedürftigen und dem Heimträger zu regeln und damit vor allem zivilrechtliche Problemstellungen bei der Berechnung und Zahlung des Gesamtheimentgelts zu lösen, die sich auf der Grundlage des Pflegevertrags als fundamentaler Rechtsbeziehung zwischen den beiden Parteien ergeben. Solche zivilrechtlichen Vorgaben finden sich in den ersten beiden Absätzen dieses Gesetzes. Abs. 1 grenzt dabei den Zahlungsanspruch des Pflegeheimträgers ein und beschreibt, wie verfahren wird, sobald neue Zahlungsansprüche entstehen, beendet oder verringert werden. Sollte eine Zuordnung des Pflegebedürftigen zu einem höheren Pflegegrad notwendig werden, findet Abs. 2 Anwendung.

§ 87a ist jedoch nicht nur zivilrechtlich relevant, sondern enthält zum anderen auch Abschnitte mit sozialrechtlicher Bedeutung. So regelt Abs. 3, dass die Pflegekasse mit befreiender Wirkung direkt an das Pflegeheim zu zahlen hat. Abs. 4 enthält zudem einen Anspruch des Pflegeheims gegen die Pflegekassen auf Zahlung einer zusätzlichen Vergütung (Bonus oder „Prämie") für den Fall, dass es gelingt, die Pflegebedürftigkeit des Heimbewohners zu verringern.

III. Ansprüche des Pflegeheims gegenüber den Pflegebedürftigen (Abs. 1)

§ 87a differenziert nicht nach den einzelnen Vergütungsbausteinen, sondern führt in Abs. 1 S. 1 den Begriff des „Gesamtheimentgelts" ein. Dieses Entgelt umfasst die Vergütung für allgemeine Pflegeleistungen auf Basis der Pflegesätze, das Entgelt für Unterkunft und Verpflegung sowie gesondert berechnete Investitionskosten. Zuschläge, sei es für zusätzliche Betreuung und Aktivierung oder Zusatzleistungen nach § 88, sind vom Gesamtheimentgelt nicht erfasst. Das Gesamtheimentgelt ist nicht zu verwechseln mit dem Gesamtentgelt nach § 6 Abs. 3 WBVG. Bei Berechnung des Entgeltes wird das Prin-

---

2 BGBl. I, 2320; dazu BT-Dr. 14/5395, 61; BT-Dr. 14/6308, 32.
3 BGBl. I, 3728.
4 BGBl. I, 3022.
5 BGBl. I, 874; dazu BT-Dr. 16/7439, 72.
6 BGBl. I, 2222; dazu BT-Dr. 18/1798, 39 (zu Nr. 25); BT-Dr. 18/2909, 22.
7 BGBl. I, 2424; dazu BT-Dr. 18/5926, 138.

zip der tagesgleichen Vergütung angewandt. Diesem Prinzip zufolge erfolgt die Berechnung des Entgelts auf der Basis von **"Berechnungstagen"**. Berechnungstage, für die der Anspruch auf Zahlung eines Entgeltes besteht, sind neben den Tagen des Heimaufenthalts auch der Tag der Aufnahme in das Pflegeheim (ebenfalls Abs. 1 S. 1). Eine detailliertere Aufspaltung des Entgeltes ist nicht möglich; ein Tag ist die kleinste Zeiteinheit zur Bestimmung des zu zahlenden Entgeltes.

5 Für die Beendigung des Zahlungsanspruches bestehen zwei Möglichkeiten. Verstirbt der Pflegebedürftige oder verlässt er das Heim endgültig, muss für den angebrochenen Tag, an dem das Heim verlassen wird, ein Entgelt entrichtet werden (Abs. 1 S. 2). Wird der Bedürftige jedoch nur in eine andere stationäre Pflegeeinrichtung verlegt, fällt für ihn nach Abs. 1 S. 3 für diesen Tag nur das Gesamtheimentgelt in seinem neuen Pflegeheim an; eine Doppelbelastung des Pflegebedürftigen wird somit verhindert. Es besteht dabei keine Möglichkeit für die Parteien Pflegeheim, Heimbewohner und Kostenträger, von dieser Regelung abweichende Vereinbarungen zu treffen; Abs. 1 S. 4 untersagt das. Ziel dieses Verbots ist es, die Vergütungsansprüche vollständig auf der öffentlich-rechtlichen Ebene zu regeln, ohne in Konflikt mit privatrechtlichen Vereinbarungen zu geraten.

6 Den besonderen Fall, dass ein Bewohner für einen bestimmten Zeitraum **abwesend** ist und seinen Platz in der Pflegeeinrichtung nicht wahrnimmt, regelt Abs. 1 S. 5-7. Die Gründe für eine solche Abwesenheit können vielfältig sein und sowohl mit der Pflege als auch mit privaten Anlässen zusammenhängen. Die Pflegeeinrichtung hat nach S. 5 dabei die Pflicht, den entsprechenden Platz für eine Dauer von 42 Tagen im Jahr frei zu halten. Nach S. 6 sind dabei Aufenthalte in Krankenhäusern und Rehabilitationseinrichtungen jedoch nicht berücksichtigt; die Dauer des Aufenthalts in diesen Einrichtungen muss auf die grundsätzlichen 42 Tage aufaddiert werden. Während dieser Zeit besteht auch weiterhin ein Anspruch des Pflegeheims auf ein Entgelt, das nach S. 7 die Form einer **"Platzhaltepauschale"** annimmt. Diese Pauschale wird in den jeweiligen Rahmenverträgen nach § 75 festgelegt. In jedem Fall kann kein volles Gesamtheimentgelt gefordert werden; so muss das Entgelt pauschal um mindestens 25 % gekürzt werden. Dies wird mit Einsparungen der Einrichtung begründet, die jedoch nicht zwangsläufig gegeben sein müssen und daher durchaus zu einem Nachteil für die entsprechende Pflegeeinrichtung werden können. Dieser Abschlag gilt, sobald eine Abwesenheit länger als drei Kalendertage dauert. Die Rahmenverträge können insoweit nach S. 7 nur die Höhe der Abschläge festlegen. Die vorgegebene Fehlzeit von 42 Tagen exklusive Aufenthalten in Krankenhäusern oder Rehabilitationseinrichtungen kann nicht verändert werden. Allerdings kann der Rahmenvertrag auch schon vor dem 4. Abwesenheitstag Abschläge vorsehen. Die Vorgaben des Abs. 1 S. 7 sind Mindesterfordernisse. So kann sowohl ein höherer als auch ein früherer Abschlag vereinbart werden.[8]

IV. Wechsel in einen höheren Pflegegrad (Abs. 2)

7 Abs. 2 befasst sich mit den vergütungsrechtlichen Auswirkungen einer **Steigerung des Grades der Pflegebedürftigkeit** eines Bewohners einer stationären Pflegeeinrichtung, wenn der Pflegebedürftige nicht von sich aus sogleich einen Antrag auf eine Höherstufung stellt. Bevor die Regelungen näher betrachtet werden, ist einleitend darauf hinzuweisen, dass die durch das PSG II vorgenommenen Änderungen des Abs. 2 S. 1, 3 und 4 (Ersetzung der „Pflegestufe" bzw. „Pflegeklasse" durch „Pflegegrad") in S. 1 erkennbar unvollständig erfolgt sind. So heißt es weiter im letzten Teil des S. 1: „(...) verpflichtet, bei seiner Pflegekasse die Zuordnung zu einer höheren Pflegestufe zu beantragen". Bei der Nichtersetzung der „Pflegestufe" durch „Pflegegrad" an dieser Stelle handelt es sich offensichtlich um ein **Redaktionsversehen des Gesetzgebers**, das angesichts des nicht mehr existenten Begriffs „Pflegestufen" nicht daran hindert, den Gesetzestext so zu interpretieren, als hieße es: „(...) verpflichtet, bei seiner Pflegekasse die Zuordnung zu einem höheren Pflegegrad zu beantragen".

8 Bis heute nicht geklärte Probleme wirft der Fall auf, in dem die Zuordnung des Pflegebedürftigen zu einem Pflegegrad gem. § 15 nicht mehr dem aktuellen Grad der Pflegebedürftigkeit entspricht. Da der Pflegesatz gem. § 84 Abs. 2 S. 2 von der Zuordnung des Bewohners zu einem Pflegegrad abhängt, kann nicht selten die Situation eintreten, dass die Vergütung, die das Pflegeheim beanspruchen kann, in Höhe der Differenz zwischen den Leistungsbeträgen nach § 43 Abs. 2 für die beiden Pflegegrade hinter dem tatsächlichen Aufwand zurückbleibt. Eine solche Diskrepanz ist nach dem grundsätzlichen Modell der Finanzierung der stationären Pflegeeinrichtungen durch eine **"Änderung des Pflegegrads"** zu

---

8 S. BSG, 25.1.2017, B 3 P 3/15, juris Rn. 35.

beseitigen. Wegen der **Antragsabhängigkeit** der Leistungen der Pflegeversicherung (§ 33 Abs. 1 S. 1)[9] bedarf es dazu allerdings eines Antrags des Pflegebedürftigen.

Hinzuweisen ist in diesem Zusammenhang aber darauf, dass die (hier korrigierte → Rn. 7) gesetzliche Formulierung („die Zuordnung zu einem höheren Pflegegrad zu beantragen") missverständlich ist. Die Pflegekasse stellt nämlich nach allgemeiner Meinung nicht mit Außenwirkung, sondern nur inzident den Pflegegrad fest (→ § 18 Rn. 2). Vielmehr ergeht eine Entscheidung über die beantragte Leistung. Entsprechend ist der „Antrag auf Höherstufung" richtigerweise als Antrag auf weitergehende (höhere) **Leistungen der Pflegekasse zu verstehen.** Das Problem bestand nach altem Recht darin, dass der Pflegebedürftige objektiv gar kein Interesse an einer Höherstufung hatte, weil er damit nur seine eigene Leistungspflicht gegenüber dem Pflegeheimträger erhöht hat; je höher die Pflegestufe, umso höher war der vom Pflegebedürftigen selbst zu tragende Anteil am Pflegesatz. Daher wurde häufig gar kein „Antrag auf Höherstufung" gestellt. Mit der Einführung des einrichtungseinheitlichen Eigenanteils (EEE, → § 84 Rn. 14 ff.) durch das PSG II steigt der Eigenanteil bei einer Höherstufung nicht mehr an. Objektive Gründe, den Höherstufungsantrag zu verweigern, hat der Pflegebedürftige damit nach dem neuen System nicht mehr. Ob damit der potenzielle Konflikt zwischen der Pflegeeinrichtung und dem Pflegebedürftigen wegfällt, wird sich zeigen. 9

Unabhängig vom Wegfall des Interessengegensatzes (→ Rn. 9) sieht das Gesetz für diese Situation, in der mangels Antrags des Pflegebedürftigen keine Überprüfung des Pflegegrads durchgeführt wird und das Pflegeheim damit dauerhaft Leistungen erbringen müsste, die nicht leistungsgerecht vergütet würden, weiterhin das Verfahren nach Abs. 2 vor: Der Pflegeheimträger kann den Pflegebedürftigen **auffordern, einen Antrag bei der Pflegekasse auf Zuordnung zu einem höheren Pflegegrad zu stellen** (Abs. 2 S. 1). Bei einer Weigerung kann der Pflegeheimträger dem Pflegebedürftigen (oder dem Kostenträger) mit Beginn des zweiten Monats nach der Aufforderung vorläufig den Pflegesatz des nächsthöheren Pflegegrads berechnen (Abs. 2 S. 3). Da dieser Anspruch allein gegen den Bewohner, wegen § 43 Abs. 2 nicht gegen die Pflegekasse gerichtet ist, ist der Bewohner damit schlechter gestellt, als er stehen würde, wenn eine Höherstufung erfolgte. Auch durch eine nachfolgende Antragstellung kann er damit seine eigene Belastung wieder reduzieren. 10

Voraussetzung für die **Wirksamkeit der Aufforderung** zur Antragstellung sind die Schriftlichkeit der Aufforderung (Abs. 2 S. 1), die Begründung der Aufforderung (S. 2) und die Kenntnisgabe der Aufforderung gegenüber der Pflegekasse und im entsprechenden Fall gegenüber dem Sozialhilfeträger (S. 2). Ist die Aufforderung wirksam und weigert sich der Bewohner, den Antrag zu stellen, so werden die Rechtsfolgen des Abs. 2 S. 3 ausgelöst, der Heimträger kann vorläufig den erhöhten Pflegesatz gegenüber dem Bewohner in Rechnung stellen. Vor dem Hintergrund des EEE bedeutet diese (durch das PSG II nicht veränderte) Regelung, dass dem Bewohner der Differenzbetrag zwischen den jeweiligen Leistungsbeträgen nach § 43 Abs. 2 in Rechnung zu stellen ist. Dies wird den Bewohner veranlassen, einen entsprechenden Antrag mit Neubegutachtung zu stellen. Ergibt die anschließende Prüfung durch den Medizinischen Dienst nach Abs. 2 S. 4 Hs. 1, dass eine Höherstufung nicht gerechtfertigt war und das erhöhte Entgelt zu Unrecht berechnet wurde, ist der Einrichtungsträger verpflichtet, den zu Unrecht erhobenen Anteil des Pflegesatzes an den Pflegebedürftigen zurückzuzahlen. Dieser Betrag muss nach Abs. 2 S. 4 Hs. 2 mit einem Zinssatz von mindestens 5 % verzinst werden. Werden demgegenüber Leistungen nach einem höheren Pflegegrad bewilligt, so erhält der Heimträger von der Pflegekasse den erhöhten Leistungsbetrag und hat seinerseits dem Bewohner den damit überzahlten Betrag zu erstatten. 11

Weiterhin ungeklärt sind allerdings die **Folgen einer mangelnden Mitwirkung** des Bewohners, wenn dieser einen Antrag gestellt hat. Verweigert der Bewohner nach der Antragstellung etwa eine Untersuchung durch den MDK oder einen anderen nach § 18 Abs. 1 beauftragten Gutachter und kann deshalb der bestehende Pflegegrad nicht überprüft werden, so hält das Gesetz in § 87a Abs. 2 dafür keine ausdrückliche Regelung bereit. Weiter werden in der Literatur auch die Fälle der Rücknahme des Antrags oder auch des Nichteinlegens eines Widerspruchs oder Nichterhebens einer Klage nach einer ablehnenden Entscheidung durch die Pflegekasse diskutiert.[10] 12

Für den Fall, in dem die Pflegekasse aufgrund eines Höherstufungsantrags bereits die höhere Leistung bewilligt (und inzident einen höheren Pflegegrad festgestellt) hat, hat das LSG Sachsen dem Bewohner 13

---

9 Siehe dazu näher zur materiellrechtlichen Wirkung des Antrags Baumeister in: BeckOK SozR, SGB XI, § 33 Rn. 5.
10 Richter in: LPK-SGB XI, § 87a Rn. 15; O'Sullivan in: jurisPK-SGB XI, § 87a Rn. 38.

das Recht zur **nachträglichen Rücknahme des Antrags** abgesprochen.[11] Diese Rechtsprechung scheint jedoch zu sehr am gewünschten Ergebnis orientiert zu sein. Überwiegend wird im Verwaltungsrecht davon ausgegangen, dass die Rücknahme eines Antrags im sog reinen Antragsverfahren nach Erlass eines Verwaltungsakts zu dessen Erledigung führt, solange dieser noch nicht bestandskräftig ist.[12] Diese Ansicht dürfte auch den allgemeinen Grundsätzen zur Antragsrücknahme entsprechen, nach denen der Dispositionsgrundsatz gilt.[13] Selbst wenn § 87 a Abs. 2 S. 1 von einer Verpflichtung zur Antragstellung spricht, ist darunter nur das Bestehen einer Obliegenheit zu verstehen. Im Ergebnis ist der Fall der Rücknahme des Antrags vor Eintritt der Bestandskraft der Entscheidung der Pflegekasse als eine Verletzung der Obliegenheit zur Antragstellung zu verstehen, so dass der Pflegeheimträger die entsprechend erhöhte Pflegevergütung gem. Abs. 2 S. 3 verlangen kann.

14 Anders ist der Fall zu beurteilen, in dem die Pflegekasse den Antrag (auf höhere Leistungen) ablehnt und der **Bewohner keinen Widerspruch einlegt bzw. keine Klage erhebt**. Hierin ist keine Obliegenheitsverletzung zu sehen.[14] Eine nachfolgende schriftliche Aufforderung des Heimträgers zur Einlegung eines Widerspruchs oder zur Erhebung einer Klage erfüllt nicht die Voraussetzungen des Abs. 2 S. 1. Der umgekehrte Fall, in dem es dem Heimbewohner auch gestattet ist, gegen einen für ihn nachteiligen Bescheid mit einer Einstufung in einen höheren Pflegegrad Widerspruch einzulegen und eine Nachprüfung zu fordern,[15] dürfte jedenfalls für die Fälle der vollstationären Pflege mit einem EEE heute nicht mehr relevant sein, weil der Bescheid nicht mehr nachteilig ist. Problematischer ist schließlich der Fall der **Verzögerung des Prüfungsverfahrens**. Wird die Untersuchung verweigert, liegt regelmäßig ein Fall der Verletzung der aus Abs. 2 S. 1 ableitbaren Obliegenheit vor, soweit diese schuldhaft erfolgt. In einem solchen Fall tritt die Rechtsfolge des Abs. 2 S. 3 ein. Ein Rechtsstreit darüber wäre vor den Zivilgerichten auszutragen.

V. Zahlung des Entgelts durch die Pflegekasse (Abs. 3)

15 Abs. 3 legt der Pflegekasse als Folge des Sachleistungsprinzips die Pflicht auf, die vom Heimbewohner zu beanspruchenden Leistungsbeträge nach den §§ 41 bis 43 unmittelbar an das Pflegeheim zu zahlen. Aus dem Versorgungsvertrag gem. § 72 entsteht der Anspruch des zugelassenen Pflegeheims auf Vergütung im Rahmen der Grenzen der §§ 41 bis 43. Durch diese Zahlung wird der Versicherte von der Zahlungspflicht insoweit frei, wie Zahlungen durch die Pflegekasse erfolgen. Die Höhe dieser Beträge ist jeweils abhängig vom Pflegegrad, dem der Pflegebedürftige gem. § 84 Abs. 2 S. 2 zugeordnet ist. Die Höhe des Anspruchs richtet sich dabei nach dem Leistungsbescheid der Pflegekasse (Abs. 3 S. 2). Nach S. 3 ist die Zahlung im Falle der vollstationären Pflege jeweils am 15. des laufenden Monats fällig.

VI. Bonuszahlung bei Rückstufung in einen niedrigeren Pflegegrad (Abs. 4)

16 Abs. 4 steht mit den übrigen Regelungen des § 87 a in keinem direkten Zusammenhang. Ziel dieses Absatzes ist es, Pflegeeinrichtungen zu animieren, durch eine erfolgreiche Durchführung aktivierender Pflegemaßnahmen eine Verbesserung des Pflegezustandes des Bedürftigen in der vollstationären Pflege und eine damit einhergehende Rückstufung in einen niedrigeren Pflegegrad zu erreichen. Tritt ein solcher Fall ein, hat die Pflegekasse nach Abs. 4 S. 1 an den Einrichtungsträger eine **Bonuszahlung in Höhe von 2.592 EUR** (vom 1.1.2015 bis 31.12.2016 **1.597 EUR**, davor 1.536 EUR) vorzunehmen. Auch das Verlassen des Stadiums der „Pflegebedürftigkeit im Sinne der §§ 14 und 15" zählt als Rückstufung und wird mit einem Bonus versehen. Nach Ansicht des BSG soll der Bonus in erster Linie gar keine Prämie sein, sondern einen gewissen Ausgleich für die finanziellen Einbußen des Heims bewirken, die durch die geringeren Einnahmen infolge der Rückstufung entstehen.[16] „Nur auf zweiter Ebene" habe die Prämie auch Anreizwirkung.[17] Muss die Herabstufung des Pflegebedürftigen innerhalb einer Zeitspanne von einem halben Jahr wieder rückgängig gemacht werden, muss auch das Heim die erhaltene Zahlung an die Pflegekasse zurückzahlen (Abs. 4 S. 3). Damit soll eine nachhaltige Verbesserung des Zustands des Versicherten erreicht werden; kurzfristige Veränderungen sind nicht das Ziel.

---

11 SächsLSG, 11.7.2007, 1 L P 18/05, juris Ls. u. Rn. 29 f.; tendenziell aA – wenn auch auf fallspezifische Gründe gestützt – LSG Hmb, 27.4.2016, L 1 P 5/12, juris Rn. 26 ff.
12 Kopp/Ramsauer, VwVfG, § 43 Rn. 41 mwN; OVG Lüneburg, 16.8.2013, 4 LA 155/12, juris Rn. 2.
13 Siehe für das Rentenversicherungsrecht etwa Kühn in: Kreikebohm, SGB VI, 4. Aufl. 2013, § 115 Rn. 20.
14 Ebenso O'Sullivan in: jurisPK-SGB XI, § 87 a Rn. 39.
15 SächsLSG, 11.7.2007, 1 L P 18/05, juris 32.
16 BSG, 30.9.2015, B 3 P 1/14 R, BSGE 120,1 – juris Rn. 28.
17 Ebd.

Handelt es sich bei dem konkret Pflegebedürftigen um eine Person, die nach den Überleitungsregelungen des § 140 Abs. 2 von einer Pflegestufe zu einem Pflegegrad übergeleitet wurde, scheidet die Möglichkeit der Rückstufungsprämie grundsätzlich aus. Aufgrund des zeitlich unbefristeten Bestandsschutzes nach § 140 Abs. 3 S. 1 erfolgt für den Pflegebedürftigen keine Rückstufung. Lediglich dann, wenn die Pflegebedürftigkeit entfallen ist, besteht der übergeleitete Pflegegrad nicht mehr fort. Nur dann können in den „Überleitungsfällen" auch die Tatbestandsvoraussetzungen nach § 87 a Abs. 4 S. 1 auch erfüllt sein. 17

Der Bonusbetrag wurde zuletzt zweimal verändert. Das PSG I vom 17.12.2014[18] erhöhte den Betrag mWv **1.1.2015** um 4 % von 1.536 EUR auf 1.597 EUR. Der Gesetzgeber berief sich dafür auf die Dynamisierungsregelung des § 30, die in Abs. 4 S. 2 ausdrücklich erwähnt wird. Dieses Vorgehen des Gesetzgebers entsprach nicht dem in § 30 für den Erlass einer Rechtsverordnung vorgesehenen Verfahren. Danach soll in Abständen von drei Jahren ein Bericht über die Notwendigkeit und Höhe einer Anpassung der Leistungen der Pflegeversicherung vorgelegt werden. Da im vorliegenden Fall jedoch die Erhöhung im Rahmen eines Gesetzgebungsverfahrens und damit unter den Augen der Öffentlichkeit erfolgt ist, ist gegen die Verbindung der Anpassungen mit dem PSG I nichts einzuwenden. Kritisiert wurde jedoch, dass keine automatische Dynamisierungsregelung geschaffen wurde.[19] Ob ein solcher Automatismus wirklich sinnvoll ist, kann jedoch zumindest solange bezweifelt werden, wie die Diskussion über die maßgeblichen Kriterien der Anpassung (allgemeine Preisentwicklung, Bruttolohnentwicklung, Kostensteigerungen bei Pflegeleistungen) noch nicht abgeschlossen ist. 18

Während die Änderung im Rahmen des PSG I nur von geringer Höhe war, wurde der Betrag durch das Zweite Pflegestärkungsgesetz (PSG II) vom 21.12.2015[20] um 62 % angehoben. Der neue Leistungsbetrag von 2.952 EUR entspricht der Differenz zwischen den Leistungsbeträgen nach § 43, die innerhalb eines halben Jahres bei einer Rückstufung von Pflegegrad 3 auf Pflegegrad 2 eingespart werden.[21] Damit entspricht der Betrag in der Höhe auch dem Einnahmerückgang für sechs Monate im Fall dieser Rückstufung und damit dem vom BSG (→ Rn. 16) angenommenen Zweck. 19

Voraussetzung für eine solche Zahlung ist jedoch, dass die Rückstufung „**nach der Durchführung aktivierender oder rehabilitativer Maßnahmen**" erfolgt ist. Zu dem diffizilen Problem der Voraussetzungen für den Rückstufungsbonus hat sich das BSG[22] ausführlich geäußert. Die Entscheidung, die zur Rechtslage vor dem PSG II erging, bleibt weiterhin uneingeschränkt relevant auch unter der Geltung des neuen Pflegebedürftigkeitsbegriffs.[23] Darin hat das BSG die hier im Ergebnis schon in erster Auflage vertretene Meinung gestützt, dass kein **Nachweis über die Kausalität der aktivierenden oder rehabilitativen Maßnahmen für die Reduzierung der Pflegebedürftigkeit** geführt werden muss. Das folgt aus diversen Auslegungsgesichtspunkten, beginnend beim Wortlaut, der nicht verlangt, dass „durch" diese Maßnahmen, sondern nur „nach" den Maßnahmen die Rückstufung erfolgt. Nachzuweisen ist aber, dass aktivierende oder rehabilitative Maßnahmen durchgeführt wurden, die über das gesetzliche Mindestmaß an pflegerischen Maßnahmen hinausgehen. Kann die Pflegekasse im Gegenzug nicht beweisen, dass die Rückstufung allein auf andere Maßnahmen oder Hilfsmittel zurückzuführen ist, so bleibt es bei der vermuteten Kausalität der Maßnahmen des Pflegeheims. 20

Bei den Maßnahmen der medizinischen Rehabilitation sind alle Maßnahmen einzubeziehen, die ambulant im Pflegeheim durchgeführt wurden – unabhängig von der Kostenträgerschaft. Es kann sich also auch um Maßnahmen der Krankenkasse handeln, die vom Pflegepersonal gegebenenfalls veranlasst und begleitet wurden.[24] Weiter müssen die aktivierenden oder rehabilitativen Maßnahmen und die Teilnahme des Pflegebedürftigen **dokumentiert** werden, wobei die Anforderungen nicht zu hoch anzusetzen sind.[25] Die Dokumentation ist im Fall der Antragstellung dem MDK (nicht der Pflegekasse) zur Verfügung zu stellen. 21

Die Höhe des Betrages unterfällt gem. Abs. 4 S. 2 dem **Dynamisierungsgebot** nach § 30, nach dem die Bundesregierung im Abstand von drei Jahren Notwendigkeit und Höhe einer Anpassung der Leistungen prüft. Die nächste Prüfung soll gem. § 30 Abs. 1 S. 1 wieder im Jahre 2020 stattfinden. Aufgrund 22

---

18 BGBl. I, 2222; dazu BT-Dr. 18/1798, 39 (zu Nr. 25).
19 Siehe etwa Langer, RdLh 2014, 107.
20 BGBl. I, 2424.
21 BT-Dr. 18/5926, 138.
22 BSG, 30.9.2015, B 3 P 1/14 R, BSGE 120, 1 – juris.
23 Plantholz, SRa 2016, 28.
24 BSG, 30.9.2015, B 3 P 1/14 R, BSGE 120, 1 – juris Rn. 25.
25 Ebd., Rn. 27, 29; näher zur Dokumentation auch Plantholz, SRa 2016, 28 f.

der fortwährenden Novellierungen des SGB XI in den vergangenen Jahrzehnten, bei denen die Anpassungen der Leistungsbeträge durch den Gesetzgeber selbst vorgenommen wurden, ist es allerdings bisher nicht zu einer Anpassung im Verfahren des § 30 Abs. 2 über eine Rechtsverordnung gekommen.

§ 87 b (aufgehoben)

§ 88 Zusatzleistungen

(1) ¹Neben den Pflegesätzen nach § 85 und den Entgelten nach § 87 darf das Pflegeheim mit den Pflegebedürftigen über die im Versorgungsvertrag vereinbarten notwendigen Leistungen hinaus (§ 72 Abs. 1 Satz 2) gesondert ausgewiesene Zuschläge für
1. besondere Komfortleistungen bei Unterkunft und Verpflegung sowie
2. zusätzliche pflegerisch-betreuende Leistungen

vereinbaren (Zusatzleistungen). ²Der Inhalt der notwendigen Leistungen und deren Abgrenzung von den Zusatzleistungen werden in den Rahmenverträgen nach § 75 festgelegt.

(2) Die Gewährung und Berechnung von Zusatzleistungen ist nur zulässig, wenn:
1. dadurch die notwendigen stationären oder teilstationären Leistungen des Pflegeheimes (§ 84 Abs. 4 und § 87) nicht beeinträchtigt werden,
2. die angebotenen Zusatzleistungen nach Art, Umfang, Dauer und Zeitabfolge sowie die Höhe der Zuschläge und die Zahlungsbedingungen vorher schriftlich zwischen dem Pflegeheim und dem Pflegebedürftigen vereinbart worden sind,
3. das Leistungsangebot und die Leistungsbedingungen den Landesverbänden der Pflegekassen und den überörtlichen Trägern der Sozialhilfe im Land vor Leistungsbeginn schriftlich mitgeteilt worden sind.

Literatur:
Frings, Muss eine stationäre Pflegeeinrichtung Taxikosten für Arztbesuch tragen?, Sozialrecht aktuell 2011, 211; *Kaminski*, Die Begleitung des Heimbewohners zu Arztbesuchen – keine Regelleistung des Pflegeheims, PflR 2012, 495; *Trefz*, Zuschläge für besondere Komfortleistungen des Heimträgers auf das Heimentgelt, PKR 2004, 80; *ders.*, Unter welchen Voraussetzungen dürfen Pflegeheime Zusatzleistungen gesondert abrechnen?, PKR 2005, 105.

I. Entstehungsgeschichte

1 § 88 wurde durch Art. 1 PflegeVG vom 26.5.1994[1] mWv 1.1.1995 eingeführt. Seither ist die Norm unverändert geblieben.

II. Regelungsgehalt und Normzweck

2 § 88 regelt die Zusatzleistungen, die separat zu allen anderen Vergütungen für allgemeine Pflegeleistungen, Unterkunft und Verpflegung oder Investitionen sowie zu möglichen Zuschlägen berechnet werden. Dabei verschafft § 88 zum einen dem Pflegebedürftigen die Möglichkeit, in seinem Pflegevertrag einen Anspruch auf Zusatzleistungen zu vereinbaren; zum anderen erhält der Heimträger im Fall der Vereinbarung den Anspruch auf eine entsprechende Vergütung für die entsprechenden Zusatzleistungen. Abs. 1 regelt das Spektrum an möglichen Zusatzleistungen; diese beziehen sich entweder auf die Unterkunft und Verpflegung oder liegen im pflegerischen Bereich. Abs. 2 schränkt die freie Verfügung über diese Zusatzleistungen durch einige Voraussetzungen ein.

III. Inhalt der Zusatzleistungen (Abs. 1)

3 Nach Abs. 1 S. 1 ist es dem Pflegeheim und den Pflegebedürftigen möglich, in ihrem Pflegevertrag Zusatzleistungen zu vereinbaren. Diese Zusatzleistungen müssen klar von den generell vorgegebenen Leistungen (sogenannte „Regelleistungen"), die durch die Pflegesätze (§ 85) und das Entgelt von Unterkunft und Verpflegung (§ 87) bereits gedeckt werden, getrennt sein, deren Umfang der Versorgungsvertrag nach § 72 Abs. 1 S. 2 vorgibt. Im Detail sind es die **Rahmenverträge** nach § 75, in denen festge-

---
1 BGBl. I, 1014; dazu BT-Dr. 12/5262, 147.

legt wird, wann eine Leistung als Regelleistung anzusehen ist (Abs. 1 S. 2). Alle darüber hinausgehenden Leistungen sind als Zusatzleistungen zu verstehen. Der Gesetzgeber unterscheidet bei den Zusatzleistungen analog zu den Regelleistungen zwischen Zusatzleistungen bei Unterkunft und Verpflegung (Abs. 1 S. 1 Nr. 1) sowie Zusatzleistungen bei Pflege und Betreuung (Abs. 1 S. 1 Nr. 2). Notwendig ist zudem eine möglichst klare Abgrenzung gegenüber den (gleichfalls zusätzlichen) Leistungen der zusätzlichen Betreuung und Aktivierung nach § 43 b.

1. Besondere Komfortleistungen bei Unterkunft und Verpflegung (Abs. 1 S. 1 Nr. 1). Das Pflegeheim hat die Möglichkeit, besondere Komfortleistungen bei Unterkunft und Verpflegung zu erbringen. Hierbei ist wichtig, dass nur die Leistung eine Zusatzleistung sein kann, die keine zwingende Maßnahme zur Unterbringung und Verpflegung des Bedürftigen ist. Gibt die individuelle Art der Pflegebedürftigkeit dabei bestimmte Anforderungen vor, die möglicherweise nicht für alle Bewohner anfallen und eventuell einen besonderen Aufwand darstellen, sind diese Leistungen keine Zusatzleistungen. Schon in den Gesetzesmaterialien genannte Beispiele sind die Verabreichung einer bestimmten Diätkost oder die Bereitstellung spezieller Pflegebetten, die dem Pflegebedarf des Bedürftigen entsprechen.[2] Darüber hinausgehende Leistungen, die das Maß der Standardversorgung überschreiten, sind jedoch als Zusatzleistungen zu werten.

Streitigkeiten, ab wann die Standardversorgung überschritten ist, gibt es weniger im Bereich der Verpflegung, sondern häufiger in Bezug auf die Unterkunft. So stellt sich die Rechtsfrage, ab wann ein Einzelzimmer nicht mehr den grundlegenden Bedürfnissen, sondern „besonderem Komfort" entspricht. Der VGH Baden-Württemberg hat im Rahmen einer Klage gegen eine Maßnahme der Heimaufsicht entschieden, dass ein Zuschlag nur dann in Betracht komme, „wenn dieser gerade für einen besonderen Komfort eines solchen Zimmers (Größe, eigener Sanitärraum, Kochnische, Balkon etc) erhoben wird, der in dem Heim individuell wählbar ist".[3] Entsprechend ist heute sicher ein Einzelzimmer nicht mehr regelmäßig als Zusatzleistung anzusehen.

2. Zusätzliche pflegerisch-betreuende Leistungen (Abs. 1 S. 1 Nr. 2). Eine zweite Möglichkeit, Zusatzleistungen zu empfangen, sieht Abs. 1 S. 1 Nr. 2 im Bereich der Pflege und Betreuung vor. Typischerweise werden insoweit Zusatzleistungen nur in geringerem Umfang auftreten, da die allgemeinen Pflegeleistungen den Pflegebedarf des Heimbewohners angemessen und vollständig abdecken. Im Bereich der Körperpflege sind allerdings als Zusatzleistungen Leistungen anzusehen, die der reinen Schönheitspflege dienen; auch Körperpflegemittel sind vom Pflegebedürftigen selbst zu bezahlen und können daher als Zusatzleistung vereinbart werden.[4] Geistige und kulturelle Betreuung sind in einem Mindestmaß als Betreuung und damit nicht als Zusatzleistung zu verstehen. Weiter fraglich ist, ob eine Leistung den Zusatzleistungen zuzurechnen ist. So ist etwa auch die Begleitung von Bewohnern einer Einrichtung zu Arztbesuchen nicht als Regelleistung anzusehen.[5] Aus Gründen des Umgangs der Rechtsprechung mit Rahmenverträgen nach § 75 hat eine Entscheidung zur Frage, ob die einmalige Wäschekennzeichnung beim Einzug in ein Pflegeheim eine Regelleistung („Wäschepflege") oder eine Zusatzleistung darstellt, für Aufmerksamkeit gesorgt.[6] Maßgeblich für die Beurteilung der Abgrenzung von Regelleistung und Zusatzleistung ist nach Abs. 1 S. 2 stets der Rahmenvertrag nach § 75. Soweit darin keine ausdrückliche Regelung enthalten ist, muss dieser wie andere Regelungen auch ausgelegt werden.

IV. Bedingungen zur Vereinbarung von Zusatzleistungen (Abs. 2)

Nach Abs. 2 müssen bestimmte Bedingungen erfüllt sein, damit ein Pflegeheim dem Bedürftigen Zusatzleistungen in Rechnung stellen kann. Diese Bedingungen dienen vor allem dem Schutz des Bedürftigen und sollen verhindern, dass die Träger der Pflegeeinrichtungen das Instrument der Zusatzleistungen nutzen, um zusätzliche Einnahmen zu Ungunsten des Pflegebedürftigen zu generieren.

Die erste Voraussetzung in **Abs. 2 Nr. 1** gibt vor, dass die **grundlegenden und notwendigen Leistungen** des Pflegeheims durch die Zusatzleistungen **nicht beeinträchtigt** werden dürfen. Durch die explizite Formulierung dieser Bedingung wird daran erinnert, dass es vorrangige Aufgabe des Pflegeheims ist, die Leistungen der notwendigen Pflege zu erbringen. Zusatzleistungen, die darüber hinausgehen, sind

---

[2] BT-Dr. 12/5262, 147.
[3] VGH Mannheim, 22.6.2006, 6 S 2993/04, juris Ls. 2 und Rn. 24 ff.
[4] VG Köln, 10.1.2012, 22 L 1326/11, juris Rn. 9 ff.
[5] VGH Mannheim, 9.7.2012, 6 S 773/11, Sozialrecht aktuell 2012, 247 mAnm Philipp.
[6] VGH Kassel, 8.8.2013, 10 A 902/13, Sozialrecht aktuell 2013, 263 m. krit. Anm. Philipp: Regelleistung.

hier nur sekundär wichtig und müssen der allgemeinen Pflege gegenüber zurückstehen. **Abs. 2 Nr. 2** fordert, dass die abzurechnenden Zusatzleistungen schriftlich vereinbart und fixiert werden. Dabei muss auf eine detaillierte Auflistung Wert gelegt werden. Art, Umfang, Dauer, die zeitliche Abfolge und die Zahlungsmodalitäten (Höhe und Bedingungen) müssen festgelegt werden. Eine Abrechnung über Zusatzleistungen, die vorher nicht vereinbart wurden, ist unmöglich. Schlussendlich gibt **Abs. 2 Nr. 3** vor, dass das Heim auch den Landesverbänden der Pflegekassen sowie den Sozialhilfeträgern des Landes sein Leistungsangebot und die damit verknüpften Bedingungen schriftlich mitteilen muss. Diese Mitteilungspflicht an die anderen Partner des Rahmenvertrags kann die Pflegekassen und Sozialhilfeträger dazu veranlassen, eine schärfere Trennung zwischen allgemeinen und zusätzlichen Leistungen im Rahmenvertrag zu veranlassen, sollte sie notwendig sein.

Dritter Abschnitt
Vergütung der ambulanten Pflegeleistungen

§ 89 Grundsätze für die Vergütungsregelung

(1) ¹Die Vergütung der ambulanten Leistungen der häuslichen Pflegehilfe wird, soweit nicht die Gebührenordnung nach § 90 Anwendung findet, zwischen dem Träger des Pflegedienstes und den Leistungsträgern nach Absatz 2 für alle Pflegebedürftigen nach einheitlichen Grundsätzen vereinbart. ²Sie muß leistungsgerecht sein. ³Die Vergütung muss einem Pflegedienst bei wirtschaftlicher Betriebsführung ermöglichen, seine Aufwendungen zu finanzieren und seinen Versorgungsauftrag zu erfüllen unter Berücksichtigung einer angemessenen Vergütung ihres Unternehmerrisikos. ⁴Die Bezahlung von Gehältern bis zur Höhe tarifvertraglich vereinbarter Vergütungen sowie entsprechender Vergütungen nach kirchlichen Arbeitsrechtsregelungen kann dabei nicht als unwirtschaftlich abgelehnt werden. ⁵Für eine darüber hinausgehende Bezahlung bedarf es eines sachlichen Grundes. ⁶Eine Differenzierung in der Vergütung nach Kostenträgern ist unzulässig.

(2) ¹Vertragsparteien der Vergütungsvereinbarung sind die Träger des Pflegedienstes sowie
1. die Pflegekassen oder sonstige Sozialversicherungsträger,
2. die Träger der Sozialhilfe, die für die durch den Pflegedienst versorgten Pflegebedürftigen zuständig sind, sowie
3. die Arbeitsgemeinschaften der unter Nummer 1 und 2 genannten Träger,

soweit auf den jeweiligen Kostenträger oder die Arbeitsgemeinschaft im Jahr vor Beginn der Vergütungsverhandlungen jeweils mehr als 5 vom Hundert der vom Pflegedienst betreuten Pflegebedürftigen entfallen. ²Die Vergütungsvereinbarung ist für jeden Pflegedienst gesondert abzuschließen und gilt für den nach § 72 Abs. 3 Satz 3 vereinbarten Einzugsbereich, soweit nicht ausdrücklich etwas Abweichendes vereinbart wird.

(3) ¹Die Vergütungen können, je nach Art und Umfang der Pflegeleistung, nach dem dafür erforderlichen Zeitaufwand oder unabhängig vom Zeitaufwand nach dem Leistungsinhalt des jeweiligen Pflegeeinsatzes, nach Komplexleistungen oder in Ausnahmefällen auch nach Einzelleistungen bemessen werden; sonstige Leistungen wie hauswirtschaftliche Versorgung, Behördengänge oder Fahrkosten können auch mit Pauschalen vergütet werden. ²Die Vergütungen haben zu berücksichtigen, dass Leistungen von mehreren Pflegebedürftigen gemeinsam abgerufen und in Anspruch genommen werden können; die sich aus einer gemeinsamen Leistungsinanspruchnahme ergebenden Zeit- und Kostenersparnisse kommen den Pflegebedürftigen zugute. ³§ 84 Absatz 4 Satz 2 und Absatz 7, § 85 Absatz 3 bis 7 und § 86 gelten entsprechend.

Literatur:

Holl-Manohoran/Rehbein, Das Vergütungsgeschehen in der ambulanten Pflege nach dem SGB XI, Fokus Pflegeversicherung 2009, 175; *Langer*, Vergütung ambulanter Pflegeleistungen individuell aushandeln, RdLH 2011, 16; *Richter*, Die Zeitvergütung in der ambulanten Pflege nach den §§ 89, 120 SGB XI, GuP 2014, 1; *Trenk-Hinterberger*, Vergütung ambulanter Pflegeleistungen, jurisPR-SozR 24/2010, Anm. 4.

I. Entstehungsgeschichte	1	IV. Prinzipien der Vergütung ambulanter Pflege (Abs. 1)		5
II. Regelungsgehalt und Normzweck	2	1. Vereinbarungsprinzip (Abs. 1)		5
III. Ambulante Pflegeeinrichtungen	4	2. Einheitlichkeit (Abs. 1 S. 1)		7

3. Leistungsgerechtigkeit (Abs. 1 S. 2, 3) .. 8
V. Vertragsparteien (Abs. 2 S. 1) 11
VI. Individualvereinbarungen (Abs. 2 S. 2) 12
VII. Inhalt der Vergütungsvereinbarung (Abs. 3) 13
1. Anknüpfungspunkte für die Vergütungsbemessung (Abs. 3 S. 1) 13
2. Vergütung bei gemeinsamer Leistungsinanspruchnahme und Betreuungsleistungen (Abs. 3 S. 2, 3) 14

I. Entstehungsgeschichte

§ 89 zählt zu den von Anfang an im SGB XI enthaltenen Vorschriften. Die erste Änderung in Abs. 2 wurde durch das 1. SGB XI-Änderungsgesetz vom 14.6.1996[1] vorgenommen. Im Jahre 2008 folgten durch das Pflege-Weiterentwicklungsgesetz (PflegeWEG) vom 28.5.2008[2] weitere Änderungen. Dabei wurde Abs. 2 S. 1 Nr. 2 insofern angepasst, dass einbezogene Sozialhilfeträger im Vergütungsverfahren berücksichtigt werden, die „für die durch den Pflegedienst versorgten Pflegebedürftigen zuständig sind". S. 2 wurde außerdem neu hinzugefügt. Zusätzlich wurde Abs. 3 erweitert, indem die jetzigen S. 2 und 3 neu hinzugefügt wurden. Der vormalige Abs. 3 S. 2 ist nun als S. 4 zu finden. Durch das Pflege-Neuausrichtungs-Gesetz (PNG) vom 23.10.2012[3] wurden mehrere Änderungen vorgenommen. Abs. 1 S. 3 wurde dahin gehend erweitert, dass explizit festgelegt wurde, dass der Pflegedienst bei wirtschaftlicher Betriebsführung „seine Aufwendungen finanzieren" können müsse. Außerdem wurde Abs. 3 verändert. Hier kam die Vorschrift hinzu, dass eine Vergütungsvereinbarung ab dem 1.1.2013 nicht nur optional, sondern zwingend auch Vergütungen nach dem Zeitaufwand für den benötigten Pflegeeinsatz enthalten muss. Weitere Änderungen folgten durch die Pflegestärkungsgesetze: Das **PSG I** vom 17.12.2014[4] änderte Abs. 1 und Abs. 3: Art. 1 Nr. 26 a PSG I ersetzte in Abs. 1 den Satz 3 durch die Sätze 3 bis 5 und fasste Abs. 3 S. 4 neu; Art. 1 Nr. 26 b PSG I fasste Abs. 3 S. 1 neu und machte damit dessen Änderung durch das PNG 2012 wieder rückgängig (→ Rn. 13). Das **PSG II** vom 21.12.2015[5] führte zu einer redaktionellen Änderung in Abs. 1 S. 1; dazu wurde Abs. 3 S. 3 ersatzlos gestrichen, aus dem ehemaligen S. 4 wurde nun S. 3. Bei beiden Änderungen handelt es sich um Folgeänderungen zum neu gefassten § 36. Mit dem PSG III vom 23.12.2016[6] wurden schließlich – parallel zu den Änderungen in § 84 – in Abs. 1 mehrere zentrale Änderungen mWv 1.1.2017 vorgenommen: S. 3 erhielt den Zusatz zur Berücksichtigung des Unternehmerrisikos, in S. 4 erfolgte die Einführung betreffend eine Bezahlung bis zur Höhe von Tariflöhnen und neu S. 5 eingefügt, wodurch der bisherige S. 5 zu S. 6 wurde.

II. Regelungsgehalt und Normzweck

§ 89 eröffnet den dritten Abschnitt des Achten Kapitels im SGB XI. Enthält der erste Abschnitt noch allgemeine, für den gesamten Pflegebereich gültige Vorschriften zur Pflegevergütung, erfolgt durch die darauf folgenden Abschnitte eine Trennung in Vorschriften, die für stationäre Pflege (zweiter Abschnitt) oder für ambulante Pflege (dritter Abschnitt) gültig sind. Der dritte Abschnitt besteht aus lediglich zwei Normen. § 89 hat die Funktion, analog zu den §§ 84 und 85 in der stationären Pflege Grundsätze der Vergütung ambulanter Pflegeeinrichtungen festzulegen. Die Regelung der § 89 verweist in Abs. 3 S. 3 auf Regelungen betreffend die stationären Pflegeeinrichtungen.

Abs. 1 stellt – wie § 84 Abs. 1 für die stationären Leistungen – die Ausgangsnorm zur Vergütung ambulanter Pflegeleistungen dar. Hier werden die Parteien der Vereinbarung der Vergütung genannt und ein Hinweis auf die bereits bekannten Prinzipien der Einheitlichkeit, Leistungsgerechtigkeit und der wirtschaftlichen Betriebsführung gegeben. Abs. 2 enthält – parallel zu § 84 Abs. 2 – die näheren Regelungen zu den Vertragsparteien der Vergütungsvereinbarung. Abs. 3 richtet seinen Fokus auf den Inhalt der Vergütungsvereinbarungen, die sich auch erheblich von den Pflegesatzvereinbarungen unterscheiden.

---

[1] BGBl. I, 830; dazu BT-Dr. 13/3696, 12 f.
[2] BGBl. I, 874; dazu BT-Dr. 16/7439, 73 f.
[3] BGBl. I, 2246; dazu BT-Dr. 17/9369, 47.
[4] BGBl. I, 2222; dazu BR-Dr. 223/14 (Beschluss), 22 und BT-Dr. 18/2379, 10; BT-Dr. 18/2909, 23 f., 44 f.
[5] BGBl. I, 2424; dazu BT-Dr. 18/5926, 138.
[6] BGBl. I, 3191; dazu BT-Dr. 18/10510, 26, 115 ff.

III. Ambulante Pflegeeinrichtungen

4 Ambulante Pflegeeinrichtungen, „**Pflegedienste**" (§ 71 Abs. 1), erbringen ihre Pflegeleistungen („ambulante Leistungen der häuslichen Pflegehilfe") im Gegensatz zur stationären Pflege nicht in einer Einrichtung, in der die Pflegebedürftigen untergebracht werden können, sondern in der häuslichen Umgebung des Pflegebedürftigen. Die Bereitstellung von Unterkunft und Verpflegung fällt nicht in den Zuständigkeitsbereich des Pflegedienstes.

IV. Prinzipien der Vergütung ambulanter Pflege (Abs. 1)

5 **1. Vereinbarungsprinzip (Abs. 1).** Die Vergütung von Pflegeleistungen erfolgt auf der Basis von vertraglichen Regelungen. Über den Versorgungsvertrag (§ 72) und die Rahmenverträge (§ 75) hinaus werden auch über die Vergütung der einzelnen Leistungen in stationärer und ambulanter Pflege regelmäßig Verträge geschlossen. Die Pflegevergütung (§ 82 Abs. 1 S. 1 Nr. 1) wird in der stationären Pflege durch Pflegesätze bestimmt, die zwischen den Pflegesatzparteien vereinbart werden. Entsprechende Vergütungsvereinbarungen werden auch für die Vergütung der ambulanten Leistungen der häuslichen Pflegehilfe geschlossen (§ 89 Abs. 1 S. 1).

6 Nur im Fall einer – bisher nicht erlassenen – Gebührenordnung für ambulante Pflegeleistungen gemäß § 90 wäre die Möglichkeit des Abschlusses von Vergütungsvereinbarungen nicht mehr gegeben. Zudem haben die Pflegeeinrichtungen die Möglichkeit, auf eine Vergütungsvereinbarung zu verzichten (§ 91), was allerdings mit dem Nachteil der beschränkten Kostenerstattung für die Pflegebedürftigen verbunden ist (§ 91 Abs. 2).

7 **2. Einheitlichkeit (Abs. 1 S. 1).** Die Vergütung wird „nach einheitlichen Grundsätzen" vereinbart (Abs. 1 S. 1). Eine Differenzierung in der Vergütung nach Kostenträgern ist unzulässig (Abs. 1 S. 3 Hs. 2). Zudem verweist Abs. 3 S. 3 noch auf das Differenzierungsverbot des § 84 Abs. 4 S. 2, nach dem auch nur die vereinbarten Vergütungen berechnet werden dürfen (→ § 84 Rn. 51).

8 **3. Leistungsgerechtigkeit (Abs. 1 S. 2, 3).** Das Prinzip der Leistungsgerechtigkeit wird im Gesetz in Abs. 1 S. 2 ausdrücklich genannt. Zudem enthalten Abs. 1 S. 3 bis 5 weitere Vorgaben für die Leistungsgerechtigkeit der Vergütung. Über diese Regelungen sowie die nach Abs. 3 S. 3 entsprechend anwendbaren Vorschriften über das Pflegesatzverfahren nach § 85 Abs. 3 „hat sich das Vergütungsregime für ambulante Pflegeleistungen ... weitestgehend parallel zum Vergütungsregime für stationäre Pflegeleistungen entwickelt".[7] Im Ergebnis gelten nach der Rechtsprechung daher die Grundsätze, die auch für die Pflegesatzverhandlungen und -vereinbarungen aufgestellt wurden;[8] auf die Ausführungen dazu (→ § 84 Rn. 19 ff.) wird verwiesen.

9 Mit dem PSG I vom 17.12.2014[9] wurde parallel zu § 84 Abs. 2 S. 5 in Abs. 1 die Thematik der Zahlung von Tariflöhnen und Vergütungen nach kirchlichen Arbeitsrechtsregelungen verankert. Die beiden bisherigen Halbsätze von Abs. 1 S. 3 wurden als selbständige Sätze (S. 3 und 5) formuliert und neu S. 4 eingefügt. Dieser greift die Problematik der Wirtschaftlichkeitsprüfung im Zusammenhang mit der Zahlung von Tariflöhnen und Vergütungen nach kirchlichen Arbeitsrechtsregelungen auf. Im Ergebnis handelte es sich weitgehend um die Übernahme der Rspr. des BSG seit 2009. Das PSG III vom 23.12.2016[10] hat die Beschränkung der Wirtschaftlichkeitsprüfung noch einmal wesentlich erweitert, indem in der Neuregelung von S. 4 nicht nur tarifvertraglich oder nach kirchlichen Arbeitsrechtsregelungen gebundene, sondern sämtliche Leistungserbringer erfasst werden. Nach der Neuregelung ist die Zahlung von Gehältern bis zur Höhe des maßgebenden Tarifvertrags wirtschaftlich (dazu näher → § 84 Rn. 41 ff.).

10 Das PSG III hat weiter die Vorgabe eingefügt, dass das Unternehmerrisiko im Rahmen der Vergütungsvereinbarung zu berücksichtigen ist (Abs. 1 S. 3). Bei dieser Änderung handelt es sich um eine Parallelregelung zu § 84 Abs. 2 S. 4. Eine Änderung der Rechtslage ist mit der Einfügung nicht verbunden; die Einfügung stellt lediglich das klar, was nach der Rspr. des BSG ohnehin gilt (dazu näher → § 84 Rn. 40; → § 82 Rn. 27 ff.).

---

7 BSG, 17.12.2009, B 3 P 3/08 R, BSGE 105, 126, juris Rn. 45.
8 Siehe dazu ebd., Rn. 50 ff.
9 BGBl. I, 2222; dazu BR-Dr. 223/14 (Beschluss), 22 und BT-Dr. 18/2379, 10.
10 BGBl. I, 3191; dazu BT-Dr. 18/10510, 116 f.

V. Vertragsparteien (Abs. 2 S. 1)

Auch die Regelungen über die Vertragsparteien in Abs. 2 S. 1 entsprechen weitgehend denen zum Pflegesatzverfahren gem. § 85 Abs. 2 (→ § 85 Rn. 6 ff.). Lediglich die in § 85 Abs. 2 S. 3 enthaltene Möglichkeit der Beteiligung von Vereinigungen und Verbänden ist in Abs. 2 für das Verfahren der Vergütungsverhandlungen zu den ambulanten Pflegeleistungen nicht vorgesehen.

11

VI. Individualvereinbarungen (Abs. 2 S. 2)

Wie im Fall der stationären Einrichtungen gem. § 85 Abs. 2 S. 2 gilt auch für die ambulanten Einrichtungen das Prinzip der Individualvereinbarung, nach dem die Vereinbarung für jeden Pflegedienst gesondert abzuschließen ist. Anknüpfend an § 72 Abs. 3 S. 3, nach dem im Versorgungsvertrag für die Pflegedienste ein Einzugsbereich festzulegen ist, in dem die Leistungen zu erbringen sind, und die Rechtsprechung des BSG, nach der die Pflegedienste auch außerhalb des festgelegten Einzugsbereichs zulasten der Pflegekassen Leistungen erbringen durften,[11] hat der Gesetzgeber mit dem PflegeWEG vom 28.5.2008[12] klargestellt, dass die **Vergütungsvereinbarung nur für den im Versorgungsvertrag festgelegten Einzugsbereich gültig ist**. Umstritten ist allerdings jetzt, ob eine Leistungserbringung außerhalb des Einzugsbereichs noch zulässig ist.[13] Nach der Gesetzesbegründung[14] sind auch Vergütungsvereinbarungen über den Einzugsbereich hinaus zulässig. Diese müssten dann allerdings mit den regional oder örtlich zuständigen Vertragsparteien vereinbart werden. Hintergrund ist die Verhinderung von Wettbewerbsverzerrungen, wenn ein Pflegedienst aus einer Hochpreisregion mit entsprechenden Vergütungsvereinbarungen in einer Niedrigpreisregion Leistungen anbietet. Das ließe eine Leistungserbringung außerhalb des zugelassenen Einzugsbereichs zu, wenn die Vorschrift des § 72 Abs. 3 S. 3 so interpretiert wird, dass damit für den zugelassenen Einzugsbereich eine Verpflichtung zur Leistungserbringung statuiert wird, aber nichts über die Zulässigkeit der Leistungserbringung außerhalb des Einzugsbereichs ausgesagt wird. Konsequent ist dann die Folgerung, dass bei einer fehlenden zusätzlichen Vereinbarung des Pflegedienstes dieser nur nach § 91 Abs. 2 abrechnen kann.[15]

12

VII. Inhalt der Vergütungsvereinbarung (Abs. 3)

1. Anknüpfungspunkte für die Vergütungsbemessung (Abs. 3 S. 1). Abs. 3 regelt die Anknüpfungspunkte für die Vergütungsbemessung und lässt den Vertragsparteien einen erheblichen Spielraum. Danach ist es denkbar, dass die Vergütung für eine Pflegeleistung nach dem dafür erforderlichen Zeitaufwand oder auch unabhängig davon nach dem Leistungsinhalt, nach Komplexleistungen oder – ausnahmsweise – nach Einzelleistungen bestimmt wird. Andere Leistungen können auch mit Pauschalen vergütet werden. Diese Spielräume, die schon in der ursprünglichen Gesetzesfassung enthalten waren, wurden zwischenzeitlich durch das PNG 2012 erheblich eingeschränkt und stattdessen parallele Abrechnungsformen verlangt. Das PSG I hat insofern die ursprüngliche Rechtslage wieder hergestellt. Zur Begründung weist die Beschlussempfehlung des Gesundheitsausschusses nur darauf hin, dass damit die aktuelle Ausgestaltung der Vergütungsvereinbarungen in den Ländern berücksichtigt werde.[16] Die Festlegung der Bemessungsgrundlage kann somit wieder frei erfolgen. Der Gesetzgeber gibt dafür in Abs. 3 S. 1 verschiedene Möglichkeiten an.

13

2. Vergütung bei gemeinsamer Leistungsinanspruchnahme und Betreuungsleistungen (Abs. 3 S. 2, 3). Sofern Leistungen durch mehrere Pflegebedürftige in Anspruch genommen werden können ("poolen"),[17] muss dies in die Vergütungsvereinbarungen einfließen. Die Zeit- und Kostenersparnisse für den Pflegedienst sind folglich in den Vergütungen zu berücksichtigen, indem für jeden Pflegebedürftigen nur eine anteilige Vergütung berechnet wird. Hierin sieht der Gesetzgeber auch einen Ansatzpunkt für Kosteneinsparungen, die dann für zusätzliche Betreuungsleistungen zur Verfügung stehen können. In Abs. 3 S. 3 wurde durch PSG I der Verweis auf Regelungen für die Pflegesatzvereinba-

14

---

11 BSG, 24.5.2006, B 3 P 1/05 R, BSGE 96, 233, juris Ls. und Rn. 15 ff.
12 BGBl. I, 874.
13 Dagegen Udsching in: Udsching, § 89 Rn. 12; dafür Brünner/Höfer in: LPK-SGB XI, § 89 Rn. 11; ebenso Kingreen oben in → § 72 Rn. 11.
14 BT-Dr. 16/7439, 73.
15 So Brünner/Höfer in: LPK-SGB XI, § 89 Rn. 11; aA Kingreen oben in → § 72 Rn. 11.
16 Vgl. BT-Dr. 18/2909, 44 f.
17 Siehe BT-Dr. 16/7439, 73 f.

rungen um den neuen § 84 Abs. 7 erweitert. Der explizite Hinweis auf § 36, den der Gesetzestext vor PSG II enthielt, wurde im Rahmen der Neufassung des § 36 gestrichen.

§ 90 Gebührenordnung für ambulante Pflegeleistungen

(1) ¹Das Bundesministerium für Gesundheit wird ermächtigt, im Einvernehmen mit dem Bundesministerium für Familie, Senioren, Frauen und Jugend und dem Bundesministerium für Arbeit und Soziales durch Rechtsverordnung mit Zustimmung des Bundesrates eine Gebührenordnung für die Vergütung der ambulanten Leistungen der häuslichen Pflegehilfe zu erlassen, soweit die Versorgung von der Leistungspflicht der Pflegeversicherung umfaßt ist. ²Die Vergütung muß leistungsgerecht sein, den Bemessungsgrundsätzen nach § 89 entsprechen und hinsichtlich ihrer Höhe regionale Unterschiede berücksichtigen. ³§ 82 Abs. 2 gilt entsprechend. ⁴In der Verordnung ist auch das Nähere zur Abrechnung der Vergütung zwischen den Pflegekassen und den Pflegediensten zu regeln.

(2) ¹Die Gebührenordnung gilt nicht für die Vergütung von ambulanten Leistungen der häuslichen Pflegehilfe durch Familienangehörige und sonstige Personen, die mit dem Pflegebedürftigen in häuslicher Gemeinschaft leben. ²Soweit die Gebührenordnung Anwendung findet, sind die davon betroffenen Pflegeeinrichtungen und Pflegepersonen nicht berechtigt, über die Berechnung der Gebühren hinaus weitergehende Ansprüche an die Pflegebedürftigen oder deren Kostenträger zu stellen.

I. Entstehungsgeschichte

1 § 90 ist seit Verabschiedung des PflegeVG vom 26.5.1994[1] mWv 1.1.1995 Bestandteil des SGB XI. Im Gesetzgebungsverfahren wurde die Vorschrift in mehrfacher Hinsicht angepasst.[2] Spätere Änderungen bezogen sich ausschließlich auf Änderungen in den Bezeichnungen der in Abs. 1 S. 1 genannten Ministerien. Die zuletzt gültige Regelung idF des Art. 264 Nr. 2 der 9. ZustAnpV vom 31.10.2006[3] wurde durch das PSG II vom 21.12.2015 noch einmal geändert. Damit passte der Gesetzgeber § 90 sowohl in Abs. 1 S. 1 und Abs. 2 S. 1 an die neue leistungsrechtliche Semantik an und ersetzte jeweils „ambulante Pflegeleistungen" und „hauswirtschaftliche Versorgung" durch „ambulante Leistungen der häuslichen Pflegehilfe". Diese Anpassung geht einher mit den parallelen Änderungen in § 89.

II. Regelungsgehalt und Normzweck

2 § 90 ermächtigt das zuständige Bundesministerium für Gesundheit, im Bereich der ambulanten Pflege eine Gebührenordnung zu erlassen. Diese Gebührenordnung soll nach Abs. 1 S. 1 die Vergütung von ambulanten Leistungen der häuslichen Pflegehilfe an Pflegebedürftige erfassen. **Bis heute hat die Regelung keine praktische Bedeutung erlangt, da von der Ermächtigung bisher kein Gebrauch gemacht wurde.**

3 Abs. 1 enthält in der Ermächtigung Vorgaben für den Gegenstand der Gebührenordnung (S. 1) und für die inhaltliche Bemessung der Gebühren (S. 2) sowie dazu, dass die Gebührenordnung Regelungen für die Abrechnung zwischen den Pflegekassen und den Pflegediensten enthalten muss.

III. Ermächtigung zum Erlass einer Gebührenordnung (Abs. 1 S. 1)

4 Zuständig dafür, eine Gebührenordnung für die Vergütung der ambulanten Leistungen der häuslichen Pflegehilfe zu erlassen, ist das Bundesministerium für Gesundheit. Der Erlass ist allerdings an das Einvernehmen mit den Ministerien für Familie, Senioren, Frauen und Jugend sowie für Arbeit und Soziales gebunden. Zusätzlich ist die Gebührenordnung von der Zustimmung durch den Bundesrat abhängig.

IV. Inhaltliche Vorgaben für die Gebührenordnung (Abs. 1 S. 2–4)

5 In Abs. 1 S. 2 bis 4 macht der Gesetzgeber mehrere inhaltliche Vorgaben für die Gebührenordnung. Dabei bezieht er sich zuerst auf das wiederkehrende Prinzip der Leistungsgerechtigkeit, das bereits in § 84 Abs. 2 S. 1 und § 89 Abs. 1 S. 2 ausdrücklich normiert wurde (→ § 84 Rn. 19 ff.). Auch die Kriterien, die durch die Grundsätze der Vergütung ambulanter Pflege in § 89 (→ § 89 Rn. 5 ff.) angelegt

---

1 BGBl. I, 1014.
2 Siehe BT-Dr. 12/5920, 84; BT-Dr. 12/6424, 4.
3 BGBl. I, 2407.

werden, müssen durch eine solche Ordnung erfüllt werden. S. 3 weist auf die Trennung zwischen den betriebsnotwendigen Kosten und den Investitionskosten hin, die § 82 Abs. 2 festlegt (→ § 82 Rn. 22). Die Vergütung für ambulante Leistungen der häuslichen Pflege ist dabei von den Investitionskosten unabhängig. Die Vereinheitlichung der Vergütung, die durch eine bundesweit gültige Gebührenordnung erzielt würde, wird insofern etwas gelockert, dass der Gesetzgeber dem Verordnungsgeber vorschreibt, regionale Unterschiede bei der Vergütung zu berücksichtigen (S. 2). Dazu wird teilweise davon ausgegangen, dass es insoweit nur um großräumige Unterschiede geht.[4] Schlussendlich weist Abs. 1 S. 4 explizit darauf hin, dass eine Gebührenordnung das Abrechnungsverfahren der Vergütung zwischen den Pflegekassen und den Pflegediensten regeln muss.

V. Pflegeleistungen durch nicht erwerbsmäßig Pflegende (Abs. 2 S. 1)

Keine Anwendung findet eine potenzielle Gebührenordnung nach Abs. 2 S. 1 jedoch, wenn ambulante Leistungen der häuslichen Pflegehilfe nicht durch einen Pflegedienst, sondern durch Familienangehörige oder Angehörige derselben häuslichen Gemeinschaft erbracht werden. Diese Regelung scheint unvollständig; die Nichtanwendung der Verordnung müsste in allen Fällen der Pflege durch nicht erwerbsmäßig tätige Pflegepersonen (§ 19) gelten. Die nach dem Gesetz vorgesehene Nichtanwendung auf Familienangehörige und Angehörige derselben häuslichen Gemeinschaft ist in keiner Weise nachvollziehbar. Die Literatur plädiert daher für eine analoge Anwendung auf die übrigen nicht entgeltlich tätigen Pflegepersonen.[5] In diese Richtung deutet auch die Gesetzentwurfsbegründung.[6] Vor diesem Hintergrund dürfte der Verordnungsgeber das Recht haben, **sämtliche unentgeltlich tätigen Pflegepersonen iSv § 19 aus dem Anwendungsbereich der Verordnung herauszunehmen.**

6

VI. Begrenzung der Ansprüche auf die Gebührenordnung (Abs. 2 S. 2)

Auch Abs. 2 S. 2 stellt indirekt eine Anforderung an die Gebührenordnung: sie muss **umfassend** sein. Das bedeutet, dass Pflegedienste oder Pflegepersonen (iSv § 77, nicht § 19) keine Möglichkeit haben, zusätzlich zu den nach der Ordnung zu berechnenden Gebühren andere Ansprüche an den Pflegebedürftigen zu stellen. Alle Leistungen müssen damit durch das Entgelt, das die Ordnung festlegt, abgegolten sein. Auch die für den Pflegebedürftigen eintretenden Kostenträger können nicht weiter belastet werden. Die Regelung enthält folglich eine Parallele zu § 84 Abs. 4 für die stationäre Pflege.

7

Vierter Abschnitt
Kostenerstattung, Pflegeheimvergleich

§ 91 Kostenerstattung

(1) Zugelassene Pflegeeinrichtungen, die auf eine vertragliche Regelung der Pflegevergütung nach den §§ 85 und 89 verzichten oder mit denen eine solche Regelung nicht zustande kommt, können den Preis für ihre ambulanten oder stationären Leistungen unmittelbar mit den Pflegebedürftigen vereinbaren.

(2) ¹Den Pflegebedürftigen werden die ihnen von den Einrichtungen nach Absatz 1 berechneten Kosten für die pflegebedingten Aufwendungen erstattet. ²Die Erstattung darf jedoch 80 vom Hundert des Betrages nicht überschreiten, den die Pflegekasse für den einzelnen Pflegebedürftigen nach Art und Schwere seiner Pflegebedürftigkeit nach dem Dritten Abschnitt des Vierten Kapitels zu leisten hat. ³Eine weitergehende Kostenerstattung durch einen Träger der Sozialhilfe ist unzulässig.

(3) Die Absätze 1 und 2 gelten entsprechend für Pflegebedürftige, die nach Maßgabe dieses Buches bei einem privaten Versicherungsunternehmen versichert sind.

(4) Die Pflegebedürftigen und ihre Angehörigen sind von der Pflegekasse und der Pflegeeinrichtung rechtzeitig auf die Rechtsfolgen der Absätze 2 und 3 hinzuweisen.

I. Entstehungsgeschichte	1	IV. Kostenerstattung (Abs. 2 und 3)	8
II. Regelungsgehalt und Normzweck	2	V. Mitteilung über Rechtsfolgen (Abs. 4)	12
III. Verzicht auf eine Vergütungsvereinbarung (Abs. 1)	4		

---

4 So O'Sullivan in: jurisPK-SGB XI, § 90 Rn. 22.
5 Siehe nur Udsching in: Udsching, § 89 Rn. 4; O'Sullivan in: jurisPK-SGB XI, § 90 Rn. 18.
6 BT-Dr. 12/5262, 148 f.

I. Entstehungsgeschichte

1 § 91 wurde mWv 1.1.1995 im Rahmen des Pflegeversicherungsgesetzes vom 26.5.1994[1] eingeführt (Art. 1). Bei der Einführung des Gesetzes blieb auch der vorliegende Regierungsentwurf nahezu verändert. Nach Inkrafttreten des Gesetzes sind keine Änderungen vorgenommen worden.

II. Regelungsgehalt und Normzweck

2 § 91, der mit „Kostenerstattung" überschrieben ist, eröffnet den Vierten Abschnitt des Achten Kapitels im SGB XI. Dieser Abschnitt besteht seit der „Verlagerung" des § 92 (Landespflegeausschüsse) durch das PSG II in das 1. Kapitel als § 8 a nur noch aus zwei Bestimmungen, neben § 91 noch aus § 92 a zum Pflegeheimvergleich. Im Vergleich zu den ersten drei Abschnitten, die die reguläre Finanzierung von Pflegeeinrichtungen stationärer sowie ambulanter Art festlegen, stellt § 91 eine Ausnahme im Finanzierungskonzept dar, weil er den Einrichtungsträgern die Möglichkeit eröffnet, sich von dem vorgegebenen Vergütungssystem der §§ 82 bis 90 zu lösen und sich mit den Pflegebedürftigen auf ein zivilrechtliches, an Markt und Wettbewerb angepasstes Entgelt zu einigen. Ob es das Ziel dieser Norm ist, dem Pflegebedürftigen die Freiheit zu gewähren, sich von einer Pflegeeinrichtung pflegen zu lassen, die nicht an die Vergütungsvereinbarungen im SGB XI gebunden ist,[2] kann bezweifelt werden. Vorrangig ist sicher die Freiheit der Pflegeeinrichtungen, sich dem System der Vergütungsvereinbarungen zu unterwerfen oder zu widersetzen bzw. das Ergebnis der Verhandlungen zu akzeptieren oder gerade abzulehnen[3] und sich auf die Folgen einer reduzierten Kostenerstattung durch die Pflegekasse (Abs. 2) einzulassen. Diese Freiheit kommt im **Vereinbarungsprinzip** zum Ausdruck.[4]

3 Erste Konsequenz einer fehlenden Vergütungsvereinbarung oder Regelung zwischen der Einrichtung und dem Leistungsträger ist es, dass es an der zwischen der Einrichtung und dem Pflegebedürftigen verbindlichen Vergütungsregelung (§ 85 Abs. 6 S. 1 Hs. 2, § 89 Abs. 3 S. 3) fehlt. Entsprechend kann nun die Vergütung direkt zwischen der (gem. § 72 Abs. 1 zugelassenen) Einrichtung und dem Pflegebedürftigen vereinbart werden (Abs. 1).[5] Abs. 2 bestimmt, inwiefern Pflegekasse und Sozialhilfeträger als Kostenträger dazu verpflichtet sind, für entstehende Kosten aufzukommen. Einschneidende Folge des Verzichts auf die Vergütungsvereinbarung ist der Umstand, dass der Pflegedürftige von der Pflegekasse nur noch 80 % der Kosten erstattet bekommt, die die Pflegekasse bei einer Vergütungsvereinbarung leisten würde. Da der Restbetrag auch nicht durch Sozialhilfeträger geleistet werden darf, kann sich in der Praxis kaum eine Pflegeeinrichtung einen solchen Verzicht „leisten". Abs. 3 weitet die Bestimmungen der Abs. 1 und 2 auch auf Mitglieder privater Pflegeversicherungen aus und Abs. 4 weist Pflegekassen und Pflegeeinrichtungen an, ihre Kunden rechtzeitig über die Rechtsfolgen nach Abs. 2 und 3 zu informieren.

III. Verzicht auf eine Vergütungsvereinbarung (Abs. 1)

4 Die Möglichkeit, individualvertraglich eine Vereinbarung über die Preise für die stationären oder ambulanten Leistungen zwischen der Pflegeeinrichtung und den Pflegebedürftigen mit der Konsequenz der Aufhebung der Sachleistungspflicht der Pflegekasse zu schließen, ist an **zwei Voraussetzungen** geknüpft: Notwendig ist zunächst, dass es sich um eine **zugelassene Einrichtung** handelt. Dies setzt einen Versorgungsvertrag zwischen dem Landesverband der Pflegekassen und der Einrichtung voraus (§ 72 Abs. 1 S. 1, 2). Nur in diesem Fall dürfen die Pflegekassen überhaupt Leistungen erbringen. Besteht mit einer Pflegeeinrichtung kein entsprechender Versorgungsvertrag, ist diese nicht zugelassen. In diesem Fall gelten nicht die Vorschriften des SGB XI über die Finanzierung, so dass in der stationären Pflege allein das WBVG Vorgaben für eine vertragliche Regelung macht.

5 Als zweite Voraussetzung muss die **Pflegeeinrichtung auf eine Vergütungsvereinbarung verzichtet haben** oder eine entsprechende Vereinbarung darf nicht zustande gekommen sein. Die Möglichkeit des Verzichts ist unmittelbare Folge des Vereinbarungsprinzips (→ Rn. 2). In der Literatur wird diskutiert, in welchem Verhältnis § 91 Abs. 1 zu § 85 Abs. 5 steht, der über § 89 Abs. 3 S. 3 auch für die ambulanten Einrichtungen gilt. Mitunter wird davon ausgegangen, dass die Regelungen nicht harmonisiert

---

[1] BGBl. I, 1014; dazu BT-Dr. 12/5262, 149 f. (zu § 101 a).
[2] Zumindest als nachgeordnetes Ziel erwähnt von Udsching in: Udsching, § 91 Rn. 2.
[3] Vgl. O'Sullivan in: jurisPK-SGB XI, § 91 Rn. 1; dieser Aspekt wird auch vorrangig bei Udsching in: Udsching, § 91 Rn. 2, angeführt.
[4] Dazu näher § 85 Rn. 3.
[5] Zu Fragen im Hinblick auf § 14 Abs. 4 WBVG s. OLG Köln, 16.12.2016, 6 U 71/16, juris Rn. 56 ff.

seien. Eine Auslegung geht dahin, nach § 91 Abs. 1 einen einseitigen Verzicht der Pflegeeinrichtung nicht für möglich zu halten, so dass der Tatbestand nur durch einen Verzicht der Einrichtung erfüllt werden kann, der im Einvernehmen mit den Kostenträgern erfolgt.[6] Begründet wird diese Auffassung damit, dass bei einer einseitigen Verzichtsmöglichkeit der Versorgungsvertrag nach § 72 Abs. 1 wenig bis keinen Sinn mehr mache,[7] dass der einseitige Verzicht die Interessen der pflegebedürftigen Kunden stark beeinträchtige[8] und deshalb auch unter verfassungsrechtlichem Blickwinkel eine sehr einschränkende Auslegung des § 91 Abs. 1 geboten sei.[9] Diese Auffassung zu § 91 Abs. 1 und § 85 Abs. 5 ist nicht überzeugend. Für eine solche restriktive Interpretation liegen keine hinreichenden Gründe vor. Im Gegenteil schränkt sie ohne Notwendigkeit die nach dem Gesetzeswortlaut deutlich weiterreichende Anwendung des § 91 Abs. 1 ein. Das Erfordernis der Zulassung (und damit des Bestehens eines Versorgungsvertrages) ist durchaus auch im Anwendungsbereich des § 91 sinnvoll. Bei zugelassenen Pflegeeinrichtungen erbringen die Pflegekassen Leistungen in Form der Kostenerstattung gem. Abs. 2. Zugleich unterliegen die Pflegeeinrichtungen den Regelungen über die Qualitätssicherung gem. § 112 Abs. 2. Der Verzicht auf eine Vergütungsvereinbarung mag den Interessen der Pflegebedürftigen zum Teil zuwiderlaufen. Doch hat der Gesetzgeber seine Schutzpflicht für die stationären Pflegeeinrichtungen, bei denen ein besonderes Schutzbedürfnis auch gegeben ist, unter dem Blickwinkel des Verbraucherschutzes durch das WBVG wahrgenommen. Ein weiterreichender Schutz ist weder geboten, noch wäre er unter dem Blickwinkel der Berufsfreiheit der Träger der Pflegeeinrichtung zulässig.[10]

Im Ergebnis besitzen die zugelassenen Pflegeeinrichtungen die **Möglichkeit zu einem einseitigen Verzicht**. Dieser Verzicht kann vor Beginn der Vergütungsverhandlungen, während der laufenden Verhandlungen oder auch nach einem Scheitern der Verhandlungen geklärt werden. Im letzten Fall scheidet dann auch eine Schiedsstellenentscheidung aus, selbst wenn eine andere Partei der Pflegesatz- oder Vergütungsvereinbarungen bei der Schiedsstelle eine Entscheidung beantragt hat (§ 85 Abs. 5 S. 1). Insoweit wird – aufgrund des Vereinbarungsprinzips und der damit verbundenen Freiheit der Pflegeeinrichtungen – der Anwendungsbereich für die Schiedsstellenentscheidung durch § 91 Abs. 1 eingeschränkt.[11] Die Gegenmeinung, nach der die Schiedsstelle auch bei einem Verzicht der Einrichtung gesetzlich verpflichtet sei, bei einem Antrag einer Vertragspartei zu entscheiden,[12] und sogar haftungsrechtliche Gefahren erkennen will, übersieht, dass eine solche Verpflichtung infolge der Vorgabe des § 91 Abs. 1 gar nicht besteht.

Erklärt die Pflegeeinrichtung den Verzicht auf eine Regelung allerdings erst nach der Schiedsstellenentscheidung, so kommt diesem Verzicht keine Rechtswirkung zu.[13] Der Schiedsspruch ersetzt die vertragliche Vereinbarung und besitzt – nach Eintritt der Unanfechtbarkeit – dieselbe Verbindlichkeit wie der Vertrag. Nur soweit sich die Vertragsparteien von einer Vergütungsvereinbarung lösen können, besteht für sie diese Möglichkeit auch gegenüber einem Schiedsspruch.

IV. Kostenerstattung (Abs. 2 und 3)

Nachdem Abs. 1 die rechtliche Grundlage für den Verzicht auf eine Vergütungsvereinbarung darstellt, werden in Abs. 2 die daraus resultierenden Rechtsfolgen für die beteiligten Parteien dargestellt. Folgenschwer ist der Verzicht dabei vor allem für den Pflegebedürftigen und seine Ansprüche gegenüber der Pflegekasse sowie gegebenenfalls gegenüber dem Sozialhilfeträger. Während Abs. 2 S. 1 noch davon spricht, dass die Kosten für die pflegebedingten Aufwendungen erstattet werden, stellt Abs. 2 S. 2 einschränkend fest, dass diese Erstattung auf maximal 80 % des Betrages begrenzt ist, den die Pflegekasse im Fall einer Vergütungsvereinbarung zu erbringen hätte. Die entsprechenden Beträge, die die Grundlage für diese Berechnung darstellen, ergeben sich aus den §§ 36, 41, 42, 43.

Die Beantragung von anteiligem Pflegegeld, das im Falle relevant würde, dass nach § 38 der Sachleistungsanspruch nicht vollständig ausgenutzt würde, ist nach Ansicht des LSG Niedersachsen nicht möglich.[14] Sobald ein Pflegebedürftiger einen Anspruch auf Kostenerstattung geltend macht, befinde

---

6 So O'Sullivan in: jurisPK-SGB XI, § 91 Rn. 17; Mühlenbruch in: Hauck/Noftz, SGB XI, § 91 Rn. 8.
7 O'Sullivan in: jurisPK-SGB XI, § 91 Rn. 15.
8 Ebd., Rn. 16.
9 Ebd., Rn. 13.
10 Udsching in: Udsching, § 91 Rn. 4, verweist hier auf Art. 14 GG.
11 Vgl. auch Udsching in: Udsching, § 91 Rn. 4.
12 Reimer in: Hauck/Noftz, SGB XI, § 85 Rn. 23.
13 Udsching in: Udsching, § 91 Rn. 4.
14 LSG Nds, 26.5.1998, L 3 P 60/97, juris Rn. 18.

er sich außerhalb des Sachleistungsprinzips; damit könne er eine entsprechende **Kombinationsleistung** nicht geltend machen. Diese Auffassung konnte sich aber nicht in der Praxis durchsetzen.[15]

10 Nach Abs. 2 S. 3 ist nicht nur der Leistungsanspruch gegenüber der Pflegekasse eingeschränkt; der Pflegebedürftige verliert sogar seine Ansprüche gegenüber dem Sozialhilfeträger. So ist es dem Sozialhilfeträger untersagt, die verbleibenden 20 % der Kosten, die von der Pflegekasse nicht erstattet werden, zu übernehmen. Auch weitergehende Leistungen, die außerhalb des Anspruches von Abs. 2 S. 1 und 2 stehen, können nicht erstattet werden, selbst wenn der Bedürftige auf Sozialhilfe angewiesen ist. Das in dieser Regelung enthaltene **Aufstockungsverbot** soll verhindern, dass Preisvereinbarungen zwischen Leistungserbringer und Pflegebedürftigem geschlossen werden, die vom Sozialhilfeträger zu tragen wären und damit eine nicht kalkulierbare Belastung darstellen könnten.

11 Nach Abs. 3 sind alle Regelungen, die die Kostenerstattung bei gesetzlichen Pflegeversicherungen bestimmen, auch bei privaten Pflegeversicherungen anzuwenden. Dieser Fall tritt häufiger auf und kann auch zu Vereinbarungen über direkte Abrechnung zwischen Pflegeversicherung und dem Leistungserbringer führen. Allerdings sind auch private Pflegeversicherungen an die 80 %-Schranke des Abs. 2 S. 2 gebunden und können bei Verzicht auf einen Vergütungsvertrag keine höheren Erstattungsleistungen bieten. Somit ist für eine Gleichbehandlung aller Pflegebedürftigen unabhängig von der Art ihres Kostenträgers gesorgt.

V. Mitteilung über Rechtsfolgen (Abs. 4)

12 Sowohl die Pflegeeinrichtung als auch die Pflegekasse haben nach Abs. 4 die Pflicht, den Pflegebedürftigen sowie seine Angehörigen über die Rechtsfolgen eines solchen Kostenerstattungsverfahrens hinzuweisen. Vor allem über die Tatsache, dass dem Pflegebedürftigen zwingend eine hohe Eigenbeteiligung zufällt, muss informiert werden. Diese Mitteilung ist „rechtzeitig" zu machen. Sowohl der Einrichtungsträger als auch die Pflegekasse sind dabei verpflichtet, die Information nicht zurückzuhalten, sondern direkt an den Bedürftigen weiterzuleiten. Dieser muss gerade im Falle einer Änderung seiner Situation – vor allem, falls die Pflegeeinrichtung einen Verzicht nutzen möchte, um ihre Entgeltforderungen zu erhöhen – die Möglichkeit besitzen, auf die veränderte Situation reagieren zu können. Fraglich ist bei näherer Betrachtung des Abs. 4 allerdings auch, wie Angehörige des Pflegebedürftigen informiert werden sollen, wenn diese nicht explizit vom Bedürftigen benannt sind. Auch legt dieser Begriff nicht fest, wer unter den „Angehörigen" letztlich zu verstehen ist und wie eine entsprechende Mitteilung erfolgen soll.[16]

§ 92 (aufgehoben)

§ 92a Pflegeheimvergleich

(1) ¹Die Bundesregierung wird ermächtigt, durch Rechtsverordnung mit Zustimmung des Bundesrates einen Pflegeheimvergleich anzuordnen, insbesondere mit dem Ziel,
1. die Landesverbände der Pflegekassen bei der Durchführung von Wirtschaftlichkeits- und Qualitätsprüfungen (§ 79, Elftes Kapitel),
2. die Vertragsparteien nach § 85 Abs. 2 bei der Bemessung der Vergütungen und Entgelte sowie
3. die Pflegekassen bei der Erstellung der Leistungs- und Preisvergleichslisten (§ 7 Abs. 3)

zu unterstützen. ²Die Pflegeheime sind länderbezogen, Einrichtung für Einrichtung, insbesondere hinsichtlich ihrer Leistungs- und Belegungsstrukturen, ihrer Pflegesätze und Entgelte sowie ihrer gesondert berechenbaren Investitionskosten miteinander zu vergleichen.

(2) In der Verordnung nach Absatz 1 sind insbesondere zu regeln:
1. die Organisation und Durchführung des Pflegeheimvergleichs durch eine oder mehrere von dem Spitzenverband Bund der Pflegekassen oder den Landesverbänden der Pflegekassen gemeinsam beauftragte Stellen,
2. die Finanzierung des Pflegeheimvergleichs aus Verwaltungsmitteln der Pflegekassen,
3. die Erhebung der vergleichsnotwendigen Daten einschließlich ihrer Verarbeitung.

---

15 Gemeinsames Rundschreiben zu den leistungsrechtlichen Vorschriften des SGB XI v. 22.12.2016, Anm. 2 zu § 91.
16 Vgl. O'Sullivan in: jurisPK-SGB XI, § 91 Rn. 38.

(3) ¹Zur Ermittlung der Vergleichsdaten ist vorrangig auf die verfügbaren Daten aus den Versorgungsverträgen sowie den Pflegesatz- und Entgeltvereinbarungen über
1. die Versorgungsstrukturen einschließlich der personellen und sächlichen Ausstattung,
2. die Leistungen, Pflegesätze und sonstigen Entgelte der Pflegeheime

und auf die Daten aus den Vereinbarungen über Zusatzleistungen zurückzugreifen. ²Soweit dies für die Zwecke des Pflegeheimvergleichs erforderlich ist, haben die Pflegeheime der mit der Durchführung des Pflegeheimvergleichs beauftragten Stelle auf Verlangen zusätzliche Unterlagen vorzulegen und Auskünfte zu erteilen, insbesondere auch über die von ihnen gesondert berechneten Investitionskosten (§ 82 Abs. 3 und 4).

(4) ¹Durch die Verordnung nach Absatz 1 ist sicherzustellen, dass die Vergleichsdaten
1. den zuständigen Landesbehörden,
2. den Vereinigungen der Pflegeheimträger im Land,
3. den Landesverbänden der Pflegekassen,
4. dem Medizinischen Dienst der Krankenversicherung,
5. dem Verband der privaten Krankenversicherung e. V. im Land sowie
6. den nach Landesrecht zuständigen Trägern der Sozialhilfe

zugänglich gemacht werden. ²Die Beteiligten nach Satz 1 sind befugt, die Vergleichsdaten ihren Verbänden oder Vereinigungen auf Bundesebene zu übermitteln; die Landesverbände der Pflegekassen sind verpflichtet, die für Prüfzwecke erforderlichen Vergleichsdaten den von ihnen zur Durchführung von Wirtschaftlichkeits- und Qualitätsprüfungen bestellten Sachverständigen zugänglich zu machen.

(5) ¹Vor Erlass der Rechtsverordnung nach Absatz 1 sind der Spitzenverband Bund der Pflegekassen, der Verband der privaten Krankenversicherung e. V., die Bundesarbeitsgemeinschaft der überörtlichen Träger der Sozialhilfe, die Bundesvereinigung der kommunalen Spitzenverbände und die Vereinigungen der Träger der Pflegeheime auf Bundesebene anzuhören. ²Im Rahmen der Anhörung können diese auch Vorschläge für eine Rechtsverordnung nach Absatz 1 oder für einzelne Regelungen einer solchen Rechtsverordnung vorlegen.

(6) Der Spitzenverband Bund der Pflegekassen oder die Landesverbände der Pflegekassen sind berechtigt, jährlich Verzeichnisse der Pflegeheime mit den im Pflegeheimvergleich ermittelten Leistungs-, Belegungs- und Vergütungsdaten zu veröffentlichen.

(7) Personenbezogene Daten sind vor der Datenübermittlung oder der Erteilung von Auskünften zu anonymisieren.

(8) Die Bundesregierung wird ermächtigt, durch Rechtsverordnung mit Zustimmung des Bundesrates einen länderbezogenen Vergleich über die zugelassenen Pflegedienste (Pflegedienstvergleich) in entsprechender Anwendung der vorstehenden Absätze anzuordnen.

Literatur:
Griep, Der Pflegeheimvergleich – Qualitätsmesslatte oder Daumenschraube für die Pflegeheime?, PflR 2002, 313.

I. Entstehungsgeschichte

§ 92 a gehört zu den jüngeren Normen im Achten Kapitel. Die Regelung wurde erst durch das Pflegequalitätssicherungsgesetz v. 9.9.2001[1] eingeführt. Nachfolgend erfuhr die Regelung zwei Änderungen. Neben redaktionellen Veränderungen im Rahmen des GKV-Wettbewerbsstärkungsgesetzes v. 26.3.2007[2] wurden ein Jahr später auch inhaltliche Anpassungen durch das Pflege-Weiterentwicklungsgesetz v. 28.5.2008[3] vorgenommen. Diese Änderungen lagen vor allem in einer Verkürzung des § 92 a und einer Anpassung an andere Normen, die die Qualitätssicherung in Pflegeeinrichtungen regulieren. Da § 80 a gestrichen und § 112 geändert wurden, musste auch eine entsprechende Angleichung des § 92 a erfolgen. Außerdem waren in der ursprünglichen Fassung konkrete Daten (2003 und 2006) für erste Pflegeheimvergleiche angegeben worden. Da diese jedoch praktisch keine Umsetzung erfuhren, wurden sie aus dem Gesetzestext gestrichen.[4] Seither wurde § 92 a nicht geändert.

1

---

1 BGBl. I, 2320.
2 BGBl. I, 378.
3 BGBl. I, 874.
4 BT-Dr. 16/7439, 74.

II. Regelungsgehalt und Normzweck

2 § 92 a beinhaltet die Ermächtigung für die Bundesregierung, einen sogenannten „Pflegeheimvergleich" durch Rechtsverordnung anzuordnen. Inhalt dieses Vergleichs soll es sein, eine separat für jedes Land feststellbare Vergleichbarkeit zwischen Pflegeheimen anhand verschiedener objektiv messbarer Kriterien herzustellen. Vor allem ein ausreichendes Informationsangebot und Transparenz sind eine wichtige Motivation für einen Pflegeheimvergleich. Um diesen Vergleich durchzuführen, muss die Regierung allerdings eine Rechtsverordnung erlassen. Es ist dabei weder Recht noch Aufgabe der Bundesregierung, den Vergleich auch tatsächlich durchzuführen; sie leitet den Vergleichsprozess lediglich durch den Erlass der Verordnung ein. Von diesem Recht haben bisherige Regierungen jedoch noch keinen Gebrauch gemacht.

3 Abs. 1 stellt die Ermächtigungsgrundlage für die Verordnung dar und legt auch offen, mit welcher Motivation ein solcher Vergleich durchgeführt werden sollte. Abs. 2 bestimmt, welche Grundstrukturen des Vergleichs in der Rechtsverordnung auf jeden Fall geregelt werden müssen. Die Datengrundlage für den Vergleich wird in Abs. 3 beschrieben und Abs. 4 regelt, wem die erhobenen Daten zugänglich gemacht werden müssen. Abs. 5 regelt das Verfahren des Erlasses und das Erfordernis der Anhörung der Vertreter verschiedener Interessen und Abs. 6 die Verwertung der Ergebnisse. Abs. 7 weist schließlich auf das Erfordernis einer Anonymisierung der Daten hin, während Abs. 8 die Regelungen zum Pflegeheimvergleich auch auf die zugelassenen Pflegedienste ausweitet.

III. Ermächtigung zum Erlass einer Rechtsverordnung (Abs. 1)

4 Abs. 1 stellt die Grundlage dar, die der Bundesregierung die Möglichkeit einräumt, eine Rechtsverordnung für einen Pflegeheimvergleich zu erlassen. Der Erlass der Rechtsverordnung bedarf der Zustimmung des Bundesrates. Abs. 1 S. 2 gibt auch vor, nach welchen Rahmenvorgaben der Vergleich durchgeführt werden soll. Verglichen werden sollen nur Pflegeheime innerhalb der jeweiligen Bundesländer. Als Vergleichskriterien werden „Leistungs- und Belegstrukturen", Pflegesätze und Entgelte sowie Investitionskosten vorgegeben. All diese Kriterien zeigen auf, dass es Ziel dieses Vergleichs ist, mit möglichst gut messbaren und leicht vergleichbaren Eigenschaften der Heime eine stark objektivierte und sachliche Vergleichbarkeit herzustellen.

5 Folgt man den Zielsetzungen, die in Abs. 1 S. 1 angegeben werden, ist jedoch nicht vorrangig der Pflegebedürftige, der eine Auswahlentscheidung zwischen verschiedenen Pflegeheimen treffen muss, sondern sind andere Beteiligte Adressat dieses Vergleichs. So sollen die Landesverbände der Pflegekassen (bei der Durchführung von Wirtschaftlichkeits- und Qualitätsprüfungen), die Vertragsparteien der Pflegesatzverhandlungen (bei der Vergütungsbemessung) und die Pflegekassen (zur Erstellung von Leistungs- bzw. Preisvergleichslisten) von den übersichtlich erstellten Kriterien profitieren. Wie die jeweilige Konkretisierung der Ziele in Abs. 1 S. 1 Nr. 1 bis 3 zeigt, könnte der durchgeführte Vergleich nach Ansicht des Gesetzgebers in verschiedenen Entscheidungsprozessen eine wichtige Unterstützung sein. Dabei zeigt diese Beschreibung jedoch auch, dass der Vergleich eben mehr sein soll als eine Auflistung zur Gegenüberstellung der Preise, sondern dass auch Qualitätsmerkmale eine wichtige Rolle im Vergleich spielen sollen.[5]

IV. Inhalte der Rechtsverordnung (Abs. 2)

6 Durch die Formulierung „In der Verordnung [...] sind insbesondere zu regeln" in Abs. 2 gibt der Gesetzgeber eine Grundlage vor, welche Inhalte die zu erlassende Rechtsverordnung mindestens umfassen muss. Das „insbesondere" zeigt aber auch gleichzeitig, dass die Rechtsverordnung über diese Grundlage hinausgehen darf und soll. Dabei nennt Abs. 2 in den Nrn. 1 bis 3 drei wichtige Eigenschaften. So muss geregelt sein, wie ein Pflegeheimvergleich organisatorisch abläuft (Nr. 1). Federführend sind hierbei „beauftragte Stellen", denen der Spitzenverband Bund der Pflegekassen und die entsprechenden Landesverbände die Berechtigung zur Durchführung gegeben haben. Außerdem soll der Vergleich aus Verwaltungsmitteln der Pflegekassen finanziert werden (Nr. 2). Schlussendlich muss die Rechtsverordnung auch die Datenerhebung und -verwertung regeln (Nr. 3).

---

[5] Udsching in: Udsching, § 92 Rn. 3.

V. Ermittlung der Vergleichsdaten (Abs. 3)

Abs. 3 legt dazu fest, dass keine neuen Daten für den Vergleich erhoben werden sollen. Stattdessen werden bestehende Daten genutzt, die den Versorgungsverträgen, den Pflegesatz- und Entgeltvereinbarungen sowie den Vereinbarungen über Zusatzleistungen entnommen werden sollen. Diese Datengrundlage sollte ausreichen, um den Vergleich vollständig durchführen zu können. Sollte dies nicht der Fall sein, berechtigt Abs. 3 S. 2 die beauftragte Stelle, auch weitere Unterlagen von den Pflegeheimen anzufordern. Die Heime sind verpflichtet, die erforderlichen Auskünfte zu erteilen. Der Gesetzgeber weist darauf hin, dass dies vor allem zum Zwecke des Vergleichs der Investitionskosten, die separat berechnet werden, nötig sein könnte. Die entsprechende Herstellung aggregierter Daten durch die beauftragte Stelle erscheint unter dem Blickwinkel der Berufsfreiheit nicht unproblematisch.[6]

VI. Nutzung der Vergleichsdaten (Abs. 4)

Nach Abs. 4 müssen die Daten aus dem Pflegevergleich verschiedenen Akteuren zugänglich gemacht werden, die sie an ihre übergeordneten Stellen auf Bundesebene bzw. im Falle der Pflegekassenverbände an die zuständigen Sachverständigen weiterleiten dürfen. Namentlich sind diese Akteure die entsprechenden Landesbehörden, die Pflegeheimträgervereinigungen auf Landesebene, die Pflegekassenlandesverbände, der Medizinische Dienst der Krankenversicherung, der Verband der privaten Krankenversicherung eV auf Landesebene und der Sozialhilfeträger. Nur wenn alle diese Parteien über die Ergebnisse des Vergleichs informiert werden, kann dieser seine Ziele nach Abs. 1 S. 1 Nr. 1 bis 3 erfüllen.

VII. Integration der beteiligten Parteien bei Erlass der Rechtsverordnung (Abs. 5)

Die für den Pflegeheimvergleich relevanten Nutzer (wiederum aufgezählt in Abs. 5 S. 1) müssen zwingend angehört werden, bevor die Bundesregierung eine entsprechende Rechtsverordnung erlässt. Damit soll gewährleistet werden, dass die erlassene Verordnung in Übereinstimmung mit den von ihr betroffenen, den nach ihr handelnden und den von ihr profitierenden Beteiligten erstellt wird. Allerdings ist die Bundesregierung nicht an die Stellungnahmen der entsprechenden Beteiligten gebunden. Die Angehörten haben nach S. 2 auch das Recht, der Bundesregierung Vorschläge für eine Rechtsverordnung ganz oder in Teilen zu unterbreiten.

VIII. Veröffentlichung von Ergebnissen und Datenschutz (Abs. 6 und 7)

Unter Berücksichtigung von datenschutzrechtlichen Maßgaben haben der Spitzenverband Bund der Pflegekassen oder die zuständigen Landesverbände das Recht, die im Pflegeheimvergleich ermittelten Daten in Verzeichnissen über die Pflegeheime zu veröffentlichen. Dabei ist nach Abs. 7 vor allem wichtig, dass personenbezogene Daten anonym behandelt werden. Da es sich bei den erhobenen Daten um Sozialdaten nach § 67 Abs. 1 S. 2 SGB X handelt, unterliegen diese dem Sozialdatenschutz und müssen den entsprechenden Regelungen der §§ 67 ff. SGB X folgen.[7]

IX. Anwendung des § 92 a auf Pflegedienste (Abs. 8)

Analog zum Pflegeheimvergleich nach Abs. 1 bis 7 sieht der Gesetzgeber auch einen Pflegedienstvergleich vor. Dieser Vergleich soll alle zugelassenen Pflegedienste, die im Bereich der ambulanten Pflege tätig sind, erfassen. Alle Vorschriften, die dabei zum Pflegeheimvergleich ergangen sind, sind entsprechend auch auf den Pflegedienstvergleich anwendbar. Eine entsprechende Rechtsverordnung ist bisher jedoch ebenfalls nicht ergangen.

---

[6] Vgl. Udsching in: Udsching, § 92 a Rn. 4.
[7] Siehe O'Sullivan in: jurisPK-SGB XI, § 92 a Rn. 23 ff.

Fünfter Abschnitt
Integrierte Versorgung

§ 92 b Integrierte Versorgung

(1) Die Pflegekassen können mit zugelassenen Pflegeeinrichtungen und den weiteren Vertragspartnern nach § 140 a Absatz 3 Satz 1 des Fünften Buches Verträge zur integrierten Versorgung schließen oder derartigen Verträgen mit Zustimmung der Vertragspartner beitreten.

(2) ¹In den Verträgen nach Absatz 1 ist das Nähere über Art, Inhalt und Umfang der zu erbringenden Leistungen der integrierten Versorgung sowie deren Vergütung zu regeln. ²Diese Verträge können von den Vorschriften der §§ 75, 85 und 89 abweichende Regelungen treffen, wenn sie dem Sinn und der Eigenart der integrierten Versorgung entsprechen, die Qualität, die Wirksamkeit und die Wirtschaftlichkeit der Versorgung durch die Pflegeeinrichtungen verbessern oder aus sonstigen Gründen zur Durchführung der integrierten Versorgung erforderlich sind. ³In den Pflegevergütungen dürfen keine Aufwendungen berücksichtigt werden, die nicht der Finanzierungszuständigkeit der sozialen Pflegeversicherung unterliegen. ⁴Soweit Pflegeeinrichtungen durch die integrierte Versorgung Mehraufwendungen für Pflegeleistungen entstehen, vereinbaren die Beteiligten leistungsgerechte Zuschläge zu den Pflegevergütungen (§§ 85 und 89). ⁵§ 140 a Absatz 2 Satz 1 bis 3 des Fünften Buches gilt für Leistungsansprüche der Pflegeversicherten gegenüber ihrer Pflegekasse entsprechend.

(3) § 140 a Absatz 4 des Fünften Buches gilt für die Teilnahme der Pflegeversicherten an den integrierten Versorgungsformen entsprechend.

Literatur:

Böhme/Heuzeroth, Integrierte Versorgung für stationäre Pflegeeinrichtungen, PKR 2007, 63.

I. Entstehungsgeschichte

1 § 92 b wurde durch Art. 8 Nr. 40 GKV-Wettbewerbsstärkungsgesetz v. 26.3.2007[1] eingeführt. Mit dem GKV-VSG v. 16.7.2015[2] wurden Folgeänderungen im Rahmen der Änderungen im SGB V (Bündelung der Vertragskompetenzen der Krankenkassen in § 140 a SGB V) im Hinblick auf die Verweisungen auf § 140 a SGB V vorgenommen.

II. Regelungsgehalt und Normzweck

2 Das Konzept der „integrierten Versorgung", das in § 92 b geregelt wird, besteht seit dem GKV-Gesundheitsreformgesetz, das zum 1.1.2000 in Kraft trat. Es ist in den Regelungen des Krankenversicherungsrechts, den §§ 140 ff. SGB V, enthalten. § 92 b stellt die Verbindung der Pflegeleistungen zur integrierten Versorgung im Krankenversicherungsrecht her. Ziel der integrierten Versorgung ist es, die Trennung zwischen ambulanter und stationärer Pflege zu durchbrechen[3] und stattdessen eine verstärkte Abstimmung der Pflegeleistungen – seien sie ambulanter oder pflegerischer Art – zu erreichen. Hauptaufgabe des § 92 b und wichtiger Inhalt des GKV-Wettbewerbsstärkungsgesetzes ist es, den Krankenkassen zu ermöglichen, auch mit Pflegeeinrichtungen Verträge zur integrierten Versorgung zu schließen und damit auch eine die Versicherungszweige übergreifende Leistungserbringung in der integrierten Versorgung zu ermöglichen.[4] Dieses Recht ist auch in Abs. 1 institutionalisiert. Im weiteren Verlauf des § 92 b werden diese potenziellen Verträge und ihre inhaltlichen Anforderungen näher konkretisiert (Abs. 2). Schließlich ist in Abs. 3 eine datenschutzrechtliche Regel enthalten.

3 § 92 b ist inzwischen – nach der „Verlagerung" der Bestimmung über die Pflegestützpunkte von § 92 c nach § 7 c – die einzige Vorschrift im Fünften Abschnitt des Achten Kapitels. Im Rahmen der integrierten Versorgung wird eine Kombination sowohl von ambulanter als auch stationärer Pflege, aber auch von Pflegeleistungen mit anderen Sozial- und Gesundheitsleistungen angestrebt und reguliert.

---

1 BGBl. I, 378; s. dazu BT-Dr. 16/3100, 188.
2 BGBl. I, 1211 (Art. 5 Nr. 4); dazu BT-Dr.18/4095, 142.
3 Udsching in: Udsching, § 92 b Rn. 2.
4 Huster in: Becker/Kingreen, SGB V, § 140 a Rn. 25.

III. Ermöglichung eines Vertrages zur integrierten Versorgung (Abs. 1)

Durch Abs. 1 wird überhaupt erst ermöglicht, dass auch Pflegeeinrichtungen Vertragspartei in einem Vertrag für integrierte Versorgung werden können. Zwingend erforderlich ist wiederum, dass die Pflegeeinrichtungen zugelassen sind. Diese Verträge werden mit den Pflegekassen geschlossen, deren potenzielle Vertragspartner in § 140 a Abs. 3 S. 1 SGB V geregelt sind. Entsprechend findet sich dort in Nr. 5 auch der Hinweis, dass ein solcher Vertragspartner „Pflegekassen und zugelassene Pflegeeinrichtungen auf der Grundlage des § 92 b des Elften Buches" sein können; hier wird somit eine wechselseitige Verbindung zwischen den beiden Normen hergestellt. Somit erhöht sich der Handlungsspielraum für die Pflegekassen, die einen weiteren möglichen Vertragspartner für ein integriertes Versorgungskonzept für sich gewinnen können. Niemand, weder Pflegekassen noch Pflegeeinrichtungen oder Pflegebedürftige, sind aber verpflichtet, einen solchen Vertrag zu schließen oder entsprechende integrierte Versorgungsleistungen in Anspruch zu nehmen.

IV. Inhaltliche Vorgaben (Abs. 2)

1. Inhaltliche Abweichungen von §§ 75, 85 und 89 (S. 1 und 2). Abs. 2 gibt vor, welche Inhalte ein Vertrag zur integrierten Versorgung mit zugelassenen Pflegeeinrichtungen haben muss. Generell sind dazu eine Beschreibung der Leistungen, die die Einrichtungen erbringen, sowie eine Regelung über deren Vergütung notwendiger Inhalt dieses Vertrages (Abs. 2 S. 1). Dabei ist es sogar möglich, von den Bestimmungen der Rahmenverträge nach § 75 abzuweichen. Auch die Vergütung der Leistungen muss nicht zwingend den Vorgaben der Vergütung stationärer Pflegeleistungen in § 85 und ambulanter Leistungen in § 89 entsprechen, sondern darf abweichend geregelt werden. Um eine solche Abweichung zu rechtfertigen, sind aber Bedingungen gegeben. So muss sich hinsichtlich der Versorgung der Pflegebedürftigen ein Vorteil ergeben, der durch diese Abweichung erzielt wird. Dieser Vorteil kann dabei in den Bereichen der Qualität, der Wirtschaftlichkeit oder der Wirksamkeit der Versorgungsleistungen liegen.

2. Finanzierung der Leistungen (S. 3 und 4). Durch Abs. 2 S. 3 ist den Abweichungen vom regulären Vergütungsverfahren jedoch eine Grenze gesetzt. Im Rahmen ihres Versorgungsvertrags können Pflegekassen nur solche Leistungen der integrierten Versorgung vergüten, die sie auch bei den klassischen Aufteilungen der Vergütung gewähren würden. Das bedeutet, dass sowohl für Kosten aus Unterkunft und Verpflegung als auch für Investitionskosten, die gesondert berechnet werden, von der Pflegekasse keine Finanzierung übernommen werden kann. Auch Zuschläge für Zusatzleistungen, wie sie in § 88 vorgesehen sind, fallen nicht in den Zuständigkeitsbereich der Pflegekassen. Eine gewisse Grauzone besteht im Bereich der Kosten für medizinische Behandlungspflege.

Durch die integrierte Versorgung ist es nicht undenkbar, dass für Pflegeleistungen höhere Aufwendungen als bei klassischer Pflege entstehen. Sollte dies der Fall sein, werden nach Abs. 2 S. 4 Zuschläge zur Pflegevergütung (nach den §§ 85 und 89) vereinbart. Diese Zuschläge müssen das Kriterium der Leistungsgerechtigkeit (→ § 84 Rn. 19 ff.) erfüllen.

3. Anwendbarkeit des § 140 a Abs. 2 Satz 1 bis 3 SGB V (S. 5). Abs. 2 S. 5 verweist auf die Anwendbarkeit des § 140 a Abs. 2 S. 1 bis 3 SGB V. Dieser enthält eine Verpflichtung für die Vertragspartner der Pflegekassen. Ihre zwingende Aufgabe ist es, dafür zu sorgen, dass die Versicherten qualitätsgesichert, wirksam, ausreichend, zweckmäßig, aber auch wirtschaftlich versorgt werden. Damit soll sichergestellt werden, dass die Versicherten auch bei integrierter Versorgung ein entsprechendes Leistungsniveau erwarten können. Analog zu § 140 a SGB V muss vor allem eine Pflege, die den aktuellen Erkenntnissen und dem pflegerischen Fortschritt entspricht, gewährleistet sein.

V. Teilnahme am integrierten Versorgungsprogramm (Abs. 3)

Auch hinsichtlich des organisatorischen Ablaufs der Teilnahme am integrierten Versorgungsprogramm nimmt der Gesetzgeber auf das SGB V Bezug, diesmal mit einem Querverweis zu § 140 a Abs. 4. Darin wird festgelegt, dass der Pflegebedürftige seine freiwillige Teilnahme am Versorgungsprogramm bei seiner Krankenkasse schriftlich erklären muss. Durch die Anwendung der § 140 a Abs. 4 S. 2 bis 4 SGB V wird auch geregelt, welche Widerrufsrechte dem Versicherten bei ursprünglicher Zustimmung zu entsprechenden Leistungen gewährt werden. Alle Bedingungen zur Teilnahme der Versicherten am Versorgungsprogramm müssen nach § 140 a Abs. 4 S. 5 SGB V von den Krankenkassen in den Teilnahmeerklärungen geregelt werden.

Sechster Abschnitt
Übergangsregelung für die stationäre Pflege (aufgehoben)*

§ 92 c Neuverhandlung der Pflegesätze (aufgehoben)

¹Die ab dem 1. Januar 2016 geltenden Pflegesatzvereinbarungen der zugelassenen Pflegeheime gelten bis zum 31. Dezember 2016 weiter. ²Gleiches gilt für Pflegesatzvereinbarungen, die neu auf Grundlage des § 84 Absatz 2 in der am 1. Januar 2016 geltenden Fassung abgeschlossen werden. ³Für den vorgesehenen Übergang ab dem 1. Januar 2017 sind von den Vereinbarungspartnern nach § 85 für die Pflegeheime neue Pflegesätze im Hinblick auf die neuen fünf Pflegegrade zu vereinbaren. ⁴Davon ausgehend sind bei vollstationärer Pflege nach § 43 für die Pflegegrade 2 bis 5 einrichtungseinheitliche Eigenanteile zu ermitteln. ⁵Dabei kann insbesondere die Pflegesatzkommission nach § 86 das Nähere für ein vereinfachtes Verfahren unter Einbezug eines angemessenen Zuschlags für die voraussichtlichen Kostensteigerungsraten bestimmen. ⁶§ 85 Absatz 3 bis 7 gilt entsprechend.

Literatur:

P. Baumeister, Rechtsfragen der alternativen Überleitung nach § 92 d SGB XI, NZS 2016, 561; *Plantholz*, Die Umsetzung des neuen Pflegebedürftigkeitsbegriffs im Leistungserbringungsrecht, GuP 2016, 207; *Reimer*, Überblick über Änderungen des SGB XI durch das Zweite Pflegestärkungsgesetz, SGb 2016, 252; *Richter*, Die neue soziale Pflegeversicherung – PSG II, 2016; *Rothgang*, Die Einführung des neuen Pflegebedürftigkeitsbegriffs – die erste große Pflegeversicherungsreform, Sozialrecht aktuell – Sonderheft 2016, 18.

I. Entstehungsgeschichte 1	IV. Vereinbarung neuer Pflegesätze (S. 3 bis 5) 7
II. Regelungsgehalt und Normzweck 3	V. Anwendung von § 85 Abs. 3 bis 7 (S. 6) 12
III. Befristete Geltung bestehender Pflegesatzvereinbarungen (S. 1 bis 3) 5	

I. Entstehungsgeschichte

1 Die vom 1.1.2016 bis 30.6.2017 geltende Vorschrift wurde zusammen mit den weiteren Übergangsregelungen der §§ 92 d, 92 e und 92 f durch Art. 1 Nr. 27 des PSG II v. 21.12.2015[1] mWv 1.1.2016 eingeführt. Aufgrund des begrenzten zeitlichen Anwendungsbereichs allein beim Übergang vom alten zum neuen Recht hat das PSG II (Art. 8 Abs. 4) auch sogleich wieder das Außerkrafttreten der Regelungen des neuen Sechsten Abschnitts im Achten Kapitel des SGB XI zum 30.6.2017 angeordnet. S. 4 wurde zwischenzeitlich leicht umformuliert (klargestellt) durch Art. 2a Nr. 4 Transplantationsregister G v. 11.10.2016[2] mWv 7.7.2016.

2 Die Vorgängervorschrift in § 92 c zu den Pflegestützpunkten war mit dem Pflege-Weiterentwicklungsgesetz (PflegeWEG) v. 28.5.2008[3] in das SGB XI eingeführt worden.[4] Mit dem PSG II v. 21.12.2015 wurde gleichzeitig mit der Schaffung der Übergangsregelungen für die Pflegevergütung in der stationären Pflege die bisherige Norm zu den Pflegestützpunkten in das Erste Kapitel nach § 7 c überführt.

II. Regelungsgehalt und Normzweck

3 Nach der Änderung des Pflegebedürftigkeitsbegriffs durch PSG II und der damit zusammenhängenden Einführung der Pflegegrade anstelle der bisherigen Pflegestufen sowie den Veränderungen im Hinblick auf die Pflegesätze (v. a. Einführung des einrichtungseinheitlichen Eigenanteils in der vollstationären Pflege; → § 84 Rn. 14 ff.) war eine **Anpassung der bisher vereinbarten Pflegesätze** in der voll- und in der teilstationären Pflege unabdingbar. Der Sechste Abschnitt beinhaltete mit den §§ 92 c bis 92 f Regelungen zu diesem Übergang. Das Gesetz sah dafür **zwei** grundsätzlich zu unterscheidende **Wege** vor: (1) eine neue Vergütungsvereinbarung auf der Basis des neuen Rechts (§ 92 c) **oder** (2) die gesetzliche Überleitung nach den §§ 92 d bis 92 f (→ § 84 Rn. 14 ff.). Soweit teilweise drei Optionen unterschie-

---

* Die Regelungen §§ 92 c bis 92 f sind zum 30.6.2017 außer Kraft getreten. Angesichts möglicher im Kontext der Überleitung stattfindender Schiedsstellen- und Gerichtsverfahren werden die Vorschriften gleichwohl kurz kommentiert.
1 BGBl. I, 2424.
2 BGBl. I, 2233.
3 BGBl. I, 874.
4 S. Kommentierung in der 1. Aufl.

den werden (individuelle Verhandlungen, vereinfachte Verfahren und formelgeleitete Überleitung),[5] so wird bei dieser Unterscheidung lediglich bezüglich der Vergütungsvereinbarung noch zusätzlich zwischen zwei Verfahren, in denen eine Vereinbarung zustande kommen kann, differenziert. Da es sich hierbei aber nur um zwei Varianten einer vertraglichen Vereinbarung handelt, die nicht mit der Trennung gegenüber der gesetzlichen Überleitung auf eine Stufe gestellt werden können, wird hier die Ansicht der zwei Varianten vertreten[6] (zur gesetzlichen Überleitung → § 92 d Rn. 1 ff.).

Mit den S. 1 und 2 wurde die Geltung bestehender Pflegesatzvereinbarungen auf den Zeitraum bis zum 31.12.2016 begrenzt. Weiter enthält die Vorschrift die Anweisung an die Vertragsparteien der Pflegesatzvereinbarungen, neue Pflegesätze zu vereinbaren (S. 3) und dabei in der vollstationären Pflege einrichtungseinheitliche Eigenanteile festzulegen (S. 4). Nach S. 5 wurden die Pflegesatzkommissionen nach § 86 autorisiert, Regelungen für ein vereinfachtes Verfahren zu beschließen. S. 6 ordnete schließlich die analoge Anwendung von Regelungen aus dem Pflegesatzverfahren an.

III. Befristete Geltung bestehender Pflegesatzvereinbarungen (S. 1 bis 3)

§ 92 c bezog sich auf solche Pflegesatzvereinbarungen, die ab dem 1.1.2016 galten. Ihre Gültigkeit wurde bis zum 31.12.2016 befristet; danach galten zwingend andere Regelungen, die entweder vertraglich vereinbart wurden (S. 3, 4, 5) oder aufgrund gesetzlicher Überleitungsregelungen (§§ 92 d – 92 f) zu bestimmen waren. Voraussetzung für die Anwendbarkeit von S. 1 war damit, dass es sich um eine solche Vereinbarung handelte, die zumindest am 1.1.2016 noch galt. In den Anwendungsbereich von S. 1 sind auch solche Vereinbarungen gefallen, die erst 2016 (für einen Zeitraum in 2016) geschlossen wurden. Diese Fälle wurden aber speziell durch S. 2 (klarstellend) so noch einmal gesondert geregelt.

Die für die Anwendbarkeit von S. 1 notwendige Geltung von Pflegesatzvereinbarungen konnte sich daraus ergeben, dass der in der Vereinbarung vorgesehene Geltungszeitraum (Pflegesatzzeitraum) zumindest teilweise im Jahr 2016 lag. Gleichermaßen wurden aber auch solche Vereinbarungen erfasst, deren Pflegesatzzeitraum schon vor Beginn des Jahres 2016 abgelaufen war, die aber aufgrund des § 84 Abs. 6 S. 4 fortgalten. Deshalb stellte sich die auf den ersten Blick wie eine Fortgeltungsregelung formulierte Norm tatsächlich als reine Befristungsregelung dar. Für die Fälle, in denen die Vereinbarung erst 2016 geschlossen wurde, lag entsprechend erst recht eine Befristung vor. Soweit teilweise angenommen wurde, dass der Gesetzgeber mit diesen Regelungen in S. 1 und 2 erreichen wollte, dass im Laufe des Jahres 2016 keine neuen Vereinbarungen getroffen werden mussten, so überzeigt das nicht, da ein solcher Zwang aufgrund des § 84 Abs. 6 S. 4 ohnehin nicht bestand.[7] Im Ergebnis traten also alle Pflegesatzvereinbarungen auf der Basis von Pflegesätzen nach Pflegestufen mit Ablauf des 31.12.2016 außer Kraft. Das galt auch für solche Fälle, in denen durch Schiedsspruch Pflegesätze nach dem alten Recht festgesetzt worden waren.

IV. Vereinbarung neuer Pflegesätze (S. 3 bis 5)

Ab dem 1.1.2017 konnten die vorausgehenden Pflegesätze und Vereinbarungen nicht mehr verwendet werden; das PSG II hatte mit Einführung der Pflegegrade und der darauf bezogenen neuen Leistungen der Pflegekassen sowie der einrichtungseinheitlichen Eigenanteile einer Fortgeltung der bisherigen Vereinbarungen die Grundlage entzogen (und konsequent in S. 1 und 2 das Ende der Geltung auf den 31.12.2016 bestimmt). Nach S. 3 waren die Vertragspartner also aufgefordert, neue Vereinbarungen auf der Grundlage des neuen Rechts für die Zeit ab dem 1.1.2017 zu schließen. Nach dem Wortlaut der Regelungen der S. 3 und 4 handelte es sich um Rechtspflichten der Vertragsparteien zum Abschluss von Vereinbarungen.

Die damit vorgegebene erste Möglichkeit zur Umsetzung des neuen Rechts wurde vom Gesetzgeber bewusst als favorisierte Lösung für den Übergang formuliert.[8] Dieses im Regelfall anzuwendende Verfahren ermögliche, so die Gesetzentwurfsbegründung, „mit größtmöglicher Flexibilität im Hinblick auf das Wirksamwerden des neuen Pflegebedürftigkeitsbegriffs [...] in prospektiver Weise Anpassungen und Verbesserungen passgenau vorzusehen."[9]

---

5 S. Rothgang, Sozialrecht aktuell – Sonderheft 2016, 18, 22.
6 S. auch BT-Dr. 18/5926, 95.
7 S. O'Sullivan, jurisPK-SGB XI § 92 c Rn. 7.
8 BT-Dr. 18/6688, 134.
9 BT-Dr. 18/5926, 95.

9 Im Bewusstsein der praktischen Schwierigkeiten, die sich bei einer individuellen Neuverhandlung von Pflegesätzen bei ca. 13.000 stationären Pflegeeinrichtungen ergeben werden, wurde zugleich als Variante zu „völlig freien" Neuverhandlungen eine Option eingebaut, nach der die Pflegesatzkommissionen Regelungen für ein **vereinfachtes Verfahren** erlassen konnten. Das bedeutete im Ergebnis, dass die Pflegesatzkommissionen generelle Regelungen für die vertragliche Überleitung der bestehenden Pflegesätze auf die neuen Pflegesätze verabschiedeten und die Vertragsparteien dann entscheiden konnten, ob sie diese Regelungen für die jeweilige betreffende individuelle Einrichtung übernehmen wollten. In praxi sind auf diese Weise wohl die allermeisten Pflegesätze faktisch übergeleitet worden.

10 Nach welchen Gesichtspunkten die Pflegesatzkommission die Regelungen für ein vereinfachtes Verfahren beschließen sollte, ist S. 5 nicht zu entnehmen. Gerade aus dem Ablauf des Gesetzgebungsverfahrens ist aber ersichtlich, dass das Gesetz hier nur sehr wenige Vorgaben machen wollte. So enthielt der Gesetzentwurf zunächst in S. 5 den Zusatz „unter Einbeziehung der alternativen Überleitung nach § 92 d".[10] Dieser ist dann im Laufe des Gesetzgebungsverfahrens gestrichen und auf die damit verbundene Erweiterung des Gestaltungsspielraums hingewiesen worden.[11] Die Pflegesatzkommissionen konnten sich also an dem gesetzlichen alternativen Verfahren nach den §§ 92 d ff. orientieren, brauchten das aber nicht zu tun. Lediglich die Vorgabe des „Einbezugs eines angemessenen Zuschlags für die voraussichtlichen Kostensteigerungsraten" war damit als Begrenzung des Spielraums der Pflegesatzkommission anzusehen.

11 Die Möglichkeiten der Vertragspartner der Pflegesatzvereinbarungen, auf das vereinfachte Verfahren zurückzugreifen, stellten sich gleichfalls als rechtlich unproblematisch dar. Um eine **Beschränkung der Vertragsfreiheit** handelte es sich in diesen Fällen nicht, weil die Vertragsparteien (und damit auch jede Partei für sich) die Möglichkeit hatten, auf individuelle Vereinbarungen zu bestehen. Dasselbe gilt auch für die alternative gesetzliche Überleitung nach den §§ 92 d – 92 f, die ja durch das Herbeiführen einer neuen vertraglichen Vereinbarung – notfalls mithilfe der Schiedsstelle – verhindert werden konnte.

V. Anwendung von § 85 Abs. 3 bis 7 (S. 6)

12 S. 6 ordnete schließlich die entsprechende Anwendbarkeit von § 85 Abs. 3 bis 7 für die Neuverhandlung der Pflegesätze an. § 85 Abs. 3 bis 7 regeln vor allem das Verfahren der Pflegesatzverhandlungen, den Abschluss der Pflegesatzvereinbarung, die Möglichkeit der Anrufung der Schiedsstelle oder des Gerichts, den Zeitpunkt des Inkrafttretens der Vereinbarung sowie den Anspruch auf Neuverhandlung im Fall unvorhersehbarer wesentlicher Änderungen. Damit wird bekräftigt, dass das Überleitungsverfahren hinsichtlich seines Ablaufs nicht von der regulären Pflegesatzvereinbarung abweicht.

§ 92 d Alternative Überleitung der Pflegesätze (aufgehoben)

Sofern bis zu drei Monate vor dem 1. Januar 2017 für das Pflegeheim keine neue Vereinbarung nach § 92 c geschlossen wurde, werden die vereinbarten Pflegesätze durch übergeleitete Pflegesätze abgelöst, die nach § 92 e zu ermitteln sind.

Literatur:
Siehe § 92 c.

I. Entstehungsgeschichte

1 Die vom 1.1.2016 bis 30.6.2017 geltende Vorschrift wurde zusammen mit den weiteren Übergangsregelungen der §§ 92 c, 92 e und 92 f durch Art. 1 Nr. 27 des PSG II v. 21.12.2015[1] mWv 1.1.2016 eingeführt. Aufgrund des begrenzten zeitlichen Anwendungsbereichs allein beim Übergang vom alten zum neuen Recht hat das PSG II (Art. 8 Abs. 4) auch sogleich wieder das Außerkrafttreten der Regelungen des neuen Sechsten Abschnitts im Achten Kapitel des SGB XI zum 30.6.2017 angeordnet.

---

10 BT-Dr. 18/5926, 19, 95.
11 BT-Dr. 18/6688, 134: „ ... wird der Gestaltungsspielraum für die Vereinbarungspartner der Pflegesatzkommissionen ... erweitert."
1 BGBl. I, 2424.

II. Regelungsgehalt und Normzweck

Hatte § 92 c den vom Gesetz favorisierten Weg des Übergangs in das neue Vergütungsrecht zum Gegenstand, so regelte § 92 d das Verfahren der alternativen Überleitung der Pflegesätze. Dieses alternative Verfahren kam nur zur Anwendung, wenn es an einer vertraglichen Regelung nach § 92 c mangelte. Entsprechend wird es in der Gesetzentwurfsbegründung auch als „Auffangregelung" bezeichnet.[2] Das gesetzliche Verfahren war in den §§ 92 d bis 92 f normiert, die daher auch in Zusammenhang gesehen werden müssen.

III. Anwendungsbereich der alternativen Überleitung der Pflegesätze

§ 92 d ermöglichte, die Pflegesätze durch ein alternatives gesetzliches Verfahren zu ermitteln, das in § 92 e beschrieben wurde und zu dem § 92 f Verfahrensregeln aufgestellt hatte. Dabei stellt § 92 d nicht nur eine Option dar, sondern war in bestimmten Fällen zwingend anzuwenden. Allerdings bestand über die Vorgaben für seine Anwendung angesichts der 3-Monats-Frist verbreitete Unsicherheit.

Nach dem **Wortlaut der Regelung** ist das gesetzliche (alternative) Verfahren nach § 92 d anzuwenden, „sofern bis zu drei Monate vor dem 1. Januar 2017 für das Pflegeheim keine neue Vereinbarung nach § 92 c geschlossen wurde". Daraus wurde teilweise abgeleitet, dass zu dem Stichtag des 30.9.2016 eine wirksame Vereinbarung vorliegen musste, wenn nicht statt einer Vereinbarung die alternative Überleitung eingreifen sollte.[3] Diese auf den ersten Blick notwendige Konsequenz der Regelung war im Ergebnis allerdings nicht überzeugend. Es gab schließlich keinen nachvollziehbaren Grund, warum nicht auch eine nach dem 30.9.2016 geschlossene Vereinbarung gültig sein und die gesetzliche Überleitung verdrängen sollte. Deutliches Zeichen dafür war schon eine Äußerung des BMG Ende April 2016 unter dem Titel „Überleitungsszenarien in der stationären Pflege, §§ 9 c ff. SGB XI".[4] Darin ging das BMG davon aus, dass die Vertragsparteien nicht gehindert seien, auch nach dem 30.9.2016 noch Vereinbarungen zu treffen. Dadurch wäre das Wirksamwerden von nach § 92 e übergeleiteten Pflegesätzen ausgeschlossen. Als notwendig dafür hatte das BMG aber angesehen, dass die Vertragsverhandlungen vor dem 30.9.2016 aufgenommen oder ein Schiedsstellenverfahren vor dem Zeitpunkt beantragt worden war.

Bei einer notwendigen **teleologischen Reduktion** des Anwendungsbereichs der Regelung ließ sich aber ein noch weitergehendes Ergebnis als überzeugend ermitteln: Das Verfahren nach den §§ 92 d bis 92 f begann für jedes Pflegeheim stets dann, wenn bis zum 30.9.2016 keine Vereinbarung geschlossen worden war. Lag diese Voraussetzung vor, so hatte der Pflegeheimträger nach § 92 f Abs. 1 den Kostenträgern bis zum 31.10.2016 die von ihm nach § 92 e ermittelten Pflegesätze mitzuteilen, die dann gem. § 92 f Abs. 2 durch die Kostenträger hätten beanstandet werden können. Nachfolgend war dann eine Mitteilung an die Heimbewohner bis Ende November 2016 vorgesehen (§ 92 f Abs. 3). Parallel zu diesem laufenden Verfahren konnten die Pflegesatzparteien ihre begonnenen Verhandlungen fortführen oder erstmals Verhandlungen aufnehmen. Oder sie konnten die Schiedsstelle anrufen, wenn es zu keiner Vereinbarung gekommen war. In diesen Fällen sind die beiden Verfahren richtigerweise parallel gelaufen. Sofern dann bis zum 31.12.2016 keine Vereinbarung und auch keine Schiedsstellenentscheidung ergangen war, wurde die bis dahin geltende Vergütungsvereinbarung durch die gesetzliche Überleitung nach § 92 e abgelöst. Im Fall der zulässigen Schiedsstellenanrufung vor dem 1.1.2017 konnte allerdings die Schiedsstelle rückwirkend zum 1.1.2017 die gesetzliche Überleitung wieder durch den Schiedsspruch ersetzen.[5]

§ 92 e Verfahren für die Umrechnung (aufgehoben)

(1) Grundlage für die Ermittlung der ab dem 1. Januar 2017 zu zahlenden Pflegesätze nach § 92 d ist der Gesamtbetrag der Pflegesätze, die dem Pflegeheim am 30. September 2016 zustehen, hochgerechnet auf einen Kalendermonat für Pflegebedürftige der Pflegestufen I bis III sowie Bewohner ohne Pflegestufe, aber mit erheblich eingeschränkter Alltagskompetenz.

---

2 BT-Dr. 18/5926, 96.
3 Richter, Die neue soziale Pflegeversicherung – PSG II, Rn. 355, 357.
4 S. Baumeister, NZS 2016, 561, 562.
5 Ausführlich Baumeister, NZS 2016, 561, 562 ff.

(2) ¹Der Gesamtbetrag nach Absatz 1 ist in die Pflegegrade 2 bis 5 umzurechnen. ²Die übergeleiteten Pflegesätze ergeben sich als Summe aus dem Leistungsbetrag nach § 43 und dem in allen Pflegegraden gleich hohen Eigenanteil (Zuzahlungsbetrag). ³Der einheitliche Eigenanteil ermittelt sich dann wie folgt:

EA = (Σ PS − PBPG2 x LBPG2 − PBPG3 x LBPG3 − PBPG4 x LBPG4 − PBPG5 x LBPG5) dividiert durch PB (PG2 − PG5).

⁴Dabei sind:
1. EA = der ab dem Tag der Umstellung geltende einheitliche Eigenanteil,
2. Σ PS = Gesamtbetrag der Pflegesätze (PS) nach Absatz 1,
3. PBPG2 = Zahl der Pflegebedürftigen in Pflegegrad 2 entsprechend der Überleitungsvorschrift des § 140 in der ab dem 1. Januar 2017 geltenden Fassung am 30. September 2016,
4. PBPG3 = Zahl der Pflegebedürftigen in Pflegegrad 3 entsprechend der Überleitungsvorschrift des § 140 in der ab dem 1. Januar 2017 geltenden Fassung am 30. September 2016,
5. PBPG4 = Zahl der Pflegebedürftigen in Pflegegrad 4 entsprechend der Überleitungsvorschrift des § 140 in der ab dem 1. Januar 2017 geltenden Fassung am 30. September 2016,
6. PBPG5 = Zahl der Pflegebedürftigen in Pflegegrad 5 entsprechend der Überleitungsvorschrift des § 140 in der ab dem 1. Januar 2017 geltenden Fassung am 30. September 2016,
7. PB (PG2 − PG5) = Zahl der Pflegebedürftigen in Pflegegrad 2 bis 5 entsprechend der Überleitungsvorschrift des § 140 in der ab dem 1. Januar 2017 geltenden Fassung am 30. September 2016,
8. LBPG2 = vollstationärer Leistungsbetrag in Pflegegrad 2,
9. LBPG3 = vollstationärer Leistungsbetrag in Pflegegrad 3,
10. LBPG4 = vollstationärer Leistungsbetrag in Pflegegrad 4 sowie
11. LBPG5 = vollstationärer Leistungsbetrag in Pflegegrad 5.

(3) ¹Für den teilstationären Bereich ergeben sich abweichend von Absatz 2 die übergeleiteten Pflegesätze wie folgt:

PSPG2 = Σ PS dividiert durch (PBPG2 + PBPG3 x 1,2 + PBPG4 x 1,4 + PBPG5 x 1,5).

²Dabei ist: PSPG2 = der teilstationäre Pflegesatz in Pflegegrad 2.
³Es gilt:
1. der Pflegesatz in Pflegegrad 3 entspricht dem 1,2-Fachen des Pflegesatzes in Pflegegrad 2,
2. der Pflegesatz in Pflegegrad 4 entspricht dem 1,4-Fachen des Pflegesatzes in Pflegegrad 2,
3. der Pflegesatz in Pflegegrad 5 entspricht dem 1,5-Fachen des Pflegesatzes in Pflegegrad 2.

(3 a) ¹Für den Bereich der Kurzzeitpflege ergeben sich abweichend von Absatz 2 die übergeleiteten Pflegesätze wie folgt:

PSPG2 = Σ PS dividiert durch (PBPG2 + PBPG3 x 1,36 + PBPG4 x 1,74 + PBPG5 x 1,91).

²Dabei ist PSPG2 der Pflegesatz in Pflegegrad 2. ³Es gilt:
1. der Pflegesatz in Pflegegrad 3 entspricht dem 1,36-Fachen des Pflegesatzes in Pflegegrad 2,
2. der Pflegesatz in Pflegegrad 4 entspricht dem 1,74-Fachen des Pflegesatzes in Pflegegrad 2,
3. der Pflegesatz in Pflegegrad 5 entspricht dem 1,91-Fachen des Pflegesatzes in Pflegegrad 2.

⁴Für Kurzzeitpflegeeinrichtungen mit einem nicht nach Pflegestufen differenzierten Pflegesatz bleibt dieser unverändert.

(4) Der Pflegesatz für den Pflegegrad 1 beträgt bis zur Ablösung durch eine neue Pflegesatzvereinbarung 78 Prozent des Pflegesatzes für den Pflegegrad 2.

Literatur:
Siehe § 92 c.

I. Entstehungsgeschichte

Auch § 92 e wurde durch Art. 1 Nr. 27 des PSG II v. 21.12.2015[1] mWv 1.1.2016 eingeführt und ist nach Art. 8 Abs. 4 PSG II mWv 30.6.2017 sogleich wieder aufgehoben worden. Abs. 3 a wurde nachträglich eingeführt durch Art. 2 a Nr. 5 TransplantationsregisterG v. 11.10.2016[2] mWv 7.7.2016.

II. Regelungsgehalt und Normzweck

§ 92 e stand in engem Zusammenhang mit den §§ 92 d und 92 f, die das (gegenüber der vertraglichen Vereinbarung) alternative Verfahren – vom Gesetzgeber als „Auffangregelung"[3] beschrieben – zur Überleitung der Pflegesätze in das neue Pflegesatzsystem regelten. Während § 92 d die Grundlage für diese alternative Überleitung legte und § 92 f beschrieb, welche Informationspflichten am Ende der Pflegesatzermittlung bestanden, gab § 92 e recht detailliert vor, wie die Pflegesätze zu ermitteln waren.

§ 92 e gliederte sich in die einzelnen Berechnungsschritte, die in chronologischer Reihenfolge aufgeführt wurden. Basis war Abs. 1, der als Grundlage der Berechnung den Gesamtbetrag aller Pflegesätze vorgab, die dem Pflegeheim am Stichtag, dem 30. September 2016, zustanden. Abs. 2 gab anschließend vor, dass diese Summe auf die Angehörigen der neuen Pflegegrade 2 bis 5 zu verteilen war. Außerdem wurde die Formel zur Berechnung des einrichtungseinheitlichen Eigenanteils vorgegeben. In der teilstationären Pflege wurden die Pflegesätze leicht abweichend bestimmt (Abs. 3). Der nachträglich eingefügte Abs. 3 a traf eine Regelung für die Kurzzeitpflege. Zum Schluss gab Abs. 4 vor, dass Pflegegrad 1, der in die Berechnung nicht mit einbezogen wurde, jeweils mit 78 % des Pflegegrades 2 anzusetzen war.

III. Erster Berechnungsschritt: Gesamtbetrag aller Pflegesätze (Abs. 1)

Basis der gesetzlichen Pflegesatzüberleitung war der Gesamtbetrag der Umsätze aus allen Pflegesätzen, die dem Pflegeheim zum Stichtag (30.9.2016) nach der alten Klassifizierung in Pflegestufen (Pflegestufen I bis III und Bewohner ohne Pflegestufe mit eingeschränkter Alltagskompetenz) zustanden. Diese Summe wurde auf einen monatlichen Betrag hochgerechnet. Dafür gaben die Materialien einen Faktor von 30,42 an, der in der Praxis auch sonst inzwischen verwendet wird.[4] Härtefallzuschläge waren in dieser Berechnung ebenfalls zu berücksichtigen.

IV. Zweiter Berechnungsschritt: Aufteilung auf die Pflegegrade (Abs. 2 bis 4)

Die in Abs. 1 berechnete Summe musste für die **vollstationäre Einrichtung** nach **Abs. 2** auf die neuen Pflegegrade aufgeteilt werden. Der Betrag der neuen Pflegesätze bestand aus zwei Komponenten: dem Leistungsbetrag, der durch § 43 vorgegeben ist und für die Aufteilungsberechnung als unveränderbare Konstante genutzt wurde, und dem einrichtungseinheitlichen Eigenanteil. Dieser wurde durch die Formel in Abs. 2 S. 3 berechnet. Dazu war zunächst eine „Überleitung der Pflegestufen" der Bewohner zum 30.9.2016 auf die Pflegegrade notwendig; diese Berechnung erfolgte nach den Regelungen des § 140. Sodann wurde für jeden Pflegegrad der Leistungsbetrag aus § 43 mit der Zahl der Pflegebedürftigen in diesem Pflegegrad multipliziert. Die Summe all dieser Produkte musste vom Gesamtbetrag aus Abs. 1 abgezogen werden, um nur noch den Betrag zu erhalten, der durch einrichtungseinheitliche Eigenanteile abzudecken war. Da dieser Eigenanteil für alle Pflegegrade einheitlich ist, musste der Gesamtbetrag der Eigenanteile nur noch durch die Zahl der Pflegebedürftigen dividiert werden. Abs. 2 S. 4 lieferte dazu lediglich die Erläuterungen für die in S. 3 genutzten Variablen.

Für die **teilstationäre Pflege** galt eine abgewandelte Formel (**Abs. 3**). Das lag zum einen daran, dass für die teilstationäre kein Leistungsbetrag nach § 43 existiert. Im Laufe des Gesetzgebungsverfahrens wurde die Berechnungsgrundlage insoweit verändert, als die zunächst vorgesehene Relation der verschiedenen Pflegegrade zueinander im Gesetzentwurf an der sog EViS-Studie der Universität Bremen orientiert wurde, dann aber schließlich im Beschluss des Gesundheitsausschusses mit der Begründung verändert wurde, dass „Hinweise aus der Praxis" ergeben hätten, dass die Spreizung der Aufwände im teilstationären geringer als im vollstationären Bereich seien.[5]

---

1 BGBl. I, 2424.
2 BGBl. I, 2233.
3 BT-Dr. 18/5926, 96.
4 BT-Dr. 18/5926, 96; diesen Faktor wiederholt auch die Handreichung des Begleitgremiums (Beirat) nach § 18 c vom 9.8.2016, S. 2.
5 BT-Dr. 18/6688, 134.

7 Die nachträglich eingefügte Berechnungsformel für die Kurzzeitpflege nach **Abs. 3a** sah als Grundlage wieder die Aufwandsrelationen nach der EViS-Studie vor. Auch diese Berechnung war aber als budgetneutrale Umrechnung anzusehen.[6]

8 **Abs. 4** traf schließlich eine Regelung für den **Pflegegrad 1**. Da eine Überleitung in diesen Pflegegrad nach § 140 ausgeschlossen ist, ist der Pflegegrad 1 nur neuen Bedürftigen vorbehalten. Für sie sah Abs. 4 pauschalierend einen Pflegesatz von 78 % des Satzes für Pflegegrad 2 vor. Auch hierfür wurde die EViS-Studie der Universität Bremen genutzt. Dabei war nicht relevant, ob es sich um einen Fall der teil- oder der vollstationären Pflege oder der Kurzzeitpflege handelte.

§ 92f Pflichten der Beteiligten (aufgehoben)

(1) [1]Das Pflegeheim teilt den nach § 85 Absatz 2 als Parteien der Pflegesatzvereinbarung beteiligten Kostenträgern bis spätestens zum 31. Oktober 2016 die von ihm nach § 92e Absatz 2 bis 4 ermittelten Pflegesätze in den Pflegegraden 1 bis 5 zusammen mit folgenden Angaben mit:
1. die bisherigen Pflegesätze,
2. die Aufteilung der maßgeblichen Heimbewohnerzahl entsprechend ihrer bisherigen Einstufung und der Angabe zum Vorliegen einer erheblich eingeschränkten Alltagskompetenz sowie
3. den Stichtagsbetrag nach § 92e Absatz 1.

[2]Diese Angaben sind durch geeignete Unterlagen zu belegen. [3]Es genügt die Mitteilung an eine als Vertragspartei beteiligte Pflegekasse; diese stellt die unverzügliche Weiterleitung der Mitteilung an die übrigen als Vertragsparteien beteiligten Kostenträger sowie an die Landesverbände der Pflegekassen sicher.

(2) [1]Über Beanstandungen der von dem Pflegeheim nach Absatz 1 übermittelten Angaben befinden die Parteien nach § 85 Absatz 2 unverzüglich mit Mehrheit. [2]Sofern an die Pflegekassen als Vertragspartei keine Mitteilung innerhalb der Frist erfolgt, sind diese zu einer Schätzung berechtigt und informieren darüber unverzüglich das Pflegeheim.

(3) [1]Abweichend von § 9 Absatz 2 des Wohn- und Betreuungsvertragsgesetzes sind die Heimbewohner vom Pflegeheim spätestens bis zum 30. November 2016 über die danach geltenden Pflegesätze nach § 92e, bei vollstationärer Pflege einschließlich des einrichtungseinheitlichen Eigenanteils, schriftlich zu informieren. [2]Auf den Besitzstandsschutz nach § 141 in der ab dem 1. Januar 2017 geltenden Fassung ist hinzuweisen.

Literatur:
Siehe § 92c.

I. Entstehungsgeschichte

1 Auch § 92f wurde zusammen mit den anderen Regelungen des (zwischenzeitlichen) Sechsten Abschnitts im Achten Kapitel durch Art. 1 Nr. 27 des PSG II v. 21.12.2015[1] mWv 1.1.2016 eingeführt und ist nach Art. 8 Abs. 4 PSG II mWv 30.6.2017 sogleich wieder aufgehoben worden.

II. Regelungsgehalt und Normzweck

2 § 92f stand in unmittelbarem Zusammenhang mit § 92e und regelte die administrativen Aufgaben und Pflichten, die mit einer nach § 92e durchgeführten Pflegesatzermittlung im alternativen (gesetzlichen) Verfahren einhergingen. Abs. 1 gab vor, welche Informationen der Pflegeheimträger den anderen Parteien der Pflegesatzvereinbarung zu geben hatte. Abs. 2 regelte, wie bei Beanstandungen bezüglich der übermittelten Pflegesätze durch eine der informierten Parteien vorzugehen war. Die Informationspflicht gegenüber den Heimbewohnern wurde in Abs. 3 festgelegt.

III. Informationspflicht gegenüber den Kostenträgern (Abs. 1)

3 Wurden die Pflegesätze im alternativen Verfahren nach den §§ 92d ff. übergeleitet, war das Pflegeheim (gemeint: der Pflegeheimträger) verpflichtet, den Kostenträgern eine Mitteilung über das Ergebnis der

---
6 BT-Dr. 18/9083, 34.
1 BGBl. I, 2424.

Pflegesatzermittlung zu machen. Eine Mitteilung an die jeweils beteiligte Pflegekasse war S. 3 zufolge allerdings ausreichend; sie informierte im Anschluss die anderen Kostenträger sowie die Landesverbände der Pflegekassen. Als Frist für diese Mitteilung wurde der 31.10.2016 gesetzt. Gemäß Abs. 1 S. 1 Nr. 1 bis 3 waren vier Informationen weiterzugeben, und zwar die neu ermittelten Pflegesätze (S. 1), die vorher gültigen Pflegesätze (S. 1 Nr. 1), eine Übersicht über die Aufteilung der Heimbewohner und ihrer Einstufung (S. 1 Nr. 2) und der Gesamtbetrag der Pflegesätze zum 30.9.2016 (S. 1 Nr. 3, s. auch Kommentierung zu § 92 e). Alle Angaben mussten belegt werden (S. 2).

IV. Beanstandungen (Abs. 2)

Waren die informierten Kostenträger mit den Informationen zu den Pflegesätzen nicht einverstanden, hatten sie die Möglichkeit zu Beanstandungen. Über die Einwände entschieden die Parteien der Pflegesatzverhandlung – Pflegekassen und Sozialversicherungsträger, Sozialhilfeträger, dazugehörige Arbeitsgemeinschaften – mit einer einfachen Mehrheitsentscheidung. Mit der Einfügung „unverzüglich" hatte das Gesetz auf die hohe Dringlichkeit dieser Entscheidung hingewiesen.

Um zu erreichen, dass die Pflegeheime ihrer Verpflichtung zur Informationsübermittlung nachkamen, erhielten die anderen Parteien die Möglichkeit, bei verspäteter oder unterlassener Information eine Schätzung der Pflegesätze vorzunehmen und wiederum das Pflegeheim zu informieren. Die Kostenträger hatten bei der Schätzung alle Umstände zu berücksichtigen, „die für die Ermittlung der Pflegesätze von Bedeutung sind".[2]

V. Information der Heimbewohner (Abs. 3)

Die Heimbewohner waren schriftlich über die neuen Pflegesätze bis spätestens zum 30.11.2016 zu informieren. In der vollstationären Pflege war auch der einrichtungseinheitliche Eigenanteil mitzuteilen. Nach Ansicht der Gesetzentwurfsbegründung wurde damit auch den Verbraucherschutzanforderungen des Wohn- und Betreuungsvertragsgesetzes entsprochen.[3]

Neuntes Kapitel
Datenschutz und Statistik

Erster Abschnitt
Informationsgrundlagen

Erster Titel Grundsätze der Datenverwendung

§ 93 Anzuwendende Vorschriften

Für den Schutz personenbezogener Daten bei der Erhebung, Verarbeitung und Nutzung in der Pflegeversicherung gelten der § 35 des Ersten Buches, die §§ 67 bis 85 des Zehnten Buches sowie die Vorschriften dieses Buches.

Schrifttum:

Hauck/Noftz, Sozialgesetzbuch SGB XI Kommentar, Losesblattsammlung, 21. Lieferung 2004; *Klie/Krahmer*, Sozialgesetzbuch XI, Lehr- und Praxiskommentar, 3. Auflage 2009; Krauskopf, Soziale Krankenversicherung, Pflegeversicherung Kommentar, Losesblattsammlung, 77. Lieferung 2012.

I. Entstehungsgeschichte

Die Vorschrift ist durch Art. 1 PflegeVG mit Wirkung zum 01. Juni1994 eingeführt worden und auch zuletzt mit dem Pflegestärkungsgesetz – PSG II und PSG III – unverändert geblieben.

II. Normzweck

Die Vorschriften der §§ 93–109 SGB XI befassen sich mit den Datenschutz- und Statistikregelungen in der gesetzlichen Pflegeversicherung. Die Norm des § 93 SGB XI ist systematisch die datenschutzrechtli-

---

2 BT-Dr. 18/5926, 97.
3 BT-Dr. 18/5926, S. 97.

che **Eingangsvorschrift**. Sie soll nach dem gesetzgeberischen Willen die Funktion eines Wegweisers erfüllen, um so ein leichteres Auffinden der zahlreichen datenschutzrechtlichen Vorschriften in den verschiedenen Büchern des Sozialgesetzbuches zu erreichen. Dem Versicherten soll so die Wahrnehmung seines Rechts auf informelle Selbstbestimmung besser ermöglicht werden.[1]

3 Der **deklaratorische Charakter** der Norm leitet sich aus der gesetzgeberischen Zweckbestimmung des § 93 SGB XI ab.[2] Ohnehin fallen die in der Norm des § 93 SGB XI genannten Verweisvorschriften des § 35 SGB I und der §§ 67 bis 85 SGB X in den Anwendungsbereich der gesetzlichen Pflegeversicherung.

III. Verweisvorschriften

4 In welchem Verhältnis die in § 93 SGB XI aufgeführten Verweisvorschriften zu den datenschutzrechtlichen Bestimmungen der §§ 93 ff. SGB XI stehen, wird im Schrifttum unterschiedlich betrachtet. So wird einerseits die Beziehung der Vorschriften zueinander im Verhältnis der Spezialität gesehen, so dass die Verweisregelung nur zur Anwendung kommt, wenn im elften Buch keine andere Regelung existiert, andererseits wird die Beziehung iS einer Ergänzung gesehen. Aufgrund der **funktionalen Zielsetzung** der Norm sind die Verweisregelungen des § 93 SGB XI im Sinne einer Ergänzung zu verstehen.[3]

5 Nach dem Wortlaut des § 93 SGB XI umfasst die **Verweisregelung** des § 93 SGB XI nicht den § 85 a SGB X. Die Strafvorschrift des § 85 a SGB X ist nach dem § 93 SGB XI in Kraft getreten; jedoch hat der Gesetzgeber es versäumt, im Laufe der zahlreichen Änderungen des Sozialgesetzbuches die Verweisregelung in § 93 SGB XI zu ergänzen, so dass einer Anwendung des § 85 a SGB X verfassungsrechtliche Bedenken gegenüberstehen.[4] Die argumentative Herleitung für eine Anwendung des § 85 a SGB X, weil der Gesetzgeber die Anpassung des § 93 SGB XI versehentlich unterließ, verliert aber an zunehmender Gewichtung, wenn der Gesetzgeber wie jetzt erneut die Ergänzung des § 93 SGB XI bei der umfassenden Änderung des SGB XI mit dem Pflegestärkungsgesetz – PSG II und PSG III – nicht vornimmt.

IV. Personenbezogene Daten

6 Nach dem Wortlaut des § 93 SGB XI fallen tatbestandlich in den **Schutzbereich der Norm** personenbezogene Daten. Der Begriff personenbezogene Daten wird in den Büchern des Sozialgesetzbuches aber nicht einheitlich verwendet; vielmehr wird außerhalb des elften Buches auf den Begriff der Sozialdaten abgestellt. Nach der **Legaldefinition** des § 3 Abs. 1 BDSG sind personenbezogene Daten Einzelangaben über persönliche und sachliche Verhältnisse einer bestimmten oder bestimmbaren natürlichen Person. Gemäß § 67 Abs. 1 SGB X beinhaltet der Begriff Sozialdaten neben den zuvor genannten Merkmalen, dass diese von einer Stelle gemäß § 35 SGB I erhoben, verarbeitet und genutzt werden. Ein Vergleich mit der entsprechenden sozialdatenrechtlichen Begriffsbestimmung des § 67 Abs. 1 SGB X führt zu keinem im Hinblick auf die praktische Anwendung wesentlichen Unterschied, so dass die Begriffe gleichwertig nebeneinander stehen.[5]

7 Die Daten **Verstorbener** fallen ebenfalls in den Anwendungsbereich des Sozialdatenschutzes gemäß § 35 Abs. 5 SGB I. Die erhobenen Daten der Medizinischen Dienste zur Feststellung einer Pflegebedürftigkeit umfassen auch medizinische Daten über das Vorliegen einer Demenz, kognitiver Einschränkungen oder inwieweit die Alltagskompetenz tangiert ist. Diese Daten können in einem späteren Nachlassverfahren an Bedeutung gewinnen, um die Testierfähigkeit oder -unfähigkeit des Erblassers festzustellen. Eine Offenbarung dieser Daten ist grundsätzlich auch zulässig, wenn die Streitparteien nicht vorsorglich in eine Offenbarung einwilligen.[6]

V. Betriebsdaten

8 Die Vorschrift des § 93 SGB XI enthält den vollumfänglichen Verweis auf die sozialrechtliche Grundvorschrift des § 35 SGB I, so dass gemäß § 35 Abs. 4 SGB I auch Betriebs- und Geschäftsgeheimnisse

---

1 BT-Drs-12/5262 S. 150.
2 Didong in: Hauck/Noftz, § 93 Rn. 2.
3 Krahmer in: Klie/Krahmer, § 93 Rn. 2.
4 Waschall in: Krauskopf, § 93 Rn. 3.
5 Waschall in: Krauskopf, § 93 Rn. 18 ff.; Krahmer in: Klie/Krahmer, § 93 Rn. 5.
6 AG Augsburg, Beschl. v. 17.7.2013, VI 1163/12.

in den Anwendungsbereich der schützenden Sozialdaten fallen.[7] Betriebs- und Geschäftsgeheimnisse sind alle betriebs- und geschäftsbezogene Daten mit Geheimnischarakter. Der Geheimnisbezug liegt vor, wenn die Daten nur einen eingeschränkten Kreis bekannt und Dritten nicht zugänglich sind.

In neuerer Zeit findet der Schutz von Betriebsdaten im Rahmen der durch die Medizinischen Dienste der Krankenversicherung erhobenen Daten bei den Regelprüfungen an Bedeutung, weil Dritte, die nicht zu den gesetzlichen Adressaten des Prüfberichtes gehören, einen Anspruch auf den vollständigen Prüfbericht aus landesrechtlichen Informationsfreiheitsgesetzen herzuleiten versuchen. Hintergrund der Anspruchsgeltendmachung ist vermutlich, auf der Grundlage der Daten aus den vollständigen Prüfberichten eigene Bewertungen vorzunehmen.

Die landesrechtlichen Informationsgesetze oder auch das Gesetz zur Regelung des Zugangs zu Informationen des Bundes schränken den grundsätzlichen Anspruch auf amtliche Informationen aber auch ein, insbesondere dahin gehend, dass bei Bestehen besonderer Vorschriften diese vorgehen oder aber bei Betriebs- und Geschäftsgeheimnissen eine Einwilligung vorliegen muss. Die datenschutzrechtlichen Vorschriften für den Sozialdatenschutz sind **abschließend** und gehen vor, so dass in diesen Fällen ein Anspruch auf Zugang zu den vollständigen Prüfberichten nicht gegeben ist.

VI. Datenverwendungsarten

§ 93 SGB XI führt das Erheben, das Verarbeiten und Nutzen als Möglichkeiten der Datenverwendung tatbestandlich an. Für die Begriffsbestimmung der einzelnen Arten der Datenverwendung ist auf die Legaldefinitionen in § 67 Abs. 5 SGB X für das Erheben, auf § 67 Abs. 6 SGB X für das Verarbeiten und auf § 67 Abs. 7 SGB X für das Nutzen von Daten zurückzugreifen.

§ 94 Personenbezogene Daten bei den Pflegekassen

(1) Die Pflegekassen dürfen personenbezogene Daten für Zwecke der Pflegeversicherung nur erheben, verarbeiten und nutzen, soweit dies für:
1. die Feststellung des Versicherungsverhältnisses (§§ 20 bis 26) und der Mitgliedschaft (§ 49),
2. die Feststellung der Leistungspflicht und der Beiträge, deren Tragung und Zahlung (§§ 54 bis 61),
3. die Prüfung der Leistungspflicht und die Gewährung von Leistungen an Versicherte (§§ 4, 28 und 28 a) sowie die Durchführung von Erstattungs- und Ersatzansprüchen,
4. die Beteiligung des Medizinischen Dienstes (§§ 18 und 40),
5. die Abrechnung mit den Leistungserbringern und die Kostenerstattung (§§ 84 bis 91 und 105),
6. die Überwachung der Wirtschaftlichkeit, der Abrechnung und der Qualität der Leistungserbringung (§§ 79, 112, 113, 114, 114 a, 115 und 117),
6a. den Abschluss und die Durchführung von Pflegesatzvereinbarungen (§§ 85, 86), Vergütungsvereinbarungen (§ 89) sowie Verträgen zur integrierten Versorgung (§ 92 b),
7. die Aufklärung und Auskunft (§ 7),
8. die Koordinierung pflegerischer Hilfen (§ 12), die Pflegeberatung (§ 7 a), das Ausstellen von Beratungsgutscheinen (§ 7 b) sowie die Wahrnehmung der Aufgaben in den Pflegestützpunkten (§ 7 c),
9. die Abrechnung mit anderen Leistungsträgern,
10. statistische Zwecke (§ 109),
11. die Unterstützung der Versicherten bei der Verfolgung von Schadensersatzansprüchen (§ 115 Abs. 3 Satz 7).[1]

erforderlich ist.

(2) ¹Die nach Absatz 1 erhobenen und gespeicherten personenbezogenen Daten dürfen für andere Zwecke nur verarbeitet oder genutzt werden, soweit dies durch Rechtsvorschriften des Sozialgesetzbuches angeordnet oder erlaubt ist. ²Auf Ersuchen des Betreuungsgerichts hat die Pflegekasse diesem zu dem in § 282 Abs. 1 des Gesetzes über das Verfahren in Familiensachen und in den Angelegenheiten der freiwilligen Gerichtsbarkeit genannten Zweck das nach § 18 zur Feststellung der Pflegebedürftigkeit erstellte Gutachten einschließlich der Befunde des Medizinischen Dienstes der Krankenversicherung zu übermitteln.

---

7 Krahmer in: Klie/Krahmer, § 93 Rn. 7.
1 Zeichensetzung amtlich.

(3) Versicherungs- und Leistungsdaten der für Aufgaben der Pflegekasse eingesetzten Beschäftigten einschließlich der Daten ihrer mitversicherten Angehörigen dürfen Personen, die kasseninterne Personalentscheidungen treffen oder daran mitwirken können, weder zugänglich sein noch diesen Personen von Zugriffsberechtigten offenbart werden.

Schrifttum:
Siehe § 93.

I. Entstehungsgeschichte

1   Durch Art. 1 PflegeVG ist § 94 SGB XI mit Wirkung vom 1.6.1994 in Kraft getreten. In der Folgezeit ist die Vorschrift verschiedentlich geändert worden. Mit dem Pflegeneuausrichtungsgesetz (PNG) ist das Ausstellen von Beratungsscheinen (§ 7b) in den Katalog aufgenommen worden, um der notwendigen datenschutzrechtlichen Folgeänderung mit der Einführung von Beratungsscheinen Rechnung zu tragen.[2] Das Pflegestärkungsgesetz – PSG II – hat den Abs. 1 Nr. 7 notwendigerweise erweitert, weil zukünftig den Pflegekassen mit der Änderung des § 7 auch die Aufgabe der Aufklärung und Auskunft der Versicherten zufließt. Schließlich hat der Gesetzgeber die Rechtsgrundlage geschaffen, Daten der Erbringung von Leistungen iSd Abs. 1 Nr. 7 erheben, verarbeiten und nutzen zu dürfen.[3] Die Änderung in Abs. 1 Nr. 8 ist redaktioneller Natur.

2   Das Pflegestärkungsgesetz PSG III führte zu weiteren notwendigen redaktionellen Änderungen, in dem in Abs. 1 Nr. 3 die Verweisung auf den § 28a aufzunehmen war.[4] Der **Abs. 1 Nr. 6** beinhaltet nun auch die **Abrechnungsprüfung**, so dass die Pflegekassen erforderliche personenbezogene Daten für die Überwachung der Abrechnung erheben, verarbeiten und nutzen darf.[5] Damit wird die Abrechnungsüberwachung gestärkt.

3   Mit der neuen Änderung des Abs. 1 Nr. 7 und Verweisung auf den § 7 können die Pflegekassen für die gesetzliche Aufgabenwahrnehmung die erforderlichen personenbezogenen Daten erheben, verarbeiten und nutzen.[6]

II. Normzweck

4   Der Gesetzgeber hat sich bei der Abfassung des Abs. 1 an § 284 Abs. 1 SGB V orientiert. In Anlehnung an die Vorschrift aus dem Bereich der Krankenversicherung legt Abs. 1 für die Pflegeversicherung fest, für welche Zwecke die Pflegekassen personenbezogene Daten erheben, verarbeiten und nutzen dürfen. Im Gegensatz zu § 284 Abs. 1 SGB V beinhaltet § 94 SGB XI ein erweitertes Spektrum der Datenverwendung, weil nach dem Wortlaut neben dem Erheben und Speichern auch die Datenverwendungsarten der Verarbeitung und Nutzung zum Regelungsgegenstand gehören.

III. Grundsatz der Erforderlichkeit und Erlaubnistatbestände (Abs. 1)

5   Nach Abs. 1 ist es den Pflegekassen **nur** erlaubt, personenbezogene Daten zu erheben, zu verarbeiten und zu nutzen, wenn ein in Abs. 1 Nr. 1 bis 11 aufgeführter **Erlaubnistatbestand** vorliegt. Die Aufzählung der in den Erlaubnistatbeständen des Abs. 1 Nr. 1 bis 11 genannten Zwecke ist abschließend.

6   Neben dem Vorliegen eines Erlaubnistatbestandes im Sinne des § 94 Abs. 1 SGB XI muss als weiteres zentrales Tatbestandsmerkmal der Grundsatz der Erforderlichkeit erfüllt sein. Trotz der Festlegung aufgabenbezogener Zwecke hat der Gesetzgeber den **Grundsatz der Erforderlichkeit** in die Norm aufgenommen und so ein weiteres Korrektiv für eine Datenverwendung eingeführt. Parallele Regelungen existieren in den §§ 276, 284 Abs. 1 SGB V und in weiteren Regelungen des SGB XI. In der Praxis bedeutet dies, dass eine Erhebung, Verarbeitung und Nutzung der Daten für die gesetzliche Pflegeversicherung nicht schon dann zulässig ist, wenn die Voraussetzungen eines Erlaubnistatbestandes nach Abs. 1 Nr. 1–11 vorliegen, sondern darüber hinaus zu prüfen ist, ob die Erhebung, Verarbeitung und Nutzung der personenbezogenen Daten in dem beabsichtigten Umfang erforderlich ist.

---

2   BT-Dr. 17/9369 zu Nr. 37, 47.
3   BT-Dr. 18/5926 v. 7.9.2015.
4   BT-Dr. 18/5926 v. 7.9.2015.
5   BT-Dr. 18/10510 v. 30.11.2016.
6   BT-Dr. 18/10510 v. 30.11.2016.

IV. Datenverwendung für andere Zwecke (Abs. 2)

Die Vorschrift legt fest, dass die gemäß Abs. 1 zulässig verwendeten Daten nur dann für andere Zwecke verarbeitet und genutzt werden können, wenn dies durch Rechtsvorschriften des SGB angeordnet oder erlaubt ist. Da eine Datenverwendung außerhalb der Zweckbestimmung des Abs. 1 ohne gesetzliche Grundlage ohnehin nicht zulässig ist, hat Abs. 2 S. 1 zum einen deklaratorischen Charakter und zum anderen wird darin aber auch die gesetzgeberische Gewichtung gesehen, einen optimalen Datenschutz zu gewährleisten.[7]

Die Regelung des Abs. 2 S. 2 schafft die **Rechtsgrundlage** auf Ersuchen eines Gerichtes zu dem genannten Zweck, ein gemäß § 18 zur Feststellung der Pflegebedürftigkeit erstellte Gutachten einschließlich der Befunde des Medizinischen Dienstes der Krankenversicherung an das ersuchende Gericht zu übermitteln. Mit der eingeräumten Übermittlungsbefugnis hat der Gesetzgeber dem Interesse der Betroffenen Rechnung getragen, sonst notwendige Zweitbegutachtungen zu vermeiden.

Das Recht des Versicherten an seinen Daten wird sichergestellt, weil die Verwertung des übermittelten Gutachtens nur mit Einwilligung des Betroffenen oder seines Verfahrenspflegers erfolgen darf.[8]

V. Versicherungs- und Leistungsdaten von Beschäftigten (Abs. 3)

Mit dem Abs. 3 hat der Gesetzgeber erneut eine Regelung von **deklaratorischer Natur** geschaffen, weil über den Verweis in § 93 SGB XI bereits § 35 SGB I Anwendung findet. In § 35 Abs. 1 S. 3 SGB I besteht bereits eine grundsätzliche Regelung, die festlegt, dass Daten von Beschäftigten und deren Angehörigen nicht Personen, die Personalentscheidungen treffen oder daran mitwirken können, zugänglich sein dürfen. Der Abs. 3 hebt die gemäß § 35 Abs. 1 S. 3 SGB I für Mitarbeiter zu errichtende Schutzsphäre datenschutzrechtlich noch einmal hervor.

§ 95 Personenbezogene Daten bei den Verbänden der Pflegekassen

(1) Die Verbände der Pflegekassen dürfen personenbezogene Daten für Zwecke der Pflegeversicherung nur erheben, verarbeiten und nutzen, soweit diese für:
1. die Überwachung der Wirtschaftlichkeit, der Abrechnung und der Qualitätssicherung der Leistungserbringung (§§ 79, 112, 113, 114, 114 a, 115 und 117),
1a. die Information über die Erbringer von Leistungen der Prävention, Teilhabe sowie von Leistungen und Hilfen zur Pflege (§ 7),
2. den Abschluss und die Durchführung von Versorgungsverträgen (§§ 72 bis 74), Pflegesatzvereinbarungen (§§ 85, 86), Vergütungsvereinbarungen (§ 89) sowie Verträgen zur integrierten Versorgung (§ 92 b),
3. die Wahrnehmung der ihnen nach §§ 52 und 53 zugewiesenen Aufgaben,
4. die Unterstützung der Versicherten bei der Verfolgung von Schadensersatzansprüchen (§ 115 Abs. 3 Satz 7).[1]

erforderlich sind.

(2) § 94 Abs. 2 und 3 gilt entsprechend.

Literatur:
Siehe § 93.

I. Entstehungsgeschichte

Die Inkrafttretung des § 95 SGB XI erfolgte mit Wirkung zum 1.6.1994 durch Art. 1 PflegeVG vom 26.5.1994. In der Folgezeit wurde Abs. 1 Nr. 1 und Abs. 1 Nr. 2 geändert und durch das Pflegeweiterentwicklungsgesetz vom 28.5.2008 angepasst. Mit dem Pflegestärkungsgesetz PSG II ist in Abs. 1 mit der Nr. 1a eine Ermächtigungsgrundlage für die Verbände der Pflegekassen eingeführt worden, um ebenfalls – wie für die Pflegekassen – Informationen über die Erbringer von Leistungen der Präventi-

---

[7] Schneider in Kommentar Krauskopf, Kommentar § 94 Rn. 27.
[8] Schneider im Krauskopf, Kommentar 94 Rn. 29, BT-Dr. 15/4874 zu Art. 11, S. 33.
[1] Zeichensetzung amtlich.

on, der Teilhabe sowie Hilfen zur Pflege erheben, verarbeiten und nutzen können.[2] Zuletzt ist durch das Pflegestärkungsgesetz PSG III in Abs. 1 Nr. 1 der Anwendungsbereich um die Abrechnung erweitert worden.[3]

II. Normzweck

2 Der Gesetzgeber schafft in Abs. 1 die Rechtsgrundlage für die Verbände der Pflegekassen zweckgebunden personenbezogene Daten erheben, verarbeiten und nutzen zu dürfen. Die Aufzählung der Zwecke ist abschließend. Als weiteres Tatbestandsmerkmal enthält die Regelung den **Grundsatz der Erforderlichkeit**, so dass für die Verbände der Pflegekassen dieselben Regularien gelten, die bei einer Datenverwendung durch die Pflegekassen gemäß § 94 SGB XI zu beachten sind.

III. Erlaubnistatbestände

3 Der Gesetzgeber hat in Abs. 1 Nr. 1–4 im Einzelnen die **Zwecke** festgelegt, bei denen eine Datenverwendung zulässig ist. Die Zweckbestimmung bezieht sich dabei auf die den Verbänden der Pflegekassen zugewiesenen gesetzlichen Aufgaben. Zu den zulässigen Zwecken einer Datenverwendung zählen danach die Überwachung der Wirtschaftlichkeit der Abrechnung und der Qualitätssicherung (§§ 79, 112, 113, 114, 114a, 115 und 117) gem. Nr. 1, Erhebung, Verarbeitung und Nutzung personenbezogener Daten von Leistungserbringern über Leistungen zur Prävention, zur Teilhabe sowie Hilfen zur Pflege sowie der Abschluss und die Durchführung von Versorgungsverträgen (§§ 72 bis 74), Pflegesatzvereinbarungen (§§ 85, 86), Vergütungsvereinbarungen (§ 89) und Verträge zur integrierten Versorgung (92b) gem. Nr. 2. Schließlich die gesetzlich zugewiesenen Aufgaben nach §§ 52 und 53 gem. Nr. 3 sowie die Unterstützung der Versicherten bei der Verfolgung von Schadensersatzansprüchen (§ 115 Abs. 3 S. 7) gem. Nr. 4.

IV. Verarbeitung und Nutzung für andere Zwecke, Trennung, Versicherungs- und Leistungsdaten der Beschäftigten

4 Der Abs. 2 verweist auf den § 94 Abs. 2 und 3 SGB XI, so dass auf die Verbände der Pflegekassen zum einen die Regelung über die Verwendung von personenbezogenen Daten für andere als denen in Abs. 1 aufgeführten Zwecken und zum anderen die eingrenzenden Zugriffsbestimmungen im Hinblick auf gesondert zu schützende Versicherungs- und Leistungsdaten von Beschäftigten entsprechende Anwendung finden.

§ 96 Gemeinsame Verarbeitung und Nutzung personenbezogener Daten

(1) ¹Die Pflegekassen und die Krankenkassen dürfen personenbezogene Daten, die zur Erfüllung gesetzlicher Aufgaben jeder Stelle erforderlich sind, gemeinsam verarbeiten und nutzen. ²Insoweit findet § 76 des Zehnten Buches im Verhältnis zwischen der Pflegekasse und der Krankenkasse, bei der sie errichtet ist (§ 46), keine Anwendung.
(2) § 286 des Fünften Buches gilt für die Pflegekassen entsprechend.
(3) Die Absätze 1 und 2 gelten entsprechend für die Verbände der Pflege- und Krankenkassen.

Literatur:
Siehe § 93.

I. Entstehungsgeschichte

1 Die Vorschrift ist erstmals am 1.6.1994 in Kraft getreten und in der Folgezeit durch das Pflege- Qualitätssicherungsgesetz (PQsG) vom 9.9.2001 mit Wirkung zum 1.1.2002 umfassend neu gestaltet worden.

---

2 BT-Dr. 18/5926 v. 7.9.2015.
3 BT-Dr. 18/10510 v. 30.11.2016.

II. Normzweck

Der Gesetzgeber verfolgte mit der Neufassung des § 96 SGB XI das Ziel datenschutzrechtliche Zweifelsfragen zu beseitigen und hat deshalb auf eine erneute Auflistung gemeinsam nutzbarer Daten verzichtet. Die Vorschrift stellt nunmehr alleine darauf ab, ob die gemeinsame Verarbeitung personenbezogene Daten zur gesetzlichen Aufgabenerfüllung erforderlich ist.[1] Mit der tatbestandlich offenen Formulierung personenbezogene Daten gemeinsam bearbeiten und nutzen zu dürfen, wenn es zur Erfüllung gesetzlicher Aufgaben erforderlich ist, weicht der Gesetzgeber von der Linie, neben dem Grundsatz der Erforderlichkeit eine begrenzende Zweckbestimmung tatbestandlich aufzunehmen, ab.

III. Gemeinsam verwendbare Daten (Abs. 1)

Der Gesetzgeber hat die gemeinsame Verarbeitung und Nutzung personenbezogener Daten zugelassen, jedoch keine gemeinsame Datenerhebung. Der Maßstab, welche personenbezogenen Daten gemeinsam verwendbar sind, richtet sich danach, ob die gemeinsame Datenverarbeitung zur Erfüllung gesetzlicher Aufgaben erforderlich ist. Den Kranken- und Pflegekassen eröffnet sich mit der Neufassung des § 96 SGB XI die Möglichkeit nun neben den in § 96 SGB XI aF genannten Daten, weitere Daten gemeinsam verarbeiten und nutzen zu können. Die gemeinsame Datenverwendung erstreckt sich dabei auch auf die besonders schutzwürdigen Sozialdaten im Sinne des § 76 Abs. 1 SGB X, wogegen in der Literatur erhebliche verfassungsrechtliche Bedenken bestehen.[2]

IV. Anwendung des § 286 SGB V (Abs. 2)

Der Gesetzgeber hat mit der entsprechenden Anwendung des § 286 SGB V den Pflegekassen Dokumentation-, Organisations-, und Mitteilungspflichten auferlegt. Die Pflegekassen haben danach eine Übersicht über die Art der von ihnen oder in ihrem Auftrag gespeicherten personenbezogenen Daten zu erstellen. Die Datenübersicht ist der zuständigen Aufsicht vorzulegen. Schließlich sind **Dienstanweisungen** zu erlassen, deren Inhalt sich an den Katalog des § 286 Abs. 3 Nr. 1–4 SGB V zu orientieren hat.

V. Anwendung auf Verbände der Pflege- und Krankenkassen (Abs. 3)

Der Abs. 3 entspricht der bisherigen Regelung und legt fest, dass für die Verbände der Pflege- und Krankenkassen die Abs. 1 und 2 entsprechend gelten.

§ 97 Personenbezogene Daten beim Medizinischen Dienst

(1) ¹Der Medizinische Dienst darf personenbezogene Daten für Zwecke der Pflegeversicherung nur erheben, verarbeiten und nutzen, soweit dies für die Prüfungen, Beratungen und gutachtlichen Stellungnahmen nach den §§ 18, 38 a, 40, 112, 113, 114, 114 a, 115 und 117 erforderlich ist. ²Die Daten dürfen für andere Zwecke nur verarbeitet und genutzt werden, soweit dies durch Rechtsvorschriften des Sozialgesetzbuches angeordnet oder erlaubt ist.
(2) Der Medizinische Dienst darf personenbezogene Daten, die er für die Aufgabenerfüllung nach dem Fünften oder Elften Buch erhebt, verarbeitet oder nutzt, auch für die Aufgaben des jeweils anderen Buches verarbeiten oder nutzen, wenn ohne die vorhandenen Daten diese Aufgaben nicht ordnungsgemäß erfüllt werden können.
(3) ¹Die personenbezogenen Daten sind nach fünf Jahren zu löschen. ²§ 96 Abs. 2, § 98 und § 107 Abs. 1 Satz 2 und 3 und Abs. 2 gelten für den Medizinischen Dienst entsprechend. ³Der Medizinische Dienst hat Sozialdaten zur Identifikation des Versicherten getrennt von den medizinischen Sozialdaten des Versicherten zu speichern. ⁴Durch technische und organisatorische Maßnahmen ist sicherzustellen, dass die Sozialdaten nur den Personen zugänglich sind, die sie zur Erfüllung ihrer Aufgaben benötigen. ⁵Der Schlüssel für die Zusammenführung der Daten ist vom Beauftragten für den Datenschutz des Medizinischen Dienstes aufzubewahren und darf anderen Personen nicht zugänglich gemacht werden. ⁶Jede Zusammenführung ist zu protokollieren.
(4) Für das Akteneinsichtsrecht des Versicherten gilt § 25 des Zehnten Buches entsprechend.

---

1 BT-Dr. 14/5395 zu NR. 18 S. 38.
2 Krahmer in Klie/Krahmer, Lehr- und Praxiskommentar § 96 Rn. 7.

Literatur:

Siehe § 93 sowie *Dalichau/Grüner*, Pflegeversicherung, Sozialgesetzbuch (SGB) Elftes Buch, Kommentar, Loseblattsammlung, 142. Lieferung.

I. Entstehungsgeschichte 1	V. Löschungsfristen, Datenübersicht usw.
II. Normzweck 2	(Abs. 3) 6
III. Datenverwendung personenbezogener Daten (Abs. 1) 3	VI. Akteneinsichtsrecht (Abs. 4) 16
IV. Verarbeitung und Nutzung von Daten für Pflege- und Krankenversicherung (Abs. 2) .. 5	

I. Entstehungsgeschichte

1   Der § 97 SGB XI ist mit Wirkung zum 1.6.1994 durch Art. 1 PflegeVG in Kraft getreten und durch das Pflege- Weiterentwicklungsgesetz vom 28.5.2008 geändert worden. Zuletzt ist Norm durch das Pflegestärkungsgesetz PSG II zum 1.1.2016 geändert worden, in dem der Gesetzgeber in Abs. 1 für die Medizinischen Dienste die Ermächtigung einführte, im Rahmen von Prüfungen gem. § 38 a Abs. 1 S. 2 personenbezogene Daten erheben, verarbeiten und nutzen zu können.[1]

II. Normzweck

2   Die Medizinischen Dienste der Krankenversicherung sind organisatorisch und rechtlich von den Kranken- und Pflegekassen getrennt. Die Medizinischen Dienste der Krankenversicherung sind in den sog alten Bundesländern gem. § 278 Abs. 1 S. 2 SGB V nach Maßgabe des Art. 73 Abs. 4 S. 3 und 4 Gesundheitsreformgesetz heute noch weitgehend als **rechtsfähige Körperschaft des öffentlichen Rechts** organisiert. In den neuen Bundesländern werden die Medizinischen Dienste der Krankenversicherung in der Rechtsform eines **eingetragenen Vereines** geführt. Da im Bereich der gesetzlichen Krankenversicherung für die Medizinischen Dienste der Krankenversicherung eigenständige datenschutzrechtliche Normen (§§ 276, 277 SGB V) bestehen und die Medizinischen Dienste der Krankenversicherung im Bereich der gesetzlichen Pflegeversicherung ebenfalls nicht Normadressat der §§ 94 bis 96 SGB XI sind, bestand für den Gesetzgeber die Notwendigkeit für die Medizinischen Dienste der Krankenversicherung, für die Erhebung, Verarbeitung und Nutzung von personenbezogenen Daten eine eigenständige datenschutzrechtliche Rechtsgrundlage zu schaffen. Der Gesetzgeber hat sich dabei an der Bestimmung des § 276 Abs. 2 bis 3 SGB V maßgeblich orientiert bzw. wortgleich übernommen. Im Übrigen hat der Gesetzgeber wie zB in § 97 Abs. 1 S. 2 SGB XI sich an den Regelungen wie zB § 94 Abs. 2 S. 1 angelehnt oder aber gem. § 97 Abs. 2 SGB XI eine gemeinsame Verarbeitung und Nutzung von Daten aus den Bereichen der Krankenversicherung und Pflegeversicherung vorgesehen.

III. Datenverwendung personenbezogener Daten (Abs. 1)

3   Die beiden datenschutzrechtlichen Grundprinzipien der Zweckfestlegungen und der Grundsatz der Erforderlichkeit finden sich in der Vorschrift wieder, so dass die Erhebung, Verarbeitung, und Nutzung der personenbezogenen Daten durch die Medizinischen Dienste der Krankenversicherung beschränkt ist. In Abs. 1 wird abschließend festgelegt, dass der Medizinische Dienst der Krankenversicherung personenbezogene Daten zum Zweck der Prüfung, Beratung und gutachterliche Stellungnahmen nach den §§ 18, 40, 80, 112–115, 117 und 118 nur erheben, verarbeiten und nutzen darf, wenn dies erforderlich ist.

4   Zu anderen Zwecken darf der Medizinische Dienst der Krankenversicherung personenbezogene Daten nur verarbeiten und nutzen, wenn dies in den Rechtsvorschriften des SGB angeordnet oder erlaubt ist, wobei die anderen Zwecke sich außerhalb der Pflegeversicherung bewegen müssen, weil für das SGB XI die **Zweckbindung** abschließend ist. Der Abs. 1 S. 3 hat funktional nur eine klarstellende Bedeutung, weil die Medizinische Dienste der Krankenversicherung für eine Erhebung, Verarbeitung oder Nutzung von personenbezogenen Daten eine Rechtsgrundlage – Grundsatz des Verbotes mit Erlaubnisvorbehalt – benötigen.

---

[1] BT-Dr. 18/5926 v. 7.9.2015.

IV. Verarbeitung und Nutzung von Daten für Pflege- und Krankenversicherung (Abs. 2)

Aufgrund der Tätigkeit der Medizinischen Dienste der Krankenversicherung sowohl für die gesetzliche Krankenversicherung im Rahmen des SGB V als auch für die gesetzliche Pflegeversicherung auf dem Gebiet des SGB XI wäre es nicht zweckmäßig gewesen, die Verwendbarkeit der Daten aus beiden Bereichen nicht zu zulassen. Die Regelung des Abs. 2 verhindert somit eine notwendige doppelte Datenerhebung, die aus Versichertensicht nicht verständlich gewesen wäre. Die Vorschrift des Abs. 2 setzt im Weiteren als eingrenzendes Korrektiv voraus, dass die Verarbeitung und Nutzung der Daten jeweils für den Bereich des SGB V und XI ohne die vorhandenen Daten nicht ordnungsgemäß erfüllt werden kann. Die Entscheidung über die Datenverwendung für den Bereich der gesetzlichen Krankenversicherung oder der Pflegeversicherung entscheidet der Medizinische Dienst der Krankenversicherung in eigener Verantwortung. Die gegenteilig vertretene Auffassung ist abzulehnen.[2] Sie hat keine Grundlage im Wortlaut des Abs. 2 und widerspricht der **Unabhängigkeit der Medizinischen Dienste der Krankenversicherung**. Im Ergebnis muss der Gutachter des Medizinischen Dienstes der Krankenversicherung im Einzelfall die Verwendbarkeit der Daten für den jeweiligen Bereich in eigener Verantwortung entscheiden und die Daten nachvollziehbar in die Begutachtung einfließen lassen.

5

V. Löschungsfristen, Datenübersicht usw. (Abs. 3)

Der Abs. 3 S. 1 lehnt sich im Bereich der gesetzlichen Pflegeversicherung an die Vorschrift des § 276 Abs. 2 S. 4 SGB V aus der gesetzlichen Krankenversicherung an. Die Vorschrift legt fest, dass personenbezogene Daten nach **5 Jahren** zu löschen sind. Die Verpflichtung für die Medizinischen Dienste der Krankenversicherung personenbezogene Daten nach 5 Jahren zu löschen, beinhaltet eine **Maximalfrist**, dies bedeutet aber nicht, dass die personenbezogenen Daten mindestens für die Dauer von 5 Jahren vorzuhalten sind. Schließlich liegt der Datenerhebung, -verarbeitung und -nutzung der **Grundsatz der Erforderlichkeit** zugrunde, so dass eine Löschung der personenbezogenen Daten bereits erfolgen kann, wenn die weitere Bereithaltung der Daten für eine zukünftige Begutachtung entfällt. Für die Umsetzung reicht es dabei aus, wenn aus medizinisch-pflegerischer Sicht für bestimmte Begutachtungsarten wie zB Erst- und Höherstufungsbegutachtung, Kinderbegutachtungen usw grundsätzlich kürzere Löschungsfristen innerhalb der 5 Jahresfrist festgelegt werden. Da ausschließlich eine Verweisung auf den § 107 Abs. 1 S. erfolgt, findet auf die Daten aus den Prüfungen zur Qualitätssicherung durch die Medizinischen Dienste der Krankenversicherung nicht die kürzere zweijährige Löschungsfrist sondern die Löschungsfristen des Abs. 3 S. 1 Anwendung. Die Löschungsverpflichtung ist erfüllt, wenn die Anforderungen an eine Löschung gemäß § 67 Abs. 6 Nr. 5 SGB X, dh Unkenntlichmachung, erfüllt ist.

6

Der Abs. 3 S. 2 verweist auf den § 107 Abs. 1 S. 2 SGB XI, wonach die Frist für die Datenlöschung mit dem Ende des Geschäftsjahres der Leistungsgewährung oder Leistungsabrechnung startet. Da der Medizinische Dienst der Krankenversicherung im Regelfall die abschließende Leistungsgewährung oder Abrechnung nicht kennt, gilt in der praktischen Umsetzung das Ende des Geschäftsjahres, in dem das Gutachten erstellt worden ist, als Fristbeginn.

7

Der Abs. 3 S. 2 beinhaltet im Weiteren die Verweisung auf die entsprechende Anwendung des § 96 Abs. 2 SGB XI mit der Folge, dass die Medizinischen Dienste der Krankenversicherung ebenfalls verpflichtet sind, eine **Datenübersicht** gemäß § 286 SGB V zu erstellen.

8

Schließlich hat der Gesetzgeber in Abs. 3 S. 2 den § 98 SGB XI auf die Medizinischen Dienste der Krankenversicherung für entsprechend anwendbar erklärt, so dass sie ebenfalls Forschungsvorhaben durchführen können. Die dabei verwendeten Daten können über die Frist des Abs. 1 S. 1 hinaus aufbewahrt werden, weil die personenbezogenen Daten zuvor gemäß § 98 Abs. 2 **zu anonymisieren sind**.

9

Die Verweisung auf den § 107 Abs. 1 S. 3 SGB XI bedeutet, dass die Medizinischen Dienste der Krankenversicherung Leistungsdaten aufbewahren dürfen, wenn ein Bezug zu natürlichen Personen nicht mehr herstellbar ist.

10

Schließlich erfolgt in Abs. 3 S. 2 noch die Verweisung auf die Norm des § 107 Abs. 2 SGB XI, so dass für die Medizinischen Dienste der Krankenversicherung die Verpflichtung besteht, für den Fall eines Kassenwechsels der neuen Pflegekasse auf Verlangen die für die Fortführung der Versicherung erforderlichen Angaben nach den §§ 99–102 der neuen Pflegekasse mitzuteilen, jedoch hat die Vorschrift in der Praxis keine Bedeutung.

11

---

2 Dalichau ua Kommentar SGB XI Amn. 2.

12 Der Gesetzgeber hat mit der Einführung des Abs. 3 S. 3–6 den Abs. 3 S. 3 aF vollumfänglich abgeändert und für den Bereich der gesetzlichen Pflegeversicherung die Parallelvorschriften des § 276 SGB V wortgleich aus der gesetzlichen Krankenversicherung übernommen.

13 Diese gesetzliche Änderung war notwendig, weil nach der alten Regelung den Medizinischen Diensten der Krankenversicherung ein effizienter EDV-Einsatz nicht möglich war. Um die daraus bedingte klassische interne und externe administrative Verwaltungsabwicklung auf Papier durch eine wirtschaftlichere, sparsamere und papierlose edv-unterstützte Aufgabenerledigung abzulösen, hat der Gesetzgeber den EDV-Einsatz für die gesetzliche Krankenversicherung und Pflegeversicherung bei den Medizinischen Diensten der Krankenversicherung zugelassen.[3]

14 Der Abs. 3 S. 3–6 legt für die Medizinischen Dienste der Krankenversicherung fest, dass die Identifikationsdaten von den medizinischen Sozialdaten zu trennen sind. Durch technische und organisatorische Maßnahmen ist sicherzustellen, dass nur Personen auf die Sozialdaten Zugriff haben, die sie zur Erfüllung ihrer Aufgaben benötigen.

15 Die gesetzliche Anforderung des Abs. 3 S. 3–6 ist in einem **funktional und mitarbeiterbezogenen** Sinn zu verstehen.[4] Danach hat der Medizinische Dienst der Krankenversicherung mittels technisch und organisatorischer Maßnahmen durch Präzisierung eines Zugriffskonzeptes zu gewährleisten, dass eine Zusammenführung und Verarbeitung nur einzelfallbezogen durch den jeweiligen Berechtigten zur Erfüllung der Aufgaben erfolgt. Die Zusammenführung ist zu protokollieren.

VI. Akteneinsichtsrecht (Abs. 4)

16 Für das Akteneinsichtsrecht wird in Abs. 4 der § 25 SGB X für entsprechend anwendbar erklärt, so dass unter der Voraussetzung des Vorliegens eines rechtlichen Interesses, eine Einsichtnahme in die Begutachtungsakte zu gewähren ist.

17 Der Anspruch auf Akteneinsicht bezieht sich auf Akten und umfasst keine Vorentwürfe und Notizen, die nicht Aktenbestandteil werden sollten.

18 Im Rahmen der Begutachtung erfolgt eine umfangreiche Anamnese – und Befunderhebung – einschließlich der Beiholung von Befundunterlagen bei Leistungserbringern, so dass eine umfassende medizinische Datenbasis über die gesundheitlichen Verhältnisse eines Versicherten Bestandteil der Versichertenakte ist. Die vollumfängliche Verweisung gem. § 97 Abs. 4 SGB XI auf die entsprechende Anwendung des § 25 SGB X bedeutet, dass der Akteninhalt anstatt der Akteneinsicht vermittelt werden muss, wenn die Voraussetzungen des § 25 Abs. 2 SGB X vorliegen. Der Medizinische Dienst der Krankenversicherung muss deshalb vor Gewährung der Akteneinsicht prüfen, ob die Vermittlung des Akteninhaltes durch einen Arzt oder aber durch einen Mitarbeiter oder eine reine Akteneinsicht erfolgt.

19 Die Akteneinsicht kann in den jeweiligen Räumen des Medizinischen Dienstes der Krankenversicherung oder eines benachbarten Medizinischen Dienst der Krankenversicherung erfolgen; jedoch sind auch Ausnahmen möglich durch Einsichtnahmen bei anderen Behörden oder Übersendung von Auszügen und Ablichtungen an Bevollmächtigte usw.

§ 97a Qualitätssicherung durch Sachverständige

(1) ¹Von den Landesverbänden der Pflegekassen bestellte sonstige Sachverständige (§ 114 Abs. 1 Satz 1) sind berechtigt, für Zwecke der Qualitätssicherung und -prüfung Daten nach den §§ 112, 113, 114, 114 a, 115 und 117 zu erheben, zu verarbeiten und zu nutzen; sie dürfen die Daten an die Pflegekassen und deren Verbände sowie an die in den §§ 112, 114, 114 a, 115 und 117 genannten Stellen übermitteln, soweit dies zur Erfüllung der gesetzlichen Aufgaben auf dem Gebiet der Qualitätssicherung und Qualitätsprüfung dieser Stellen erforderlich ist. ²Die Daten sind vertraulich zu behandeln.
(2) § 107 gilt entsprechend.

Literatur:
Siehe § 93.

---

[3] BT-Dr. 15/1525, 141 zu Nr. 156.
[4] Krahmer in: Klie/Krahmer, § 97 Rn. 9; Schneider in: Krauskopf, § 97 Rn. 31 ff.

I. Entstehungsgeschichte

Mit Wirkung zum 1.1.2002 ist § 97a SGB XI durch das Pflegequalitätssicherungsgesetz (PQsG) vom 9.9.2001 neu eingeführt worden. Im Rahmen der Neustrukturierung der Qualitätssicherung ist die Fassung des § 97a SGB XI durch das Pflege-Weiterentwicklungsgesetz in Abs. 1 S. 1 mit Wirkung zum 1.7. 2008 geändert worden. Infolge der Änderungen im Pflegestärkungsgesetz – PSG II – musste der bisherige Verweis auf § 114 Abs. 4 S. 2 entfallen und § 97a redaktionell angepasst werden.[1]

II. Normzweck

Mit der Erweiterung des **Berechtigtenkreises**, der neben den Medizinischen Diensten der Krankenversicherung befugt ist, von Landesverbänden der Pflegekassen zur Qualitätssicherung und -prüfung beauftragt zu werden, bestand für den Gesetzgeber die Notwendigkeit, eine datenschutzrechtliche Rechtsgrundlage zu schaffen, die Erhebung, Verarbeitung und Nutzung von Daten gemäß §§ 112, 113, 114, 114a, 115 und 117 SGB XI durch von den Landesverbänden der Pflegekassen bestellte Sachverständige gesetzlich zu regeln.[2] Die Erhebung, Verarbeitung und Nutzung darf nur zu den gesetzlich vorgesehenen Zwecken erfolgen.

Ohne die in § 97a eingeräumte Datenverwendungsbefugnis wäre es den von den Landesverbänden der Pflegekassen bestellten Sachverständigen nicht möglich, die ihnen im Rahmen der Qualitätsprüfung und -sicherung möglichen Aufgabenwahrnehmungen wirkungsvoll wahrzunehmen.[3]

III. Datenverwendung und Übermittlungsbefugnis

In Abs. 1 erster Halbsatz wird dem Sachverständigen und Prüfstellen die Befugnis eingeräumt, zum Zwecke der Qualitätssicherung und -prüfung Daten nach den §§ 112, 113, 114, 114a, 115 und 117 SGB XI zu erheben, zu verarbeiten und zu nutzen. Des Weiteren erhalten die Sachverständigen die Übermittlungsbefugnis, die gem. Abs. 1 S. 1 erster Halbsatz zweckgebundene erhobene Daten an die Pflegekassen, deren Verbände sowie an die in dem §§ 112, 114, 114a, 115, 117 SGB XI genannten Stellen zu übermitteln.

Neben dem Tatbestandsmerkmal der **Zweckbestimmung** enthält Abs. 1 sowohl für die Erhebung, Verarbeitung und Nutzung der Daten zum Zwecke der Qualitätssicherung und -prüfung als auch für die Datenübermittlung den datenschutzrechtlichen **Grundsatz der Erforderlichkeit**. Die Datenverwendung einschließlich -übermittlung ist deshalb nach Maßgabe dieses eingrenzenden Kriteriums zu beurteilen.

IV. Vertraulichkeit der Daten

Der Gesetzgeber hat mit der Regelung des Abs. 1 S. 2 den sonstigen Sachverständigen die vertrauliche Behandlung der Daten auferlegt und mit der Verwendung der Worte „Daten" und „vertraulich" eine von der sonstigen datenschutzrechtlichen Terminologie „personenbezogene Daten" abweichende Begriffsverwendung benutzt. Der Gesetzgeber hat sich bei der Formulierung des Abs. 1 S. 2 sicherlich an § 115 Abs. 1 S. 4 SGB XI orientiert, um zum Ausdruck zu bringen, dass die sonstigen Sachverständigen ebenfalls zur Wahrung des Sozialgeheimnisses verpflichtet sind. Daneben soll der Terminus auch in einem erweiterten Sinne zu verstehen sein, weil den sonstigen Sachverständigen auch Daten bekannt werden können, die nicht nur personenbezogene Daten sind.[4]

Mit der unterschiedlichen Begriffsverwendung „Daten" bzw. „personenbezogener Daten" oder „Sozialdaten" entstehen vermeidbare Irritationen, weil die Anforderungen an die zu schützenden Daten für die Sachverständigen nicht geringer oder weitergehender sein können als für die anderen Prüfinstitutionen. Im Sinne der **Normenklarheit** hätte der Gesetzgeber durchgängig eine einheitliche Begriffsterminologie verwenden sollen.

V. Datenlöschung

Die Vorschrift über die Datenlöschung gemäß § 107 SGB XI findet auf die sonstigen Sachverständigen Anwendung, so dass diese ebenfalls zur Löschung der Daten innerhalb der in § 107 SGB XI aufgeführten Fristen verpflichtet sind. Von den sonstigen Sachverständigen sind alle Daten, die ihnen im Rah-

---

1 BT-Dr. 18/10510 v. 30.11.2016.
2 BT-Dr. 14/6308.
3 BT-Dr. 14/5395, 38 zu Art. 1 Nr. 20.
4 Schneider in: Krauskopf, § 97a Rn. 17.

men der Aufgabenwahrnehmung zur Verfügung gestellt werden, zu vernichten. Die Regelung über eine länger Aufbewahrung der Daten gemäß § 107 Abs. 1 S. 3 SGB XI findet auf die sonstigen Sachverständigen keine Anwendung, weil § 107 Abs. 3 S. 3 dem Wortlaut nach nur auf die Pflegekassen Anwendung findet.

§ 97 b Personenbezogene Daten bei den nach heimrechtlichen Vorschriften zuständigen Aufsichtsbehörden und den Trägern der Sozialhilfe

Die nach heimrechtlichen Vorschriften zuständigen Aufsichtsbehörden und die zuständigen Träger der Sozialhilfe sind berechtigt, die für Zwecke der Pflegeversicherung nach den §§ 112, 113, 114, 114 a, 115 und 117 erhobenen personenbezogenen Daten zu verarbeiten und zu nutzen, soweit dies zur Erfüllung ihrer gesetzlichen Aufgaben erforderlich ist; § 107 findet entsprechende Anwendung.

Literatur:
Siehe § 93.

I. Entstehungsgeschichte

1 Mit Wirkung zum 1.1.2002 wurde die Vorschrift durch das Pflegequalitätssicherungsgesetz vom 9.9.2001 neu eingeführt und im Weiteren durch das Pflege-Weiterentwicklungsgesetz vom 28.5.2008 mit Wirkung zum 1.7.2008 angepasst.

II. Normzweck

2 Rückblickend auf die Entwicklung in der gesetzlichen Pflegeversicherung hat der Gesetzgeber mit dieser Regelung die Lücke in der Zusammenarbeit zwischen den Pflegekassen, den Landesverbänden der Pflegekasse und dem Medizinischen Dienst der Krankenversicherung einerseits und den Heimaufsichtsbehörden und den Trägern der Sozialhilfe andererseits geschlossen. Er hat wie in § 97 a SGB XI die weitere gesetzliche Notwendigkeit vollzogen, eine datenschutzrechtliche Rechtsgrundlage, für die Heimaufsichtsbehörden und die Träger der Sozialhilfe, in den Fällen der §§ 112, 113, 114, 114 a, 115 und 117 SGB XI zum Zwecke der Pflegeversicherung erhobene personenbezogene Daten verwenden zu dürfen, geschaffen. Mit der Einführung der Norm sollte schließlich das **Ziel** verfolgt werden, die Heimaufsichtsbehörden und Träger der Sozialhilfe verstärkt in die **Qualitätssicherung** zu integrieren.[1]

III. Befugnisse der Datenverwendung

3 Der Abs. 1 enthält konstruktiv die beiden datenschutzrechtlichen Kriterien der Zweckbindung und der Erforderlichkeit. Nach Maßgabe dieser Kriterien wird den Heimaufsichtsbehörden und den zuständigen Trägern der Sozialhilfe die Befugnis erteilt, personenbezogene Daten, die zum Zwecke Pflegeversicherung nach dem §§ 112, 113, 114, 114 a, 115 und 117 SGB XI erhoben worden sind, zu verarbeiten und zu nutzen.

IV. Datenlöschung

4 Mit dem Verweis in Abs. 1 S. 2 auf § 107 SGB XI folgt der Gesetzgeber konstruktiv dem § 97 a SGB XI, so dass die zuständigen Aufsichtsbehörden und Träger der Sozialhilfe verpflichtet sind, die verwendeten personenbezogenen Daten spätestens am Ende der in § 107 SGB XI genannten Frist zu löschen.

§ 97 c Qualitätssicherung durch den Prüfdienst des Verbandes der privaten Krankenversicherung e.V.

[1]Bei Wahrnehmung der Aufgaben auf dem Gebiet der Qualitätssicherung und Qualitätsprüfung im Sinne dieses Buches durch den Prüfdienst des Verbandes der privaten Krankenversicherung e.V. gilt der

---

1 BT-Dr. 14/5395, 39.

Prüfdienst als Stelle im Sinne des § 35 Absatz 1 Satz 1 des Ersten Buches. ²Die §§ 97 und 97 a gelten entsprechend.

Literatur:
Siehe § 93.

I. Entstehungsgeschichte

Die Vorschrift des § 97 c SGB XI ist durch Art. 6 Nr. 1 des Gesetzes zur Änderung des Infektionsschutzgesetzes und weiteren Gesetzen vom 28.7. 2011 mit Wirkung zum 4.8.2011 in Kraft getreten. 1

II. Normzweck

Mit der Übertragung von Aufgaben der Qualitätssicherung und Qualitätsprüfung gemäß § 114 auf den Prüfdienst des Verbandes der privaten Krankenversicherung eV bestand für den Gesetzgeber die Notwendigkeit datenschutzrechtliche Anpassungen vorzunehmen.[1] Deshalb hat der Gesetzgeber für den Prüfdienst des Verbandes der privaten Krankenversicherung eV die gleichen datenschutzrechtlichen Regeln für anwendbar erklärt, die für den Medizinischen Dienst der Krankenversicherung gelten. Daraus resultiert die Verweisung auf die entsprechende Anwendung der §§ 97 und 97 a SGB XI sowie die Festlegung, dass der **Prüfdienst des Verbandes der privaten Krankenversicherung eV als Stelle iSd § 35 Abs. 1 S. 1 SGB I** gilt. 2

III. Anwendung des Sozialgeheimnisses

Der Abs. 1 S. 1 erklärt den Prüfdienst des Verbandes der privaten Krankenversicherung eV als Stelle gemäß § 35 Abs. 1 S. 1 SGB I. Infolgedessen unterliegt der Prüfdienst des Verbandes der privaten Krankenversicherung eV allen Verpflichtungen, die sich aus dieser Norm ergeben.[2] Bei den befugt erhobenen, verarbeiteten und genutzten Daten handelt es sich um Sozialdaten iSd § 67 Abs. 1 SGB X, so dass der Umgang mit den Daten im Weiteren den Regularien der §§ 67 ff. SGB X unterliegt. § 35 Abs. 1 S. 1 SGB I verpflichtet den Prüfdienst des Verbandes der privaten Krankenversicherung eV, dass Daten nicht unbefugt erhoben, verarbeitet oder genutzt werden. Aus der **Gleichstellung** und den zur Anwendung gelangenden datenschutzrechtlichen Regularien folgt für den Prüfdienst des Verbandes der privaten Krankenversicherung eV, die Verpflichtung im Rahmen seiner Tätigkeit zur Qualitätssicherung und Qualitätsprüfung Daten nur zu dem Zweck zu erheben und zu nutzen, wie es dem Medizinischen Dienst der Krankenversicherung gesetzlich erlaubt ist. Im Rahmen der Qualitätssicherung und Qualitätsprüfung ist eine Nutzung der erhobenen Daten zu anderen Zwecken nur erlaubt, wenn dies durch Rechtsvorschriften des Sozialgesetzbuches angeordnet oder erlaubt ist. Die Mitarbeiter des Prüfdienstes des Verbandes der privaten Krankenversicherung müssen vor Aufnahme ihrer Tätigkeit im Rahmen der Qualitätssicherung und Qualitätsprüfung auf das Sozialgeheimnis verpflichtet sein. 3

IV. Entsprechende Anwendung der § 97, 97 a SGB XI

Die Verweisung in Abs. 1 S. 2 auf eine entsprechende Anwendung der Vorschriften der §§ 97, 97 a SGB XI beinhaltet keine vollumfängliche Verweisung.[3] Der Anwendungsbereich des § 97 SGB XI umfasst aber das gesamte erweiterte Tätigkeitsspektrum des Medizinischen Dienstes der Krankenversicherung für die gesetzliche Pflegeversicherung, so dass eine entsprechende Anwendung für gesetzlich Versicherte nur im Zusammenhang mit der Wahrnehmung von Aufgaben zur Qualitätssicherung und Qualitätsprüfung in Betracht kommt. 4

Die Regelung des § 97 Abs. 3 S. 3 bis 6 SGB XI dürfte nicht in den Anwendungsbereich fallen, weil es sich dabei maßgeblich um die Begutachtung gemäß § 18 SGB XI handelt. Im Hinblick auf die Löschungsfrist gilt aufgrund der Verweisung die fünfjährige Frist des § 97 Abs. 3 S. 1 SGB XI als Maximalfrist. Die Verweisung auf das Akteneinsichtsrecht wird in der Praxis für die Aufgabenwahrung im Rahmen der Qualitätssicherung und Qualitätsprüfung nicht zum Tragen kommen. 5

Mit der Verweisung auf den § 97 a SGB XI wird der Prüfdienst des Verbandes der privaten Krankenversicherung eV in den Adressatenkreis der Norm mit einbezogen. 6

---

1 BT-Dr. 17/5178, 24.
2 Schneider in: Krauskopf, § 97 c Rn. 3.
3 Schneider in: Krauskopf, § 97 c Rn. 4.

§ 97 d Begutachtung durch unabhängige Gutachter

(1) ¹Von den Pflegekassen gemäß § 18 Absatz 1 Satz 1 beauftragte unabhängige Gutachter sind berechtigt, personenbezogene Daten des Antragstellers zu erheben, zu verarbeiten und zu nutzen, soweit dies für die Zwecke der Begutachtung gemäß § 18 erforderlich ist. ²Die Daten sind vertraulich zu behandeln. ³Durch technische und organisatorische Maßnahmen ist sicherzustellen, dass die Daten nur den Personen zugänglich sind, die sie zur Erfüllung des dem Gutachter von den Pflegekassen nach § 18 Absatz 1 Satz 1 erteilten Auftrags benötigen.

(2) ¹Die unabhängigen Gutachter dürfen das Ergebnis der Prüfung zur Feststellung der Pflegebedürftigkeit sowie die Präventions- und Rehabilitationsempfehlung gemäß § 18 an die sie beauftragende Pflegekasse übermitteln, soweit dies zur Erfüllung der gesetzlichen Aufgaben der Pflegekasse erforderlich ist; § 35 des Ersten Buches gilt entsprechend. ²Dabei ist sicherzustellen, dass das Ergebnis der Prüfung zur Feststellung der Pflegebedürftigkeit sowie die Präventions- und Rehabilitationsempfehlung nur den Personen zugänglich gemacht werden, die sie zur Erfüllung ihrer Aufgaben benötigen.

(3) ¹Die personenbezogenen Daten sind nach fünf Jahren zu löschen. ²§ 107 Absatz 1 Satz 2 gilt entsprechend.

Literatur:
Siehe § 93.

I. Entstehungsgeschichte

1 Die Vorschrift des § 97 d SGB XI ist mit dem Pflegeneuausrichtungsgesetz vom 28.3.2012 eingeführt worden. Da das Pflegegutachten zur Feststellung der Pflegebedürftigkeit nunmehr eine „Präventions- und Rehabilitationsempfehlung" enthält, ist der Wortlaut der Vorschrift im Rahmen des Pflegestärkungsgesetzes – PSG III – angepasst worden.[1]

II. Normzweck

2 Der Gesetzgeber hat den § 18 SGB XI wesentlich geändert, in dem die Pflegekassen zur Feststellung der Pflegebedürftigkeit sowie für die Rehabilitationsempfehlung gemäß § 18 SGB XI neben den Medizinischen Diensten der Krankenversicherung auch unabhängige Gutachter beauftragen können.

3 Vor Einführung des Pflegeneuausrichtungsgesetzes hat der Gesetzgeber schon für den Bereich der Qualitätssicherung und Qualitätsprüfung auch andere Gutachter oder Institutionen vorgesehen, die neben dem Medizinischen Dienst der Krankenversicherung tätig sein können. Die Vorschrift des § 97 d SGB XI reiht sich in die Entwicklung der Vorschriften der §§ 97 a und c SGB XI ein. Es bestand für die Gesetzgeber die Notwendigkeit mit der Übertragung von Aufgaben gem. § 18 SGB XI auf andere Gutachter als den Medizinischen Dienst der Krankenversicherung eine datenschutzrechtliche Rechtsgrundlage zu schaffen, so dass dieser Adressatenkreis personenbezogene Daten im Rahmen der Aufgabenwahrnehmung gem. § 18 SGB XI erheben, verarbeiten, nutzen und übermitteln kann.[2] Schließlich führte der Gesetzgeber eine Regelung zum Löschen der personenbezogenen Daten ein und legte in Anlehnung an § 97 Abs. 3 S. 1 SGB XI die für die Medizinischen Dienste der Krankenversicherung geltende Löschungsfrist, wonach personenbezogene Daten spätestens nach fünf Jahren zu löschen sind, fest.

III. Befugnis zu Erhebung, Verarbeitung und Nutzung durch unabhängige Gutachter

4 In Abs. 1 S. 1 hat der Gesetzgeber die beiden datenschutzrechtlichen Grundprinzipien der Zweckbindung und der Erforderlichkeit verankert. Den beauftragten, unabhängigen Gutachter ist die Befugnis eingeräumt worden für den Zweck einer beauftragten Begutachtung gemäß § 18 SGB XI die erforderlichen personenbezogenen Daten erheben, verarbeiten und nutzen zu dürfen.

5 Mit dem Abs. 1 S. 2 hat der Gesetzgeber dem beauftragten, unabhängigen Gutachter die Verpflichtung auferlegt, die Daten vertraulich zu bearbeiten. Damit wählte er die wortgleiche Formulierung des § 92 a S. 2 SGB XI. Zwar erfolgt eine unterschiedliche Begriffsverwendung, in dem zum einen in Abs. 1 S. 1 von „personenbezogenen Daten" und zum anderen in Abs. 1 S. 2 von „Daten" gesprochen wird. Jedoch kann der Gesetzgeber aufgrund des Sinn und Zweckes der Regelung damit nur beabsichtigt ha-

---

1 BT-Dr. 18/10510 v. 30.11.2016.
2 BT-Dr. 17/9369 zu Nr. 38, 47.

ben, dass die beauftragten unabhängigen Gutachter zur Wahrung des Sozialgeheimnisses verpflichtet sind.

Schließlich besteht gemäß Abs. 1 S. 3 die **Verpflichtung durch technische und organisatorische Maßnahmen** sicherzustellen, dass nur die Personen einen Zugang zu den Daten haben, die sie zur Erfüllung des dem Gutachter von den Pflegekassen nach § 18 Abs. 1 S. 1 erteilten Auftrags benötigen. Der Gesetzgeber hat sich dabei an die Regelung des § 97 Abs. 3 S. 4 SGB XI orientiert, so dass der erforderliche Datenzugang ebenso auf den Einzelfall funktional und bearbeitungsbezogen sein muss. Mit der Anlehnung an § 97 Abs. 3 S. 4 SGB XI ist ein **restriktiver** Umgang mit den Zugriffsberechtigungen festgelegt.

Der Gesetzgeber hat konstruktiv darauf verzichtet, eine grundsätzliche Verweisung auf die Vorschriften des § 97 SGB XI für die beauftragten, unabhängigen Gutachter einzuführen so wie in § 97c Abs. 1 S. 2 SGB XI. Dies ist konsequent unter der Voraussetzung, dass das Beauftragungsvolumen gering ist, denn nur dann entsteht bei den beauftragten, unabhängigen Gutachter keine so große auswertbare Datenmenge, im Gegensatz zu den sehr umfangreichen, medizinischen Datenpool der Medizinischen Dienste der Krankenversicherung. Ansonsten hätte der Gesetzgeber den beauftragten, unabhängigen Gutachtern die erweiterten datenschutzrechtlichen Anforderungen auferlegen müssen wie sie in § 97 Abs. 3 S. 4 bis 6 SGB XI insbesondere mit § 97 Abs. 3 S. 5 SGB XI für den Medizinischen Dienst der Krankenversicherung normiert ist.

IV. Übermittlungsbefugnis

Eine vergleichbare Vorschrift findet sich in § 277 Abs. 1 S. 1 SGB V, wonach der Medizinische Dienst der Krankenversicherung nur das Ergebnis der Begutachtung und die erforderlichen Angaben über den Befund der Krankenkasse mitteilen kann.

Der Abs. 2 räumt dem unabhängigen Gutachter eine **Übermittlungsbefugnis** für das Ergebnis der Prüfung zur Feststellung der Pflegebedürftigkeit sowie für die Rehabilitationsempfehlung gem. § 18 SGB XI an die beauftragende Pflegekasse ein und zwar nur in dem Umfang, wie dies zur Erfüllung der gesetzlichen Aufgaben der Pflegekassen erforderlich ist. Der unabhängige Gutachter ist gemäß Abs. 2 S. 1 deshalb verpflichtet unter Berücksichtigung des Grundsatzes der Erforderlichkeit, vor der Übermittlung zu prüfen, ob neben dem reinen Begutachtungsergebnis die Übermittlung weiterer Daten für die Erfüllung der gesetzlichen Aufgaben zum Zweck der Pflegebedürftigkeit und für die Rehabilitationsempfehlung erforderlich ist. Mit der Trennung der Erhebungs-, Verarbeitungs- und Nutzungsbefugnis in Abs. 1 und der Übermittlungsbefugnis in Abs. 2 hat der Gesetzgeber zum Ausdruck gebracht, dass der beauftragte unabhängige Gutachter grundsätzlich nicht alle im Rahmen des Abs. 1 erhobenen Daten an die beauftragende Pflegekasse übermitteln darf.

§ 98 Forschungsvorhaben

(1) Die Pflegekassen dürfen mit der Erlaubnis der Aufsichtsbehörde die Datenbestände leistungserbringer- und fallbeziehbar für zeitlich befristete und im Umfang begrenzte Forschungsvorhaben selbst auswerten und zur Durchführung eines Forschungsvorhabens über die sich aus § 107 ergebenden Fristen hinaus aufbewahren.

(2) Personenbezogene Daten sind zu anonymisieren.

Literatur:
Siehe § 93.

I. Entstehungsgeschichte

§ 98 ist durch Artikel 1 PflegeVG mit Wirkung zum 1.6.1994 in Kraft getreten und in der Folgezeit unverändert geblieben.

II. Normzweck

Mit der Vorschrift des § 98 SGB XI wird die datenschutzrechtliche Rechtsgrundlage für die Pflegekassen, rechtmäßig erhobene und gespeicherte Daten der Pflegeversicherung für interne Forschungsvorhaben zu nutzen, geschaffen. Da für den Bereich der gesetzlichen Krankenversicherung bereits eine

Norm existierten, hat der Gesetzgeber sich bei der Ausgestaltung der Norm an § 287 SGB V orientiert; jedoch im Gegensatz zu dieser Vorschrift von einer exemplarischen Aufzählung einzelner Forschungszwecke Abstand genommen.[1]

3 Der Normzweck beschränkt sich auf die Auswertung eigener Datenbestände durch die Pflegekasse und beinhaltet **keine Datenübermittlungsbefugnis an Dritte** für Forschungsvorhaben. In den Fällen einer Übermittlung von Daten an Dritte für Forschungsvorhaben gilt die Vorschrift des § 75 SGB X.

4 Die Auswertung von eigenen Datenbeständen zu Forschungszwecken ist von der Erlaubnis der Aufsichtsbehörde abhängig. Damit wollte der Gesetzgeber sicherstellen, dass den datenschutzrechtlichen Belangen in genügendem Maße Rechnung getragen wird.

III. Zulässige Forschungsvorhaben (Abs. 1)

5 Die Regelung des § 98 SGB XI setzt tatbestandlich voraus, dass die jeweilige Pflegekasse mit Erlaubnis der Aufsichtsbehörde eigene Datenbestände für zeitlich befristete und im Umfang begrenzte Forschungsvorhaben auswertet. Der Begriff des Forschungsvorhabens ist im Sozialgesetzbuch nicht definiert, so dass die Bestimmung des Tatbestandsmerkmales sich an Art. 5 Abs. 3 Grundgesetz orientiert. Nach allgemeiner Auffassung liegt ein Forschungsvorhaben im Sinne des § 98 SGB XI vor, wenn es sich um eine Suche nach neuen Erkenntnissen handelt.[2]

6 Im Gegensatz zu der Parallelvorschrift des § 287 SGB V enthält § 98 SGB XI keine direkte Eingrenzung, zu welchem zulässigen Zweck ein Forschungsvorhaben von der Pflegekasse durchgeführt werden darf. Da der Wortlaut des § 98 SGB XI eine **leistungserbringer- und fallbeziehbare Auswertung eigener Datenbestände** durch die Pflegekasse erlaubt, kann eine extensive Begriffsbestimmung zugrunde gelegt werden.[3] Für ein zulässiges Forschungsvorhaben ist es ausreichend, wenn der Forschungszweck in einem Zusammenhang zur Pflegeversicherung oder der Gewinnung pflegerischer Ergebnisse steht.

7 Zu beachten ist, dass nach dem Wortlaut des § 98 SGB XI die Pflegekasse zur Durchführung eines Forschungsvorhabens nur auf **eigene** Datenbestände zurückgreifen darf.[4] Es ist nicht zulässig, für ein Forschungsvorhaben gesondert **neue** Daten zu erheben. Die Beschränkung der Forschungsvorhaben auf eigene Datenbestände schließt nicht die Einbindung Externer für wissenschaftliche Zwecke aus. Eine weitere tatbestandliche Eingrenzung hat der Gesetzgeber vorgenommen, in dem § 98 SGB XI festlegt, dass es sich um ein zeitlich befristetes und im Umfang begrenztes Forschungsvorhaben handeln muss. Zur Erfüllung dieser Anforderung reicht es aus, wenn das Forschungsvorhaben terminlich und inhaltlich hinreichend bestimmt ist, um dem gesetzgeberischen Ziel Rechnung zu tragen.

IV. Aufbewahrungsfristen

8 Der Abs. 1 ermöglicht den Pflegekassen Daten zur Durchführung eines Forschungsvorhabens über die Frist des § 107 SGB XI hinaus abweichend aufzubewahren, ohne eine Höchstaufbewahrungsfrist zu benennen. Daraus folgt jedoch keine unbegrenzte Aufbewahrungsfrist für Datenbestände iSd § 98 SGB XI, weil zum einen die Erlaubnis der Aufsichtsbehörde und zum anderen das Tatbestandsmerkmal „zeitlich befristetes Forschungsvorhaben" eine natürliche Begrenzung aus den Forschungszweck vornimmt.[5]

V. Erlaubnis der Aufsichtsbehörden

9 Im Weiteren setzt die Norm des § 98 SGB XI zwingend die **Erlaubnis der Aufsichtsbehörde** voraus. Da der Wortlaut des § 98 SGB XI von einer Erlaubnis der Aufsichtsbehörde spricht, handelt es sich um eine Einwilligung im Sinne des § 183 BGB.[6] Eine nachträgliche Zustimmung im Sinne einer Genehmigung gemäß § 184 BGB genügt den Anforderungen nicht, so dass zu Beginn des Forschungsvorhabens die Erlaubnis der Aufsichtsbehörde vorliegen muss.

---

1 BT-Dr. 12/5262, 152.
2 Warschall in: Krauskopf, § 98 Rn. 5, Krahmer in: Klie/Krahmer, § 98 Rn. 5.
3 Didong in: Hauck/Noftz, § 98 Rn. 7.
4 Warschall in: Krauskopf, § 98 Rn. 11.
5 Didong in: Hauck/Noftz, § 98 Rn. 5.
6 Warschall in: Krauskopf, § 98 Rn. 11.

VI. Anonymisierung personenbezogener Daten (Abs. 2)

Abs. 2 legt den Pflegekassen die Verpflichtung auf, personenbezogene Daten zu **anonymisieren**. § 67 Abs. 8 SGB X definiert die Anforderung an eine Anonymisierung. Eine Anonymisierung liegt danach vor, wenn die Einzelangaben über persönliche und sachliche Verhältnisse nicht mehr oder nur mit einem unverhältnismäßig großem Aufwand an Zeit, Kosten und Arbeitskraft einer bestimmten oder bestimmbaren natürlichen Person nicht mehr zugeordnet werden können. In der konkreten Anwendung für den Abs. 2 bedeutet dies, dass es ausreichend ist, die klassischen Merkmale, wie Name, Anschrift, Geburtsdatum durch eine numerische Kennzeichnung zu ersetzen.[7]

10

Zweiter Titel Informationsgrundlagen der Pflegekassen

§ 99 Versichertenverzeichnis

¹Die Pflegekasse hat ein Versichertenverzeichnis zu führen. ²Sie hat in das Versichertenverzeichnis alle Angaben einzutragen, die zur Feststellung der Versicherungspflicht oder -berechtigung und des Anspruchs auf Familienversicherung, zur Bemessung und Einziehung der Beiträge sowie zur Feststellung des Leistungsanspruchs erforderlich sind.

Literatur:
Siehe § 93.

I. Entstehungsgeschichte

Die Rechtsvorschrift ist fast wortgleich mit dem § 288 SGB V. Auch die Krankenkassen haben ein Versichertenverzeichnis zu führen. Sie wurde durch das Pflegeversicherungsgesetz (PflegeVG) eingeführt.

1

II. Normzweck

Der Gesetzgeber wollte mit dieser Vorschrift den Pflegekassen die Möglichkeit geben, ihre Mitglieder und deren Familienangehörigen in einem Verzeichnis zu registrieren und alle wesentlichen Angaben zum Versicherungsverhältnis zu speichern, damit das Bestehen einer Versicherung und deren wesentlichen Merkmale nicht immer von neuem ermittelt werden müssen.[1]

2

III. Inhalte des Versichertenverzeichnisses

Inhaltlich muss dieses Versichertenverzeichnis alle Angaben zur Feststellung

3

- der Versicherungspflicht (§§ 20 bis 24 SGB XI)
- der Versicherungsberechtigung (§§ 26 und 26a SGB XI)
- des Anspruchs auf Familienversicherung (§ 25 SGB XI)
- der Bemessung und Einziehung der Beiträge (§§ 54 bis 61 SGB XI)
- des Leistungsanspruchs (§§ 4 und 28 SGB XI)

beinhalten.

Neben den persönlichen Angaben des Versicherten und dessen Familienangehörigen (zB Name, Geburtsdatum, Anschrift usw.) sind demnach im **Versichertenverzeichnis** beispielsweise auch Angaben zur ausgeübten Tätigkeit des Versicherten bzw. Angaben zum Schulbesuch oder zum Studium der Familienangehörigen zu speichern, damit alle Angaben für die oben genannten Feststellungen zur Verfügung stehen.

4

Die Grundlagen für die Informationen des Versichertenverzeichnisses bilden daher in erster Linie die Meldungen der **Arbeitgeber** im Rahmen eines Beschäftigungsverhältnisses, die Meldungen der **Deutschen Rentenversicherung Bund** als größter Rentenversicherungsträger über einen Rentenbezug nach dem SGB VI, die Meldungen der **Bundesanstalt für Arbeit** über den Bezug von Leistungen im Rahmen des SGB III sowie die Angaben aus den **Familienfragebogen**, die in der Regel durch die organisatorische Anbindung der Pflegekassen an die Krankenkassen von den Krankenkassen erhoben werden.

5

---

7 Krahmer in: Klie/Krahmer, § 98 Rn. 8.
1 Siehe Gesetzentwurf der Fraktion CDU/CSU und FDP, Entwurf eines Gesetzes zur sozialen Absicherung des Risikos der Pflegebedürftigkeit (Pflege-Versicherungsgesetz – PflegeVG), Deutscher Bundestag, 12. Wahlperiode, Dr. 12/5262.

6 Kommt es zu einem Wechsel der Pflegekassen ist die bisher zuständige Pflegekasse verpflichtet, der „neuen" Pflegekasse auch die Angaben nach § 99 SGB XI mitzuteilen. Die in Frage kommenden Daten werden mittels Datentransfer hierzu von der bisher zuständigen Pflegekasse auf die neu zuständige Pflegekasse übertragen.

§ 100 Nachweispflicht bei Familienversicherung

Die Pflegekasse kann die für den Nachweis einer Familienversicherung (§ 25) erforderlichen Daten vom Angehörigen oder mit dessen Zustimmung vom Mitglied erheben.

Literatur:
Siehe § 93.

I. Entstehungsgeschichte

1 Die gesetzliche Norm ist durch das Pflegeversicherungsgesetz (PflegeVG) eingeführt worden.

II. Normzweck

2 Genau wie in dem fast wortgleichen § 289 SGB V für die Krankenkassen sind auch die Pflegekassen verpflichtet, den Anspruch auf die Durchführung einer **Familienversicherung** festzustellen.[1]

III. Datenerhebung für die Familienversicherung

3 Um feststellen zu können, ob ein Anspruch auf Durchführung der Familienversicherung nach § 25 SGB XI besteht, müssen eine ganze Reihe von Daten zum Familienangehörigen erhoben werden.

4 In § 100 SGB XI wird die Pflegekasse ermächtigt, **Sozialdaten** zu erheben, die Verwendung des Wortes „kann" ist nicht im Sinne eines Ermessensspielraums zu verstehen, denn die Pflicht zur Erhebung dieser Daten folgt bereits aus § 99 SGB XI, sondern als Ermächtigung unter näheren Voraussetzungen eine der beiden Erhebungsarten zu wählen.[2]

5 Für die Pflegekasse stehen demnach zwei Wege zur Datenerhebung offen. Zum einen können die zum Nachweis erforderlichen Daten vom Angehörigen selbst erhoben werden, zum anderen können sie auch vom Mitglied erhoben werden, allerdings nach dem Wortlaut des Gesetzes nur mit Zustimmung des Angehörigen. Fraglich ist in diesem Zusammenhang, wie die Zustimmung des Angehörigen zur Datenerhebung beim Mitglied in der Praxis nachgewiesen werden sollte. In der Regel erfolgt die Datenerhebung mittels sogenannter Familienfragebogen. Diese werden in den meisten Fällen vom Mitglied ausgefüllt und unterschrieben. Mit seiner Unterschrift bestätigt das Mitglied die Richtigkeit seiner Angaben. Ein Nachweis für die Zustimmung könnte die zusätzliche Unterschrift des Familienangehörigen unter dem Fragebogen sein. In allen anderen Fällen muss das Mitglied durch seine Unterschrift erklären, dass zum Zeitpunkt der Datenerhebung das Einverständnis des Familienangehörigen vorlag. Hierzu bedarf es aber eines gesonderten Vermerkes auf dem Familienfragebogen.

6 Nach dem Willen des Gesetzgebers besteht für die Feststellung des Anspruches auf die Durchführung einer Familienversicherung eine **Nachweispflicht**. Durch das Wort „Nachweispflicht" wird klargestellt, dass die Pflegekassen sich nicht nur auf die Erklärungen des Versicherten und/oder Familienangehörigen verlassen dürfen, sondern das die Richtigkeit der gemachten Angaben durch weitere Unterlagen nachgewiesen werden müssen. Beispielhaft seien hier Schul- oder Studienbescheinigungen erwähnt, mit denen bei Familienangehörigen bei Erreichen eines bestimmten Alters der Anspruch auf Durchführung einer Familienversicherung nachgewiesen werden könnte.

7 Der Nachweis des Anspruches auf Durchführung ist zu Beginn der Familienversicherung in der Pflegeversicherung zu erbringen. Die Pflegekassen können aber verlangen, dass in regelmäßigen Abständen dieser Anspruch (zB durch die jährliche Vorlage einer Schulbescheinigung) erneut belegt wird.

---

1 Siehe Gesetzentwurf der Fraktion CDU/CSU und FDP, Entwurf eines Gesetzes zur sozialen Absicherung des Risikos der Pflegebedürftigkeit (Pflege-Versicherungsgesetz – PflegeVG), Deutscher Bundestag, 12. Wahlperiode, Dr 12/5262.
2 Siehe Krauskopf in: Krauskopf, § 100, unter „2. Verwendete Begriffe" Rn. 3.

Spätestens, wenn der Versicherte oder der Familienangehörige Sozialleistungen aus der Pflegeversicherung beantragt oder erhält, besteht aber auch eine **Mitwirkungspflicht** des Leistungsberechtigten. Das heißt, dass derjenige der Sozialleistungen beantragt oder erhält, nach § 60 Abs. 1 S. 2 SGB I verpflichtet ist, Änderungen in den Verhältnissen, die für die Leistungen erheblich sind, unverzüglich mitzuteilen. Kommt er dieser Verpflichtung nicht nach, kann die Pflegekasse nach § 66 SGB I ohne weitere Ermittlungen die Leistungen bis zur **Nachholung** der Mitwirkung ganz oder teilweise versagen oder entziehen, soweit die Voraussetzungen der Leistung nicht nachgewiesen sind.

Aufgrund der organisatorischen Angliederung der Pflegekassen an die Krankenkasse und den identischen Voraussetzungen für die Durchführung einer Familienversicherung in der Krankenversicherung (§ 10 SGB V) und in der Pflegeversicherung (§ 20 SGB XI) dürfte der Erhebung der Daten für den Nachweis der Familienversicherung in der Pflegeversicherung durch die Pflegekasse nur eine untergeordnete Bedeutung zukommen. Vielmehr werden die Pflegekassen in den meisten Fällen auf die Daten der Krankenkassen zurückgreifen.

§ 101 Pflegeversichertennummer

¹Die Pflegekasse verwendet für jeden Versicherten eine Versichertennummer, die mit der Krankenversichertennummer ganz oder teilweise übereinstimmen darf. ²Bei der Vergabe der Nummer für Versicherte nach § 25 ist sicherzustellen, daß der Bezug zu dem Angehörigen, der Mitglied ist, hergestellt werden kann.

Literatur:
Siehe § 93.

I. Entstehungsgeschichte

Die gesetzliche Norm ist durch das Pflegeversicherungsgesetz (PflegeVG) eingeführt worden. Sie entspricht im Wesentlichen § 290 SGB V.

II. Normzweck

Da die gesetzliche Kranken- und Pflegeversicherung bei ein und derselben Kasse durchgeführt wird, war es Wunsch des Gesetzgebers, dass im Interesse des Versicherten zur Klärung ihrer **Identität** nur eine Nummer verwendet wird.[1]

III. Aufbau der Pflegeversicherungsnummer

Die Basis für die Krankenversichertennummer und damit auch für die Pflegeversicherungsnummer ist die **Rentenversicherungsnummer**. Versicherte, die noch nicht im Besitz einer Rentenversicherungsnummer sind, müssen einen entsprechenden Antrag auf Erteilung stellen. Erst nach Vergabe der Rentenversicherungsnummer kann mit einem sicheren Verschlüsselungsverfahren die Krankenversichertennummer bzw. die Pflegeversicherungsnummer erstellt werden. Die Krankenversichertennummer wird von der von den Krankenkassen eingerichteten Vertrauensstelle Krankenversichertennummer (VST) vergeben.

Jede Krankenversichertennummer bzw. Pflegeversicherungsnummer besteht aus einem alphanumerischen und einem numerischen Baustein. Sie beginnt mit einem zufällig gewählten Buchstaben, gefolgt von einer 20stelligen Nummer für Mitglieder. Dabei sind die ersten 10 Stellen einer bestimmten Person, also dem Mitglied zugeordnet. Hierbei handelt es sich um den unveränderbaren Teil der Pflegeversichertennummer. Das Mitglied behält diesen Teil ein Leben lang, auch bei einem Wechsel der Krankenkasse bzw. Pflegekasse. Die nächsten 9. Stellen enthalten das Institutionskennzeichen der Krankenkasse und sind zum Beispiel bei einem Wechsel veränderbar. Die 20. Stelle ist eine Prüfnummer.

---

1 Siehe Gesetzentwurf der Fraktion CDU/CSU und FDP, Entwurf eines Gesetzes zur sozialen Absicherung des Risikos der Pflegebedürftigkeit (Pflege-Versicherungsgesetz – PflegeVG), Deutscher Bundestag, 12. Wahlperiode, Dr. 12/5262.

5 Die Krankenversichertennummer bzw. Pflegeversichertennummer der **Familienangehörigen** ist ähnlich aufgebaut wie die entsprechende Nummer des Mitgliedes, mit dem Unterschied, dass es sich um eine 30stellige Nummer handelt. Auch bei dieser Nummer sind die ersten 10. Stellen der Person des Familienangehörigen zugeordnet, gefolgt von dem 9stelligen Institutionskennzeichen der Krankenkasse. Die nächsten 10 Stellen enthalten den Bezug des Familienangehörigen zum Mitglied. An der 30. Stelle befindet sich dann die Prüfnummer.

§ 102 Angaben über Leistungsvoraussetzungen

¹Die Pflegekasse hat Angaben über Leistungen, die zur Prüfung der Voraussetzungen späterer Leistungsgewährung erforderlich sind, aufzuzeichnen. ²Hierzu gehören insbesondere Angaben zur Feststellung der Voraussetzungen von Leistungsansprüchen und zur Leistung von Zuschüssen.

Literatur:
Siehe § 93.

I. Entstehungsgeschichte

1 Die gesetzliche Norm ist durch das Pflegeversicherungsgesetz (PflegeVG) eingeführt worden. Die Vorschrift entspricht sinngemäß der gesetzlichen Regelung des § 292 SGB V.

II. Normzweck

2 Der Gesetzgeber ermächtigt hierdurch die Pflegekassen Angaben über Leistungen, die zur Prüfung der Voraussetzung späterer Leistungsgewährung erforderlich sind aufzuzeichnen, um beispielsweise eine nicht gerechtfertigte Doppelleistung bei technischen Hilfen (§ 36 SGB XI) zu vermeiden.[1]

III. Aufzeichnungsbefugnis

3 Die Vorschrift des § 102 SGB XI erweitert die bereits in § 99 SGB XI festgelegten **Aufzeichnungsbefugnisse** der Pflegekassen zur Aufzeichnung allgemeiner Daten (zB Name, Anschrift, Familienstand, usw.) der Mitglieder und deren Familienangehörige, um Angaben, die zur Prüfung der Voraussetzungen späterer Leistungsgewährung erforderlich sind.

4 Fraglich ist in diesem Zusammenhang, welche Angaben über Leistungen sind zur Prüfung der Voraussetzungen einer späteren Leistungsgewährung erforderlich. Im Prinzip dürften hier alle Angaben über Leistungen nach § 36 SGB XI bis § 45 SGB XI in Frage kommen. Beispielsweise benötigt die Pflegekasse bei der laufenden Gewährung von Pflegesachleistungen nach § 36 SGB XI alle Angaben (Anträge des Mitgliedes oder dessen Familienangehörigen, ärztliche Atteste, Gutachten des Medizinischen Dienstes usw.), die zur Gewährung des Anspruches des Versicherten oder eine Familienangehörigen geführt haben, um auch zukünftig die beantragten Leistungen zur Verfügung stellen zu können. Diese Daten dürfen bis zu den gesetzlich vorgegebenen Aufbewahrungsfristen aufbewahrt werden. Sind die gesetzlich vorgegebenen Aufbewahrungsfristen erreicht, sind die Daten entsprechend zu löschen.

§ 103 Kennzeichen für Leistungsträger und Leistungserbringer

(1) Die Pflegekassen, die anderen Träger der Sozialversicherung und die Vertragspartner der Pflegekassen einschließlich deren Mitglieder verwenden im Schriftverkehr und für Abrechnungszwecke untereinander bundeseinheitliche Kennzeichen.

(2) § 293 Abs. 2 und 3 des Fünften Buches gilt entsprechend.

Literatur:
Siehe § 93.

---

[1] Siehe Gesetzentwurf der Fraktion CDU/CSU und FDP, Entwurf eines Gesetzes zur sozialen Absicherung des Risikos der Pflegebedürftigkeit (Pflege-Versicherungsgesetz – PflegeVG), Deutscher Bundestag, 12. Wahlperiode, Dr. 12/5262.

I. Entstehungsgeschichte

Die gesetzliche Norm ist durch das Pflegeversicherungsgesetz (PflegeVG) eingeführt worden. Die Vorschrift entspricht sinngemäß der gesetzlichen Regelung des § 293 SGB V.

II. Normzweck

Mit dieser Rechtsnorm stellte der Gesetzgeber klar, dass das bereits in der Krankenversicherung etablierte Institutionskennzeichen einheitlich auch in der Pflegeversicherung verwendet werden soll.[1]

III. Aufbau und Zweck des Institutionskennzeichens

Bereits weit vor der Einführung der gesetzlichen Pflegeversicherung in Deutschland wurde im Februar 1979 von den Spitzenverbänden der Träger der Sozialversicherung der Aufbau eines bundeseinheitlichen Kennzeichens (Institutionskennzeichen) zur Verwendung im Schriftverkehr und für Abrechnungszwecke beschlossen. Mit in Kraft treten des § 293 SGB V wurde das Institutionskennzeichen ab dem 1.1.1989 als offizielles Kennzeichen der Leistungsträger und Leistungserbringer eingeführt. Für die Pflegekassen wurde das Institutionskennzeichen als Kennzeichen ab dem 1.1.1995 übernommen. Inhaber des **Institutionskennzeichens** sind auf der einen Seite die **Versicherungsträger** (Krankenkassen, Pflegekassen, Berufsgenossenschaften, usw.) und auf der anderen Seite die **Leistungserbringer**, die im Rahmen der medizinischen und beruflichen Rehabilitation Leistungen erbringen (zB Krankenhäuser, Sanitätshäuser, Pflegedienste usw.).[2]

Aufgrund der gesetzlichen Verpflichtung des § 293 Abs. 1 S. 2 SGB V haben der Spitzenverband Bund der Krankenkassen, die Bundesanstalt für Arbeit und die Versorgungsverwaltungen der Länder mit der Arbeitsgemeinschaft Institutionskennzeichen in Sankt Augustin eine Stelle gegründet, die die Vergabe und Verwaltung der Institutionskennzeichen übernimmt. Seit 1995 ist die **Arbeitsgemeinschaft Institutionskennzeichen** auch für die Vergabe der Institutionskennzeichen an die Pflegekassen und die Leistungserbringer nach dem SGB XI zuständig.

Nach § 293 Abs. 2 SGB V besteht für die Mitglieder der Arbeitsgemeinschaft Institutionskennzeichen gemeinsam mit den Spitzenorganisationen der Leistungserbringer die Verpflichtung, einheitlich Art und Aufbau des Kennzeichens und das Verfahren der Vergabe und Verwendung zu Regeln.

Alle Beteiligten haben sich auf ein 9stelliges Kennzeichen geeinigt. Mit der ersten und zweiten Stelle, bezeichnet als Klassifikation, wird die Art oder die Personengruppe gekennzeichnet, welcher der Inhaber des Institutionskennzeichens angehört. Beispielsweise werden

- Krankenkassen mit den Ziffern 10
- Unfallversicherungsträger mit den Ziffern 12
- Pflegekassen mit der Kennnummer 18
- Krankenhäuser und Krankenhausapotheken mit den Ziffern 36
- Logopäden, Sprachheilbehandler, Sonderschullehrer mit den Ziffern 40
- Hebammen mit den Ziffern 45

klassifiziert.

Die nächsten 2 Ziffern im Institutionskennzeichen bezeichnen den Regionalbereich. In der Regel ist damit das Bundesland gemeint, indem der Versicherungsträger oder der Leistungserbringer seinen Sitz hat. Für Institutionen oder Personengruppen, deren Bereich sich über mehrere Bundesländer erstreckt, ist der Hauptsitz maßgebend. Die einzelnen Bundesländer tragen folgende Regionalkennzeichen:

Ziffern 01	=	Schleswig – Holstein
Ziffern 02	=	Hamburg
Ziffern 03	=	Niedersachsen
Ziffern 04	=	Bremen
Ziffern 05	=	Nordrhein-Westfalen
Ziffern 06	=	Hessen
Ziffern 07	=	Rheinland-Pfalz

---

1 Siehe Gesetzentwurf der Fraktion CDU/CSU und FDP, Entwurf eines Gesetzes zur sozialen Absicherung des Risikos der Pflegebedürftigkeit (Pflege-Versicherungsgesetz – PflegeVG), Deutscher Bundestag, 12. Wahlperiode, Dr. 12/5262.
2 Siehe hierzu Gemeinsames Rundschreiben Institutionskennzeichen der Arbeitsgemeinschaft Institutionskennzeichen, Stand 4/2009.

Ziffern 08	=	Baden-Württemberg
Ziffern 09	=	Bayern
Ziffern 10	=	Saarland
Ziffern 11	=	Berlin
Ziffern 12	=	Brandenburg
Ziffern 13	=	Mecklenburg-Vorpommern
Ziffern 14	=	Sachsen
Ziffern 15	=	Sachsen-Anhalt
Ziffern 16	=	Thüringen
Ziffern 00	=	Ausland

8   An der 5 bis 8 Stelle befindet sich die Seriennummer der jeweiligen Institution oder Personengruppe. Sie wird nur einmal vergeben und dient als individuelles Kennzeichen für Institutionen oder Personengruppen, deren ersten 4 Stellen des Kennzeichens aufgrund Ihrer Zugehörigkeit zur selben Klassifikation mit Sitz im selben Bundesland übereinstimmen.

9   Die 9. Stelle des Institutionskennzeichens steht die Ziffern Sie dient dazu, Schreibfehler und „Zahlendreher" in den ersten acht Stellen des Institutionskennzeichens aufzudecken.

10 Wäre eine Einigung über die einheitliche Art und den einheitlichen Aufbau des Kennzeichens und das Verfahren der Vergabe und Verwendung unter den Beteiligten nicht zustande gekommen, hätte der Gesetzgeber durch die Vorschrift des § 103 SGB XI in Verbindung mit der Vorschrift des § 293 Abs. 3 SGB V die Möglichkeit gehabt, durch Rechtsverordnung entsprechende Vorgaben zu machen.

Zweiter Abschnitt
Übermittlung von Leistungsdaten

§ 104 Pflichten der Leistungserbringer

(1) Die Leistungserbringer sind berechtigt und verpflichtet:
1. im Falle der Überprüfung der Notwendigkeit von Pflegehilfsmitteln (§ 40 Abs. 1),
2. im Falle eines Prüfverfahrens, soweit die Wirtschaftlichkeit oder die Qualität der Leistungen im Einzelfall zu beurteilen sind (§§ 79, 112, 113, 114, 114 a, 115 und 117),
2a. im Falle des Abschlusses und der Durchführung von Versorgungsverträgen (§§ 72 bis 74), Pflegesatzvereinbarungen (§§ 85, 86), Vergütungsvereinbarungen (§ 89) sowie Verträgen zur integrierten Versorgung (§ 92 b),
3. im Falle der Abrechnung pflegerischer Leistungen (§ 105)

die für die Erfüllung der Aufgaben der Pflegekassen und ihrer Verbände erforderlichen Angaben aufzuzeichnen und den Pflegekassen sowie den Verbänden oder den mit der Datenverarbeitung beauftragten Stellen zu übermitteln.

(2) Soweit dies für die in Absatz 1 Nr. 2 und 2 a genannten Zwecke erforderlich ist, sind die Leistungserbringer berechtigt, die personenbezogenen Daten auch an die Medizinischen Dienste und die in den §§ 112, 113, 114, 114 a, 115 und 117 genannten Stellen zu übermitteln.

(3) Trägervereinigungen dürfen personenbezogene Daten verarbeiten und nutzen, soweit dies für ihre Beteiligung an Qualitätsprüfungen oder Maßnahmen der Qualitätssicherung nach diesem Buch erforderlich ist.

Literatur:
Siehe § 93.

I. Entstehungsgeschichte

1   Die gesetzliche Norm ist durch das Gesetz zur strukturellen Weiterentwicklung der Pflegeversicherung (Pflege-Weiterentwicklungsgesetz) eingeführt worden. Die Vorschrift entspricht im Wesentlichen dem § 294 SGB V.

II. Normzweck

Anders als in den §§ 99, 100, 102 SGB XI, die die Leistungsträger (zB Pflegekassen) ermächtigt bestimmte Daten aufzuzeichnen, erhalten mit dieser Vorschrift die Leistungserbringer, also ambulante Pflegedienste sowie stationäre Pflegeeinrichtungen (§ 71 SGB XI), und sonstige Leistungserbringer (zB Lieferanten von Pflegehilfsmitteln) ebenfalls die **Berechtigung** zur Aufzeichnung und Übermittlung von Angaben.

Allerdings ist die **Aufzeichnungs- und Übermittlungspflicht** der Leistungserbringer an die Leistungsträger auf die im § 104 Abs. 1 S. 1 bis 3 SGB XI genannten Fällen beschränkt.[1]

III. Aufzeichnung und Übermittlung von Angaben

Es dürfen somit nur Angaben für die nachfolgend aufgeführten Zwecke aufgezeichnet und übermittelt werden:

- Im Fall der Überprüfung der Notwendigkeit von Pflegehilfsmitteln (§ 40 Abs. 1 SGB XI)
  Nach dieser Vorschrift überprüft die Pflegekasse die Notwendigkeit der Versorgung mit den beantragten Pflegehilfsmitteln unter Beteiligung einer Pflegefachkraft oder des Medizinischen Dienstes.
- Im Falle eines Prüfverfahrens, soweit die Wirtschaftlichkeit oder die Qualität der Leistungen im Einzelfall zu beurteilen sind (§§ 79, 80, 112 bis 115, 117 und 118),
  Die Landesverbände der Pflegekassen können die Wirtschaftlichkeit und Sparsamkeit der ambulanten, teilstationären und vollstationären Pflegeleistungen durch von ihnen bestellte Sachverständige prüfen lassen. Außerdem sind sie in Zusammenarbeit mit dem Medizinischen Dienst oder von ihnen bestellten Sachverständigen berechtigt, die Leistungs- und Qualitätsanforderungen von zugelassenen Pflegeeinrichtungen zu überprüfen.
- im Falle des Abschlusses und der Durchführung von Versorgungsverträgen (§§ 72 bis 74), Pflegesatzvereinbarungen (§§ 85, 86), Vergütungsvereinbarungen (§ 89) und Leistungs- und Qualitätsvereinbarungen (§ 80 a),
  Die Pflegekassen dürfen ambulante und stationäre Pflege nur durch Pflegeeinrichtungen gewähren, mit denen ein Versorgungsvertrag besteht. Art, Höhe und Laufzeit der Pflegesätze werden zwischen den Trägern des Pflegeheimes und den Leistungsträgern, Vergütungen für ambulante Pflegedienste und hauswirtschaftlichen Versorgungen werden zwischen dem Träger des Pflegedienstes und den Leistungserbringern vereinbart.
- im Falle der Abrechnung pflegerischer Leistungen (§ 105)
  Nach § 105 SGB XI sind die an der Pflegeversorgung teilnehmenden Leistungserbringer verpflichtet, in ihren Abrechnungsuntergaben bestimmte Angaben den Leistungserbringern zu übermitteln.

Die Aufzeichnung und Übermittlung von Daten ist demnach an den **datenschutzrechtlichen Grundsatz der Erforderlichkeit** geknüpft. Es muss zwingend eine Erforderlichkeit zur Erfüllung der Aufgaben der Pflegekassen und/oder ihrer Verbände vorliegen.

Der Abs. 2 der Rechtsvorschrift erweitert die Befugnis der Leistungsüberbringer zur Übermittlung von Daten auch an die Medizinischen Dienste und die in den §§ 112 bis 115, 117 und 118 genannten Stellen, also zum Beispiel an den Verband der privaten Krankenversicherung eV, die maßgeblichen Organisationen für die Wahrnehmung der Interessen und der Selbsthilfe der pflegebedürftigen und behinderten Menschen auf Bundesebene, unabhängige Sachverständige usw.

Des Weiteren dürfen nach Abs. 3 auch Trägervereinigungen, zum Beispiel das Deutsche rote Kreuz, die Caritasverbände, das Diakonische Werk, der paritätische Wohlfahrtsverband Daten verarbeiten und nutzen, allerdings unter der engen Voraussetzung, das dies für Ihre Beteiligung an Qualitätsprüfungen oder Maßnahmen der Qualitätssicherung nach dem SGB XI erforderlich sind.

---

1 Siehe Gesetzentwurf der Fraktion CDU/CSU und FDP, Entwurf eines Gesetzes zur sozialen Absicherung des Risikos der Pflegebedürftigkeit (Pflege-Versicherungsgesetz – PflegeVG), Deutscher Bundestag, 12. Wahlperiode, Dr. 12/5262.

§ 105 Abrechnung pflegerischer Leistungen

(1) ¹Die an der Pflegeversorgung teilnehmenden Leistungserbringer sind verpflichtet,
1. in den Abrechnungsunterlagen die von ihnen erbrachten Leistungen nach Art, Menge und Preis einschließlich des Tages und der Zeit der Leistungserbringung aufzuzeichnen,
2. in den Abrechnungsunterlagen ihr Kennzeichen (§ 103) sowie die Versichertennummer des Pflegebedürftigen anzugeben,
3. bei der Abrechnung über die Abgabe von Hilfsmitteln die Bezeichnungen des Hilfsmittelverzeichnisses nach § 78 zu verwenden.

²Vom 1. Januar 1996 an sind maschinenlesbare Abrechnungsunterlagen zu verwenden.

(2) ¹Das Nähere über Form und Inhalt der Abrechnungsunterlagen sowie Einzelheiten des Datenträgeraustausches werden vom Spitzenverband Bund der Pflegekassen im Einvernehmen mit den Verbänden der Leistungserbringer festgelegt. ²§ 302 Absatz 2 Satz 2 und 3 des Fünften Buches gilt entsprechend.

Literatur:
Siehe § 93.

I. Entstehungsgeschichte

1   Die gesetzliche Norm ist durch das Gesetz zur Stärkung des Wettbewerbs in der gesetzlichen Krankenversicherung eingeführt und zuletzt durch das Gesetz zur Neuausrichtung der Pflegeversicherung (Pflege-Neuausrichtungs-Gesetz – PNG) geändert worden.

II. Normzweck

2   Die Vorschrift des § 105 SGB XI lehnt sich eng an die Vorschrift des § 302 SGB V an. Sie regelt die **versichertenbezogene Abrechnung** erbrachter Leistungen und schreibt für die Abrechnung abgegebener Hilfsmittel die Verwendung der Bezeichnung des Hilfsmittelverzeichnisses nach § 78 vor.[1] Mit dem PNG wurde darüber hinaus ein Verweis auf § 302 Abs. 2 S. 2 und 3 SGB V eingefügt, der der aktuellen Rechtsprechung Rechnung tragen sollte und eine ausdrückliche gesetzliche Ermächtigung geschaffen hat, dass Pflegeeinrichtungen für die Abrechnung ihrer Pflegeleistungen Rechenzentren einschalten zu können. Damit können beispielsweise ambulante Pflegedienste nicht nur ihre Leistungen der häuslichen Krankenpflege nach dem Fünften Buch, sondern auch ihre Pflegeleistungen nach dem Elften Buch über Rechenzentren abrechnen lassen. Die nunmehr einheitliche Abrechnung der Leistungen, die aufgrund der eindeutigen rechtlichen Grundlage möglich ist, stellt einen maßgeblichen Beitrag zu Entbürokratisierung dar.[2]

III. Anforderung an die Abrechnungsunterlagen

3   Inhaltlich legt diese Rechtsnorm fest, welche Angaben die Leistungserbringer bei der Abrechnung ihrer Leistungen gegenüber den Leistungsträgern aufzuführen haben. So wird bestimmt, dass die Art, die Menge und der Preis der erbrachten Leistung, sowie der Tag der Leistungserbringung und die Dauer der Leistungserbringung anzugeben sind. Des Weiteren hat der Leistungserbringer sein individuelles Institutionskennzeichen (§ 103 SGB XI) sowie die Versichertennummer des Pflegebedürftigen (§ 101 SGB XI) anzugeben, damit die Leistungsträger nachvollziehen können, wer die Leistung erbracht und welcher Versicherte die Leistung erhalten hat. Sollte es sich bei der Abrechnung um die Abgabe eines Hilfsmittels handeln, so ist auf den Abrechnungen die Bezeichnung des Hilfsmittelverzeichnisses nach § 78 SGB XI.

4   Zum Abbau der Bürokratie und zur effektiven und effizienten Gestaltung der Arbeitsabläufe wurden die Leistungserbringer nach § 105 Abs. 1 S. 2 SGB XI verpflichtet, alle in Abs. 1 S. 1 genannten Informationen ab dem 1.1.1996 in maschinenlesbarer Form den Leistungsträgern zu übermitteln. Das bedeutet aber auch gleichzeitig für die Leistungserbringer, dass diese technisch in der Lage sein müssen, die maschinenlesbaren Abrechnungsunterlagen entgegenzunehmen und die benötigten Abrechnungsin-

---

1   Siehe Gesetzentwurf der Fraktion CDU/CSU und FDP, Entwurf eines Gesetzes zur sozialen Absicherung des Risikos der Pflegebedürftigkeit (Pflege-Versicherungsgesetz – PflegeVG), Deutscher Bundestag, 12. Wahlperiode, Dr. 12/5262.
2   Siehe Entwurf eines Gesetzes zur Neuausrichtung der Pflegeversicherung (Pflege-Neuausrichtungs-Gesetz – PNG). Deutscher Bundestag, 17. Wahlperiode, Dr. 17/9369.

formationen verarbeiten zu können. Aus diesem Grund hat der Gesetzgeber im § 105 Abs. 2 SGB XI geregelt, dass Nähere über Form und Inhalt der Abrechnungsunterlagen sowie Einzelheiten des Datenträgeraustauschen, beispielsweise der Aufbau der übermittelten Datensätze, von den Spitzenverbänden der Pflegekassen im Einvernehmen mit den Verbänden der Leistungserbringer festzulegen sind.

Durch den durch das Gesetz zur Neuausrichtung der Pflegeversicherung (Pflege-Neuausrichtungs-Gesetz – PNG) eingeführten Verweis auf § 302 Abs. 2 S. 2 und 3 SGB V wird jetzt auch für die Leistungserbringer der Pflegeversicherung klargestellt, dass diese zur Erfüllung ihrer Verpflichtungen Rechenzentren in Anspruch nehmen können. Die Rechenzentren werden verpflichtet, die Daten nur nach Auftrag durch eine berechtigte Stelle und ausschließlich nur für die im SGB bestimmte Zwecke zu verarbeiten und zu nutzen, es sei denn, die Daten wurden vorher anonymisiert. 5

§ 106 Abweichende Vereinbarungen

Die Landesverbände der Pflegekassen (§ 52) können mit den Leistungserbringern oder ihren Verbänden vereinbaren, daß
1. der Umfang der zu übermittelnden Abrechnungsbelege eingeschränkt,
2. bei der Abrechnung von Leistungen von einzelnen Angaben ganz oder teilweise abgesehen
wird, wenn dadurch eine ordnungsgemäße Abrechnung und die Erfüllung der gesetzlichen Aufgaben der Pflegekassen nicht gefährdet werden.

Literatur:
Siehe § 93.

I. Entstehungsgeschichte

Die gesetzliche Norm ist durch das Pflegeversicherungsgesetz (PflegeVG) eingeführt worden. Die Vorschrift entspricht in wesentlichen Teilen dem Wortlaut des § 303 Abs. 1 SGB V. 1

II. Normzweck

Sie ermöglicht die Übermittlung von Abrechnungsunterlagen und Angaben über abgerechnete Leistungen vertraglich einzuschränken.[1] 2

III. Einschränkung des Umfangs der Abrechnungsbelege

Die Landesverbände der Pflegekassen (§ 52 SGB XI) werden gemeinsam mit den Leistungserbringern oder deren Verbände ermächtigt, den Umfang der zu ermittelnden **Abrechnungsbelege** einzuschränken bzw. die Abrechnungen von Leistungen von einzelnen Angaben ganz oder teilweise abzusehen, unter der Voraussetzung, dass eine ordnungsgemäße Abrechnung und die Erfüllung der gesetzlichen Ausgaben der Pflegekassen nicht gefährdet werden. 3

Ob dieser Vorschrift in der Praxis besondere Bedeutung zukommt ist mehr als fraglich, da eine weitere Einschränkung insbesondere der in § 105 Abs. 1 SGB V aufgezählten Abrechnungsdaten kaum möglich sein dürfte, ohne dadurch eine ordnungsgemäße Abrechnung und die Erfüllung der gesetzlichen Ausgaben der Pflegekassen zu gefährden. Letztendlich wollte der Gesetzgeber wahrscheinlich einfach die Möglichkeit schaffen, von den Vorgaben des § 105 SGB XI abzuweichen. 4

§ 106a Mitteilungspflichten

[1]Zugelassene Pflegeeinrichtungen, anerkannte Beratungsstellen, beauftragte Pflegefachkräfte sowie Beratungspersonen der kommunalen Gebietskörperschaften, die Pflegeeinsätze nach § 37 Abs. 3 durchführen, sind mit Einverständnis des Versicherten berechtigt und verpflichtet, die für die Erfüllung der Aufgaben der Pflegekassen und der privaten Versicherungsunternehmen erforderlichen Angaben zur

---

1 Siehe Gesetzentwurf der Fraktion CDU/CSU und FDP, Entwurf eines Gesetzes zur sozialen Absicherung des Risikos der Pflegebedürftigkeit (Pflege-Versicherungsgesetz – PflegeVG), Deutscher Bundestag, 12. Wahlperiode, Dr. 12/5262.

Qualität der Pflegesituation und zur Notwendigkeit einer Verbesserung den Pflegekassen und den privaten Versicherungsunternehmen zu übermitteln. ²Das Formular nach § 37 Abs. 4 Satz 2 wird unter Beteiligung des Bundesbeauftragten für den Datenschutz und die Informationsfreiheit und des Bundesministeriums für Gesundheit erstellt.

Literatur:
Siehe § 93.

I. Entstehungsgeschichte

1   Die gesetzliche Norm ist durch das Erste Gesetz zur Änderung des Elften Buches Sozialgesetzbuch und anderer Gesetze (Erstes SGB XI-Änderungsgesetz – 1. SGB XI-ÄndG) eingeführt und durch das Gesetz zur strukturellen Weiterentwicklung der Pflegeversicherung (Pflege-Weiterentwicklungsgesetz) geändert worden. Da in § 37 Abs. 8 der Kreis der berechtigten Beratungspersonen mit dem Pflegestärkungsgesetz – PSG III – ausgeweitet wurde, musste notwendigerweise die Vorschrift des § 106 a redaktionell geändert werden, um die Datenübermittlung zu ermöglichen.[1]

II. Normzweck

2   Mit dieser Vorschrift ermächtigt der Gesetzgeber die Leistungserbringer mit Einverständnis des Versicherten, bestimmte Angaben zur Qualität der Pflegesituation und zur Notwendigkeit einer Verbesserung den Pflegekassen und den privaten Versicherungsunternehmen zu übermitteln.

III. Inhalte der Mitteilungspflichten

3   Pflegebedürftige können nach § 37 Abs. 1 SGB XI anstelle der häuslichen Pflegehilfen ein Pflegegeld beantragen. Mit dem Pflegegeld haben sie die Möglichkeit mit dessen Umfang entsprechend die erforderliche Grundpflege und hauswirtschaftliche Versorgung selbst sicherstellen. Die Pflege kann daher beispielsweise ein naher Angehöriger übernehmen. Allerdings regelt § 37 Abs. 3 SGB XI weiterhin, dass die Pflegebedürftigen bei den Pflegestufen I und II halbjährlich einmal und bei der Pflegestufe III vierteljährlich einmal eine Beratung in der eigenen Häuslichkeit abzurufen haben. Dabei muss die Inanspruchnahme der Beratung zwingend erfolgen, da kein Wahlrecht für den Pflegebedürftigen besteht. Des Weiteren braucht die Leistung auch nicht gesondert beantragt werden. Vielmehr muss der Pflegebedürftige die Beratung abrufen, sonst drohen ihm die in § 37 Abs. 6 SGB XI aufgeführten Sanktionsmaßnahmen der Pflegekassen oder des privaten Versicherungsunternehmens. Die Pflegeberatung ist durch eine zugelassene Pflegeeinrichtung, anerkannte Beratungsstellen, beauftragte Pflegefachkräfte sowie Beratungspersonen der kommunalen Gebietskörperschaften, die Pflegeeinsätze nach § 37 Abs. 3 durchführen, mit Einverständnis des Versicherten berechtigt und verpflichtet, die für die Erfüllung der Aufgaben der Pflegekassen und der privaten Versicherungsunternehmen erforderlichen Angaben zur Qualität der Pflegesituation und zur Notwendigkeit einer Verbesserung den Pflegekassen und den privaten Versicherungsunternehmen zu übermitteln. Das Formular nach § 37 Abs. 4 S. 2 wird unter Beteiligung des Bundesbeauftragten für den Datenschutz und die Informationsfreiheit und des BMG erstellt.

Es handelt sich um eine Folgeänderung zur Aufnahme von Beratungspersonen der kommunalen Gebietskörperschaften in § 37 Abs. 8. Auch diese dürfen nunmehr die Beratung nach § 37 Abs. 3 durchführen. Damit sie für die Erfüllung der Aufgaben der Pflegekassen und der privaten Versicherungsunternehmen erforderlichen Angaben zur Qualität der Pflegesituation und zur Notwendigkeit einer Verbesserung den Pflegekassen und den privaten Versicherungsunternehmen übermitteln dürfen, wird § 106 a auf sie ausgedehnt.[2]

Die oben angegebenen Stellen haben die Durchführung der **Beratungseinsätze** gegenüber der Pflegekasse oder dem privaten Versicherungsunternehmen zu bestätigen sowie die bei dem Beratungsbesuch gewonnenen Erkenntnisse über die Möglichkeiten der Verbesserung der häuslichen Pflegesituation dem Pflegebedürftigen und mit dessen Einwilligung der Pflegekasse oder dem privaten Versicherungsunternehmen mitzuteilen, im Fall der Beihilfeberechtigung auch der zuständigen Beihilfefestsetzungsstelle. Das Formular nach § 37 Abs. 4 S. 2 wird unter Beteiligung des Bundesbeauftragten für den Datenschutz und die Informationsfreiheit und des Bundesministeriums für Gesundheit erstellt.

---

1   BT-Dr. 18/9518 v. 5.9.2016.
2   BT-Dr. 18/9518 v. 5.9.2016.

Sowohl § 37 Abs. 3 als auch § 106 a reagieren auf die datenschutzrechtlichen Bedenken, die gegen die Übermittlung von Informationen zur Qualität der Pflege nach § 37 Abs. 3 in der ursprünglichen Fassung erhoben wurden. Die Vorschrift mit ihrer Mitteilungspflicht führt für die Pflegedienste/Beratungsstellen in das Dilemma von Kontrolle und Beratung, das angesichts der diffizilen oder sensiblen Fragen, die bei der Pflegeberatung berührt werden, umso höher zu bewerten ist. Durch die im Gesetz vorgesehene, unübliche Beteiligung des Bundesbeauftragten für den Datenschutz sollen von vorneherein datenschutzrechtliche Vorbehalte ausgeräumt werden.[3]

Dritter Abschnitt
Datenlöschung, Auskunftspflicht

§ 107 Löschen von Daten

(1) ¹Für das Löschen der für Aufgaben der Pflegekassen und ihrer Verbände gespeicherten personenbezogenen Daten gilt § 84 des Zehnten Buches entsprechend mit der Maßgabe, daß
1. die Daten nach § 102 spätestens nach Ablauf von zehn Jahren,
2. sonstige Daten aus der Abrechnung pflegerischer Leistungen (§ 105), aus Wirtschaftlichkeitsprüfungen (§ 79), aus Prüfungen zur Qualitätssicherung (§§ 112, 113, 114, 114 a, 115 und 117) und aus dem Abschluss oder der Durchführung von Verträgen (§§ 72 bis 74, 85, 86 oder 89) spätestens nach zwei Jahren

zu löschen sind. ²Die Fristen beginnen mit dem Ende des Geschäftsjahres, in dem die Leistungen gewährt oder abgerechnet wurden. ³Die Pflegekassen können für Zwecke der Pflegeversicherung Leistungsdaten länger aufbewahren, wenn sichergestellt ist, daß ein Bezug zu natürlichen Personen nicht mehr herstellbar ist.

(2) Im Falle des Wechsels der Pflegekasse ist die bisher zuständige Pflegekasse verpflichtet, auf Verlangen die für die Fortführung der Versicherung erforderlichen Angaben nach den §§ 99 und 102 der neuen Pflegekasse mitzuteilen.

Literatur:
Siehe § 93.

I. Entstehungsgeschichte

Die gesetzliche Norm ist durch das Pflegeversicherungsgesetz (PflegeVG) eingeführt worden und zuletzt durch das Gesetz zur strukturellen Weiterentwicklung der Pflegeversicherung (Pflege-Weiterentwicklungsgesetz) geändert worden. Die Vorschrift des § 107 SGB XI ist angelehnt an die Vorschrift des § 304 SGB V.

II. Normzweck

Der Gesetzestext sieht vor, dass § 84 SGB XI, der die Berichtigung, Löschung und Sperrung von Daten sowie dem Widerspruchsrecht regelt, grundsätzlich auch für die Soziale Pflegeversicherung gilt. Das heißt, dass Sozialdaten gelöscht werden müssen, wenn
1. ihre Speicherung unzulässig ist
2. ihre Kenntnis für die verantwortliche Stelle zur rechtmäßigen Erfüllung der in ihrer Zuständigkeit liegenden Aufgaben nicht mehr erforderlich ist
3. kein Grund zu der Annahme besteht, dass durch die Löschung schutzwürdige Interessen des Betroffenen beeinträchtigt werden.

III. Fristen zur Löschung von Daten

Allerdings gibt § 107 SGB XI, anders als § 84 SGB X konkrete Fristen für die Löschung von Daten vor. Während § 84 SGB X im Gesetzestext regelt, dass Sozialdaten zu löschen sind, wenn ihre Kenntnis für die verantwortliche Stelle zur rechtmäßigen Erfüllung der in ihrer Zuständigkeit liegenden Aufgaben nicht mehr erforderlich ist und kein Grund zu der Annahme besteht, dass durch die Löschung schutz-

---

[3] Vgl. Thomas Klie und Utz Krahmer [Hrsg.] Sozialgesetzbuch XI – Soziale Pflegeversicherung, Lehr und Praxiskommentar, 3. Auflage, Seite 995.

würdige Interessen des Betroffenen beeinträchtigt werden, gibt § 107 Löschungsfristen je nach Art der Daten von 10 Jahren bzw. 2 Jahren vor.

4 Darüber hinaus sieht § 107 Abs. 1 Nr. 1 SGB XI aber vor, dass Daten nach § 102 SGB XI auf jeden Fall nach **10 Jahren** und Daten aus der Abrechnung pflegerischer Leistungen (§ 105), aus Wirtschaftlichkeitsprüfungen (§ 79), aus Prüfungen zur Qualitätssicherung (§§ 112, 113, 114, 114a, 115 und 117) und aus dem Abschluss oder der Durchführung von Verträgen (§§ 72 bis 74, 85, 86 oder 89) auf jeden Fall nach **2 Jahren** gelöscht werden müssen, es sei denn es ist sichergestellt, dass ein Bezug zu natürlichen Personen nicht mehr herstellbar ist. In diesem Ausnahmefall dürfen Leistungsdaten auch länger als 10 Jahre für Zwecke der Pflegeversicherung aufbewahrt werden, wobei der Gesetzgeber die Worte „für Zwecke der Pflegeversicherung" wahrscheinlich aufgrund der Anonymität der Daten nicht näher definiert hat.

5 Weiterhin stellt § 107 Abs. 1 SGB XI klar, dass die Fristen nicht zu einem Zeitpunkt im Jahr, wie zum Beispiel der Tag der Antragstellung, sondern mit dem Ende des Geschäftsjahres, in dem die Leistungen gewährt oder abgerechnet wurden beginnen. Das heißt für die Praxis, dass die Frist erst mit dem Ende des darauf folgenden Jahres beginnt, wenn die Leistungen in einem Jahr gewährt und im darauf folgenden Jahr abgerechnet wurden.

6 Bei separater Betrachtung der Überschrift des § 107 SGB XI „Löschung von Daten" ist die gesetzliche Regelung des § 107 Abs. 2 SGB XI, der die Überleitung von Daten bei einem Wechsel der Pflegekasse regelt unter dieser Überschrift eher unverständlich. Warum der Gesetzgeber hierfür keine separate Rechtsnorm ins SGB XI aufgenommen hat, ist unklar. Inhaltlich gibt der Gesetzgeber mit dem Abs. 2 vor, dass bei einem Wechsel der Pflegekasse, der aufgrund der organisatorischen Anbindung der Pflegekassen an die Krankenkassen praktisch nur mit der Ausübung des Krankenkassenwahlrechts nach § 173 SGB V zustande kommt, die „alte" Pflegekasse verpflichtet ist, auf Verlangen der „neu gewählten" Pflegekasse die für die Fortführung der Versicherung erforderlichen Angaben nach den §§ 99 und 102 mitzuteilen.

§ 108 Auskünfte an Versicherte

¹Die Pflegekassen unterrichten die Versicherten auf deren Antrag über die in einem Zeitraum von mindestens 18 Monaten vor Antragstellung in Anspruch genommenen Leistungen und deren Kosten. ²Eine Mitteilung an die Leistungserbringer über die Unterrichtung des Versicherten ist nicht zulässig. ³Die Pflegekassen können in ihren Satzungen das Nähere über das Verfahren der Unterrichtung regeln.

Literatur:
Siehe § 93.

I. Entstehungsgeschichte

1 Die gesetzliche Norm ist durch das Pflegeversicherungsgesetz (PflegeVG) eingeführt worden. Die Regelung des § 108 SGB XI entspricht weitgehend den gesetzlichen Vorgaben des § 305 Abs. 1 SGB V.

II. Normzweck

2 Die Vorschrift soll die Kostentransparenz für die Versicherten herstellen.[1]

III. Informationsrechte des Versicherten und der Familienangehörigen

3 Der Versicherte, also das Mitglied und die mitversicherten Familienangehörigen haben das Recht Informationen über die in Anspruch genommenen Leistungen und deren Kosten von der zuständigen Pflegekasse zu erhalten. Allerdings muss der Versicherte einen entsprechenden Antrag stellen. Mit der Gesetzesformulierung „die Versicherten auf deren Antrag" ist ausgeschlossen, dass das Mitglied diesen Antrag für die Familienangehörigen stellt. Der Familienangehörige muss diesen Antrag grundsätzlich

---

[1] Siehe Gesetzentwurf der Fraktion CDU/CSU und FDP, Entwurf eines Gesetzes zur sozialen Absicherung des Risikos der Pflegebedürftigkeit (Pflege-Versicherungsgesetz – PflegeVG), Deutscher Bundestag, 12. Wahlperiode, Dr. 12/5262.

selbst bei der Pflegekasse stellen, es sei denn, der Versicherte ist der Erziehungsberechtigte des Familienangehörigen (zB bei minderjährigen Kindern).

Versicherte, die einen entsprechenden Antrag auf Unterrichtung an die Pflegekassen stellen, verfolgen mit ihrem **Auskunftsbegehren** in der Regel einen ganz bestimmten Zweck, nämlich meistens die Kontrolle des Leistungserbringers. Aus diesem Grund verbietet § 108 Abs. 2 SGB XI eine Mitteilung der Pflegekassen an die Leistungserbringers über die Unterrichtung des Versicherten, da hierdurch das bestehende Vertrauensverhältnis zwischen beiden Parteien gestört werden könnte. 4

Die Pflegekassen können in ihren Satzungen das Nähere über das Verfahren der Unterrichtung regeln. 5

Vierter Abschnitt
Statistik

§ 109 Pflegestatistiken

(1) ¹Die Bundesregierung wird ermächtigt, für Zwecke dieses Buches durch Rechtsverordnung mit Zustimmung des Bundesrates jährliche Erhebungen über ambulante und stationäre Pflegeeinrichtungen sowie über die häusliche Pflege als Bundesstatistik anzuordnen. ²Die Bundesstatistik kann folgende Sachverhalte umfassen:
1. Art der Pflegeeinrichtung und der Trägerschaft,
2. Art des Leistungsträgers und des privaten Versicherungsunternehmens,
3. in der ambulanten und stationären Pflege tätige Personen nach Geschlecht, Geburtsjahr, Beschäftigungsverhältnis, Tätigkeitsbereich, Dienststellung, Berufsabschluß auf Grund einer Ausbildung, Weiterbildung oder Umschulung, zusätzlich bei Auszubildenden und Umschülern Art der Ausbildung und Ausbildungsjahr, Beginn und Ende der Pflegetätigkeit,
4. sachliche Ausstattung und organisatorische Einheiten der Pflegeeinrichtung, Ausbildungsstätten an Pflegeeinrichtungen,
5. Pflegebedürftige nach Geschlecht, Geburtsjahr, Wohnort, Postleitzahl des Wohnorts vor dem Einzug in eine vollstationäre Pflegeeinrichtung, Art, Ursache, Grad und Dauer der Pflegebedürftigkeit, Art des Versicherungsverhältnisses,
6. in Anspruch genommene Pflegeleistungen nach Art, Dauer und Häufigkeit sowie nach Art des Kostenträgers,
7. Kosten der Pflegeeinrichtungen nach Kostenarten sowie Erlöse nach Art, Höhe und Kostenträgern.

³Auskunftspflichtig sind die Träger der Pflegeeinrichtungen, die Träger der Pflegeversicherung sowie die privaten Versicherungsunternehmen gegenüber den statistischen Ämtern der Länder; die Rechtsverordnung kann Ausnahmen von der Auskunftspflicht vorsehen.

(2) ¹Die Bundesregierung wird ermächtigt, für Zwecke dieses Buches durch Rechtsverordnung mit Zustimmung des Bundesrates jährliche Erhebungen über die Situation Pflegebedürftiger und ehrenamtlich Pflegender als Bundesstatistik anzuordnen. ²Die Bundesstatistik kann folgende Sachverhalte umfassen:
1. Ursachen von Pflegebedürftigkeit,
2. Pflege- und Betreuungsbedarf der Pflegebedürftigen,
3. Pflege- und Betreuungsleistungen durch Pflegefachkräfte, Angehörige und ehrenamtliche Helfer sowie Angebote zur Unterstützung im Alltag,
4. Leistungen zur Prävention und Teilhabe,
5. Maßnahmen zur Erhaltung und Verbesserung der Pflegequalität,
6. Bedarf an Pflegehilfsmitteln und technischen Hilfen,
7. Maßnahmen zur Verbesserung des Wohnumfeldes.

³Auskunftspflichtig ist der Medizinische Dienst gegenüber den statistischen Ämtern der Länder; Absatz 1 Satz 3 zweiter Halbsatz gilt entsprechend.

(3) ¹Die nach Absatz 1 Satz 3 und Absatz 2 Satz 3 Auskunftspflichtigen teilen die von der jeweiligen Statistik umfaßten Sachverhalte gleichzeitig den für die Planung und Investitionsfinanzierung der Pflegeeinrichtungen zuständigen Landesbehörden mit. ²Die Befugnis der Länder, zusätzliche, von den Absätzen 1 und 2 nicht erfaßte Erhebungen über Sachverhalte des Pflegewesens als Landesstatistik anzuordnen, bleibt unberührt. ³Die Verordnung nach Absatz 1 Satz 1 hat sicherzustellen, dass die Pflegeeinrichtungen diesen Auskunftsverpflichtungen gemeinsam mit der Auskunftsverpflichtung nach Absatz 1 durch eine einheitliche Auskunftserteilung nachkommen können.

(4) Daten der Pflegebedürftigen, der in der Pflege tätigen Personen, der Angehörigen und ehrenamtlichen Helfer dürfen für Zwecke der Bundesstatistik nur in anonymisierter Form an die statistischen Ämter der Länder übermittelt werden.

(5) Die Statistiken nach den Absätzen 1 und 2 sind für die Bereiche der ambulanten Pflege und der Kurzzeitpflege erstmals im Jahr 1996 für das Jahr 1995 vorzulegen, für den Bereich der stationären Pflege im Jahr 1998 für das Jahr 1997.

Literatur:
Siehe § 93.

I. Entstehungsgeschichte

1 Die gesetzliche Norm ist durch das Pflegeversicherungsgesetz (PflegeVG) eingeführt worden. Änderungen erfolgten durch das Gesetz zur strukturellen Weiterentwicklung der Pflegeversicherung (Pflege-Weiterentwicklungsgesetz) und zuletzt durch das Gesetz zur Neuausrichtung der Pflegeversicherung (Pflege-Neuausrichtungs-Gesetz – PNG). Im Rahmen der grundlegenden Änderung des SGB XI hat der Gesetzgeber zusätzliche Datenerhebungen in Abs. 1 Nr. 5 zugelassen oder Anpassungen vorgenommen. Das bisher im § 109 Abs. 1 S. 2 Nr. 5 enthaltene Merkmal der „erheblich eingeschränkten Alltagskompetenz" wurde gestrichen, da dieses im Rahmen des neuen Begutachtungsassessment nicht mehr festgestellt wird.[1]
Es handelt sich um die Aufnahme des neuen Merkmals „Postleitzahl des vorherigen Wohnortes". Für die regionale Planung der Pflegeinfrastruktur ist die regionale Verteilung der Pflegebedürftigen eine wichtige Information. Bei vollstationär versorgten Pflegebedürftigen ist neben dem Ort der Pflegeeinrichtung auch der frühere Wohnort, in dem der Pflegebedarf entstanden ist, eine wichtige Planungsinformation, die ergänzend über die Postleitzahl erhoben werden soll. Diese Ergänzung geht auch auf eine Empfehlung der Bund-Länder-Arbeitsgruppe zur Stärkung der Rolle der Kommunen in der Pflege zurück.[2]
Es handelt sich um eine Erweiterung des statistisch erfassbaren Personenkreises auf alle Pflegebedürftigen mit Pflegegrad 1.[3]
Es handelt sich um eine redaktionelle Anpassung, mit der nun auch die unter dem Begriff der „Angebote zur Unterstützung im Alltag" zusammengefassten Hilfen explizit benannt werden.[4]
Die Auskunftspflicht nach § 109 Abs. 3 ist von besonderer Bedeutung zur Gewährleistung einer kommunalen oder regionalen Planung der Versorgungsstrukturen für pflegebedürftige Menschen. Sie muss daher gesichert werden, ohne die ohnehin mit zahlreichen bürokratischen Anforderungen konfrontierten Pflegeeinrichtungen mit zusätzlichem bürokratischem Aufwand zu belasten. Die derzeitige Umsetzung des § 109 Abs. 1 hat jedoch dazu geführt, dass die Pflegeeinrichtungen ihren Meldeverpflichtungen gemäß § 109 Abs. 3 nicht mehr gleichzeitig mit der Meldung nach § 109 Abs. 1 nachkommen können. Das vom Statistischen Bundesamt entwickelte Statistikverfahren führt dazu, dass die eingegebenen Daten so verschlüsselt werden, dass der Bedeutung des Wortes „gleichzeitig" in § 109 Abs. 3 wieder zur Geltung verholfen wird und die Pflegeeinrichtungen mit einer einheitlichen Datenerfassung sowohl gegenüber dem Bund als auch gegenüber den für die Planung und Investitionsfinanzierung zuständigen Landesbehörden nachkommen können. Damit wird zugleich einem Vorschlag aus der Stellungnahme des BR vom 23.9.2016 (BT-Dr. 18/9959) entsprochen. Eine Bezugnahme auf Abs. 2 ist entbehrlich, da von der dort enthaltenen Ermächtigung bisher nicht Gebrauch gemacht worden ist.[5]

II. Normzweck

2 Die Vorschrift ermächtigt die Bundesregierung für Zwecke der Pflegeversicherung eine Statistik als Bundesstatistik anzuordnen. Sie dient dazu, dem Bund und den Ländern statistische Angaben über Pflegeeinrichtungen, die dort erbrachten Leistungen und die versorgten Pflegebedürftigen zur Verfü-

---

1 BT-Dr. 18/5926 vom 7.9.2015
2 BT-Dr. 18/9518 vom 5.9.2016.
3 BT-Dr. 18/10510 vom 30.11.2016.
4 BT-Dr. 18/5926 vom 7.9.2015.
5 BT-Dr.18/10510 vom 30.11.2016.

gung zu stellen, die benötigt werden, um über ausreichendes Datenmaterial über den Stand und die Entwicklung der pflegerischen Versorgung zu verfügen.⁶

Weitere Änderungen wurden durch das Gesetz zur Neuausrichtung der Pflegeversicherung (Pflege-Neuausrichtungs-Gesetz – PNG) durchgeführt. Wie die Gesetzesbegründung ausführt, wird es aufgrund der demografischen Entwicklung zunehmend schwieriger, eine ausreichende Zahl an Fachkräften in der Altenpflege zu gewinnen. Um für entsprechende Maßnahmen zur Sicherung des Fachkräftebedarfs eine ausreichende Datengrundlage zu haben, ist es erforderlich, die Pflegestatistik tiefer zu untergliedern. Dazu werden das Geburtsjahr der Beschäftigten sowie Ausbildungsart (Beruf, Erstausbildung oder Umschulung) und Ausbildungsjahr ergänzt.⁷

III. Aufbau und Inhalt der Pflegestatistiken

Durch die Vorschrift des § 109 SGB XI und der Verordnung zur Durchführung einer Bundesstatistik über Pflegeeinrichtungen sowie über die häusliche Pflege vom 24. 11.1999⁸ wurde in einem zweijährigen Rhythmus, erstmalig für das Jahr 1999 eine Bundesstatistik im Bereich der gesetzlichen Pflegeversicherung eingeführt. Die Statistik unterteilt sich in zwei Bereichen.

Im ersten Teil der Pflegestatistik werden Erhebungen über die zugelassenen Pflegeeinrichtungen durchgeführt, in diesem Fall über alle ambulanten Pflegeeinrichtungen (Pflegedienste) sowie teilstationäre und vollstationäre Pflegeeinrichtungen (Pflegeheimen) mit denen einer Versorgungsvertrag nach dem Elften Buch Sozialgesetzbuch besteht. Dieser Teil der Statistik gibt Auskunft darüber, wie sich die Versorgungsstrukturen für Pflegebedürftige in der Bundesrepublik Deutschland entwickeln.

Im zweiten Teil der Pflegestatistik werden Erhebungen über die Pflegegeldleistungen durchgeführt. Hier ist die Art des Leistungsträgers bzw. des privaten Versicherungsträgers sowie die Empfänger der Pflegegeldleistungen nach §§ 37 und 38 des Elften Buches Sozialgesetzbuch, getrennt nach Geschlecht, Geburtsjahr, Wohnort (Postleitzahl) und der Grad der Pflegebedürftigkeit von besonderem Interesse. Dieser Teil gibt Auskunft darüber welcher Personenkreis in welchem Umfang Pflegegeldleistungen in Anspruch nimmt.

Die Angaben werden zu den Pflegeeinrichtungen werden jeweils zum 15. Dezember eines jeden Jahres und die Angaben zu den Pflegegeldleistungen werden jeweils zum 31. Dezember eines jeden Jahres erhoben.

Zehntes Kapitel
Private Pflegeversicherung

§ 110 Regelungen für die private Pflegeversicherung

(1) Um sicherzustellen, daß die Belange der Personen, die nach § 23 zum Abschluß eines Pflegeversicherungsvertrages bei einem privaten Krankenversicherungsunternehmen verpflichtet sind, ausreichend gewahrt werden und daß die Verträge auf Dauer erfüllbar bleiben, ohne die Interessen der Versicherten anderer Tarife zu vernachlässigen, werden die im Geltungsbereich dieses Gesetzes zum Betrieb der Pflegeversicherung befugten privaten Krankenversicherungsunternehmen verpflichtet,

1. mit allen in § 22 und § 23 Abs. 1, 3 und 4 genannten versicherungspflichtigen Personen auf Antrag einen Versicherungsvertrag abzuschließen, der einen Versicherungsschutz in dem in § 23 Abs. 1 und 3 festgelegten Umfang vorsieht (Kontrahierungszwang); dies gilt auch für das nach § 23 Abs. 2 gewählte Versicherungsunternehmen,
2. in den Verträgen, die Versicherungspflichtige in dem nach § 23 Abs. 1 und 3 vorgeschriebenen Umfang abschließen,
   a) keinen Ausschluß von Vorerkrankungen der Versicherten,
   b) keinen Ausschluß bereits pflegebedürftiger Personen,
   c) keine längeren Wartezeiten als in der sozialen Pflegeversicherung (§ 33 Abs. 2),

---

[6] Siehe Gesetzentwurf der Fraktion CDU/CSU und FDP, Entwurf eines Gesetzes zur sozialen Absicherung des Risikos der Pflegebedürftigkeit (Pflege-Versicherungsgesetz – PflegeVG), Deutscher Bundestag, 12. Wahlperiode, Dr. 12/5262.
[7] Siehe Entwurf eines Gesetzes zur Neuausrichtung der Pflegeversicherung (Pflege-Neuausrichtungs-Gesetz – PNG). Deutscher Bundestag, 17. Wahlperiode, Dr. 17/9369.
[8] Siehe BGBl. I, 2282.

d) keine Staffelung der Prämien nach Geschlecht und Gesundheitszustand der Versicherten,
e) keine Prämienhöhe, die den Höchstbeitrag der sozialen Pflegeversicherung übersteigt, bei Personen, die nach § 23 Abs. 3 einen Teilkostentarif abgeschlossen haben, keine Prämienhöhe, die 50 vom Hundert des Höchstbetrages der sozialen Pflegeversicherung übersteigt,
f) die beitragsfreie Mitversicherung der Kinder des Versicherungsnehmers unter denselben Voraussetzungen, wie in § 25 festgelegt,
g) für Ehegatten oder Lebenspartner ab dem Zeitpunkt des Nachweises der zur Inanspruchnahme der Beitragsermäßigung berechtigenden Umstände keine Prämie in Höhe von mehr als 150 vom Hundert des Höchstbetrages der sozialen Pflegeversicherung, wenn ein Ehegatte oder ein Lebenspartner kein Gesamteinkommen hat, das die in § 25 Abs. 1 Satz 1 Nr. 5 genannten Einkommensgrenzen überschreitet,

vorzusehen.

(2) ¹Die in Absatz 1 genannten Bedingungen gelten für Versicherungsverträge, die mit Personen abgeschlossen werden, die zum Zeitpunkt des Inkrafttretens dieses Gesetzes Mitglied bei einem privaten Krankenversicherungsunternehmen mit Anspruch auf allgemeine Krankenhausleistungen sind oder sich nach Artikel 41 des Pflege-Versicherungsgesetzes innerhalb von sechs Monaten nach Inkrafttreten dieses Gesetzes von der Versicherungspflicht in der sozialen Pflegeversicherung befreien lassen. ²Die in Absatz 1 Nr. 1 und 2 Buchstabe a bis f genannten Bedingungen gelten auch für Verträge mit Personen, die im Basistarif nach § 152 des Versicherungsaufsichtsgesetzes versichert sind. ³Für Personen, die im Basistarif nach § 152 des Versicherungsaufsichtsgesetzes versichert sind und deren Beitrag zur Krankenversicherung sich nach § 152 Absatz 4 des Versicherungsaufsichtsgesetzes vermindert, darf der Beitrag 50 vom Hundert des sich nach Absatz 1 Nr. 2 Buchstabe e ergebenden Beitrags nicht übersteigen; die Beitragsbegrenzung für Ehegatten oder Lebenspartner nach Absatz 1 Nr. 2 Buchstabe g gilt für diese Versicherten nicht. ⁴Würde allein durch die Zahlung des Beitrags zur Pflegeversicherung nach Satz 2 Hilfebedürftigkeit im Sinne des Zweiten oder Zwölften Buches entstehen, gilt Satz 3 entsprechend; die Hilfebedürftigkeit ist vom zuständigen Träger nach dem Zweiten oder Zwölften Buch auf Antrag des Versicherten zu prüfen und zu bescheinigen.

(3) Für Versicherungsverträge, die mit Personen abgeschlossen werden, die erst nach Inkrafttreten dieses Gesetzes Mitglied eines privaten Krankenversicherungsunternehmens mit Anspruch auf allgemeine Krankenhausleistungen werden oder die der Versicherungspflicht nach § 193 Abs. 3 des Versicherungsvertragsgesetzes genügen, gelten, sofern sie in Erfüllung der Vorsorgepflicht nach § 22 Abs. 1 und § 23 Abs. 1, 3 und 4 geschlossen werden und Vertragsleistungen in dem in § 23 Abs. 1 und 3 festgelegten Umfang vorsehen, folgende Bedingungen:
1. Kontrahierungszwang,
2. kein Ausschluß von Vorerkrankungen der Versicherten,
3. keine Staffelung der Prämien nach Geschlecht,
4. keine längeren Wartezeiten als in der sozialen Pflegeversicherung,
5. für Versicherungsnehmer, die über eine Vorversicherungszeit von mindestens fünf Jahren in ihrer privaten Pflegeversicherung oder privaten Krankenversicherung verfügen, keine Prämienhöhe, die den Höchstbeitrag der sozialen Pflegeversicherung übersteigt; Absatz 1 Nr. 2 Buchstabe e gilt,
6. beitragsfreie Mitversicherung der Kinder des Versicherungsnehmers unter denselben Voraussetzungen, wie in § 25 festgelegt.

(4) Rücktritts- und Kündigungsrechte der Versicherungsunternehmen sind ausgeschlossen, solange der Kontrahierungszwang besteht.

(5) ¹Die Versicherungsunternehmen haben den Versicherten Akteneinsicht zu gewähren. ²Sie haben die Berechtigten über das Recht auf Akteneinsicht zu informieren, wenn sie das Ergebnis einer Prüfung auf Pflegebedürftigkeit mitteilen. ³§ 25 des Zehnten Buches gilt entsprechend.

Literatur:
Siehe § 23.

I. Allgemeines	1	b) Kontrahierungszwang	5
1. Entstehungsgeschichte	1	II. Rahmenbedingungen des Tarifs	6
2. Normzweck	2	1. Allgemeine Rahmenbedingungen für Alt- wie Neubestand (Abs. 3)	6
3. Zur Entstehung	3		
4. Normstruktur	4	a) Kontrahierungszwang	7
a) Allgemeines	4		

b)	Modifikationen der üblichen Risikokalkulation	8	3. Bedingungen für Basistarifversicherte (Abs. 2 S. 2–4) ... 12
c)	Angleichungen an die soziale Pflegeversicherung	9	III. Berechtigung zum Altbestandstarif (Abs. 2 S. 1) ... 13
d)	Prämiendeckelung	10	IV. Akteneinsicht (Abs. 5) ... 14
2.	Weitere Bedingungen nur für den Altbestand (Abs. 1)	11	

I. Allgemeines

1. Entstehungsgeschichte. Die Bestimmung existiert ohne substantielle Veränderungen seit Bestehen der gesetzlichen und privaten Pflegepflichtversicherung. Mit Einführung des Basistarifs durch das GKV-WSG im Jahr 2008 wurden in Abs. 2 die Sätze 2 bis 5 ergänzt.[1] Als Folge der Neufassung des § 26 SGB II im Jahr 2016 wurde Abs. 2 geringfügig angepasst.[2]

2. Normzweck. Die Norm skizziert viele zentrale Elemente des „Produkts" der privaten Pflegepflichtversicherung. Ausgehend vom gesetzgeberischen Anliegen, eine Pflegeversicherung für die gesamte Bevölkerung unter Einbeziehung sowohl der GKV als auch der PKV einzuführen, bedurfte es einer völlig neuartigen Konzeption eines privaten Pflegeversicherungsangebotes, das die **Gleichwertigkeit mit der sozialen Pflegeversicherung** zur Richtschnur hatte. Auch wenn es nicht zutrifft, dass die private Pflegepflichtversicherung eine „von privaten Versicherungsunternehmen durchgeführte Sozialversicherung"[3] darstellt, so ist sie doch eine **für sozialpolitische Ziele in Dienst genommene** und schon vom Ansatz her auf dieses Ziel hin intensiv regulierte Versicherung.

3. Zur Entstehung. Politisch entstand diese private Pflegepflichtversicherung im Wesentlichen durch Vorarbeiten des Verbandes der privaten Krankenversicherung, die der Gesetzgeber sodann übernommen hat.[4] Gesetzlicher Regulierung bedurften danach insbesondere die Regelungen, die die **Interessen der Versicherten** schützen sollten, insbesondere den Zugang sicherten und die Prämienlast sozial verträglich begrenzten. Zudem galt es, die **Rahmenbedingungen** so zu gestalten, dass das System stabil und funktionsfähig ist.[5] Diesen beiden Zielen dient § 110 und ebenso § 111.

4. Normstruktur. a) Allgemeines. Die Normstruktur orientiert sich an den **Regulierungsbedürfnissen der Privatversicherungswirtschaft** zum Entstehungszeitpunkt. Es werden in Abs. 1 nach einer präambelartigen Wiedergabe der Regulierungsziele die Bedingungen normiert, die bei Einführung der privaten Pflegepflichtversicherung für die Masse der bereits privat Krankenversicherten („Bestandsversicherte") gelten sollen. Abs. 2 S. 1 bestimmt den Kreis der Zugangsberechtigten. Abs. 3 formuliert die Rahmenbedingungen für **Neukunden**. Der wichtigste Unterschied für die Kalkulation der Versicherungsunternehmen ist, dass bei Neuversicherten, anders als bei Altverträgen, die Prämien nach dem Gesundheitszustand gestaffelt, also grundsätzlich risikoabhängig kalkuliert werden können.

b) Kontrahierungszwang. Das für beide Versichertenkreise gleichermaßen zentrale Element ist der **Kontrahierungszwang**, der sich durch alle Absätze der Norm zieht, insbes. in Abs. 4 dem Zwang zum Vertragsschluss korrespondierend das Rücktritts- und Kündigungsrecht des Versicherers ausschließt.

II. Rahmenbedingungen des Tarifs

1. Allgemeine Rahmenbedingungen für Alt- wie Neubestand (Abs. 3). Für Bestandskunden wie neue Versicherte gelten viele Bedingungen gleichermaßen; Abs. 1 und Abs. 3 stellen **parallel** die entsprechenden Anforderungen auf. Im Einzelnen handelt es sich um:

a) Kontrahierungszwang. Damit die gesetzliche **Pflicht zur Versicherung** (§ 23) nicht leerläuft, sind die Anbieter der privaten Pflegepflichtversicherung verpflichtet, jeden, der versicherungspflichtig ist, aufzunehmen (Abs. 1 Nr. 1 und Abs. 3 Nr. 1). Soweit sie hierzu verpflichtet sind, dürfen sie **weder** vom Vertrag zurücktreten noch kündigen (Abs. 4).

---

[1] Durch das Pflege-Weiterentwicklungsgesetz (BGBl. 2008, 874).
[2] Neuntes Gesetz zur Änderung des Zweiten Buches Sozialgesetzbuch – Rechtsvereinfachung – sowie zur vorübergehenden Aussetzung der Insolvenzantragspflicht (BGBl. 2016, 1824), BT-Dr. 18/8041.
[3] Vgl. ebenfalls einschränkend, Luthe in: Hauck/Noftz, SGB XI, § 110 Rn. 5.
[4] Vgl. auch Luthe in: Hauck/Noftz, SGB XI, § 110 Rn. 4; Udsching in: Udsching (3. Aufl.), § 110 Rn. 3.
[5] Luthe in: Hauck/Noftz, SGB XI, § 110 Rn. 4.

8 b) **Modifikationen der üblichen Risikokalkulation.** In zweierlei Hinsicht verbietet § 110 versicherungsübliche Instrumente der Berücksichtigung von Risiken. Zum einen dürfen **Vorerkrankungen** der Versicherten nicht aus dem Leistungsumfang ausgeschlossen werden (Abs. 1 Nr. 2. lit. a) und Abs. 3 Nr. 2). Dies ist notwendige Folge des gesetzlich vorgegebenen, nämlich der sozialen Pflegeversicherung entsprechenden Leistungsumfangs. Zum anderen ist eine Prämiendifferenzierung nach dem **Geschlecht** verboten (Abs. 1 Nr. 2 lit. d Alt. 1 und Abs. 3 Nr. 3). Obwohl sich die Pflegerisiken von Männern und Frauen deutlich unterscheiden – Frauen nehmen ua wegen ihres höheren Alters deutlich mehr Leistungen der Pflegeversicherung in Anspruch[6] – ist die private Pflegepflichtversicherung schon immer als Unisextarif kalkuliert.

9 c) **Angleichungen an die soziale Pflegeversicherung.** Weitere zwei Bedingungen (Abs. 1 Nr. 2 lit. c und lit. f. bzw. Abs. 3 Nr. 4 und 6) dienen dazu, die Versicherungsbedingungen denen der sozialen Pflegeversicherung äquivalent zu gestalten. Die **Wartezeiten** dürfen in der privaten Pflegeversicherung nicht länger sein als in der sozialen. **Kinder** sind beitragsfrei mitzuversichern.

10 d) **Prämiendeckelung.** Schließlich sind die Prämien auf den Höchstbeitrag in der sozialen Pflegeversicherung gedeckelt, wenn der Versicherte fünf **Jahre Vorversicherungszeit** nachweisen kann (Abs. 3 Nr. 5). Hierfür sind auch Versicherungszeiten in der sozialen Pflegeversicherung anzurechnen.[7] Für den Altbestand ist dies bereits umfassend vorgesehen (Abs. 1 Nr. 2 lit. e).

11 **2. Weitere Bedingungen nur für den Altbestand (Abs. 1).** Für Bestandskunden kommt noch hinzu, dass die Prämien nicht nach dem **Gesundheitszustand** differenziert werden dürfen (Abs. 1 Nr. 2 lit. d) und dass für die **Versicherung von Ehegatten oder Lebenspartnern** – gemeinsam mit den eigenen Versicherungsprämien – nicht mehr als 150 vom Hundert des Höchstbetrages der sozialen Pflegeversicherung zu zahlen sind (Abs. 1 Nr. 2 lit. g).

12 **3. Bedingungen für Basistarifversicherte (Abs. 2 S. 2–4).** Diese Bedingungen gelten auch für Versicherte im Basistarif. Relevant sind hierbei nur das Absehen von der Prämienstaffelung nach dem Gesundheitszustand und die Deckelung der Prämienhöhe, allerdings ohne Berücksichtigung der Ehegatten bzw. Lebenspartner. Die Änderung erfolgte mit dem Pflege-Weiterentwicklungsgesetz als Folge des Gesundheitsreform 2007. Ziel der Regelung ist es, Basistarifversicherte nicht im Rahmen der Pflegeversicherung zu überfordern, insbesondere wenn sie bisher keinen Krankenversicherungsschutz hatten und daher die Vorversicherungszeit für die Beitragsdeckelung nach Abs. 3 Nr. 5 nicht aufbringen.

III. Berechtigung zum Altbestandstarif (Abs. 2 S. 1)

13 Auf die – günstigeren – Versicherungsbedingungen, die nach Abs. 1 für den Altbestand gelten, hat grundsätzlich nur Anspruch, wer zum Zeitpunkt des Inkrafttretens der Regelung privat krankenversichert war.[8] Wird ein privates Kranken- und Pflegeversicherungsverhältnis erst später begründet, gelten nur die Bedingungen des Abs. 3. Auch frühere Versicherungszeiten können bei einer Unterbrechung nicht zu günstigeren Bedingungen führen.[9]

IV. Akteneinsicht (Abs. 5)

14 Das Akteneinsichtsrecht wurde ebenfalls mit dem **Pflege-Weiterentwicklungsgesetz** eingeführt. Es geht über die Informationsrechte nach § 202 VVG hinaus.[10]

§ 111 Risikoausgleich

(1) ¹Die Versicherungsunternehmen, die eine private Pflegeversicherung im Sinne dieses Buches betreiben, müssen sich zur dauerhaften Gewährleistung der Regelungen für die private Pflegeversicherung nach § 110 sowie zur Aufbringung der Fördermittel nach § 45 c am Ausgleich der Versicherungsrisiken beteiligen und dazu ein Ausgleichssystem schaffen und erhalten, dem sie angehören. ²Das Ausgleichs-

---

6 Statistisches Bundesamt, Pflegestatistik 2009, Tab. 1.2, abrufbar unter http://www.destatis.de (zuletzt abgerufen am 1.3.2017).
7 Waschull in: Krauskopf, § 110 SGB XI Rn. 69.
8 Luthe in: Hauck/Noftz, SGB XI, § 110 Rn. 15.
9 BSG, 2.9.2009, B 12 P 2/08/R, SozR 4-3300, § 110 Nr. 2.
10 Luthe in: Hauck/Noftz, SGB XI, § 110 Rn. 33 a.

system muß einen dauerhaften, wirksamen Ausgleich der unterschiedlichen Belastungen gewährleisten; es darf den Marktzugang neuer Anbieter der privaten Pflegeversicherung nicht erschweren und muß diesen eine Beteiligung an dem Ausgleichssystem zu gleichen Bedingungen ermöglichen. ³In diesem System werden die Beiträge ohne die Kosten auf der Basis gemeinsamer Kalkulationsgrundlagen einheitlich für alle Unternehmen, die eine private Pflegeversicherung betreiben, ermittelt.
(2) Die Errichtung, die Ausgestaltung, die Änderung und die Durchführung des Ausgleichs unterliegen der Aufsicht der Bundesanstalt für Finanzdienstleistungsaufsicht.

Literatur:
Siehe § 23.

I. Entstehungsgeschichte

Die Bestimmung existiert ohne substantielle Veränderungen seit Bestehen der gesetzlichen und privaten Pflegepflichtversicherung. 1

II. Ausgleichszweck

Die Vorgaben des § 110 erlauben **keine Kalkulation**, bei der das Versicherungsunternehmen selbstständig sicherstellen kann, dass die Kosten der Pflegepflichtversicherung aus den Einnahmen **vollständig** gedeckt werden. Denn eine Risikodifferenzierung ist weitgehend ausgeschlossen. Damit Defizite nicht den Fortbestand des Produkts oder im Extremfall gar des Versicherungsunternehmens gefährden, verpflichtet Abs. 1 S. 1 zu einem Ausgleichssystem, durch das die unterschiedlichen **Belastungen** durch unterschiedliche **Risikoprofile der Versichertenportfolios** ausgeglichen werden (Abs. 1 S. 2 Hs. 1). 2

III. Förderzweck

Daneben bestimmt S. 1, dass die Fördermittel zur **Weiterentwicklung der Versorgungsstrukturen für demenzkranke Pflegebedürftige**, zu deren Zahlung die Versicherer nach § 45 c Abs. 1 S. 2, Abs. 6 verpflichtet sind, über den Ausgleichsfonds abgewickelt werden. 3

IV. Ausgestaltung

Das Gesetz regelt die Ausgestaltung des Ausgleichssystems nicht, sondern überlässt dies der **Selbstregulierung der Versicherungsunternehmen** (Abs. 1 S. 1). Nur bestimmte Rahmenbedingungen sind in S. 2 und S. 3 vorgegeben, die Wettbewerb sichern sollen. Während Abs. 1 S. 2 der Erhaltung von Wettbewerb dient, der durch eine exkludierende Form des Ausgleichssystems gefährdet werden kann (Hs. 2), macht Abs. 1 S. 3 Vorgaben, um den Umfang des grundsätzlich wettbewerbsfremden Ausgleichssystems auf das notwendige Maß zu beschränken. Abs. 2 unterstellt das Ausgleichssystem der Versicherungsaufsicht der **BaFin**. 4

Elftes Kapitel
Qualitätssicherung, Sonstige Regelungen zum Schutz der Pflegebedürftigen

§ 112 Qualitätsverantwortung

(1) ¹Die Träger der Pflegeeinrichtungen bleiben, unbeschadet des Sicherstellungsauftrags der Pflegekassen (§ 69), für die Qualität der Leistungen ihrer Einrichtungen einschließlich der Sicherung und Weiterentwicklung der Pflegequalität verantwortlich. ²Maßstäbe für die Beurteilung der Leistungsfähigkeit einer Pflegeeinrichtung und die Qualität ihrer Leistungen sind die für sie verbindlichen Anforderungen in den Vereinbarungen nach § 113 sowie die vereinbarten Leistungs- und Qualitätsmerkmale (§ 84 Abs. 5).
(2) ¹Die zugelassenen Pflegeeinrichtungen sind verpflichtet, Maßnahmen der Qualitätssicherung sowie ein Qualitätsmanagement nach Maßgabe der Vereinbarungen nach § 113 durchzuführen, Expertenstandards nach § 113 a anzuwenden sowie bei Qualitätsprüfungen nach § 114 mitzuwirken. ²Bei stationärer Pflege erstreckt sich die Qualitätssicherung neben den allgemeinen Pflegeleistungen auch auf die medizinische Behandlungspflege, die Betreuung, die Leistungen bei Unterkunft und Verpflegung (§ 87) sowie auf die Zusatzleistungen (§ 88).

(3) Der Medizinische Dienst der Krankenversicherung und der Prüfdienst des Verbandes der privaten Krankenversicherung e.V. beraten die Pflegeeinrichtungen in Fragen der Qualitätssicherung mit dem Ziel, Qualitätsmängeln rechtzeitig vorzubeugen und die Eigenverantwortung der Pflegeeinrichtungen und ihrer Träger für die Sicherung und Weiterentwicklung der Pflegequalität zu stärken.

Literatur:

Axer, Verfassungsrechtliche Fragen der Qualitätssicherung in der Pflegeversicherung, GesR 2015, 193; *Bieback*, Qualitätssicherung der Pflege im Sozialrecht. Rechtliche Möglichkeiten einer Institutionalisierung der Qualitätssicherung, 2004; *ders.*, Keine Vergütungsvereinbarungen in der Pflege mehr? – Probleme der Qualitätssicherung im SGb XI, NZS 2004, 337; *Deiseroth*, Stärkung von Zivilcourage zur Verbesserung der Qualität der stationären Pflege, ZRP 2007, 25; *Dürschke/Brembeck*, Der Pflege-TÜV auf dem Prüfstand, 2012; *Gaertner/van Essen*, Qualitätsprüfungen in Einrichtungen der ambulanten und stationären Pflege nach SGB XI – Prüfgrundlagen für den MDK und Pflegedokumentation als Teil der Prozessqualität, GuP 2013, 88; *Großkopf/Schanz*, Qualitätssicherung und Haftpflichtmanagement – Aus Fehlern lernen, RDG 2008, 182; *Hamdorf*, Öffentliche und private Verantwortung für Qualität in der Pflege, 2009; *Igl*, Qualitätsanforderungen in der Langzeitpflege – Wie hat eine rechtliche Rahmenordnung auszusehen?, SGb 2007, 381; *ders.*, Kriterien und Strukturen der Qualitätssicherung in der Kranken- und Pflegeversicherung – Gesetzliche Vorgaben und Ausgestaltung, SDSRV 2012 Nr. 61, 81; *Jorzig/Börner*, Notwendiger Umfang der Pflegedokumentation aus haftungsrechtlicher Sicht, SRa 2015, 17; *Klie/Theda*, Pflegenoten weiterhin auf dem verfassungsrechtlichen und fachlichen Prüfstand, 1. Teil, PflR 2014, 3; *dies.*, Pflegenoten weiterhin auf dem verfassungsrechtlichen und fachlichen Prüfstand, 2. Teil, PflR 2014, 71; *König*, Der MDK – Mit dem Gutachter eine Sprache sprechen, 6. Auflage 2007; *Neumaier*, Die rechtliche Bedeutung der Expertenstandards in der Pflege, RDG 2009, 112; *Randzio*, Wie wirksam sind Qualitätsprüfungen durch den MDK?, ASUMed 2008, 356; *Sauerbrey*, Forderung nach mehr Transparenz in der Pflege, SuP 2008, 289; *Theuerkauf*, Zivilrechtliche Verbindlichkeit von Expertenstandards in der Pflege, MedR 2011, 72; *ders.*, Eine Note für die „Pflege-Noten" – Ein Zwischenzeugnis für die Transparenzberichterstattung, MedR 2011, 265; *Udsching*, Reform der Pflegeversicherung – in drei Etappen, SGb 2007, 694.

I. Entstehungsgeschichte	1	IV. Anwendungs-, Durchführungs- und Mitwirkungspflicht der zugelassenen Pflegeeinrichtungen (Abs. 2)	10
II. Normzweck	4		
III. Träger der Pflegeeinrichtungen als Verantwortliche (Abs. 1)	7	V. Beratungsfunktion des MDK und des Prüfdienstes des Verbandes der privaten Krankenversicherung e.V. (Abs. 3)	12
1. Grundsatz	7		
2. Maßstab	9		

I. Entstehungsgeschichte

1 Die Vorschrift wurde mit Wirkung vom 1.1.2002 durch das Pflege-Qualitätssicherungsgesetz (PQsG) vom 9.9.2001[1] in das SGB XI eingefügt. Vor Inkrafttreten PQsG regelten die §§ 80, 80 a aF das Recht der Qualitätssicherung. Dabei wurden die Regelungen in §§ 112 bis 120 zunächst aus § 80 aF ausgegliedert.[2]

2 Durch das Pflege-Weiterentwicklungsgesetz (PfWG) vom 28. 5. 2008[3] erfolgten mit Wirkung vom 1.7.2008 Änderungen in Abs. 1 S. 2 und Abs. 2. Der bisherige Abs. 3 wurde aufgehoben und neugefasst (früher Abs. 4). Der Inhalt des bisherigen Absatzes 3 wurde in § 114 (Qualitätsprüfungen) und in § 114 a (Durchführung der Qualitätsprüfungen) konkretisiert und erweitert.[4] Das PfWG hat die Vorschriften des Elften Kapitels zur Sicherung und Entwicklung der Qualität in der Pflege nicht nur ergänzt, sondern vor allem neu strukturiert.[5] So wurden die §§ 80, 80a aF zum Teil mit gravierenden Änderungen in das Elfte Kapitel inkorporiert.[6] Damit werden Qualitätssicherung und Qualitätsentwicklung entsprechend ihrer Bedeutung für eine Leistungserbringung nach dem allgemein anerkannten Stand medizinisch-pflegerischer Erkenntnisse sowie entsprechend ihrer Bedeutung für die Akzeptanz der Pflegeversicherung durch die pflegebedürftigen Menschen umfassend, im Sinne eines in sich „geschlossenen Kapitels"[7] geregelt.

---
1 BGBl. I, 2320.
2 Gutzler in: Hauck/Noftz, SGB XI, § 112 Rn. 1.
3 BGBl. I, 874.
4 BT-Dr. 16/7439, 81.
5 BT-Dr. 16/7439, 81.
6 Gutzler in: Hauck/Noftz, SGB XI, § 112 Rn. 2.
7 So Gutzler in: Hauck/Noftz, SGB XI, § 112 Rn. 2.

Eine weitere Änderung erfolgte mit Wirkung vom 4.8.2011 durch Art. 6 Nr. 2 des Gesetzes zur Änderung des Infektionsschutzgesetzes und weiterer Gesetze (IfSGuaÄndG) vom 28.7.2011.[8] Danach wurde das Wort „berät" in § 112 Abs. 3 durch die Wörter „und der Prüfdienst des Verbandes der privaten Krankenversicherung e.V. beraten" ersetzt. Es handelt sich hierbei um eine Folgeänderung der unabhängigen Ausübung der Prüftätigkeit durch den Prüfdienst des Verbandes der privaten Krankenversicherung e.V.[9] Der Prüfdienst soll neben dem MDK auch in Fragen der Qualitätssicherung beratend tätig sein können.[10] Diese Pflicht korrespondiert mit den in den §§ 114, 114a aufgenommenen Regelungen. Zuletzt wurde in Abs. 2 S. 2 mWv 1.1.2017 das Wort „soziale" durch das Zweite Pflegestärkungsgesetz (**PSG II**) vom 21.12.2015[11] gestrichen. Hierbei handelt es sich lediglich um eine redaktionelle Folgeänderung aufgrund der Änderung der §§ 41–43.[12]

II. Normzweck

Die in den §§ 112 bis 115 zum Teil neu formulierten Vorschriften sollen den mit dem Pflege-Qualitätssicherungsgesetz eingeleiteten Prozess der **Weiterentwicklung** der **Pflegequalität** fortführen und durch **neue Instrumente** und **Verfahren** größere **Nachhaltigkeit** in der Qualitätsentwicklung schaffen.[13] Es wird deshalb auch im Zusammenhang mit der Regelung in § 112 als **einleitende Vorschrift** des 11. Kapitels von einer „Darstellung der grundlegenden Ausrichtung des Systems der Qualitätssicherung in der Pflege" gesprochen.[14] Die Regelungen sollen nach dem Willen des Gesetzgebers dazu beitragen, dass Qualität nicht nur von Pflegekassen und Leistungserbringern gefordert wird, sondern sie sollen die Qualitätsentwicklung auf der Grundlage von Fachlichkeit und Transparenz unterstützen und organisieren.[15] Der Gesetzgeber hat mit der **Neustrukturierung** der Regelungen zur Qualität und Qualitätssicherung auch Vorschläge des Sachverständigenrates zur Begutachtung der Entwicklung im Gesundheitswesen zur Koordination und Qualität im Gesundheitswesen aufgegriffen.[16] Darin wird etwa gefordert, die Professionalität in der Pflege zu erhöhen und die Einrichtungen zu nutzerfreundlicherer Informationspolitik zu verpflichten.

Bisher ist die Pflegequalität in stationären Pflegeeinrichtungen kaum ausreichend empirisch untersucht worden.[17] Bundesweit wurde erstmals durch den Medizinischen Dienst der Spitzenverbände der Krankenkassen (MDS) ein Bericht zur Qualität in der ambulanten und stationären Pflege im November 2004 veröffentlicht.[18] Ein zweiter Bericht folgte 2007[19] und 2012 gab der MDS den dritten Qualitätsbericht[20] heraus. Die Weiterentwicklung von Pflegequalität stützt sich nach der Gesetzesbegründung vor allem auf drei Säulen, nämlich auf die Entwicklung und Fortschreibung von Qualitätsinhalten in der Pflege durch Expertenstandards (§ 113a), die stärkere Anerkennung des internen Qualitätsmanagements und eine größere Transparenz der Ergebnisse (vor allem § 114 Abs. 3 und § 115 Abs. 1a) und die Weiterentwicklung der Prüfverfahren des Medizinischen Dienstes der Krankenversicherung und anderer Prüfinstitutionen sowie die Transparenz der dabei gewonnenen Ergebnisse (§§ 114, 114a und 115).[21]

§ 112 regelt in erster Linie die **Qualitätsverantwortung** der Einrichtungsträger, obwohl die Tendenz hin zur externen Überprüfung nicht zu übersehen ist,[22] und wird nunmehr den Regelungen über die Maßstäbe, Berechtigungen und Verpflichtungen der Landesverbände der Pflegekassen und des Medizini-

---

8 BGBl. I, 1622.
9 BT-Dr. 17/5178, 24.
10 BT-Dr. 17/5178, 24.
11 BGBl. I, 2424.
12 BT-Dr. 18/5926, 139.
13 BT-Dr. 16/7439, 81.
14 Gutzler in: Hauck/Noftz, SGB XI, § 112 Rn. 3.
15 BT-Dr. 16/7439, 81.
16 BT-Dr. 16/7439, 81.
17 Deiseroth, ZRP 2007, 25; Aichele in: Aichele/Schneider, Soziale Menschenrechte älterer Personen in Pflege, 26, 33.
18 Medizinischer Dienst der Spitzenverbände der Krankenkassen e.V., 1. Bericht des MDS nach § 118 Abs. 4 SGB XI – Qualität in der ambulanten und stationären Pflege, 2004.
19 Medizinischer Dienst der Spitzenverbände der Krankenkassen e.V., 2. Bericht des MDS nach § 118 Abs. 4 SGB XI – Qualität in der ambulanten und stationären Pflege, 2007.
20 Medizinischer Dienst der Spitzenverbände der Krankenkassen e.V., 3. Bericht des MDS nach § 114a Abs. 6 SGB XI – Qualität in der ambulanten und stationären Pflege, 2012.
21 BT-Dr. 16/7439, 81.
22 Gutzler in: Hauck/Noftz, SGB XI, § 112 Rn. 3.

schen Dienstes der Krankenversicherung zur Sicherung und Weiterentwicklung der Pflegequalität vorangestellt. Dabei werden die für alle Pflegeeinrichtungen geltenden Maßstäbe und Grundsätze zur Qualitätssicherung nach § 113 und die vereinbarten Leistungs- und Qualitätsmerkmale nach § 84 Abs. 5 zur Grundlage der Beurteilung der Qualität gemacht.

III. Träger der Pflegeeinrichtungen als Verantwortliche (Abs. 1)

7   1. **Grundsatz.** Abs. 1 S. 1 stellt die **Eigenverantwortung** der Träger für die Qualität der Leistungen ihrer Pflegeeinrichtungen heraus, die eigentlich selbstverständlich sein sollte.[23] Die Einrichtungsträger bleiben, unbeschadet des Sicherstellungsauftrags der Pflegekassen,[24] für die Qualität der Leistung ihrer Einrichtung verantwortlich.[25] Die Träger der Pflegeeinrichtungen können sich somit von ihrer Verantwortung für die Pflegequalität nicht mit dem Verweis auf den Sicherstellungsauftrag der Pflegekassen entlasten.[26] Die Träger der Pflegeeinrichtungen haben deshalb für die zur Qualitätssicherung notwendige Personal- und Sachausstattung selbst zu sorgen.[27]

8   Da die Pflegekassen einen **Sicherstellungsauftrag** nach § 69 haben, kann sich durchaus die Frage nach der Kompetenzabgrenzung stellen.[28] Jedoch wird man nach der Neuregelung etwa in § 115 Abs. 4 und 5 davon ausgehen müssen, dass der Sicherstellungsauftrag nicht auf die jeweilige Pflegeeinrichtung übergeht, sondern dieser bei der Pflegekasse verbleibt, die deshalb etwa bei schwerwiegenden Mängeln der Einrichtung zu reagieren hat, um die Qualitätsmängel abzustellen.[29]

9   2. **Maßstab.** In den Maßstäben der Leistungsfähigkeit und -qualität des Abs. 1 S. 2 fehlt der Verweis auf § 113a, obwohl sich auch hieraus verbindliche Vorgaben für die Pflegequalität ergeben.[30] Es wird lediglich auf § 113 und auf die nach § 84 Abs. 5 zu schließenden Pflegesatzvereinbarungen verwiesen. Es fehlt also eine eigenständige Bestimmung von Qualitätsstandards in Abs. 1 S. 2 selbst. In der Literatur wird deshalb problematisiert, warum die Regelungen aus den Rahmenverträgen (§ 75), die qualitätssichernden Charakter haben, nicht ebenso in Abs. 1 S. 2 aufgeführt worden sind und kommt zu dem Ergebnis, dass auch deren Inhalt als Beurteilungsmaßstab heranzuziehen sei.[31]

IV. Anwendungs-, Durchführungs- und Mitwirkungspflicht der zugelassenen Pflegeeinrichtungen (Abs. 2)

10   Abs. 2 bestimmt die **Maßnahmen** der Qualitätssicherung und steckt den Rahmen der Durchführung von Qualitätsprüfungen ab.[32] Abs. 2 S. 1 verpflichtet die zugelassenen Pflegeeinrichtungen, Maßnahmen zur Qualitätssicherung und ein Qualitätsmanagement nach § 113 durchzuführen, Expertenstandards nach § 113a anzuwenden sowie an der Prüfung erbrachter Leistungen und deren Qualität durch den Medizinischen Dienst der Krankenversicherung oder Sachverständige nach § 114 mitzuwirken. Abs. 2 S. 2 stellt klar, dass sich die genannten Maßnahmen zur Qualitätssicherung bei stationärer Pflege auch auf die medizinische Behandlungspflege und soziale Betreuung (§ 84 Abs. 1), die Leistungen bei Unterkunft und Verpflegung (§ 87) sowie auf die Zusatzleistungen (§ 88) erstrecken.

11   Durch die Umstrukturierung der Regelungen zur Qualitätssicherung entfällt die nach § 80a aF ursprünglich vorgesehene Pflicht zur Vorlage von Leistungs- und Qualitätsnachweisen.[33] Zugleich wollte der Gesetzgeber den Regelungsgehalt insoweit konkretisieren, als zugelassene Pflegeeinrichtungen zur Durchführung von Maßnahmen der Qualitätssicherung und zum Qualitätsmanagement verpflichtet sind.[34] Diese Vorgabe **korrespondiert** mit der Regelung in § 72 Abs. 3 S. 1 Nr. 3; auch soll mit dem Verweis auf die nachfolgende Vorschrift des § 113a erreicht werden, dass die Pflegeeinrichtungen ver-

---

23 So Knittel in: Krauskopf, § 112 SGB XI Rn. 4.
24 § 69 SGB XI.
25 BSG, 16.5.2013 – B 3 P 5/12 R, SozR 4-3300 § 115 Nr. 2 = NJOZ 2014, 540, 542; SG Speyer, 27.7.2005 – S 3 P 122/03, PflR 2006, 188.
26 Vgl. Gutzler in: Hauck/Noftz, SGB XI, § 112 Rn. 6; Udsching in: Spickhoff, Medizinrecht, § 112 SGB XI Rn. 1; Bassen in: Udsching, § 112 Rn. 3.
27 Vgl. BT-Dr. 14/5395, 39.
28 Gutzler in: Hauck/Noftz, SGB XI, § 112 Rn. 6.
29 Gutzler in: Hauck/Noftz, SGB XI, § 112 Rn. 7 mit Verweis auf die gegenteilige Auffassung nach altem Recht.
30 Ohne Begründung BT-Dr. 16/7439, 81.
31 Gutzler in: Hauck/Noftz, SGB XI, § 112 Rn. 8; vgl. auch Altmiks in: jurisPK-SGB XI, § 112 Rn. 37.
32 Vgl. BSG, 16.5.2013 – B 3 P 5/12 R, NJOZ 2014, 540, 542.
33 Vgl. hierzu Orthen in: Hauck/Noftz, SGB XI, § 80a Rn. 8.
34 BT-Dr. 16/7439, 81.

pflichtet sind, Expertenstandards anzuwenden und in die Pflegepraxis umzusetzen.³⁵ Die korrespondierende Regelung hierzu findet sich in § 72 Abs. 3 S. 1 Nr. 4. Darüber hinaus werden die Pflegeeinrichtungen verpflichtet, bei den Qualitätsprüfungen nach § 114 mitzuwirken.

V. Beratungsfunktion des MDK und des Prüfdienstes des Verbandes der privaten Krankenversicherung e.V. (Abs. 3)

Abs. 3 hebt durch einen beratungsorientierten Prüfungsansatz die **Beratungsfunktion des MDK** und nunmehr auch des **Prüfdienstes des Verbandes der privaten Krankenversicherung e.V.** hervor.³⁶ Letzterer ist mit Wirkung vom 1.8.2011 als weitere Prüfinstitution aufgenommen und in § 97c näher ausgestaltet worden. Die Einbeziehung des Prüfdienstes des Verbandes der privaten Krankenversicherung e.V. in die Aufgaben der Qualitätssicherung und Qualitätsprüfung verlangte nach der Schaffung einer Regelung zur Übertragung notwendiger Datenverarbeitungsbefugnisse.³⁷ Dieser Prüfdienst wird durch die Regelung in § 87c hinsichtlich der Erhebung und Verwendung von Daten, die bei der Ausführung von Qualitätsprüfungen im Auftrag der Landesverbände der Pflegekassen nach §§ 114, 114a erhoben werden, dem gleichen datenrechtlichen Reglement unterstellt wie der MDK.³⁸ Durch deren Beratung in Fragen der Qualitätssicherung soll **Qualitätsmängeln vorgebeugt** und die **Eigenverantwortlichkeit** der Pflegeeinrichtungen für die Qualitätsentwicklung und -sicherung **gestärkt** werden.³⁹

Ursprünglich als Soll-Vorschrift ausgestaltet (§ 112 Abs. 4 aF), ist die Beratung nunmehr (seit dem 1.7.2008) als unbedingte Pflicht des MDK und seit 28.7.2011 auch des Prüfdienstes des Verbandes der privaten Krankenversicherung e.V. ausgestaltet.⁴⁰ Der Prüfdienst des Verbandes der privaten Krankenversicherung stellt keinen rechtlich verselbstständigten Teil des Verbandes dar, sondern eine **verbandsinterne organisatorische Einheit** zu diesem.⁴¹ Mit der Einfügung des Prüfdienstes des Verbandes der privaten Krankenversicherung e.V. als einer weiteren Prüfstation würde – so die zum Teil geäußerte Kritik – die bundesweit einheitliche Prüfung und Bewertung von Pflegeeinrichtungen eingeschränkt und so einer weiteren Zersplitterung der Qualitätsprüfungen Vorschub leisten; zudem könne die Transparenz der MDK-Prüfergebnisse nicht mehr auf einer einheitlichen Basis erfolgen. Den Schutzbedürfnissen der privat versicherten Pflegebedürftigen werde – so die kritischen Stimmen weiter – heute schon dadurch entsprochen, dass die private Pflegeversicherung sich an Prüfungen des MDK beteiligen könne, nur werde von dieser Möglichkeit seitens der privaten Pflegeversicherung wenig Gebrauch gemacht.⁴²

Aus der Streichung des Zusatzes, dass ein Anspruch auf Beratung nicht besteht in der Gesetzesfassung bis 1.7.2008 wird geschlossen, dass nunmehr ein solcher Anspruch aus Abs. 3 hergeleitet werden kann.⁴³ Neben dem vom Gesetzgeber ausdrücklich verfolgten beratungsorientierten Prüfungsansatz spricht vor allem für einen subjektiven Anspruch der Einrichtungsträger auf Beratung die ausdrückliche Pflicht zur Beratung.

§ 113 Maßstäbe und Grundsätze zur Sicherung und Weiterentwicklung der Pflegequalität

(1) ¹Der Spitzenverband Bund der Pflegekassen, die Bundesarbeitsgemeinschaft der überörtlichen Träger der Sozialhilfe, die kommunalen Spitzenverbände auf Bundesebene und die Vereinigungen der Träger der Pflegeeinrichtungen auf Bundesebene vereinbaren unter Beteiligung des Medizinischen Dienstes des Spitzenverbandes Bund der Krankenkassen, des Verbandes der privaten Krankenversicherung

---

35 BT-Dr. 16/7439, 81.
36 Evers in: BeckOK SozR, SGB XI, § 112 Rn. 8; Bachem/Klie in: LPK-SGB XI, § 112 Rn. 2.
37 BT-Dr. 17/5178, 24.
38 BT-Dr. 17/5178, 24.
39 Evers in: BeckOK SozR, SGB XI, § 112 Rn. 8; Bachem/Klie in: LPK-SGB XI, § 112 Rn. 2.
40 Siehe auch Gutzler in: Hauck/Noftz, SGB XI, § 112 Rn. 12; Altmiks in: jurisPK-SGB XI, § 112 Rn. 42.
41 Siehe PKV, Stellungnahme zum Entwurf eines Gesetzes zur Änderung des Infektionsschutzgesetzes und weiterer Gesetze, Ausschussdrucksache 17(14)0124(22), S. 3.
42 So Pick, Geschäftsführer des Medizinischen Dienstes des Spitzenverbandes Bund der Krankenkassen (MDS) zu einem entsprechenden Vorstoß des PKV-Verbandes.
43 Gutzler in: Hauck/Noftz, SGB XI, § 112 Rn. 12; Altmiks in: jurisPK-SGB XI, § 112 Rn. 42; Udsching in: Spickhoff, Medizinrecht, § 112 SGB XI Rn. 1; Bachem/Klie in: LPK-SGB XI, § 112 Rn. 10; vgl. auch Evers in: BeckOK SozR, SGB XI, § 112 Rn. 8.

e.V., der Verbände der Pflegeberufe auf Bundesebene, der maßgeblichen Organisationen für die Wahrnehmung der Interessen und der Selbsthilfe der pflegebedürftigen und behinderten Menschen nach Maßgabe von § 118 sowie unabhängiger Sachverständiger Maßstäbe und Grundsätze für die Qualität, Qualitätssicherung und Qualitätsdarstellung in der ambulanten und stationären Pflege sowie für die Entwicklung eines einrichtungsinternen Qualitätsmanagements, das auf eine stetige Sicherung und Weiterentwicklung der Pflegequalität ausgerichtet ist. ²In den Vereinbarungen sind insbesondere auch Anforderungen an eine praxistaugliche, den Pflegeprozess unterstützende und die Pflegequalität fördernde Pflegedokumentation zu regeln. ³Die Anforderungen dürfen über ein für die Pflegeeinrichtungen vertretbares und wirtschaftliches Maß nicht hinausgehen und sollen den Aufwand für Pflegedokumentation in ein angemessenes Verhältnis zu den Aufgaben der pflegerischen Versorgung setzen. ⁴Die Maßstäbe und Grundsätze für die stationäre Pflege sind bis zum 30. Juni 2017, die Maßstäbe und Grundsätze für die ambulante Pflege bis zum 30. Juni 2018 zu vereinbaren. ⁵Sie sind in regelmäßigen Abständen an den medizinisch-pflegefachlichen Fortschritt anzupassen. ⁶Soweit sich in den Pflegeeinrichtungen zeitliche Einsparungen ergeben, die Ergebnis der Weiterentwicklung der Pflegedokumentation auf Grundlage des pflegefachlichen Fortschritts durch neue, den Anforderungen nach Satz 3 entsprechende Pflegedokumentationsmodelle sind, führen diese nicht zu einer Absenkung der Pflegevergütung, sondern wirken der Arbeitsverdichtung entgegen. ⁷Die Vereinbarungen sind im Bundesanzeiger zu veröffentlichen und gelten vom ersten Tag des auf die Veröffentlichung folgenden Monats. ⁸Sie sind für alle Pflegekassen und deren Verbände sowie für die zugelassenen Pflegeeinrichtungen unmittelbar verbindlich.

(1 a) ¹In den Maßstäben und Grundsätzen für die stationäre Pflege nach Absatz 1 ist insbesondere das indikatorengestützte Verfahren zur vergleichenden Messung und Darstellung von Ergebnisqualität im stationären Bereich, das auf der Grundlage einer strukturierten Datenerhebung im Rahmen des internen Qualitätsmanagements eine Qualitätsberichterstattung und die externe Qualitätsprüfung ermöglicht, zu beschreiben. ²Insbesondere sind die Indikatoren, das Datenerhebungsinstrument sowie die bundesweiten Verfahren für die Übermittlung, Auswertung und Bewertung der Daten sowie die von Externen durchzuführende Prüfung der Daten festzulegen. ³Die datenschutzrechtlichen Bestimmungen sind zu beachten, insbesondere sind personenbezogene Daten von Versicherten vor der Übermittlung an die fachlich unabhängige Institution nach Absatz 1 b zu pseudonymisieren. ⁴Eine Wiederherstellung des Personenbezugs durch die fachlich unabhängige Institution nach Absatz 1 b ist ausgeschlossen. ⁵Ein Datenschutzkonzept ist mit den zuständigen Datenschutzaufsichtsbehörden abzustimmen. ⁶Zur Sicherstellung der Wissenschaftlichkeit beschließen die Vertragsparteien nach Absatz 1 Satz 1 unverzüglich die Vergabe der Aufträge nach § 113 b Absatz 4 Satz 2 Nummer 1 und 2.

(1 b) ¹Die Vertragsparteien nach Absatz 1 Satz 1 beauftragen im Rahmen eines Vergabeverfahrens eine fachlich unabhängige Institution, die entsprechend den Festlegungen nach Absatz 1 a erhobenen Daten zusammenzuführen sowie leistungserbringerbeziehbar und fallbeziehbar nach Maßgabe von Absatz 1 a auszuwerten. ²Zum Zweck der Prüfung der von den Pflegeeinrichtungen erbrachten Leistungen und deren Qualität nach den §§ 114 und 114 a sowie zum Zweck der Qualitätsdarstellung nach § 115 Absatz 1 leitet die beauftragte Institution die Ergebnisse der nach Absatz 1 a ausgewerteten Daten an die Landesverbände der Pflegekassen und die von ihnen beauftragten Prüfinstitutionen und Sachverständigen weiter; diese dürfen die übermittelten Daten zu den genannten Zwecken verarbeiten und nutzen. ³Die Vertragsparteien nach Absatz 1 Satz 1 vereinbaren diesbezüglich entsprechende Verfahren zur Weiterleitung der Daten. ⁴Die datenschutzrechtlichen Bestimmungen sind jeweils zu beachten.

(2) ¹Die Vereinbarungen nach Absatz 1 können von jeder Partei mit einer Frist von einem Jahr ganz oder teilweise gekündigt werden. ²Nach Ablauf des Vereinbarungszeitraums oder der Kündigungsfrist gilt die Vereinbarung bis zum Abschluss einer neuen Vereinbarung weiter. ³Die am 1. Januar 2016 bestehenden Maßstäbe und Grundsätze zur Sicherung und Weiterentwicklung der Pflege gelten bis zum Abschluss der Vereinbarungen nach Absatz 1 fort.

Literatur:
Axer, Instrumente der Qualitätssicherung in der Pflegeversicherung – Zugleich zu den Unterschieden in der Qualitätssicherung zwischen Kranken- und Pflegeversicherung, KrV 2015, 97; *Bieback*, Qualitätssicherung der Pflege im Sozialrecht. Rechtliche Möglichkeiten einer Institutionalisierung der Qualitätssicherung, 2004; *ders.*, Keine Vergütungsvereinbarungen in der Pflege mehr? – Probleme der Qualitätssicherung in SGB XI, NZS 2004, 337; *Damm*, Medizinrechtliche Grundprinzipien im Kontext von Pflege und Demenz – „Selbstbestimmung und Fürsorge", MedR 2010, 451; *Deiseroth*, Stärkung von Zivilcourage zur Verbesserung der Qualität der stationären Pflege, ZRP 2007, 25; *Gärtner/van Essen*, Qualitätsprüfungen in Einrich-

tungen der ambulanten und stationären Pflege nach SGB XI - Prüfgrundlagen für den MDK und Pflegedokumentation als Teil der Prozessqualität, GuP 2013, 88; *Gaßner/Strömer*, Im Dickicht der Standards verfangen – Haftungsrechtliche Sorgfaltspflichten in der Pflege, MedR 2012, 487; *Geldermann/Hammer*, Gesetzgebungskompetenzen als Grenze der Verbraucherinformation durch den Bund, VerwArch 2013, 64; *Geraedts/Holle/Vollmar/Bartholomeyczik*, Qualitätsmanagement in der ambulanten und stationären Pflege, Bundesgesundheitsblatt 2011, 185; *Hopfenzitz*, Qualitätsprüfungen von Pflegeeinrichtungen nach PTV gemäß 113 f. SGB XI in der Praxis, Sozialrecht aktuell 2011, 1; *Igl*, Kriterien und Strukturen der Qualitätssicherung in der Kranken- und Pflegeversicherung – Gesetzliche Vorgaben und Ausgestaltung, SDSRV 2012 Nr. 61, 81; *Pick/Brüggemann*, Qualität der Pflege – Fast am Ziel oder halbe Strecke?, GSP 2016, 25; *Richter*, Die Prüflogik des Gesetzgebers – Überschneidungen und Unterschiede zwischen MDK-Prüfung und heimaufsichtlicher Überwachung, GuP 2012, 56; *Reimer*, Überblick über Änderungen des SGB XI durch das Zweite Pflegestärkungsgesetz, SGb 2016, 252; *Saßen*, Maßstäbe und Grundsätze für die Qualität und die Qualitätssicherung sowie für die Entwicklung eines einrichtungsinternen Qualitätsmanagements nach § 113 SGB XI, RDG 2011, 314; *Teubner*, Perspektivwechsel in der Pflegeversicherung mit dem Pflegestärkungsgesetz II (PSG II), PflR 2016, 3; *Udsching*, Qualitätssicherung in der Pflege, in: Sozialstaat und Europa – Gegensatz oder Zukunft? 2016, 267.

I. Entstehungsgeschichte	1
II. Normzweck	4
III. Vereinbarungen über Maßstäbe und Grundsätze für die Qualität, Qualitätssicherung und Qualitätsdarstellung (Abs. 1)	6
1. Pflegequalitätsmaßstäbe	8
2. Vertragspartner und andere Beteiligte (Abs. 1 S. 1)	9
a) Vertragspartner	9
b) Andere Beteiligte	11
3. Veröffentlichung (Abs. 1 S. 7)	14
4. Rechtsqualität und Verbindlichkeit (Abs. 1 S. 8)	15
5. Einzelheiten des Vertragsinhalts und Verfahrens	17
a) Pflegedokumentation	18
b) Maßstäbe und Grundsätze für die Qualität, Qualitätssicherung und Qualitätsdarstellung	21
c) Indikatorengestütztes Verfahren	22
d) Datenschutz	23
6. Prüfinstitutionen und Verfahren	24
IV. Kündigungsrecht (Abs. 2)	30
V. Geplante Änderung durch das Blut- und Gewebegesetz	31

I. Entstehungsgeschichte

§ 113 ist mit Wirkung vom 1.1.2002 durch Art. 1 Nr. 23 des Pflege-Qualitätssicherungsgesetz (**PQsG**) vom 9.9.2001[1] unter der ursprünglichen Überschrift „Leistungs- und Qualitätsnachweise" eingefügt worden. Durch Art. 1 Nr. 70 des Pflege-Weiterentwicklungsgesetzes (PfWG) vom 28.5.2008[2] wurde die Vorschrift mit Wirkung vom 1.7.2008 komplett geändert, da die Regelung nicht umgesetzt werden konnte wegen Ablehnung der hierzu erforderlichen Umsetzungsverordnung nach § 118 im Bundesrat – trotz Zustimmung des Bundesrates zum Pflege-Qualitätssicherungsgesetz und somit zur Ermächtigungsgrundlage in § 118. Sie wurde daher aufgehoben, zumal nach Auffassung des Gesetzgebers die externe Qualitätssicherung in anderer Form gewährleistet werde.[3] In § 113 wird stattdessen die bislang als § 80 eingestellte Regelung zur Sicherung und Weiterentwicklung der Pflegequalität durch die Vereinbarung von Maßstäben und Grundsätzen eingefügt, die dadurch in einen engen Zusammenhang mit den weiteren Vorschriften der Qualitätssicherung und Qualitätsentwicklung gestellt und darüber hinaus inhaltlich erweitert wird.[4]

Weitere Änderungen erfolgten mit Wirkung vom 30.10.2012 durch das Gesetz zur Neuausrichtung der Pflegeversicherung (Pflege-Neuausrichtungs-Gesetz – **PNG**) vom 23.10.2012.[5] In Abs. 1 S. 2 wurden die Wörter „und gelten vom ersten Tag des auf die Veröffentlichung folgenden Monats" eingefügt. Bei dieser Änderung handelt es sich lediglich um eine **Klarstellung** zum Inkrafttreten der Grundsätze und Maßstäbe im Zusammenhang mit der Veröffentlichung im Bundesanzeiger.[6] Des Weiteren wurde in S. 4 die Nr. 4 angefügt, in dem nunmehr vorgesehen ist, dass die Vereinbarungspartner in den Maßstäben und Grundsätzen für den stationären Bereich Anforderungen an ein indikatorengestütztes Verfahren zur vergleichenden Messung und Darstellung von Ergebnisqualität im stationären Bereich ver-

---

1 BGBl. I, 2320.
2 BGBl. I, 874.
3 BT-Dr. 16/7439, 81.
4 BT-Dr. 16/7439, 81.
5 BGBl. I, 2246.
6 BT-Dr. 17/9369, 48.

einbaren, das auf der Grundlage einer strukturierten Datenerhebung im Rahmen des internen Qualitätsmanagements eine Qualitätsberichterstattung und die externe Qualitätsprüfung ermöglicht.[7] In Abs. 3 S. 1 wurden die Wörter bis zum 31. März 2009" durch die Wörter „innerhalb von sechs Monaten, nachdem eine Vertragspartei schriftlich zu Verhandlungen aufgefordert hat" ersetzt. Mit dem PfWG vom 28.5.2008 war das Zieldatum 31.3.2009 zur Erarbeitung der Maßstäbe und Grundsätze durch die Vereinbarungspartner mit der Anrufungsmöglichkeit der Schiedsstelle verbunden worden. Der Gesetzgeber hielt es für sinnvoll, das Datum zu streichen und durch eine Formulierung zu ersetzen, die eine zukünftige Weiterentwicklung der Maßstäbe und Grundsätze erleichtern könne, so dass wie bei der Weiterentwicklung der Transparenzvereinbarungen eine Erarbeitungsfrist von sechs Monaten als ausreichend angesehen wurde.[8]

3   Durch das Zweite Gesetz zur Stärkung der pflegerischen Versorgung und zur Änderung weiterer Vorschriften (**PSG II**) vom 21.12.2015[9] erfolgten mit Wirkung zum 1.1.2016 erhebliche Änderungen an § 113.[10] In Abs. 1 S. 1 wurde die „Bundesvereinigung der kommunalen Spitzenverbände" durch die „kommunalen Spitzenverbände auf Bundesebene" ersetzt und die Frist für die ersten Vereinbarungen gestrichen, weil diese inzwischen getroffen wurden und nach dem neu eingefügten Abs. 2 S. 2 bis zu einer neuen Vereinbarung fortgelten. In Abs. 1 S. 4 ist nunmehr eine eigene Fristenregelung für die neu zu vereinbarenden Maßstäbe und Grundsätze für die Qualität, Qualitätssicherung und Qualitätsdarstellung getroffen und die sog Qualitätsdarstellung als eigenständiger Aspekt der Maßstäbe und Grundsätze aufgenommen worden. Des Weiteren wurde in Abs. 1 S. 1 der Bezug auf § 118 für die Mitwirkung der maßgeblichen Organisationen für die Wahrnehmung der Interessen und der Selbsthilfe der pflegebedürftigen und behinderten Menschen eingefügt. Die bisher in Abs. 1 S. 4 Nr. 1 bis 4 normierten inhaltlichen Anforderungen sind zum Teil in Abs. 1 S. 2 und 3 sowie in den neu eingefügten Abs. 1a übernommen worden oder wurden zum Teil ganz gestrichen. Die Regelungen in den S. 5 und 6 in Abs. 1 sind neu eingefügt worden. In Abs. 1a werden nunmehr auch Datenschutzregelungen getroffen, die sich unter anderem auch auf die Anforderungen an die neu eingefügte Qualitätsdarstellung beziehen. In dem neu eingefügten Abs. 1b ist ein Verfahren geregelt worden, wonach die Vertragsparteien im Rahmen eines Vergabeverfahrens eine fachlich unabhängige Institution beauftragen, die entsprechend den Festlegungen nach Abs. 1a erhobenen Daten zusammenzuführen sowie leistungserbringerbeziehbar und fallbeziehbar nach Maßgabe von Abs. 1a auszuwerten und dabei unter gleichzeitiger Beachtung der datenschutzrechtlichen Vorgaben ein Verfahren zur Auswertung, Übermittlung, Weitverarbeitung und Nutzung vereinbaren sollen. In Abs. 2 S. 3 wurde eine Übergangsregelung für die Weitergeltung der nach den bisherigen Vorgaben geschlossenen Vereinbarungen aufgenommen. Der ursprünglich in Abs. 3 vorgesehene Konfliktlösungsweg über eine Schiedsstellenentscheidung ist ersatzlos gestrichen worden.

II. Normzweck

4   Vor der Einfügung der Qualitätssicherungsvorgaben in §§ 112 ff. waren diese in den §§ 80, 80 a aF[11] geregelt. Durch die vielen Berichte von Pflegemissständen sah sich der Gesetzgeber jedoch veranlasst, die Qualitätsbedingungen zu verbessern.[12] Der bisherige § 113 (aF) bildete die Grundlage für die Erteilung von Leistungs- und Qualitätsnachweisen. Danach waren die zugelassenen Pflegeeinrichtungen und die Landesverbände der Pflegekassen verpflichtet in regelmäßigen Abständen die von ihnen erbrachten Leistungen und deren Qualität nachzuweisen.[13] § 113 spiegelt die **bis zum 30.6.2008** in § 80 enthaltenen Regelungen zur Sicherung und Weiterentwicklung der Pflegequalität durch Vereinbarungen der Einrichtungsträger auf Bundesebene wieder. Nach dem Willen des Gesetzgebers ging es mit der Neufassung von § 113 vor allem um die **Stärkung der Selbstverwaltung** der Beteiligten.[14] Dennoch wird man eher vom Gegenteil ausgehen müssen,[15] da das ursprüngliche Konzept der Qualitätssiche-

---

7   Siehe Beschlussempfehlung des Ausschusses für Gesundheit BT-Dr. 17/10157, 23 f.; siehe auch BT-Dr. 17/10170, 18.
8   BT-Dr. 17/9369, 48.
9   BGBl. I, 2424.
10 Zu den Änderungen Udsching, Das Zweite Pflegestärkungsgesetz, jurisPRSozR 6/2016 Anm. 1; Reimer SGb 2016, 252.
11 Erstmalig eingeführt durch das Gesetz vom 26.5.1994, BGBl. I, 1014.
12 Vgl. BT-Dr. 14/4391, 5 f.
13 Gutzler in: Hauck/Noftz, SGB XI, § 113 Rn. 1.
14 BT-Dr. 14/5395, 40.
15 Wie Knittel in: Krauskopf, § 113 SGB XI Rn. 2 zu Recht betont.

rung nicht aufgegangen ist, sondern es eher zu gravierenden Mängeln in der Pflege geführt hat.[16] Der Gesetzgeber hat deshalb mit der Neuregelung nicht nur die **Kontrollen** zur Einhaltung von Pflegestandards verstärkt, sondern auch der Tatsache Rechnung getragen, dass es sich bei der Qualitätssicherung um eine **öffentliche Aufgabe** handelt.[17] Gleichzeitig hat die **Regelungsdichte** mit der Neufassung der §§ 112 wohl auch deshalb stark zugenommen.

Durch die nach § 113 zu treffenden Vereinbarungen soll letztendlich der „**allgemein anerkannte Stand der medizinisch-pflegerischen Erkenntnisse**" (§ 11 Abs. 1 S. 1, 28 Abs. 3, § 69 S. 1, § 113 a Abs. 1 S. 2) festgeschrieben werden.[18] Es geht um die Schaffung eines einheitlichen Qualitätssicherungssystems.[19] Als Vorbild für die dem „allgemein anerkannten Stand medizinisch-pflegerischer Erkenntnisse sicherzustellende Versorgung gilt das SGB V mit den §§ 2 Abs. 1 S. 3 und 70 Abs. 1 S. 1.[20] Kritisch wird hierzu angemerkt, dass die Regelung einen pflegefachwissenschaftlichen Konsens über Pflegestandards postuliere, der sich allenfalls zögerlich entwickele.[21] Auch wenn dem zuzustimmen ist und der Stand medizinisch-pflegerischer Erkenntnisse noch eine längere Zeit nicht an das Niveau wie etwa in der gesetzlichen Krankenversicherung heranreichen mag, bedeutet das aber nicht, dass gegenwärtig nicht einmal Mindeststandards für die Erbringung von Pflegeleistungen bestünden.[22] Aus diesem Grund hat das BSG die Regelung zu Recht für verfassungsgemäß angesehen, da der Gesetzgeber den verfassungsrechtlichen Anforderungen gerecht wird, wenn er seiner Beobachtungspflicht genügt und bei Bedarf auf Defizite reagiert sowie einen Prozess statuiert, der die Ausbildung eines angemessenen Bewertungsverfahrens verspricht.[23] Betroffene müssen in dieser Übergangszeit Mängel hinnehmen, die der Einrichtung eines Prüfverfahrens immanent sind, solange die jeweilige Bewertung nicht auf unzutreffenden Grundlagen beruht und mindestens insgesamt als vertretbar anzusehen ist.

III. Vereinbarungen über Maßstäbe und Grundsätze für die Qualität, Qualitätssicherung und Qualitätsdarstellung (Abs. 1)

Als sicherlich **wichtigstes (vorrangiges) Instrument** zur Schaffung eines Systems der Qualitätssicherung dient gemäß Abs. 1 die auf Bundesebene zu vereinbarenden Maßstäbe und Grundsätze für die Qualität, Qualitätssicherung und Qualitätsmaßstäbe in der ambulanten und stationären Pflege sowie für die Entwicklung eines einrichtungsinternen Qualitätsmanagements.[24] Die erste vom Gesetzgeber gesetzte Frist zum Abschluss von Vereinbarungen zu den Maßstäben und Grundsätzen für die Qualität und Qualitätssicherung, die am **31.3.2009** ablief, wurde von den Vertragsparteien nicht eingehalten, was wiederum zum Anrufen der nach § 113 b eingerichteten Schiedsstelle führte.[25] Erst zwei Jahre später (**1.6.2011**) lagen die Vereinbarungen vor. **Vor dem Inkrafttreten** dieser Vereinbarungen galten die gemeinsamen Grundsätze und Maßstäbe zur Qualität einschließlich des Verfahrens zur Durchführung von Qualitätsprüfungen nach § 80 in vollstationären Pflegeeinrichtungen vom 7.3.1996 fort. Zwar fand sich in § 113 hierzu keine Regelung, es war jedoch auf den Rechtsgedanken in § 80 Abs. 2 aF zurückzugreifen, wonach **vertraglose Zustände** zu vermeiden sind.[26]

Nach aktueller Regelung sind die Maßstäbe und Grundsätze für die stationäre Pflege bis zum **30.6.2017**, die Maßstäbe und Grundsätze für die ambulante Pflege bis zum **30.6.2018** zu vereinbaren, wobei die Entwicklung eines einrichtungsinternen Pflegemanagements jeweils mit eingeschlossen ist.[27] Es bleibt abzuwarten, ob diese Fristen von den Vertragsparteien eingehalten werden können.[28]

---

16 Knittel in: Krauskopf, § 113 SGB XI Rn. 2.
17 Knittel in: Krauskopf, § 113 SGB XI Rn. 2 mit Verweis auf BT-Dr. 14/5395, 40.
18 Vgl. auch Udsching in: Spickhoff, Medizinrecht, § 113 SGB XI Rn. 1, der in diesem Zusammenhang von „Festlegung" spricht, was aber sprachlich ungenau ist, da der Standard nicht durch die Vereinbarungen konstitutiv festgelegt werden.
19 Evers in: BeckOK SozR, SGB XI, Vor § 113.
20 Schütze in: Udsching, SGB XI, § 69 Rn. 6.
21 Schütze in: Udsching, SGB XI, § 69 Rn. 6; Udsching, SGb 2007, 694, 698: „Worthülse"; Igl, SGb 2007, 381, 383: „Schimäre"; ders., RsDE 2008, 38, 41: „noch ein gutes Stück weit entfernt"; Gutzler in: Hauck/Noftz, SGB XI, § 113 Rn. 3: „noch immer fehlen in Deutschland wissenschaftlich hinreichend fundierte Pflegestandards".
22 So BSG, 16.5.2013, B 3 P 5/12 R, SozR 4-3300 § 115 Nr. 2 = NJOZ 2014, 540, 544.
23 BSG, 16.5.2013, B 3 P 5/12 R, SozR 4-3300 § 115 Nr. 2 = NJOZ 2014, 540, 544.
24 Leitherer in: KassKomm, § 113 SGB XI Rn. 4.
25 Altmiks in: jurisPK-SGB XI, § 113 Rn. 12 f.
26 Gutzler in: Hauck/Noftz, SGB XI, § 113 Rn. 26.
27 Gutzler in: Hauck/Noftz, SGB XI, § 113 Rn. 14.
28 Eher verneinend Gutzler in: Hauck/Noftz, SGB XI, § 113 Rn. 14.

8 **1. Pflegequalitätsmaßstäbe.** Es werden die Struktur-, Prozess- und Ergebnisqualität unterschieden.[29] Bei der Strukturqualität geht es um die fachliche Qualifikation, einschließlich der Weiterbildung der verantwortlichen Pflegefachkräfte sowie der organisatorischen Voraussetzungen. Zur Prozessqualität zählen die systematische Pflegeplanung, die Einbeziehung der Pflegebedürftigen und ihrer Angehörigen in die Planung, die Pflegedokumentation und die Zusammenarbeit mit weiteren Institutionen. Im Bereich der Ergebnisqualität steht die Überprüfung der Erreichung von Pflegezielen, die Berücksichtigung von Wünschen der Pflegebedürftigen und ihrer Zufriedenheit im Mittelpunkt.[30]

9 **2. Vertragspartner und andere Beteiligte (Abs. 1 S. 1). a) Vertragspartner.** Zu den in § 112 explizit genannten **Vertragsparteien** zählen der Spitzenverband Bund der Pflegekassen (§ 53), die Bundesarbeitsgemeinschaft der überörtlichen Träger der Sozialhilfe, die die kommunalen Spitzenverbände auf Bundesebene (Deutscher Städtetag, Deutscher Landkreistag und Deutscher Städte- und Gemeindebund) und die Vereinigungen der Träger der Pflegeeinrichtungen auf **Bundesebene** (wie etwa Arbeiterwohlfahrt, Deutsches Rotes Kreuz, Caritasverband, Bundesverband privater Anbieter sozialer Dienste e.V., Diakonisches Werk).[31] Nach dem eindeutigen Gesetzeswortlaut muss es sich bei den aufgezählten Einrichtungen um solche auf Bundesebene handeln. Die Mitgliedschaft darf folglich nicht regional oder auf einzelne Bundesländer beschränkt sein.[32]

10 Eine Definition, wer zu den in Abs. 1 S. 1 genannten „Vereinigungen der Träger der Pflegeeinrichtungen auf Bundesebene" gehört, findet sich im Gesetz nicht. Die Pflegekasse in einem vom SG Köln zu entscheidenden Rechtsstreit war der Ansicht, dass ihr eine Entscheidungskompetenz über die Zugehörigkeit zu den Vertragsparteien zustehe und erkannte als Vertragspartner im obigen Sinne nur diejenigen Einrichtungen an, die bereits an Verhandlungen nach § 80 aF beteiligt waren.[33] Diese Auffassung ist jedoch nicht haltbar.[34] Inwieweit an eine Vereinigung **besondere Anforderungen** gestellt werden können, ist bisher noch nicht geklärt worden.[35] Der Gesetzgeber hat sich eines unbestimmten Rechtsbegriffes bedient, dessen Konkretisierung durch **Auslegung** über die üblichen Auslegungsmethoden zu erfolgen hat, wobei die Letztentscheidungskompetenz den Gerichten obliegt.[36] Aus den Gesetzesmaterialien selbst ergeben sich keine weiteren Konkretisierungen.[37] Die **Systematik** und **teleologische** Auslegung lässt hier wohl eher nur den Schluss zu, dass eine Einschränkung wie etwa in § 85 Abs. und § 89 Abs. 2 (5 % Quorum) sowie §§ 132 a Abs. 1, 134 a Abs. 1 S. 1, 137 d Abs. 1 S. 1, Abs. 2 S. 1, Abs. 3 SGB V vom Gesetzgeber in der Regelung von § 113 gerade nicht gewollt war.[38] Gegen eine einschränkende Auslegung des Kreises der Träger der Pflegeeinrichtungen auf Bundesebene spricht vor allem auch die vom Gesetzgeber ausdrücklich hervorgehobene Trägervielfalt (§ 11 Abs. 2 S. 1).[39]

11 **b) Andere Beteiligte.** Die von diesen Vertragspartnern getroffenen Vereinbarungen haben nach dem ausdrücklichen Wortlaut der Vorschrift **unter Beteiligung** des Medizinischen Dienstes des Spitzenverbandes Bund der Krankenkassen (MDS), des Verbandes der privaten Krankenversicherung e.V., der Verbände der Pflegeberufe auf Bundesebene, der maßgeblichen Organisationen für die Wahrnehmung der Interessen und der Selbsthilfe der pflegebedürftigen und behinderten Menschen sowie unabhängiger Sachverständiger zu erfolgen. Diese zählen nicht zu den Vertragsparteien. Nach der Gesetzesbegründung zum Pflege-Qualitätssicherungsgesetz (PQsG) bestand aufgrund der Verbändeanhörungen das Bedürfnis, bei der Erarbeitung der Anforderungen an die Leistungsqualität **unabhängigen, wissenschaftlichen Sachverstand,** und soweit wie möglich institutionalisiert, einzubinden. Diesem Anliegen kam der Gesetzgeber durch die Verpflichtung nach, unabhängige Sachverständige bei der Vereinbarung der Grundsätze und Maßstäbe für die Qualität und Qualitätssicherung zu beteiligen.[40] Die Betei-

---

29 Gutzler in: Hauck/Noftz, SGB XI, § 113 Rn. 20 ff.; Klie in: Klie/Krahmer, LPK-SGB XI, § 113 Rn. 5; Evers in: BeckOK SozR, SGB V, Vorb. zu § 113.
30 Zu den einzelnen Qualitätsmaßstäben ausführlich Gutzler in: Hauck/Noftz, SGB XI, § 113 Rn. 20 ff.; Klie in: LPK-Klie/Krahmer, SGB XI, § 113 Rn. 7.
31 Zur Auslegung des Begriffs der "Vereinigung der Träger der Pflegeeinrichtungen auf Bundesebene" LSG NRW, 23.5.2012, L 10 P 84/09.
32 LSG NRW, 23.5.2012, L 10 P 84/09; SG Köln, 14.9.2009, S 23 P 181/08.
33 SG Köln, 14.9.2009, S 23 P 181/08.
34 Vgl. auch Bachem/Klie in: LPK-SGB XI, § 113 Rn. 7.
35 Leitherer in: KassKomm, § 113 SGB XI Rn. 5.
36 In diesem Sinne wohl auch das SG Köln, 14.9.2009, S 23 P 181/08.
37 Vgl. BT-Dr. 12/5262, 141.
38 In diesem Sinne LSG NRW, 23.5.2012, L 10 P 84/09; SG Köln, 14.9.2009, S 23 P 181/08.
39 Bachem/Klie in: LPK-SGB XI, § 113 Rn. 7.
40 BT-Dr. 14/5395, 31.

ligung des Medizinischen Dienstes der Spitzenverbände der Krankenkassen sah das geltende Recht zu diesem Zeitpunkt bereits vor. Durch die Einbeziehung unabhängiger Sachverständiger wollte der Gesetzgeber ihnen eine aktive **Beraterfunktion** einräumen.

Mit der Ergänzung in § 80 Abs. 1 S. 2 aF durch das PQsG wurde der Kreis der Organisationen, die von den Vereinbarungspartnern an der Ausarbeitung und dem Abschluss der Qualitätsvereinbarungen zu beteiligen sind, um den **Verband der privaten Krankenversicherung e.V.** und die **Verbände der Pflegebedürftigen** erweitert. Der Gesetzgeber wollte auf diese Weise dem Wunsch der beteiligten Verbände nach stärkerer Einbindung in das Qualitätsvertragsrecht Rechnung tragen und sicherstellen, dass die Interessen der betroffenen Pflegebedürftigen bei der Vereinbarung der inhaltlichen Anforderungen an die Pflege stärkere Berücksichtigung finden.[41]

Den Beteiligten stehen vor allem **Informations- und Anhörungsrechte** zu,[42] aber auch ein Recht, **Vorschläge zu unterbreiten und Stellungnahmen** hierzu abzugeben. Zwar ist ein ausdrückliches Vorschlagsrecht, welche Expertenstandards entwickelt werden sollen nur in § 113a Abs. 1 S. 3 und ein Recht auf Stellungnahme in § 115 Abs. 1a S. 6 vorgesehen, jedoch soll nach dem Willen des Gesetzgebers gerade die Beratungsfunktion des unabhängigen, wissenschaftlichen Sachverstandes gestärkt werden.

3. Veröffentlichung (Abs. 1 S. 7). Die getroffenen Vereinbarungen sind gemäß Abs. 1 S. 2 im **Bundesanzeiger** zu veröffentlichen. Dieses Formerfordernis folgt bereits aus dem Rechtsstaatsprinzip, wonach "Rechtsnormen" der Öffentlichkeit in einer Weise förmlich zugänglich gemacht werden müssen, die es den Betroffenen erlauben, sich verlässlich Kenntnis von ihrem Inhalt zu verschaffen.[43] Dazu gehört auch, dass diese Möglichkeit dem Betroffenen nicht in unzumutbarer Weise erschwert wird.[44]

4. Rechtsqualität und Verbindlichkeit (Abs. 1 S. 8). Es handelt sich bei den Vereinbarungen zur Qualitätssicherung nach § 113 zunächst einmal um **öffentlich-rechtliche Verträge**, die für alle Pflegekassen und zugelassenen Pflegeeinrichtungen in Deutschland (§ 72 Abs. 1 S. 1) **verbindlich** sind. Das gilt selbst dann, wenn sie nicht zum Gegenstand eines individuellen Versorgungsvertrages gemacht worden sind.[45] Die Vertragspartner handeln in Erfüllung öffentlicher Aufgaben.[46] Der öffentlich-rechtliche Vertrag ist hier jedoch dadurch gekennzeichnet, dass nicht nur die Rechte und Pflichten der jeweiligen Vertragspartner, sondern auch Rechte und Pflichten von nicht am Vertrag beteiligten Dritten geregelt werden und für diese verbindlich sind. Es handelt sich hierbei um sog **Normverträge**,[47] die zum Teil auch als *Normsetzungsverträge* bezeichnet werden, was aber aufgrund der Verschiedenartigkeit der Regelungsgehalte terminologisch auseinandergehalten werden sollte.[48] In den Verträgen wird damit in Ausführung der gesetzlichen Vorgaben **materielles Pflegequalitätsrecht** geschaffen,[49] um so wie der Gesetzgeber meint, ein effektives Steuerungsinstrument zu erhalten.

Auch wenn die Normenverträge ihrer Natur nach öffentlich-rechtlich ausgestaltet sind, ist strittig, ob sie dennoch direkt dem Vertragsrecht im Sinne der §§ 53 ff. SGB X unterworfen werden.[50] Gegen eine direkte Anwendung spricht vor allem, dass in diesen Verträgen Recht gesetzt wird,[51] auch wenn der Normenvertrag von seinem Rechtscharakter ein öffentlich-rechtlicher Vertrag ist. Es gelten somit die allgemeinen verfassungsrechtlichen Anforderungen für die Normsetzung. Dazu gehört auch die für Normen bestehende Publizitätspflicht, was der Gesetzgeber mit der Verpflichtung zur Veröffentlichung im Bundesanzeiger (Abs. 1 S. 7) auch gesehen hat. Folglich kommt hier nur eine entsprechende An-

---

41 BT-Dr. 14/5395, 31.
42 Gutzler in: Hauck/Noftz, SGB XI, § 113 Rn. 9 mwN.
43 BVerfG, 22.11.1983, 2 BvL 25/81, BVerfGE 65, 283, 291; LSG LSA, 8.7.2011, L 4 P 44/10 B ER.
44 BVerfG, 22.11.1983, 2 BvL 25/81, BVerfGE 65, 283, 291.
45 Udsching in: Spickhoff, Medizinrecht, § 75 SGB XI Rn. 5.
46 LSG NRW, 23.5.2012, L 10 P 84/09.
47 Bassen in: Udsching, SGB XI, § 113 Rn. 6; Axer, Normsetzung der Exekutive in der Sozialversicherung, 1999, S. 94. Zur Rechtsnatur solcher Verträge: Ebsen in: Schulin, Handbuch des Sozialversicherungsrechts, Bd. 1, § 7 Rn. 110; Sodan, NZS 1998, 305 ff.; Axer, Normsetzung der Exekutive in der Sozialversicherung, 1999, S. 60 ff.; Engelmann, NZS 2000, 1, 2 ff.; Boerner, Normenverträge im Gesundheitswesen, 2003.
48 Becker, Kooperative und konsensuale Strukturen in der Normsetzung, 2005, S. 64, 182, 575; Axer, Normsetzung der Exekutive in der Sozialversicherung, 1999, S. 60 ff.
49 So der Gesetzgeber BT-Dr. 15/5395, 30.
50 Dafür: Maurer, DVBl. 1989, 798, 803 ff.; Schneider, Handbuch des Kassenarztrechts, Rn. 695; Sodan, NZS 1998, 305, 307; Boerner, SGb 2000, 389, 390; BSGE 70, 240, 243. Dagegen: Quaas/Zuck, § 8 Rn. 5; Axer, KrV 2015, 97, 99.
51 Quaas/Zuck, § 8 Rn. 5.

wendung der §§ 53 ff. SGB X in Betracht.[52] Aus verfassungsrechtlicher Sicht ist nach wie vor problematisch, dass damit auch nichtverbandsangehörige Träger von Pflegeeinrichtungen verpflichtet werden.[53]

17 **5. Einzelheiten des Vertragsinhalts und Verfahrens.** Der Gesetzgeber hat den Vertragsparteien die Aufgabe übertragen, im Rahmen der zu vereinbarenden Maßstäbe und Grundsätze zwingend Regelungen zu treffen über die Anforderungen an eine praxistaugliche, den Pflegeprozess unterstützende und die Pflegequalität fördernde **Pflegedokumentation** (Abs. 1 S. 2). Dabei dürfen die Anforderungen über ein für die Pflegeeinrichtungen vertretbares und wirtschaftliches Maß nicht hinausgehen und sollen den Aufwand für Pflegedokumentation in ein angemessenes Verhältnis zu den Aufgaben der pflegerischen Versorgung setzen (Abs. 1 S. 3). Nach dem Willen des Gesetzgebers sollen die Erfahrungen und Erkenntnisse aus dem Projekt zur Einführung des Strukturmodells zur Entbürokratisierung der Pflegedokumentation aufgriffen werden.[54] Des Weiteren haben die Vertragsparteien Anforderungen an ein indikatorengestütztes Verfahren zur vergleichenden Messung und Darstellung von Ergebnisqualität zu vereinbaren (Abs. 1 a). Die in Abs. 1 S. 2 beispielhaft („insbesondere") aufgezählten Vorgaben sind zwingend („sind") in den Vereinbarungen zu regeln. Nach alter Rechtslage regelte § 113 auch Anforderungen hinsichtlich der Zuverlässigkeit, Unabhängigkeit und Qualifikation von **Sachverständigen und Prüfinstitutionen**, die nach § 114 Abs. 3 S. 2 und 3 aF Qualitätsprüfungen durchführen konnten, und an die methodische Verlässlichkeit der von ihnen angewandten Zertifizierungs- und Prüfverfahren nach § 114 Abs. 4 aF.[55] Hierzu waren Kriterien hinsichtlich der Zuverlässigkeit, Unabhängigkeit und Qualifikation der prüfenden Sachverständigen bzw. der Prüfinstitutionen von den Vertragsparteien festzulegen.[56] Diese Regelungen (§ 113 Abs. 1 S. 4 Nr. 2, 3 aF) wurden ersatzlos gestrichen, da § 114 Abs. 4 aF durch das PSG II aufgehoben wurde. Die Verantwortung der Träger stationärer Pflegeeinrichtungen für eine transparente und nachvollziehbare Qualitätsentwicklung soll nunmehr durch das **Indikatorenmodell** gestärkt werden, welches das interne Qualitätsmanagement mit der externen Qualitätsprüfung und Qualitätsberichterstattung verbinden soll.[57] Mit dem häufigen Gebrauch des Wortes „insbesondere" in § 113 Abs. 1 S. 2 sowie Abs. 1 a macht der Gesetzgeber deutlich, dass die explizit genannten Regelungsgegenstände nicht abschließend aufgezählt werden, sondern dass auch weitere Inhalte in Betracht kommen.[58]

18 **a) Pflegedokumentation.** Nach dem Willen des Gesetzgebers ist „die Dokumentation der Pflegeleistungen ... eine unverzichtbare Informationsquelle für alle am Pflegeprozess Beteiligten", da nur auf diese Weise sichergestellt sei, dass der zu einem bestimmten Zeitpunkt erreichte Pflegezustand sich beschreiben und ausgehend vom Hilfebedarf des Bewohners sich ein Pflegeziel formulieren lasse.[59] Eine gute Pflegedokumentation gehe deshalb über eine Qualitätssicherung hinaus, da sie auch ein Instrument zur Qualitätsförderung sei.[60] Es geht darum, ein geeignetes Pflegedokumentationssystem vorzuhalten, aus dem das **Leistungsgeschehen** und der **Pflegeprozess** ableitbar sind. Die Pflegedokumentation (Abs. 1 S. 2) dient damit der Sicherung von Pflege, dem Informationsfluss, dem Leistungsnachweis, der Überprüfung von Pflegequalität und der juristischen Absicherung des pflegerischen Handelns.[61]

19 Gleichzeitig hat der Gesetzgeber aufgrund der Empfehlung des „Runden Tischs Pflege", der sich in seiner Arbeitsgruppe „Entbürokratisierung" mit der Pflegedokumentation beschäftigt hat, betont, dass sich ein sinnvolles Maß an Dokumentation und Pflegeplanung auf der Grundlage eines für die jeweilige Einrichtung gewählten Pflegemodells empfiehlt, was auch einschließt, Doppelerhebungen bewohnerbezogener Daten zu vermeiden, wodurch nämlich überflüssiger Schreib- und Zeitaufwand als Be-

---

52 Quaas/Zuck, § 8 Rn. 5.
53 Leitherer in: KassKomm, § 113 SGB XI Rn. 12; Gutzler in: Hauck/Noftz, SGB XI, § 113 Rn. 11; Altmiks in: jurisPK-SGB XI, § 113 b Rn. 113 ff.; Neumann, VSSR 1994, 309, 320; Igl, SGB 2007, 381, 387 ff. Zu weiteren verfassungsrechtlichen Bedenken Bachem/Klie in: LPK-SGB XI, § 113 Rn. 19.
54 BT-Dr. 18/5926, 98.
55 BT-Dr. 16/7439, 82.
56 BT-Dr. 16/7439, 82.
57 BT-Dr. 18/5926, 98.
58 Siehe nur Gutzler in: Hauck/Noftz, SGB XI, § 113 Rn. 15, 18.
59 BT-Dr. 16/7439, 82.
60 BT-Dr. 16/7439, 82.
61 BT-Dr. 16/7439, 82.

lastungsfaktor für die Beschäftigten entstehe.[62] Dieses gesetzgeberische Anliegen ist in den zu treffenden Vereinbarungen umzusetzen, indem entsprechende verbindliche Festlegungen zu den Maßstäben und Grundsätzen zur Sicherung und Weiterentwicklung der Pflegequalität getroffen werden. Hierfür verweist der Gesetzgeber auf die im Handbuch „Pflegedokumentation stationär" des Bundesministeriums für Familie, Senioren, Frauen und Jugend gewonnenen und im März 2007 veröffentlichten Erkenntnisse.[63] Daneben sollen auch Erfahrungen mit vorhandenen Musterdokumentationen, die in einigen Bundesländern entwickelt wurden, einbezogen werden.[64]

Nach den gem. Abs. 1 S. 1 abgeschlossenen Vereinbarungen beinhaltet das **Dokumentationssystem** zu den folgenden fünf Bereichen Aussagen: (1) Stammdaten, (2) Pflegeanamnese/Informationssammlung inkl. Erfassung von pflegerelevanten Biografiedaten, (3) Pflegeplanung, (4) Pflegebericht, (5) Leistungsnachweis. Innerhalb dieser Bereiche sind alle für die Erbringung der vereinbarten Leistungen notwendigen Informationen im Rahmen des Pflegeprozesses zu erfassen und bereitzustellen. Das Dokumentationssystem ist in Abhängigkeit von bestehenden Pflegeproblemen im Rahmen der vereinbarten Leistungen ggf. zu erweitern. Es wird zu Recht kritisch angemerkt, dass diese Vereinbarungen zur Pflegedokumentation nicht den gestellten Anforderungen des Gesetzgebers gerecht werden, da sie zu allgemein gehalten sind.[65] 20

b) **Maßstäbe und Grundsätze für die Qualität, Qualitätssicherung und Qualitätsdarstellung.** Nach Abs. 1 S. 4 müssen die Maßstäbe und Grundsätze für die Qualität, Qualitätssicherung und Qualitätsdarstellung in der ambulanten und stationären Pflege sowie für die Entwicklung eines einrichtungsinternen Qualitätsmanagements, das auf eine stetige Sicherung und Weiterentwicklung der Pflegequalität ausgerichtet ist, bis zu den gesetzlich fixierten **Fristen** vereinbart sein. So sind die Maßstäbe und Grundsätze für die stationäre Pflege bis zum 30.6.2017 und die Maßstäbe und Grundsätze für die ambulante Pflege bis zum 30.6.2018 zu vereinbaren, wobei die Entwicklung eines einrichtungsinternen Pflegemanagements jeweils mit eingeschlossen ist. Ob diese Fristen eingehalten werden, bleibt abzuwarten. Die in der ursprünglichen Fassung des § 113 gesetzte Frist bis zum 31.3.2009 wurde nicht eingehalten. Vielmehr erfolgte eine Anrufung der Schiedsstelle, die im früheren § 113 b geregelt war, am 14.10.2009. Die Schiedsstelle hatte die Drei-Monats-Frist für die Entscheidung (vgl. § 113 b Abs. 3 Satz 3 aF) nicht eingehalten, sondern erst aufgrund von mündlichen Verhandlungen am 25.8.2010, 21.12.2010 und 21.2.2011 entschieden. 21

c) **Indikatorengestütztes Verfahren.** Abs. 1a konkretisiert die erforderlichen Inhalte der Maßstäbe und Grundsätze für die **stationäre Pflege**. Der Gesetzgeber hat hierzu ein **indikatorengestütztes Verfahren** zur vergleichenden Messung und Darstellung von Ergebnisqualität im **stationären Bereich** normiert, das auf der Grundlage einer strukturierten Datenerhebung im Rahmen des internen Qualitätsmanagements eine Qualitätsberichterstattung und die externe Qualitätsprüfung ermöglichen soll.[66] Die Maßstäbe und Grundsätze erhalten auf diese Weise eine zentrale Funktion für die Einführung und Umsetzung des indikatorengestützten Verfahrens, so dass auch die nähere Bezeichnung der Vereinbarungen um den Begriff der „Qualitätsdarstellung" erweitert wurde.[67] Nach S. 2 sind hierfür die Indikatoren, wie etwa Gesundheitszustand, Selbstständigkeit, Mobilität und Zufriedenheit, das Datenerhebungsinstrument, wie das Prüfverfahren und die Prüfer, sowie die bundesweiten Verfahren für die Übermittlung (vgl. hierzu § 67 Abs. 6 Nr. 3 SGB X), Auswertung und Bewertung der Daten sowie die von **Externen** durchzuführende Prüfung der Daten zu erfassen. Folglich soll neben dem einrichtungsinternen Qualitätsmanagement und der Prüfungskompetenz der Landesverbände der Pflegekassen sowie des durch sie beauftragten MDK nunmehr auch **externer Sachverstand** einbezogen werden.[68] 22

---

62 BT-Dr. 16/7439, 82: „Nach Auffassung der Fachleute gelingt es dem Pflegepersonal bei der derzeitig gängigen Dokumentationspraxis nicht immer, ein Gesamtbild des zu Pflegenden zu beschreiben und zu erhalten. Dies widerspreche jedoch einer nachhaltigen Dienstleistungsorientierung im Sinne einer flexiblen und individuellen Betreuung und Pflege. Die Ergänzungen sollen erreichen, dass die Pflegedokumentation als verlässlicher Parameter der Qualitätssicherung und Qualitätsförderung erhalten bleibt und gleichzeitig überflüssige Bürokratie und damit unnötige Belastungen der Pflegeeinrichtungen vermieden werden."
63 BT-Dr. 16/7439, 82.
64 BT-Dr. 16/7439, 82.
65 Altmiks in: jurisPK-SGB XI, § 113 Rn. 49.
66 BT-Dr. 18/5926, 98.
67 BT-Dr. 18/5926, 98.
68 Gutzler in: Hauck/Noftz, SGB XI, § 113 Rn. 16 a.

23 **d) Datenschutz.** Abs. 1 a S. 3 bis 5 sehen Vorgaben für den **Datenschutz** vor, die die Übermittlung, Auswertung und Bewertung der Daten sowie die von Externen durchzuführende Prüfung der Daten betreffen. Die allgemeinen datenschutzrechtlichen Bestimmungen sind einzuhalten (Abs. 1 a S. 3). Für die Institutionen der Sozialversicherungs- und Sozialleistungsträger gelten vorrangig die §§ 35 SGB I, 67 ff. SGB X. Für die Einrichtungsträger und nachrangig für die vorgenannten Institutionen gelten das Bundesdatenschutzgesetz (BDSG) oder vorrangig vor diesem die Datenschutzgesetze der Länder.[69] Abs. 1 a enthält daneben eigenständige Vorgaben, als sämtliche personenbezogene Daten von Versicherten vor der Weiterleitung an die fachlich unabhängige Institution nach Abs. 1 a S. 3 zu pseudonymisieren sind. Hierzu sind der Namen und andere Identifikationsmerkmale so zu kennzeichnen, dass die Bestimmung des Betroffenen ausgeschlossen oder wesentlich erschwert ist (vgl. § 67 Abs. 8 a SGB X). Diese pseudonymisierten Daten gelten dann nicht mehr als Sozialdaten.[70] Eine Wiederherstellung des Personenbezugs, unabhängig von deren Art und Weise, ist nach Abs. 1 a S. 4 ausgeschlossen. Das Datenschutzkonzept ist mit den Datenschutzaufsichtsbehörden abzustimmen (Abs. 1 a S. 5). Nach dem Willen des Gesetzgebers richtet sich der Normbefehl an die Vertragsparteien nach Abs. 1.[71] Die Regelungen in Abs. 1 a gelten insgesamt als „strukturell missglückt", da unterschiedliche Regelungsgehalte in einer Norm vermengt werden.[72]

24 **6. Prüfinstitutionen und Verfahren.** Die Prüfung der nach den Maßstäben und Grundsätzen zu erhebenden **Daten** erfolgt durch **externe, fachlich unabhängige Institutionen**, wie etwa Forschungseinrichtungen, nicht jedoch MDK bzw. Prüfdienst der privaten Pflegekassen. Die Prüfung der nach den Maßstäben und Grundsätzen erhobenen Daten durch Externe soll nach der Gesetzesbegründung sowohl den Aspekt der Plausibilität (statistische Prüfung) als auch den der Richtigkeit (inhaltliche Prüfung) beachten.[73] Die Beauftragung der externen, fachlich unabhängigen Institutionen erfolgt durch ein nach Abs. 1 b S. 1 durchzuführendes Vergabeverfahren. Die vergaberechtlichen Vorgaben ergeben sich entweder aus der Vergabeordnung oder der VOL/A, je nachdem, welche Schwellenwerte hinsichtlich des Auftragsvolumens für die Aufträge erreicht werden.[74] Die externen Institutionen haben die Daten nicht nur zu prüfen, sondern diese auch zusammenzuführen und auszuwerten, indem die Qualität der erbrachten Leistungen unter Berücksichtigung einer anonymisierten Datenverwertung konkret beschrieben wird. Die beauftragte Prüfinstitution darf die Ergebnisse der ausgewerteten Daten an die Landesverbände der Pflegekassen und die von ihnen ansonsten mit der Qualitätsprüfung beauftragten Prüfinstitutionen (MDK und Prüfdienst der privaten Pflegekassen) und Sachverständigen für die Qualitätsprüfungen nach §§ 114, 114 a sowie zum Zweck der Qualitätsdarstellung nach § 115 Abs. 1 a übermitteln (Abs. 1 b S. 2). Gleichzeitig wird den Landesverbänden der Pflegekassen und den beauftragten Prüfinstitutionen eine **Nutzungs- und Verarbeitungsbefugnis** eingeräumt. Da durch die anonymisierten Daten keine Sozialdaten mehr vorliegen, ergeben sich die Anforderungen nur noch aus den Datenschutzbestimmungen des Bundes und der Länder.[75]

25 Nach § 114 Abs. 3 haben die Landesverbände der Pflegekassen bei Vorliegen anderer Prüfergebnisse den **Turnus** von Qualitätsprüfungen (Regelprüfungen) durch den MDK zu verlängern oder den **Prüfumfang** zu verringern.[76] Voraussetzung hierfür ist, dass die von den Trägern oder den Pflegeeinrichtungen, etwa im Rahmen eines Zertifizierungsverfahrens, veranlassten Prüfverfahren methodisch verlässlich sind und ihnen inhaltlich die jeweils geltenden Richtlinien des Spitzenverbandes Bund der Pflegekassen über Qualitätsprüfungen (derzeit gelten die Qualitätsprüfungs-Richtlinien – QPR vom 6.9.2016) zugrunde liegen.[77]

26 Angestrebt wird darüber hinaus die gemeinsame Entwicklung und Evaluation von Instrumenten zur Beurteilung von Ergebnisqualität in Alten- und Pflegeheimen unter Beteiligung des Bundesministeriums für Gesundheit und des Bundesministeriums für Familie, Senioren, Frauen und Jugend. Die dabei

---

69 Gutzler in: Hauck/Noftz, SGB XI, § 113 Rn. 16 b; vgl. auch Krahmer, in: ders., SGB I, § 35 Rn. 5.
70 Gutzler, BeckOK, SGB I, § 35 Rn. 18.
71 BT-Dr. 18/5926, 99.
72 Gutzler in: Hauck/Noftz, SGB XI, § 113 Rn. 16 a.
73 BT-Dr. 18/5926, 99.
74 Gutzler in: Hauck/Noftz, SGB XI, § 113 Rn. 16 b.
75 Gutzler in: Hauck/Noftz, SGB XI, § 113 Rn. 16 b.
76 BT-Dr. 16/7439, 82.
77 BT-Dr. 16/7439, 82.

auf wissenschaftlicher Grundlage zu erarbeitenden Indikatoren für die Darstellung und Bewertung von Ergebnisqualität sollen in die Weiterentwicklung von Zertifizierungs- und Prüfverfahren einfließen.[78]

Die Pflicht zur Vereinbarung von Anforderungen an ein indikatorengestütztes Verfahren zur vergleichenden Messung und Darstellung von Ergebnisqualität verlangt vor allem nach Festlegungen von Inhalt und Umfang einer einheitlichen Erhebung von Daten im Rahmen dieses Verfahrens sowie der Schrittfolge einer Umsetzung; was auch durch Pilotstudien erfolgen kann.[79] Nach den Vorstellungen des Gesetzgebers soll „die mit dieser Regelung ausgelöste Weiterentwicklung des medizinisch-pflegefachlichen Fortschritts ... schnellstmöglich zu einer Anwendung in der Prüfpraxis nach den Qualitätsprüfungs-Richtlinien gem. § 114a Abs. 7 führen"; hierbei ist eine strukturierte Erfassung und Beurteilung von Indikatoren der Ergebnisqualität von entscheidender Bedeutung.[80] Als notwendig wurde vor allem eine Umstrukturierung von Prüfinhalten und Prüfgeschehen angesehen, da die Indikatoren und die Gewinnung von bewertbaren Informationen hierzu in den damaligen Erhebungsbögen der Qualitätsprüfungs-Richtlinien (QPR) nach Aussage des Gesetzgebers nicht einfach integrierbar waren.[81]

27

Die Vertragspartner haben in der jeweiligen **Anlage** nach Ziffer 5 (ambulant) bzw. Ziffer 7 (stationär) der aktuellen Fassung der Maßstäbe und Grundsätze für die Qualität und Qualitätssicherung sowie für die Entwicklung eines einrichtungsinternen Qualitätsmanagements nach § 113 SGB XI die Anforderungen an die Prüfinstitutionen und das Prüfungsverfahren näher festgelegt.[82] Geregelt wurden insbesondere das Anerkennungsverfahren (§ 2), die Anforderungen hinsichtlich der Zuverlässigkeit und Unabhängigkeit der Sachverständigen sowie Prüfinstitutionen (§ 3) und deren Überwachung (§ 4). Daneben finden sich Regelungen zu den Anforderungen an die Qualifikation von unabhängigen Sachverständigen und Prüfern von Prüfinstitutionen (§ 6) sowie zu deren persönlicher Eignung (§ 7). Weitere Anforderungen finden sich in § 9.

28

Die Anforderungen in Abs. 1 S. 2 und 3 sowie Abs. 1a und 1b („insbesondere") sind nicht abschließend geregelt worden, so dass auch noch **weitere Grundsätze für die Qualität** der Leistungen aus den allgemeinen Zielvorgaben der Normen des SGB XI gewonnen werden können.[83]

29

IV. Kündigungsrecht (Abs. 2)

Abs. 2 wurde unverändert aus § 80 Abs. 2 übernommen.[84] Danach können Vereinbarungen von jeder Partei, gemeint sind hiermit die unter II. 1.a) aufgezählten Vertragspartner, mit einer Frist von einem Jahr **ganz oder teilweise gekündigt** werden. Nach Ablauf der Kündigungsfrist oder Ablauf des vereinbarten Vertragszeitraums gilt nach Abs. 2 S. 2 bis zum Abschluss einer neuen Vereinbarung die bisherige Vereinbarung zur **Verhinderung eines vertragslosen Zustandes** weiter.[85]

30

V. Geplante Änderung durch das Blut- und Gewebegesetz

Der Bundestag hat am 1.6.2017 das Gesetz zur Fortschreibung der Vorschriften für Blut- und Gewebezubereitungen und zur Änderung anderer Vorschriften verabschiedet,[86] das sich ein Tag nach seiner Verkündung wie folgt auf § 113 auswirken soll:
In Abs. 1b soll nach S. 1 folgender Satz eingefügt werden:
„Das Vergabeverfahren ist spätestens bis zum 15. Januar 2018 einzuleiten und es ist sicherzustellen, dass ein Zuschlag unter Beachtung der vergaberechtlichen Vorgaben zum frühestmöglichen Zeitpunkt erfolgt".

31

Des Weiteren sollen die folgenden Sätze eingefügt werden:
„Die Vertragsparteien nach Absatz 1 Satz 1 sind verpflichtet, dem Bundesministerium für Gesundheit auf Verlangen unverzüglich Auskunft über den Stand der Bearbeitung ihrer Aufgaben zu geben. Die Vertragsparteien nach Absatz 1 Satz 1 legen dem Bundesministerium für Gesundheit spätestens bis

---

78 BT-Dr. 16/7439, 82.
79 BT-Dr. 17/10170, 18.
80 BT-Dr. 17/10170, 18.
81 BT-Dr. 17/10170, 18.
82 Zur Kritik an den aktuellen Vereinbarungen Bachem/Klie in: LPK-SGB XI, § 113 Rn. 18.
83 Gutzler in: Hauck/Noftz, SGB XI, § 113 Rn. 18.
84 BT-Dr. 16/7439, 82.
85 Gutzler in: Hauck/Noftz, SGB XI, § 113 Rn. 26; Evers in: BeckOK SozR, SGB XI, § 113 Rn. 9.
86 BR-Dr. 456/17 v. 16.6.2017.

zum 31. Januar 2018 einen konkreten Zeitplan für die Bearbeitung ihrer Aufgaben vor, aus dem einzelne Umsetzungsschritte erkennbar sind. § 113 b Absatz 8 Satz 3 bis 5 gilt entsprechend."[87]

32 Der Gesetzgeber hat durch die Fristbestimmung zur Einleitung des Vergabeverfahrens den zeitlichen Spielraum für die Durchführung und Umsetzung der Bestimmung in Abs. 1 b S. 1 klar eingegrenzt. Inhaltlich besteht ein enger Zusammenhang mit dem in § 113 b Abs. 4 S. 2 Nr. 1 und 2 geforderten Umsetzungsrahmen.[88] Nach dem zwischen den Vertragsparteien nach § 113 als Auftraggeber und dem Auftragnehmer gem. § 113 b Abs. 4 S. 2 Nr. 1 und 2 vertraglich festgelegten Ablauf der wissenschaftlichen Entwicklung sind bis Mitte Oktober 2017 die einschlägigen Empfehlungen vorzulegen. Mit diesen Ergebnissen liegen maßgebliche Vorarbeiten für das Vergabeverfahren nach § 113 Abs. 1 b vor, in dessen Rahmen eine fachlich unabhängige Institution mit der Datenzusammenführung und Datenauswertung beauftragt werden soll.[89] Die durch den Gesetzgeber geplante Fristbestimmung wird kritisch gesehen, da die wissenschaftlichen Vorarbeiten in Form von Zwischen- und /oder Abschlussberichten als notwendige Grundlage für das spätere Vergabeverfahren erst abgeschlossen sein müssen.[90]

Entsprechend der Regelung in § 113 b Abs. 8 sollen nun auch für die Aufgaben der Vertragsparteien nach § 113 Abs. 1 S. 1 gemäß § 113 Abs. 1 b (Ausschreibung und Auftragsvergabe an eine fachlich unabhängige Institution sowie Vereinbarung über Verfahren zur Datenweiterleitung) Pflichten statuiert werden, die eine zügige Einführung des neuen Qualitätsmessungs- und Qualitätsdarstellungsverfahrens und dessen Transparenz sicherstellen sollen.[91] So sind die Vertragsparteien verpflichtet, bis zum 31.1.2018 einen konkreten Zeitplan für die Bearbeitung der Aufgaben vorzulegen und auf Verlangen Auskunft über deren Stand zu geben. Die Regelungen in § 113 b Abs. 8 S. 3–5 (Genehmigung des Zeitplans; Informationspflicht bei Abweichung vom Zeitplan; Möglichkeit der Ersatzvornahme bei Nichteinhaltung des Zeitplans) sind dabei entsprechend anzuwenden. Die erweiterten Informationspflichten sind nach Ansicht des GKV-Spitzenverbandes weder erforderlich noch sachgerecht; insbesondere, weil der Gesetzgeber die Selbstverwaltung mit der Qualitätssicherung und -entwicklung in der Pflege beauftragt habe.[92]

§ 113 a Expertenstandards zur Sicherung und Weiterentwicklung der Qualität in der Pflege

(1) ¹Die Vertragsparteien nach § 113 stellen die Entwicklung und Aktualisierung wissenschaftlich fundierter und fachlich abgestimmter Expertenstandards zur Sicherung und Weiterentwicklung der Qualität in der Pflege sicher. ²Expertenstandards tragen für ihren Themenbereich zur Konkretisierung des allgemein anerkannten Standes der medizinisch-pflegerischen Erkenntnisse bei. ³Dabei ist das Ziel, auch nach Eintritt der Pflegebedürftigkeit Leistungen zur Prävention und zur medizinischen Rehabilitation einzusetzen, zu berücksichtigen. ⁴Der Medizinische Dienst des Spitzenverbandes Bund der Krankenkassen, der Verband der privaten Krankenversicherung e.V., die Verbände der Pflegeberufe auf Bundesebene sowie unabhängige Sachverständige sind zu beteiligen. ⁵Sie und die nach § 118 zu beteiligenden Organisationen für die Wahrnehmung der Interessen und der Selbsthilfe der pflegebedürftigen und behinderten Menschen können vorschlagen, zu welchen Themen Expertenstandards entwickelt werden sollen. ⁶Der Auftrag zur Entwicklung oder Aktualisierung und die Einführung von Expertenstandards erfolgen jeweils durch einen Beschluss der Vertragsparteien.

(2) ¹Die Vertragsparteien stellen die methodische und pflegefachliche Qualität des Verfahrens der Entwicklung und Aktualisierung von Expertenstandards und die Transparenz des Verfahrens sicher. ²Die Anforderungen an die Entwicklung von Expertenstandards sind in einer Verfahrensordnung zu regeln. ³In der Verfahrensordnung ist das Vorgehen auf anerkannter methodischer Grundlage, insbesondere die wissenschaftliche Fundierung und Unabhängigkeit, die Schrittfolge der Entwicklung, der fachli-

---

87 BT-Dr. 18/12587, 43.
88 Vgl. BT-Dr. 18/12587, 62.
89 BT-Dr. 18/12587, 62.
90 Vgl. Stellungnahme des GKV-Spitzenverbandes v. 21.4.2017 zum Entwurf eines Gesetzes zur Fortschreibung der Vorschriften für Blut- und Gewebezubereitungen und zu den fachfremden Änderungsanträgen, S. 19.
91 Vgl. BT-Dr. 18/12587, 62.
92 Vgl. Stellungnahme des GKV-Spitzenverbandes v. 21.4.2017 zum Entwurf eines Gesetzes zur Fortschreibung der Vorschriften für Blut- und Gewebezubereitungen und zu den fachfremden Änderungsanträgen, S. 20.

chen Abstimmung, der Praxiserprobung und der modellhaften Umsetzung eines Expertenstandards sowie die Transparenz des Verfahrens festzulegen. ⁴Die Verfahrensordnung ist durch das Bundesministerium für Gesundheit im Benehmen mit dem Bundesministerium für Familie, Senioren, Frauen und Jugend zu genehmigen.

(3) ¹Die Expertenstandards sind im Bundesanzeiger zu veröffentlichen. ²Sie sind für alle Pflegekassen und deren Verbände sowie für die zugelassenen Pflegeeinrichtungen unmittelbar verbindlich. ³Die Vertragsparteien unterstützen die Einführung der Expertenstandards in die Praxis.

(4) ¹Die Kosten für die Entwicklung und Aktualisierung von Expertenstandards, mit Ausnahme der Kosten für die qualifizierte Geschäftsstelle nach § 113 b Absatz 6, sind Verwaltungskosten, die vom Spitzenverband Bund der Pflegekassen getragen werden. ²Die privaten Versicherungsunternehmen, die die private Pflege-Pflichtversicherung durchführen, beteiligen sich mit einem Anteil von 10 vom Hundert an den Aufwendungen nach Satz 1. ³Der Finanzierungsanteil, der auf die privaten Versicherungsunternehmen entfällt, kann von dem Verband der privaten Krankenversicherung e.V. unmittelbar an den Spitzenverband Bund der Pflegekassen geleistet werden.

Literatur:

Axer, Instrumente der Qualitätssicherung in der Pflegeversicherung – Zugleich zu den Unterschieden in der Qualitätssicherung zwischen Kranken- und Pflegeversicherung, KrV 2015, 97; *ders.*, Verfassungsrechtliche Fragen der Qualitätssicherung in der Pflegeversicherung, GesR 2015, 193; *Bartholomeyczik/Schreier/Großkopf*, Ernährungsmangement zur Sicherstellung und Förderung der oralen Ernährung in der Pflege: Der neue Expertenstandard, RDG 2009, 16; *Damm*, Medizinrechtliche Grundprinzipien im Kontext von Pflege und Demenz – „Selbstbestimmung und Fürsorge", MedR 2010, 451; *Gaßner/Strömer*, Im Dickicht der Standards verfangen – Haftungsrechtliche Sorgfaltspflichten in der Pflege, MedR 2012, 487; *Geraedts/Holle/Vollmar/Bartholomeyczik*, Qualitätsmanagement in der ambulanten und stationären Pflege, Bundesgesundheitsblatt 2011, 185; *Großkopf/Schanz*, Qualitätssicherung und Haftpflichtmanagement – Aus Fehlern lernen, RDG 2008, 182; *Igl*, Fachliche Standards und Expertenstandards in der Pflege im System der Qualitätssicherung nach § 113 a und § 113 b SGB XI, RsDE 2008, Heft 67, S. 38; *Kolip*, Evaluation, Evidenzbasierung und Qualitätsentwicklung in Prävention und Gesundheitsförderung, Medizinische Klinik 2006, 234; *Kücking/Schnabel*, Die Qualitätssicherung aus der Sicht der gesetzlichen Pflegekassen, SDSRV 2012 Nr. 61, 137; *Neumaier*, Die rechtliche Bedeutung der Expertenstandards in der Pflege, RDG 2009, 112; *Osterbrink/Wallrafen-Dreisow*, Taugen die Standards des DNQP?, Altenpflege 2012, Nr. 3, 70; *Richter*, Die Prüflogik des Gesetzgebers – Überschneidungen und Unterschiede zwischen MDK-Prüfung und heimaufsichtlicher Überwachung, GuP 2012, 56; *Sauerbrey*, Forderung nach mehr Transparenz in der Pflege, SuP 2008, 289; *Schanz*, Expertenstandard „Erhaltung und Förderung der Mobilität in der Pflege" nach § 113 a SGB XI, RDG 2014, 142; *Theuerkauf*, Zivilrechtliche Verbindlichkeit von Expertenstandards in der Pflege, MedR 2011, 72; *ders.*, Eine Note für die „Pflege-Noten" – Ein Zwischenzeugnis für die Transparenzberichterstattung, MedR 2011, 265.

I. Entstehungsgeschichte 1	2. Genehmigungspflicht (Abs. 2 S. 4) 22
II. Normzweck............................ 2	V. Form, Verbindlichkeit und Unterstützungspflicht (Abs. 3)............................ 23
III. Entwicklung und Aktualisierung der Expertenstandards (Abs. 1 S. 1) 6	1. Veröffentlichungspflicht (Abs. 3 S. 1) ... 23
1. Begriff Expertenstandards 6	2. Verbindlichkeit (Abs. 3 S. 2) 24
2. Vertragsparteien und andere Beteiligte 11	3. Unterstützung der Einführung in der Praxis (Abs. 3 S. 3) 25
3. Beschlussfassung 15	VI. Kosten (Abs. 4) 26
IV. Sicherstellung der methodischen und pflegefachlichen Qualität sowie der Transparenz des Verfahrens (Abs. 2)...................... 16	
1. Verfahrensordnungen (Abs. 2 S. 2 und 3)........................ 17	

I. Entstehungsgeschichte

§ 113 a ist durch Art. 1 Nr. 71 des Pflege-Weiterentwicklungsgesetz (**PfWG**) vom 28.5.2008¹ mit Wirkung vom 1.7.2008 neu eingefügt worden. Eine vergleichbare Vorgängerregelung gab es nicht.² Mit der Einführung der Regelung zur Entwicklung und Aktualisierung von Expertenstandards in § 113 a wurden die durch das Deutsche Netzwerk für Qualitätsentwicklung in der Pflege (**DNQP**) seit 1999

1

---

1 BGBl. I, 874.
2 Gutzler in: Hauck/Noftz, SGB XI, § 113 a Rn. 3.

entwickelten rechtlich **unverbindlichen evidenzbasierten** Expertenstandards[3] als Instrument der Qualitätssicherung abgelöst, was nunmehr Aufgabe der **Selbstverwaltung** ist.[4] Einfügungen und Streichungen erfolgten durch das Gesetz zur Stärkung der Gesundheitsförderung und der Prävention (Präventionsgesetz – PrävG) vom 17.7.2015[5] sowie durch das Zweite Gesetz zur Stärkung der pflegerischen Versorgung und zur Änderung weiterer Vorschriften (Zweites Pflegestärkungsgesetz – PSG II) vom 21.12.2015.[6] Die Änderungen in Abs. 1 S. 3 und 4 dienen der Klarstellung zur Art der Beteiligung der auf Bundesebene maßgeblichen Organisationen für die Wahrnehmung der Interessen und der Selbsthilfe pflegebedürftiger und behinderter Menschen.[7] Bei der Streichung der S. 6 und 7 in Abs. 1, in denen die Möglichkeit der Anrufung einer Schiedsstelle nach § 113 b aF geregelt wurde, handelt es sich um eine Folgeänderung der Neukonzeption des § 113 b.[8] Die in Abs. 2 S. 5 aF vormals vorgesehene Ersetzungsbefugnis des Bundesministeriums für Gesundheit im Benehmen mit dem Bundesministerium für Familie, Senioren, Frauen und Jugend wurde gestrichen, da die Verfahrensordnung von den Vertragsparteien am 11.9.2008 verabschiedet und zuletzt mit Beschluss vom 30.3.2009 aktualisiert wurde.[9] Zuletzt wurde Abs. 4 S. 1 durch das Dritte Gesetz zur Stärkung der pflegerischen Versorgung und zur Änderung weiterer Vorschriften (Dritte Pflegestärkungsgesetz – PSG III) vom 23.1.2016[10] ergänzt.

II. Normzweck

2   Aus Sicht des Gesetzgebers stellen gerade die Expertenstandards, die auf der Grundlage eines „fachlich organisierten und konsensorientierten Diskussionsprozesses" entstehen, ein besonders **wichtiges Instrument der internen Qualitätsentwicklung** in der Pflege dar.[11] Sie sollen der **Konkretisierung** des allgemein anerkannten Standes der medizinisch-pflegerischen Erkenntnisse dienen, welcher dem pflegerischen Handeln und der Qualitätsverantwortung der Pflegeeinrichtungen und ihrer Träger (§ 11) sowie dem Sicherstellungsauftrag der Pflegekassen (§ 69) zugrunde liegt.[12] Pflegebedürftige Menschen haben einen Anspruch auf eine dem allgemein anerkannten Stand medizinisch-pflegerischer Erkenntnisse entsprechende Pflege. Die Beachtung des **aktuellen Erkenntnisstandes** ist gerade wegen der haftungsrechtlichen Folgen von Fehlern in der Pflege von Bedeutung.

3   Expertenstandards stellen die **Grundlage** für die Vereinbarung von Maßstäben und Grundsätzen zur Sicherung und Weiterentwicklung der Pflegequalität dar und sollen den allgemein anerkannten Stand medizinisch-pflegerischer Erkenntnisse wiedergeben. Der allgemein anerkannte Stand der medizinisch-pflegerischen Erkenntnisse wird in einem Expertenstandard themenspezifisch zusammengefasst und anwendungsorientiert dargestellt.[13] Der Expertenstandard ist im Rahmen von Qualitätsprüfungen der Maßstab für die Qualität der Pflege (§ 114 Abs. 2 S. 2).

4   Die Themenschwerpunkte der Expertenstandards, die durch das **DNQP** als bundesweiter Zusammenschluss von Fachexperten in der Pflege entwickelt wurden (Rn. 1), bezogen sich bisher auf die klassischen pflegerischen Betätigungsfelder, nämlich Dekubitus- und Sturzprophylaxe, Entlassungs- und Schmerzmanagement bei akuten oder tumorbedingten chronischen Schmerzen und Schmerzmanagement bei chronischen nicht malignen Schmerzen, Harnkontinenzförderung, bedarfsgerechte Ernährung und Flüssigkeitszufuhr bei pflegebedürftigen Menschen,[14] Ernährungsmanagement sowie Pflege von Menschen mit chronischen Wunden.[15] In diesem Zusammenhang steht auch die finanzielle Förderung der im März 2007 veröffentlichten „Rahmenempfehlungen zum Umgang mit herausforderndem Verhalten bei Menschen mit Demenz" durch das damalige Bundesministerium für Gesundheit und Soziale Sicherung.[16] Mit diesem Instrument wurde die Vorarbeit zur Entwicklung eines Expertenstan-

---

3   Die Unverbindlichkeit resultierte aus der fehlenden Legitimation. Siehe Gutzler in: Hauck/Noftz, SGB XI, § 113 a Rn. 3.
4   Gutzler in: Hauck/Noftz, SGB XI, § 113 a Rn. 1.
5   BGBl. I, 1368, 1781.
6   BGBl. I, 2424.
7   BT-Dr. 18/5926, 99.
8   BT-Dr. 18/5926, 99.
9   Zur Begründung der einzelnen Änderungen siehe BT-Dr. 18/5926, 99 f.
10 BGBl. I, 3191.
11 BT-Dr. 16/7439, 83.
12 BT-Dr. 16/7439, 83.
13 BT-Dr. 16/7439, 83.
14 Vgl. hierzu Vierter Bericht des BMG über die Entwicklung der Pflegeversicherung, BT-Dr. 16/7772.
15 Großkopf/Schanz, RDG 2008, 182, 184; Gutzler in: Hauck/Noftz, SGB XI, § 113 a Rn. 3.
16 BT-Dr. 16/7439, 83.

dards zur **Pflege demenzkranker Menschen** geleistet. Sie ermöglichen dem Anwender einen einfachen und zuverlässigen Zugang zu Informationen über den jeweiligen aktuellen Standard in der Pflege und dienen damit insbesondere der Qualitäts- und Behandlungssicherung.[17]

Das Instrument des Expertenstandards soll Unterstützung, Sicherheit und praktische Expertise im Pflegealltag vermitteln.[18] Die Entwicklung und Aktualisierung von Expertenstandards ist deshalb als eins der **wesentlichen Instrumente** des Elften Buches zu begreifen. Damit wird dieser Form der Qualitätsentwicklung die notwendige prozessuale Verankerung und die im Interesse der pflegebedürftigen Menschen erforderliche Verbindlichkeit gegeben.[19]

III. Entwicklung und Aktualisierung der Expertenstandards (Abs. 1 S. 1)

1. Begriff Expertenstandards. Der Begriff des **Expertenstandards** wird nicht legaldefiniert. Der Gesetzgeber verweist in der Gesetzesbegründung auf die in der **pflegewissenschaftlichen Fachwelt** und in der **Pflegepraxis** eingeführten Begriffe und meint, dass sich seit langem in den Pflegeberufen abzeichne, dem verbindlichen Instrument „Standard" den Vorzug zu geben, während die Medizin in der „Leitlinie" das besser geeignete Instrument sehe.[20] Beide Instrumente dienen der Qualitätsentwicklung in der Praxis und dem Theorie-Praxis-Transfer.

In der pflegewissenschaftlichen Fachwelt beschreibt der Expertenstandard „ein professionell abgestimmtes Leistungsniveau, das den Bedürfnissen der ... angesprochenen Bevölkerung angepasst ist und Kriterien zur Erfolgskontrolle der Pflege einschließt".[21] Auch in der Medizin spiegeln die medizinischen Standards die wissenschaftlich-professionellen Erkenntnisse wider.[22] Der Begriff des Expertenstandards ist ein **unbestimmter Rechtsbegriff**. Als Standard gilt erst die Kombination von wissenschaftlicher Erkenntnis, medizinisch-pflegerischer Erfahrung und professioneller Akzeptanz.[23]

Expertenstandards können nach der Vorstellung des Gesetzgebers im Grundsatz sowohl **monoprofessionell**, das heißt unter ausschließlicher Heranziehung von Experten aus den Pflegewissenschaften und der Pflegepraxis, als auch **multidisziplinär**, das heißt unter Beteiligung von Experten aus weiteren pflegerelevanten Gebieten wie etwa medizinischen und therapeutischen Fachrichtungen oder der Ernährungswissenschaft und der Hauswirtschaft, erarbeitet werden.[24] Die Verfahrensordnung vom 30.3.2009, die auf der Grundlage des Abs. 2 S. 2 erging, nimmt diesen Ansatz auf.[25] Der Expertenstandard soll danach durch eine Expertenarbeitsgruppe erarbeitet werden, deren Auswahlverfahren in Punkt 4 der Verfahrensordnung vorgeschrieben ist. Darin kommt letztlich der Grundgedanke von Expertenstandards zum Ausdruck, nämlich dass sie Ergebnis eines fachlich organisierten und konsensorientierten Diskussionsprozesses sind.[26]

Dadurch, dass Expertenstandards sowohl monodisziplinär als auch multidisziplinär erarbeitet werden können,[27] spricht dies gegen eine vollumfängliche Gleichsetzung mit den evidenzbasierten Expertenstandards des **DNQP**, welche schon vor Inkrafttreten des § 113 a entwickelt wurden,[28] da diese nur monodisziplinäre Standards wiedergeben.[29] Die Expertenstandards des DNQP sind weder in die neue Regelung des § 113 a unmittelbar übernommen worden, noch besitzen sie rechtliche Verbindlichkeit.[30] Dieses Ergebnis wird in der Literatur als „misslich" bezeichnet, da diese Expertenstandards als **Modell** für die Regelung des § 113 a fungiert haben.[31] In der Verfahrensordnung vom 30.3.2009 (→ Rn. 8) ist ein **Aktualisierungsverfahren** vorgesehen, mit dem die bisherigen Standards in das neue System inkor-

---

17 Großkopf/Schanz, RDG 2008, 182, 184.
18 BT-Dr. 16/7439, 83.
19 BT-Dr. 16/7439, 83.
20 BT-Dr. 16/7439, 83.
21 Siehe Neumaier, RDG 2009, 112.
22 So Neumaier, RDG 2009, 112, 113.
23 Neumaier, RDG 2009, 112, 113.
24 BT-Dr. 16/7439, 84.
25 Abrufbar unter www.gkv-spitzenverband.de (zuletzt abgerufen am 1.5.2017).
26 Bachem/Klie in: LPK-SGB XI, § 113 a Rn. 5.
27 Siehe Igl, RsDE 2008, 38, 49.
28 Hierzu Großkopf/Schanz, RDG 2008, 182, 184. Zu den Standards des DNQP: Osterbrink/Wallrafen-Dreisow, Altenpflege 2012, Nr. 3, 70.
29 Wilcken in: BeckOK SozR, SGB XI, § 113 a Rn. 2.
30 Gutzler in: Hauck/Noftz, SGB XI, § 113 a Rn. 3, 17; Altmiks in: jurisPK-SGB XI, § 113 a Rn. 24.
31 Gutzler in: Hauck/Noftz, SGB XI, § 113 a Rn. 17.

poriert werden sollen, und zwar vor der Entwicklung neuer Standards.[32] Auch wenn diese Vorgehensweise formal Bedenken aufwerfen mag, weil eine Aktualisierung nach der Systematik nur für bereits nach § 113 a entwickelte Standards vorgesehen ist, sollte aus pragmatischen und teleologischen Gründen hierauf zurückgegriffen werden.[33] Inhaltlich sind die bisherigen Standards nach einem Verfahren zustande gekommen, das dem nach § 113 a entspricht.

10 Bereits die bisherigen Expertenstandards des **DNQP** beinhalten präventive (prophylaktische) Maßnahmen, etwa die Expertenstandards „Sturzprophylaxe in der Pflege" oder „Dekubitusprophylaxe". Die Ergänzung in Abs. 1 S. 3 durch das Präventionsgesetz (**PrävG**) vom 17.7.2015[34] unterstreicht diesen Zusammenhang. Auch der erste auf der Grundlage von § 113 a entwickelte Expertenstandard beinhaltet präventive Maßnahmen; er befasst sich mit dem Thema „Erhaltung und Förderung der Mobilität". Der Expertenstandard-Entwurf „Erhaltung und Förderung der Mobilität" wurde im März 2014 im Rahmen einer Fachkonferenz konsentiert und wird derzeit im Auftrag der Vertragspartner nach § 113 in einem nächsten Schritt modellhaft implementiert.[35] Zur Bearbeitung stehen an „Schmerzmanagement bei chronisch nicht malignen Schmerzen", „Pflege von demenziell Erkrankten" und „Medikamentenmanagement".[36]

11 **2. Vertragsparteien und andere Beteiligte.** Wesentliche Erfolgsfaktoren sind nach Ansicht des Gesetzgebers das hohe **fachliche Niveau** der Expertenstandards sowie die pflegefachliche und gesundheitspolitische **Diskussion** innerhalb der Pflegeberufe unter **Einbeziehung** der Vertreter von Spitzenorganisationen und Verbänden im Gesundheitswesen und Fachexperten anderer Gesundheitsberufe.[37]

12 Abs. 1 unterstreicht die Bedeutung der Expertenstandards als **Konkretisierung** des allgemein anerkannten Standes der medizinisch-pflegerischen Erkenntnisse. Die Aufgabe, wissenschaftlich fundierte und fachlich abgestimmte Expertenstandards zur Sicherung und Weiterentwicklung der Qualität in der Pflege zu beschließen, ist den **Vertragsparteien** nach § 113 übertragen worden (Abs. 1 S. 1). Dabei sind der Medizinische Dienst des Spitzenverbandes Bund der Krankenkassen (MDS), der Verband der privaten Krankenversicherung e.V. (PKV-Verband), die Verbände der Pflegeberufe auf Bundesebene sowie unabhängige Sachverständige, etwa aus dem Bereich der Pflegewissenschaften oder der Geriatrie, zu **beteiligen** (Abs. 1 S. 4). Dazu gehören auch die nach § 118 maßgeblichen Organisationen für die Wahrnehmung der Interessen und der Selbsthilfe der pflegebedürftigen und behinderten Menschen. Die Beteiligung erfordert, dass den Organisationen bzw. Sachverständigen die notwendigen **Informationen** zur Verfügung gestellt werden und dass ihnen die Möglichkeit der **Stellungnahme** bzw. Äußerung gegeben wird.[38] Das **Beteiligungsrecht** umfasst nach dem Willen des Gesetzgebers auch die Möglichkeit, Themen für die Entwicklung von Expertenstandards **vorzuschlagen** (Abs. 1 S. 5).[39] Das Vorschlagsrecht ist in Ziffer 3 der Verfahrensordnung nach Abs. 2 S. 2[40] näher ausgestaltet worden. Darin wird ua verlangt, dass die Vorschläge die Relevanz des Themas auf der Grundlage epidemiologischer Erkenntnisse und wissenschaftlicher Einschätzung nachweisen und begründen, aber auch zur Realisierbarkeit Stellung nehmen müssen.

13 Es gibt folglich keine von den Leistungsträgern und -erbringern unabhängige Einrichtung, welche für die Festschreibung der Expertenstandards verantwortlich ist. Die berechtigte Forderung der Bundeskonferenz zur Qualitätssicherung im Gesundheits- und Pflegewesen e.V. (BUKO-QS) nach einem nationalen Institut für Qualität in Pflege und Betreuung konnte sich nicht durchsetzen.[41] Aus diesem Grund wird auch die Befürchtung geäußert, dass die im Gesetz geregelte Vereinbarungslösung zu einer einseitigen Ausrichtung der Pflegewissenschaften führen könnte.[42]

14 Im Rahmen ihrer Aufgabenstellung besitzen die Vertragsparteien zum einen die Kompetenz, den Prozess der Entwicklung bzw. Aktualisierung eines Expertenstandards in Gang zu setzen, das heißt, sie entscheiden über Gegenstand, Ziel und Umfang eines Expertenstandards (Themenstellung und Auf-

---

32 Siehe Ziff. 7 der Verfahrensordnung vom 30.3.2009, abrufbar unter www.gkv-spitzenverband.de (zuletzt abgerufen am 1.5.2017).
33 Gutzler in: Hauck/Noftz, SGB XI, § 113 a Rn. 17.
34 BGBl. I, 1368, 1781.
35 BT-Dr. 18/4282, 47.
36 Gutzler in: Hauck/Noftz, SGB XI, § 113 a Rn. 3.
37 BT-Dr. 16/7439, 83.
38 Altmiks in: juris-PK SGB XI, § 113 a Rn. 15.
39 BT-Dr. 16/7439, 83.
40 Abrufbar unter www.gkv-spitzenverband.de (zuletzt abgerufen am 1.5.2017).
41 Udsching in: Spickhoff, Medizinrecht, § 113 a SGB XI, Rn. 2.
42 Igl, RsDE 2008, 38, 47 ff.

trag zur Entwicklung) und zum anderen die Kompetenz zur Beschlussfassung über die Einführung des nach den Vorgaben der Themenstellung sowie der nach Abs. 2 S. 2, 3 festgelegten Verfahrensordnung erarbeiteten Expertenstandards.[43] Die vom DNQP bereits entwickelten Expertenstandards sind nach dem Willen des Gesetzgebers in den Aktualisierungsprozess einzubeziehen (hierzu bereits → Rn. 9).[44]

3. Beschlussfassung. Eine **Beschlussfassung** ist sowohl bei der Beauftragung zur Entwicklung und Aktualisierung bzw. Überarbeitung als auch bei der Einführung von Expertenstandards erforderlich (Abs. 1 S. 6). Abs. 1 enthält keine Vorgaben wie die Beschlussfassung zu erfolgen hat. Aufgrund der ursprünglichen Regelung in Abs. 1 S. 6 aF, wonach die Schiedsstelle nach § 113 b angerufen werden konnte, wenn kein Beschluss zustande kam, wurde geschlossen, dass der Beschluss **einstimmig** zu erfolgen hatte.[45] Auch die Verfahrensordnung in der Fassung vom 30.3.2009[46] sieht unter Nr. 1 vor, dass ein Beschluss zustande kommt, wenn der GKV-Spitzenverband und die weiteren in § 113 Abs. 1 S. 1 bezeichneten Vertragsparteien dem Beschlussvorschlag zustimmen. Mit der Neukonzeption des § 113 b, der zur Umbildung der früheren Schiedsstelle in einen **Qualitätsausschuss** führte, ist vorgesehen, dass die Vertragsparteien nach § 113 nunmehr durch den Qualitätsausschuss Beschlüsse nach § 113 a erlassen (§ 113 b Abs. 1 S. 2). Kommt im Qualitätsausschuss eine Vereinbarung oder ein Beschluss etwa über die Einführung eines Expertenstandards ganz oder teilweise nicht durch **einvernehmliche** Einigung zustande, so wird der Qualitätsausschuss auf Verlangen bestimmter im Gesetz genannter Personen um einen unparteiischen Vorsitzenden und zwei weitere unparteiische Mitglieder erweitert (§ 113 b Abs. 3 S. 1). Dieser erweiterte Qualitätsausschuss setzt dann mit der **Mehrheit** seiner Mitglieder den Inhalt der Vereinbarungen oder Beschlüsse fest (§ 113 b Abs. 3 S. 7).

IV. Sicherstellung der methodischen und pflegefachlichen Qualität sowie der Transparenz des Verfahrens (Abs. 2)

Die **Vertragsparteien** haben sicherzustellen, dass wissenschaftlich fundierte und fachlich abgestimmte Expertenstandards zur Entwicklung der Qualität in der Pflege entwickelt werden (Abs. 2 S. 1). Sie tragen damit die unmittelbare Verantwortung für die methodische Richtigkeit und die fachliche Qualität der Expertenstandards, für deren Entwicklung und Aktualisierung sowie für die Transparenz des Verfahrens. Die unmittelbare methodisch-wissenschaftliche Steuerungsaufgabe kann auch durch eine unabhängige, wissenschaftlich besetzte Lenkungsgruppe wahrgenommen werden.[47] Das Nähere ist in einer **Verfahrensordnung** zu regeln, welche in der Fassung vom 30.3.2009[48] vorliegt.

1. Verfahrensordnungen (Abs. 2 S. 2 und 3). Der Gesetzgeber hat zu den Anforderungen, die an die Verfahrensordnung zu stellen sind, recht detaillierte **Vorgaben** gemacht:[49] So sind in ihr das Vorgehen auf anerkannter methodischer Grundlage, insbesondere die Unabhängigkeit des Verfahrens, die wissenschaftliche Fundierung, die Schrittfolge von Entwicklung, fachlicher Abstimmung, Praxiserprobung und modellhafter Umsetzung eines Expertenstandards sowie die Transparenz des Verfahrens, festzulegen. Dabei sollen sich die Vertragsparteien an dem Verfahren zur Entwicklung und Aktualisierung von Expertenstandards und dem methodischen Vorgehen des Deutschen Netzwerks für Qualitätsentwicklung in der Pflege orientieren. Voraussetzung ist demnach, dass Expertenstandards mit **wissenschaftlichen Methoden** erarbeitet und überprüft werden. Das bedeutet auch, dass sich das methodische Vorgehen auf international anerkannte Regeln, insbesondere die wissenschaftliche Fundierung (**evidenzbasiert**) und die fachliche Abstimmung (**Konsentierung**), zu stützen hat. Insbesondere die Forderung nach evidenzbasierter Fundierung ist hoch umstritten.[50]

Der Gesetzgeber verlangt des Weiteren, dass das Verfahren die Entwicklung, Konsentierung, Praxiserprobung, Implementierung und Aktualisierung umfasst und dass die den Standard entwickelnde Expertengruppe aus ausgewiesenen pflegerischen und wissenschaftlichen Mitarbeitern besteht, die nach **fachlichen Kriterien** auszuwählen sind.[51] Gleichzeitig muss eine Entscheidung über die Beteiligung unterschiedlicher Disziplinen nach fachlichen Gesichtspunkten erfolgen und es ist für einen breit angeleg-

---

43 BT-Dr. 16/7439, 83.
44 BT-Dr. 16/7439, 83.
45 Gutzler in: Hauck/Noftz, SGB XI, § 113 a Rn. 6; Leitherer in: KassKomm, § 113 a SGB XI Rn. 9.
46 Abrufbar unter www.gkv-spitzenverband.de (zuletzt abgerufen am 1.5.2017).
47 BT-Dr. 16/7439, 84.
48 Fn. 46.
49 BT-Dr. 16/7439, 84.
50 Kolip, Medizinische Klinik 2006, 234 ff.
51 BT-Dr. 16/7439, 84.

ten Wissenstransfer und Erfahrungsaustausch zu sorgen, um auf diese Weise die Basis für die **Transparenz** der von den Expertengruppen zu entwickelnden und von den Vertragsparteien zu beschließenden Expertenstandards sicherzustellen.[52]

19 Die Arbeitsergebnisse der Expertengruppe sind als Entwurf eines Standards vorzulegen; darauf folgt die professionelle Abstimmung (**Konsentierung**), gegebenenfalls ist der Standard den konsentierten Ergebnissen anzupassen.[53] Anschließend soll der Standard nach dem Willen des Gesetzgebers in verschiedenen Einrichtungen hinsichtlich seiner Praxistauglichkeit **erprobt**, das heißt, modellhaft eingeführt und umgesetzt und nach Abschluss dieser Erprobung gegebenenfalls erneut angepasst und abgestimmt werden.[54]

20 Des Weiteren sollen die Entwürfe des Expertenstandards sowie wesentliche Schritte und Zwischenergebnisse des Verfahrens im Internet und in anderer geeigneter Form **veröffentlicht** werden, um die Transparenz des Verfahrens sicherzustellen.[55]

21 In der Verfahrensordnung vom 30.3.2009, welche am 1.4.2009 in Kraft trat,[56] finden sich unter anderem Regelungen zur Beschlussfassung im Plenum, zur Unterstützung durch eine beim GKV-Spitzenverband angesiedelte „Geschäftsstelle Expertenstandards nach § 113a", zum Vorschlagsrecht für die Entwicklung, zum Verfahren zur Entwicklung und Aktualisierung der Expertenstandards, zur Ausschreibung und Vergabe von Aufträgen, zur Durchführung von Fachkonferenzen, zur „modellhaften Implementierung", zur Verabschiedung eines Expertenstandards und zur deren Aktualisierung. In der Literatur wird kritisch hierzu angemerkt, dass die Verfahren zur Erarbeitung von Expertenstandards sich aus der Wissenschaft und nicht aus der Administration ableiten würden, was dazu führen könne, „dass durch die Verfahrensherrschaft im Allgemeinen und die Verfahrensordnung im Speziellen die Autonomie wissenschaftlicher Wissensgenerierung und professionsgeleiteter Standardentwicklung eingeschränkt" werde.[57] Eine unabhängige Pflegewissenschaft werde dadurch geschwächt bzw. eine inhaltliche und methodische Unabhängigkeit der Standardentwicklung fehle bisher ganz.[58] Wichtig wäre es deshalb gewesen, ein unabhängiges Instituts für Qualität und Pflege sowie Betreuung zu errichten.

22 **2. Genehmigungspflicht (Abs. 2 S. 4).** Die Verfahrensordnung ist durch das Bundesministerium für Gesundheit im Benehmen mit dem Bundesministerium für Familie, Senioren, Frauen und Jugend zu genehmigen. Dies ist bei der derzeit geltenden Verfahrensordnung eingehalten worden.

V. Form, Verbindlichkeit und Unterstützungspflicht (Abs. 3)

23 **1. Veröffentlichungspflicht (Abs. 3 S. 1).** Liegt ein Beschluss der Vertragsparteien vor, so ist der Expertenstandard im **Bundesanzeiger** zu veröffentlichen. Daneben sieht Nr. 5.6 der Verfahrensordnung eine Veröffentlichung im Internet sowie „in anderer geeigneter Form" vor.

24 **2. Verbindlichkeit (Abs. 3 S. 2).** Die **Expertenstandards** sind nach Abs. 3 S. 2 für alle Pflegekassen und deren Verbände sowie die zugelassenen Pflegeeinrichtungen im Interesse der pflegebedürftigen Menschen **unmittelbar verbindlich**. Sie haben folglich den Charakter einer Rechtsnorm.[59] Dies ist sowohl aus verfassungsrechtlicher als auch sozialrechtlicher Sicht nicht unproblematisch.[60] So wird eingewandt, dass hierdurch die Unabhängigkeit und Autorität der Berufsgruppen und Wissenschaftsdisziplinen auf dem Gebiet der Pflege und ihre Autonomie deutlich eingeschränkt werde.[61] Davon ist die Frage zu unterscheiden, ob ein Nichtbefolgen von Expertenstandards auch zivil- und strafrechtliche Auswirkungen hat.[62]

25 **3. Unterstützung der Einführung in der Praxis (Abs. 3 S. 3).** Die Vertragsparteien haben die Pflegeeinrichtungen bei der Einführung und Anwendung der Expertenstandards zu unterstützen, zum Beispiel durch Schulungen und Multiplikatorenkonferenzen.[63]

---

52 BT-Dr. 16/7439, 84.
53 BT-Dr. 16/7439, 84.
54 BT-Dr. 16/7439, 84.
55 BT-Dr. 16/7439, 84.
56 Fn. 46.
57 Bachem/Klie in: LPK-SGB XI, § 113a Rn. 6 mwN.
58 So Bachem/Klie in: LPK-SGB XI, § 113a Rn. 6.
59 Altmiks in: juris-PK SGB XI, § 113a Rn. 23.
60 Siehe hierzu Bachem/Klie in: LPK-SGB XI, § 113a Rn. 7; Leitherer in: KassKomm, § 113a SGB XI Rn. 19.
61 So Bachem/Klie in: LPK-SGB XI, § 113a Rn. 7.
62 Vgl. hierzu BGH, 28.4.2005, III ZR 399/04; BGH, 14.7.2005, III ZR 391/04.
63 BT-Dr. 16/7439, S. 84.

VI. Kosten (Abs. 4)

Die Kosten für die Entwicklung sowie Überarbeitung von Expertenstandards sind, mit Ausnahme der Kosten der gem. § 113 b Abs. 6 eingerichteten unabhängigen qualifizierten Geschäftsstelle des Qualitätsausschusses (hierzu → Rn. 28), nach Abs. 4 S. 1 **Verwaltungskosten**, die vom Spitzenverband Bund der Pflegekassen getragen werden. Folglich gehen sie letztlich zulasten der Versicherten/Beitragszahler.[64] Die Kosten sind jährlich zu berechnen.[65]

Einen Anteil von 10 % tragen nach Abs. 4 S. 2 die privaten Versicherungsunternehmen, die die private Pflege-Pflichtversicherung durchführen. Der Anteil entspricht dem gerundeten Anteil der Versicherten der privaten Pflege-Pflichtversicherung an der Zahl aller Versicherten der gesetzlichen Pflegeversicherung.[66] Aus Gründen der Verwaltungsvereinfachung kann der Finanzierungsanteil, der auf die privaten Versicherungsunternehmen entfällt, nach Abs. 4 S. 3 durch den Verband der privaten Krankenversicherung e.V. unmittelbar an den Spitzenverband Bund der Pflegekassen geleistet werden.

Mit dem Zweiten Pflegestärkungsgesetz (PSG II)[67] wurde die Regelung aufgenommen, dass die Vertragsparteien Vereinbarungen und Beschlüsse im Bereich der Qualitätssicherung, ua auch die Entscheidungen bei der Entwicklung und Aktualisierung von Expertenstandards, durch den Qualitätsausschuss Pflege treffen und dabei durch die qualifizierte Geschäftsstelle nach § 113 b Abs. 6 unterstützt werden. Die qualifizierte Geschäftsstelle wird aus den Mitteln des Ausgleichsfonds der Pflegeversicherung finanziert (§ 8 Abs. 3 und 4). Die Aufgaben der Geschäftsstelle Expertenstandards werden insoweit von der Geschäftsstelle Qualitätsausschuss Pflege übernommen. Da die Trennung der Tätigkeitsbereiche zwecks Zuordnung der unterschiedlichen Finanzverantwortung in der Praxis mit unverhältnismäßigem Verwaltungsaufwand verbunden ist, hat sich der Gesetzgeber dazu entschlossen, die Regelung aufzunehmen, dass die Kosten für die Tätigkeit der Geschäftsstelle zur Entwicklung der Expertenstandards nicht mehr als Verwaltungskosten dem Spitzenverband Bund der Pflegekassen zuzuordnen, sondern ebenfalls aus dem **Ausgleichsfonds** zu begleichen sind.[68]

§ 113 b Qualitätsausschuss

(1) ¹Die von den Vertragsparteien nach § 113 im Jahr 2008 eingerichtete Schiedsstelle Qualitätssicherung entscheidet als Qualitätsausschuss nach Maßgabe der Absätze 2 bis 8. ²Die Vertragsparteien nach § 113 treffen die Vereinbarungen und erlassen die Beschlüsse nach § 37 Absatz 5 in der ab dem 1. Januar 2017 geltenden Fassung, den §§ 113, 113 a, 115 Absatz 1 a und 1 c sowie § 115 a Absatz 1 und 2 durch diesen Qualitätsausschuss.

(2) ¹Der Qualitätsausschuss besteht aus Vertretern des Spitzenverbandes Bund der Pflegekassen (Leistungsträger) und aus Vertretern der Vereinigungen der Träger der Pflegeeinrichtungen auf Bundesebene (Leistungserbringer) in gleicher Zahl; Leistungsträger und Leistungserbringer können jeweils höchstens zehn Mitglieder entsenden. ²Dem Qualitätsausschuss gehören auch ein Vertreter der Bundesarbeitsgemeinschaft der überörtlichen Träger der Sozialhilfe und ein Vertreter der kommunalen Spitzenverbände auf Bundesebene an; sie werden auf die Zahl der Leistungsträger angerechnet. ³Dem Qualitätsausschuss kann auch ein Vertreter des Verbandes der privaten Krankenversicherung e.V. angehören; die Entscheidung hierüber obliegt dem Verband der privaten Krankenversicherung e.V. ⁴Sofern der Verband der privaten Krankenversicherung e.V. ein Mitglied entsendet, wird dieses Mitglied auf die Zahl der Leistungsträger angerechnet. ⁵Dem Qualitätsausschuss soll auch ein Vertreter der Verbände der Pflegeberufe angehören; er wird auf die Zahl der Leistungserbringer angerechnet. ⁶Eine Organisation kann nicht gleichzeitig der Leistungsträgerseite und der Leistungserbringerseite zugerechnet werden. ⁷Jedes Mitglied erhält eine Stimme; die Stimmen sind gleich zu gewichten. ⁸Der Medizinische Dienst des Spitzenverbandes Bund der Krankenkassen wirkt in den Sitzungen und an den Beschlussfassungen im Qualitätsausschuss, auch in seiner erweiterten Form nach Absatz 3, beratend mit. ⁹Die auf Bundesebene maßgeblichen Organisationen für die Wahrnehmung der Interessen und der Selbsthilfe pflegebe-

---

64 Bachem/Klie in: LPK-SGB XI, § 113 a Rn. 8; Leitherer in: KassKomm, § 113 a SGB XI Rn. 22.
65 BT-Dr. 16/7439, 84.
66 BT-Dr. 16/7439, 84.
67 Vom 21.12.2015, BGBl. I, 2424.
68 BT-Dr. 18/10510, 119.

dürftiger und behinderter Menschen wirken in den Sitzungen und an den Beschlussfassungen im Qualitätsausschuss, auch in seiner erweiterten Form nach Absatz 3, nach Maßgabe von § 118 mit.
(3) ¹Kommt im Qualitätsausschuss eine Vereinbarung oder ein Beschluss nach Absatz 1 Satz 2 ganz oder teilweise nicht durch einvernehmliche Einigung zustande, so wird der Qualitätsausschuss auf Verlangen von mindestens einer Vertragspartei nach § 113, eines Mitglieds des Qualitätsausschusses oder des Bundesministeriums für Gesundheit um einen unparteiischen Vorsitzenden und zwei weitere unparteiische Mitglieder erweitert (erweiterter Qualitätsausschuss). ²Sofern die Organisationen, die Mitglieder in den Qualitätsausschuss entsenden, nicht bis zum 31. März 2016 die Mitglieder nach Maßgabe von Absatz 2 Satz 1 benannt haben, wird der Qualitätsausschuss durch die drei unparteiischen Mitglieder gebildet. ³Der unparteiische Vorsitzende und die weiteren unparteiischen Mitglieder sowie deren Stellvertreter führen ihr Amt als Ehrenamt. ⁴Der unparteiische Vorsitzende wird vom Bundesministerium für Gesundheit benannt; der Stellvertreter des unparteiischen Vorsitzenden und die weiteren unparteiischen Mitglieder sowie deren Stellvertreter werden von den Vertragsparteien nach § 113 gemeinsam benannt. ⁵Mitglieder des Qualitätsausschusses können nicht als Stellvertreter des unparteiischen Vorsitzenden oder der weiteren unparteiischen Mitglieder benannt werden. ⁶Kommt eine Einigung über die Benennung der unparteiischen Mitglieder nicht innerhalb einer vom Bundesministerium für Gesundheit gesetzten Frist zustande, erfolgt die Benennung durch das Bundesministerium für Gesundheit. ⁷Der erweiterte Qualitätsausschuss setzt mit der Mehrheit seiner Mitglieder den Inhalt der Vereinbarungen oder der Beschlüsse der Vertragsparteien nach § 113 fest. ⁸Die Festsetzungen des erweiterten Qualitätsausschusses haben die Rechtswirkung einer vertraglichen Vereinbarung oder Beschlussfassung im Sinne von § 37 Absatz 5 in der ab dem 1. Januar 2017 geltenden Fassung, von den §§ 113, 113a und 115 Absatz 1a.
(4) ¹Die Vertragsparteien nach § 113 beauftragen zur Sicherstellung der Wissenschaftlichkeit bei der Wahrnehmung ihrer Aufgaben durch den Qualitätsausschuss mit Unterstützung der qualifizierten Geschäftsstelle nach Absatz 6 fachlich unabhängige wissenschaftliche Einrichtungen oder Sachverständige. ²Diese wissenschaftlichen Einrichtungen oder Sachverständigen werden beauftragt, insbesondere

1. bis zum 31. März 2017 die Instrumente für die Prüfung der Qualität der Leistungen, die von den stationären Pflegeeinrichtungen erbracht werden, und für die Qualitätsberichterstattung in der stationären Pflege zu entwickeln, wobei
   a) insbesondere die 2011 vorgelegten Ergebnisse des vom Bundesministerium für Gesundheit und vom Bundesministerium für Familie, Senioren, Frauen und Jugend geförderten Projektes „Entwicklung und Erprobung von Instrumenten zur Beurteilung der Ergebnisqualität in der stationären Altenhilfe" und die Ergebnisse der dazu durchgeführten Umsetzungsprojekte einzubeziehen sind und
   b) Aspekte der Prozess- und Strukturqualität zu berücksichtigen sind;
2. bis zum 31. März 2017 auf der Grundlage der Ergebnisse nach Nummer 1 unter Beachtung des Prinzips der Datensparsamkeit ein bundesweites Datenerhebungsinstrument, bundesweite Verfahren für die Übermittlung und Auswertung der Daten einschließlich einer Bewertungssystematik sowie für die von Externen durchzuführende Prüfung der Daten zu entwickeln;
3. bis zum 30. Juni 2017 die Instrumente für die Prüfung der Qualität der von den ambulanten Pflegeeinrichtungen erbrachten Leistungen und für die Qualitätsberichterstattung in der ambulanten Pflege zu entwickeln, eine anschließende Pilotierung durchzuführen und einen Abschlussbericht bis zum 31. März 2018 vorzulegen;
4. ergänzende Instrumente für die Ermittlung und Bewertung von Lebensqualität zu entwickeln;
5. die Umsetzung der nach den Nummern 1 bis 3 entwickelten Verfahren zur Qualitätsmessung und Qualitätsdarstellung wissenschaftlich zu evaluieren und den Vertragsparteien nach § 113 Vorschläge zur Anpassung der Verfahren an den neuesten Stand der wissenschaftlichen Erkenntnisse zu unterbreiten sowie
6. bis zum 31. März 2018 ein Konzept für eine Qualitätssicherung in neuen Wohnformen zu entwickeln und zu erproben, insbesondere Instrumente zur internen und externen Qualitätssicherung sowie für eine angemessene Qualitätsberichterstattung zu entwickeln und ihre Eignung zu erproben.

³Das Bundesministerium für Gesundheit sowie das Bundesministerium für Familie, Senioren, Frauen und Jugend in Abstimmung mit dem Bundesministerium für Gesundheit können den Vertragsparteien nach § 113 weitere Themen zur wissenschaftlichen Bearbeitung vorschlagen.

(5) ¹Die Finanzierung der Aufträge nach Absatz 4 erfolgt aus Mitteln des Ausgleichsfonds der Pflegeversicherung nach § 8 Absatz 4. ²Bei der Bearbeitung der Aufträge nach Absatz 4 Satz 2 ist zu gewährleisten, dass die Arbeitsergebnisse umsetzbar sind. ³Der jeweilige Auftragnehmer hat darzulegen, zu welchen finanziellen Auswirkungen die Umsetzung der Arbeitsergebnisse führen wird. ⁴Den Arbeitsergebnissen ist diesbezüglich eine Praktikabilitäts- und Kostenanalyse beizufügen. ⁵Die Ergebnisse der Arbeiten nach Absatz 4 Satz 2 sind dem Bundesministerium für Gesundheit zur Kenntnisnahme vor der Veröffentlichung vorzulegen.

(6) ¹Die Vertragsparteien nach § 113 richten gemeinsam bis zum 31. März 2016 eine unabhängige qualifizierte Geschäftsstelle des Qualitätsausschusses für die Dauer von fünf Jahren ein. ²Die Geschäftsstelle nimmt auch die Aufgaben einer wissenschaftlichen Beratungs- und Koordinierungsstelle wahr. ³Sie soll insbesondere den Qualitätsausschuss und seine Mitglieder fachwissenschaftlich beraten, die Auftragsverfahren nach Absatz 4 koordinieren und die wissenschaftlichen Arbeitsergebnisse für die Entscheidungen im Qualitätsausschuss aufbereiten. ⁴Näheres zur Zusammensetzung und Arbeitsweise der qualifizierten Geschäftsstelle regeln die Vertragsparteien nach § 113 in der Geschäftsordnung nach Absatz 7.

(7) ¹Die Vertragsparteien nach § 113 vereinbaren in einer Geschäftsordnung mit dem Verband der privaten Krankenversicherung e.V., mit den Verbänden der Pflegeberufe auf Bundesebene und mit den auf Bundesebene maßgeblichen Organisationen für die Wahrnehmung der Interessen und der Selbsthilfe pflegebedürftiger und behinderter Menschen das Nähere zur Arbeitsweise des Qualitätsausschusses, insbesondere
1. zur Benennung der Mitglieder und der unparteiischen Mitglieder,
2. zur Amtsdauer, Amtsführung und Entschädigung für den Zeitaufwand der unparteiischen Mitglieder,
3. zum Vorsitz,
4. zu den Beschlussverfahren,
5. zur Errichtung einer qualifizierten Geschäftsstelle auch mit der Aufgabe als wissenschaftliche Beratungs- und Koordinierungsstelle nach Absatz 6,
6. zur Sicherstellung der jeweiligen Auftragserteilung nach Absatz 4,
7. zur Einbeziehung weiterer Sachverständiger oder Gutachter,
8. zur Bildung von Arbeitsgruppen,
9. zur Gewährleistung der Beteiligungs- und Mitberatungsrechte nach diesem Gesetz einschließlich der Erstattung von Reisekosten nach § 118 Absatz 1 Satz 6 sowie
10. zur Verteilung der Kosten für die Entschädigung der unparteiischen Mitglieder und der einbezogenen weiteren Sachverständigen und Gutachter sowie für die Erstattung von Reisekosten nach § 118 Absatz 1 Satz 6; die Kosten können auch den Kosten der qualifizierten Geschäftsstelle nach Absatz 6 zugerechnet werden.

²Die Geschäftsordnung und die Änderung der Geschäftsordnung sind durch das Bundesministerium für Gesundheit im Benehmen mit dem Bundesministerium für Familie, Senioren, Frauen und Jugend zu genehmigen. ³Kommt die Geschäftsordnung nicht bis zum 29. Februar 2016 zustande, wird ihr Inhalt durch das Bundesministerium für Gesundheit im Benehmen mit dem Bundesministerium für Familie, Senioren, Frauen und Jugend bestimmt.

(8) ¹Die Vertragsparteien nach § 113 sind verpflichtet, dem Bundesministerium für Gesundheit auf Verlangen unverzüglich Auskunft über den Stand der Bearbeitung der mit gesetzlichen Fristen versehenen Aufgaben nach Absatz 1 Satz 2 und über den Stand der Auftragserteilung und Bearbeitung der nach Absatz 4 zu erteilenden Aufträge sowie über erforderliche besondere Maßnahmen zur Einhaltung der gesetzlichen Fristen zu geben. ²Die Vertragsparteien legen dem Bundesministerium für Gesundheit bis zum 15. Januar 2017 einen konkreten Zeitplan für die Bearbeitung der mit gesetzlichen Fristen versehenen Aufgaben nach Absatz 1 Satz 2 und der Aufträge nach Absatz 4 vor, aus dem einzelne Umsetzungsschritte erkennbar sind. ³Der Zeitplan ist durch das Bundesministerium für Gesundheit im Benehmen mit dem Bundesministerium für Familie, Senioren, Frauen und Jugend zu genehmigen. ⁴Die Vertragsparteien nach § 113 sind verpflichtet, das Bundesministerium für Gesundheit unverzüglich zu informieren, wenn absehbar ist, dass ein Zeitziel des Zeitplans nicht eingehalten werden kann. ⁵In diesem Fall kann das Bundesministerium für Gesundheit im Benehmen mit dem Bundesministerium für Familie, Senioren, Frauen und Jugend einzelne Umsetzungsschritte im Wege der Ersatzvornahme selbst vornehmen.

(9) ¹Die durch den Qualitätsausschuss getroffenen Entscheidungen sind dem Bundesministerium für Gesundheit vorzulegen. ²Es kann die Entscheidungen innerhalb von zwei Monaten beanstanden. ³Das Bundesministerium für Gesundheit kann im Rahmen der Prüfung vom Qualitätsausschuss zusätzliche Informationen und ergänzende Stellungnahmen anfordern; bis zu deren Eingang ist der Lauf der Frist nach Satz 2 unterbrochen. ⁴Beanstandungen des Bundesministeriums für Gesundheit sind innerhalb der von ihm gesetzten Frist zu beheben. ⁵Die Nichtbeanstandung von Entscheidungen kann vom Bundesministerium für Gesundheit mit Auflagen verbunden werden. ⁶Kommen Entscheidungen des Qualitätsausschusses ganz oder teilweise nicht fristgerecht zustande oder werden die Beanstandungen des Bundesministeriums für Gesundheit nicht innerhalb der von ihm gesetzten Frist behoben, kann das Bundesministerium für Gesundheit den Inhalt der Vereinbarungen und der Beschlüsse nach Absatz 1 Satz 2 festsetzen. ⁷Bei den Verfahren nach den Sätzen 1 bis 6 setzt sich das Bundesministerium für Gesundheit mit dem Bundesministerium für Familie, Senioren, Frauen und Jugend ins Benehmen.

Literatur:

Altmiks, Normsetzung durch besondere Vertragsorgane – Die Bewertungsausschüsse nach § 87 SGB V und der Qualitätsausschuss Pflege gemäß § 113 b SGB XI, WzS 2016, 9; *Axer*, Instrumente der Qualitätssicherung in der Pflegeversicherung – Insbesondere zum Qualitätsausschuss nach § 113 b SGB XI, Sozialrecht aktuell 2016, 34; *Gaertner/van Essen*, Qualitätsprüfungen in Einrichtungen der ambulanten und stationären Pflege nach SGB XI – Prüfgrundlagen für den MDK und Pflegedokumentation als Teil der Prozessqualität, GuP 2013, 88; *Gottlieb*, Vereinheitlichungsaspekte bei den sozialrechtlichen Schiedsstellen nach §§ 78 g SGB VIII, 76 SGB XI und 80 SGB XII, Sozialrecht aktuell 2012, 150; *Igl*, Fachliche Standards und Expertenstandards für die Pflege im System der Qualitätsentwicklung nach § 113 a und § 113 b SGB XI, RsDE 2008, 38; *Pick/Brüggemann*, Qualität der Pflege – Fast am Ziel oder halbe Strecke?, GSP 2016, 25; *Udsching*, Der Qualitätsausschuss nach § 113 b SGB XI, in: Schnapp/Düring, Handbuch des sozialrechtlichen Schiedsverfahrens, 2. Aufl. 2016, Rn. 987 ff.

I. Entstehungsgeschichte 1	VI. Erweiterter Qualitätsausschuss (Abs. 3) 19
II. Normzweck 2	1. Ausgestaltung als inkorporierte Schiedsstelle 19
III. Von der Schiedsstelle zum Qualitätsausschuss (Abs. 1 S. 1) 4	2. Zusammensetzung 20
1. Errichtung der Schiedsstelle Qualitätssicherung durch die Vertragsparteien nach altem Recht...................... 4	3. Amtszeit und Ausübung als Ehrenamt.. 21
	4. Rechtsnatur der Entscheidungen und Mehrheitsprinzip...................... 22
2. Umwandlung in einen Qualitätsausschuss nach neuem Recht 5	VII. Beauftragung von fachlich unabhängigen wissenschaftlichen Einrichtungen und Sachverständigen (Abs. 4)...................... 24
IV. Aufgaben bzw. Zuständigkeiten (Abs. 1 S. 2) 7	VIII. Finanzierung (Abs. 5)...................... 26
1. Aufgabe und Entscheidungen der ehemaligen Schiedsstelle Qualitätssicherung 7	IX. Einrichtung einer unabhängigen qualifizierten Geschäftsstelle (Abs. 6)............... 27
	X. Geschäftsordnung (Abs. 7)................ 29
2. Aufgaben des Qualitätsausschusses..... 10	XI. (Aufsichts-)Befugnisse des Bundesministeriums für Gesundheit (Abs. 8, 9)............ 31
3. Unterschiede zur früheren Schiedsstelle 11	1. Informationsrechte (Abs. 8 S. 1–4)...... 32
4. Inhalt und Entscheidungsspielraum 12	2. Ersatzvornahmebefugnis (Abs. 8 S. 5) .. 35
V. Besetzung und Rechte der Mitglieder des Qualitätsausschusses (Abs. 2) 14	3. Beanstandungs- und Festsetzungsbefugnis im Rahmen der Rechtsaufsicht (Abs. 9)................................ 36
1. Zusammensetzung 14	
2. Stimmenverteilung und Teilnahme an Sitzungen.............................. 17	XII. Geplante Änderung durch das Blut- und Gewebegesetz............................ 38
3. Beschlussfähigkeit und einvernehmliche Beschlussfassung 18	

I. Entstehungsgeschichte

1   § 113 b ist durch Art. 1 Nr. 71 des Pflege-Weiterentwicklungsgesetzes (**PfWG**) vom 28.5.2008,¹ mit Wirkung vom 1.7.2008 eingeführt worden. Es gibt hierzu keine Vorgänger- bzw. vergleichbare Regelung. Die Regelung war zunächst in anderer Fassung im Gesetzesentwurf der Bundesregierung enthalten.² Die spätere Fassung ging auf die Beschlussempfehlung des 14. Ausschusses zurück.³ Eine Neu-

---

1 BGBl. I, 874.
2 BT-Dr. 16/7439, 24, Begründung S. 84 f.
3 BT-Dr. 16/8525, 49 f., Begründung S. 102.

konzeption des § 113 b erfolgte mWv 1.1.2016 durch das Zweite Gesetz zur Stärkung der pflegerischen Versorgung und zur Änderung weiterer Vorschriften (Zweites Pflegestärkungsgesetz – **PSG II**) vom 21.12.2015.[4] Weitere Änderungen und Anpassungen, insbesondere die Neufassung von Abs. 8, erfolgten durch das Dritte Gesetz zur Stärkung der pflegerischen Versorgung und zur Änderung weiterer Vorschriften (Drittes Pflegestärkungsgesetz – **PSG III**) vom 23.12.2016.[5]

II. Normzweck

Die Regelung bezweckt, etwaige Konflikte zwischen den Vertragsparteien nach § 113 **ziel- und ergebnisorientiert** zu beenden und durch eine nach fachlichen Gesichtspunkten gebildete **unabhängige Instanz** sachgerechte Lösungen zu schaffen.[6] Mit der Einrichtung der vormaligen Schiedsstelle Qualitätssicherung wurde ein klassischer Konfliktlösungsmechanismus auf dem Gebiet der Selbstverwaltung geschaffen.[7]

Die Fortentwicklung der bisherigen Schiedsstelle zu einem entscheidungsfähigen **Qualitätsausschuss**, der von einer auch wissenschaftlich qualifizierten Geschäftsstelle unterstützt wird (§ 113 b Abs. 6), soll vor allem zur Weiterentwicklung der pflegerischen Versorgung beitragen.[8] Mit der Errichtung des Qualitätsausschusses aus der bisherigen Schiedsstelle hat der Gesetzgeber die Kritik an häufig nicht effizienten Verhandlungsprozessen und Entscheidungsstrukturen der Vertragsparteien nach § 113 aufgegriffen und zugleich bestehende institutionelle Formen erweitert. Die Beschlüsse und Vereinbarungen werden anders als in der Vorgängerregelung nicht mehr durch die Vertragspartner unmittelbar selbst, sondern durch einen Ausschuss, in den die Leistungserbringerseite und Leistungsträgerseite als Vertragspartner Mitglieder entsenden, getroffen. An die Stelle der bisher in § 113 b SGB XI aF geregelten „klassischen" Schiedsstelle ist ein **interner Konfliktlösungsmechanismus** durch die Erweiterung des Ausschusses getreten. Die bisher getrennt und zeitlich auseinandergezogenen Verfahren der Verhandlungen der Vertragsparteien und des Schiedsstellenverfahrens werden verknüpft und in einem **zusammenhängenden Prozess** verbunden.[9]

III. Von der Schiedsstelle zum Qualitätsausschuss (Abs. 1 S. 1)

1. Errichtung der Schiedsstelle Qualitätssicherung durch die Vertragsparteien nach altem Recht. Die Vertragsparteien nach § 113, also der Spitzenverband Bund der Pflegekassen, die Bundesarbeitsgemeinschaft der überörtlichen Träger der Sozialhilfe, die Bundesvereinigung der kommunalen Spitzenverbände und die Vereinigungen der Träger der Pflegeeinrichtungen auf Bundesebene (→ § 113 Rn. 9 f.), waren verpflichtet, bis zum 30.9.2008 eine Schiedsstelle Qualitätssicherung einzurichten. Diese Schiedsstelle wurde durch gemeinsamen Beschluss der Vertragsparteien fristgerecht am 23.9.2008 errichtet.[10] Eine Ersatzvornahme zur Bestellung der Mitglieder, wie sie nach Abs. 2 S. 3 und S. 7 aF vorgesehen war, war deshalb nicht notwendig. Die Vertragsparteien gaben sich am 23.9.2008 eine Geschäftsordnung, die am 1.10.2008 in Kraft trat[11] und die das Nähere über die Arbeitsweise, insbesondere die Zusammensetzung, die Bestellung, die Amtsdauer, die Amtsführung, das Verfahren, die Erstattung der baren Auslagen, die Entschädigung für Zeitaufwand der Mitglieder, die Kostenverteilung und die Geschäftsführung regelte.

2. Umwandlung in einen Qualitätsausschuss nach neuem Recht. Mit der Neufassung der Regelung in § 113 b durch das PSG II[12] wurde diese Schiedsstelle in einen sog **Qualitätsausschuss** umgewandelt bzw. durch diesen ersetzt, was aber den Charakter des Gremiums als Streitschlichtungsinstrumentarium unberührt lässt. Die Zusammensetzung, Funktionsfähigkeit und Entscheidungsfindung der Schiedsstelle einschließlich ihrer Geschäftsstelle in wechselnder Verantwortung der Selbstverwaltungs-

---

4 BGBl. I, 2424.
5 BGBl. I, 3191.
6 BT-Dr. 16/7439, 84.
7 Altmiks, in: jurisPK-SGB XI, § 113 b Rn. 6; Gutzler in: Hauck/Noftz, SGB XI, § 113 b Rn. 3; Bachem/Klie in: LPK-SGB XI, § 113 b Rn. 5; Wilcken in: BeckOK SozR, SGB XI, § 113 b Rn. 1 c.
8 BT-Dr. 18/5926, 88.
9 BT-Dr. 18/5926, 100.
10 Gutzler in: Hauck/Noftz, SGB XI, § 113 b Rn. 5; Wilcken in: BeckOK SozR, SGB XI, § 113 b Rn. 5.
11 Siehe Beschluss des Plenums der Vertragspartner am 23.9.2008 und § 13 GO der Schiedsstelle Qualitätssicherung nach § 113 b SGB XI.
12 Fn. 4.

partner haben sich nämlich aus Sicht des Gesetzgebers grundsätzlich bewährt.[13] Mit dem Qualitätsausschuss, der daran anknüpft, wird deshalb keine neue bürokratische Institution geschaffen, sondern nur die Form der Entscheidungsfindung so geregelt, dass die Entscheidungsstrukturen der Selbstverwaltung gestrafft und die Zeiträume der Entscheidungsfindung verkürzt werden.[14] Hierzu wurden die bisher getrennt und zeitlich auseinandergezogenen Verfahren der Verhandlungen der Vertragsparteien und des Schiedsstellenverfahrens miteinander verknüpft und in einem zusammenhängenden, zeitlich gestrafften Prozess verbunden.[15] Die Änderungen sollen deshalb vor allem zu einer effizienteren Arbeit beitragen.[16]

6 Die Regelungen zum Qualitätsausschuss lehnen sich in Struktur und Inhalt an die Regelungen zu den vertragsärztlichen Bewertungsausschüssen nach § 87 Abs. 3 und 4 SGB V an.[17]

IV. Aufgaben bzw. Zuständigkeiten (Abs. 1 S. 2)

7 **1. Aufgabe und Entscheidungen der ehemaligen Schiedsstelle Qualitätssicherung.** Die Fälle, wann die frühere Schiedsstelle Qualitätssicherung angerufen werden konnte, wurden vom Gesetz **explizit** und **abschließend** geregelt. So oblag der Schiedsstelle die Aufgabe, den Inhalt von Vereinbarungen über Maßstäbe und Grundsätze zur Sicherung und Weiterentwicklung der Pflegequalität festzulegen, wenn sich die Vertragsparteien darüber **ganz oder teilweise nicht einigen** konnten (§ 113 Abs. 3 aF).[18] Die Schiedsstelle hatte auch im Streitfall darüber zu entscheiden, ob zu einem Thema ein Expertenstandard erarbeitet bzw. überarbeitet werden sollte und ob ein Expertenstandard als beschlossen galt, wenn ein Beschluss von den Vertragsparteien nicht herbeigeführt werden konnte (§ 113a Abs. 1 S. 7 aF).[19]

8 Bei der Festsetzung des Inhalts der Vereinbarungen über Maßstäbe und Grundsätze zur Sicherung und Weiterentwicklung der Pflegequalität und bei der Festsetzung der Kriterien für die Veröffentlichung von Prüfberichten bezüglich der Leistungen der Pflegeeinrichtungen und deren Qualität hatte die Schiedsstelle einen umfassenden **materiellrechtlichen Beurteilungsspielraum**.[20] Strittig war, ob bei der Entscheidung über die Entwicklung, Aktualisierung oder Einführung von Expertenstandards der Schiedsstelle Kompetenzen zu inhaltlichen Fragen der Qualitätsentwicklung und -sicherung zustanden[21] oder ob der Beurteilungsspielraum der Schiedsstelle nach der Gesetzesbegründung auf die Prüfung eines ordnungsgemäßen Verfahrens **beschränkt sei**.[22]

9 Gegen die Festsetzungen der Schiedsstelle war der Rechtsweg zu den **Sozialgerichten** gegeben (Abs. 1 S. 3 aF). Statthafte Klageart war die kombinierte Anfechtungs- und Verpflichtungsklage gem. § 54 Abs. 1 SGG, da die Schiedsentscheidung als Verwaltungsakt zu qualifizieren war.[23] Ein Vorverfahren gem. § 78 SGG fand **nicht statt** (Abs. 1 S. 4 Hs. 1 aF). Die Klage hatte keine aufschiebende Wirkung (Abs. 1 S. 4 Hs. 2 aF), so dass ggf. daran gedacht werden musste, einen Antrag nach § 86b Abs. 1 Nr. 2 zu stellen.[24] Die Schiedssprüche unterlagen nur einer **eingeschränkten** gerichtlichen Überprüfbarkeit,[25] nämlich dahin gehend, ob der Sachverhalt in einem fairen Verfahren ermittelt wurde und der Beurteilungsspielraum sowie zwingendes Gesetzesrecht beachtet wurden.[26]

10 **2. Aufgaben des Qualitätsausschusses.** Durch den Qualitätsausschuss, der als Verhandlungs- und Entscheidungsgremium ausgestaltet ist, sollen die Vertragsparteien die wichtigen Entscheidungen in den Bereichen der Qualitätssicherung, Qualitätsmessung und Qualitätsdarstellung in der Pflege treffen. Die Vertragsparteien entscheiden somit durch den Qualitätsausschuss über die Qualität der Beratung (§ 37

---

13 BT-Dr. 18/5926, 100.
14 BT-Dr. 18/5926, 100.
15 BT-Dr. 18/5926, 100.
16 Udsching, jurisPR-SozR 6/2016 Anm. 1.
17 Altmiks, in: jurisPK-SGB XI, § 113 b Rn. 9.
18 BT-Dr. 16/7439, 84 f.
19 BT-Dr. 16/7439, 85.
20 BT-Dr. 16/7439, 85; Wilcken in: BeckOK SozR, SGB XI, § 113 b Rn. 2.
21 Wilcken in: BeckOK SozR, SGB XI, § 113 b Rn. 2; Gutzler in: Hauck/Noftz, SGB XI, § 113 a Rn. 7; Leitherer in: KassKomm, § 113 b SGB XI Rn. 13; Basen: in: Udsching, SGB XI, § 113 a Rn. 5.
22 BT-Dr. 16/7439, 85; in diesem Sinne wohl auch Bachem/Klie in: LPK-SGB XI, § 113 b Rn. 6.
23 Altmiks in: jurisPK-SGB XI, § 113 b Rn. 13, 19; Bachem/Klie in: LPK-SGB XI, § 113 b Rn. 7.
24 Gutzler in: Hauck/Noftz, SGB XI, § 113 b Rn. 9.
25 Vgl. in den Altauflagen: Altmiks in: jurisPK-SGB XI, § 113 b Rn. 21; Bassen in: Udsching, SGB XI, § 113 b Rn. 4.
26 BSG, 14.12.2000, B 3 P 19/00 R, BSGE 87, 199 zu § 76.

Abs. 5), die Maßstäbe und Grundsätze zur Sicherung und Weiterentwicklung der Qualität in der Pflege (§ 113), die Expertenstandards zur Sicherung und Weiterentwicklung in der Pflege (§ 113 a) und die Regelungen zur Qualitätsdarstellung (§ 115). Darüber hinaus hatte der Qualitätsausschuss Vereinbarungen von Übergangsregelungen für die bisherigen Pflege-Transparenzvereinbarungen gem. § 115 a Abs. 1 zu treffen sowie die vor der Schiedsstelle Qualitätssicherung (§ 113 n aF) noch anhängigen Verfahren bis zum 30.6.2016 (§ 115 a Abs. 2) abzuschließen. Der Aufgabenbereich des Qualitätsausschusses ist wie bei der vormaligen Schiedsstelle gesetzlich **abschließend** geregelt worden. Er kann damit auch keine weiteren Aufgaben an sich ziehen.[27]

3. Unterschiede zur früheren Schiedsstelle. Die Schiedsstelle Qualitätssicherung war in erster Linie dazu berufen, im Falle des **Scheiterns** von Verhandlungen der Vertragsparteien die notwendigen Entscheidungen zu treffen. Dem Qualitätsausschuss werden von Anfang bestimmte Entscheidungsbefugnisse (→ Rn. 10) übertragen. Die Schiedsstelle war somit im Gegensatz zum Qualitätsausschuss eine reine **Konfliktlösungsstelle**. Diese Aufgabe nimmt nunmehr vor allem der erweiterte Qualitätsausschuss nach § 113 b Abs. 3. wahr (→ Rn. 19). 11

4. Inhalt und Entscheidungsspielraum. Die vom Qualitätsausschuss getroffenen Vereinbarungen nach §§ 113 Abs. 1, 115 Abs. 1 a und § 115 a Abs. 1 stellen **normsetzende Verträge** dar und haben die Wirkung untergesetzlicher Rechtsnormen mit abstrakt-genereller Wirkung.[28] Das Gleiche gilt für die Beschlüsse des Qualitätsausschusses zu Expertenstandards nach § 113. Ob der Qualitätsausschuss über eine hinreichende demokratische Legitimation verfügt, mag durchaus kritisch betrachtet werden.[29] 12

Auch dem Qualitätsausschuss kommt wie der früheren Schiedsstelle ein **Gestaltungs- bzw. Entscheidungsspielraum** zu. Beschränkt wird dieser Spielraum durch die Verpflichtung die Ergebnisse der gem. Abs. 4 einzubeziehenden wissenschaftlichen Einrichtungen und Sachverständige bei den Entscheidungen und Beschlüssen zu berücksichtigen (§ 115 Abs. 1 a S. 3).[30] 13

V. Besetzung und Rechte der Mitglieder des Qualitätsausschusses (Abs. 2)

1. Zusammensetzung. Die Regelung in Abs. 2 S. 1 sieht ähnlich wie die Vorgängerregelung vor, dass der Qualitätsausschuss aus Vertretern des Spitzenverbandes Bund der Pflegekassen und der Vereinigungen der Träger der Pflegeeinrichtungen auf Bundesebene in gleicher Zahl besteht, um so die Vertretung von Anbieter- und Nachfrageseite zu gleichen Teilen zu sichern. Aus dem Grundsatz der **Parität** folgt zum einen, dass der Vertreter der Bundesarbeitsgemeinschaft der überörtlichen Träger der Sozialhilfe und ein möglicher Vertreter des Verbandes der privaten Krankenversicherung e.V. auf die Vertreter der Pflegekassen angerechnet werden, und zum anderen, dass ein Vertreter der Verbände der Pflegeberufe der Schiedsstelle nur unter Anrechnung auf die Zahl der Vertreter der Pflegeeinrichtungen angehören kann.[31] 14

In die neue Regelung zum Qualitätsausschuss wurde die nach der Geschäftsordnung der Schiedsstelle Qualitätssicherung vorgesehene Zusammensetzung und Begrenzung der Zahl der **Mitglieder** auf jeweils höchstens **zehn** (also sowohl auf Leistungsträger- als auch Leistungserbringerseite) im Wesentlichen übernommen.[32] Damit die **Funktionsfähigkeit** des Qualitätsausschusses von Anfang an gesichert ist, hat der Gesetzgeber zudem geregelt, dass der Qualitätsausschuss durch die drei unparteiischen Mitglieder des erweiterten Qualitätsausschusses (hierzu → Rn. 20) gebildet wird, sofern die Organisationen, die Mitglieder in den Qualitätsausschuss entsenden, nicht bis zum **31.3.2016** die Mitglieder in der nach Abs. 2 S. 1 insgesamt vorgesehenen Anzahl benannt haben (Abs. 3 S. 2). 15

Dem Qualitätsausschuss gehören entsprechend dem Gesetzeswortlaut ebenso ein Vertreter der Bundesarbeitsgemeinschaft der überörtlichen Träger der Sozialhilfe sowie ein Vertreter der kommunalen Spitzenverbände auf Bundesebene an (Abs. 2 S. 2). Dem Verband der privaten Krankenversicherung e.V. obliegt die **freie Entscheidung** darüber, ob er dem Qualitätsausschuss angehören will oder nicht (Abs. 2 S. 3). Entsendet der Verband der privaten Krankenversicherung e.V. ein Mitglied, dann ist damit gleichzeitig eine Finanzierungsbeteiligung nach § 8 Abs. 4 verbunden. Da die vom Qualitätsaus- 16

---

27 Altmiks in: jurisPK-SGB XI, § 113 b Rn. 21.
28 Altmiks, in: juris-PK-SGB XI, § 113 b Rn. 114 f.
29 Hierzu ausführlich Altmiks, in: juris-PK-SGB XI, § 113 b Rn. 119 ff., der letztlich aber von einer hinreichenden demokratischen Legitimation des Qualitätsausschusses ausgeht.
30 Altmiks, in: juris-PK-SGB XI, § 113 b Rn. 63.
31 BT-Dr. 16/7439, 85.
32 Vgl. § 1 Abs. 1 GO Schiedsstelle Qualitätssicherung.

schuss getroffenen Entscheidungen zur Qualitätssicherung in der Pflege von den Angehörigen der Pflegeberufe umzusetzen sind, hat der Gesetzgeber die Regelung getroffen, dass dem Qualitätsausschuss – unter Anrechnung auf die Zahl der Leistungserbringer – ein Vertreter der **Verbände der Pflegeberufe** angehören soll (Abs. 2 S. 5). Mit dieser Regelung soll so der Bedeutung und den Belangen des Berufsstands Pflege angemessen Rechnung getragen werden. Zur Sicherstellung der **Parität** zwischen Leistungsträgern und Leistungserbringern wird ausgeschlossen, dass eine Organisation gleichzeitig der Leistungsträger- und der Leistungserbringerseite zugeordnet wird (Abs. 2 S. 6).

17 **2. Stimmenverteilung und Teilnahme an Sitzungen.** Jedes Mitglied erhält eine Stimme und die Stimmen sind gleich zu gewichten (Abs. 2 S. 7). Für jedes Mitglied können bis zu zwei Stellvertreter entsandt werden, die bei Verhinderung des Mitglieds dessen Rechte und Pflichten (stimmberechtigter Stellvertreter) wahrnehmen.[33] An der Sitzung können im Falle der Verhinderung des Mitglieds zwar beide Stellvertreter teilnehmen, jedoch ist nur einer stimm- und redeberechtigt.[34] Die Mitglieder sind verpflichtet, an den Sitzungen teilzunehmen. Bei Verhinderung hat es unverzüglich den Stellvertreter und bei dessen Verhinderung ggf. den zweiten Stellvertreter aufzufordern, an der Sitzung teilzunehmen.[35] Damit sichergestellt ist, dass die wissenschaftliche Kompetenz des Medizinischen Dienstes des Spitzenverbandes Bund der Krankenkassen (**MDS**) in die Beratungen und Beschlussfassungen des Qualitätsausschusses, einschließlich in seiner erweiterten Form, einfließt, ist dessen **Beteiligung** in Form einer **beratenden** Tätigkeit gesetzlich normiert (Abs. 2 S. 8). Ausdrücklich geregelt wurde auch, dass die auf Bundesebene maßgeblichen Organisationen für die Wahrnehmung der Interessen und der Selbsthilfe pflegebedürftiger und behinderter Menschen gemäß § 118 an den Beratungen und Beschlussfassungen des Qualitätsausschusses beratend mitwirken (Abs. 2 S. 9).

18 **3. Beschlussfähigkeit und einvernehmliche Beschlussfassung.** Der Qualitätsausschuss ist **beschlussfähig**, wenn mindestens acht Stimmen sowohl auf Seiten der Leistungsträger als auch auf Seiten der Leistungserbringer abgegeben werden können.[36] Dabei können die anwesenden Mitglieder oder stimmberechtigten Stellvertreter ihr Stimmrecht vor oder während der Sitzung auf ein anderes Mitglied oder einen stimmberechtigten Stellvertreter übertragen.[37] Die Beschlussfähigkeit ist zu Beginn der Sitzung festzustellen. Vereinbarungen und Beschlüsse nach Abs. 1 S. 2 setzen eine **einvernehmliche** Einigung voraus (Abs. 3 S. 1). Nach der Geschäftsordnung des Qualitätsausschusses bedeutet das, dass mindestens 15 Zustimmungen vorliegen müssen und keine Gegenstimme abgegeben werden darf.[38] Enthaltungen werden nicht als Gegenstimme gewertet.[39] Warum hier nicht zumindest 16 Zustimmungen verlangt werden, erschließt sich nicht.

VI. Erweiterter Qualitätsausschuss (Abs. 3)

19 **1. Ausgestaltung als inkorporierte Schiedsstelle.** Die Vertragsparteien erhalten durch den Qualitätsausschuss einen neuen Rahmen für die ihnen durch den Gesetzgeber aufgegebene Verantwortung. Der sachliche Zuständigkeitsbereich des erweiterten Qualitätsausschusses entspricht dem des einfachen Qualitätsausschusses (→ Rn. 10). Der erweiterte Qualitätsausschuss tritt an die Stelle des einfachen Qualitätsausschusses, wenn eine Vereinbarung oder ein Beschluss ganz oder teilweise nicht zustande kommt. Es handelt sich somit um ein **inkorporiertes Schiedsverfahren**.[40] Kommt der einfache Qualitätsausschuss in den Beratungen nicht zu einer einvernehmlichen Einigung, so kann der Qualitätsausschuss auf Verlangen mindestens einer Vertragspartei, eines Mitglieds des Qualitätsausschusses, aber auch des Bundesministeriums für Gesundheit in einen **erweiterten** Qualitätsausschuss umgewandelt werden (Abs. 3 S. 1).

20 **2. Zusammensetzung.** Beim erweiterten Qualitätsausschuss treten **ein unparteiischer Vorsitzender und zwei weitere unparteiische Mitglieder** hinzu. Insgesamt können dem Qualitätsausschuss folglich 23 Mitglieder (ausgenommen die Stellvertreter) angehören.[41] Im Vergleich zur Schiedsstelle ist neu gere-

---

33 § 1 Abs. 3 GO Qualitätsausschuss.
34 Vgl. § 1 Abs. 2 GO Qualitätsausschuss.
35 § 2 Abs. 1 GO Qualitätsausschuss.
36 § 5 Abs. 1 GO Qualitätsausschuss.
37 § 5 Abs. 3 GO Qualitätsausschuss.
38 § 5 Abs. 2 S. 3 GO Qualitätsausschuss.
39 § 5 Abs. 2 S. 4 GO Qualitätsausschuss.
40 Altmiks in: jurisPK-SGB XI, § 113 b Rn. 23.
41 Vgl. zur ähnlichen Zusammensetzung und Anzahl der Mitglieder der Schiedsstelle: § 1 Abs. 1, 2 GO Schiedsstelle Qualitätssicherung.

gelt worden, dass der unparteiische Vorsitzende des erweiterten Qualitätsausschusses durch das Bundesministerium für Gesundheit ernannt wird. Hieran wird deutlich, dass die unmittelbare Staatsverwaltung auf die personelle Zusammensetzung von Selbstverwaltungsgremien zunehmend Einfluss nimmt. Nach der Vorstellung des Gesetzgebers soll auf diese Weise nicht nur der Bedeutung der Aufgabenstellung hiermit Rechnung getragen, sondern dem unparteiischen Vorsitzenden von Beginn an die größtmögliche **Unabhängigkeit** von den Mitgliedern des Ausschusses gewährt werden.[42] Das Bundesministerium für Gesundheit kann bei der Benennung des unparteiischen Vorsitzenden gleichzeitig einen Zeitraum für dessen Amtszeit bestimmen. Der Stellvertreter des unparteiischen Vorsitzenden und die weiteren unparteiischen Mitglieder sowie deren Stellvertreter werden von den Vertragsparteien nach § 113 **gemeinsam benannt** (Abs. 3 S. 4). Mitglieder des Qualitätsausschusses können nicht als Stellvertreter des unparteiischen Vorsitzenden oder der weiteren unparteiischen Mitglieder benannt werden (Abs. 3 S. 5).

3. Amtszeit und Ausübung als Ehrenamt. Das Gesetz enthält zur Amtsdauer der Mitglieder keine Regelung. Auch enthält § 113 b Abs. 7 S. 1 Nr. 2 nur die Vorgabe, dass zur Amtsdauer der unparteiischen Mitglieder Regelungen in der Geschäftsordnung zu treffen sind. In der Geschäftsordnung wurde vorgesehen, dass die Amtszeit des Stellvertreters des unparteiischen Vorsitzenden, der unparteiischen Mitglieder und deren Stellvertreter **ein Jahr** beträgt.[43] Nach Ablauf der Amtszeit bleiben die unparteiischen Mitglieder bis zur Benennung ihrer Nachfolger oder erneuten Benennung im Amt.[44] Nach der Geschäftsordnung der früheren Schiedsstelle betrug die **regelmäßige Amtszeit** der Mitglieder und deren Stellvertreter **zwei Jahre**.[45] Die Mitglieder der ehemaligen Schiedsstelle blieben nach Ablauf der Amtsperiode ebenfalls bis zur Bestellung ihrer Nachfolger oder erneuten Bestellung im Amt.[46] Auch wenn die Wiederbestellung eines Mitglieds oder eines Stellvertreters der ehemaligen Schiedsstelle nach Ablauf der Amtsperiode möglich und zulässig war,[47] war jedoch die Amtszeit des Vorsitzenden und seines Stellvertreters sowie der weiteren unparteiischen Mitglieder und ihrer Stellvertreter auf **längstens drei Amtsperioden** begrenzt.[48] Die Mitglieder des erweiterten Qualitätsausschusses führen wie bei der früheren Schiedsstelle[49] ihr Amt als Ehrenamt aus (Abs. 3 S. 3); sie sind an Weisungen **nicht gebunden**.

4. Rechtsnatur der Entscheidungen und Mehrheitsprinzip. Die Festsetzungen des erweiterten Qualitätsausschusses haben die **Rechtswirkung** einer **vertraglichen Vereinbarung** oder Beschlussfassung (Abs. 3 S. 8), wie sie durch die Vertragsparteien nach Abs. 1 ohne Hinzuziehung der Unparteiischen einvernehmlich getroffen wird.[50] Bei den Vereinbarungen nach §§ 113, 115 Abs. 1 a und 115 Abs. 1 sowie den Beschlüssen zu den Expertenstandards nach § 113 a handelt es sich um untergesetzliche Rechtsnormen, die Bindungswirkung erzeugen.[51]

Für die Festsetzungen über den Inhalt der Vereinbarungen und Beschlüsse der Vertragsparteien nach § 113 ist die **Mehrheit** seiner Mitglieder erforderlich (**Mehrheitsprinzip**; Abs. 3 S. 7). Entscheidend ist die **einfache Mehrheit aller** Mitglieder und nicht etwa nur der der anwesenden Mitglieder.[52] Das galt schon nach früherer Rechtslage (Abs. 3 S. 3 aF). Die in der Geschäftsordnung der Schiedsstelle Qualitätssicherung hierzu geregelte Abweichung (§ 9 Abs. 3 S. 1), nach der die Mehrheit der anwesenden Mitglieder zur Beschlussfähigkeit ausreichend war, wurde als unzulässig bewertet.[53] Nunmehr ist in der Geschäftsordnung des Qualitätsausschusses die Beschlussfähigkeit des erweiterten Qualitätsausschusses erst dann gegeben, wenn der unparteiische Vorsitzende bzw. sein Stellvertreter, die beiden unparteiischen Mitglieder bzw. deren Stellvertreter anwesend sind und alle 20 Stimmen der von den Leistungsträgern und Leistungserbringern entsandten Mitglieder von den anwesenden oder stimmberechtigten Teilnehmern abgegeben werden können.[54]

---

42 BT-Dr. 18/5926, 101.
43 § 12 Abs. 3 S. 1 GO Qualitätsausschuss.
44 § 12 Abs. 3 S. 2 GO Qualitätsausschuss.
45 § 4 Abs. 1 GO Schiedsstelle Qualitätssicherung.
46 § 4 Abs. 3 GO Schiedsstelle Qualitätssicherung.
47 § 4 Abs. 4 S. 1 GO Schiedsstelle Qualitätssicherung.
48 § 4 Abs. 4 S. 2 GO Schiedsstelle Qualitätssicherung.
49 § 6 Abs. 1 S. 1 und 2 GO Schiedsstelle Qualitätssicherung.
50 BT-Dr. 18/5926, 101.
51 Altmiks in: jurisPK-SGB XI, § 113 b Rn. 59 f.
52 § 13 Abs. 2 GO Qualitätsausschuss.
53 Gutzler in: Hauck/Noftz, SGB XI, § 113 a Rn. 12; Altmiks in: jurisPK-SGB XI, § 113 b Rn. 12.
54 § 13 Abs. 1 GO Qualitätsausschuss.

VII. Beauftragung von fachlich unabhängigen wissenschaftlichen Einrichtungen und Sachverständigen (Abs. 4)

24 Zentrale Aufgabenstellung der Vertragsparteien nach § 113 und damit auch des Qualitätsausschusses ist die Beschlussfassung über Maßnahmen zur Qualitätssicherung und zur Weiterentwicklung der Qualität sowie zu Maßnahmen zur Darstellung der Qualität der von den Pflegeeinrichtungen erbrachten Leistungen nach § 113 Abs. 1 und § 115 Abs. 1 a. Diese Aufgaben sollen unter Einbindung **fachwissenschaftlicher Expertise** wahrgenommen werden. Hierzu erhalten die Vertragsparteien die gesetzliche Ermächtigung, entsprechende Studien zu beauftragen. Die Aufgabenstellungen für die Vertragsparteien sind mit einem zeitlichen Ziel versehen; dementsprechend sind auch die in Abs. 4 hierzu benannten wissenschaftlichen Vorarbeiten zeitnah durchzuführen und abzuschließen. Vorrangige Aufgabe der Vertragsparteien ist die Einführung des bis 2011 vom Bundesministerium für Gesundheit und vom Bundesministerium für Familie, Senioren, Frauen und Jugend geförderten Projektes Entwicklung und Erprobung von Instrumenten zur Beurteilung der Ergebnisqualität in der stationären Altenhilfe. Mit der Einführung des indikatorengestützten Qualitätsmanagements ist eine Umstrukturierung von Prüfinhalten und des Prüfgeschehens erforderlich, denn die Indikatoren und die Gewinnung von bewertbaren Informationen hierzu sind in den gegenwärtigen Erhebungsbogen der Qualitätsprüfungs-Richtlinien nicht ohne Weiteres integrierbar. Zur Unterstützung der Vertragsparteien sollen daher bis zum 31.3.2017 auf der Grundlage der Ergebnisse des genannten Projektes, einschließlich der Ergebnisse der darauffolgenden Umsetzungsprojekte, die Instrumente der Qualitätsprüfung in Pflegeeinrichtungen sowie der Qualitätsberichterstattung wissenschaftlich entwickelt werden. Im Auftrag zur Entwicklung eines Instrumentes für die Qualitätsprüfung in Pflegeeinrichtungen nach § 113 b Abs. 4 S. 2 Nr. 1 soll dabei auch die Frage der Prüffrequenz mit berücksichtigt werden. Bei der Entwicklung des Instrumentes zur Prüfung von Pflegeeinrichtungen ist zu berücksichtigen, dass die im Rahmen der Qualitätsprüfung erhobenen Daten einerseits die Grundlage für die Maßnahmenbescheide der Landesverbände der Pflegekassen nach § 115 Abs. 2 darstellen und andererseits – wenigstens zum Teil – einen Bestandteil der Qualitätsberichterstattung nach § 115 Abs. 1 a bilden.

25 Die wissenschaftlichen Ergebnisse dienen als fachliche **Grundlage** für die von den Vertragsparteien zu leistende Beschreibung eines **indikatorengestützten Gesamtverfahrens**, das internes Qualitätsmanagement mit externer Qualitätsprüfung und Qualitätsberichterstattung verzahnt: Die Beschreibung des Gesamtverfahrens wird Bestandteil der Vereinbarungen der Vertragsparteien über Maßstäbe und Grundsätze zur Qualität in der Pflege nach § 113. Die wissenschaftlichen Arbeiten dienen darüber hinaus auch als Grundlage für die Entwicklung der Richtlinien des Spitzenverbandes Bund der Pflegekassen nach § 114 a Abs. 7 über die Durchführung der Qualitätsprüfungen in Pflegeeinrichtungen. Schließlich sind die wissenschaftlichen Ergebnisse hinsichtlich eines neuen Instrumentes für die Qualitätsberichterstattung auch bei der Erarbeitung der Qualitätsdarstellungsvereinbarungen nach § 115 Abs. 1 a durch die Vertragsparteien zugrunde zu legen. Das neu entwickelte Instrument für die Qualitätsberichterstattung, das in den Qualitätsdarstellungsvereinbarungen zu bestimmen ist, **ersetzt** den sogenannten **Pflege-TÜV**, der in den bislang bestehenden Pflege-Transparenzvereinbarungen nach § 115 Abs. 1 a geregelt ist.[55]

VIII. Finanzierung (Abs. 5)

26 Die Finanzierung der in Abs. 4 aufgeführten Aufträge an wissenschaftliche Institutionen soll aus **Mitteln der Pflegeversicherung** geleistet werden, da sie zur Weiterentwicklung der pflegerischen Versorgung beitragen. Dem Spitzenverband Bund der Pflegekassen steht derzeit zu diesem Zweck ein jährliches Fördervolumen in Höhe von 5 Millionen Euro nach § 8 Abs. 3 zur Verfügung. Von diesem Volumen wurden in den letzten fünf Jahren durchschnittlich knapp 2,5 Millionen Euro pro Kalenderjahr verausgabt. Unter der Annahme, dass die Verausgabung des jährlichen Fördervolumens weiterhin in dieser Größenordnung erfolgt, kann die Finanzierung der wissenschaftlichen Zuarbeit für die Vertragsparteien durch vorhandene Mittel sichergestellt werden. Eine Aufstockung der Finanzierungsmittel nach § 8 Abs. 3 wird derzeit als nicht erforderlich angesehen. Die Vorschrift **korrespondiert** mit dem neu eingeführten § 8 Abs. 4.

---

55 BT-Dr. 18/5926, 101.

IX. Einrichtung einer unabhängigen qualifizierten Geschäftsstelle (Abs. 6)

Die Vielfalt der Aufgaben, die von den Vertragsparteien nach § 113 und nach dieser Vorschrift zu leisten sind und die Notwendigkeit, diese Aufgaben bis zum Jahr 2018 zu bearbeiten und auch einer begleitenden Evaluierung zu unterziehen, machen es erforderlich, die Vertragsparteien im (erweiterten) Qualitätsausschuss operativ und fachlich zu unterstützen. Hierzu wird für einen Zeitraum von fünf Jahren eine qualifizierte Geschäftsstelle des Qualitätsausschusses gebildet. Sie hat dabei sowohl die Aufgabe, als Koordinierungsstelle (Vergabe, Bewertung) der zu vergebenden wissenschaftlichen Aufträge zu wirken, als auch als Beratungsstelle unmittelbar die Arbeit der Vertragsparteien im Qualitätsausschuss zu unterstützen. Die Aufgaben beschränken sich somit nicht nur auf Aufgaben **organisatorischer Art**, sondern auf die einer **wissenschaftlichen Beratungs- und Koordinierungsstelle**.[56] Sie soll daher über Expertise aus den Bereichen Projektsteuerung, Pflegewissenschaft, Methodik, Daten- und Prozessmanagement sowie über Kenntnisse des Vergaberechts verfügen. Die qualifizierte Geschäftsstelle soll auch die Aufgaben der von den Vertragsparteien nach § 113 eingerichteten Geschäftsstelle Expertenstandards nach § 113 wahrnehmen.

Die **fachliche Unabhängigkeit** der Geschäftsstelle ist zu gewährleisten. Es ist deshalb sicherzustellen, dass Interessenskollisionen ausgeschlossen sind; insbesondere dürfen die Mitarbeiter der Geschäftsstelle nicht an Weisungen einzelner Vertragsparteien nach § 113 gebunden sein.[57]

X. Geschäftsordnung (Abs. 7)

In der Geschäftsordnung sind die wesentlichen Fragen der **Organisation** und der **Verfahren** im Qualitätsausschuss zu regeln (Abs. 7 S. 1). Die in Abs. 7 S. 1 Nr. 1–10 genannten Regelungsgegenstände bzw. -inhalte sind als **Mindestinhalte** („insbesondere") zu verstehen; eine abschließende Regelung wollte der Gesetzgeber nicht. In der Geschäftsordnung ist sicherzustellen, dass die Sachverständigen und die Organisationen, die nach diesem Gesetz ein Beteiligungs- und Mitberatungsrecht haben, dieses ausüben können. Die Vertragsparteien haben die von ihnen beschlossene Geschäftsordnung dem Bundesministerium für Gesundheit zur Genehmigung vorzulegen (Abs. 7 S. 2). Auch Änderungen der Geschäftsordnung bedürfen der Genehmigung. Das Bundesministerium für Gesundheit setzt sich im Rahmen des Genehmigungsverfahrens mit dem Bundesministerium für Familie, Senioren, Frauen und Jugend ins Benehmen. Soweit innerhalb der gesetzlich festgelegten Frist kein Beschluss über eine Geschäftsordnung zustande kommt, wird die Geschäftsordnung des Qualitätsausschusses durch das Bundesministerium für Gesundheit im Benehmen mit dem Bundesministerium für Familie, Senioren, Frauen und Jugend festgelegt (Abs. 7 S. 3). Auch im Falle einer Festsetzung können die Vertragsparteien die Geschäftsordnung jederzeit ändern.

Die Geschäftsordnung wurde von den Vereinbarungspartnern am 23.2.2016 beschlossen und vom Bundesministerium für Familie, Senioren, Frauen und Jugend am 21.3.2016 genehmigt. Sie enthält Regelungen zur Bildung des Qualitätsausschusses (§§ 1 ff. GO), zum Verfahren (§§ 5 ff. GO), zu den Arbeitsgruppen (§ 10 GO), zum erweiterten Qualitätsausschuss (§§ 11 ff. GO), zur Geschäftsstelle (§§ 15 f. GO), zur Vertraulichkeit und zum Datenschutz (§ 17 f. GO) und zur Kostentragung/-verteilung (§ 19 GO) näher.

XI. (Aufsichts-)Befugnisse des Bundesministeriums für Gesundheit (Abs. 8, 9)

Abs. 8 und 9 regelt das Verhältnis zwischen den Vertragsparteien und dem Bundesministerium für Gesundheit, insbesondere deren Rechte und Pflichten im Zusammenhang mit der Erfüllung der gesetzlichen Aufgabenstellungen. Die Aufsicht über die im Qualitätsausschuss getroffenen Entscheidungen ist auf eine **Rechtsaufsicht** beschränkt. Dies ergibt sich aus dem Regelungsgehalt des Abs. 9, der eine Fachaufsicht ausdrücklich nicht vorsieht.[58] Eine Staatsaufsicht gegenüber Selbstverwaltungsträgern ist grundsätzlich auf eine Rechtsaufsicht beschränkt, es sei denn der Gesetzgeber ordnet ausdrücklich an, dass auch eine Zweckmäßigkeitskontrolle stattzufinden hat.[59] Es gilt der Grundsatz der maßvollen **Ausübung der Rechtsaufsicht**, das heißt, der Prüfungsumfang beschränkt sich auf die Kontrolle, ob

---

[56] Hierzu § 16 GO Qualitätsausschuss; siehe auch Altmiks in: jurisPK-SGB XI, § 113 b Rn. 91.
[57] BT-Dr. 18/5926, 103; Altmiks in: jurisPK-SGB XI, § 113 b Rn. 92.
[58] Altmiks, in: jurisPK-SGB XI, § 113 b Rn. 103; Gutzler in: Hauck/Noftz, SGB XI, § 113 b Rn. 23.
[59] Vgl. etwa BSG v. 6.5.2009, B 6 A 1/08 R, SozR 4-2500 § 94 Nr. 2 mwN.

das Handeln der der Aufsicht unterliegenden Selbstverwaltungskörperschaft rechtlich vertretbar war[60] und nicht gegen das Gesetz verstößt.

32 **1. Informationsrechte (Abs. 8 S. 1–4).** Der Gesetzgeber hat mit dem PSG II der Selbstverwaltung nicht nur eine umfassende Neuordnung der Verfahren und Instrumente zur Qualitätsmessung, Qualitätsprüfung und Qualitätsberichterstattung aufgegeben, sondern zum Teil auch konkrete **Zeitvorgaben** vorgesehen. So war die Geschäftsstelle Qualitätsausschuss bis zum 31.3.2016 einzurichten. Inzwischen hat sie ihre Arbeit aufgenommen, jedoch erfolgte bisher keine Auftragserteilung an die Wissenschaft nach Abs. 4.

33 Um die Erreichung der gesetzlichen Zeitziele durch die Vertragsparteien nach § 113 zu unterstützen und eine hohe Transparenz der Verfahrensschritte zu schaffen, wurden vom Gesetzgeber in Abs. 8 **Informationsrechte** und **Berichtspflichten** geschaffen sowie die Verpflichtung der Vertragsparteien statuiert, einen Zeitplan vorzulegen (Abs. 8 S. 2), der auch einzelne Umsetzungsschritte enthält und damit einen hohen Konkretisierungs- und Differenzierungsgrad besitzt.[61] Der Zeitplan ist durch das Bundesministerium für Gesundheit im Benehmen mit dem Bundesministerium für Familie, Senioren, Frauen und Jugend zu genehmigen (Abs. 8 S. 3). Informationsrecht, Berichtspflicht und Zeitplan beziehen sich dabei auf alle durch die Vertragsparteien gemeinsam nach Abs. 1 S. 2 zu erfüllenden Aufgaben. Noch zu erarbeiten sind: Empfehlungen zur Qualitätssicherung der Beratungsbesuche nach § 37 (zum 1.1.2018), Maßstäbe und Grundsätze zur Sicherung und Weiterentwicklung der Pflegequalität nach § 113 (zum 30.6.2017 – stationäre Pflege – bzw. 30.6.2018 – ambulante Pflege), Auftragserteilung und Bearbeitung der wissenschaftlichen Aufträge nach § 113 b Abs. 4 (mit jeweils differenzierten Fristsetzungen) und Qualitätsdarstellungsvereinbarungen nach § 115 Abs. 1 a (zum 31.12.2017 – stationär – bzw. zum 31.12.2018 – ambulant).

34 Im engen Zusammenhang mit der zeitgerechten Entwicklung dieser Instrumente steht auch der rechtzeitige Beginn der Erarbeitung der Richtlinien über die Durchführung der Prüfung der in den Pflegeeinrichtungen erbrachten Leistungen und deren Qualität, die durch den Spitzenverband Bund der Pflegekassen unter Beteiligung des Medizinischen Dienstes des Spitzenverbandes Bund der Krankenkassen und des Prüfdienstes des Verbandes der privaten Krankenversicherung e.V. zu leisten ist.[62] Die Information- und Berichtspflichten sowie der Zeitplan sollen eine intensive **Kommunikation** zwischen allen Beteiligten in der Selbstverwaltung untereinander und mit dem Bundesministerium für Gesundheit ermöglichen, um die jeweiligen Aufgaben und Arbeitsschritte zielorientiert miteinander zu koordinieren.[63] Gleichzeitig sollen angesichts der notwendig zügigen Bearbeitung der Aufgaben keine inhaltlichen Aspekte bei der Entwicklung der neuen Qualitätssicherungsinstrumente ins vernachlässigt werden.[64]

35 **2. Ersatzvornahmebefugnis (Abs. 8 S. 5).** Ist absehbar, dass ein Ziel aus dem Zeitplan durch die Vertragsparteien nicht eingehalten werden kann, hat das Bundesministerium für Gesundheit im Benehmen mit dem Bundesministerium für Familie, Senioren, Frauen und Jugend die Möglichkeit, einzelne Umsetzungsschritte im Wege der **Ersatzvornahme** selbst vorzunehmen (Abs. 8 S. 5). Damit ist nicht erst im Fall der Nichteinigung bzw. nicht fristgerechten Umsetzung durch die Vertragsparteien (Abs. 9) der angemessene Fortgang der Arbeiten sichergestellt, sondern auch in den Fällen, in denen bereits bei der Vorbereitung von Vereinbarungen oder Beschlüssen der Vertragsparteien, zB auf Ebene von Arbeitsgruppen, prozessleitende oder inhaltliche Schritte zur Erreichung der Zeitziele nicht rechtzeitig oder nicht effektiv erfolgen.[65]

36 **3. Beanstandungs- und Festsetzungsbefugnis im Rahmen der Rechtsaufsicht (Abs. 9).** Die durch den **Qualitätsausschuss** getroffenen Entscheidungen bzw. Festlegungen sind dem Bundesministerium für Gesundheit vorzulegen (Abs. 9 S. 1). Es kann die Entscheidungen innerhalb von zwei Monaten ab Vorlage **beanstanden** (Abs. 9 S. 2). Die hierzu getroffenen Regelungen entsprechen denen, die für die Bewertungsausschüsse nach § 87 Abs. 6 SGB V aufgestellt wurden.[66] Das Bundesministerium für Gesundheit kann im Rahmen einer erforderlich werdenden Prüfung Expertise einholen und im weiteren

---

60 Altmiks, in: jurisPK-SGB XI, § 113 b Rn. 104.
61 BT-Dr. 18/10510, 119.
62 BT-Dr. 18/10510, 119.
63 BT-Dr. 18/10510, 119.
64 BT-Dr. 18/10510, 119.
65 BT-Dr. 18/10510, 119.
66 Altmiks, in: jurisPK-SGB XI, § 113 b Rn. 105.

Verlauf Auflagen erteilen. Bei Nichteinhaltung von Fristen bzw. bei Nicht-Beheben von Beanstandungen nach Abs. 9 S. 2 durch die Vertragsparteien im Qualitätsausschuss kann das Bundesministerium für Gesundheit den Inhalt der Vereinbarungen und der Beschlüsse selbst **festsetzen** (Abs. 9 S. 6). Eine solche Festsetzung durch das Bundesministerium für Gesundheit hindert die Vertragsparteien jedoch nicht, zukünftige fachlich gebotene Änderungen in den Vereinbarungen und Beschlüssen nach § 37 Abs. 5 in der ab dem 1.1.2017 geltenden Fassung, § 113, § 113a oder § 115 Abs. 1a vorzunehmen. Hierzu gelten die in den jeweiligen Vorschriften beschriebenen Verfahren. Das Bundesministerium für Gesundheit stimmt sich bei der Wahrnehmung seiner Aufgaben mit dem Beauftragten der Bundesregierung für die Belange der Patientinnen und Patienten sowie Bevollmächtigten für Pflege ab und setzt sich mit dem Bundesministerium für Familie, Senioren, Frauen und Jugend ins Benehmen (Abs. 9 S. 7).[67]

Die Beanstandung selbst stellt einen **Verwaltungsakt** dar, der mit der Anfechtungsklage durch die Vertragsparteien (§ 113) angefochten werden kann.[68] Wird statt der Beanstandung als milderes Mittel eine „Nichtbeanstandung unter Auflagen" (Abs. 9 S. 5) gewählt, stellt auch dies einen Verwaltungsakt dar, der durch die Vertragsparteien mit einer Anfechtungsklage angegriffen werden kann.[69]

XII. Geplante Änderung durch das Blut- und Gewebegesetz

Der Bundestag hat am 1.6.2017 das Gesetz zur Fortschreibung der Vorschriften für Blut- und Gewebezubereitungen und zur Änderung anderer Vorschriften verabschiedet,[70] das sich ein Tag nach seiner Verkündung wie folgt auf § 113b auswirken soll:

In Abs. 1 S. 2 sollen die Wörter *„in der ab dem 1. Januar 2017 geltenden Fassung"* gestrichen und die Wörter *„115 Absatz 1a und 1c"* durch die Wörter *„115 Absatz 1a, 1c und 3b"* ersetzt werden. Hierbei handelt es sich um redaktionelle Änderungen bzw. Ergänzungen. Des Weiteren wird nach S. 2 folgender S. 3 angefügt:

„³Die Vertragsparteien nach § 113 treffen auch die zur Wahrnehmung ihrer Aufgaben und Pflichten nach den Absätzen 4 und 8 notwendigen Entscheidungen durch den Qualitätsausschuss."[71]

Mit dieser Ergänzung wird deutlich, dass alle Entscheidungen der Vertragsparteien nach § 113 im Bereich der Qualitätsentwicklung und -sicherung durch den Qualitätsausschuss zu treffen sind.[72] Der Qualitätsausschuss wird somit als „alleiniges Entscheidungsfindungsorgan der Vertragsparteien" deklariert.[73]

Abs. 3 soll wie folgt geändert werden: In S. 1 werden die Wörter *„eine Vereinbarung oder ein Beschluss nach Absatz 1 Satz 2"* durch die Wörter *„eine Vereinbarung, ein Beschluss oder eine Entscheidung nach Absatz 1 Satz 2 und 3"* ersetzt. Die in Abs. 1 S. 3 geplante Ergänzung regelt eindeutig, dass auch Entscheidungen zur Wahrnehmung der Aufgaben und Pflichten der Vertragsparteien nach Abs. 4 und 8 durch den Qualitätsausschuss zu treffen sind. Die Neuregelung in Abs. 3 S. 1 ist darauf folgerichtig abgestimmt. In S. 8 werden die Wörter *„einer vertraglichen Vereinbarung oder Beschlussfassung im Sinne von § 37 Absatz 5 in der ab dem 1. Januar 2017 geltenden Fassung, von den §§ 113, 113a und 115 Absatz 1a"* durch die Wörter *„einer vertraglichen Vereinbarung, Beschlussfassung oder Entscheidung im Sinne der Absätze 4 und 8, des § 37 Absatz 5, der §§ 113, 113a und 115 Absatz 1a, 1c und 3b"* als verfahrenslogische Folgeänderung von Abs. 3 S. 1 sowie als redaktionelle Änderung ersetzt.[74]

In Abs. 4 S. 1 sollen die Wörter *„durch den Qualitätsausschuss"* gestrichen werden, weil die Anordnung im Satzbau in der Praxis zu Missverständnissen geführt hat und durch die Klarstellung in Abs. 1 S. 3 (s.o.) auf diese Wörter verzichtet werden kann.[75] In Abs. 9 soll folgender S. angefügt werden:

---

67 BT-Dr. 18/5926, 103.
68 Altmiks, in: jurisPK-SGB XI, § 113b Rn. 107.
69 Altmiks, in: jurisPK-SGB XI, § 113b Rn. 107.
70 BR-Dr. 456/17 v. 16.6.2017.
71 BT-Dr. 18/12587, 43f.
72 BT-Dr. 18/12587, 62.
73 BT-Dr. 18/12587, 63.
74 BT-Dr. 18/12587, 63.
75 BT-Dr. 18/12587, 63.

„⁸Bezüglich der Vereinbarungen nach § 115 Absatz 3 b setzt sich das Bundesministerium für Gesundheit bei den Verfahren nach den Sätzen 1 bis 6 darüber hinaus mit dem Bundesministerium für Arbeit und Soziales ins Benehmen."

§ 113 c Personalbemessung in Pflegeeinrichtungen

(1) ¹Die Vertragsparteien nach § 113 stellen im Einvernehmen mit dem Bundesministerium für Gesundheit und dem Bundesministerium für Familie, Senioren, Frauen und Jugend die Entwicklung und Erprobung eines wissenschaftlich fundierten Verfahrens zur einheitlichen Bemessung des Personalbedarfs in Pflegeeinrichtungen nach qualitativen und quantitativen Maßstäben sicher. ²Die Entwicklung und Erprobung ist bis zum 30. Juni 2020 abzuschließen. ³Es ist ein strukturiertes, empirisch abgesichertes und valides Verfahren für die Personalbemessung in Pflegeeinrichtungen auf der Basis des durchschnittlichen Versorgungsaufwands für direkte und indirekte pflegerische Maßnahmen sowie für Hilfen bei der Haushaltsführung unter Berücksichtigung der fachlichen Ziele und Konzeption des ab dem 1. Januar 2017 geltenden Pflegebedürftigkeitsbegriffs zu erstellen. ⁴Hierzu sind einheitliche Maßstäbe zu ermitteln, die insbesondere Qualifikationsanforderungen, quantitative Bedarfe und die fachliche Angemessenheit der Maßnahmen berücksichtigen. ⁵Die Vertragsparteien beauftragen zur Sicherstellung der Wissenschaftlichkeit des Verfahrens fachlich unabhängige wissenschaftliche Einrichtungen oder Sachverständige. ⁶Hierbei sollen die Vertragsparteien von der unabhängigen qualifizierten Geschäftsstelle nach § 113 b Absatz 6 unterstützt werden.
(2) ¹Der Medizinische Dienst des Spitzenverbandes Bund der Krankenkassen, der Verband der privaten Krankenversicherung e.V. und die Verbände der Pflegeberufe auf Bundesebene wirken beratend mit. ²Die auf Bundesebene maßgeblichen Organisationen für die Wahrnehmung der Interessen und der Selbsthilfe pflegebedürftiger und behinderter Menschen wirken nach Maßgabe von § 118 mit. ³Für die Arbeitsweise der Vertragsparteien soll im Übrigen die Geschäftsordnung nach § 113 b Absatz 7 entsprechende Anwendung finden.
(3) ¹Das Bundesministerium für Gesundheit legt im Einvernehmen mit dem Bundesministerium für Familie, Senioren, Frauen und Jugend unter Beteiligung der Vertragsparteien nach § 113 unverzüglich in einem Zeitplan konkrete Zeitziele für die Entwicklung, Erprobung und die Auftragsvergabe fest. ²Die Vertragsparteien nach § 113 sind verpflichtet, dem Bundesministerium für Gesundheit auf Verlangen unverzüglich Auskunft über den Bearbeitungsstand der Entwicklung, Erprobung und der Auftragsvergabe sowie über Problembereiche und mögliche Lösungen zu geben.
(4) ¹Wird ein Zeitziel nach Absatz 3 nicht fristgerecht erreicht und ist deshalb die fristgerechte Entwicklung, Erprobung oder Auftragsvergabe gefährdet, kann das Bundesministerium für Gesundheit im Einvernehmen mit dem Bundesministerium für Familie, Senioren, Frauen und Jugend einzelne Verfahrensschritte im Wege der Ersatzvornahme selbst durchführen. ²Haben die Vertragsparteien nach § 113 sich bis zum 31. Dezember 2016 nicht über die Beauftragung gemäß Absatz 1 Satz 2 geeinigt, bestimmen das Bundesministerium für Gesundheit und das Bundesministerium für Familie, Senioren, Frauen und Jugend innerhalb von vier Monaten das Verfahren und die Inhalte der Beauftragung.

Literatur:
Personalbemessung in der stationären und ambulanten Altenpflege, RDG 2016, 58.

I. Entstehungsgeschichte

1 § 113 c ist durch Art. 1 Nr. 35 des Zweiten Gesetzes zur Stärkung der Pflegerischen Versorgung und zur Änderung weiterer Vorschriften (2. Pflegestärkungsgesetz – PSG II vom 21.12.2015)[1] mit Wirkung zum 1. Januar 2016 eingeführt worden. Weitere Änderungen gab es durch das 3. Pflegestärkungsgesetz – PSG III vom 23.12.2016. Es gibt hierzu keine Vorgängerregelung bzw. vergleichbare Regelung. Die jetzige Fassung des § 113 c hat ihren Ursprung in der Empfehlung des Expertenbeirats, der anlässlich der konkreten Ausgestaltung des neuen Pflegebedürftigkeitsbegriffs auf die Bedeutung der Personalbemessung im Kontext der Einführung des neuen Pflegebedürftigkeitsbegriffs hingewiesen hat.[2] Die

---

1 BGBl. I, 2424.
2 BT-Dr. 18/5926, 116.

endgültige Fassung hat § 113 c durch das 3. Pflegestärkungsgesetz – PSG III vom 23.12.2016 mit Wirkung zum 1.1.2017 (BGBl. 2016 I, 3191 ff.) erhalten.

II. Normzweck

Durch die Norm soll ein **wissenschaftlich fundiertes Verfahren zur einheitlichen Bemessung einer bedarfsgerechten Personalausstattung in vollstationären Pflegeeinrichtungen** geschaffen werden. Eine qualitativ und quantitativ gute Personalausstattung wird als wesentlicher Baustein für eine gute Pflegequalität erkannt. Während bisher die Personalbemessung in der vollstationären Pflege auf Landesebene mittels der Landesrahmenverträge (vgl. § 75) zwischen den Kostenträgern und den Leistungserbringern erfolgte, soll nunmehr auf Bundesebene ein wissenschaftlich fundiertes Verfahren nach einheitlichen Grundsätzen zukünftig als Grundlage für die Personalbemessung gelten.

III. Regelungsgehalt

1. Vertragsparteien nach § 113 (Abs. 1 S. 1). Die Sicherstellung der Entwicklung und Erprobung eines wissenschaftlich fundierten Verfahrens zur einheitlichen Bemessung des Personalbedarfs in Pflegeeinrichtungen wird durch die Vertragsparteien nach § 113 vorgenommen. Dies sind der **Spitzenverband Bund der Pflegekassen**, die **Bundesarbeitsgemeinschaft** der überörtlichen Träger der Sozialhilfe, die kommunalen Spitzenverbände auf Bundesebene und die **Vereinigungen der Träger der Pflegeeinrichtungen** auf Bundesebene (→ § 113 Rn. 7 f.).

2. Wissenschaftlich fundiertes Verfahren (Abs. 1). Die Regelung dient der Entwicklung eines einheitlichen Personalbemessungsverfahrens durch die Selbstverwaltung bis zur Mitte des Jahres 2020. Für die Personalbemessung in Pflegeeinrichtungen ist zunächst ein wissenschaftlich fundiertes Verfahren zur einheitlichen Bemessung des Personalbedarfs in Pflegeeinrichtungen nach **qualitativen und quantitativen Maßstäben** zu entwickeln und zu erproben. Ein solches Verfahren liegt unter Berücksichtigung dieser neuen Ausrichtung bisher nicht vor. Bei der Entwicklung des Verfahrens sind der neue, ab dem 1. Januar 2017 geltende Pflegebedürftigkeitsbegriff und die neuen Pflegegrade ebenso zu berücksichtigen wie bereits vorliegende Untersuchungen und Erkenntnisse, unter anderem zu Anforderungs- und Qualifikationsprofilen in der Pflege.[3] Der Gesetzgeber setzt den Vertragspartnern für die Entwicklung und Erprobung dieses Verfahrens eine Frist bis zum 30. **Juni 2020**; bis dahin muss die Entwicklung und Erprobung abgeschlossen sein. In § 113 c Abs. 1 S. 3 wird vorgegeben, dass es sich um ein **strukturiertes, empirisch abgesichertes und valides Verfahren** für die Personalbemessung in Pflegeeinrichtungen auf der Basis des durchschnittlichen Versorgungsaufwands für direkte und indirekte pflegerische Maßnahmen sowie für Hilfen bei der Haushaltsführung unter Berücksichtigung der fachlichen Ziele und Konzeption des neuen Pflegebedürftigkeitsbegriffs handeln muss. In der amtlichen Gesetzesbegründung wird klargestellt, dass sich die Regelung sowohl auf stationäre als auch auf ambulante Pflegeeinrichtungen bezieht. Dabei seien insbesondere die historisch gewachsenen – teilweise sehr unterschiedlichen – Personalrichtwerte auf Landesebene in stationären Pflegeeinrichtungen sowie die Entwicklungen in der ambulanten Pflege zu berücksichtigen.[4] Der komplexe Umsetzungsprozess in Verbindung mit der Einführung des neuen Pflegebedürftigkeitsbegriffs, zu dem die Selbstverwaltungspartner insbesondere durch § 75 zur Anpassung der Maßstäbe und Grundsätze für die Personalausstattung unmittelbar aufgefordert sind, ist unabhängig von diesem Vorhaben zügig und ergebnisorientiert durchzuführen.[5] Zur Sicherstellung der Wissenschaftlichkeit des Verfahrens beauftragen die Vertragsparteien gemäß § 113 c Abs. 1 S. 5 fachlich unabhängige wissenschaftliche Einrichtungen oder Sachverständige. Es ist vorgesehen, dass die Vertragsparteien bei der Entwicklung und Erprobung des Verfahrens von der unabhängigen qualifizierten Geschäftsstelle nach § 113 b Abs. 6 (→ § 113 b Rn. 27 f.) unterstützt werden, § 113 c Abs. 1 S. 6.

3. Andere Beteiligte (Abs. 2). Die Vertragsparteien haben bei der Erfüllung ihrer Aufgaben nach § 113 c dem Medizinischen Dienst des Spitzenverbandes Bund der Krankenkassen, den Verband der privaten Krankenversicherung eV, die Verbände der Pflegeberufe auf Bundesebene und die auf Bundesebene maßgeblichen Organisationen für die Wahrnehmung der Interessen und der Selbsthilfe pflegebedürftiger und behinderter Menschen zu beteiligen. Die Beteiligungsrechte sind durch das 3. Pflegestärkungsgesetz – PSG III unterschiedlich ausgestattet worden. Damit ist die Verfahrenssicherheit geschaffen worden. Danach wirken der Medizinische Dienst des Spitzenverbandes Bund der Krankenkassen,

---

3 BT-Dr. 18/5926, 116.
4 BT-Dr. 18/5926, 116.
5 BT-Dr. 18/5926, 116.

der Verband der privaten Krankenversicherung eV und die Verbände der Pflegeberufe auf Bundesebene beratend mit, vgl § 113 c Abs. 2 S. 1. Demgegenüber wirken die auf Bundesebene maßgeblichen Organisationen für die Wahrnehmung der Interessen und der Selbsthilfe pflegebedürftiger und behinderter Menschen nach Maßgabe von § 118 (vgl zu § 118 SGB XI) mit. Diese Regelung der Beteiligungsrechte bildet die Formierung zu den Beteiligungsrechten aus § 113 b Abs. 2 nach, soweit die Verfahren nach den §§ 113 b und 113 c vergleichbar sind. Für die Arbeitsweise der Vertragsparteien soll im Übrigen die Geschäftsordnung nach § 113 b Abs. 7 entsprechende Anwendung finden (→ § 113 b Rn. 29 f.). Aus der Begründung ist zu entnehmen, dass eine „stärkere Verschränkung" mit der Tätigkeit des Qualitätsausschusses (§ 113 b) erfolgen soll, um sich inhaltlich besser abzustimmen.[6]

6 **4. Festlegung konkreter Zeitziele in einem Zeitplan durch das Bundesministerium für Gesundheit (Abs. 3).** Um der Entwicklung und Erprobung eines wissenschaftlich fundierten Verfahrens zur einheitlichen Bemessung des Personalbedarfs in Pflegeeinrichtungen eine zeitliche und strukturelle Vorgaben zu machen, hat der Gesetzgeber bestimmt, dass das Bundesministerium für Gesundheit im Einvernehmen mit dem Bundesministerium für Familie, Senioren, Frauen und Jugend unter Beteiligung der Vertragsparteien nach § 113 unverzüglich nach Inkrafttreten in einem Zeitplan konkrete Zeitziele für die Entwicklung, Erprobung und die Auftragsvergabe festlegt, Abs. 3 S. 1. Gemäß Abs. 3 S. 2 sind die Vertragsparteien verpflichtet, dem Bundesministerium für Gesundheit auf Verlangen unverzüglich Auskunft über den Bearbeitungsstand der Entwicklung, Erprobung und der Auftragsvergabe sowie über Problembereiche und mögliche Lösungen zu geben. Diese Vorgaben dienen der **Sicherstellung einer zeitgerechten Aufgabenerfüllung**.[7]

7 **5. Ersatzvornahme durch das Bundesministerium für Gesundheit (Abs. 4).** Schon wenn das Zeitziel nach Abs. 3 nicht fristgerecht erreicht wird und deshalb die fristgerechte Entwicklung, Erprobung oder Auftragsvergabe zur Entwicklung und Erprobung eines wissenschaftlich fundierten Verfahrens zur einheitlichen Bemessung gefährdet wird, hat der Gesetzgeber in § 113 c Abs. 4 eine **Ersatzvornahme** vorgesehen. Ist die zeitplangerechte Umsetzung der Aufgaben nach Abs. 3 durch die Selbstverwaltung gefährdet oder werden Fristen des Zeitplanes versäumt, erhält das Bundesministerium für Gesundheit das Recht, im Einvernehmen mit dem Bundesministerium für Familie, Senioren, Frauen und Jugend einzelne Verfahrensschritte im Wege der Ersatzvornahme selbst durchzuführen. Bereits dann, wenn sich die Vertragsparteien nach § 113 nicht bis zum 31. Dezember 2016 über die Beauftragung fachlich unabhängiger wissenschaftlicher Einrichtungen oder Sachverständige einigen, bestimmen das Bundesministerium für Gesundheit und das Bundesministerium für Familie, Senioren, Frauen und Jugend innerhalb von vier Monaten das Verfahren und die Inhalte der Beauftragung. Soweit der Gesetzgeber in § 113 c Abs. 4 S. 2 diesbezüglich Abs. 1 S. 2 benennt, handelt es sich offensichtlich um ein redaktionelles Versehen; gemeint ist, wie sich aus dem Sachzusammenhang ergibt, offensichtlich § 113 c Abs. 1 S. 5. Mit dieser Möglichkeit einer entsprechenden Bestimmung des Verfahrens und der Beauftragung der Inhalte wird sichergestellt, dass es nicht durch fehlende Einigung in der Selbstverwaltung zu Verzögerungen kommt.[8] Damit werden Zeitvorgaben mit entsprechenden Rechtsfolgen konkretisiert, um das Ziel einer wissenschaftlich fundierten, bundesweit geltenden Personalbemessung in ambulanten und stationären Pflegeeinrichtungen durchzusetzen.

IV. Geplante Änderung durch das Blut- und Gewebegesetz

8 Der Bundestag hat am 1.6.2017 das Gesetz zur Fortschreibung der Vorschriften für Blut- und Gewebezubereitungen und zur Änderung anderer Vorschriften verabschiedet,[9] das sich ein Tag nach seiner Verkündung wie folgt auf § 113 c auswirken soll:
Nach S. 5 soll der Satz

„[6]*Soweit bei der Entwicklung und Erprobung des Verfahrens eine modellhafte Vorgehensweise erforderlich ist, kann im Einzelfall von den Regelungen des Siebten Kapitels sowie von § 36 und zur Entwicklung besonders pauschalierter Pflegesätze von § 84 Absatz 2 Satz 2 abgewichen werden.*"

eingefügt werden.

---

6 BT-Dr. 18/6688, 136 (zu Nr. 35 Abs. 2 und 3).
7 BT-Dr. 18/6688, 136 (zu Nr. 35 Abs. 3).
8 BT-Dr. 18/6688, 167 (zu Nr. 34).
9 BR-Dr. 456/17 v. 16.6.2017.

Darüber hinaus soll im bisherigen S. 6 das Wort „Hierbei" durch die Wörter „Bei den Aufgaben nach den Sätzen 1 bis 6" ersetzt werden.

§ 114 Qualitätsprüfungen

(1) ¹Zur Durchführung einer Qualitätsprüfung erteilen die Landesverbände der Pflegekassen dem Medizinischen Dienst der Krankenversicherung, dem Prüfdienst des Verbandes der privaten Krankenversicherung e.V. im Umfang von 10 Prozent der in einem Jahr anfallenden Prüfaufträge oder den von ihnen bestellten Sachverständigen einen Prüfauftrag. ²Der Prüfauftrag enthält Angaben zur Prüfart, zum Prüfgegenstand und zum Prüfumfang. ³Die Prüfung erfolgt als Regelprüfung, Anlassprüfung oder Wiederholungsprüfung. ⁴Die Pflegeeinrichtungen haben die ordnungsgemäße Durchführung der Prüfungen zu ermöglichen. ⁵Vollstationäre Pflegeeinrichtungen sind ab dem 1. Januar 2014 verpflichtet, die Landesverbände der Pflegekassen unmittelbar nach einer Regelprüfung darüber zu informieren, wie die ärztliche, fachärztliche und zahnärztliche Versorgung sowie die Arzneimittelversorgung in den Einrichtungen geregelt sind. ⁶Sie sollen insbesondere auf Folgendes hinweisen:
1. auf den Abschluss und den Inhalt von Kooperationsverträgen oder die Einbindung der Einrichtung in Ärztenetze,
2. auf den Abschluss von Vereinbarungen mit Apotheken sowie
3. ab dem 1. Juli 2016 auf die Zusammenarbeit mit einem Hospiz- und Palliativnetz.

⁷Wesentliche Änderungen hinsichtlich der ärztlichen, fachärztlichen und zahnärztlichen Versorgung, der Arzneimittelversorgung sowie der Zusammenarbeit mit einem Hospiz- und Palliativnetz sind den Landesverbänden der Pflegekassen innerhalb von vier Wochen zu melden.

(2) ¹Die Landesverbände der Pflegekassen veranlassen in zugelassenen Pflegeeinrichtungen bis zum 31. Dezember 2010 mindestens einmal und ab dem Jahre 2011 regelmäßig im Abstand von höchstens einem Jahr eine Prüfung durch den Medizinischen Dienst der Krankenversicherung, den Prüfdienst des Verbandes der privaten Krankenversicherung e.V. oder durch von ihnen bestellte Sachverständige (Regelprüfung). ²Zu prüfen ist, ob die Qualitätsanforderungen nach diesem Buch und nach den auf dieser Grundlage abgeschlossenen vertraglichen Vereinbarungen erfüllt sind. ³Die Regelprüfung erfasst insbesondere wesentliche Aspekte des Pflegezustandes und die Wirksamkeit der Pflege- und Betreuungsmaßnahmen (Ergebnisqualität). ⁴Sie kann auch auf den Ablauf, die Durchführung und die Evaluation der Leistungserbringung (Prozessqualität) sowie die unmittelbaren Rahmenbedingungen der Leistungserbringung (Strukturqualität) erstreckt werden. ⁵Die Regelprüfung bezieht sich auf die Qualität der allgemeinen Pflegeleistungen, der medizinischen Behandlungspflege, der Betreuung einschließlich der zusätzlichen Betreuung und Aktivierung im Sinne des § 43 b, der Leistungen bei Unterkunft und Verpflegung (§ 87) und der Zusatzleistungen (§ 88). ⁶Auch die nach § 37 des Fünften Buches erbrachten Leistungen der häuslichen Krankenpflege sind in die Regelprüfung einzubeziehen, unabhängig davon, ob von der Pflegeversicherung Leistungen nach § 36 erbracht werden. ⁷Die Regelprüfung umfasst auch die Abrechnung der genannten Leistungen. ⁸Zu prüfen ist auch, ob die Versorgung der Pflegebedürftigen den Empfehlungen der Kommission für Krankenhaushygiene und Infektionsprävention nach § 23 Absatz 1 des Infektionsschutzgesetzes entspricht.

(3) ¹Die Landesverbände der Pflegekassen haben im Rahmen der Zusammenarbeit mit den nach heimrechtlichen Vorschriften zuständigen Aufsichtsbehörden (§ 117) vor einer Regelprüfung insbesondere zu erfragen, ob Qualitätsanforderungen nach diesem Buch und den auf seiner Grundlage abgeschlossenen vertraglichen Vereinbarungen in einer Prüfung der nach heimrechtlichen Vorschriften zuständigen Aufsichtsbehörde oder in einem nach Landesrecht durchgeführten Prüfverfahren berücksichtigt worden sind. ²Hierzu können auch Vereinbarungen auf Landesebene zwischen den Landesverbänden der Pflegekassen und den nach heimrechtlichen Vorschriften zuständigen Aufsichtsbehörden sowie den für weitere Prüfverfahren zuständigen Aufsichtsbehörden getroffen werden. ³Um Doppelprüfungen zu vermeiden, haben die Landesverbände der Pflegekassen den Prüfumfang der Regelprüfung in angemessener Weise zu verringern, wenn
1. die Prüfungen nicht länger als neun Monate zurückliegen,
2. die Prüfergebnisse nach pflegefachlichen Kriterien den Ergebnissen einer Regelprüfung gleichwertig sind und
3. die Veröffentlichung der von den Pflegeeinrichtungen erbrachten Leistungen und deren Qualität gemäß § 115 Absatz 1 a gewährleistet ist.

⁴Die Pflegeeinrichtung kann verlangen, dass von einer Verringerung der Prüfpflicht abgesehen wird.
(4) ¹Bei Anlassprüfungen geht der Prüfauftrag in der Regel über den jeweiligen Prüfanlass hinaus; er umfasst eine vollständige Prüfung mit dem Schwerpunkt der Ergebnisqualität. ²Gibt es im Rahmen einer Anlass-, Regel- oder Wiederholungsprüfung sachlich begründete Hinweise auf eine nicht fachgerechte Pflege bei Pflegebedürftigen, auf die sich die Prüfung nicht erstreckt, sind die betroffenen Pflegebedürftigen unter Beachtung der datenschutzrechtlichen Bestimmungen in die Prüfung einzubeziehen. ³Die Prüfung ist insgesamt als Anlassprüfung durchzuführen. ⁴Im Zusammenhang mit einer zuvor durchgeführten Regel- oder Anlassprüfung kann von den Landesverbänden der Pflegekassen eine Wiederholungsprüfung veranlasst werden, um zu überprüfen, ob die festgestellten Qualitätsmängel durch die nach § 115 Abs. 2 angeordneten Maßnahmen beseitigt worden sind.

Literatur:

Geldermann/Hammer, Gesetzgebungskompetenzen als Grenze der Verbraucherinformation durch den Bund, VerwArch 2013, 64; *Hopfenzitz,* Fragliche Rechtmäßigkeit von Qualitätsprüfungen gemäß §§ 114 f SGB XI bei solitären Kurzzeitpflegen und die damit verbundene Veröffentlichung der Pflegetransparenzberichte, Sozialrecht aktuell 2011, 50; *ders.,* Die Bausteine einer Qualitätsprüfung gemäß §§ 114 f SGB XI und ihre Ecken und Kanten (1. Teil), PflR 2011, 111; *ders.,* Die Bausteine einer Qualitätsprüfung gemäß §§ 114 f SGB XI und ihre Ecken und Kanten (2. Teil), PflR 2011, 167; *Martini/Albert,* Finden, statt suchen? Der Pflege-TÜV und risikoorientierte Suchfunktionen als casus belli (Teil 1), NZS 2012, 201; *dies.,* Finden, statt suchen? Der TÜV und risikoorientierte Suchfunktionen als casus belli (Teil 2), NZS 2012, 247; *München,* Verbesserungen in der Hospiz- und Palliativversorgung, PflR 2016, 211; *Ossege,* Rechtliche Aspekte des Pflege-TÜV – Rechtsschutzmöglichkeiten gegen eine Veröffentlichung von Transparenzberichten im Internet, NZS 2012, 526; *Scharfenberg,* Pflege-Noten fehlt die Aussagekraft, G+G 2013, Nr. 1, 48; *Udsching,* Das Zweite Pflegestärkungsgesetz, jurisPR-SozR 6/2016 Anm. 1.

I. Entstehungsgeschichte 1	a) Umfang (Abs. 2 S. 3 und 4) 27
II. Normzweck 5	b) Prüfgegenstände (Abs. 2 S. 5–8) 28
III. Prüfauftrag 9	5. Verringerung des Prüfungsumfangs (Abs. 3) 30
1. Erteilung/Verfahrensbeteiligte 9	6. Anlassprüfung (Abs. 4 S. 1) 33
2. Inhalt des Prüfungsauftrags 12	7. Wiederholungsprüfung (Abs. 4 S. 4) 34
3. Form 15	VI. Folgen der Feststellung von Qualitätsmängeln 35
IV. Prüfungsarten 16	VII. Informationsverpflichtung (Abs. 1 S. 5, 6, 7) 36
1. Regelprüfung 16	1. Inhalt 36
2. Anlassprüfung 17	2. Verfassungsrechtliche Bedenken 41
3. Wiederholungsprüfung 20	VIII. Kosten 42
V. Umfang 22	1. Kosten der Qualitätsprüfung 42
1. Quote (Abs. 1 S. 1) 22	2. Keine Kostenregelung mehr hinsichtlich der Wiederholungsprüfung 43
2. Turnusmäßige Überprüfung (Abs. 2 S. 1) 24	
3. Gegenstand und Mindestinhalte aller Prüfungen (Abs. 2 S. 2) 25	
4. Regelprüfung (Abs. 2 S. 3–7) 27	

I. Entstehungsgeschichte

1 Die Vorschrift ist mit Wirkung vom 1.1.2002 durch das Pflege-Qualitätssicherungsgesetz (**PQsG**) vom 9.9.2001¹ eingeführt worden. Davor fanden sich die Vorschriften zur Pflegequalitätsprüfung in § 80 aF.

2 Eine redaktionelle Änderung erfolgte durch Gesetz zur Einordnung des Sozialhilferechts in das Sozialgesetzbuch vom 27.12.2003,² das Wort Sozialhilfeträger ersetzte der Gesetzgeber durch das Wort „Träger der Sozialhilfe". Eine weitgehende Neufassung wurde mit Wirkung vom 1.7.2008 durch das Pflege-Weiterentwicklungsgesetz (**PfWG**) vom 28.5.2008³ vorgenommen. Hierbei wurden alle Absätze einer Änderung unterzogen. Eine weitere redaktionelle Änderung erfolgte in Abs. 3 durch das Gesetz zur Neuregelung der zivilrechtlichen Vorschriften des HeimG nach der Föderalismusreform vom 29.7.2009⁴ mit Wirkung vom 1.10.2009.

---

1 BGBl. I, 2320.
2 BGBl. I, 3022.
3 BGBl. I, 874.
4 BGBl. I, 2319.

Mit dem Gesetz zur Änderung des Infektionsschutzgesetzes und weiterer Gesetze (IfSGuaÄndG) vom 3
28.7.2011[5] wurde mit Wirkung vom 4.8.2011 in Abs. 1 S. 1 der Passus „dem Prüfdienst des Verbandes der privaten Krankenversicherung eV im Umfang von 10 Prozent der in einem Jahr anfallenden Prüfaufträge" aufgenommen. Und in Abs. 2 S. 1 wurden die Wörter „den Prüfdienst des Verbandes der privaten Krankenversicherung e.V." eingefügt. Des Weiteren erfolgte eine **redaktionelle Änderung** in S. 7, in der die Angabe „§ 23 Absatz 2" durch die Angabe „§ 23 Absatz 1" ersetzt wurde. In Abs. 4 S. 3 wurden die Wörter „oder den Prüfdienst des Verbandes der privaten Krankenversicherung e.V." eingefügt. Durch das Gesetz zur Neuausrichtung der Pflegeversicherung (Pflege-Neuausrichtungs-Gesetz – PNG) vom 23.10.2012[6] wurde in Abs. 1 S. 5 bis 7 eine **Informationsverpflichtung** für vollstationäre Pflegeeinrichtungen gegenüber den Landesverbänden der Pflegekassen normiert, und zwar darüber, wie die ärztliche, fachärztliche und zahnärztliche Versorgung sowie die Arzneimittelversorgung in der jeweiligen Einrichtung geregelt sind. Abs. 3 und Abs. 5 wurden ebenfalls neu gefasst bzw. erweitert.

Durch Art. 1 Nr. 27 des Ersten Gesetzes zur Stärkung der pflegerischen Versorgung und zur Änderung 4
weiterer Vorschriften (Erstes Pflegestärkungsgesetz – PSG I) vom 17.12.2014[7] hat der Gesetzgeber mWv **1.1.2015** Abs. 5 geändert, indem die S. 2 und 3 neu eingefügt und S. 6 entsprechend angepasst wurde. Zuletzt nahm der Gesetzgeber Änderungen in allen Absätzen durch das Hospiz- und Palliativgesetz (**HPG**) vom 1.12.2015,[8] durch das Zweite Gesetz zur Stärkung der pflegerischen Versorgung und zur Änderung weiterer Vorschriften (Zweites Pflegestärkungsgesetz – PSG II) vom 21.12.2015[9] und durch das Dritte Gesetz zur Stärkung der pflegerischen Versorgung und zur Änderung weiterer Vorschriften (Drittes Pflegestärkungsgesetz – PSG III) vom 23.12.2016[10] vor. Mit der Änderung in Abs. 2 S. 6 und 7 wurde als Folgeänderung in § 114a Abs. 2 S. 4 und Abs. 3 der Begriff des „Pflegebedürftigen" durch die offenere Formulierung der „versorgten Person" ersetzt. Die weitreichsten Änderungen erfolgten durch das Zweite Pflegestärkungsgesetz – PSG II, indem S. 5 in Abs. 5 sowie der Abs. 4 komplett gestrichen und der Abs. 5 zu Abs. 4 wurde.

II. Normzweck

Mit der Regelung in § 114 hat der Gesetzgeber die Anforderungen an die Prüfverfahren zusammengefasst und die bisher in § 112 Abs. 3 enthaltenen Regelungen zu Qualitätsprüfungen **konkretisiert und erweitert**.[11] So wurde etwa der Intervall der Regelprüfungen von ursprünglich drei auf ein Jahr geändert.[12] Auch sind zugunsten eines nunmehr sehr engmaschigen Prüfungsnetzes, die **Stichproben- und Vergleichsprüfungen** weggefallen, die deshalb auch nicht mehr durchgeführt werden dürfen.[13] 5

Die **inhaltlichen** Anforderungen an die Qualität der pflegerischen Leistungen werden in §§ 113 f. sowie 6
den dazu abgeschlossenen vertraglichen Vereinbarungen der Partner der Selbstverwaltung näher festgelegt bzw. ausgestaltet.[14] Die bisherigen Regelungen zu Verfahrensfragen der Qualitätsprüfung in § 114 sind nunmehr in § 114a integriert.[15] Hinsichtlich der Qualitätsprüfungen wird differenziert nach **Regel-, Anlass- und Wiederholungsprüfung** (Abs. 1 S. 3).

Mit der Prüfungsbefugnis der Medizinischen Dienste der Krankenversicherung und die von den Landesverbänden der Pflegekassen bestellten Sachverständigen **korrespondiert** die Verpflichtung der Pflegeeinrichtungen, die ordnungsgemäße Durchführung der Prüfungen zu ermöglichen (§ 112 Abs. 2 S. 1). Hierunter zählen etwa das Bereithalten der Pflegedokumentationen und der Dienst- und Einsatzpläne.[16] 7

Die **Informationsverpflichtung** zielt nach dem Willen des Gesetzgebers darauf ab, den Pflegebedürftigen und ihren Angehörigen Auskunft über wesentliche Aspekte aus den Regelungsbereichen der ärztlichen, fachärztlichen und zahnärztlichen Versorgung sowie der Arzneimittelversorgung zu geben und 8

---

5 BGBl. I, 1622.
6 BGBl. I, 2246.
7 BGBl. I, 2222; s. dazu BT-Dr. 18/1798, 40 f.; BT-Dr. 18/2909, 24, 45.
8 BGBl. I, 2114.
9 BGBl. I, 2424.
10 BGBl. I, 3191.
11 BT-Dr. 16/7439, 85.
12 Hierzu auch Gutzler in: Hauck/Noftz, SGB XI, § 114 Rn. 1.
13 Gutzler in: Hauck/Noftz, SGB XI, § 114 Rn. 11.
14 BT-Dr. 16/7439, 85.
15 BT-Dr. 16/7439, 85.
16 BT-Dr. 16/7439, 85.

darüber zu informieren, mit welcher Häufigkeit ärztliche, fachärztliche und zahnärztliche Visiten stattfinden sowie berufsübergreifende Fallbesprechungen durchgeführt werden und wie die ärztliche Rufbereitschaft und Versorgung, insbesondere nach 22 Uhr, an Wochenenden und Feiertagen, gestaltet ist.[17]

III. Prüfauftrag

9 1. **Erteilung/Verfahrensbeteiligte.** Nach Abs. 1 müssen die **Landesverbände der Pflegekassen** dem Medizinischen Dienst der Krankenversicherung (MDK), dem Prüfdienst des Verbandes der privaten Krankenversicherung eV oder den von ihnen bestellten Sachverständigen einen Prüfauftrag erteilen. Das ist eine **unabdingbare Voraussetzung** für die Qualitätsprüfung.[18] Diese Regelung ist nach der Gesetzesbegründung bereits deshalb erforderlich gewesen, weil die Medizinischen Dienste der Krankenversicherung und die von den Landesverbänden der Pflegekassen bestellten Sachverständigen ihre Prüfungsbefugnis im Einzelfall aus dem **Prüfauftrag ableiten**.[19] In der Vergangenheit bestanden nämlich hinsichtlich der Art der Überprüfung häufig Unklarheiten, da Einzelprüfungen, Stichproben und Vergleichsprüfungen „willkürlich nebeneinander" genutzt wurden.[20]

10 Da in Abs. 1 S. 1 von den Landesverbänden der Pflegekassen der Prüfauftrag erteilt werden muss, wird in der Literatur gefordert, dass diese Erteilung **gemeinschaftlich** zu erfolgen hat.[21] Abgeleitet wird dieses Erfordernis aus § 81 analog.[22] Ein Rückgriff auf diese Vorschrift ist jedoch nicht notwendig, da sich bereits aus der **teleologischen Auslegung** des Wortlauts dieser Regelung ein solches Erfordernis ergibt. Sinn und Zweck der Regelung ist, eine klare und einheitliche sowie koordinierte Beauftragung sicherzustellen.

11 Die nähere Ausgestaltung (Aufgaben und Organisation) des **MDK** als die zu beauftragende Körperschaft ist in **§§ 275 ff. SGB V** geregelt. Anders verhält es sich dagegen mit dem Prüfdienst des Verbandes der privaten Krankenversicherung eV und den von den Landesverbänden der Pflegekassen gegebenenfalls auch zu bestellenden Sachverständigen. Im Gesetz hierzu finden sich keinerlei Regelungen. Die Anforderungen an die Qualifikation der Prüfer sind ebenfalls nicht normativ festgelegt worden. Hierzu gibt es aber Bestimmungen in den Qualitätsprüfungs-Richtlinien (QPR).[23]

12 2. **Inhalt des Prüfungsauftrags.** Inhalt der Regelprüfungen, Anlassprüfungen und Wiederholungsprüfungen (als abschließend aufgezählte Prüfarten, → Rn. 16 ff.) sind die im Prüfauftrag beschriebenen **Prüfgegenstände** (siehe hierzu → Rn. 25 f.).[24] Prüfungsfähig sind nur die gem. §§ **71, 72** zugelassenen ambulanten und stationären Pflegeeinrichtungen. Dagegen gilt für solche Leistungserbringer nach § 77 und Ehrenamtliche iS des § 45 d die vertraglichen Regelungen.[25]

13 Nach den **Richtlinien** des GKV-Spitzenverbandes über die Prüfung der in den Pflegeeinrichtungen erbrachten Leistungen und deren Qualität nach § 114 vom 6.9.2016 (Qualitätsprüfungs-Richtlinien – QPR) sind im Prüfauftrag der Landesverbände der Pflegekassen insbesondere **Art** der Prüfung, **Umfang** der Prüfung, soweit dieser über die Mindestangaben hinaus gehen soll, bei Anlassprüfungen der dem Prüfauftrag zugrunde liegende **Sachverhalt** (zB Beschwerde), Einbindung der Pflegekassen oder der Landesverbände der Pflegekassen, insbesondere im Hinblick auf die Abrechnungsprüfung, **Zeitpunkt** der Prüfung und **Prüfmodalitäten** (insbesondere Information/Abstimmung mit den Heimaufsichtsbehörden, ggf. aber auch mit anderen Behörden wie zB Gesundheitsamt) zu beschreiben.

14 Die Prüfreihenfolge ist nach **objektiven** Kriterien zu bestimmen, der Grundsatz der **Wettbewerbsneutralität** ist zu beachten.[26]

---

17 BT-Dr. 17/9369, 48.
18 BT-Dr. 16/7439, 85; Bachem/Klie in: LPK-SGB XI, § 114 Rn. 6.
19 BT-Dr. 16/7439, 85.
20 Zur alten Rechtslage Klie in: Klie/Krahmer, LPK-SGB XI, 3. Aufl. 2009, § 114 Rn. 5. Stichproben- und Vergleichsprüfungen sind deshalb inzwischen nicht mehr vorgesehen (Rn. 5).
21 Gutzler, In: Hauck/Noftz, SGB XI, § 114 Rn. 5.
22 Gutzler, In: Hauck/Noftz, SGB XI, § 114 Rn. 5.
23 Teil 1 Ziffer 5 (ambulante Pflege) und Teil 2 Ziffer 5 (stationärer Bereich) der Richtlinien des GKV-Spitzenverbandes über die Prüfung der in den Pflegeeinrichtungen erbrachten Leistungen und deren Qualität nach § 114 SGB XI (Qualitätsprüfungs-Richtlinien-QPR) vom 6.9.2016.
24 Teil 1 Ziffer 6 Abs. 3 (ambulante Pflege) und Teil 2 Ziffer 6 Abs. 3 (stationärer Bereich) der Qualitätsprüfungs-Richtlinien (QPR) vom 6.9.2016.
25 Bassen in: Udsching, SGB XI, § 114 Rn. 4.
26 BT-Dr. 16/7439, 86.

3. Form. Der Prüfauftrag ist **schriftlich** zu erteilen.[27] Mit dem Prüfauftrag sind dem MDK, dem Prüfdienst des Verbandes der privaten Krankenversicherung eV oder den Sachverständigen die erforderlichen **Informationen** und **Unterlagen** für die Qualitätsprüfung zur Verfügung zu stellen, insbesondere Institutionskennzeichen, Versorgungsverträge, Strukturdaten, festgelegte Leistungs- und Qualitätsmerkmale nach § 84 Abs. 5, vorliegende Maßnahmenbescheide nach § 115 Abs. 2, Stellungnahmen und Unterlagen der Pflegeeinrichtung an den Landesverband sowie Beschwerden über die zu prüfende Pflegeeinrichtung.[28]

IV. Prüfungsarten

1. Regelprüfung. Regelprüfungen sind **ohne konkreten Anlass** in turnusmäßigen Abstand (von einem Jahr, Abs. 2 S. 1) durchzuführen. Die in der Literatur aufgrund der Personaldichte, des kurzen Zeitintervalls und der geforderten Prüfdichte angemahnte Durchführbarkeit,[29] soll mit der Aufstockung von Pflegekräften sichergestellt werden.[30]

2. Anlassprüfung. Das Gesetz gibt selbst nicht vor, wann ein sog Anlass vorliegt. Aus der Gesetzesbegründung ergibt sich jedoch, dass anlassbezogene Qualitätsprüfungen dann angeordnet werden können, wenn **Anhaltspunkte** für **Qualitätsdefizite** vorliegen.[31] Bloße Vermutungen genügen somit nicht.[32] Als ausreichend wird dagegen angesehen, wenn Mitarbeiter der Pflegeeinrichtung oder Versicherte plausible Aussagen über angebliche Qualitätsmängel machen,[33] welche auf Stichhaltigkeit durch die Landesverbände der Pflegekassen geprüft werden (Rn. 33).[34] Ebenso genügen Feststellungen andere Prüfbehörden, wie zB Heimaufsichtsbehörden.[35]

Auch eine Anlassprüfung ist eine **Qualitätsprüfung** im Sinne des § 115 Abs. 1 a S. 2, die dem Transparenzbericht zugrunde zu legen ist.[36] Anlassprüfungen tragen nach der Rechtsprechung wesentlich zu einem sachgerechten Bild der Qualität des Pflegeheimes bei.[37] Regel- und Anlassüberprüfungen können auch **nebeneinander** in einer Prüfung durchgeführt werden, denn nach § 115 Abs. 1 a S. 2, Hs. 2 können die Ergebnisse der Qualitätsprüfungen des MDK, des Prüfdienstes des Verbandes der privaten Krankenversicherung eV oder der von den Landesverbänden der Pflegekassen bestellten Sachverständigen auch durch in anderen Verfahren gewonnene Informationen ergänzt werden, die die von den Pflegeeinrichtungen erbrachten Leistungen und deren Qualität, insbesondere hinsichtlich der Ergebnis- und Lebensqualität, darstellen.[38]

Mit dem Ersten Pflegestärkungsgesetz (**PSG I**) vom 17.12.2014[39] (→ Rn. 4) wurden in Abs. 5 die S. 2 und 3 neu eingefügt, die inhaltlich bestimmen, dass auch bei den Pflegebedürftigen eine Anlassprüfung durchzuführen ist, bei denen erst im Rahmen einer sie nicht betreffenden Anlass-, Regel- und Wiederholungsprüfung sachlich begründete Hinweise auf eine nicht fachgerechte Pflege vorlagen. Sachlich begründete Hinweise sind nach der Begründung des Gesetzgebers solche, die nicht offensichtlich unbegründet sind.[40] Auch ohne diese Gesetzesneufassung hätte bei Vorliegen eines konkreten Verdachts eine Anlassprüfung nach der alten Rechtslage durchgeführt werden können. Aus diesem Grund hat die Gesetzesänderung nur **klarstellende Wirkung**. Der Gesetzgeber hat darüber hinaus in der Gesetzesbegründung einige Pflegesituationen benannt, bei denen eine entsprechende Prüfungsausweitung besonders in Betracht zu ziehen ist. Hierzu zählen: freiheitseinschränkende Maßnahmen, Dekubitus oder

---

27 Teil 1 Ziffer 3 Abs. 1 S. 2 (ambulante Pflege) und Teil 2 Ziffer 3 Abs. 1 S. 2 (stationärer Bereich) der Qualitätsprüfungs-Richtlinien (QPR) vom 6.9.2016.
28 Teil 1 Ziffer 3 Abs. 3 (ambulante Pflege) und Teil 2 Ziffer 3 Abs. 3 (stationärer Bereich) der Qualitätsprüfungs-Richtlinien (QPR) vom 6.9.2016.
29 Gutzler, In: Hauck/Noftz, SGB XI, § 114 Rn. 12.
30 Vgl. Antwort der Bundesregierung auf die Anfragen in BT-Dr. 16/12 939 und 16/13 136.
31 Vgl. BT-Dr. 16/7439, 87.
32 Gutzler in: Hauck/Noftz, SGB XI, § 114 Rn. 13.
33 Gutzler in: Hauck/Noftz, SGB XI, § 114 Rn. 13.
34 Teil 1 Ziffer 3 Abs. 1 S. 3 (ambulante Pflege) und Teil 2 Ziffer 3 Abs. 1 S. 3 (stationärer Bereich) der Qualitätsprüfungs-Richtlinien (QPR) vom 6.9.2016.
35 Gutzler in: Hauck/Noftz, SGB XI, § 114 Rn. 13; Bachem/Klie in: LPK-SGB XI, § 114 Rn. 14.
36 LSG LSA, 5.10.2010, L 4 P 12/10 B ER.
37 LSG LSA, 5.10.2010, L 4 P 12/10 B ER.
38 LSG LSA, 5.10.2010, L 4 P 12/10 B ER.
39 BGBl. I, 2222; s. dazu BT-Dr. 18/1798, 40 f.; BT-Dr. 18/2909, 24, 45.
40 BR-Dr. 18/1798, 40.

andere chronische Wunden, Ernährungsdefizite, chronische Schmerzen, Personen mit Anlage einer PEG-Sonde und Personen mit Blasenkatheter.[41]

20   3. **Wiederholungsprüfung**. Abs. 4 S. 4 ermächtigt die Landesverbände der Pflegekassen, eine Wiederholungsprüfung durchzuführen, um zu überprüfen, ob die festgestellten Qualitätsmängel durch die nach § 115 Abs. 2 angeordneten Maßnahmen erfolgreich beseitigt worden sind. Die durch das PfWG eingeführte Regelung der Kostentragungspflicht der Pflegeeinrichtungen wurde durch das PEG II aufgrund der geringen praktischen Relevanz aufgehoben.[42]

21   Zur Durchführung der Wiederholungsprüfung bedarf es eines **Maßnahmebescheides** der Landesverbände der Pflegekassen (§ 115 Abs. 2 S. 1). Des Weiteren kann auch die Pflegeeinrichtung nach Abs. 5 S. 3 eine Wiederholungsprüfung bei den Landesverbänden der Pflegekassen beantragen, wenn wesentliche Aspekte der Pflegequalität betroffen sind und der Pflegeeinrichtung ohne eine zeitnahe Nachprüfung unzumutbare Nachteile, wie etwa rufschädigende Wahrnehmung in der Öffentlichkeit, drohen.[43]

V. Umfang

22   1. **Quote (Abs. 1 S. 1)**. Die Regelung gibt den Landesverbänden der Pflegekassen verbindlich vor, dem Prüfdienst des Verbandes der privaten Krankenversicherung eV Prüfaufträge im Umfang von 10 % aller Prüfaufträge zuzuweisen. Die Quote von 10 % bezieht sich dabei auf das gesamte Bundesgebiet; abweichende Quoten in den jeweiligen Zuständigkeitsbereichen der Landesverbände der Pflegekassen sind möglich.[44]

23   Hintergrund dieser Regelung ist, dass nach der bisherigen Regelung in § 114a Abs. 5 sich die privaten Versicherungsunternehmen mit 10 % an den Kosten der Qualitätsprüfungen der ambulanten und stationären Pflegeeinrichtungen zu beteiligen haben.[45] Mit der Änderung wird ein Anspruch der privaten Pflegeversicherung auf die Erteilung von Prüfaufträgen in diesem Umfang durch die Landesverbände der Pflegekassen geregelt.[46]

24   2. **Turnusmäßige Überprüfung (Abs. 2 S. 1)**. Die Landeverbände werden nach der Neufassung des § 114 verpflichtet, in einem Abstand von mindestens **einem Jahr**, also nicht mehr wie ursprünglich geregelt von drei Jahren, den MDK, den Prüfdienst des Verbandes der privaten Krankenversicherung eV oder andere Sachverständige zu Qualitätsprüfungen zu veranlassen. Damit soll vor allem der regelmäßige Nachweis über Leistungen und Qualität in der Pflege sichergestellt werden.[47] Nach den Zielvorstellungen des Gesetzgebers handelt es sich hierbei um eine „Kernregelung der Qualitätssicherung".[48] Die turnusmäßigen Überprüfungen ermöglichen nur Momentaufnahmen.[49]

25   3. **Gegenstand und Mindestinhalte aller Prüfungen (Abs. 2 S. 2)**. Für alle Prüfungsarten schreibt Abs. 2 S. 2 vor, dass Gegenstand die Überprüfung der Einhaltung der **Qualitätsanforderungen** nach dem SGB XI sowie der auf dieser Grundlage abgeschlossenen vertraglichen Vereinbarungen (insbesondere Versorgungsverträge, Rahmenverträge, vereinbarte Maßstäbe und Grundsätze nach Maßgabe des § 113) ist. Hierzu gehört insbesondere die vom Gesetz aufgestellte Forderung, dass Pflegebedürftige entsprechend dem allgemein anerkannten Stand medizinisch pflegerischer Erkenntnisse zu pflegen und zu betreuen sind (§ 11 Abs. 1).

26   Die **Mindestprüfinhalte** sind in den nach § 114a Abs. 7 beschlossenen Richtlinien des GKV-Spitzenverbandes über die Prüfung der in Pflegeeinrichtungen erbrachten Leistungen und deren Qualität nach § 114 (Qualitätsprüfungs-Richtlinien – QPR) geregelt.[50] Die in den Transparenzvereinbarungen nach § 115 Abs. 1a S. 6 festgelegten Transparenzkriterien und Bewertungssystematik sind darin enthalten.

27   4. **Regelprüfung (Abs. 2 S. 3–7).** a) **Umfang (Abs. 2 S. 3 und 4).** In Abs. 2 S. 3 und 4 werden die in der Kranken- und Pflegeversicherung gebräuchlichen Begriffe der Ergebnis-, Prozess- und Strukturqualität

---

41 BR-Dr. 18/1798, 40.
42 BT-Dr. 18/5926, 105.
43 Evers in: BeckOK SozR, SGB XI, § 114 Rn. 1.
44 BT-Dr. 17/5178, 24.
45 BT-Dr. 17/5178, 24.
46 BT-Dr. 17/5178, 24.
47 Bachem/Klie in: LPK-SGB XI, § 114 Rn. 10; Evers in: BeckOK SozR, SGB XI, § 114 Rn. 6.
48 BT-Dr. 16/7439, 86.
49 LSG NRW, 5.6.2012, L 10 P 118/11 B ER.
50 Teil 1 Ziffer 6 (ambulante Pflege) und Teil 2 Ziffer 6 (stationärer Bereich) der Qualitätsprüfungs-Richtlinien (QPR) vom 6.9.2016.

näher bestimmt. Schwerpunktmäßig soll sich die Regelprüfung nach S. 3 auf die **Ergebnisqualität** beziehen. Dazu gehören der Pflegezustand der in der Einrichtung betreuten Pflegebedürftigen und die Wirksamkeit der Pflege- und Betreuungsmaßnahmen.[51]

b) **Prüfgegenstände (Abs. 2 S. 5-8).** In Abs. 2 S. 5 und 6 werden weitere **Prüfgegenstände** genannt. Hierzu gehören unter anderem die allgemeinen Pflegeleistungen, die medizinische Behandlungspflege, die soziale Betreuung oder die Leistungen für Unterkunft und Verpflegung sowie Zusatzleistungen (§§ 87, 88), sowie die nach § 37 SGB V erbrachten Leistungen der häuslichen Krankenpflege. Die Leistungen der **häuslichen Krankenpflege** sind unabhängig davon, ob von der Pflegeversicherung Sachleistungen nach § 36 SGB XI erbracht werden, in die Prüfung einzubeziehen. Hintergrund dieser durch das PSG III vorgenommenen Änderung ist, dass nach der bis zum 31.12.2015 geltenden Rechtslage nur Pflegebedürftige in die Prüfung einbezogen werden konnten, die von den geprüften Pflegediensten Pflegesachleistungen nach dem SGB XI erhalten haben.[52] Die Erbringung von Leistungen nur nach SGB V war folglich für die Einbeziehung in die Stichprobe nicht ausreichend. Nunmehr erstreckt sich die Prüfung auch auf Versicherte, die neben Leistungen der häuslichen Krankenpflege, Pflegegeld nach § 37 SGB V oder überhaupt keine Leistungen der Pflegeversicherung erhalten.[53] 28

Nach Abs. 2 S. 7 und 8 kann sich die Prüfung auch auf die **Abrechnung** der Leistungen und die Einhaltung der Empfehlungen der Kommission für Krankenhaushygiene und Infektionsprävention nach § 23 Abs. 1 des Infektionsschutzgesetzes beziehen. Dabei handelt es sich nicht um eine Wirtschaftlichkeitsprüfung.[54] Die Einbeziehung von Abrechnungen in die Prüfung wird als bedenklich angesehen, da auf diese Weise die Pflegekassen über die Qualitätsprüfungen erweiterte Prüfrechte hinsichtlich der Abrechnungen erhielten.[55] 29

5. Verringerung des Prüfungsumfangs (Abs. 3). Der Regelprüfumfang ist zu **verringern**, wenn aufgrund anderweitiger Prüfungen der heimrechtlichen Behörden oder landesrechtlicher Prüfungen (Abs. 3) Erkenntnisse vorliegen, dass eine Pflegeeinrichtung die gesetzlichen und vertraglichen Qualitätsanforderungen einhält. Hierfür genügen auch Vereinbarungen, die auf Landesebene zwischen den Landesverbänden der Pflegekassen und den nach heimrechtlichen Vorschriften zuständigen Aufsichtsbehörden sowie den für weitere Prüfverfahren zuständigen Aufsichtsbehörden getroffen werden können (Abs. 3 S. 2). Diese Regelung soll die Umsetzung des gesetzgeberischen Anliegens erleichtern, dass ein Abgleich der Ergebnisse einer Prüfung der Heimaufsicht oder eines nach Landesrecht durchgeführten Prüfverfahrens durch die Landesverbände der Pflegekassen mit den Prüfaufträgen nach SGB XI zu erfolgen hat.[56] 30

Die Landesverbände der Pflegekassen müssen nunmehr vor einer Verringerung des Prüfumfangs klären, ob die Prüfergebnisse nach **pflegefachlichen Kriterien** den Ergebnissen einer Regelprüfung **gleichwertig** sind und die **Veröffentlichung** der von den Pflegeeinrichtungen erbrachten Leistungen und deren Qualität, gem. § 115 Abs. 1a gewährleistet ist (Abs. 3 S. 3 Nr. 2 und 3).[57] Zudem sind nur Prüfungen zu berücksichtigen, die nicht länger als **neun Monate** zurückliegen (Abs. 3 S. 3 Nr. 1), weil die Berücksichtigung älterer Prüfergebnisse dem jährlichen Prüfrhythmus widersprächen würde. Die inhaltliche Reduzierung des Prüfumfanges kann deshalb auch nicht zu einer Aussetzung der jährlichen Regelprüfung führen. Die Pflegeeinrichtung kann nach jetziger Gesetzeslage verlangen, dass von einer Verringerung der Prüfpflicht abgesehen und in vollem Umfang geprüft wird (Abs. 3 S. 4). 31

Der frühere Regelung in Abs. 4, wonach die Landesverbände der Pflegekassen den Umfang der Regelprüfung in angemessener Weise zu verringern hatten, wenn ihnen Ergebnisse zur Prozess- und Strukturqualität aus einer gleichwertigen, von der Pflegeeinrichtung oder dem Einrichtungsträger veranlassten Prüfung vorlagen, wurde durch das **PSG II** mWv 1.1.2016 aufgehoben, da der Gesetzgeber künftig die Verantwortung stationärer Einrichtungen durch das **indikatorengestützte** Verfahren gem. § 113 Abs. 1a stärken will und deshalb die bisher von den Vertragsparteien nach § 113 getroffenen Regelungen gem. § 113 Abs. 1 S. 4 Nr. 2 und 3 aF keinen praktischen Anwendungsbereich mehr haben.[58] 32

---

51 Leitherer in: KassKomm, § 114 SGB XI Rn. 13.
52 BT-Dr. 18/5926, 104.
53 Altmiks, in: jurisPK-SGB XI, § 114 Rn. 30.
54 Igl, NJW 2008, 2214, 2218.
55 Evers in: BeckOK SozR, SGB XI, § 114 Rn. 7; vgl. hierzu auch Bachem/Klie in: LPK-SGB XI, § 114 Rn. 11.
56 BT-Dr. 17/10170, 19.
57 BT-Dr. 17/9369, 49.
58 BT-Dr. 18/5926, 104.

33 6. **Anlassprüfung (Abs. 4 S. 1).** Vor der Erteilung eines Prüfauftrages zur Durchführung einer Anlassprüfung sind Beschwerden und Hinweise zunächst durch die Landesverbände der Pflegekassen auf ihre Stichhaltigkeit zu prüfen.[59] Sie sind in der Regel als *„Vollprüfung"*[60] mit Erhebung der Ergebnis-, Prozess- und Strukturqualität durchzuführen, wobei die Prüfung über den Prüfanlass hinausgehen kann. Die Landesverbände der Pflegekassen können innerhalb ihres **Ermessens** entweder eine vollständige oder eine teilweise Prüfung anordnen.

34 7. **Wiederholungsprüfung (Abs. 4 S. 4).** Die Widerholungsprüfungen können nur auf der Grundlage eines **eingeschränkten Prüfungsmaßstabes** erfolgen.[61] Prüfungsmaßstab sind nämlich nur die bei der Regel- oder Anlassprüfung festgestellten Mängel, die dazu geführt haben, dass nach § 115 Abs. 2 Maßnahmenentscheidungen gegen die Pflegeeinrichtung getroffen wurden.

VI. Folgen der Feststellung von Qualitätsmängeln

35 Regelmäßig werden bei der Bestellung von Qualitätsmängeln Maßnahmen gegen die Pflegeeinrichtung angeordnet. Diese Anordnung erfolgt gem. § 115 Abs. 2 durch **Bescheid**, welcher gleichzeitig eine angemessene Frist zur Beseitigung der Mängel enthält.

VII. Informationsverpflichtung (Abs. 1 S. 5, 6, 7)

36 1. **Inhalt.** Die Informationsverpflichtung soll im Interesse der Pflegebedürftigen eine **Vergleichbarkeit der Angaben** ermöglichen.[62] Die Vorschrift steht im Zusammenhang mit der in § 115 Abs. 1 b verankerten Informationspflicht der Landesverbände der Pflegekassen gegenüber den Pflegebedürftigen. Die entsprechenden Informationen sollen nach dem Willen des Gesetzgebers in zeitlichem und organisatorischem Zusammenhang mit dem Informationsfluss unmittelbar nach einer Regelprüfung übermittelt werden.[63]

37 Die vollstationären Pflegeeinrichtungen **müssen** gem. Abs. 1 S. 5 ab dem 1.1.2014 die Landesverbände der Pflegekassen **unmittelbar** nach einer **Regelprüfung** darüber informieren, wie die ärztliche, fachärztliche und zahnärztliche Versorgung sowie die Arzneimittelversorgung in den Einrichtungen geregelt sind. Diese Neuregelung soll nach dem Willen des Gesetzgebers der **Entlastung des Prüfverfahrens** dienen, indem die Konkretisierung der Regelung Synergieeffekte sowohl in operativer als auch inhaltlicher Hinsicht stärker genutzt und die Pflegeeinrichtungen auf diese Weise wirksamer vor nicht erforderlichen, belastenden Doppelprüfungen geschützt werden.[64] Es geht dabei gerade auch um die Stärkung der **Zusammenarbeit** von Pflegekassen und Medizinischen Diensten mit den Heimaufsichtsbehörden gem. § 117. Die bisherige Pflicht der Landesverbände der Pflegekasse hinsichtlich der Berücksichtigung vorliegender Ergebnisse von Prüfungen der Heimaufsicht und anderer landesrechtlicher Prüfinstanzen hat der Gesetzgeber dahin gehend konkretisiert, dass nunmehr vor einer Regelprüfung solche Prüfergebnisse aktiv zu erfragen und auszuwerten sind.[65] Hierzu können die Landesverbände der Pflegekassen auch länderbezogene Vereinbarungen treffen.[66]

38 In Abs. 1 S. 6 werden regelbeispielhaft die **Mindestinhalte** aufgezählt.[67] Danach ist insbesondere auf den Abschluss und den Inhalt von Kooperationsverträgen mit Ärzten (vgl. § 119 b SGB V), auf die Einbindung in Ärztenetze (vgl. § 87 b Abs. 2 S. 2 SGB V), auf den Abschluss von Vereinbarungen mit Apotheken (vgl. § 12 a Apothekengesetz) sowie ab dem 1.7.2016 auf die Zusammenarbeit mit einem Hospiz- und Palliativnetz hinzuweisen. Die Zusammenarbeit mit einem Hospiz- und Palliativnetz ist vor allem für die vollstationären Pflegeeinrichtungen eine wichtige Voraussetzung, damit sie ihre Aufgaben im Rahmen einer qualifizierten Sterbebegleitung (vgl. die Ergänzungen in den §§ 28 und 75) erfüllen können.[68] Nach dem Willen des Gesetzgebers ist die für vollstationäre Pflegeeinrichtungen ein-

---

59 Teil 1 Ziffer 3 Abs. 1 S. 3 (ambulante Pflege) und Teil 2 Ziffer 3 Abs. 1 S. 3 (stationärer Bereich) der Qualitätsprüfungs-Richtlinien (QPR) vom 6.9.2016.
60 So Gutzler in: Hauck/Noftz, SGB XI, § 114 Rn. 13.
61 Gutzler in: Hauck/Noftz, SGB XI, § 114 Rn. 26.
62 BT-Dr. 17/9369, 48; Bachem/Klie in: LPK-SGB XI, § 114 Rn. 9; Leitherer in: KassKomm, § 114 SGB XI Rn. 10.
63 BT-Dr. 17/9369, 48.
64 BT-Dr. 17/9369, 48.
65 BT-Dr. 17/9369, 48.
66 BT-Dr. 17/9669, 14.
67 Bachem/Klie in: LPK-SGB XI, § 114 Rn. 9.
68 BT-Dr. 18/5170, 32.

geführte Informationspflicht dabei **komplementär** zu der in § 39a SGB V getroffenen Regelung, in den Rahmenvereinbarungen zu ambulanter Hospizarbeit die ambulante Hospizarbeit in stationären Pflegeeinrichtungen besonders zu berücksichtigen.[69]

Der Gesetzgeber hat gleichzeitig mit Einfügung von S. 7 klargestellt, dass zwischen zwei Qualitätsprüfungen nur **wesentliche** und damit relevante **Änderungen** hinsichtlich der ärztlichen, fachärztlichen und zahnärztlichen Versorgung, der Arzneimittelversorgung, etwa der Abschluss oder die Auflösung eines Kooperationsvertrages, sowie bezüglich der Zusammenarbeit mit einem Hospiz- und Palliativnetz von den vollstationären Pflegeeinrichtungen innerhalb von **vier Wochen** an die Landesverbände der Pflegekassen zu übermitteln.[70] 39

Die Informationen zur ärztlichen, fachärztlichen und zahnärztlichen Versorgung sowie zur Arzneimittelversorgung sind verständlich, übersichtlich und vergleichbar sowohl im Internet als auch in anderer geeigneter Form kostenfrei zur Verfügung zu stellen.[71] 40

2. Verfassungsrechtliche Bedenken. Eine Informationsverpflichtung wie sie durch den Gesetzgeber geregelt wurde, greift in die Berufsfreiheit (Art. 12 Abs. 1 GG) ein.[72] Jedoch ist dieser Eingriff nach Auffassung des BSG verfassungsrechtlich gerechtfertigt. Im Schrifttum wird dagegen die in Abs. 1 S. 5-7 geschaffene Informationsverpflichtung als nicht gerechtfertigt angesehen, da sowohl ein Verstoß gegen das Demokratieprinzip als auch gegen den Verhältnismäßigkeitsgrundsatz vorliege.[73] Die Bedenken sind insoweit berechtigt, als der Gesetzgeber in der Begründung hinsichtlich des Inhalts zwar konkretisierend aufzählt, um welche Informationen es sich handeln soll, nämlich ua „mit welcher Häufigkeit ärztliche, fachärztliche und zahnärztliche Visiten stattfinden, wie häufig berufsübergreifende Fallbesprechungen durchgeführt werden und wie die ärztliche Rufbereitschaft und Versorgung, insbesondere nach 22 Uhr, an Wochenenden und Feiertagen, gestaltet ist",[74] jedoch erschließt sich nicht, welche Schlussfolgerungen man etwa aus der Häufigkeit der Arztbesuche auf die Qualität der ärztlichen Versorgung ziehen kann. 41

VIII. Kosten

1. Kosten der Qualitätsprüfung. Der **MDK** trägt die Kosten der Qualitätsprüfungen, die von Krankenkassen und Privatkrankenkassen jeweils hälftig umlagefinanziert werden (§§ 281 Abs. 1 S. 5 SGB V, 46 Abs. 3 S. 4). Prüfungen durch bestellte Sachverständige sind von den Landesverbänden der Privatkrankenkassen **gesondert** zu vergüten. Kosten für Qualitätsprüfungen durch den Prüfdienst des Verbandes der privaten Krankenversicherung eV sind vom Verband der privaten Krankenversicherung eV zu tragen.[75] Bei Unterschreitung der in § 114 Abs. 1 S. 1 festgelegten Prüfquote richtet sich der Anteil der von den privaten Pflegeversicherungsunternehmen zu tragenden Kosten nach § 114a Abs. 5 (hierzu → § 114a Rn. 47f.). 42

2. Keine Kostenregelung mehr hinsichtlich der Wiederholungsprüfung. Die Kosten einer Wiederholungsprüfung hatte nach der alten Fassung von § 114 Abs. 5 S. 4 und 5 die **geprüfte Einrichtung** zu tragen. In diesem Zusammenhang war umstritten, ob es sich bei der Kostenrechnung um einen Verwaltungsakt handelte[76] oder um eine Rechnung, die im Gleichordnungsverhältnis ergangen war.[77] Letztere Ansicht verkannte, dass der MDK bei den Prüfungen eine hoheitliche Aufsichtsfunktion wahrnimmt.[78] Mit der späteren Ergänzung in Abs. 5 S. 6 und 7 aF durch das PNG wurde klargestellt, dass lediglich **tatsächlich angefallene** (veranlasste) Kosten der Wiederholungsprüfung abgerechnet werden durften. Nicht von der Rechtsgrundlage gedeckt war die Geltendmachung von Pauschalen oder 43

---

69 BT-Dr. 18/5170, 32.
70 BT-Dr. 17/10170, 18.
71 So die Begründung BT-Dr. 17/9369, 48.
72 BSG, 16.5.2013, B 3 P 5/12 R, SozR 4-3300 § 115 Nr. 2 = NJOZ 2014, 540, 542.
73 Bachem/Klie in: LPK-SGB XI, § 114 Rn. 9.
74 BT-Dr. 17/9369, 48.
75 In diesem Sinne auch Gutzler in: Hauck/Noftz, SGB XI, § 114 Rn. 16.
76 SG Aurich, 7.6.2001, S 12 P 34/09; SG Nürnberg, 26.11.2012, S 9 P 21/11; Bassen in: Udsching, SGB XI, § 114 Rn. 11; Bachem/Klie in: LPK-SGB XI, § 114 Rn. 14; Bachem, PflR 2009, 169, 172; ders., PflR 2011, 153f.
77 SG Hannover, 24.1.2012, S 29 P 85/10, PflR 2012, 310, 311 f.; SG Darmstadt, 24.1.2011, S 18 P 25/10, PflR 2011, 148, 150f.
78 Vgl. Bachem/Klie in: LPK-SGB XI, § 114 Rn. 14.

Durchschnittswerten und von Kosten, die auch ohne eine Wiederholungsprüfung anfielen, etwa Verwaltungs- und Vorhaltekosten.[79]

44 Mit der Änderung durch das PSG II, welches zur Streichung der Kostenregelungen in Abs. 5 S. 5 bis 7 aF führte, wird nunmehr einer Forderung der Länder Rechnung getragen, die auf Umsetzungsprobleme – insbesondere unter dem Aspekt des **Datenschutzes** – bei der Rechnungsstellung für kostenpflichtige Wiederholungsprüfungen hingewiesen hatten.[80] Angesichts der geringen praktischen Relevanz der Regelungen entschied sich der Gesetzgeber dazu, keine weiteren Regelungen, die der Rechtssicherheit und dem Datenschutz Genüge getan hätten, aufzunehmen, da dies mit einem unverhältnismäßig hohen bürokratischen Aufwand verbunden gewesen wäre.[81] Aus diesem Grund ist derzeit nicht mehr explizit geregelt, dass Pflegeeinrichtungen eine freiwillige Wiederholungsprüfung verlangen können, wenn ihnen unverhältnismäßige Schäden durch nicht mehr den tatsächlichen Gegebenheiten entsprechende Transparenzberichte drohen. Nach wie vor kann jedoch gemäß Abs. 4 S. 4 im Zusammenhang mit einer zuvor durchgeführten Regel- oder Anlassprüfung von den Landesverbänden der Pflegekassen eine Wiederholungsprüfung veranlasst werden, um zu überprüfen, ob die festgestellten Qualitätsmängel durch die nach § 115 Abs. 2 angeordneten Maßnahmen beseitigt worden sind. Im Rahmen dieser Ermessensentscheidung kann den berechtigten Interessen der Pflegeeinrichtungen, unverhältnismäßige Schäden durch nicht mehr den tatsächlichen Gegebenheiten entsprechende Transparenzberichte abzuwenden, von den Landesverbänden der Pflegekassen durch eine verfassungskonforme Reduzierung des Ermessens Rechnung getragen werden.[82]

§ 114 a Durchführung der Qualitätsprüfungen

(1) ¹Der Medizinische Dienst der Krankenversicherung, der Prüfdienst des Verbandes der privaten Krankenversicherung e.V. und die von den Landesverbänden der Pflegekassen bestellten Sachverständigen sind im Rahmen ihres Prüfauftrags nach § 114 jeweils berechtigt und verpflichtet, an Ort und Stelle zu überprüfen, ob die zugelassenen Pflegeeinrichtungen die Leistungs- und Qualitätsanforderungen nach diesem Buch erfüllen. ²Prüfungen in stationären Pflegeeinrichtungen sind grundsätzlich unangemeldet durchzuführen. ³Qualitätsprüfungen in ambulanten Pflegeeinrichtungen sind grundsätzlich am Tag zuvor anzukündigen; Anlassprüfungen sollen unangemeldet erfolgen. ⁴Der Medizinische Dienst der Krankenversicherung, der Prüfdienst des Verbandes der privaten Krankenversicherung e.V. und die von den Landesverbänden der Pflegekassen bestellten Sachverständigen beraten im Rahmen der Qualitätsprüfungen die Pflegeeinrichtungen in Fragen der Qualitätssicherung. ⁵§ 112 Abs. 3 gilt entsprechend.

(2) ¹Sowohl bei teil- als auch bei vollstationärer Pflege sind der Medizinische Dienst der Krankenversicherung, der Prüfdienst des Verbandes der privaten Krankenversicherung e.V. und die von den Landesverbänden der Pflegekassen bestellten Sachverständigen jeweils berechtigt, zum Zwecke der Qualitätssicherung die für das Pflegeheim benutzten Grundstücke und Räume jederzeit zu betreten, dort Prüfungen und Besichtigungen vorzunehmen, sich mit den Pflegebedürftigen, ihren Angehörigen, vertretungsberechtigten Personen und Betreuern in Verbindung zu setzen sowie die Beschäftigten und die Interessenvertretung der Bewohnerinnen und Bewohner zu befragen. ²Prüfungen und Besichtigungen zur Nachtzeit sind nur zulässig, wenn und soweit das Ziel der Qualitätssicherung zu anderen Tageszeiten nicht erreicht werden kann. ³Soweit Räume einem Wohnrecht der Heimbewohner unterliegen, dürfen sie ohne deren Einwilligung nur betreten werden, soweit dies zur Verhütung dringender Gefahren für die öffentliche Sicherheit und Ordnung erforderlich ist; das Grundrecht der Unverletzlichkeit der Wohnung (Artikel 13 Abs. 1 des Grundgesetzes) wird insoweit eingeschränkt. ⁴Bei der ambulanten Pflege sind der Medizinische Dienst der Krankenversicherung, der Prüfdienst des Verbandes der privaten Krankenversicherung e.V. und die von den Landesverbänden der Pflegekassen bestellten Sachverständigen berechtigt, die Qualität der Leistungen des Pflegedienstes mit Einwilligung der von dem Pflegedienst versorgten Person auch in deren Wohnung zu überprüfen. ⁵Der Medizinische Dienst der Krankenversicherung und der Prüfdienst des Verbandes der privaten Krankenversicherung e.V. sollen die

---

[79] BT-Dr. 17/9369, 49.
[80] BT-Dr. 18/5926, 105.
[81] BT-Dr. 18/5926, 105.
[82] BT-Dr. 18/5926, 105.

nach heimrechtlichen Vorschriften zuständige Aufsichtsbehörde an Prüfungen beteiligen, soweit dadurch die Prüfung nicht verzögert wird.

(3) ¹Die Prüfungen beinhalten auch Inaugenscheinnahmen des gesundheitlichen und pflegerischen Zustands von durch die Pflegeeinrichtung versorgten Personen. ²Zum gesundheitlichen und pflegerischen Zustand der durch Inaugenscheinnahme in die Prüfung einbezogenen Personen können sowohl diese Personen selbst als auch Beschäftigte der Pflegeeinrichtungen, Betreuer und Angehörige sowie Mitglieder der heimrechtlichen Interessenvertretungen der Bewohnerinnen und Bewohner befragt werden. ³Bei der Beurteilung der Pflegequalität sind die Pflegedokumentation, die Inaugenscheinnahme von Personen nach Satz 1 und Befragungen der Beschäftigten der Pflegeeinrichtungen sowie der durch Inaugenscheinnahme in die Prüfung einbezogenen Personen, ihrer Angehörigen und der vertretungsberechtigten Personen angemessen zu berücksichtigen. ⁴Die Teilnahme an Inaugenscheinnahmen und Befragungen ist freiwillig. ⁵Durch die Ablehnung dürfen keine Nachteile entstehen. ⁶Einsichtnahmen in Pflegedokumentationen, Inaugenscheinnahmen von Personen nach Satz 1 und Befragungen von Personen nach Satz 2 sowie die damit jeweils zusammenhängende Erhebung, Verarbeitung und Nutzung personenbezogener Daten von durch Inaugenscheinnahme in die Prüfung einbezogenen Personen zum Zwecke der Erstellung eines Prüfberichts bedürfen der Einwilligung der betroffenen Personen.

(3 a) ¹Die Pflegeeinrichtungen haben im Rahmen ihrer Mitwirkungspflicht nach § 114 Absatz 1 Satz 4 insbesondere die Namen und Kontaktdaten der von ihnen versorgten Personen an die jeweiligen Prüfer weiterzuleiten. ²Die Prüfer sind jeweils verpflichtet, die durch Inaugenscheinnahme nach Absatz 3 Satz 1 in die Qualitätsprüfung einzubeziehenden Personen vor der Durchführung der Qualitätsprüfung in verständlicher Weise über die für die Einwilligung in die Prüfhandlungen nach Absatz 3 Satz 6 wesentlichen Umstände aufzuklären. ³Ergänzend kann auch auf Unterlagen Bezug genommen werden, die die durch Inaugenscheinnahme in die Prüfung einzubeziehende Person in Textform erhält. ⁴Die Aufklärung muss so rechtzeitig erfolgen, dass die durch Inaugenscheinnahme in die Prüfung einzubeziehende Person ihre Entscheidung über die Einwilligung wohlüberlegt treffen kann. ⁵Die Einwilligung nach Absatz 2 oder Absatz 3 kann erst nach Bekanntgabe der Einbeziehung der in Augenschein zu nehmenden Person in die Qualitätsprüfung erklärt werden und muss in einer Urkunde oder auf andere zur dauerhaften Wiedergabe in Schriftzeichen geeignete Weise gegenüber den Prüfern abgegeben werden, die Person des Erklärenden benennen und den Abschluss der Erklärung durch Nachbildung der Namensunterschrift oder anders erkennbar machen (Textform). ⁶Ist die durch Inaugenscheinnahme in die Prüfung einzubeziehende Person einwilligungsunfähig, ist die Einwilligung eines hierzu Berechtigten einzuholen, wobei dieser nach Maßgabe der Sätze 2 bis 4 aufzuklären ist. ⁷Ist ein Berechtigter nicht am Ort einer unangemeldeten Prüfung anwesend und ist eine rechtzeitige Einholung der Einwilligung in Textform nicht möglich, so genügt nach einer den Maßgaben der Sätze 2 bis 4 entsprechenden Aufklärung durch die Prüfer ausnahmsweise eine mündliche Einwilligung, wenn andernfalls die Durchführung der Prüfung erschwert würde. ⁸Die mündliche Einwilligung oder Nichteinwilligung des Berechtigten sowie die Gründe für ein ausnahmsweises Abweichen von der erforderlichen Textform sind schriftlich zu dokumentieren.

(4) ¹Auf Verlangen sind Vertreter der betroffenen Pflegekassen oder ihrer Verbände, des zuständigen Sozialhilfeträgers sowie des Verbandes der privaten Krankenversicherung e.V. an den Prüfungen nach den Absätzen 1 bis 3 zu beteiligen. ²Der Träger der Pflegeeinrichtung kann verlangen, dass eine Vereinigung, deren Mitglied er ist (Trägervereinigung), an der Prüfung nach den Absätzen 1 bis 3 beteiligt wird. ³Ausgenommen ist eine Beteiligung nach Satz 1 oder nach Satz 2, soweit dadurch die Durchführung einer Prüfung voraussichtlich verzögert wird. ⁴Unabhängig von ihren eigenen Prüfungsbefugnissen nach den Absätzen 1 bis 3 sind der Medizinische Dienst der Krankenversicherung, der Prüfdienst des Verbandes der privaten Krankenversicherung e.V. und die von den Landesverbänden der Pflegekassen bestellten Sachverständigen jeweils befugt, sich an Überprüfungen von zugelassenen Pflegeeinrichtungen zu beteiligen, soweit sie von der nach heimrechtlichen Vorschriften zuständigen Aufsichtsbehörde nach Maßgabe heimrechtlicher Vorschriften durchgeführt werden. ⁵Sie haben in diesem Fall ihre Mitwirkung an der Überprüfung der Pflegeeinrichtung auf den Bereich der Qualitätssicherung nach diesem Buch zu beschränken.

(5) ¹Unterschreitet der Prüfdienst des Verbandes der privaten Krankenversicherung e.V. die in § 114 Absatz 1 Satz 1 genannte, auf das Bundesgebiet bezogene Prüfquote, beteiligen sich die privaten Versicherungsunternehmen, die die private Pflege-Pflichtversicherung durchführen, anteilig bis zu einem Betrag von 10 Prozent an den Kosten der Qualitätsprüfungen der ambulanten und stationären Pflegeeinrichtungen. ²Das Bundesversicherungsamt stellt jeweils am Ende eines Jahres die Einhaltung der Prüf-

quote oder die Höhe der Unter- oder Überschreitung sowie die Höhe der durchschnittlichen Kosten von Prüfungen im Wege einer Schätzung nach Anhörung des Verbandes der privaten Krankenversicherung e.V. und des Spitzenverbandes Bund der Pflegekassen fest und teilt diesen jährlich die Anzahl der durchgeführten Prüfungen und bei Unterschreitung der Prüfquote den Finanzierungsanteil der privaten Versicherungsunternehmen mit; der Finanzierungsanteil ergibt sich aus der Multiplikation der Durchschnittskosten mit der Differenz zwischen der Anzahl der vom Prüfdienst des Verbandes der privaten Krankenversicherung e.V. durchgeführten Prüfungen und der in § 114 Absatz 1 Satz 1 genannten Prüfquote. ³Der Finanzierungsanteil, der auf die privaten Versicherungsunternehmen entfällt, ist vom Verband der privaten Krankenversicherung e.V. jährlich unmittelbar an das Bundesversicherungsamt zugunsten des Ausgleichsfonds der Pflegeversicherung (§ 65) zu überweisen. ⁴Der Verband der privaten Krankenversicherung e.V. muss der Zahlungsaufforderung durch das Bundesversicherungsamt keine Folge leisten, wenn er innerhalb von vier Wochen nach der Zahlungsaufforderung nachweist, dass die Unterschreitung der Prüfquote nicht von ihm oder seinem Prüfdienst zu vertreten ist.

(5 a) Der Spitzenverband Bund der Pflegekassen vereinbart bis zum 31. Oktober 2011 mit dem Verband der privaten Krankenversicherung e.V. das Nähere über die Zusammenarbeit bei der Durchführung von Qualitätsprüfungen durch den Prüfdienst des Verbandes der privaten Krankenversicherung e.V., insbesondere über Maßgaben zur Prüfquote, Auswahlverfahren der zu prüfenden Pflegeeinrichtungen und Maßnahmen der Qualitätssicherung, sowie zur einheitlichen Veröffentlichung von Ergebnissen der Qualitätsprüfungen durch den Verband der privaten Krankenversicherung e.V.

(6) ¹Die Medizinischen Dienste der Krankenversicherung und der Prüfdienst des Verbandes der privaten Krankenversicherung e.V. berichten dem Medizinischen Dienst des Spitzenverbandes Bund der Krankenkassen zum 30. Juni 2011, danach in Abständen von drei Jahren, über ihre Erfahrungen mit der Anwendung der Beratungs- und Prüfvorschriften nach diesem Buch, über die Ergebnisse ihrer Qualitätsprüfungen sowie über ihre Erkenntnisse zum Stand und zur Entwicklung der Pflegequalität und der Qualitätssicherung. ²Sie stellen unter Beteiligung des Medizinischen Dienstes des Spitzenverbandes Bund der Krankenkassen die Vergleichbarkeit der gewonnenen Daten sicher. ³Der Medizinische Dienst des Spitzenverbandes Bund der Krankenkassen führt die Berichte der Medizinischen Dienste der Krankenversicherung, des Prüfdienstes des Verbandes der privaten Krankenversicherung e.V. und seine eigenen Erkenntnisse und Erfahrungen zur Entwicklung der Pflegequalität und der Qualitätssicherung zu einem Bericht zusammen und legt diesen innerhalb eines halben Jahres dem Spitzenverband Bund der Pflegekassen, dem Bundesministerium für Gesundheit, dem Bundesministerium für Familie, Senioren, Frauen und Jugend sowie dem Bundesministerium für Arbeit und Soziales und den zuständigen Länderministerien vor.

(7) ¹Der Spitzenverband Bund der Pflegekassen beschließt unter Beteiligung des Medizinischen Dienstes des Spitzenverbandes Bund der Krankenkassen und des Prüfdienstes des Verbandes der privaten Krankenversicherung e.V. zur verfahrensrechtlichen Konkretisierung Richtlinien über die Durchführung der Prüfung der in Pflegeeinrichtungen erbrachten Leistungen und deren Qualität nach § 114 sowohl für den ambulanten als auch für den stationären Bereich. ²In den Richtlinien sind die Maßstäbe und Grundsätze zur Sicherung und Weiterentwicklung der Pflegequalität nach § 113 zu berücksichtigen. ³Die Richtlinien für den stationären Bereich sind bis zum 31. Oktober 2017, die Richtlinien für den ambulanten Bereich bis zum 31. Oktober 2018 zu beschließen. ⁴Sie treten jeweils gleichzeitig mit der entsprechenden Qualitätsdarstellungsvereinbarung nach § 115 Absatz 1 a in Kraft. ⁵Die maßgeblichen Organisationen für die Wahrnehmung der Interessen und der Selbsthilfe der pflegebedürftigen und behinderten Menschen wirken nach Maßgabe von § 118 mit. ⁶Der Spitzenverband Bund der Pflegekassen hat die Vereinigungen der Träger der Pflegeeinrichtungen auf Bundesebene, die Verbände der Pflegeberufe auf Bundesebene, den Verband der privaten Krankenversicherung e.V. sowie die Bundesarbeitsgemeinschaft der überörtlichen Träger der Sozialhilfe und die kommunalen Spitzenverbände auf Bundesebene zu beteiligen. ⁷Ihnen ist unter Übermittlung der hierfür erforderlichen Informationen innerhalb einer angemessenen Frist vor der Entscheidung Gelegenheit zur Stellungnahme zu geben; die Stellungnahmen sind in die Entscheidung einzubeziehen. ⁸Die Richtlinien sind in regelmäßigen Abständen an den medizinisch-pflegefachlichen Fortschritt anzupassen. ⁹Sie sind durch das Bundesministerium für Gesundheit im Benehmen mit dem Bundesministerium für Familie, Senioren, Frauen und Jugend zu genehmigen. ¹⁰Beanstandungen des Bundesministeriums für Gesundheit sind innerhalb der von ihm gesetzten Frist zu beheben. ¹¹Die Richtlinien über die Durchführung der Qualitätsprüfung sind für den Medizinischen Dienst der Krankenversicherung und den Prüfdienst des Verbandes der privaten Krankenversicherung e.V. verbindlich.

Literatur:

Axer, Instrumente der Qualitätssicherung in der Pflegeversicherung – Insbesondere zum Qualitätsausschuss nach § 113 b SGB XI, Sozialrecht aktuell 2016, 34; *Geraedts/Holle/Vollmar/Bartholomeyczik*, Qualitätsmanagement in der ambulanten und stationären Pflege, Bundesgesundheitsblatt 2011, 185; *Gaertner/van Essen*, Qualitätsprüfungen in Einrichtungen der ambulanten und stationären Pflege nach SGB XI - Prüfgrundlagen für den MDK und Pflegedokumentation als Teil der Prozessqualität, GuP 2013, 88; *Griep*, Gesetzes-Flickschusterei an Stelle von Verträgen? Auswirkungen des Pflege-Weiterentwicklungsgesetzes auf das SGB XI-Leistungserbringungsrecht, PflR 2009, 267; *Hibbeler*, Pflegeeinrichtungen – „Pflege-TÜV" in der Kritik, DÄ 2009, A 1180; *Hopfenzitz*, Die Bausteine einer Qualitätsprüfung gemäß §§ 114 f SGB XI und ihre Ecken und Kanten (1. Teil), PflR 2011, 111; *Hopfenzitz*, Die Bausteine einer Qualitätsprüfung gemäß §§ 114 f SGB XI und ihre Ecken und Kanten (2. Teil), PflR 2011, 167; *Kämmer*, Der Weg zur Bestnote, Altenpflege 2009, Nr. 5, 35; *Martini*, Ein Patienten-TÜV für Ärzte? – Bewertungsportale als innovatives Steuerungsinstrument des Gesundheitsrechts, DÖV 2010, 573; *Martini/Albert*, Finden, statt suchen? Der Pflege-TÜV und risikoorientierte Suchfunktionen als casus belli (Teil 1), NZS 2012, 201; *dies.*, Finden, statt suchen? Der TÜV und risikoorientierte Suchfunktionen als casus belli (Teil 2), NZS 2012, 247; *Ossege*, Rechtliche Aspekte des Pflege-TÜV – Rechtsschutzmöglichkeiten gegen eine Veröffentlichung von Transparenzberichten im Internet, NZS 2012, 526; *Pick/Brüggemann*, Qualitätsprüfungs-Richtlinien – Neue Grundlagen für die MDK-Prüfung, RDG 2009, 206; *Roller*, VSSR 2001, 335; *Schiffer-Werneburg*, Kontrolle von Pflegeleistungen und häuslicher Krankenpflege, SozSich 2016, 414; *Teubner*, Das Pflege-Neuausrichtungs-Gesetz (PNG) und seine Auswirkungen, PflR 2013, 71; *Theuerkauf*, Eine Note für die „Pflege-Noten" – Ein Zwischenzeugnis für die Transparenzberichterstattung, MedR 2011, 265; *Udsching*, Qualitätssicherung in der Pflege, Sozialstaat und Europa – Gegensatz oder Zukunft? 2016, 267.

I. Entstehungsgeschichte 1	6. (Form-)Anforderungen an die Einwilligung (Abs. 3 a) 29
II. Normzweck 5	7. Berücksichtigung aller gewonnenen Daten/Informationen (Abs. 3 S. 3) 36
III. Prüfverfahren zur Sicherung der Qualität... 8	8. Beteiligungsrechte (Abs. 2 und 4) 38
1. Beteiligte (Abs. 1 S. 1) 8	a) Aufsichtsbehörden (Abs. 2 S. 5) 39
2. Prüfgegenstand 9	b) Kostenträger (Abs. 4 S. 1 bis 3) 40
3. Unangemeldete und angekündigte Durchführung der Prüfung (Abs. 1 S. 2 und 3) 11	c) MDK und Sachverständige (Abs. 4 S. 4 und 5) 42
4. Beratungspflicht der Prüfer (Abs. 1 S. 4 und 5) 17	9. Berichtspflichten (Abs. 6) 43
5. Rechte der Prüfer 18	IV. Einbeziehung des Verbandes der privaten Krankenversicherung 47
a) Berechtigung, aber auch Pflicht zur Prüfung an Ort und Stelle (Abs. 2 S. 1) 18	1. Kostenbeteiligung (Abs. 5) 47
	2. Abstimmungen (Abs. 5 a) 50
b) Betretungsrechte bei teil- und vollstationärer Pflege (Abs. 2 S. 1-3) 19	V. Richtlinien (Abs. 7) 51
c) Befragungsrecht bei teil- und vollstationärer Pflege (Abs. 2 S. 1 aE) .. 23	1. Überblick 51
	2. Mitwirkungsrechte und Genehmigungspflicht 53
d) Betretungs- und Befragungsrechte bei ambulanter Pflege (Abs. 2 S. 4) 24	3. Regelungsgegenstand und inhaltliche Anforderungen 56
e) Inaugenscheinnahme (Abs. 3) 26	4. Bindungswirkung 60

I. Entstehungsgeschichte

§ 114 a ist durch das Pflege-Weiterentwicklungsgesetz (**PfWG**) vom 28.5.2008[1] mit Wirkung vom 1.7.2008 eingeführt worden. Als Vorgängerregelung galt § 114 aF.[2] Vor Inkrafttreten des **PQsG** war die Qualitätsprüfung im Pflegebereich nur in den §§ 80 f. geregelt. Keinen direkten Vorgängerregelungen kann man die Abs. 3, 5, 6 und 7 zuordnen.[3] Redaktionelle Änderungen erfolgten in Abs. 2 und 4 durch das Gesetz zur Neuregelung der zivilrechtlichen Vorschriften des Heimgesetzes nach der Föderalismusreform vom 29.7.2009[4] mit Wirkung vom 1.10.2009.

Weitere Änderungen erfolgten durch das Gesetz zur Änderung des Infektionsschutzgesetzes und weiterer Gesetze (**IfSGuaÄndG**) vom 28.7.2011[5] mit Wirkung vom 4.8.2011. Zum Teil handelte es sich um

---

[1] BGBl. I, 874.
[2] Bachem/Klie in: LPK-SGB XI, § 114 a Rn. 2 f.; Gutzler in: Hauck/Noftz, SGB XI, § 114 a Rn. 1.
[3] Gutzler in: Hauck/Noftz, SGB XI, § 114 a Rn. 2.
[4] BGBl. I, 2319.
[5] BGBl. I, 1622.

Folgeänderungen wie in Abs. 1, 2, 4, 6, 7 und zum Teil um Neufassungen wie in Abs. 5 a und Änderungen des Abs. 5. In Abs. 7 wurde folgender S. 7 angefügt: „Die Qualitätsprüfungs-Richtlinien sind für den Medizinischen Dienst der Krankenversicherung und den Prüfdienst des Verbandes der privaten Krankenversicherung e.V. verbindlich."

3 Mit Wirkung vom 30.10.2012 wurde durch das Gesetz zur Neuausrichtung der Pflegeversicherung (Pflege-Neuausrichtungs-Gesetz – **PNG**) vom 23.10.2012[6] in Abs. 1 ein neuer S. 3 zur Ankündigung von Qualitätsprüfungen aufgenommen. Des Weiteren erfolgte eine Änderung der bisherigen Regelung zur Einwilligungsbedürftigkeit bei Einsichtnahmen in Pflegedokumentationen sowie die damit jeweils zusammenhängende Erhebung, Verarbeitung und Nutzung personenbezogener Daten von Pflegebedürftigen zum Zwecke der Erstellung eines Prüfberichts. Darüber hinaus wurden Formvorgaben hinsichtlich der Einwilligung statuiert. Hierzu wurde ein neuer Abs. 3 a eingefügt.

4 Mit Wirkung vom 1.1.2016 wurden durch das Zweite Gesetz zur Stärkung der pflegerischen Versorgung und zur Änderung weiterer Vorschriften (Zweites Pflegestärkungsgesetz – **PSG II**) vom 21.12.2015[7] in Abs. 1 S. 3 die Ankündigungspflicht für Anlassprüfungen in ambulanten Pflegeeinrichtungen aufgehoben und in Abs. 3 a Regelungen zur Zulässigkeit einer mündlichen Einwilligung des Berechtigten bei unangemeldeten Prüfungen ergänzt. Nach dem neu gefassten Abs. 7 sind bis zum 31.10.2017 im stationären Bereich bzw. 31.10.2018 im ambulanten Bereich neue Richtlinien über die Durchführung der Prüfung der in den Pflegeeinrichtungen erbrachten Leistungen und deren Qualität zu beschließen, die an die Stelle der bisherigen Qualitätsprüfungsrichtlinien (QPR)[8] treten. Zuletzt erfolgten Änderungen durch das Dritte Gesetz zur Stärkung der pflegerischen Versorgung und zur Änderung weiterer Vorschriften (Drittes Pflegestärkungsgesetz – **PSG III**) vom 23.12.2016.[9] Der Gesetzgeber hat den Gefahrenbegriff in Abs. 2 S. 3 mWv 1.1.2017 an den des Art. 13 Abs. 7 GG angeglichen und Abs. 2 S. 4 sowie Abs. 3 redaktionell geändert. Des Weiteren wurden in Abs. 3 a die Mitwirkungspflichten der Einrichtungen und die Maßgaben für die Einwilligung konkretisiert.

II. Normzweck

5 Die Vorschrift dient der Umsetzung der in § 114 statuierten Verpflichtung der Pflegeeinrichtungen, auf Verlangen der Landesverbände der Pflegekassen dem Medizinischen Dienst der Krankenversicherung (MDK), dem Prüfdienst des Verbandes der privaten Krankenversicherung oder den bestellten Sachverständigen die **Prüfung** der von ihnen erbrachten Leistungen und deren **Qualität** im Wege von Regelprüfungen, Anlassprüfungen und Wiederholungsprüfungen zu ermöglichen.

6 Die Gesamtschau der zu Zwecken des Schutzes Pflegebedürftiger eingeführten Vorschriften der §§ 114 ff. zeigt, dass der Gesetzgeber Wert darauf gelegt hat, Pflegeheimbewohnern **vollstationäre Pflege** in möglichst hoher Qualität zu bieten und die angebotenen Leistungen vergleichbar zu machen.[10] Der Kontrolle dieser Pflegequalität und der Vergleichbarkeit der einzelnen Einrichtungen dienen die **Transparenzberichte und Qualitätsprüfungen**. „Dass im Einzelfall diese Transparenzberichte und Qualitätsprüfungen zu einem für den Einrichtungsbetreiber negativen Ergebnis führen, ist zwar für die Einrichtung prima facie bedauerlich, dient aber dem vom Gesetzgeber beabsichtigten Zweck und gibt der Einrichtung die Gelegenheit, Fehler zu beheben."[11]

7 In der Rechtsprechung der Sozialgerichte ist ein **nicht justiziabler Freiraum** des vom Beurteilenden auf Grundlage der sog Transparenzvereinbarung gewonnenen Ergebnisses aus Gründen der Markttransparenz und des Verbraucherschutzes bzw. Verbraucheraufklärung anerkannt, ähnlich der Rechtsprechung zur Beurteilung von Leistungs- und Warentests.[12] Dies gilt auf jeden Fall solange und soweit, als eine auf Grundlage der Transparenzvereinbarung gewonnene Bewertung nicht den Boden der Neutralität, der Sachkunde und der Objektivität verlässt, also keine offensichtlichen oder sogar bewussten Fehlurteile, keine bewussten Verzerrungen, keine Behauptung unwahrer Tatsachen, kein willkürliches

---

6 BGBl. I, 2246.
7 BGBl. I, 2424.
8 Richtlinien des GKV-Spitzenverbandes über die Prüfung der in den Pflegeeinrichtungen erbrachten Leistungen und deren Qualität nach § 114 SGB XI (Qualitätsprüfungs-Richtlinien – QPR) vom 6.9.2016.
9 BGBl. I, 3191.
10 SG Würzburg, 20.1.2010, S 14 P 7/10 ER.
11 SG Würzburg, 20.1.2010, S 14 P 7/10 ER.
12 SG Bayreuth, 11.1.2010, S 1 P 147/09 ER; SG Würzburg, 20.1.2010, S 14 P 7/10 ER.

Vorgehen und keine Schmähkritik enthält.[13] Da sich eine fachliche Bewertung auch immer auf nachprüfbare Tatsachen stützen muss, müssen die zugrunde gelegten Tatsachen gerichtlich voll überprüfbar sein.[14] Auch gebietet der besondere Schutz der **Berufsausübungsfreiheit**, dass die Daten, die letztlich veröffentlicht werden, auf einer zutreffenden Tatsachengrundlage beruhen.[15] Des Weiteren ist es nur auf diese Weise auch möglich, eine verlässliche und vergleichbare **Bewertungsgrundlage** zu schaffen. Ebenso sind die Einhaltung rechtlicher Vorgaben und die Einhaltung des Bewertungsverfahrens **voll** überprüfbar.

III. Prüfverfahren zur Sicherung der Qualität

1. Beteiligte (Abs. 1 S. 1). Nach Abs. 1 S. 1 sind der **MDK** und die von den Landesverbänden der Pflegekassen bestellten Sachverständigen berechtigt und auch verpflichtet, die Überprüfungen der **zugelassenen** Pflegeeinrichtungen vorzunehmen. In der Literatur wird hierbei auf die entsprechende Anwendung des § 81 hingewiesen, wonach die Landesverbände der Pflegekassen als Auftraggeber **gemeinschaftlich** handeln müssen.[16] Auch hier erscheint ein Rückgriff auf § 81 aber nicht notwendig (→ § 114 Rn. 10).

2. Prüfgegenstand. Jeder Prüfung muss ein **Prüfauftrag** zugrunde liegen, welcher wiederum von der Prüfungsart abhängt. Der Prüfungsumfang und -inhalt bestimmt sich also danach, ob eine Regel-, Anlass- oder Wiederholungsprüfung vorliegt. Zu den Einzelheiten und den Anforderungen siehe die Ausführungen in der Kommentierung zu § 114.

Kommt es zu einem Rechtsstreit über einen Maßnahmebescheid im Zuge einer durchgeführten Qualitätsprüfung sind bei der **Wertfestsetzung** nach der Rechtsprechung des LSG Nordrhein-Westfalen für ein Qualitätsprüfungsverfahren einer Pflegeeinrichtung nach § 114a regelmäßig die mit einer Kündigung des Versorgungsvertrags im Allgemeinen verbundenen wirtschaftlichen Folgen nicht zu berücksichtigen.[17] Bei gravierenden Qualitätsmängeln ist als **Reflexwirkung** der Qualitätsprüfungsverfahren regelmäßig die Kündigung der Versorgungsverträge zu befürchten. Die ausgesprochene Kündigung des Versorgungsvertrages ist in solchen Fällen gerade nicht Gegenstand der streitigen Maßnahmenbescheide und ist deshalb bei der Ermittlung des wirtschaftlichen Interesses des Klägers an der erstrebten Entscheidung und ihren Auswirkungen außer Acht zu lassen.[18]

3. Unangemeldete und angekündigte Durchführung der Prüfung (Abs. 1 S. 2 und 3). Die Qualitätsprüfungen sind nach Abs. 1 S. 2 bei **stationären** Pflegeeinrichtungen grundsätzlich **unangemeldet** durchzuführen.[19] Nach neuerer Rechtslage wird also differenziert zwischen den Prüfungen bei stationären und ambulanten Pflegeeinrichtungen. Nach früherer Rechtslage konnte die Prüfung dagegen angemeldet oder unangemeldet erfolgen, was im Ermessen des jeweiligen Prüfers stand.[20] Begründet wurde diese Regelung damit, dass ein erfahrener Prüfer in der Lage sei, auch bei einer angemeldeten

---

13 HessLSG, 28.10.2010, L 8 P 29/10 B ER; SG Bayreuth, 11.1.2010, S 1 P 147/09 ER; SG Würzburg, 20.1.2010, S 14 P 7/10 ER.
14 Für eine darüberhinaus gehende volle Überprüfbarkeit: LSG Bln-Bbg, 29.3.2010, L 27 P 14/10 B ER, MMR 2010, 643, 644; Bachem/Klie in: LPK-SGB XI, § 114a Rn. 7; Bachem, SRa 2010, 123, 131, 134; aA SächsLSG, 24.2.2010, L 1 P 1/10 B ER; SG Dortmund, 11.1.2010, S 39 P 279/09 ER.
15 LSG Bln-Bbg, 29.3.2010, L 27 P 14/10 B ER, MMR 2010, 643, 644.
16 Gutzler in: Hauck/Noftz, SGB XI, § 114a Rn. 5.
17 LSG NRW, 16.6.2010 L 10 P 50/08.
18 LSG NRW, 16.6.2010 L 10 P 50/08.
19 Siehe auch Nr. 4 der Richtlinien des GKV-Spitzenverbandes über die Prüfung der in den Pflegeeinrichtungen erbrachten Leistungen und deren Qualität nach § 114 SGB XI vom 11. Juni 2009 in der Fassung vom 30. Juni 2009.
20 § 114 Abs. 2 Satz 1 aF (in der Fassung vom 1.9.2001, BGBl. I, 2320): *„Bei teil- oder vollstationärer Pflege sind der Medizinische Dienst der Krankenversicherung und die von den Landesverbänden der Pflegekassen bestellten Sachverständigen berechtigt, zum Zwecke der Qualitätssicherung die für das Pflegeheim benutzten Grundstücke und Räume jederzeit angemeldet oder unangemeldet zu betreten, dort Prüfungen und Besichtigungen vorzunehmen, sich mit den Pflegebedürftigen, ihren Angehörigen oder Betreuern in Verbindung zu setzen sowie die Beschäftigten und den Heimbeirat oder den Heimfürsprecher zu befragen."*

Prüfung Qualitätsmängel zu erkennen und auf diese Weise dem Verhältnismäßigkeitsgrundsatz Genüge getan wird.[21]

12 Der Gesetzgeber hatte sich somit von seiner ursprünglichen Vorstellung vom erfahrenen Prüfer verabschiedet und griff auf das Instrument der **unangemeldeten Prüfung** zurück. Nach hier vertretener Ansicht war die Begründung mit dem Grundsatz der Verhältnismäßigkeit auch damals verfehlt, weil die Belastungen für die Pflegeeinrichtungen bei einer unangemeldeten Prüfung nicht schwerer wiegen als die mit der Prüfung bezweckte Qualitätssicherung. Eine angemeldete Prüfung ist auch nicht gleich wirksam wie eine unangemeldete, was die Praxis letztendlich auch gezeigt hat. Eine Prüfung zur **Nachtzeit** ist nach Abs. 2 S. 2 auf die Fälle zu beschränken, in denen das Ziel der Qualitätssicherung zu anderen Tageszeiten nicht erreicht werden kann.

13 Durch das PfWG[22] (→ Rn. 1) sollte dann entsprechend des ursprünglichen Gesetzesentwurfs geregelt werden, dass Anlass-, Stichproben- und Wiederholungsprüfungen unangemeldet durchzuführen sind, dagegen Regel- und Vergleichsprüfungen auch angemeldet durchgeführt werden können.[23] Die damalige Gesetzesbegründung verweist hierzu auf den 2. Bericht des Medizinischen Dienstes der Spitzenverbände der Krankenkassen nach § 118 Abs. 4, wonach bereits im Jahr 2006 jede zweite Prüfung des Medizinischen Dienstes der Krankenversicherung im stationären Pflegebereich unangemeldet durchgeführt wurde.[24] Diese Regelung wurde aber durch die Beschlüsse des Ausschusses für Gesundheit abgeändert, indem grundsätzlich unangemeldet zu prüfen ist, und zwar unabhängig von der Art der Prüfung.[25] Eine **angemeldete Prüfung** ist hiernach nur dann angezeigt, wenn aus **organisatorischen** Gründen die Durchführung einer Prüfung sonst nicht möglich wäre, etwa wenn die Einwilligung von rechtlichen Betreuern bei der Inaugenscheinnahme nach § 114a Abs. 3 einzuholen ist.[26] Der Grundsatz der unangemeldeten Prüfung im Schrifttum zum Teil kritisch bewertet, da sich Nachteile für Einrichtungen ergäben, deren Leitungsmitarbeiter zum Prüfungszeitpunkt nicht im Hause sind, und ein „Fälschen" der Dokumentation nach derzeitigem Prüfungsauftrag von Struktur- und Dokumentationsqualität ausgeschlossen sei.[27]

14 Bei ambulanten Pflegeeinrichtungen wird nach der Prüfungsart differenziert. Grundsätzlich wird bei Regel- und Wiederholungsprüfungen eine kurzfristige Ankündigung am **Tag vor der Prüfung** verlangt, um eine reibungslosere Durchführung von Qualitätsprüfungen in ambulanten Einrichtungen zu ermöglichen.[28] Die Regelung soll für alle ambulanten Pflegedienste unabhängig von ihrer Größe gelten, da ansonsten eine Differenzierung nach organisatorischen Gegebenheiten zu einer uneinheitlichen Handhabung durch die Prüfinstitutionen führen könnte. Ein möglichst einheitliches Verfahren ist deshalb auch im Sinne einer vergleichbaren Veröffentlichung der erbrachten Leistungen und der Qualität ambulanter Pflegeeinrichtungen nach § 115 Abs. 1a von nicht unerheblicher Bedeutung.[29]

15 „Am Tag zuvor" ist so auszulegen, dass das mit der Ankündigung verfolgte gesetzgeberische Ziel, nämlich die Anwesenheit der Pflegedienstleitung und die organisatorische Durchführung der Prüfung sicherzustellen,[30] auch erreicht wird. Erfolgt die Ankündigung nicht rechtzeitig, kann der Pflegedienst die zu dem angekündigten Tag vorgesehene Prüfung verweigern.[31]

---

21 BT-Dr. 14/5395, 42: „*Bei der Wahrnehmung dieser Rechte durch den MDK ist jedoch stets eine Ermessensprüfung dahingehend anzustellen, ob im Sinne des Verhältnismäßigkeitsgrundsatzes die im Einzelfall weniger belastende Maßnahme vorzuziehen ist. Hierbei kann beispielsweise zu beachten sein, dass sich aus Sicht der Praxis – insbesondere der Medizinische Dienste der Krankenversicherung – gezeigt hat, dass erfahrene Prüfkräfte ohne weiteres auch dann Qualitätsmängel erkennen können, wenn Prüfungen vorangemeldet erfolgen. Damit wird der Grundsatz gestärkt, dass der Medizinische Dienst der Krankenversicherung oder von den Landesverbänden der Krankenkassen bestellte Sachverständige als Stellen, die in die partnerschaftlich organisierte Pflegeselbstverwaltung eingebunden sind, in Fragen der Qualität sich primär beratungsorientierten Prüfansätzen verpflichtet sehen und belastende Eingriffsmaßnahmen erst in zweiter Linie als Instrument der Qualitätssicherung dienen. Dies gilt erst recht für unangemeldete Prüfungen.*"
22 Fn. 1.
23 So die ursprüngliche Gesetzesfassung des PfWG, BT-Dr. 16/7439, 25.
24 BT-Dr. 16/7439, 87.
25 BT-Dr. 16/8525, 25.
26 BT-Dr. 16/8525, 103.
27 Hopfenzitz, SRa 2011, 1, 2.
28 BT-Dr. 17/9669, 14.
29 BT-Dr. 17/9669, 14.
30 BT-Dr. 17/10170, 19.
31 So auch Bachem/Klie in: LPK-SGB XI, § 114a Rn. 5.

Dagegen entfällt bei **Anlassprüfungen** in der ambulanten Pflege die regelmäßige Ankündigungspflicht 16
von Qualitätsprüfungen. Diese sollen im Regelfall nunmehr unangemeldet durchgeführt werden. Die
Änderung erfolgte durch das PSG II, mit der der Gesetzgeber einen Vorschlag des Bundesrates aus seiner Stellungnahme aufgegriffen hat.[32] Insbesondere wenn konkrete Hinweise auf Gewalt in der Pflege,
schwere Fehler bei der Medikamentenversorgung, unkorrekte Abrechnung der erbrachten Leistungen
oder Fehlverhalten im Gesundheitswesen im Sinne von § 197a Abs. 2 SGB V oder § 47a vorliegen, ist
aus Sicht des Gesetzgebers die Durchführung von unangemeldeten Anlassprüfungen angezeigt.[33] Dies
gebietet der Schutz der Pflegebedürftigen, der bei bestimmten Anhaltspunkten ein unverzügliches Handeln der Landesverbände der Pflegekassen erforderlich macht.

4. Beratungspflicht der Prüfer (Abs. 1 S. 4 und 5). Aufgrund des „beratungsorientierten Prüfansatzes" 17
in § 112 Abs. 3, der gemäß Abs. 1 S. 5 entsprechend gilt, wird nochmals auf die **beratende Funktion**
der beauftragten Prüfer explizit hingewiesen.[34] Der Gesetzgeber wollte damit erreichen, dass sich die
Qualitätsprüfungen nicht nur in einer Bestandsaufnahme der Qualität der Pflege und einer Auflistung
von Defiziten erschöpfen, sondern dass vor allem die Prüfer auch auf **Verbesserungspotenziale** hinweisen, indem ebenso auf Stärken und Schwächen der jeweiligen Pflegeeinrichtung eingegangen wird.[35]
Hiermit wird letztendlich wieder das Ziel der Stärkung der Selbstverwaltung der Pflegeeinrichtung in
den Blick genommen.[36] Es geht hierbei um eine unentgeltliche Beratung auf der Basis eines Dialoges.[37]

5. Rechte der Prüfer. a) Berechtigung, aber auch Pflicht zur Prüfung an Ort und Stelle 18
(Abs. 2 S. 1). Abs. 1 S. 1 legt fest, dass der Medizinische Dienst der Krankenversicherung und die von
den Landesverbänden bestellten Sachverständigen entsprechend des Prüfauftrags nach § 114 **Prüfungen an Ort und Stelle** vorzunehmen haben. Folglich dürfen sich die Prüfer nicht auf eine Sichtung von
Unterlagen beschränken, sondern müssen sich einen **eigenen Eindruck** vor Ort verschaffen.[38] Abs. 1
stellt somit eine gesetzliche **Ermächtigungsgrundlage** für den Medizinischen Dienst bzw. die Sachverständigen dar, den Prüfauftrag vor Ort wahrzunehmen.[39]

b) Betretungsrechte bei teil- und vollstationärer Pflege (Abs. 2 S. 1-3). Als „zentrale Befugnisnorm"[40] 19
gilt Abs. 2 Satz 1, wonach dem MDK oder den von den Pflegekassen bestellten Sachverständigen das
Recht eingeräumt wurde, zum Zwecke der Qualitätssicherung die für das Pflegeheim benutzten
Grundstücke und Räume **jederzeit zu betreten**, um dort die im Gesetz im Einzelnen ausgeführten Tätigkeiten vorzunehmen. Entscheidend ist dabei, dass die einzelnen Tätigkeiten durch den **Prüfungszweck** der Qualitätssicherung umfasst und geboten sowie im Übrigen auch **verhältnismäßig** sind. Es ist
somit stets die im Einzelfall weniger belastende Maßnahme vorzuziehen.[41]

Das **Betretungsrecht** erstreckt sich auf alle Grundstücke und Räume, die das Pflegeheim benutzt. Hierunter fallen nicht nur die Räume, in denen die Pflege stattfindet, sondern auch Geschäfts- und Betriebsräume.[42] Dagegen zählen zu den „für das Pflegeheim benutzten" Räumen nicht solche, die dem
Pflegepersonal oder sonstigen nicht zu den „Heimbewohnern" zählenden Personen zu **Wohnzwecken**
dienen.[43] Dies folgt aus dem Grundrecht der Unverletzlichkeit der Wohnung (Art. 13 Abs. 1 GG) dieser Personen.

Das Grundrecht auf Unverletzlichkeit der Wohnung ist aber auch in allen anderen Fällen zu beachten. 21
Die Prüfer müssen also in jedem Einzelfall abwägen, wann und in welchem Umfang sie die Räume betreten dürfen. Dabei ist zu differenzieren zwischen Geschäfts- und Betriebsräumen und sonstigen Räumen, die einem Wohnrecht unterliegen.[44] Auch wenn nach dem Wortlaut des Gesetzes ein „jederzeitiges" Betretungsrecht besteht, folglich auch in den Nachtstunden, bleibt abzuwägen, ob die Prüfung
ebenso am Tage erfolgen kann ohne das Ziel zu gefährden (Abs. 2 S. 2). Wann jedoch von einer

---

32 BT-Dr. 18/6182, Nr. 30; BT-Dr. 18/6688, 137.
33 BT-Dr. 18/6688, 137.
34 Leitherer in: KassKomm, § 114a SGB XI Rn. 8.
35 BT-Dr. 16/7439, 87.
36 Gutzler in: Hauck/Noftz, SGB XI, § 114a Rn. 8.
37 Bachem/Klie in: LPK-SGB XI, § 114a Rn. 5.
38 Gutzler in: Hauck/Noftz, SGB XI, § 114a Rn. 4.
39 Leitherer in: KassKomm, § 114a SGB XI Rn. 6.
40 Leitherer in: KassKomm, § 114a SGB XI Rn. 10.
41 BT-Dr. 14/5395, 42.
42 Leitherer in: KassKomm, § 114a SGB XI Rn. 12.
43 Leitherer in: KassKomm, § 114a SGB XI Rn. 13.
44 Gutzler in: Hauck/Noftz, SGB XI, § 114a Rn. 10.

„Nachtzeit" auszugehen ist und wann von einer Tageszeit, wird nicht einheitlich beantwortet.[45] So ist ein Abstellen auf die übliche *Nachtruhe* der Heimbewohner oder die Heranziehung des § 276 Abs. 4 SGB V, der von einer Tageszeit zwischen 8 und 18 Uhr ausgeht, möglich.[46]

22 Bei Räumen, die einem Wohnrecht unterliegen, bedarf es vor der Betretung der Zustimmung des Inhabers oder im Falle der Ersetzung nach Abs. 3 a S. 2 der Einwilligung durch eine vertretungsberechtigte Person oder eines bestellten Betreuers. Nicht hiervon erfasst werden Räume, die als bloße Aufenthalts- und Gemeinschaftsräume genutzt werden.[47] Das Einwilligungserfordernis gilt jedoch gemäß Abs. 2 S. 3 dann nicht, wenn eine **dringende Gefahr** für die öffentliche Sicherheit und Ordnung besteht.[48] Mit dieser Formulierung wird an den Wortlaut des Art. 13 Abs. 7 GG angeknüpft. In der Gesetzesbegründung zu § 114 aF heißt es hierzu, dass damit die Fälle gemeint sind, in denen der Gefahr der erheblichen Beeinträchtigung der menschlichen Gesundheit oder der Freiheit zu begegnen ist.[49]

23 **c) Befragungsrecht bei teil- und vollstationärer Pflege (Abs. 2 S. 1 aE).** Die Rechte der Prüfer beschränkt sich nicht nur auf Prüfungen und Besichtigungen der Räume, sondern erstreckt sich umfassend auch auf ein **Befragungsrecht**. Sie sind berechtigt, sich mit den Pflegebedürftigen und deren Angehörigen in Verbindung zu setzen sowie die Beschäftigten und die Interessenvertretung der Bewohner zu befragen.

24 **d) Betretungs- und Befragungsrechte bei ambulanter Pflege (Abs. 2 S. 4).** Die Regelungen des Abs. 2 S. 4 zur ambulanten Pflege betreffen die Überprüfung von **Pflegediensten**. Nicht nach Abs. 2 S. 4 zu überprüfen ist die durch häusliche Pflegepersonen durchgeführte ergänzende ehrenamtliche Pflege und die sichergestellte Pflege iSd § 37, regelmäßig auch nicht die von einem Pflegedienst durchzuführende Ersatzpflege nach § 39, da hierfür eine Zulassung nicht erforderlich ist.[50] Einzubeziehen ist dagegen die **häusliche Krankenpflege**. Leistungen der häuslichen Krankenpflege sind auch dann in die Qualitätsprüfung bei einem nach § 114 zu prüfenden Pflegedienst einzubeziehen, wenn diese Leistungen bei Personen erbracht werden, die keine Leistungen der Pflegekasse in Anspruch nehmen.

25 Für die Überprüfung der Leistungen des Pflegedienstes in der Wohnung des Pflegebedürftigen bedarf es seiner Einwilligung nach Abs. 2 S. 4. Ist die vom Pflegedienst zu versorgende Person nicht in der Lage, selbst seine Zustimmung zu erteilen, ist diese nach Maßgabe von Abs. 3 a S. 6 zu ersetzen. Wird die Zustimmung verweigert, besteht grundsätzlich kein Recht zur Prüfung in der Wohnung.[51] Welche Anforderungen an die Einwilligung gestellt werden, ist in Abs. 3 a näher geregelt worden (hierzu unten → Rn. 29 ff.).

26 **e) Inaugenscheinnahme (Abs. 3).** Mit der durch das PfWG[52] neu eingeführten Regelung in Abs. 3 wird eine gesetzliche Grundlage für die im Rahmen der Prüftätigkeit häufig erforderlichen **Inaugenscheinnahmen des gesundheitlichen und pflegerischen Zustandes** von durch die Pflegeeinrichtung versorgten Personen (früher Pflegebedürftigen) sowie für **Befragungen** von durch die Pflegeeinrichtung versorgten und anderen Personen (ua Angehörige, Beschäftigte) geschaffen.

27 Durch S. 1 und S. 2 wird klargestellt, dass Inaugenscheinnahmen und Befragungen zum **Inhalt** der Prüfungen gehören. Nach S. 3 ist allerdings die Teilnahme jeweils **freiwillig** und es dürfen durch eine Ablehnung „keine Nachteile entstehen".

28 Einsichtnahmen in Pflegedokumentationen, Inaugenscheinnahmen und Befragungen von Personen nach S. 2 wie auch damit zusammenhängende Erhebungen und Nutzungen von Daten zum Zweck der Erstellung eines Prüfberichts bedürfen nach S. 6 der **Einwilligung** der betroffenen durch die Pflegeeinrichtung versorgten Personen. Dieses Erfordernis ergibt sich bereits aus dem Grundrecht auf informationelle Selbstbestimmung nach Art. 2 Abs. 1 iVm Art. 1 Abs. 1 GG, welches dem Einzelnen die Befugnis gewährleisten soll, über die Preisgabe und Verwendung seiner persönlichen Daten selbst bestimmen zu können.

29 **6. (Form-)Anforderungen an die Einwilligung (Abs. 3 a).** Das bestehende Einwilligungserfordernis in Abs. 2 S. 3 (→ Rn. 22), Abs. 2 S. 4 (→ Rn. 25) und in Abs. 3 S. 6 (→ Rn. 28) ist zunächst durch die

---

45 Leitherer in: KassKomm, § 114 a SGB XI Rn. 17.
46 Leitherer in: KassKomm, § 114 a SGB XI Rn. 17 mit Verweis auf Roller, VSSR 2001, 335, 344.
47 Gutzler in: Hauck/Noftz, SGB XI, § 114 a Rn. 11.
48 Zu Beispielen Gutzler in: Hauck/Noftz, SGB XI, § 114 a Rn. 11.
49 BT-Dr. 13/5395, 42.
50 Leitherer in: KassKomm, § 114 a SGB XI Rn. 22.
51 Leitherer in: KassKomm, § 114 a SGB XI Rn. 23.
52 Fn. 1.

Formvorgaben in Abs. 3 a mit Wirkung vom 30.10.2013[53] ergänzt worden und durch das PSG II[54] und PSG III[55] weitreichenden Änderungen unterworfen worden.[56] Das Formerfordernis gilt für alle in Abs. 2 und 3 geforderten Einwilligungsvorbehalte.

Der Gesetzgeber wollte mit der Einfügung der S. 1 bis 4 in Abs. 3 a durch das PSG III[57] auf die Praxis vieler (ambulanter) Pflegeeinrichtungen reagieren, die häufig standardisierte Widersprüche der von diesen betreuten Personen vorgelegt haben, um Qualitätsprüfungen des Medizinischen Dienstes der Krankenversicherung (MDK) zu verhindern.[58] Auf diese Weise wurde von ambulanten Pflegediensten vermehrt der Versuch unternommen, unter Zuhilfenahme auch datenschutzrechtlicher Argumente Qualitätsprüfungen zu erschweren oder unmöglich zu machen.[59] Die betreffenden Pflegedienste haben sich im Rahmen der Prüfungen auch geweigert, dem MDK Listen mit den Namen der von dem Pflegedienst versorgten Personen für die Auswahl der in die Prüfung einzubeziehenden Personen vorzulegen. Außerdem konnte der MDK nur sehr eingeschränkt eine Personenstichprobe für die Prüfung zusammenstellen.[60] Aus diesem Grund hat der Gesetzgeber in Abs. 3 a S. 1 klargestellt, dass den Pflegeeinrichtungen **Mitwirkungspflichten** treffen, und zwar indem sie insbesondere die Namen und Kontaktdaten der von ihn versorgten Personen an die Prüfer weiterzuleiten haben. 30

Des Weiteren sind die durch die Inaugenscheinnahme in die Prüfung einzubeziehenden Personen vor der Durchführung der Prüfung **aufzuklären**. Diese Aufklärung erfolgt über die Prüfer (Abs. 3 a S. 2). Die Anforderungen an die Aufklärung orientieren sich dabei an den Regelungen des § 630 e BGB über die Aufklärungspflichten im Rahmen eines Behandlungsvertrages.[61] Die Aufklärung hat in verständlicher Weise über die **wesentlichen Umstände** der der Einwilligung unterliegenden Prüfmaßnahmen (Einsichtnahme in die Pflegedokumentation, Inaugenscheinnahme, Befragung weiter Personen) zu erfolgen (Abs. 3 a S. 2) und zwar so **frühzeitig**, dass der Betroffene seine Einwilligung wohlüberlegt abgeben kann (Abs. 3 a S. 4). Die Aufklärung kann auch durch die Aushändigung von Unterlagen ergänzt bzw. unterstützt (Abs. 3 a S. 3), aber nicht ersetzt werden. 31

Abs. 3 a S. 5 regelt explizit, dass die Einwilligung nach Abs. 2 oder 3 erst **nach Bekanntgabe** der in Augenschein zu nehmenden Person erklärt und in einer Urkunde oder auf andere zur dauerhaften Wiedergabe in Schriftzeichen geeignete Weise abgegeben werden muss sowie die Person des Erklärenden zu benennen und den Abschluss der Erklärung durch Nachbildung der Namensunterschrift oder anders erkennbar zu machen sind (**Textform**, vgl. § 126 b BGB). Folglich genügen auch Computerfax und E-Mail.[62] Selbst eine SMS soll ausreichend sein.[63] Bisher bedurfte die Einwilligung nach § 67 b Abs. 2 S. 3 SGB X, welcher in diesem Zusammenhang über § 93 SGB XI Anwendung fand,[64] regelmäßig der Schriftform, und unterlag damit einer strengeren Formvorgabe. Deshalb konnte nach dem Willen des Gesetzgebers eine Einwilligung nach früherer Rechtslage nur wirksam erteilt werden, wenn sie, soweit nicht besondere Umstände etwas anderes erforderten, schriftlich vorlag und der Pflegebedürftige vorher über Anlass und Zweck sowie Inhalt, Umfang, Durchführung und Dauer der Maßnahme, den Zweck der Datennutzung, die Freiwilligkeit und die jederzeitige Widerruflichkeit der Einwilligung **aufgeklärt** und darauf **hingewiesen** wurde, dass sich die Verweigerung der Einwilligung nicht nachteilig auswirkte.[65] Diese Anforderungen sind nunmehr auch ausdrücklich in Abs. 3 a aufgenommen worden. Der dadurch möglicherweise erzeugte Mehraufwand sowie Ausschluss unangemeldeter Prüfungen genügt allein noch nicht, um den Eingriff etwa in das informationelle Selbstbestimmungsrecht des Pflegebedürftigen zu rechtfertigen. 32

Die Einwilligung nach Abs. 2 oder Abs. 3 kann nicht im Vorfeld der Prüfung abgegeben werden, sondern muss **nach Bekanntgabe** der Einbeziehung der Person in die Stichprobe gegenüber den Prüfern abgegeben werden (Abs. 3 a S. 5). 33

---

53 Fn. 6.
54 Fn. 7.
55 Fn. 8.
56 Vgl. hierzu Schiffer-Werneburg, SozSich 2016, 414, 420.
57 Fn. 8.
58 BT-Dr. 18/10510, 121.
59 BT-Dr. 18/10510, 121.
60 BT-Dr. 18/10510, 121.
61 BT-Dr. 18/10510, 121.
62 BR-Dr. 170/12, 89.
63 Bachem/Klie in: LPK-SGB XI, § 114 a Rn. 8.
64 SG Münster, 24.6.2011, S 6 P 14/11.
65 BT-Dr. 16/7439, 87 f.

34 Ist die durch die Inaugenscheinnahme in die Prüfung einzubeziehende Person **einwilligungsunfähig**, ist die Einwilligung eines hierzu Berechtigten einzuholen (Abs. 3 a S. 6); auch hier genügt die **Textform**. Der Berechtigte ist dabei nach Maßgabe des Abs. 3 a S. 2 bis 4 aufzuklären. Die Einwilligung des hierzu Berechtigten hat sich dann am Wohl des Betroffenen gem. § 1901 BGB zu orientieren.[66] Die Notwendigkeit der Einholung der Einwilligung des Betreuers in Textform kann zum Ausschluss einer unangemeldeten Prüfung führen. Der Gesetzgeber selbst hält jedoch insbesondere dann eine angemeldete Prüfung für angezigt, wenn die Einwilligung von rechtlichen Betreuern einzuholen ist.[67]

35 Zunächst wurde der Vorschlag des Bundesrates, von der Einholung der Einwilligung in Textform ausnahmsweise dann abzusehen, wenn andernfalls der Zweck der unangemeldeten Prüfung erschwert werden würde,[68] nicht umgesetzt. Konkret ging es um den Vorschlag, eine mündliche Einwilligung im Falle eines einwilligungsunfähigen Pflegebedürftigen dann ausreichend sein zu lassen, wenn eine vertretungsberechtigte Person nicht am Ort der Prüfung anwesend und eine Einholung in Textform nicht möglich ist.[69] Begründet wurde das Erfordernis einer solchen Regelung damit, dass gerade auch die unangemeldete Prüfung dem Schutz der Pflegebedürftigen diene, so dass der Gesetzgeber ausnahmsweise an die Form der Einwilligungserklärung geringere Anforderungen als im allgemeinen Datenschutzrecht stellen solle.[70] Datenschutzrechtliche Aspekte würden aus Sicht des Bundesrates durch den mit dem Zweck einer unangemeldeten Prüfung im Vordergrund stehenden Schutz der Pflegebedürftigen aufgewogen.[71] Mit den Änderungen durch das PSG II hat der Gesetzgeber diesen Aspekt in Abs. 3 a S. 7 aufgenommen. Im Interesse der Nachvollziehbarkeit muss aber die mündlich erteilte Einwilligung bzw. Nichteinwilligung und die Gründe für den Verzicht auf die Textform schriftlich dokumentiert werden (Abs. 3 a S. 7). Dieser Verzicht auf die Textform darf sich nur in dem vom Gesetzgeber explizit aufgenommen Ausnahmefall beschränken, da die Einhaltung der Formvorgabe nicht nur dem Schutz des Pflegebedürftigen auf informationelle Selbstbestimmung dient, sondern darüber hinaus auch eine Warn-/Sensibilisierungs- und Beweisfunktion innehat. Ein Abweichen hiervon kann deshalb nur unter besonderen Umständen möglich sein. Vor allem die Inaugenscheinnahme stellt einen gravierenden Eingriff in die Intimsphäre des Pflegebedürftigen dar, auch wenn sie einen wichtigen Indikator für die Pflegequalität bildet.[72]

36 **7. Berücksichtigung aller gewonnenen Daten/Informationen (Abs. 3 S. 3).** Um etwaige Diskrepanzen oder auch Übereinstimmungen zwischen der Pflegedokumentation und der Inaugenscheinnahme des gesundheitlichen und pflegerischen Zustandes der Heimbewohner bzw. der zu Hause versorgten Pflegebedürftigen systematisch klären zu können, hat der Gesetzgeber die Regelung aufgenommen, dass die Informationen aus der Inaugenscheinnahme des Pflegebedürftigen, den Pflegedokumentationen und den Befragungen der Beschäftigten der Pflegeeinrichtungen sowie der Pflegebedürftigen, ihrer Angehörigen und der vertretungsberechtigten Personen in einem **situationsgerechten angemessenen Verhältnis** zueinander gesetzt und beachtet werden (Abs. 3 S. 3).[73] Es soll hiermit ein möglichst breiter Erkenntnisgewinn gewährleistet werden, um zu vermeiden, dass allein eine Informationsquelle, wie etwa die Pflegedokumentation, die Wahrnehmung der Pflegequalität vorgibt und das Ergebnis der Qualitätsprüfung bestimmt.[74]

37 Der Gesetzgeber selbst schweigt dazu, was unter einer **angemessenen** Berücksichtigung der verschiedenen Informationsquellen zu verstehen ist. Ausgehend vom Ziel der Norm, mögliche Diskrepanzen zwischen den einzelnen Informationsquellen aufzulösen, ist eine **Gesamtschau** der Ergebnisse aus allen Quellen zu verlangen, indem einzelne Quellen etwa bei Zweifeln oder Widersprüchen ergänzend herangezogen werden, um so eine sachgerechte Bewertung zu ermöglichen.[75]

38 **8. Beteiligungsrechte (Abs. 2 und 4).** Welche Personen und Institutionen an den Qualitätsprüfungen zu beteiligen sind, ist in Abs. 2 S. 6 und Abs. 4 geregelt.

---

66 Bachem/Klie in: LPK-SGB XI, § 114 a Rn. 8.
67 BT-DR. 16/8525, 103.
68 Zuletzt BR-Dr. 223/14, 23.
69 BR-Dr. 223/14, 23.
70 BT-Dr. 17/9669, 15.
71 BR-Dr. 223/14, 23 f.
72 Bachem/Klie in: LPK-SGB XI, § 113 a Rn. 8.
73 BT-Dr. 17/10170, 19; BT-Dr. 17/10157, 25.
74 BT-Dr. 17/10170, 19.
75 In diesem Sinne auch Altmiks in: jurisPK-SGB XI, § 114 a Rn. 22.

a) **Aufsichtsbehörden (Abs. 2 S. 5)**. Nach Abs. 2 S. 5 soll der MDK und der Prüfdienst der privaten **39** Krankenversicherung die nach heimrechtlichen Vorschriften zuständigen **Aufsichtsbehörden** an der Prüfung beteiligen. Die Beteiligung der Heimaufsichtsbehörde wird nicht zwingend vorgeschrieben. Abs. 2 S. 5 enthält vielmehr nur eine **Sollvorschrift**, die auch noch unter der Voraussetzung steht, dass die anstehende Prüfung durch eine Beteiligung nicht verzögert wird.

b) **Kostenträger (Abs. 4 S. 1 bis 3)**. Abs. 4 S. 1 räumt den Vertretern der betroffenen Pflegekassen oder **40** ihren Verbänden, dem zuständigen Sozialhilfeträger sowie dem Verband der privaten Krankenversicherung ein **Beteiligungsrecht** ein. Das Beteiligungsrecht für den Verband der privaten Krankenversicherung ist aufgrund des durch das Infektionsschutzgesetz und weiterer Gesetze[76] in § 114 Abs. 1 neu eingeführten eigenständigen Prüfungsrechts der privaten Krankenversicherung obsolet geworden. Die Beibehaltung der in Abs. 4 S. 1 genannten Beteiligung der privaten Krankenversicherung dürfte insoweit ein redaktionelles Versehen darstellen.[77]

Weiterhin kann der Träger der Pflegeeinrichtung gemäß Abs. 4 S. 2 verlangen, dass eine Vereinigung **41** deren Mitglied er ist, an der Prüfung beteiligt wird. Eine Beteiligung nach S. 3 verlangt jedoch, dass die Prüfung hierdurch **nicht verzögert** wird. Die Beteiligung anderer Prüfinstitutionen (zB Heimaufsicht oder Gesundheitsamt) darf ebenfalls nicht zu Verzögerungen für die Prüfungen führen. Das Prüfteam hat die Interessenvertretung der Bewohnerinnen und Bewohner einer stationären Pflegeeinrichtung über die Prüftätigkeit zu Beginn der Prüfung in Kenntnis zu setzen.[78]

c) **MDK und Sachverständige (Abs. 4 S. 4 und 5)**. Abs. 4 S. 4 und 5 räumen dem MDK, dem Prüf- **42** dienst des Verbandes der privaten Krankenversicherung und den von den Landesverbänden der Pflegekassen bestellten Sachverständigen die Befugnis ein, sich auch an Prüfungen von zugelassenen Pflegeeinrichtungen zu beteiligen, die von den nach heimrechtlichen Vorschriften zuständigen Aufsichtsbehörden durchgeführt werden. Diese Prüfungsbefugnis bleibt jedoch auf die Untersuchung der **Qualität** nach den Vorgaben des SGB XI beschränkt.

9. Berichtspflichten (Abs. 6). Abs. 6 regelt, dass der MDK sowie der Prüfdienst des Verbandes der pri- **43** vaten Krankenversicherung gegenüber dem Medizinischen Dienst des Spitzenverbandes Bund der Krankenkassen (MDS) über ihre Erfahrungen mit der Anwendung der Beratungs- und Prüfvorschriften, über die **Ergebnisse** ihrer Qualitätsprüfungen sowie über ihre **Erkenntnisse** zum Stand und zur Entwicklung der **Pflegequalität** und der **Qualitätssicherung zu berichten** haben. Seit der Folgeänderung durch das Gesetz zur Änderung des Infektionsschutzgesetzes und weiterer Gesetze (IfSGuaÄndG) hat sich der Prüfdienst des Verbandes der privaten Krankenversicherung e.V. an der in diesem Absatz geregelten regelmäßigen Berichtspflicht über Erfahrungen mit der Anwendung der Beratungs- und Prüfvorschriften, über die Ergebnisse von Qualitätsprüfungen sowie über Erkenntnisse zum Stand und zur Entwicklung der Pflegequalität und der Qualitätssicherung zu beteiligen.[79]

Der Medizinische Dienst des Spitzenverbandes Bund der Krankenkassen muss wiederum gemäß Abs. 6 **44** S. 3 dem Spitzenverband Bund der Pflegekassen, dem BMG, dem BMFSFJ sowie dem BMAS und den zuständigen Landesministerien die Berichte der Medizinischen Dienste der Krankenversicherung und seine eigenen **Erkenntnisse** zum Stand und zur Entwicklung der **Pflegequalität** und der **Qualitätssicherung** in einem **Bericht** zusammenfassen und zuleiten. Die **Vorlage** des Berichts des Medizinischen Dienstes des Spitzenverbandes Bund der Krankenkassen hat jeweils innerhalb eines **halben Jahres** zu erfolgen, nachdem ihm die Berichte des MDK und des Prüfdienstes des Verbandes der privaten Krankenversicherung übermittelt worden sind (Abs. 6 S. 3). Aktuell liegt der 4. Pflegequalitätsbericht des MDS vom Dezember 2014 vor.[80]

Die Berichtspflichten hatten zunächst einmalig bis zum **30.6.2011** und danach haben sie in Abständen **45** von **drei Jahren** (turnusmäßig) zu erfolgen. Die Berichte dienen der Sammlung und Auswertung von Daten, Erfahrungen und Erkenntnissen, die für die Sicherung und Weiterentwicklung der Pflegequalität notwendig und zweckdienlich sind.[81]

---

76 BT-Dr. 17/5178.
77 Wilcken in: BeckOK SozR, SGB XI, § 114 a Rn. 6.
78 Teil 2 Ziffer 4 Abs. 3 der Qualitätsprüfungs-Richtlinien (QPR) vom 6.9.2016.
79 BT-Dr. 17/5178, 25.
80 Abrufbar unter www.mds-ev.de/themen/pflegequalitaet/mds-pflege-qualitaetsberichte.html (zuletzt abgerufen am 1.5.2017).
81 Gutzler in: Hauck/Noftz, SGB XI, § 114 a Rn. 25.

46 Nach Abs. 6 S. 2 stellen der MDK und der Prüfdienst des Verbandes der privaten Krankenversicherung unter Beteiligung des Medizinischen Dienstes des Spitzenverbandes Bund der Krankenkassen sicher, dass die in den einzelnen Ländern gewonnenen Daten **vergleichbar** sind. Auch gehört hierzu, dass ihre Grundlagen **erläutert** werden.[82]

IV. Einbeziehung des Verbandes der privaten Krankenversicherung

47 **1. Kostenbeteiligung (Abs. 5).** Durch die Neufassung des Abs. 5 wird aufbauend auf der bisherigen Vorschrift bestimmt, dass die Pflicht der privaten Versicherungsunternehmen, die die private Pflege-Pflichtversicherung durchführen, sich an den Kosten der Qualitätsprüfungen der ambulanten und stationären Pflegeeinrichtungen bis zu einem Betrag in Höhe von **10 %** zu beteiligen haben. Es obliegt dem **Bundesversicherungsamt** nach dem Willen des Gesetzgebers die Feststellung des Umfangs der Prüftätigkeit und des Finanzierungsanteils, der sich aus einer Unterschreitung der in § 114 Abs. 1 S. 1 genannten Quote von 10 % ggf. ergibt.[83] Der Gesetzesentwurf sah noch vor, dass die Gründe für die Nichterfüllung der Prüfquote vom Prüfdienst oder dem Verband der privaten Krankenversicherung e.V. zu vertreten sein müssen.[84] Dieser Passus wurde jedoch wieder gestrichen, insbesondere wegen Bedenken hinsichtlich der Praktikabilität einer solchen Verschuldensregelung.[85] Vielmehr hat der Verband der privaten Krankenversicherung die Möglichkeit innerhalb von vier Wochen nach „Zahlungsaufforderung" nachzuweisen, dass die Unterschreitung der Prüfquote nicht von ihm oder seine Prüfdienst zu vertreten ist (Abs. 5 S. 4). Das „Institut einer öffentlich-rechtlichen Zahlungsaufforderung" wird im Schrifttum als „unorthodox" bezeichnet, insbesondere weil die Mitteilung alle Merkmale eines Verwaltungsaktes gem. § 31 SGB X erfülle.[86]

48 Des Weiteren sieht Abs. 5 S. 2 Hs. 1 vor, dass der Verband der privaten Krankenversicherung und der Spitzenverband Bund der Pflegekassen vor der Festlegung **anzuhören** sind. Die Einbeziehung des Spitzenverbandes Bund der Pflegekassen an der Schätzung wird damit begründet, dass der Finanzierungsanteil des Verbandes der privaten Krankenversicherung auch Auswirkungen auf das Finanzvolumen der sozialen Pflegeversicherung hat und der Spitzenverband Bund der Pflegekassen aus Gründen der Transparenz gleichermaßen wie der Verband der privaten Krankenversicherung vom Bundesversicherungsamt anzuhören ist.[87]

49 Die Bundesversicherungsamt teilt dem Verband der privaten Krankenversicherung und dem Spitzenverband Bund der Pflegekassen jährlich die Anzahl der durchgeführten Prüfungen und bei Unterschreitung der Prüfquote den entsprechenden Finanzierungsanteil mit. Der festgestellte Finanzierungsanteil ist nach S. 3 vom Verband der privaten Krankenversicherung jährlich unmittelbar an das Bundesversicherungsamt zugunsten des Ausgleichsfonds der Pflegeversicherung zu überweisen.[88]

50 **2. Abstimmungen (Abs. 5 a).** Der Abs. 5 a wurde mit IfSGuaÄndG neu eingefügt und regelt notwendige Grundlagen für die Durchführung der Prüftätigkeit durch den Prüfdienst des Verbandes der privaten Krankenversicherung e.V. Da der Prüfdienst seine Tätigkeit auf Grundlage einer Beauftragung durch die Landesverbände der Pflegekassen durchführt, ist eine **Abstimmung der notwendigen Verfahren** zwischen gesetzlichen Pflegekassen und der privaten Pflege-Pflichtversicherung notwendig.[89] Das Nähere hierzu soll durch den Spitzenverband Bund der Pflegeversicherung und den Verband der privaten Krankenversicherung e.V. im Rahmen einer **Vereinbarung** geregelt werden. Dabei sind nach dem Willen des Gesetzgebers insbesondere folgende Punkte zu beachten: Es können hinsichtlich der auf das Bundesgebiet bezogene Prüfquote regionale Besonderheiten berücksichtigt und abweichende Prüfquoten ermöglicht werden; die Auswahl der durch den Prüfdienst des Verbandes der privaten Krankenversicherung e.V. zu prüfenden Pflegeeinrichtungen ist offen zu gestalten, etwa durch ein Zufallsprinzip; soweit die Prüftätigkeit der Medizinischen Dienste einem Qualitätssicherungsverfahren unterzogen wird, etwa mit dem Ziel einer einheitlichen Prüfpraxis, ist sicherzustellen, dass der Prüfdienst des Verbandes der privaten Krankenversicherung e.V. sich daran beteiligt. Die Vereinbarungen sollen insbe-

---

[82] Gutzler in: Hauck/Noftz, SGB XI, § 114 a Rn. 25.
[83] BT-Dr. 17/5178, 24.
[84] BT-Dr. 17/5178, 24.
[85] BT-Dr. 17/6141, 21, 41.
[86] Bachem/Klie in: LPK-SGB XI, § 114 a Rn. 10.
[87] Wilcken in: BeckOK SozR, SGB XI, § 114 a Rn. 8.
[88] Wilcken in: BeckOK SozR, SGB XI, § 114 a Rn. 8.
[89] BT-Dr. 17/5178, 24.

sondere auch dem Ziel dienen, die unter Qualitätssicherungsgesichtspunkten zwingend notwendige bundesweite Einheitlichkeit des Prüfgeschehens zu gewährleisten.[90]

V. Richtlinien (Abs. 7)

1. Überblick. Um die notwendigen Erkenntnisse der Pflegewissenschaft in die Prüfungen und Beratungen einzubeziehen und ein **einheitliches Vorgehen** zu gewährleisten, ist es nach Abs. 7 Aufgabe des Spitzenverbandes Bund der Pflegekassen unter Beteiligung des Medizinischen Dienstes des Spitzenverbandes Bund der Krankenkassen und anderer ausdrücklich angeführter Organisationen bzw. Verbände Richtlinien über die Durchführung der Prüfung der in Pflegeeinrichtungen erbrachten Leistungen und deren Qualität zu beschließen. Hieran ist auch der Prüfdienst des Verbandes der privaten Krankenversicherung e.V. zu beteiligen. Solche Qualitätsprüfungs-Richtlinien (**QPR**) wurden in der Vergangenheit erlassen. Bei Inkrafttreten des Abs. 7 am 1.7.2008 galten zunächst die Richtlinien der Spitzenverbände der Pflegekassen über die Prüfung der in Pflegeeinrichtungen erbrachten Leistungen und deren Qualität vom 30.9.2005/10.11.2005 fort.[91] Dann traten die vom Spitzenverband Bund beschlossenen Richtlinien nach Genehmigung durch das BMG zum **30.6.2009** in Kraft[92] und wurden mit Beschluss vom 10.12.2013 und Genehmigung vom 17.1.2014 weiterentwickelt.[93] Mit dem PSG II hat der Gesetzgeber den Abs. 7 zum Teil neu gefasst. An die Stelle der bisherigen Qualitätsprüfungs-Richtlinien (QPR) sollen nunmehr die „Richtlinien über die Durchführung der Prüfung der in Pflegeeinrichtungen erbrachten Leistungen und deren Qualität nach § 114" treten. Bis zum Inkrafttreten dieser Richtlinien **gelten die nach Maßgabe des § 115 a Abs. 4 und 5 angepassten QPR fort.** 51

Nunmehr sind separate Richtlinien für den ambulanten und stationären Bereich zu erlassen. Die Richtlinien über die Durchführung der Qualitätsprüfung für den stationären Bereich sind bis zum 31.10.2017, die Richtlinien für den ambulanten Bereich bis zum 31.10.2018 zu beschließen. Sie bilden auch eine Grundlage für die Qualitätsdarstellungsvereinbarungen nach § 115 Abs. 1 a.[94] 52

2. Mitwirkungsrechte und Genehmigungspflicht. Beim Erlass der Richtlinien **wirken** die maßgeblichen Organisationen für die Wahrnehmung der Interessen und Selbsthilfe der pflegebedürftigen und behinderten Menschen nach Maßgabe von § 118 mit (Abs. 7 S. 5). Das beinhaltet auch ein **Anwesenheitsrecht** bei der Beschlussfassung (§ 118 Abs. 1 S. 2). Das Nähere regelt die am 2.4.2013 in Kraft getretene Pflegebeteiligungsverordnung (PfleBeteiligungsV)[95] gem. § 118 Abs. 2. 53

Des Weiteren sieht Abs. 7 S. 6 die **Beteiligung** einzeln aufgeführter Organisationen auf. Diesen ist gemäß Abs. 7 S. 7 unter **Übermittlung** der hierfür erforderlichen **Informationen** innerhalb einer angemessenen Frist vor der Entscheidung **Gelegenheit zur Stellungnahme** zu geben. Die Stellungnahmen sind in die Entscheidung mit einzubeziehen. 54

Die Richtlinien bedürfen der **Genehmigung** durch das Bundesministerium für Gesundheit im Einvernehmen mit dem Bundesministerium für Familie, Senioren, Frauen und Jugend (Abs. 7 S. 9). Das Bundesministerium für Gesundheit kann sowohl die Genehmigung verweigern als auch **Beanstandungen** aussprechen, die innerhalb einer vom Bundesministerium für Gesundheit gesetzten Frist zu beseitigen sind (Abs. 7 S. 10). Nicht möglich ist dagegen die Ersetzung im Wege der Ersatzvornahme, etwa durch den Erlass der Richtlinie durch das Ministerium selbst.[96] 55

3. Regelungsgegenstand und inhaltliche Anforderungen. Regelungsgegenstand der Richtlinien nach § 114 a Abs. 7 sind insbesondere die Prüfanleitungen für den Medizinischen Dienst der Krankenversicherung und den Prüfdienst des Verbandes der privaten Krankenversicherung e.V.[97] 56

Die inhaltlichen Anforderungen an die zu erlassenden Richtlinien werden weitestgehend durch die Maßstäbe und Grundsätze nach § 113 SGB XI vorgegeben, die nach Abs. 1 S. 2 in den Richtlinien zu berücksichtigen sind. Von den Maßstäben und Grundsätzen darf hierbei nicht abgewichen werden, da 57

---

90 BT-Dr. 17/5178, 24.
91 Vgl. BT-Dr. 16/7439, 88.
92 Abgedruckt bei Bassen in: Udsching, SGB XI, Anh. zu § 114 a oder abrufbar unter www.gkv-spitzenverband.de und www.mds-ev.de (zuletzt abgerufen am 1.5.2017).
93 Abrufbar unter www.gkv-spitzenverband.de (zuletzt abgerufen am 1.5.2017).
94 BT-Dr. 18/5926, 105.
95 BGBl. I 2013, 599.
96 Altmiks, in: jurisPK-SGB XI, § 114 a Rn. 43.
97 BT-Dr. 18/5926, 105.

ansonsten der in § 113 Abs. 1 Satz 8 SGB XI ausdrücklich angeordnete verbindliche Charakter der Maßstäbe und Grundsätze unterlaufen würde.[98]

58 Als wissenschaftliche Grundlage für die Erstellung der Richtlinien sollen zudem die nach § 113 b Abs. 4 S. 2 Nr. 1 und 3 zu vergebenden Aufträge zur Entwicklung von Instrumenten für die Prüfung der Qualität der von den ambulanten und stationären Pflegeeinrichtungen erbrachten Leistungen fungieren.[99] Dabei sollen auch die ausgewerteten Daten des Indikatorenmodells berücksichtigt werden. Soweit die im Rahmen des Indikatorenmodells ausgewerteten Daten keine hinreichenden Aussagen zur Ergebnisqualität liefern, sind hierzu nach Vorstellung des Gesetzgebers weitere Daten im Rahmen der Qualitätsprüfung zu erheben.[100] Nach dem Willen des Gesetzgebers sind sowohl im stationären als auch im ambulanten Bereich neben der Ergebnisqualität ergänzend die Struktur- und Prozessqualität der Pflegeeinrichtungen zu prüfen und entsprechende Daten zu erheben, die wenigstens teilweise auch zur Qualitätsberichterstattung nach § 115 Abs. 1a geeignet sein sollen.[101]

59 Nach Abs. 7 S. 8 sind die Richtlinien regelmäßig an den medizinisch-pflegefachlichen Fortschritt anzupassen. Die im Gesetzgebungsverfahren auf Empfehlung des 14. Ausschusses eingefügte Regelung soll sicherstellen, dass Prüfinhalte und Prüfpraxis des Medizinischen Dienstes sich an pflegewissenschaftlichen Kriterien und an den Erfordernissen eines beratungsorientierten Prüfansatzes sowie an der Zielsetzung der verbraucherorientierten Veröffentlichung von Prüfergebnissen ausrichten.[102]

60 **4. Bindungswirkung.** Darüber hinaus wird in Abs. 7 S. 11 bestimmt, dass die unter seiner Beteiligung entstandenen Qualitätsprüfungs-Richtlinien in gleicher Weise für den Prüfdienst des Verbandes der privaten Krankenversicherung e.V. wie für den MDK gelten. Der Prüfdienst hat bei der Durchführung der Qualitätsprüfungen damit die gleichen Maßstäbe wie der MDK zu beachten. Ziel der Qualitätsprüfungs-Richtlinien ist eine Erfassung der Qualität in den Pflegeeinrichtungen nach einheitlichen Kriterien und Verfahren.[103] Ebenso sind die durch die Landesverbände bestellten unabhängigen Sachverständigen an die Qualitätsprüfungsrichtlinien gebunden.[104] Dieser auf die Prüfinstitutionen beschränkte Geltungsanspruch unterstreicht deren Eigenschaft als Verwaltungsbinnenrecht.[105]

§ 115 Ergebnisse von Qualitätsprüfungen, Qualitätsdarstellung

(1) ¹Die Medizinischen Dienste der Krankenversicherung, der Prüfdienst des Verbandes der privaten Krankenversicherung e.V. sowie die von den Landesverbänden der Pflegekassen für Qualitätsprüfungen bestellten Sachverständigen haben das Ergebnis einer jeden Qualitätsprüfung sowie die dabei gewonnenen Daten und Informationen den Landesverbänden der Pflegekassen und den zuständigen Trägern der Sozialhilfe sowie den nach heimrechtlichen Vorschriften zuständigen Aufsichtsbehörden im Rahmen ihrer Zuständigkeit und bei häuslicher Pflege den zuständigen Pflegekassen zum Zwecke der Erfüllung ihrer gesetzlichen Aufgaben sowie der betroffenen Pflegeeinrichtung mitzuteilen. ²Die Landesverbände der Pflegekassen sind befugt und auf Anforderung verpflichtet, die ihnen nach Satz 1 bekannt gewordenen Daten und Informationen mit Zustimmung des Trägers der Pflegeeinrichtung auch seiner Trägervereinigung zu übermitteln, soweit deren Kenntnis für die Anhörung oder eine Stellungnahme der Pflegeeinrichtung zu einem Bescheid nach Absatz 2 erforderlich ist. ³Gegenüber Dritten sind die Prüfer und die Empfänger der Daten zur Verschwiegenheit verpflichtet; dies gilt nicht für die zur Veröffentlichung der Ergebnisse von Qualitätsprüfungen nach Absatz 1 a erforderlichen Daten und Informationen.

(1 a) ¹Die Landesverbände der Pflegekassen stellen sicher, dass die von Pflegeeinrichtungen erbrachten Leistungen und deren Qualität für die Pflegebedürftigen und ihre Angehörigen verständlich, übersichtlich und vergleichbar sowohl im Internet als auch in anderer geeigneter Form kostenfrei veröffentlicht werden. ²Die Vertragsparteien nach § 113 vereinbaren insbesondere auf der Grundlage der Maßstäbe und Grundsätze nach § 113 und der Richtlinien zur Durchführung der Prüfung der in Pflegeeinrich-

---

98 Altmiks, in: jurisPK-SGB XI, § 114 a Rn. 45.
99 BT-Dr. 18/5926, 105; Altmiks, in: jurisPK-SGB XI, § 114 a Rn. 47.
100 BT-Dr. 18/5926, 105.
101 BT-Dr. 18/5926, 105.
102 BT-Dr. 16/8525, 104.
103 BT-Dr. 17/5178, 25.
104 Bachem/Klie in: LPK-SGB XI, § 113 a Rn. 13.
105 Bachem/Klie in: LPK-SGB XI, § 113 a Rn. 13; hierzu auch mwN Altmiks in: jurisPK-SGB XI, § 114 a Rn. 50.

tungen erbrachten Leistungen und deren Qualität nach § 114a Absatz 7, welche Ergebnisse bei der Darstellung der Qualität für den ambulanten und den stationären Bereich zugrunde zu legen sind und inwieweit die Ergebnisse durch weitere Informationen ergänzt werden. ³In den Vereinbarungen sind die Ergebnisse der nach § 113b Absatz 4 Satz 2 Nummer 1 bis 4 vergebenen Aufträge zu berücksichtigen. ⁴Die Vereinbarungen umfassen auch die Form der Darstellung einschließlich einer Bewertungssystematik (Qualitätsdarstellungsvereinbarungen). ⁵Bei Anlassprüfungen nach § 114 Absatz 5 bilden die Prüfergebnisse aller in die Prüfung einbezogenen Pflegebedürftigen die Grundlage für die Bewertung und Darstellung der Qualität. ⁶Personenbezogene Daten sind zu anonymisieren. ⁷Ergebnisse von Wiederholungsprüfungen sind zeitnah zu berücksichtigen. ⁸Bei der Darstellung der Qualität ist die Art der Prüfung als Anlass-, Regel- oder Wiederholungsprüfung kenntlich zu machen. ⁹Das Datum der letzten Prüfung durch den Medizinischen Dienst der Krankenversicherung oder durch den Prüfdienst des Verbandes der privaten Krankenversicherung e.V., eine Einordnung des Prüfergebnisses nach einer Bewertungssystematik sowie eine Zusammenfassung der Prüfergebnisse sind an gut sichtbarer Stelle in jeder Pflegeeinrichtung auszuhängen. ¹⁰Die Qualitätsdarstellungsvereinbarungen für den stationären Bereich sind bis zum 31. Dezember 2017 und für den ambulanten Bereich bis zum 31. Dezember 2018 jeweils unter Beteiligung des Medizinischen Dienstes des Spitzenverbandes Bund der Krankenkassen, des Verbandes der privaten Krankenversicherung e.V. und der Verbände der Pflegeberufe auf Bundesebene zu schließen. ¹¹Die auf Bundesebene maßgeblichen Organisationen für die Wahrnehmung der Interessen und der Selbsthilfe der pflegebedürftigen und behinderten Menschen wirken nach Maßgabe von § 118 mit. ¹²Die Qualitätsdarstellungsvereinbarungen sind an den medizinisch-pflegefachlichen Fortschritt anzupassen. ¹³Bestehende Vereinbarungen gelten bis zum Abschluss einer neuen Vereinbarung fort; dies gilt entsprechend auch für die bestehenden Vereinbarungen über die Kriterien der Veröffentlichung einschließlich der Bewertungssystematik (Pflege-Transparenzvereinbarungen).

(1b) ¹Die Landesverbände der Pflegekassen stellen sicher, dass ab dem 1. Januar 2014 die Informationen gemäß § 114 Absatz 1 über die Regelungen zur ärztlichen, fachärztlichen und zahnärztlichen Versorgung sowie zur Arzneimittelversorgung und ab dem 1. Juli 2016 die Informationen gemäß § 114 Absatz 1 zur Zusammenarbeit mit einem Hospiz- und Palliativnetz in vollstationären Einrichtungen für die Pflegebedürftigen und ihre Angehörigen verständlich, übersichtlich und vergleichbar sowohl im Internet als auch in anderer geeigneter Form kostenfrei zur Verfügung gestellt werden. ²Die Pflegeeinrichtungen sind verpflichtet, die Informationen nach Satz 1 an gut sichtbarer Stelle in der Pflegeeinrichtung auszuhängen. ³Die Landesverbände der Pflegekassen übermitteln die Informationen nach Satz 1 an den Verband der privaten Krankenversicherung e.V. zum Zweck der einheitlichen Veröffentlichung.

(1c) ¹Die Landesverbände der Pflegekassen haben Dritten für eine zweckgerechte, nicht gewerbliche Nutzung die Daten, die nach den Qualitätsdarstellungsvereinbarungen nach Absatz 1a der Darstellung der Qualität zu Grunde liegen, sowie rückwirkend zum 1. Januar 2017 ab dem 1. April 2017 die Daten, die nach den nach § 115a übergeleiteten Pflege-Transparenzvereinbarungen der Darstellung der Qualität bis zum Inkrafttreten der Qualitätsdarstellungsvereinbarungen zu Grunde liegen, auf Antrag in maschinen- und menschenlesbarer sowie plattformunabhängiger Form zur Verarbeitung und Veröffentlichung zur Verfügung zu stellen. ²Das Nähere zu der Übermittlung der Daten an Dritte, insbesondere zum Datenformat, zum Datennutzungsvertrag, zu den Nutzungsrechten und den Pflichten des Nutzers bei der Verwendung der Daten, bestimmen die Vertragsparteien nach § 113 bis zum 31. März 2017 in Nutzungsbedingungen, die dem Datennutzungsvertrag unabdingbar zu Grunde zu legen sind. ³Mit den Nutzungsbedingungen ist eine nicht missbräuchliche, nicht wettbewerbsverzerrende und manipulationsfreie Verwendung der Daten sicherzustellen. ⁴Der Dritte hat zu gewährleisten, dass die Herkunft der Daten für die Endverbraucherin oder den Endverbraucher transparent bleibt. ⁵Dies gilt insbesondere, wenn eine Verwendung der Daten in Zusammenhang mit anderen Daten erfolgt. ⁶Für die Informationen nach Absatz 1b gelten die Sätze 1 bis 4 entsprechend. ⁷Die Übermittlung der Daten erfolgt gegen Ersatz der entstehenden Verwaltungskosten, es sei denn, es handelt sich bei den Dritten um öffentlich-rechtliche Stellen. ⁸Die entsprechenden Aufwendungen sind von den Landesverbänden der Pflegekassen nachzuweisen.

(2) ¹Soweit bei einer Prüfung nach diesem Buch Qualitätsmängel festgestellt werden, entscheiden die Landesverbände der Pflegekassen nach Anhörung des Trägers der Pflegeeinrichtung und der beteiligten Trägervereinigung unter Beteiligung des zuständigen Trägers der Sozialhilfe, welche Maßnahmen zu treffen sind, erteilen dem Träger der Einrichtung hierüber einen Bescheid und setzen ihm darin zugleich eine angemessene Frist zur Beseitigung der festgestellten Mängel. ²Werden nach Satz 1 festgestellte Mängel nicht fristgerecht beseitigt, können die Landesverbände der Pflegekassen gemeinsam den

Versorgungsvertrag gemäß § 74 Abs. 1, in schwerwiegenden Fällen nach § 74 Abs. 2, kündigen. ³§ 73 Abs. 2 gilt entsprechend.

(3) ¹Hält die Pflegeeinrichtung ihre gesetzlichen oder vertraglichen Verpflichtungen, insbesondere ihre Verpflichtungen zu einer qualitätsgerechten Leistungserbringung aus dem Versorgungsvertrag (§ 72) ganz oder teilweise nicht ein, sind die nach dem Achten Kapitel vereinbarten Pflegevergütungen für die Dauer der Pflichtverletzung entsprechend zu kürzen. ²Über die Höhe des Kürzungsbetrags ist zwischen den Vertragsparteien nach § 85 Abs. 2 Einvernehmen anzustreben. ³Kommt eine Einigung nicht zustande, entscheidet auf Antrag einer Vertragspartei die Schiedsstelle nach § 76 in der Besetzung des Vorsitzenden und der beiden weiteren unparteiischen Mitglieder. ⁴Gegen die Entscheidung nach Satz 3 ist der Rechtsweg zu den Sozialgerichten gegeben; ein Vorverfahren findet nicht statt, die Klage hat aufschiebende Wirkung. ⁵Der vereinbarte oder festgesetzte Kürzungsbetrag ist von der Pflegeeinrichtung bis zur Höhe ihres Eigenanteils an die betroffenen Pflegebedürftigen und im Weiteren an die Pflegekassen zurückzuzahlen; soweit die Pflegevergütung als nachrangige Sachleistung von einem anderen Leistungsträger übernommen wurde, ist der Kürzungsbetrag an diesen zurückzuzahlen. ⁶Der Kürzungsbetrag kann nicht über die Vergütungen oder Entgelte nach dem Achten Kapitel refinanziert werden. ⁷Schadensersatzansprüche der betroffenen Pflegebedürftigen nach anderen Vorschriften bleiben unberührt; § 66 des Fünften Buches gilt entsprechend.

(4) ¹Bei Feststellung schwerwiegender, kurzfristig nicht behebbarer Mängel in der stationären Pflege sind die Pflegekassen verpflichtet, den betroffenen Heimbewohnern auf deren Antrag eine andere geeignete Pflegeeinrichtung zu vermitteln, welche die Pflege, Versorgung und Betreuung nahtlos übernimmt. ²Bei Sozialhilfeempfängern ist der zuständige Träger der Sozialhilfe zu beteiligen.

(5) ¹Stellen der Medizinische Dienst der Krankenversicherung oder der Prüfdienst des Verbandes der privaten Krankenversicherung e.V. schwerwiegende Mängel in der ambulanten Pflege fest, kann die zuständige Pflegekasse dem Pflegedienst auf Empfehlung des Medizinischen Dienstes der Krankenversicherung oder des Prüfdienstes des Verbandes der privaten Krankenversicherung e.V. die weitere Versorgung des Pflegebedürftigen vorläufig untersagen; § 73 Absatz 2 gilt entsprechend. ²Die Pflegekasse hat dem Pflegebedürftigen in diesem Fall einen anderen geeigneten Pflegedienst zu vermitteln, der die Pflege nahtlos übernimmt; dabei ist so weit wie möglich das Wahlrecht des Pflegebedürftigen nach § 2 Abs. 2 zu beachten. ³Absatz 4 Satz 2 gilt entsprechend.

(6) ¹In den Fällen der Absätze 4 und 5 haftet der Träger der Pflegeeinrichtung gegenüber den betroffenen Pflegebedürftigen und deren Kostenträgern für die Kosten der Vermittlung einer anderen ambulanten oder stationären Pflegeeinrichtung, soweit er die Mängel in entsprechender Anwendung des § 276 des Bürgerlichen Gesetzbuches zu vertreten hat. ²Absatz 3 Satz 7 bleibt unberührt.

Literatur:

Addicks, Verfassungsrechtliche Aspekte in der Rechtsprechung und Veröffentlichung von Qualitätsprüfungsergebnissen in der ambulanten und stationären Pflege, PflR 2011, 58; *Axer*, Instrumente der Qualitätssicherung in der Pflegeversicherung – Zugleich zu den Unterschieden in der Qualitätssicherung zwischen Kranken- und Pflegeversicherung, KrV 2015, 97; *Bachem*, Veröffentlichung von Transparenzberichten gemäß § 115 Abs. 1 a SGB XI – Rechtsprobleme und Reaktionsmöglichkeiten, Sozialrecht aktuell 2010, 123; *ders.*, Entscheidungskompetenz und -verfahren zum Erlass von Mängelbescheiden nach § 115 Abs. 2 Satz 1 SGB XI (Teil 1), PflR 2011, 567; *ders.*, Entscheidungskompetenz und -verfahren zum Erlass von Mängelbescheiden nach § 115 Abs. 2 Satz 1 SGB XI (Teil 2), PflR 2011, 618; *Bendig/Wilderotter*, Pflege-Transparenzvereinbarung – erste Erfahrungen mit den Pflegenoten, ErsK 2010, 194; *Bieback*, Probleme des Qualitätssicherungskonzepts des SGB XI, SGb 2013, 511; *Blatt*, Qualitätssicherung der Qualitätssicherung, GuP 2012, 143; *Brochnow*, Obskure Transparenz – Pflegetransparenzberichte gem. § 115 Ia SGB XI versus Rechtsstaatlichkeit, NJOZ 2011, 385; *Dürschke/Brembeck*, Der Pflege-TÜV auf dem Prüfstand, 2012; *Evers*, Qualitätsanforderungen in der Pflege und Rechtsschutz der Pflegedienstleister, 2016; *Gaertner/van Essen*, Qualitätsprüfungen in Einrichtungen der ambulanten und stationären Pflege nach SGB XI – Prüfgrundlagen für den MDK und Pflegedokumentation als Teil der Prozessqualität, GuP 2013, 88; *Geldermann/Hammer*, Gesetzgebungskompetenzen als Grenze der Verbraucherinformation durch den Bund, VerwArch 2013, 64; *Hopfenzitz*, Fragliche Rechtmäßigkeit von Qualitätsprüfungen gemäß §§ 114 f SGB XI bei solitären Kurzzeitpflegen und die damit verbundene Veröffentlichung der Pflegetransparenzberichte, Sozialrecht aktuell 2011, 50; *ders.*, Die Bausteine einer Qualitätsprüfung gemäß §§ 114 f SGB XI und ihre Ecken und Kanten (1. Teil), PflR 2011, 111; *ders.*, Die Bausteine einer Qualitätsprüfung gemäß §§ 114 f SGB XI und ihre Ecken und Kanten (2. Teil), PflR 2011, 167; *Kaminski*, Rechtsmittel gegen die Veröffentlichung von fehlerhaften Transparenzberichten gemäß § 115 Abs. 1 a SGB XI und der PTVS, PflR 2010, 174;

zes zur Änderung des Infektionsschutzgesetzes und weiterer Gesetze (IfSGuaÄndG) vom 28.7.2011.[5] In Abs. 1 wurde „der Prüfdienst des Verbandes der privaten Krankenversicherung e.V." eingefügt. Es handelt sich um eine Folgeänderung, die die Mitteilungspflicht des Prüfdienstes des Verbandes der privaten Krankenversicherung e.V. klarstellt.[6] Auch die Ergänzung in Abs. 1a S. 2 und S. 5 stellt eine Folgeänderung dar, welche die Beteiligung des Prüfdienstes des Verbandes der privaten Krankenversicherung e.V. an den in dieser Vorschrift geregelten Verfahren zur Veröffentlichung von Prüfergebnissen – Transparenz der Pflegequalität – sicherstellt.[7]

3 Abs. 1b wurde mWv 30.10.2012 neu eingefügt durch das Gesetz zur Neuausrichtung der Pflegeversicherung (Pflege-Neuausrichtungs-Gesetz – PNG) vom 23.10.2012.[8] Eine weitere Änderung erfolgte durch Art. 1 Nr. 28 des Ersten Gesetzes zur Stärkung der pflegerischen Versorgung und zur Änderung weiterer Vorschriften (**Erstes Pflegestärkungsgesetz – PSG I**) vom 17.12.2014[9] mWv **1.1.2015**: In Abs. 1a wurden die Sätze 3 und 5 neu eingefügt. Durch Abs. 1a S. 3 wurde klargestellt, dass bei Anlassprüfungen die Prüfergebnisse aller in die Prüfung einbezogener Pflegebedürftigen die Grundlage für die Bewertung und Darstellung der Qualität bilden. Die durch das PSG I aufgenommene Informationsverpflichtung in Abs. 1a S. 5 über die Art der Prüfung (Regel-, Anlass- oder Wiederholungsprüfung) soll den Verbraucher über den Hintergrund der Prüfung zum Zwecke einer besseren **Vergleichbarkeit** informieren.[10] Diese Verpflichtung korrespondierte mit der die berechtigten Interessen der Pflegeeinrichtungen schützenden Bestimmung des § 114 Abs. 5 S. 5 aF, wonach von den Landesverbänden der Pflegekassen auf Antrag und auf Kosten der Pflegeeinrichtung eine Wiederholungsprüfung zu veranlassen ist, wenn wesentliche Aspekte der Pflegequalität betroffen sind und ohne zeitnahe Nachprüfung der Pflegeeinrichtung unzumutbare Nachteile drohen.[11]

4 § 115 Abs. 1b S. 1 wurde mWv 8.12.2015 durch das Gesetz zur Verbesserung der Hospiz- und Palliativversorgung in Deutschland (Hospiz- und Palliativgesetz – **HPG**) vom 1.12.2015[12] geändert und erstreckt nunmehr die Informationspflichten nach SGB XI auch auf die Zusammenarbeit mit Hospiz- und Palliativnetzen. Weitere Änderungen erfolgten durch das Zweite Gesetz zur Stärkung der pflegerischen Versorgung und zur Änderung weiterer Vorschriften (Zweites Pflegestärkungsgesetz – **PSG II**) vom 21.12.2015[13] In der Überschrift wurde das Wort „Qualitätsdarstellung" zusätzlich aufgenommen und Abs. 1 und Abs. 5 S. 1 redaktionell angepasst. Abs. 1a sieht nunmehr vor, dass die bisherigen Pflege-Transparenzvereinbarungen zum 31.12.2017 im stationären Bereich und zum 31.12.2018 im ambulanten Bereich durch neue Qualitätsdarstellungsvereinbarungen ersetzt werden. Abs. 1b wurde um den Passus ergänzt, dass die Informationen nach Abs. 1b S. 1 auch dem PKV-Verband zur Verfügung zu stellen sind. Mit dem Dritten Gesetz zur Stärkung der pflegerischen Versorgung und zur Änderung weiterer Vorschriften (Drittes Pflegestärkungsgesetz – **PSG III**) vom 23.12.2016.[14] wurde mWv 1.1.2017 Abs. 1c neu eingefügt.

II. Normzweck

5 § 115 regelt **Inhalt** und **Umfang** der Übermittlung der Ergebnisse von Qualitätsprüfungen und der dabei gewonnenen Daten und Informationen an die einzelnen Stellen oder betroffene Einrichtungen. Dabei geht es auch um mehr **Transparenz** und **Vergleichbarkeit**, indem Abs. 1a verlangt, dass die von den Pflegeeinrichtungen erbrachten Leistungen und deren Qualität **verständlich**, **übersichtlich** und **vergleichbar** sowohl im Internet oder in anderer hierfür geeigneter Form **veröffentlicht** werden. Gegen die Veröffentlichungspflicht bestehen nach der Rechtsprechung des BSG keine verfassungsrechtlichen Bedenken, „solange davon in verfassungskonformer Weise Gebrauch gemacht und die Entwicklung unter Beobachtung gehalten wird und ggf. Maßnahmen zur Weiterentwicklung des Instrumentariums ergriffen werden".[15]

---

5 BGBl. I, 1622.
6 BT-Dr. 17/5178, 25.
7 BT-Dr. 17/5178, 25.
8 BGBl. I, 2246.
9 BGBl. I, 2222; s. dazu BT-Dr. 18/1798, 41.
10 BT-Dr. 18/1798, 41.
11 So die Gesetzesbegründung BT-Dr. 18/1798, 41.
12 BGBl. I, 2114.
13 BGBl. I, 2424.
14 BGBl. I, 3191.
15 BSG, 16.5.2013, B 3 P 5/12 R, SozR 4-3300 § 115 Nr. 2.

Kingreen, Die Veröffentlichung von Prüfberichten über stationäre Pflegeeinrichtungen nach dem neuen bayerischen Pflege- und Wohnqualitätsgesetz, NVwZ 2013, 846; *Klie/Theda*, Pflegenoten weiterhin auf dem verfassungsrechtlichen und fachlichen Prüfstand, 1. Teil, PflR 2014, 3; *dies.*, Pflegenoten weiterhin auf dem verfassungsrechtlichen und fachlichen Prüfstand, 2. Teil, PflR 2014, 71; *Martini/Albert*, Finden, statt suchen? Der Pflege-TÜV und risikoorientierte Suchfunktionen als casus belli (Teil 1), NZS 2012, 201; *dies.*, Finden, statt suchen? Der Pflege-TÜV und risikoorientierte Suchfunktionen als casus belli (Teil 2), NZS 2012, 247; *Nolte*, Rekonstruktion des Rechtscharakters, der Rechtmäßigkeit und der Rechtsfolgen der Pflege-Transparenzvereinbarungen nach § 115 Abs. 1 a Satz 6 SGB XI, RsDE Nr. 75 (2013), 36; *Ossege*, Eine Veröffentlichung von Pflege-Transparenzberichten im Internet ist grundsätzlich unzulässig, MedR 2011, 534; *ders.*, Rechtliche Aspekte des Pflege-TÜV – Rechtsschutzmöglichkeiten gegen eine Veröffentlichung von Transparenzberichten im Internet, NZS 2012, 526; *Pick/Brüggemann*, Qualitätsprüfungs-Richtlinien: Neue Grundlagen für die MDK-Prüfung, RDG 2009, 206; *van der Ploeg*, Streitwertfestsetzung in sozialgerichtlichen Streitigkeiten über die Rechtmäßigkeit von Maßnahmenbescheiden i.S.d. § 115 Abs. 2 S. 1 SGB XI, NZS 2011, 212; *Schiffer-Werneburg*, Kontrolle von Pflegeleistungen und häuslicher Krankenpflege, SozSich 2016, 414; *Schütze*, Verfassungsrechtliche Anforderungen an die Pflegequalitätsberichterstattung nach § 115 Abs. 1 a SGB XI, KrV 2012, 14; *Theuerkauf*, Eine Note für die „Pflege-Noten" – Ein Zwischenzeugnis für die Transparenzberichterstattung, MedR 2011, 265; *ders.*, Der Pflege-TÜV auf dem Prüfstand – Ist die Transparenzberichterstattung transparent?, GuP 2011, 5; *Wegmann*, Die Veröffentlichung von Pflege-Transparenzberichten aus verfassungsrechtlicher Perspektive, SGb 2011, 80.

I. Entstehungsgeschichte 1	2. Transparenzbericht 33
II. Normzweck 5	VII. Datenzugang für Dritte (Abs. 1 c) 35
III. Übermittlungspflichten (Abs. 1) 7	VIII. Rechtsfolgen von Qualitätsmängeln 38
1. Verpflichtete 7	1. Mängelbeseitigungsbescheid mit angemessener Fristsetzung (Abs. 2 S. 1) 38
2. Inhalt und Umfang 9	2. Kündigung (Abs. 2 S. 2) 42
IV. Pflicht zur Veröffentlichung der Ergebnisse von Qualitätsprüfungen (Abs. 1 a) 11	3. Kürzung der Pflegevergütung (Abs. 3) .. 44
1. Verpflichtete 11	4. Weitergehende Schadensersatzansprüche (Abs. 3 S. 7) 49
2. Form und Inhalt 12	5. Vermittlung eines anderen Heimplatzes im stationären Bereich (Abs. 4) 51
3. Qualitätsdarstellungsvereinbarungen (Abs. 1 a S. 2–8 und S. 10–13) 16	6. Vorläufige Untersagung der Betreuung im ambulanten Bereich (Abs. 5 S. 1) 53
a) Vertragsparteien und andere Beteiligte 16	7. Vermittlung eines anderen Pflegedienstes (Abs. 5 S. 2) 56
b) Inhaltliche Anforderungen 17	8. Haftung für Kosten der Vermittlung eines anderen Heimplatzes (Abs. 6) 57
c) Frist und Form 21	IX. Rechtsschutz 59
4. Die bisherigen Pflege-Transparenzvereinbarungen 23	1. Gegen Maßnahmebescheid und Kündigung (Abs. 2 S. 3) 59
5. Verfassungsrechtliche Bedenken zur Übertragung von Rechtssetzungsbefugnissen 29	2. Gegen Entscheidungen der Schiedsstelle (Abs. 3 S. 4) 60
V. Pflicht zur Veröffentlichung von Informationen zur medizinischen Versorgung (Abs. 1 b) 30	X. Geplante Änderung durch das Blut- und Gewebegesetz 61
1. Verpflichtete 30	
2. Form und Inhalt 31	
VI. Rechtsnatur und Rechtsschutz 32	
1. Prüfbericht 32	

I. Entstehungsgeschichte

§ 115 durch das Pflegequalitätssicherungsgesetz (**PQsG**) vom 9.9.2001[1] mit Wirkung vom 1.1.2002 eingeführt worden. Redaktionelle Anpassung erfolgten durch das Gesetz vom 27.12.2003[2] in Abs. 1 S. 1 und Abs. 2 S. 1 mit Wirkung vom 1.1.2005. Durch das Pflege-Weiterentwicklungsgesetz (**PfWG**) vom 28. 5. 2008[3] wurde mit Wirkung vom 1.7.2008 Abs. 1 a eingefügt und Abs. 1 und 3 geändert. 1

Weitere Änderungen erfolgten mit Wirkung vom 1.10.2009 durch Gesetz zur Neuregelung der zivilrechtlichen Vorschriften des HeimG nach der Föderalismusreform vom 29.7.2009[4] in Abs. 1 S. 1. Zuletzt wurde Abs. 1, 1 a und Abs. 5 mit Wirkung vom 4.8.2011 geändert durch Art. 6 Nr. 2 des Geset- 2

---

1 BGBl. I, 2320.
2 BGBl. I, 3022.
3 BGBl. I, 874.
4 BGBl. I, 2319.

Geregelt wird des Weiteren das **Verfahren** nach Feststellung von Qualitätsmängeln, insbesondere zur Verhängung von im Gesetz vorgesehenen ausdifferenzierten Sanktionen. Dabei ist ein **abgestuftes System** von einfachen bis hin zu schwerwiegenden Mängeln normiert worden.[16] Auch differenziert das Gesetz hinsichtlich der möglichen Maßnahmen bei festgestellten Mängeln nach solchen, welche die gesamte Einrichtung betreffen (Abs. 2 und 3) und solchen, die zum Schutz einzelner betroffener Pflegebedürftiger ergehen (Abs. 4 bis 6). 6

III. Übermittlungspflichten (Abs. 1)

1. Verpflichtete. Die Prüfer, also der Medizinische Dienst der Krankenkassen (MDK), der Prüfdienst des Verbandes der privaten Krankenversicherung e.V. und der durch die Landesverbände der Pflegekassen bestellte Sachverständige haben sowohl der betroffenen Pflegeeinrichtung als auch den Landesverbänden der Pflegekassen, den betroffenen Sozialhilfeträgern und den nach Vorschriften des Heimgesetzes zuständigen Aufsichtsbehörden die **Prüfergebnisse**, einschließlich der hierbei gewonnen **Daten und Informationen** mitzuteilen (Abs. 1 S. 1). Damit sieht der Gesetzgeber nunmehr die direkte Übermittlung im Gegensatz zu der bis zum 1.1.2002 mittelbaren Übertragung an die Pflegeeinrichtung durch die Landesverbände der Krankenkassen vor. Mit dieser Neuregelung sollte der „Postweg" verkürzt werden.[17] Die gleiche Mitteilungspflicht, die in der bis zum 31.12.2015 geltenden Fassung auch den unabhängigen Sachverständigen oder Prüfinstitutionen gem. § 114 für die Ergebnisse, der von ihnen durchgeführten Prüfungen (Abs. 1 S. 2) oblag,[18] wurde als Folgeänderung zur Aufhebung von § 114 Abs. 4 durch das PSG II mWv 1.1.2016 gestrichen. 7

Im Interesse der Einrichtungsträger werden die Landesverbände der Pflegekassen befugt und auf Anforderung verpflichtet, das Prüfergebnis auch der Vereinigung des Trägers mit dessen Zustimmung zuzuleiten, soweit die Daten und Informationen zur Vorbereitung der Anhörung oder der Abgabe einer Stellungnahme erforderlich sind (Abs. 1 S. 2). 8

2. Inhalt und Umfang. Die Mitteilungspflichten der Prüfer gelten für Einzel-, Stichproben- und vergleichende Qualitätsprüfungen, und zwar ohne dass die geprüfte Pflegeeinrichtung zuvor hierzu Stellung nehmen konnte. Aus diesem Grund werden „methodische und datenschutzrechtliche Bedenken" angemeldet.[19] Nicht vorgeschrieben ist dagegen die **Erörterung** des Prüfergebnisses mit der geprüften Einrichtung vor der Weiterleitung an die Landesverbände der Pflegekassen und sonstige Stellen.[20] 9

Die **Verschwiegenheitsverpflichtung** in Abs. 1 S. 3 hat nur deklaratorischen Charakter. Sie ergänzt die §§ 93 ff. sowie die §§ 35 SGB I, 67 ff. SGB X.[21] Die Verschwiegenheitsverpflichtung die gegenüber Dritten gilt, und damit auch den Pflegebedürftigen gegenüber, ist seit 1.7. 2008 durch die Veröffentlichung nach Abs. 1 a eingeschränkt. 10

IV. Pflicht zur Veröffentlichung der Ergebnisse von Qualitätsprüfungen (Abs. 1 a)

1. Verpflichtete. Abs. 1 a S. 1 regelt zunächst nur, dass die **Landesverbände** der Pflegekassen die Veröffentlichung von Qualitätsprüfungen **sicherzustellen** haben. Das impliziert gleichzeitig, dass sie die Veröffentlichung nicht zwingend selbst vornehmen müssen.[22] Der Gesetzgeber hat jedoch nicht ausdrücklich geregelt, wer darüber hinaus zur Veröffentlichung befugt ist.[23] Die **Prüfer** bzw. **Prüfinstitutionen** sind zunächst dafür verantwortlich, dass die Ergebnisse der Qualitätsprüfungen den Landesverbänden zur Verfügung gestellt werden (Abs. 1 S. 1 und 2). Die Landesverbände tragen dann die Verantwortung für eine den gesetzlichen Vorgaben entsprechende Veröffentlichung. Mit der Daten-Clearing-Stelle (DCS) wird die Veröffentlichung technisch realisiert. 11

2. Form und Inhalt. Form- und Inhaltsvorgaben werden in Abs. 1 a näher geregelt. Veröffentlichungen sind nach dem Gesetzeswortlaut sowohl im **Internet** als auch in anderer **geeigneter Form** möglich. We- 12

---

16 Gutzler in: Hauck/Noftz, SGB XI, § 115 Rn. 1.
17 BT-Dr. 14/5395, 43.
18 Das Nähere hierzu regelte die Vereinbarung über Einzelheiten des Verfahrens zur Übermittlung der Prüfberichte von unabhängigen Sachverständigen und Prüfinstitutionen im Sinne des § 114 Abs. 4 SGB XI vom 23.9.2011.
19 Bachem/Klie in: LPK-SGB XI, § 115 Rn. 5.
20 Leitherer in: KassKomm, § 115 SGB XI Rn. 8.
21 Leitherer in: KassKomm, § 115 SGB XI Rn. 10.
22 So auch Altmiks in: jurisPK-SGB XI, § 115 Rn. 19; Bachem/Klie in: LPK-SGB XI, § 115 Rn. 10.
23 Zu den verfassungsrechtlichen Bedenken Bachem/Klie in: LPK-SGB XI, § 115 Rn. 10 mwN.

der in der Gesetzgebungsbegründung noch in den Vereinbarungen nach Abs. 1 a S. 9 finden sich Erläuterungen oder beispielhafte Aufzählungen, was unter „anderer geeigneter Form" zu verstehen ist.[24] Für den Gesetzgeber ist jedoch entscheidend, dass die Informationen „für jedermann barrierefrei und ohne großen Aufwand zugänglich" sind;[25] wie diese Anforderung letztlich erreicht wird, ist dabei zweitrangig. Die Informationen sind darüber hinaus **kostenfrei** zur Verfügung zu stellen (Abs. 1 a S. 1).

13 Die zu veröffentlichenden Angaben müssen gem. Abs. 1 S. 1 **verständlich, übersichtlich und vergleichbar** sein. Ob diese Vorgaben in der bisherigen Praxis tatsächlich in ausreichendem Umfang umgesetzt worden sind, ist mehr als zweifelhaft.[26] Personenbezogene und personenbeziehbare Daten sind aus Gründen des Datenschutzes nach Abs. 1 S. 3 zu **anonymisieren**. Darüber hinaus sind das Datum der letzten Prüfung, eine Einordnung des Prüfergebnisses nach einer Bewertungssystematik sowie eine Zusammenfassung der Prüfergebnisse in der Pflegeeinrichtung an gut sichtbarer Stelle auszuhängen (Abs. 1 a S. 9).[27] Nach Ansicht des 14. Ausschusses für Gesundheit bedeutet dies, dass „an gut sichtbarer Stelle, etwa im Eingangsbereich der Einrichtung, eine Zusammenfassung der aktuellen Prüfergebnisse und eine gut und auf den ersten Blick verständliche Information zur Einordnung der Pflegeeinrichtung anhand einer Bewertungssystematik" anzubringen sind; „dies kann beispielsweise ein Ampelschema (rot-gelb-grün) oder eine Bewertung mit Sternen sein".[28] Die Prüfergebnisse sind bundesweit einheitlich auf zwei Darstellungsebenen zu veröffentlichen (§ 5 Pflege-Transparenzvereinbarungen stationär – PTVS):[29] Auf der ersten Darstellungsebene erscheinen die Prüfergebnisse der Qualitätsbereiche, das Gesamtergebnis sowie mögliche Ergebnisse gleichwertiger Prüfungen. Auf der zweiten Darstellungsebene werden die Prüfergebnisse zu den einzelnen Bewertungskriterien dargestellt. Weitere Einzelheiten zur Darstellung der Prüfergebnisse finden sich in der Anlage 4 PTVS.

14 Inhaltlich sollen die Veröffentlichungen vor allem die **erbrachten Leistungen und deren Qualität** dokumentieren. Die frühere Regelung, in der vor allem auf die Ergebnis-[30] und Lebensqualität[31] abgestellt wurde, ist mit der Änderung des Abs. 1 a entfallen. Nach Abs. 1 a S. 2 haben die Vertragsparteien nach § 113 zu regeln, welche Ergebnisse bei der Darstellung der Qualität zugrunde zu legen sind. Grundlage der Veröffentlichung sind auch die Ergebnisse der Qualitätsprüfungen nach § 114.[32] Für die Veröffentlichung kommt es vor allem darauf an, dass **Kriterien der Qualitätsdarstellung** vorliegen.

15 Nicht explizit geregelt wurde, wie lange die Ergebnisse zu veröffentlichen sind. Da jedoch eine jährliche Regelprüfung in § 114 Abs. 2 S. 1 vorgesehen ist, die folglich zumindest eine jährliche Aktualisierung erforderlich macht, treten die aktuellen Ergebnisse an die Stelle der alten.

16 **3. Qualitätsdarstellungsvereinbarungen (Abs. 1 a S. 2–8 und S. 10–13). a) Vertragsparteien und andere Beteiligte.** Die **Vertragsparteien** nach § 113 haben Qualitätsdarstellungsvereinbarungen gemäß Abs. 1 a S. 2 zu vereinbaren. Vertragsparteien sind der Spitzenverband Bund der Pflegekassen (§ 53 SGB XI), die Bundesarbeitsgemeinschaft der überörtlichen Träger der Sozialhilfe (BAGüS), die kommunalen Spitzenverbände auf Bundesebene sowie die Vereinigungen der Träger der Pflegeeinrichtungen auf Bundesebene. Nach § 113 b Abs. 1 S. 2 treffen die Vertragspartner die Vereinbarungen nach § 115 Abs. 1 a S. 2 durch den **Qualitätsausschuss**. Hinsichtlich der Beteiligungsrechte ist hierbei zu berücksichtigen, dass dem Qualitätsausschuss auch ein Vertreter des PKV-Verbandes angehören kann (§ 113 b Abs. 2 S. 3). An den Qualitätsdarstellungsvereinbarungen sind gemäß Abs. 1 a S. 10 jeweils der Medizinische Dienst des Spitzenverbandes Bund der Krankenkassen (MDS), der Verband der pri-

---

24 Hierzu Gutzler in: Hauck/Noftz, SGB XI, § 115 Rn. 5.
25 BT-Dr. 16/7439, S. 89.
26 Näher dazu Klie, Pflegerecht 2010, 351 ff.
27 Vgl. BT-Dr. 16/8525, 139.
28 BT-Dr. 16/8525, 104.
29 Vereinbarungen nach § 115 Abs. 1 a S. 2 SGB XI über die Kriterien der Veröffentlichung sowie die Bewertungssystematik der Qualitätsprüfungen nach § 114 Abs. 1 SGB XI sowie gleichwertiger Prüfergebnisse in der stationären Pflege – Pflege-Transparenzvereinbarung stationär (PTVS) – vom 17.12.2008 in der Fassung vom 10.8.2016.
30 Der Begriff „Ergebnisqualität" ist in § 114 Abs. 2 S. 3 legaldefiniert.
31 Dagegen ist der Begriff der Lebensqualität nicht gesetzlich festgeschrieben worden, jedoch wurde von der Bundesregierung auf eine kleine Anfrage hin eine beispielhafte Aufzählung hierzu vorgenommen. Danach können für die Lebensqualität folgende Kriterien von Bedeutung sein: „Können eigene Möbel, eigene Erinnerungsstücke und eigene Wäsche mitgebracht werden? Bestehen Auswahlmöglichkeiten beim Essen? Welche Freizeitangebote gibt es? Welche Serviceleistungen (zB Friseur) werden in der Nähe angeboten? Dürfen Haustiere gehalten werden?" Siehe Antwort der Bundesregierung, in: BT-Dr. 16/9980, 6.
32 Altmiks, in: jurisPK-SGB XI, § 115 Rn. 20, 33 ff.

vaten Krankenversicherung e.V. (PKV-Verband) und die Verbände der Pflegeberufe auf Bundesebene zu beteiligen. Dem MDS steht neben dem Beteiligungsrecht nach Abs. 1 a S. 10 gemäß § 113 b Abs. 2 S. 8 auch ein beratendes Mitwirkungsrecht im Qualitätsausschuss zu. Darüber hinaus haben die maßgeblichen Organisationen für die Wahrnehmung der Interessen und der Selbsthilfe der pflegebedürftigen und behinderten Menschen nach Maßgabe von § 118 mitzuwirken (Abs. 1 a S. 11). Das Nähere hierzu wird in der PfleBeteiligungsV[33] geregelt. Die maßgeblichen Organisationen für die Wahrnehmung der Interessen und der Selbsthilfe der pflegebedürftigen und behinderten Menschen wirken ebenfalls unmittelbar in den Sitzungen und an den Beschlussfassungen im (einfachen und erweiterten) Qualitätsausschuss mit (§ 113 b Abs. 2 Satz 9). Dieses Mitwirkungsrecht umfasst auch das Recht, Anträge zu stellen, über die der Qualitätsausschuss grundsätzlich in seiner nächsten Sitzung zu beraten hat (§ 118 Abs. 1 S. 3 und 4).

b) Inhaltliche Anforderungen. Die von den Vertragsparteien bisher nach § 115 Abs. 1 a getroffenen **Pflege-Transparenzvereinbarungen** für den ambulanten sowie für den stationären Bereich sollen nach dem Willen des Gesetzgebers auf wissenschaftlicher Grundlage durch einen grundsätzlich **neuen Ansatz** abgelöst werden, indem die Vertragsparteien nach § 113 ein Instrument zur vergleichenden Qualitätsberichterstattung neu zu entwickeln und umzusetzen haben, das die Qualität in Pflegeeinrichtungen differenziert und nutzergerecht darstellt.[34] Den rechtlichen Rahmen für die Qualitätsdarstellungsvereinbarungen bilden gemäß Abs. 1 a S. 2 die Maßstäbe und Grundsätze nach § 113 und die Richtlinien des Spitzenverbandes Bund der Pflegekassen zur Durchführung der Prüfungen nach § 114 Abs. 7.[35]

Zur Sicherstellung der Wissenschaftlichkeit haben die Vertragsparteien nach § 113 unverzüglich die Vergabe der Aufträge nach § 113 b Abs. 4 S. 2 Nr. 1 bis 4 zu beschließen und die Ergebnisse in den Vereinbarungen zur Qualitätsdarstellung (Qualitätsdarstellungsvereinbarungen) zu berücksichtigen (Abs. 1 a S. 3). Für den stationären Bereich sind zur Darstellung der Ergebnisqualität vor allem die nach Maßgabe der Vereinbarung nach § 113 ausgewerteten Daten des **Indikatorenmodells** heranzuziehen.[36] Als weitere Bestandteile der Qualitätsberichterstattung sind nach der Vorstellung des Gesetzgebers ebenso ergänzende Daten zur **Struktur- und Prozessqualität** darzustellen, die aus Qualitätsprüfungen auf der Grundlage der Richtlinien nach § 114 a Abs. 7 stammen.[37] Die Vertragsparteien sollen dabei auch prüfen, inwieweit diese Daten um weitere Informationen zu ergänzen sind. Hierbei sind wiederum die wissenschaftlichen Ergebnisse des Auftrags nach § 113 b Abs. 4 S. 2 Nr. 4 zur Bewertung von Lebensqualität berücksichtigungsfähig und -bedürftig.[38] Die Vertragsparteien sind des Weiteren nach Abs. 1 a S. 4 verpflichtet, in den Qualitätsdarstellungsvereinbarungen die Form der Darstellung und eine Bewertungssystematik zu vereinbaren, die es den Pflegebedürftigen und ihren Angehörigen ermöglicht, eine vergleichende und übersichtliche Einschätzung der Qualität von Pflegeeinrichtungen zu gewinnen.[39]

Bei Anlassprüfungen sind die Ergebnisse aller in die Prüfung einbezogenen Pflegebedürftigen als Grundlage für die Bewertung und Darstellung der Qualität nach Abs. 1 a S. 5 heranzuziehen. Das Gesetz verweist hier noch auf § 114 Abs. 5 aF, obwohl nunmehr § 114 Abs. 4 S. 2 und 3 gemeint ist, wonach Qualitätsprüfungen über die vorgesehene Zufallsstichprobe hinaus auszuweiten sind, wenn es sachlich begründete Hinweise für eine nicht fachgerechte Pflege bei Pflegebedürftigen gibt, auf die sich die für die Prüfung vorgesehene Stichprobe nicht erstreckt.[40]

Als weitere punktuelle Vorgabe verlangt Abs. 1 a S. 6, dass die personenbezogenen Daten zu **anonymisieren** sind. Darüber hinaus sind die Ergebnisse von **Wiederholungsprüfungen** nach Abs. 1 a S. 7 zeitnah zu berücksichtigen, um so eine schnelle Korrektur der Veröffentlichung zu erreichen.[41] Auch ist bei der Darstellung der Qualität auf die Art der Prüfung als Anlass-, Regel- oder Wiederholungsprüfung besonders **kenntlich zu machen**, damit der Informationssuchende über den Hintergrund der Prüfung informiert ist und auf dieser Grundlage die Informationen besser einordnen und vorhandene An-

---

33 Pflegebedürftigenbeteiligungsverordnung vom 22.3.2013, BGBl. I 2013, 599.
34 BT-Dr. 18/5926, 106.
35 Hierzu Altmiks, in: jurisPK-SGB XI, § 115 Rn. 31.
36 BT-Dr. 18/5926, 106.
37 BT-Dr. 18/5926, 106.
38 BT-Dr. 18/5926, 106.
39 BT-Dr. 18/5926, 106.
40 Altmiks, in: jurisPK-SGB XI, § 115 Rn. 37.
41 Vgl. BT-Dr. 16/8525, 103.

gebote verlässlich und umfassend vergleichen kann (Abs. 1 a S. 8).[42] Die Qualitätsdarstellungsvereinbarungen sind an den medizinisch-pflegefachlichen Fortschritt anzupassen (Abs. 1 a S. 12). Vergleichbare Regelungen finden sich in § 113 Abs. 1 S. 5 und § 114 a Abs. 7 S. 8. Auch wenn sich der dortige Passus „in regelmäßigen Abständen" nicht in Abs. 1 a S. 12 wiederfindet, ist davon auszugehen, dass die Anpassungspflicht nach einer regelmäßigen Überprüfung verlangt. Die **Delegation** der Anpassungspflicht an die Vertragsparteien wird als verfassungsrechtlich bedenkliches Entziehen eigener Aktualisierungsverpflichtungen des Gesetzgebers gewertet.[43]

21 c) **Frist und Form.** Die Qualitätsdarstellungsvereinbarungen sind für den stationären Bereich bis zum **31.12.2017** und für den ambulanten Bereich bis zum **31.12.2018** abzuschließen (Abs. 1 a S. 10). Diese Fristen korrespondieren mit den Fristen nach § 113 Abs. 1 S. 4 zur Neuvereinbarung der Maßstäbe und Grundsätze und zur Beschlussfassung über die Richtlinien zur Durchführung der Prüfungen nach § 114 a Abs. 7 S. 3. Gleichzeitig hat der Gesetzgeber die Fortgeltung für bestehende Vereinbarungen bis zum Abschluss einer neuen Vereinbarung festgeschrieben (Abs. 1 a S. 13). Dies gilt entsprechend auch für die bisherigen Pflege-Transparenzvereinigungen. Hieraus wird im Umkehrschluss abgeleitet, dass die vom Qualitätsausschuss nach § 113 b festgesetzten Vereinbarungen von den Vertragsparteien gekündigt werden können.[44]

22 Qualitätsdarstellungsvereinbarungen stellen Rechtsnormen dar, die zu **veröffentlichen** sind. Der Gesetzgeber hat anders als etwa bei den Maßstäben und Grundsätzen gemäß § 113 keine bestimmte Form vorgeschrieben, so dass eine Veröffentlichung im Internet als ausreichend angesehen wird.[45]

23 **4. Die bisherigen Pflege-Transparenzvereinbarungen.** Abs. 1 a S. 6 in der Fassung des PfWG sah vor, dass der Spitzenverband Bund der Pflegekassen sowie bestimmte Vereinigungen, wie der Träger von Pflegeeinrichtungen, die Sozialhilfeträger und die kommunalen Spitzenverbände verpflichtet sind, bis 30.9.2008 unter Beteiligung des Medizinischen Dienstes **Kriterien der Veröffentlichung** einschließlich der **Bewertungssystematik** zu vereinbaren. Dabei waren die in Abs. 1 a S. 7 und 8 aF aufgeführten anderen Organisationen und Interessengruppen (Interessenvertretungen von Pflegebedürftigen, Behinderten und Verbrauchern, Verband der privaten KV, Verbände der Pflegeberufe) in die Entscheidung einzubeziehen, indem sie Stellungnahmen abgeben konnten.[46] Die Transparenzvereinbarungen stellen sog Normverträge dar (→ § 113 Rn. 15 f.). Sie binden nicht nur die Vertragsparteien, sondern gelten abstrakt generell.

24 Der im Gesetz festgelegte Stichtag wurde von den Vertragsparteien nicht eingehalten.[47] Diese Vereinbarungen kamen vielmehr erst zustande mit der Pflege-Transparenzvereinbarung stationär (PTVS) vom 17.12.2008[48] und der Pflege-Transparenzvereinbarung ambulant (PTVA) vom 29.1.2009.[49] Die Vertragsparteien hatten die PTVA „in dem Wissen geschlossen, dass es derzeit keine pflegewissenschaftlich gesicherten Erkenntnisse über valide Indikatoren der Ergebnis- und Lebensqualität der pflegerischen Versorgung in Deutschland" gab. Diese Vereinbarung war deshalb als vorläufig zu betrachten und diente der vom Gesetzgeber gewollten schnellen Verbesserung der Transparenz für die Verbraucher über die Leistungen und deren Qualität von ambulanten Pflegediensten. Unter den Vertragsparteien bestand Einvernehmen, diese Vereinbarung anzupassen, sobald pflegewissenschaftlich gesicherte Erkenntnisse über Indikatoren der Ergebnis- und Lebensqualität vorliegen" sollten.

25 In der Rechtsprechung und Literatur wurden deshalb erhebliche Zweifel geäußert, ob damit den gesetzlichen Vorgaben, wonach neben den Kriterien der Veröffentlichung auch „die Bewertungssystematik" zu vereinbaren waren, gerecht geworden ist.[50] So blieb etwa das SG Münster bei seiner bereits im Urteil vom 20.8.2010[51] vertretenen Auffassung, dass solange Kriterien noch nicht entwickelt worden

---

42 BT-Dr. 18/1798, 41.
43 Bachem/Klie in: LPK-SGB XI, § 115 Rn. 26.
44 Altmiks, in: jurisPK-SGB XI, § 115 Rn. 45.
45 Altmiks, in: juris-PK SGB XI, § 115 Rn. 44.
46 Leitherer in: KassKomm, Altauflage, § 115 SGB XI Rn. 10 e.
47 Abs. 1 a S. 5 sieht zwar für den Fall des Nichtzustandekommens einer Vereinbarung die Festsetzung von Kriterien auf Antrag eines Vereinbarungspartners oder des BMG durch die Schiedsstelle nach § 113 b vor, jedoch wurde hiervon kein Gebrauch gemacht.
48 Abrufbar unter www.gkv-spitzenverband.de (zuletzt abgerufen am 1.5.2017).
49 Abrufbar unter www.gkv-spitzenverband.de (zuletzt abgerufen am 1.5.2017).
50 LSG Bln-Bbg, 3.8.2012, L 27 P 39/12 B ER; SG Münster, 20.8.2010, S 6 P 111/10, MedR 2011, 529; SG Münster, 24.6.2011, S 6 P 14/11; Ossege, NZS 2012, 526, 528 f.; Martini/Albert, NZS 2012, 247, 249 ff.
51 SG Münster, 20.8.2010, S 6 P 111/10, MedR 2011, 529.

seien, die das Potential hätten, zuverlässig Aussagen über die Qualität von Pflege machen zu können, die Veröffentlichung von Pflegenoten nicht rechtmäßig sein könne.[52] Rechtliche Bedenken bestanden auch wegen der in der PTVS vorgenommenen unterschiedslosen Gleichgewichtung verschiedener Bewertungskriterien, da auf diese Weise Verzerrungen der Bewertungsergebnisse, insbesondere im Hinblick auf die Ergebnisqualität, befürchtet wurden.[53] Richtig daran ist zwar, dass die Veröffentlichung der sog Pflegenoten einen erheblichen Einfluss auf die Wahrnehmung am Markt und damit auf die Wettbewerbsfähigkeit/-chancen der betroffenen Pflegeeinrichtungen hat.[54] Jedoch wurde zu Recht vom BSG die Auffassung vertreten, dass auch wenn der in §§ 11 Abs. 1 S. 1, 28 Abs. 3, 69 S. 1 vorausgesetzte Stand der medizinischen Erkenntnis noch nicht das Niveau des Standes in der gesetzlichen Krankenversicherung erreicht hat, dies noch nicht bedeutet, dass nicht einmal Mindeststandards für die Erbringung von Pflegeleistungen bestünden.[55] Es genügt, dass der Gesetzgeber ein Verfahren regelt, dass der Ausbildung eines angemessenen Bewertungsverfahrens entspricht, und bei Bedarf auf Defizite regiert.[56] Für diese Übergangszeit sind Mängel, die der Einführung eines Prüfverfahrens immanent sind, hinzunehmen, solange die konkrete Bewertung nicht auf einer unzutreffenden Grundlage beruht und insgesamt vertretbar ist.[57]

Die Pflege-Transparenzvereinbarung stationär (PTVS) vom 17.12.2008[58] und die Pflege-Transparenzvereinbarung ambulant (PTVA) vom 29.1.2009 wurden in der Folgezeit durch die Vertragsparteien evaluiert. Der hierzu erstellte Abschlussbericht vom 21.7.2010[59] kam zu dem Ergebnis, dass es bisher weder national noch international anerkannte valide und umfassende pflegesensitive Indikatoren für den Pflegebereich gibt. Auch sei eine Aussage, ob die Verfahren nach der PTVS und der PTVA tatsächlich Pflegequalität messen, derzeit nicht möglich. Jedoch kann langfristig ein wissenschaftlich fundiertes Verfahren anhand pflegesensitiv validierter Bewertungskriterien die Chance bieten, dass Qualität von Pflegeeinrichtungen ein transparenter und selbstverständlicher Beurteilungsfaktor wird, der sich angemessen darstellen lässt.[60] Auch lassen sich taugliche Elemente der Pflegetransparenzkriterien generieren. Des Weiteren werden durch den Abschlussbericht konkrete Empfehlungen zur Verbesserung der Pflege-Transparenzvereinbarungen benannt.[61] 26

Der Spitzenverband Bund der Pflegekassen gab den Vertragsparteien nach § 113 im April 2014 auf, über die PTVA neu zu verhandeln. Die PTVA sollten auf der Grundlage der am 1.1.2014 in Kraft getretenen Neufassung der PTVS,[62] die im Rahmen des Schiedsverfahrens wegen Nichteinigung festgelegt wurde, überarbeitet werden. Da eine Einigung aber nicht erzielt werden konnte, musste im März 2015 die Schiedsstelle nach § 113b SGB XI aF angerufen worden. Die mit Schiedsspruch vom 27

---

52 SG Münster, 24.6.2011, S 6 P 14/11.
53 LSG Bln-Bbg, 3.8.2012, L 27 P 39/12 B ER; LSG Bln-Bbg, 29.3.2010, L 27 P 14/10 B ER; SG Münster, 20.8.2010, S 6 P 111/10, MedR 2011, 529; SG Münster, 24.6.2011, S 6 P 14/11; Ossege, NZS 2012, 526, 528 f. mwN.
54 So auch Altmiks in: jurisPK-SGB XI, § 115 Rn. 12. Vgl. zur Frage der Verfassungsmäßigkeit auch Nolte, RsDE 2013, 36 ff.
55 BSG, 16.5.2013, B 3 P 5/12 R, SozR 4-3300 § 115 Nr. 2; kritisch hierzu Klie/Theda, PflR 2014, 3 ff.
56 BSG, 16.5.2013, B 3 P 5/12 R, SozR 4-3300 § 115 Nr. 2; LSG NRW, 15.8.2012, L 10 P 137/11; HessLSG, 28.10.2010, L 8 P 29/10 B ER, NZS 2011, 504.
57 BSG, 16.5.2013, B 3 P 5/12 R, SozR 4-3300 § 115 Nr. 2; LSG NRW, 15.8.2012, L 10 P 137/11.
58 Abrufbar unter www.gkv-spitzenverband.de (zuletzt abgerufen am 1.5.2017).
59 Hasseler/Wolf-Ostermann, Wissenschaftliche Evaluation zur Beurteilung der Pflege-Transparenzvereinbarungen für den ambulanten (PTVA) und stationären (PTVS) Bereich inklusive Empfehlungen des Beirates zur Evaluation der Pflege-Transparenzvereinbarungen, 2010.
60 Hasseler/Wolf-Ostermann, Wissenschaftliche Evaluation zur Beurteilung der Pflege-Transparenzvereinbarungen für den ambulanten (PTVA) und stationären (PTVS) Bereich inklusive Empfehlungen des Beirates zur Evaluation der Pflege-Transparenzvereinbarungen, 2010, S. VII.
61 Hasseler/Wolf-Ostermann, Wissenschaftliche Evaluation zur Beurteilung der Pflege-Transparenzvereinbarungen für den ambulanten (PTVA) und stationären (PTVS) Bereich inklusive Empfehlungen des Beirates zur Evaluation der Pflege-Transparenzvereinbarungen, 2010, S. 281 ff.
62 Vereinbarung nach § 115 Abs. 1 a S. 8 SGB XI (in der bis zum 31.12.2015 geltenden Fassung) über die Kriterien der Veröffentlichung sowie die Bewertungssystematik der Qualitätsprüfungen nach § 114 Abs. 1 SGB XI sowie gleichwertiger Prüfergebnisse in der stationären Pflege (Pflege-Transparenzvereinbarung stationär – PTVS) vom 17.12.2008 in der Fassung vom 11.8.2016.

7.12.2015 festgelegte Neufassung der PTVA[63] ist am 7.12.2015 in Kraft getreten. Sie gilt jedoch erst für die Prüfungen, die ab dem 1.1.2017 durchgeführt wurden bzw. werden. Für alle anderen Prüfungen bis einschließlich zum 31.12.2016 galt die bisherige Fassung der PTVA weiter. Aufgrund der darin vorgenommenen Änderungen, vor allem hinsichtlich der Bewertungssystematik sind Bewertungen nach der neuen PTVA nicht mit Bewertungen nach der bisherigen Recht vergleichbar, so dass nach § 7 PTVA ein entsprechender Hinweis bei der Veröffentlichung der Prüfergebnisse im Transparenzbericht vorzunehmen ist. Auch sieht § 7 PTVA vor, dass Transparenzberichte nach alter Rechtslage so lange abrufbar bleiben müssen, bis ein Transparenzbericht nach der neuen PTVS veröffentlicht wird. Für den Nutzer muss dies erkennbar farblich unterschiedlich dargestellt werden.

28 Wie bereits oben dargestellt (→ Rn. 27), werden die Pflege-Transparenzvereinbarungen durch die Qualitätsdarstellungsvereinbarungen (stationärer Bereich; ambulanter Bereich) abgelöst. In der Übergangszeit gelten sie nach Abs. 1 a S. 13 fort. § 115 a Abs. 1 stellt die Rechtsgrundlage für die „Überleitung" der fortgeltenden Vereinbarungen an die ab dem 1.1.2017 geltenden Fassung des SGB XI dar. Da im ambulanten Bereich durch die Schiedsstelle im Jahr 2015 bereits Anpassung an das ab 2017 geltende Recht vorgenommen wurde, musste nur die Pflege-Transparenzvereinbarung im stationären Bereich nach § 115 a Abs. 1 a S. 1 übergeleitet werden. Dies ist mit einer Neufassung der PTVS vom 11.8.2016 erfolgt.[64]

29 **5. Verfassungsrechtliche Bedenken zur Übertragung von Rechtssetzungsbefugnissen.** Ein weiterer Streitpunkt in der Rechtsprechung und Literatur war und ist die Frage, ob die den oben genannten Vereinbarungen zugrundeliegende Norm Abs. 1a als verfassungsgemäß anzusehen ist.[65] Zum Teil wird die Auffassung vertreten, die Regelung in § 115 sei grundsätzlich verfassungsgemäß.[66] Andere meinen, dass die in Abs. 1a vorgesehene Übertragung von Rechtssetzungsbefugnissen auf demokratisch nicht legitimierte Vertragsparteien angesichts des **Parlamentsvorbehalts** und der Schranken des Art. 80 GG verfassungswidrig sei.[67] Als problematisch wird dabei insbesondere angesehen, dass die Vereinbarungspartner auf der Leistungserbringerseite **privatrechtlich verfasste Organisationen** und Interessenverbände sind und die Vereinbarungen zudem auch Geltung für verbandlich nicht organisierte Einrichtungen beanspruchen.[68] Bei dieser Übertragung von Regelungsmacht an Private bedürfe es besonderer Sicherungsmechanismen, um eine Unterbrechung des demokratischen Legitimationszusammenhangs verhindern.[69] Nach der **Wesentlichkeitstheorie** des BVerfG hätte zumindest die grundlegende Entscheidung, ob die Veröffentlichung von Qualitätsberichten durch ein Schulnotensystem erfolgen soll, vom Gesetzgeber selbst getroffen werden müssen.[70] Eine im Internet veröffentlichte, umfassende und fortwährende hoheitliche Bewertung der Leistungen von Pflegeeinrichtungen durch Noten berühre nach dieser Rechtsprechung besonders intensiv und nachhaltig die Berufsausübungsfreiheit (Art. 12 Abs. 1 GG) der Einrichtungsträger.[71] Würde also, folgt man dieser Rechtsprechung, dennoch eine Veröffentlichung erfolgen, ergäbe sich aus dem öffentlich-rechtlichen Unterlassungsanspruch ein verfahrensrechtlicher Anspruch der Pflegeeinrichtungen, die Veröffentlichung von Transparenzberichten im Internet zu unterlassen.[72] Entsprechend einer vorzugswürdigen verfassungskonformen Auslegung wird man

---

63 Vereinbarungen nach § 115 Abs. 1 a S. 8 SGB XI (in der bis zum 31.12.2015 geltenden Fassung) über die Kriterien der Veröffentlichung sowie die Bewertungssystematik der Qualitätsprüfungen nach § 114 Abs. 1 SGB XI sowie gleichwertiger Prüfergebnisse in der ambulanten Pflege (Pflege-Transparenzvereinbarung ambulant – PTVA) vom 7.12.2015.
64 Vereinbarung nach § 115 Abs. 1 a S. 8 SGB XI (in der bis zum 31.12.2015 geltenden Fassung) über die Kriterien der Veröffentlichung sowie die Bewertungssystematik der Qualitätsprüfungen nach § 114 Abs. 1 SGB XI sowie gleichwertiger Prüfergebnisse in der stationären Pflege (Pflege-Transparenzvereinbarung stationär – PTVS) vom 17.12.2008 in der Fassung vom 11.8.2016.
65 Sächsisches LSG, 24.2.2010, L 1 P 1/10 B ER; Bay LSG, 30.3.2010, L 2 P 7/10 B ER; LSG NRW 10.5.2010, L 10 P 10/10 B ER; LSG NRW, 2.5.2012, L 10 P 5/12 B ERL 10 P 5/12 B ER; LSG NRW, 5.6.2012, L 10 P 118/11 B ER; Shirvani ZFSH/SGB 2010, 711 ff. mwN; Martini/Albert, NZS 2012, 247 ff.; Bachem/Klie in: LPK-SGB XI, § 115 Rn. 12, 22.
66 BSG 16.5.2013, B 3 P 5/12, SozR 4-3300 § 115 Nr. 2 mAnm Udsching, SGb 2014, 509; LSG LSA, 8.7.2011, L 4 P 44/10 B ER; LSG NRW 15.8.2012, L 10 P 137/11.
67 SG Münster, 24.6.2011, S 6 P 14/11; Brochnow, NJOZ 2011, 385 ff.; Addicks, PflR 2011, 58 ff.; Martini/Albert, NZS 2012, 247 ff.; Bachem/Klie in: LPK-SGB XI, § 115 Rn. 22.
68 Addicks, PflR 20111, 58 ff.; Prochnow, NJOZ 2011, 385, 390; Martini/Albert, NZS 2012, 247, 248 f.
69 Martini/Albert, NZS 2012, 247, 249.
70 SG Münster, 20.8.2010, S 6 P 111/10, MedR 2011, 529.
71 SG Münster, 20.8.2010, S 6 P 111/10, MedR 2011, 529.
72 SG Münster, 20.8.2010, S 6 P 111/10, MedR 2011, 529; Siehe hierzu auch Ossege, NZS 2012, 526, 527.

verlangen müssen, dass die Veröffentlichung von Berichten über Qualitätsprüfungen auf der Grundlage von **zutreffenden**, insbesondere nicht offensichtlich unrichtigen, Tatsachenfeststellungen zu erfolgen haben.[73] Das Gesetz enthält zwar keine Regelung zum Zeitpunkt der Veröffentlichung der Transparenzberichte, jedoch ergibt sich aus der Tatsache, dass die Berichte nur Momentaufnahmen abbilden, dass eine **zeitnahe** Veröffentlichung zu erfolgen hat.

V. Pflicht zur Veröffentlichung von Informationen zur medizinischen Versorgung (Abs. 1 b)

1. Verpflichtete. Die Landesverbände der Pflegekassen haben sicherzustellen, dass die Informationen gem. § 114 Abs. 1 über die Regelungen zur ärztlichen, fachärztlichen und zahnärztlichen Versorgung sowie zur Arzneimittelversorgung kostenfrei zur Verfügung gestellt werden (Abs. 1 b S. 1). Die **Pflegeeinrichtungen** sind verpflichtet, die Informationen nach S. 1 in der Pflegeeinrichtung auszuhängen (Abs. 1 b S. 2). 30

2. Form und Inhalt. Die Informationen zur ärztlichen, fachärztlichen und zahnärztlichen Versorgung sowie zur Arzneimittelversorgung vollstationärer Pflegeeinrichtungen müssen für Pflegebedürftige und ihre Angehörigen **verständlich**, **übersichtlich** und **vergleichbar** sowohl im **Internet** als auch in anderer geeigneter Form **veröffentlicht** werden. Diese Informationen sind nach dem Willen des Gesetzgebers zu strukturieren, um so auch eine Vergleichbarkeit der Angaben zu gewährleisten.[74] Darüber hinaus stellt S. 2 sicher, dass auch in der Pflegeeinrichtung selbst die Pflegebedürftigen und Angehörigen die aktuellen Informationen an **sichtbarer** Stelle gut einsehen können. Das kann etwa im Eingangsbereich der Einrichtung geschehen. 31

VI. Rechtsnatur und Rechtsschutz

1. Prüfbericht. Der Prüfbericht kann nicht als Verwaltungsakt qualifiziert werden, da es am Regelungscharakter fehlt. Er ist deshalb auch nicht mit der Klage anfechtbar.[75] Dagegen besteht Rechtsschutz gegen die aus einem negativen Prüfungsergebnis erwachsenden **Folgen**, wie etwa ein Vertragskündigung oder eine Vergütungskürzung. 32

2. Transparenzbericht. Der sog Transparenzbericht stellt einen **Realakt** dar.[76] Gegen die Veröffentlichung eines belastenden Transparenzberichtes steht dem betroffenen Einrichtungsträger Rechtsschutz zu, welcher in der bisherigen Spruchpraxis vor allem als einstweiliger Rechtsschutz durch Antrag auf Erlass einer einstweiligen Anordnung (§ 86 b Abs. 2 SGG) begehrt und teilweise auch gewährt wurde.[77] Die Klage des Trägers einer Pflegeeinrichtung ist als vorbeugende **Unterlassungsklage** in Form der Leistungsklage oder als **Feststellungsklage** ohne Durchführung eines Vorverfahrens und Einhaltung einer Klagefrist gemäß § 54 Abs. 5 bzw. § 55 Abs. 1 Nr. 1 SGG statthaft.[78] Bei der **Streitwertfestsetzung** wird danach differenziert, ob das klägerische Begehren auf ein Untersagen der Veröffentlichung oder darüber hinaus auf eine Beseitigung eines bereits veröffentlichten Transparenzberichtes gerichtet ist.[79] 33

Ob das Informationsbedürfnis der Öffentlichkeit oder das Interesse der Pflegeeinrichtungen, nicht durch falsche Prüfergebnisse Schaden zu erleiden, überwiegt, bedarf der Prüfung im **Einzelfall**.[80] Letztlich kann die Veröffentlichung eines Transparenzberichtes, der nicht den Vorgaben der PTVA entspricht und falsche Informationen enthält, den Träger der Pflegeeinrichtung in seinem durch Art. 12 Abs. 1 GG geschützten Grundrecht der Berufsausübungsfreiheit betreffen, weil durch unzutreffende öffentliche Bewertungen von Marktanbietern der Wettbewerb gestört wird und sogar zur Folge haben kann, dass dadurch eine Marktsteuerung erfolgt (→ Rn. 25).[81] Auch eine solche Behinderung des Markterfolges stellt eine Beeinträchtigung der Berufsausübungsfreiheit dar.[82] Mit der Feststellung der Beeinträchtigung des Schutzbereiches steht in solchen Fällen aber auch deren Rechtswidrigkeit fest, da 34

---

[73] Ossege, NZS 2012, 526, 527.
[74] BT-Dr. 17/9369, 49.
[75] Gutzler in: Hauck/Noftz, SGB XI, § 115 Rn. 5 e.
[76] LSG LSA, 8.7.2011, L 4 P 44/10 B ER; LSG LSA, 14.6.2010, L 4 P 3/10 B ER; Sächsisches LSG, 24.2.2010, L 1 P 1/10 B ER.
[77] Leitherer in: KassKomm, § 115 SGB XI Rn. 15 mwN; Ossege, NZS 2012, 526, 531, 532 f.
[78] SG Münster, 20.8.2010, S 6 P 111/10, MedR 2011, 529.
[79] LSG Bln-Bbg, 2.8.2013, L 27 P 86/12 B, NZS 2014, 30.
[80] Vgl. Klie, Pflegerecht 2010, 351, 355 ff.
[81] LSG Nds-Brem, 12.8.2011, L 15 P 2/11 B ER.
[82] BVerfG, 28.7.2004, 1 BvR 2566/95, NJW-RR 2004, 1710.

eine Rechtfertigung der Weiterverbreitung der als unrichtig erkannten Informationen ausgeschlossen ist.[83]

VII. Datenzugang für Dritte (Abs. 1c)

35 Die Regelungen zum Datenzugang (Abs. 1 c), die durch das PSG III mWv 1.1.2017 eingefügt wurden, eröffnen einem Dritten erstmals einen Zugang zu Daten, die den Transparenzberichten bzw. der Darstellung der Qualität nach den Qualitätsdarstellungsvereinbarungen zugrunde liegen, indem sie ihm einen **Anspruch** gegenüber den Landesverbänden bei Vorliegen der Voraussetzungen vermitteln. Gemäß Abs. 1 c S. 6 gelten die S. 1 bis 4 für die Informationen zur medizinischen Versorgung nach Abs. 1 b entsprechend.

36 Voraussetzung für den Anspruch auf Zurverfügungstellung von Daten ist, dass die Daten zu **nicht gewerblichen Zwecken** genutzt werden (Abs. 1 c S. 1). Darüber hinaus muss die Nutzung „zweckgerecht" sein; was darunter zu verstehen ist, wird nicht legal definiert. Einen Anhaltspunkt bietet insoweit Abs. 1 c S. 3.[84] Danach ist in den Nutzungsbedingungen eine nicht missbräuchliche, nicht wettbewerbsverzerrende und manipulationsfreie Verwendung der Daten sicherzustellen. Der Datenzugang darf sich allein auf die **zusammenfassenden**, nicht personenbezogenen Daten, die den Qualitätsdarstellungsvereinbarungen unterliegen, beziehen.[85] Der Anspruch besteht erst **ab 1.4.2017**, da dann die von den Vertragsparteien zu erstellenden Nutzungsbedingungen vorliegen, die das Nähere zu der Übermittlung zu regeln haben. Der Anspruch umfasst damit **rückwirkend** auch die Daten, die seit dem 1.1.2017 in die Qualitätsdarstellung nach den übergeleiteten Pflege-Transparenzvereinbarungen nach § 115 a eingegangen sind.[86] Entsprechendes gilt für die Informationen zur medizinischen Versorgung (Abs. 1 c S. 6).

37 Für den Datenzugang ist jeweils ein **Nutzungsvertrag** zwischen dem Dritten und einem Landesverband bzw. allen Landesverbänden der Pflegekassen zu schließen, wobei zwingender Bestandteil die festzulegenden Nutzungsbedingungen sein müssen.[87] In den Nutzungsbedingungen ist sowohl das Datenformat als auch das Nähere zu der Weitergabe der Daten an Dritte, insbesondere zum Vertragsschluss, den Nutzungsrechten und den Pflichten des Nutzers bei der Verwendung der Daten zu regeln.[88] Gleichzeitig muss eine nicht missbräuchliche, nicht wettbewerbsverzerrende und manipulationsfreie Verwendung der Daten zu nicht gewerblichen Zwecken sichergestellt werden (Abs. 1 c S. 3). Ebenso ist zu regeln, dass die Herkunft der Daten für den Endverbraucher transparent bleibt, und zwar auch dann, wenn eine Verwendung der Daten in Zusammenhang mit anderen Daten erfolgt (vgl. Abs. 1 c S. 4 und 5). Näher zu konkretisieren ist auch die im Zusammenhang mit der Zurverfügungstellung der Daten von den Landesverbänden der Pflegekassen nachzuweisenden Kosten, die der Dritte (Nutzer) zu tragen hat (Abs. 1 c S. 7 und 8).[89]

VIII. Rechtsfolgen von Qualitätsmängeln

38 1. **Mängelbeseitigungsbescheid mit angemessener Fristsetzung (Abs. 2 S. 1).** Werden Qualitätsmängel festgestellt, entscheiden die **Landesverbände** der Pflegekassen nach Anhörung des Trägers der Pflegeeinrichtung und der beteiligten Trägervereinigung unter Beteiligung des zuständigen Trägers der Sozialhilfe, welche Maßnahmen sinnvollerweise zu treffen sind, um die Mängel abzustellen.

39 Erst nach **Anhörung** der betroffenen Pflegeeinrichtung wird ein Bescheid erlassen, indem ihm zugleich eine **Frist** zur Beseitigung der festgestellten Mängel gesetzt wird. Bei der Fristsetzung, für die es keine gesetzlichen Vorgaben gibt, ist zu beachten, dass sie **angemessen** erfolgt. Dabei hängt die zu gewährende Frist vom **Einzelfall**, und zwar auch von der Art und Schwere der Mängel ab. Der Pflegeeinrichtung muss einerseits so viel Zeit zugestanden werden, um tatsächlich auch eine Mängelbeseitigung vornehmen zu können. Andererseits ist hierbei aber auch zu bedenken, dass je schwerwiegender ein Mangel ist, dies sich auch bei der Fristsetzung niederschlagen muss.

40 Der Maßnahmen- oder auch Mängelbeseitigungsbescheid muss des Weiteren dem **Bestimmtheitserfordernis** gem. § 33 Abs. 1 SGB X genügen. Das setzt voraus, dass der Maßnahmebescheid hinsichtlich

---

83 BVerfG, 26.6.2002, 1 BvR 558/91, 1 BvR 1428/91, BVerfGE 105, 252.
84 Altmiks, in: jurisPK-SGB XI, § 115 Rn. 104.
85 BT-Dr. 18/10510, 121.
86 BT-Dr. 18/10510, 121.
87 Altmiks, jurisPK-SGB XI, § 115 Rn. 106.
88 Altmiks, jurisPK-SGB XI, § 115 Rn. 107.
89 BT-Dr. 18/10510, 121.

seines Verfügungssatzes einen vollstreckungsfähigen Inhalt aufweist.[90] Aus dem Bescheid müssen sich somit die festgestellten Mängel und die konkreten Maßnahmen ergeben.[91] Für die Bestimmtheit eines Maßnahmenbescheids genügt es, wenn das geforderte Verhalten aus dem Blickwinkel eines verständigen Empfängers vollständig, klar und unzweideutig erkennbar ist, wobei im Hinblick auf den Empfängerhorizont auf eine durch Versorgungsvertrag zugelassene Pflegeeinrichtung abzustellen ist, bei der eine Kenntnis der Maßstäbe und Grundsätze für Qualität und Qualitätssicherung als Geschäftsgrundlage der Vertragsbeziehungen vorausgesetzt werden kann.[92]

Der Mängelbescheid stellt einen **Verwaltungsakt** (wobei die Auflistung der Mängel lediglich feststellenden Charakter hat) dar,[93] der mit der Anfechtungsklage vor den Sozialgerichten (§ 73 Abs. 2 S. 1) angefochten werden kann. Ein Vorverfahren findet jedoch nicht statt (§ 73 Abs. 2 S. 2 Hs. 1). Die Klage hat gem. § 73 Abs. 2 S. 2 Hs. 2 keine aufschiebende Wirkung (§ 86 a Abs. 2 Nr. 4 SGG), so dass der Einrichtungsträger gehalten sein wird, will er den von ihm geforderten Maßnahmen bis zur Entscheidung in der Hauptsache nicht nachkommen müssen, einen Antrag auf Anordnung der aufschiebenden Wirkung nach § 86 b Abs. 1 S. 1 Nr. 2 SGG zu stellen.[94]

2. Kündigung (Abs. 2 S. 2). Bei Nichtabstellung der Mängel innerhalb der gesetzten Frist, besteht die Möglichkeit einer **ordentlichen** Kündigung (§ 74 Abs. 1) nach Ablauf der Frist. Gemäß § 74 Abs. 1 gilt die **Jahresfrist**. In schwerwiegenden Fällen ist auch eine **außerordentliche** (fristlose) Kündigung (§ 74 Abs. 2) zulässig. Ob ein schwerwiegender Fall vorliegt, ist unter Beachtung der Regelung in § 74 Abs. 2 zu ermitteln. Die Landesverbände der Pflegekassen sind verpflichtet, die zuständigen Landesbehörden, etwa die Heimaufsichtsbehörden, vor Ausspruch der Kündigung hierüber zu informieren, damit diese entsprechende Vorsorgemaßnahmen veranlassen können.[95]

S. 2 wird als eingeschränkte **Rechtsgrundverweisung** angesehen, so dass bei Vorliegen der Voraussetzungen gem. S. 2 nach § 74 immer zu prüfen ist, ob eine außerordentliche Kündigung erforderlich ist oder eine ordentliche ausreicht.[96] Auch muss eine negative **Zukunftsprognose** vorliegen.[97]

3. Kürzung der Pflegevergütung (Abs. 3). Hält die Pflegeeinrichtung ihre gesetzlichen, wie etwa die Einhaltung der Expertenstandards nach § 112 Abs. 2 iVm § 113 a, oder vertraglichen Verpflichtungen aus dem Versorgungsvertrag (§ 72) ganz oder teilweise nicht ein, sind die nach dem Achten Kapitel vereinbarten Pflegevergütungen für die Dauer der Pflichtverletzung zu kürzen. Es geht hierbei um einen **Rückzahlungsanspruch** gegenüber dem Kostenträger.[98] Gemeint ist hierbei insbesondere der Fall, dass die Pflichtverletzung durch die fehlende Vorenthaltung des vereinbarten Personals begangen wurde.[99] Der Gesetzgeber hat aber gleichzeitig betont, „dass die Pflegeeinrichtung auch nach der rückwirkenden Vergütungskürzung in der Lage bleiben muss, ihre Klientel ordentlich zu versorgen".[100] So dürfe, um zu verhindern, dass auch in der nächstfolgenden Vergütungsperiode Personal nicht in ausreichender Zahl vorgehalten wird, die hierzu erforderlichen Vergütungen nicht gekürzt werden.[101] Allein die bloße Unterschreitung der vereinbarten Personalmenge reicht also nicht aus,[102] da mit geeignetem und qualifiziertem Personal unter entsprechender Leitung auch bei einer Unterschreitung des Personal-Solls qualitätsgemäße Leistungen erbracht werden können.[103]

Die Ausgestaltung des Abs. 3 wurde als problematisch zu dem ansonsten in der Pflegeversicherung geltenden kooperativen Grundverständnisses angesehen.[104] Insbesondere sei die Mischung aus „vertragspartnerschaftlichen und subordinationsrechtlichen Handlungsformen" kritisch zu betrachten.[105]

---

90 Siehe nur LSG Bln-Bbg, 11.3.2013, L 27 P 101/12 B ER.
91 Vgl. hierzu auch Altmiks in: jurisPK-SGB XI, § 115 Rn. 88.
92 LSG-Sachsen-Anhalt, 20.4.2015, L 5 P 14/15 B ER.
93 LSG LSA, 14.6.2010, L 4 P 3/10 B ER; Bachem/Klie in: LPK-SGB XI, § 115 Rn. 30.
94 Bachem/Klie in: LPK-SGB XI, § 115 Rn. 36; Gutzler in: Hauck/Noftz, SGB XI, § 115 Rn. 9.
95 Vgl. Plantholz in: LPK-SGB XI, § 74 Rn. 12.
96 Bachem/Klie in: LPK-SGB XI, § 115 Rn. 35.
97 LSG Nds-Brem, 28.8.2009, L 14 P 13/09 ER, BeckRS 2009, 72754; Bachem/Klie in: LPK-SGB XI, § 115 Rn. 35.
98 BT-Dr. 14/5395, 43; Bachem/Klie in: LPK-SGB XI, § 115 Rn. 37; Knittel in: Krauskopf, § 115 SGB XI Rn. 8.
99 BT-Dr. 14/5395, 43.
100 BT-Dr. 14/5395, 43.
101 BT-Dr. 14/5395, 43.
102 BSG, 12.9.2012, B 3 P 5/11R, PflR 2013, 51, 55, 57 f.
103 Bachem/Klie in: LPK-SGB XI, § 115 Rn. 38.
104 So noch in der Altauflage Klie in: Klie/Krahmer, LPK-SGB XI, 3. Aufl. 2009, § 115 Rn. 7, 8.
105 Siehe Klie in: Klie/Krahmer, LPK-SGB XI, 3. Aufl. 2009, § 115 Rn. 8.

46 Über die **Höhe** des Kürzungsbetrages sollen sich nach dem Willen des Gesetzgebers die Vertragsparteien nach § 85 Abs. 2 einigen (Abs. 3 S. 2),[106] was in der Literatur als problematisch angesehen wird.[107] Denn auf diese Weise würden die Parteien, die in § 89 genannt werden, nicht mit einbezogen und es entstehe dadurch der Eindruck die Möglichkeit der Kürzung besteh nur bei stationären Einrichtungen.[108] Kommt eine Einigung nicht zustande, ist die Höhe durch die **Schiedsstelle** festzusetzen. Gegen den Spruch der Schiedsstelle ist der Rechtsweg zu den Sozialgerichten eröffnet (hierzu → Rn. 60).

47 Abs. 3 S. 5 regelt, wie der Kürzungsbetrag zu verteilen ist. Danach ist der Kürzungsbetrag von der Pflegeeinrichtung bis zur Höhe ihres Eigenanteils an die betroffenen Pflegebedürftigen und im Weiteren an die Pflegekassen zurückzuzahlen. Soweit die Pflegevergütung als nachrangige Sachleistung von einem anderen Leistungsträger übernommen wurde, ist der Kürzungsbetrag an diesen zurückzuzahlen.

48 Abs. 3 S. 6 regelt ausdrücklich, dass der zurückgezahlte Kürzungsbetrag nicht über Vergütungen oder Entgelte nach den §§ 82 ff. refinanziert werden darf. Der Gesetzgeber hält das **Verbot der Refinanzierung** für selbstverständlich; die Rückzahlungsbeträge sind deshalb als Sanktion aus trägereigenen Mitteln zu finanzieren.[109]

49 **4. Weitergehende Schadensersatzansprüche (Abs. 3 S. 7).** Abs. 3 S. 7 stellt klar, dass weitergehende Schadensersatzansprüche der betroffenen Pflegebedürftigen nach anderen Vorschriften, insbesondere solche des BGB, unberührt bleiben. Mit dem Verweis auf **§ 66 SGB V** hat der Gesetzgeber deutlich gemacht, dass die Pflegekassen dem Versicherten bei der Verfolgung von Ansprüchen aus Behandlungsfehlern im begrenzten Umfang zu **unterstützen** haben.

50 Die jeweilige Pflegekasse führt aber weder den Rechtsstreit noch trägt sie die Kosten des Verfahrens. Sie hilft vor allem bei der **Informationsbeschaffung**, die ihm meist nicht zugänglich sind und die ihm insofern die Beweisführung im Rechtsstreit erleichtern können[110] und der Bewertung der vorhandenen Daten. Dabei ist jedoch zu berücksichtigen, dass personenbezogene Daten des Pflegepersonals für Zwecke der Unterstützung des Pflegebedürftigen nicht weitergegeben werden dürfen.[111]

51 **5. Vermittlung eines anderen Heimplatzes im stationären Bereich (Abs. 4).** Werden schwerwiegende, kurzfristig nicht behebbare Mängel in der stationären Pflege festgestellt, so sind die Pflegekassen nach Abs. 4 S. 1 verpflichtet, den betroffenen Heimbewohnern auf deren **Antrag** eine andere geeignete Pflegeeinrichtung zu **vermitteln**. Diese Regelung dient dem **Verbraucherschutz**.[112] Schwerwiegende Mängel sind zumeist solche, die bereits zu konkreten, nicht unerheblichen Gesundheitsschäden des Heimbewohners geführt haben.

52 Nach dem Verständnis des Gesetzgebers kann die Pflegekasse dieses Recht auf Wechsel in ein anderes Heim grundsätzlich **wirksamer** wahrnehmen als der Heimbewohner, dem ein eigenes Kündigungsrecht gegenüber der Pflegeeinrichtung (§ 8 Abs. 2 HeimG) zusteht.[113] Dies gilt insbesondere auch deshalb, da die Einrichtungsträger für die Kosten der Vermittlung, also insbesondere Umzugskosten, gemäß Abs. 6 einstehen müssen, wenn sie die Pflegemängel zu vertreten (§ 276 BGB) haben.[114] Zu übernehmen sind aber auch **sonstige notwendige Kosten**, die im Zusammenhang mit dem Wechsel zu einer andern Pflegeeinrichtung entstehen.[115] Die Einbindung der Sozialhilfeträger ist erforderlich, wenn sie als Kostenträger beteiligt sind.

53 **6. Vorläufige Untersagung der Betreuung im ambulanten Bereich (Abs. 5 S. 1).** Stellt der Medizinische Dienst **schwerwiegende** Mängel in der ambulanten Pflege fest, kann die zuständige Pflegekasse dem Pflegedienst auf Empfehlung des MDK nach Abs. 5 die weitere Betreuung des Pflegebedürftigen vorläufig untersagen. Als schwerwiegende Fälle gelten beharrliche Abrechnungsfehler in betrügerischer Absicht, Einsatz von unzuverlässigem Personal und erhebliche Pflegefehler und bereits eingetretene Gesundheitsschäden beim Pflegebedürftigen.[116] Die Pflegekasse hat dem Pflegebedürftigen in diesem

---

106 BT-Dr. 14/5395, 43.
107 Gutzler, In: Hauck/Noftz, SGB XI, § 115 Rn. 11.
108 Hierzu Gutzler, In: Hauck/Noftz, SGB XI, § 115 Rn. 11.
109 BT-Dr. 14/5395, 43; Bachem/Klie in: LPK-SGB XI, § 115 Rn. 43.
110 BT-Dr. 14/5395, 44.
111 BT-Dr. 14/5395, 44.
112 Gutzler in: Hauck/Noftz, SGB XI, § 115 Rn. 13.
113 BT-Dr. 14/5395, 44.
114 BT-Dr. 14/5395, 44.
115 Gutzler, In: Hauck/Noftz, SGB XI, § 115 Rn. 13.
116 Bachem/Klie in: LPK-SGB XI, § 115 Rn. 47.

Fall einen anderen geeigneten Pflegedienst zu vermitteln. Die Regelung bildet nach der Vorstellung des Gesetzgebers für den Bereich der ambulanten Betreuung die Parallelvorschrift zu Abs. 4.[117]

Bei der Änderung des Abs. 5 S. 1 durch das IfSGuaÄndG handelt sich um eine Folgeänderung.[118] Wenn aus den Prüfungen des Prüfdienstes des Verbandes der privaten Krankenversicherung e.V. schwerwiegende Mängel in der ambulanten Pflege erkennbar werden, kann dem Pflegedienst die weitere Betreuung des Pflegebedürftigen durch die zuständige Pflegekasse auf Empfehlung des Prüfdienstes des Verbandes der privaten Krankenversicherung e.V. **vorläufig** untersagt werden. Dies gilt sinngemäß auch, wenn schwerwiegende, kurzfristig nicht behebbare Mängel in der stationären Pflege festgestellt werden (Abs. 4).[119] Die sinngemäße Geltung von Abs. 4 wird von der Literatur kritisch gesehen, da in der Norm wesentliche Unterschiede zwischen diesen Bereichen festlegt sind.[120]

Die vorläufige Untersagung stellt einen **Verwaltungsakt** dar.

7. Vermittlung eines anderen Pflegedienstes (Abs. 5 S. 2). Die Pflegekasse hat wie im stationären Bereich nach Abs. 4 S. 1 auch im Falle einer grob mangelhaften häuslichen Pflege dem Pflegebedürftigen einen anderen Pflegedienst zu vermitteln, der dann die Pflege übernimmt. Ein Antrag hierfür ist im Unterschied zu Abs. 4 S. 1 nicht vorgesehen. Es wird insoweit nur auf die Beachtung des Wahlrechts nach § 2 Abs. 2, und zwar mit der Einschränkung „so weit wie möglich", hingewiesen.[121]

8. Haftung für Kosten der Vermittlung eines anderen Heimplatzes (Abs. 6). Wurde der Pflegebedürftige aufgrund der Feststellung eines schwerwiegenden Mangels iS von Abs. 4 und 5 in eine andere Pflegeeinrichtung vermittelt und sind dadurch Kosten der Vermittlung zulasten des betroffenen Pflegebedürftigen und/oder eines Kostenträgers entstanden, haftet der **Träger** gem. Abs. 6 S. 1 für die Kosten, soweit er die Mängel entsprechend § 276 BGB zu vertreten hat (nach § 278 BGB steht das Verschulden des Erfüllungsgehilfen eigenem Verschulden gleich).

Zu den **Kosten** der Vermittlung zählen nicht nur solche Aufwendungen, die erforderlich sind, um eine andere Pflegeeinrichtung zu finden und die beteiligten Personen und Stellen zu informieren, sondern auch Aufwendungen, die dem Pflegebedürftigen durch zeitweilige Nichtbetreuung oder durch Erschwernisse beim Wechsel zu einer anderen Einrichtung entstehen.[122]

IX. Rechtsschutz

1. Gegen Maßnahmebescheid und Kündigung (Abs. 2 S. 3). Gegen die festgesetzten Maßnahmen haben die betroffenen Pflegeeinrichtungen weitreichende Rechtsschutzmöglichkeiten. Der Rechtsweg zu den **Sozialgerichten** ist eröffnet (§ 73 Abs. 2). Statthafte Klageart gegen einen Maßnahmebescheid bzw. gegen eine Kündigung ist die Anfechtungsklage gem. § 54 SGG. Es findet kein Vorverfahren statt und die Klage hat keine aufschiebende Wirkung. Soll die aufschiebende Wirkung erreicht werden, bedarf es eines Antrags auf Anordnung der aufschiebenden Wirkung nach § 86 Abs. 1 Nr. 2 SGG.[123] In der Praxis hatte sich das Bild gezeigt, dass häufig bereits wegen Formfehlern Klage erhoben wurde.[124] Umstritten ist, ob bei einem Maßnahmebescheid, der einen Komplex von Maßnahmen enthält, mehrere selbstständige Streitgegenstände enthalten sind, die in Ermangelung weiterer Anhaltspunkte gem. § 52 Abs. 2 GKG zur Multiplikation des Auffangstreitwertes führen[125] oder ob auch in diesen Fällen lediglich der einfache Auffangstreitwert anzusetzen ist.[126] Das LSG Berlin-Brandenburg hat seine bisherige Rechtsprechung hierzu inzwischen ausdrücklich aufgegeben.[127] Das Gericht folgt nunmehr der auch vom Bayerischen LSG vertretenen Auffassung, wonach der Auffangstreitwert für jeden Maßnahmenbescheid nur einmalig anzusetzen ist.[128]

2. Gegen Entscheidungen der Schiedsstelle (Abs. 3 S. 4). Entscheidungen der Schiedsstelle haben Verwaltungsaktcharakter. Nach Abs. 3 S. 2 kann hiergegen das **Sozialgericht** angerufen werden. Die Klage

---

117 BT-Dr. 14/5395, 44.
118 BT-Dr. 17/5178, 26.
119 BT-Dr. 17/5178, 26.
120 Gutzler in: Hauck/Noftz, SGB XI, § 115 Rn. 14 f.
121 Leitherer in: KassKomm, § 115 SGB XI Rn. 45.
122 Leitherer in: KassKomm, § 115 SGB XI Rn. 48.
123 Vgl. hierzu etwa LSG Bln-Bbg, 11.3.2013, L 27 P 101/12 B ER, SG Münster, 19.1.2010, S 6 P 201/09 ER.
124 So die Feststellung in der Altauflage von Klie in: Klie/Krahmer, LPK-SGB XI, 3. Aufl. 2009, § 115 Rn. 8.
125 LSG Bln-Bbg, 5.10.2011, L 27 P 23/11 B.
126 So LSG Nds-Brem, 12.8.2011, L 15 P 2/11 B ER; van der Ploeg, NZS 2011, 212, 213.
127 LSG Bln-Bbg, 2.5.2016, L 30 P 75/15 B.
128 BayLSG, 8.7.2014, L 2 P 80/13.

hat aufschiebende Wirkung; ein Vorverfahren findet nicht statt. Richtige Klageart ist die entweder die Anfechtungsklage oder die kombinierte Anfechtungs- und Verpflichtungsklage.[129]

X. Geplante Änderung durch das Blut- und Gewebegesetz

61 Der Bundestag hat am 1.6.2017 das Gesetz zur Fortschreibung der Vorschriften für Blut- und Gewebezubereitungen und zur Änderung anderer Vorschriften verabschiedet,[130] das sich ein Tag nach seiner Verkündung wie folgt auf § 115 auswirken soll:
Der Überschrift soll ein Komma und das Wort *„Vergütungskürzung"* angefügt werden. Nach Abs. 3 sollen die Abs. 3 a und 3 b eingefügt werden. Danach lautet Abs. 3 a:
„(3 a) ¹Eine Verletzung der Verpflichtungen zu einer qualitätsgerechten Leistungserbringung im Sinne des Absatz 3 Satz 1 wird unwiderlegbar vermutet
1. bei einem planmäßigen und zielgerichteten Verstoß des Trägers der Einrichtung gegen eine Verpflichtung zur Einhaltung der nach § 84 Absatz 5 Satz 2 Nummer 2 vereinbarten Personalausstattung oder
2. bei nicht nur vorübergehenden Unterschreitungen der nach § 84 Absatz 5 Satz 2 Nummer 2 vereinbarten Personalausstattung.
²Entsprechendes gilt bei Nichtbezahlung der nach der § 84 Absatz 2 Satz 5 bzw. nach § 89 Absatz 1 Satz 4 zu Grunde gelegten Gehälter. ³Abweichend von Absatz 3 Satz 2 und 3 ist das Einvernehmen über den Kürzungsbetrag unverzüglich herbeizuführen, und die Schiedsstelle hat in der Regel binnen drei Monaten zu entscheiden. ⁴Bei Verstößen im Sinne von Satz 1 Nummer 1 können die Landesverbände der Pflegekassen gemeinsam den Versorgungsvertrag gemäß § 74 Absatz 1, in schwerwiegenden Fällen nach § 74 Absatz 2, kündigen; § 73 Absatz 2 gilt entsprechend."

Abs. 3 b soll lauten:
„(3 b) ¹Die Vertragsparteien nach § 113 vereinbaren durch den Qualitätsausschuss gemäß § 113 b bis zum 1. Januar 2018 das Verfahren zur Kürzung der Pflegevergütung nach den Absätzen 3 und 3 a. ²Die Vereinbarungen sind im Bundesanzeiger zu veröffentlichen und gelten vom ersten Tag des auf die Veröffentlichung folgenden Monats. ³Sie sind für alle Pflegekassen und deren Verbände sowie für die zugelassenen Pflegeeinrichtungen unmittelbar verbindlich."[131]

62 Die geplanten Einfügungen der Abs. 3 a und 3 b sehen vor, dass eine **Entgeltkürzung** bei Unterschreitung der Personalausstattung in den aufgeführten Fällen unabhängig vom Vorliegen von Qualitätsmängeln erfolgen kann. Auf diese Weise will der Gesetzgeber der Einhaltung der Verpflichtung zur jederzeitigen Sicherstellung der Versorgung der Pflegebedürftigen mit der nach § 84 Abs. 5 S. 2 Nr. 2 vereinbarten personellen Ausstattung durch die Träger stationärer Pflegeeinrichtungen Nachdruck verleihen. Das den Vereinbarungspartnern zustehende Recht, aber auch die Verantwortung, die Einhaltung dieser Verpflichtung zu überprüfen (§ 84 Abs. 6), wird auf diese Weise gestärkt. Dabei wird differenziert zwischen einer nicht nur vorübergehenden Unterschreitung der vereinbarten Personalausstattung und einem planmäßigen, vorsätzlichen Verstoß des Trägers der Pflegeeinrichtung gegen die Verpflichtung zur Einhaltung der vereinbarten Personalausstattung. Durch die geplante Neuregelung hat der Gesetzgeber den in der Entscheidung des BSG vom 12.9.2012 (Az. B 3 P 5/11 R)[132] zugrunde gelegten Rechtsgedanken in eine Norm gefasst.[133] So hat das BSG darin ausgeführt, dass eine rückwirkende Kürzung der Pflegevergütung nach § 115 Abs. 3 grundsätzlich nur bei einer Verletzung gesetzlicher oder vertraglicher Verpflichtungen erfolgen kann, die zu Qualitätsmängeln bei der Pflege und damit zu einem feststellbaren qualitativen Schaden in der Pflegeeinrichtung geführt haben. Die konkrete Feststellung von Qualitätsmängeln ist nach Ansicht des BSG aber dann entbehrlich und werden unwiderlegbar vermutet, wenn entweder in der stationären Pflegeeinrichtung über mehrere Monate hinweg die vereinbarte Personalausstattung um mindestens 8 % unterschritten wird, als auch bei einem planmäßigen und zielgerichteten, somit also vorsätzlichen Unterschreiten der vereinbarten Personalausstattung seitens des Einrichtungsträgers.[134] Gleichzeitig wird auf die Kündigungsmöglichkeit des Versor-

---

129 Altmiks in: jurisPK-SGB XI, § 115 Rn. 102.
130 BR-Dr. 456/17 v. 16.6.2017.
131 BT-Dr. 18/12587, 45 f.
132 BSGE 112, 1 = SozR 4-3300 § 115 Nr. 1.
133 Vgl. BT-Dr. 18/12587, 64.
134 BSG 12.9.2012, B 3 P 5/11 R, BSGE 112, 1 = SozR 4-3300 § 115 Nr. 1.

gungsvertrages für die Landesverbände der Pflegekassen verwiesen, „um einem betrügerischen Handeln seitens der stationären Pflegeeinrichtung notfalls mit der gebotenen Schärfe entgegenzutreten".[135] Die Möglichkeit einer Vergütungskürzung bei nicht bestimmungsgemäßen Personaleinsatz im Zusammenhang mit zusätzlichem Betreuungskräften (vgl. § 85 Abs. 8 S. 1) hat der Gesetzgeber dagegen nicht vorgesehen. In der Praxis wird der Nachweis einer zielgerichteten und damit vorsätzlichen Pflichtverletzung unter Umständen schwer zu führen sein.

Des Weiteren wurde den Vertragsparteien nach § 113 die Aufgabe übertragen, das Nähere zum Verfahren der Pflegevergütungskürzung durch den Qualitätsausschuss festzulegen, um ein einheitliches, praktikables und effizientes Vorgehen sicherzustellen.[136] Die rahmenvertraglichen Regelungen zur Durchführung des länderspezifischen Personalabgleichs (§ 84 Abs. 6) und des Nachweises zur Bezahlung der Beschäftigten in der angegebenen Höhe (§ 84 Abs. 7) sowie die Entscheidungshoheit der Schiedsstelle (§ 76) sollen hiervon unberührt bleiben.[137] Die Vereinbarungen, die für alle Pflegekassen und deren Verbände sowie für die zugelassenen Pflegeeinrichtungen unmittelbar verbindlich sind, sind im Bundesanzeiger zu veröffentlichen. Ist eine einvernehmliche Einigung im Qualitätsausschuss nicht zu erzielen, hat die Konfliktlösung über den erweiterten Qualitätsausschuss (§ 113 b Abs. 3) zu erfolgen.[138]

§ 115 a Übergangsregelung für Pflege-Transparenzvereinbarungen und Qualitätsprüfungs-Richtlinien

(1) ¹Die Vertragsparteien nach § 113 passen unter Beteiligung des Medizinischen Dienstes des Spitzenverbandes Bund der Krankenkassen, des Verbandes der privaten Krankenversicherung e.V. und der Verbände der Pflegeberufe auf Bundesebene die Pflege-Transparenzvereinbarungen an dieses Gesetz in der am 1. Januar 2017 geltenden Fassung an (übergeleitete Pflege-Transparenzvereinbarungen). ²Die auf Bundesebene maßgeblichen Organisationen für die Wahrnehmung der Interessen und der Selbsthilfe der pflegebedürftigen und behinderten Menschen wirken nach Maßgabe von § 118 mit. ³Kommt bis zum 30. April 2016 keine einvernehmliche Einigung zustande, entscheidet der erweiterte Qualitätsausschuss nach § 113 b Absatz 3 bis zum 30. Juni 2016. ⁴Die übergeleiteten Pflege-Transparenzvereinbarungen gelten ab 1. Januar 2017 bis zum Inkrafttreten der in § 115 Absatz 1 a vorgesehenen Qualitätsdarstellungsvereinbarungen.

(2) Schiedsstellenverfahren zu den Pflege-Transparenzvereinbarungen, die am 1. Januar 2016 anhängig sind, werden nach Maßgabe des § 113 b Absatz 2, 3 und 8 durch den Qualitätsausschuss entschieden; die Verfahren sind bis zum 30. Juni 2016 abzuschließen.

(3) Die Richtlinien über die Prüfung der in Pflegeeinrichtungen erbrachten Leistungen und deren Qualität nach § 114 (Qualitätsprüfungs-Richtlinien) in der am 31. Dezember 2015 geltenden Fassung gelten nach Maßgabe der Absätze 4 und 5 bis zum Inkrafttreten der Richtlinien über die Durchführung der Prüfung der in Pflegeeinrichtungen erbrachten Leistungen und deren Qualität nach § 114 a Absatz 7 fort und sind für den Medizinischen Dienst der Krankenversicherung und den Prüfdienst des Verbandes der privaten Krankenversicherung e.V. verbindlich.

(4) ¹Der Spitzenverband Bund der Pflegekassen passt unter Beteiligung des Medizinischen Dienstes des Spitzenverbandes Bund der Krankenkassen und des Prüfdienstes des Verbandes der privaten Krankenversicherung e.V. die Qualitätsprüfungs-Richtlinien unverzüglich an dieses Gesetz in der am 1. Januar 2016 geltenden Fassung an. ²Die auf Bundesebene maßgeblichen Organisationen für die Wahrnehmung der Interessen und der Selbsthilfe der pflegebedürftigen und behinderten Menschen wirken nach Maßgabe von § 118 mit. ³Der Spitzenverband Bund der Pflegekassen hat die Vereinigungen der Träger der Pflegeeinrichtungen auf Bundesebene, die Verbände der Pflegeberufe auf Bundesebene, den Verband der privaten Krankenversicherung e.V. sowie die Bundesarbeitsgemeinschaft der überörtlichen Träger der Sozialhilfe und die kommunalen Spitzenverbände auf Bundesebene zu beteiligen. ⁴Ihnen ist unter Übermittlung der hierfür erforderlichen Informationen innerhalb einer angemessenen Frist vor der Entscheidung Gelegenheit zur Stellungnahme zu geben; die Stellungnahmen sind in die Entschei-

---

135 BT-Dr. 18/12587, 64.
136 BT-Dr. 18/12587, 64.
137 BT-Dr. 18/12587, 64.
138 BT-Dr. 18/12587, 64.

dung einzubeziehen. ⁵Die angepassten Qualitätsprüfungs-Richtlinien bedürfen der Genehmigung des Bundesministeriums für Gesundheit.

(5) ¹Der Spitzenverband Bund der Pflegekassen passt unter Beteiligung des Medizinischen Dienstes des Spitzenverbandes Bund der Krankenkassen und des Prüfdienstes des Verbandes der privaten Krankenversicherung e.V. die nach Absatz 4 angepassten Qualitätsprüfungs-Richtlinien bis zum 30. September 2016 an die nach Absatz 1 übergeleiteten und gegebenenfalls nach Absatz 2 geänderten Pflege-Transparenzvereinbarungen an. ²Die auf Bundesebene maßgeblichen Organisationen für die Wahrnehmung der Interessen und der Selbsthilfe der pflegebedürftigen und behinderten Menschen wirken nach Maßgabe von § 118 mit. ³Der Spitzenverband Bund der Pflegekassen hat die Vereinigungen der Träger der Pflegeeinrichtungen auf Bundesebene, die Verbände der Pflegeberufe auf Bundesebene, den Verband der privaten Krankenversicherung e.V. sowie die Bundesarbeitsgemeinschaft der überörtlichen Träger der Sozialhilfe und die kommunalen Spitzenverbände auf Bundesebene zu beteiligen. ⁴Ihnen ist unter Übermittlung der hierfür erforderlichen Informationen innerhalb einer angemessenen Frist vor der Entscheidung Gelegenheit zur Stellungnahme zu geben; die Stellungnahmen sind in die Entscheidung einzubeziehen. ⁵Die angepassten Qualitätsprüfungs-Richtlinien bedürfen der Genehmigung des Bundesministeriums für Gesundheit und treten zum 1. Januar 2017 in Kraft.

I. Entstehungsgeschichte

1   § 115a wurde mWv 1.1.2016, auf Empfehlung des Ausschusses für Gesundheit,[1] neu eingefügt durch das Zweite Gesetz zur Stärkung der pflegerischen Versorgung und zur Änderung weiterer Vorschriften (Zweites Pflegestärkungsgesetz – PSG II) vom 21.12.2015.[2]

II. Normzweck

2   Die Neuregelung soll die notwendige **Rechtsgrundlage** für Qualitätsprüfungen in dem Übergangszeitraum zu einer neuen Form der Qualitätsmessung, Qualitätsprüfung und Qualitätsberichterstattung schaffen[3] und betrifft den Zeitraum von der Rechtslage unmittelbar vor Inkrafttreten des Art. 1 des PSG II zum 31.12.2015 bis zum Wirksamwerden des neuen Pflegebedürftigkeitsbegriffs zum 1.1.2017 unter Berücksichtigung der ab 1.1.2016 eingetretenen Änderungen. Erfasst werden vor allem die Ablösung der bisherigen Pflege-Transparenzvereinbarungen durch Qualitätsdarstellungsvereinbarungen gemäß § 115 Abs. 1a, die gemäß § 114a Abs. 7 neu zu beschließenden Qualitätsprüfungs-Richtlinien und die Umwandlung der bisherigen Schiedsstelle in den **Qualitätsausschuss** gemäß § 113b.

III. Regelungsgehalt

3   Die **Pflege-Transparenzvereinbarungen** und die Richtlinien über die Prüfung der in Pflegeeinrichtungen erbrachten Leistungen und deren Qualität nach § 114 (**Qualitätsprüfungs-Richtlinien**) beziehen sich in den am 31.12.2015 bestehenden Fassungen auf die zum 1.1.2017 abzulösenden Pflegestufen; insbesondere liegt den Stichprobenregelungen die Einteilung in Pflegestufen zu Grunde. Mit Ablösung der Pflegestufen durch **Pflegegrade** zum 1.1.2017 durch die Einführung des neuen Pflegebedürftigkeitsbegriffs und des neuen Begutachtungsinstruments sind die Qualitätsprüfungs-Richtlinien und die Pflege-Transparenzvereinbarungen in den vorliegenden Fassungen nicht mehr anwendbar. Mit den nachfolgenden Übergangsregelungen soll insbesondere sichergestellt werden, dass die Qualitätsprüfung und Qualitätsdarstellung an diese Veränderungen angepasst werden.

4   **1. Übergeleitete Pflege-Transparenzvereinbarungen (Abs. 1).** Die Vertragsparteien nach § 113 sind verpflichtet, die betreffenden Regelungen der Pflege-Transparenzvereinbarungen an die Überleitung von Pflegestufen in Pflegegrade anzupassen. Kommt bis zum 30.4.2016 keine Einigung zustande, entscheidet der Qualitätsausschuss in seiner erweiterten Form nach § 113b Abs. 3 bis zum 30.6.2016. Die übergeleiteten Pflege-Transparenzvereinbarungen gelten ab 1.1.2017 bis zum Abschluss der in § 115 Abs. 1a vorgesehenen Qualitätsdarstellungsvereinbarungen.

5   **2. Anhängige Schiedsstellenverfahren (Abs. 2).** Die Schiedsstelle Qualitätssicherung ist mWv 1.1.2016 in einen **Qualitätsausschuss** überführt worden (§ 113b). Schiedsstellenverfahren zu den Pflege-Transparenzvereinbarungen, die bei Inkrafttreten der Regelungen am 1.1.2016 bereits **anhängig** waren, je-

---

1   BT-Dr. 18/6688, 46f., 137f.
2   BGBl. I S. 2424.
3   BT-Dr. 18/6688, 137.

doch noch nicht abgeschlossen sind, sind nach Maßgabe des § 113b Abs. 2, 3 und 8 durch den Qualitätsausschuss und nicht mehr durch die bisherige Schiedsstelle zu entscheiden.[4] Die Verfahren waren nach dem eindeutigen Gesetzeswortlaut bis zum 30.6.2016 abzuschließen. Die Vorschrift ist bereits **obsolet**, da am 1.1.2016 keine Schiedsstellenverfahren mehr anhängig waren.[5]

3. Fortgeltung der Qualitätsprüfungs-Richtlinien (Abs. 3). Die Regelungen zur Qualitätssicherung in der Pflege unterlagen mWv 1.1.2016 erheblichen Änderungen (vgl. §§ 113, 113b, 113c), so dass mit Abs. 3 sichergestellt werden soll, dass Qualitätsprüfungen auch während der Vorbereitung auf ein **neues, wissenschaftsbasiertes Qualitätssicherungsverfahren auf einer verbindlichen Rechtsgrundlage** beruhen.[6] Deshalb ordnet Abs. 3 an, dass die am 31.12.2015 geltenden Qualitätsprüfungs-Richtlinien mit den schrittweisen Anpassungen nach den Abs. 4 und 5 bis zum Inkrafttreten der gemäß § 114a Abs. 7 neu zu schaffenden Richtlinien über die Durchführung der Prüfung der in Pflegeeinrichtungen erbrachten Leistungen und deren Qualität in der ab dem 1.1.2016 geltenden Fassung **fortgelten** und für den Medizinischen Dienst der Krankenversicherung und den Prüfdienst des Verbandes der privaten Krankenversicherung e.V. **verbindlich sind**.[7]

4. Anpassung der Qualitätsprüfungs-Richtlinien (Abs. 4). Der Gesetzgeber hat im Zusammenhang mit der Regelung in Abs. 3 jedoch gleichzeitig festgelegt, dass der Spitzenverband Bund der Pflegekassen die Qualitätsprüfungs-Richtlinien **unverzüglich** an die sich zum 1.1.2016 unmittelbar aus dem Gesetz für Qualitätsprüfungen ergebenden Änderungen – insbesondere in Bezug auf Anlassprüfungen und Abrechnungen als Bestandteil der Qualitätsprüfung – **anzupassen** hat.[8] Hierzu ist ein Beteiligungsverfahren durchzuführen, welches die Mitwirkungsrechte der auf Bundesebene maßgeblichen Organisationen für die Wahrnehmung der Interessen und der Selbsthilfe der pflegebedürftigen und behinderten Menschen (Betroffenenorganisationen) nach § 118 zu beachten hat. Die so angepassten Richtlinien sind durch das Bundesministerium für Gesundheit zu **genehmigen**.

5. Anpassung der nach Abs. 4 angepassten Qualitätsprüfungs-Richtlinien (Abs. 5). Der Spitzenverband Bund der Pflegekassen hat die nach Abs. 4 angepassten Qualitätsprüfungs-Richtlinien (QPR) bis zum 30.9.2016 an die nach Abs. 1 übergeleiteten und nach Abs. 2 geänderten Pflege-Transparenzvereinbarungen **weiter anzupassen**.[9] Hierfür ist ebenfalls ein Beteiligungsverfahren durchzuführen und die Mitwirkungsrechte der Betroffenenorganisationen nach § 118 zu beachten. Die angepassten Richtlinien sind wiederum dem Bundesministerium für Gesundheit vorzulegen und von diesem zu genehmigen. Sie gelten ab 1.1.2017 bis zum Inkrafttreten der in § 114a Abs. 7 vorgesehenen Richtlinien über die Durchführung der Qualitätsprüfung.[10] Eine am 6.9.2016 beschlossene Neufassung der QPR[11] ist am 4.10.2016 durch das BMG genehmigt worden.

§ 116 Kostenregelungen

(1) Die Prüfkosten bei Wirksamkeits- und Wirtschaftlichkeitsprüfungen nach § 79 sind als Aufwand in der nächstmöglichen Vergütungsvereinbarung nach dem Achten Kapitel zu berücksichtigen; sie können auch auf mehrere Vergütungszeiträume verteilt werden.

(2) ¹Die Kosten der Schiedsstellenentscheidung nach § 115 Abs. 3 Satz 3 trägt der Träger der Pflegeeinrichtung, soweit die Schiedsstelle eine Vergütungskürzung anordnet; andernfalls sind sie von den Kostenträgern betroffenen Vertragsparteien gemeinsam zu tragen. ²Setzt die Schiedsstelle einen niedrigeren Kürzungsbetrag fest als von den Kostenträgern gefordert, haben die Beteiligten die Verfahrenskosten anteilig zu zahlen.

---

4 Vgl. BT-Dr. 18/6688, 138.
5 Siehe auch Leitherer, in: KassKomm, § 115a SGB XI Rn. 6.
6 BT-Dr. 18/6688, 138.
7 BT-Dr. 18/6688, 138.
8 BT-Dr. 18/6688, 138.
9 BT-Dr. 18/6688, 138.
10 BT-Dr. 18/6688, 138.
11 Richtlinien des GKV-Spitzenverbandes über die Prüfung der in Pflegeeinrichtungen erbrachten Leistungen und deren Qualität nach § 114 SGB XI (Qualitätsprüfungs-Richtlinien – QPR) vom 6.9.2016, abrufbar unter https://www.gkv-spitzenverband.de/pflegeversicherung/richtlinien_vereinbarungen_formulare/richtlinien_vereinbarungen_formulare.jsp (zuletzt abgerufen am 1.5.2017).

(3) ¹Die Bundesregierung wird ermächtigt, durch Rechtsverordnung mit Zustimmung des Bundesrates die Entgelte für die Durchführung von Wirtschaftlichkeitsprüfungen zu regeln. ²In der Rechtsverordnung können auch Mindest- und Höchstsätze festgelegt werden; dabei ist den berechtigten Interessen der Wirtschaftlichkeitsprüfer (§ 79) sowie der zur Zahlung der Entgelte verpflichteten Pflegeeinrichtungen Rechnung zu tragen.

Literatur:

Dahm, Kostenregelungen im Zusammenhang mit Wirtschaftlichkeitsprüfungen und Schiedsstellenentscheidungen - einige Anmerkungen zu § 116 SGB XI, Die Leistungen 2013, 1; *Schmolz*, Die Regelungen des Pflege-Qualitätssicherungsgesetzes – Teil 1: Ambulante Pflege, PKR 2001, 14; *ders.*, Die Regelungen des Pflege-Qualitätssicherungsgesetzes – Teil 2: Stationäre Pflege, PKR 2001, 36.

I. Entstehungsgeschichte

1 § 116 ist durch das Pflege-Qualitätssicherungsgesetz (**PQsG**) vom 9.9.2001[1] mit Wirkung vom 1.1.2002 eingeführt worden. Das Pflege-Weiterentwicklungsgesetz (**PfWG**) vom 28.5.2008 hat mit Wirkung vom 1.7.2008 den bisherigen Abs. 1 aufgehoben und die neuen Abs. 1 bis 3 (früher 2 bis 4) geändert. Es handelt sich hierbei um Folgeänderungen zum Wegfall der nach dem PQsG noch vorgesehenen Leistungs- und Qualitätsnachweisen.[2]

II. Normzweck

2 § 116 regelt die **Finanzierung** der Kosten bei anlassbezogenen Wirksamkeits- und Wirtschaftlichkeitsprüfungen nach § 79 sowie die **Kostentragung** für Schiedsstellenverfahren nach § 115 Abs. 3 S. 3, in denen über Vergütungskürzungen wegen Schlechtleistung befunden wird.[3] Sie geht dabei in Übereinstimmung mit der Praxis in anderen Wirtschafts- und Dienstleistungsbereichen davon aus, dass Prüfkosten normaler **Betriebsaufwand** sind, der über den Preis finanziert wird.[4] Dem entsprechend können Stellen, die Leistungs- und Qualitätsnachweise erteilen oder Wirtschaftlichkeitsprüfungen durchführen, hierfür Kosten geltend machen, die von den Pflegeeinrichtungen in die Vergütungen und Entgelte eingestellt werden dürfen. Der Gesetzgeber hat so eine sichere Rechtsgrundlage für diese beiden Kostenbereiche geschaffen.[5]

III. Prüfkosten bei Wirksamkeits- und Wirtschaftlichkeitsprüfungen

3 **1. Kosten für Wirksamkeitsprüfungen.** Leistungs- und Qualitätsnachweise wurden nach dem in § 113 aF geregelten Prüfverfahren von unabhängigen Sachverständigen oder Prüfstellen, die von den Landes- oder Bundesverbänden der Pflegekassen anerkannt werden mussten, erteilt. Nach Streichung des § 113 durch das PfWG waren Anpassungen in der Vorschrift notwendig geworden.[6] Nach § 79 können die Landesverbände der Pflegekassen sowohl die Wirtschaftlichkeit als auch die Wirksamkeit der ambulanten, teilstationären und vollstationären Pflegeleistungen durch von ihnen bestellte Sachverständige prüfen lassen. Abs. 1 legt fest, dass die **geprüften Einrichtungen** die Kosten von Leistungs- und Qualitätsnachweisen zu tragen haben. Jedoch wird die **Pflegesatzfähigkeit** dieser Prüfungskosten anerkannt und den Einrichtungen das Recht eingeräumt, die Kosten als Aufwand in die nächstmögliche Vergütungsvereinbarung mit Wirkung in die Zukunft einzustellen.[7]

4 Im Interesse einer hohen **Flexibilität** bei der Gestaltung der Vergütungen und Entgelte wird eine Verteilung der Kosten auf mehrere Vergütungszeiträume ermöglicht (Abs. 1 Hs. 2).[8]

5 **2. Kosten für Wirtschaftlichkeitsprüfungen.** Nach dem SGB XI können nicht nur Qualitätsprüfungen, sondern auch **Wirtschaftlichkeitsprüfungen** der zugelassenen Pflegeeinrichtungen durchgeführt werden. Die Verteilung dieser Prüfkosten war nach altem Recht in den Rahmenverträgen zu § 75 zu regeln. Nach der Gesetzesbegründung hätten aber die bislang hierzu getroffenen Vereinbarungen der

---

1 BGBl. I, 2320.
2 BT-Dr. 16/7439, 90.
3 BT-Dr. 14/5395, 44.
4 BT-Dr. 14/5395, 44.
5 Gutzler in: Hauck/Noftz, SGB XI, § 116 Rn. 2.
6 BT-Dr. 16/7439, 90.
7 Gutzler in: Hauck/Noftz, SGB XI, § 116 Rn. 3; Knittel in: Krauskopf, § 116 SGB XI Rn. 3.
8 BT-Dr. 14/5395, 44.

Selbstverwaltung über die Verteilung der Prüfkosten in den Rahmenvereinbarungen nach § 75 dazu beigetragen, dass derartige Prüfungen nicht in dem gebotenen Umfang erfolgt seien.⁹ Abs. 2 erstreckt daher die Vorgaben zur Finanzierung der Kosten für Leistungs- und Qualitätsnachweise auch auf die Wirtschaftlichkeitsprüfungen mit dem Ziel, auch für diese Prüfungen eine sichere **Rechtsgrundlage** für die Aufbringung der Prüfkosten zu schaffen.¹⁰ Auch die Prüfkosten für die Wirtschaftlichkeitsprüfung können auf mehrere Vergütungszeiträume verteilt werden (Abs. 1 Hs. 2).

3. Kürzung. Die neue Vorschrift des § 115 Abs. 3 sieht die Möglichkeit zur **Vergütungskürzung** vor, wenn eine zugelassene Pflegeeinrichtung ihre gesetzlichen oder vertraglichen Pflichten nicht einhält. Über den Kürzungsbetrag ist zwischen den Vergütungsparteien **Einvernehmen** anzustreben. Im Falle der Nichteinigung ist ein Schiedsstellenverfahren vorgesehen. Abs. 2 regelt je nach Ausgang des Schiedsstellenverfahrens die Kostentragung für das Schiedsstellenverfahren. Die Verteilung der Verfahrenskosten kann im Streitfall im Rahmen des sozialgerichtlichen Verfahrens nach § 115 Abs. 3 S. 4 geprüft werden.¹¹

IV. Kosten der Schiedsstellenentscheidung

Abs. 2 legt lediglich fest, nach welchen Grundsätzen die Schiedsstelle im Falle eines Vergütungskürzungsverfahrens nach § 115 Abs. 3 eine Kostenentscheidung zu treffen hat. Es handelt sich hierbei um eine **Sonderregelung** zu den hierbei anfallenden reinen Verfahrenskosten.¹² Die darin aufgestellte Kostenverteilungsregel orientiert sich an der Obsiegens-/Unterliegensquote im Verfahren.¹³ Über die konkrete **Kostenhöhe** wird dagegen keine Regelung getroffen, so dass auf die landesrechtlichen Regelungen, die auf der Grundlage des § 76 Abs. 5 ergangen sind,¹⁴ zurückzugreifen ist.¹⁵ Dagegen ist Abs. 2 **lex specialis** zu den jeweiligen Kostenverteilungsregelungen, die in den landesrechtlichen Schiedsverordnungen vorgesehen sind.

Die Entscheidung der Schiedsstelle über die Kostenverteilung kann nicht gesondert angegriffen werden, vielmehr muss auch hier der zugrundeliegende Schiedsspruch zum Gegenstand des gerichtlichen (Überprüfungs-)Verfahrens gemacht werden.¹⁶ Kommt es zu einem solchen sozialgerichtlichen Verfahren, umfasst die Kostenentscheidung des Sozialgerichts auch die Kosten des Schiedsstellenverfahrens.¹⁷

V. Rechtsverordnungsermächtigung

Abs. 3 enthält die Ermächtigung für die Bundesregierung zur Regelung der Prüfkosten durch Rechtsverordnung mit Zustimmung des Bundesrates. Werden durch die Rechtsverordnung Mindest- und Höchstsätze festgelegt, so ist nach dem Wortlaut der Regelung in Abs. 3 S. 2 Hs. 2, den berechtigten Interessen sowohl der Prüfer als auch der zur Zahlung der Entgelte verpflichteten Einrichtungen Rechnung zu tragen. Dies erscheint nach einer Auffassung in der Literatur „wenig aussagekräftig" bzw. „wenig präzise".¹⁸ Bislang ist eine derartige Rechtsverordnung nicht erlassen worden.

§ 117 Zusammenarbeit mit den nach heimrechtlichen Vorschriften zuständigen Aufsichtsbehörden

(1) ¹Die Landesverbände der Pflegekassen sowie der Medizinische Dienst der Krankenversicherung und der Prüfdienst des Verbandes der privaten Krankenversicherung e.V. arbeiten mit den nach heimrechtlichen Vorschriften zuständigen Aufsichtsbehörden bei der Zulassung und der Überprüfung der Pflegeeinrichtungen eng zusammen, um ihre wechselseitigen Aufgaben nach diesem Buch und nach den heimrechtlichen Vorschriften insbesondere durch

---

9 BT-Dr. 14/5395, 44.
10 BT-Dr. 14/5395, 44.
11 BT-Dr. 14/5395, 44.
12 Gutzler in: Hauck/Noftz, SGB XI, § 116 Rn. 7.
13 Gutzler in: Hauck/Noftz, SGB XI, § 116 Rn. 8.
14 Zu den einzelnen Schiedsstellenverordnungen siehe § 76 Rn. 2.
15 Gutzler in: Hauck/Noftz, SGB XI, § 116 Rn. 9; Dahm in: jurisPK-SGB XI, § 116 Rn. 9.
16 Gutzler in: Hauck/Noftz, SGB XI, § 116 Rn. 10.
17 Knittel in: Krauskopf, § 116 SGB XI Rn. 5.
18 Leitherer in: KassKomm, § 116 SGB XI Rn. 8; Evers in: BeckOK SozR, SGB XI, § 116 Abs. 4.

1. regelmäßige gegenseitige Information und Beratung,
2. Terminabsprachen für eine gemeinsame oder arbeitsteilige Überprüfung von Pflegeeinrichtungen und
3. Verständigung über die im Einzelfall notwendigen Maßnahmen

wirksam aufeinander abzustimmen. ²Dabei ist sicherzustellen, dass Doppelprüfungen nach Möglichkeit vermieden werden. ³Zur Erfüllung dieser Aufgaben sind die Landesverbände der Pflegekassen sowie der Medizinische Dienst und der Prüfdienst des Verbandes der privaten Krankenversicherung e.V. verpflichtet, in den Arbeitsgemeinschaften nach den heimrechtlichen Vorschriften mitzuwirken und sich an entsprechenden Vereinbarungen zu beteiligen.

(2) ¹Die Landesverbände der Pflegekassen sowie der Medizinische Dienst und der Prüfdienst des Verbandes der privaten Krankenversicherung e.V. können mit den nach heimrechtlichen Vorschriften zuständigen Aufsichtsbehörden oder den obersten Landesbehörden ein Modellvorhaben vereinbaren, das darauf zielt, eine abgestimmte Vorgehensweise bei der Prüfung der Qualität von Pflegeeinrichtungen nach diesem Buch und nach heimrechtlichen Vorschriften zu erarbeiten. ²Von den Richtlinien nach § 114a Absatz 7 und den nach § 115 Absatz 1a bundesweit getroffenen Vereinbarungen kann dabei für die Zwecke und die Dauer des Modellvorhabens abgewichen werden. ³Die Verantwortung der Pflegekassen und ihrer Verbände für die inhaltliche Bestimmung, Sicherung und Prüfung der Pflege-, Versorgungs- und Betreuungsqualität nach diesem Buch kann durch eine Zusammenarbeit mit den nach heimrechtlichen Vorschriften zuständigen Aufsichtsbehörden oder den obersten Landesbehörden weder eingeschränkt noch erweitert werden.

(3) ¹Zur Verwirklichung der engen Zusammenarbeit sind die Landesverbände der Pflegekassen sowie der Medizinische Dienst der Krankenversicherung und der Prüfdienst des Verbandes der privaten Krankenversicherung e.V. berechtigt und auf Anforderung verpflichtet, der nach heimrechtlichen Vorschriften zuständigen Aufsichtsbehörde die ihnen nach diesem Buch zugänglichen Daten über die Pflegeeinrichtungen, insbesondere über die Zahl und Art der Pflegeplätze und der betreuten Personen (Belegung), über die personelle und sächliche Ausstattung sowie über die Leistungen und Vergütungen der Pflegeeinrichtungen, mitzuteilen. ²Personenbezogene Daten sind vor der Datenübermittlung zu anonymisieren.

(4) ¹Erkenntnisse aus der Prüfung von Pflegeeinrichtungen sind vom Medizinischen Dienst der Krankenversicherung, dem Prüfdienst des Verbandes der privaten Krankenversicherung e.V. oder von den sonstigen Sachverständigen oder Stellen, die Qualitätsprüfungen nach diesem Buch durchführen, unverzüglich der nach heimrechtlichen Vorschriften zuständigen Aufsichtsbehörde mitzuteilen, soweit sie zur Vorbereitung und Durchführung von aufsichtsrechtlichen Maßnahmen nach den heimrechtlichen Vorschriften erforderlich sind. ²§ 115 Abs. 1 Satz 1 bleibt hiervon unberührt.

(5) ¹Die Pflegekassen und ihre Verbände sowie der Medizinische Dienst der Krankenversicherung und der Prüfdienst des Verbandes der privaten Krankenversicherung e.V. tragen die ihnen durch die Zusammenarbeit mit den nach heimrechtlichen Vorschriften zuständigen Aufsichtsbehörden entstehenden Kosten. ²Eine Beteiligung an den Kosten der nach heimrechtlichen Vorschriften zuständigen Aufsichtsbehörden oder anderer von nach heimrechtlichen Vorschriften zuständigen Aufsichtsbehörde beteiligter Stellen oder Gremien ist unzulässig.

(6) ¹Durch Anordnungen der nach heimrechtlichen Vorschriften zuständigen Aufsichtsbehörde bedingte Mehr- oder Minderkosten sind, soweit sie dem Grunde nach vergütungsfähig im Sinne des § 82 Abs. 1 sind, in der nächstmöglichen Pflegesatzvereinbarung zu berücksichtigen. ²Der Widerspruch oder die Klage einer Vertragspartei oder eines Beteiligten nach § 85 Abs. 2 gegen die Anordnung hat keine aufschiebende Wirkung.

Literatur:

Gaertner/van Essen, Qualitätsprüfungen in Einrichtungen der ambulanten und stationären Pflege nach SGB XI – Prüfgrundlagen für den MDK und Pflegedokumentation als Teil der Prozessqualität, GuP 2013, 88; *Hanika*, Qualitätssicherung in der Pflege aus juristischer und ökonomischer Sicht, PflR 2003, 235; *Moldenhauer*, Pflegeversicherung – Der „lange Marsch" zur Umsetzung der Reformen, BKK 2002, 175.

I. Entstehungsgeschichte	1	IV. Informationsweitergabe (Abs. 3 und 4)	15
II. Normzweck	4	V. Kostentragung (Abs. 5 und 6)	18
III. Grundsätze der Zusammenarbeit (Abs. 1 und 2)	7	VI. Rechtsschutz	20

I. Entstehungsgeschichte

§ 117 wurde durch das Pflege-Qualitätssicherungsgesetz (**PQsG**) vom 9.9.2001[1] mit Wirkung vom 1.1.2002 in das SGB XI eingefügt. Folgeänderungen erfolgten durch das Pflege-Weiterentwicklungsgesetz (**PfWG**) vom 28.5.2008[2] mit Wirkung vom 1.7.2008 und durch das Gesetz zur Neuregelung der zivilrechtlichen Vorschriften des HeimG nach der Föderalismusreform vom 29.7.2009[3] mit Wirkung vom 1.10.2009.

Eine weitere Änderung erfolgte durch das Gesetz zur Änderung des Infektionsschutzgesetzes und weiterer Gesetze (**IfSGuaÄndG**) vom 28.7.2011[4] mit Wirkung vom 4.8.2011. Hierbei handelte es sich um Folgeänderungen. Geregelt wird nunmehr, dass der Prüfdienst des Verbandes der privaten Krankenversicherung e.V. sich in gleicher Weise wie der Medizinische Dienst der Krankenversicherung an der engen Zusammenarbeit (gegenseitige Information und Beratung, Terminabsprachen oder Verständigung über notwendige Maßnahmen) mit den nach heimrechtlichen Vorschriften zuständigen Aufsichtsbehörden bei der Überprüfung der Pflegeeinrichtungen zu beteiligen hat.[5] Dies soll einem effektiven und unbürokratischen Prüfgeschehen dienen. Die dabei für den Prüfdienst des Verbandes der privaten Krankenversicherung e.V. durch die Zusammenarbeit mit den nach heimrechtlichen Vorschriften zuständigen Aufsichtsbehörden entstehenden Kosten sind durch ihn zu tragen.

§ 117 wurde des Weiteren mit Wirkung vom 30.10.2012 geändert durch das Gesetz zur Neuausrichtung der Pflegeversicherung (Pflege-Neuausrichtungs-Gesetz – **PNG**) vom 23.10.2012.[6] Insbesondere wurde mit der Erweiterung in Abs. 2 eine Regelung eingeführt, die für die Kassen, den Medizinischen Dienst der Krankenversicherung und den Prüfdienst des Verbandes der privaten Krankenversicherung e.V. die Möglichkeit der Vereinbarung von Modellvorhaben mit dem Ziel der besseren Koordinierung des Vorgehens bei der Qualitätsprüfung vorsieht. Zuletzt erfolgte durch Art. 1 Nr. 28a des **Ersten Gesetzes zur Stärkung der pflegerischen Versorgung und zur Änderung weiterer Vorschriften (Erstes Pflegestärkungsgesetz – PSG I)** vom 17.12.2014[7] mWv **1.1.2015** eine Änderung des Abs. 2 S. 1 und S. 3 (→ Rn. 19 f.). Zuletzt erfolgten durch das Zweite Pflegestärkungsgesetz (**PSG II**) vom 21.12.2015[8] Änderungen in Form von Streichungen in Abs. 2 S. 2 und Abs. 4 S. 2. Hierbei handelt es sich lediglich um redaktionelle Folgeänderungen aufgrund der Änderung des § 115 Abs. 1a.[9]

II. Normzweck

Die Vorschrift regelt die **Zusammenarbeit** der nach heimrechtlichen Vorschriften zuständigen Aufsichtsbehörden mit den Landesverbänden der Pflegekassen sowie dem Medizinischen Dienst der Krankenversicherung und dem Prüfdienst des Verbandes der privaten Krankenversicherung. Dies erfordert eine klare Definition und **Zuordnung** der Rechte und Pflichten der Landesverbände der Pflegekassen und des Medizinischen Dienstes der Krankenversicherung gegenüber den Aufsichtsrechten der staatlichen Heimaufsichtsbehörden der Länder.

Abs. 1 enthält den Grundsatz der engen **Zusammenarbeit** bei der Zulassung und Überprüfung der Pflegeeinrichtungen. Da in einigen Landesnachfolgeregelungen zum HeimG auch ambulant betreute Wohnformen für pflegebedürftige Menschen in den Anwendungsbereich einbezogen sind und unter Berücksichtigung bestimmter ordnungsrechtlicher Anforderungen von der zuständigen Aufsichtsbehörde überprüft werden, wurden die Regelungen über die Zusammenarbeit der Landesverbände der Pflegekassen, des Medizinischen Dienstes der Krankenversicherung und des Prüfdienstes des Verbandes der privaten Krankenversicherung mit den Aufsichtsbehörden des jeweiligen Landes durch das WBVG auf alle Pflegeeinrichtungen ausgeweitet. Letztlich bezieht sich die Zusammenarbeitspflicht aber nur auf die Heimaufsichtsbehörden und enthält somit lediglich eine begrenzte Koordination von Aufsichtsmaßnahmen.[10]

---

1 BGBl. I, 2320.
2 BGBl. I, 874.
3 BGBl. I, 2319.
4 BGBl. I, 1622.
5 BT-Dr. 17/5178, 26.
6 BGBl. I, 2246.
7 BGBl. I, 2222; s. dazu BT-Dr. 18/2909, 25, 45.
8 BGBl. I, 2424.
9 BT-Dr. 18/5926, 106.
10 Bachem/Klie in: LPK-SGB XI, § 117 Rn. 2.

6 Mit der Möglichkeit der Vereinbarung von fakultativen Modellvorhaben nach Abs. 2 soll die Entwicklung einheitlicher Prüfkriterien und einer einheitlichen Verfahrensanleitung, aber auch die Abstimmung einer arbeitsteiligen Prüfung unter Wahrung der jeweiligen gesetzlichen Befugnisse und Verantwortlichkeiten erreicht werden können.[11] In der Vergangenheit hat sich nämlich immer wieder gezeigt, dass die Zusammenarbeit und Koordination der Heimaufsichtsbehörden mit den Landesverbänden der Pflegekassen sowie dem Medizinischen Dienst der Krankenversicherung und dem Prüfdienstes der PKV unbefriedigend ist.[12]

III. Grundsätze der Zusammenarbeit (Abs. 1 und 2)

7 Abs. 1 und 2 enthalten die **wesentlichen Grundsätze** der Zusammenarbeit, organisatorisch zusammengefasst in einer Arbeitsgemeinschaft. Die Landesverbände der Pflegekassen und der Medizinische Dienst der Krankenkassen sowie die Heimaufsichtsbehörden haben sich gegenseitig zu informieren und sich über das Vorgehen im Einzelfall zu verständigen. Sie sind darauf ausgerichtet die wechselseitigen Aufgaben der Beteiligten nach dem SGB XI und nach dem Heimgesetz durch gegenseitige Information und Beratung, Terminabsprachen für eine gemeinsame oder arbeitsteilige Überprüfung von Heimen oder Verständigung über die im Einzelfall notwendigen Maßnahmen wirksam aufeinander abzustimmen (S. 1).[13]

8 Dabei stellt Abs. 2 auch klar, dass es dadurch nicht zu Kompetenzverschiebungen zwischen den Beteiligten kommen soll. Ebenso können Weisungen nicht erteilt werden; es geht also um eine gleichberechtigte „Partnerschaft".

9 Diese Grundsätze sind allgemein gehalten und stellen keine einklagbaren Rechte und Pflichten dar.[14] Aus diesem Grund kann auch der Austausch von Informationen gegenüber der geprüften Pflegeeinrichtung keine Pflichtverletzung begründen.[15]

10 Nach Abs. 1 S. 2 sind **Doppelprüfungen** soweit wie möglich zu vermeiden, um den personellen und zeitlichen Aufwand auf ein „erträgliches Mindestmaß" zu begrenzen und Synergieeffekte für alle Beteiligten nutzbar zu machen.[16] Diesem Ziel dient auch die Verpflichtung, an den Arbeitsgemeinschaften nach § 20 Abs. 5 Heimgesetz mitzuwirken. Dies korrespondiert mit der geforderten engen Zusammenarbeit, die einen umfassenden Informationsaustausch sicherstellen soll. Eine weitergehende Prüfung ist aber dann zulässig, wenn bestimmte Sachverhalte noch nicht erfasst worden sind.[17]

11 Abs. 2 unterstreicht, dass die originäre Verantwortung der Pflegekassen für die inhaltliche Bestimmung, Sicherung und Prüfung der Pflege-, Versorgungs- und Betreuungsqualität nach dem SGB XI durch eine Zusammenarbeit mit den Heimaufsichtsbehörden weder eingeschränkt noch erweitert werden kann. Eine Weisungsbefugnis der staatlichen Heimaufsichtsbehörde ist nicht gegeben.[18]

12 Mit der Änderung in Abs. 2 S. 1 und S. 3 durch das **Erste Pflegestärkungsgesetz (PSG I)** vom 17.12.2014[19] (→ Rn. 3) hinsichtlich der Einbeziehung nicht nur der nach heimrechtlichen Vorschriften zuständigen Aufsichtsbehörden, sondern auch der **obersten Landesbehörden** reagiert der Gesetzgeber auf die bestehenden Situationen in einigen Ländern, in denen die aufsichtsrechtliche Überprüfung stationärer Einrichtungen den Kreisen und kreisfreien Städten als Aufgabe zur Erfüllung nach Weisung übertragen wurde und die Rechts- und Fachaufsicht dem Ministerium obliegt.[20] Die bestehende Verantwortung der Pflegekassen und ihrer Verbände für die inhaltliche Bestimmung, Sicherung und Prüfung der Pflege-, Versorgungs- und Betreuungsqualität wird dadurch nicht angetastet (Abs. 2 S. 3).[21]

13 Nach Abs. 2 S. 1 besteht nunmehr die Möglichkeit der Vereinbarung von sog **Modellvorhaben** im Bereich der Qualitätsprüfung. Es geht insbesondere darum, die Vorgehensweise zu koordinieren und inhaltlich abzustimmen, damit etwa Doppelprüfungen oder sich divergierende Prüfungen ausgeschlossen

---

11 BT-Dr. 17/9369, 50.
12 Bachem/Klie in: LPK-SGB XI, § 117 Rn. 2.
13 BT-Dr. 14/5395, 45.
14 Knittel in: Krauskopf, § 117 SGB XI Rn. 3.
15 Knittel in: Krauskopf, § 117 SGB XI Rn. 3.
16 BT-Dr. 14/5395, 45; Gutzler in: Hauck/Noftz, SGB XI, § 117 Rn. 4 b.
17 Gutzler in: Hauck/Noftz, SGB XI, § 117 Rn. 4 b, der in diesem Fall ebenfalls von einer Doppelprüfung spricht, obwohl eine solche in diesem so verstandenen Sinne gerade nicht vorliegt.
18 BT-Dr. 14/5395, 45.
19 BGBl. I, 2222.
20 BT-Dr. 18/2909, 45; BR-Dr. 223/14, 26.
21 Siehe BT-Dr. 18/2909, 45.

werden. Darüber hinaus sollen bei der Entwicklung einheitlicher Qualitätskriterien und Prüfanleitungen neue fachliche Erkenntnisse, wie etwa die Ergebnisse des Modellprojekts „Entwicklung und Erprobung von Instrumenten zur Beurteilung der Ergebnisqualität in der stationären Altenhilfe" berücksichtigt werden.[22] Sollte das Modelvorhaben mit Erfolg eingesetzt werden, besteht die Möglichkeit des dauerhaften Einsatzes.[23]

Den Vorschlag des Bundesrates, für den Fall, dass sich ein Modellvorhaben bewährt hat, eine Verlängerung erstmalig für höchstens fünf Jahre vorzusehen und danach auf Dauer zuzulassen, um auf diese Weise erfolgreich abgeschlossene Modelvorhaben langfristig einzubinden,[24] hat der Gesetzgeber nicht aufgegriffen. 14

IV. Informationsweitergabe (Abs. 3 und 4)

Prüfergebnisse nach dem SGB XI sind den nach heimrechtlichen Vorschriften zuständigen Aufsichtsbehörden nach Abs. 4 mitzuteilen, wenn sie dies zu Wahrnehmung ihrer Aufgaben benötigen. Hier geht es um die Weiterleitung der Ergebnisse von Qualitätsprüfungen und festgestellten Mängeln. Hiervon bleibt die Mitteilungsverpflichtung nach § 115 Abs. 1 S. 1 und 2, wonach der Medizinische Dienst der Krankenversicherung, der Prüfdienst des Verbandes der privaten Krankenversicherung sowie die von den Landesverbänden der Pflegekassen bestellten Sachverständigen das Ergebnis einer jeden Qualitätsprüfung sowie die dabei gewonnenen Daten und Informationen den zuständigen Aufsichtsbehörden zur Erfüllung ihrer gesetzlichen Aufgaben mitzuteilen haben, unberührt (Abs. 4 S. 2).[25] Eine Anonymisierung der Daten findet nicht statt.[26] Die Mitteilung der Prüfergebnisse sind gem. § 121 BGB **unverzüglich** an die nach heimrechtlichen Vorschriften zuständigen Aufsichtsbehörden weiterzuleiten, soweit sie zur Vorbereitung aufsichtsrechtlichen Maßnahmen erforderlich sind.[27] Der Informationsaustausch wird unter datenschutzrechtlichen Gesichtspunkten kritisch gesehen.[28] 15

Weitere darüber hinausgehende Informationen sind nur auf entsprechende Anforderung (Antrag) oder aber bei fehlender Anordnung nach **Ermessen** zu erteilen (Abs. 3). Das Ermessen ist hierbei pflichtgemäß auszuüben, nämlich ob die entsprechenden Informationen für die zuständige Aufsichtsbehörde relevant ist, also wenn etwa aufgrund der Datenlage ein Einschreiten der Aufsichtsbehörde notwendig erscheint. In den Fällen des Abs. 3 hat eine **Anonymisierung** personenbezogener Daten stattzufinden (Abs. 3 S. 2). 16

Der **Unterschied** zwischen den Abs. 3 und 4 besteht darin, dass im Fall des Abs. 3 **allgemeine** Angaben über die Struktur des Heimes weitergeleitet werden dürfen, während es sich im Fall des Abs. 4 um konkrete Erkenntnisse aus Qualitätsprüfungen handelt.[29] Die in Abs. 3 aufgezählten Daten sind nicht abschließend, sondern nur **regelbeispielhaft** aufgeführt. 17

V. Kostentragung (Abs. 5 und 6)

In Abs. 5 ist bestimmt, dass die Pflegekassen und ihre Verbände sowie der Medizinische Dienst der Krankenversicherung nur die Kosten zu tragen haben, die ihnen selber in Wahrnehmung ihrer **originären** Aufgaben entstehen. Dies gilt auch für die Aufwendungen, die ihnen im Rahmen der engen Zusammenarbeit mit der zuständigen Heimaufsichtsbehörde entstehen, wie etwa Fahrtkosten.[30] Unzulässig ist dagegen eine finanzielle Beteiligung an den Aufwendungen der Heimaufsicht oder von ihr beteiligter Stellen oder Gremien.[31] 18

Durch Anordnungen der Heimaufsichtsbehörde bedingte **Mehr- oder Minderkosten** sind, soweit sie dem Grunde nach vergütungsfähig im Sinne von § 82 Abs. 1 sind, in der nächstmöglichen Pflegesatzvereinbarung zu berücksichtigen (Abs. 6).[32] 19

---

22 BT-Dr. 17/9369, 50.
23 BT-Dr. 17/9669, 15.
24 Vgl. BR-Dr. 223/14, 27, BR-Dr. 18/2379, 12.
25 BT-Dr. 14/6308, 32.
26 Gutzler in: Hauck/Noftz, SGB XI, § 117 Rn. 5 a.
27 Bassen in: Udsching, § 117 Rn. 7.
28 Bachem/Klie in: LPK-SGB XI, § 117 Rn. 5.
29 BT-Dr. 14/5395, 45.
30 Bachem/Klie in: LPK-SGB XI, § 117 Rn. 11.
31 BT-Dr. 14/5395, 45.
32 BT-Dr. 14/5395, 45.

VI. Rechtsschutz

20 Die Parteien der Pflegesatzvereinbarungen im Sinne von § 85 Abs. 2 können gegen Vergütungsanordnungen der heimrechtlichen Behörden Widerspruch und Anfechtungsklage erheben. Abs. 6 S. 2 stellt klar, dass Widerspruch und Klage des Pflegeheimes oder der Pflegekassen gegen eine Anordnung der Heimaufsichtsbehörde keine aufschiebende Wirkung haben.[33]

§ 118 Beteiligung von Interessenvertretungen, Verordnungsermächtigung

(1) ¹Bei Erarbeitung oder Änderung
1. der in § 17 Absatz 1, den §§ 18 b, 114 a Absatz 7 und § 115 a Absatz 3 bis 5 vorgesehenen Richtlinien des Spitzenverbandes Bund der Pflegekassen sowie
2. der Vereinbarungen und Beschlüsse nach § 37 Absatz 5 in der ab dem 1. Januar 2017 geltenden Fassung, den §§ 113, 113 a, 115 Absatz 1 a sowie § 115 a Absatz 1 Satz 3 und Absatz 2 durch den Qualitätsausschuss nach § 113 b sowie der Vereinbarungen und Beschlüsse nach § 113 c und der Vereinbarungen nach § 115 a Absatz 1 Satz 1

wirken die auf Bundesebene maßgeblichen Organisationen für die Wahrnehmung der Interessen und der Selbsthilfe pflegebedürftiger und behinderter Menschen nach Maßgabe der Verordnung nach Absatz 2 beratend mit. ²Das Mitberatungsrecht beinhaltet auch das Recht zur Anwesenheit bei Beschlussfassungen. ³Bei den durch den Qualitätsausschuss nach § 113 b zu treffenden Entscheidungen erhalten diese Organisationen das Recht, Anträge zu stellen. ⁴Der Qualitätsausschuss nach § 113 b hat über solche Anträge in der nächsten Sitzung zu beraten. ⁵Wenn über einen Antrag nicht entschieden werden kann, soll in der Sitzung das Verfahren hinsichtlich der weiteren Beratung und Entscheidung festgelegt werden. ⁶Ehrenamtlich Tätige, die von den auf Bundesebene maßgeblichen Organisationen nach Maßgabe einer auf Grund des Absatzes 2 erlassenen Verordnung in die Gremien des Qualitätsausschusses nach § 113 b entsandt werden, damit sie dort die in den Sätzen 1 und 3 genannten Rechte dieser Organisationen wahrnehmen, haben Anspruch auf Erstattung der Reisekosten, die ihnen durch die Entsendung entstanden sind. ⁷Das Nähere zur Erstattung der Reisekosten regeln die Vereinbarungspartner in der Geschäftsordnung nach § 113 b Absatz 7.

(2) Das Bundesministerium für Gesundheit wird ermächtigt, durch Rechtsverordnung mit Zustimmung des Bundesrates Einzelheiten festzulegen für
1. die Voraussetzungen der Anerkennung der für die Wahrnehmung der Interessen und der Selbsthilfe der pflegebedürftigen und behinderten Menschen maßgeblichen Organisationen auf Bundesebene, insbesondere zu den Erfordernissen an die Organisationsform und die Offenlegung der Finanzierung, sowie
2. das Verfahren der Beteiligung.

Literatur:

Kaminski, Das Pflegestärkungsgesetz II – ein Überblick für die Praxis, GuP 2015, 216; *Marburger*, Neuerungen in der gesetzlichen Pflegeversicherung – Pflegestärkungsgesetz II ändert zahlreiche Bereiche, GuP 2016, 71.

I. Entstehungsgeschichte 1	IV. Verordnungsermächtigung (Abs. 2) 10
II. Normzweck 3	V. Pflegebedürftigenbeteiligungsverordnung ... 11
III. Beteiligungsrecht (Abs. 1) 4	

I. Entstehungsgeschichte

1 Erstmals eingefügt wurde § 118 durch Art. 1 Nr. 23 des Gesetzes zur Qualitätssicherung und zur Stärkung des Verbraucherschutzes in der Pflege (Pflege-Qualitätssicherungsgesetz – PQsG) vom 9.9.2001[1] mit Wirkung vom 1.1.2002. In der bis 2008 gültigen Fassung regelte § 118 die Ermächtigung der Bundesregierung Beratungs- und Prüfvorschriften zur Qualitätssicherung in der ambulanten, teil- und vollstationären Pflege zu erlassen. Mit Gesetz zur strukturellen Weiterentwicklung der Pflegeversicherung

---

33 BT-Dr. 14/5395, 45.
1 BGBl. I, 2320.

(Pflege-Weiterentwicklungsgesetz) vom 28.5.2008[2] wurde die Vorschrift durch Art. 1 Nr. 77 mit Wirkung vom 1.7.2008 aufgehoben.
Mit Gesetz zur Neuausrichtung der Pflegeversicherung (Pflege-Neuausrichtungs-Gesetz – **PNG**) vom 23.10.2012[3] wurde § 118 mit Wirkung vom 30.10.2012 neu geregelt. Die jetzige Fassung des § 118 findet keine Entsprechung zu der bis 2008 geltenden Regelung (→ Rn. 1). Zuletzt wurde § 118 Abs. 1 S. 1 Nr. 1 und 2 durch das zweite Gesetz zur Stärkung der pflegerischen Versorgung und zur Änderung weiterer Vorschriften (Zweites Pflegestärkungsgesetz – **PSG II**) vom 21.12.2015[4] mit Wirkung vom 1.1.2016 geändert. Es handelt sich hierbei um eine redaktionelle Folgeänderung aufgrund der Änderung der §§ 45 a und 45 b sowie des § 37 Abs. 5 und aufgrund der Änderung der Entscheidungsstrukturen der Selbstverwaltung (Qualitätsausschuss nach § 113 b SGB XI).

II. Normzweck

Die Neufassung sieht nunmehr eine **Beteiligung** von Betroffenenorganisationen im Bereich der Begutachtung und Qualitätssicherung vor, da diese in der Vergangenheit von den Betroffenen und ihren Organisationen als unzureichend empfunden wurden, insbesondere weil sich das Beteiligungsrecht in der Möglichkeit der Abgabe von Stellungnahmen erschöpfte.[5] Ziel der Neuregelung in Abs. 1 ist es, in Anlehnung an §§ 140 f, 140 g, 140 h SGB V zur Patientenbeteiligung, die Betroffenenperspektive bei Fragen der Begutachtung und im Qualitätsbereich durch eine stärkere und effektivere Beteiligung besser einzubinden, um so die Souveränität der Betroffenen zu stärken. Zu diesem Zweck regelt die Vorschrift die **Partizipation** der Interessenvertretungen der Betroffenen bei westlichen Entscheidungen, jedoch nur in Form eines Anwesenheits- und Mitberatungsrechts. Der Gesetzgeber möchte auf diese Weise vor allem sachgerechtere Lösungen und die Akzeptanz der Entscheidungen fördern.[6]

III. Beteiligungsrecht (Abs. 1)

Die Beteiligung von Betroffenenorganisationen war im Pflegeversicherungsrecht bisher uneinheitlich geregelt und ging – mit Ausnahme des Vorschlagsrechts zu Expertenstandards – über ein sog qualifiziertes Stellungnahmerecht, in Form einer frühzeitigen Übersendung der entsprechenden Entscheidungsunterlagen und einer angemessenen Stellungnahmefrist, nicht hinaus.[7] Die zu beteiligenden Organisationen werden in der Vorschrift namentlich nicht genannt (zur Konkretisierung → Rn. 10 ff.).

Die Beteiligung bei Richtlinien des Spitzenverbandes Bund der Pflegekassen zur Dienstleistungsorientierung im Begutachtungsverfahren – die Richtlinienkompetenz wird in § 18 b verankert – wird von der Regelung ausdrücklich umfasst. Dabei geht es um das Recht zur **Anwesenheit** bei Beschlussfassungen (Richtlinien des Spitzenverbands Bund der Pflegekassen) und Beratungen über Vereinbarungen der Selbstverwaltungspartner.

Im Qualitätsbereich werden die Maßstäbe und Grundsätze zur Sicherung und Weiterentwicklung der Qualität, die Sicherstellung der Entwicklung und Aktualisierung von Expertenstandards, die Qualitätsprüfungsrichtlinien und die Transparenzvereinbarungen von der Regelung erfasst.[8]

Abs. 1 sieht sowohl ein **Anwesenheitsrecht** als auch ein **Mitberatungsrecht** vor; wobei das Mitberatungsrecht kein Stimmrecht umfasst. Das Mitberatungsrecht stellt ein **subjektives**, einklagbares Recht dar, welches zwischen einem bloßen Anhörungsrecht und einem Mitentscheidungsrecht einzuordnen ist. Es beinhaltet in der Beratungsphase das Recht zur Anwesenheit bei sowie das Rederecht/Mitberatung in den Sitzungen (Abs. 1 S. 2). Man wird zur Gewährleistung einer wirksamen Aufgabenwahrnehmung verlangen müssen, dass die Interessenvertretungen über die Beratungsgegenstände vollständig und rechtzeitig vor den jeweiligen Sitzungen informiert werden.[9] Das Vorschlagsrecht bei den Expertenstandards bleibt hiervon unangetastet.[10]

Darüber hinaus erhalten die nach Abs. 1 S. 1 maßgeblichen Organisationen das Recht, bei den durch den Qualitätsausschuss nach § 113 b zu treffenden Entscheidungen, Anträge zu stellen (Abs. 1 S. 3).

---

2 BGBl. I, 874.
3 BGBl. I, 2246.
4 BGBl. I 2015, 2424.
5 BT-Dr. 9369, 51.
6 BT-Dr. 9369, 51.
7 BT-Dr. 9369, 51.
8 BT-Dr. 9369, 51; siehe hierzu auch Bachem/Klie in: LPK-SGB XI, § 118 Rn. 5.
9 Vgl. etwa § 5 Abs. 2 PfleBeteiligungsV (siehe hierzu Rn. 10 ff.).
10 BT-Dr. 9369, 51.

Wird hiervon Gebrauch gemacht, richtet sich das Verfahren nach Abs. 1 S. 4 und 5. Ein allgemeines Recht zur Stellung von Anträgen besteht dagegen nicht (vgl. Abs. 1 S. 2, 3). Die Organisationen haben grundsätzlich auch keinen Anspruch darauf, dass ihre Äußerungen bei den Beschlussfassungen berücksichtigt werden. Während der Beschlussfassung haben die Organisationen das Recht zur Anwesenheit (Abs. 1 S. 2).

9 Das Gesetz begrenzt die Beteiligung von Interessenvertretungen pflegebedürftiger und behinderter Menschen auf solche, die auf **Bundesebene** maßgeblich sind (Abs. 1 S. 1).

IV. Verordnungsermächtigung (Abs. 2)

10 Abs. 2 ermächtigt das Bundesministerium für Gesundheit, Einzelheiten zum Verfahren der Beteiligung durch eine Rechtsverordnung mit Zustimmung des Bundesrates zu regeln. Hierzu gehören insbesondere Vorgaben zur Organisation, Legitimation und Offenlegung der Finanzen der zu beteiligenden Organisationen.[11] Auf der Grundlage des Abs. 2 ist mit Wirkung vom 29.3.2013 die **Pflegebedürftigenbeteiligungsverordnung (PfleBeteiligungsV) vom 22.3.2013**[12] erlassen worden,[13] in der unter anderem Einzelheiten zu den Erfordernissen an die Organisation, Legitimation und Offenlegung der Finanzen der zu beteiligenden Organisationen geregelt wurden.[14]

V. Pflegebedürftigenbeteiligungsverordnung

11 Es kam also darauf an, den Kreis der qualifizierten Organisationen und ihre Zusammenarbeit in einer vernünftigen, handhabbaren Struktur festzulegen und dabei den Blick insbesondere auf die Qualifizierung der Organisationen als unabhängige Interessenvertreter zu richten.

12 Das Bundesministerium für Gesundheit hat in § 1 PfleBeteiligungsV festgelegt, dass **maßgebliche Organisationen iSv § 118 Abs. 1** solche sind, die „1. sich nach ihrer Satzung ideell und nicht nur vorübergehend für die Belange von pflegebedürftigen und behinderten Menschen sowie der pflegenden Angehörigen oder für die Selbsthilfe pflegebedürftiger und behinderter Menschen sowie der pflegenden Angehörigen einsetzen, 2. in ihrer inneren Ordnung demokratischen Grundsätzen entsprechen, 3. gemäß ihrem Mitgliederkreis oder ihrer Aufgabenstellung dazu berufen sind, die Interessen von pflegebedürftigen und behinderten Menschen sowie der pflegenden Angehörigen oder der Selbsthilfe pflegebedürftiger und behinderter Menschen sowie der pflegenden Angehörigen auf Bundesebene zu vertreten, 4. die Gewähr für eine sachgerechte Aufgabenerfüllung bieten; dabei sind Art und Umfang der bisherigen Tätigkeit, der Mitgliederkreis oder ihre Aufgabenstellung und die Leistungsfähigkeit zu berücksichtigen, 5. durch Offenlegung ihrer Finanzierung nachweisen können, dass sie neutral und unabhängig arbeiten, und 6. gemeinnützige Zwecke verfolgen."

13 **Als maßgebliche Organisationen gelten** demnach der Sozialverband Vdk Deutschland e.V., der Sozialverband Deutschland e.V. Bundesverband, die BAG SELBSTHILFE von Menschen mit Behinderung und chronischer Erkrankung und ihren Angehörigen e.V., die Interessenvertretung Selbstbestimmt Leben in Deutschland e.V., die Bundesarbeitsgemeinschaft der Senioren-Organisationen e.V. und der Bundesverband der Verbraucherzentralen und Verbraucherverbände - Verbraucherzentrale Bundesverband e.V. (siehe § 2 PfleBeteiligungsV). Nach § 3 PfleBeteiligungsV können auf Antrag weitere Organisationen als maßgebliche Organisation auf Bundesebene durch Verwaltungsakt anerkannt werden. Es wurde dabei zu Recht auf die Schwierigkeit hingewiesen, die eine bundeszentrale Formulierung von Vorgaben für die Pflege gerade für die Bewältigung lokaler Bedürfnisse mit sich bringt.[15] Letztlich soll aber durch die Mitwirkungsmöglichkeit unterschiedlichster Organisationsverbände dem gegengesteuert werden.

14 Zu dem jeweiligen Beratungsverfahren dürfen aus verfahrensökonomischen Gründen[16] einvernehmlich insgesamt höchstens sechs sachkundige Personen benannt werden (§ 5 Abs. 1 S. 1 PfleBeteiligungsV). Sollte eine Einigung auf sechs sachkundige Personen nicht zustande kommen, soll ein Losverfahren als Konfliktlösungsmechanismus entscheiden (§ 5 Abs. 1 S. 2 PfleBeteiligungsV).[17]

---

11 BT-Dr. 9369, 51.
12 BGBl. I, 599.
13 Siehe hierzu auch BR-Dr. 67/13.
14 BR-Dr. 67/13, 4 f.
15 Bachem/Klie in: LPK-SGB XI, § 118 Rn. 6.
16 So die Begründung BR-Dr. 67/13, 9.
17 Empfehlungen der Ausschüsse BR-Dr. 67/1/13, 5.

§ 119 Verträge mit Pflegeheimen außerhalb des Anwendungsbereichs des Wohn- und Betreuungsvertragsgesetzes

Für den Vertrag zwischen dem Träger einer zugelassenen stationären Pflegeeinrichtung, auf die das Wohn- und Betreuungsvertragsgesetz keine Anwendung findet, und dem pflegebedürftigen Bewohner gelten die Vorschriften über die Verträge nach dem Wohn- und Betreuungsvertragsgesetz entsprechend.

§ 119 wurde durch das Pflege-Qualitätssicherungsgesetz vom 9.9.2001 (BGBl. I, 2320) mit Wirkung zum 1.1.2002 geschaffen.[1] § 119 wurde geändert durch Art. 2 Abs. 1 Nr. 8 HeimRNG vom 29.7.2009 (BGBl. I 2319). Damit wurde der Ablösung des HeimG durch das Wohn- und Betreuungsvertragsgesetz (WBVG) Rechnung getragen. 1

§ 119 ordnet die entsprechende Geltung der Vorschriften des WBVG in Fällen an, in denen dieses auf den Vertrag zwischen dem Träger einer zugelassenen stationären Pflege (§§ 71 Abs. 2, 72 Abs. 1 S. 1) und einem pflegebedürftigen Bewohner an sich keine Anwendung findet. Relevant ist das vor allem, soweit es um **minderjährige Pflegebedürftige** geht, dh Personen, die das 18. Lebensjahr noch nicht vollendet haben. Denn das WBVG ist originär nur anzuwenden auf Verträge mit „volljährigen Verbrauchern", in denen sich der Unternehmer zur Überlassung von Wohnraum und zur Erbringung von Pflege- oder Betreuungsleistungen verpflichtet, die der Bewältigung eines durch Alter, Pflegebedürftigkeit oder Behinderung bedingten Hilfebedarfs dienen (§ 1 Abs. 1 S. 1 WBVG). Indem das WBVG für alle Verträge zwischen dem Träger einer zugelassenen stationären Pflegeeinrichtung und pflegebedürftige Bewohner für anwendbar erklärt wird, wird erreicht, dass diese Bewohner in den Genuss des durch die Mindestanforderungen des WBVG erreichten Schutzes gelangen.[2] 2

Die nach § 16 WBVG zwingenden maßgeblichen Schutzvorschriften finden sich in den §§ 3 ff. WBVG. Von besonderer Relevanz sind die Informationspflichten vor Vertragsschluss (§ 3 WBVG), die Beschränkung der Möglichkeit, den Vertrag zu befristen (§ 4 Abs. 1 S. 2, 3 WBVG), das Schriftformgebot und die Folgen ihrer Verletzung (§ 6 WBVG), der Katalog an Leistungspflichten (§ 7 WBVG), die Pflicht des Unternehmers zum Angebot einer angepassten Leistung im Falle der Änderung des Pflege- und Betreuungsbedarfs des Verbrauchers (§ 8 WBVG), das Recht rückwirkend eine angemessene Kürzung des vereinbarten Entgelts bei Nicht- oder Schlechtleistung zu verlangen (§ 10 WBVG) und die Beschränkung des Kündigungsrechts des Unternehmers auf ein solches aus wichtigem Grund (§ 12 WBVG). 3

§ 120 Pflegevertrag bei häuslicher Pflege

(1) ¹Bei häuslicher Pflege übernimmt der zugelassene Pflegedienst spätestens mit Beginn des ersten Pflegeeinsatzes auch gegenüber dem Pflegebedürftigen die Verpflichtung, diesen nach Art und Schwere seiner Pflegebedürftigkeit, entsprechend den von ihm in Anspruch genommenen Leistungen der häuslichen Pflegehilfe im Sinne des § 36 zu versorgen (Pflegevertrag). ²Bei jeder wesentlichen Veränderung des Zustandes des Pflegebedürftigen hat der Pflegedienst dies der zuständigen Pflegekasse unverzüglich mitzuteilen.

(2) ¹Der Pflegedienst hat nach Aufforderung der zuständigen Pflegekasse unverzüglich eine Ausfertigung des Pflegevertrages auszuhändigen. ²Der Pflegevertrag kann von dem Pflegebedürftigen jederzeit ohne Einhaltung einer Frist gekündigt werden.

(3) ¹In dem Pflegevertrag sind mindestens Art, Inhalt und Umfang der Leistungen einschließlich der dafür mit den Kostenträgern nach § 89 vereinbarten Vergütungen für jede Leistung oder jeden Leistungskomplex gesondert zu beschreiben. ²Der Pflegedienst hat den Pflegebedürftigen vor Vertragsschluss und bei jeder wesentlichen Veränderung in der Regel schriftlich über die voraussichtlichen Kosten zu unterrichten.

(4) ¹Der Anspruch des Pflegedienstes auf Vergütung seiner Leistungen der häuslichen Pflegehilfe im Sinne des § 36 ist unmittelbar gegen die zuständige Pflegekasse zu richten. ²Soweit die von dem Pflegebedürftigen abgerufenen Leistungen nach Satz 1 den von der Pflegekasse mit Bescheid festgelegten und von ihr zu zahlenden leistungsrechtlichen Höchstbetrag überschreiten, darf der Pflegedienst dem Pfle-

---

[1] BT-Dr. 14/5395, 47.
[2] Bassen in: Udsching, § 119 Rn. 2; Leitherer in: KassKomm, § 119 SGB XI Rn. 5.

gebedürftigen für die zusätzlich abgerufenen Leistungen keine höhere als die nach § 89 vereinbarte Vergütung berechnen.

I. Entstehungsgeschichte 1	V. Aushändigungspflichten (Abs. 2 S. 1) 9
II. Normzweck und Norminhalt 2	VI. Kündigung des Pflegevertrages (Abs. 2 S. 2) 12
III. Zustandekommen und vertragstypologische Qualifikation (Abs. 1 S. 1).................. 3	VII. Mindestvertragsinhalt (Abs. 3)............. 15
IV. Mitteilungspflichten (Abs. 1 S. 2) 7	VIII. Vergütung (Abs. 4) 16

I. Entstehungsgeschichte

1 § 120 wurde durch Art. 1 Nr. 23 PQsG vom 9.9.2001 (BGBl. I 2320)[1] geschaffen und trat am 1.1.2002 in Kraft. § 120 wurde geändert durch Art. 1 Nr. 78 PflegeWEG vom 28.5.2008 (BGBl. I, 874)[2] mWv 1.7.2008, Art. 1 Nr. 46 des Gesetzes zur Neuausrichtung der Pflegeversicherung vom 23.10.2012 (BGBl. I, 2246)[3], durch Art. 1 Nr. 28 b Erstes Pflegestärkungsgesetz (PSG I) vom 17.12.2014 (BGBl. I, 2222; Neufassung des Abs. 3 mWv 1.1.2015)[4] und durch Art. 2 Nr. 45 a des Zweiten Gesetzes zur Stärkung der pflegerischen Versorgung und zur Änderung weiterer Vorschriften (Zweites Pflegestärkungsgesetz – PSG II) vom 21.12.2015 (BGBl. I, 2424) mWv 1.1.2017.

II. Normzweck und Norminhalt

2 § 120 macht Vorgaben über das Zustandekommen (Abs. 1), die Kündigung (Abs. 2), die wesentlichen Inhalte (Abs. 3) sowie die Vergütung (Abs. 4) bei sog Pflegeverträgen, dh Verträgen zwischen einem zugelassenen Pflegedienst und dem in häuslicher Pflege gepflegten und versorgten Pflegebedürftigen.

III. Zustandekommen und vertragstypologische Qualifikation (Abs. 1 S. 1)

3 Der Regelung des Abs. 1 S. 1 wird verbreitet lediglich **klarstellende Funktion** zugemessen, weil der Pflegevertrag zwischen Pflegebedürftigen und Pflegedienst regelmäßig bereits explizit vor Beginn des ersten Pflegeeinsatzes oder zumindest konkludent mit diesem geschlossen wird.[5] Durch das Wörtchen „auch" wird zugleich klargestellt, dass der – gewissermaßen – auf „individualrechtlicher" Ebene von Pflegebedürftigen und Pflegedienst zustande kommende Pflegevertrag neben die auf „kollektivrechtlicher" Ebene bestehenden Rechtsbeziehungen zwischen Pflegedienst und Pflegekasse tritt.[6] Der Pflegedienst ist zur Erbringung der Pflegeleistung daher nicht mehr nur gegenüber der Pflegekasse, sondern auch gegenüber dem Pflegebedürftigen verpflichtet. Abs. 1 stellt damit in gewisser Weise einen Fremdkörper im System der sozialen Pflegeversicherung dar, das grundsätzlich davon geprägt ist, dass der Pflegebedürftige nicht direkt gegen den Leistungserbringer einen Anspruch hat, sondern „nur" einen Sachleistungsanspruch gegenüber der Pflegekasse (§ 36), zu dessen Erfüllung die Pflegekasse Verträge mit ambulanten oder stationären Pflegeeinrichtungen schließt. Im Rahmen des PSG II hat der Gesetzgeber ausdrücklich einen Verweis auf die Leistungen der häuslichen Pflege im Sinne des § 36 aufgenommen. Er wollte damit klarstellen, dass die ambulante Versorgung durch ambulante Pflegedienste die Leistungen für körperbezogene Pflegemaßnahmen, pflegerische Betreuungsmaßnahmen sowie Hilfen bei der Haushaltsführung gemäß des neuen Pflegebedürftigkeitsbegriffes zu umfassen hat.[7]

4 Vertragstypologisch ist der Pflegevertrag als **atypischer Dienstvertrag** im Sinne der §§ 611 ff. BGB zu charakterisieren.[8] Dienstvertragstypisch ist der synallagmatische Austausch von Dienstleistungen (Pflege/Versorgung) gegen Entgelt.[9] Atypisch ist der Pflegevertrag aber insoweit, als der Dienstberechtigte (= Pflegebedürftige) grundsätzlich nicht Schuldner des Entgeltanspruchs ist (Abs. 4, → Rn. 16 f.).

5 Der Pflegevertrag bedarf zu seiner Wirksamkeit nicht der **Schriftform**.[10] Das zeigt gerade auch Abs. 2 S. 1, nach dem der Pflegekasse auf deren Aufforderung hin eine Ausfertigung des zuvor bereits ge-

---

1 BT-Dr. 14/5395, 47 f.; BT-Dr. 14/6308, 26 f., 33.
2 BT-Dr. 16/7439, 27, 90; BR-Dr. 718/07, 215 f.
3 BT-Dr. 17/9369, 51; BT-Dr. 17/10157, 17; BT-Dr. 17/10170, 19.
4 BT-Dr. 18/2909.
5 Knittel in: Krauskopf, § 120 SGB XI Rn. 3; Leitherer in: KassKomm, § 120 SGB XI Rn. 5 f.; Krahmer/Plantholz in: LPK-SGB XI, § 120 Rn. 5.
6 Vgl. BGH, 9.6.2011, III ZR 203/10, NJW 2011, 2955, 2957.
7 BT-Dr. 18/6688, 139, 146.
8 Für Dienstvertrag Udsching in: Spickhoff, Medizinrecht, § 120 SGB XI Rn. 1.
9 Vgl. Staudinger/Richardi/Fischinger, Vorbem. 23 zu §§ 611 ff. BGB und § 611 BGB Rn. 1 ff.
10 OLG Düsseldorf, 1.9.2009, I-24 U 103/08, 24 U 103/08, FamRZ 2010, 496.

schlossenen Pflegevertrages auszuhändigen ist (→ Rn. 9 ff.). Wegen dieser Aushändigungspflicht wird der Pflegevertrag in der Praxis aber in aller Regel schriftlich geschlossen.

Auf den so geschlossenen Pflegevertrag sind gegebenenfalls die §§ **305 ff. BGB** anzuwenden.[11] Verletzt der Pflegedienst – typischerweise durch eine Pflegekraft als Erfüllungsgehilfe (§ 278 BGB) – die Pflichten aus dem Pflegevertrag, kann das Schadensersatzansprüche des Pflegebedürftigen begründen.[12] Zur **Kündigung** des Pflegevertrages → Rn. 12 ff.

IV. Mitteilungspflichten (Abs. 1 S. 2)

Entgegen der im ursprünglichen Entwurf enthaltenen Fassung, die bei einer „Verschlimmerung" des Zustandes des Pflegebedürftigen eine Mitteilungspflicht vorsah,[13] verpflichtet der jetzige Abs. 1 S. 2 den Pflegedienst dazu, jede wesentliche Veränderung des Zustandes des Pflegebedürftigen der zuständigen Pflegekasse unverzüglich (dh ohne schuldhaftes Zögern, § 121 Abs. 1 S. 1 BGB) mitzuteilen. Eine besondere Form ist hierfür nicht vorgesehen. Die Mitteilungspflicht besteht, weil der Pflegedienst – anders als ein Pflegeheim – keine „Rund-um-die-Uhr-Betreuung" leistet.[14]

Die Mitteilungspflicht besteht zum Schutz des allgemeinen Persönlichkeitsrechts aber nur, wenn der **Pflegebedürftige einwilligt**. Abs. 1 S. 2 ist insofern verfassungskonform auszulegen.[15] Etwas anderes folgt auch nicht aus dem berechtigten Interesse der Pflegekasse, dass nur tatsächlich erbrachte Leistungen abgerechnet werden. Denn diesem Interesse wird bereits durch die Mitteilungspflichten nach § 105 Rechnung getragen.[16]

V. Aushändigungspflichten (Abs. 2 S. 1)

Abs. 2 S. 1 verpflichtet den Pflegedienst nach einer entsprechenden Aufforderung der zuständigen Pflegekasse dazu, unverzüglich, dh ohne schuldhaftes Zögern (§ 121 Abs. 1 S. 1 BGB) eine Ausfertigung des Pflegevertrages auszuhändigen; die Einfügung des Erfordernisses einer vorherigen Aufforderung dient dem Bürokratieabbau.[17] Die Aushändigung einer Ausfertigung ist nur in Schriftform möglich.[18] Eine persönliche Übergabe ist aber nicht erforderlich, es genügt eine Übersendung per zB Post. Zur Aushändigung auffordern kann den Pflegedienst die Pflegekasse oder der Pflegebedürftige. Die Aushändigungspflicht des Abs. 2 S. 1 besteht nur **gegenüber der Pflegekasse**. Das folgt daraus, dass der Gesetzgeber durch Art. 1 Nr. 78 PflegeWEG die bis dato bestehende Regelung, nach der „Der Pflegedienst [...] dem Pflegebedürftigen und der zuständigen Pflegekasse unverzüglich eine Ausfertigung des Pflegevertrages auszuhändigen [hat]", im heutigen Sinne geändert hat. Die explizite gesetzliche Normierung einer Aushändigungspflicht an den Pflegebedürftigen (→ Rn. 10) hielt der Gesetzgeber nicht mehr für notwendig.[19] Die Verletzung dieser Pflicht kann zivilrechtlich ein Zurückbehaltungsrecht (§ 273 BGB) oder Schadensersatzansprüche begründen.[20]

Eine Pflicht zur Aushändigung einer Ausfertigung des Pflegevertrages **an den Pflegebedürftigen** ist im Gesetz nicht geregelt. Der Gesetzgeber hielt eine entsprechende gesetzliche Normierung nicht für nötig, weil diese Pflicht bereits als Nebenpflicht aus dem Pflegevertrag folge.[21] Zivilrechtsdogmatisch ist diese gesetzgeberische Annahme durchaus zweifelhaft, besteht doch – wie zB auch der Gegenschluss zu § 2 NachwG zeigt – grundsätzlich keine Pflicht zur Aushändigung einer schriftlichen Vertragsausfertigung. Angesichts des klaren gesetzgeberischen Willens wird man aber im Fall des Pflegevertrags eine entsprechende Nebenpflicht annehmen können.

Sinn der Aushändigungspflichten ist es zum einen, im Interesse der Pflegebedürftigen **Transparenz** zu schaffen. Diese sollen über ihre Rechte und Pflichten ausreichend informiert werden.[22] Das erschien dem Gesetzgeber insbesondere deshalb notwendig, weil es zur Zeit der Schaffung des § 120 noch keine

---

11 LG Göttingen, 15.7.1998, 4 O 331/97, PflR 2000, 393.
12 Udsching in: Spickhoff, Medizinrecht, § 120 SGB XI Rn. 1.
13 Zur Änderung im Gesetzgebungsverfahren s. BT-Dr. 14/6308, 44.
14 BT-Dr. 14/5395, 47.
15 Krahmer/Plantholz in: LPK-SGB XI, § 120 Rn. 6.
16 Krahmer/Plantholz in: LPK-SGB XI, § 120 Rn. 6.
17 BT-Dr. 16/7439, 90.
18 Vgl. auch Krahmer/Plantholz in: LPK-SGB XI, § 120 Rn. 7.
19 Vgl. BT-Dr. 16/7439, 90.
20 OLG Düsseldorf, 1.9.2009, I-24 U 103/08, 24 U 103/08, FamRZ 2010, 496.
21 BT-Dr. 16/7439, 90; vgl. auch BT-Dr. 14/5395, 47.
22 Vgl. auch BGH, 9.6.2011, III ZR 203/10, NJW 2011, 2955, 2957.

Selbstverständlichkeit war, dass im Bereich der ambulanten Pflege Pflegeverträge geschlossen werden.[23] Zum anderen unterstützt die Aushändigungspflicht an die Pflegekasse deren **Sachwalterfunktion** für die Interessen des Pflegebedürftigen, indem sie die Pflegekasse unter anderem in Stand setzt, den Pflegevertrag daraufhin zu überprüfen, ob er den Vorgaben von Abs. 3 und 4 gerecht wird.[24]

VI. Kündigung des Pflegevertrages (Abs. 2 S. 2)

12 Nach der bis zum 29.10.2012 geltenden **alten Rechtslage** konnte der Pflegebedürftige den Pflegevertrag ohne Angabe von Gründen und ohne Einhaltung einer Frist innerhalb von zwei Wochen nach dem ersten Pflegeeinsatz kündigen; wurde der Pflegevertrag erst nach dem ersten Pflegeeinsatz ausgehändigt, begann der Fristlauf erst mit Aushändigung des Vertrages (Abs. 2 S. 2, 3 aF). Damit sollte dem Pflegebedürftigen eine probeweise Inanspruchnahme des Pflegedienstes ermöglicht werden.[25] Ob daneben § 627 BGB anwendbar und damit der Vertrag auch nach Ablauf der Zweiwochenfrist jederzeit kündbar war, war fraglich, richtigerweise aber zu bejahen.[26]

13 Diese Frage hat sich ebenso wie einige anderen Unklarheiten der Abs. 2 S. 2, 3 aF durch die Neufassung mit Wirkung zum 30.10.2012 erledigt. Denn der neue S. 2 normiert nunmehr ein **jederzeitiges frist- und grundloses Kündigungsrecht** des Pflegebedürftigen. Dieses kann – mangels entsprechender gesetzlicher Anordnung – formlos ausgeübt werden; aus Gründen der Rechtssicherheit empfiehlt sich aber eine schriftliche Kündigung. Eines Rückgriffs auf § 627 BGB bedarf es angesichts des neuen Abs. 2 S. 2 jedenfalls nicht mehr.

14 Nach Sinn und Zweck des Kündigungsrechts wird man dieses trotz Fehlens einer entsprechenden gesetzlichen Klarstellung für **zwingend** halten müssen.[27]

VII. Mindestvertragsinhalt (Abs. 3)

15 Abs. 3 hat nur klarstellenden Charakter, indem er festlegt, welche Bestandteile der Pflegevertrag mindestens enthalten muss. Der Inhalt des Pflegevertrages wird ohnehin in aller Regel entscheidend durch die Verträge der Pflegeselbstverwaltung auf „kollektivrechtlicher" Ebene (§ 75) geregelt sein. Weitergehende „individualvertraglich" vereinbarte Leistungen sind durchaus möglich. So kann zB eine Vereinbarung über „Essen auf Rädern" getroffen werden.[28] Die Praxis behilft sich mit **Musterverträgen**.[29] Abs. 3 wurde zunächst durch das Gesetz zur Neuausrichtung der Pflegeversicherung vom 23.10.2012 mWv 30.12.2012 erheblich erweitert, durch das Erste Pflegestärkungsgesetz (PSG I) vom 17.12.2014 (→ Rn. 1), aber sodann, mWv 1.1.2015, wieder erheblich auf die aktuelle Gesetzesfassung zurückgefahren.

VIII. Vergütung (Abs. 4)

16 Nach Abs. 4 S. 1 ist der Vergütungsanspruch des Pflegedienstes unmittelbar gegen die zuständige Pflegekasse zu richten. Gemeint ist damit im Zusammenhang mit Abs. 4 S. 2 (→ Rn. 17) offenbar, dass diese grundsätzlich **alleinige Schuldnerin** ist und insoweit an die Stelle des Pflegebedürftigen tritt.[30] Der Pflegevertrag ist daher ein atypischer Dienstvertrag (→ Rn. 4). Abs. 4 S. 1 ist letztlich Ausdruck des Sachleistungscharakters nach § 36.[31]

17 Vereinbaren Pflegedienst und Pflegebedürftiger allerdings Leistungen, die über die von der **Pflegekasse bewilligten Leistungen** hinausgehen, ist eine gesonderte Abrechnung gegenüber dem Pflegebedürftigen zulässig.[32] Das ist in Abs. 4 zwar nicht explizit geregelt, folgt aber zum einen implizit aus Abs. 4 S. 2 und zum anderen einem zwingenden Gebot der Logik. Denn an die Pflegekasse kann sich der Pflegedienst insoweit nicht halten, so dass ihm als Schuldner denklogisch nur der Pflegebedürftige zur Verfü-

---

23 BT-Dr. 14/5395, 47.
24 BT-Dr. 14/5395, 47 f.
25 BT-Dr. 14/5395, 47.
26 So auch zu Recht BGH, 9.6.2011, III ZR 203/10, NJW 2011, 2955, 2957.
27 So auch Udsching in: Spickhoff, Medizinrecht, § 120 SGB XI Rn. 1 (zu Abs. 2 S. 2, 3 aF).
28 BT-Dr. 14/5395, 48.
29 Ein Beispiel kann unter http://www.aok-gesundheitspartner.de/imperia/md/gpp/bund/pflege/ambulant/pflege_pflegevertr_201201.pdf abgerufen werden (zuletzt abgerufen am 1.3.2017).
30 Anders zumindest für den Pflegevertrag eines privat Pflegeversicherten aber OLG Düsseldorf, 1.9.2009, I-24 U 103/08, 24 U 103/08, FamRZ 2010, 496.
31 Leitherer in: KassKomm, § 120 SGB XI Rn. 13.
32 Udsching in: Spickhoff, Medizinrecht, § 120 SGB XI Rn. 1.

gung steht. Für einen solchen Fall regelt **Abs. 4 S. 2** allerdings, dass der Pflegedienst maximal die mit den Pflegekassen nach § 89 vereinbarten Sätze verlangen kann. Mit der Regelung wird verhindert, dass Pflegedienste zwischen den mit der Pflegekasse und den mit Pflegebedürftigen abzurechnenden Leistungen der Grundpflege und der hauswirtschaftlichen Versorgung zulasten der Pflegebedürftigen differenzieren können.[33]

Zwölftes Kapitel
Bußgeldvorschrift

§ 121 Bußgeldvorschrift

(1) Ordnungswidrig handelt, wer vorsätzlich oder leichtfertig
1. der Verpflichtung zum Abschluß oder zur Aufrechterhaltung des privaten Pflegeversicherungsvertrages nach § 23 Abs. 1 Satz 1 und 2 oder § 23 Abs. 4 oder der Verpflichtung zur Aufrechterhaltung des privaten Pflegeversicherungsvertrages nach § 22 Abs. 1 Satz 2 nicht nachkommt,
2. entgegen § 50 Abs. 1 Satz 1, § 51 Abs. 1 Satz 1 und 2, § 51 Abs. 3 oder entgegen Artikel 42 Abs. 4 Satz 1 oder 2 des Pflege-Versicherungsgesetzes eine Meldung nicht, nicht richtig, nicht vollständig oder nicht rechtzeitig erstattet,
3. entgegen § 50 Abs. 3 Satz 1 Nr. 1 eine Auskunft nicht, nicht richtig, nicht vollständig oder nicht rechtzeitig erteilt oder entgegen § 50 Abs. 3 Satz 1 Nr. 2 eine Änderung nicht, nicht richtig, nicht vollständig oder nicht rechtzeitig mitteilt,
4. entgegen § 50 Abs. 3 Satz 2 die erforderlichen Unterlagen nicht, nicht vollständig oder nicht rechtzeitig vorlegt,
5. entgegen Artikel 42 Abs. 1 Satz 3 des Pflege-Versicherungsgesetzes den Leistungsumfang seines privaten Versicherungsvertrages nicht oder nicht rechtzeitig anpaßt,
6. mit der Entrichtung von sechs Monatsprämien zur privaten Pflegeversicherung in Verzug gerät,
7. entgegen § 128 Absatz 1 Satz 4 die dort genannten Daten nicht, nicht richtig, nicht vollständig oder nicht rechtzeitig übermittelt.

(2) Die Ordnungswidrigkeit kann mit einer Geldbuße bis zu 2 500 Euro geahndet werden.

(3) Für die von privaten Versicherungsunternehmen begangenen Ordnungswidrigkeiten nach Absatz 1 Nummer 2 und 7 ist das Bundesversicherungsamt die Verwaltungsbehörde im Sinne des § 36 Abs. 1 Nr. 1 des Gesetzes über Ordnungswidrigkeiten.

(4) [1]Die für die Verfolgung und Ahndung der Ordnungswidrigkeiten nach Absatz 1 Nummer 1 und 6 zuständige Verwaltungsbehörde im Sinne des § 36 Absatz 1 Nummer 2 Buchstabe a oder Absatz 2 des Gesetzes über Ordnungswidrigkeiten kann die zur Ermittlung des Sachverhalts erforderlichen Auskünfte, auch elektronisch und als elektronisches Dokument, bei den nach § 51 Absatz 1 Satz 1 und 2 und Absatz 2 Meldepflichtigen einholen. [2]Diese sollen bei der Ermittlung des Sachverhalts mitwirken. [3]Sie sollen insbesondere ihnen bekannte Tatsachen und Beweismittel angeben. [4]Eine weitergehende Pflicht, bei der Ermittlung des Sachverhalts mitzuwirken, insbesondere eine Pflicht zum persönlichen Erscheinen oder zur Aussage, besteht nur, soweit sie durch Rechtsvorschrift besonders vorgesehen ist.

Literatur:
Bohnert/Krenberger/Krumm, Kommentar zum Ordnungswidrigkeitengesetz, 4. Auflage 2016; *Laufhütte/Rissing-van-Saan/Tiedemann* (Hrsg.), Strafgesetzbuch. Leipziger Kommentar, Band 1, 12. Auflage 2007; *Senge* (Hrsg.), Karlsruher Kommentar zum Gesetz über Ordnungswidrigkeiten, 4. Auflage 2014.

I. Allgemeines 1	4. Vollendung, Versuch 8
1. Überblick, Normzweck 1	5. Beteiligung 9
2. Entstehungsgeschichte 2	6. Rechtsfolgen (Abs. 2) 10
II. Ordnungswidrigkeiten 3	7. Verjährung 11
1. Objektiver Tatbestand (Abs. 1) 3	8. Zuständigkeit (Abs. 3) 12
2. Subjektiver Tatbestand 6	9. Ermittlungsbefugnisse (Abs. 4)..... 13
3. Rechtswidrigkeit, Vorwerfbarkeit 7	III. Praxishinweis 14

---
[33] BT-Dr. 14/5395, 48.

I. Allgemeines

1. Überblick, Normzweck. Abs. 1 erhebt Verstöße gegen bestimmte Melde-, Auskunfts- und Vorlagepflichten sowie gegen die Pflicht zum Abschluss und zur Aufrechterhaltung einer Versicherung gegen Pflegebedürftigkeit zur Ordnungswidrigkeit. Die Vorschrift bezweckt, die Pflicht zur Pflegeversicherung umfassend durchzusetzen.

2. Entstehungsgeschichte. Die Regelung wurde als § 112 durch Art. 1 u. 68 Abs. 1 PflegeVG v. 26.5.1994 (BGBl. I, 1014) mWv 1.1.1995 eingefügt. Abs. 3 wurde zum 1.1.1995 durch Art. 1 Nr. 35, Art. 8 Abs. 2 des 1. SGB XI-ÄndG vom 14.6.1996 (BGBl. I, 830) rückwirkend geändert. Zum 1.1.2002 wurde die Vorschrift durch Art. 1 Nr. 24, 25, Art. 2 des Pflege-Qualitätssicherungsgesetzes (PQsG) vom 9.9.2001 (BGBl. I, 2320) idF des Art. 4 Nr. 4 PflEG v. 14.12.2001 (BGBl. I, 3728) unter Umstellung auf Euro, aber ohne sonstige inhaltliche Änderungen, zu § 121. Durch das PNG v. 23.10.2012 (BGBl. I, 2246) wurde mWv 30.10.2012 Nr. 7 in Abs. 1 eingefügt und Abs. 3 um Nr. 7 ergänzt. § 121 Abs. 4 wurde durch Art. 1 Nr. 22 a des Dritten Pflegestärkungsgesetzes vom 23.12.2016 (BGBl. I, 3191) mWv 1.1.2017 eingefügt.

II. Ordnungswidrigkeiten

1. Objektiver Tatbestand (Abs. 1). Den objektiven Tatbestand des Abs. 1 erfüllt, wer
1.) als Versicherungspflichtiger
   a) die Pflicht zum Abschluss und zur Aufrechterhaltung einer privaten Pflegeversicherung verletzt (**Nr. 1**),
   b) der Meldepflicht des § 50 Abs. 1 S. 1 (**Nr. 2 Var. 1**) oder den Auskunfts-, Mitteilungs- und Vorlagepflichten des § 50 Abs. 3 S. 1 Nr. 1, 2, Abs. 3 S. 2 (**Nr. 3 und 4**) nicht, nicht richtig, nicht vollständig oder nicht rechtzeitig nachkommt
   oder
   c) mit seiner Beitragszahlung zur privaten Pflegeversicherung in Höhe von mindestens sechs Monatsprämien in Verzug gerät (**Nr. 6**).[1]
   oder
2.) als privates Versicherungsunternehmen
   a) den Meldepflichten des § 51 Abs. 1 S. 1, 2, Abs. 3 sowie des Art. 42 Abs. 4 S. 1, 2 PflegeVG nicht, nicht richtig, nicht vollständig oder nicht rechtzeitig nachkommt (**Nr. 2 Var. 2 ff.**) oder
   b) entgegen § 128 Abs. 1 S. 4 die dort genannten Daten nicht, nicht richtig, nicht vollständig oder nicht rechtzeitig übermittelt (**Nr. 7**).

Taten nach **Nr. 5** dürften inzwischen verjährt sein, da die Möglichkeit der Anpassung eines privaten Versicherungsvertrages zur Vermeidung einer Versicherungspflicht in der sozialen Pflegeversicherung gem. Art. 42 Abs. 6 PflegeVG nur bis zum 31.12.1995 bestand (vgl. § 31 Abs. 1 Nr. 3 iVm § 33 Abs. 3 OWiG).

Infolge der Ausgestaltung der Tatbestandsvarianten als Unterlassungstaten ist der Tatbestand nur erfüllt, wenn dem Täter die Erfüllung der von ihm geforderten Pflichten **tatsächlich möglich** und **zumutbar** war.[2] Das LSG Sachsen-Anhalt und das OLG Brandenburg haben dies für die Pflicht zur Beitragszahlung nach Abs. 1 Nr. 6 verneint, wenn dem Beitragspflichtigen keine ausreichenden Mittel zur Verfügung stehen.[3] Dagegen hält das SG Hildesheim den Beitragsschuldner für verpflichtet, erhaltene staatliche Zuschüsse zur Kranken- und Pflegeversicherung bei der Weiterleitung an das Versicherungsunternehmen „umzuwidmen" und mit einer Leistungsbestimmung zu versehen, so dass primär die Pflicht zur Zahlung der Beiträge zur Pflegeversicherung erfüllt wird.[4]

---

1 Ebenso Bassen in: Udsching, § 121 Rn. 8; Udsching in: Spickhoff, Medizinrecht, § 121 SGB XI Rn. 1.
2 Vgl. dazu etwa Weigend in: LK, § 13 StGB Rn. 65, 68. Zur Übertragbarkeit der Grundsätze des strafrechtlichen Unterlassungsdeliktes auf das Ordnungswidrigkeitenrecht Bohnert/Krenberger/Krumm, OWiG, § 8 Rn. 1; Rengier in: KK-OWiG, § 8 Rn. 1. Der Ansicht von Bohnert/Krenberger/Krumm, OWiG, § 8 Rn. 2, die Voraussetzungen des § 8 OWiG gälten nur für das unechte Unterlassungsdelikt, wird hier nicht gefolgt; vgl. zu dem hier vertretenen Ergebnis auch Weigend in: LK, § 13 StGB Rn. 16.
3 OLG Brandenburg wistra 2014, 71; LSG LSA, 4.1.2012, L 5 AS 455/11 B ER. Entgegen der Ansicht des LSG handelt es sich dabei nicht um eine Frage des Vorsatzes oder der Leichtfertigkeit, sondern um eine solche der Möglichkeit bzw. Zumutbarkeit pflichtgemäßen Verhaltens, wie auch das OLG Brandenburg zutreffend feststellt.
4 SG Hildesheim, 13.8.2010, S 55 AS 1354/10 ER.

2. Subjektiver Tatbestand. Ordnungswidrig ist nur vorsätzliches oder leichtfertiges Handeln. Siehe zu den Anforderungen an Vorsatz und Leichtfertigkeit im Ordnungswidrigkeitenrecht die Erläuterungen zu → SGB V § 307 Rn. 7 f., 25.

3. Rechtswidrigkeit, Vorwerfbarkeit. Vgl. zu möglichen Rechtfertigungs- und Entschuldigungsgründen die Erläuterungen zu → SGB V § 307 Rn. 9 f.

4. Vollendung, Versuch. Die Tat ist vollendet, wenn den genannten Pflichten nicht richtig, nicht vollständig oder nicht rechtzeitig nachgekommen wird. Der Versuch ist nicht ordnungswidrig.

5. Beteiligung. Siehe zur Beteiligung im Ordnungswidrigkeitenrecht die Erläuterungen zu → SGB V § 307 Rn. 13.

6. Rechtsfolgen (Abs. 2). Die Ordnungswidrigkeit kann bei vorsätzlicher Begehung mit einer Geldbuße bis 2.500 EUR und bei leichtfertiger Begehung mit einer Geldbuße bis 1.250 EUR (vgl. § 17 Abs. 2 OWiG) geahndet werden. Siehe zur Zumessung der Geldbuße § 17 Abs. 3 OWiG.

7. Verjährung. Die Verfolgung der Ordnungswidrigkeit verjährt in einem Jahr (§ 31 Abs. 2 Nr. 3 OWiG).[5]

8. Zuständigkeit (Abs. 3). Für die Verfolgung von Verstößen gegen Abs. 1 Nr. 2 Var. 1, Nrn. 3 u. 4 sind die Pflegekassen zuständig (§ 36 Abs. 1 Nr. 1 OWiG iVm § 112 Abs. 1 Nr. 1 SGB IV); für Verstöße gegen Abs. 1 Nr. 2 Var. 2, 3 und 7 gemäß Abs. 3 das BVA. Für Verstöße gegen Abs. 1 Nr. 1, 5 und 6 bestimmt sich die Zuständigkeit nach § 36 Abs. 1 Nr. 2 lit. a, Abs. 2 OWiG.[6]

9. Ermittlungsbefugnisse (Abs. 4). Bei Verstößen gegen die Pflicht zum Abschluss eines privaten Pflegeversicherungsvertrages (Abs. 1 Nr. 1) sowie in Fällen des Verzuges mit der Entrichtung von mindestens sechs Monatsprämien zur privaten Pflegeversicherung (Abs. 1 Nr. 6) kann die für die Verfolgung und Ahndung der Ordnungswidrigkeiten zuständige Verwaltungsbehörde bei den privaten Versicherungsunternehmen, den Dienstherren, der Postbeamtenkrankenkasse oder der Krankenversorgung der Bundesbahnbeamten Auskünfte einholen. Die um Auskunft ersuchten Stellen sind unabhängig davon bereits nach § 51 Abs. 1 S. 1 und 2, Abs. 2 zur Meldung bestimmter, von Abs. 1 Nr. 1 und 6 erfasster Sachverhalte verpflichtet. Ob Auskünfte eingeholt werden, steht im Ermessen der zur Verfolgung der Ordnungswidrigkeiten berufenen Verwaltungsbehörde („kann"). Die Regelung stellt klar, dass Auskünfte auch in elektronischer Form oder als elektronisches Dokument eingeholt werden können. Nach S. 2 und 3 sollen die ersuchten Stellen bei der Ermittlung des Sachverhalts mitwirken und ihnen bekannte Tatsachen und Beweismittel angeben. S. 4 schränkt die Mitwirkungspflichten dahingehend ein, dass die genannten Stellen über die Erteilung von Auskünften hinaus nicht zur Mitwirkung bei der Ermittlung des Sachverhaltes verpflichtet sind. Insbesondere kann sich eine Pflicht zum persönlichen Erscheinen oder zur Aussage nicht aus Abs. 4, sondern nur aus anderen, eine solche Pflicht explizit anordnenden Rechtsvorschriften ergeben.

III. Praxishinweis

Art. 6 des 1. SGB XI-ÄndG enthielt eine Übergangsregelung für laufende Verfahren in Folge der rückwirkenden Änderung der Zuständigkeit nach Abs. 3 (→ Rn. 2).

§ 122 (aufgehoben)

Dreizehntes Kapitel
Befristete Modellvorhaben

§ 123 Durchführung der Modellvorhaben zur kommunalen Beratung Pflegebedürftiger und ihrer Angehöriger, Verordnungsermächtigung

(1) ¹Die für die Hilfe zur Pflege zuständigen Träger der Sozialhilfe nach dem Zwölften Buch können Modellvorhaben zur Beratung von Pflegebedürftigen und deren Angehörigen für ihren Zuständigkeitsbereich bei der zuständigen obersten Landesbehörde beantragen, sofern dies nach Maßgabe landes-

---

5 AA Krauskopf in: Krauskopf, § 121 SGB XI Rn. 11: 2 Jahre durch Anwendung von § 31 Abs. 2 Nr. 2 OWiG.
6 Vgl. BT-Dr. 13/3696, 17 (zu Nr. 32, § 112).

rechtlicher Vorschriften vorgesehen ist. ²Ist als überörtlicher Träger für die Hilfe zur Pflege durch landesrechtliche Vorschriften das Land bestimmt, können die örtlichen Träger der Sozialhilfe, die im Auftrag des Landes die Hilfe zur Pflege durchführen, Modellvorhaben nach Satz 1 beantragen. ³Sofern sich die Zuständigkeit des jeweiligen Trägers der Sozialhilfe nach dem Zwölften Buch auf mehrere Kreise erstreckt, soll sich das Modellvorhaben auf einen Kreis oder eine kreisfreie Stadt beschränken. ⁴Für Stadtstaaten, die nur aus einer kreisfreien Stadt bestehen, ist das Modellvorhaben auf jeweils einen Stadtbezirk zu beschränken. ⁵Die Modellvorhaben umfassen insbesondere die Übernahme folgender Aufgaben durch eigene Beratungsstellen:

1. die Pflegeberatung nach den §§ 7 a bis 7 c,
2. die Beratung in der eigenen Häuslichkeit nach § 37 Absatz 3 und
3. Pflegekurse nach § 45.

⁶Die §§ 7 a bis 7 c, § 17 Absatz 1 a, § 37 Absatz 3 Satz 1, 2, 3, 6 erster Halbsatz, Satz 7 und Absatz 4 sowie § 45 gelten entsprechend. ⁷In den Modellvorhaben ist eine Zusammenarbeit bei der Beratung nach Satz 5 Nummer 1 und 2 insbesondere mit der Beratung zu Leistungen der Altenhilfe, der Hilfe zur Pflege nach dem Zwölften Buch und der Eingliederungshilfe nach dem Neunten Buch sowie mit der Beratung zu Leistungen des öffentlichen Gesundheitsdienstes, zur rechtlichen Betreuung, zu behindertengerechten Wohnangeboten, zum öffentlichen Nahverkehr und zur Förderung des bürgerschaftlichen Engagements sicherzustellen.

(2) ¹Dem Antrag nach Absatz 1 ist ein Konzept beizufügen, wie die Aufgaben durch die Beratungsstellen wahrgenommen werden und mit welchen eigenen sächlichen, personellen und finanziellen Mitteln die Beratungsstellen ausgestattet werden. ²Eine Zusammenarbeit mit den privaten Versicherungsunternehmen, die die private Pflege-Pflichtversicherung durchführen, ist anzustreben und im Konzept nachzuweisen. ³Das Nähere, insbesondere zu den Anforderungen an die Beratungsstellen und an die Anträge nach Absatz 1 sowie zum Widerruf einer Genehmigung nach § 124 Absatz 2 Satz 1, ist bis zum 31. Dezember 2018 durch landesrechtliche Vorschriften zu regeln.

(3) ¹Die zuständige oberste Landesbehörde kann höchstens so viele Modellvorhaben genehmigen, wie ihr nach dem Königsteiner Schlüssel, der für das Jahr 2017 im Bundesanzeiger veröffentlicht ist, bei einer Gesamtzahl von insgesamt 60 Modellvorhaben zustehen. ²Der Antrag kann genehmigt werden, wenn die Anforderungen nach den Absätzen 1 und 2 in Verbindung mit den landesrechtlichen Vorgaben im Sinne des Absatzes 2 Satz 3 erfüllt sind. ³Den kommunalen Spitzenverbänden auf Landesebene und den Landesverbänden der Pflegekassen ist zu jedem Antrag vor der Genehmigung Gelegenheit zur Stellungnahme zu geben. ⁴Die Länder insgesamt sollen bei der Genehmigung sicherstellen, dass die Hälfte aller bewilligten Modellvorhaben durch Antragsteller nach Absatz 1 durchgeführt wird, die keine mehrjährigen Erfahrungen in strukturierter Zusammenarbeit in der Beratung aufweisen. ⁵Länder, die innerhalb der in Absatz 2 Satz 3 genannten Frist keine landesrechtlichen Regelungen getroffen haben oder die die ihnen zustehenden Modellvorhaben nicht nutzen wollen, treten die ihnen zustehenden Modellvorhaben an andere Länder ab. ⁶Die Verteilung der nicht in Anspruch genommenen Modellvorhaben auf die anderen Länder wird von den Ländern im Einvernehmen mit dem Bundesministerium für Gesundheit bestimmt.

(4) ¹Der Spitzenverband Bund der Pflegekassen beschließt nach Anhörung der kommunalen Spitzenverbände sowie der auf Bundesebene maßgeblichen Organisationen für die Wahrnehmung der Interessen und der Selbsthilfe der Pflegebedürftigen und behinderten Menschen und ihrer Angehörigen sowie des Verbands der privaten Krankenversicherung e.V. ²Empfehlungen über die konkreten Voraussetzungen, Ziele, Inhalte und Durchführung der Modellvorhaben. ³Die Empfehlungen sind bis zum 30. Juni 2017 vorzulegen und bedürfen der Zustimmung des Bundesministeriums für Gesundheit und der Länder. ⁴Das Bundesministerium für Gesundheit trifft seine Entscheidung im Benehmen mit dem Bundesministerium für Familie, Senioren, Frauen und Jugend. ⁵Zur Begleitung der Modellvorhaben eines Landes kann die oberste Landesbehörde einen Beirat einrichten, der insbesondere aus den kommunalen Spitzenverbänden auf Landesebene und den Landesverbänden der Pflegekassen besteht. ⁶Aufgaben des Beirates sind insbesondere, die oberste Landesbehörde bei der Klärung fachlicher und verfahrensbezogener Fragen zu beraten, sowie der Austausch der Mitglieder untereinander über die Unterstützung der Modellvorhaben in eigener Zuständigkeit.

(5) ¹Ist ein Antrag nach Absatz 3 Satz 2 genehmigt, trifft der Antragsteller mit den Landesverbänden der Pflegekassen gemeinsam und einheitlich eine Vereinbarung

1. zur Zusammenarbeit,
2. zur Einbeziehung bestehender Beratungs- und Kursangebote,

3. zu Nachweis- und Berichtspflichten gegenüber den Landesverbänden der Pflegekassen,
4. zum Übergang der Beratungsaufgaben auf die Beratungsstellen nach Absatz 1 Satz 5,
5. zur Haftung für Schäden, die den Pflegekassen durch fehlerhafte Beratung entstehen, und
6. zur Beteiligung der Pflegekassen mit sächlichen, personellen und finanziellen Mitteln.

²Der Beitrag der Pflegekassen nach Satz 1 Nummer 6 darf den Aufwand nicht übersteigen, der entstehen würde, wenn sie die Aufgaben anstelle der Antragsteller nach Absatz 1 im selben Umfang selbst erbringen würden. ³Grundlage hierfür sind die bisherigen Ausgaben der Pflegekassen für die Aufgabenerfüllung nach Absatz 1 Satz 5. ⁴Die Landesregierungen werden ermächtigt, Schiedsstellen entsprechend § 7c Absatz 7 Satz 1 bis 4 einzurichten und eine Rechtsverordnung entsprechend § 7c Absatz 7 Satz 5 zu erlassen. ⁵Abweichend von Satz 4 können die Parteien der Vereinbarung nach Satz 1 einvernehmlich eine unparteiische Schiedsperson und zwei unparteiische Mitglieder bestellen, die den Inhalt der Vereinbarung nach Satz 1 innerhalb von sechs Wochen nach ihrer Bestellung festlegen. ⁶Die Kosten des Schiedsverfahrens tragen die Parteien der Vereinbarung zu gleichen Teilen. ⁷Kommt eine Einigung der Landesverbände der Pflegekassen untereinander nicht zustande, erfolgt die Beschlussfassung durch die Mehrheit der in § 52 Absatz 1 Satz 1 genannten Stellen.

(6) ¹Mit dem Inkrafttreten der Vereinbarung nach Absatz 5 Satz 1 geht die Verantwortung für die Pflegeberatung nach den §§ 7a bis 7c und für die Beratung in der eigenen Häuslichkeit nach § 37 Absatz 3 von anspruchsberechtigten Pflegebedürftigen mit Wohnort im Bereich der örtlichen Zuständigkeit der Beratungsstelle und von deren Angehörigen sowie für die Pflegekurse nach § 45 auf den Antragsteller nach Absatz 1 über. ²Die Antragsteller können sich zur Erfüllung ihrer Aufgaben Dritter bedienen. ³Die Erfüllung der Aufgaben durch Dritte ist im Konzept nach Absatz 2 darzulegen. ⁴Sofern sie sich für die Beratung in der eigenen Häuslichkeit nach § 37 Absatz 3 Dritter bedienen, ist die Leistungserbringung allen in § 37 Absatz 3 Satz 1 und Absatz 8 genannten Einrichtungen zu ermöglichen.

(7) ¹Während der Durchführung des Modellvorhabens weist der Antragsteller gegenüber der obersten Landesbehörde und den am Vertrag beteiligten Landesverbänden der Pflegekassen die Höhe der eingebrachten sächlichen und personellen Mittel je Haushaltsjahr nach. ²Diese Mittel dürfen die durchschnittlich aufgewendeten Verwaltungsausgaben für die Hilfe zur Pflege und die Eingliederungshilfe bezogen auf den einzelnen Empfänger und für die Altenhilfe bezogen auf alte Menschen im Haushaltsjahr vor Beginn des Modellvorhabens nicht unterschreiten. ³Die Mittel sind auf der Grundlage der Haushaltsaufstellung im Konzept nach Absatz 2 Satz 1 nachzuweisen.

§ 124 Befristung, Widerruf und Begleitung der Modellvorhaben zur kommunalen Beratung; Beirat

(1) ¹Anträge zur Durchführung von Modellvorhaben können bis zum 31. Dezember 2019 gestellt werden. ²Modellvorhaben nach diesem Kapitel sind auf fünf Jahre zu befristen.

(2) ¹Die Genehmigung zur Durchführung eines Modellvorhabens ist zu widerrufen, wenn die in § 123 Absatz 1 Satz 5 genannten Aufgaben oder die nach § 123 Absatz 5 Satz 1 vereinbarten oder die in § 123 Absatz 5 Satz 2 oder Absatz 7 festgelegten Anforderungen nicht oder nicht in vollem Umfang erfüllt werden. ²Eine Klage gegen den Widerruf hat keine aufschiebende Wirkung. ³Die zuständige oberste Landesbehörde überprüft die Erfüllung der Aufgaben nach § 123 Absatz 1 anhand der wissenschaftlichen Begleitung und Auswertung nach Absatz 3 zum Abschluss des jeweiligen Haushaltsjahres. ⁴Sie überprüft die Erfüllung der Anforderungen nach § 123 Absatz 7 anhand der jeweiligen Haushaltspläne.

(3) ¹Der Spitzenverband Bund der Pflegekassen und die für die Modellvorhaben nach § 123 Absatz 1 Satz 1 zuständigen obersten Landesbehörden veranlassen gemeinsam im Einvernehmen mit dem Bundesministerium für Gesundheit und im Benehmen mit den kommunalen Spitzenverbänden eine wissenschaftliche Begleitung und Auswertung aller Modellvorhaben durch unabhängige Sachverständige. ²Die Auswertung erfolgt nach allgemein anerkannten wissenschaftlichen Standards hinsichtlich der Wirksamkeit, Qualität und Kosten der Beratung im Vergleich zur Beratung vor Beginn des jeweiligen Modellvorhabens und außerhalb der Modellvorhaben. ³Die Auswertung schließt einen Vergleich mit den Beratungsangeboten der sozialen Pflegeversicherung und der privaten Pflege-Pflichtversicherung jeweils außerhalb der Modellvorhaben ein. ⁴Die unabhängigen Sachverständigen haben einen Zwischenbericht und einen Abschlussbericht über die Ergebnisse der Auswertungen zu erstellen. ⁵Der Zwischenbericht ist spätestens am 31. Dezember 2023 und der Abschlussbericht spätestens am 31. Juli 2026 zu

veröffentlichen. ⁶Die Kosten der wissenschaftlichen Begleitung und der Auswertung der Modellvorhaben tragen je zur Hälfte die für diese Modellvorhaben zuständigen obersten Landesbehörden gemeinsam und der Spitzenverband Bund der Pflegekassen, dessen Beitrag aus Mitteln des Ausgleichsfonds nach § 65 zu finanzieren ist.

(4) ¹Die nach Landesrecht zuständigen Stellen begleiten die Modellvorhaben über die gesamte Laufzeit und sorgen für einen bundesweiten Austausch der Modellvorhaben untereinander unter Beteiligung der für die Begleitung und Auswertung nach Absatz 3 zuständigen unabhängigen Sachverständigen sowie des Spitzenverbandes Bund der Pflegekassen und der kommunalen Spitzenverbände. ²Bei der Organisation und Durchführung des Austausches können sich die nach Landesrecht zuständigen Stellen von den unabhängigen Sachverständigen unterstützen lassen, die die wissenschaftliche Begleitung und Auswertung nach Absatz 3 durchführen.

(5) ¹Der Spitzenverband Bund der Pflegekassen richtet einen Beirat zur Begleitung der Modellvorhaben im Einvernehmen mit dem Bundesministerium für Gesundheit ein. ²Der Beirat tagt mindestens zweimal jährlich und berät den Sachstand der Modellvorhaben. ³Ihm gehören Vertreterinnen und Vertreter der kommunalen Spitzenverbände, der Länder, der Pflegekassen, der Wissenschaft, des Bundesministeriums für Gesundheit und des Bundesministeriums für Familie, Senioren, Frauen und Jugend an.

I. Entstehungsgeschichte

1 §§ 123, 124 wurden durch Art. 1 Nr. 48 PNG (vom 23.10.l. 2012; BGBl. I, 2246) mWv 1.1.2013 eingeführt und mit Art. 2 Nr. 46 PSG II vom 21.12.2015 (BGBl. I 2424) mWv 1.1.2017 aufgeben. Zu diesem Zeitpunkt trat die mit Art. 1 Nr. 24 PSG III vom 23.12.2016 (BGBl. I 3191) beschlossene (neue) Fassung der §§ 123 und 124 in Kraft.

II. Normzweck und europarechtlicher Kontext

2 In §§ 123,124 werden zT sehr detailliert (bürokratisch) Regelungen zu befristeten und quantitativ beschränkten **Modellvorhaben zur Beratung von pflegebedürftigen Personen und deren Angehörigen** getroffen, die es kommunalen Stellen (insbesondere Sozialhilfeträgern) ermöglichen sollen, „Beratungsaufgaben nach diesem Buch mit eigenen Beratungsaufgaben für alte und/oder hilfebedürftige Menschen zusammenzuführen und gemeinsam in eigener Zuständigkeit zu erbringen", und damit einer Empfehlung der Bund-Länder-Arbeitsgruppe „zur Stärkung der Rolle der Kommunen in der Pflege" zu entsprechen.[1] § 123 regelt das Antrags- und Genehmigungsverfahren, § 124 Befristung (Abs. 1), Widerruf (Abs. 2), wissenschaftliche Begleitung und Evaluation der Modelle (Abs. 3 bis 5) sowie die Installierung eines Beirats beim zuständigen Ministerium (Abs. 6). Im **europarechtlichen Kontext** dürften diese nach nationalem Recht durchzuführenden Modellvorhaben zur Erprobung (ambulanter) kommunaler (Beratungs-) Dienstleistungen (→ § 28 Rn. 3 f.) keine Rolle spielen.

III. Gesetzliche Vorgaben für die Modellvorhaben

3 Modellvorhaben sind quantitativ und temporär limitierte, idR wissenschaftlich begleitete Projekte zur Erprobung konzeptionell geplanter Vorgaben unter realen Konditionen. Nach § 123 wird ein **Antragsverfahren** vorgeschrieben; eine Ausschreibung – wie etwa in § 125 – findet nicht satt. Antragsberechtigt sind nach Abs. 1 S. 1 die nach Landesrecht zuständigen Stellen für die Hilfe zur Pflege (§§ 61 ff. SGB XII), idR Landkreise und kreisfreie Städte. In flächenmäßig großen Landkreisen muss der Landkreis eine wohnortnahe Beratung sicherstellen. Ist der Antragsteller ein Zusammenschluss mehrerer Kreise oder kreisfreier Städte, soll der Antrag sich auf einen Kreis oder eine kreisfreie Stadt beschränken (S. 2), da diese im Hinblick auf Synergieeffekte – so die Begr.[2] – sinnvolle Verwaltungseinheiten seien. Stadtstaaten, in denen sich die Zuständigkeit nicht auf einzelne Bezirke bezieht, müssen nach S. 3 das Modellvorhaben auf jeweils einen Stadtteil beschränken. Da in den Modellvorhaben zur kommunalen Beratung alle Beratungsangebote „aus einer Hand" erfolgen sollen, beschreiben S. 4 ff. ein breites Spektrum der zu übernehmenden Aufgaben. Zu Adressaten und Inhalt der Beratung siehe insbesondere §§ 7 a bis 7 c, 37 Abs. 3 sowie 45. Ein **Konzept** mit detaillierter Beschreibung der Aufgaben und Eigenmittel sowie der Kooperation mit Unternehmen der privaten PV ist dem Antrag beizufügen (Abs. 2 S. 1, 2). Näheres hierzu ist durch bis zum 31.12.2018 zu erlassende landesrechtliche Vorschrif-

---

[1] BT-Dr. 18/9518, 75.
[2] BT-Dr. 18/9518, 75 ff.

ten (Abs. 2 S. 3) auf der Grundlage der bis zum 30.6.2017 vorzulegenden und vom BMG zu genehmigenden **Empfehlungen des Spitzenverbandes Bund der PK** nach Abs. 4 zu regeln. Wenn die in Abs. 1 und 2 genannten Anforderungen erfüllt sind, kann **die zuständige oberste Landesbehörde den Antrag genehmigen** (Abs. 3 S. 2).

Im Falle der Genehmigung ist nach Abs. 5 zwischen **Antragssteller** und den **Landesverbänden** der PK einheitlich und gemeinsam eine (öffentlich-rechtliche) **Vereinbarung** insbesondere über Zusammenarbeit, Einbeziehung von Beratungsangeboten, Haftungs- und Informationspflichten sowie die Beteiligung der PK mit sächlichen, personellen und finanziellen Mitteln abzuschließen. Damit geht auch die „Verantwortung" (Bereitstellungs- und Leistungserbringungspflicht) für die in Abs. 6 genannten Pflegeberatungsbereiche sowie die Verwendungsnachweispflicht nach Abs. 7 auf den Antragsteller über. Die Regelung zur Einrichtung von **Schiedsstellen** gemäß § 7c Abs. 7 gilt für (Kooperations-) Vereinbarungen nach § 123 Abs. 5 zwischen Antragstellern und Landesverbänden der PK entsprechend (s. S. 4). Kommt eine Kooperationsvereinbarung nicht innerhalb der in der Rechtsverordnung bestimmten Frist zustande, setzt die Schiedsstelle den Inhalt der Vereinbarung fest (sofern sie vom jeweiligen Land eingerichtet wurde). Alternativ kommt eine Konfliktlösung analog § 7c Abs. 8 in Frage (unparteiische Schiedsperson und zwei Mitglieder; s. S. 5).

Anträge zur Durchführung der Modellvorhaben können nach § 124 Abs. 1 bis spätestens 31.12.2019 gestellt werden; die **Laufzeiten** der Modellvorhaben sind **auf 5 Jahre** zu befristen. Nach § 123 Abs. 3 S. 1 ist die **Zahl** der Modellvorhaben auf **höchstens 60** beschränkt. Die Verteilung auf die Länder richtet sich nach dem im BAnz. veröffentlichten Königsteiner Schlüssel für das Jahr 2017. Länder, die ihre Möglichkeiten zur Realisierung von Modellvorhaben nicht nutzen, können diese im Einvernehmen mit dem BMG auf andere Länder übertragen.

§ 124 Abs. 2 sieht eine Verpflichtung zum Widerruf der Genehmigung der Modellvorhaben für den Fall vor, dass entweder die Aufgaben nach § 123 Abs. 1 S. 4 (→ Rn. 3) oder die nach § 123 Abs. 5 S. 1 vereinbarten und die nach § 123 Abs. 5 S. 2 (→ Rn. 4) sowie Abs. 7 (Mittelverwendung) festgelegten Anforderungen nicht oder nicht in vollem Umfang erfüllt werden. Die zuständige oberste Landesbehörde überprüft dies anhand der Auswertung der wissenschaftlichen Begleitung und Haushaltspläne (einschließlich Verwendungsnachweise) zum Abschluss des jeweiligen Haushaltsjahres. Klagen (nach SGG) gegen derartige Widerrufe rechtmäßig begünstigender Verwaltungsakte (s. insbesondere § 47 Abs. 2 SGB X) haben nach § 124 Abs. 2 S. 2 keine aufschiebende Wirkung.

Nach § 124 Abs. 3 S. 1 veranlassen der Spitzenverband Bund der PK und die nach § 123 Abs. 1 S. 1 zuständigen obersten Landesbehörden gemeinsam – im Einvernehmen mit dem BMG und im Benehmen mit den kommunalen Spitzenverbänden – eine **wissenschaftliche Begleitung und Auswertung aller Modellvorhaben durch unabhängige Sachverständige**. Diese müssen bis spätestens 31. Dezember 2023 einen Zwischenbericht und bis spätestens 31. Juli 2025 einen Abschlussbericht veröffentlichen (S. 4). Die Finanzierung von Implementation und Evaluation erfolgt nach S. 5 zu gleichen Teilen von der PV (Spitzenverband Bund der PK) und den teilnehmenden Ländern (zuständige oberste Landesbehörde). Zur Begleitung der Modellvorhaben richtet der Spitzenverband Bund der PK nach Abs. 5 einen **Beirat** ein, dem Vertreterinnen und Vertreter der Kommunalen Spitzenverbände, Länder, PK, Wissenschaft sowie des BMG und BMFSFJ angehören. Auf Landesebene kann nach § 123 Abs. 4 S. 3 die zuständige oberste Landesbehörde einen Beirat zur Begleitung der Modellvorhaben sowie zur Beratung über in diesem Zusammenhang auftretende Fragestellungen einrichten.

IV. Geplante Änderung durch das Blut- und Gewebegesetz

Der Bundestag hat am 1.6.2017 das Gesetz zur Fortschreibung der Vorschriften für Blut- und Gewebezubereitungen und zur Änderung anderer Vorschriften verabschiedet,[3] durch das einen Tag nach seiner Verkündung §§ 123, 124 wie folgt geändert werden sollen:

a) Dem § 123 Abs. 1 werden die folgenden Sätze angefügt:

„⁸Abweichend von Satz 5 Nummer 1 und Absatz 6 Satz 1 kann die Pflegeberatung nach den §§ 7a bis 7c durch die Pflegekassen erfolgen, soweit die Zusammenarbeit in der Beratung für den örtlichen Geltungsbereich des Modellvorhabens in einer ergänzenden Vereinbarung nach § 7a Absatz 7 Satz 4 in Verbindung mit einer Vereinbarung nach Absatz 5 gewährleistet ist. ⁹Die Landesregierungen werden

---

3 BR-Dr. 456/17 v. 16.6.2017.

ermächtigt, Schiedsstellen entsprechend § 7 c Absatz 7 Satz 1 bis 5 einzurichten und eine Rechtsverordnung entsprechend § 7 c Absatz 7 Satz 6 zu erlassen. Absatz 5 Satz 5 bis 7 gilt entsprechend."

b) § 123 Abs. 5 S. 4 wird wie folgt gefasst:
„(5) ⁴Die Landesregierungen werden ermächtigt, Schiedsstellen entsprechend § 7 c Absatz 7 Satz 1 bis 5 einzurichten und eine Rechtsverordnung entsprechend § 7 c Absatz 7 Satz 6 zu erlassen."

c) In § 123 Abs. 7 S. 2 wird vor dem Punkt am Ende ein Semikolon und werden die Wörter „Ausnahmen hiervon sind bei den sächlichen Mitteln möglich, soweit sich die Abweichung nachweislich aus Einsparungen aufgrund der Zusammenlegung von Beratungsaufgaben ergibt" eingefügt.

d) § 124 Abs. 2 wird wie folgt gefasst:
„(2) ¹Die Genehmigung zur Durchführung eines Modellvorhabens ist zu widerrufen, wenn die in § 123 Absatz 1 Satz 5 genannten Aufgaben nicht in vollem Umfang erfüllt werden. ²Die Genehmigung ist auch dann zu widerrufen, wenn die nach § 123 Absatz 5 Satz 1 vereinbarten oder die in § 123 Absatz 5 Satz 2 oder Absatz 7 festgelegten Anforderungen überwiegend nicht erfüllt werden. ³Eine Klage gegen den Widerruf hat keine aufschiebende Wirkung. ⁴Die zuständige oberste Landesbehörde überprüft die Erfüllung der Aufgaben nach § 123 Absatz 1 anhand der wissenschaftlichen Begleitung und Auswertung nach Absatz 3 zum Abschluss des jeweiligen Haushaltsjahres. ⁵Sie überprüft die Erfüllung der Anforderungen nach § 123 Absatz 7 anhand der jeweiligen Haushaltspläne."

Mit diesen Gesetzesänderungen sollen einige begrüßenswerte Korrekturen bzw. Klarstellungen vorgenommen werden.

§ 125 Modellvorhaben zur Erprobung von Leistungen der häuslichen Betreuung durch Betreuungsdienste

(1) ¹Der Spitzenverband Bund der Pflegekassen kann in den Jahren 2013 und 2014 aus Mitteln des Ausgleichsfonds der Pflegeversicherung mit bis zu 5 Millionen Euro Modellvorhaben zur Erprobung von Leistungen der häuslichen Betreuung durch Betreuungsdienste vereinbaren. ²Dienste können als Betreuungsdienste Vereinbarungspartner werden, die insbesondere für demenziell erkrankte Pflegebedürftige dauerhaft häusliche Betreuung und hauswirtschaftliche Versorgung erbringen.
(2) ¹Die Modellvorhaben sind darauf auszurichten, die Wirkungen des Einsatzes von Betreuungsdiensten auf die pflegerische Versorgung umfassend bezüglich Qualität, Wirtschaftlichkeit, Inhalt der erbrachten Leistungen und Akzeptanz bei den Pflegebedürftigen zu untersuchen und sind auf längstens drei Jahre zu befristen. ²Für die Modellvorhaben ist eine wissenschaftliche Begleitung und Auswertung vorzusehen. ³Soweit im Rahmen der Modellvorhaben personenbezogene Daten benötigt werden, können diese mit Einwilligung des Pflegebedürftigen erhoben, verarbeitet und genutzt werden. ⁴Der Spitzenverband Bund der Pflegekassen bestimmt Ziele, Dauer, Inhalte und Durchführung der Modellvorhaben. ⁵Die Modellvorhaben sind mit dem Bundesministerium für Gesundheit abzustimmen.
(3) ¹Auf die am Modell teilnehmenden Dienste sind die Vorschriften dieses Buches für Pflegedienste entsprechend anzuwenden. ²Anstelle der verantwortlichen Pflegefachkraft können sie eine entsprechend qualifizierte, fachlich geeignete und zuverlässige Kraft mit praktischer Berufserfahrung im erlernten Beruf von zwei Jahren innerhalb der letzten acht Jahre als verantwortliche Kraft einsetzen; § 71 Absatz 3 Satz 4 ist entsprechend anzuwenden. ³Die Zulassung der teilnehmenden Betreuungsdienste zur Versorgung bleibt bis zu zwei Jahre nach dem Ende des Modellprogramms gültig.

I. Entstehungsgeschichte

1 § 125 wurde durch Art. 1 Nr. 48 PNG (vom 23.10.2012; BGBl. I, 2246) mWv 1.1.2013 eingeführt. In Abs. 1 S. 1 wurde die Angabe „nach § 124" durch Art. 2 Nr. 47 PSG II v. 21.12.2015 (BGBl. I 2424) mWv 1.1.2017 gestrichen.

II. Normzweck und europarechtlicher Kontext

2 Die ursprünglich mit § 124 aF für einen Übergangszeitraum bis zum Inkrafttreten eines Gesetzes, das die Leistungsgewährung aufgrund eines neuen Pflegebedürftigkeitsbegriffs mit entsprechenden Begut-

achtungsverfahren regeln sollte, eingeführte „häusliche Betreuung" und nunmehr mit PSG II in § 36 als „pflegerische Betreuungsmaßnahmen" eingeführten Leistungsbestandteile (→ § 36 Rn. 11) führten zwar zu einer Verbesserung der Leistungen, die aber leistungserbringungsrechtlich umgesetzt werden müssen.[1] Die in § 125 vorgesehenen wissenschaftlich begleiteten **Modellvorhaben zur Erprobung der Erbringung von Leistungen der häuslichen Betreuung durch Betreuungsdienste** sollen zumindest teilweise zur Klärung dieser Fragen, vor allem hinsichtlich der Wirkungen des Einsatzes von Betreuungsdiensten auf die pflegerische Versorgung (s. Abs. 2) und der Zulassungsvorschriften (s. Abs. 3), beitragen. Als Betreuungsdienste sollen solche ausgewählt werden, die insbesondere **für dementiell erkrankte pflegebedürftige Personen** dauerhaft häusliche Betreuung und hauswirtschaftliche Versorgung erbringen. Der **Spitzenverband Bund der PK** wird mit der Festlegung der Ziele, Dauer und Inhalte sowie **Durchführung**, einschl. Ausschreibung, des Modellvorhabens beauftragt (s. Abs. 1 und 2 S. 3).[2] Die Regelungen des § 125 wurden trotz Streichung der §§ 123 aF und 124 aF und Begriffswirrwarr bzgl. „Betreuung" über den 1.1.2017 hinaus fortgeführt.[3] Zum Begriff Modellvorhaben → § 123 Rn. 3. Im **europarechtlichen Kontext** wird diesen Modellvorhaben zur Erprobung der Erbringung von ambulanten Sachleistungen nach nationalem Recht (→ § 28 Rn. 3 f.) wahrscheinlich keine besondere Relevanz zukommen.

III. Gesetzliche Vorgaben für die Modellvorhaben

Abs. 1 verschafft dem **Spitzenverband Bund der PK** die Möglichkeit („kann"), 2013 und 2014 mit **Betreuungsdiensten**, die insbesondere für dementiell erkrankte pflegebedürftige Personen[4] dauerhaft häusliche Betreuung/Pflege und hauswirtschaftliche Versorgung/Hilfe bei der Haushaltsführung (nach § 36) erbringen, unter entsprechender Anwendung des SGB XI (Abs. 4 S. 1) **Modellvorhaben** zur Erprobung der Erbringung häuslicher Betreuung zu **vereinbaren**. Die Finanzierung soll aus Mitteln des **Ausgleichsfonds** der PV erfolgen. Aufgabe der auf drei Jahre befristeten Vorhaben ist nach Abs. 2 S. 1, 2 die **wissenschaftlich begleitete Untersuchung** und Auswertung der „**Wirkungen**" der Betreuungsdienste hinsichtlich Qualität, Wirtschaftlichkeit, Inhalt der erbrachten Leistungen und Akzeptanz bei den betreuten Personen. Der Spitzenverband Bund der PK bestimmt nach Abs. 2 S. 4 in eigener Kompetenz[5] Ziele, Dauer, Inhalte und Durchführung der Modellvorhaben, also das „Ob" und das „Wie". Dazu gehört auch die Auswahl der (zahlenmäßig begrenzten) teilnehmenden Betreuungsdienste nach entsprechender Ausschreibung,[6] Die Frage Anwendung des Vergaberechts (§§ 98 ff. GWB), insbes. ob es sich bei der modellhaften Zulassung um Konzessionierungsverträge handelt, die (k)einen öffentlichen Auftrag darstellen,[7] müsste im Rahmen Konzeptionierung des Ausschreibungsverfahrens geprüft werden. Zur Erhebung, Nutzung und Verarbeitung personenbezogener Daten bedarf es der Einwilligung der betroffenen Personen oder deren gesetzlichen Vertretungen (Abs. 2 S. 3).

IV. Zur modellhaften Zulassung von Betreuungsdiensten

Aus der entsprechenden Anwendung des SGB XI „auf die am Modell teilnehmenden Dienste" (Abs. 3 S. 1) ergeben sich eine Reihe klärungsbedürftiger Fragen. Da diese Anwendung insbes. das Leistungserbringungsrecht (§§ 69 ff.) betrifft, muss sie sich zumindest auch auf den Vereinbarungspartner Spitzenverband Bund der PK (→ Rn. 3) beziehen. Um am „Modell-Betreuungsmarkt" tätig werden zu können, ist zunächst eine modellhafte **Zulassung** von Betreuungsdiensten erforderlich. Dazu ist ein eigener an den Vorgaben der §§ 71 ff. orientierter, befristeter (§ 125 Abs. 3 S. 3) **Versorgungsvertrag** zu konzipieren und abzuschließen, in dem neben den (modifizierten) Anforderungen nach § 72 Abs. 1 iVm Abs. 3 S. 3 insbes. die Qualifikation der verantwortlichen Pflegefachkraft iSd § 71 Abs. 1 iVm Abs. 3 und – mangels passendem Rahmenvertrag – eine detaillierte Leistungsbeschreibung der häuslichen Pflege mit Qualifikation des vom Dienst für die jeweilige Einzelleistung einzusetzenden Personals und Abgrenzungen zu Teilhabeleistungen geregelt werden; entsprechendes gilt für die (Qualitäts-)

---

1 S. Komm 1. Aufl. § 124 Rn. 7.
2 BR Dr. 170/12, 99.
3 BT Dr. 18/5926, 139.
4 Offen bleibt, warum diese (nicht näher beschriebene) nicht mit dem privilegierten Personenkreis des § 124 aF identische Zielgruppe pflegebedürftiger Personen ausgewählt wurde.
5 In Abstimmung mit dem BMG (§ 125 Abs. 2 S. 5).
6 BR-Dr. 170/12, 99.
7 Griep/Renn, Freie Wohlfahrtspflege, Kap. 8.9 mwN.

„Maßstäbe und Grundsätze" nach § 113 Abs. 1 und Qualitätsprüfungs-Richtlinien (QPR) nach § 114[8] sowie weitere Rechte und Pflichten der Vertragsparteien. Außerdem sind die (Muster für) Vergütungsvereinbarungen und Pflegeverträge analog §§ 89 und 120 an die Modellvorgaben anzupassen. Zu der in Abs. 4 S. 2 eingeräumten Möglichkeit des Einsatzes einer „entsprechend qualifizierten, fachlich geeigneten und zuverlässigen Kraft mit praktischer Berufserfahrung" anstelle der verantwortlichen Pflegefachkraft iSd § 71 Abs. 1, 3 wird in der Begr.[9] vorgeschlagen, dass dies zB „auch Altentherapeutinnen, Altentherapeuten, Heilerzieherinnen, Heilerzieher, Heilerziehungspflegerinnen, Heilerziehungspfleger, Heilpädagoginnen, Heilpädagogen, Sozialarbeiterinnen, Sozialarbeiter, Sozialpädagoginnen, Sozialpädagogen sowie Sozialtherapeutinnen und Sozialtherapeuten" mit erfolgreicher Absolvierung einer Weiterbildungsmaßnahme für leitende Funktionen entsprechend § 71 Abs. 3 S. 4 sein könnte. Der weiteren Anregung, die Auswirkungen einer solchen Zulassung sollten „mittels einer Vielzahl von teilnehmenden Betreuungsdiensten in unterschiedlichen Versorgungsumgebungen wissenschaftlich erforscht werden, um eine belastbare Grundlage für die Entscheidung über eine regelhafte Einführung von Betreuungsdiensten zu erhalten," kann nur beigepflichtet werden.[10] Abs. 3 S. 3 sieht die Verlängerung der Zulassung der Betreuungsdienste bis zwei Jahre nach Ende des Modellprogramms (2014) vor.[11] Da die Programme nicht mit neuen Finanzmittel ausgestattet wurden, ist ein Auslaufen der Modelle absehbar.

Vierzehntes Kapitel
Zulagenförderung der privaten Pflegevorsorge

§ 126 Zulageberechtigte

[1]Personen, die nach dem Dritten Kapitel in der sozialen oder privaten Pflegeversicherung versichert sind (zulageberechtigte Personen), haben bei Vorliegen einer auf ihren Namen lautenden privaten Pflege-Zusatzversicherung unter den in § 127 Absatz 2 genannten Voraussetzungen Anspruch auf eine Pflegevorsorgezulage. [2]Davon ausgenommen sind Personen, die das 18. Lebensjahr noch nicht vollendet haben, sowie Personen, die vor Abschluss der privaten Pflege-Zusatzversicherung bereits als Pflegebedürftige Leistungen nach dem Vierten Kapitel oder gleichwertige Vertragsleistungen der privaten Pflege-Pflichtversicherung beziehen oder bezogen haben.

Literatur:

U. Becker, Pflege in einer älter werdenden Gesellschaft, SGb 2013, 123; *Englert*, Quo vadis Pflegeversicherung – Bürgerversicherung oder private Kapitaldeckung, WzS 2014, 9; *Henneberger*, Zentrale Änderungen des SGB XI durch das Pflege-Neuausrichtungs-Gesetz, NDV 2013, 58; *Reimer*, Überblick über die Änderungen durch das Pflege-Neuausrichtungs-Gesetz, SGb 2013, 193; *Reuther*, Die Private Pflegeversicherung in der Pflegereform, KrV 2015, 104; *Rothgang*, Nach der Mini-Pflegereform: Wesentliche Probleme bleiben ungelöst, Sozialer Fortschritt 2012, 245; *Schrehardt*, Das Zweite Pflegestärkungsgesetz – Ein sozialrechtlicher Paradigmenwechsel?, DStR 2016, 253; *Tall/Kessels*, Das Pflege-Neuausrichtungsgesetz (PNG) – Darstellung und Auswirkungen auf die Praxis, WzS 2013, 74 (Teil 1) sowie 111 (Teil 2); *Teubner*, Das Pflege-Neuausrichtungs-Gesetz (PNG) und seine Auswirkungen, PflR 2013, 71; *Udsching*, Soziale Sicherung bei Pflegebedürftigkeit – Perspektiven nach 20 Jahren Pflegeversicherung, SGb 2014, 354.

I. Entstehungsgeschichte

1 Mit der Einführung des 13. Kapitels des SGB XI wollte der Gesetzgeber im Rahmen des sog Pflege-Neuausrichtungs-Gesetzes (PNG) vom 23.10.2012[1] einen Impuls für eine **zusätzliche private Absicherung** des sozialen Risikos der **Pflegebedürftigkeit** setzen. § 126 S. 2 wurde durch das Pflegestärkungsgesetz II vom 21.12.2015[2] an den neuen Pflegebedürftigkeitsbegriff angepasst. Gefördert wird im Wege einer staatlichen Zulage eine ergänzende, eigenständige Pflegevorsorge, die ein „wichtiger Beitrag

---

8 BR-Dr. 170/12, 99.
9 BR-Dr. 170/12, 99.
10 BR-Dr. 170/12, 99.
11 Siehe auch Koch in: KassKomm, § 125 SGB XI Rn. 9.
1 BGBl. I, 2246.
2 BGBl. I, 2424.

zur nachhaltigen, generationengerechten Ausgestaltung der sozialen Sicherung"³ sein soll. Der Gesetzgeber will auf diese Weise dem demographischen Wandel Rechnung tragen und der zunehmenden Inanspruchnahme der sozialen wie der privaten Pflegeversicherung begegnen. Als Vorbild dienten teilweise die Regelungen zur sog Riester-Rente, die bei einer freiwilligen zusätzlichen Altersvorsorge ebenfalls einen staatlichen Zuschuss vorsieht. Der sog Pflege-Bahr wird jedoch nicht als steuerrechtliche Begünstigung (bei den Altersvorsorgebeiträgen gem. §§ 79 ff. EStG) gewährt, sondern als Zulage zu den privaten Pflegevorsorgeverträgen. Die vom Versicherten zu tragenden Beiträge sind daneben aber steuerlich geltend zu machen.

Das Regelungskonzept stößt jedoch, ähnlich wie die Riester-Rente, auf beachtliche Kritik. So wird bezweifelt, ob mit der zusätzlichen privaten Pflegevorsorge tatsächlich langfristig und nachhaltig eine bezahlbare Risikodiversifikation erfolgen kann. Dies gilt insbesondere auch angesichts des Umstands, dass Menschen mit begrenzten finanziellen Möglichkeiten im Zweifel häufig nicht in der Lage sein werden, die Mittel für eine zusätzliche Vorsorge aufzubringen und in der Folge auch nicht von der Zuschussmöglichkeit profitieren können.⁴

II. Normzweck und Regelungsinhalt

In § 126 werden die zulageberechtigten **Personen** definiert (S. 1) und bestimmte Personenkreise von der Zulageberechtigung ausgenommen (S. 2). Der Anspruch der grundsätzlich berechtigten Personen setzt zudem den Abschluss eines Pflege-Zusatzversicherungsvertrages voraus, der den Vorgaben des § 127 Abs. 2 genügen muss. Die Vorschrift regelt mithin Voraussetzungen für die Pflegezulage.

III. Zulageberechtigte Personen (S. 1)

Zulageberechtigt sind zunächst diejenigen Personen, die einem gesetzlichen Pflege-Pflichtversicherungsverhältnis nach §§ 20 ff. unterliegen. Dieses Versicherungsverhältnis kann in der sozialen wie auch in der privaten Pflegeversicherung begründet sein (§ 23). Auch nach § 26 a freiwillig in der sozialen Pflegeversicherung Versicherte können eine Zulage beanspruchen.⁵ Dies folgt aus dem Umstand, dass die Vorschrift nicht auf die Versicherungspflicht, sondern auf das **Versichertsein** abstellt.⁶ Erfasst sind auch mitversicherte Personen wie Ehegatten, Lebenspartner und Kinder. Schließlich ist die Berechtigung zu erstrecken auf Personen, im Rahmen eines Gruppenversicherungsvertrages versichert sind, soweit die Zulagevoraussetzungen für die jeweilige Person im Einzelnen erfüllt sind.⁷

Nicht jeder private Pflegevorsorgevertrag genügt jedoch, um eine Zulage nach den §§ 126 ff. beanspruchen zu können. Vielmehr muss dieser Vertrag den Vorgaben des § 127 Abs. 2 entsprechen (→ § 127 Rn. 3 ff.). Versicherungsverträge, die vor der gesetzlichen Neuregelung abgeschlossen wurden, dürften diesen Voraussetzungen häufig nicht entsprechen und sind deshalb auch nicht zulagefähig.

IV. Ausgeschlossene Personen (S. 2)

Ausgeschlossen sind zum einen **Kinder und Jugendliche** vor Vollendung des 18. Lebensjahres, zum anderen diejenigen Personen, bei denen sich das soziale Risiko der Pflegebedürftigkeit bereits verwirklicht hat. Dies betrifft **Menschen, die pflegebedürftig im Sinne des SGB XI sind, bereits entsprechende Leistungen** nach dem 4. Kapitel des SGB XI oder von ihrer privaten Pflegeversicherung erhalten oder erhalten haben. Darüber hinaus sind vom Bezug einer Zulage auch Menschen mit erheblich eingeschränkter Alltagskompetenz ausgenommen, soweit sie nach Maßgabe des § 123 aF Leistungen beziehen oder bezogen haben. Durch den neuen Pflegebedürftigkeitsbegriff ist diese Personengruppe in das nunmehr geltende System der fünf Pflegegrade integriert worden, so dass die in S. 2 enthaltene Differenzierung entfallen konnte. Schließlich ist der Leistungsausschluss angesichts der vergleichbaren Situation auch auf diejenigen Personen zu erstrecken, die Entschädigungsleistungen wegen Pflegebedürftigkeit nach § 35 BVG, dem SGB VII oder beamtenrechtlichen Vorschriften erhalten.⁸ Das Gesetz nimmt insofern ausdrücklich nicht nur Personen aus, die zum Zeitpunkt des Vertragsabschlusses be-

---

3 BT-Dr. 17/10170, 20.
4 Vgl. BR-Dr. 488/1/12, 7; Becker, SGb 2013, 123, 125; Englert, WzS 2014, 9, 10; Fahlbusch in: Hauck/Noftz, SGB XI, § 126 Rn. 2; Kuhn-Zuber in: LPK-SGB XI, Vor §§ 126-130; Rothgang, SF 2012, 245, 251.
5 Kuhn-Zuber in: LPK-SGB XI, § 126 Rn. 5.
6 Missverständlich daher sowohl Fahlbusch in: Hauck/Noftz, SGB XI, § 126 Rn. 4, wie auch Kuhn-Zuber in: LPK-SGB XI, § 126 Rn. 5.
7 Zutreffend Reuther, in: Udsching, § 126 Rn. 5.
8 Zutreffend Kuhn-Zuber in: LPK-SGB XI, § 126 Rn. 6.

reits Leistungen erhalten, sondern auch diejenigen, die zwischenzeitlich pflegebedürftig waren. Maßgeblich für die entsprechende Feststellung der Pflegebedürftigkeit bzw. zuvor des Vorliegens einer erheblich eingeschränkten Alltagskompetenz ist der jeweilige Leistungsbescheid der Pflegekasse bzw. der Pflegeversicherung. Die Zulageberechtigung kann daher bei rückwirkender Feststellung und entsprechendem Leistungsbezug auch rückwirkend entfallen.[9]

§ 127 Pflegevorsorgezulage; Fördervoraussetzungen

(1) [1]Leistet die zulageberechtigte Person mindestens einen Beitrag von monatlich 10 Euro im jeweiligen Beitragsjahr zugunsten einer auf ihren Namen lautenden, gemäß Absatz 2 förderfähigen privaten Pflege-Zusatzversicherung, hat sie Anspruch auf eine Zulage in Höhe von monatlich 5 Euro. [2]Die Zulage wird bei dem Mindestbeitrag nach Satz 1 nicht berücksichtigt. [3]Die Zulage wird je zulageberechtigter Person für jeden Monat nur für einen Versicherungsvertrag gewährt. [4]Der Mindestbeitrag und die Zulage sind für den förderfähigen Tarif zu verwenden.

(2) [1]Eine nach diesem Kapitel förderfähige private Pflege-Zusatzversicherung liegt vor, wenn das Versicherungsunternehmen hierfür

1. die Kalkulation nach Art der Lebensversicherung gemäß § 146 Absatz 1 Nummer 1 und 2 des Versicherungsaufsichtsgesetzes vorsieht,
2. allen in § 126 genannten Personen einen Anspruch auf Versicherung gewährt,
3. auf das ordentliche Kündigungsrecht sowie auf eine Risikoprüfung und die Vereinbarung von Risikozuschlägen und Leistungsausschlüssen verzichtet,
4. bei Vorliegen von Pflegebedürftigkeit im Sinne des § 14 einen vertraglichen Anspruch auf Auszahlung von Geldleistungen für jeden der in § 15 Absatz 3 und 7 aufgeführten Pflegegrade, dabei in Höhe von mindestens 600 Euro für Pflegegrad 5, vorsieht; die tariflich vorgesehenen Geldleistungen dürfen dabei die zum Zeitpunkt des Vertragsabschlusses jeweils geltende Höhe der Leistungen dieses Buches nicht überschreiten, eine Dynamisierung bis zur Höhe der allgemeinen Inflationsrate ist jedoch zulässig; weitere Leistungen darf der förderfähige Tarif nicht vorsehen,
5. bei der Feststellung des Versicherungsfalles sowie der Festsetzung des Pflegegrades dem Ergebnis des Verfahrens zur Feststellung der Pflegebedürftigkeit gemäß § 18 folgt; bei Versicherten der privaten Pflege-Pflichtversicherung sind die entsprechenden Feststellungen des privaten Versicherungsunternehmens zugrunde zu legen,
6. die Wartezeit auf höchstens fünf Jahre beschränkt,
7. einem Versicherungsnehmer, der hilfebedürftig im Sinne des Zweiten oder Zwölften Buches ist oder allein durch Zahlung des Beitrags hilfebedürftig würde, einen Anspruch gewährt, den Vertrag ohne Aufrechterhaltung des Versicherungsschutzes für eine Dauer von mindestens drei Jahren ruhen zu lassen oder den Vertrag binnen einer Frist von drei Monaten nach Eintritt der Hilfebedürftigkeit rückwirkend zum Zeitpunkt des Eintritts zu kündigen; für den Fall der Ruhendstellung beginnt diese Frist mit dem Ende der Ruhendstellung, wenn Hilfebedürftigkeit weiterhin vorliegt,
8. die Höhe der in Ansatz gebrachten Verwaltungs- und Abschlusskosten begrenzt; das Nähere dazu wird in der Rechtsverordnung nach § 130 geregelt.

[2]Der Verband der privaten Krankenversicherung e.V. wird damit beliehen, hierfür brancheneinheitliche Vertragsmuster festzulegen, die von den Versicherungsunternehmen als Teil der Allgemeinen Versicherungsbedingungen förderfähiger Pflege-Zusatzversicherungen zu verwenden sind. [3]Die Beleihung nach Satz 2 umfasst die Befugnis, für Versicherungsunternehmen, die förderfähige private Pflege-Zusatzversicherungen anbieten, einen Ausgleich für Überschäden einzurichten; § 111 Absatz 1 Satz 1 und 2 und Absatz 2 gilt entsprechend. [4]Die Fachaufsicht über den Verband der privaten Krankenversicherung e.V. zu den in den Sätzen 2 und 3 genannten Aufgaben übt das Bundesministerium für Gesundheit aus.

(3) Der Anspruch auf die Zulage entsteht mit Ablauf des Kalenderjahres, für das die Beiträge zu einer privaten Pflege-Zusatzversicherung gemäß § 127 Absatz 1 geleistet worden sind (Beitragsjahr).

Literatur:
Siehe § 126.

---

[9] Vgl. Reuther, in: Udsching, § 126 Rn. 10.

| I. Entstehungsgeschichte 1
| II. Normzweck und Regelungsinhalt 2
| III. Mindestaufwendungen und Zulagenhöhe (Abs. 1) 3
| IV. Vorgaben für förderfähige Vorsorgeverträge (Abs. 2 S. 1) 4
| V. Beleihung des PKV eV (Abs. 2 S. 2, 3) 11
| VI. Fälligkeit der Zulage (Abs. 3) 12

I. Entstehungsgeschichte

Die Vorschrift ist gemeinsam mit den übrigen Vorschriften des 13. Kapitels durch das Pflege-Neuausrichtungs-Gesetz (PNG) vom 23.10.2012[1] mit Wirkung zum 1.1.2013 eingeführt worden. Durch das Gesetz über die Modernisierung der Finanzaufsicht über Versicherungen vom 1.4.2015[2] wurde der Verweis in Abs. 2 Nr. 1 auf die Vorschrift im Versicherungsaufsichtsgesetz mit Wirkung zum 1.1.2016 redaktionell geändert. Mit dem Pflegestärkungsgesetz II vom 21.12.2015[3] wurden die Regelungen in Abs. 2 Nr. 4 und 5 dem neuen Pflegebedürftigkeitsbegriff der §§ 14, 15 mit Wirkung vom 1.1.2017 angeglichen. 1

II. Normzweck und Regelungsinhalt

§ 127 regelt die **Bedingungen**, die die Vorsorgeverträge zulageberechtigter Personen (§ 126) erfüllen müssen, damit diese eine **Vorsorgezulage** erhalten können (Abs. 1, 2). Darüber hinaus werden die Höhe der Zulage und ihre Fälligkeit (Abs. 1, 3), die Förderungsvoraussetzungen für die Vorsorgeverträge sowie eine Beleihung des Verbandes der privaten Krankenversicherung eV geregelt (Abs. 2). Dieser hat unter der Fachaufsicht des Bundesministeriums für Gesundheit für einheitliche Vertragsmuster zu sorgen und kann einen Ausgleichsfonds einrichten.[4] Die Musterbedingungen (MB/GEPV) wurden zum 1.1.2017 neu gefasst. 2

III. Mindestaufwendungen und Zulagenhöhe (Abs. 1)

In Abs. 1 S. 1 wird zunächst die Gewährung einer Vorsorgezulage von einem Mindestvolumen eigener Aufwendungen des Versicherten abhängig gemacht. Danach sind monatlich mindestens 10 EUR im Rahmen eines förderfähigen Versicherungsvertrages vom Versicherten aufzubringen, wobei eine gewährte Zulage dabei nicht berücksichtigt wird (S. 2). Die Versicherten müssen demnach jährlich mindestens 120 EUR aufwenden. In diesem Fall erhalten sie eine Zulage von 5 EUR monatlich (S. 1). Hieraus folgt ein jährliches Mindestvolumen von insgesamt 180 EUR für eine geförderte Pflegevorsorge. Die Zulage wird für jeden berechtigten Versicherten nur einmal und nur für einen Vorsorgevertrag gewährt (S. 3). Unterhält der Versicherte mehrere förderfähige Vorsorgeverträge, kann er wählen, für welchen er die Zulage erhält. Als „eigene" Aufwendungen sind auch Zahlungen Dritter, insbesondere des Arbeitgebers, anzusehen, wenn durch sie Erfüllung iSd § 362 Abs. 2 BGB eintritt. Dies ermöglicht den Abschluss zulagefähiger Gruppenversicherungsverträge.[5] Sowohl die eigenen Aufwendungen des Versicherten wie auch die Zulage müssen für einen Versicherungsvertrag verwendet werden, der den Vorgaben des Abs. 2 entspricht (S. 4). Tatsächlich werden die Vertragsangebote der Versicherungsunternehmen angesichts des gesetzlich vorgesehenen Leistungsumfangs (Abs. 2) regelmäßig eine deutlich über das Minimum hinausgehende monatliche Prämie vorsehen, was wiederum die Kritik am Regelungskonzept im Hinblick auf die erreichbare Klientel untermauert.[6] 3

IV. Vorgaben für förderfähige Vorsorgeverträge (Abs. 2 S. 1)

In Abs. 2 werden die (engen) Fördervoraussetzungen normiert. Die Zulagefähigkeit eines Vorsorgevertrages hängt danach davon ab, dass die Kalkulation **nach Art der Lebensversicherung** gem. § 146 Abs. 1 Nr. 1 und 2 VAG erfolgt (Nr. 1),[7] bei förderungsfähigen Vertragsangeboten ein **Kontrahierungszwang** für alle zulageberechtigten Personen nach § 126 besteht (Nr. 2),[8] das Versicherungsunternehmen auf ein ordentliches Kündigungsrecht, eine **Risikoprüfung** sowie auf die Vereinbarung von Risi- 4

---

[1] BGBl. I, 2246.
[2] BGBl. I, 434.
[3] BGBl. I, 2424.
[4] Siehe http://www.pkv.de/themen/pflege/pflegezusatzversicherung/downloads/staatlich-gefoerderte-ergaenzende-pflegeversicherung-mb-gepv-2013-pdf.pdf (zuletzt abgerufen am 20.4.2014).
[5] Vgl. Reuther, in: Udsching, § 127 Rn. 7.
[6] Vgl. Reuther, in: Udsching, § 127 Rn. 8.
[7] Vgl. hierzu ausf. Laars, in: VAG, 3. Aufl. 2015, § 12.
[8] Zutreffend Fahlbusch in: Hauck/Noftz, SGB XI, § 127 Rn. 10.

kozuschlägen und Leistungsausschlüssen verzichtet (Nr. 3), bei Eintritt des Versicherungsfalls ein Anspruch auf **Geldleistungen in einer Mindesthöhe** besteht (Nr. 4), wobei die Feststellungen zum Maß der Pflegebedürftigkeit nach § 15 bzw. der entsprechenden Vorgaben des privaten Versicherungsunternehmens maßgeblich sind (Nr. 5), und die **Wartezeit** auf höchstens fünf Jahre beschränkt ist (Nr. 6). Schließlich werden Vorgaben für den Fall gemacht, dass der Versicherte hilfebedürftig im Sinne des SGB II oder SGB XII wird (Nr. 7) sowie auf der Grundlage einer Rechtsverordnung zur Höhe der ansetzbaren Verwaltungs- und Abschlusskosten (Nr. 8).

5 Die Vorgaben der **Nr. 1** führen insbesondere dazu, dass die Prämien auf versicherungsmathematischen Grundlagen (Wahrscheinlichkeitstafeln) zu bemessen und Altersrückstellungen zu bilden sind. **Nr. 2** schließt für den Fall, dass ein Versicherungsunternehmen ein förderfähiges Angebot macht, eine Auswahl unter zulageberechtigten Personen nach Risikowahrscheinlichkeiten aus. Nach **Nr. 3** dürfen insbesondere **keine Gesundheitsprüfung** vorgenommen werden und risikoabhängige Prämien verlangt werden. Dies schließt allerdings einen Tarifwechsel unter Anrechnung erworbener Rechte und Rückstellungen in von vornherein nicht-zulagefähige Angebote des Versicherungsunternehmens regelmäßig aus.[9] Nach Eintrittsalter gestaffelte Prämien sind jedoch zulässig; ausgeschlossen ist eine Differenzierung nach dem Geschlecht.[10] Die Bildung eines Ausgleichsfonds für sog Überschäden trägt dieser Einschränkung der privaten Versicherungsprinzipien Rechnung. Daneben bleibt es den Versicherungsunternehmen unbenommen, weiterhin nicht förderfähige, risikoabhängige Angebote zu machen.[11]

6 Nr. 4 und Nr. 5 stellen sicher, dass der **Eintritt des Versicherungsfalls** im Sinne des SGB XI bzw. der privaten Pflegeversicherung zugleich Ansprüche aus dem geförderten Zusatzversicherungsvertrag auslöst und diese auch bei etwaigen Änderungen, zB der Zuordnung zu einem anderen Pflegegrad nach § 15, entsprechend angepasst werden. Eigene Überprüfungen zum Vorliegen der Leistungsvoraussetzungen durch das Versicherungsunternehmen sind nicht vorgesehen; vielmehr sind die Feststellungen des MDK nach § 18 bzw. diejenigen anderer beauftragter Gutachter verbindlich.[12] Auch für die privaten Pflegevorsorgeverträge bewirken die Änderungen durch das Pflegestärkungsgesetz II mithin massive Änderungen.[13] Der Gesetzgeber hat schlicht die entsprechenden Passagen in § 127 an den neuen Pflegebedürftigkeitsbegriff angepasst und nimmt im Übrigen weiterhin die geänderten Regelungen der §§ 14 ff. in Bezug.[14] Zulagefähig sind danach nunmehr solche Pflegevorsorgeverträge, die Leistungen dann vorsehen, wenn nach neuem Recht Pflegebedürftigkeit eintritt.[15] In § 27 MB/GEPV (2017) ist deshalb eine eigene Überleitungsregelung enthalten, die in Abs. 3 auch eine Besitzstandsregelung für eine bereits bezogene Versicherungsleistung in gleicher Höhe enthält. Abweichende Regelungen in Pflegevorsorgeverträgen, zB eine fortgeltende Orientierung am Zeitaufwand einer Assistenz bei den Aktivitäten des täglichen Lebens, stünden der Zulageberechtigung entgegen und wären ggf. nach § 22 Abs. 1 MB/GEPV (2013) zu ändern. Hierauf hat der Versicherte auch einen Anspruch, denn die jeweiligen Änderungen wären zur „Wahrung seiner Belange" (§ 22 Abs. 1 MB/GEPV 2013) zwingend erforderlich, wenn hiervon die Zulageberechtigung abhinge.

7 Als Leistungsart sind Geldleistungen zwingend vorgeschrieben, wobei für den Pflegegrad 5 ein Minimum von monatlich 600 EUR zu garantieren ist. Für die niedrigeren Pflegegrade erfolgte dagegen keine gesetzliche Festlegung, so dass auch Vorsorgeverträge mit geringen Leistungen für diese Pflegegrade grundsätzlich förderfähig sind.[16] Nach oben hin wird der **Leistungsumfang** auf die zum Zeitpunkt des Vertragsschlusses geltende Höhe der jeweils bezogenen Leistungen (Sach- oder Geldleistung)[17] nach dem SGB XI begrenzt (Nr. 4 am Ende). Maximal darf also die Leistung durch die private – durch die Zulage geförderte – Pflegevorsorge verdoppelt werden, was nach § 43 Abs. 2 Nr. 4 SGB XI eine Höchstgrenze von gegenwärtig 2.005 Euro bei Pflegegrad 5 bedeutet. Vermieden werden soll hiermit eine Überversicherung, die entstehen kann, wenn die Leistungen der jeweiligen Pflegeversicherung und des Zusatzvorsorgevertrages die Vergütungshöhe der jeweils bezogenen Pflegeleistung übersteigen.[18] Jedenfalls für den Bereich der stationären Pflege ist diese Gefahr jedoch angesichts der Deckelung der

---

9 Reuther, in: Udsching, § 127 Rn. 23.
10 Dalichau, SGB XI, § 127 Rn. 14; Kuhn-Zuber in: LPK-SGB XI, § 127 Rn. 9.
11 Fahlbusch in: Hauck/Noftz, SGB XI, § 127 Rn. 11.
12 Dalichau, SGB XI, § 127 Rn. 20 ff.; Kuhn-Zuber in: LPK-SGB XI, § 127 Rn. 11.
13 Vgl. zu den Änderungen Baumeister, oben § 14 SGB XI; Weber, in: KassKomm, § 14 SGB XI.
14 BT-Dr. 18/5926, S. 139.
15 Krit. zu bestehenden Vertragsgestaltungen daher Schrehardt, DStR 2016, 253, 259 ff.
16 Kuhn-Zuber in: LPK-SGB XI, § 127 Rn. 10.
17 Zutreffend Fahlbusch in: Hauck/Noftz, SGB XI, § 127 Rn. 18.
18 Kritisch Reuther, in: Udsching, § 127 Rn. 25.

Leistungen der Pflegeversicherung (§ 43) und der diese inzwischen regelmäßig deutlich übersteigenden Entgeltsätze praktisch ausgeschlossen.[19] Ein **Verwendungsnachweis** für die Leistungen der Zusatzversicherung ist nicht zu führen. Dem Versicherer bleibt es unbenommen, überschüssige Mittel auch zur Deckung der Kosten für Unterkunft und Verpflegung oder gesondert berechenbarer Investitionskosten der Pflegeeinrichtung zu nutzen.[20] Dagegen darf ein förderfähiger Versicherungsvertrag keine zusätzlichen Leistungen im Bereich der sozialen Teilhabe vorsehen, sondern ist auf den pflegeversicherungsrechtlichen Rahmen beschränkt.[21]

Die **Musterbedingungen** des Verbandes der privaten Krankenversicherung eV konkretisieren die Vorgaben des Abs. 2 an einigen Stellen genauer. So wird entsprechend der Regelungen für die soziale Pflegeversicherung für den Fall eines Umzugs ins außereuropäische Ausland eine Beendigung des Vertragsverhältnisses vorgesehen.[22] Für die Pflegestufen I und II wurden mindestens 20 % bzw. 30 % des Betrages für die Pflegestufe III vorgesehen. Im Falle von Leistungen bei erheblich eingeschränkter Alltagskompetenz im Sinne des § 45a wurde eine Geldleistung in Höhe von mindestens 10 % festgelegt. Nach Einführung des neuen Pflegebedürftigkeitsbegriffs gelten gem. § 6 MB/GEPV 10 % des für den Pflegegrad 5 vorgesehenen Betrages für den Pflegegrad 1, 20 % für den Pflegegrad 2, 30 % für den Pflegegrad 3 und 40 % für den Pflegegrad 4. 8

Nr. 7 erlaubt Versicherten, die hilfebedürftig im Sinne des SGB II oder SGB XII werden, ihren Zusatzversorgungsvertrag ruhend zu **stellen** oder zu **kündigen**. Eine Belastung durch Versicherungsbeiträge soll in Zeiten wirtschaftlicher Schwierigkeiten verhindert werden.[23] Hierbei gilt, dass das Vertragsverhältnis für mindestens drei Jahre ruhend zu stellen ist. Während dieser Zeit besteht eine Anwartschaft des Versicherten auf den geschlossenen Vertrag; Leistungen erhält er jedoch nicht.[24] Verminderte und der wirtschaftlichen Leistungsfähigkeit des Versicherten angepasste Prämien sind nicht vorgesehen. Eine Kündigung kann innerhalb einer Frist von drei Monaten ab Eintritt der Hilfebedürftigkeit rückwirkend zu diesem Zeitpunkt erfolgen. Ist der Vertrag zunächst ruhend gestellt worden, beginnt die Kündigungsfrist mit dem Ende des Ruhens, wenn die Hilfebedürftigkeit zu diesem Zeitpunkt fortbesteht (vgl. auch § 17 MB/GEPV). Bereits gezahlte Prämien verfallen, wenn das Vertragsverhältnis beendet wird. Dieses Kündigungsrecht steht beiden Vertragsparteien zu.[25] 9

Die bei der Kalkulation in Ansatz gebrachten unmittelbaren Abschlusskosten dürfen das Zweifache der für den ersten Monat zu zahlenden Bruttoprämie nicht übersteigen. Mittelbare Abschlusskosten und andere **Verwaltungskosten** nach Maßgabe der Kalkulationsverordnung[26] dürfen bis zu einer Höhe von 10 % der Bruttoprämie betragen.[27] 10

V. Beleihung des PKV eV (Abs. 2 S. 2, 3)

Die vom Verband der privaten Krankenversicherung eV zu erlassenen Musterbestimmungen (Abs. 2 S. 2) sind für die Vertragsgestaltung gem. § 4 Abs. 2 PflvDV verbindlich.[28] Der Ausgleichsfonds folgt dem Vorbild des Risikoausgleichs nach § 111. 11

VI. Fälligkeit der Zulage (Abs. 3)

Der Anspruch auf Gewährung einer Zulage entsteht mit Ablauf des Kalenderjahres, in dem Prämien für einen Abs. 2 entsprechenden Zusatzvorsorgevertrag gezahlt wurden. Auf den Zeitpunkt der Zahlung kommt es nach dem Wortlaut der Vorschrift nicht an, weshalb auch rückwirkend gezahlte Beiträge genügen. Nach § 7 Abs. 1 PflvDV erfolgen die Zahlungen jeweils am 20. April und am 20. Dezember an das Versicherungsunternehmen. 12

---

19 Vgl. Baumeister/Baumeister, oben § 85 SGB XI Rn. 12; Weber in: Dickmann, Heimrecht, 11. Aufl. 2014, § 85 SGB XI Rn. 3.
20 Zutr. Wilcken in: BeckOK SozR, SGB XI, § 127 Rn. 9; Fahlbusch in: Hauck/Noftz, SGB XI, § 127 Rn. 19; vgl. zur selbstbestimmten Verwendung auch Kuhn-Zuber in: LPK-SGB XI, § 127 Rn. 10 f.
21 Krit. Fahlbusch in: Hauck/Noftz, SGB XI, § 127 Rn. 20.
22 Zustimmend Fahlbusch in: Hauck/Noftz, SGB XI, § 127 Rn. 12.
23 BT-Dr. 17/10170, 21.
24 Kuhn-Zuber in: LPK-SGB XI, § 127 Rn. 13; Reuther, in: Udsching, § 127 Rn. 32.
25 Vgl. Dalichau, SGB XI, § 127 Rn. 26 f.
26 KalV, zuletzt geändert am 29.1.2013, BGBl. I, 160; ersetzt durch die Krankenversicherungsaufsichtsverordnung (KVAV) vom 18.4.2016, BGBl. I, 780.
27 § 15 der Durchführungsverordnung (PflvDV) vom 20.12.2012, BGBl. I, 2994.
28 Krit. zur Beleihung eines eingetragenen Vereins und der dynamischen Inbezugnahme Fahlbusch in: Hauck/Noftz, SGB XI, § 127 Rn. 26, der insoweit von einer verfassungswidrigen Regelung ausgeht.

§ 128 Verfahren; Haftung des Versicherungsunternehmens

(1) ¹Die Zulage gemäß § 127 Absatz 1 wird auf Antrag gewährt. ²Die zulageberechtigte Person bevollmächtigt das Versicherungsunternehmen mit dem Abschluss des Vertrags über eine förderfähige private Pflege-Zusatzversicherung, die Zulage für jedes Beitragsjahr zu beantragen. ³Sofern eine Zulagenummer oder eine Versicherungsnummer nach § 147 des Sechsten Buches für die zulageberechtigte Person noch nicht vergeben ist, bevollmächtigt sie zugleich ihr Versicherungsunternehmen, eine Zulagenummer bei der zentralen Stelle zu beantragen. ⁴Das Versicherungsunternehmen ist verpflichtet, der zentralen Stelle nach amtlich vorgeschriebenem Datensatz durch amtlich bestimmte Datenfernübertragung zur Feststellung der Anspruchsberechtigung auf Auszahlung der Zulage zugleich mit dem Antrag in dem Zeitraum vom 1. Januar bis zum 31. März des Kalenderjahres, das auf das Beitragsjahr folgt, Folgendes zu übermitteln:
1. die Antragsdaten,
2. die Höhe der für die zulagefähige private Pflege-Zusatzversicherung geleisteten Beiträge,
3. die Vertragsdaten,
4. die Versicherungsnummer nach § 147 des Sechsten Buches, die Zulagenummer der zulageberechtigten Person oder einen Antrag auf Vergabe einer Zulagenummer,
5. weitere zur Auszahlung der Zulage erforderliche Angaben,
6. die Bestätigung, dass der Antragsteller eine zulageberechtigte Person im Sinne des § 126 ist, sowie
7. die Bestätigung, dass der jeweilige Versicherungsvertrag die Voraussetzungen des § 127 Absatz 2 erfüllt.

⁵Die zulageberechtigte Person ist verpflichtet, dem Versicherungsunternehmen unverzüglich eine Änderung der Verhältnisse mitzuteilen, die zu einem Wegfall des Zulageanspruchs führt. ⁶Hat für das Beitragsjahr, für das das Versicherungsunternehmen bereits eine Zulage beantragt hat, kein Zulageanspruch bestanden, hat das Versicherungsunternehmen diesen Antragsdatensatz zu stornieren.

(2) ¹Die Auszahlung der Zulage erfolgt durch eine zentrale Stelle bei der Deutschen Rentenversicherung Bund; das Nähere, insbesondere die Höhe der Verwaltungskostenerstattung, wird durch Verwaltungsvereinbarung zwischen dem Bundesministerium für Gesundheit und der Deutschen Rentenversicherung Bund geregelt. ²Die Zulage wird bei Vorliegen der Voraussetzungen an das Versicherungsunternehmen gezahlt, bei dem der Vertrag über die private Pflege-Zusatzversicherung besteht, für den die Zulage beantragt wurde. ³Wird für eine zulageberechtigte Person die Zulage für mehr als einen privaten Pflege-Zusatzversicherungsvertrag beantragt, so wird die Zulage für den jeweiligen Monat nur für den Vertrag gewährt, für den der Antrag zuerst bei der zentralen Stelle eingegangen ist. ⁴Soweit der zuständige Träger der Rentenversicherung keine Versicherungsnummer vergeben hat, vergibt die zentrale Stelle zur Erfüllung der ihr zugewiesenen Aufgaben eine Zulagenummer. ⁵Im Fall eines Antrags nach Absatz 1 Satz 3 teilt die zentrale Stelle dem Versicherungsunternehmen die Zulagenummer mit; von dort wird sie an den Antragsteller weitergeleitet. ⁶Die zentrale Stelle stellt aufgrund der ihr vorliegenden Informationen fest, ob ein Anspruch auf Zulage besteht, und veranlasst die Auszahlung an das Versicherungsunternehmen zugunsten der zulageberechtigten Person. ⁷Ein gesonderter Zulagebescheid ergeht vorbehaltlich des Satzes 9 nicht. ⁸Das Versicherungsunternehmen hat die erhaltenen Zulagen unverzüglich dem begünstigten Vertrag gutzuschreiben. ⁹Eine Festsetzung der Zulage erfolgt nur auf besonderen Antrag der zulageberechtigten Person. ¹⁰Der Antrag ist schriftlich innerhalb eines Jahres nach Übersendung der Information nach Absatz 3 durch das Versicherungsunternehmen vom Antragsteller an das Versicherungsunternehmen zu richten. ¹¹Das Versicherungsunternehmen leitet den Antrag der zentralen Stelle zur Festsetzung zu. ¹²Es hat dem Antrag eine Stellungnahme und die zur Festsetzung erforderlichen Unterlagen beizufügen. ¹³Die zentrale Stelle teilt die Festsetzung auch dem Versicherungsunternehmen mit. ¹⁴Erkennt die zentrale Stelle nachträglich, dass der Zulageanspruch nicht bestanden hat oder weggefallen ist, so hat sie zu Unrecht gutgeschriebene oder ausgezahlte Zulagen zurückzufordern und dies dem Versicherungsunternehmen durch Datensatz mitzuteilen.

(3) ¹Kommt die zentrale Stelle zu dem Ergebnis, dass kein Anspruch auf Zulage besteht oder bestanden hat, teilt sie dies dem Versicherungsunternehmen mit. ²Dieses hat die versicherte Person innerhalb eines Monats nach Eingang des entsprechenden Datensatzes darüber zu informieren.

(4) Das Versicherungsunternehmen haftet im Fall der Auszahlung einer Zulage gegenüber dem Zulageempfänger dafür, dass die in § 127 Absatz 2 genannten Voraussetzungen erfüllt sind.

(5) ¹Die von der zentralen Stelle veranlassten Auszahlungen von Pflegevorsorgezulagen sowie die entstehenden Verwaltungskosten werden vom Bundesministerium für Gesundheit getragen. ²Zu den Ver-

waltungskosten gehören auch die entsprechenden Kosten für den Aufbau der technischen und organisatorischen Infrastruktur. ³Die gesamten Verwaltungskosten werden nach Ablauf eines jeden Beitragsjahres erstattet; dabei sind die Personal- und Sachkostensätze des Bundes entsprechend anzuwenden. ⁴Ab dem Jahr 2014 werden monatliche Abschläge gezahlt. ⁵Soweit das Bundesversicherungsamt die Aufsicht über die zentrale Stelle ausübt, untersteht es abweichend von § 94 Absatz 2 Satz 2 des Vierten Buches dem Bundesministerium für Gesundheit.

Literatur:
Siehe § 126.

I. Entstehungsgeschichte

Die Regelung ist mit dem Pflege-Neuausrichtungs-Gesetz (PNG) vom 23.10.2012[1] eingeführt worden und ist seit dem 1.1.2013 in Kraft. Vergleichbare Regelungen für die staatlich geförderte Altersvorsorge bestehen in § 10 a EStG. 1

II. Normzweck und Regelungsinhalt

In § 128 wird das **Zulageverfahren** selbst detailliert geregelt. Hierzu gehören das Antragsverfahren (Abs. 1), der Zahlungs- und Buchungsverkehr (Abs. 2) und die Bewilligung der Zulage (Abs. 3). Die Norm dient damit der Administration der zusätzlichen Pflegevorsorge. Daneben wird die **Haftung** des Versicherungsunternehmens dafür normiert, dass die Voraussetzungen des § 127 Abs. 2 bei den geförderten Vertragsverhältnissen auch tatsächlich vorliegen (Abs. 4), und die Verwaltungskosten werden geregelt (Abs. 5). 2

III. Antragsverfahren (Abs. 1)

Die Zulage zum Vorsorgevertrag wird auf **Antrag** gewährt, den das Versicherungsunternehmen – vom Versicherten hierzu bevollmächtigt – stellt (S. 1 und 2). Ein unmittelbarer Antrag des Versicherten ist nicht möglich (§ 4 Abs. 1 S. 3 PflvDV).[2] Hierzu ist ggf. auch eine Zulage- oder Versicherungsnummer nach § 147 SGB XI zu beantragen (S. 3). Mit dem für jede zulageberechtigte Person einzeln zu stellenden Antrag sind die in S. 4 Nr. 1 bis 7 aufgeführten Angaben und **Nachweise** auf elektronischem Wege nach Maßgabe der PflvDV zu übermitteln. Diese Antragstellung ist im 1. Quartal des Jahres vorzunehmen,[3] das auf das Jahr folgt, in dem Prämien gezahlt wurden, und jährlich zu wiederholen, wobei ggf. eine Änderungsmitteilung durch das Versicherungsunternehmen genügen sollte. Damit das Versicherungsunternehmen das Antragsverfahren korrekt führt, ist der Versicherte verpflichtet, Änderungen seiner Verhältnisse, die seine Zulageberechtigung betreffen, unverzüglich mitzuteilen (S. 5). Hierzu hat sich der Versicherte ausdrücklich und schriftlich gegenüber dem Versicherungsunternehmen zu verpflichten (§ 4 Abs. 3 PflvDV). Bereits gestellte Anträge sind vom Versicherungsunternehmen zu korrigieren bzw. zu stornieren (S. 6). Die weiteren Einzelheiten sind in den §§ 3 und 4 PflvDV geregelt. Eine gesonderte Prüfung des Versicherungsvertrages wird angesichts der verbindlichen Musterbestimmungen regelmäßig unterbleiben, zumal das Versicherungsunternehmen gem. S. 4 Nr. 7 gesondert zu bestätigen hat, dass der Vertrag den Vorgaben des § 127 Abs. 2 entspricht. Die Prüfungspflicht der zentralen Stelle erstreckt sich jedoch auch auf die materiellrechtlichen Voraussetzungen der Zulageberechtigung, so dass eine Prüfung des Vertragsinhalts gleichwohl zulässig ist.[4] Nach § 25 MB/GEPV besteht für den Versicherten, der mehrere zulagefähige Versicherungsverträge abgeschlossen hat, die Möglichkeit, die Zulage dem zeitlich zuerst geschlossenen Vertrag zuzuordnen und zwar auch dann, wenn für einen anderen Vertrag bereits die Zulage durch das betreffende Versicherungsunternehmen beantragt und bewilligt wurde. Dadurch kann der Verlust von ggf. weitergehenden Altersrückstellungen vermieden werden.[5] 3

---

1 BGBl. I, 2246.
2 Krit. Fahlbusch in: Hauck/Noftz, SGB XI, § 128 Rn. 9.
3 Gegen eine Ausschlussfrist Fahlbusch, aaO.
4 Für Stichprobenprüfungen Fahlbusch in: Hauck/Noftz, SGB XI, § 128 Rn. 12.
5 Krit. zum gesetzlich vorgegebenen „Windhundrennen" der Versicherungsunternehmen Reuther, in: Udsching, § 128 Rn. 21.

IV. Zentrale Stelle, Zahlungsverkehr (Abs. 2)

4 Die Zuständigkeit für die Zulagengewährung und -verwaltung ist der sog Zentralen Stelle für Pflegevorsorge bei der **Deutschen Rentenversicherung Bund** übertragen worden (§ 1 Abs. 1 PflvDV). Sie ist Verwaltungsbehörde und entscheidet durch Verwaltungsakt.[6] Die zentrale Stelle prüft auf der Grundlage der übermittelten Daten, ob die Fördervoraussetzungen vorliegen. Zur Vereinfachung der Verwaltungsabläufe, wozu bereits auch die Antragstellung durch das Versicherungsunternehmen beiträgt, wird die Zahlung der Zulage hiernach ebenfalls unmittelbar an das Versicherungsunternehmen bewirkt.[7] Die Zulage ist dem Vertragskonto der berechtigten Person gutzuschreiben (S. 6) und vermindert in den Grenzen des § 127 Abs. 1 die zu zahlende Prämie des Versicherten.

V. Entscheidung über die Zulagengewährung, Rückforderung (Abs. 2, 3)

5 Auf einen gesonderten **positiven** Bescheid über die Zulagengewährung wird verzichtet (S. 7, § 5 PflvDV). Mit der Auszahlung der Zulage an das Versicherungsunternehmen und der entsprechenden Gutschrift auf dem Vertragskonto des Versicherten, die diesem etwa über eine Kontoübersicht auch bekannt wird, wird mithin verbindlich über die Zulageberechtigung entschieden. Die Stornierung eines Antrags (Abs. 1 S. 6) nach bereits erfolgter Zahlung muss deshalb zu einer Rücknahme dieser begünstigenden Entscheidung führen (§ 45 SGB X). Wird der Antrag vor der Auszahlung storniert, ist hierin eine einfache Rücknahme des Antrags zu sehen, über die nicht entschieden zu werden braucht. § 6 PflvDV sieht hiervon abweichend jedoch die Möglichkeit für die zentrale Stelle vor, ihre Feststellungen, das sog Prüfergebnis, noch zu ändern, solange nicht über einen gesonderten Antrag des Versicherten nach Abs. 2 S. 9 entschieden wurde. Die an sich bereits getroffene, verbindliche Entscheidung bliebe insoweit in der Schwebe und dies ggf. auch für einen langen Zeitraum. Mit den Regeln für das sozialrechtliche Verwaltungsverfahren nach dem SGB X erscheint dies nicht vereinbar.[8]

6 Ergibt jedoch die Prüfung der Antragsunterlagen, dass kein Anspruch auf eine Zulage besteht oder dass ein solcher nicht bestanden hat, teilt die zentrale Stelle dies dem Versicherungsunternehmen elektronisch teilt, welches wiederum innerhalb eines Monats nach Eingang des Datensatzes den Versicherten zu unterrichten hat (Abs. 3). Dieser hat nach Abs. 2 S. 9 die Möglichkeit, hiernach innerhalb eines Jahres die Festsetzung der Zulage gesondert zu beantragen. Ein solcher Antrag ist schriftlich an das Versicherungsunternehmen zu richten, das diesen wiederum an die zentrale Stelle weiterleitet sowie eine eigene Stellungnahme und die zur Prüfung erforderlichen Unterlagen beizufügen hat (S. 10–12). Die zentrale Stelle erlässt daraufhin einen **Festsetzungsbescheid**, der direkt dem Versicherten zuzustellen ist.[9] Das Versicherungsunternehmen ist von der Entscheidung zu unterrichten (S. 13). Gegen die Entscheidung der zentralen Stelle steht dem Versicherten der Rechtsweg offen.

7 Stellt die zentrale Stelle fest, dass Zulagen zu Unrecht gewährt wurden, ist ein Rückforderungsbescheid zu erlassen. Da insoweit über das Bestehen oder Nichtbestehen der Zulageberechtigung des Versicherten entschieden wird, ist auch ein solcher **Rückforderungs- und Erstattungsbescheid** (§§ 44 ff., 50 SGB X) an den Versicherten zu richten,[10] dem auch hiergegen wiederum der Rechtsweg offensteht. § 8 Abs. 4 PflvDV sieht dagegen den Versicherten nur dann als unmittelbaren Adressaten vor, wenn die Rückzahlung nicht oder nur teilweise durch das Versicherungsunternehmen erfolgen kann oder unterblieben ist. Dies erscheint nicht sachgerecht und gefährdet möglicherweise den effektiven Rechtsschutz des Versicherten.[11] Das Versicherungsunternehmen ist unabhängig davon elektronisch zu unterrichten (S. 14). Die Rückzahlung zu Unrecht gewährter Zulagen erfolgt nach § 8 Abs. 1 PflvDV direkt vom Versicherungsunternehmen an die zentrale Stelle. Letztere kann auch ggf. mit Zahlungsansprüchen des Versicherten aufrechnen (§ 8 Abs. 3 PflvDV), was insbesondere dann in Betracht kommt, wenn zu einem späteren Zeitpunkt die Zulageberechtigung vorliegt. Die Versicherungsunternehmen haben die ihre Versicherten betreffenden Rückzahlungen in einem Betrag jeweils zum folgenden 10. Juni bzw. 10. Dezember an die zentrale Stelle zu leisten (§ 8 Abs. 1 PflvDV). Da nach § 1 Abs. 1 MB/GEPV die Zulageberechtigung Voraussetzung für die Versicherungsfähigkeit ist, ist das Ver-

---

6 Fahlbusch in: Hauck/Noftz, SGB XI, § 128 Rn. 5.
7 Wilcken in: BeckOK SozR, SGB XI, § 126 Rn. 3, geht insoweit von einer Organleihe aus.
8 Zweifelnd auch Fahlbusch in: Hauck/Noftz, SGB XI, § 128 Rn. 15.
9 Vgl. Kuhn-Zuber in: LPK-SGB XI, § 128 Rn. 8.
10 So auch Dalichau, SGB XI, § 128 Rn. 26 ff.
11 In dieser Richtung auch Fahlbusch in: Hauck/Noftz, SGB XI, § 128 Rn. 18; Kuhn-Zuber in: LPK-SGB XI, § 128 Rn. 8.

tragsverhältnis zu dem Zeitpunkt, zu dem die Zulage zuletzt gewährt wurde, zu beenden (§ 19 Abs. 3 MB/GEPV), sofern die Vertragsparteien keine anderweitige Abrede im Einzelfall treffen.[12]

VI. Haftung des Versicherungsunternehmens (Abs. 4)

Mit Abs. 4 wird das Versicherungsunternehmen besonders in die Pflicht genommen. Es haftet gegenüber dem Versicherungsnehmer dafür, dass der Zusatzvorsorgevertrag den Vorgaben des § 127 Abs. 2 entspricht und deshalb förderfähig ist. Die Formulierung der Vorschrift ist jedoch missglückt, denn im Fall der Zahlung der Zulage besteht regelmäßig kein Haftungsgrund. Gewollt ist mit der Regelung jedoch, dass das Versicherungsunternehmen für die Vereinbarkeit seines Produkts mit den gesetzlichen Vorgaben haftet, wenn der Versicherungsnehmer im Vertrauen darauf den Vertrag schließt.[13] Vom Wortlaut der Vorschrift ist insoweit aber nur der Fall erfasst, dass die zentrale Stelle nachträglich feststellt, dass die Voraussetzungen für die Zulagengewährung nicht vorlagen. Über den Wortlaut hinaus muss man in Abs. 4 seinem Sinn und Zweck nach daher hineinlesen, dass das Versicherungsunternehmen unabhängig von der Entscheidung der zentralen Stelle dafür haftet, dass das angebotene Produkt die Fördervoraussetzungen erfüllt.[14]

Das Versicherungsunternehmen hat dem Versicherten im Haftungsfall den Schaden zu ersetzen, den dieser dadurch erleidet, dass er im Vertrauen auf die Förderfähigkeit den Vertrag geschlossen hat. Dies betrifft insbesondere auch die Höhe der mit dem Vertrag eingegangenen Verbindlichkeit. Das Versicherungsunternehmen haftet insofern für Vorsatz und Fahrlässigkeit (§ 276 BGB).[15] Nicht erfasst sind dagegen die übrigen Voraussetzungen für die Zulagengewährung, insbesondere die persönliche Zulagenberechtigung nach § 126 und die ordnungsgemäße Zahlung der Prämien durch den Versicherten. Einen Sonderkündigungs- oder Rückabwicklungsanspruch sieht das Gesetz dagegen nicht vor. Will das Versicherunternehmen vermeiden, Schadenersatz dadurch leisten zu müssen, dass es die ausbleibende Zulage selbst zu tragen hat, muss es diese Möglichkeiten der „Schadensregulierung" in den Versicherungsvertrag aufnehmen.[16]

VII. Verwaltungskosten, Aufsicht (Abs. 5)

Sowohl die Zulagen wie auch die Verwaltungskosten werden aus dem Haushalt des Bundesministeriums für Gesundheit bestritten (vgl. § 30 Abs. 2 SGB IV). Ab dem Kalenderjahr 2014 werden hierfür monatliche Abschläge gezahlt. Soweit die zentrale Stelle durch das Bundesversicherungsamt beaufsichtigt wird, untersteht es insoweit dem Bundesministerium für Gesundheit.

§ 129 Wartezeit bei förderfähigen Pflege-Zusatzversicherungen

Soweit im Vertrag über eine gemäß § 127 Absatz 2 förderfähige private Pflege-Zusatzversicherung eine Wartezeit vereinbart wird, darf diese abweichend von § 197 Absatz 1 des Versicherungsvertragsgesetzes fünf Jahre nicht überschreiten.

Literatur:
Siehe § 126.

I. Entstehungsgeschichte

Auch § 129 ist mit dem Pflege-Neuausrichtungs-Gesetz (PNG) vom 23.10.2012[1] eingeführt worden und ist seit dem 1.1.2013 in Kraft.

---

12 Reuther, in: Udsching, § 128 Rn. 19.
13 BT-Dr. 17/10170, 22.
14 So auch Fahlbusch in: Hauck/Noftz, SGB XI, § 128 Rn. 16 f.
15 Wilcken in: BeckOK SozR, SGB XI, § 128 Rn. 5; Dalichau, SGB XI, § 128 Rn. 31; Kuhn-Zuber in: LPK-SGB XI, § 128 Rn. 9.
16 In dieser Richtung auch Fahlbusch in: Hauck/Noftz, SGB XI, § 128 Rn. 17.
1 BGBl. I, 2246.

II. Normzweck und Regelungsinhalt

2 Die Vorschrift erlaubt den Versicherungsunternehmen eine von § 197 Abs. 1 VVG abweichende Regelung zu der Zeit, die die Versicherten vor dem Leistungsbezug abwarten müssen. Dadurch sollen die Versicherungsunternehmen vor einer Überforderung geschützt werden.[2]

III. Wartefrist

3 Mit der Wartefrist wird ein Zeitraum festgelegt, in dem der Versicherte trotz Eintritt der übrigen Voraussetzungen keine Leistung der Versicherung in Anspruch nehmen kann. Die Leistungsverpflichtung des Versicherungsunternehmens wird für diese Zeit also abbedungen. Diese Wartezeit erlaubt es den Versicherungsunternehmen, eine finanzielle Rücklage aus den während dieser Zeit zu leistenden Prämien zu bilden, ohne zugleich zur Leistung verpflichtet zu sein. Auf diese Weise kann angesichts des Kontrahierungszwangs nach § 127 Abs. 2 Nr. 2 vor allem in den ersten Jahren nach der Einführung der zusätzlichen Vorsorge der erforderliche Kapitalstock bei den Versicherungsunternehmen gebildet werden.[3] Für förderfähige Vertragsangebote ist die mögliche Wartezeit nach § 127 Abs. 2 Nr. 6 auf höchstens fünf Jahre begrenzt. Kürzere Wartezeiten können mithin vereinbart werden (§ 5 MB/GEPV).

4 Der Eintritt des Versicherungsfalls lässt sich beim Risiko der Pflegebedürftigkeit indes regelmäßig recht gut vorausberechnen, so dass eine Wartezeit in diesem Sinne nicht erforderlich erscheint. Vor diesem Hintergrund wird als eigentlicher Zweck der Vorschrift vermutet, dass mit ihrer Hilfe Personen vom Vertragsschluss abgehalten werden sollen, die innerhalb kurzer Frist pflegebedürftig zu werden drohen. Dieser Gefahr ließe sich allerdings auch durch entsprechend dem Eintrittsalter gestaffelte Prämien begegnen.[4]

§ 130 Verordnungsermächtigung

Das Bundesministerium für Gesundheit wird ermächtigt, im Einvernehmen mit dem Bundesministerium der Finanzen und dem Bundesministerium für Arbeit und Soziales durch Rechtsverordnung ohne Zustimmung des Bundesrates Vorschriften zu erlassen, die Näheres regeln über
1. die zentrale Stelle gemäß § 128 Absatz 2 und ihre Aufgaben,
2. das Verfahren für die Ermittlung, Festsetzung, Auszahlung, Rückzahlung und Rückforderung der Zulage,
3. den Datenaustausch zwischen Versicherungsunternehmen und zentraler Stelle nach § 128 Absatz 1 und 2,
4. die Begrenzung der Höhe der bei förderfähigen Pflege-Zusatzversicherungen in Ansatz gebrachten Verwaltungs- und Abschlusskosten.

Literatur:
Siehe § 126.

I. Entstehungsgeschichte

1 Die Verordnungsermächtigung ist gemeinsam mit den übrigen Regelungen durch das Pflege-Neuausrichtungs-Gesetz (PNG) vom 23.10.2012[1] eingeführt worden und ist seit dem 1.1.2013 in Kraft.

II. Normzweck und Regelungsinhalt

2 Nach Maßgabe der Verordnungsermächtigung kann das Bundesministerium für Gesundheit im Einvernehmen mit dem Bundesministerium der Finanzen und dem Bundesministerium für Arbeit und Soziales über die im Einzelnen aufgeführten Bereiche eine Rechtsverordnung erlassen.

---

2 BT-Dr. 17/10170, 22.
3 Vgl. Dalichau, SGB XI, § 129 Rn. 4; Kuhn-Zuber in: LPK-SGB XI, § 129 Rn. 5.
4 So Fahlbusch in: Hauck/Noftz, SGB XI, § 129 Rn. 4.
1 BGBl. I, 2246.

III. Verordnungsermächtigung

Dies ist mit der Pflegevorsorgezulage-Durchführungsverordnung (PflvDV) geschehen.[2] Sie ist zum 4.1.2013 in Kraft getreten und umfasst Regelungen über die zentrale Stelle (bei der Deutschen Rentenversicherung Bund), das Verfahren, den Datenaustausch und die Höhe der in Ansatz zu bringenden Verwaltungs- und Abschlusskosten.

3

Fünfzehntes Kapitel
Bildung eines Pflegevorsorgefonds

Vorbemerkungen zu §§ 131 bis 139

Literatur:

Bowles/Greiner, Kollektiv-ergänzende Kapitaldeckung in der sozialen Pflegeversicherung – Wirkungen des Pflegevorsorgefonds auf die Beitragsentwicklung, ZSR 2015, 199; *Clemens*, Soziale Pflegeversicherung: Finanzierung und Wirtschaftlichkeit der künftigen Versorgung aus finanzökonomischer Sicht, VSSR 2015, 377; *Dalichau*, Bildung eines Vorsorgefonds in der Pflegeversicherung (SGB XI), WzS 2016, 35; *Döbler*, Die Neuordnung des Begriffs der Pflegebedürftigkeit – Aktuelle Reformarbeiten in der Pflege, NDV 2015, 481; *Frank*, Ohne neuen Pflegebedürftigkeitsbegriff keine akzeptable Pflegereform. Zum Referentenentwurf zur Reform der Pflegeversicherung, SozSich 2014, 189; *Freitag*, Familie, Rente, Pflege – Die Sozialpolitik der Großen Koalition auf dem Prüfstand, Sozialer Fortschritt 2015, 72; *Friedrich*, Gröhe schiebt die Pflege an, ZM 2014, 72; *Hommel*, Countdown für neuen Pflegebegriff, G+G 2014, 16; *Hüther*, Die Zukunft der Sozialen Pflegeversicherung – Fakten und Reformperspektiven, Statement, Institut der deutschen Wirtschaft, Köln (14.7.2014); *Marburger*, Änderungen in der Pflegeversicherung zum 1.1.2015 - Teil 2, Die Leistungen 2015, 1; *ders.*, Verbesserte Leistungen in der Pflegeversicherung – Zahlreiche Änderungen treten am 1. Januar 2015 in Kraft, SuP 2014, 763; *Mascher*, Gemeinsame Kampagne „Große Pflegereform – jetzt!" gestartet – VdK und Deutsche Alzheimer Gesellschaft legen Konzept vor, SuP 2014, 207; *Mücke*, Jetzt müssen auch Taten folgen, ersatzkasse magazin 2014, 42; *Pitschas/Thiele*, Pflege in Zeiten sozialstaatlicher Transformation. Notwendigkeit und Gewährleistungsprofil eines zukunftsgemäßen Pflegesystems, JbchristlSozwiss 57 (2016), 143; *Rothgang/Jacobs*, Pflegepolitik jenseits des Koalitionsvertrags – Es gibt noch viel zu tun!, GSP 2013, 38; *Reuther*, Die Private Pflegeversicherung in der Pflegereform, KrV 2015, 104; *Richter*, Das Pflegestärkungsgesetz, NJW 2015, 1271; *Schaumberg*, Das Erste Pflegestärkungsgesetz – ein Überblick, NJ 2015, 141; *Schölkopf/Hoffer*, Das Erste Pflegestärkungsgesetz (PSG I) – Inhalte und Bedeutung für die pflegerische Versorgung, NZS 2015, 521; *Siems*, Pflegefonds – nein danke, ZM 2014, 16; *Udsching*, Das erste Pflegestärkungsgesetz, jurisPR-SozR 3/2015 Anm. 1; *ders.*, Die Pflegeversicherung (SGB XI) in Gesetzgebung, Rechtsprechung und Literatur, JbSozR 36 (2015), 213; *Walter*, Pflegeversicherung demographiefest machen durch familiengerechte Finanzierung, Welt der Krankenversicherung 2014, 277; *Wenner*, Gegen Missstände in der Pflege – Vorfahrt für die Politik und nicht für das Bundesverfassungsgericht, SozSich 2014, 172; *Wingenfeld*, Ist die Qualität der Heimversorgung wirklich so schlecht?, NDV 2014, 200; *Winkel/Nakielski*, Neuregelungen bei der Pflegeversicherung ab 2015. Mehr Geld für Pflegebedürftige, SozSich 2015, 75.

I. Entstehungsgeschichte	1	2. Anlage- und Verwendungsgrundsätze	4
II. Allgemeine Grundzüge des Pflegevorsorgefonds	2	III. Perspektiven	5
1. Anspar- und Verwendungsphase	3	IV. Verfassungsrechtliche Fragen	13

I. Entstehungsgeschichte

Die §§ 131 bis 139 sind durch das **Erste Pflegestärkungsgesetz (PSG I)**[1] mWv **1.1.2015** neu eingefügt worden. Durch Art. 1 Nr. 24 a des Dritten Pflegestärkungsgesetzes (PSG III) vom 23.12.2016 (BGBl. I, 3191) haben sich unmittelbare Änderungen lediglich in § 134 Abs. 2 ergeben.

1

---

2 BGBl. I, 2994.
1 Erstes Gesetz zur Stärkung der pflegerischen Versorgung und zur Änderung weiterer Vorschriften (Erstes Pflegestärkungsgesetz – PSG I) vom 17.12.2014, BGBl. I, 2222. Bis zur Beschlussempfehlung vom 17.10.2014 lautete der Entwurfstitel des Gesetzes „Fünftes SGB XI-Änderungsgesetz (5. SGB XI-ÄndG)", vgl. BR-Dr. 466/14 v. 17.10.2014. Änderungen hat in den Beratungen des Gesundheitsausschusses lediglich § 135 Abs. 1 erfahren, vgl. BT-Dr. 18/2909 v. 15.10.2014, dort insbes. S. 28.

II. Allgemeine Grundzüge des Pflegevorsorgefonds

2 Mit dem PSG I, mit dessen Hilfe die Pflegeversicherung weiterentwickelt wird und insbesondere „zukunftsfest"[2] gemacht werden soll, ist die Errichtung eines Vorsorgefonds der sozialen Pflegeversicherung (**Pflegevorsorgefonds**) angeordnet worden (§ 131). Hierbei handelt es sich um ein (nicht rechtsfähiges) **Sondervermögen**,[3] das „der langfristigen Stabilisierung der Beitragsentwicklung in der sozialen Pflegeversicherung" dient[4] und nach Maßgabe der Verwendungsbestimmungen, die in § 136 im Einzelnen ausgeführt sind, „nur zur Finanzierung der Leistungsaufwendungen der sozialen Pflegeversicherung verwendet werden" darf (§ 132 S. 2). Dieses (Sonder-)„Vermögen ist von dem übrigen Vermögen der sozialen Pflegeversicherung sowie von seinen Rechten und Verbindlichkeiten getrennt zu halten" (§ 137). Dieses **Trennungsgebot** erfasst insbesondere das **Verhältnis zum Ausgleichsfonds**. Der Pflegevorsorgefonds ist eine durch Kapitalansparung zu deckende **Ergänzung für das umlagefinanzierte System** der sozialen Pflegeversicherung.[5]

3 **1. Anspar- und Verwendungsphase.** Zwei Phasen in der – als vorübergehend konzipierten – Existenz des **Pflegevorsorgefonds** sind zu unterscheiden: (1.) Ansparung des Sondervermögens und Aufwuchs des Pflegevorsorgefonds (in der **Ansparphase von 2015 bis 2033**), sowie (2.) Einsatz und Verbrauch des Sondervermögens zugunsten des Ausgleichsfonds (**Verwendungsphase**), um von 2035 an zur **Beitragssatzstabilität** beitragen zu können. Die Einzelheiten richten sich im Wesentlichen nach den Vorschriften der §§ 132, 135 und 136.

4 **2. Anlage- und Verwendungsgrundsätze.** Für das Finanzmittel-Anlagesystem und für die Verwendung der angesparten Mittel folgen einige Maßgaben aus dem Gesetz; zu nennen sind neben den §§ 131 ff. vor allem die Finanzierungsgrundsätze der §§ 82 SGB IV, aber auch der Prüfungs- und Entlastungsauftrag des Bundesrechnungshofs aus § 42 HGrG. Anlage-Grundsätze aus anderem Kontext treten ergänzend hinzu. Hingegen fehlen zusätzliche Orientierungen, die eine erweiterte Verwendungsgestaltung hinsichtlich der Mittel ausdrücklich ermöglichen oder gar wirksam ausschlössen. Änderungen des zeitlichen Gesamtrahmens scheinen nach derzeitiger Gesetzeslage ausgeschlossen. Verfassungsrechtlich ist die Verwendung der Pflegefondsmittel als Bestandteile des Versichertenbeitragsaufkommens gegen die Vereinnahmung in den Staatshaushalt gesichert.[6]

III. Perspektiven

5 Das Projekt Pflegevorsorgefonds läuft Gefahr, in ein **unauflösliches Dilemma** zwischen verlässlicher Fonds-gestalteter zukunftsgerichteter **Bindung** einerseits und notwendig zukunftsoffener Sozialrechtsgestaltung gerade in den gesetzlichen Versicherungssystemen andererseits zu geraten. **Gestaltung in der Gegenwart** mit Blick auf die Einschätzung und Abwehr zukünftiger Risiken machen das Versicherungsprinzip aus und zwingen den Gesetzgeber immer wieder erneut in dieses Dilemma hinein – selbst dort, wo er durch die Rahmensetzung für vertragliche Gestaltung der Risiko-Einschätzungsfreiheit der (Sach-)Leistungsträger ebenso wie der Mitglieder größeren Spielraum lässt.

6 Die vielfach geäußerte **Kritik**[7] gerade am Pflegevorsorgefonds gewichtet hier in der einen oder anderen Richtung stärker den sozialen Sicherungszweck oder das Prognoserisiko, das mit der Fondsgestaltung zusätzlich in die Gestaltung durch Gesetz eingebracht wird.

---

2 BT-Dr. 18/1798, 5. SGB XI-ÄndG, S. 1, sub B.
3 BT-Dr. 18/1798, § 131 u. § 133 SGB XI.
4 BT-Dr. 18/1798, § 132 S. 1 SGB XI.
5 Vgl. Rolfs in: Hauck/Noftz, SGB XI, § 131 Rn. 1.
6 Mit Entschiedenheit zur Künstlersozialversicherung BVerfG, 8.4.1987, 2 BvR 909/82, BVerfGE 75, 108, 148 (juris Rn. 99), denn auch hier „ist die Kompetenz aus Art. 74 Nr. 12 GG, die dem Bund das Recht zur konkurrierenden Gesetzgebung auf dem Gebiet der Sozialversicherung einräumt, bereits aus sich heraus auch auf die Regelung der Finanzierung der Sozialversicherung, mithin die Erhebung von Sozialversicherungsabgaben, gerichtet. Zu dem bei der Erhebung von Sonderabgaben typischerweise drohenden Konflikt mit den Regelungen der Finanzverfassung kann es hier nicht kommen. Die Sozialversicherungsbeiträge dienen von vornherein nicht der allgemeinen Mittelbeschaffung des Staates, sondern finden ihren Grund und ihre Grenze in der Finanzierung der Sozialversicherung. Der Gesetzgeber kann sich seiner Regelungskompetenz für die Sozialversicherung nicht bedienen, um dadurch Mittel für die Finanzierung allgemeiner Staatsaufgaben aufzubringen. Die Finanzmasse der Sozialversicherung ist tatsächlich und rechtlich von den allgemeinen Staatsfinanzen getrennt. Ein Einsatz der Sozialversicherungsbeiträge zur Befriedigung des allgemeinen Finanzbedarfs des Staates ist ausgeschlossen"; vgl. Bassen in: Udsching, SGB XI, Vor §§ 131–139 Rn. 6.
7 Vgl. die Zusammenstellung bei Rolfs in: Hauck/Noftz, SGB XI, § 131 Rn. 6 ff.

Erinnert sei an jene „dynamischen Faktoren", die im Bereich der gesetzlichen Sozialversicherung „zur permanenten Anpassung zwingen", insbesondere Morbiditäts- und Mortalitätsänderungen, demographische Entwicklung, medizinwissenschaftlicher und medizinisch-technischer Fortschritt, aber auch die ökonomischen und sozialen Rahmenbedingungen in ihrem Wandel.[8] Deshalb kommen hier als stabilisierende Faktoren die **Strukturprinzipien** – insbesondere: Versicherung, Solidarität, Sachleistung, Wirtschaftlichkeit, Beitragssatzstabilität, Selbstverwaltung, gegliedertes System, Vertragsregelung – besonders zur Geltung; bei weitergreifend zukunftszugewandter Regulierung entfalten sie entscheidende **Steuerungskraft**.

In der öffentlichen Anhörung im Ausschuss für Gesundheit des Deutschen Bundestages vom 17.9.2014[9] wurde die **Diskussionsbreite** deutlich, die den Pflegefonds voraussichtlich weiterhin begleiten wird und ihn auch in Zukunft rechtspolitisch angreifbar macht und die Rufe nicht wird verstummen lassen, mit denen seine Auflösung, Umwidmung oder seine Erweiterung und Verstetigung gefordert wird. So sprachen sich nur wenige der angehörten (Träger-)Organisationen **pro Pflegevorsorgefonds** aus, akzeptiert als Beitragsentlastung angesichts der zu erwartenden demographisch bedingten zukünftigen Mehr- und Spitzenbelastung der gesetzlichen Pflegeversicherung; als zweckgebundener und vor politischem Zugriff zu schützender Fonds wurde die „Verortung des Kapitalstocks bei der Deutschen Bundesbank" ausdrücklich begrüßt,[10] wenn auch die „Bildung einer kapitalgedeckten **Demografiereserve**" schon viel früher hätte verwirklicht werden müssen.[11] Als „ernstgemeinten Einstieg in eine nachhaltige Finanzierung, um die Beitragssteigerungen für nachfolgende Generationen zu begrenzen",[12] sowie zur Abfederung der Belastungen, die durch die Alterung der geburtenstarken Jahrgänge entstehen,[13] fand der Fonds weitere Befürworter. Indessen wurde eine strikte **Rücklagenbindung** gefordert.[14] Seltener blieb die Forderung nach einer stabilisierenden „Vorgabe" im Grundgesetz.[15] Für eine **steuerliche Finanzierung** spreche der „anstehende gesellschaftliche Wandel", der zum „Bedeutungszuwachs der Pflegeversicherung" geführt habe[16] und Umschichtungen im Bundeshaushalt auslöst. Ergänzend hinzu trat die Forderung nach solidarischer Ausgestaltung, damit „die Form der Teil-Kaskoversicherung beendet wird".[17] Für den Pflegevorsorgefonds „als **Element der Kapitaldeckung**" lasse sich „zumindest ein Teil des zusätzlichen Beitragsaufkommens zur späteren Stabilisierung des Beitragssatzes" nutzen.[18]

Vorbehaltlos „**contra**" eingestellte Träger und Sachverständige attestierten dem Pflegefonds einen Mangel an Nachhaltigkeit,[19] ein bloßes Vorgaukeln von Generationengerechtigkeit,[20] sowie – etwas differenzierter – nur vorübergehende Beitragsentlastung mitten in der Phase der leistungsbezogenen Hochbelastung, die ihrerseits nicht einmal signifikant sinke.[21] Der Fonds wurde als „sehr begrenzter Beitrag zur Bewältigung des demographischen Wandels in der Pflegeversicherung" gesehen.[22] Zweifel blieben, „ob hiermit doch letztlich in einigen Jahren – wie offenbar von der Bundesbank selbst (obgleich vom Gesetzgeber zur Verwalterin des Fonds ausersehen) befürchtet – **Projekte des Bundes** finanziert werden".[23] Mangelnde **Zugriffssicherheit** bzw. Zweifel daran werden geäußert, dass der Versorgungsfonds generell „vor Turbulenzen der Kapitalmärkte geschützt werden" könnte.[24] Denn „dieser

---

8 Franz Knieps, Strukturprinzipien der gesetzlichen Krankenversicherung und die Auswirkungen des Gesundheits-Reformgesetzes (GRG), in: Bernd Baron v. Maydell (Hrsg.), Probleme sozialpolitischer Gesetzgebung, 1991, S. 78, 79, 85 ff.
9 Nach Maßgabe der Dokumentation in: BT, Stellungnahmen gemäß öffentlicher Anhörung am 24.9.2014 durch den Ausschuss für Gesundheit des Deutschen Bundestages, Ausschussdrucksache 18(14)0049(28), aufzurufen unter www.bundestag.de/bundestag/ausschuesse18/a14/anhoerungen/-/287050).
10 dbb – beamtenbund und tarifunion, S. 5 (Anlagen zu BT, Stellungnahmen aaO).
11 dbb, aaO (Anlagen zu BT, Stellungnahmen aaO).
12 DRK, S. 4 (Anlagen zu BT, Stellungnahmen aaO).
13 Dt. Caritasverband e.V., S. 21; BAG Selbsthilfe, S. 10 (Anlagen zu BT, Stellungnahmen aaO).
14 BAG Selbsthilfe, S. 10 (Anlagen zu BT, Stellungnahmen aaO).
15 BAG Selbsthilfe, S. 10 (Anlagen zu BT, Stellungnahmen aaO).
16 BAG Selbsthilfe, S. 11 (Anlagen zu BT, Stellungnahmen aaO).
17 BAG Selbsthilfe, S. 12 (Anlagen zu BT, Stellungnahmen aaO).
18 BDA, S. 2, l.Sp. (Anlagen zu BT, Stellungnahmen aaO).
19 ver.di (Anlagen zu BT, Stellungnahmen aaO).
20 ver.di (Anlagen zu BT, Stellungnahmen aaO).
21 Volkssolidarität, S. 9 f. (Anlagen zu BT, Stellungnahmen aaO).
22 Dt. Caritasverband e.V., S. 21 (Anlagen zu BT, Stellungnahmen aaO).
23 BAG Selbsthilfe, S. 10 (Anlagen zu BT, Stellungnahmen aaO).
24 SoVD; Deutscher Pflegerat e.V., S. 7, bzw. vor „vorzeitigem politischen Zugriff", BDA, S. 2, l.Sp. (Anlagen zu BT, Stellungnahmen aaO).

Kapitalstock kann letztlich den **Begehrlichkeiten der Politik** nicht entzogen werden" und die politischen Entscheidungen zur Rentenversicherung blieben warnende Beispiele.[25] Der Fonds erfülle noch nicht einmal „die Anforderungen einer **Mündelsicherheit** im herkömmlichen zivilrechtlichen Sinn" (da Anlageform über die nach § 1807 BGB zugelassenen Regelanlageformen hinaus – vgl. auch § 83 SGB IV).

9 Um eine „Umnutzung",[26] eine „**zweckfremde Mittelverwendung**" wirksam zu verhindern, wird eine bloß einfachgesetzliche Zuweisung der Mittel an die Bundesbank zu deren Verwaltung angesichts der Möglichkeit, der Bundesbank die Mittel ebenfalls durch einfaches Bundesgesetz wieder zu entziehen, für nicht ausreichend angesehen;[27] als zusätzliche Sicherung werden Treuhandverträge vorgeschlagen, die einen zivil- und strafrechtlich die Bundesbank verpflichtenden **Zweckentfremdungsschutz** sicherstellen sollen.[28] Auch Chancen und Instrumente des Werterhalts für das eingesetzte Kapital bleiben fraglich;[29] der Fonds sei allen **Kapitalmarktrisiken** ausgesetzt;[30] unzulässig sei im Übrigen aber jeder spekulative Umgang mit Sozialversicherungsbeiträgen,[31] es fehle eine hinreichende Sicherung gegen inflationsbedingte Entwertung.[32]

10 Zu den nachdrücklich vorgeschlagenen Alternativen zählte eine **Investition der Beitragserhöhung in die Pflege-Ausbildungsvergütung** und in einen kontinuierlichen Aufwuchs von Pflegekräften;[33] gestoppt werden müsse der Entzug von dringend für Leistungsverbesserungen benötigten (Beitrags-)Mitteln zur Umsetzung der vom Gesetzgeber inzwischen eingeführten Konzeption „neuer Pflegebegriff";[34] dem eklatanten Mangel an Generationengerechtigkeit[35] müsse man durch Investitionen in die Ausbildung in der Altenpflege entgegentreten, „die prognostizierte Zunahme der Pflegebedürftigen erfordert eine kontinuierlich ansteigende größere Zahl von Pflegefachkräften".[36]
Der für die Abgrenzung von Einzahlungs- und Ausschüttungsphase für maßgeblich erachtete Kulminationspunkt steht ebenfalls nach wie vor in der Diskussion, denn nicht nur die Zahl der Pflegebedürftigen und insoweit die Finanzierungslast sänken ab dem Jahre 2055 voraussichtlich, vielmehr sinke spätestens ab diesem Zeitpunkt dauerhaft auch die Zahl der Beitragszahler, die den **Finanzierungsbedarf** abzudecken in der Lage wären,[37] womit das „Ziel einer gerechten Lastenverteilung verfehlt" würde;[38] der Pflegefonds müsse vielmehr **auf Dauer angelegt** werden.[39] Generationengerecht wäre, den Kreis derjenigen, die in den kapitalgedeckten Vorsorge-Anteil einzahlen, nicht auf die Beitragszahler der Jahre 2015 bis 2034 zu begrenzen, sondern „dauerhaft alle Geburtsjahrgänge in den Pflegevorsorgefonds einzahlen" zu lassen.[40] Die „Beitragssatzspitze" sei eine Illusion, das Ziel einer „Untertunnelung" der Spitzenphase nicht erreichbar, die „Funktionalität" des Fonds „nicht gegeben"; das ungünstige Verhältnis von Beitragszahlern und Anspruchsberechtigten werde sich verstärken, der Beitragssatz werde in der „ferneren Zukunft" eben doch „konstant hoch bleiben".[41]

---

25 Verbraucherzentrale – Bundesverband, S. 7; GKV-Spitzenverband, S. 46 f. (Anlagen zu BT, Stellungnahmen aaO).
26 Bassen in: Udsching, SGB XI, Vor § 131–139 Rn. 5 ff.
27 Bundesbank, Monatsbericht für März 2014; vgl. auch BDA, S. 2 (Anlagen zu BT, Stellungnahmen aaO).
28 BDA, aaO (Anlagen zu BT, Stellungnahmen aaO).
29 DAlzG e.V., S. 6 (Anlagen zu BT, Stellungnahmen aaO).
30 SoVD; „erhöhtes Anlagerisiko", so ver.di (Anlagen zu BT, Stellungnahmen aaO).
31 ver.di (Anlagen zu BT, Stellungnahmen aaO).
32 Deutscher Pflegerat e.V., S. 7 (Anlagen zu BT, Stellungnahmen aaO).
33 ver.di (Anlagen zu BT, Stellungnahmen aaO). Zur Ablehnung dieses Vorschlags BT-Dr. 18/2379 v. 20.8.2014, S. 19 (Nr. 19), ua mit dem Argument: „Die Verwendung von Mitteln des Pflegevorsorgefonds zur Finanzierung der Ausbildungsvergütungen würde schon in der Aufbauphase des Vorsorgefonds den überwiegenden Teil der dorthin ansonsten abzuführenden Mittel binden und damit dessen eigentlicher Zwecksetzung zuwider laufen. Die Ausgestaltung einer gerechten, einheitlichen und gemeinsamen Finanzierung einer neuen Pflegeausbildung mit Beteiligung der Länder ist Gegenstand der Überlegungen für ein neues Pflegeberufegesetz"; hierzu auch Rolfs in: Hauck/Noftz, SGB XI, § 131 Rn. 8.
34 SoVD; vgl. auch Deutscher Pflegerat e.V., S. 8; DAlzG e.V., S. 6 (Anlagen zu BT, Stellungnahmen aaO).
35 ver.di (Anlagen zu BT, Stellungnahmen aaO).
36 ver.di, S. 10 Ziff. 1, dort mit Folgeerwägungen zu einem Aus- und Fortbildungskonzept (Anlagen zu BT, Stellungnahmen aaO).
37 DRK, S. 10 (Anlagen zu BT, Stellungnahmen aaO).
38 Deutscher Pflegerat e.V., S. 8 (Anlagen zu BT, Stellungnahmen aaO).
39 BDA, S. 2 (Anlagen zu BT, Stellungnahmen aaO).
40 BDA, S. 2, r.Sp., sub 2 (Anlagen zu BT, Stellungnahmen aaO).
41 Diakonie Deutschland, S. 19 (Anlagen zu BT, Stellungnahmen aaO).

Für die Auszahlung sollte das „Prinzip der periodengerechten Ausfinanzierung von Zukunftslasten" gelten, dem zufolge dasjenige, „was die jeweiligen Beitragszahler in den Pflegefonds einzahlen, (erst) dann verwendet wird, wenn sie selbst das höchste Risiko haben, pflegebedürftig zu sein"[42] – pauschal maßgeblich für den anzusetzenden zeitlichen Abstand wäre insoweit die „Differenz des gewichteten Durchschnittsalters eines Beitragszahlers zum gewichteten Durchschnittsalter eines Pflegebedürftigen".[43]

Alternativ wurde vorgeschlagen, die Vorsorge „in privater statt in staatlicher Form zu organisieren" und jedenfalls nicht „einseitig zulasten von Löhnen und Gehältern zu finanzieren".[44] Der „Pflege-Bahr" sei in dieser Hinsicht ein richtiger Ansatz gewesen, sein Ausbau sei aber durch die Beitragserhöhungen zur Umlagefinanzierung und damit durch die Abschöpfung weiterer Finanzkraft der Versicherten verhindert worden.[45]

Diskutiert wird „zumindest die Möglichkeit einer maßvollen Aufstockung des Zuschusses aus Steuermitteln", denn der erwartbare Anstieg Pflegebedürftiger als „gesamtgesellschaftliches Problem" müsse über den Kulminationszeitpunkt im Jahr 2055 bzw. irgendwann zwischen 2035 und 2050 hinausgedacht werden, weshalb der Fonds „nicht grundsätzlich auf Kapitalverzehr ausgelegt" werden sollte.[46] Generell sei angesichts der Kapitalmarktentwicklung nach der „Sinnhaftigkeit der Rücklage" zu fragen; generationengerechter wäre, „zukünftige Lasten in die Gegenwart gezogen" zu sehen, wie dies mit dem Abbau der Staatsverschuldung unternommen werde.[47]

Zusammenfassend seien die fünf Hauptargumente des Zentrums für Sozialpolitik gegen den seiner Ansicht nach fehlkonzipierten Pflegevorsorgefonds dokumentiert:[48] Erstens sei er vor **Zweckentfremdung** nicht geschützt; zweitens ergebe sich kein **Beitragssatzeffekt**, er bleibe reine Symbolpolitik; drittens mangele es an **Nachhaltigkeit** angesichts Nichteignung des Fonds, die Belastungsspitze zu reduzieren; viertens sei der Fonds ineffizient angesichts nur niedriger Habenzinsen gegenüber höherer aktueller **Entlastungswirkung für den Staatshaushalt** und fünftens werde mit Einführung des neuen **Pflegebedürftigkeitsbegriffs** der Druck wachsen, die hierfür erforderlichen Beitragserhöhungen mittelfristig auch aus Mitteln des Pflegefonds aufzufangen.,[49] und man müsse davon ausgehen, „dass die Mehrkosten, die durch die Umstellungen des Zweiten Pflegestärkungsgesetzes entstehen, die Mehrausgaben um mehr als eine Mrd. Euro übersteigen werden".[50]

All diesen Prognosen zum Trotz ist der Pflegevorsorgefonds an den Start gegangen, steht nun unter Beobachtung und wird sich ernsthafter Kritik wie auch demographie- und finanzpopulistischen Argumentationsmustern zu erwehren haben.

IV. Verfassungsrechtliche Fragen

Die Ausweitung der Finanzierungsformen auf eine kapitalgestützte Ergänzung ist von der sozialversicherungsbezogenen Kompetenzgrundlage in Art. 74 Abs. 1 Nr. 12 GG mit umfasst. In materiellverfassungsrechtlicher Hinsicht mag man unter Gleichheitsgesichtspunkten den „vertikalen" Aspekt der **Generationengerechtigkeit** in Betracht ziehen. Für eine „Ungleichbehandlung der Generationen" im Sinne eines Rechts auf „Gleichbehandlung in der Zeit"[51] gibt es indessen derzeit keinen verfassungsrechtlichen Anknüpfungspunkt, allen rechtpolitischen Diskussionen in dieser Richtung zum Trotz. Und man würde wohl gerade umgekehrt sagen müssen, dass jeder Versuch einer kapitalgedeckten Entlastung des beitragsfinanzierten Systems einen (wenn auch unvollkommenen) Beitrag zu mehr Generationengerechtigkeit leistet, wenn man in der durch den Fondsbeitrag erhöhten Beitragsbelastung der aktuellen Beitragszahler (in ihrer zahlenmäßig größeren Solidargruppe) im Ansatz einen Ausgleich für die von ihnen verursachte demographisch-generative Schwäche der nächsten Generation(en) von Beitragsleistenden sehen möchte. In diese Richtung weisen die **Altersrückstellungen** der privaten Pflegeversicherer.[52] Angesichts der auf **Nahsicht** angelegten Steuerung des Pflegevorsorgesystems bleibt darauf

---

42 BDA, S. 2, r.Sp., sub 2. (Anlagen zu BT, Stellungnahmen aaO).
43 BDA, aaO (Anlagen zu BT, Stellungnahmen aaO).
44 DBA, S. 2, l.Sp. (Anlagen zu BT, Stellungnahmen aaO).
45 DBA, S. 3, l.Sp., sub 1; ähnlich auch DGB, S. 3 (Anlagen zu BT, Stellungnahmen aaO).
46 dbb, aaO (Anlagen zu BT, Stellungnahmen aaO); vgl. auch Rolfs in: Hauck/Noftz, SGB XI, § 131 Rn. 10.
47 AaO (Anlagen zu BT, Stellungnahmen aaO).
48 Heinz Rothgang, Universität Bremen, S. 2 (Anlagen zu BT, Stellungnahmen aaO).
49 Rothgang, aaO, S. 7 (Anlagen zu BT, Stellungnahmen aaO).
50 AaO, S. 9 (Anlagen zu BT, Stellungnahmen aaO).
51 Rolfs in: Hauck/Noftz, SGB XI, § 131 Rn. 16.
52 Rolfs in: Hauck/Noftz, SGB XI, § 131 Rn. 20, 22.

hinzuweisen, dass mangels hinreichend sicherer Garantie des bestehenden Sozialversicherungssystems Umstrukturierungen möglich und entsprechender Wandel im Einsatz des Beitragsaufkommens verfassungsrechtlich nicht ausgeschlossen werden kann; das **Gestaltungsermessen des Gesetzgebers** ist weit, aber nicht unbegrenzt.[53] Die Verwendungsneutralität des Beitragsaufkommens bleibt auch und gerade mit Blick auf zum Pflegevorsorgefonds geleistete Beitragszahlungen ein durchgreifendes Argument gegen eigentumsähnliche Ansprüche aus Anwartschaften.[54] Allerdings gibt es **Grenzen noch systemgerechter Umsteuerung** eingeschlagener Gestaltungswege. Wenn der Gesetzgeber bestimmte Steuerungswirkungen seiner Regelungen weit in die Zukunft verlagert, stellt sich im Besonderen die Frage, ob er nicht ein **Mindestmaß an rechtsstaatlicher Systemtreue** wahren muss[55] und ob der ihm von Verfassungs wegen attestierte weite sozialpolitische Gestaltungsspielraum nicht doch zulasten weiter greifender Umnutzungsideen begrenzt werden sollte.

14 Inwieweit das beitrags- und anwartschaftsorientierte Modell auch in der gesetzlichen Pflegeversicherung realisiert werden kann, ist angesichts der dort geringeren Gestaltungsspielräume fraglich; den Wettbewerbsgedanken als Motor einer im Leistungsspektrum herausgeforderten Sozialversicherung im Bereich der Pflegeversicherung vollkommen zurückzudrängen, geht nicht an; ein tragendes Motiv der Wettbewerbsorientierung ist aber auch die Sorgsamkeit im Umgang mit dem Beitragsaufkommen – immerhin ein Indiz für die Nähe zur Bildung von Anwartschaften; mit dem Aufwuchs einer kapitalgedeckten Komponente der Pflegeversicherung würde sich dieser Ansatz verstärken.

---

53 Vgl. BVerfG, 18.7.2005, 2 BvF 2/01, BVerfGE 113, 167, 215, juris Rn. 127, wo das BVerfG einmal mehr insbes. für das Krankenversicherungsrecht „die hohe Bedeutung der Funktionsfähigkeit und der finanziellen Stabilität der gesetzlichen Krankenversicherung für das gemeine Wohl" und die „diesbezüglich gegebene weitgehende sozialpolitische Gestaltungsfreiheit des Gesetzgebers" einander gegenüberstellt; vgl. hierzu Bassen in: Udsching, SGB XI, Vor §§ 131–139 Rn. 7.

54 Vgl. sehr knapp BVerfG (Kammer), 30.4.1986, 1 BvR 218/85, juris Rn. 2, wonach „[...] der einzelne Bürger, der eine bestimmte Verwendung des Aufkommens aus öffentlichen Abgaben für grundrechtswidrig hält, aus seinen Grundrechten keinen Anspruch auf generelle Unterlassung einer solchen Verwendung herleiten [kann]. Soweit diese mit seinem Glauben, seinem Gewissen, seinem religiösen oder weltanschaulichen Bekenntnis unvereinbar ist, kann er jedenfalls nicht verlangen, daß seine Überzeugung zum Maßstab der Gültigkeit genereller Rechtsnormen oder ihrer Anwendung gemacht wird"; mit Bassen, aaO, Vor §§ 131–139 Rn. 8. Diese Sicht bezog sich aber auf eine vom Gesetzgeber nicht intendierte Aufladung des Systems mit sozialversicherungsfremden Wertungen. Differenzierter hierzu BSG, 9.10.1984, 12 RK 18/83, BSGE 57, 184; SozR 2200 § 385 Nr. 10, juris Rn. 31: „Die Beitragsseite und damit der Beitragssatz ist hiernach kein rechtlich zulässiger und geeigneter Ansatz zu einer Überprüfung des Leistungsrechts. Vielmehr sind die Leistungen grundsätzlich nur von der Leistungsseite her, an der der Kläger nicht beteiligt ist, auf ihre Rechtmäßigkeit hin überprüfbar. Erst wenn auf dieses Wege eine Leistungsnorm zu Fall gebracht oder in der Rechtsprechung enger als ursprünglich von der Verwaltung angenommen ausgelegt wird, darf die Kasse die entsprechenden Ausgaben auch bei der Festsetzung des Beitragssatzes außer Betracht lassen; bis dahin sind Beiträge nach dem unter Einschluß der beanstandeten Leistungen kalkulierten höheren Beitragssatz rechtmäßig und zu zahlen". Auch der von Bassen, aaO, Rn. 8 fernerhin herangezogene Beschluss des BVerfG, 27.2.2007, 1 BvL 10/00, BVerfGE 117, 272, 293 = SozR 4-2600 § 58 Nr. 7, juris Rn. 51 – für das Rentenversicherungsrecht – argumentiert eher in Richtung einer mehrfach verankerten Anwartschaft, dahin, „dass Gegenstand des Schutzes des Art. 14 Abs. 1 GG die Anwartschaft ist, wie sie sich insgesamt aus der jeweiligen Gesetzeslage ergibt. Rentenanwartschaften beruhen auf verschiedenen Elementen, die erst in ihrem funktionalen Zusammenwirken zu einem Gesamtergebnis führen. Die Einzelelemente können nicht losgelöst voneinander behandelt werden, als seien sie selbständige Ansprüche. Im Hinblick auf Art. 14 GG ist die rentenversicherungsrechtliche Position insgesamt Schutzobjekt" (BVerfG aaO, hier und im Folgenden unter Bezug auf BVerfG 58, 81, 109; 100, 1, 37 f., und weiteren Konkretisierungen des Eigentumsschutzes ua nach Maßgabe von E 53, 257, 292; 70, 101, 110; 75, 78, 97; 100, 1, 37).

55 Vgl. am Beispiel eines anderen Systemelements der Sozialversicherung die Berufung des BVerfG auf einen traditionsbildenden Zeitraum, in: BVerfG, 18.7.2005, 2 BvF 2/01, BVerfGE 113, 167, 196, juris Rn. 85 (unter Bezug auf BVerfGE 107, 205, 206): „Die Familienversicherung steht, soweit es um einen Grundgedanken geht, in einer langen sozialversicherungsrechtlichen Tradition" und gehöre „zu denjenigen Sozialleistungen, die das Bild der klassischen Sozialversicherung mitgeprägt haben. Bereits dieser Befund rechtfertigt ihre Subsumtion unter den kompetenzrechtlichen Sozialversicherungsbegriff des Grundgesetzes". Vgl. dort auch juris Rn. 104: „Das Grundgesetz bietet für die Sozialversicherung ein in sich geschlossenes und spezielles kompetenzrechtliches Normkonzept".

§ 131 Pflegevorsorgefonds

In der sozialen Pflegeversicherung wird ein Sondervermögen unter dem Namen „Vorsorgefonds der sozialen Pflegeversicherung" errichtet.

I. Sondervermögen

Hier handelt es sich um die Grundlagenvorschrift für den Pflegevorsorgefonds[1] und um den Errichtungsbefehl des Gesetzgebers. 1

Der aufzubauende Kapitalstock wird ausdrücklich als ein nicht rechtsfähiges (§ 133 S. 1) Sondervermögen „in" der Sozialen Pflegeversicherung bezeichnet, weshalb es vom Vermögen des Bundes getrennt am **Selbstverwaltungsauftrag** der Gesetzlichen Sozialversicherung teilhat. Der Mangel der Rechtsfähigkeit wird durch die Zuweisung rechtlicher **Handlungsbefugnis** (§ 133 S. 2) teilweise ausgeglichen. Weitere Fragen, die sich aus der Perspektive des EU-Beihilfenrechts durch Zahlungen des Bundes an Sozialversicherungsträger ergeben könnten, werden so vermieden.

Umstritten[2] ist, inwieweit der Pflegevorsorgefonds mit dem Sondervermögen den Einstieg in eine zumindest zukünftig auch **kapitalgedeckte** Sozialversicherung bedeutet, im Pflegebereich durch die intergenerative Solidarisierungsschere motiviert. Als nicht auf Dauer angelegtes, sondern um seines Verzehrs willen (Auflösung: § 139) eingerichtetes Finanzierungsinstrument kann der Vorsorgefonds zumindest derzeit eine solche grundsätzliche Umsteuerung in die Kapitaldeckung nicht begründen;[3] der Fonds dient als einmalige **wirkungsverzögerte kapitalisierte Ergänzung** des Solidarprinzips. 2

Man hätte auch daran denken können, hier entsprechend der Gestaltung beim Ausgleichsfonds (§§ 65 ff.) dem Bundesversicherungsamt die Verwaltung des Vorsorgefonds zu übertragen und insoweit die erhebliche Erfahrung des Amtes beispielsweise aus der Verwaltung des Risikostrukturausgleichs für die Verwaltung des neuen Sondervermögens zu nutzen. 3

II. Haushaltsgrundsätze für Sondervermögen

Für das Sondervermögen gelten die **Regeln der Haushaltswirtschaft des Bundes**, hier nach Maßgabe des Haushaltsgrundsätzegesetzes:[4] Denn auf Sondervermögen des Bundes ist – gemäß § 48 Abs. 1 HGrG – das HGrG entsprechend anzuwenden, soweit durch Gesetz oder aufgrund eines Gesetzes nichts anderes bestimmt ist. Unter Vorbehalt anderer (teil-)abweichender Detailregelung vor allem in den §§ 134 ff. sind also hier die HGrG-Regelungen verbindlich, insbesondere zu Aufstellung und Ausführung des Haushaltsplans, über Zahlungen, zu Buchführung und Rechnungslegung, zu Prüfung und Entlastung (Abschnitt IV). 4

Überdies kommt § 18 Abs. 2 HGrG mit Blick auf die **Veranschlagungen im Haushaltsplan des Bundes** in Betracht, denn soweit Sondervermögen betroffen sind, müssen (nur) deren Zuführungen oder Ablieferungen im Haushaltsplan veranschlagt werden; im Übrigen gilt: „Über die Einnahmen, Ausgaben und Verpflichtungsermächtigungen der Sondervermögen sind Übersichten dem Haushaltsplan als Anlagen beizufügen oder in die Erläuterungen aufzunehmen" (§ 18 S. 2 HGrG). 5

Mit Blick auf **Prüfung und Entlastung** erstrecken sich (gemäß § 42 Abs. 1 HGrG) die Aufgaben des Rechnungshofes ua auf die „gesamte Haushalts- und Wirtschaftsführung des Bundes" (hierin ist die Bundesbank einbezogen), unter **Einschluss der Sondervermögen**: Der Rechnungshof prüft insbesondere (Abs. 2 Nr. 1–3) im Rahmen seines **Prüfungsermessens**[5] erstens Einnahmen, Ausgaben und Verpflichtungen zur Leistung von Ausgaben; zweitens (sonstige) Maßnahmen, die sich finanziell auswirken können, sowie drittens das Vermögen und die Schulden. Die **Prüfung der Sondervermögen** des Bundes durch den Bundesrechnungshof geht dann, „soweit es für die Entlastung der Regierung von Bedeutung sein kann", gemäß § 46 Abs. 1 HGrG in den zusammenfassenden jährlichen Bericht des Rechnungshofs für die gesetzgebenden Körperschaften ein, wobei in diesen Bericht auch Feststellungen über spätere oder frühere Haushaltsjahre aufgenommen werden können (§ 46 Abs. 2 HGrG), was 6

---

1 Vgl. Leitherer in: KassKomm, SGB XI, § 131 Rn. 2 ff. mwH; Rolfs in: Hauck/Noftz, SGB XI, § 131 Rn. 6 ff.; Bassen in: Udsching, SGB XI, Vor §§ 131–139 Rn. 2 ff.
2 Änderungsantrag (Abgeordnete u. Fraktion Die Linke), BT-Dr. 18/1953.
3 Änderungsantrag, BT-Dr. 18/1953.
4 Vom 19.8.1969 (BGBl. I, 1273), zuletzt geändert durch G v. 15.7.2013 (BGBl. I, 2398), dort insbes. Abschnitt VI. Vgl. auch Rolfs in: Hauck/Noftz, SGB XI, Rn. 12.
5 „Der Rechnungshof kann nach seinem Ermessen die Prüfung beschränken und Rechnungen ungeprüft lassen" (§ 42 Abs. 3 HGrG).

hier insbesondere für die prospektive Einschätzung der weiteren Entwicklung des Fonds und möglicher Risiken von Bedeutung sein kann. Überdies bleibt das jederzeitige Unterrichtungsrecht des Bundesrechnungshofs gegenüber den gesetzgebenden Körperschaften und der Regierung über „Angelegenheiten von besonderer Bedeutung" (§ 46 Abs. 3 HGrG).

III. Zur Kritik im und in Begleitung zum parlamentarischen Prozess

7 Im parlamentarischen Prozess war oppositionsseitig die Forderung erhoben worden,[6] gerade um des Zieles willen, eine „gerechte und stabile Finanzierung" zu erreichen, den Pflegevorsorgefonds nicht einzuführen, dies im Wesentlichen motiviert durch die Forderung, in eine „solidarische Gesundheitsversicherung (Bürgerinnen- und Bürgerversicherung)" umzusteuern, „um langfristig die solidarische Finanzierung der Pflegeabsicherung zu gewährleisten und bestehende Gerechtigkeitsdefizite zu beseitigen".[7]

8 Der regierungsseitig „geplante kapitalgedeckte kollektive Vorsorgefonds" werde die umlagefinanzierte Pflegeversicherung unnötig schwächen, indem „heute dringend benötigtes Geld dem Umlageverfahren entzogen" werde und die Versicherten „doppelt zahlen" müssten, einmal für den Aufbau des Kapitalstocks, zum anderen für die umlagefinanzierte Soziale Pflegeversicherung. Überdies berge die Kapitaldeckung auch für die Zukunft „angesichts der nach wie vor ungelösten Wirtschafts- und Finanzkrise und der langen Niedrigzinsphase hohe Risiken". Bereits in der Vergangenheit habe die **Kapitaldeckung versagt**; ferner dürfe mit den Mitgliederbeiträgen „nicht spekuliert" werden. Und in der Retrospektive gelte: „Wenn 1995 die Pflegeversicherung mit Kapitaldeckung eingeführt worden wäre, gäbe es bis heute keinen Rückfluss".

9 Im Übrigen gehe die zugrunde gelegte Prognose fehl, da mit der gestiegenen Lebenserwartung auch eine **Verbesserung des Gesundheitszustands** älterer Menschen das Risiko, pflegebedürftig zu werden, in den jeweiligen Alterskohorten weiter senke, Menschen also „gesund älter und später pflegebedürftig" würden.[8] Solcherart Bedenken begleiten nahezu jeden Versuch der hier eher noch sehr behutsamen Nachsteuerung, wobei eine aus Steuermitteln finanzierte stabilisierende Kapitalergänzung ständiger Begleiter des Systems gesetzlicher Sozialversicherung ist, die phasenweise stärker in Erscheinung tritt und letztlich den Erhalt des Solidarprinzips sichert; hier aber wird die Grenze einer prinzipiellen Umsteuerung keinesfalls auch nur annähernd erreicht.

10 Auch in der **parlamentarischen Debatte**[9] fanden sich kritische Einlassungen zum Pflegevorsorgefonds um seinen bloßen „Anschein der Nachhaltigkeit".[10] Nachhaltigkeit kann indessen bei einer auf jährlich nahezu eine Milliarde Euro gerichteten Ansparleistung des Fonds nicht schlankweg in Abrede gestellt werden.[11] Die Aussagen der **Bundesregierung** selbst bleiben zurückhaltend; verwiesen wird auf die errechnete **demographische Entwicklung**, auf den eingegrenzten zeitlichen Rahmen des Fonds in Anlage und Wirkung, in Ansparung und Verwendung.[12]

11 Die **Deutsche Bundesbank**, die als Verwalterin des Fonds selbst in das Vorsorgesystem involviert ist (§ 134 Abs. 1), hatte das eingangs erwähnte Dilemma letztlich bestätigt:[13] Das ausgedehnte Leistungsvolumen werde künftige Generationen noch stärker zusätzlich belasten, weil die schrumpfende Gruppe der für das Beitragsaufkommen besonders relevanten Erwerbstätigen die Pflegeleistungen für die wachsende Gruppe der Leistungsempfänger im Wesentlichen werde finanzieren müssen. Durch den

---

6 Änderungsantrag, BT-Dr. 18/1953, S. 5, unter 4.a).
7 Änderungsantrag, aaO, b).
8 Änderungsantrag, BT-Dr. 18/1953, S. 3.
9 BT-Plenarprot. v. 4.7.2014, 47. Sitzung.
10 So die Abg. Elisabeth Scharfenberg (Bündnis 90/Die Grünen), BT-Plenarprot., aaO.
11 So aber aaO, unter Bezug auf die Antwort der BReg v. 23.5.2014, BT-Dr. 18/1519, auf eine Kleine Anfrage von Bündnis 90/Die Grünen (BT-Dr. 18/1374).
12 Antwort der BReg v. 23.5.2014, BT-Dr. 18/1519.
13 Deutsche Bank, Monatsbericht März 2014, S. 10 f., im pdf-Format verfügbar unter: http://www.bundesbank. de/Redaktion/DE/Downloads/Veroeffentlichungen/Monatsberichte/2014/2014_03_monatsbericht.pdf?__blob =publicationFile. Im Monatsbericht Juni 2014, S. 16, wird in der Nahsicht eine verhalten positive Einschätzung anhand der Rücklagen-Entwicklung gegeben: „Der nunmehr vorliegende Gesetzentwurf sieht eine Anhebung des Pflegebeitragssatzes um 0,3 Prozentpunkte ab 2015, Ausgabenausweitungen sowie Zuführungen an eine gesonderte Rücklage vor. Die Vorhaben würden den Finanzierungssaldo im Vergleich zur vorliegenden Prognose ab 2015 leicht verbessern, weil die Beitragsmehreinnahmen teilweise zur Rücklagenbildung sowie zur Abdeckung der in der Prognose berücksichtigten preisabhängigen Anhebung der Leistungssätze verwendet werden sollen" (http://www.bundesbank.de/[...]/Monatsberichte/2014/2014_06_monatsbericht[...]).

Aufbau der Rücklage könnten zwar heutige Beitragszahler stärker und dank des Abschmelzens künftige Beitragszahler weniger stark zusätzlich belastet werden; allerdings werde nach Verzehr der Finanzreserven das dann wieder höhere Ausgabenniveau durch laufend höhere Beiträge gedeckt werden müssen. Inwiefern zumindest eine beabsichtigte **Beitragsglättung** tatsächlich erreicht werde, hänge von den **weiteren Politikreaktionen** ab. Hier zeige noch die jüngste Erfahrung, „dass Rücklagen bei den Sozialversicherungen offenbar Begehrlichkeiten entweder in Richtung höherer Leistungsausgaben oder auch zur Finanzierung von Projekten des Bundes wecken". An der **Nachhaltigkeit einer kollektiven Vermögensbildung unter staatlicher Kontrolle zu zweifeln**, erscheine jedenfalls umso eher angebracht, je unspezifischer die Verwendung der Rücklagen festgelegt werde.

Weitere Kritik am Pflegevorsorgefonds wurde seitens wirtschaftsnaher Forschungseinrichtungen geübt, hier mit Blick auf die Risikoverlagerungsmöglichkeiten bei kapitalgedeckten Sicherungsmodellen. Entsprechend zielen die Bedenken auf die voraussichtlichen Grenzen der Leistungsfähigkeit und Entlastungsfunktion des Vorsorgefonds. Eine solche **Ausgliederungsempfehlung** für den stationären Pflegebereich aus der solidarischen in die teilweise kapitalgedeckte Vorsorge enthält ein Gutachten des Instituts der deutschen Wirtschaft.[14] 12

Ausgangspunkt sind hier drei Szenarien, aus denen Prämissen für die – bewusst eindimensionalen – rechenstatistischen **Prognosen** entwickelt wurden, die einen Eindruck von der zukünftigen Überforderung des solidarischen Systems vermitteln sollen: erstens für ein pessimistisches Szenario, das als „**Medikalisierung**" charakterisiert wird, dem zufolge die Dauer der Pflegebedürftigkeit mit zunehmender Lebenserwartung ansteige; zweitens für ein eher „optimistisches" Szenario, als „**starke Kompression**" gekennzeichnet, dem gemäß das Pflegefallrisiko sich mit steigender Lebenserwartung in höhere Altersklassen verschiebe und sich damit die durchschnittliche Gesamtdauer der Pflegebedürftigkeit reduziere, sowie drittens für ein Szenario „**moderater Kompression**", von der Annahme getragen, die Dauer der Pflegebedürftigkeit werde zwar konstant bleiben, aber das Pflegefallrisiko mit steigender Lebenserwartung in höhere Altersklassen weitergeschoben. 13

Mit der ersten eher pessimistischen Prämisse werde die Zahl der Pflegefälle in Deutschland von heute 2,5 auf 4,2 Mio. im Jahr 2050 steigen. Im optimistischen Szenario sei immer noch mit einer Million zusätzlicher Pflegefällen zu rechnen. Aber selbst dann, wenn die Pflegekosten für jeden einzelnen Betroffenen nicht steigen sollten, würden die Ausgaben der Sozialen Pflegeversicherung allein durch die Bevölkerungsalterung bis zum Jahr 2050 je nach Szenario auf 37,9 Mrd. EUR, mindestens aber auf 33,7 Mrd. gegenüber den heutigen Kosten von 21,9 Mrd. EUR steigen. Hier vermöchte auch der Einsatz des Vorsorgefonds – so rechnet das Institut der Deutschen Wirtschaft – trotz einer ins Auge gefassten Erhöhung des Beitragssatzes zur Pflegeversicherung in zwei Schritten auf dann 2,55 % die sich öffnende Finanzierungslücke nicht zu schließen; diese wurde vom Institut auf 11,5 bis 15,7 Mrd. EUR im Jahr 2050 geschätzt (Einnahmen aus Beitragssatzerhöhungen bereits eingerechnet). So sehr diese Prognose die Kritiker beflügelt hat, bleibt auch sie angesichts ihrer einseitigen Annahmen und deren linearer Fortschreibung mit erheblichen Zweifeln belegt. 14

Ein in diesem Zusammenhang häufig wiederholtes Argument zielte auf die **Zweckentfremdung**. Und in der Tat sind die Erfahrungen mit den praktizierten Fondslösungen – etwa im Bereich der Rentenversicherung oder auch im Hinblick auf insbesondere die älteren Beamtenversorgungsvorsorgesysteme – wenig ermutigend, was die Anspar- und Verwendungsdisziplin öffentlicher Haushaltspolitik betrifft.[15] Und gerade mit Blick auf die hohen steuerfinanzierten Anteile an der gesetzlichen Sozialversicherung fällt hier der Widerstand gegen Fondsmittel-Verwendungsdeviationen möglicherweis besonders wenig ins Gewicht und Fondsanlagen geraten unter finanzpolitischen Rechtfertigungsdruck. 15

---

14 Hüther, Die Zukunft der Sozialen Pflegeversicherung – Fakten und Reformperspektiven, Statement, Institut der deutschen Wirtschaft, Köln (14.7.2014). Vgl. auch: http://www.iwkoeln.de/de/presse/pressemitteilungen/beitrag/soziale-pflegeversicherung-reformvorhaben-fuehren-nicht-zum-ziel-173002.

15 Vgl. Versorgungsrücklagegesetz (VersRücklG) vom 27.3.2007 (BGBl. I, 482), zuletzt geändert durch Art. 1 des Gesetzes vom 5.1.2017 (BGBl. I, 17); ferner Bundesbesoldungsgesetz (BSG) vom 19.6.2009 (BGBl. I, 1434), zuletzt geändert durch G vom 5.1.2017 (BGBl. I, S. 17). Zur Problematik der haushalterischen Trennung vgl. grundsätzlich VerfGH Rheinland-Pfalz, 22.2.2017, VGH N 2/15, zur Verfassungsmäßigkeit des Landeshaushaltsgesetzes 2014/2015, von Vorschriften des Landesgesetzes über den Finanzierungsfonds für die Beamtenversorgung Rheinland-Pfalz etc., dort ua zu der „Tatsache, dass der Aufbau einer vollständig fremdfinanzierten Vermögensposition künftige Haushalte nicht wirksam würde entlasten können, weil der Vermögensposition des Fonds dann eine Verschuldung des Landeshaushalts in gleicher Höhe gegenübersteht" (Urteilstext, S. 45) – ein Grund, weshalb im Fall des Pflegevorsorgefonds der rechtlichen und finanziellen Verselbständigung der Vorzug zu geben ist.

16 Ein weiteres Argument, dem in diesem Zusammenhang nur wenig entgegenzusetzen ist, betrifft die Zinsentwicklung. Der aktuell schmale Ertrag und der Absturz der Zinsspanne in den vergangenen Jahren führen aber über den Pflegevorsorgefonds hinaus auch zu Glaubwürdigkeits- und Leistungsverlusten in den insgesamt kapitalgedeckten Sicherungssystemen.

§ 132 Zweck des Vorsorgefonds

¹Das Sondervermögen dient der langfristigen Stabilisierung der Beitragsentwicklung in der sozialen Pflegeversicherung. ²Es darf nach Maßgabe des § 136 nur zur Finanzierung der Leistungsaufwendungen der sozialen Pflegeversicherung verwendet werden.

I. Langfristige Stabilisierung (S. 1)	1	III. Prognosen des Gesetzgebers	4
II. Verwendungsbeschränkung (S. 2)	2	IV. Zielerweiterung durch den Bundesrat?	9
1. Strikte Zweckbindung	2	V. Verfassungsrechtliche Fragen	12
2. Anforderungen an das Trennungsgebot	3		

I. Langfristige Stabilisierung (S. 1)

1 Die angestrebte langfristige Stabilisierung[1] ist als unbestimmter Rechtsbegriff durch die in den nachfolgenden Vorschriften gegebenen zeitlichen und kapitalmäßig-prozentualen Rahmenwerte hinreichend konkretisiert; gleichwohl weckt die Formulierung in S. 1 Erwartungen, die der Fonds nur ansatzweise wird erfüllen können; das programmatische Element in der gewählten Formulierung kann Ausgangspunkt für eine Diskussion über den weiteren Ausbau des Fonds werden, aber auch delegitimierende Effekte auslösen, wenn er die hier zum Ausdruck gebrachten Ziele nachdrücklich verfehlt.

Der Wirkungszeitraum des Vorsorgefonds liegt in der Zukunft und beginnt mit einem Zeitpunkt, der auf prognostischen Erwägungen beruht. Diese Ruhephase ist identisch mit der Ansparphase des Fonds, wobei das finanzielle Ansparziel als Argument oder Motiv für die Dauer der Ruhephase weitestgehend irrelevant ist; Anknüpfungspunkt ist vielmehr die demographische Entwicklung. Die Wirkungsphase liegt in der Zukunft und ist mit ihrem Beginn kalendarisch genau bezeichnet („ab dem Jahr 2035" – § 136 S. 1), in ihrem tatsächlichen Einsatz dort aber zugleich unter eine Ermessensregelung gestellt („kann"), der ihrerseits bestimmte Erwägungsgründe vorgezeichnet worden sind.[2]

II. Verwendungsbeschränkung (S. 2)

2 **1. Strikte Zweckbindung.** Ausweislich der Entwurfsbegründung[3] darf das Sondervermögen „nach Abschluss der Ansparphase nur mehr ausschließlich zweckgebunden zur Stabilisierung des aufgrund der demografischen Entwicklung ansteigenden Beitragssatzes verwendet werden". Das Sondervermögen soll dazu beitragen, dass „die Finanzierung der aufgrund der demografischen Entwicklung im Zeitverlauf deutlich steigenden Leistungsausgaben gerechter auf die Generationen verteilt" werden kann, um damit längerfristig „der Gefahr einer Beschränkung des Leistungsniveaus der Pflegeversicherung" begegnen zu können. Den Ansparzeitraum von zwanzig Jahren sieht der RegE zum PSG I[4] dadurch begründet, „dass die Geburtsjahrgänge 1959 bis 1967 mit 1,24 Millionen bis 1,36 Millionen Menschen deutlich stärker besetzt sind als die davor und danach liegenden Jahrgänge". Im Jahr 2034 werde – wenn der erste dieser besonders geburtenstarken Jahrgänge das 75. Lebensjahr erreicht – die Wahrscheinlichkeit von Pflegebedürftigkeit signifikant ansteigen. Die ab diesem Zeitpunkt besonders hohe Zahl versorgungsberechtigter Pflegebedürftigen lasse die „Notwendigkeit von Beitragssatzanpassungen" weiter steigen, und erst zwei Jahrzehnte später mit dem allmählichen Versterben eines größeren

---

1 Vgl. zur Zielsetzung zusammenfassend Bassen in: Udsching, SGB XI, Vor § 131–139 Rn. 1.
2 Zur Zweckbestimmung auch Rolfs in: Hauck/Noftz, SGB XI, § 132 Rn. 3 f.
3 BT-Dr. 18/1798, RegE, Begr. zu § 132, S. 51 f.
4 Erstes Gesetz zur Stärkung der pflegerischen Versorgung und zur Änderung weiterer Vorschriften (Erstes Pflegestärkungsgesetz – PSG I) vom 17.12.2014, BGBl. I, 2222. Bis zur Beschlussempfehlung vom 17.10.2014 lautete der Entwurfstitel des Gesetzes „Fünftes SGB XI-Änderungsgesetz (5. SGB XI-ÄndG)", vgl. BR-Dr. 466/14 v. 17.10.2014.

Teils dieses Personenkreises dürften „die erheblich schwächer besetzten Jahrgänge nach 1967" die Pflegesituation entspannen helfen.[5]

2. Anforderungen an das Trennungsgebot. Aus einer solchen mittel- bis langfristigen **Perspektive des Sicherstellungsauftrags** ergeben sich besondere Anforderungen, will man das (Vermögens-)Trennungsgebot[6] durchhalten; der Pflegevorsorgefonds darf – insbes. im Gegensatz zum Sondervermögen Ausgleichsfonds (§§ 65 ff.) – daher keinesfalls in die Erfüllung laufender Leistungsverpflichtungen bzw. in den Ausgleich von Leistungs- und Verwaltungsausgaben eingebunden werden; vielmehr soll er ausschließlich der bereits benannten Aufgabe dienen, „die besondere zukünftige Belastung der sozialen Pflegeversicherung insgesamt abfedern" zu helfen, „wenn nach 2035 die geburtenstarken Jahrgänge in die Altersgruppen mit erhöhtem Pflegerisiko hineinwachsen".[7] Der RegE zieht zu einem strukturellen Vergleich hier die mit dem Versorgungsreformgesetz 1998 (§ 14 a BBesG) eingeführte **Versorgungsrücklage** für Besoldungs- und Versorgungsempfänger des Bundes heran.

III. Prognosen des Gesetzgebers

Der auf die Finanzierung eines in zwanzig Jahren erwartbaren Risikofalles gerichtete Ansatz unterliegt seinerseits Unwägbarkeiten, deren sich der Gesetzgeber bewusst bleiben muss, wenn er Normen generiert, bei denen nicht nur die Rechtsfolgen deutlich verzögert eintreten sollen, sondern bereits die tatbestandlichen Voraussetzungen erstmals in einem Zeitraum realisierbar werden, den der diskontinuitätsbelastete Gesetzgeber regelmäßig nur unvollkommen überblicken kann. Dies fällt dann leichter, wenn er bereits über **Erfahrungen in vergleichbaren Kausalzusammenhängen** verfügt, deren Beginn einen entsprechenden Zeitraum in der Vergangenheit zurückliegt und deren Folgen er gegenwärtig beurteilen kann bzw. einlösen muss. Ein solcher Sachverhalt samt entsprechender Kausalkette steht nur ansatzweise zur Verfügung, hier in Form des Fonds nach dem Versorgungsrücklagegesetz des Bundes.[8] Aus der Perspektive des Pflegevorsorgefonds-Gesetzgebers ist allerdings zusätzlich auch die Ausgestaltung der Ansparphase risikobehaftet, lassen sich doch zukünftige gesetzgeberische Intentionen und Gestaltungsansprüche weder sicher vorhersagen noch zuverlässig binden.

Für die Unsicherheiten in der **Validität der zugrunde gelegten Prognose** erhellend und gewiss weiterführend ist die Antwort der BReg v. 23.5.2014 auf eine Kleine Anfrage von Bündnis 90/Die Grünen, in der die Bundesregierung betont:[9] „Exakte Schätzungen der künftigen Beitragssatzentwicklung sind über einen Zeitraum von 35 bis 45 Jahren allerdings nicht möglich, da auch zB das **Inanspruchnahmeverhalten** der Pflegebedürftigen bezüglich der Leistungsarten über einen so langen Zeitraum nicht verlässlich vorausgesagt werden kann. Bei der Abschätzung der Einnahmeentwicklung der sozialen Pflegeversicherung werden die mittelfristigen Eckwerte der Bundesregierung zur Lohn- und Beschäftigungsentwicklung sowie die längerfristigen Annahmen des Rentenversicherungsberichts der Bundesregierung zugrunde gelegt. Bei der Leistungsdynamisierung geht die Bundesregierung von einer Fortgeltung des geltenden Rechts mit einer Dynamisierung in Höhe der allgemeinen Inflationsrate aus. Die im Rahmen des Gesetzentwurfs vorgesehene Dynamisierung um 4 Prozent ergibt sich aus der besonderen Berücksichtigung der aktuell sehr niedrigen Inflationsrate".

---

5 Zweifel an dieser Prognose kommen auch in der Kleinen Anfrage an die Bundesregierung zum Ausdruck, hier in der Antwort v. 23.5.2014, BT-Dr. 18/1519, 1 und 3–5. Vgl. ferner Heinz Rothgang, Stellungnahme des Zentrums für Sozialpolitik – ZeS – der Universität Bremen v. 18.9.2014 zur öffentlichen Anhörung am 24.9.2014 durch den Ausschuss für Gesundheit des Deutschen Bundestages, Ausschussdrucksache 18(14)0049(28), aufzurufen unter www.bundestag.de/bundestag/ausschuesse18/a14/anhoerungen/-/287050): Selbst bei unterstellt gesetzesgemäßer Mittelverwendung sei der „Effekt vernachlässigbar", lasse sich doch „während der Existenz des Fonds in Abhängigkeit von Grundlohnsummenwachstum und Verzinsung" bei realistischer – inflationsbereinigter – Einschätzung des Wachstums der Grundlohnsumme um jährlich 1 Prozent allenfalls eine Beitragsreduktion um 0,1 Beitragssatzpunkte annehmen – gemessen an einem „Beitragssatz, der dann eher bei 4 Beitragssatzpunkten liegen dürfte" (aaO, S. 4 mit Tab. 1).
6 BT-Dr. 18/1798, RegE, Begr. zu § 137, S. 52.
7 BT-Dr. 18/1798, RegE, Begr. aaO.
8 (Bundes-)Versorgungsrücklagegesetz v. 9.7.1998, neugefasst durch Bek. V. 27.3.2007 (BGBl. I, 482), zuletzt geändert durch G v. 22.12.2007 (BGBl. I, 3245).
9 In BT-Dr. 18/1519, S. 3 f.; dort S. 5 wird das maximal erreichbare Kapitalvolumen des Pflegevorsorgefonds – legte man die langfristige (durchschnittliche) Zinsentwicklung der letzten zwanzig Jahre zugrunde, auf „etwa 37 bis 42 Mrd. Euro" angesetzt.

6 Allgemein wird von Prognosen des Gesetzgebers, vom gesetzgeberischen Handeln „unter **Bedingungen der Unwissenheit** bzw. eines begrenzten Wissens"[10] erwartet, dass – nachprüfbar – umfängliche Ermittlungs- und Abwägungspflichten erfüllt wurden bzw. erst auf der „Grundlage verlässlicher Zahlen und schlüssiger Berechnungsverfahren"[11] gestaltet wird. Um den möglichen Anforderungen an **Nachsteuerungspflichten** des parlamentarischen Gesetzgebers selbst – hier im Spannungsfeld eines auf Stabilität und Nachhaltigkeit gerichteten Fonds, der sich zugleich in den Fährnissen der wirtschaftlichen Entwicklung behaupten muss – gerecht werden zu können, lassen sich Instrumente für die „eigeninitiierte Selbstkontrolle des Gesetzgebers"[12] ausmachen, mit deren Hilfe er seiner hier spezifisch übernommenen **Beobachtungsverantwortung** gerecht zu werden vermag[13] und zu denen die ausdrückliche Begrenzung der Geltungsdauer[14] von Gesetzen gehört, aber eben auch die Befristung bzw. ein konkretes Zeitmanagement hinsichtlich eines Regelungsgegenstandes zählen kann – wie dies auch hier mit Blick auf §§ 135, 136 angenommen werden kann –, verbunden mit „Revisions- oder Evaluationsvorkehrungen", um „diagnostischen und prognostischen Unsicherheiten angemessen begegnen" zu können.[15] Solchen Vorkehrungen kann man hier die **Berichtspflichten der Bundesbank** in § 138 zuordnen.[16]

7 Das **Hineinwirken in Ungewissheitsbedingungen** und die zeitliche Bindung des Regelungsgegenstandes, aber auch die hiermit von vorn herein verbundene Wirkungsbefristung (bis zur Ausschöpfung des Fonds) gibt der Regelung einen gewissen „experimentellen" Charakter;[17] es sollen die „notwendigen Kenntnisse über die „Auswirkungen der gesetzlichen Regelung" mittels einer letztlich nur „versuchsweisen Geltung" erlangt werden. Die in der Experimentiergesetzgebung zwingend zu fordernde Evaluierung[18] – hier orientiert an den Berichtspflichten in § 138 (Jahresrechnung der Deutschen Bundesbank) – ist nur schwach ausgeprägt. Ein **experimenteller Ansatz** relativiert allerdings zugleich die Intensität des Regelungsanspruchs: Konzeptionelle Grenzen (geringe inhaltliche Struktur, geringe Ausdifferenzierung der Zielkriterien) und Einmaligkeit (bis zum Verbrauch der Mittel) schwächen das hinter den §§ 131 ff. stehende Ziel nachhaltiger Sicherung der Beitragsstabilität unter gleichbleibendem Leistungsniveau.

Störend wirkt neben der wenig ausgeprägten Evaluierungsschiene das schlichte Ausklingenlassen des Fonds. Weder wird eine Kontinuierung dieses Fonds-stabilisierten Ansatzes versucht noch etwa dessen Einmaligkeit bzw. Ausnahmecharakter hervorgehoben.

8 Genannt seien in diesem Zusammenhang auch inhaltliche **Kontrollmaßstäbe**,[19] „Kohärenz" bzw. „Systemgerechtigkeit", an denen sich das gesetzgeberische Experiment der §§ 131 ff. gerade im Spannungsfeld von solidarischer Sozialversicherung und Ansätzen einer kapitalgedeckten (bzw. insoweit anfinanzierten) gesetzlich gesteuerten Individualversicherung mit sozialstaatlicher Bindung immer wieder sollte messen lassen. Die rechtsstaatliche Grundierung der „Systemgerechtigkeit" ist allerdings ein relativ unbestimmtes Kriterium.[20]

IV. Zielerweiterung durch den Bundesrat?

9 Wie komplex die Finanzierungssituation ist, auf die der Pflegevorsorgefonds sowohl in seiner Ansparphase als auch in seiner Einsatz- und Verbrauchsphase treffen könnte, indizieren **zusätzliche Erwartungen**, mit denen der Bundesrat im weiteren Gesetzgebungsverfahren das Pflegevorsorgesystem belasten

---

10 So Winfried Kluth, Die Begründung von Gesetzen, in: ders./Günter Krings (Hrsg.), Gesetzgebung. Rechtsetzung durch Parlamente und Verwaltungen sowie ihre gerichtliche Kontrolle, Heidelberg ua 2014, § 14 Rn. 49.
11 Unter Bezug auf BVerfGE 86, 90, 116 und BVerfGE 125, 175, 226: Kluth, aaO, § 14 Rn. 49.
12 Kluth, aaO, S. 862.
13 Kluth, aaO, Rn. 36, 40 ff.
14 Kluth, aaO, Rn. 43 f.
15 Kluth, aaO, Rn. 43, dort Fn. 131 mwN Vgl. bereits Ossenbühl, Die Kontrolle von Tatsachenfeststellungen und Prognoseentscheidungen durch das Bundesverfassungsgericht, in: Starck (Hrsg.), Bundesverfassungsgericht und Grundgesetz (Fs BVerfG), Bd. II, 1976, S. 458, 464 ff., 496 ff.
16 Hierzu Höfling/Engels, Parlamentarische Eigenkontrolle als Ausdruck von Beobachtungs- und Nachbesserungspflichten, in: Kluth/Krings (Hrsg.), Gesetzgebung, 2014, § 34 Rn. 35.
17 Vgl. Höfling/Engels, aaO, Rn. 45 (S. 866 f.), zu „Experimentiergesetzen".
18 Höfling/Engels, aaO, S. 867.
19 Vgl. Höfling/Engels, aaO, Rn. 37 f.
20 Höfling/Engels, aaO, Rn. 38.

wollte,[21] indem er – sehr vorsichtig und allgemein gehalten – angeregt hatte, „durch geeignete Regelungen zu ermöglichen, dass der Zweck des Pflegevorsorgefonds um die Möglichkeit erweitert wird, unter Beteiligung der privaten Versicherungsunternehmen, die die private Pflege-Pflichtversicherung durchführen, einem **Ausbildungsfonds** zur Refinanzierung der Pflegeausbildungsvergütung Mittel zuzuführen".

Einen solchen Ausbildungsfonds begründet der Bundesrat mit dem Argument, es sei nicht gerechtfertigt, die „heute pflegebedürftigen Menschen" eine Ausbildungsvergütung in der Altenpflege finanzieren zu lassen, „damit morgen eine ausreichende Zahl an Fachkräften die pflegerische Versorgung sicherstellen" könne (unter Verweis auf § 82 a). Aus diesem Grunde müsse aus dem Pflegevorsorgefonds auch ein auf Bundesebene noch zu schaffender Ausbildungsfonds finanziert werden: „Von einem Ausbildungsfonds würden Mitglieder der sozialen und privaten Pflegeversicherung gleichermaßen profitieren", woraus eine Kostenbeteiligung der privaten Versicherungsunternehmen analog § 114 a Abs. 5 S. 1 resultiere. 10

Dieser Vorstoß illustriert deutlich die Ungewissheiten einer **Nachjustierung im Zielbereich**, der sich der Vorsorgefonds angesichts seiner zurückhaltenden gesetzlichen Umhegung in Zukunft wird stellen müssen.[22] 11

V. Verfassungsrechtliche Fragen

Die eigentumsrechtliche Bewertung des aus Beitragsanteilen finanzierten Vorsorgevermögens ist zweifelhaft;[23] immerhin könnte der Eigenanteil als eigentumsrechtlich verfestigte Vermögensposition zu sehen sein. Wohl aber fehlt es an hinreichender Zuordnungsmöglichkeit zum einzelnen Beitragszahler, weshalb ein individualisierbarer eigentumsrechtlich verfestigter sozialversicherungsrechtlich unterlegter Schutz kaum nachvollziehbar sein dürfte: Die Beiträge fließen dem Fonds lediglich unspezifisch zu.[24] 12

§ 133 Rechtsform

¹Das Sondervermögen ist nicht rechtsfähig. ²Es kann unter seinem Namen im rechtsgeschäftlichen Verkehr handeln, klagen und verklagt werden. ³Der allgemeine Gerichtsstand des Sondervermögens ist Frankfurt am Main.

I. Mangelnde Rechtsfähigkeit (S. 1)

Indem der Vorsorgefonds die Rechtsfähigkeit nicht erlangt, lassen sich Vollzugsaufwand und Kosten, die eine eigene Organisationsstruktur mit entsprechend handlungsfähigen Organen hätten verursachen können, begrenzen. Dieses – einigermaßen vordergründige und pauschal vorgetragene – Argument verwendet der Regierungsentwurf.[1] In Betracht zu ziehen ist aber vor allem die Einbindung in die **Bundesbank**, der die Verwaltungsaufgaben zugewiesen sind (§ 134 Abs. 1). Eine institutionell-organisatorische Verselbstständigung[2] könnte überdies einen widerständigen Konfliktpartner abgeben, wenn es um die Wahrnehmung des Verwendungsermessens ab dem Jahr 2035 zu tun ist. Ein interessantes **Spannungsverhältnis** kann sich indessen ohnehin aus dem Sondervermögen-Verwaltungsauftrag der 1

---

21 BR-Dr. 223/14 (Beschluss) v. 11.7.2014: Stellungnahme des Bundesrates zum Entwurf eines Fünftes SGB XI-Änderungsgesetzes, hier zu Nr. 19 (Zu Art. 1 Nr. 30 [§ 132 SGB XI]).
22 Für zumindest „offen" hält Eckart Bomsdorf, Universität Köln (S. 5, Nr. 20, Anlagen mit Stellungnahmen gemäß öffentlicher Anhörung am 24.9.2014 durch den BT-Ausschuss für Gesundheit, Ausschuss-Dr. 18(14)0049(28), aaO) die Frage genügender Sicherung „vor dem Zugriff des Staates".
23 Rolfs in: Hauck/Noftz, SGB XI, § 132 Rn. 7 ff.
24 Rolfs, aaO, Rn. 8; zur Schwäche des verfassungsrechtlichen Schutzes sozialversicherungsrechtlicher Positionen auch Rolfs, aaO, Rn. 11, wobei eine Aufnahme in das GG (aaO, Rn. 12) nicht nur unwahrscheinlich ist, sondern eine Reihe weiterer verfassungsrechtlicher Sicherungen in anderen Bereichen nach sich ziehen dürfte (Pensionsfonds).
1 BT-Dr. 18/1798, Begr. zu § 133 (S. 52).
2 So im (Bundes-)Versorgungsrücklagegesetz mit dem dort (§ 11) vorgesehenen Beirat, bestehend aus Vertretern der wesentlich beteiligten Akteure, der dem dortigen Sondervermögen ein gewisses eigenes institutionelles Profil vermittelt, zumindest aber eigenes argumentatives Gewicht, indem er „bei allen wichtigen Fragen" mitwirkt, „insbesondere bei den Anlagerichtlinien und beim Wirtschaftsplan".

Bundesbank³ einerseits und dem **Abforderungsanspruch** des Bundesversicherungsamts (nach Maßgabe von § 136 S. 2) andererseits ergeben, tritt doch mit Blick auf den Ausgleichsfonds (§§ 65 ff.) und hinsichtlich des Gesundheitsfonds (§§ 265 ff. SGB V) das Bundesversicherungsamt als verantwortlicher Verwaltungsträger in Erscheinung.⁴

2 Die Einbindung in einen Vermögensverwaltungsauftrag der Bundesbank offenbart eine – ambivalente – **Trennung von den Sozialversicherungsträgern** (und ihrem Selbstverwaltungsauftrag). Aus der Mitgliedschaft folgt hier – vermittelt über den Ausgleichsfonds (§ 65) – zwar die Finanzierungslast (vgl. § 135 Abs. 1), nicht aber die Vermögensanlage- und Verwendungsverantwortung.⁵ Welche Gefahren sich aus dieser Nähe zum Bundesvermögen für die Zukunft des Vorsorgefonds ergeben könnten, ist offen.⁶ Konflikträchtig könnte jedenfalls die Verwendungsentscheidung der Ausgleichsfondsmittel in diesem Zusammenhang werden.

3 Problematisch ist der in § 134 Abs. 2 S. 3 gegebene Hinweis „Das Bundesministerium für Gesundheit ist im Anlageausschuss nach § 4 a der Anlagerichtlinien des Versorgungsfonds des Bundes vertreten". Hiermit wird auf den ersten Blick die organisatorische Stabilität des Pflegevorsorgefonds gestärkt. Entgegenzuwirken ist allerdings dem Eindruck, als solle hier eine Verklammerung der beiden in Mittelaufkommen, Zielrichtung und zeitlicher Taktung unterschiedlichen Sondervermögen personell und funktional verstärkt werden. Übereinstimmungen zumindest in den Kapital-Anlagestrategien bleiben mit Blick auf die **Vermögenssorge-Verantwortung der Bundesbank** möglich und sinnvoll.

II. Rechtliche Handlungsfähigkeit (S. 2)

4 Die Teilnahme des Sondervermögens am Rechtsverkehr erfolgt mittels **Übertragung der rechtsgeschäftlichen Handlungsfähigkeit**.⁷ Aktiv- und Passivlegitimation leiten sich aus der rechtlichen Einbindung in die Bundesbank ab, nicht von derjenigen der Sozialversicherungsträger. Die Anlehnung an die Struktur des Versorgungsfonds des Bundes (vgl. § 134 Abs. 2 S. 1, dort bezüglich der Anlagerichtlinien) zeigt sich auch in der Nichtrechtsfähigkeit unter Übertragung rechtlicher Handlungsfähigkeit,⁸ mit dem Unterschied, dass dort der Gerichtsstand beim Dienstsitz des Bundesministeriums des Innern angebunden ist, woraus sich mit Blick auf die sehr disparaten Prioritäten – Alimentationsprinzip einerseits, Sozialvorsorge andererseits – deutliche **Wahrnehmungs- (und Kontroll-) Unterschiede** ergeben könnten.

III. Gerichtsstand (S. 3)

5 Der Gerichtsstand ist Konsequenz der institutionell-organisatorischen Anbindung an die Deutsche Bundesbank mit ihrem Sitz in Frankfurt/Main (§ 2 S. 3 BBankG).⁹

§ 134 Verwaltung und Anlage der Mittel

(1) ¹Die Verwaltung und die Anlage der Mittel des Sondervermögens werden der Deutschen Bundesbank übertragen. ²Für die Verwaltung des Sondervermögens und seiner Mittel werden der Bundesbank entsprechend § 20 Satz 2 des Gesetzes über die Deutsche Bundesbank keine Kosten erstattet.

(2) ¹Die dem Sondervermögen zufließenden Mittel einschließlich der Erträge sind unter sinngemäßer Anwendung der Anlagerichtlinien für die Sondervermögen „Versorgungsrücklage des Bundes", „Versorgungsfonds des Bundes", „Versorgungsfonds der Bundesagentur für Arbeit" und „Vorsorgefonds der sozialen Pflegeversicherung" (Anlagerichtlinien Sondervermögen) zu marktüblichen Bedingungen anzulegen. ²Dabei ist der in Aktien oder Aktienfonds angelegte Anteil des Sondervermögens ab dem Jahr 2035 über einen Zeitraum von höchstens zehn Jahren abzubauen. ³Das Bundesministerium für Gesundheit ist im Anlageausschuss nach § 5 der Anlagerichtlinien für die Sondervermögen „Versor-

---

3 Zur Zuständigkeit der Bundesbank Bassen in: Udsching, SGB XI, § 134 Rn. 3.
4 Zur Idee, das Bundesversicherungsamt mit der Verwaltung zu betrauen, s. Rolfs in: Hauck/Noftz, SGB XI, § 133 Rn. 6.
5 Zu den Anlagevorschriften Bassen in: Udsching, SGB XI, § 134 Rn. 4.
6 Vgl. Bassen, aaO, § 133 Rn. 5.
7 Vgl. Bassen, aaO, § 133 Rn. 4.
8 Versorgungsrücklagegesetz § 4.
9 Gesetz über die Deutsche Bundesbank idF Bek. v. 22.10.1992 (BGBl. I S. 1782), zuletzt geänd. durch G v. 4.7.2013 (BGBl. I, 1981).

gungsrücklage des Bundes", „Versorgungsfonds des Bundes", „Versorgungsfonds der Bundesagentur für Arbeit" und „Vorsorgefonds der sozialen Pflegeversicherung" (Anlagerichtlinien Sondervermögen) vertreten.

| I. Verwaltung und Anlage | 1 | III. Perspektiven | 16 |
| II. Anlagesicherheit | 2 | | |

I. Verwaltung und Anlage

Der Auftrag zu Verwaltung und Anlage der Mittel, die dem Vorsorgefonds zufließen, an die Deutsche Bundesbank entspricht der bereits für die Versorgungsrücklage des Bundes eingerichteten Regelung im Versorgungsrücklagegesetz (dort § 5). Die Bundesbank ihrerseits ist ausdrücklich zu Geschäften mit öffentlichen Verwaltungen ermächtigt (§ 20 BBankG).[1]   1

II. Anlagesicherheit

Maßgeblich für die Beurteilung der Anlagesicherheit[2] sollen nach Maßgabe von § 134 Abs. 2 S. 1 die marktüblichen Bedingungen sein, wobei der Kauf von Aktien und die Beteiligung an Aktienfonds ausweislich Abs. 2 S. 2 ausdrücklich einbezogen sind. Ausgangspunkt sind hier die Bindungen, denen der **Geschäftskreis der Bundesbank** nach Maßgabe von § 20 S. 1 iVm § 19 Nr. 2–7 BBankG unterliegt.[3]   2

Als zusätzliches sicherndes Element ist der Bezug auf die sinngemäße Anwendung der **Anlagerichtlinien** des (Beamten-)Versorgungsfonds des Bundes zu sehen (in Abs. 2 S. 1). Wenn nach Maßgabe von Abs. 2 S. 3 das Bundesministerium für Gesundheit „im Anlageausschuss nach § 4a der Anlagerichtlinien des Versorgungsfonds des Bundes vertreten" sein wird, bedeutet dies eine personell-organisatorische Verklammerung der beiden Anlage- und Vorsorgesysteme,[4] wenngleich diese nach Mittelherkunft, zeitlicher Taktung von Anspar- und Verwendungsphase und auch in den **Verwendungsgrundsätzen** (also mit Auswirkung auf den Mittelabfluss) erhebliche Unterschiede aufweisen.   3

Hervorzuheben ist hier der Prüfungs- (und Entlastungs-)**Auftrag an den Bundesrechnungshof** aus § 42 HGrG, der auch die Sondervermögen (des Bundes) umfasst, verbunden mit einem weit reichenden Prüfungsermessen (§ 42 Abs. 2 HGrG).   4

Der Bundesrechnungshof hat laut Prüfbericht aus dem Jahr 2011 das **Finanzanlagenmanagement** von einigen „bundesnahen Einrichtungen" als „verbesserungsbedürftig" bezeichnet. Im Einzelnen hat der Bundesrechnungshof hierzu folgende **Kriterien** hervorgehoben:[5]

- Erstens müssen für Anlage-Entscheidungen hinreichende Maßstäbe in Form von **Anlagerichtlinien** gegeben sein, denn insbesondere diese helfen – so betont der Bundesrechnungshof –, inhaltliche und organisatorische Rahmenbedingungen für ein **systematisches Anlage- und Risikomanagement** zu schaffen und die Voraussetzungen, um Anlageentscheidungen zu kontrollieren und deren weitere Entwicklung zu überwachen.

---

1 „Die Deutsche Bundesbank darf mit dem Bund, den Sondervermögen des Bundes, den Ländern und anderen öffentlichen Verwaltungen die in § 19 Nr. 2 bis 7 bezeichneten Geschäfte vornehmen; dabei darf die Bank im Verlauf eines Tages Kontoüberziehungen zulassen. Für diese Geschäfte darf die Bank dem Bund, den Sondervermögen des Bundes und den Ländern keine Kosten und Gebühren berechnen". Zur Zuständigkeit: Bassen in: Udsching, SGB XI, § 134 Rn. 3.
2 Zu den Anlagevorschriften Bassen, aaO, § 134 Rn. 4; Rolfs in: Hauck/Noftz, SGB XI, § 134 Rn. 6 ff.; Leitherer in: KassKomm, SGB XI, § 134 Rn. 6.
3 Danach darf sie ua Einlagen annehmen, Wertpapiere in Verwahrung und Verwaltung nehmen, bankmäßige Auftragsgeschäfte nach Deckung ausführen, auf eine andere Währung als Euro lautende Zahlungsmittel einschließlich Wechsel und Schecks, Forderungen und Wertpapiere sowie Gold, Silber und Platin kaufen und verkaufen, alle Bankgeschäfte im Verkehr mit dem Ausland vornehmen, verbunden mit der allgemein gehaltenen Einschränkung in Bezug auf „andere Geschäfte" (§ 25 BBankG), denn sie soll andere als die in den §§ 19, 20, 22 und 23 oder auf der Grundlage der Satzung des Europäischen Systems der Zentralbanken und der Europäischen Zentralbank zugelassenen Geschäfte – von binnenbetrieblichen bzw. mitarbeiterbezogenen Aktivitäten abgesehen – nur zur Durchführung und Abwicklung zugelassener Geschäfte vornehmen.
4 Vgl. Leitherer in: KassKomm, SGB XI, § 134 Rn. 8.
5 https://www.bundesrechnungshof.de/de/veroeffentlichungen/bemerkungen-jahresberichte/2011/teil-ii-uebergreifende-und-querschnittliche-pruefungserkenntnisse/langfassungen/2011-bemerkungen-nr-03-finanzanlagenmanagement-von-bundesnahen-einrichtungen-verbesserungsbeduerftig.

- Zweitens muss der Gefahr angemessen begegnet werden, dass mangels hinreichenden Fachwissens der Fondsadministration „private **Finanzdienstleister** und **Kreditinstitute** Anlageentscheidungen maßgeblich prägen" könnten.
- Drittens bedarf es einer bilanziell angemessenen **Einstufung von Kursverlusten**, nämlich als Wertberichtigungen, nicht als bloß vorübergehende Wertminderungen.
- Viertens zumindest wünschenswert ist die Beteiligung an einem **Finanzverbund**.

5 Soweit es um **Anlagerichtlinien** geht, hebt der Bundesrechnungshof[6] folgende **Maßgaben zur Risikobeschränkung** hervor: erstens Höchstanteile für die einzelnen Anlageklassen, zweitens Mindestbonitätsvorgaben für berücksichtigungsfähige Wertpapier-Emittenten, drittens Prüfung eines generellen Ausschlusses einzelner Anlageklassen wegen offenkundig hoher Risiken (Optionen, Futures oÄ), sowie viertens Berufung eines fachkundigen **Vermögensbeirats**. Ferner kommen – fünftens – in Betracht die verpflichtende Ausweisung von Wertminderungen bei Aktienanlagen sowie sechstens die Verminderung von Steuerungsrisiken durch die **Überwachung** eingesetzter Vermögensverwalter.

Vor diesem Hintergrund ist – aus der Sicht des Bundesrechnungshofs – die Praxis positiv zu bewerten, Sondervermögen durch die Deutsche Bundesbank verwalten zu lassen und damit eine **Bundesinstitution** einzubinden, die über spezifische **Finanzmarkt-Erfahrungen** verfügt.[7]

Ergänzend hingewiesen sei auf die vom Bundesversicherungsamt zur Beachtung ua seitens des GKV-Spitzenverbandes weitergeleitete Empfehlung für **Mindestanforderungen an ein Finanzanlagenmanagement** des Bundesministeriums der Finanzen vom 31.10.2014,[8] gerichtet an die Obersten Bundesbehörden, in dem Maßgaben zumindest zur „**Sicherung des Nominalwertes**" enthalten sind. Die dort aufgeführten **Handlungsmaximen** (Anlage 1, mit Stand vom 31.10.2014) beziehen sich auf die Hauptkriterien Sicherheit der Vermögensanlage (hier: Substanzwerterhalt), Rentabilität (gerichtet auf nachhaltigen Ertrag – zu sehen unter den aktuellen Bedingungen des Kapitalmarkts), Liquidität (im Sinne einer umfassenden Finanz- und Liquiditätsausplanung – hier angesichts der gesetzlich angelegten zeitlichen und verwendungsbezogenen Rahmensetzung im Wesentlichen vorgeplant und allenfalls im Hinblick auf die Gefahr negativer Zinsen von Bedeutung), Mischung der Vermögensanlagen zur Begrenzung anlagetypischer Risiken), Streuung (Risikodiversifizierung) sowie detaillierte Anlagerichtlinien und Verfahrensgrundsätze, auch zu angemessenen internen Kontrollverfahren, nicht zuletzt auch durch – im Einzelnen nach Inhalt und Adressaten ausdifferenzierte – interne **Berichterstattungspflichten** unterlegt.

6 Weitere Orientierung und Indizien für – wenn auch auf das aktuelle Konzept des PSG I-Gesetzgebers[9] nur entsprechend anzusetzende – Grenzen gibt der Rückgriff auf die Grundsätze für die Vermögensanlage der Versicherungsträger nach **Maßgabe des SGB IV**; hier gilt allgemein für die Rücklagenbildung von Sozialversicherungsträgern, dass sie der „**Sicherstellung ihrer Leistungsfähigkeit**" (iSv § 82 SGB IV) zu dienen haben. Damit folgt § 82 SGB IV der beitragsschonenden Gewährleistungsidee,[10] der sich letztlich auch der Pflegevorsorgefonds verpflichtet weiß. Dennoch bestehen erhebliche Unterschiede zwischen dem eher auf Nahsteuerung angelegten Instrumentarium der §§ 82 ff. SGB IV und dem

---

6 In seinen Bemerkungen 2011 unter Teil II Nr. 3.
7 Unter Pkt. 3.2.4.2. aE. Eine Tendenz zu einer behutsam liberaleren Betrachtung der Finanzengagements zeichnet sich im 6. SGB IV-Änderungsgesetz (6. SGB IV-ÄndG) vom 11.11.2016 (BGBl. I, 2500) Art. 3 Nr. 1 a, der den neuen § 171 e Abs. 2 a S. 1 einfügt: „Für die Anlage der Mittel zur Finanzierung des Deckungskapitals für Altersrückstellungen gelten die Vorschriften des Vierten Titels des Vierten Abschnitts des Vierten Buches mit der Maßgabe, dass eine Anlage auch in Euro-denominierten Aktien im Rahmen eines passiven, indexorientierten Managements zulässig sind". In der Anlagepraxis der staatlichen Pensionsfonds ist dieser Trend ebenfalls zu beobachten.
8 Dok. 2014/0914089, Geschäftszeichen: II A 3 – H 1012-2/12/10003, als Anlage zum Schreiben des Bundesversicherungsamtes vom 24.11.2014, Az. 511 – 4110.02 – 134/2012; abrufbar unter www.bundesversicherungsamt.de/fileadmin/.../24112014empfehlungen_des_bmf.pdf (zuletzt abgerufen am 1.5.2017).
9 Erstes Gesetz zur Stärkung der pflegerischen Versorgung und zur Änderung weiterer Vorschriften (Erstes Pflegestärkungsgesetz – PSG I) vom 17.12.2014, BGBl. I, 2222. Bis zur Beschlussempfehlung vom 17.10.2014 lautete der Entwurfstitel des Gesetzes „Fünftes SGB XI-Änderungsgesetz (5. SGB XI-ÄndG)", vgl. BR-Dr. 466/14 v. 17.10.2014.
10 Vgl. Baier, in Krauskopf, § 82 SGB IV Rn. 1: „Die Rücklage dient nämlich nicht nur zur Überbrückung des Falles, daß Einnahme- und Ausgabeschwankungen durch Einsatz der Betriebsmittel nicht mehr ausgeglichen werden können, sondern ganz allgemein auch zur Sicherstellung der Leistungsfähigkeit des Sozialversicherungsträgers. Dies kann aber auch dann erforderlich werden, wenn etwa besondere Gründe gegen eine Anhebung des Beitragssatzes sprechen".

auf eine Langfristperspektive angelegten Vorsorgesystem, zumal dieses mit einer unmittelbaren, wenn auch gelinden Beitragserhöhung kombiniert wird.

In § 82 SGB IV wird insbesondere für den Fall, dass Einnahme- und Ausgabeschwankungen durch Einsatz der Betriebsmittel nicht mehr ausgeglichen werden können, gefordert, eine **Rücklage** bereitzuhalten. Diese darf – gemäß **§ 83 Abs. 1 SGB IV** – "soweit in den besonderen Vorschriften für die einzelnen Versicherungszweige nichts Abweichendes bestimmt ist und die Anlage den dort geregelten Liquiditätserfordernissen entspricht", ausschließlich in den folgenden **Formen angelegt** werden (dort Nr. 1 ff.).[11] Mit dieser eingrenzenden Auflistung will § 83 SGB IV sowohl der öffentlichen Zweckbindung der Mittel als auch der **Wettbewerbsneutralität im Kreditgewerbe** und den Belangen des Kapitalmarkts gerecht werden.[12]

Angesichts der **Langfristperspektive in der Ansparphase** des Pflegevorsorgefonds, verbunden mit zuverlässigen Liquiditätsanforderungen in der Verwendungsphase, dürften nur einige der hier genannten Anlageformen wirklich zielführend sein. Eine weitere Einschränkung liegt in § 84 Abs. 3 SGB IV („Anlagen für soziale Zwecke sollen mit Vorrang berücksichtigt werden"). Diese wäre aber nicht sehr erheblich, wenn man davon ausgeht, dass dieser **Vorrang sozialer Zwecke** als „anderen Vermögensanlagegrundsätzen nicht übergeordnet" gilt und man vielmehr einen prinzipiellen Vorrang der Sicherheit von Anlageformen und ausreichender Liquidität anerkennt; die soziale Zielrichtung bei der Anlagewahl solle dann jedenfalls darin zum Ausdruck kommen, dass auch eine niedrigerer Verzinsung akzeptiert wird. Auch hier darf aber der soziale Zweck nicht dazu führen, dass die Verzinsung weit unter das marktübliche Niveau abfällt.[13] Der unbestimmte Rechtsbegriff „soziale Zwecke" ist ausfüllungsbedürftig und soll jedenfalls alle diejenigen Zwecke umfassen, „die direkt oder indirekt der Erfüllung von Aufgaben nach dem Sozialgesetzbuch dienen".[14]

Beachtenswert ist überdies – bezogen auf den aus Sicht der Bundesbank weltweiten Handel mit Finanzprodukten – der in § 83 Abs. 1, Abs. 2 und Abs. 4 betonte **regionenspezifisch** auf die Europäische Union **begrenzte Anlagerahmen** für Rücklagen im Sinne der §§ 82 ff. SGB IV.[15] Zumindest wäre zu prüfen, inwieweit diese Grenzen auch für die Anlagemittel des Pflegevorsorgefonds verbindlich werden können.

Im Anwendungsbereich der Vorschriften über den Pflegevorsorgefonds liegt die **Gestaltungsverantwortung** über die Verwendung der dem Fonds zuwachsenden Finanzmittel bei der Bundesbank. Über die

---

11 In anerkannten, zugelassenen, für das Publikum offenen oder anders in organisierten Handel einbezogenen Schuldverschreibungen von Ausstellern mit Sitz in einem EU-Mitgliedstaat (Nr. 1); in Schuldverschreibungen und sonstigen Gläubigerrechte verbriefenden Wertpapieren von Ausstellern mit Sitz in einem EU-Mitgliedstaat, „wenn für die Einlösung der Forderung eine öffentlich-rechtliche Gewährleistung besteht oder eine Sicherungseinrichtung der Kreditwirtschaft für die Einlösung der Forderung eintritt oder kraft Gesetzes eine besondere Deckungsmasse besteht" (Nr. 2); in Schuldbuchforderungen gegen öffentlich-rechtliche Stellen aus dem EU-Gebiet (Nr. 3); in Forderungen aus Darlehen und Einlagen gegen öffentlich-rechtliche Gebiets- oder Personenkörperschaften oder gegen Sondervermögen aus dem EU-Gebiet oder gegen Personen und Gesellschaften des privaten Rechts aus dem EU-Gebiet (aber nur dann, wenn für diese Forderungen die öffentlich-rechtliche Einrichtung die Rückzahlungs- und Zins-Gewährleistung übernimmt oder eine Sicherungseinrichtung der Kreditwirtschaft in die Gewährleistung eintritt) (Nr. 4); in entsprechend abgesicherten Anteilen an Sondervermögen nach dem Gesetz über Kapitalanlagegesellschaften (Nr. 5); in Forderungen, die hinreichend durch eine sichere Hypothek, Grund- oder Rentenschuld an einem Grundstück, durch Wohnungseigentum oder Erbbaurecht im EU-Bereich abgesichert sind(Nr. 6); in „Beteiligungen an gemeinnützigen Einrichtungen, soweit die Zweckbestimmung der Mittelhingabe vorwiegend den Aufgaben des Versicherungsträgers dient sowie Darlehen für gemeinnützige Zwecke" (Nr. 7); ferner in Grundstücken und grundstücksgleichen Rechten im EU-Gebiet (Nr. 8).
12 Baier in: Krauskopf, § 83 SGB IV Rn. 2, unter Bezug auf die Begründungserwägungen zu § 84 RegE in BT-Drs. 7/4122, S. 38. Pohl in: Kreikebohm, SGB IV, 2008, § 83 Rn. 6, weist darauf hin, dass das BVA in seinen Fachinformationen zum Vermögensrecht der Sozialversicherung, www.bva.de) regelmäßig über die aufsichtsrechtliche Bewertung einzelner Anlageformen und über Sicherungseinrichtungen der Kreditinstitute informiert.
13 Baier, in: Krauskopf, § 83 SGB IV Rn. 18.
14 Pohl in: Kreikebohm, SGB IV, 2008, § 83 Rn. 29 f.
15 Pohl in: Kreikebohm, SGB IV, 2008, § 83 Rn. 28. Gemeint sind derzeit als Anlageländer also Belgien, Dänemark, Deutschland, Finnland, Frankreich, Griechenland, Irland, Italien, Luxemburg, Niederlande, Österreich, Portugal, Schweden, Spanien und das Vereinigte Königreich. Seit Mai 2004 erweitert um Estland, Lettland, Litauen, Malta, Polen, Slowakei, Slowenien, Tschechische Republik, Ungarn und Zypern. Seit dem 1. Januar 2007 sind auch Bulgarien und Rumänien; hinzu treten die EWR-Staaten Island, das Fürstentum Liechtenstein und Norwegen sowie die Schweiz.

Verwendung in der Ausgabephase liegt die Verantwortung über den Einsatz der erwirtschafteten Fondsmittel dann beim Bundesversicherungsamt, wobei allerdings **Konflikte** mit der Bundesbank vorstellbar sind, etwa hinsichtlich des Zeitpunkts einer Auflösung längerfristiger Anlagen, über mögliche Wiederanlagestrategien, etc.

11 Immerhin eine gewisse Orientierung (mehr aber wohl kaum) können überdies auch die „**Mindestanforderungen an das Risikomanagement**"[16] (MaRisk) geben, im Sinne einer Maßgabe, nach der grundsätzlich die Anlagerichtlinien von Kreditinstituten einzuschätzen sind und auch organisatorische Vorkehrungen geprüft werden können, ohne dass in ihrer Vielgestaltigkeit und Anwendungsbreite die MaRisk-Anwendungsszenarien hier aufgeblendet oder relativierend in Abrede gestellt werden müssten, denn gemäß § 2 Abs. 1 Nr. 1 Kreditwesengesetz[17] gilt die Deutsche Bundesbank nicht als Kreditinstitut und nach § 2 Abs. 6 Nr. 1 auch nicht als Finanzdienstleistungsinstitut, so dass die auf der Basis von § 25 a Abs. 1 KWG entwickelten MaRisk hier jedenfalls **keine unmittelbare Anwendung** finden.

12 **Anlage-Maßstäbe** lassen sich (mit den vorbenannten Einschränkungen) womöglich aus den MaRisk-Anforderungen an das (Banken-)**Risikomanagement** gewinnen;[18] hierbei wäre allerdings Adressatin der entsprechenden Kriterien nicht allein die Bundesbank, sondern auch das Bundesministerium für Gesundheit, zumindest durch seine **Mitgliedschaft im Anlageausschuss** (vgl. § 134 Abs. 2 S. 3). Zu den wesentlichen Risiken zählt das MaRisk-Rundschreiben ganz allgemein **Ausfallrisiken** (einschließlich Länderrisiken), Marktpreisrisiken, Liquiditätsrisiken und operationelle Risiken.[19] Die allgemeine **Risikotragfähigkeit**[20] dürfte bei der Bundesbank außer Frage stehen; mit Blick auf den langfristig gesetzlich abgesicherten Verwaltungsauftrag gewinnen allerdings die Grundsätze zur nachhaltigen, konsistenten, verantwortlichen, prozedural durchgebildeten und anpassungsfähigen Geschäfts- bzw. (hier:) Anlagestrategie an Gewicht.[21] Hier könnte sich ein Bewertungsproblem auftun, wenn die Umsetzung der Anlagestrategie zum Sondervermögen Pflegevorsorgefonds **banktypische Anpassungsstrategien** bzw. Zielkorrekturen in der Risikosteuerung[22] erfordern sollte.

13 Im Übrigen ist die entsprechende Orientierung an den **Gestaltungskriterien für Risikosteuerungs- und -controllingprozesse**[23] immerhin erwägenswert.

14 Bezeichnend für eine Prognose über die Intensität einer möglichen **aufsichtlichen** ebenso wie finanzpolitischen und finanzwirtschaftlichen **Begleitung** des neuen (Pflege-)Vorsorgefonds-(Rücklagen-)Konzepts ist ferner die Selbsteinschätzung des Bundesministeriums der Finanzen, wie sie in dem Bericht des Bundesrechnungshofs über das Versorgungsrücklage-Fonds-System zum Ausdruck kommt:[24] indem es dieses nämlich „lediglich **punktuell begleiten** könne".

15 Die Bundesbank ist im Zusammenhang des Vorsorgefonds nicht nur das maßgebliche (Verwaltungs-)Organ, sondern zugleich Trägerin externen Sachverstands[25] und begleitet – durch den Gesetzgeber in die Pflicht genommen – den Gesetzesvollzug in allen seinen Phasen.

III. Perspektiven

16 Inwieweit im Übrigen für Bestimmungen zu „Verwaltung und Anlage der Mittel" (§ 134) perspektivisch über einen solch langen, mehrere Legislaturperioden umgreifenden Zeitraum Planungs- und Anlagesicherheit gewährleistet werden kann, bleibt offen; § 134 sieht hier vor, die dem Sondervermögen zufließenden Mittel einschließlich ihrer Erträge durch die Deutsche Bundesbank „unter sinngemäßer Anwendung der Anlagerichtlinien des Versorgungsfonds des Bundes zu marktüblichen Bedingungen anzulegen" (§ 134 Abs. 2 S. 1). Ein strukturelles Problem kann indessen darin liegen, dass „der in Aktien oder Aktienfonds angelegte Anteil des Sondervermögens ab dem Jahr 2035 über einen Zeitraum

---

16 MaRisk: Rundschreiben der BaFin Nr. 10/2012 (BA) vom 14.12.2012, gerichtet „an alle Kreditinstitute und Finanzdienstleistungsinstitute in der Bundesrepublik Deutschland". Vgl. Rolfs in: Hauck/Noftz, SGB XI, § 134 Rn. 10.
17 Gesetz über das Kreditwesen (KWG) v. 10.7.1961, neugefasst durch Bek. v. 9.9.1998 (BGBl. I, 2776), zuletzt geändert durch G v. 28.8.2013 (BGBl. I, 3395) u. v. 7.8.2013 (BGBl. I, 3090).
18 MaRisk, AT 2.2 sowie AT 4.
19 MaRisk, AT 2.2 a–d.
20 MaRisk, AT 4.1.
21 Vgl. MaRisk, AT 4.2.
22 Vgl. zB MaRisk, AT 4.2, Nr. 2.
23 MaRisk, AT 4.3.2.
24 Unter Pkt. 3.4.
25 Vgl. Höfling/Engels, Parlamentarische Eigenkontrolle als Ausdruck von Beobachtungs- und Nachbesserungspflichten, in: Kluth/Krings (Hrsg.), Gesetzgebung, 2014, § 34 Rn. 49 (S. 868).

von höchstens 10 Jahren abzubauen" sein wird (§ 134 Abs. 2 S. 2). Dieses Ziel könnte zum selbst gesetzten Standard – „Die Mittelanlage orientiert sich im Rahmen einer langfristigen Anlagestrategie an den Zielen Sicherheit, Rendite und Liquidität"[26] – in Konflikt treten.

Bemühen ließen sich ferner erneut die letztlich rechtsstaatlich unterlegten Kriterien der „Kohärenz" bzw. der „Systemgerechtigkeit".[27]

§ 135 Zuführung der Mittel

(1) ¹Das Bundesversicherungsamt führt dem Sondervermögen monatlich zum 20. des Monats zu Lasten des Ausgleichsfonds einen Betrag zu, der einem Zwölftel von 0,1 Prozent der beitragspflichtigen Einnahmen der sozialen Pflegeversicherung des Vorjahres entspricht. ²Für die Berechnung des Abführungsbetrags wird der Beitragssatz gemäß § 55 Absatz 1 zugrunde gelegt.

(2) Die Zuführung nach Absatz 1 erfolgt erstmals zum 20. Februar 2015 und endet mit der Zahlung für Dezember 2033.

Abs. 1 S. 2 ist durch das PSG II vom 21.12.2015 (BGBl. I, 2424) mWv 1.1.2016 hinzugesetzt worden. Diese Ergänzung stellt nunmehr den Begriff der „beitragspflichtigen Einnahmen" in Abs. 1 S. 1 iSd § 55 Abs. 1 klar,[1] mithin handelt es sich um die „beitragspflichtigen Einnahmen der Mitglieder" (dort Abs. 1 S. 1 Hs. 1) unter Einschluss der Beamten (Hs. 2), also um die gemäß § 55 Abs. 2 zugrunde gelegten Gesamteinnahmen der Pflegeversicherung aus den beitragspflichtigen Einkünften ihrer Mitglieder und den Beiträgen an den Ausgleichsfonds. Nach Maßgabe der insoweit wenig erhellenden Entwurfsbegründung diene die Ergänzung der Klarstellung „des Verfahrens, das bisher lediglich in der Begründung zum Ersten Pflegestärkungsgesetz beschrieben wird".[2] 1

In der ersten (Anspar-)Phase[3] wird dem Sondervermögen durch das Bundesversicherungsamt monatlich „zulasten des Ausgleichsfonds" (nach § 65) ein Betrag zugeführt, der einem Zwölftel von 0,1 Beitragsprozentpunkten der Beitragseinnahmen der sozialen Pflegeversicherung des Vorjahres entspricht (§ 135 Abs. 1).[4] Zugeführt werden musste im Übrigen erstmals zum 20.2.2015 und letztmalig durch die Zahlung für den Monat Dezember des Jahres 2033 (§ 135 Abs. 2). Die relativ ausgeprägte Ansparphase ermöglicht zunächst langfristige Anlageformen, unterliegt insoweit aber auch den typischen Risiken langer Laufzeiten.[5] Dem trägt die Novelle – vor allem in § 134 Abs. 2 S. 1 – nur unvollkommen Rechnung. Im Laufe der Ansparphase kommt es im Übrigen nahezu zwangsläufig zu einer Mischung kurz-, mittel- und längerfristiger Anlageformen. 2

Der Gesetzgeber beschränkt sich in der Entwurfsbegründung im Wesentlichen auf eine Paraphrase des intendierten Gesetzestextes, abgesehen vom in der Tat wesentlichen Hinweis auf § 65 Abs. 1.[6] Entscheidend ist die **prozentuale Anbindung** an die Entwicklung der Beiträge zur Pflegeversicherung[7] und damit ein dynamisches Prinzip, das regelmäßige Entnahmen zulasten des Ausgleichsfonds und damit 3

---

26 BT-Dr. 18/1798, RegE, Begr. zu § 134 Abs. 2, S. 51.
27 Vgl. § 132 Rn. 8.
1 Hierzu Leitherer in: KassKomm, SGB XI § 135 Rn. 5; vgl. auch Bassen in: Udsching, SGB XI § 135 Rn. 2.
2 BT-Dr. 18/5926, 107 (dort zu Nr. 41).
3 Vgl. Bassen, aaO, § 135 Rn. 2.
4 In der Erstfassung hieß es noch für Abs. 1: „Das Bundesversicherungsamt führt dem Sondervermögen vierteljährlich zum 15. April, 15. Juli, 15. Oktober und zum 15. Januar des Folgejahres zu Lasten des Ausgleichsfonds nach § 65 einen Betrag zu, der dem 0,025 Beitragssatzpunkten entsprechenden Anteil der Beitragseinnahmen der sozialen Pflegeversicherung des Vorjahres entspricht". Und Abs. 2 hatte ursprünglich die Fassung: Die Zuführung nach Absatz 1 erfolgt erstmals zum 20. Februar 2015 und endet mit der Zahlung für Dezember 2033". Vgl. Leitherer in: KassKomm, SGB XI § 135 Rn. 4; Bassen in: Udsching, SGB XI § 135 Rn. 2.
5 Vgl. iE oben § 131 Rn. 13 ff., § 132 Rn. 3 ff.
6 BT-Dr. 18/1798, RegE, Begr., S. 52 f.
7 Begr., S. 53. Der in seiner geänderten Fassung (BT-Dr. 18/2909 v. 15.10.2014) angenommene Gesetzentwurf (BT-Dr. 18/1798, 18/2379) erläuterte die Neufassung von § 135 wie folgt (zu Nr. 30 [§ 135 Absatz 1 SGB XI – neu –], Zahlungsperiodizität des Pflegevorsorgefonds): „Die monatliche Zahlung begründet sich mit den Anforderungen des operativen Anlagegeschäfts des Portfoliomanagements der Bundesbank, das bei kleineren Anlagebeträgen eine deutlich schnellere Abwicklung der Investitionen erlaubt. Nach § 46 Absatz 2 Satz 6 gilt für Fristen § 26 Absatz 3 des Zehnten Buches entsprechend: Fällt das Ende der Frist (Zahlungstermin) auf einen Sonntag, einen gesetzlichen Feiertag oder einen Sonnabend, endet die Frist mit dem Ablauf des nächstfolgenden Werktages". Vgl. im Übrigen zu den Zahlungsmodalitäten Bassen in: Udsching, SGB XI § 135 Rn. 3 f.

zulasten der Mitglieder (Versicherten) erlaubt. Ferner wird das Bundesversicherungsamt zur Zahlstelle iS von § 32 S. 1 HGrG. Für die „Anordnung der Zahlung" iS von § 32 S. 2 HGrG bedarf es gesonderter Anordnung durch das (Gesundheits-)Ministerium oder die von ihm ermächtigten Dienststelle (hier: das Bundesversicherungsamt).

4 Maßgeblich sind jeweils die **Beitragseinnahmen des Vorjahres**.[8] Hier wird die Gesamtjahressumme zu Grunde gelegt und es werden die monatlichen Zahlungen in gleichhohen Beiträgen geleistet. Bei den in Ansatz zu bringenden Beitragseinnahmen des Vorjahres ist ausweislich der Entwurfsbegründung „aus Vereinfachungsgründen" der Beitragssatz nach § 65 Abs. 1 anzusetzen,[9] also der durch Gesetz festzusetzende bundeseinheitliche Beitragssatz von 2,05 % der beitragspflichtigen Einnahmen der Mitglieder (bis zur Beitragsbemessungsgrenze).

5 Das **Zahlungsziel „2033"** wirkt vor allem deshalb gewagt prospektiv, weil es an regulativen Zwischenstufen gleich welcher Art ebenso fehlt wie an differenzierten Verwendungsgrundsätzen.[10] Im Übrigen wird darauf hingewiesen, dass Einzahlungs- und Entnahmezeitraum nicht vollkommen kongruent sind, denn nach dem „Konzept der jeweils nachlaufenden Zahlung" errechne sich als letzter Zahlungszeitpunkt der 20.1.2034, womit die Einzahlungsphase 19 Jahre betrage gegenüber der auf zwanzig Jahre angelegten (weil in zwanzig Teilen des Realwerts abführbaren) Auszahlung (wie in § 136 S. 2 vorgesehen). Oder anders (und ebenfalls aus der Perspektive der Mittelabrufregelung): Noch „im Jahr des möglichen erstmaligen Mittelabrufes 2035 werden die Aufwendungen der SPV des Jahres 2034 abgerechnet".[11]

§ 136 Verwendung des Sondervermögens

¹Ab dem Jahr 2035 kann das Sondervermögen zur Sicherung der Beitragssatzstabilität der sozialen Pflegeversicherung verwendet werden, wenn ohne eine Zuführung von Mitteln an den Ausgleichsfonds eine Beitragssatzanhebung erforderlich würde, die nicht auf über eine allgemeine Dynamisierung der Leistungen hinausgehenden Leistungsverbesserungen beruht. ²Die Obergrenze der jährlich auf Anforderung des Bundesversicherungsamtes an den Ausgleichsfonds abführbaren Mittel ist der 20. Teil des Realwertes des zum 31. Dezember 2034 vorhandenen Mittelbestandes des Sondervermögens. ³Erfolgt in einem Jahr kein Abruf, so können die für dieses Jahr vorgesehenen Mittel in den Folgejahren mit abgerufen werden, wenn ohne eine entsprechende Zuführung von Mitteln an den Ausgleichsfonds eine Beitragssatzanhebung erforderlich würde, die nicht auf über eine allgemeine Dynamisierung der Leistungen hinausgehenden Leistungsverbesserungen beruht.

I. Verwendungsphase des Sondervermögens

1 Diese Bestimmung führt den Regelungsansatz von § 132 Abs. 2 fort. Für die – an die Ansparphase (§ 135) sich anschließende – zweite Phase legt § 136 mit Blick auf den Ausgleichsfonds (iSv § 65) als dem Auszahlungsadressaten des angesparten Sondervermögens fest, dass „ab dem Jahr 2035 [...] das Sondervermögen zur Sicherung der Beitragssatzstabilität der sozialen Pflegeversicherung verwendet werden [kann], wenn ohne eine Zuführung von Mitteln an den Ausgleichsfonds eine Beitragssatzanhebung erforderlich würde, die nicht auf über eine allgemeine Dynamisierung der Leistungen hinausgehenden Leistungsverbesserung beruht". Mit dieser konditionalen Wendung soll die mit § 135 intendierte gezielte Stützung des Ausgleichsfonds durch den Pflegevorsorgefonds gegen mögliche Finanzierungsabsichten spezifischer Leistungsverbesserungen geschützt werden.

Als **Obergrenze des jährlichen Überweisungsbetrags** an den Ausgleichsfonds sieht § 136 S. 3 den „20. Teil des Realwertes des zum 31. Dezember 2034 vorhandenen Mittelbestandes des Sondervermögens" vor.[1] Mit dieser Formel wird sichergestellt, dass der die Beitragshöhe stabilisierende Betrag sich über einen längeren Zeitraum entlastend auswirkt, der beispielsweise den **Verantwortungsrahmen** aus einer Legislaturperiode deutlich übersteigt; der Betrag darf also nicht zu einer – einmaligen - kurzfris-

---

8 Rolfs in: Hauck/Noftz, SGB XI § 135 Rn. 9.
9 Begr., S. 53.
10 Vgl. § 136 Rn. 5.
11 Bassen in: Udsching, SGB XI § 135 Rn. 5 u. § 136 Rn. 6; vgl. auch Rolfs in: Hauck/Noftz, SGB XI § 135 Rn. 10 f.

1 BT-Dr. 18/1798, RegE § 136 S. 4; Bassen in: Udsching, SGB XI § 136 Rn. 5; zur Grenze des jährlichen Zugriffs Rolfs in: Hauck/Noftz, SGB XI § 136 Rn. 6 f.

tig publikumswirksamen Entlastung eingesetzt werden können. Die **Verstetigung des Mittelabflusses** erlaubt überdies auch eine Beruhigung, wenn es um die Liquidierung der Anlagemittel geht. [2]

Die **Verwendungssteuerung** ist dem Bundesversicherungsamt übertragen, dessen Auftrag hier durchaus hätte deutlicher konturiert werden sollen bzw. durch entsprechende Ermächtigung der Ausgestaltung durch Rechtsverordnung hätte zugewiesen werden können (nach dem Vorbild der RSAV beispielsweise).[3]

II. Flexibilisierung des Mittelabrufs jenseits der Jährlichkeit

Sollten in einem der Folgejahre, beginnend mit dem Jahr 2035, Mittel aus dem Sondervermögen nicht zugunsten des Ausgleichsfonds abgerufen werden müssen,[4] so will § 136 S. 3, dass „die für dieses Jahr vorgesehenen Mittel in den Folgejahren mit abgerufen werden, wenn ohne eine entsprechende Zuführung von Mitteln an den Ausgleichsfonds eine Beitragssatzanhebung erforderlich würde, die nicht auf über eine allgemeine Dynamisierung der Leistungen hinausgehenden Leistungsverbesserungen beruht". Damit ist ein **mehrstufiges Prüfverfahren** zumindest intendiert. Zunächst wäre zu prüfen, ob spezifische Leistungsverbesserungen eine gezielte und durch den Verbesserungsaufwand ebenso gerechtfertigte wie begrenzte Beitragsanhebung begründen könnten; verneinendenfalls könnte immerhin noch eine **allgemeine Dynamisierung** des Leistungsniveaus zur Rechtfertigung von Beitragsanhebungen dienen. Erst, wenn auch diese Begründung entfiele und eine Beitragsanhebung aus der Leistungsperspektive allein nicht mehr gerechtfertigt werden könnte, kommt der Weg frei, um an Stelle einer strukturell (insbesondere demographisch) begründeten Beitragserhöhung ganz oder teilweise beitragsstützend die Mittel des Pflegefonds einzusetzen.

Letztlich ist das Sondervermögen auf seinen **Verbrauch** hin konzipiert (§ 139: „Auflösung"). Eine alternative Verwendung ist also nicht intendiert. Ebenso fehlen brauchbare Grundlagen für eine weitere zeitliche Erstreckung. Immerhin erscheint die **Verlagerung des Mittelabflusses** dann möglich, wenn „[…] in einem Jahr kein Abruf [erfolgt]". Ob eine solche Verschiebung – theoretisch – mangels Abrufs mehrfach wiederholt werden dürfte und zu einer weiteren zeitlichen Verlagerung wesentlicher Anteile der angesparten Summe führen könnte, kann hier unerörtert bleiben.

III. Verwendungsänderungen

Differenzierte **Verwendungsgrundsätze** fehlen. Das angesparte Fondsvermögen „kann" verwendet werden – hier iS eines „darf ausschließlich" –, wobei das Verwendungsziel eindeutig ist, aber die Entscheidung über den Einsatz selbst – etwa, ab welcher Beitragshöhe oder bei welchem Defizitstand sich das **Verwendungsermessen** (das durch das Bundesversicherungsamt ausgeübt wird)[5] auf null reduziert und zu einer **Verwendungspflicht** wird. Auch die Formel in § 136 S. 1 – „wenn ohne eine Zuführung von Mitteln an den Ausgleichsfonds eine Beitragssatzanhebung erforderlich würde, die nicht auf über eine allgemeine Dynamisierung der Leistungen hinausgehenden Leistungsverbesserungen beruht" – stellt eine Relation her, die eher im Ungefähren bleibt, und gibt keinen hinreichend verbindlichen Einsatzrahmen für die Mittel.

Auch die Entwurfsbegründung[6] ist hinsichtlich Verwendungsgrundsätzen zurückhaltend, betont allerdings (wie es in Satz 3 der Vorschrift auch zum Ausdruck kommt), dass „ausdrücklich ausgeschlossen" sei, die Mittel des Sondervermögens „für gesetzlich vorgenommene Leistungsverbesserungen" zu verwenden; sie stehen damit für sozialpolitisch motivierte Einzel- und Klientel-Projekte ebenso wenig zur Verfügung wie für solche Beitragserhöhungen, mit denen spezifische Leistungsverbesserungen finanziert werden, denn Ziel ist eine **gleichbleibend stabile Finanzierung** des allgemeinen Leistungsspektrums auf der Basis des mit dem gesetzlich fixierten Beginn der Verwendungsphase – Jahresbeginn 2035 – erreichten **gesetzlichen Leistungsprofils**. Ausgenommen vom Verwendungsausschluss sind hingegen „Anpassungen", die allein „zur Berücksichtigung der Preisentwicklung" vollzogen werden.[7] Da-

---

2 Vgl. Leitherer in: KassKomm, SGB XI § 136 Rn. 6.
3 Vgl. Bassen in: Udsching, SGB XI § 136 Rn. 6. Zu Zweifelsfällen mit Blick auf die zukünftige Zusammensetzung – so sollten gesetzliche Leistungsanhebungen, die nicht durch das Sachziel der Pflegevorsorgefondsregelung motiviert sind, den gesteigerten Pflegebedarf alternder Generationen abzufangen, herausgerechnet werden müssen – Rolfs in: Hauck/Noftz, SGB XI § 136 Rn. 5, unter Bezug auf Bassen, aaO, Rn. 4.
4 Zur Mittelübertragung in Folgejahre Rolfs in: Hauck/Noftz, SGB XI § 136 Rn. 8.
5 Vgl. Rolfs, aaO, Rn. 12; Leitherer in: KassKomm, SGB XI § 136 Rn. 5.
6 BT-Dr. 18/1798, RegE, Begr., S. 53.
7 AaO.

mit wird eine Festlegung getroffen, um dem weit in die Zukunft reichenden **Verwendungsversprechen** Stabilität und Nachdruck zu verschaffen.

7 Die Prognose ist indessen schwierig. Die den Gesetzentwurf tragende Bundesregierung der 18. Legislaturperiode formulierte hier sehr behutsam;[8] zwar sei „je nach Entwicklung der Einnahmen und Ausgaben der Pflegeversicherung sowie der Zinsentwicklung [...] eine Stabilisierung des Beitragssatzes über bis zu 20 Jahren möglich", aber exakte Schätzungen künftiger Beitragssatzentwicklung über einen Zeitraum von 35 bis 45 Jahren wären unmöglich; beispielsweise lasse sich das „**Inanspruchnahmeverhalten**" der Pflegeversicherten für einen so langen Zeitraum „nicht verlässlich" voraussagen.[9]

§ 137 Vermögenstrennung

Das Vermögen ist von dem übrigen Vermögen der sozialen Pflegeversicherung sowie von seinen Rechten und Verbindlichkeiten getrennt zu halten.

1 Das **Trennungsgebot** wird für den Vorsorgefonds in den §§ 131 ff. mehrfach indirekt angesprochen bzw. vorausgesetzt (insbes. in § 132 S. 2) und hier in § 137 ausdrücklich und sehr allgemein betont.[1] Die rechtliche und vermögensmäßige Trennung des Pflegevorsorgevermögen von den Mitteln, von den Rechten und Pflichten der sozialen Pflegeversicherung folgt – so heben die Entwurfsgründe[2] hervor – aus der Rechtsnatur des Vorsorgevermögens als **Sondervermögen**,[3] denn es soll ausschließlich „die besondere zukünftige Belastung der sozialen Pflegeversicherung abfedern, wenn nach 2035 die geburtenstarken Jahrgänge in die Altersgruppen mit erhöhtem Pflegerisiko hineinwachsen".

2 Um dieses **Langfristzieles** willen gelte es, die „vorzeitige Nutzung der Mittel zur Leistungsfinanzierung auszuschließen" und es von den Instrumenten getrennt zu halten, die dazu dienen, die laufenden Leistungsverpflichtungen der gesetzlichen Pflegeversicherung zu erfüllen (§§ 62 ff.) bzw. dazu, monatlich und jährlich Leistungs- und Verwaltungsausgaben der Pflegekassen auszugleichen (§§ 65 ff.).

3 Die Entwurfsbegründung bleibt hier – ebenso wie das Gesetz – im Ungefähren. Für eine nachdrückliche **Absicherung des Trennungsgebots** so weit in die Zukunft bedürfte es deutlicherer institutionellorganisatorischer Vorkehrungen;[4] die Maßgaben der §§ 82 ff. SGB IV sind hier nur ein erster Schritt. Auch ein regelmäßiger **Bestandsbericht** der Bundesbank an das Gesundheitsministerium – im Sinne von § 138 – genügt in dieser Hinsicht nicht.

§ 138 Jahresrechnung

[1]Die Deutsche Bundesbank legt dem Bundesministerium für Gesundheit jährlich einen Bericht über die Verwaltung der Mittel des Sondervermögens vor. [2]Darin sind der Bestand des Sondervermögens einschließlich der Forderungen und Verbindlichkeiten sowie die Einnahmen und Ausgaben auszuweisen.

---

8 Antwort der BReg auf eine Kleine Anfrage (BT-Dr. 18/1374), BT-Dr. 18/1519 v. 23.5.2014.
9 BT-Dr. 18/1519, 3.
1 Die Norm entfalte eine „gewisse Klarstellungswirkung, bleibe ansonsten eher ohne signifikante Erhöhung der Schutzfunktion: Rolfs in: Hauck/Noftz, SGB XI § 137 Rn. 4.
2 BT-Dr. 18/1519, S. 3; vgl. Bassen in: Udsching, SGB XI § 137 Rn. 2; Leitherer in: KassKomm, § 137 Rn. 4; Rolfs, aaO, § 137 Rn. 4 – dort auch zu den Parallelen in § 14 a BBesG.
3 Vgl. die sehr zurückhaltend im Vergleich zu sehenden Fragen um die Instrumentalisierung von § 14 a BbesG (hierzu: Reich/Preisler, Bundesbesoldungsgesetz. Kommentar, 2014, § 14 a Rn. 2 ff., 15 ff.); vgl. auch aus der im dortigen Zusammenhang sehr zurückhaltenden Rechtsprechung: BVerwG, Beschl. v. 14.12.2013, 2 B 81.13, BeckRS 2014, 45922.
4 Vgl. Bassen, aaO, § 137 Rn. 2 und dort Vorbemerkungen Rn. 6 ff.

Gegenstand ist die Berichtspflicht der Bundesbank an das Gesundheitsministerium über die Mittelverwaltung des Sondervermögens des Pflegevorsorgefonds;[1] damit wird dem **Transparenzgebot**[2] Genüge getan. Eine Einbeziehung in die **Berichtspflicht** der Bundesregierung im Rahmen des Pflegeberichts im Abstand von vier Jahren (§ 10 geltender Fassung) wird angeregt.[3] Diese soll – ausweislich der Begründung – die Gelegenheit zu der Stellungnahme geben, „ob bzw. inwieweit es zur Erfüllung der Zielsetzungen des Vorsorgefonds Anpassungen bei der Höhe der Mittelabführung an den Fonds bedarf", und damit eine Voraussetzung möglicherweise erforderlicher Nachsteuerung schaffen.

Dieser Bezug der Entwurfsbegründung zur „Mittelabführung" kann sich begrifflich nur auf die Ansparphase der Mittel beziehen, also nicht die Mittelzuführung an den Ausgleichsfonds meinen. Dieser Bezug auf die Ansparphase würde indessen die zuvor in §§ 132 und 136 zum Ausdruck gebrachte strikte prozentuale Bindung an den Beitragssatz zu relativieren geeignet sein, womit auch die strikte Verwendungsbegrenzung in Zweifel geraten könnte. Spätestens hier hätte man sich entschiedener den Gestaltungs- und Verwendungskriterien zuwenden müssen, wollte man der Langfristbindung zuverlässig gerecht werden.

Satz 2 nimmt das Gestaltungsmodell aus § 10 des Versorgungsrücklagengesetzes auf und folgt damit nicht den eigentlich näher liegenden, aber in der Tat hierzu nicht stimmigen allgemeinen Vorgaben zum Haushalts- und Rechnungswesen der Sozialversicherungsträger in § 67 ff. SGB IV.[4]

§ 139 Auflösung

Das Sondervermögen gilt nach Auszahlung seines Vermögens als aufgelöst.

Zu dieser Vorschrift versagt sich die Entwurfsbegründung jeglichen Hinweises, es sei denn, man nehme deren Formulierung[1] „Das Sondervermögen wird nach Erfüllung der Verbindlichkeiten aufgelöst" als Hinweis darauf, der Gesetzgeber habe hier anders als der Wortlaut des Gesetzestextes – „gilt [...] als aufgelöst" – nahelegen wollen, nicht die Fiktion einer automatischen Auflösung zu gestalten, sondern doch eher einen förmlichen Auflösungsakt gewollt. Ob dies eine „bloße Förmelei"[2] wäre, mag bezweifelt werden, ist doch die **Warnfunktion einer förmlichen Auflösung** für die Beteiligten ebenso wichtig wie die Auseinandersetzung mit der Frage, ob einer fristgerechten punktgenauen Auflösung möglicherweise – zB wertpapierrechtliche oder banktechnische – Hindernisse im Wege stehen könnten.[3] Im Übrigen könnte auch das Moment der – hier unvollkommenen – **Selbstbindung** des Pflegegesetzgebers für einen solchen Akt der Selbstreflexion und der Rechenschaftslegung sprechen.

Die Regelung ist denkbar knapp; entsprechend den Vorgaben aus § 138 wird man jedenfalls einen **Abschlussbericht** fordern müssen.

Auch hier gilt, dass auch (und gerade) die Langfristperspektive Präzisionsmängel der Regelung nicht zu rechtfertigen vermöchte. Ein bereits bei Verabschiedung einer gesetzlichen Regelung intendierter erheblicher zukünftiger Nachsteuerungsbedarf wäre mit dem **Bestimmtheitsgrundsatz** gesetzgeberischer

---

1 Vgl. Rolfs in: Hauck/Noftz, SGB XI § 138 Rn. 1 sowie § 139 Rn. 5. Erwähnung findet der jeweilige Bestand des Pflegevorsorgefonds auch in den Monatsberichten der Deutschen Bundesbank, so für September 2016 (68. Jg. Nr. 9), dort S. 9: „Zusätzlich wurde der Pflegevorsorgefonds planmäßig mit fast ½ Mrd EUR aufgestockt"; ferner im Monatsbericht für Dezember 2016 (dort S. 9 mit Fn. 4) und im Monatsbericht für März 2017 (69. Jg. Nr. 3, hier unter 2017_03_monatsbericht.pdf), S. 11 f. zusammenfassend zur finanziellen Situation: „Zunächst stehen zum Ausgleich von Defiziten die gebildeten umfangreichen Rücklagen zur Verfügung. Perspektivisch sind aber insbesondere durch den demographischen Wandel weitere Beitragsanhebungen angelegt. Ab dem Jahr 2035 soll diese Tendenz durch Abschmelzen der bis dahin aufgebauten Rücklage des Pflegevorsorgefonds abgeschwächt werden".
2 Bassen in: Udsching, SGB XI § 138 Rn. 2.
3 BT-Dr. 18/1798, RegE, Begr. zu § 138, S. 52; dazu Bassen, aaO, § 138 Rn. 3; vgl. auch Rolfs in: Hauck/Noftz, SGB XI § 138 Rn. 4 Vgl. hier zB den Jahresbericht der Bundesregierung 2014–2015 (2015-12-22-Jahresbericht-2014-2015.pdf), dort S. 58 (erste Erwähnung); nicht angesprochen im Jahresbericht 2015–2016 vom 16.1.2017.
4 Bassen. aaO, Rn. 4 – wenn auch der für § 138 verwendete Begriff der Jahresrechnung auf § 77 Abs. 1 SGB IV zu deuten scheint; vgl. auch Leitherer in: KassKomm, SGB XI § 138 Rn. 4 („so genannte ‚Jahresrechnung'").
1 BT-Dr. 18/1798, RegE, Begr., S. 54. Vgl. Rolfs in: Hauck/Noftz, SGB XI § 139 Rn. 3; Leitherer in: KassKomm § 139 Rn. 3.
2 Rolfs, aaO, § 139 Rn. 3.
3 Vgl. dazu auch Rolfs, aaO, § 139 Rn. 5 („wenn es nicht zu einer vollständigen Auszahlung der Mittel kommt").

Tätigkeit nicht zu vereinbaren, denn rechtsstaatlich und hier vor allem iS der Rechtssicherheit erwartbar ist ein „sachgerechtes Maß der Verallgemeinerung", eine „präzise, eine tiefenscharfe Verallgemeinerung".[4]

Sechszehntes Kapitel
Überleitungs- und Übergangsrecht

Erster Abschnitt
Regelungen zur Rechtsanwendung im Übergangszeitraum, zur Überleitung in die Pflegegrade, zum Besitzstandsschutz für Leistungen der Pflegeversicherung sowie Übergangsregelungen im Begutachtungsverfahren im Rahmen der Einführung des neuen Pflegebedürftigkeitsbegriffs

§ 140 Anzuwendendes Recht und Überleitung in die Pflegegrade

(1) ¹Die Feststellung des Vorliegens von Pflegebedürftigkeit oder einer erheblich eingeschränkten Alltagskompetenz nach § 45 a in der am 31. Dezember 2016 geltenden Fassung erfolgt jeweils auf der Grundlage des zum Zeitpunkt der Antragstellung geltenden Rechts. ²Der Erwerb einer Anspruchsberechtigung auf Leistungen der Pflegeversicherung richtet sich ebenfalls nach dem zum Zeitpunkt der Antragstellung geltenden Recht.

(2) ¹Versicherte der sozialen Pflegeversicherung und der privaten Pflege-Pflichtversicherung,
1. bei denen das Vorliegen einer Pflegestufe im Sinne der §§ 14 und 15 in der am 31. Dezember 2016 geltenden Fassung oder einer erheblich eingeschränkten Alltagskompetenz nach § 45 a in der am 31. Dezember 2016 geltenden Fassung festgestellt worden ist und
2. bei denen spätestens am 31. Dezember 2016 alle Voraussetzungen für einen Anspruch auf eine regelmäßig wiederkehrende Leistung der Pflegeversicherung vorliegen,

werden mit Wirkung ab dem 1. Januar 2017 ohne erneute Antragstellung und ohne erneute Begutachtung nach Maßgabe von Satz 3 einem Pflegegrad zugeordnet. ²Die Zuordnung ist dem Versicherten schriftlich mitzuteilen. ³Für die Zuordnung gelten die folgenden Kriterien:
1. Versicherte, bei denen eine Pflegestufe nach den §§ 14 und 15 in der am 31. Dezember 2016 geltenden Fassung, aber nicht zusätzlich eine erheblich eingeschränkte Alltagskompetenz nach § 45 a in der am 31. Dezember 2016 geltenden Fassung festgestellt wurde, werden übergeleitet
   a) von Pflegestufe I in den Pflegegrad 2,
   b) von Pflegestufe II in den Pflegegrad 3,
   c) von Pflegestufe III in den Pflegegrad 4 oder
   d) von Pflegestufe III in den Pflegegrad 5, soweit die Voraussetzungen für Leistungen nach § 36 Absatz 4 oder § 43 Absatz 3 in der am 31. Dezember 2016 geltenden Fassung festgestellt wurden;
2. Versicherte, bei denen eine erheblich eingeschränkte Alltagskompetenz nach § 45 a in der am 31. Dezember 2016 geltenden Fassung festgestellt wurde, werden übergeleitet
   a) bei nicht gleichzeitigem Vorliegen einer Pflegestufe nach den §§ 14 und 15 in der am 31. Dezember 2016 geltenden Fassung in den Pflegegrad 2,
   b) bei gleichzeitigem Vorliegen der Pflegestufe I nach den §§ 14 und 15 in der am 31. Dezember 2016 geltenden Fassung in den Pflegegrad 3,
   c) bei gleichzeitigem Vorliegen der Pflegestufe II nach den §§ 14 und 15 in der am 31. Dezember 2016 geltenden Fassung in den Pflegegrad 4,
   d) bei gleichzeitigem Vorliegen der Pflegestufe III nach den §§ 14 und 15 in der am 31. Dezember 2016 geltenden Fassung, auch soweit zusätzlich die Voraussetzungen für Leistungen nach § 36 Absatz 4 oder § 43 Absatz 3 in der am 31. Dezember 2016 geltenden Fassung festgestellt wurden, in den Pflegegrad 5.

---

4 In diesem Sinne zum gesetzgeberischen Bestimmtheitsgrundsatz Gregor Kirchhof, Die Funktion des allgemeinen Gesetzes, in: Winfried Kluth/Günter Krings (Hrsg.), Gesetzgebung. Rechtsetzung durch Parlamente und Verwaltungen sowie ihre gerichtliche Kontrolle, Heidelberg ua, 2014, § 4 Rn. 40.

(3) ¹Die Zuordnung zu dem Pflegegrad, in den der Versicherte gemäß Absatz 2 übergeleitet worden ist, bleibt auch bei einer Begutachtung nach dem ab dem 1. Januar 2017 geltenden Recht erhalten, es sei denn, die Begutachtung führt zu einer Anhebung des Pflegegrades oder zu der Feststellung, dass keine Pflegebedürftigkeit im Sinne der §§ 14 und 15 in der ab dem 1. Januar 2017 geltenden Fassung mehr vorliegt. ²Satz 1 gilt auch bei einem Erlöschen der Mitgliedschaft im Sinne von § 35 ab dem 1. Januar 2017, wenn die neue Mitgliedschaft unmittelbar im Anschluss begründet wird. ³Die Pflegekasse, bei der die Mitgliedschaft beendet wird, ist verpflichtet, der Pflegekasse, bei der die neue Mitgliedschaft begründet wird, die bisherige Einstufung des Versicherten rechtzeitig schriftlich mitzuteilen. ⁴Entsprechendes gilt bei einem Wechsel zwischen privaten Krankenversicherungsunternehmen und einem Wechsel von sozialer zu privater sowie von privater zu sozialer Pflegeversicherung.

(4) ¹Stellt ein Versicherter, bei dem das Vorliegen einer Pflegebedürftigkeit oder einer erheblich eingeschränkten Alltagskompetenz nach § 45 a in der am 31. Dezember 2016 geltenden Fassung festgestellt wurde, ab dem 1. Januar 2017 einen erneuten Antrag auf Feststellung von Pflegebedürftigkeit und lagen die tatsächlichen Voraussetzungen für einen höheren als durch die Überleitung erreichten Pflegegrad bereits vor dem 1. Januar 2017 vor, richten sich die ab dem Zeitpunkt der Änderung der tatsächlichen Verhältnisse zu erbringenden Leistungen im Zeitraum vom 1. November 2016 bis 31. Dezember 2016 nach dem ab 1. Januar 2017 geltenden Recht. ²Entsprechendes gilt für Versicherte bei einem privaten Pflegeversicherungsunternehmen.

Literatur:
Richter, Die Übergangsrechte der sozialen Pflegeversicherung nach dem PSG II und PSG III, PflR 2017, 139; *Winkel*, Die Pflegeversicherung im Übergang zum neuen Recht, SozSich 2016, 280.

I. Entstehungsgeschichte ... 1	2. Überleitung (Abs. 2 S. 3) ... 11
II. Regelungsgehalt und Normzweck ... 2	3. Mitteilung (Abs. 2 S. 2) ... 17
III. Stichtagsregelung (Abs. 1) ... 5	V. Erhöhter Bestandsschutz (Abs. 3) ... 19
IV. Überleitung von Pflegebedürftigen in die Pflegegrade (Abs. 2) ... 7	VI. Sonderfall einer Höherstufung bei Änderung der Verhältnisse vor dem 1.1.2017 (Abs. 4) ... 23
1. Voraussetzungen für die Überleitung (Abs. 2 S. 1) ... 7	

I. Entstehungsgeschichte

§ 140 wurde durch das PSG II vom 21.12.2015 (zusammen den anderen Regelungen der §§ 141 bis 144 als zunächst 15. Kapitel in das SGB XI) mWv 1.1.2017 eingefügt.¹ Mit dem PSG III vom 23.12.2016² wurde aus dem bisher 15. Kapitel (durch Einfügung eines neuen 13. Kapitels mit den §§ 123, 124) das 16. Kapitel sowie § 145 angefügt und weitere Änderungen vorgenommen. § 140 ist von den Änderungen des PSG III nicht betroffen. **1**

II. Regelungsgehalt und Normzweck

§ 140 leitet das 16. (und letzte) Kapitel „Überleitungs- und Übergangsrecht" des SGB XI mit den §§ 140–145 ein. Das Kapitel ist in zwei Abschnitte unterteilt: 1. Regelungen zur Rechtsanwendung im Übergangszeitraum, zur Überleitung in die Pflegegrade, zum Besitzstandsschutz für Leistungen der Pflegeversicherung sowie Übergangsregelungen im Begutachtungsverfahren im Rahmen der Einführung des neuen Pflegebedürftigkeitsbegriffs und 2. Sonstige Überleitungs-, Übergangs- und Besitzstandsschutzregelungen. Es enthält vor allem die Regelungen zur Überleitung vom alten in das durch den neuen Pflegebedürftigkeitsbegriff geschaffene System. Neben diesen Bestimmungen enthalten (bzw. enthielten) die §§ 92 c ff. Übergangsregelungen zum Vergütungsrecht, die zum 30.6.2017 wieder außer Kraft gesetzt wurden, weil von ihrer Erledigung zu diesem Zeitpunkt ausgegangen wird. **2**

Der Übergang vom alten zum neuen Recht der Pflegebedürftigkeit ist von dem Bestreben des Gesetzgebers geprägt, jede Schlechterstellung für die Personen auszuschließen, die bereits vor dem 1.1.2017 leistungsberechtigt waren.³ Entsprechend ist in den §§ 140 ff. eine Reihe von Normen dazu enthalten, die eine Schlechterstellung für diejenigen verhindern, die schon Leistungen bezogen haben oder die zu- **3**

---

1 BGBl. I, 2424; dazu BT-Dr. 18/5926, 140 ff. (Gesetzentwurf) und BT-Dr. 18/6688, 147 ff. (Beschlussfassung des Gesundheitsausschusses).
2 BGBl. I, 3191 (Art. 1 Nr. 27).
3 BT-Dr. 18/5926, 140.

mindest schon unter dem alten System einen Antrag auf Leistungen gestellt haben. Im Ergebnis bewirken diese Regelungen, **insbesondere § 140 Abs. 2**, allerdings eine mehr als großzügige Überleitung, die ihrerseits mit erheblichen Folgeproblemen verbunden sind (dazu unten → Rn. 15).

4 § 140 ist nicht nur die Einleitungsvorschrift zum 16. Kapitel, sondern enthält mit der Stichtagsregelung aus **Abs. 1** und mit den Überleitungsregelungen von Pflegestufen zu Pflegegraden in **Abs. 2** auch die zentralen Vorschriften im Übergang vom alten zum neuen Pflegebedürftigkeitsbegriff. Zudem wird in **Abs. 3** ein gewisser Bestandsschutz für die Fälle einer Neubegutachtung gesichert. Einen Sonderfall der Möglichkeit einer rückwirkenden Besserstellung schon ab dem 1.11.2016 regelt **Abs. 4**.

III. Stichtagsregelung (Abs. 1)

5 Abs. 1 enthält Vorgaben zur Anwendbarkeit des bis zum 31.12.2016 geltenden Rechts für die Feststellung der Pflegebedürftigkeit und die Prüfung weiterer Leistungsvoraussetzungen auch über den 31.12.2016 hinaus. Nach **Abs. 1 S. 1** kommt es für die Frage, welches Recht im Übergang zum am 1.1.2017 in Kraft getretenen neuen Recht für die Feststellung der Pflegebedürftigkeit zur Anwendung kommt, auf den **Zeitpunkt der Antragstellung** an. Ist der Antrag auf Leistungen der Pflegeversicherung bis zum 31.12.2016 gestellt worden, so gilt für diesen Antrag (und damit für die Feststellung der Pflegebedürftigkeit und der etwaigen eingeschränkten Alltagskompetenz) das am 31.12.2016 geltende Recht. Demgemäß erfolgt die Begutachtung auf der Basis der bisherigen Pflegestufen. Dasselbe gilt nach **Abs. 1 S. 2** auch im Hinblick auf die Prüfung der (übrigen) Tatbestandsvoraussetzungen für den Leistungsanspruch.

6 Der Zeitpunkt der Antragstellung gilt auch als Stichtag für Verfahren, in denen die Rechtmäßigkeit der Entscheidung der Pflegekasse geprüft wird, also auch im **Widerspruchs- und Klageverfahren** oder im Überprüfungsverfahren nach § 44 SGB X. Bei Anträgen auf Höherstufung kommt es auf den Zeitpunkt des Höherstufungsantrags an (dazu → Rn. 23). Wird sodann im Ergebnis ein Leistungsanspruch festgestellt und für einen im Jahr 2016 liegenden Zeitraum bewilligt, erfolgt für den Anspruch ab dem 1.1.2017 eine Überleitung nach den Regelungen des Abs. 2 S. 3.

IV. Überleitung von Pflegebedürftigen in die Pflegegrade (Abs. 2)

7 **1. Voraussetzungen für die Überleitung (Abs. 2 S. 1).** Die zentrale Regelung zur Überleitung in das neue Recht befindet sich in **Abs. 2**. Voraussetzung für die gesetzliche Überleitung ist nach **Abs. 2 S. 1 Nr. 1 und 2**, dass auf der Grundlage des am 31.12.2016 geltenden Rechts eine Pflegestufe oder eine erheblich eingeschränkte Alltagskompetenz festgestellt worden ist und zusätzlich zum 31.12.2016 alle Voraussetzungen für eine regelmäßig wiederkehrende Leistung der Pflegeversicherung vorliegen.

8 Beide Voraussetzungen müssen kumulativ vorliegen.[4] Dies legt schon der Wortlaut der Regelung nahe („und"). Weiter geht auch die Gesetzentwurfsbegründung von der Kumulation der beiden Voraussetzungen aus.[5] Vor allem aber kann nach dem Regelungsinhalt allein die Voraussetzung nach Abs. 2 S. 1 Nr. 1 nicht für eine Überleitung ausreichen; so ist – wie auch für Abs. 1 S. 1 – schon unklar, was damit gemeint ist, dass „das Vorliegen einer Pflegestufe ... festgestellt worden ist". Nach allgemeiner Meinung wird weder die Pflegebedürftigkeit noch eine Pflegestufe „festgestellt" in dem Sinne, dass der Feststellung Regelungswirkung zukäme und – im Fall der sozialen Pflegeversicherung – auch in Bestandskraft erwachsen könnte (→ § 18 Rn. 2). Auf einen Antrag hin werden gegebenenfalls Leistungen bewilligt und die Pflegebedürftigkeit einschließlich der Pflegestufe (bzw. jetzt des Pflegegrades) bildet eine Voraussetzung für die Bewilligung. Auch wenn es sich um die zentrale Voraussetzung für eine Bewilligung handelt, so fehlt es doch an einer isolierten Feststellung. Wenn das Gesetz etwa in § 18 oder in § 140 von Feststellung des Vorliegens der Pflegebedürftigkeit oder einer Pflegestufe spricht, so ist damit lediglich das Ergebnis einer Vorfrage gemeint, das für sich genommen nicht ausreicht, um einen Anspruch auf eine Leistung der Pflegeversicherung bejahen zu können. Entsprechend ist in Abs. 2 S. 1 zusätzlich stets auch das Vorliegen der Anspruchsvoraussetzungen gefordert.

9 Durch die Überleitungsregelung werden einmal die Personen erfasst, die schon für den 31.12.2016 Leistungen durch die Pflegeversicherung bewilligt bekommen hatten. Darüber hinaus werden auch diejenigen nach S. 3 übergeleitet, deren Antrag bereits 2016 der Pflegekasse bzw. der privaten Pflegeversicherung zugegangen ist und der dann positiv im Hinblick auf eine regelmäßig wiederkehrende

---

4 AA offenbar Meßling, jurisPK-SGB XI § 140 Rn. 21, der von alternativen, nicht kumulativen Voraussetzungen auszugehen scheint; wie hier dagegen KassKomm/Koch SGB XI § 140 Rn. 6.
5 BT-Dr. 18/5926, 140 (zu Abs. 2 – dritter Abs.).

Leistung (nach § 28 Abs. 1) für einen beliebigen, bis zum 31.12.2016 reichenden Zeitraum in 2016 beschieden wird. Damit ist dann gleichzeitig die Überleitung nach Abs. 2 S. 3 verbunden, ohne dass dies noch ausdrücklich ausgesprochen werden muss.

Die etwas umständlich anmutende Trennung in zwei Voraussetzungen (Feststellung der Pflegestufe bzw. der eingeschränkten Alltagskompetenz und Vorliegen der Tatbestandvoraussetzungen für einen Anspruch) entspricht der Trennung in Abs. 1 betreffend den Stichtag für das anwendbare Recht. Allerdings hätten diese beiden Voraussetzungen wohl auch einheitlich und damit auch einfacher formuliert werden können. Die Formulierung in zwei getrennte Tatbestandsvoraussetzungen hätte mit der Fassung „Versicherte der sozialen Pflegeversicherung und der privaten Pflegeversicherung, bei denen am 31.12.2016 zu dem zu diesem Zeitpunkt geltenden Recht alle Voraussetzungen für einen Anspruch auf eine regelmäßig wiederkehrende Leistung der Pflegeversicherung vorliegen und nach dem bis zum 31.12.2016 geltenden Recht festgestellt sind" vermieden werden können. 10

2. Überleitung (Abs. 2 S. 3). Die Zuordnung der Pflegegrade wird sodann in S. 3 geregelt. Danach machen Pflegebedürftige mit Pflegestufe ohne zusätzliche eingeschränkte Alltagskompetenz einen „einfachen Stufensprung" (S. 3 Nr. 1) und solche mit eingeschränkter Alltagskompetenz einen „doppelten Stufensprung" (S. 3 Nr. 2). Gerade dieser „doppelte Sprung" bewirkt erhebliche Probleme im Rahmen der Vergütungsvereinbarungen für stationäre Pflegeeinrichtungen (→ Rn. 13 ff.). 11

Wie in den Gesetzesmaterialien klargestellt wird,[6] gilt die Überleitung gleichermaßen auch für die Altfälle, die bereits nach Art. 45 Abs. 1 S. 1 Pflegeversicherungsgesetz[7] ohne erneute Begutachtung der Pflegestufe II zugeordnet wurden, sofern nicht zwischenzeitlich eine Neubegutachtung erfolgt ist. 12

Die gesetzliche Überleitung, die ohne eine neue Begutachtung anhand der neuen Kriterien für die Pflegebedürftigkeit auskommt, ist notgedrungen sehr schematisch und in manchen Fällen auch zu großzügig. Durch die pauschale Überleitung nach Abs. 2 S. 3 ohne Neubegutachtung im Wege eines sog einfachen Stufensprungs (zB von Pflegestufe I zu Pflegegrad 2 gem. Abs. 2 S. 3 Nr. 1 lit. a) oder eines doppelten Stufensprungs bei gleichzeitig vorliegender erheblich eingeschränkter Alltagskompetenz (eA) gem. § 45 a aF (zB von Pflegestufe I mit eA zu Pflegegrad 3 gem. Abs. 2 S. 3 Nr. 2 lit. b) wird ein gewisser Prozentsatz der Pflegebedürftigen mit eA in einen Pflegegrad übergeleitet, den sie nicht erhalten würden, wenn sie neu begutachtet würden. 13

In zwei Untersuchungen (Praktikabilitätsstudie und EVIS-Studie) wurde festgestellt, dass diese Überleitung (vor allem in den Fällen der Personen mit eingeschränkter Alltagskompetenz) zu großzügig im Vergleich zu dem Ergebnis bei einer Neubegutachtung nach dem neuen Begutachtungsinstrument (NBI) gem. § 15 SGB XI ausfällt. Das bedeutet, dass ein Teil der Pflegebedürftigen mit „Doppelsprung" nur einen „einfachen Sprung" gemacht hätten, wenn sie neu begutachtet worden wären. 14

Dies führt weiter zu dem Effekt, dass bei einem Bewohnerwechsel in den stationären Pflegeeinrichtungen (die gesetzlich übergeleiteten Bewohner werden durch neu begutachtete Bewohner ersetzt) bei einem identischen tatsächlichen Pflegebedarf der neuen Bewohner insgesamt durchschnittlich niedrigere Personalschlüssel zur Anwendung kämen. Damit bekäme die Pflegeeinrichtung auch weniger Personal über die Pflegesätze refinanziert, obwohl sich am tatsächlichen Pflegeaufwand nichts geändert hat. Ist diese Feststellung aus den Gutachten zutreffend, so würde die von den Antragsgegnern geforderte „neutrale" Umstellung der Personalschlüssel von Pflegestufen auf Pflegegrade zu einer effektiven Verringerung des Pflegepersonals bei gleichbleibendem Pflegeaufwand führen. Im Ergebnis muss diese Mindereinnahme trotz gleichem Pflegeaufwand ausgeglichen werden. Es ist Aufgabe der Rahmenvertragsparteien bzw. im Fall der fehlenden Einigung Aufgabe der Schiedsstellen nach § 76, einen angemessenen Ausgleich vorzusehen. Anhaltspunkte für die Größenordnung des Überleitungseffekts können der schriftlichen Stellungnahme des Sachverständigen Rothgang im Rahmen der Anhörung des Ausschusses für Gesundheit des Deutschen Bundestages vom 30.9.2015 entnommen werden.[8] In dieser Stellungnahme wird – auf der Basis der sog Erprobungsstudie von Kimmel et al.[9] – die Verteilung der Pflegebedürftigen auf die Pflegegrade nach dem PSG II (bei einer Neubegutachtung mit dem NBA) mit der Verteilung nach den Überleitungsregeln verglichen. Weiter heißt es bei Rothgang: „*Nun führt die großzügige (sic!) ausgestaltete Überleitungsregel für die Pflegebedürftigen dazu, dass die Pflege-* 15

---

[6] BT-Dr. 18/5926, 140.
[7] Gesetz v. 26.5.1994, BGBl. I 1014, 2797.
[8] BT-Ausschussdrucksache 18(14)0131(34), S. 7, 11.
[9] Kimmel/Schiebelhut/Kowalski/Brucker/Breuninger, Praktikabilitätsstudie zur Einführung des NBA in der Pflegeversicherung, 2015.

gradverteilung höher ist als sie bei Neubegutachtung wäre. Werden „Altbewohner" im Zeitverlauf durch identische Neubewohner ausgetauscht, die dann aber tendenziell niedriger eingestuft werden, sinken – ceteris paribus – die Erlöse der Heime." [10]

16 Dieser Überleitungseffekt ist ein dauerhafter, der sukzessive mit einem Wechsel der Bewohner eintritt. Er senkt im Verhältnis zu den Personalschlüsseln für Pflegestufen dauerhaft die entsprechenden Personalschlüssel bei Pflegegraden für die Zukunft ab. Hinsichtlich des Umfangs des Effekts geht die EVIS-Studie von 6 % aus. [11]

17 **3. Mitteilung (Abs. 2 S. 2).** Nach Abs. 2 S. 2 muss die Zuordnung zu einem Pflegegrad dem Versicherten schriftlich mitgeteilt werden. Da die Zuordnung ipso iure eintritt, hat die Mitteilung nur Klarstellungsfunktion. Fraglich ist, ob es sich bei der Mitteilung um einen Verwaltungsakt handelt, der mit Widerspruch und Anfechtungs- und Leistungsklage angreifbar ist. Das Gesetz sieht mit der in Abs. 2 S. 2 angeordneten Mitteilung eigentlich wohl keinen Verwaltungsakt vor. Allerdings hängt die Rechtsnatur dieser „Mitteilung" davon ab, in welcher Form die Mitteilung durch die Pflegekasse erfolgt. Nimmt die Pflegekasse die Mitteilung durch einen Verwaltungsakt vor, sind auch die dafür vorgesehenen Rechtsbehelfe zulässig. Besitzt die Mitteilung nur den Rechtscharakter eines Realakts, so muss auch im Streitfall kein Verwaltungsakt erlassen werden.[12] Rechtsschutz könnte dann durch eine Leistungsklage, gerichtet auf eine bestimmte Leistung der Pflegeversicherung, erreicht werden. In diesem Fall würde inzident über die Überleitung nach Abs. 2 S. 3 entschieden.

18 Fraglich erscheint, ob die Pflegekasse nicht angesichts der neuen Leistungen eine neue Bewilligung mit Regelungscharakter aussprechen muss. In diesem Fall wäre in der neuen Bewilligung zugleich auch die Mitteilung über die neue Pflegegradzuordnung enthalten. Denkbar ist aber auch, dass die neuen Leistungen nach dem seit dem 1.1.2017 geltenden Recht nur mitgeteilt und nicht geregelt werden.

V. Erhöhter Bestandsschutz (Abs. 3)

19 Die nach Abs. 2 übergeleiteten Pflegebedürftigen genießen gem. Abs. 3 sogar einen besonderen Bestandsschutz: Zunächst ist Abs. 3 S. 1 mittelbar die Selbstverständlichkeit zu entnehmen, dass die Zuordnung zu einem Pflegegrad in jedem Fall erhalten bleibt, solange keine neue Begutachtung nach neuem Recht erfolgt. Darüber hinaus legt Abs. 3 S. 1 aber auch fest, dass die Zuordnung grundsätzlich auch bei einer Neubegutachtung für den Fall geschützt ist, dass die Begutachtung nach neuem Recht zu einem niedrigeren Pflegegrad führt als derjenige, in den nach Abs. 2 S. 3 übergeleitet wurde. Das gilt nur dann nicht, wenn gar keine Pflegebedürftigkeit mehr besteht, also nicht einmal der Pflegegrad 1 festgestellt werden konnte.

20 Der Bestandsschutz muss auch für den Fall gelten, in dem für die Zeit vor dem 1.1.2017 Leistungen wegen Pflegebedürftigkeit gem. § 33 Abs. 1 S. 4 nur befristet bewilligt und diese dann gem. § 140 Abs. 2 S. 3 übergeleitet wurden. Die Überleitung erfolgt dann notwendigerweise **unbefristet**. Dafür spricht auch der Umstand, dass nach § 142 Abs. 1 S. 1 Wiederholungsbegutachtungen ausgesetzt sind.

21 Im Fall des **Wegfalls der Pflegebedürftigkeit** hat eine Aufhebung der Bewilligung gem. § 48 Abs. 1 S. 1 SGB X mit Wirkung für die Zukunft zu erfolgen.[13] Eine Aufhebung ab dem Zeitpunkt der Änderung nach § 48 Abs. 1 S. 2 SGB X wird regelmäßig aufgrund des bestehenden Vertrauensschutzes ausscheiden. Ob gegenteilige Kenntnisse oder ein Kennenmüssen der Veränderung und seiner Auswirkungen bei einem gesetzlichen Betreuer oder Bevollmächtigten zuzurechnen wären, erscheint fraglich. Wird dagegen im Rahmen der Neubegutachtung ein höherer Pflegegrad ermittelt, so ist dieser den Leistungsbewilligungen ab dem Zeitpunkt der Änderung zugrunde zu legen.

22 Die Regelungen in Abs. 3 S. 2–4 enthalten weitere Sondervorschriften, die in den Materialien als Klarstellungen bezeichnet werden.[14] Danach bleibt der Bestandsschutz nach Abs. 3 S. 1 auch dann erhalten, wenn die Mitgliedschaft iSv § 35 erlischt, sofern im unmittelbaren Anschluss eine neue Mitgliedschaft begründet wird (Abs. 3 S. 2). Ohne diese Regelung hätte es regelmäßig eines Neuantrags nach neuem Recht bedurft, was zum Wegfall des Bestandsschutzes geführt hätte. Insofern kann zumindest

---

10 Stellungnahme BT-Ausschuss, Ausschussdrucksache 18(14)0131(34), S. 11, 2. Abs.
11 Die Berechnungen dieser Werte basieren auf einer Untersuchung von Rothgang und Kalwitzki, Vergütung vollstationärer Pflegeeinrichtungen nach Einführung des neuen Pflegebedürftigkeitsbegriffs, 2015, 36 ff.
12 AA Meßling, jurisPK-SGB XI § 140 Rn. 27.
13 Vgl. Gemeinsames Rundschreiben zu den leistungsrechtlichen Vorschriften des SGB XI v. 22.12.2016, zu § 140, unter 3., S. 268 f.
14 BT-Dr. 18/6688, 146.

VI. Sonderfall einer Höherstufung bei Änderung der Verhältnisse vor dem 1.1.2017 (Abs. 4)

Eine weitere Zugunstenregelung enthält Abs. 4 S. 1. Wird bei einem Höherstufungsantrag ab dem 1.1.2017 (also nach neuem Recht) festgestellt, dass die Voraussetzungen für einen höheren Pflegegrad auch schon ab einem Zeitpunkt im Jahr 2016 erfüllt waren, so wird die Höherstufung schon für den betroffenen Zeitraum im Jahr 2016 (maximal aber für zwei Monate, also ab dem 1.11.2016) nach dem neuen Recht vorgenommen. Wird zum Beispiel bei einem Pflegebedürftigen, der in Pflegegrad 3 übergeleitet wurde, im Rahmen einer Neubegutachtung 2017 nach neuem Recht festgestellt, dass die Voraussetzungen für den Pflegegrad 4 ab dem 15.11.2016 vorlagen, so sind ihm rückwirkend ab diesem Zeitpunkt (also ab 15.11.2016) die Leistungen für Pflegegrad 4 zu bewilligen. Da keine Unterschiede im Hinblick auf die beantragte Leistung gemacht werden, gilt diese rückwirkende Bewilligung sowohl für die häusliche wie für die stationäre Pflege. Bei letzterer profitiert allerdings ausschließlich die Pflegeeinrichtung von der Nachzahlung, da der Betroffene unabhängig vom Pflegegrad den einheitlichen Eigenanteil zu tragen hat (→ § 84 Rn. 14). Mit Abs. 4 S. 2 wird diese Begünstigung auf die private Pflegeversicherung erstreckt.

§ 141 Besitzstandsschutz und Übergangsrecht zur sozialen Sicherung von Pflegepersonen

(1) ¹Versicherte der sozialen Pflegeversicherung und der privaten Pflege-Pflichtversicherung sowie Pflegepersonen, die am 31. Dezember 2016 Anspruch auf Leistungen der Pflegeversicherung haben, erhalten Besitzstandsschutz auf die ihnen unmittelbar vor dem 1. Januar 2017 zustehenden, regelmäßig wiederkehrenden Leistungen nach den §§ 36, 37, 38, 38 a, 40 Absatz 2, den §§ 41, 44 a, 45 b, 123 und 124 in der am 31. Dezember 2016 geltenden Fassung. ²Hinsichtlich eines Anspruchs auf den erhöhten Betrag nach § 45 b in der am 31. Dezember 2016 geltenden Fassung richtet sich die Gewährung von Besitzstandsschutz abweichend von Satz 1 nach Absatz 2. ³Für Versicherte, die am 31. Dezember 2016 Leistungen nach § 43 bezogen haben, richtet sich der Besitzstandsschutz nach Absatz 3. ⁴Kurzfristige Unterbrechungen im Leistungsbezug lassen den Besitzstandsschutz jeweils unberührt.

(2) ¹Versicherte,
1. die am 31. Dezember 2016 einen Anspruch auf den erhöhten Betrag nach § 45 b Absatz 1 in der am 31. Dezember 2016 geltenden Fassung haben und
2. deren Höchstleistungsansprüche, die ihnen nach den §§ 36, 37 und 41 unter Berücksichtigung des § 140 Absatz 2 und 3 ab dem 1. Januar 2017 zustehen, nicht um jeweils mindestens 83 Euro monatlich höher sind als die entsprechenden Höchstleistungsansprüche, die ihnen nach den §§ 36, 37 und 41 unter Berücksichtigung des § 123 in der am 31. Dezember 2016 geltenden Fassung am 31. Dezember 2016 zustanden,

haben ab dem 1. Januar 2017 Anspruch auf einen Zuschlag auf den Entlastungsbetrag nach § 45 b in der ab dem 1. Januar 2017 jeweils geltenden Fassung. ²Die Höhe des monatlichen Zuschlags ergibt sich aus der Differenz zwischen 208 Euro und dem Leistungsbetrag, der in § 45 b Absatz 1 Satz 1 in der ab dem 1. Januar 2017 jeweils geltenden Fassung festgelegt ist. ³Das Bestehen eines Anspruchs auf diesen Zuschlag ist den Versicherten schriftlich mitzuteilen und zu erläutern. ⁴Für den Zuschlag auf den Entlastungsbetrag gilt § 45 b Absatz 3 entsprechend. ⁵Bei Versicherten, die keinen Anspruch auf einen Zuschlag haben und deren Ansprüche nach § 45 b zum 1. Januar 2017 von 208 Euro auf 125 Euro monatlich abgesenkt werden, sind zur Sicherstellung des Besitzstandsschutzes monatlich Leistungen der Pflegeversicherung in Höhe von bis zu 83 Euro nicht auf Fürsorgeleistungen zur Pflege anzurechnen.

(3) ¹Ist bei Pflegebedürftigen der Pflegegrade 2 bis 5 in der vollstationären Pflege der einrichtungseinheitliche Eigenanteil nach § 92 e oder nach § 84 Absatz 2 Satz 3 im ersten Monat nach der Einführung des neuen Pflegebedürftigkeitsbegriffs höher als der jeweilige individuelle Eigenanteil im Vormonat, so ist zum Leistungsbetrag nach § 43 von Amts wegen ein monatlicher Zuschlag in Höhe der Differenz von der Pflegekasse an die Pflegeeinrichtung zu zahlen. ²In der Vergleichsberechnung nach Satz 1 sind

für beide Monate jeweils die vollen Pflegesätze und Leistungsbeträge zugrunde zu legen. ³Die Sätze 1 und 2 gelten entsprechend, wenn der Leistungsbetrag nach § 43 Absatz 2 Satz 2 die in § 43 Absatz 2 Satz 1 genannten Aufwendungen übersteigt und zur Finanzierung von Aufwendungen für Unterkunft und Verpflegung eingesetzt worden ist. ⁴Verringert sich die Differenz zwischen Pflegesatz und Leistungsbetrag in der Folgezeit, ist der Zuschlag entsprechend zu kürzen. ⁵Die Pflegekassen teilen die Höhe des monatlichen Zuschlages nach Satz 1 sowie jede Änderung der Zuschlagshöhe den Pflegebedürftigen schriftlich mit. ⁶Die Sätze 1 bis 5 gelten entsprechend für Versicherte der privaten Pflege-Pflichtversicherung.

(3 a) ¹Für Pflegebedürftige, die am 31. Dezember 2016 Leistungen der Kurzzeitpflege nach § 42 Absatz 1 und 2 in Anspruch nehmen, gilt der am 31. Dezember 2016 gezahlte Pflegesatz für die Dauer der Kurzzeitpflege fort. ²Nehmen Pflegebedürftige am 31. Dezember 2016 Leistungen der Kurzzeitpflege nach § 42 und nach dem Ende der Kurzzeitpflege ohne Unterbrechung des Heimaufenthalts auch Sachleistungen der vollstationären Pflege nach § 43 in derselben Einrichtung in Anspruch, so ermittelt sich der von der Pflegekasse an die Pflegeeinrichtung nach Absatz 3 Satz 1 von Amts wegen ab dem Zeitpunkt der Inanspruchnahme von vollstationärer Pflege nach § 43 zu zahlende monatliche Zuschlag aus der Differenz zwischen dem einrichtungseinheitlichen Eigenanteil nach § 92 e oder nach § 84 Absatz 2 Satz 3 und dem individuellen Eigenanteil, den die Pflegebedürftigen im Monat Dezember 2016 in der Einrichtung zu tragen gehabt hätten. ³Absatz 3 Satz 4 bis 6 gilt entsprechend.

(3 b) ¹Wechseln Pflegebedürftige im Sinne der Absätze 3 und 3 a zwischen dem 1. Januar 2017 und dem 31. Dezember 2021 die vollstationäre Pflegeeinrichtung, so ermittelt sich der von der Pflegekasse an die neue Pflegeeinrichtung nach Absatz 3 Satz 1 von Amts wegen ab dem Zeitpunkt des Wechsels zu zahlende monatliche Zuschlag aus der Differenz zwischen dem einrichtungseinheitlichen Eigenanteil nach § 92 e oder nach § 84 Absatz 2 Satz 3, den die Pflegebedürftigen im Monat Januar 2017 in der neuen Einrichtung zu tragen haben oder zu tragen gehabt hätten, und dem individuellen Eigenanteil, den die Pflegebedürftigen im Monat Dezember 2016 in der neuen Einrichtung zu tragen gehabt hätten. ²Bei einem Wechsel in eine neu zugelassene vollstationäre Pflegeeinrichtung, die erstmalig ab 1. Januar 2017 oder später eine Pflegesatzvereinbarung abgeschlossen hat, behalten Pflegebedürftige mit ihrem Wechsel ihren nach Absatz 3 ermittelten monatlichen Zuschlagsbetrag. ³Absatz 3 Satz 2 bis 6 gilt entsprechend.

(3 c) ¹Erhöht sich der einrichtungseinheitliche Eigenanteil nach § 92 e oder nach § 84 Absatz 2 Satz 3 für Pflegebedürftige im Sinne der Absätze 3, 3 a und 3 b im Zeitraum vom 1. Februar 2017 bis 31. Dezember 2017, findet Absatz 3 entsprechende Anwendung, sofern sich die Erhöhung aus der erstmaligen Vereinbarung der neuen Pflegesätze im Rahmen der Überleitung, Einführung und Umsetzung des neuen Pflegebedürftigkeitsbegriffs ergibt. ²Dies gilt auch für Pflegebedürftige, die im Dezember 2016 in einer vollstationären Pflegeeinrichtung versorgt wurden, und die durch die Erhöhung erstmals einen höheren einrichtungseinheitlichen Eigenanteil zu tragen hätten im Vergleich zum jeweiligen individuellen Eigenanteil im Dezember 2016. ³Der Vergleichsberechnung ist neben dem Monat Dezember 2016 der Monat im Zeitraum vom 1. Februar 2017 bis 31. Dezember 2017 zugrunde zu legen, in dem der einrichtungseinheitliche Eigenanteil erstmalig höher als der jeweilige individuelle Eigenanteil im Monat Dezember 2016 ist oder in den Fällen des Absatzes 3 a gewesen wäre.

(4) ¹Für Personen, die am 31. Dezember 2016 wegen nicht erwerbsmäßiger Pflege rentenversicherungspflichtig waren und Anspruch auf die Zahlung von Beiträgen zur gesetzlichen Rentenversicherung nach § 44 in der am 31. Dezember 2016 geltenden Fassung hatten, besteht die Versicherungspflicht für die Dauer dieser Pflegetätigkeit fort. ²Die beitragspflichtigen Einnahmen ab dem 1. Januar 2017 bestimmen sich in den Fällen des Satzes 1 nach Maßgabe des § 166 Absatz 2 und 3 des Sechsten Buches in der am 31. Dezember 2016 geltenden Fassung, wenn sie höher sind als die beitragspflichtigen Einnahmen, die sich aus dem ab dem 1. Januar 2017 geltenden Recht ergeben.

(4 a) ¹In den Fällen des § 140 Absatz 4 richten sich die Versicherungspflicht als Pflegeperson in der Rentenversicherung und die Bestimmung der beitragspflichtigen Einnahmen für Zeiten vor dem 1. Januar 2017 nach den §§ 3 und 166 des Sechsten Buches in der bis zum 31. Dezember 2016 geltenden Fassung. ²Die dabei anzusetzende Pflegestufe erhöht sich entsprechend dem Anstieg des Pflegegrades gegenüber dem durch die Überleitung erreichten Pflegegrad.

(5) ¹Absatz 4 ist ab dem Zeitpunkt nicht mehr anwendbar, zu dem nach dem ab dem 1. Januar 2017 geltenden Recht festgestellt wird, dass

1. bei der versorgten Person keine Pflegebedürftigkeit im Sinne der §§ 14 und 15 in der ab dem 1. Januar 2017 geltenden Fassung vorliegt oder

2. die pflegende Person keine Pflegeperson im Sinne des § 19 in der ab dem 1. Januar 2017 geltenden Fassung ist.
²Absatz 4 ist auch nicht mehr anwendbar, wenn sich nach dem 31. Dezember 2016 eine Änderung in den Pflegeverhältnissen ergibt, die zu einer Änderung der beitragspflichtigen Einnahmen nach § 166 Absatz 2 des Sechsten Buches in der ab dem 1. Januar 2017 geltenden Fassung führt oder ein Ausschlussgrund nach § 3 Satz 2 oder 3 des Sechsten Buches eintritt.
(6) Für Pflegepersonen im Sinne des § 44 Absatz 2 gelten die Absätze 4, 4a und 5 entsprechend.
(7) ¹Für Personen, die am 31. Dezember 2016 wegen nicht erwerbsmäßiger Pflege in der gesetzlichen Unfallversicherung versicherungspflichtig waren, besteht die Versicherungspflicht für die Dauer dieser Pflegetätigkeit fort. ²Satz 1 gilt, soweit und solange sich aus dem ab dem 1. Januar 2017 geltenden Recht keine günstigeren Ansprüche ergeben. ³Satz 1 ist ab dem Zeitpunkt nicht mehr anwendbar, zu dem nach dem ab dem 1. Januar 2017 geltenden Recht festgestellt wird, dass bei der versorgten Person keine Pflegebedürftigkeit im Sinne der §§ 14 und 15 in der ab dem 1. Januar 2017 geltenden Fassung vorliegt.
(8) ¹Pflegebedürftige, die am 31. Dezember 2016 von zugelassenen Pflegeeinrichtungen ohne Vergütungsvereinbarung versorgt werden, haben ab dem 1. Januar 2017 Anspruch auf Erstattung der Kosten für die pflegebedingten Aufwendungen gemäß § 91 Absatz 2 in Höhe des ihnen für den Monat Dezember 2016 zustehenden Leistungsbetrages, wenn dieser höher ist als der ihnen für Januar 2017 zustehende Leistungsbetrag. ²Dies gilt entsprechend für Versicherte der privaten Pflege-Pflichtversicherung.

Literatur:

Igl, Das Gesetz zur strukturellen Weiterentwicklung der Pflegeversicherung, NJW 2008, 2214; *Gitter*, Versicherungsschutz der Pflegepersonen in der Unfall- und Krankenversicherung, VSST 1996, 1; *Lachwitz*, Pflege-Weiterentwicklungsgesetz (PfWG) tritt in Kraft, RdLH 2008, 51; *Plantholz*, Die Umsetzung des neuen Pflegebedürftigkeitsbegriffs im Leistungserbringungsrecht, GuP 2016, 207; *Richter*, Die Übergangsrechte der sozialen Pflegeversicherung nach dem PSG II und PSG III, PflR 2017, 139; *ders.*, Der neue Begriff der Pflegebedürftigkeit in der Umsetzung der pflegerischen Praxis; *Schmidt*, Das Dritte Pflegestärkungsgesetz, NZS 2017, 207; *Wendt*, Neue Leistungen für häusliche Pflege nach dem Pflegeleistungs-Ergänzungsgesetz, PflR 2002, 307.

I. Entstehungsgeschichte ... 1	X. Rentenversicherungspflicht der Pflegeperson (Abs. 4) ... 19
II. Normzweck ... 2	XI. Rentenversicherungspflicht bei Pflegegradänderungen (Abs. 4a) ... 21
III. Allgemeiner Besitzstandsgrundsatz (Abs. 1) ... 3	XII. Beendigung des rentenversicherungsrechtlichen Besitzstandsschutzes (Abs. 5) ... 22
IV. Erhöhter Betreuungs- und Entlastungsbetrag (Abs. 2) ... 4	XIII. Besitzstandsschutz berufsständische Versorgungswerke (Abs. 6) ... 24
V. Höherer Eigenanteil in der stationären Pflege (Abs. 3) ... 7	XIV. Unfallversicherungsschutz der Pflegeperson (Abs. 7) ... 25
VI. Vergütungen Kurzzeitpflege (Abs. 3 S. 1) .. 12	XV. Pflegeheime ohne Pflegesatzvereinbarung (Abs. 8) ... 26
VII. Höherer Eigenanteil bei vorgeschalteter Kurzzeitpflege (Abs. 3 S. 2) ... 13	
VIII. Eigenanteil bei Pflegeheimwechsel (Abs. 3 b) ... 15	
IX. Erhöhungen des einrichtungseinheitlichen Eigenanteils im Jahre 2017 (Abs. 3 c) ... 18	

I. Entstehungsgeschichte

§ 141 wurde durch Art. 1 Nr. 50 PSG II eingefügt und trat am 1.1.2017 in Kraft. Durch das PSG III wurde § 141 um weitere Besitzstandschutz-Regelungen für spezifische Fall-Konstellationen ergänzt. **1**

II. Normzweck

§ 141 ist eine Übergangsregelung, die wegen der mit der Einführung des einheitlichen Pflegebedürftigkeitsbegriffs durch das PSG II verbundenen Leistungsänderungen den **Besitzstand** der Leistungsberechtigten, die vor dem Inkrafttreten am 1.1.2017 Anspruch auf Leistungen hatten, schützen soll. Mit Besitzstandsschutzregelungen möchte der Gesetzgeber idR Leistungsempfänger, deren Leistungen sich durch Gesetzesänderungen verschlechtern können, vor einer **Schlechterstellung** bewahren und so soziale Härten vermeiden. Abs. 1 S. 1 regelt den allgemeinen Grundsatz des Besitzstandes bei allen regel- **2** mäßig wiederkehrenden Leistungen der Pflegeversicherung. Die weiteren Abs. 2 bis 7 regeln besondere Ausprägungen des Besitzstandsschutzes für bestimmte ambulante und stationäre Fallkonstellationen.

III. Allgemeiner Besitzstandsgrundsatz (Abs. 1)

3 Nach Abs. 1 S. 1 erhalten Versicherte der sozialen Pflegeversicherung und der privaten Pflege-Pflichtversicherung sowie Pflegepersonen, die am 31. Dezember 2016 Anspruch auf Leistungen der Pflegeversicherung haben, Besitzstandsschutz auf die ihnen unmittelbar vor dem 1. Januar 2017 zustehenden, regelmäßig wiederkehrenden Leistungen nach den §§ 36, 37, 38, 38 a, 40 Abs. 2, den §§ 41, 44 a, 45 b, 123 und 124 in der am 31. Dezember 2016 geltenden Fassung. Der Gesetzgeber möchte Leistungsberechtigte, die vor der Einführung des neuen Pflegebedürftigkeitsbegriffs bereits Leistungen bezogen haben, davor bewahren, nach der Umstellung betragsmäßig niedrigere Ansprüche zu erhalten oder einen völligen Verlust von Ansprüchen erleiden.[1] Dies werde im Kern durch die Regelungen in § 140 zur Überleitung der Hilfe- und Pflegebedürftigen in die neuen Pflegegrade in der Weise sichergestellt, dass ein Leistungsberechtigter nach dem sogenannten **Stufensprung** insgesamt keinen geringeren Leistungsanspruch habe als vor der Umstellung auf das neue Recht. Eine zusätzliche Absicherung des Prinzips der Vermeidung von Schlechterstellungen solle jedoch für mögliche und derzeit nicht oder noch nicht absehbare Konstellationen durch verschiedene Besitzstandsschutzregelungen gewährleistet werden. Voraussetzung für die Geltung des Besitzstandsschutzes ist stets, dass die allgemeinen Leistungsvoraussetzungen, die unabhängig von der Feststellung eines Pflegegrades vorliegen müssen, erfüllt sind.[2] Das bedeutet auch, dass der Besitzstandsschutz endet, wenn kein Pflegebedarf mehr besteht. Allgemeine Leistungsausschlussregelungen, wie das Ruhen von Leistungen nach § 34, finden jedoch Anwendung.[3] Der Besitzstand gilt sowohl in der sozialen als auch in der **privaten Pflegeversicherung**. Er soll auch bei der **Beihilfe** nachvollzogen werden, so wie die Beihilfe bisher immer Leistungsverbesserungen des SGB XI nachvollzogen hat.[4] Bei der beamtenrechtlichen Beihilfe liegt die Gesetzgebungskompetenz für Beamte des Bundes und der 16 Bundesländer sowie den Richtern in den Händen des Bundes (BBhV) bzw. von 16 Bundesländern. Verbindliche Vorgaben für das Landesbeihilferecht kann der Bundesgesetzgeber daher wegen der fehlenden **Gesetzgebungskompetenz** nicht machen. Auf der anderen Seite werden auch die Bundesländer bei der Anpassung ihrer Beihilfevorschriften wahrscheinlich Versorgungslücken vermeiden wollen. Der die Pflegeversicherungsleistungen betreffende Besitzstandsschutz bleibt auch dann erhalten, wenn eine pflegebedürftige Person den **Versicherungsträger wechselt**, also beim Wechsel von Pflegekasse zu Pflegekasse, von Versicherungsunternehmen zu Versicherungsunternehmen, von sozialer zu privater Pflegeversicherung oder von privater zu sozialer Pflegeversicherung. Der Besitzstandsschutz betrifft die folgenden regelmäßig monatlich wiederkehrenden Leistungen:

§ 36 SGB XI	Pflegesachleistung
§ 37 SGB XI	Pflegegeld
§ 38 SGB XI	Verhinderungspflege
§ 38 a SGB XI	Wohngruppenzuschlag
§ 40 Abs. 2 SGB XI	Pflegehilfsmittel
§ 41 SGB XI	Teilstationäre Pflege
§ 44 a SGB XI	Zusätzliche Leistungen bei Pflegezeit + kurzzeitlicher Verhinderung
§ 45 b SGB XI aF	zusätzliche Betreuungs- und Entlastungsleistungen
§ 123 SGB XI aF	Verbesserte Pflegeleistungen
§ 124 SGB XI aF	häusliche Betreuungssachleistung

In der Auflistung der Leistungen in Abs. 1 S. 1 fehlt die Kurzzeitpflege (§ 42) und der **Abgeltungsbetrag** bei Pflege in vollstationären Einrichtungen der Hilfe für behinderte Menschen nach § 43 a SGB XI. Bei beiden Leistungen ergeben sich jedoch ab dem 1.1.2017 keine betragsmäßigen Veränderungen, so dass der Besitzstandsschutz hier nicht notwendig ist. Abs. 1 S. 2 stellt klar, dass für den erhöhten Entlastungs- und Betreuungsbetrag nach § 45 b aF die besonderen Besitzstandschutz-Modalitäten nach Abs. 2 gelten. Abs. 1 S. 3 verweist für den durch die Einführung des einrichtungseinheitlichen Eigenan-

---
1 BT-Dr. 18/5926, 138.
2 BT-Dr. 18/5926, 138.
3 BT-Dr. 18/5926, 138.
4 BT-Dr. 18/5926, 138.

teils (§ 84 Abs. 4) notwendigen Besitzstandsschutz auf Abs. 3. Abs. 1 S. 4 und stellt klar, dass bei allen Besitzstandschutzregelungen nach § 141 kurzfristige Unterbrechungen im Leistungsbezug den Besitzstandsschutz jeweils unberührt lassen. Als kurzfristig kann nach § 34 Abs. 3 die Sechs-Wochen-Frist angesehen werden.

IV. Erhöhter Betreuungs- und Entlastungsbetrag (Abs. 2)

Nach Abs. 2 S. 1 haben Versicherte mit Leistungsberechtigung für den erhöhten **Betreuungs- und Entlastungsbetrag** (§ 45 b Abs. 1 aF) bis zum 31.12.2016 (**208 Euro** an Stelle von **125 Euro**) Anspruch auf einen Zuschlag auf den ab 1.1.2017 geltenden niedrigeren Entlastungsbetrag nach § 45 (125 Euro). Dieser Anspruch besteht, wenn die dem Pflegebedürftigen ab dem 1.1.2017 zustehenden Höchstleistungsbeträge (§§ 36, 37 und 41) nicht um jeweils 83 Euro monatlich höher sind als die ihm bis zum 31.12.2016 zustehenden Höchstleistungsbeträge (§§ 36, 37, 41 und 123). 83 Euro ist die Differenz zwischen 208 Euro und 125 Euro. Der Gesetzgeber geht davon aus, dass der nach § 140 Abs. 2 S. 3 Nr. 2 vorgesehene doppelte Stufensprung der Pflegegradzuordnung bei Pflegebedürftigen mit **eingeschränkter Alltagskompetenz** nach § 45 a Abs. 1 aF dazu führt, dass es trotz gleichbleibender Höchstleistungsbeträge nach §§ 36, 37 und 41 nicht zu Leistungsverschlechterungen kommt.[5] Dennoch soll der höhere Betrag nach § 45 b aF auch noch nach dem 1.1.2017 fortwirken. Zur Vereinfachung für die Anspruchsberechtigten und die Rechtsanwender hat der Gesetzgeber den Besitzstandsschutz nicht durch Aufrechterhaltung des aus dem bisherigen § 45 b folgenden Anspruchs (208 Euro) gewährt, sondern durch Gewährung eines **Zuschlags** auf den Entlastungsbetrag nach § 45 b in der ab dem 1.1.2017 jeweils geltenden Fassung.[6] Dieser Zuschlag soll allerdings ebenso verwendet werden dürfen wie der Entlastungsbetrag ab dem 1.1.2017 (§ 45 b). Der monatliche Zuschlag soll insbesondere ebenso wie der Entlastungsbetrag gemäß § 45 b Abs. 2 flexibel innerhalb der jeweiligen Kalenderjahres in Anspruch genommen werden und der nicht verbrauchte Betrag ebenfalls in das darauffolgende Kalenderhalbjahr übertragen werden. Der Zuschlag wird bei Bestehen eines Anspruchs auf den Entlastungsbetrag automatisch gewährt, er muss also nicht gesondert beantragt werden.

Nach Abs. 2 S. 2 ergibt sich die **Höhe des Zuschlags** aus der Differenz zwischen 208 Euro und dem Leistungsbetrag des ab dem 1.1.2017 zu gewährenden Entlastungsbetrages nach § 45 b Abs. 1 S. 1 (83 Euro). Das Bestehen des Anspruchs auf den Zuschlag ist den Versicherten **schriftlich** mitzuteilen und zu erläutern.

Nach Abs. 2 S. 4 gilt für den Besitzstandsschutz-Zuschlag § 45 b Abs. 3 entsprechend. Nach entsprechender Anwendung des § 45 b Abs. 3 S. 1 ist der Besitzstands-Zuschlag bei **Fürsorgeleistungen zur Pflege** nach § 13 Abs. 3 S. 1 nicht zu berücksichtigen. Damit ist Besitzstandsschutz zB nicht auf die Leistungen der **Hilfe zur Pflege** nach §§ 61 ff. SGB XII anzuwenden. § 45 b Abs. 3 S. 2 und 3 regelt die Besonderheiten des Entlastungsbetrages und ist daher nicht auf den Besitzstandschutz-Zuschlag anwendbar.

Nach Abs. 2 S. 5 sind bei Versicherten, die keinen Anspruch auf einen **Besitzstandsschutz-Zuschlag** haben und deren Ansprüche nach § 45 b zum 1.1.2017 von 208 Euro auf 125 Euro monatlich abgesenkt werden, zur Sicherstellung des Besitzstandsschutzes monatlich Leistungen der Pflegeversicherung in Höhe von bis zu **83 Euro** nicht auf Fürsorgeleistungen zur Pflege **anzurechnen**. Diese Regelung soll den Besitzstandsschutz für Bezieher von Hilfe zur Pflege nach dem SGB XII, denen bisher ein Betreuungs- und Entlastungsbetrag in Höhe von 208 Euro nach § 45 b anrechnungsfrei zustand, erweitern.[7] Die Absenkung des Betreuungs- und Entlastungsbetrages nach § 45 b zum 1.1.2017 von 208 Euro auf 125 Euro werde in der Regel dafür entsprechend höhere sonstige Leistungen der Pflegeversicherung, die sich durch den **doppelten Stufensprung** ergeben, kompensiert. Insoweit bedürfe es grundsätzlich keines Besitzstandsschutzes. Sei dies ausnahmsweise nicht der Fall, sehe § 141 Abs. 2 S. 1 und 2 bereits eine Besitzstandsregelung vor, die durch den Zuschlag dafür sorge, dass die Versicherten keine Absenkung an Leistungen erleiden. Dieser Zuschlag stocke den neuen Betreuungs- und Entlastungsbetrag von 125 Euro auf die Höhe des bisherigen erhöhten Betreuungs- und Entlastungsbetrages von 208 Euro auf und werde ebenso wie dieser durch die entsprechende Geltung des § 45 b Abs. 3 (bislang § 13 Abs. 3 a) anrechnungsfrei gestellt. § 141 Abs. 2 S. 5 erweitere diesen Besitzstandsschutz für Bezieher von Hilfe zur Pflege nach dem SGB XII, die keinen Zuschlag erhalten. Bei Beziehern von Hilfe zur

---

5 BT-Dr. 18/5926, 139.
6 BT-Dr. 18/5926, 139.
7 BR-Dr. 410/16, 76.

Pflege nach dem SGB XII führen Erhöhungen der Leistungen nach den §§ 36 bis 43 SGB XI nicht dazu, dass tatsächlich höhere Leistungen zur Verfügung stehen. Vielmehr führen Leistungserhöhungen bei Sozialhilfeempfängern dazu, dass die Hilfe zur Pflege nach dem SGB XII entsprechend dem Nachranggrundsatz wegen der Anrechnung entsprechend weniger leisten bzw. weniger aufstocken müsse. Durch die Ergänzung solle auch in diesen Konstellationen sichergestellt werden, dass der sonst geltende Besitzstandsschutz bei Kürzung des Betreuungs- und Entlastungsbetrages nicht durch eine entsprechend erhöhte Anrechnung durch die Sozialhilfe unterlaufen werde. Daher stelle die Regelung sicher, dass ein Betrag in Höhe von bis zu 83 Euro anrechnungsfrei bleibe. Dies habe die Wirkung, dass Betreuungs- und Entlastungsleistungen im selben Umfang wie bisher anrechnungsfrei bezogen werden können. Der Besitzstandsschutz richte sich nach der Höhe des für bislang tatsächlich bezogene **Betreuungs- und Entlastungsleistungen** anrechnungsfrei gestellten Betrages. Die Leistungserhöhungen nach dem SGB XI sollen also bei Beziehern von ergänzender Hilfe zur Pflege nach dem SGB XII im Ergebnis nicht in vollem Umfang der Sozialhilfe zugutekommen, sondern den Versicherten verbleiben, um eine faktische Absenkung des Leistungsniveaus zu vermeiden. Eine volle Anrechnung auf die Fürsorgeleistungen zur Pflege wäre in diesen Fällen mit den Zielsetzungen des Besitzstandsschutzes nur schwer zu vereinbaren. Der Besitzstandsschutz vermeide also nicht nur Verschlechterungen bei dem nach dem SGB XI geregelten Leistungsvolumen, sondern verhindere auch, dass die Versicherten bei einer Gesamtbetrachtung unter Einbeziehung der Wirkungen sozialhilferechtlicher Regelungen nicht dadurch schlechter gestellt werden, dass der Betreuungs- und Entlastungsbetrag nach § 45 b ohne tatsächliche Kompensation durch erhöhte andere Pflegeleistungen abgesenkt werde. Gleiches gilt für Fürsorgeleistungen zur Pflege, die mit den Leistungen der Hilfe zur Pflege nach dem SGB XII vergleichbar sind (also Fürsorgeleistungen zur Pflege nach dem **Lastenausgleichsgesetz**, dem **Flüchtlingshilfegesetz** und dem BVG (Kriegsopferfürsorge) sowie nach den Gesetzen, die eine entsprechende Anwendung des BVG vorsehen). Bei einer so komplizierten, kaum noch verständlichen Besitzstandschutz-Regelung bestehen erhebliche Zweifel daran, ob sie je richtig umgesetzt wird.

V. Höherer Eigenanteil in der stationären Pflege (Abs. 3)

7 Abs. 3 regelt den Besitzstandsschutz für Fallkonstellationen, in denen die Einführung des **einrichtungseinheitlichen Eigenanteils** (§ 84 Abs. 2 S. 2) zum 1.1.2017 trotz des doppelten Stufensprungs nach § 140 Abs. 2 ab dem 1.1.2017 zu einem **höheren Eigenanteil** des Pflegebedürftigen bei der Finanzierung seiner stationären Pflege führt. Für den höheren Eigenanteil sind zwei Ursachen denkbar: Das Pflegeheim erhält wegen höherer Aufwendungen (mehr Personal) ein höheres Gesamtbudget. Denkbar ist es aber auch, dass die durch § 84 Abs. 2 S. 2 ab 1.1.2017 bewirkte gleichmäßige Umverteilung des Eigenanteils auf alle Heimbewohner bisher mit dem Eigenanteil geringer belastete Heimbewohner jetzt höher belastet werden. Nach Abs. 3 S. 1 ist bei Pflegebedürftigen der Pflegegrade 2 bis 5 in der vollstationären Pflege zum Leistungsbetrag nach § 43 Abs. 2 ein Zuschlag zu gewähren, wenn der **einrichtungseinheitliche Eigenanteil** im ersten Monat nach der Einführung des neuen Pflegebedürftigkeitsbegriffs (**Januar 2017**) höher ist als der jeweilige individuelle Eigenanteil im Vormonat (Dezember 2016). Der für die Berechnung maßgebliche ab 1.1.2017 geltende einrichtungseinheitliche Eigenanteil kann sich sowohl aus der **gesetzlichen Überleitung** (§ 92 e) als auch aus der **Pflegesatzvereinbarung** (§ 84 Abs. 2 S. 3) ergeben. Durch diese Besitzstandsschutzregelung soll verhindert werden, dass Pflegebedürftige allein aufgrund des ab 1.1.2017 geltenden neuen Pflegesatzrechts gemäß dem Teilkasko-Prinzip der Pflegeversicherung mehr zahlen müssen als nach altem Recht. Der einrichtungseinheitliche Eigenanteil nach § 84 Abs. 2 S. 3 führt dazu, dass im Unterschied zum alten Recht für alle Bewohner eines Pflegeheims der Pflegestufen 2 bis 5 der gleich hohe Betrag für die nicht von der Pflegeversicherung gedeckten Teile des Pflegesatzes zu zahlen ist. Der Zuschlag soll daher Verschlechterungen zwischen altem Recht (unterschiedliche Eigenanteile in einem Pflegeheim je nach Pflegestufe) und neuem Recht (einheitliche Eigenanteile in einem Pflegeheim in den Pflegegraden 2–5) ausgleichen.[8] Der Zuschlag wird dauerhaft gewährt, ohne dass ein gesonderter Antrag des Versicherten erforderlich ist.[9] Die **Höhe des Eigenanteil-Zuschlags** ergibt sich nach Abs. 2 S. 1 aus der Differenz zwischen dem nach neuem Recht im Januar 2017 maßgeblichem einrichtungseinheitlichen Eigenanteil und dem nach altem Recht im Dezember 2016 zu zahlenden Eigenanteil. In der Vergleichsberechnung sind nach Abs. 3 S. 2 für beide Monate jeweils die **vollen Pflegesätze** und Leistungsbeträge zugrunde zu legen. Der Zuschlag ist nach Abs. 3 S. 1 **von Amts wegen** dh auch ohne **Antragsstellung** zu gewähren.

---

[8] BT-Dr. 18/5926, 140.
[9] BT-Dr. 18/5926, 140.

Nach Abs. 3 S. 3 ist der **Zuschlag zu den Höchstleistungsbeträgen** nach § 43 Abs. 2 S. 1 auch zu gewähren, wenn der Höchstleistungsbetrag nach § 43 Abs. 2 S. 2 auch für Aufwendungen für **Unterkunft und Verpflegung** eingesetzt worden ist. Der für die Berechnung maßgebliche einrichtungseinheitliche Eigenanteil kann sich sowohl aus der gesetzlichen Überleitung (§ 92 e) als auch durch Pflegesatzvereinbarung (§ 84 Abs. 2 S. 3) ergeben. Nach dem durch das PSG III eingefügten § 43 Abs. 2 S. 2 übernimmt die Pflegekasse auch Aufwendungen für Unterkunft und Verpflegung, soweit der nach Pflegegraden gestaffelte Höchstleistungsbetrag nach § 43 Abs. 2 S. 1 die pflegebedingten Aufwendungen einschließlich der Aufwendungen für Betreuung und die Aufwendungen für die Leistungen der medizinischen Behandlungspflege (Pflegesatz iSd § 84 Abs. 1 SGB XI) übersteigt. Mit dieser zum 1.1.2017 in Krafft getretenen Regelung möchte der Gesetzgeber sicherstellen, dass der Höchstleistungsbetrag für vollstationäre Dauerpflege auch für Unterkunft und Verpflegung verwandt werden darf, soweit er die pflegerischen Aufwendungen und die Aufwendungen für medizinische Behandlungspflege übersteigt.[10] Hierüber sei Unklarheit entstanden, weil die noch bis 31.12.2016 geltende 75 %-Regelung in Abs. 2 S. 3 aF bereits mit dem PSG II gestrichen worden sei. Aus § 43 Abs. 2 S. 2 ergibt sich die Konsequenz, dass die mit dem Grundsatz nach § 4 Abs. 1 S. 1 und Abs. 2 S. 2 kollidierende Verwendung des Finanzierungsanteils der Pflegeversicherung für die Unterkunft und Verpflegung auch bei der Berechnung des Zuschlags zum einrichtungseinheitlichen Eigenanteils berücksichtigt werden muss, da ansonsten die für den Besitzstandsschutz notwendige Gegenüberstellung von Ansprüchen nach altem und nach neuem Recht unvollständig wäre. Bei Abs. 3 S. 4 möchte der Gesetzgeber sicherstellen, dass die Mitfinanzierung der Kosten für Unterkunft und Verpflegung über den Höchstleistungsbetrag auch im Rahmen der Besitzstandschutzregelung erhalten bleibt.[11] Auch im Fall der Nutzung der Höchstleistungsbeträge für Unterkunft und Verpflegung ist bei der Berechnung des Zuschlags der in Abs. 3 S. 1 bestimmte Berechnungsweg maßgeblich. Bei der in Abs. 3 S. 1 angeordneten Gegenüberstellung von Eigenanteil nach altem Recht und einrichtungseinheitlichen Eigenanteil nach neuem Recht ist anstelle des einrichtungseinheitlichen Eigenanteils der Höchstleistungsbetrag dem Eigenanteil nach altem Recht gegenüber zu stellen, da in diesem Fall der Höchstleistungsbetrag den einrichtungseinheitlichen Eigenanteil übersteigt.

Nach Abs. 3 S. 4 ist der Zuschlag entsprechend zu **kürzen**, wenn sich die Differenz zwischen Pflegesatz und Leistungsbetrag in der Folgezeit **verringert**. Mit dieser Regelung soll bewirkt werden, dass eine Kürzung des Zuschlags vorzunehmen ist, wenn sich die für die Höhe des Zuschlags maßgebliche Differenz zwischen individuellem Eigenanteil im Dezember 2016 und dem ab dem 1.1.2017 geltenden einrichtungseinheitlichen Eigenanteil wegen Änderungen des für das betreffende Pflegeheim geltenden Pflegesatzes (§ 84) oder der für alle Versicherten geltenden Höchstleistungsbeträge der stationären Pflege (§ 43 Abs. 2) verringert.

Nach Abs. 3 S. 5 teilen die Pflegekassen die Höhe des monatlichen Zuschlags zu den Höchstleistungsbeträgen (§ 43 Abs. 2 S. 1) sowie jede Änderung der Zuschlagshöhe den Pflegebedürftigen mit. Bei den **Mitteilungen** handelt es sich um **Verwaltungsakte** (§ 31 SGB X), gegen die der betroffene Pflegebedürftige Widerspruch (§ 84 SGG) und bei Ablehnung danach Anfechtungsklage (§ 54 Abs. 1 S. 1 SGG) erheben kann.

Nach Abs. 3 S. 6 gilt für Versicherte der privaten Pflegeversicherung Abs. 3 S. 1 bis 5 entsprechend. Somit ist der Zuschlag zum einrichtungseinheitlichen Eigenanteil auch von der **privaten Pflege-Pflichtversicherung** nach den gleichen wie für die gesetzliche Pflicht-Pflegeversicherung geltenden Grundsätzen zu gewähren.

VI. Vergütungen Kurzzeitpflege (Abs. 3 a S. 1)

Nach Abs. 3 a S. 1 gilt der am 31.12.2016 gezahlte Pflegesatz für Pflegebedürftige, die am 31.12.2016 Leistungen der **Kurzzeitpflege** nach § 42 Abs. 1 und 2 in Anspruch nehmen, für die **Dauer der Kurzzeitpflege** fort. Die Regelung ist sinnvoll, weil die Pflegesatzkommissionen nach § 92 S. 5 idR auch für Einrichtungen der Kurzzeitpflege Rahmenregelungen für die ab dem 1.1.2017 den Pflegegraden zugeordneten Pflegesätze vereinbart haben und damit auch für diese Einrichtungen grundsätzlich neue Pflegesätze ab 1.1.2017 gelten. Die Besitzstandsschutzregelung in Abs. 3 a S. 1 bewirkt, dass Pflegebedürftige, die Kurzzeitpflege vor dem 1.1.2017 in einem Pflegeheim entgegengenommen haben, auch nach dem 1.1.2017 nur den Pflegesatz nach altem Recht auch dann zu zahlen haben, wenn für das Pflege-

---

10 BT-Dr. 18/10510, 108.
11 BT-Dr. 18/10510, 124.

heim ab 1.1.2017 neue **Pflegesätze** gelten. Die Regelung soll daher einer den Jahreswechsel 2016/2017 übergreifenden Kurzzeitpflege einen Bestandsschutz bzgl. des zu zahlenden Eigenanteils (Differenz zwischen Pflegesatz und Monatspauschale) gewährleisten.[12] Da nach Abs. 1 S. 3 kurzfristige Unterbrechungen im Leistungsbezug den Besitzstandsschutz unberührt lassen, bleibt es auch bei einer Unterbrechung der Kurzzeitpflege von wenigen Tagen bei der Weitergeltung des alten Pflegesatzes.

VII. Höherer Eigenanteil bei vorgeschalteter Kurzzeitpflege (Abs. 3 a S. 2)

13 Nach Abs. 3 a S. 2 ermittelt sich der von der Pflegekasse an die Pflegeeinrichtung ab dem Zeitpunkt der Inanspruchnahme von vollstationärer Pflege (§ 43) nach Abs. 3 S. 1 zu zahlende Zuschlag zum Höchstleistungsbetrag aus der Differenz zwischen **einrichtungseinheitlichen Eigenanteil** und dem **individuellen Eigenanteil**, die die Pflegebedürftigen im Monat Dezember 2016 zu tragen gehabt hätten, wenn die Pflegebedürftigen am 31.12.2016 Leistungen der Kurzzeitpflege nach § 42 und nach dem Ende der Kurzzeitpflege **ohne Unterbrechung des Heimaufenthalts** auch Sachleistungen der vollstationären Pflege in derselben Einrichtung in Anspruch nehmen. Der Gesetzgeber möchte mit dieser Regelung erreichen, dass eine vollstationäre Dauerpflege, die unmittelbar an eine am 31.12.2016 in Anspruch genommene Kurzzeitpflege anschließt, beim Bestandsschutzes im Hinblick auf den Eigenanteil so behandelt wird, als wenn die vollstationäre Dauerpflege bereits mit Beginn der Kurzzeitpflege im Dezember 2016 bestanden hätte.[13] Die vorgeschaltete Kurzzeitpflege wird fiktiv wie eine vollstationäre Pflege behandelt. Eine Unterbrechung zwischen Kurzzeitpflege und vollstationäre Pflege ist auch dann gegeben, wenn wie häufig in der Praxis Verhinderungspflege „zwischengeschaltet" wird. Abs. 1 S. 3 findet hierbei keine Anwendung. Der Zuschlag ist **von Amts wegen** zu ermitteln, dh auf einen Antrag des Pflegebedürftigen kommt es nicht an.

14 Nach Abs. 3 a S. 3 gelten Abs. 3 S. 4 bis 6 auch für den Kurzzeitpflege-Besitzstandsschutz entsprechend: Somit ist nach Abs. 3 a S. 3 iVm Abs. 3 S. 4 auch im Fall des Eigenanteil-Zuschlags bei vorgeschalteter Kurzzeitpflege der Zuschlag entsprechend zu **kürzen**, wenn sich die Differenz zwischen **Pflegesatz** und **Leistungsbetrag** in der Folgezeit **verringert** (→ Rn. 9). Grundlage für die Feststellung der Differenz ist der individuelle Eigenanteil des Pflegeheims für die vollstationäre Pflege im Pflegeheim im Dezember 2016 (fiktive Grundlage, weil tatsächlich die vorgeschaltete Kurzzeitpflege im Dezember 2016 in Anspruch genommen wurde) und dem nach dem 1.1.2017 geltenden geänderten einrichtungseinheitlichen Eigenanteil. Nach Abs. 3 a S. 3 iVm Abs. 3 S. 5 **teilen** die Pflegekassen die Höhe des monatlichen Zuschlags zu den Höchstleistungsbeträgen (§ 43 Abs. 2 S. 1) sowie jede Änderung der Zuschlagshöhe den Pflegebedürftigen **mit** (→ Rn. 10). Nach Abs. 3 a S. 3 iVm Abs. 3 S. 6 (→ Rn. 11) ist der Zuschlag im Fall **vorgeschalteter Kurzzeitpflege** auch Versicherten der privaten Pflegeversicherung nach den gleichen Grundsätzen wie für die gesetzliche Pflicht-Pflegeversicherung zu gewähren.

VIII. Eigenanteil bei Pflegeheimwechsel (Abs. 3 b)

15 Abs. 3 b regelt den Besitzstandsschutz bei Pflegeheimwechsel in der Zeit vom 1.1.2017 bis 31.12.2021. Abs. 3 b S. 1 regelt den Besitzstandsschutz für Berechtigte eines Zuschlags nach den Abs. 3 (höherer Eigenanteil, → Rn. 7f.) und 3 a (höherer Eigenanteil bei vorgeschalteter Kurzzeitpflege, → Rn. 12), wenn sie in der Zeit vom **1.1.2017 bis 31.12.2021** die vollstationäre Pflegeeinrichtung wechseln: Danach ermittelt sich der von der Pflegekasse an die neue Pflegeeinrichtung nach Abs. 3 S. 1 ab dem Zeitpunkt **des Wechsels** zu zahlende Zuschlag aus der Differenz zwischen dem **einrichtungseinheitlichen Eigenanteil**, den der Pflegebedürftige im Monat Januar 2017 in der von ihm neu belegten Einrichtung zu tragen hat oder zu tragen gehabt hätte (fiktiv), und dem **individuellen Eigenanteil**, den der Pflegebedürftige im Monat Dezember 2016 in der neuen Einrichtung zu tragen gehabt hätte (fiktiv). Der für die Berechnung maßgebliche nach dem 1.1.2017 geltende einrichtungseinheitliche Eigenanteil kann sich sowohl aus der gesetzlichen Überleitung (§ 92e) als auch durch Pflegesatzvereinbarung (§ 84 Abs. 2 S. 3) ergeben.

16 Abs. 3 b S. 2 regelt den Besitzstandsschutz bei einem Pflegeheimwechsel in eine nach dem 31.12.2017 eröffnete neue Einrichtung in der Zeit vom 1.1.2017 bis 31.12.2021. Nach Abs. 3 b S. 2 sollen Pflegebedürftige bei einem Wechsel in eine **neu zugelassene, vollstationäre Pflegeeinrichtung**, die erstmals ab 1.1.2017 oder später eine Pflegesatzvereinbarung abgeschlossen hat, ihren nach Abs. 3 (höherer Eigenanteil, → Rn. 7 f.) ermittelten monatlichen **Zuschlagsbetragsbetrag** behalten. Dies gilt unabhängig da-

---

12 BR-Dr. 410/16, 77.
13 BR-Dr. 410/16, 77.

von, wie hoch der einrichtungseinheitliche Eigenanteil in der neuen Einrichtung tatsächlich ist. Grund für diese erstaunlich einfache Regelung ist das Fehlen des für die Besitzstandsschutzregelung notwendigen Vergleichswertes des alten Rechts am 31.12.2016, weil zu diesem Zeitpunkt für die Einrichtung noch kein Pflegesatz vereinbart war. Nach Abs. 3 a S. 1 ist der Zuschlag von Amts wegen zu ermitteln, dh auf einen Antrag des Pflegebedürftigen kommt es nicht an.

Nach Abs. 3 a S. 3 gilt Abs. 3 S. 2 bis 6 für den Besitzstandsschutz-Zuschlag für den **Pflegeheimwechsel** entsprechend. Auch für diesen Zuschlag sind daher nach Abs. 3 a S. 3 iVm Abs. 3 S. 2 in der Vergleichsberechnung für die zu vergleichenden Beträge jeweils die **vollen Pflegesätze** und Leistungsbeträge zugrunde zu legen (→ Rn. 7). Nach Abs. 3 a S. 3 iVm Abs. 3 S. 3 (→ Rn 8) ist der Besitzstandsschutz-Zuschlag für den Pflegeheimwechsel auch in den Fällen nach gemäß Abs. 3 S. 4 zu berechnen, wenn die Monatspauschale (§ 43 Abs. 2 S. 1) nach § 43 Abs. 2 S. 2 auch für die **Unterkunft und Verpflegung** eingesetzt werden muss. Nach Abs. 3 a S. 3 iVm Abs. 3 S. 4 ist der Zuschlag entsprechend zu kürzen, wenn sich die Differenz zwischen Pflegesatz und Leistungsbetrag verringern (→ Rn. 9). Nach Abs. 3 a S. 3 iVm Abs. 3 S. 5 haben die Pflegekassen die Höhe des monatlichen Zuschlags sowie jede Änderung den Pflegebedürftigen **mitzuteilen** (→ Rn. 10). Nach Abs. 3 a S. 3 iVm Abs. 3 S. 6 gelten die Grundsätze nach Abs. 3 b auch für die privaten Pflege-Pflichtversicherung (→ Rn. 11).

IX. Erhöhungen des einrichtungseinheitlichen Eigenanteils im Jahre 2017 (Abs. 3 c)

Abs. 3 c regelt den Besitzstandsschutz für Fälle, in denen sich der einrichtungseinheitliche Eigenanteil aufgrund einer **Pflegesatzvereinbarung** im Jahre 2016 noch im Laufe des Jahres 2017 ändern soll. Nach Abs. 3 c wird daher der monatliche Besitzstands-Zuschlag zum Höchstbetrag auch gewährt, wenn sich der einrichtungseinheitliche Eigenanteil für Pflegebedürftige iSd Abs. 3 (höherer Eigenanteile, → Rn. 7 f), 3 a (höherer Eigenanteil im Anschluss an Kurzzeitpflege, → Rn. 13) und 3 b (höherer Eigenanteil bei Pflegeheimwechsel 2017–2021, → Rn. 15) im Zeitraum vom **1.1.2017** bis **31.12.2017** erhöht, sofern sich die Erhöhung aus der **erstmaligen Vereinbarung** der neuen Pflegesätze im Rahmen der Überleitung, Einführung und Umsetzung des neuen Pflegebedürftigkeitsbegriffs ergibt. Der für die Berechnung maßgebliche einrichtungseinheitliche Eigenanteil kann sich sowohl aus der **gesetzlichen Überleitung** (§ 92 e) als auch aus der **Pflegesatzvereinbarung** (§ 84 Abs. 2 S. 3) ergeben. Hintergrund für diese Regelung ist die Tatsache, dass ein Teil der Einrichtungen Veränderungen der Pflegesätze und damit auch des sich daraus errechnenden einrichtungseinheitlichen Eigenanteils bereits im Laufe der zweiten Jahreshälfte 2016 oder danach mit Inkrafttreten im Zeitraum 1. Februar bis 31.Demzember 2017 vereinbart hat. Soweit sich daraus auch eine Erhöhung des einrichtungseinheitlichen Eigenanteils ergibt, soll entsprechend auch der Zuschlag erhöht werden. Dieser Besitzstandsschutz soll nach der Intention des Gesetzgebers alle Pflegebedürftige erfassen, die zum Jahreswechsel 2016/2017 bereits in einer vollstationären Pflegeeinrichtung versorgt werden und die erstmalig bzw. erneut einen höheren einrichtungseinheitlichen Eigenanteil im Vergleich zu ihrem jeweiligen individuellen Eigenanteil im Dezember 2016 zu tragen haben.[14] Von diesem Besitzstandsschutz sollen auch die Pflegebedürftigen mit Abdeckung der **Unterkunft** und **Verpflegung** durch die Höchstleistungsbeträge (→ Rn. 8), in vollstationärer Pflege nach vorgeschalteter Kurzzeitpflege (→ 13) und nach einem Pflegeheimwechsel (→ Rn. 15) erfasst werden. In Abs. 3 c S. 2 wird zusätzlich ergänzend klargestellt, dass der Besitzstandsschutz auch für Pflegebedürftige gelten soll, die im Dezember 2016 in einer vollstationären Pflegeeinrichtung versorgt wurden, und die durch die Erhöhung erstmals einen höheren einrichtungseinheitlichen Eigenanteil zu tragen hätten im Vergleich zum jeweiligen individuellen Eigenanteil im Dezember 2016. Nach Abs. 3 c S. 3 ist der Vergleichsberechnung neben dem Monat Dezember 2016 der Monat im Zeitraum vom **1.2.2017** bis **31.12.2017** zugrunde zu legen, in dem der einrichtungseinheitliche Eigenanteil erstmalig höher als der jeweilige individuelle Eigenanteil im Monat Dezember 2016 ist oder in den Fällen des Absatzes 3 a (vorgeschaltete Kurzzeitpflege) gewesen wäre.

X. Rentenversicherungspflicht der Pflegeperson(Abs. 4)

Abs. 4 regelt den Besitzstandsschutz der bisher von der Pflegeversicherung gezahlten Beiträge für Pflegepersonen an die gesetzliche Rentenversicherung. Nach Abs. 4 S. 1 besteht die Versicherungspflicht für die Dauer einer Pflegebedürftigkeit fort für Personen, die am 31.12.2016 wegen nicht erwerbsmäßiger Pflege rentenversicherungspflichtig waren und Anspruch auf die Zahlung von **Beiträgen** zur gesetzlichen **Rentenversicherung** nach § 44 in der am 31.12.2016 geltenden Fassung hatten. Durch

---

14 BT-Dr. 18/10510, 125.

diese Regelung bezweckt der Gesetzgeber für Pflegepersonen, die als solche schon unmittelbar vor der Überleitung der Pflegestufen in Pflegegrade wegen ihrer Pflegetätigkeit rentenversichert waren, eine Weiterzahlung von Rentenversicherungsbeiträgen auf Basis des am 31. Dezember 2016 geltenden Rechts ab dem Umstellungszeitpunkt, wenn diese höher sind als nach neuem Recht.[15] Dadurch sollen zeitnahe Neubegutachtungen in großer Anzahl vor allem in den Fällen, in denen mehrere Pflegepersonen den Pflegebedürftigen anteilig pflegen, vermieden werden.

20 Nach Abs. 4 S. 2 bestimmen sich die beitragspflichtigen Einnahmen ab dem 1.1.2017 nach Maßgabe des § 166 Abs. 2 und 3 SGB VI in der am **31.12.2016** geltenden Fassung, wenn sie höher sind als die **beitragspflichtigen Einnahmen**, die sich aus dem ab dem 1.1.2017 geltenden Recht ergeben. Die beitragspflichtigen Einnahmen sowohl nach altem Recht als auch nach neuem Recht knüpfen an einen bestimmten Prozentwert der (dynamischen) Bezugsgröße an. Der Besitzstandsschutz wird wirksam, wenn die aus dem jeweiligen Prozentwert der aktuellen **Bezugsgröße** resultierenden beitragspflichtigen Einnahmen nach § 166 Abs. 2 und 3 SGB VI in der am 31.12.2016 geltenden Fassung (Besitzschutzbetrag) höher sind als die entsprechenden beitragspflichtigen Einnahmen aus § 166 Abs. 2 des SGB VI in der ab 1.1.2017 geltenden Fassung.

XI. Rentenversicherungspflicht bei Pflegegradänderungen (Abs. 4 a)

21 Abs. 4 regelt ergänzend zum Abs. 4 den für die Beitragszahlungspflichten der Pflegeversicherung zur Rentenversicherung für Pflegepersonen maßgeblichen **Pflegegrad** in der Zeit vor dem 1.1.2017 (, in dem noch die Pflegestufen nach §§ 14, 15 aF galten). Nach Abs. 4 a S. 1 richten sich in den Fällen des § 140 Abs. 4 (Besitzstandschutz zum Versicherungsverhältnis) die Versicherungspflicht als Pflegeperson in der **Rentenversicherung** und die Bestimmung der **beitragspflichtigen Einnahmen** für Zeiten vor dem 1.1.2017 nach den §§ 3 und 166 SGB VI in der bis zum 31.12.2016 geltenden Fassung. Nach Abs. 4 a S. 2 erhöht sich die dabei anzusetzende **Pflegestufe** entsprechend dem Anstieg des **Pflegegrades** gegenüber dem durch die Überleitung erreichten Pflegegrad. Abs. 4 a S. 1 richtet sich daher den Besitzstandsschutz für Pflegebedürftige, bei denen nach dem 1.1.2017 ein höherer Pflegegrad festgestellt wird als der nach der gesetzlichen Überleitungsregelung nach § 140 Abs. 2 zugeordnete Pflegegrad. Bei Abs. 4 a handelt es sich um eine Folgeregelung zu der Rückwirkungsregelung in § 140 Abs. 4.[16] Ziel der Regelung ist es, für den kurzen Rückwirkungszeitraum von zwei Monaten durch pauschale Zuordnungen zu einer Pflegestufe eine einfach handhabbare und möglichst verwaltungseffiziente Vorgabe zur Ermittlung der Versicherungspflicht und Beitragsbemessungsgrundlage zu schaffen. Wird zB nach einer Überleitung von der sogenannten Pflegestufe 0 auf Pflegegrad 2 ein Pflegegrad 4 rückwirkend nach § 140 Abs. 4 festgestellt, ist für die Beitragsbemessung Pflegestufe 2 anzusetzen. Soweit es im Rahmen der §§ 3 Satz 1 Nr. 1a und 166 Abs. 2 des Sechsten Buches Sozialgesetzbuch in der am 31.12.2016 geltenden Fassung darauf ankommt, wie viele Stunden gepflegt wurde (auch für die Aufteilung bei Mehrfachpflege), sind diese Stunden zu ermitteln (ggf. durch Befragung der Pflegepersonen).[17]

XII. Beendigung des rentenversicherungsrechtlichen Besitzstandsschutzes (Abs. 5)

22 Abs. 5 S. 1 regelt das Ende des rentenversicherungsrechtlichen Bestandsschutz für Pflegepersonen, die nach Abs. 4 am 31.12.2016 wegen **nicht erwerbsmäßiger Pflege** rentenversicherungspflichtig waren: Nach Abs. 5 S. 1 endet der Besitzstandsschutz, wenn nach dem ab 1.1.2017 geltenden Recht festgestellt wird, dass entweder bei der versorgten Person keine Pflegebedürftigkeit iSd §§ 14 und 15 in der ab dem 1.1.2017 geltenden Fassung vorliegt oder die pflegende Person keine Pflegeperson iSd § 19 in der ab dem 1.1.2017 geltenden Fassung ist. Im Umkehrschluss bleibt nach dieser Regelung der rentenversicherungsrechtliche Besitzstandsschutz allerdings bestehen, wenn im Rahmen einer Begutachtung nur ein niedrigerer Pflegegrad bei der pflegebedürftigen Person ermittelt wird als der Pflegegrad, in den die Überleitung am 1.1.2017 erfolgte.[18] In diesem Fall bleibt der höhere Pflegegrad nach § 140 Abs. 3 für die Ermittlung der rentenversicherungsrelevanten Einnahmen maßgebend. Die Versicherungspflicht und die Beitragsbemessungsgrundlage richten sich damit in diesen Fällen nach dem Pflegegrad, in den die Überleitung erfolgt ist.

---

15 BT-Dr. 18/5926, 140.
16 BT-Dr. 18/6688, 147.
17 BT-Dr. 18/6688, 147.
18 BT-Dr. 18/5926, 140.

Der Besitzstandsschutz endet nach Abs. 5 S. 2 auch, wenn sich nach dem 31.12.2016 eine Änderung in 23
den **Pflegeverhältnissen** ergibt, die zu einer Änderung der beitragspflichtigen Einnahmen nach § 166
Abs. 2 SGB VI in der ab dem 1.1.2017 geltenden Fassung führt oder ein Ausschlussgrund nach § 3 S. 2
oder 3 SGB VI eintritt. Änderungen in den **Pflegeverhältnissen** sollen nach den Vorstellungen des Gesetzgebers[19] im Wesentlichen sein:
- bei der pflegebedürftigen Person ergibt sich ein höherer Pflegegrad;
- bei einer pflegebedürftigen Person ändert sich der Status bezüglich Geld,- Kombinations- und Sachleistungsempfänger;
- es tritt eine Pflegeperson hinzu oder es kommt zu einer Änderung der jeweiligen Pflegequoten bei Mehrfachpflege.

§ 3 S. 2 und 3 SGB VI regeln folgende **Ausschlussgründe**: Nach § 3 S. 2 SGB VI gelten als **nicht erwerbsmäßig** tätige Pflegepersonen, die für ihre Tätigkeit von dem oder den Pflegebedürftigen ein Arbeitsentgelt erhalten, das das dem Umfang der jeweiligen Pflegetätigkeit entsprechende **Pflegegeld** iSd § 37 SGB XI nicht übersteigt. Nach § 3 S. 3 sind Pflegepersonen ebenfalls **nicht erwerbsmäßig** tätig, wenn sie daneben regelmäßig mehr als **30 Stunden** wöchentlich beschäftigt oder selbstständig tätig sind. Durch die Anwendung des neuen Rechts bei einer wesentlichen Änderung in den Pflegeverhältnissen erfolgt dann eine Gleichstellung mit den Personen, die auch nach neuem Recht pflegen.[20] Die Anwendung des neuen Rechts bei maßgebenden Änderungen im Pflegeverhältnis sei auch im Hinblick auf die verwaltungstechnische Praktikabilität erforderlich. Der Besitzstandsschutz soll jedoch gelten, solange sich keine Änderungen in den Pflegeverhältnissen, die schon am 31.12.2016 vorlagen, ergeben und das alte Recht günstiger sei. In diesem Fall profitieren die Bestands-Pflegepersonen gegenüber den Neufällen grundsätzlich ohne zeitliche Begrenzung, längstens jedoch bis zum Bezug einer **Altersvollrente**.

XIII. Besitzstandsschutz berufsständische Versorgungswerke (Abs. 6)

Abs. 6 stellt sicher, dass der Besitzstandsschutz der Abs. 4, 4a und 5 auch für Pflegepersonen mit einer 24
Altersversorgung bei einer **berufsständischen Versorgungseinrichtung** in entsprechender Anwendung gilt. Nach Abs. 6 gelten die den Besitzstandsschutz der Pflegepersonen regelnden Abs. 4 (Rentenversicherungspflicht Pflegeperson, → Rn 19 f.), 4a (Rentenversicherungspflicht bei Pflegegradänderungen, → Rn. 21) und 5 (Beendigung des rentenversicherungsrechtlichen Besitzstandsschutzes, → Rn. 22) für Pflegepersonen iSd § 44 Abs. 2 entsprechend. Nach § 44 Abs. 2 werden die nach § 44 Abs. 1 S. 1 und 2 zu entrichtenden Rentenversicherungsbeiträge auf Antrag an die berufsständische Versorgungseinrichtung gezahlt, wenn es sich um Pflegepersonen handelt, die wegen einer Pflichtmitgliedschaft in einer berufsständischen Versorgungseinrichtung (Versorgungseinrichtungen der **freien Berufe** wie Ärzte, Rechtsanwälte und Steuerberater) auch in ihrer Pflegetätigkeit von der Versicherungspflicht in der gesetzlichen Rentenversicherung befreit sind oder befreit wären, wenn sie in der gesetzlichen Rentenversicherung versicherungspflichtig wären und einen Befreiungsantrag gestellt hätten.

XIV. Unfallversicherungsschutz der Pflegeperson (Abs. 7)

Nach Abs. 7 S. 1 besteht die Versicherungspflicht für die Dauer der Pflegetätigkeit fort für Personen, 25
die am 31.12.2016 wegen **nicht erwerbsmäßiger Pflege** in der **gesetzlichen Unfallversicherung** versicherungspflichtig waren. Auch die soziale Sicherung der Pflegepersonen in der Unfallversicherung soll nach dem Grundsatz erfolgen, dass durch die Umstellung auf das neue Recht keine Schlechterstellung erfolgt.[21] Nach Abs. 7 S. 2 gilt der in Abs. 7 S. 1 geregelte Besitzstandsschutz, soweit und solange sich aus dem ab dem 1.1.2017 geltenden Recht keine günstigeren Ansprüche ergeben. Die Versicherungspflicht soll daher in der Unfallversicherung fortbestehen, sofern sich aus der Anwendung des neuen Rechts hinsichtlich der versicherten Tätigkeit keine günstigeren Ansprüche für die Pflegeperson ergeben.[22] Nach Abs. 7 S. 3 gilt der in Abs. 7 S. 1 geregelte Besitzstandsschutz nicht mehr ab dem Zeitpunkt, ab dem nach dem ab dem 1.1.2017 geltenden Recht festgestellt wird, dass bei der versorgten Person keine **Pflegebedürftigkeit** iSd §§ 14 und 15 in der ab dem 1.1.2017 geltenden Fassung vorliegt. Im Umkehrschluss bleibt nach dieser Regelung der unfallversicherungsrechtliche Besitzstandsschutz al-

---

19 BT-Dr. 18/5926, 140.
20 BT-Dr. 18/5926, 140.
21 BT-Dr. 18/5926, 141.
22 BT-Dr. 18/5926, 141.

lerdings bestehen, wenn im Rahmen einer Begutachtung nur ein niedrigerer Pflegegrad bei der pflegebedürftigen Person ermittelt wird als der Pflegegrad, in den die Überleitung am 1.1.2017 erfolgte.

XV. Pflegeheime ohne Pflegesatzvereinbarung (Abs. 8)

26 Nach Abs. 8 haben Pflegebedürftige, die am 31.12.2016 von zugelassenen Pflegeeinrichtungen **ohne Vergütungsvereinbarung** versorgt werden, ab dem 1.1.2017 Anspruch auf Erstattung der Kosten für die pflegebedingten Aufwendungen gemäß § 91 Abs. 2 in Höhe des ihnen für den Monat Dezember 2016 zustehenden Leistungsbetrages, wenn dieser höher ist als der ihnen für Januar 2017 zu stehende Leistungsbetrag. Nach § 91 Abs. 2 haben Pflegebedürftige, die ambulant oder stationär von zugelassenen Pflegeeinrichtungen versorgt werden, die keine Vergütungsvereinbarung mit den Pflegekassen getroffen haben, Anspruch auf Erstattung der Kosten für die pflegebedingten Aufwendungen, jedoch begrenzt auf 80 % des Betrages, der ihnen aufgrund ihres Pflegegrades zustünde. Ist dieser Leistungsbetrag ab dem 1.1.2017 niedriger als der Leistungsbetrag, der ihnen am 31.12.2016 zustand, haben sie nunmehr weiterhin Anspruch auf den höheren Leistungsbetrag. Dieser Besitzstandsschutz bei Einrichtungen ohne Pflegesatzvereinbarung gilt nach Abs. 8 S. 2 auch für Versicherte der privaten Pflege-Pflichtversicherung.

§ 142 Übergangsregelungen im Begutachtungsverfahren

(1) [1]Bei Versicherten, die nach § 140 von einer Pflegestufe in einen Pflegegrad übergeleitet wurden, werden bis zum 1. Januar 2019 keine Wiederholungsbegutachtungen nach § 18 Absatz 2 Satz 5 durchgeführt; auch dann nicht, wenn die Wiederholungsbegutachtung vor diesem Zeitpunkt vom Medizinischen Dienst der Krankenversicherung oder anderen unabhängigen Gutachtern empfohlen wurde. [2]Abweichend von Satz 1 können Wiederholungsbegutachtungen durchgeführt werden, wenn eine Verbesserung der gesundheitlich bedingten Beeinträchtigungen der Selbständigkeit oder der Fähigkeiten, insbesondere aufgrund von durchgeführten Operationen oder Rehabilitationsmaßnahmen, zu erwarten ist.
(2) [1]Die Frist nach § 18 Absatz 3 Satz 2 ist vom 1. Januar 2017 bis zum 31. Dezember 2017 unbeachtlich. [2]Abweichend davon ist denjenigen, die ab dem 1. Januar 2017 einen Antrag auf Leistungen der Pflegeversicherung stellen und bei denen ein besonders dringlicher Entscheidungsbedarf vorliegt, spätestens 25 Arbeitstage nach Eingang des Antrags bei der zuständigen Pflegekasse die Entscheidung der Pflegekasse schriftlich mitzuteilen. [3]Der Spitzenverband Bund der Pflegekassen entwickelt bundesweit einheitliche Kriterien für das Vorliegen, die Gewichtung und die Feststellung eines besonders dringlichen Entscheidungsbedarfs. [4]Die Pflegekassen und die privaten Versicherungsunternehmen berichten in der nach § 18 Absatz 3 b Satz 4 zu veröffentlichenden Statistik auch über die Anwendung der Kriterien zum Vorliegen und zur Feststellung eines besonders dringlichen Entscheidungsbedarfs.
(3) Abweichend von § 18 Absatz 3 a Satz 1 Nummer 2 ist die Pflegekasse vom 1. Januar 2017 bis zum 31. Dezember 2017 nur bei Vorliegen eines besonders dringlichen Entscheidungsbedarfs gemäß Absatz 2 dazu verpflichtet, dem Antragsteller mindestens drei unabhängige Gutachter zur Auswahl zu benennen, wenn innerhalb von 20 Arbeitstagen nach Antragstellung keine Begutachtung erfolgt ist.

I. Entstehungsgeschichte

1 § 142 wurde durch das PSG II vom 21.12.2015 mWv 1.1.2017 eingefügt.[1]

II. Regelungsgehalt und Normzweck

2 § 142 enthält Übergangsregelungen zum Begutachtungsverfahren nach § 18. Weitere Übergangsregelungen sind insoweit in den Abs. 2 a, 2 b und 2 c des § 18 enthalten, die gleichfalls das Begutachtungsverfahren betreffen, allerdings nur für Zeiträume im Jahr 2016 gelten und bereits mWv 1.1.2016 in Kraft gesetzt wurden (dazu → § 18 Rn. 1, 27).
3 Nach **Abs. 1** S. 1 werden die Wiederholungsbegutachtungen nach § 18 Abs. 2 S. 5 grundsätzlich bis zum 1.1.2019 ausgesetzt; Ausnahmen dazu regelt Abs. 1 S. 2. Gem. **Abs. 2** S. 1 wird die Entscheidungsfrist über Anträge auf Leistungen der Pflegeversicherung für 2017 ausgesetzt. Anderes gilt nach

---

1 BGBl. I, 2424; dazu BT-Dr. 18/5926, 140 ff. (Gesetzentwurf) und BT-Dr. 18/6688, 147 ff. (Beschlussfassung des Gesundheitsausschusses).

Abs. 2 S. 2 bei einem besonders dringlichen Entscheidungsbedarf. Ebenfalls für das Jahr 2017 grundsätzlich ausgesetzt wird durch **Abs. 3** die Pflicht zur Benennung von drei unabhängigen Gutachtern gem. § 18 Abs. 3 a S. 1 Nr. 2, wenn nicht binnen 20 Arbeitstagen eine Begutachtung erfolgt ist.

III. Grundsätzliches Aussetzen der Wiederholungsbegutachtungen (Abs. 1)

Für die Zeit vom 1.1.2017 bis 31.12.2018 finden (vorbehaltlich Abs. 1 S. 2) **keine Wiederholungsbegutachtungen** statt, die nach § 140 von einer Pflegestufe in einen Pflegegrad übergeleitet wurden (Abs. 1 S. 1). Solche Wiederholungsbegutachtungen sind in § 18 Abs. 2 S. 5 vorgesehen, wonach die „Untersuchung" durch den MDK oder durch den von der Pflegekasse beauftragten Gutachter „in angemessenen Zeitabständen zu wiederholen" ist (→ § 18 Rn. 27). Diese Aussetzung gilt ausdrücklich auch für den Fall, dass die Wiederholung der Untersuchung gutachterlich für einen Zeitpunkt innerhalb der beiden Jahre 2017 und 2018 empfohlen wurde (Abs. 1 S. 1 Hs. 2).

Anderes gilt aber für den Fall, dass eine Verbesserung der gesundheitlichen Beeinträchtigungen der Selbständigkeit oder der Fähigkeiten, also eine Verringerung der Pflegebedürftigkeit zu erwarten ist (**Abs. 1 S. 2**). In diesen Fällen können Wiederholungsbegutachtungen vorgenommen werden. Das strikte Verbot solcher erneuter Begutachtungen nach Abs. 1 S. 1 wird für solche Fälle gelockert.

Die Norm des Abs. 1 scheint nicht konsequent abgestimmt mit den Bestimmungen zur Überleitung aus den Pflegestufen in die Pflegegrade, wie sie in § 140 vorgenommen werden. Angesichts des durch § 140 Abs. 3 bewirkten Bestandsschutzes im Hinblick auf den übergeleiteten Pflegegrad erscheint eine Wiederholungsbegutachtung ohnehin nicht sinnvoll. Auch die Fälle, in denen eine Pflegestufe gem. § 33 Abs. 1 S. 4 zunächst befristet festgestellt worden ist, sind nach der Überleitung konsequenterweise unbefristet übergeleitet worden (→ § 140 Rn. 20). Folglich hätte das Ergebnis einer Wiederholungsbegutachtung ohnehin nur dann Konsequenzen, wenn eine Höherstufung erfolgen müsste oder die Pflegebedürftigkeit ganz entfallen wäre (§ 140 Abs. 3 S. 1). Vor dem Hintergrund der Regelungen des § 140 bleibt sowohl der Sinn des Aussetzens für (nur) zwei Jahre als auch der Sinn der Ausnahme bei zu erwartender Verringerung der Pflegebedürftigkeit nicht voll nachvollziehbar. Bei der voraussichtlichen Verringerung wäre lediglich der vollständige Wegfall der Pflegebedürftigkeit oder der Fall der „Prämie" nach § 87 a Abs. 4 wegen einer Rückstufung relevant, die in den Bestandsfällen allerdings nur eintreten kann, wenn die Pflegebedürftigkeit komplett entfällt. Vor dem Hintergrund dieser Überlegungen erscheinen die Ausführungen in der Gesetzentwurfsbegründung, wonach für die Betroffenen durch die Norm Rechtssicherheit und Verlässlichkeit geschaffen werde,[2] wenig nachvollziehbar.

IV. Vorübergehendes Aussetzen von Entscheidungsfristen (Abs. 2)

Die zweite Übergangsvorschrift des § 142 bezieht sich in Abs. 2 auf die Entscheidungsfrist in § 18 Abs. 3 S. 2. Nach dieser Regelung hat die Pflegekasse ihre Entscheidung dem Antragsteller spätestens 25 Arbeitstage nach Eingang des Antrags schriftlich mitzuteilen. Für 2017 ist diese Frist gem. § 142 Abs. 2 S. 1 unbeachtlich.

Anderes gilt gem. Abs. 2 S. 2 nur bei einem besonders dringlichen Entscheidungsbedarf. Dieser unbestimmte Rechtsbegriff soll durch bundesweit einheitliche Kriterien für das Vorliegen, die Gewichtung und die Feststellung durch den Spitzenverband Bund der Pflegekassen konkretisiert werden (S. 3). Im Rahmen der Statistik nach § 18 Abs. 3 b S. 4 ist über die Anwendung der Kriterien zu berichten.

V. Vorübergehendes Aussetzen der Pflicht zur Gutachterbenennung (Abs. 3)

Gem. § 18 Abs. 3 a S. 1 Nr. 2 ist die Pflegekasse verpflichtet, die Antragsteller mindestens drei unabhängige Gutachter zu benennen, wenn innerhalb von 20 Arbeitstagen ab Antragstellung keine Begutachtung erfolgt ist. Diese Pflicht wird für 2017 – vorbehaltlich des Vorliegens eines besonders dringlichen Entscheidungsbedarfs (s. Abs. 2) – ausgesetzt.

---

2 BT-Dr. 18/5926, 144.

§ 143 Sonderanpassungsrecht für die Allgemeinen Versicherungsbedingungen und die technischen Berechnungsgrundlagen privater Pflegeversicherungsverträge

(1) Bei einer Pflegeversicherung, bei der die Prämie nach Art der Lebensversicherung berechnet wird und bei der das ordentliche Kündigungsrecht des Versicherers gesetzlich oder vertraglich ausgeschlossen ist, kann der Versicherer seine Allgemeinen Versicherungsbedingungen auch für bestehende Versicherungsverhältnisse entsprechend den Vorgaben nach § 140 ändern, soweit der Versicherungsfall durch den Pflegebedürftigkeitsbegriff nach den §§ 14 und 15 bestimmt wird.

(2) ¹Der Versicherer ist zudem berechtigt, auch für bestehende Versicherungsverhältnisse die technischen Berechnungsgrundlagen insoweit zu ändern, als die Leistungen an die Pflegegrade nach § 140 Absatz 2 und die Prämien daran angepasst werden. ²§ 12 b Absatz 1 und 1 a des Versicherungsaufsichtsgesetzes findet Anwendung.

(3) ¹Dem Versicherungsnehmer sind die geänderten Versicherungsbedingungen nach Absatz 1 und die Neufestsetzung der Prämie nach Absatz 2 unter Kenntlichmachung der Unterschiede sowie unter Hinweis auf die hierfür maßgeblichen Gründe in Textform mitzuteilen. ²Anpassungen nach den Absätzen 1 und 2 werden zu Beginn des zweiten Monats wirksam, der auf die Benachrichtigung des Versicherungsnehmers folgt.

(4) Gesetzlich oder vertraglich vorgesehene Sonderkündigungsrechte des Versicherungsnehmers bleiben hiervon unberührt.

1 Die Einführung des neuen Pflegebedürftigkeitsbegriffs durch das PSG II[1] hat auch Auswirkungen auf die private Pflegepflichtversicherung. Auch hier findet der neue Pflegebedürftigkeitsbegriff gemäß § 14 Abs. 1 Anwendung. Dies führt zu Änderungen der Leistungen, was eine Anpassung zunächst der Vertragsbedingungen notwendig macht. Ausweislich der Gesetzesbegründung wird dies zu Mehrkosten in Höhe von rund 110 Mio. Euro im Jahr 2017 und 70 Mio. Euro in den Folgejahren führen. Weitere 130 Mio. Euro sollen für Überleitungs- und Bestandsschutzkosten in den nächsten vier Jahren erforderlich sein.[2] Diese Mehrkosten müssen die privaten Pflegeversicherungsunternehmen durch Anpassung der Prämienkalkulation von den Versicherten erheben.

2 Die Übergangsbestimmung hält die für diese Anpassungen notwendigen Rechtsgrundlagen bereit.[3] Zum einen erhalten die Unternehmen die Möglichkeit, ihre Allgemeinen Versicherungsbedingungen anzupassen, um die neue Leistungsgestaltung abzubilden (Abs. 1). Zum anderen dürfen sie für die Prämienneukalkulation die technischen Berechnungsgrundlagen ändern (Abs. 2).

3 Die Übergangsbestimmung des § 143 macht deutlich, dass es sich hierbei um ein einmaliges Sonderanpassungsrecht handelt, so dass keine Anpassungen aus anderen Gründen gewissermaßen en passant eingebunden werden dürfen. Abs. 3 regelt entsprechende Transparenzanforderungen, damit die Versicherten die reformbedingt notwendigen Änderungen nachvollziehen können.

4 Entsprechendes gilt für die ergänzende Pflegekrankenversicherung.

Zweiter Abschnitt
Sonstige Überleitungs-, Übergangs- und Besitzstandsschutzregelungen

§ 144 Überleitungs- und Übergangsregelungen, Verordnungsermächtigung

(1) Für Personen, die am 31. Dezember 2014 einen Anspruch auf einen Wohngruppenzuschlag nach § 38 a in der am 31. Dezember 2014 geltenden Fassung haben, wird diese Leistung weiter erbracht, wenn sich an den tatsächlichen Verhältnissen nichts geändert hat.

(2) ¹Am 31. Dezember 2016 nach Landesrecht anerkannte niedrigschwellige Betreuungsangebote und niedrigschwellige Entlastungsangebote im Sinne der §§ 45 b und 45 c in der zu diesem Zeitpunkt geltenden Fassung gelten auch ohne neues Anerkennungsverfahren als nach Landesrecht anerkannte Angebote zur Unterstützung im Alltag im Sinne des § 45 a in der ab dem 1. Januar 2017 geltenden Fas-

---

1 Zweites Gesetz zur Stärkung der pflegerischen Versorgung und zur Änderung weiterer Vorschriften vom 21.12.2015, BGBl. I 2015, 2424.
2 BT-Dr. 18/5926, 8.
3 Vgl. BT-Dr. 18/5926, 145.

sung. ²Die Landesregierungen werden ermächtigt, durch Rechtsverordnung hiervon abweichende Regelungen zu treffen.
(3) ¹Soweit Versicherte im Zeitraum vom 1. Januar 2015 bis zum 31. Dezember 2016 die Anspruchsvoraussetzungen nach § 45 b Absatz 1 oder Absatz 1 a in der bis zum 31. Dezember 2016 geltenden Fassung erfüllt haben und ab dem 1. Januar 2017 die Anspruchsvoraussetzungen nach § 45 b Absatz 1 Satz 1 in der ab dem 1. Januar 2017 geltenden Fassung erfüllen, können sie Leistungsbeträge nach § 45 b, die sie in der Zeit vom 1. Januar 2015 bis zum 31. Dezember 2016 nicht zum Bezug von Leistungen nach § 45 b Absatz 1 Satz 6 in der bis zum 31. Dezember 2016 geltenden Fassung genutzt haben, bis zum 31. Dezember 2018 zum Bezug von Leistungen nach § 45 b Absatz 1 Satz 3 in der ab dem 1. Januar 2017 geltenden Fassung einsetzen. ²Die in Satz 1 genannten Mittel können ebenfalls zur nachträglichen Kostenerstattung für Leistungen nach § 45 b Absatz 1 Satz 6 in der bis zum 31. Dezember 2016 geltenden Fassung genutzt werden, die von den Anspruchsberechtigten in der Zeit vom 1. Januar 2015 bis zum 31. Dezember 2016 bezogen worden sind. ³Die Kostenerstattung nach Satz 2 ist bis zum Ablauf des 31. Dezember 2018 zu beantragen. ⁴Dem Antrag sind entsprechende Belege über entstandene Eigenbelastungen im Zusammenhang mit der Inanspruchnahme der bezogenen Leistungen beizufügen.
(4) Die im Jahr 2015 gemäß § 45 c zur Verfügung gestellten Fördermittel, die nach § 45 c Absatz 5 Satz 2 in der bis zum 31. Dezember 2016 geltenden Fassung auf das Folgejahr 2016 übertragen und bis zum Ende des Jahres 2016 in den Ländern nicht in Anspruch genommen worden sind, können im Jahr 2017 gemäß § 45 c Absatz 6 Satz 3 bis 9 in der ab dem 1. Januar 2017 geltenden Fassung von den Ländern beantragt werden, die im Jahr 2015 mindestens 80 Prozent der auf sie gemäß § 45 c Absatz 5 Satz 1 in der bis zum 31. Dezember 2016 geltenden Fassung nach dem Königsteiner Schlüssel entfallenden Mittel ausgeschöpft haben.
(5) ¹In Fällen, in denen am 31. Dezember 2016 der Bezug von Leistungen der Pflegeversicherung mit Leistungen der Eingliederungshilfe für Menschen mit Behinderungen nach dem Zwölften Buch, dem Bundesversorgungsgesetz oder dem Achten Buch bereits zusammentrifft, muss eine Vereinbarung nach § 13 Absatz 4 in der ab dem 1. Januar 2017 geltenden Fassung nur dann abgeschlossen werden, wenn einer der beteiligten Träger oder der Leistungsbezieher dies verlangt. ²Trifft der Bezug von Leistungen der Pflegeversicherung außerdem mit Leistungen der Hilfe zur Pflege nach dem Zwölften Buch oder dem Bundesversorgungsgesetz zusammen, gilt Satz 1 entsprechend.

Literatur:

Igl, Das Gesetz zur strukturellen Weiterentwicklung der Pflegeversicherung, NJW 2008, 2214; *Dalichau*, Neue Anforderungen an ambulante betreute Wohngruppen, GuP 2015, 61; *Griep*, Wohngruppenschlag nach § 38 a SGB XI – Bravourstück oder Verschlimmbesserung, Pflegerecht 2015, 439; *Kaminski*, Finanzierung von ambulant betreuten Wohngemeinschaften, RDG 2014, 198; *Lachwitz*, Pflege-Weiterentwicklungsgesetz (PfWG) tritt in Kraft, RdLH 2008, 51; *Rasch*, Zum Verhältnis von Leistungen der Eingliederungshilfe zu Leistungen der Pflege nach dem SGB XI im ambulant betreuten Wohnen, NDV 2013, 186; *Richter*, Neue Wohnformen, GUP 2013, 226; *ders.*, Die Übergangsrechte der sozialen Pflegeversicherung nach dem PSG II und PSG III, PflR 2017, 139; *Schmidt*, Das Dritte Pflegestärkungsgesetz, NZS 2017, 207,*Stengler*, Eingliederungshilfe und Pflege, TuP 2012, 272; *Wendt*, Neue Leistungen für häusliche Pflege nach dem Pflegeleistungs-Ergänzungsgesetz, PflR 2002, 307; *Udsching*, Verhältnis von Pflegeleistungen nach SGB XI und SGB XII zu Teilhabeleistungen nach dem SGB XII, Sozialrecht Aktuell, 2012, 198; *Welti*, Pflegeleistungen und Teilhabeleistungen in Einrichtungen, Soziallrecht aktuell, 2012, 189.

I. Entstehungsgeschichte

§ 144 wurde durch das PSG II mit Wirkung zum 1.1.2017 eingefügt. Vorgängernorm des § 144 ist § 122, der durch Art. 1 Nr. 8 PflEG vom 14.12.2001 (BGBl. I, 2728) eingefügt und am 1.1.2002 erstmals in Kraft trat. Durch Art. 1 Nr. 79 des PfWG vom 28.5.2008 wurde § 122 der Abs. 2 angefügt, der eine ergänzende Ermächtigung zum Erlass von Richtlinien nach § 45 b Abs. 1 S. 4 SGB XI (Begutachtung der erheblichen Einschränkung der Alltagskompetenz) bis zum 31.12.2016 enthielt. Durch das PSG I[1] wurde mWv 1.1.2015 mit Abs. 3 eine Besitzstandregelung zum **Wohngruppenzuschlag** nach § 38 a eingefügt, die wegen der zu diesem Zeitpunkt wirksam werdenden weitreichenden Änderungen der Leistungsvoraussetzungen notwendig geworden ist. Durch das PSG II wurde in § 144

---
[1] BGBl. I, 2222.

Abs. 2 mit Wirkung zum 1.1.2017 eine Regelung zum Besitzstandsschutz der bis dahin nach Landesrecht anzuerkennenden **niedrigschwelligen Betreuungsangebote** und **niedrigschwelligen Entlastungsangebote** iSd §§ 45 b aF und 45 c aF aufgenommen. Durch das PSG III wurde in Abs. 3 ebenfalls mit Wirkung zum 1.1.2017 eine Besitzstandsschutzregelung für die **Übertragbarkeit** der im Jahr 2016 noch nicht verbrauchten Mittel des Betreuungs- und Entlastungsbetrages nach § 45 b Abs. 1 aF (125 EUR oder 208 EUR) aufgenommen. Ebenfalls durch das PSG III eingefügt wurde Abs. 4, der die Verwendung von übertragbaren Fördermitteln nach § 45 c aus dem Jahre 2015 regelt. Der ebenfalls im Wege des PSG III eingefügte Abs. 5 regelt Erleichterungen zur Vereinbarung nach § 13 Abs. 4 in der ab 1.1.2017 geltenden Fassung (siehe Art. 1 Nr. 6 PSG III), die zur Regelung der Leistungskonkurrenz von Leistungen der Pflegeversicherung und der Eingliederungshilfe dient.

II. Normzweck

2   § 144 enthält Besitzstandsschutzregelungen zum **Wohngruppenzuschlag** nach § 38 a (Abs. 1), zur Anerkennung der **niedrigschwelligen Betreuungsangebote** als Leistungserbringer des Umwandlungsanspruchs nach § 45 a Abs. 4 sowie des Entlastungsbetrages nach § 45 b Abs. 1 S. 3 Nr. 4 (Abs. 2) sowie zur Übertragbarkeit der im Jahr 2016 noch nicht verbrauchten Mittel des **Betreuungs- und Entlastungsbetrages** nach § 45 b aF (Abs. 3). Abs. 5 enthält eine Sonderregelung zur **Leistungskonkurrenz** von Leistungen der Pflegeversicherung und Leistungen der Eingliederungshilfe für Fälle, bei denen diese Leistungskonkurrenz am 31.12.2016 vorliegen. Diese Übergangsregelung ist wegen der am 1.1.2017 wirksam werdenden Neuregelung dieser Leistungskonkurrenz in § 13 Abs. 4 SGB XI notwendig. Die Abs. 1 bis 3 und 5 erfüllen damit wie alle anderen Besitzstandsschutzregelungen des PSG II den Zweck, die Versicherten, die vor dem 1.1.2017 bereits SGB XI-Leistungen erhalten haben, vor einer **Schlechterstellung** durch den Übergang in das neue Recht zu bewahren. Abs. 4 regelt die Sonderbehandlung des im Jahre 2015 noch nicht verbrauchten Förderbudgets für Unterstützungsangebote sowie die Weiterentwicklung der Versorgungsstrukturen nach § 45 c Abs. 1 S. 1.

III. Besitzstandsschutz Wohngruppenzuschlag (Abs. 1)

3   Nach Abs. 1 wird der **Wohngruppenzuschlag** für Personen, die am 31.12.2014 einen Anspruch auf einen Wohngruppenzuschlag nach § 38 a in der bis zum 31.12.2014 geltenden Fassung haben, weiter erbracht, wenn sich an den **tatsächlichen Verhältnissen** nichts geändert hat. Anlass für diese Regelung ist die Tatsache, dass durch das PSG I die Anspruchsvoraussetzungen für den Wohngruppenzuschlag nach § 38 a so verschärft worden sind, dass Pflegebedürftige in Wohngruppen, die die seit 1.1.2015 geltenden erhöhten Anforderungen nicht erfüllen, ohne diese Besitzstandswahrungsregelung keinen Anspruch mehr auf Wohngruppenzuschlag hätten. Die Neufassung des § 38 a soll bei Bewohnern einer Wohngruppe, die vor dem 31.12.2014 den Wohngruppenzuschlag bezogen haben, eine neue Prüfung der Anspruchsvoraussetzungen durch die Pflegekassen überflüssig machen.[2] Weiterhin soll durch die Neufassung des § 38 a kein Bewohner einer Wohngruppe, der bisher die Wohngruppenpauschale bezogen hat, seinen Anspruch nach § 38 a verlieren, wenn sich an den tatsächlichen Verhältnissen nichts geändert hat. Tatsächliche Verhältnisse iSd Abs. 3 können sowohl Änderungen beim Anspruchsberechtigten (zB Wegfall der Pflegebedürftigkeit) als auch Änderungen in der vom Anspruchsinhaber bewohnten Wohngruppe sein (zB der Betrieb der Wohngruppe wird geschlossen, in der Wohngruppe leben keine Pflegebedürftigen mehr). Die besitzstandswahrende Regelung ist im Hinblick auf die Einzelfallgerechtigkeit nicht zu beanstanden. Ärgerlich ist nur, dass die Regelung der Besitzstandswahrung notwendig ist, weil die Anspruchsgrundlage in kurzen Zeitabständen geändert wird, ohne dass dafür nachvollziehbare Gründe erkennbar sind.[3] Die „Sprunghaftigkeit" des Gesetzgebers sorgt für erhebliche Verunsicherung bei allen Beteiligten (Bewohner, Betreiber, Pflegekassen, Heimaufsichtsbehörden und Sozialhilfeträger) und erschwert ganz erheblich die Weiterentwicklung der Pflegeinfrastruktur.[4] Dies steht im Widerspruch zu den Förderprogrammen nach § 8 Abs. 3 S. 1, §§ 45 c, 45 d, 45 e und § 45 f sowie den Ankündigungen der Politik, demografisch zwingend notwendige Alternativen zur familiären und vollstationären Pflege zu ermöglichen. Im Übrigen ist diese Entwicklung ein weiteres Bei-

---

2   BT-Dr. 18/2909, 45.
3   Die Begründung des Bundesrates für die von ihm durchgesetzte Änderung des § 38 a im PSG II ist nicht nachvollziehbar und zeigt, dass der Gesetzgeber kein Gespür mehr dafür hat, in welcher Weise Leistungsbereiche praxistauglich abgegrenzt werden können.
4   Griep, Der neue Wohngruppenschlag nach § 38 a SGB XI – Bravourstück oder Verschlimmbesserung, Pflegerecht 2015, 439.

spiel dafür, dass der Gesetzgeber im Bereich der Pflegeversicherung generell nicht in der Lage oder nicht bereit ist, den Handlungsspielraum, den Akteure für Innovationen in der Pflegeinfrastruktur benötigen, zuzugestehen. Innovationen wird es nicht geben, wenn die Politik ständig die Rahmenbedingungen verändert, einschränkt und insbesondere verschlechtert und neue Einrichtungsformen mit ordnungspolitischen und bürokratischen Vorgaben abwürgt. Erschwert wird die Weiterentwicklung der vom Gesetzgeber gewollten neuen Wohnformen auch dadurch, dass einzelne Bundesländer wie zB Hessen durch ihr landesrechtliches Heimordnungsrecht gezielt Wohngruppen verhindern. Obwohl die Voraussetzungen für den Wohngruppenzuschlag nach § 38a im PSG II erneut mit Wirkung zum 1.1.2017 verändert worden sind, fehlt es im PSG III an einer entsprechenden Besitzstandsschutzregelung. Offensichtlich geht der Gesetzgeber davon aus, dass diese Gesetzesänderungen keine weiteren Änderungen der bereits vor dem 1.1.2017 bestehenden Ansprüche auf Wohngruppenzuschlag bedeuten. Damit besteht jedoch das Risiko, dass der Umkehrschluss „fehlende Besitzstandsschutzregelung" für die am 1.1.2017 in Kraft getretenen Änderungen missbräuchlich dafür herangezogen wird, Bescheide über Wohngruppenzuschläge ab dem 1.1.2017 mit Wirkung für die Zukunft zurückzunehmen (§ 48 SGB X). Damit werden die Wohngruppen erneut zum „Spielball" der Rechtsprechung gemacht, die sich schon bisher angesichts der Kapriolen des Gesetzgebers bei § 38a notgedrungen schwer tat, für alle Beteiligten bedarfsgerechte praxistaugliche Lösungen zu finden.

IV. Besitzstandsschutz der Leistungserbringer des Entlastungsbetrage (Abs. 2)

Nach Abs. 2 S. 1 gelten am 31.12.2016 nach Landesrecht anerkannte niedrigschwellige Betreuungsangebote und niedrigschwellige Entlastungsangebote iSd §§ 45b und 45c in der zu diesem Zeitpunkt geltenden Fassung auch ohne neues Anerkennungsverfahren als nach Landesrecht anerkannte Angebote zur Unterstützung im Alltag iSd § 45a in der ab dem 1.1.2017 geltenden Fassung. Diese Besitzstandsschutzregelung zu den Unterstützungsangeboten betrifft den alleinigen Leistungserbringer des seit dem 1.1.2017 so bezeichneten **Umwandlungsanspruchs** (§ 45a Abs. 4) und einen von insgesamt vier Leistungserbringern des seit dem 1.1.2017 so bezeichneten **Entlastungsbetrages** (§ 45b). Durch das Pflegeleistungs-Ergänzungsgesetz (PflEG) vom 14.12.2001[5] wurde erstmals das in § 45c Abs. 3 aF gesetzlich definierte **niedrigschwellige Betreuungsangebot** als neuer ambulanter Leistungserbringer neben die zugelassenen Pflegediensten gestellt und finanziell gefördert. Im Rahmen der ab 1.1.2015 geltenden Änderungen des § 45c aF wurden für das niedrigschwellige Betreuungsangebot die beiden Leistungsbereiche „Betreuungsangebote" und „Entlastungsangebote" gesetzlich bestimmt. In dem durch das PSG III mit Wirkung ab dem 1.1.2017 geänderten § 45a Abs. 1 und 2 werden diese Angebote jetzt in „Angebote zur Unterstützung im Alltag" umbenannt. In § 45a Abs. 1 S. 2 werden für die Angebote zur Unterstützung im Alltag jetzt die drei Leistungsbereiche „**Betreuungsangebote**", „**Angebote zur Entlastung von Pflegenden**" und „**Angebote zur Entlastung im Alltag**" bestimmt. Die Notwendigkeit der Besitzstandsschutzregelung in § 144 Abs. 2 ergibt sich daher aus der vom Gesetzgeber in kurzer zeitlicher Abfolge vorgenommenen Änderungen der Bezeichnungen und der Geschäftsfelder dieses Leistungserbringers. Die Betreuungs- und die verschiedenen Entlastungsangebote können dabei wie bislang sowohl separat bestehen als auch von einem Anbieter als integriertes Angebot sowohl von Betreuung als auch von Entlastung konzipiert werden.[6] Die bis zum Inkrafttreten der Neuregelungen zu den §§ 45a ff. nach dem jeweiligen Landesrecht bereits anerkannten niedrigschwelligen Betreuungsangebote, niedrigschwellige Entlastungsangebote und niedrigschwelligen Betreuungs- und Entlastungsangebote gelten daher ab dem 1.1.2017 auch ohne neues Anerkennungsverfahren automatisch als nach Landesrecht anerkannte Angebote zur Unterstützung im Alltag iSd neuen § 45a.[7] Nach Abs. 2 S. 2 sind die **Landesregierungen** ermächtigt, durch **Rechtsverordnung** hiervon abweichende Regelungen zu treffen. Nach § 45a Abs. 3 S. 1 sind die Landesregierungen ohnehin ermächtigt, durch Rechtsverordnung das Nähere über die Anerkennung der Angebote zur Unterstützung im Alltag iSd § 45a Abs. 1 und 2 einschließlich der Vorgaben zur regelmäßigen Qualitätssicherung der Angebote und zur regelmäßigen Übermittlung einer Übersicht über die aktuell angebotenen Leistungen und die Höhe der hierfür erhobenen Kosten zu bestimmen (→ § 45a Rn. 13 f.). Die Notwendigkeit der Besitzstandsschutzregelung zu den Unterstützungsangeboten offenbart, dass ständige kurzfristige Gesetzesänderungen die Konsequenz daraus sind, dass der Gesetzgeber das Korsett für die Leistungserbringer unnötigerweise zu eng ausgestaltet.

---

5 BGBl. I, 3728.
6 BT-Dr. 18/5926, 143.
7 BT-Dr. 18/5926, 143.

V. Übertragbarkeit nicht verbrauchter Mittel des Entlastungsbetrages (Abs. 3)

5 Der im Rahmen des PSG III eingefügte Abs. 3 S. 1 enthält eine besitzstandswahrende Übertragungsmöglichkeit betreffend des in der Zeit vom 1.1. 2015 bis zum 31.12.2016 nicht zum Bezug von Leistungen eingesetzten Entlastungsbetrages (Betreuungs- und Entlastungsleistungen nach § 45 b Abs. 1 aF: 125 EUR oder 208 EUR). Nach Abs. 3 S. 1 können Versicherte diese nicht eingesetzten Leistungsbeträge noch bis zum **31.12.2018** zum Bezug von Leistungen nach § 45 b Abs. 1 S. 3 nF einsetzen, soweit sie im Zeitraum vom 1.1.2015 bis zum 31.12.2016 die Anspruchsvoraussetzungen nach § 45 b Abs. 1 oder Abs. 1 a aF erfüllt haben und ab dem 1.1.2017 die Anspruchsvoraussetzungen nach § 45 b Abs. 1 S. 1 nF erfüllen. Der Gesetzgeber möchte mit der Anpassung des Übertragungszeitraum den Anspruchsberechtigten eine gleichmäßigere Verwendung der zwischen dem 1.1.2015 und 31.12.2016 nicht verbrauchten Leistungsbeträge nach § 45 b Abs. 1 oder Abs. 1 a aF ermöglichen.[8] Für die Verwendung der Mittel stehen dafür jetzt zwei Jahre zur Verfügung, so dass sie zwischen dem 1.1.2017 und dem 31.12.2018 für eine regelmäßige Entlastung in die individuelle Versorgung eingeplant werden können. Zudem werde der Anspruch damit auch für diejenigen Versicherten besser nutzbar gemacht, die in einem Bundesland leben, in dem erstmals ab Januar 2017 damit begonnen werden könne, auf der Grundlage einer erst dann in Kraft getretenen neuen Landesverordnung auch niedrigschwellige Entlastungsangebote anzuerkennen. Mit der Regelung in § 144 Abs. 3 soll der Übertragungszeitraum für die Mittel verlängert werden, die innerhalb des normalen Übertragbarkeitszeitraums nach § 45 b Abs. 2 S. 3 aF nicht ausgeschöpft wurden. Für die Mittel nach § 45 b Abs. 1 und 1 a aF, die nach der Übertragbarkeitsregelung in § 45 b Abs. 2 aF mit Ablauf des 30.6.2016 verfallen seien, konstituiere § 144 Abs. 3 eine neue **Anspruchsgrundlage**. Denn die an sich bereits verfallenen Mittel können nach dieser Vorschrift ab dem 1.1.2017 bis zum 31.12.2018 erneut genutzt werden: entweder, um gemäß S. 2 eine nachträgliche Kostenerstattung für bereits bezogene Leistungen zu erhalten, oder, um diese Beträge gemäß S. 1 zum Bezug von Leistungen nach § 45 b nF einzusetzen.[9] Nach Abs. 3 S. 2 können die nach S. 1 übertragbaren Mittel ebenfalls zur nachträglichen **Kostenerstattung** für Leistungen nach § 45 b Abs. 1 S. 6 aF genutzt werden, die von den Anspruchsberechtigten in der Zeit vom 1.1.2015 bis zum 31.12.2016 bezogen worden sind. Nach Abs. 3 S. 3 ist die Kostenerstattung nach S. 2 bis zum Ablauf des **31.12.2018** zu beantragen. Dem **Antrag** auf Kostenerstattung sind nach S. 4 entsprechende **Belege** über entstandene Eigenbelastungen im Zusammenhang mit der Inanspruchnahme der bezogenen Leistungen beizufügen.

VI. Übertragbarkeit der Fördermittel 2015 zur Versorgungsstruktur (Abs. 4)

6 Abs. 4 ist eine Übergangsregelung zu der im Rahmen des PSG III in § 45 c Abs. 6 S. 3–7 (→ § 45 c Rn. 23 f.) neu geschaffenen **mehrfachen Übertragung** nicht verbrauchter Fördermittel für die Unterstützungsangebote und die Weiterentwicklung der Versorgungsstrukturen nach Abs. 1 S. 1 (25 Millionen Euro je Kalenderjahr). Im Unterschied zur generell geltenden neuen Fördermittel-Übertragungsregelung nach § 45 c Abs. 6 S. 2–9 betreffend die **Versorgungsstrukturen** (→ § 45 a Rn. 23 ff.) regelt § 144 Abs. 4 nur die Umgangsweise mit den nicht verbrauchten Fördermitteln des **Jahres 2015**. Nach Abs. 4 S. 1 können die im Jahr 2015 gemäß § 45 c zur Verfügung gestellten **Fördermittel**, die nach § 45 c Abs. 5 S. 2 aF auf das **Folgejahr 2016** übertragen und bis zum Ende des Jahres 2016 in den Ländern nicht in Anspruch genommen worden sind, im Jahr 2017 gemäß § 45 c Abs. 6 S. 3–9 nF von den Ländern beantragt werden, die im Jahr 2015 mindestens 80 % der auf sie gemäß § 45 c Abs. 5 S. 1 aF nach dem Königsteiner Schlüssel entfallenden Mittel ausgeschöpft haben. Auf diese Weise soll die Übertragbarkeit der Fördermittel auf Länder mit einer hohen **Ausschöpfungsquote** bereits unmittelbar ab dem 1.1.2017 greifen und auch die Mittel aus dem Jahre 2015 umfassen, die in das Folgejahr 2016 übertragen, aber bis zum Jahresende 2016 nicht ausgeschöpft worden sind.[10] Mit der vorliegenden Regelung wird daher sichergestellt, dass diese bis zum Ende des Jahres 2016 nicht ausgeschöpften Fördermittel auf der Grundlage des neuen § 144 Abs. 4 ab dem 1.1.2017 nahtlos zur Verfügung stehen, um gemäß dem neuen § 45 c Abs. 6 S. 3–9 genutzt zu werden.[11] Der offensichtlich nicht erfolgte vollständige Abruf der Fördermittel 2015 lässt Zweifel darüber aufkommen, ob die vom Gesetzgeber angestrebten Ziele der Förderung für die gesetzlich bestimmte Zielgruppe umsetzbar sind.

---

8 BT-Dr. 18/10510, 125.
9 Die Gründe hierfür sind im Gesetzentwurf der Bundesregierung zum Dritten Pflegestärkungsgesetz zu § 144 Abs. 3 bereits dargestellt worden (siehe BT-Dr. 18/9518, 80 f.).
10 BR-Dr. 18/10510, 125.
11 BR-Dr. 18/10510, 125.

VII. Übergangsregelung zur Leistungskonkurrenz Eingliederungshilfe (Abs. 5)

Der im Rahmen des PSG III eingefügte Abs. 5 enthält eine Sonderregelung zur **Leistungskonkurrenz** von Leistungen der Pflegeversicherung und Leistungen der Eingliederungshilfe für Fälle, bei denen diese Leistungskonkurrenz am **31.12.2016** vorliegt. Nach Abs. 5 S. 1 muss in Fällen, in denen am 31.12.2016 der Bezug von **Leistungen der Pflegeversicherung** mit **Leistungen der Eingliederungshilfe** für Menschen mit Behinderungen nach dem SGB XII, dem BVG oder dem SGB VIII bereits zusammentrifft,[12] eine **Vereinbarung** nach § 13 Abs. 4 nF nur dann abgeschlossen werden, wenn einer der beteiligten Träger oder der Leistungsbezieher dies verlangt. Diese Regelung soll nach Abs. 5 S. 2 auch gelten, wenn der Bezug von Leistungen der Pflegeversicherung außerdem mit Leistungen der **Hilfe zur Pflege** nach dem SGB XII oder dem BVG zusammentrifft. Nach dem im Rahmen des PSG III geänderten ab 1.1.2017 geltenden § 13 Abs. 4 haben die zuständige Pflegekasse und der für die Eingliederungshilfe zuständige Träger mit Zustimmung des Leistungsberechtigten eine **Vereinbarung** abzuschließen, wenn Leistungen der Pflegeversicherung und Leistungen der Eingliederungshilfe zusammentreffen. Die Vereinbarung regelt, dass im Verhältnis zum Pflegebedürftigen der für die Eingliederungshilfe zuständige Träger die Leistungen der Pflegeversicherung auf der Grundlage des von der Pflegekasse erlassenen Leistungsbescheids zu übernehmen hat, und dass die zuständige Pflegekasse dem für die Eingliederungshilfe zuständigen Träger die Kosten der von ihr zu tragenden Leistungen zu erstatten hat sowie die Modalitäten der Übernahme und der Durchführung der Leistungen sowie der Erstattung. Nach § 13 Abs. 4 aF sollten die beiden Leistungsträger nur vereinbaren, wer im Verhältnis zum Pflegebedürftigen die Leistungen übernimmt. Vor diesem Hintergrund handelt es sich bei § 144 Abs. 4 S. 1 um eine Folgeänderung zu der Weiterentwicklung des § 13 Abs. 4.[13] Würde man vorsehen, dass ab dem 1.1.2017 auch für alle bisherigen Leistungsbezieher, die unter diese Regelung fallen, unverzüglich Vereinbarungen nach § 13 Abs. 4 nF getroffen werden müssen, würde dies bei den Leistungsträgern zu einer hohen Ressourcenbindung, gerade zu Beginn des Jahres 2017, führen. Angesichts der umfangreichen Aufgaben, die sich insbesondere für die Pflegekassen wie auch für die Träger der Sozialhilfe ab dem 1.1.2017 bereits aufgrund der Umstellungen auf den neuen Pflegebedürftigkeitsbegriff ergeben, wäre die hiermit verbundene Belastung übermäßig groß. Der Gesetzgeber denkt dabei auch daran, dass viele Fälle zu regeln sein würden, bei denen der Leistungsbezug aus den jeweiligen Systemen bislang reibungslos verläuft und aus Sicht der betroffenen Träger wie auch der Leistungsbezieher daher eine Vereinbarung nach § 13 Abs. 4 nF gar nicht zwingend notwendig erscheint. Aus diesem Grund beschränkt er in § 144 Abs. 5 die Anwendung des § 13 Abs. 4 nF auf die Bestandsfälle, in denen mindestens einer der Betroffenen das Bedürfnis nach einer entsprechenden Vereinbarung tatsächlich anmeldet. Nur dann muss ab dem 1.1.2017 auch für bisherige Leistungsbezieher eine solche Vereinbarung getroffen werden.

§ 145 Besitzstandsschutz für pflegebedürftige Menschen mit Behinderungen in häuslicher Pflege

¹Für pflegebedürftige Menschen mit Behinderungen, die am 1. Januar 2017 Anspruch auf Leistungen der Pflegeversicherung bei häuslicher Pflege haben und in einer Wohnform leben, auf die § 43 a in der am 1. Januar 2017 geltenden Fassung keine Anwendung findet, findet § 43 a auch in der ab dem 1. Januar 2020 geltenden Fassung keine Anwendung. ²Wechseln diese pflegebedürftigen Menschen mit Behinderungen nach dem 1. Januar 2017 die Wohnform, findet Satz 1 keine Anwendung, solange sie in einer Wohnform leben, auf die § 43 a in der am 1. Januar 2017 geltenden Fassung Anwendung gefunden hätte, wenn sie am 1. Januar 2017 in einer solchen Wohnform gelebt hätten.

---

12 Rasch, Zum Verhältnis von Leistungen der Eingliederungshilfe zu Leistungen der Pflege nach dem SGB XI im ambulant betreuten Wohnen, NDV 2013, 186; Udsching, Verhältnis von Pflegeleistungen nach SGB XI und SGB XII zu Teilhabeleistungen nach dem SGB XII, Sozialrecht Aktuell, 2012, 198; Welti, Pflegeleistungen und Teilhabeleistungen in Einrichtungen, Sozialrecht aktuell, 2012, 189.
13 BT-Dr. 18/10510, 126.

I. Entstehungsgeschichte

1 § 145 wurde durch Art. 1 Nr. 29 Drittes Pflege-Stärkungsgesetz (PSG III) vom 23.12.2016 (BGBl. I, 3191) eingeführt und trat zum 1.1.2017 in Kraft.[1]

II. Normzweck und -inhalt

2 § 145 regelt den **Bestandschutz für pflegebedürftige Menschen mit Behinderungen** im Zusammenhang mit der Neuregelung der Eingliederungshilfe in Teil 2 SGB IX – §§ 90 ff. – durch das Bundesteilhabegesetz zum 1.1.2020[2] – und den damit verbundenen Änderungen der §§ 43a und 71 Abs. 4 SGB XI.[3]

3 Die Besitzstandsschutzregelung betrifft Menschen mit Behinderungen, die iSd SGB XI pflegebedürftig sind und die am **Stichtag 1.1.2017** nicht unter § 43a SGB XI in der zu diesem Zeitpunkt geltenden Fassung fallen, sondern Anspruch auf **Leistungen bei häuslicher Pflege nach §§ 36–39 SGB XI** haben. Auf sie wird § 43a auch in der ab dem 1.1.2020 geltenden Fassung nicht angewendet, sondern sie behalten insofern Anspruch auf die Leistungen der PV bei häuslicher Pflege. Dies gilt auch, wenn sie nach dem 1.1.2017 in eine andere Wohnform wechseln, die ebenfalls nicht unter § 43a idF v. 1.1.2017 gefallen wäre (zB von einer ambulant betreuten Wohngruppe iSd § 38a in einen Einzelhaushalt, in dem sie gepflegt werden). Wechseln die pflegebedürftigen Menschen mit Behinderungen nach dem 1. Januar 2017 in eine Wohnform, auf die § 43a idF v. 1.1.2017 Anwendung gefunden hätte, wenn sie zu diesem Zeitpunkt in einer solchen Wohnform gelebt hätten, gilt für die Dauer ihres Aufenthalts in dieser Wohnform der Besitzstandsschutz nach S. 1 nicht. Das bedeutet insbesondere: Solange sich die pflegebedürftigen Personen in einer Wohnform aufhalten, auf die am 1.1.2017 § 43a in der zu diesem Zeitpunkt geltenden Fassung Anwendung gefunden hätte, findet auch § 43a in der ab dem 1.1.2020 geltenden Fassung auf sie Anwendung. Verlassen sie eine solche Wohnform wieder, lebt der Besitzstandsschutz nach S. 1 wieder auf.

---

1 BT-Dr. 18/9518, 81.
2 BR-Dr. 428/16, 57 ff.
3 Im Folgenden BT-Dr. 18/9518, 81.

Stichwortverzeichnis

Fette Zahlen bezeichnen die Paragraphen, magere die Randnummern.

2. GKV-NOG *SGB V* **29** 6
- zahnärztliche Behandlung *SGB V* **28** 6

4MRGN *SGB V* **64c** 1 ff.

8. GWB-Änderungsgesetz *SGB V* **4** 18 f.
8. SGB V-ÄndG
- zahnärztliche Behandlung *SGB V* **28** 6

Abfärbetheorie
- Depotverbot *SGB V* **128** 4

Abgeltungsbetrag *SGB XI* **141** 3

Abgrenzung Wirtschaftlichkeits- und Abrechnungsprüfung *SGB V* **Vor 106** 11 f.

Abrechnung ärztlicher Leistungen
SGB V **320** 1 f.
- Arbeitsgemeinschaften *SGB V* **303** 4
- Art der Datenübermittlung *SGB V* **295** 13
- Auftragsdatenverarbeitung ambulanter Notfallleistungen von Krankenhäusern
  SGB V **295a** 15 f.
- Auftragsdatenverarbeitung durch Arbeitsgemeinschaften *SGB V* **303** 4
- Auftragsdatenverarbeitung durch Rechenzentren *SGB V* **295a** 13 f.
- Aufzeichnungspflichten *SGB V* **295** 1
- Beauftragung anderer Stellen
  SGB V **295a** 13 f.
- besondere Versorgungsformen
  SGB V **295a** 1 ff.
- Datenübermittlung *SGB V* **295** 1 ff.
- Datenübermittlung an Vertragspartner
  SGB V **295a** 3
- Datenwege hausarztzentrierte Versorgung
  SGB V **295a** 3
- Diagnoseübermittlung *SGB V* **295** 4
- ergänzende Regelungen *SGB V* **303** 1 ff.
- hausarztzentrierte Versorgung
  SGB V **295a** 1 ff.
- Nacherfassungspflicht *SGB V* **303** 6
- Reduzierung von Angaben durch Vereinbarungen *SGB V* **303** 3
- Übermittlungspflichten *SGB V* **295** 3 ff.

Abrechnung der Hebammen und Entbindungspfleger *SGB V* **301a** 1 ff.
- Auftragsdatenverarbeitung durch Rechenzentren *SGB V* **301a** 4
- Direktabrechnung *SGB V* **301a** 3

Abrechnung der Krankenhäuser
SGB V **301** 1 ff.
- Einzelne Angaben *SGB V* **301** 4
- Regelungsermächtigung für die Selbstverwaltung *SGB V* **301** 7
- Übertragungsweg *SGB V* **301** 6
- Verschlüsselung *SGB V* **301** 5

Abrechnung der sonstigen Leistungserbringer
- Datenübermittlung *SGB V* **302** 1 ff.
- Richtlinien und Rahmenempfehlungen
  SGB V **302** 11

Abrechnung der Vertragsärzte
- Plausibilität *SGB V* **106** 5 ff., **106a** 6 ff.
- Wirtschaftlichkeit *SGB V* **106** 5 ff., **106a** 6 ff.

Abrechnung der Vorsorge- und Rehabilitationseinrichtungen *SGB V* **301** 8

Abrechnung pflegerischer Leistungen
SGB XI **105** 1 ff.

Abrechnungsprüfung
- Ausschlussfrist *SGB V* **106d** 52 ff.
- Disziplinarverfahren *SGB V* **106d** 56 ff.
- Doppel- und Mehrfachleistungen
  SGB V **106d** 34
- Gegenstand der Prüfung *SGB V* **106d** 32 ff.
- Haftung *SGB V* **106d** 48
- Häusliche Krankenpflege *SGB V* **275b** 3 ff.;
  siehe auch Qualitäts- und Abrechnungsprüfungen bei häuslicher Krankenpflege
- ländereigene Vereinbarungen *SGB V* **106d** 43
- Mengenausweitung (Begrenzung)
  SGB V **106d** 35
- Plausibilität *SGB V* **106d** 15 ff.
- Rechtsfolgen *SGB V* **106d** 49 ff.
- Rechtsschutz *SGB V* **106d** 55
- sachlich-rechnerische Richtigstellung
  SGB V **106** 12 ff., **106d** 6 ff.
- Straftatbestände *SGB V* **106d** 61
- Unterscheidung von Wirtschaftlichkeitsprüfungen *SGB V* **106d** 12
- Vereinbarungen auf Bundesebene
  SGB V **106d** 44 ff.
- Wirtschaftlichkeitsprüfung *SGB V* **106a** 9
- zahnärztliche Leistungen *SGB V* **106d** 36

Abrechnungsprüfung der Pflegeleistungen
SGB XI **79** 1 ff., 16
- Adressat *SGB XI* **79** 17
- Anhörung *SGB XI* **79** 19
- tatsächlicher Anhaltspunkt *SGB XI* **79** 20
- Verfahren *SGB XI* **79** 21

Abrechnungsprüfung in der vertragsärztlichen Versorgung *SGB V* **106d** 1 ff.

Abrechnung von Apotheken *SGB V* **300** 1 ff.
- Arzneimittelabrechnungsvereinbarung
  SGB V **300** 8
- Beauftragung von Rechenzentren
  SGB V **300** 5 f.
- Schiedsstellenentscheidung *SGB V* **300** 9

Abrechnung wahlärztlicher Leistungen
- Übermittlungsbefugnis an Krankenhausträger
  SGB V **301** 9

Abschluss von Versorgungsverträgen
SGB XI 73 1 ff.
– mit Krankenhäusern *SGB V* 109 1 ff.
Abtretung *SGB XI* 45b 17
Add-on-Verträge *SGB V* 73b 11
Adipositas *SGB V* 27 26 ff.
Advance Care Planning *SGB V* 132g 1 ff.
Akkreditierungsstelle
– nationale *SGB XI* 78 17
Akteneinsicht
– Personenbezogene Daten beim Medizinischen Dienst *SGB XI* 97 16, 18
Aktualisierung Medikationsplan *SGB V* 31a 15
Akzessorietät der Zuständigkeit der Pflegekassen *SGB XI* 48 1 ff.
Allgemeinarzt *SGB V* 73 9
Allgemeine Beaufsichtigung *SGB XI* 45a 10
Allgemeine Krankenhausleistungen
– angestellte Ärzte *SGB V* 107 7
– Honorarärzte *SGB V* 107 7
Allgemeiner Beitragssatz *SGB V* 241 1 ff.
Allgemeinkrankenhäuser
– Ermächtigung *SGB V* 118 18 ff.
Alltagsbegleitung *SGB XI* 45a 6, 10
Alltagsnormalität *SGB XI* 45a 5
Alternativmedizin
– Wirtschaftlichkeitskriterien *SGB V* 12 20 ff.
Alterserscheinungen *SGB V* 27 41 f.
Alterssicherung
– private Pflege-Pflichtversicherung *SGB XI* 23 1 ff.
Altersteilzeitwertguthaben
– Übergangsregelung *SGB V* 171b 25
Altersversorgungsverpflichtungen
– Deckungskapital *SGB V* 171d 1 ff., **171e** 1 ff.
– Krankenkassen *SGB V* 171d 3 ff.
Altersvollrente *SGB XI* 141 23
Ambulant betreute Wohngruppe
SGB XI 38a 1 ff., 45b 5
– Anschubfinanzierung *SGB XI* 45e 1
– Anspruchsvoraussetzungen *SGB XI* 38a 4 ff.
– Gemeinschaftlich organisierte Versorgung *SGB XI* 38a 5 ff.
– Präsenzkraft *SGB XI* 38a 7
– Rechtsform *SGB XI* 38a 5
– Selbstorganisation *SGB XI* 38a 6
Ambulante ärztliche Leistungen
– Datenübermittlung durch Rechenzentren *SGB V* 295a 2
Ambulante Behandlung
– durch Krankenhausärzte *SGB V* 116 1 ff.
– durch Krankenhäuser bei Unterversorgung *SGB V* 116a 1 ff.
– durch Krankenhäuser, Erforderlichkeit *SGB V* 116a 10, 14
– durch Krankenhäuser, Vergütung *SGB V* 116a 15
– im Krankenhaus *SGB V* 115 11
– in Einrichtungen der Behindertenhilfe *SGB V* 119a 1 ff.
– in stationären Pflegeeinrichtungen *SGB V* 119b 1 ff.
Ambulante Krankenhausleistungen
– ermächtigte Krankenhausärzte *SGB V* 120 5 f.
– Hochschulambulanzen *SGB V* 120 5, 35 ff.
– kinder- und jugendmedizinische Fachabteilungen *SGB V* 120 5
– SPZ *SGB V* 120 5, 35 ff.
– Vergütung *SGB V* 120 1 ff., 7 ff.
Ambulante Palliativversorgung
– Dauer der häuslichen Krankenpflege *SGB V* 37 57
– Rahmenempfehlungen *SGB V* 37 55
– Verhältnis zu § 37b *SGB V* 37 56
Ambulante Pflegeeinrichtungen *SGB XI* 71 1 ff.
Ambulante Pflegeleistungen *SGB XI* 36 1 ff.
Ambulantes Operieren *SGB V* 115b 1 ff., 116b 49
– AOP-Vertrag *SGB V* 115b 2 ff.
– Bundesschiedsamt *SGB V* 115b 15 f.
– Gesamtvergütung *SGB V* 115b 17
– Krankenhausbehandlung *SGB V* 39 11
– ungerechtfertigte Bereicherung *SGB V* 115b 13
– Vergütung *SGB V* 115b 11 ff.
– Vergütungshöhe *SGB V* 115b 18
– Wirtschaftlichkeitsprüfung *SGB V* 115b 14
– Zulassung Krankenhaus *SGB V* 115b 10
Ambulante spezialfachärztliche Versorgung
SGB V 116b 1 ff.
– Abrechnung *SGB V* 116b 146 ff.
– ambulante Operation *SGB V* 116b 49
– Arzneimittelverordnungen *SGB V* 116b 50
– Bedarfsplanung *SGB V* 116b 14
– Erkrankungen mit besonderem Krankheitsverläufen *SGB V* 116b 18 ff.
– erweiterter Landesausschuss *SGB V* 116b 98 ff.
– hochspezialisierte Leistungen *SGB V* 116b 27 ff.
– integrierte Versorgung *SGB V* 116b 48 f.
– Investitionskostenabschlag *SGB V* 116b 139 ff.
– Katalogergänzung durch den G-BA *SGB V* 116b 44
– Klagearten *SGB V* 116b 168
– Konkretisierungen durch den G-BA *SGB V* 116b 30 ff.
– Konkurrentenschutz *SGB V* 116b 171 ff.

- Kooperationsvereinbarungen
  SGB V **116b** 80 ff.
- Leistungserbringer *SGB V* **116b** 51 ff.
- Leistungsspektrum *SGB V* **116b** 15 ff.
- Mindestmengen *SGB V* **116b** 72
- Neue Untersuchungs- und Behandlungsmethoden *SGB V* **116b** 43
- Qualitätsinstitut *SGB V* **116b** 79
- Rechtsweg *SGB V* **116b** 167 ff.
- schwere Verlaufsformen *SGB V* **116b** 20 f.
- seltene Erkrankungen *SGB V* **116b** 22 ff.
- Steuerrecht *SGB V* **116b** 163 ff.
- Übergangsregelungen für Krankenhäuser *SGB V* **116b** 176 ff.
- Überweisungsvorbehalt *SGB V* **116b** 92 ff.
- Vergütung *SGB V* **116b** 131 ff.
- Vertretung *SGB V* **116b** 66
- Widerspruchsverfahren *SGB V* **116b** 169 ff.
- Zweimonatsfrist *SGB V* **116b** 111 ff.

Ambulantisierte Betreuungsformen
SGB XI **45f** 6

Ambulant vor stationär *SGB XI* **45a** 3, 14, **45b** 3, 5

AMNOG
- Erstattungsbetragsvereinbarung *SGB V* **35** 15 f.
- Festbeträge *SGB V* **35** 11
- therapeutische Verbesserung *SGB V* **35** 45 ff.

Amtsermittlungsgrundsatz *SGB XI* **141** 13

AMVSG *siehe* GKV-AMVSG

Anbieter einer neuen Methode *SGB V* **137e** 18

Anerkennung
- Landesrechtliche Verordnung *SGB XI* **45c** 27

Anerkennungsrichtlinie *SGB V* **135** 25, **137c** 16
- Antragsbefugnis *SGB V* **137c** 13

Anfechtungsklage *SGB V* **273** 31
- Ausgleichsbescheid *SGB XI* **66** 11

Angaben über Leistungsvoraussetzungen
SGB XI **102** 1 ff.

Angebote zur Unterstützung im Alltag
SGB XI **45a** 1 ff., **45b** 15

Angehörige
- Kündigung *SGB XI* **27** 1 ff.
- private Pflege-Pflichtversicherung *SGB XI* **23** 1 ff., **27** 1 ff.

Angehörigenpflege
- Ausschluss bei der Pflegevertragsgestaltung *SGB XI* **77** 28 f.
- Kündigungsgebot *SGB XI* **77** 30 f.

Angestellte Ärzte
- Regelungen in Zulassungsverordnungen *SGV V* **98** 52 ff.

Anlassprüfung
- Begriff *SGB XI* **114** 17 f.
- PSG I *SGB XI* **114** 19
- Umfang *SGB XI* **114** 33

Anonymisierung von Leistungsdaten
SGB XI **97** 10

Anrechnung *SGB XI* **45b** 19, 20

Anschubfinanzierung zur Gründung von ambulant betreuten Wohngruppen *SGB XI* **45e** 1

Ansprechpartner *SGB XI* **45a** 8

Anspruch
- auf Ermächtigung, Psychologische Universitätsinstitute *SGB V* **117** 23 ff.
- auf Zuzahlung *SGB V* **61** 6
- im Rechtssinn *SGB V* **2** 6 ff.
- Medikationsplan *SGB V* **31a** 10 ff.
- Zweitmeinung *SGB V* **27b** 6

Anstellung
- Anstellung von Hochschullehrern *SGB V* **95** 234 f.
- gesperrte Planungsbereiche *SGB V* **95** 217 ff.
- Nicht gesperrte Planungsbereiche *SGB V* **95** 213 ff.
- Persönliche Leistungserbringung *SGB V* **95** 209
- Umwandlung Anstellung in Zulassung *SGB V* **95** 236 ff.

Anthroposophische Medizin *SGB V* **2** 16

Antibiotika *SGB V* **35** 25

Antrag
- Zeitpunkt *SGB XI* **45c** 24

Antragsprinzip *SGB XI* **33** 2 f.

Antragstellung
- Besitzstandsschutz *SGB XI* **141** 7

Anwendung von Arzneimitteln
- zulassungsüberschreitende *SGB V* **35c** 1 ff.

AOP-Vertrag *SGB V* **115b** 7, 9
- Vertragsparteien *SGB V* **115b** 6
- Zusammenarbeit mit niedergelassenen Ärzten *SGB V* **115b** 8

Apotheke *SGB V* **129** 2
- Abrechnung *SGB V* **300** 1 ff.
- Krankenhausapotheke *SGB V* **129a** 1 ff.
- Pflichtangaben *SGB V* **300** 3
- Rabatt *SGB V* **130** 1 ff.

Apothekenabrechnung, Rechenzentren
- anonymisierte Daten *SGB V* **300** 6
- pseudonymisierte Daten *SGB V* **300** 6

Apothekenverzeichnis *SGB V* **293** 1 ff.
- Aktualisierungspflicht *SGB V* **293** 8
- Auskunftsanspruch *SGB V* **293** 8
- Inhalt *SGB V* **293** 8
- Nutzungszwecke *SGB V* **293** 8
- Übermittlungszwecke *SGB V* **293** 8
- Verarbeitungszwecke *SGB V* **293** 8
- Zweck *SGB V* **293** 3

Approbation *SGB V* **15** 9 f.
- Eintragung in das Arztregister *SGB V* **95a** 7 ff.

Arbeitgeber
- als Leistungserbringer *SGB V* 17 3
- Beitrag bei geringfügiger Beschäftigung *SGB V* 249b 1 ff.

Arbeitseinkommen
- Beitragssatz *SGB V* 248 1 ff.

Arbeitsentgelt *SGB V* 249 9
- Beitragszahlung *SGB V* 253 1 ff.

Arbeitsförderung *SGB XI* 45c 26
- Fördermittel *SGB XI* 45c 11, 12

Arbeitsgemeinschaft
- Aufgaben *SGB V* 219 4
- Aufsicht *SGB V* 219 7
- Aufsichtsbehörde *SGB V* 219 7
- Begriff und Rechtsformen *SGB V* 293 5
- Bildung von Arbeitsgemeinschaften der Krankenkassen und ihrer Verbände *SGB V* 219 2 ff.
- für die Abrechnung ärztlicher Leistungen *SGB V* 303 4
- Haushalt *SGB V* 219 9 f.
- Haushaltsplan *SGB V* 219 9 f.
- Kooperationspartner der Krankenkassen und ihrer Verbände *SGB V* 219 3
- Krankenkassen und Landesverbände *SGB V* 219 1 ff.
- MDK *SGB V* 278 1 f.
- Rechtsform *SGB V* 219 6
- Zusammenarbeit der Leistungsträger *SGB V* 219 10

Arbeitskampf *SGB V* 192 4 f.

Arbeitslosengeld
- Beitragstragung *SGB V* 251 13
- Berechnung des Krankengeldes *SGB V* 47b 1 ff.
- Meldepflicht *SGB V* 203a 1 ff.

Arbeitslosengeld I
- beitragspflichtige Einnahmen *SGB V* 232a 1 ff.
- beitragspflichtige Einnahmen, Bezugsgröße *SGB XI* 57 1 ff., 12

Arbeitslosengeld II
- Begrenzung des Zuschusses zur PKV *SGB V* 246 4
- beitragspflichtige Einnahmen *SGB V* 232a 1 ff.
- beitragspflichtige Einnahmen, Bezugsgröße *SGB XI* 57 1 ff., 10
- beitragspflichtige Einnahmen, GKV-FQWG *SGB XI* 57 1, 10
- Beitragssatz *SGB V* 246 1 ff.
- Beitragstragung *SGB V* 251 11 f.
- Beitragszahlung *SGB V* 252 5
- GKV-FQWG *SGB V* 232a 4
- Krankengeld, GKV-FQWG *SGB XI* 57 1, 10
- pauschale beitragspflichtige Einnahme *SGB V* 232a 4

- Pflegeversicherung, GKV-FQWG *SGB XI* 57 1, 10

Arbeitslosenversicherungsschutz- und Weiterbildungsstärkungsgesetz *SGB XI* 57 1

Arbeitstherapie *SGB V* 42 1 ff.
- Abgrenzungsfragen *SGB V* 42 3, 5, 7
- Antrag *SGB V* 42 14
- Behandlungsplan *SGB V* 42 8
- Belastungserprobung, Abgrenzung *SGB V* 42 5
- Beschäftigungstherapie, Abgrenzung *SGB V* 42 7
- Definition *SGB V* 42 6
- Ermessen *SGB V* 42 10
- Komplexleistung *SGB V* 42 11
- Leistungen zur medizinischen Rehabilitation *SGB V* 42 2 f.
- Leistungserbringung *SGB V* 42 9, 15
- Nachrang *SGB V* 42 12
- Rechtsverhältnisse *SGB V* 42 16
- Verordnung, ärztliche *SGB V* 42 13
- Wirtschaftlichkeitsgebot *SGB V* 42 3
- Zuständigkeit *SGB V* 42 12

Arbeitsunfähigkeit *SGB V* 27 50 f.
- Mitteilungspflicht der Krankenkasse *SGB V* 277 15 ff.
- Schadensersatz bei unzutreffender Feststellung *SGB V* 106a 25 f.
- Überprüfung durch MDK *SGB V* 275 27 ff.

Arbeitsunfall
- Ausschluss von Krankengeld *SGB V* 11 77
- Leistungsausschluss *SGB V* 11 70 ff.
- Mitteilungspflicht an die Krankenkasse *SGB V* 294a 5

Arbeitsverhinderung, kurzzeitige
- Leistungen, zusätzliche *SGB XI* 44a 1 ff.
- Pflegeleistungen *SGB XI* 28 5
- zusätzliche Leistungen *SGB XI* 44a 1 ff.

Art und Umfang der Leistungen
- Pflegeversicherung *SGB XI* 4 1 ff.

Arznei-, Heil- und Hilfsmittel
- ausgeschlossene *SGB V* 34 1 ff.

Arzneimittel *SGB V* 27 65, 130a 5, 135 15
- A.-Volumen-Erhöhung durch Bundesgesundheitsministerium *SGB V* 84 40
- Abrechnungsvereinbarung *SGB V* 300 8
- Abrechnungsvereinbarung, Schiedsstelle *SGB V* 300 9
- Anwendung im Krankenhaus *SGB V* 115c 5
- Applikationsort *SGB V* 35 40
- Applikationsweg *SGB V* 35 39
- Aut-Idem-Verschreibung *SGB V* 73 20
- bilanzierte Diäten *SGB V* 31 2
- Bindungswirkung der Zulassung *SGB V* 35 33
- biologische Arzneimittel *SGB V* 35 26
- Biosimilars *SGB V* 35 26

- biotechnologische Herstellung *SGB V* 35 26
- Erweiterung der Zulassung *SGB V* 35c 37
- Fachinformation *SGB V* 35 33
- Festbetrag *SGB V* 73 21
- Fortsetzung der A.-Therapie nach Krankenhausbehandlung *SGB V* **115c** 1 ff.
- für seltene Krankheiten *SGB V* **35c** 8
- Galenik *SGB V* 35 38
- Höchstbetragsregelung *SGB V* 35 8
- Importarzneimittel *SGB V* **130a** 9
- Inflationsausgleich *SGB V* **130a** 9
- Inverkehrbringen *SGB V* **35a** 13 f., 16
- Kosten-Nutzen-Bewertung *SGB V* **35b** 1 ff., 10 ff.
- Kosten-Nutzen-Bewertung, Verfahren *SGB V* **35b** 4
- Mit neuen Wirkstoffen *SGB V* **35b** 1, 5 f.
- mit neuen Wirkstoffen, Bewertung des Nutzens *SGB V* **35a** 1 ff.
- Nebenwirkungsprofil *SGB V* 35 41
- Nicht verordnungsfähig, Regress *SGB V* **106** 22
- Nutzen, Zusatznutzen *SGB V* **35a** 9 ff.
- Off-Label-Use *SGB V* **35b** 1 f., **35c** 1 ff., 22 ff., **135** 15
- Off-Label-Use, Widerspruch des G-BA *SGB V* **35c** 30 ff.
- Patientenrelevanz *SGB V* 35 28
- Pharmakodynamik *SGB V* 35 32
- Pharmakokinetik *SGB V* 35 32
- Preisvergleichsliste *SGB V* 73 20, 25
- Rabattvereinbarung *SGB V* 73 21
- Rezepturarzneimittel, Verbandmittel *SGB V* **31** 2
- SmPC *SGB V* 35 33
- Tertiärstruktur *SGB V* 35 26
- Verbandmittel *SGB V* **31** 2
- Vereinbarungen (§ 84 Abs. 1) *SGB V* 73 25
- Vereinbarungen über Erstattungsbeträge *SGB V* **130b** 1
- Versorgung bei Schwangerschaft und Mutterschaft *SGB V* **24e** 1
- Wirkstoff *SGB V* 35 26
- Zulassung *SGB V* **35a** 9
- zulassungsüberschreitende Anwendung *SGB V* **35c** 1 ff.
- Zusatznutzen *SGB V* **35b** 5 f.

Arzneimittelabrechnungsvereinbarung *SGB V* **300** 8
- Schiedsstelle *SGB V* **300** 9

Arzneimittelausgaben
- Überschreitung, auf Gesamtvergütung bezogene Maßnahme *SGB V* 84 25
- Überschreitung, Konsequenzen *SGB V* 84 25
- Überschreitung, Ursachenanalyse *SGB V* 84 25
- Unterschreitung, Konsequenzen *SGB V* 84 25

Arzneimittelgesetz *SGB V* **35c** 6 f.

Arzneimittel-Härtefall-Verordnung *SGB V* **35c** 7

Arzneimittelmarktneuordnungsgesetz *siehe* AMNOG

Arzneimittelrichtlinie *SGB V* **35a** 33, **35b** 1, 20, 23

Arzneimittelschnellinformationen, Ermächtigungsgrundlage *SGB V* 84 23

Arzneimittelvereinbarung *SGB V* 84 1 ff.
- Abweichende Vereinbarungen *SGB V* 84 20
- Anpassungskriterien *SGB V* 84 8
- Ausgabenvolumen *SGB V* 84 8
- Ausgabenvolumen, tatsächliches *SGB V* 84 21
- Controllinginstrumente *SGB V* 84 19
- drohende Überschreitung *SGB V* 84 19
- Frist *SGB V* 84 6
- Rechtsschutz *SGB V* 84 39, 87 75
- Schiedsamtsfähigkeit *SGB V* 84 4
- Sicherstellung der vertragsärztlichen Versorgung *SGB V* 84 6
- Veröffentlichungspflicht, Wirksamkeitsvoraussetzung *SGB V* 84 3
- Versorgungsdefizite *SGB V* 84 8
- Vertragspartner *SGB V* 84 7

Arzneimittelvereinbarung, Anpassungskriterien
- Altersstruktur *SGB V* 84 9
- Änderung der G-BA-Richtlinien *SGB V* 84 12
- Innovative Arzneimittel *SGB V* 84 13
- Veränderung der Preise *SGB V* 84 10
- Veränderung des Leistungskatalogs *SGB V* 84 11
- Verlagerung zwischen den Leistungsbereichen *SGB V* 84 15
- weitere *SGB V* 84 17
- Wirtschaftlichkeitsreserven *SGB V* 84 16
- Zielvereinbarungen *SGB V* 84 14

Arzneimittelverordnungen
- ambulante spezialfachärztliche Versorgung *SGB V* **116b** 50

Arzneimittelversorgungsstärkungsgesetz *SGB V* 87 1

Arznei- und Verbandmittel
- Festbeträge *SGB V* 35 1 ff.

Arznei-, Verband-, Heil- und Hilfsmittel bei Schwangerschaft und Mutterschaft *SGB V* **24e** 1 ff.
- Änderung durch das PNG *SGB V* **24e** 1
- Anspruchsinhalt *SGB V* **24e** 2
- Anspruchsvoraussetzungen *SGB V* **24e** 2
- Schwangerschaftsbeschwerden *SGB V* **24e** 3
- Zuzahlungen *SGB V* **24e** 3

Arztbezogene Daten
- Begriff *SGB V* **285** 3
- Erhebung *SGB V* **285** 3
- Verarbeitung und Nutzung *SGB V* **285** 6 ff.

Ärzteverzeichnis *SGB V* **293** 1 ff.
- bundesweit, Inhalt *SGB V* **293** 7

– Zwecke *SGB V* 293 3
Ärzte-Zulassungsverordnung *SGB V* 95 20
Arztgruppen, Bestimmung *SGB V* 87 31
– Zuordnung von Leistungen *SGB V* 87 31
Ärztliche Behandlung *SGB V* 15 1 ff., 11 ff., 28 1 ff.
– Abrechnung der Leistungen *SGB V* 295 1 ff.
– ärztlicher Standard *SGB V* 28 13 f.
– Delegation *SGB V* 28 8 f., 17
– Facharzt-Standard *SGB V* 28 13
– Leistungsanspruch *SGB V* 28 12 ff.
– Leitlinien *SGB V* 28 13
– Prävention *SGB V* 28 12
– Substitution *SGB V* 28 19
Ärztliche Betreuung bei Schwangerschaft und Mutterschaft *SGB V* 24d 1 ff.
– Änderung durch PNG *SGB V* 24d 1
– Anspruchsinhalt *SGB V* 24d 2 ff.
– Begriff *SGB V* 24d 3 f.
– kurative Leistungen *SGB V* 24d 4
– Mutterschaftsrichtlinien des G-BA *SGB V* 24d 2
– Schwangerenvorsorge *SGB V* 24d 2 f.
– Schwangerschaftsbeschwerden *SGB V* 24d 4
– Untersuchungen zur Feststellung der Schwangerschaft *SGB V* 24d 2 f.
– Verhältnis zur Hebammenhilfe *SGB V* 24d 6
– Voraussetzungen *SGB V* 24d 7 ff.
– Zuzahlung *SGB V* 24d 4
Ärztlicher Standard *SGB V* 28 19
Ärztliche Schweigepflicht
– Verhältnis zu Datenübermittlungsvorschriften *SGB V* 298 3
Arztnummer
– Pseudonymisierung *SGB V* 293 7
– Übermittlungsform *SGB V* 293 7
Arztregister
– Anerkennung von Berufsqualifikationen aus anderen Ländern *SGB V* 95a 19 ff.
– Voraussetzung für die Eintragung *SGB V* 95a 5
– Voraussetzung für die Eintragung für Vertragsärzte *SGB V* 95a 1 ff.
Arztregistereintragung, Psychotherapeuten *SGB V* 95c 1 ff.
– Approbation *SGB V* 95c 4, 6 ff.
– Fachkundenachweis *SGB V* 95c 12 f.
– Prüfungsrecht der Kassenärztlichen Vereinigungen *SGB V* 95c 14
Arztvorbehalt
– Bedeutung *SGB V* 15 6 ff.
– Delegation *SGB V* 15 21 ff.
– Hilfstätigkeit *SGB V* 15 23 ff.
– Versorgungslücke *SGB V* 15 27
Arztwahl, freie *SGB V* 73 24, 76 1 ff.
– Eigeneinrichtungen *SGB V* 76 7
– Krankenversicherungskarte *SGB V* 76 10

– Medizinische Versorgungszentren *SGB V* 76 6
– Mehrkosten *SGB V* 76 9
– Notfall *SGB V* 76 13 f.
– Psychotherapeuten *SGB V* 76 6
– Selektivverträge *SGB V* 76 12
– Sorgfaltsanforderungen *SGB V* 76 15 f.
– Überweisungsvorbehalte *SGB V* 76 11
– Zahnärzte *SGB V* 76 6
Assistenten
– Regelungen in Zulassungs-verordnungen *SGB V* 98 56 f.
Assistierte Reproduktion *SGB V* 27a 3
Ästhetische Operation *SGB V* 52 23 f.
Asylberechtigte
– Gesundheitsversorgung *SGB V* 271 27
ATC-Klassifikation *SGB V* 35 31
Auffälligkeitsprüfung *SGB V* 296 1 ff.
– Risikostrukturausgleich *SGB V* 268 13
– Wirtschaftlichkeitsprüfung ärztlich verordneter Leistungen *SGB V* 106b 22
Auffangversicherungspflicht *SGB V* 5 74 ff.
– keine anderweitige Absicherung im Krankheitsfall *SGB V* 5 75
– Sonderregelungen für Ausländer *SGB V* 5 80
– Verhältnis zu § 188 Abs. 4 *SGB V* 5 74
– Zuweisung zur gesetzlichen Krankenversicherung *SGB V* 5 77 ff.
Aufgaben
– der Pflegekassen *SGB XI* 12 1 ff.
– des Verwaltungsrats, MDK *SGB V* 280 1 ff.
Aufgaben der Landesverbände der Krankenkassen *SGB V* 211 1 ff.
– abschließende Regelung *SGB V* 211 3
– Abschluss von Verträgen *SGB V* 211 2
– Aufbringung der Mittel *SGB V* 211 10
– Beratung der Mitgliedskassen *SGB V* 211 4
– Finanzierung der Aufgaben *SGB V* 211 7 ff.
– gesetzliche Aufgaben *SGB V* 211 2
– Interessen der Mitgliedskassen *SGB V* 211 4
– Lösung von Zuständigkeitskonflikten *SGB V* 211 4
– Mitgliedschaftsrechtliche Zuordnung der Krankenkassen *SGB V* 211 9
– Schiedsperson *SGB V* 211 11
– statistisches Material *SGB V* 211 5
– Umlage *SGB V* 211 8
– Unterrichtung der Mitgliedskassen *SGB V* 211 4
– Unterstützung der Behörden *SGB V* 211 5 f.
– Unterstützung der Mitgliedskassen *SGB V* 211 3
Aufgabenerledigung durch Dritte
– Krankenkassen *SGB V* 197b 1 ff.
Aufhebung der Haftung
– Krankenkassen *SGB V* 171c 1 ff.

Aufklärung
- Pflegeversicherung *SGB XI* **7** 1 ff.

Aufklärungspflicht Zweitmeinung
SGB V **27b** 13 ff.

Auflösung
- Betriebskrankenkasse *SGB V* **152** 1 ff.
- Innungskrankenkasse *SGB V* **162** 1 f.
- Pflegevorsorgefonds *SGB XI* **139** 1 f.

Aufsicht
- Arbeitsgemeinschaften *SGB V* **219** 7
- GKV-Spitzenverband *SGB V* **217d** 3 ff.
- Haushalts- und Rechnungswesen, Vermögen, Statistiken, Spitzenverband Bund der Krankenkassen *SGB V* **217d** 1 ff.
- Haushalts- und Rechnungswesen, Vermögen, Statistiken, Spitzenverband Bund der Krankenkassen, GKV-SVSG *SGB V* **217d** 1 ff.
- kassenärztliche Bundesvereinigung, GKV-SVSG *SGB V* **78** 1 ff.
- kassenärztliche Vereinigung *SGB V* **78** 1 ff.
- Landesverbände *SGB V* **208** 3 ff.
- MDK *SGB V* **281** 1 ff.

Aufsichtsmittel in besonderen Fällen bei den Kassenärztlichen Bundesvereinigungen
- GKV-SVSG *SGB V* **78a** 1 ff.

Aufträge des Gemeinsamen Bundesausschusses
SGB V **137b** 1 ff.

Aufwandsentschädigung *SGB XI* **45c** 13

Aufwandspauschale *SGB V* **275** 53 ff.

Aufwendungsersatz *SGB XI* **45a** 15, **45b** 7

Aufzeichnungspflichten, Leistungserbringer
SGB V **295** 3

Ausbildungsfonds, Refinanzierung
SGB XI **132** 9 ff.

Ausbildungsvergütung
- Finanzierung Pflegeeinrichtung *SGB XI* **82a** 1 ff.
- Pflegeausbildung *SGB XI* **132** 9
- Pflegeberufereformgesetz *SGB XI* **82a** 14

Ausdehnung auf weitere Handwerksinnungen
- Innungskrankenkasse *SGB V* **159** 1 ff.

Auseinandersetzung
- Ersatzkassen *SGB V* **171** 1 ff.

Ausgabensteuerung
- Arzneimittel *SGB V* **84** 1 ff.
- Steuerungsebenen *SGB V* **84** 2

Ausgeschlossene Arznei-, Heil- und Hilfsmittel
SGB V **34** 1 ff.

Ausgleichsbescheid
- Anfechtungsklage *SGB XI* **66** 11
- Begründungsanforderungen *SGB XI* **66** 10
- Verwaltungsakt *SGB XI* **66** 9

Ausgleichsfonds *SGB XI* **65** 1 ff., 2 ff., **131** 3
- Aufgabenfinanzierung *SGB XI* **65** 12
- Aufgabenzuwachs (Finanzierung) *SGB XI* **65** 21
- Bundeszuschuss *SGB XI* **65** 11
- Finanzierungsquellen *SGB XI* **65** 5 ff.
- FinanzierungsVO *SGB XI* **65** 22
- Pflegevorsorgefonds *SGB XI* **65** 17 ff., Vor **131** 2, **135** 2, **136** 3
- Pflegevorsorgefonds, A. im Verhältnis zum *SGB XI* Vor **131** 2
- PSG I *SGB XI* **65** 17 ff.
- Rücklagenbildungspflicht *SGB XI* **65** 16
- Schwankungsreserve *SGB XI* **65** 4
- Sicherstellungsauftrag, erweitert *SGB XI* **65** 17 ff.
- Trennungsgebot (zum Pflegevorsorgefonds) *SGB XI* **65** 20
- Überschussregelung *SGB XI* **65** 16
- Verfügbarkeitsgebot *SGB XI* **65** 13 ff.
- Verwaltungskosten *SGB XI* **65** 21
- Verwendungsgrenze(n) *SGB XI* **65** 16
- Zusatzaufgaben (Finanzierung) *SGB XI* **65** 12

Ausgleichssystematik, Nachsteuerungsauftrag
SGB V Vor **265** 5 ff.

Auskunft *SGB XI* **7** 2

Auskünfte an Versicherte *SGB V* **305** 1 ff.; *SGB XI* **108** 1 ff.
- Antragsberechtigte *SGB V* **305** 7
- Aufwandspauschale *SGB V* **305** 18
- Inhalt und Form *SGB V* **305** 9 ff.
- Pflicht der Ärzte, Zahnärzte, Einrichtungen, MVZs und Krankenhäuser *SGB V* **305** 14 ff.
- Pflicht der Krankenkasse *SGB V* **305** 4 ff.
- über zugelassene Leistungserbringer *SGB V* **305** 20 ff.

Auskunftsanspruch
- der Spitzenorganisation der Apotheker *SGB V* **293** 8

Auskunftspflicht
- der Versicherten *SGB V* **206** 1 ff.
- der Versicherten, Verstoß *SGB V* **307** 23 ff.
- Mitglieder der gPV *SGB XI* **50** 1 ff.
- Pflegeversicherung *SGB XI* **121** 1 ff.

Auskunfts- und Prüfpflichten-System
- Datenübermittlung Krankenhäuser *SGB V* **301** 3

Ausland
- Begriff *SGB V* **16** 9
- Leistungen an Mitglieder im A. *SGB V* **17** 5 ff.
- Ruhen, Träger der Unfallversicherung *SGB V* **16** 26 ff.
- Sachleistungsprinzip bei grenzüberschreitender Gesundheitsversorgung *SGB V* **140e** 2
- unverzügliche Behandlungsbedürftigkeit *SGB V* **18** 14

Ausländische Apotheken
- Teilnahme am Rahmenvertrag nach Abs. 2 *SGB V* **129** 12

Auslandsansprüche
– keine Verpflichtung des Gesetzgebers von Verfassung wegen   *SGB V* 18 3
Auslandsaufenthalt
– Ruhen der Leistungsansprüche
  SGB V 16 8 ff.; *SGB XI* 45a 4, 45b 4
– vorübergehender, Behandlungskosten
  SGB V 18 13
– Vorversicherungszeiten   *SGB XI* 34 8 ff.
Auslandsbehandlung
– Antragstellung   *SGB V* 18 10
– Ermessen   *SGB V* 18 11
– europäische Sozialrechtskoordinierung
  SGB V 13 11
– inländische Versorgungsdefizite
  SGB V 18 5 ff.
Auslandsbezug
– Versicherungsleistungen   *SGB V* 269 18
Auslandsleistungen
– Erstattungsanspruch des Arbeitgebers
  SGB V 17 9
– Familienversicherte   *SGB V* 17 8
Auslandsversicherter
– Einbindungsdifferenzen   *SGB V* 269 4
– EU-Sozialrechtskoordinierung   *SGB V* 269 4
– GKV-FQWG   *SGB V* Vor 265 12, 269 1 ff.
– Sonderregelungen   *SGB V* 269 1 ff.
– Versichertenstrukturen   *SGB V* 269 6
– Zuweisungen   *SGB V* 269 6 ff.
– Zuweisungsbegrenzungen   *SGB V* 269 3
Ausscheiden einer Handwerksinnung
SGB V 161 1 f.
Ausscheiden von Betrieben
– Betriebskrankenkasse   *SGB V* 151 1 ff.
Ausschlussprüfung (Ausschlussrichtlinie)
– Antragsbefugnis   *SGB V* 137c 7
– Beobachtungs- und Nachbesserungspflicht
  SGB V 137c 13
– Erlass   *SGB V* 137c 12
Ausschreibung von Vertragsarztsitzen
– Überversorgung   *SGB V* 98 26
– Unterversorgung   *SGB V* 98 25
Außenseitermethoden, Wirtschaftlichkeitskriterien
SGB V 12 20 ff.
Austritt aus der Krankenversicherung
SGB V 191 7 f.
Ausübung des Wahlrechts
– Mitglieder der Krankenkassen
  SGB V 175 1 ff.
Auswertung der Modellvorhaben   *SGB V* 65 1 ff.
Auszubildende
– Beitragstragung   *SGB V* 251 15
Aut-idem-Ersetzung
– Anwendungsgebiet   *SGB V* 129 5
– Darreichungsform   *SGB V* 129 5

– Fertigarzneimittel in parenteralen Zubereitungen   *SGB V* 129 7
– Substitutionsausschlussliste   *SGB V* 129 9
– Wirkstoffgleich   *SGB V* 129 5
AWStG   *SGB XI* 57 1

Bagatellarzneimittel   *SGB V* 34 4
Barrierearme Wohnung   *SGB XI* 45e 6
Basistarif   *SGB V* 75 9, 68 ff., 257 47 ff., 315 1
– private Krankenversicherung   *SGB XI* 110 12
Beamtenrechtliche Beihilfe   *SGB XI* 141 3
Beamtenversorgungssysteme, fondsgestützt
SGB XI 131 16
Beanstandungsverfahren   *SGB XI* 78 47
Beauftragung des IQTIG   *SGB V* 137b 1 ff.
Bedarfsabhängigkeit   *SGB XI* 77 60
Bedarfseinstellung
– Pflegekräfte   *SGB XI* 77 59
Bedarfsermittlung
– Beurteilungsspielraum   *SGB V* 116 25
Bedarfsplan   *SGB V* 99 1 ff.
– Aufstellungen   *SGB V* 99 9 ff.
– Einvernehmen   *SGB V* 99 18
– Regionale Besonderheiten   *SGB V* 99 15
– Verwaltungsinterne Wirkung   *SGB V* 99 25
Bedarfsplanung   *SGB V* 73 4
– ambulante spezialfachärztliche Versorgung
  SGB V 116b 14
– ausgewogene Versorgungsstruktur
  SGB V 101 45 ff.
– flächendeckende Versorgung   *SGB V* 101 35 f.
– geriatrische Institutsambulanzen
  SGB V 118a 29
– Gestaltungsspielraum   *SGB V* 99 5
– Grundstruktur   *SGB V* 101 10
Bedarfsprüfung
– Maßstab   *SGB V* 98 40
– Patienten mit nicht-deutscher Muttersprache
  SGB V 98 43
Beförderung pflegebedürftiger Personen
SGB XI 41 7
Befreiung von der Versicherungspflicht
SGB V 8 1 ff.; *SGB XI* 22 1 ff.
– Änderung der JAE-Grenze   *SGB V* 8 3 f.
– Ärzte im Praktikum   *SGB V* 8 32
– behinderte Menschen in Einrichtungen
  SGB V 8 33
– Bezug von Alg und Unterhaltsgeld
  SGB V 8 5 ff.
– Dauer der Befreiung bei Änderung der JAE-Grenze   *SGB V* 8 4
– Elternzeit   *SGB V* 8 9 ff.
– Entstehungsgeschichte   *SGB V* 8 1;
  SGB XI 22 1
– Erfordernis anderweitiger Absicherung im Krankheitsfall   *SGB V* 8 44

- Familienpflegezeit *SGB V* 8 13 ff.
- kein Widerruf *SGB XI* 22 17
- kein Widerruf der Befreiung *SGB V* 8 43
- Pflegezeit *SGB V* 8 13 ff.
- Praktikanten *SGB V* 8 29 ff.
- Rehabilitanden *SGB V* 8 24 ff.
- Rentenantragsteller *SGB V* 8 24 ff.
- Rentner *SGB V* 8 24 ff.
- Studenten *SGB V* 8 29 ff.
- Verfahren *SGB V* 8 34 ff.; *SGB XI* 22 10
- Verminderung der Arbeitszeit *SGB V* 8 18 ff.
- Voraussetzungen *SGB XI* 22 6 ff.
- Wirkung *SGB V* 8 39 ff.
- Wirkungen der Befreiung *SGB XI* 22 14

Befruchtung, künstliche
- Genehmigung zur Durchführung *SGB V* 121a 1 ff.

Begleitperson
- medizinische Notwendigkeit *SGB V* 11 55 f.
- Mitaufnahme *SGB V* 11 51 ff.
- Verdienstausfall *SGB V* 11 62

Begutachtung durch unabhängige Gutachter
- Daten *SGB XI* 97d 1 ff.
- Datenschutzanforderungen *SGB XI* 97d 3
- Wahrung des Sozialgeheimnisses *SGB XI* 97d 5

Begutachtungsinstrument
- Pflegebedürftigkeit *SGB XI* 15 1 ff.

Begutachtungsverfahren
- Entscheidungsfristen *SGB XI* 142 7
- Übergangsregelungen *SGB XI* 142 1 ff.

Begutachtung und Beratung
- MDK *SGB V* 275 1 ff.

Behandlung
- ärztliche *SGB V* 15 1 ff.
- im Krankenhaus *SGB V* 39 1 ff.
- im Krankenhaus, Bewertung *SGB V* 137c 1 ff.
- kieferorthopädische *SGB V* 29 1 ff.
- teilstationäre *SGB V* 39 7
- vollstationäre *SGB V* 39 6
- vor- und nachstationäre *SGB V* 39 8 ff., 115a 1 ff.

Behandlungsalternative
- Potenzial *SGB V* 135 27, 137e 1, 4, 23, 139d 3

Behandlungsanspruch
- Versicherter *SGB V* 29 18

Behandlungsbedarf
- Anpassung *SGB V* 87a 47 ff.
- Anpassungskriterien *SGB V* 87a 48 ff.
- der Versicherten *SGB V* 87a 1 ff.
- Vorgaben des Bewertungsausschusses *SGB V* 87a 56 ff.
- Vorjahresanknüpfung *SGB V* 87a 51 ff.

Behandlungsbedürftigkeit *SGB V* 27 50 f.
- unverzüglich im Ausland *SGB V* 18 14

Behandlungsfehler *SGB V* 66 5
- Schadensersatz *SGB V* 106 21
- Schadensersatzansprüche *SGB V* 66 6 ff.
- Unterstützung der Versicherten *SGB V* 66 1 ff., 12 ff.

Behandlungsmethoden
- Erprobung *SGB V* 137e 1 ff.

Behandlungspflege
- Verhältnis Pflegeversicherung *SGB XI* 15 23 ff.

Behandlungsprogramme, strukturierte *SGB V* 266 46 ff.

Behandlungssicherungspflege *SGB V* 37 35 ff.
- Anspruchsvoraussetzungen *SGB V* 37 35 ff.
- Antrag *SGB V* 37 39
- Behandlungspflege *SGB V* 37 40
- Dauerbeatmete *SGB V* 37 48
- Doppelzuständigkeit von Kranken- und Pflegeversicherung *SGB V* 37 42
- Erforderlichkeit *SGB V* 37 38
- Familie *SGB V* 37 37
- Genehmigung *SGB V* 37 39
- Grundpflege *SGB V* 37 40, 44
- Haushalt *SGB V* 37 37
- hauswirtschaftliche Versorgung *SGB V* 37 40, 44
- nach § 43 SGB XI *SGB V* 37 48
- Pflegebedürftigkeit *SGB V* 37 46
- Satzungsleistungen *SGB V* 37 44
- sonst geeigneter Ort *SGB V* 37 37
- Verordnung *SGB V* 37 39
- Versicherte in Einrichtungen nach § 71 Abs. 2 oder 4 SGB XI *SGB V* 37 50
- Versicherte in Pflegeeinrichtungen *SGB V* 37 48
- Versicherte in stationären Einrichtungen nach § 43a SGB XI *SGB V* 37 53
- vollstationäre Einrichtung *SGB V* 37 48
- Wachkomapatienten *SGB V* 37 48
- Werkstätten für behinderte Menschen *SGB V* 37 47
- Wohnungslose *SGB V* 37 52

Behandlungsvertrag
- Kündigung *SGB V* 29 24

Behandlungszentrum, medizinisches (MBZ) *SGB V* 119c 1 ff.

Behinderte Menschen
- beitragspflichtige Einnahmen *SGB V* 235 1 ff.
- Ermessen *SGB V* 2a 6 f.
- Leistungen *SGB V* 2a 1 ff.
- nichtärztliche Leistungen für Erwachsene *SGB V* 43b 6

Behindertenhilfe, Einrichtungen
- ambulante Behandlung *SGB V* 119a 1 ff.

Beihilfe *SGB XI* 28 9 ff.

Beihilfeberechtigte
- Prämienhöhe *SGB XI* 110 10

Stichwortverzeichnis

- private Pflege-Pflichtversicherung SGB XI 23 11 f.
- **Beihilfefestsetzungsstelle** SGB XI 45b 17
- **Beirat**
  - MDK SGB V 279 1 ff.
- **Beitrag**
  - Beitragsbemessungsgrenze und Beitragssatz SGB XI 55 1 ff.
  - Beitragsfreiheit SGB XI 56 1 ff.
  - beitragspflichtige Einnahmen SGB XI 57 1 ff.
  - Beitragssatz SGB XI 55 1 ff.
  - Erstattung bei Überzahlung, Rente SGB V 231 1 ff.
  - GKV-FQWG SGB XI 55 3
  - Grundsatz SGB XI 54 1 ff.
  - Hinterziehung SGB V 306 1
  - PSG I SGB XI 55 1
  - Regress SGB V 224 5
  - Rückstand SGB V 191 4
  - Tragung bei Versicherungspflichtigen mit Rentenbezug SGB V 249a 1 ff.
  - Tragung bei versicherungspflichtiger Beschäftigung SGB V 249 1 ff.
  - Verzug, Ruhen SGB V 16 34 ff.
  - Waisenrente SGB V 249a 4
- **Beitragsautonomie, Stärkung** SGB V Vor 265 10
- **Beitragsbemessung**
  - Arbeitsentgelt SGB V 226 3
  - Berechnung SGB XI 54 3 ff.
  - betriebliche Alterssicherung durch eine Stiftung SGB V 229 5
  - der Rente vergleichbare Einnahmen SGB V 229 1 ff.
  - Einnahmen SGB XI 54 1 ff.
  - gesetzliche Rente SGB V 226 8 ff.
  - Grundsätze SGB V 220 8
  - Heil- und Hilfsmittelversorgungsgesetz SGB V Vor 220 15
  - Höhe des Beitragssatzes SGB V Vor 220 13, 15
  - Kapitalleistungen SGB V 229 3 ff.
  - Rentenantragsteller SGB V 239 1 f.
  - Rentner SGB V 239 1 f.
  - Überbrückungsmodell zur Vermeidung betriebsbedingter Kündigungen SGB V 226 4
  - Übergangsbezüge SGB V 229 2
  - Übergangsregelung zur Beitragsbemessung aus Renten SGB V 322 1 ff.
  - Versorgungsbezüge SGB V 226 5, 229 1 ff.
  - Versorgungswerk der Journalisten SGB V 229 10
  - Versorgungswerk der Presse GmbH SGB V 229 11
  - Vorruhestandsgeld, außerbetriebliche Ausbildungsvergütung, einmalig gezahltes Arbeitsentgelt SGB V 226 6

- **Beitragsbemessungsgrenze** SGB V 6 8; SGB XI 55 1 ff., 4
  - freiwillige Mitglieder, die hauptberuflich selbstständig sind SGB V 240 16
  - Grundsatz, Höhe SGB V 223 1 ff., 7
- **Beitragsfinanzierung**
  - Beitragsschuldverhältnis, Beitragseinzugsverfahren, Verjährung, Erstattungsanspruch SGB V Vor 220 10
  - historischer Hintergrund, Konzeption SGB V Vor 220 1 ff.
  - PSG I SGB V Vor 220 11
- **Beitragsfreiheit** SGB XI 56 1 ff.
  - analoge Anwendung SGB V 224 3
  - bei Krankengeld, Mutterschaftsgeld, Erziehungsgeld, Elterngeld SGB V 224 1 ff.
  - Berücksichtigung von Einnahmen aus Sozialleistungen SGB V 224 1 ff.
  - Betreuungsgeld SGB XI 56 1 ff.
  - Elterngeld SGB XI 56 1 ff.
  - Fallgruppen SGB XI 56 1 ff.
  - Familienangehörige SGB XI 56 1 f.
  - Hinterbliebene SGB V 225 1 ff.
  - Mutterschaftsgeld SGB XI 56 1 ff.
  - Pflegeunterstützungsgeld SGB XI 56 6
  - Renten SGB XI 56 1 ff.
  - Rentenantragsteller SGB XI 56 1 ff.
  - Rentenantragsteller, Hinterbliebene, Waise als Rentenantragsteller SGB V 225 1 ff.
  - stationäre Pflege SGB XI 56 1, 3
- **Beitragsgläubiger**
  - Beitragszahlung SGB V 252 6
- **Beitragspflicht der Mitglieder** SGB V 223 1 ff.
- **Beitragspflichtige Einnahmen** SGB XI 57 1 ff.
  - Alg II SGB V 232a 5
  - Alg I, Sperrzeit SGB V 232a 1 f.
  - Alg I und Alg II SGB V 232a 1
  - Behinderte in Einrichtungen SGB V 235 1
  - bisher nicht Versicherter SGB V 227 1 ff.
  - freiwillige Mitglieder SGB V 240 1 ff.
  - freiwilliger Mitglieder, Heil- und Hilfsmittelversorgungsgesetz SGB V 240 23 ff.
  - Gesetz zur besseren Vereinbarkeit von Familie, Pflege und Beruf SGB XI 57 1
  - GKV-FQWG SGB V 232a 4, 232b 1 f.; SGB XI 57 1
  - Jugendliche SGB V 235 1 ff.
  - Krankengeld-Bezieher, Bezugsgröße SGB XI 57 1 ff., 28
  - Künstler SGB V 234 1 f.
  - Kurzarbeitergeld SGB V 232a 6
  - kurze Beschäftigungszeit SGB V 232 1 f.
  - Pflegeunterstützungsgeld SGB V 232b 1 f.; SGB XI 57 1
  - Praktikanten SGB V 236 1
  - Publizisten SGB V 234 1 f.
  - Rehabilitanden SGB V 235 1 ff.
  - Rente SGB V 228 1 f.

- Rentenantragsteller *SGB V* 238 1
- Rentenantragsteller, freiwillig versicherter *SGB V* 238a 1
- Rentner *SGB V* 237 1 ff., 238 1
- Rentner, freiwillig versicherter *SGB V* 238a 1
- Seeleute *SGB V* 233 1
- Studenten *SGB V* 236 1
- Verletztengeld *SGB V* 235 3
- versicherungspflichtig Beschäftigte *SGB V* 226 1 ff.
- versicherungspflichtiger Rückkehrer *SGB V* 227 1 ff.
- wirtschaftliche Leistungsfähigkeit *SGB V* 3 16

Beitragsregress *SGB V* 224 5

Beitragsrückstand *SGB V* 191 4

Beitragssatz
- Alg II *SGB V* 246 1 ff.
- allgemeiner *SGB V* 241 1 ff.
- Arbeitseinkommen *SGB V* 248 1 ff.
- Arbeitseinkommen und Versorgungsbezüge, GKV-FQWG *SGB V* 248 1 f.
- Beitragsbemessungsgrenze *SGB XI* 55 4
- beitragspflichtige Einnahmen *SGB XI* 57 1 ff.
- ermäßigter *SGB V* 243 1 f.
- ermäßigter, Bundesfreiwilligendienst *SGB V* 244 1 ff.
- ermäßigter, Wehrdienst *SGB V* 244 1 ff.
- Festlegung *SGB V* 220 9
- GKV-FQWG *SGB V* 241 1 ff.
- historische Entwicklung *SGB V* Vor 220 6
- junge Erwachsene *SGB XI* 55 1 ff.
- Praktikant *SGB V* 245 1 f.
- Rente *SGB V* 247 1 ff.
- Rente, GKV-FQWG *SGB V* 247 3 ff.
- Student *SGB V* 245 1 f.
- Versorgungsbezüge *SGB V* 248 1 ff.

Beitragssatzstabilität *SGB XI* 70 1 ff., Vor 131 3

Beitragsschulden
- Ermäßigung und Erlass *SGB V* 256a 1 ff.

Beitragstragung
- Alg *SGB V* 251 13
- Alg II *SGB V* 251 11 f.
- Alg II, GKV-FQWG *SGB V* 251 12
- andere Mitglieder *SGB XI* 59 1 ff.
- Auszubildende *SGB V* 251 15
- Bundesteilhabegesetz *SGB V* 251 18
- Durch Dritte *SGB V* 251 1 ff.
- geistliche Genossenschaft *SGB V* 251 14
- geringfügig Beschäftigter *SGB V* 249 11, 249b 1
- Gleitzone *SGB V* 249 11, 19 ff.; *SGB V* 58 10 f.
- Jugendhilfe *SGB V* 251 6 ff.
- Kinderlosenzuschlag *SGB XI* 58 6
- Krankengeld *SGB XI* 59 5
- Künstler *SGB V* 251 9 f.
- Kurzarbeitergeld *SGB V* 249 15 ff.; *SGB XI* 58 5
- Mitglied *SGB V* 250 1 ff.
- Pflegeunterstützungsgeld *SGB V* 249c 1 ff.
- Rehabilitationsträger *SGB V* 251 1 ff.
- Rentenbezug *SGB V* 249a 6 ff.
- versicherungspflichtig Beschäftigte *SGB XI* 58 1 ff.
- Wehrdienst *SGB V* 251 11 f.
- Zivildienst *SGB V* 251 11 f.

Beitragszahlung *SGB V* 252 1 ff.; *SGB XI* 60 1 ff.
- Alg II *SGB XI* 60 5
- Alg II *SGB V* 252 5
- an berufsständische Versorgungseinrichtungen *SGB V* 47a 1 ff.
- Arbeitsentgelt *SGB V* 253 1 ff.; *SGB XI* 60 6
- Beitragsgläubiger *SGB V* 252 6
- Beitragsrückstände *SGB XI* 60 12
- Kinderlose *SGB XI* 60 16
- Krankengeld *SGB XI* 60 14
- Landwirte *SGB XI* 60 11, 13
- Pflegeunterstützungsgeld *SGB V* 252 7
- Rente *SGB V* 255 1 ff.; *SGB XI* 60 8 f.
- Säumniszuschläge *SGB XI* 60 12
- Schadensersatz *SGB V* 252 9
- Student *SGB V* 254 1 ff.
- Tilgungsreihenfolge *SGB V* 252 8
- versicherungspflichtige Studenten *SGB XI* 60 7
- Versorgungsbezüge *SGB V* 256 1 ff.; *SGB XI* 60 10
- Zwangsgeld *SGB V* 252 11

Beitragszuschuss *SGB V* 258 1 ff., 314 1; *SGB XI* 61 1 ff.
- andere Personen *SGB V* 258 2
- Anspruchsvoraussetzungen *SGB XI* 61 8 ff.
- Beschäftigte *SGB V* 257 1 ff., 8 ff., 314 1
- Fälligkeit *SGB V* 257 60
- freiwillig GKV-Versicherte *SGB V* 257 9 f.
- Höhe *SGB XI* 61 18 ff.
- Menschen mit Behinderung *SGB V* 258 1 ff.
- privat Krankenversicherte *SGB V* 257 59
- Rechtsweg *SGB V* 257 61
- Rehabilitanden *SGB V* 258 1 f.
- Verjährung *SGB V* 257 60
- Vorruhestandsgeldbezieher *SGB V* 257 56 ff.
- Zuschussberechtigte *SGB V* 257 8 ff., 29 ff.; *SGB XI* 61 8 ff.
- Zuschusshöhe *SGB V* 257 16 ff., 37 ff.
- Zuschusspflichtige *SGB V* 257 19 ff., 43; *SGB XI* 61 17

BeitrEntlG
- zahnärztliche Behandlung *SGB V* 28 6

Beitrittsrecht *SGB XI* 26a 1 ff.
- bei Einführung der Pflegeversicherung nicht versicherte Personen *SGB XI* 26a 3 ff.

- Beitrittsrecht ab dem 1.7.2002 *SGB XI* **26a** 13 ff.
- Entstehungsgeschichte *SGB XI* **26a** 1
- nach Einführung der Pflegeversicherung nicht versicherte Personen *SGB XI* **26a** 9 ff.
- Voraussetzungen *SGB XI* **26a** 3 ff.

Bekämpfung von Fehlverhalten im Gesundheitswesen
- Stellen *SGB V* **197a** 1 ff.

Belastungserprobung *SGB V* **42** 1 ff.
- Abgrenzungsfragen *SGB V* **42** 3 ff., 5
- Antrag *SGB V* **42** 14
- Arbeitstherapie, Abgrenzung *SGB V* **42** 6
- Behandlungsplan *SGB V* **42** 8
- Beschäftigungstherapie, Abgrenzung *SGB V* **42** 7
- Definition *SGB V* **42** 5
- Ermessen *SGB V* **42** 10
- Komplexleistung *SGB V* **42** 11
- Leistungen zur medizinischen Rehabilitation *SGB V* **42** 2
- Leistungserbringung *SGB V* **42** 9, 15
- Nachrang *SGB V* **42** 12
- Rechtsverhältnisse *SGB V* **42** 16
- Verordnung, ärztliche *SGB V* **42** 13
- Wirtschaftlichkeitsgebot *SGB V* **42** 3
- Zuständigkeit *SGB V* **42** 12

Belastungsgrenze *SGB V* **62** 1 ff.
- als konkreter Euro-Betrag *SGB V* **62** 12
- Bescheinigung bei unterjährigem Erreichen der B. *SGB V* **62** 8 f.
- Bruttoeinnahmen zum Lebensunterhalt *SGB V* **62** 17 ff.
- Erfüllungseinwand nach Erreichen der kalenderjährlichen B. *SGB V* **62** 7
- Erfüllungseinwand zugunsten aller versicherten Haushaltsmitglieder *SGB V* **62** 10
- Gestaltungsspielraum des Gesetzgebers *SGB V* **62** 6
- Haushaltsgemeinschaft *SGB V* **62** 11, 24 ff.
- Höhe *SGB V* **62** 12 ff.
- hypothetische Schätzung der Bruttoeinnahmen *SGB V* **62** 13
- maßgeblicher Vom-Hundert-Satz *SGB V* **62** 14
- rechnerische Ermittlung *SGB V* **62** 4
- reduzierte B. bei chronischer Erkrankung *SGB V* **62** 15 ff.
- Zuzahlungen *SGB V* **62** 1

Belegabteilung
- Honorararzt *SGB V* **121** 34 ff.

Belegarzt
- Begriff *SGB V* **121** 11 f.
- Belegärztliche Tätigkeit, Besonderheiten *SGB V* **121** 21
- Bereitschaftsdienst *SGB V* **121** 28
- EBM *SGB V* **121** 33

- Entfernung zwischen Wohnung, Praxis und Krankenhaus *SGB V* **121** 12-14
- Leistungen *SGB V* **121** 1 ff.
- Teilnahme am allgemeinen Notfalldienst *SGB V* **121** 15
- Vergütung *SGB V* **121** 26 ff.
- Vergütung für Bereitschaftsdienst und veranlasste Leistungen nachgeordneter Ärzte *SGB V* **121** 32
- Versorgungsqualität *SGB V* **121** 38 ff.
- Zusammenarbeit gleicher Fachrichtung *SGB V* **121** 10

Belegärztliche Leistungen *SGB V* **121** 1 ff.

Belegarztvertrag *SGB V* **121** 21 ff.
- Ausschreibung *SGB V* **103** 109 f.
- Haftung *SGB V* **121** 24

Belege *SGB XI* **45b** 17, **45e** 5, **144** 5
- Eigenbelastungen *SGB XI* **45a** 15

Belegkrankenhaus (reines) *SGB V* **121** 19

Bemessungsgrundsätze
- stationäre Pflegeleistungen *SGB XI* **84** 1 ff.

Beratende Fachausschüsse
- fachärztliche Versorgung *SGB V* **79c** 1 ff.
- hausärztliche Versorgung *SGB V* **79c** 1 ff.
- Psychotherapie *SGB V* **79b** 1 ff.

Beratung
- Beratungsanspruch *SGB XI* **7b** 4
- Beratungsgutschein *SGB XI* **7b** 1 ff.
- der Vertragsärzte *SGB V* **305a** 1 ff.
- der Vertragsärzte, Übermittlung und Verarbeitung von Arzneimittelverordnungsdaten *SGB V* **305a** 7 f.
- der Vertragsärzte, Verpflichtung zur Individualberatung *SGB V* **305a** 3 ff.
- Diagnosen, Krankenkasse *SGB V* **305a** 10
- Durchführung durch Dritte *SGB XI* **7b** 9
- Hinweis auf Pflegeberatung *SGB XI* **7** 9
- konkreter Beratungstermin *SGB XI* **7b** 5 f.
- Pflegebedürftigkeit *SGB XI* **7** 9
- Pflegeberatung *SGB XI* **7a** 1 ff.
- Pflegeversicherung *SGB XI* **7** 1 ff.
- private Versicherungsunternehmen *SGB XI* **7b** 13
- über Pflegeleistungen *SGB XI* **7** 7 ff.
- von Herstellern, Erprobung *SGB V* **137e** 23

Beratungsgutschein *SGB XI* **7b** 1 ff., **45a** 7, 8
- Anspruch auf *SGB XI* **7b** 7 f.

Beratungsleistungen *SGB XI* **45b** 8

Berechtigungsschein *SGB V* **15** 45 ff.
- Aufbewahrung und Löschung *SGB V* **304** 16

Bereitstellungsverhältnis *SGB XI* **78** 47

Bericht, ärztlicher *SGB V* **73** 16

Berichtspflicht
- Bundesministeriums für Gesundheit *SGB V* **78c** 1
- Bundesregierung *SGB XI* **10** 2 f.

– der Länder *SGB XI* **10** 5 ff.
Berufsausübungsgemeinschaft *SGB V* **73** 24
– Anstellungsgenehmigung *SGB V* **95** 210
– Besonderheiten bei Anstellung *SGB V* **103** 107 f.
– Praxisnachfolge *SGB V* **103** 100 ff.
– Voraussetzungen für Bestehen *SGB V* **103** 103 ff.
Berufsfreiheit *SGB V* **135** 32, **135a** 5
Berufskrankheit *SGB V* **20c** 4
– Leistungsausschluss *SGB V* **11** 70 ff.
– Mitteilungspflicht an die Krankenkasse *SGB V* **294a** 5
Berufssoldaten, Ruhen *SGB V* **16** 17 ff.
Berufsständische Versorgungseinrichtungen
– Beitragszahlungen der Krankenkassen *SGB V* **47a** 1 ff.
Berufungsausschuss *SGB V* **97** 1 ff.
– Besondere Zusammensetzung in Zulassungssachen der Psychotherapeuten *SGB V* **97** 13
– Beteiligung von Interessenvertretungen der Patientinnen und Patienten *SGB V* **97** 14
– Errichtung *SGB V* **97** 5 f.
– Klageverfahren *SGB V* **97** 41 ff.
– Verfahren *SGB V* **97** 15 ff.
– Vorsitzender, Befähigung zum Richteramt *SGB V* **97** 9
– Widerspruch, Kosten in Zulassungsangelegenheiten *SGB V* **97** 36 ff.
– Widerspruchsbescheid *SGB V* **97** 20
– Zusammensetzung *SGB V* **97** 7 ff.
Beschäftigter
– Beitragszuschuss *SGB V* **257** 1 ff.
– geringfügig, Beitrag des Arbeitgebers *SGB V* **249b** 1 ff.
– unständige, beitragspflichtige Einnahmen *SGB V* **232** 1 f.
Beschäftigung *SGB V* **5** 10 ff.
– Abgrenzung zu selbstständiger Tätigkeit *SGB V* **5** 11
– Arbeiter und Angestellte *SGB V* **5** 14
– beitragspflichtige Einnahmen, unständig Beschäftigte *SGB V* **232** 1 f.
– Berufsausbildung *SGB V* **5** 15
– gegen Arbeitsentgelt *SGB V* **5** 17
– geringfügige, Versicherungsfreiheit *SGB V* **7** 1 ff.
– im beitragsrechtlichen Sinn *SGB V* **5** 13
– im leistungsrechtlichen Sinn *SGB V* **5** 13
– lohnsteuerpflichtige *SGB XI* **45c** 13
– Nichtigkeit Arbeitsvertrag *SGB V* **5** 16
– Praktikum *SGB V* **5** 15
– sozialversicherungspflichtige *SGB XI* **45a** 6, **45c** 13
– unständige, Meldepflicht *SGB V* **199** 1 ff.
Beschäftigungsverhältnis *SGB V* **5** 12, **186** 6
– Ende *SGB V* **190** 8

Beschlüsse des Gemeinsamen Bundesausschusses
– Beschlüsse zur Qualitätssicherung im Krankenhaus *SGB V* **136b** 1 ff.
– Blut- und Gewebegesetz *SGB V* **136c** 27
– zu Qualitätssicherung und Krankenhausplanung *SGB V* **136c** 1 ff.
Beschwerdeausschuss *SGB V* **106c** 6 ff.
– Aufsicht *SGB V* **106c** 37 ff.
– bei Wirtschaftlichkeitsprüfungen *SGB V* **106c** 1 ff.
– Eigenverantwortliche Wahrnehmung von Aufgaben *SGB V* **106c** 16 ff.
– Klageverfahren *SGB V* **106c** 24 ff.
– Widerspruchsverfahren *SGB V* **106c** 20 ff.
Beschwerdemanagement *SGB V* **135a** 16
Besitzstandsschutz
– allgemeiner Grundsatz *SGB XI* **141** 3
– Ende *SGB XI* **141** 23
– für pflegebedürftige Menschen mit Behinderungen *SGB XI* **145** 1 ff.
– für pflegebedürftige Menschen mit Behinderungen, PSG III *SGB XI* **145** 1 ff.
– Pflegepersonen *SGB XI* **141** 1 ff.
Besitzstandsschutz und Übergangsrecht
– PSG II *SGB XI* **141** 1 ff.
– PSG III *SGB XI* **141** 1 ff.
Besitzstandsschutz-Zuschlag *SGB XI* **141** 4, 6, 9
– Antrag *SGB XI* **141** 4
– Kürzung *SGB XI* **141** 9, 14
Besondere Therapieeinrichtungen
– anthroposophische Medizin *SGB V* **12** 20
– echte Außenseitermethoden *SGB V* **12** 23
– Förderung *SGB V* **65d** 1 ff.
– Homöopathie *SGB V* **12** 20
– Phytotherapie *SGB V* **12** 20
Besondere Versorgungsform
– Datenübermittlung zur Abrechnung *SGB V* **295a** 1 ff.
– Einwilligung für Datenübermittlung *SGB V* **295a** 9 ff.
– Leistungserbringer *SGB V* **295a** 4
– Weitergeben von Angaben, Begriff *SGB V* **295a** 7
Bestandskraftwirkung
– Zuweisungsentscheidung *SGB V* **273** 32
Bestandsschutz
– für pflegebedürftige Menschen mit Behinderungen *SGB XI* **145** 1 ff.
Bestimmtheitserfordernis
– Pflegehilfsmittelverträge *SGB XI* **78** 10
Bestimmtheitsgrundsatz
– Festbetragsfestsetzung *SGB XI* **78** 90
Beteiligung
– des Bundes an Aufwendungen, Finanzierung der GKV *SGB V* **221** 1 ff.
– von Interessenvertretungen *SGB XI* **118** 1 ff.

- von Interessenvertretungen der Patientinnen und Patienten *SGB V* **140f** 1 ff.
- von Interessenvertretungen der Patientinnen und Patienten, Heil- und Hilfsmittelversorgungsgesetz *SGB V* **140f** 4

Beteiligungsrecht
- Träger der Sozialhilfe *SGB XI* **81** 7

Betreuung *SGB XI* **43** 5
- pflegerische *SGB XI* **77** 2

Betreuungsangebote *SGB XI* **45a** 7

Betreuungsgeld
- Beitragsfreiheit *SGB XI* **56** 1 ff.

Betreuungspersonen
- Sachkosten *SGB XI* **45c** 13

Betreuungs- und Entlastungsbetrag
- Übertragbarkeit *SGB XI* **144** 2
- Zuschlag *SGB XI* **141** 4

Betreuungs- und Entlastungsleistungen *SGB XI* **141** 6

Betriebliche Gesundheitsförderung *SGB V* **20b** 1 ff.

Betriebsführung
- Prüfung *SGB V* **274** 1 ff.

Betriebskrankenkasse
- Auflösung *SGB V* **152** 1 ff.
- Ausdehnung auf weitere Betriebe *SGB V* **149** 1 ff.
- Ausscheiden von Betrieben *SGB V* **151** 1 ff.
- Errichtung *SGB V* **147** 1 ff.
- Errichtung, Verfahren *SGB V* **148** 1 ff.
- freiwillige Vereinigung *SGB V* **150** 1 ff.
- Geschäftsabwicklung *SGB V* **155** 1 ff.
- Haftung für Verpflichtungen *SGB V* **155** 1 ff.
- Öffentliche Verwaltungen *SGB V* **156** 1 f.
- Schließung *SGB V* **153** 1 ff.
- Vereinigung *SGB V* **150** 1 ff.
- Vereinigung, kassenartenübergreifend *SGB V* **171a** 12
- Verfahren bei Errichtung *SGB V* **148** 1 ff.

Betriebsmittel
- Krankenkassen *SGB V* **260** 1 ff.
- Überschüsse *SGB XI* **45c** 4
- Verwendung *SGB XI* **64** 4

Betriebs- und Geschäftsdaten
- Schutz *SGB XI* **93** 8

Betroffenenkompetenz *SGB XI* **45d** 6

Bewertung
- neuer Untersuchungs- und Behandlungsmethoden mit Medizinprodukten hoher Risikoklasse *SGB V* **137h** 1 ff.
- von Untersuchungs- und Behandlungsmethoden im Krankenhaus *SGB V* **137c** 1 ff.

Bewertungsausschuss *SGB V* **87** 50 ff.
- Analyse *SGB V* **87** 55
- Begründung *SGB V* **87** 53
- Beteiligtenfähigkeit *SGB V* **87** 51
- Datengrundlagen *SGB V* **87** 60
- Geschäftsordnung *SGB V* **87** 59
- Gestaltungsspielraum *SGB V* **87** 52
- Qualifizierung *SGB V* **87** 51
- Vertragsorgan *SGB V* **87** 51
- Vertraulichkeit *SGB V* **87** 54

Bewertungsmaßstab Zahnärzte *SGB V* **87** 46 ff.
- Aufsuchen Pflegebedürftiger und Behinderter *SGB V* **87** 48
- Leistungskomplexe *SGB V* **87** 46
- Pflegeheim *SGB V* **87** 49
- Versorgungsziel *SGB V* **87** 47

Bewertung von Leistungen
- Gestaltungsspielraum *SGB V* **87** 20
- Kostenermittlung *SGB V* **87** 20
- Punktzahl *SGB V* **87** 19
- wertmäßiges Verhältnis *SGB V* **87** 19

Beziehungen
- der Krankenkassen zu den Leistungserbringern *SGB V* **311** 1 ff.
- zu Zahnärzten/Zahltechnikern *SGB V* **57** 1 ff.

Bezifferte Beträge, Gesetzestechnik *SGB V* **221** 4

Bezugsgröße
- Sozialversicherung *SGB XI* **141** 20

BfArM *SGB V* **35c** 13 ff., 28

Bildung eines Pflegevorsorgefonds *SGB XI* **Vor 131** 1 ff.

Bindungswirkung *SGB V* **35** 33

Biologicals *SGB V* **35** 26

Biosimilars *SGB V* **35** 26

Blut- und Gewebegesetz *SGB XI* **7a** 32, **58** 13
- Auftragsvergabe *SGB XI* **113b** 38
- Auskunftspflicht *SGB XI* **113b** 38
- Beschlüsse des Gemeinsamen Bundesausschusses *SGB V* **136c** 27
- Bundesmantelvertrag *SGB V* **87** 77
- Bundesschiedsamt *SGB V* **40** 39
- Entlassmanagement *SGB V* **40** 39
- Festbeträge für Arznei- und Verbandmittel *SGB V* **35** 63
- Gemeinsamer Bundesausschuss *SGB V* **137** 14
- klinische Krebsregister *SGB V* **65c** 10
- kurzzeitige Arbeitsverhinderung *SGB XI* **44a** 31
- Modellvorhaben *SGB XI* **124** 8
- Personalausstattung *SGB XI* **115** 61 f.
- Personalbemessung in Pflegeeinrichtungen *SGB XI* **113c** 8
- Pflegeberatung *SGB XI* **7a** 32
- Qualitätssicherungsdaten *SGB V* **275a** 16
- Saisonarbeitnehmer *SGB V* **188** 13 ff.
- Tragung der Beiträge bei versicherungspflichtig Beschäftigten *SGB XI* **58** 13
- Vergabeverfahren *SGB XI* **113** 31 f.
- Vergütungskürzung *SGB XI* **115** 61 f.

– Verträge *SGB V* 127 15
– Wirksamwerden der Richtlinien *SGB V* 94 13
Bonus für gesundheitsbewusstes Verhalten *SGB V* 65a 1 ff.
Bonusheft *SGB V* 55 11
Bonusregelung *SGB V* 55 7
Bruttoprinzip
– Beitragsbemessung *SGB V* 226 11 ff.
BSG
– Sozialstaatsgebot *SGB V* 28 24
BTHG siehe Bundesteilhabegesetz
Bundesbank
– Pflegevorsorgefonds, Gestaltungsverantwortung *SGB XI* 134 10
– Pflegevorsorgefonds, Risikomanagement *SGB XI* 134 11
– Vermögenssorge-Verantwortung *SGB XI* 133 3
– Vorsorgesystem-Einbindung *SGB XI* 131 12
Bundesempfehlungen und -vereinbarungen über die pflegerische Versorgung *SGB XI* 75 1 ff.
Bundesfreiwilligendienst *SGB V* 193 3
– ermäßigter Beitragssatz *SGB V* 244 1 ff.
– Meldepflicht *SGB V* 204 1 ff.
Bundesleistungsverzeichnis *SGB V* 88 1 ff.
Bundesmantelvertrag *SGB V* 72 8, 82 6, 87 1 ff., 135 7, 12
– allgemeiner Inhalt der Gesamtverträge *SGB V* 82 6
– Bekanntgabe *SGB V* 87 3
– Beschränkung des Gestaltungsspielraums *SGB V* 82 6
– Blut- und Gewebegesetz *SGB V* 87 77
– Funktion *SGB V* 82 6
– GKV-AMVSG *SGB V* 87 1
– Organisation der vertragsärztlichen Versorgung *SGB V* 87 5
– Partner, Vorrang *SGB V* 87 4
– untergesetzliche Normen *SGB V* 82 6
– Versorgungssteuerung *SGB V* 87 2
– Zahnärzte *SGB V* 29 22
Bundesministerium für Familie, Senioren, Frauen und Jugend
– Zustimmung *SGB XI* 45c 26
Bundesministerium für Gesundheit *SGB V* 87 69; *SGB XI* 45a 21
– Auflagen *SGB V* 87 72
– Beanstandung *SGB V* 137c 17
– Berichtspflicht *SGB V* 78c 1, 217j 1 ff.
– Ersatzvornahme *SGB V* 137c 17
– Festsetzungsrecht *SGB V* 87 73
– Rechtsschutz gg Aufsichtsmaßnahmen *SGB V* 87 74
– Teilnahmeberechtigung *SGB V* 87 70
– Vorlagepflicht *SGB V* 87 71
– Zustimmung *SGB XI* 45c 26

Bundespflegesatzverordnung *SGB V* 35c 26
Bundesrahmenempfehlungen *SGB V* 20d 3
Bundesrechnungshof
– Pflegevorsorgefonds, Sondervermögensprüfung *SGB XI* 134 4
– Pflegevorsorgefonds, Vermögensanlage-Richtlinien *SGB XI* 134 5
– Prüfungsermessen *SGB XI* 131 6
– Prüfungszuständigkeit für die GKV *SGB V* 221 4
Bundesregierung
– Berichtspflicht *SGB XI* 10 2 f.
– Pflegebericht *SGB XI* 10 1 ff.
Bundesschiedsamt *SGB V* 89 79 ff.
– Blut- und Gewebegesetz *SGB V* 40 39
– Hochschulambulanzen *SGB V* 117 21
Bundesteilhabegesetz *SGB V* 5 101
– Beitragstragung *SGB V* 251 18
– Ergänzende Leistungen zur medizinischen Rehabilitation *SGB V* 43 35
– Fahrkosten *SGB V* 60 32
– Finanzbedarf der Krankenversicherung *SGB V* Vor 220 14
– Kostenerstattung *SGB V* 13 40, 264 9
– Krankengeld, Ruhen *SGB V* 49 35
– Leistungen *SGB V* 2 33
– Medizinische Rehabilitation *SGB V* 40 40
– medizinische Vorsorgeleistungen *SGB V* 23 13
– nichtärztliche sozialpsychiatrische Versorgung *SGB V* 43a 17
– persönliches Budget *SGB XI* 35a 11 f.
– Pflegeberatung *SGB XI* 7a 31
– Pflegeleistungen *SGB XI* 28 17
– Verhältnis der Leistungen der Pflegeversicherung zu anderen Sozialleistungen *SGB XI* 13 19
– Versicherungsberechtigung *SGB V* 9 37, 11 82
– Versicherungspflicht *SGB V* 5 101
– Versicherungspflicht (sPV) *SGB XI* 20 21
Bundesverbände der Krankenkassen
– Angebot der Anstellung bisheriger Beschäftigter durch den Spitzenverband Bund der Krankenkassen *SGB V* 213 17
– Aufgaben *SGB V* 212 3, 14
– Aufgaben der in Gesellschaften bürgerlichen Rechts umgewandelten Bundesverbände *SGB V* 214 1 ff.
– Beitritt von Krankenkassen *SGB V* 212 11
– Beschäftigungsverhältnis *SGB V* 212 7
– Beteiligungsverfahren *SGB V* 213 15
– Betriebskrankenkassen *SGB V* 212 4
– Betriebsverfassungsgesetz *SGB V* 212 16
– Bevollmächtigte *SGB V* 212 20
– Deutsche Rentenversicherung Knappschaft-Bahn-See *SGB V* 212 2, 12

- Dienstordnungsangestellte *SGB V* 212 7, 213 8 f.
- Dienstvereinbarungen *SGB V* 213 14
- DO-Angestellte *SGB V* 213 8 ff.
- Erlass von Verwaltungsakten *SGB V* 212 26
- Folgen der Umwandlung *SGB V* 213 5 ff.
- Fortbestand der Gesellschaft *SGB V* 212 9
- Fusion von Landesverbänden *SGB V* 213 16
- Gemeinsame Bevollmächtigte der Ersatzkassen *SGB V* 212 22
- Gemeinsame Vertretung der Ersatzkassen *SGB V* 212 21
- Gesamthandsvermögen *SGB V* 213 5
- Gesellschaften bürgerlichen Rechts *SGB V* 212 4, 213 5, 214 2
- Gesellschafter *SGB V* 212 6
- Gesellschaftsvertrag *SGB V* 212 15
- gesetzlicher Kündigungsschutz *SGB V* 212 8
- Haftung für Ansprüche aus Dienst- und Arbeitsverträgen *SGB V* 213 7
- Innungskrankenkassen *SGB V* 212 4
- Knappschaftliche Krankenversicherung *SGB V* 212 12
- Körperschaften des öffentlichen Rechts *SGB V* 212 4, 213 5
- Kündigungsschutz *SGB V* 212 8
- Landesverband als Bevollmächtigter *SGB V* 212 4
- Mitarbeiter *SGB V* 212 7 ff., 213 17 ff.
- Ortskrankenkassen *SGB V* 212 4
- Personalräte *SGB V* 213 13
- Rechte und Pflichten der Dienstordnungsangestellten *SGB V* 213 8 ff.
- Rechtsnachfolge *SGB V* 212 13, 213 1 ff.
- Spitzenverband Bund der Krankenkassen *SGB V* 213 17
- tarifvertraglich Angestellte *SGB V* 213 10 ff.
- Übergang der Arbeitsverhältnisse *SGB V* 213 6
- Umwandlung *SGB V* 212 4 ff., 213 5
- Umwandlung des Vermögens der Bundesverbände *SGB V* 213 5
- Unterstützungsaufgaben *SGB V* 214 3
- Verband der Ersatzkassen *SGB V* 212 23, 213 12
- Vermögensübergang *SGB V* 213 5
- Versorgungsansprüche *SGB V* 213 9
- Vertretung der Ersatzkassen *SGB V* 212 19
- Zeitpunkt der Umwandlung *SGB V* 213 5
- zukünftiger Fortbestand *SGB V* 212 9
- Zusammenschluss der Ersatzkassen *SGB V* 212 17 f.
- Zusammenschluss der Ersatzkassen zu Verbänden *SGB V* 212 17 f.
- Zweck *SGB V* 212 14 ff.

Bundesverbände der Pflegekassen
- Aufgaben *SGB XI* 53 1 ff.

Bundesvereinigung *SGB V* 77 1 ff.
- GKV-SVSG *SGB V* 77 1 ff.
- kassenärztliche, Besondere Regelungen zu Einrichtungen und Arbeitsgemeinschaften *SGB V* 77b 1 ff.
- kassenärztliche, GKV-SVSG *SGB V* 77b 1 ff.

Bundesverfassungsgericht
- Eigenverantwortung *SGB V* 28 24

Bundesversicherungsamt *SGB XI* 45c 4, 28, 45f 10
- Auffälligkeitsprüfung *SGB V* 273 8
- Aufgabenfinanzierung *SGB XI* 65 22
- Aufgabenzuwachs *SGB XI* 65 21
- Aufsichtsbehörden, Zusammenwirken *SGB V* 271a 25 f.
- Ausgleichsfonds-Verwalter *SGB XI* 65 1 ff.
- Datenschutz, Sicherstellung *SGB V* 269 12 f.
- Datenübermittlung *SGB V* 303b 1 ff.
- Durchführungsbehörde (Risikostrukturausgleich) *SGB V* 266 18
- Einkommensausgleich *SGB V* 270a 1 ff.
- Ermessen (Zwangsgeldzumessung) *SGB V* 273 34
- Finanzausgleich-Durchführung *SGB XI* 66 1 ff.
- Gesundheitsfonds *SGB V* 271 1 ff.
- Gutachtenaufträge *SGB V* 269 1 ff.
- Hinwirkenspflicht *SGB V* 266 18
- Jahresschlusszuweisung *SGB V* 266 20
- Kooperationsanspruch *SGB V* 273 33
- Korrekturbedarfsermittlung *SGB V* 273 24 ff.
- Liquiditätsreserve-Einsatz *SGB V* 271 26
- Pflegekassen-Finanzausgleich, Ermittlungen *SGB XI* 68 6 f.
- Pflegevorsorgefonds *SGB XI* 134 10
- Pflegevorsorgefonds, Verwendungssteuerung *SGB XI* 136 2
- Prüfauftrags-Träger *SGB V* 273 9 f.
- Prüfrecht im Pflegekassen-Finanzausgleich *SGB XI* 67 12
- Prüfung der KK durch das BVA *SGB V* 274 1 ff.
- Prüfungsrecht *SGB V* 273 20
- Prüfungs- und Sanktionsbefugnisse *SGB V* 266 18 ff.
- Risikostrukturausgleich *SGB V* 266 1 ff., 18 ff.
- Säumniszuschlag-Erhebung *SGB V* 271a 1 ff.
- Steuerungsverantwortung *SGB V* Vor 265 16
- Verwaltungskostenpauschale *SGB XI* 66 4
- Weiterentwicklung und Stabilisierung des RSA *SGB V* 273 2
- Wohngruppenförderung *SGB XI* 45e 12
- Zwangsgelderhebung *SGB V* 273 34

Bundeszentrale für gesundheitliche Aufklärung *SGB V* 20a 5 f.

Bundeszuschuss *SGB XI* 54 2
- Höhe des Zuschusses *SGB V* 221 3

Bund-Länder-Kommission *SGB XI* 45c 22

Bürgerschaftliches Engagement *SGB XI* 45c 8

Bußgeldvorschrift *SGB V* 307 1 ff.
- PSG III *SGB XI* 121 1 ff., 13 ff.
- SGB XI *SGB XI* 121 1 ff.

Cannabis
- Gesetz zur Änderung betäubungsmittelrechtlicher und anderer Vorschriften *SGB V* 31 1
- Verordnung von *SGB V* 31 18

Caremanagement
- Pflegestützpunkte *SGB XI* 7c 19

Chronische Erkrankung *SGB V* 2a 5
- Anschluss-Nachsorgeleistungen *SGB V* 43 26 ff.
- Ermessen *SGB V* 2a 6 f.
- Leistungen *SGB V* 2a 1 ff.
- reduzierte Belastungsgrenze *SGB V* 62 15 ff.
- sozialmedizinische Nachsorge für Kinder *SGB V* 43 26 ff.
- strukturierte Behandlungsprogramme *SGB V* 137f 1 ff.

Compassionate Use *SGB V* 35c 9

Dateien bei der Deutschen Verbindungsstelle Krankenversicherung – Ausland *SGB V* 219c 1 ff.

Daten
- Auswertung *SGB V* 299 14
- einrichtungsbezogene D. für die Qualitätssicherung *SGB V* 299 4
- elektronische Übertragung *SGB V* 295 13
- Erforderlichkeitsgrundsatz *SGB V* 284 3
- Erforderlichkeit und Zweckbindung von Speicherung, Veränderung, Nutzung *SGB V* 284 3, 8, 285 5 f., 294 5, 294a 11, 299 6, 301 2, 301a 2, 303 4, 303b 2, 303e 5, 305a 6
- Löschung *SGB V* 304 1 ff.
- Rechnungskürzung bei Nacherfassung von D. *SGB V* 303 7
- Risikostrukturausgleich *SGB V* 217f 20 f.
- versichertenbezogene *SGB V* 285 5

Datenanonymisierung *SGB XI* 98 10

Datenarchivierung
- Anforderung *SGB XI* 97 15

Datenaufbereitung
- Begriff *SGB V* 303d 4

Datenaufbereitungsstelle *SGB V* 140h 7, 303d 1 ff.

Datenaufbewahrung *SGB V* 304 1 ff.
- Leistungsdaten *SGB V* 304 12 f.
- Löschungsfristen *SGB V* 304 7 ff.
- Löschungspflicht *SGB V* 304 4 ff.
- Versichertenwechsel *SGB V* 304 14

Datenaustausch
- automatisiertes Verfahren *SGB V* 219b 4
- im automatisierten Verfahren *SGB V* 219b 1 ff.
- in grenzüberschreitenden Fällen *SGB V* 219a 8

Datenauswertung *SGB V* 299 14

Datenauswertung für Forschungsvorhaben *SGB XI* 98 1 ff.
- Benutzung von Fremddaten *SGB XI* 98 7
- Beschränkungen des Forderungszweckes *SGB XI* 98 6
- Beteiligung Aufsichtsbehörden *SGB XI* 98 9
- Beteiligung der Aufsichtsbehörden *SGB XI* 98 4
- Datenanonymisierung *SGB XI* 98 10
- Löschfristen *SGB XI* 98 8

Datenerhebung
- Begriff *SGB V* 284 3
- für die Qualitätssicherung *SGB V* 299 4
- Risikostrukturausgleich *SGB V* 267 1 ff.

Datenlöschung *SGB V* 304 1 ff.; *SGB XI* 107 1 ff.
- bei Sachverständigen *SGB XI* 97a 8

Datennutzung
- berechtigte *SGB V* 303 3 f.
- für Analyse und Entwicklung sektorenübergreifender Versorgungsformen *SGB V* 303e 5
- für Planung von Leistungsressourcen *SGB V* 303e 5
- für Unterstützung politischer Entscheidungsprozesse *SGB V* 303e 5
- für Verbesserung der Qualität der Versorgung *SGB V* 303e 5
- für Wahrnehmung von Steuerungsaufgaben *SGB V* 303e 5
- für Zwecke der Qualitätssicherung *SGB V* 299 1 ff.
- Pseudonymisierungsverfahren *SGB V* 299 12

Datenschutz *SGB V* 25a 6 f.
- bei Durchführung der Beratung durch Dritte *SGB XI* 7b 12
- hausärztliche Behandlung *SGB V* 73 11 f.
- Leistungserbringer *SGB V Vor* 284 21 ff.
- Neuregelungen, GKV-FQWG *SGB V Vor* 265 15
- Pflegeberatung *SGB XI* 7a 26
- Pflegequalität *SGB XI* 113 23
- Qualitätssicherung *SGB V* 135a 18 ff.
- Sicherstellung (BVA) *SGB V* 269 12 f.
- Sozialdaten *SGB V* 306 16
- Wirtschaftlichkeitsprüfung der Pflegeleistungen *SGB XI* 79 10

Datenspeicherung *SGB V* 284 3
- Begriff *SGB V* 285 3
- bei Kassen(zahn)ärztlichen Vereinigungen *SGB V* 285 3 ff.
- bei Krankenkassen *SGB V* 284 3 ff.
- für die Wirtschaftlichkeitsprüfung *SGB V* 284 7
- maschinell verwertbare Datenträger *SGB V* 284 5

Datentransparenz
- Aufgaben *SGB V* 303a 1 ff.
- Bestimmung der Stellen *SGB V* 303a 4
- Kosten *SGB V* 303a 6
- Rechtsverordnung *SGB V* 303a 4 f.

Datenübermittlung
- Abrechnung als Zweck *SGB V* 295a 8
- Abrechnung ärztlicher Leistungen *SGB V* 295 3 ff.
- Abrechnung der Hebammen und Entbindungspfleger *SGB V* 301a 3
- an Approbationsbehörden und Heilberufskammern *SGB V* 285 9
- Arzneimittelverordnungsdaten *SGB V* 305a 7
- Bundesversicherungsamt *SGB V* 303b 1 ff.
- durch Rechenzentren, Aufwendungsersatz *SGB V* 300 7
- Einzelfallbeurteilung *SGB V* 298 5
- elektronische *SGB V* 295a 12
- erforderliche Daten für die Abrechnung *SGB V* 295a 8
- ergänzende Regelungen *SGB V* 303 1 ff.
- Erhebungszeitraum *SGB V* 269 19
- Krankenhäuser *SGB V* 301 1 ff.
- Nacherfassungspflicht *SGB V* 303 6 f.
- periodenübergreifender Pseudonyme *SGB V* 303c 5
- Rehabilitationseinrichtungen *SGB V* 301 8
- Risikostrukturausgleich *SGB V* 269 19
- Vereinbarungen zum Datenumfang *SGB V* 303 3
- versichertenbezogen für die Wirtschaftlichkeitsprüfungen *SGB V* 298 1 ff.
- Versichertenbezogen für Qualitätsprüfungen *SGB V* 298 1 ff.
- Vorsorgeeinrichtungen *SGB V* 301 8
- Wirtschaftlichkeitsprüfungen *SGB V* 296 1 ff.
- Wirtschaftlichkeitsprüfungen Arbeitsunfähigkeit *SGB V* 297 5
- Wirtschaftlichkeitsprüfungen Krankenhausbehandlung *SGB V* 297 6
- zulässige Zwecke für Rechenzentren *SGB V* 300 6

Datenübermittlungsbefugnis
- Auffangtatbestand Anwendungsbereich *SGB V* 298 4

Datenübermittlungspflichten
- Abrechnung ärztlicher Leistungen *SGB V* 295 3 ff.
- für Teilnehmer besonderer Versorgungsformen *SGB V* 295 7
- psychiatrische Institutsambulanzen *SGB V* 295 7, 9

Datenübersicht *SGB V* 286 1 ff.
- Art der Sozialdaten *SGB V* 286 3
- geeignete Form der Veröffentlichung *SGB V* 286 5
- Inhalt *SGB V* 286 3

Datenverarbeitung
- Begriff *SGB V* 284 8
- Dienstanweisung *SGB V* 286 6
- für Zwecke der Qualitätssicherung *SGB V* 299 1 ff.
- Leistungserbringerdaten *SGB XI* 78 19

Datenverarbeitung und -nutzung,
- Verordnungsermächtigung *SGB V* 303e 1 ff.

Datenverwendung
- deklaratorische Wirkung *SGB XI* 93 3
- Rangstellung *SGB XI* 93 4
- Reichweite der Norm *SGB XI* 93 5
- Schutz Daten Verstorbener *SGB XI* 93 7
- Testierfähigkeit *SGB XI* 93 7
- Verweisfunktion *SGB XI* 93 2
- Zweckbestimmung *SGB XI* 94 6 f.

Datenverwendung durch Heimaufsicht und Träger der Sozialhilfe *SGB XI* 97b 1 ff.
- Beschränkung der Datenverwendungsbefugnis *SGB XI* 97b 3
- Datenlöschung *SGB XI* 97b 4

Datenverwendungsarten
- Definition *SGB XI* 93 11

Deckungskapital
- Krankenkassen *SGB V* 171e 1 ff.

Demenz
- Betreuung, Fachkräfte *SGB XI* 45c 13

Demografischer Wandel *SGB XI* 126 1

Demographie *SGB XI* 45d 2

Dentisten *SGB V* 72 4

Depotverbot
- Abfärbetheorie *SGB V* 128 4
- Gesellschaft bürgerlichen Rechts *SGB V* 128 4
- Gewerbebetrieb *SGB V* 128 4
- Hilfsmittel, einfache *SGB V* 128 3
- Hörgeräteversand *SGB V* 128 4
- Kontaktlinsen *SGB V* 128 3
- Ohrabdruck *SGB V* 128 4
- Sanitätshaus *SGB V* 128 3
- Vertriebsweg, verkürzter *SGB V* 128 4

De-Pseudonymisierung
- Neuregelungen, GKV-FQWG *SGB V* Vor 265 15

Deutsche Akkreditierungsstelle *SGB XI* 78 17

Deutsche Bundesbank
- Pflegevorsorgefondsverwaltung *SGB XI* 131 11

Deutsche Krankenhausgesellschaft *SGB V* 108a 1 f.
- Bundes- und Landesverbände *SGB V* 108a 2

Deutsche Rentenversicherung Knappschaft-Bahn-See *SGB V* 72 11, 167 1 ff., 212 12
- Verwaltungsausgaben, getrennte Ausweisung *SGB V* 318 4 ff.

- Verwaltungsausgaben, Zuweisungen aus Gesundheitsfonds   *SGB V* 318 1 ff.

Deutsches Institut für medizinische Dokumentation und Information (DIMDI)   *SGB V* 73 25

Deutsche Verbindungsstelle Krankenversicherung Ausland   *SGB V* 219a 1 ff.
- Aufgaben   *SGB V* 219a 3
- Aufgaben des Geschäftsführers   *SGB V* 219a 14
- Datenaustausch mit den Trägern der sozialen Sicherheit   *SGB V* 219b 1 ff.
- Dienstvertrag des Geschäftsführers   *SGB V* 219a 15
- Finanzierung   *SGB V* 219a 18 f.
- Geschäftsführer   *SGB V* 219a 13 ff.
- Haushalt   *SGB V* 219a 17
- Haushaltsplan   *SGB V* 219a 17
- Löschungspflicht von Daten   *SGB V* 219c 5
- nationale Kontaktstelle   *SGB V* 219a 8
- Organisation   *SGB V* 219a 3
- Pflicht zur Meldung von Daten   *SGB V* 219c 3
- Rechtsnachfolge des Spitzenverbandes Bund der Krankenkassen   *SGB V* 219a 10 f.
- Rechtsstellung   *SGB V* 219a 10 ff.
- Satzung   *SGB V* 219a 9, 16
- Teilhaushalt   *SGB V* 219a 17
- Übergangsregelung   *SGB V* 219a 12
- überstaatliches Recht   *SGB V* 219a 4
- zwischenstaatliches Recht   *SGB V* 219a 5

Diagnose
- nachträgliche Korrektur   *SGB V* 303 8

Diagnoseschlüssel   *SGB V* 301 5
- erneute Übermittlung   *SGB V* 303 8

Diagnoseverschlüsselung   *SGB V* 295 4

Diäten, bilanzierte   *SGB V* 31 17

Dienste, medizinische
- Zusammenarbeit   *SGB XI* 53a 1 ff.

Dienstleistungsgesellschaften   *SGB V* 77a 1 ff.

Dienstpflicht (gesetzliche), Ruhen   *SGB V* 16 16

Dienstverpflichtung   *SGB V* 193 1 ff.

Dieselbe Krankheit
- einheitliches Krankheitsgeschehen   *SGB V* 48 9
- nicht ausgeheiltes Grundleiden   *SGB V* 48 8
- Wertungsspielraum   *SGB V* 48 9

Differenzierungsverbot   *SGB XI* 45b 1, 12, 21

DIMDI   *SGB V* 35 57

Disease Management Programs   *SGB V* Vor 265 4

Disziplinargewalt   *SGB V* 75 7, 60 ff.

Dokumentation
- durch Leistungserbringer   *SGB V* 135 25

Dreiseitige Verträge   *SGB V* 115 1 ff., 7
- belegärztliche Tätigkeit   *SGB V* 115 5
- Ersatzvornahme   *SGB V* 115 15
- Notdienst   *SGB V* 115 8
- Praxisklinik   *SGB V* 115 6
- Rahmenempfehlungen   *SGB V* 115 16
- Verbindlichkeit   *SGB V* 115 4
- Vertragsparteien   *SGB V* 115 3
- vorstationäre Diagnostik   *SGB V* 115 10
- vor- und nachstationäre Behandlung   *SGB V* 115 9

Drittverursachte Gesundheitsschäden   *SGB V* 294a 1 ff.
- Ausnahme von der Mitteilungspflicht bei Missbrauch von Kindern und Jugendlichen   *SGB V* 294a 13
- Mitteilungspflicht ggü der Krankenkasse   *SGB V* 294 5 ff.

Duale Finanzierung   *SGB XI* 45c 9

Durchführung
- künstlicher Befruchtungen   *SGB V* 121a 1 ff.
- von Qualitätsprüfungen   *SGB XI* 114a 1 ff.

Durchimpfungsrate   *SGB V* 20i 2, 9

Durchschnittlicher Zusatzbeitrag GKV   *SGB V* 242a 1 f.

Durchsetzung und Kontrolle der Qualitätsanforderungen des Gemeinsamen Bundesausschusses   *SGB V* 137 1 ff.

Dynamisierung   *SGB XI* 30 1 ff.
- PSG I   *SGB XI* 30 1 ff.

EEE (einrichtungseinheitlicher Eigenanteil)   *SGB XI* 84 14 ff.

Effizienzgebot   *SGB XI* 77 42

eGovernance
- Regulierungsgrenzen   *SGB V* 273 3

EG Verordnung
- 883/2004   *SGB V* 219b 2
- 987/2009   *SGB V* 219c 2

Ehrenamt
- Belange   *SGB XI* 45c 26

Ehrenamtliche Betreuungsperson
- Aufwandsentschädigung   *SGB XI* 45c 13

Ehrenamtliche Gruppen
- Begriff   *SGB XI* 45d 6

Ehrenamtlicher   *SGB XI* 45a 7

Ehrenamtliche Strukturen   *SGB XI* 45c 1 ff.

Ehrenamtliche Unterstützung
- Finanzierung Pflegeeinrichtung   *SGB XI* 82b 1 ff.

Ehrenamtliche Versorgungsstrukturen   *SGB XI* 45d 1 ff.

Ehrenamtsgruppen   *SGB XI* 45c 2, 8, 15

Eigenanteil
- individueller   *SGB XI* 141 9 ff.

Eigenbeteiligung   *SGB V* 28 4

Eigeneinrichtung   *SGB V* 140 1 ff.
- Begriff   *SGB V* 140 9
- Bestandsschutz   *SGB V* 140 14 ff.

- Eigenbetrieb *SGB V* 140 10
- Errichtung *SGB V* 140 18 ff.
- juristische Person *SGB V* 140 10
- Kassenärztliche Vereinigungen *SGB V* 105 11

Eigenlaborleistungen
- zahntechnische Leistungen *SGB V* 88 14

Eigenverantwortung *SGB V* 52 2 ff.;
SGB XI 1 4, 6 3 ff., 31 9
- Bundesverfassungsgericht *SGB V* 28 24
- Festzuschuss *SGB V* 28 9
- Förderung durch die Krankenversicherung *SGB V* 1 8
- Kieferorthopädische Behandlung *SGB V* 29 4 f.
- Pflegeversicherung *SGB XI* 6 1 ff.
- Versicherte der gKV *SGB V* 2 13
- Vorbeugende Aufklärung *SGB XI* 7 3
- Zuzahlungsregelung *SGB V* 28 9

Eingeschränkte Alltagskompetenz
SGB XI 141 4

Eingetragener Verein *SGB XI* 45d 6

Eingliederungshilfe
- für behinderte Menschen *SGB XI* 45a 24, 45b 25
- Leistungskonkurrenz *SGB XI* 144 7

Eingliederungszuschuss *SGB XI* 45c 12, 26

Einheitlicher Bewertungsmaßstab
SGB V 87 12 ff., 135 17, 23, 31
- abschließender Leistungskatalog *SGB V* 87 15
- allgemeine Überprüfungspflicht *SGB V* 87 23
- ambulante Krankenhausleistungen *SGB V* 120 14
- Bewertung von Leistungen *SGB V* 87 19
- Ergänzungsmöglichkeit *SGB V* 87 16
- Intraokularlinsen *SGB V* 87 25
- Orientierungswert *SGB V* 87 43 ff.
- Orientierungswert, angemessene Vergütung *SGB V* 87 45
- Orientierungswert, Anpassung *SGB V* 87 45
- Prüfkriterien *SGB V* 87 41
- Rationalisierung *SGB V* 87 24
- Steuerungsfunktion *SGB V* 87 14
- Telemedizin *SGB V* 87 26
- Überprüfungspflicht *SGB V* 87 22 ff.
- Vergütung *SGB V* 87 13
- Ziele *SGB V* 87 13

Einkommensausgleich *SGB V* 270a 1 ff.

Einnahmearten, Rangfolge *SGB V* 230 1

Einnahmen
- aus Sozialleistungen, Grundsätze *SGB V* 224 1 ff.
- beitragspflichtige *SGB XI* 141 20 f.

Einrichtungen der Behindertenhilfe
- ambulante Behandlung *SGB V* 119a 1 ff.
- Definition *SGB V* 119a 6 ff.
- Ermächtigung *SGB V* 119b 7 f.
- Überweisung *SGB V* 119a 14
- Vergütung *SGB V* 119a 18

Einrichtungseinheitlicher Eigenanteil
SGB XI 84 14 ff., 141 7, 9, 11, 13, 15, 18

Einstweiliger Rechtsschutz
- bei Entscheidungen der Zulassungsausschüsse *SGB V* 96 25 ff.

Einvernehmen *SGB V* 293 10

Einwilligung
- der Versicherten *SGB V* 295a 9 ff.
- Minderjährige *SGB V* 289 5
- Widerruf *SGB V* 295a 11

Einzelfallprüfung
- Prüfvereinbarungen *SGB V* 106 23 f.
- Zufälligkeitsprüfung *SGB V* 106a 24

Einzelperson
- häusliche Pflege *SGB XI* 77 1 ff.

Einzelpflegevertrag
- Ausgestaltung *SGB XI* 77 32 ff.
- Berufsbild-Rahmensetzung *SGB XI* 77 54
- Betreuungsleistungen *SGB XI* 77 41
- Effizienzgebot, Pool-Einzelpflegevertragsgestaltung *SGB XI* 77 42
- eingeschränkte Subsidiarität *SGB XI* 77 6
- Entlastungsleistungen *SGB XI* 77 41
- Fachlichkeit *SGB XI* 77 45
- Gestaltungsvielfalt *SGB XI* 77 53
- Komplexvertrag *SGB XI* 77 35, 40
- Kumulierung *SGB XI* 77 51
- Kündigung *SGB XI* 77 11, 34
- Kündigungseinschränkung *SGB XI* 77 56
- Kündigungsvermeidungsansätze *SGB XI* 77 55 ff.
- Langfristperspektive *SGB XI* 77 47
- Leistungsbeschaffungsvertrag *SGB XI* 77 49 f.
- mehrere Pflegebedürftige *SGB XI* 77 38
- Mindestorganisationserfordernisse, keine *SGB XI* 77 48
- Mindest-Vertragsinhalte *SGB XI* 77 35 ff.
- Mitteilungspflichten *SGB XI* 77 11
- Pflegebedarf *SGB XI* 77 46 ff.
- Pflege-Erfahrung *SGB XI* 77 45
- Pool-Bildung *SGB XI* 77 42
- Qualifikation der Pflegekräfte *SGB XI* 77 44 f.
- Qualitätssicherung *SGB XI* 77 52 ff.
- Rechtsschutz *SGB XI* 77 61 ff.
- Unzumutbarkeit (Vertragsfortführung) *SGB XI* 77 58
- Verletzung von Vertragspflichten *SGB XI* 77 57
- Vertragsabschlusskompetenz *SGB XI* 77 33
- Wirtschaftlichkeitsgebot *SGB XI* 77 40
- Wünsche der Pflegebedürftigen *SGB XI* 77 47
- Zeitersparnisse *SGB XI* 77 42
- zivilrechtlicher Charakter *SGB XI* 77 50

Elektronische Briefe
- Übermittlung in der vertragsärztlichen Versorgung   *SGB V* **291f** 1 ff.
- Zuschlag   *SGB V* **291f** 1 ff.
- Zuschlag, Abrechnungsvoraussetzungen   *SGB V* **291f** 1 ff.

Elektronische Gesundheitsakte
- Finanzierung   *SGB V* **68** 1 ff.

Elektronische Gesundheitskarte   *SGB V* **15** 1 ff., **291a** 1 ff.
- Ausgabe   *SGB V* **291** 3
- Beendigung Versicherungsverhältnis   *SGB V* **291** 12
- Befristungsmöglichkeit durch die Krankenkasse   *SGB V* **291** 7
- berechtigter Personenkreis   *SGB V* **291a** 14
- Einführung   *SGB V* **291a** 4 f.
- Einsatz in der Privaten Krankenversicherung und Sozialeinrichtungen   *SGB V* **291a** 6
- Einziehung   *SGB V* **291** 12
- Fakultative Angaben   *SGB V* **291** 8
- Freiwillige Anwendungen   *SGB V* **291a** 11
- Geltungsdauer   *SGB V* **291** 7
- Identifikationsfunktion   *SGB V* **291** 6
- Inhalt   *SGB V* **15** 39 ff.
- Integration offener Schnittstellen   *SGB V* **291d** 1 f.
- Krankenkassenwechsel   *SGB V* **291** 12
- Lichtbild   *SGB V* **291** 8
- Löschung   *SGB V* **291a** 21
- Missbrauchsbekämpfung   *SGB V* **15** 58 ff.
- Ordnungswidrigkeit bei Zugriffsverlangen oder -vereinbarung   *SGB V* **307** 3 ff.
- Pflichtanwendungen   *SGB V* **291a** 7
- Recht auf informationelle Selbstbestimmung   *SGB V* **291** 8
- Regelungen   *SGB V* **291** 3
- Regelungskontext im Datenschutz   *SGB V* **291** 3
- Sanktionen   *SGB V* **291** 10
- Schutzvorkehrungen für den Zugriff   *SGB V* **291a** 15
- Sperrung   *SGB V* **291** 12
- Strafbarkeit bei Zugriff   *SGB V* **307b** 3 ff.
- technische   *SGB V* **291** 9
- Telematikinfrastruktur (Aufbau und Finanzierung)   *SGB V* **291a** 23 f.
- Verpflichtung zur Ausstellung   *SGB V* **291** 5
- Verpflichtung zur Unterschrift   *SGB V* **291** 6
- Versichertenstammdatenprüfung   *SGB V* **291** 10
- Versicherungsnachweis   *SGB V* **291** 2
- Versichtenstammdatenmanagement   *SGB V* **291** 2
- Verwaltungsvereinfachung   *SGB V* **291** 4
- Verwendungszwecke   *SGB V* **291** 6
- Zugriffsberechtigungen   *SGB V* **291a** 18
- Zweck und Funktion   *SGB V* **15** 32 ff.
- zwingende Angaben   *SGB V* **291** 8

Elektronische Kommunikation   *SGB V* **67** 1 ff.
Eltern, Beitragssatz   *SGB XI* **55** 4
Elterngeld
- Beitragsfreiheit   *SGB V* **224** 1 ff.
- Beitragssatz   *SGB XI* **56** 1 ff.
- Meldepflicht   *SGB V* **203** 1 f.
- Verhältnis zum Mutterschaftsgeld   *SGB V* **24i** 21

Elternzeit   *SGB V* **192** 11
Embryonenschutzgesetz   *SGB V* **121a** 2
Empfängnis
- Begriff   *SGB V* **24c** 6

Empfängnisunfähigkeit   *SGB V* **27a** 10
Empfängnisverhütung   *SGB V* **11** 32, **24a** 1 ff.
Empfehlungen
- der Vertragsparteien   *SGB XI* **8a** 12 ff.

Entbindung   *SGB V* **24f** 1 ff.
- ambulant   *SGB V* **24f** 3
- Änderung durch das PNG   *SGB V* **24f** 1
- Anspruchsinhalt   *SGB V* **24f** 2
- Anspruchsvoraussetzungen   *SGB V* **24f** 7
- Begriff   *SGB V* **24c** 7
- Entbindungsorte   *SGB V* **24f** 3, 5
- Fehlgeburt   *SGB V* **24c** 7
- Frühgeburt   *SGB V* **24c** 7
- Geburt   *SGB V* **24c** 7
- Lebendgeburt   *SGB V* **24c** 7
- Mehrkostenregelung   *SGB V* **24f** 8
- Schwangerschaftsabbruch   *SGB V* **24c** 7
- stationär   *SGB V* **24f** 4 ff.
- Totgeburt   *SGB V* **24c** 7
- Wahlrecht zwischen ambulanter und stationärer Entbindung   *SGB V* **24f** 2

Entbindungsgeld
- Abschaffung durch GMG   *SGB V* **24i** 3

Entbindungspfleger
- Abrechnung   *SGB V* **301a** 1 ff.
- Haftungsausschluss   *SGB V* **134a** 36 ff.

Enterale Ernährung
- Übergangsregelung   *SGB V* **316** 1

Entlassmanagement   *SGB V* **39** 23, **112** 12, **113** 12, **115** 12
- Blut- und Gewebegesetz   *SGB V* **40** 39
- Rahmenvertrag   *SGB V* **113** 13

Entlastungsangebote   *SGB XI* **45a** 9
Entlastungsanspruch   *SGB XI* **45b** 25
- gemeinsamer Leistungsbezug   *SGB XI* **45b** 24

Entlastungsbetrag   *SGB XI* **45b** 1 ff., **141** 4, **144** 4
- Antrag   *SGB XI* **45b** 16, **144** 5
- Differenzierungsverbot   *SGB XI* **45b** 1
- Evaluation   *SGB XI* **45a** 21
- Kostenerstattung   *SGB XI* **45b** 17, **144** 5
- Nichtanrechenbarkeit   *SGB XI* **45b** 1
- PSG III   *SGB XI* **45b** 1 ff.
- Qualität   *SGB XI* **45b** 10

- Rechtsanspruch *SGB XI* 45b 2 f.
- Übertragbarkeit *SGB XI* 45b 9, 18, **144** 5
- Zweck *SGB XI* 45b 10

Entlastungsleistungen
- Pflegeleistungen *SGB XI* 28 5

Entschädigungsleistung *SGB XI* 34 12 ff.

Entscheidungen auf Landesebene
SGB V 211a 1 ff., 212 19 ff.
- Beschlussfassung *SGB V* 211a 4
- Betriebskrankenkassen *SGB V* 211a 3
- Einigung über gemeinsam und einheitlich zu treffende Entscheidungen *SGB V* 211a 3 ff.
- Ersatzkassen *SGB V* 211a 3
- Innungskrankenkassen *SGB V* 211a 3
- Ortskrankenkassen *SGB V* 211a 3
- Stimmengewichtung *SGB V* 211a 4

Entwicklungsdienst, Ruhen *SGB V* 16 21

Erfahrungsbericht
- Pflegeberatung *SGB XI* 7a 29

Ergänzende Leistungen zur Rehabilitation
SGB V 43 1 ff.
- Akzessorietät *SGB V* 43 16
- Anschluss-Nachsorgeleistungen *SGB V* 43 26 ff.
- Antrag *SGB V* 43 10
- Auffangnorm *SGB V* 43 1, 15
- Behinderung *SGB V* 43 4, 16
- Beitragszuschuss *SGB V* 43 5
- Bundesteilhabegesetz *SGB V* 43 35
- chronisch Kranke *SGB V* 43 19 f.
- Ermessen *SGB V* 43 3, 15 ff., 25
- Fahrtkostenübernahme *SGB V* 43 9
- Funktionstraining *SGB V* 43 6 ff.
- Hauptleistung *SGB V* 43 1
- Haushaltshilfe *SGB V* 43 14
- indikationsspezifische Schulungen *SGB V* 43 22
- Kinderbetreuungskosten *SGB V* 43 14
- Nachsorge für Kinder *SGB V* 43 26 ff.
- Patientenschulungen *SGB V* 43 20 ff.
- Rehabilitationssport *SGB V* 43 6 ff.
- Reisekosten *SGB V* 43 11 ff.
- sozialmedizinische Nachsorge *SGB V* 43 26 ff.
- Verordnung, ärztliche *SGB V* 43 10
- Wunsch- und Wahlrecht *SGB V* 43 15, 18 f.

Ergebnisse von Qualitätsprüfungen
SGB XI 115 1 ff.

Erkrankung
- lebensbedrohliche *SGB V* 35c 9, 25, 135 35
- schwerwiegende *SGB V* 35c 7
- seltene *SGB V* 31 9 ff., 35c 4, 7

Erlöschen des Leistungsanspruchs
SGB V 19 1 ff.
- soziale Pflegeversicherung *SGB XI* 35 1 ff.

Ermächtigung
- Abgrenzung zur ambulanten spezialfachärztlichen Versorgung *SGB V* 116b 160 ff.
- Abgrenzung zur geriatrischen Institutsambulanzen *SGB V* 118a 11
- Adressat *SGB V* 116 8 ff.
- Allgemeinkrankenhäuser (psychiatrische und psychotherapeutische Behandlung) *SGB V* 118 18 ff.
- Anspruch der Hochschulambulanzen *SGB V* 117 9 f.
- Bedarfsermittlung *SGB V* 116 22 ff.
- Bedarfsprüfung *SGB V* 98 40
- Beendigung *SGB V* 116 32 f.
- Dialyse *SGB V* 95 135
- Einrichtungen der Behindertenhilfe *SGB V* 119a 5 ff.
- Ermächtigte Ärzte *SGB V* 95 131
- Ermächtigte Einrichtungen *SGB V* 95 132 ff.
- Ermächtigungszeit *SGB V* 95 129 ff.
- Medizinisches Behandlungszentrum (MBZ) *SGB V* 119c 4 ff.
- Nichtberücksichtigung bei Bedarfsplanung *SGB V* 100 16
- psychiatrische Krankenhäuser *SGB V* 118 12 ff.
- psychosomatisches Krankenhaus *SGB V* 118 22 f.
- Rechtsanspruch *SGB V* 116 29 ff.
- Rechtsfolgen *SGB V* 95 148 ff.
- Rechtsschutz *SGB V* 116 34 ff., **116a** 18 ff.
- Regelungen in Ärzte-ZV *SGB V* 98 34 ff.
- Sozialpädiatrisches Zentrum (SPZ) *SGB V* 119 15, 33 ff.
- stationäre Pflegeeinrichtungen *SGB V* 119b 7 ff.
- Verhältnis Zulassung/Ermächtigung *SGB V* 95 136
- Verhältnis zur nach-stationären Behandlung *SGB V* 116 28
- von Krankenhausärzten, Bedarf *SGB V* 116 12 ff.
- von Krankenhäusern, Beendigung *SGB V* 116a 16 f.

Ermäßigter Beitragssatz *SGB V* 243 1 f.
- Heil- und Hilfsmittelversorgungsgesetz *SGB V* 243 2

Ermessen
- Pflegevorsorgefondsverwendung *SGB XI* 136 5

Ermittlungs- und Mitteilungspflichten
SGB XI 44 20 ff.

Erprobung
- von Leistungen und Maßnahmen zur Krankenbehandlung *SGB V* 139d 1 ff.
- von Untersuchungs- und Behandlungsmethoden *SGB V* 137e 1 ff.

Errichtung
- Betriebskrankenkasse *SGB V* **147** 1 ff.
- Innungskrankenkasse *SGB V* **157** 1 ff.

Ersatzkassen *SGB V* **168** 1 ff.
- Auseinandersetzung *SGB V* **171** 1 ff.
- Geschäftsabwicklung *SGB V* **171** 1 ff.
- Haftung für Verpflichtungen *SGB V* **171** 1 ff.
- Schließung *SGB V* **170** 1 ff.
- Vereinigung *SGB V* **168a** 1 ff.
- Vereinigung, freiwillige *SGB V* **168a** 4 ff.

Ersatzkassenverbände *SGB V* **212** 17 ff.

Ersatzkassenvertrag
- Zahnärzte *SGB V* **29** 22

Ersatzpflege *SGB XI* **39** 1 ff.
- Ersatzpflegekraft *SGB XI* **39** 8
- Erweiterter Haushaltsbegriff *SGB XI* **39** 10
- Kombinationsmöglichkeiten *SGB XI* **39** 7
- Kostenerstattung *SGB XI* **39** 4
- Leistungsvoraussetzungen *SGB XI* **39** 5

Ersatzvornahme
- Vereinigung *SGB V* **146** 6 ff.

Erstattungsanspruch
- der Krankenkasse *SGB V* **35c** 37
- der Krankenkasse, Rechtsschutz *SGB V* **35c** 40
- des Arbeitgebers bei Leistungen im Ausland *SGB V* **17** 9

Erstattungsbeträge für Arzneimittel
- GKV-AMVSG *SGB V* **130b** 78
- Vereinbarungen zwischen dem Spitzenverband Bund der Krankenkassen und pharmazeutischen Unternehmern *SGB V* **130b** 1

Erstattungsbetragsvereinbarung *SGB V* **35** 15 f.
- Kündigungsrecht *SGB V* **35** 15 f.

Erstattung von Beiträgen
- Heil- und Hilfsmittelversorgungsgesetz *SGB V* **231** 3

Erstattung von Beträgen *SGB V* **231** 1 ff.

Erwachsener *SGB V* **43b** 5

Erweiterter Bewertungsausschuss *SGB V* **87** 61 ff.
- Anrufung durch das BMG *SGB V* **87** 63
- Beschlussfassung *SGB V* **87** 66
- unparteiische Mitglieder, Befangenheit *SGB V* **87** 65
- unparteiische Mitglieder, Weisungsfreiheit *SGB V* **87** 65
- Zusammensetzung *SGB V* **87** 64
- Zuständigkeit *SGB V* **87** 62

Erweiterter Landesausschuss *SGB V* **116b** 98 ff.

Erweiterter Qualitätsausschuss
- Amtszeit/Amtsausübung *SGB XI* **113b** 21
- Inkorporiertes Schiedsverfahren *SGB XI* **113b** 19 f.
- Rechtswirkung von Festsetzungen *SGB XI* **113b** 22, 23

- Zusammensetzung *SGB XI* **113b** 20

Erziehungsgeld
- Beitragsfreiheit *SGB V* **224** 1 ff.
- Meldepflicht *SGB V* **203** 1 f.

Erziehung von Kindern, Beitragsbemessung *SGB V* **226** 16

Etablierte Untersuchungs- und Behandlungsmethoden, Überprüfung *SGB V* **135** 28 f.

Euro-Gebührenordnung *SGB V* **87a** 30

Europäische Arzneimittelagentur EMA *SGB V* **35c** 8, 28

Europäische Union
- Mitgliedstaat *SGB XI* **45a** 4, **45b** 4
- Wohnsitzmitgliedsstaat *SGB XI* **45a** 4, **45b** 4, **45e** 3

Evaluation
- Präventionsleistungen der Pflegekassen *SGB XI* **5** 6

Evaluation und Weiterentwicklung der Qualitätssicherung durch den Gemeinsamen Bundesausschuss *SGB V* **136d** 1 ff.

Evidenzbasierte Medizin *SGB V* **35b** 13, **135** 19 f., **135a** 8, **139a** 2, 10, 15
- RCT *SGB V* **35** 46
- Surrogatparameter *SGB V* **35** 46

Expertengruppen Off-Label *SGB V* **35c** 13 ff.

Expertenstandard
- Begriff *SGB XI* **113a** 6 ff.
- Beschlussfassung *SGB XI* **113a** 15
- Beteiligungsrecht *SGB XI* **113a** 12
- Beteiligung von Interessenvertretungen *SGB XI* **118** 1 ff.
- DNQP *SGB XI* **113a** 9 f.
- Entwicklung und Aktualisierung *SGB XI* **113a** 6 ff.
- Kosten *SGB XI* **113a** 26 ff.
- Qualitätsausschuss *SGB XI* **113a** 15
- Verbindlichkeit *SGB XI* **113a** 24
- Verfahrensordnung *SGB XI* **113a** 17 ff.
- Veröffentlichungspflicht *SGB XI* **113a** 23 ff.
- zur Sicherung und Weiterentwicklung der Qualität in der Pflege *SGB XI* **113a** 1 ff.

Extrabudgetäre Leistungen *SGB V* **87a** 42 ff.

Fachambulanzen
- Bestandsschutz *SGB V* **311** 5
- Kinder- und Jugendmedizin, Kinderchirurgie *SGB V* **120** 23

Fachärztliche Vergütung
- Einzelleistungen *SGB V* **87** 38
- Fallpauschale *SGB V* **87** 38
- Grund- und Zusatzpauschale *SGB V* **87** 38
- Kooperative Versorgungsformen *SGB V* **87** 39
- Psychotherapeutische Vergütung *SGB V* **87** 40

Fachärztliche Versorgung *SGB* V 75 4
- beratende Fachausschüsse *SGB* V 79c 1 ff.

Fachinformation
- Bindungswirkung *SGB* V 35 33

Fachkraft *SGB* XI 45c 13

Fachliche Begleitung *SGB* XI 45d 8

Fahrkosten *SGB* V 60 1 ff.
- Anspruchsumfang *SGB* V 60 17 ff.
- Bundesteilhabegesetz *SGB* V 60 32
- Rückführungstransporte *SGB* V 60 26

Fahrkostenersatz
- akzessorischer Nebenanspruch *SGB* V 60 3
- Anspruchsvoraussetzungen *SGB* V 60 3 ff.
- Krankentransportrichtlinie *SGB* V 60 7
- privilegierte Transporte *SGB* V 60 12
- Rettungsfahrten *SGB* V 60 14

Fall-Manager *SGB* XI 45c 17

Familienangehörige, Beitragsfreiheit
SGB XI 56 1 f.

Familienentlastende Dienste *SGB* XI 45a 6

Familienversicherung *SGB* V 10 1 ff.;
SGB XI 25 1 ff.
- Altersgrenzen für Kinder *SGB* V 10 21 ff.
- Altersgrenzen Kinder *SGB* XI 25 23 ff.
- Ausschluss Ehegatten und Lebenspartner
  SGB XI 25 17
- Ausschluss für Ehegatten und Lebenspartner
  SGB V 10 15 f.
- Datenerhebung beim Mitglied *SGB* V 289 6
- Einkommensgrenzen *SGB* V 10 9 ff.;
  SGB XI 25 13 ff.
- Eintragung in das Versichertenverzeichnis
  SGB V 289 1 ff.
- Entstehungsgeschichte *SGB* V 10 1 ff.;
  SGB XI 25 1 ff.
- Familienangehörige *SGB* XI 25 5
- Finanzierung *SGB* V 3 17
- Gesetz zur Neuregelung des Mutterschutzrechts
  SGB V 10 32
- keine Befreiung *SGB* XI 25 11
- keine Befreiung von der Versicherungspflicht
  SGB V 10 7
- keine hauptberufliche selbstständige Tätigkeit
  SGB V 10 8; *SGB* XI 25 12
- keine Versicherungsfreiheit *SGB* V 10 7
- Kinder, Enkel, Stiefkinder, Pflegekinder
  SGB V 10 17 ff.; *SGB* XI 25 19 ff.
- Leistungen an Familienversicherte im Ausland
  SGB V 17 8
- Nachrang *SGB* V 10 6; *SGB* XI 25 7
- Nachweispflicht *SGB* V 289 1 ff.;
  SGB XI 100 1 ff.
- Nachweispflicht für Versicherten
  SGB V 289 7
- Verfahren *SGB* V 10 28 ff.; *SGB* XI 25 33 ff.
- Voraussetzungen *SGB* XI 25 3 ff.
- Wehr- und Zivildienst *SGB* XI 25 32

- Wohnsitz oder gewöhnlicher Aufenthalt
  SGB V 10 5; *SGB* XI 25 6
- Zuordnung von Kindern zum Elternteil in der
  GKV *SGB* V 10 26 f.
- Zuordnung, wenn nur ein Elternteil Mitglieder
  in SPV *SGB* XI 25 28 ff.

Fehlermeldesystem *SGB* V 135a 16, 19 ff.
- Ausschluss persönlicher Verantwortlichkeit
  SGB V 135a 19 ff.

Fehlgeburt
- Leistungen bei Schwangerschaft und Mutterschaft *SGB* V 24c 7
- Reform des MuSchG *SGB* V 24c 7

Fehlverhalten im Gesundheitswesen
SGB V 81a 1 ff.
- Bekämpfungsstellen *SGB* V 197a 1 ff.
- organisatorische Einheiten *SGB* V 81a 2 ff.
- Stellen zur Bekämpfung *SGB* XI 47a 1 f.
- Strafanzeige *SGB* V 81a 1, 13 ff.

Fertigarzneimitteln, Zubereitungen aus
- Hilfstaxe *SGB* V 129 20
- Preisauskunft *SGB* V 129 20
- Preise *SGB* V 129 20

Festbetrag *SGB* V 35a 35
- Allgemeinverfügung *SGB* V 35 55
- Anspruch der Versicherten *SGB* V 35 62
- Ausschlusstatbestände *SGB* V 35 35 ff.
- Biosimilars *SGB* V 35 26
- Europarecht *SGB* V 35 20
- Festbetragsentscheidung *SGB* V 35 17
- Festbetragshöhe *SGB* V 35 54 ff., 60
- Festsetzung *SGB* V 35 54 ff.
- Festsetzung durch Spitzenverband
  SGB XI 78 63
- für Arznei- und Verbandmittel *SGB* V 35 1 ff.
- für Arznei- und Verbandmittel, Blut- und Gewebegesetz *SGB* V 35 63
- für Hilfsmittel, Heil- und Hilfsmittelversorgungsgesetz *SGB* V 36 1
- gerichtliche Kontrolle *SGB* V 35 60
- Grundrechte *SGB* V 35 17 ff.
- Gruppenbildung *SGB* V 35 21 ff.
- Hilfsmittel *SGB* V 36 1
- Kellertreppeneffekt *SGB* V 35 56
- Klagebefugnis *SGB* V 35 58 ff.
- Publizität *SGB* XI 78 89
- Rechtsschutz *SGB* V 35 58 ff.
- Sicherungsmechanismen *SGB* XI 78 79
- Stellungnahmeverfahren *SGB* V 35 50
- Verbandmittel *SGB* V 35 4
- Verfassungsrecht *SGB* V 35 17 ff.
- Vergleichsgrößenberechnung *SGB* V 35 53

Festbetragsarzneimittel *SGB* V 130 7

Festbetragsfestsetzung
- Allgemeinverfügung *SGB* XI 78 84
- Anfechtung(sklage) *SGB* XI 78 84
- Anhörung *SGB* V 35 61
- Anhörungsrecht *SGB* XI 78 85

- Bestimmtheit *SGB XI* 78 90
- Grundrechtsbezüge *SGB XI* 78 86
- Klagebefugnis *SGB V* 35 61
- Stellungnahmeverfahren *SGB V* 35 61
- Streitwert *SGB XI* 78 84
- Wettbewerbsfreiheit *SGB XI* 78 86
- Willkürverbot *SGB XI* 78 86

Festbetragsgruppenbildung *SGB V* 35 21 ff.
- Antibiotika *SGB V* 35 25
- ATC-Klassifikation *SGB V* 35 31
- Ausnahmen *SGB V* 35 35
- biologische Arzneimittel *SGB V* 35 26
- Bioverfügbarkeit *SGB V* 35 24
- pharmakologisch-therapeutische Vergleichbarkeit *SGB V* 35 11, 29 ff.
- Stellungnahmeverfahren *SGB V* 35 50
- Stufenauswahl *SGB V* 35 21 ff.
- therapeutische Verbesserung *SGB V* 35 45 ff.
- therapeutische Vergleichbarkeit *SGB V* 35 33
- Therapierelevanz *SGB V* 35 28
- Verfahren *SGB V* 35 47 ff.
- Vergleichsgrößenberechnung *SGB V* 35 53
- Wirkstoffidentität *SGB V* 35 26

Festbetragssystematik *SGB XI* 78 74

Festsetzung der Regelversorgung *SGB V* 56 1 ff.

Feststellungen
- zur Vermeidung von Pflegebedürftigkeit *SGB XI* 5 14

Festzuschuss *SGB V* 28 9, 29, 55 3

FHO-Antragsberechtigung, Aufsichtsbehörde *SGB V* 265a 14 ff.

Fiktive Einnahmen *SGB V* 224 4

Finanzanlagenmanagement
- Bundesfinanzministerium-Mindestanforderungen *SGB XI* 134 5

Finanzausgleich
- als Teil der Gesamtkonzeption der GKV *SGB V* Vor 220 3 f.
- aufwändige Leistungsfälle *SGB V* 265 1 ff.
- Ausgleichsfonds *SGB XI* 65 2 ff.
- Gesundheitsfonds *SGB V* Vor 265 1 ff.
- Haushaltsführung (gute) *SGB XI* 65 14
- Hilfen *SGB V* 265 6
- Instrumente *SGB V* 265 2
- Mittelverwendung *SGB XI* 65 14
- Pflegekassen *SGB XI* 66 1 ff.
- Rückversicherungseffekt *SGB V* 265 5
- Schwankungsreserve *SGB XI* 65 2
- Umlageverfahren *SGB V* 265 6
- Wettbewerb der Krankenkassen *SGB V* 265 7 ff.

Finanzbedarf
- der Krankenversicherung, Bundesteilhabegesetz *SGB V* Vor 220 14
- steigender Finanzbedarf *SGB V* Vor 220 14
- Verbesserung der Heilmittelversorgung *SGB V* Vor 220 14

- Zusatzbeitrag *SGB V* 242 5

Finanzentwicklung, exemplarische Daten zu Einnahmen und Ausgaben der GKV *SGB V* Vor 220 5

Finanzhilfenordnung (FHO)
- Haftungsrisiko-Abwehr *SGB V* 265a 10, 19
- Hilfegewährungsbescheid *SGB V* 265a 10 ff.
- Solidaritätsdefizite *SGB V* 265a 34 f.
- Subsidiaritätserfordernis *SGB V* 265a 20 f.
- Umlagebescheid *SGB V* 265a 36

Finanzielle Hilfen
- Anforderungsbescheid *SGB V* 265a 40
- Auflagen *SGB V* 265a 23
- aufsichtlicher Systemkern von § 265a *SGB V* 265a 8 f.
- Ausgestaltungsdirektiven *SGB V* 265b 10
- Bedingungen *SGB V* 265a 23
- Berechnung der Umlage *SGB V* 265a 29
- Bescheid *SGB V* 265a 23
- Binnenfinanzierung *SGB V* 265b 14 ff.
- Darlehensverbot (seitens Dritter) *SGB V* 265b 17
- Drittfinanzierung durch verbandsangehörige Kassen *SGB V* 265a 4
- Entlastung im Hilfeverbund *SGB V* 265a 35
- Erhöhungsbetrag *SGB V* 265a 33
- Feststellungstermine *SGB V* 265a 28
- Finanzhilfenordnung *SGB V* 265a 10 ff.
- Finanzierungsarten gemäß FHO *SGB V* 265a 23
- Finanzierungsverbot *SGB V* 265b 17
- freiwillige *SGB V* 265b 1 ff.
- freiwillige öffentlich-rechtliche Verträge *SGB V* 265b 6 ff.
- Freiwilligkeit *SGB V* 265b 13
- Genehmigung durch die Aufsichtsbehörde *SGB V* 265b 6
- Gestaltungsvarianten *SGB V* 265a 23
- Gestaltungsvorgaben zur Finanzierung *SGB V* 265b 16
- Gewährungsbescheid *SGB V* 265a 10 ff.
- Hilfeverbund (iSv § 265b) *SGB V* 265a 30
- kassenarteninterne bzw. übergreifende *SGB V* 266 5
- Kassenart, innerhalb derselben *SGB V* 265b 12
- kassenindividuelle Leistungsfähigkeit *SGB V* 265a 29
- Kommunikationsaufwand *SGB V* 265a 38
- Korrektiv (rechnerisch) *SGB V* 265a 29
- Korrekturfaktor *SGB V* 265a 32
- Maßstabsbildung *SGB V* 265a 27
- Mehrjährigkeit *SGB V* 265a 28
- Pflichtumlagen *SGB V* 265a 26
- Rechtsschutz *SGB V* 265a 40
- Risikostrukturausgleich *SGB V* 266 5
- Rückabwicklung *SGB V* 265a 25
- Rückzahlungsbescheid *SGB V* 265a 25
- Satzungsrecht, Vorrang zum *SGB V* 265b 11

3269

- Solidaritätsdefizite *SGB V* 265a 34
- Subsidiarität *SGB V* 265a 5 ff.
- Typenzwang *SGB V* 265b 10
- Umlagebescheid *SGB V* 265a 36 ff.
- Umlage-Fälligkeit *SGB V* 265a 37
- Umlagen-Haftungsverbund *SGB V* 265a 41
- Umlagensystem *SGB V* 265a 26 f.
- Unterstützungsbedarf *SGB V* 265b 18
- Vereinbarungsermessen *SGB V* 265b 15
- Vermeidung von Schließung oder Insolvenz von Krankenkassen *SGB V* 265a 1 ff.
- Vertragsziele *SGB V* 265b 7 ff., 8, 15
- Verzug *SGB V* 265a 37
- Volumenanpassung *SGB V* 265a 31
- Vorrang der Hilfen aus § 265b *SGB V* 265a 7
- zum Erhalt der Leistungsfähigkeit *SGB V* 265a 8
- Zusammenwirken *SGB V* 265b 15
- zusätzlicher Finanzierungsbeitrag *SGB V* 265a 34

Finanzierbarkeit des Systems als besonders wichtiges Gemeinschaftsgut *SGB V* 3 11

Finanzierung
- der Präventionsleistungen *SGB V* 20 11 f.
- einer persönlichen elektronischen Gesundheitsakte *SGB V* 68 1 ff.
- Institut für Qualität und Wirtschaftlichkeit im Gesundheitswesen (IQWiG) *SGB V* **139c** 1 ff.
- MDK *SGB V* **281** 1 ff.

Finanzierung GKV
- durch Beiträge *SGB V* 3 6
- Grundsätze *SGB V* 220 1
- solidarische *SGB V* 3 8 ff.
- solidarische F. *SGB V* 3 1
- solidarische F. und Europarecht *SGB V* 3 5
- solidarische F. und Gattungsbegriff der Sozialversicherung *SGB V* 3 14
- solidarische Finanzierung und Gattungsbegriff der Sozialversicherung *SGB V* 3 10
- sozialer Ausgleich *SGB V* 3 9

Finanzierung Pflegeeinrichtung *SGB XI* 82 1 ff.
- Angemessenheit *SGB XI* 82 18, 87 9
- Aufwendungen, betriebsbezogene *SGB XI* 82 22 ff.
- Ausbildungsvergütung *SGB XI* 82a 1 ff.
- Behandlungspflege *SGB XI* 82 11, 84 12 ff.
- Betreuung *SGB XI* 84 7
- Betriebskostenzuschüsse *SGB XI* 82 13 f.
- Bonuszahlung bei Rückstufung *SGB XI* 87a 16 ff.
- ehrenamtliche Unterstützung *SGB XI* 82b 1 ff.
- Eigenkapitalverzinsung *SGB XI* 82 24 ff.
- Einheitlichkeit *SGB XI* 84 52, 89 7
- einrichtungseinheitlicher Eigenanteil *SGB XI* 84 14 ff.
- Finanzierungsquellen *SGB XI* Vor 82 14 f., 82 7 ff.
- Gewinnzuschlag *SGB XI* 84 38 ff.
- Grundstückskosten *SGB XI* 82 32
- Investitionskosten, -aufwendungen *SGB XI* Vor 82 14 f., 82 21 ff., 35 ff.
- Kapitalkosten *SGB XI* 82 24 ff.
- Kostendeckungsprinzip *SGB XI* Vor 82 22 f.
- Kostenerstattung *SGB XI* 91 1 ff., 8 ff.
- Kostentragung *SGB XI* Vor 82 16 ff., 82 20, 87 5
- Leistungsgerechtigkeit *SGB XI* 82 12, 84 19 ff., 89 8
- Marktpreismodell *SGB XI* Vor 82 22 f.
- Pflegegrad *SGB XI* 87a 7 ff.
- Pflegegrade *SGB XI* 84 13 ff.
- Pflegesatzkommission *SGB XI* 86 1 ff.
- PSG I *SGB XI* 84 57 ff.
- Rechtsschutz *SGB XI* 84 32 ff.
- Risikoprämie *SGB XI* 82 29 ff.
- soziale Betreuung *SGB XI* 82 11
- Überschüsse *SGB XI* 84 49 f.
- Unterkunft und Verpflegung *SGB XI* 82 16 ff., 87 1 ff., 88 4 f.
- Unternehmerlohn, kalkulatorischer *SGB XI* 82 30 f.
- Unternehmerrisiko *SGB XI* 82 27 ff., 84 38 ff.
- Vergütungszuschläge *SGB XI* 84 59 ff.
- Wirtschaftlichkeit *SGB XI* 84 38 ff.
- Zusatzleistungen *SGB XI* 88 1 ff.

Finanzierungsanteil
- private Pflegeversicherung *SGB XI* 45c 29

Finanzierungsgemeinschaft *SGB V* 3 3, 13
- Beteiligung der Arbeitgeber *SGB V* 3 15

Finanzierungsmodell, dualistisches *SGB XI* Vor 82 5 f., 82 3

Finanzierungsquellen
- GKV-FQWG *SGB V* 220 3
- Grundsätze *SGB V* 220 1 ff.

Finanzierungssystem
- GKV-FQWG, Änderungen im Überblick *SGB V* Vor 220 10
- historischer Hintergrund *SGB V* Vor 220 1 ff.
- Kernelement *SGB V* 271 2
- Zusatzbeitrag *SGB V* 242 14

Finanzmittel, Selbstverwaltung *SGB V* 4 13

Flüchtlingshilfegesetz *SGB XI* 141 6

Folgejahr *SGB XI* 45a 20

Folgemonat *SGB XI* 45a 20

Förderbudget *SGB XI* 45d 4
- neue Wohnformen *SGB XI* 45f 10
- regionale Netzwerke *SGB XI* 45c 32, 33
- Weiterentwicklung der Versorgungsstrukturen *SGB XI* 45c 4

Förderfähigkeit *SGB XI* 45c 4

Fördermaßnahmen *SGB XI* 45c 2

Fördermittel
- Arbeitsförderung *SGB XI* 45c 12
- Ausschöpfungsquote *SGB XI* 144 6
- Auszahlung *SGB XI* 45c 29
- Länder *SGB XI* 45c 23
- nicht verbrauchte *SGB XI* 144 6
- Übertragbarkeit *SGB XI* 45c 23, 144 1
- Übertragung *SGB XI* 45c 7
- Übertragungsregelung *SGB XI* 144 6
- Verteilung *SGB XI* 45d 8

Förderprogramme
- Abgrenzungsprobleme *SGB XI* 45c 21

Förderung
- Antrag *SGB XI* 45c 14
- Auf- und Ausbau *SGB XI* 45c 13, 15
- besonderer Therapieeinrichtungen *SGB V* 65d 1 ff.
- der Selbsthilfe *SGB V* 20h 1 ff.; *SGB XI* 45d 1 ff.
- der vertragsärztlichen Versorgung *SGB V* 105 1 ff.
- der Weiterentwicklung der Versorgungsstrukturen *SGB XI* 45c 1 ff.
- der Weiterentwicklung der Versorgungsstrukturen und des Ehrenamts, PSG II *SGB XI* 45c 1
- der Weiterentwicklung der Versorgungsstrukturen und des Ehrenamts, PSG III *SGB XI* 45c 1 ff.
- Eigenanteil *SGB XI* 45c 10
- kommunale Gebietskörperschaft *SGB XI* 45c 10
- Personalmittel *SGB XI* 45c 1, 11
- Rückforderung *SGB XI* 45c 10
- Sachmittel *SGB XI* 45c 1, 11
- Selbsthilfe *SGB XI* 45d 9, 10
- Unterstützungsangebote *SGB XI* 45c 8

Forderungsvorhaben
- Definition *SGB XI* 98 5

Förderung von Einrichtungen zur Verbraucher- und Patientenberatung *SGB V* 65b 1 ff.

Fördervoraussetzungen
- privater Pflegevorsorgungsvertrag *SGB XI* 127 1 ff.

Förderzeitraum *SGB XI* 45c 18, 24, 45f 7

Förderzweck *SGB XI* 45c 11

Formalmitgliedschaft *SGB V* 189 1 ff.

Formalversicherung *SGB V* 189 1 ff.

Forschungsvorhaben *SGB V* 287 1 ff.
- Anonymisierung von Daten *SGB V* 287 9
- Daten *SGB XI* 97 9
- Datenauswertung *SGB XI* 98 1 ff.
- Datenauswertung, Umfang *SGB V* 287 4
- Erlaubnis der Aufsichtsbehörde *SGB V* 287 7
- Fallbeziehbare Daten *SGB V* 287 8
- Kassenärztliche Vereinigung, zulässige Datenauswertung *SGB V* 287 2 ff.
- Krankenkassen, zulässige Datenauswertung *SGB V* 287 2 ff.
- Verlaufsbezogene Daten *SGB V* 287 6
- zulässige Datenauswertung *SGB V* 287 5

Forschungsvorhaben, intern
- Begriff *SGB V* 287 3

Fortbildung *SGB XI* 45d 8

Fortbildung (ärztliche)
- Abgrenzung zur Weiterbildung *SGB V* 95d 17
- Fortbildungsinhalte *SGB V* 95d 14
- Nachweis *SGB V* 95d 18 ff.
- Organisation *SGB V* 95d 34 f.
- Pflicht *SGB V* 95d 5 ff.
- Verletzung der Fortbildungspflicht *SGB V* 95d 24 ff.
- wirtschaftliche Interessen, Sponsoring *SGB V* 95d 15 f.

Fortbildungspflicht *SGB V* 95d 1 ff.
- Honorarkürzungen und Zulassungsentziehung bei Verletzung *SGB V* 95d 24 ff.

Fortpflanzungsmedizin *SGB V* 121a 2

Fortpflanzungsmedizingesetz *SGB V* 121a 2

Fortschreibung Festzuschüsse
- Grundsatz der Beitragssatzstabilität *SGB V* 57 5

Fortschritt, medizinischer *SGB V* 2 31 f.

Fort- und Weiterbildung im Medizinischen Dienst
- Richtlinien *SGB XI* 53a 21 f.

Freie Arztwahl *SGB V* 76 1 ff.

Freie Berufe *SGB XI* 141 24

Freiheitsentzug, Ruhen *SGB V* 16 22 ff.

Freiwillige Mitglieder
- Arbeitsentgelt neben Rente *SGB V* 240 12
- Beitragsbemessungsgrenze bei hauptberuflich Selbstständigen *SGB V* 240 16
- beitragspflichtige Einnahmen *SGB V* 240 1 ff.; *SGB XI* 57 32 ff.
- beitragspflichtige Einnahmen, GKV-FQWG *SGB V* 240 1
- beitragspflichtige Einnahmen, Gründungszuschuss nach SGB III *SGB V* 240 16
- beitragspflichtige Einnahmen, Kapitalvermögen *SGB V* 240 8
- Wahltarife mit Selbstbehalt *SGB V* 240 21

Freiwillige Mitgliedschaft, Beginn *SGB V* 188 1 ff.
- Ausscheiden aus der Familienversicherung *SGB V* 188 10
- Ausscheiden aus der Versicherungspflicht *SGB V* 188 6, 10
- Beitragsrückstände *SGB V* 188 12
- Beitrittserklärung *SGB V* 188 8
- Beitritt zur Krankenkasse *SGB V* 188 4
- erstmalige Arbeitsaufnahme im Inland *SGB V* 188 7
- Familienversicherung *SGB V* 188 10

- Fortsetzung der Mitgliedschaft von aus der Versicherungspflicht oder der Familienversicherung ausgeschiedenen Personen *SGB V* **188** 6
- lückenloser Versicherungsschutz *SGB V* **188** 3
- Rückkehr aus dem Ausland *SGB V* **188** 7
- Schriftformerfordernis *SGB V* **188** 9
- Überschreiten der Jahresarbeitsentgeltgrenze *SGB V* **188** 10 ff.
- Wechsel der Krankenkasse *SGB V* **188** 6

Freiwillige Mitgliedschaft bei einer Pflegekasse *SGB XI* **49** 17 f.

Freiwillige Mitgliedschaft, Ende *SGB V* **191** 1 ff.
- abschließende Regelung *SGB V* **191** 3
- Beginn einer Pflichtmitgliedschaft *SGB V* **191** 6
- Beitragspflicht *SGB V* **191** 3
- Familienversicherung *SGB V* **191** 9
- Kündigung der Mitgliedschaft *SGB V* **191** 7 f.
- Kündigungsfrist *SGB V* **191** 8
- Leistungsansprüche *SGB V* **191** 3
- Pflichtmitgliedschaft *SGB V* **191** 6
- Sanktionen *SGB V* **191** 4
- Tod des Mitglieds *SGB V* **191** 5
- Wirksamwerden der Kündigung *SGB V* **191** 7
- Zahlungsverzug *SGB V* **191** 4

Freiwilliger Wehrdienst
- ermäßigter Beitragssatz *SGB V* **244** 1 ff.

Freiwillige Vereinigung
- Betriebskrankenkasse *SGB V* **150** 1 ff.
- Ortskrankenkasse *SGB V* **144** 1 ff.

Freiwillige Versicherung
- Versicherungsberechtigung *SGB V* **9** 1 ff.

Fremdkassenzahlungsausgleich *SGB V* **75** 14, 85 ff., 87a 60 f.

Frühe Nutzenbewertung *SGB V* **35b** 6, 10 ff.

Früherkennung *SGB V* **23** 5, **25a** 1 ff., **73** 22

Früherkennungsprogramme, organisierte *SGB V* **25a** 1 ff.

Früherkennungsuntersuchungen *SGB V* **25** 4 ff., 5 ff.

Frühgeburt
- Leistungen bei Schwangerschaft und Mutterschaft *SGB V* **24c** 7

Frührehabilitation *SGB V* **39** 22

Funktionsanalytische Leistung *SGB V* **29** 36
- Zuzahlung *SGB V* **28** 28

Funktionstherapeutische Leistung *SGB V* **28** 28, **29** 36

Funktionstraining
- Antrag *SGB V* **43** 10
- Definition *SGB V* **43** 8
- Fahrtkostenübernahme *SGB V* **43** 9
- Leistungsinhalt *SGB V* **43** 8
- Rahmenempfehlung BAR *SGB V* **43** 6

- Rehabilitationssport, Abgrenzung *SGB V* **43** 6 ff.
- Verordnung, ärztliche *SGB V* **43** 10

Fürsorgeleistungen *SGB XI* **45b** 20
- zur Pflege *SGB XI* **45b** 19

GCP-V *SGB V* **35c** 27 f.

Gebührenordnung *SGB V* **87a** 30
- für ambulante Pflegeleistungen *SGB XI* **90** 1 ff.

Geburt
- Leistungen bei Schwangerschaft und Mutterschaft *SGB V* **24c** 7

Geburtshaus *SGB V* **301a** 2

Geeignete Pflegekräfte *SGB XI* **36** 8

Gefangene, Ruhen *SGB V* **16** 22

Geistliche Genossenschaft
- beitragspflichtige Einnahmen *SGB XI* **57** 31, 41
- Beitragstragung *SGB V* **251** 14

Geldleistung *SGB XI* **45a** 15
- Leistungen bei Schwangerschaft und Mutterschaft *SGB V* **24c** 4
- privater Pflegevorsorgevertrag *SGB XI* **127** 7

Gemeinsame Empfehlungen zur pflegerischen Versorgung *SGB XI* **8a** 1 ff.

Gemeinsamer Bundesausschuss *SGB V* **28** 6, **136b** 1 ff.
- Aufträge *SGB V* **137b** 1 ff.
- Begründungspflicht *SGB V* **35** 51
- Beobachtungspflicht *SGB V* **35** 52
- Beschlüsse zu Qualitätssicherung und Krankenhausplanung *SGB V* **136c** 1 ff.
- Blut- und Gewebegesetz *SGB V* **137** 14
- Durchsetzung und Kontrolle der Qualitätsanforderungen *SGB V* **137** 1 ff.
- Empfehlungen, Bindungswirkung *SGB V* **135** 30 f.
- Evaluation und Weiterentwicklung der Qualitätssicherung *SGB V* **136d** 1 ff.
- Festbetragsgruppenbildung *SGB V* **35** 48 ff.
- gerichtliche Kontrolldichte *SGB V* **35** 59
- Geschäftsstelle *SGB V* **35** 48
- kieferorthopädische Behandlung *SGB V* **29** 8, 23
- Konkretisierung der Ambulanten spezialfachärztlichen Versorgung *SGB V* **116b** 30 ff.
- Kontrolle, gerichtliche *SGB V* **35** 59
- Legitimation *SGB V* **28** 16, **35** 19
- „Nikolaus-Beschluss" *SGB V* **28** 15
- Rechtsschutz *SGB V* **35** 59
- Richtlinie *SGB V* **28** 16
- Richtlinie kieferorthopädische Behandlung *SGB V* **29** 13
- Richtlinien *SGB V* **28** 14 ff., 20
- Richtlinien kieferorthopädische Behandlung *SGB V* **29** 21

- Richtlinien, zahnärztliche Behandlung *SGB V* 28 20 f.
- Richtlinien zur Qualitätssicherung *SGB V* 136 1 ff.
- Richtlinien zur Qualitätssicherung in ausgewählten Bereichen *SGB V* 136a 1 ff.
- Stellungnahmeverfahren *SGB V* 35 50
- Vorgreiflichkeit *SGB V* 35 33

Gemeinsame Selbstverwaltung *SGB V* 75 55
Gemeinsame Verantwortung *SGB XI* 8 1 ff.
Gemeinsame Verarbeitung und Nutzung personenbezogener Daten *SGB XI* 96 1 ff.
- Dokumentations-, Organisations- und Mitteilungspflichten *SGB XI* 96 4
- Maßstab *SGB XI* 96 3

Genehmigungsfiktion *SGB V* 13 33 f.
Genehmigungsverzögerung der Krankenkasse *SGB V* 13 33 f.
Genehmigung zur Durchführung künstlicher Befruchtungen *SGB V* 121a 1 ff.
Generationengerechtigkeit *SGB XI* Vor 131 13
Geriatrie
- Feststellungsbescheid *SGB V* 118a 9
- Krankenhausplanung *SGB V* 118a 9
- Zusatzweiterbildung *SGB V* 118a 6

Geriatrische Institutsambulanz *SGB V* 118a 1 ff.
- Abgrenzung zur Ermächtigung *SGB V* 118a 11
- Bedarfsplanung *SGB V* 118a 29
- Befristung *SGB V* 118a 35
- Konkurrentenklage *SGB V* 118a 36
- Überweisungsvorbehalt *SGB V* 118a 24

Geriatrische Versorgungsvereinbarung *SGB V* 118a 12
Geringfügig Beschäftigter *SGB V* 7 3; *SGB XI* 45c 13
- Beitrag des Arbeitgebers *SGB V* 249b 1 ff.
- Beitragstragung *SGB V* 249 11

Geringfügige Beschäftigung
- Versicherungsfreiheit *SGB V* 7 1 ff.

Gesamtanspruch
- Pflegeberatung *SGB XI* 7a 19

Gesamtbetrieb
- Meldepflicht *SGB V* 199 7 f.

Gesamtgesellschaftliche Lasten
- iVm dem Bundeszuschuss *SGB V* 221 1 ff.

Gesamtpunktzahlvolumen
- Leistungsbeschränkung *SGB V* 95 227 ff.

Gesamtrücklage der Krankenkasse *SGB V* 262 1
Gesamtvergütung *SGB V* 87a 31 ff.
- Anpassung im vertragszahnärztliche Bereich *SGB V* 85 19 ff.
- Einbehaltung *SGB V* 75 44
- Gestaltungsspielraum *SGB V* 87a 10 ff.
- Grundsatz der Beitragssatzstabilität *SGB V* 85 25 ff.
- Honorarbericht *SGB V* 87c 1 ff.
- Krankenkasse *SGB V* 85 1 ff.
- Morbiditätsrisiko *SGB V* 87a 6 ff.
- Nachforderungen an Krankenkasse *SGB V* 87a 36 ff.
- Rechtsschutz Vertragsärzte *SGB V* 87a 16 ff.
- Rechtsschutz Vertragspartner *SGB V* 87a 13 ff.
- Sonderregelung für das Jahr 2012 *SGB V* 87d 1 ff.
- vertragszahnärztlicher Bereich *SGB V* 85 13 ff.

Gesamtvertrag *SGB V* 82 7, 83 1 ff.
- Einzelvertrag *SGB V* 83 1
- Haftung *SGB V* 84 26
- Software-Programme zur Arzneimittelverordnung *SGB V* 73 28

Geschäftsabwicklung
- Ersatzkassen *SGB V* 171 1 ff.
- Innungskrankenkasse *SGB V* 164 1 ff.

Geschäftsführung
- Prüfung *SGB V* 274 1 ff.

Geschäftsstelle
- Qualitätsausschuss *SGB XI* 113b 27 f.

Gesellschaft
- bürgerlichen Rechts *SGB XI* 45d 6, 45e 4, 11
- für Telematik *SGB V* 140h 7, 291b 1 ff.
- für Telematik, Schlichtungsstelle *SGB V* 291c 1 ff.

Gesellschaftsvertrag *SGB XI* 45e 11
Gesetzesfolgenabschätzung, GKV-FQWG *SGB V* Vor 265 15
Gesetzgeber
- Gestaltungsermessen *SGB XI* Vor 131 13

Gesetzgebungskompetenz
- Beamtenrechtliche Beihilfe *SGB XI* 141 3

Gesetzliche Krankenversicherung *SGB XI* 45d 7
- Ausgaben *SGB V* 2 4
- Ausgestaltung, organisatorische *SGB V* 4 4, 8
- Beteiligung des Bundes an Aufwendungen *SGB V* 221 1 ff.
- Finanzentwicklung *SGB V* 271 18
- Finanzierungsgrundsätze *SGB V* 220 1
- Kostenerstattung *SGB V* 13 1 ff.
- Weiterentwicklungsauftrag *SGB V* 269 2
- Wirtschaftlichkeitsprinzip *SGB V* 35 9, 22
- Zugangssicherung *SGB V* 265 12

Gesetzlicher Bundesausschuss *SGB V* 28 14
Gesetzliche Unfallversicherung *SGB XI* 44 14 ff.
Gesetz zur Änderung betäubungsmittelrechtlicher und anderer Vorschriften
- Cannabis *SGB V* 31 1

Gesetz zur besseren Vereinbarkeit von Familie, Pflege und Beruf
- Arbeitsverhinderung, kurzzeitige
  SGB XI 44a 1 ff.
- Arbeitsverhinderung, kurzzeitige, Pflegeleistungen *SGB XI* 28 5
- Beitragsfreiheit, Pflegeunterstützungsgeld
  SGB XI 56 6
- beitragspflichtige Einnahmen *SGB XI* 57 1
- Beitragssatzragung bei Bezug von Pflegeunterstützungsgeld *SGB V* 249c 1 ff.
- Beitragszahlung, Pflegeunterstützungsgeld
  SGB V 252 7
- Pflegeunterstützungsgeld *SGB XI* 44a 1 ff.
- Pflegeunterstützungsgeld, beitragspflichtige Einnahmen *SGB V* 232b 1 f.
- Pflegeunterstützungsgeld, Finanzierungssystem *SGB V* Vor 220 12
- Pflegeunterstützungsgeld, Mitgliedschaft Versicherungspflichtiger, Fortbestehen
  SGB V 192 12
- Verletztengeld, beitragspflichtige einnahmen *SGB V* 235 3

Gesetz zur Fortschreibung der Vorschriften für Blut- und Gewebezubereitungen und zur Änderung anderer Vorschriften *siehe* Blut- und Gewebegesetz

Gesetz zur Neuregelung des Mutterschutzrechts
- Familienversicherung *SGB V* 10 32

Gesetz zur Reform der Pflegeberufe *siehe* Pflegeberufsreformgesetz

Gesetz zur Stärkung der Heil- und Hilfsmittelversorgung *siehe* Heil- und Hilfsmittelversorgungsgesetz

Gesetz zur Weiterentwicklung der Versorgung und der Vergütung für psychiatrische und psychosomatische Leistungen *siehe* PsychVVG

Gespaltene Beitragstragung *SGB XI* 44 20 ff.

Gesundheit *SGB V* 1 6

Gesundheitliche Versorgungsplanung für die letzte Lebensphase *SGB V* 132g 1 ff.

Gesundheitsausgaben *SGB V* Vor 106 1

Gesundheitsbewusstes Verhalten
- Bonus *SGB V* 65a 1 ff.

Gesundheitschancen
- Ungleichheit *SGB V* 20 8, 21 4

Gesundheitsfonds *SGB V* 259 3, 266 1 ff., 271 1 ff.
- Beitragsrückstände *SGB V* 271a 3 ff.
- Beitragsrückstände, Berichtspflichten zum BVA *SGB V* 271a 13 f.
- Beitragsrückstände einzelner Krankenkassen *SGB V* 271a 2
- Beitragsrückstände, Erheblichkeit des Anstiegs *SGB V* 271a 10 ff.
- Beitragsrückstände, Rechtsschutz *SGB V* 271a 27
- Beitragsrückstände, Rückstandsquote *SGB V* 271a 12
- Bundesmittel *SGB V* 271 10 f.
- Bundesversicherungsamt *SGB V* 271 1 ff.
- Bundeszuschuss *SGB V* 271 12
- Datenverarbeitung, weitergehende (im Rahmen der RSAV) *SGB V* 266 48
- Einnahmen-Sicherstellung *SGB V* 271a 1 ff.
- Einspeisungen *SGB V* 271 7 ff.
- Entstehung und Konzeption
  SGB V Vor 220 4
- Finanzausgleich *SGB V* Vor 265 1 ff.
- gesetzliche Regelung *SGB V* 220 3 ff.
- GKV-FQWG *SGB V* 266 3 ff., 271 21 ff.
- GKV-SVSG *SGB V* Vor 220 4
- Grundpauschale *SGB V* 271 6
- Innovationsfonds *SGB V* 271 28
- Krankenkasse, Betriebsmittel *SGB V* 260 3
- Künstlersozialkasse *SGB V* 271 8
- Liquiditätsreserve *SGB V* 270a 1 ff., 271 1 ff., 13 ff.
- Liquiditätsreserve-Einsatz *SGB V* 271 27
- risikoadjustierte Zuschläge *SGB V* 271 6
- Risikostrukturausgleich *SGB V* 266 1 ff.
- Satzungs- und Ermessensleistungen
  SGB V 270 3
- Säumnisverfahren *SGB V* 271a 3 ff.
- Säumnisverfahren, Fristen *SGB V* 271a 9
- Säumnisverfahren, Glaubhaftmachung
  SGB V 271a 7 f.
- Säumnisverfahren, Leitung durch Bundesversicherungsamt *SGB V* 271a 5
- Säumnisverfahren, Rechtsschutz
  SGB V 271a 27
- Säumniszuschlag, Krankenkassen
  SGB V 271a 14 ff.
- Selbstverwaltungsauftrag *SGB V* 271 4
- Solidarprinzip *SGB V* 220 2
- Sondervermögen *SGB V* 266 6, 271 1 ff.
- Strukturfonds (KHSG) *SGB V* 271 29
- strukturierte Behandlungsprogramme
  SGB V 270 6
- Verrechnungsvereinfachung Komplexitätsreduzierung *SGB V* 271 9
- versicherungsfremde Leistungen an den G. *SGB V* 271 10 f.
- Verwaltungsausgaben *SGB V* 270 3, 7
- Verwaltungskostenzuweisungen
  SGB V 266 40 ff.
- Weiterentwicklungskosten *SGB V* 271 24
- Weiterleitungsstellen *SGB V* 271 7
- Zentralnorm *SGB V* 271 2 ff.
- Zusatzbeiträge *SGB V* 271 1 ff.
- Zuweisungen *SGB V* Vor 265 1 ff., 266 1 ff.
- Zuweisungen für sonstige Ausgaben
  SGB V 270 1 ff.
- Zuweisungen, strukturierte Behandlungsprogramme *SGB V* 266 46 ff.

- Zuweisungen, versichertenbezogene
  SGB V 266 7
- Zuweisungsbeträge, Verwaltungskosten
  SGB V 266 44
- Zuweisungssystem *SGB V* 266 5
- Zuweisungssystem, standardisiertes
  SGB V 270 4

Gesundheitsförderung *SGB V* 20 1 ff., 6
- betriebliche *SGB V* 20b 1 ff.

Gesundheitsgefahr, arbeitsbedingte
SGB V 20c 1 ff.
- Definition *SGB V* 20c 4

Gesundheitsinformationen *SGB V* 139a 12 f.

Gesundheitskarte
- elektronische *SGB V* 15 1 ff., 267 1
- Leistungserbringer-Daten *SGB V* 267 7

Gesundheitsökonomie *SGB V* 2 5, 139a 15 f.

Gesundheitsschäden
- drittverursachte *SGB V* 294a 1 ff.
- Mitteilungspflicht *SGB V* 294a 5 ff.

Gesundheitsuntersuchungen *SGB V* 25 1 ff.
- für Kinder und Jugendliche *SGB V* 26 1 ff.

Gesundheitsversorgung, grenzüberschreitende
- Behandlungsmitgliedstaat *SGB V* 219d 7 f.
- Datenschutz *SGB V* 219d 13
- Informationen *SGB V* 219d 4 ff.
- Informationsansprüche des Patienten
  SGB V 219d 9 ff.
- Versicherungsmitgliedstaat *SGB V* 219d 5 f.

Gesundheitswesen
- Stellen zur Bekämpfung von Fehlverhalten
  SGB V 81a 1 ff.

Gesundheitsziele *SGB V* 20 9

Gewährleistungsauftrag *SGB V* 75 19, 45 ff.

Gewerbebetrieb, Depotverbot *SGB V* 128 4

GKV-AMVSG
- Bundesmantelvertrag *SGB V* 87 1
- Erstattungsbeträge für Arzneimittel
  SGB V 130b 78
- Kassenärztliche Versorgung *SGB V* 73 1
- Nutzenbewertung von Arzneimitteln mit neuen Wirkstoffen *SGB V* 35a 1 ff.
- Rahmenvertrag über die Arzneimittelversorgung *SGB V* 129 1 ff.
- Richtlinien des G-BA *SGB V* 92 24
- Versorgung mit Schutzimpfungen
  SGB V 132e 5

GKV-Arzneimittelversorgungsstärkungsgesetz
siehe GKV-AMVSG

GKV-FQWG *SGB V* 269 1 ff.
- Auslandsversicherte *SGB V* Vor 265 12
- Auswirkungen auf das Zuweisungssystem
  SGB V 266 52
- Beitrag *SGB XI* 55 3
- beitragspflichtige Einnahmen *SGB XI* 57 1
- Beitragssatz *SGB V* 241 1 ff.
- Beitragssatz, Arbeitseinkommen und Versorgungsbezüge *SGB V* 248 1 f.
- Beitragssatz, Rente *SGB V* 247 3 ff.
- Beitragstragung, Alg II *SGB V* 251 12
- Datenschutz *SGB V* Vor 265 15
- De-Pseudonymisierung *SGB V* Vor 265 15
- einkommensabhängiger Zusatzbeitrag
  SGB V 4 14
- Einkommensausgleich *SGB V* 270a 1 ff.
- ermäßigter Beitragssatz *SGB V* 243 1
- Finanzierungsquellen *SGB V* 220 3
- Finanzierungssystem, Änderungen im Überblick
  SGB V Vor 220 10
- freiwillige Mitglieder, beitragspflichtige Einnahmen *SGB V* 240 1
- Gesundheitsfonds *SGB V* 266 3 ff., 271 21 ff.
- Institut für Qualitätssicherung und Transparenz im Gesundheitswesen *SGB V* 137a 1 ff.
- Krankenkassen-Insolvenz, Darlehensfinanzierung *SGB V* 171d 19 ff.
- Liquiditätsreserve *SGB V* 271 23
- Risikoselektionsanreize *SGB V* Vor 265 11
- Sozialausgleich, Abschaffung
  SGB V Vor 265 10
- Wahltarife, Prämienhöchstgrenzen
  SGB V 53 42
- wettbewerbliche Ausrichtung
  SGB V Vor 265 9 ff.
- Zusatzbeitrag *SGB V* 220 3
- Zusatzbeitrag, einkommensabhängiger
  SGB V 242 3 ff.
- Zusatzbeitrag, einkommensunabhängiger
  SGB V Vor 265 10
- Zusatzbeitragssatz, durchschnittlicher
  SGB V 242a 1 f.
- Zuweisungen, Gutachtenziele
  SGB V 269 9 ff.

GKV-Gesundheitsreformgesetz *SGB V* 29 8

GKV-Selbstverwaltungsstärkungsgesetz *siehe*
GKV-SVSG

GKV-SolG *SGB V* 28 6, 7, 29 7

GKV-Spitzenverband
- Abberufung des (stellvertretenden) Vorsitzenden des Verwaltungsrates *SGB V* 217b 13
- Amtszeit der Mitglieder des Verwaltungsrates
  SGB V 217b 8
- anonymisierte Verwendung von Daten des Risikostrukturausgleichs *SGB V* 217f 20
- Anteil der Arbeitnehmer- und Arbeitgebervertreter im Verwaltungsrat *SGB V* 217c 7
- anwendbare Rechtsvorschriften
  SGB V 217b 8
- Aufbringung und Verwaltung der Mittel
  SGB V 217e 8
- Aufgaben *SGB V* 217f 1 ff.
- Aufgaben des Verwaltungsrates
  SGB V 217b 5
- Aufgaben des Vorstandes *SGB V* 217b 15

Stichwortverzeichnis

- Aufsicht *SGB* V **217d** 3 ff., **217i** 1 ff.
- Aufsichtsbehörde *SGB* V **217d** 3 f., **217e** 3
- Aufsicht, Selbsteintritt *SGB* V **217g** 1 ff.
- Aufsichtsmittel *SGB* V **217d** 5
- Berichtspflicht des Bundesministeriums für Gesundheit *SGB* V **217j** 1 ff.
- Beschlussfassung *SGB* V **217b** 19
- Beschlussfassung der Mitgliederversammlung *SGB* V **217b** 19
- Bestellung eines Beauftragten *SGB* V **217i** 1 ff.
- Betriebs- und Rechnungsprüfung *SGB* V **217e** 13
- Beurkundung der Beschlüsse *SGB* V **217e** 9
- Beurteilungsspielraum *SGB* V **35** 60
- Daten des Risikostrukturausgleichs *SGB* V **217f** 21
- Durchführung der Aufsicht *SGB* V **217d** 5
- Empfehlungen *SGB* V **217f** 9
- Entsandte Person für besondere Angelegenheiten *SGB* V **217h** 1 ff.
- Entschädigung der Mitglieder des Verwaltungsrates *SGB* V **217c** 7
- Entscheidungen in grundsätzlichen Fach- und Rechtsfragen *SGB* V **217f** 8
- Entscheidungen zur Organisation des Qualitäts- und Wirtschaftlichkeitswettbewerb der Krankenkassen *SGB* V **217f** 10
- Errichtung *SGB* V **217a** 1 ff., 4
- Fortgeltung von Vereinbarungen, Regelungen und Entscheidungen *SGB* V **217f** 16
- gesetzliche Aufgaben *SGB* V **217f** 3 f.
- Größe des Verwaltungsrates *SGB* V **217c** 3
- Gruppe der Arbeitgeber im Verwaltungsrat *SGB* V **217c** 7
- Gruppe der Versicherten im Verwaltungsrat *SGB* V **217c** 7
- Haushalts- und Rechnungswesen *SGB* V **217d** 6 ff.
- Insolvenz einer Krankenkasse *SGB* V **217f** 17 ff.
- konstituierende Sitzung des Verwaltungsrates *SGB* V **217c** 21
- Körperschaft des öffentlichen Rechts *SGB* V **217a** 5
- Mitglieder *SGB* V **217a** 4
- Mitglieder des Verwaltungsrates *SGB* V **217c** 4, 7
- Mitglieder des Vorstandes *SGB* V **217b** 14
- Mitgliederversammlung *SGB* V **217b** 18 ff.
- Normsetzung *SGB* V **265a** 39
- Öffentlichkeit der Sitzungen des Verwaltungsrates *SGB* V **217e** 10
- Organe *SGB* V **217b** 1 ff.
- Organisation des Qualitäts- und Wirtschaftlichkeitswettbewerbs *SGB* V **217f** 10
- Pflichtmitglieder *SGB* V **217a** 4
- Rechte und Pflichten der Mitgliedskassen *SGB* V **217e** 12
- Rechtsaufsicht *SGB* V **217d** 5
- Rechtsform *SGB* V **217a** 5
- Rechtsstellung der Mitglieder des Verwaltungsrates *SGB* V **217b** 8
- Reichweite der Befugnisse *SGB* V **217e** 17
- Richtlinie zur Teilnahmeerklärung bei hausarztzentrierter Versorgung, besonderer ambulanter ärztlicher Versorgung und integrierter Versorgung *SGB* V **217f** 11 ff.
- Risikostrukturausgleich *SGB* V **217f** 21
- Satzung *SGB* V **217c** 9, **217e** 1 ff.
- Schließung einer Krankenkasse *SGB* V **217f** 17 ff.
- Selbstverwaltungsorgan *SGB* V **217b** 3, 14, 18
- Sitz *SGB* V **217e** 16
- Sitzverteilung im Verwaltungsrat *SGB* V **217c** 6
- Spitzenverband Bund der Krankenkassen *SGB* V **217a** 5
- Statistiken *SGB* V **217d** 6
- Stimmengewichtung im Verwaltungsrat *SGB* V **217c** 7, 16 f.
- Unterstützungsaufgaben *SGB* V **217f** 5 f.
- Verfassung des Verwaltungsrates *SGB* V **217b** 8
- Verhinderung von Organen *SGB* V **217i** 1 ff.
- Vermögen *SGB* V **217d** 7
- Verordnungsermächtigung *SGB* V **217c** 22
- Vertreterversammlung, Informationsrechte *SGB* V **217b** 9
- Vertretung der Interessen der Krankenkassen bei über- und zwischenstaatlichen Organisationen und Einrichtungen *SGB* V **217f** 7
- Vertretung der ordentlichen Verwaltungsratsmitglieder *SGB* V **217c** 5
- Verwaltungsrat *SGB* V **217b** 3 ff., **217c** 3 ff.
- Verwaltungsvermögen *SGB* V **217d** 7
- Vorsitzender der Mitgliederversammlung *SGB* V **217c** 18 ff.
- Vorstand *SGB* V **217b** 14 ff.
- Wahl des Verwaltungsrates *SGB* V **217c** 11 ff.
- Wahl des Vorsitzenden der Mitgliederversammlung *SGB* V **217c** 18 ff.
- Zusammensetzung des Verwaltungsrates *SGB* V **217b** 4, **217c** 4

GKV-SVSG *SGB* V **Vor 220** 4
- Aufsicht, Haushalts- und Rechnungswesen, Vermögen, Statistiken, Spitzenverband Bund der Krankenkassen *SGB* V **217d** 1 ff.
- Aufsichtsmittel in besonderen Fällen bei den Kassenärztlichen Bundesvereinigungen *SGB* V **78a** 1 ff.
- Aufsicht über den Gemeinsamen Bundesausschuss *SGB* V **91a** 1
- Aufsicht über die kassenärztliche Bundesvereinigung *SGB* V **78** 1 ff.
- Bundesvereinigung *SGB* V **77** 1 ff.

Stichwortverzeichnis

- Bundesvereinigung, kassenärztliche *SGB V* **77b** 1 ff.
- entsandte Personen für besondere Angelegenheiten bei den Kassenärztlichen Bundesvereinigungen *SGB V* **78b** 1 ff.
- Gesundheitsfonds *SGB V* Vor **220** 4
- Kassenärztliche Vereinigung *SGB V* **77** 1 ff.
- Organe der Kassenärztliche Bundesvereinigung *SGB V* **79** 1 ff.
- Organe des GKV-Spitzenverbands *SGB V* **217b** 9
- Organversagen, Kassenärztliche Bundesvereinigung *SGB V* **79a** 1 ff.
- Organversagen, Kassenärztliche Vereinigung *SGB V* **79a** 1 ff.
- Prüfung der Geschäfts-, Rechnungs- und Betriebsführung *SGB V* **274** 4
- Wahlen, Kassenärztliche Vereinigung *SGB V* **80** 1 ff.

GKV-VSG
- Gemeinsamer Bundesausschuss *SGB V* **91** 80

GKV-VStG *SGB V* **28** 8 f.

GKV-WSG *SGB V* **28** 8, 32

Gleichartige Leistungen *SGB XI* **45b** 20

Gleitzone *SGB XI* **58** 10 f.
- Beitragsbemessung *SGB V* **226** 18
- Beitragstragung *SGB V* **249** 11, 19 ff.

GMG *SGB V* **28** 7, **29** 8

Grenzüberschreitende Gesundheitsleistungen
- Kostenerstattung *SGB V* **13** 12, 15 f., 36 f.
- Krankenhausleistungen *SGB V* **13** 38 f.
- Patientenrichtlinie *SGB V* **13** 15 f.
- Rechtfertigung von Genehmigungserfordernissen *SGB V* **13** 13 f.
- Schutz durch Grundfreiheiten *SGB V* **13** 12 ff.

GRG *SGB V* **28** 3, **29** 5
- Kostenerstattung *SGB V* **29** 4

Grundaufgabe des Staates
- Krankenversicherung *SGB V* **1** 4

Grundpauschale *SGB V* **266** 1 ff.
- Leistungsausgaben *SGB V* **266** 35 ff.

Grundpflege *SGB XI* **45b** 14, **77** 37

Grundpflegeleistungen *SGB XI* **77** 37

Grundsatz der Beitragssatzstabilität *SGB V* **134a** 10, 12

Grundsätze zu Verträgen auf Bundes- und Landesebene *SGB V* **82** 1 ff.

Gruppenprophylaxe *SGB V* **21** 1 ff., **22** 2

GSG *SGB V* **28** 5, **29** 3

Gutachten
- Anspruch auf Übermittlung *SGB XI* **7** 6
- ärztliches *SGB V* **73** 16
- Aufklärung über Anspruch auf Übermittlung *SGB XI* **7** 6
- gutachterliche Feststellungen *SGB XI* **5** 13

Gutachter
- Qualifikation und Unabhängigkeit *SGB XI* **53b** 7

Haftung
- Aufhebung der *SGB V* **171c** 1 ff.
- für Verpflichtungen, Ersatzkassen *SGB V* **171** 1 ff.
- Insolvenz *SGB V* **171d** 1 ff.
- Medikationsplan *SGB V* **31a** 20

Handwerksinnung
- Ausscheiden aus Innungskrankenkasse *SGB V* **161** 1 f.

Hausarzt *SGB V* **73** 4, 8 ff.

Hausärztliche Vergütung
- Einzelleistungen *SGB V* **87** 33
- Leistungskomplexe *SGB V* **87** 33
- Versichertenpauschale *SGB V* **87** 33

Hausärztliche Versorgung
- beratende Fachausschüsse *SGB V* **79c** 1 ff.

Hausarztzentrierte Versorgung *SGB V* **73b** 1 ff.
- Allgemeinarztgemeinschaften *SGB V* **73b** 18
- Datenübermittlung zur Abrechnung *SGB V* **295a** 1 ff.
- Effizienz *SGB V* **73b** 6
- Einwilligung für Datenübermittlung *SGB V* **295a** 9 ff.
- Leistungserbringer *SGB V* **295a** 4
- Lotsenfunktion *SGB V* **73b** 7
- NUB *SGB V* **73b** 10
- Qualität *SGB V* **73b** 6
- Weitergeben von Angaben, Begriff *SGB V* **295a** 7

Haushaltshilfe *SGB V* **38** 1 ff.
- Anspruchsdauer *SGB V* **38** 35 f.
- Anspruchsvoraussetzungen *SGB V* **38** 5 ff.
- Antragserfordernis *SGB V* **38** 37 f.
- Begriff *SGB V* **38** 26
- bei Schwangerschaft und Mutterschaft *SGB V* **24h** 1 ff.
- ergänzende Leistungen zur Rehabilitation *SGB V* **43** 14
- Erweiterung *SGB V* **38** 17 ff.
- Kostenerstattung *SGB V* **38** 29 ff.
- Leistungserbringer *SGB V* **132** 14 ff.
- Leistungsinhalt *SGB V* **38** 26
- PSG III *SGB V* **38** 17 ff.
- Rahmenverträge *SGB V* **132** 10 ff.
- Sachleistung *SGB V* **38** 27
- Subsidiarität *SGB V* **132** 15 f.
- Versorgung *SGB V* **132** 1 ff.
- Vielfaltsgebot *SGB V* **132** 18
- Wirtschaftlichkeitsgebot *SGB V* **132** 17
- Zuzahlung *SGB V* **38** 33 f.
- Zweck *SGB V* **38** 3 f.

Haushaltshilfe bei Schwangerschaft und Mutterschaft *SGB V* **24h** 1 ff.
- Änderung durch das PNG *SGB V* **24h** 1

- Anspruchsausschluss *SGB V* 24h 7
- Anspruchsinhalt *SGB V* 24h 2 f.
- Anspruchsvoraussetzungen *SGB V* 24h 4 ff.
- Auch Erkrankungen erfasst *SGB V* 24h 6
- Begriff *SGB V* 24h 2
- Führung des Haushalts *SGB V* 24h 5
- Haushaltsbegriff *SGB V* 24h 7
- Höhe der angemessenen Vergütung *SGB V* 24h 8
- Kausalzusammenhang zwischen Schwangerschaft/Mutterschaft und Unmöglichkeit der Haushaltsführung *SGB V* 24h 6
- Kostenerstattung *SGB V* 24h 8
- Naturalleistung *SGB V* 24h 8
- zeitlicher Umfang *SGB V* 24h 3

Haushalts- und Rechnungswesen der KK *SGB V* 220 14

Haushaltswirtschaft *SGB XI* 77 2

Häusliche Betreuung *SGB XI* 45a 24, 45b 25
- Modellvorhaben *SGB XI* 125 1 ff.

Häusliche Krankenpflege *SGB V* 37 1 ff.; *SGB XI* 45a 6, 14, 45b 5
- akute Verschlimmerung einer Krankheit *SGB V* 37 28
- ambulante ärztliche Versorgung *SGB V* 37 3, 16
- Ambulante Palliativversorgung *SGB V* 37 54
- Anspruch auf Kostenerstattung *SGB V* 37 63 f.
- Anspruchsumfang *SGB V* 37 20
- Anzeige intensivpflegerischer Leistungen *SGB V* 132a 45
- chronische und schwer heilende Wunden *SGB V* 37 69
- geeignete Pflegekräfte *SGB V* 37 19
- Haushaltsangehörige *SGB V* 37 59
- hauswirtschaftliche Versorgung *SGB V* 37 44
- Intensivpflege in Wohneinheiten *SGB V* 275b 13 ff.
- Kostenerstattung *SGB V* 37 63
- Krankenhausersatzpflege/Krankenhausvermeidungspflege *SGB V* 37 6 ff.
- Leistungsort *SGB V* 37 72
- Mindestinhalt Rahmenempfehlungen *SGB V* 132a 6 ff.
- Normsystematik *SGB V* 37 1
- Pflege durch Haushaltsangehörige *SGB V* 37 58
- Qualitäts- und Abrechnungsprüfungen *SGB V* 132a 44
- Qualitäts- und Abrechnungsprüfungen durch den MDK *SGB V* 275b 3 ff.; *siehe* Qualitäts- und Abrechnungsprüfungen bei häuslicher Krankenpflege
- Rahmenempfehlung *SGB V* 132a 15
- Rahmenempfehlungen *SGB V* 132a 5 ff.
- Richtlinien des G-BA *SGB V* 37 67
- Richtlinien des G-BA zur Wundversorgung *SGB V* 37 69
- Sachleistungsprinzip *SGB V* 132a 4
- Satzungsleistungen *SGB V* 37 49
- Schiedsverfahren *SGB V* 132a 15
- schwere Krankheit *SGB V* 37 28
- selbst beschaffte Pflegekraft *SGB V* 37 64
- teilstationäre Einrichtung *SGB V* 37 50
- Verhältnis zur Pflegeversicherung *SGB V* 37 3
- Verhältnis zu § 13 Abs. 2 und 3 *SGB V* 37 65
- Versorgung *SGB V* 132a 1 ff.
- Vorrang der Selbsthilfe *SGB V* 37 60
- Werkstätten für behinderte Menschen *SGB V* 37 47
- wohnungslose Versicherte *SGB V* 37 52
- Wundversorgung in Deutschland *SGB V* 37 71
- Zuzahlung *SGB V* 37 66

Häusliche Krankenpflege-Richtlinie *SGB V* 37 67

Häusliche Pflege *SGB XI* 45a 14, 24, 45b 5, 25
- bei Schwangerschaft und Mutterschaft *SGB V* 24g 1 ff.
- Besitzstandsschutz für pflegebedürftige Menschen mit Behinderungen *SGB XI* 145 1 ff.
- Einzelpersonen *SGB XI* 77 1 ff.
- Pflegevertrag *SGB XI* 120 1 ff.
- Verhinderung der Pflegeperson *SGB XI* 39 1 ff.

Häusliche Pflege bei Schwangerschaft und Mutterschaft
- Änderung durch das PNG *SGB V* 24g 1
- Anspruchsausschluss *SGB V* 24g 6
- Anspruchsinhalt *SGB V* 24g 2
- Anspruchsvoraussetzungen *SGB V* 24g 3 ff.
- Begriff *SGB V* 24g 2
- Erforderlichkeit *SGB V* 24g 4
- Haushaltsbegriff *SGB V* 24g 6
- im eigenen Haushalt *SGB V* 24g 7
- Kausalzusammenhang *SGB V* 24g 5
- Kostenerstattung *SGB V* 24g 8
- Naturalleistung *SGB V* 24g 8
- zeitlicher Umfang *SGB V* 24g 5
- Zweck *SGB V* 24g 1

Häusliche Pflegehilfe *SGB XI* 36 1 ff., 77 37
- körperbezogene Pflegemaßnahmen *SGB XI* 36 10 f.
- Leistungserbringer *SGB XI* 36 8
- Leistungsinhalt *SGB XI* 36 10 ff.
- Leistungsumfang *SGB XI* 36 14
- Leistungsvoraussetzungen *SGB XI* 36 4 ff.
- pflegerische Betreuungsmaßnahmen *SGB XI* 36 10 f.

Häuslichkeit *SGB XI* 36 7

Haus- und fachärztliche Vergütung *SGB V* 87 28
- Trennung, Bestimmung der Versorgungsbereiche *SGB V* 87 30 f.

Hauswirtschaftliche Versorgung
SGB XI **45a** 13, **77** 37
Hebamme *SGB V* **134a** 1 ff.
- Abrechnung *SGB V* **301a** 1 ff.
- ambulante Geburten *SGB V* **134a** 24
- freiberuflich *SGB V* **134a** 3 ff.
- Haftungsausschluss *SGB V* **134a** 29 ff.
- Vorsorgeuntersuchungen *SGB V* **134a** 22

Hebammenhilfe
- Änderung durch PNG *SGB V* **24d** 1
- Anspruchsinhalt *SGB V* **24d** 2, 5
- Anspruchsvoraussetzungen *SGB V* **24d** 7 ff.
- Begriff *SGB V* **24d** 5
- Mutterschaftsrichtlinien des G-BA *SGB V* **24d** 2
- Verhältnis zur ärztlichen Betreuung *SGB V* **24d** 6
- Versorgung *SGB V* **134a** 1 ff.
- Versorgung bei Schwangerschaft und Mutterschaft *SGB V* **24d** 1 ff.

Hebammenhilfevertrag *SGB V* **134a** 6 ff.
- Teilnahme *SGB V* **134a** 25 f.
- Vertragsparteien *SGB V* **134a** 7

Hebammenversorgung
- Bedarf *SGBV* **134a** 10 f.
- berechtigte wirtschaftliche Interessen *SGB V* **134a** 10 ff.
- Qualität, Qualitätssicherung *SGB V* **134a** 10, 12, 15, 20 ff.
- Sach- bzw. Dienstleistungsprinzip *SGB V* **134a** 9
- Schiedsstelle *SGB V* **134a** 27 f.
- Schiedsverfahren *SGB V* **134a** 27 f.
- Sicherstellungszuschlag *SGB V* **134a** 13 ff.
- Vergütung *SGB V* **134a** 10 ff.
- Zuschlag auf Abrechnungsziffern *SGB V* **134a** 13 ff.

Heilberufs- und Berufsausweise *SGB V* **291a** 20
Heilfürsorge *SGB V* **75** 8, **63** ff.
- Ruhen *SGB V* **16** 20

Heilmittel *SGB V* **11** 41, **27** 66 f., **32** 1 ff.
- Erprobung *SGB V* **139d** 2
- Heil- und Hilfsmittelversorgungsgesetz *SGB V* **32** 24
- längerfristige Behandlung *SGB V* **32** 3 ff.
- neue *SGB V* **138** 1
- Qualifikation *SGB V* **32** 2
- Versorgung bei Schwangerschaft und Mutterschaft *SGB V* **24e** 1

Heilmittelerbringer
- Qualifikation *SGB V* **124** 3
- Widerruf der Zulassung *SGB V* **124** 4
- Zulassung *SGB V* **124** 1 ff., 2

Heilmittelvereinbarung *SGB V* **84** 31
- Besonderheiten *SGB V* **84** 31

Heilmittelversorgung
- Modellvorhaben *SGB V* **64d** 1 ff.
- Rahmenempfehlung *SGB V* **125** 1 ff.
- Schiedsperson *SGB V* **125** 4
- Vertrag *SGB V* **125** 1 ff.
- Vertragswettbewerb *SGB V* **125** 3

Heilpädagogische Leistungen *SGB V* **43a** 9
Heil- und Hilfsmittelversorgungsgesetz
SGB V **5** 100, **Vor 220** 15
- Beitragsbemessung *SGB V* **Vor 220** 15
- beitragspflichtige Einnahmen freiwilliger Mitglieder *SGB V* **240** 23 ff.
- Beteiligung von Interessenvertretungen der Patientinnen und Patienten *SGB V* **140f** 4
- ermäßigter Beitragssatz *SGB V* **243** 2
- Erstattung von Beiträgen *SGB V* **231** 3
- Festbeträge für Hilfsmittel *SGB V* **36** 1
- Heilmittel *SGB V* **32** 24
- Heilmittelversorgung Vertragswettbewerb *SGB V* **125** 3
- Hilfsmittel *SGB V* **33** 1, 8
- Hilfsmittel Verträge *SGB V* **127** 1
- Rahmenverträge mit pharmazeutischen Unternehmer *SGB V* **131** 13 f.
- Schiedsperson Heilmittelversorgung *SGB V* **125** 4
- Sonderregelungen für Krankengeld und Auslandsversicherte *SGB V* **269** 1 ff.
- Unterstützung der Versichten bei Behandlungsfehlern *SGB V* **66** 21
- Unzulässige Zusammenarbeit zw. Leistungserbringern und Vertragsärzten *SGB V* **128** 1
- Verbandmittel *SGB V* **31** 15
- Versicherungspflicht *SGB V* **5** 100
- Versicherungspflicht (sPV) *SGB XI* **20** 20
- Vertragssystem Hilfsmittelversorgung *SGB V* **126** 1
- Zulassung Heilmittelerbringer *SGB V* **124** 1

Heil- und Kostenplan *SGB V* **55** 12
Heilversuch *SGB V* **35c** 24
Heimaufenthalt
- Unterbrechung *SGB XI* **141** 13, 14, 17

Heimaufsicht
- Informationsweitergabe *SGB XI* **117** 15 ff.
- Kostentragung *SGB XI* **117** 18 f.
- Modellvorhaben *SGB XI* **117** 13
- Zusammenarbeit bei der Überprüfung von Pflegeeinrichtungen *SGB XI* **117** 1 ff., 11 ff.

Heimentgelt *SGB XI* **87a** 1 ff.
Heimordnungsrecht *SGB XI* **144** 3
Heimrechtliche Experimentierklausel
SGB XI **45f** 8
Herdenimmunität *SGB V* **20i** 2
Hersteller
- Informationen und Auskünfte *SGB XI* **78** 81
- Stellungnahme der Spitzenorganisationen *SGB XI* **78** 82
- von Medizinprodukten *SGB V* **137e** 1, 13 ff.

Herstellerrabatt *SGB V* **130a** 1 ff.

Hilfe bei der Haushaltsführung *SGB XI* **36** 4 f., 10 ff., **45a** 9

Hilfegewährungsbescheid *SGB V* **265a** 11 ff.
- Antrag *SGB V* **265a** 14 ff.
- Auszahlung *SGB V* **265a** 24
- Nebenbestimmungen *SGB V* **265a** 13
- Prognose *SGB V* **265a** 22
- Rücknahme *SGB V* **265a** 24
- Rückzahlung *SGB V* **265a** 24
- Widerruf *SGB V* **265a** 24

Hilfe zur Pflege *SGB XI* **45a** 24, **45b** 8, 20, 25, **141** 5
- §§ 61 ff. SGB XII *SGB XI* **144** 7

Hilfsmittel *SGB V* **33** 1 ff.
- einfache H., Depotverbot *SGB V* **128** 3
- Festbeträge *SGB V* **36** 1
- Heil- und Hilfsmittelversorgungsgesetz *SGB V* **33** 1, 8
- Intraokular Linsen (IOL) *SGB V* **33** 6 ff.
- IOL, Mehrkostenregelung *SGB V* **33** 7
- Mehrkostenvereinbarung, Berichtspflicht *SGB V* **302** 13
- Sehhilfen *SGB V* **33** 4
- Versorgung bei Schwangerschaft und Mutterschaft *SGB V* **24e** 1
- Verträge *SGB V* **127** 1 ff.
- Verträge, Heil- und Hilfsmittelversorgungsgesetz *SGB V* **127** 1
- Verzeichnis *SGB V* **33** 2

Hilfsmittelabgabe
- Ausschreibungsverfahren *SGB V* **127** 3 ff.
- Einzelverträge *SGB V* **127** 14
- Rahmenbedingungen *SGB V* **127** 2
- Rahmenverträge *SGB V* **127** 13
- Rechtsschutz *SGB V* **127** 12

Hilfsmittelabgabe und Vorteilsgewährung
- Beteiligungsverbot *SGB V* **128** 6 ff.
- Bewertungsgrundsätze *SGB V* **128** 15
- Depotverbot *SGB V* **128** 3
- Motive der Neuregelung *SGB V* **128** 2
- Sanktionen *SGB V* **128** 17 ff.
- Umgehungsmodelle *SGB V* **128** 11
- Umsatz- und Gewinnbeteiligung *SGB V* **128** 10
- verkürzter Versorgungsweg *SGB V* **128** 16

Hilfsmittelversorgung
- Gesundheitshandwerker *SGB V* **126** 3
- Heil- und Hilfsmittelversorgungsgesetz *SGB V* **126** 1
- Präqualifizierung *SGB V* **126** 6
- Vertragssystem *SGB V* **126** 1 ff.

Hilfsmittelverzeichnis *SGB V* **139** 1 ff.; *SGB XI* **78** 22
- Aufnahme *SGB V* **139** 3
- CE-Kennzeichen *SGB V* **139** 1
- Rechtsschutz *SGB V* **139** 3

Hinterbliebene, Beitragsfreiheit *SGB V* **225** 1 ff.

Hochrechnungsbescheid
- Fälligkeit der Korrekturbeträge *SGB V* **266** 33
- Korrekturbetragserstattung *SGB V* **266** 31
- Korrekturfiktion *SGB V* **266** 32
- Risikostrukturausgleich *SGB V* **266** 29 f.
- Versicherungszeiten, Vollerhebung *SGB V* **266** 30
- Vollerhebung *SGB V* **266** 30

Hochschulambulanzen *SGB V* **117** 1 ff.; *SGB V* **113** 11
- Anspruch auf Ermächtigung *SGB V* **117** 9 ff.
- Hochschulambulanz-Struktur-Vereinbarung (HSA-SV) *SGB V* **120** 35
- Höhe der Vergütung *SGB V* **120** 31 f.
- Pauschalierung der Vergütung *SGB V* **120** 39 ff.
- Quantitative Begrenzung *SGB V* **117** 14
- Verfahrensrecht, Rechtsschutz *SGB V* **117** 37 ff.
- Vergütung *SGB V* **117** 36
- Vergütungsvereinbarungen *SGB V* **120** 34 ff.

Hochschulklinik *SGB V* **108** 5
- Finanzierung von Forschung und Lehre *SGB V* **117** 4

Höchstleistungsbeträge
- Zuschlag *SGB XI* **141** 8

Homöopathie *SGB V* **2** 16

Honorararzt
- Belegabteilung *SGB V* **121** 34 ff.

Honorarbericht *SGB V* **87c** 1 ff.

Honorarverteilung *SGB V* **87b** 1 ff.
- Aufgaben der Honorarverteilung *SGB V* **87b** 7 ff.
- feste Punktwerte *SGB V* **87b** 19 ff.
- Gestaltungsspielraum *SGB V* **87b** 12 f.
- Honorarbericht *SGB V* **87c** 1 ff.
- Honorartöpfe *SGB V* **87b** 51 ff.
- Individualbudgets *SGB V* **87b** 56
- Kalkulationssicherheit *SGB V* **87b** 45 f.
- kooperative Versorgungsformen *SGB V* **87b** 59 ff.
- leistungsproportionale Vergütung *SGB V* **87b** 14 ff.
- Maßnahmen gegen Unterversorgung *SGB V* **87b** 64
- Rechtsschutz *SGB V* **87b** 71
- Regelleistungsvolumen *SGB V* **87b** 56
- übermäßige Ausdehnung der vertragsärztlichen Tätigkeit *SGB V* **87b** 47 ff.
- vertragszahnärztlicher Bereich *SGB V* **85** 32 ff.
- Vorgaben der Kassenärztlichen Bundesvereinigung *SGB V* **87b** 65 ff.

Honorarverteilungsgerechtigkeit *SGB V* **87b** 23 ff.
- Härtefallregelungen *SGB V* **87b** 37 f.

- Praxisbesonderheiten *SGB* V 87b 35 f.
- Teilhaberecht *SGB* V 87b 25 ff.
- unterdurchschnittlich abrechnende Praxen *SGB* V 87b 33 f.
- Vergütung psychotherapeutischer Leistungen *SGB* V 87b 31 f.

Honorarverteilungsmaßstab
- vertragsärztlicher Bereich *SGB* V 87b 39 ff.
- vertragszahnärztlicher Bereich *SGB* V 85 33 ff.

Hörgeräteversand, Depotverbot *SGB* V 128 4

Hospizleistungen *SGB* V 39a 1 ff.
- ambulante Hospizdienste *SGB* V 39a 16 ff.
- Förderanspruch ambulanter Hospizdienste *SGB* V 39a 5
- Hospizbewegung *SGB* V 39a 1 f.
- Rahmenvereinbarung über Art und Umfang sowie Sicherung der Qualität der stationären Hospizversorgung *SGB* V 39a 12
- voll- und teilstationäre Hospizversorgung *SGB* V 39a 7 ff.
- Zuschussvoraussetzungen *SGB* V 39a 5

Hospiz- und Palliativberatung durch die Krankenkassen *SGB* V 39b 1 ff.

Illegale Beschäftigung, Bekämpfung *SGB* V 306 1

Impfstoffe *SGB* V 130a 6

Impfung *SGB* V 20i 1 ff.

Implantologische Leistungen
- Festzuschuss *SGB* V 28 29

Importarzneimittel
- Substitution *SGB* V 129 10

Individualisierungsgebot *SGB* V 2a 2 f.

Individualprophylaxe *SGB* V 22 1 ff., 22a 1 ff.

Information *SGB* XI 7 4
- vergleichende *SGB* V 73 25

Informations-/Auskunftspflichten
- Qualitätsausschuss *SGB* XI 113b 32 ff.

Informationstechnische Systeme
- Überführung von Patientendaten *SGB* V 291d 1 f.

Informations- und Freiheitsgesetze
- Regelprüfungen *SGB* XI 93 9

Informationsverantwortung
- G-BA *SGB* V 139 13
- IQWiG *SGB* V 139a 13

Informationsverwaltungssysteme
- elektronische Gesundheitskarte *SGB* V 291d 1 f.

Inhalt Medikationsplan
- Aktualisierung Medikationsplan *SGB* V 31a 13 f.

Initiativen *SGB* XI 45c 15

Innovationsfonds
- Finanzierung *SGB* V 271 28

Innungskrankenkasse
- Auflösung *SGB* V 162 1 f.
- Ausdehnung auf weitere Handwerksinnungen *SGB* V 159 1 ff.
- Ausscheiden einer Handwerksinnung *SGB* V 161 1 f.
- Errichtung *SGB* V 157 1 ff.
- Errichtung, Verfahren *SGB* V 158 1 ff.
- Geschäftsabwicklung *SGB* V 164 1 ff.
- Schließung *SGB* V 163 1 f.
- Vereinigung *SGB* V 160 1 f.
- Vereinigung, kassenartenübergreifend *SGB* V 171a 12
- Verfahren bei Errichtung *SGB* V 158 1 ff.

Insemination *SGB* V 27a 31

Insolvenz
- Haftung *SGB* V 171d 1 ff.
- Insolvenzfähigkeit von Krankenkassenverbänden *SGB* V 171f 1 ff.
- Krankenkassen *SGB* V 171b 1 ff.
- Vermeidung *SGB* V 172 1 ff.

Insolvenzfähigkeit von Krankenkassenverbänden *SGB* V 171f 1 ff.

Insolvenz, Krankenkassen *SGB* V 19 6
- finanzielle Hilfen zur Vermeidung der I. *SGB* V 265a 1 ff.
- Insolvenzfähigkeit iVm dem Gesundheitsfonds *SGB* V 220 3
- Strafbarkeit *SGB* V 307a 3 ff.

Institut des Bewertungsausschusses *SGB* V 87 56 ff.
- Aufgaben *SGB* V 87 57
- Finanzierung *SGB* V 87 58

Institut für Qualitätssicherung und Transparenz im Gesundheitswesen *SGB* V 137a 1 ff., 137b 1 ff.
- ambulante spezialfachärztliche Versorgung *SGB* V 116b 79
- Aufgaben *SGB* V 137a 8 ff.
- Begleitung und Auswertung der Erprobung *SGB* V 137e 12
- Datennutzung, sekundäre *SGB* V 137a 27
- Finanzierung *SGB* V 137a 26
- Organisation, Beauftragung *SGB* V 137a 18 ff.
- Verfahren *SGB* V 137a 25
- Vergütung *SGB* V 137a 26

Institut für Qualität und Wirtschaftlichkeit im Gesundheitswesen (IQWiG) *SGB* V 35a 25, 35b 3 f., 139a 1 ff., 140h 7
- Aufgaben *SGB* V 139a 7 ff.
- Aufgabendurchführung *SGB* V 139b 1 ff.
- Beauftragung durch das BMG *SGB* V 139b 9
- Beauftragung von Sachverständigen *SGB* V 139b 10 f.
- Empfehlungen, Bindungswirkung *SGB* V 139b 12 ff.
- Finanzierung *SGB* V 139c 1 ff.

- Generalauftrag *SGB V* **139b** 5
- gerichtliche Kontrolldichte *SGB V* **139b** 18 f.
- Legitimationsniveau *SGB V* **139a** 19
- Methodenpapier *SGB V* **139b** 2, 9
- Organisation *SGB V* **139a** 3 ff.
- Rechtsschutz *SGB V* **139b** 17 ff.
- Schadensersatzpflicht *SGB V* **139b** 15 f.
- Stiftung *SGB V* **139a** 4 f.
- Unabhängigkeit *SGB V* **139a** 1 ff.
- und G-BA *SGB V* **139a** 1 ff., **139b** 1 ff.
- verwaltungsrechtliche Einordnung *SGB V* **139a** 6, 20 ff.

Institutsambulanzen, psychiatrische
SGB V **118** 1 ff.

Institutsambulanz, geriatrische
SGB V **118a** 1 ff.

Integrierte Versorgung *SGB XI* **45c** 17, **92b** 1 ff.
- ambulante spezialfachärztliche Versorgung *SGB V* **116b** 48 f.
- Informationsrecht *SGB XI* **92b** 9

Interessenvertretungen
- Beteiligungsrecht *SGB XI* **118** 4 ff.

Interessenvertretungsauftrag *SGB V* **75** 52

Internist *SGB V* **73** 6, 10

Interoperabilitätsverzeichnis
- Integration offener Schnittstellen *SGB V* **291e** 1 ff.

Intersexualität *SGB V* **27** 37 ff.

Interventionsmanagement *SGB V* **265** 20

Intracytoplasmatische Spermieninjektion
SGB V **27a** 33

Investitionshilfe *SGB XI* **45e** 2

Investitionsumlage *SGB XI* **43** 5

In-vitro-Fertilisation *SGB V* **27a** 33

IQTIG
- Beauftragung *SGB V* **137b** 1 ff.

Jahresarbeitsentgeltgrenze *SGB V* **6** 7 ff.
- Entstehungsprinzip *SGB V* **6** 10
- fiktives Arbeitsentgelt *SGB V* **6** 11
- regelmäßiges Jahresarbeitsentgelt *SGB V* **6** 10
- Überleitungsregelung *SGB V* **309** 2 f.
- Verfahren zur Bestimmung *SGB V* **6** 9

Jahresausgleich
- Pflegekassen *SGB XI* **68** 1 ff.

Jahresrechnung
- Pflegevorsorgefonds *SGB XI* **138** 1 ff.

Jahresrechnungsergebnisse
- Veröffentlichung *SGB V* **305b** 1 ff.

Jugendliche
- beitragspflichtige Einnahmen *SGB V* **235** 1 ff.

Kalkulatorischer Arztlohn *SGB V* **87** 21

Kapitalvermögen
- Beitragspflicht bei freiwilligen Mitgliedern *SGB V* **240** 8

Kartellgerichte *SGB XI* **77** 62

Kartellrecht *SGB V* **73b** 33

Kartensperre *SGB V* **15** 41 ff.

Kassenartenübergreifende Vereinigung von Krankenkassen *SGB V* **171a** 1 ff.

Kassenartprinzip *SGB V* **207** 2

Kassenärztliche Bundesvereinigung
SGB V **77** 7 f.
- Aufgaben *SGB V* **75** 22, 45 ff., 51 ff., 60 ff., 82 ff.
- Aufsicht *SGB V* **78** 1 ff.
- Aufsichtsmittel in besonderen Fällen *SGB V* **78a** 1 ff.
- Besondere Regelungen zu Einrichtungen und Arbeitsgemeinschaften *SGB V* **77b** 1 ff.
- entsandte Personen für besondere Angelegenheiten *SGB V* **78b** 1 ff.
- Hauptamtlichkeit *SGB V* **79** 3 ff.
- Haushalts- und Rechnungswesen, Vermögen, Statistiken *SGB V* **78** 1 ff.
- Körperschaft des öffentlichen Rechts *SGB V* **77** 9 f.
- Organe *SGB V* **79** 1 ff.
- Organversagen *SGB V* **79a** 1 ff.
- Proporz *SGB V* **80** 7 ff.
- Satzung *SGB V* **81** 1 ff.
- Selbstverwaltung *SGB V* **79** 2
- Überwachungsfunktion *SGB V* **79** 9
- Vertreterversammlung *SGB V* **79** 6 ff., **80** 5 ff.
- Vorstand *SGB V* **79** 23 ff., **80** 17 ff.
- Wahlen *SGB V* **80** 5 ff.

Kassenärztliche Ver-einigung *SGB V* **77** 1 ff.
- Aufbewahrung von Daten *SGB V* **304** 1 ff.
- Aufgaben *SGB V* **75** 22 ff., 45 ff., 51 ff., 60 ff., 82 ff.
- Aufsicht *SGB V* **78** 1 ff.
- Beratung der Vertragsärzte *SGB V* **305a** 1 ff.
- Datenübermittlung *SGB V* **295** 10
- Datenübersicht *SGB V* **286** 1 ff.
- Disziplinarverfahren *SGB V* **81** 17 ff.
- Eigeneinrichtungen *SGB V* **105** 11
- Forschungsvorhaben *SGB V* **287** 1 ff.
- Fortbildungspflicht *SGB V* **81** 16
- GKV-SVSG *SGB V* **77** 1 ff.
- Grundrechtsfähigkeit *SGB V* **75** 54
- Hauptamtlichkeit *SGB V* **79** 3 ff.
- Haushalts- und Rechnungswesen, Vermögen, Statistiken *SGB V* **78** 1 ff.
- Körperschaft des öffentlichen Rechts *SGB V* **77** 9 f.
- Mitgliedschaft *SGB V* **77** 5 f.
- Organe *SGB V* **79** 1 ff.
- Organversagen *SGB V* **79a** 1 ff.
- personenbezogene Daten *SGB V* **285** 1 ff.
- Satzung *SGB V* **81** 1 ff., 2 ff.
- Selbstverwaltung *SGB V* **79** 2
- Sicherstellungsauftrag *SGB V* **75** 27 f.

- Sicherstellungsmaßnahmen *SGB V* 105 4
- Überwachungsfunktion *SGB V* 79 9
- Vertreterversammlung *SGB V* 79 6 ff., 80 1 ff.
- Vorstand *SGB V* 79 23 ff., 80 18 ff.
- Wahlen *SGB V* 80 1 ff.
- Zusammenarbeit *SGB V* 77 11 ff.

Kassenärztliche Versorgung *SGB V* 73 1 ff.
- GKV-AMVSG *SGB V* 73 1

Kassenindividueller Zusatzbeitrag
SGB V 242 1 ff.

Kassenverbände, regionale *SGB V* 218 1 ff.

Kassenwahlfreiheit *SGB V* 266 6

Kassenwechsel
- Datenübermittlung *SGB XI* 97 11

Kauffahrteischiff, Besatzungsmitglieder
SGB V 16 32

Kennzeichen
- bundeseinheitliches, Art *SGB V* 293 6
- bundeseinheitliches, Aufbau *SGB V* 293 6
- bundeseinheitliches, Verfahren *SGB V* 293 6
- bundeseinheitliches, Verwendungspflicht *SGB V* 293 4
- für Leistungsträger und Leistungserbringer *SGB V* 293 1 ff.; *SGB XI* 103 1 ff.
- Leistungserbringer, Verzeichnisse *SGB V* 293 3 ff.
- Leistungserbringer, Zwecke *SGB V* 293 3

Kern des Fachgebiets *SGB V* 135 39

KHSG
- Gemeinsames Landesgremium *SGB V* 90a 2

Kick-Back-Zahlungen
- Schadensersatz *SGB V* 106 19

Kieferanomalie *SGB V* 29 5, 26
- cranio-mandibuläre Dysfunktion *SGB V* 28 25 f.

Kieferorthopädie-Richtlinien *SGB V* 29 13
- Gemeinsamer Bundesausschuss *SGB V* 29 21

Kieferorthopädische Behandlung *SGB V* 28 5, 22, 25, 29 1 ff.
- Abbruch *SGB V* 29 23 f.
- Altersbegrenzung *SGB V* 29 10
- Altersdiskriminierung *SGB V* 29 38
- Behandlungsbeginn *SGB V* 29 15 f.
- Behandlungsvertrag *SGB V* 29 24
- Eigeninitiative *SGB V* 29 27 ff.
- einheitlicher Bewertungsmaßstab *SGB V* 29 21
- Erstattungsanspruch *SGB V* 29 31
- Erwachsenenbehandlung *SGB V* 28 26
- Fachzahnarzt für Kieferorthopädie *SGB V* 29 19 ff.
- Frühbehandlung *SGB V* 29 16
- Funktionsdiagnostik *SGB V* 28 28
- Indikationsgruppen *SGB V* 29 5 f., 35
- Kieferanomalie *SGB V* 29 26, 37

- Kieferanomalien *SGB V* 29 5 f.
- Kostenbeteiligung *SGB V* 29 32
- Kostenerstattung *SGB V* 29 6, 11 f., 30
- Leistungseinschränkungen *SGB V* 29 36
- Leistungskatalog *SGB V* 29 5 f., 28
- Retention *SGB V* 29 17
- Richtlinien *SGB V* 29 34
- Röntgenleistungen *SGB V* 29 27
- RVO *SGB V* 29 2
- Sachleistung *SGB V* 29 7, 9 f., 11, 29
- Standard *SGB V* 29 34
- Wirtschaftlichkeitsgebot *SGB V* 29 14 ff.
- Zuzahlung *SGB V* 29 27, 30
- Zuzahlungsregelung *SGB V* 29 33

Kieferorthopädische Frühbehandlung,
SGB V 29 16

Kieferorthopädische Versorgung
- Altersbegrenzung *SGB V* 28 23
- Altersdiskriminierung *SGB V* 28 25
- Indikation *SGB V* 29 13
- Sachleistung *SGB V* 29 25
- Zulassung *SGB V* 29 20
- Zulassungsverzicht *SGB V* 29 20

Kinderarzt *SGB V* 73 4, 10, 22

Kinderbetreuung
- ergänzende Leistungen zur Rehabilitation *SGB V* 43 14

Kindererziehung
- Beitragsbemessung *SGB V* 226 16

Kinderheilkunde *SGB V* 35c 5

Kinderlose
- Beitragsbemessungsgrenze *SGB XI* 55 4

Kinderlosenzuschlag *SGB XI* 58 6

Kinder und Jugendliche
- Gesundheitsuntersuchungen *SGB V* 26 1 ff.

Kirchliches Arbeitsrecht, Pflege *SGB XI* 89 9

Klagegegenstand in Zulassungsangelegenheiten
SGB V 97 21

Klinische Krebsregister *SGB V* 65c 1 ff.
- Blut- und Gewebegesetz *SGB V* 65c 10

Klinische Studien *SGB V* 35b 10 ff., 35c 11, 22 ff.

Knappschaft *SGB V* 75 11, 81

Knappschaft-Bahn-See, Deutsche Rentenversicherung *SGB V* 167 1 ff.

Knappschaftliche Krankenversicherung
- Übergangsregelung *SGB V* 318 1 ff.

Knappschaftsärzte *SGB V* 83 4

Kollektiver Verzicht auf die Zulassung
SGB V 95b 1 ff.

Kollektivvertrag *SGB V* 82 9
- öffentlich rechtliche Verträge *SGB V* 82 4
- Veröffentlichungspflicht *SGB V* 82 5
- Verträge, Vertragspartner *SGB V* 82 3
- Vertragstypen *SGB V* 82 3

Kombinationsleistung *SGB XI* **45a** 1 ff., 14 ff., 45e 4
- Anspruchsvoraussetzungen *SGB XI* **38** 4 f.
- Berechnung *SGB XI* **38** 6
- Bindung an Sechs-Monatsfrist *SGB XI* **38** 7
- Pflege *SGB XI* **38** 1 ff.

Kommunale Aufwendungen *SGB XI* **45c** 11

Kommunale Beratung
- Modellvorhaben *SGB XI* **124** 1 ff.

Kommunale Förderung *SGB XI* **45c** 9 f., **45d** 4

Kommunale Gebietskörperschaft *SGB XI* **45c** 9, 11, 31, **45d** 9

Kommunikation, elektronische *SGB V* **67** 1 ff.

Komplexleistungen *SGB XI* **77** 17

Komplexvertrag
- Einzelpflegevertrag *SGB XI* **77** 40
- Pflegehilfsmittelverträge *SGB XI* **78** 8

Konfliktlösung
- Verfahren *SGB XI* **81** 2

Konformitätserklärung *SGB XI* **78** 70

Königsteiner Schlüssel *SGB XI* **45c** 22, 24

Konkurrentenklage
- Ermächtigung *SGB V* **116** 37 ff.
- geriatrische Institutsambulanzen *SGB V* **118a** 36
- Sonderbedarfszulassung *SGB V* **101** 80

konsiliarische Befundbeurteilung
- Vereinbarung über technische Verfahren *SGB V* **291g** 1 f.

Kontaktlinsen, Depotverbot *SGB V* **128** 3

Kontaktstelle, Nationale *SGB V* **219d** 1 ff.

Kontrahierungszwang *SGB XI* **110** 5, 7

Konzept *SGB XI* **45d** 8
- Fortschreibung *SGB XI* **45a** 12, **45c** 14

Konzertierte Aktion
- Unterstützung *SGB V* **142** 1 ff.

Kooperation
- der Landesverbände *SGB V* **219** 1 ff.
- Krankenkassen *SGB V* **219** 1 ff., **273** 33

Kooperationsprinzip, Krankenkassen *SGB V* **265** 8

Kooperationsverhältnis, Krankenkassen *SGB V* **265a** 42

Koordinierung der Verwaltungshilfe *SGB V* **219a** 8

Koordinierungsstelle *SGB V* **75a** 29

Körperbezogene Pflegemaßnahmen *SGB XI* **36** 4 f., 10 f., **45a** 9

Körperverletzung
- Definition *SGB V* **294a** 5
- Mitteilungspflicht *SGB V* **294a** 7

Korrekturbedarfsprüfung, Rechtsschutz *SGB V* **273** 30 ff.

Korrekturbetrag
- Einnahmen *SGB V* **273** 29
- Ermittlung *SGB V* **273** 25
- Fälligkeit *SGB V* **273** 28
- Verrechnungsmodalitäten *SGB V* **273** 28

Korrekturmeldung
- Korrekturbetrag *SGB V* **273** 26
- Vereinfachter Ermittlungsrahmen *SGB V* **273** 22

Kostenabgrenzungs-Richtlinien *SGB XI* **17** 12

Kostenabrechnung mit ausländischen Verbindungsstellen *SGB V* **219a** 1 ff.

Kostenbeteiligung *SGB V* **52** 18 ff.
- bei künstlicher Befruchtung *SGB V* **27a** 32

Kostenerstattung *SGB V* **28** 2, 6, 10; *SGB XI* **43** 4, **45a** 4, 15, **45b** 6, 13, **141** 26
- Belege *SGB XI* **45a** 17
- Bundesteilhabegesetz *SGB V* **13** 40, **264** 9
- Durchbrechung des Sachleistungsprinzips *SGB V* **14** 2
- Erstattungshöhe *SGB V* **13** 21 f.
- Finanzierung Pflegeeinrichtung *SGB XI* **91** 1 ff.
- für Leistungen bei Schwangerschaft und Mutterschaft *SGB V* **24c** 4
- Gesetzesvorbehalt *SGB V* **13** 17
- gesetzliche Krankenversicherung *SGB V* **13** 1 ff.
- grenzüberschreitende Gesundheitsleistungen *SGB V* **13** 12, 36 f.
- kieferorthopädische Behandlung *SGB V* **29** 4, 5 f., 6, 12
- Leistungen bei Schwangerschaft und Mutterschaft *SGB V* **24c** 4
- Leistungsumfang *SGB V* **13** 20
- Patientenrichtlinie *SGB V* **13** 15 f.
- rechtswidrige Leistungsverweigerung der Krankenkasse *SGB V* **13** 29 f.
- Sach- und Dienstleistungsgrundsatz *SGB V* **13** 1 f., 4
- Substitutionsfunktion *SGB V* **13** 20 f.
- Systemversagen *SGB V* **13** 23 ff.
- Übernahme der Krankenbehandlung gegen K. *SGB V* **264** 1 ff.
- Versagen des Sachleistungssystems *SGB V* **13** 23 ff.
- Verzögerung der Genehmigung *SGB V* **13** 33 f.
- Wahl *SGB V* **13** 18 f.
- Wahl, Ausübung des Wahlrechts *SGB V* **13** 19
- Wahl, Informationsobliegenheiten *SGB V* **13** 19
- Wahlrecht *SGB V* **13** 18 f.
- Zulässigkeit *SGB V* **13** 5 f.

Kostenerstattungsanspruch *SGB XI* **45e** 5, 8
- Abtretung *SGB XI* **45b** 16
- als Unternehmen *SGB V* **4** 5, 17

- des Arbeitgebers bei Leistungserbringung im Ausland *SGB V* **17** 3
- europäisches Wettbewerbsrecht *SGB V* **4** 3 ff.
- nationales Wettbewerbsrecht *SGB V* **4** 5

Kostenerstattungsprinzip *SGB XI* **45b** 7, 12

Kosten-Nutzen-Bewertung *SGB V* **35c** 29, **73** 20
- Arzneimittel *SGB V* **35b** 1 ff., **139a** 1 f., 10 ff.
- Aussetzung des Verfahrens *SGB V* **135** 27, **137c** 15, **137e** 6
- Bewertung durch MDK *SGB V* **137c** 6
- Bewertungsverfahren *SGB V* **135** 21 ff.
- Entscheidungsspielraum des G-BA *SGB V* **135** 33
- Genehmigungsfiktion *SGB V* **135** 23
- Intervention *SGB V* **135** 23 f.
- Rechtsschutz *SGB V* **35b** 22, **135** 32 ff.
- sektorenübergreifend *SGB V* **135** 13, **137c** 4
- Selbsteinschätzung der Krankenhäuser *SGB V* **137c** 5
- Selbsteintrittsrecht des BMG *SGB V* **135** 23
- Überprüfung von Amts wegen *SGB V* **135** 28 f.

Kostenregelung
- Pflege *SGB XI* **116** 1 ff.
- Vergütungskürzung *SGB XI* **116** 6
- Wirksamkeitsprüfung *SGB XI* **116** 3 f.
- Wirtschaftlichkeitsprüfung *SGB XI* **116** 5

Kostentragungspflicht *SGB XI* **78** 40

Kostenübernahme
- bei Auslandsbehandlung *SGB V* **18** 12
- bei Behandlung außerhalb von EU und EWR *SGB V* **18** 1 ff.
- bei vorübergehendem Auslandsaufenthalt *SGB V* **18** 17

Krankenbehandlung *SGB V* **27** 1 ff.
- Anspruch, Entstehungsgeschichte *SGB V* **27** 1 ff.
- Erprobung von Leistungen und Maßnahmen *SGB V* **139d** 1 ff.
- Krankenbehandlungsziele *SGB V* **27** 54 ff.
- Notwendigkeit *SGB V* **27** 52 ff.
- Organspende *SGB V* **27** 79 ff.
- Palliative Versorgung *SGB V* **27** 72 f.
- Rahmenrecht *SGB V* **27** 96 ff.
- Sonderregelungen *SGB V* **27** 73 ff.
- Übernahme der Kr. gegen Kostenerstattung *SGB V* **264** 1 ff.
- Umfang und Inhalt *SGB V* **27** 59 ff.
- Zweckmäßigkeit *SGB V* **35** 10

Krankengeld *SGB V* **44** 1 ff., 4 ff.
- Alg II, GKV-FQWG *SGB XI* **57** 1, 10
- Anspruchsentstehung *SGB V* **46** 1 ff.
- Anspruchsvoraussetzungen *SGB V* **44** 7 ff.
- Anzeigeobliegenheit *SGB V* **44** 35
- Arbeitsunfall *SGB V* **44** 6
- Art. 21 VO 883/2004/EG *SGB V* **44** 39
- AUB als Beweissicherungsverfahren *SGB V* **44** 37
- Beitragsfreiheit *SGB V* **224** 1 ff.
- beitragspflichtige Einnahmen, Bezugsgröße *SGB XI* **57** 1 ff., 28
- Beitragstragung *SGB XI* **59** 5
- Berechnung bei Bezug von Alg *SGB V* **47b** 1 ff.
- Berufskrankheit *SGB V* **44** 6
- Dauer *SGB V* **48** 1 ff.
- entgeltliche Freistellung *SGB V* **44** 10
- Erkrankung des Kindes *SGB V* **45** 1 ff.
- ermäßigter Beitragssatz ohne Krg *SGB V* **243** 1
- feststellungsberechtigter Arzt *SGB V* **44** 35
- Fortzahlung des Arbeitsentgelts *SGB V* **44** 49
- GKV-FQWG *SGB V* Vor **265** 13, **269** 1 ff.
- Hochrisikopool *SGB V* **269** 21
- IFSG *SGB V* **44** 34
- Konkurrenzen *SGB V* **44** 28 ff.
- Krankheitsbedingte AU *SGB V* **44** 11 ff.
- missglückter Arbeitsversuch *SGB V* **44** 10
- MuSchG *SGB V* **44** 31 ff.
- nach Ende der Mitgliedschaft *SGB V* **19** 9
- Options-Krankengeld, Wahlerklärung *SGB V* **44** 46
- Organspende *SGB V* **44a** 1 ff.
- Rechtsnatur *SGB V* **44** 4 ff.
- Rückforderung *SGB V* **52** 18 ff.
- Rückzahlung, Höhe des Spitzbetrages *SGB V* **50** 13
- Ruhen *SGB V* **49** 1 ff.
- Sonderregelungen *SGB V* **269** 1 ff.
- Sozialversicherungsleistungen *SGB V* **44** 28 ff.
- Spende von Organen, Geweben oder Blut *SGB V* **44a** 1 ff.
- Standardisierungsverfahren *SGB V* **269** 3, 7
- stationäre Behandlung *SGB V* **44** 26 ff.
- Verfahren *SGB V* **44** 35 ff.
- Verhältnis zum Mutterschaftsgeld *SGB V* **24i** 21
- Verhältnis zur Entgeltfortzahlung im Krankheitsfall *SGB V* **44** 6
- Versagung *SGB V* **52** 18, 20 ff.
- Versicherter *SGB V* **44** 7 ff.
- Wahlerklärung *SGB V* **44** 45 ff.
- Wahltarife *SGB V* **53** 30 ff.
- Wegfall *SGB V* **51** 1 ff.
- Wiederaufnahme der Tätigkeit *SGB V* **44** 10
- Zuweisungen *SGB V* **269** 5

Krankengeld, Anspruchsentstehung
- Entstehungszeitpunkt *SGB V* **46** 4 ff.
- Entstehungszeitpunkt bei ärztlicher Feststellung der AU *SGB V* **46** 6 ff.
- Entstehungszeitpunkt bei stationärer Behandlung *SGB V* **46** 12

- infolge einer Wahlerklärung nach § 44 Abs. 2 S. 1 Nr. 2 versicherte Selbstständige *SGB V* 46 13 ff.
- nach dem KSVG Versicherte *SGB V* 46 13 ff.
- Sonderregelungen *SGB V* 46 13 ff.
- Wahltarife *SGB V* 46 15

Krankengeld, Anspruchsentstehungszeitpunkt bei ärztlicher Feststellung der AU
- Geschäftsunfähigkeit des Versicherten *SGB V* 46 10
- keine ärztliche Feststellung ohne Verschulden des Versicherten *SGB V* 46 9
- leistungsfreier Karenztag *SGB V* 46 6
- pflichtwidrige Verweigerung der Feststellung des Vertragsarztes *SGB V* 46 11
- Verstreichenlassen der ärztlichen Feststellung der AU *SGB V* 46 7

Krankengeld, Ausschluss *SGB V* 44 40 ff., 50 1 ff.
- Alg II *SGB V* 44 41
- Analogiefähigkeit *SGB V* 50 6
- Antragstellung *SGB V* 50 5
- Arbeitsunfall *SGB V* **11** 77
- ausländische Leistungen *SGB V* 50 10
- Ausschlussgründe *SGB V* 50 2 ff.
- Ausschlusstatbestände *SGB V* 44 40 ff.
- Ausschluss von Doppelleistungen *SGB V* 50 1
- Beginn *SGB V* 50 4
- Bezugsbegriff *SGB V* 50 3
- Entgeltersatzleistungen *SGB V* 50 7 ff.
- Familienversicherte *SGB V* 44 41
- hauptberuflich selbstständig Erwerbstätige *SGB V* 44 42
- Jugendhilfe *SGB V* 44 41
- kein anderweitiger Anspruch auf Absicherung im Krankheitsfall *SGB V* 44 41
- Kürzung des Krankengeldes *SGB V* 50 17 ff.
- kurzzeitig Beschäftigte *SGB V* 44 43
- Leistungen nach dem Recht der DDR *SGB V* 50 11
- Leistungen zur Teilhabe am Arbeitsleben *SGB V* 44 41
- Mittelpunkt der Erwerbstätigkeit *SGB V* 44 42
- Praktikanten *SGB V* 44 41
- Renten aus öffentlich-rechtlichen Versicherungseinrichtungen *SGB V* 44 44
- Rente wegen Erwerbsunfähigkeit *SGB V* 50 7
- Rente wegen voller Erwerbsminderung *SGB V* 50 7
- Rückzahlung *SGB V* 50 12 ff.
- Rückzahlungspflicht bei Leistung ausländische Institutionen *SGB V* 50 14
- Ruhegehalt nach beamtenrechtlichen Vorschriften *SGB V* 50 8
- Studenten *SGB V* 44 41
- Überschreitung von Hinzuverdienstgrenzen *SGB V* 50 3
- Vollrente wegen Alters *SGB V* 50 7
- Vorruhestandsgeld *SGB V* 50 9
- Wegfall der konkurrierenden Leistung *SGB V* 50 15 ff.
- Zuständigkeitsabgrenzung *SGB V* 50 1

Krankengeld bei Erkrankung des Kindes *SGB V* 45 1 ff.
- Adoptiv- und Pflegekinder *SGB V* 45 7
- alleinerziehende Personen *SGB V* 45 24
- Alter des Kindes *SGB V* 45 10 ff.
- andere Betreuungsperson *SGB V* 45 16
- Anspruch dem Grunde nach *SGB V* 44a 3 ff.
- Anspruchsberechtigter Personenkreis *SGB V* 45 3 ff.
- Anspruchsdauer *SGB V* 45 22 ff.
- Anspruchsvoraussetzungen auf Seiten des Kindes *SGB V* 45 6 ff.
- Arbeitslose *SGB V* 45 5
- Einbeziehung von Arbeitnehmern ohne Versichertenstatus *SGB V* 45 35
- Elternautonomie *SGB V* 45 12
- erforderliche Beaufsichtigung, Betreuung, Pflege *SGB V* 45 12 ff.
- Fernbleiben von der Arbeit *SGB V* 45 3
- Freistellungsanspruch *SGB V* 45 26 ff.
- Gesetz zur besseren Vereinbarkeit von Familie, Pflege und Beruf *SGB V* 45 17
- häusliche Gemeinschaft *SGB V* 45 8
- Kausalität *SGB V* 45 9
- Konkurrenzen *SGB V* 45 21
- Modalitäten und Berechnung des Pflege-Krankengeldes *SGB V* 45 17 ff.
- Rentner *SGB V* 45 5
- Ruhenstatbestände *SGB V* 45 20
- selbstständige Arbeit *SGB V* 45 4
- Sonderregelung für schwerstkranke Kinder *SGB V* 45 31 ff.
- Stiefkinder und Enkel *SGB V* 45 7
- unberechtigte Inanspruchnahme der Freistellung *SGB V* 45 30
- Versicherung des Kindes in der GKV *SGB V* 45 6

Krankengeld bei Spende von Organen oder Gewebe
- Anspruchsberechtigte *SGB V* 44a 6
- Anspruchsgegner *SGB V* 44a 10 ff.
- Anspruchsumfang *SGB V* 44a 10 ff.
- Anspruchsvoraussetzungen *SGB V* 44a 5 ff.
- Anwendbarkeit des allgemeinen Krg-Rechts *SGB V* 44a 18 ff.
- Arbeitsunfähigkeit *SGB V* 44a 8
- Beziehung von Alg, Unterhaltsgeld und Krg *SGB V* 44a 15
- Blutspende *SGB V* 44a 5
- Erstattungsanspruch gemäß § 3a Abs. 2 EFZG *SGB V* 44a 3
- Folgeerkrankungen *SGB V* 44a 10
- gesetzliche Vorgaben des TPG *SGB V* 44a 7
- Höhe des Krankengeldes *SGB V* 44a 13

- kalendertägliche Beitragsbemessungsgrenze *SGB V* 44a 14
- nicht gesetzlich krankenversicherte Spender *SGB V* 44a 20
- Organspenden im Ausland *SGB V* 44a 7
- privatversicherte Organempfänger *SGB V* 44a 9
- Sonderregelung für nach dem KSVG Versicherte *SGB V* 44a 17
- Unfallversicherungsschutz *SGB V* 44a 11
- Verletztengeld *SGB V* 44a 11
- Verstoß gegen Ordnungsvorschriften *SGB V* 44a 7
- Vor- und Nachsorgetermine *SGB V* 44a 4

Krankengeld, Berechnung
- Anpassung des Krankengeldes *SGB V* 47 29
- Beitragsbemessungsgrenze *SGB V* 47 30
- erste Vergleichsberechnung *SGB V* 47 8
- Höhe und Berechnung *SGB V* 47 1 ff.
- Künstler und Publizisten *SGB V* 47 28
- Nichtarbeitnehmer *SGB V* 47 27
- nicht kontinuierliche Arbeitsverrichtung *SGB V* 47 25
- Normzweck *SGB V* 47 2 ff.
- Seeleute *SGB V* 47 26
- Selbstständige *SGB V* 47 27
- Sonderkonstellationen *SGB V* 47 26 ff.
- Vergleichsberechnungen *SGB V* 47 6 ff.
- zweite Vergleichsberechnung *SGB V* 47 10

Krankengeld, Berechnung bei Bezug von Alg
- Änderung der maßgeblichen Verhältnisse *SGB V* 47b 6
- AU während des Bezugs von Kurzarbeitergeld *SGB V* 47b 7 ff.
- Beginn *SGB V* 47b 5
- Bemessungsgrundlage anderer Leistungen *SGB V* 47b 11
- Bezieher von Alg II *SGB V* 47b 3
- Bezug von Winterausfallgeld *SGB V* 47b 12 ff.
- Empfänger von Transferkurzarbeitergeld *SGB V* 47b 7
- Krg bei Entgeltfortzahlung gem. § 4 Abs. 3 EFZG *SGB V* 47b 9 ff.
- Sperrzeit *SGB V* 47b 3
- Urlaubsabgeltung *SGB V* 47b 3

Krankengeld, Dauer *SGB V* 48 1 ff.
- analogiefeindliche Auslegung der Ausnahmetatbestände *SGB V* 48 2
- anrechenbare Zeiten *SGB V* 48 20
- Anspruchsausschluss nach § 50 Abs. 1 S. 1 *SGB V* 48 20
- Aufgabenverteilung zwischen den Versicherungszweigen *SGB V* 48 1
- AU im weiteren Sinne *SGB V* 48 3
- Ausschöpfung der Bezugszeit *SGB V* 48 14 ff.
- berufliche Rehabilitation *SGB V* 48 18
- Bezug von Verletztengeld oder Unfallrente *SGB V* 48 20
- dieselbe Krankheit *SGB V* 48 8 ff.
- Drei-Jahres-Zeiträume *SGB V* 48 12
- geringfügige Beschäftigung *SGB V* 48 18
- Hinzutreten weiterer Erkrankungen *SGB V* 48 4 ff.
- Höchstbezugsdauer im Grundsatz *SGB V* 48 2 ff.
- Karenzzeiten *SGB V* 48 20
- Poly-/Multimorbidität *SGB V* 48 4
- Rahmenfrist *SGB V* 48 10 ff.
- Umschulungsmaßnahme *SGB V* 48 18
- unterschiedliche Erkrankungen *SGB V* 48 12
- Verfügbarkeit für die Arbeitsvermittlung *SGB V* 48 19
- Versicherungsfall *SGB V* 48 11

Krankengeld, Kürzung *SGB V* 50 1 ff.
- Alterssicherung der Landwirte *SGB V* 50 18
- Ausschluss von Doppelleistungen *SGB V* 50 1
- Rente für Bergleute *SGB V* 50 20
- Rente wegen Berufsunfähigkeit *SGB V* 50 19
- Rente wegen teilweiser Erwerbsminderung *SGB V* 50 19
- Teilinvaliditätsrenten nach ausländischem Recht *SGB V* 50 21
- Teilrente wegen Alters *SGB V* 50 19
- Zuständigkeitsabgrenzung *SGB V* 50 1

Krankengeld, Ruhen *SGB V* 49 1 ff.
- Arbeitseinkommen *SGB V* 49 12
- Arbeitsentgelt *SGB V* 49 9
- ausländische Entgeltersatzleistungen *SGB V* 49 23
- Bezug von Versorgungs-, Übergangs-, Unterhalts- und Kurzarbeitergeld *SGB V* 49 15 ff.
- Bundesteilhabegesetz *SGB V* 49 35
- entgeltliche Freistellung von der Arbeitsleistung *SGB V* 49 30
- Erhalt von beitragspflichtigem Arbeitsentgelt oder Arbeitseinkommen *SGB V* 49 9 ff.
- Erstattung von Aufwendungen *SGB V* 49 34
- Inanspruchnahme von Elternzeit *SGB V* 49 14
- keine Aufstockung von Entgelt- oder Entgeltersatzleistungen *SGB V* 49 32 ff.
- Mutterschafts- und Arbeitslosengeld *SGB V* 49 1
- Ruhenstatbestände *SGB V* 49 9 ff.
- unterlassene Meldung der Arbeitsunfähigkeit *SGB V* 49 24 ff.
- Versicherte mit Wahlerklärung *SGB V* 49 31
- Voraussetzungen des Ruhens *SGB V* 49 5 ff.
- Zuflussprinzip *SGB V* 49 6

Krankengeldwahltarif
- Beendigung alter Wahltarife *SGB V* 319 2
- rückwirkende Wahlentscheidungen *SGB V* 319 4 ff.
- Übergangsregelung *SGB V* 319 1 ff.
- Übergangsregelung bei Krankengeldbezug am 31.7.2009 *SGB V* 319 3

Krankengeldwegfall, Antrag auf Leistung zur Teilhabe *SGB V* 51 1 ff.
- Antrag auf Teilhabeleistungen *SGB V* 51 2 ff.
- Regelaltersgrenze oder Altersrente aus der Alterssicherung für Landwirte *SGB V* 51 10
- Unterlassen der Antragstellung *SGB V* 51 11 ff.

Krankenhaus
- Abgrenzung zur Praxisklinik *SGB V* 122 11 ff.
- Abgrenzung zu Vorsorge- und Rehabilitationseinrichtung *SGB V* 107 4
- Abrechnung *SGB V* 301 1 ff.
- Abrechnung Privatpatient, Datenübermittlung *SGB V* 301 2
- Abrechnungsangaben *SGB V* 301 4
- Abrechnungsprüfung, Datenübermittlung *SGB V* 301 2
- ambulante Behandlung *SGB V* 116 1 ff.
- ambulante Behandlung bei Unterversorgung *SGB V* 116a 1 ff.
- ambulantes Operieren *SGB V* 115b 1 ff.
- Auswahl *SGB V* 39 24 f.
- Behandlung, Bewertung *SGB V* 137c 1 ff.
- Betriebszeiten *SGB V* 107 6
- fingierter Versorgungsvertrag *SGB V* 108 4
- Geburtshilfe, ständige ärztliche Leitung *SGB V* 107 5
- Geriatrie, Planung *SGB V* 118a 9
- Krankengymnastik *SGB V* 107 8
- Krankenhausplanung *SGB V* 108 7 ff.
- Legaldefinition *SGB V* 107 2
- Organisationsfreiheit *SGB V* 121 9
- Personal *SGB V* 107 7
- Qualitätskontrolle durch den MDK *SGB V* 275a 4 ff.
- Rehabilitationsziele *SGB V* 107 1 ff.
- Stand der medizinischen Erkenntnisse *SGB V* 107 11
- ständige ärztliche Leitung *SGB V* 107 9
- Verschlüsselung der Diagnosen *SGB V* 301 5
- Versorgungsauftrag *SGB V* 107 10
- Vertragskrankenhaus *SGB V* 108 10
- zugelassen *SGB V* 108 1 ff.
- zugelassenes *SGB V* 39 16, 108 1 ff.
- Zulassung zur Krankenhausbehandlung *SGB V* 108 4

Krankenhausabrechnung
- Auskunfts- und Prüfpflichten-System *SGB V* 301 3

Krankenhausapotheke *SGB V* 129a 1 ff.

Krankenhausärzte, ermächtigte *SGB V* 15 18

Krankenhausarztregister
- Beauftragung *SGB V* 293 10
- Begriff *SGB V* 293 10
- Datenübermittlung *SGB V* 293 10
- Entlassmanagement *SGB V* 293 10
- führende Stelle *SGB V* 293 10
- Kosten *SGB V* 293 10
- Pflichtangaben *SGB V* 293 10
- Struktur Arztnummer *SGB V* 293 10
- Vertragspartner *SGB V* 293 10
- Verwendungs- und Nutzungszweck *SGB V* 293 10

Krankenhausbegriff
- öffentliche Förderung *SGB V* 107 3

Krankenhausbehandlung *SGB V* 39 1 ff., 107 6, 113 8
- allgemeine Bedingungen *SGB V* 112 12 ff.
- ambulantes Operieren *SGB V* 39 11
- Anwendung von Arzneimitteln *SGB V* 115c 5
- Art und Umfang *SGB V* 112 9
- Arzneimitteltherapie, Fortsetzung *SGB V* 115c 1 ff.
- ärztliche Verordnung *SGB V* 39 15
- Auswahl des Krankenhauses *SGB V* 39 24 f.
- Bewertung *SGB V* 137c 1 ff.
- Entlassmanagement *SGB V* 39 23
- Formen *SGB V* 39 5
- Fortsetzung der Arzneimitteltherapie *SGB V* 115c 1 ff.
- Frührehabilitation *SGB V* 39 22
- Kostenzusage *SGB V* 39 15
- Leistungsantrag *SGB V* 39 15
- Leistungsvoraussetzungen *SGB V* 39 13
- notwendige Leistungen *SGB V* 39 19 ff.
- Prüfbericht *SGB V* 113 10
- PsychVVG *SGB V* 39 3, 12
- Qualitäts- und Wirtschaftlichkeitsprüfung *SGB V* 113 1 ff., 5 ff.
- Rahmenempfehlung *SGB V* 112 4
- Rahmenrecht *SGB V* 112 6
- Sicherstellung *SGB V* 112 3
- Überprüfung durch MDK *SGB V* 275 30 ff.
- Versichertenstatus *SGB V* 39 14
- Verzeichnis stationärer Leistungen und Entgelte *SGB V* 39 26
- vollstationäre Behandlung *SGB V* 39 6
- vollstationäre Behandlung, Notwendigkeit *SGB V* 39 17 f.
- vor- und nachstationäre Behandlung *SGB V* 115a 1 ff.
- vor- und nachstationäre Behandlung, Erforderlichkeit *SGB V* 115a 6 ff.
- vor- und nachstationäre Behandlung, Vergütung *SGB V* 115a 15 f.
- Wirtschaftlichkeitsprüfung *SGB V* 113 6 f., 9
- zugelassenes Krankenhaus *SGB V* 39 16
- Zuzahlung *SGB V* 39 27 ff.

Krankenhausersatzpflege
- Gebotenheit *SGB V* 37 14
- Undurchführbarkeit *SGB V* 37 15

Krankenhausersatzpflege und -vermeidungspflege
- Akzessorietät zur ärztlichen Behandlung *SGB V* 37 8
- Anspruchsberechtigter *SGB V* 37 7

Stichwortverzeichnis

- Anspruchsumfang *SGB V* 37 20
- Antrag *SGB V* 37 17
- Behandlungspflege *SGB V* 37 21
- betreute Wohnformen *SGB V* 37 12
- Ermessen *SGB V* 37 26
- Familie *SGB V* 37 11
- formale Voraussetzungen *SGB V* 37 17
- geeigneter Ort *SGB V* 37 9
- Genehmigung *SGB V* 37 17
- Grundpflege *SGB V* 37 22
- Haushalt *SGB V* 37 10
- hauswirtschaftliche Versorgung *SGB V* 37 23
- Kindergärten *SGB V* 37 12
- Satzungsleistungen *SGB V* 37 49
- Schulen *SGB V* 37 12
- Subsidiarität des Anspruchs *SGB V* 37 27
- Verordnung *SGB V* 37 17 f.
- Werkstätten für behinderte Menschen *SGB V* 37 12, 27
- zeitlicher Anspruchsumfang *SGB V* 37 24 f.

Krankenhausfinanzierungsgesetz *SGB V* 35c 26

Krankenhausgesellschaft *SGB V* 108a 1 ff.

Krankenhausplan
- bedarfsgerechte Versorgung *SGB V* 108 8
- wirtschaftliche Sicherung *SGB V* 108 7 ff.

Krankenhausplanung *SGB V* 108 9

Krankenhausstandort
- Begriff *SGB V* 293 9
- Kriterien für *SGB V* 293 9

Krankenhausstandortverzeichnis
SGB V 293 1 ff., 9; *siehe* Standortverzeichniss
- Aktualisierung *SGB V* 293 9
- Übermittlungsanspruch führende Stelle *SGB V* 293 9
- Veröffentlichung *SGB V* 293 9
- Zweck *SGB V* 293 3

Krankenhausstrukturgesetz *SGB V* 271 28

Krankenhausvermeidungspflege *SGB V* 37 16

Krankenkasse *SGB V* 4 1 ff.
- Abrechnungsprüfung *SGB V* 273 5
- Altersversorgungsverpflichtungen *SGB V* 171d 3 ff.
- Angaben über Leistungsvoraussetzungen *SGB V* 292 1 ff.
- Arbeitsgemeinschaft *SGB V* 219 1 ff.
- Aufbewahrung von Daten *SGB V* 304 1 ff.
- Aufgabenerledigung durch Dritte *SGB V* 197b 1 ff.
- Aufhebung der Haftung *SGB V* 171c 1 ff.
- Aufklärende Mitwirkung *SGB V* 273 33
- Aufzeichnungspflicht, Begriff *SGB V* 292 3
- Auskünfte an Versicherte *SGB V* 305 4 ff.
- Auskunftserteilungsanspruch *SGB V* 265b 7
- Auskunftspflichten *SGB V* 273 19, 33
- Ausübung des Wahlrechts durch die Mitglieder *SGB V* 175 1 ff.
- begrenzter Wettbewerb *SGB V* 265 2
- Beitragsrückstand *SGB V* 271a 1 ff.
- Beratung *SGB V* 305a 10
- Berichtspflicht bei Säumnis *SGB V* 271a 15
- Beschäftigte, Teilkostenerstattung *SGB V* 14 2 ff.
- besondere Wahlrechte der Mitglieder *SGB V* 174 1 ff.
- Betriebsmittel *SGB V* 260 1 ff.
- Binnenfinanzierung *SGB V* 265b 14 ff.
- Darlehensaufnahme *SGB V* 260 5, 262 1
- Datenmeldungen zum Risikostrukturausgleich *SGB V* 273 1 ff.
- Datenübermittlung *SGB V* 276 4 ff.
- Datenübermittlung ärztlich verordnete Leistungen *SGB V* 296 5 f.
- Datenübersicht *SGB V* 286 1 ff.
- Deckungskapital für Altersversorgungsverpflichtungen *SGB V* 171e 1 ff.
- Dienstordnung *SGB V* 197 6
- Dokumentationspflicht *SGB V* 292 2
- Einkommensausgleich *SGB V* Vor 265 9, 270a 1 ff.
- Einkommensausgleich, Durchführung *SGB V* 270a 4 ff.
- Einkommensausgleich, GKV-FQWG *SGB V* 270a 1 ff.
- finanzielle Unterstützung *SGB V* 265b 2
- Forschungsvorhaben *SGB V* 287 1 ff.
- Fortbestandssicherung *SGB V* 265 3
- freiwillige finanzielle Hilfen untereinander *SGB V* 265 5
- freiwillige Hilfeleistungen untereinander *SGB V* 265b 1 ff.
- Fremdfinanzierungsverbot *SGB V* 265b 3
- Funktionsfähigkeit des Gesamtsystems *SGB V* 265 10
- Fusionskontrolle *SGB V* 172a 3 ff.
- Gesamtrücklage *SGB V* 262 1
- Gesamtvergütung *SGB V* 85 1 ff.
- Gesundheitsfonds-Einzugsstellen *SGB V* 271 7
- GWB, Anwendbarkeit *SGB V* 172a 3 ff.
- Haftung im Insolvenzfall *SGB V* 171d 1 ff.
- Hilfen untereinander *SGB V* 265 3
- Hospiz- und Palliativberatung *SGB V* 39b 1 ff.
- Informationspflichten *SGB V* 305 20 ff.
- Informationsrechte *SGB XI* 78 29
- Insolvenz *SGB V* 171b 1 ff., 217f 17 ff.
- Insolvenzantrag *SGB V* 171b 13
- Insolvenz, Darlehensfinanzierung *SGB V* 171d 19 ff.
- Insolvenz, Eröffnungsbeschluss *SGB V* 171b 18
- Insolvenzfähigkeit von Krankenkassenverbänden *SGB V* 171f 1 fff.
- Insolvenz, Haftung *SGB V* 171d 1 ff.
- Insolvenz, Strafbarkeit *SGB V* 307a 3 ff.

- Insolvenz, Vermeidung *SGB V* 172 1 ff., 265a 1 ff.
- Insolvenz, Wahlrechtsausübung *SGB V* 175 19 ff.
- Jahresrechnungsergebnisse *SGB V* 305b 1 ff.
- Kartellrecht *SGB V* 172a 3 ff.
- Kassenart, dieselbe *SGB V* 265b 1 ff.
- Kassenarten *SGB V* 4 15
- Kennzeichen für Leistungsträger und Leistungserbringer *SGB V* 293 1 ff.
- Kooperation *SGB V* 172a 3 ff.
- Kooperation, Aufsicht *SGB V* 172a 14
- Kooperationsprinzip *SGB V* 265 8
- Kooperationsverhältnis *SGB V* 265a 42
- Krankenkassen, Beauftragung ext. Gutachter *SGB V* 276 21 f.
- Krankenkassen, Zusammenschluss, Marktabgrenzung *SGB V* 172a 7 ff.
- Krankenversichertenkarte *SGB V* 291 1 ff.
- landwirtschaftliche *SGB V* 166 1 ff.
- Leistungsfähigkeit *SGB V* 265 8, 265b 1 ff., 19 ff.
- Leistungsfähigkeitserhaltung *SGB V* 265b 1 ff.
- Liquiditätsdarlehen *SGB V* 271 1 ff.
- Liquiditätssicherung *SGB V* 271a 2 ff.
- Liquiditätsverteilung, ausgleichende *SGB V* 265b 10
- MDK, Zusammenarbeit *SGB V* 276 3 ff.
- Mitteilungspflichten *SGB V* 277 15 ff.
- Mittel *SGB V* 259 1 ff.
- Mitwirkungspflichten *SGB V* 273 33
- Nachweispflichten *SGB V* 273 19, 33
- Neuerrichtung *SGB V* 187 1 ff.
- organisatorische Vielfalt *SGB V* 4 15
- Pflichtverletzung *SGB V* 271a 1 ff., 14
- Pflicht zur Zusammenarbeit, Ordnungswidrigkeiten *SGB V* 306 8 ff.
- Prüfung durch das BVA *SGB V* 274 1 ff.
- Rechenschaft, Begriff *SGB V* 305b 3
- Rechenschaftspflicht *SGB V* 305b 2
- Rechtsfähigkeit und Selbstverwaltung *SGB V* 4 3, 7 ff.
- Rechtspflicht zur Zusammenarbeit *SGB V* 265 2
- Risikopool-Ansatz *SGB V* 265 13
- Risikostrukturen *SGB V* **Vor** 265 1
- Sanierungsfusion *SGB V* 172a 12
- Satzung *SGB V* 194 1 ff.
- Satzung, Einsichtnahme *SGB V* 196 1 ff.
- Satzung, Genehmigung *SGB V* 195 1 ff.
- Säumniszuschlag *SGB V* 271a 1 ff., 14 ff.
- Schließung *SGB V* 19 6, 217f 17 ff.
- Schließung, Vermeidung *SGB V* 172 1 ff., 265a 1 ff.
- Schließung, Wahlrechtsausübung *SGB V* 175 19 ff.
- Selbstverwaltungs- und Selbstbestimmungsrecht *SGB V* 265b 6
- Sondervermögen *SGB V* 271 4
- Sozialdaten *SGB V* 284 1 ff.
- Überschuldung *SGB V* 171b 10
- Überschuldung, Strafbarkeit *SGB V* 307a 3
- Überwachungsauftrag *SGB XI* 78 29
- Umlagen- bzw. Darlehenssatzung *SGB V* 265 15 ff.
- Umverteilungsprinzip *SGB V* 266 8 ff.
- Unterrichtungspflicht, Ordnungswidrigkeiten *SGB V* 306 14 f.
- Vereinigung *SGB V* 187 3
- Vereinigungen, Abwendung von Haftungsrisiken *SGB V* 265a 2
- Vereinigungen, Vermeidung von Haftungsrisiken *SGB V* 265a 6
- Vereinigung, freiwillige *SGB V* 172a 5
- Vereinigung, zwangsweise *SGB V* 172 20 ff.
- Vermeidung von Haftungsfällen *SGB V* 265b 1 ff.
- Vermeidung von Insolvenz oder Schließung *SGB V* 172 1 ff.
- Verpflichtung zur Zusammenarbeit *SGB V* 265 9
- Versichertenverzeichnis *SGB V* 288 1 ff.
- Versorgungsauftrag *SGB V* 265a 43
- Verträge mit pharmazeutischen Unternehmern *SGB V* 130c 1 ff.
- Vertragsgemeinschaft *SGB V* 265b 3
- Verwaltungsrat *SGB V* 197 1 ff.
- Verwaltungsvermögen *SGB V* 263 1 ff.
- Wahlrecht der Mitglieder *SGB V* 173 1 ff.
- Wechsel, Aufbewahrung von Daten *SGB V* 304 14
- Weiterleitungsstellen *SGB V* 271 7
- Wettbewerb *SGB V* 140f 2, 265 10, 265b 9
- Wettbewerbsfähigkeit *SGB V* 265b 1 ff.
- Wettbewerbsfähigkeit, Erhaltung *SGB V* 265b 1 ff.
- Wirtschaftlichkeit *SGB V* 265 8
- Wirtschaftlichkeitsgebot *SGB V* 265 11
- Zahlungsunfähigkeit, drohende *SGB V* 171b 9
- Zahlungsunfähigkeit, Strafbarkeit *SGB V* 307a 3
- Zusammenarbeit mit sonstigen Stellen *SGB V* 306 8 ff.
- Zusammenschluss *SGB V* 172a 3 ff.
- Zusammenschlusskontrolle *SGB V* 172a 1 ff., 265a 42 f.
- Zusatzbeiträge *SGB V* 270a 1 ff.
- Zwangsvereinigung *SGB V* 172 20 ff.

Krankenkassen, Betriebsmittel *SGB V* 260 1 ff.
- Anlage und Verwaltung *SGB V* 260 16 f.
- Auffüllung Rücklagen, Verwaltungsvermögen *SGB V* 260 12
- Begriff *SGB V* 260 2
- Betriebsmittel ieS *SGB V* 260 3
- Betriebsmittelreserve *SGB V* 260 4
- Funktion *SGB V* 260 5

- Gesundheitsfonds *SGB V* 260 3
- Höhe *SGB V* 260 13 ff.
- Quersubventionierung, Verbot *SGB V* 260 11
- Verbot der Quersubventionierung *SGB V* 260 11
- Verwendung *SGB V* 260 6 ff.

Krankenkassen, Rücklagen *SGB V* 261 1 ff.
- Anlage *SGB V* 261 14
- Auffüllung *SGB V* 261 10 ff.
- Ermessen der Krankenkasse *SGB V* 261 11 f.
- Höhe *SGB V* 261 5 ff.
- Überschreiten des Rücklagesolls *SGB V* 261 13
- Verwendung *SGB V* 261 8 f.
- Zweck *SGB V* 261 2 ff.

Krankenkassen, Zusammenschluss
- Aufsicht *SGB V* 172a 14 f.
- Benehmen *SGB V* 172a 14
- GWB *SGB V* 172a 3 ff.
- Kartellrecht *SGB V* 172a 7
- Kontrolle *SGB V* 172a 3 ff.
- Kooperation *SGB V* 172a 3 ff.
- Kooperation der Aufsichtsbehörde *SGB V* 172a 14
- Märkte *SGB V* 172a 9 f.
- Rechtsweg *SGB V* 172a 16
- Sanierungsfusion *SGB V* 172a 12
- Umsatzschwellen *SGB V* 172a 6
- Vereinigung, freiwillige *SGB V* 172a 5
- Vollzugsverbot *SGB V* 172a 11

Krankenpflege
- Anspruch auf Vertragsschluss *SGB V* 132a 21
- häusliche Krankenpflege *SGB V* 132a 1 ff.
- Schiedsverfahren *SGB V* 132a 34 ff.
- Vergütungsanspruch *SGB V* 132a 31 f.
- Vertragsinhalt *SGB V* 132a 23 ff.
- Vielfaltsgebot *SGB V* 132a 43

Krankenscheine, Aufbewahrung von Daten *SGB V* 304 14

Krankentransport *SGB V* 133 1 ff.
- Akzessorietät des Entgeltanspruchs *SGB V* 133 9
- bedingte Pflicht zum Abschluss eines Vergütungsvertrages *SGB V* 133 5
- Begriff *SGB V* 133 17
- Eignung zur Leistungserbringung *SGB V* 133 2
- Festbetragsbeschränkungen *SGB V* 133 11
- öffentlicher Rettungsdienst *SGB V* 133 16
- Vergabeverfahren *SGB V* 133 7

Krankenversichertenkarte *SGB V* 291 1 ff.
- Einziehung *SGB V* 15 41 ff.
- Gebühren *SGB V* 15 54 ff.
- Kartensperre *SGB V* 15 41 ff.
- Nachreichung *SGB V* 15 51 ff.

Krankenversichertennummer *SGB V* 290 1 ff.
- Aufbau *SGB V* 290 7
- Elektronische Gesundheitskarte *SGB V* 290 5
- Identität zur Pflegeversicherungsnummer *SGB V* 290 3
- Private Krankenversicherung *SGB V* 290 4
- Regelung der Vergabe *SGB V* 290 9
- Sozialdatum *SGB V* 290 8
- unveränderbarer Teil *SGB V* 290 6
- veränderbarer Teil *SGB V* 290 6
- Vergabe durch Vertrauensstelle *SGB V* 290 10
- Vergabe und Bildung *SGB V* 290 2 ff.
- Zuordnungsfunktion *SGB V* 290 2

Krankenversicherung
- als Grundaufgabe des Staates *SGB V* 1 4
- Austritt *SGB V* 191 7 f.
- Leistungsarten *SGB V* 11 1 ff.
- versichertes Gut *SGB V* 1 6
- versichertes Wagnis *SGB V* 1 9
- Versicherungsfall *SGB V* 1 6

Krankheit *SGB V* 28 1 ff.
- Adipositas *SGB V* 27 26 ff.
- Alterserscheinungen *SGB V* 27 41 f.
- Arbeitsunfähigkeit *SGB V* 27 50 f.
- Begriff *SGB V* 27 16 ff., 28 11
- Behandlungsbedürftigkeit *SGB V* 27 50 f.
- Behandlungsbedürftigkeit und -fähigkeit *SGB V* 27 46 ff.
- Funktion *SGB V* 27 20 f.
- Intersexualität *SGB V* 27 37 ff.
- Kausalität *SGB V* 27 51
- Kieferanomalie *SGB V* 29 2
- körperliche Anomalien *SGB V* 27 30 ff.
- Regelwidrigkeit *SGB V* 27 22 ff.
- Schwangerschaft *SGB V* 27 39 ff.
- seltene K. *SGB V* 35c 4
- Sucht *SGB V* 27 43 ff.
- Transsexualität *SGB V* 27 37 ff.
- Ursachen, Mitteilungspflicht *SGB V* 294a 1 ff.
- Zahnlosigkeit *SGB V* 28 2

Krankheitsbedingte AU
- Aufnahme einer neuen Tätigkeit *SGB V* 44 19
- Beendigung des Beschäftigungsverhältnisses *SGB V* 44 16 ff.
- Beschäftigungsverbote gemäß §§ 3 ff. MuSchG *SGB V* 44 23
- Direktionsrecht der Arbeitsagentur *SGB V* 44 17
- dynamische Veränderung des Gesundheitszustands *SGB V* 44 22
- infektionsschutzrechtliche Beschäftigungsverbote nach dem IFSG *SGB V* 44 23
- Kausalität *SGB V* 44 21 ff.
- letzte Direktionsrechtsausübung *SGB V* 44 14 ff.
- medizinischer Definitionsansatz *SGB V* 44 12
- rechtlicher Begriff der AU *SGB V* 44 12
- Rehabilitationsmaßnahmen *SGB V* 44 18

- selbstständig freiwillig Versicherte
  SGB V 44 20
- stufenweise Wiedereingliederung
  SGB V 44 18
- Teilhabeleistungen SGB V 44 18
- Theorie der wesentlichen Bedingung
  SGB V 44 21
- Verschlimmerung der Krankheit SGB V 44 24
- Wegeunfähigkeit SGB V 44 15
- Zuweisung eines leidensgerechten Arbeitsplatzes SGB V 44 14

Krankheitsverzeichnis SGB V 20h 5

Krebsregister SGB V 25a 1 ff.
- klinische SGB V 65c 1 ff.

Kriegsopferfürsorge SGB XI 141 6

Kündigung
- freiwillige Mitgliedschaft SGB V 191 7 f.
- private Krankenversicherung SGB XI 27 1 ff.
- private Pflege-Pflichtversicherung
  SGB XI 23 4
- von Versorgungsverträgen SGB XI 74 1 ff.

Kündigung von Versorgungsverträgen mit Krankenhäusern SGB V 110 1 ff.
- Aufhebung bzw. Änderung des Feststellungsbescheides SGB V 110 6
- Formvorgaben SGB V 110 5
- Genehmigung durch die zuständige Landesbehörde SGB V 110 7
- Kündigungsfrist SGB V 110 5
- Rechtsnatur SGB V 110 4
- Rechtsschutz SGB V 110 9
- Verfahrensanforderungen SGB V 110 5 ff.
- Voraussetzungen SGB V 110 2 f.

Künstler SGB V 16 34
- beitragspflichtige Einnahmen SGB V 234 1 f.
- Beitragstragung SGB V 251 9 f.

Künstlersozialkasse
- Gesundheitsfonds SGB V 271 8

Künstliche Befruchtung SGB V 27a 1 ff., 121a 1 ff.
- Altersgrenze SGB V 27a 26 f.
- Anonymitätszusage SGB V 121a 9
- Anspruchsumfang SGB V 27a 32 f.
- Anspruchsvoraussetzungen SGB V 27a 9
- ärztliche Feststellung SGB V 27a 14
- ärztliches Berufsrecht SGB V 121a 3 ff.
- ärztliche Überweisung SGB V 27a 24
- ärztliche Unterrichtung SGB V 27a 24 f.
- Auswahlermessen, Konkurrentenklage
  SGB V 121a 20
- Behandlungsplan SGB V 27a 30
- Behandlungsversuche SGB V 27a 18
- Dokumentation SGB V 121a 12
- Durchführung der Maßnahme SGB V 27a 17
- Ehepaare SGB V 27a 21
- Eigenanteil SGB V 27a 3
- Eigenanteil des Versicherten SGB V 27a 34
- eigenständiger Versicherungsfall
  SGB V 27a 6 ff.
- Ei- und Samenzellen der Ehegatten
  SGB V 27a 23
- Empfängnisunfähigkeit SGB V 27a 10
- Entstehungsgeschichte SGB V 27a 2
- Erfolgsaussicht SGB V 27a 17
- Erfolgsaussichten SGB V 27a 15
- Erforderlichkeit SGB V 27a 12
- Genehmigung des Behandlungsplans
  SGB V 27a 30
- Genehmigungsbehörde SGB V 121a 19
- heterologes System SGB V 27a 23
- heterologe Verfahren SGB V 121a 7 ff.
- hinreichende Erfolgsaussicht SGB V 27a 15
- Höchstaltersgrenze SGB V 27a 28 f.
- Höchstaltersgrenze für weibliche Versicherte
  SGB V 27a 28 f.
- homosexuelle Paare SGB V 27a 23
- Indikationen SGB V 27a 13
- Insemination SGB V 27a 31, 121a 18
- intracytoplasmatische Spermieninjektion
  SGB V 27a 33
- In-vitro-Fertilisation SGB V 27a 33
- Kostenbeteiligung SGB V 27a 32
- Kryokonservierung SGB V 27a 33, 121a 15
- medizinische Indikationen SGB V 27a 13
- Mindestaltersgrenze SGB V 27a 27
- nichteheliche Lebensgemeinschaften
  SGB V 27a 22
- Normzweck SGB V 27a 1
- private Krankenversicherung SGB V 27a 34
- Rechtsanspruch SGB V 27a 32
- Richtlinien des G-BA SGB V 27a 42
- Satzungsleistungen der Krankenkassen
  SGB V 27a 41
- statusrechtliche Begrenzungen SGB V 121a 6
- ungewollte Kinderlosigkeit SGB V 27a 10
- Verfassungskonformität der Norm
  SGB V 27a 22
- Verhältnis zum Anspruch auf Krankenbehandlung SGB V 27a 4 ff.
- Zeugungsunfähigkeit SGB V 27a 10
- Zuschüsse SGB V 27a 3

Kur SGB V 23 8 ff.

Kurzarbeitergeld SGB XI 58 5
- beitragspflichtige Einnahmen
  SGB V 232a 1 ff., 6
- Beitragstragung SGB V 249 15 ff.

Kurzzeitige Arbeitsverhinderung
SGB XI 44a 1 ff.
- Blut- und Gewebegesetz SGB XI 44a 31
- zusätzliche Leistungen SGB XI 44a 1 ff.

Kurzzeitpflege SGB XI 42 1 ff., 5, 45a 24, 45b 11, 25, 141 12
- Anspruchsvoraussetzungen SGB XI 42 3 f.
- bei fehlender Pflegebedürftigkeit
  SGB V 39c 1 ff.

- Dauer *SGB XI* 141 12
- Erforderlichkeit *SGB XI* 42 4
- Ersatzpflege, Anrechnung *SGB XI* 42 5
- Leistungen *SGB XI* 42 5 ff.
- Sonderregelungen *SGB XI* 42 6 f.
- Überbrückungsfunktion *SGB XI* 45b 13

Kurzzeitpflegeeinrichtungen
- Versorgungsverträge *SGB V* 132h 1 ff.

KVKG *SGB V* 29 3

Länder
- Zustimmung *SGB XI* 45c 26

Länderaufgabe
- pflegerische Versorgungsstruktur *SGB XI* 9 1

Länderübergreifende Landesverbände *SGB V* 207 11

Landesbehörde
- Anerkennung Unterstützungsangebot *SGB XI* 45a 13
- Datenübermittlung *SGB XI* 45a 12, 13

Landesförderung *SGB XI* 45c 10, 45d 4

Landes-Heimgesetze *SGB XI* 45a 14, 45c 19, 45f 8

Landeskrankenhausgesellschaft *SGB V* 108a 1 f.
- Aufgaben *SGB V* 108a 2
- Organisation *SGB V* 108a 2

Landespflegeausschüsse *SGB XI* 8a 3
- Aufgabe *SGB XI* 8a 4
- Empfehlungen *SGB XI* 8a 5
- Rechtsverordnungen *SGB XI* 8a 6

Landesrahmenvereinbarung *SGB V* 20f 3 ff.
- zur Umsetzung der nationalen Präventionsstrategie *SGB V* 20f 1 ff.

Landesrechtliche Förderung *SGB XI* 45c 9

Landesrechtliche Verordnung *SGB XI* 45b 22, 45c 27, 45d 10, 144 4

Landesschiedsstelle *SGB V* 114 1 ff.; *SGB V* 112 13, 115 13, 14
- Aufgaben *SGB V* 114 8
- Aufsicht *SGB V* 111b 10, 114 19
- Besetzung *SGB V* 111b 7, 114 10 ff.
- Ehrenamt *SGB V* 114 17
- Errichtung *SGB V* 111b 4 ff.
- für Vergütungsvereinbarungen zw. Krankenkassen und Trägern von Vorsorge- oder Rehabilitationseinrichtungen *SGB V* 111b 1 ff.
- Rechtsschutz gegen Entscheidungen *SGB V* 114 22 f.
- Rechtsstellung der Mitglieder *SGB V* 111b 8 f.

Landesverband
- Arbeitsgemeinschaft *SGB V* 219 1 ff.
- Bildung und Vereinigung *SGB V* 207 1 ff.

Landesverbände der Krankenkassen *SGB V* 207 1 ff., 208 1 ff.
- abschließende Regelung *SGB V* 211 3
- Abschluss von Verträgen *SGB V* 211 4
- Altverbände *SGB V* 207 8
- Aufbringung der Mittel *SGB V* 211 10
- Aufgaben *SGB V* 211 1 ff.
- Aufsicht *SGB V* 208 1 ff., 3 ff.
- Aufsichtsbehörde *SGB V* 208 3
- Austritt *SGB V* 207 24
- Beitritt von Krankenkassen *SGB V* 207 6
- Beratung der Mitgliedskassen *SGB V* 211 4
- Beteiligte *SGB V* 207 19
- Betriebskrankenkassen *SGB V* 207 3
- Bildung *SGB V* 207 3
- Bundeslandprinzip *SGB V* 207 3
- Bundesverband *SGB V* 207 18
- Deutsche Rentenversicherung Knappschaft-Bahn-See *SGB V* 207 2, 6
- Einigungspflicht *SGB V* 211a 3 f.
- Fehlen von Landesverbänden *SGB V* 207 15 ff.
- Finanzierung *SGB V* 211 7 ff.
- Finanzierung der Aufgaben *SGB V* 211 7 ff.
- Fortbestehen *SGB V* 207 7, 12
- fortbestehende Landesverbände *SGB V* 208 4
- gemeinsam und einheitlich zu treffende Entscheidungen *SGB V* 211a 1 ff.
- Gesamtrechtsnachfolge *SGB V* 207 9
- gesetzliche Aufgaben *SGB V* 211 2
- Haushalts- und Rechnungswesen *SGB V* 208 1 ff., 5 ff.
- Innungskrankenkassen *SGB V* 207 3
- Interessen der Mitgliedskassen *SGB V* 211 4
- Kassenartprinzip *SGB V* 207 2
- Körperschaften des öffentlichen Rechts *SGB V* 207 21
- Krankenkasse der gleichen Art *SGB V* 207 13 f.
- Länderübergreifende Landesverbände *SGB V* 207 11
- Lösung von Zuständigkeitskonflikten *SGB V* 211 4
- Mitgliedschaftsrechtliche Zuordnung der Krankenkassen *SGB V* 211 9
- Mitgliedskassen *SGB V* 207 3
- Ortskrankenkassen *SGB V* 207 3
- Rechtsform *SGB V* 207 4
- Rechtsnachfolge *SGB V* 207 9
- Satzung *SGB V* 210 1 ff.
- Schiedsperson *SGB V* 211 11
- Selbstverwaltungsorgan *SGB V* 209 3 ff.
- Statistiken *SGB V* 208 1 ff., 5 ff.
- statistisches Material *SGB V* 211 5
- Übergangsregelung *SGB V* 207 8
- übergreifende Landesverbände *SGB V* 208 4
- Umlage *SGB V* 211 8
- Unterrichtung der Mitgliedskassen *SGB V* 211 4
- Unterstützung der Behörden *SGB V* 211 5 f.
- Unterstützung der Mitgliedskassen *SGB V* 211 3 f.
- Vereinigung *SGB V* 207 20

- Vermögen *SGB V* 208 1 ff., 5 ff.
- Verwaltungsrat *SGB V* 209 1 ff.
- Verwaltungsvermögen *SGB V* 208 7
- Vorstand *SGB V* 209a 1 ff.
- Wegfall *SGB V* 207 16
- Zusammenschluss von Landesverbänden *SGB V* 207 20 ff.
- Zwangsmitgliedschaft *SGB V* 207 3

Landesverbände der Pflegekassen
- Aufgaben *SGB XI* 52 1 ff., 6 ff.
- Aufsicht *SGB XI* 52 9
- Aufsichtsmittel *SGB XI* 52 9
- Deutsche Rentenversicherung Knappschaft-Bahn-See *SGB XI* 52 3
- Einigungsverfahren *SGB XI* 81 6
- Ersatzkassen *SGB XI* 52 3
- gemeinsame Aufgabenerfüllung *SGB XI* 81 5
- Haushalts- und Rechnungswesen *SGB XI* 52 10
- Landesverbände der Betriebskrankenkassen *SGB XI* 52 3
- Landesverbände der Innungskrankenkassen *SGB XI* 52 3
- Landesverbände der Ortskrankenkassen *SGB XI* 52 3
- landwirtschaftliche Krankenkasse *SGB XI* 52 3
- Rechtsaufsicht *SGB XI* 52 9
- Spitzenverband Bund der Pflegekassen *SGB XI* 52 8
- Statistiken *SGB XI* 52 10
- Vermögen *SGB XI* 52 10

Landwirtschaftliche Krankenkasse *SGB V* 166 1 ff.

Landwirtschaftliche Unternehmen, Beitragszuschlag *SGB XI* 55 5

Lastenausgleichsgesetz *SGB XI* 141 6

Lebendgeburt
- Leistungen bei Schwangerschaft und Mutterschaft *SGB V* 24c 7

Lebenswelt *SGB V* 20a 3 f.
- Gesundheitsförderung *SGB V* 20b 3

Legitimation
- Normsetzung durch GKV-Spitzenverband *SGB V* 265a 39

Leihmutter
- Leistungen bei Schwangerschaft und Mutterschaft *SGB V* 24c 6

Leihmutterschaft
- Leistungen bei Schwangerschaft und Mutterschaft *SGB V* 24c 7, 24i 4
- Mutterschaftsgeld *SGB V* 24i 4

Leistung *SGB V* 2 1 ff.; *SGB XI* 3 3
- an behinderte und chronisch kranke Menschen *SGB V* 2a 1 ff.
- Antrag *SGB XI* 33 3
- Antragserfordernis *SGB V* 11 23
- Art und Umfang *SGB XI* 4 6
- Ausschluss *SGB V* 52a 8; *SGB XI* 33a 3 ff.
- Befristung *SGB XI* 33 5 ff.
- Beginn *SGB XI* 33 5
- Begriff *SGB V* 11 16 ff.
- bei Beschäftigung im Ausland *SGB V* 17 1 ff.
- bei häuslicher Pflege, Pflegeleistungen *SGB XI* 36 1 ff.
- bei häuslicher Pflege, PSG III *SGB XI* 36 1 ff.
- bei Pflegegrad 1 *SGB XI* 28a 1 ff.
- bei Pflegegrad 1, PSG III *SGB XI* 28a 1 ff.
- Bundesteilhabegesetz *SGB V* 2 33
- der gKV, generelle Inhaltsbestimmung *SGB V* 2 26
- der Pflegeversicherung, Verhältnis zu anderen Sozialleistungen *SGB XI* 13 1
- der PV, Individualisierungsgebot *SGB XI* 2 5
- der PV, Pflegegrade 2 bis 5 *SGB XI* 41 4 ff.
- der PV und Unterhaltsansprüche *SGB XI* 13 18
- Durchsetzung von Leistungsansprüchen *SGB XI* 2 6
- Eilbedürftigkeit *SGB XI* 32 2 ff.
- Einführung neuer L., Verhältnis zu § 135 Abs. 2 *SGB V* 87 18
- Einführung neuer L., Vorrang des G-BA *SGB V* 87 18
- ergänzende *SGB XI* 31 5
- ergänzender Charakter *SGB XI* 4 7
- Erlöschen *SGB XI* 35 1 ff.
- Erlöschen der Leistungsansprüche *SGB XI* 35 1 ff.
- Erlöschen des Leistungsanspruchs *SGB V* 19 1 ff.
- Erprobung *SGB V* 139d 1 ff.
- extrabudgetäre *SGB V* 87a 42 ff.
- Feststellung des Versicherungsfalls *SGB XI* 4 4
- Fürsorgeleistungen und L. der PV *SGB XI* 13 7
- geeignete *SGB XI* 31 6
- gesetzliche *SGB V* 28 14
- gKV, Wirksamkeit *SGB V* 2 30
- Gruppen *SGB XI* 4 5
- gutachterliche Feststellungen *SGB XI* 5 13
- häusliche Pflege *SGB XI* 3 4
- Krankenbehandlung *SGB XI* 5 12
- Krankheit *SGB V* 11 35 ff.
- Leistungen *SGB V* 17 1 ff.
- medizinischer Fortschritt *SGB V* 2 31 f.
- missbräuchlich *SGB XI* 33a 4 f.
- Nachgehen von Leistungen der PV *SGB XI* 13 3 f.
- Neutralität gegenüber der häuslichen Krankenpflege *SGB XI* 13 5 f.
- notwendige *SGB XI* 29 6 f.
- Persönliches Budgets *SGB V* 11 38 f.
- präventive *SGB XI* 5 11
- PV und Eingliederungshilfe *SGB XI* 13 9 ff.

- Qualität *SGB V* 2 28 ff.
- rechtswidrige Leistungsverweigerung der Krankenkasse *SGB V* 13 29
- Rehabilitation *SGB V* 11 40 ff.
- Rehabilitation bei Pflegebedürftigkeit *SGB XI* 5 15
- Ruhen *SGB XI* 13 3
- Ruhen des Anspruchs *SGB V* 16 1 ff.
- sofortige *SGB XI* 32 1
- sPV und Bemessung einkommensabhängiger Leistungen *SGB XI* 13 16 f.
- stationäre Pflege *SGB XI* 2 11
- subsidiäre Zuständigkeit *SGB XI* 32 4
- versicherungsfremde *SGB V* 3 7
- Verzeichnis stationärer Leistungen und Entgelte *SGB V* 39 26
- Vorgehen von L. der PV *SGB XI* 13 7 ff.
- vorläufige *SGB XI* 32 2 ff.
- Vorrang der häuslichen Pflege *SGB XI* 3 5 ff.
- Wahlrecht *SGB XI* 2 7 ff.
- Wirtschaftlichkeitsgebot *SGB V* 2 27
- Wunschrecht *SGB XI* 2 12 ff.
- zahntechnische, Vergütung *SGB V* 88 9 ff.
- Ziel der Pflege *SGB XI* 2 3 ff.
- zumutbare *SGB XI* 31 6
- zur Gesundheitsförderung und Prävention in Lebenswelten *SGB V* 20a 1 ff.
- zur medizinischen Rehabilitation *SGB V* 40 1 ff.; *SGB XI* 32 1 ff.
- zur sozialen Sicherung der Pflegeperson *SGB XI* 44 1 ff.
- Zusammenarbeitsgebot *SGB XI* 4 8
- zusätzliche *SGB V* 11 79 ff.; *SGB XI* 44a 1 ff.
- zusätzliche, ambulant betreute Wohngruppe *SGB XI* 38a 1 ff.

Leistungen bei Schwangerschaft und Mutterschaft
- Abgrenzung zu Leistungen im Krankheitsfall *SGB V* 24c 3
- Adoption *SGB V* 24i 4
- Änderungen durch das PNG *SGB V* 24c 1 f.
- Einweisungsvorschrift *SGB V* 24c 3
- Empfängnis *SGB V* 24c 6
- Geldleistungen *SGB V* 24c 4
- Hilfsmittel *SGB V* 24c 1 f.
- In-vitro-Fertilisation *SGB V* 24c 6
- keine Krankheit *SGB V* 24c 3
- Kostenerstattung *SGB V* 24c 4
- Leihmutterschaft *SGB V* 24c 6
- Mutterschaft *SGB V* 24c 7
- RVO *SGB V* 24c 1 f.
- Sach- und Dienstleistungen *SGB V* 24c 4
- Schwangerschaft *SGB V* 24c 6
- Versicherungsverhältnis als Anspruchsvoraussetzung *SGB V* 24c 8
- Vorsorgeleistungen *SGB V* 24c 3
- Zuzahlungen *SGB V* 24c 1
- Zweck *SGB V* 24c 3

Leistungsanspruch
- andersartige Versorgung *SGB V* 55 23
- Belastungsgrenze *SGB V* 55 21
- Bonusheft *SGB V* 55 11
- Bonusregelung *SGB V* 55 7
- doppelter Festzuschuss *SGB V* 55 17
- Festzuschuss *SGB V* 55 3
- Festzuschuss, doppelter *SGB V* 55 21
- Festzuschuss, Höhe *SGB V* 55 16
- Gebührenordnung für Zahnärzte *SGB V* 55 22
- Gemeinsamer Bundesausschuss *SGB V* 55 2
- gleichartiger Zahnersatz *SGB V* 55 22
- Härtefall *SGB V* 55 15
- Heil- und Kostenplan *SGB V* 55 12
- Kassenzahnärztliche Vereinigung *SGB V* 55 22
- Regelversorgung *SGB V* 55 2
- Suprakonstruktionen *SGB V* 55 2
- unzumutbare Belastung *SGB V* 55 18
- Wirtschaftlichkeitsgebot *SGB V* 55 5
- Wirtschaftlichkeitsprüfung *SGB V* 55 24
- Zahnersatz *SGB V* 55 1 ff., 2
- Zahnkronen *SGB V* 55 2

Leistungsarten
- Abgrenzung Pflegeversicherung, SGB XI *SGB V* 11 46 ff.
- anspruchsberechtigter Personenkreis *SGB V* 11 19 ff.
- deklaratorischer Charakter *SGB V* 11 13
- dynamische Verweisung *SGB V* 11 10
- Entstehungsgeschichte *SGB V* 11 1 ff.
- Krankenversicherung *SGB V* 11 1 ff.
- Krankheit *SGB V* 11 24
- Prävention *SGB V* 11 27 ff.
- Schwangerschaft und Mutterschaft *SGB V* 11 25 f.

Leistungsausgaben
- Grundpauschale *SGB V* 266 35
- standardisierte *SGB V* 266 1 ff., 34 ff.

Leistungsausschluss
- missbräuchliche Inanspruchnahme *SGB V* 52a 1 ff.
- Missbrauchsgefahr *SGB V* 52a 3 ff.
- Pflegeversicherung *SGB XI* 33a 1 ff.

Leistungsbeschränkung bei Selbstverschulden *SGB V* 52 1 ff.

Leistungsbestimmung der gKV, einfachgesetzliche
- verfassungsrechtliche Legitimität *SGB V* 2 14

Leistungsbeziehung *SGB V* 2 4
- Ausgestaltung des Leistungsprogramms durch den Gesetzgeber *SGB V* 2 11
- Kassen als einziger Schuldner *SGB V* 2 10

Leistungserbringer *SGB V* 2 23 ff.
- Abrechnung ärztlicher Leistungen *SGB V* 295 1 ff.
- Abrechnungsstelle *SGB XI* 78 48
- Angaben über Leistungsvoraussetzungen *SGB V* 295 11
- Aufzeichnungspflichten *SGB V* 295 3

Stichwortverzeichnis

- Aufzeichnungs- und Mitteilungspflichten
  SGB V 294 1 ff.
- Auskünfte an Versicherte   *SGB V* 305 14 ff.
- Auskunftspflichten   *SGB XI* 78 29
- Befundübermittlung für die Abrechnungsprüfung   *SGB V* 295 6
- Bindeglied, Leistungsrecht   *SGB V* 87 1
- elektronische Datenübertragung
  SGB V 295 13
- Grundsätzlich keine Begrenzung der Zulassung
  SGB V 2 24
- Informationen und Auskünfte   *SGB XI* 78 81
- Kennzeichen   *SGB V* 293 1 ff.
- Pflichten   *SGB V* 294 1 ff.
- Stellungnahme der Spitzenorganisationen
  SGB XI 78 82
- Übermittlungspflichten   *SGB V* 295 3
- Verträge   *SGB V* 2 23
- Vertrag über den Datenaustausch
  SGB V 295 12
- Zertifizierung   *SGB XI* 78 15

Leistungserbringungsrecht   *SGB XI* 45c 19

Leistungsfähigkeit
- Beitragsschwankungen   *SGB V* 265b 21
- Beobachtungspflicht des Gesetzgebers
  SGB V 265b 23
- Finanzhilfen für Krankenkassen
  SGB V 265b 19 ff.
- gesetzgeberische Gestaltungsverantwortung
  SGB V 265b 22
- Krankenkassen   *SGB V* 265 8, 265b 20
- Sicherstellung   *SGB XI* 65 15

Leistungsfälle
- aufwändige   *SGB V* 265 21 f.
- Finanzausgleich   *SGB V* 265 1 ff.
- kostenintensive   *SGB V* 265 5

Leistungsgemeinschaften
- Laborgemeinschaften   *SGB V* 105 14 ff.

Leistungsinhalt
- stationäre Pflege   *SGB XI* 43b 1 ff.
- vollstationäre Pflege   *SGB XI* 43 1 ff.
- vollstationäre Pflege in Einrichtungen der Hilfe für Menschen mit Behinderung
  SGB XI 43a 1 ff.

Leistungskatalog   *SGB V* 28 4

Leistungskonkurrenzen   *SGB XI* 45b 11

Leistungsmissbrauch
- Ordnungswidrigkeiten   *SGB V* 307 18 ff.
- Zusammenarbeit bei der Bekämpfung
  SGB V 306 1

Leistungsprogramm   *SGB V* 2 11
- gKV   *SGB V* 2 12

Leistungsträger
- Kennzeichen   *SGB V* 293 1 ff.
- Vereinbarung   *SGB XI* 144 7

Leistungsumfang der Hochschulambulanzen
- Erlaubnis mit Verbotsvorbehalt
  SGB V 117 32 ff.

Leistungs- und Preisvergleichsliste
SGB XI 45a 11, 13
- Übermittlung   *SGB XI* 45a 12

Leistungs- und Vergütungsvereinbarungen
SGB XI 45a 14

Leistungsunterbrechung   *SGB XI* 141 3

Leistungsverweigerung (rechtswidrige) der Krankenkasse   *SGB V* 13 29
- Selbstbeschaffung von Gesundheitsleistungen
  SGB V 13 30

Leistungsvoraussetzungen
- Pflegeversicherung   *SGB XI* 33 1 ff.

Leistungszuständigkeit bei Ende der Mitgliedschaft   *SGB V* 19 4

Leitfaden zur Selbsthilfeförderung   *SGB V* 20h 6

Letzte Lebenshälfte
- Begriff   *SGB V* 132g 4

Letzte Lebensphase
- gesundheitliche Versorgungsplanung
  SGB V 132g 1 ff.

Liquiditätsausgleich
- Betriebsmittel-Ist   *SGB XI* 67 6
- Betriebsmittel-Soll   *SGB XI* 67 8
- Pflegekassen-Finanzausgleich   *SGB XI* 67 4, 13 f.
- Rücklage-Ist   *SGB XI* 67 7
- Rücklage-Soll   *SGB XI* 67 9

Liquiditätsdarlehen
- Ermessensregelung   *SGB V* 271 31
- Leistungen an den Gesundheitsfonds
  SGB V 271 30 ff.
- Übergangszeit bei Schließung oder Insolvenz
  SGB V 271 31 ff.
- Vermeidungsgrundsatz   *SGB V* 271 33 f.

Liquiditätsreserve
- Aufbauphasen-Abschluss   *SGB V* 271 21
- Aufgabenwandel   *SGB V* 271 23
- Finanzentwicklung (GKV)   *SGB V* 271 18
- Funktionsfähigkeit   *SGB V* 271 18
- Gesundheitsfonds   *SGB V* 270a 1 ff., 271 1 ff., 13 ff.
- GKV-FQWG   *SGB V* 271 23
- Rechtsbegriff   *SGB V* 271 16
- Stabilisierungsfunktion   *SGB V* 271 13 f.
- Überschussanteile   *SGB V* 271 17
- Versorgung und Vergütung (PsychVVG)
  SGB V 271 27
- Verwendungszweck-Begrenzung
  SGB V 271 20

Lohnsteuerpflicht   *SGB XI* 45c 13

lokaler Versorgungsbedarf, zusätzlicher
- Beurteilungsmaßstäbe   *SGB V* 100 30
- Planungsbereich   *SGB V* 101 81 ff.

Mängelbeseitigungsvereinbarung *SGB XI* 74 8
Massenverzicht *SGB V* 72a 9 ff.
Maßnahmen, Erprobung *SGB V* 139d 1 ff.
MDK *siehe* Medizinischer Dienst der Krankenversicherung (MDK)
MDS *siehe* Medizinischer Dienst der Spitzenverbände der Krankenkassen (MDS)
Medikalisierung *SGB XI* 131 13
Medikationsplan *SGB V* 31a 1 ff.
Medizinische Behandlungspflege *SGB XI* 41 7, 43 5
Medizinische Behandlungszentren *SGB V* 113 11
Medizinische Evidenz *SGB V* 137c 8, 137e 4
Medizinischer Dienst der Krankenversicherung (MDK) *SGB V* 275 1 ff.; *SGB V* 35c 14
– Arbeitsgemeinschaft *SGB V* 278 1 ff.
– Arbeitsgemeinschaft, eigenständige *SGB V* 275 6
– Arbeitsunfähigkeit *SGB V* 276 36 ff.
– Aufgaben des Verwaltungsrats *SGB V* 280 1 ff.
– Auflistung Bundesrepublik *SGB V* 278 15
– Aufsicht *SGB V* 281 1 ff., 20 ff.
– Aufwandsorientierte Nutzerentgelte *SGB V* 281 17 f.
– Begutachtungsgründe *SGB V* 275 22
– Begutachtung und Beratung *SGB V* 275 1 ff.
– Begutachtung von Bundesbeamten *SGB V* 275 88 ff.
– Beirat *SGB V* 279 1 ff.
– Beirat, Errichtung *SGB V* 279 14 f.
– Beratungsdienst *SGB XI* 77 20
– Beschlussfassung *SGB V* 280 14 f.
– Betretungs- und Einsichtsrecht *SGB V* 276 28 ff.
– Datenerhebung *SGB V* 276 7 ff.
– Datenübermittlung an Pflegekassen *SGB XI* 53a 15 f.
– Einschaltung, Beurteilungsspielraum *SGB V* 275 17
– Einschaltung, Ermessen der Krankenkassen *SGB V* 275 76 ff.
– Einschaltung, Haftung *SGB V* 275 8 ff.
– Einschaltung, Initiativrecht *SGB V* 275 4 ff.
– Ergebnis der Begutachtung, Mitteilung *SGB V* 277 8 ff.
– Errichtung *SGB V* 278 4 f.
– Fachaufgaben *SGB V* 279 16 f.
– Finanzierung *SGB V* 281 1 ff.
– Geschäftsführung *SGB V* 279 11 ff.
– Haushaltsplan *SGB V* 281 19
– Körperschaft des öffentlichen Rechts *SGB V* 275 4; *SGB V* 278 6 ff.
– Krankenkassen, Beauftragung ext. Gutachter *SGB V* 276 21 f.
– Krankenkassen, Zusammenarbeit *SGB V* 276 3 ff.
– Mitglieder der Arbeitsgemeinschaft *SGB V* 278 9 ff.
– Mitteilungspflichten *SGB V* 277 1 ff.
– Organe *SGB V* 279 4 f.
– personenbezogene Daten *SGB XI* 97 1 ff.
– Qualitätskontrollen *SGB V* 275a 4 ff.
– Qualitäts- und Abrechnungsprüfungen bei Leistungen der häuslichen Krankenpflege *SGB V* 275b 3 ff.; *siehe* Qualitäts- und Abrechnungsprüfungen bei häuslicher Krankenpflege
– Rechtsform *SGB V* 278 6 ff.
– Regionalprinzip, Durchbrechung *SGB V* 278 14
– Soziale Pflegeversicherung *SGB V* 276 43 f.
– Sozialmedizinische Fragestellungen *SGB V* 275 83 f.
– Stellen für die Beauftragung zur Qualitätskontrolle *SGB V* 275a 12 ff.
– Umlagefinanzierung *SGB V* 281 4 ff.
– Unabhängigkeit der Gutachter *SGB V* 275 91 ff.
– Vergütung *SGB V* 275 86 f.
– Verhältnis zu Krankenkassen *SGB V* 275 7 ff.
– Verwaltungsrat, Aufgaben *SGB V* 280 4 ff.
– Verwaltungsrat und Geschäftsführer *SGB V* 279 1 ff.
– Verwaltungsrat, Wahl *SGB V* 279 6 ff.
– Weiterentwicklung des VäD *SGB V* 275 1 ff.
– Zusammenarbeit *SGB XI* 53a 1 ff.
– Zusammenarbeit mit Pflegekassen *SGB XI* 53a 10 ff.
Medizinischer Dienst der Spitzenverbände der Krankenkassen (MDS) *SGB V* 282 1 ff.
– Aufgaben *SGB V* 282 9 ff.
– Aufsicht *SGB V* 282 20
– Finanzierung *SGB V* 282 19
– Geschäftsführung *SGB V* 282 17
– Körperschaft des öffentlichen Rechts *SGB V* 282 8
– Mitglieder *SGB V* 282 14 ff.
– Mitgliederversammlung *SGB V* 282 16
– Satzung *SGB V* 282 18
– Selbstverwaltungsorgan *SGB V* 282 15
– Sitz *SGB V* 282 7
– Träger *SGB V* 282 7
Medizinischer Dienst des Bundeseisenbahnvermögens *SGB V* 283 5
Medizinische Rehabilitation *SGB V* 40 11
– ambulante Rehabilitation *SGB V* 40 5 ff., 7, 13
– ambulante Rehabilitation, Vorrang *SGB V* 40 5, 13
– Anschlussrehabilitation *SGB V* 40 30
– Anspruchsvoraussetzungen *SGB V* 40 6 ff.
– Antrag *SGB V* 40 35
– Antragsverfahren *SGB V* 40 35
– Arbeitshilfen BAR *SGB V* 40 3

Stichwortverzeichnis

- Ärztliche Verordnung *SGB V* 40 35
- Begutachtungsrichtlinie SpiBuK *SGB V* 40 3, 19
- Behandlungsplan *SGB V* 40 15
- Bundesteilhabegesetz *SGB V* 40 40
- Empfehlungen BAR *SGB V* 40 3
- Entlassmanagement *SGB V* 40 15, 16
- Ermessen *SGB V* 40 5, 19
- Früh-Rehabilitation *SGB V* 40 9, 14
- Gemeinsamer Bundesausschuss *SGB V* 40 3
- Karenzzeit *SGB V* 40 22
- Komplexleistung *SGB V* 40 11, 15
- Krankenbehandlung, Abgrenzung *SGB V* 40 4, 7, 9
- Leistungen *SGB V* 40 1 ff.
- Leistungen zur Teilhabe *SGB V* 40 4, 10
- Leistungsziel *SGB V* 40 8
- MDK *SGB V* 40 33
- Mehrkostentragung *SGB V* 40 18
- Nachrang *SGB V* 40 24 f.
- persönliches Budget *SGB V* 40 5, 36
- Pflegekasse *SGB V* 40 23
- Qualitätsmanagement *SGB V* 40 17
- Rahmenempfehlung *SGB V* 40 3
- Regeldauer *SGB V* 40 20 f.
- Rehabilitationseinrichtungen *SGB V* 40 12, 17
- Rehabilitations-Richtlinie G-BA *SGB V* 40 3, 19
- Rehabilitationsträger *SGB V* 40 4
- Rehabilitation vor Pflege *SGB V* 40 23
- stationäre Rehabilitation *SGB V* 40 13 ff.
- Statistik *SGB V* 40 38
- Stufenverhältnis *SGB V* 40 5
- teilstationäre Rehabilitation *SGB V* 40 15
- Versorgungsvertrag *SGB V* 40 12, 17
- vorläufige Leistungem *SGB XI* 32 1 ff.
- Wahlrecht *SGB V* 40 18 f.
- Wirtschaftlichkeit *SGB V* 40 19
- Wirtschaftlichkeitsgebot *SGB V* 40 7
- Zuständigkeit *SGB V* 40 24 ff.
- Zuständigkeitsklärung *SGB V* 40 26
- Zuzahlung *SGB V* 40 27 ff.

Medizinische Rehabilitation für Mütter und Väter *SGB V* 41 1 ff.
- Abgrenzung zu anderen Leistungen *SGB V* 41 5, 9, 12
- Akzessorietät *SGB V* 41 8
- Antrag *SGB V* 41 24 ff.
- Begutachtungsrichtlinien SpiBuK *SGB V* 41 4
- Bewilligungspraxis *SGB V* 41 28
- Einstweiliger Rechtsschutz *SGB V* 41 26
- Elternschaft *SGB V* 41 7, 10
- Entlassmanagement *SGB V* 41 18
- Ermessen *SGB V* 41 19
- Erziehungsverantwortung *SGB V* 41 7
- Familienversicherung *SGB V* 41 8
- Karenzzeit *SGB V* 41 21
- Kinder, Teilnahme *SGB V* 41 8
- Klage *SGB V* 41 26
- Komplexleistung *SGB V* 41 13
- MDK *SGB V* 41 25
- Müttergenesungswerk *SGB V* 41 17
- Notwendigkeit *SGB V* 41 11
- Rahmenempfehlungen *SGB V* 41 4
- Regeldauer *SGB V* 41 20 f.
- Rehabilitationsbedarf *SGB V* 41 10
- Rehabilitationseinrichtung *SGB V* 41 17
- Rehabilitationsprognose *SGB V* 41 11
- Rehabilitations-Richtlinie G-BA *SGB V* 41 4
- Schwerpunktkuren *SGB V* 41 10, 16
- stationäre Maßnahme *SGB V* 41 14
- Statistik *SGB V* 41 27 f.
- Väter-Maßnahmen *SGB V* 41 15
- Versorgungsvertrag *SGB V* 41 17
- Widerspruch *SGB V* 41 26
- Wunsch- und Wahlrecht *SGB V* 41 17
- Zuständigkeit *SGB V* 41 22
- Zuzahlung *SGB V* 41 23

Medizinisches Behandlungszentrum (MBZ) *SGB V* **119c** 1 ff.
- Anspruch Erwachsener mit geistiger Behinderung /schweren Mehrfachbehinderungen *SGB V* **43b** 10 ff.

Medizinisches Versorgungszentrum (MVZ)
- Anstellung *SGB V* 95 115 ff.
- Ärztliche Leitung *SGB V* 95 88 ff.
- belegärztliche Tätigkeit *SGB V* **121** 16
- Bestandsschutz *SGB V* 95 77
- Beteiligtenfähigkeit *SGB V* 95 147
- Bürgschaft *SGB V* 95 93 ff.
- Entwicklungen *SGB V* 95 59
- fachübergreifendes *SGB V* 95 83 ff.
- Gründer *SGB V* 95 64 ff.
- Rechtsformen *SGB V* 95 70 ff.
- Zulassung *SGB V* 95 80
- Zulassungsentziehung *SGB V* 95 79

Medizinische Vorsorge für Mütter und Väter *SGB V* 24 1 ff.

Medizinische Vorsorgeleistungen *SGB V* 23 1 ff.
- Bundesteilhabegesetz *SGB V* 23 13

Medizinprodukt *SGB XI* 78 36
- arzneimittelähnlich *SGB V* 31 16
- Aufnahmeentscheidung *SGB XI* 78 71
- Erprobung *SGB V* **137e** 1 ff., 8, 15 ff.
- Erprobung, Vergütung *SGB V* **137e** 15
- hoher Risikoklasse, Bewertung neuer Untersuchungs- und Behandlungsmethoden *SGB V* **137h** 1 ff.
- Zusatzprüfungen *SGB XI* 78 71

Mehrkosten *SGB V* 28 6, 21

Mehrkostenregelung *SGB V* 28 28

Meldepflicht
- Alg *SGB V* **203a** 1 ff.
- Beschäftigung, unständige *SGB V* **199** 1 ff.

- bestimmte Versicherungspflichtiger
  SGB V **205** 1 ff.
- Bundesfreiwilligendienst   *SGB V* **204** 1 ff., 8
- des Arbeitgebers für versicherungspflichtig Beschäftigte   *SGB V* **198** 1 ff.
- Elterngeld   *SGB V* **203** 1 f., 2
- Erziehungsgeld   *SGB V* **203** 1 f., 2
- Hochschulen   *SGB V* **200** 4
- Jugendhilfe   *SGB V* **200** 3
- Mitglieder der gPV   *SGB XI* **50** 1 ff.
- Mitglieder einer privaten PV   *SGB XI* **51** 1 ff.
- Pflegeversicherung   *SGB XI* **121** 1 ff.
- Rentenantragstellung und Rentenbezug
  SGB V **201** 1 ff.
- Rentner   *SGB V* **201** 3 ff.
- sonstige versicherungspflichtige Personen
  SGB V **200** 1 ff.
- unständige Beschäftigung   *SGB V* **199** 1 ff., 4 f.
- Unterhaltsgeld   *SGB V* **203a** 1 ff.
- Versicherungsunternehmen, Verstoß gegen Meldepflichten in der Pflegeversicherung
  SGB XI **121** 1 ff.
- Versorgungsbezüge   *SGB V* **202** 1 ff., 3 ff.
- Verstoß   *SGB V* **307** 18 ff.
- Vorruhestandsgeld   *SGB V* **200** 3
- Wehrdienst   *SGB V* **204** 1 ff.
- Zivildienst   *SGB V* **204** 1 ff., 8

Meldepflicht bei Mitgliedern der privaten Pflegeversicherung
- PSG III   *SGB XI* **51** 1 ff.

Melde- und Auskunftspflicht
- Mitglieder der gPV   *SGB XI* **50** 1 ff.

Melde- und Mitteilungspflichten
- Pflegekassen, private Versicherungsunternehmen   *SGB XI* **44** 19

Menschen mit Behinderung
- Beitragszuschuss   *SGB V* **258** 1 ff.
- Verhütung von Zahnerkrankungen
  SGB V **22a** 1 ff.

Mietvertrag   *SGB XI* **45e** 4

Mindestmengenregelung
- ambulante spezialfachärztliche Versorgung
  SGB V **116b** 72 ff.

Mindestversorgung   *SGB V* **28** 14

Missbräuchliche Inanspruchnahme
SGB V **52a** 1 ff.
- Leistungsausschluss   *SGB V* **52a** 6

Missbrauchsabsicht
- Leistungsausschluss   *SGB V* **52a** 6

Missbrauchsgefahr
- Leistungsausschluss   *SGB V* **52a** 3 ff.

Missglückter Arbeitsversuch   *SGB V* **186** 9

Mitglied
- Beitragstragung   *SGB V* **250** 1 ff.
- der gPV, Melde- und Auskunftspflicht
  SGB XI **50** 1 ff.
- der Krankenkassen, besondere Wahlrechte
  SGB V **174** 1 ff.
- der Krankenkassen, Wahlrecht
  SGB V **173** 1 ff.

Mitgliedergewinnung, Datenschutz
- Allgemein zugängliche Daten, Abwägung, Schutzwürdiges Interesse des Betroffenen
  SGB V **284** 10
- Krankenkassen   *SGB V* **284** 9 ff.

Mitgliederwerbung   *SGB V* **4** 19

Mitgliedschaft bei einer Pflegekasse
SGB XI **49** 1 ff.
- Auffangversicherungspflicht   *SGB XI* **49** 11
- Austritt des Mitglieds   *SGB XI* **49** 18
- Beginn der freiwilligen Mitgliedschaft
  SGB XI **49** 17
- Beginn der Krankenversicherungspflicht
  SGB XI **49** 6
- Beginn der Pflichtmitgliedschaft
  SGB XI **49** 4 ff.
- Beitragspflicht des Versicherten   *SGB XI* **49** 3
- Ende der freiwilligen Mitgliedschaft
  SGB XI **49** 17 f.
- Ende der Pflichtmitgliedschaft
  SGB XI **49** 8 ff.
- Formalmitgliedschaft   *SGB XI* **49** 13
- Formalversicherung   *SGB XI* **49** 13
- Fortbestand der freiwilligen Mitgliedschaft
  SGB XI **49** 2
- Fortbestand der Pflichtmitgliedschaft
  SGB XI **49** 12 ff.
- Leistungspflicht der Pflegekasse   *SGB XI* **49** 3
- Tod des Mitglieds   *SGB XI* **49** 18
- Wehr- und Zivildienstleistende   *SGB XI* **49** 16

Mitgliedschaft, Fortbestehen bei Wehr- oder Zivildienst   *SGB V* **193** 1 ff.
- Bundesfreiwilligendienst   *SGB V* **193** 3
- Bundesfreiwilligendienstleistende
  SGB V **193** 3
- freiwillige Mitgliedschaft   *SGB V* **193** 9
- Jugendfreiwilligendienstegesetz   *SGB V* **193** 3
- Krankenversicherungsbeiträge   *SGB V* **193** 8
- Kriegsdienstverweigerer   *SGB V* **193** 3
- Personen, die Dienstleistungen oder Übungen nach dem 4. Abschnitt SoldatenG leisten
  SGB V **193** 12 f.
- versicherungspflichtig Beschäftigte
  SGB V **193** 5
- Wehrdienst   *SGB V* **193** 5 ff.
- Wehrdienstverhältnis besonderer Art
  SGB V **193** 7
- Wehrdienstverhältnis nach Einsatz-WVG
  SGB V **193** 14
- Wehrpflicht   *SGB V* **193** 3
- Wehrübungen   *SGB V* **193** 12 f.
- Zivildienst   *SGB V* **193** 11 ff.

Mitgliedschaft, GKV
- als Basis leistungsrechtlicher Ansprüche *SGB V* **19** 4
- soziale Pflegeversicherung, Beendigung *SGB XI* **35** 3

Mitgliedschaft Versicherungspflichtiger, Beginn
SGB V **186** 1 ff.
- Alg *SGB V* **186** 17 ff.
- Alg II *SGB V* **186** 17 ff.
- Arbeitslose *SGB V* **186** 17 ff.
- Arbeitsunfähigkeit *SGB V* **186** 7
- Auffangversicherungspflicht *SGB V* **186** 44, 47
- Ausländer *SGB V* **186** 46
- Auszubildende des zweiten Bildungsweges *SGB V* **186** 38
- Auszubildende ohne Arbeitsentgelt *SGB V* **186** 36 ff.
- behinderte Menschen *SGB V* **186** 31 f.
- Beschäftigung *SGB V* **186** 5
- Beschäftigungsverbote *SGB V* **186** 8
- Bezieher von Alg *SGB V* **186** 17 ff.
- Bezieher von Alg II *SGB V* **186** 17 ff.
- Doppelmitgliedschaft *SGB V* **186** 43
- Einrichtungen der Jugendhilfe *SGB V* **186** 27 ff.
- Einwohner ohne Absicherung im Krankheitsfall *SGB V* **186** 44 ff.
- Familienmitversicherung *SGB V* **186** 21
- Fortbestehen der Mitgliedschaft *SGB V* **186** 15
- Krankenversicherungsbeitrag *SGB V* **186** 22
- Künstler *SGB V* **186** 23 ff.
- Künstlersozialversicherungsgesetz *SGB V* **186** 23 ff.
- Leistungen zur Teilhabe am Arbeitsleben *SGB V* **186** 29 ff.
- Meldepflicht *SGB V* **186** 16
- missglückter Arbeitsversuch *SGB V* **186** 9
- Mitgliedschaft kraft Gesetzes *SGB V* **186** 4
- Mutterschutzgesetz *SGB V* **186** 8
- Nachforderung von Krankenversicherungsbeiträgen *SGB V* **186** 48
- neu errichtete Krankenkasse *SGB V* **187** 1 ff.
- neugewählte Krankenkasse *SGB V* **186** 42 ff.
- Personen, die in Einrichtungen der Jugendhilfe für eine Erwerbstätigkeit befähigt werden *SGB V* **186** 27 f.
- Praktikanten *SGB V* **186** 36 ff.
- Publizisten *SGB V* **186** 23 ff.
- Rentenanspruch *SGB V* **186** 41
- Rentenantrag *SGB V* **186** 40
- Rentner *SGB V* **186** 39 ff.
- selbstständige Künstler und Publizisten *SGB V* **186** 23 ff.
- Studenten *SGB V* **186** 33 ff.
- tatsächlicher Leistungsbezug *SGB V* **186** 18 ff.
- Teilnehmer an Leistungen zur Teilhabe am Arbeitsleben *SGB V* **186** 29 f.
- unständig Beschäftigte *SGB V* **186** 10 ff.
- Versicherte nach dem Künstlersozialversicherungsgesetz *SGB V* **186** 23 ff.
- versicherungspflichtig Beschäftigte *SGB V* **186** 5 ff.

Mitgliedschaft Versicherungspflichtiger, Ende
SGB V **190** 1 ff.
- abschließende Regelung *SGB V* **190** 4
- anderweitiger Anspruch auf Krankenversicherungsschutz *SGB V* **190** 38 ff.
- Auffangversicherungspflicht *SGB V* **190** 38 ff.
- Ausbildungsabbruch *SGB V* **190** 25
- Auszubildende des zweiten Bildungsweges *SGB V* **190** 26
- Auszubildende ohne Arbeitsentgelt *SGB V* **190** 25 f.
- Befähigung für eine Erwerbstätigkeit in Einrichtungen der Jugendhilfe *SGB V* **190** 16 f.
- behinderte Menschen *SGB V* **190** 20 f.
- Beschäftigung *SGB V* **190** 7
- Beschäftigungsverhältnis gegen Arbeitsentgelt *SGB V* **190** 8
- Bezieher von Alg *SGB V* **190** 35 ff.
- Bezieher von Alg II *SGB V* **190** 35 ff.
- Einrichtungen der Jugendhilfe *SGB V* **190** 1
- Exmatrikulation *SGB V* **190** 23
- Familienangehörige *SGB V* **190** 32
- Fortbestehen des Beschäftigungsverhältnisses *SGB V* **190** 9
- freiwillig versicherte Rentner *SGB V* **190** 33
- Jahresarbeitsentgeltgrenze, Überschreitung *SGB V* **190** 11
- Künstler *SGB V* **190** 14 f.
- Mitgliedschaftsende kraft Gesetzes *SGB V* **190** 3
- Personen in Einrichtungen der Jugendhilfe *SGB V* **190** 16 f.
- Praktikanten *SGB V* **190** 24
- Publizisten *SGB V* **190** 14 f.
- Rentner *SGB V* **190** 26 ff.
- Studenten *SGB V* **190** 22 f.
- Teilnehmer an Leistungen zur Teilhabe am Arbeitsleben *SGB V* **190** 18 f.
- Teilnehmer an Maßnahmen zur Teilhabe am Arbeitsleben *SGB V* **190** 18 f.
- Tod des Mitglieds *SGB V* **190** 6
- Überschreitung der Jahresarbeitsentgeltgrenze *SGB V* **190** 11
- unständig Beschäftigte *SGB V* **190** 12 f.
- Versicherte nach dem Künstlersozialversicherungsgesetz *SGB V* **190** 14 f.
- Versicherungspflichtig Beschäftigte *SGB V* **190** 7 ff.
- Wegfall des Rentenbezugs *SGB V* **190** 29
- Werkstätten für behinderte Menschen *SGB V* **190** 20 f.

Mitgliedschaft Versicherungspflichtiger, Fortbestehen *SGB V* 192 1 ff.
- Anspruch auf Elterngeld *SGB V* 192 11
- Anspruch auf Erziehungsgeld *SGB V* 192 11
- Anspruch auf Krankengeld *SGB V* 192 7 f.
- Anspruch auf Mutterschaftsgeld *SGB V* 192 9 f.
- Anspruch auf oder Bezug von Entgeltersatzleistungen nach Lebendspenden von Organen oder Geweben *SGB V* 192 13 f.
- Arbeitskampf *SGB V* 192 4 f.
- Arbeitsunfall *SGB V* 192 16 ff.
- Beitragspflicht *SGB V* 192 3
- Elterngeld *SGB V* 192 11
- Elternzeit *SGB V* 192 11
- Entgeltersatzleistungen *SGB V* 192 15
- Erziehungsgeld *SGB V* 192 11
- Familienversicherte *SGB V* 192 2
- Fehlgeburt *SGB V* 192 21
- freiwillig Versicherte *SGB V* 192 2
- Geburt *SGB V* 192 21
- Gewebespende *SGB V* 192 13 ff.
- Krankengeld *SGB V* 192 7 f.
- Kurzarbeitergeld *SGB V* 192 18
- Lebendspenden von Organen oder Geweben *SGB V* 192 13 ff.
- Leistungen der gesetzlichen Unfallversicherung *SGB V* 192 16 ff.
- Leistungen der medizinischen Rehabilitation *SGB V* 192 16 ff.
- Leistungsansprüche *SGB V* 192 3
- Mutterschaftsgeld *SGB V* 192 9 f.
- Organspende *SGB V* 192 13 ff.
- Pflegeunterstützungsgeld *SGB V* 192 12
- private Krankenversicherung *SGB V* 192 14
- rechtmäßiger Arbeitskampf *SGB V* 192 4
- Rehabilitationsträger *SGB V* 192 16 f.
- Rentner *SGB V* 192 2
- Schwangerschaft *SGB V* 192 19 ff.
- Schwangerschaftsabbruch *SGB V* 192 21
- Streik *SGB V* 192 4 f.
- Transplantationsgesetz *SGB V* 192 13 f.
- Übergangsgeld *SGB V* 192 16
- Verletztengeld *SGB V* 192 16
- Versorgungskrankengeld *SGB V* 192 16

Mitgliedschaft von Rentenantragstellern
- abschließende Regelung *SGB V* 189 12
- Beginn der Mitgliedschaft *SGB V* 189 10
- Ende der Mitgliedschaft *SGB V* 189 11
- Formalmitgliedschaft *SGB V* 189 2
- Formalversicherung *SGB V* 189 2
- Rentenanspruch *SGB V* 189 3
- Rentenantrag *SGB V* 189 4
- ungeschriebene Voraussetzungen *SGB V* 189 6

Mitteilungen durch MDK
- Widerspruchsrecht Versicherte *SGB V* 277 12

Mitteilungspflicht
- an Zulassungsausschüsse *SGB V* 96 9
- Ausnahme *SGB V* 294a 13
- bei Fremdverschulden des Versicherten *SGB V* 294a 5 ff.
- bei Selbstverschulden des Versicherten *SGB V* 294a 14
- der Versicherten *SGB V* 206 1 ff.
- drittverursachte Gesundheitsschäden *SGB V* 294a 1 ff.
- Fortsetzung der Arzneimitteltherapie nach Krankenhausbehandlung *SGB V* 115c 4
- Information des Versicherten *SGB V* 294a 15
- MDK *SGB V* 277 1 ff.
- Missbrauch von Kindern und Jugendlichen, Ausnahme von der M. an Krankenkasse *SGB V* 294a 13
- Übermittlung von Leistungsdaten *SGB XI* 106a 1 ff.
- Versicherte, Verstoß *SGB V* 307 23 ff.

Mittel der Krankenkassen *SGB V* 259 1 ff.
- Ausgleich der Arbeitgeberaufwendungen (AAG) *SGB V* 259 4
- Liquiditätsreserve *SGB V* 259 3
- Vermögen *SGB V* 259 5

Mittel der Pflegekassen
- Betriebsmittel und Rücklage *SGB XI* 64 3

Mitwirkungspflichten
- Leistungserbringer *SGB XI* 78 76
- Pflegehilfsmittelhersteller *SGB XI* 78 76

Modell-Finanzierung *SGB XI* 45c 18

Modellförderung
- Konkurrenzen *SGB XI* 45f 9

Modellvorhaben *SGB V* 20g 1 f.
- Arztvorbehalt *SGB V* 15 19 f.
- Auswertung *SGB V* 65 1 ff.
- Blut- und Gewebegesetz *SGB XI* 124 8
- kommunale Beratung *SGB XI* 124 1 ff.
- neue Versorgungsstrukturen *SGB XI* 45c 2
- neue Wohnformen *SGB XI* 45f 7
- Region *SGB XI* 45f 7
- Vernetzung der Hilfen *SGB XI* 45c 16 ff.
- Weiterentwicklung Versorgungsstrukturen *SGB XI* 45c 9 ff.
- zum Screening auf 4MRGN *SGB V* 64c 1 ff.
- zur Erprobung von Leistungen der häuslichen Betreuung durch Betreuungsdienste *SGB XI* 125 1 ff.
- zur Heilmittelversorgung *SGB V* 64d 1 ff.
- zur kommunalen Beratung, PSG III *SGB XI* 124 1 ff.
- zur Versorgung psychisch kranker Menschen *SGB V* 64b 1 ff.

Monatspauschale *SGB XI* 45b 9

Morbiditätsbedingte Gesamtvergütung *SGB V* 87a 1 ff.

Morbiditätsentwicklung, Wettbewerb und Solidarität *SGB V* Vor 265 5

Morbiditätsfaktoren
- Ausrichtung auf *SGB* V Vor 265 4
- Versichertengruppen *SGB* V Vor 265 4

Morbiditätsgruppen *SGB* V 266 10
- Dämpfungseffekte *SGB* V 268 5
- Diagnosedaten-Eingrenzung *SGB* V 268 6
- Diskriminierungseffekte *SGB* V 268 6
- Medikalisierung *SGB* V 268 6
- Nachsteuerungsauftrag *SGB* V Vor 265 7
- Risikostrukturausgleich *SGB* V 268 1 ff.
- Upcoding *SGB* V 268 6

Morbiditätsorientierung *SGB* V 268 3
- Anreizwirkung *SGB* V 268 5
- Risikostrukturausgleich *SGB* V 267 10

MRSA *SGB* V 87 32

Multimorbidität *SGB* V 268 8

Mund-, Kiefer-, Gesichtschirurgie *SGB* V 28 20

Mund-, Kiefer- und Gesichtschirurgen *SGB* V 95 41 ff.

Mutter
- medizinische Rehabilitation *SGB* V 41 1 ff.
- medizinische Vorsorge *SGB* V 24 1 ff.

Müttergenesungswerke *SGB* V 111a 1 f.
- gleichartige Einrichtungen *SGB* V 111a 1 f.
- Versorgungsverträge mit Müttergenesungswerken oder gleichartigen Einrichtungen *SGB* V 111a 1 f.

Mutterschaft
- Begriff *SGB* V 24c 7
- Leistungen *SGB* V 24c 1 ff.

Mutterschaftsgeld *SGB* V 24i 1 ff.
- Adoption *SGB* V 24i 4
- Änderung durch das GKV-VSG *SGB* V 24i 3, 7 f.
- Änderung durch das GMG *SGB* V 24i 3
- Änderung durch das HHVG *SGB* V 24i 3, 7 f.
- Änderung durch das PNG *SGB* V 24i 3
- Änderungen durch das Gesetz zur Neuregelung des Mutterschutzrechts *SGB* V 24i 3
- Anspruchsinhalt *SGB* V 24i 1
- Anspruchsvoraussetzungen *SGB* V 24i 4 f.
- Arbeitgeberzuschuss *SGB* V 24i 16
- Arbeitsverhältnis *SGB* V 24i 11, 13
- Auslandsaufenthalt *SGB* V 24i 20
- Behinderung des Kindes *SGB* V 24i 19
- Beitragsfreiheit *SGB* V 224 1 ff.; *SGB* XI 56 1 ff.
- Dauer *SGB* V 24i 18
- eigene Mitgliedschaft der Mutter als Voraussetzung *SGB* V 24i 4
- Ende der Mitgliedschaft *SGB* V 24i 5 f.
- Entbindungstag *SGB* V 24i 18
- Familienversicherung *SGB* V 24i 4
- Geldleistung *SGB* V 24i 1, 10
- Heimarbeit *SGB* V 24i 11, 14
- höchstpersönliche Leistung *SGB* V 24i 18
- Höhe *SGB* V 24i 11 f.
- kalendertägliches Arbeitsentgelt *SGB* V 24i 11
- Kausalzusammenhang zwischen Schutzfrist und Wegfall des Anspruchs auf Arbeitsentgelt *SGB* V 24i 9
- keine Wartezeit *SGB* V 24i 6
- Kündigung des Arbeitsverhältnisses *SGB* V 24i 11, 15
- Leihmutterschaft *SGB* V 24i 4
- Lohnersatzfunktion *SGB* V 24i 1
- mehrere Arbeitsverhältnisse *SGB* V 24i 11
- Mitgliedschaft zum Zeitpunkt des Versicherungsfalls *SGB* V 24i 6
- Reformbestrebungen *SGB* V 24i 3
- Reform des Mutterschutzrechts *SGB* V 24i 12, 19
- Ruhen des Anspruchs *SGB* V 24i 20
- RVO *SGB* V 24i 3
- Schutzfristen *SGB* V 24i 18
- Selbstständige *SGB* V 24i 17
- Tod der Mutter *SGB* V 24i 18
- Unionsrecht *SGB* V 24i 1
- Väter *SGB* V 24i 4
- verfassungsrechtliche Grundlagen *SGB* V 24i 1
- Verhältnis zu anderen Sozialleistungen *SGB* V 24i 21
- Versicherungsfall *SGB* V 24i 6
- wenn Anspruch auf Krankengeld bei Arbeitsunfähigkeit *SGB* V 24i 7 f.
- wenn kein Arbeitsentgelt wegen Schutzfristen *SGB* V 24i 9
- Zeitpunkt des Bestehens der Mitgliedschaft als Anspruchsvoraussetzung *SGB* V 24i 6
- Zwecke *SGB* V 24i 1

Mutterschutzgesetz *SGB* V 24i 3

Nachbesetzungsverfahren
- Abbau von Überversorgung *SGB* V 103 35 ff.
- Auswahlkriterien *SGB* V 103 68 ff.
- Bewerbung eines MVZ *SGB* V 103 87
- Entschädigung *SGB* V 103 53
- fortführungsfähige Praxis *SGB* V 103 59
- Fortführungswillen *SGB* V 103 60 ff.
- privilegierter Personenkreis *SGB* V 103 45 ff.
- wirtschaftliche Interessen *SGB* V 103 83 ff.

Nachgehende Ansprüche
- nach Ende der Mitgliedschaft *SGB* V 19 8 ff.
- nach Tod des Mitglieds *SGB* V 19 13

Nachsorge für Kinder
- Altersbeschränkung *SGB* V 43 28
- Antrag *SGB* V 43 34
- Empfehlungen SpiBuK *SGB* V 43 26
- Leistungserbringung *SGB* V 43 33
- Verordnung, ärztliche *SGB* V 43 34

Nachtklinik *SGB* V 107 6

Nachtpflege *SGB* XI 41 1 ff.

Nachweise *SGB XI* 45b 17
Nachweispflicht bei Familienversicherung
SGB XI 100 1 ff.
Nationale Kontaktstelle *SGB V* 219a 8
– Auskunftspflicht *SGB V* 219d 6 ff.
– Finanzierung *SGB V* 219d 14 f.
– Funktion *SGB V* 219d 4 ff.
– Homepage *SGB V* 219d 16
– Informationsbereitstellung *SGB V* 219d 12
– Kooperation *SGB V* 219d 17
– Kostenbeteiligung *SGB V* 219d 15
– Verbindungsstelle Krankenversicherung, Ausland *SGB V* 219d 1 ff.
– Vorgaben der Patientenrichtlinie
  SGB V 219d 3 ff.
– Zuständigkeit *SGB V* 219d 6
Nationale Präventionskonferenz *SGB V* 20e 1 ff.
Nationale Präventionsstrategie *SGB V* 20d 1 ff., 20e 2 ff., 20f 2 ff.
National Institute for Health and Clinical Excellence (NICE) *SGB V* 35b 16, 139a 22
Naturalleistungsprinzip *SGB V* 2 21 ff., 16 12
Netzwerke *SGB XI* 45c 1
Neue Heilmittel *SGB V* 138 1
Neu errichtete Krankenkasse, Beginn der Mitgliedschaft *SGB V* 187 1 ff.
– Betriebskrankenkasse *SGB V* 187 4
– Innungskrankenkasse *SGB V* 187 4
– Sonderkündigungsrecht *SGB V* 187 4
– Versicherungspflichtige *SGB V* 187 4
– Wirksamkeit der Errichtung der Krankenkasse *SGB V* 187 3
Neue Untersuchungs- und Behandlungsmethode
SGB V 135 1 ff., 137c 1 ff.
– Ablehnung der positiven Bewertung
  SGB V 135 26
– alternative Medizin *SGB V* 135 16, 20
– ambulante spezialfachärztliche Versorgung
  SGB V 116b 43
– Begriff *SGB V* 135 4, 17
– Erprobung *SGB V* 137c 9 ff.
– Notwendigkeit *SGB V* 135 3
– öffentliche Bekanntmachung *SGB V* 135 41
– Qualität *SGB V* 135 2
– Verbot mit Erlaubnisvorbehalt *SGB V* 135 2, 10, 13
– Vergütung *SGB V* 137c 2, 5 f., 15
– Wirtschaftlichkeit *SGB V* 135 3
Neue Versorgungsformen *SGB V* 73b 5
Neue Versorgungskonzepte *SGB XI* 45c 8, 16 ff.
Neue Versorgungsstrukturen *SGB XI* 45c 2
Neue Wohnformen
– Weiterentwicklung *SGB XI* 45f 1 ff.
Nichtärztliche Leistungen für Erwachsene
SGB V 43b 1 ff.

Nichtärztliche sozialpsychiatrische Versorgung
SGB V 43a 1 ff.
– Bundesteilhabegesetz *SGB V* 43a 17
Nichteinmischungsverbot, völkergewohnheitsrechtliches *SGB XI* 45d 3
Nicht erwerbsmäßige Pflege
– Ausschlussgründe *SGB XI* 141 23
Nicht rechtsfähiger Verein *SGB XI* 45d 6
Nicht-Versicherter, bisher
– beitragspflichtige Einnahmen *SGB V* 227 1 ff.
Niedrigschwellige Betreuungsangebote
SGB XI 45a 1 ff., 5, 144 1, 4
– Besitzstandsschutz *SGB XI* 144 2
– PSG I *SGB XI* 45c 1
Nikolausbeschluss *SGB V* 28 15
– einfaches Gesetzesrecht *SGB V* 2 18
Normenklarheit
– Qualitätssicherung durch Sachverständige
  SGB XI 97a 7
Notdienst *SGB V* 75 6, 34 ff.
Notdienstnummer *SGB V* 75 89
Notfall
– Versorgungsplanung *SGB V* 132g 4
Notfallkontrazeptiva *SGB V* 24a 5
Notlagentarif *SGB V* 75 9, 71
Nutzen
– Zweckmäßigkeit *SGB V* 35 10
Nutzenbewertung
– Arzneimittel mit neuen Wirkstoffen
  SGB V 35a 1 ff.
– Surrogatparameter *SGB V* 35 46
– therapeutische Verbesserung *SGB V* 35 45 ff.
Offene und standardisierte Schnittstellen
– Festlegungen *SGB V* 291d 1 f.
Öffentliche Verwaltungen
– Betriebskrankenkasse *SGB V* 156 1 f.
Off-Label-Use *SGB V* 31 3 ff.
– Widerspruch des G-BA *SGB V* 35c 30 ff.
– Zweckmäßigkeit *SGB V* 12 10
Ohrabdruck, Depotverbot *SGB V* 128 4
Open-House-Modell *SGB V* 130a 17
Open house – Ausschreibung *SGB V* 73b 29
Operation
– ambulante *SGB V* 115b 1 ff.
Operationenschlüssel
– Krankenhaus *SGB V* 301 5
Ordnungswidrigkeit *SGB V* 307 1 ff.
– Begriff *SGB V* 306 10
– Beteiligung *SGB V* 307 13
– Leichtfertigkeit *SGB V* 307 25
– Rechtswidrigkeit *SGB V* 307 9
– SGB XI *SGB XI* 121 1 ff.
– Vorsatz *SGB V* 307 7 f.
– Vorwerfbarkeit *SGB V* 307 10

- Zusammenarbeit zur Verfolgung und Ahndung *SGB V* 306 1 ff.

Organe der Kassenärztliche Bundesvereinigung
- GKV-SVSG *SGB V* 79 1 ff.

Organe des GKV-Spitzenverbands
- GKV-SVSG *SGB V* 217b 9

Organisierte Früherkennungsprogramme *SGB V* 25a 1 ff.

Organspende
- Anspruch auf Krankenbehandlung *SGB V* 27 79 ff.
- Krankengeld *SGB V* 44a 1 ff.
- Unfallversicherung *SGB V* 11 75 f.

Organversagen, Kassenärztliche Bundesvereinigung
- GKV-SVSG *SGB V* 79a 1 ff.

Orphan Drugs *SGB V* 35a 18, 35c 8, 130b 32

Ortskrankenkasse
- Bezirke *SGB V* 143 1 ff.
- Dauerhaftigkeit *SGB V* 146a 5
- Insolvenz vs. Schließung *SGB V* 146a 4
- Leistungsfähigkeit *SGB V* 146a 5
- Regionenabgrenzung *SGB V* 143 2 ff.
- Schließung *SGB V* 146a 1 ff.
- Vereinigung *SGB V* 144 1 ff., 145 1 ff.
- Vereinigung, Verfahren *SGB V* 146 1 ff.

OTC-Präparate *SGB V* 34 2

Palliativversorgung
- Anspruchsvoraussetzungen *SGB V* 37b 9 ff.
- Begriff *SGB V* 37b 10
- Krankenbehandlung *SGB V* 27 72 f.
- Leistungskatalog *SGB V* 37b 18
- Richtlinie zur spezialisierten ambulanten Palliativversorgung *SGB V* 37b 8
- spezialisierte ambulante Palliativversorgung *SGB V* 37b 1 ff., 132d 1 ff.

Patentschutz *SGB V* 35 44

Patientenbeauftragter *SGB V* 35b 19, 139a 19, 140h 1 ff.
- Bestellung, Entlassung *SGB V* 140h 3
- Beteiligung *SGB V* 140h 5 ff.

Patientenbefragungen
- Qualitätssicherung *SGB V* 299 15
- Versendestelle *SGB V* 299 15

Patientenberatung
- Verbraucherberatung *SGB V* 140h 6

Patientenbeteiligung *SGB V* 135 40, 140h 2
- Beratungs- und Entscheidungsverfahren *SGB V* 140f 4
- Beteiligungsfähigkeit *SGB V* 140f 7
- Bundesmantelverträge *SGB V* 140f 23
- Gesellschaft für Telematik *SGB V* 140f 23
- IQWiG *SGB V* 140f 23
- Landesausschüsse *SGB V* 140f 20 ff.
- Mitberatung *SGB V* 140f 3 ff.
- Mitwirkung *SGB V* 140f 3 ff.

- Unterstützung durch G-BA *SGB V* 140f 27 f.

Patientenbeteiligungsverordnung *SGB V* 140f 5, 140g 1 ff.

Patienteninteressen *SGB V* 140f 1 ff.

Patientenorganisation *SGB V* 35b 8, 20, 135 5, 140f 4, 140h 2
- Anerkennung *SGB V* 140f 8

Patientenquittung *SGB V* 305 15

Patientenrechte
- Antragsrecht *SGB V* 140f 3
- kollektive *SGB V* 140f 1 ff.

Patientenrichtlinie
- Auskunftspflicht für grenzüberschreitende Gesundheitsversorgung *SGB V* 219d 6 ff.
- grenzüberschreitende Gesundheitsversorgung *SGB V* 13 15 f.
- Vorgaben für nationale Kontaktstelle *SGB V* 219d 3 ff.

Patientenschulung
- Angehörige *SGB V* 43 23
- Antrag *SGB V* 43 34
- Betreuungspersonen *SGB V* 43 23
- chronisch Kranke *SGB V* 43 19 f.
- Ermessen *SGB V* 43 19, 25
- indikationsspezifische Schulungen *SGB V* 43 22
- Wirtschaftlichkeitsgebot *SGB V* 43 24
- Zuständigkeit *SGB V* 43 21

Patientensouveränität *SGB V* 140f 2

Patientenvertretende *SGB V* 140f 12 ff.

Paul-Ehrlich-Institut *SGB V* 35c 28

Personalbemessung in Pflegeeinrichtungen *SGB XI* 113c 1 ff.
- Blut- und Gewebegesetz *SGB XI* 113c 8

Personenbezogene Daten *SGB XI* 45c 21, 45e 7
- bei den Kassenärztlichen Vereinigungen *SGB V* 285 1 ff.
- für die Qualitätssicherung *SGB V* 299 4
- Legaldefinition *SGB XI* 93 6
- Sozialdaten *SGB XI* 93 6

Personenbezogene Daten bei den Pflegekassen *SGB XI* 94 1 ff.
- Erlaubnistatbestände *SGB XI* 94 5
- Grundsatz der Erforderlichkeit der Datenverwendung *SGB XI* 94 6
- Nutzungsumfang *SGB XI* 94 5
- Reichweite der Norm *SGB XI* 94 4
- Schutz von Betroffenen *SGB XI* 94 9
- Schutz von Mitarbeiterdaten *SGB XI* 94 10
- Übermittlung an Gerichte *SGB XI* 94 8

Personenbezogene Daten bei den Verbänden der Pflegekassen *SGB XI* 95 1 ff.
- Festlegung von Erlaubnistatbeständen *SGB XI* 95 3
- Umfang der Datenverarbeitung *SGB XI* 95 2

Personenbezogene Daten beim Medizinischen Dienst *SGB XI* **97** 1 ff., 2
- Akteneinsicht *SGB XI* **97** 16
- Anforderung an Datenarchivierung *SGB XI* **97** 15
- Anonymisierung von Leistungsdaten *SGB XI* **97** 10
- Daten für Forschungsvorhaben *SGB XI* **97** 9
- Datentrennung *SGB XI* **97** 14
- Datenübermittlung bei Kassenwechsel *SGB XI* **97** 11
- Datenübersicht *SGB XI* **97** 8
- EDV bei den Medizinischen Diensten der Krankenversicherung *SGB XI* **97** 13
- Grundsatz der Zweckbestimmung und Erforderlichkeit *SGB XI* **97** 3
- Löschungsfrist *SGB XI* **97** 6 f.
- Ort der Akteneinsicht *SGB XI* **97** 18
- Verbot mit Erlaubnisvorbehalt *SGB XI* **97** 4
- Vermittlung des Akteninhaltes *SGB XI* **97** 17
- Verwendungsbefugnis von Daten für Pflege- und Krankenversicherung *SGB XI* **97** 5

Personen mit erheblich eingeschränkter Alltagskompetenz
- Übergangsregelung *SGB XI* **125** 1 ff.

Personenstandsverordnung (PStV)
- Heranziehung zur Bestimmung des Begriffs „Entbindung" *SGB V* **24c** 7

Persönliche elektronische Gesundheitsakte
- Finanzierung *SGB V* **68** 1 ff.

Persönliche Leistungserbringung *SGB V* **15** 6 ff.

Persönliches Budget *SGB XI* **35a** 1 ff.
- Bundesteilhabegesetz *SGB XI* **35a** 11 f.

PflEG *SGB XI* **45b** 1 ff.

Pflege
- erwerbsmäßige *SGB XI* **141** 19
- Infrastruktur *SGB XI* **45a** 3, 21, **45b** 2
- körperbezogene *SGB XI* **77** 2
- nicht erwerbsmäßige *SGB XI* **141** 19, 25
- Pflegebegriff, Pflegevorsorgefonds *SGB XI* **Vor 131** 10
- Sicherstellung *SGB XI* **37** 4
- teilstationäre, Anspruchsvoraussetzungen *SGB XI* **41** 4 ff.
- Versorgungsstruktur *SGB XI* **45b** 2
- Vorrang der Rehabilitation *SGB XI* **31** 1 ff.

Pflegearrangements
- familiäre *SGB XI* **45d** 2

Pflege-Bahr *SGB XI* **126** 1, **Vor 131** 10

Pflegebedarf
- Einzelpflegevertrag *SGB XI* **77** 46 ff.

Pflegebedürftige
- Gestaltungsrecht *SGB XI* **78** 38
- Verhütung von Zahnerkrankungen *SGB V* **22a** 1 ff.

Pflegebedürftigkeit *SGB V* **23** 6; *SGB XI* **14** 1 ff., **15** 1 ff., 2 ff., **45b** 5, **45e** 4, **141** 25
- Begleitgremium *SGB XI* **18c** 1
- Begriff *SGB XI* **14** 7 ff., 26 ff., **Vor 131** 12
- Begutachtungsinstrument *SGB XI* **15** 1 ff.
- Demografische Entwicklung *SGB XI* **131** 15
- Ermittlung des Grades *SGB XI* **15** 1 ff.
- Feststellung *SGB XI* **45b** 16
- Feststellungen zur Vermeidung *SGB XI* **5** 14
- Feststellungsverfahren *SGB XI* **18** 1 ff., **18a** 1 ff., **18b** 1 ff., **18c** 1 ff.
- Hinweispflichten der Pflegekasse *SGB XI* **7** 9
- Kritik am Begriff *SGB XI* **14** 34 ff.
- Prognosen *SGB XI* **131** 14
- Richtlinien *SGB XI* **17** 1 ff.

Pflegebedürftigkeitsbegriff, neuer *SGB XI* **127** 6

Pflegebegleiter *SGB XI* **45a** 6, 8

Pflegebegriff, Pflegevorsorgefonds *SGB XI* **Vor 131** 10

Pflegeberater
- Basisqualifikation *SGB XI* **7a** 24
- eigenständiges Berufsbild *SGB XI* **7a** 12
- Entgegennahme von Leistungsanträgen *SGB XI* **7a** 14 f.

Pflegeberatung *SGB XI* **7a** 1 ff., 28 7, **45a** 7, 11
- Anspruchsentstehung *SGB XI* **7a** 8 ff.
- Anspruchsinhaber *SGB XI* **7a** 6
- Anspruchsinhalt und systematische Stellung *SGB XI* **7a** 2
- autonome Entscheidungsfreiheit des Anspruchsinhabers *SGB XI* **7a** 20
- Blut- und Gewebegesetz *SGB XI* **7a** 32
- Bundesteilhabegesetz *SGB XI* **7a** 31
- Datenschutz *SGB XI* **7a** 26
- Erfahrungsbericht *SGB XI* **7a** 29
- Gesamtanspruch *SGB XI* **7a** 19
- Organisation *SGB XI* **7a** 21 ff.
- Ort *SGB XI* **7a** 8
- sozialrechtlicher Herstellungsanspruch *SGB XI* **7a** 16
- Unabhängigkeit *SGB XI* **7a** 21
- Versorgungsplan *SGB XI* **7a** 17 f.

Pflegeberatungsbesuch *SGB XI* **45a** 8, 13, 19

Pflegebericht
- der Bundesregierung *SGB XI* **10** 1 ff., **138** 1

Pflegeberufereformgesetz
- Ausbildungsvergütung *SGB XI* **82a** 14
- Pflegeeinrichtungen *SGB XI* **71** 17
- Weiterentwicklung der Versorgung *SGB V* **63** 38

Pflegebeteiligungsverordnung *SGB XI* **118** 11 ff.

Pflegedienst *SGB XI* **71** 1 ff.
- (eingeschränkter) Vorrang zugelassener ambulanter P. *SGB XI* **77** 7
- Vergleich *SGB XI* **92a** 11
- zugelassener *SGB XI* **45b** 11, 14

Pflegeeinrichtung *SGB XI* 71 4 ff., **Vor 82** 20 f.
- ambulante *SGB XI* 71 1 ff.
- ambulante Pflegeeinrichtungen *SGB XI* 71 4 ff.
- Beschäftigung von selbstständigen Mitarbeitern *SGB XI* 71 5 ff.
- Finanzierung *SGB XI* 82 1 ff.
- Förderung *SGB XI* 45c 10
- Investitionskosten *SGB XI* 8 6
- öffentliche Förderung *SGB XI* 8 5
- ohne Vergütungsvereinbarung *SGB XI* 141 26
- Personalbemessung *SGB XI* 113c 1 ff.
- Pflegeberufereformgesetz *SGB XI* 71 17
- Pflegedienst *SGB XI* Vor 82 20 f., 89 4
- Pflegefachkraft *SGB XI* 71 10 ff., 13
- Pflegeheim *SGB XI* Vor 82 20 f.
- Pflege-TÜV *SGB XI* 2 10
- PSG III *SGB XI* 71 19
- qualitativer Pflegestandard *SGB XI* 11 3
- Qualitätssicherung *SGB XI* 84 53 ff.
- Rechte und Pflichten *SGB XI* 11 1 ff.
- Rechtsverhältnisse *SGB XI* 72 3
- Sicherstellung des Pflegestandards *SGB XI* 11 4
- spezifische Funktion *SGB XI* 11 2
- stationäre, ambulante Behandlung *SGB V* 119b 1 ff.
- stationäre P. *SGB XI* 71 8
- Vielfalt *SGB XI* 11 6 ff.
- zugelassene Pflegeeinrichtung in der sPV *SGB XI* 2 8
- Zusammenarbeit bei der Überprüfung von Pflegeeinrichtungen *SGB XI* 117 1 ff.

Pflegefachkraft *SGB XI* 71 10 ff., 13
- Ausbildungsvergütung *SGB XI* **Vor 131** 10

Pflegefallrisiko *SGB XI* 131 15

Pflege-Fürsorgeleistungen *SGB XI* 141 5

Pflegegeld *SGB XI* 45a 15, 16, 18, 20, 24, 45b 25, 45e 4, 141 23
- als Einkommen *SGB XI* 37 5
- Anspruchsvoraussetzungen *SGB XI* 37 6
- Beratung *SGB XI* 37 11 f.
- Beratungseinsatz *SGB XI* 37 11 ff.
- Exportierbarkeit *SGB XI* 37 3
- für selbst beschaffte Pflegehilfen, PSG III *SGB XI* 37 1 ff.
- Kumulierung *SGB XI* 37 7
- Kürzung *SGB XI* 37 9, 13
- Leistungsvoraussetzungen *SGB XI* 37 4
- Qualitätssicherung *SGB XI* 37 12
- Rückforderung *SGB XI* 37 10
- Sicherstellen der Pflege *SGB XI* 37 6
- teilstationäre Pflege, Anrechnung *SGB XI* 37 7

Pflegegrad *SGB XI* 15 5, 45b 2, **141** 21
- Änderung *SGB XI* 87a 7
- Begriffe *SGB XI* 15 8 ff.
- Höherstufungsantrag *SGB XI* 87a 7
- Pflegegrad 1, Leistungen *SGB XI* **28a** 1 ff.
- Pflegegrade 2 bis 5, häusliche Pflegehilfe, Leistungen *SGB XI* 36 14
- Pflegegrade 2 bis 5, Pflegegeld *SGB XI* 37 6
- Überleitung *SGB XI* 140 1 ff.

Pflegegradbestimmung
- Begriffe *SGB XI* 15 8 ff.

Pflegegradsteigerung
- Aufforderung zur Antragstellung *SGB XI* 87a 7 ff.

Pflegegutachten
- Übermittlung an Gerichte *SGB XI* 94 8

Pflegeheim *SGB XI* 45c 17
- Verträge mit *SGB XI* 119 1 ff.
- Wechsel *SGB XI* 141 17
- zugelassenes *SGB XI* 45a 14, 45b 5, 11, 141 16

Pflegeheimvergleich *SGB XI* 92a 1 ff.

Pflegehilfen
- Pflegegeld *SGB XI* 37 1 ff.

Pflegehilfsmittel *SGB XI* 40 1 ff., 2 ff., 78 35
- Anspruch *SGB XI* 78 3
- Anspruchsvoraussetzungen *SGB XI* 40 4 ff.
- Begriff *SGB XI* 40 5
- Ersatzbeschaffung *SGB XI* 40 9
- Funktionstauglichkeit *SGB XI* 78 35
- Hersteller *SGB XI* 78 81
- in stationären Einrichtungen *SGB XI* 40 14 f.
- leihweise Überlassung *SGB XI* 78 75
- Leistungsbeträge, PSG I *SGB XI* 40 1
- Leistungserbringer *SGB XI* 78 81
- Medizinprodukte *SGB XI* 78 36
- Notwendigkeitsprüfung *SGB XI* 40 7
- Pflegehilfsmittelverzeichnis *SGB XI* 40 8
- Sicherheit *SGB XI* 78 35
- technische *SGB XI* 40 9
- Verbrauchspflegehilfsmittel *SGB XI* 40 8

Pflegehilfsmittelauswahl *SGB XI* 78 78

Pflegehilfsmittelsystem
- Effizienzgebot *SGB XI* 78 46

Pflegehilfsmittelversorgung
- Bestätigungssystem und -verfahren *SGB XI* 78 14 f.
- Grundsatz vertraglicher Gestaltung *SGB XI* 78 12
- Leistungserbringerdaten *SGB XI* 78 18

Pflegehilfsmittelverträge *SGB XI* 78 1 ff., 24
- Anforderungen an die Leistungserbringer *SGB XI* 78 13
- Ausschreibungsfragen *SGB XI* 78 21 ff.
- Ausschreibungsverzicht *SGB XI* 78 23
- Beitritts- oder Eintrittsrechte *SGB XI* 78 26
- Bestimmtheitserfordernis *SGB XI* 78 10
- Einzelvereinbarungen *SGB XI* 78 27
- Festbetragsfestsetzungen *SGB XI* 78 4

- Gestaltungskonzept aus §§ 126, 127 SGB V *SGB XI* 78 7 ff.
- Grundsätze *SGB XI* 78 9
- Informationspflichten Transparenzforderung *SGB XI* 78 28
- Mindestgehalte *SGB XI* 78 8
- Publikationspflichten *SGB XI* 78 25
- Qualitätskriterien *SGB XI* 78 11
- Qualitätsmerkmale *SGB XI* 78 23
- Qualitätssicherstellung *SGB XI* 78 22
- Rahmenempfehlungen *SGB XI* 78 30
- Sachleistungsprinzip *SGB XI* 78 5
- System-Einordnung *SGB XI* 78 2 ff.
- Verordnungsermächtigung *SGB XI* 78 6
- Vertragscharakterisierung *SGB XI* 78 8

Pflegehilfsmittelverzeichnis
- Anhörung *SGB XI* 78 72
- Antragsverfahren *SGB XI* 78 67 ff., 68
- Festbetragssystematik *SGB XI* 78 74 ff.
- flankierende Anforderungen *SGB XI* 78 63
- Fortschreibung *SGB XI* 78 65
- Fortschreibungssystem *SGB XI* 78 62 ff.
- Gruppenbildung *SGB XI* 78 80
- Hilfsmittelverzeichnis (SGB V) *SGB XI* 78 61 ff.
- Konformitätserklärung *SGB XI* 78 70
- Marktübersicht *SGB XI* 78 33
- Nachweis von Standards *SGB XI* 78 69
- Orientierungswirkung *SGB XI* 78 64
- Qualifikationsanforderungen *SGB XI* 78 63
- Qualitätsanforderungen *SGB XI* 78 69, 72
- Qualitätsstandards *SGB XI* 78 35
- Qualitätszirkel *SGB XI* 78 33
- selbstbindende Effekte *SGB XI* 78 64
- Standardsicherung *SGB XI* 78 66
- Webportal *SGB XI* 78 33
- Wettbewerbsfreiheit *SGB XI* 78 88 ff.
- Widerruf *SGB XI* 78 72
- Zuweisungsverantwortung *SGB XI* 78 37

Pflege in Einrichtungen der Hilfe für Menschen mit Behinderung *SGB XI* 43a 1 ff.

Pflegeinfrastruktur *SGB XI* 45c 9

Pflegekassen *SGB XI* 46 1 ff.
- Allgemeines *SGB XI* 46 1 ff.
- Aufgaben *SGB XI* 12 1 ff.
- Bundesweiter Finanzausgleich *SGB XI* 66 2
- Doppelfunktion der Krankenkassen *SGB XI* 1 7
- Einigungsverfahren *SGB XI* 81 6
- Ermittlungsauftrag zum Ausgleichsfonds *SGB XI* 67 14
- gemeinsame Aufgabenerfüllung *SGB XI* 81 5
- Gestaltungsermessen (Pflegeleistungsverträge) *SGB XI* 77 5
- Gestaltungsmöglichkeiten der P. *SGB XI* 12 3
- Gründung, Finanzausgleich *SGB XI* 67 11
- Insolvenz *SGB XI* 53 17
- Leistungsaufwendungen *SGB XI* 66 1 ff.
- Personalkörperschaften des öffentlichen Rechts *SGB XI* 1 5
- Richtlinien *SGB XI* 17 1 ff.
- Rücklagen *SGB XI* 45c 4
- Satzung *SGB XI* 47 1 ff.
- Schiedsverfahren *SGB XI* 81 8
- Schließung *SGB XI* 53 17
- Schließung, Finanzausgleich *SGB XI* 67 11
- Vereinigung – Finanzausgleich *SGB XI* 67 11
- Verfahrensregelungen *SGB XI* 81 1 ff.
- Verwaltungskosten *SGB XI* 66 1 ff.
- Verwendung und Verwaltung der Mittel *SGB XI* 64 1 ff.
- Zusammenarbeit mit den MDK *SGB XI* 53a 10 ff.
- Zusammenarbeit mit unabhängigen Gutachtern *SGB XI* 53b 3

Pflegekassen-Finanzausgleich
- Berechnungsgrundlagen *SGB XI* 67 2 ff.
- Berechnungsgrundlagen-Fehlerbereinigung *SGB XI* 68 1 ff.
- Ermittlungen durch das BVA *SGB XI* 68 6 f.
- Ermittlungsauftrag *SGB XI* 67 3
- Fallmanagement *SGB XI* 66 5
- Gründung, Vereinigung und Schließung *SGB XI* 67 11
- Jahresfinanzausgleich *SGB XI* 68 1 ff.
- Leistungssichernder Liquiditätsausgleich *SGB XI* 67 2 ff.
- Liquiditätsausgleich (monatlich) *SGB XI* 67 1 ff.
- Liquiditätsausgleich-Zahlungsverkehr *SGB XI* 67 13 f.
- Mangelfall-Verteilungsregel *SGB XI* 67 16
- monatlicher Ausgleich *SGB XI* 67 1 ff., 10
- Pflegeberatungsaufwendungen *SGB XI* 66 6
- Prüfrecht des BVA *SGB XI* 67 12
- sozialer Sicherungs- und Schutzzweck *SGB XI* 66 2
- Verteilung der (Verwaltungskosten-) Pauschale *SGB XI* 66 7 f.
- Verwaltungskosten *SGB XI* 66 3 ff., 67 15 f.

Pflegekassen-Jahresfinanzausgleich
- Fehlerberichtigung *SGB XI* 68 4 ff.
- Rechtsschutz *SGB XI* 68 8
- Vereinbarungskonzept *SGB XI* 68 3

Pflegekontinuität *SGB XI* 77 15

Pflegekraft *SGB V* 11 54
- Bedarfseinstellung durch die Pflegekasse *SGB XI* 77 59
- Einzelvertrag *SGB XI* 77 11
- Mitaufnahme *SGB V* 11 51 ff.

Pflegekurse *SGB XI* 45 1 ff.

Pflegeleistungen *SGB XI* 28 1 ff.
- Abrechnungsprüfung *SGB XI* 79 1 ff.
- Adressaten *SGB XI* 28 6
- allgemeine *SGB XI* 41 7, 43 5
- ambulante *SGB XI* 36 1 ff.

- ambulante, Gebührenordnung
  SGB XI 90 1 ff.
- ambulante, Vergütungsregelung, Grundsätze
  SGB XI 89 1 ff.
- Arbeitsverhinderung, kurzzeitige
  SGB XI 28 5
- Beihilfebezug *SGB XI* 28 9 ff.
- Bundesteilhabegesetz *SGB XI* 28 17
- Entlastungsleistungen *SGB XI* 28 5
- Export *SGB XI* 28 3 f.
- Grundsätze *SGB XI* 28 1 ff.
- Leistungen bei häuslicher Pflege
  SGB XI 36 1 ff.
- Leistungsarten *SGB XI* 28 1 ff.
- Leistungsarten/-katalog *SGB XI* 28 5 f.
- Leistungsgrundsätze *SGB XI* 28 13 ff.
- öffentliche Förderung *SGB XI* 9 5
- Poolen *SGB XI* 36 9
- Sachleistungssurrogat *SGB XI* 28 6
- Sozialhilfe *SGB XI* 13 12
- stationäre, Bemessungsgrundsätze
  SGB XI 84 1 ff.
- Überblick *SGB XI* 28 5
- verbesserte *SGB XI* 45a 24
- Wirksamkeit *SGB XI* 79 6
- Wirtschaftlichkeitsprüfung *SGB XI* 79 1 ff.

Pflegeleistungsverträge mit Einzelpersonen
SGB XI 77 4

Pflegemaßnahmen
- körperbezogene *SGB XI* 45a 7

pflegende Angehörige *SGB XI* 45b 10

Pflege-Neuausrichtungs-Gesetz (PNG)
SGB V 24c 1 f., 24d 1, 24e 1, 24f 1, 24h 1;
SGB XI 77 1 f., 3
- häusliche Pflege bei Schwangerschaft und Mutterschaft *SGB V* 24g 1
- Mutterschaftsgeld *SGB V* 24i 3
- Pflegehilfsmittelverträge *SGB XI* 78 1

Pflegeperson *SGB XI* 19 1 ff., 141 19
- Begriff *SGB XI* 44 5 f.
- Besitzstandsschutz *SGB XI* 141 1 ff.
- erwerbsmäßig *SGB XI* 19 23 ff.
- gesetzliche Unfallversicherung
  SGB XI 19 32 ff.
- Leistungen zur sozialen Sicherung
  SGB XI 44 1 ff.
- Qualifikation in der pPV *SGB XI* 2 9
- Rentenversicherung *SGB XI* 19 32
- Ruhen der Leistungsansprüche *SGB XI* 34 19
- Übergangsregelung *SGB XI* 141 1 ff.
- Verhinderung *SGB XI* 39 1 ff.

Pflege-Pflichtversicherung, private
SGB XI 23 1 ff.

Pflegequalität *SGB XI* 113 1 ff.
- Datenschutz *SGB XI* 113 23
- Indikatorengestütztes Verfahren
  SGB XI 113 22

- Maßstäbe und Grundsätze zur Sicherung und Weiterentwicklung *SGB XI* 113 1 ff.

Pflegequote *SGB XI* 141 23

Pflegerische Betreuung
- Sicherstellungsauftrag *SGB XI* 77 4 ff.

Pflegerische Betreuungsmaßnahmen
SGB XI 36 4 f., 10 f., 45a 7, 9, 10

Pflegerische Versorgung
- als gesamtgesellschaftliche Aufgabe
  SGB XI 8 3
- Bundesempfehlungen und -vereinbarungen
  SGB XI 75 1 ff.
- Gemeinsame Empfehlungen *SGB XI* 8a 1 ff.
- Modellvorhaben *SGB XI* 8 5 f.
- Modellvorhaben, PSG I *SGB XI* 8 7, 8
- Rahmenverträge *SGB XI* 75 1 ff.

Pflegerische Versorgungsstruktur
- als Aufgabe der Länder *SGB XI* 9 3
- Kompetenz für die Vorhaltung *SGB XI* 9 3
- Länderaufgabe *SGB XI* 9 1

Pflegesachleistung *SGB XI* 28 3 ff., 45a 9, 14, 15, 16, 45b 7, 45e 4
- Abrechnungsmonat *SGB XI* 45a 18
- ambulante *SGB XI* 39 1 ff.
- Kostenerstattung *SGB XI* 36 5
- Leistungsumfang *SGB XI* 36 14
- Sachleistungsprinzip *SGB XI* 36 5
- stationäre *SGB XI* 41 1 ff., 42 1 ff., 43 2 ff.
- stationäre Einrichtungen der Hilfe für Menschen mit Behinderung *SGB XI* 43a 4 ff.

Pflegesatz *SGB XI* 43 5, 84 4 ff.
- Kurzzeitpflege *SGB XI* 141 12
- Verfahren *SGB XI* Vor 82 23, 24, 84 4 ff., 85 1 ff.
- Verfahren, PSG I *SGB XI* 84 57 ff.
- Verfahren, Schiedsstellenentscheide
  SGB XI 85 19 ff.

Pflegesatzkommission *SGB XI* 86 1 ff.

Pflegesatzvereinbarung *SGB XI* 141 7, 16, 18

Pflegestandard *SGB XI* 28 13
- qualitativer *SGB XI* 11 3
- Sicherstellung *SGB XI* 11 4

Pflegestärkungsgesetz I *siehe* PSG I

Pflegestärkungsgesetz II *siehe* PSG II

Pflegestärkungsgesetz III *siehe* PSG III

Pflegestatistiken *SGB XI* 109 1 ff.

Pflegestrukturempfehlungen
- Ausgestaltung *SGB XI* 8a 11 ff.
- Berichtspflicht *SGB XI* 8a 11 ff.
- Datengrundlage *SGB XI* 8a 11 ff.

Pflegestufe *SGB XI* 141 21
- Pflegestufe 0 *SGB XI* 45e 4
- Zuordnung, Sicherstellung einheitlicher Begutachtung *SGB XI* 53a 13 f.

Pflegestufenüberleitung *SGB XI* 141 7, 18, 19

Pflegestützpunkt *SGB XI* 7c 1 ff.
- Anordnung der Landesbehörde *SGB XI* 7c 7
- Anteilige Aufteilung der Kosten *SGB XI* 7c 17
- Aufbau *SGB XI* 7c 8
- Aufgaben *SGB XI* 7c 19
- Beratung *SGB XI* 7c 3, 19
- Beteiligte *SGB XI* 7c 10
- Bündelung *SGB XI* 7c 2
- Caremanagement *SGB XI* 7c 2, 19
- Casemanagement *SGB XI* 7c 3
- Einbeziehung dritter Stellen *SGB XI* 7c 12
- Einrichtung *SGB XI* 7c 8
- Einrichtung bei einer Pflegeeinrichtung *SGB XI* 7c 11
- Einrichtungsverträge *SGB XI* 7c 8
- Empfehlungen *SGB XI* 7c 28
- Festlegung der Einrichtungsverträge durch die Landesverbände der Pflegekassen *SGB XI* 7c 9
- Initiativrecht *SGB XI* 7c 4
- Initiativrecht kommunaler Stellen *SGB XI* 7c 13
- Integration und Koordination *SGB XI* 7c 20
- Koordination *SGB XI* 7c 19
- Kostenbeteiligung privater Versicherungsunternehmen *SGB XI* 7c 18
- Mitnahmeeffekte *SGB XI* 7c 18
- notwendig Beteiligte *SGB XI* 7c 8
- Personalhoheit *SGB XI* 7c 6
- Rahmenverträge *SGB XI* 7c 24 ff.
- Rahmenverträge und Schiedsperson *SGB XI* 7c 27
- Rahmenverträge und Schiedsstellen *SGB XI* 7c 26
- Rechtspersönlichkeit *SGB XI* 7c 6
- Rechts- und Dienstherrenfähigkeit *SGB XI* 7c 8
- Regelungsgehalt § 7c *SGB XI* 7c 4
- Sozialdaten *SGB XI* 7c 21 f.
- Träger *SGB XI* 7c 10
- Tragung der Aufwendungen *SGB XI* 7c 16
- Vernetzung *SGB XI* 7c 19
- Verträge zur wohnortnahen integrierten Versorgung *SGB XI* 7c 15
- Zahl *SGB XI* 7c 4

Pflegetransparenz-Vereinbarungen
- Übergangsregelungen *SGB XI* 115a 1 ff.

Pflegeunterstützungsgeld *SGB XI* 44a 1 ff.
- Beitragsfreiheit *SGB XI* 56 6
- beitragspflichtige Einnahmen *SGB V* 232b 1 f.; *SGB XI* 57 1
- Beitragssatz, Tragung bei Bezug von P. *SGB V* 249c 1 ff.
- Beitragtragung *SGB V* 249c 1 ff.
- Beitragszahlung *SGB V* 252 7
- Finanzierungssystem *SGB V* Vor 220 12
- Mitgliedschaft Versicherungspflichtiger, Fortbestehen *SGB V* 192 12

Pflegevergütung *SGB XI* Vor 82 1 ff., 82 7 ff.
- alternative Überleitung *SGB XI* 92d 1 ff.
- Aufwendungen *SGB XI* Vor 82 7 ff.
- gesetzliche Überleitung *SGB XI* 92d 1 ff.
- kirchliches Arbeitsrecht *SGB XI* 89 9
- Kostentragung *SGB XI* 82 15
- Leistungsgerechtigkeit *SGB XI* 82 12, 84 19 ff., 89 8, 9 f.
- Pflegevergütung, Leistungsgerechtigkeit *SGB XI* 89 9 f.
- PSG I *SGB XI* 84 57 ff.
- Rechtsverordnung *SGB XI* 83 1 ff.
- Tariflöhne *SGB XI* 89 9
- Überleitungsregeln *SGB XI* 92c 1 ff.
- Unternehmerrisiko *SGB XI* 89 10

Pflegeverhältnisse
- Änderungen *SGB XI* 141 23

Pflegeversichertennummer *SGB XI* 101 1 ff.

Pflegeversicherung
- Alg II, GKV-FQWG *SGB XI* 57 1, 10
- Art und Umfang der Leistungen *SGB XI* 4 1 ff.
- Aufgabe *SGB XI* 1 8
- Aufklärung, Beratung *SGB XI* 7 1 ff.
- Auskunftspflicht *SGB XI* 121 1 ff., 3
- Beitragsentwicklung *SGB XI* Vor 131 3
- Beitragssatzanpassungen *SGB XI* 65 19
- Beitragssatzentwicklung *SGB XI* 132 5
- Eigenverantwortung *SGB XI* 6 1 ff.
- Erlöschen der Leistungsansprüche *SGB XI* 35 1 ff.
- Europarechtliche Bezüge *SGB XI* 1 3
- Finanzierungskomplexität *SGB XI* 132 9
- Finanzierungslücke *SGB XI* 131 15
- folgt Krankenversicherung, Prinzip *SGB XI* 23 8, 27 2
- Leistungen *SGB XI* 2 3
- Leistungsausschluss *SGB XI* 33a 1 ff.
- Leistungsniveau-Beschränkung *SGB XI* 132 2
- Leistungsverhältnis *SGB XI* 1 6
- Leistungsvoraussetzungen *SGB XI* 33 1 ff.
- private *SGB XI* 141 14, 26
- Ruhen der Leistungsansprüche *SGB XI* 34 1 ff.
- Solidargemeinschaft *SGB XI* 1 10
- Solidarität *SGB XI* 1 9
- Sondervermögen *SGB XI* Vor 131 2
- soziale *SGB XI* 1 1 ff.
- Stabilisierung durch Pflegevorsorgefonds *SGB XI* 132 1
- Teilkaskoversicherung *SGB XI* 3 3
- Verhältnis der Leistungen zu anderen Sozialleistungen *SGB XI* 13 1
- Versichertengemeinschaft *SGB XI* 1 9
- versichertes Gut *SGB XI* 4 4
- versichertes Wagnis *SGB XI* 4 4
- Verteilung des Versichertenguts *SGB XI* 1 11
- vollstationäre Pflege *SGB XI* 43 1 ff.
- Vorrang der häuslichen Pflege *SGB XI* 3 1 ff.

3309

- Vorrang von Prävention und medizinischer Rehabilitation *SGB XI* **5** 1 ff.
- Wohnumfeld verbessernde Maßnahmen *SGB XI* **40** 10 f.
- Zukunftsfestigkeit *SGB XI* **Vor 131** 2
- Zumutbarkeit der Pflichterfüllung *SGB XI* **121** 5

Pflegevertrag
- Aushändigungspflichten *SGB XI* **120** 9 ff.
- bei häuslicher Pflege *SGB XI* **120** 1 ff.
- körperbezogene Pflege *SGB XI* **77** 9 ff.
- Kündigung *SGB XI* **120** 12 ff.
- Mitteilungspflichten *SGB XI* **120** 7 f.
- Neuverhandlungsauftrag *SGB XI* **77** 15
- Pflegebedürftige und Pflegekräfte *SGB XI* **77** 1 ff.
- PSG I *SGB XI* **120** 15
- Vergütung *SGB XI* **120** 16 f.
- Vertragsinhalt *SGB XI* **120** 15
- Zustandekommen *SGB XI* **120** 3 ff.

Pflegevertragsgestaltung
- Angehörigenpflege (Ausschluss) *SGB XI* **77** 28 f.
- clausula rebus sic stantibus *SGB XI* **77** 15
- Entwurfsgesetzgeber-Hinweise *SGB XI* **77** 9 ff.
- generationenübergreifende Wohn- und Beistandsformen *SGB XI* **77** 22
- Höchstbetragsüberschreitung *SGB XI* **77** 16 f.
- Individualsituation des Hilfebedürftigen *SGB XI* **77** 24
- Lebensgestaltung, selbstbestimmte *SGB XI* **77** 25
- Leistungsangebote, Berücksichtigung vorhandener ambulanter *SGB XI* **77** 23
- materiellrechtliche Anforderungen *SGB XI* **77** 23 ff.
- Pflegeleistung (Art und Umfang) *SGB XI* **77** 17
- Qualitätsverantwortung *SGB XI* **77** 18 ff.
- Selbstbestimmung *SGB XI* **77** 21
- Tatbestandsgruppen *SGB XI* **77** 24
- Verbot eines Beschäftigungsverhältnisses *SGB XI* **77** 27 ff.
- Vergütung *SGB XI* **77** 13
- Vertragsausschluss *SGB XI* **77** 26
- Verweisung auf § 120 SGB XI *SGB XI* **77** 9 ff.
- Wohngemeinschaften *SGB XI* **77** 13
- Würde des Menschen *SGB XI* **77** 21

Pflegevorsorgefonds *SGB XI* **Vor 131** 1 ff., **131** 1 ff.
- Abschlussbericht *SGB XI* **139** 1
- Änderungen der Verwendung *SGB XI* **136** 5 ff.
- Anlageausschuss *SGB XI* **133** 3, **134** 1 ff., 12
- Anlage-Entscheidungen *SGB XI* **134** 4
- Anlageformen *SGB XI* **134** 7
- Anlagemittel-Begrenzungen *SGB XI* **134** 9
- Anlagerichtlinien *SGB XI* **134** 1 ff., 3
- Anlagerichtlinien-Maßgaben *SGB XI* **134** 5
- Anlagesicherheit *SGB XI* **134** 2
- Anlagestrategie *SGB XI* **134** 16
- Anlage- und Verwendungsgrundsätze *SGB XI* **Vor 131** 4 f.
- Anpassungsstrategien *SGB XI* **134** 12
- Ansparphase *SGB XI* **65** 18, **Vor 131** 3, **134** 8, **136** 1, **138** 2
- Ansparphase-Risiken *SGB XI* **132** 4
- Ansparzeitraum *SGB XI* **132** 2
- Auflösung *SGB XI* **139** 1 f.
- Aufsicht *SGB XI* **134** 14
- Ausgleichsfonds *SGB XI* **65** 17 ff., **133** 2, **135** 2, **136** 3
- Ausgleichsfondsergänzung *SGB XI* **Vor 131** 3
- Ausgleichsfonds, Verhältnis *SGB XI* **Vor 131** 1
- Ausgleichsfonds, Verhältnis zum *SGB XI* **65** 18
- Ausgliederung stationärer Pflegebereich *SGB XI* **131** 13
- Beitragseinnahmen *SGB XI* **135** 4, **136** 3
- Beitragsglättung *SGB XI* **131** 12
- Beitragsglättung als Zweck *SGB XI* **131** 11
- Beitragssatz, Stabilisierung *SGB XI* **65** 19
- Beitragssatzstabilität *SGB XI* **Vor 131** 3
- Beitragsschonungsprinzip *SGB XI* **134** 6
- Berichtspflichten, Bundesbank *SGB XI* **132** 6
- Bestandsbericht der Bundesbank *SGB XI* **137** 3
- Bestimmtheitsgrundsatz *SGB XI* **139** 2
- Bildung *SGB XI* **Vor 131** 1 ff.
- Bundesbank als maßgebliches (Verwaltungs-)Organ *SGB XI* **134** 15
- Bundesbankeinbindung *SGB XI* **133** 1 ff.
- Bundesbank-Geschäftskreis *SGB XI* **134** 2
- Bundesbank, Gestaltungsverantwortung *SGB XI* **134** 10
- Bundesbank, Risikomanagement *SGB XI* **134** 11
- Bundesrat, Erwartungen *SGB XI* **132** 9
- Bundesrechnungshof-Auftrag *SGB XI* **134** 4
- Bundesrechnungshof-Maßgaben *SGB XI* **134** 5
- Bundesrechnungshof, Sondervermögensprüfung *SGB XI* **134** 4
- Bundesrechnungshof, Vermögensanlage-Richtlinien *SGB XI* **134** 5
- Bundesvermögen *SGB XI* **133** 2
- Bundesversicherungsamt *SGB XI* **134** 10, **135** 2 ff.
- Demografiereserve *SGB XI* **Vor 131** 7
- dynamisches Prinzip *SGB XI* **135** 3
- Entlastungswirkung *SGB XI* **Vor 131** 12
- Experimentiergesetzgebung *SGB XI* **132** 7
- Finanzanlagenmanagement *SGB XI* **134** 4
- Finanzierungsgrundsätze *SGB XI* **Vor 131** 4

- Funktionsdilemma *SGB XI* Vor 131 5
- Generationengerechtigkeit
  SGB XI Vor 131 10
- Gerichtsstand *SGB XI* 133 5
- Gesetzgeber, Beobachtungsverantwortung
  SGB XI 132 6
- Gesetzgeber, Hineinwirkenspflichten
  SGB XI 132 7
- Gesetzgeber, Kohärenz *SGB XI* 132 8
- Gesetzgeber, Nachsteuerungspflichten
  SGB XI 132 6
- Gesetzgeber, Prognosen *SGB XI* 132 6 ff.
- Gestaltungsverantwortung der Bundesbank
  SGB XI 134 10
- Gesundheitsfonds *SGB XI* 133 1
- Gesundheitsverbesserung *SGB XI* 131 10
- Handlungsbefugnis *SGB XI* 131 1
- Handlungsfähigkeit *SGB XI* 133 4
- Haushaltsgrundsätze *SGB XI* 131 4
- Jahresrechnung *SGB XI* 138 1 ff.
- Kapitaldeckung *SGB XI* 131 2, 8 f.
- Kapitalergänzung *SGB XI* 131 10
- kapitalisierte Ergänzung *SGB XI* 131 2
- Kohärenz *SGB XI* 134 16
- Kohärenz, Kontrollmaßstab *SGB XI* 132 8
- Langfristbindung *SGB XI* 138 2
- Langfristziel *SGB XI* 137 2
- Leistungsfähigkeitssicherstellung
  SGB XI 134 6
- Liquidierung der Anlagemittel *SGB XI* 136 1
- Marktüblichkeit *SGB XI* 134 2
- Maßstäbe für die Anlage *SGB XI* 134 4
- Medikalisierungsfolgen *SGB XI* 131 13
- Mittelverwaltung *SGB XI* 134 1 ff.
- Mittelverwendung *SGB XI* Vor 131 9
- Mittelzuführung durch das Bundesversicherungsamt *SGB XI* 135 2 ff.
- Mündelsicherheit *SGB XI* Vor 131 8
- Nachhaltigkeit *SGB XI* 131 11 f.
- Nachhaltigkeitsmangel *SGB XI* Vor 131 12
- Nachjustierung im Zielbereich
  SGB XI 132 11
- Nachsteuerung *SGB XI* 131 10, 139 2
- Nachsteuerungsmöglichkeiten *SGB XI* 138 1
- parlamentarische Diskussion
  SGB XI Vor 131 7
- Parlamentskritik *SGB XI* 131 11
- Perspektiven *SGB XI* Vor 131 5 f.
- Pflegebedürftige, Inanspruchnahmeverhalten
  SGB XI 132 5
- Pflegebegriff *SGB XI* Vor 131 10
- Pflegebericht, Bundesregierung *SGB XI* 138 1
- Pflegebericht der Bundesregierung
  SGB XI 138 1
- Pflegerisiko *SGB XI* 137 1
- Pflegevorsorgephase *SGB XI* 136 1 f.
- Pflicht zur Verwendung *SGB XI* 136 5
- Planungs- und Anlagesicherheit
  SGB XI 134 16
- Prognosen *SGB XI* 132 1
- Prognosen, demographische Entwicklung
  SGB XI 131 10
- Prognosen, Gesetzgeber *SGB XI* 132 4 ff.
- Prognose-Szenarien *SGB XI* 131 13
- PSG I *SGB XI* 65 17 ff., Vor 131 1 ff.
- Rechtsfähigkeit *SGB XI* 133 1 ff.
- Rechtsform *SGB XI* 133 1 ff.
- Risikomanagement der Bundesbank
  SGB XI 134 11 f.
- Risikosteuerungs- und Controllingprozesse
  SGB XI 134 13
- Risikotragfähigkeit *SGB XI* 134 12
- Risikoverlagerung *SGB XI* 131 13
- Rücklagenbildung *SGB XI* 131 12
- Rücklagenbildung im SGB-Geltungsbereich
  SGB XI 134 6 f.
- Rücklagenbindung *SGB XI* Vor 131 7
- Ruhephase *SGB XI* 132 1
- Selbstverwaltung *SGB XI* 131 1
- Sicherstellungsauftrag *SGB XI* 132 3
- Sondervermögen *SGB XI* Vor 131 1 ff.,
  131 5 ff., 133 1 ff., 134 1 ff., 136 1 ff.,
  137 1 ff.
- Stabilisierungseffekt *SGB XI* 65 19
- Steuermittel-Zuschuss *SGB XI* Vor 131 11
- Strukturprinzipien *SGB XI* Vor 131 6
- Systemgerechtigkeit *SGB XI* 134 16
- Szenarien für Prognosen *SGB XI* 131 14
- Trennungsgebot *SGB XI* Vor 131 1, 2, 132 3,
  137 1
- Überweisungsbetrag *SGB XI* 136 1
- Umlagefinanzierung *SGB XI* 131 8
- Umlagefinanzierung, Niedrigzinsphasen
  SGB XI 131 9
- Umnutzung *SGB XI* Vor 131 9
- Verbrauch des Sondervermögens
  SGB XI 136 4
- Verhältnis zum Ausgleichsfonds
  SGB XI Vor 131 1
- Vermögensanlage *SGB XI* 133 2
- Vermögensanlage-Grundsätze *SGB XI* 134 8
- Vermögenssorge der Bundesbank
  SGB XI 133 3
- Vermögenstrennung *SGB XI* 137 1 ff.
- Verselbstständigungsgrenzen *SGB XI* 133 1
- Versicherungprinzip *SGB XI* Vor 131 5
- Versorgungsfonds des Bundes *SGB XI* 133 4
- Versorgungsrücklage *SGB XI* 132 3
- Versorgungsrücklagegesetz *SGB XI* 134 1
- Verstetigung des Mittelabflusses
  SGB XI 136 1
- Verwaltungsausgaben *SGB XI* 137 2
- Verwaltung und Anlage der Mittel
  SGB XI 134 1 ff.
- Verwendungsbegrenzung *SGB XI* 138 2 f.
- Verwendungsbeschränkung *SGB XI* 132 2 f.
- Verwendungsbestimmungen
  SGB XI Vor 131 2

- Verwendungsermessen *SGB XI* **133** 1
- Verwendungsgrundsätze *SGB XI* **134** 3, **136** 5 ff.
- Verwendungsphase *SGB XI* **65** 18, Vor **131** 3, **136** 6
- Verwendungsprognose *SGB XI* **136** 7
- Vollzugsaufwand-Begrenzung *SGB XI* **133** 1
- Vorrang sozialer Zwecke *SGB XI* **134** 8
- Wertberichtigungen für die Anlage *SGB XI* **134** 4
- Wettbewerbsneutralität im Kreditgewerbe *SGB XI* **134** 7
- Wiederanlagestrategien *SGB XI* **134** 10
- Wirkungsphase *SGB XI* **132** 1
- Zuführung der Mittel *SGB XI* **135** 1 ff.
- Zugriffssicherheit *SGB XI* Vor **131** 8
- Zweck *SGB XI* **132** 1 ff.
- Zweckbindung *SGB XI* **132** 2
- Zweckentfremdung *SGB XI* **131** 16
- Zweckentfremdungsgefahr *SGB XI* **131** 15
- Zweckentfremdungsrisiken *SGB XI* Vor **131** 12
- Zweckentfremdungsschutz *SGB XI* Vor **131** 8, 9

Pflegevorsorgezulage
- privater Pflegevorsorgungsvertrag *SGB XI* **127** 1 ff.

Pflegevorsorgezulage-Durchführungsverordnung (PflvDV)
- privater Pflegevorsorgevertrag *SGB XI* **128** 1 ff., **130** 3

Pflegezeit
- zusätzliche Leistungen *SGB XI* **44a** 1 ff.

Pflichten des Apothekers
- Abgabe von Arzneimitteln im Verhältnis zur GKV *SGB V* **129** 4

Pflichtversicherung
- private Pflege *SGB XI* **132** 9
- private Pflege-Pflichtversicherung *SGB XI* **23** 1 ff.
- private Pflegeversicherung, Kostenbeteiligung *SGB XI* **132** 10

Pflicht zur fachlichen Fortbildung *SGB V* **95d** 1 ff.

Pharmazeutischer Unternehmer *SGB V* **35a** 16, **35b** 6 ff., **35c** 5, 12, 36, **130a** 1 ff.
- Berufsfreiheit *SGB V* **35** 17
- Festbetrag *SGB V* **35** 17 ff.
- Rahmenverträge *SGB V* **131** 1 ff.
- Verträge mit Krankenkassen *SGB V* **130c** 1 ff.

Phytotherapie *SGB V* **2** 16
Piercing *SGB V* **52** 23 f.
„**Pille danach**" *SGB V* **24a** 5
pKV *SGB XI* **23** 1
Planbarer Eingriff *SGB V* **27b** 9

Plankrankenhaus
- Feststellungsbescheid *SGB V* **108** 6

Planungsbereich
- allgemeine fachärztliche Versorgung *SGB V* **101** 27 ff.
- gesonderte fachärztliche Versorgung *SGB V* **101** 33
- Hausärztliche Versorgung *SGB V* **101** 24
- lokaler Versorgungsbedarf *SGB V* **100** 28 ff.
- relative Attraktivitäts-steigerung *SGB V* **101** 94
- spezialisierte fachärztliche Versorgung *SGB V* **101** 31
- zusätzlicher lokaler Versorgungsbedarf *SGB V* **101** 81 ff.

Plausibilitätsprüfung
- Abrechnungsprüfung *SGB V* **106d** 15 ff.
- Durchschnittszeiten *SGB V* **106d** 19
- Tageszeitprofile *SGB V* **106** 11, **106d** 19 ff.

Polikliniken
- Bestandsschutz *SGB V* **311** 5
- Verträge mit Verbänden der Krankenkassen (Besitzstand) *SGB V* **311** 10 f.

Poolen
- Pflegeleistungen *SGB XI* **36** 9

Positivliste *SGB V* **34** 1

Praktikant
- beitragspflichtige Einnahmen *SGB V* **236** 1
- Beitragssatz *SGB V* **245** 1 f.

Praktikum *SGB V* **5** 57

Praktischer Arzt
- Arztregister *SGB V* **95a** 18

Präqualifizierungsstelle *SGB XI* **78** 14

Prävention *SGB V* **11** 27 ff., **20** 6, **20h** 4, **28** 4
- arbeitsbedingter Gesundheitsgefahren *SGB V* **20c** 1 ff.
- Aufwand für Leistungen der Pflegekassen *SGB XI* **5** 7
- Evaluation von Leistungen der Pflegekassen *SGB XI* **5** 6
- Feststellung *SGB V* **28** 12
- Früherkennung von Krankheiten *SGB V* **11** 33 f.
- in Pflegeeinrichtungen *SGB XI* **5** 3
- Leistungen der Pflegekassen *SGB XI* **5** 4, 5
- primäre *SGB V* **20** 1 ff.
- Primärprävention *SGB V* **11** 29
- tertiäre Prävention *SGB V* **11** 31
- Vermeidung der Pflegebedürftigkeit *SGB XI* **5** 9
- von Zahnerkrankungen *SGB V* **22** 2
- Vorsorgeleistungen *SGB V* **11** 30
- Zusammenarbeit der Pflegekassen *SGB XI* **5** 8

Präventionsbericht *SGB V* **20d** 4
Präventionsforum *SGB V* **20e** 4

Präventionsgesetz *SGB V* 20 3, 20a 1 ff., 20d 1, 20e 1 ff., 20f 1 ff., 20g 1 f., 20h 2, 25 1 ff., 26 1 ff.

Präventionskonferenz, nationale *SGB V* 20e 1 ff.

Präventionsstrategie, nationale *SGB V* 20d 1 ff.
- Beteiligung der Pflegekassen *SGB XI* 5 14a

Praxisgebühr *SGB V* 28 7 ff., 9, 37 f., 41

Praxisklinik *SGB V* 122 1 ff.
- Abgrenzung zum Krankenhaus *SGB V* 122 11
- Klagebefugnis *SGB V* 122 6
- Leistungserbringer *SGB V* 122 9
- Rahmenvertrag *SGB V* 122 13 ff.
- Vergütung *SGB V* 122 20
- Zulassung *SGB V* 122 9

Preisdeckelung *SGB XI* 45b 21

Preismodalitäten *SGB XI* 45b 21

Preisschaukel *SGB V* 130a 8

Primäre Prävention durch Schutzimpfungen *SGB V* 20i 1 ff.

Priorisierung *SGB V* 140f 2

Private Absicherung *SGB XI* 126 1

Private Krankenversicherung
- Begrenzung des Zuschusses bei Alg II *SGB V* 246 4
- Kündigungsrecht zur Vermeidung einer Doppelversicherung *SGB V* 5 86
- Rückkehrrecht *SGB V* 5 87 ff.

Private Pflege-Pflichtversicherung *SGB XI* 23 1 ff., 141 11
- Akteneinsicht *SGB XI* 110 14
- Aktivlegitimation *SGB XI* 23 5 f.
- Altbestand *SGB XI* 110 11
- Alterssicherung *SGB XI* 23 1 ff.
- Angehörige *SGB XI* 23 1 ff., 110 9
- Beihilfeberechtigte *SGB XI* 23 6, 11 f.
- Beitrittsberechtigte *SGB XI* 110 4
- Familienangehörige *SGB XI* 23 10
- Gleichwertigkeit *SGB XI* 23 15 ff., 110 2
- Kontrahierungszwang *SGB XI* 110 5, 7
- Kündigung *SGB XI* 23 4, 110 5
- Kündigung, Vertrauensschutz *SGB XI* 27 1 ff.
- Prämiendeckelung *SGB XI* 110 10
- Prämienhöhe *SGB XI* 110 10 ff.
- Rechtsschutz *SGB XI* 23 22
- Regelungen *SGB XI* 110 1 ff.
- Risikoausgleich *SGB XI* 111 1 ff.
- Verfassungsmäßigkeit *SGB XI* 23 2
- Vertrauensschutz *SGB XI* 110 13
- Wahlrecht *SGB XI* 23 20
- Wartezeiten *SGB XI* 110 9

Private Pflegeversicherung *SGB XI* 45c 32, 33, 141 3
- Förderung *SGB XI* 45e 9
- Versicherungsvertrag *SGB XI* 1 14

Private Pflegevorsorge *SGB XI* 126 1

Privater Pflegevorsorgevertrag
- ausgeschlossene Personen *SGB XI* 126 6
- Bewilligung der Zulage *SGB XI* 128 5
- Fälligkeit der Zulage *SGB XI* 127 12
- Förderfähigkeit, Voraussetzungen *SGB XI* 127 4 ff.
- Fördervoraussetzungen *SGB XI* 127 1 ff.
- Geldleistung *SGB XI* 127 7
- Haftung des Versicherers *SGB XI* 128 8 f.
- Kontrahierungszwang *SGB XI* 127 4
- Kündigung *SGB XI* 127 9
- mehrere *SGB XI* 127 3
- Mindestaufwendungen *SGB XI* 127 3
- neuer Pflegebedürftigkeitsbegriff *SGB XI* 127 6
- Pflegevorsorgezulage *SGB XI* 127 1 ff.
- Pflegevorsorgezulage-Durchführungsverordnung (PflvDV) *SGB XI* 128 1 ff., 130 3
- Risikoprüfung *SGB XI* 127 4 f.
- Rückforderung der Zulage *SGB XI* 128 6 f.
- Ruhen *SGB XI* 127 9
- staatliche Zulage *SGB XI* 126 1 ff.
- steuerliche Begünstigung *SGB XI* 126 1 ff.
- Verordnungsermächtigung *SGB XI* 130 1 ff.
- Vertragsmuster *SGB XI* 127 2, 8
- Verwaltungskosten *SGB XI* 127 10
- Wartezeit *SGB XI* 129 1 ff.
- zentrale Stelle (DRV) *SGB XI* 128 4
- zulageberechtigte Personen *SGB XI* 126 4 ff.
- Zulage, Bewilligung *SGB XI* 128 5
- Zulagenhöhe *SGB XI* 127 3
- Zulage, Rückforderung *SGB XI* 128 6 f.
- Zulageverfahren *SGB XI* 128 1 ff.

Private Versicherungsunternehmen *SGB XI* 45c 5 f., 6, 45d 4
- Finanzierungsanteil *SGB XI* 45c 28

Privatisierung, schleichende *SGB V* 4 3

Projektförderung *SGB XI* 45c 13, 45d 8

Prozedurenschlüssel
- Krankenhaus *SGB V* 301 5

Prüfbericht
- Rechtsnatur und Rechtsschutz *SGB XI* 115 32
- Wirtschaftlichkeitsprüfung der Pflegeleistungen *SGB XI* 79 15

Prüfmethoden
- statistische Auffälligkeitsprüfung *SGB V* 106b 22

Prüfstelle *SGB V* 106c 6 ff.
- Aufsicht *SGB V* 106c 37 ff.
- eigenverantwortliche Wahrnehmung von Aufgaben *SGB V* 106c 16 ff.
- zeitlichen Begrenzung des Verfahrens *SGB V* 106c 14 f.

Prüfung der Geschäfts-, Rechnungs- und Betriebsführung
- GKV-SVSG *SGB V* 274 4

Prüfung der KK durch das BVA *SGB V* **274** 1 ff.
– Abschaffung Prüfungsausschuss *SGB V* **274** 3
Prüfung, klinische *SGB V* **35c** 6 f.
Prüfungsstelle bei Wirtschaftlichkeitsprüfungen *SGB V* **106c** 1 ff.
Prüfvereinbarung
– Wirtschaftlichkeitsprüfung *SGB V* **106** 23 ff.
– Wirtschaftlichkeitsprüfung ärztlicher Leistungen *SGB V* **106a** 18 ff.
– Wirtschaftlichkeitsprüfung ärztlich verordneter Leistungen *SGB V* **106b** 5 ff.
Prüfverfahren zur Sicherung der Qualität *SGB XI* **114a** 1 ff.
– Befragungsrechte *SGB XI* **114a** 23 ff.
– Beratungspflicht der Prüfer *SGB XI* **114a** 17
– Berichtspflichten *SGB XI* **114a** 43 ff.
– Beteiligte *SGB XI* **114a** 8
– Beteiligungsrechte *SGB XI* **114a** 38 ff.
– Betretungsrechte *SGB XI* **114a** 19 ff.
– Einbeziehung des Verbandes der privaten Krankenversicherung *SGB XI* **114a** 47 ff.
– Einwilligungserfordernis *SGB XI* **114a** 29 ff.
– Inaugenscheinnahme *SGB XI* **114a** 26 ff.
– Prüfgegenstand *SGB XI* **114a** 9 f.
– Rechte der Prüfer *SGB XI* **114a** 18 ff.
– Richtlinien *SGB XI* **114a** 51 ff.
Pseudonymisierung
– Bestimmung (GKV-Spitzenverband) *SGB V* **267** 11
– Risikostrukturausgleich *SGB V* **269** 19
– RSAV (Zuweisungen im Risikostrukturausgleich) *SGB V* **266** 46 ff.
Pseudonymisierungsverfahren *SGB V* **299** 12
– periodenübergreifendes *SGB V* **303c** 3 ff.
– Vertrauensstelle *SGB V* **303c** 1 ff.
PSG I *SGB XI* **45b** 1 ff., **124** 1
– Anlassprüfung *SGB XI* **114** 19
– Ausgleichsfonds *SGB XI* **65** 17 ff.
– Beitrag *SGB XI* **55** 1
– Dynamisierung *SGB XI* **30** 1 ff.
– Entlastungsleistungen *SGB XI* **28** 5
– Finanzierungssystem *SGB V* **Vor 220** 11
– niedrigschwellige Betreuungsangebote *SGB XI* **45c** 1
– Pflegegeld, teilstationäre Pflege, Anrechnung *SGB XI* **37** 7
– Pflegehilfsmittel, Leistungsbeträge *SGB XI* **40** 1
– pflegerische Versorgung, Modellvorhaben *SGB XI* **8** 7, 8
– Pflegevertrag *SGB XI* **120** 15
– Pflegevorsorgefonds *SGB XI* **65** 17 ff., **Vor 131** 1 ff.
– Qualitätsprüfungen *SGB XI* **114** 19
– Wohngruppe, ambulant betreute *SGB XI* **38a** 1 ff.
– Wohngruppe, Förderungsbeginn vor Gründung und Einzug *SGB XI* **45e** 10
– Wohngruppe, unbefristete Förderung *SGB XI* **45e** 12
PSG II *SGB XI* **124** 1
– Besitzstandsschutz und Übergangsrecht *SGB XI* **141** 1 ff.
– Förderung der Weiterentwicklung der Versorgungsstrukturen und des Ehrenamts *SGB XI* **45c** 1
– vollstationäre Pflege, Leistungsbeträge *SGB XI* **43** 1 ff.
– Wohngruppe, ambulant betreute *SGB XI* **38a** 1 ff.
– Ziel körperbezogener Pflege *SGB XI* **77** 3
PSG III *SGB XI* **124** 1
– Besitzstandsschutz für pflegebedürftige Menschen mit Behinderungen *SGB XI* **145** 1 ff.
– Besitzstandsschutz und Übergangsrecht *SGB XI* **141** 1 ff.
– Bußgeldvorschrift *SGB XI* **121** 1 ff., 13 ff.
– Entlastungsbetrag *SGB XI* **45b** 1 ff.
– Förderung der Weiterentwicklung der Versorgungsstrukturen und des Ehrenamts *SGB XI* **45c** 1 ff.
– Haushaltshilfe *SGB V* **38** 17 ff.
– Leistungen bei häuslicher Pflege *SGB XI* **36** 1 ff.
– Leistungen bei Pflegegrad 1 *SGB XI* **28a** 1 ff.
– Meldepflicht bei Mitgliedern der privaten Pflegeversicherung *SGB XI* **51** 1 ff.
– Modellvorhaben zur kommunalen Beratung *SGB XI* **124** 1 ff.
– Pflegeeinrichtungen *SGB XI* **71** 19 f.
– Pflegegeld für selbst beschaffte Pflegehilfen *SGB XI* **37** 1 ff.
– Ruhen der Leistungsansprüche *SGB XI* **34** 1 ff.
– stationäre Pflege in Teilhabeeinrichtungen *SGB XI* **43a** 1 ff.
– Überleitungs- und Übergangsregelungen *SGB XI* *SGB XI* **144** 1 ff.
– Verordnungsermächtigung *SGB XI* **144** 1 ff.
– Versorgung mit häuslicher Krankenpflege *SGB V* **132a** 1 ff.
– vollstationäre Pflege *SGB XI* **43** 1 ff.
Psychiatrische Institutsambulanz *SGB V* **118** 1 ff.; *SGB V* **113** 11
– Abrechnung *SGB V* **295** 9
– bundeseinheitliche Leistungsdokumentation *SGB V* **295** 9
– Pauschalierung der Vergütung *SGB V* **120** 39 ff.
Psychiatrische Krankenhäuser
– Ermächtigung *SGB V* **118** 12 ff., 25
Psychiatrische Leistungen
– Versorgung und Vergütung *SGB V* **271** 27
Psychologische Universitätsinstitute
– Anspruch auf Ermächtigung *SGB V* **117** 23 ff.

Psychosomatische Leistungen
- Versorgung und Vergütung   *SGB V 271* 27

Psychosomatisches Krankenhaus
- Ermächtigung   *SGB V 118* 22 f.

Psychotherapeut
- Feststellung des allgemein bedarfsgerechten Versorgungsgrades   *SGB V 101* 126 ff.
- nichtärztlicher   *SGB V 72* 4, *73* 10, 17
- Zulassung zur vertragsärztlichen Versorgung (Sonderregelung)   *SGB V 317* 1 ff.

Psychotherapeuten, Arztregistereintragung
SGB V 95c 1 ff.
- Approbation   *SGB V 95c* 6 ff.
- Fachkundenachweis   *SGB V 95c* 12 f.
- Prüfungsrecht der Kassenärztlichen Vereinigungen   *SGB V 95c* 14

Psychotherapeutengesetz   *SGB V 95* 242 ff.

Psychotherapeutische Behandlung
SGB V 28 1 ff., 7 ff., 30, 35 f.
- Delegation   *SGB V 28* 8 f., 36
- Konsiliarbereich   *SGB V 28* 34 f.

Psychotherapeutische Leistungen
- angemessene Höhe der Vergütung   *SGB V 87b* 62 f.

Psychotherapeutische Medizin/Psychosomatik
SGB V 107 20

Psychotherapeutische Verfahren   *SGB V 28* 30

Psychotherapeutische Versorgung   *SGB V 28* 35
- Approbationsvorbehalt   *SGB V 28* 31 f.
- Bedarfsplanung   *SGB V 28* 32

Psychotherapie
- beratende Fachausschüsse   *SGB V 79b* 1 ff.
- Zulassungsausschuss   *SGB V 96* 15

Psychotherapie-RL   *SGB V 28* 35

PsychThG   *SGB V 28* 7, 30, 33

PsychVVG   *SGB V 37* 20
- Krankenhausbehandlung   *SGB V 39* 3, 12
- Soziotherapie   *SGB V 37a* 20
- Versorgung mit Soziotherapie   *SGB V 132b* 2

Publizisten
- beitragspflichtige Einnahmen   *SGB V 234* 1 f.

Punktwertdegression   *SGB V 85* 43 ff.

Qualität   *SGB V 2* 27 ff.
- Begriff   *SGB V 135a* 6 ff.
- Hygienequalität   *SGB V 135a* 7
- in der Pflege, Expertenstandards zur Sicherung und Weiterentwicklung   *SGB XI 113a* 1 ff.
- Indikatoren   *SGB V 135a* 9
- Versorgungsqualität   *SGB V 135a* 7

Qualitätsausschuss   *SGB XI 113b* 1 ff.
- Aufgaben   *SGB XI 113b* 10
- Beschlussfähigkeit   *SGB XI 113b* 18
- Besetzung   *SGB XI 113b* 14 ff.
- Entscheidung   *SGB XI 113b* 12
- Entscheidungsspielraum   *SGB XI 113b* 13
- Errichtung   *SGB XI 113b* 5
- Ersatzvornahme   *SGB XI 113b* 35
- Expertenstandard   *SGB XI 113a* 15
- fachwissenschaftliche Expertise   *SGB XI 113b* 24 f.
- Finanzierung   *SGB XI 113b* 26
- Geschäftsordnung   *SGB XI 113b* 29 ff.
- Geschäftsstelle   *SGB XI 113b* 27 f.
- Gesetzesentwicklung   *SGB XI 113b* 1 f.
- Informations-/Auskunftspflichten   *SGB XI 113b* 32 f.
- Rechtsaufsicht   *SGB XI 113b* 31
- Rechtsaufsicht, Beanstandungs-/Festsetzungsbefugnis   *SGB XI 113b* 36
- Teilnahme an Sitzungen   *SGB XI 113b* 17

Qualitätsdarstellungen   *SGB XI 115* 1 ff.

Qualitätsgesicherte Leistungen   *SGB XI 45b* 12

Qualitätskontrolle
- in Krankenhäusern durch den Medizinischen Dienst, Durchführung und Umfang   *SGB V 275a* 1 ff.
- MDK in Krankenhäusern   *SGB V 275a* 4 ff.

Qualitätsmanagement
- einrichtungsinternes   *SGB V 135a* 15 ff.

Qualitätsprüfung   *SGB XI 114* 1 ff.
- Beanstandung   *SGB V 135b* 7
- Datenschutz   *SGB V 135b* 3
- Datenübermittlung Auffangtatbestand   *SGB V 298* 2
- Durchführung   *SGB XI 114a* 1 ff.
- Ergebnisse   *SGB XI 115* 1 ff.
- Folgen   *SGB XI 114* 35
- Informationsverpflichtung   *SGB XI 114* 36 ff.
- Informationsweitergabe an heimrechtliche Aufsichtsbehörden   *SGB XI 115* 7 ff.
- Kommissionen der KÄV   *SGB V 135b* 6
- Kosten   *SGB XI 114* 42 ff.
- Prüfauftrag   *SGB XI 114* 9 ff.
- Prüfungsarten   *SGB XI 114* 16 ff.
- Prüfungsumfang   *SGB XI 114* 22 ff.
- PSG I   *SGB XI 114* 19
- Rechtsfolgen von Qualitätsmängeln   *SGB XI 115* 38 ff.
- Rechtsschutz   *SGB XI 115* 59 f.
- Stichproben   *SGB V 135b* 4 ff.
- Veröffentlichungspflicht   *SGB XI 115* 1 ff.
- Verringerung des Umfangs   *SGB XI 114* 30 ff.
- Vollerhebungen   *SGB V 135b* 5

Qualitätsprüfungs-Richtlinien
- Übergangsregelungen   *SGB XI 115a* 1 ff.

Qualitätssicherung   *SGB XI 77* 20
- als berufsrechtliche Pflicht   *SGB V 135a* 12
- als Verwaltungsaufgabe   *SGB V 135a* 3 ff.
- ambulante Vorsorge   *SGB V 137d* 1 ff.
- bei Hilfsmitteln   *SGB V 139* 1 ff.
- beratungsorientierter Prüfungsansatz   *SGB XI 112* 12 ff.
- Betreuungsangebot, Konzept   *SGB XI 45c* 14

3315

- Datenerhebung, -verarbeitung und -nutzung *SGB V* **299** 1 ff.
- Datenschutz *SGB V* **135a** 18 ff.
- durch den Prüfdienst des Verbandes der privaten Krankenversicherung eV *SGB XI* **97c** 1 ff.
- durch den Prüfdienst des Verbandes der privaten Krankenversicherung eV, Gleichstellung *SGB XI* **97c** 3
- Durchführung *SGB XI* **114a** 1 ff.
- externe *SGB V* **135a** 1, 14 ff., **137a** 12, **137d** 1 ff.
- Förderung *SGB V* **137b** 1 ff.
- Gesundheitswesen *SGB V* **Vor 265** 11
- Haftungsrecht *SGB V* **135a** 12
- interne *SGB V* **135a** 11, 15 ff., **137d** 1 ff.
- Kündigungsrecht *SGB XI* **113** 30
- Patientenbefragungen *SGB V* **299** 15
- Pflege *SGB XI* **112** 1 f.
- Pflegehilfsmittelverzeichnis *SGB XI* **78** 66
- Pflegevertragsgestaltung *SGB XI* **77** 19
- Pflichten Pflegeeinrichtung *SGB XI* **112** 10 ff.
- Qualitätsprüfungen *SGB XI* **114** 1 ff.
- Qualitätsprüfungen, Richtlinien *SGB XI* **53a** 17 ff.
- Rehabilitation *SGB V* **137d** 1 ff., 3 f.
- sektorenübergreifende *SGB V* **137a** 11
- stationäre Vorsorge *SGB V* **137d** 1 ff.
- transplantationsmedizinische Daten *SGB V* **299** 16
- und Zielvereinbarungen in der stationären Versorgung *SGB V* **135c** 1 ff.
- Verantwortliche *SGB XI* **112** 7 f.
- Vereinbarungen über Maßstäbe und Grundsätze *SGB XI* **112** 5 ff.
- Verpflichtung *SGB V* **135a** 1 ff.
- vertragsrechtliche Pflicht *SGB V* **135a** 12
- Vorsorge *SGB V* **137d** 1 ff., 5 f.

Qualitätssicherung durch Sachverständige *SGB XI* **97a** 1 ff.
- Datenlöschung *SGB XI* **97a** 8
- Datenverwendungsbefugnis *SGB XI* **97a** 3
- Grundsatz der Erforderlichkeit der Datenerhebung *SGB XI* **97a** 5
- Normenklarheit *SGB XI* **97a** 7
- Wahrung des Sozialgeheimnisses *SGB XI* **97a** 6

Qualitätssicherungsdaten
- Blut- und Gewebegesetz *SGB V* **275a** 16

Qualitätssicherungspflicht
- der Deutschen Krankenhausgesellschaft *SGB V* **135c** 1 ff.
- der Kassenärztlichen Vereinigung *SGB V* **135b** 1 ff.
- der Leistungserbringer *SGB V* **135a** 1 ff.
- der Zahnärzte *SGB V* **135b** 2

Qualitätsstandards *SGB XI* **77** 60

Qualitäts- und Abrechnungsprüfungen bei häuslicher Krankenpflege *SGB V* **275b** 1 ff.
- Anlassprüfungen *SGB V* **275b** 4
- Intensivpflege in Wohneinheiten *SGB V* **275b** 13 ff.
- Kosten und Finanzierung *SGB V* **275b** 22 ff.
- Ort der Prüfung, Inaugenscheinnahme *SGB V* **275b** 10 ff.
- Regelprüfungen *SGB V* **275b** 3
- Richtlinien *SGB V* **275b** 5 ff.

Qualitäts- und Wirtschaftlichkeitsprüfung der Krankenhausbehandlung *SGB V* **113** 1 ff.

Qualitäts- und Wirtschaftlichkeitswettbewerb der Pflegekassen *SGB XI* **53** 15

Qualitätsverantwortung
- Pflege *SGB XI* **112** 1 ff.

Qualitätsverträge *SGB V* **110a** 1 ff.
- Rahmenvorgaben *SGB V* **110a** 3
- Verhandlungsgemeinschaft *SGB V* **110a** 2

Qualitätsvorgaben *SGB XI* **45b** 12

Qualitätswettbewerb *SGB XI* **78** 91

Quartiersmanagement *SGB XI* **45c** 17

Rabatt
- Apotheke *SGB V* **130** 1 ff.
- der pharmazeutischen Unternehmer *SGB V* **130a** 1 ff.

Rabattvereinbarung *SGB V* **73** 28

Rahmenempfehlung *SGB V* **112** 15; *SGB XI* **78** 30
- Krankenhausbehandlung *SGB V* **112** 1 ff.
- zwischen Krankenkassen, Krankenhäusern und Vertragsärzten *SGB V* **115** 1 ff.

Rahmenrecht *SGB V* **2** 6

Rahmenvereinbarung *SGB V* **84** 32 ff.
- Abweichungskompetenz *SGB V* **84** 33
- Arzneimittel *SGB V* **84** 34
- Heilmittel *SGB V* **84** 35
- Praxisbesonderheiten *SGB V* **84** 36
- regionale Versorgungsbedingungen *SGB V* **84** 38
- Richtgrößen *SGB V* **84** 37
- Verbindlichkeit *SGB V* **84** 38

Rahmenverträge mit Pflegeeinrichtungen
- Außenseiterproblematik *SGB XI* **75** 7
- Beteiligung des PKV-Verbands *SGB XI* **75** 6
- demokratische Legitimation *SGB XI* **75** 7
- Inhalt *SGB XI* **75** 9 ff.
- Kündigung *SGB XI* **75** 13
- Rechtsnatur *SGB XI* **75** 3
- Rechtsschutz *SGB XI* **75** 8
- Schiedsverfahren *SGB XI* **75** 11 f.
- Vertragsparteien *SGB XI* **75** 4 ff.

Rahmenverträge mit pharmazeutischen Unternehmern *SGB V* **131** 1 ff.
- Heil- und Hilfsmittelversorgungsgesetz *SGB V* **131** 13 f.

Rahmenverträge über die pflegerische Versorgung *SGB XI* 75 1 ff.
Rahmenvertrag nach Abs. 2
- Datenübermittlung *SGB V* 129 15
- Gemeinsame Schiedsstelle *SGB V* 129 14
- verpflichtender Inhalt *SGB V* 129 13

Rahmenvertrag über die Arzneimittelversorgung *SGB V* 129 1 ff.
- GKV-AMVSG *SGB V* 129 1 ff.

Rahmenvorgaben
- auf Bundesebene *SGB V* 106b 17
- Bereitstellen von Daten *SGB V* 106b 26
- Geltungsbereich *SGB V* 106b 21
- individuelle Beratung *SGB V* 106b 24 ff.
- Umfang der Wirtschaftlichkeitsprüfung *SGB V* 106b 22 ff.
- weitere Maßnahmen *SGB V* 106b 25
- Ziel *SGB V* 106b 20

Rangfolge der Einnahmearten *SGB V* 230 1
Rationierung *SGB V* 140f 2
Rechnung *SGB XI* 45b 17
Rechnungsführung
- Prüfung *SGB V* 274 1 ff.

Rechnungslegung Krankenkasse
- subjektives Informationszugangsrecht *SGB V* 305b 4

Rechte und Pflichten der Pflegeeinrichtungen *SGB XI* 11 1 ff.
Rechtliches Gehör *SGB XI* 78 74
Rechtsbegriffe
- unbestimmte *SGB XI* 78 4

Rechtsform Pflegevorsorgefonds *SGB XI* 133 1 ff.
Rechtsschutz
- Anforderungsbescheide (Finanzhilfen) *SGB V* 265a 40

Rechtsverordnung *SGB V* 28 1
- Definition *SGB V* 29 1 f.
- Festbetragsregelung *SGB XI* 78 77
- kieferorthopädische Behandlung *SGB V* 29 2
- landesrechtliche *SGB XI* 45a 13
- Leistungen bei Schwangerschaft und Mutterschaft *SGB V* 24c 1 f.
- Mutterschaftsgeld *SGB V* 24i 3
- Pflegevergütung *SGB XI* 83 1 ff.

Rechtswahrnehmungsauftrag *SGB V* 75 7, 51 ff.
Rechtswege
- Sozialgericht *SGB XI* 45b 15

Reformbedarfe
- Einbeziehung GKV *SGB V* Vor 220 6
- Stellung des Bürgers in Abhängigkeit wirtschaftlicher Strukturen *SGB V* Vor 220 6
- wirtschaftliche und gesellschaftliche Bedingungen *SGB V* Vor 220 6

Reform des Verbandswesens *SGB V* 212 5, 213 1 ff.
Regelentgelt, Berechnung
- bei Abrechnung nach Monaten *SGB V* 47 20
- bei Abrechnung nach Stunden *SGB V* 47 15
- Berechnung des Nettoarbeitsentgelts *SGB V* 47 24
- einmalig gezahltes Arbeitsentgelt *SGB V* 47 23
- Entgeltabrechnungszeitraum *SGB V* 47 16
- flexible Arbeitszeit *SGB V* 47 22
- zugrunde gelegtes Einkommen *SGB V* 47 13

Regelprüfung
- Begriff *SGB XI* 114 16
- Umfang *SGB XI* 114 27 f.

Regelversorgung *SGB V* 55 2
Regelversorgung, Festsetzung *SGB V* 56 1 ff., 5
- BEL *SGB V* 56 7
- BEMA *SGB V* 56 5 ff., 7, 87 46 ff.
- Festzuschuss, befundbezogener *SGB V* 56 3
- Festzuschuss, Evaluation *SGB V* 56 9
- Festzuschussrichtlinien *SGB V* 56 8
- Festzuschussrichtlinien, Beanstandungsrecht *SGB V* 56 13
- große Brücken *SGB V* 56 6
- Härtefall *SGB V* 56 5
- kleine Brücken *SGB V* 56 6
- Kombinationsversorgung *SGB V* 56 6
- zahntechnische Leistungen *SGB V* 56 10

Regionale Euro-Gebührenordnung *SGB V* 87a 1 ff.
Regionale Kassenverbände *SGB V* 218 1 ff.
- Bildung von Kassenverbänden *SGB V* 218 2
- Bildung von Kassenverbänden in den Bezirken mehrerer Versicherungsämter *SGB V* 218 7
- Rechtsform *SGB V* 218 6

Regionale Netzwerke *SGB XI* 45c 2, 6
- Förderung *SGB XI* 45c 30

Regionale Pflegeausschüsse
- Aufgaben *SGB XI* 8a 10 ff.

Regionaler Punktwert
- allgemeine und spezielle Zuschläge *SGB V* 87a 21 ff.
- Finanzierung der Zuschläge *SGB V* 87a 28 f.

Regionale Versorgungsverpflichtung
- psychiatrische Einrichtungen *SGB V* 118 25

Regionalkennzeichen
- Bildung durch Vertrauensstelle *SGB V* 303b 4
- Ermittlung *SGB V* 303b 4
- Übermittlung an Datenaufbereitungsstelle *SGB V* 303b 4
- Übermittlungsverfahren *SGB V* 303b 4
- Verschlüsselung *SGB V* 303b 4

Regionenabgrenzung
- Ortskrankenkasse *SGB V* 143 2 ff.

Regress
- nicht verordnungsfähige Arzneimittel
  SGB V 106 22

Regressverfahren
- Anhörung des Vorstandmitglieds
  SGB V 12 28
- Kenntnis oder fahrlässige Unkenntnis eines Vorstandmitglieds   SGB V 12 28
- rechtswidrige Kulanz   SGB V 12 26

Rehabilitanden
- beitragspflichtige Einnahmen   SGB V 235 1 ff.

Rehabilitation   SGB V 20h 4
- Behinderung   SGB V 11 44 f.
- ergänzende Leistungen   SGB V 43 1 ff.
- Kuren   SGB V 73 18
- Leistung   SGB V 11 40 ff.
- medizinische   SGB XI 31 5, 32 1 ff.
- Medizinische, für Mütter und Väter
  SGB V 41 1 ff.
- Qualitätssicherung   SGB V 137d 1 ff.
- Verordnung   SGB V 73 15
- Vorrang vor Pflege   SGB XI 31 1 ff.

Rehabilitationseinrichtung   SGB V 107 1 ff.;
SGB XI 45a 24, 45b 25
- Abrechnung und Datenübermittlung
  SGB V 301 8
- ambulanten Leistungen zur medizinischen Rehabilitation   SGB V 111c 9 f.
- Leistungsberechtigung   SGB V 111c 3
- Versorgungsvertrag   SGB V 111 1 ff.
- Versorgungsverträge   SGB V 111c 1 ff.

Rehabilitationssport
- Antrag   SGB V 43 10
- Definition   SGB V 43 7
- Fahrtkostenübernahme   SGB V 43 9
- Funktionstraining, Abgrenzung
  SGB V 43 6 ff.
- Leistungsinhalt   SGB V 43 7
- Rahmenempfehlung BAR   SGB V 43 6
- Verordnung, ärztliche   SGB V 43 10

Rehabilitationsträger
- Verpflichtung zur Vermeidung von Pflegebedürftigkeit   SGB XI 5 10
- Zusammenwirken mit Pflegekassen
  SGB XI 31 7

Reisekostenerstattung
- Begriff der Reisekosten   SGB V 43 12 f.
- ergänzende Leistungen zur Rehabilitation
  SGB V 43 11 ff.
- Umfang   SGB V 43 12

Rente
- Beitrag aus der Rente, Verfassungsmäßigkeit
  SGB V 247 6
- Beitragsfreiheit   SGB XI 56 1 ff.
- beitragspflichtige Einnahmen   SGB V 228 1 f.;
  SGB XI 57 15 ff.
- Beitragssatz   SGB V 247 1 ff.

- Beitragssatz, GKV-FQWG   SGB V 247 3 ff.
- Beitragszahlung   SGB V 255 1 ff.
- Übergangsregelung zur Beitragsbemessung aus Renten   SGB V 322 1 ff.

Rentenantragsteller
- Beitragsbemessung, beitragspflichtige Einnahmen   SGB V 239 1 f.
- Beitragsfreiheit   SGB XI 56 1 ff.
- beitragspflichtige Einnahmen
  SGB V 237 1 ff., 238 1
- beitragspflichtige Einnahmen bei freiwillig Versicherten   SGB V 238a 1
- Mitgliedschaft in der Krankenversicherung
  SGB V 189 1 ff.

Rentenantragstellung und Rentenbezug
- Meldepflicht   SGB V 201 1 ff.

Rentenbeiträge   SGB XI 44 7 ff., 45c 4

Rentenversicherung
- Beiträge   SGB XI 141 19, 21
- Bestandsschutz   SGB XI 141 22
- Versicherungspflicht   SGB XI 141 19, 21

Rentner
- Beiträge auf Direktversicherungen
  SGB V 248 4
- Beitragsbemessung, beitragspflichtige Einnahmen   SGB V 239 1 f.
- beitragspflichtige Einnahmen
  SGB V 237 1 ff., 238 1
- beitragspflichtige Einnahmen bei freiwillig Versicherten   SGB V 238a 1
- Meldepflicht   SGB V 201 3 ff.

Reserveantibiotika   SGB V 35 25

Retaxation
- Formfehler   SGB V 129 13

Rezepturarzneimittel   SGB V 31 2

Richtgrößenvereinbarung   SGB V 84 27 ff.
- Auswirkungen   SGB V 84 30
- Inhalte   SGB V 84 29
- Vertragspartner   SGB V 84 28

Richtlinie des Gemeinsamen Bundesausschusses über Schutzimpfungen   SGB V 132e 1

Richtlinien
- ärztliche Behandlung   SGB V 28 14 ff.
- Begutachtungs-Richtlinien   SGB XI 17 7
- der PK zu Qualifikation und Aufgaben zusätzlicher Betreuungskräfte   SGB XI 53c 1 ff.
- des G-BA, Wundversorgung   SGB V 37 70
- des Gemeinsamen Bundesausschusses zur Qualitätssicherung   SGB V 136 1 ff.
- des Gemeinsamen Bundesausschusses zur Qualitätssicherung, ausgewählte Bereichen
  SGB V 136a 1 ff.
- KBVen   SGB V 75 13, 21, 83 ff.
- Kostenabgrenzungs-Richtlinien
  SGB XI 17 12
- Pflegberatungs-Richtlinien   SGB XI 17 10 f.
- Pflegekassen   SGB XI 17 1 ff.

Stichwortverzeichnis

- Prüfverfahren zur Sicherung der Qualität SGB XI 114a 51 ff.
- zahnärztliche Behandlung SGB V 28 20
- Zahnersatz Suprakonstruktionen SGB V 28 20
- Zahnkronen Röntgenleistungen SGB V 28 20

Riester-Rente SGB XI 126 1

Risikoausgleich
- Private Pflege-Pflichtversicherung SGB XI 111 1 ff.

Risikogruppen
- als Ausgleichsfaktoren SGB V 266 10
- Risikostrukturausgleich SGB V 266 10

Risikomanagement SGB V 135a 17, 19 ff.

Risikomerkmale
- Stichprobenvorgaben SGB V 273 27

Risikopool
- Krankenkassen SGB V 265 13
- Verwaltungsverfahren, Sonderregelungen SGB V 4a 1 ff.

Risikoselektionsanreize, GKV-FQWG SGB V Vor 265 11

Risikostrukturausgleich SGB V 266 1 ff.; SGB XI 131 3
- Auffälligkeiten bei der Datengewinnung SGB V 273 12
- Auffälligkeitsprüfung SGB V 268 13
- Ausgleichsfaktoren SGB V 266 8 ff.
- Belastungsunterschiede SGB V Vor 265 2
- Bundeskompetenz SGB V 273 6
- Bundesversicherungsamt SGB V 266 18 ff.
- Datenerhebungen SGB V 267 1 ff.
- Datengrundlagen-Sicherung SGB V 273 1 ff.
- Datenlöschprotokoll SGB V 269 20
- Datenlöschungsanordnung SGB V 269 20
- Datenmeldepflichten SGB V 267 6 ff.
- Datenmeldesystem SGB V 273 3
- Datenmeldungen SGB V 273 1 ff.
- Datenmeldungen, Abweichungen, Beschränkung auf signifikante D. SGB V 273 16
- Datenmeldungen, Analyseschwerpunkte SGB V 273 15
- Datenmeldungen, Auffälligkeitskontrolle SGB V 273 11 f.
- Datenmeldungen, Einzelfallprüfung SGB V 273 17 ff.
- Datenmeldungen, Korrekturmeldung SGB V 273 21 f.
- Datenmeldungen, Vergleichsanalysen (kassenübergreifend) SGB V 273 13 f.
- Datenprofil SGB V 269 17
- Datenschutz SGB V 268 12 ff.
- Datenverwendungsgrundsätze SGB V 273 5
- Dynamik des Krankenversicherungssystems SGB V 266 2
- dynamisches Prinzip SGB V 268 2
- Dynamisierung SGB V 268 2
- Einzelfallprüfung SGB V 268 13
- Einzelfallprüfung, Anfangsverdacht SGB V 273 18
- Evaluationsbericht SGB V 269 16
- Folgegutachten SGB V 269 15 ff.
- Forschungsbedarf SGB V 269 16
- Gesundheitsfonds SGB V 266 3
- Grundpauschale SGB V 266 9, 12 f.
- Hochrechnungsbescheid SGB V 266 29 f.
- Hochrechnungsverfahren SGB V 266 27
- Jahresausgleich SGB V 266 16, 38 f.
- Jahresschlusszuweisung SGB V 266 20
- Jährlichkeitsprinzip SGB V 266 21
- Korrekturverfahren SGB V 266 16 f.
- Krankengeld-Zuweisungen SGB V 269 17
- Krankenkassen, Anhörungsrecht SGB V 266 21 f.
- Krankenkassen-Datenmeldungen SGB V 273 1 ff.
- Leistungsausgaben SGB V 267 3
- Leistungsausgaben, Grundpauschale SGB V 266 35 ff.
- lernendes System SGB V Vor 265 8, 268 9
- Morbiditätsgruppen SGB V 268 1 ff.
- Nachkorrekturbedarf SGB V 266 24
- Nachsteuerung SGB V 269 15, 16
- pauschaliertes Verfahren SGB V 266 15 ff.
- Perspektiven SGB V 268 11
- Prüfauftrag SGB V 266 25 ff.
- Prüfverfahren SGB V 266 26
- Rechtsschutz, Korrekturbedarfsprüfung SGB V 273 30 f.
- Regionalbezug SGB V 268 12 ff.
- Risikogruppen SGB V 266 10
- RSAV-Umsetzung SGB V 268 10
- RSAV § 15a SGB V 266 24 ff.
- Rückzahlungsverpflichtungen, Anfechtungsklage SGB V 266 50 f.
- Standardisierung der Datengrundlagen SGB V 273 4
- Stichprobenverfahren SGB V 267 12
- Stichproben-Verzerrung SGB V 269 16
- Strukturanpassung SGB V 266 16
- Umsetzungsreife SGB V 269 15 ff.
- Umverteilungseffekte SGB V Vor 265 3
- Verfahrenstransparenz SGB V 266 23
- Vergleichsanalysen SGB V 273 2
- Vergleichszahlen SGB V 267 3
- Versichertengruppen SGB V 267 2 ff.
- Versicherungszeiten, Vollerhebung SGB V 266 30
- Verwaltungsverfahren, Sonderregelungen SGB V 4a 1 ff.
- voraussichtliche standardisierte Leistungsausgaben SGB V 266 13
- Weiterentwicklung SGB V 268 1 ff.
- Weiterentwicklung und Stabilisierung SGB V 273 2
- Zellenmodell SGB V 268 8

- Zuschlagsmodell   *SGB V* 268 8
- Zuweisungen   *SGB V* 269 21
- Zuweisungen, Auffälligkeitsprüfungen
  SGB V 273 7 ff.
- Zuweisungen, Einzelfallprüfungen
  SGB V 273 7 ff.
- Zuweisungen, Plausibilitätsprüfung (erweitert)
  SGB V 273 10
- Zuweisungen, risikoadäquate   *SGB V* 266 14

Röntgenleistungen
- kieferorthopädische Behandlung   *SGB V* 29 5

RSAV
- Einkommensausgleich-Detailsteuerung
  SGB V 270a 7 f.
- Ergänzungen (GKV-FQWG)   *SGB V* 269 2
- GKV-FQWG   *SGB V* Vor 265 14
- Gruppenzuordnung   *SGB V* 268 7
- weitere Ausgestaltung   *SGB V* 269 14

Rückkehrer, versicherungspflichtige
- beitragspflichtige Einnahmen   *SGB V* 227 1 ff.

Rücklage
- der Pflegekasse   *SGB XI* 45c 4
- Höhe der Rücklage   *SGB XI* 64 5
- Krankenkassen   *SGB V* 261 1 ff.

Rückversicherungsprinzip
- Finanzhilfen der Krankenkassen untereinander
  SGB V 265 5

Ruhen der Leistungsansprüche   *SGB V* 16 1 ff.
- als Bezeichnung heterogener Rechtslagen
  SGB V 16 5 ff.
- Ansprüche auf Geldleistungen   *SGB V* 16 14
- Auslandsaufenthalt   *SGB V* 16 8 ff.
- Beitragsverzug   *SGB V* 16 34 ff.
- Berufssoldaten und Soldaten auf Zeit
  SGB V 16 17 ff.
- Entwicklungsdienst   *SGB V* 16 21
- Freiheitsentzug   *SGB V* 16 22 ff.
- Gefangene   *SGB V* 16 22
- gesetzliche Dienstpflicht   *SGB V* 16 16
- Heilfürsorge   *SGB V* 16 20
- Krankengeld   *SGB V* 16 14
- PSG III   *SGB XI* 34 1 ff.
- Ruhensbescheid, kombinierte Anfechtungs- und
  Leistungsklage   *SGB V* 16 6
- Seemannsgesetz, Seearbeitsgesetz
  SGB V 16 30 ff.
- soziale Pflegeversicherung   *SGB XI* 34 1 ff.,
  45a 4, 45b 4
- Träger der Unfallversicherung im Ausland
  SGB V 16 26 ff.

Sachkostenprüfung
- im Rahmen der Vergleichsprüfung
  SGB V 106d 30 f.

Sachleistung   *SGB XI* 45b 13
- Gestaltungsvereinbarungen   *SGB XI* 78 32
- Gutschein   *SGB XI* 35a 6
- kieferorthopädische Behandlung   *SGB V* 29 5
- Kostenerstattung   *SGB V* 29 4 ff.
- Sachleistungssurrogat   *SGB XI* 39 4
- Versagen des Sachleistungssystems
  SGB V 13 23 ff.
- zahnärztliche Behandlung   *SGB V* 28 21

Sachleistungsaushilfe
- europäische Sozialrechtskoordinierung
  SGB V 13 10 f.

Sachleistungsbudget   *SGB XI* 45a 7

Sachleistungserbringer
- Auswahlmanagement   *SGB XI* 78 18
- Unterrichtungsrecht   *SGB XI* 78 18

Sachleistungsprinzip   *SGB V* 35 1
- bei grenzüberschreitender Gesundheitsversorgung   *SGB V* 140e 2
- häusliche Krankenpflege   *SGB V* 132a 4

Sachlich-rechnerische Richtigstellung
SGB V 106 12 ff.
- Abrechnungsprüfung   *SGB V* 106d 6 ff.

Sach- und Dienstleistungsgrundsatz
SGB V 13 1 f.
- Ersatz durch Kostenerstattung   *SGB V* 13 20
- Kostenerstattung   *SGB V* 13 4
- Systemversagen   *SGB V* 13 23
- Vorteile   *SGB V* 13 4

Sachverständigenrat   *SGB V* 140f 2, 142 1 ff.
- Berufung   *SGB V* 142 3 f.
- Finanzierung   *SGB V* 142 3
- Gutachten   *SGB V* 142 5 f.
- konzertierte Aktion   *SGB V* 142 1 ff.
- Sondergutachten   *SGB V* 142 6

Saisonarbeitnehmer, Beginn freiwillige Mitgliedschaft
- Blut- und Gewebegesetz   *SGB V* 188 13 ff.

Sanitätshaus, Depotverbot   *SGB V* 128 3

Satzung
- GKV-Spitzenverband   *SGB V* 217e 1 ff.
- GKV-Spitzenverband, Bekanntmachung
  SGB V 217e 14 f.
- GKV-Spitzenverband, Erlass   *SGB V* 217e 3
- GKV-Spitzenverband, Genehmigung
  SGB V 217e 3 f.
- GKV-Spitzenverband, Mindestinhalt
  SGB V 217e 5
- Kassenärztliche Bundesvereinigung
  SGB V 81 1 ff.
- Kassenärztliche Vereinigung   *SGB V* 81 1 ff.
- Krankenkassen   *SGB V* 194 1 ff.
- Krankenkassen, Einsichtnahme
  SGB V 196 1 ff.
- Krankenkassen, Genehmigung
  SGB V 195 1 ff.
- Krankenkassen, Verwaltungsrat
  SGB V 197 1 ff.
- Landesverbände der Krankenkassen
  SGB V 210 1 ff.

- Landesverbände der Krankenkassen, Aufsichtsbehörde *SGB V* 210 3
- Landesverbände der Krankenkassen, Aufstellung *SGB V* 210 2
- Landesverbände der Krankenkassen, Bekanntmachung *SGB V* 210 5
- Landesverbände der Krankenkassen, Genehmigung *SGB V* 210 3
- Landesverbände der Krankenkassen, Mindestinhalt *SGB V* 210 4
- Landesverbände der Krankenkassen, öffentliche Bekanntmachung *SGB V* 210 5
- Landesverbände der Krankenkassen, Spitzenverband Bund der Krankenkassen *SGB V* 210 6
- Landesverbände der Krankenkassen, Verbindlichkeit der vom Spitzenverband Bund der Krankenkassen abzuschließenden Verträge und Richtlinien *SGB V* 210 6
- Landesverbände der Krankenkassen, Verträge und Richtlinien des Spitzenverbandes Bund der Krankenkassen *SGB V* 210 6
- Pflegekassen *SGB XI* 47 1 ff.
- zusätzliche Leistungen *SGB V* 11 79 ff.

Satzungsrecht
- Bestimmtheitsmängel *SGB V* 265 18
- Normsetzungsakt *SGB V* 265 17

Säumniszuschlag
- Ermäßigung und Erlass *SGB V* 256a 1 ff.
- Rückstandsquote *SGB V* 271a 16
- Umsetzungsgrenzen *SGB V* 271a 23
- Verhältnismäßigkeit *SGB V* 271a 17

Schadensersatz
- Beitragszahlung *SGB V* 252 9

Schätzerkreis iVm dem Gesundheitsfonds *SGB V* 220 6

Scheinschwangerschaft *SGB V* 24c 6

Schiedsamt *SGB V* 89 1 ff.
- Abberufung der Mitglieder aus wichtigem Grund *SGB V* 89 36
- Amtsdauer der Mitglieder *SGB V* 89 29, 34
- Anfechtungs- und Verpflichtungsklage gegen die Entscheidungen *SGB V* 89 89 ff.
- Aufsicht *SGB V* 89 82 ff., 92 f.
- Befangenheit der Mitglieder *SGB V* 89 61 ff.
- Begriff *SGB V* 89 15
- Bestellung bei fehlendem Einvernehmen *SGB V* 89 30 ff.
- Bestellung im Einvernehmen *SGB V* 89 27 ff.
- Haftung der Mitglieder *SGB V* 89 45
- Landesschiedsamt *SGB V* 89 16 f.
- Mitgliedschaft *SGB V* 89 21 ff.
- Rechtsform *SGB V* 89 18
- Rechtsnatur der Entscheidung *SGB V* 89 72 ff.
- Rechtsschutz *SGB V* 89 87 ff.
- Tätigwerden *SGB V* 89 46 ff.
- Trägerschaft *SGB V* 89 19 f.
- Verfahren *SGB V* 89 50 ff.
- Verfahrensgrundsätze *SGB V* 89 53 ff.
- Verfahrensziel *SGB V* 89 64
- Vergütung *SGB V* 89 41 f.
- Wirtschaftlichkeitsprüfung ärztlich verordneter Leistungen *SGB V* 106b 30

Schiedsperson Heilmittelversorgung
- Heil- und Hilfsmittelversorgungsgesetz *SGB V* 125 4

Schiedsspruch
- eingeschränkte Kontrolldichte *SGB V* 120 57
- Rechtsschutz *SGB V* 111b 11
- Rechtsweg *SGB V* 120 56

Schiedsstelle *SGB V* 75 78 f.
- Entscheidung, Doppelnatur *SGB V* 120 55
- Errichtung *SGB XI* 113b 4
- Vergütung ambulanter Krankenhausleistungen *SGB V* 120 52 ff.

Schiedsstelle Pflegeeinrichtungen *SGB XI* 76 1 ff.
- Aufsicht *SGB XI* 76 9
- Delegation auf eine Schiedsperson *SGB XI* 76 15 ff.
- Rechtsgrundlagen *SGB XI* 76 2
- Schiedsspruch *SGB XI* 76 13 f.
- Verfahren *SGB XI* 76 12
- Zusammensetzung *SGB XI* 76 7 f.
- Zuständigkeiten *SGB XI* 76 5

Schiedsvereinbarung
- Erstattungsbeträge (§ 130b SGB V) *SGB V* 35b 2 ff.

Schiedsverfahren
- Einigungsverfahren *SGB XI* 81 8
- gerichtliche Kontrolldichte *SGB V* 132a 41
- häusliche Krankenpflege *SGB V* 132a 15, 34 ff.
- Kosten *SGB V* 132a 39
- Kosten bei Vergütungskürzungsverfahren *SGB XI* 116 7 f.

Schlechterstellung *SGB XI* 141 2, 144 2

Schlichtungsstelle *SGB V* 106 20
- Gesellschaft für Telematik *SGB V* 291c 1 ff.

Schließung
- Begriff *SGB V* 146a 3
- Betriebskrankenkasse *SGB V* 153 1 ff.
- Ersatzkassen *SGB V* 170 1 ff.
- Innungskrankenkasse *SGB V* 163 1 f.
- Ortskrankenkasse *SGB V* 146a 1 ff.
- Vermeidung *SGB V* 172 1 ff.

Schönheitsoperation *SGB V* 52 23 f.

Schulung *SGB XI* 45d 8

Schutz Daten Verstorbener
- Testierfähigkeit *SGB XI* 93 7

Schutzimpfungen *SGB V* 20i 1 ff., 132e 1 ff.
- Richtlinie des Gemeinsamen Bundesausschusses über Schutzimpfungen *SGB V* 132e 1

Schutzimpfungs-Richtlinie *SGB* V 20i 5 f.
Schwangerschaft *SGB* V 27 39 f., 27a 1 ff.
- Begriff *SGB* V 24c 6
- Beitragspflicht *SGB* V 192 22
- künstliche Befruchtung *SGB* V 27a 1 ff.
- Leihmutter *SGB* V 24c 6
- Leistungen *SGB* V 24c 1 ff.
- medizinische Maßnahmen zur Herbeiführung *SGB* V 27a 33
- Mitgliedschaftserhalt *SGB* V 192 19 ff.
- Scheinschwangerschaft *SGB* V 24c 6
- Sorgemutter *SGB* V 24c 6

Schwangerschaftsabbruch *SGB* V 11 32, 24b 1 ff.
- Leistungen bei Schwangerschaft und Mutterschaft *SGB* V 24c 7

Schwangerschaft und Mutterschaft
- Arzneimittel *SGB* V 24e 1 ff.
- Heilmittel *SGB* V 24e 1 ff.
- Hilfsmittel *SGB* V 24e 1 ff.
- Verbandmittel *SGB* V 24e 1 ff.

Seeleute *SGB* V 16 30
- beitragspflichtige Einnahmen *SGB* V 233 1

Sektorenübergreifende Landespflegeausschüsse *SGB* XI 8a 7 ff.
- Begriff *SGB* XI 8a 8 ff.
- sektorenübergreifende Versorgungsfragen *SGB* XI 8a 9 ff.

Selbst beschaffte Pflegehilfen
- Pflegegeld *SGB* XI 37 1 ff.

Selbstbeschaffung von Gesundheitsleistungen *SGB* V 13 30

Selbstbestimmung *SGB* XI 2 1 ff.
- Versorgung nicht harninkontinenter Pflegebedürftiger *SGB* XI 2 4

Selbstbeteiligung *SGB* V 35 1

Selbsthilfe *SGB* V 20h 1 ff., 140f 1; *SGB* XI 45d 1 ff.
- Förderung *SGB* V 140h 2
- völkergewohnheitsrechtliches Nichteinmischungsverbot *SGB* XI 45d 3

Selbsthilfeförderung
- Leitfaden *SGB* V 20h 6

Selbsthilfegruppen *SGB* XI 45c 2, 31, 45d 5
- Begriff *SGB* XI 45d 6
- Förderung *SGB* V 20h 3

Selbsthilfekontaktstelle *SGB* V 20h 3; *SGB* XI 45c 2, 31, 45d 5
- Begriff *SGB* XI 45d 6

Selbsthilfeorganisation *SGB* V 20h 3; *SGB* XI 45c 2, 31, 45d 5
- Begriff *SGB* XI 45d 6
- Patienten *SGB* V 140f 4

Selbstständige Tätigkeit
- Abgrenzung zur Beschäftigung iVm der Beitragsbemessung *SGB* V 226 7 ff.

Selbstverschulden
- Leistungsbeschränkung *SGB* V 52 13 ff.

Selbstversorgung *SGB* XI 45b 14, 17

Selbstverwaltung
- Finanzmittel *SGB* V 4 13
- Gründungskonzeption der GKV *SGB* V Vor 220 1 ff.

Selbstverwaltungsorgane
- Wahlen, Organe der Landesverbände *SGB* V 209 6, 217c 3 ff.

Selbstverwaltungsträger
- fachliche Verantwortung *SGB* XI 78 6

Selektivverträge
- Abrechnung ärztlicher Leistungen: Übergangsregelung *SGB* V 320 1 f.

Serviceangebote
- haushaltsnahe Dienstleistungen *SGB* XI 45a 6

SGB III *SGB* XI 45c 12, 26

SGB V *SGB* XI 45d 7

Sicherstellung
- Ambulante Behandlung durch Krankenhäuser *SGB* V 116a 3 ff.
- der Einnahmen des Gesundheitsfonds *SGB* V 271a 1 ff.
- der vertragsärztlichen und vertragszahnärztlichen Versorgung *SGB* V 72 1 ff.
- Eigeneinrichtung *SGB* V 140 18 ff.
- Einrichtungen kommunaler Träger *SGB* V 105 26 ff.
- Ermächtigung von Krankenhausärzten *SGB* V 116 12 ff.
- Inhalt und Umfang *SGB* V 75 1 ff.

Sicherstellungsauftrag *SGB* V 2 23, 72 3 ff., 73b 36, 75 27 f., 75a 6; *SGB* XI 69 1 ff., 77 18, 59
- Durchbrechung *SGB* V 75 2, 18, 22 ff., 68 ff.
- Grundpflege *SGB* XI 77 39
- hauswirtschaftliche Versorgung *SGB* XI 77 39
- Übergang auf die Krankenkassen *SGB* V 72a 1 ff., 8 ff.
- Übergang auf Krankenkassen *SGB* V 140 21

Sicherstellungsvertrag *SGB* V 72a 19 ff., 112 1 ff.

Sicherstellungszuschläge
- Unterversorgung *SGB* V 105 7 ff.

Sicherung der Datengrundlagen für den Risikostrukturausgleich *SGB* V 273 1 ff.

siehe GKV-AMVSG *SGB* V 35a 1, 87 1, 130b 78

Soldaten auf Zeit, Ruhen *SGB* V 16 17

Solidargemeinschaft *SGB* V 1 5

Solidarische Finanzierung GKV *SGB* V 3 1 ff.

Solidarität
- Ausgestaltung *SGB V* 3 12
- Defizite, Finanzhilfen (FHO) *SGB V* 265a 34 f.
- Familienlastenausgleich *SGB V* 3 17
- Umlagen-Haftungsverbund *SGB V* 265a 41
- Wettbewerb und S. *SGB V* Vor 265 5

Solidarität und Eigenverantwortung *SGB V* 1 1 ff.

Solidarprinzip *SGB V* 266 4; *SGB XI* 131 7
- Beitragsbemessung *SGB XI* 54 2
- Beitragspflicht *SGB V* 223 1 ff.
- Spitzenverband Bund der Krankenkassen-Ebene *SGB V* 265 4
- unterschiedliche Beiträge *SGB V* 3 16

Sonderbedarfszulassung *SGB V* 101 54 ff.

Sonderregelungen
- für Krankengeld und Auslandsversicherte *SGB V* 269 1 ff.
- für Krankengeld und Auslandsversicherte, Heil- und Hilfsmittelversorgungsgesetz *SGB V* 269 1 ff.
- zum Verwaltungsverfahren *SGB V* 4a 1 ff.

Sondervermögen
- Entlastung *SGB XI* 131 6
- Gesundheitsfonds *SGB V* 271 1 ff.
- Pflegevorsorgefonds *SGB XI* 136 1 ff.
- Prüfung *SGB XI* 131 6
- Verwendung *SGB XI* 136 1 ff.

Sonstige Leistungserbringer, Abrechnung
- Angaben bei häuslicher Krankenpflege *SGB V* 302 4
- Angaben bei Hilfsmittelversorgung *SGB V* 302 4
- Auftragsdatenverarbeitung durch Rechenzentren *SGB V* 302 7 ff.
- Auskunftsanspruch Krankenkasse *SGB V* 302 6
- Auskunfts- und Prüfregime *SGB V* 302 6
- Begriff *SGB V* 302 3
- Beweislast bei Zweifeln *SGB V* 302 5
- Direktabrechnung *SGB V* 302 2 ff.
- Rechenzentren *SGB V* 302 2 ff.
- zu übermittelnde Angaben *SGB V* 302 4

Sorgemutter
- Leistungen bei Schwangerschaft und Mutterschaft *SGB V* 24c 6

Sozialausgleich
- GKV-FQWG, Abschaffung durch *SGB V* Vor 265 10
- iVm dem Gesundheitsfonds *SGB V* 220 2

Sozialdaten
- Begriff *SGB V* 284 3
- bei Krankenkassen *SGB V* 284 1 ff.
- Erhebung *SGB V* 284 3
- Nutzung *SGB V* 284 9
- Pflegestützpunkte *SGB XI* 7c 21 f.
- unzulässige Übermittlung *SGB V* 306 16
- Verarbeitung *SGB V* 284 9
- Verarbeitung und Nutzung für die Mitgliedergewinnung *SGB V* 284 9 f.
- Zurverfügungstellung an MDK *SGB V* 277 7

Sozialdatenschutz
- Begriffe *SGB V* Vor 284 23
- europarechtliche Entwicklung *SGB V* Vor 284 10 ff.
- historische Entwicklung *SGB V* Vor 284 2 ff.
- Regelungssystematik *SGB V* Vor 284 1
- Verfassungsrecht *SGB V* Vor 284 8 f.
- Verhältnis zum BDSG *SGB V* Vor 284 20
- Versorgungsvertrag *SGB XI* 78 57
- Vorschriftenverhältnis im SGB *SGB V* Vor 284 17 ff.

Soziale Gerechtigkeit (Gründungskonzeption, Reformbedarfe) *SGB V* Vor 220 1 ff.

Soziale Pflegeversicherung *SGB XI* 1 1 ff.
- Beendigung der Mitgliedschaft *SGB XI* 35 3
- Erlöschen der Leistungsansprüche *SGB XI* 35 1 ff.
- Familienversicherung *SGB XI* 1 13
- Finanzierung *SGB XI* 1 15
- MDK *SGB V* 276 43 f.
- Mitglieder der GKV als Pflichtversicherte *SGB XI* 1 12
- Rechtswegzuständigkeit *SGB XI* 1 4

Sozialforschung
- empirische *SGB XI* 45f 5

Sozialgeheimnis *SGB XI* 78 56
- Datenaufbereitungsstelle *SGB V* 303d 6
- Rechenzentren in der Auftragsdatenverarbeitung *SGB V* 295a 14
- Vertrauensstelle *SGB V* 303c 8

Sozialgesetzgeber
- Beobachtungspflicht *SGB V* 265b 23
- Gestaltungsverantwortung *SGB V* 265b 23

Sozialhilfeanrechnung *SGB XI* 141 6

Sozialmedizinische Nachsorgemaßnahmen
- Empfehlungen *SGB V* 132c 15 ff.
- Erfordernis der bedarfsgerechten Versorgung *SGB V* 132c 11 f.
- Nachsorge für Kinder *SGB V* 43 26 ff.
- Nachweis der Eignung *SGB V* 132c 5 f.
- Rechtsschutz *SGB V* 132c 13
- Verordnung und Genehmigung *SGB V* 132c 14
- Versorgung *SGB V* 132c 1 ff.
- Verträge mit Leistungserbringern *SGB V* 132c 4 ff.

Sozialmedizinischer Dienst der deutschen Rentenversicherung Knappschaft-Bahn-See *SGB V* 283 6

Sozialpädiatrische Leistungen, nichtärztliche
SGB V 43a 1 ff.
- Anspruch auf diagnostische Maßnahmen *SGB V* 43a 9 ff.
- Anspruch auf therapeutische Maßnahmen *SGB V* 43a 14 ff.

Sozialpädiatrisches Zentrum (SPZ)
SGB V 119 1 ff.; *SGB V* 113 11
- ausreichende Anzahl von Patienten *SGB V* 119 19
- Bedarfsermittlung *SGB V* 119 21 ff.
- Begriff *SGB V* 119 10 ff.
- Ermächtigung *SGB V* 119 15 ff.
- Ermächtigungsverfahren *SGB V* 119 33 ff.
- geeignete Ärzte *SGB V* 119 30
- Leistungsfähigkeit *SGB V* 119 19
- Pauschalierung der Vergütung *SGB V* 120 39 ff.
- Vergütung *SGB V* 119 32
- Versorgungsauftrag *SGB V* 119 29
- Wirtschaftlichkeit *SGB V* 119 20
- Zusammenarbeit mit Ärzten und Frühförderstellen *SGB V* 119 30 f.

Sozialpolitische Sprechweise des Gesetzes
SGB V 2 6

Sozialpsychiatrische Versorgung
- Kinder und Jugendliche *SGB V* 43a 4, 14 ff.

Sozialrechtskoordinierung, europäische Verordnung *SGB V* 13 8 ff.
- Anwendungsbereich *SGB V* 13 8 f.
- Aufenthalt in Mitgliedstaaten *SGB V* 13 11
- gezielte Auslandsbehandlung *SGB V* 13 11
- Leistungsarten *SGB V* 13 10
- Vorrang ggü Patientenrichtlinie *SGB V* 13 16
- Ziel *SGB V* 13 9

Sozialversicherung
- Begriff *SGB XI* 1 5
- dynamische Faktoren *SGB XI* Vor 131 6
- Grundgesetz *SGB V* 3 6
- Kapitaldeckung *SGB XI* 131 2
- Strukturprinzipien *SGB XI* Vor 131 6

Sozialversicherungsbeiträge, allgemeine Staatsfinanzen *SGB V* 271 5

Sozialversicherungspflicht *SGB XI* 45c 13

Sozialversicherungsträger *SGB XI* 133 2

Soziotherapie *SGB V* 37a 1 ff.
- Abgrenzung zu anderen Leistungen *SGB V* 37a 34 f.
- Anspruchsdauer *SGB V* 37a 28 ff.
- Anspruchsinhalt *SGB V* 37a 25 ff.
- Anspruchsvoraussetzungen *SGB V* 37a 6 ff.
- Erfordernis der bedarfsgerechten Versorgung *SGB V* 132b 11
- Genehmigungsvorbehalt *SGB V* 37a 22 ff.
- Nachweis der Eignung *SGB V* 132b 6
- Normkonkretisierungskonzept *SGB V* 37a 5
- PsychVVG *SGB V* 37a 20

- Rechtsschutz *SGB V* 132b 17
- Schiedsverfahren *SGB V* 132b 12
- Vergütungsanspruch *SGB V* 132b 14
- Verordnung *SGB V* 37a 19 ff., 132b 15
- Versorgung *SGB V* 132b 1 ff.
- Versorgungsumfang *SGB V* 132b 16
- Verträge mit Leistungserbringern *SGB V* 132b 5 ff.
- Zuzahlung *SGB V* 37a 31

Sparsamkeit
- Wirtschaftlichkeit *SGB V* 4 21 f.

Spende von Organen, Geweben oder Blut
- Krankengeld *SGB V* 44a 1 ff.

Spezialisierte ambulante Palliativversorgung
SGB V 37b 1 ff., 132d 1 ff.

Spitzenorganisationen der Vorsorge- und Rehabilitationseinrichtungen *SGB V* 112 5, 16

Spitzenverband Bund
- Aufsicht *SGB V* 217i 1 ff.
- Berichtspflicht des Bundesministeriums für Gesundheit *SGB V* 217j 1 ff.
- Bestellung eines Beauftragten *SGB V* 217i 1 ff.
- Empfehlungen *SGB XI* 45a 13, 45c 25, 32, 33
- Verhinderung von Organen *SGB V* 217i 1 ff.

Spitzenverband Bund der Krankenkassen
SGB V 35b 8; *SGB XI* 53 3
- Abberufung des (stellvertretenden) Vorsitzenden des Verwaltungsrates Aufgaben des Vorstandes *SGB V* 217b 13
- Amtszeit der Mitglieder des Verwaltungsrates *SGB V* 217b 8
- anonymisierte Verwendung von Daten des Risikostrukturausgleichs *SGB V* 217f 20
- Anteil der Arbeitnehmer- und Arbeitgebervertreter im Verwaltungsrat *SGB V* 217c 7
- Aufbringung und Verwaltung der Mittel *SGB V* 217e 8
- Aufgaben *SGB V* 217f 1 ff.
- Aufgaben des Verwaltungsrates *SGB V* 217b 5
- Aufgaben des Vorstandes *SGB V* 217b 15
- Aufsicht *SGB V* 217d 1 ff., 3
- Aufsichtsbehörde *SGB V* 217d 3, 217e 3
- Aufsicht, Selbsteintritt *SGB V* 217g 1 ff.
- Aufsichtsmittel *SGB V* 217d 5
- Beschlussfassung der Mitgliederversammlung *SGB V* 217b 19
- Betriebs- und Rechnungsprüfung *SGB V* 217e 13
- Beurkundung der Beschlüsse *SGB V* 217e 9
- Daten des Risikostrukturausgleichs *SGB V* 217f 21
- Durchführung der Aufsicht *SGB V* 217d 5
- Empfehlungen *SGB V* 217f 9
- Entsandte Person für besondere Angelegenheiten *SGB V* 217h 1 ff.

- Entschädigung der Mitglieder des Verwaltungsrates *SGB V* 217e 7
- Entscheidungen in grundsätzlichen Fach- und Rechtsfragen *SGB V* 217f 8
- Entscheidungen zur Organisation des Qualitäts- und Wirtschaftlichkeitswettbewerb der Krankenkassen *SGB V* 217f 10
- Errichtung *SGB V* 217a 1 ff., 4
- Fortgeltung von Vereinbarungen, Regelungen und Entscheidungen *SGB V* 217f 16
- gesetzliche Aufgaben *SGB V* 217f 3 f.
- Größe des Verwaltungsrates *SGB V* 217c 3
- Gruppe der Arbeitgeber im Verwaltungsrat *SGB V* 217c 7
- Gruppe der Versicherten im Verwaltungsrat *SGB V* 217c 7
- Haushalts- und Rechnungswesen *SGB V* 217d 1 ff., 6
- Informationsanspruch *SGB V* 265b 5
- Insolvenz einer Krankenkasse *SGB V* 217f 17 ff.
- konstituierende Sitzung des Verwaltungsrates *SGB V* 217c 21
- Körperschaft des öffentlichen Rechts *SGB V* 217a 5
- Mitglieder *SGB V* 217a 4
- Mitglieder des Verwaltungsrates *SGB V* 217c 4, 7
- Mitglieder des Vorstandes *SGB V* 217b 14
- Öffentlichkeit der Sitzungen des Verwaltungsrates *SGB V* 217e 10
- Organisation des Qualitäts- und Wirtschaftlichkeitswettbewerbs *SGB V* 217f 10
- Pflichtmitglieder *SGB V* 217a 4
- Rechte und Pflichten der Mitgliedskassen *SGB V* 217e 12
- Rechtsaufsicht *SGB V* 217d 5
- Rechtsform *SGB V* 217a 5
- Rechtsstellung der Mitglieder des Verwaltungsrates *SGB V* 217b 8
- Reichweite der Befugnisse *SGB V* 217e 17
- Richtlinie zur Teilnahmeerklärung bei hausarztzentrierter Versorgung, besonderer ambulanter ärztlicher Versorgung und integrierter Versorgung *SGB V* 217f 11 ff.
- Risikostrukturausgleich *SGB V* 217f 21
- Satzung *SGB V* 217e 1 ff.
- Satzung des GKV-Spitzenverbandes *SGB V* 217c 9
- Schließung einer Krankenkasse *SGB V* 217f 17 ff.
- Selbstverwaltungsorgan *SGB V* 217b 3, 14, 18
- Sitz *SGB V* 217e 16
- Sitzverteilung im Verwaltungsrat *SGB V* 217c 6
- Solidarprinzip *SGB V* 265 4
- Statistiken *SGB V* 217d 1 ff., 6
- Stimmengewichtung im Verwaltungsrat *SGB V* 217c 7, 16 f.
- Transparenz, Auskunftserteilungsanspruch *SGB V* 265b 4 f.
- Unterstützungsaufgaben *SGB V* 217f 5 f.
- Verfassung des Verwaltungsrates *SGB V* 217b 8
- Vermögen *SGB V* 217d 1 ff., 7
- Verordnungsermächtigung *SGB V* 217c 22
- Vertretung der Interessen der Krankenkassen bei über- und zwischenstaatlichen Organisationen und Einrichtungen *SGB V* 217f 7
- Vertretung der ordentlichen Verwaltungsratsmitglieder *SGB V* 217c 5
- Verwaltungsrat *SGB V* 217c 3 ff.
- Verwaltungsvermögen *SGB V* 217d 7
- Vorsitzender der Mitgliederversammlung *SGB V* 217c 18 ff.
- Wahl des Verwaltungsrates *SGB V* 217c 11 ff.
- Wahl des Vorsitzenden der Mitgliederversammlung *SGB V* 217c 18 ff.
- Zusammensetzung des Verwaltungsrates *SGB V* 217b 4, 217c 4

Spitzenverband Bund der Pflegekassen
SGB XI 45d 9, 45e 13, 45f 11, 53 2 ff.
- Aufgaben *SGB XI* 53 11 ff.
- Aufsicht *SGB XI* 53 5 f.
- Aufsichtsbehörde *SGB XI* 53 5
- Haushalts- und Rechnungswesen *SGB XI* 53 7 f.
- Organe *SGB XI* 53 4
- Rechtsstreitigkeiten *SGB XI* 53 3
- Statistiken *SGB XI* 53 7 f.
- Unterstützungsaufgaben *SGB XI* 53 13
- Vermögen *SGB XI* 53 9 f.
- Verwaltungsvermögen *SGB XI* 53 10

Spitzenverbände der Pflegekassen
- Versorgungsvertragspartner *SGB XI* 78 31

Spitzenverbund *SGB XI* 45c 26

Staatliche Fürsorge, Gründungskonzeption der GKV *SGB V* Vor 220 1 ff.

Standardisierung
- Datengrundlagen *SGB V* 273 4

Standardisierungsverfahren *SGB V* Vor 265 13
- Korrektiv *SGB V* 269 8

Standardtarif *SGB V* 75 9, 68 ff.
- modifizierter, Basistarif *SGB V* 315 1 f.
- modifizierter, Personen ohne Versicherungsschutz *SGB V* 315 1
- modifizierter, private Krankenversicherung *SGB V* 315 1

Ständige Impfkommission *SGB V* 20i 2, 5 f.

Standortverzeichnis
- Krankenhausambulanzen *SGB V* 293 9
- Krankenhäuser, führende Stelle *SGB V* 293 9
- zugelassene Krankenhäuser *SGB V* 293 9

Stationäre Behandlung *SGB* V **11** 57 ff.
- AU als doppeldeutiger Begriff *SGB* V **44** 26
- Organtransplantation *SGB* V **44** 26
- Verzeichnis stationärer Leistungen und Entgelte *SGB* V **39** 26

Stationäre Einrichtungen der Hilfe für Menschen mit Behinderung
- Leistungspauschale *SGB* XI **43a** 6

Stationäre Pflege
- Beitragsfreiheit *SGB* XI **56** 1, 3
- Besitzstandsschutz für pflegebedürftige Menschen mit Behinderungen *SGB* XI **145** 1 ff.
- in Behinderteneinrichtungen *SGB* XI **43a** 2 ff.
- Inhalt der Leistung *SGB* XI **43b** 1 ff.
- Investment-Konzept *SGB* XI **2** 10
- Private Placement *SGB* XI **2** 11
- zusätzliche Betreuungskräfte (Qualifikation und Aufgaben) *SGB* XI **53c** 1 ff.
- zusätzliche Betreuung und Aktivierung *SGB* XI **43b** 1 ff.

Stationäre Pflegeeinrichtung
- Ambulante Behandlung *SGB* V **119b** 1 ff., 6 ff.
- Definition *SGB* V **119b** 9
- Vergütung *SGB* V **119b** 34
- Versorgungsbedarf *SGB* V **119b** 10 ff.

Stationäre Pflege in Teilhabeeinrichtungen
- PSG III *SGB* XI **43a** 1 ff.

Stationäre Pflegeleistungen
- Bemessungsgrundsätze *SGB* XI **84** 1 ff.

Stationäre Versorgung *SGB* V **137c** 1 ff.

Stationsäquivalente psychiatrische Behandlung *SGB* V **115d** 1 ff.
- Berechtigung *SGB* V **115d** 3 ff.
- Einführung eines Operationen- und Prozedurenschlüssel *SGB* V **115d** 14
- Evaluierung *SGB* V **115d** 15
- Vereinbarung über Ausgestaltung *SGB* V **115d** 7 ff.

Stationsersetzende Behandlungen *SGB* V **122** 15

Stellen zur Bekämpfung von Fehlverhalten im Gesundheitswesen *SGB* V **81a** 1 ff., **197a** 1 ff.; *SGB* XI **47a** 1 f.

Sterbebegleitung *SGB* XI **28** 14 f.

Sterilisation *SGB* V **11** 32, **24b** 1 ff., **27a** 11

Steuerfinanzierung, Bundeszuschuss zur GKV *SGB* V **221** 1, 3

Steuerzuschuss, historische Entwicklung *SGB* V Vor **220** 6

Stichproben
- Zufälligkeitsprüfung *SGB* V **106a** 11, 18

Stichprobenverfahren, Risikostrukturausgleich *SGB* V **267** 12

Strafvorschrift *SGB* V **307a** 1 ff., **307b** 1 ff.
- Beteiligung *SGB* V **307a** 9
- Fahrlässigkeit *SGB* V **307a** 12

- Rechtswidrigkeit *SGB* V **307a** 6
- Schuld *SGB* V **307a** 6
- Vorsatz *SGB* V **307a** 5

Streik
- Vertragsarzt *SGB* V **95b** 6

Strukturierte Behandlungsprogramme
- bei chronischen Krankheiten *SGB* V **137f** 1 ff.
- Zulassung *SGB* V **137g** 1 ff.

Strukturierte Zusammenarbeit *SGB* XI **45c** 30, 31

Student
- beitragspflichtige Einnahmen *SGB* V **236** 1
- Beitragssatz *SGB* V **245** 1 f.
- Beitragszahlung *SGB* V **254** 1 ff.
- Exmatrikulation *SGB* V **190** 23

Studien
- klinische Studien *SGB* V **35b** 10 ff., **35c** 11, 22 ff.
- Versorgungsstudien *SGB* V **35b** 3, 12, 17

Stufensprung *SGB* XI **141** 3
- doppelter *SGB* XI **141** 4, 6, 7
- einfacher *SGB* XI **141** 7

Stufenweise Wiedereingliederung *SGB* V **74** 1 ff.
- Arbeitsrecht *SGB* V **74** 9 ff.
- Deckungsverhältnis der Sozialversicherung *SGB* V **74** 12 ff.
- Feststellungen zur Wiedereingliederung *SGB* V **74** 4 ff.
- leistungsrechtliche Konsequenzen *SGB* V **74** 14 ff.
- schwerbehinderte Arbeitnehmer *SGB* V **74** 11

Subsidiarität *SGB* XI **77** 60
- Hilfs- und Umlagesystem *SGB* V **265a** 5

Substitution *SGB* V **28** 19

Substitutionsausschlussliste
- aut-idem-Ersetzung *SGB* V **129** 9

Sucht *SGB* V **27** 43 f.

Surrogatparameter *SGB* V **35** 46

Systematik Wirtschaftlichkeits- und Abrechnungsprüfung *SGB* V Vor **106** 7 ff.

Systemtreue *SGB* XI Vor **131** 13

Systemversagen *SGB* V **13** 23 ff., **135** 23, 34

Tagesklinik *SGB* V **107** 6

Tagespflege *SGB* XI **41** 1 ff.

Tagespflegeheim *SGB* XI **41** 5

Tages- und Nachtpflege *SGB* XI **45a** 24, **45b** 12 f., 25

Tariflohn *SGB* XI **84** 57 ff.
- Pflege *SGB* XI **89** 9

Tätowierung *SGB* V **52** 23 f.

Teilhabeleistung
- Aufforderung zur Antragstellung *SGB* V **51** 2 ff.

- Ausstrahlungswirkung bei Aufforderung zum Antrag auf T. bei im Ausland lebenden Versicherten *SGB V* 51 9

Teilhabeleistung, Aufforderung zur Antragstellung
- Anhörung des Betroffenen *SGB V* 51 6
- ärztliches Gutachten *SGB V* 51 3
- Aufforderung zum Antrag bei im Ausland lebenden Versicherten *SGB V* 51 9 ff.
- Bezug von Krg *SGB V* 51 4
- Dispositionsinteresse des Versicherten *SGB V* 51 6
- Ermessen *SGB V* 51 6
- Erwerbsfähigkeit *SGB V* 51 2
- Mitwirkungspflichten des Versicherten *SGB V* 51 8
- Rentenantrag *SGB V* 51 5

Teilkaskoversicherung *SGB XI* 45b 3

Teilkostenerstattung für Krankenkassenbeschäftigte *SGB V* 14 2 ff.
- Angehörige *SGB V* 14 10
- Beamte *SGB V* 14 9
- betroffener Personenkreis *SGB V* 14 6 f.
- DO-Angestellte *SGB V* 14 7 f.
- Durchbrechung des Sachleistungsprinzips *SGB V* 14 2
- Durchführung *SGB V* 14 14
- Erstattungsfähigkeit *SGB V* 14 13
- Gestaltungsrecht *SGB V* 14 12
- Hinterbliebene *SGB V* 14 11
- Normzweck *SGB V* 14 3
- Praxis *SGB V* 14 5
- Rechtspraxis contra legem *SGB V* 14 11
- Ungleichbehandlung *SGB V* 14 6

Teilnahme am Rahmenvertrag nach § 129 Abs. 2
- ausländische Apotheken *SGB V* 129 12

Teilnahme an der vertragsärztlichen Versorgung *SGB V* 95 1 ff.

Teilstationäre Behandlung *SGB V* 39 7

Teilstationäre Leistungen, Abgrenzung zur ambulanten spezialfachärztlichen Versorgung *SGB V* 116b 157 ff.

teilstationäre Pflege *SGB XI* 41 1 ff., 45b 11
- ambulante Pflegesachleistungen ohne Anrechnung *SGB XI* 41 9
- Anspruchsvoraussetzungen *SGB XI* 41 4 ff.
- Kostenerstattung *SGB XI* 41 4
- Leistungen *SGB XI* 41 7 ff.
- Leistungskombination *SGB XI* 41 9
- soziale Betreuung *SGB XI* 41 7

Teilzeitbeschäftigung (Arzt)
- Anrechnungsfaktoren *SGB V* 98 30

Telematik
- Erstausstattung (Finanzierung) *SGB V* 271 27
- Infrastrukturausbau *SGB V* 271 27

Terminservicestelle *SGB V* 75 4, 29 ff.

Territorialitätsprinzip *SGB V* 2 9, 16 10, 17 1, 18 2

Testierfähigkeit
- Schutz Daten Verstorbener *SGB XI* 93 7

Therapeutische Verbesserung *SGB V* 35 45 ff.

Therapierichtungen, besondere *SGB V* 2 15 f.

Tilgungsreihenfolge
- Beitragszahlung *SGB V* 252 8

Tod des Mitglieds *SGB V* 190 6, 191 5

Totgeburt *SGB V* 24 6
- Leistungen bei Schwangerschaft und Mutterschaft *SGB V* 24c 7

Trägerübergreifende Kooperation *SGB XI* 45c 17

Trägerübergreifendes persönliches Budget *SGB V* 2 25

Tragung der Beiträge bei versicherungspflichtig Beschäftigten *SGB XI* 58 1
- Blut- und Gewebegesetz *SGB XI* 58 13

Transparenz
- Gesundheitswesen *SGB V* Vor 265 14
- IQWiG *SGB V* 139a 17
- Transparenzbericht, Rechtsnatur und Rechtsschutz *SGB XI* 115 33 f.
- Vergütung vertragsärztlicher Leistungen *SGB V* 87c 1 ff.

Transparenzgebot
- Pflegevorsorgefonds *SGB XI* 138 1

Transparenzrichtlinie *SGB V* 130a 14

Transplantation
- Datenerhebung *SGB V* 299 16

Transplantationsgesetz
- beitragspflichtige Einnahmen *SGB XI* 57 29 ff.

Transsexualität *SGB V* 27 37 ff.

Überbrückungsmodelle
- Vermeidung betriebsbedingter Kündigungen *SGB V* 240 18

Übergang des Sicherstellungsauftrags auf die Krankenkassen *SGB V* 72a 1 ff.

Übergangsgeld
- Verhältnis zum Mutterschaftsgeld *SGB V* 24i 21 f.

Übergangsregelung *SGB XI* 144 6
- Anforderungen an die strukturierten Behandlungsprogramme nach § 137g Abs. 1 *SGB V* 321 1
- Begutachtungsverfahren *SGB XI* 142 1 ff.
- knappschaftliche Krankenversicherung *SGB V* 318 1 ff.
- Pflegepersonen *SGB XI* 141 1 ff.
- Verfahren für die Umrechnung *SGB XI* 92e 1 ff.
- zur enteralen Ernährung *SGB V* 316 1

Überleitung in die Pflegegrade *SGB XI* 140 1 ff.

Überleitungsregelung
- Pflegevergütung *SGB XI* 92c 1 ff.

Überleitungs- und Übergangsregelungen
– SGB XI   *SGB XI* 144 1 ff.

Überleitungs- und Übergangsregelungen SGB XI
– PSG III   *SGB XI* 144 1 ff.

Übermittlung
– Angaben für die Abrechnung   *SGB V* 295a 7
– an Gerichte, Pflegegutachten   *SGB XI* 94 8
– elektronischer Briefe, vertragsärztliche Versorgung   *SGB V* 291f 1 ff.
– elektonsicher Briefe, Richtlinie   *SGB V* 291f 1 ff.
– versichertenbezogener Daten   *SGB V* 298 1 ff.
– von Leistungsdaten, Abrechnung pflegerischer Leistungen   *SGB XI* 105 1 ff.
– von Leistungsdaten, abweichende Vereinbarungen   *SGB XI* 106 1 ff.
– von Leistungsdaten, Mitteilungspflichten   *SGB XI* 106a 1 ff.
– von Leistungsdaten, Pflichten der Leistungserbringer   *SGB XI* 104 1

Übermittlungspflicht
– Krankenkassen   *SGB V* 20c 5

Überregionale Interessenvertretung
SGB XI 45d 6

Übertragbarkeit
– mehrfache   *SGB XI* 45c 24

Überversorgung   *SGB V* 101 1 ff.
– Ausnahmezulassungen   *SGB V* 101 99 ff.
– Feststellung   *SGB V* 103 9 ff.
– Nichtberücksichtigung von ermächtigten Ärzten   *SGB V* 103 10
– Sonderbedarfszulassungen   *SGB V* 101 101 ff.
– Zahnärzte   *SGB V* 101 136
– Zulassungsbeschränkungen   *SGB V* 104 5

Überweisung   *SGB V* 73 23 f.
– Ermächtigungsbeschluss   *SGB V* 98 38
– Hochschulambulanzen   *SGB V* 117 19

Umlagefinanzierung   *SGB XI* 131 8

Umlagen-Haftungsverbund
– Finanzhilfen   *SGB V* 265a 41
– Solidarität   *SGB V* 265a 41
– Wettbewerb   *SGB V* 265a 41

Umlagesystem
– Ausgleichseffekt unter Krankenkassen   *SGB V* 265 19
– Kassenwettbewerb, U. als gedämpfter   *SGB V* 265 8

Umsetzung der nationalen Präventionsstrategie
– Landesrahmenvereinbarung   *SGB V* 20f 1 ff.

Umsetzungsreife
– Risikostrukturausgleich   *SGB V* 269 15

Umwandlung des ambulanten Sachleistungsbetrags   *SGB XI* 45a 1 ff.

Umwandlungsanspruch   *SGB XI* 45a 1 ff.
– Anerkennung   *SGB XI* 45a 13
– Antrag   *SGB XI* 45a 17

– Entziehung   *SGB XI* 45a 19
– Evaluation   *SGB XI* 45a 21
– gemeinsamer Leistungsbezug   *SGB XI* 45a 23
– Höhe   *SGB XI* 45a 16
– Kürzung   *SGB XI* 45a 19
– Leistungskonkurrenz   *SGB XI* 45a 24
– Leistungsvoraussetzungen   *SGB XI* 45a 14
– trägerübergreifendes Budget   *SGB XI* 45a 22
– Übertragbarkeit   *SGB XI* 45a 20
– Voraussetzungen   *SGB XI* 45a 2
– Zweckbindung   *SGB XI* 45a 15

Umwandlungsbetrag   *SGB XI* 144 4

UN-Behindertenrechtekonvention
SGB V 140f 6, 140h 1

Unfallversicherung
– gesetzliche   *SGB XI* 44 14 ff., 141 25
– Versicherungsschutz   *SGB XI* 141 25

Unfallversicherungsträger
– arbeitsbedingte Gesundheitsgefahr   *SGB V* 20c 1 ff.
– Zusammenarbeit mit Krankenkassen   *SGB V* 20c 1 ff.

Ungewollte Kinderlosigkeit   *SGB V* 27a 10

Ungleichheit der Gesundheitschancen
SGB V 21 4

Unionsrecht   *SGB V* 219a 4

unständig Beschäftigte
– beitragspflichtige Einnahmen   *SGB V* 232 1 f.

Unständige Beschäftigung
– Begriff   *SGB V* 199 2 f.
– Hinweispflicht   *SGB V* 199 6
– Meldepflicht   *SGB V* 199 1 ff.

Untergesetzliche Rechtsnormen   *SGB V* Vor 106 13 ff.

Unterhaltsansprüche
– Leistungen der sPV   *SGB XI* 13 18

Unterhaltsgeld
– beitragspflichtige Einnahmen   *SGB V* 232a 1 ff.
– Meldepflicht   *SGB V* 203a 1 ff.

Unterkunft und Verpflegung
– Kosten   *SGB XI* 141 8, 18
– Pflegeeinrichtung   *SGB XI* 87 1 ff.

Unterstützung
– der Konzertierten Aktion   *SGB V* 142 1 ff.
– der Versicherten bei Behandlungsfehlern   *SGB V* 66 1 ff.
– der Versichten bei Behandlungsfehlern, HHVG   *SGB V* 66 21
– im Alltag, Information über Angebote   *SGB XI* 7 11

Unterstützungsangebot   *SGB XI* 45a 1 ff., 6 ff., 18, 21 f., 45b 11, 22, 45c 2, 13, 25, 27, 144 4
– Anerkennung   *SGB XI* 45a 2, 14, 45c 25
– fachliche Begleitung   *SGB XI* 45a 11, 45c 14
– fachliche Beratung   *SGB XI* 45c 14

- Fortbildung   *SGB XI* **45a** 11, **45c** 14
- Konzept   *SGB XI* **45a** 11, 13, **45c** 14
- Kostenübersicht   *SGB XI* **45a** 11, 12
- Kürzung   *SGB XI* **45a** 13
- Legaldefinition   *SGB XI* **45a** 2
- Leistungsübersicht   *SGB XI* **45a** 12
- Leistungs- und Preisvergleichsliste   *SGB XI* **45a** 13
- Qualifikation   *SGB XI* **45a** 11
- Qualitätssicherung   *SGB XI* **45a** 11, 13
- Rückforderung   *SGB XI* **45a** 10
- Schulung   *SGB XI* **45a** 11, **45c** 14
- Tätigkeitsbereiche   *SGB XI* **45a** 5
- Verordnungsermächtigung   *SGB XI* **45a** 2

Unterstützungsleistungen   *SGB XI* **45b** 10

Untersuchungsmethoden
- Erprobung   *SGB V* **137e** 1 ff.

Untersuchungs- und Behandlungsmethode   *SGB V* **137e** 3
- Ablehnung der Erprobung   *SGB V* **137e** 22
- Erprobung   *SGB V* **135** 27
- Erprobungsrichtlinie   *SGB V* **137c** 14 ff., **137e** 6 ff.
- Erprobung, Vergütung   *SGB V* **137e** 15 ff.
- Initiative für Erprobung   *SGB V* **137e** 21
- Kosten der Erprobung   *SGB V* **137e** 19 f.

Unterversorgung   *SGB V* **100** 1 ff.
- ambulante Behandlung durch Krankenhäuser   *SGB V* **116a** 1 ff.
- Definition   *SGB V* **100** 8 ff.
- drohende   *SGB V* **100** 10
- Sonderregelungen für Zahnärzte   *SGB V* **100** 32 f.
- Strukturfonds   *SGB V* **105** 5 f.
- zahnärztliche Versorgung   *SGB V* **100** 11
- Zulassungsbeschränkungen   *SGB V* **104** 4

Unzulässige Zusammenarbeit zw. Leistungserbringern und Vertragsärzten   *SGB V* **128** 1 ff.
- Heil- und Hilfsmittelversorgungsgesetz   *SGB V* **128** 1

Upcoding   *SGB V* **305a** 10

Vampirgesetz   *SGB XI* **7a** 32

Väter
- medizinische Rehabilitation   *SGB V* **41** 1 ff.
- medizinische Vorsorge   *SGB V* **24** 1 ff.
- Mutterschaftsgeld   *SGB V* **24i** 4

Verantwortung, gemeinsame   *SGB XI* **8** 1 ff.

Verband der privaten Krankenversicherung eV   *SGB V* **35** 8; *SGB XI* **45c** 25, 28, **45d** 9
- Beleihung   *SGB XI* **127** 11

Verbände der Behinderten und Pflegebedürftigen   *SGB XI* **45c** 25, **45d** 9

Verbände der Ersatzkassen   *SGB V* **212** 17 ff.

Verbände der Freien Wohlfahrtspflege   *SGB XI* **45d** 6

Verbände der Krankenkassen   *SGB V* **207** 1 ff.

Verbandmittel   *SGB V* **27** 68, **31** 14 f.
- Festbetrag   *SGB V* **35** 4
- Heil- und Hilfsmittelversorgungsgesetz   *SGB V* **31** 15
- Versorgung bei Schwangerschaft und Mutterschaft   *SGB V* **24e** 1

Verbraucher- und Patientenberatung
- Förderung von Einrichtungen   *SGB V* **65b** 1 ff.

Vereinbarungen über die Pflegebuchführung   *SGB XI* **75** 15

Vereinbarungen über Erstattungsbeträge für Arzneimittel
- Spitzenverband Bund der Krankenkassen und pharmazeutischen Unternehmern   *SGB V* **130b** 1 ff.

Vereinbarungen zur Qualitätssicherung
- Kündigungsrecht   *SGB XI* **113** 30
- Pflege   *SGB XI* **113** 6
- Rechtsqualität   *SGB XI* **113** 15 f.
- Veröffentlichung   *SGB XI* **113** 14
- Vertragsinhalt   *SGB XI* **113** 17 ff.

Vereinbarungen zwischen dem Spitzenverband Bund der Krankenkassen und pharmazeutischen Unternehmern über Erstattungsbeträge für Arzneimittel   *SGB V* **130b** 1 ff.

Vereinbarungsprinzip   *SGB XI* **45b** 21

Vereinigung
- Ersatzvornahme   *SGB V* **146** 6 ff.
- innerhalb eines Landes auf Antrag   *SGB V* **145** 1 ff.
- Innungskrankenkasse   *SGB V* **160** 1 f.
- Krankenkassen   *SGB V* **172** 20 ff.
- Verfahren   *SGB V* **146** 1 ff.
- von Ersatzkassen   *SGB V* **168a** 1 ff.

Vereinigung, freiwillige
- Begriff   *SGB V* **144** 6
- Ortskrankenkasse   *SGB V* **144** 1 ff.
- Rechtsschutz   *SGB V* **144** 12
- Voraussetzungen   *SGB V* **144** 7 ff.

Vereinigung von Krankenkassen
- freiwillige V., Ersatzkassen   *SGB V* **168a** 4 ff.
- kassenartenübergreifende   *SGB V* **171a** 1 ff.
- kassenartenübergreifende, BKK   *SGB V* **171a** 12
- kassenartenübergreifende, IKK   *SGB V* **171a** 12

Verfahren bei Errichtung
- Betriebskrankenkasse   *SGB V* **148** 1 ff.
- Innungskrankenkasse   *SGB V* **158** 1 ff.

Verfahren bei Zulassungsbeschränkungen   *SGB V* **104** 1 ff.

Verfahrensregelungen
- Pflegekassen   *SGB XI* **81** 1 ff.

Verfahren zur Feststellung der Pflegebedürftigkeit
- Beauftragung durch die Pflegekassen
  SGB XI **53b** 1 ff.

Vergaberecht *SGB V* **73b** 27, **130a** 16 f.

Vergabeverfahren
- Blut- und Gewebegesetz *SGB XI* **113** 31 f.

Vergleichsanalyse *SGB V* **273** 23
- kassenübergreifende *SGB V* **273** 14

Vergütung *SGB V* **72** 10; *SGB XI* **45b** 14
- ambulanter Krankenhausleistungen
  SGB V **120** 1 ff.
- der Ärzte *SGB V* **87b** 1 ff.
- vertragsärztlicher Leistungen, Transparenz
  SGB V **87c** 1 ff.

Vergütungsabschlag *SGB V* **135b** 9

Vergütungsanspruch des Apothekers
- Teilnahme am Rahmenvertrag nach Abs. 2
  SGB V **129** 3

Vergütungsregelung
- ambulante Pflegeleistungen, Grundsätze
  SGB XI **89** 1 ff.

Vergütungsvereinbarungen
- Landesschiedsstelle *SGB V* **111b** 1 ff.
- zugelassene Pflegedienste *SGB XI* **45b** 21

Vergütungsverträge *SGB XI* **45a** 23, **45b** 24

Vergütungszuschlag *SGB V* **135b** 9;
SGB XI **85** 38 ff.

Verhaltensprävention *SGB V* **20** 10

Verhältnis der Leistungen der Pflegeversicherung zu anderen Sozialleistungen
- Bundesteilhabegesetz *SGB XI* **13** 19

Verhältnismäßigkeitsgrundsatz
- Zwangsgeldzumessung *SGB V* **273** 34

Verhältnisprävention *SGB V* **20a** 2

Verhältniszahlen
- bedarfsgerechter Versorgungsgrad
  SGV V **101** 18 ff.

Verhinderungspflege *SGB XI* **39** 1 ff., **45a** 24, **45b** 6, 25
- Verhinderungsgründe *SGB XI* **39** 6

Verhütung von Zahnerkrankungen
SGB V **21** 1 ff., **22** 1 ff.
- Pflegebedürftige und Menschen mit Behinderungen *SGB V* **22a** 1 ff.

Verletztengeld
- beitragspflichtige Einnahmen *SGB V* **235** 3
- Verhältnis zum Mutterschaftsgeld
  SGB V **24i** 21

Vermögenstrennung
- Pflegevorsorgefonds *SGB XI* **137** 1 ff.

Vernetzung der Hilfen *SGB XI* **45c** 16

Verordnung
- ambulante spezialfachärztliche Versorgung
  SGB V **116b** 50
- Qualität und Wirtschaftlichkeit *SGB V* **73** 25

- von Arzneimitteln *SGB V* **73** 20 f.
- von Leistungen *SGB V* **73** 15

Verordnungsblätter, Aufbewahrung und Löschung
SGB V **304** 16

Verordnungsermächtigung *SGB XI* **30** 1 ff., **45a** 1 ff., **45c** 1 ff.
- Datenverarbeitung und -nutzung,
  SGB V **303e** 1 ff.
- Pflege *SGB XI* **118** 1 ff.
- Privater Pflegevorsorgungsvertrag
  SGB XI **130** 1 ff.
- PSG III *SGB XI* **144** 1 ff.
- SGB V *SGB V* **140g** 1 ff.
- SGB XI *SGB XI* **144** 1 ff.

Verpflichtung zur Qualitätssicherung
SGB V **135a** 1 ff.

Versandapotheken *SGB V* **130a** 8

Versendestelle
- Patientenbefragungen zur Qualitätssicherung
  SGB V **299** 15

Versichertengruppen *SGB V* **267** 2
- Morbiditätsfaktoren *SGB V* Vor **265** 4

Versichertenrisiken, Rückverlagerung
SGB V Vor **265** 2

Versichertenstruktur, Feinausbildung
SGB V **267** 8

Versichertenverzeichnis *SGB V* **288** 1 ff.;
SGB XI **99** 1 ff.

Versicherter
- Auskunfts- und Mitteilungspflicht
  SGB V **206** 1 ff.

Versicherung
- freiwillige, Versicherungsberechtigung
  SGB V **9** 1 ff.
- im Sinne des Deckungsverhältnisses
  SGB V **19** 3
- im Sinne des Leistungsverhältnisses
  SGB V **19** 3

Versicherungsberechtigung *SGB V* **9** 1 ff.
- Arbeitnehmer nach Rückkehr aus dem Ausland
  SGB V **9** 21 f.
- aus der Versicherungspflicht ausgeschiedene Mitglieder *SGB V* **9** 7 ff.
- Beitrittserklärung *SGB V* **9** 33 ff.
- Bezieher von Sozialhilfe *SGB V* **9** 29 ff.
- Bundesteilhabegesetz *SGB V* **9** 37, **11** 82
- ehemalige Familienversicherte *SGB V* **9** 11 ff.
- Entstehungsgeschichte *SGB V* **9** 1 ff.
- erstmalige Beschäftigungsaufnahme
  SGB V **9** 14 ff.
- Frist für die Beitrittserklärung *SGB V* **9** 33 ff.
- Rentner *SGB V* **9** 23 ff.
- schwerbehinderte Menschen *SGB V* **9** 17 ff.
- Spätaussiedler *SGB V* **9** 25 ff.
- Verhältnis zu § 188 Abs. 4 *SGB V* **9** 7

Versicherungsfall *SGB V* 1 6, 28 12; *SGB XI* 4 4
- Eigenverantwortung vor Eintritt *SGB XI* 6 3
- Mitwirkung nach Eintritt *SGB XI* 6 5 f.
- versichertes Gut *SGB V* 1 6
- versichertes Wagnis *SGB V* 1 9

Versicherungsfreiheit *SGB V* 6 1 ff.
- absolute V. *SGB V* 6 55 ff.
- Beamte, Richter, Soldaten, öffentlicher Dienst *SGB V* 6 23 ff.
- Beginn und Ende bei Überschreiten der JAE-Grenze *SGB V* 6 13
- Beschäftigte der EU *SGB V* 6 46
- Beschäftigte über der JAE-Grenze *SGB V* 6 5 ff.
- Eintritt von Versicherungspflicht nach Vollendung des 55. Lebensjahres *SGB V* 6 49
- Entstehungsgeschichte *SGB V* 6 1
- Fachschüler *SGB V* 6 26 ff.
- Geistliche *SGB V* 6 35 ff.
- Hinterbliebenenrentner *SGB V* 6 47
- Lehrer an Ersatzschulen *SGB V* 6 38
- Mitglieder geistlicher Genossenschaften *SGB V* 6 42
- nicht deutsche Besatzungsmitglieder deutscher Seeschiffe *SGB V* 6 19
- Reichweite der Versicherungsfreiheit für Studenten *SGB V* 6 33
- Ruhegehaltsempfänger *SGB V* 6 39
- Studenten *SGB V* 6 26 ff.

Versicherungsfreiheit bei geringfügiger Beschäftigung *SGB V* 7 1 ff.
- Entstehungsgeschichte *SGB V* 7 1
- keine Versicherungsfreiheit bei betrieblicher Berufsbildung *SGB V* 7 8
- keine Versicherungsfreiheit bei Bundesfreiwilligendienst *SGB V* 7 12
- keine Versicherungsfreiheit bei Jugendfreiwilligendienst *SGB V* 7 10
- Übergangsvorschriften *SGB V* 7 14 ff.
- Zusammenrechnung von Entgelten *SGB V* 7 13

Versicherungsgrundsatz *SGB V* 265 2

Versicherungsleistungen
- Auslandsbezug *SGB V* 269 18

Versicherungspflicht *SGB V* 5 1 ff.
- Abgeordnete *SGB XI* 24 1 ff.
- Abgeordnete, Entstehungsgeschichte *SGB XI* 24 1
- Abgeordnete, Rechtsfolgen *SGB XI* 24 4
- Abgeordnete, Voraussetzungen *SGB XI* 24 3
- Ausschluss bei hauptberuflicher selbstständiger Tätigkeit *SGB V* 5 83 f.
- Auszubildende des zweiten Bildungswegs *SGB V* 5 59
- Auszubildende in außerbetrieblicher Einrichtung *SGB V* 5 19
- Auszubildende in geistlichen Genossenschaften *SGB V* 5 21
- Befreiung *SGB V* 8 1 ff.; *SGB XI* 22 1 ff.
- Beschäftigte *SGB V* 5 10 ff.
- Bezug von Alg *SGB V* 5 22 ff.
- Bezug von Alg II *SGB V* 5 28 ff.
- Bezug von Unterhaltsgeld *SGB V* 5 22 ff.
- Bundesteilhabegesetz *SGB V* 5 101
- Definition *SGB V* 5 7
- duale Studiengänge *SGB V* 5 57
- Entstehungsgeschichte *SGB V* 5 1 ff.
- Familienpflegezeit *SGB V* 8 45
- Fremdrentner *SGB V* 5 73
- Gesetz zur besseren Vereinbarkeit von Familie, Pflege und Beruf *SGB V* 8 45
- Heil- und Hilfsmittelversorgungsgesetz *SGB V* 5 100
- Immatrikulation *SGB V* 5 50
- Künstler und Publizisten *SGB V* 5 37 f.
- Künstler und Publizisten als Rentner *SGB V* 5 69
- landwirtschaftliche Krankenversicherung *SGB V* 5 35
- Personen in Einrichtungen der Jugendhilfe *SGB V* 5 39 f.
- Pflegezeit *SGB V* 8 45
- Praktikanten und vergleichbare Personen *SGB V* 5 56
- Rentenantragsteller *SGB V* 5 62
- Rentner *SGB V* 5 60 ff.
- Studenten *SGB V* 5 49 ff.
- Tatbestände, Konkurrenzen *SGB V* 5 93 ff.
- Tätigkeiten behinderter Menschen in Anstalten, Heimen und gleichartigen Einrichtungen *SGB V* 5 48
- Tätigkeiten in Werkstatt für behinderte Menschen *SGB V* 5 44 ff.
- Teilnahme an Leistungen zur Teilhabe am Arbeitsleben *SGB V* 5 41 ff.
- Vorruhestandsgeld *SGB V* 5 18
- Vorversicherungszeit bei Rentnern *SGB V* 5 63
- zur Berufsausbildung ohne Entgelt Beschäftigte *SGB V* 5 58

Versicherungspflicht (pKV) *SGB XI* 23 1 ff.

Versicherungspflicht (sPV) *SGB XI* 20 1 ff.
- Bundesentschädigungsgesetz *SGB XI* 21 13
- Bundesteilhabegesetz *SGB XI* 20 21
- Entstehungsgeschichte *SGB XI* 20 1 ff.
- ergänzende Hilfe zum Lebensunterhalt im Rahmen der Kriegsopferfürsorge nach dem Bundesversorgungsgesetz *SGB XI* 21 11
- Familienversicherung *SGB XI* 21 16
- Flüchtlingshilfegesetz *SGB XI* 21 10
- freiwillige Mitglieder der gesetzlichen Krankenversicherung *SGB XI* 20 12 ff.
- Heilbehandlung nach Bundesversorgungsgesetz *SGB XI* 21 7 ff.

- Heil- und Hilfsmittelversorgungsgesetz
  SGB XI 20 20
- Konkurrenzen *SGB XI* 21 17
- Kriegsschadenrente *SGB XI* 21 10
- Lastenausgleichsgesetz *SGB XI* 21 10
- laufende Leistungen zum Unterhalt und Leistungen der Krankenhilfe nach dem Achten Buch *SGB XI* 21 12
- Nichtmitglieder der gesetzlichen und privaten KV *SGB XI* 21 1 ff.
- Reparationsschädengesetz *SGB XI* 21 10
- Soldaten auf Zeit *SGB XI* 21 14
- untergeordnete Beschäftigung oder selbstständige Tätigkeit – Vermutungsregelung *SGB XI* 20 15 ff.
- versicherungspflichtige Mitglieder der gesetzlichen Krankenversicherung *SGB XI* 20 6 ff.
- Verstoß *SGB XI* 121 1 ff., 3

Versicherungspflichtiger
- Beginn der Mitgliedschaft *SGB V* 186 1 ff.
- Beschäftigte, beitragspflichtige Einnahmen *SGB V* 226 1 ff.
- mit Rentenbezug, Beitragstragung *SGB V* 249a 1 ff.
- Rückkehrer, beitragspflichtige Einnahmen *SGB V* 227 1 ff.

Versicherungsrisiko
- Belastungsgrenze *SGB V* 265 5

Versicherungsträger
- Leistungsfähigkeit *SGB XI* 65 15

Versicherungswechsel *SGB XI* 141 3

Versicherungszeiten
- Gleichstellung (anlässlich der Herstellung der Einheit Deutschlands) *SGB V* 309 4 ff.

Versorgung
- ambulante nach §§ 116b, 117 *SGB V* 35c 26
- fachärztliche *SGB V* 73 3 ff.
- für die letzte Lebenshälfte, statistische Informationen *SGB V* 132g 12
- hausärztliche *SGB V* 73 3, 6 ff.
- hausarztzentrierte *SGB V* 73 5, 73b 1 ff.
- hauswirtschaftliche *SGB XI* 77 2
- im Krankenhaus *SGB V* 137c 1 ff.
- integrierte *SGB XI* 92b 1 ff.
- kassenärztliche *SGB V* 73 1 ff.
- kassenzahnärztliche *SGB V* 28 2
- mit Haushaltshilfe *SGB V* 132 1 ff.
- mit häuslicher Krankenpflege *SGB V* 132a 1 ff.
- mit häuslicher Krankenpflege, PSG III *SGB V* 132a 1 ff.
- mit Hebammenhilfe *SGB V* 134a 1 ff.
- mit Krankentransportleistungen *SGB V* 133 1 ff.
- mit Schutzimpfungen *SGB V* 132e 1 ff.
- mit Schutzimpfungen, GKV-AMVSG *SGB V* 132e 5
- mit sozialmedizinische Nachsorgemaßnahmen *SGB V* 132c 1 ff.
- mit Soziotherapie *SGB V* 132b 1 ff.
- mit Soziotherapie, PsychVVG *SGB V* 132b 2
- pflegerische V., Wirksamkeit *SGB XI* 77 8
- pflegerische V., Wirtschaftlichkeit *SGB XI* 77 8
- Vertragsärztliche *SGB V* 72 3, 9, 73 1 ff., 13 ff., **135** 1
- vollstationäre *SGB XI* 45f 4

Versorgungsauftrag, Krankenkassen *SGB V* 265a 43

Versorgungsbedarf
- qualitativ spezieller *SGB V* 116 17 ff.
- quantitativ allgemeiner *SGB V* 116 14 ff.

Versorgungsbezüge
- Beitragsbemessung *SGB V* 229 1 ff.
- Beitragssatz *SGB V* 248 1 ff.
- Beitragszahlung *SGB V* 256 1 ff.
- Meldepflicht *SGB V* 202 1 ff.
- Übergangsregelung zur Beitragsbemessung aus Renten und aus Versorgungsbezügen *SGB V* 322 1 ff.

Versorgungsdefizit *SGB V* 72a 14 ff.

Versorgungseinrichtung
- berufsständische *SGB XI* 141 24

Versorgungsgrad
- allgemeiner bedarfsgerechter, Feststellung für Ärzte und Psychotherapeuten *SGB V* 101 126 ff.
- bedarfsgerechter, Verhältniszahlen *SGB V* 101 18 ff.
- Berechnung *SGB V* 101 37 ff.
- Sozial- und Morbiditätsstruktur *SGB V* 101 43

Versorgungslücken
- Schließung *SGB XI* 45c 16

Versorgungsmanagement *SGB V* 11 63 ff.
- Anspruchsinhalt *SGB V* 11 69
- Einwilligungserfordernis *SGB V* 11 67 f.
- Normenverträge *SGB V* 11 66

Versorgungsplan *SGB XI* 7a 17 f., 45a 11

Versorgungsplanung für die letzte Lebenshälfte
- ärztliche Vergütung *SGB V* 132g 11
- Beratungsangebot *SGB V* 132g 3
- Beratungsgegenstände *SGB V* 132g 4
- Beteiligte *SGB V* 132g 6 f.
- Einrichtungen *SGB V* 132g 3
- Evaluation *SGB V* 132g 12
- Fallbesprechung *SGB V* 132g 5
- Kosten *SGB V* 132g 10
- Notfall *SGB V* 132g 4
- Qualifizierung *SGB V* 132g 9
- Regionale Betreuungsangebote *SGB V* 132g 7
- Stellungnahmerecht *SGB V* 132g 8
- Vereinbarung *SGB V* 132g 8
- wesentliche Änderung *SGB V* 132g 5

Versorgungsqualität *SGB V* **137a** 9, **139a** 14, **140h** 7
- Belegarzt *SGB V* **121** 38 ff.

Versorgungsrücklagengesetz *SGB XI* **132** 4, **134** 1

Versorgungssicherheit *SGB XI* **78** 41

Versorgungssteuerung, Bundesmantelvertrag *SGB V* **87** 2

Versorgungsstudien *SGB V* **35b** 3, 12, 17

Versorgungssystem, Funktionsfähigkeit
- kollektiver Zulassungsverzicht *SGB V* **95b** 11

Versorgungsvertrag *SGB V* **107** 21, **108** 3 ff., 10; *SGB XI* **45b** 12, **78** 48
- Abrechnungsverfahren *SGB XI* **78** 46 ff.
- Abschluss *SGB XI* **73** 1 ff.
- Antragsverfahren *SGB XI* **78** 34
- Beanstandungsverfahren *SGB XI* **78** 47
- Beihilfeberechtigte *SGB XI* **78** 45
- Bereitstellungspflichten *SGB XI* **78** 42
- clausula rebus sic stantibus *SGB XI* **78** 60
- Datenschutzregelung *SGB XI* **78** 55
- Datenschutzsystem *SGB XI* **78** 51 ff.
- Datenübermittlungsadressaten *SGB XI* **78** 54
- Datenverarbeitung *SGB XI* **78** 52
- Datenverarbeitungsverbund *SGB XI* **78** 55
- Dritte (Leistungen) *SGB XI* **78** 32
- Eintritt als Vertragspartner *SGB XI* **78** 34 ff.
- Kündigung *SGB XI* **74** 1 ff.
- Kündigungsregelungen *SGB XI* **78** 59
- Laufzeit *SGB XI* **78** 59
- Leistungsbeziehungen *SGB XI* **78** 39
- Mängel- und Mängelfolgehaftung *SGB XI* **78** 43
- mit Einrichtungen des Müttergenesungswerks oder gleichartigen Einrichtungen *SGB V* **111a** 1 f.
- mit Kurzzeitpflegeeinrichtungen *SGB V* **132h** 1 ff.
- mit Rehabilitationseinrichtungen *SGB V* **111c** 1 ff.
- Notwendigkeitsprüfung *SGB XI* **78** 39
- Partner *SGB XI* **78** 31
- produktspezifische Antragsformulare *SGB XI* **78** 35
- Qualitätsstandards *SGB XI* **78** 33, 35
- Sozialdatenschutz *SGB XI* **78** 57
- Vergütungspflicht *SGB XI* **78** 44 f.
- Vertragsgegenstand *SGB XI* **78** 32
- Vertragsverstöße *SGB XI* **78** 58
- Vollerhebung der Daten (keine) *SGB XI* **78** 53
- Werbemaßnahmen *SGB XI* **78** 50
- Zulassung zur Pflege *SGB XI* **72** 1 ff.

Versorgungsvertrag mit Krankenhäusern *SGB V* **109** 1 ff.
- Abweichungen gegenüber dem Krankenhausplan *SGB V* **109** 5
- Anspruch auf Abschluss *SGB V* **109** 6
- Auswahl zwischen mehreren Bewerbern *SGB V* **109** 6
- Bedarfsgerechtigkeit *SGB V* **109** 7
- Genehmigungspflicht *SGB V* **109** 8
- Krankenhausplanung *SGB V* **109** 5
- Leistungsfähigkeit von Krankenhäusern *SGB V* **109** 7
- Leistungsklage *SGB V* **109** 4
- Pflegesatzverhandlungen *SGB V* **109** 10
- Rechtsschutz *SGB V* **109** 11
- Vergütung *SGB V* **109** 10
- Versorgungsauftrag *SGB V* **109** 9
- Voraussetzungen für den Abschluss *SGB V* **109** 7
- Wirtschaftlichkeit von Krankenhäusern *SGB V* **109** 7
- Zulassung zur Krankenhausbehandlung *SGB V* **109** 9
- Zustandekommen *SGB V* **109** 4

Versorgungsvertrag mit Pflegeeinrichtungen *SGB XI* **72** 3 ff.
- Anwendbarkeit des Kartell- und Vergaberechts *SGB XI* **72** 4
- Einvernehmen Sozialhilfeträger *SGB XI* **72** 7
- Kündigung *SGB XI* **74** 3 ff.
- Rechtsnatur der Ablehnung *SGB XI* **73** 3
- Rechtsschutz *SGB XI* **73** 3 f., **74** 11

Versorgungsvertrag mit Vorsorge- oder Rehabilitationseinrichtungen *SGB V* **111** 1 ff.
- Anforderungen an die Vertragspartner *SGB V* **111** 5
- Bedarfsgerechtigkeit *SGB V* **111** 5
- Behandlungspflicht *SGB V* **111** 7
- Bestandsschutz *SGB V* **111** 3
- Kündigung *SGB V* **111** 6
- Leistungserbringung auf Grundlage von Versorgungsverträgen *SGB V* **111** 3
- Leistungsfähigkeit *SGB V* **111** 5
- Rechtsschutz *SGB V* **111** 8
- Schiedsverfahren *SGB V* **111** 7
- Vergütung *SGB V* **111** 7
- Wirtschaftlichkeit *SGB V* **111** 5
- Zustandekommen *SGB V* **111** 4

Verteilungsschlüssel, Fördermittel *SGB XI* **45c** 22 f.

Vertrag
- Blut- und Gewebegesetz *SGB V* **127** 15
- mit Pflegeheimen *SGB XI* **119** 1 ff.
- öffentlich-rechtlicher *SGB V* **265b** 2
- über Pflegehilfsmittel *SGB XI* **78** 1 ff.
- von Krankenkassen mit pharmazeutischen Unternehmern *SGB V* **130c** 1 ff.

Verträge mit ausländischen Leistungserbringern *SGB V* **140e** 1 ff.
- europarechtliche Vorgaben *SGB V* **140e** 4
- Leistungserbringung *SGB V* **140e** 10
- Praxis *SGB V* **140e** 11
- Qualitätssicherung *SGB V* **140e** 6

- Rechtsnatur *SGB V* 140e 8
- Sachleistungsprinzip *SGB V* 140e 2
- Vertragsgegenstand *SGB V* 140e 9
- Vertragspartner *SGB V* 140e 5
- Vertragsschluss *SGB V* 140e 7
- Vorteile *SGB V* 140e 11

Vertragsarzt
- belegärztliche Tätigkeit *SGB V* 121 16
- Streik- und Versammlungsrecht *SGB V* 95b 6
- Tätigkeit an weiteren Orten *SGB V* 98 66 ff.
- Zulassungsverzicht *SGB V* 72a 1

Vertragsärztliche Versorgung
- Abrechnungsprüfung *SGB V* 106d 1 ff.
- Förderung *SGB V* 105 1 ff.
- Fortbildungspflicht *SGB V* 95d 8
- Hochschulambulanzen *SGB V* 117 15
- Plausibilität *SGB V* 106 11
- Sicherstellung *SGB V* 72 1 ff.
- Teilnahme, Rangfolge *SGB V* 98 35
- Überwachung *SGB V* 106 9 ff., 106b 5 ff., 106d 7 ff.
- Wirtschaftlichkeitsgebot/ Wirtschaftlichkeitsprüfung *SGB V* 106 5 ff., 106a 6 ff.

Vertragsarztsitz
- Fachgebietsidentität *SGB V* 103 66 ff.
- Nachbesetzung durch MVZ *SGB V* 103 97 f.
- Nachbesetzungsverfahren *SGB V* 103 35 ff.
- Praxisnachfolger *SGB V* 103 54 ff.

Vertragsarztsitz, Nachbesetzung
- Angestellter *SGB V* 103 79
- Belange von behinderten Menschen *SGB V* 103 81
- besondere Versorgungs-bedürfnisse *SGB V* 103 80
- Ehegatte, Lebenspartner, Kind *SGB V* 103 78
- Mitglied einer Gemeinschaftspraxis *SGB V* 103 79, 100-102

Vertragsgemeinschaft *SGB V* 265b 10

Vertragspsychotherapeut
- belegärztliche Tätigkeit *SGB V* 121 16

Vertragszahnarzt
- belegärztliche Tätigkeit *SGB V* 121 16

Vertragszahnärztliche Versorgung
- Sicherstellung *SGB V* 72 1 ff.

Vertrag über die vertragsärztliche Versorgung
- (vorläufige) Weitergeltung *SGB V* 89 48
- Nichtzustandekommen *SGB V* 89 46 f.
- Schiedsamt *SGB V* 89 1 ff.

Vertrauensstelle *SGB V* 303c 1 ff.
- Einrichtung *SGB V* 303c 7
- Übermittlungs- und Löschungspflicht *SGB V* 303c 5 f.
- Verpflichtung auf das Sozialgeheimnis *SGB V* 303c 8

Vertretung
- ambulante spezialfachärztliche Versorgung *SGB V* 116b 66
- Beschäftigung von Vertretern, Regelungen in Zulassungsverordnungen *SGB V* 98 58 ff.
- der Ersatzkassen *SGB V* 212 19 ff.
- der Ersatzkassen, Verwaltungsakt-Befugnis *SGB V* 212 26

Verwaltungen, öffentliche
- Betriebskrankenkasse *SGB V* 156 1 f.

Verwaltungsakt *SGB V* 2 19
- Ausgleichsbescheid *SGB XI* 66 9
- Säumniszuschlag *SGB V* 271a 15

Verwaltungsrat
- Krankenkassen *SGB V* 197 1 ff.

Verwaltungsrat der Landesverbände der Krankenkassen
- Anwendbare Vorschriften *SGB V* 209 7
- Handlungsfähigkeit der Landesverbände *SGB V* 209 2
- Höchstgröße *SGB V* 209 5 ff.
- Mitgliederzahl *SGB V* 209 4
- Satzung der Landesverbände *SGB V* 209 4
- Wahl der Mitglieder *SGB V* 209 6
- Wahlverfahren *SGB V* 209 6
- Zusammensetzung *SGB V* 209 5

Verwaltungsrat und Geschäftsführer
- MDK *SGB V* 279 1 ff.

Verwaltungsverfahren
- Sonderregelungen *SGB V* 4a 1 ff.
- Zulassungsausschüsse *SGB V* 96 30 ff.

Verwaltungsvermögen der Krankenkassen *SGB V* 263 1 ff.
- Begriff *SGB V* 263 2 f.
- Höhe *SGB V* 263 4

Verwaltung und Anlage der Mittel
- Pflegevorsorgefonds *SGB XI* 134 1 ff.

Verwendung des Sondervermögens
- Pflegevorsorgefonds *SGB XI* 136 1 ff.

Verwendung und Verwaltung der Mittel
- Pflegekassen *SGB XI* 64 1 ff.

Verzeichnis
- Ambulanzen *SGB V* 293 1 ff.
- bundesweit *SGB V* 293 1 ff.
- der Ärzte in Ambulanzen *SGB V* 293 10
- der Ärzte in zugelassenen Krankenhäusern *SGB V* 293 10

Verzicht

Videosprechstunde
- Vereinbarung über technische Verfahren *SGB V* 291g 1 f.

Völkergewohnheitsrechtliches Nichteinmischungsverbot *SGB XI* 45c 3, 45d 3, 45e 3, 45f 3

Vollstationäre Behandlung *SGB V* 39 6
- Notwendigkeit *SGB V* 39 17 f.

Vollstationäre Pflege *SGB XI* 43 2 ff., 45a 24, 45b 25
- Anspruchsvoraussetzungen *SGB XI* 43 3
- Barbetrag *SGB XI* 43 5

- in Einrichtungen der Hilfe für Menschen mit Behinderung *SGB XI* 43a 1 ff.
- in Einrichtungen der Hilfe für Menschen mit Behinderung, Leistungen der PV *SGB XI* 43a 1 ff.
- Leistungen *SGB XI* 43 1 ff.
- Leistungsinhalt *SGB XI* 43 1 ff.
- PSG III *SGB XI* 43 1 ff.

Vollversorgungsverträge *SGB V* 73b 11

Vorbereitungszeiten *SGB V* 75 15, 90

Vordrucke
- Organisation der vertragsärztlichen Versorgung *SGB V* 87 6
- Vordruckvereinbarung *SGB V* 87 6

Vorlagepflichten der Versicherten, Verstoß *SGB V* 307 23 ff.

Vorläufige Leistungen zur medizinischen Rehabilitation *SGB XI* 32 1 ff.

Vorrang der häuslichen Pflege
- Pflegeversicherung *SGB XI* 3 1 ff.
- rechtliche Bedeutung *SGB XI* 3 5 ff.

Vorrang von Prävention und medizinischer Rehabilitation *SGB XI* 5 1 ff.

Vorsorge *SGB V* 73 18

Vorsorgeeinrichtung *SGB V* 107 1 ff.
- Datenübermittlung *SGB V* 301 8
- Versorgungsvertrag *SGB V* 111 1 ff.

Vorsorgefonds der sozialen Pflegeversicherung *SGB XI* 131 1 ff.

Vorsorgeleistung *SGB V* 23 1 ff.
- bei Schwangerschaft und Mutterschaft *SGB V* 24c 3
- für Mütter und Väter *SGB V* 24 1 ff.

Vorsorge- und Rehabilitationseinrichtung *SGB V* 107 12 ff.
- Abgrenzung zu Krankenhaus *SGB V* 107 4
- akutmedizinische Versorgung *SGB V* 107 18
- Behandlungsplan *SGB V* 107 19
- Bewegungstherapie *SGB V* 107 8
- Landesschiedsstelle für Vergütungsvereinbarungen *SGB V* 111b 2 ff.

Vorstand bei den Landesverbänden der Krankenkassen *SGB V* 209a 1 ff.
- Betriebskrankenkassen *SGB V* 209a 3
- Bildung *SGB V* 209a 3
- Ersatzkassen *SGB V* 209a 3
- Innungskrankenkassen *SGB V* 209a 3
- Mitgliederzahl *SGB V* 209a 3, 5
- Ortskrankenkassen *SGB V* 209a 3
- Verwaltungsrat *SGB V* 209a 2
- Vorstandsmitglieder *SGB V* 209a 5
- Wahl *SGB V* 209a 4
- Zahl der Vorstandsmitglieder *SGB V* 209a 5
- Zusammensetzung *SGB V* 209a 3

Vorstandshaftung
- Kassenärztliche Vereinigungen, relevante Verstöße *SGB V* 296 8
- Krankenkassen, relevante Verstöße *SGB V* 296 8

Vor- und nachstationäre Behandlung *SGB V* 115a 10 ff.
- im Krankenhaus *SGB V* 115a 1 ff.
- Leistungsort *SGB V* 115a 12

Vorversicherungszeiten
- Auslandsaufenthalt *SGB XI* 33 9
- Kinder *SGB XI* 33 11
- Privatversicherte *SGB XI* 33 12
- Versicherungsberechtigung nach § 9 Abs. 1 S. Nr. 1 *SGB V* 9 7

Wahlen, Kassenärztliche Vereinigung
- GKV-SVSG *SGB V* 80 1 ff.

Wahlmöglichkeiten *SGB XI* 45a 15

Wahlrecht
- Ausübung des Wahlrechts *SGB V* 175 1 ff.
- Ausübung durch die Mitglieder *SGB V* 175 1 ff.
- besondere Wahlrechte *SGB V* 174 1 ff.
- Krankenkasse *SGB V* 173 1 ff.
- Leistungsprogramm der gKV *SGB V* 2 12
- Sonderregeln *SGB V* 173 6 ff.
- Unterstützung bei dessen Ausübung *SGB XI* 7 10

Wahlrecht, Krankenkasse *SGB XI* 2 7 ff.
- Bleiberecht *SGB V* 173 16 ff.
- Finanzausgleich für aufwendige Leistungsfälle *SGB V* 265 2
- Grundsätze *SGB V* 173 3 ff.

Wahltarife *SGB V* 53 1 ff.
- Arzneimittel der besonderen Therapierichtung *SGB V* 53 28 f.
- bei Schließung und Insolvenz *SGB V* 19 7
- Besondere Versorgungsformen *SGB V* 53 18 f.
- Finanzierung und Aufsicht *SGB V* 53 44 ff.
- GKV-FQWG *SGB V* 53 42
- Kostenerstattung *SGB V* 53 20 ff.
- Krankengeldtarif *SGB V* 53 30 ff.
- Mindestbindungsfrist *SGB V* 53 37 f.
- mit Selbstbehalt, freiwillige Mitglieder *SGB V* 240 21
- Nichtinanspruchnahme *SGB V* 53 14 ff.
- Prämienhöchstgrenzen *SGB V* 53 42
- Satzung *SGB V* 53 8 f.
- Selbstbehalt *SGB V* 53 12 f.
- Sonderkündigungsrecht *SGB V* 53 39 ff.
- Verfassungsmäßigkeit *SGB V* 53 25 ff.
- Wahlerklärung *SGB V* 53 10 f.

Waise
- Beitragsfreiheit *SGB V* 225 1 ff.

Waisenrente *SGB V* 249a 4

Wartezeit
- privater Pflegevorsorgevertrag *SGB XI* **129** 1 ff.

Wehrdienst
- Beitragstragung *SGB V* **251** 11 f.
- Fortbestehen der Mitgliedschaft *SGB V* **193** 1 ff., 5 ff.
- freiwilliger, ermäßigter Beitragssatz *SGB V* **244** 1 ff.
- Meldepflicht *SGB V* **204** 1 ff.

Wehrdienstverhältnis
- besonderer Art, Fortbestehen der Mitgliedschaft *SGB V* **193** 7
- nach Einsatz-WVG, Fortbestehen der Mitgliedschaft *SGB V* **193** 14

Wehrübungen, Fortbestehen der Mitgliedschaft *SGB V* **193** 12 f.

Weiterbildung
- Abgrenzung zur Fortbildung *SGB V* **95d** 17
- Eintragung in das Arztregister *SGB V* **95a** 11 ff.
- Verhältnis zum Berufsrecht *SGB V* **135** 38 f.
- Vertrauensschutz *SGB V* **135** 37
- von Ärzten *SGB V* **75** 15, 90

Weiterbildungsförderung *SGB V* **75a** 1 ff.
- Angemessenheit *SGB V* **75a** 21
- Anspruch *SGB V* **75a** 10
- Fachärzte *SGB V* **75a** 27, 37
- Finanzierung *SGB V* **75a** 11
- Fördervereinbarung *SGB V* **75a** 17
- Nutzen *SGB V* **75a** 2
- stationäre *SGB V* **75a** 34
- Stellenwechsel *SGB V* **75a** 24

Weiterbildungsmaßnahmen nach SGB III
- Anspruch *SGB XI* **44** 18 f.

Weiterentwicklung
- der Versorgung, Pflegeberufereformgesetz *SGB V* **63** 38
- neuer Wohnformen *SGB XI* **45f** 1 ff.

Weiterversicherung *SGB XI* **26** 1 ff.
- Auslandsaufenthalt *SGB XI* **26** 12 ff.
- Ausscheiden aus der Versicherungspflicht *SGB XI* **26** 3 ff.
- Entstehungsgeschichte *SGB XI* **26** 1
- Erlöschen oder Nichtbestehen der Familienversicherung *SGB XI* **26** 6 ff.
- Familienversicherung *SGB XI* **26** 17 ff.
- Verfahren § 26 Abs. 1 *SGB XI* **26** 9 ff.
- Verfahren § 26 Abs. 2 *SGB XI* **26** 16
- Voraussetzungen *SGB XI* **26** 3 ff.

Werbemaßnahmen, Zusammenarbeit *SGB V* **4** 16 ff.

Wettbewerb
- als Erkenntnisverfahren *SGB V* **4** 12
- im Finanzierungssystem *SGB V* **220** 3, 14 ff.
- Krankenkassen *SGB V* **266** 4
- Solidarität und W. *SGB V* **Vor 265** 5

- Umlagen-Haftungsverbund *SGB V* **265a** 41

Wettbewerbsfähigkeit
- Krankenkassen *SGB V* **265b** 1 ff., 3
- Krankenkassen, Finanzhilfen *SGB V* **265b** 19 ff.

Wettbewerbsfreiheit
- Festbetragsfestsetzung *SGB XI* **78** 86

Wettbewerbskonzept *SGB XI* **Vor 82** 22

Wettbewerbsorientierung *SGB V* **Vor 265** 3, 15, **266** 6

Wettbewerbsrecht
- europäisches *SGB V* **4** 4
- Zusammenarbeit *SGB V* **4** 16

Wettbewerbsrechtliche Streitigkeit *SGB XI* **77** 62

Wettbewerbsverzerrungen *SGB V* **273** 7

Widerspruch *SGB V* **97** 16 ff.

Wiedereingliederung, stufenweise *SGB V* **74** 1 ff.

Wiederholungsbegutachtung *SGB XI* **142** 4

Wiederholungsprüfung
- Begriff *SGB XI* **114** 20 f.
- Kosten *SGB XI* **114** 43 f., **116** 1 ff.
- Umfang *SGB XI* **114** 34

Willkürverbot
- Festbetragsfestsetzung *SGB XI* **78** 86

Wirksamwerden der Richtlinien
- Blut- und Gewebegesetz *SGB V* **94** 13

Wirtschaftlichkeit *SGB V* **137c** 8; *SGB XI* **29** 5, **77** 60
- Arzneimittel *SGB V* **35b** 14, **139a** 2
- Einzelpflegevertrag *SGB XI* **77** 40
- Krankenkassen *SGB V* **265** 8
- pflegerischer Versorgung *SGB XI* **77** 8
- Sparsamkeit *SGB V* **4** 21 f.
- Versorgung *SGB V* **139a** 14

Wirtschaftlichkeitsgebot *SGB V* **Vor 106** 2 ff.; *SGB V* **2** 27, **12** 1 ff., **82** 6; *SGB XI* **29** 1 ff., **78** 40
- Ausschluss unwirtschaftlicher Leistungen *SGB V* **12** 1
- Festbeträge *SGB V* **12** 24 ff.
- kieferorthopädische Behandlung *SGB V* **29** 14
- Mindeststandard *SGB V* **12** 1
- Rationalisierung *SGB V* **12** 1
- Regressverfahren *SGB V* **12** 26 ff.
- Wirtschaftlichkeitskriterien *SGB V* **12** 3 ff.

Wirtschaftlichkeitskriterien *SGB V* **12** 3 ff.
- Alternativmedizin *SGB V* **12** 20 ff.
- ausreichende *SGB V* **12** 7 f.
- Außenseitermethoden *SGB V* **12** 20 ff.
- besondere Therapieeinrichtungen *SGB V* **12** 20 ff.
- Beurteilungsmaßstab *SGB V* **12** 6
- Hilfsmittel *SGB V* **12** 7

- notwendige *SGB V* 12 15 ff.
- Unter- und Übermaßverbot *SGB V* 12 5
- wirtschaftlich ieS *SGB V* 12 19 ff.
- zweckmäßige *SGB V* 12 9 ff.

Wirtschaftlichkeitsprinzip *SGB V* 35 9, 22
- Zweckmäßigkeit *SGB V* 35 10

Wirtschaftlichkeitsprüfung *SGB V* 113 2 ff.
- ambulante/belegärztliche Leistungen *SGB V* 106 55
- ärztliche Leistungen *SGB V* 106a 1 ff., 10 ff.; siehe auch Wirtschaftlichkeitsprüfung ärztlicher Leistungen
- ärztlich verordnete Leistungen *SGB V* 106 37 f., 106b 1 ff., 5 ff.; siehe auch Wirtschaftlichkeitsprüfung ärztlich verordneter Leistungen
- Aufbereitung der Datengrundlage *SGB V* 106 51 ff.
- Aufbewahrung von Daten *SGB V* 304 1
- Datengrundlage *SGB V* 106 39 ff.
- Datenübermittlung Auffangtatbestand *SGB V* 298 2
- Datenübermittlung Kassenärztliche Vereinigungen *SGB V* 296 3 ff.
- Datenübermittlung Krankenkassen *SGB V* 296 3 ff.
- Datenübermittlungsbefugnisse *SGB V* 296 1 ff.
- Datenübermittlungsvorschriften Überblick *SGB V* 296 2
- Datenübermittlung Versichertennummer *SGB V* 296 6
- Feststellungen zur Arbeitsunfähigkeit *SGB V* 297 5
- Haftung der Prüforgane *SGB V* 106 54
- Pflichtangaben für Kassenärztliche Vereinigungen *SGB V* 296 4
- Pflichtangaben für Krankenkassen *SGB V* 296 5 f.
- Prüfstelle/Vereinbarungen auf Landesebene *SGB V* 106 23 ff.
- Schadensersatzansprüche *SGB V* 106 15 ff.
- Speicherung von Daten *SGB V* 284 7
- Übermittlung Abrechnungsdaten *SGB V* 297 4
- Übermittlung Ärzteliste *SGB V* 297 3
- Übermittlung ärztlich verordneter Leistungen *SGB V* 297 6
- Übermittlung Befunde *SGB V* 296 9
- Überschneidungen mit sachlich-rechnerischer Richtigstellung *SGB V* 106 14
- Unterscheidung von Abrechnungsprüfung *SGB V* 106d 12
- Verjährung *SGB V* 106c 13
- Verträge zur Datenübermittlung *SGB V* 296 7
- vertragsärztliche Versorgung *SGB V* 106 1 ff.
- weitere Regelungen Datenübermittlungen *SGB V* 297 1 ff.
- Wirtschaftlichkeitsgebot *SGB V* 106 5 f.

Wirtschaftlichkeitsprüfung ärztlicher Leistungen
- unzutreffende Feststellung von Arbeitsunfähigkeit *SGB V* 106a 25 f.
- Wirtschaftlichkeitsgebot *SGB V* 106a 6 f.
- Zufälligkeitsprüfung *SGB V* 106a 11 ff.

Wirtschaftlichkeitsprüfung ärztlich verordneter Leistungen
- Ausnahmen *SGB V* 106b 31 ff.
- Praxisbesonderheiten *SGB V* 106b 35 f.
- Rahmenvorgaben *SGB V* 106b 16 ff.; siehe auch Rahmenvorgaben
- Überwachung vertragsärztlicher Versorgung *SGB V* 106b 5 ff.
- Vereinbarungen auf Landesebene *SGB V* 106b 5 ff.
- Vereinbarungen durch Schiedsamt *SGB V* 106b 30

Wirtschaftlichkeitsprüfung der Pflegeleistungen *SGB XI* 79 1 ff., 6
- Adressat *SGB XI* 79 5
- Anhörung *SGB XI* 79 8
- Auskunftspflicht *SGB XI* 79 11
- Datenschutz *SGB XI* 79 10
- Kosten *SGB XI* 116 1 ff.
- Mitwirkungspflicht *SGB XI* 79 11
- Prüfbericht *SGB XI* 79 15
- Prüfergebnis *SGB XI* 79 14
- Prüfverfahren *SGB XI* 79 4 ff.
- Rechtsmittel *SGB XI* 79 14
- Sachverständiger *SGB XI* 79 7
- tatsächlicher Anhaltspunkt *SGB XI* 79 9
- Verwaltungsakt *SGB XI* 79 14

Wirtschaftlichkeitsreserven *SGB XI* 78 78

Wirtschaftlichkeits- und Abrechnungsprüfung *SGB V* Vor 106 1 ff.

Wissenschaftliche Begleitung *SGB XI* 45c 20, 45f 5

Wohnformen
- neue *SGB XI* 45f 4
- neue, Weiterentwicklung *SGB XI* 45f 1 ff.

Wohngruppe *SGB XI* 77 22
- ambulant betreute *SGB XI* 38a 1 ff.
- Förderungsbeginn vor Gründung und Einzug, PSG I *SGB XI* 45e 10
- fremdorganisiert *SGB XI* 45e 4
- Gründung *SGB XI* 45e 4
- Gründungsakt *SGB XI* 45e 11
- Nachweis der Gründung *SGB XI* 45e 4, 11
- PSG I: unbefristete Förderung *SGB XI* 45e 12
- selbstorganisierte *SGB XI* 45e 4

Wohngruppenförderbetrag
- Förderantrag *SGB XI* 45e 10
- Fördervoraussetzung *SGB XI* 45e 4
- Geldleistungsanspruch *SGB XI* 45e 8
- Höchstbetrag *SGB XI* 45e 7
- Kostenerstattung *SGB XI* 45a 14
- Leistungskonkurrenz *SGB XI* 45a 24, 45b 25

- Zweckbindung *SGB XI* 45e 5
Wohngruppenzuschlag *SGB XI* 38a 9, **144** 1, 3
- Anerkennung *SGB XI* 144 2
Wohnheim für behinderte Menschen
SGB XI 45a 14, 45b 5
Wohnortprinzip *SGB V* 75 13, 83 2
Wohnumfeldverbessernde Maßnahmen
SGB XI 40 1 ff., 10 f., 45a 24, 45b 25, 45e 6, 14
Wohnumfeldverbesserung
- Anspruch *SGB XI* 78 3
- Leistungen der PV *SGB XI* 40 10 f.
Wunschrecht *SGB XI* 2 12 ff.
- gleichgeschlechtliche Pflege *SGB XI* 2 14
- religiöse Bedürfnisse *SGB XI* 2 15 f.
Würde der Pflegebedürftigen *SGB XI* 29 6
Zahlungsanspruch bei Mehrkosten
SGB V 87e 1 ff.
Zahlungsweg *SGB V* 43c 1 ff.
Zahnarzt *SGB V* 72 6
Zahnarzt/Zahntechniker
- BEL II *SGB V* 57 7
- Beziehung *SGB V* 57 1 ff.
- Bundeseinheitlicher durchschnittlicher Punktwert *SGB V* 57 4
- Bundesschiedsamt *SGB V* 57 6
- Gemeinsamer Bundesausschuss *SGB V* 57 3
- Höchstpreise *SGB V* 57 7
- KZBV *SGB V* 57 4
- Landesebene *SGB V* 57 7
- Regelversorgung *SGB V* 57 3
- Schiedsamtsregelung *SGB V* 57 3
- Spitzenverband Bund der Krankenkassen *SGB V* 57 4
Zahnärzteverzeichnis, bundesweit
- Inhalt *SGB V* 293 7
Zahnärzte-Zulassungsverordnung *SGB V* 95 20
Zahnärztliche Behandlung *SGB V* 15 11 ff., 27 62 ff., 28 1 ff., 8 f., 13, 20 ff.
- 2. GKV-NOG *SGB V* 28 6
- 8. SGB V-ÄndG *SGB V* 28 6
- Ausnahmeindikationen *SGB V* 28 6
- BeitrEntlG *SGB V* 28 6
- funktionsdiagnostische Leistungen *SGB V* 28 6
- funktionstherapeutische Leistungen *SGB V* 28 6
- implantologische Leistung *SGB V* 28 6 ff., 29
- kieferorthopädische Leistungen *SGB V* 28 6
- konservierend-chirurgisch Röntgenleistungen *SGB V* 28 7 ff.
- Mehrkostenregelung *SGB V* 28 6 ff., 27
- Sachleistung *SGB V* 28 21
- Zuzahlung *SGB V* 28 27
Zahnarztnummer
- Pseudonymisierung *SGB V* 293 7
- Übermittlungsform *SGB V* 293 7

Zahnersatz *SGB V* 28 2, 7 ff.
- besondere Vorgaben, Bundesmantelvertrag *SGB V* 87 8
- Leistungsanspruch *SGB V* 55 1, 2 ff.
- Suprakonstruktion *SGB V* 28 29
- Vergütung *SGB V* 88 3
Zahn-, Mund-, Kieferkrankheiten *SGB V* 28 3
Zahntechnische Leistungen
- Bundesleistungsverzeichnis *SGB V* 88 1 ff.
- Eigenlaborleistungen *SGB V* 88 14
- Regelversorgung, Festsetzung *SGB V* 56 10
- Vergütung *SGB V* 88 1 ff., 9 ff.
Zahn- und Mundgesundheit *SGB V* 21 2
Zeitnahe fachärztliche Versorgung
SGB V 75 29 ff., 33
Zertifizierung
- Leistungserbringer *SGB XI* 78 16
- Zeitraum *SGB XI* 78 20
Zertifizierungsverfahren
- Leistungserbringer *SGB XI* 78 15
Zeugungs- und Empfängnisfähigkeit
- Leistungen *SGB V* 27 75 ff.
Zielvereinbarungen *SGB V* 84 18
- Bonus *SGB V* 84 18
- Qualität der Arzneimittelversorgung *SGB V* 84 18
- Steuerung ieS *SGB V* 84 18
Zivildienst
- Beitragstragung *SGB V* 251 11 f.
- Fortbestehen der Mitgliedschaft *SGB V* 193 1 ff.
- Meldepflicht *SGB V* 204 1 ff.
Zubereitungen aus Fertigarzneimitteln
SGB V 129 20
Zufälligkeitsprüfung *SGB V* 287 1 ff., 297 1 ff.
- Gegenstand *SGB V* 106a 15
- Inhalt der Prüfvereinbarungen *SGB V* 106a 18 ff.
- Richtlinien zum Inhalt und zur Durchführung *SGB V* 106a 16 ff.
- Wirtschaftlichkeitsprüfung *SGB V* 106a 11 ff.
Zuführung der Mittel *SGB XI* 135 1 ff.
Zugang zu Prüfberichten *SGB XI* 93 10
Zugelassene Krankenhäuser *SGB V* 108 1 ff.
Zugelassene Leistungserbringer *SGB XI* 45a 4
Zugelassenes Pflegeheim *SGB XI* 45a 14
Zulageberechtigte
- private Pflegevorsorge *SGB XI* 126 1 ff.
Zulageverfahren
- privater Pflegevorsorgevertrag *SGB XI* 128 1 ff.
Zulassung
- arzneimittelrechtliche *SGB V* 35c 7, 9
- Eintrag in das Arztregister *SGB V* 95 26 ff.

- Entziehung *SGB V 95* 160 ff.; Zulassung, Entziehung
- Gesetzgebungskompetenz *SGB V 95* 3 ff.
- Heilmittelerbringer *SGB V 124* 1 ff.
- Heilmittelerbringer, Heil- und Hilfsmittelversorgungsgesetz *SGB V 124* 1
- Inhalt eines Antrages *SGB V 95* 23 f.
- Insolvenz *SGB V 95* 17 ff.
- Notdienst *SGB V 95* 53
- persönliche Eignung *SGB V 95* 35 ff.
- polizeiliches Führungszeugnis *SGB V 95* 34
- Praxisklinik *SGB V 122* 9
- Psychotherapeuten *SGB V 95* 125 ff.
- Qualität *SGB V 95* 33
- Rechtsfolgen *SGB V 95* 138 ff.
- Ruhen *SGB V 95* 153 ff.
- Ruhensgrund *SGBV 95* 157 ff.
- strukturierter Behandlungsprogramme *SGB V 137g* 1 ff.
- Vertragsarztsitz *SGB V 95* 31 f.
- Wirtschaftliche Bedeutung *SGB V 95* 13 ff.
- Zahnärzte *SGB V 95* 121 ff.
- zur Pflege durch Versorgungsvertrag *SGB XI 72* 1 ff.

Zulassung, Ende
- Nichtaufnahme der vertragsärztlichen Tätigkeit *SGB V 95* 203 ff., 98 29
- Tod *SGB V 95* 195
- Verzicht *SGB V 95* 196 ff.

Zulassung, Entziehung
- gröbliche Pflichtverletzung *SGB V 95* 171 ff.
- Nichtaufnahme oder Nichtausübung *SGB V 95* 170
- Voraussetzungen liegen nicht mehr vor *SGB V 95* 166 ff.
- Wohlverhalten *SGB V 95* 180 ff.

Zulassung, Rechtsfolgen
- Pflicht zur Teilnahme am Notdienst *SGB V 95* 142 ff.
- Teilnahmeberechtigung und -verpflichtung *SGB V 95* 138
- Vergütungsanspruch *SGB V 95* 141

Zulassungsausschuss *SGB V 96* 1 ff.
- Abgrenzung Zuständigkeit Kassenärztliche Vereinigung *SGB V 96* 10
- Beteiligung von Interessenvertretungen der Patientinnen und Patienten *SGB V 96* 22
- Entscheidungen über die Ausübung der Teilnahme *SGB V 96* 7
- Entscheidungen über die Teilnahme an der ambulanten Versorgung *SGB V 96* 6
- Entscheidung über Ende der Teilnahme *SGB V 96* 8
- Haftung *SGB V 96* 29
- Mitteilungspflichten an *SGB V 96* 9
- Rechtsmittel gegen Entscheidungen *SGB V 96* 24 ff.
- Verfahrensgrundsätze *SGB V 96* 37 ff.
- Zusammensetzung *SGB V 96* 16 ff.

Zulassungsbeschränkungen *SGB V 103* 1 ff.
- Aufhebung *SGB V 103* 22 ff.
- Aufhebung, (Neu-)Zulassung *SGB V 103* 27 ff.
- Aufhebung, angestellte Ärzte *SGB V 103* 26
- Aufhebung, Jobsharing *SGB V 103* 25
- Ausschreibung von Belegarztverträgen *SGB V 121* 45
- Belegarztverträge *SGB V 103* 109 ff.
- Nachbesetzung einer MVZ-Arztstelle *SGB V 103* 93
- Nachbesetzungsverfahren *SGB V 103* 35 ff.
- Publikationserfordernis *SGB V 103* 14 f.
- Rechtsschutz *SGB V 100* 34
- Überversorgung *SGB V 103* 8 ff., 104 5
- Unterversorgung *SGB V 100* 20 ff., 104 4
- Verfahren *SGB V 104* 1 ff.
- Zahnärzte *SGB V 103* 117, 104 6
- Zulassungsverzicht zugunsten von Anstellung *SGB V 103* 95
- Zulassungsverzicht zugunsten von Anstellung im MVZ *SGB V 103* 89 ff.

Zulassungsbezirk
- Definition *SGB V 96* 13

Zulassungssperre
- Kollektiver Zulassungsverzicht *SGB V 95b* 13 ff.

Zulassungsüberschreitende Anwendung von Arzneimitteln *SGB V 35c* 1 ff.

Zulassungsverordnung *SGB V 98* 1 f.
- Ermächtigung *SGB V 98* 7 f.
- Inhalt *SGB V 98* 9 f.
- Sonderregelung für Vertragszahnärzte *SGB V 98* 79

Zulassungsverzicht
- Beendigung der Zulassung *SGB V 95* 196 ff.
- Förderung *SGB V 105* 18 ff.
- mit Ziel der Anstellung im MVZ *SGB V 95* 115 ff.
- Regelung in Zulassungs-verordnung *SGB V 98* 77 f.

Zulassungsverzicht, kollektiv *SGB V 95b* 1 ff.
- Funktionsfähigkeit des Versorgungssystems *SGB V 95b* 11
- gleichgerichtetes Verhalten *SGB V 95b* 10 ff.
- Pflichtwidrigkeit *SGB V 95b* 7
- unbestimmte Vielzahl von Vertragsärzten *SGB V 95b* 10 ff.
- verfassungsrechtliche Bedenken gegen Regelung *SGB V 95b* 17, 24
- Zulassungssperre *SGB V 95b* 13 ff.

Zusammenarbeit
- der medizinischen Dienste *SGB XI 53a* 1 ff.
- Krankenkassen mit MDK *SGB V 276* 1 ff.
- mit Aufsichtsbehörden, Überprüfung von Pflegeeinrichtungen *SGB XI 117* 1 ff.

- strukturierte *SGB XI* 45c 6
- zur Verfolgung und Ahndung von Ordnungswidrigkeiten *SGB V* 306 1 ff.

Zusammenarbeitsgebot, wettbewerbliches Handeln *SGB V* 4 11

Zusammenschlusskontrolle
- bei Vereinigungen von Krankenkassen *SGB V* 172a 1 ff.
- Krankenkassen *SGB V* 265a 42 f.

Zusammenschluss von Landesverbänden *SGB V* 207 21

Zusatzbeitrag *SGB V* 242 1 ff., 271 1 ff.
- Berechnungsschritte *SGB V* 270 9 ff.
- durchschnittlicher *SGB V* 242a 1 f.
- einkommensabhängiger *SGB V* 4 14, 242 3 ff., 270a 1 f.
- einkommensunabhängiger, GKV-FQWG *SGB V* Vor 265 10
- Finanzbedarf *SGB V* 242 5
- Finanzierungssystem *SGB V* 242 14
- Gesundheitsfonds *SGB V* 270a 1 ff.
- GKV-FQWG *SGB V* 220 3, 242 3 ff., 266 52
- im Finanzierungssystem *SGB V* 220 2 f., 5 ff.
- Kassenausgleich *SGB V* 270a 2 f.
- kassenindividueller *SGB V* 4 14, 242 3 ff., Vor 265 10
- Nachsteuerungsinstrument *SGB V* Vor 265 14
- Prognose *SGB V* 242 9, 12 ff.
- Rechtsschutz *SGB V* 270a 14
- Schätzerkreis *SGB V* 242 12 ff.
- Solidarprinzip *SGB V* 242 14
- Verfahrenskomponente *SGB V* 270a 12
- Verspätungszuschlag *SGB V* 242 3
- Verwaltungsausgaben der Kassen *SGB V* 242 1

Zusatzleistungen
- Pflegeeinrichtung *SGB XI* 88 1 ff.

Zusätzliche Betreuungsleistungen
- Ruhen *SGB XI* 45a 4, 45b 4
- trägerübergreifendes Budget *SGB XI* 45b 23

Zusatznutzen
- medizinischer *SGB V* 35c 29
- Surrogatparameter *SGB V* 35 46
- therapeutische Verbesserung *SGB V* 35 45 ff.

Zusatznutzenbewertung
- Erstattungsbetragsvereinbarung *SGB V* 35 15 f.
- Festbeträge *SGB V* 35 11
- Surrogatparameter *SGB V* 35 46
- therapeutische Verbesserung *SGB V* 35 45 ff.

Zuschlag
- Höchstleistungsbetrag *SGB XI* 141 13

Zuschlagsbetrag *SGB XI* 141 16

Zuschlagshöhe
- Mitteilungen *SGB XI* 141 10

Zuschuss
- Kommunale Gebietskörperschaften *SGB XI* 45c 26
- Personalmittel *SGB XI* 45d 9
- Sachmittel *SGB XI* 45d 9

Zuständigkeit der Pflegekassen *SGB XI* 48 3
- Akzessorietät der Zuständigkeit der Pflegekassen *SGB XI* 48 1 ff.
- Ausübung des Krankenkassenwahlrechts *SGB XI* 48 6
- Bundesentschädigungsgesetz *SGB XI* 48 7 ff.
- Bundesversorgungsgesetz *SGB XI* 48 7 ff.
- einheitliche Zuständigkeit der Kranken- und Pflegekassen *SGB XI* 48 4
- Familienversicherte *SGB XI* 48 5
- Krankenhilfe *SGB XI* 48 7 ff.
- Krankenkassenwahlrecht *SGB XI* 48 6
- Kriegsopferfürsorge *SGB XI* 48 7 ff.
- Kriegsschadenrente *SGB XI* 48 7 ff.
- Lastenausgleichsgesetz *SGB XI* 48 7 ff.
- Leistungen zum Unterhalt *SGB XI* 48 7 ff.
- Soldaten auf Zeit *SGB XI* 48 10 ff.
- Unversicherte *SGB XI* 48 7 ff.

Zustimmung zur Aufenthaltsverlegung *SGB V* 16 15

Zuweisungen *SGB V* 273 7 ff.
- aus dem Gesundheitsfonds *SGB V* Vor 265 1 ff., 266 1 ff.
- Auslandsbezug *SGB V* 269 18
- Einkommensausgleich *SGB V* 270a 5
- Gesundheitsfonds *SGB V* 270 1 ff.
- Gutachtenziele, GKV-FQWG *SGB V* 269 9 ff.
- Kürzung *SGB V* 273 7
- Leistungsausgaben *SGB V* 267 2 ff.
- standardisierte Aufwendungen *SGB V* 270 1 ff.

Zuweisung gegen Entgelt *SGB V* 107 7

Zuweisungsverbot *SGB V* 73 23 f.

Zuzahlung *SGB V* 23 11, 24 10, 24a 6, 28 40 f., 61 1 ff., 5 ff.
- betroffene Bereiche *SGB V* 43c 8
- Einziehung *SGB V* 43c 10 ff.
- Einziehung durch Leistungserbringer *SGB V* 61 10
- Forderungseinzug durch das Krankenhaus *SGB V* 43c 17 ff.
- Kostenbewusstsein *SGB V* 43c 2, 4
- Krankenhausbehandlung *SGB V* 39 27 ff.
- verfassungsmäßige *SGB V* 28 39 ff.
- zu Arzneimitteln *SGB V* 61 7
- zu stationären Maßnahmen *SGB V* 61 8

Zwangsgeld *SGB V* 273 34
- Beitragszahlung *SGB V* 252 11
- Verhältnismäßigkeit *SGB V* 273 34

Zweck des Vorsorgefonds *SGB XI* 132 1 ff.

Zweckmäßigkeit *SGB V* **35** 10
– Beurteilungsspielraum des Arztes *SGB V* **12** 14
– Empfehlung durch den G-BA *SGB V* **12** 11
– neue Therapieeinrichtungen *SGB V* **12** 11 ff.
– Off-Label-Use *SGB V* **12** 10
– Systemversagen *SGB V* **12** 13

Zweiseitige Verträge *SGB V* **112** 7
– Abschlussbefugnis *SGB V* **112** 10
– Krankenhausbehandlung *SGB V* **112** 1 ff.
– Kündigung *SGB V* **112** 14
– Tatortprinzip *SGB V* **112** 8
– Wirtschaftlichkeitsgebot *SGB V* **112** 11

Zweitmeinung
– Anspruch *SGB V* **27b** 1 ff.

Zwischenstaatliches Recht *SGB V* **219a** 5